ハングルは表音文字なので，韓国語だけでなく日本語をはじめとする外国語を書き表すことができる．次の表は韓国教育科学技術部（日本の文部科学省に相当）の規定による日本語のハングル表記法である．

|  |  |  | 基本母音 | | | | | 半母音 | | |
|---|---|---|---|---|---|---|---|---|---|---|
| 濁音 | が行 | ㄱ | 가 が | 기 ぎ | 구 ぐ | 게 げ | 고 ご | 갸 ぎゃ | 규 ぎゅ | 교 ぎょ |
| 濁音 | ざ行 | ス | 자 ざ | 지 じ | 즈 ず | 제 ぜ | 조 ぞ | 자 じゃ | 주 じゅ | 조 じょ |
| 濁音 | だ行 | ㄷㅈ | 다 だ | 지 ぢ | 즈 づ | 데 で | 도 ど | 자 ぢゃ | 주 ぢゅ | 조 ぢょ |
| 濁音 | ば行 | ㅂ | 바 ば | 비 び | 부 ぶ | 베 べ | 보 ぼ | 뱌 びゃ | 뷰 びゅ | 뵤 びょ |
| 半濁音 | ぱ行 | ㅍ | 파 ぱ | 피 ぴ | 푸 ぷ | 페 ぺ | 포 ぽ | 퍄 ぴゃ | 퓨 ぴゅ | 표 ぴょ |
| その他 | わ | | 와 わ | | | | | | | |
| その他 | を | | 오 を | | | | | | | |
| その他 | ん | | パッチムのㄴで表記する　例）群馬＝ぐんま→군마 | | | | | | | |
| その他 | っ | | パッチムのㅅで表記する　例）鳥取＝とっとり→돗토리 | | | | | | | |

「う」段は一般にㅜを用いるが，「す」はㅅ，「つ」は쓰を用いる．また，「ず」「づ」はㅈを用いる．
長母音は表記しないのが原則だが，表記するときは母音を発音どおりに書く．
　例）加藤＝かとう→가토　または 가토오　✕가토우
韓国語は語頭に濁音が現れないので，語頭の濁音を区別する文字は存在しない．
韓国語には「ざずぜぞ」に相当する音が存在しないので，「자즈제조」で代用する．
「え」段はㅔを用いる．✕ㅐ　　•「お」段はㅗを用いる．✕ㅓ

# 小学館
# 日韓辞典

SHOGAKUKAN JAPANESE-KOREAN DICTIONARY

油谷幸利
門脇誠一　編
松尾　勇
高島淑郎

**2色刷**

Shogakukan

## 小学館日韓辞典
©Shogakukan 2008

装　　丁　岡崎　健二
本文デザイン　栗原　靖子

# まえがき

　小学館では1993年に『朝鮮語辞典』，2004年に『ポケットプログレッシブ韓日・日韓辞典』を刊行し，幸いにも多くの読者の方々からご好評をいただいてきました．また，それと同時に，韓国語を学んでいる方々や韓国語を教えている現場の先生方から，韓国語の基礎を終えた学習者が韓国語を書いたり，話したりするときに役立つ日韓辞典ができないものか，との要望も多数いただいております．

　現在，日本で入手可能な日韓辞典といえば，韓国人の日本語学習用に韓国で刊行された日韓辞典がほとんどで，日本語母語話者が韓国語を学ぶときに使う，日本で編集された中規模の日韓辞典は今のところ一つもないのが実情です．また，韓国で刊行された日韓辞典のおもなものは収録語彙数が10万語規模と大きく，その分，用例が句用例中心で，文用例が少なく，実際の語の使われ方が日本語母語話者にとってはわかりづらい，といった声も耳にしてきました．

　そこで，この『小学館日韓辞典』では，収録項目数は４万規模に押さえ，その分，文用例を多くし，実際に訳語がどのように使われるのかを示すことに努力を傾注しました．しかし，一口に文用例といっても，単文から重文，複文へと文が複雑になるにつれ，その訳例も複数存在することになってきます．同じ一つの日本語用例でも担当者によって「自分ならこう翻訳する」といったことが数多く生じて，編集は困難を極めました．したがって，本辞典で呈示した６万５千にも及ぶ用例は，一つの訳例であって，それ以外のものを排除するものではありません．用例によってはさらにこなれた，すばらしい韓国語を思いつく読者もいらっしゃることと思います．本辞典をさらによいものにすべく，読者の方々からのご批判・ご助言を得られれば幸いです．

　なお，本辞典には，具体的に以下のような特徴があります．

- 収録項目数４万２千，用例数６万５千．日常生活で使われている生きた日本語に適切な韓国語をつけました．用例は，まず日本語から発想し，それを韓国語でどのように表現するかに留意しました．
- おもな重要語には 基本表現 や 語法 ，使い分け のコラムをつけ，韓国語の作文をするときに役立つようにしました．
- 会話 欄を随所に設け，実際の語の使われ方を示しました．
- 本１冊，鉛筆１本など，おもな名詞にはどんな韓国語の助数詞が使われるのか，数え方 を示しました．
- その他，随所に参考記事や補足記事，発音の注意点なども掲載しました．

下に記すように，本辞典が完成するまでには，様々な人々が，様々な形で編集に携わってくださいました．この場をかりて感謝申し上げる次第です．また，編集には細心の注意を払いましたが，十分に意を尽くせなかった所もあるかと思います．今後ともさらによい辞典にしたいと思いますので，読者の方々の忌憚のないご意見・ご叱正などお聞かせいただければ幸いです．

　2008年7月

編者

●編者
油谷幸利　同志社大学教授
門脇誠一　北海道大学名誉教授
松尾　勇　天理大学教授
髙島淑郎　北星学園大学教授

●執筆・校閲
油谷幸利　門脇誠一　松尾　勇　髙島淑郎
　★
김선미（金善美）　김은애（金恩愛）　최수정（崔水晶）

●編集協力
コミュニケーションズ・リサーチ21（南潤模）
　★
강성순（姜成順）　문혜연（文慧媛）　박정호（朴正湖）　박지현（朴志賢）
오민석（呉民錫）　유혜정（柳慧政）　윤소영（尹少榮）　이경희（李慶姫）
이명화（李明華）　장동준（張東俊）　정은순（鄭恩順）　조성환（趙晟桓）
최세경（崔世卿）　허경희（許京姫）　小西明子　山崎玲美奈
株式会社ジャレックス

●制作企画　速水健司
●資　　材　森　雅彦
●制　　作　市村浩一
●販　　売　永井真士　前原富士夫
●宣　　伝　宮村政伸
●編　　集　加藤俊文

# この辞典の使い方

## 1．総収録項目数・用例数

この辞典には，日常生活でよく用いられる日本語を中心に，各種の合成語，慣用句，身近な動植物名，食材名，時事用語など4万2千語を収録した．そのうち，重要語約1,500語は2行見出しで色刷りにしてある．また，会話・作文に使える用例を，文用例を中心に6万5千収録した．

## 2．見出し語

### 2−1　配列

かな見出しで五十音順に配列し，次の順序に従った．

（1）直音―促音の順
　　**かつて**―**かって【勝手】**
（2）清音―濁音―半濁音の順
　　**ひん【品】**―**びん【瓶】**―**ピン**
（3）独立語―接頭語―接尾語
　　**さい【差異】**―**さい-【再-】**―**-さい【-歳】**
（4）カタカナ表記に含まれる長音符は直前の母音と重ねて書いた場合と同じに扱う．
　　**ガーゼ**（＝ガアゼ）**キーボード**（＝キイボオド）

### 2−2　派生語

見出し語から派生する動詞，形容詞，副詞などは必要に応じて◇をつけて示し，それぞれに訳語を与えた．

> **オーバー**　오버　◇**オーバーする**　오버하다〔超過する〕초과하다　◇**オーバーな**〔大げさな〕과장된,

> **こうふく【幸福】**　행복　◇**幸福だ**　행복하다
> ◇**幸福に**　행복하게

### 2−3　語義分類

国語辞典的な語義分類の他に，以下のような語義分類も行い，利用者の検索の便をはかった．

（1）日本語の助詞的なものによる分類
　　**あい　◆**〚愛が〛〚愛の〛〚愛を・に〛
（2）主体の相異による分類
　　**かたい**　❶〔物が〕❷〔態度・状態などが〕
（3）漢字表記の違いによる分類
　　**かえる**　❶〔代用〕❷〔交換〕

## 3．訳語

### 3−1　配列
見出し語の漢字表記の後に代表的な訳語を示した．

### 3−2　区切り
訳語が複数になるときはカンマ（,）で区切った．また，他の訳語と用法が異なる場合，セミコロン（；）で区切ったところもある．

### 3−3　意味上の違い
複数の訳語に意味上の違いがあるときは，定義の〔　〕で補足説明を加えた．また，〔　〕を使用した場合は，区切りのカンマ（,）およびセミコロン（；）は省略した．

### 3−4　結び付き
訳語に伴う特定の文法的要素の結び付きを必要に応じて訳語の前後に示した．

> **−が** ❶〔主語を示す〕《母音で終わる各種の語＋》가，《子音で終わる各種の語＋》이

### 3−5　発音注記
特に重要語で発音が難しいと思われる語には，必要に応じてハングルで発音の注意を喚起した．また，一般語でも必要に応じてつけたものもある．

> **いろえんぴつ【色鉛筆】** 색연필（▶発音は 생년 필）¶24色入りの色鉛筆セット 24색 색연필 세트

### 3−6　用法
おもな重要語を中心に，訳語の用法を，必要に応じて 使い分け ，語法 欄で示した．

> **あいだ【間】** ❶〔時間〕동안, 사이
>
> > 使い分け 동안, 사이
> > 동안は開始時点から終了時点まで継続する状況とともに用いられ，사이は開始時点から終了時点の途中の一点で行われる状況とともに用いられる傾向が強い．例えば，「私がいない間留守番をしていなさい」は，내가 없는 동안 집을 보고 있어. となるのに対して，「私がいない間に誰かが来たらしい」は，내가 없는 사이에 누가 왔나 보다. となる．

### 3−7　参考
訳語に関する背景的な知識を 参考 欄で示した．場合によっては囲み記事にせず，訳語の直後に示したものもある．

### 3−8　漢字表記
訳語には，必要に応じて，ハングルの直後に（　）に入れて日本漢字をつけた．

## 4．用例
### 4－1　文用例中心
日本語用例は日常生活の中でよく見聞きするものを中心に6万5千収録し，それに適切な韓国語をつけた．「まえがき」でも触れたとおり，ひとつひとつの用例につけた韓国語は，数ある訳例のひとつであって，これ以外のものを排除するものではない．また，用例を句の形ではなく，できるだけ文の形で示すことにより，訳語の使い方がよくわかるようにした．

### 4－2　配列・区切り
用例の開始記号（¶）の後に，日常的によく使われる表現を，文用例中心に示した．用例の区切りには（/）を用い，ひとつの日本語用例に対応する複数の韓国語用例の区切りは（｜）で示した．

### 4－3　発想のヒント・各種の注記
韓国語を書いたり話したりするときに役に立つ，日本語との発想の違い（→　）・文法的な注意点（▶　）などを，必要に応じて示した．また非文情報も，必要に応じて（×　）で示した．

### 4－4　基本表現
おもな重要語のうち，必要に応じて基本表現を示した．ここにあげた用例は該当項目の用例から選んだもので，会話や作文をするときに最低限知っておいて欲しいものである．

### 4－5　慣用句
必要に応じて慣用句を示した．慣用句は日本語に対応する定訳が韓国語にもある場合はそれを示し，ない場合は意訳したものもある．

### 4－6　会話
具体的な状況を設定し，覚えておくと便利な会話表現を対話形式の形で示した．

> 会話 遊びも必要
> A：勉強ばかりでなく時には遊びも必要ですよね
> B：ええ，そうですよ
> A：공부뿐만 아니라 때로는 노는 것도 필요
> 　하지요？
> B：네, 그래요.
> A：次はどんな遊びをしようか
> B：そうだね，かくれんぼしようよ
> A：다음은 뭘 하고 놀래？
> B：글쎄, 숨바꼭질은 어때？

### 4－7　「あなた」「彼」「彼女」
日本語の「あなた」「彼」「彼女」に対応する「당신」「그」「그녀」を話し言葉で用いる場合，特に注意が必要である．本辞典では本文中の対話形式になっていない用例では，便宜上「당신」「그」「그녀」を用いているところもある．詳しくは本文の該当箇所「あなた」「彼」「彼女」を参照していただきたい．

## 5．用法・語法上の指示

訳語・用例について，それらが用いられる地域的な差異や場面・文体上の性質が限定されている場合は，以下のような略語で示した．

《婉曲的》婉曲的表現
《女》おもに女性が用いる語
《旧称》旧称
《敬》敬語
《正式》正式名称
《縮約》縮約語
《俗》俗語
《話》おもに話し言葉で用いる語
《書》おもに書き言葉で用いる語
《卑》卑語
《幼》幼児語
《略》略語

## 6．専門語ラベル

ひとつの見出し語に対する訳語が紛らわしい場合，専門語ラベル〚 〛をつけて意味を区別したものもある．

**フライ**　〚料理〛프라이, 튀김〚野球〛플라이

## 7．各種符号の使い方

- ◆ 日本語の助詞的なものによる語義区分に用いる
- ¶ 用例の開始を示す
- / 用例の区切りを示す
- | ひとつの日本語用例に複数の訳例がある場合の区切りに用いる
- ▷ 基本表現における用例の開始を示す
- ⇒ 参照項目を示す
- (　) 訳語・用例中の省略可能な部分に用いる
- (▶ ) 訳語・用例中の補足説明に用いる
- (→ ) 日本語と韓国語の差異を，発想のヒントとして示す
- (× ) 非文情報を示す
- (↔ ) 反意語を示す
- [　] 言い換え可能な部分に用いる．韓国語用例で2語以上を言い換える場合は，言い換え可能な範囲を「… [　] 」の形で示した

**ああ** 〔驚き・嘆き・喜びなどを表す〕아, 아이고 〔肯定の答え〕아, 그래 〔あのように〕저렇게(<저렇지) ¶ああびっくりした 아, 놀래라. / ああ, かわいそうに 아이고, 불쌍하게도. / ああ, よかった 아, 다행이다.
¶「その辞書をちょっと貸してくれないか」「ああ, いいよ」"그 사전 좀 빌려 주지 않을래?" "아, 좋아."/ ああ, わかった 아, 알았어.
¶あの子がああひねくれているとは知らなかった 그 애가 그렇게 비뚤어진 줄은 몰랐다. / あの時ああすればよかったと今さら後悔しても遅い 그 때 그렇게 했더라면 좋았을 거라고 이제 와서 후회해도 소용없다. / 彼はああだこうだとうるさい 그 사람은 이렇다 저렇다 말이 많다. / 彼女はああだから嫌われる 그 여자는 저래서 미움을 받는다.
**ああいう** 저런(<저렇다) ¶ああいうやつは嫌いだ 저런 놈은 싫어. / ああいう口の利き方は改めるべきだ 저런 말버릇은 고쳐야 한다.
**アーケード** 아케이드 関連 アーケード商店街 아케이드 상가
**アース** 어스, 접지(接地) ¶冷蔵庫をアースする 냉장고를 어스[접지]시키다
**アーチ** 아치 〔ホームラン〕홈런 ¶虹がアーチを描く 무지개가 아치 모양으로 서다 関連 アーチ橋 아치교 / アーチダム 아치댐
**アーチェリー** 양궁(洋弓) ¶アーチェリーをする 양궁을 하다 / アーチェリーがうまい 양궁을 잘하다
**アーメン** 〔キリスト教の祈りの言葉〕아멘
**アーモンド** 아몬드 関連 アーモンドチョコレート 아몬드 초콜릿 / アーモンドバター 아몬드 버터
**あい**【愛】사랑(▶固有語), 애정(愛情)
◆【愛が】
¶二人の間に愛が芽生え始めた 두 사람 사이에 사랑이 싹트기 시작했다.
◆【愛の】
¶父は僕に厳しく当たったが, 憎いからではなく愛のむちだった 아버지는 나에게 엄하게 대하셨지만 미워서가 아니라 사랑하시기 때문이었다. / 彼女は愛のある家庭を持ちたいと思った 그녀는 애정이 넘치는 가정을 갖고 싶어했다. / 飢餓に苦しむ人々に世界中から愛の手が差し伸べられた 기아로 허덕이는 사람들에게 온 세계로부터 사랑의 손길이 뻗쳐졌다. / 愛の巣を営む 사랑의 보금자리를 마련하다
◆【愛を・愛に】
¶彼は彼女に愛を告白した 그는 그 여자에게 사랑을 고백했다. / 僕の愛を忘れないで 내가 사랑하고 있다는 것을 잊지 마. / 愛に国境はない 사랑에 국경이 없다.
¶神の愛 신의 사랑 / 母の愛 어머니의 사랑 / 深い愛 깊은 사랑 / 真実の愛 진실한 사랑 / 変わらぬ愛 변함없는 사랑 / 報われない愛 보상받지 못하는 사랑 ⇨愛情, 愛する

**あい**【藍】〔植物〕쪽〔染料〕쪽물감〔色〕쪽빛, 남색 ¶シャツを藍色に染める 셔츠를 쪽빛[남색]으로 물들이다 慣用句 青は藍より出でて藍より青し 청출어람(青出於藍)
**あいあいがさ**【相合傘】¶若い男女が相合傘で前を歩いていた 젊은 남녀가 한 우산을 쓰고 내 앞을 걸어가고 있었다. / 相合傘のカップル 우산을 같이 쓴 커플
**あいいれない**【相容れない】〔気が合わない〕맞지 않다〔反対の〕상반되다 ¶彼は妻とは性格的にまったく相容れない 그는 아내하고는 성격이 전혀 맞지 않는다. / 彼の意見は私のものとは相容れない 그의 의견은 내 의견과 상반된다.
**あいえんか**【愛煙家】애연가
**あいかぎ**【合鍵】보조키, 스페어키, 여벌 열쇠〔親鍵〕마스터키 ¶合鍵を作ってください 보조키를 만들어 주세요. / 열쇠 복사해 주세요.
**あいかわらず**【相変らず】〔以前と同様に〕여전히, 변함없이〔いつも〕늘, 언제나〔いつものように〕여느 때처럼 ¶彼女は相変わらずおしゃべりだ 그 여자는 여전히 수다스럽다. / 彼の店は相変わらず繁盛している 그의 가게는 변함없이 번창하고 있다. / 困ったことに相変わらず人手不足です 곤란하게도 여전히 일손이 모자랍니다. / 妻は相変わらず私に文句ばかり言っている 아내는 언제나 나한테 잔소리만 한다.

会話 相変わらずお金がない
A:いつも忙しそうね
B:そうなんだ. でも, 相変わらずお金はないよ
A:늘 바쁜 것 같네.
B:그래. 그런데 늘 돈은 없어.
A:具合はどうですか
B:相変わらずまあまあです
A:몸 상태는 어떻습니까?
B:항상 그저 그렇죠.

**あいがん**【哀願】애원 ◇哀願する 애원하다 ¶彼は私たちにどうか助けてくれと哀願した 그는 우리한테 제발 살려 달라고 애원했다.
**あいがん**【愛玩】애완 ◇愛玩する 애완하다〔愛する, かわいがる〕사랑하다, 귀여워하다 関連 愛玩動物 애완동물, 페트
**あいきょう**【愛敬】애교, 아양, 재롱 ¶彼女はとても愛敬がある 그녀는 참 애교가 있다. / あいつは全く愛嬌がない 그놈은 전혀 애교가 없다. / 彼女はお客にしきりに愛敬をふりまいていた 그 여자는 손님한테 끊임없이 애교를[아양을] 부리고 있었다. 関連 愛敬者 재롱둥이
**あいくるしい**【愛くるしい】귀엽다, 귀염성이 있다 ¶あの子の笑顔はほんとうに愛くるしい 그 애의 웃는 얼굴은 정말 귀엽다.
**あいけん**【愛犬】애견 関連 愛犬家 애견가
**あいこ**【相子】피장파장 ¶サンギとはこれであいこだ

이것으로 상기와는 피장파장이다.

**あいご【愛護】** 애호 ◇愛護する 애호하다, 사랑하다 ¶動物を愛護する 동물을 사랑하다 / 動物愛護週間 동물 애호 주간 / 動物愛護団体 동물 애호 단체

**あいこう【愛好】** 애호 ◇愛好する 애호하다 ¶釣り愛好家 낚시 애호자 / 映画愛好家 영화 애호가

**あいこうしん【愛校心】** 애교심 ¶対抗戦ではみなが愛校心に燃えて自校のチームを応援する 대항전에서는 학생들 모두가 애교심에 불타 자기 학교 팀을 응원한다.

**あいこく【愛国】** 애국 ◇愛国的だ 애국적이다 ¶愛国心が強い 애국심이 강하다 / 愛国心をはぐくむ 애국심을 키우다 / 彼は熱烈な愛国者だ 그는 열렬한 애국자다.

**あいことば【合い言葉】** 암호(말) [標語] 모토, 슬로건 ¶合言葉を言わないと入れない 암호를 대지 않으면 못 들어간다. / 「環境にやさしく」が彼らの合言葉だ '환경친화'가 그들의 모토다.

**アイコン** 아이콘 ¶アイコンをクリックしてアプリケーションを立ち上げる 아이콘을 클릭하여 응용 프로그램을 기동시키다

**あいさい【愛妻】** 애처 ¶彼は愛妻家だ 그 사람은 애처가다.

**あいさつ【挨拶】** 인사(人事), 인사말 ◇あいさつする 인사하다

[基本表現]
▷先生に「おはようございます」とあいさつした 선생님께 "안녕하십니까?"라고 인사를 드렸다.
▷私たちはドアの所であいさつを交わした 우리는 문 쪽에서 인사를 나누었다.

¶「こんにちは」と言ったら、彼女はにっこりしてあいさつを返した "안녕하세요?"라고 인사하니 그녀는 생긋 웃으며 나에게 인사했다. / 日本人は普通あいさつをするときにおじぎをする 일본 사람은 흔히 인사를 할 때 절을 한다. / 新しく来た田中さんがみなさんにごあいさつしたいそうです 새로 온 다나카 씨가 여러분께 인사를 드리고 싶답니다.
¶新しい社長が就任のあいさつをした 새로 온 사장님이 취임 인사를 했다. / みなさんに歓迎のあいさつを申し上げます 여러분께 환영 인사말을 드리겠습니다.
¶手紙を書くときは時候のあいさつで始める 편지를 쓸 때는 계절 인사로 시작한다. / わざわざ知らせてやったのに彼から何のあいさつもない 일부러 알려 주었는데 그 사람한테서 아무런 인사말도 없다. [関連] あいさつ状 인사장 [通知] 통지

**あいじ【愛児】** 사랑하는 자식, 귀염둥이

**アイシャドー** 아이섀도 ¶アイシャドーをつける 아이섀도를 바르다

**あいしゅう【哀愁】** 애수 ¶哀愁を覚える 애수를 느끼다 / 哀愁を帯びたメロディー 애수를 띤 멜로디

**あいしょう【愛称】** 애칭 [あだ名] 별명 ¶その会社は新聞やテレビで新車の愛称を募集している 그 회사는 신문과 텔레비전을 통하여 새 차의 애칭을 모집하고 있다. / 彼は学校で「博士」という愛称で呼ばれている 그는 학교에서 '박사'란 별명으로 불리고 있다.

**あいしょう【相性】** ¶私たちは相性がいい 우리는 궁합이 잘 맞는다. / 彼女との相性を占ってもらった 그녀와의 궁합이 맞는지 점을 봤다.

**あいじょう【愛情】** 애정, 사랑 [愛着] 애착

[基本表現]
▷彼女は息子に深い愛情をもっている 그녀는 아들에게 깊은 애정을 가지고 있다.
▷その子は母親の愛情に飢えていた 그 애는 어머니의 사랑에 굶주려 있었다.
▷母親は愛情をこめてわが子を抱きしめた 어머니는 사랑을 담아 아이를 부둥켜안았다.
▷チョンホはミナにほのかな愛情を抱くようになった 정호는 미나에게 어렴풋이 사랑을 느끼게 되었다.
▷彼女のその犬に対する愛情は異常なものだ 그 개에 대한 그녀의 애착은 이만저만이 아니다.

¶両親は一人息子にあふれるような愛情をそそいだ 부모는 외아들에게 넘치는 사랑을 쏟았다. / 愛情のこもったスニの手紙がチョルスをいたく感動させた 애정이 담긴 순이의 편지는 철수를 몹시 감동시켰다. / 彼らは愛情を込めて草花を育てている 그들은 애정을 갖고 화초를 기르고 있다. / その夫婦は愛情のない結婚生活を送った 그 부부는 애정 없는 결혼 생활을 보냈다.

**あいしょうか【愛唱歌】** 애창곡 ¶『チング(友)』は彼の愛唱歌の一つだ '친구'는 그의 애창곡의 하나다.

**あいじん【愛人】** 정부(情夫・情婦) ¶彼には妻のほかに愛人が2人もいる 그에게는 아내 외에 정부가 둘이나 있다. (▶애인은 恋人をさす)

**アイス** [水] 아이스, 얼음

**あいず【合図】** 신호(信号), 사인 ◇合図する 신호하다 ¶指揮者の合図で楽団員は立ち上がった 지휘자의 신호로 악단원은 일어섰다. / ベルの音を合図に観客は席に着いた 벨소리가 울리자 관객들은 자리에 앉았다. / コーチは一塁走者に盗塁の合図を送った 코치는 일루 주자에게 도루 사인을 보냈다. / 出発の合図が聞こえた 출발 신호가 들렸다.
¶彼は立ち上がるように手で合図した 그는 일어서도록 손으로 신호하였다. / こちらへ来るように彼女にそっと合図した 이쪽으로 오도록 그녀에게 슬며시 신호했다.

**アイスキャンディー** 아이스캔디, 《俗》하드 (<hard)

**アイスクリーム** 아이스크림 ¶アイスクリームを3つください 아이스크림 세 개 주세요.

**アイスコーヒー** 냉커피(冷一), 아이스커피

**アイススケート** スケート(▶スケートは一般にアイススケートをさす) ¶アイススケートをする 스케이트를 타다, 스케이팅을 하다(×스케이트를 하다とはいわない) [関連] アイススケート靴 스케이트화

**アイスホッケー** 아이스하키, 빙구(氷球)

## あいする【愛する】 사랑하다

**基本表現**
- ▶僕は君を愛している
  나는 너를 사랑해.
- ▶私たちはお互いに愛し合っている
  우리는 서로 사랑하고 있다.
- ▶彼は一目であの子を愛するようになった(→一目ぼれしてしまった) 그는 그 여자에게 첫눈에 반해 버렸다.
- ▶僕は彼女を心から愛している 나는 그녀를 진심으로 사랑하고 있다.

¶親が子供を愛するのは当然だ 부모가 자식을 사랑하는 것은 당연한 일이다. / 自然を愛する人が増えている 자연을 사랑하는 사람들이 점점 늘고 있다. / 彼はとても音楽を愛している 그는 음악을 무척 사랑한다.

## あいせき【相席】 합석(合席), 동석(同席)
¶相席をお願いできますか 동석해도 괜찮습니까? / 相席になりますが、よろしいですか 합석인데 괜찮겠습니까?

## あいそ【愛想】 붙임성〔愛嬌〕 아양
¶愛想がよい 붙임성이 있다 | 상냥하다 / 愛想が悪い 붙임성이 없다 | 무뚝뚝하다 / 愛想が尽きる 정이 떨어지다 | 정나미가 떨어지다

¶彼女は愛想がよいうえに気立てもよい 그녀는 붙임성이 있는데다가 마음씨도 곱다. / 彼は愛想が悪い上に態度も横柄だ 그는 붙임성이 없을 뿐만 아니라 건방지다. / 彼女は愛想のない返事をした 그 여자는 무뚝뚝한 대답을 했다. / 彼は愛想よく話しかけてきた 그는 상냥스레 말을 걸어왔다. / その娘はみんなに愛想をふりまいた 그 애는 누구에게나 아양을 부렸다.

¶彼にはまったく愛想が尽きる 그에겐 정말 정이 떨어진다. / 妻は横暴な夫に愛想を尽かした 아내는 난폭한 남편한테 정나미가 떨어 졌다.

¶(飲食店で)ご愛想してください(→計算して) 계산해 주세요. 関連 愛想笑い 남의 비위를 맞추기 위해 짓는 웃음

## あいだ【間】 ❶[時間] 동안, 사이

**使い分け 동안, 사이**
동안은 開始時点から終了時点まで継続する状況とともに用いられ、사이は開始時点から終了時点の途中の一点で行われる状況とともに用いられる傾向が強い。例えば、「私がいない間留守番をしていなさい」は、내가 없는 동안 집을 보고 있어. となるのに対して、「私がいない間に誰かが来たらしい」は、내가 없는 사이에 누가 왔나 보다. となる。

¶3日の間、高熱が続いた 3일 동안 고열이 계속 되었다. / 夏休みの間に韓国に留学している友人を訪ねた 여름 방학 동안에 한국에 유학하고 있는 친구를 찾아갔다. / 女の子たちは食事の間中おしゃべりをしていた 여자 애들은 밥을 먹으면서 계속 수다를 떨었다. / 休暇の間は出かけずに家にいるつもりです 휴가 동안은 아무데도 나가지 않고 집에 있을 겁니다. / 両親が留守の間は私が弟たちの面倒をみていた 부모님이 집에 안 계시는 동안에는 내가 동생들을 돌보고 있었다. / 寝ている間に泥棒が入った 잠자고 있는 사이에 도둑이 들었다. / 2時から3時の間に来てもらえますか 두 시부터 세 시 사이에 와 주실래요? / 新入部員の数が1年の間に半分に減った 1년 사이에 신입부원이 절반으로 줄어들었다.

¶しばらくの間彼は黙っていた 한참 동안 그는 입을 다물고 있었다. / これだけのお金があれば当分の間に合うだろう 이만한 돈이 있으면 당분간은 살아갈 수 있겠지. / 息子から長い間の便りもない 아들한테서 오랫동안 아무 소식도 없다. / 親のすねをかじっている間は親の言うことに従わざるを得ない 부모 밑에서 얹혀살고 있는 한 부모 말을 따를 수밖에 없다. / この薬は4時間ほど間をあけて飲んでください 이 약은 네 시간 정도 간격을 두고 드세요. / 発車時刻まで1時間あるからその間にお茶でも飲もう 차가 출발할 때까지 한 시간 있으니까 그 사이에 차라도 마시자. / 彼女はその間ずっと私に文句を言っていた 그녀는 그 사이에 나에게 계속 불평을 늘어놓았다. / 夜の間ずっと雨が降っていた 밤새껏 비가 내렸다. (＊새는사이의 縮約형다.)

❷[間隔, 空間] 사이〔間隔〕 간격〔すきま〕 틈 새 ¶東京と博多の間を新幹線が走っている 도쿄와 하카타 사이를 신칸센이 달리고 있다. / 遊覧船は島の間をぬって進んだ 유람선은 섬과 섬 사이를 누비며 주행했다. / 積み重なった本の間から1枚の写真を見つけた 겹겹이 쌓인 책 사이에서 사진 한 장을 발견했다. / しおりを本の間に挟んだ 책갈피를 책사이에 꼈다. / 木立の間から突然鹿が現れた 나무숲 사이에서 갑자기 사슴이 나타났다. / 花壇は5メートルの間を置いて作られている 화단은 5미터씩 간격을 두고 만들어졌다. / 間を詰めて並んでください 사이를 좁혀서 줄을 서 주세요.

❸[関係, 範囲] 사이 ¶夫婦の間がうまくいっている 부부 사이가 아주 원만하다. / 夫婦の間がうまくいっていない 부부 사이가 원만치 못하다. / 彼女は2人の間を裂こうとしている 그 여자는 두 사람 사이를 갈라 놓으려고 하고 있다. / 両者の間には大きな意見の違いがある 두 사람 사이에는 크게 의견 차이가 있다. / それは我々の間では有名な話だ 그건 우리들 사이에서는 유명한 이야기다. / ジーンズは若者の間で人気がある 청바지는 젊은이들 사이에 인기가 있다.

## あいたいする【相対する】 마주 보다
¶先生は生徒たちとテーブルを挟んで相対していた 선생님은 학생들과 테이블을 사이에 두고 마주 보고 있었다.

## あいだがら【間柄】 사이, 관계(関係)
¶お二人はどういう間柄ですか 두 분은 어떤 사이십니까? / その人とはどういう間柄ですか 그 사람하고는 어떤 사이에요? / その人とは前から親しい間柄だ 그 사람하고는 전부터 친한 사이다. / 彼らの結婚は両家の関係をさらに親密なものにした 그들의 결혼은 양가의 관계를 더욱 친밀하게 하였다.

## あいちゃく【愛着】 애착
¶彼は故郷に愛着を持つ

ていたので地元で就職口を見つけた 그는 고향에 애착을 갖고 있었기 때문에 자기 고향에서 일자리를 찾았다.

**あいちょう【哀調】** 애조 ¶哀調を帯びた旋律 애조를 띤 선율

**あいつ【彼奴】** 저[그] 녀석(▶男性に対してのみ用い、否定的な意味だけでなく肯定的な意味でも用いる) ¶あいつはひどいうそつきだ 저 녀석은 형편없는 거짓말쟁이야. ／あいつにはいつも腹が立つ 저 녀석을 보면 언제나 부아가 난다. ／あいつはいいやつだ 저 녀석은 좋은 놈이다.

**あいついで【相次いで】** 연달아(<연달다), 잇따라(<잇따르다) ¶よい知らせが相次いで届いた 좋은 소식이 연달아 전해져 왔다. ／最近、近所で相次いで火事が起こっている 최근 이 부근에서 잇따라 불이 나고 있다.

**あいつぐ【相次ぐ】** 잇따른(<잇따르다) ¶相次ぐ値上げに消費者は悲鳴を上げている 잇따른 요금 인상에 소비자들은 비명을 지르고 있다. ／彼は相次ぐ身内の不幸に見舞われた 그의 친척들은 연달아 불행한 일을 당했다.

**あいづち【相槌】** 맞장구 ¶彼は彼女の話に相づちを打った 그는 그녀의 이야기에 맞장구쳤다.

**あいて【相手】** 상대(相対) ◇相手にする 상대하다 ¶彼はパーティーにダンスの相手を連れて来なかった 그는 파티에 댄스 상대를 데려 오지 않았다.
¶きょうの対戦相手は手ごわい 오늘의 대전 상대는 만만찮다. ／テニスじゃユミは私の相手にならないよ 테니스라면 유미는 내 상대가 안 된다. ／彼なら相手にとって不足はない 그 사람이라면 상대로서 부족함이 없다. ／私がお相手しましょう 내가 상대하지요. ／相手チームのピッチャーをノックアウトした 상대 팀의 투수를 녹아웃시켰다. ／将棋の相手をする 장기의 상대를 하다
¶彼なんかと相手にしないほうがよい 그런 남자는 상대하지 않는 게 좋아. ／だれも僕の相手をしてくれない 아무도 나를 상대해 주지 않는다. ／借金の相手を間違えたね 돈 빌릴 상대를 잘못 골랐네. ／相手の立場になって考えてごらん 상대의 입장에 서서 생각해 봐. ／彼女は気に入らないと相手かまわずあたりちらす(→だれにでもあたりちらす) 그 여자는 마음에 들지 않는 일이 있으면 아무에게나 마구 화를 낸다. ／スジンの恋の相手はいったいだれだ 수진이 연애 상대는 도대체 누구야? ／大学の近くには学生相手の喫茶店があるものだ 대개 대학교 근처에는 학생들을 상대로 하는 커피숍이 있다. 関連 話し相手 말상대

**アイディア** 아이디어, 생각 ¶すばらしいアイディアが浮かんだ 좋은 아이디어가 떠올랐다. ／新しいアイディアを上司に売り込む 새로운 아이디어를 상사에게 어필하다 ／奇抜なアイディア 기발한 생각 関連 アイディア商品 아이디어 상품 ／アイディアマン 아이디어맨

**あいてどる【相手取る】** 상대로 하다 ¶彼らは会社を相手取って訴訟を起こした 그들은 회사를 상대로 소송을 걸었다.

**アイデンティティー** 정체성(正体性)

**あいとう【哀悼】** 애도 ◇哀悼する 애도하다 ¶故人の遺族に哀悼の意を表した 고인의 유가족에게 애도의 뜻을 표하였다. ／謹んで哀悼の意を表します 삼가 애도의 뜻을 표합니다.

**あいどく【愛読】** 애독 ◇愛読する 애독하다
¶僕は彼の小説を愛読している 나는 그의 소설을 애독하고 있다. 関連 愛読者 애독자 ／愛読書 애독서

**アイドル** 아이돌, 우상(偶像) ¶その歌手は若者たちのアイドルだ 그 가수는 젊은이들의 우상이다. 関連 アイドル歌手 아이돌 가수

**あいにく【生憎】** 마침, 공교롭게도 ¶あいにくの雨で試合は中止になった 마침 비가 와서 시합은 중지되었다. ／あいにく母は外出しています 마침 어머니는 외출중이십니다. ／あいにく明日は用事があって行けません 공교롭게도 내일은 볼일이 있어서 못 가겠습니다. ／それはおあいにくさま 그거 안됐군요.

**アイヌ** 아이누 関連 アイヌ語 아이누어

**あいのり【相乗り】** 합승(合乗) ◇相乗りする 합승하다 ¶駅からタクシーに相乗りして帰った 역에서 택시에 합승해서 집으로 돌아갔다.

**あいはんする【相反する】** 상반하다, 상반되다 ¶両国は貿易上相反する利害関係がある 양국은 무역에 관해서 상반하는 이해관계를 가지고 있다. ／彼の説明は先週言っていたことと相反していた 그의 설명은 지난주에 한 말과 상반되었다. ／兄と僕はよく相反する性格をしている 형과 나는 완전히 상반되는 성격이다.

**あいぶ【愛撫】** 애무 ◇愛撫する 애무하다 ¶母親は赤ん坊を愛撫しながら乳を吸わせた 어머니는 아기를 애무하면서 젖을 먹였다.

**あいべや【相部屋】** 동숙(同宿) ¶寮では下級生と相部屋だった 기숙사에서는 하급생과 한 방을 썼다.

**あいぼう【相棒】** 짝, 파트너; 한패 ¶彼のようなよき相棒に巡り合えて本当に幸運だった 그와 같이 좋은 파트너를 만날 수 있어서 정말 다행이었다. ／テニスの相棒を探す 테니스의 짝을 찾다 ／相棒になる 한패가 되다

**アイボリー** 〔象牙〕 아이보리, 상아 関連 象牙色 상앗빛

**あいま【合間】** ◇合間に 짬짬이 ¶仕事の合間に一服する 일하는 짬짬이 잠깐 쉬다 ／彼女は家事の合間をぬって韓国語を勉強した 그녀는 집안 일을 하는 짬짬이 한국어를 공부했다.

**あいまい【曖昧】** ◇曖昧だ 애매하다, 모호하다, 불투명하다 ¶彼女は曖昧な返事しかしなかった 그녀는 애매한[모호한] 대답밖에 안 했다. ／彼は曖昧に答えた 그는 애매하게 대답했다. ／記憶が曖昧なのだが、ここには前に来たことがあるような気がする(→記憶は定かではないが) 기억은 확실하지 않지만 여기엔 전에 와 본 적이 있는 것 같다. ／いつまでもそんな曖昧な態度では、彼女に嫌われるぞ 언제까지나 그런 애매한[모호한] 태도를 취하고 있으면 그녀도 너를 싫어하게 될 거야. ／将来については曖昧模糊とした考えしかない 장래에 대해서는 불투명한 생각밖에 없다.

**あいまって【相俟って】** ¶休日と好天が相まって行楽地は多くの人であふれていた 휴일과 좋은 날씨가

겹쳐서 행락지는 많은 사람들로 붐비고 있었다. / 美貌が知性と才能が加われば彼女はだれよりも輝いていた 미모와 지성이 어울려 그녀는 누구보다도 빛나고 있었다. / 天賦の才と努力が相まって彼は世界的なピアニストになった 타고난 재능과 노력으로 그는 세계적인 피아니스트가 되었다.

**あいよう**【愛用】 애용 ◇愛用する 애용하다
¶彼は入学祝にもらった辞書を今も愛用している 그는 입학 축하 선물로 받은 사전을 지금도 애용하고 있다. / 私の愛用のかばんは軽くて丈夫だ 내가 애용하는 가방은 가볍고 튼튼하다.

**あいらしい**【愛らしい】 귀엽다, 사랑스럽다, 예쁘다 ¶子どもの愛らしいしぐさ 아이의 귀여운 동작 / 愛らしい姿 사랑스러운 모습 ⇨かわいい

**アイロン** 다리미, 아이론 ◇アイロンをかける 다리미질을 하다, 다리다 ¶ズボンにアイロンがけをする 바지에 다리미질을 하다 | 바지를 다리다
関連 **アイロンがけ** 다리미질 / **アイロン台** 다리미판

**あう**【会う】 만나다, 보다 (▶…に会う 를[을] 만나다, …と会う 와[과, 하고] 만나다)
【お目にかかる】 뵙다, 만나뵙다
基本表現
▷映画館の前で会いましょう
　영화관 앞에서 만납시다.
▷あすその人と会う予定だ
　내일 그 사람을 만날 예정이다.
▷けさ駅で彼女に会った
　오늘 아침 역에서 그 여자를 봤다.
　(▶「見かけた」の意)
¶3時にホテルのロビーでパク・チョルス氏と会うことになっている 세 시에 호텔 로비에서 박철수 씨와 만나기로 되어 있다. / こんなところで君に会うなんて 이런 데서 너를 만나다니! / 出勤の途中で偶然友達に出会った 출근길에 우연히 친구를 만났다. / 今晩君に会いに行くよ 오늘 밤에 자네를 보러 갈게. / 最近はチョンスとはあまり会っていないんだ 요즘 정숙이하고 별로 만나지 못했어. (✽못하고 있어とはいわない)
会話 久しぶり
　A：久しぶりだね。元気だったかい
　B：うん、相変わらずだ
　A：오래간만이구나. 잘 있었니?
　B：응, 여전해.
　A：きょうは会えてよかった
　B：またいつか会おうよ
　A：오늘 만나서 반가웠어.
　B：다음에 또 만나자.
¶うわさはうかがっておりますが、まだキム・ジョンホさんとお会いしたことはありません 이야기는 듣고 있지만 아직 김정호 씨를 뵌 적은 없습니다. / その方とは前にお会いしたことがあります 그 분하고는 전에 만나뵌 적이 있습니다.
会話 初めて会ったときのあいさつ
　A：田中さん、ご紹介します。こちらはイ・ミョンさんです。イ・ミョンさん、こちらは田中明さんです
　B：はじめまして、イ・ミョンさん。お会いできてうれしいです
　C：はじめまして、田中さん。よろしくお願いします
　A：다나카 씨, 소개할게요. 이 분은 이미영 씨입니다. 이미영 씨, 이 분은 다나카 아키라 씨입니다.
　B：처음 뵙겠습니다, 이미영 씨. 뵙게 돼서 반갑습니다.
　C：처음 뵙겠습니다, 다나카 씨. 앞으로 잘 부탁드리겠습니다.
¶3人が会って相談した (→集まって) 세 명이 모여서 의논했다. 慣用句 会うは別れの始め 만남은 헤어짐의 시작 | 회자정리(会者定離)

使い分け あう (会う, 遭う)

| | | |
|---|---|---|
| (人に) 会う | 만나다 | 친구들을 만나다<br>友達に会う |
| (事故に) 遭う | 당하다 | 자동차 사고를 당하다<br>自動車事故に遭う |
| | 맞다<br>만나다 | 소나기를 맞다 [만나다]<br>夕立に遭う |
| 経験する | 겪다 | 실패의 쓰라림을 겪다<br>失敗の憂き目にあう |

**あう**【合う】 ❶ [見た目・好みなどが] 맞다, 어울리다

使い分け 맞다, 어울리다
맞다　要求や基準に一致すること.
어울리다　互いに調和すること.

基本表現
▷この服は私にぴったり合う
　이 옷은 나에게 꼭 맞는다.
▷このドレスは私に合わない
　이 드레스는 나에게 맞지 않는다.
▷アルコールは体に合わない
　술은 몸에 안 받는다.
▷このワインがお口に合うといいのですが
　이 와인이 입에 맞으시면 좋을 텐데요.
▷このネクタイが上着に合うと思います
　이 넥타이가 윗옷에 잘 어울릴 거예요.
▷服と靴がぴったり合っている
　옷과 구두가 잘 어울린다.
¶この服はパーティーには合わない 이 옷은 파티에 어울리지 않는다. / ズボンが短くて合わない 바지가 짧아서 몸에 맞지 않는다. / この料理は私の口に合わない 이 요리는 내 입에 맞지 않는다. / 足にぴったりの靴を見つけて 꼭 맞는 구두 ❷ [一致する] 맞다, 일치하다, 일치되다 ¶来週の土曜日に試合を行うことで意見が合った 다음주 토요일에 시합하는 걸로 의견이 일치되었다. / この点については、私たちの意見は合っている 이 점에 관해서는 우리들의 의견은 일치하고 있다. / みんなの意見が合わず結論は出なかった 모두의 의견이 맞지 않아 결론은 나지 않았다. / 君の答えはあっているよ 자네 답은 맞으시면. / 計算が合わない 계산이 맞지 않는다. / 彼の話は事実と合わない 그의 말은 사실과 맞지 않는다. / その人とは息が合う 그 사람하고는 호흡이 맞는다.

**会話** 上司と合わない
A：彼は近ごろ落ち込んでいるようだね
B：上司とどうも合わないそうだよ
A：그 사람, 요새 힘[기운]이 없어 보이는데.
B：상사하고 잘 맞지 않는 거 같아.

**会話** 時間が合う
A：あの時計, 時間合ってる？
B：5分進んで[遅れて]いるよ
A：저 시계, 맞아?
B：5분 빨라[늦어].

**あう【遭う・遇う】** 만나다, 당하다, 겪다 ¶学校の帰り道に夕立にあってずぶぬれになった 학교에서 돌아오는 길에 소나기를 만나 흠뻑 젖었다 / 彼は出勤途中に交通事故にあった 어제 그는 출근하다 교통사고를 당했다. / 地震でたいへんな被害にあった(→こうむった) 지진으로 큰 피해를 입었다. / 彼女の提案は周りの猛烈な反対にあった 그녀의 제안은 주위 사람들로부터 심하게 반대 당했다. / 災難にあう 재난을 겪다

**会話** ひどい目にあう
A：きのう電車でひどい目にあった
B：ほう, どうしたんだい
A：降りるとき押されたはずみに転んだんだ
A：어제 전철 안에서 혼났어.
B：그래, 어떻게 된 거야?
A：내릴 적에 누군가가 밀치는 바람에 넘어져 버렸어.

**使い分け** 違う

|  | 만나다 | 맞다 | 당하다 |
|---|---|---|---|
| 사고（事故） |  |  | ○ |
| 도둑（泥棒） |  |  | △ |
| 조난（遭難） |  |  | ○ |
| 비（雨）, 소나기（夕立） | ○ | ○ |  |
| 벼락（雷） |  | ○ |  |
| 소매치기（すり） |  |  | △ |
| 강도（強盗） |  |  | △ |

（○は一般的に用いられるもの, △は揺れのあるもの.）

**アウト**〘野球〙아웃（↔세이프）◇**アウトにする** 아웃시키다 ◇**アウトになる** 아웃되다 ¶リリーフの長谷川がアウトを2つ取って勝利投手となった 구원투수 하세가와가 투 아웃을 잡고 승리 투수가 되었다. / 彼は盗塁を試みたが, 間一髪でアウトになった 그는 도루를 시도했으나 아슬아슬하게 아웃되었다. / 9回の表［裏］ツーアウト満塁 9회 초［말］이사 만루 ワンアウト 원 아웃 / ツーアウト 투 아웃 スリーアウト 쓰리 아웃 **関連 アウトカウント** 아웃카운트

**アウトコース**〘野球〙〔外角〕아웃코스 ¶彼はアウトコースに直球を投げ込みバッターを三振に打ち取った 그는 아웃코스로 직구를 던져 타자를 삼진시켰다.

**アウトサイダー**〔局外者, 異端者〕아웃사이더, 국외자

**アウトドア** 아웃도어, 옥외（屋外）, 야외（野外）
**関連 アウトドアスポーツ** 야외 스포츠

**アウトプット** 아웃풋（↔인풋）, 출력（出力）

◇**アウトプットする** 출력하다 ⇒出力

**アウトライン**〔あらすじ, 概要〕개요, 아우트라인 ¶事件のアウトラインを話してください 사건의 개요를 말해 주세요.

**アウトロー**〔無法者〕무법자, 아웃트로

**あえぐ【喘ぐ】**〔息を切らす〕헐떡이다 〔苦しむ〕허덕이다, 시달리다 ¶あえぎながら山道を歩いていった 헐떡이며 산길을 걸어갔다. / 日本経済は不景気にあえいでいる 일본 경제는 불경기에 허덕이고 있다. / 窮乏にあえぐ 가난에 허덕이다 / 生活難にあえぐ 생활난에 시달리다

**あえて【敢えて】** ❶〔あえて…する〕감히, 굳이〔わざわざ〕일부러 ¶あえて彼の名前をふせておきましょう 굳이 그 이름은 일부러 숨겨 놓겠습니다. / あえて言わせてもらえば, あきらめたほうがよい 굳이 말한다면 단념하는 게 낫다. / あえて欠点をあげれば, 彼女は少々せっかちだ 굳이 결함을 들자면 그녀는 좀 성급한 편이다. / あえて知らせるほどのことでもない 굳이 알릴 만한 이야기도 아니다. / あえて彼女の年齢を聞いたその女子の 나이를 일부러 물어봤다. / 彼らはあえて危険を冒し絶壁を登った 그들은 굳이 위험을 무릅쓰고 절벽을 올랐다.
❷〔あえて…しない〕굳이, 별로 ¶あえて反対するつもりはない 굳이 반대할 생각이 없다. / あえて強制はしない 굳이 강요는 하지 않는다. / あえて行きたくもないし行きたくも思い 별로 가고 싶지도 않다. / あえてご足労には及びません(→わざわざ) 일부러 나오시지 않아도 괜찮습니다.

**あえん【亜鉛】** 아연

**あお【青】** 파랑, 파란색, 파랑색, 청색 ◇**青い** 파랗다, 푸르다〔顔色が〕파리하다, 창백하다〔果実などが熟していない〕퍼렇다, 설익다 ¶青色と黄色を混ぜると緑色になる 파랑과 노랑을 섞으면 녹색이 된다. / 信号が赤から青に変わった 신호등이 빨간색에서 파란색으로 바뀌었다. / 彼女は青い目をしている 그녀는 파란 눈이다. / 彼は恐ろしさのあまり青くなった 그는 공포에 사로잡혀 창백해졌다. / 青い空と白い雲 푸른 하늘과 흰 구름 ¶「顔が青いよ, どうしたの」「気分が悪くて」"얼굴이 창백하다. 괜찮아?" "몸이 좋지 않아서." / そのリンゴはまだ青い 그 사과는 아직 퍼렇다. / 青い鳥 파랑새 / 青黒い 검푸르다 / 青白い 희푸르다 ⇒色 **使い分け**

**あおあお【青々】** ◇**青々と** 파랗게, 푸르게 ¶ピクニックの当日, 空は青々と晴れ上がっていた 소풍 당일 하늘은 파랗게 개어 있었다. / 青々とした草原が広がっていた 푸른 초원이 펼쳐져 있었다. / 青々と茂った草木 푸르게 우거진 초목

**あおいきといき【青息吐息】** ¶借金のため青息吐息だ〔苦しむ〕叫 때문에 허덕거리고 있다. / 長引く不景気による経営難で青息吐息が続ている 불경기로 경영난에 허덕이고 있다.

**あおぐ【仰ぐ】** ❶〔見上げる〕쳐다보다 ¶彼女は天を仰いだ 그녀는 하늘을 쳐다보았다.
❷〔尊敬する〕우러러보다, 추앙하다 ¶彼らは彼を師と仰いでいる 그들은 그를 스승으로서 우러러보고 있다.

❸〔求める〕바라다, 청하다 ¶彼はその問題について先生に助言を仰いだ 그 문제에 관하여 그는 선생님께 조언을 청했다. / その候補は選挙資金を後援者に仰いでいる(→頼る) 그 후보자는 선거자금을 후원자들에게 의지하고 있다. / 上司に指示を仰ぐ 상사에게 지시를 청하다

**あおぐ【扇ぐ】** 부치다 ¶部屋の中が暑かったので彼らはうちわであおいでいた 방안이 더워서 그들은 부채를 부치고 있었다.

**あおくさい【青臭い】** 젖내나다〔幼稚だ〕유치하다〔未熟だ〕미숙하다〔うぶ〕숫되다, 순진하다 ¶彼は考えが青臭い 그는 생각이 유치하다. / 青臭いことを言うな 유치한 소리 하지 마. / 青臭い文章 미숙한 문장

**あおざめる【青ざめる】** 새파래지다, 창백해지다 ¶彼女は恐ろしさのあまり青ざめていた 그 여자는 겁에 질려 창백해졌다. / 顔が青ざめる 얼굴이 새파래지다

**あおじゃしん【青写真】**〔構想〕청사진, 구상, 미래도(未来図) ¶この計画はまだ青写真の段階だ 이 계획은 아직 구상 단계다. / 新しい事業の青写真を描く〔示す〕새로운 사업의 청사진을 그리다〔제시하다〕

**あおじろい【青白い】** 창백하다 ¶顔が青白いけど, どうかしたの 얼굴이 창백한데 무슨 일 있어?

**あおしんごう【青信号】**〔交通信号〕청신호, 파랑불〔許可〕허가 ¶事故は青信号の時に起こった 사고는 파랑불 때 일어났다. / 事業計画に青信号が出た 사업 계획에 청신호가 떨어졌다.

**あおすじ【青筋】** 핏대 ¶彼は青筋を立てて怒った 그는 핏대를 올리며 화를 냈다.

**あおぞら【青空】** 푸른 하늘, 창공(蒼空)〔屋外・露天〕옥외, 노천 ¶青空の下でスポーツを楽しんだ 푸른 하늘 밑에서 스포츠를 즐겼다. 関連 **青空駐車** 옥외 주차 / **青空市場** 노천 시장

**あおにさい【青二才】** 풋내기〔初心者〕초심자 ¶恋愛に関しては, あいつは青二才だ 연애에 관해서는 그 놈은 아직 풋내기다.

**あおば【青葉】** 푸른 나뭇잎〔新緑〕새잎, 신록 ¶青葉のころの軽井沢はすばらしいんだ 새잎이 돋을 무렵의 가루이자와는 멋져. / 青葉のしげった木々 푸른 나뭇잎이 우거진 나무들 / 青葉の季節 신록의 계절

**あおむけ【仰向け】** ◇仰向けになる 눕다 ¶すべって仰向けに倒れた 미끄러져 뒤로 넘어졌다. / 彼は野原に仰向けに寝転んで空をながめていた 그는 들판에서 드러누워 하늘을 쳐다보고 있었다.

**あおむし【青虫】** 애벌레

**あおもの【青物】**〔野菜〕채소(菜蔬), 푸성귀 関連 **青物市場** 채소 시장

**あおる【煽る】**〔あおぐ〕부치다〔煽動する〕부추기다, 선동하다 ¶強風にあおられて, 火は瞬く間に町を焼きつくした(→強風に飛ばされて) 강풍에 날려 불은 순식간에 온동네를 태워버렸다. / うちわで火をあおる 부채로 불을 부치다 / 競争心をあおる 경쟁심을 부추기다 / 反日感情をあおる 반일 감정을 부추기다

**あか【赤】** 붉은색, 빨간색, 빨강, 적색(赤色) ◇赤い 붉다, 빨갛다, 빨갛다 ◇赤く 붉게, 빨갛게, 뻘겋게 ¶信号が青から赤に変わった 신호등이 파란불에서 빨간불로 바뀌었다. / 赤と青を混ぜて紫色を作りなさい 빨강과 파랑을 섞어서 보라색을 만드세요. / その壁は様々な色合いの赤で塗られている 그 벽은 여러 색조의 빨간색으로 칠해져 있다. / 赤のネクタイをする 빨강 넥타이를 하다 / 赤インク 빨간 잉크 / 酒を飲むとすぐ顔が赤くなる 술을 마시면 금방 얼굴이 붉어진다. / 少女は恥ずかしさで顔を赤らめた 소녀는 수줍어서 얼굴을 붉혔다. / 赤く熟れたリンゴ 빨갛게 익은 사과 / 赤いバラ 빨간 장미 / 赤黒い 검붉은, 검붉은 빛이 감도는 / 赤ユスミラする 慣用句 彼女は赤の他人です 그 여자는 전혀 모르는 사람입니다. 関連 **赤い羽根** 붉은 깃 / **赤鉛筆** 빨간 연필 ⇒色 使い分け

**あか【垢】** 때 ¶彼は1週間も風呂に入ってなかったのであかだらけだった 그는 일 주일이나 목욕을 하지 않았기 때문에 몸에 때가 많았다. / あかがつく 때가 끼다 / あかを落とす 때를 밀다〔벗기다〕 / あかりをしてください 때를 밀어 주세요. 関連 **あかすり** 때미리

**あかあか【赤々】** ◇あかあかと 빨갛게, 새빨갛게 ¶赤々と燃えているストーブを囲んで大いに会話がはずんだ 새빨갛게 타는 난로를 둘러싸고 이야기 꽃이 피었다. / 夕日が赤々と差す 석양이 빨갛게 비치다

**あかあか【明々】** ◇あかあかと 밝게, 환하게 ¶クリスマスイブの夜, 通りは明々と灯がともっていた 크리스마스 이브 밤, 거리에는 등불이 밝게 켜져 있었다.

**あかぎれ【皸】** 手があかぎれになる 손이 트다

**あかげ【赤毛】** 빨간 머리 ¶赤毛の女の子 빨간 머리의 소녀

**あかし【証し】** 증명, 증거 ¶身の証しを立てる 자신의 결백을 증명하다 / 愛の証し 사랑의 증거

**あかじ【赤字】** 적자〔校正の〕붉은 글자 ¶1千万円の赤字を出した 천 만 엔의 적자를 냈다. (→赤字になった) 천 만 엔의 적자가 되었다. / 家計の赤字を埋めるために妻もパートで働いている 가계의 적자를 메우기 위해 아내도 파트타임으로 일하고 있다. / 米国の対中貿易赤字は年々増大している 미국의 대중 무역 적자는 해마다 늘어나고 있다. / 首相は財政赤字の削減を公約した 수상은 재정 적자의 축소를 공약했다 ¶赤字国債を発行する 적자 국채를 발행하다 / 赤字予算を組む 적자 예산을 짜다 / 赤字路線を廃止する 적자 노선을 폐지하다 / 赤字を入れる(→校正する) 교정하다 関連 **赤字経営** 적자 경영 / **赤字財政** 적자 재정

**アカシア** 아카시아

**あかしお【赤潮】** 적조

**あかしんごう【赤信号】** 적신호, 빨간 불, 빨간 신호등 ¶赤信号がつく 적신호가 켜지다 / 爪の変化は健康の赤信号 손톱의 변화는 건강의 적신호[빨간 불] / 赤信号になったら横断歩道を絶対に渡ってはいけない 빨간 신호등이 켜지면 절대로 횡단보도를 건너서는 안 된다.

**あかす【明かす】** ❶ [明らかにする] 밝히다 [打ち明ける] 털어놓다 [説明する] 설명하다 ¶彼は彼にだけは真実を明かした 그녀는 그에게만은 진실을 밝혔다. / だれにも秘密を明かさなかった 아무에게도 비밀을 밝히지 않았다. / 彼は最後まで身分を明かそうとはしなかった 그는 끝끝내 신분을 밝히려고 하지 않았다. / 私だけには胸の内を明かしてくれてもよかったのに 나에게만은 자기 마음을 털어놓아도 좋았을걸. / 手品の種を明かす 마술의 트릭을 밝히다 [설명하다

❷ [夜を過ごす] 지새우다, 새우다, 밝히다 ¶彼らは一晩中語り明かした 그들은 이야기하며 밤을 새웠다. / 彼女は踊り明かしたい気分だった 그녀는 밤새룩 춤추고 싶은 기분이었다. / 一睡もせず夜を明かす 한숨도 안 자고 밤을 새우다 / 一夜を明かす 하룻밤을 새우다

**あかちゃん【赤ちゃん】** 아기, 아이 [乳飲み子] 젖먹이 ¶「赤ちゃんが生まれたそうですね。男の子ですか、女の子ですか。」「女の子です」"아이를 낳았다고 들었는데요. 남자애에요? 여자애에요?" "여자애요." /「赤ちゃんはいつ生まれたのですか」「きのうの朝です」"아기는 언제 태어났어요?" "어제 아침이에요." / 何てかわいい赤ちゃんでしょう 아기가 참 예쁘게 생겼구나. / 赤ちゃんがおっぱいを吸っている 아기가 젖을 빨고 있다. / お母さんが赤ちゃんをだっこ[おんぶ]していた 어머니가 아기를 안고[업고] 있었다. / 赤ちゃんがはいはいしている 아기가 기어 다니고 있다. / 赤ちゃんがよちよち歩きを始めた 아기가 아장아장 걷기 시작했다. / 赤ちゃんのお守りをする 아기를 보다 ⇒赤ん坊

**あかつき【暁】** 새벽

**あがったり【上がったり】** ¶近くに大きなスーパーができて、うちの商売は上がったりだ(→話にならない) 근처에 큰 슈퍼가 생겨서 우리 장사가「말이 아니다[엉망이다]

**アカデミー** 아카데미 関連 アカデミー賞 아카데미상 ¶この映画はアカデミー賞の3部門で受賞した 이 영화는 아카데미상의 삼 개 부문에서 상을 받았다.

**アカデミック** 아카데믹 ◇アカデミックだ 아카데믹하다, 학구적이다(学究的一) ¶彼はアカデミックな生活を送っている 그는 학구적인 생활을 보내고 있다.

**あかてん【赤点】** 낙제점(落第点) ¶数学で赤点を取る 수학에서 낙제점을 받다

**あかぬける【垢抜ける】** [洗練されている] 세련되다 ¶彼の趣味はとてもあか抜けていた 그 사람의 취미는 정말 세련되어 있었다. / 彼女は相変わらずあか抜けない姿で現れた 그 여자는 여전히 촌티 나는 차림으로 나타났다. / あか抜けた身なり 세련된 옷차림

**あかみ【赤み】** 붉은 기, 붉은 빛 ¶彼女の髪はいくらか赤みがかっている 그 여자의 머리카락은 약간 붉은 빛을 띠고 있다. / 青ざめていた彼の顔にようやく赤みがさしてきた 창백하던 그의 얼굴에 차차 붉은 기가 돌기 시작하였다.

**あかみ【赤身】** [動物の肉] 살코기 [魚の身] 붉은 살

**あがめる【崇める】** 우러러 받들다, 숭상하다, 공경하다 ¶神のようにあがめる 신처럼 우러러 받들다 / 師としてあがめる 스승으로서 공경하다

**あからがお【赤ら顔】** 불그스름한 얼굴 ¶夫は酔って赤ら顔で帰ってきた 남편은 술에 취해 불그스름한 얼굴로 돌아왔다.

**あからさま** ◇あからさまだ 노골적이다 ◇あからさまに 노골적으로 ¶彼のその作家に対するあからさまな批判は物議をかもした 그 작가에 대한 그의 노골적인 비판은 물의를 일으켰다. / 彼はあからさまに事実を述べた 나는 사실을 있는 그대로 말했다. / 彼女はあからさまに不満を顔に表した 그 여자는 불만을 노골적으로 얼굴에 나타냈다.

**あからめる【赤らめる】** [赤面] 붉히다 ¶少女はほめられて顔を赤らめた 소녀는 칭찬을 받아 얼굴을 붉혔다.

**あかり【明かり】** ❶ [灯火] 불, 불빛, 등불, 전깃불 ¶「暗くなってきたね」「明かりをつけましょうか」"어두워졌네." "불을 켤까요?" / 明かりがついた[消えた] 불이 켜졌다[꺼졌다] / 弟は明かりをつけたまま寝ていた 동생은 불을 켠 채 자고 있었다. / 明かりを消し忘れないでね 불 끄는 걸 잊지 마. / オフィスには明かりがこうこうとともっていた 사무실에는 밤늦게까지 불이 환하게 켜져 있었다. / 明かりをつける[消す] 불을 켜다[끄다]

会話 明かりがついている
A：昨夜は12時すぎまであの子の部屋の明かりがついていたよ。一生懸命勉強しているようだね
B：入試が近いですからね
A：어젯밤에는 열두 시가 넘도록 그 애 방의 불이 켜져 있었어. 열심히 공부하고 있는 것 같네.
B：입시가 다가왔으니까 그렇겠지요.

❷ [光], 光線 [カーテンを開けて明かりを入れる カーテンを開いて光を入れる 関連 明かり取り 들창, 채광창(採光窓) / 月明かり 달빛

**あがり【上がり】** ❶ [収益] 수입 ¶先月の店の上がりは予想以上によかった 지난달의 가게 수입은 예상한 것보다 많았다. / バザーの上がりが200万円あった 바자의 수입은 2백만 엔이었다.

❷ [終わること] 마침(<마치다) ¶きょうはこれで上がりにしよう 오늘은 이것으로 마치기로 하자. / 오늘은 그만 하자. / 一丁上がり 자, 됐소. 関連 上がり口 [入り口] 입구 [戸口] 문간, 현관

**あがりこむ【上がり込む】** 들어오다, 올라가 앉다 ¶彼らは人の家に勝手に上がり込んできた 그들은 남의 집에 멋대로 들어왔다.

**あがりさがり【上がり下がり】** [相場] 변동 ◇上がり下がりする 오르내리다 ; 변동하다 ¶このところ株価の上がり下がりが激しい 요즘 주가 변동이 심하다. / 農産物の価格は天候の影響で上がり下がりするものだ 농산물 가격은 날씨의 영향으로 오르내리기 마련이다.

**あがる【上がる】** ❶ [人が高い所へ行く] 올라가다, 오르다 ¶この階段を上がってすぐ右が彼の部屋です 이 계단을 올라가서 바로 오른쪽이 그 사람 방입니다. / エレベーターで5階で上がった 엘리베이터로 5층까지 올라갔다. /

こっちに上がっておいでよ。眺めがいいよ 이리 올라와. 경치가 좋아. / 2階へ上がる 2층에 오르다 / 屋根に上がる 지붕에 오르다

❷【物が上方に動く】오르다, 올라가다, 솟아오르다 ¶幕が定刻どおりに上がった 막은 정시에 올랐다. / 煙突から煙が上がっているのが見えた 굴뚝에서 연기가 오르는 것이 보였다. / 肩が痛くて腕が上がらない 어깨가 아파서 팔이 올라가지 않는다. / 火の手が上がる 불길이 솟아오르다

❸【増す】오르다, 올라가다〔温度が〕높아지다〔スピードが〕붙다 ¶米の値段が上がっている 쌀값이 오르고 있다. / 来月から給料が10％上がる 다음달부터 월급이 10퍼센트 오른다. / 外国為替市場で円が上がっている 외환 시장에서 엔화의 시세가 오르고 있다. / 午後には気温が30度まで上がった 오후에는 기온이 30도까지 높아졌다〔올랐다〕. / 車のスピードが上がった 차의 스피드가 붙었다〔올랐다〕.

❹【終わる】끝나다, 완성되다〔止む〕멎다, 그치다 ¶仕事は今週末には上がるだろう 일이 이번 주말까지는 완성될 것이다. / 雨が上がった 비가 멎었다〔그쳤다〕.

❺【緊張する】긴장되다 ¶壇上で上がってしまってうまくしゃべれなかった 연단에서 긴장되어 말을 잘 못했다.

❻【声が出る】오르다, 나오다 ¶観衆から歓声が上がった 관중 속에서 환성이 올랐다. / 原子力発電所建設には住民から反対の声が上がるだろう 원자력 발전소 건설에는 주민들 사이에서 반대의 목소리가 나올 것이다.

❼【入る, 訪問する, 入学する】들다, 들어가다, 들어오다, 올라가다, 올라오다 ¶どうぞお上がり(→お入り)ください 어서 들어오십시오. ¦ 어서 올라오십시오. / うちの子はまだ小学校に上がる年ではありません 우리 애는 아직 초등학교에 들어갈 나이가 안 됐어요.

❽【腕・等級がよくなる】늘다 ; 오르다 ¶近ごろ料理の腕が上がったね 요사이 요리 솜씨가 늘었네. / 英語の成績が上がった 영어 성적이 올랐다. / わずか数年で彼は部長の地位にまで上がった 불과 수년 사이에 그는 부장 자리까지 올랐다.

❾【まかなえる】들다 ¶パーティーの費用は思ったより安く上がった 파티 비용은 생각보다 적게 들었다. / 旅費は10万円で上がるだろう 여비는 10만 엔이면 될 거다.

❿【プール・風呂などから出る】나오다 ¶プールから上がってタオルで体をふいた 풀장에서 나와 타월로 몸을 닦았다. / 風呂から上がる(→風呂の湯から出る) 목욕물에서 나오다 / 彼は風呂から上がるとビールを1杯飲んだ(→風呂に入った後で) 그는 목욕을 한 후 맥주를 한 잔 마셨다〔했다〕.

**あがる**【挙がる】❶【示される】오르다 ¶候補者名簿の中に私の名前が挙がっていた 후보자 명단에 내 이름이 올라 있었다.

❷【犯人が捕まる】잡히다, 검거되다 ¶今日犯人が挙がった 오늘 범인이 잡혔다〔검거되었다〕.

❸【証拠が見つかる】드러나다 ¶新しい証拠が挙がった 새로운 증거가 드러났다.

**あがる**【揚がる】❶【天ぷらなどが】튀겨지다 ¶えびの天ぷらが揚がった 새우 튀김이 다 됐다. / フライが揚がった 튀김이 다 됐다.

❷【花火などが】오르다 ¶夜空に花火が揚がった 밤하늘에 불꽃이 올랐다.

❸【陸に】오르다 ¶久しぶりに船から陸へ揚がる 오랜간만에 배에서 육지에 오르다

**あかるい**【明るい】❶【光がある, 輝いている】밝다, 환하다 ¶夏は7時になっても外はまだ明るい 여름에는 일곱 시가 되더라도 바깥은 아직 밝다. / 外が明るくなってきた. もう朝だな 바깥이 환해졌네. 벌써 아침이구나.

¶この部屋は南向きなのでとても明るい 이 방은 남향이라서 아주 밝다. / 蛍光灯を替えたら部屋が明るくなった 형광등을 바꿨더니 방 안이 환해졌다. / 明かりをつけて部屋を明るくする 불을 켜서 방 안을 밝게 하다 / 明るい道を通る 밝은 길을 가다

¶明るい日差しの中で子どもたちが遊んでいる 밝은 햇살 밑에서 어린이들이 놀고 있다.

¶東の空が明るくなってきた 동쪽 하늘이 밝아 왔다.

会話 明るいうちに
A : ご出発は朝の6時でしたね
B : そう, 明るいうちに着きたいのでね(→暗くなる前に)
A : 출발하시는 건 아침 여섯 시였죠?
B : 응, 어두워지기 전에 도착하고 싶어서.

❷【将来・見通しが明るい】밝다, 환하다 ¶若者の未来は明るい 젊은이들의 미래는 밝다.

会話 見通しが明るい
A : 最近, 商売の具合はどうですか
B : それが, どうも見通しが明るくなくてね
A : 요즘 장사는 어떻습니까?
B : 글쎄 그게, 영 전망이 밝지 않아서 말이야.

❸【性格が明るい】밝다, 명랑하다 ¶あいつといると気分が明るくなる「ユ 애〔개〕하고 같이 있으면 기분이 밝아진다. / あの子は性格が明るい 그 애는 성격이 명랑하다. / 明るい家庭 밝은 가정

❹【よく知っている】밝다, 정통하다(精通—) ¶彼女はこの辺の地理に明るい ユ 여자는 이 부근 지리에 밝다. / 彼は法律に明るい ユ 사람은 법률에 밝다.

会話 事情に明るい
A : 山田さんは韓国の事情に詳しいわね
B : 当たり前だよ. 5年も住んでいたんだから
A : 야마다 씨는 한국 사정에 밝네요.
B : 그럼. 5년이나 살았는데.

**あかるみ**【明るみ】¶汚職事件が明るみに出て政治家が逮捕された 독직 사건이 드러나 정치가가 체포되었다.

**あかんたい**【亜寒帯】아한대 関連 亜寒帯気候 아한대 기후

**あかんべえ** 메롱 ¶少年はあかんべえをして一目散に逃げ去った 소년은 메롱하고는 쏜살같이 도망쳤다.

**あかんぼう**【赤ん坊】〔生まれたばかりの赤ちゃん〕갓난아기〔幼稚な人, 世間知らず〕어린애, 철부지 ¶人を赤ん坊扱いしない

でくれ 사람을 어린애 취급하지 마./息子はいくつになっても赤ん坊で困っている(→いつまでも) 우리 아들은 언제까지고 어린애 같아서 걱정이다.

**あき【秋】** 가을 ¶秋になると紅葉する 가을이 되면 단풍이 든다./彼女は2002年の秋に韓国に渡った 그녀는 2002년 가을에 한국에 갔다./昨年の秋は多くの台風が日本に上陸した 작년 가을에는 태풍이 자주 일본에 상륙했다./今年の秋は例年になく寒い 올가을은 예년과 달리 춥다.
¶近ごろはすっかり秋めいてきた 요즘은 완전히 가을 같다./秋の気配を感じる 가을 기운을 느끼다/秋のファッション 가을 패션/実りの秋 결실의 가을/食欲の秋 식욕의 계절/男心と秋の空(→男の心は秋の空のように変わりやすい) 남자 마음은 가을 하늘과 같이 변덕스럽다.

**あき【空き】** 빈 곳, 빈 자리 [合間] 틈틈, 짬 ¶僕の部屋は狭くてパソコンを置く空きもない 내 방은 좁아서 컴퓨터를 놓을 자리도 없다./このマンションにはまだ空きがある 이 아파트에는 아직 빈집이 있다./きょうの午後のソウル便にまだ空きがありますか 오늘 오후 서울행 비행기에 아직 빈 자리가 있어요?/空き時間を利用して韓国語を勉強する 틈을 이용해서 한국어 공부를 하다/空き部屋あり セッ방[빈방] 있음(▶셋방은「貸し間」の意)/空き缶投げ捨て禁止 빈 깡통 버리지 말 것 [関連]空き瓶 빈 병/空き部屋 빈 방

**あき【飽き】** 싫증(▶発音은 실증) ¶飽きがくる 싫증이 나다|물리다/飽きのこないデザイン「싫증이 나지 않는[물리지 않는] 디자인 ⇒飽きる

**あきあき【飽き飽き】** ⇒あきあきする 진저리가 나다, 넌더리가 나다 ¶先生の説教には飽き飽きする 선생님 설교에는 진저리가 난다./彼女は刺激のない単調な生活に飽き飽きしていた 그녀는 자극이 없는 단조로운 생활에 넌더리가 나 있었다.

**あきかぜ【秋風】** 가을바람, 추풍 ¶涼しい秋風が吹く 서늘한 가을바람이 분다. [慣用句] 2人の間に秋風が立つ(→愛情が冷めめ始めた) 두 사람 사이에 애정이 식어지기 시작했다.

**あきかん【空き缶】** 빈 캔, 빈 깡통
**あきぐち【秋口】** 초가을
**あきさめ【秋雨】** 가을비, 추우
**あきす【空き巣】** 빈집털이, 도둑 ¶空き巣に入られ現金と預金通帳を盗まれた 빈집털이가[도둑이] 들어와 현금과 예금 통장을 훔쳐갔다.

**あきたりない【飽き足りない】** [満たされない] 성에 차지 않다 [不十分, 満足できない] 미흡하다 ¶今のような生活に飽き足りない 지금과 같은 생활은 성에 차지 않는다./彼の釈明には飽き足りないものがある 그의 설명이 미흡하다.

**あきち【空き地】** 공터, 빈터 ¶子供のころは近くの空き地でよく野球をやったものだ 어릴 적엔 근처의 공터에서 자주 야구를 하곤 했다.

**あきっぽい【飽きっぽい】** 싫증을 잘 내다 [気まぐれの] 변덕스럽다 ¶彼はあきっぽい性格だ(→飽きっぽい人だ) 그는 싫증을 잘 내는 사람이다./彼女は飽きっぽくて, しょっちゅうボーイフレンドを変えている 그 여자는 변덕스러워 사귀는 남자 친구를 자주 바꾼다.

**あきない【商い】** 장사 ¶彼の商いのやり方は手堅い(→手堅く商売をしている) 그는 착실하게 장사를 하고 있다./商いを始める 장사를 시작하다

**あきなう【商う】** 장사하다, 매매하다 ¶父は宝石類を商っている 보석상을 하고 있다./うちの会社は衣類を商っている 우리 회사는 의류를 매매하고 있다.

**あきばれ【秋晴れ】** ¶運動会にはもってこいの秋晴れだ 운동회에 안성맞춤인 맑은 가을 날씨다.

**あきびん【空き瓶】** 빈 병
**あきや【空き家】** 빈집 ¶この近所には空き家が何軒かある 이 근처에는 빈집이 몇 채 있다./うちの隣は長いこと空き家のままだ(→だれも住んでいない) 옆집은 오랫동안 아무도 살지 않는다.

**あきらか【明らか】** ◇明らかだ 뻔하다, 뚜렷하다, 분명하다 (分明—), 명백하다(明白—) ◇明らかに 뻔히, 뚜렷이, 분명히, 명백히 ◇明らかにする 뚜렷이 하다, 분명히 하다, 명백히 하다, 밝히다 ◇明らかになる 뚜렷해지다, 분명해지다, 명백해지다, 밝혀지다
¶これが事実であるのは明らかだ 이것이 사실인 건 명백하다./君が思い違いをしているのは明らかだ 자네가 오해하고 있는 것은 분명하다./彼が上がっているのはだれの目にも(→だれが見ても)明らかだった 그가 긴장하고 있다는 것은 누가 봐도 뻔했다.
¶両者の間には明らかな違いはない 양자 간에는 뚜렷한 차이는 없다./明らかな証拠がある 분명한 증거가 있다./明らかな事実 뻔한 사실/明らかな誤り 분명한 잘못
¶彼女は明らかに病気だ(→病んでいる) 그 여자는 분명히 앓고 있다./ミスは明らかに私の責任だ 실수는 분명히 내 책임이다./それは明らかに詐欺だ 그것은 명백한 사기다./明らかに彼は本当のことを話していない 분명히 그는 사실을 말하고 있지 않다.
¶君は立場を明らかにするべきだ 자네는 자기 입장을 명확히 해야 한다./首相は政府の外交方針を明らかにした 수상은 정부의 외교 방침을 발표했다./事件の真相を明らかにする 사건의 진상을 밝히다
¶出火の原因はまだ明らかになっていない 불이 난 원인은 아직 밝혀지지 않고 있다./宇宙の起源の謎が明らかになる 우주 기원의 불가사의가 밝혀지다 [慣用句] 消費税引き上げが国民の反発を招くのは火を見るより明らかだ 소비세 인상이 국민의 반발을 초래할 것은「불을 보듯 뻔하다」[명약관화한 일이다].

**あきらめ【諦め】** 체념, 단념 ¶何事もあきらめが肝心だ 무슨 일이건 체념이 중요하다./彼女とのことはどうしてもあきらめがつかない(→別れられない) 그 여자와는 아무래도 헤어질 수가 없다./あきらめのいい[悪い]人→早い[遅い]人) 체념이 빠른[늦은] 사람 ⇒あきらめる

**あきらめる【諦める】** ❶ [放棄する, 中断する, 断念する] 포기하다, 그만두다, 단념하다 ¶あきらめずにもっとがんばろう 포

기하지 말고 더 노력하자. / 그렇게 簡単にあきらめるな 그렇게 간단히 단념[포기]하지 마라. / 彼女はお金がなくて進学をあきらめなければならなかった 그녀는 돈이 없어서 진학을 단념하지 않을 수 없었다. / 彼は家を買うのをあきらめた 그는 집을 구입하는 것을 단념했다. /「彼女のことはあきらめろよ」「だめだ. あきらめきれない」 "그 자는 포기해라." "안 돼. 포기가 안 돼."

会話 あきらめるな
A : できない, あきらめた
B : ここであきらめちゃだめだよ. きっとできるさ. ぼくが手伝うよ.

A : 못하겠다. 그만두자.
B : 여기서 포기하면 안 돼. 꼭 할 수 있을 거야. 내가 도와줄게.

❷ [運命などに甘んじる] 체념하다 ¶運がなかったと思ってあきらめなさい 운이 없었다고 생각하고 체념해라.

**あきる** 【飽きる】질리다, 물리다, 진력나다, 싫증나다 ¶彼女の愚痴には飽きた 그 여자의 푸념에는 질렸다. / あいつの自慢話ばかりしてみんなを飽きさせる 저 녀석은 자기자랑만 해서 사람을 질리게 한다. / 飽きるほどケーキを食べたのでしばらく見たくもない 질리도록 케이크를 먹어서 당분간 보기도 싫다. /「最近ゴルフに行かないね」「うん, なんだか飽きちゃった」"요새 골프 치러 안 가네" "응, 질렸나 봐." / 仕事に飽きる 일에 진력 나다[싫증나다] / ごちそうに飽きた 호화스러운 음식에 질렸다.

**アキレスけん** 【アキレス腱】 아킬레스건 [弱点] 약점, 허점 ¶運動中にアキレス腱が切れた 운동 중에 아킬레스건이 끊어졌다. / 情にもろいところが彼のアキレス腱だ 정에 무른 것이 그의 약점이다.

**あきれはてる** 【呆れ果てる】어이(가) 없다, 기(가) 막히다, 질리다 ¶まったくあきれはてたやつだ 정말 어이가 없는 녀석이다. / あいつのいい加減さにはあきれはてる 그놈의 무책임한 데는 질렸다.

**あきれる** 【呆れる】어이없다, 어이없어지다 [驚く] 아연해지다 [うんざりする] 정떨어지다, 질리다, 기가 막히다 ¶あいつのばかさ加減にはあきれて物も言えない 그 녀석의 바보 같은 짓에는 어이없어 말이 안 나온다. / あの女のうそにはあきれた 그 여자의 거짓말에는 질렸다. / あきれたやつだね 정떨어지는[정말 웃기는] 녀석이야. / あいつのずうずうしさにはあきれかえった 그놈의 뻔뻔스러움에는 질려 버렸다.

**あく** 【開く】 열리다 [舞台の幕が] 오르다 ⇒開(ひら)く

基本表現
▶ このドアは内側に開く
  이 문은 안쪽으로 열린다.
▶ ドアがどうしても開かない
  문이 아무리 해도 열리지 않는다.
▶ この店は朝10時に開いて夜7時に閉まる
  이 가게는 아침 열 시에 문을 열고 저녁 일곱 시에 닫는다.

¶このドアはいつでも開いている 이 문은 언제나 열려 있다. / 開いた窓から風が入ってくる 열린 창문으로 바람이 들어온다.

¶銀行は何時に開きますか 은행은 몇 시에 열립니까? / その店は一晩中開いている 그 가게는 밤새 열려 있다.

¶幕が開くと観客は拍手をし始めた 막이 오르자 관객들은 박수를 치기 시작하였다.

¶あきれて開いた口がふさがらない 너무 어이가 없어서 벌어진 입이 다물어지지 않는다.

**あく** 【空く】❶ [空になる] 비다 [席・ポストが] 자리가 나다 ¶中のクッキーを全部食べてしまったので, 箱が空いた 안에 들어 있던 쿠키를 다 먹어 버려서 상자가 비었다. / トイレは空いていない 화장실은 안 비어 있다. / このマンションでは今2部屋空いてる 이 아파트에는 지금 방이 두 개 비어 있다.

¶「この席は空いていますか」「はい[いいえ]」"이 자리는 비어 있습니까?" "네[아뇨]".

¶今うちの部の課長のポストが1つ空いている 지금 우리 부서의 과장 자리가 하나「나 있다[비어 있다].

❷ [暇である] 짬이 나다 ¶あすの午後でしたら空いています(→時間がある) 내일 오후면 시간이 있습니다. / 手が空く 짬이 나다 / 時間が空く 시간이 나다

❸ [使わなくなる] 놀다, 비다, 안 쓰다 ¶そのパソコンは空いています 그 컴퓨터는 놀고 있습니다. / コピーが空いたら教えてください 복사기 비어 있으면 알려 주세요. / 自転車が空いていたら貸してください 자전거 안 쓰면 빌려 주세요.

❹ [空間ができる] 뜨다, 벌어지다 ¶電車とホームの間が空いているので気を付けてください 전철과 플랫폼 사이가 벌어져 있으니까 조심하세요. / 前の車との間は十分に空いている 앞차와의 간격은 충분히 띄어져 있다.

**あく** 【悪】악(↔선) [不正] 부정 ¶彼はいつの間にか悪に染まってろくでもない人間になってしまっていた 그는 어느새 악에 물들어 변변치 않은 인간이 되어 버리고 말았다. / 悪の道に入る 악의 길에 빠지다 / 悪の温床 악의 온상

**あく** 【灰汁】 [野菜の渋み] 떫은 맛 [泡] 거품 ¶煮立ったらあくを取り除かなければならない 끓어오르면 거품을 걷어내야야 한다. ◇あくが強い 간교하다, 개성이 강하다 ◇あくが抜ける 세련되다 ¶ふつうごぼうはあくを抜いてから調理する 보통 우엉은 떫은 맛을 빼고 조리한다. / 彼はあくが強いので有名な俳優だ 그 사람은 개성이 강한 것으로 유명한 배우다.

**アクアラング** 〔スキューバ〕 스쿠버 ¶アクアラングを付けて海中を泳ぐ 스쿠버를 지고 바닷속을 헤엄치다

**あくい** 【悪意】악의 [悪い意味] 나쁜 뜻 ¶彼女は彼に悪意を抱いていた 그 여자는 그 남자에게 악의를 품고 있었다. / 悪意に満ちたうわさが彼女の心を傷つけた 그녀에 관한 소문이 그녀의 마음을 상하게 했다. / 悪意があったわけではない 악의가 있었던 것은 아니다. / 悪意に解釈する 나쁜 뜻으로 해석하다

**あくうん** 【悪運】악운 ¶どういうわけか彼は悪運が

강い 그는 어쩐지 운이 세다. / 드디어 그 녀석의 악운도 다했다 마침내 그의 악운도 다했다.

**あくえいきょう【悪影響】** 악영향, 나쁜 영향 ¶たばこは健康に悪影響を及ぼす 담배는 건강에 악영향을 미친다 / 子供に悪影響を及ぼすテレビ番組 아이들에게 나쁜 영향을 미치는 텔레비전 프로그램 ⇒影響

**あくかんじょう【悪感情】** 악감정, 좋지 못한 감정 ¶彼らは米国に対して悪感情を抱いている 그들은 미국에 대해 좋지 않은 감정을 품고 있다.

**あくじ【悪事】** 악행(悪行), 못된 짓, 나쁜 짓 ¶彼らは多くの悪事を働いてきた 그들은 나쁜 짓을 많이 저질러 왔다. (˝많은 나쁜 짓을 라고는 하지 않는다위) / 悪事を企む 나쁜 짓을 꾀하다 / 悪事を事とする 악행[못된 짓]을 일삼다 慣用句 **悪事千里を走る** 악사천리 | 나쁜 짓은 이내 세상에 알려지기 마련이다

**あくしつ【悪質】** 악질〔あくどい〕악랄하다 ◇**悪質だ** 악질적이다, 악랄하다 彼女は悪質な詐欺に引っかかった 그녀는 악랄한 사기를 당했다. / 悪質な手口 악질적인 수법 / 悪質な犯罪 악질 범죄 / 悪質な高利貸し 악랄한 고리 대금업자

**アクシデント** 액시던트 ⇒事故

**あくしゅ【握手】** 악수 ◇**握手する** 악수하다 ¶２人は固い握手を交わした 두 사람은 굳게 악수를 나눴다. / 彼はドアのところで握手をして私を歓迎してくれた 그는 문간에서 악수하며 나를 환영해 주었다. / 彼女は私に握手を求めてきた 나에게 악수를 청해 왔다. / 彼らは仲直りのしるしに握手した 그들은 화해의 표시로 악수했다.

**あくしゅう【悪習】** 악습〔個人的に〕나쁜 버릇〔習慣〕〔社会的に〕나쁜 관습 ¶学生時代に夜更かしの悪習が身に付いてしまった 학생 시절에 밤샘하는 나쁜 버릇이 생겨 버렸다. / 悪習に染まる 나쁜 습관에 물들다 / 悪習を直す 나쁜 습관을 고치다

**あくしゅう【悪臭】** 악취 ¶たまったごみの山が悪臭を放っている 쌓인 쓰레기 더미가 악취를 풍기고 있다. / 下水の悪臭が鼻をついた 하수구의 악취가 코를 찔렀다.

**あくしゅみ【悪趣味】** 악취미 ◇**悪趣味だ**〔下品〕저속하다〔意地悪〕짓궂다 ¶彼女の服装は実に悪趣味だった 그 여자의 옷차림은 저속하기 짝이 없었다. / そんなことを言うのは悪趣味だ 그런 말을 하는 것은 짓궂다[악취미다].

**あくじゅんかん【悪循環】** 악순환 ¶物価上昇と賃上げの悪循環を断つ必要がある 물가 상승과 임금 인상의 악순환을 없앨 필요가 있다. / 悪循環に陥る 악순환에 빠지다

**アクション** 액션 関連 **アクション映画** 액션 영화 / **アクションシーン** 액션 장면 / **アクションスター** 액션 스타

**あくせい【悪性】** 악성 ¶悪性の風邪が流行っている 독감이 유행하고 있다. / 彼は悪性腫瘍のために20歳の若さで亡くなった 그 사람은 악성 종양 때문에 스무 살의 젊은 나이에 세상을 떠났다. 関連 **悪性インフレ** 악성 인플레

**あくせく** 악착같이, 악착스럽게 ¶毎日あくせく働いても暮らしはちっとも楽にならない 매일 악착같이 일해도 생활이 전혀 좋아지지 않는다. / 母は家事の切り盛りで毎日あくせくしている 어머니는 집안 살림에 매일 동동거리며 살고 있다. / 金もうけにあくせくする 돈벌이에 안달하다

**アクセサリー** 액세서리〔装飾品〕장식품〔付属品〕부속품 ¶渋谷にアクセサリーの店を出した 시부야에 액세서리 가게를 냈다.

**アクセス** 액세스, 접근(接近) ◇**アクセスする** 액세스하다, 접근하다 ¶空港にアクセスする道路 공항으로 가는 도로 / データベースにアクセスする 데이터베이스에 액세스하다 関連 **アクセス権** 액세스권 / **アクセスタイム** 액세스 타임

**アクセル** 액셀 ¶アクセルを踏んでスピードを上げる 액셀을 밟아 속도를 올리다

**あくせんくとう【悪戦苦闘】** 악전고투 ¶悪戦苦闘の末やっと決勝に進んだ 악전고투 끝에 겨우 결승전에 진출했다.

**アクセント** 악센트 ¶この単語は第２音節にアクセントがある 이 단어는 제２음절에 악센트가 있다. / ドレスの胸元に、彼女はベルトでアクセントを付けていた 드레스가 수수했기 때문에 벨트로 악센트를 줬다.

**あくたい【悪態】** 욕, 험담 ◇**悪態をつく** 욕을 하다, 험담을 하다 ¶ちんぴらが年寄りに悪態をついていた 똘마니가 노인에게 욕을 하고 있었다.

**あくだま【悪玉】** 악인(悪人), 악당(悪党) ⇒悪党

**あくてん【悪天】** 악천후(悪天候) ¶彼らは悪天をついて出発した 그들은 악천후를 무릅쓰고 출발했다.

**あくどい** 악랄하다, 악질적이다 ¶多くの人が彼のあくどい手口にだまされてお金を取られた 많은 사람들이 그자의 악질적인 수법에 속아 돈을 빼앗겼다. / あくどい商人 악랄한 장사꾼

**あくとう【悪党】** 악당 ¶この悪党め 이 악당 녀석!

**あくとく【悪徳】** 악덕 ¶悪徳業者が警察に摘発された 악덕 업자가 경찰에 적발되었다. 関連 **悪徳商法** 악덕 상법 / **悪徳商人** 악덕 상인

**あくにん【悪人】** 악인, 악당 ¶彼は決して根からの悪人じゃない 그 사람은 결코 원래부터 악인이 아니다.

**あくび【欠伸】** 하품 ◇**あくびする** 하품하다 ¶その芝居は退屈であくびが出た 그 연극은 지루해서 하품이 나왔다. / 寝不足であくびをこらえることができなかった 잠이 모자라서 하품을 참을 수가 없었다. / あくびをかみ殺しながら先生の話を聞いた 하품을 참으면서 선생님 말씀을 들었다. / あくびは人に移るものだ 하품은 남에게 옮기 마련이다

**あくひつ【悪筆】** 악필 関連 **悪筆家** 악필가

**あくひょう【悪評】** 악평 ¶悪評が立つ 악평이 나다 / 悪評を浴びる 악평을 받다

**あくぶん【悪文】** 서투른 글 ¶意図のわかりづらい悪文 의도를 이해하기 어려운 문장 / 悪文を書く作家 난해한 문장을 쓰는 작가

**あくへい【悪弊】** 악폐, 나쁜 폐단 ⇒悪習

**あくへき【悪癖】** 악벽, 나쁜 버릇 ⇒悪習

**あくま【悪魔】** 악마(▶発音は 앙마), 마귀
**あくまで** 끝까지, 어디까지나 ¶彼はあくまでも自分の過ちを認めなかった 그는 끝까지 자기 잘못을 인정하지 않았다. / 彼らは降伏するよりもあくまで戦い抜くことを選んだ 그들은 항복하는 것보다 끝까지 싸우는 것을 택했다. / 彼女は最後まで自分の主張を押し通す気のようだ 그 여자는 끝까지 자기 주장을 밀고 나갈 작정인 것 같다.
**あくむ【悪夢】** 악몽(▶発音は 앙몽), 흉몽, 가위 ¶列車事故の現場は悪夢のような惨状だった 열차 사고 현장은 악몽과 같은 참상이었다. / 悪夢を見る 악몽을 꾸다 / 悪夢にうなされる 악몽에 시달리다 | 가위 눌리다
**あくめい【悪名】** 악명(▶発音は 앙명)¶凶悪犯として彼の悪名は全国にとどろいていた 흉악범으로 그의 악명은 전국에 알려져 있었다. / 悪名高い詐欺師 악명 높은 사기꾼
**あくやく【悪役】** 악역 ¶悪役を演じる 악역을 연기하다
**あくゆう【悪友】** 악우, 나쁜 친구 ¶うちの息子は近ごろ悪友と付き合っているようだ 우리 아들은 요새 나쁜 친구하고 사귀고 있는 것 같아. / あいつは高校時代からの悪友だ(→親友だ) 그 녀석은 고등학교 시절부터의 친한 친구야.
**あくよう【悪用】** 악용 ◇悪用する 악용하다 ¶彼は地位を悪用して私利私欲をむさぼっている 그 사람은 지위를 악용하여 사리사욕을 탐내고 있다. / 他人の名前を悪用する 남의 이름을 악용하다
**あぐら【胡座】** 책상다리 ◇あぐらをかく 책상다리를 하고 앉다 〔いい気になる〕 안주하다 ¶彼はソファーの上であぐらをかいて新聞を読んでいる 그는 소파에 책상다리를 하고 앉아 신문을 읽고 있다. / 彼は部長の地位にあぐらをかいている(→安住している) 그는 부장 자리에 안주하고 있다.
**あくりょう【悪霊】** 악령(▶発音は 앙녕)¶悪霊に取り付かれる 악령에 씌다
**あくりょく【握力】** 악력(▶発音は 앙녁)¶握力が強い[弱い] 악력이 강하다[약하다] [関連]握力計 악력계
**アクリル** 아크릴 [関連]アクリル樹脂 아크릴산수지 / アクリル繊維 아크릴 섬유
**あくる【明くる】** 다음 ¶試合のあった明くる朝は体中が痛くて起き上がれなかった 시합 다음날 아침은 온몸이 아파서 일어나지 못했다. / 明くる年 다음해, 이듬해 / 明くる日 다음날, 이튿날
**あくろ【悪路】** 나쁜 길, 험한 길, 험로 ¶この車なら悪路も楽に走れる 이 차라면 험한 길이라도 쉽게 달릴 수 있다. / 行く手を悪路に阻まれて定刻に着けなかった 험한 길이 앞을 가로막아 시간내에 닿지 못했다.
**アクロバット** 아크로바트, 곡예(曲芸) ¶アクロバット飛行 아크로바트[곡예] 비행
**あげあし【揚げ足】** 慣用句 揚げ足を取る 말꼬리를 잡고 늘어지다
**あけがた【明け方】** 새벽녘, 동틀녘 ¶明け方までかかってコンピュータにデータを入力した 새벽녘까지 걸려 컴퓨터에 자료를 입력했다. / 毎日明け方から暗くなるまで働く 매일 새벽부터 어두울

때까지 일하다
**あげく【挙句】** 《過去連体形＋》 끝에, 《過去連体形＋》 결과 ¶よく考えたあげく仕事を辞めることにした 깊이 생각한 끝에 일을 그만두기로 했다. / こき使われたあげく首になった 혹사당한 끝에 목이 잘렸다. / 口論は激しい言い争い、果てに殴り合いを始めた 그들은 심하게 말다툼하다가 끝내는 주먹질을 시작했다.
**あけくれる【明け暮れる】** 나날을 보내다 ¶学生時代はクラブ活動に明け暮れてデートする暇もなかった 학생 시절에는 서클[동아리] 활동으로 나날을 보내 데이트할 짬도 없었다. / 夫を亡くした彼女は涙に明け暮れている 남편을 여읜 그녀는 눈물로 나날을 보내고 있다. / 読書に明け暮れる 독서로 나날을 보내다
**あげしお【上げ潮】** 〔満潮〕 밀물, 만조 〔上昇機運〕 상승세 ¶株式市場は上げ潮に乗って活況を呈していた 주식 시장은 상승세를 타고 호황을 이루고 있었다.
**あけすけ【明け透け】** ¶明け透けにものを言う 거리낌없이 말하다
**あげぞこ【上げ底】** ¶この菓子箱は上げ底で中身は少ししかない 이 과자 상자는 바닥을 높게 해서 속은 조금밖에 없다.
**あけっぱなし【開けっ放し】** ¶ドアを開けっ放しにするな 문을 열어 둔 채로 두지 마라. / 二階の窓が開けっ放しになっている 이층 창이 열린 채로 있다.
**あけっぴろげ【開けっ広げ】** ¶彼はだれに対しても開けっ広げな人間だ 그는 누구에게나 솔직한 사람이다. / 開けっ広げな性格 털털한 성격
**あげはちょう【揚げ羽蝶】** 호랑나비
**あけはなす【開け放す】** ¶窓を開け放して新鮮な空気を入れた 창을 활짝 열어 신선한 공기가 들어오게 했다.
**あけのの【曙】** 새벽, 여명(黎明) 〔始まり〕 기원(起源)¶文明の曙はナイル川に始まった 문명의 기원은 나일강에서 비롯되었다.
**あげもの【揚げ物】** 튀김 ¶私は揚げ物が大好きだ 나는 튀김을 매우 좋아한다. / 魚の揚げ物 생선 튀김 / 野菜の揚げ物 야채 튀김

## あける【開ける】 열다 [ページを]펴다 [荷物などを]풀다 [蛇口などを]틀다

基本表現
▶窓を開けてくれませんか
　창문을 열어 주시겠습니까?
▶日曜日も店を開けることにした
　일요일에도 가게를 열기로 했다.
▶ドアの鍵を開けて部屋に入った
　열쇠로 문을 열고 방 안에 들어갔다.
▶教科書の35ページを開けなさい
　교과서 35페이지를 펴.

¶引き出しを開けてその手紙を探した 서랍을 열어 그 편지를 찾았다. / 瓶のふたを開ける 병 뚜껑을 열다 / 小包を開ける 소포를 풀다
¶ドアの鍵を開けてありますから自由に入ってください 문은 열려 있으니 자유롭게 들어오세요.
¶水道の蛇口を開ける 수도꼭지를 틀다 / ガスの元栓を開ける 가스 밸브를 열다

## あける

### あける 【空ける】 비우다

❶ 〔穴を空ける〕 내다, 뚫다 ¶パンチで紙に2つ穴を空けてください 펀치로 종이에 구멍을 두 개 내 주세요. / 壁にドリルで穴を空けた 벽에 드릴로 구멍을 뚫었다.

❷ 〔空にする〕 비우다 〔移す〕 옮기다, 쏟다
¶2, 3日家を空けるので留守を頼むよ 이삼 일 집을 비우니까 집을 보아 주게. / 彼は昨夜一晩中家を空けた(→帰ってこなかった) 그는 어젯밤 내내 집에 돌아오지 않았다. / (ホテルで)一泊したいのですが部屋は空いていますか 하루 묵고 싶은데 방이 있어요? / 彼女はスープを器に空けた(→移した) 그녀는 수프를 그릇에 옮겼다. / 彼は酒が好きで一晩で焼酎を一瓶空けてしまう(→飲んでしまう) 그 사람은 술을 좋아해서 하룻밤 사이에 소주 한 병 다 마셔 버린다.

❸ 〔場所を空ける〕 비우다 〔道を空ける〕 열다 〔間を空ける〕 띄우다, 넓히다 〔時間を空ける〕 내다
¶彼女のために席を一つ空けておこう 그녀를 위해 자리를 하나 비워 두자. / もう一人分(場所を)空けてくれませんか 또 한 사람 자리를 비워 주시겠습니까? / おばあさんに道を空けてあげなさい 할머님께 길을 비켜 드려라. / この書類を1行ずつ空けてタイプしてください 이 서류를 한 줄씩 띄워서 타이핑해 주세요.

¶あす君の所に寄るから夜は空けておいてくれ 내일 자네 집에 들를 테니까 저녁에 시간을 내어 주게.

### あける 【明ける】

❶ 〔日が出る〕 새다 〔白み始める〕 밝아지다 ¶もう夜が明けた 벌써 날이 샜다. / 夜が明ける前に出発しよう 날이 새기 전에 떠나자.

❷ 〔年が代わる〕 바뀌다 ¶年があける 해가 바뀌다 | 새해가 되다 / 年が明けると20歳になる 해가 바뀌면 스무 살이 된다. / 明けましておめでとう 새해 복 많이 받으세요.

❸ 〔終わる〕 끝나다 ¶やっと梅雨が明けた 겨우 장마가 끝났다. 慣用句 彼女は明けても暮れても彼のことばかり考えている 그녀는 자나깨나[밤낮 없이] 그 사람 생각만 하고 있었다. / 彼らは明けても暮れても同じ退屈な仕事をやっている 그들은 늘 똑같은 따분한 일을 하고 있다.

### あげる 【上げる】

❶ 〔高い所に移す〕 올리다, 얹다 〔たたむ〕 개다

基本表現
▶ブラインドを上げて光を入れた
　블라인드를 올려 햇볕이 들게 했다.
▶その箱を棚の上に上げなさい
　그 상자를 선반에 올려 놓아라.

¶パパ, もっと高く上げてよ。パンダが見えないよ 아빠, 더 높이 올려 줘요. 팬더가 안 보여요. / 机を2階に上げるのを手伝ってちょうだい 책상을 2층으로 올리는 데 좀 도와 줘.

¶起きたら布団を上げなさい(→たたむ) 일어나면 이부자리를 개어라. / ふとんを上げて掃除機で마루바닥을 청소했다. 掃除をした 융단을 개어 놓고 청소기로 마루 바닥을 청소했다.

❷ 〔増加させる〕 올리다, 인상하다, 높이다 ¶家主が家賃を10%上げた 집주인이 집세를 10퍼센트 올렸다. / 政府は消費税を上げるつもりだ 정부는 소비세를 올릴 작정이다.

¶少しテレビのボリュームを上げてくれませんか 텔레비전 소리를 조금 크게 해 주시겠어요? / スピードを上げれば彼に追いつくだろう 속도를 내면 그를 따라잡을 수 있을 거다. / 成績を上げないと大学に入れない 성적을 올리지 않으면 대학교엔 못 들어갈 거야.

¶米の値段を上げる 쌀값을 올리다 / 給料を上げる 봉급[월급]을 올리다 / 生産性を上げる 생산성을 높이다

❸ 〔与える〕 주다 ¶彼女に花をあげた 그녀에게 꽃을 주었다. / 読んだ本を友達にただあげた 읽은 책을 친구에 거저[그냥] 주었다. / これを君にあげよう 이걸 너한테 주마.

❹ 〔得る〕 올리다, 거두다 ¶あの会社はITブームで大きな利益を上げている 그 회사는 IT 붐으로 큰 이익을 올리고 있다. / 成果を上げる 성과를 올리다[거두다]

❺ 〔腕・等級がよくなる〕 올리다, 늘다 ¶彼はやっと平社員から主任に上げてもらった(→昇進した) 그는 간신히 평사원에서 주임으로 올라갔다. / 最近, 彼女は料理の腕を上げた 요즘 그녀는 요리 솜씨가 늘었다.

❻ 〔家に入れる〕 들이다, 들여보내다 ¶お母さんが留守の間だれも家に上げてはいけません 엄마가 집에 없을 때 아무도 집에 들이면 안 돼. / 花子が来たら2階に上げてね 하나코가 오거든 2층으로 들여보내 줘.

❼ 〔入学させる〕 넣다 ¶息子を大学に上げるのにたくさんのお金がかかった 아들을 대학교에 넣는[입학시키는] 데 돈이 많이 들었다.

❽ 〔仕上げる, 済ます〕 마치다, 끝내다 ¶この仕事はあすまでに上げなければならない 이 일은 내일까지 끝내야 한다. / 宴会は1人5千円で上げることにしよう 연회는 일인당 5천 엔으로 끝내도록 하자. / 安く上げる 싸게 끝내다

❾ 〔…してあげる〕 《動詞連用形+》 주다, 《動詞連用形+》 드리다

使い分け 주다, 드리다
주다　物の移動が対等または目下の相手に対して行われること.
드리다　物の移動が目上の相手に対して行われること.

¶弟の宿題を手伝ってあげた 동생 숙제를 도와 주었다. / おじいさんの肩をもんであげた 할아버지 어깨를 안마해 드렸다. / 車で家まで送ってあげましょう 차로 집까지 바래다 줄게요.

❿ 〔声を出す〕 지르다, 올리다, 내다 ¶彼女はごきぶりを見て悲鳴を上げた 그녀는 바퀴벌레를 보고 비명을 질렀다. / 彼らは声を上げて助けを求めた 그들은 소리를 질러 구조를 요청했다. / 歓声を上げる 환성을 올리다 / うめき声を上げる 신음소리를 내다

⓫ 〔その他〕 ¶彼女は本から目を上げた 그녀는 책에서 눈을 떼 얼굴을 들었다. / 環境問題を議題に取り上げる 환경 문제를 의제로 올리다

**あげる【挙げる】** ❶〔手を〕들다 ¶質問のある人は手を挙げてください 질문 있는 사람은 손을 들어 주세요. / 銃を捨てて手を挙げろ 총 버리고 손 들어.

❷〔示す, 並べる〕들다, 열거하다, 올리다 ¶一つ例を挙げてみましょう 하나 예를 들어 봅시다. / 弁護士は被告に有利な証拠を挙げた 변호사는 피고에게 유리한 증거를 들었다. / 好きな動物の名前を挙げてみましょう 좋아하는 동물 이름을 대어 봅시다. / 彼らは次期市長候補として田中氏の名前を挙げている 그들은 차기 시장 후보로 다나카 씨 이름을 꼽고 있다. |(→推挙する)그들은 차기 시장 후보로 다나카 씨를 밀고 있다.

❸〔執り行う〕올리다 ¶彼らは教会で式を挙げた 그들은 교회에서 식을 올렸다.

❹〔総動員する〕기울이다, 다하다 ¶警察は事件解決に全力を挙げた 경찰은 사건 해결에 총력을 기울였다. / 国を挙げてワールドカップに熱狂した(→国中が) 온 나라가 월드컵에 열광했다.

❺〔犯人を検挙する〕붙잡다, 검거하다 ¶犯人はその場で挙げられた 범인은 그 자리에서 검거되었다.

**あげる【揚げる】** ❶〔油で調理する〕튀기다 ¶彼女は夕食のおかずに魚を揚げた 그녀는 저녁 반찬으로 생선을 튀겼다. / ごま油で揚げたエビの天ぷらが好きです 참기름으로 튀긴 새우를 좋아해요.

❷〔花火などを〕쏘아올리다〔風船などを〕띄우다〔旗などを〕달다 ¶子どもたちが野原で凧を揚げている 아이들이 들판에서 연을 띄우고[날리고] 있다. / アドバルーンを揚げる 애드벌룬을 띄우다 / 花火を揚げる 불꽃을 쏘아올리다 / ボールに旗を揚げる 깃대에 깃발을 달다 / マストに帆を揚げる 돛대에 돛을 달다

❸〔陸に積荷を〕부리다〔引き揚げる〕끌어 올리다 ¶船から荷を揚げる 배에서 짐을 부리다〔陸上へ 옮기다〕/ 船を岸に揚げる 배를 바닷가로 끌어올리다

**あけわたす【明け渡す】** 내주다, 비워주다, 명도하다 ¶借金のために仕方なく家を明け渡した 빚 때문에 할 수 없이 집을 내주었다. / 敵に陣地を明け渡さざるを得なかった 적에게 진지를 내줄 수밖에 없었다. / 連敗したジャイアンツはタイガースに首位を明け渡した 연패한 자이언츠는 타이거즈에 수위를 내줬다.

**あご【顎】** 턱 ¶ガムをかみすぎてあごが痛い 껌을 너무 씹어서 턱이 아프다. / あいつのあごにパンチをくらわせた 그 놈 턱에 「펀치를 먹여 주었어[주먹을 날렸어]. / 帽子のひもをあごの所で結ぶ 모자 끈을 턱 밑에서 매다 / あごがはずれる 턱이 빠지다 / あごを引く 턱을 당기다 / あごをなでる 턱을 쓰다듬다 関連 あごひげ 턱수염 / 上あご 위턱 / 下あご 아래턱 / 二重あご 이중턱 慣用句 私たちはあごがはずれるほど笑った 우리들은 턱이 빠지도록 웃었다. / 彼は人をあごで使う 그는 턱으로[거만한 태도로] 사람을 부린다. / 彼は1キロ走っただけであごを出した 그는 일 킬로 달리고 그만 지쳐 버렸다.

**アコーディオン** 아코디언, 손풍금 ¶アコーディオンを弾く 아코디언을 연주하다 関連 アコーディオンドア 아코디언도어

**あこがれ【憧れ】** 동경(憧憬) ¶あの俳優は女性たちのあこがれの的だ 그 배우는 여성들의 동경의 대상이다. / 彼女は僕のあこがれの女性だった 그녀는 내가 동경해 온 여성이었다. / 恵子をあこがれの眼差しで見ていたゲイコ는 경호를 동경의 눈길로 보고 있었다. / あこがれの地 동경하는 고장 ⇒憧れる

**あこがれる【憧れる】** 동경하다 ¶子どものころはサッカーの選手にあこがれた 어릴 적에는 축구 선수를 동경했다. / ヨンヒは都会の生活にあこがれている 영희는 도회지 생활을 동경하고 있다. / 女生徒たちは新任の先生にあこがれている 여학생들은 새로 부임해 오신 선생님을 동경하고 있다.

**あごひげ【顎髭】** 턱수염

**あさ【朝】** 아침〔午前中〕아침나절, 오전

基本表現
▷朝ですよ, 早く起きなさい
　아침이다. 어서 일어나.
▷私は朝勉強します
　난 아침나절에 공부합니다.
▷朝の10時に電話します
　아침 열 시에 전화 드리겠습니다.
▷朝になれば熱も下がるでしょう
　아침이 되면 열도 내려갈 겁니다.

¶朝のうちに仕事を済ませておこう 오전 중에 일을 해치우자. / 台風一過, さわやかな朝を迎えた 태풍이 지나간 후 상쾌한 아침을 맞이했다. / たいてい朝や近所を散歩します 대개 아침 일찍 근처를 산책합니다. / 彼は朝っぱらから酒を飲んでいる 그 사람은 이른 아침부터 술을 마시고 있다. / 農家の人たちは朝が早い(→朝早く起きる) 농민들은 아침 일찍 일어난다. / 朝一番にお宅にお届けします 아침에 제일 먼저 댁에 갖다 드리겠습니다. / 毎朝15分体操をする 매일 아침 15분 정도 체조를 한다. / 若いころは朝から晩まで休みなしに働いた 젊을 적에는 아침부터 밤까지 쉬지 않고 일했다.

¶あしたの朝は6時半に起きなければならない 내일 아침에는 여섯 시 반에 일어나야 한다. / あしたの朝までに原稿を送ってくれませんか 내일 아침까지 원고를 보내 주시지 않겠습니까? / それはある日の朝のことだった 그것은 어느 날 아침의 일이었다. / きのうの朝はとても寒かった 어제 아침은 매우 추웠다. / 彼は月曜日の朝, 成田空港に到着した 그는 월요일 아침에 나리타 공항에 도착했다.

参考 朝・昼・夜
1日を二分する場合, 朝と夕方が対になる場合と, 夜と昼が対になる場合がある.
　アチムチョニョク으로 朝に夕に
　밤낮을 가리지 않고 昼夜を分かたず
1日を時間的に三分する場合, 朝・昼・夜に理論的に対応するのはアチム, ナッ, パムであるが, アチム, 点心, 저녁を対にして考える人もいる.

**あさ【麻】** 삼, 모시 ¶麻のジャケット 삼베 재킷
[関連] 麻縄 삼끈 / 麻布 삼베

**あざ【痣】** [生まれながらの] 점 [打ち身] 멍 ¶背中にあざがある 등에 점이 있다. / あざができる 멍이 들다 / 彼は殴られて体中あざだらけなった 그는 얻어맞아 몸이 멍투성이가 되었다.

**あさい【浅い】** ❶ [深さが] 얕다
[基本表現]
▷この箱は底が浅い
　이 상자는 깊지 않다.
▷こっちのプールのほうがあっちのプールより浅い
　이쪽 풀장이 저쪽 풀장보다 얕다.
▷日本でいちばん浅い湖はどこですか
　일본에서 가장 얕은 호수는 어디입니까?
▷(海の)浅いところで泳ぎなさい
　얕은 데에서 헤엄쳐라.
▷この皿はスープを入れるには浅すぎる
　이 접시는 수프를 담기에는 너무 얕다.
¶この草は、根は浅いが十分に水を吸う 이 풀은 뿌리가 얕으나 물을 충분히 빨아들일 수 있다. / 砂を入れて小川を浅くした 모래를 넣어서 개울을 얕게 했다.
❷ [知識・思慮が] 얕다, 모자라다 ¶彼の歴史の知識は広いが浅い 그의 역사 지식은 광범위하지만 깊이가 없다. / 思慮が浅い 생각이 얕다[짧다].
❸ [眠・眠りが] 얕다 ¶私はいつも眠りが浅い 나는 언제나 깊이 못 자. / 心配するな。傷は浅いよ 걱정하지 마. 상처는 깊지 않아.
❹ [日・経験が] 짧다, 모자라다 ¶彼女と付き合い始めてから日はまだ浅い 그녀와 교제하기 시작한 지 아직 오래되지 않았다. / 彼は医者としての経験が浅い 그 사람은 의사로서의 경험이 모자란다. / ここに引っ越してきてからまだ日が浅い 여기로 이사 온 지 얼마 되지 않는다.

**あさいち【朝市】** 아침장 ¶月に一度、駅前広場で朝市が立つ 달에 한 번 역 앞 광장에 아침장이 선다.

**あさがお【朝顔】** 나팔꽃

**あさがた【朝方】** 아침결, 해뜰 무렵 ¶朝方雨が降っていたが今はすっかり晴れ上がった 아침결에 비가 내리고 있었는데 지금은 맑게 개었다. / きのうの朝方 어제 아침결

**あさぐろい【浅黒い】** 거무스름하다 ¶浅黒く日焼けした顔 햇볕에 거무스름하게 탄 얼굴

**あざける【嘲る】** 비웃다, 조소하다 ¶彼は私を臆病者とあざける 그는 나를 겁쟁이라고 비웃었다. ⇨あざ笑う

**あさごはん【朝御飯】** 아침밥, 아침 ¶「けさ朝ごはんに何を食べたの」「トーストとゆで卵にコーヒーさ」"오늘 아침에 뭘 먹었어?" "토스트하고 삶은 계란, 그리고 커피야." / 急いで朝ごはんを食べた 서둘러 아침밥을 먹었다. / 姉は朝ごはんも食べずに家を出た 언니[누나]는 아침밥도 먹지 않고 집을 나갔다.

**あさせ【浅瀬】** 얕은 여울 ¶船が浅瀬に乗り上げて動けなくなった 배가 얕은 여울에 얹혀 안 움직이게 되었다. / 浅瀬を歩いて渡った 얕은 여울을 걸어서 건넜다.

**あさって【明後日】** 모레 ¶「あさって伺ってもよろしいですか」「午後でしたらかまいません」"모레 찾아뵈어도 괜찮습니까?" "오후라면 괜찮습니다." / あさってソウルに発ちます 모레 서울로 떠납니다. / あさってまでにお返事いたします 모레까지는 대답해 드리겠습니다. / 天気予報ではあさっては雨が降るそうです 일기예보에 의하면 모레는 비가 온답니다.

**あさつゆ【朝露】** 아침 이슬 ¶朝露が降りる 아침 이슬이 내리다

**あさね【朝寝】** 늦잠 ¶たまには朝寝をするのも悪くない 때로는 늦잠을 자는 것도 나쁘지 않다.

**あさねぼう【朝寝坊】** 늦잠꾸러기 [人] 늦잠꾸러기
¶けさは朝寝坊して遅刻した 오늘 아침은 늦잠을 자서 지각했다. / 今日は日曜なので朝寝坊した 오늘은 일요일이라서 늦잠을 잤다. / 弟は朝寝坊で起こしてもなかなか起きない 동생은 늦잠꾸러기라서 깨워도 좀처럼 일어나지 않는다.

**あさはか【浅はか】** ◇浅はかだ [考えが] 천박하다 (浅薄―) [人・行動が] 경솔하다 (軽率―) [愚かだ] 어리석다 ¶浅はかな考えは捨てなさい 어리석은 생각은 버려라. / やつは浅はかな人間だ 그 녀석은 어리석은 사람이다. / 浅はかなことをしたものだ 경솔한 짓을 했구먼.

**あさばん【朝晩】** 아침저녁 ¶このところ朝晩めっきり涼しくなった 요즘 아침저녁으로 제법 선선해졌다.

**あさひ【朝日】** 아침 햇살, 아침 해 (↔저녁 해) ¶朝日が水平線上に昇る 아침 해가 수평선 위로 떠오른다. / 朝日が部屋の中に差し込む 아침 햇살이 방 안을 비춘다.

**あさましい【浅ましい】** 비열하다 (卑劣―), 치사하다 (恥事―) ¶浅ましいまねはするな 비열한 짓은 하지 마. / 浅ましい行為 치사한 행위

**あざみ【薊】** 엉겅퀴

**あざむく【欺く】** 속이다, 기만하다 ¶彼女を欺こうとしても無駄なことだ 그 여자를 속이려고 해도 소용없다. / 敵を欺く 적을 속이다 ⇨だます

**あさめし【朝飯】** 아침밥, 조반 [慣用句] 彼を手なずけることなんか朝飯前さ 그를 포섭하는 것 따위는 식은 죽 먹기야. / その程度のことなら朝飯前だよ そんな일쯤이야 약과다. / 「テストはどうだったの」「朝飯前さ。思ったより簡単だったよ」"시험은 어땠어?" "누워서 떡 먹기야. 생각보다 쉬웠어."

**あさもや【朝靄】** 아침 안개

**あざやか【鮮やか】** ❶ [色・形・記憶などが] ◇鮮やかだ 선명하다, 산뜻하다, 뚜렷하다 ◇鮮やかに 선명하게, 산뜻하게, 뚜렷이 ¶鮮やかな木々の緑がとても美しい 나무들의 산뜻한 녹색이 아주 아름답다. / 彼女は鮮やかな赤のコートを着ていた 그 여자는 산뜻한 빨강 코트를 입고 있었다. / 初めて彼女に会った日のことを今でも鮮やかに覚えている 처음 그녀를 만난 날을 지금도 뚜렷이 기억하고 있다.
❷ [演技・技術などが] ◇鮮やかだ 멋지다 ◇鮮やかに 멋지게 ¶彼の鮮やかなプレーが印象的だった 그의 멋진 플레이가 인상적이었다. / 彼女の演技はとても鮮やかだった 그 여자의 연기는 매우

훌륭했다. / 彼は鮮やかにシュートを決めた 그는 멋지게 슛을 성공시켰다.

**あさやけ**【朝焼け】아침 노을 ¶朝焼けに映える富士山の姿は感動的だった 아침노을에 비치는 후지 산의 모습은 감동적이었다.

**あさゆう**【朝夕】아침 저녁, 조석 ⇨朝晩

**あざらし**【海豹】바다표범, 해표 ¶あざらしの群 바다표범 떼 / あざらしの子 바다표범 새끼 / あざらしの毛皮 바다표범 모피

**あさり**【浅蜊】모시조개, 바지락 조개

**あさる**【漁る】뒤지다, 찾아다니다 ¶きのうは古本屋でおもしろそうな古本をあさって過ごした 어제는 헌책방을 돌아다니며 재미있을 것 같은 헌책을 찾아다니면서 보냈다. / 野良犬がごみ箱をあさっていた 들개가 쓰레기통을 뒤지고 있었다. ⇨捜す

**あざわらう**【嘲笑う】비웃다, 조소하다 ¶彼らは私の失敗をあざ笑った 그들은 나의 실패를 비웃었다.

## あし 【足・脚】 ❶〔足〕발〔脚〕다리
◆『足が・足は・足には』

¶近ごろの若者は足が長い 요즘 젊은이들은 다리가 길다. / 足が大きくてくつが入らない 발이 커서 신발이 안 들어간다. / 1時間も正座していたので足がしびれてしまった 한 시간이나 정좌하고 있어서 다리가 마비되어 버렸다. / 祖父は足が悪いので車椅子を使っている 할아버지는 다리가 불편해서 휠체어를 쓰고 계신다. / 長いこと歩いたので足が痛い 오래 걸었기 때문에 발이 아프다. / 人間の足には5本の指がある 사람의 발은 발가락이 다섯 개 있다. (▶足の指は발가락, 手の指は손가락이라고, 그것을 구별한다고 한다) / テーブルの脚が1本折れた 테이블 다리가 하나 부러졌다.

◆『足で』

¶片足で立ってバランスを取るのは難しい 한쪽 다리로 서서 균형을 잡는 것은 어렵다. / 彼はドアを足でけって開けた 그는 문을 발로 차 열었다. / 犬が足で地面を掘っている 개가 발로 땅바닥을 파고 있다.

◆『足を』

¶階段から落ちて足を折った〔くじいた〕 계단에서 떨어져 다리를 골절했다〔삐었다〕. / 猫は前足〔後足〕をけがしていた 고양이는 앞발〔뒷발〕을 다쳤다. / 彼女は足を組んで座っている 그 여자는 다리를 꼬고 앉아 있다. / 電車の中で足を踏まれた 전철 안에서 발을 밟혔다. / 彼は痛めた足を引きずって歩いた 그는 다친 다리를 질질 끌면서 걸어갔다. / 警官は犯人の足を狙って撃った 경찰관은 범인의 다리를 겨눠 쐈다. / 彼は事故で右足を失った 그 사람은 사고로 오른쪽 다리를 잃었다. / 氷の上で足をすべらせて転んだ 얼음 위에서 발이 미끄러져 자빠졌다.

❷〔歩行, 訪問〕걸음, 발길
◆『足が』

¶彼は足が速い 그는 발이 빠르다. / 祖母は80歳だが足が達者だ 할머니는 여든인데도 다리가 튼튼해서 잘 걸으신다. / このごろは親戚とも足が遠のいた 요즘은 친척들하고도 발길이 멀어졌다〔뜸해졌다〕.

◆『足で』

¶あなたの足でそこに行くには1時間はかかる 당신 걸음으로 거기까지 가려면 한 시간은 걸린다.

◆『足を』

¶彼女はふと足を止めて振り返った 그녀는 문득 걸음을 멈추고 뒤돌아봤다. / 私は足を速めた 나는 걸음을 서둘렀다. / 京都まで行ったついでに奈良まで足をのばした 교토에 간 김에 나라까지 갔다. / 足を踏み入れる 발을 들여놓다 / 足を運ぶ(→じかに訪れる) 직접 찾아가다

❸〔交通手段〕교통수단, 발 ¶この町ではバスが唯一の足だ 이 동네에서는 버스가 유일한 교통수단이다. / 大雪で多くの人の足が奪われた 폭설로 많은 사람들의 발이 묶였다. 慣用句 そんな足が地につかない考えは捨てろ(→堅実でない) 그런 착실치 못한 생각은 버려라. / 犯人は現場に残した指紋から足がついた(→しっぽを捕まれる) 범인은 현장에 남긴 지문으로 꼬리가 잡혔다. / 今月は2万円の足が出た(→赤字になる) 이달은 2만 엔의 적자가 났다. / 恐ろしくて足がすくんだ 무서워서 다리가 얼어붙었다. / 一日中歩いて足が棒になった(→こちこちにこわばる) 하루 종일 걸어서 다리가 뻣뻣해졌다. / 私の部屋は本と資料で足の踏み場もない 내 방은 책과 자료로 발을 디딜 틈도 없다. / もう彼は博打から足を洗った 그는 이제 도박에서 발을 뺐다. / 彼女はいつも私の足を引っ張る(→妨害する) 그 여자는 항상 나를 방해한다. / あの人には足を向けて寝られない(→大きな恩をこうむっている) 그 사람한테는 큰 은혜를 입고 있다.

**あし**【葦】갈대 ¶パスカルの言葉を借りれば,「人間は考える葦」だ 파스칼의 말에 의하면 "인간은 생각하는 갈대"다. / 葦の生い茂った沼地 갈대가 우거진 늪

## あじ 【味】 ❶〔食べ物の味〕맛〔風味〕풍미

基本表現
▶味はどうですか
  맛이 어떻습니까?
▶この料理は味がいい
  이 음식은 맛이 좋다.
▶このケーキはチーズの味がする
  이 케이크는 치즈 맛이 난다.
▶最後に調味料で味をつけた
  마지막에 조미료로 맛을 냈다.
▶風邪を引いているので味がわからない
  감기가 들어 맛을 알 수가 없다.

¶「それってどんな味がするの」「あまり味はしないよ」 "그건 어떤 맛이 나?" "특별한 맛은 안 나." / このスープは変な味がしませんか 이 국은 이상한 맛이 나지 않아요? / このレストランは最近味が落ちたようだ 이 레스토랑은 최근에 맛이 떨어진 것 같아. / 少し砂糖を加えたら味がよくなった 설탕을 조금 넣으니 맛이 좋아졌다.

¶この料理はにんにくの味がきつい 이 음식은 마늘 맛이 강하다. / その店のアイスクリームにはいろいろな味がある(→いろいろなアイスクリームを売っている) 그 가게에는 여러 가지 맛의 아이스크림을 팔고 있다.

❷〔おもしろみ〕맛, 멋, 운치(韻致) ¶あの作家は

**あじ**

味のある文章を書く 그 작가는 운치 있는 문장을 쓴다. / 君にも味のあることを言うねあなたも 운치 있는 말을 하네. / 彼女は味も素っ気もない返事しかしなかった 그 여자는 아무 멋대가리도 없는 대답밖에 안 했다.

❸〖経験〗¶彼らは貧乏の味を知らない 그들은 가난의 맛을 모른다. / 彼女はいつでも以前のぜいたくな生活の味が忘れられなかった 그녀는 지금도 지난 날의 사치스러운 생활의 맛을 잊지 못했다.

❹〖物の具合〗¶この包丁は切れ味がよい[悪い] 이 식칼은「잘 든다[잘 안 든다]. 慣用句 一度味を占めたらやめられないもんだ 한번 맛을 들이면 끊지 못하는 법이다.

**あじ【鯵】** 전갱이 ¶あじの塩焼き 전갱이 소금구이 改めて あじ1尾 전갱이 한 마리

**アジア** 아시아 関連 アジア開発銀行 아시아 개발 은행 / アジア人 아시아인, 아시아 사람 / アジア大会 아시아 경기 대회 / 東南アジア 동남 아시아 / 東アジア 동아시아 / 北東アジア 동북아시아(×북동아시아라고는 하지 않는다)

**あしあと【足跡】** 발자취, 발자국 ¶砂浜にたくさんの足跡が付いていた 모래 사장에 발자취가 많이 나 있었다. / 雪の上にうさぎの足跡が残っていた 눈 위에 토끼 발자국이 남아 있었다.

**あしおと【足音】** 발소리 ¶足音は次第に近づいてきた 발소리는 점점 다가왔다. / だれかが階段を下りてくる足音が... 누군가가 계단을 내려오는 발소리가 들렸다. / 刑事は足音をしのばせてドアに近づいた 형사는 발소리를 죽여 문에 다가갔다. / 行進の足音が次第に遠のき, やがて聞こえなくなった 행진하는 발소리가 서서히 멀어져 곧 들리지 않게 되었다. / 足音を立てないで 발소리를 내지 마.

¶風はまだ冷たいが春の足音が聞こえるようだ 바람은 아직 차갑지만 봄의 소리가 들리는 것 같다.

**あしか【海驢】** 강치

**あしがかり【足掛かり】** 발판〔コネ〕 연줄〔手掛かり, 糸口〕 실마리, 단서 ¶彼は木の根を足掛かりにして崖を上った 그는 나무뿌리를 발판으로 하여 벼랑을 올라갔다. / 彼女はテレビドラマ出演を足掛かりに銀幕デビューを果たした 그녀는 텔레비전 드라마 출연을 발판으로 은막에 데뷔하였다. / 彼がこの会社で出世の足掛かりをつかむのは容易ではなかった 그가 이 회사에서 출세의 연줄을 잡는 것은 쉽지 않았다. / 真相解明の足掛かりをつかむ 진상 해명의 단서를 잡다

**あしかけ【足掛け】** ¶今の仕事を始めてから足掛け10年になる 지금의 일을 시작한 지 햇수로 10년이 된다.

**あしかせ【足枷】** 족쇄, 차꼬〔重荷〕 짐 ¶囚人たちには足かせがはめられていた 죄수들에게는 족쇄가 채워져 있었다. / 家族が足かせになって彼は独身時代のように自由に出歩けなくなった 가족이 짐이 되어 그는 총각 때 같이 마음대로 나가지 못하게 되었다.

**あしがため【足固め】** ¶しっかり足固めをしていなかったので計画は失敗に終わった 단단히 기초를 다져 놓지 않았기 때문에 계획은 실패로 돌아갔다. / 政界進出の足固めをする 정계 진출을 위

한 기초를 다지다

**あしからず【悪しからず】** ¶パーティーには出られませんが悪しからず 파티에는 참석 못하오니 양해해 주시길.

**あしくび【足首】** 발목 ¶足首をくじいたせいで私はテニスの試合に出られなかった 발목을 삔 탓으로 나는 테니스 시합에 나가지 못했다.

**あじけない【味気無い】** 재미없다, 무미하다, 따분하다 ¶味気ない生活から逃れたくて旅に出た 재미없는 생활에서 도망치고 싶어서 여행에 나섰다. / 味気ない会社勤めがいやになり会社を辞めた 따분한 회사 근무가 싫증나서 회사를 그만두었다.

**あしこし【足腰】** 다리와 허리〔下半身〕 아랫도리 ¶年をとったせいで足腰が弱くなった 나이를 먹은 탓에 아랫도리가 약해졌다. / お年寄りも足腰が立つうちは仕事を続けたいと望んでいる(→動けるうちは) 노인들도 움직일 수 있는 한 일을 계속하기를 바라고 있다. / 足腰を鍛える 아랫도리를 단련하다

**あじさい【紫陽花】** 수국(水菊), 자양화

**アシスタント** 어시스턴트, 조수(助手), 도우미 ¶彼女は長年彼のアシスタントを務めている 그녀는 오랫동안 그 사람의 어시스턴트를 하고 있다.

**あした【明日】** 내일 ¶あしたの朝 내일 아침 慣用句 よくよくうまあしたの風が吹く(→太陽が昇る) 끙끙거리지 마. / あしたはあしたの太陽が昇る。⇒明日(す)

**あじつけ【味付け】** ◇味付けする 맛을 내다 ¶お好みに合わせて味付けしてください 입맛에 맞게 맛을 내세요. / この料理は味付けが濃すぎる[薄すぎる] 이 음식은 맛이 너무 진하다[싱겁다]. 関連 味付けのり 맛김

**あしでまとい【足手まとい】** 부담, 짐 ¶彼女は足手まといになるだけだ 그 여자는 짐이 될 뿐이다.

**あしどめ【足止め】** ¶吹雪のため空港で何時間も足止めをくった 눈보라 때문에 공항에서 몇 시간이나 발이 묶였다.

**あしどり【足取り】** 〔歩き方〕 발걸음〔行方〕 종적 ¶彼は重い〔軽い〕足取りで家に帰った 그는 무거운〔가벼운〕 발걸음으로 집으로 돌아갔다. / 警察は逃走した犯人の足取りをまだつかんでいない 경찰은 도주한 범인의 종적을 아직 찾지 못하고 있다. / 彼の足取りを追う 그의 종적을 쫓다

**あしなみ【足並み】** 보조, 발 ¶時代の変化と技術の進歩に足並みをそろえなければ企業も生き残れないだろう 시대의 변화와 기술의 진보에 보조를 맞추지 못하면 기업도 살아남을 수 없을 것이다. / 子どもたちは足並みをそろえて行進した 아이들은 발을 맞춰 행진했다. / 野党陣営は足並みが乱れて統一候補の擁立に失敗した 야당 진영은 공동 보조를 맞추지 못해 통일 후보 세우기에 실패했다.

**あしならし【足慣らし】** 〔準備運動〕 준비 운동 ¶選手たちは試合前に足慣らしで軽く準備 운동을 시합 전에 가볍게 준비 운동을 했다. / 彼女は退職後の足慣らしに散歩を始めた 그녀는 퇴직 후에 대비하여 산책을 시작했다.

**あしば【足場】**〔建築現場の〕발판, 비계〔活動の〕토대, 기반 ¶彼らはパイプで足場を組んだ 그들은 파이프로 발판을 짰다. / わが社は韓国市場での足場を固めた 우리 회사는 한국 시장에서 기반을 다졌다.

**あしばや【足早】**¶彼は足早にその場を立ち去った 그는 빠른 걸음으로 그 자리를 떠났다.

**あしぶみ【足踏み】**제자리걸음, 답보(踏步) ◇足踏みする 제자리걸음하다 ¶生徒たちはその場で足踏みを続けた 학생들은 그 자리에서 제자리걸음을 계속했다. / 日本と韓国の貿易交渉は足踏み状態に陥っている 일본과 한국의 무역 교섭은 제자리걸음하고 있다.

**あじみ【味見】**◇味見する 맛을 보다, 간을 보다 ¶お母さんはみそ汁の味見をした 어머니는 된장국의 맛을 보셨다.

**あしもと【足元】**발밑〔足取り〕걸음새, 걸음걸이 ¶足元に大きなくぼみができていた 발밑에 큰 구덩이가 생겨 있었다. / 懐中電灯で足元を照らしながら歩いた 손전등으로 발밑을 비추면서 걸어갔다. / 道がぬかっているから足元に気を付けなさい 길이 질퍽하니까 발밑을 조심해라. / 彼は酔っぱらって足元がふらついていた 그 사람은 술에 취해서 걸음걸이가 휘청거렸다. / 足元を確かめながらゆっくりはしごを登った 발밑을 확인하면서 천천히 사다리를 올라갔다. /慣用句 その会社は経営不振で足元に火がついている (→足の甲に火が落ちる) 그 회사는 경영 부진으로 발등에 불이 떨어졌다. / 彼女に比べたら私などは足元にも及ばない 그에 비하면 나 같은 것은 그에게 미치지 못한다. / 彼らは我々の足元を見てむちゃくちゃな要求をしてきた(→弱点につけこんで) 그들은 우리의 약점을 노려 터무니없는 요구를 해 왔다.

**あしらう**〔取り扱う〕대하다, 다루다, 대접하다〔添える〕곁들이다 ¶スオクはミョンチョルを冷たくあしらった 수옥이는 명철을 냉랭하게 대하였다. / 旬の食材をあしらった料理 제철의 식재료를 곁들인 요리

**あじわい【味わい】**〔風味〕풍미〔味, 味覚〕맛〔趣〕정취(情趣) ¶このお茶には独特の味わいがある 이 차에는 독특한 맛이 있다. / 新鮮な果物の味わいを楽しむ 신선한 과일의 맛을 즐기다 / 彼は人生について味わい深い言葉を述べている 그는 인생에 대하여 운치 있는 말을 하고 있다.

**あじわう【味わう】** ❶〔味を感じる〕맛보다 ¶韓国を旅行して各地の郷土料理を味わった 한국을 여행하며 각지의 고유 요리를 맛보았다.
❷〔鑑賞する〕감상하다 ¶美術館に行ってじっくり絵画を味わった 미술관에 가서 느긋하게 그림을 감상했다.
❸〔経験する〕맛보다, 겪다, 체험하다 ¶彼女は初めて失恋の痛みを味わった 그녀는 처음으로 실연의 아픔을 맛보았다. / 生活の苦労を味わう 생활고를 맛보다

## あす【明日】 내일〔将来〕앞날

基本表現
▷あすまたお会いしましょう
　내일 다시 만납시다.
▷あすは水曜日だ
　내일은 수요일이다.
▷あすの朝ソウルを発ちます
　내일 아침 서울로 떠납니다.
▷あすから仕事が始まる
　내일부터 일이 시작된다.
▷あすは雨ですよ
　내일은 비가 올 거에요.

¶きょうできることをあすまで延ばすな 오늘 할 일을 내일로 미루지 마라. / あすの今ごろは済州島で休暇を楽しんでいることだろう 내일 이맘때는 제주도에서 휴가를 즐기고 있을 거다. / 彼女はあす韓国から帰国する 그녀는 내일 한국에서 돌아온다.

¶彼にあす本を返すと言った 내일 책을 돌려 주겠다고 그에게 말했다. / 母にあすの朝6時に起こしてほしいと言った 내일 아침 여섯 시에 깨워 달라고 어머니에게 말했다.

¶あすの日本を担うのは君たち若者だ 내일의 일본을 짊어지는 것은 너희들 젊은이다.

慣用句「実は首になったんだ」「それはたいへんだ。でもあすはわが身かも知れないな(→いつ同じ身の上になるかも知れない)」"사실은 목이 잘렸어." "그거 큰일이네. 그렇지만 나도 언제 같은 신세가 될지 몰라."

**あずかりもの【預かり物】**¶あなたに預かり物があります 선생님한테 보관물이 있어요. / これはお宅のご両親からの預かり物です 이건 댁의 부모님께서 맡기신 물건입니다.

**あずかる【与る】**〔参加する〕참여하다, 관여하다, 관계하다〔受ける〕받다 ¶彼は新しい法律の立案にあずかった 그는 새로운 법률을 입안하는 데 참여했다. / その件は私のあずかり知るところではない(→関係がない) 그 문제는 나하고 아무런 관계도 없다. / 融資の相談にあずかる 융자 상담에 응하다

¶分け前にあずかれるとは思わなかった 몫을 받을 수 있다고는 생각지도 않았다. / お招きにあずかりましてありがとうございます(→招いていただいて) 초대해 주셔서 고맙습니다. / おほめにあずかる 칭찬을 받다

**あずかる【預かる】** ❶〔引き受ける〕맡다, 보관하다 ¶かばんを預かっていただけますか 가방을 맡아 주시겠습니까? / 荷物は私がお預かりしましょう(→私に預けてください) 짐은 저에게 맡겨 주십시오.
❷〔責任下に置く〕맡다, 돌보다 ¶留守の間猫を預かっていただけませんか 집을 비우는 동안 우리 고양이를 좀 돌봐 주실 수 없을까요? / この病院ではそれぞれの看護師が5人の患者を預かっている 이 병원에서는 각각의 간호사가 환자 다섯 명을 맡고 있다. / パイロットは乗客の安全を預かっている 조종사는 승객들의 안전을 책임지고 있다.
❸〔保留にする〕보류하다 ¶部長は私の辞表を預かったまま、その後何も言ってこない 부장은 내 사표를 보류한 채 그 후 아무 말도 없다.

**あずき【小豆】**팥 ¶あずきのあんこ 팥소 / あずき粥(⑮)팥죽, あずきのさや 팥꼬투리 / あずきの粒 팥

알 / 氷あずき 팥 빙수

**あずける【預ける】** 맡기다 ¶毎朝仕事に行く前に子どもを保育園に預けている 매일 아침 출근하기 전에 아이를 보육원에 맡기고 있다. / 荷物は駅に預けておいた 짐은 역에 맡겨 놓았다.
¶100万円を銀行に預けた 백만 엔을 은행에 맡겼다. / 銀行に預けておいたお金を引き出した 은행에 맡겨 놓은 돈을 찾았다.
¶勝負は彼に預けよう 승부는 그에게 맡기자.

**アスパラガス** 아스파라거스
**アスピリン** 아스피린
**アスファルト** 아스팔트 ¶アスファルト道路 아스팔트 도로
**アスベスト** 아스베스토스(< asbestos), 석면 (石綿) ⇒石綿

## あせ【汗】 땀

[基本表現]
▷暑いと汗が出る
　더우면 땀이 난다.
▷汗をかくと体が冷える
　땀을 흘리면 몸이 차가워진다.
▷冷たい水を飲んだら汗がひいた
　냉수를 마시니 땀이 가셨다.
▷選手は額の汗をぬぐった
　선수는 이마의 땀을 닦았다.

◆【汗が】
¶運動をしたら汗がたくさん出た 운동했더니 땀이 많이 났다. / 彼の額には玉のような汗が出ていた 그의 이마에 구슬땀이 흐르고 있었다. / 汗が引く 땀이 식다

◆【汗を】
¶人は寝ている時でも汗をかく 사람은 잠자는 동안에도 땀을 흘린다. / ジョギングをして汗をかくと気持ちがいい 조깅을 해서 땀을 많이 흘리면 기분이 상쾌하다. / シャワーで汗を流すとさっぱりするよ 샤워로 땀을 씻어내면 시원할 거야. / サッカーをやってうんと汗を流して来て 축구 해서 땀을 많이 흘렸다. / 彼はだらだらと汗を流していた 그는 땀을 줄줄 흘리고 있었다. / 窓が汗をかいている 유리창에 물방울이 맺혀 있다.
¶冷や汗をかく 식은땀이 나다 / あぶら汗をかく 진땀이 나다

◆【汗で】
¶バットが汗ですべる 땀으로 배트가 미끄러진다. / 汗でぐしょぐしょになったシャツを脱ぎ捨てた 땀으로 흠뻑 젖은 셔츠를 벗어 던졌다.

◆【その他】
¶彼は汗っかきだ 그는 땀을 많이 흘리는 체질이다. / 汗びっしょりの 땀에 흠뻑 젖었다. / 汗くになって庭の草取りをした 땀투성이가 되어 뜰의 잡초를 뽑았다.
¶まだ4月だというのに汗ばむ陽気だ 아직 사월인데 땀이 나는 날씨다.
¶汗くさいなあ 땀내가 나는데. [慣用句]手に汗を握るような熱戦だった 손에 땀을 쥐게 하는 열전이었다. / 額に汗して働いてやっと手に入れたマイホームです(→一生懸命働いて) 열심히 일해서 겨우 마련한 집입니다.

**アセアン** 아세안, 《正式》동남아시아 제국 연합(東南アジア諸国連合)
**アセスメント** 어세스먼트 [関連]環境アセスメント 환경 어세스먼트, 환경 영향 평가
**あせみず【汗水】** 땀 ¶汗水垂らしてかせいだお金を盗まれた 땀 흘려 번 돈을 도둑맞았다.
**あせも【汗疹】** 땀띠 ¶その赤ん坊は体中にあせもができていた 그 아기는 온몸에 땀띠가 나 있었다.
**あせる【焦る】** 초조해하다, 애타다, 조급하게 굴다, 서두르다, 안달하다
¶いつものバスが時間どおりに来ないのであせった 매일 타는 버스가 시간대로 오지 않아서 애가 탔다. / 締め切りが近づいても仕事がはかどらず 彼女はあせっていた 마감이 다가오는데도 일이 진척되지 않아 그녀는 초조해하고 있었다. / そんなにあせって出かけなくてもいいのに そんなに서둘러 나가지 않아도 괜찮은데. / あせらずに落ち着きなさい 조급하게 굴지 말고 좀 진정해라. / 「急がないと飛行機に乗り遅れるよ」「あせるなって」 "서두르지 않으면 비행기 놓칠 거야." "서두르지 말라니까." / 財布を家に忘れてきたことにあせってしまった(→あわてる) 지갑을 집에 두고 온 것을 깨닫고 당황했다.

**あせる【褪せる】** 바래다, 퇴색하다 [変色する] 변색하다 [記憶などが] 희미해지다 ¶カーペットの色が日の光であせてしまった 융단의 색깔이 햇빛으로 바래져 버렸다. / 合成洗剤でブラウスを洗ったら色があせてしまった 합성 세제로 블라우스를 빨았더니 색깔이 변색되어 버렸다. / 幸せだった日々の記憶も次第にあせてきた 행복했던 날들의 기억도 점차 희미해졌다.

**あぜん【唖然】** ◇あぜんとする 아연해하다 ¶彼女の言葉に一同あぜんとしてしまった 그 여자의 말에 모두가 아연해했다.

## あそこ 〔そこ〕거기 〔向こう〕저기, 저쪽 ¶ここからあそこまで時間はどのくらいかかりますか 여기서 거기까지 시간이 얼마나 걸립니까? / またあそこで会いましょう 또 거기서 만납시다. / あそこにいる男の人を知っているかい 저기 있는 남자를 알고 있니? / あそこに見える建物が博物館です 저쪽에 보이는 건물이 박물관입니다. / あそこまで言わなくてもよかったのに 그렇게까지 말하지 않아도 되었을 텐데.

## あそび【遊び】 ❶〔遊戯〕놀이 ¶子どもたちは遊びに夢中です(→遊ぶことに) 아이들은 노는 데 정신이 없다.
¶どんな遊びがしたいの(→何をして遊びたいの) 뭘 하고 놀고 싶어?

[会話] 遊びも必要
　A：勉強ばかりでなく時には遊びも必要ですよね
　B：ええ, そうですよ
　A：공부뿐만 아니라 때로는 노는 것도 필요하지요?
　B：네, 그래요.
　A：次はどんな遊びをしようか
　B：そうだね, かくれんぼしようよ
　A：다음은 뭘 하고 놀래?
　B：글쎄, 숨바꼭질은 어때?

❷〔娯楽〕놀이〔気分転換〕기분전환 ¶最近,

学生の間で人気のある遊びは何ですか 요즘 학생들 사이에 인기 있는 놀이는 무엇입니까? / 彼女は韓国へ遊びに行った 그녀는 한국에 놀러 갔다. / 仕事と遊びをかねて沖縄に行ってきました 일도 하고 놀기도 할 겸 오키나와에 갔다왔어요.
[会話] 遊びで旅行に行く
　A：来週の北海道行きはまたお仕事ですか
　B：いいえ，今度の旅行は仕事じゃなくてまったくの遊びです(→遊びに行く)
　A：다음주 홋카이도에 가시는 것은 또 일 때문입니까?
　B：아뇨, 이번 여행은 일 때문이 아니라 순전히 놀러 가는 겁니다.
❸ [訪問] ¶近いうちに遊びに来ませんか(→遊びに来てください) 조만간 놀러 오세요. / 暇をみて一度遊びに行くよ 짬을 보아서 한번 놀러 갈게.
❹ [機械などの余裕・ゆとり] 여유 ¶このハンドルは遊びが少ない(→たりない) 이 핸들에는 여유가 부족하다. [慣用句] 遊び半分でそんなことをするな 장난 삼아 그런 짓을 하지 마라. (▶장난은「いたずら」の意) / 彼は遊び半分で仕事をしている 그는 장난 삼아 일하고 있다. [関連] 遊び相手 놀이친구 / 遊び着 놀이옷 / 遊び道具 장난감 / 遊び部屋 놀이방

**あそぶ** 【遊ぶ】❶ [遊戯をする] 놀다
[会話] 何をして遊ぶか
　A：お宅のお子さんは毎日何をして遊んでいますか
　B：そうね．たいていはテレビゲームで遊んでいます
　A：댁의 아이는 매일 뭘 하고 놀아요?
　B：글쎄, 주로 비디오 게임을 하며 놀아요.
¶妹はおもちゃで遊んでいる 여동생은 장난감을 가지고 놀고 있다. / 私たちは一日中海辺で楽しく遊んだ 우리들은 하루 종일 바닷가에서 즐겁게 놀았다. / 日曜日は彼と一緒に鎌倉で1日遊んだ 일요일에는 남자 친구와 같이 가마쿠라에서 하루 종일 놀았다.
[会話] 遊ぶ暇がない
　A：お暇なら遊びにおいでください
　B：ありがとうございます．でもこのところ仕事が忙しくて遊ぶ暇がないですよ
　A：한가하면 놀러 오세요.
　B：고마워요. 그런데 요즘 일이 바빠서 놀 짬도 없네요.
❷ [遊興する] 놀다 ¶彼は若いころそうとう遊んだ 그는 젊을 적에 많이 놀았다. / 昨夜仕事が終わってから新宿では夜遅く 어젯밤 일이 끝난 후에 신주쿠에서 놀았다.
❸ [仕事をしないでいる] 놀다, 쉬다 ¶いつまでも遊んでばかりはいられない 언제까지나 놀고 있을 수만은 없다. / 彼は仕事もせず毎日遊んで暮らしている 그는 일도 안 하고 매일 놀며 지내고 있다.
❹ [役立てられていない] (俗) 놀다 ¶不景気でこの工場には遊んでいる機械が多い 불경기로 이 공장에는 놀고 있는 기계가 많다. / この土地を利用せずに遊ばせておくのはもったいない 이 토지를 이용하지 않고 그냥 놀리는 것은 아깝다.
[慣用句] よく学びよく遊べ 공부할 때에는 열심히 공부하고 놀 때는 마음껏 놀아라.

**あだ**【仇】원수 ¶父の仇を討つ 아버지의 원수를 갚다 / 私の親切がかえって仇になった 내 친절이 도리어 헛되이 되었다.

**あたい**【値】값, 값어치 ◇ (…するに)値する《未来連体形＋》가치가 있다, 《未来連体形＋》만하다 ¶次の式の値を求めよ 다음 식의 값을 구하시오. / 『シュリ』は一見に値する映画だ "쉬리"는 한번 볼 만한 영화다. / この本は一読に値する 이 책은 한번 읽을 가치[값어치]가 있다. / 検討に値する提案 검토할 가치가 있는 제안 / 称賛に値する行い 칭찬할 만한 행동

**あたえる**【与える】❶ [他人に渡す] 주다 〔賞などを〕수여하다 〔特権・許可などを〕부여하다
[基本表現]
▶父は私たちにおもちゃを与えた
　아버지는 우리들에게 장난감을 주었다.
▶理事会は彼女に奨学金を与えることにした
　이사회는 그녀에게 장학금을 수여하기로 결정했다.
¶検討するのに十分な時間を与えましょう 검토하는 데 충분한 시간을 줍시다. / キム教授は私にアメリカ留学の機会を与えてくれた 김 교수님이 저에게 미국에 유학갈 기회를 주셨다. / 市長は私たちにできるだけいい印象を与えようとしていた 시장은 우리들에게 가능한 한 좋은 인상을 주려고 했다. / 彼女は息子に毎月小遣いとして5千円与えている 그녀는 아들에게 용돈으로 매월 오천 엔 주고 있다.
¶先生は彼に早退の許可を与えた 선생님은 그에게 조퇴를 허락했다. / 昼食時には1時間の休憩が与えられています 점심 때에는 1시간의 휴식 시간이 주어져 있습니다. / その会社に独占契約の権利が与えられた 그 회사에 독점 계약의 권리가 부여되고 있다.
¶猫にそんなにたくさんえさを与えてはいけないよ 고양이에게 그렇게 많이 먹이를 주면 안 돼.
❷ [影響などを] 주다, 입히다 ¶たばこは健康に悪影響を与える 담배는 건강에 나쁜 영향을 준다. / その知らせは彼らにショックを与えた 그 소식은 그들에게 충격을 주었다. / 彼の一言一言が彼女に苦痛を与えた 그의 한 마디 한 마디가 그녀에게 고통을 주었다. / 台風が稲作に大きな損害を与えた 태풍이 벼농사에 큰 손해를 입혔다.
❸ [供給する, 用意する] 마련하다 ¶政府はホームレスの人たちに食事と住む場所を与えることにした 정부는 노숙자들에게 식사와 거처를 마련해 주기로 했다.
❹ [割り当てる] 할당하다 ¶彼女は与えられた仕事しかしない 그 여자는 할당된 일밖에 안 한다.

**あたかも**【恰も】마치, 흡사 ¶この絵はあたかも写真のようだ 이 그림은 마치 사진 같다. / 彼はあたかも何も知らないかのように振る舞っていた 그는 마치 아무것도 모르는 것처럼 행동했다. ⇨まるで, ちょうど

**あたたかい**【暖かい・温かい】❶ [温度が] 따뜻하다, 따스하다 ◇ 暖かく・温かく 따뜻이, 따스하게 ◇ 暖かく[温かく]なる 따뜻해지다, 따스해지다 ¶このところ暖かい陽気が続いている 요즘 따뜻한 날씨가 계속

**あたたかさ**

되고 있다. / 今年の冬は例年と違って暖かった 올겨울은 예년과 달리 따뜻했다.

¶この部屋は暖房が効いていてとても暖かい 이 방은 난방이 잘 되어 있어서 아주 따뜻하다. / ストーブをつけて部屋を暖かくした 난로를 켜서 방을 따뜻하게 했다. / ストーブをつけても暖かくならない 난로를 켰는데도 안 따뜻해진다.

¶温かいうちにたくさん召し上がってください(→冷めないうちに) 식기 전에 많이 드세요. / 寒い日には温かい紅茶が何よりも 추운 날에는 따뜻한 홍차가 제일이다. / 今日は寒いから暖かくして行きなさい 오늘은 추우니 따뜻하게 입고 가.

¶春が近づいて日に暖かくなってきた 봄이 다가오니 날마다 날씨가 따스해진다. / 酒を一杯やったら体が温かくなった 술을 한잔 하니 몸이 따뜻해졌다.

暖かい日差し 따스한 햇살 / 暖かいお湯 따뜻한 물 / 温かい弁当 따뜻한 도시락 / 温かな色合い 따스한 색상

❷ {やさしい, 思いやりのある} 따뜻하다 ◇温かく, 暖かく 따뜻하게, 따뜻하게 ¶私たちは韓国で温かい歓迎を受けた 우리들은 한국에서 따뜻한 환영을 받았다. / 彼は温かく私を迎え入れてくれた 그는 나를 따뜻이 맞아 주었다. / 彼は心の温かい人です 그는 마음이 따뜻한 사람이에요.

¶温かい家庭を築く 따뜻한 가정을 이루다 / 温かい母の愛情 따뜻한 어머니의 사랑 / 温かい微笑 따뜻한 미소

❸ {お金を持っている} 두둑하다 ¶ボーナスで懐も暖かいことだし、今日は僕がおごるよ 보너스를 받아 호주머니가 두둑하니 오늘은 내가 한턱낼게.

> **使い分け** 따뜻하다, 따스하다
> 따뜻하다 温度や感情・態度・雰囲気などのあたたかさについて用いられる最も一般的な語.
> 따스하다 もっぱら温度のあたたかさについて用いられる語.

**あたたかさ【暖かさ・温かさ】** ¶2月だというのに春のような暖かさだ(→春のように暖かい) 이월인데도 봄처럼 따뜻하다.

**あたたかみ【暖かみ・温かみ】** ¶この町にはまだ人情の温かみが残っている(→温かい人情が生きている) 이 동네에는 아직도 따뜻한 인정이 남아 있다. / 彼女は温かみのある人だ(→心の温かい人だ) 그녀는 마음이 따뜻한 사람이다.

**あたたまる【温まる・暖まる】** 따뜻해지다 {気持ちが} 훈훈해지다, 따스해지다 ¶お風呂の湯が十分に温まった 목욕물이 충분히 따뜻해졌다. / ヒーターをつけると部屋がゆっくり暖まってきた 히터를 켜니 방이 점점 따뜻해졌다. / 太陽の光が差し込んで部屋が暖まった 햇빛이 들어와서 방이 따뜻해졌다.

/ 友達から心の温まる話を聞いた 친구한테서 마음이 훈훈해지는 이야기를 들었다.

**あたためる【温める・暖める】** ❶ {熱くする} 따뜻하게 하다, 녹이다, 데우다 ¶ストーブをつけて部屋を暖めた 난로를 켜서 방을 따뜻하게 했다. / 火にあたって体を暖めた 불을 쬐어 몸을 녹였다. / 冷めたみそ汁を温め直した 식어 버린 된장국을 다시 데웠다.

❷ {卵をだく} 안다 ¶雌鶏が卵をあたためている 암탉이 알을 품고 있다.

❸ {大事にする} 간직하다 ¶これは私が10年間あたためてきた計画だ 이것은 내가 10년 동안 간직해 온 계획이다.

**アタック** 어택 [攻撃] 공격 [挑戦] 도전 ¶相手ゴールに激しいアタックをかけた 상대 팀 골에 맹렬한 공격을 가했다. / 受験生たちは競争率10倍の入試の難関にアタックした 수험생들은 경쟁률 10대 1의 만만찮은 입시에 도전했다. / その登山家はエベレスト山の頂上にアタックした 그 등산가는 에베레스트산 정상에 도전했다.

**アタッシュケース** 《俗》007 (공공칠) 가방

**あだな【渾名】** 별명(別名) ¶彼に「チビ」というあだ名をつけた 그에게 '꼬마'란 별명을 붙였다. / 私は友達をあだ名で呼んでいる 나는 친구들을 별명으로 부르고 있다.

**あたふた** ◇あたふたと 후닥닥, 허둥지둥, 황급히 ¶彼女は食事もせずにあたふたと家を飛び出していった 그녀는 밥도 먹지 않고 후닥닥 집을 뛰어 나갔다. / チョルスはあたふたと駆けつけてきた 철수는 허둥지둥 달려왔다. / 彼はあたふたと出発した 그는 황급히 출발했다.

**アダプター** 어댑터 ¶交流アダプターを取り付ける 교류 어댑터를 설치하다

**あたま【頭】** ❶ {首から上} 머리, 고개, 《やや俗》 골치

> **使い分け** 머리, 고개
> 머리 中心的な意味は頭部, 髪であり, 派生的に頭脳を示す.
> 고개 中心的な意味は首筋であり, 頭よりも首という意味でよく用いる.

¶あいつが私の頭を殴った 그 녀석이 내 머리를 때렸다. / よそ見をして頭を枝にぶつけた 한눈 팔다가 나뭇가지에 머리를 부딪쳤다. / 子どもは頭から落ちた 아이는 머리부터 떨어졌다. / 頭が痛い(→頭痛がする) 머리가 아프다 | (→悩んでいる) 골치가 아프다 / 頭が重い 머리가 무겁다 | 머리가 개운하지 않다 / 頭をかく 머리를 긁다 / 頭を下げる 머리를 숙이다 | 고개를 숙이다

¶彼女は頭のてっぺんから足のつま先まで黒ずくめの格好だった 그 여자는 머리끝에서 발끝까지 온통 검은 옷을 입고 있었다. / 兄は私より頭一つ大きい 형은 나보다 머리 하나 정도 키가 크다.

❷ [頭脳] 머리, 두뇌 [考え] 생각, 염두(念頭) ◆ 《頭が》

¶あの子は頭がいい 그 애는 머리가 좋다. / あいつは頭が悪い 그 녀석은 머리가 나쁘다. / 今朝は頭がさえているみたい 오늘 아침에는 머리가 맑은 것 같다. / 彼は頭が切れる 그는 머리가 명석하다. / あいつは頭が鈍い 그 녀석은 머리가 둔하다. / あいつは頭がおかしい 그 녀석은 머리가 이상하다. / 父は頭が固い 아버지는 완고하다[융통성이 없다]. / 母は頭が古い 어머니는 생각이 구식이다. / うちの課長は頭が柔らかい 우리 과장

님은 고지식하지 않다. / 이 일을 하는 데는 頭가 いる(→頭を使う必要がある) 이 일을 하기 위해서는 머리[두뇌]를 써야 한다. / もう頭が働かないよ 이제 머리가 돌아가지 않는다.

◆【頭に】
¶ある考えが頭に浮かんだ[ひらめいた] 어떤 생각이 머리에 떠올랐다. / 彼は金のことがいつも頭にある 그는 언제나 돈 생각을 하고 있다. / これを頭に入れておけ 이걸 염두에 둬. / 彼の親切な励ましの言葉が頭に残っている 그 사람의 친절한 격려의 말이 지금도 머리에 남아 있다.

◆【頭の】
¶彼女は頭の回転が速い 그녀는 머리가 잘 돌아간다. / あいつは頭の回転が遅い 그 녀석은 머리가 잘 안 돌아간다.

◆【頭を】
¶少し頭を使えってことだよ 머리를 좀 쓰란 말이야. / ミスの言い訳をどうしようかと頭を悩ませている 실수의 변명을 어떻게 할까 골머리를 앓고 있다. (►골머리는 《俗》으로「頭」의 意) / ちょっと頭をひねればこの問題はすぐに解けるよ 머리를 좀 내면 이 문제는 곧 풀 수 있어. / 頭を切り換える(→考え方を変える) 사고방식을 바꾸다
❸【頭髮】머리, 머리카락 ¶頭がすっかり白くなってしまった 머리가 완전히 하얗게 세어 버렸다. / 頭を洗う 머리를 감다 / 頭をかる 머리를 깎다
❹【先端, 始め】처음, 시초 [先端] 대가리, 꼭대기 ¶頭から相手にしない 처음부터 상대하지 않는다. / くぎの頭 못대가리 / 鼻の頭 코끝

慣用句 うちのかみさんには頭が上がらない 우리 누나를 당해 낼 수 없다. / 息子は頭が痛い 아들 때문에 골치가 아프다. / 彼女には頭が下がる 그 여자에게는 절로 머리가 수그러진다. / 彼女には頭にくる 그 여자에게는 화가 난다. / 彼女を見るだけで頭にくる 그 여자만 보면 열 받는다. / 彼を頭に据えよう 그 사람을 우두머리에 앉히자. / 少し頭を冷やせよ 머리를 좀 식히라니까. / 彼女のことが頭を占めていた(→頭を離れない) 그녀 생각이 항상 머리를 떠나지 않는다. / 不安が頭をもたげてきた(→頭に浮かぶ) 불안이 머리에 떠오르기 시작했다. / ファシズムが頭をもたげつつある 파시즘이 고개를 쳐들고 있다. / 娘のことで頭を痛めている 딸 때문에 골치가 아프다. / チョルスはどうしたらいいのか頭を抱えている 철수는 어떻게 하면 좋을지 골치를 앓고 있다. | (→お辞儀をした) 영희는 인사했다. / 親戚に頭を下げて援助を頼むしかない 친척들에게 머리를 숙여 도움을 청할 수밖에 없다. / どうしても彼にだけは頭を下げたくない 아무에게도 굴복하고 싶지 않다. / 頭隠して尻隠さず 눈가리고 아웅하다 / 父は頭から湯気を立てている(→かんかんに怒っている) 아버지는 몹시 화를 내고 계셔.

**あたまうち【頭打ち】**¶頭打ちになる 한계점[정점]에 이르다 / 需要が頭打ちになり売り上げが伸びなくなった 수요가 한계점에 이르러 매상이 늘어나지 않게 되었다.

**あたまかず【頭数】**머릿수, 인원수 ¶頭数が2名足りず野球チームを編成できなかった 머릿수가 두 명 부족해서 야구 팀을 편성하지 못했다. / 必要な頭数をそろえる 필요한 인원수를 채우다

**あたまきん【頭金】**[契約金] 계약금 [保証金] 보증금 ¶頭金として10万円払った 계약금으로서 10만 엔을 지불했다.

**あたまごなし【頭ごなし】**◇頭ごなしに 일방적으로, 무조건 ¶頭ごなしに物事を処理してしまう 일방적으로 일을 처리해 버리다 / わけも聞かずに頭ごなしにしかる 사연도 묻지 않고 무조건 나무라다

**あたまでっかち【頭でっかち】**¶頭でっかちな人形 머리만 큰 인형 / 頭でっかちな人間(→言葉だけの) 말만 앞선 사람

**あたまわり【頭割り】**¶宴会の費用を頭割りにした 잔치 비용을 사람수로 나눴다. / 利益を頭割りで分配した 이익을 머릿수대로 배당했다.

# あたらしい【新しい】 
❶[今までにない] 새롭다, 새 ◇新しく 새롭게, 새로

---

使い分け 새, 새롭다

일반적으로 새는 「新品의, できたばかりの」라는 의미로, 冠形詞로서 名詞를 修飾하는 形밖에 없다. 새롭다는 「これまでなかった、これまでとは内容の異なった」라는 의미로 쓰임. 새 책은 「新品の本」의 의미로 쓰이며, 새로운 책은 「内容的にこれまでとは異なった本」. 새 가게는 「新築の店」, 새로운 가게는 「雰囲気を含めてこれまでと異なった店」이라는 의미로, 新鮮한 감을 주는 경우에도 쓰인다.

---

¶新しい服を着てどこへ行くの 새 옷을 입고 어디 가니? / お母さん、新しい靴が欲しいんだけど 엄마, 새 구두를 갖고 싶은데. / 岡田さんのところは新しい家に引っ越した 오카다 씨네는 새 집으로 이사했다.
¶彼女はいつも新しい流行を追っている 그 여자는 언제나 새로운 유행을 쫓고 있다. / 新しい情報が入りしだいお知らせします 새로운 정보가 들어오는 대로 알려 드리겠습니다. / きょうの新聞に事件について何か新しいこと載っていたか 오늘 신문에 그 사건에 관한 새로운 게 실렸니? / まもなく新しい年がやってくる(→迎える) 곧 새해를 맞이하게 된다.
¶それのどこが新しいの 그게 어디가 새롭다는 거야? / そんな考えはちっとも新しくない 그런 생각은 조금도 새롭지 않아. / 新しいからといってもんじゃないさ 새롭다고 해서 좋은 것은 아니야.
¶そろそろ壁紙を新しくしなくては(→新しいものに取り替える) 슬슬 벽지를 새로운 것으로 바꿔야지.

会話 新しくできた店
A：その指輪って、もしかして新しいの
B：そうよ
A：すてきね。どこで買ったの
B：駅前の新しくできた宝石店よ
A：그 반지, 혹시 새 거야?
B：그럼.
A：멋있구나. 어디서 샀니?
B：역 앞에 새로 생긴 보석점에서 샀어.
A：最近彼から便りがないが、どうしているのかな

B：新しい仕事を始めたらしいよ
A：요즘 그 사람한테서 소식이 없는데 어떻게 지내고 있을까?
B：새로운 일을 시작했대.

❷[新鮮な]새롭다, 생생하다 ¶新しい卵と古い卵の見分け方を知っているかい 생생한 달걀과 오래된 달걀을 가릴 줄 알아? / その事件は未だに記憶に新しい 그 사건은 아직도 기억에 생생하다.

❸[現代的・進歩的な]새롭다[最新の]최신 ¶新しい日韓辞典を買った 새로운 일한사전을 샀다. / 新しい医療設備を備えた病院 최신 의료설비를 갖춘 병원 / 彼は考え方が新しい 그 사람은 사고방식이 신식이다.

**あたり**【当たり】❶[命中]명중, 적중[そのとおり]맞다[成功したもの]성공, 히트, 대박[くじの]당첨(当籤)¶「めかしこんでどこへ行くんだい、さてはあの娘とデートだな。当たりだろう」「当たりだよ」"모양을 내고 어디 가는 거야? 알았다, 그 여자하고 데이트하는구나. 맞지?" "맞아!"

会話 当たり！
A：彼女いくつぐらいだと思う
B：25歳ぐらいだと思うわ
A：当たり。どうしてわかったの
A：그 여자, 몇 살쯤이라고 생각해？
B：스물다섯 살쯤 되겠는데.
A：맞았어! 어떻게 알았어？

¶彼は1等の大当たりを取った 그 사람은 일등에 당첨되었다. / そのCDは大当たりで100万枚売れた 그 CD는 대박이 터져서 백만 장이나 팔렸다. / 5発中3発の当たり 다섯 발 중 세 발이 명중 / 当たりくじ 당첨 제비 / 当たり商品 히트 상품

❷[野球の打球]타격 ¶彼の一打は鋭い当たりだった 그 사람의 일타는 날카로운 타격이었다. / 会心の当たり 회심의 타격

❸[人・物に対する感じ]¶彼女はいつも微笑みを絶やさず人当たりが柔らかい 그녀는 언제나 미소를 띠며 대인 관계가 부드럽다.

❹[…につき]당 ¶一人当たりの国民所得が1万ドルを超える인당 국민 소득이 만 달러를 넘는다. / アルバイト学生に時間当たり900円払っている 아르바이트 학생에게 시간당 900원 주고 있다.

**あたり**【辺り】❶[付近, 周辺]근처, 부근, 주변, 주위, 一帯 ¶この辺りに本屋はありますか 이 근처에 책방 있어요？ / 変な物音がしたので辺りを見回した 이상한 소리가 나서 주위를 둘러봤다. / 辺りに人影はなかった 주위에 인기척이 없었다. / 辺り一面に濃い霧が立ちこめていた 주변 일대에 안개가 끼어 있었다.

¶彼は池の辺りにいるさ 그는 연못가에 있을 거다.

❷[およそ]쯤, 경 ¶今夜あたり大雨になりそうだ 오늘 밤쯤 큰비가 올 것 같다.

¶スニは今度の日曜日あたりに着くでしょう 순희는 이번 일요일쯤에 도착하겠지요. 慣用句 その男は辺り構わずどなり散らしていた 그 남자는 아랑곳없이 고함을 지르고 있었다.

**あたりさわり**【当たり障り】¶長官の答弁は当たり障りのない説明に終始した 장관의 답변은 지장이 없는 설명 정도에 그쳤다. / 政治家は人権問題に対して当たり障りのない態度をとりがちだ 정치가란 인권 문제에 대하여 무난한 태도를 취하기 십상이다.

**あたりちらす**【当たり散らす】마구 화를 내다, 화풀이하다 ¶上司に叱責され、課長は部下に当たり散らした 상사에게 야단맞고 과장은 부하들에게 화풀이했다. / 彼は腹が立って妻に当たり散らした 그는 화가 나서 아내에게 화풀이했다.

**あたりどし**【当たり年】풍년(豊年)¶今年は天候に恵まれてみかんの当たり年だ 올해는 날씨가 좋아서 귤이 풍년이다.

**あたりまえ**【当たり前】[当然だ]당연하다[妥当だ]마땅하다[普通だ]보통이다, 예사롭다 ¶彼女が怒るのは当たり前だ 그녀가 화를 내는 것은 당연하다. / 彼の言ったことは極めて当たり前のことだ 그가 한 말은 극히 마땅하다. / ミョンチョルはごく当たり前の学生だ 명철이는 흔히 볼 수 있는 보통 학생이다. / 男性も家事をするのはもう当たり前の世の中 요새는 남자도 가사를[집안일을] 하는 것이 예사다. / 「ネズミは好きじゃないんだね」「当たり前よ」"쥐는 좋아하지 않는 거지." "당연하지."

**あたる**【当たる】❶[ぶつかる]맞다, 부딪치다[雨などが]때리다 ¶ボールが彼の頭に当たった 공이 그의 머리에 맞았다. / 彼女の放った矢が的の中心に当たった 그녀가 쏜 화살이 과녁의 중심에 맞았다. / 弾丸が彼の肩に当たった 총알이 그의 어깨에 맞았다. / 雨が車のフロントガラスに激しく当たっていた 비가 차의 앞유리를 세차게 때렸다. / キスをすると鼻が彼女の眼鏡に当たったんだ 키스하니까 내 코가 그녀의 안경에 부딪치더라. / 波が岩に激しく当たった 파도가 바위에 세차게 부딪혔다.

会話 ボールが当たる
A：その顔どうしたんだ
B：サッカーの練習中にボールが当たったんだ
A：얼굴이, 왜 그래?
B：축구 연습하다가 공에 맞았어.

❷[正しい]맞다, 적중하다 ¶天気予報が当たるといいんだが 일기예보가 맞으면 좋겠는데. / どちらの手にチョコレートを持っている？当たったらあげるよ 어느 쪽 손에 초콜릿 있게? 맞추면 줄게.

❸[相当する]상당하다, 해당하다 ¶千ウォンはほぼ日本の100円に当たる 천 원은 일본 돈 약 백 엔에 해당한다. / 韓国語にはこの単語に当たる語はない 한국어에는 이 단어에 해당하는 말이 없다. / 鳥の羽は人間の腕と手に当たる 새의 날개는 사람의 팔과 손에 해당한다. / 今年の憲法記念日は金曜日に当たる 올해 헌법 기념일은 금요일이다. / 北はどちらの方角に当たりますか 북쪽은 어느 쪽입니까? / 彼女は僕のいとこに当たる 그녀는 내 사촌이 된다.

❹[日光・火に当たる]쬐다[日光が当たる]들다, 비치다 ¶彼らは火に当たって暖まった 그들은 불을 쬐어 몸을 녹였다. / 日に当たる 햇볕을 쬐다 / この部屋は日がよく当たる 이 방은 햇볕이

잘 든다.
❺ [厳しく当たる] 심하게 대하다 ¶先輩はいつも私につらく当たる 선배는 언제나 나한테 심하게 대한다.
❻ [毒気にやられる] 중독되다 ¶魚に当たる 생선에 중독되다
❼ [くじに当たる] 당첨되다 ¶宝くじで1等が当たった 복권 일등에 당첨되었다.
❽ [試す] 부딪쳐 보다 ¶ほかを当たってみる 다른 데 알아보다 [→찾아보다]
❾ [対処・担当する] 맡다, 떠맡다 ¶彼がその事件の捜査に当たっている 그가 그 사건의 수사를 맡고 있다.
❿ [その他] ¶報告書を作成するに当たっては簡潔にまとめるようにしなさい(→作成するときは) 보고서를 작성할 때에는 간결하게 쓰도록 하시오.
慣用句 僕の誕生日プレゼント, 自転車なの？/ 当たらずとも遠からずだね "내 생일 선물은 자전거예요?" "딱 맞지는 않지만 비슷하긴 해."

**アダルト** 어덜트 [成人] 어른, 성인 [ポルノ] 포르노 ¶アダルトな雰囲気のドレス 어른스럽게 보이는 드레스 関連 **アダルトサイト** 성인용 사이트 / **アダルトショップ** 성인 용품 가게, 어덜트 숍 / **アダルトビデオ** 음란 비디오 (淫乱—)

**あちこち** 여기저기 (▶韓国語は여기(こち)が先)
¶部屋のあちこちに服が散らばっていた 방안 여기저기에 옷이 흩어져 있었다. / 子どもたちはあちこち走り回った 아이들은 여기저기 뛰어다녔다. / 今ではカフェはあちこちにある 오늘날 카페는 여기저기에 있다. / 私たちは韓国のあちこちを旅行して回った 우리는 한국의 여기저기를 여행했다. / あちこち本屋を探し回ったがその本は見つからなかった 여기저기 책방을 찾아다녔으나 그 책은 찾을 수 없었다.

**あちら** ❶ [あれ, あの] 저것, 저쪽 것 ¶こちらとあちらのとでは, どちらが安いですか 이것과 저것 중에 어느 쪽이 쌉니까？ / あちらのをください 저쪽을 주세요.
❷ [方向] 저쪽(↔이쪽) ¶トイレはあちらです 화장실은 저쪽입니다. / あちらに見えるのが東京タワーです 저쪽에 보이는 것이 도쿄타워입니다. / 「これはどこへ置きましょうか」「あちらの隅に置いてください」"이건 어디에 놓을까요?" "저쪽 구석에 두세요." 慣用句 **あちらを立てればこちらが立たず** 저 사람의 체면을 세워 주면 이 사람의 체면이 서지 않는다. →**向こう, あそこ**

**あちらこちら** 여기저기 →**あちこち**

**あっ** 아, 앗, 아이고 ¶あ, すごい 아, 굉장하다! / あっ, 痛い 아이고 아프다! / あっ, 雪だ 아, 눈이야! / あっ, 危ない 아, 위험해!
¶みんなあっと驚いてその場に立ち尽くした 모두 깜짝 놀라 멍하니 서 있었다. / 彼の発明は世間をあっと驚かせた 그의 발명은 세상 사람들을 깜짝 놀라게 했다. / 夜の間に積もった雪が明日を受けてあっという間に解けてしまった 밤새 쌓인 눈이 아침 햇살에 순식간에 녹아 버렸다.

**あつあつ 【熱々】** [男女の関係が] 열렬하다 [飲食物が] 뜨겁다, 따끈따끈하다 ¶あの二人は熱々の仲だ 저 두 사람은 열렬한 사이다. / 熱々のうどんが食べたい 따끈따끈한 우동을 먹고 싶다. / 熱々のみそ汁 따끈따끈한 된장국

**あつい 【厚い】** ❶ [厚みのある] 두껍다
基本表現
▶このオレンジは皮が厚い
　이 오렌지는 껍질이 두껍다.
▶もっと厚いステーキが食べたいな
　더 두꺼운 스테이크를 먹고 싶어.
▶いちばん厚い韓国語辞典を買った
　가장 두꺼운 한국어사전을 샀다.
¶こんな厚い本は1日では読み切れないよ 이렇게 두꺼운 책은 하루 사이에 다 읽을 수는 없다. / 彼女は厚いコートを着ていた 그녀는 두꺼운 코트를 입고 있었다. / 山頂は厚い雲に覆われていた 산꼭대기는 짙은 구름으로 덮여 있었다. / トーストにバターを厚く塗った 토스트에 버터를 두껍게 발랐다. / ハムを厚く切る 햄을 두껍게 자르다
❷ [心からの] 두텁다, 후하다 ¶彼は情が厚い 그 사람은 정이 두텁다. / 彼は実に友情に厚い人間だ 그는 정말 우정이 두터운 사람이다. / 友人の家で厚いもてなしを受けた 친구 집에서 후한 대접을 받았다. / 厚くお礼申し上げます(→心から) 진심으로 감사드립니다.

使い分け 두껍다, 두텁다, 후하다
두껍다　厚さが厚い.
두텁다　人情などが厚い.
후하다　気持ちが寛大だ, 心がこもっている, 手厚い. ¶보수가 후하다 報酬が手厚い

**あつい 【暑い・熱い】** ❶ [気温が高い] 덥다, 뜨겁다(↔춥다)
基本表現
▶きょうは暑い
　오늘은 덥다.
▶きのうも暑かったが, きょうはもっと暑い
　어제도 더웠지만 오늘은 더 덥다.
▶日本では8月がもっとも暑い
　일본에서는 팔월이 제일 덥다.
▶暑くなりそうだ
　날씨가 더워질 것 같다.
¶なんて暑いんだろう. 日陰にいても熱射病になりそうだ 왜 이리 덥냐. 그늘 밑에 있어도 열사병에 걸릴 것 같다. / 東京の夏はとても暑い 도쿄의 여름은 매우 덥다. / 暑かったので上着を脱いだ 더워서 웃옷을 벗었다. / ここは焼きつくように暑いね 여기는 불같이 뜨겁네. / きょうはうだるように暑い 오늘은 찌는 듯이 덥다. / 「この部屋はちょっと暑いね. 窓を開けてもいいかい」「ああ, いいよ」"이 방은 좀 더운데. 창문 좀 열어도 돼?" "그럼." / 彼女はこんな暑い中を出て行ったけど大丈夫かな 그 여자는 이렇게 더운 날씨에 나갔는데 괜찮을까？
❷ [温度・体温が高い] 뜨겁다 ¶スープが熱すぎて飲めない 국물이 너무 뜨거워서 마실 수 없다. (▶スープを「飲む」という場合は, 마시다, 먹다のどちらも用いる) / 風呂が熱い 목욕물이 뜨겁다. / 熱で体が熱い 열로 몸이 뜨겁다.

**あっか【悪化】** 악화 ◇悪化する 악화하다, 악화되다 ¶母の容態が急に悪化した 어머니의 병세가 갑자기 악화됐다. / 景気は悪化の一途をたどっている 경기는 악화 일로를 치닫고 있다. / 情勢が悪化する 정세가 악화되다

**あつかい【扱い】 ❶** [操作] 조작 ¶このコンピュータは扱いが難しい 이 컴퓨터는 조작이 어렵다.
**❷** [処理] 취급 ¶扱う際は(→扱う際は) 商品を取り扱うのに조심해서 다루세요.
**❸** [処遇] 대접, 취급 ¶韓国滞在中は丁重な扱いを受けた 한국에 머무르는 동안 정중한 대접을 받았다. / このレストランは客扱いが悪い(→よくない) 이 레스토랑은 손님 대접이 좋지 않다. / 彼は部下の扱い方を心得ている(→扱う方法を) 그는 부하를 다룰 줄 안다. / 子ども扱いする 애 취급을 하다 / 罪人扱いされる 죄인 취급을 당하다

**あつかう【扱う】 ❶** [取り扱う] 다루다, 취급하다 ¶これは壊れやすいのでていねいに扱ってください 이 물건은 깨지기 쉬우니 조심해서 다루세요. / その映画は戦争の悲惨さを扱っている 그 영화는 전쟁의 비참함을 다루고 있다. / マスコミはその作家の急死を大きく扱った 매스컴은 그 작가의 갑작스러운 죽음을 크게 취급했다. / この講座は韓国の古代史を扱う 이 강좌에서는 한국 고대사를 다룬다.
**❷** [処遇する] 다루다 ; 대접하다 ¶あいつは扱いやすい男だ 그 놈은 다루기 쉬운 사람이다. / 両親は私を大人として扱ってくれない 부모님은 나를 어른으로서 대접해 주지 않는다. / 彼女は子もの扱いがうまい 그녀는 어린애를 잘 다룬다.
**❸** [売買する] 다루다 ¶うちでは主に輸入品を扱っています 우리 가게에서는 주로 수입품을 취급하고 있습니다. / この書店はアジア関係の本を専門に扱っている 이 책방은 아시아에 관한 책을 전문으로 취급하고 있다.
**❹** [操作する] 다루다, 조작하다 ¶この機械は気を付けて扱ってください 이 기계는 조심해서 다뤄주세요. / このコンピュータは扱いやすい 이 컴퓨터는 조작하기 쉽다.

**あつかましい【厚かましい】** 뻔뻔스럽다, 철면피이다(鉄面皮一) ¶列に割り込むとは厚かましいやつだ 새치기하다니 뻔뻔스러운 놈이야. / そんなことを言うなんて彼女も厚かましいね 그런 소리를 하다니 그 여자도 철면피네.

**あつがみ【厚紙】** 두꺼운 종이 [ボール紙] 판지

**あつがり【暑がり】** ¶うちの娘は暑がりで一日中エアコンをつけている 우리 집 딸은 더위를 많이 타서 하루 종일 에어컨을 틀어 놓고 있다.

**あっかん【悪漢】** 악한

**あっかん【圧巻】** [ハイライト] 하이라이트 ¶この映画の圧巻は何と言っても壮絶な戦闘場面だ 이 영화의 하이라이트는 뭐니 뭐니 해도 장렬한 전투 장면이다.

**あつぎ【厚着】** ¶家内は寒がりなので冬の間は厚着している 마누라는 추위를 많이 타기 때문에 겨울에 옷을 많이[두껍게] 껴입고 있다.

**あつくるしい【暑苦しい】** [蒸し暑い] 무덥다, 후텁지근하다 ¶きのうの夜は暑苦しくて眠れなかった 어젯밤은 무더워서 못 잤다. / 彼らは暑苦しい工場の中で一日中仕事をしていた 그들은 후텁지근한 공장 안에서 하루 종일 일하고 있었다.

**あつげしょう【厚化粧】** 짙은 화장 ¶きょうのミジャはいつもよりちょっと厚化粧だね(→化粧が濃い) 오늘 미자는 평소보다 화장이 짙네.

**あっけない【呆気ない】** 싱겁다, 어이없다, 맥없다 ¶いきなり幕切れに拍子抜けしてしまった 싱거운 결말에 맥이 빠져 버렸다. / 期待に反して決勝戦はあっけなく終わってしまった 기대에 어긋나서 결승전은 어이없이 끝났다. / 決勝戦であっけなく負けてしまった 결승전에서 어이없이 지고 말았다.

**あっけにとられる【呆気に取られる】** 어안이 벙벙하다, 어리둥절하다 ¶彼女の勝手な言いぐさにあっけにとられた 그 여자의 도리에 어긋난 말에 어안이 벙벙했다. / 彼はあっけにとられて立ちつくした 그는 어안이 벙벙해서 멍하게 그 자리에 서 있었다.

**あっけらかん** ¶チョンホは入試に落ちたというのにあっけらかんとしている 정호는 입시에 떨어졌는데도 태평스럽다. / あっけらかんとした性格 무사태평한 성격

**あつさ【厚さ】** 두께 ¶"その板の厚さはどれくらいですか" "約2㎝です" "그 판자의 두께는 어느 정도입니까?" "2센티 정도입니다." / 厚さ1㎝の板 두께 1센티의 판자

**あつさ【暑さ】** 더위 ¶きょうはこの夏一番の暑さだった(→最も暑かった) 오늘은 올여름이 들어서 가장 더웠다. / この暑さにはまいるね(→耐えられない) 이 더위는 못 견디겠다. / 夏の暑さでバテてしまった 여름의 더위로 녹초가 되어 버렸다. / この暑さの中で働いている人も多い 이 더위 속에서 일하고 있는 사람도 많다. / 暑さを逃れて北海道へ行った 더위를 피해서 홋카이도로 갔다. / 冷たいものを飲んで暑さをしのぐ 찬 음료수를 마시며 더위를 견디 내다 慣用句 暑さ寒さも彼岸まで 더위는 추분 무렵, 추위는 춘분 무렵이면 누그러진다.

**あっさり** [容易に] 깨끗이, 선뜻이 [簡単に] 쉽게, 간단히 [さっぱりと] 산뜻하게, 시원하게

¶その男はあっさり犯行を自白した 그 남자는 범행을 순순히 자백했다. / うちのチームは1回戦であっさり負けてしまった 우리 팀은 일회전에서 쉽게 져 버렸다. / 両親は彼との結婚をあっさり認めてくれた 부모님은 그 사람과의 결혼을 선선히 허락해 주셨다. / 彼は困難な仕事をあっさりやってのけた 그는 어려운 일을 간단히 해치웠다. / 暑い日はあっさりしたものが食べたくなる 더운 날에는 담백한 음식이 먹고 싶어진다. / 彼はあっさりした性格だ 그는 시원한 성격이다.

**あっしゅく【圧縮】** 압축 ◇**圧縮する** 압축하다 ¶スピーチの原稿を半分に圧縮した 스피치 원고를 반으로 줄였다. / 空気を圧縮する 공기를 압축하다

**あっしょう【圧勝】** 압승 ◇**圧勝する** 압승하다 ¶今回の選挙は野党側の圧勝に終わった 이번 선거는 야당 측의 압승으로 끝났다. / サッカーの対抗戦は延世大が高麗大に圧勝した 축구 대항전은 연세대학교가 고려대학교에 압승했다.

**あっせい【圧制】** 압제 [圧政] 압정 ¶学生たちは独裁政権の圧制に抵抗して立ち上がった 학생들은 독재 정권의 압제에 저항하여 들고일어났다. / 圧制に苦しむ 압제에 시달리다

**あっせん【斡旋】** 알선, 주선(周旋) [仲裁, 調停] 중재, 조정 ◇**斡旋する** 알선하다, 주선하다 ¶友人に仕事を斡旋してもらった 친구가 일을 알선해 줬다. / おじの斡旋でこの会社に就職できた 큰아버지의 주선으로 이 회사에 취직할 수 있었다. / 調停委員会が労使紛争の斡旋に乗り出した 조정 위원회가 노사 분쟁의 중재에 나섰다.

**あっち** 저쪽, 저기 ¶みんなあっちへ行きなさい 모두들 저쪽으로 가거라. / あっちに見えるのが入り口です 저기 보이는 게 입구에요. ⇒**あちら, あちら**

**あつで【厚手】** ¶寒かったので厚手のセーターを着て出かけた 날씨가 추웠기 때문에 두꺼운 스웨터를 입고 나섰다. / 厚手の生地 두꺼운 옷감

**あっとう【圧倒】** 압도 ◇**圧倒的だ** 압도적이다 ◇**圧倒する** 압도하다 ¶山田市長はこの前の選挙で圧倒的多数の支持を得て当選した 야마다 시장은 전번 선거에서 압도적인 다수의 지지를 얻어 당선되었다. / 日本は米国に圧倒的な勝利をおさめた 일본은 미국에 압도적인 승리를 거뒀다. / わが社の製品は他社の物に比べて圧倒的に優れている 우리 회사 제품은 타사 제품에 비해 압도적으로 우수하다. / 野球ファンが圧倒的に多い日本では、野球のファンが많다.
¶わが軍は敵を圧倒した 우리 군은 적을 압도했다. / 富士山の雄大な景色に圧倒された 후지 산의 웅대한 경치에 압도되었다.

**アットホーム** ¶その旅館はアットホームな(→家庭的な)雰囲気で人気がある 그 여관은 가정적인 분위기로 인기가 있다.

**アットランダム** ◇**アットランダムに** [手当たり次第に] 닥치는 대로, 되는 대로 [無作為に] 무작위로 / アットランダムに選び出す 무작위로 골라내다

**アッパーカット** 어퍼컷 ¶あごにアッパーカットを見まう[食らう] 턱에 어퍼컷을 먹이다[맞다]

**あっぱく【圧迫】** 압박 ◇**圧迫する** 압박하다, 짓누르다 ¶このドレスは胸が圧迫されて苦しい 이 드레스는 가슴을 압박하여 괴롭다. / 言論の自由を圧迫する 언론의 자유를 억압하다[짓누르다]

**あっぱれ【天晴れ】** 훌륭하다, 장하다, 멋지다 ¶彼は敵ながらあっぱれだ 그는 적이지만 훌륭하다. / あっぱれな振る舞い 훌륭한 행동

**アップ** [クローズアップ] 클로즈업 ◇**アップする** 오르다 ¶彼女の顔をアップで撮った 그녀의 얼굴을 클로즈업하여 찍었다. / 今月から月給がアップした 이달부터 월급이 올랐다. / 一生懸命勉強したおかげで英語の成績がアップした 열심히 공부한 덕택으로 영어 성적이 올랐다. / 髪をアップにする 뒷머리를 위로 올리다

**アップツーデート** ¶アップツーデートな情報を入手する 최신 정보를 입수하다 / アップツーデートな問題を取り上げる 최근의 문제를 취급하다

**アップリケ** 아플리케

**アップル** 애플, 사과 関連 **アップルジュース** 사과 주스 / **アップルパイ** 애플파이

**アップロード** 업로드(↔ダウンロード) ¶ファイルをアップロードする 파일을 업로드하다

**あつまり【集まり】** [会合] 모임, 회합, 집회 ¶きのう大学で留学生の集まりがあった 어제 대학에서 유학생들의 모임이 있었다. / あす会社で労働組合の集まりがある 내일 회사에서 노조 집회가 있다. / 雨のせいで出席者の集まりが悪かった(→出席者が少なかった) 비 때문에 참석자들이 적었다. / 寄付の集まりがいまーつよくない(→あまり集まらない) 기부금이 잘 모이지 않는다.

**あつまる【集まる】** ❶ [人が] 모이다, 집합하다, 모여들다 ¶午後6時に新宿駅の前に集まることになっている 오후 여섯 시에 신주쿠역 앞에 모이기로 되어 있다. / 仲間が集まるとカラオケで歌って楽しくやる 친구들이 모이면 노래방에 가서 노래하며 즐긴다. / 火事の現場には多くの野次馬が集まっていた 화재 현장에는 구경꾼이 모여 있었다.

❷ [動物が] 모이다 [群れる] 떼를 짓다 ¶ありは砂糖のあるところに集まってくる 개미는 설탕 있는 데로 모여든다. / 羊が集まって草を食(は)んでいる 양들이 떼를 지어 풀을 먹고 있다.

❸ [物が] 모이다 [密集する] 밀집하다 ¶地震被災者への義援金が500万円も集まった 지진 이재민을 위한 의연금이 500만 엔이나 모였다. / この通りには小さな店が集まっている(→密集している) 이 거리에는 작은 가게가 밀집되어 있다. / 難民キャンプに多くの救援物資が集まった(→届いた) 난민 수용소에 많은 구원 물자가 도착했다.

❹ [注意·関心などが] 쏠리다, 집중하다 ¶ワールドカップが近づくにつれ、サッカーにみんなの関心が集まっている 월드컵 축구 대회가 다가옴에 따라 모두의 관심이 축구에 쏠리고 있다. / 彼女の発言に注目が集まった 그녀의 발언에 이목이 집중되었다. / 韓国料理に人気が集まっている(→人気を集める) 한국 요리가 인기를 모으고 있다.

**あつみ【厚み】** 두께 ¶厚みのない鉄板 두께가 얼마 안 되는 철판 / 本の厚み 책의 두께

## あつめる【集める】
모으다〔収集する〕수집하다〔注目・関心を引く〕끌다

¶鳥が巣を作るために小枝を集めている 새가 둥지를 만들려고 작은 가지를 모으고 있다. / この地区では週2回ごみを取りにくる 이 동네에서는 일 주일에 두 번 쓰레기를 수거하러 온다. / 忘年会の費用として一人5千円集めます 망년회 비용으로 일인당 5천 엔씩 모으겠습니다. / 趣味で切手を集めている 취미로 우표를 수집하고 있다. / 韓国映画が人々の注目を集めている 한국 영화가 사람들의 이목을 끌고 있다.

¶新しい会社を作るために300万円集めなければならない 새로운 회사를 만들기 위해 300만 엔을 모아야 하다. / 社長は社員全員をホールに集めて話した 사장님은 사원 모두를 강당에 모아 놓고 말씀하셨다.

¶虫めがねで太陽の光を紙の上に集めて火をおこした 확대경으로 종이 위에 태양빛을 모아 불을 피웠다.

## あつらえ【誂え】
¶彼は特別あつらえのスーツを着て出勤した 그는 특별히 맞춘 양복을 입고 출근하다.

## あつらえむき【誂え向き】
안성맞춤(安城一)

¶花見にはあつらえむきの天気だ 꽃놀이에는 안성맞춤인 날씨다. / これは君におあつらえむきの仕事だ 이건 너에게 안성맞춤인 일이다.

## あつらえる【誂える】
맞추다, 주문해서 만들다

¶就職祝いに父がスーツをあつらえてくれた 취직 축하 선물로 아버지가 양복을 맞춰 주셨다. / 結婚式で着るウエディングドレスをあつらえる 결혼식 때 입을 웨딩드레스를 맞추다

## あつりょく【圧力】
압력(▶発音은 암녁)

【基本表現】
▶圧力が上がる[下がる]
　압력이 올라가다[내려가다]
▶圧力を上げた[下げた]
　압력을 올렸다[내렸다]
▶圧力を加える
　압력을 가하다
▶圧力が高い[低い]
　압력이 높다[낮다]

¶圧力はこのバルブで調整される 압력은 이 밸브로 조절된다. / この表面には1平方メートルあたり10キロの圧力がかかっている 이 표면에는 1평방미터당 10킬로그램의 압력이 가해져 있다.

¶野党側は知事に辞任するよう圧力をかけた 야당 측은 지사에게 사임하도록 압력을 가했다. / 労働組合は会社の圧力に屈した 노조는 회사 측의 압력에 굴복했다. 関連 圧力団体 압력 단체 / 圧力なべ 압력솥

## あつれき【軋轢】
알력 ¶二人の間に軋轢が生じた 두 사람 사이에 알력이 생겼다.

## あて【当て】
〔目的〕목적〔可能性, 見込み〕희망, 가망성〔頼り〕의지〔期待〕기대 ◇当てにする〔頼る〕의지하다, 기대하다〔期待する〕기대하다

¶彼女は当てもなく街をさまよった 그녀는 목적도 없이 거리를 헤매었다. / どこかに就職できる当てはあるのか 어딘가 취직할 가망은 있는 거냐? / たとえ金を借りられても返済の当てがない(→方法がない) 비록 돈을 빌릴 수 있어도 갚을 방도가 없다.

¶彼はいつまでも親を当てにしている 그는 언제까지나 부모를 의지하고 있다. / ボーナスを当てにして液晶テレビを買おうと思ったが, 当てが外れた 보너스를 기대하여 액정 텔레비전을 사려고 했는데 예상이 어긋났다. / バスはいつも遅れるので当てにできない(→信用できない) 버스는 언제나 늦기 때문에 믿을 수 없다. ⇨当て外れ

## -あて【-宛て】
〔あて先〕앞 ¶私あてに手紙が来ていますか 제 앞으로 편지가 와 있어요? / 資料は会社あてに送ってください 자료는 회사로 보내 주세요. / 本社あてに報告書をファックスで送った 본사 앞으로 보고서를 팩스로 보냈다.

## あてがう【宛てがう】
할당하다, 배당하다, 대다

¶課長は私にいちばん面倒な仕事をあてがった 과장은 나에게 가장 귀찮은 일을 할당했다. / ホテルは我々に静かで見晴らしのよい部屋をあてがってくれた 호텔은 우리들에게 조용하고 전망이 좋은 방을 배당해 주었다. / 彼は腕の傷口にハンカチをあてがった 그는 팔의 상처에 손수건을 댔다.

## あてこすり【当て擦り】
¶当てこすりを言う 빈정거리다 | 비꼬다 / 彼女は僕に当てこすりを言った 그 여자는 나를 빈정거렸다.

## あてこする【当て擦る】
빈정거리다, 비꼬다

¶それは僕に当てこすって言っているのか それは 나를 비꼬아 말하는 거냐? / 人の失敗を当てこする 남의 실수를 빈정거리다

## あてさき【宛先】
주소(住所) ¶宛先不明で手紙が戻ってきた 주소 불명으로 편지가 되돌아왔다. ⇨宛名

## あてずいりょう【当て推量】
억측, 어림짐작 ¶君の話は当て推量にすぎない 네 말은 억측에 불과하다. / 当て推量で言うのはやめたまえ 어림짐작으로 말하지 말게.

## あてずっぽう【当てずっぽう】
억측, 어림짐작 ¶当てずっぽうで言ったら正解だった 어림짐작으로 말했더니 정답이었다.

## あてつけ【当て付け】
¶それは僕に対する当て付けではないのかい それは 나를 비꼬아 한 말인가? / 彼女が当て付けがましいことを言ったのでかちんときた 그 여자가 나를 비꼬는 소리를 해서 울컥 화가 치밀었다. / 人に当て付けを言う 남을 비꼬아 말하다

## あてつける【当て付ける】
비꼬다, 빗대다〔見せつける〕보이다, 과시하다 ¶「君って賢いんだねえ」と彼は当て付けるかのように言った "자네, 참 영리하네"라고 그는 나를 비꼬는 듯 말했다. / 二人は我々に当て付けるかのようにいちゃいちゃしていた(→見せつける) 두 사람은 마치 우리에게 보란 듯이 스킨십을 취하고 있었다.

## あてな【宛名】
수신인(受信人), 이름과 주소

¶宛名不明で手紙が戻ってきた 수신인 불명으로 편지가 되돌아왔다. / その手紙の宛名は私になっていた(→私宛になっていた) 그 편지는 내 앞으로 되어 있었다. / 封筒に宛名を書く 봉투에 이름과 주소를 쓰다 ⇨宛先

**あてはずれ【当て外れ】** ¶あの映画はまったくの当て外れだった 그 영화는 기대에 크게 어긋났다. ⇒当て

**あてはまる【当てはまる】** 맞다, 들어맞다, 알맞다〔該当する〕해당하다, 해당되다〔適用される〕적용되다 ¶こうした状況は日本にも当てはまる 이와 같은 상황은 일본에도 들어맞는다. / 第2条がこのケースに当てはまる 제2조가 이 경우에 적용된다. / そんな古臭い考え方は今の生活には当てはまらない 그런 낡아빠진 생각은 요즘 생활에는 들어맞지 않는다. / 条件に当てはまる応募者はいなかった 조건에 맞는 응모자는 없었다. / 空欄に当てはまる言葉を入れなさい 빈칸에 알맞은 말을 채우시오.

**あてはめる【当てはめる】**〔適用する〕적용시키다 ¶彼の教訓を自分に当てはめて考えてみた 그의 교훈을 자신에게 적용시켜 생각해 봤다. / 規則に当てはめて処理する 규칙에 적용시켜 처리하다

**あでやか【艶やか】**◇あでやかだ 아리땁다, 우아하다 ¶チマチョゴリを着た彼女の姿はとてもあでやかだった 한복을 차려입은 그녀의 모습은 정말 아리따웠다. / あでやかな衣装 우아한 의상

**あてる【充てる】** 돌리다, 충당하다 ¶その仕事にまるまる1週間をあてた 그 일에 꼬박 일 주일을 충당했다. / 毎日何時間ぐらい勉強にあてていますか 매일 몇 시간 정도를 공부에 충당하고 있나요? / 2千万円を新居の建築費にあてた 2천만 엔을 새 집 건축 비용으로 돌렸다. / 彼は月給の半分以上を生活費にあてている 그는 급료의 절반 이상을 생활비로 돌리고 있다.

**あてる【当てる】** ❶〔ぶつける〕부딪치다〔命中させる〕맞히다, 명중시키다 ¶車を電柱に当ててしまった 차를 전봇대에 부딪혀 버렸다. / あのバッターはバットにボールを当てるのがうまい 그 타자는 배트에 공을 잘 맞힌다. / 的の真ん中に矢を当てた 과녁의 중심에 화살을 명중시켰다.

❷〔あてがう, つける〕대다〔敷く〕깔다 ¶彼女は手を額に当てて考え込んだ 그녀는 손을 이마에 대고 골똘히 생각했다. / 口に手を当ててあくびをかみ殺した 입에 손을 대어 하품을 억지로 참았다. / 氷のうを病人の額に当てる〔→載せる〕얼음 주머니를 환자의 이마에 얹다 / 受話器を耳に当てる 수화기를 귀에 대다

¶どうぞ座布団をお当てください 방석을 깔고 앉으세요.

❸〔推測する〕맞히다, 알아맞히다 ¶彼はまぐれで答えを当てた 그는 우연히 답을 알아맞혔다. / その探偵は犯人がだれかを当てた 그 탐정은 범인이 누구인지 맞혔다. / きょうの試合の勝ち負けを当てるのは難しいな 오늘 시합의 승부를 맞히기는 힘들겠네. / 何歳か当ててみて 몇 살인지 알아맞혀 봐. / クイズを当てる 퀴즈를 맞히다 / そこという 잘못 알아맞히다

❹〔いい結果・賞などを得る〕맞히다, 당첨하다, 당첨되다 ¶くじを引いて2等賞を当てた 제비를 뽑아 2등상에 당첨되었다. / 宝くじに当たった 복권에 당첨되었다.

❺〔指名する〕지명하다 ¶先生はソンヒを当てて国語の教科書を読ませた 선생님은 성희를 지명하여 국어책을 읽게 했다.

❻〔触れさせる, さらす〕쬐다, 맞게 하다 ¶これは生ものですので当てないでください 이건 날것이기 때문에 햇볕에 쬐지 않도록 하세요.

¶衣類は時々風に当てたほうがよい 의복은 가끔 통풍을 시키는 것이 좋다. / その花は雨に当てないようにしたほうがいい 그 꽃은 비를 맞지 않도록 하는 게 좋다. ⇒当たる

**あてレコ** アテレコ〔吹き替え〕대사의 번역 녹음, 더빙(<dubbing)

**あと【後】** ❶〔時間の〕뒤, 후 ◇後で[に] 나중에, 이따가(▶이따가는「その日のうちに」というニュアンスで用いる) ◇…した後で[に]〔動詞過去連体形+〕후[뒤]에 ¶後で電話するよ 이따가 전화할게. / じゃあ, また後で 그럼 이따가 또 만나자.

¶それは後でやろう 그건 나중에 하자. / 彼女は学校を卒業した後銀行に就職した 그녀는 학교를 졸업한 후 은행에 취직했다. / 食事の後片づけをしてその後洗濯物を取り込んだ 식사 후 설거지를 하고 빨래를 거두어 들였다. / 講演の後でパーティーがあります 강연이 끝난 후 파티가 있습니다. / 後から出発する 뒤에 출발하다 / 後で片づける 나중에 치우다

❷〔それ以上の〕더 ¶あと2つりんごをあげるよ 사과를 두 개 더 줄게. / 彼女はあと数分で来るでしょう 그녀는 몇 분만 더 있으면 올 겁니다. / 「横浜まであとどのくらいかかるの」「20分ぐらいだよ」"요코하마까지 몇 분 더 걸려요?" "20분이면 도착할 거야."

❸〔後方, 背後〕뒤, 뒤쪽 ¶私の後について来てください 저를 따라오세요. / 私たちの車のすぐ後にバスが続いていた 우리 차 뒤에 버스가 이어오고 있었다. / 列の後につく 뒤쪽에 붙다

¶警官が犯人の後を追いかけたが結局捕まえられなかった 경찰관이 범인의 뒤를 쫓아갔으나 결국 잡을 수 없었다.

¶彼女は故郷を後にして東京へ向かった 그녀는 고향을 뒤로 하고 도쿄로 향했다. / 両親が飛行機事故で亡くなり幼い子どもたちだけが後に残された 부모가 비행기 사고로 사망하여 어린 자식들만이 남게 되었다. / 母は買い物に出かけたが, 私は後に残って弟の面倒を見た〔→家に残って〕어머니는 장보러 가셨으나 나는 집에 남아서 동생을 돌봤다.

❹〔順序〕다음, 나중 ¶兄の後から風呂に入った 형님 다음에 목욕탕에 들어갔다. / この後の列車は何時に来ますか 이 다음 열차는 몇 시에 옵니까? / 彼女はいちばん後にやって来た 그녀는 맨 나중에 왔다.

❺〔残り〕나머지〔後始末〕뒤, 뒷일 ¶みかんを3つだけ食べて後は近所に分けてあげた 귤을 세 개만 먹고 나머지는 이웃에게 나눠 줬다. / 財布の中にはあと千円しか残っていない 지갑 속에는 천 엔밖에 안 남았다. / 学生たちの3分の2が中国語を選択し, 後は韓国語を選択した 학생들의 3분의 2는 중국어를 선택하고 나머지는 한국어를

선택했다. / 後は君にまかせるからよろしく頼むよ 뒤는 자네에게 맡길 테니 잘 부탁하네.

❻ [後任] 뒤, 후임 ¶キム・チョルジュン社長の後をパク・ヘソン氏が引き継いだ 김철준 사장 뒤를 박혜성 씨가 이어받았다. / 後を決める 후임을 정하다

❼ [将来] 미래, 장래 ¶後の世代のために文化を保存することは私たちの義務です(→子孫のために) 후손들을 위해 문화를 보존하는 것은 우리들의 의무다. 慣用句 後は野となれ山となれ 나중 일은 어떻게 되든 상관없다. / もう後がない 이젠 끝장이다. / これ以上後へ引けない 더 이상 물러설 곳이 없다 / 800本以上ホームランを打ったのは後にも先にも彼だけだ(→これまでに) 지금까지 800개 이상 홈런을 날린 사람은 그 사람뿐이다.

❽ [それから] 그리고, 게다가 ¶身分を証明するものをご持参ください。あと、判子も要ります 신분을 증명할 수 있는 것을 가져와 주십시오. 그리고 도장도 필요합니다.

**あと**【跡】❶ [形跡, 痕跡] 자국, 자취, 흔적 ¶警察は犯人の足跡を求めて辺りを探した 경찰은 범인의 발자국을 구하려고 부근을 찾았다. / 君の鼻にめがねの跡がついているよ 자네 코에 안경 자국이 나 있네. / いまだに傷の跡が肩に残っている 아직도 상처 자국이 어깨에 남아 있다.

¶壁には爪の跡が付いていた 벽에는 손톱 자국이 남아 있다. / 部屋の中に争った跡が見られる 방 안에 싸운 흔적이 보인다. / 彼は刑事に跡をつけられていた(=尾行されていた) 그는 형사한테 미행당하고 있었다. / 「韓国語を習い始めて半年になるんだが」「だいぶ進歩の跡が見られるよ」"한국어를 배우기 시작한 지 반년이 되는데." "꽤 열심히 한 표가 나는데." / 努力の跡が見られる 노력한 흔적이 보인다. / 改善の跡が見られない 개선의 흔적이 보이지 않는다.

❷ [建物・事件のあった場所] 터 [遺跡] 유적 ¶この町は古い城跡のあるので有名だ 이 동네는 옛성터가 있는 곳으로 유명하다. / その建物の跡は美術館になっている(→その建物のあった所は美術館に変わっていた) 그 건물이 있었던 데는 미술관으로 바뀌어져 있었다. / この村の近くで石器時代の跡が発見された 이 마을 부근에서 석기 시대의 유적이 발견되었다.

❸ [家督] 대 ¶長男のチョンホがキム家の跡を継いだ 장남인 정호가 김씨 집안의 대를 이었다. 慣用句 タレント志望の少女たちはあとを絶たない 탤런트 지망하는 소녀들은 끊이지 않는다.

**あとあし**【後足】 뒷다리, 뒷발 ¶犬が後足で立つ 개가 뒷발로 서다 慣用句 後足で砂をかけるようなことをするな 떠날 때 폐를 끼치는 짓은 하지 마라. (►「去り際に迷惑をかけるようなことをするな」が原意)

**あとあじ**【後味】 뒷맛 ¶彼女と言い争ったやな後味が残った 그녀와 말다툼을 했더니 씁쓸하다. / 後味のよいスープ 뒷맛이 좋은 국물 / 後味の悪い映画 뒷맛이 안 좋은 영화

**あとあと**【後々】 뒤, 훗날 ¶後々面倒が起こらないよう気をつけなさい 뒤에 문제가 생기지 않도록 조심해라. / その問題は後々まで尾を引いた 그 문제는 훗날까지 질질 끌게 되었다. / 後々のことまで考えて行動するべきだ 뒷일까지 생각해서 행동해야 된다.

**あとおし**【後押し】 ◇後押しする [後ろから押す] 뒤에서 밀다 [支持・援助する] 지지하다, 후원하다 ¶みんなでぬかるみにはまった車の後押しをした 진창에 빠진 자동차를 모두가 뒤에서 밀었다. / 議員たちに法案を後押ししてくれるよう要請した 의원들에게 법안을 지지해 주도록 요청했다. / 有力者の後押しで彼はこんどの選挙で当選できた 유력자의 후원으로 그 사람은 이번 선거에서 당선할 수 있었다.

**あとがき**【後書き】 [書物などの] 후기, 맺음말 [手紙の追伸] 추신

**あとかた**【跡形】 자취, 흔적 ¶町が大火に見舞われわが家は跡形もなく消えてしまった 동네가 큰 화재에 휩쓸려 우리 집은 흔적도 없이 사라져 버렸다. / 跡形もなく姿を消す 자취[흔적]도 없이 사라지다

**あとかたづけ**【後片付け】 뒤처리, 뒷정리 [食後の] 설거지 ¶宴会のあと何人か残って会場の後片付けをした 연회가 끝난 뒤 몇 명이 남아서 회장의 뒷정리를 했다. / 母を手伝って食後の後片付けをした 어머니를 도와 설거지를 했다.

**あとがま**【後釜】 후임, 후임자 ¶田中課長が山下部長の後釜に座った 다나카 과장이 야마시타 부장의 후임으로 들어앉았다. / 社長は専務を後釜に据えた 사장은 전무를 후임자로 앉혔다.

**あとくされ**【後腐れ】 뒤탈, 후탈 ¶後腐れのないよう片をつけておきなさい 뒤탈이 없도록 일을 처리해 놓아라. / 後腐れのないよう彼女ときっぱり別れた 후탈이 없도록 그 여자하고 깨끗이 헤어졌다.

**あどけない** 천진난만하다(天真爛漫―), 천진스럽다 ¶子どものあどけない寝顔を見ると心が休まる 아이의 천진스러운 잠자는 얼굴을 보면 마음이 편안하다.

**あとさき**【後先】 앞뒤 ¶彼は後先も考えずに会社を辞めてしまった 그는 앞뒤도 생각하지 않고 회사를 그만뒀다.

**あとしまつ**【後始末】 뒤처리, 뒷정리 ¶遊んだらきちんと後始末をしなさい 놀고 나서는 깨끗하게 뒷정리를 해야 한다. / 仕事の後始末を頼まれた 일의 뒤처리를 부탁받았다. ⇨後片付け

**あとずさり**【後退り】 뒷걸음질 ◇後ずさりする [後ろ足で退く] 뒷걸음질을 치다 ¶彼女は恐ろしさのあまり後ずさりした 그녀는 겁이 난 나머지 뒷걸음질 쳤다.

**あとち**【跡地】 철거 부지 ¶工場跡地をどう開発するかについて話し合いが持たれた 그 공장의 철거 부지를 어떻게 개발할 것인가에 대하여 의논하였다.

**あとつぎ**【跡継ぎ】 후계자(後継者) ¶跡継ぎがいなかったので彼は店を畳むことにした 후계자가 없어서 그는 가게를 정리하기로 결심했다. ⇨跡, 跡取り

**あととり**【跡取り】 후사(後嗣) ¶跡取り息子に死なれ彼は親戚の子を養子にした 대를 이을 아들을 잃은 그는 친척 아이를 양자로 삼았다. ⇨跡継

**アドバイザー** 어드바이저, 조언자(助言者), 고문(顧問)

**アドバイス** 어드바이스, 조언(助言), 도움말 ◇アドバイスする 조언하다, 충고하다 ¶何かアドバイスをいただけますか 무슨 일이라도 도움 좀 주세요. / 友達がどのメーカーのパソコンを買ったらよいかアドバイスしてくれた 어느 회사의 컴퓨터를 사는 것이 좋은지 친구가 조언해 주었다. ⇨助言

**あとばらい【後払い】** 후불 ¶この商品の代金は後払いで結構です 이 상품의 대금은 후불로 해도 괜찮습니다.

**アドバルーン** 애드벌룬, 광고 기구 ¶アドバルーンを上げる 애드벌룬을 띄우다

**アトピー** 아토피 ¶アトピー症状が出る 아토피 증상이 나타나다 関連 **アトピー性皮膚炎** 아토피성 피부염

**アドベンチャー** 어드벤처【冒険】 모험

**あとまわし【後回し】** 뒷전 ◇後回しにする 뒤로 미루다, 뒤로 돌리다 ¶あいつは勉強は後回しにして遊びに夢中だ 그 애는 공부는 뒷전이고 놀기에 바쁘다. / 今忙しいからその話は後回しにしてくれ 지금 바쁘니까 그 이야기는 뒤로 미루어 주게. / やっかいな問題は後回しにした 성가신 문제는 뒤로 미루었다.

**あとめ【跡目】**〔後継者〕후계자 ¶社長が亡くなったあと, だれが跡目を継ぐかでもめた 사장님이 별세하신 후 누가 그 뒤를 이을 것인가를 놓고 옥신각신하였다. / 私が父の跡目を継ぐことにした 내가 아버지의 뒤를 이어받기로 했다. / おじの跡目を継ぐ者がいない 큰아버지〔작은아버지〕의 대를 이을 사람이 없다. ⇨跡

**あともどり【後戻り】** ◇後戻りする〔引き返す〕 되돌아가다〔元に戻る〕 뒷걸음질치다, 후퇴하다 ¶今さら後戻りはできない 이제 와서 되돌아갈 수는 없다. / 今年に入って景気が後戻り始めた 올해 들어 경기가 후퇴하기 시작했다.

**アトラクション** 어트랙션, 여흥(余興) ¶遊園地でアトラクションを見物した 유원지에서 어트랙션을 구경했다. ⇨呼び物

**アトリエ** 아틀리에, 화실

**アドリブ** 애드리브, 즉흥(即興) ¶その役者は台詞を忘れてしゃべった 그 배우는 대사를 잊어버려 즉흥적으로 이야기했다. / アドリブで演奏する 즉흥적으로 연주하다

**アドレス** 어드레스, 주소(住所) 関連 **アドレス帳** 주소록 / **メールアドレス** 메일 주소

**あな【穴】❶**〔空洞〕구멍〔くぼみ〕구덩이

基本表現
▶靴下に穴があいている
　양말에 구멍이 나 있다.
▶靴下が穴だらけだ 양말이 구멍투성이다.
▶書類の上端にパンチで穴をあけてファイルした
　서류 상단에 펀치로 구멍을 뚫어 파일로 철했다.
▶道路に深い穴を掘った
　도로에 깊은 구덩이를 팠다.

¶ドリルで壁に穴をあけた 드릴로 벽에 구멍을 뚫었다. / 壁の穴を板でふさいだ(→覆った) 벽의 구멍을 판자로 덮었다. / ズボンのひざのところに穴をこしらえた 바지 무릎에 구멍을 냈다. / その壁の穴から何か見えるの 그 벽 구멍으로 뭔가 보이냐? / 針の穴に糸を通す 바늘 구멍에 실을 꿰다 / 庭に穴を掘って木を植えた 뜰에 구멍을 파서 나무를 심었다. / 穴を土で埋めた 구덩이를 흙으로 메웠다. / りすは木の幹の穴に巣を作る 다람쥐는 나무 줄기의 구멍에 집을 짓는다.

**❷**〔欠員〕빈자리, 공석(空席)〔欠損〕결손, 적자(赤字)¶退職による欠員の穴を埋める 퇴직으로 인한 공석을 메우다 / 家計に穴があく 생활비에 적자가 나다 / 家計の穴を埋める 가계의 결손을 메우다

**❸**〔欠陥〕구멍, 결함, 약점(弱点) ¶相手のチームはセカンドが穴だ 상대 팀은 이루수가 약점이다. / 守備が穴だらけだ 수비가 약점투성이다.

**❹**〔競馬などの番狂わせ〕요행, 요행수 ¶彼はいつも穴をねらっている 그는 언제나 요행을 노리고 있다. / 競馬で穴を当てて大金を手にした 경마에서 요행수로 큰돈을 벌었다. 慣用句 **彼女の顔を穴があくほど見つめた** 그 여자의 얼굴을 뚫어지게 쳐다봤다. / **穴があったら入りたいほど恥ずかしかった** 쥐구멍이라도 찾고 싶을 정도로 부끄러웠다. 関連 **穴馬** 다크호스

**あなうめ【穴埋め】** ◇穴埋めする 메우다, 보충하다 ¶預金を下ろして赤字を穴埋めした 예금을 찾아 적자를 메웠다. / きょうは手伝えないけど, この次に穴埋めするよ(→この次は手伝う) 오늘은 도와줄 수 없지만 다음에는 꼭 도울게. 関連 **穴埋め記事** 여백 기사

**アナウンサー** 아나운서

**アナウンス** 아나운스, 방송(放送) ¶友人の乗った飛行機の到着を知らせるアナウンスを聞いた 친구가 탄 비행기가 도착했다는 방송을 들었다. / 悪天候のため飛行機の出発が遅れるというアナウンスがあった 악천후 때문에 비행기 출발이 늦어진다고 알리는 방송이 있었다.

**あながち** ¶よく売れる本があながちいい本だとは言えない 잘 팔리는 책이 꼭〔반드시〕좋은 책이라고는 할 수 없다.

**あなご【穴子】** 붕장어 数え方 **あなご1尾** 붕장어 한 마리 関連 **穴子焼き** 붕장어구이

**あなた【貴方】❶**〔夫婦や恋人の間で用いる人称代名詞〕당신 ¶それは私のよ, あなたのはこれよ 그건 내 거지, 당신 건 이거야. / あなた自身がそう言ったじゃない 당신 자신이 그렇게 말했잖아요.

**❷**〔妻や夫などに対する呼びかけ〕여보 ¶あなた, きょうは早く帰ってらしてね 여보, 오늘은 일찍 오세요. / あなた, ちょっと来て手伝ってくれない 여보, 좀 와서 도와 줘요. / 愛しているわ, あなた 사랑해요, 여보. / あなた, 今までいったいどこに行ってたの 여보, 지금까지 어디 가 있었어요?

語法 **2人称代名詞**
韓国語では日本語と同様に目上の人に対する2人称代名詞がない。너는 対等または目下に, 자네는 対等または目下の成人に, 당신は夫婦間など, や特殊な場合に用いられる。目上の人に対しては

ぴ、ドルしゃ[以下略]めしあがりますか(何を召し上がりますか)のように2人称代名詞を省略する代わりに尊敬語を用いることによって相手の動作であることを遠回しに言う方、선생님(先生一)、사장님(社長一)などのように地位や職業を表す言葉で代用する。

**あなどる**【侮る】 깔보다, 얕보다 ¶ミンスをあなどってかかるとひどい目にあうぞ 민수를 깔보고 덤비다가는 혼난다. / 相手をあなどってはいけない 상대방을 얕보아서는 안 된다. / あなどりがたい敵(→手ごわい) 얕볼 수 없는 적

**あなば**【穴場】 숨은 명소[포인트] ¶へクさんにソウルの穴場を案内してもらった 혜옥 씨가 서울의 숨은 명소를 안내해 주었다. / 彼は釣りの穴場に詳しい 그는 물고기가 잘 낚이는 좋은 자리를 알고 있다. ǀ 그는 낚시의 숨은 명당을 잘 알고 있다.

**アナログ** 아날로그 (↔디지털) 関連 アナログ時計 아날로그 시계 / アナログ放送 아날로그 방송

**あに**【兄】〔弟から見た兄〕형, 《敬》형님;〔妹から見た兄〕오빠, 《敬》오라버님 (▶特に若い人の間で、ともに呼びかけの語として「先輩」の意でも用いられる) ¶「ご兄弟はいますか」「ええ、兄と姉がいます」"형제는 있습니까?" "네, 형하고 누나가 있습니다" / 兄と一緒に映画を見に行った 오빠랑 여동생이랑 같이 영화를 보러 갔다. (▶話者が女性) / 私と弟[妹]は同じ学校に通っています 나와 동생은 같은 학교에 다니고 있습니다. (▶話者が女性)⇒兄弟

¶義理の兄 사형(▶弟から見た姉の夫); 형부(▶妹から見た姉の夫) ⇒弟, 兄弟

**アニメ** 애니메이션 ⇒アニメーション
**アニメーション** 애니메이션, 만화 영화(漫画映画) 関連 アニメーション映画 애니메이션 영화

**あによめ**【兄嫁】 형수(▶弟の嫁는 제수という)

**あね**【姉】〔弟から見た姉〕누나, 《敬》누님;〔妹から見た姉〕언니 (▶特に若い人の間で、ともに呼びかけの語として「先輩」の意でも用いられる)

¶姉が2人います 누나가 둘이 있습니다. (▶話者が男性) / 姉は大学生です 언니는 대학생입니다. (▶話者が女性) / 私は姉とよく似ているそうです 나는 언니[누나]를 많이 닮았답니다.

¶義理の姉 형수(▶兄の妻)⇒兄弟 使い分け

**あねったい**【亜熱帯】 아열대 関連 亜熱帯気候 아열대기후 / 亜熱帯植物 아열대식물

**アネモネ** 아네모네

**あの** 그, 저 ¶あの映画はまだやっているの 그 영화는 아직 상영하고 있니? / あの人たちはみな韓国の留学生です 저 사람들은 다 한국에서 온 유학생이에요. / 私はあの馬に2千円かけた 나는 그 말에 이천 엔을 걸었다.

¶彼女にあのことを話すのを忘れた 그녀에게 그 이야기를 하는 것을 잊어버렸다. / あの人は今どこにいるのだろう 그 사람은 지금 어디에 있는지? / あそこのあの本を持ってきて저기 있는 저 책을 갖다 줘.

¶バスの停留所はあの建物の前にあります 버스 정류장은 저 건물 앞에 있어요. / あの人に聞いてみてください 저 사람에게 물어 보세요. / あの山を越える 저 산을 넘다

¶一度でいいからあのようなぜいたくな暮らしをしてみたい 한번만이라도 좋으니 저런 사치스러운 생활을 해 보고 싶다.

使い分け グ, 저
그 眼前に見えている場合は「その」に相当し、眼前に見えていない場合は「その、あの」の両方に相当する。
저 眼前に見えている場合の「あの」に相当する。眼前に見えていない場合の「あの」は저ではなくコを用いる。

**あのう** ¶あのう、つまりですね 저 실은 말이죠. / あのう、ちょっとお伺いしますが 저기요, 잠깐 여쭤 보겠습니다만.

**あのころ**【あの頃】 그 시절 ¶あのころが懐かしい 그 시절이 그립다. / あのころのことはまったく覚えていない 그 시절의 일은 전혀 기억나지 않는다.

**あのてこのて**【あの手この手】 갖가지 수단[방법] ¶あの手この手で責任を逃れようとしている 그는 갖가지 수단으로 책임을 회피하려 하고 있다. / あの手この手を使ってチケットを手に入れた 갖가지 방법을 다 써서 겨우 티켓을 입수했다.

**あのとき**【あの時】 그 때 ¶あの時はああするしかなかった 그 때는 그렇게 할 수밖에 없었다. / あの時は本当に危ういところだった 그 때는 정말 위태로운 순간이었다.

**あのね** ¶あのね、お父さん。ひとつお願いがあるんだけど 저 아빠, 소원이 하나 있는데요. / あのね、僕は本当に帰らなきゃならないんだ 저 말이야, 난 정말 이제 돌아가야 한다니까.

**あのよ**【あの世】 저승, 저 세상 ¶あの世に行く 저승으로 가다

**アノラック** 아노락 ¶アノラックを着る 아노락을 입다

**アパート** 아파트 ¶彼女は駅の近くの日当たりのいいアパートに住んでいる 그녀는 역 근처에 있는 햇빛이 잘 드는 아파트에 살고 있다. / アパートを借りる [捜す] 아파트를 빌리다[찾다]

参考 アパートとマンション
韓国のアパートは日本でいう「マンション」に相当することが多いので、場合により、원룸 아파트(ワンルームマンション)とか공동 주택(共同住宅)、연립 주택(連立住宅)などと訳し分ける。

**あばく**【暴露する】 들추어내다, 폭로하다 ¶秘密を暴く 비밀을 폭로하다 / いかさま師の正体を暴く 사기꾼의 정체를 폭로하다

**あばた**【痘痕】 마마자국 慣用句 あばもえくぼ(사랑하면) 마마자국도 보조개 ǀ 제 눈에 안경

**あばらぼね**【肋骨】 늑골, 갈비뼈 ¶彼は階段から落ちてあばら骨を折った 그는 계단에서 떨어져 갈비뼈가 부러졌다.

**あばらや**【あばら屋】 낡은 집, 누추한 집, 폐가(廃家)

**あばれる【暴れる】❶**〔乱暴にふるまう〕날뛰다, 난동을 부리다, 설치다 ¶若者が酒を飲んで暴れている 젊은 애들이 술을 먹고 난동을 부리고 있다. / サッカーファンがスタジアムで暴れだしたので警察が呼ばれた 축구 팬들이 경기장에서 난동을 부리기 시작해서 경찰이 동원되었다. / きつねはわなから逃れようと暴れた 여우는 덫에서 벗어나려고 날뛰었다. / 不良が通りで暴れ回っている 불량배들이 거리에 설치고 돌아다니고 있다.
**❷**〔思い切り活躍する〕활약하다 ¶彼は国会議員に当選し政界で大いに暴れた 그는 국회의원에 당선되어 정계에서 크게 활약했다.

**アピール** 어필, 호소 ◇アピールする〔訴える〕어필하다, 호소하다〔抗議する〕어필하다, 항의하다 ¶会議では平和へのアピールが採択された 회의에서 평화를 호소하는 선언문이 채택되었다. / 彼らは核兵器の廃絶をアピールした 그들은 핵무기 폐지를 어필했다. / 彼女の歌は若者にすごくアピールしている 그녀의 노래는 젊은이들에게 크게 어필하고 있다. | (→共感を呼び起こしている) 그녀의 노래는 젊은이들 사이에서 공감을 크게 불러일으키고 있다. / 彼女は監督に演技力をアピールした 그녀는 감독에게 자기 연기력을 어필했다. / その選手は審判に激しくアピールした 그 선수는 심판에게 맹렬히 항의했다.

**あびせる【浴びせる】**퍼붓다〔水を〕끼얹다 ¶記者たちは不正事件に関して市長に質問を浴びせた 기자들은 비리 사건에 관하여 시장에게 질문을 퍼부었다. / 相手にパンチを浴びせノックアウトした 상대에게 맹렬한 펀치를 퍼부어 케이오시켰다. / 非難を浴びせる 비난을 퍼붓다 / 頭から水を浴びせる 머리에서부터 물을 끼얹다

**あひる【家鴨】**오리, 집오리 ¶あひるの子 오리 새끼 (▶アンデルセンの童話『醜いあひるの子』은 미운 오리 새끼라는) 数え方 あひる1羽 오리 한 마리

**あびる【浴びる】❶**〔水などを〕뒤집어쓰다, 들쓰다 ¶暑いのでシャワーを浴びた (→シャワーをした) 더워서 샤워를 했다. / 彼は浴びるように酒を飲む 그 사람은 술을 지나칠 만큼 많이 마신다. / 砂ぼこりを浴びる 모래 먼지를 뒤집어쓰다
**❷**〔光などを〕쬐다, 받다 ¶朝の日差しを浴びながら公園をジョギングする 아침 햇살을 받으면서 공원에서 조깅한다. / 原子炉事故で多くの人が放射能を浴びた 원자로 사고로 많은 사람들이 방사능 피해를 입었다.
**❸**〔称賛・非難・質問などを〕받다 ¶彼女は作家として脚光を浴びるようになった 그녀는 작가로서 각광〔주목〕을 받게 되었다. / 彼は職場の同僚たちから非難を浴びた 그 사람은 직장 동료들로부터 비난을 받았다. / 知事は記者たちから次々と質問を浴びた 지사는 기자들에게서 연달아 질문을 받았다.

**あぶ【虻】**등에 慣用句 彼女は欲張り過ぎて虻蜂取らずになってしまった (→何も得られなかった) 그녀는 지나치게 욕심부린 나머지 결국 아무것도 얻지 못했다. / 何でも一度に多くの事をやろうとすると、虻蜂取らずになってしまうぞ (→一つのこともやりとげられない) 무슨 일이든지 한꺼번에 많은 일을 하려고 하면 하나도 해낼 수 없다.

**あぶく【泡】**거품 関連 あぶく銭 악전 ⇒泡

**アフターケア** 요양〔療養〕, 애프터케어 ¶彼は退院後もアフターケアが必要だ 그는 퇴원 후에도 요양이 필요하다.

**アフターサービス** 애프터서비스, AS〔에이에스〕¶アフターサービスのよい店で買う 애프터서비스가 좋은 가게에서 사다

**あぶない【危ない】❶**〔危険な〕위험하다, 위태롭다

使い分け 위험하다, 위태롭다
위험하다 客観的に危険な状況を述べるときに用いる。
위태롭다 今まさに危機に瀕しているときに用いる。

基本表現
▷危ないからライターで遊んじゃだめ
　위험하니까 라이터를 갖고 놀면 안 돼.
▷この湖で泳ぐのは危ない
　이 호수에서 헤엄치는 것은 위험하다.
▷それは非常に危ないことだ
　그건 매우 위험한 일이다.

¶母の命が危ないと医者が言った 어머니의 목숨이 위태롭다고 의사가 말했다. / 危ない！車だ 위험해！차야！ / 危ないから足もとに気をつけて 위험하니까 발 밑을 조심하세요. ¶カーレーサーだから何度も危ない目にあってきた 카레이서라서 몇 번이나 위험한 순간을 겪어 왔다.
**❷**〔間一髪の、きわどい〕아슬아슬하다 ¶ああ危なかった。もう少しで車にひかれるところだった 참 아슬아슬했어. 하마터면 차에 치일 뻔 했네. / 危ないところを助かった 그는 아슬아슬한 고비에서 살아났다.
**❸**〔不安定な〕불안하다, 걱정스럽다〔信頼できない〕미심쩍다, 미심스럽다 ¶酔っぱらいは足どりが危なかった 그 술주정뱅이는 발걸음이 불안했다. / 空模様からするとあすの天気は危ないな 하늘 모양을 보니 내일 날씨는 불안하네. / 日本は優勝どころか3位も危ない 일본은 우승하기는 커녕 3위도 걱정스럽다. / キョンヒの約束は危ない (→約束をあまり守らない) 경희는 약속을 잘 지키지 않는다. 慣用句 彼はわざわざ危ない橋を渡っているようだ 그는 일부러 모험을 무릅쓰고 있는 것 같아.

**あぶなく【危なく】**〔もう少しで…〕자칫하면, 하마터면〔かろうじて〕가까스로, 간신히 ¶あわてていたので危なく違う列車に乗るところだった 서두르고 있어서 자칫하면 다른 열차를 탈 뻔 했다. / 彼は居眠り運転で危なく事故を起こすところだった 그는 졸음운전하다가 하마터면 사고를 낼 뻔 했다. / 彼らは危なく命を落とすところだった 그들은 하마터면 목숨을 잃을 뻔 했다.

**あぶなげ【危な気】**¶危なげなく勝つ 무난하게 이기다 / 危なげない経営状態 든든한 경영 상태 / 危なげのない運転 무난한 운전

**あぶなっかしい【危なっかしい】**위태위태하

**あぶら【油・脂】** 기름 ◇油っこい・脂っこい 기름지다

[基本表現]
▷油は水に浮く
　기름은 물에 뜬다.
▷揚げ物をしていて油が跳ねた
　튀김을 만들다가 기름이 튀었다.
▷母は油で野菜と豚肉を炒めている
　어머니는 기름으로 야채와 돼지고기를 볶고 계신다.
▷彼は機械に油を差した
　그는 기계에 기름을 쳤다.

¶シャツの油のしみを取る 셔츠에 묻은 기름 얼룩을 빼다 / じゃがいもを油で揚げる 감자를 기름에 튀기다 / 作業着が油で汚れている 작업복이 기름으로 더러워졌다. / この車は油が切れている 이 자동차는 기름이 떨어졌다. / 換気扇が油でべとべとだ 환풍기가 기름으로 끈적끈적하다.

¶この魚は脂がのっていておいしい 이 생선은 기름기가 돌아 맛있다. / 私は脂っこい料理は苦手だ 나는 기름진 음식은 잘 못 먹는다. [慣用句] 彼は今ちょうど脂がのっているところだ 그는 지금 막 신바람이 나 있는 참이다. / 海は油を流したように静かだった(→鏡のように) 바다는 거울처럼 잔잔했다. / あの二人は水と油だ 그 두 사람은 물과 기름이다. / 遅刻して先生にさんざん油を絞られた 지각해서 선생님한테서 호된 꾸중을 들었다. / あいつはいったいどこで油を売っているんだろう 그 사람은 도대체 어디서 게으름을 피우고 있는가? / 彼の発言はかえって火に油を注ぐことになった 그의 발언은 오히려 불에 기름을 붓는 것과 같았다. **油揚げ** 유부, **脂汗** 진땀, **油紙** 유지, 기름종이 / **油差し** 주유기 / 豚肉などの**脂身** 비계, 비곗살 / **ごま油** 참기름 / **サラダ油** 샐러드 오일 / **植物油** 식물유 / **紅花油** 홍화유 / **菜種油** 유채씨기름 / **やし油** 야자유 / **コーン油** 옥수수기름 / **食用油** 식용유

**あぶらえ【油絵】** 유화 ¶油絵で風景画を描く 유화로 풍경화를 그리다 / 油絵用絵の具 유화 물감

**あぶらぎる【脂ぎる】** 기름기가 돌다, 번질거리다 ¶脂ぎった顔をした男 얼굴에 기름기가 도는 남자

**あぶらむし【油虫】** 진딧물

**アプリケーション** 응용 프로그램 ¶パソコンにアプリケーションをインストールする 컴퓨터에 응용 프로그램을 설치하다

**あぶる【炙る】** 〔肉や魚を〕굽다〔体を温める〕녹이다 ¶炭火で魚をあぶって食べる 숯불에 생선을 구워서 먹다 / 手をたき火であぶる 모닥불에 손을 녹이다

**あふれる【溢れる】** ❶〔こぼれ出る〕넘치다, 넘쳐흐르다 ¶お風呂の水があふれている 목욕물이 넘치고 있다. / ビールがグラスからあふれた 맥주가 글라스에서 넘쳤다. / 彼女の目から涙があふれた 그녀의 눈에서 눈물이 넘쳐흘렀다. / 大雨で川があふれた 큰비로 강물이 넘쳤다.

❷〔満ちている〕넘치다, 가득 차다 ¶明洞の通りは若者であふれていた 명동 거리는 젊은이들로 가득 찼다. / 日曜日のデパートは買い物客であふれている 일요일의 백화점은 쇼핑객으로 가득 차 있다. / 市場には新鮮な野菜や果物があふれていた 시장에는 신선한 야채와 과일이 넘쳐 있었다. / 彼の計画は新しいアイデアにあふれている 그의 계획은 참신한 아이디어로 가득 차 있다. / 東京は活気にあふれる都市だ 도쿄는 활기가 넘치는 도시다.

**あぶれる** 일자리를 얻지 못하다, 공치다 ¶この1か月ばかり仕事にあぶれている 요즘 한 달간 일자리를 못 얻고 있다

**アプローチ** 어프로치, 접근 ◇アプローチする 어프로치하다 ¶その問題にアプローチするにはいくつかの方法がある 그 문제에 접근하는 데 몇 가지 방법이 있다.

**あべこべ** ◇あべこべに 거꾸로 ¶その子は靴を左右あべこべに履いている 그 애는 구두를 거꾸로 신고 있다.

**アベック** 아베크족(一族) ¶この公園はアベックが多い 이 공원에는 아베크족이 많다.

**アベレージ** 애버리지, 평균(平均), 평균치(平均値) [関連] バッティングアベレージ 타율(打率)

**アポイントメント** 어포인트먼트, 만날 약속 ¶あす午後3時に取引先と面会のアポイントメントを取った 내일 오후 세 시에 거래처와 만날 약속을 했다. ⇨約束

**あほう【阿呆】** 바보 ⇨ばか

**アボカド** 아보카도

**あほらしい【阿呆らしい】** 바보스럽다, 어리석다 ⇨ばか

**あま【尼】** 여승(女僧), 비구니(比丘尼)〔修道女〕수녀 ¶尼になる 여승이 되다 | 수녀가 되다 [関連] 尼寺 여승방, 수녀원

**あま【海女】**

**あまあし【雨足】** 빗줄기 ¶夜になって雨足が激しくなった 밤이 되어 빗줄기가 거세졌다. / 雨足が衰える 빗줄기가 약해지다

**あまい【甘い】** ❶〔味・においが〕달다 ◇甘く 달게 ¶このケーキはとても甘い 이 케이크는 아주 달다. / このお菓子は甘すぎる 이 과자는 너무 달다. / 私は甘いものが好きだ 나는 단것을 좋아한다. / コーヒーは甘くしてください 커피는 달게 타 주세요.

❷〔感覚に快い〕달콤하다 ¶ばらは甘い香りがする 장미꽃은 달콤한 향기가 난다. / フルートの甘い調べが好きだ 나는 플루트의 감미로운 곡조가 좋아. / 甘い言葉には気をつけなさい 그의 달콤한 말에는 조심하라.

❸〔考え・判断などが安易だ〕안이하다, 어수룩하다 [楽観的] 낙관적이다 ◇甘く 안이하게, 어수룩하게 ¶彼女は考えが甘い 그녀는 생각이

안이하다. / 君は物事を甘く見すぎる 자네는 만사를 너무 안이하게 생각하고 있네. / 彼を甘く見るな その 어수룩하게[우습게] 봐서는 안 된다. / 「あの人に頼めば何とかしてくれるだろう」「それは甘いよ」 "그 사람에게 부탁하면 어떻게 해 주겠지?" "그건 너무 안이한 생각이야."
❹ 〔厳しくない〕엄하지 않다, 후하다 〔甘やかす〕무르다 ¶金教授は学生に甘い 김 교수님은 학생에게 별로 엄하지 않다. / あの先生はテストの採点が甘い 그 선생님은 점수가 후하다 / 彼女は子どもに甘い母親だ(→子どもを甘やかして育てる) 그녀는 자식을 응석받이로 기른다.
❺ 〔塩けが足りない〕싱겁다, 심심하다 ¶このワカメスープは塩加減が甘くて 미역국은 간이 싱겁다. 慣用句 彼だけが甘い汁を吸っている 그 사람만 실속을 차리고 있다.
❻ 〔締めつけがゆるい〕헐겁다 ¶ねじの締めつけが甘い 나사를 헐겁게 조이다
❼ 〔切れ味が鈍い〕무디다 ¶刃物の切れ味が甘くなる 칼날이 무디어지다

**使い分け** 甘い

| | | |
|---|---|---|
| 味が | 달다 | 맛이 너무 달다 味が甘すぎる |
| 点数が | 후하다 | 점수가 후한 선생님 点数の甘い先生 |
| ねじが | 헐겁다 | 나사가 헐거워지다 ねじがゆるくなる |
| 切れ味が | 무디다 | 칼날이 무디어지다 刃物の切れ味が甘くなる |
| 言葉が | 달콤하다 | 달콤한 말에 금방 넘어가다 甘い言葉にすぐひっかかる |

**あまえ**【甘え】응석, 어리광 ¶親への甘えを断つべきだ 부모에 대한 응석을 버려야 한다.
**あまえる**【甘える】응석부리다, 어리광부리다 ¶いつまでも親に甘えてもいられない 언제까지나 부모에게 응석부릴 수는 없다. / 子犬が少女に甘えていた 강아지가 소녀에게 어리광을 부리고 있었다. / その女は若い男に甘えるように話しかけた 그 여자는 젊은 남자에게 응석부리듯 말을 걸었다.
¶人の好意に甘えすぎてはいけない(→好意に頼る) 남의 호의에 너무 의지해서는 안 된다. / お言葉に甘えてそうさせていただきます 말씀하신 대로 그렇게 하겠습니다.
**あまえんぼう**【甘えん坊】응석받이, 응석동이, 응석꾸러기 ⇒甘ったれ
**あまがえる**【雨蛙】청개구리
**あまがさ**【雨傘】우산
**あまがっぱ**【雨合羽】비옷
**あまぐ**【雨具】우비
**あまくだり**【天下り】¶彼は財務省から銀行に天下りした 그 사람은 재무성에서 낙하산 인사로 은행으로 왔다. 関連 天下り人事 낙하산 인사 (落下傘人事)
**あまくち**【甘口】단맛 ¶ワインは甘口と辛口のどちらが好みですか 와인은 단맛과 쓴맛 중 어느 쪽을 좋아합니까?
**あまぐつ**【雨靴】〔長靴〕장화
**あまぐも**【雨雲】비구름 ¶雨雲に覆われた空は今にも降りだしそうな気配だ 비구름으로 덮인 하늘은 지금이라도 비가 올 것 같다. / 雨雲が垂れこめる 비구름이 낮게 깔리다
**あまざけ**【甘酒】감주, 단술
**あまざらし**【雨曝し】◇雨ざらしにする 비를 맞히다 ¶彼らは荷物を雨ざらしにしておいた 그들은 짐을 비맞게 내버려 뒀다. / ベランダの洗濯物が雨ざらしになっていた 베란다에 널어 놓은 빨래가 비맞고 있었다
**あます**【余す】남기다 ¶有り金を余さず使ってしまった 가진 돈을 남김없이 써 버렸다. / その時の感動を余すところなく伝えたい 그때의 감동을 남김없이 전하고 싶다. / 大会の開幕まで余すところあと3日だ 대회 개막까지는 이제 사흘밖에 안 남았다.
**あまずっぱい**【甘酸っぱい】새큼달콤하다 ¶このぶどうは甘酸っぱい 이 포도는 새큼달콤하다. / 甘酸っぱい初恋の思い出にひたる 새큼달콤한 첫사랑의 추억에 잠기다
**あまだれ**【雨垂れ】낙숫물
**アマチュア** 아마추어 ¶高校野球はもっとも人気のあるアマチュアスポーツの一つだ 고교 야구는 가장 인기 있는 아마추어 스포츠의 하나다. / アマチュアとしては彼はかなり腕のいいカメラマンだ 그 사람은 아마추어로서는 상당히 솜씨 좋은 카메라맨이다.
**あまったるい**【甘ったるい】다디달다 ¶このケーキは甘ったるくて私の口に合わない 이 케이크는 다디달아서 내 입에 맞지 않는다.
**あまったれ**【甘ったれ】응석받이, 응석둥이, 어리광쟁이 ¶彼女は本当に甘ったれだ 그녀는 정말 응석받이다. ⇒甘えん坊
**あまったれる**【甘ったれる】응석부리다, 어리광부리다 ¶彼の甘ったれた根性をたたき直さなければならない 그의 응석부리는 근성을 뜯어고쳐야 한다. / 甘ったれた声で話しかける 어리광부리는 목소리로 말을 걸다 / 甘ったれた考え方 안이한 생각
**あまど**【雨戸】덧문
**あまとう**【甘党】¶私は甘党なので酒の席は苦手だ 나는 단것을 좋아하기 때문에 술자리는 별로 가고 싶지 않다
**あまのがわ**【天の川】은하수(銀河水)
**あまのじゃく**【天の邪鬼】청개구리 ¶彼は天のじゃくだから決まってみんなの意見に反対する 그는 청개구리여서 꼭 모두의 의견에 반대한다.
**あまみ**【甘み】단맛 ¶このいちごは甘みがある 이 딸기는 달다. / 今年のみかんは天候不順のせいで甘みが足りない 올해는 날씨가 안 좋아서 귤이 달지 않다.
**あまみず**【雨水】빗물
**あまもり**【雨漏り】◇雨漏りがする 비가 새다 ¶雨漏りがひどかったので屋根を修理してもらった 비가 너무 심하게 새서 지붕을 고쳤다. / 雨漏りしているのはどこですか 비가 새는 데는 어디입니까? / 雨漏りを止める 비가 새는 것을 막다
**あまやかす**【甘やかす】응석을 받아 주다 ¶うちの家内は子どもを甘やかしすぎる 우리 집사람은 아이 응석을 너무 받아 주고 있다. / 子どものこ

**あまやどり【雨宿り】** ◇雨宿りする 비를 피하다 ¶にわか雨に遭い軒下で雨宿りした 소나기를 만나 처마 밑에서 비를 피했다.

**あまり【余り】** ❶〔余分〕여분〔残り〕나머지 ¶彼はみかんを妹に３つあげて、余りは自分で食べた 그는 여동생에게 귤을 세 개 주고 나머지는 자기가 먹었다. / 母は残りもので夜食を作ってくれた 어머니는 남은 음식으로 야식을 만들어 주셨다. / 11を3で割れば余りは2になる 11을 3으로 나누면 나머지는 2이다.

❷〔以上〕이상、남짓〔くらい〕정도, 가량 ¶私はここに30年余り住んでいる 나는 여기에 30년 남짓 살고 있다. / 公園には花見客が千人余り来ていた 공원에는 천 명 남짓한 사람들이 꽃구경하러 와 있었다.

¶10個余りの卵 열 개 정도의 달걀

❸〔過度〕너무〔…のあまり〕〔連体形＋〕나머지 ◇あまりに 너무나, 지나치게 ¶あまりの忙しさに体を壊してしまった 너무 바빠서 건강을 해쳐 버렸다.

¶彼の申し出はあまりにうますぎて信じられない 그 사람의 제의는 너무나 그럴싸해서 믿지 못한다. / 相手があまりに強くて勝てそうもない 상대가 너무 강해서 이길 수 있을 것 같지 않다. / 驚きのあまり言葉が出なかった 너무 놀라서 말이 안 나왔다. / 子どもたちはプレゼントをもらってうれしさのあまり小躍りした 아이들은 선물을 받고 너무나 기뻐서 깡충깡충 뛰며 좋아했다.

¶急ぐあまり財布を家に忘れてきた 서두른 나머지 지갑을 집에 두고 왔다. / 彼女は夫を失った悲しみのあまり食事ものどを通らなかった 그녀는 남편을 여의고 너무 슬픈 나머지 음식이 넘어가지 않았다.

❹〔それほど…ではない〕별로〔＋否定〕 ¶このキムチはあまり辛くない 이 김치는 별로 맵지 않다. / あの映画はあまり面白くなかった 그 영화는 별로 재미있지 않았다. / 私は魚はあまり好きではない 나는 생선은 별로 좋아하지 않는다. / テレビはあまり見ません 텔레비전은 별로 보지 않아요. / 英語のできる人は多いが、韓国語のできる人はあまりいない 영어를 할 수 있는 사람은 많지만 한국어를 할 수 있는 사람은 별로 없다. / きょうの講演はあまりよく分からなかった 오늘의 강연은 별로 잘 이해가지 않았다.

**あまる【余る】** ❶〔残る〕남다 ¶財布に小銭がいっぱい余っている 지갑에 잔돈이 많이 남아 있다. / 食べ物が少しばかり余っている 음식이 조금 남아 있다. / 10を3で割ると1を3余る 10을 3으로 나누면 1이 남는다. / うちの工場では人手が余っています 우리 공장에서는 일손이 남아돌아요. / 余ったお金は貯金した 남은 돈은 저금했다. / 余った木材を使って犬小屋を作った 남은 목재로 개집을 지었다. / お母さんは余った生地を利用してエプロンを作った 어머니는 남은 옷감을 이용해서 앞치마를 만드셨다. / 野球をするのに３人余った 야구를 하는 데 세 사람이 남았다.

**会話** いくら余っていますか
A：お金はいくら余っていますか
B：まだ２千円余っています
A：돈은 얼마 남아 있어요？
B：아직 이천 엔 남아 있어요.

❷〔限度・能力を超える〕겹다, 벅차다；분수를 넘다 ¶それは私の手に余る 그것은 나에게 벅차다. / 力に余る仕事をまかされた（→受け持った）힘에 겨운 일을 맡았다. / 彼の無礼は目に余る 그의 무례한 태도는 차마 눈 뜨고 볼 수 없다.

**あまんじる【甘んじる】** 만족하다〔甘受する〕달게 받다, 감수하다 ¶多くの若者は現状に甘んじているようだ 대다수의 젊은이들이 현재 상황에 만족하고 있는 것 같다. / 会社の業績不振のせいで彼は安月給に甘んじなければならなかった 회사의 업적 부진 탓으로 그는 박봉을 감수할 수밖에 없었다. / 自分の担当したプロジェクトが失敗に終わったので彼女は甘んじて非難を受けた 그녀는 자기가 담당한 프로젝트가 실패로 끝나서 비난을 달게 받았다.

**あみ【網】** 망, 그물 ¶魚を網ですくう 그물로 물고기를 잡다 / 川に網を打って魚をとる 그물을 던져 물고기를 잡다 / 網にたくさんの魚がかかっていた 그물에 물고기가 많이 걸렸다. / 彼らは法の網をくぐって商売している 그들은 법망을 피해 장사하고 있다. / 殺人犯捜索のために市全体に捜査の網が張り巡らされた 살인범을 수색하기 위하여 시 전역에 수사망이 펼쳐졌다.

**あみだす【編み出す】** 짜내다, 고안하다〔考案—〕¶独自の技術を編み出す 독자적인 기술을 고안하다 / 新しいデザインを編み出す 새로운 디자인을 고안하다

**あみだな【網棚】** 그물 선반 ¶電車の網棚にかばんを置き忘れた 전철의 그물 선반 위에 가방을 두고 왔다.

**あみど【網戸】** 방충망
**アミノさん【アミノ酸】** 아미노산
**あみばり【編み針】** 뜨개바늘
**あみぼう【編み棒】** 뜨개바늘 ⇒編み針
**あみめ【網目】** 그물코
**あみもの【編み物】** 뜨개질, 편물 ¶祖母はソファーに座って編み物をしている 할머니는 소파에 앉아 뜨개질을 하고 있다. / 彼女は編み物が趣味だ 그녀의 취미는 뜨개질이다.

**あむ【編む】**〔編み棒で〕뜨다, 짜다〔つる・草などを編んで作る〕엮다〔髪・ひもなどを〕땋다 ¶手袋を編む 장갑을 뜨다 / 母は私に毛糸でセーターを編んでくれた 어머니는 저에게 털실로 스웨터를 짜 주셨다. / 中学のころは髪を２つに分けて編んでいた 중학생 때는 머리를 두 갈래로 땋고 있었다.

**あめ【雨】** 비

**基本表現**
▷雨が降る 비가 온다[내린다].
▷雨が降りそうだ 비가 올 것 같다.
▷雨が降ってきた 비가 내리기 시작했다.
▷雨がやんだ 비가 멎었다[그쳤다].
▷雨に降られた 비를 맞았다.

◆【雨が・雨は】

¶6月は雨が多い 유월은 비가 많이 온다. / 今月は雨が少なかった 이달은 비가 적게 내렸다. / けさがた雨が少し降った 오늘 아침녘에 비가 조금 내렸다. / もう何日も雨が降っていない 벌써 며칠째 비가 안 온다. / 今にも雨が降りそうだ 당장에라도 비가 올 것 같다. / 雨が急に降りだした 갑자기 비가 오기 시작했다. / 雨が午後になって激しくなってきた 오후가 되면서 비가 더 거세졌다. / 雨がもうすぐ上がりそうだ 이제 곧 비가 갤 것 같다. / 雨がきょう一日降ったりやんだりしている 하루 종일 비가 오다가 말다가 하고 있다. / まだ雨がやまない 아직 비가 그치지 않는다.

¶雨が降るかも知れないから傘を持っていったほうがいいよ 비 올지 모르니까 우산 갖고 가는 게 좋아. / あす雨が降れば花見は中止です 내일 비가 내리면 꽃구경은 취소합니다. / 雨がぽつりぽつり降り出した 비가 한 방울 두 방울 오기 시작했다. / 雨がしとしと降る 비가 부슬부슬 내린다. / 雨がざあざあ降る 비가 죽죽 쏟아진다. / 雨が土砂降りになった 비가 억수 같이 쏟아졌다.

◆【雨に・雨で】

¶帰宅途中にわか雨にあった 집에 오는 길에 소나기를 만났다. / 自転車が雨にさらされていた 자전거가 비를 맞고 있었다. / 旅行中雨にたたられた 여행 중 자주 비를 만났다. / 雨でびしょぬれになってしまった 비를 맞아 흠뻑 젖어 버렸다. / 雨で試合が延期になった 비 때문에 시합이 연기되었다.

◆【雨の】

¶雨の日はタクシーで駅から家に帰る 비가 내리는 날에는 역에서 택시로 집에까지 간다. / 雨の中を傘もささずに歩いた 빗속을 우산도 쓰지 않고 걸었다. / タイは雨の多い国です 태국은 비가 많이 내리는 나라다.

◆【その他】

¶ひと雨きそうだね 한바탕 비가 올 것 같네. / 天気予報で関東地方はあすは雨らしい 일기예보에 의하면 간토 지방은 내일 비가 올 것 다.

慣用句 雨降って地固まる 비 온 뒤에 땅이 굳어진다. / 雨が降ろうが槍が降ろうが必ず行く 무슨 일이 있어도 꼭 가겠다. 関連 雨雲 비구름 / 雨垂れ 낙숫물 / 雨水 빗물 / 雨天 우천 / 雨天順延 우천 연기 / 雨量計 우량계 / 大雨 큰비 / 霧雨 이슬비, 안개비 / 豪雨 호우 / 降雨量 강우량 [降水量] 강수량 / 小雨 보슬비, 가랑비 / 酸性雨 산성비 / 集中豪雨 집중 호우 / 人工降雨 인공 강우 / 長雨 장마 / 氷雨 우박

あめ【飴】엿, 사탕 ¶飴をなめる 사탕을 핥다 / 飴をしゃぶる 사탕을 빨다 慣用句 あめとむちで働かせる 「당근과 채찍[회유와 위험]」으로 일을 시키다

あめあがり【雨上がり】¶雨上がりの空に美しい虹がかかった 비가 갠 하늘에 아름다운 무지개가 떴다.

アメーバ 아메바 関連 アメーバ性赤痢 아메바성 적리[이질]

あめおとこ【雨男】¶彼は雨男だ 그가 나타나면 반드시 비가 온다. (►그를그녀에 하면「雨女」의 意를 表함)

あめかぜ【雨風】비바람 ¶洪水で家を失った人々は近くの学校の体育館で雨風をしのいだ 홍수로 집을 잃은 사람들은 근처에 있는 학교 체육관에서 비바람을 피했다.

アメフト ⇒アメリカンフットボール

あめもよう【雨模様】¶雨模様の空が出そうな きょうは雨模様だから傘を持って出かけなさい 비가 올 것 같으니까 우산을 갖고 나가라.

アメリカ 아메리카 [米国] 미국, 《正式》 아메리카합중국 ¶アメリカに行ったことはありますか 미국에 간 적이 있습니까? / 私はアメリカ映画より韓国映画のほうが好きだ 나는 미국 영화보다 한국 영화를 좋아한다. 関連 アメリカインディアン 아메리칸 인디언 / アメリカ人 미국인, 미국 사람 / アメリカ大陸 아메리카 대륙 / アメリカ中央情報局 미국중앙정보국 / 北アメリカ 북아메리카, 북미 / 南アメリカ 남아메리카, 남미

アメリカナイズ 미국화 ¶アメリカナイズされた生活 미국화된 생활

アメリカン [薄いコーヒー] 아메리칸 커피 ¶「コーヒーは何になさいますか」「アメリカンをお願いします」"커피는 뭘로 하시겠습니까?" "아메리칸 커피로 주세요." ⇒コーヒー

アメリカンフットボール 아메리칸풋볼, 미식축구(米式蹴球)

あめんぼ 소금쟁이

あやうい【危うい】위태롭다, 위험하다 ◇危うく 가까스로, 간신히, 겨우; 하마터면, 자칫하면 ¶命が危うい 목숨이 위태롭다 / 危うい目にあう 위태로운 꼴을 당하다 / 危ういところを助かる 간신히 살아나다

¶危うく時間に間に合った 가까스로 시간에 댈 수 있었다. / 危うく危機を切り抜けた 가까스로 위기를 벗어났다. / 危うく死を免れた 간신히 죽음을 면했다. / 危うく死ぬところだった 하마터면 죽을 뻔했다.

あやかる【肖る】닮다, 본뜨다 ¶キョンホの幸運にあやかりたいものだ 경호처럼 행운이 있었으면 좋겠다. / 坂本竜馬にあやかって息子を竜馬と名付けた 사카모토 료마를 본떠서 아들의 이름을 료마로 했다.

# あやしい 【怪しい】 ❶ [怪しい] 수상하다 [変だ] 이상하다 ¶家の外で怪しい男を見かけた 집 밖에서 수상한 남자를 봤다. / あの二人の仲はどうも怪しい 저 두 사람 사이는 아무래도 수상하다.

¶彼の韓国語は少し怪しい 그 사람의 한국어는 좀 이상해. / あいつの態度は何か怪しいではないか 그 녀석, 요즘 태도가 뭔가 이상하다고 생각지 않아? / 怪しい人や物を見たら警察に通報してください 이상한 사람이나 물건을 보시면 경찰에 알려 주십시오. / 2階で何か怪しい物音がした 2층에서 뭔가 이상한 소리가 났다.

❷ [疑わしい] 의심스럽다 ¶その話は怪しい 그 이야기는 의심스럽다. / これが本物かどうか怪しいものだ 이것이 진짜인지 아닌지 의심스럽다. /

彼が約束を守るかどうかは怪しいものだ 그 사람이 약속을 지킬지 어떨지 의심스러운데. / 彼女が来るかどうか怪しいなあ 그 여자가 올지 안 올지 의심스럽네.

**会話** 怪しいわ
- A：私の財布がないの. どうも彼女が怪しいわ
- B：証拠もないのに人を疑うのはよくないよ
- A：내 지갑이 없어졌어. 아무래도 그 여자가 의심스러운데.
- B：증거도 없이 남을 의심하는 건 좋지 않아.
- A：空模様が怪しいね
- B：本当に
- A：날씨가 이상하네.
- B：정말.

**あやしげな【怪しげな】** ¶それは怪しげな話だから信じないほうがいいよ 그건 의심스러운 이야기니까 믿지 않는 게 좋아. / 近所に怪しげな人物が住んでいる 근처에 이상한 사람이 살고 있다.

**あやしむ【怪しむ】** 의심하다 ¶世間では彼の潔白を怪しむ声が多い 세상에서는 그의 결백을 의심하는 사람이 많다. / 最初は彼女がうそをついているのではないかと怪しんだ 처음에는 그녀가 거짓말을 하고 있지 않나 의심했다. / 人に怪しまれるような行動はつつしむべきだ 남에게 의심받을 만한 행동은 삼가야 한다.

**あやす** 어르다 〔機嫌をとる〕달래다 ¶赤ん坊をあやす母親 아기를 달래는 어머니 / 泣きわめいて駄々をこねる子どもをあやす 울고불고하며 떼를 쓰는 아이를 달래다

**あやつりにんぎょう【操り人形】** 꼭두각시 ¶彼は組織の操り人形にすぎなかった 그 사람은 조직의 꼭두각시에 지나지 않았다.

**あやつる【操る】** 〔手で扱う〕놀리다 〔人・動物などをうまく扱う〕부리다, 조종하다 〔言葉を〕구사하다 ¶操り人形を操って人形劇を演じる 꼭두각시를 조종하여 인형극을 한다. / 彼はあの女に操られている 그 사람은 저 여자에게 조종되고 있다. / 彼女は3か国語を自在に操ることができる 그녀는 삼개 국어를 자유롭게 구사할 수 있다.

**あやとり【綾取り】** 실뜨기 ¶小さいころはよく綾取りをして遊んだ 어릴 적에는 자주 실뜨기를 하며 놀았다.

**あやぶむ【危ぶむ】** 불안해하다 〔心配する〕걱정하다, 염려하다 〔疑う〕의심하다 ¶山で遭難した人々の生命が危ぶまれる 산에서 조난당한 사람들의 생명이 걱정된다. / 実験の成功を危ぶむ者はだれもいない 실험의 성공을 의심하는 사람은 아무도 없다.

**あやふや** ◇ あやふやだ 애매하다, 모호하다 ¶彼はあやふやな返答しかしなかった 그는 애매한 대답밖에 안 했다. / 彼女はあやふやな態度を取り続けた 그녀는 계속 애매한 태도를 취했다.

**あやまち【過ち】** 잘못, 과오 〔不注意によるミス〕실수 ¶過ちを犯す 잘못을 저지르다 / 過ちを悔いる 잘못을 뉘우치다 / 過ちを悟る 잘못을 깨닫다

**あやまり【誤り】** 잘못, 실수 ¶大きな誤りを犯す 큰 잘못을 저지르다 / 彼女は自分の誤りを認めた 그녀는 자기의 잘못을 인정했다. / 彼は私の判断の誤りを指摘した 그는 내 판단 미스를 지적했다.

¶計算の誤りに気づいた(→間違っているところを見つけた) 계산이 틀린 데를 발견했다. / 君の提出した報告書には誤りが多いぞ(→間違ったところが多い) 자네가 제출한 보고서에는 틀린 데가 많은데.

## あやまる【謝る】 사과하다(謝過一), 사죄하다(謝罪一)

**基本表現**
▶私の間違いでした. 謝ります. ごめんなさい
제 잘못이었습니다. 사과드립니다. 미안합니다.
▶あなたに謝らなければなりません
당신에게 사과해야 합니다.
▶彼女はお待たせしてすみませんとみんなに謝った
그 여자는 기다리게 해서 미안하다고 모두에게 사과했다.

¶電話をかけ間違えたらちゃんと謝りなさいよ 전화를 잘못 걸었을 때에는 제대로 사과하여라. / あなたに謝ってもらいたいだけのです 당신의 사과를 받고 싶을 뿐이에요. / 謝れば済むと思ったら大間違いだ 사과하면 그만이라고 생각한다면 큰 착각이다.

**会話** 謝ることはない
- A：明に何て言って謝ったの
- B：何だって
- A：明に謝ったんでしょう?
- B：何で僕が謝らなきゃならないんだよ. 悪いのは彼のほうじゃないか
- A：아키라한테 뭐라고 사과했어?
- B：뭐라고?
- A：아키라한테 사과했지요?
- B：왜 내가 사과해야 하는데? 잘못한 건 개잖아.

**あやまる【誤る】** 잘못하다, 실수하다, 그르치다 〔間違える〕틀리다 ¶操作を誤るとこのコンピュータは動かない 조작을 잘못하면 이 컴퓨터는 움직이지 않는다. / 君は判断を誤った 자네는 판단을 잘못했다. / 職業の選択を誤らないように注意しなさい 직업을 잘못 선택하지 않도록 해야 한다. / 暗闇で方向を誤った 어두워서 방향을 잘못 잡았다. ⇨間違う, 間違える

**あやめ【菖蒲】** 붓꽃, 창포

**あゆ【鮎】** 은어(銀魚) ¶あゆ漁が解禁になる 은어 낚시가 해금되다

**あゆみ【歩み】** 〔歩行〕걸음 〔歩調〕보조 〔足跡〕발자취 〔進行, 推移〕진척, 진보; 흐름 ¶後で呼ぶ声がしたので彼は歩みを止めて振り返った 뒤에서 부르는 소리가 들려 그는 걸음을 멈추고 뒤돌아봤다. / このパンフレットには50年にわたるわが社の歩みが記されている 이 팸플릿에는 50년에 걸친 우리 회사의 발자취가 기록되어 있다. / 歩みを早める〔緩める〕 걸음을 재촉하다〔늦추다〕 / 歴史の歩み 역사의 발자취

**あゆみより【歩み寄り】** 양보(讓步) ¶合意のためには双方の歩み寄りが必要だ(→譲歩する必要がある) 합의를 위해서는 쌍방이 양보할 필요가 있다. / 賃金交渉の早期決着のため, 労使は歩み寄りを

余儀なくされた(→歩み寄らざるを得なかった) 임금 교섭의 조기 해결을 위하여 노사는 서로 양보하지 않을 수 없었다. ⇨**歩み寄る**

**あゆみよる【歩み寄る】** 다가가다〔譲歩する〕양보하다 ¶選手は興奮して審判に歩み寄った 선수는 흥분해서 심판에 다가갔다. / 野党は与党と歩み寄ることに同意した 야당은 여당과 서로 양보할 것에 동의했다. ⇨**譲歩, 妥協**

**あゆむ【歩む】** 걷다 ¶私たちは30年間共に歩んできた 우리는 30년 동안 함께 걸어왔다. ⇨**歩く**

**あら** 어머, 어머나 ¶あら, 大変! 어머나 큰일났네! / あら, すてき! 어머, 멋져! / あら, どうしましょう 어머, 어쩌죠.

**あら【粗】**〔魚の〕서덜〔欠点, 欠陥〕결점, 결함〔きず, 不備〕흠 ⇨**粗捜し, 欠点**

**あらあらしい【荒々しい】** 거칠다, 난폭하다〔厳しい〕호되다 ◇荒々しく 거칠게, 난폭하게; 호되게 ¶彼は荒々しい気性の男なのですぐにかっとなる 그는 성질이 거칠어 금방 화를 낸다. / 彼は荒々しくドアを閉めて部屋を出て行った 그는 난폭하게 문을 닫고 방을 나갔다. / パク課長はミスを犯した部下を荒々しくしかった 박 과장은 실수를 저지른 부하를 호되게 나무랐다.

**あらい【荒い】** 거칠다〔乱暴な〕사납다, 난폭하다〔波が〕거세다, 사납다 ¶その男はとても気性が荒い 그 남자는 성질이 아주 거칠다. / 彼の言葉遣いは荒い 그는 말투가 거칠다. / 彼は言動が荒い 그는 언행이 난폭하다.

¶きょうは波が荒い 오늘은 파도가 거세다.

**あらい【粗い】**❶〔ざらざらした〕거칠다, 까칠하다〔肌が粗い 살결이 거칠다.

❷〔おおざっぱな〕거칠다, 조잡하다, 엉성하다 ¶彼は仕事が粗い 그는 하는 일이 엉성하다. / このテーブルは仕上げが粗い 이 테이블은 엉성하게 만들어졌다. / 費用は粗く見積もって5万円ぐらいだ(→おおざっぱに見積もって) 비용은 어림잡아 5만 엔쯤 될 거다.

❸〔細かくない〕거칠다; 성기다 ¶このビデオは画像が粗い 이 비디오는 화상이 거칠다. / 砂の粒が粗い 모래알이 굵다 / 網の目が粗い 그물코가 성기다

**使い分け あらい**

| 粗い | 거칠다 | 표면이 거칠다<br>表面がざらざらしている |
|---|---|---|
| たけだけしい | 사납다 | 성질이 사납다 性質が荒い |
| 勢いが強い | 거세다 | 파도가 거세다 波が荒い |

**あらいざらい【洗い浚い】** 죄다, 모조리, 깡그리 ¶言いたいことを洗いざらい打ち明けたので気が楽になった 하고 싶은 말을 죄다 털어놓아서 마음이 시원해졌다.

**あらいだす【洗い出す】** 밝혀내다, 캐내다 ¶問題点を洗い出して計画を再検討した 문제점을 밝혀내어 계획을 재검토했다. / 警察は容疑者の身元を洗い出した 경찰은 용의자의 신원을 캐냈다.

**あらいなおす【洗い直す】** 다시 씻다, 다시 빨다〔再検討する〕재검토하다 ¶しみが取れていなかったのでブラウスを洗い直した 얼룩이 빠지지 않아 서 블라우스를 다시 빨았다. / 計画を全面的に洗い直す必要がある 계획을 전면적으로 재검토할 필요가 있다.

**あらいながす【洗い流す】** 씻어내다 ¶長靴の泥を洗い流す 장화의 진흙을 씻어내다

**あらいもの【洗い物】**〔洗濯物〕빨래, 빨랫감, 세탁물〔食事の〕설거짓감 ¶お母さんが洗い物をするのを手伝った 어머니가 빨래하는[설거지하는] 것을 도와 드렸다.

**あらう【洗う】**❶〔汚れを落とす〕씻다〔すすぐ〕헹구다〔髪を〕감다〔衣類を〕빨다 ¶私は冷水で顔を洗った 나는 찬물로 세수했다. / 石けんで体を洗いなさい 비누로 몸을 씻어라. / 服をきれいに洗った 옷을 깨끗이 빨았다. / このセーターは洗っても縮まない 이 스웨터는 빨아도 줄어들지 않는다. / シャツの染みは洗っても落ちなかった シャツの얼룩은 빨아도 없어지지 않았다. / 彼女は茶わんをよく洗った 그녀는 밥그릇을 깨끗이 씻었다. / 傷口をよく洗いなさい 상처를 잘 씻어라. / 私は毎日髪を洗う 나는 매일 머리를 감는다.

¶バッハの音楽を聴くといつも心が洗われるような気がする 바하의 음악을 들으면 언제나 마음이 정화되는[맑아지는] 느낌이 든다.

❷〔調べて明らかにする〕¶警察は必死に犯人の身元を洗っている 경찰은 범인의 신원을 필사적으로 캐내고 있다. ⇨**洗濯**

**あらうみ【荒海】** 거친 바다, 거센 바다

**あらかじめ【予め】**〔前もって〕미리, 사전에 ¶いつでも出発できるようにあらかじめ用意しなさい 언제라도 출발할 수 있도록 미리 준비해 놓아라. / 東京にいらっしゃる時はあらかじめ電話でご連絡ください 도쿄에 오실 때에는 미리 전화로 알려 주십시오.

**あらかせぎ【荒稼ぎ】** ¶彼は株取引で数億円を荒稼ぎした 그는 주식 거래로 수억 엔을 한꺼번에 벌어들였다.

**あらかた** 대강, 거의 ¶仕事はあらかた終わった 일은 대강 끝났다. / 客はあらかた帰った 손님들은 거의 돌아갔다.

**あらけずり【粗削り】** ◇粗削りだ〔荒っぽい〕거칠다 ¶その作家の文体は粗削りだが読者を引き付ける何かがある 그 작가의 문체는 거칠지만 독자를 끄는 뭔가가 있다.

**あらさがし【粗捜し】** ¶彼は人の粗捜しばかりしている 그는 남의 흠만 본다.

**あらし【嵐】** 폭풍, 폭풍우 ¶嵐になりそうだ 폭풍이 올 것 같다. / 嵐が治まった 폭풍이 멎었다. / 一晩中嵐が吹き荒れていた 밤새 폭풍우가 휘몰아치고 있었다.

¶その歌手は嵐のような拍手を受けた(→雷のような拍手) 그 가수는 우레와 같은 박수를 받았다. / イラク戦争に世界各国で抗議の嵐が起こった(→抗議の声がわき上がった) 이라크 전쟁에 대해 세계 각국에서 항의의 목소리가 드높았다.

¶嵐の夜 폭풍우의 밤 / 嵐の前の静けさ 폭풍 전야의 고요함

**あらす【荒らす】** 망치다, 휩쓸다, 황폐화하다 ¶農作物は嵐でひどく荒らされた(→嵐が農作物を荒ら

した) 폭풍우 농작물을 모두 망쳐 버렸다. /台風で多くの町が荒らされた 태풍이 많은 동네를 휩쓸었다. /くまが畑を荒らした 곰이 밭을 망쳤다. /首都は戦争で荒らされた 수도는 전쟁으로 황폐화되었다. /荒れる

**あらすじ【粗筋】**〔小説などの〕줄거리 〔概要〕개요 ¶この小説の粗筋を教えてくれ 그 소설의 줄거리를 알려 줘.

**あらそい【争い】** 싸움, 다툼 〔紛争〕분쟁 ¶争いをやめさせるために警官を呼んだ 싸움을 말리려고 경찰을 불렀다. /できるなら無益な争いは避けたい 가능하면 쓸데없는 싸움은 피하고 싶다. /彼ら夫婦の間には争いが絶えなかった 그들 부부간에는 다툼이 그치지 않았다. /2つのチームが激しい優勝争いを演じている(→激しく優勝を争っている) 두 팀이 우승을 놓고 치열한 경쟁을 하고 있다. /両国はその島の領有権をめぐって領土争いをしている 양국은 그 섬의 영유권을 놓고 영토 분쟁을 하고 있다. ⇨

**あらそう【争う】** 싸우다, 다투다, 겨루다

> **使い分け** 싸우다, 다투다, 겨루다
> 싸우다 (力や武器などを持って)争う, けんかする. 比喩的に「苦痛と戦う」という意味にも用いる.
> 다투다 (意見や利害の対立での)言い争い. 選挙での舌戦にも用いる. いくら興奮してきても, 暴力にまでは発展しない. 「時間を争う」という意味でも用いる.
> 겨루다 力を出し合って競い合う, 競争する.

¶彼らはお金のことでよく争っている 그들은 돈 때문에 자주 싸우고 있다. /両家は土地の所有権をめぐって争っている 두 집은 토지 소유권을 놓고 싸우고 있다.
¶彼は上司と争って仕事を辞めた 그 사람은 상사와 다퉈 직장을 그만뒀다. /その契約をめぐって数社が争っている 그 계약을 따려고 몇 개 업체가 서로 경쟁하고 있다. /子どもたちは先を争ってバスに乗ろうとした 아이들은 앞을 다퉈 버스를 타려고 했다.
¶日本と韓国が金メダルを争っている 일본과 한국이 금메달을 겨루고 있다. /知事選挙は4人の候補者で争われる 지사 선거에서는 네 명의 후보자가 겨루게 된다.

**あらた【新た】** ◇新たな 새로운(<새롭다) ◇新たに 새롭게, 새로이 ¶総選挙後の政局は新たな局面を迎えた 총선거 후 정국은 새로운 국면을 맞이했다. /彼女は気分も新たに再出発を誓った 그녀는 새로운 기분으로 재출발할 것을 다짐하였다. /新たな構想を練る 새로운 구상을 짜다 /心を新たにする 마음을 새로이 하다 /認識を新たにする 인식을 새롭게 하다

**あらだてる【荒立てる】** 〔物事を〕시끄럽게 만들다, 복잡하게 하다 〔만들다〕 〔声などを〕거칠게 하다, 날카롭게 하다 ¶事を荒立てずに穏便に解決しよう 일을 복잡하게 만들지 말고 원만하게 해결하자. /彼は怒って声を荒立てた 그는 화가 나서 목소리가 거칠어졌다.

**あらたまる【改まる】** 〔変わる〕바뀌다, 변경되다 〔改善される〕나아지다, 개선되다 〔格式ばる〕격식을 차리다 ¶年が改まれば運も向いてくるよ 해가 바뀌면 운수도 좋아지을 거야. /あれ以来彼の生活態度はかなり改まった 그 후로 그의 생활 태도는 상당히 나아졌다. /ここでは改まった言葉遣いはいらない 여기서는 격식차린 말은 필요없다.

**あらためて【改めて】** 다시 한번, 딴 기회에 〔もう一度〕 또다시, 새삼스럽게 ¶その件に関しては改めてご返事いたします 그 건에 관해서는 다음 기회에 회답하겠습니다. /改めてお電話いたします 다시 전화 드리겠습니다. /今改めて言うことは何もない 지금 새삼스럽게 할 말은 없다. /改めて事故の原因を調査するよう当局に要求した 사고의 원인을 다시 조사하도록 당국에 요청했다.

**あらためる【改める】** ❶〔変える〕고치다, 변경하다, 바꾸다 ¶友人の忠告にしたがい考えを改めることにした 친구의 충고를 받아들여 생각을 고치기로 했다. /古い習慣を改める 낡은 습관을 고치다 /政府は外交政策を改めるべきだ 정부는 외교 정책을 개선해야 한다. /来年から選挙制度が改められる 내년부터 선거 제도가 변경된다. /日を改めてまた伺います 다음에 다시 찾아뵙겠습니다.
❷〔改善する〕고치다, 개선하다 〔正す〕바로잡다 ¶職場での男女差別は改めるべきだ 직장에서의 남녀 차별은 개선되어야 한다. /彼は自分の誤りを改めようとしなかった 그 친구는 자기 잘못을 고치려 하지 않았다. /態度を改めないといつか後悔するぞ 태도를 고치지 않으면 언젠가 후회할 거야.
❸〔調べる〕확인하다, 알아보다 ¶お釣りはこちらにございます. 一度お改めください 거스름돈이 여기 있습니다. 한번 확인해 주십시오.

**あらっぽい【荒っぽい】** 거칠다, 난폭하다 〔粗野な〕조잡하다 ¶彼の荒っぽいやり方にはとても我慢できない 그의 거친[조잡한] 일 처리는 도저히 참을 수 없다. /うちの娘の荒っぽい言葉遣いにはあきれるよ 우리 딸의 거친 말투를 듣고 있으면 어이가 없어. ⇨荒々しい, 荒い

**あらて【新手】** 새로운 수법 ¶新手の詐欺にあう 새로운 수법의 사기를 당하다 /新手の犯罪が増える 새로운 수법의 범죄가 증가하다

**あらなみ【荒波】** 거센 파도 ¶船が荒波をついて進む 배가 거센 파도를 헤치면서 나아간다. [慣用句] 世間の荒波にもまれて彼も大人になった 세파에 시달리면서 그도 어른이 되었다.

**あらぬ【有らぬ】** ¶彼女はあらぬ疑いをかけられた 그녀는 터무니없는 의심을 샀다. /彼は興奮してあらぬことを口走った 그는 흥분하여 엉뚱한 말을 지껄였다.

**あらまき【新巻・荒巻】** 얼간 연어

**あらまし** 개요 ¶彼はきのうの会議のあらましを報告した 그는 어제 있었던 회의의 개요를 보고했다. /警察署長は記者たちに事件のあらましを説明した 경찰서장은 기자들에게 사건의 개요를 설명했다.

**あらゆる** 온갖, 모든 ¶あらゆる人が同じことを言った 모든 사람이 같은 말을 했다. / あらゆる点で彼女は私とは違う 모든 점에서 그녀는 나와 다르다. / あらゆる手段を尽くして警察は犯人の行方を追った 경찰은 온갖 수단을 동원하여 범인의 행방을 쫓았다.

**あらりょうじ【荒療治】** 과감한 조치 ¶会社を立て直すためには荒療治が必要だ 회사를 재건하기 위해서는 과감한 조치가 필요하다.

**あられ【霰】** 싸라기눈, 《縮約》싸락눈 ¶あられが降りだした 싸라기눈이 내리기 시작했다. / 我々の陣地に向けて弾丸が雨あられと飛んできた 우리 측 진지를 향해 탄알이 빗발치듯 날아왔다.

**あらわす【露す】** ◇あらわになる 드러내다 ◇あらわになる 드러나다 ◇あらわに【露骨に】노골적으로 ¶彼女は肌をあらわにした派手な服を着ていた 그 여자는 맨 살을 드러낸 화려한 옷을 입고 있었다. / 彼は不満の表情をあらわにした 그는 불만을 노골적으로 얼굴에 드러냈다. / 領土問題をめぐって両国の対立があらわになった 영토 문제를 둘러싸고 양국의 대립이 표면화되었다.

**あらわす【表す・現す】** ❶〔表現する〕나타내다, 표하다, 표현하다, 표시하다 ¶彼女は感謝の気持ちを表した 그녀는 감사의 마음을 나타냈다. / これらの作品は作者の性格の違いをよく表している 이 작품들은 작가의 성격의 차이를 잘 나타내고 있다. / 彼はめったに感情を顔に表さない 그는 함부로 감정을 얼굴에 드러내지 않는다. / 弔意を表す 조의를 표하다 ¶カロリーは熱量を表すために用いられる 칼로리는 열량을 나타내는 데 쓰인다. / 温度の変化をグラフに表す 온도의 변화를 그래프로 표시하다 / 喜びを表した音楽 기쁨을 표현한 음악

❷〔意味する〕나타내다, 뜻하다 ¶この印は雨を表している 이 표시는 비를 나타낸다. / 白い旗は降伏を表す 백기는 항복을 나타낸다. / 黄色は「注意」を表す色として使われている 노랑색은 '주의'를 나타내는 색으로 사용되고 있다. /「この数字は何を表しているんですか」「所要時間です」"이 숫자는 뭘 나타내고 있어요?" "소요 시간이요."

❸〔姿などを〕나타내다 ¶彼は突然その場に姿を現した 그는 갑자기 그 자리에 모습을 나타냈다.

**あらわす【著す】**〔書く〕쓰다, 저술하다〔出版する〕출판하다 ¶彼は経済学に関する本を何冊か著している 그는 경제학에 관한 책을 몇 권 썼다.

**あらわれ【現れ・表れ】**〔兆候〕조짐〔表現〕표현 ¶今回の選挙での低い投票率は国民の政治に対する不信の現れだ 이번 선거의 낮은 투표율은 정치에 대한 국민의 불신을 나타내고 있다. / 彼の強気の発言は自信の表れだろう 그의 강경한 발언은 자신감의 표현이겠지.

**あらわれる【現れる・表れる】** 나타나다 (↔さらばえる) ¶見知らぬ人が突然戸口に現れた 모르는 사람이 갑자기 문 앞에 나타났다. / 彼はそのうち現れるよ 그는 이제 나타날 거야. / 太陽が雲間から現れた 태양이 구름 사이로 나타났다. (×구름 사이에서とはいわない) 調査の結果新たな事実が現れた(→新たな事実が明らかになった) 조사 결과 새로운 사실이 드러났다. / トンネルを抜けると目の前に青い海が現れた 터널을 빠져나오자 눈앞에 푸른 바다가 나타났다.

¶怒りが彼女の顔にはっきりと表れていた 그녀의 얼굴에 분노가 역력했다. / 睡眠不足の影響がたちまち仕事に現れた 수면 부족의 영향이 당장 나타났다. / 手紙には彼の気持ちがよく表れていた 편지에는 그 사람의 마음이 잘 나타나 있었다. / 彼の能力は試験の結果に歴然と表れた 그 친구의 능력은 시험 결과에서 확실히 나타났다. / 薬の効果が現れるまでには多少時間がかかるかもしれない 약의 효과가 나타날 때까지는 좀 시간이 걸릴지도 모른다.

**あらんかぎり【有らん限り】** ¶彼らは捜索隊に向かって有らん限りの声で助けを求めた 그들은 수색대를 향하여 목청껏 도움을 청했다. / 彼は有らん限りの力を尽くして与えられた任務に取り組んだ 그는 있는 힘을 다하여 맡은 임무에 몰두했다.

**あり【蟻】** 개미 [数え方] あり1匹 개미 한 마리 [慣用句] 会場はありのはい出るすきもないくらいに厳重に警備されていた(→水も漏らさないほど) 회장은 물샐틈없을 만큼 삼엄하게 경비되고 있었다. [関連] 女王あり 여왕개미 / 働きあり 일개미

**アリア** 아리아

**ありあまる【有り余る】** 남아돌다 ¶彼には有り余るほどの金がある 그는 돈이 남아돈다. / 今年は大豊作で米が有り余っている 올해는 대풍작으로 쌀이 남아돌고 있다.

**ありありと**〔はっきりと〕역력히, 뚜렷이, 선하게〔生き生きと〕생생히 ¶その知らせを聞いて彼女の顔には失望の色がありありと浮かんだ 그 소식을 듣자 그녀의 얼굴에는 실망한 기색이 역력했다. / 疲労の色がありありと彼の顔に出ている 피로한 기색이 그 사람의 얼굴에 역력히 나타나 있다. / 今も目をつぶれば母の顔がありありと目に浮かんでくる 지금도 눈을 감으면 어머니의 얼굴이 눈에 선하다.

**ありあわせ【有り合わせ】** ¶彼女は有り合わせのもので手早く料理を作るのがうまい 그녀는 있는 재료로 재빨리 음식을 만드는 데 능하다.

**ありうる【有り得る】** 있을 수 있다(↔있을 수 없다) ¶それは有り得る話だ 그것은 있을 수 있는 이야기다. / 将来東京で大地震が起こることは有り得ることだ 앞으로 도쿄에서 큰 지진이 일어나는 것은 있을 수 있는 일이다.

**ありえない【有り得ない】** 있을 수 없다(↔있을 수 있다) ¶そんなことは有り得ない そん 일은 있을 수 없다. / 寝坊の彼が時間どおりに来るなんて有り得ないよ 늦잠꾸러기인 그 친구가 제때에 온다는 것은 있을 수 없다.

**ありえる【有り得る】** →有り得る

**ありか【在り処】** 소재, 있는 곳 ¶彼らは財宝のありかを探している 그들은 보물이 있는 곳을 찾고 있다.

**ありかた【在り方】** ¶教育のあり方について論議する 바람직한 교육에 대하여 논의하다

# ありがたい

**ありがたい** 【有り難い】 고맙다, 감사하다(感謝一), 반갑다 ◇有り難く 고맙게, 감사히, 반갑게 [幸いに] 다행히

> **使い分け** 고맙다, 감사하다, 반갑다
> 고맙다 主に具体的なことをしてくれたり, 具体的な助力を受けた個人に対して用いる傾向が強く, 口語的で柔らかい感じを与える.
> 感謝する 抽象的なことに対して用いる傾向が強く, 文語的で堅い感じを与える. 感謝しますの形でスピーチの結びの言葉としても用いる.
> 反갑다 久しぶりに人に会ったり, 思いがけずいいことに出合ってうれしいの意.

¶ありがたいことに家族はみな健康です 다행히 우리 식구는 모두 건강합니다. / ありがたいことに出かけるころには雨がやんだ 다행히 집을 나갈 무렵에는 비가 멎었다. / ありがたく頂戴いたします 감사히 받겠습니다. / 彼の助言は本当にありがたかった 그의 조언은 정말 고마웠다. / ちょっと静かにしてくれるとありがたいんだけど 좀 조용히 해 주면 고맙겠는데. / 力を貸していただけるとありがたいのですが 좀 도와 주시면 고맙겠습니다만. /「よかったら手を貸すよ」「そうしてくれるとありがたいわ」 "괜찮으면 도와 줄게." "그리 해 주면 고맙지." / 年2回のボーナスはとてもありがたい 일년에 두 번 보너스가 나오는 것은 참 고마운 일이다. / ありがたいお言葉をいただき感謝しています 고마운 말씀을 해 주셔서 감사합니다. / 健康ほどありがたいものはない 건강보다 고마운 것은 없다.

**ありがたみ** 【有り難み】 고마움 ¶病気で寝込んで初めて健康のありがたみを知った 병으로 앓아눕고 나서 비로소 건강의 고마움을 알았다. / 親元を離れて暮らしてみて初めて親のありがたみがわかった 부모의 곁을 떠나서 살아 보니 비로소 부모의 고마움을 알게 되었다.

**ありがためいわく** 【有り難迷惑】 ¶彼の忠告はありがた迷惑だわ 그의 충고는 쓸데없는 참견이다. / こんな物をもらってもありがた迷惑だけど 이런 건 받아도 짐만 될 뿐이다.

**ありがち** 【有り勝ち】 ◇ありがちだ 흔히 있다 ¶彼女は初心者にありがちな間違いを犯した 그녀는 초보자에게 흔히 있는 실수를 저질렀다.

# ありがとう
【有り難う】 고맙다, 감사하다(感謝一) ⇒ありがたい

> **基本表現**
> ▷ありがとうございます
>   고맙습니다. / 감사합니다.
> ▷「ほら, お前の欲しがっていたカメラだよ」「お父さん, ありがとう」
>   "자, 네가 갖고 싶어 하던 카메라다."
>   "아빠, 고맙습니다."
> ▷「コーヒーをもう1杯いかがですか」「ありがとうございます. いただきます」
>   "커피 한 잔 더 어때요?" "고맙습니다. 그럼 잘 마시겠습니다."
> ▷すてきなプレゼントをどうもありがとう
>   멋진 선물 고마워요.
> ▷わざわざ来てくださりありがとうございます

일부러 와 주셔서 감사합니다.
¶親切にしていただいて本当にありがとうございます 친절하게 해 주셔서 정말 감사합니다. / ソウル滞在中はいろいろとお世話になりありがとうございました 서울에 있는 동안 여러모로 도와 주셔서 감사합니다.

> **会話** どうもありがとう
> A：どうもありがとうございました
> B：どういたしまして
> A：정말 고맙습니다.
> B：천만에요.
> A：すみません. ソウル駅はどう行ったらいいのですか
> B：この道をまっすぐ行くと正面に見えます
> A：そうですか. ありがとうございました
> A：죄송합니다만 서울역은 어떻게 가면 됩니까?
> B：이 길을 쭉 가시면 정면에 보일 겁니다.
> A：그렇습니까? 감사합니다.

**ありがね** 【有り金】 가진 돈 ¶有り金をはたいて新しいパソコンを買った 가진 돈을 다 털어서 새 컴퓨터를 샀다.

**ありきたり** 【在り来たり】 ◇ありきたりだ 흔해 빠지다, 평범하다 ¶このジャケットはデザインがありきたりで若者にアピールしそうもない 이 재킷은 디자인이 흔해빠져서 젊은 사람들에게 어필할 것 같지 않다. / ありきたりの服 평범한 옷 / ありきたりの表現 흔해빠진 표현

**ありさま** 【有り様】 모양, 상태, 모습, 꼴 ¶戦火を逃れてきた難民たちは住む所もない悲惨な有り様で戦争を避けて온 난민들은 살 집도 없는 비참한 상태에 있다. / 飢えた子どもたちの有り様を見て彼女は痛ましく思った 굶주린 어린이들의 모습을 보고 그녀는 가엾게 여겼다. / この有り様ではうまくいきそうもない 이런 상태로는 잘 될 것 같지 않다.

**ありそう** 【有りそう】 ¶彼が合格するなんてありそうにない 그가 합격한다는 것은 있을 법하지 않다. / この様子だと悶着ありそうだ 이 모양이면 한바탕 말썽이 있을 것 같다.

**ありつく** 【在り付く】 [仕事などに] 얻다 [食事などに] 들다 ¶失業してから1年, ようやく仕事にありつくことができた 실업한 지 1년이 지나서야 겨우 일자리를 얻을 수 있었다. / 午後3時ごろになってやっと昼飯にありついた 오후 세 시쯤 되어서야 간신히 점심을 들었다.

**ありったけ** ¶彼はありったけの金をはたいて株を買った 그는 있는 돈을 다 털어서 주식을 샀다. / 彼はありったけの力を出して岩を持ち上げた 그 사람은 있는 힘을 다 해서 바위를 들어올렸다.

**ありとあらゆる** 【有りとあらゆる】 모든, 온갖 ¶この店にはありとあらゆる生活必需品がそろっている 이 가게에는 모든 생활필수품이 갖춰져 있다. / ありとあらゆる手段を用いて敵と戦う 온갖 수단을 다해서 적과 싸우다.

**ありのまま** 【有りの侭】 있는 그대로, 사실대로 ¶彼はありのままの事実を述べた 그는 사실대로 이야기했다. / 彼女にありのままの自分を見せた 그녀에게 있는 그대로의 나 자신을 보여 주었

다. / 私は現実をありのままに受け入れた 나는 현실을 있는 그대로 받아들였다.

**アリバイ** 알리바이 ¶私には事件のあった日のアリバイがある 나는 사건 당일날의 알리바이가 있다. / アリバイを立証する 알리바이를 입증하다. / アリバイがくずれる 알리바이가 무너지다.

**ありふれた【有りふれた】** ¶それはありふれた話だ 그건 흔히 있는 이야기다. / 酔っ払いのけんかはこの辺りではありふれたことだ 술주정꾼들의 싸움은 이 근처에서는 흔히 있는 일이다. / 彼女はごくありふれたドレスを着てパーティーにやってきた 그녀는 평범한 드레스를 입고 파티에 왔다.

**ありもしない【在りもしない】** ¶彼はありもしない話をしてよく人を驚かせる 그는 있지도 않은 이야기를 해서 자주 사람을 놀라게 한다.

**ありゅう【亜流】** 아류 ¶彼はゴッホの亜流にすぎない 그는 고흐의 아류에 지나지 않는다. / 彼の作品は所詮亜流の域を出ない 그의 작품은 어차피 아류의 수준을 벗어나지 못하고 있다.

**ありゅうさん【亜硫酸】** 아황산 [関連] 亜硫酸ガス 아황산가스

**ある【或】** 어떤, 어느

> **使い分け** 어떤, 어느
> 疑問文においては、어떤 は日本語の「どんな」のように、「事物の特性、内容、状態、性格」などについて聞く場合に用い、어느 は「どの」というように同じ種類のものの中から選択する場合に用いる。
> ¶어떤 음식 どんな食べ物 / 어느 것 どれ / 어느 곳 どこ / 어느 쪽 どっち
> 平叙文では、どちらも日本語の「ある」のように、「事物・人・時・場所」などを漠然とさしていうとき、またはそれらをはっきりさせずに用いる。¶어떤 사람 ある人 / 어떤 의미에서는 ある意味では / 어느 날 아침 ある日の朝 / 어느 정도 ある程度

¶ある人はそう思うかも知れないが私は違う 다른 사람은 그렇게 생각할지 모르지만 나는 생각이 다르다. / きのうある人がこの包みを持ってきた 어제 어떤 사람이 이 짐을 갖고 왔다. / ある意味では彼のほうが正しいと思う 어떤 의미에서는 그 사람이 옳다고 생각한다. / ある日道を歩いていると財布を拾った 어느 날 길을 걷다가 지갑을 주웠다. / 4月のある朝友達が私の家へやって来た 사월의 어느 날 아침 친구가 우리 집에 찾아왔다. / 私はいつもある所にお金を隠している 나는 항상 어딘가에 돈을 감춰 둔다. / あるとき私は釜山に出張することがあった 어느 날 나는 부산에 출장 갈 일이 있었다. / 彼女にはある種の冷たさが感じられる 그 여자에게서는 모종의 차가움이 느껴진다.

**ある【有る・在る】** ❶ 〔存在する〕 있다

> **基本表現**
> ▷資料は私の机の上にあります
> 자료는 제 책상 위에 있습니다.
> ▷彼のプランにはいい点もあれば悪い点もある

그의 계획에는 좋은 점도 있는가 하면 나쁜 점도 있다.
▷時間はまだあるから心配いらないよ
아직 시간이 있으니까 걱정 마.
▷「お母さん、何か食べる物ある?」「冷蔵庫にプリンがあるわよ」
"엄마, 뭐 먹을 거 없어?" "냉장고 안에 푸딩 있어."

¶「何か私にできることはありますか」「ええ、ありますとも」 "제가 뭐 할 수 있는 일은 없습니까?" "있고 말고요." / 「その中には何があるの」「何もありませんよ」 "그 안에는 뭐가 들어 있지?" "아무것도 없어요." / 「きょうの新聞はどこにあるの」「テーブルの上にあるはずよ」 "오늘 신문은 어디 있니?" "테이블 위에 있을 거야." / 列車が出るまでまだ10分ほどあるよ 열차가 떠날 때까지 아직 10분 정도 남았네. / 我々にもまだ優勝の可能性はある 우리에게도 아직 우승할 가능성이 있다. / 君たちの結婚にはきっと反対があるだろう(→反対する人がいる) 너희들의 결혼에는 분명 반대하는 사람이 있을 거다. / 「いくらあれば足りるの」「5千円もあればいいよ」 "얼마 있으면 되니?" "오천 엔 정도 있으면 돼요."

¶桜の木は日本のほとんどどこにでもある 벚나무는 일본의 거의 어디에나 있다. / 郵便局はこの道をまっすぐ行くと右側にあります 우체국은 이 길을 쭉 가시면 오른쪽에 있어요. / 「この鍵どこにあった? さっきからずっと捜してたんだよ」「ソファーの下にあったわよ」 "이 열쇠 어디 있었어? 아까부터 계속 찾고 있었는데." "소파 밑에 있었어." ¶人間にあるまじき行為 인간으로서 있을 수 없는 행위

❷ 〔位置する〕 있다 〔特定の場所に〕 위치하고 있다 〔建物が建っている〕 서 있다 ¶おじの家は川べりにある 큰아버지 집은 강가에 있다. / 上野は東京の東にある 우에노는 도쿄의 동쪽에 있다. / 湖は山の向こうにある 호수는 산 건너편에 있다. / そのホテルは駅前にある 그 호텔은 역 앞에 있다. / その島は日本と韓国の間にある 그 섬은 일본과 한국 사이에 있다. / 私の学校は丘の上にある 우리 학교는 언덕 위에 있다.

**会話** どこにあるの
A : 慶州ってどこにあるの
B : 慶尚北道にあるよ
A : 慶尚北道のどの辺にあるのかな
B : 東の方だよ

A : 경주는 어디에 있니?
B : 경상북도에 있어.
A : 경상북도 어디쯤에 있지?
B : 동쪽에 있어.

❸ 〔持っている〕 있다, 갖고 있다 〔手に入る〕 구하다 ¶金と暇さえあれば世界一周旅行でもしたい 돈하고 시간만 있으면 세계 일주 여행이라도 하고 싶어. / 彼女にはピアノの才能がある 그녀는 피아노에 재능이 있다. / この子はまだ高い熱がある 이 애는 아직 열이 높다. / 何か質問がありますか 무슨 질문이라도 있습니까? / ところでお前お金はあるの 그런데 너 돈은 갖고 있니?

¶「(デパートで)ここにデジカメはありますか」「はい、

3階にございます" "여기 디지털카메라 있어요?" "네, 3층에 있습니다." / 「洗濯機はどこにありますか」「この通路の先です」 "세탁기는 어디 있어요?" "이 통로 끝에 있습니다." / 「これってどこにあったの」「秋葉原に行けばどこにでもあるよ」 "이거 어디서 구했어?" "아키하바라에 가면 아무데서나 구할 수 있어."

❹ [起こる] 있다, 일어나다, 나다 [生じる] 생기다 ¶今朝大きな地震があった 오늘 아침 큰 지진이 있었다. / きのうのこの交差点で交通事故があった 어제 이 교차로에서 교통사고가 일어났다. / 昨夜近所で火事があった 어젯밤 근처에서 불이 났다. / 何かあったらすぐ知らせてください 무슨 일이 생기면 곧 알려 주세요.

❺ [行われる] 있다 [開催される] 개최되다, 열리다 ¶きょうの午後会議があります 오늘 오후에 회의가 있습니다. / 今度の月曜日に試験がある 이번 주 월요일에 시험이 있다. / 先週の土曜日にサッカーの試合があった 지난주 토요일에 축구 경기가 있었다. / オリンピックは4年ごとにある 올림픽은 4년마다 개최된다.

❻ […したことがある] [過去連体形+] 적이 있다 ¶「京都に行ったことがありますか」「いいえ、ありません」 "교토에 가 본 적 있어요?" "아뇨, 없어요." / 何か日本映画を見たことがありますか 무슨 일본 영화 본 적 있어요?

❼ [数量がある] 있다 [重さが] 나가다 ¶「ここから駅まで(距離は)どのくらいありますか」「少なくとも1キロはあります」 "여기서 역까지 얼마나 되나요?" "적어도 1킬로는 됩니다." / 「身長はどのくらいあるの」「175センチあるかないかです」 "키는 얼마나 돼요?" "175센티 될까 말까 합니다." / 「君の体重はどのくらいあるの」「60キロくらいかな」 "너 몸무게 얼마나 나가니?" "한 60킬로 정도." / きょうは暑いよ。30度くらいにはなりそうだね 오늘은 덥네. 30도쯤 되겠다.

❽ [含む] 포함되다 [備わっている] 갖춰져 있다 ¶ぼくのマンションには初めから家具があった 내 아파트 방에는 처음부터 가구가 딸려 있었다. / 牛乳には栄養がたくさんある 우유에는 영양가가 많다.

❾ […に存する] …에 있다, …에 달려 있다 ¶本当の幸せは満足にある 진정한 행복은 만족에 있다. / 韓国映画の魅力は脚本と演出にある 한국 영화의 매력은 각본과 연출에 있다. / うまくいくかどうかは彼の手腕にある 잘 될지 어떨지는 그의 수완에 달려 있다. 慣用句 彼はあることないこと出まかせを言う 그는 있는 소리 없는 소리 나오는 대로 지껄인다.

**あるいは【或いは】** ❶ [または] 또는, 혹은, 아니면 ¶申請書は万年筆あるいはボールペンで記入してください 신청서는 만년필이나 볼펜으로 기입해 주십시오. / 飲み物はコーヒーあるいは紅茶のどちらがいいですか 마실 것은 커피와 홍차 중 어느 것이 좋습니까? / 君か、あるいは僕が行かなければならない 너 아니면 내가 가야 한다.

¶高校を卒業した生徒は進学するかあるいは就職します 고등학교를 졸업한 학생들은 진학하거나 아니면 취직합니다.

❷ [もしかすると] 혹시, 어쩌면 ¶あるいは私の勘違いかも知れない 혹시 내 착각인지도 몰라. / あしたはあるいは雨かも知れない 내일은 어쩌면 비가 올지도 모른다.

**アルカリ** 알칼리(↔산) ◇アルカリ性 알칼리성 ¶アルカリ性の土壌 알칼리 토양 / アルカリ性食品 알칼리 식품 関連 アルカリ電池 알칼리 전지

**あるきまわる【歩き回る】** 걸어다니다 ¶森の中を歩き回る 숲 속을 돌아다니다

**あるく【歩く】** 걷다

基本表現
▷私は毎日会社へ歩いて行く
　나는 매일 회사까지 걸어간다.
▷私たちは雨の中を歩いて帰宅した
　우리들은 빗속을 걸어서 집에 갔다.
▷彼は歩くのが速い[遅い]
　그는 걸음이 빠르다[늦다].
▷私は毎日5キロ歩きます
　나는 매일 5킬로씩 걷습니다.
▷彼女は川沿いを歩いた
　그녀는 강변을 걸었다.
▷家から学校まで歩いて15分ほどです 집에서 학교까지 걸어서 15분 정도입니다.

¶私たちは歩いて橋を渡った 우리는 걸어서 다리를 건넜다. / 僕は彼女と並んで歩いた 나는 그녀와 나란히 걸었다. / ガールフレンドと腕を組んで歩いた 여자 친구하고 팔짱을 끼고 걸었다. / お母さんと手をつないで歩いた 엄마와 손을 잡고 걸었다. / 道の右側を歩く 길의 우측 통행을 해라. / 少女ははだしで芝生の上を歩いた 소녀는 맨발로 잔디 위를 걸었다.

¶そこは駅から歩いて行ける所です 거기는 역에서 걸어서 갈 수 있는 곳입니다. / 市役所までは駅から少し歩かなければいけないでしょう 시청까지는 역에서 좀 걸어야 할 거에요. / この通りをまっすぐ歩いていけば10分ほどで銀座に出ます 이 길을 따라 10분 정도 걸어가면 긴자가 나와요. / 私は車で行くより歩いて行くほうが好きです 나는 자동차로 가는 것보다 걸어가는 것이 좋습니다. / 歩きながらタバコを吸うのはやめてちょうだい 걸어가면서 담배를 피우지 마.

¶彼はフォアボールで一塁に歩いた 그는 포볼로 일루에 나갔다.

¶大またに歩く 성큼성큼 걷다 / 足を引きずって歩く 발을 끌며 걷다 / 軽い[重い]足取りで歩く 가벼운[무거운] 발걸음으로 걷다 / とぼとぼ歩く 터벅터벅 걷다 / ぶらぶら歩く 어슬렁어슬렁 걷다

会話 歩いて行きます
　A：学校へはどうやって行きますか
　B：歩いて行きます
　A：학교까지 어떻게 가요?
　B：걸어서 가요.
　A：駅までタクシーで行こうか
　B：いや歩いたほうが早いよ
　A：역까지 택시로 갈까?
　B：아니, 걸어서 가는 게 빨라.

**アルコール** 알코올 関連 アルコール依存症 알코

올 의존증 / アルコール飲料 알코올 음료 / アルコール中毒 알코올 중독 / アルコール度 알코올 도수 / アルコール分 알코올 성분 / アルコールランプ 알코올램프 / エチルアルコール 에틸알코올, 에탄올 / メチルアルコール 메틸알코올, 메탄올

**あるじ【主】** 주인〔持ち主〕임자, 소유자 ¶彼は父親に代わって一家の主の役割をしている 그는 아버지 대신 가장 역할을 하고 있다. / この旅館の主とは知った仲だ 이 여관 주인하고는 아는 사이다. / 主のいない犬 주인 없는 개 / アパートの主 아파트 소유자

**アルト** 《音楽》알토 ¶アルトで歌う 알토로 노래하다 / アルト歌手 알토 가수

**アルバイト** 아르바이트, 〔俗〕알바〔副業〕부업 ¶彼はアルバイトで家庭教師をしている 그는 아르바이트로 가정교사를 하고 있다. / 彼女は夜レストランでアルバイトをしながら大学に通っている 그녀는 밤에 레스토랑에서 아르바이트를 하면서 대학에 다니고 있다. / 彼はアルバイトの収入で生活費を補っている 그는 아르바이트로 번 돈을 생활비에 보태고 있다. / アルバイトの学生 아르바이트 학생

**アルバム** 앨범 ¶韓国旅行の記念写真をアルバムにはって整理した 한국 여행의 기념 사진을 앨범에 정리했다. / 彼らのファーストアルバムがリリースされた 그들의 첫앨범이 출시되었다. 関連 卒業アルバム 졸업 앨범 / ニューアルバム 새 앨범 / ベストアルバム 베스트 앨범

**アルピニスト** 알피니스트, 등산가〔登山家〕

**アルファ** 알파 ¶ボーナス交渉は4か月分プラスアルファで妥結した ボーナス 교섭은 4개월분 플러스 알파로 타결되었다. 関連 アルファ線 알파선 / アルファ波 알파파

**アルファベット** 알파벳 ¶英語のアルファベットは何文字ありますか 영어 알파벳은 몇 개 있나요? / 開会式では各国の選手団がアルファベット順に入場する 개회식에서는 각국 선수단이 알파벳 순으로 입장한다.

**アルプス** 〔アルプス山脈〕알프스산맥 関連 日本アルプス 일본 알프스

**アルペン** 《スキー》알펜 경기, 알파인 종목

**あるまじき【有るまじき】** 있을 수 없는 ¶教師にあるまじき行為 교사로서 있을 수 없는 행위

**アルミ** 알루미늄 関連 アルミ合金 알루미늄 합금 / アルミサッシ 알루미늄 새시 / アルミ箔 알루미늄박 / アルミホイル 알루미늄 포일

**アルミニウム** 알루미늄 ⇒アルミ

**あれ** 아, 어, 〔女〕어머, 〔女〕어머나 ¶あれ、切符がない 어, 차표가 없네. / あれ、変だわ 어머, 이상하네.

**あれ** ❶〔そこにあるもの・人〕저것, 그것 ; 저 사람, 그 사람 ¶あれを見てごらん 저걸 봐. / この手袋は少し小さいわ。あれを見せてください 이 장갑은 좀 작아요. 저걸 좀 보여 주세요. / あれはヨンジャじゃないの? 저 사람은 영자가 아니니?

会話 **あれはだれ**
A：あれはだれですか
B：友達のジェウクです
A：저 사람이 누구예요?
B：내 친구 재욱이에요.
　A：私はあれがいいな
　B：あれはやめて、これにしなさい
A：난 저게 좋은데.
B：저거 말고 이걸로 해라.

❷〔あのこと〕그것 ¶あれは10年前のことだった 그것은 10년 전 일이었다. / ミンスにあれを言うのを忘れた 민수에게 그걸 말하는 걸 잊어버렸다.

❸〔あの時〕그때 ¶あれからもう3年が過ぎた 그로부터 벌써 3년이 지났다. / あれ以来彼女の消息は何も聞いていない 그때 이후 그 여자 소식은 전혀 듣지 못하고 있다.

**あれ【荒れ】** ¶このクリームは肌荒れによくきく 이 크림은 피부가 거친 데 잘 듣는다.

**あれくるう【荒れ狂う】** 사나워지다, 거칠어지다 ¶嵐で海は激しく荒れ狂っていた 폭풍으로 바다가 몹시 거칠어졌다.

**アレグロ** 《音楽》알레그로, 빠르게

**あれこれ** 이것저것, 여러 가지, 이렇다저렇다, 이리저리 ¶あれこれとやることが多くて休む間もない 이것저것 할 일이 많아서 쉴 틈도 없다. / 彼女はあれこれと親切に教えてくれた 그녀는 친절하게 여러 가지 가르쳐 주었다. / あれこれ言い訳しないで早くやってしまいなさい 이렇다저렇다 변명하지 말고 빨리빨리 해치워라. / あれこれ悩んだあげく留学することに決めた 이리저리 고민한 끝에 유학가기로 결심했다.

**あれだけ** ¶あれだけでは不足だ 그것만 가지고는 아직 모자라다. / あれだけがんばったのに彼は合格できなかった 그렇게 노력했는데도 그는 합격하지 못했다.

**あれち【荒れ地】** 황무지〔不毛の地〕불모지

**あれで** ❶〔プラス評価〕그렇게 보여도 ¶田中君はいつも冗談ばかり言ってるようだけど、あれでなかなか優秀なんですよ 다나카는 언제나 농담만 하는 것 같지만, 그렇게 보여도 꽤 우수해요.
❷〔驚き〕그 정도로 ¶あれで初心者なんですか? 信じられませんね そんなに上手なのに初心者だなんて 그렇게 잘 하는데도 초보자라고요? 못 믿겠는데. / あれで5万円だなんて高すぎるよ 그까짓 것이 5만 엔이라니 너무 비싸다.

**あれの【荒れ野】** 황야

**あれはてる【荒れ果てる】** 황폐하다（荒廃—）
¶以前住んでいた家は今は住む人もなく荒れ果てていた 예전에 살던 집은 지금은 사는 사람이 없어 몹시 황폐해져 있었다. ⇒荒れる

**あれほど** 그토록, 그처럼 ¶あれほど注意したのに彼はまた同じミスを犯した 그토록 주의를 줬는데도 그는 또 같은 실수를 했다. / あれほど立派な人物は見たことがない 그처럼 훌륭한 사람은 본 적이 없다.

**あれもよう【荒れ模様】** ◇荒れ模様だ〔天気が〕거칠어질 듯하다, 사나워질 듯하다〔雰囲気が〕험악하다〔機嫌が〕언짢은 듯하다 ¶台風の接近で空は荒れ模様だ 태풍의 접근으로 날씨가 거칠어질 듯하다. / 会議は荒れ模様となり野次と怒号が飛び交った 회의는 험악해져 야유와 고함 소리가 오갔다. / 母は朝から荒れ模様で結局話せなかった 어머니는 아침부터 언짢은 듯해서 결

**あれやこれや** 이것저것 ¶あれやこれやで忙しくて今手が離せない 이것저것 바빠서 지금 손을 뗄 수 없다.

**あれよあれよ** ¶あれよあれよと言う間に試合は終わった 우왕좌왕하는 사이에 시합은 끝났다.

**あれる【荒れる】** ❶〔天候が〕거칠어지다, 사나워지다 ¶きょうは天候が荒れそうだ 오늘은 날씨가 거칠어지겠다. /あすは海が荒れそうです 내일은 바다가 거칠어질 것 같습니다. ❷〔荒廃する〕거칠어지다, 황폐해지다 ¶村は人影もなく家々はみな荒れていた 마을에는 사람의 모습도 안 보이고 집들은 모두 황폐해지고 있었다. /放置された田畑は荒れていた 방치된 논밭은 황폐해졌다. /うちの庭は荒れ放題だ 우리 집 뜰은 거칠 대로 거칠어졌다. ❸〔肌が〕거칠어지다〔手や唇が〕트다 ¶毎年冬になると肌が荒れる 해마다 겨울이 되면 피부가 거칠어진다. /水仕事で手が荒れる 궂은일로 손이 트다. ❹〔機嫌・生活などが〕언짢다, 거칠어지다, 난폭해지다, 소란해지다 ¶彼女, 今日は荒れてるね 그 여자 오늘은 언짢구먼. /彼はこのごろ生活が荒れているようだ 그는 요즘 생활이 엉망인 것 같다. /会議は大荒れに荒れ収拾不能な状態に陥った 회의는 극도로 소란스러워져 수습할 수 없는 상태가 되었다.

**アレルギー** 알레르기〔拒否反応〕거부 반응 ¶アレルギー症状を起こす 알레르기 증상을 일으키다. /私はアレルギー体質です 저는 알레르기성 체질입니다. /うちの子は卵アレルギーです 우리 애는 달걀 알레르기에요. /日本人には強い核アレルギーがある(→核に強い拒否反応を示す) 일본 사람은 핵에 대해 강한 거부 반응을 보인다. 関連 アレルギー性疾患 알레르기성 질환 / アレルギー性鼻炎 알레르기성 비염 / 花粉アレルギー 꽃가루 알레르기, 화분 알레르기 / 食品アレルギー 식품 알레르기 / 薬物アレルギー 약물 알레르기

**アレンジ** 어레인지〔編曲〕편곡〔脚色〕각색 ◇アレンジする 편곡하다, 각색하다 ¶ピアノ独奏曲をオーケストラ用にアレンジする 피아노 독주곡을 오케스트라용으로 편곡하다. /古典劇を現代風にアレンジする 고전 연극을 현대적으로 각색하다.

**アロハシャツ** 알로하셔츠

**あわ【泡】**〔気泡〕기포〔泡ができる〕거품이 일다 ¶この石けんは泡立ちがよくない 이 비누는 거품이 잘 일지 않는다. /ビールの泡がたくさん立った 맥주 거품이 많이 생겼다. /長年の夢が泡と消えた 오랜 꿈이 거품처럼 사라졌다. 慣用句 泥棒は泡を食って逃げ去った 도둑은 몹시 당황하여 도망쳤다. /彼らは口角泡を立てて議論した 그들은 격렬하게 논쟁을 벌였다. 関連 泡立てて器 교반기 ⇒ 泡立つ, 泡立てる

**あわ【粟】** 조, 좁쌀 慣用句 株の投機で濡れ手で粟の大もうけをした 주식 투자로 손쉽게 큰돈을 벌었다.

**あわい【淡い】**〔薄い〕연하다, 열다〔はかない〕덧없다〔ほのかな〕어렴풋하다 ¶彼女は淡いピンクのブラウスを着ていた 그녀는 연한 핑크빛 블라우스를 입고 있었다. /両親は息子の大学合格に淡い期待をかけていた 부모는 아들의 대학교 합격에 덧없는 기대를 걸고 있었다. /ヨンジャはチョルスに淡い恋心を抱いていた 영자는 철수에게 어렴풋한 연정을 품고 있었다.

**あわさる【合わさる】** 합쳐지다, 붙다 ¶2枚の板は接着剤でぴったりと合わさっていた 두 장의 판자는 접착제로 꼭 붙어 있었다.

**あわせる【合わせる】** ❶〔一つにする〕모으다, 합치다 ¶ユナの部屋は僕の部屋を2つ合わせたくらいの広さだった 윤아 방은 내 방을 두 개 합친 정도의 넓이였다. /3つの村を合わせて新しい市を作った 세 개 마을을 합쳐서 새로운 시를 만들었다. /みんなで力を合わせてバザーを成功させた 모두가 힘을 모아 바자회를 성공시켰다. /彼女は手を合わせて祈った 그녀는 두 손 모아 빌었다. ❷〔合計する〕합치다 ¶私たちの預金を合わせると300万円ほどになる 우리들 예금을 합치면 300만엔쯤 된다. /全部合わせていくらですか 모두 합쳐서 얼마입니까? /出席者は合わせて45人だった 참석자는 모두 마흔다섯 명이었다. ❸〔適合させる〕맞추다 ¶都会は君に合わせるよ 만날 시간은 너한테 맞출게. /目覚ましを6時に合わせて自鳴鐘을 6시에 맞추었다. /このドレスに合わせて赤い靴を買った 이 드레스에 맞춰 빨간 구두를 샀다. /彼はピアノに合わせて歌った 그는 피아노에 맞춰 노래했다. /彼らは声を合わせて『歓びの歌』を合唱した 그들은 목소리를 맞춰 "기쁨의 노래"를 합창했다. /彼女とワルツに合わせて踊った 그녀하고 왈츠에 맞춰 춤추었다. /彼女にカメラのピントを合わせた 그녀에게 카메라의 초점을 맞추었다. /ラジオをFM放送に合わせた 라디오를 FM방송에 맞췄다. ❹〔照合する〕맞추다, 대조하다 ¶答えを模範解答と合わせなさい 답을 모범 답안과 맞춰 보세요. /日本語に翻訳されたものを韓国語の原文と合わせてみる 일본어로 번역된 것을 한국어 원문과 맞춰 보다. ❺〔その他〕¶友達に合わせる顔がない 친구를 대할 낯이 없다.

**あわせる【会わせる】** 만나게 하다, 대하게 하다 ¶彼女に会わせてくれ 그녀와 만나게 해 줘. /二人を会わせる 두 사람을 만나게 하다

**あわただしい【慌ただしい】**〔忙しい〕바쁘다, 분주하다〔落ち着かない〕어수선하다 ◇慌ただしく 바삐, 분주히 ¶きょうはあわただしい一日だった 오늘은 바쁜 하루였다. /暮れになりあわただしい毎日を送っている 연말이 되어 분주한 나날을 보내고 있다. ¶工場では人々があわただしく働いている 공장에서는 사람들이 분주히 일하고 있다. /夫は今朝あわただしく出ていった 오늘 아침 남편은 바삐 집을 나섰다. /時間がなかったのであわただしく食事を済ませた 시간이 없어서 바삐 밥을 먹었다. /このところ何やら政局があわただしくなっている 요즘 어쩐지 정국이 어수선해지고 있다.

**あわだつ【泡立つ】** 거품이 일다 ¶ソーダがグラス

の中で泡立っていたソーダはコップ安でん거품을 일으켰다. ⇨泡
- **あわだてる【泡立てる】**거품이 일게 하다, 거품을 내다 ¶石けんを泡立てる 비누에 거품을 내다
- **あわてもの【慌て者】**덜렁이, 덜렁쇠 ¶彼は慌て者だからしょっちゅう傘を忘れてくる 그는 덜렁이라서 자주 우산을 잊어버린다.
- **あわてる【慌てる】** 당황하다, 허둥지둥하다〔あせる〕서두르다 ◇慌てて 황급히, 서둘러 ¶慌てないでください 서두르지 마세요. / 慌てることはありませんよ 서두를 필요는 없어요.
¶列車を間違えたことがわかって彼女は慌てた 열차를 잘못 탄 것을 알고 그녀는 당황했다. / 彼が慌てるのを見たことがない 그 사람이 당황하는 것을 본 적이 없다.
¶遅刻するかと思って彼女は慌てて家を出た 지각할까 봐 그녀는 황급히 집을 나왔다. / 子供が交通事故にあったと聞いて彼は慌てて帰った 아이가 교통사고를 당했다는 말을 듣고 그는 황급히 집으로 돌아갔다. / 慌てて結婚すると後で後悔するよ 성급하게 결혼하면 나중에 후회할 거야. / 慌てて結論を出す前によく考えなさい 서둘러 결론을 내리기 전에 잘 생각해 봐.
¶慌てていてかばんをタクシーの中に忘れた 당황해서 택시 안에 가방을 두고 왔다. / 彼は慌てふためいて外に飛び出した 그는 매우 당황해서 밖으로 뛰어 나갔다.
[会話]慌てるな
A：早く、終電が出ちゃうぞ
B：慌てるなって
A：빨리. 막차가 가 버리잖아.
B：서두르지 말라니까.
- **あわび【鮑】**전복 [関連]あわび粥(죽) 전복죽
- **あわや** 자칫하면, 하마터면 ¶あわや車にひかれるところだった 자칫하면 차에 치일 뻔했다. / あわやというところで助かる 위태로운 지경에서 살아나다
- **あわよくば** 잘만 하면, 잘만 되면, 어쩌면 ¶彼らはあわよくば大金をもうけようとチャンスをうかがっている 그들은 잘만 되면 큰돈을 벌려고 기회를 노리고 있다.
- **あわれ【哀れ】**〔哀れみ〕동정심 ◇哀れだ 불쌍하다, 가련하다, 가엾다, 애처롭다〔みじめだ〕비참하다 ¶その少女の話は人々の哀れを誘った 그 소녀의 이야기는 사람들의 동정심을 자아냈다.
¶哀れな身の上 가련한 신세 / 哀れな光景 애처로운 광경 / 哀れな猫 불쌍한 고양이 / お腹を空かした哀れな子どもたち 배를 주리는 불쌍한 아이들 / 彼女は息子の哀れな姿を見て驚いた 그녀는 아들의 비참한 모습을 보고 놀랐다.
¶哀れにもその子は3歳で両親と死に別れた 가엾게도 그 애는 세 살 때 부모를 여의었다. / 私は哀れに思って彼を助けてあげた(→同情して) 나는 그 사람을 동정하여 도와 주었다.
- **あわれみ【哀れみ】**동정심 ¶彼女はみずぼらしい身なりの子どもたちを見て哀れを感じた 그녀는 초라

한 모습의 아이들을 보고 동정심을 느꼈다.
- **あわれむ【哀れむ】**불쌍히 여기다, 딱하게 여기다, 가엾게 여기다〔同情する〕동정하다 ¶彼女は身寄りのないその老人を哀れんだ 그녀는 의지할 친척도 없는 그 늙은이를 불쌍히 여겼다. / あんなやつを哀れむ必要はない. 저런 놈을 동정할 필요는 없다. [慣用句]同病相哀れむ 동병상련하다
- **あん【案】**안〔思いつき〕생각〔計画〕계획〔提案〕제안 ¶いい案が浮かんだ 좋은 생각이 떠올랐다. / きのうは一日中韓国旅行の案を練っていた 어제는 하루 종일 한국 여행 계획을 짜고 있었다. / いくつかの案の中から彼の案が採用された 몇 가지 제안 중에서 그의 안이 채택되었다. / 修正案を出す 수정안을 내놓다 [慣用句]案に相違して その本はあまり売れなかった 생각한 것과 달리 그 책은 그다지 팔리지 않았다.
- **あん【餡】**소, 팥소
- **あんい【安易】**◇安易だ 안이하다, 손쉽다 ¶結局彼は安易な道を選んだ 결국 그는 안이한 길을 선택했다. / 安易な考えは捨てるべきだ 안이한 생각은 버려야 한다. / 安易に考えると痛い眼にあうぞ 안이하게 생각하면 따끔한 꼴을 볼 거야.
- **アンカー**【リレー・ニュース番組の】앵커 ¶アンカーを務める 앵커를 맡다 [関連]アンカーマン 앵커맨 / アンカーウーマン 앵커우먼
- **あんがい【案外】**의외로, 예상외로, 뜻밖에 ¶コンサート会場は案外すいていた 콘서트 회장은 의외로 비어 있었다. / 利益は案外少なかった 이익은 예상외로 적었다.
- **あんき【暗記】**암기 ◇暗記する 암기하다, 외다 ¶芝居の台詞を暗記する 연극의 대사를 외다 / 一夜づけで教科書を丸暗記した 당일치기로 교과서를 통째로 암기했다. / 彼女は暗記力がいい 그녀는 암기력이 좋다.
- **あんぎゃ【行脚】**순례 ¶彼は近畿地方の史跡行脚に出かけた 그는 긴키 지방의 사적 순례에 나섰다.
- **アンケート** 앙케트 ¶アンケートをとる 앙케트를 실시하다 / アンケートに答える 앙케트에 답하다 / アンケート用紙に記入する 앙케트 용지에 기입하다 [関連]アンケート調査 앙케트 조사, 설문조사(設問調査) / アンケート回答者 앙케트 회답자
- **あんこ【餡子】**소, 팥소 ⇨あん
- **あんこう【鮟鱇】**아귀 [関連]あんこう鍋 아귀탕,《話》아구탕
- **あんごう【暗号】**암호 ¶暗号を解読する 암호를 해독하다 / 機密情報を暗号で送る 기밀정보를 암호로 보내다 / 暗号で書かれた通信文 암호로 쓰여 있는 통신문
- **アンコール** 앙코르, 재청(再請) ¶聴衆は拍手喝采しながらアンコールを求めた 청중은 박수갈채를 보내면서 앙코르를 청했다. / そのピアニストはアンコールに応じて2曲after奏した 그 피아니스트는 앙코르에 응하여 두 곡 연주했다.
- **あんこく【暗黒】**암흑 [関連]暗黒街 암흑가 / 暗黒時代 암흑시대
- **あんさつ【暗殺】**암살 ¶大統領はあやうく暴漢に暗

殺されるところだった 대통령은 하마터면 폭한한테 암살당할 뻔했다. / 首相の暗殺を企てたテロリストグループが逮捕された 수상의 암살을 꾀하던 테러리스트 무리가 체포되었다. 関連 暗殺者 암살자

**あんざん【安産】** 순산(順産) ¶娘が男の子を出産したが安産だった 딸은 남자 아이를 순산했다.

**あんざん【暗算】** 암산 ◇暗算する 암산하다 ¶暗算で計算した 암산으로 계산하다 / 彼は暗算が得意な 친구は 암산을 잘한다.

**アンサンブル** 〖音楽〗〖服飾〗 앙상블 ¶彼女はしゃれたアンサンブル姿でパーティーに現れた 그녀는 멋진 앙상블 모습으로 파티에 나타났다.

**あんじ【暗示】** 암시, 힌트 ◇暗示する 암시하다 ¶彼女は暗示にかかりやすい 그녀는 암시에 걸리기 쉽다. / 私を暗示にかけようとしたってむだだよ 나에게 암시를 걸려고 해도 소용없어. / 灰色の空が嵐の到来を暗示していた 회색 하늘이 폭풍이 오는 것을 암시하고 있었다. / それは彼の将来を暗示するかのような出来事だった 그것은 그의 장래를 암시하는 듯한 사건이었다.
関連 自己暗示 자기 암시

**あんしつ【暗室】** 암실

**あんじゅう【安住】** 안주 ◇安住する 안주하다 〔満足する〕만족하다 ¶彼らは安住の地を求めてどこかに引っ越した 그들은 안주할 곳을 찾아 시골로 이사했다. / 現状に安住する 현재 상황에 안주하다

**あんしょう【暗唱】** 암송 ◇暗唱する 암송하다 ¶詩を暗唱する 시를 암송하다

**あんしょう【暗礁】** 암초 ¶濃霧のために船は暗礁に乗り上げた 짙은 안개 때문에 배는 암초에 부딪혔다. / 貿易交渉は暗礁に乗り上げた 무역 교섭은 암초에 부딪혔다.

**あんしょうばんごう【暗証番号】** 비밀번호(秘密番号), 〔縮約〕비번 ¶暗証番号を入力する 비밀번호를 입력하다

**あんじる【案じる】** 〔心配する〕걱정하다 〔思案する〕생각하다, 궁리하다 ¶水害に見舞われた中の両親の身を案じて彼女は何度も電話した 수해를 당한 고향의 부모가 걱정되어 그녀는 몇 번이나 전화를 걸었다. / 彼は一計を案じた 그는 한 계책을 궁리해 냈다.

**あんしん【安心】** 안심 ◇安心する 안심하다, 마음을 놓다, 마음이 놓이다 ¶ああ, 安心した 이제 안심이다. / 彼女が元気なので安心した 그녀가 건강하니 안심했다. / やっと大学に合格できて安心した 드디어 대학교에 합격할 수 있어서 마음이 놓였다. / 彼は経験豊富だから安心して仕事をまかせられる 그 사람은 경험이 풍부하기 때문에 안심하고 일을 맡길 수 있다. / 娘さんはもう心配ありませんからご安心ください 따님은 이제 걱정 없으니까 마음을 놓으세요. / 医者の言葉は患者を安心させた 의사의 말은 환자를 안심시켰다. / まずこれで安心した 여하튼 이제 마음을 놓을 수 있겠다.
¶安心のために生命保険に入った 안심할 수 있도록 생명보험에 들었다. / このホテルは防火設備がよく整っているので客に安心感を与えている 이 호텔은 방화 설비가 잘되어 있어 손님들에게 안심감을 주고 있다.
会話 安心しました
A : 韓国へは一人で行くの？
B : いいえ, いとこのお兄ちゃんと. お兄ちゃんは 2 年ほど向こうに留学していたのよ
A : じゃあ安心だね
A : 한국에는 혼자 가？
B : 아니, 사촌 오빠하고 같이. 오빠는 2년 가까이 한국에서 유학했었어.
A : 그러면 안심이다.
A : 息子さんのけがは大したことはありません
B : それを聞いて安心しました
A : 아드님 부상은 별것 아닙니다.
B : 그 말을 들으니 안심되네요.
A : 放火犯がやっと捕まったんだって
B : ああ, よかった. これで安心して眠れるよ
A : 방화범이 체포됐대.
B : 잘됐다. 이제 안심하고 잘 수 있겠어.

**あんず【杏】** 살구 関連 杏の花 살구꽃 / 杏の木 살구나무

**あんせい【安静】** 안정 ◇安静にする 안정을 취하다 ¶医者は患者に当分の間絶対安静を命じた 의사는 환자에게 당분간 절대 안정을 취할 것을 명했다.

**あんぜん【安全】** 안전 ◇安全だ 안전하다 ◇安全に 안전히 ¶機長は乗客の安全に対して責任がある 기장은 승객의 안전에 대하여 책임이 있다. / 安全の点ではどのホテルも大体同じだ 안전에 관해서는 어느 호텔이나 대개 비슷하다. / 犯罪の増加が市民の安全を脅かしている 증가되는 범죄가 시민의 안전을 위협하고 있다. / 彼らは身の安全を図って国外に逃れた 그들은 일신의 안전을 도모하기 위하여 국외로 피난했다.
¶難民は危険な戦闘地域から安全な場所に移された 난민은 위험한 전투 지역으로부터 안전한 곳으로 옮겨졌다. / ここにいれば安全だ 여기에 있으면 안전하다. / このきのこは食べても安全だ 이 버섯은 먹어도 안전하다. / 電車はもっとも安全な乗り物だ 전철은 가장 안전한 교통 기관이다. / 日本は世界一安全な国だと言われている 일본은 세계에서 제일 안전한 나라라고 일컬어지고 있다.
¶ドイツ製の車は安全性が高いことで知られている 독일제 자동차는 안전성이 높은 것으로 알려져 있다. / 我々の安全対策は完璧だ 우리의 안전 대책은 완벽하다. / 原子炉は厳しい安全規則に基づいて管理されている 원자로는 엄격한 안전 규칙에 의거하여 관리되고 있다. / 私はいつも安全運転を心がけている 나는 항상 안전 운전을 하려고 노력하고 있다. / 安全第一を期する 안전제일을 기하다 / 家内安全を祈る 가내 안전을 기원하다
関連 安全地帯 안전지대 / 安全ピン 안전핀 / 安全ベルト 안전벨트, 안전띠 / 交通安全 교통안전 / 国連安全保障理事会 국제 연합 안전 보장 이사회 / 日米安全保障条約 일미 안전 보장 조약

**あんそくび【安息日】** 안식일

**あんだ【安打】** 안타, 히트(<hit) ¶安打を打つ 안타를 치다 / 彼は今日の試合で4打数2安打だった 오늘 시합에서 그는 4타수에 2안타를 쳤다. 関連 内野安打 내야 안타

**アンダーウェア** 언더웨어, 속옷

**アンダーシャツ** 언더셔츠, 속옷

**アンダースロー** 언더스로, 언더핸드 스로 ¶アンダースローで投げる 언더핸드 스로로 던지다 / アンダースローのピッチャー 언더핸드 스로 투수

**アンダーライン** 밑줄 ¶資料の重要な部分にアンダーラインを引く 자료의 중요한 부분에 밑줄을 치다 / アンダーラインを引いた単語を覚える 밑줄 친 단어를 외다

**あんたい【安泰】** 안태 ¶国の安泰を祈る 나라의 안태를 빌다

**あんたん【暗澹】** ¶会社が倒産して彼は暗澹たる気持ちだった 회사가 도산하여 그는 암담한 기분이었다. / 試験に落ちて彼女は暗澹とした毎日を送っていた 시험에 떨어져 그녀는 암담한 나날을 보내고 있었다.

**アンダンテ**【音楽】 안단테, 천천히

**あんち【安置】** 안치 ◇安置する 안치하다 ¶犠牲者の遺体は近くの体育館に安置されている 희생자의 시체는 근처 체육관에 안치되어 있다. / 位牌を仏壇に安置すると 위패를 불단에 안치하다.

**アンチ** 안티, 반(反-) ¶僕は野球ではアンチ巨人で阪神を応援している(→巨人が嫌いで) 나는 야구에서는 교진이 싫어서 한신을 응원하고 있다. / アンチファシズム 반파시즘

**あんちゅうもさく【暗中模索】** 암중모색 ◇暗中模索する 암중모색하다 ¶彼らは問題解決の手がかりを求めて暗中模索している 그들은 문제 해결의 실마리를 잡으려고 암중모색하고 있다.

**アンツーカー** 앙투카 ¶アンツーカーのテニスコート 앙투카 테니스 코트

**あんてい【安定】** 안정 ◇安定する 안정되다, 안정하다 ¶あの国の最大の問題は政治の安定が欠けていることだ(→不安定だ) 그 나라의 가장 큰 문제는 정치가 불안정한 것이다. / 物価の安定を維持するのは容易ではない(→安定させるのは) 물가를 안정시키는 것은 쉬운 일이 아니다. / まず生活の安定をはからねばならない(→安定させなさい) 우선 생활을 안정시켜야 해. / このはしごは安定がいい[悪い] 이 사다리는 「안정감이 있다[불안정하다]. / 安定感のある椅子が欲しい 안정감이 있는 의자가 있으면 좋겠다. ¶彼は安定した収入がある 그에게는 안정된 수입이 있다. / 経済的に安定した男性と結婚したい 경제적으로 안정되어 있는 남자와 결혼하고 싶어. / わが社の売り上げは安定した伸びを示している 우리 회사의 매상고는 안정한 상승세를 보이고 있다. / 物価が安定してほしいものだ 물가가 안정되었으면 좋은데. / ここ数日天候が安定していない 요며칠 동안 날씨가 안정되지 않다. 関連 職業安定所 직업소개소(職業紹介所) / 精神安定剤 정신 안정제

**アンテナ** 안테나 ¶アンテナを立てる 안테나를 설치하다 / アンテナを張る(→情報網をめぐらす) 정보망을 치다 関連 アンテナ線 안테나선 / 室内アンテナ 실내 안테나 / テレビアンテナ 텔레비전 안테나 / パラボラアンテナ 파라볼라 안테나

**あんど【安堵】** 안도, 안심 ◇安堵する 안도하다, 안심하다 ¶夫が無事という知らせを聞いて彼女は安堵の胸をなでおろした 남편이 무사하다는 소식을 듣고 그녀는 안도의 한숨을 쉬었다. / 安堵の表情を浮かべた 안심하는 표정이었다.

**あんな** 그런(<그렇다), 저런(<저렇다) ◇あんなにことを言うものではない 그런 말을 하면 안 돼. / 彼女があんなひどいことを言うなんて思いもよらなかった 그 여자가 그런 심한 말을 할 줄 몰랐다. / あんなに大勢の客が来るとは思わなかった 그렇게 많은 손님이 올 줄은 몰랐다.

**あんない【案内】** ❶【導くこと】안내〔ガイド〕가이드, 안내원(案内員) ◇案内する 안내하다 ¶彼の案内で韓国各地を旅行した 그의 안내로 한국 각지를 여행했다. / 韓国の友達がソウル市内を案内してくれた 한국 친구가 서울 시내를 안내해 주었다. / 彼らは現地の人に案内を頼んだ 그들은 현지 사람에게 안내를 부탁했다. / 博物館の中を案内してくれたのは若い女性だった 박물관 안을 안내해 준 사람은 젊은 아가씨였다. / 彼女はそのイベントの案内役を務めた 그녀는 그 행사의 안내원 역할을 맡았다. / 私はお客をホテルまで案内した 나는 손님을 호텔까지 안내했다. / ホテルのボーイが私を部屋に案内してくれた 호텔 보이가 나를 방으로 안내해 주었다.

❷【通知すること】안내, 통지 ◇案内する 안내하다, 통지하다 ¶美術展の案内を受けた 미술전의 통지를 받았다. / 同窓会の案内が送られてきた 동창회의 통지가 왔다. / 当社の新製品の御案内を申し上げます 저희 회사의 신제품을 안내해 드리겠습니다. / かねてからの御案内のとおり、記念式典は明日午後1時より行います(→既にご存知のとおり) 아시는 바와 같이 기념식전은 내일 오후 한 시에 시작합니다.

❸【招待をすること】안내, 초대 ◇案内する 안내하다, 초대하다 ¶お得意様のための特別セールに御案内申し上げます 고객 여러분을 위한 특별 세일에 대해 안내해 드리겠습니다. 関連 案内係〔受付の〕접수원, 안내원〔劇場などの〕안내원 / 案内広告 안내 광고 / 案内書 안내서 / 案内所 안내소 / 案内状 안내장 / 案内図 안내도 / 開店案内 개점 안내 / 観光案内書 관광 안내서 / 入学案内 입학 안내

**あんに【暗に】** 넌지시, 은근히, 몰래 ¶暗に辞意をほのめかす 넌지시 사의를 비추다[내비치다] / 暗に非難する 은근히 비난하다

**あんのじょう【案の定】** 아니나 다를까 ¶案の定彼らは離婚した 아니나 다를까 그들은 이혼했다. / 案の定あの会社は倒産した(→予想どおり) 예상한 대로 그 회사는 도산했다.

**あんば【鞍馬】**〔器具〕안마〔競技〕안마 경기 ¶彼は鞍馬で見事な演技を見せた 그는 안마 경기에서 훌륭한 연기를 보였다.

**あんばい【塩梅】** 상태(状態)〔健康状態〕몸의 상태, 건강 상태 ◇お体のあんばいはどうですか 몸

상태는 어떻습니까? / いいあんばいに雨が止んだ 알맞게 비가 멎었다.

**アンパイア** 심판(審判) ¶野球のアンパイアを務める 야구 심판을 말다

**アンバランス** 언밸런스, 불균형 ¶貿易収支のアンバランスを是正する 무역 수지의 불균형을 시정하다

**あんパン【餡パン】** 팥빵 ⇒あん

**あんぴ【安否】** 안부 [安全] 안전 [消息] 소식 ¶山で遭難した人たちの安否が気がかりだ 산에서 조난당한 사람들의 안부가 걱정된다. / 安否を尋ねる 안부를 [소식을] 묻다 / 安否を知らせる 안부를 [소식을] 전하다

**アンプ**【増幅器】 앰프, 증폭기 ¶ステレオアンプ 스테레오 앰프

**アンペア** 암페어 ¶10アンペアの電流 10암페어의 전류

**あんま【按摩】** 안마 ◇按摩する 안마하다 ⇒マッサージ

**あんまり** 너무 ◇あんまりだ 너무하다 ¶あんまり無理するな 너무 무리하지 마. / 君の要求はあんまりだ 자네 요구는 너무하다. / それはあんまりだ 그건 너무해. ⇒あまり

**あんみん【安眠】** 안면 ¶昨夜は安眠できましたか(→よく眠れましたか) 어젯밤은 안녕히 주무셨습니까? / 安眠を妨げる 안면을 방해하다 関連 安眠妨害 안면방해

**あんもく【暗黙】** 암묵 ¶その件に関しては我々の間には暗黙の了解があった 그 일에 관해서는 우리 사이에서 암묵리의 양해가 되어 있었다. / 暗黙の内に認める 암묵리에 인정하다

**アンモニア** 암모니아

**あんやく【暗躍】** 암약 ◇暗躍する 암약하다 ¶この事件には裏で暗躍している人物がいる 이 사건에는 뒤에서 암약하고 있는 사람이 있다. / 世界各地でテロリストが暗躍している 세계 각지에서 테러리스트가 암약하고 있다.

**あんらく【安楽】** 안락 ◇安楽だ 안락하다 ◇安楽に 안락하게 ¶いなかで安楽な生活を送る 시골에서 안락한 생활을 보내다 / 余生を安楽に暮らす 여생을 안락하게 살다 関連 安楽椅子 안락의자 / 安楽死 안락사

---

## い

**い【胃】** 위, 위장(胃臓) [おなか] 속
◆《胃が・胃の》
¶胃が痛い 위가 아프다. / 私は胃が弱い 나는 위가 약하다 / 彼は胃が丈夫だ 그는 위가 튼튼하다. / ひどい風邪を引いて胃が何も受けつけない 감기가 심해서 속이 아무것도 안 받는다. / このごろ胃の調子が悪い 요즘 위가 안 좋다.

◆《胃に・胃を》
¶食べた物が胃にもたれる 먹은 것이 체하다. / こんな脂っこいものは胃にもたれてしまう 이렇게 기름진 것은 속이 거북해질 것이다. / 食べ過ぎて胃をこわしてしまった 과식해서 위가 나빠졌다. / おじはがんで胃を半分切り取ってしまった 삼촌은 암으로 위를 절반 잘라냈다.

◆《その他》
¶胃潰瘍にかかっている 위궤양에 걸렸다. / この薬は胃炎に効く 이 약은 위염에 잘 듣는다. / 胃の検査のために胃カメラを飲んだ 위 검사를 하기 위해 위카메라를[ 내시경을 ] 삼켰다. / 私は胃下垂だ 나는 위하수다. / 走っているうちに胃けいれんを起こした 달리는 중에 위경련을 일으켰다. / むかむかして胃液をもどした 메슥메슥해서 위액을 토했다. / 胃がんだとは本人に言わなかった 위암이라고는 본인에게 말하지 않았다. / アルコールは胃壁を荒らす 알코올은 위벽을 상하게 한다.

**い【意】** 뜻 [気持ち] 마음 [意思] 의사 ¶彼女は我々の援助に対して感謝の意を表した 그녀는 우리의 원조에 감사의 뜻을 표했다. / 彼は他人の言うことは意に介さない 그는 「다른 사람[남]」의 말에는 개의치 않는다. / 彼は母親の意に反して年上の女性と結婚した 그는 어머니의 뜻을 거스르고 연상의 여자와 결혼했다. / 私の提案があなたの意にかなうとよいのですが 저의 제안이 당신의 마음에 들기를 바랍니다만. / 私は彼の意を汲んでその決定に反対しなかった 나는 그의 의견을 존중해서 그 결정에 반대하지 않았다. / 彼はいつも意のままに振る舞う 그는 언제나 마음대로 행동한다.

**い【異】** 이의(異議) ¶彼の意見に異を唱える者はだれもいなかった 그의 의견에 이의를 제기하는 사람은 아무도 없었다.

**い【亥】** [十二支の12番目] 해 ¶亥年 해년 | 돼지띠 (▶韓国では「豚年」)

**-い【-位】** [順位] 위, 등 ¶彼は市民マラソンで1位になった 그는 시민 마라톤에서 일등을 했다. / 日本と韓国が1位と3位を占めた 일본과 한국이 1위와 3위를 차지했다.

**いあつ【威圧】** 위압 ◇威圧する 위압하다 ◇威圧的だ 위압적이다 ¶会社側は労働者たちを威圧してストを解除させた 회사 측은 노동자들을 위압해 파업을 그만두게 했다. / 刑事は容疑者から供述を得るために威圧的な手段を用いた 형사는 용의자에게서 진술을 받아내기 위해 위압적인 수단을 썼다.

**いあわせる【居合わせる】** ¶彼は昨日たまたま交通事故の現場に居合わせた 그는 어제 우연히 교통사고 현장에 있었다.

**いあん【慰安】** 위안 ¶会社の慰安旅行で箱根に行って 회사의 사원 위안 여행으로 하코네에 갔다 왔다. 関連 慰安婦 위안부

**いい【良い】** ❶ [優れている] 좋다 (↔나쁘다) ¶これはとてもいい辞書だ 이것은 매우 좋은 사전이다. / だれにでもいいところはあるものだ 누구

에게나 좋은 점은 있기 마련이다. / 彼女は学校の成績がとてもいい 그녀는 학교 성적이 상당히 좋다. / ライラックは香りがいい 라일락은 향기가 좋다. / いいぞ!(よくできた、うまいぞ) 잘 했어!

会話 いい考え・いい線
A：そうだ、いい線がある。キャンプに行こう
B：うん、そうしよう。弘も誘おう
A：맞다, 좋은 생각이 있어. 캠프 가자.
B：그래, 그러자. 히로시도 가자고 하자.
A：実験はどんな具合だね
B：おかげさまでいい線いっています
A：실험은 어떤가?
B：덕분에 잘 되고 있습니다.

❷【好ましい】좋다 ¶きょうはとても気分がいい 오늘은 기분이 너무 좋다. / いい天気ですね 날씨가 좋네요. / このスープは味がいい 이 수프는 맛이 좋다. / 彼女はとてもいい人です 그녀는 매우 좋은 사람입니다. / うれしそうだけど何かいいことでもあったの 기분이 좋은 것 같은데 뭔가 좋은 일이라도 있었어? / 最近はちっともいいことがない 요즘은 전혀 좋은 일이 없다. / きょうのお昼はそばがいいな 오늘 점심은 메밀국수면 좋겠다. / いいようにしてください 좋으실 대로 하세요. / 彼のどこがいいの 그 사람 어디가 좋아?

会話 どちらがいいですか
A：コーヒーか紅茶のどちらがいいですか
B：紅茶がいいです
A：커피나 홍차 어느 쪽이 좋으세요?
B：홍차가 좋아요.

❸【ためになる、効果がある】좋다 ¶毎日散歩するのは健康にいい 매일 산책하는 것은 건강에 좋다. / キムチは体にいいよ 김치는 몸에 좋다. / ぜんそくには鍼治療がいいそうだ 천식에는 침술이 좋다고 한다. /「いいこと教えてあげようか」「うん、何?」"좋은 거 가르쳐 줄까?" "응, 뭔데?"

❹【適当だ】좋다, 알맞다 ¶この本はやさしい韓国語で書いてあり初心者にいい 이 책은 쉬운 한국어로 쓰여 있어서 초보자에게 알맞다. / 飲み会にいい店知ってるかい 술마시기에 좋은 가게 알고 있어? / 父のプレゼントにはどのネクタイがいいでしょうか 아버지 선물로는 어느 넥타이가 좋을까요? / この靴がちょうどいい 이 구두가 꼭 맞다. / 新宿に行くにはどの電車に乗ればいいですか 신주쿠 가려면 어느 전철을 타면 되나요? / 借金で首が回らないんだ。どうしたらいいか教えてくれ 빚 때문에 옴짝달싹 못하고 있어. 어떡하면 좋을지 가르쳐 줘.

会話 ちょうどいい時に
A：来るのが早すぎましたか
B：いや、ちょうどいい時に来てくれた
A：너무 빨리 왔나요?
B：아니야, 마침 잘 와 줬네.
A：いつ伺えばいいですか
B：3時過ぎならいつでもいいですよ
A：언제 찾아뵈면 좋을까요?
B：세 시 지나서라면 언제든지 좋아요.

❺【十分である、準備ができた】괜찮다, 충분하다, 되다；좋다 ¶ビールは半ダースあればいいですか

맥주는 반 다스 있으면 되나요? / お説教はもういい 설교라면 됐다. / もういい 됐어. / もっと分別があってもいい年だ 이제 분별이 있을 나이잖아.

❻【正しい】옳다, 좋다；맞다 ¶常にいいと思う事をしなさい 언제나 항상 옳다고 생각하는 일을 해라. / 渋谷へ行く電車はこれでいいですか 시부야 가는 전철은 이거 맞나요? / あの子はいい事と悪い事の区別がつかない 그 애는 옳은 일과 나쁜 일을 구별 못 한다.

❼【親しい】좋다, 친하다 ¶私たちはいい友達です 우리는 좋은 친구입니다. / あの人たちは本当に仲のいい夫婦だ 그 사람들은 정말로 부부 사이가 좋다. / 僕とキョンホは仲がいい 나와 경호는 친한 친구다.

❽【幸運だ】운이 좋다, 운수가 좋다, 팔자가 좋다, 다행하다, 다행스럽다 ¶7は私にとって縁起のいい数だ 7은 나에게 운좋은 숫자다. / 運のいいことにかすり傷ひとつ負わずにすんだ 운이 좋아서 긁힌 상처 하나없이 넘어갔다. / いい時もあれば悪いときもある 좋을 때도 있고 나쁠 때도 있다.

❾【許可、同意】좋다, 괜찮다, 되다 ¶入ってもいいですか 들어가도 될까요? / もう帰っていいよ 이제 돌아가도 돼. / あしたは来ても来なくてもいいですよ 내일은 와도 되고 안 와도 돼요. / いいんだよ 괜찮아.

会話 いいよ・いいですよ
A：自転車借りてもいい
B：うん、いいよ
A：자전거 빌려도 돼?
B：응, 그래.
A：窓を開けてもいいですか
B：ええ、いいですよ
A：창문 열어도 괜찮아요?
B：네, 괜찮아요.
A：たばこを吸ってもいいですか
B：ええ、どうぞ[いいですよ]
A：담배 피워도 괜찮을까요?
B：네, 괜찮아요.

❿【助言】좋다 [...したほうがいい] 낫다 ¶どうしたらいいのか教えてください 어떻게 하면 좋을지 가르쳐 주세요. / 医者に診てもらったほうがいいよ 의사한테 진찰받아 보는 게 좋아. / 道路が込みますからバスより電車で行ったほうがいいですよ 길이 막히니까 버스보다는 전철로 가는 게 좋아요. / こんなチャンスはめったにないから逃さないほうがいい 이런 기회는 좀처럼 없으니까 안 놓치는 게 좋아.

⓫【必要ない、かまわない】《未来連体形＋》필요없다；-지 않아도 되다；괜찮다 ¶そんなに急がないでいい、時間はたっぷりあるんだから 그렇게 서두르지 않아도 돼. 시간은 충분히 있으니까. / きょうは花に水をやらなくてもいいよ 오늘은 꽃에 물을 주지 않아도 돼. / そんなのどうだっていいよ(→関係ない) 그런 건 어떻게 되든 상관없어. /「本当にごめんね」「いいんだよ」"정말 미안해." "괜찮아."

⓬【願望、非難】좋다 ¶あす雨が降らないといいのだが 내일 비가 안 오면 좋겠는데. / 旅行できる暇

があればいいのだが 여행할 시간이 있으면 좋겠는데. / 彼ったら、手紙くらいくれてもいいのに その 사람도 참, 편지 정도는 보내 주면 좋을걸.
⓭【その他】¶もういいよ. 彼女にはそれ以上言ってもむだだよ 이 여자한테는 더 이상 얘기해도 소용없어. / いいかい、もうこれで終わりだよ 알겠지, 이제 이걸로 끝이야. / 両親が留守なのをいいことに彼は友達を呼んで一晩中騒いでいた 부모님이 안 계신다고 그는 친구들을 불러 밤새도록 시끄럽게 놀았다.
¶いい年して泣くなよ 어른이 돼 가지고 울지 마. /「あいつ、保険に入ってくれってしつこいんだって」"ああ、まったくいい迷惑だよ" "그 녀석, 보험에 들어 달라고 끈질기대." "응, 정말 귀찮아." / いい若者が働きもしないで遊んでばかりいてどうするの 한창 젊은 사람이 일을 안 하고 놀기만 해서 어떡하겠나? ⇨よい

いいあい【言い合い】[口論] 말다툼, 언쟁〔騒々しい言い合い・議論〕논쟁 ¶かっとなって彼と言い合いになった 화가 나서 그와 말다툼을 했다. / 彼はどちらが朝食を作る番かで妻と言い合いをした 그는 누가 아침밥 지을 차례인지를 놓고 부인과 말다툼을 했다. ⇨口論

いいあう【言い合う】[口論する] 말다툼하다, 언쟁하다〔意見を交わす〕말〔의견〕을 나누다 ¶母はささいなことで父と言い合った 어머니는 사소한 일로 아버지와 다퉜다. / 私たちは環境問題について彼と意見を言い合った 우리는 환경 문제를 놓고 그와 의견을 나눴다.

いいあてる【言い当てる】알아맞히다 ¶彼は私の好きな食物を正しく言い当てた 그는 내가 좋아하는 음식을 정확히 알아맞혔다.

いいあらそい【言い争い】[口論] 말다툼〔騒々しい言い合い〕논쟁 ⇨言い合い

いいあらそう【言い争う】말다툼하다, 언쟁하다; 논쟁하다 ¶彼女と言い争うのはうんざりだ 그녀와 말다툼하는 것은 지긋지긋하다.

いいあらわす【言い表す】말로 나타내다, 표현하다〔描写する〕묘사하다 ¶どんなに感謝しているかとても言い表せない 얼마나 감사하는지 정말 말로 표현할 수가 없다. / 事故の光景は言葉で言い表せないほどひどいものだった 사고 광경은 말로 표현할 수 없을 만큼 참혹했다. ⇨表現

いいえ ❶ [質問に対して] 아니요, 아뇨 (▶아니요의 縮約形) ¶私は「いいえ」と答えた 나는 "아뇨"라고 대답했다.
会話 いいえ、違います
A:あの方はあなたのお父さんですか
B:いいえ、違います。おじです
A:저 분은 아버님이십니까?
B:아뇨, 그렇지 않습니다. 삼촌입니다.
A:きのう買い物に行きましたか
B:いいえ、行きませんでした。一日中家にいました
A:어제 장보러 갔습니까?
B:아뇨, 안 갔습니다. 하루 종일 집에 있었습니다.
A:きょうの新聞読みましたか
B:いいえ、まだです
A:오늘 신문 읽었어요?
B:아뇨, 아직이요.
A:泳げますか
B:いいえ、全然
A:수영할 줄 아세요?
B:아뇨, 전혀.
A:コーヒーをもう1杯いかがですか
B:いいえ、結構です
A:커피 한 잔 더 어때요?
B:아뇨, 괜찮습니다.
A:韓国語は話せないんですか
B:いいえ、話せますよ
A:한국어는 못 하시나요?
B:아뇨, 할 수 있어요.
A:甘いものはお好きではありませんでしたね
B:いいえ、大好きです
A:단 건 좋아하시지 않았죠?
B:아뇨, 너무 좋아해요.
❷ [反論] 아니, 아니요, 아뇨
会話 いいえ、違います.
A:彼は怠け者だね
B:いいえ、そんなことはありませんよ
A:그 사람은 게으름뱅이네.
B:아뇨, 그렇지 않아요.
A:僕はそんなこと言ってないよ
B:いいえ、はっきりそう言いました
A:나는 그런 말 하지 않았어.
B:아뇨, 확실히 그렇게 말했어요.
❸ [感謝・謝罪に対して] 아니, 아냐, 아뇨
会話 感謝・謝罪に対して答える
A:ご親切にありがとうございました
B:いいえ、どういたしまして
A:친절하게 해 주셔서 감사합니다.
B:아니에요, 천만에요.
A:長いことお待たせして申し訳ございません
B:いいえ、どういたしまして
A:오래 기다리시게 해서 죄송합니다.
B:아뇨, 별 말씀을요.
A:あっ、すみません
B:いいえ、大丈夫です
A:앗, 미안합니다.
B:아뇨, 괜찮아요.

いいかえ【言い換え】¶これはより簡単な表現に言い換えが可能だ 이것은 더 간단한 표현으로 바꿔 말할 수 있다. ⇨言い換える

いいかえす【言い返す】말대꾸하다 ¶彼は皮肉な言葉で彼女に言い返した 그는 빈정거리는 말로 그녀에게 대꾸했다. ⇨口答え

いいかえる【言い換える】바꿔 말하다 ¶彼女は私の母の妹、言い換えれば私のおばです 그 여자는 우리 어머니의 여동생, 다시 말하면 제 이모에요. / 難解な専門用語をやさしく言い換えて説明する 난해한 전문용어를 쉬운 말로 설명한다.

いいかお【いい顔】[好ましい反応] 좋은 기색 ¶上司は私の提案にいい顔をしなかった 상사는 내 제안에 좋은 기색이 아니었다.

いいがかり【言い掛かり】생트집, 생떼 ¶彼らは私が故意に車をぶつけたと言いがかりをつけた 그들은 내가 고의로 차를 부딪쳤다고 시비를 걸었다. / 言いがかりをつけようとして、そのやくざは私に

**いいかける【言い掛ける】** 말을 꺼내다 ¶彼女は何かを言いかけて途中で口をつぐんでしまった 그녀는 뭔가 말을 꺼내다가 도중에 입을 다물었다.

**いいかげん【いい加減】** ❶ [大ざっぱな, 無責任な] ◇いい加減だ [無責任だ] 무책임하다 [あいまいだ] 의심쩍다, 의심스럽다 ◇いい加減に 무책임하게; 애매하게 ¶返事もよこさないとは彼はまったくいい加減だ 답장도 보내지 않다니 그는 정말 무책임하다 ¶彼のようないい加減なやつにはがまんできない 그 남자처럼 무책임한 사람한테는 참을 수가 없다. / いい加減なことを言うもんじゃない 무책임한 말 하는 거 아냐. / 彼はいつもいい加減な返事しかしない 그는 언제나 애매한 대답밖에 안 한다. / 彼女のいい加減な話を信じてはいけない 그녀의 무책임한 말을 믿으면 안 된다. / 彼のいい加減な仕事に文句を言った 그의 무책임한 업무에 불만을 말했다. / そんないい加減に仕事をしないでほしい 그렇게 무책임하게 일하지 않았으면 좋겠다.

❷ [ほどほどに] ◇いい加減に 어지간히, 작작, 적당히 ¶冗談もいい加減にしろ 농담도 어지간히 해라. / 飲むのもいい加減にしたら 작작 마셔라.

❸ [かなり, だいぶ] 꽤, 어지간히, 상당히 ¶あの人にはいい加減愛想が尽きたわ 그 사람한테는 어지간히 정이 떨어졌다. / いい加減疲れた 정말 피곤하다. / もういい加減待たされているんです 벌써 많이 기다리고 있어요.

**いいかた【言い方】** [表現] 말, 말투, 말씨 ¶下品な言い方をするもんじゃありません 상스러운 말은 하는 게 아니다. / 彼女のあの無礼な言い方は許せない 그녀의 그런 무례한 말투는 용서할 수 없다. / 本当にごめん、僕の言い方が悪かった 정말 미안. 내 말이 심했어. / 言い方に気をつけないと後で後悔するよ 조심하지 않으면 나중에 후회할 거야.

**いいかねる【言い兼ねる】** 말할 수 없다, 말하기 거북하다[어렵다] ◇言い兼ねない 말할지 모르다 ¶何とも言いかねるね 뭐라고 말하기 어렵다. / 彼女ならそれぐらいのことは言いかねない 그 여자라면 그 정도 말은 할지도 모른다.

**いいき【好い気】** ¶彼はまったくいい気なものだね 그 정말 태평스럽다. / 彼女は韓国語がしゃべれるといい気になっている 그녀는 한국말을 할 줄 안다고 우쭐댄다. / あんまりいい気になるなよ 그렇게 우쭐대지 마.

**いいきかせる【言い聞かせる】** 타이르다, 훈계하다 ¶娘に弟の面倒をみるよう言い聞かせた 딸에게 남동생을 돌보도록 타일렀다.

**いいきみ【好い気味】** ざまを見ろ. いい気味だ 그 것 봐라. 고소하다.

**いいきる【言い切る】** [断言する] 단호히 말하다, 단언하다 ¶必ずやり遂げてみせると彼はきっぱりと言い切った 반드시 해내겠다고 그는 단호히 말했다.

**いいぐさ【言い種】** 말투, 말버릇 ¶親に向かって何という言いぐさだ 부모에게 무슨 말버릇이냐? / 彼の偉そうな言いぐさが気に入らないよ 그의 잘난 척하는 말투가 마음에 안 들어.

**いいくるめる【言いくるめる】** 구슬리다, 속이다 ¶彼女は父親を言いくるめて旅行の費用を出させた 그녀는 아버지를 속여 여행 경비를 받아냈다.

**いいこ【好い子】** 착한 아이 ¶いい子だから静かにしていてね 얌전히 말 잘 듣고 조용히 해라. / 自分だけいい子になるつもりかい 자기 혼자 잘 보이려고 하냐.

**いいしぶる【言い渋る】** 우물거리다, 말하기를 주저하다 ¶彼女は欠勤の理由を言い渋った 그녀는 결근한 이유에 대해 말하기를 주저했다.

**いいしれぬ【言い知れぬ】** ¶その時言い知れぬ不安が心をよぎった 그 때 말할 수 없는 불안이 마음속을 스쳤다.

**いいすぎ【言い過ぎ】** 지나친 말 ¶それは言い過ぎではないか 그건 말이 지나치지 않나? / 彼は親ばかと言っても言い過ぎではない 그는 자기 자식 귀여운 줄밖에 모르는 어리석은 사람이라고 말해도 과언이 아니다.

**いいすぎる【言い過ぎる】** 말이 지나치다 ¶彼はいつも言い過ぎて失敗する 그는 언제나 말을 지나치게 해서 실패한다. ⇒言い過ぎ

**イースター** [復活祭] 부활제

**いいそびれる【言いそびれる】** 말하지 못하다, 말할 기회를 놓치다 ¶手伝ってくれたのに彼女にお礼を言いそびれた 도움을 받았는데 그 여자에게 고맙다는 말을 못했다.

**いいだす【言い出す】** 먼저 말하다, 먼저 말을 꺼내다 ¶だれが最初にそんなことを言い出したのか 누가 먼저 그런 말을 꺼냈냐? / 彼女はいったん言い出したら一歩も後ろ引かない 그녀는 한번 말을 꺼내면 조금도 물러서지 않는다.

**いいたてる【言い立てる】** [主張する] 주장하다 ¶彼は法廷で自分が潔白であると言い立てた 그는 법정에서 자기가 결백하다고 주장했다.

**いいつくす【言い尽くす】** ¶その件について知っていることはすべて言い尽くした 그 전에 대해서는 알고 있는 모든 것을 말했다. / あの時はどんなにうれしかったかとても言い尽くせない 그때는 얼마나 기뻤는지 말로 다 표현할 수 없다.

**いいつけ【言い付け】** [具体的な指示] 명령, 지시, 분부 ¶彼女は先生の言いつけをきちんと守る生徒だ 그 애는 선생님의 지시를 잘 따르는 학생이다.

**いいつける【言い付ける】** [命令する] 명령하다, 지시하다, 분부하다, 주의하다 […させる] 시키다 [告げ口する] 일러바치다, 고자질하다 ¶彼女は医者から絶対安静を言いつけられた 그녀는 의사로부터 절대로 안정을 취할 것을 주의받았다. / 言いつけられたとおりにしろ 시키는 대로 해라. / 母は私に用ばかり言いつける 엄마는 내게 심부름만 시킨다. / お父さんが帰ったら言いつけてやるから 아버지가 돌아오시면 일러줄 테야. / 先生に言いつける 선생님에게 고자질하다

**いいつたえ【言い伝え】** 전설, 구전 ¶昔からの言い伝えによれば 옛부터 전해 오는 이야기에 따

르면

**いいなおす【言い直す】** 정정하다, 고쳐 말하다 ¶失言して彼はすぐに言い直した 실언을 해서 그는 바로 정정했다.

**いいなずけ【許嫁・許婚】** 약혼자 ¶彼[彼女]は私のいいなずけだ 그 사람은[그 여자는] 내 약혼자다. / 彼らはいいなずけ同士だ 그들은 서로 약혼한 사이다.

**いいなり【言いなり】** ¶彼はいつも奥さんの言いなりだ 그는 언제나 부인이 시키는 대로 한다.

**いいにくい【言い難い】** 말하기 거북하다 ¶言いにくいことだが、君はあの女にだまされている 말하기 거북한데, 너는 그 여자한테 속고 있다. / 彼女はパーティーには行けないと言いにくそうに言った 그녀는 파티에는 갈 수 없다고 말하기 거북한 듯이 말했다.

**いいのがれ【言い逃れ】** 〔弁解〕 발뺌, 변명(弁明) ¶君の言い逃れはもう聞きたくない 너의 변명은 더 이상 듣고 싶지 않다. ⇒言い訳

**いいのがれる【言い逃れる】** 발뺌하다, 변명하다 ¶彼はなんとかその場は言い逃れた 그는 겨우 그 자리는 발뺌했다.

**いいのこす【言い残す】** 말을 남기다 〔遺言を残す〕 유언하다 ¶父は何も言い残さずに死んだ 아버지는 아무런 말도 남기지 않고 돌아가셨다.

**いいはる【言い張る】** 우겨대다, 주장하다 ¶彼は自分の意見が正しいと言い張った 그는 자신의 의견이 옳다고 우겨댔다. / 被告は無実だと言い張った 피고는 무고하다고 주장했다. ⇒主張

**いいふくめる【言い含める】** 〔説明する〕 일러주다 〔諭す〕 타이르다 ¶彼には事情をよく言い含めておくほうがいいよ 그 사람한테는 사정을 잘 일러 주는 게 좋아.

**いいふらす【言い触らす】** 소문내다 ¶彼らは彼女のある事ない事を言いふらした 그들은 그녀에 대해 있는 말 없는 말 다 소문냈다. / 彼女についての醜聞が町中で言い触らされている 그녀에 대한 추문이 온 동네에 나 있다.

**いいふるされた【言い古された】** ¶言い古された表現 진부한 표현

**いいぶん【言い分】** 할말, 주장 〔話〕 이야기 ¶チョルスの言い分を聞いてみよう 철수의 할말을 들어 보자. / 彼女の言い分は彼の話とはまったく食い違っていた 그녀의 주장은 그의 말과는 전혀 일치하지 않았다.

**いいまかす【言い負かす】** 설복시키다 ¶彼は口が達者なのでいつも言い負かされる 그는 말재간이 좋아서 나는 항상 말로 설복당한다.

**いいまわし【言い回し】** 〔表現〕 표현 ¶うまい言い回し 멋진 표현 / まずい言い回し 서투른 표현

**イーメール【IT】** 이메일, 전자 메일, 전자 우편 ¶イーメールを送る[受け取る] 이메일을 보내다[받다] 関連 イーメールアドレス 이메일 주소 (住所)

**いいよう【言い様】** ¶その誘拐事件には言いようのない怒りを覚えた 그 유괴 사건에 대해서는 말로 표현할 수 없는 분노를 느꼈다. / 物も言いようで角が立つ 같은 말도 하기 나름이다. / 같은 말도 말하기에 따라 모가 난다. / もっとほかに言いようがあるだろうが 그 외에도 표현 방법이 있을 텐데. / へえ、物も言いようだね 아, 같은 말도 하기 나름이네. ⇒言い知れぬ

**いいよる【言い寄る】** 접근하다(接近一), 구애하다(求愛一) ¶彼は秘書に言い寄った 그는 비서에게 접근했다.

**いいわけ【言い訳】** 변명(弁明), 구실(口実), 핑계 ◇言い訳(を)する 변명하다, 핑계를 대다 ¶それは言い訳に過ぎない 그건 변명에 불과해. / 言い訳は聞きたくないね 핑계는 듣고 싶지 않아. / 言い訳は無用だ 변명은 소용없어. / 規則を知らなかったというのは言い訳にならない 규칙을 몰랐다는 건 변명이 안 된다. / 彼は病気を言い訳に欠席した 그는 아프다는 핑계로 결석했다. / もっともらしい言い訳をでっち上げた 그럴듯한 변명을 꾸며냈다[만들어냈다]. / 何とも言い訳のしようもない 뭐라고 변명할 도리가 없다. / 私は自分のミスについて言い訳がましいことを言うつもりはなかった 나는 나의 실수에 대해 변명할 생각은 없었다.

¶彼は遅刻の言い訳をした 그는 지각한 것에 대해 변명을 했다. / 休んだ理由を聞かれて彼は苦しい言い訳をした 쉬게 된 이유에 대해 그는 구차한 변명을 했다. / 彼女はその場限りの言い訳をすることがよくある 그녀는 그 때뿐인 변명을 자주 한다. / 彼は欠席したのは仕事が忙しかったからだと言い訳した 그는 그 일이 바빠서 결석했다고 변명했다.

**いいわたす【言い渡す】** 〔宣告する〕 선고하다, 통고하다 〔命令する〕 명하다 ¶被告は死刑を言い渡された 피고는 사형을 선고받았다.

**いいん【委員】** 위원 ¶委員を3年間務めた 위원을 3년간 했다. / あなたは何の委員ですか 당신은 무슨 위원입니까? / 学園祭の実行委員に選ばれた 학교 축제의 실행 위원으로 선발되었다. 関連 執行委員 집행 위원 / 常任委員 상임 위원 / 選考委員 전형[선고] 위원 / 論説委員 논설위원

**いいん【医院】** 〔病院〕 병원 ¶ひどい風邪を引いたので近所の山田医院に行った 감기가 심해서 근처에 있는 야마다 의원에 갔다.

**いいんかい【委員会】** 위원회 ¶委員会は5人で構成されている 위원회는 5명으로 구성되어 있다. / その問題に関して委員会の意見は分かれていた 그 문제에 관해서 위원회의 의견은 갈라져 있었다. / 委員会は意見が一致した 위원회는 의견이 일치했다. / 委員会のメンバーが この人は 위원회 일원이다. / 明日委員会を開く 내일 위원회를 연다. 関連 教育委員会 교육 위원회 / 原子力委員会 원자력 위원회 / 公正取引委員会 공정 거래 위원회 / 国際オリンピック委員会 국제 올림픽 위원회 / 執行委員会 집행 위원회 / 実行委員会 실행 위원회 / 常任委員会 상임 위원회 / 選考委員会 전형[선고] 위원회 / 予算委員会 예산 위원회

**いう【言う】** ❶〔話す〕 말하다, 하다

基本表現
▷もう少しゆっくり言ってください
좀 더 천천히 말해 주세요.

▷何のことを言っているんだ
　무슨 말을 하고 있는 거야.
▷そのことはだれにも言わないでくれ
　그 일은 아무한테도 말하지 마.
▷本当のことを言ってくれ
　사실을 말해 줘.
▷彼女は私に何も言わなかった 그 여자는 나한테 아무 이야기도 하지 않았다.
▷サンギは私に今年の冬は北海道にスキーに行くんだと言っていた 상기는 나한테 올겨울에는 홋카이도에 스키 타러 간다고 말했었다.

¶私の言うことをよく聞いて 내가 하는 말 잘 들어. / 確かに彼の言うとおりだ 확실히 그 사람이 말한 대로야. / 言いたいことはそれだけか 말하고 싶은 건 그것뿐이야? / もう一度言っていただけますか 다시 한 번 말씀해 주시겠어요? / 私の言うことがわかりますか 내가 하는 말 알아들어요? / よく聞こえるように大きな声で言ってください 잘 들리도록 크게 말씀해 주세요. / 何度言ったらわかるの. すぐ部屋を片づけなさい 몇 번 말해야 알겠어, 빨리 방 청소해.

¶僕に言わせれば彼はそれほど利口ではない 내가 보기에는 그는 그렇게 영리한 사람은 아니다. / ちょうど言いたかったことを言われてしまった 마침 하고 싶었던 말을 다른 사람이 먼저 말해 버렸다. / 私にも言いたいことを言わせてちょうだい 나한테도 하고 싶은 말을 하게 해 줘. / いつまでくだらないこと言ってんだよ 언제까지 쓸데없는 말을 늘어놓을 거야? / 彼が言うにはジナには好きな人がいるらしいよ 그 사람이 말하기는 지나에게는 좋아하는 사람이 있대.

¶彼も時にはいいことを言う 그도 때로는 괜찮은 말을 한다. / それ以上言うな 더 이상 말하지 마. / こんなことを言わせるなよ 이런 말까지 시키지 마. / 彼女はあまりものを言わない人 그녀는 말이 별로 없는 사람이다. / 私の赤ちゃんはまだものが言えないの 우리 애기는 아직 말을 못한다. / あいつはいつもばかなことを言っている 그 녀석은 언제나 바보같은 말만 한다. / 何言ってるの 무슨 말을 하는 거야? / あのね, 君に一つ言っておきたいことがあるんだ 저기, 너한테 한 가지 말해 두고 싶은 게 있어. / 彼女には何を言ってもむだだと思うよ 그 여자한테는 무슨 말을 해도 소용없어. / 彼が手紙で君になんて言ってきたの 그가 편지로 너한테 뭐라고 했어?

¶レジ係におつりが足りないと言った 계산대 직원에게 잔돈이 모자란다고 했다. / 友人がいっしょに韓国に行きたくないかと言った 친구가 자기와 같이 한국에 가고 싶지 않냐고 물었다.

¶言いたいことを全部言った 하고 싶은 말을 다 했다. / 彼の言うとおりにしてください 그 사람 말대로 하세요. / 今来るように言ってください 지금 오라고 하세요.

#### 使い分け 말하다, 하다
말하다 ことばで述べる場合に用いる.
하다 引用格助詞고の後, および目的語に말を含むときに用いる.

### 会話 そんなこと言ったっけ
A：新しい洋服を買ってくれるって言ったじゃない
B：本当にそんなこと言ったっけ
A：새 옷을 사 준다고 했잖아.
B：정말 그런 말을 했던가?
A：雨にあったよ. 傘を持って行くんだったな
B：僕がそう言ったじゃないか
A：비 맞았어. 우산을 가져 갈 걸.
B：내가 그렇게 말했잖아.
A：何か言った？
B：いや, 何も
A：뭐라고 했어?
B：아니, 아무말도 안 했어.
A：もうあなたとは二度と口をきかないわ
B：まあ, そう言うなって
A：이제 당신하고는 두 번 다시 말하지 않을 거야.
B：에이, 그러지 마.

❷【表現する】말하다 ¶この気持ちはなんと言ったらよいかわからない 이런 기분을 뭐라고 말해야 할지 모르겠다. / 盗まれたかばんの特徴を言ってください 도둑맞은 가방의 특징을 말해 보세요. / あの子は, ええと, どう言ったらいいかな, そう, 楽天家です 그 애는 글쎄, 뭐라고 말하면 좋을까, 그래, 낙천적이에요. / 彼女のことをよく言う人は少ない 그녀에 대해 좋게 말하는 사람은 드물다. / 彼女は悪く言うと暗い人, よく言うと控え目な人だ 그녀는 나쁘게 말하면 어둡고 좋게 말하면 나서지 않는 사람이다.

❸【呼ぶ】부르다, 하다 ¶済州島は東洋のハワイと言われている 제주도는 동양의 하와이라고 불려진다. / 君からうそつきと言われる筋合いはないぞ 너한테 거짓말쟁이라는 소리를 들을 이유는 없어. / 今日, 内村さんという人が訪ねて来ましたよ 오늘 우치무라라는 사람이 찾아왔어요.

### 会話 何と言いますか
A：「まぐろ」は韓国語で何と言いますか
B：タランオです
A：'마구로'는 한국말로 뭐라고 합니까?
B：다랑어요.
A：ここは何というお寺ですか
B：海印寺です
A：여기는 뭐라고 하는 절이에요?
B：해인사에요.

❹【うわさする】소문이 나다, 하다 ¶その二人は近いうちに結婚するだろうと言われている 그 두 사람은 머지않아 결혼할 것이라고 소문나 있다. / 織田信長はとても短気な人物だったと言われている 오다 노부나가는 매우 성미가 급한 사람이었다고 한다.

❺【意味する】말하다 ¶君と結婚したい. 本気で言っているんだ 너와 결혼하고 싶어. 진심으로 말하고 있는 거야. / 君の言いたいことはよくわかる 네가 하고 싶은 말은 잘 알겠어. / 何を言いたいんだ 뭘 말하고 싶은 거야? / 「僕は絶対できっこないって言うんだね」「そんなつもりで言ったんじゃないよ」"나는 절대 할 수 있을 리가 없다는 건가?" "그런 뜻으로 말한 게 아니야." / ほら, 言ったとおりでしょ 이봐, 말한 대로잖아.

## いえ

❻【主張する】말하다〔言い張る〕우겨대다〔断言する〕단언하다 ¶彼は自分の話を本当だと言ってきかなかった 그는 자기 말이 사실이라고 우겨댔다. / 彼女はこの事件に関与していないときっぱり言った 그녀는 이 사건에는 관여하지 않았다고 단호히 말했다. / 彼は借りた金を来月必ず返すと言った 그는 빌린 돈은 다음달에 꼭 갚겠다고 했다.

❼【言及する】언급하다, 말하다 ¶だれも彼の病気のことについては何も言わなかった 아무도 그의 병에 대해서는 아무것도 말하지 않았다. / 私の名を言えば、彼は信用してくれるだろう 내 이름을 대면, 그 사람은 신용해 줄 거야. / 君の言っていた人は既に亡くなっていたよ 네가 말한 사람은 벌써 돌아가셨던걸. /「時は金なり」とよく言うだろう '시간은 돈'이라고 흔히 말하잖아.

❽【命令する】말하다〔言いつける〕시키다〔忠告する〕충고하다 ¶母親は子どもたちに静かにするように言った 엄마는 아이들에게 조용히 하라고 말했다. / 言われたとおりにするんだ 시키는 대로 해. / 飲みすぎないようにと言われているんだが酒をやめられない 과음하지 않도록 주의받았지만 술은 끊을 수가 없다. / 医者は患者に塩分を控え目にするように言った 의사는 환자에게 염분을 자제하라고 했다.

❾【頼む】말하다, 청하다 ¶彼は上司に1週間有給休暇をくださいと言った 그는 상사에게 일 주일 유급 휴가를 달라고 했다. / 彼女は電話で今すぐ来てほしいと言った 그녀는 전화로 지금 곧 와 달라고 했다. / そう言われてもねえ 그렇지만 말이지.

❿【提案する】말하다 ¶彼女は「渋谷駅で会いませんか」と言った 그녀는 "시부야역에서 만나지 않을래요?"라고 했다. / 彼に会社を辞めるのは考え直したほうがいいと言った 그 사람에게 회사를 그만두는 건 다시 생각해 보는 것이 좋겠다고 했다.

⓫【認める, 否認する】말하다〔認める〕인정하다〔告白する〕고백하다 ¶大臣は自分の発言が不適切だったと言った 대신은 자신의 발언이 부적절했다고 인정했다. / 容疑者は取り調べに対し何も悪いことはしていないと言った 혐의자는 취조에서 아무것도 나쁜 짓 한 거 없다고 말했다. / 彼女は以前何度か麻薬を使ったことがあると言った 그 여자는 전에 몇 번 마약을 사용한 적이 있다고 고백했다.

⓬【不平を言う】말하다, 불평하다, 한탄하다 ¶彼はいつも給料が安いと言っている 그 사람은 언제나 월급이 적다고 불평하고 있다. / チャンホのお母さんは息子が勉強しなくて困ると言っている 창호 어머니는 아들이 공부 안 해서 큰일이라고 한탄하고 있다.

⓭【音を立てる】소리를 내다 ¶その古い建物のドアは開けるとギーといった 그 낡은 건물의 문은 열 때 꺽하고 소리가 났다. / 床は歩くとギシギシいう 걸으면 마루가 삐걱삐걱 소리가 난다.

⓮【譲歩】〔…だというのに〕불구하고 ¶約束の時間をとっくに過ぎたというのにまだ彼女は姿を見せない 약속 시간이 훨씬 지났는데도 불구하고 그녀는 아직 안 나타난다. 慣用句 言っていいことと悪いことがある 해서 되는 말과 해서는 안 되는 말이 있다. / もう年で体がいうことをきかない 이제 나이가 들어 몸이 말을 안 듣는다. / あの人はいつも言いたい放題を言っている 저 사람은 언제나 제 하고 싶은 대로 말한다. / そんなことを言うのは野暮というものだ 그런 말 하는 것은 멋없다. / 父は若いころ言うに言われぬ苦労をした 아버지는 젊었을 때 말로 표현할 수 없을 정도로 고생을 했다. / 黒沢明監督の映画は日本国内は言うに及ばず海外でも知られている 구로사와 아키라 감독의 영화는 일본 국내는 물론이고 해외에도 알려져 있다. / 英語はもう国際語であることは言うまでもない 영어가 이제 국제어라고 하는 것은 말할 필요도 없다. / 言っておくけど彼女は流行にはまったく興味がないんだ 말해 두겠는데, 그녀는 유행에는 전혀 관심이 없어. / 彼に助けてくれなしと、とても言えた義理じゃない 그에게 도와 달라고 하다니 도저히 못할 말이다. / ベンツは言わずと知れた高級車の代名詞だ 벤츠는 누구나 아는 고급차의 대명사다. / 彼は韓国語は言うまでもなく中国語も話す 그는 한국어는 물론이고 중국어도 한다. / そら、言わないこっちゃない。やっぱりだまされたんでしょ 거봐, 말했잖아. 결국 사기당했지. / 彼女は「私は才女よ」と言わんばかりの気取った態度をしていた 그녀는 "나는 재원이다"라는 듯이 태도가 거방졌다. / 山田さんと言えば彼は今どうしているだろう 그러고보니 야마다 씨는 지금 뭐하고 있을까? / 木という木にはクリスマスの飾りつけがされていた 나무라는 나무에는 다 크리스마스 장식이 되어 있었다. / 言うは易く行うは難し 말하기는 쉽지만, 행하기는 어렵다. / 言わぬが花 말하지 않는 편이 오히려 낫다. / この仕事は口で言うほど楽じゃない 이 일은 말처럼 쉽지 않다. / 彼女は美人で頭もいいんだから、言うことなしだ 그녀는 미인인 데다 머리도 좋아서 나무랄 데가 없다. ⇒しゃべる, 話す

## いえ【家】❶〔建物〕집

基本表現

▷あそこの瓦ぶきの屋根の家がわが家です
저기 기와집이 우리 집이에요.

▷彼女は3階建ての家に住んでいる
그녀는 3층집에 살고 있다.

▷私は郊外に家を借りた
나는 교외에 집을 빌렸다.

▷こまった、家の鍵をなくしたみたいだ
큰일났다, 집 열쇠를 잃어버린 것 같아.

▷家に帰る途中で彼女に会った
집으로 돌아가는 길에 그녀를 만났다.

▷きょうは雨が降っていたので家にいました
오늘은 비가 와서 집에 있었습니다.

◆【家が】
¶家が古くなったから近々建て替えなければならない 집이 낡아서 조만간 다시 짓지 않으면 안 된다.

◆【家に】
¶きのう彼の家に行った 어제 그 사람의 집에 갔다. / しまった、家に財布を忘れてきた 큰일이다, 집

에 지갑을 두고 왔다. / この手紙, 住所が違ってたからよその家に配達されたんだって 이 편지, 주소가 틀려서 다른 집으로 배달됐네. / 去年の夏おばの家に1週間泊めてもらった 작년 여름에 이모[고모]네 집에서 일 주일 지냈다. / 家に帰ったらだれもいなかった 집에 가 주니 아무도 없었다. / 家に帰るとほっとします 집에 돌아오면 마음이 편해요.

◆家の}

¶「家の中は散らかしっぱなしなんです」「そんなことないよ, きれいにしてるじゃない」"집안이 너무 지저분해요." "아니야, 깨끗한데." / 家の中にばかりいないで外で遊びなさい 집 안에만 있지 말고 밖에서 놀아라.

◆家を}

¶あんな庭つきの広い家を所有しているのはどんな人だろう 저렇게 정원이 있고 넓은 집을 가지고 있는 사람은 어떤 사람일까? / 去年家を建てた 작년에 집을 지었다. / 家を増築するのにいくらぐらいかかるのかしら 집을 증축하는 데 얼마 정도 들까? / この辺で家を探しています 이 근처에 집을 찾고 있습니다. / その地震で多くの人が住む家を失った 그 지진으로 많은 사람들이 살던 집을 잃었다. / 「普段は何時に家を出るの」「8時よ」"보통 몇 시에 집을 나가?" "여덟 시야." / 家を留守にした間に泥棒に入られた 집을 비운 사이에 도둑 맞았다.

◆その他}

¶「まあ, すてきな家ですこと」「でもちょっと狭いんですよ」"어머, 집이 멋지네요." "근데 좀 좁아요." / 友達の家で今晩パーティーがある 친구 집에서 오늘 밤 파티가 있다. / たいていの人が死ぬ時は自分の家で死にたいと思っている 대부분의 사람들이 죽을 때는 자기 집에서 죽고 싶어한다. / 暗くならないうちに家へ帰ろう 어두워지기 전에 집으로 가자.

会話 あなたの家はどこ

　A：私の家へいらしてください
　B：うん. 家はどこだったかしら
　A：国立ですよ, 駅の近くですよ

A：저희 집에 오세요.
B：응, 집이 어디였더라?
A：구니타치에요. 역 근처에요.

❷[家庭, 家族] 집 [家庭] 가정 [家族] 가족, 식구 [家計] 가계, 생계, 살림 ¶彼女は家の中がうまくいってないらしい 그녀는 가족간의 사이가 별로 안 좋은가 봐. / 人の家のことに口出ししないほうがいいよ 남의 집 일에 참견하지 않는 게 좋아.

¶台所で音を立てたら家の者がみな起きてしまった 부엌에서 소리를 냈더니 식구들이 모두 깨었다. / うちは大家族なので家を切り盛りするのがたいへんだ 우리 집은 대가족이기 때문에 살림을 꾸려나가는 것이 힘들다.

¶彼は20歳の時に家を出た 그는 스무 살 때 집을 나왔다. / 彼女は結婚して夫の家に入った 그녀는 결혼해서 시댁으로 들어갔다. / 彼らの結婚は家同士の結婚みたいなものだ 그들의 결혼은 집안끼리의 결혼에 가깝다.

❸[家系, 家柄] 집안 ¶彼の家は名家だ 그의 집안은 명문가다. / 田中さんの家では次男が家を継ぐことになった 다나카 씨 집에서는 차남이 대를 잇게 되었다. / あの家は代々医者だ 그 집은 대대로 의사다. / あそこの家の人はみな色白だ 저 집 가족들은 모두 피부가 희다. 数え方 家 1戸 집 한 호 / 家 1軒 집 한 집 / 家 1棟 집 한 채

いえがら【家柄】집안, 가문 ¶彼は家柄がいいのを鼻にかけている 그는 집안이 좋은 것을 자랑한다.

いえじ【家路】귀갓길 ¶用事を済ませると彼女は急いで家路についた 볼일이 끝나자 그녀는 급히 귀갓길에 올랐다. / バスは家路を急ぐ人で満員だった 버스는 귀가를 서두르는 사람으로 만원이었다.

イエス 예스, 예 ¶先方からイエスかノーかはっきりした答えをもらってきなさい 상대방에게 예스인지 노인지 확실한 답을 받아 와. / 彼女はイエスと言わなかった 그녀는 예라고 대답하지 않았다. / うちの会社は上司にへつらうイエスマンばかりだ 우리 회사는 상사에게 아첨하는 예스맨뿐이다.

いえで【家出】가출 ◇家出する 가출하다 関連 家出少年[少女] 가출 소년[소녀] / 家出人 가출인

いえども【雖も】¶1分といえども時間をむだにはできない 단 1분이라도 시간을 낭비할 수 없다. / 当たらずといえども遠からず 적중하지도 빗나가지도 않았다. 대체로 옳다.

いえなみ【家並み】¶その通りの両側には古い家並みが続いている 그 거리 양쪽에는 오래된 집들이 늘어서 있다.

いえもと【家元】종가(宗家), 본가(本家) ¶彼女の実家は茶道の家元だ 그녀의 친정은 다도의 본가이다.

いえん【胃炎】위염

いおう【硫黄】유황 ¶火山の近くでは硫黄のにおいがする 화산 근처에는 유황 냄새가 난다. 関連 硫黄泉 유황천

イオン 이온 関連 イオン化 이온화 / イオン化傾向 이온화 경향 / イオン交換樹脂 이온교환수지 / プラスイオン 양이온, 플러스 이온 / マイナスイオン 음이온, 마이너스 이온

いか【以下】❶[…より下] 이하 ¶15歳以下の男子はただで入れます 15세 이하의 남자는 그냥 들어갈 수 있어요. / 私の月給は20万円以下です 내 월급은 20만 엔 이하예요. / 気温がここ数日10度以下に下がっている 기온이 요 며칠 10도 이하로 떨어졌다.

❷[劣る] 만도 못하다 ¶お前はけだもの以下だ 넌 짐승만도 못하다.

❸[下記・次に述べるもの] 이하, 하기, 다음 ¶以下の問いに答えなさい 다음 물음에 답하시오. / 以下は規約の条文です 다음은 규약 조문입니다. / 23ページを参照せよ 23페이지 이하를 참조하시오. / 合意内容は以下のとおりだ 합의 내용은 다음과 같다. / 以下同文 이하 동문

❹[その他の人・もの] 이하, 외 ¶以下省略 이하 생략 / 首相以下閣僚たちがレセプションに招かれた 수

いか 상 이하 각료들이 리셉션에 초대받았다.
**いか**【医科】의과 関連 **医科大学** 의과대학
**いか**【烏賊】오징어 ¶いかは自衛のためすみを吐く 오징어는 자기 보호를 위해 먹물을 뿜어낸다 数え方 いか1杯 오징어 한 마리

**いがい**【以外】❶ [除外] 이외, 외, 밖
基本表現
▷それ以外なら何でもします
그 외이외라면 뭐든지 하겠습니다.
▷このような表現は手紙以外では使われない
이 같은 표현은 편지 이외에는 쓰지 않는다.
▷10時にここへ来るようにという以外は何も指示を受けていません 열 시에 여기 오라는 것 외에는 어떤 지시도 받지 않았습니다.
▷彼は本を読む以外ほとんど何もしなかった
그는 책 읽는 거 외에는 아무것도 하지 않았다.
▷彼女は雨の日以外は毎日ジョギングをする 그녀는 비 오는 날 외에는 매일 조깅을 한다.
▷その映画のことはハッピーエンドだったこと以外ほとんど何も覚えていない
그 영화에 대해서는 해피엔드였던 거 외에는 거의 아무것도 기억하지 못한다.
▷私は野菜は好きですが、ピーマン以外は
나는 야채를 좋아해요, 피망 빼고.
¶日曜以外は毎日勉強しています 일요일 외에는 매일 공부하고 있습니다. / 警官を見たとたん彼らはみな逃げ出した 경찰관을 보자마자 그 사람들 외에 모두가 도망갔다. / 旅行中1日だけ雨が降ったが、それ以外はずっといい天気だった 여행 중 하루만 비가 오고 그 외에는 계속 맑았다. / 彼女以外には誰も来なかった 그녀 이외에는 아무도 오지 않았다.
¶彼が漫画以外の本を読んでいるのを見たことがない 그 사람이 만화 외의 책을 읽는 것을 본 적이 없다. / 彼以外には返事のしようがなかった 그 외에는 답할 도리가 없었다. / それ以外に我々の生き残る道はない 그 외에는 우리가 살아남을 길이 없다.
❷ [追加] ¶これ以外にまだ料理の本はありますか 이 외에 요리책 더 있어요? / 彼女は英語以外に韓国語も話します 그녀는 영어 외에 한국어도 합니다.

**いがい**【意外】의외, 뜻밖 ◇**意外な** 의외의, 뜻밖의 ◇**意外に** 의외로, 뜻밖에
¶我々は意外な結果に驚いた 우리는 뜻밖의 결과에 놀랐다. / それを聞いて彼の意外な一面に触れた気がした 그것을 듣고 그 사람의 뜻밖의 면을 알게 된 듯했다. / 彼は話し方からして九州の人だと思っていたが、意外なことに東京出身だとのことだ 그 사람은 말투로 봐서 규슈 사람이라고 생각했는데 의외로 도쿄 출신이었다. / 彼女がそのパーティーに現れるとは意外だった 그 여자가 그 파티에 나타나다니 뜻밖이었다. / なんだって、それはまったく意外だ 뭐라고, 그건 정말 뜻밖인 걸. / 彼の病気は意外に重かった 그의 병은 의외로 위중했다. / こう言うと意外に思うかも知れないが私は京都 에 行ったことがない 이렇게 말하면 의외라고 생각할지도 모르지만 나는 교토에 가 본 적이 없다. / 応募者は意外にも多かった 응모자는 의외로 많았다. / この事実は意外と知られていない 이 사실은 의외로 알려지지 않았다.
会話 **意外にやさしい**
A：検定試験はどうだった
B：意外とやさしかったよ
A：じゃあいい点とれたな
B：それはどうだかわからないけど
A：검정 시험은 어땠어？
B：의외로 쉬웠어.
A：그럼, 좋은 점수 받았겠네？
B：그건 어떨지 모르겠는데.

**いがい**【遺骸】유해【死体】시체 ⇨**死体**
**いかいよう**【胃潰瘍】위궤양
**いかが**【如何】❶ [どんな具合に] 어떻게 ¶みなさん、ご機嫌いかがですか 여러분, 안녕하십니까？ / いかがお過ごしですか 어떻게 지내세요？ / 「商売はいかがですか」「まあなんとかやってます」"장사는 어떠세요？" "그럭저럭 하고 있어요." ❷ [相手に勧めて] 어떨까 ¶「ビールはいかが」「え、いただきます」"맥주 어때요？" "네, 마시겠습니다." / 「コーヒーのお代わりはいかがですか」「いや、もう結構です」"커피 한 잔 더 어떠세요？" "아니요, 됐어요." / 「今度の木曜日の午後3時はいかがですか」이번주 목요일 오후 세 시는 어떠세요？

**いかがわしい**〔うさんくさい〕의심스럽다, 수상하다〔みだらな〕외설적이다, 저속하다, 추잡하다 ¶彼らは何かいかがわしい商売でもうけた 그들은 뭔가 수상한 장사로 이익을 보았다. / いかがわしい人物 수상한 인물 / いかがわしい行為(→**わいせつな**) 외설적인 행위

**いかく**【威嚇】위협 ◇**威嚇する** 위협하다 ¶彼は交渉中に威嚇的な態度をとった 그는 교섭중에 위협적인 태도를 취했다. / 警官は逃走する男に向かって威嚇射撃をした 경찰관은 도주하는 남자를 향해 위협사격을 했다.

**いがく**【医学】의학 関連 **医学博士** 의학 박사 / **医学部** 의학부, 의과대학
**いがぐりあたま**【いがぐり頭】까까머리, 중대가리 ¶彼はいがぐり頭だ 그는 까까머리다.
**いかさま** 가짜, 사기, 협잡 ¶彼はポーカーでいかさまを働いた 그는 포커에서 사기를 쳤다. / そんなのはいかさまに決まってる 그런 건 가짜이기 마련이야 関連 **いかさま師** 협잡꾼, 야바위꾼 ⇨**詐欺**

**いかす**【生かす・活かす】❶ [生きた状態にしておく] 살리다, 살려 두다 ¶テロリストは人質を生かしておくだろうか 테러리스트는 인질을 살려줄 것인가. / 彼のような裏切り者を生かしておくわけにはいかない 그와 같은 배신자를 살려둘 수는 없다. / 釣った魚を生かして持って帰る 낚은 물고기를 산 채로 가지고 가다
❷ [活用する] 살리다, 활용하다 ¶私は韓国語が生かせる仕事につきたい 나는 한국어를 살릴 수 있는 일을 하고 싶다. / このチャンスを生かしなさい 이 기회를 활용해라. / 彼は限られた時間を生かし

て 勉強 하고 있는 그는 한정된 시간을 활용해서 공부한다.
¶刺身は魚の味をいちばん生かす料理だ 회는 생선의 맛을 가장 잘 살리는 요리이다. 慣用句 音楽の才能を生かすも殺すも君次第だ 음악의 재능을 살리는 것도 살리지 못하는 것도 너한테 달려 있다.

**いかだ【筏】** 뗏목(▶発音は 뗀목) ¶彼らはいかだをこしらえて水に浮かべた 그들은 뗏목을 만들어 물에 띄웠다. / 私たちはいかだで川下りをした 우리는 뗏목으로 강을 내려갔다.

**いがた【鋳型】** 주형, 거푸집 ¶石こうを鋳型に流し込む 석고를 주형에 붓다 / (比喩的に)鋳型にはめる 틀에 맞추다

**いかつい【厳つい】**〔険しい〕준엄하다, 딱딱하다〔頑丈だ〕억세다 ¶彼はいかつい顔つきをしている 그는 준엄한 표정을 짓고 있다. / いかつい肩の男 떡 벌어진 어깨의 남자

**いかなる【如何なる】** 어떠한(<어떠하다), 어떤(<어떻다) ¶いかなる困難に遭おうとも決してくじけてはいけない 어떠한 어려움이 있더라도 결코 좌절하면 안 된다. / いかなる場合でもあろうとも 어떤 경우라도 당황하지 마라. / いかなる犠牲を払ってもやり遂げる 어떤 희생을 치르더라도 해내겠다. ⇨どんな

**いかに【如何に】**〔どんなに〕아무리, 얼마나〔どのように〕어떻게 ¶いかに考えてもわからない 아무리 생각해도 모르겠다. / いかにがんばってもそれはできない 아무리 해도 그건 할 수 없다. / 問題はいかにして生産コストを下げるかだ 문제는 어떻게 생산 원가를 낮추는가이다.

**いかにも**〔まさに〕과연〔本当に〕정말로〔さも〕마치 ¶いかにも君の言うとおりだ 과연 자네 말대로다. / そんなことを言うなんていかにも彼女らしい 그런 말을 하다니 과연 그녀답다. / いかにも学者っぽい風貌 너무나도 학자 같은 풍모

**いがみあい【いがみ合い】** 불화(不和), 반목(反目) ¶両家のいがみ合いは何代にもわたっている 양가의 불화는 몇 대를 걸쳐 계속되고 있다.

**いがみあう【いがみ合う】** ¶兄弟同士でいがみ合う 형제가 서로 으르렁거린다.

**いかめしい【厳めしい】**〔険しい〕준엄하다〔仰々しい〕으리으리하다, 어마어마하다 ¶父はいかめしい顔つきで立っていた 아버지는 위엄 있는 얼굴로 서 계셨다. / 彼女はいかめしい門構えの家に住んでいる 그녀는 대문이 으리으리한 집에 살고 있다. / いかめしい肩書 어마어마한 직함

**いカメラ【胃カメラ】** 위카메라〔内視鏡〕내시경 ¶精密検査で胃カメラを飲んだ 정밀 검사를 위해 위카메라를 삼켰다.

**いがらっぽい** 떨떠름하다, 칼칼하다 ¶のどがいがらっぽい 목이 칼칼하다.

**いかり【怒り】**〔激しい怒り〕노염(<노여움), 화〔激怒, 憤怒〕분노

◆【怒りが】
¶突然彼の怒りが爆発した 갑자기 그의 분노가 폭발했다. / 彼に対する怒りがこみ上げてきた 그에 대한 분노가 치미어 올랐다. ¶その一言が彼女の怒りを招いた〔しずめた〕그 한마디로 그녀의 분노를 샀다〔가라앉혔다〕. / 彼はこみ上げてくる怒りを抑えることができなかった 그는 치미어 오르는 분노를 자제할 수 없었다. / 彼女はボーイフレンドに怒りをぶつけた 그녀는 남자 친구에게 화를 냈다.

◆【怒りに】
¶僕は怒りにまかせて彼を殴った 나는 화가 난 나머지 그를 때렸다. / 彼女の侮辱的な発言を聞いた私は怒りに震えた 그녀의 모욕적인 말을 듣고 나는 분노에 떨었다. 慣用句 彼の無責任な態度に怒り心頭に発した 그의 무책임한 태도에 화가 극도에 달했다.

**いかり【錨】** 닻 ¶長い航海を終え船は港にいかりを下ろして停泊した 긴 항해를 마치고 배는 항구에 닻을 내리고 정박했다. / いかりを上げる 닻을 올리다

**いかる【怒る】** 노하다, 화를 내다, 성내다 ⇨おこる

**いかれる**〔頭がおかしい〕정신이 돌다, 얼빠지다〔故障する〕못 쓰이다, 소용없게 되다〔ほれる, 熱中する〕빠지다, 열중하다 ¶そんなことをするなんて彼は頭がいかれている 그런 짓을 하다니 그 사람은 정신이 돌았다. / このパソコンいかれている 이 PC는 고장났다. / 彼は初めて会った瞬間から彼女にいかれてしまった 그는 처음 본 순간부터 그녀에게 푹 빠졌다.

**いかん【遺憾】** 유감 ◇遺憾だ 유감스럽다 ¶大臣は自らの失言に遺憾の意を表した 장관은 자신의 실언에 대해 유감의 뜻을 표했다. / このような事態に至ったことを遺憾に思います 이와 같은 사태에 이르게 되어 유감스럽게 생각합니다.
¶我々が難民に対して何もしてあげられないことは遺憾である 우리가 난민들에게 아무것도 해줄 수 없다는 것은 유감이다. / 彼らは試合で実力を遺憾なく発揮した 그들은 시합에서 실력을 유감없이 발휘했다. ⇨残念

**いかん【移管】** 이관 ◇移管する 이관하다 ¶権限が国から地方に移管された 권한은 국가에서 지방으로 이관되었다.

**いかん【如何】** ❶〔いかに〕여하 ◇如何とも 어떻게도, いかんせん 유감스럽게도 ¶理由のいかんにかかわらず例外は認められない 이유는 여하간에 예외는 인정할 수 없다. / それはいかんともしがたい 그것은 어떻게도 하기 어렵다. / いかんせんきのうは急病で約束をキャンセルせざるをえなかった 유감스럽게도 어제는 급병으로 약속을 취소할 수밖에 없었다.
❷〔次第〕에 따르다, 에 달려 있다 ¶実施するかどうかはその日の天候いかんだ 실시하느냐 안 하느냐는 그날 날씨에 달려 있다. / 近頃では内容よりデザインいかんで人気が左右される場合がある 요즘에는 내용보다 디자인에 따라 인기가 좌우되는 경우가 있다.

**いがん【胃癌】** 위암 ¶彼は胃がんにかかっている 그는 위암에 걸렸다. / 彼の胃がんはかなり進行していた 그의 위암은 꽤 진행되어 있었다. ⇨癌

**いき【息】** 숨〔呼吸〕호흡 ◇息をする 숨을 쉬다

いき

[基本表現]
▷深く息を吸ってゆっくり吐いてください
　깊이 숨을 들이쉬고 천천히 내쉬세요.
▷息を止めて動かないでください
　숨을 멈추고 움직이지 마세요.
▷彼は激しく息をしていた
　그는 거칠게 숨을 쉬고 있었다.
▷水の中では息ができない
　물 속에서는 숨을 쉴 수 없다.

◆〖息が〗
¶駅からずっと走ってきたので息が切れた 역에서부터 계속 뛰어와 숨이 찼다. / 彼は息が臭い 그는 입 냄새가 난다. / 彼は息が荒くなった 그는 숨이 거칠어졌다. / 息が止まりそうなくらいびっくりした 숨이 멈출 정도로 놀랐다. / 祖父はもちが喉につかえて息が詰まりそうになった 할아버지는 떡이 목에 걸려 숨이 막힐 뻔하셨다. / その場の雰囲気は息が詰まりそうだった 그 자리의 분위기는 숨 막히는 듯했다.

◆〖息を〗
¶彼女は知らせを聞いてほっと息をついた 그녀는 소식을 듣고 한숨을 돌렸다. / 手に息を吹きかけて温めた 손에 입김을 불어 따뜻하게 했다. / このワイシャツはきつくて息をするのが苦しい 이 와이셔츠는 꽉 끼어 숨 쉬기가 곤란하다.
¶彼女は息をはずませながら階段を上がってきた 그녀는 숨을 헐떡이면서 계단을 올라왔다. / 行方不明の登山者は発見された時まだ息をしていた 실종된 등산가는 발견되었을 때 아직 숨을 쉬고 있었다. [慣用句] あの二人はまったく息が合わない 저 두 사람은 호흡이 전혀 안 맞는다. / 彼には専務の息がかかっている 그에게는 전무의 입김이 미치고 있다. / 試合中は息が抜けなかった 시합 중에는 긴장을 풀 수 없었다. / 私たちは息を殺してテレビを見ていた 우리는 숨을 죽이고 텔레비전을 보고 있었다. / その残酷な光景に息をのんだ 그 잔혹한 광경에 숨을 죽였다. / 今週は忙しくて息をつく間もなかった 이번주는 바빠서 숨을 돌릴 새도 없었다. / 祖母は今朝早く息を引き取りました 할머니는 오늘 아침 일찍 숨을 거두셨습니다. / その子供は人工呼吸で息を吹き返した 그 아이는 인공호흡으로 되살아났다. / アメリカの鉄鋼業界は息を吹き返した 미국의 철강 업계는 다시 살아났다. / 父はまだ息のあるうちに僕たち兄弟を枕元に呼び寄せた 아버지는 아직 살아 계시는 동안에 우리 형제들을 머리맡으로 부르셨다. / 辞書作りは息の長い仕事だ 사전을 만드는 것은 시간이 걸리는 작업이다. / 今度こそやつの息の根を止めてやる 이번이야말로 그 놈의 숨통을 끊어 주겠다. / 息も継かせぬ速さで逆襲してきた 그는 숨 돌릴 틈도 주지 않고 역습해 왔다.

**いき【粋】** ◇粋な 멋진(<멋지다) 〔洗練された〕 세련된(<세련되다) ¶彼は今日はとても粋に見える 그는 오늘은 매우 멋지게 보인다. / パリジェンヌは粋なファッションで有名だ 파리젠느는 세련된 패션으로 유명하다. / 彼女の粋な計らいですべてうまくいった 그녀의 멋진 계획으로 모든 것이 잘 되었다.

**いき【域】** 〔水準〕 경지, 단계 ¶彼の料理の腕前は名人の域に達している 그의 요리 솜씨는 달인의 경지에 달해 있다. / 彼の陶芸の技は素人の域を出ない 그의 도예 기술은 아마추어 수준이다. ⇒段階, レベル

**いき【行き】** 〔行く時〕 갈 때 ¶〔列車などの行き先〕 -행 ¶行きはタクシーにしようよ 갈 때는 택시로 가요. / 行きも帰りも歩いた 갈 때도 올 때도 걸었다. / 行きは晴れていたのに帰りはどしゃ降りだった 갈 때는 맑았는데 올 때는 비가 쏟아졌다. / 東京行きの最終電車に乗り遅れた 도쿄로 가는 막차를 놓쳤다. / このバスはどこ行きですか 이 버스는 어디 가요? / ソウル発釜山行きの列車 서울발 부산행 열차

**いき【生き】** 〔活気〕 생기, 활기 ◇生きのいい 생기있는, 활기찬 〔新鮮な〕 싱싱한, 신선한 ¶魚市場には今朝水揚げされたばかりの生きのいい魚が並べられていた 어시장은 오늘 아침에 갓 잡아 올린 싱싱한 생선으로 가득 차 있었다.

**いき【意気】** 의기, 기세, 기개, 기상 ¶ミスを犯して上司に叱責された彼は意気消沈している 실수를 해서 상사에게 질책당한 그는 의기소침해 있다. / 彼と意気投合して飲み明かした 그 사람과 의기투합해서 밤새워 술을 마셨다. / 彼らは意気揚々としていた 그들은 의기양양했다. / 彼の意気に感じて協力することを約束した 그의 기개에 감동하여 협력할 것을 약속했다. / その意気だ 그 기개다.

**いぎ【意義】** 의의 ¶彼らは外国語教育の意義について議論した 그들은 외국어 교육의 의의에 대해 논의했다. / 留学は君の将来にとっておおいに意義がある 유학은 너의 장래에 있어 큰 의미가 있다. ⇒意味

**いぎ【異議】** 이의 ¶君があす出発することに何ら異議はない 네가 내일 출발하는 데 아무런 이의도 없다. / 彼は私の提案に異議を唱えた 그는 내 제안에 이의를 제기했다. / 〔会議で〕異議あり! 이의 있습니다. / 異議を申し立てる 이의를 제기하다

**いきあたりばったり【行き当たりばったり】** ¶彼は何事も行き当たりばったりのやり方でする 그는 무슨 일이나 계획성 없이 한다.

**いきあたる【行き当たる】** 부딪치다 ¶思わぬ困難に行き当たって途方に暮れてしまった 생각지도 않은 곤란에 부딪쳐 어찌할 바를 몰랐다.

**いきいき【生き生き】** ◇生き生きした 〔元気な〕 활기찬, 생기발랄한 〔新鮮な〕 싱싱한, 신선한 〔生々しい〕 생생한 ¶田舎からいなかに移って子供たちは健康で生き生きとしてきた 도회지에서 시골로 옮겨 아이들은 건강하고 활기차졌다.

**いきうつし【生き写し】** ◇生き写した 꼭 닮다, 똑 닮다 ¶彼女は母親に生き写しだ 그녀는 모친을 꼭 닮았다. (▶過去形で表す)

**いきうま【生き馬】** [慣用句] 生き馬の目を抜くようなビジネスの世界で生き抜くのは至難のわざだ 눈 감으면 코 베어 간다는 비즈니스 세계에서 살아남는 것은 매우 어려운 일이다.

**いきうめ【生き埋め】** 생매장 ◇生き埋めにする 생매장하다 ◇生き埋めになる 생매장되다 ¶土砂崩れのために数人が生き埋めになった 산사태로 몇 사람이 생매장되었다.

**いきおい 【勢い】** ❶ 〔力〕힘 〔活力〕기세, 기운 ◇勢いがよい 힘차다, 기운차다 ; 세차다 ◇勢いよく 힘차게 ; 세차게

◆〔勢いが・勢いは・勢いを〕
¶台風はだんだん勢いを増してきている 태풍은 점점 기세를 더해 가고 있다. / 風の勢いがおさまった 바람이 잠잠해졌다. / 彼のパンチには勢いがない 그의 주먹에는 힘이 없다. / 試合が雨で中断されてうちのチームの勢いがそがれた 시합이 비로 중단되어 우리 팀의 기세를 꺾었다. / 相手チームの勢いは止めようがなかった 상대팀의 기세를 막을 수가 없었다.

◆〔勢いで〕
¶彼は突然,猛烈な勢いで働き出した 그는 갑자기 맹렬한 기세로 일하기 시작했다. / 車はものすごい勢いで壁に衝突した 차는 굉장한 기세로 벽에 충돌했다. / インフルエンザが猛烈な勢いで広まっている 유행성 감기가 맹렬한 기세로 퍼졌다.

◆〔勢いのよい・勢いよく〕
¶勢いのよい川の流れにカヌーが流された 세찬 물살에 카누가 떠내려 갔다. / 勢いよく吹く風に押されてヨットは湖面を快走した 세차게 부는 바람에 떠밀려 요트는 호수의 수면을 빠르게 달렸다. / 蛇口をひねると水が勢いよく出てきた 수도꼭지를 틀자 물이 세차게 나왔다. / 彼は焼酎を勢いよく 2 口で飲み干した 그는 소주를 시원스럽게 두 번에 다 마셨다.

❷ 〔はずみ〕바람 ¶彼は酔った勢いではめをはずした 그는 술기운에 객기를 부렸다. / 酒に酔った勢いで彼女にプロポーズした 술기운으로 그녀에게 프로포즈했다. / 外野手はフライを捕ったが, 勢い余ってフェンスに激突した 외야수는 플라이를 잡았으나 그 바람에 펜스(담장)에 부딪혔다.

**いきおいづく 【勢いづく】** 힘을 얻다 ¶我々はその知らせに勢いづいた 우리는 그 소식에 힘을 얻었다.

**いきがい 【生き甲斐】** 보람 ¶彼は仕事以外に何か老後の生きがいが欲しかった 그는 일하는 것 외에 뭔가 노후의 보람을 찾고 싶었다. / 彼女にとって息子だけが生きがいだった 그녀에게 있어 오직 아들만 사는 보람이었다.

**いきかう 【行き交う】** 오가다, 왕래하다 ¶人々がせわしげに通りを行き交っている 사람들이 바쁘게 거리를 오가고 있다.

**いきかえり 【行き帰り】** 왕복(往復) ¶大阪へは行き帰りとも新幹線を利用した 오사카에 갈 때도 올 때도 신칸센을 이용했다. / 列車は行き帰りとも超満員だった 열차는 올 때 갈 때 다 초만원이었다.

**いきかえる 【生き返る】** 되살아나다, 소생하다 ¶彼女は瀕死の状態から奇跡的に生き返った 그녀는 빈사 상태에서 기적적으로 되살아났다. / しおれた花に水をやったら生き返った 시든 꽃에 물을 주니 되살아났다. / 仕事の後の冷えたビールは生き返ったような気分にさせてくれる 일을 마친 후 마시는 시원한 맥주는 힘이 살아나는 기분이 들게 한다.

**いきがかり 【行き掛かり】** 내친 걸음 ¶行きがかり上, 彼女の誘いを断れなかった 내친 걸음이라 그녀의 권유를 거절할 수 없었다.

**いきがけ 【行き掛け】** ¶彼女はスーパーへの行き掛けに山田さんの家に立ち寄った 그녀는 슈퍼에 가다가 야마다 씨 댁에 들렀다.

**いきかた 【生き方】** 생활 태도, 생활 방식 ¶彼の自由な生き方がうらやましい 그의 자유로운 생활 방식이 부럽다. / 韓国人の生き方と日本人の生き方はかなり違うと思う 한국인의 생활 방식과 일본인의 생활 방식은 꽤 다른 것 같다.

**いきき 【行き来】** 왕래, 내왕 〔付き合い〕교제 ◇行き来する 오가다 ; 교제하다, 사귀다 ¶彼は通りを行き来する人々を眺めていた 그는 거리를 오가는 사람들을 바라보고 있다. / この道路は車の行き来が激しい 이 길은 차의 왕래가 많다. / 子どものころこの道を毎日行き来したものだ 어렸을 때 이 길을 매일 오가곤 했다. / 私たちは普段から互いによく行き来している 우리는 평소에 서로 자주 왕래한다.

**いきぎれ 【息切れ】** ◇息切れする 숨이 차다, 헐떡이다 ¶運動不足のせいで階段を上っただけで息切れする 운동 부족으로 계단을 오르는 것만으로도 숨이 차다.

**いきぐるしい 【息苦しい】** 〔風通しの悪い〕숨이 막히다 〔雰囲気が重苦しい〕답답하다 ¶彼は狭くて息苦しい部屋で一人暮らしをしている 그는 비좁고 답답한 방에서 혼자 살고 있다. / たばこの煙でそこは息苦しかった 담배 연기로 거기는 숨이 막혔다. / 一瞬その場には息苦しい雰囲気が漂った 일순 그 자리는 숨막히는 분위기가 되었다.

**いきごみ 【意気込み】** 〔熱意〕기세, 패기, 열의 ¶彼はたいへんな意気込みで社会人としての第一歩を踏み出した 그는 대단한 열의로 사회인으로서의 첫발을 내디뎠다.

**いきごむ 【意気込む】** 힘을 내다, 분발하다 ¶彼は全国大会で優勝しようと意気込んでいる 그는 전국 대회에서 우승하려고 분발하고 있다.

**いきさき 【行き先】** 행선지, 목적지 ¶このバスの行き先はどこですか 이 버스의 행선지는 어디에요?

**いきさつ** 〔経緯〕경위 〔事情〕사정 ¶詳しいいきさつについては後ほどお話しします 자세한 사정은 나중에 말씀드리겠습니다.

**いきざま 【生き様】** 생활 태도, 생활 방식 ¶彼女は作家として奔放な生き様を貫いた 그녀는 작가로서 분방하게 살아갔다.

**いきじびき 【生き字引き】** 만물박사(万物博士), 척척박사 ¶彼はクラスの生き字引的な存在だ 그는 반에서 만물박사 같은 존재다.

**いきすぎ 【行き過ぎ】** ¶彼は先日彼女を批判した際に行き過ぎがあったことを謝罪した 그는 전날 그녀를 비판할 때 지나친 점이 있었다는 것을 사과했다.

**いきすぎる 【行き過ぎる】** 〔通過する〕지나가다 〔度を超す〕지나치다, 도를 넘다 ¶バスは停留所を行き過ぎてからバックして来た 버스는 정류장을 지나서 다시 후진해서 돌아왔다. / 行き過ぎた親切は相手にとってかえって迷惑だ 지나친 친절은 상대방에게 오히려 부담스럽다.

**いきた 【生きた】** 살아 있는, 산 〔実用的な〕실용적인 ¶動物愛護の観点から生きた動物を使った実

験は禁止になるだろう 동물 애호 관점에서 살아 있는 동물을 사용한 실험은 금지될 것이다. / シーラカンスは生きた化石と言われている 실러캔스는 살아 있는 화석으로 불려진다. / 彼は恐怖のあまり生きた心地がしなかった 그는 너무 무서워서 살아 있는 것 같은 기분이 안 들었다. / 虎を生きたまま捕まえた 호랑이를 산 채로 잡았다. / 生きた英語を勉強しなさい 실용적인 영어를 공부해라. ⇨ 生きる

**いきちがい【行き違い】**[誤解] 오해 ¶隣の人たちとちょっとした行き違いがあった 이웃 사람들과 약간의 오해가 있었다.

**いきちがう【行き違う】** 엇갈리다 ¶駅まで彼女を迎えに行ったが行き違ったらしく会えなかった 역까지 여자 친구를 마중나갔으나 엇갈렸는지 만나지 못했다.

**いきづかい【息遣い】** 숨결, 호흡 ¶全速力で100メートルを走った後の選手たちの息遣いは荒かった 전속력으로 100미터를 달린 후의 선수들의 호흡은 거칠었다. ⇨ 息, 呼吸

**いきづく【息づく】** 新羅一千年の文化が息づく慶州で日韓首脳会談が行われた 신라 문화 천년의 숨결이 남아 있는 경주에서 일한 정상 회담이 열렸다.

**いきつけ【行きつけ】** 단골 ◇行きつけの〔お気に入り〕の マ음에 드는, 좋아하는〔よく行く〕자주 다니는 ¶行きつけの店 단골 가게 / この近くに行きつけの飲み屋があるから寄っていかないかい 이 근처에 자주 가는 술집이 있는데 들르지 않을래?

**いきづまり【行き詰まり】** 막다른 상태 ¶事態の行き詰まりを打開する 사태의 막다른 상태를 타개하다

**いきづまる【行き詰まる】** 막다른 상태에 빠지다, 벽에 부딪치다 ¶関係国による核問題協議は完全に行き詰まった 관계국간의 핵 문제 협의는 완전히 벽에 부딪쳤다. / その会社は不況のせいで行き詰まっていた 그 회사는 불황으로 막다른 곳에 이르렀다.

**いきづまる【息詰まる】** 숨이 막히다〔興奮する〕 피끓다〔スリル満点の〕아슬아슬하다 ¶サーカスの息詰まるような曲芸を見るのが大好きだ 서커스의 아슬아슬한 곡예를 보는 것을 아주 좋아한다. / きのうの決勝戦は息詰まる熱戦だった 어제 결승전은 숨 막히는 열전이었다.

**いきどおり【憤り】** 분노, 노여움 ¶彼は警察の自分に対する扱いに激しい憤りを感じていた 그는 경찰의 자기에 대한 취급에 심한 분노를 느꼈다.

**いきどおる【憤る】** 분노하다, 분개하다 ¶従業員たちは会社側の一方的な人員削減に憤っている 종업원들은 회사 측의 일방적인 인원 삭감에 분개했다. ⇨ 怒る

**いきとどく【行き届く】** ¶彼女の部屋はいつも掃除が行き届いている 그녀의 방은 언제나 청소가 잘 되어 있다. / そのホテルはサービスが行き届いている 그 호텔은 서비스가 빈틈없다.

**いきどまり【行き止まり】** 막다른 곳 ¶この道は行き止まりだ 이 길은 막다른 곳이다. / 行き止まり(▶掲示) 막다른 곳

**いきながらえる【生き長らえる】** 오래 살다〔生き残る〕살아남다 ¶彼女は山の中でチョコレートと水だけで1週間生き長らえた 그녀는 산속에서 초콜릿과 물만으로 일 주일을 살아남았다.

**いきなり** 갑자기, 별안간, 느닷없이 ¶前の車がいきなり止まったので追突した 앞차가 갑자기 멈추는 바람에 들이받았다. / 彼はいきなり解雇を言い渡された 그는 느닷없이 해고를 통고받았다.

**いきぬき【息抜き】**〔ひと休み〕휴식〔気分転換〕기분 전환 ◇息抜きをする 한숨 돌리다 ¶彼は息抜きに時々コンピュータゲームをする 그는 기분 전환으로 가끔 컴퓨터 게임을 한다. / このへんでちょっと息抜きしよう 이쯤에서 잠시 쉬자.

**いきぬく【生き抜く】** 살아오다 ¶父たちは激動の時代を生き抜いてきた世代だ 아버지 세대는 격동의 시대를 살아왔다.

**いきのこり【生き残り】** 생존〔人〕생존자 ¶企業の生き残りをかけた厳しい競争 기업의 생존을 건 냉엄한 경쟁 / 彼女はその飛行機墜落事故のただ一人の生き残りだ 그녀는 그 비행기 추락 사고의 유일한 생존자다.

**いきのこる【生き残る】** 살아남다 ¶その飛行機事故で生き残った者はいなかった 그 비행기 사고에서 살아남은 사람은 아무도 없었다.

**いきのびる【生き延びる】** 살아남다 ¶これらの野生動物はひどい旱魃(かんばつ)に耐えて生き延びた 이들 야생 동물들은 심한 가뭄에 견뎌 살아남았다.

**いきもの【生き物】** 생물

**いきょう【異郷】** 타향(他郷)〔異国〕이국 ¶異郷に骨を埋(う)める 타향에서 뼈를 묻다

**いぎょう【偉業】** 위업 ¶彼は歴史に残る偉業を成し遂げた 그는 역사에 남을 위업을 이루어냈다.

**イギリス** 영국(英国) ¶彼はイギリスで長い間暮らしたことがある 그는 영국에서 오래 산 적이 있다. [関連] イギリス英語 영국 영어 / イギリス人 영국인, 영국 사람 / イギリス連邦 영연방

**いきりたつ【いきり立つ】** 격노하다, 격분하다 ¶彼はいきり立って相手にくってかかった 그는 격분해서 상대방에게 덤벼들었다.

**いきる【生きる】** ❶〔生存する〕살다〔生きている〕살아 있다 ¶私たちは何のために生きるのか 우리는 무엇을 위해 사는가? / 祖母は百歳まで生きるだろう 할머니는 백 살까지 사실 것이다. / 彼は長くは生きられないだろう 그는 오래 살지는 못할 것이다. / あいつまだ生きているのかな 그 녀석 아직 살아 있을까? / 彼は水だけで5日間生きていた 그는 물만으로 닷새 동안 살아 있었다. / 人はみな生きる権利がある 사람은 모두 살아갈 권리가 있다. / 私はそこから生きて帰れるとは思わなかった 나는 거기에서 살아 돌아가리라고는 생각 못했다. / それは生きるか死ぬかの問題だ 그것은 사느냐 죽느냐의 문제다. / 彼女はまだ私の心の中に生きている 그 여자는 아직 내 마음속에 살아 있다. / 肖像画の女性ははるで生きているようだった 초상화의 여자는 마치 살아 있는 듯했다.

**会話 生きていく**

A：こんなふうに生きていくのがいやになったなあ
B：何言ってんだよ。若者は未来に生きなくちゃ

A：이렇게 살아가는 게 싫어졌어.
B：무슨 소리야. 젊은이는 미래를 향해 살아가야지.
　A：これまで生きているって実感したことあるかい
　B：ないよ. ぜひ実感してみたいね
A：지금까지 살아 있다고 실감한 적 있어?
B：없어, 꼭 실감해 보고 싶어.
❷〔暮らす, 生計を立てる〕살아가다, 살아오다〔生計を立てる〕생활하다 ¶彼はペン一本で生きている 그는 펜 한 자루로 살아간다. / こんな安月給で家族5人どうやって生きていくのか 이런 박봉으로 식구 다섯 명이 어떻게 살아가나? / プロ選手として生きていくのは並大抵のことではない 프로 선수로 살아가는 것은 보통 일이 아니다.
¶その物理学者は学問一筋に生きてきた 그 물리 학자는 학문에만 전념하며 살아왔다.
❸〔効力がある〕살아 있다〔有効だ〕유효하다
¶その契約はまだ生きている 그 계약은 아직 유효하다.

**いきわかれ【生き別れ】**생이별 ◇生き別れになる 생이별하다 ¶戦争の混乱の中で大勢の人々が生き別れになった 전쟁의 혼란 속에서 많은 사람들이 생이별을 했다.

**いきわたる【行き渡る】**골고루 미치다, 골고루 돌아가다 ¶救援物資が被災者に行き渡った 구원 물자가 이재민에게 골고루 돌아갔다.

**いく【行く】**❶〔ある場所・目的地へおもむく〕가다〔去る, 出発する〕떠나다

基本表現
▶あまり遠くへ行ってはいけません
　너무 멀리까지 가면 안 돼요.
▶この夏は釜山へ行ってきた
　올여름에는 부산에 갔다왔다.
▶「学校へはどうやって行くの」「自転車で行きます」
　"학교에는 어떻게 가니?" "자전거로 가요."
▶「どこへ行くの」「デパートへ行ってきます」
　"어디 가?" "백화점에 갔다올게요."
▶「このバスは明洞へ行きますか」「はい, 行きます」
　"이 버스는 명동에 가요?" "네, 가요."
▶「おい, 早くしろよ」「今行くよ」
　"야, 빨리 해!" "곧 갈게."
▶もう行かなくては 이제 가야겠어.

¶「どうやって行こうか. 電車にする, それとも車にする」「タクシーにしましょう」 "어떻게 갈래? 전철로 갈래? 아니면 차로 갈래?" "택시로 가요." / 「行き方知ってるの」「大丈夫だよ, 前に行ったことがあるから」 "어떻게 가는지 알아?" "걱정마. 전에 가 본 적이 있으니까."
¶東大門へ行く道を教えてください 동대문으로 가는 길을 가르쳐 주세요. / 梨泰院には何号線で行けばいいですか 이태원에 가려면 몇 호선 전철을 타면 좋아요? / この道を行くと銀座に出られます 이 길로 가면 긴자가 나와요.
¶「お母さんはいらっしゃいますか」「あいにく美容院に行ってるんですが」 "어머님은 계세요?" "마침 미용실에 가셨는데요." / 「どこへ行ってたの」「コンビニだよ」 "어디 갔었어?" "편의점에." / 「京都に行ったことはありますか」「ええ, あります. 去年行ってきました」 "교토에 간 적 있어요?" "네, 있어요. 작년에 갔다왔어요."
¶「何時ごろ来る?」「7時ごろには行けると思うよ」 "몇 시쯤에 올래?" "일곱 시쯤에는 갈 수 있을 거야." / 「私が帰るまでに行かないでね」「わかった, 待ってるよ」 "내가 돌아올 때까지 가지 마." "알았어. 기다릴게."
¶「いつ行くんですか」「あさって発ちます」 "언제 떠나요?" "모레 떠납니다."

会話 行けばよかったのに
　A：きのう, 例のコンサートへ行ってきたよ
　B：私も行きたかったわ. で, どうだった
　A：すばらしかったよ. 君も行けばよかったのに
　A：어제 그 콘서트에 갔다왔어.
　B：나도 가고 싶었는데. 그래, 어땠어?
　A：정말 굉장했어! 너도 갔으면 좋았을 텐데.

¶デパートへ買い物に行く 백화점에 쇼핑하러 가다 / 友達とハイキングに行った 친구들과 함께 하이킹을 갔다.

> **語法**「…しに行く」の表し方
> 「…しに行く」は, -(으)러 가다, または動作性名詞＋을[를] 가다の形で表すことができる. 「釣りに行く」は낚시하러 가다, 「泳ぎに行く」は수영하러 가다といい, 「ショッピングに行く」は 쇼핑하러 가다 または 쇼핑을 가다, 「旅行に行く」は 여행을 가다 のようにいう. 日本語を直訳して 쇼핑에 가다とか 여행에 가다とはいわない. 에 가다は場所に行く場合にのみ用いる.

¶「おかあさん, 行ってきます」「行ってらっしゃい」 "어머니, 다녀오겠습니다." "다녀 와."
❷〔通う〕다니다 ¶「どこの大学へ行っているのですか」「延世大学です」 "어느 대학교에 다니세요?" "연세대학교요." / うちの娘は小学校に行っています 우리 집 딸은 초등학교에 다녀요.
❸〔通る, 過ぎる〕지나가다 ¶彼女は窓越しに通りを行く人々をただ眺めていた 그녀는 창문 너머로 거리를 지나가는 사람들을 그저 바라보고 있었다.
❹〔届く〕가다 ¶2, 3日中に連絡が行くはずです 2, 3일 내에 연락이 갈 겁니다.
❺〔事が運ぶ〕되어가다 ¶仕事はうまく行っていますか 일은 잘 돼 갑니까? / 物事は思い通りに行かないものだ 일은 뜻대로 안 되는 법이다. / 彼女とはうまく行ってるかい 여자 친구와 잘 지내고 있니?
❻〔する, 行う〕하다 ¶さあ行こう 자, 시작하자. (▶行動を開始する時のかけ声) よし, それで行こう 그래, 그렇게 하자. / 今夜はぱーっと行こう 오늘 밤은 실컷 놀자[마시자].

**いくさ【戦】**전쟁, 싸움 ⇒戦争, 戦い
**いくじ【意気地】**패기(覇気), 기개(氣概) ¶意気地がない 패기가 없다 ¶意気地のない男 패기 없는 남자 / 彼女は彼に「あなたって意気地なしね」とあからさまに言った 그녀는 그에게 "너는 패기가 없어"라고 노골적으로 말했다.

**いくじ【育児】** 육아 ¶彼女は育児に追われてノイローゼになった 그녀는 아이 키우는 데 쫓겨 노이로제에 걸렸다. / 日本では育児休暇を取る男性はほとんどいない 일본에서는 육아 휴가를 받는 남자는 거의 없다. / 彼女は育児休暇中だ 그녀는 육아 휴가 중이다. 関連 育児室 육아실 / 育児書 육아책

**いくせい【育成】** 육성 ◇育成する 육성하다 ¶人材の育成には時間がかかるものだ 인재 육성에는 시간이 걸린다. / 農村における目下の急務は農業後継者の育成である 농촌에 있어서 당장의 급선무는 농업 후계자를 육성하는 일이다.

**いくた【幾多】** ❶多くの、 수많은 ¶今日の地位を築くまでに彼は幾多の辛酸をなめてきた 지금의 지위에 이르기까지 그는 수많은 고생을 겪어 왔다. ⇨多い

**いくつ【幾つ】** ❶［何個］몇 개 ¶餅をいくつ食べたの 떡을 몇 개 먹었어? / 椅子はあといくついりますか 의자는 몇 개 더 필요해요? / そこにボールがいくつありますか 거기에 공이 몇 개 있어요? / 「もう1個もらっていい」「いくつでもどうぞ」 "하나 더 가져도 돼?" "얼마든지 가져." ❷［何歳］몇 살 ¶「年はいくつですか」「17歳です」 "몇 살이에요?" "열일곱이에요." / お姉さんはあなたよりいくつ年上ですか 언니[누나]는 당신보다 몇 살 더 많아요

**いくつか【幾つか】** 몇 ¶箱の中にはまだいくつか飴が残っていた 상자 안에는 아직 사탕이 몇 개 남아 있었다. / その問題を解くにはいくつかの方法がある 그 문제를 푸는 데는 몇 가지 방법이 있다. / 応募作品の中にはいくつか優れたものもあった 응모작품 중에는 몇몇 뛰어난 작품들도 있었다.

**いくつも【幾つも】** 많이 ◇幾つもの 많은(=많다) ¶彼女は指輪をいくつも持っている 그녀는 반지를 많이 가지고 있다.

**いくど【幾度】** 몇 번 ◇幾度も 몇 번이나 ⇨何度

**いくどうおん【異口同音】** 이구동성(異口同音) ¶彼らは異口同音にその映画はつまらなかったと言った 그들은 이구동성으로 그 영화는 시시하다고 했다.

**いくぶん【幾分】** 조금, 약간, 다소, 얼마쯤 ¶きょうはきのうよりいくぶん寒い 오늘은 어제보다 약간 춥다.

**いくら【幾ら】** ❶［金額, 数量］얼마 ¶「このりんごは1個いくらですか」「100円です」 "이 사과는 한 개 얼마에요?" "백 엔이에요." / 「この本はいくらでしたか」「千円です」 "그 책은 얼마였어요?" "천 엔이에요." / 「そのデジタルカメラ, いくらで買った」「2万円で買ったよ」 "그 디지털 카메라 얼마 주고 샀어?" "2만 엔에 샀어." / 「みかん10個でいくらですか」「300円です」 "귤 열 개에 얼마예요?" "3백 엔이요." / 「池袋まで電車賃はいくらですか」「250円です」 "이케부쿠로까지 전철 요금은 얼마에요?" "2백 50엔이에요." / 費用はいくらかかりますか 비용이 얼마 듭니까? / お金はいくらあってもいい 돈은 얼마든지 있어도 좋다.

会話 いくらで手を打つ
A：これはいくらですか
B：1万5千ウォンです
A：1万ウォンなら出せるんだけど
B：1万3千ウォンはいただかなくては
A：じゃあ, 1万2千ウォンにしましょう
B：いいですよ, それで手を打ちましょう

A：이거 얼마에요?
B：만 5천 원이요.
A：만 원이면 살 텐데.
B：만 3천 원은 받아야 해요.
A：그럼, 만 2천 원에 하죠.
B：좋아요, 그렇게 해요.

❷［どんなに…しても］아무리 ¶いくら努力しても, あの大学に入るのは無理だ 아무리 노력해도 그 대학에 들어가기는 어렵다. / いくら金をもらっても, そんなことをするつもりはない 돈을 아무리 받더라도 그런 일을 할 생각은 없어. / いくら遅くても会議は6時には終わるだろう 아무리 늦어도 회의는 여섯 시에는 끝날 것이다. / 車の運転には, いくら用心してもしすぎることはない 차를 운전할 때는 아무리 조심해도 지나치지 않다. / いくらなんでも, それはひどすぎる 아무리 그래도 그건 너무 심하다.

**いくらか【幾らか】** 조금, 약간, 얼마쯤 ¶金をいくらか貸してくれないか 돈을 조금 빌려 주지 않을래? / きょうはいつもよりいくらか気分がよい 오늘은 여느 때보다 조금 기분이 좋다.

**いくらでも【幾らでも】** 얼마든지 ¶ご飯はいくらでもあるからたくさん食べて 밥은 얼마든지 있으니까 많이 먹어. / 金ならいくらでも出す 돈이라면 얼마든지 낸다.

**いくらも【幾らも】** 얼마《＋否定》 ¶在庫はいくらもない 재고는 얼마 없다. / それはいくらもしないだろう 그건 얼마 안 할 걸. / 持ち合わせの金がいくらもなかった 마침 가진 돈이 얼마 없었다.

**いけ【池】** 못, 연못 ¶彼らはきのう池に釣りに行った 그들은 어제 낚시하러 갔다. / 池ボートをこいだ 연못에서 보트를 저었다. / 池に鯉を飼っている 연못에 잉어를 키우고 있다.

**いけい【畏敬】** 외경 ¶畏敬の念を抱く 외경심을 갖다. ⇨尊敬

**いけがき【生け垣】** 산울타리, 생울타리 ¶生け垣を作る 생울타리를 만들다. / 生け垣を刈り込む 생울타리를 다듬어 손질하다.

**いけどり【生け捕り】** ◇生け捕りにする 생포하다 ¶象を生け捕りにした コ끼리를 생포했다. ⇨生け捕る

**いけどる【生け捕る】** 생포하다, 사로잡다 ¶熊を生け捕る 곰을 사로잡다[산 채로 잡다]

**いけない** ❶［必要, 必然］-지 않으면 안 되다, -아야[-어야](만) 하다 ¶そろそろおいとましなくてはいけません 이제 슬슬 작별을 해야겠습니다. / 法律は守らなくてはいけない 법률은 지키지 않으면 안 된다. / 他人から借りたものは必ず返さなくてはいけない 다른 사람에게 빌린 것은 반드시 돌려줘야 한다. / 金曜日までにこの仕事を仕上げなくてはいけない 금요일까지 이 일을 끝내야 한다. / それを今すぐにしなければい

けない 그것을 지금 당장 하지 않으면 안 된다.
❷〔禁止〕-(으)면 안 되다, -아서[-어서]는 안 돼. ¶うそをついてはいけない 거짓말하면 안 돼./授業中に話をしてはいけません 수업 중에 떠들면 안 돼요./この建物の中ではたばこを吸ってはいけないようだ 이 건물 안에서는 담배를 피우면 안 되는 것 같다./ゲームにあまりお金を遣ってはいけない 게임에 너무 많이 쓰면 안 돼./そんなことをしてはいけない 그런 짓 하면 안 돼./そんなことを言ってはいけない 그런 말을 해서는 안 돼./「お母さん, ちょっと出てきていい」「いけません, 今何時だと思っているの」"엄마, 잠깐 나갔다 와도 돼?" "안 돼, 지금이 몇 시인 줄 알아?"
❸〔よくない, 悪い〕좋지 않다, 나쁘다 ¶私のどこがいけないのですか 제 어디가 잘못됐다는 겁니까?/何かいけないことを言ったかしら 뭔가 잘못 말했나?/おまえは本当にいけない子だ 너는 정말 나쁜 아이다./人の物を盗むのはいけないことだ 남의 것을 훔치는 것은 좋지 않아./彼のいけないのはあの横柄な態度だ 그의 나쁜 점은 저 건방진 태도다./いけないのは彼女ではなくて私です 나쁜 건 그녀가 아니고 저예요.

¶手書きではいけません. ワープロを使いなさい 손으로 쓰면 안 돼요. 워드 프로세서로 치세요./おっといけない. 滑って転ぶところだった 이크, 미끄러져 넘어질 뻔했네./あっ, いけない. 約束があったのを忘れてた 앗, 큰일났다. 약속이 있는 걸 잊어버렸네.
❹〔用心〕-(으)면 안 되니까 ¶遅刻するといけないから早く行きなさい 지각하면 안 되니까 빨리 가./車に酔うといけないからこの薬を飲んでおきなさい 차멀미하면 안 되니까 이 약 먹어 둬./雨が降るといけないから必ず傘を持っていくのよ 비 오면 안 되니까 우산 꼭 갖고 가라.
❺〔遺憾〕안되다 ¶「母は入院して3か月になります」「まあ, いけませんね」 "어머니는 입원한 지 석 달이 됩니다." "어머, 안됐네요[어떻게 해요]."

いけにえ【生贄】산 제물〔犠牲〕희생, 희생물 ¶一匹のやぎが神へのいけにえとして捧げられた 양 한 마리가 산 제물로 신에게 바쳐졌다.
いけばな【生け花】꽃꽂이 ¶彼女は生け花を習っている 그녀는 꽃꽂이를 배우고 있다.
いける【行ける】〔料理の味が〕먹을 만하다〔酒が〕꽤 마시다 ¶この料理はなかなかいける 이 요리는 꽤 먹을 만하다./彼女はかなりいける口だ(→かなり酒を飲む) 그녀는 꽤 마신다.
いける【生ける】〔花を〕꽂다 ¶彼女は花瓶に花を生けた 그녀는 꽃을 꽃병에 꽂았다.

## いけん【意見】❶〔考え〕의견

◆〚意見が・意見は〛
¶この件に関して意見が分かれた 이 건에 관해서 의견이 갈라졌다./その点では意見が一致した 그 점에서는 의견이 일치했다./ようやく意見がまとまった 간신히 의견이 합쳐졌다./人の意見は尊重しなければならない 남의 의견을 존중해야 한다./この企画に関して何かご意見はありませんか 기획에 관해서 뭔가 의견이 있습니까?/彼の意見は私とは反対である 그 사람의 의견은 나와 반대다.

◆〚意見を・意見に〛
¶私は自分の意見を率直に述べた 나는 자신의 의견을 솔직히 말했다./どういう意見をお持ちですか 어떤 의견을 가지고 계십니까?/この問題について先生の率直な意見を聞かせてください 이 문제에 대해서 선생님의 솔직한 의견을 듣고 싶습니다./彼らはお互いに意見を交換した 그들은 서로 의견을 교환했다./彼はいつも自分の意見を人に押しつける 그는 언제나 자신의 의견을 남에게 강요한다./それについては私は彼らと違った意見を持っている 그것에 대해서는 나는 그 사람들과 다른 의견을 가지고 있다./残念ながら先生の意見に賛成できません 유감스럽지만 선생님 의견에 찬성할 수 없습니다.

◆〚その他〛
¶私はその方と同じ意見です 나는 그 분과 같은 의견입니다./彼らの間には意見の食い違いがある 그들간에는 의견 차이가 있다./二人の間で意見の衝突[対立]があった 두 사람 사이에 의견 충돌[대립]이 있었다./彼の意見では, 社会福祉にもっとお金をかけるべきということだ 그의 의견에 의하면 사회 복지에 보다 더 돈을 투자해야 한다는 것이다.
❷〔忠告〕충고, 조언, 의견, 도움말 ◇意見する 타이르다 ¶彼は息子にまじめになるように意見した 그는 아들에게 성실해지라고 훈계했다.

いけん【違憲】위헌 ¶その法案は違憲であると宣告された 그 법안은 위헌이라고 선고받았다.
いげん【威厳】위엄 ¶威厳のある態度を示す 위엄 있는 태도를 보이다/最近では教師が生徒に対して威厳を保つのは難しい 최근에는 교사가 학생에게 위엄을 지키기가 힘들다.
いご【以後】〔あるときより後〕이후〔あるときから〕부터〔…以来〕이래〔今後〕금후, 앞으로 ¶8時以後はたいてい家にいます 여덟 시 이후에는 대개 집에 있습니다./4月1日以後は住所が変わります 사월 1일 이후에는 주소가 바뀝니다./去年の3月以後彼から連絡がない 작년 삼월 이후 그로부터 연락이 없다./第二次世界大戦以後 이차 세계 대전 이후
¶以後気をつけます 앞으로 조심하겠습니다.

いご【囲碁】바둑 ⇒碁
いこい【憩い】휴식, 휴양 ¶この公園は市民の憩いの場になっている 이 공원은 시민들의 휴식처가 되어 있다.
いこう【意向】의향 ¶相手の意向がはっきりわからない 상대방의 의향을 확실히 모르겠다./みなさんの意向に沿えるよう努力します 여러분의 의향에 따를 수 있도록 노력하겠습니다.
いこう【以降】이후 ⇒以後
いこう【威光】위광, 위세 ¶彼は父親の威光を笠に着てでかい態度をとる 그는 아버지의 위세를 등에 업어 건방지다. ⇒権威, 権力
いこう【移行】이행 ¶新制度への移行は難航している 새로운 제도로의 이행은 난항을 겪고 있다./多くの日本企業が製品の海外生産へと移行して

いる 많은 일본 기업들이 제품의 해외 생산으로 이행하고 있다.

**いこう【遺稿】** 유고 ¶彼の遺稿集が死後２年目に出版された 그의 유고집이 사후 2년 만에 출판되었다. ⇒遺作

**イコール** 이퀄 ¶５足す６イコール11 ５ 더하기 ６은 11.

**いこく【異国】** 이국 ¶横浜は異国情緒のある町だ 요코하마는 이국 정서가 풍기는 도시다.

**いごこち【居心地】** ¶そのホテルはとても居心地のいい雰囲気だった 그 호텔은 매우 편안한 분위기였다. / 正装しているので居心地が悪い 정장을 하고 있어서 불편하다.

**いこじ【意固地】** ◇意固地だ 고집이 세다〔頑固だ〕완강하다 ¶祖父はとても意固地だ 할아버지는 매우 완강하시다. / 父は意固地すぎて母の言うことなど聞かない 아버지는 완강해서 어머니의 말을 듣지 않으신다.

**いこつ【遺骨】** 유골 ¶遺骨を拾う 유골을 수습하다 / 遺骨を骨つぼに納める 유골을 항아리에 넣다.

**いざ** ¶いざという時に備えて防災用品の点検をしよう 만일의 경우에 대비해서 방재 용품의 점검을 하자. / いざという時には, ここに連絡してください 만일의 경우 여기로 연락해 주세요. / 簡単なことでもいざ実行するとなると難しいものだ 간단한 거라도 정작 실행하려면 어렵다. / いざ本番となると彼はあがってしまった 막상 실제로 하게 되자 그는 긴장해 버렸다. / いざとなれば私が子供たちの面倒を見るから何も心配要りません 내가 아이들을 돌볼게요. / 彼は威勢がよかったが, いざとなると尻込みしてしまった 그는 위세는 좋았지만 막상 닥치니까 꽁무니를 뺐다. / 値段の事はいざ知らず, その製品は質が悪い 가격은 어떤지 몰라도 그 제품은 질이 나쁘다. / 子供ならいざ知らず, 彼がそんなことをするなんて信じられない 아이라면 모르지만 그가 그런 짓을 하다니 믿을 수 없다.

**いさい【委細】** 자세한 사정, 상세한 내용〔すべて〕만사(万事) ¶委細面談の上 자세한 것은 만나서 이야기합시다. / 委細承知しました 전부 알겠습니다. / 彼は委細構わず自分の計画を実行した 그는 거리낌없이 자신의 계획을 실행했다.

**いさい【異彩】** 이채 ¶多くの出展作品の中で彼の絵はひときわ異彩を放っていた 많은 출전 작품 중에 그의 그림이 한층 이채를 띠었다.

**いさかい【諍い】** 말다툼, 언쟁 ¶彼らは親の遺産をめぐって激しいいさかいを起こした 그들은 부모의 재산을 둘러싸고 심한 말다툼을 벌였다.

**いざかや【居酒屋】** 술집, 대폿집 ¶みんなで居酒屋で一杯やりながらおしゃべりした 모두 같이 술집에서 한잔 하면서 얘기를 나눴다.

**いさぎよい【潔い】** 깨끗하다, 떳떳하다 ◇潔く 깨끗하게, 떳떳하게 〔率直に〕솔직히 ¶彼は最後の瞬間まで潔い態度だった 그는 마지막 순간까지 당당한 태도였다. / 彼らは潔く自分たちの負けを認めた 그들은 깨끗이 자신들의 패배를 인정했다. / 彼女は潔く自分の過ちを認めた 그녀는 솔직히 자신의 잘못을 인정했다. / 彼はたとえ困っていても人に助けを求めるのを潔しとしない 그는 곤란한 경우라도 다른 사람에게 도움을 받는 것을 떳떳하게 여기지 않는다.

**いさく【遺作】** 유작 ¶新聞に連載中の小説がその作家の遺作となった 신문에 연재중인 소설이 그 작가의 유작이 되었다.

**いざこざ** 다툼, 옥신각신 ¶いざこざが起こる 옥신각신이 벌어지다. / 彼はしょっちゅう隣人たちといざこざを起こしている 그는 항상 이웃 사람들과 옥신각신한다. / 彼女の家ではいざこざが絶えない 그녀의 집에는 다툼이 끊이지 않는다.

**いささか【些か】** 약간 ¶彼の執念にはいささか驚いた 그의 집념에는 약간 놀랐다. / きのうの夜はいささか飲みすぎて 어제저녁에는 너무 많이 마셨다. / 飲酒運転に対してはいささかも情状酌量の余地はない 음주 운전에 관해서는 전혀 정상을 참작할 여지가 없다.

**いさましい【勇ましい】** 용감하다, 씩씩하다 ◇勇ましく 용감하게, 씩씩하게 ¶上司に面と向かって文句を言うなんてキョンヒは勇ましいね 상사 앞에서 불만을 말하다니 경희는 용감하네.

**いさみあし【勇み足】** ¶その記事は明らかに彼の勇み足だ 그 기사는 명백히 그의 실수다. / 彼はあせって勇み足をした 그는 조급히 굴다 실패했다.

**いさめる【諫める】** 간하다, 충고하다 ¶友人をいさめて無茶な考えをやめさせた 친구에게 충고해서 터무니없는 생각을 말렸다.

**いさん【遺産】** 유산 ¶彼は莫大な遺産を相続した 그는 막대한 유산을 상속받았다. / 父の遺産を巡って兄弟同士で遺産争いが起こった 아버지의 유산을 둘러싸고 형제간에 유산 싸움이 벌어졌다. / かけがえのない文化遺産を守る 무엇보다 소중한 문화유산을 지키다 関連 遺産相続人 유산 상속인 / 世界遺産 세계 유산 / 世界自然遺産 세계 자연유산 / 世界文化遺産 세계 문화유산

**いし【石】** 돌〔石ころ〕돌멩이〔岩石〕바위, 암석 ¶デモ隊は警備隊に石を投げた 데모대는 경찰대에게 돌을 던졌다. / その像は石を刻んで作ったものだ 그 조각은 돌을 새겨 만든 것이다. / 小石は水面を切って飛んだ 작은 돌은 물위를 가르며 튕겨 갔다. / 泥棒は石で窓を割った 도둑은 돌로 창을 깼다. / 石につまずいて転んだ 돌에 걸려 넘어졌다. / このせんべいは石みたいに固い 이 쌀과자는 돌처럼 딱딱하다.
¶石の塊 돌 덩어리 / 石の破片 돌 파편 / 石だらけの道 돌투성이 길 / 小石の浜 작은 돌이 많은 해변 / 小石の山 돌더미 数え方 石1個 돌 한 개 慣用句 家族のことを聞くと彼女は石のように黙ってしまった 가족에 대해서 묻자 그녀는 돌처럼 굳어졌다. / 石にかじりついてもこの仕事を仕上げるぞ 무슨 일이 있더라도 이 일을 해 내겠다. / 石の上にも三年 비록 어렵고 힘든 일이라도 참고 견디면 성취해 낼 수 있다.

**いし【医師】** 의사 関連 医師会 의사회, 의사 협회 / 医師国家試験 의사 국가시험 / 医師免許 의사 면허

**いし【意志】** 의지, 뜻 ¶彼は意志が強い[弱い] 그는 의지가 강하다[약하다]. / だれに何を言われても彼は自分の意志を貫き通した 누가 뭐라

해도 그는 자신의 의지를 관철시켰다. / 彼는 意志에 反して그런 仕事をしなければならなかった 그는 의지와는 반대로 그 일을 해야만 했다. / 彼는 働く意志をなくしてしまった 그는 일할 의지를 잃어 버렸다.

### いし【意思】 의사 〔心づもり〕 마음 〔考え〕 생각 〔希望〕 희망

◆【意思が・意思に】

¶彼にはそれをする意思はない 그에게는 그것을 할 의사가 없다. / 彼女は両親の意思に背いて彼と結婚した 그녀는 부모의 희망을 저버리고 그와 결혼했다.

◆【意思を】

¶私は自分の意思を押し通した〔曲げた〕 나는 자신의 의견을 관철시켰다〔굽혔다〕. / 何が起ころうとも自分の意思を変えるな 무슨 일이 있더라도 자신의 생각을 바꾸지 마라. / あなた方は本当に彼の意思を確かめたのですか 당신들은 정말 그 사람의 의사를 확인해 봤습니까? / 外国語で意思を通じさせることは君が思うほど難しくない 외국어로 의사를 전달하는 것은 네가 생각하는 만큼 어렵지 않아.

◆【意思で】

¶彼女は自分の自由意思で進路を決めた 그녀는 자신의 자유의사로 진로를 결정했다. / 彼は親の意思で医学部に入学した 그는 부모의 의사로 의과대학에 입학했다.

◆【その他】

¶彼らはお互いの意思の疎通を欠いている 그들은 서로 의사소통이 결여되어 있다. / 私たちはお互いに意思の疎通をはかろうとした 우리는 서로 의사소통을 하려고 했다. / はっきりと意思表示をするべきだ 확실히 의사 표시를 해야 한다. / 彼は人事に関して意思決定する権限を持っている 그는 인사에 대해서 의사 결정권을 가지고 있다.

### いし【遺志】 유지 ¶父の遺志を継ぐ 아버지의 생전의 뜻을 잇다 / 故人の遺志によって葬儀は行われなかった 고인의 뜻에 따라 장례식은 치르지 않았다.

### いじ【維持】 유지 ◇維持する 유지하다 ¶世界平和を維持するのは難しい 세계 평화를 유지하는 것은 어렵다. / 健康を維持することは大事である 건강을 유지하는 것은 중요하다. / 日本は諸外国と友好関係を維持していく必要がある 일본은 여러 다른 나라와 우호 관계를 유지할 필요가 있다. / 自民党は公明党との連立で政権を維持しようとした 자민당은 공명당과의 연립으로 정권을 유지하려고 했다. / このクラブを維持していくのは容易ではない 이 모임을 유지해 가는 것은 쉽지 않다. / 人工心臓でおじの生命は維持されている 인공 심장으로 큰아버지의 생명은 유지되고 있다.

会話 維持費はいくら
A：車の維持費に毎月どのくらいかかるの
B：そうね、2万円ぐらいかな
A：차 유지비는 한 달에 얼마 정도 들어?
B：음, 2만 엔 정도.

### いじ【意地】 ❶ 〔心根〕 심술 ¶彼は意地が悪い 그는 심술궂다. / 君にあんなことを言うなんて彼女も意地が悪いね 너한테 그런 말을 하다니 그 여자도 심술궂네.

❷ 〔強情〕 오기(傲気), 고집(固執) ¶私にも男の意地がある 나에게도 남자의 오기가 있다. / 彼にはまったく意地というものがない 그에게는 전혀 오기가 없다. / 私は彼らに対して日本人の意地を見せた 나는 그 사람들에게 일본인의 오기를 보여 주었다. / 彼女は意地を通した 그녀는 고집을 끝까지 부렸다. / 意地でもこの仕事はやり遂げなければならない 오기로라도 이 일을 해내지 않으면 안 된다. / 彼には意地でも負けられない 그에게는 오기로라도 질 수 없다. / 意地になって彼の考えに反対した 오기를 부려 그의 생각에 반대했다. / つまらないことでそんなに意地を張るなよ 사소한 일로 그렇게 고집을 부리지 마.

### いじ【遺児】 유아 ¶彼は田中氏の遺児です 그는 고 다나카 씨의 자식입니다. / 交通遺児のための募金活動が行われた 교통사고로 부모를 잃은 아이들을 위한 모금 활동이 이루어졌다.

### いしあたま【石頭】 〔硬い頭〕 단단한 머리 〔頑固な人〕 돌대가리, 석두 ¶彼は石頭だ 그는 돌대가리다.

### いしうす【石臼】 돌절구, 맷돌 ¶石臼で粉をひく 맷돌로 가루를 찧다

### いしがき【石垣】 돌담

### いしき【意識】 ❶ 〔知覚〕 의식 ¶その子は階段から落ちて頭を打ちしばらく意識を失った 그 애는 계단에서 떨어져 머리를 부딪쳐 잠시 의식을 잃었다. / 彼は交通事故で3日間意識不明の状態だった 그 사람은 교통사고로 3일간 의식 불명 상태였다. / 彼はようやく意識を取り戻した 그는 간신히 의식을 되찾았다. / 父は最後まで意識があった 아버지는 마지막까지 의식이 있었다.

❷ 〔自覚, 認識〕 의식 ◇意識的に 의식적으로
¶彼にはまったく罪の意識がない 그는 전혀 죄의식이 없다. / 彼らには道徳意識がない 그들에게는 도덕의식이 없다.

¶彼は意識的に彼女を避けた 그는 의식적으로 그녀를 피했다.

¶彼は危険を意識していた 그는 위험을 의식하고 있었다. / 自分の短所を意識している 자신의 단점을 의식하고 있다. / 「彼女をいつから意識するようになったの」「一目ほれだよ」"그 여자를 언제부터 의식하게 되었지?""첫눈에 반했어."

### いじきたない【意地汚い】 게걸스럽다, 탐욕스럽다 ¶そんな意地汚い食べ方はやめなさい 그렇게 게걸스럽게 먹지 마라. / 彼は金に意地汚いのでみんなに嫌われている 그는 돈만 밝히기 때문에 다 싫어한다.

### いじくる【弄くる】 만지작거리다, 주무르다
### いしけり【石蹴り】 사방치기 ¶子供のころはよく石蹴りをして遊んだ 어렸을 때 자주 사방치기를 하며 놀았다.

### いじける 위축되다, 주눅이 들다 ¶級友たちにばかにされて彼はすっかりいじけてしまった 반 친구들한테 바보 취급을 당해서 그는 완전히 주눅이 들었다. / あの子は性格がいじけている 그 아이는 성격이 비뚤어져 있다.

**いしころ【石塊】** 돌멩이 ⇒石

**いしだたみ【石畳】** 포석, 돌길 ¶石畳の続く道を歩く 포석길을 걷다 ¶その古い通りは石畳だったその 오래된 거리는 돌길이었다.

**いしだん【石段】** 돌층계, 돌계단 ¶石段を登る 돌계단을 오르다

**いしつ【異質】** 이질 ◇異質だ 이질적이다 ¶外国に行って異質な文化に触れることは若者にとって有益なことだ 외국에 나가 다른 문화와 접하는 것은 젊은이들에게 유익한 일이다. / 異質な要素 이질적인 요소 ⇒違う

**いじっぱり【意地っ張り】**〔人〕고집쟁이 ◇意地っ張りだ 완고하다, 고집이 세다 ¶なにせ彼は意地っ張りだから説得するのは簡単じゃない彼는 워낙 고집이 세서 설득하는 것은 쉽지 않다.

**いしつぶつ【遺失物】** 유실물, 분실물(紛失物) 関連 遺失物取扱所 분실물 센터, 분실물 취급소

**いしばし【石橋】** 돌다리 慣用句 彼は石橋をたたいて渡るような人物だったのに金をだまし取られた 그는 돌다리도 두드려 보고 건너는 사람이었는데 돈을 사기당했다.

**いじめ【苛め】** 왕따 ¶娘は学校でいじめを受けていた 딸은 학교에서 왕따당하고 있었다. / 学校だけでなく職場でもいじめ問題が深刻化している 학교뿐만 아니라 직장에서도 왕따 문제가 심각해 지고 있다. / 弱い者いじめはよせ 약한 자를 괴롭히지 마라. 関連 いじめっこ 왕따하는 아이 / いじめられっこ 왕따당하는 아이

**いじめる【苛める】** 괴롭히다, 못살게 굴다〔虐待する〕학대하다 ¶年下の子をいじめたりして自分より어린아이를 괴롭히면 안 된다. / なぜいつも私のことをいじめるの 왜 항상 나를 못살게 굴어? / 子犬が子どもたちにいじめられている 강아지가 아이들한테 학대당하고 있다.

## いしゃ【医者】의사(医師)

基本表現
▶私は週に１回医者に行く
나는 일 주일에 한 번 병원에 간다.
（×의사에 가다とはいわない）
▶今医者にかかっている
지금 의사에게 치료받고 있다.
▶医者に診てもらったほうがいい
의사에게 진찰받는 것이 좋다.
▶医者に行ってひざを診てもらった
병원에 가서 무릎을 진찰받았다.
▶医者を呼んでください
의사를 불러 주세요.

¶その医者は１日に50人の患者を診察〔治療〕する 그 의사는 하루에 50명의 환자를 진찰〔치료〕한다 / 医者がたばこをやめるようにと言った 의사가 담배를 끊으라고 했다. / 医者に診察の予約をしてある 의사에게 진찰 예약을 해 두었다. / 彼はこの町で医者を開業している 그는 이 동네에 병원을 하고 있다. / 父は医者をしている 아버지는 의사다.

¶かかりつけの医者 단골 의사｜主治の(主治医) / やぶ医者 돌팔이 의사

参考 いろいろな医者
眼科医 안과의 / 外科医 외과의 / 産婦人科医 산부인과의 / 歯科医 치과의 / 耳鼻咽喉科医 이비인후과의 / 小児科医 소아과의 / 整形外科医 정형외과의 / 形成外科医 성형외과의 / 内科医 내과의（▶科と「科」はすべて과と発音する）

**いしゃりょう【慰謝料】** 위자료 ¶けがに対する慰謝料を請求する 부상당한 것에 대해 위자료를 청구하다 / 彼は妻と離婚したあと慰謝料の支払いに苦しんでいる 그는 부인과 이혼한 뒤 위자료 지불에 허덕이고 있다.

**いしゅう【異臭】** 이상한 냄새〔むかつく臭い〕 약한 냄새〔悪臭〕악취 ¶その部屋の中は異臭が漂っている 그 방 안에는 이상한 냄새가 난다. / 台所の隅で腐った肉が異臭を放っていた 부엌 구석에서 썩은 고기가 악취를 풍기고 있었다.

**いじゅう【移住】** 이주 ◇移住する 이주하다 ¶祖父と祖母は50年前に日本から米国に移住した 할아버지와 할머니는 50년 전에 일본에서 미국으로 이주했다. / 私たち夫婦は東京から暖かい沖縄に移住した 우리 부부는 도쿄에서 따뜻한 오키나와로 이사했다. / 海外移住 해외 이주 関連 移住者 이주자 / 移住地 이주지

**いしゅく【萎縮】** 위축 ◇萎縮する 위축하다, 위축되다 ¶その患者は筋肉が萎縮する病気を患っている 그 환자는 근육이 위축되는 병을 앓고 있다. / 彼女は面接官の前で萎縮して何もしゃべれなくなった 그녀는 면접관 앞에서 위축되어 아무 말도 못하게 되었다.

**いしょ【遺書】** 유서 ¶万一の場合にそなえて遺書を書いておいた 만일의 경우를 대비해서 유서를 써 두었다. / 彼女は遺書を残して自殺した 그녀는 유서를 남기고 자살했다.

**いしょう【意匠】** 의장, 디자인 ¶会場には意匠をこらした家具がたくさん展示されていた 회장에는 여러 가지로 디자인을 고안한 가구가 많이 전시되어 있었다. 関連 意匠登録 의장 등록

**いしょう【衣装】** 의상, 옷 ¶彼女は衣装持ちだ 그녀는 옷이 아주 많다. / 民族衣装を着た留学生たちがパレードした 민족 의상을 입은 유학생들이 퍼레이드를 했다. 慣用句 馬子にも衣装 옷이 날개다

## いじょう【以上】❶〔数量・程度などが〕이상 ¶その事故で50人以上の乗客がけがをした 그 사고로 50명 이상의 승객들이 부상을 입었다. / 70点以上取れば合格だ 70점 이상이면 합격이다. / 試験は予想以上にやさしかった 시험은 예상보다 쉬웠다. / 彼女を20分以上も待った 그녀를 20분 이상이나 기다렸다. / 彼の成績は平均以上だ 그의 성적은 평균 이상이다. / 私はソウルに３か月以上滞在した 나는 서울에 3개월 이상 체류했다. / 彼女は稼ぐことより 쓰는 것이 더 많다. / 65歳以上になると年金受給資格がある 65세 이상이 되면 연금 수급 자격이 생긴다. / 船には定員

上の乗客が乗っていた船には定員以上の乗客が乗っていた。/ 1万円以上の商品 만 엔 이상의 상품

¶もうこれ以上食べられません。おなかが一杯です 이제 이상 못 먹어요. 배가 불러요. / これ以上話し合ってもむだだ 이 이야기해도 소용 없다. / これ以上何を言いたいのかね 이 이상 무엇을 더 말하고 싶은 거지? / これ以上言うことはない 더 이상 말할 것은 없다.

❷【これまで述べたこと】이상 ¶以上のとおり相違ありません 이상과 같이 틀림없습니다. / 以上の理由で今回の件はお断りいたします 이상과 같은 이유로 이번 건은 거절하겠습니다. / 私が彼について知っていることは以上です 제가 그 사람에 대해 알고 있는 것은 이상입니다. / (スピーチや自己紹介で)以上です 이상입니다. / 以上まとめると次のようになります 이상의 내용을 정리하면 다음과 같습니다.

❸ […した[する]からには]【動詞連体形＋】以上 ¶決心した以上行かなければならない 결심한 이상 가야 한다. / 彼がそう言う以上、信じざるをえない 그가 그렇게 말하는 이상, 믿을 수밖에 없다. / 生きている以上働かなければならない 살아 있는 한 일하지 않으면 안 된다. / やり始めた以上は最後まで通しなさい 시작한 이상 끝까지 해라.

❹【終わり】이만, 이상 ¶今日は以上で終わります。続きはまた明日です 오늘은 이상으로 마치겠습니다. 남은 부분은 내일 또 하겠습니다.

**いじょう**【異常】이상 ◇異常だ 이상하다, 비정상적이다 ¶私たちその犯罪者の異常な行為にショックを受けた 우리는 그 범죄자의 비정상적인 행동에 충격을 받았다. / この時期に雪が降るのは異常だ 이 시기에 눈이 오는 것은 이상하다. / きょうはこの時期にしては異常なほど温かい 오늘은 이 시기치고는 이상할 정도로 따뜻하다. / あの人は異常なほどやせている 저 사람은 비정상적으로 말랐다. / 彼女はあまりのショックに精神に異常をきたしていた 그녀는 충격을 받은 나머지 정신이 이상해졌다.

会話 それって異常？
A：男の子がピアスをするのって異常だと思うかい
B：大人たちはそう言うけど、今じゃ単なるファッションだよ
A：男子が貴金属するのは 이상하다고 생각해?
B：어른들은 그렇게 말하지만, 요즘은 그냥 패션의 일부일 뿐.

関連 異常乾燥注意報 이상 건조 주의보 / 異常気象 이상 기상 / 異常心理学 이상 심리학

**いじょう**【異状】이상 ¶車のエンジンに異状がある 자동차 엔진에 이상이 있다. / 今のところ何も異状はない 지금으로서는 아무런 이상도 없다. / 彼は胃の異状を(→痛みを)訴えた 그는 위의 통증을 호소했다.

**いしょく**【委嘱】위촉 ◇委嘱する 위촉하다 ◇委嘱された 위촉된 ¶彼は審議会の委員を委嘱された 그는 심의회 위원으로 위촉되었다.

**いしょく**【異色】이색 ¶彼らは異色のコンビとして注目されている 그들은 이색적인 콤비로서 주목받고 있다. (*이색의 콤비とはいわない) / ありきたりの出品作が多い中で彼の作品は異色のものだった 평범한 출품작이 많은 가운데 그의 작품은 색다른 것이었다.

**いしょく**【移植】이식 ◇移植する 이식하다〔植物を〕옮겨 심다 ¶トマトの苗を温室から畑に移植したトマトの苗を温室から畑に 옮겨 심었다. / 心臓を移植する 심장을 이식하다 / その患者は一刻も早く腎臓移植を受ける必要があった 그 환자는 하루라도 빨리 신장 이식을 받을 필요가 있었다.

**いしょく**【衣食】의식 慣用句 衣食足りて礼節を知る 의식이 족해야 예의를 차린다.

**いしょくじゅう**【衣食住】의식주 ¶被災者の衣食住問題を早急に解決しなければならない 이재민의 의식주 문제를 조속히 해결하지 않으면 안 된다.

**いじらしい**【哀れを誘う】애처롭다, 가련하다 ¶年端(とし)もいかない男の子が幼い妹の世話をする姿がいじらしかった 나이 어린 남자 아이가 어린 여동생을 돌보는 것이 안쓰러웠다.

**いじる**【弄る】만지다〔指で触る〕만지작거리다 ¶彼女はぼんやりとピアノの鍵盤をいじっていた 그녀는 멍하니 피아노 건반을 만지고 있었다. / だれかが私のパソコンをいじった形跡がある 누군가 내 컴퓨터에 손댄 흔적이 있다. / 彼は昔から機械をいじるのが好きだったのでエンジニアになった 그 사람은 예전부터 기계 만지는 것을 좋아해서 엔지니어가 되었다.

**いしわた**【石綿】석면, 아스베스토스(<asbestos)

**いじわる**【意地悪】〔行為〕심술궂은 일〔人〕심술쟁이, 심술꾸러기 ◇意地悪する 심술부리다 ◇意地悪だ 심술궂다, 심술스럽다 ◇意地悪く 심술궂게 ¶その担当者は意地悪そうなやつだった 그 담당자는 심술궂은 놈 같았다. / 意地悪をして本当にごめんね 심술부려서 정말 미안해. / 「あなたのことなんか何とも思っていないわ」と彼女は意地悪そうに言った "당신 따위 신경 쓰지도 않아"라고 그녀는 심술궂게 말했다.

**いしん**【威信】위신 ¶スキャンダルが明るみに出てその政治家の威信は失墜した 스캔들이 알려져 그 정치인은 위신이 실추되었다. / 彼は会社の威信にかかわる大失態を演じた 그는 회사의 위신과 관계되는 큰 실수를 범했다.

**いしん**【維新】유신 関連 明治維新 명치 유신 / (韓国の)維新政治 유신 정치

**いじん**【偉人】위인 関連 偉人伝 위인전

**いしんでんしん**【以心伝心】이심전심 ¶あの二人は以心伝心で互いの気持ちがわかるらしい 저 두 사람은 이심전심으로 서로의 마음을 아는 듯하다.

**いす**【椅子】❶〔腰掛け〕의자, 걸상〔長いす〕소파

基本表現
▷父はいすに座っている
　아버지는 의자에 앉아 계신다.
▷そんな所に座らないでいすに座りなさい

그런 곳에 앉지 말고 의자에 앉아라. / ▷彼女はいすから立ち上がった 그녀는 의자에서 일어났다. / ▷どうぞいすにお掛けください 어서 의자에 앉으세요. / ¶彼はいすにどっかと腰を下ろした 그는 의자에 덜썩 앉았다. / これは座り心地のいいいすですね 이전 편안한 의자군요. / 私は気分が悪かったので長いすに横になった 나는 속이 안 좋아서 긴 의자에 누웠다. / 彼女はいすを引き寄せた 그녀는 의자를 끌어당겼다. 数え方 いす 1脚 의자 한 개
❷ [地位] 자리, 지위 ¶専務は社長のいすをねらっている 전무는 사장의 자리를 노리고 있다. 関連 安楽いす 안락의자 / 回転いす 회전의자 / 車いす 휠체어(＜wheelchair) / 電気いす 전기의자 / ひじ掛けいす 팔걸이의자 / ロッキングチェア 흔들의자

**いずみ【泉】** 샘, 샘물【源】원천, 근원 ¶泉がわき出る 샘물이 솟아난다 / 百科事典は知識の泉だ 백과사전은 지식의 샘이다.

**イスラムきょう【イスラム教】** 이슬람교 ¶コーランはイスラム教の聖典だ 코란은 이슬람교의 성전이다. 関連 イスラム教徒 이슬람교도 / イスラム教原理主義 이슬람 원리주의

**いずれ** ❶ [まもなく] 머지않아【そのうちに】가까운 시일 안에【いつか】언젠가【遅かれ早かれ】조만간 ¶彼女はいずれ現れるよ 그녀는 곧 나타날 거에요. / いずれ近いうちに伺います 가까운 시일 안에 찾아 뵙겠습니다. / いずれ会った時に詳しく説明します 조만간 만났을 때 자세하게 설명하겠습니다. / 彼はいずれチャンピオンになるだろう 그는 조만간 챔피언이 될 사람이다. / 君がうそをついていたのはいずればれるよ 네가 거짓말한 것은 머지않아 들켜.
❷ [とにかく] 어쨌든 ¶いずれにしてももう一度やってみましょう 어쨌든 다시 한 번 해 봅시다. / 雨が降るかもしれないがいずれにしても行くよ 비가 올지도 모르지만 어쨌든 갈게. / いずれにせよあした電話をします 어쨌든 내일 전화할게요.
❸ [どちらの] 어느 것, 어느 쪽 ¶その本のいずれかでも手に入りますか 그 책의 어느 것이든 입수할 수 있을까요? / 彼と奥さんはいずれも九州出身だ 그와 부인은 둘 다 규슈 출신이다. / 彼女の描いた絵はいずれもよくできています 그 여자가 그린 그림은 어느 것이나 다 훌륭합니다.
¶A案かB案かいずれを取るか検討中だ A안과 B안 중 어느 쪽을 택할지 검토중이다. / 2つのうちいずれかを選んでください 어느 쪽이든 둘 중에 하나 택하세요.

**いすわる【居座る】** 눌러앉다, 버티고 앉다 ¶梅雨前線が太平洋側に居座っている 장마 전선이 태평양 쪽에 머물러 있다. / 辞任の要求をされても社長はまだその地位に居座っている 사임 요구에도 불구하고 사장은 아직 그 자리에 버티고 있다.

**いせい【威勢】** 위세, 기운, 원기 ¶威勢がいい 위세가 당당하다 / 挑戦者は青コーナーから威勢よく飛び出した 도전자는 청코너에서 위세 당당히 뛰어나왔다. / すし屋に入ると板前さんが威勢のいい声で「いらっしゃい」と言った 초밥집에 들어서자 요리사가 힘찬 목소리로 "어서 오세요"라고 인사했다.

**いせい【異性】** 이성 ¶彼女には同性の友達ばかりでなく異性の友達も多い 그녀에게는 동성 친구뿐만 아니라 이성 친구도 많다.

**いせえび【伊勢蝦】** 대하, 왕새우

**いせき【移籍】** 이적 ◇移籍する 이적하다 ¶その選手は他のチームへの移籍を望んでいる 그 선수는 다른 팀으로 이적할 것을 바라고 있다. / 大物野球選手が移籍するといううわさだ 어느 거물급 야구 선수가 이적한다는 소문이다. 関連 移籍料 이적료

**いせき【遺跡】** 유적【遺物】유물 ¶古代都市の遺跡を発掘する 고대 도시의 유적을 발굴하다 / 高句麗遺跡 고구려 유적

**いせつ【異説】** 이설 ¶異説を唱える 이설을 주장하다

**いぜん【以前】** ❶이전, 전(前)【かつて】이전에, 전에, 일찍이, 옛날에 ¶私は以前横浜に住んでいました 나는 전에 요코하마에 살았습니다. / 彼女は以前慶州に行ったことがある 그녀는 전에 경주에 간 적이 있다. / あのおばあさんはずっと以前からここに住んでいる 저 할머니는 오래 전부터 여기에서 살고 있다.
¶私の祖父は以前よく山登りをしていた 우리 할아버지는 옛날에 자주 등산을 하셨다. / 彼は以前わが社の営業部長をしていた 그는 전에 우리 회사 영업 부장이었다. / 失業者の増加は以前予測されたよりもはるかに多かった 실업자의 증가는 이전 예측되었던 것보다 훨씬 많았다. / 彼女は以前にもまして美しくなった 그녀는 이전보다 훨씬 예뻐졌다. / 母は以前ほど健康でない 어머니는 이전만큼 건강하지 못하다. / 新聞に出ている殺人事件はずっと以前に起こったことだ 신문에 난 살인 사건은 훨씬 이전에 일어난 일이다.
¶建物倒壊以前にいくつかの亀裂が報告されていた 건물이 붕괴되기 이전에 몇 개의 균열이 보고되고 있었다. / 入会する以前に契約書を詳しく読んでおく必要がある 입회하기 이전에 계약서를 자세히 읽어 둘 필요가 있다.
¶彼はもう以前の彼ではない 그는 이제 이전의 그가 아니다. / この化石は氷河期以前の動物のものと思われる 이 화석은 빙하기 이전의 동물의 것으로 여겨진다.
会話 以前のことを問う
A：以前どこかでお会いしませんでしたっけ
B：いえ、そんなことはないと思います
A：전에 어딘가에서 만나지 않았나요?
B：아뇨, 그런 적 없는 것 같은데요.
A：電話番号は変わりましたか
B：いえ、以前と同じですよ
A：전화번호 바뀌었어요?
B：아뇨, 전하고 같아요.
A：今でもよくゴルフをやっているんですか
B：いえ、以前ほどではありません
A：지금도 골프 자주 치세요?
B：아뇨, 옛날만큼 치지 않아요.
❷ [段階] ¶そんなことは常識以前の問題だ 그런

**いぜん【依然】** 여전히 ¶その問題は依然として棚上げにされたままだ 그 문제는 여전히 보류 상태다.

**いそ【磯】**〖浜辺〗바닷가 〖海岸〗해안 ¶磯伝いに歩く 바닷가를 따라 걷다 / 海草が磯に打ち上げられていた 해초가 바닷가에 밀려와 있었다.
関連 磯釣り 갯바위 낚시질 ⇨海岸

**いそいそ** ¶彼は彼女を駅までいそいそと出迎えに行った 그는 들뜬 마음으로 역까지 그녀를 마중갔다.

**いそう【位相】** 위상 ¶現代社会のあらゆる位相 현대 사회의 모든 위상 関連 位相幾何学 위상 기하학 / 位相空間 위상 공간

**いそう【移送】** 이송 ◇移送する 이송하다 ¶貨物を移送する 화물을 이송하다

**いそうろう【居候】**〖人〗식객(食客) ◇居候する 얹혀살다, 기식하다 ¶以前東京のおじの家に２年ほど居候していた 전에 도쿄 삼촌 집에 2년 정도 얹혀살았다.

## いそがしい 【忙しい】 바쁘다, 분주하다
◇忙しく 바쁘게, 분주하게

基本表現
▶私は今忙しい
　나는 지금 바쁘다.
▶僕は君より忙しいんだ
　나는 너보다 바쁘다.
▶首相は日本でいちばん忙しい人だといわれている
　수상은 일본에서 가장 바쁜 사람이라고 한다.
▶私はレポートをまとめるのに忙しいです
　나는 보고서 정리하기에 바빠요.
▶父はものすごく忙しい
　아버지는 굉장히 바쁘시다.

¶忙しすぎて友達に電話する暇もない 너무 바빠서 친구에게 전화할 틈도 없다. / きょうは忙しい一日だったが、あしたはもっと忙しくなるだろう 오늘은 바쁜 하루였지만 내일은 더 바쁠 것 같다. / 金曜日は仕事がいちばん忙しい 금요일은 일이 제일 바쁜 날이다. / お忙しいところわざわざお越しいただきありがとうございます 바쁜 와중에 이렇게 찾아와 주셔서 고맙습니다. / 彼女は事務所で忙しそうに働いていた 그녀는 사무실에서 바쁘게 일하고 있었다.

会話 忙しいかどうか尋ねる
　A : 今忙しいですか
　B : とても忙しいよ。３時までに終わらせなきゃならない仕事があるんだ
　A : 지금 바쁘세요?
　B : 엄청 바빠. 세 시까지 끝내야 할 일이 있거든.
　A : 手伝っていただけませんか
　B : すみません。今忙しくて手いっぱいです
　A : 좀 도와 주시겠습니까?
　B : 미안해요. 지금 바빠서 여유가 없어요.

**いそがせる【急がせる】** 재촉하다 ¶時間に間に合うよう子供を急がせた 시간에 늦지 않도록 아이를 서두르게 했다. / 私は急がされるのは好きではない 나는 재촉당하는 걸 좋아하지 않는다.

**いそぎ【急ぎ】** ◇急ぎだ 급하다 ¶彼は急ぎの用で家に帰った 그는 급한 일로 집으로 돌아갔다. / 時間があまりなかったので大急ぎで食事をした 시간이 그다지 없어서 급히 식사를 했다. / 急ぎ足でやっとやって来た駅で彼に追いついた 빠른 걸음으로 걸어 겨우 역에서 그를 따라잡았다.

**いそぎんちゃく【磯巾着】** 말미잘

## いそぐ 【急ぐ】 서두르다 ¶急いで手を洗ってらっしゃい。ご飯だよ 빨리 손 씻고 와라. 밥 먹어야지. / 急いでいたのでドアの鍵を掛けるのを忘れてしまった 서두르는 바람에 문 잠그는 것을 잊어버렸다. / 急げばまだ電車に間に合うでしょう 서두르면 아직 전철을 탈 수 있을 거에요. / 彼女はあたふたと急いで服を着た 그녀는 허둥지둥 급히 옷을 입었다. / 彼は急いで医者を呼びにいった 그는 서둘러 의사를 부르러 갔다.

¶彼らは駅へと急いだ 그들은 역으로 서둘러 갔다. / 急いで仕事を片付けよう 서둘러 일을 마치자. / 私はいつも急いで朝食を取る 나는 언제나 급하게 아침밥을 먹는다. / 結論を急いではいけない 결론을 급하게 내려서는 안 된다.

会話 急いでいるんだ
　A : 話があるんだけど
　B : 悪いけど今はだめだ、すごく急いでいるんだ(→忙しい)
　A : 할 말이 있는데.
　B : 미안하지만 지금은 좀 힘들어. 되게 바쁘거든.

慣用句 急がば回れ 급할수록 돌아서 가라. / 善は急げ 좋은 일은 망설이지 말고 서둘러 하라. / 쇠뿔도 단김에 빼라.

**いぞく【遺族】** 유족, 유가족 ¶遺族に弔意を表す 유족에게 조의를 표하다 関連 遺族年金 유족 연금

**いぞん【依存】** 의존 ◇依存する 의존하다〔頼る〕의지하다 ¶日本は原油を輸入に依存している 일본은 원유를 수입에 의존하고 있다. / いつまでも親に依存して生活する 언제까지나 부모에게 의지하여 산다. / 彼女は大学の学費を親に依存している 그녀는 대학 학비를 부모에게 의존하고 있다. / 人類は他の生物と相互依存の関係にある 인류는 다른 생물과 상호 의존 관계에 있다.

**いぞん【異存】** 이의, 반대 의견 ¶その計画について特に異存はない 그 계획에 관해서는 특별히 반대 의견은 없다.

**いた【板】** 판자, 널빤지 ¶その小川には簡単な板の橋が架かっていた 그 시냇물에는 간단하게 나무 다리가 놓여져 있었다. / 板張りの床 나무 바닥 慣用句 入社して半年、彼もようやく背広姿が板についてきた 입사한 지 반 년, 그도 이제 양복차림이 잘 어울린다. 関連 板ガラス 판유리 / 板切れ 널조각 / 板塀 판장 / 板チョコ 네모 반듯한 초콜릿

## いたい 【痛い】 ❶〔痛みがある〕아프다

基本表現
▶「どこが痛いの」「ここです」
　"어디가 아프니?" "여기요."
▶きのうあんなに歩いたので足が痛い

어제 그렇게 걸어서 다리가 아프다.
▶のどが痛い，風邪を引いたようだ
  목이 아프다. 감기 걸린 것 같다.
▶胃が痛い
  위가 아프다.
▶彼の肩の傷は痛そうだった
  그의 어깨 상처는 아플 것 같았다.

¶頭が痛い 머리가 아프다. / 庭の草むしりをしたら腰が痛くなった 뜰에 난 풀을 뜯었더니 허리가 아프다. / あしたは体じゅうが痛いだろう 내일 온 몸이 아플 것이다. / あんまり食べすぎるとおなかが痛くなるよ 너무 많이 먹으면 배 아파진다. / 何時間もテレビゲームをやったので目が痛い 몇 시간이나 텔레비전 게임을 했더니 눈이 아프다. / 煙で目が痛い 연기로 눈이 아프다.

¶やけどが痛いときはこの軟膏を塗るといいよ 화상 입은 자리가 아플 때는 이 연고를 바르면 좋아. / 注射がいやだ。きっと痛いから 주사는 싫어, 틀림없이 아플걸. / 足にまめができて歩くと痛かった 발에 물집이 생겨 걸으면 아팠다.

会話 痛い！
A：痛い！足を踏んでますよ
B：まあ，すみません。大丈夫ですか
A：아, 아파! 그쪽이 제 발 밟았어요.
B：어머, 미안해요. 괜찮아요?
A：はり治療ってやったことある？
B：ないよ，見るだけでも痛そうだもの
A：침술 치료 받은 적 있어?
B：아니. 보기만 해도 아플 것 같잖아.
A：きのう彼女にほっぺたをひっぱたかれたよ
B：痛かったの
A：まだ痛いよ
A：어제 여자 친구한테 뺨을 세게 맞았어.
B：아팠어?
A：아직도 아파.

❷〖弱み，つらいこと〗아프다 ¶彼は私の痛いところをついた 그는 내 아픈 곳을 찔렀다. / 10万円の出費はわが家にとってひどく痛かった 10만 엔의 지출은 우리 집에 있어서는 타격이 컸다. / 頭の痛い問題だ 그것은 골치 아픈 문제다.
慣用句 彼にうそをついたばっかりに痛い目にあった 그에게 거짓말한 탓에 혼났다. / そんなことは私にとって痛くもかゆくもない 그런 일은 나한테 아무렇지도 않다.

いたい【遺体】시신(屍身), 시체(屍体) ¶山で遭難した彼の遺体はまだ発見されていない 산에서 조난당한 그의 시신은 아직 발견되지 않았다. / 彼の遺体は荼毘に付された 그의 시신은 화장되었다. / 遺体を埋葬する 시신을 매장하다 / 遺体を安置する 시신을 안치하다 ⇒死体

いだい【偉大】◇偉大だ 위대하다 ¶彼は歴史上もっとも偉大な作曲家の一人である 그는 역사상 가장 위대한 작곡가의 한 사람이다. / 偉大な業績 위대한 업적

いだい【医大】의대, 의과대학(医科大学)

いたいけ【幼気】¶戦争で親を失ったいたいけな子どもたちがかわいそうだった 전쟁으로 부모를 잃은 어린 아이들이 불쌍했다.

いたいたしい【痛々しい】딱하다, 애처롭다, 불쌍하다 ¶彼のみすぼらしい姿は見るも痛々しかった 그의 초라한 모습은 보기에도 애처로웠다. / 少年の腕の傷あとが痛々しかった 소년의 팔의 상처가 보기 딱했다. / 病み上がりの彼女は痛々しいほどにやつれて見えた 병을 앓았던 그녀는 애처로울 정도로 야위어 있다.

いたがる【痛がる】아파하다 ¶彼女はひどく痛がっている 그녀는 몹시 아파하고 있다. / 注射したら女の子が痛がって泣いた 주사를 놓으니 여자 아이는 아파하며 울었다.

いたく【委託】위탁 ◇委託する 위탁하다 ¶私たちは市の委託を受けてこの仕事をしている 우리는 시의 위탁을 받아 이 일을 하고 있다. / 弁護士に財産の管理を委託した 변호사에게 재산 관리를 위탁했다. / 委託販売で商品を売る 위탁 판매로 상품을 팔다 関連 委託金 위탁금 | 委託人 위탁인

いだく【抱く】품다, 안다 ¶彼は私に恨みを抱いている 그 사람은 나에게 원한을 품고 있다. / 疑惑を抱く 의혹을 품다 / 反感を抱く 반감을 품다 / 希望〖夢〗を抱く 희망〖꿈〗을 안다 / 悲しみを抱く 슬픔을 안다

いたけだか【居丈高】◇居丈高に 고자세로, 위압적으로(威圧的─) ¶彼は部下たちに向かって居丈高に怒鳴り散らしていた 그는 부하들에게 위압적으로 고함을 치고 있었다.

いたしかゆし【痛し痒し】¶どうするのがいいのか痛しかゆしで決めかねる 어떻게 하면 좋을지 난감해서 결정하기 어렵다. / どちらにしても痛しかゆしだ 어느 쪽도 곤란하다.

いたす【致す】하다 ¶いかが致しましょうか 어떻게 할까요? | 〖聞き手が動作主〗어떻게 하시겠어요? / どう致しまして 천만에요. | 별 말씀을 다 하십니다.

**いたずら**【悪戯】장난 ◇いたずらする 장난을 치다 ¶うちの息子はいたずら好きでいつも私を困らせる 우리 아들은 장난꾸러기라서 언제나 나를 난처하게 한다. / いたずらのつもりでこの子のかばんの中にかえるを入れておいた 장난으로 저 아이의 가방 속에 개구리를 넣어 두었다. / 火事の通報はいたずらだとわかった 화재 신고는 장난이었음이 밝혀졌다. / いたずらっぽい目つき 장난기 어린 눈빛

¶あの子たちはいつもいたずらばかりしている 그 아이들은 언제나 장난만 치고 있다. / 公衆電話にいたずらをしたのはあいつらに違いない 공중전화에 장난친 것은 그 녀석들임에 틀림없다. / その子はナイフをいたずらしていて指を切った 그 아이는 칼로 장난치다가 손가락을 베었다.

¶彼は授業中にノートにいたずら書きをしていた 그는 수업 중에 노트에 낙서를 하고 있었다. / いたずら電話がよく掛かってきて困っている 장난 전화가 자주 걸려 와서 곤혹스럽다. / うちの息子は今いたずら盛りなんだ 우리 아들은 지금이 한창 장난칠 때다. 関連 いたずらっ子 장난꾸러기

いたずらに【徒に】헛되이, 괜히, 쓸데없이 ¶彼らはいたずらに時を過ごすだけでいっこうに結論を出しそうにない 그들은 쓸데없이 시간만 보낼 뿐 전혀 결론이 나올 것 같지 않다. ⇒無駄

**いただき【頂】** 꼭대기 〔頂上〕정상 ¶正午に山の頂に到達した 정오에 산 정상에 도달했다. ⇨ 頂上

### いただく【頂く】
❶〔もらう〕받다 ¶結婚のお祝いをいただきました 결혼 선물을 받았다. / 誕生日などに오바상[이모]한테서 목걸이를 받았다. / 誕生日にはおばあさんからネックレスをもらった 생일날에 고모[이모]한테서 목걸이를 받았다. / きのうお手紙をいただきました 어제 편지를 받았습니다. / コーヒーをもう1杯いただけませんか 커피를 한 잔 더 주시지 않겠습니까? / サラダをもう少しいただけますか 샐러드를 조금 더 주시겠습니까? / どれをいただいてもいいですか 어느 것을 가져도 괜찮아요? / あすまでにお返事をいただけますか 내일까지 대답을 주시겠습니까? /「おいくらですか」「千円いただきます」"얼마에요?" "천 엔입니다."

❷〔食べる〕먹다, 들다〔飲む〕마시다 ¶「どうぞお召し上がりください」「いただきます」"잘 먹겠습니다." /「もう1杯ビールをいかがですか」「もう結構です. 十分いただきました」"맥주 한 잔 더 하시겠습니까?" "아뇨, 됐어요. 많이 마셨습니다." /「かに를 보내 주셔서 감사합니다. 아주 맛있게 잘 먹었습니다.
かにを送っていただきありがとうございました. たいへんおいしくいただきました 게를 보내 주셔서 고맙습니다. 참 맛있게 잘 먹었습니다.

❸〔人にある動作をしてもらう〕¶助けていただいてどうもありがとうございました〔手伝って〕도와 주셔서 대단히 감사합니다. |〔命を〕살려 주셔서 대단히 감사합니다. / うちに来ていただくのはいつがよろしいですか 저희 집에 오시는 것은 언제가 괜찮으세요? / わざわざお越しいただいて恐縮です 일부러 찾아와 주셔서 감사합니다. (˟송구스럽습니다とはいわない) / ご心配いただきましたがすっかり元気になりました 심려를 끼쳐 드렸습니다만 이제 완전히 회복되었습니다. /〔ちょっと道を教えていただけますか」「ええ, いいですよ」"길 좀 가르쳐 주시겠습니까?" "네, 그러죠."

❹〔上に載っている〕이다, 덮이다 ¶あの山は一年中雪を頂いている 저 산은 일년 내내 눈에 덮여 있다. / ホテルの部屋から雪を頂いた富士山が見える 호텔 방에서 눈 덮인 후지 산이 보인다.

関連 いただき物 선물

**いたたまれない** ¶難民たちの悲惨な体験を聞いていたたまれない気持ちになった 난민들의 비참한 체험을 듣고 가슴이 쓰려 견딜 수가 없었다. / 実家にいたたまれなくなって東京で一人暮らしを始めた 집에서는 도저히 배겨낼 수 없어서 도쿄에서 혼자 살기 시작했다.

**いたち【鼬】**〔動物〕족제비 ¶賃上げと物価上昇のいたちごっこ(→悪循環) 임금 상승과 물가 상승의 악순환

**いたって【至って】** 매우, 아주, 대단히 ¶僕はいたって健康だ 나는 매우 건강하다. ⇨ とても, 非常に

**いたで【痛手】** 상처, 타격, 피해 ¶痛手を負う 타격을 입다 / 彼の裏切りで彼女は心に深い痛手を受けた 그의 배신으로 그녀는 마음에 깊은 상처를 입었다. / 彼の会社は不況で大きな痛手を被った 그의 회사는 불황으로 큰 타격을 입었다.

**いたのま【板の間】** 마루방
**いたばさみ【板挟み】** 딜레마(<dilemma) ¶彼は母親と妻との板ばさみになって悩んでいる 그는 모친과 아내 사이에 끼여서 고민하고 있다. / 義理と人情の板挟みになる 의리와 인정 사이에서 난처해하다

**いたまえ【板前】** 요리사(料理師)
**いたましい【痛ましい】** 가엾다, 애처롭다, 비참하다 ¶テレビに映った事故現場の光景は非常に痛ましかった 텔레비전에 비친 사고 현장은 굉장히 비참했다. / 痛ましいことに毎年児童虐待という事件が何件も起こっている 참혹하게도 매년 아동 학대라는 사건이 몇 건이나 일어나고 있다.

### いたみ【痛み】
아픔〔肉体的な〕통증(痛症)〔精神的な〕괴로움 ¶胸に痛みを感じる 가슴이 아프다. / ひざの痛みがどんどん激しくなっている 무릎 통증이 점점 심해지고 있다. / この薬は痛みを止める効果がある 이 약은 통증을 없애는 효과가 있다. / この注射は痛みを和らげてくれる 이 주사는 아픔을 완화시켜 준다. / 痛みが少し和らいだ 통증이 조금 누그러졌다. / 痛みが取れた 통증이 가셨다. /「まだ痛みはありますか」「ええ, でもだいぶ楽になりました」「まだ痛으세요?」「네, 하지만 많이 괜찮아졌어요.」/ 心の痛みを感じる 마음의 아픔을 느끼다

¶刺すような痛み 찌르는 듯한 통증[아픔] / ずきずきする痛み 욱신거리는 통증 / 鈍い痛み 둔한 통증 / ひどい痛み 심한 통증 / 焼けつくような痛み 견디기 힘든 심한 통증 / しつこい痛み 끈질긴 통증 関連 痛み止め 진통제(鎮痛剤)

**いたみ【傷み】** 손상, 파손 ¶この家は傷みがひどい 이 집은 파손이 심하다. / 桃は傷みやすい 복숭아는 상하기 쉽다.

### いたむ【痛む】
❶〔体・心が痛みを感じる〕아프다 ¶リューマチで関節が痛む 류머티즘으로 관절이 아프다. / 体じゅうが痛む 온몸이 아프다. / 背中がまだ痛む 등이 아직 아프다. / どこが痛みますか 어디가 아프세요? / 彼は痛む足をぬるま湯につけた 그는 아픈 발을 미지근한 물에 담갔다. / 風邪でのどがひりひり痛む 감기로 목이 따끔따끔 아프다 / 傷が痛んだ 상처가 아프다. / お腹がちくちく痛む 배가 따끔따끔 아프다. / ひざがずきずき痛んで歩くこともできない 무릎이 쑤셔서 걷지도 못한다.

❷〔心が〕아프다, 괴롭다 ¶その写真を見るたびに心が痛む 그 사진을 볼 때마다 마음이 아프다. / 彼女がどれほど苦しんだのかと思うと心が痛む 그녀가 얼마나 괴로워했을까하고 생각하면 마음이 아프다.

### いたむ【傷む】
❶〔破損する〕상하다, 손상되다 ¶この建物はひどく傷んでいる 이 건물은 심하게 손상되어 있다. / オイルを換えずに長い間車を走らせるとエンジンが傷む 오일을 교환하지 않은 채 차를 오래 달리면 엔진이 손상된다. / 服が傷む 옷이 상하다.

❷〔食べ物が悪くなる〕상하다, 썩다 ¶夏は食物が傷みやすい 여름에는 음식이 상하기 쉽다. / 箱の中のりんごの半分は傷んでいた 상자 안의 사과가 절반은 썩어 있었다. / ご飯が少し傷んだ

밥이 좀 상했다. / 傷んだ食べ物 상한 음식

**いたむ【悼む】** 슬퍼하다, 애도하다 ¶彼の死を悼んで追悼式にはたくさんの人が集まった 그의 죽음을 슬퍼하여 추도식에는 많은 사람들이 모였다.

**-いためー【-炒め】** 볶음 ¶鶏の炒め物 닭 볶음 / いいだこの炒め物 낙지 볶음 / キムチ炒めチャーハン 김치 볶음밥

**いためつける【痛め付ける】** 〔ひどく殴る〕호되게 매를 맞다 〔ひどく殴られる〕호되게 얻어맞다 ¶彼は不良たちに寄ってたかって痛めつけられ大けがをした 그는 불량배 패거리에게 호되게 당해 큰 부상을 입었다.

**いためる【痛める】** 〔体を〕상하다, 다치다 〔悩む〕속을 썩이다, 골치를 앓다 ¶彼は右ひじを痛めている 그는 오른쪽 팔꿈치를 다쳤다. / 主将は脚を痛めて試合に欠場したがチームは圧勝した 주장은 다리를 다쳐 시합에 못 나갔지만 팀은 압승했다. / 両親は息子の非行に心を痛めた 부모는 아들의 비행에 속이 상했다.

**いためる【炒める】** 볶다 ¶肉を油で炒める 고기를 기름으로 볶다 関連 炒め物 볶음

**いたらない【至らない】** 미흡하다 ¶私がいたらないせいで迷惑をおかけして申し訳ありませんでした 제가 미흡한 탓에 폐를 끼치게 되어 죄송합니다. / いたらない点もありますが、ご容赦ください 미흡한 점도 있습니다만, 용서해 주시기 바랍니다. / いたらない娘ですが、どうかよろしくお願いいたします 부족한 딸이지만, 아무쪼록 잘 부탁드립니다.

**いたり【至り】 ❶**〔極地〕높은 평가 ¶高い評価をいただき光栄の至りです 높은 평가를 받아서 영광스럽기 짝이 없습니다.
**❷**〔結果〕 ¶昔は若気の至りで、ずいぶん無茶な飲み方をしたこともある 옛날에는 젊은 객기에 상당히 과음한 적도 있었다.

**イタリック** 이탤릭체, 사체 ¶イタリック体で印刷する 이탤릭체로 인쇄하다

**いたる【至る】** 〔達する〕이르다, 다다르다 ¶京釜線はソウルから釜山に至る韓国を縦断する幹線鉄道だ 경부선은 서울과 부산을 이어 한국을 종단하는 간선 철도다. / ここから頂上に至るまでには危険な場所が何ヶ所かある 여기에서 정상에 이르기까지는 위험한 장소가 여러 군데 있다.
**❷**〔及ぶ〕이르다 ¶きょうは北海道から沖縄に至るまで全国的に晴れでしょう 오늘은 홋카이도에서 오키나와에 이르기까지 전국적으로 맑겠습니다. / 社長から社員一人ひとりに至るまで全員経費節減に努めなくてはならない 사장에서 사원 한 사람에 이르기까지 모두 경비 절감을 위해 노력하지 않으면 안 된다. / 今日に至るまでその事件はまだ解明されていない 오늘에 이르도록 그 사건은 아직 해명되지 않았다.
**❸**〔…の結果となる〕이르다 ¶二人の夫婦はささいなけんかがもとで離婚するに至った 그 부부는 사소한 싸움으로 인해 이혼하기에 이르렀다. / 条約は長年にわたる困難な交渉を経てようやく締結に至った 조약은 다년간에 걸친 어려운 교섭을 거쳐 간신히 체결되기에 이르렀다.

**いたるところ【至る所】** 도처, 곳곳 ¶至る所に警官が配置され厳重な警戒がしかれていた 도처에 경찰이 배치되어 엄중한 경계를 하고 있었다. / 日本製の車は世界の至る所で見かける 일제차는 세계 곳곳에서 볼 수 있다. / ひまわりは今、全国至る所で咲いている 해바라기는 지금 전국 방방곡곡에 피어 있다.

**いたれりつくせり【至れり尽くせり】** ¶韓国では至れり尽くせりのもてなしを受けて感激した 한국에서 극진한 대접을 받아 감격했다. / そのホテルのサービスは至れり尽くせりだった 그 호텔의 서비스는 빈틈이 없었다.

**いたわり【労わり】**〔ねぎらい〕위로 ¶市長はボランティアにいたわりの言葉をかけて励ました 시장은 자원 봉사자에게 위로의 말을 건네 격려했다.

**いたわる【労わる】** 돌보다, 아끼다 〔ねぎらう〕위로하다 ¶老人をいたわる 노인을 돌보다 / 病人をいたわる 환자를 돌보다 / 体をいたわる 몸을 아끼다

**いたん【異端】** 이단 ¶人と違ったことをすると異端者扱いされる傾向がある 다른 사람과 다른 일을 하면 이단자 취급을 받는 경향이 있다. / 彼の思想は長い間異端視されていた 그의 사상은 오랫동안 이단시되었다.

**いち【一】 ❶**〔数〕일, 《固有語》하나 ¶1足す3は4 일 더하기 이는 삼이다. / 試合は1対1の同点だった 시합은 1대 1 동점이었다. / 写真は1枚50円です 사진은 한 장에 50엔이다. / このゲームはスペードの1がもっとも強いカードだ 이 게임은 스페이드 일이 제일 센 카드다.
**❷**〔首位〕일, 제일, 으뜸〔最初〕처음, 첫째 ¶彼は学校で1,2を争う秀才だ 그는 학교에서 일이 등을 다투는 수재다. / これは世界一大きなダイヤモンドだ 이것은 세계에서 가장 큰 다이아몬드다. 慣用句 もう一度一から出直すつもりだ 처음부터 다시 한번 시작할 생각이다. / 彼女は一を聞いて十を知るような聡明な人だ 그녀는 하나를 보고 열을 아는 총명한 사람이다. (▶韓国のことわざでは「一を見て」のように表現する) / 一から十まで彼の世話になった 하나에서 열까지 그에게 신세를 졌다. / 彼は一も二もなく引き受けてくれた 그는 두말없이 맡아 주었다. / 大学に行きたいのなら一にも二にも勉強だ 대학에 가고 싶으면 첫째도 공부, 둘째도 공부다.

**いち【市】** 장, 시장 ¶広場では毎週土曜日に市が開かれる 광장에서는 매주 토요일에 장이 열린다. / 市の立つ日 장날

**いち【位置】 ❶**〔場所〕위치, 자리, 장소〔所在地〕◇位置する 위치하다, 자리잡다 ¶太陽の位置でだいたいの時間がわかる 태양의 위치로 대충 시간을 알 수 있다. / ホテルの位置を地図で教えてください 호텔의 위치를 지도로 가르쳐 주세요. / ソファーの位置を少し変えよう 소파 위치를 조금 바꾸자. / 位置を定める 위치를 잡다 / 位置を移す 위치를 옮기다
¶韓国は日本の西に位置する 한국은 일본의 서쪽에 위치해 있다.

❷〔地位〕자리, 지위 ¶彼は会社の中で重要な位置を占めている 그는 회사에서 중요한 지위에 있다.

**いちい【一位】** 일위, 일등, 수위 ¶市民マラソンで一位になった 마라톤에서 일등을 했다.

**いちいち【一々】** 일일이, 하나하나 ¶彼女の言うことはいちいちもっともだったので言い返すことができなかった 그녀가 하는 말은 하나하나 다 맞는 말이어서 말대꾸할 수가 없었다. / そんなこといちいち気にするなよ 그런 거 일일이 신경 쓰지 마. / いちいち説明する 일일이 설명하다 / いちいち文句を言う 일일이 불평하다

**いちいん【一員】** 일원, 한 사람 ¶チームの一員になる 팀의 일원이 되다

**いちえん【一円】** 일원 ; 일대 ¶わが社の販売網は関東一円に広がっている 우리 회사의 판매망은 간토 일대에 퍼져 있다.

**いちおう【一応】**〔とりあえず〕일단, 우선 〔大体〕대충 ¶一応やってみてください 일단 해 보십시오. / 私たちは一応その計画に同意した 우리는 일단 그 계획에 동의했다. / 一応傘を持って行ったほうがいいよ 일단 우산을 가져 가는 게 좋아. / 大丈夫だと思いますが一応見直ししてください 괜찮다고 봅니다만 대충 훑어보아 주시기 바랍니다. / 一応必要なものは全部そろえました 대충 필요한 것은 다 갖췄어요. / 私は一応韓国語は話すことができます(→つたないが) 저는 서투르지만 한국어를 할 줄 압니다.

**いちがいに【一概に】** 일률적으로(一律的—), 일방적으로(一方的—) ¶君が正しいとか一概には言えない 네가 꼭 옳다고는 할 수 없다. / 一概に彼女だけを非難するわけにはいかない 일방적으로 그녀만 비난할 수는 없다.

**いちがつ【一月】** 일월

**いちかばちか【一か八か】** 되든 안 되든 ¶一かハかやってみよう 되든 안 되든 해 보자. / これは我々にとって一か八かの賭けだ 이것은 우리에게 있어서 생사를 건 승부다.

**いちがん【一丸】** 한 덩어리, 일치 단결 ¶彼らは一丸となって苦境を乗り切った 그들은 하나가 되어 곤경을 극복했다.

**いちがんレフ【一眼レフ】** 일안 리플렉스 카메라

**いちぐん【一軍】**〔野球などの〕일군 ¶彼は最近二軍から一軍に上がったばかりだ 그는 최근에 이군에서 일군으로 막 올라왔다.

**いちげい【一芸】** ¶わが社では一芸に秀でた人物を積極的に採用している 우리 회사는 한 가지 뛰어난 재주를 갖고 있는 인물을 적극적으로 채용하고 있다.

**いちげき【一撃】** 일격 ¶そのボクサーは相手に強烈な一撃を加えてダウンを奪った 그 권투 선수는 상대에게 강한 일격을 가해 다운시켰다.

**いちげん【一見】** ◇いちげんさん 처음으로 온 손님

**いちご【苺】** 딸기 ¶きのう家族でいちご摘みに行った 어제 가족들과 딸기를 따러 갔다. / けさはトーストにいちごジャムをつけて食べた 오늘 아침은 토스트에 딸기잼을 발라 먹었다.

**いちごん【一言】** 일언, 한마디 ¶一言の弁解の余地もありません 한마디 변명의 여지도 없습니다. / 先生の一言一句も聞きもらさないよう神経を集中した 선생님의 일언일구도 놓치지 않도록 정신을 집중했다.

**いちざ【一座】**〔満座〕만좌, 좌중〔芸人の〕일단(一団)〔劇団〕극단 ¶彼は緊張しておずおずと一座の人々を見回した 그는 긴장해서 흠칫흠칫 좌중을 살펴 보았다. / 村に旅回りの一座がやって来た 마을에 지방 순회 극단이 왔다.

**いちじ【一時】** ❶〔過去のあるとき, かつて〕일시, 한때 ¶この町は一時炭鉱の町として栄えた 이 마을은 한때 탄광촌 마을로 번성했었다. / 学生のころ一時家庭教師のアルバイトをしていた 학생 시절에 한때 아르바이트로 가정 교사를 했다. / 一時他人が信じられなくなった 한때 남을 믿을 수 없게 되었다. / 不況で暮らしも一時ほど楽じゃない 불황으로 생활도 예전만큼 좋지 못하다.

❷〔しばらく〕일시, 잠시〔一時的だ〕일시적이다 ¶試合は雨で一時中断した 경기가 비로 잠시 중단되었다. / 天気予報は「曇り, 一時雨」と言っていた 일기예보는 "흐리고, 한때 비"라고 했다. / 台風で全住民が一時避難することになった 태풍으로 모든 주민이 잠시 피난하게 되었다. / 飛行機がハイジャックされたと聞いて一時はどうなるかと思った 비행기가 공중 납치되었다고 하여 한때는 어떻게 되는가 싶었다.

¶車は赤信号で一時停止した 차는 빨간 신호로 잠시 섰다. / 彼女は一時逃れの言い訳をした 그녀는 임시 변통의 변명을 했다. / 彼が一時的な感情に駆られて無茶なことをしないかと心配 그가 일시적인 감정 때문에 터무니없는 일을 하지 않을까 걱정이다. / この解決策はおそらく一時的なものにすぎないだろう 이 해결책은 아마 일시적인 것에 지나지 않을 것이다. / その資料で一時的に間に合います 그 자료로 일시적으로는 괜찮습니다. 関連 一時預かり所 임시 보관소(臨時保管所) / 一時預かり証 임시 보관증 / 一時金 일시금

**いちじ【一事】** 慣用句 彼女は一事が万事あの調子だ 그녀는 뭐하나 제대로 하는 것이 없다.

**いちじ【一次】** 일차 関連 一次関数 일차 함수 / 一次産業 일차 산업 / 一次試験 일차 시험 / 第一次世界大戦 제일차 세계 대전

**いちじく【無花果】** 무화과

**いちじつ【一日】** 慣用句 料理に関しては私より母のほうに一日の長がある 요리에 관해서는 나보다 어머니가 더 잘하신다. / 彼女は一日千秋の思いで夫の帰りを待った 그녀는 일각이 여삼추로 남편의 귀가를 기다렸다.

**いちじゅん【一巡】** 일순, 한 바퀴 ◇一巡する 일순하다, 한 바퀴 돌다 ¶ソウル市内の名所を一巡した 서울 시내의 명소를 한 바퀴 돌았다. / 打者一巡の猛攻 타자 일순의 맹공

**いちじょう【一条】** 한 줄기, 한 가닥 ¶一条の光線[日差し] 한 줄기 광선[햇빛] / 苦闘の末によぅやく一条の希望の光が見えて来た 고전 끝에 간신

**いちじるしい【著しい】** 현저하다, 두드러지다, 뚜렷하다 【目立つ】눈에 띄다 ◇著しく 현저히, 두드러지게, 뚜렷이；눈에 띄게 ¶著しい変化／努力のかいあって彼女の韓国語の能力は著しい進歩を見せている 노력한 보람이 있어 그녀의 한국어 실력은 눈에 띄게 향상되고 있다. ／最近の情報技術分野の進歩は著しい 최근 정보 기술 분야의 진보는 현저하다. ／日貿易は著しく増大している 일한 무역은 눈에 띄게 증가하고 있다.

**いちず【一途】** ◇一途だ 한결같다 ◇一途に 한결같이, 외곬으로 ¶彼らの一途な願いはいつかなえられるのだろうか 그들의 한결같은 소망은 언제 이루어질 것인가? ／お互いの相手への一途な想いによって二人は強く結ばれていた 상대에 대한 한결같은 마음으로 두 사람은 서로 맺어져 있었다. ／彼女は息子の成功を一途に願っている 그녀는 아들의 성공을 한결같이 바라고 있다.

**いちぞく【一族】** 일족 ¶祖父の喜寿の祝いに一族が集まった 할아버지의 희수 잔치를 위해 집안 사람들이 다 모였다.

**いちぞん【一存】** ¶その件については私の一存では決めかねます 그 건에 대해서는 저 혼자만의 생각으로 정하기 어렵습니다.

**いちだい【一代】** 일대, 한 대 ¶彼は一代で莫大な財産を築いた 그는 당대에 막대한 재산을 모았다. ⇨世代

**いちだいじ【一大事】** 중대사, 큰일 ¶静かな村に一大事が起こって大騒ぎになった 조용한 마을에 중대사건이 생겨 큰 소동이 벌어졌다. ／そりゃ一大事だ 그건 큰일이다.

**いちだん【一団】** 일단, 단체, 무리, 떼 ¶子どもたちは一団となって山道を歩いた 아이들은 단체로 산길을 걸었다. ／駅には何組かの観光客の一団がいた 역에는 몇 팀인가 관광객의 무리가 있었다.

**いちだん【一段】** 일단 【段階】한 단계 ◇一段と [一層] 한층, 훨씬 ¶彼女は足もとに注意しながら一段一段ゆっくりと石段を登った 그녀는 발밑을 조심하면서 한 발 한 발 천천히 돌계단을 올라갔다. ／彼は会社での地位が一段上がった 그는 회사에서 지위가 한 단계 올라갔다.
¶この前会った時より彼女は一段と美しくなっていた 요전에 만났을 때보다 그녀는 훨씬 더 예뻐졌다. ／その辞書の改訂版は初版よりも一段と用例が増えている 그 사전의 개정판은 초판보다 훨씬 용례가 늘었다.

**いちだんらく【一段落】** 일단락 ◇一段落する 일단락되다 ¶仕事が一段落したら海外旅行にでも行こうよ 일이 일단락 지어지면 해외여행이라도 갑시다. ／仕事が一段落したところで一息入れましょう 일이 일단락 지어지면 한숨 돌립시다.

## いちど【一度】〔1回〕한 번

**語法** 한 번과 한번
한 번 「韓国に一度行ったことがある」のように、「二度, 三度」と入れ替え可能な場合に用いる。

한번 「一度遊びに来てください」のように、「二度, 三度」と入れ替え不可能な場合に用いる。

◆【一度だけ】
¶一度だけ彼に会ったことがあります 그 사람과 딱 한 번 만난 적이 있습니다. ／2年前一度だけ済州島に行きました 2년 전에 제주도에 딱 한 번 갔습니다.

◆【一度も・一度に】
¶私はジナに一度も会ったことがない 나는 지나와 한 번도 만난 적이 없다. ／韓国にはまだ一度も行ったことがありません 한국에는 아직 한 번도 가 본 적이 없습니다. ／正月以来一度も帰郷していない 설 이후로 한 번도 고향에 못 갔다. ／この服にはまだ一度もそでを通していない 이 옷은 아직 한 번도 안 입었다. ／僕は一度もそんなことを言った覚えはない 나는 한 번도 그런 말을 한 적이 없다. ／一度にこれだけの荷物は持てない 한꺼번에 이렇게 많은 짐은 들 수 없다. ／一度に2つのことはできない 한꺼번에 두 가지 일은 할 수 없다.

◆【…に一度】
¶週に一度韓国語教室に通っている 일 주일에 한 번 한국어 교실에 다니고 있다. ／「映画はよく見ますか」「1か月に一度ぐらいです」 "영화는 자주 보세요?" "한 달에 한 번 정도요." ／きょうは年に一度の祭りがある 오늘은 일년에 한 번 열리는 축제가 있다. ／一生に一度でいいから宇宙に行ってみたい 평생에 한 번만이라도 우주에 가 보고 싶다.

◆【もう一度】
¶もう一度初めからやりましょう 처음부터 다시 한 번 합시다. ／もう一度説明してください 한 번 더 설명해 주세요. ／すみませんがもう一度おっしゃってください 죄송하지만 한 번 더 말씀해 주세요.

◆【その他】
¶一度や二度失敗したってなんということもない 한두 번 실패한다고 해도 아무것도 아니다. ／一度遊びにいらってください 한번 놀러 오세요. ／一度ならず二度までもあいつは約束を破った 한 번도 아니고 두 번씩이나 그 자식은 약속을 어겼다. ／一度こつを覚えたら自転車に乗ることは難しくない 한번 요령만 알면 자전거 타는 건 어렵지 않다.

**いちどう【一同】** 일동 ¶彼女の悲惨な体験を聞き出席者一同みんな泣いた 그녀의 비참한 체험을 듣고 참석자 모두는 눈물을 흘렸다. ／家族一同みんなとても元気です 가족 모두 매우 건강합니다.

**いちどう【一堂】** 일당, 한 자리 ¶世界各国の首脳が一堂に会して地球の温暖化と環境問題について話し合った 세계 각국의 정상들이 한 자리에 모여 지구의 온난화와 환경 문제에 대해 이야기를 나눴다.

**いちどく【一読】** 일독 ◇一読する 일독하다 ¶その本は一読の価値があるからぜひ読んでみなさい 그 책은 읽을 가치가 있으니까 꼭 읽어 봐라. ／その文章は一読しただけでは意味が分からない 그 문장은 한 번 읽어서는 의미를 알 수 없다.

**いちなん【一難】** 慣用句 **一難去ってまた一難** 갈수록 태산

**いちにち【一日】** 하루 ¶一日は24時間だ 하루는 이십사[스물네] 시간이다. (×일일은이라고하지 않는다)／その仕事は一日か二日で終わる その 일은 하루나 이틀이면 끝난다.／きょうは一日中忙しかった 오늘은 하루 내내 바빴다.／このレポートを書くのにまる一日かかった 이 보고서를 쓰는 데 하루 종일 걸렸다.／私は一日おきに彼女に会いに行く 나는 하루 걸러 그 여자를 만나요.／体調がすぐれなかったのできのうは一日休みを取った 몸이 안 좋아서 어제는 하루 쉬었다.

¶彼は一日に何回も電話をしてきた 그 사람은 하루에도 몇 번이나 나에게 전화를 걸어왔다.／私は一日3回歯を磨きます 나는 하루에 세 번 이를 닦습니다.／健康のために一日三食必ず食べるようにしている 건강을 위해 하루에 세 끼는 꼭 먹으려고 한다.

¶一日としてあなたを忘れる日はありません 단 하루도 당신을 잊은 날이 없습니다.／私は一日も休まず韓国語を勉強しています 나는 하루도 쉬지 않고 한국어 공부를 하고 있습니다.／一日一日と暖かくなってきた 나날이 따뜻해졌다.／一日も早く家に帰りたい 하루라도 빨리 집에 돌아가고 싶다.

会話 **勉強は一日何時間 ?**
A：あいつは一日に5時間勉強するんだって
B：かもね、僕なんかテレビ5時間見ることはあるけど、勉強はせいぜい一日2時間だね

A：그 녀석은 하루에 다섯 시간이나 공부한대.
B：그럴 것 같네. 난 텔레비전은 다섯 시간 봐도, 공부는 끽해봐야 하루에 두 시간이야.

**いちにん【一任】** ◇一任する 일임하다 ¶この件については彼に一任して会議を終了した 이 건에 대해서는 그 사람에게 일임하고 회의를 끝냈다.

**いちにんしょう【一人称】** 일인칭

**いちにんまえ【一人前】** 〔一人分〕일인분 〔成人〕어른 ◇一人前になる 어른이 되다, 제구실을 하다 ¶お腹がぺこぺこで、一人前じゃとても足りないよ 배가 몹시 고파, 일인분으로는 너무 부족해.／昼食に一人前千円の焼き肉ランチを食べた 점심 식사로 일인분에 천 엔짜리 불고기 런치를 먹었다.／子供のくせにその女の子は一人前の言い方をする 애 주제에 그 여자 애는 어른같은 소리를 한다.／就職が決まってやっと一人前になった 취직이 정해져 나도 겨우 내 몫을 하게 되었어.／文学賞を取ったのだからこれで彼も一人前の作家だ 문학상을 받았으니까 이것으로 그도 어엿한 작가다.

**いちねん【一年】** 일 년, 한 해 ¶外国語を一年でマスターすることは難しい 외국어를 일 년 만에 습득하기란 어렵다.／この村では一年に二度お祭りがある 이 마을에서는 일 년에 두 번 축제가 열린다.／一年は365日だ 일 년은 365일이다.／日本に一年半住んでいる 일본에 일 년 반 살고 있다.／一年のうちで今ごろが一番好きです 일 년 중에 이맘때가 가장 좋아요.／沖縄は一年中暖かい 오키나와는 일 년 내내 따뜻하다.／あの列車事故からもう一年たった 그 열차 사고가 난 지 벌써 일 년이 지났다.

**いちねん【一念】** 일념 ¶彼は彼女に会いたい一念でソウルから東京にやって来た 그는 그녀를 만나고 싶다는 일념으로 서울에서 도쿄까지 왔다. 慣用句 **朝寝坊の彼が一念発起して早朝30分のジョギングを始めた** 늦잠꾸러기인 그가 드디어 작심하고 아침 일찍 30분 정도 조깅을 시작했다.

**いちねんせい【一年生】** 일 학년 〔初心者〕풋내기, 신인 ¶彼女は梨花女子大学の一年生だ 그녀는 이화여자대학교 일 학년생이다. 関連 **一年生議員** 신임 의원 **一年生植物** 일년생 식물

**いちば【市場】** 시장, 장 ¶市場へ買い物に行く 장보러 가다／野菜を市場に出す 야채를 시장에 내다 팔다 関連 **魚市場** 어시장 **青物市場** 청과물 시장

**いちはやく【逸早く】** 재빨리 ¶手遅れになる前にいち早く対策を講じる必要がある 늦기 전에 빨리 대책을 강구할 필요가 있다.

**いちばん【一番】** ❶〔番号, 順位〕일등, 일번, 최고, 첫 번째 ¶君が一番だ 네가 일등이야.／彼はマラソンで一番になるだろう 그는 마라톤에서 일등을 거다.／山田君が一番でゴールインした 야마다가 일등으로 들어왔다.／彼女は成績が クラスで一番だ 그녀는 성적이 반에서 일등이다.／わが家では母が一番早く起きる 우리 집에서는 어머니가 제일 일찍 일어나신다.／一番の歌詞が思い出せない 일 절 가사가 생각나지 않는다.／私が一番乗りだ 내가 제일 먼저 도착했다.／パクさんちは村で一番の金持ちだ 박 씨네는 마을에서 제일가는 부자다.／あす, 朝一番の新幹線で出発する 내일 아침에 제일 빠른 신칸센으로 출발한다.／朝一番に彼に電話した 아침 일찍 그 사람에게 전화했다.

❷〔もっとも〕제일, 가장 ¶富士山は日本で一番美しい山です 후지 산은 일본에서 제일 아름다운 산입니다.／彼はクラスで一番背が高い 그는 반에서 제일 키가 크다.／一番好きなものを取りなさい 어떤 것이든 제일 좋아하는 걸 골라봐.／きょうは今年一番の暑さだった 오늘은 올 들어서 제일 더웠다.／これは今まで見た中で一番おもしろい映画だ 이것은 지금까지 본 것 중에서 제일 재미있는 영화다.／駅まで一番早く行く方法は何ですか 역까지 제일 빨리 가는 방법은 무엇입니까 ?／ここが日本で一番北[南]の町です 여기가 일본에서 제일 북쪽[남쪽] 도시입니다.

¶一番好きな俳優はだれですか 제일 좋아하는 배우는 누구입니까 ?／一番前[後ろ]の席に座った 제일 앞[뒤] 자리에 앉았다.／こんな暑い日は冷房された部屋にいるのが一番だ 이렇게 더운 날에는 냉방이 잘 된 방에 있는 것이 제일이다.

❸〔勝負〕한판 ¶相撲を一番取る 스모를 한판 하다／碁を一番指す 바둑을 한판 두다

¶彼はここ一番という時に弱い 그는 제일 중요한 순간에 약하다. 慣用句 **彼は開口一番「金を貸してくれ」と言った** 그가 맨처음에 한 말은 돈 빌려 달라는 소리였다.／彼女は事故現場にいの一番にかけつけた(→一番最初に) 그녀는 사고 현장에

제일 먼저 도착했다. 関連 一番線 일번 플랫폼 / 一番打者 일번 타자 / 一番弟子 수제자 / 一番星 첫별 / 一番列車 첫차

**いちぶ【一部】** ❶ [一つの部分] 일부 ¶それは全体の一部にすぎない 그건 전체의 일부에 불과하다. / 一部を現金で、残りを分割で払った 일부는 현금으로 나머지는 분할로 지불했다. / 地震で家が一部壊れた 지진으로 집의 일부가 무너졌다. / 計画を一部変更すべきで計画을 일부 변경해야 한다. / 法律を一部改正する 법률을 일부 개정하다
¶アジアの一部の地域では一年中雨が多い 아시아의 일부 지역에는 일 년 내내 비가 많이 온다. / 一部の人々は都市再開発に反対している 일부의 사람들은 도시 재개발에 반대하고 있다. ❷ [1冊の本] 한 부, 한 권 ¶この雑誌は一部500円です 이 잡지는 한 부에 500엔입니다. 慣用句 彼女は一部始終を上司に報告した 그녀는 자초지종을 상사에게 보고했다.

**いちぶぶん【一部分】** 일부분 ¶テレビは今や我々の日常生活の一部分になっている 텔레비전은 이제 우리의 일상생활의 일부분이 되었다.

**いちべつ【一瞥】** 일별 ◇一瞥する 일별하다 ¶一瞥しただけで彼女であると分かった 한번 언뜻 보고 그 여자인 것을 알았다. / 彼は机の上の写真を一瞥した 그는 책상 위의 사진을 언뜻 봤다.

**いちぼう【一望】** 일망, 한눈 ◇一望する 일망하다, 한눈에 보다 ¶展望台から港の景色が一望できる 전망대에서 항구의 경치를 한눈에 볼 수 있다. / 飛行機から湖を一望できた 비행기에서 호수를 한눈에 볼 수 있었다.

**いちまい【一枚】** [紙・板など] 한 장, 일 매 [パン・チーズ・肉などの一切れ] 한 조각 [役割] 한 몫 ¶申請用紙を1枚いただけますか 신청 용지 한 장 받을 수 있을까요? / 朝食にトーストを1枚食べた 아침 식사로 토스트를 한 장 먹었다. / 昨日CDを1枚買った 어제 시디를 한 장 샀다. 慣用句 彼は私より役者が一枚上だ 그는 나보다 능력이 한 수 위다. / その件には彼が一枚かんでいるに違いない 그 건에는 그가 한몫 끼고 있음에 틀림없다.

**いちまつ【一抹】** 일말 ¶親に頼りきっている息子の将来に一抹の不安を覚える 부모에게 전적으로 의지하고 있는 아들의 장래에 일말의 불안을 느낀다.

**いちみ【一味】** 일당, 한패 ¶すりの一味 소매치기 일당

**いちめい【一命】** 목숨, 생명 ¶彼は交通事故で重傷を負ったが、なんとか一命は取り留めた 그는 교통사고로 중상을 입었지만, 어떻게든 목숨은 건졌다. / 彼女はあやうく一命を落とすところだった 그녀는 하마터면 목숨을 잃을 뻔했다.

**いちめん【一面】** ❶ [側面] 일면, 한 면 [一方で] 한편 ¶君は問題の一面しか見ていない 너는 문제의 한 면밖에 안 본다. / 物事の一面だけを見て判断すべきでない 사물의 일면만을 보고 판단하지 말아야 한다. / 佐藤先生は大変厳格だが、情にもろい一面もある 사토 선생님은 몹시 엄격하지만, 정에 약한 부분도 있다. / 彼の批判は一面では正しく、一面では見当違いといえる 그 사람의 비판은 한편 옳지만, 또 한편으로는 판단 착오라고 할 수도 있다.
❷ [全体] 전체, 일대 ¶辺り一面霧に包まれていた 주변 일대가 안개로 둘러싸여 있었다. / けさ起きると一面の雪だった今日 아침 일어나니 일대가 다 눈이었다. / 湖は一面に氷が張っていた 호수 일대에 얼음이 얼어 있었다. / 野原は一面菜の花だった 들판은 온통 유채꽃이었다. / 一面火の海となった 들판은 불바다가 되었다.
❸ [新聞の第1ページ] 일면 ¶そのニュースは朝刊1面のトップで報じられた 그 뉴스는 조간 일면 톱으로 실렸다.

**いちもうさく【一毛作】** 일모작

**いちもうだじん【一網打尽】** 일망타진 ¶麻薬密売組織を一網打尽にされた 마약밀매 조직은 일망타진되었다.

**いちもく【一目】** ¶私も彼には一目置いている 나도 그의 실력은 인정하고 있다. / 問題を解決した彼女には一目置かざるを得ない 문제를 해결한 그에게는 경의를 표하지 않을 수 없다. / 韓国語では彼に一目置いている 한국어에 있어서는 그 사람을 인정한다. 慣用句 事故の状況から見て、ドライバーのわき見運転が事故の原因であることは一目瞭然だ 사고의 정황으로 보아 운전사의 한눈팔기 운전이 사고의 원인인 것은 일목요연하다.

**いちもくさん【一目散】** ◇一目散に 곤장, 쏜살같이 ¶警官の姿を見ると彼らは一目散に走り去った 경찰관을 보자 그들은 쏜살같이 달아났다. / すりはその場から一目散に逃げた 소매치기는 그 장소에서 쏜살같이 도망쳤다.

**いちもん【一文】** 한푼 ¶彼はギャンブルに明け暮れて一文無しになった 그는 도박에 빠져 무일푼이 되었다. / その偽物のダイヤは一文の値打ちもない 그 가짜 다이아몬드는 한푼의 가치도 없다.

**いちもん【一門】** 일문, 일족, 집안 ¶彼は司法試験に合格し一門の誉れとなった 그는 사법 시험에 합격해 집안의 자랑이 되었다. / 徳川一門 도쿠가와 씨 일족

**いちや【一夜】** 하룻밤 ¶彼は一夜にして大金持ちになった 그는 하룻밤 새에 부자가 되었다. / 久しぶりに会った旧友と一夜を語り明かした 오래간만에 만난 옛 친구와 밤새 이야기했다.

**いちやく【一躍】** 일약 ¶2周目で彼は一躍トップに躍り出た 2주째에 그는 일약 선두 대열에 들어섰다. / テレビに出て彼女は一躍有名になった 텔레비전에 나와 그녀는 일약 유명해졌다.

**いちゃつく** 스킨십하다 ¶最近人前でいちゃつく若いカップルが増えている 요즘 사람들 앞에서 스킨십하는 남녀 커플이 늘고 있다.

**いちやづけ【一夜漬け】** 벼락치기, 당일치기 ¶一夜漬けで勉強する 벼락치기로 공부하다 / 一夜漬けの勉強で試験に合格した 벼락치기 공부로 합격했다. / 一夜漬けで100点は取れないよ 당일치기로 100점을 받지는 못한다.

**いちゃもん** 트집, 시비 ◇いちゃもんをつける 트집을 잡다, 시비를 걸다 ¶ならず者にいちゃもんをつけられひどい目にあった 불량배들이 시비를 걸

어 와 혼났다.

**いちゅう【意中】** 의중, 마음속, 심중 ¶彼は意中の女性とデートして天にも昇る想いだった 그는 마음에 둔 여자와 데이트해서 하늘을 날 듯한 기분이었다.

**いちよう【一様】** ◇一様だ 똑같다 ◇一様に 똑같이 ¶りんごの大きさは一様ではなかった 사과의 크기는 고르지 않았다. / 皆一様に扱う 모두 똑같이 취급하다

**いちょう【胃腸】** 위장 ¶うちの子は昔から胃腸が弱くて食が細い 우리 아이는 예전부터 위장이 약해서 적게 먹는다. / 胃腸薬を服用する 위장약을 먹다

**いちょう【銀杏】** 〔木〕 은행나무 〔実〕 은행

**いちよく【一翼】** 일익 慣用句 彼らは国の科学技術発展の重要な一翼を担っている 그들은 나라의 과학 기술 발전에 중요한 일익을 담당하고 있다.

**いちらん【一覧】** 일람, 리스트 ◇一覧する 일람하다 ¶名所一覧を頼りに市内見物に出かけた 명소 일람을 의지해 시내 구경을 나섰다. / 彼は顧客の名簿を一覧した 그는 고객 명단을 일람했다. 関連 一覧表 일람표

**いちらんせい【一卵性】** 일란성 ¶一卵性双生児 일란성 쌍생아

**いちり【一理】** 일리 ¶君の言うことにも一理ある 네가 하는 말에도 일리는 있다.

**いちりつ【一律】** 일률 ◇一律に 일률적으로 ¶バーゲンセールで全商品が一律に10パーセント値下げされた 바겐세일로 전 상품이 일률적으로 10퍼센트 가격이 인하되었다.

**いちりつ【市立】** 시립 ¶市立病院 시립 병원

**いちりゅう【一流】** 일류 ¶彼女は一流のピアニストだ 그녀는 일류 피아니스트다. / 私たちはソウル市内の一流ホテルに滞在した 우리는 서울 시내 일류 호텔에 머물렀다. / 彼は一流企業に勤めている 그는 일류 기업에 근무하고 있다. / ここは日本の一流企業が集まっている所です 여기는 일본의 일류 기업이 모이는 곳입니다. / その映画はどの一流紙にも批評記事が載った 그 영화는 주류 신문 어디에나 비평 기사가 실렸다. / 一流選手が相手では勝ち目はない 일류 선수 상대로는 승산이 없다. / 彼女は韓国の一流大学を出ている 그녀는 한국의 일류 대학을 나왔다. / 彼は世界でも一流の指揮者だ 그는 세계적으로도 일류 지휘자다. / それは彼一流の冗談だった(→彼独特の) 그것은 그 사람 특유의 농담이었다.

**いちりょうじつ【一両日】** 하루 이틀, 한 이틀 ¶借りたお金は一両日中にきっとお返しいたします 빌린 돈은 한 이틀 내에 반드시 갚아 드리겠습니다.

**いちりん【一輪】** 〔花〕 한 송이 〔車輪〕 일륜, 외바퀴 ¶一輪のバラの花 한 송이 장미 꽃 関連 一輪車 일륜차

**いちる【一縷】** 일루, 한 가닥 ¶状況は絶望的だったが彼は銀行の融資に一縷の望みを託した 상황은 절망적이었으나 그는 은행 융자에 한 가닥 희망을 걸었다.

**いちるい【一塁】** 일루 ¶バッターは一塁線にバントしたがファウルになった 타자는 일루선에 번트했으나 파울이 되었다. / 私は一塁を守っている 나는 일루를 지키고 있다. / 彼はフォアボールで一塁に出塁した 그는 포볼로 일루에 나갔다. / ランナー一塁で彼はライトにヒットを打った 러너 일루에서 그는 라이트로 히트를 쳤다. 関連 一塁側スタンド 일루 측 스탠드 ─ 一塁手 일루수

**いちれい【一例】** 일례, 한 예 ¶この陶磁器は高麗青磁の典型的な一例だ 이 도자기는 고려청자의 전형적인 한 예이다. / その一例を挙げれば 그 한 예를 들면 ⇒例

**いちれん【一連】** 일련 ¶一連の放火事件で住民はパニックに陥った 일련의 방화 사건으로 주민은 혼란 상태에 빠졌다.

**いちろ【一路】** 일로, 똑바로, 곧장 ¶一行は一路釜山へと向かった 일행은 곧장 부산으로 향했다. / 繊維産業は衰退の一路をたどっている 섬유 산업은 쇠퇴 일로를 걷고 있다.

## いつ 언제, 어느 때

基本表現
▶「誕生日はいつですか」「2月21日です」
"생일이 언제에요?" "이월 21일이에요."
▶「学校はいつ終わるの」「4時です」
"학교는 언제 끝나니?" "네 시요."
▶「レポートはいつできる」「あさってまでにはできます」
"리포트는 언제 돼?" "모레까지는 됩니다."
▶「いつから韓国語の勉強を始めましたか」「3年前からです」
"언제부터 한국어 공부를 시작했어요?" "3년 전부터요."

¶いつ韓国へお帰りになりますか 언제 한국에 돌아가세요? / いつ出発するかまだ決めていません 언제 출발할지 아직 안 정했어요. / この次の新大阪行きの新幹線はいつ出るかご存じですか 이 다음 신오사카행 신칸센은 언제 출발하는지 아세요? / 一行がいつ東京に着くのかさっぱりわからない 일행이 언제 도쿄에 도착하는지 전혀 모른다. / いつになったら彼は来るのかしら 언제쯤이면 그 사람이 올까?

¶傘を持っていきなさい。いつ雨が降るかもしれないから 우산 가져가라. 언제 비가 올지 모르니까. / いつ何時(ﾅﾝﾄﾞｷ) 언제 어느 때

会話 いつお伺いしましょうか
A：いつお伺いしましょうか
B：いつでも結構です
A：언제 찾아뵐까요?
B：언제든 괜찮아요.
A：いつどこで会うことにする？
B：6時に駅前でということにしよう
A：언제 어디서 만날까?
B：여섯 시 역 앞에서 만나기로 하자.
A：いつになったらしたくができるんだい
B：あと5分です
A：언제쯤이면 준비가 끝나지?
B：5분 후요.

**いつう【胃痛】** 위통 ¶昨夜はひどい胃痛で一晩中苦しんだ 어젯밤은 심한 위통으로 밤새 괴로웠어.

**いつか** ❶ [未来のある時] 언젠가, 언제 [いずれ] 조만간 ¶ぜひ一度遊びに来てください 언제 한번 놀러 오세요. / いつか近いうちに伺います 언젠가 가까운 시일 안에 찾아뵙겠습니다. / 今度いつかカラオケに行きましょう 언제 한 번 노래방에 갑시다. / 君の努力はきっといつか報われるだろう 너의 노력은 반드시 조만간에 좋은 결과가 있을 것이다. / いつか韓国へ行ってみたい 언제 한번 한국에 가 보고 싶다.
¶秘密はいつかばれるものだ 비밀은 언젠가 들통나기 마련이다. / いつかまたお会いできるのを楽しみにしています 언젠가 다시 만날 수 있기를 기대하고 있습니다.
[会話] いつかそのうちに
A : いつかそのうちに映画を見に行きませんか
B : ええ, それもいいですね
A : 언제 영화 보러 가지 않을래요?
B : 네, 그것도 좋네요.
❷ [過去のある時] 언젠가 [以前] 전에 ¶その絵はいつか韓国で見たことがある 그 그림은 언젠가 한국에서 본 적이 있다. / あなたのお父さんにはいつかお会いしました 당신 아버님은 전에 뵈었습니다. / これがいつかお話ししした案内状だ 이것이 전에 말씀드린 안내장입니다. / いつかの席でお頼みした件はいかがなりましたか 언젠가 자리를 같이 했을 때 부탁드린 일은 어떻게 됐습니까?

**いつか**【五日】 오일, 닷새 ¶5月5日は子供の日だ 오월 오일은 어린이날이다. / 私はソウルに5日間滞在した 나는 서울에 닷새 동안 머물렀다.

**いっか**【一家】 일가, 한 가족, 온 가족 [식구] ¶母は大人数の一家をやりくりしている 어머니는 많은 식구의 살림을 꾸려 가고 있다. / 月給で一家を支えるのは大変だ 박봉으로 온 식구의 생활을 지탱해 가기란 힘들다.
¶彼らは文壇で一家を成している 그들은 문단에서 일가를 이루고 있다. / 仕事ばかりしていないで日曜日くらい一家団らんを楽しむべきだよ 일만 하지 말고 일요일 정도는 가족과 함께 놀아야지.
[関連] 一家心中 가족 동반 자살

**いっかい**【一回】 일회, 한 번 ¶年に1回健康診断を受けている 일 년에 한 번 건강 진단을 받고 있다. / このゲームは1回100円です 이 게임은 한 번에 100엔입니다. / 彼女とは前に1回だけ会ったことがある 그 여자하고는 전에 딱 한 번 만난 적이 있다. / もう1回やってごらん 다시 한 번 해 봐. / これ1回だけやらせて 이거 한 번만 시켜줘. / 木村先生の授業は1回も休んだことがない 기무라 선생님의 수업은 한 번도 쉰 적이 없다. / 彼女は1回でその詩を暗記した 그녀는 한 번에 그 시를 외웠다. / この会社では遅刻を3回すると欠勤が1回として扱われる 이 회사에서는 지각 세 번하면 결근 한 번으로 친다.
¶我々のチームは1回の裏[表]に2点入れた 우리 팀은 1회 말[초]에 2점 넣었다. [関連] 一回生 [大学の一年生] 일학년생 [最初の卒業生] 제일기 졸업생 ・一回戦 일회전

**いっかい**【一介】 ◇一介の 일개, 보잘것없는 ¶彼は一介のサラリーマンから大企業の社長にまでなった 그는 일개 샐러리맨에서 대기업 사장까지 되었다. ⇒ただ

**いっかい**【一階】 일층 ¶銀行はあのビルの1階にあります 은행은 저 빌딩 1층에 있습니다.

**いっかく**【一画】 한 구획 ¶殺人事件があったためこの一画は立入禁止になっている 살인 사건이 있었기 때문에 이 구획은 출입 금지가 되었다.

**いっかく**【一角】 일각, 한 구석, 한 모퉁이 ¶庭の一角に桜の木がある 뜰 한 구석에 벚꽃나무가 있다. [関連] 一角獣 일각수

**いっかくせんきん**【一攫千金】 일확천금 ¶彼は一攫千金を夢みて株に投資した 그는 일확천금을 꿈꾸며 주식에 투자했다.

**いっかげん**【一家言】 일가견(一家見) ¶彼女は茶道に関して一家言を持っている 그녀는 다도에 관해서 일가견이 있다.

**いっかつ**【一括】 일괄 ¶このような多様な問題を一括して扱うことは無理だ 이렇게 다양한 문제를 일괄해서 처리하는 건 무리다. / 新車を購入して一括で支払った 새 차를 구입해 일시불로 지불했다. / 一括購入で買ったほうが安上がりになる 한꺼번에 사는 편이 싸다. [関連] 一括払い 일시불 ・一括販売 일괄 판매 ・一括処理 일괄 처리

**いっかん**【一巻】 [書籍] 한 권 [慣用句] もし交渉がうまくまとまらなかったらそれで一巻の終わりだ 만약 교섭이 잘 되지 않으면 그걸로 끝이다.

**いっかん**【一環】 일환 ¶都市再開発計画の一環として新しい公園がいくつか作られた 도시 재개발 계획의 일환으로 새로운 공원이 몇 개 만들어졌다.

**いっかん**【一貫】 일관 ◇一貫する 일관하다 ¶彼は一貫して増税に反対している 그는 시종일관 증세에 반대하고 있다. / 彼女の主張は終始一貫している 그녀의 주장은 시종일관 변하지 않았다. / 彼の論文は論点があちこち飛んでいて一貫性を欠いている 그의 논문은 논점이 여기저기 비약이 심해서 일관성이 부족하다.

**いっき**【一気】 단숨, 한숨 ◇一気に 단숨에, 한숨에 ¶彼はジョッキのビールを一気に飲み干した 그는 컵에 든 맥주를 단숨에 다 마셨다. / 一気に仕事を片づける 단숨에 일을 해치우다 / 彼女は新しい小説をその夏一気に書き上げた 그녀는 그해 여름에 새 소설을 단숨에 다 썼다.

**いっき**【一揆】 봉기(蜂起), 폭동(暴動) ¶一揆を起こす 봉기를 일으키다 [関連] 農民一揆 농민봉기

**いっきいちゆう**【一喜一憂】 일희일비(一喜一悲) ¶試合の状況に応援団は一喜一憂した 시합 상황에 응원단은 일희일비했다.

**いっきうち**【一騎打ち】 일대일 대결 ¶知事選は佐藤候補と田中候補の一騎打ちとなった 지사 선거는 사토 후보와 다나카 후보의 일대일 대결이 되었다.

**いっきゅう**【一級】 일급 ¶彼は私より学年が一級下です 그는 나보다 학년이 하나 아래입니다. / この焼酎は一級品だ 이 소주는 일등급이다. / 彼は韓国語検定一級を持っている 그는 한국어 검정 일급을 가지고 있다. ⇒一等

**いっきょ**【一挙】 일거 ◇一挙に 일거에, 단숨에

¶彼はたまった仕事を一挙に片づけた 그는 쌓인 일을 단숨에 정리했다. ◆慣用句敵の一挙一動を見張る 적의 일거수일투족을 감시하다. / 観客の目はその選手の一挙手一投足に釘付けになった 관객의 눈은 그 선수의 일거수일투족을 지켜보고 있었다. / 彼は一挙両得をねらったがもくろみは外れた 그는 일거양득을 노렸지만, 계획은 빗나갔다.

**いつくしむ【慈しむ】** 사랑하다, 귀여워하다, 애지중지하다(愛之重之一) ¶彼女は孤児たちをわが子のように慈しみ育ててきた 그녀는 고아들을 자기 자식처럼 애지중지하며 키워 왔다.

**いっけん【一件】** 한 건, 내용 ¶やっと一件落着した 겨우 한 건 낙착이다. / 彼女は例の一件について私にしつこく聞いた 그녀는 그 내용에 대해 나한테 끈질기게 물었다.
¶お、メールが1件(→1通)届いているぞ 어, 이메일이 한 통 왔네. ⇨事, 事件

**いっけん【一見】** 일견 ◇一見する 일견하다, 한번 보다 ¶このミュージカルは一見の価値がある 그 뮤지컬은 한번 볼 만하다. / 彼は一見してその女の正体を見抜いた 그는 한 번 보고 그 여자의 정체를 알아차렸다. / 一見したところあの二人は幸せそうだ 언뜻 보니 그 두 사람은 행복한 것 같다.

**いっけんや【一軒家】** 외딴집【一戸建】단독주택 ¶彼は人里離れた一軒家に住んでいる 그는 마을에서 떨어진 외딴집에서 산다.

**いっこ【一個】** 한 개 ¶1個だけならいいよ 한 개라면 괜찮아. / このメロンは1個千円だ 이 멜론은 한 개 천 엔이다. / 1個ずつ紙に包む 한 개씩 종이에 싸다

**いっこ【一戸】**【家】한 채【世帯】한 가구(家口) ¶一戸当たり平均家族数 한 가구당 평균 가족수 関連一戸建て住宅 단독 주택(単独住宅)

**いっこう【一行】** 일행 ¶韓国からの観光客の一行がホテルに到着した 한국에서 온 관광객 일행이 호텔에 도착했다. / 草の根レベルの日韓親善を図るために民間代表団の一行が韓国に派遣された 시민 차원의 일한 친선을 도모하기 위해서 민간 대표단 일행이 한국으로 파견되었다.

**いっこうに【一向に】** 전혀, 조금도 (+否定)
¶私は一向に構わない 나는 전혀 상관없다. / 貿易交渉は一向に進展しなかった 무역 교섭은 조금도 진전이 없었다.

**いっこく【一刻】** 일각, 촌각(寸刻), 한시 ¶事態は一刻を争う 사태는 일각을 다툰다. / 一刻を争うほど忙しい 한시가 바쁘다. / 患者の容体は一刻を争うですぐに手術する必要がある 환자의 상태가 일각을 다투기 때문에 곧바로 수술할 필요가 있다. / 彼は一刻も早く吉報を両親に知らせたかった 그는 한시라도 빨리 좋은 소식을 부모님에게 알리고 싶었다. ⇨刻々

**いっこく【一国】** 일국, 한 나라 ¶大統領一行を一国を挙げて歓迎した 대통령 일행을 거국적으로 환영했다. /(比喩的に)一国一城の主(あるじ)になる 독립하다(独立—) ｜자립하다(自立—)

**いっさい【一切】**【全て】일체, 전부【一切…ない】일체, 전혀 (+否定) ¶彼は息子に一切を任せて近々隠居しようと思っている 그는 아들에게 모두 맡기고 가까운 시일 내에 은퇴하려고 생각하고 있다. / 一切の費用は当方で負担します 모든 비용은 우리 쪽에서 부담하겠습니다. / 私が一切の責任を負います 제가 일체의 책임을 지겠습니다.
¶私はあのような恥知らずな男とは一切関係ない 나는 그 사람처럼 철면피 같은 남자와는 전혀 관계 없다. 慣用句彼は株で一切合財(ぎつ)を失った 그는 주식으로 전 재산을 날렸다.

**いつざい【逸材】** 일재 ¶彼は文学界の逸材だ 그는 문학계의 뛰어난 인재이다.

**いっさくじつ【一昨日】** 그저께 ¶一昨日の午後街でウナと偶然に会った 그저께 오후 거리에서 은하와 우연히 만났다.

**いっさくねん【一昨年】** 재작년 ¶一昨年の9月に韓国に旅行した 재작년 구월 한국으로 여행갔다.

**いっさんかたんそ【一酸化炭素】** 일산화탄소

**いっし【一糸】** ¶慣用句兵士たちは一糸乱れず大通りを行進した 병사들은 일사불란하게 큰길을 행진했다. / 死体は一糸まとわぬ姿で山中に放置されていた 시체는 "실오라기 하나 걸치지 않은 채 [알몸으로]" 산중에 방치되어 있었다.

**いつしか【何時しか】** 어느새 ¶いつしか桜の咲く季節になった 어느새 벚꽃이 피는 계절이 되었다.

**いっしき【一式】** 일식, 일습(一襲), 세트(<set) ¶彼はゴルフクラブ一式を買った 그는 골프 클럽 세트를 샀다. / 食器を一式そろえる 식기 세트를 갖추다 ｜家具一式 가구 세트

**いっしゅ【一種】** 일종【いくらか】약간, 좀 ¶くじらは魚類ではなく哺乳類の一種だ 고래는 어류가 아니라 포유류의 일종이다. / 彼女の作品には一種の気品みたいなものがある 그녀의 작품에는 일종의 기품같은 것이 있다. / その料理は一種独特の味がして口に合わなかった 그 요리는 뭔가 독특한 맛이 있어 입에 맞지 않았다.

**いっしゅう【一周】** 일주, 한 바퀴 ¶競技用トラックは一周400メートルです 경기용 트랙은 한 바퀴 400미터입니다. / 競技場のトラックを一周した 경기장 트랙을 한 바퀴 돌았다. / この夏は北海道を車で一周するつもりだ 이번 여름에는 홋카이도를 차로 일주할 생각이다. / 今や世界一周旅行も珍しいことではなくなった 지금은 세계 일주 여행도 드물지 않게 되었다.

**いっしゅう【一蹴】** ◇一蹴する 일축하다 ¶経営側は労働組合の賃上げ要求を一蹴した 경영 측은 노동조합의 임금 인상 요구를 일축했다. / 彼らの待遇改善要求は一蹴された 그들의 처우 개선 요구는 일축되었다.

**いっしゅうかん【一週間】** 일 주일, 일주간, 일주일 간 ¶1週間以内にお金をお返しします 일 주일 내에 돈을 갚아 드리겠습니다. / 沖縄で1週間の休暇を過ごしてきた 오키나와에서 일 주일 휴가를 지내고 왔다.

**いっしゅうき【一周忌】** 일주기

**いっしゅうねん【一周年】** 일주년 ¶会社設立一周年記念のパーティーが盛大に催された 회사 설립 일주년 기념 파티가 성대하게 개최되었다.

**いっしゅん【一瞬】** 일순, 순간, 한순간 ¶その光景に一瞬わが目を疑った 그 광경에 한순간 눈을 의심했다. / 地震でそのビルが一瞬にして倒壊した 지진으로 그 건물은 순식간에 붕괴됐다.

**いっしょ【一緒】** ❶ [共に] 함께, 같이 ¶私は姉と一緒に暮らしています 저는 언니와 함께 살고 있어요. / みんなで一緒にピクニックに行った 모두가 함께 소풍을 갔다. / 行きたいのならみんなと一緒に行ってもいいよ 가고 싶다면 모두와 같이 가도 괜찮아. / 一緒にテニスをしませんか 같이 테니스 치지 않겠습니까? / 彼は友人たちと一緒に出かけた 그는 친구들과 함께 외출했다. / 彼女まで他の者と一緒になって私を非難したんでしょ 그녀마저 다른 사람들과 한 통속이 되어 나를 비난했다. / 「彼と一緒じゃなかったの」「ええ、あの人風邪で寝てるのよ」 "그 사람하고 같이 안 갔어?" "네, 그 사람 감기로 자고 있어요."
¶彼らはいつも一緒だった 그들은 언제나 함께였다 / 「あなたとご一緒していいですか」「どうぞ」 "함께 해도 괜찮겠습니까?" "네."
❷ [同じ] ◇一緒だ 같다, 마찬가지다 ¶私も君の意見と一緒だ 나도 너하고 의견이 같아. / 彼女は私と趣味が一緒だ 그녀와 나는 취미가 같다. / 私たちは高校のクラスが一緒だった 우리는 고등학교 때 같은 반이었다.
会話 **ぼくも一緒で**
A : ご注文は何にしましょう
B : ビールをください
C : ぼくも一緒で
A : 주문은 뭘로 하시겠어요?
B : 맥주 주세요.
C : 나도 같은 걸로.
❸ [同時] 동시 ◇一緒に 동시에 ¶入社は彼女と一緒だった 입사는 그녀와 함께였다. / 2台の電話が一緒に鳴り出した 두 대의 전화가 동시에 울렸다.
❹ [合同する, まとめる] ◇一緒にする 합치다 ¶3つの町を一緒にして1つの市にする計画がある 세 개의 마을을 합쳐 한 개의 시로 만들 계획이 있다. / 荷物を一緒にしておきなさい 짐을 한 데 모아 두렴. / 燃えるごみと燃えないごみを一緒にしてはいけない 타는 쓰레기와 안 타는 쓰레기를 같이 넣으면 안 된다.
¶あいつと一緒にしないでくれよ 그 녀석이랑 같이 취급하지 말아 줘. / 彼と一緒になる(→結婚する)気はありません 그와 결혼할 생각은 없습니다.
会話 **一緒でいいです**
A : お会計は別々にいたしますか
B : いや、一緒でいいです
A : 계산은 따로따로 하시겠어요?
B : 아뇨, 같이 해 주세요.

**いっしょう【一生】** 일생, 평생
◆[一生]
¶ご恩は一生忘れません 은혜는 평생 잊지 않겠습니다. / この悔しさは一生忘れられないだろう 이 억울함은 평생 잊을 수 없을 것이다. / 私の借金は一生かかっても払いきれない 내 빚은 평생 걸려도 다 못 갚는다.
◆[一生の]
¶遺跡の発掘が彼の一生の仕事だった 유적 발굴이 그가 일생의 일이었다.
会話 **一生のお願いよ**
A : お父さん, 韓国旅行に行かせて. 一生のお願いよ
B : いいよ, 1週間ほど行っておいで
A : 아빠, 나 한국 여행 보내 줘요. 내 평생 단 한 번의 소원이에요.
B : 좋아, 일 주일 정도 갔다 와.
◆[一生に]
¶一生に一度の好機を棒にふるなんてあいつもばかだな 일생에 한 번 절호의 기회를 헛되이 하다니 그 녀석도 어리석다.
◆[一生を]
¶故郷で幸せな一生を送った 고향에서 행복한 일생을 보냈다. / 彼はギャンブルで一生を棒にふった 그는 도박으로 일생을 헛되이 보냈다. / 彼女は恵まれない人々の救済に一生をささげた 그녀는 불우한 사람들의 구제를 위해 일생을 바쳤다.

**いっしょう【一笑】** 일소 ◇一笑に付す 일소에 붙이다 / 一笑に付される 웃음을 사다 | 웃음거리가 되다 / 私の提案は非現実的だとして一笑に付された 나의 제안은 비현실적이라고 해서 웃음거리가 되었다.

**いっしょうけんめい【一生懸命】** 열심히 ¶志望の大学に合格するために彼は一生懸命勉強した 지망하는 대학에 합격하기 위해 그는 열심히 공부했다. / 彼は一日も休まずに一生懸命に働いた 그는 하루도 쉬지 않고 열심히 일했다. / 立候補者たちは支持を訴えるのに一生懸命だ 입후보자들은 지지를 호소하는 데 열심이다.

**いっしょくそくはつ【一触即発】** 일촉즉발
¶両国の関係はいつ戦争になってもおかしくない一触即発の状態にある 양국의 관계는 언제 전쟁이 터져도 이상하지 않을 만큼 일촉즉발의 위기 상태이다.

**いっしょくた【一緒くた】** ◇一緒くたにする 뒤죽박죽으로 만들다, 동일시하다. ¶資源ごみをほかのごみと一緒くたにしてはいけない 재활용 쓰레기를 다른 쓰레기와 같이 넣어서는 안 된다. / 机の上はたくさんの本や書類が一緒くたになっていた 책상 위는 많은 책과 서류로 뒤범벅이었다. / あんな連中と一緒くたにされたくない 저런 녀석들과는 같은 취급을 받기 싫다.

**いっしん【一審】** 일심 [初審] 초심 ¶彼は一審で有罪となったが二審では無罪となった 그는 일심에서는 유죄였으나 이심에서는 무죄가 되었다.

**いっしん【一心】** 일심, 한 마음 ◇一心に 열심히 ¶彼女は夫の無事を願って一心に祈った 그녀는 남편이 무사하기를 바라며 열심히 기도했다.
慣用句 彼は会社のために一心不乱に働いた 그는 회사를 위해 열심히 일했다. / 夫婦は一心同体だ 부부는 일심동체다.

**いっしん【一新】** 일신 ◇一新する 일신하다
¶今回の内閣改造で閣僚のメンバーは一新された 이번 내각 개조로 각료 구성원은 일신되었다. / 彼は自堕落な生活を一新しようと決意した 그는 무절제한 생활을 일신할 것을 결심했다.

**いっしん【一身】** 일신, 한몸 ¶彼女は責任を一身

**いっしんいったい【一進一退】** 일진일퇴 ¶戦局は一進一退の膠着状態に陥った 전황은 일진일퇴의 교착 상태에 빠졌다. / 彼女の病状は依然として一進一退を繰り返している 그녀의 병상은 여전히 일진일퇴를 반복하고 있다.

**いっすい【一睡】** 한잠 ¶彼女は一睡もしないで子どもの看病をした 그녀는 한잠도 자지 않고 아이를 간병했다.

**いっする【逸する】** 놓치다, 잃다 ¶好機を逸する 좋은 기회를 놓치다 ⇨逸す

**いっすん【一寸】** 한 치 ¶濃い霧のために一寸先が見えず森の中で立ち往生してしまった 짙은 안개로 한 치 앞도 가늠하지 못한 채 숲 속을 오도 가도 못하게 되었다. / 一寸先も予測할 수 없다. / 一寸先は闇 한 치 앞도 예측할 수 없다. / 一寸の虫にも五分の魂 지렁이도 밟으면 꿈틀한다.

**いっせい【一世】** 일세 [一生] 일생 [時代] 한 시대 ¶エリザベス一世 엘리자베스 일세 慣用句 かつて一世を風靡(ふうび)した流行歌が最近またよく聞かれるようになった 일찍이 한 시대를 풍미한 유행가를 최근에 다시 자주 듣게 되었다. ⇨時代, 世代

**いっせい【一斉】** 일제 ◇一斉に 일제히 ¶突然会社の電話が一斉に鳴った 갑자기 회사 전화가 일제히 울렸다. / 彼女の演奏が終わると聴衆は一斉に拍手喝采した 그녀의 연주가 끝나자 청중은 일제히 박수갈채를 보냈다. / 警察は交通違反の一斉取り締まりを行った 경찰은 교통 위반의 일제 단속을 실시했다. 関連 —斉検挙 일제 검거 / 一斉射撃 일제 사격

**いっせいちだい【一世一代】** 일세일대 慣用句 起死回生の策として彼は一世一代の大博打を打った 기사회생의 계책으로 그는 일세일대의 큰 도박을 했다.

**いっせき【一席】**〔演説〕한 바탕 [宴席] 한 자리 慣用句 彼はたばこの害について一席ぶつことになっている 그는 담배의 해악에 대해 연설을 하게 되어 있다. / 契約を祝って一席設けようと思います 계약을 축하하는 의미에서 한 자리 마련하려고 합니다.

**いっせき【一石】** [波紋] 파문 慣用句 いじめによる中学生の自殺は教育界に一石を投じた 왕따로 인한 중학생의 자살은 교육계에 파문을 일으켰다. / 一石二鳥をねらう 일석이조를 노리다

**いっせつ【一説】** 일설, 다른 설 ¶一説によるとあの作家の死亡原因は事故ではなくどうも自殺らしい 일설에 의하면 그 작가의 사망 원인은 사고가 아니라 아무래도 자살인 것 같다.

**いっせん【一戦】** 일전 ¶一戦を交える 일전을 벌이다 ⇨戦い, 戦う

**いっせん【一線】** 일선 ¶一線を引く 일선을 긋다 / 一線級の投手 에이스급 투수 慣用句 お世辞と賞賛と一線を画すことは難しい 겉치레말과 칭찬을 분명하게 구별하기는 어렵다. / 私は仕事と家庭の間に明確な一線を画している 나는 일과 가정을 분명히 구분하고 있다. / 彼は一線を退いた 그는 일선에서 물러났다. / 彼らは最後の一線を越えた 그들은 마지막 선을 넘어섰다.

**いっそ** 차라리, 오히려 ¶賃金をカットされるくらいならいっそ仕事をやめたほうがましだ 임금을 삭감당하느니 차라리 일을 그만두는 게 낫다.

**いっそう【一層】** 일층, 한층, 더욱더 ¶夜になって台風はいっそう激しさを増した 저녁이 되자 태풍은 더욱 세차졌다.

**いっそう【一掃】** 일소 ◇一掃する 일소하다 ¶彼女からの手紙で私の不安は一掃された 그녀에게서 온 편지로 내 불안은 말끔히 사라졌다. / 彼は走者一掃の2塁打を放った 그는 주자 일소의 이루타를 쳤다. / 街から犯罪を一掃する 거리에서 범죄를 일소하다 / 在庫を一掃する 재고를 정리하다

**いっそくとび【一足飛び】** 一足飛びに 일약 ¶就職してからわずか数年で彼は一足飛びに支社長になった 취직하고 불과 몇 년 만에 그는 일약 지점장이 되었다.

**いつぞや** 언젠가 ¶いつぞやはたいへんご迷惑をおかけしました 지난번에는 폐를 많이 끼쳤습니다.

**いったい【一体】** ❶ [ひとまとまり] 일체, 한 몸, 한 덩어리 ¶夫婦が一体となって新しい家庭を築く 부부가 하나가 되어 새로운 가정을 이룬다. / 森にいると自然と一体になったような気がする 숲에 오면 자연과 하나가 된 기분이다. / 試合をしてもまだチームとしての一体感が得られていない 시합을 해도 아직 팀으로서의 일체감이 부족하다.

❷ [疑問を強めて] 도대체, 대관절 ¶いったいどうする気だ 도대체 어쩔 생각이야? / いったいあなたはどなたなんですか 대체 당신은 누구십니까? / いったいだれがこの難問を解くことができるというのだ 도대체 누가 이런 어려운 문제를 풀 수 있단 말인가?
¶いったいどうしたのですか 도대체 어떻게 된 겁니까? / 彼はいったいどこにいるのだろう 그는 도대체 어디에 있는 거지? / いったいどこで財布を落としたのだろう 도대체 언제 지갑을 잃어버렸을까? / いったいどうして君が行かなくちゃならないんだ 도대체 왜 네가 가야 돼? / いったいどうしてこんな所にこの本があるんだ 도대체 왜 이런 곳에 이 책이 있는 거지? / いったいぜんたいあれは何の音だ 도대체 저건 무슨 소리야?

**いったい【一帯】** 일대 ¶この辺り一帯に熊が出没している 이 근처 일대에 곰이 나타나고 있다. / 昨夜関東地方一帯が強い地震に見舞われた 어제 간토 지방 일대에 강한 지진이 있었다.

**いったん【一旦】** 일단, 한번 ¶父はいったん言い出したら他人の言うことは聞かない 아버지는 한번 말을 꺼내면 다른 사람 말을 듣지 않으신다. / ややこしい仕事はいったん後回しにして後で片付けよう 복잡한 일은 일단 뒤로 미루어서 나중에 처리하자. / 彼女はいったん大学進学を断念したが、結局は受験することにした 그녀는 일단 대학 진학을 포기했으나 결국은 시험을 보기로 했다.

**いっち【一致】** 일치 ◇一致する 일치하다, 일치되다 ¶基本的に意見が一致した 기

본적으로 의견이 일치했다. / 彼らはあす出発する ことで一致した 그들은 내일 출발하는 것으로 일치를 보았다. / この件については、彼は我々と意見が一致していない 그 건에 대해서 그는 우리와 의견이 일치하지 않는다. / 我々はいつも意見が一致するわけではない 우리는 항상 의견이 일치하는 것은 아니다. / 彼女は服の趣味が一致している 그녀와는 옷 취향이 맞다[일치한다]. / 容疑者の指紋は犯行現場のものと一致している 용의자의 지문은 범행 현장의 것과 일치한다. / 報告書は事実と完全に一致している 보고서는 사실과 완전히 일치한다.

¶満場一致で決まった 만장일치로 결정되었다. / 数回にわたる話し合いの末にようやく意見の一致を見た 수 차례에 걸친 대화 끝에 겨우 의견의 일치를 봤다. / クラスの全員が学園祭の準備に一致協力すべきだ 반 전원이 학교 축제 준비에 총협력해야 한다. / 一致団結して目標達成のために努力しよう 목표 달성을 위해 일치단결하여 노력하자.

**いっちゃく**【一着】(服의) 한 벌 [競争의 1位] 일착, 일등 ¶いつもジーンズを着るので背広は1着も持っていない 언제나 청바지를 입기 때문에 양복은 한 벌도 없다.

¶100メートル競走で彼が1着、私は2着だった 100미터 달리기에서 그가 일등하고 내가 이등을 했다. / 1着でゴールインした 일등으로 들어왔다.

**いっちゅうや**【一昼夜】일주야 ¶一昼夜ぶっ通しで働いた 밤낮으로 계속 일했다.

**いっちょう**【一丁】(とうふなどの) 한 모 [一人前] 일인분 ¶とうふ一丁 두부 한 모 / ラーメン一丁 라면 한 그릇

**いっちょういっせき**【一朝一夕】일조일석 ¶世の中を変えるということは一朝一夕にできることではない 세상을 바꾼다는 것은 짧은 시일에 되는 게 아니다.

**いっちょういったん**【一長一短】일장일단 ¶彼らの案にはそれぞれ一長一短がある 그들의 제안에는 각각 일장일단이 있다.

**いっちょうら**【一張羅】단벌 ¶彼は一張羅を着て面接に臨んだ 그는 단 한 벌의 좋은 옷을 입고 면접에 임했다. ⇒晴れ着

**いっちょくせん**【一直線】일직선 ¶一直線に進む 일직선으로 나아가다 / その道は牧場まで一直線に続いていた 그 길은 목장까지 일직선으로 이어져 있었다.

**いつつ**【五つ】다섯 ⇒五

**いっつい**【一対】한 쌍 ¶土産物屋で一対の夫婦茶碗を記念に買った 기념품 가게에서 부부찻잔 한 쌍을 기념으로 샀다.

**いって**【一手】[チェスや将棋などの] 한 수 ◇一手に [ひとりで] 혼자

¶彼はうまい一手で将棋に勝った 그는 장기에서 능숙한 한 수로 이겼다. / 競争社会では一手先を読む必要がある 경쟁 사회에서는 한 수 앞을 볼 필요가 있다. / 彼は仕事を一手に引き受け過労で病気になった 그는 일을 혼자 떠맡아 과로로 병들었다.

**いってい**【一定】◇一定する 일정하다 ◇一定の 일정한 ¶銀行に預金すると一定の割合で利子がつく 은행에 예금하면 일정한 비율로 이자가 붙는다. / バスは高速道路を一定のスピードで走り続けた 버스는 고속도로를 일정한 속도로 계속 달렸다. / サラリーマンは毎月一定の収入がある 월급쟁이는 매월 일정한 수입이 있다. / 温度を一定に保つ 온도를 일정하게 유지하다

**いってき**【一滴】한 방울 ¶酒は一滴もやらない 술은 한 방울도 마시지 않는다. / 点滴が一滴ずつ血管に入っていった 링거액이 한 방울씩 혈관에 들어갔다. 慣用句 我々のわずかな寄付など大海の一滴 우리들의 약소한 기부는 큰 바다의 물 한 방울 정도에 지나지 않는다.

**いってつ**【一徹】◇一徹だ 완고하다 ¶祖父は昔から頑固一徹だ 할아버지는 옛날부터 완고하다. / 彼は一徹者 그는 고집불통이다.

**いつでも**[どんな時でも] 언제라도 [常に] 언제나, 항상 ¶いつでも気が向いたらお出かけください 언제라도 마음이 내키시면 놀러 오세요. / 来週ならいつでも結構です 다음주라면 언제라도 좋습니다. / 彼はいつでもガールフレンドの写真を持っている 그는 언제나 여자 친구 사진을 가지고 있다.

**いってん**【一転】◇一転する 일변하다 ¶姉の穏やかな声は一転してヒステリックな叫び声に変わった 누나의 조용한 목소리는 일변하여 히스테릭한 목소리로 변했다.

**いってん**【一点】한 점, 조금 ¶きょうは一点の雲もない絶好の行楽日和だ 오늘은 구름 한 점 없어서 놀러 가는 데 최고의 날씨이다. / 私は一点のやましい所もない 나는 양심에 거리낄 일은 한 적이 없다. 慣用句 彼は警察の事情聴取に対し知らぬ存ぜぬの一点張りで押し通した 그는 경찰의 조사에 모른다고 끝까지 우겼다.

**いっと**【一途】일로 ¶世界の人口は増加の一途をたどっている 세계 인구는 증가 일로에 있다.

**いっとう**【一等】일등 ¶スニは弁論大会で一等になった 순비는 웅변 대회에서 일등을 했다. / 彼女はマラソンで一等になった 그녀는 마라톤에서 일등을 했다. / 彼は都心の一等地にビルを持っている 그는 도심의 가장 좋은 위치에 빌딩을 가지고 있다. 関連 一等航海士 일등 항해사 / 一等賞 일등상 / 一等星 일등성

**いっとうりょうだん**【一刀両断】일도양단 ¶社長は問題を一刀両断に解決してしまった 사장은 문제를 일도양단으로 단숨에 해결해 버렸다.

**いっとき**【一時】일시, 잠시 ¶彼女は死んだひとり息子のことを一時も忘れたことはなかった 그녀는 죽은 외아들을 잠시도 잊지 못했다.

**いつなんどき**【いつ何時】언제 어느 때 ¶いつなんどきどこで地震が起こるかわからない 언제 어느 때 어디서 지진이 일어날지 모른다.

**いつになく** 여느 때와 달리 ¶いつになく早起きして近所の公園を散歩した 여느 때와 달리 일찍 일어나 근처의 공원을 산책했다.

**いつのまにか**【いつの間にか】어느새, 어느덧 ¶いつのまにか外は一面の銀世界だった 어느새 밖은 온통 눈으로 덮여 있었다. / いつのまにか彼女はいなくなった 어느새 그 여자는 어디론가 가 버렸다. / 夏休みはいつのまにか終わってしまった 여름

방학은 어느새 끝나 버렸다.

**いっぱい【一杯】** ❶〔容器一つの分量〕¶1杯の水 물 한 컵 / コーヒー[緑茶]1杯 커피[녹차] 한 잔 / さじ1杯の塩 소금 한 숟가락 / かご1杯の果物[いちご] 과일[딸기] 한 바구니 / ご飯1杯 밥 한 그릇 / バケツ1杯の水 양동이 한 통의 물 / 水を1杯ください 물 한 잔[컵] 주세요.

会話 コーヒーを1杯
A：コーヒーを1杯どうですか
B：ええ、いただきます
A：커피 한 잔 어떠세요?
B：네, 주세요.
A：お茶をもう1杯いただけますか
B：ええ、どうぞ
A：차 한 잔 더 주시겠습니까?
B：네, 그러세요.

❷〔酒類などのひと飲み〕한잔 ¶仕事に取りかかる前に焼酎を一杯ひっかけた 일을 시작하기 전에 소주를 한잔 걸쳤다.

¶今晩一杯やろうよ 오늘 저녁 한잔 하자. /「帰りにちょっと一杯やっていかないか」「いいね」 "집에 갈 때 술 한잔 안 할래?" "좋지." / 一杯やりながら女の子の話をした 한잔하면서 여자 얘기를 했다. / 夫は一杯機嫌で帰ってきた 남편은 알딸딸하게 취해서 집에 돌아왔다.

❸〔充満〕가득 ¶バケツに水をいっぱい入れてきてちょうだい 양동이에 물을 가득 채워서 가져와. / 風呂がいっぱいになっておる湯があふれ出ている 목욕물이 가득 차서 넘쳐 흐르고 있다. / ジュースがいっぱい入ったコップ 주스가 가득 담긴 컵 ¶そのトランクはもういっぱいだ 그 여행 가방은 꽉 찼다. / デパートは休日の買い物客でいっぱいだった 백화점은 주말의 손님들로 꽉 찼다. / 広場には人がいっぱい集まっていた 광장에는 사람들이 가득히 모여 있었다. / 彼女の胸は喜びでいっぱいになった 그녀의 가슴은 기쁨으로 가득 찼다. / 仕事の事で頭がいっぱいだってしゃべってはいけません 머리가 꽉 차 있다. / 口いっぱいほおばってしゃべってはいけません 입에 뭘 잔뜩 넣고 말하면 안 돼. / 感謝の念でいっぱいです 감사의 마음을 어떻게 말해야 될지 모르겠습니다. / もうおなかがいっぱいだ 배가 너무 부르다. / 彼は腹いっぱい食べた 그는 잔뜩 먹었다. / 君はいつ見ても元気いっぱいだね 너는 언제 봐도 활기차구나. / 場内いっぱいの観客 장내에 가득 찬 관객

❹〔たくさん〕많이 ¶庭に朝顔がいっぱい咲いている 정원에 나팔꽃이 가득 피어 있다. / きょうはやることがいっぱいある 오늘은 할 일이 많다.

❺〔限られた範囲のすべて〕까지 ¶今週いっぱいこちらにいます 이번주말까지는 여기에 있겠습니다. / 工事は今年いっぱいかかりそうだ 공사는 금년 말까지 걸릴 것 같다. 慣用句 君はきっと一杯食わされたんだ 너는 틀림없이 사기 당했어. / あいつにまんまと一杯食わされるところだった 그놈에게 감쪽같이 속을 뻔했다.

**いっぱく【一泊】** 일박 ▷一泊する 일박하다
¶京都で一泊した 교토에서 일박했다. / 箱根に一泊旅行に行った 하코네로 일박 여행을 떠났다. / 伊豆では一泊二食付き1万円のホテルに一泊した 이즈에서는 식사 두 끼 포함해서 하루에 만엔 하는 호텔에서 일박했다. / 一泊二日の出張 일박 이일의 출장

**いっぱし【一端】** ◇いっぱしの 어엿한 ¶うちの娘もいっぱしの口を利くようになった 우리 딸도 제법 어른스러운 말까지 하게 되었다. / あいつはもういっぱしの作家気取りだ 녀석은 벌써 어엿한 작가인 체한다. ⇨一人前

**いっぱつ【一発】** 한 발, 한 방; 한바탕 ¶彼は一発で熊を仕留めた 그는 한 발로 곰을 쏘아 죽였다. / 一発でかいことをやってみよう 한바탕 큰 일을 해 보자. / 彼は一発勝負に出た 그는 한판 승부에 임했다.

**いっぱん【一般】**〔一般の人々〕일반, 일반인 ◇一般的だ 일반적이다 ◇一般的に 일반적으로 ¶彼らの音楽は世間一般には受け入れられなかった 그들의 음악은 일반 사람들에게는 받아들여지지 않았다. / この学校は校庭を一般の使用に開放している 이 학교는 교정을 일반인들에게 개방하고 있다. / 一般の人が信じているのとは違って彼は決して悪人ではない 일반 사람들이 믿는 것과는 달리 그는 결코 악인이 아니다. / 世間一般の考えはそうだ 세상 사람들의 일반적인 생각은 그렇다. / 彼は世間一般の人気を得ている 그는 사람들의 인기를 끌고 있다. / 彼の講演の内容は難しくて一般の人にはわからない 그의 강연 내용은 어려워서 일반 사람들은 잘 모른다. / その映画はあすから一般公開される その 영화는 내일부터 일반 공개된다.

¶そのうわさは一般には信じられてはいない 일반 사람들은 그 소문을 안 믿는다. / 一般的に言うと、秋は陽気がもっともよい 일반적으로 말하면 가을 날씨가 가장 좋다. 関連 一般教育 교양 교육 / 一般紙〔新聞などの〕일반지 / 一般常識 일반 상식 / 一般大衆 일반 대중 / 一般読者 일반 독자 / 一般料金 일반 요금

**いっぴきおおかみ【一匹狼】**〔異端者〕독불장군(独不将軍) ¶彼は一匹狼だから付き合いにくい 그는 독불장군이라서 사귀기 어렵다. / 政界の一匹狼 정계의 독불장군

**いっぴょう【一票】** 한 표, 일표 ¶今度の選挙では野党の候補に一票を投じるつもりだ 이번 선거에서는 야당 후보에게 한 표를 던질 생각이다. / 一票の格差が大きい 한 표의 격차가 심하다.

**いっぷいっぷせい【一夫一婦制】** 일부일처제

**いっぷう【一風】** ¶彼は一風変わった人間で皆から敬遠されている 그는 좀 별난 사람이라서 모두가 경원하고 있다.

**いっぷく【一服】**〔1回分の薬〕한 봉지 ◇一服する〔たばこを吸う〕한 대 피우다〔休憩する〕잠깐 쉬다 ¶食後にこの薬を一服ずつ飲んでください 식후에 이 약을 한 봉지씩 복용하세요. / このへんでちょっと一服しましょう 이쯤에서 잠시 쉽시다. ⇨休憩

**いっぺん【一変】** ◇一変する 일변하다 ¶父の急死で私たちの生活は一変した 아버지의 갑작스런 죽음으로 우리의 생활은 일변했다. / 9.11テロ

いっぺん【一遍】〔一度〕한 번 ◇一遍に 한꺼번에, 단번에 ¶仕事は一遍に 終わらせることはできない 일을 단번에 해치우는 것은 불가능하다. ⇒一度

いっぺんとう【一辺倒】일변도 ¶彼は酒に関しては焼酎一辺倒だ 그는 술이라면 소주만 마신다. / 日本は欧米一辺倒からアジア重視に外交政策を改めるべきだ 일본은 구미 일변도에서 벗어나 아시아 중시의 외교 정책으로 전환해야 한다.

いっぽ【一歩】일보, 한 발, 한 걸음, 한 단계 ¶一歩後ろへ下がって[前へ進んで]ください 한 발 뒤로 물러나[앞으로 나와] 주세요. / もう一歩も歩けない 더 이상 한 발자국도 움직일 수가 없다. / 向こうから見知らぬ男が一歩一歩近づいてきた 저 쪽에서 모르는 남자가 한 걸음씩 다가왔다.

¶目標に一歩近づく 목표에 한 발 다가가다 / その国は民主化に向けて第一歩を踏み出した 그 나라는 민주화를 향해 첫발을 내디뎠다. / あの会社は倒産の一歩手前だ 그 회사는 도산 일보 직전이다. / これで彼に一歩リードした 이것으로 그를 한 발 리드했다. / 一歩間違えたら死ぬところだった 자칫하면 죽을 뻔했다. / 彼はそのことについては一歩も譲らなかった 그는 그 전에 관해서는 한 걸음도 양보하지 않았다. / 一歩先を行く 한 발 앞서다

**いっぽう【一方】** ❶〔片方〕한쪽, 한편, 일방 ◇一方で 한편으로 ¶あの双子は性格が違う 一方はおとなしいが、もう一方は活発だ 그 쌍둥이는 성격이 다르다. 한 아이는 얌전하고 또 한 아이는 활발하다 / 一方の言い分だけを聞くのは不公平だ 한쪽 말만 듣는 것은 불공평하다. / 彼女は頭を一方にかしげた 그녀는 머리를 한쪽으로 기울였다. / 一方に傾く 한쪽으로 기울어지다

¶2つのうちどちらか一方を選ばなければならない 둘 중 어느 한쪽을 선택하지 않으면 안 된다. / 彼は一方では仕事に励み、もう一方ではスポーツにも精を出した 그는 일도 열심히 하고 운동에도 힘을 쏟았다. / 食糧が豊富な国がある一方で、食糧不足に悩んでいる国もある 식량이 풍부한 나라가 있는 한편 식량 부족으로 시달리는 나라도 있다. / 彼は医者でもある 作家でもある 그는 의사이기도 하고 작가이기도 하다. / とても驚いたが、一方ではうれしくもあった 매우 놀랐지만 한편으로는 기뻤다.

¶ここは一方通行です 여기는 일방통행입니다.
❷〔…するばかりだ〕-기만 하다 ◇一方的だ 일방적이다 ◇一方的に 일방적으로 ¶物価は上がる一方だ 물가는 올라가기만 한다. / 息子の成績は下がる一方だ 아들의 성적은 떨어지기만 한다. / 長引く不況のせいで赤字が増える一方だ 계속되는 불황으로 적자가 계속 늘고 있다.

¶きのうの日本と中国の試合は一方的だった 어제 있었던 일본과 중국의 시합은 일방적이었다. / 彼女は一方的にチョルスとの婚約を破棄した 그녀는 일방적으로 철수와의 약혼을 파기했다.

いっぽう【一報】〔ニュース〕제일보〔知らせ〕기별 ¶その事故の一報が入ったのは真夜中だった 그 사고 연락이 온 것은 한밤중이었다. / 向こうへ着いたらご一報ください 그쪽에 도착하시면 연락 주세요.

いっぽん【一本】❶〔助数詞〕¶映画1本 영화 한 편 / 鉛筆1本 연필 한 자루 / 髪の毛1本 머리카락 한 올 / 木1本 나무 한 그루 / きゅうり1本 오이 하나 / スプーン1本 스푼 하나 / 大根1本 무 하나 / たばこ1本 담배 한 개비[개피] / 注射1本 주사 한 대 / 朝鮮人参1本 인삼 한 뿌리 / 電話1本 전화 한 통 / ネクタイ1本 넥타이 한 개 / バナナ1本 바나나 한 개 / ビール1本 맥주 한 병 / ひも1本 끈 하나 / 筆1本 붓 한 자루 / マッチ1本 성냥 한 개비 / ろうそく1本 초 한 자루

❷〔柔道・剣道の〕한판 ¶〔柔道で〕彼は背負い投げで一本取った 그는 업어치기로 이겼다.
〖慣用句〗参った、一本取られたよ(→負けたよ) 야, 이거 졌는 걸. / 彼は一本気だからすぐかっとなる 그는 외곬이어서 금방 흥분한다. / 彼女もやっと一本立ちした 그녀도 겨우 독립했다. / 彼の話し方はいつも一本調子だ 그의 말투는 늘 단조롭다. / 駅までは一本道だから迷うことはないよ 역까지는 쭉 같은 길이기 때문에 헤맬 것도 없어. / 窓口を一本化する 창구를 일원화하다

いつまで 언제까지 ¶日本にはいつまで滞在なさる予定ですか 일본에는 언제까지 계실 예정이에요? / いつまでかなまえねをしてるんだ 언제까지 바보같은 짓을 할래? / いつまでに報告書を書かなければならないの 언제까지 보고서를 써야 해? / いつまで待っても彼女は約束の場所に来なかった 아무리 기다려도 그녀는 약속 장소에 오지 않았다.

いつまでも 언제까지나 ¶彼女のことはいつまでも忘れない 그녀를 언제까지나 잊지 않는다. / いいことがいつまでも続くはずがない 좋은 일이 언제까지나 계속될 리가 없다. / 気持ちだけはいつまでも若くありたいね 마음만은 언제까지나 청춘이고 싶다.

**いつも** ❶〔常に,どんなときでも〕언제나, 늘, 항상 ¶私はいつも食後歯を磨く 나는 언제나 밥 먹은 후 이를 닦는다. / 母はいつも私にばかり用事を言いつける 어머니는 언제나 나한테만 일을 시킨다. / 彼はいつも人のあら捜しばかりしている 그는 항상 남의 흠만 잡는다. / 金持ちがいつも幸福とは限らない 부자들이 항상 행복한 것은 아니다. / だからいつも僕が言ってたじゃないか 그러니까 내가 항상 말했잖아.

¶「キーボードを打つのがずいぶん速いね」「いつも使ってるからね」"키보드 치는 게 꽤 빠르네." "항상 쓰니까." / 電話をしてもミファはいつも留守だった 전화를 해도 미화는 늘 없었다.

〖会話〗いつもじゃない
A : あの先生、いつもあんなにむっつりしているのかい
B : いつもってわけじゃないよ. ときどき冗談を言うこともあるよ.

A : 그 선생님, 언제나 그렇게 무뚝뚝하니?
B : 항상 그런 건 아니야. 가끔 농담할 때도

있어.

❷【ふだん, 普通は】평소, 여느 때 ¶父はいつも日曜日にはゴルフに出かける 아버지는 평소 일요일에는 골프 가신다. / 朝食はいつもトーストとコーヒーです 아침 식사는 늘 토스트와 커피에요. / 彼女は今朝いつもより早く[遅く]起きた 그녀는 오늘 아침 평소보다 빨리[늦게] 일어났다. ¶いつもの場所でいつもの時間に会おう 항상 만나는 곳에서 그 시간에 만나자. / (注文に)いつものやつ 항상 시키는 거. / 姉はきのうはいつもの姉ではなかった 누나는 어제 평소의 누나가 아니었다. / いつものように 8 時 30 分に会社に着いた 여느 때처럼 여덟 시 30분에 회사에 도착했다.

**会話** 학교에서
A : いつもバスで通学しているの?
B : いや, いつもは違うよ. いつもは自転車さ
A : 平素にバスでの通学かね?
A : いや, 普通の時はないよ. 平素には 自転車거야.
A : ミョンチョルはきょう遅刻だ
A : いつものことさ
A : 명철이는 오늘 지각이다.
B : 항상 그래.

**いつわ**【逸話】일화 ¶彼にはおもしろい逸話がたくさんある 그 사람에게는 재미있는 일화가 많이 있다.

**いつわり**【偽り】거짓, 허위 ¶彼女は彼をかばうために警察に偽りの供述をした 그녀는 그를 위해 경찰에 거짓 진술을 했다. / 私の言ったことに絶対うそ偽りはない 내가 한 말에 절대 거짓이 없다. / 偽りの宣伝 거짓 선전 ⇒うそ

**いつわる**【偽る】거짓말하다, 속이다 ¶彼は経歴を偽って就職した 그는 경력을 속여 취업했다. / 彼女は病気と偽って会社を休んだ 그녀는 아프다며 거짓말하고 회사를 쉬었다. / 彼の話は偽らざる事実だ 그의 말은 거짓없는 사실이다.

**イデオロギー** 이데올로기

**いてざ**【射手座】사수자리

**いてつく**【凍て付く】얼어붙다 ¶冬の海は凍て付くような寒さだった 겨울 바다는 얼어붙을 것 같이 추웠다. ⇒凍る

**いてもたっても**【居ても立っても】◇居ても立ってもいられない 안절부절 못하다 ¶娘の無事な顔を見るまで心配で居ても立ってもいられなかった 딸의 무사한 얼굴을 볼 때까지 걱정이 되어 안절부절 못했다.

**いてん**【移転】이전[引っ越し, 転居] 이사 ◇移転する 이전하다, 옮기다[引っ越す] 이사하다 ¶新しい事務所への移転は今度の日曜日に行われる 새 사무실로 옮기는 것은 이번주 일요일에 한다. / 本社を東京から大阪に移転する 본사를 도쿄에서 오사카로 옮긴다. / 権利を移転する 권리 이전하다 / 知っていたら彼女の移転先を教えてくれないか 알고 있으면 그녀가 이사 간 곳을 알려 주지 않을래? **関連** 移転通知 이전 통지 / 技術移転 기술 이전

**いでん**【遺伝】유전 ◇遺伝する 유전하다, 유전되다 ¶音楽的な才能は遺伝によるところが大きいと思う 음악적 재능은 유전되는 경향이 많을 거야. / 彼の文才は父親からの遺伝に違いない 그 사람의 글재주는 아버지로부터 물려받은 것이 틀림없다. / 子孫に遺伝する 자손에게 유전되다 / 遺伝性疾患 유전성 질환 **関連** 遺伝学 유전학 / 遺伝形質 유전 형질 / 遺伝情報 유전 정보 / 遺伝病 유전병 / 隔世遺伝 격세 유전 / 優性遺伝 우성 유전 / 劣性遺伝 열성 유전

**いでんし**【遺伝子】유전자 **関連** 遺伝子型 유전자형 / 遺伝子銀行 유전자 은행 / 遺伝子組み換え 유전자 재조합[재결합] / 遺伝子組み換え食品 유전자 변형 식품 / 遺伝子工学 유전 공학, 유전 공학 / 遺伝子操作 유전자 조작 / 遺伝子治療 유전자 치료

**いと**【糸】〔縫い糸〕실〔釣り糸〕낚싯줄
◆【糸が・糸は】
¶糸が切れてしまった 실이 끊어지고 말았다. / からまった糸がほどけない 엉킨 실이 풀리지 않는다.
◆【糸で・糸を】
¶丈夫な糸でカバーを縫った 튼튼한 실로 커버를 꿰맸다. / 針に糸を通す 바늘에 실을 꿰다 / 針と糸を貸してください 바늘과 실을 빌려 주세요. / はさみで糸をちょきんと切った 가위로 실을 싹둑 잘랐다. / 川に糸を垂れて, 魚がかかるのを待った 강에 낚싯줄을 내려뜨리고 고기가 잡히기를 기다렸다.
¶(比喩的に)後ろで糸を引く 뒤에서 조종하다
◆【その他】
¶太い糸 굵은 실 / 細い糸 가는 실 / クモの糸 거미줄 **関連** 糸くず 실보무라기 / 生糸 생사, 생명주실 / 毛糸 털실 / ナイロン糸 나일론실 / ミシン糸 미싱실 / 木綿(もめん)糸 무명실

**いと**【意図】의도 ◇意図する 의도하다 ◇意図的に 의도적으로 ¶相手の意図をさぐる 상대의 의도를 살피다 / 彼女が意図しているところがまるでわからない 그가 의도하는 것을 전혀 모르겠다. / 彼は意図的に彼女を傷つけたわけではなかった 그는 의도적으로 그녀에게 상처를 입힌 것은 아니었다. ⇒つもり, 目的

**いど**【緯度】위도(↔경도) ¶イギリスは緯度が高い割に冬は暖かい 영국은 위도가 높은 것에 비해 겨울은 따뜻하다. **関連** 緯度線 위도선, 위선

**いど**【井戸】우물 ¶井戸が涸(か)れる 우물이 마르다 / 井戸の水をくむ 우물물을 긷다 / 井戸を掘る 우물을 파다 **関連** 井戸端会議 우물가 공론 / 井戸水 우물물

**いどう**【異動】이동 ¶父は今回の異動で部長に昇進した 아버지는 이번 인사이동에서 부장으로 승진하셨다. **関連** 人事異動 인사이동

**いどう**【移動】이동 ◇移動する 이동하다, 옮기다 ¶馬を移動する 좌석을 옮기다 / 早く車を移動させてください 빨리 차를 이동해 주세요. / 民族の大移動 민족 대이동 **関連** 移動性高気圧 이동성 고기압 / 移動式ベッド 이동식 침대 / 移動図書館 순회 도서관[巡回図書館]

**いとぐち**【糸口】실마리, 단서 ¶問題解決の糸口をつかむ 문제 해결의 실마리를 찾다 / 警察は事件解明の糸口すら見つけていない 경찰은 사건 해결의 실마리조차 찾지 못하고 있다. / 話の糸口 이야기의 실마리 ⇒きっかけ

**いとこ**【従兄弟・従姉妹】사촌(四寸) 関連 またいとこ 육촌(六寸)

**いどころ**【居所】거처〔住所〕주소 ¶あれ以来彼女の居所がわからない 그 때 이후 그녀의 거처를 알 수가 없다. ⇒住所

**いとしい**【愛しい】〔親愛な、かわいい〕사랑스럽다〔恋しい〕그립다 ¶田舎の両親はいとしいわが子の帰りを千秋の思いで待っている 시골의 부모님은 사랑스러운 자식이 돌아오기를 일각이 여삼추로 기다리고 계신다.

**いとなみ**【営み】일, 작업, 생업, 영위〔仕事〕일 ¶彼は日々の営みに忙しい 그는 매일 바쁘게 일한다. / 自然の営み 자연의 영위

**いとなむ**【営む】〔経営する〕경영하다, 영위하다 ¶彼は故郷で農業を営んでいる 그는 고향에서 농사를 짓고 있다. / 彼女は近い将来自分で事業を営みたいと考えている 그녀는 가까운 장래에 사업을 하려고 생각하고 있다. / 旅館を営む 여관을 경영하다 / 米屋を営む 쌀가게를 하다

**いとま**【暇】¶そろそろおいとまいたします 이제 그만 가 보 겠습니다.

**いどむ**【挑む】도전하다 ¶彼らに戦いを挑むとは 용기가 있다네 그들에게 싸움을 걸다니 용기가 있네. / 彼は世界新記録に挑んで見事記録を打ちたてた 그는 세계 신기록에 도전해 훌륭하게 기록을 수립했다. ⇒挑戦

**いとめ**【糸目】¶彼女は金に糸目をつけずにブランド品を買いあさった 그녀는 돈을 아끼지 않고 유명 상품을 사 모았다

**いとめる**【射止める】쏘아 잡다, 사살하다；차지하다, 획득하다〔獲物などを〕쏘아 잡다〔心などを〕사로잡다 ¶猟師たちは森で熊を射止めた 사냥꾼들은 숲에서 곰을 쏘아 잡았다. / 彼はついに彼女のハートを射止めた 그는 드디어 그녀의 마음을 사로잡았다.

**いとも** 매우, 아주, 대단히, 지극히 ¶彼はだれも解けなかったその難問をいとも簡単に解いた 그는 아무도 풀지 못했던 그 난문을 매우 간단하게 풀었다. / いとも簡単にやってのける 아주 간단히 해치우다

**いな**【否】아니, 아니다 ¶警察は彼の言っていることが事実か否かを徹底的に調べた 경찰은 그가 말하고 있는 것이 사실인지 아닌지 철저하게 조사했다. / 賛成か否かを問う 찬성인지 아닌지 묻다

**-いない**【-以内】이내 ◇以内에 이내로 ¶2時間以内に戻ります 두 시간 이내로 돌아오겠습니다. / 1週間以内に仕上げてくれますか 일 주일 이내로 완성할 수 있겠습니까? / 家から歩いて10分以内の所にコンビニがある 집에서 걸어서 10분 이내의 곳에 편의점이 있다. / 経費は 5万円以内におさえてください 경비는 5만 엔 이내로 해 주세요.
/ 要旨を400字以内に要約しなさい 요지를 400자 이내로 요약하시오.

**いなおる**【居直る】¶非難されると彼は居直った 비난을 받자 그 사람은 갑자기 태도를 바꾸었다.

**いなか**【田舎】❶〔都会に対して〕시골, 촌(村) ¶私は田舎育ちだ 난 시골내기다. / ここは東京の田舎だ 여기는 도쿄 중에서도 시골이다. / 彼らは田舎の生活を楽しんでいる 그들은 시골 생활을 즐기고 있다. / 彼女には田舎のなまりがある 그녀는 시골 사투리를 쓴다. / この絵には日本の田舎の風景が描かれている 이 그림에는 일본의 시골 풍경이 묘사되어 있다. / 田舎くささが抜けない 촌티를 벗지 못하다

❷〔故郷〕고향, 고장 ¶正月には田舎に帰った 설에는 고향에 돌아갔다. / 久しぶりに田舎の友達に会った 오랜만에 고향 친구를 만났다. / 初めてのボーナスで田舎の両親にプレゼントの初 보너스로 고향의 부모님한테 선물을 했다.
関連 田舎者 촌놈, 시골뜨기 / 田舎料理 시골 음식 / 田舎道 시골길

**いながら**【居ながら】¶インターネットを使えばあらゆる情報が居ながらにして手に入る 인터넷을 쓰면 온갖 정보가 앉은 채로 손에 들어온다.

**いなご**【蝗】메뚜기

**いなさく**【稲作】〔稲の栽培〕벼농사 ¶昨年は天候不順のために稲作に大きな被害が出た 작년에는 날씨가 불순해서 벼농사에 큰 피해를 입었다. 関連 稲作農家 벼농사 농가 / 稲作農民 벼농사 농민 / 稲作文化 벼농사 문화

**いなずま**【稲妻】번개 ¶稲妻が走った後すぐに雨が降り出した 번개가 친 다음 바로 비가 내리기 시작했다.

**いなだ**【稲田】논

**いななく**【嘶く】〔馬などが〕힘차게 울다 ⇒鳴く

**いなびかり**【稲光】번개 ¶稲光がする 번개가 치다

**いなほ**【稲穂】벼이삭 ¶一面の稲穂が頭を垂れている 주변 일대의 벼이삭이 고개를 숙이고 있다.

**いなめない**【否めない】¶彼が間違っていることは否めない 그가 틀렸다는 것은 부정할 수 없다.

**-いなや**【-否や】¶〔…するとすぐに〕《動詞語幹+》-자마자 ¶その知らせを聞くやいなや彼女は家を飛び出した 그 소식을 듣자마자 그녀는 집을 뛰쳐나갔다. / 警官を見るやいなや彼は逃げ出した 경찰관을 보자마자 그는 도망쳤다. / 私が部屋に入るやいなや彼らは話しをやめた 내가 방에 들어가자마자 그들은 이야기를 멈췄다.

**イニシアチブ** 이니셔티브, 주도권(主導権) ¶彼女がイニシアチブをとって計画を進めた 그녀가 주도권을 잡고 계획을 진행했다.

**イニシャル** 이니셜, 머릿글자 ¶キム・デジュン元大統領は名前のイニシャルからしばしばDJと呼ばれる 김대중 전 대통령은 이름의 이니셜을 따서 종종 DJ라고 불린다.

**いにん**【委任】위임 ◇委任する 위임하다 ¶その件については彼に委任してある 그 건에 대해서는 그에게 위임했다. 関連 委任状 위임장 / 委任統治 위임 통치 / 委任投票 위임 투표

**イニング**〔野球〕이닝

**いぬ**【犬】❶〔動物〕개〔子犬〕강아지 ¶私は犬が好きだ 나는 개를 좋아한다. / 私は白い犬を飼っている 나는 흰 개를 기르고 있다. /

私は犬にえさをやった 나는 개한테 먹이를 주었다. / 彼女は毎日犬を散歩に連れて行く 그녀는 매일 아침 개를 산책시킨다. / 犬が見知らぬ人に向かってほえていた 개가 낯선 사람을 향해 짖고 있었다. / ほえる犬はめったにかまない 짖는 개는 좀처럼 물지 않는다. / 大きな犬に左足をかまれた 큰 개한테 왼발을 물렸다. / 彼は犬を木につないだ 그는 나무에 개에 매어 뒀다.

¶犬死にする 개죽음을 하다

¶犬の綱 개 끈 / 犬の首輪 개 목걸이 / 飼い犬 집에서 기르는 개 / 野良犬 들개 / 犬の鍋料理 보신탕 数え方 犬 1匹 한 마리

❷ [スパイ, 手先] 개, 앞잡이 ¶あの男は警察の犬だ 그 남자는 경찰의 앞잡이다. 慣用句 犬も歩けば棒に当たる [災難にあう] 함부로 굴면 봉변을 당한다. |[幸運にあう] 살다 보면 행운을 만날 때도 있다. / 夫婦喧嘩は犬も食わない 부부 싸움은 칼로 물베기 関連 犬かき 개헤엄 / 犬小屋 개집 / 警察犬 경찰견 / 番犬 지키는 개 / 盲導犬 맹도견 / 猟犬 엽견, 사냥개

**いぬ** 【戌】〔十二支の11番目〕개, 술(戌) ¶戌年 술년 | 개띠

**いね** 【稲】벼 ¶台風が来る前に稲を刈らなければならない 태풍이 오기 전에 벼를 베지 않으면 안 된다. 関連 稲刈り 벼베기 / 稲こき 벼훑이

**いねむり** 【居眠り】◇居眠りする 졸다 ¶退屈な授業だったので居眠りする生徒が多かった 지루한 수업이었기 때문에 조는 학생들이 많았다. / 居眠り運転をする 졸음[졸음] 운전을 하다

**いのこる** 【居残る】남다 ¶彼はオフィスにひとりで居残って残業した 그는 사무실에 혼자 남아 잔업을 했다.

**いのしし** 【猪】멧돼지 ¶猪の肉 멧돼지 고기

**いのち** 【命】목숨, 생명

◆【命が】

¶拉致された人質の命が危ない 납치된 인질들의 목숨이 위태롭다. / 命が惜しかったら言うとおりにしろ 목숨이 아까우면 시키는 대로 해. / きのうの地震では命が縮まる思いがした 어제 지진으로 죽는 줄 알았다. / 列車の衝突事故で多くの人の命が失われた 열차 충돌 사고로 많은 사람들이 목숨을 잃었다.

◆【命の】

¶あの人は私の命の恩人だ 저 사람은 내 생명의 은인이다. / 久しぶりに旅行に行って命の洗濯をしてきた (→気分転換をしてきた) 오랜만에 여행가서 기분 전환하고 왔다.

◆【命を・命に】

¶彼女は絶望のあまり自ら命を絶った 그녀는 절망한 나머지 스스로 목숨을 끊었다. / 今年は海で命を落とした人が多い 올해는 바다에서 목숨을 잃은 사람이 많다. / 弟はかろうじて命をとりとめた 남동생은 가까스로 목숨을 건졌다. / 彼はこの仕事に命をかけている 그는 이 일에 목숨을 걸고 있다. / がんは命にかかわる病気だ 암은 목숨을 잃을 수 있는 병이다. / 彼女は事故でけがをしたが, 命に別条はなかった 그녀는 사고로 다쳤지만 생명에 이상은 없었다.

¶命を救う 생명을 구하다 / 命をささげる 목숨을 바치다 / 命を奪う 목숨을 빼앗다

◆【その他】

¶音楽が彼女の命だ 음악이 그녀의 생명이다. / 命乞いをする 살려 달라고 빌다

会話 あと半年の命です

A：父の容態はどうですか

B：たいへん申し上げにくいのですが, あと半年の命です

A：아버지의 병세는 어떠십니까?

B：말씀드리기 어렵지만 앞으로 반년도 힘들 것 같습니다.

慣用句 命あっての物種だ 무엇보다도 생명이 제일

**いのちがけ** 【命懸け】¶彼らは南極点を目指して命懸けの探検に出発した 그들은 남극점을 향하여 목숨을 건 탐험을 시작했다. / 彼らは韓国に亡命するために命懸けで国境を越えた 그들은 한국에 망명하기 위해서 필사적으로 국경을 넘었다.

**いのちからがら** 【命辛々】간신히, 구사일생으로 ¶燃え盛る炎の中を彼らは命からがら逃げ出した 활활 타오르는 불길 속을 그들은 구사일생으로 도망쳤다.

**いのちしらず** 【命知らず】◇命知らずだ 죽음을 두려워하지 않다 〔無茶だ〕무모하다 ¶暴走族の命知らずの運転は困ったものだ 폭주족의 무모한 운전은 곤혹스럽다.

**いのちづな** 【命綱】구명줄, 구명삭 ¶彼は命綱のおかげで転落死を免れた 그는 구명줄 덕분에 전락사를 면했다.

**いのちとり** 【命取り】〔死因〕사인 〔致命傷〕치명상 ¶酒とたばこが彼の命取りになった 술과 담배가 그의 사인이었다. / そのスキャンダルが彼の政治家としての将来に命取りとなった 그 스캔들이 그의 정치가로서의 미래에 치명상이 되었다. / 命取りの病気 치명적인 병

**いのちびろい** 【命拾い】◇命拾いする 목숨을 건지다 ¶その電車に乗り遅れたおかげで彼女は事故に遭わずに命拾いした 그 전철을 놓쳐서 그녀는 사고를 당하지 않고 목숨을 건졌다. / 彼は自動車事故で命拾いした 그는 자동차 사고에서 구사일생으로 살아남았다. / かろうじて命拾いした 목숨만 겨우 건졌다.

**いのり** 【祈り】기도, 기원 ¶彼女は子供が授かりますようにと神に祈りを捧げた 그녀는 아이를 갖게 해 달라고 신에게 기도를 올렸다. / 私の祈りはかなえられた 나의 기도는 이루어졌다. / 朝の祈り 아침 기도 / 夕べの祈り 저녁 기도 / 食事の前のお祈り 식전 기도

**いのる** 【祈る】빌다, 기도하다, 기원하다 ¶彼女は娘が大学に合格するよう祈った 그녀는 딸이 대학에 합격하기를 빌었다. / 神の加護があるよう祈った 신의 가호가 있기를 빌었다. / すべてうまくいくように祈った 모두 잘 되기를 빌었다.

¶ご成功を祈ります 성공하시기를 빕니다. / ご冥福を祈ります 명복을 빕니다. / そうなるように祈りましょう 그렇게 되기를 빕시다. / 道中のご無事を祈ります 여행 길의 안전을 빕니다. / 彼女は息子の無事を祈った 그녀는 아들이 무사하기를 기

원했え / ご家族の皆様のご多幸を祈ります 가족 모두의 행복[행운]을 빕니다. / 祈るような気持ちで手術の成功を願った 기도하는 마음으로 수술 성공을 기원했다.

**いばしょ【居場所】** 있을 곳, 자리 [居所] 거처 ¶父親は家庭での居場所を失いつつある 아버지는 가정에서 있을 곳을 잃어가고 있다.

**いばら【茨】** 가시 ¶彼女は女手ひとつで子どもを育てながら、いばらの道を歩んできた 그녀는 여자 혼자 힘으로 아이를 키우면서 「가시밭길을[고난의 길을] 걸어 왔다.

**いばる【威張る】** 거만하게 굴다, 으스대다 ¶文学賞を取ってから彼女は威張っている 문학상을 받고 나서 그녀는 거만하게 굴고 있다. / 彼の威張った態度にはがまんできない 그의 거만한 태도는 참을 수가 없다. / 彼は上役にはへつらい、部下には威張り散らす 그는 윗사람에게는 아첨하고, 아랫사람에게는 거만을 떤다. / あの先生は生徒の前ではいつも威張って歩いている 저 선생님은 학생들 앞에서는 항상 으스대며 걷는다.

会話 威張ってる
A: 彼女、実は社長の娘なんだって
B: ああ、どうりで威張ってると思った
A: 그 사람, 알고 봤더니 사장 딸이래.
B: 아아, 어쩐지 거만하더라.

**いはん【違反】** 위반 ◇違反する 위반하다 ¶スピード違反でパトカーにつかまった 속도 위반으로 경찰차에 붙잡혔다. / 契約違反で訴える 계약 위반으로 고소하다[소송하다] / 彼は校則に違反して停学になった 그는 교칙을 위반해서 정학 처분을 받았다. / 交通規則に違反する 교통 법규를 위반하다 関連 違反者 위반자 / 規則違反 규칙 위반 / 交通違反 교통 위반 / 選挙違反 선거 위반 / 駐車違反 주차 위반 / 法律違反 법률 위반

**いびき【鼾】** 코를 고는 소리 ◇いびきをかく 코를 골다 ¶弟のいびきがうるさくて眠れなかった 남동생의 코 고는 소리가 시끄러워 잠을 잘 수가 없었다. / 大きないびきをかく 코를 크게 골다

**いびつ【歪】** ◇いびつだ 찌그러지다 ¶この円はいびつだ 이 원은 찌그러졌다. / いびつでゆがんだ性格 비뚤어진 성격

**いひょう【意表】** 의표, 뜻밖 ◇意表を突く 의표를 찌르다 ¶意表を突かれて一瞬言葉に詰まった 상대방의 뜻밖의[엉뚱한] 발언[행동]에 순간 말문이 막혔다.

**いびる** 구박하다, 학대하다 ¶彼女はしゅうとめにいびられている 그녀는 시어머니에게 구박받고 있다.

**いふ【異父】** 関連 異父兄弟 동복형제(同腹兄弟) / 異父姉妹 동복자매(同腹姉妹) ⇒異母

**イブ【前夜】** 전야 関連 **クリスマスイブ** 크리스마스이브

**いぶかる【訝る】** 의심하다, 수상하다 ¶村人たちは私たちをいぶかるような目で見た 마을 사람들은 우리들을 수상쩍은 눈빛으로 쳐다봤다.

**いぶき【息吹】** 숨결 ¶春の息吹を感じる 봄의 숨결을 느끼다

**いふく【衣服】** 옷, 의복 ¶衣服を整える 옷을 차려 입다 / 衣服を改める 옷을 고쳐 입다

**いぶくろ【胃袋】** 위, 위장

**いぶしぎん【燻し銀】** ¶彼の演技はいぶし銀のようだった 그의 연기는 화려하지는 않으나「실력은 대단한 것 같았다[관중을 끄는 매력이 있었다].

**いぶす【燻す】** 연기를 내다[피우다] ¶蚊をいぶす 모깃불을 피우다

**いぶつ【異物】** 이물질 ¶目に異物が入る 눈에 이물질이 들어가다 / のどに異物感がある 목에 이물감이 있다.

**いぶつ【遺物】** 유물 ¶彼は古臭い考えの持ち主で過去の遺物のような人だ 그는 낡아빠진 생각의 소유자로 과거의 유물과 같은 사람이다. / 古代の遺物 고대 유물 ⇒遺跡

**イブニング【夕方, 夜】** 저녁 때, 밤〔夜会用礼装〕이브닝드레스

**いぶんか【異文化】** 이문화, 외국 문화 ¶外国語を学ぶのは異文化コミュニケーションの第一歩である 외국어를 배우는 것은 이문화 커뮤니케이션의 첫걸음이다.

**いぶんし【異分子】** 이분자, 이색 분자 ¶田舎では異分子を排斥する傾向が強い 시골에서는 이분자를 배척하는 경향이 강하다.

**いへん【異変】** 이변 ¶彼女の身辺に何か異変が起きたのではないかと心配だ 그녀의 신변에 무언가 이변이 일어나지는 않았는지 걱정이다. / ここ数年天候異変が続いている 최근 몇 년간 기상이변이 계속되고 있다. 関連 暖冬異変 이상난동(異常暖冬)

**イベント** 이벤트, 행사 ¶万博ではさまざまなイベントが開催される 엑스포[만국 박람회]에서는 다양한 행사가 열린다. 関連 ビッグイベント 빅 이벤트 / メーンイベント 메인 이벤트

**いぼ【異母】** 関連 異母兄弟 이복형제(異腹兄弟) / 異母姉妹 이복자매(異腹姉妹) ⇒異父

**いぼ【疣】** 사마귀 ¶彼は親指にいぼがある 그는 엄지손가락에 사마귀가 있다.

**いほう【違法】** 위법 ¶道路にごみを捨てるのは違法だ 도로에 쓰레기를 버리는 것은 위법이다. / 彼女の車は違法駐車のためレッカー車に持っていかれた 그녀의 차는 주차 위반으로 견인되었다. 関連 違法行為 위법행위

**いほうじん【異邦人】** 이방인, 이국인, 외국인

**いま【今】 ❶** 【現在】지금

基本表現
▶今がチャンスだ 지금이 찬스다.
▶今行けば終電に間に合うよ 지금 가면 막차를 탈 수 있을 거야.
▶彼女は今の仕事に満足している 그녀는 지금 일에 만족하고 있다.
▶今から3時半まで休憩にしよう 지금부터 세 시 반까지 휴식하자.
▶今までどこにいたの 지금까지 어디에 있었니?

◆【今】
¶今手が離せないからだれか電話に出て 지금 뭐 좀 하고 있으니까 누가 전화 좀 받아. / あれが今

평판의 게임機(기)だよ 저게 지금 인기 있는 게임이야.

◆〖今は・今が〗

¶今は勉強する気になれない 지금은 공부할 기분이 아니야. / 今は借家住まいです 지금은 셋방살이하고 있습니다. / ゴルフは以前よくやりました가, 今はあまりやりません 골프는 이전에 자주 쳤지만 지금은 그다지 하지 않습니다. / そのころは田舎に住んでいましたが, 今は都会暮らしです 그 때는 시골에 살았지만 지금은 도시에 살고 있습니다. / ハイキングには今がいちばんいい季節だ 하이킹하기에는 지금이 가장 좋은 계절이다.

会話 今はいい
　A：ビールはいかが
　B：ありがとう, 今はいいです
　A：맥주 어때요?
　B：고맙지만 지금은 괜찮아요.

◆〖今の〗

¶今のところ万事順調だ 지금 현재로서는 모든 게 순조롭다. / 私が言えるのは今のところはこれだけです 제가 지금 말할 수 있는 것은 이것뿐입니다. / 今の成績では志望大学へ入るのは無理だよ 지금 성적으로는 가고 싶은 대학에 들어가는 건 무리야. / 夜はテレビを見るから今のうちに宿題をやっておこう 밤에는 텔레비전을 봐야 하니까 지금 숙제 해 둬야지.

◆〖今から〗〔未来の出来事に関して〕 지금부터 〔すでに起こっていることに関して〕 벌써부터 ¶今からどうなさいますか 지금부터 어떻게 하시겠습니까? / 明日のデートのことを考えると今からわくわくします 내일 데이트를 생각하니 벌써부터 가슴이 두근거려요. / 今からでも遅くないから彼女に謝ったら 지금이라도 늦지 않으니까 그 여자한테 사과하는 게 어때? / 今から10年後には日本の高齢化はさらに進んでいるだろう 지금부터 10년 후에는 일본의 고령화는 더욱더 진행되어 있을 것이다. / 今から思えば彼はあの時点で辞意を固めていたのだ 지금 생각해 보면 그는 그 시점에서 사의를 굳히고 있었던 것이다.

◆〖その他〗

¶今となってはもう手遅れだ 이제 와서 이미 때는 늦었다. / 彼女をデートに誘うなら今だ 그 녀한테 데이트 신청할 거면 지금이다. / 今こそ行動を起こすべき時だ 지금이야말로 행동을 시작해야 할 때다. / 北海道に住んで3年ですので, 今では寒さにも慣れました 홋카이도에서 산 지 3년째라 지금은 추위에도 적응되고 있습니다. / 彼女は今でも彼を愛している 그녀는 아직까지도 그를 사랑하고 있다.

❷〔現代, 今日〕지금, 오늘날 ¶今の政権は長続きしないだろう 지금 정권은 오래가지 않을 것이다. / 今の若者はあまり本を読まない 요즘 젊은 사람들은 그다지 책을 읽지 않는다. / 今の生活と50年前の生活とではずいぶん違う 오늘날의 생활과 50년 전의 생활은 아주 다르다. / 彼女は今はやりのファッションに関心がない 그녀는 지금 유행하고 있는 패션에는 관심이 없다. / 今はITの時代だ 지금은 IT시대다.

❸〔すぐに, じきに〕지금, 이제, 곧 ¶「今お茶を入れますから」「どうぞおかまいなく」"곧 차를 가져 올게요." "너무 신경 쓰지 마세요." / 「課長が呼んでるよ」「わかった, 今行くよ」 "과장님이 부르셔." "알았어. 지금 갈게." / 彼は何をぐずぐずしているんだ」「今来るそうです」 "그는 뭘 꾸물거리는 거야." "지금 온다고 합니다." / 今すぐなさい 지금 곧 와. / 今すぐに行きます 이제 곧 가겠습니다. / 今すぐに金を返せ 지금 당장 돈을 갚아. / 今この場でしなさい 지금 여기서 해라. / 今ちょうど出かけるところです 지금 막 나가려던 참이었습니다. / 今か今かと待ちかねる 이제나저제나 기다리다

❹〔さっき, 少し前〕 방금, 막, 이제 ¶今着いたところです 방금 도착했습니다. / 佐藤さんは今退社したばかりです 사토 씨는 막 퇴근했습니다. / 今おっしゃったことは本当ですか 방금 말씀하신 것은 정말입니까? / 「今の女の人だれなの」「ただの知り合いだよ」 "지금 그 여자는 누구야?" "그냥 아는 사람이야."

❺〔さらに, もう〕좀더, 한번 더 ¶今しばらくお待ちください 좀더 기다려 주세요. / 今一度確かめる必要があります 한번 더 확인해 볼 필요가 있습니다. 慣用句 彼女は夫の帰宅を今か今かと待っている 그녀는 남편의 귀가를 이제나저제나 기다리고 있다. / 今泣いた烏がもう笑った 금방 우는가 했더니 어느새 웃고 있다. / 彼女のわがままは今に始まったことではない 그녀가 제멋대로 구는 건 새삼스러운 일도 아니다. / 彼女は今を時めくスターの一人だ 그녀는 지금 한창 날리는 스타 중의 한 사람이다.

**いま**【居間】거실

**いまいち**【今一】¶この料理今一の味だな 이 요리는 뭔가 부족한 맛이야. / きのう観た映画は今一物足りなかった 어제 본 영화는 뭔가 부족했다.

**いまいましい**【忌ま忌ましい】 괘씸하다, 저주스럽다, 재수없다, 분하다, 짜증스럽다 ¶彼女はこの上なくいまいましい女だ 그녀는 더할 나위 없이 괘씸한 여자다. / なんていまいましいやつなんだ 정말 재수없는 녀석이다. / いまいましい雨だ 짜증스러운 비다. / いまいましいことにライバル会社に出し抜かれた 분하게도 라이벌 회사에 앞질리고 말았다.

**いまごろ**【今頃】이맘때, 지금쯤 ¶来年の今ごろはどこで何をしているだろう 내년 이맘 때는 어디서 뭘 하고 있을까? / 毎年今ごろは暑い 매년 이맘때는 덥다. / 今ごろ後悔してもあとの祭りだ 이제 와서 후회해 봤자 소용없다. / 彼女は今ごろは無事家に着いていると思う 그녀는 지금쯤 무사히 집에 도착했을 거다. / 今ごろまでどこに行っていたの 지금까지 어디 있었던 거야?

**いまさら**【今更】이제 와서〔改めて〕새삼스럽게, 새삼스레 ¶今さら謝られても遅い 이제 와서 사과한다 해도 늦었어. / 今さらほめられてもしようがない 이제 와서 칭찬을 들어도 소용없다. / 今さら言われなくてわかってるよ 새삼스럽게 말하지 않아도 알고 있어. / 今さら言うまでもないが, 日韓関係は非常に重要だ 새삼스레 말할 필요도 없지만 일한 관계는 대단히 중요하다.

**いましがた**【今し方】방금 ¶彼は今し方用がある

と言って帰った 그는 방금 일이 있다며 돌아갔다. / 父は今し方散歩に出かけた 아빠는 방금 산책하러 나가셨다.

**いましめ【戒め】** 훈계 [教訓] 교훈 ¶父の戒めを守る 아버지의 훈계를 지키다 / 今回の苦い経験は彼にとっていい戒めとなった 이번 쓰라린 경험은 그에게 있어 좋은 교훈이 되었다.

**いましめる【戒める】** [諭す] 타이르다, 훈계하다 [しかる] 꾸짖다 ¶老人は若者にそんなことをしないようにと戒めた 노인은 젊은이에게 그런 일을 하지 않도록 타일렀다.

**いまだ【未だ】** 아직 ◇未だに 아직도, 아직껏 ¶彼女はソウルに行ってから半年経つのにいまだに便りをよこさない 그녀가 서울에 간 지 반년이 되었지만 아직껏 아무런 소식도 없다. / いまだかつてこれほどひどい地震を体験したことがない 아직껏 이처럼 심한 지진을 겪어 본 적이 없다.

**いまどき【今時】** 요새, 요즘 ¶手作りの漬け物なんて今時珍しいね 손수 만든 절임이라니 요즘엔 보기 드문데. / 今時の若者に演歌は受けない 요즘 젊은 사람들한테 뽕짝은 인기가 없다.

**いまなお【今尚】** 아직도, 아직껏, 지금도 ¶今なおその殺人事件の真相は謎である 아직도 그 살인 사건의 진상은 수수께끼로 남아 있다.

**いまに【今に】** 이제, 곧, 머지않아, 언젠가 ¶今に彼も若いころのばかげた行いを後悔するだろう 이제 그도 젊었을 때의 멍청한 행실을 후회할 것이다. / 今に見ていろ 두고 봐! / 두고 보자! / 今にして思えば彼は彼女を愛していたのだ 이제 와서 생각하니 그는 그 여자를 사랑하고 있었던 것이다.

**いまにも【今にも】** 이제라도, 당장이라도 ¶今にも雨が降り出しそうだ 당장이라도 비가 내릴 것 같다. / そのマラソン選手は今にも倒れそうになりながらゴールインした 그 마라톤 선수는 당장이라도 쓰러질 듯이 골인했다.

**いまひとつ【今一つ】** 좀 ¶あの映画は今一つ迫力に欠けていた 그 영화는 박력이 좀 부족했다. / 今一つ物足りない 뭔가 좀 아쉽다. ⇒いまいち

**いまふう【今風】** ◇今風だ 현대적이다 ¶彼は頭が堅くて今風の考えについていけない 그는 앞뒤가 꽉 막혀 요즘 생각에는 따라가지 못한다. / 今風のファッション 요즘 유행하는 패션

**いままで【今まで】** 지금까지, 이제껏 ¶「今までに釜山に行ったことがありますか」「いいえ一度もありません」"지금까지 부산에 간 적이 있습니까?" "아니요, 한번도 없습니다." / これは今までになかったケースだ 이것은 이제껏 [한번도] 없었던 케이스[경우]다. / 今までこれほどおもしろい本を読んだことがない 이제껏 이렇게 재미있는 책을 읽어 본 적이 없다. / 今までのところ新しい仕事に満足している 지금까지는[아직까지는] 새로운 일에 만족하고 있다. / 今までが暖かすぎたのであって、冬はこれくらい寒いのが普通だ 지금까지가 너무 따뜻했을 뿐이고 겨울은 이 정도 추운 게 보통이다. / 彼は作家だけれど今まで本を出したことがない 그는 작가지만 이제껏 책을 낸 적이 없다. / 彼は今までででもっとも優れたサッカー選手の一人だ 그는 지금까지 가장 훌륭한 축구 선수 중 한 사람이다. / 今の今まで君の潔白を信じていたのに바로 이 순간까지 너의 결백을 믿고 있었는데. / 今までずっとどこにいたんだ 여태까지 쭉 어디 있었던 거야? / 今までどおりにやってください 종전대로 해 주세요.

**いまや【今や】** 이제야말로, 바야흐로 ¶今や抗議行動を起こす時が来た 이제야말로 항의를 제기할 때가 왔다. / 私は今や遅しと彼女が現れるのを待っていた 나는 그 여자가 나타나기를 이제나 저제나 하고 기다리고 있었다.

**いまわしい【忌まわしい】** [ひどい/いやな] 꺼림칙하다, 역겹다 ¶彼女は今もその忌まわしい過去にとらわれている 그녀는 지금도 그 꺼림칙한 과거에 사로잡혀 있다. / 忌まわしい思い出 불쾌한 추억

**いみ【意味】** 의미, 뜻 ◇意味する 의미하다
◆**【意味が・意味は】**
¶その単語にはたくさんの意味がある 그 단어에는 많은 의미가 있다. / このプロジェクトの成否はあなたの将来にとって重大な意味がある 이 프로젝트의 성공 여부는 당신의 미래에 있어 중대한 의미가 있다. / これ以上話し合っても意味がない 더 이상 의논한다 해도 의미가 없다. / この文章の意味がわかりますか 이 문장의 의미를 알겠습니까?
◆**【意味を】**
¶単語の意味を辞書で調べた 단어의 의미를 사전에서 찾았다. / 彼女の言っていることはまったく意味をなさない 그녀가 말하는 것은 아무런 의미가 없다. / 会社の最終回答は私たちにとって重要な意味を持つ 회사의 최종 회답은 우리들에게 중요한 의미를 갖는다. / 手紙の意味を取り違えた 편지의 뜻을 잘못 이해했다.
◆**【意味で】**
¶ある意味では君は正しいかもしれない 어떤 의미에선 자네가 올바른지도 모르겠다. / 彼女はその単語を間違えた意味で用いた 그녀는 그 단어를 잘못된 뜻으로 사용했다. / 彼はまだ本当の意味での指導者とは言えない 그는 아직 진정한 의미에서 지도자라고는 할 수 없다.
◆**【意味する】**
¶WTOとは何を意味していますか WTO는 무엇을 의미합니까? / 今回の改革が我々にとって何を意味するのかほとんど見当がつかない 이번 개혁이 우리에게 무엇을 의미하는지 영 짐작이 가지 않는다. / 無言はしばしば反抗を意味する 무언은 종종 반항을 의미한다.
◆**【その他】**
¶2つの単語の微妙な意味の違いに気づかなかった 두 단어의 의미의 미묘한 차이를 알지 못했다. / それはどちらの意味にも取れそうだ 그것은 어느 쪽의 의미로도 쓸 수 있을 것 같다. / その単語はここではどういう意味ですか 그 단어는 여기서 어떤 의미입니까? / 君に会うつもりはないってそれ、どういう意味だい 돈을 줄 생각이 없다니 그건 무슨 뜻이야? / 意味ありげな微笑 의미심장한 미소

**いみあい【意味合い】** 의미, 뜻, 내용 ¶彼女の言葉には特別の意味合いがあった 그녀의 말에는 특

별한 의미가 있었다.

**イミテーション** 이미테이션, 모조품(模造品) ¶ダイヤのイミテーション 다이아의 이미테이션 ⇨にせもの

**いみょう【異名】**〔あだ名〕별명(別名) ¶松井選手は「ゴジラ」の異名で呼ばれている 마쓰이 선수는 '고질라'라는 별명으로 불리고 있다.

**いみん【移民】**이민 ◇移民する 이민하다 ¶カナダに移民する韓国人 캐나다로 「이민을 가는[이민하는] 한국인 / 日本は移民を受け入れていない 일본은 이민을 받아들이고 있지 않다. 関連 移民申請 이민 신청 / 不法移民 불법이민

**いむしつ【医務室】**의무실

**イメージ** 이미지, 인상(印象) ¶日本というとどんなイメージを思い浮かべますか 일본이라고 하면 어떤 이미지가 떠오릅니까? / 会社のイメージダウンになるような事態は避けるべきだ 회사의 이미지를 떨어뜨릴 만한 사태는 피해야 한다. / 会社はイメージアップを図るためのキャンペーンを展開した 회사는 이미지를 높이기 위한 캠페인을 벌였다 / 彼女はヘアースタイルを変えてイメージチェンジした 그녀는 헤어스타일을 바꿔 이미지를 바꿨다. / 新しい制服の導入で学校のイメージが一新した 새로운 교복의 도입으로 학교의 이미지가 새로워졌다.

**いも【芋】**〔さつまいも〕고구마〔じゃがいも〕감자 ¶家族でいも掘りに行った 가족끼리 고구마를 캐러 갔다. 数え方 いも1個 고구마[감자] 한 개 ¶あいつが着ているのはいつもイモっぽい 그 녀석이 입고 있는 옷은 항상 촌스럽다. 慣用句 真夏の海水浴場はどこもいもを洗うような混雑だった 한여름의 해수욕장은 어디든지 대단히 혼잡했다.

**いもうと【妹】**동생, 여동생(▶동생과 妹의 두 방面をさし, 妹であることをはっきりさせる場合は여동생という) ¶彼は妹が2人いる 그에게는 여동생이 둘 있다. ⇨兄弟 使い分け

**いもづる【芋づる】**いもづる式に 연달아, 줄줄이 ¶麻薬密売人たちがいもづる式に逮捕された 마약 밀매상들이 줄줄이 체포되었다.

**いもの【鋳物】**주물 ¶青銅の鋳物 청동 주물 関連 鋳物工場 주물 공장

**いもむし【芋虫】**애벌레

**いもり【井守】**영원

**いもん【慰問】**위문 ◇慰問する 위문하다 ¶被災者を慰問する 이재민을 위문하다

**いや**
**【嫌】嫌だ** 싫다
**◆【嫌だ】**
¶ピーマンが嫌だ 피망은 싫다. / あの先生の顔は見るのも嫌だ 그 선생님의 얼굴은 보기도 싫다. / 毎日カップラーメンの生活はもう嫌だ 매일 컵라면만 먹는 생활은 이제 싫다. / こんな雨の中を出かけるのは嫌だ 이런 빗속에 나가기 싫다.

**◆【嫌な】**
¶なんて嫌なやつなんだ 정말 아니꼬운 녀석이야. / きょう学校で嫌なことがあった 오늘 학교에서 안 좋은 일이 있었다. / 彼は嫌な顔をした 그는 불쾌한 표정을 지었다. / 彼は嫌な顔一つせずに手伝ってくれた 그는 싫은 표정 하나 짓지 않고 도와주었다. / 不景気で嫌な世の中になってきた 불경기로 불안한 세상이 되었다. / 何だか嫌な予感がする 뭔가 좋지 않은 예감이 든다.

¶嫌な男[女] 싫은 남자[여자] / 嫌な天気 궂은 날씨 / 嫌なにおい 불쾌한 냄새 / 嫌な客 싫은[불쾌한] 손님

**◆【嫌になる】**
¶今の仕事[生活]が嫌になった 지금의 일[생활]이 싫어졌다. / こんなに暑いと体を動かすのも嫌になる 이렇게 더우면 몸을 움직이는 것도 싫어진다. / 最近何をやってもうまくいかなくてつくづく自分が嫌になった 최근에는 뭘 해도 잘 되지 않아 정말 내 자신이 싫어졌다.

**◆【その他】**
¶嫌なら帰ってくれ 싫으면 돌아가 줘. / 嫌ねえ, こんな所で酔いつぶれちゃって アイゴ 이런 곳에서 취해 버리고. / コンサートで嫌なのは帰りの混雑だ 콘서트의 싫은 점은 돌아오는 길의 혼잡함이다. / 嫌でもその会議には出席しなくてはいけない 싫어도 그 회의에는 출석해야만 한다. / 彼は柱に嫌というほど頭をぶつけた 그는 기둥에 심하게 머리를 부딪혔다. / その子は嫌というほどアイスクリームを食べた 그 아이는 지겹도록 아이스크림을 먹었다.

会話 嫌なこった
A：一緒に一杯やらない？
B：嫌なこった
A：같이 한잔 안 할래？
B：싫어！
A：いつまたうそをついたんだ
B：本当に嫌なやつだな
A：그 녀석 또 거짓말 했어.
B：정말 나쁜 놈이구나.
A：彼とうまくいってるの？
B：ええ，私のこと嫌になったみたい
A：남자 친구하고 잘 안 돼 가니？
B：응, 내가 싫어졌나 봐.

**いや**〔打消し〕아니, 아냐 ¶「君はそこに行ったのかい」「いや, 行かなかった」"자네는 그곳에 갔나?" "아니, 안 갔어." ¶「君はそこに行かなかったのかい」「いや, 行ったよ」"자네는 그곳에 안 갔었나?" "아니, 갔었어."

**いやいや【嫌々】**마지못해 ¶彼女はいやいや親の勧める相手とお見合いをした 그녀는 마지못해 부모님이 권하는 상대와 선을 봤다.

**いやおうなし【否応なし】**◇否応なしに 다짜고짜(로), 무조건(無条件) ¶私は否応なしに警察に連行された 나는 다짜고짜 경찰에 연행되었다. / 上司の指示には否応なく従わなければならない 상사의 지시에는 무조건 따라야만 한다.

**いやがらせ【嫌がらせ】**짓궂은 짓 ¶嫌がらせはよせ 짓궂은 짓 그만해. / 彼は私に嫌がらせを言った 그는 나를 괴롭히는 말을 했다. / 彼女は嫌がらせ電話に一晩中悩まされた 그녀는 장난 전화로 밤새 괴로워했다. 関連 性的嫌がらせ 성희롱(性戱弄)

**いやがる【嫌がる】**싫어하다 ¶彼女は進んで人の嫌がる仕事を引き受ける 그녀는 남이 싫어하는 일을 스스로 맡아 한다. / 彼はいつも他人のことに口出しするのでみんなに嫌がられている 그는 항상 남

いやく【意訳】의역 ◇意訳する 의역하다 ¶原文を意訳する 원문을 의역하다
いやくひん【医薬品】의약품
いやくぶんぎょう【医薬分業】의약 분업
いやけ【嫌気】싫증(▶発音은 실증) ¶彼は仕事に嫌気がさして会社を辞めた 그는 일에 싫증이 나서 회사를 그만뒀다
いやしい【卑しい】야비하다, 천하다, 치사하다《みすぼらしい》초라하다 ¶彼の卑しい根性が気に入らない 그의 야비한 근성이 마음에 들지 않는다. /《食べ物に》そんなに卑しくするな 그렇게 음식에 게걸스럽게 굴지 마. /彼は卑しい身なりをしていた 그 남자는 초라한 옷차림을 하고 있었다. /卑しい身分 천한 신분
いやしくも 적어도 ¶いやしくも一人前の社会人であるならばそんなことはわかるはずだ 적어도 제대로 된 사회인이라면 그 정도는 알 것이다.
いやす【癒す】고치다, 다스리다, 달래다 ¶傷をいやす 상처를 치료하다 /のどの渇きをいやす 갈증을 가시게 하다 /心をいやす 마음을 다스리다
いやに〔とても〕몹시, 무척, 매우 ¶10月なのにきょうはいやに暑い 시월인데도 오늘은 몹시 덥다. /母はきょうはいやに機嫌がよい 어머니는 오늘은 무척 기분이 좋다. ⇒とても, 非常に
イヤホーン 이어폰 ¶私はイヤホーンでラジオを聞いた 나는 이어폰으로 라디오를 들었다.
いやみ【嫌味】싫은 소리 ¶嫌味だ 아니꼽다 ¶課長にさんざん嫌味を言われたけど何とか1週間の休暇を取ることができた 과장에게 호되게 싫은 소리를 들었지만 어떻게든 1주일간의 휴가를 얻을 수 있게 되었다. /彼女は何か嫌味な感じのする人だ 그녀는 뭔가 불쾌감이 드는 사람이다. /彼は嫌味たっぷりにそう言った 그는 몹시 비아냥거리며 말했다.
いやらしい【嫌らしい】추잡하다, 음흉하다, 징그럽다, 메스껍다 ¶酒の勢いで女性にいやらしいことをするのは慎むべきだ 술기운으로 여성에게 추잡한 짓을 하는 것은 삼가야 된다. /その男は彼女に嫌らしいことを言った 그 남자는 그녀에게 불쾌한 소리를 했다. /彼はいやらしい目付きで彼女を見た 그는 음흉한 눈초리로 그녀를 봤다.
イヤリング 이어링, 귀걸이 ¶彼女は真珠のイヤリングをしてパーティーに出席した 그녀는 진주 귀걸이를 하고 파티에 참석했다.

## いよいよ

❶〔ますます〕더욱더 ¶台風が近づいて風はいよいよ強くなった 태풍이 접근하여 바람은 더욱더 강해졌다. /国連改革をめぐる加盟国間の対立はいよいよ深刻なものになっている 유엔〔국제 연합〕개혁을 둘러싼 가맹국 간의 대립은 더욱더 심각해지고 있다. /近藤専務の社長就任はいよいよ確かになってきた 곤도 전무의 사장 취임은 더욱더 확실해졌다.
❷〔ついに〕드디어, 마침내, 결국 ¶いよいよ試合が始まる 드디어 경기가 시작된다. /いよいよあしたは大学の入学試験だ 드디어 내일은 대학 입학 시험이다. /梅雨が終わるといよいよ本格的な夏がやって来る 장마가 끝나면 드디어 본격적인 여름이 온다. /「いよいよ君の番だ」「うん, 胸がどきどきしてるよ」"드디어 네 차례야." "응, 가슴이 두근거려." /あの政治家も政治資金問題でいよいよ追い詰められたな 그 정치가도 정치 자금 문제로 마침내 막다른 곳에 몰렸군. /「いよいよお別れね」と彼女はしんみりとした口調で言った "마침내 헤어지는구나"라며 그녀는 차분한 어조로 말했다. /いよいよ出発するという時になって切符がないことに気づいた 마침내 출발할 때가 되어서야 표가 없는 것을 알았다.
❸〔その他〕¶おばあちゃんがいよいよとなったら(→亡くなりそうになったら)親戚を集めなければならない 할머니가 위독해지면 친척들을 불러야 한다.
いよう【異様】◇異様だ 이상하다, 야릇하다 ◇異様に 이상하게, 야릇하게 ¶異様な風采の男と道ですれ違った 이상한 풍채의 남자와 길에서 스쳐 지났다. /嵐の前の街は異様に静かだった 폭풍 전의 거리는 이상하게 고요했다.
いよく【意欲】의욕 ¶治そうという意欲を持てば, 病気もよくなる 나으려는 의욕을 가지면 병도 좋아진다. /彼は今事業の意欲に燃えている 그는 지금 사업 의욕에 불타고 있다. /彼には勝ちたいという意欲がある 그에게는 이기고자 하는 의욕이 있다. /彼女は生きる意欲を失っている 그녀는 삶의 의욕을 잃었다.
¶彼は多くの意欲的な作品を残した 그는 많은 의욕적인 작품을 남겼다. /おじは意欲的な人だ 삼촌은 의욕적인 사람이다. /彼女は意欲的に仕事に取り組んでいる 그녀는 의욕적으로 일에 몰두하고 있다.
会話 意欲をかう
A:彼の企画は現実離れしすぎているよ
B:ああ, 意欲は買えるんだけどね
A:그의 기획은 너무 현실에서 벗어나 있어
B:맞아, 그 의욕은 높이 사지만.
いらい【依頼】의뢰, 부탁 ◇依頼する 의뢰하다, 부탁하다 ¶顧客の依頼に応じて見本を送った 고객의 의뢰에 응하여 견본을 보냈다. /彼女は依頼を承諾〔拒絶〕するだろう 그녀는 의뢰를 승낙〔거절〕할 거야. /金先生の依頼でこちらに伺いました 김 선생님의 의뢰로 이쪽으로 찾아오게 됐습니다. /彼女の依頼どおりに買い物を済ませた 그녀가 의뢰한 대로 쇼핑을 마쳤다. /彼に原稿を依頼することにしよう 그에게 원고를 부탁하기로 하자. /その件は弁護士に依頼した 그 건은 변호사에게 의뢰했다. 関連 依頼状 의뢰장 / 依頼心 의뢰심 / 依頼人 의뢰인
-いらい【-以来】이래, 이후 […して以来]《動詞過去連体形+》지 ¶彼はこの同窓会以来会っていません 그는 동창회 이래 만나지 못했어요. /彼女はそれ以来口も利いてくれない 그 이후로 그 여자는 한 마디도 하지 않아
¶帰国して以来彼はまだ会っていません 귀국한 후 그이하고는 아직 못 만났어요. /彼女はかわいがっていた猫が死んで以来ずっとふさぎこんでいる 그녀는 애지중지하던 고양이가 죽은 이후 줄곧 우울해하고 있다.

¶私たちがここに引っ越してきて以来7年になる 우리가 이곳에 이사한 지 7년이 되었다.

**いらいら【苛々】** 안달, 조바심 ◇いらいらする 초조해지다, 안달하다 ¶時間がなくていらいらしている 시간이 없어서 초조해하고 있다. / 彼に待たされて我々はいらいらした 그 사람을 기다리면서 우리는 안절부절못했다. / 交通渋滞が何キロも続いて私たちはいらいらした 교통 체증이 몇 킬로나 계속되어 우리들은 조바심이 더해졌다. / あす試験があるので彼はいらいらしている 내일 시험이 있어서 그는 초조해하고 있다.

**イラスト** 일러스트(레이션), 삽화(挿画)

**イラストレーター** 일러스트레이터, 삽화가(挿画家)

**いらだたしい【苛立たしい】** 초조하다, 짜증이 나다, 애가 타다 ¶彼の態度がはっきりしなくていらだたしかった 그의 애매한 태도에 짜증이 났다. / 自分の韓国語が通じなくていらだたしかった 나의 한국어가 통하지 않아 애가 탔다.

**いらだたせる【苛立たせる】** 초조하게 하다, 짜증나게 하다〔腹を立てさせる〕화나게 하다

**いらだつ【苛立つ】** 초조해하다, 애가 타다, 곤두서다 ¶彼は授業中におしゃべりしている学生たちにいら立った 그는 수업 중에 잡담을 하고 있는 학생들에게 신경이 곤두섰다. / 彼女は車の騒音にかなりいら立っていた 그녀는 차 소음에 매우 신경이 곤두섰다.

**いらっしゃい**〔出迎えで〕잘 오셨습니다 ¶〔店員が客に〕いらっしゃいませ 어서 오세요.

**いらっしゃる**〔行く〕가시다〔来る〕오시다〔居る〕계시다 ¶いつ韓国へいらっしゃるのですか(→行く)언제 한국에 가십니까? / 日本にはいつごろいらっしゃいますか(→来る)일본에는 언제쯤 오십니까? / 太郎さんはいらっしゃいますか(→居る)다로씨는 계십니까?

**-いり【-入り】**¶彼女はビタミン入りのサプリメントを飲んでいる 그녀는 비타민이 든 보충제를 먹고 있다. / 彼の親の反対を押し切って芸能界入りした 그는 부모의 반대를 무릅쓰고 연예계에 들어갔다.

¶その映画は入りはよかったが内容は今一だった 그 영화는 관객은 많았지만 내용은 그저 그랬다. / いい映画だったが入りが悪かった 좋은 영화였지만 관객은 끌지 못했다.

¶日の入り 일몰(日没) / 寒の入り 소한(小寒)

**いりえ【入江】** 후미

**いりぐち【入り口】** 입구 ¶遊園地の入り口でサンギと待ち合わせした 유원지 입구에서 상기와 만나기로 했다. / バリケードで入り口をふさぐ 바리케이드로 입구를 막다

**いりくむ【入り組む】** 뒤얽히다〔複雑に〕복잡하다 ¶その事件の背景には入り組んだ事情があった 그 사건의 배경에는 복잡한 사정이 있었다.

**いりたまご【煎り卵】** 달걀볶음, 달걀지짐이

**いりまじる【入り交じる】** 뒤섞이다 ¶合格発表の日まで期待と不安の入り交じった気持ちで過ごした 합격 발표일까지 기대와 불안이 뒤섞인 기분으로 지냈다.

**いりみだれる【入り乱れる】** 엉클어지다, 뒤엉키다 ¶死球をきっかけに敵味方入り乱れての乱闘となったデッドボールを契機로 양쪽 팀〔두 팀〕선수들이 뒤엉켜 난투를 시작했다.

**いりゅう【慰留】** 만류 ◇慰留する 만류하다 ¶部長は辞職を思いとどまらせようと彼を慰留した 부장은 사직을 단념시키려고 그를 만류하였다.

**いりゅうひん【遺留品】** 유류품 ¶犯行現場には犯人の遺留品が残されていた 범행 현장에는 범인의 유류품이 남아 있었다.

**いりょう【衣料】** 의류(衣類), 옷 ¶春先になるとデパートで一斉に冬物衣料のバーゲンセールが行われる 이른 봄이 되면 백화점에서 일제히 겨울 의류의 바겐세일을 한다. / 子供たちが大きくなるにつれて衣料費がかさんでくる 아이들이 크면서 의류비가 늘어난다. 関連 衣料品 의류품 / 衣料品店 옷 가게 / 紳士用衣料品 남성 의류 / 婦人用衣料品 여성 의류

**いりょう【医療】** 의료 ¶医療制度の抜本的改革が必要だ 의료 제도의 근본적 개혁이 필요하다. / その医者は医療ミスで訴えられた 그 의사는 의료 미스로 고소당했다. 関連 医療器械〔器具〕의료 기계〔기구〕/ 医療機関 의료 기관 / 医療事故 의료 사고 / 医療施設 의료 시설 / 医療設備 의료 설비 / 医療費 의료비 / 医療品 의료품 / 医療保険 의료 보험 / 救急医療体制 구급 의료 체제 / 保健医療 보건 의료

**いりよう【入り用】** ¶お金はいくら入り用なんですか 돈이 얼마나 필요해요?

**いりょく【威力】** 위력 ¶新型爆弾はものすごい威力がある 신형 폭탄은 굉장한 위력이 있다. / インターネットが威力を発揮して予想以上に情報が集まった 인터넷이 위력을 발휘하여 예상보다 많은 정보가 모였다.

**いる【居る】** ❶〔存在する〕있다, 존재하다

〔基本表現〕

▶私には姉が1人、弟が2人います
저에게는 누나〔언니〕가 하나 남동생이 둘 있습니다.

▶公園にはたくさんの子どもたちがいた
공원에는 많은 아이들이 있었다.

▶彼の家には猫が2匹いる
그 사람 집에는 고양이가 두 마리 있다.

▶お母さんはいらっしゃいますか
어머니는 계십니까?

¶「この席は〔人が〕いますか」「はい、います」"여기 자리 있어요?" "네, 있어요." (▶空席かどうかを尋ねるときに用いる)

❷〔ある場所にいる〕있다 ¶「お父さんはどこにいるの」「居間にいますよ」"아버지는 어디에 계세요?" "거실에 계세요." / その地震があった時はたまたま大阪にいた 그 지진이 있었을 때는 마침 오사카에 있었다. / あなたがここにいてくれたらいいのに 당신이 여기 있어 주면 좋을 텐데. / 上司のいるところでは彼はいつもおべっかを使う 상사가 있는 곳에서 그는 항상 아첨을 한다. / ユミのいる前ではその話はしないようにしよう 유미 앞에서는 그 이야기는 하지 않도록 하자. / 弟のいない間にケーキを全部食べてしまった 남동생이 없는 사이에 케

이크를 모두 먹어 버렸다.
¶「きのうはどこか行ったの」「いや、一日中家にいたよ」"어제는 어디 갔었니?" "아니, 하루 종일 집에 있었어." / ¶夕食まではいられるんでしょ」「そうしたいのですが、5時までしかいられません」"저녁 식사 때까지 계실 거죠?" "그러고 싶지만 다섯 시까지만 있을 수 있어요." / 私は仕事で今ソウルにいます 나는 일로 지금 서울에 있습니다. / 弟は今大阪のおじさんの所にいます 남동생은 지금 오사카의 삼촌 댁에 있습니다.

❸ [住む] 있다, 살다, 머무르다 ¶私の両親は九州にいます 제 부모님은 규슈에 계십니다. / 彼は日本に10年もいるので日本語がとても上手だ 그는 일본에 10년이나 있어서 일본어를 매우 잘한다. / 韓国にいる息子から手紙が来た 한국에 있는 아들한테서 편지가 왔다. / 熊はふだんは山の中にいる 곰은 보통 산 속에 있다.

❹ [持っている] 있다 ¶「兄弟はいますか」「兄と妹がいます」"형제가 있습니까?" "오빠와[형과] 여동생이 있습니다." / その夫婦には子供がいない その夫婦には子供がいない 그 부부에게는 아이가 없다.
¶うちには犬と猫が1匹ずついる 우리 집에는 개와 고양이가 한 마리씩 있다.

❺ [進行・継続の「…している」] -고 있다 ¶雨が降っているから傘を持って行きなさい 비가 내리니까 우산을 가지고 가라. / 何を考えているの? 무슨 생각하고 있니? / 私は今の会社にもう10年以上勤めている 나는 지금의 회사에 이미 10년 이상 몸담고 있다. / 彼はファミレスの店長をしている 그는 패밀리 레스토랑의 지배인을 하고 있다. / 彼のことは子どものころからよく知っている 그에 대해서는 어릴 때부터 잘 알고 있다.
¶ちょっとの間だけでも静かにしていられないの 잠시라도 조용히 할 수 없겠니?

❻ [状態・動作完了の「…している」] -고[-아, -어] 있다, -았[-었, -였]다 ¶彼は徹夜で勉強したのでとても疲れている 그는 밤샘 공부를 해서 매우 지쳐 있다. / このテレビは壊れているようだ 이 텔레비전은 고장 난 것 같다. / 夕食ができていますよ 저녁 식사 준비 다 됐어요. / 私は結婚しています 저는 결혼했어요.
¶父はもう帰宅している 아버지는 벌써 집에 들어오셨다. / 彼は5時にはその仕事を終わらせているだろう 그는 다섯 시에는 그 일을 끝낼 것이다.

❼ [現在の習慣の「…している」] -고 있다 ¶毎朝ジョギングをしている 매일 아침 조깅을 하고 있다. / 父は毎日電車で会社に通っています 아버지는 매일 전철로 회사에 다니십니다.

❽ [我慢できない状態] -지 않을 수 없다 ¶彼の格好を見て笑わずにはいられなかった 그의 모습을 보고 웃지 않을 수 없었다. / そのことがわかった以上もう黙ってはいられない 그 일을 안 이상 더 이상 가만히 있을 수 없다. / 父の手術の結果が心配で、立ってもいられなかった 아버지의 수술 결과가 걱정돼서 안절부절못했다.

**いる**【要る】 [必要とする] 필요하다 [欲しい] 갖고 싶다 [金がかかる] 들다 ¶君の助けがいるんだ 너의 도움이 필요해. / あと2人ほど手がいる 두 명 정도 일손이 더 필요하다. / それをひとりです

るには勇気がいる 그것을 혼자서 하기에는 용기가 필요하다. / 早急にお金がいるので給料の前借りをした 급히 돈이 필요해서 월급을 가불했다. / この車を直すのに10万はいるね 이 차를 고치는 데 10만 엔은 드네.
¶そのことなら心配はいらないよ 그 일이라면 걱정할 필요 없어. / このCDもういらないんだけど、いるならあげるよ 이 CD 이제 필요없는데 필요하다면 줄게. / おつりはいりません 잔돈은 필요없어요.

**いる**【射る】 [矢を] 쏘다 [的を] 쏘아 맞히다
¶矢を射る 활을 쏘다 / 的に射当てる 과녁을 쏘아 맞히다

**いる**【炒る・煎る】 볶다 ¶ゴマを煎る 깨를 볶다 / 卵を炒る 계란을 볶다

**いるい**【衣類】 의류, 의복, 옷 ¶彼女は衣類をたくさん持っている 그녀는 옷이 많다. ⇒衣料

**いるか**【海豚】 돌고래

**いるす**【居留守】 ¶彼はどうも居留守を使っているらしくドアをノックしたが返事がなかった 그는 집에 있으면서 없는 체하고 있는지 문을 노크해도 대답이 없었다.

**イルミネーション** 일류미네이션 ¶歓楽街は色とりどりのイルミネーションで飾られていた 환락가[번화가]는 색색의 일류미네이션으로 꾸며져 있었다. / クリスマスツリーをイルミネーションで飾る 크리스마스트리를 일류미네이션으로 꾸미다

**いれい**【慰霊】 위령 関連 慰霊祭 위령제 / 慰霊碑 위령비

**いれい**【異例】 이례 ◇異例だ 이례적이다(異例的—) ¶今年の夏は異例の暑さで農作物に大きな被害が出た 이번 여름은 이례적인 더위로 농작물이 큰 피해를 입었다. / 彼は30歳にして異例の昇進をした 그는 서른 살에 이례적인 승진을 했다. / 異例の出世 이례적인 출세 / 異例の出来事 이례적인 일

**いれかえ**【入れ替え・入れ換え】 교체, 교대
¶大幅なメンバーの入れ替えが行われた 폭넓은 멤버의 교체가 이루어졌다. / この劇場では入れ替え制で映画が上映される 이 극장에서는 교대로 영화가 상영된다.

**いれかえる**【入れ替える・入れ換える】 갈아넣다, 바꿔 넣다 [心を] 돌리다 ¶彼女はクローゼットの夏物を冬物と入れ替えた 그녀는 옷장의 여름 옷을 겨울 것과 바꿔 넣었다. / 窓を開けて部屋の空気を入れ替えた(→換気した) 창문을 열어 환기시켰다. / お茶を入れ替える 차를 바꿔 넣다. / 彼女は心を入れ替えて出直す決心をした 그녀는 마음을 돌려 재출발할 결심을 했다.

**いれかわり**【入れ替わり】 교체, 교대 ¶彼女が彼と入れ替わりに彼の部屋に入って来た 그가 가자 교대하듯 그녀가 그의 방에 들어왔다. / 朝から入れ替わり立ち替わり客がやって来た 아침부터 계속 손님이 왔다.

**いれかわる**【入れ替わる】 바뀌다, 교체되다
¶外の景色をもっと近くで見たいので彼と席を入れ替わった 바깥 경치를 보고 싶어서 그와 자리를 바꿨다.

**いれずみ**【入れ墨】 문신(文身), 자문(刺文) ¶彼は腕に入れ墨をしている 그는 팔에 문신을 하고 있다. 関連 入れ墨師 문신쟁이

**いれぢえ**【入れ知恵】 ¶入れ知恵をする 꾀를 일

려주다
**いれちがい【入れ違い】**◇入れ違いになる 엇갈리다 ¶最近あの二人はいつも入れ違いになっている 최근 그 두 사람은 항상 엇갈리고 있다.
**いれば【入れ歯】**의치(義歯), 틀니(▶発音은 틀리) ¶祖父は 3 年前から総入れ歯だ 할아버지는 3 년 전부터 틀니를 하고 있다. / 入れ歯をはめる[外す] 틀니를 끼우다[빼다]
**いれもの【入れ物】**용기, 그릇 ¶台所には生ごみを入れる入れ物が必要だ 부엌에는 음식물 쓰레기를 넣을 용기가 필요하다.

## いれる【入れる】❶ [中に入れる] 넣다

**基本表現**

▶目上の人の前でポケットに手を入れてはいけません
  손윗사람 앞에서 주머니에 손을 넣어서는 안 됩니다.
▶窓を開けて新鮮な空気を入れなさい
  창문을 열고 신선한 공기를 환기시켜.
▶お金は金庫に入れておきなさい
  돈은 금고에 넣어 둬.

¶書類をカバンに入れる 서류를 가방에 넣다 / 布団を押し入れに入れなさい 이불은 벽장에 넣어. / カードを入れてから番号を押してください 카드를 넣고 나서 번호를 누르세요. / ドアを開けて犬を中に入れてやりなさい 문을 열고 개를 안에 들어가도록 해. ¶彼女は水をバケツに入れて運んだ 그녀는 양동이에 물을 담아 옮겼다. / 封筒に写真を入れて送った 봉투에 사진을 넣어서 보냈다. / 残ったおかずを冷蔵庫に入れっぱなしにしておいたら腐ってしまった 남은 반찬을 냉장고에 오랫동안 넣어 두었더니 썩어 버리고 말았다. / ふろに水を入れて目욕통[욕조]에 물 좀 받아 줘. / スープに塩をひとつまみ入れてください 스프[국]에 소금을 조금 집어 넣어 주세요. / コンピュータに新しいデータを入れたい 컴퓨터에 새로운 데이터를 넣을까? / コーヒーに砂糖を入れる 커피에 설탕을 넣다

**会話** 何を入れるの
  A：この箱に何を入れるの
  B：本とCDさ
A：이 상자에 뭘 넣니？
B：책과 CD.
  A：コーヒーには何か入れますか
  B：クリームを入れてください
A：커피에 뭔가 넣어 드릴까요？
B：크림[프림]을 넣어 주세요.

❷ [学校・病院などに入れる] 넣다, 보내다 ¶彼の両親には息子を大学に入れるだけのお金がなかった 그의 부모님은 아들을 대학에 보낼 만한 돈이 없었다. / お父さんを早く病院に入れて(→入院させて)治療を受けさせるべきです 아버지를 빨리 입원시켜 치료를 받게 해야 합니다.

❸ [収容する] 넣다, 수용하다 ¶この教室は狭くて20人ぐらいしか入れられない 이 교실은 좁아서 20명 정도밖에 수용할 수 없다. / 5 万人の観客を入れることのできるサッカースタジアム 5만 명의 관객을 수용할 수 있는 축구 경기장[스타디움].

❹ [含める] 넣다, 포함하다 ¶請求書には10％のサービス料を入れてあります 청구서에는 10 퍼센트의 서비스 요금이 포함되어 있습니다. / 私を入れて全員が出席した 나를 포함해 모두가 모임에 참석했다. / 会員名簿に私の名前を入れてください 회원 명단에 제 이름을 넣어 주세요. / 勘定に入れる 계산에 넣다

❺ [仲間に入れる] 넣다, 들게 하다 [雇う] 구하다, 들이다, 고용하다 ¶転校生はしばらくの間級友たちの仲間に入れてもらえなかった 전학생은 얼마 동안 반 친구들 사이에 끼지 못했다. / 私もみなさんの仲間に入れませんか 저도 여러분의 친구가 될 수 없을까요？ / あのゴルフクラブへはなかなか入れてもらえない 그 골프 클럽에는 좀처럼 들어갈 수 없다. / 新たに人を入れる 새로 사람을 구하다

**会話** パートを入れる
  A：パートを入れるしかないかね
  B：人手不足を乗り切るにはそれしかありませんね
A：파트타이머를 구해야만 할까？
B：일손 부족을 극복하기 위해서는 그것밖에 없겠네요.

❻ [要求・意見などを受け入れる] 받아들이다 ¶医者の忠告を入れてたばこをやめた 의사의 충고를 받아들여 담배를 끊었다. / 労働組合の賃上げ要求は入れられなかった 노동조합의 임금 인상 요구는 받아들여지지 않았다.

❼ [納入する] 넣다 [支払う] 치르다, 지불하다 ¶今月の家賃をまだ入れていませんよ 이번 달 집세가 아직 입금되지 않았어요. / 息子は食費として月 3 万円家に入れている 아들은 식비로 월 3만 엔을 집에 보낸다.

❽ [スイッチを入れる] 켜다, 틀다 ¶冷房を入れてくれませんか 냉방 좀 틀어 주실래요？ / テレビのスイッチを入れて(→テレビをつけて) 텔레비전을 켜 줘 / このパソコンのスイッチはどうやって入れるのですか 이 컴퓨터의 전원은 어떻게 켭니까？

❾ [投票する] 투표하다 ¶今度の選挙ではだれに入れるかまだ決めていない 이번 선거에서는 누구에게 투표할지 아직 정하지 않고 있다.

❿ [導入する] 설치하다 ¶部屋にエアコンを入れた 방에 에어컨을 설치했다.

**使い分け** 入れる

| | | |
|---|---|---|
| 中に入れる | 넣다 | 물을 병에 넣다<br>水を瓶に入れる |
| 液体に固体・液体を混ぜる | 타다 | 커피에 설탕을 타다<br>コーヒーに砂糖を入れる |
| 力を入れる | 들이다 | 힘을 들이다<br>力を入れる |
| (学校に)入れる | 입학시키다 | 학교에 입학시키다<br>学校に入れる |

## いろ【色】❶ [色彩] 색, 빛, 색깔, 빛깔 ¶秋には葉の色が変わる 가을에는 나뭇잎의 색깔이 변한다. / このジャケットの色は気に入った 이 재킷의 색은 마음에 들었다. / 洗濯したらシャツ

の色があせた 세탁했더니 셔츠의 색이 바랬다. / 写真の色がよく出た 이 사진은 색깔이 선명하게 잘 나왔다.
¶子供たちはクレヨンで絵に色を塗った 아이들은 크레용으로 그림에 색을 칠했다. / これと色違いのセーターはありますか 이 스웨터로 다른 색 있습니까? / 色とりどりの花が咲いていた 「여러 가지 색의[색색의] 꽃이 피어 있었다.

会話 何色
　A：あなたの部屋のカーテン、何色?
　B：緑よ
A：네 방 커튼은 무슨 색이야?
B：녹색이야.
　A：このスカートはほかの色もありますか
　B：あいにくですが、このスカートは黒しかないのです
A：이 치마는 다른 색도 있습니까?
B：아뇨, 이 치마는 검정색뿐이네요.
¶明るい色 밝은 색 / 薄い色 열은(연한) 색 / 落ち着いた色 차분한 색 / 暗い色 어두운 색 / 淡い色 얕은 색 / 濃い色 짙은 색 / 派手な色 화려한 색 / 柔らかい色 부드러운 색
❷ [肌の色] 피부색, 살빛 [顔色] 빛, 안색, 얼굴빛 [表情] 표정 [気配] 기색 ¶彼女は色が白い[黒い] 그녀는 살갗이 희다[검다]. / 子供たちは海で日焼けして色が黒くなった 아이들은 바다에서 햇빛에 그을려 피부색이 검어졌다.

¶喜び[失望]の色が彼の顔に浮かんだ 기쁨[실망]의 빛이 그의 얼굴에 어렸다. / 何度注意しても彼女には反省の色が見えなかった 몇 번이나 주의를 줘도 그녀에게는 반성의 기색이 보이지 않았다. 慣用句 彼女は息子が事故にあったという知らせに色を失った 그녀는 아들이 사고났다는 소식을 듣자 얼굴이 창백해졌다. / 「この陶磁器はすばらしい。50万ウォンでゆずってください」」「もう少し色をつけてくれませんか」"이 도자기는 훌륭하네. 50만 원에 양도해 주세요." "좀더 얹어 주시면 안 될까요?"

**いろあい【色合い】** 색조(色調)[傾向] 경향 ¶彼女は淡い色合いのブラウスを着ていた 그녀는 엷은 색조의 브라우스를 입고 있었다. / 彼の最新作はこれまでのものとは色合いが違う 그의 최신작은 지금까지의 것과는 경향이[색조가] 다르다. 自伝的色合いの濃い小説 자전적 색조가[경향이] 짙은 소설

**いろあせる【色褪せる】** 바래다, 퇴색하다(退色―) ¶彼は色あせたジーンズ姿でやってきた 그는 바랜 청바지를 입고 나타났다. / あのころの記憶はもう色あせてしまった 그때의 기억은 이미 퇴색되고 말았다.

# いろいろ【色々】
◇いろいろな 여러 가지, 갖가지 ◇いろいろと 여러 가지로, 여러모로 ¶花壇にはいろいろな花が咲いている

---

## 使い分け 色(색깔)

| | 総称 | | 一般形 | 名詞形 | 強調形 | 典型的な例 |
|---|---|---|---|---|---|---|
| 赤い | 붉다 | 陽母音 | 빨갛다 | 빨강 | 새빨갛다 | 빨간 토마토　赤いトマト<br>새빨갛게 익은 고추　真っ赤に熟したとうがらし<br>새빨간 거짓말　真っ赤なうそ |
| | | 陰母音 | 뻘겋다 | | 시뻘겋다 | 시뻘겋게 불타는 숯불　真っ赤に燃えている炭火 |
| 青い<br>(緑も含む) | 푸르다 | 陽母音 | 파랗다 | 파랑 | 새파랗다 | 파란 하늘　青空 |
| | | 陰母音 | 퍼렇다 | | 시퍼렇다 | 시퍼런 칼날　青光りする刀の刃 |
| 白い | 희다 | 陽母音 | 하얗다 | 하양 | 새하얗다 | 하얀 와이셔츠　白いワイシャツ<br>하얗게 핀 백합꽃　白く咲いたゆりの花<br>새하얀 이　真っ白な歯 |
| | | 陰母音 | 허옇다 | | | 허연 삼베 두루마기　白い麻のトゥルマギ |
| 黒い | 검다 | 陽母音 | 까맣다 | 까망<br>검정 | 새까맣다 | 까만 눈동자　黒い瞳<br>새까만 먹　真っ黒い墨 |
| | | 陰母音 | 꺼멓다 | | 시꺼멓다 | 꺼먼 연기　黒い煙 |
| 黄色い | 누르다 | 陽母音 | 노랗다 | 노랑 | 샛노랗다 | 샛노랗게 핀 개나리꽃<br>真っ黄色に咲いたれんぎょうの花 |
| | | 陰母音 | 누렇다 | | | 누렇게 익은 벼　黄色く実った稲<br>누런 이　黄色い(磨いてない)歯 |

▶擬声・擬音語や色名などは、陽母音(아、오、애など)、陰母音(어、우、이など)の違いで微妙な意味の違いを表す。一般に、陰母音のほうが陽母音より程度が強く、陽母音は「小・少・弱・明」などの特徴を、陰母音は「大・多・強・暗」などの特徴を持つ。▶基本的には青と緑の区別がない。▶その他の色 ― 緑：녹색(緑色)・초록색(草緑色)、茶色：갈색(褐色)、灰色：회색(灰色)、紫色：보라색(―色)、桃色：분홍색(粉紅色)、肌色：황색(黄色)、カーキ色：국방색(国防色)。

화단에는 여러 가지 꽃이 피어 있다. / 彼はいろいろなタイプの車を持っている 그는 여러 가지 타입의 차를 가지고 있다. / いろいろな理由でそこには行きたくない 여러 가지 이유로 그 곳에는 가기 싫다. / 韓国のいろいろな場所へ行ったことがある 한국의 여기저기에 가 본 적이 있다. / 彼はいろいろな才能を持った男だ 그는 여러 가지 재능을 가진 남자다. / 倉庫にはいろいろな商品が積み上げられていた 창고에는 갖가지 상품이 쌓여 있었다.

¶いろいろな作家の本が本棚に並んでいた 여러 작가의 책이 책장에 죽 놓여 있었다. / コンビニに行けば雑誌がいろいろそろっている 편의점에 가면 여러 가지 잡지가 구비되어 있다. / 彼の女優についていろいろなうわさが飛んでいる 그 여배우에 관한 갖가지 소문들이 떠돌고 있다. / 有線放送ではいろいろなジャンルの音楽を流している 유선 방송에서는 여러 가지 장르의 음악을 들려준다. / 彼の部屋はいろいろなものが散らかっていて足の踏み場もない 그의 방은 여러 가지 물건이 흐트러져 있어서 발 디딜 틈도 없다.

¶彼は私にいろいろと尋ねた 그는 나에게 여러 가지로 물었다. / その問題はいろいろと論争を呼んだ 그 문제는 여러 가지 논쟁을 불렀다.

¶いろいろありがとうございました 여러 가지로 고맙습니다. / いろいろお世話になりました 여러모로 신세를 많이 졌다. / 兄はいろいろと私の面倒をみてくれた 오빠는 여러 가지로 나를 보살펴 줬다. / いろいろうるさく言ってきたが、すべて君たちのためで 여러모로 잔소리를 했지만 모두 너희를 위해서다.

**いろう** 【慰労】 위로 **◇慰労する** 위로하다 ¶社員の慰労のために温泉に行った 사원 위로를 위해 온천에 갔다. 関連 慰労会 위로회 / 慰労金 위로금

**いろう** 【遺漏】 [抜け] 누락 [手抜かり] 실수 ¶会員名簿にいくつか遺漏が見つかった 회원 명단에 몇 가지 누락이 발견됐다. / 彼は遺漏なく仕事をこなした 그는 실수 없이 일을 해냈다.

**いろえんぴつ** 【色鉛筆】 색연필 (▶発音は 생년필) ¶24色入りの色鉛筆セット 24색 색연필 세트

**いろがみ** 【色紙】 색종이, 색지

**いろぐろ** 【色黒】 ¶彼は色黒でたくましい体をしている 그는 피부가 까매서 건강한 체격이다.

**いろけ** 【色気】 [性的魅力] 성적 매력 [面白み] 멋, 재미 [関心] 관심, 흥미, 의욕 **◇色気づく** 성에 눈뜨다 ¶最近彼女は色気が出てきた 최근 그녀는 섹시해졌다. / 父にもうけ話には全然色気を示さない 아버지는 돈벌이에는 전혀 관심을 보이지 않는다. / 私は色気より食い気だ 저는 멋보다 식욕이다.

**いろじろ** 【色白】 **◇色白い** 살갗이 희다 ¶彼女は色白です 그녀는 살갗이 흽니다.

**いろづく** 【色付く】 물들다, 단풍이 들다 ¶秋も深まって山々が色づき始めた 가을도 깊어가서 산들이 단풍으로 물들기 시작했다.

**いろっぽい** 【色っぽい】 요염하다 ¶彼女は色っぽい目つきで私を見た 그녀는 요염한 눈빛으로 나를 봤다. / しばらく見ないうちに彼女は色っぽくなった 잠시 못 본 동안에 그녀는 매력적으로 변했다.

**いろどり** 【彩り】 채색 [配色] 배색 [取り合わせ] 배합 ¶料理は彩りよく(→おいしそうに)盛り付けられていた 요리는 먹음직스럽게 담겨져 있었다.

**いろどる** 【彩る】 물들이다 [飾る] 꾸미다, 장식하다 ¶彼女は紅葉で彩られた風景を写真に撮った 그녀는 단풍으로 물든 풍경을 사진에 담았다. / 美しい花々で彩られたテーブル 아름다운 꽃들로 꾸민 테이블

**いろは** 【基本】 기본, 초보 ¶彼は商売のいろはを父親から習った 그는 장사의 기본을 부친한테 배웠다. ⇒初步

**いろめ** 【色目】 추파(秋波) [ウインク] 윙크 ¶彼女はいつも男に色目を使っている 그녀는 언제나 남자에게 추파를 던지고 있다.

**いろめがね** 【色眼鏡】 색안경 [偏見] 편견 ¶人を色眼鏡で見てはならない 사람을 색안경 끼고 봐서는 안 된다. ⇒サングラス

**いろわけ** 【色分け】 색별 **◇色分けする** 색별하다 [分類する] 분류하다 ¶洗濯物を洗う前に色分けしなさい 세탁물을 빨기 전에 분류해라. / 電線は色分けされている 전선은 색별되어 있다.

**いろん** 【異論】 이론, 이의(異議) ¶彼は私の提案に異論を唱えた 그는 내 제안에 이론을[이의를] 제기했다. / 彼女を採用することに異論はない 그 여자를 채용 하는 데 이론은[이의는] 없다.

**いわ** 【岩】 바위, 암석(岩石) ¶巨大な岩が通りかかった車の上に落ちてきた 거대한 바위가 지나가던 차 위에 떨어졌다. / 彼はよく岩登りにいく 그는 종종 암벽타기를 하러 간다. 慣用句 一念岩をも通す 굳게 먹은 마음은 바위도 뚫는다. 関連 岩場 바위밭, 암석지대 / 岩肌 암면, 돌바닥 / 岩山 암산, 바위산

**いわい** 【祝い】 ❶ [祝賀] 축하 ¶祖父の還暦のお祝いをした 할아버지의 환갑을 축하했다. ❷ [祝いの言葉] 축하 인사, 축사 ¶友人の結婚式でお祝いのスピーチを頼まれた 친구 결혼식에서 축사를 부탁받았다. / ご結婚を心よりお祝い申し上げます 결혼을 진심으로 축하드립니다. ❸ [祝いの品] 축하 선물 ¶叔母(おば)さんから入学祝いをもらった 이모에게 입학 축하 선물을 받았다. 関連 結婚祝い 결혼 축하 선물 / 新築祝い 신축 축하 선물

**いわう** 【祝う】 축하하다, 축복하다 ¶誕生日を祝う 생일을 축하하다 / 正月を祝う 정월[설]을 축하하다 / 会社の創立50周年を祝って盛大なパーティーが開かれた 회사 창립 50주년을 축하하며 성대한 파티가 열렸다. / 彼の東京本社への栄転を祝った 그의 도쿄 본사로의 영전을 축하했다. / 二人の新しい門出を祝う 두 사람의 새로운 출발을 축복하다

**いわかん** 【違和感】 위화감 ¶彼女は新しい環境になじめず違和感を感じていた 그녀는 새로운 환경에 익숙해지지 못하고 위화감을 느끼고 있었다.

**いわく** 【曰く】 [事情, 理由] 사정, 이유, 까닭 [言うことには] 이르기를, 말하기를, 왈 ¶彼女はいわくありげに彼を見た 그녀는 사정 있는

いわし

듯이 그를 보았다. / 彼はいわく付きの男だ 그는 까닭 있는 남자다
¶ことわざにいわく「時は金なり」 속담에 이르기를 '시간은 금이다.' / 孔子いわく 공자 가라사대[왈]

**いわし【鰯】** 정어리 ¶いわしの缶詰 정어리 통조림 [数え方] いわし1尾 정어리 한 마리 [関連] いわし雲 조개구름, 권적운(巻積雲)

**いわずもがな【言わずもがな】** そんなことは言わずもがなだ 그런 것은 말할 것도 없다. / 彼は言わずもがなのことをいつも言う 그는 항상 쓸데없는 말을 한다.

**いわば【言わば】** 말하자면, 이를테면 ¶彼は私にとっていわば兄のような存在だ 말하자면 그는 나에게 있어 형과 같은 존재다. / 彼はいわば仕事だけが楽しみで生きてきたようなものだ 그는 이를테면 일만 즐기며 살아 온 것 같다.

**いわゆる【所謂】** 이른바, 소위 ¶彼女のいわゆる本の虫だ 그녀는 이른바 책벌레다. / 彼はいわゆるハッカーと呼ばれている連中の一人だ 그는 소위 해커라고 불리는 일당 중 한 사람이다.

**いわれ【謂われ】** [理由, 根拠] 이유, 까닭 [由来, 来歴] 유래, 내력 ¶そのしきたりのいわれを調べてみました 그 관습의 유래를 조사해 보았습니다. ⇒理由

**いん【印】** [判, 印鑑] 도장, 인장, 인감 [スタンプ] 스탬프 ¶その書類には社長印が押してあった 그 서류에는 사장의 도장이 찍혀 있었다. / ここに印を押してください 여기에 도장을 찍어 주세요. / 日付印を押す 날짜인을 찍다 [関連] 印肉 도장밥 / 朱肉 인주 ⇒印鑑

**いんうつ【陰鬱】** ◇陰鬱だ 음울하다 ¶陰鬱な空模様の日が1週間も続いている 음울한 날씨가 일주일이나 계속되고 있다.

**いんえい【陰影】** 음영 ¶陰影に富む文章 음영이 풍부한 문장

**いんか【引火】** 인화 ◇引火する 인화하다 ¶昨夜の火事はたばこの火が油に引火して起きた 어젯밤의 화재는 담뱃불이 기름에 인화되어 일어났다. / ガソリンはきわめて引火しやすい揮発油は 대단히 인화되기 쉽다.

**いんが【因果】** 인과 [報い] 업보 [運命] 운명, 숙명 ◇因果な [不運な] 불운한, 불행한 ¶警察は2つの事件の因果関係について詳しく調査した 경찰은 두 사건의 인과 관계에 대해 상세하게 조사했다. / いったい何の因果でこんな目に遭うんだろう 도대체 무슨 업보로 이런 꼴을 당할까? / 因果とあきらめて彼女と別れようと 체념하기 어려운 있다. / 因果な身の上 딱한 신세 [慣用句] 親の因果が子に報いる 부모의 업보가 자식에게 돌아온다.

**いんかん【印鑑】** 인감, 도장 ¶印鑑を登録する 인감을 등록하다 / 印鑑照合 인감 조합[조회] / 印鑑証明 인감 증명 ⇒はんこ

**いんき【陰気】** ◇陰気だ 음침하다 ¶彼はいつも陰気な顔をしている 그는 항상 음침한 얼굴을 하고 있다. / 陰気な感じの男 음침한 인상의 남자

**いんきょ【隠居】** 은거 [人] 노인장 ◇隠居する 은거하다 ¶近所のご隠居と仲よくする 이웃에 사시는 노인장과 사이 좋게 지낸다

**いんぎん【慇懃】** ◇慇懃だ 은근하다 ¶彼女の慇懃無礼な態度はみんなの反感を買った 그녀의 지나치게 예의 바른 태도는 모두에게 반감을 샀다.

**インク** 잉크 ¶名前はインクで書いてください 이름은 잉크로 써 주세요. [関連] インク消し 잉크 지우개 / インクスタンド 잉크스탠드 / インクジェットプリンター 잉크젯 프린터

**いんけん【陰険】** ◇陰険だ 음험하다, 음흉하다 ¶あんな陰険な女は信用できない 저렇게 음흉한 여자는 신용할 수 없다. / あの男は見るからに陰険な目付きをしている 저 남자는 보기에도 음흉한 눈초리를 하고 있다.

**いんこ【豆】** 강낭콩

**いんこ【鸚哥】** [鳥] 잉꼬 [数え方] いんこ1羽 잉꼬 한 마리

**いんさつ【印刷】** 인쇄 ◇印刷する 인쇄하다
¶明日の朝刊は今印刷中だ 내일 조간은 지금 인쇄중이다. / このポスターは印刷が鮮明だ 이 포스터는 인쇄가 선명하다.
¶その本は5万部印刷された 그 책은 5만 부 인쇄되었다. / パソコンで作成した文書をプリンターで印刷する 컴퓨터로 작성한 문서를 프린터로 인쇄하다 [関連] 印刷機 인쇄기 / 印刷所 인쇄소 / 印刷物 인쇄물 / 印刷用紙 인쇄 용지

**いんさん【陰惨】** ◇陰惨だ 끔찍하다, 섬뜩하다 ¶陰惨な光景に思わず目をそむけた 끔찍한 광경에 나도 모르게 그만 눈길을 돌렸다.

**いんし【印紙】** 인지 ¶200円の収入印紙をください 200엔짜리 수입 인지 주세요. / 領収書に印紙をはる 영수증에 인지를 붙이다

**いんしつ【陰湿】** ◇陰湿だ 음습하다 ¶彼は陰湿なやり方でライバルたちを蹴落とした 그는 음흉한 방법으로 라이벌들을 떨어뜨렸다. / その女の子は学校で陰湿ないじめにあっている 그 소녀는 학교에서 「심한 따돌림을[심하게 왕따를] 당하고 있다.

**いんしゅ【飲酒】** 음주 ◇飲酒する 음주하다
¶飲酒運転で捕まった 음주 운전으로 잡혔다.

**いんしゅう【因習】** 인습 ¶因習にとらわれる 인습에 얽매이다 / 因習を打破する 인습을 타파하다

# いんしょう

**【印象】** 인상 ◇印象的だ 인상적이다
[基本表現]
▶彼は客によい[悪い]印象を与えた
그는 손님에게 좋은[나쁜] 인상을 주었다.
▶京都は歴史のある町だという印象を受けました
교토는 역사가 있는 곳이라는 인상을 받았습니다.
▶あの映画は印象が薄い[強い]
저 영화는 인상이 약하다[강하다].
▶彼女の話は深く心に残っている
그녀의 이야기는 인상 깊게 남아 있다.
¶彼女の美しさが印象深かった 그녀의 아름다움이 인상 깊었다. / 日本の第一印象はどうですか 일본의 첫인상은 어떻습니까? / 第一印象は当たっていないことがよくある 첫인상이 맞지 않은 경우가 자주 있다. / 第一印象で人を判断してはいけない 첫인상으로 사람을 판단해서는 안 된다. / 結婚

式はとても印象的だった 결혼식은 대단히 인상적이었다. / 印象的な作品 인상적인 작품
会話 印象はどうでした
A：彼女の印象どうだった
B：美人だけど、ちょっとおとなしすぎるかな
A：그 여자의 인상이 어땠어？
B：미인이지만 너무 얌전한 것 같아.

**いんしょうしゅぎ【印象主義】**인상주의

**いんしょうは【印象派】**인상파 ¶印象派の画家 인상파 화가

**いんしょく【飲食】**음식 ◇飲食する 마시고 먹다 ¶場内での飲食は固く禁じられている 장내에서 음식 섭취가 엄격하게 금지되어 있다.
関連 飲食物 음식물 / 飲食店 음식점

**いんすう【因数】**인수 ¶6と3は18の因数だ 6과 3은 18의 인수다. 関連 因数分解 인수분해

**インスタント** 인스턴트, 즉석(即席) 関連 インスタントコーヒー 인스턴트 커피 / インスタント写真 즉석 증명 사진 / インスタント食品 즉석 식품 / インスタントラーメン 인스턴트 라면

**インストール** 인스톨, 설치 ◇インストールする 설치하다 ¶新しいワープロソフトをコンピュータにインストールした 새로운 워드 소프트를 컴퓨터에 설치했다.

**インストラクター** 인스트럭터, 선생 ¶エアロビクスのインストラクター 에어로빅 인스트럭터

**インスピレーション** 인스피레이션, 영감 ¶インスピレーションがわく 영감이 떠오르다

**いんせい【陰性】**음성(↔양성) ¶彼女のツベルクリン反応は陰性だった 그녀의 투베르쿨린 반응은 음성이었다. 関連 陰性反応 음성 반응

**いんぜい【印税】**인세 ¶彼は本の印税として1000万円受け取った 그는 책의 인세로 천만 엔을 받았다. / 私は小説の印税で暮らしている 나는 소설의 인세로 생활하고 있다.

**いんせき【姻戚】**인척 ¶私と彼は姻戚関係にある 나와 그는 인척 관계이다.

**いんせき【引責】**인책 ¶部長は部下のミスのために引責辞職した 부장은 부하의 실수로 인책 사임했다.

**いんせき【隕石】**운석, 별똥돌 ¶砂漠に大きな隕石が落下した 사막에 큰 운석이 떨어졌다.

**いんぜん【隠然】**은연 ¶その政治家は党内で隠然たる力を持っている 그 정치가는 당내에서 은연한 세력을 가지고 있다.

**いんそつ【引率】**인솔 ◇引率する 인솔하다 ¶生徒を引率して博物館に行く 학생들을 인솔해서 박물관에 가다 関連 引率者 인솔자

**インターチェンジ** 인터체인지

**インターネット** 인터넷 ¶インターネットで検索する 인터넷으로 검색하다 関連 インターネットカフェ 인터넷 카페, 피시 방 / インターネット家電 인터넷 가전 / インターネットショッピング 인터넷 쇼핑 / インターネット電話 인터넷 전화, 인터넷 폰 / インターネットバンキング 인터넷 뱅킹 / インターネットプロバイダー 인터넷 정보 제공자

**インターハイ** 〔全国高等学校総合体育大会〕전국 고등학교 종합 체육 대회

**インターバル** 인터벌 ¶インターバルを置く 인터벌 두다

**インターホン** 인터폰 ¶インターホン越しに話す 인터폰으로 이야기하다

**インターン** 인턴 ¶医者になるためには2年間病院でインターンとして研修を受けなければならない 의사가 되기 위해서는 2년간 병원에서 인턴으로서 연수를 받지 않으면 안 된다.

**いんたい【引退】**은퇴(隠退) ◇引退する 은퇴하다, 물러나다 ¶彼はそろそろ引退を考えている 그는 슬슬 은퇴할 생각을 하고 있다. / その政治家は政界からの引退を発表した 그 정치가는 정치계에서 은퇴를 발표했다.

**インタビュー** 인터뷰 ◇インタビューする 인터뷰하다 ¶大統領は記者のインタビューを受けた 대통령은 기자의 인터뷰를 받았다. / 首相にインタビューを申し込む 수상에게 인터뷰를 신청하다 / 独占[単独]インタビュー 독점[단독] 인터뷰

**いんちき**〔詐欺〕사기, 부정〔偽物〕엉터리 ¶彼らはいんちきの投資話で金を集めていた 그들은 부정 투자 이야기로 돈을 모으고 있었다. /（勝負で）いんちきをするな 속임수 쓰지 마. / いんちき会社 엉터리 회사

**いんちょう【院長】**원장 関連 学院長 학원장 / 病院長 병원장

**インディアン** 인디언

**インデックス** 색인(索引), 인덱스

**インテリ** 인텔리〔知識人〕지식인 ¶彼はインテリぶっているけど頭は空っぽの人間だ 그는 지식인을 가장하고 있지만 머릿속은 텅 빈 인간이다.

**インテリア**〔室内装飾〕인테리어, 실내장식 ¶彼女は部屋のインテリアに凝っている 그녀는 방 인테리어에 열중하고 있다. 関連 インテリアデザイナー 인테리어 디자이너 / インテリアデザイン 인테리어 디자인

**インテリジェント** 関連 インテリジェントビル 인텔리전트 빌딩, 지능 빌딩

**イントネーション** 억양(抑揚) ¶彼は奇妙なイントネーションの韓国語を話す 그 사람은 이상한 억양으로 한국어를 한다.

**いんねん【因縁】**〔つながり、関係〕인연, 관계 ¶彼とは浅からぬ因縁がある 그와는 깊은 관계이다. / あなたと知り合えたのも何かの因縁でしょう 당신과 알게 된 것도 무슨 인연이시죠.

**いんぶ【陰部】**음부

**インフォメーション**〔情報〕정보〔案内所、受付〕안내소〔受付〕접수처

**インプット** 인풋(↔아웃풋), 입력(入力) ◇インプットする 입력하다 ¶データをコンピュータにインプットする 데이터를 컴퓨터에 입력하다.

**インフルエンザ** 인플루엔자, 유행성 감기(流行性感気), 독감(毒感) ¶今年はインフルエンザが世界的に流行っている 올해는 인플루엔자가 세계적으로 유행하고 있다. / インフルエンザの予防接種を受ける 유행성 감기 예방 접종을 맞다 [받다] / インフルエンザにかかる 유행성 감기에 걸리다 関連 鳥インフルエンザ 조류독감(鳥類毒感), 조류 인플루엔자

**インフレ** 인플레(이션)(↔디플레) ¶急激な経済成長が便便にインフレを引き起こす 급격한 경제 성장이 번번이 인플레를 일으킨다. / インフレを抑制する 인플레를 억제하다 / インフレ対策を講じる 인플레 대책을 세우다 / 悪性インフレ 악성 인플레

**いんぶん【韻文】** 운문(↔산문)

**いんぺい【隠蔽】** 은폐 ◇隠蔽する 은폐하다
¶彼は悪事を隠蔽しようとしたがばれてしまった 그는 나쁜 일을 은폐하려 했으나 들키고 말았다. / 彼らはスキャンダルによるダメージを防ごうとして隠蔽工作を始めた 그들은 스캔들에 의한 타격을 막으려고 은폐 공작을 시작했다.

**いんぼう【陰謀】** 음모 ¶クーデタの陰謀を企てる 쿠데타 음모를 세우다 / 政治的陰謀 정치적 음모 |関連|陰謀家 음모자

**いんもう【陰毛】** 음모, 거웃

**いんよう【引用】** 인용 ◇引用する 인용하다, 따오다 ¶ことわざを引用する 속담을 인용하다 /「その言葉は何から引用したものですか」「聖書からです」"그 말은 어디서 인용한 것입니까?" "성경에서요." |関連|引用符 인용부, 따옴표 / 引用文 인용문

**いんりょう【飲料】** 음료(▶発音은 음뇨) |関連|飲料水 음료수 / アルコール飲料 알코올음료 / 清涼飲料 청량음료 / 炭酸飲料 탄산음료

**いんりょく【引力】** 인력(▶発音은 일력) ¶潮の干満は月の引力によって引き起こされる 밀물과 썰물은 달의 인력에 의해 생긴다. |関連|引力圏 인력권 / 万有引力の法則 만유인력의 법칙

**いんれき【陰暦】** 음력(▶発音은 음녁) ¶陰暦の9月15日 음력 구월 15일

# う

**う【卯】** 묘 ¶卯年 묘년 | 토끼띠 ⇒うさぎ

**う【鵜】** 가마우지 |数え方| う1羽 가마우지 한 마리

**ウイークエンド** 위크엔드, 주말(週末) ¶私はウイークエンドも働かなければならない 나는 주말에도 일해야만 한다.

**ウイークデー** 위크데이, 평일(平日) ¶ウイークデーはとても忙しい 평일은 아주 바쁘다.

**ウイークポイント** 약점(弱点) ¶彼女は彼のウイークポイントを握っている 그녀는 그의 약점을 잡고 있다.

**ういういしい【初々しい】** 앳되다, 싱싱하다, 청순하다 ¶4月のキャンパスは初々しい新入生たちで活気に満ちている 사월의 캠퍼스는 앳된 신입생들로 활기에 차 있다. / 初々しい花嫁 앳된 신부

**ウイスキー** 위스키 ¶ウイスキーをダブルで2つください 위스키를 더블로 두 잔 주세요. / ウイスキーをストレート[オンザロック]で飲む 위스키를 스트레이트로[언더 록으로] 마시다 / ウイスキーの水割り 물 탄 위스키

**ウイット** 위트, 기지(機知) ¶ウィットに富んだ小説 위트가 풍부한 소설 / 彼女はとてもウィットのある人だ 그녀는 아주 위트 있는 사람이다. ⇒機知

**ウイニングショット** 위닝샷, 결정타 ¶彼女のバックハンドからのリターンがウイニングショットになった 그녀의 백핸드 리턴이 결정타가 됐다.

**ウイニングボール** 위닝볼, 승리구 ¶彼はウイニングボールを観客席に投げ入れた 그는 위닝볼을 관객석으로 던졌다.

**ウイルス** 바이러스 ¶彼はウイルス性の病気にかかっている 그는 바이러스성 병에 걸렸다. / コンピュータウイルス 컴퓨터 바이러스

**ウインカー** 윙커, 〈俗〉깜박이

**ウインク** 윙크 ◇ウインクする 윙크하다 ¶彼女は私に意味ありげにウインクした 그녀는 나에게 의미 있는 듯이 윙크했다.

**ウインタースポーツ** 윈터스포츠

**ウインドーショッピング** 윈도쇼핑, 아이쇼핑 ¶ひまなときはよくウインドーショッピングをする 한가할 때는 자주 윈도쇼핑을 한다.

**ウインドサーフィン** 파도타기, 윈드서핑 ¶連休に湘南にウインドサーフィンに行った 연휴에 쇼난에 윈드서핑하러 갔다.

**ウインドブレーカー** 윈드브레이커

**ウインナソーセージ** 비엔나 소시지

**ウーマンリブ** 우먼 리브, 여성 해방 운동(女性解放運動)

**ウール** 울, 양모(羊毛) ¶ウールのセーター 울 스웨터

**ウーロンちゃ【ウーロン茶】** 우롱차, 오룡차

**うえ【上】** ❶ [上方] 위

|基本表現|
▶この花瓶をテーブルの上に置いてください
이 꽃병을 테이블 위에 놓아 주세요.
▶シャツの上にジャケットを着る
셔츠 위에 재킷을 입었다.
▶壁の左上にかかっている絵はだれの絵ですか
벽 왼쪽 위에 걸려 있는 그림은 누구 그림이에요?
▶エレベーターで上へ行った
엘리베이터로 위에 올라갔다.
▶箱が上から落ちてきた
상자가 위에서 떨어졌다.

◆【上に】
¶辞書は机の上にある 사전은 책상 위에 있다. / 皿は床の上に落ちて粉々になった 접시는 바닥에 떨어져 산산조각이 났다.
¶山の上に月が見えた 산 위에 달이 보였다. / 蛍光灯は頭のちょうど上につるされている 형광등은 머리 바로 위에 매달려 있다. / テーブルの上にテーブルクロスをかけた テーブルの上にテーブルクロスを

うえき

◆[上で]
¶猫がじゅうたんの上で寝ている 고양이가 융단 위에서 자고 있다. / 上で叫び声がした 위에서 크게 외치는 소리가 났다.
◆[上を]
¶ヘリコプターは海面の10メートル上を飛んでいた 헬리콥터는 해면 10미터 위를 날고 있었다. / 上を見ろ 위를 봐라.
◆[上の]
¶机の上の資料を持ってきてくれ 책상 위의 자료를 가지고 와라. / アパートの上の階が火事だ 아파트 위 층에 화재가 일어났다. / 彼は上の部屋に住んでいる 그는 윗방에 살고 있다.
◆[上へ]
¶上へ行けば行くほど気温が下がる 위로 가면 갈수록 기온이 떨어진다. / 一休みしてからさらに上へ登った 잠깐 쉬고 나서 더욱 위로 올라갔다. / 彼はテーブルの上へ飛び乗った 그는 테이블 위로 뛰어 올랐다. / その男は線路の上へ飛び降りた 그 남자는 선로 위로 뛰어내렸다. / 上へ来てください 위로 올라와 주세요.
◆[その他]
¶水はひざの上まであった 물은 무릎 위까지 있었다. / 彼は腰から上が日焼けしていた 그는 허리부터 윗쪽이 햇볕에 그을어 있었다.
❷[最上部] 윗쪽, 머리, 꼭대기 ¶彼女の写真はそのページのいちばん上にあった 그녀의 사진은 그 페이지의 가장 윗쪽에 있었다. / 彼の髪は上の方が薄い 그의 머리는 위쪽이 숱이 적다. / にわか雨にあって上から下までずぶぬれになった 소나기가 내려 위에서 아래까지 흠뻑 젖었다. / 山の上は風が強かった 산 위는 바람이 강했다. / 鍵は机の上から3つ目の引き出しに入っている 열쇠는 책상 위에서 세 번째 서랍에 들어 있다.
❸[地位・程度が高い] 위 [優れている] 낫다 [上級] 상급 ¶彼の学校の成績は私より上だ 그의 학교 성적은 나보다 낫다. / 彼は上のクラスへ編入された 그는 윗반에 편입되었다. / 役職が上の人は通例収入も多い 직책이 높은 사람은 보통 수입도 많다. / このコンピュータの性能は私のよりも上だ 이 컴퓨터의 성능은 내 것보다도 낫다. / 彼は学者としては私よりはるかに上だ 그는 학자로서는 나보다 훨씬 훌륭하다.
/ 上からの命令には従わなければならない 위의 명령에는 따라야만 한다. / 上は社長から販売員に至るまで全社一丸となってがんばった 위로는 사장부터 판매원에 이르기까지 전사원이 하나가 되어 열심히 노력했다. / 彼は人の上に立つようなタイプじゃない 그는 사람 위에 설 타입이 아니다.
❹[年上] 위 ¶兄は私より3つ上だ 오빠는[형은] 나보다 세 살 나이가 위다. / いちばん上の娘には子供が2人いる 첫째 딸에게는 아이가 둘 있다. / 上の子が今年小学校に入った 첫째 아이가 올해 초등학교에 들어갔다.
❺[結果: …したうえで]《動詞過去連体形＋》뒤 [다음]에 ¶よく考えたうえでお返事します 잘 생각한 다음에 대답하겠습니다. / 彼は困難を承知のうえでその任務を引き受けた 그는 곤란할 줄 알고서도 그 임무를 맡았다.
❻[追加: …(した)うえに]《連体形＋》데다가 ¶彼は財布をすられたうえに電車の定期券までなくしてしまった 그는 지갑을 소매치기 당한 데다가 정기권까지 잃어버렸다. / 彼女は美しいうえに聡明だ 그녀는 아름다운 데다가 총명하다. / 彼は頭がよくてハンサムなうえに金持ちだ 그는 머리가 좋고 잘생긴 데다가 부자다. / ごちそうになったうえおみやげまで頂いてありがとうございます 이렇게 대접도 해 주시고 선물까지 주시다니 너무 감사합니다.
❼[追加: …したうえは]《動詞過去連体形＋》이상 ¶決心したうえは行かなければならない 결심한 이상 가야 한다.
❽[関連] 상 ¶暦(こよみ)の上ではもう秋だ 달력상으로는 이미 가을이다. / 彼は仕事の上での失敗を繰り返した 그는 업무상의 실패를 되풀이했다. / 彼の理論を理解する上で物理学の知識が必要だ 그의 이론을 이해하는 데 물리학의 지식이 필요하다. / 酒の上で言ったことなんて気にしていないよ 술김에 한 말 같은 건 신경 쓰지 않아.
❾[先の順序] 위, 앞 ¶上に述べたとおり我々には損害賠償を請求する権利がある 앞에서 말한 것처럼 우리들에게는 손해 배상을 청구할 권리가 있다. [慣用句]上には上がいる(→走る者の上に飛ぶ者がいる) 뛰는 놈 위에 나는 놈 있다. / 重要書類を紛失し事務所の中は上を下への大騒ぎだった 중요 서류를 분실해 사무실 안은 온통 야단법석이었다. / 韓国語にかけては彼の上を行く者はいない 한국어에 있어서는 그를 능가할 사람은 없다.
❿[過程: …するうえで] -는 데, -ㄹ[-을] 때 ¶ジョギングを続けるうえで重要な秘訣は決して無理をしないことだ 조깅을 계속하는 데 중요한 비결은 결코 무리를 안 하는 것이다.

**うえ【飢え】**[飢餓] 기아 [空腹] 굶주림 ¶飢えに苦しむ人々 굶주림에 괴로워하는 사람들 / その国では飢えで多くの人々が死んでいる 그 나라에서는 굶주림으로 많은 사람들이 죽고 있다.

**ウエーター** 웨이터(↔웨이트리스)

**ウエート** 중점(重点) ¶現在の内閣は規制緩和に政策のウエートを置いている 현재의 내각은 규제 완화에 정책의 중점을 두고 있다. ⇒重き, 重点, 体重

**ウエートコントロール** 체중 조절(体重調節)
**ウエートトレーニング** 웨이트 트레이닝
**ウエートリフティング** 웨이트 리프팅, 역도(力道), 역기(力技) ¶ウエートリフティングの選手 역도 선수

**ウエートレス** 웨이트리스(↔웨이터) ¶彼女はレストランでウエートレスのアルバイトをしている 그녀는 레스토랑에서 웨이트리스의 아르바이트를 한다. / ウエートレスにコーヒーを注文した 웨이트리스에게 커피를 주문했다.

**ウエーブ**[髪の] 웨이브 ¶美容院で髪にウエーブをかけてもらった 미용실에서 머리에 웨이브를 주었다. / ウエーブのかかった髪 웨이브를 준 머리

**うえき【植木】**[庭木] 정원수(庭園樹) ¶植木を

育てる 정원수를 기르다 関連 植木鉄 전정가위 / 植木鉢 화분 / 植木屋 정원사(庭園師)

**うえじに【飢え死に】**〔餓死〕아사 ◇ 굶어 죽다 ¶早魃(さつ)で多くの人が飢え死にした 가뭄으로 많은 사람들이 굶어 죽었다. /〔腹が減って飢え死にしそうだ 배고파 죽을 것 같다.

**ウエスト** 웨이스트, 허리 ¶彼女のウエストは60センチです 그녀의 웨이스트는 60센티에요. / 彼女はウエストが細い[太い] 그녀는 웨이스트가 가늘다[굵다]. / スカートのウエストを詰めてもらった 치마의 웨이스트를 줄이도록 했다.

**うえつける【植え付ける】**심다 ¶畑にトマトの苗を植え付けた 밭에 토마토의 모종을 심었다. ¶あの日の夫の行動は彼女の心に不信感を植え付けた 그 날 남편의 행동은 그녀의 마음에 불신감을 심었다.

**ウエット** ¶彼女はウエットな性格だ 그녀는 감상적인 성격이다. 関連 ウエットスーツ 웨트 슈트, 잠수복 / ウエットティッシュ 물티슈

**ウエディング** 결혼(結婚), 결혼식 関連 ウエディングケーキ 웨딩케이크 / ウエディングドレス 웨딩드레스 / ウエディングベル 웨딩벨 / ウエディングマーチ 웨딩 마치, 결혼 행진곡

**うえる【飢える】**굶다, 굶주리다 ¶妻を飢えさせる 처자를 굶주리게 하다 / 飢えた子供たち 굶주린 어린이들 / その子は母親の愛情に飢えていた 그 애는 어머니 사랑에 굶주려 있었다.

**うえる【植える】**심다 ¶うちの庭にはたくさんの花が植えてある 우리 정원에는 많은 꽃이 심어져 있다. / 私たちは毎年畑にトマトを植えている 우리 밭은 매년 밭에 토마토를 심고 있다.

**ウェルターきゅう【ウェルター級】**웰터급 ¶ウェルター級の選手 웰터급 선수

**うおうさおう【右往左往】**우왕좌왕 ◇ 右往左往する 우왕좌왕하다 ¶彼らは出口を求めて右往左往していた 그들은 출구를 찾아 우왕좌왕하고 있었다.

**ウォーミングアップ** 워밍업 ◇ ウォーミングアップする 워밍업하다 ¶リリーフピッチャーが登板に備えてウォーミングアップしている 구원 투수가 등판에 대비해서 워밍업하고 있다.

**うおざ【魚座】**물고기자리 ¶魚座生まれの人 물고기자리 탄생의 사람

**ウオッカ** 보드카 ¶ウオッカをがぶ飲みする 보드카를 벌컥벌컥 들이켜다

**うおのめ【魚の目】**티눈 ¶足の指に魚の目ができている 발가락에 티눈이 생겼다.

**うかい【迂回】**우회 ◇ 迂回する 우회하다 ¶道路が渋滞していたため彼は迂回せざるをえなかった 도로가 정체되어 있었기 때문에 그는 우회하지 않을 수 없었다. 関連 迂回路 우회로

**うがい【嗽】**양치질 ◇ うがいする 양치질하다, 입안을 가시다 ¶外から帰ったら必ずうがいしなさい 밖에서 돌아오면 꼭 양치질해라[입안을 가셔라]. 関連 うがい薬 양치 약, 입안 세정제

**うかうか** 헛되이, 무심코 ¶入試が近づいているのでもううかうかしていられない 입시가 가까워지고 있으니 언제까지나 시간을 헛되이 보낼 수는 없다. / うかうかしていると標識を見落とすぞ 명

청히 있다가는 표지를 못 보고 말 거야.

**うかがい【伺い】**¶先生のご機嫌伺いにお宅を訪ねた 선생님의 안부를 묻고자 댁을 방문했다. / 上司にお伺いを立てる 상사에게 여쭙다

**うかがう【窺う】**엿보다〔機会をねらう〕노리다〔様子を見る〕살피다〔推察する〕헤아리다 ¶彼らは長い間国外に脱出する機会をうかがっていた 그들은 오랫동안 국외로 탈출할 기회를 엿보고 있었다. / 彼は彼女の顔色をうかがっていた 그는 그녀의 표정을 살피고 있었다. / 彼女の仕事から育ちのよさがうかがわれる 그녀의 행동을 보면 가정교육을 잘 받고 자란 것을 알 수 있다.

**うかがう【伺う】**〔訪ねる〕찾아뵙다〔尋ねる〕여쭙다〔聞く〕듣다 ¶あす10時に伺います 내일 열시에 찾아뵙겠습니다. / 米の自由化についてご意見をお伺いいたします 쌀의 자유화에 대해 의견을 여쭙겠습니다. / 少々お伺いいたしますが、駅はどっちでしようか 말씀 좀 묻겠습니다만, 역은 어느 쪽입니까? / ゴルフがご趣味だと伺っています 골프가 취미라고 들었습니다. ⇒聞く, 訪ねる, 尋ねる

**うかされる【浮かされる】**¶彼女は昨夜から高熱にうかされている 그녀는 어젯밤부터 고열로 의식이 흐릿하다.

**うかす【浮かす】**띄우다〔節約する〕절약하다 ¶彼は思わず腰を浮かせた 그는 엉겁결에 일어섰다. / 今月は2万円浮かした 이번달은 2만 엔 절약했다.

**うかつ【迂闊】**◇ うかつだ 경솔하다, 멍청하다 ¶あんなことを言ってしまったくうかつだった 저런 말을 하다니 정말로 경솔했다. / うかつにも大切な書類をなくしてしまった 멍청하게도 중요한 서류를 잃어버리고 말았다.

**うがつ【穿つ】**〔穴をあける〕뚫다〔核心を突く〕핵심을 찌르다 ¶岩を穿つ 바위를 뚫는다. / それはなかなか穿った見方だ 그것은 상당히 핵심을 찌른 견해이다.

**うかぬかお【浮かぬ顔】**¶彼女はひどく浮かぬ顔をして私のところへやって来た 그녀는 매우 근심스러운 얼굴로 나를 찾아왔다. / 彼は試験に落ちて浮かぬ顔をしていた 그는 시험에 떨어져 우울한 표정을 하고 있었다.

**うかびあがる【浮かび上がる】**떠오르다, 드러나다 ¶潜水艦が海面に浮かび上がってきた 잠수함이 바다 위로 떠올랐다. / 新事実が浮かび上がった 새로운 사실이 드러났다.

**うかぶ【浮かぶ】** ❶〔水・空に〕뜨다 ¶小舟が川に浮かんでいた 작은 배가 강에 떠 있었다. / 白い雲が一つ空に浮かんでいる 흰 구름이 하나 하늘에 떠 있다. / 東の空に月がぽっかり浮かんでいる 동쪽 하늘에 달이 두둥실 떠 있다. / 太平洋に浮かぶ島々 태평양에 떠 있는 섬들 / 空に浮かんでいる凧(たこ) 하늘에 떠 있는 연 ❷〔意識に出てくる〕떠오르다, 생각나다 ¶いい考えが浮かんだ 좋은 생각이 떠올랐다. / 名案が浮かばない 명안이 떠오르지 않는다. / とりとめのない考えばかり浮かんでくる 종잡을 수 없는 생각만 떠오른다. / 彼女に対する慰めの言葉がなかなか浮かんでこない 그녀에 대한 위로의 말이 도무지

떠오르지 않는다. / 突然彼に対する疑惑の念が心に浮かんだ 갑자기 그에 대한 의혹이 떠올랐다. / 目を閉じると彼女の笑顔がまぶたに浮かぶ 눈을 감으면 그녀의 웃는 얼굴이 눈앞에 아른거린다.

❸ [現れる] 떠오르다, 나타나다 ¶少女の顔には喜びの色が浮かんだ 소녀의 얼굴에는 기쁜 빛이 나타났다. / 彼女の目に涙が浮かんだ 그녀의 눈에 눈물이 어렸다. / 捜査の結果, 数人の男が容疑者として浮かんできた 수사 결과, 몇 명의 남자가 용의자로 떠올랐다.

**うかべる【浮かべる】** ❶ [水に] 띄우다 ¶少年はおもちゃのあひるを水に浮かべた 소년은 장난감 오리를 물에 띄워 놓았다. / 舟を浮かべて釣りをする 배를 띄워 낚시를 하다

❷ [表面に表す] 띄우다, 짓다 ¶彼はいつも顔に不満の色を浮かべている 그는 언제나 얼굴에 불만의 빛을 띄우고 있다. / 少年は顔に恐怖の色を浮かべた 소년은 얼굴에 공포의 빛을 띄웠다. / 彼女は目に涙を浮かべていた 그녀는 눈물을 머금고 있었다.

❸ [心に] 그리다 ¶今でもその景色を目に浮かべることができる 지금도 그 경치를 눈에 그릴 수 있다. / 亡きの母の面影を胸に浮かべる 돌아가신 어머니의 모습을 마음속에 그리다

**うかる【受かる】** 붙다, 합격하다 ¶入社試験に受かった 입사 시험에 붙었다. ⇨合格

**うかれる【浮かれる】** 들뜨다 ¶彼は最近浮かれているようだ 그는 요즘 들떠 있는 것 같다.

**うき【雨期・雨季】** 우기 ¶雨季に入った 우기에 들었다.

**うき【浮き】** [釣りの] 낚시찌 [浮標] 부표 [救命用] 구명대

**うきあがる【浮き上がる】** 떠오르다 [孤立する] 고립되다, 유리되다 / 自己中心的な態度のせいで彼は会社の中で浮き上がっていた 자기중심적인 태도 때문에 그는 회사 안에서 고립되어 있었다. ⇨浮かび上がる

**うきあしだつ【浮き足立つ】** ¶チームの敗色が濃厚になって彼らは浮き足立った 팀의 패색이 짙어지자 그들은 침착성을 잃었다.

**うきうき【浮き浮き】** 들썽들썽 ◇うきうきする 들썽들썽하다, 신나다, 들뜨다 ¶彼女がデートに応じてくれたので彼はうきうきした様子だった 그녀가 데이트에 응해 주어서 그는 들뜬 모습이었다.

**うきしずみ【浮き沈み】** 부침, 흥망성쇠(興亡盛衰) ¶浮き沈みの多い人生 부침이 심한 인생

**うきぶくろ【浮き袋】** [浮き輪] 튜브 [魚の] 부레

**うきぼり【浮き彫り】** 부조, 부각 ◇浮き彫りにす부각시키다 ¶今回の汚職事件は行政と企業の癒着を浮き彫りにした 이번의 오직 사건은 행정과 기업의 유착을 부각시켰다.

**うきめ【憂き目】** 쓰라림 ¶破産の憂き目を見る 파산의 쓰라림을 맛보다

**うきよ【浮き世】** [世の中] 세상 ¶それが浮き世の習いというものだ 그것이 세상이라고 하는 것이다. / 彼は田舎にこもって浮き世離れした暮らしをしている 그는 시골에 틀어박혀 세상과 떨어진 생활을 하고 있다.

**うきよえ【浮世絵】** 우키요에 : 에도 시대의 풍속화

**うきわ【浮き輪】** 튜브

**うく【浮く】** ❶ [水·空中に] 뜨다 ¶木の葉が水面に浮いている 나뭇잎이 수면에 떠 있다. / 風船が空中に浮いている 풍선이 공중에 떠 있다.

❷ [余る] 남다 ¶出張旅費が5千円浮いた 출장 여비가 5천 엔 남았다. 慣用句 彼女には浮いた話の一つもない 그녀에게는 염문이 하나도 없다.

**うぐいす【鶯】** 꾀꼬리, 휘파람새 関連 うぐいす色 올리브색, 어두운 녹갈색 / うぐいす嬢 목소리가 고운 여자 아나운서

**ウクレレ** 우쿨렐레 ¶ウクレレを弾く 우쿨렐레를 치다

**うけ【受け】** 평판, 인기 ¶彼女は同僚の受けがよい [悪い] 그녀는 동료에게 인기가 좋다 [나쁘다]. / 彼のスピーチは有権者の受けをねらったものだ 그의 스피치는 유권자의 인기를 노린 것이다.

**うけあう【請け合う】** [保証する] 보증하다 ¶彼らは彼女にはその仕事をやりこなせる能力があると請け合った 그들은 그녀에게는 그 일을 해낼 수 있는 능력이 있다고 보증했다.

**うけいれ【受け入れ】** ¶難民の受け入れ態勢を整える 난민을 받아들일 태세를 갖추다

**うけいれる【受け入れる】** 받아들이다, 맞아들이다 ¶提案を受け入れる 제안을 받아들이다 / その大学は留学生を受け入れている 그 대학은 유학생을 받아들이고 있다. / 外国の文物を受け入れる 외국 문물을 받아들이다 / 彼の意見は受け入れられなかった 그의 의견은 받아들여지지 않았다. / みんなに受け入れられる計画を考えなければならない 모두가 받아들일 계획을 생각해야만 한다. / 無条件で受け入れる 무조건 받아들이다

**うけうり【受け売り】** 인용, 도용 ◇受け売りする 인용하다, 도용하다 ¶彼は人の受け売りをしているだけだ 그는 남의 말을 그대로 받아 옮기고 있을 뿐이다.

**うけおう【請け負う】** [引き受ける] 떠맡다 ¶彼女はいつも自分の能力以上のことを請け負う 그녀는 언제나 자신의 능력 이상의 것을 떠맡는다. ⇨引き受ける

**うけこたえ【受け答】** 응답 ◇受け答えする 응답하다 ⇨応答

**うけざら【受け皿】** 받침접시 ¶受け皿付きのコーヒーカップを買った 받침접시가 딸린 커피 잔을 샀다. / リストラで解雇された労働者の受け皿がない 구조조정으로 해고된 노동자를 받아들일 곳이 없다.

**うけつぐ【受け継ぐ】** 이어받다, 계승하다 ¶家業[伝統]を受け継ぐ 가업[전통]을 이어받다 ⇨継ぐ

**うけつけ【受付】** 접수 [人] 접수원 [場所] 접수처 ¶受付でお尋ねください 접수처에서 물어보세요. 関連 受付期間 접수 기간 / 受付番号 접수 번호 / 受付窓口 접수창구

## うけつける【受け付ける】

❶ [申し込みなどを] 접수하다 ¶そのクラブは現在新規の会員申し込みを受け付けている 그 클럽은 현재 신규 회원 신청을 접수하고 있다. / 電話での注文を受け付けていますか 전화 주문을 접수하고 있습니까? / 入学願書は2月16日から3月15日まで受け付けます 입학 원서는 이월 16일부터 삼월 15일까지 접수합니다.

❷ [人の頼み・訴えなどを] 듣다, 받아들이다 ¶この部署ではわが社の製品に対する消費者からの苦情を受け付けています 이 부서에서는 저희 회사 제품에 대한 소비자의 불평을 접수하고 있습니다.

❸ [飲食物を] 받아들이다 ¶やわらかいものしか胃が受け付けない 부드러운 음식 외에는 위가 받아들이지 않는다. / うちの子は牛乳を受け付けない 우리 아이는 우유가 맞지 않는다.

## うけとめる【受け止める】

받다 [対処する] 대처하다 [考える] 생각하다 ¶ボールを手で受け止める 볼을 손으로 받다 / 彼は冷静にこの問題を受け止めた 그 사람은 냉정하게 이 문제를 받아들였다. / 彼女には物事をもっとまじめに受け止めてほしい 그녀는 사물을 더욱 진지하게 받아들였으면 좋겠다.

## うけとり【受け取り】

수취 [受領証] 수령증, 영수증(領収証) ¶荷物の受け取りを拒否する 짐 수취를 거부하다 / 原稿を受け取りに行く 원고를 받으러 가다 関連 受取証 수취 증서 / 受取手形 수취 어음, 받을 어음 / 受取人 수취인

## うけとる【受け取る】

❶ [手に入れる] 받다 ¶韓国に留学している娘からの手紙を受け取った 한국에서 유학하고 있는 딸로부터 편지를 받았다. / ある日彼女は1通の長い手紙を受け取った あのる日 그녀는 한 통의 긴 편지를 받았다. / 招待状に対する彼の返事を受け取りましたか 초대장에 대한 그 사람의 대답을 받았어요? / 彼女は彼からの贈り物を受け取るのをためらった 그녀는 그가 주는 선물을 받는 것을 주저했다. / 彼は部屋代として彼女から毎月5万円受け取っている 그는 방값으로 그녀에게 매달 5만 엔을 받고 있다. / 彼はわいろを受け取ったと疑われている 그는 뇌물을 받았다고 의심받고 있다. / 上記の金額確かに受け取りました 상기의 금액을 확실히 받았습니다.

❷ [解釈する] 받아들이다, 해석하다, 이해하다 ¶彼の言葉を額面どおりに受け取らないほうがいい 그 사람의 말을 액면 그대로 받아들이지 않는 편이 좋다. / 彼女の言葉をどう受け取りましたか 그 여자의 말을 어떻게 받아들였어요? / 悪く受け取らないでほしい 나쁘게 해석하지 않기를 바란다. / そうとしか受け取れない 그렇게 밖에 해석할 수 없다.

## うけながす【受け流す】

받아넘기다 ¶大臣は疑惑に関する記者たちの質問をうまく受け流した 대신은 의혹에 관한 기자들의 질문을 잘 받아넘겼다.

## うけみ【受け身】

수세, 수동 [柔道] 낙법 [文法] 피동형(被動形) ¶受け身になる [受動的に] 수동적인 자세가 되다 / [消極的に] 소극적인 입장이 되다 / 受け身の姿勢で改革はできない 수동적인 자세로 개혁은 할 수 없다.

## うけもち【受け持ち】

[担任] 담임 [担当] 담당 ¶佐藤先生は僕たちの受け持ちの先生だ 사토 선생님은 우리 담임 선생님이다. / 田中先生の受け持ちです 그 환자는 다나카 선생님 담당입니다. / 受け持ちの区域 담당 구역

## うけもつ【受け持つ】

맡다, 담당하다 ¶重要な仕事を受け持つ 중요한 일을 맡다 / 山田先生は2年生を受け持っている 야마다 선생님은 2학년을 담당하고 있다.

## うける【受ける】

❶ [得る] 받다 ¶彼はその件について何も報告を受けていなかった 그는 그 건에 대해 아무런 보고도 받지 않았다. / 私たちは彼らの温かい歓迎を受けた 우리들은 그들의 따뜻한 환영을 받았다. / 彼は勤続20年の表彰を受けた 그는 근속 20년의 표창을 받았다. / みなさんから受けたご親切を決して忘れません 여러분한테서 받은 친절을 절대로 잊지 않겠습니다. / テニスクラブに入らないかと勧誘を受けた 테니스 클럽에 들어가지 않겠느냐는 권유를 받았다. / 彼は彼女の手厚い看護を受けた 그는 그녀의 극진한 간호를 받았다. / 私は彼の前向きな生き方に刺激を受けた 나는 그의 긍정적인 삶의 방식에 자극을 받았다. / 許可を受ける 허가를 받다

❷ [応じる] 받다, 응하다 ¶招待を受ける 초대를 받다 / 彼の招待を受ける気にならなかった 그의 초대를 받아들일 마음이 들지 않았다. / 電話を受ける 전화를 받다 / その電話を受けたのは彼女だった 그 전화를 받은 사람은 그녀였다. / 彼はたった一人で彼らの挑戦を受けた 그는 혼자서 그들의 도전을 받았다.

❸ [引き受ける] 받다 ¶その商品の大口の注文を受けた 그 상품의 거액의 주문을 받았다. / 彼はコンサートホールを設計する依頼を受けた 그녀는 콘서트홀을 설계하는 의뢰를 받았다.

❹ [試験・教育などを] 받다; 보다, 치르다 ¶彼女は立派な教育を受けている 그녀는 훌륭한 교육을 받고 있다. / 私たちは週2時間韓国語の授業を受けている 우리는 일 주일에 두 시간 한국어 수업을 받고 있다. / 私はいくつか就職の面接を受けた 나는 몇 군데에서 취직 면접을 받았다. / 兄は入学試験を受けて合格した(→試験に合格した) 오빠는[형은] 입학 시험에 합격했다.

❺ [診察などを] 받다 ¶彼は盲腸の手術を受けた 그는 맹장 수술을 받았다. / 年に1回健康診断を受けたほうがいい 일 년에 한 번 건강 진단을 받는 편이 좋다.

❻ [被る] 받다, 입다, 당하다 ¶この地域は地震で大きな被害を受けた 이 지역은 지진으로 큰 피해를 입었다. / 彼はそのことで誤解を受けた 그는 그 일로 오해를 받았다.

❼ [罰・制約などを] 받다, 당하다, 겪다 ¶我々はみな多かれ少なかれ社会的な制約を受けている 우리는 모두 많든 적든 사회적인 제약을 받는다. / 彼らは犯した罪に対して当然の罰を受けなければならない 그들은 범한 죄에 대한 당연한 벌을 받아야 한다. / 彼女は今大きな試練を受けている 그녀는 지금 큰 시련을 겪고 있다.

❽【受け止める】받다 ¶少年はボールを素手で受けた 소년은 공을 맨손으로 받았다.
❾【好評を得る】호평을 받다, 인기를 모으다 ¶その映画は若者にあまり受けなかった 그 영화는 젊은이에게 그다지 호평을 받지 않았다. / 私のジョークは受けなかった 나의 농담은 받아들여지지 않았다.

**うけわたし**【受け渡し】 수수(授受) ◇受け渡しする 주고받다 ¶荷物の受け渡し 짐의 수수

**うご**【雨後】 慣用句 雨後の竹の子のように新しい店が出来る 우후죽순처럼 새 가게가 생긴다.

**うごうのしゅう**【烏合の衆】 오합지중, 오합지졸(烏合之卒)

**うごかす**【動かす】 ❶【位置を変え移す】 움직이다, 옮기다 ¶椅子を動かす 의자를 움직이다 / その机を壁の方に動かしてください 그 책상을 벽 쪽으로 옮겨 주십시오. / 机の上のものを動かさないでね 발상 위의 물건을 옮기지 말아 줘. / その銅像は別の場所に動かされた 그 동상은 다른 장소로 옮겨졌다.

¶彼は一日に何億という金を動かしている 그는 하루에 몇 억이라는 돈을 움직이고 있다.
❷【動きを起こさせる】 움직이다 ¶手を上下に動かしなさい 손을 위 아래로 움직여. / 彼女はしきりに扇子を動かした 그녀는 자꾸만 부채를 부쳤다. / 彼女はいたずらっぽく目をきょろきょろ動かした 그녀는 장난치듯이 눈을 두리번두리번거렸다. / たまには体を動かしたほうがいいよ 가끔은 운동하는 게 좋아.
❸【機械・装置などを】 움직이다, 놀리다 ¶機械を動かす機械 기계를 움직이는 기계 / この機械の動かし方をすっかり忘れてしまった 이 기계를 어떻게 움직이는지 까맣게 잊어버렸다. / この装置は太陽電池でモーターを動かしているこの装置は太陽電池でモーターを動かしている 이 장치는 태양 전지로 모터를 움직이고 있다. / ちょっとこの車を動かしてみないかい 이 차를 좀 운전해 보지 않을래?
❹【変化させる】 움직이다 ¶彼女の説得が彼の心を動かした 그녀의 설득이 그의 마음을 움직였다. / 私たちは彼女の涙に強く心を動かされた 우리들은 그 여자의 눈물에 크게 마음이 움직여졌다. / 彼は人の意見に動かされやすい(→影響を受けやすい) 그는 남의 의견에 잘 흔들린다.

¶彼は独裁者として国の政治を思うままに動かしている 그는 독재자로서 나라의 정치를 뜻대로 움직이고 있다. / それは動かすことの出来ない事実だ 그것은 변하지 않는 사실이다.

**うごき**【動き】 ❶【動くこと】움직임, 동작(動作), 운신(運身)【活動】활동 ¶亀は動きがのろい 거북이는 동작이 느리다. / 彼のぎこちない動きで足をけがしていることがわかった 그 어색한 움직임으로 발을 다친 것을 알았다. / この機械は一日中一定の動きを繰り返している 이 기계는 하루 종일 일정한 동작을 되풀이한다. / 私は彼女の動きのひとつひとつを見ていた 나는 그 여자의 동작 하나하나를 보고 있었다. / すばやい動き 재빠른 움직임

¶展示会はものすごい人出で動きが取れなかった 전시회는 대단한 인파로 움직일 수 없었다. / 交通渋滞で動きが取れなかった 교통 정체로 움직일 수 못했다. / 彼女は彼の心の動きを読み取った 그녀는 그의 마음의 변화를 읽어냈다. / 警察はテロの動きを止めようと必死になっていた 경찰은 테러의 움직임을 막기 위해 필사적이었다.

❷【移り変わり, 動向】 움직임, 변천, 변화;동향, 동태 ¶世界は日本の動きに注目している 세계는 일본의 동향에 주목하고 있다. / 時代の新しい動きは彼のいる片田舎の村にも伝わってきた 시대의 새로운 움직임이 그가 있는 시골 마을에도 전해졌다. / 彼は世論の動きに敏感な政治家だ 그는 여론의 변화에 민감한 정치가다. / 経済の動きをよく見守る必要がある 경제의 동향을 잘 지켜볼 필요가 있다. / 我々は敵の不穏な動きを察知した 우리는 적의 불온한 동태를 알아냈다.

**うごく**【動く】 ❶【形態・位置が】 움직이다 〔車などが走る〕 달리다 ¶ガリレオは地球は動いていると主張した 갈릴레오는 지구는 움직이고 있다고 주장했다. / 虎は落ちつきなく檻の中を動き回っていた 호랑이는 가만히 있지 못하고 우리 안을 왔다갔다 움직이고 있었다. / 動くな 꼼짝 마라! / 動くな動くな動くな動くな! / 暗やみで人影が動いたような気がした 어두운 속에서 사람의 그림자가 움직인 듯한 느낌이 들었다. / そよ風に吹かれて木の葉がかすかに動いた 산들바람에 나뭇잎이 살짝 움직였다.

¶止まっていた電車がやっと動き始めた 서 있던 전철이 드디어 움직이기 시작했다. / 積雪でバスが動かないことが時々ある 적설로 버스가 달리지 않을 때가 가끔 있다.

❷【機能を発揮し, 行動する】 움직이다 〔機械などが〕 작동하다 ¶この自動車は電気で動く 이 자동차는 전기로 움직인다. / 機械が動かない 기계가 작동하지 않는다. / 電池が切れて時計が動かなくなってしまった 전지가 다 떨어져서 시계가 움직이지 않게 되어 버렸다.

¶上司の命令に従って動いただけだ 상사의 명령에 따라서 움직인 것뿐이다. / 事件を調べるために警察が動いているらしい 사건을 조사하기 위해 경찰이 움직이고 있는 것 같다. / その犬は彼の意のままに動く 그 개는 그의 뜻대로 움직인다.

❸【心・考えが変わる】 움직이다, 변하다 〔感動する〕 감동하다 ¶金で簡単に動く人は信用できない 돈으로 간단히 움직이는 사람은 신용할 수 없다. / 彼女の熱心な勧めに彼の心は動いた 그녀의 열성적인 권유에 그의 마음이 움직였다. / よい条件が提示されて保険の契約をしようかと心が動いた 좋은 조건이 제시되어서 보험 계약을 할까하고 마음이 움직였다. / 彼らの真剣な訴えに心を動かされた 그들의 진지한 호소에 마음이 움직였다.

❹【状態・状況が変わる】 움직이다, 변하다, 달라지다 ¶世界情勢は動いている 세계 정세는 변하고 있다. / 世の中はどんどん動いている 세상은 자꾸 변하고 있다. / 状況が目まぐるしく動いているので今後どうなるかわからない状況이 어지로울 정도로 변하고 있으므로 앞으로 어떻게 될지 모른다. / その会社の株価は最近あまり動いていない 그 회사의 주가는 요즘 그다지 변동이 없다.

**❺【確かで変えようがない】⓵動かぬ決心 변하지 않는 결심 / 彼が私の金を盗んだということは動かぬ事実だ 그가 내 돈을 훔쳤다는 것은 변하지 않는 사실이다. / 刑事は容疑者に動かぬ証拠を突き付けた 형사는 용의자에게 확고한 증거를 내밀었었다.**

**うさ【憂さ】** 울적 ⓵日曜日にショッピングに行って日ごろのうさを晴らしています 일요일에 쇼핑을 하며 평소의 울적함을 달래고 있어요. / 憂さばらしに一杯やる 울적함을 달래기 위해 한잔하다

**うさぎ【兎】** 토끼 ⓵うさぎがぴょんぴょん跳ねて行った 토끼가 깡총깡총 뛰어갔다. / 僕はうさぎ年生まれです 나는 토끼띠에요. [数え方] うさぎ1羽 토끼 한 마리 [関連] うさぎ小屋 토끼집, 토끼장 / うさぎ跳び 토끼뜀

**うさんくさい【胡散臭い】** 수상적다, 수상하다 ⓵うさん臭い話 수상적은 이야기 / うさん臭いやつ 수상적은 놈 / かなりうさん臭い人物 상당히 수상한 인물 ⇨ 怪しい

**うし【牛】** 소 [雌牛] 암소 [雄牛] 수소 ⓵牛を飼う 소를 기르다 / うちの農場では50頭の牛を飼っている 우리 농장에서는 소 쉰 마리를 기르고 있다. / 突然牛がモーと鳴いた 갑자기 소가 음매하고 울었다. / うちの牛はよく乳を出す 우리 소는 젖이 잘 나온다. / けさ早く牛が子を産んだ 오늘 아침 일찍 소가 새끼를 낳았다. / 私は毎日牛の乳を搾るのが楽しみです 나는 매일 소젖을 짠다. [数え方] 牛1頭 소 한 마리 [慣用句] 工事は牛の歩みのようにはかどらなかった 공사는 소걸음처럼 진척되지 않았다. [関連] 牛飼い 소몰이꾼 / 牛小屋 외양간, 우사(牛舎) / 牛革 쇠가죽 / 牛肉 쇠고기, 소고기 / 韓(国)牛 한우 / 水牛 물소, 수우 / 肉牛 고기소, 육우 / 乳牛 젖소, 유우

**うし【丑】**〔十二支の2番目〕축, 소 ⓵丑年 축년 | 소띠

**うじ【氏】**〔名字〕성, 성씨〔家柄, 血統〕가문, 집안 [慣用句] 氏より育ち 가문보다 가정 교육이 중요하다.

**うじ【蛆】** 구더기 ⓵うじがわく 구더기가 끓다

**うじうじ** 우물쭈물, 머뭇머뭇 ⓵彼はうじうじしているから嫌いだ 그는 우물쭈물해서 싫다. / うじうじしていないで早くやりなさい 우물쭈물하지 말고 빨리 해라. / 私がたずねても彼女はうじうじして答えなかった 내가 물어도 그녀는 우물쭈물하며 대답하지 않았다.

**うしなう【失う】❶**〔無くす〕잃다 ⓵機会を逃す] 놓치다 ⓵彼は火事で全財産を失った 그는 화재로 전재산을 잃었다. / 不況で多くの人が職を失った 불황으로 많은 사람이 직장을 잃었다. / 彼は画家になる希望を失った 그는 화가가 되는 희망을 잃었다. / 自分の能力に自信を失いかけていたとき彼女が励ましてくれた 자신의 능력에 자신을 잃어버리기 시작했을 때 그녀가 격려해 주었다. / 洪水で100人以上の人が家を失った 홍수로 백 명 이상의 사람이 집을 잃었다. / 失うものは何もないから怖いものなど何もない. ⓵信用を失う 신용을 잃다 / 力を失う 힘을 잃다 / 意識を失う 의식을 잃다 / 理性を失う 이성을 잃다 ⓵警察は犯人を逮捕する絶好の機会を失った [得た] 경찰은 범인을 체포할 절호의 기회를 놓쳤다 [얻었다]. **❷**〔亡くす〕잃다, 여의다 ⓵彼は5歳の時に交通事故でお父さんを失っている 그는 다섯 살 때 교통사고로 아버지를 잃었다.

**うじむし【蛆虫】** 구더기 ⇨ 蛆(⑤)

**うじゃうじゃ** 우글우글 ⓵池の中におたまじゃくしがうじゃうじゃいた 연못 안에 올챙이가 우글거리고 있었다

**うしろ【後ろ】** 뒤, 뒤쪽〔後部〕후부〔背後〕배후

◆【後ろの】
⓵後ろのタイヤがパンクした 뒷타이어가 펑크났다 / 降りる時は後ろのドアをご利用ください 내리실 때는 뒷문을 이용해 주십시오. / 後ろの座席には3人乗れる 뒷자리에는 세 명 탈 수 있다. / 彼女は問題用紙を後ろの人に回した 그녀는 문제지를 뒷사람에게 돌렸다. / 彼は車のキーをズボンの後ろのポケットに入れた 그는 차 열쇠를 바지 뒷주머니에 넣었다. / 彼はホールの後ろの方の席についた 그는 홀의 뒤쪽 자리에 앉았다.

◆【後ろに・後ろへ】
⓵この車のエンジンは後ろについている 이 차 엔진은 뒤에 달려 있다. / 私は父の後ろについて歩いた 나는 아버지 뒤에 따라 걸었다. / うちの家の後ろに丘がある 우리 집 뒤에 언덕이 있다. / ふつう動詞の後ろには目的語がくる 동사 뒤에는 보통 목적어가 온다. / 私たちはその列の後ろについた 우리는 그 줄 뒤에 섰다. / (バスなどで)後ろへお詰めください 뒤로 좀 들어가 주세요. / 一歩後ろへ下がる 한 걸음 뒤로 물러서다

◆【後ろを・後ろから】
⓵彼は棒で頭の後ろを殴られた 그는 막대로 뒷통수를 맞았다. / 後ろを振り向く 뒤를 돌아보다 / 決して後ろを振り返るな 절대로 뒤를 돌아보지 마라. / 敵に後ろを見せるな [→背中を] 적에게 등을 보이다 / 私は後ろから泥棒につかみかかった 나는 뒤에서 도둑에게 덤벼들었다.

[会話] 後ろから3番目
　A：彼女はどこにいるのかな
　B：後ろから3番目に座っているよ
A：그 여자는 어디에 있을까?
B：뒤에서 세 번째 자리에 앉아 있어.

[関連] 後ろ足 뒷다리 / 後ろ姿 뒷모습

**うしろがみ【後ろ髪】** 뒷머리 [慣用句] 後ろ髪を引かれる思いで彼女と別れた 떨쳐버리기 어려운 미련을 남기며 그녀와 헤어졌다.

**うしろぐらい【後ろ暗い】** 떳떳치 못하다 ⓵私には後ろ暗いところは何もない 나는 조금도 떳떳치 못한 데가 없다. ⇨ 後ろめたい, 恥じる, やましい

**うしろだて【後ろ盾】** 뒷받침, 후원자,《俗》빽 ⓵私には強力な後ろ盾がある 나에게는 강력한 후원자가 있다. / 有力者が彼の後ろ盾になっている 유력자가 그의 후원자로 되어 있다

**うしろまえ【後ろ前】**◇後ろ前になる 앞뒤가 바뀌다 ⓵セーターを後ろ前に着る 스웨터를 앞뒤로 바꿔 입다

**うしろむき【後ろ向き】**◇後ろ向きの〔消極的な〕

소극적인 後ろ向きになる 등을 돌리다 / 後ろ向きの経済政策 소극적인 경제 정책

**うしろめたい【後ろめたい】** 꺼림하다, 꺼림칙하다 ¶彼は母にうそをついたことを後ろめたく思った 그는 어머니에게 거짓말 한 것을 꺼림칙하게 생각했다.

**うしろゆび【後ろ指】** 뒷손가락질 慣用句 だれかから後ろ指を差されないようにしなさい 다른 사람한테 뒷손가락질을 받지 않도록 해.

**うす【臼】** 〔ひき臼〕 맷돌 〔つき臼〕 절구 ¶臼で緑豆をひく 녹두를 맷돌에 갈다 / 年の暮れに臼で餅をつく 연말에 절구로 떡을 찧다

**うず【渦】** ¶川の濁流が渦を巻いている 강의 탁류가 소용돌이치고 있다. / 大興奮の渦に巻き込まれる 대흥분의 소용돌이에 휩싸이다

**うすあかり【薄明かり】** 희미한 불빛 ¶薄明かりの中で山道を歩くのは困難だった 희미한 불빛 속에서 산길을 걷는 것은 힘들었다.

**うすあじ【薄味】** ¶彼女の作る料理はどれも薄味だ 그녀가 만든 요리는 모두 담백한 맛이다.

**うすい【薄い】** ❶ 〔厚みがない〕 얇다(↔두껍다) ◇薄く 얇게, 조금
¶このステーキずいぶん薄いね 이 스테이크 상당히 얇네. / この生地では薄すぎる 이 옷감은 너무 얇다. / サンドイッチ用にパンを薄く切った 샌드위치용으로 빵을 얇게 잘랐다. / この雑誌、前より薄くなったと思わないかい 이 잡지, 전보다 얇아졌다고 생각하지 않아? / 庭には薄く雪が積もっていた 마당에는 눈이 조금 쌓여 있었다.
❷〔密度·濃度が低い〕 엷다, 묽다, 희박하다, 적다 〔味이〕 싱겁다 〔色이〕 열다, 연하다 ¶富士山頂では空気が薄い 후지 산 정상은 공기가 희박하다. / 酒の味が薄い 술 맛이 싱겁다. / スープの味が薄すぎる 국이 너무 싱겁다. / 薄いみそ汁は好きではない 싱거운 된장국은 좋아하지 않는다. / 辺り一面に薄い霧がかかった 부근 일대에 안개가 옅게 꼈다. / 霧が薄くなった 안개가 엷어졌다. / 髪の毛〔ひげ〕が薄い 머리카락〔수염〕이 성기다. / 彼の髪は上の方が大分薄くなってきている 그의 머리는 윗부분이 꽤 빠져 있다. / 彼女は薄く化粧している 그녀는 엷게 화장하고 있다.
¶薄い緑色 연한 녹색 / 薄い紅茶〔コーヒー〕 엷은 홍차〔커피〕

**使い分け** うすい

| 厚さ | 얇다 | 옷을 얇게 입다 薄着する |
| 色 | 연하다 | 연한 녹색 淡い緑色 |
| 味 | 싱겁다 | 찌개가 싱겁다 チゲの味が薄い |
| 液体の濃度 | 묽다 | 먹물이 묽다 墨が薄い |
| 人情 利益 | 박하다 | 박한 사람 薄情な人 / 이문이 박하다 利が薄い |
| ひげ | 성기다 | 수염이 성기다 ひげが薄い |
| 縁 | 멀다 | 먼 친척 遠い親戚 |

❸〔程度が少ない〕 적다, 희박하다 ¶若者の政治に対する関心は薄い 젊은이의 정치에 대한 관심은 적다. / あのチームが優勝する可能性は薄い 그 팀이 우승할 가능성은 희박하다.

**うすうす【薄々】** 어렴풋이 ¶彼は自分ががんであると薄々感じている 그는 자신이 암이라고 어렴풋이 눈치채고 있다.

**うずうず** 근질근질 ◇うずうずする 근질근질하다 ¶彼は早く遊びに行きたくてうずうずしていた 그는 빨리 놀러 가고 싶어 근질근질해하고 있었다.

**うすぎ【薄着】** ¶最近の若い女性たちは冬でも薄着だ 최근의 젊은 여성들은 겨울에도 옷을 얇게 입는다.

**うすぎたない【薄汚い】** 지저분하다, 구질구질하다 ¶彼はいつも薄汚いシャツを着ている 그는 항상 구질구질한 셔츠를 입는다. / 彼は薄汚い部屋で生活している 그는 지저분한 방에서 생활한다.

**うすきみわるい【薄気味悪い】** 으스스하다 ¶彼らは古ぼけた屋敷の中で薄気味悪い叫び声を聞いた 그들은 낡아서 퇴색한 저택 안에서 으스스한 고함 소리를 들었다. / 薄気味悪い静けさ 어쩐지 기분 나쁜 조용함

**うずく【疼く】** 쑤시다, 욱신거리다 〔良心이〕 가슴이 아프다 ¶寒い日には右脚の古傷がうずく 추운 날에는 오른쪽 다리의 오래된 상처가 쑤신다. / 足の痛む所が痛みでうずいた 엄지 발가락이 아파서 욱신거렸다. / 会社をずる休みして良心がうずいた 회사를 꾀부려 쉬어서 양심에 가책을 느꼈다.

**うずくまる【蹲る】** 웅크리다 ¶彼女はおなかが痛いといってうずくまっていた 그녀는 배가 아프다고 하며 웅크리고 있었다. / 猫が日なたでうずくまっている 고양이가 양지에서 웅크리고 있다.

**うすぐもり【薄曇り】** ¶きょうは空模様が薄曇りだ 오늘은 날씨가 약간 흐리다.

**うすぐらい【薄暗い】** 침침하다, 어두컴컴하다 〔夕暮れ時の〕 어스레하다, 어둑어둑하다 ¶薄暗い部屋で読書する 어두컴컴한 방에서 서책하다 / 薄暗い電灯の明かり 희미한 전등 불빛 / 6時ごろには薄暗くなる 여섯 시쯤에는 어두컴컴해진다. / 薄暗い月の光 어스레한 달빛

**うすげしょう【薄化粧】** 엷은 화장 ¶彼女はいつも薄化粧している 그녀는 항상 엷은 화장을 하고 있다. / 山は雪で薄化粧していた(→雪で薄く覆われていた) 산은 눈으로 엷게 덮여 있었다.

**うすごおり【薄氷】** 살얼음 ¶毎年冬になるとその湖には薄氷が張る 매년 겨울이 되면 그 호수에는 살얼음이 언다.

**うしお【渦潮】** 소용돌이치는 조류

**うずたかい【堆い】** 수북하다 ¶彼の書斎には本がうずたかく積まれている 그의 서재에는 책이 수북하게 쌓여 있다.

**うすっぺら【薄っぺら】** ◇薄っぺらだ 얄팍하다 〔内容がない〕 천박하다 〔軽薄だ〕 경박하다 ¶彼は薄っぺらな布団で寝ている 그는 얄팍한 이부자리에서 잔다. / 彼女は薄っぺらな人間だ 그녀는 천박한 인간이다.

**うすで【薄手】** ◇薄手だ 얇다, 얄팍하다 ¶彼女は薄手のセーターを着ている 그녀는 얄팍한 스웨

**うすび【薄日】** 엷은[부드러운] 햇살 ¶窓から薄日がさす 창문으로 엷은 햇살이 비치다 / 雲の間から薄日がさした 구름 사이로 엷은 햇살이 비쳤다.

**うずまき【渦巻き】** 소용돌이 ⇨渦

**うずまく【渦巻く】** 소용돌이치다 ¶台風の直後で川は濁流が渦巻いていた 태풍 직후라서 강은 탁류가 소용돌이치고 있었다.

**うずまる【埋まる】** 묻히다, 파묻히다 《いっぱいになる》꽉 차다, 메워지다 ¶テントが雪に埋まった 텐트가 눈에 묻혔다. / スタンドは観衆で埋まった 스탠드는 관중으로 꽉 찼다.

**うすめ【薄目】** 실눈 ¶薄目を開ける 실눈을 뜨다

**うすめる【薄める】** 묽게 하다, 엷게 하다 ¶スープを水で薄める 국에 물을 타서 묽게 하다 / ウイスキーを水と氷で薄める 위스키를 물과 얼음으로 묽게 하다.

**うずめる【埋める】** 묻다 《いっぱいにする》메우다 ¶彼女は腕に顔を埋めて泣いた 그녀는 팔에 얼굴을 묻고 울었다. / 風が冷たいので彼女はコートのえりに顔を埋めた 바람이 차서 그녀는 코트 옷깃에 얼굴을 묻었다. / 観客が場内をぎっしり埋めた 관객들이 장내를 꽉 메웠다. ⇨埋(う)める

**うずもれる【埋もれる】** 묻히다, 파묻히다 ⇨埋(う)まる

**うすよごれる【薄汚れる】** ¶薄汚れた格好の男 지저분한 모습의 남자 ⇨薄汚い

**うずら【鶉】** 메추라기, 메추리 ¶うずらの卵 메추리 알

**うすらぐ【薄らぐ】** 가시다, 사라지다 ¶彼に対する憎しみがいつの間にか薄らいできた 그에 대한 미움도 어느새 사라졌다. / 胃の痛みが大分薄らいだ 위의 통증이 많이 가셨다.

**うすらさむい【薄ら寒い】** ¶夕方になって薄ら寒くなってきた 저녁이 되자 좀 추워졌다.

**うすれる【薄れる】** 가시다, 사라지다, 희미해지다 ¶歳のせいで昔の記憶が薄れてきた 나이 때문에 옛날 기억이 희미해졌다. / 日が経つにつれてその事件に対する人々の関心は薄れた 세월이 지나면서 그 사건에 대한 사람들의 관심은 사라졌다.

**うすわらい【薄笑い】**【にやにや笑い】비웃음 ¶彼は薄笑いを浮かべて私を見ていた 그는 비웃음을 띠며 나를 보고 있었다.

**うせつ【右折】** 우회전(右回転) ◇右折する 우회전하다 ¶交差点で右折するなこの曲がり角で우회전하다 / 右折禁止【掲示】우회전 금지

**うせる【失せる】**【▶】없어지다, 사라지다 ¶すっかりやる気が失せてしまった 완전히 할 마음이 없어져 버렸다.

**うそ【嘘】** 거짓말, 《俗》공갈 ¶うそをつくことは悪いことだ 거짓말을 하는 것은 나쁜 일이다. / 彼女にうそをつき通すことはできないよ 그 여자한테 끝까지 거짓말을 할 수는 없어. / 彼はよくうそをつく 그는 자주 거짓말을 한다. / うそをつくな 거짓말 하지 마. / 공갈치지 마. / ちゃんと働いていると親にうそをついた 제대로 일하고 있다고 부모에게 거짓말을 했다.

¶あのうわさは結局うそだった 그 소문은 결국 거짓말이었다. / 彼女の言うことはまんざらうそでもないようだ 그녀가 말하는 것이 반드시 거짓말도 아닌 것 같다.

¶彼はうそのかたまりだ 그는 새빨간 거짓말쟁이다. / 宝くじに当たったなんてうそのような話だ 복권에 당첨됐다니 거짓말과 같은 이야기다. / うそばっかり! 순거짓말!

¶白々しいうそ 속이 빤한 거짓말 / 真っ赤なうそ 새빨간 거짓말 / 見え透いたうそ 속이 빤히 들여다보이는 거짓말 / 罪のないうそ 죄 없는 거짓말 / 悪気のないうそ 악의 없는 거짓말 / とんでもないうそ 엉뚱한 거짓말

会話 ウッソー!
A：ウッソー!
B：ほんとだよ
A：거짓말!
B：진짜야.
A：うそばっかり
B：信じなくてもいいよ
A：또 거짓말.
B：안 믿어도 돼.
A：スカイダイビングって怖くないの
B：怖くないって言ったらうそになるけど
A：스카이다이빙 안 무서워?
B：무섭지 않다면 거짓말이 되지만.

慣用句 うそから出たまこと 거짓말이 우연히 정말이 된다. / うそも方便 거짓말도 방편 / うそ八百を並べる 온갖 거짓말을 늘어놓지 마.

関連 うそ発見器 거짓말 탐지기

**うそつき【嘘吐き】** 거짓말쟁이 ¶彼女は僕のことをうそつきだと言って非難した 그녀는 나를 거짓말쟁이라며 비난했다. / うそつき! 거짓말쟁이! 慣用句 うそつきは泥棒の始まり 거짓말은 도둑의 시작

**うそぶく【嘯く】**【豪語する】큰소리치다, 호언하다 ¶彼は相撲では絶対だれにも負けないとうそぶいた 그 남자는 씨름이라면 절대 아무에게도 지지 않는다고 큰소리쳤다.

**うた【歌】**【詩歌】시, 시가 ¶彼は歌がうまい[へただ] 그는 노래를 잘한다[못한다]. / その歌の出だしはどうだったっけ 그 노래의 맨 처음은 어떤 거였더라? / 彼女は歌や踊りもできて芝居もできるトップスターだ 그녀는 노래 잘 부르고 춤도 잘하고 연극도 잘하는 톱 스타다. / きのうのテレビで歌番組を見た 어제 텔레비전에서 가요 프로그램을 봤다.

¶この花は昔から多くの詩人たちの歌に詠まれてきた 이 꽃은 옛날부터 많은 시인들에게 읊어져 왔다.

歌を習う 노래를 배우다 / 歌の文句 노래의 가사 / 歌の祭典 노래의 제전 / 楽しい歌 즐거운 노래 / 悲しい歌 슬픈 노래 数え方 歌1曲 노래 한 곡 関連 歌会 와카(和歌)를 지어 읊는 모임 / 歌声 노랫소리 / のど自慢 노래 자랑

**うたいて【歌い手】** 가수 ⇨歌手

**うたいもんく【謳い文句】** 표어(標語), 캐치프레이즈 ¶近頃は「環境にやさしい」をうたい文句にした商品があふれている 요즘은 '친환경적'을 표어

**うたう【歌う】** 노래하다, 노래를 부르다
¶私は歌を歌うのが好きだ 나는 노래 부르는 것을 좋아한다. / 彼が人前で歌うのを聞いたことがない 그녀가 사람들 앞에서 노래하는 것을 본 적이 없다. / 彼は日本の民謡を歌った 그는 일본 민요를 불렀다.
¶彼女はピアノに合わせて歌った 그녀는 피아노에 맞춰서 노래했다. / 私は子守歌を歌って赤ん坊を寝かしつけた 나는 자장가를 부르면서 아기를 재웠다. / 彼女は美しい声で歌う 그녀는 고운 목소리로 노래한다. / 私たちは大声で歌った 우리는 큰소리로 노래했다. / 私はカラオケで『チング』を歌った 저는 노래방에서 "친구"를 불렀다.

会話 歌ってくれ
A :『イムジンガン』を歌ってくれないか
B : でもちゃんと覚えているかどうか自信ないよ
A : じゃあ僕も一緒に歌うよ、いいね

A : "임진강"을 불러 줄래?
B : 제대로 기억하고 있는지 자신이 없어.
A : 그럼 나도 같이 부를게, 괜찮지?

**うたがい【疑い】❶**〔疑念〕의심, 의문
◆疑いが・疑いは
¶あの会社の車は安全性に疑いがある 그 회사의 자동차는 안전성에 의문이 있다. / 彼が有罪であることに疑いはない 그가 유죄인 것에 의문은 없다.
◆疑いを
¶疑いを抱く 의심을 품다 / 疑いを受ける[買う] 의심을 받다[사다] / 疑いを解く 의심을 풀다
◆疑いなく
¶彼は疑いなく成功するだろう 그는 의심할 여지 없이 성공할 것이다. / 疑いなく彼女は新記録を作るだろう 의심할 여지없이 그녀는 신기록을 만들 것이다.
◆その他
¶警官は疑いの目つきで私を見ていた 경찰관은 의심스러운 눈초리로 나를 보고 있었다. / 彼女がその事件に関与していることは疑いのない事実だ 그녀가 그 사건에 관여하고 있다는 것은 의심할 여지가 없는 사실이다. / 彼女は彼の言うことには何の疑いも抱かない 그녀는 그가 하는 말에 아무런 의심도 품지 않는다.
**❷**〔嫌疑〕혐의 ¶彼に収賄の疑いがかかった 그에게 뇌물 수수 혐의가 걸렸다. / 彼らは詐欺の疑いで逮捕された 그들은 사기 혐의로 체포됐다. / その火事は放火の疑いが強い 그 화재는 방화 혐의가 강하다.
¶万引きしたとあらぬ疑いをかけられた 물건을 훔쳤다고 터무니없는 혐의를 받았다. / 疑いを晴らすためには事件の目撃者を探さなくてはならない 혐의를 풀기 위해서는 사건의 목격자를 찾아야만 한다. / 弁護士の尽力のおかげで私の疑いは晴れた 변호사가 힘써 준 덕분에 내 혐의는 풀렸다.

**うたがいぶかい【疑い深い】** 의심이 많다 ¶彼は疑い深い目つきで私を見た 그는 의심이 많은 눈초리로 나를 봤다.

**うたがう【疑う】❶**〔疑問に思う〕의심하다
¶私の話を疑うのですか 제 말을 의심하는 겁니까? / いい加減に彼を疑うのはやめなさい 이제 그 사람을 의심하는 것은 그만둬. / 信じられないような光景に私は自分の目を疑った 믿을 수 없는 광경에 나는 내 눈을 의심했다. / そんなことをすると常識を疑われるよ 그런 짓을 하면 상식을 의심받아. / 彼は私が本当に行くかどうか疑っている 그는 내가 정말로 갈지 의심하고 있다. / 彼女は私の誠実さを疑っている 그녀는 나의 성실함을 의심하고 있다. / 彼はその話が本当なのかどうか疑っている 그는 그 이야기가 사실인지 의심하고 있다. / 我々の成功は疑う余地がないと言っていい 우리의 성공은 의심할 여지가 없다고 해도 과언이 아니다. / 彼の能力を疑わざるをえない 그의 능력을 의심하지 않을 수가 없다. / 神の存在を疑う 신의 존재를 의심하다
**❷**〔怪しいと思う〕의심하다 ¶警察は彼のことを疑っている 경찰은 그를 의심하고 있다. / 彼女がうそをついているのではないかと疑った 그녀가 거짓말을 하고 있는 것이 아닌지 의심했다. / 彼は犯人だと疑われている 그는 범인이라고 의심받고 있다. / 彼女は金を盗んだのは彼ではないかと疑っている 그녀는 돈을 훔친 것이 그 사람이 아닐까 의심하고 있다. / 人に疑われるようなことはしないほうがいい 남에게 의심받는 일은 하지 않는 것이 좋다.

**うたがわしい【疑わしい】** 의심스럽다 ¶彼が本当のことを言っているのかどうか疑わしい 그가 사실을 말하고 있는지 의심스럽다. / 彼女の真意が疑わしい 그녀의 진의가 의심스럽다. / うまくいくか疑わしい 잘 될지 의심스럽다. / アリバイがないことからして、あの男がもっとも疑わしい 알리바이가 없는 것으로 보아 그 남자가 가장 의심스럽다. / 彼の死にはいくつか疑わしい点があった 그의 죽음에는 몇 가지 의심스러운 점이 있었다. / 店員は不審な動きをしているその男を疑わしそうに見た 점원은 수상한 행동을 하고 있는 그 남자를 의심스럽게 봤다. 慣用句 疑わしきは罰せずということで彼は無罪になった 의심스럽다고 벌을 줄 수 없다며 그는 무죄가 되었다.

**うたぐりぶかい【疑り深い】** 의심이 많다 ⇒疑い深い

**うたたね【うたた寝】** 선잠 ¶彼女はCDを聞きながらうたた寝をした 그녀는 CD를 들으면서 선잠을 잤다.

**うだつ** ¶彼は真面目だけが取り得でうだつの上がらない男だ 그는 성실한 것 말고는 별 능력이 없는 사람이다.

**うだる【茹だる】** ¶連日のうだるような暑さですっかりばてしまった 연일 찌는 듯한 더위로 녹초가 되고 말았다.

**うち【内】❶**〔内部〕안, 속 ¶内に入る 안으로 들어가다 / この部屋は内から鍵が掛かっている 이 방은 안에서 열쇠가 잠겨 있다.
**❷**〔時間の範囲内〕동안, 사이, 때〔以内〕안, 이내〔…する前に〕-기 전에 ¶若いうちにいろいろと経験を積むべきだ 젊을 때 여러 가지 경험을 쌓아야 한다. / 結果は 2, 3 日のうちに発表される

う

결과는 2, 3일 안에 발표된다. / 知らないうちに人の感情を傷つけていることがよくある 모르는 사이에 사람의 감정에 상처를 주는 일이 종종 있다. / 忘れないうちにメモしておきます 잊기 전에 메모해 두겠습니다. / 暗くならないうちに 어두워지기 전에 / 朝のうちに 아침 결에

❸ 〔例示の範囲内〕 중, 가운데 ¶5問のうち2問は難しくて解けなかった 다섯 문제 중 두 문제는 어려워서 풀 수 없었다. / 3人のうちでは彼がいちばん背が高い 세 명 중에서는 그가 가장 키가 크다. / その墜落事故で乗客300人のうち生存者はわずか10人しかいなかった 그 추락 사고로 승객 300명 중 생존자는 열 명에 불과했다.

¶この2冊[3冊]のうち1冊を選ぶとしたらどれがいい 이 두 권[세 권] 중 한 권을 고른다면 어느 것이 좋아? / 彼は仲間うちでは「大将」で通っている 그는 친구들 사이에서 '대장'으로 통한다. / これも仕事のうちだ 이것도 일의 하나다.

❹ 〔所属〕 우리 ¶うちの学校には制服はない 우리 학교에는 교복이 없다. / うちのチームは今月まだ1勝もしていない 우리 팀은 이번 달에 아직 1승도 하지 못했다. / うちの会社 우리 회사

❺ 〔心の内〕 속 ¶彼は友達に心を打ち明けた 그는 친구에게 속마음을 털어놓았다. / 彼女はおとなしそうに見えるが強さと情熱を内に秘めている 그녀는 얌전해 보이지만 강함과 열정을 마음속에 가지고 있다. / 思いを内に秘める 사랑을 마음 속에 간직하다

❻ 〔その他〕 ¶会議は混乱のうちに終わった 회의는 혼란 속에서 끝났다.

**うち 【家】** 〔家〕집, 집안 〔家庭〕가정 〔家族〕가족, 식구 ¶私のうちは通りから20メートルほど入ったところだ 우리 집은 거리에서 20미터 정도 들어간 곳에 있다. / あすはうちにいます 내일은 집에 있어요. / 暗くなってきたからうちに帰ろう 어두워졌으니 집으로 돌아가자. / うちはみんな朝が早い 우리 가족은 다 일찍 일어난다. / うちは4人家族です 우리 가족은 네 명입니다.

¶おうちの皆様によろしくお伝えください 가족분들에게 안부를 전해 주세요. / うちは農家だ 우리 집은 농가다.

¶うちの人[主人] 우리 남편 / うちの家内 우리 집사람[아내] / うちの子供たち 우리 아이들 / うちの者たち 우리 식구들

会話 **うちへ来ないか**
A : 今度の日曜はどうするの
B : よかったらうちへ来ないか。一緒にDVDでも見よう
A : 이번 일요일에는 뭐 해?
B : 괜찮으면 우리 집에 오지 않을래? 같이 DVD라도 보자.
A : それもいいね。でもちずがわかるかな
B : 地図をかいてあげるよ
A : 그것도 좋겠네. 그런데 너희 집을 찾아갈 수 있을까…
B : 약도를 그려 줄게.

**うちあげ 【打ち上げ】** 〔ロケットなどの発射〕 발사 〔打ち上げパーティー〕 뒤풀이, (俗) 종파티 ¶新型ロケットの打ち上げは大成功だった 신형 로켓 발사는 대성공이었다. / ゼミの打ち上げはいつにしようか セミナー 종파티는 언제 할까? 関連 打ち上げ台 발사대 / 打ち上げ場 발사 기지 / 打ち上げ花火 쏘아 올리는 불꽃

**うちあける 【打ち明ける】** 털어놓다, 고백하다 ¶彼女は親友に秘密[本心]を打ち明けた 그녀는 친한 친구에게 비밀[속마음]을 털어놓았다. / 真実を打ち明ける 진실을 털어놓다

**うちあげる 【打ち上げる】** 〔ロケットなどを発射する〕 쏘아올리다, 발사하다 〔ボールなどを〕 쳐 올리다 〔波が海藻を〕 밀어 올리다 ¶スペースシャトルはあす打ち上げられる予定だ 스페이스 셔틀은 내일 발사될 예정이다. / 数百発の花火が夜空に打ち上げられた 수백 발의 불꽃이 밤하늘에 쏘아 올려졌다. / 彼はレフトに大きなフライを打ち上げた 그는 좌익수 쪽으로 큰 플라이를 쳤다. / 男の水死体が近くの海岸に打ち上げられた 남자의 익사체가 근처 해안에 밀려 올라왔다.

**うちあわせ 【打ち合わせ】** 협의, 의논 ¶新製品の広告について部内で打ち合わせを行った 신제품 광고에 대해 부서 내에서 의논했다. / 打ち合わせどおりにやってください 의논한 대로 해 주세요.

**うちあわせる 【打ち合わせる】** 협의하다, 상의하다, 의논하다 ¶出張の予定を打ち合わせる 출장 예정을 협의한다. / 会議は事前に打ち合わせたとおりにうまく進んだ 회의는 사전에 협의한 대로 잘 진행되었다.

**うちうち 【内々】** 가까운 사람끼리, 집안끼리 ¶内々で昇進を祝う 가까운 사람끼리 승진을 축하한다.

**うちおとす 【撃ち落とす】** 쏘아 떨어뜨리다, 격추하다 ¶敵機を撃ち落とす 적기를 격추하다

**うちかつ 【打ち勝つ・打ち克つ】** 〔克服する〕 이겨내다, 극복하다 ¶困難に打ち勝つ 곤란을 이겨내다 / 誘惑に打ち勝つ 유혹을 이겨내다

**うちがわ 【内側】** 안쪽 ¶その箱の内側は黒く塗られている 그 상자의 안쪽은 검게 칠해져 있다. / ジャケットの内側のポケット 재킷의 안쪽 호주머니 / ドアを内側に開く 문을 안쪽으로 열다 / 内側から錠をかける 안쪽에서 자물쇠를 잠그다 ⇒内, 内部, 中

**うちき 【内気】** ◇内気だ 내성적이다 〔はにかみ屋だ〕 암띠다 ¶彼は内気で人前で話すのが苦手だ 그는 내성적이어서 사람들 앞에서 이야기하는 게 서투르다. / ヨンジャは内気な子だ 영자는 내성적인 아이다.

**うちきる 【打ち切る】** 〔供給を断つ〕 끊다 〔止める〕 그만두다, 중지하다 ¶両社は合併交渉を打ち切った 양쪽 회사는 합병 교섭을 중지했다. / その話は打ち切ろう 그 이야기는 그만두자. / 視聴率が低かったのでその番組は先月で打ち切られた 시청률이 낮았기 때문에 그 프로그램은 지난 달에 중지되었다.

**うちきん 【内金】** 내입금 〔頭金, 手付け金〕 계약금 ¶車の内金として10万円支払う 차 계약금으로 10만 엔 지불한다.

**うちくだく 【打ち砕く】** 부수다, 박살내다 ¶彼らの希望は無残に打ち砕かれた 그들의 희망은 무참히 부서졌다.

**うちけす【打ち消す】** 부정하다 ¶彼は自らの疑惑を打ち消した 그는 자신의 의혹을 부정했다.

**うちこむ【打ち込む】**〔くぎなどを〕박다〔仕事などに〕몰두하다, 전념하다 ¶くいを打ち込む 말뚝을 박다 / コンピュータにデータを打ち込む(→入力する) 컴퓨터에 데이터를 입력하다 / 彼は仕事に打ち込んでいる 그는 일에 몰두하고 있다. / ホームランを打ち込む 홈런을 날리다

**うちころす【撃ち殺す】** 쏘아 죽이다 ¶彼は熊を銃で撃ち殺した 그는 곰을 총으로 쏘아 죽였다.

**うちじゅう【家中】**집안〔家族全員〕온 가족 ¶車の鍵が見つからないので家中あちこち捜した 차 열쇠를 찾지 못해 집안 이곳저곳을 찾았다. / 毎年一度家中で大掃除をする 매년 한 번 온 가족이 모여 대청소를 한다.

**うちそこなう【打ち損なう】** ¶彼はあまい球を打ちそこなった 그는 치기 쉬운 볼을 잘못 쳤다.

**うちだす【打ち出す】** 내세우다, 제창하다〔刷り出す〕찍어내다 ¶政府は新しい外交方針を打ち出した 정부는 새로운 외교 방침을 내세웠다. / ワープロで作成した文書をプリンターで打ち出す 워드프로세서로 작성한 문서를 프린트하다

**うちつける【打ち付ける】**〔雨などが〕두드리다 ¶釘を板に打ち付ける 못을 판에 박다 / 彼らはドアに釘を打ち付けて閉鎖した 그들은 문에 못을 박아서 폐쇄했다. / 雨が激しく窓に打ち付けていた 비가 심하게 창문을 때렸다. ⇒ぶつける

**うちとける【打ち解ける】** 터놓다, 허물없다 ¶私たちはビールを飲みながら打ち解けておしゃべりした 우리는 맥주를 마시면서 허물없이 이야기를 나누었다. / 彼女はなかなかほかの人と打ち解けようとしない 그녀는 좀처럼 다른 사람하고는 터놓고 지내려 하지 않는다.

**うちどころ【打ち所】**〔慣用句〕彼は落馬したときの打ち所が悪くて半身不随になった 그는 낙마했을 때의 부딪친 곳이 악화되어 반신불수가 되었다.

**うちとる【打ち取る】**〔打ち負かす〕잡다 ¶その新人投手は打者6人を連続三振に打ち取った 그 신인 투수는 타자 여섯 명을 연속 삼진으로 잡았다.

**うちのめす【打ちのめす】**〔殴り倒す〕때려 눕히다〔ダメージを与える〕큰 타격을 입히다 ¶二度と生意気な口がきけないようあいつを打ちのめしてやった 두 번 다시 건방진 말을 할 수 없도록 그 놈을 때려 눕혔다. / 彼は会社の倒産ですっかり打ちのめされている 그는 회사의 도산으로 큰 타격을 받았다.

**うちひしがれる【打ちひしがれる】** 풀이 죽다 ¶彼女は事故で夫を亡くし悲しみに打ちひしがれていた 그녀는 사고로 남편을 잃고 슬픔에 풀이 죽어 있었다. / 村人は度重なる災難に打ちひしがれている 마을 사람들은 거듭되는 재난에 풀이 죽어 있다.

**うちべんけい【内弁慶】** ¶うちの子は内弁慶なんですよ 우리 애는 집안에서만 큰소리치고 밖에서는 얌전해요.

**うちポケット【内ポケット】** 안주머니 ¶ジャケットの内ポケット 재킷 안주머니

**うちまかす【打ち負かす】** 이기다, 꺾다, 물리치다 ¶相手をこてんぱんに打ち負かした 상대를 완전히 패배시켰다. / 彼は議論で彼女に打ち負かされた 그는 논의에서 그녀에게 완전히 지고 말았다.

**うちまく【内幕】** 내막 ¶内幕を暴く[ばらす] 내막을 폭로하다 / 内幕をのぞく 내막을 들여다보다

**うちまくる【撃ちまくる】** ¶彼らは敵に向かって銃を撃ちまくった 그들은 적을 향해 총을 마구 쏘아댔다.

**うちまくる【打ちまくる】** ¶きのうの試合ではうちのチームは打ちまくった 어제 시합에서는 우리 팀은 계속해서 안타를 쳤다.

**うちまた【内股】** 허벅지〔歩き方〕안짱다리〔柔道〕안다리후리기 ¶彼は内股で歩く 그는 안짱다리로 걷는다.

**うちみ【打ち身】** 타박상(打撲傷) ¶転んで右腕に打ち身を作った 굴러서 오른 팔에 타박상을 입었다.

**うちやぶる【打ち破る・撃ち破る】** 쳐부수다, 격파하다〔因習などを〕타파하다 ¶敵を打ち破る 적을 쳐부수다 / 因習[迷信]を打ち破る 인습[미신]을 타파하다

**うちゅう【宇宙】** 우주 ¶地球は宇宙のほんの一部分にすぎない 지구는 우주의 극히 일부분에 지나지 않는다. / 宇宙を旅行してみたいですか 우주를 여행해 보고 싶어요? / 宇宙へロケットを発射するには多くの時間とお金がかかる 우주로 로켓을 발사하려면 많은 시간과 돈이 든다. / 宇宙の中で人間だけが知的生物というわけではないだろう 우주에 인간만이 지적 생물은 아닐 것이다. / 宇宙の神秘 우주의 신비 /〔関連〕**宇宙開発(計画)** 우주 개발(계획) / **宇宙科学** 우주 과학 / **宇宙科学者** 우주 과학자 / **宇宙空間** 우주 공간 / **宇宙工学** 우주 공학 / **宇宙時代** 우주 시대 / **宇宙食** 우주식 / **宇宙人** 우주인, 외계인 / **宇宙塵** 우주진 / **宇宙ステーション** 우주 정류장 / **宇宙生物学** 우주 생물학 / **宇宙線** 우주선 / **宇宙船** 우주선 / **宇宙探査** 우주 탐사 / **宇宙探測機** 우주 탐측기 / **宇宙飛行** 우주 비행 / **宇宙飛行士** 우주비행사, 우주인 / **宇宙服** 우주복 / **宇宙物理学** 우주 물리학 / **宇宙兵器** 우주 병기 / **宇宙遊泳** 우주 유영 / **宇宙旅行** 우주여행 / **宇宙ロケット** 우주 로켓 / **大宇宙** 대우주 / **小宇宙** 소우주

**うちょうてん【有頂天】** ◇有頂天になる 기뻐서 어쩔 줄 모르다 ¶我々は優勝して有頂天になった 우리는 우승해서 기뻐서 어쩔 줄 몰랐다.

**うちよせる【打ち寄せる】** 밀려오다 ¶波が岸辺に打ち寄せる 파도가 물가로 밀려오다

**うちわ【団扇】** 부채 ¶うちわであおぐ 부채로 부치다

**うちわ【内輪】** 집안 ◇内輪で〔身内で〕집안끼리 ◇内輪に〔控えめに〕줄잡아 ¶彼の家はいつも内輪もめが絶えない 그의 집은 항상 집안 싸움이 끊이지 않는다. / 内輪に見積もっても10万円くらいかかる 대충 줄잡아 10만 엔 정도 든다.

**うちわけ【内訳】** 내역, 명세(明細) 〔関連〕**内訳書** 명세서 ⇒**明細**

# うつ

**うつ【撃つ】** 쏘다 ¶警官は強盗に向かって拳銃を撃った 경찰관은 강도를 향해 권총을 쏘았다. / 私はその鳥をねらって撃った 나는 그 새를 겨냥해서 쐈다. / 彼は猟銃で鹿を撃った 그는 엽총으로 사슴을 쐈다. / 敵に肩を撃たれた 적에게 어깨를 쏘였다. / 猪を撃ち殺したメッドェジを 쏘아 죽였다. / 撃て! 쏴라!

**うつ【打つ】** ❶ [たたく] 치다, 때리다 ⇨たたく [使い分け]

[基本表現]
- 柱時計が3時を打った
  벽시계가 세 시를 쳤다.
- 彼は今シーズン30本のホームランを打った
  그는 이번 시즌 서른 개의 홈런을 쳤다.
- 雨が窓を打つ音が聞こえる
  비가 창을 때리는 소리가 들린다.
- 彼女は彼のほおをぴしゃりと打った
  그녀는 그의 뺨을 찰싹 쳤다.
- 机の角でひじを打った
  책상 모서리에 팔꿈치를 부딪혔다.
- 彼は棒で頭を打たれた
  그는 몽둥이로 머리를 맞았다.

¶彼女はラケットでボールを力いっぱい打った 그녀는 라켓으로 공을 힘껏 쳤다. / 彼は倒れてテーブルの角で頭を打った 그는 넘어지면서 테이블 모서리에 머리를 부딪쳤다. / 僧侶は決まった時間に鐘を打つ 스님은 정해진 시간에 종을 친다.

¶きょう彼はヒットを2本打った 오늘 그는 안타를 두 개 쳤다. / 彼は3回に逆転の二塁打を打った 그는 3회에 역전의 2루타를 때렸다. / 今度は彼が打つ番だ 이번은 그가 칠 차례다.

❷ [注射薬などを] 놓다 [釘などを] 박다 ¶医者は彼にペニシリンの注射を打った 의사는 그에게 페니실린 주사를 놓았다. / ビタミン剤の注射を打ってもらった 비타민제 주사를 맞았다.

¶柱に釘を打った 기둥에 못을 박았다. / 畑の周りに杭を打った 밭 주위에 말뚝을 박았다.

❸ [キーをたたく] 치다 ¶彼女はキーボードを打つのが速い 그녀는 자판을 빨리 친다. / この文書をワープロで打ってくれますか 이 문서를 워드프로세서로 쳐 주시겠습니까?

❹ [印などをつける] 찍다 ¶入場券には番号が打ってある 입장권에는 번호가 찍혀 있다.

❺ [感を与える] 찌르다, 울리다 ¶彼女のスピーチは聴衆の胸を打った 그녀의 스피치는 청중을 감동시켰다. / 胸を打つ話 감동을 주는 이야기

❻ [碁を] 두다 ¶碁を一局打つ 바둑을 한판 두다 [慣用句] 彼はいつも打てば響くように返事をする 그는 언제나 뭐라 하면 즉시 대답한다.

**うつ【討つ】** 무찌르다, 토벌하다 ¶我々は奇襲攻撃で敵を討った 우리는 기습 공격으로 적을 무찔렀다. / かたきを討つ 원수를 갚다

**うっかり** 깜빡, 멍청히, 무심코 ¶うっかりコップを床に落とした 무심코 컵을 마루에 떨어뜨렸다. / うっかり駅を乗り過ごした 무심코 역을 지나쳤다. / うっかりして違う電車に乗ってしまった 무심코 다른 전철을 타 버렸다. / 彼はうっかり口をすべらせて秘密をもらした 그는 무심코 입을 잘못 놀리는 바람에 비밀을 누설했다. / 「僕の消しゴム返してくれたら?」「あっ, ごめん. うっかりしていた」"내 지우개 돌려주지 않을래?" "아, 미안해. 깜빡하고 있었어."

**うつくしい【美しい】** 아름답다, 곱다, 예쁘다

[使い分け] 아름답다, 곱다, 예쁘다
아름답다 視覚的, 感覚的な美しさ. 芸術作品や自然に対して用いる. 人間に対して用いるときは, 女性が主対象となる.
곱다 小さく滑らかな感じの美しさ. 繊細さを感じさせるときに用いる. 男性的な感じを与える対象には用いない.
예쁘다 視覚的な美しさに用いる. 芸術作品や自然には用いない. 主に女性に対して用いる.

¶美しい顔 아름다운 얼굴 / 美しい声 고운 목소리 / 心の美しい娘さん 마음씨가 고운 아가씨 / 美しい花 아름다운 꽃 / 美しい山河 아름다운 강산

¶彼女は美しいね 그녀는 아름답구나. / 彼女は笑顔が美しい 그녀는 웃는 얼굴이 곱다. / 彼女は声が美しい 그녀는 목소리가 곱다. / 彼女は心が美しい 그녀는 마음이 아름답다.

¶そのホテルからは美しい景色が見渡せる 그 호텔에서는 아름다운 경치를 볼 수 있다. / 桜の花は今がいちばん美しい 벚꽃은 지금이 가장 아름답다.

¶彼女は美しく着飾ってパーティーに行った 그녀는 예쁘게 꾸미고 파티에 갔다. / 彼女このごろ美しくなったね 그 사람 요즘 예뻐졌네. ⇨かわいい, きれい

**うつくしさ【美しさ】** 아름다움 ¶函館は夜景の美しさで有名だ 하코다테는 야경이 아름답기로 유명하다.

**うつし【写し】** [複製] 복사 [写本] 사본 [模写] 모사 ¶書類の写しをとる 서류를 복사하다 / あれはゴッホの絵の写しだ 저것은 고흐 그림의 사본이다. ⇨コピー, 複製

**うつす【写す】** [書き写す] 베끼다 [写真を撮る] 찍다 ¶友達のノートを写す 친구의 노트를 베끼다 / 風景をカラー写真で写す 풍경을 컬러 사진으로 찍다

**うつす【映す】** 비추다 ¶鏡に顔を映す 거울에 얼굴을 비추다 / 星が湖面に影を映していた 별이 호수 위에 비쳤다. / スライドがスクリーンに映された 슬라이드가 스크린에 비춰졌다.

**うつす【移す】** 옮기다 ¶彼は住まいを千葉から東京に移した 그는 거주지를 지바에서 도쿄로 옮겼다. / 本棚を机の近くに移した 책장을 책상 가까이에 옮겼다. / 席を移す 자리를 옮기다 / 工場を郊外に移す 공장을 교외로 옮기다 / 視線を移す 시선을 옮기다 / 行動に移す 행동으로 옮기다 / 風邪を移す 감기를 옮기다

**うっすら** 엷게, 어렴풋이, 희미하게 ¶山々はうっすらと雪化粧していた 산들은 눈으로 살짝 덮여 있었다. ⇨ぼんやり

**うっせき【鬱積】** ◇鬱積する 축적되다, 쌓이다

¶鬱積した怒り[不満]を発散させる 마음속에 쌓인 화를[불만을] 발산하다

うっそう【鬱蒼】◇鬱蒼とした 울창한 ◇鬱蒼と 울창하게 ¶彼らは鬱蒼とした森の中を進んだ 그들은 울창한 숲 속을 나아갔다. / 鬱蒼と茂った木 울창하게 우거진 나무

うったえ【訴え】[訴訟] 소송 [懇願] 호소, 하소연 ¶彼らはその会社を相手に損害賠償の訴えを起こした 그들은 그 회사를 상대로 손해 배상 소송을 걸었다. / 彼女の名誉毀損の訴えは退けられた 그녀의 명예 훼손 소송은 받아들여지지 않았다. / 彼は訴えを取り下げることにした 그는 소송을 철회하기로 했다. / だれも彼らの訴えに耳を貸さなかった 아무도 그들의 호소에 귀를 기울이지 않았다. ⇨訴訟

**うったえる**【訴える】❶〔告訴する〕고소하다, 제소하다 [告発する] 고발하다 ¶警察に訴える 경찰에 고발하다 / 彼女はその男性が車を損傷させたと訴えた 그녀는 그 남자가 차를 손상시켰다고 고발했다. / 彼は債務不履行で訴えられた 그는 채무 불이행으로 고소당했다. / 市長は収賄罪で訴えられた 시장은 뇌물 수수죄로 고발당했다. / 我々は裁判に訴えたくない 우리는 재판에 고소하고 싶지 않다.

❷〔不平などを告げる〕호소하다, 하소연하다 ¶彼らは市当局に騒音公害について訴えた 그들은 시 당국에 소음 공해에 대해 호소했다. / 彼は医者に頭痛を訴えた 그는 의사에게 두통을 호소했다. / 彼女は部屋が寒すぎると訴えた 그녀는 방이 너무 춥다고 하소연했다.

❸〔心に働きかける〕호소하다 ¶世論に訴える 여론에 호소하다 / 理性に訴える 이성에 호소하다 / 彼の演奏は聴衆の心に訴えた 그의 연주는 청중의 마음에 호소했다. / 彼の演説は理性というより感情に訴えるものだった 그의 연설은 이성보다 감정에 호소하는 것이었다. / 彼女は訴えるような口調で私に話した 그녀는 호소하는 어조로 나에게 이야기했다. / 彼らは熱心に愛と平和を訴えた 그들은 열심히 사랑과 평화를 호소했다.

❹〔手段として〕호소하다, 쓰다 ¶腕力に訴えるのはやめなさい 완력을 쓰는 것은 그만둬라. / 彼らは武力に訴えた 그들은 무력을 썼다. / もし支払いに応じなければ法的手段に訴えるしかない 만약에 지불해 주지 않는다면 법적 수단을 쓸 수밖에 없다.

うっちゃる 팽개치다, 내버리다 ¶彼は勉強をうっちゃって遊びに行った 그는 공부를 팽개치고 놀러 갔다. / あんなわがままなやつ, うっちゃっておけ 저런 이기적인 놈은 내버려 둬. ⇨放っておく

うつつ【現】¶彼はギャンブルにうつつを抜かしている 그는 도박에 정신을 빼앗고 있다.

うって【打つ手】수단, 방법 ¶もう打つ手がない 이제 방법이 없다. / 何か他に打つ手はありますか 뭔가 다른 수단이 있을까?

うってかわる【打って変わる】싹 달라지다, 돌변하다 ¶彼女は私にこれまでとは打って変わった態度を取った 그녀는 저에게 이제까지와는 싹 달라진 태도를 취했다. / 2,3杯飲んだら彼は打って変わっておしゃべりになった 두세 잔 마시자 그는 돌변해 말이 많아졌다.

うってつけ【打って付け】안성맞춤(安城—) ¶彼はその仕事にうってつけの人間だ 그는 그 일에 안성맞춤인 사람이다. / ここはキャンプにはうってつけの場所だ 여기는 캠프하기에 안성맞춤인 장소다.

うっとうしい【鬱陶しい】[天気が] 찌푸리다 [蒸し暑くて] 후텁지근하다 [天気が悪くて] 음울하다 [面倒だ] 귀찮다, 거추장스럽다 ¶なんてうっとうしい天気なんだ 정말 잔뜩 찌푸린 날씨다. / 髪が伸びてうっとうしくなってきた 머리가 길어져서 거추장스러워졌다.

うっとり ◇恍惚に ◇うっとりする 황홀해하다 ¶うっとりと名曲に聴きほれる 명곡을 넋을 잃고 듣다 / 彼はうっとりと桜の花を見上げた 그는 넋을 잃고 벚꽃을 쳐다봤다. / 観客は彼の歌にうっとりしていた 관객은 그의 노래에 황홀해하고 있었다. / うっとりした気分に浸る 황홀한 기분에 잠기다 / うっとりした目 황홀한 눈

うつびょう【鬱病】 우울병, 우울증, 울증  関連鬱病患者 우울증 환자

うつぶせ【俯せ】◇うつぶせになる 엎드리다(↔눕다), 엎어지다 ¶彼はうつぶせになって眠っていた 그는 엎드려서 자고 있었다. / うつぶせになってください 엎드려 주세요.

うっぷん【鬱憤】 울분 ¶彼女は鬱憤を晴らすのにテニスをする 그녀는 울분을 풀려고 테니스를 친다. / 彼女は夫に日ごろの鬱憤をぶちまけた 그녀는 남편에게 평소의 울분을 털어놓았다.

うつむく【俯く】머리[고개]를 숙이다 ¶うつむいて歩く 고개를 숙이고 걷다 / 彼女はうつむいて恥ずかしさを隠した 그녀는 고개를 숙이며 부끄러움을 숨겼다. / 先生にしかられて彼はうつむいて立っていた 선생님에게 야단을 맞고 그는 고개를 숙이고 서 있었다.

うつむける【俯ける】[容器を] 엎어 놓다, 뒤집어 놓다 ¶コップがテーブルの上にうつむけに置いてあった 컵이 테이블 위에 엎어져 놓여 있었다.

うつらうつら 꾸벅꾸벅 ¶祖父は安楽いすに座ったままうつらうつらしていた 할아버지는 안락 의자에 앉은 채로 꾸벅꾸벅 졸고 있었다.

うつり【写り・映り】[写真映り] 사진발 [►発音は 사진빨] [テレビ映り] 화면발 [►発音은 화면빨] ¶彼女は写真映りがよい[悪い] 그녀는 사진발이 좋다[나쁘다]. / このテレビは映りが悪い 이 텔레비전은 영상이 나쁘다. / その女優はテレビ映りがよい 그 여배우는 화면발이 좋다.

うつりかわり【移り変わり】변화, 변천 ¶季節の移り変わりとともに服装も変わる 계절의 변화와 함께 복장도 변한다. ⇨変化

うつりかわる【移り変わる】바뀌다, 변천하다 ¶世の中があまりに速く移り変わるので, 時代の変化についていくのは大変だ 세상이 너무 빠르게 변해서 시대의 변화를 따라가는 것은 힘들다.

うつりぎ【移り気】◇移り気 변덕스럽다 ¶彼女の移り気な性格には付き合いきれない 그 여자의 변덕스러운 성격에는 더 이상 견딜 수 없다.

うつる【写る】❶〔写真などに〕찍히다 ¶この写真はよく写っている[あまりよく写っていない] 이 사진은

「잘 나왔다[별로 못 나왔다].  彼女は写真にとてもきれいに写っている 그녀는 사진에 너무 예쁘게 나왔다. / 何も写真に写っていない 아무것도 사진에 찍히지 않았다. / この写真では彼がVサインをしているところが写っている 이 사진에서는 그가 브이 사인을 하고 있는 모습이 찍혀 있다. / このデジカメはよく写る 이 디카는 잘 찍힌다.

❷［コピー機などに］복사되다 ¶このコピー機は鮮明に写る 이 복사기는 선명하게 나온다.

**うつる【映る】** ❶ ［反射・投影する］비치다 ¶湖面に雪をいただいた山が映っている 호수 위에 눈 쌓인 산이 비치고 있다. / 窓に映った影 창문에 비친 그림자

❷ ［調和する］어울리다 ¶そのネックレスは君のドレスによく映る 그 목걸이는 네 드레스에 잘 어울린다.

❸ ［画面に出る］비치다, 찍히다 ¶コンビニ強盗の姿がモニターテレビに映っていた 편의점 강도의 모습이 모니터에 찍혀 있었다.

❹ ［見える］보이다 ¶彼は自分が他人の目にどう映ろうと気にしない 그는 자신이 남의 눈에 어떻게 비치든 신경 쓰지 않는다.

**うつる【移る】** ❶ ［場所・位置などが変わる］옮다 ［引っ越す］이사하다 ¶後ろの席から前の席に移って座った 뒷자리에서 앞자리로 옮겨 앉았다. / 彼は来月ソウル支社から東京本社に移る予定 그는 다음달 서울 지사에서 도쿄 본사로 옮길 예정이다. / 先月新居に移りました 지난달 새집으로 옮겼습니다.

¶彼は会社を辞めて田舎に移った 그는 회사를 그만두고 시골로 이사갔다.

❷ ［対象が変わる, 転じる］옮다, 바뀌다, 변하다 ［次へ進む］넘어가다 ¶彼らの話題は絵画から音楽に移った 그들의 화제는 회화에서 음악으로 바뀌었다. / 彼女の関心は次から次へと移っていく 그녀의 관심은 잇달아 변한다. / さて次の議題に移ることにしましょう 그럼 다음 의제로 넘어가기로 합시다.

❸ ［香り・色などが染みつく］옮다 ［色が］물들다 ［匂いが］스며들다 ¶香水の匂いが服に移った 향수 냄새가 옷으로 스며들었다. / ジーンズの色が白いブラウスに移ってしまった 청바지 색이 흰 블라우스에 물들어 버렸다.

❹ ［伝染する, 燃え移る］옮다 ¶この病気は移りやすい 이 병은 옮기 쉽다. / 私の風邪が移らないから離れていなさい 내 감기가 옮으면 안 되니까 떨어져 있어. / 火が隣の家に燃え移った 불이 이웃집으로 옮겨 붙었다. / あくびは移る 하품은 옮는다.

❺ ［その他］ ¶私たちはすぐに行動に移った 우리는 곧바로 행동으로 옮겼다. / 時代は移った 시대는 바뀌었다.

**うつろ【虚ろ】** ◇うつろの［無表情だ］얼빠지다 ［空虚だ］공허하다 ¶彼女はうつろな表情をしていた 그녀는 공허한 표정을 짓고 있었다. / 彼はうつろな目で私を見た 그는 공허한 눈으로 나를 쳐다봤다. / うつろな笑い声 공허한 웃음 소리

**うつわ【器】** ［入れ物］그릇, 용기 ［人の器量］그릇, 기량, 도량 ¶それをガラスの器に入れなさい 그 것을 유리 그릇에 넣어라.

¶彼は器の大きい人だ 그는 그릇이 큰 사람이다.

**うで【腕】** ❶ ［身体の］팔

◆【腕が】

¶腕がずきずき痛む 팔이 욱신욱신 아프다. / 彼は腕が長い 그는 팔이 길다.

¶祖母は私の腕につかまって歩いた 할머니는 내 팔을 잡고 걸었다. / 事故で腕にけがをした 사고로 그는 팔에 상처를 입었다.

◆【腕を】

¶チョルスは女の子と腕を組んで歩いていた 철수는 여자아이와 팔장을 끼고 걷고 있었다. / 彼女は私から腕を振りほどいた 그녀는 내게서 팔을 뺐다. / 彼は彼女の背中に腕を回した 그는 그녀의 등에 팔을 돌렸다. / 少女は両腕を父親の首に巻き付けた 소녀는 양팔을 아버지의 목에 휘감았다. / 彼は彼女の腕をつかんだ 그는 그녀의 팔을 잡았다. / 彼は太い[たくましい]腕をしている 그는 팔이 굵다. / 彼女は細い腕をしている 그녀의 팔은 가늘다.

¶彼は腕をまくった（→そでを）그는 소매를 걷어 올렸다.

❷ ［能力］능력 ［腕前, 技術］솜씨, 수완

◆【腕は・腕が】

¶最近ゴルフの腕が上がった 요즘 골프 솜씨가 늘었다. / 射撃の腕が鈍った 사격 솜씨가 무뎌졌다. / 彼の運転の腕は確かだ 그의 운전 솜씨는 확실하다. / 彼のスキーの腕はプロ級だ 그의 스키 솜씨는 프로급이다. / 彼のテニスの腕は大したことはない 그의 테니스 솜씨는 별로다. / 彼女は料理の腕がいい 그녀는 요리 솜씨가 좋다.

◆【腕の, 腕に】

¶彼は腕の立つ弁護士だ 그는 능력이 있는 변호사다. | 그는 민완 변호사다. / 腕のいい大工さんが最近少なくなってきた 솜씨 좋은 목수가 요즘은 줄어들었다. / スキーなら腕に大いに自信があるスキーなら 솜씨에 자신이 있다.

◆【腕を】

¶彼女は料理の腕を上げた 그녀는 요리 솜씨가 늘었다. / 彼はピアノコンクールでライバルたちと腕を競い合った 그는 피아노 콩쿠르에서 라이벌들과 실력을 겨루었다. / 腕を鈍らないようにピアノは毎日練習したほうがよい 실력이 떨어지지 않도록 피아노는 매일 연습하는 게 좋다. 慣用句 試合を前に彼の腕が鳴った 시합을 앞두고 좀이 쑤셨다. / ここが腕の見せどころだ 지금이야말로 실력을 발휘할 때다. / 妻は腕によりをかけてパーティーの料理を準備してくれた 아내는 실력을 충분히 발휘해 파티의 요리를 준비해 주었다. / 大工仕事なら少し腕に覚えがある 목수 일이라면 솜씨에 조금 자신이 있다. / 彼はピアノの腕に磨きをかけるためにヨーロッパに留学した 그는 피아노 실력을 연마하기 위해 유럽으로 유학갔다. / 彼女は腕を振るっておいしい韓国料理を作ってくれた 그녀는 솜씨를 발휘하여 맛있는 한국 요리를 만들어 주었다. 関連 前腕 팔뚝, 전완 / 二の腕 ［上腕］위팔, 상완

**うできき【腕利き】** 민완, 유능 ［人］수완가

¶腕利きの刑事 유능한 형사

うでぐみ【腕組み】팔짱 ¶彼は腕組みをして妻の話を聞いた 그는 팔짱을 끼고 아내의 이야기를 들었다.

うでずく【腕ずく】◇腕ずくで 완력으로 ¶その男は腕ずくでその女の人からハンドバッグを取り上げた 그 남자는 완력으로 그 여자에게서 핸드백을 빼앗았다. ⇒力ずく

うでずもう【腕相撲】팔씨름 ¶弟と腕相撲をした 남동생하고 팔씨름을 했다.

うてたてふせ【腕立て伏せ】팔 굽혀 펴기 ¶腕立て伏せを100回する 팔 굽혀 펴기를 100번 하다

うでだめし【腕試し】시험 ¶将棋の腕試しをする 장기 솜씨를 시험해 보다 ⇒力だめし

うてっぷし【腕っ節】완력 ¶彼は体ががっしりしていて腕っ節も強い 그는 몸이 탄탄하고 완력도 강하다.

うでどけい【腕時計】손목시계 ¶彼女はスイス製の腕時計をしている 그녀는 스위스제 손목시계를 하고 있다.

うでまえ【腕前】솜씨, 기량, 수완 ¶彼は料理人としての腕前を発揮した 그는 요리사로서의 솜씨를 발휘했다. / 彼女の運転の腕前は大したものだ 그녀의 운전 솜씨는 대단하다.

うでまくら【腕枕】팔베개 ¶彼は腕枕してうたた寝していた 그는 팔베개하고 선잠을 자고 있었다.

うでまくり【腕まくり】◇腕まくりする 팔을[소매를] 걷어붙이다 ¶彼は腕まくりして仕事に取りかかった 그는 소매를 걷어붙이고 일에 착수했다.

うでわ【腕輪】팔찌 ¶彼女は右手に金の腕輪をしている 그녀는 오른손에 금 팔찌를 하고 있다.

うてん【雨天】우천 [雨の日] 비가 내리는 날 ¶あすのサッカーの試合は雨天決行です 내일 축구 시합은 비가 내려도 강행합니다. / 試合は雨天順延となった 경기는 우천 순연이 되었다. / 試合は雨天中止となった 경기는 우천 중지가 되었다

うど【独活】두릅나무 慣用句 あいつはうどの大木だ 저 녀석은 덩치만 크고 쓸모는 없다.

うとい【疎い】어둡다 ¶彼女は世事に疎い 그녀는 세상일에 어둡다.

うとうと 꾸벅꾸벅 ¶本を読みながらうとうとしてしまった 책을 읽으면서 꾸벅꾸벅 졸아 버렸다.

うどん【饂飩】우동, 가락국수 ¶うどんを作る 우동을 끓이다 / うどんを打つ 우동면을 만들다 数え方 うどん1玉 우동 한 사리 関連 うどん粉 밀가루 / うどん粉病《植物》백분병 / うどん屋 우동집, 우동 가게

うとんじる【疎んじる】멀리 하다, 싫어하다 ◇疎んじられる 소외당하다 ¶両親は長男の彼を疎んじ弟を溺愛した 부모님은 장남인 그를 멀리하고 남동생을 몹시 사랑했다. / 彼女は会社で同僚から疎んじられている 회사에서 동료들로부터 소외당하고 있다. ⇒遠ざける

うながす【促す】촉구하다, 재촉하다 ◇促される 재촉받다 ¶再考を促す 재고를 촉구하다 ¶彼は急いで返答するよう促された 그는 서둘러 대답하도록 재촉받았다. / 同じミスを繰り返さないよう彼女に注意を促した 같은 실수를 반복하지 않도록 그녀에게 주의를 촉구했다. / 母親にもう寝る時間ですよと促されてヨンヒは部屋の電気を消した 어머니에게 이제 잘 시간이 됐다고 재촉받고 영희는 방의 불을 껐다. / この化学肥料は植物の生長を促す 이 화학 비료는 식물의 생장을 촉진한다.

うなぎ【鰻】뱀장어, 《縮約》장어 ¶うなぎのかば焼き 장어 구이 慣用句 このところ株価がうなぎ登りだ 요즘 주가가 자꾸 뛰어 오른다. 関連 うなぎ丼 장어덮밥 / うなぎ屋 장어 요리집

うなされる【魘される】¶毎晩のように悪夢にうなされる 매일 밤같이 「악몽에 시달린다[가위눌린다].

うなじ【項】목덜미

うなずく【頷く】끄덕이다, 수긍하다 ¶彼女は承知してうなずいた 그녀는 승낙하며 고개를 끄덕였다. / 彼の言うこともうなずける 그 사람이 하는 말도 수긍이 간다.

うなだれる 고개를 떨구다 ¶彼らはがっくりとうなだれてその場に立ちつくしていた 그들은 고개를 푹 떨구고 그곳에 내내 서 있었다.

うなり【唸り】[うめき声] 신음 소리 [動物の] 으르렁거리는 소리 ¶事故現場では負傷者のうなり声があちこちから聞こえた 사고 현장에서는 부상자의 신음 소리가 여기저기에서 들렸다. / 犬のようなうなり声 개 같은 으르렁거리는 소리 / 虎のうなり声 호랑이의 으르렁거리는 소리 ⇒うなる, うめき声

うなる【唸る】[うめく] 신음하다, 끙끙거리다 [動物が] 으르렁거리다 [機械・風などが] 윙윙거리다 [有り余る] 남아돌다 ◇うならせる [感動させる] 감동시키다, 감탄하게 하다 ¶"すごく痛いよう"と彼はうなった "너무 아파"라고 그는 신음했다. / 犬が知らない人に向かってうなった 개가 모르는 사람을 향해서 으르렁거렸다. / モーターがうなる 모터가 윙윙거린다. ¶彼にはうなるほど金がある 그는 엄청나게 돈이 많다. / 彼の見事なシュートは観衆をうならせた 그의 훌륭한 슛은 관객을 감탄하게 했다.

うに【海胆・雲丹】성게 [食用] 성게알

うぬぼれ【自惚れ】자부심, 자만심 ¶彼女はうぬぼれが強い 그녀는 자만심이 강하다.

うぬぼれる【自惚れる】우쭐하다, 자부하다, 자만하다, 잘난 체하다 ¶ちょっとほめられたからってうぬぼれるな 좀 칭찬받았다고 우쭐하지 마. / 彼は韓国語ができるとうぬぼれている 그는 한국어를 할 수 있다고 우쭐하고 있다.

うね【畝】이랑 ¶畑の畝にじゃがいもを植える 밭이랑에 감자를 심다

うねうね 구불구불 ¶うねうねした道 구불구불한 길 / その道はうねうね曲がりつけを下っている 그 길은 구불구불 굽이돌아 벼랑을 내려간다.

うねり 〔波の〕 놀 〔丘陵の〕 굴곡 ¶台風の接近で波のうねりが高くなってきた 태풍의 접근으로 파도의 물결이 높아졌다. / 緩やかなうねりのある平原 완만한 굴곡이 있는 평원

うねる 〔波・丘陵などが〕 물결치다 〔道・川などが〕 구불구불하다, 굽이돌다 ¶海は緩やかにうねって

**うのみ【鵜呑み】**◇うのみにする 그대로 받아들이다 ¶彼女の話をうのみにした 그녀의 이야기를 그대로 받아들였다.

**うのめたかのめ【鵜の目鷹の目】**¶彼女はいつも鵜の目鷹の目で新入社員の粗捜しをしている 그녀는 항상 날카로운 시선으로 신입 사원의 잘못을 찾고 있다.

**うは【右派】**우파

**うば【乳母】**유모, 젖어머니,《俗》젖어미

**うばいあう【奪い合う】**쟁탈하다, 서로 빼앗다 ¶両軍の選手が激しくボールを奪い合った 양쪽 선수가 격렬하게 공을 빼앗았다.

**うばいかえす【奪い返す】**탈환하다, 다시 빼앗다 ¶民主党は次の選挙で政権を奪い返せるだろうか 민주당은 다음 선거에서 정권을 탈환할 수 있을까?

**うばいとる【奪い取る】**탈취하다, 억지로 빼앗다 ¶彼は私から力ずくで鍵を奪い取った 그는 나에게서 힘으로 열쇠를 빼앗아 갔다.

**うばう【奪う】** ❶ [強奪する] 빼앗다 [盗む] 훔치다 [ひったくる] 낚아채다

[基本表現]
▷彼らは通りがかりの人から金を奪った
　그들은 길을 지나던 사람에게서 돈을 빼앗았다.
▷彼女は私の財布から金を奪ったことを認めた
　그녀는 내 지갑에서 돈을 훔쳐 간 것을 인정했다.

¶その男は突然私のショルダーバッグを奪おうとした 그 남자는 갑자기 내 숄더백을 빼앗으려고 했다. / その男は私から財布を奪って逃げた 그 남자는 내 지갑을 빼앗아서 도망쳤다. / 彼らは銀行から金を奪った 그들은 은행에서 돈을 훔쳤다.

❷ [無理に奪い取る] 앗아가다, 박탈하다 ¶自動車事故が彼女の両親の命を奪った 자동차 사고가 그녀의 부모님의 생명을 빼앗았다. / 地震や洪水は時として多くの人命を奪うことがある 지진이나 홍수는 때로는 많은 인명을 빼앗는다. / 病気が彼の視力を奪った 병이 그의 시력을 빼앗았다. / どうか私のたった一つの楽しみを奪わないでください 제발 제 유일한 즐거움을 빼앗지 마세요. / 彼女はおいに財産を奪われた 그녀는 조카에게 재산을 빼앗겼다. / 台風による交通機関の乱れで多くの通勤客の足が奪われた 태풍에 의한 교통기관의 혼란으로 많은 통근객의 발이 묶였다.

❸ [人の関心を引きつける] 빼앗다, 끌다, 사로잡다 ¶彼の冒険談に心を奪われた 그의 모험담에 마음을 빼앗겼다. / 彼女の華やかな衣装に彼らは目を奪われた 그녀의 화려한 의상에 그들은 시선을 빼앗겼다.

**うばぐるま【乳母車】**유모차

**うぶ【初】**◇うぶだ 숫되다, 순진하다 ¶彼女はうぶだから彼の冗談を本気にした 그녀는 아직 순진해서 그의 농담을 진심으로 받아들였다. / うぶな娘 숫처녀

**うぶげ【産毛】**솜털

**うぶごえ【産声】**고고 ¶赤ん坊は元気な産声を上げて生まれた 갓난아기는 건강한 첫 울음 소리와 함께 태어났다. / 苦難の末に新しい民主政府が産声を上げた 고난 끝에 새로운 민주 정부가 태어났다.

**うぶゆ【産湯】**¶生まれた赤ん坊に産湯を使わせた 태어난 아기에게 첫 목욕을 시켰다.

**うま【馬】**말〔小型の馬〕조랑말〔子馬〕망아지 ¶チョンホはまだ小さいので馬に乗ることができない 정호는 아직 어려서 말을 탈 수 없다. / 彼女はひらりと馬にまたがった 그 여자는 훌쩍 말에 올라탔다. / 私たちは馬に乗って湖畔まで行った 우리는 말을 타고 호숫가까지 갔다. / 彼は馬小屋の前で馬から降りた 그 남자는 마구간 앞에서 말에서 내렸다. / 馬から落ちて腕の骨を折った 말에서 떨어져서 팔이 부러졌다. / どこか遠くで馬がいなないていた 어딘가 먼 곳에서 말이 소리 높여 울고 있었다. 数え方 馬1頭 말 한 마리 慣用句 あいつとはどうも馬が合わない 저 녀석하고는 아무래도 서로 마음이 맞지 않는다. / 父親の説教も彼には馬の耳に念仏 부친의 설교도 그에게는 쇠귀에 경 읽기다. 関連 種馬 종마

**うま【午】**〔十二支の7番目〕오, 말 ¶午年 오년 | 말띠

**うまい【旨い】** ❶ [上手だ] 잘하다, 능란하다 [技術的に] 솜씨가 좋다, 능숙하다 ¶彼は歌がうまい 그는 노래를 잘한다. / 彼はピアノがうまい 그녀는 피아노를 잘 친다. / 彼女は韓国語を話すのがうまい 그녀는 한국어를 잘한다. / 彼は車を運転するのがうまい 그는 차 운전을 잘한다. / 彼女はタイプがとてもうまい 그녀는 타자기를 잘 친다.

❷ [おいしい] 맛있다 ¶このスープはうまい 이 국물은 맛있다. / うまそうなメロンだ 맛있게 보이는 멜론이다. / このスープはうまそうなにおいがする 이 수프는 맛있는 냄새가 난다. / 彼は料理をうまそうに食べた 그는 요리를 맛있게 먹었다. / う―ん、うまい 응, 맛있다. / 焼き肉のうまい店を知っていますか 불고기를 맛있게 하는 집을 아세요? / うまい食べ物 맛있는 음식

❸ [好都合の] 좋다 ¶それはうまい考えだ 그것은 좋은 생각이다. / それは話がうますぎる 그 이야기는 뭔가 수상하다. / うまい仕事なんてめったにない条件에 딱 맞는 직업이란 좀처럼 없다. / うまい具合に彼女に会うことができた 때마침 그 여자를 만날 수 있었다. 慣用句 彼一人がうまい汁を吸っている 그 사람은 혼자 재미보고 있다.

**うまく【旨く】** ❶ [上手に] 잘, 능란하게 [巧みに] 솜씨 있게 ¶一郎はとてもうまくピアノを弾く 이치로는 피아노를 매우 잘 친다. / 彼はうまくゴールを決めた 그는 멋지게 골을 넣었다.

¶運転なんてすぐにうまくなるよ 운전 같은 건 금방 잘할 수 있게 돼. / うまくやったね 잘했네. / この仕掛けはうまくできている 이 장치는 잘 만들어져 있다.

❷ [順調に] 잘, 좋게 ¶交渉はうまくまとまった 교

섭은 잘 해결됐다. / うまくいけば試合に勝てる 잘 하면 시합에 이길 수 있다. / 彼女はボーイフレンドとうまくいっているの 그녀는 남자 친구와 잘 사귀고 있니? / 計画はうまくいったようだ 계획은 성공한 것 같다.

¶商売がうまくいっている 장사가 잘되고 있다. / 「新しい商売のほうはどうですか」「差し当たりすべてうまくいっています」"새로운 장사는 어떻습니까?" "지금으로서는 모두 잘되고 있습니다." / 商売がうまくいかない 장사가 잘되지 않다. / その実験はうまくいかなかった 그 실험은 잘되지 않았다. / とにかく自信を持つことだ. そうすればきっとうまくいくよ 어쨌든 자신을 가져. 그러면 반드시 잘될 거야. / うまくいかなかったらまたやるさ 잘 안되면 다시 해 보겠어. / 次はうまくいくといいね 다음 번에는 잘되면 좋겠어. / これまではうまくいっている 지금까지는 잘되고 있다.

うまさ【旨さ】 ¶良いわさびがそばのうまさを引き立てる 좋은 와사비가 메밀국수의 맛을 살린다. / その打者はバントのうまさで定評がある 그 타자는 번트의 능력으로 정평이 나 있다.

うまのり【馬乗り】 ◇馬乗りになる 올라타다, 올라앉다 ¶彼は塀の上に馬乗りになった 그는 담 위에 올라탔다.

うまみ【旨み】 〔風味〕맛 〔利益〕이익, 재미 ¶素材のうまみを生かすのが料理のこつだ 소재의 맛을 살리는 것이 요리의 비결이다. / この商売はあまりうまみがない 이 장사는 별로 이익이 없다.

うまや【馬屋・厩】 마구간

うまる【埋まる】 묻히다, 파묻히다 〔いっぱいになる〕메워지다, 가득 차다 ¶キムチのかめが土に埋まっている 김칫독이 땅에 묻혀 있다. / 家々はみな雪で埋まってしまった 집들은 모두 눈에 파묻혀 버렸다. / 山崩れで道路が土砂に埋まった 산사태로 도로가 토사에 파묻혔다.

¶上野公園は花見客で埋まっていた 우에노공원은 벚꽃놀이 하는 사람들로 가득 찼다. / 席が埋まる 자리가 차다 / 人で埋まった場内 사람들로 가득 찬 장내

うまれ【生まれ】 ❶〔出生〕생, 태생, 출생 ¶私は5月生まれです 저는 오월생입니다. / 私は生まれも育ちも日本です 저는 나고 자랐습니다. / 彼女は韓国生まれの日本育ちだ 그녀는 한국에서 태어나고 일본에서 성장했다. / 生まれは九州です 태생은 규슈입니다. / 済州島生まれの娘 제주도 태생의 아가씨

会話 お生まれはどちらですか
A : お生まれはどちらですか
B : 広島です
A : 어디서 태어나셨습니까?
B : 히로시마입니다.

❷〔家柄〕태생, 출신 ¶彼女は名家の生まれだ 그녀는 명문가 출신이다.

うまれかわる【生まれ変わる】 다시 태어나다, 환생하다 〔人が変わる〕딴사람이 되다, 딴사람처럼 변하다 ¶生まれ変わるとしたら何になりたいですか 다시 태어난다고 하면 뭐가 되고 싶어요? / 彼はまるで生まれ変わったようにまじめになった 그는 마치 다시 태어난 것처럼 성실해졌다.

うまれこきょう【生まれ故郷】 고향 〔出生地〕출생지, 태생지 ¶生まれ故郷は高知です 출생지는 고치입니다.

うまれそだつ【生まれ育つ】 ¶ここが私の生まれ育った町です 이곳이 제가 태어나 자란 곳입니다.

うまれつき【生まれつき】 선천적으로, 천성으로 ¶彼は生まれつき意地が悪いわけじゃない 그는 선천적으로 심술궂은 사람은 아니다. / 彼女は生まれつき手先が器用だ 그녀는 선천적으로 손재주가 뛰어나다. / 生まれつきの才能[声] 타고난 재능[목소리]

うまれながら【生まれながら】 ¶彼女は生まれながらの芸術家だ 그녀는 타고난 예술가다. ⇒生来

うまれる【生まれる】 ❶〔人が〕태어나다
¶私は1978年9月19日に大阪で生まれた 나는 1978년 9월 19일에 오사카에서 태어났다. / 結婚後7年たってその夫婦に男の子が生まれた 결혼 후 7년이 지나서 그 부부에게 사내 아이가 태어났다. / 彼女は北海道で生まれ九州で育った 그는 홋카이도에서 태어나서 규슈에서 자랐다. / 彼女は日本人の父と韓国人の母の間に生まれた 그녀는 일본인 아버지와 한국인 어머니 사이에서 태어났다. / 来月頃に赤ちゃんが生まれる予定だ 다음달에 언니[누나]의 아기가 태어날 예정이다. / 男[女]に生まれてよかった 남자[여자]로 태어나서 다행이다. / 金持ち[貧乏]に生まれる 부잣집[가난한 집]에서 태어나다

¶少年は生まれて初めてパンダを見た 소년은 태어나서[생전] 처음으로 판더를 봤다. / 生まれたばかりの赤ちゃんは1日の大半を寝て過ごす 갓 태어난 아기는 하루의 대부분을 잠으로 보낸다.

❷〔物事が生じる〕태어나다, 탄생하다, 생기다, 나오다 ¶第二次世界大戦後に多くの国が生まれた 제2차 세계 대전 후에 많은 나라가 생겼다. / ITブームの中で多くのベンチャー企業が生まれた IT붐 속에서 많은 벤처 기업이 생겼다. / 新しい雑誌が生まれるかと思えば古い雑誌が姿を消していく 새로운 잡지가 나오는가 하면 오래된 잡지가 자취를 감추어 간다. / 今回の陸上競技大会で日本新記録が2つ生まれた 이번 육상 경기 대회에서 일본 신기록이 두 개가 나왔다. / 意思の疎通を欠いたために相互不信が生まれた 의사 소통이 부족했기 때문에 상호 불신이 생겼다.

うみ【海】 바다 〔大洋〕대양 ¶深い海 깊은 바다 / 広々とした青い海が眼下に広がっていた 넓고 넓은 푸른 바다가 눈 아래에 펼쳐져 있었다. / 海は荒れていた[穏やかだった] 바다는 거칠었다[잔잔했다]. / 今度の週末は海へ泳ぎに行こう 이번 주말은 바다에 헤엄치러 가자. / あっ, 海だ! 아, 바다다!

¶釜山は海に面している 부산은 바다에 접해 있다. / きのうは友達と海で遊んできた 어제는 친구와 바다에서 놀다 왔다. / 彼女は海に潜ってあわびをとっている 그녀는 바다 속에 들어가 전복을 따고 있다. / 日本は海に囲まれている 일본은 바다로 둘러싸여 있다. / 彼らは韓国からヨットで海を越えて日本へ来た 그들은 한국에서 요트로 바다를

건너 일본에 왔다. /「夏の予定はどうするの」「そうね。海へ行こうと思っているんだけど」"여름에 뭐 해?" "글쎄, 바다에 갈 생각인데."
¶あざらしは海にすむ動物だ 바다표범은 바다에 사는 동물이다 / 最近の海の汚れはひどい 최근의 바다 오염은 심하다.
¶海に出る 바다로 나가다 / 海の幸 해산물 / 海の香り 바다 냄새 / 海の水 바닷물 / 海の中 바닷 속 / 海の男 바다의 남자 / 海のない国 바다가 없는 나라 / 七つの海 칠대양
¶辺りは一面火の海となった 일대는 불바다가 되었다. / 凄惨な犯行現場は血の海と化していた 처참한 범행 현장은 피바다가 되어 있었다. / 海のように深い父母の愛 바다와 같이 깊은 부모의 사랑 慣用句 この事業は海のものとも山のものともかない 이 프로젝트는 앞으로 어떻게 될지 알 수 없다. 関連 海風 해풍 / 海風 바닷바람 / 海鳥 해조, 바다새

**うみ【膿】** 고름 ¶膿が出る 고름이 나오다 / 膿をしぼり出す 고름을 짜내다 / おできの膿を出す 종기의 고름을 짜다
¶政界の膿を出す 정계의 고름을 짜내다

**うみがめ【海亀】** 바다거북

**うみせんやません【海千山千】** 산전수전(山戰水戰) ¶やつは海千山千のしたたか者だ 그 녀석은 산전수전 다 겪은 만만찮은 사람이다.

**うみだす【生み出す・産み出す】** 낳다, 내놓다 ¶工業化はさまざまな問題を生み出した 공업화는 여러 가지 문제를 낳았다. / エジソンは多くの優れた発明を生み出した 에디슨은 많은 뛰어난 발명을 했다.

**うみねこ【海猫】** 괭이갈매기

**うみのおや【生みの親・産みの親】** 친부모 〔創始者〕 창시자 ¶彼がこの研究所の生みの親だ 그가 이 연구소의 창시자다. 慣用句 生みの親より育ての親 낳은 정보다 기른 정

**うみべ【海辺】** 해변, 바닷가 ¶去年の夏は家族と一緒に海辺で休暇を過ごした 지난 여름은 가족과 함께 바닷가에서 휴가를 보냈다. / 海辺のホテルに泊まる 바닷가의 호텔에 묵다 / 海辺の保養地 바닷가의 휴양지 / 海辺の村 갯마을 ➡海岸,浜辺

**うみへび【海蛇】** 바다뱀

**うむ【生む・産む】** ❶〔出産する〕 낳다, 출산하다 ¶彼女は先週男の子を産んだ 그녀는 지난주 사내 아이를 낳았다. / 赤ちゃんを生みたい 아기를 낳고 싶다. / 鶏は毎日卵を産む 닭은 매일 알을 낳는다. / うさぎは子を産むのが速い 토끼는 새끼를 낳는 것이 빠르다.
❷〔作り出す, もたらす〕낳다, 가져오다, 초래하다 ¶彼は日本の生んだ天才的な音楽家だ 그는 일본이 낳은 천재적인 음악가다. / 不注意な運転が重大事故を生む 부주의한 운전이 큰 사고를 초래한다. / 彼の行動は疑問を生んだ 그의 행동은 의문을 낳았다. / 奇跡〔うわさ〕を生む 기적〔소문〕을 낳다 慣用句 案ずるより産むが易し 하기 전에 걱정하기보다 실제로 해 보면 의외로 쉬운 법이다.

**うむ【倦む】** 싫증내다 ¶彼は倦まずたゆまず研究を続けている 그는 싫증내지 않고 연구를 계속하고 있다. / 彼は何事にも倦むことを知らない 그는 어떤 일이라도 싫증내지 않는다.

**うむ【膿む】** 곪다, 화농하다 ¶傷が膿み始めた 상처가 곪기 시작했다.

**うむ【有無】** 유무 ¶欠席者の有無を確かめる 결석자의 유무를 확인하다 / 警察は有無を言わさず彼を連行した 경찰은 다짜고짜 그를 연행했다.

**うめ【梅】** 〔木〕매화나무, 매실나무 [実]매실 ¶この公園は梅の名所です 이 공원은 매실나무의 명소입니다. 関連 梅酒 매실주 / 梅干し 매실장아찌

**うめあわせ【埋め合わせ】** 벌충, 보충 ¶約束を破った埋め合わせはするよ 약속을 깬 벌충은 할게. / 迷惑をかけた埋め合わせに夕食をおごるよ 폐를 끼쳤으니까 저녁을 살게.

**うめあわせる【埋め合わせる】** 메우다, 벌충하다, 보충하다 ¶彼は経験不足を一生懸命に働くことで埋め合わせようとしている 그는 경험 부족을 열심히 일하는 것으로 보충하려고 한다. / 長所が短所を埋め合わせて余りがある 장점이 단점을 보완하고도 남는다. ➡補う, 償う

**うめきごえ【呻き声】** 신음 소리 ¶彼女は悲しみのうめき声を出した 그녀는 슬픈 신음 소리를 냈다.

**うめく【呻く】** 신음하다 ¶彼女は激しい痛みにうめいた 그녀는 심한 통증에 신음했다.

**うめたて【埋め立て】** 매립, 매축 ¶埋め立て工事 매립 공사 / 埋め立て地 매립지

**うめたてる【埋め立てる】** 메우다, 매립하다 ¶この土地は海岸を埋め立てて造られた 이 땅은 해안을 메워서 만들어졌다.

**うめる【埋める】** ❶〔土の中に入れる〕묻다, 파묻다 ¶水道管を土中に埋める 수도관을 땅 속에 묻다 / 犬が庭に穴を掘って骨を埋めた 개가 마당에 구멍을 파고 뼈를 묻었다.
❷〔空間・穴などをいっぱいにする〕메우다, 채우다 ¶観衆が会場を埋めた 관중이 회장을 메웠다. / 日中間のコミュニケーションギャップを埋める必要がある 일중간의 커뮤니케이션 갭을 메울 필요가 있다. / 道路の穴は埋めておかないと危険だ 도로의 구멍은 메워 놓지 않으면 위험하다. /〔試験問題で〕次の空欄を埋めなさい 다음 빈칸을 채우시오.
❸〔損失などを補う〕메우다, 보충하다 ¶月々の家計の赤字がボーナスで埋めている 매달의 가계 적자는 보너스로 메운다. / 欠員を埋める 결원을 채우다
❹〔その他〕風呂の湯を水で埋める 목욕물에 찬물을 타다

**うもう【羽毛】** 깃털, 새털 関連 羽毛布団 오리털 이불

**うもれる【埋もれる】** ❶〔隠れる〕묻히다, 파묻히다 〔覆われる〕뒤덮이다 ¶すまない, 君の報告書は他の書類の下に埋もれていたよ 미안하네, 자네 보고서는 다른 서류 밑에 묻혀 있었어. / 私たちは落葉に埋もれた道を歩いた 우리는 낙엽으로 뒤덮인 거리를 걸었다.
❷〔知られずにいる〕묻히다, 파묻히다 ¶彼は田舎に埋もれてしまうことに不満だった 그는 시골에

묻혀 지내는 것에 불만이었다. / 埋もれた逸材を発掘する 숨은 인재를 발굴하다

**うやうやしい【恭しい】** 공손하다, 정중하다 ◇うやうやしく 공손히, 정중히 ¶ボーイは客にうやうやしく一礼した 보이는 손님에게 공손히 한 번 인사했다. ⇒丁重

**うやまう【敬う】** 존경하다 ¶人々は偉大な英雄として敬っている 사람들은 위대한 영웅으로서 그를 존경하고 있다.

**うやむや【有耶無耶】** 유야무야 ◇うやむやに 흐지부지하게, 모호하게, 애매하게 ¶その問題をうやむやにしてはいけない 그 문제를 애매하게 처리하면 안 된다. / 米国産牛肉の輸入問題についての協議はうやむやのうちに終わった 미국산 쇠고기 수입 문제에 대한 협의는 흐지부지하게 끝났다. / うやむやな態度[返事] 애매한 태도[대답]
⇒曖昧

**うよきょくせつ【紆余曲折】** 우여곡절 ¶紆余曲折を経て法案はやっと成立した 우여곡절 끝에 법안은 겨우 성립했다.

**うよく【右翼】** 우익 〔野球〕 우익, 라이트필드 関連 **右翼手** 우익수, 라이트필더 / **右翼団体** 우익 단체

**うら【裏】 ❶** 〔裏側〕 뒤 〔背面〕 뒷면 〔反対側〕 반대쪽 〔生地の〕 안 ¶葉のうらにかたつむりを見つけた 잎 안쪽에 달팽이를 발견했다. / 解答は用紙の裏に書いても結構です 해답은 용지 뒷면에 써도 괜찮습니다.

¶コインの表が出たら僕の勝ち, 裏が出たら君の勝ち 동전의 앞면이 나오면 내가 이기는 것이고, 뒷면이 나오면 네가 이기는 것이다. / (ページの)裏に続く 뒷면에 계속 / 私の手袋のうらには毛皮がついている 내 장갑 안쪽에는 털가죽이 달려 있다. / そのカードを裏にしてください 그 카드를 뒤로 뒤집으세요.

¶表紙の裏 표지의 뒷면 / 足の裏 발바닥 / CDの裏 CD의 뒷면 / 生地の裏 옷감의 안

❷ 〔後ろ〕 뒤 〔建物などの後部〕 뒤쪽 ¶わが家の裏には山[竹やぶ]がある 우리 집 뒤에는 산[대나무 숲]이 있다. / 母が裏から出てきた 어머니가 뒤쪽에서 나왔다. / トイレは裏にあります 화장실은 뒤쪽에 있습니다.

❸ 〔隠されていること〕 뒤, 이면 〔内幕〕 내막 〔背後〕 배후 ¶彼女の言葉の裏にはどんな意味があったのだろうか 그녀의 말 속에는 무슨 뜻이 있었을까. / 彼は政界の裏に通じている 그는 정계 내막에 정통하고 있다. / この決定には裏がある 이 결정에는 내막이 있다. / この事件の裏には女がいる 이 사건의 배후에는 여자가 있다. / どんな問題にも裏と表がある 어떤 문제에도 뒷면과 앞면이 있다. / そのうまい仕事には裏があった 이 돈벌이가 될 만한 일에는 내막이 있었다.

❹ 〔野球〕 말 ¶我々のチームは9回の裏に逆転した 우리 팀은 9회 말에 역전했다. 慣用句 彼は相手に裏をかかれた 그들은 상대에게 허점을 찔렸다. / 警察は容疑者の供述の裏を取った 경찰은 혐의자의 진술이 사실인 것을 확인했다. / 彼は慎重だと言われているが, 裏を返せば臆病だということだ 사람들은 그를 신중하다고 하지만 반대

로 말하면 겁이 많다는 말이다. / だれかが裏で糸を引いている 누군가가 뒤에서 조종하고 있다. / 裏には裏がある 이면에는 복잡한 사정이 있다. 関連 **裏** 뒷동산 / **路地裏** 뒷골목 ⇒後ろ

**うらうち【裏打ち】** 배접 ◇**裏打ちする** 배접하다 ¶その宝石箱の内側は絹で裏打ちしてある 그 보석함의 안쪽은 비단으로 배접해 있다. / 毛皮で裏打ちしたコート 털가죽으로 안감을 댄 코트

**うらおもて【裏表】** 표리, 겉과 속, 안과 밖
¶彼は裏表のある人間だから信用できない 그 사람은 겉 다르고 속 다른 사람이기 때문에 믿을 수 없다.

¶彼女はセーターを裏表に着たまま出かけた 그녀는 스웨터를 뒤집어 입은 채 그냥 나갔다.

**うらがえし【裏返し】** ¶彼女は答案を裏返しにして机の上に置いた 그녀는 답안을 책상 위에 뒤집어 놓았다. / 君は靴下を裏返しにはいているよ 자네 양말을 뒤집어 신고 있네.

**うらがえす【裏返す】** 뒤집다 ¶彼女はチヂミを裏返した 그녀는 부침개[지짐이]를 뒤집었다.

**うらかた【裏方】** ¶彼は通訳としてその国際会議の裏方を務めた 그는 통역원으로서 그 국제회의의 뒷받침 역할을 했다.

**うらがね【裏金】** 뒷돈 ¶公共工事の受注にからんで多額の裏金が動いたらしい 공공 공사의 수주에 얽히어 거액의 뒷돈이 움직인 것 같다.

**うらぎり【裏切り】** 배신, 배반 ¶彼の裏切りを決して忘れない 그의 배신을 절대로 잊지 않겠다. 関連 **裏切り者** 배신자, 배반자

**うらぎる【裏切る】** 배반하다, 배신하다 〔期待などを〕 어긋나다 ¶彼はうそをついて友人の信頼を裏切った 그는 거짓말을 하여 친구의 믿음을 저버렸다. / 部下に裏切られる 부하에게 배반당하다 / 選挙結果は我々の期待を裏切るものだった 선거 결과는 우리의 기대에 어긋나는 것이었다. / 子供はよく親の期待を裏切るものだ 자식이란 부모의 기대에 어긋나기 마련이다.

**うらぐち【裏口】** 뒷문 〔不正な方法〕 뒷구멍 ¶裏口から出入りする 뒷문으로 드나들다(*뒷문에서라고는 하지 않는다) / 強盗は裏口から逃走した 강도는 뒷문으로 도망갔다. (*뒷문에서라고는 하지 않는다) / 彼は大学に裏口入学した 그는 대학교에 부정 입학을 했다.

**うらこうさく【裏工作】** 배후 공작 ¶彼らは公共工事を受注するために市の担当者に裏工作を行った 그들은 공공 공사를 수주하기 위해 시의 담당자에게 배후 공작을 행했다.

**うらごえ【裏声】** 가성(仮声), 팔세트 ¶彼は裏声で歌うのが上手だ 그는 가성으로 부르는 노래를 잘한다.

**うらさびしい【うら寂しい】** 호젓하다, 쓸쓸하다 ¶男はうら寂しい酒場で酔いつぶれていた 남자는 호젓한 술집에서 곯아떨어져 있었다.

**うらじ【裏地】** 안감 ¶このコートには毛皮の裏地がついている 그녀의 코트에는 털가죽의 안감이 달려 있다. / ウールの裏地をつける 울의 안감을 대다

**うらづけ【裏付け】** 뒷받침, 확실한 증거 ¶彼の犯行の裏付けとなる証拠が発見された 그의 범행의

**うらづける【裏付ける】**[立証する] 입증하다 [証明する] 증명하다 ¶その証拠で彼の無実が裏付けられた 그 증거로 그의 무죄가 입증되었다 彼の理論を裏付けるデータはでたらめだった 그의 이론을 입증하는 데이터는 엉터리였다. その診断は詳しい検査で裏付けられた 그 진단은 자세한 검사로 뒷받침되었다.

**うらて【裏手】**뒤쪽, 뒤편 ¶彼の家の裏手に果樹園がある 그의 집 뒤쪽에 과수원이 있다.

**うらどおり【裏通り】**뒷골목

**うらない【占い】**점 ¶彼女はトランプ占いが好きだ 그녀는 카드 점을 좋아한다. 関連 占い師 점쟁이 ¶手相占い 수상술, 손금보기 ¶星占い 점성술

**うらなう【占う】**점치다 ¶彼女は手相を見て私の運勢を占った 그녀는 손금을 보고 내 운세를 점쳤다. / 占い師に運勢を占ってもらった 점쟁이한테 점을 보았다.

**ウラニウム** 우라늄 ⇒ウラン

**うらにわ【裏庭】**뒤뜰, 뒤꼍 ¶子どもが裏庭で愛犬と遊んでいる 아이들이 뒤뜰에서 애견과 놀고 있다.

**うらばなし【裏話】**비화(秘話), 숨은 이야기

**うらはら【裏腹】**정반대 ¶彼女の言うこととやることはいつも裏腹だ 그녀는 말과 행동이 항상 정반대다.

**うらばんぐみ【裏番組】**대항 프로 ¶例の人気番組が他局の新しい裏番組に食われてしまった 예의 인기프로가 다른 방송국의 새로운 대항 프로에 시청자를 빼앗겨 버렸다.

**うらぶれる** 초라해지다, 비참해지다 ◇うらぶれた 초라한, 비참한 ¶会社を首になってから彼はすっかりうらぶれてしまった 회사에서 해고를 당하고 나서 그는 완전히 비참해졌다. / うらぶれた生活を送る 초라한 생활을 보내다

**うらみ【恨み】**원망, 원한 ¶私は彼に恨みがある 나는 그 사람에게 원한이 있다. / 彼は自分の発言でよく人の恨みを買う 그는 자신의 발언 때문에 자주 다른 사람의 원망을 산다. / この恨みはきっと晴らしてやる 이 원한은 꼭 풀고 말겠다. / 彼女は彼に対する恨みつらみをぶちまけた 그녀는 그에 대한 갖은 원망을 털어놓았다. / 恨みっこなしだよ서로 원망하지 않기로 하자.

**うらみごと【恨み言】**원망의 말 ¶彼は別れた妻のことでいつも恨み言を言っている 그는 항상 헤어진 아내에 대한 원망의 말을 한다.

**うらみち【裏道】**뒷길, 골목길 ¶裏道を通って駅まで行った 골목길을 지나서 역까지 갔다.

**うらむ【恨む】**원망하다 ¶彼女は僕を恨んでいる 그 여자는 나를 원망하고 있다. / 次々と起こる不幸に彼は天を恨んだ 계속해서 일어나는 불행에 그는 하늘을 원망했다. / 人を恨むものではない 남을 원망하는 것이 아니다.

**うらめ【裏目】**¶彼女を喜ばせようとした彼の計画は裏目に出て彼女を怒らせてしまった 그녀를 기쁘게 하려고 한 그의 계획은 예상과 어긋나 그녀를 화나게 하고 말았다.

**うらめしい【恨めしい】**[非難がましい] 원망스럽다 [後悔して] 유감스럽다, 한스럽다 ¶彼女はじっと立ったまま恨めしそうに彼を見た 그녀는 가만히 선 채 원망스러운 눈으로 그를 봤다. / 大学に行けなかったのが恨めしい 대학교에 못 들어간 것이 유감스럽다.

**うらやましい【羨ましい】**부럽다 ◇うらやましがる 부러워하다 ¶きれいなお庭で本当にうらやましいわ 아름다운 정원이라 정말로 부러워. / 君の成功がうらやましいよ 자네의 성공이 부럽네. / みんな彼女の美しさをうらやましがった 모두 그녀의 미모를 부러워했다. / マイホームを建てたなんてうらやましいね 자기 집을 지었다니 부럽네. / 彼女がうらやましくてたまらない 그녀가 부러워 죽겠다. / 少年はうらやましそうに私を見つめた 소년은 부러운 듯이 나를 쳐다봤다. / 宝くじに当たったなんてうらやましい限りです 복권에 당첨됐다니 부러울 따름입니다.

**うらやむ【羨む】**부러워하다 [嫉妬する] 질투하다 ¶実益のある君の趣味がとてもうらやましいよ 실익 있는 너의 취미가 너무 부럽다. / 彼は人がうらやむような体格をしている 그는 사람들이 부러워할 만한 체격을 갖고 있다. / 彼らは人もうらやむ仲である 그 사람들은 남들이 부러워하는 관계다.

**うららか【麗らか】**◇うららかだ 화창하다 ¶うららかな春の日にピクニックに出かけた 화창한 봄 날에 소풍을 갔다.

**ウラン** 우라늄, (縮約) 우란 関連 天然[濃縮]ウラン 천연[농축] 우라늄

**うり【売り】**¶手ごろな値段のマンションが売りに出ていたので買うことにした 저렴한 가격의 아파트가 나와 있어서 사기로 했다. / 彼は住み慣れた家を売りに出した 그는 오래 살아 정든 집을 팔려고 내놓았다.

**うり【瓜】**참외 慣用句 あの姉妹は瓜二つだ 그 자매는 붕어빵이다[똑같다].

**うりあげ【売り上げ】**매상 [売り上げ高] 매상 [売り上げ金] 매상액 ¶バブル経済の崩壊後不動産価格は大幅に下落した 거품 경제의 붕괴 후 부동산 가격은 대폭적으로 떨어졌다. / 売り上げを伸ばす 매상을 늘리다 関連 売り上げ原価 매상 원가 / 売り上げ伝票 매상 전표

**うりあるく【売り歩く】**[行商する] 행상하다

**うりいえ【売り家】**방매가(放売家), 팔집 ⇒売り家(\*)

**うりおしむ【売り惜しむ】**매석하다, 팔기를 꺼리다 ¶ガソリンの値上がりを期待して売り惜しむ 휘발유의 오름세가 기대되어 팔기를 꺼리다

**うりかい【売り買い】**매매 ⇒売買

**うりきる【売り切る】**¶3時間で在庫品を売り切った 세 시간 만에 재고품을 다 팔아 버렸다.

**うりきれ【売り切れ】**매진 ¶すみません、切符は売り切れです 죄송합니다. 표는 매진됐습니다. / 新作ミュージカルの公演チケットはすべて売り切れになった 신작 뮤지컬 공연 표는 전부 다 매진이 되었다. / 本日は売り切れ 금일 매진

**うりきれる【売り切れる】**매진되다, 다 팔리다

¶彼女の新しいCDは 3 日で売り切れた 그녀의 새로 나온 CD는 3일 만에 다 팔렸다〔떨어졌다〕.

**うりこ【売り子】** 판매원(販売員), 점원(店員)

**うりことば【売り言葉】** 慣用句 売り言葉に買い言葉 오는 말이 고와야 가는 말이 곱다.

**うりこみ【売り込み】** 판매(販売) ¶新車の激しい売り込み合戦が繰り広げられている 신차의 격렬한 판매 경쟁이 전개되고 있다. ⇒販売

**うりこむ【売り込む】**〔販売する〕팔다〔宣伝して売る〕선전하다, 피아르하다(PR—) ¶製品を売り込むためにテレビコマーシャルに人気俳優を登場させた 제품을 팔기 위해 TV광고에 인기 배우를 등장시켰다. / 彼はテレビ局に脚本を売り込んだ 그는 방송국에 대본을 팔러 했다. / 恥ずかしくて自分を売り込むことなどできない 부끄러워서 자기 선전하는 것은 도저히 못하겠다.

**うりさばく【売り捌く】**¶あの店では売れ残り商品を格安の値段で売り捌いている 저 가게에서는 재고품을 아주 싼 값으로 팔아 치우고 있다.

**うりだし【売り出し】** 인기 상승 ¶彼女は今売り出し中の若手スターだ 그녀는 지금 인기 상승 중인 젊은 스타다. ⇒**大売り出し**

**うりだす【売り出す】**〔商品を〕발매하다〔名前を〕이름을 떨치다, 유명해지다 ¶新しい型のゲーム機が来春に売り出される 신형 게임기가 내년 봄에 발매된다. / 彼女は今新人作家として売り出している 그녀는 지금 신인 작가로서 이름을 떨치고 있다.

**うりつくす【売り尽くす】** 다 팔아 버리다

**うりつける【売り付ける】** ¶そのセールスマンは偽物のダイヤを高値で老婦人に売りつけた 그 외판원은 가짜 다이아몬드를 비싼 값으로 노부인에게 억지로 팔아 넘겼다.

**うりて【売り手】** 매주, 파는 사람(↔매주, 사는 사람) 関連 売り手市場 매주 시장

**うりとばす【売り飛ばす】**¶彼は借金を返すために宝石類を売り飛ばした 그는 빚을 갚기 위해 보석류를 팔아 치웠다.

**うりね【売り値】** 매가, 파는 값

**うりば【売り場】** 매장, 파는 곳 ¶クリスマス前のおもちゃ売り場は大混雑だった 크리스마스 전의 장난감 매장은 북새통을 이루었다. 関連 売り場面積 매장 면적 / 切符売り場 매표소, 표사는 곳

**うりはらう【売り払う】** ¶古くなった家具を売り払った 오래된 가구를 팔아 치웠다.

**うりもの【売り物】** 매물, 팔 물건〔自慢〕자랑, 자랑거리 ¶売り物(→掲示) 매물 / これは売り物ではない 이것은 파는 물건이 아니다. / こんな品物は売り物にならない 이런 물건은 매물이 안 된다. / その女優は知性と美貌を売り物にしている 그 여배우는 지성과 미모를 자랑거리로 삼고 있다.

**うりや【売り家】** 방매가(放賣家), 팔 집 ¶近所に「売り家」の札の出ている家がある 근처에 '팔집'이라는 쪽지를 내건 집이 있다.

**うりょう【雨量】** 우량, 강우량〔降水量〕강수량 ¶東京の年間雨量は約1400ミリだ 도쿄의 연간 강우량은 약 1400밀리다. / 台風の影響で昨夜の雨量は100ミリを超えた 태풍의 영향으로 어젯밤의 강우량은 100밀리를 넘었다. 関連 雨量計 우량계

**うりわたし【売り渡し】** 매도 関連 売り渡し価格 매도 가격

**うりわたす【売り渡す】** 팔아 넘기다, 매도하다 ⇒売る

**うる【売る】** ❶〔代金と交換で物を渡す〕팔다 (↔사다)

基本表現
▷その店は輸入品を売っている
　그 가게는 수입품을 팔고 있다.
▷この店は装身具をとても安く売っている 이 가게는 장신구를 아주 싸게 팔고 있다.
▷あの店では全商品を50%引きで売っている
　저 가게에서는 모든 상품을 50퍼센트 할인해서 팔고 있다.
▷彼は家を3000万円で売った
　그는 집을 3천만 엔에 팔았다.
▷米はキログラム単位で売っている
　쌀은 킬로그램 단위로 팔고 있다.
▷彼に車を売った
　그에게 차를 팔았다.

¶あの店では色々なものを安く売っている 저 가게에서는 여러 가지 물건을 싸게 팔고 있다. / 安く買って高く売る 싸게 사서 비싸게 팔다 / このきゅうりはばらで売っていますが 이 오이는 낱개로 팔아요? / 人参茶はデパートで売っている 인삼차는 백화점에서 팔고 있다. / あの古いレコードはまだ売っていますか 그 오래된 레코드는 아직도 팔고 있어요?

会話 どこで売っていますか
A：マッコリはどこで売っていますか
B：あの店で売ってますよ
A：막걸리는 어디서 팔아요?
B：저 가게에서 팔아요.
A：雨が降りそうだ。このあたりで傘を売っているところあるかな
B：ビニール傘なら、あそこのコンビニで売っているよ
A：비가 오겠다. 여기 근방에 우산을 파는 데 있나?
B：비닐 우산이라면 저기 편의점에서 팔고 있어.

❷〔世間に広める〕떨치다 ¶彼はネットビジネスの成功で名を売った 그는 인터넷 사업의 성공으로 이름을 떨쳤다. / 彼女はその映画で名を売った 그녀는 그 영화로 이름을 떨쳤다. / 彼は自分の名を売るのに多額の寄付をした 그는 자기 이름을 떨치기 위해 고액 기부를 했다. / それは顔を売るのに絶好の機会だった 그것은 얼굴을 알리기 위한 절호의 기회였다. / その野球選手は堅実な守備で売っている(→有名だ) 그 야구 선수는 견실한 수비로 유명하다.

❸〔裏切る〕팔다, 배신하다 ¶仲間を売ることなど彼にはとてもできなかった 동료를 배신하는 짓 따위는 그에게 도저히 있을 수 없는 일이었다. / 彼は生きていくために良心を売った 그는 살아가기 위해서 양심을 팔았다. / 国を売った逆賊 나라를 판 역적

**うるうどし【閏年】** 윤년

**うるおい【潤い】**〔湿り気〕습기〔精神的ゆとり〕여유 ¶彼女は肌の潤いを保つためにスキンクリームを使っている 그녀는 피부의 보습을 위해 크림을 쓰고 있다. / 生活にもっと潤いを持たせたい 생활에 좀 더 여유를 가지고 싶다.

**うるおう【潤う】**〔利益を受ける〕윤택해지다, 두둑해지다 ¶企業誘致で村は潤うとその候補者は主張している 기업 유치로 마을은 윤택해질 것이라고 그 후보자는 주장하고 있다.

**うるおす【潤す】**〔ぬらす〕축이다, 축축하게 하다〔利益をもたらす〕혜택을 주다, 윤택하게 하다 ¶かんばつの間農民たちは田畑を潤す雨が降るのを待ち望んでいた 가뭄 동안에 농민들은 논밭을 축이는 비가 오기를 기다리고 기다렸다. / 新幹線の開通は沿線の市町村を潤すだろう 신칸센의 개통은 연선의 도시와 마을에 혜택을 줄 것이다.

**うるさい【煩い】** ❶〔音が〕시끄럽다 ¶テレビの音がうるさいからボリュームを下げてください 텔레비전 소리가 시끄러우니까 볼륨을 좀 낮춰 주세요. / なんてうるさい通りだ 어쩜 이렇게 거리가 시끄러울까? / うるさい, 黙れ! 시끄러워, 조용히 해! / 私は子供たちにうるさくしないように言った 나는 아이들에게 시끄럽게 하지 말라고 했다.

❷〔煩わしい〕귀찮다, 번거롭다, 성가시다〔しつこい〕집요하다〔口やかましい〕잔소리가 많다 ¶留学ビザの申請にはうるさい手続きが必要だ 유학 비자 신청에는 귀찮은 절차가 필요하다. / うるさいセールスマンにつかまってしまって 번거로운 외판원에게 잡혀 버리고 말았다. / 息子が自転車を買ってくれとうるさくせがむ 아들은 자전거를 사 달라고 성가시게 조른다. / 髪が長くてうるさいから切ったほうがいい 머리가 길어서 성가시으니까 자르는 게 낫다. / うるさくつきまとわないで 성가시게 따라붙지 마. /「うるさいはえだ」「ほんとう」"파리가 성가셔." "그러게." / 母はいちいちうるさい 어머니는 일일이 잔소리가 많다.

❸〔細かいことを気にする〕까다롭다 ¶彼は食べ物にはちょっとうるさい 그는 음식에는 좀 까다롭다. / 父は言葉遣いにうるさい 아버지는 말투에 까다롭다. / 彼は時間にうるさい 그는 시간에 까다롭다.

**使い分け** うるさい

| | | |
|---|---|---|
| 시끄럽다 | 騷々しい | 라디오 소리가 시끄럽다. ラジオの音がうるさい. |
| | 面倒だ | 사태가 시끄럽게 되어간다. 事態が面倒になっていく |
| 귀찮다 성가시다 | いらだたしい | 파리가 음식 위를 날아다니며 성가시게[귀찮게] 군다. はえが食べ物の上を飛んでうるさい |
| 까다롭다 | 気難しい | 입맛에 까다로운 사람 味にうるさい人 |

**うるさがる【煩がる】** 귀찮아 여기다 ¶彼女は私の質問にうるさがらずに答えてくれた 그녀는 내 질문을 귀찮게 여기지 않고 대답해 주었다.

**うるし【漆】**〔漆の木〕옻나무〔塗料〕옻칠 ¶漆にかぶれて体じゅうがかゆかった 옻이 올라서 온몸이 가려웠다. / 漆塗りのお椀 옻칠을 한 그릇

**うるち【粳】** 멥쌀

**うるむ【潤む】**〔涙ぐむ〕눈물을 글썽이다 ¶祖母の悲報を聞くと母の目は涙に潤んだ 할머니의 비보를 듣자 어머니는 눈물을 글썽였다.

**うるわしい【麗しい】** 아름답다〔美しい〕예쁘다〔心温まる〕흐뭇하다 ¶見目麗しい女性 예쁜 여성 / 麗しい情景 흐뭇한 정경 / 麗しい友情 흐뭇한 우정

**うれい【愁い】**〔深い悲しみ〕수심 ¶兄の死の知らせに接して彼女は愁いに沈んでいた 오빠의 사망 소식을 접한 그녀는 수심에 잠겨 있었다.

**うれえる【憂える】** 우려하다, 근심하다, 걱정하다 ¶彼女は病弱な息子の将来を憂えている 그녀는 병약한 아들의 장래를 걱정하고 있다.

**うれしい【嬉しい】** ❶〔人が〕기쁘다, 반갑다

**基本表現**
▶お便りを頂いてたいへんうれしいです
편지를 받아서 굉장히 기쁩니다.
▶彼は君が合格したと聞いてうれしいと言ってたよ
그 사람은 네가 합격했다는 소식을 듣고 기쁘다고 했어.
▶病気が治ってうれしい 병이 나아서 기쁘다.
▶とてもうれしいことに彼女が結婚を承諾してくれた
매우 기쁘게도 여자 친구가 결혼을 승낙해 주었다.

¶その子はおもちゃをもらってもあまりうれしそうな顔をしなかった 그 아이는 장난감을 받고도 그다지 기뻐하는 얼굴을 하지 않았다. / いらしていただけるうれしいのですが 와 주시면 기쁘겠습니다만. / 僕が今どんなにうれしいかわからないだろう 내가 지금 얼마나 기쁜지 모르지? / 何がそんなにうれしいんだい 뭐가 그렇게 기쁜가? / 父はうれしそうにほほえんだが同時に気恥ずかしい気분 등 미소를 지었다. / 私はうれしくて言葉が出なかった 나는 너무 기뻐서 말도 안 나왔다. / 母が訪ねてくれるのがいちばんうれしい 어머니가 찾아와 주시는 게 제일 기쁘다.

**会話** お目にかかれてうれしい
A：山田さん(B), キム・ジェウクさん(C)をご紹介します. こちらが山田明夫さんです
C：はじめまして. お目にかかれてうれしいです
B：はじめまして. よろしくお願いします
A：야마다 씨(B), 김재욱 씨(C)를 소개할게요. 이쪽이 야마다 아키오 씨에요.
C：처음 뵙겠습니다. 만나뵙게 돼서 반갑습니다.
B：예, 처음 뵙겠습니다. 잘 부탁드립니다.

❷〔物事が〕기쁘다 ¶大学に合格したというれしい知らせを受け取った 대학교에 합격했다는 기쁜 소식을 받았다. / このところわが家ではうれしい出来事が続いている 요즘 우리 집에서는 기쁜 일들이 계속되고 있다. **慣用句** 注文が殺到してうれしい悲鳴をあげている 주문이 쇄도해서 즐거운 비

명을 지르고 있다.

**使い分け　うれしい**

| 喜ばしい | 기쁘다 | 병이 나아서 기쁘다. 病気が治ってうれしい |
| --- | --- | --- |
| 懐かしい | 반갑다 | 반갑지 않은 친구　うれしくない友 <br> 고향 친구에게서의 반가운 편지　故郷の友人からのうれしい手紙 |
| ありがたい | 고맙다 | 고마운 말씀　うれしいお言葉 |

**うれしがらせる【嬉しがらせる】** 기쁘게 하다 ⇒喜ぶ

**うれしがる【嬉しがる】** 기뻐하다 ⇒喜ぶ

**うれしさ【嬉しさ】** 기쁨 ⇒喜び

**うれしなき【嬉し泣き】** ◇嬉し泣きする 기뻐서 울다 ¶彼女はマラソンで優勝してうれし泣きした 그녀는 마라톤에서 우승해 기뻐서 울었다.

**うれしなみだ【嬉し涙】** 기쁨의 눈물 ¶彼女は結婚式でうれし涙を流した 그녀는 결혼식에서 기쁨의 눈물을 흘렸다.

**ウレタン** 우레탄 고무, 《縮約》우레탄 関連ウレタンフォーム 우레탄 폼

**うれっこ【売れっ子】** ¶彼はお笑いタレントとしてたいへんな売れっ子である 그는 지금 대단히 인기 있는 개그맨이다. / 彼女は今売れっ子の歌手だ 그녀는 지금 인기 있는 가수다.

**うれのこり【売れ残り】** 재고(在庫) ¶今年は暖冬で冬服の売れ残りが大量に出た 올해 겨울은 춥지 않아서 겨울 옷의 재고가 많이 생겼다.

**うれのこる【売れ残る】** ¶PR不足でチケットが大量に売れ残った 홍보 부족으로 티켓이 많이 남았다.

**うれゆき【売れ行き】** 매출, 매상, 팔림새 ¶景気が悪いので車の売れ行きが落ちている 경기가 나빠서 차의 매출량이 떨어지고 있다. / 新しい雑誌の売れ行きが悪い 새로운 잡지의 매출이 안 좋다.

**うれる【売れる】** ❶ [買われる] 팔리다 ¶この本はよく売れている 이 책은 잘 팔리고 있다. / 新型の液晶テレビはすぐ売れた 신형 액정화면 텔레비전은 금방 팔렸다. / その本は100万部売れた 그 책은 백만 부 팔렸다. / そのマンションは2500万円で売れた 그 아파트는 2천5백만 엔에 팔렸다. / 車は после 期待通りの値段で売れた 차는 그가 기대한 값에 팔렸다. / その新しいゲームソフトは飛ぶように売れている 그 새로운 게임 소프트는 날개 돋친 듯이 팔리고 있다. / 最近どの本がいちばん売れていますか 요즘 어느 책이 제일 잘 팔리고 있어요? / そのアンティーク時計は高く売れるだろう 그 앤틱 시계는 비싸게 팔릴 것이다. / コンサートのチケットはあまり売れなかった 콘서트 티켓은 별로 팔리지 않았다. / こんなに長い小説が売れるだろうか 이렇게 긴 소설이 팔릴까?
❷ [有名になる] 유명해지다 [人気がある] 인기가 있다 [よく知られる] 널리 알려지다 ¶あのタレントは最近急に売れてきた 그 탤런트는 요즘 갑

자기 유명해졌다. / 彼は政界に名が売れている 그는 정계에 널리 알려져 있다. / いま一番売れている歌手 지금 제일 인기 있는 가수

**うれる【熟れる】** 익다 ¶柿が熟れた 감이 익었다. / 真っ赤に熟れたトマト 새빨갛게 익은 토마토 ⇒熟す

**うろうろ** ◇うろうろする 어정버정하다, 어정거리다 ¶日曜日の渋谷はうろうろする若者で一杯になる 일요일에 시부야는 어슬렁어슬렁 돌아다니는 젊은이로 가득 찬다. / 彼女は道に迷ってうろうろした 그녀는 길을 잃어서 이리저리 헤맸다.

**うろおぼえ【うろ覚え】** ¶うろ覚えの電話番号 어슴푸레 기억한 전화번호

**うろこ【鱗】** 비늘 ¶魚を下ろす前にうろこを取ります 생선의 살을 발라내기 전에 비늘을 벗겨요. 慣用句 恩師の助言に目からうろこが落ちるような思いだった 은사의 조언을 듣고 뭔가 확 트인 느낌이 들었다.

**うろたえる** 허둥거리다, 당황하다 ¶彼女は娘が家出したことを知って非常にうろたえた 그녀는 딸이 가출한 것을 알고 굉장히 당황했다.

**うろちょろ** ◇うろちょろする 왔다 갔다 하다 ¶部屋の中をうろちょろするんじゃない 방 안을 왔다갔다하지 마.

**うろつく** 헤매다, 서성거리다, 배회하다 ¶暗くなってから繁華街をうろつくな 어두워지고 나서 번화가를 서성거리지 마라.

**うわき【浮気】** [不貞] 바람기 ◇浮気する 바람을 피우다 ¶あの夫婦は夫の浮気が原因で離婚したらしい 그 부부는 남편 바람기가 원인으로 이혼했다고 한다. / うちの人が浮気をしているような気がする 우리 집 양반이 바람을 피우는 것 같아. 関連 浮気者 바람둥이

**うわぎ【上着】** 상의, 웃옷(▶発音은 우돈) [外套] 겉옷(▶発音은 거돈) [ジャケット] 재킷 ¶彼は上着を脱いでハンガーに掛けた 그는 겉옷을 벗고 옷걸이에 걸었다.

**うわくちびる【上唇】** 윗입술(▶発音은 윈닙쑬)

**うわごと【うわ言】** 헛소리 ¶彼は高熱に浮かされてしきりにうわ言を言った 그는 고열로 자꾸 헛소리를 했다.

**うわさ【噂】** ❶ [世間で言いふらす話] 소문 ¶うわさは単なるうわさだけだ 그 소문은 단지 소문일 뿐이야. / 彼女は町中のうわさになっている 그녀는 온 동네에 소문이 났다. / 社長が辞任するといううわさはまんざら根も葉もないことでもない 사장이 사임한다는 소문은 아무런 근거가 없는 것이 아니다. / 彼女が離婚したといううわさがあっという間に社内に広まった 그녀가 이혼했다는 소문이 순식간에 회사 안에 퍼졌다. / 彼女はうわさどおりの美人だ 그녀는 소문대로 미인이다. / うわさによるとあの二人は結婚するんですって 소문에 따르면 그 두 사람은 결혼한대.

¶うわさが立つ 소문이 나다 / うわさを立てる 소문을 내다 / よからぬうわさ 좋지 않은 소문
❷ [その場にいない人についての話] 이야기 ¶彼らは喫茶店で友達のうわさ話をしていた 그들은 커피숍에서 친구 이야기를 하고 있었다. / 彼女はうわさ話が好きだ 그녀는 남의 이야기를 하는 것을

うわすべり

好み한다. / おうわさはかねがね伺っております 말씀 많이 들었습니다. / ちょうど今君のうわさをしていたところだよ 지금 바로 자네 이야기를 하던 중이었어. / あんな男とは係わりをもたない方がいい。うわさの種になるから 그런 남자와는 연관되지 않는 것이 좋아. 이야깃거리가 되니까. / 彼は社内でうわさの人だ 그가 지금 회사 안에서 이야깃거리가 되고 있는 사람이야.

慣用句 うわさをすれば影(→虎も自分の話をすれば やって来る) 호랑이도 제 말 하면 온다

**うわすべり**【上滑り】◇上滑りだ〔皮相だ〕피상적이다 ¶学校教育についての上滑りの議論 학교 교육에 대한 피상적인 논의

**うわずる**【上擦る】〔声が〕높아지다 ¶大勢の前で緊張のあまり彼女は声を上擦っていた 많은 사람 앞에서 긴장한 나머지 그녀는 목소리가 들떴다.

**うわつく**【浮つく】들뜨다 ¶成績が上がったからといって浮ついてばかりいては駄目だ 성적이 올랐다고 해서 들뜨기만 하면 안 된다.

**うわっつら**【上っ面】〔外見〕외양, 외관〔表面〕겉모양 ¶上っ面だけを見て判断する 겉모양만 보고 판단하다 ⇨うわべ

**うわて**【上手】상수〔野球で〕오버핸드 ¶彼は上手投げの本格派のピッチャーだ 그는 오버핸드의 본격파 투수다. 慣用句 厚かましきにおいては彼の方が一枚上手だ 뻔뻔하기로는 그가 한 수 위다. / 議論では彼の方がいつも私より一枚上手だ 의논에 있어서는 그 사람이 항상 나보다 한 수 위다.

**うわのせ**【上乗せ】◇上乗せする 덧붙이다, 추가하다 ¶請求書に規定料金のほかに消費税を上乗せした 청구서에 규정 요금 외에 소비세를 추가했다.

**うわのそら**【上の空】건성 ◇上の空で 건성으로 ¶彼女は私の忠告を上の空で聞いていた 그녀는 내 충고를 건성으로 듣고 있었다.

**うわばき**【上履き】〔スリッパ〕슬리퍼〔室内用の靴〕실내화

**うわべ**【上辺】〔表〕겉, 겉보기〔外見〕외관 ¶私はうわべは平静を装ったが内心は動揺していた 나는 겉으로는 평정한 체했지만 마음속으로는 동요하고 있었다. / 人はうわべではわからないというのは本当だ 사람은 겉보기만으로는 알 수 없다는 것은 사실이다. / 彼はうわべは親切そうに見えるけど実はいやなやつだ 그는 겉보기에는 친절해 보이지만 실은 나쁜 놈이야.

**うわまわる**【上回る】〔より多い〕웃돌다, 상회하다, 넘다 ¶先月の支出は収入を2万円上回った 지난달의 지출은 수입을 2만 엔 웃돌았다. / 予想を上回る売り上げであった 예상을 웃도는 매상이었다.

**うわむき**【上向き】〔上昇傾向〕오름세 ¶長い低迷の後景気は上向きになっている 긴 경제 침체 상태 이후 경기는 오름세가 되고 있다.

**うわむく**【上向く】〔よくなる〕좋아지다 ¶景気が上向いてきた 경기가 좋아졌다.

**うわめづかい**【上目遣い】¶その男の子は上目遣いに母親を見た 그 남자 애는 눈을 치켜 뜨고 어머니를 봤다.

**うわやく**【上役】상사, 윗사람

**うん**〔肯定〕응〔承諾〕좋다 ¶彼女はうんとうなずいた 그녀는 "응"하며 고개를 끄덕였다. /「野球やろうよ」「うん, やろう」"야구하자." "응, 하자." / 彼女は彼のプロポーズについにうんと言った 그녀는 그의 프로포즈를 드디어 받아들였다. / 彼女は私の質問にうんともすんとも言わなかった 그녀는 내 질문에 가타부타 말이 없었다.

**うん**【運】운, 운수(運数)

基本表現
▷あの人は運がいい[悪い]
　그 사람은 운이 좋다[나쁘다].
▷運が向いてきた
　운이 트이기 시작했다.
▷運よく彼は助かった
　운 좋게 그는 살았다.
▷運悪く転んで足を折った
　운 나쁘게 넘어져서 발이 부러졌다.

◆運が
¶何て運がいいんだろう 어쩌면 이렇게 운이 좋은 걸까. / 運が悪かったね 운이 나빴구나. / あんないい奥さんを持って, 君も運がいい 저렇게 좋은 부인이 있다니 자네는 운도 좋아. / 彼女は亭主運が悪い 그녀는 남편복이 없다. / 勝負には運不運がつきものだ 승부에는 행운 불운이 으레 있기 마련이다.

◆運の
¶警察に指紋が見つかったのが彼の運の尽きだった 경찰에 지문이 발견된 것으로 그의 운도 다했다. / また失敗したなんて君もよくよく運のない男だ 또 실패했다니 자네도 운이 없는 남자다. / あいつは運のいいやつだ 그 녀석은 운이 좋은 놈이다.

◆運に・運を
¶すべてを運に任せて選挙に出馬した 모든 것을 운에 맡기고 선거에 출마했다. / 運を試してみよう 운을 시험해 보자. / 彼は運に見放された 운은 그의 편이 아니었다. / 出来るだけやってから後は運を天に任せた 최선을 다하고 나머지는 하늘에 운을 맡겼다.

◆その他
¶運よく合格した 운 좋게 합격했다. 慣用句 勝負は時の運だ 승부는 시운에 달려 있다.
関連 悪運 악운 / 金運 금전운 / 幸運 행운

**うんえい**【運営】운영 ◇運営する 운영하다 ¶福祉事業の運営はとても大変な仕事だ 복지 사업의 운영은 아주 힘든 일이다. / 彼女はNPOの事業をとてもうまく運営している 그녀는 NPO 사업을 아주 잘 운영하고 있다. 関連 運営委員会 운영위원회 / 運営資金 운영 자금 / 運営方針 운영 방침

**うんが**【運河】운하 ¶運河を開く 운하를 열다
関連 スエズ運河 수에즈 운하 / パナマ運河 파나마 운하

**うんきゅう**【運休】운휴 ◇運休する 운휴하다 ¶大雪で列車が運休になった 폭설로 열차 운행이 중단되었다. / 台風でフェリーが運休になっている 태풍 때문에 페리보트가 결항되었다.

**うんこ** 똥 ¶うんこをする 똥을 싸다 / ああ、うんこが出そうだ 아, 똥 마려워.

**うんこう【運行】** 운행 ◇運行する 운행하다 ¶バスを運行する 버스를 운행하다 / 天体の運行を観測する 천체의 운행을 관찰하다

**うんこう【運航】** 운항 ◇運航する 운항하다 ¶下関と釜山の間には定期船が運航されている 시모노세키와 부산 간에는 정기선이 운항되고 있다. / 台風のためソウル便の運航が全て中止になった 태풍 때문에 서울 편의 운항이 모두 취소되었다.

**うんざり** ◇うんざりする 진절머리 나다, 넌더리 나다, 지겹다, 진력이 나다 ¶説教はうんざりだ 설교는 진절머리 난다. / 彼女のぐちにはうんざりだ 그 여자의 푸념은 딱 질색이다. / 肉はもううんざりだ 고기는 이제 지겹다.

**うんせい【運勢】** 운세 [星回り] 팔자(八字) ¶若者の間では運勢占いが流行っている 젊은이들 사이에서는 운세점이 유행하고 있다. / 厄年なので運勢を見てもらった 액년이라서 운세를 보러 갔다. / 今年の私の運勢はいいようだ 올해의 내 운세는 좋은 것 같아. / 今月の私の運勢はどうですか "非常にいいです" "이번달의 제 운세는 어떻습니까?" "굉장히 좋습니다." ⇒占い, 占う

**うんそう【運送】** 운송 ◇運送する 운송하다 ¶トラックで貨物を運送する 트럭으로 화물을 운송하다 [関連]運送業 운송업 / 運送会社 운송 회사 / 運送料 운송료, 운송 요금

**うんだめし【運試し】** ¶運試しに宝くじを買った 운수를 보기 위해 복권을 샀다. / 運試しに模擬試験を受ける 운수를 보기 위해 모의시험을 치다

**うんち** 똥 ⇒うんこ

**うんちく【蘊蓄】** 온축, 깊은 지식[학식] ¶彼は韓国映画についてうんちくを傾けて話した 그는 한국 영화에 대해 온갖 지식을 다 내놓으며 이야기를 했다.

**うんちん【運賃】** 운임 ¶ソウル・釜山間の運賃はいくらですか 서울 부산 간의 운임은 얼마에요? / 運賃値上げ 운임 인상 / 運賃前払い 운임 선불 / 運賃後払い 운임 후불 / 運賃支払い済み 운임 지불필 / 運賃先方払い 운임 수취인 부담 [関連]運賃精算所 운임 정산소 / 往復運賃 왕복 운임 / 片道運賃 편도 운임 / 割引運賃 할인 운임

**うんでい【雲泥】** [慣用句] 二人の能力には雲泥の差がある 두 사람의 능력에는 큰 차이가 있다.

**うんてん【運転】** 운전 [運行] 운행 [資金の運用] 운용 ◇運転する 운전하다, 몰다 ¶車の運転ができますか 차를 운전할 줄 아요? / 今運転を習っています 지금 운전을 배우고 있습니다. / 彼は毎日車を運転している 그는 매일 차를 운전하고 있다. / 私は30年間車を運転してきた 나는 30년 동안 차를 운전해 왔다. / 彼は運転がうまい 그는 운전을 잘한다. / 私が運転を代わってあげよう 내가 운전을 대신 해 줄게. / さあ、君が運転して 자, 자네가 운전해. / 彼女は運転を誤って塀に突っ込んだ 그녀는 운전하다 잘못해서 울타리에 박았다. / 運転中はわき見をするな 운전 중에는 한눈을 팔지 마라. / 車を運転して日光まで行ってきた 차 몰고 닛코까지 갔다왔다. / このエレベーターは運転休止だが、あちらは運転中だ 이 엘리베이터는 운행 중지 중이지만 저쪽 것은 운행하고 있다. / 豪雪のためバスの運転は取りやめになった 폭설 때문에 버스 운행이 중단되었다. / 洪水のため電車を取りやめた 홍수로 열차가 운행을 중단됐다. / 大みそかには電車は終夜運転される 섣달 그믐에는 전철이 철야 운행된다. / 8月は臨時列車が運転される 팔월에는 임시 열차가 운전된다.

¶彼は酔っぱらい[無免許]運転で警察につかまった 그는 음주[무면허] 운전으로 경찰에 잡혔다. / 安全運転をしなさい 안전 운전해라. [関連]運転資金 운용 자금 / 運転手 운전사, 운전기사 / 運転席 운전석 / 運転台 운전대 / 運転免許 운전 면허 / 居眠り運転 졸음 운전 / 飲酒運転 음주 운전 / 折り返し運転 왕복 운행 / 終夜運転 철야 운행 / のろのろ運転 거북이 운전

**うんと** 〔たくさん〕많이, 잔뜩, 실컷 ¶その子はお母さんにうんとしかられた 그 아이는 엄마한테 잔뜩 야단 맞았다.

**うんどう【運動】** ❶〔体を動かすこと〕운동 〔スポーツ〕스포츠 ◇運動する 운동하다 ¶適度な運動は健康によい 적당한 운동은 건강에 좋다. / 水泳はよい運動だ 수영은 좋은 운동이다. / 激しい運動で疲れてしまった 격렬한 운동으로 피곤하다. / 彼の健康は十分な運動と規則正しい食事のおかげだ 그의 건강은 충분한 운동과 규칙적인 식사 덕분이다. / 彼女は運動神経が発達している[鈍い] 그녀는 운동 신경이 발달되어 있다[둔하다]. / 運動し過ぎはいけない 과도한 운동은 좋지 않다. / 軽い運動をする 가벼운 운동을 하다

[会話] 運動不足
A：最近太ったの
B：運動不足だね. もっと運動したほうがいいよ
A：そうなんだ. でも忙しくて運動する暇がないんだ
A：요즘 살이 쪘어.
B：운동 부족이구나. 더 운동하는 게 좋을 거야.
A：그러게. 그런데 바빠서 운동할 시간이 없어.

❷〔働きかけること〕운동 ¶彼らは選挙運動を開始した 그들은 선거 운동을 시작했다. / 平和運動は多くの人に支援されている 평화 운동은 많은 사람에게 지원을 받고 있다. / 彼女はがん撲滅運動に尽くした 그녀는 암 퇴치 운동에 진력했다. / 募金運動を始めよう 모금 운동을 시작하자. / 彼らは環境保護運動をしている 그들은 환경 보호 운동을 하고 있다.

❸〔物体の動き〕운동 ¶熱は運動の一種である 열은 운동의 일종이다. / この時計は振り子の運動によって動いている 이 시계는 진자 운동에 의해 움직인다.

¶運動の法則 운동의 법칙 [関連]運動員 운동원 / 運動エネルギー 운동 에너지 / 運動会 운동회 / 運動着 운동복 / 運動競技 운동 경기 / 運動具 운동구 / 運動靴 운동화 / 運動場 운동장 / 運動選手 운동선수 / 運動部 운동부 / 運動神経 운

동 신경 / **室内[屋外]運動** 실내[실외, 옥외] 운동 / **回転運動** 회전 운동 / **学生運動** 학생 운동 / **革命運動** 혁명 운동 / **禁煙運動** 금연 운동 / **禁酒運動** 금주 운동 / **屈伸運動** 굴신 운동 / **交通安全運動** 교통 안전 운동 / **市民運動** 시민 운동 / **社会運動** 사회 운동 / **準備運動** 준비 운동 / **女性解放運動** 여성 해방 운동 / **反政府運動** 반정부 운동 / **反戦運動** 반전 운동 / **床運動**《体操》마루 운동

**うんぬん【云々】** 운운 [など] 등등 ◇うんぬんする 운운하다 ¶結果について今さらうんぬんしても始まらない 결과에 대해 이제 와서 운운해도 소용없다.

**うんぱん【運搬】** 운반 ◇運搬する 운반하다 ¶飛行機などは生鮮食品の運搬は非常に高くつく 비행기로 신선한 식품을 운반하는 것은 굉장히 비싸다. / 爆発物の運搬は許可されていない 폭발물 운반은 허가되지 않는다. 関連 **運搬車** 운반차

**うんめい【運命】** 운명
◆《運命は・運命の》
¶彼の運命は決まった 그의 운명은 정해졌다. / 運命のいたずらで彼らは別れ別れになった 운명의 장난으로 그들은 헤어지게 되었다. / 運命の女神が我々にほほえんでいた 운명의 여신이 우리에게 미소를 짓고 있었다.
◆《運命を》
¶自分で運命を切り開く 자기 힘으로 운명을 개척하다 / この試合がチームの運命を左右する 이 시합이 팀 운명을 좌우한다. / 船長は船と運命を共にした 선장은 배와 운명을 함께 했다.
◆《運命に》
¶人々は苛酷な運命に甘んじなければならなかった 사람들은 가혹한 운명을 받아들여야만 했다. / 運命に逆らってもむだだ 운명에 거스러도 소용없다. / 運命にもてあそばれて彼女は波乱に満ちた人生を送った 운명의 장난으로 그녀는 파란만장한 인생을 보냈다. / 運命に左右されずに生きることのできない 운명에 좌우되지 않고 살 수는 없다. / 運命にまかせる 운명에 맡기다
◆《運命と》
¶息子の死を運命とあきらめたくなかった 아들의 죽음이 운명이라고 믿고 싶지 않았다. / 彼は運命と懸命に戦った 그는 운명과 열심히 싸웠다.
◆《その他》
¶彼と彼女の出会いは運命的なものだった 그와 그녀의 만남은 운명적인 것이었다. / 彼女の運命やいかに 그녀의 운명은 과연 어떻게 될까. 関連 **運命線**[手相の] 운명선 / **運命論** 운명론

**うんゆ【運輸】** 운수 関連 **運輸業** 운수업 / **運輸会社** 운수 회사

**うんよう【運用】** 운용 ◇運用する 운용하다
¶私は資金の運用を全面的に任されている 나는 자금의 운용을 전면적으로 맡고 있다. 関連 **運用資金** 운용 자금 / **運用利回り** 운용 이율

# え

**え【絵】** 그림

基本表現
▷男の子が動物の絵をかいている
남자 아이가 동물 그림을 그리고 있다.
▷彼は絵がうまい
그는 그림을 잘 그린다.
▷壁に大きな絵が掛かっている
벽에 큰 그림이 걸려 있다.
▷この本には絵がたくさん入っている
이 책에는 그림이 많이 있다.

¶それは富士山の絵です 그것은 후지 산을 그린 그림입니다. / それは横山大観の絵です 그것은 요코야마 다이칸이 그린 그림입니다. / この絵は歌麿のものとされる 이 그림은 우타마로의 것으로 추정된다.
¶花の絵を絵の具でかく 꽃 그림을 물감으로 그리다 / 一幅の絵のように美しい景色 한 폭의 그림처럼 아름다운 풍경 数え方 **絵1枚** 그림 한 장 慣用句 君の計画は絵にかいたもちだ 자네 계획은 그림의 떡이다. / この景色は絵になる 이 경치는 그림이 된다. / 彼は不幸を絵にかいたような人だ 그는 정말 불행한 사람이다. 関連 **油絵** 유화 / **イーゼル**[画架] 이젤[화가] / **絵筆** 화필 / **画家** 화가 / **額縁** 액자 / **写生画** 사생화 / **肖像画** 초상화 / **水彩画** 수채화 / **静物画** 정물화 / **風景画** 풍경화

**え【柄】**[取っ手] 자루[握り] 손잡이 ¶プラスチックの柄のついた包丁 플라스틱 손잡이가 달린 식칼[부엌칼] / 鎌の柄 낫 자루 / 傘の柄 우산 손잡이

**エアコン** 에어컨, 에어컨디셔너 ¶この部屋はエアコンが(→冷房が)よくきいていて涼しい 이 방은 냉방이 잘 되어서 시원하다. 数え方 エアコン 1 台 에어컨 한 대

**エアターミナル** 에어터미널

**エアバッグ** 에어백 ¶この車にはエアバッグがついている 이 차에는 에어백이 붙어 있다.

**エアポート** 공항

**エアポケット** 에어포켓 ¶飛行機がエアポケットに入ることはよくある 비행기가 에어포켓에 들어가는 일은 흔히 있다.

**エアメール** 항공 우편(航空郵便) ¶エアメールでソウルの友人に手紙を出した 항공 우편으로 서울 친구한테 편지를 부쳤다.

**エアロビクス** 에어로빅스, 유산소 운동(有酸素運動) ¶彼女は美容のため毎日エアロビクスをしている 그녀는 미용을 위해 매일 에어로빅스를 하고 있다.

**えい【鱝】** 가오리, 홍어

**えいい【鋭意】** 예의, 열심히 ¶彼は公害問題の解決のために鋭意努力している 그는 공해 문제 해결

**えいえん【永遠】** 영원 ◇**永遠だ** 영원하다 ◇**永遠に** 영원히 ¶**永遠の魂を信じている人もいる** 영원한 혼을 믿고 있는 사람도 있다. / **昔から多くの人が永遠の命を手に入れたいと願ってきた** 옛날부터 많은 사람들이 영원한 생명을 손에 넣고 싶다고 기원해 왔다. / **彼ら二人は永遠の愛を誓った** 그들 두 사람은 영원한 사랑을 맹세했다. / **彼女のことは永遠に忘れられない** 그녀를 영원히 잊을 수 없다. / **永遠の別れ** 영원한 이별

**えいが**【映画】영화

〔基本表現〕
▷**きのう新宿で映画を見た**
　어제 신주쿠에서 영화를 봤다.
▷**あす彼女と映画を見に行く**
　내일 여자 친구와 영화를 보러 간다.
▷**その映画館では今ホラー映画を上映している**
　그 영화관에서는 지금 공포 영화를 상영하고 있다.
▷**彼は多くの韓国映画に出ている**
　그는 많은 한국 영화에 나오고 있다.
▷**彼は今、新しい映画を撮影している**
　그는 지금 새 영화를 촬영하고 있다.

◆〖**映画が・映画は**〗
¶**僕は映画が好きだ** 나는 영화를 좋아한다. / **どんな映画が好きですか** **どの映画を好みますか？** 어떤 영화를 좋아해요? / **その映画は来週封切り予定です** 그 영화는 다음주 개봉됩니다. / **その映画はテレビ[ビデオ]で見た** 그 영화는 텔레비전으로[비디오로] 보았다.
◆〖**映画を**〗
¶**こんど映画を見に行こう** 다음에 영화 보러 가자. / **彼がその映画を監督[制作]した** 그가 그 영화를 감독[제작]했다.
◆〖**その他**〗
¶**松本清張の推理小説はいくつも映画化されている** 마쓰모토 세이초의 추리 소설은 여러 편 영화화되었다. 〔数え方〕**映画1本** 영화 한 편[권]

〔会話〕**映画はどうだった**
　A：**その映画はどうだった**
　B：**つまらなかったよ[とてもおもしろかった]**
　A：그 영화 어땠어?
　B：시시했어[너무 재미있었어].
　A：**その映画館ではどんな映画をやってるの**
　B：**ソン・イェジン主演のラブストーリーだよ**
　A：그 영화관에서는 어떤 영화 하고 있어?
　B：손예진 주연의 러브 스토리야.

〔関連〕**映画界** 영화계 / **映画会社** 영화 회사 / **映画祭** 영화제 / **映画産業** 영화 산업 / **映画制作** 영화 제작 / **映画監督** 영화감독 / **助監督** 조감독 / **映画俳優** 영화배우 / **映画スター** 영화 스타 / **映画評論家** 영화 평론가 / **映画ファン** 영화팬 / **アニメ映画** 애니메이션 영화 / **SF映画** SF[에스에프] 영화 / **記録映画** 기록 영화 / **戦争映画** 전쟁 영화 / **短編映画** 단편 영화 / **文芸映画** 문예 영화 / **冒険映画** 모험 영화 / **無声映画** 무성 영화 / **時代劇映画** 역사 영화

**えいが**【栄華】영화 ¶**栄華を極めた金一族も最後には没落した映画** 영화를 누린 김 씨 일족도 마지막에는 몰락다.

**えいかく**【鋭角】예각 〔関連〕**鋭角三角形** 예각삼각형 ⇒**鈍角**

**えいかん**【栄冠】영관 ¶**勝利の栄冠に輝く** 승리의 영관에 빛나다

**えいき**【英気】영기, 기력 ¶**ゆっくり休んで英気を養う** 푹 쉬고 기력을 회복하다

**えいきゅう**【永久】영구 ◇**永久に** 영구히, 영원히 ◇**永久的** 영구적이다 ¶**この事件は永久に彼の記憶に残るだろう** 이 사건은 영원히 그의 기억에 남을 것이다. / **彼は永久にこの土地に腰を落ち着けるつもりだ** 그는 영원히 이 토지에 정착할 생각이다. / **CDの音質は半永久的に変わらない** CD의 음질은 반영구적으로 변하지 않는다. / **文化遺産の永久保存** 문화유산의 영구 보존 〔関連〕**永久運動** 영구 운동 / **永久機関** 영구 기관 / **永久歯** 영구치 / **永久磁石** 영구 자석 ⇒**永遠**

**えいきょう**【影響】영향

〔基本表現〕
▷**彼は高校時代の恩師から大きな影響を受けた** 그는 고교 시절 은사한테 큰 영향을 받았다.
▷**たばこは健康に悪い影響を及ぼす**
　담배는 건강에 나쁜 영향을 미친다.
▷**彼は財界に大きな影響力をもっている**
　그는 재계에 큰 영향력을 지니고 있다.
▷**その作家の文体には川端康成の影響が見られる**
　그 작가의 문체에는 가와바타 야스나리의 영향을 볼 수 있다.

¶**原油価格高騰による日本経済への影響が深刻になってきている** 원유 가격의 대폭적인 인상으로 일본 경제에 미치는 영향이 심각해지고 있다. / **彼は人に影響されやすい** 그는 남에게 영향 받기 쉽다. / **わが社は幸いなことに不況の影響を受けていない** 우리 회사는 다행히 불황의 영향을 안 받았다. / **アインシュタインの相対性理論が近代科学に及ぼした影響は大きい** 아인슈타인의 상대성 이론이 근대 과학에 끼친 영향은 크다. / **雪の影響で列車が遅れた** 눈 때문에 열차가 늦어졌다. / **彼の言葉は私たちに多大な影響を与えた** 그의 말은 우리들에게 매우 큰 영향을 끼쳤다.

**えいぎょう**【営業】영업, 장사 ◇**営業する** 영업하다, 장사하다 ¶**彼は今営業に出ている** 그는 지금 영업하러 나갔다. / **ここで営業を始めて10年になる** 여기서 영업을 시작한 지 10년이 된다.

¶**彼は商社の営業マンだ** 그는 상사의 영업 사원이다. / **彼女は保険会社の大阪営業所に勤務している** 그녀는 보험 회사의 오사카 영업소에 근무하고 있다. / **営業時間は朝9時から夕方5時までです** 영업시간은 아침 아홉 시부터 저녁 다섯 시까지입니다. / **午前10時から午後7時まで営業（▶掲示）** 오전 열 시부터 오후 일곱 시까지 영업 / **彼は営業成績がよい** 그는 영업 성적이 좋다. / **その会社は営業不振に陥った** 그 회사는 경영 부진에 빠졌다. / **営業を妨害するな** 영업을 방해하지 마. / **その店は20日間の営業停止[禁止]処分を受けた** 그 가게는 20일간의 영업 정지[금지] 처분을 받았다. / **営業中（▶掲示）** 영업중

えいご

関連 営業部 영업부 / 営業部長 영업 부장 / 営業報告 영업 보고 / 営業用 영업용

## えいご【英語】영어

基本表現
▶英語が話せますか
　영어 할 수 있어요?
▶私は英語がぜんぜんわかりません
　저는 영어를 전혀 몰라요.
▶私は6年間学校で英語を勉強した
　나는 6년간 학교에서 영어를 공부했다.

◆英語が・英語は◆
¶少しだけ英語が話せます 아주 조금 영어를 할 수 있어요. / 彼は英語が上手[下手]です 그는 영어를 잘해요[잘 못해요]. / 英語がもっとうまくなりたい 영어를 더 잘하고 싶다. / 彼の英語はニューヨークで全然通じなかった 그의 영어는 뉴욕에서는 전혀 안 통했다. / 現代の日本語には英語がたくさん入っている 현대 일본어에는 영어가 많이 들어 있다.

◆英語を◆
¶オーストラリアでは英語を話します 오스트레일리아[호주]에서는 영어를 사용합니다. / 私は週に2回アメリカ人に英語を習っている 나는 일 주일에 두 번 미국 사람한테 영어를 배우고 있다.

◆英語に◆
¶これを英語に訳してください 이것을 영어로 번역해 주세요.

◆英語の◆
¶今英語の小説を読んでいる 지금 영어로 된 소설을 읽고 있다. / 英語の先生 영어 선생님 / 英語の授業 영어 수업 / 英語のテスト 영어 테스트

◆英語で◆
¶彼は英語でそう言った 그는 영어로 그렇게 말했다. / 「韓国」は英語で「コリア」という '한국'은 영어로 '코리아'라고 한다. / これは英語で何て言いますか 이것은 영어로 뭐라고 합니까? / 英語で話す 영어로 말하다

◆その他◆
¶その小説は英語から翻訳された 그 소설은 영어를 번역한 것이다.

関連 英語教育 영어 교육 / 英語圏 영어권 / アメリカ[イギリス]英語 미국[영국] 영어 / 時事英語 시사 영어 / 実用英語 실용 영어 / 受験英語 수험 영어 / 商業英語 상업 영어 / ビジネス英語 비즈니스 영어

えいこう【曳航】예항 ◇曳航する 예항하다
¶タグボートは貨物船を港の外へ曳航した 예인선은 화물선을 항구 밖으로 예항했다.

えいこう【栄光】영광 ◇栄光の 영광스러운
¶優勝の栄光に輝く 우승의 영광에 빛나다 / かつての栄光を取り戻す 옛날의 영광을 되찾다

えいこく【英国】영국 関連 英国国教会[聖公会] 영국 국교회[성공회] / 英国放送協会(BBC) 영국 방송 협회 ⇒イギリス

えいこせいすい【栄枯盛衰】흥망성쇠(興亡盛衰)
¶どの文明にも栄枯盛衰がある 어떤 문명에도 흥망성쇠가 있다.

えいさい【英才】영재 ¶彼女は幼いころからピアノの英才教育を受けている 그녀는 어릴 때부터 피아노 영재 교육을 받고 있다.

えいじ【嬰児】영아, 젖먹이, 갓난아기 関連 嬰児誘拐 영아 유괴 / 嬰児洗礼 영아 세례

えいじしんぶん【英字新聞】영자 신문

えいしゃ【映写】영사 ◇映写する 영사하다 ¶スライドがスクリーンに映写された 슬라이드가 스크린에 영사되었다. 関連 映写機 영사기 / 映写技師 영사 기사 / 映写時間 영사 시간 / 映写室 영사실

えいじゅう【永住】영주 ◇永住する 영주하다
¶彼は日本に永住することに決めた 그는 일본에 영주하기로 결정했다. / 永住の地 영주의 땅
関連 永住権 영주권 / 永住者 영주자

エイズ 에이즈, 후천성 면역 결핍증(後天性免疫欠乏症) ¶彼はエイズウイルスに感染している 그는 에이즈 바이러스에 감염되었다. / 彼はエイズにかかったんじゃないかと不安になっている 그는 에이즈에 걸린 게 아닌가 하고 불안해한다. / 握手したからってエイズには感染しないよ 악수했다고 에이즈에 감염되지는 않아. / エイズワクチンを開発する 에이즈 백신을 개발하다 関連 エイズ患者 에이즈 환자 / エイズ感染者 에이즈 감염자

えいせい【衛生】위생 ◇衛生的だ 위생적이다
¶飲食店では調理場の衛生に気をつけなければならない 음식점에서는 주방 위생에 주의해야 한다. / この食堂はあまり衛生的ではない 이 식당은 별로 위생적이지 않다. / 衛生的なバスルーム 위생적인 욕실 / 非衛生的なトイレ 비위생적인 화장실
関連 衛生兵 위생병 / 公衆衛生 공중위생

えいせい【衛星】위성 ¶火星にはいくつの衛星がありますか 화성에는 위성이 몇 개 있어요? / 月は地球の唯一の衛星だ 달은 지구의 유일한 위성이다. / 人工衛星を打ち上げる 인공위성을 쏘아올리다 / サッカーのワールドカップが衛星中継で生放送されている 축구 월드컵이 위성 중계로 생방송되고 있다. / 彼女は衛星放送で映画を観るのを楽しみにしている 그녀는 위성 방송으로 영화 보는 것을 즐기고 있다. / 彼は衛星放送が受信できるテレビを買った 그는 위성 방송을 수신할 수 있는 텔레비전을 샀다. 関連 衛星国 위성국 / 衛星写真 위성사진 / 衛星都市 위성 도시 / 科学衛星 과학 위성 / 気象衛星 기상 위성 / 軍事衛星 군사 위성 / 資源探査衛星 자원 탐사 위성 / スパイ衛星 스파이 위성[정찰 위성] / 静止衛星 정지 위성 / 地球観測衛星 지구 관측 위성 / 通信衛星 통신 위성 / 放送衛星 방송 위성

えいせいちゅうりつこく【永世中立国】영세 중립국

えいぞう【映像】영상 ¶彼は火山爆発の決定的瞬間を映像にとらえた 그는 화산 폭발의 결정적인 순간을 영상으로 포착했다. / 鮮明な映像 선명한 영상 / ぼやけた映像 흐릿한 영상

えいぞく【永続】영속 ◇永続する 영속하다 ◇永続的だ 영속적이다 ¶永続的な友好関係を築く 영속적인 우호 관계를 맺다

えいだん【英断】영단 ¶英断を下す 영단을 내리다

えいち【英知】예지(叡知) ¶この事業は多くの人々

の英知を結集して完成された 이 사업은 많은 사람들의 예지를 결집해 완성되었다.

**えいてん【栄転】** 영전 ◇栄転する 영전하다
¶彼は課長に栄転した 그는 과장으로 영전했다.

**えいびん【鋭敏】** 예민 ◇鋭敏だ 예민하다 ¶犬は鋭敏な嗅覚を持っている 개는 예민한 후각을 지니고 있다. / 彼女は非常に鋭敏な感受性を持つ子供だ 그녀는 상당히 예민한 감수성을 지닌 아이다.

**えいぶん【英文】** 영문〔英文学〕영문학 ¶英文を訳す宿題をしなければならない 영문을 번역하는 숙제를 해야 한다. / 彼女は大学で英文学を専攻した 그녀는 대학교에서 영문학을 전공했다. / 彼女は英文科の3年生です 그 여자는 영문과 3학년입니다. 関連 英文タイプ 영문 타자 / 英文学史 영문학사 / 英文学者 영문학자

**えいへい【衛兵】** 위병, 경비병

**えいべい【英米】** 영미 関連 英米人 영미인 / 英米文学 영미문학

**えいみん【永眠】** 영면 ◇永眠する 영면하다, 돌아가시다(▶죽다의 美化語) ¶祖母は安らかに永眠した 조모는 편안히 돌아가셨다. / 父はがんのために昨夜11時に永眠しました 아버지는 암으로 어젯밤 열한 시에 돌아가셨습니다. ⇒死ぬ

**えいやく【英訳】** 영역 ◇英訳する 영역하다
¶憲法を英訳する 헌법을 영어로 번역하다

**えいゆう【英雄】** 영웅 ◇英雄的だ 영웅적이다 ◇英雄的に 영웅적으로 ¶国民的英雄 국민적 영웅 / 英雄的行為 영웅적 행위 / 英雄に戦う 영웅적으로 싸우다 慣用句 英雄色を好む 영웅호색(英雄好色)

**えいよ【栄誉】** 영예 ¶入選の栄誉に輝く 입선의 영예에 빛나다 / 受賞の栄誉に浴する 수상의 영예를 얻다 / 芥川賞を受賞できたことはたいへんな栄誉です 아쿠타가와상을 수상했다니 대단히 영광입니다. / 優勝チームの栄誉を称え国歌を演奏した 우승팀의 영예를 예찬해 국가를 연주했다. / 栄誉を轟かせる 영예를 떨치다 関連 国民栄誉賞 국민 영예상

**えいよう【栄養】** 영양 ¶風邪を引いたら栄養を十分取ってよく寝ることです 감기에 걸렸을 때는 충분한 영양을 섭취하고 푹 자야 합니다. / 彼は栄養の取り過ぎだ 그는 영양과다 섭취다. / 栄養が足りないと病気になることがある 영양이 부족하면 병에 걸릴 수 있다. / この料理は栄養満点だ 이 요리는 영양 만점이다. / 栄養の偏らない食事を取るようにしなさい 영양이 편중되지 않는 식사를 하도록 해라. / 何か栄養のあるものを食べよう 뭔가 영양이 있는 걸 먹자. / その国では多くの子どもたちが栄養失調になっている 그 나라에서는 많은 아이들이 영양실조에 걸려 있다. 関連 栄養価 영양가 / 栄養学 영양학 / 栄養士 영양사 / 栄養状態 영양 상태 / 栄養剤 영양제 / 栄養素 영양소 / 栄養不良 영양 불량

**えいり【営利】** 영리 ¶企業とは営利を目的に活動する組織である 기업은 영리를 목적으로 활동하는 조직이다. / 公共の施設で営利事業を行うことはできない 공공시설에서 영리 사업을 해서는 안 된다. 関連 営利機関[法人] 영리 기관[법인] /

**営利事業** 영리 사업 / **営利主義** 영리주의 / **営利誘拐** 영리 유괴, 영리를 목적으로 사람을 유괴하는 것 / **非営利組織(NPO)** 비영리 조직 / **非営利団体** 비영리 단체

**えいり【鋭利】** 예리 ◇鋭利だ 예리하다, 날카롭다 ¶鋭利な凶器 예리한 흉기 / 鋭利な刃物 날카로운 칼

**えいりん【営林】** 영림 関連 営林事業 영림 사업 / 営林署 영림서 / 営林局 영림국

**えいわじてん【英和辞典】** 영일사전(英日辞典)

**ええ** 〔肯定の答え〕예, 네 〔驚きを表す語〕예, 네, 뭐라고요 〔つなぎの語〕저, 어 ¶ええ, そうです 예, 그렇습니다. /「彼女にへんな」「これ, 会いました」"그 사람 만났어?" "네, 만났어요." / ええっ, 本当ですか 네? 정말이요? / 約束の時間は, ええと, 確か2時でしたね 약속 시간은 에, 아마 두시였지요?

**エーエム** 에이엠 関連 AM放送 에이엠 방송 / AM放送局 에이엠 방송국 ⇒エフエム

**エージェンシー** 에이전시, 대리점(代理店) ⇒代理店

**エージェント** 에이전트, 대리인(代理人) ¶その件についてはエージェントに任せてある 그 건에 대해서는 에이전트에 맡겼다. ⇒代理人

**エース** 에이스〔野球で主戦投手〕주전 투수〔テニスでサーブポイント〕서비스 에이스〔トランプの1〕1

**エービーシー** 〔ABC〕에이비시〔初歩〕초보
¶このカードをABC順に並べなさい 이 카드를 에이비시 순으로 늘어 놓으시오. / コンピューターのABCから教える 컴퓨터의 초보부터 가르치다

**エーブイ** 〔オーディオビジュアル〕오디오 비주얼〔アダルトビデオ〕성인〔음란〕비디오 関連 AV機器 오디오 비주얼 기기 / AV女優 성인 비디오에 출연하는 여배우

**エープリルフール** 만우절(萬愚節)

**エール** 응원, 성원 ¶両校の応援団は試合前にエールの交換をした 양 학교의 응원단은 시합 전에 응원을 교환했다.

**えがお【笑顔】** 웃는 얼굴 ¶彼女の笑顔が好きだ 그녀의 웃는 얼굴을 좋아한다. / 彼らは笑顔でお客を迎えた 그들은 미소 지은 얼굴로 손님을 맞았다. / 彼女は悲しみをこらえて無理に笑顔を作った 그녀는 슬픔을 참고 억지로 웃음을 지었다. / 笑顔であいさつする 웃는 얼굴로 인사하다

**えかき【絵描き】** 그림쟁이, 화가(画家)

**えがく【描く】** 그리다 ❶〔図・絵・形を描く〕¶彼は山の風景を描いている 그녀는 산 풍경을 그리고 있다. / その絵はぶらんこ遊びをする子供を描いている 그 그림은 그네 놀이를 하는 아이들을 그리고 있다. / 彼はその少女を数枚のスケッチに描いた 그는 그 소녀를 몇 장 스케치했다. / 紙飛行機が円を描く 종이 비행기가 원을 그리다

❷〔描写する, 表現する〕¶映画の中で少年たちは生き生きと描かれている 영화 속에서 소년들은 생생하게 그려져 있다. / 彼はその短編の中で庶民の日常生活を描いている 그는 그 단편 속에서 서민의 일상생활을 그리고 있다. / その作家の小説は

えがたい

가난한 농민의 생활을 그리고 있다. / 主人公の心理的葛藤を描いた小説 주인공의 심리적 갈등을 그린 소설

❸[思い描く] ¶彼は田舎の生活を心に描いた 그는 시골 생활을 마음에 그렸다. / 夢に描く 꿈에 그리다

**えがたい**【得難い】〔非常に貴重な〕매우 귀중한 ¶彼女はボランティアとして得難い経験をした 그녀는 자원 봉사자로서 매우 귀중한 경험을 했다.

## **えき**【駅】역

基本表現

▷「最寄りの駅はどこですか」「池袋駅です」
 "가장 가까운 역은 어디예요?" "이케부쿠로역이에요."

▷すみません、駅へはどう行ったらいいでしょうか
 저, 죄송한데요. 역은 어떻게 가면 돼요?

▷地下鉄の駅は100メートルぐらい先です
 지하철 역은 100미터 정도 앞이에요.

▷「渋谷駅はここからいくつ目ですか」「4つ目です」
 "시부야역은 여기서 몇 번째예요?" "네 번째예요."

▷彼らは次の駅で降りた
 그들은 다음 역에서 내렸다.

▷駅まで彼女を迎えに[見送りに]行った
 역까지 그녀를 마중[배웅]하러 나갔다.

▷駅の近く[駅前]のホテルに泊まっています
 역 가까이[역 앞] 호텔에 묵고 있어요.

¶東京駅から四谷駅までは中央線に乗り、そこで地下鉄に乗り換えてください 도쿄역에서 요쓰야역까지는 주오선을 타고, 거기서 지하철로 갈아타세요. / 駅からタクシーに乗った 역에서 택시를 탔다. / 駅に着いたら電話してください 역에 도착하면 전화 주세요. / 新宿駅の東口で待ち合わせよう 신주쿠역 동쪽 출구에서 만나자. / 駅まで車で送ります 역까지 차로 배웅하겠습니다. / 駅の売店で新聞を買った 역 매점에서 신문을 샀다.

関連 駅員 역무원, 역원 / 駅長 역장 / 駅ビル 빌딩 / 駅弁 역에서 파는 도시락 / 始発駅 시발역 / 終着駅 종착역 / 乗り換え駅 갈아타는 역 / 改札口 개찰구, 개표소 / 精算所 정산소

**えき**【液】액, 액체 ▷液状の薬 물약

**えき**【益】〔効用〕도움 ¶そんなことをして何の益があるのか 그런 걸 해서 무슨 도움이 돼? / 何の益もないか 아무 도움도 안 돼.

**えきか**【液化】액화 ◇液化する 액화하다
 関連 液化石油ガス(LPG) 액화 석유 가스 / 液化天然ガス(LNG) 액화 천연가스

**エキサイト** エキサイトする 흥분하다 ¶手に汗をにぎる熱戦に観衆はエキサイトした 손에 땀을 쥐게 하는 열전에 관중은 흥분했다.

**エキジビジョン** 엑시비션〔展示, 公開〕전시, 공개〔展示会〕전시회, 전람회 関連 エキジビジョンゲーム 공개 경기, 모범 경기

**えきしゃ**【易者】〔占い師〕점쟁이

**えきしょう**【液晶】액정 関連 液晶画面 액정 화면 / 液晶テレビ 액정 텔레비전 / 液晶ディスプレー(LCD) 액정 디스플레이

**えきじょうか**【液状化】액상화 ◇液状化する 액상화되다 ¶地震で地盤が液状化した 지진으로 지반이 액상화되었다. 関連 液状化現象 액상화 현상

**エキス** 엑기스, 진액 ¶彼女は朝鮮人参のエキス入りドリンク剤を愛飲している 그녀는 인삼 엑기스가 들어간 드링크를 즐겨 마신다.

**エキストラ** 엑스트라, 단역 배우 ¶彼は映画のエキストラをしている 그는 영화 엑스트라를 하고 있다.

**エキスパート** 전문가(專門家) ¶彼女は金融のエキスパートとして活躍している 그녀는 금융 전문가로 활약하고 있다.

**エキスパンダー** 엑스팬더

**エキスポ** 엑스포〔万博〕만국 박람회 ¶2005年のエキスポは愛知県で開催された 2005년 만국 박람회는 아이치현에서 개최되었다.

**エキセントリック** ◇エキセントリックだ 별나다, 색다르다 ¶彼のエキセントリックな行動はまわりの人たちを困惑させた 그의 별난 행동은 주위 사람들을 당혹하게 만들었다.

**エキゾチック** ◇エキゾチック ◇エキゾチックだ 이국적, 이국적이다 ¶彼女はエキゾチックな顔立ちをしている 그녀는 이국적인 얼굴이다.

**えきたい**【液体】액체 ▷水と油はどちらも液体だ 물과 기름은 둘 다 액체다. 関連 液体金属 액체 금속 / 液体酸素 액체 산소 / 液体窒素 액체 질소 / 液体燃料 액체 연료

**えきでん**【駅伝】역전 경주, 역전 마라톤 ¶わが校は箱根駅伝の往路でトップだったが、復路では3位だった 우리 학교는 도쿄 하코네 왕복 역전 경주에서 왕로는 일등이었는데, 귀로는 3위였다.

**えきびょう**【疫病】돌림병〔伝染病〕전염병 ¶疫病がアフリカ各地で蔓延している 돌림병이 아프리카 각지에 만연하고 있다.

**えきり**【疫痢】역리, 이질

**エグゼクティブ**〔企業の重役〕경영 간부, 중역 ¶社長を含む何人かのエグゼクティブが会議室に集まっていた 사장을 포함한 몇 명의 중역이 회의실에 모여 있었다.

**えくぼ**【笑窪】보조개 ¶彼女は笑うとえくぼができる 그녀는 웃으면 보조개가 생긴다. / えくぼのある愛らしい顔 보조개가 있는 귀여운 얼굴

**えぐる**〔くりぬく〕도려내다, 파내다〔核心を突く〕찌르다 ◇えぐられる〔心が痛む〕에이다, 찔리다 ¶りんごの皮をむいてしんをナイフでえぐった 사과 껍질을 벗기고 가운데 부분을 나이프로 도려냈다. / 問題の核心をえぐる 문제의 핵심을 찌르다

¶妻の急死に胸をえぐられる思いだった 아내의 갑작스런 죽음에 가슴을 도려내는 심정이었다. / 難民キャンプを訪れて胸をえぐられるような経験をした 난민 캠프를 방문해 가슴을 도려내는 경험을 했다.

**エクレア** 에클레어

**えげつない** 더럽다, 추잡하다 ¶彼はえげつないやり方でお年寄りから金をせしめた 그는 더러운 방법으로 노인한테서 돈을 빼앗다.

**エゴ**〔利己主義〕이기주의 ¶彼女はエゴのかたまりの

ような人間だ 그녀는 정말 이기주의적인 인간이다. 関連 エゴイスト 에고이스트, 이기주의자 / エゴイズム 에고이즘, 이기주의

**エコー** 에코 [こだま] 메아리 [残響] 잔향 ¶エコーをきかせる 에코를 넣다

**エコシステム** [生態系] 생태계

**エコノミークラス** 이코노미클래스 [旅客機・客船などの一般席] 일반석, 보통석(普通席) 関連 エコノミークラス症候群 이코노미클래스 증후군, 일반석 증후군

**えこひいき** ◇えこひいきする 두둔하다, 편애하다 ¶父は弟ばかりえこひいきしている 아버지는 동생만 편애한다. / 佐藤先生が学生をえこひいきしないので人気がある 사토 선생님은 학생을 편애하지 않기 때문에 인기가 있다.

**エコロジー** 에콜로지 [生態学] 생태학 [環境保全] 환경 보호

**えさ**【餌】[魚釣りの] 미끼 [飼料] 먹이 [鶏・鳥などの] 모이 ¶釣り針にえさをつける 바늘에 미끼를 꿰다 / 犬にえさをやる 개한테 먹이를 주다 / この動物のえさは何ですか 이 동물 먹이는 뭐에요? / 鶏にえさをやる 닭에게 모이를 주다 / 新装オープンしたスーパーは景品をえさに大勢の客を集めた 그 신장개업한 슈퍼는 경품을 미끼로 많은 손님을 모았다. / 金をえさにして彼らをおびきよせる 돈을 미끼로 그들을 꾀어내다

**えじき**【餌食】[獲物] 먹이, 밥 [犠牲] 희생물 ¶鶏が熊のえじきになって殺されることがたまにある 닭이 곰 먹이가 돼 죽는 경우가 가끔 있다. / 一人暮らしの老人たちは悪徳商法のえじきになりやすい 혼자 사는 노인들은 악덕 상술의 희생물이 되기 쉽다.

**えしゃく**【会釈】 목례, 가벼운 인사 [おじぎ] 절 [あいさつ] 인사 ◇えしゃくする 절하다 ; 인사하다, 목례하다 ¶会釈を交わす 목례를 나누다, 가볍게 고개를 숙여 인사를 나누다 / 彼女は彼に軽く会釈した 그녀는 그에게 가볍게 고개를 숙였다. / 受付係は会釈して私を応接室に案内した 접수원은 목례를 하고 나를 응접실로 안내했다.

**エスエフ**[SF] 에스에프, 공상 과학 소설(空想科学小説) 関連 SF映画 에스에프 영화 / SF作家 에스에프 작가 / SF小説 에스에프 소설

**エスエル**[SL] 증기 기관차(蒸気機関車) ¶観光シーズンにはこの線にSLが走る 관광 시즌에는 이 철로로 증기 기관차가 달린다.

**エスオーエス**[SOS] 에스오에스 ¶彼は救助を求めて無線でSOSを発した 그는 구조를 요청하기 위해 무선으로 에스오에스를 보냈다.

**エスカレーター** 에스컬레이터 ¶上り[下り]のエスカレーター 올라가는[내려가는] 에스컬레이터 / エスカレーターに乗って最上階まで行った 에스컬레이터를 타고 맨 꼭대기층까지 갔다. / 付属中学に入るとエスカレーター式に中学から大学まで行ける 부속 중학교에 들어가면 자동적으로 중학교에서 대학교까지 갈 수 있다.

**エスカレート** 에스컬레이트 ◇エスカレートする 에스컬레이트하다 ¶両チームのサポーター同士のけんかがエスカレートして暴動になった 양 팀의 응원단끼리의 싸움이 커져서 마침내 폭동으로 이어졌다.

**エスキモー** 에스키모 関連 エスキモー犬 에스키모 개

**エスサイズ** スモル[작은] サイズ ¶母の服はSサイズです 어머니 옷은 스몰 사이즈에요. ⇒エムサイズ, エルサイズ

**エスニック** 에스닉 ◇エスニックな [民族的な] 민족적인 関連 エスニック料理 민족 요리

**エスプリ** エスプリ [機知] 기지, 재치 ¶エスプリのきいたスピーチ 재치가 넘치는 스피치

**エスペラント** 에스페란토

**えせ**【似非】사이비(似而非) ¶えせ学者 사이비 학자 / えせ詩人 사이비 시인 / えせ文化人 사이비 문화인 ⇒にせ

**えそらごと**【絵空事】거짓, 몽상, 허황한 일 ¶彼の話は絵空事にすぎない 그의 얘기는 몽상에 지나지 않는다.

**えだ**【枝】가지 [大枝] 큰 가지 [小枝] 잔가지 ¶枝を払う [刈り込む] 가지를 치다 / 猿は枝から枝へと飛び移った 원숭이는 가지에서 가지로 뛰며 옮겨 다녔다. / わが家の庭には枝振りのよい松の木がある 우리 집 정원에는 가지 모양새가 좋은 소나무가 있다. / 木の枝 나뭇가지

**えたい**【得体】정체(正体) ¶得体の知れない男が家の外をうろついている 정체를 알 수 없는 남자가 집 밖에 서성대고 있다.

**えだは**【枝葉】지엽 [枝と葉] 가지와 잎 [些細な事柄] 사소한 일, 하찮은 일 ¶枝葉の茂ったかえでの大木 가지와 잎이 무성한 큰 단풍나무 / 彼女は枝葉にこだわりすぎて肝心の話が進まない 그녀는 사소한 일에 지나치게 신경을 써서 중요한 이야기가 진행되지 않는다. / 枝葉の問題 지엽적인 [부차적인] 문제

**エチケット** 에티켓, 예절, 예의범절 ¶彼の無礼な態度はエチケットに反するものだ 그의 무례한 태도는 에티켓에 어긋나는 것이다. / エチケットを守りなさいと母はうるさく言う 에티켓을 지키라고 어머니는 귀찮을 정도로 말한다. / エチケットを知らない人間 에티켓을 모르는 인간 ⇒礼儀

**エチュード**【音楽】에튀드, 연습곡

**エチルアルコール** 에틸알코올

**えつ**【悦】 ¶彼はいい写真が撮れたと独り悦に入っていた 그는 좋은 사진을 찍었다며 혼자 만족해했다.

**えっ** 어, 앗, 뭐 ¶えっ, まさか 뭐, 설마? / えっ, 何も知らないって 뭐 아무것도 모른다고?

**えっきょう**【越境】월경 ◇越境する 월경하다

**エックスせん**【X線】엑스선, 뢴트겐, 엑스레이 関連 X線写真 엑스선 사진 ⇒レントゲン

**えづけ**【餌付け】¶彼は野鳥の餌付けに成功した 그는 야생 조류를 길들이는 데 성공했다.

**えっけん**【越権】월권 ¶人の私生活にまで立ち入るのは越権行為だ 남의 사생활에까지 간섭하는 것은 월권 행위이다.

**エッセイスト** 에세이스트, 수필가(随筆家)

**エッセー** 에세이, 수필(随筆) ¶韓国での生活についての彼女のエッセーを読みましたか 한국 생활에 대한 그녀의 에세이를 읽었어요?

**エッセンス** 에센스 [本質] 본질, 정수, 진수 ¶バニラ[レモン]エッセンス 바닐라[레몬] 에센스

**エッチ** ◇エッチだ [卑猥] 야하다, 저저분하다, 음란하다, 음탕하다 ¶エッチな冗談ばかり言っているので彼女は男性に嫌われる 야한 농담만 하기 때문에 여자들은 그를 싫어한다. ¶彼はエッチだ 그는 음탕하다.

**エッチング** 에칭, 부식 동판(腐蝕銅版)

**えっとう** [越冬] 월동 ◇越冬する 월동하다, 겨울을 나다 ¶南極で越冬する 남극에서 겨울을 보낸다. 関連 越冬隊 월동대

**えつねん** [越年] 월년 ◇越年する 월년하다, 해를 넘기다 ¶ボーナス交渉は越年することになった 보너스 교섭은 해를 넘기게 되었다. 関連 越年資金 월년 자금 / 越年性植物 월년성 식물

**えつらん** [閲覧] 열람 ◇閲覧する 열람하다 ¶図書館で資料を閲覧するには許可が必要だ 도서관에서 자료를 열람하려면 허가가 필요하다. 関連 閲覧室 열람실 / 閲覧者 열람자

**えて** [得手] 장기, 특기 ¶だれにでも得手不得手はあるものだ 누구에게나 잘 하고 못 하는 게 있는 법이다.

**えてかって** [得手勝手] [自分勝手に] 제멋대로 ¶彼の得手勝手な振る舞いには困ったよ 그가 제멋대로 행동해서 정말 곤란했다.

**えてして** [得てして] 자칫, 자칫하면 ¶都会の人は得てして田舎での生活を賛美しがちだ 도회지 사람은 자칫 시골 생활을 예찬하기 쉽다.

**えと** [干支] 간지 ¶今年の干支は申(さる)だ 올해의 띠는 원숭이다. ¶干支を尋ねてその人の年齢を当てることができるよ 띠를 물어 그 사람 연령을 맞힐 수 있어. 関連 子(ね) 자 [쥐] / 丑(うし) 축 [소] / 寅(とら) 인 [범, 호랑이] / 卯(う) 묘 [토끼] / 辰(たつ) 진 [용] / 巳(み) 사 [뱀] / 午(うま) 오 [말] / 未(ひつじ) 미 [양] / 申(さる) 신 [원숭이] / 酉(とり) 유 [닭] / 戌(いぬ) 술 [개] / 亥(い) 해 [돼지]

**えど** [江戸] 에도 : 도쿄의 옛 이름 関連 江戸時代 에도 시대 / 江戸っ子 에도[도쿄] 토박이 / 江戸幕府 에도 막부

**えとく** [会得] 터득 ◇会得する 터득하다 ¶伝統工芸の技術を会得する 전통 공예 기술을 터득하다

**エナメル** 에나멜 ¶このタイルはエナメル塗装です 이 타일은 에나멜 도장입니다. 関連 エナメル靴 에나멜 구두 / エナメル質 [歯の] 에나멜질, 법랑질

**エヌジー** [NG] 엔지 [失敗] 실패 ¶NGが出る 엔지가 나오다 / NGを出す 엔지를 내다 / 監督はその女優がNGを連発するので怒鳴った 감독은 그 여배우가 엔지를 계속 냈기 때문에 호통을 쳤다.

**エネルギー** 에너지 [力] 힘 ¶万一に備えてエネルギーと食糧を備蓄するべきだ 만일의 사태에 대비해 에너지와 식량을 비축해야 한다. ¶エネルギー危機はいっそう深刻になった 에너지 위기는 한층 더 심각해졌다. ¶長旅で疲れ果ててもう歩くエネルギーがなかった 오랜 여행으로 녹초가 돼 더는 걸을 힘이 없었다. 関連 エネルギー資源 에너지 자원 / エネルギー問題 에너지 문제 / クリーンエネルギー 클린 에너지 / 代替エネルギー源 대체 에너지원 / 太陽エネルギー 태양 에너지 / 風力エネルギー 풍력 에너지

**エネルギッシュ** ◇エネルギッシュだ 정력적이다 ¶彼女はいつ見てもエネルギッシュで若々しい 그녀는 언제 봐도 정력적이고 생기가 넘친다.

**えのきだけ** [榎茸] 팽이버섯

**えのぐ** [絵の具] 그림물감 [油絵用の] 유화 그림물감 [水彩用の] 수채화 그림물감 関連 絵の具箱 그림물감 상자 / 絵の具のチューブ 그림물감 튜브 / 絵の具で絵を描く 그림물감으로 그림을 그리다

**えはがき** [絵葉書] 그림엽서 (▶発音은 그림넙써)

**えび** [海老] 새우 [車えび] 참새우 [小えび] 작은 새우 [いせえび] 왕새우 ¶彼女はえびの天ぷらが大好物です 그녀는 새우 튀김을 정말 좋아해요. 慣用句 海老で鯛を釣る 횡재하다 | 적은 밑천으로 큰 이익을 보다

**エピソード** 에피소드 [挿話] 삽화 [逸話] 일화 ¶別離のエピソードがその映画の中で最も悲しい部分だ 이별하는 에피소드가 그 영화 중에 가장 슬픈 부분이었다. ¶日韓条約交渉にまつわる興味深いエピソードはたくさんある 일한 조약 교섭에 관련된 흥미깊은 에피소드가 많다.

**えびちゃ** [海老茶] 거무스름한 적갈색 ¶えび茶色のコート 적갈색 코트

**エフエム** [FM放送] 에프엠 방송 [FM放送局] 에프엠 방송국 ¶仕事をしながらFM放送をよく聴いている 일을 하면서 에프엠 방송을 자주 듣고 있다. ¶このラジオはAMとFMの両方が聴けるこのラジオ 이 라디오는 에이엠과 에프엠 양쪽을 다 들을 수 있다. ⇨エーエム

**エプロン** 에이프런, 앞치마, 행주치마 ¶台所仕事をする時はエプロンを掛けなさい 부엌 일을 할 때는 앞치마를 하도록 해. ¶母は朝から晩までエプロンを掛けて働く 어머니가 아침부터 저녁까지 앞치마를 하고 일한다.

**エフワン** [F1] 에프원, 포뮬러 원 ¶最近F1レースの観戦が、若者の間で人気が高まっている 요즘 에프 원 레이스 관전이 젊은 사람들 사이에 인기가 높아지고 있다.

**エベレスト** 에베레스트산

**えほん** [絵本] 그림책

**えみ** [笑み] 미소 ¶彼女は満面に笑みを浮かべていた 그녀는 만면에[얼굴 가득히] 미소를 띠고 있었다. ¶笑みを浮かべて客と応対する 미소를 지으며 손님과 응대하다

**エムサイズ** 미디엄[중간] 사이즈 ¶彼は最近太ったのでMサイズのシャツが合わなくなった 그는 요즘 살쪄서 미디엄 사이즈의 셔츠가 안 맞게 되었다. ⇨エスサイズ

**エメラルド** 에메랄드 ¶エメラルドの指輪 에메랄드 반지 / エメラルドグリーン 에메랄드그린

**えもいわれぬ** [得も言われぬ] ¶若葉の季節の田園風景は得も言われぬ美しさだった 새잎이 돋은 계절의 전원 풍경은 형용할 수 없을 정도로 아름다웠다.

**えもじ** [絵文字] 그림 문자

**えもの** [獲物] [狩猟の] 사냥감 [捕獲物] 잡은

것 ¶しかけた罠に獲物がかかった 설치한 올가미에 사냥감이 걸렸다.
**えら**【鰓】아가미 ¶魚はえらで呼吸する 물고기는 아가미로 호흡한다. / 彼はえらの張った顔をしている 그는 아관이 벌어진 얼굴이다.
**エラー** 에러, 실책 ¶エラーをおかす 에러를 범하다 / 3塁手のエラーで試合に負けた 3루수의 에러로 시합에 졌다. 関連 エラーメッセージ 《IT》 에러 메시지 ⇒失策, 失敗, ミス

**えらい**【偉い】 훌륭하다, 대단하다 [地位などが高い] 높다 [はなはだしい, ひどい] 엄청나다, 크다 [偉そうにする] 뽐내다, 젠체하다, 잘난 체하다[척하다] ¶多くの経済学者たちがその会議に参加した 많은 훌륭한 경제 학자들이 그 회의에 참석했다. / 会社で偉い人と話す機会はあまりない 회사에서 높은 사람과 이야기할 기회는 별로 없다.
¶リベートを絶対に受け取らないなんて彼は偉い人だ 리베이트를 절대로 받지 않는다니 그는 훌륭한 사람이다. / 彼は自分を偉いと思っている 그는 자신을 훌륭한 사람이라고 생각하고 있다. / 早く偉くなりたいと思うかい 빨리 빨리 출세하고 싶어? / 偉そうにするな 뽐내지 마라. / あの人はいつも偉そうにしている 그 사람은 언제나 잘난 척한다. / 偉そうな態度 건방진 태도 / えらい人出だ 엄청난 인파다. / えらいことになった 큰일 났다.
会話 偉いね
A: 彼, 夕べ徹夜で仕事を仕上げたそうよ
B: 偉いわね
A: 그 사람, 어젯밤 새워서 일을 모두 마쳤대.
B: 대단하네.
A: ぼく, これ全部一人でやったんだよ
B: 偉いぞ
A: 나, 이거 전부 다 혼자서 했어.
B: 착하네.
**えらびだす**【選び出す】골라내다, 뽑아내다
¶この映画の最適の役者を選び出すのは非常に難しかった 이 영화에 최적의 배우를 골라내는 것은 매우 어려웠다. ⇒選ぶ

**えらぶ**【選ぶ】고르다, 뽑다, (선)택하다, 가리다 ¶彼女へのプレゼントを選んだ 그녀에게 보낼 선물을 골랐다. / 私は青いのを選び妻は赤いのにした 나는 푸른 것을 택하고 아내는 붉은 것을 택했다. / 君ならどれを選ぶ 너라면 어떤 것을 선택할 거야? / 娘は店で服を1着選ぶのに何時間もかかる 우리 딸은 가게에서 옷을 한 벌 고르는 데 몇 시간이나 걸린다. / 親は子供によいおもちゃを選んでやりたがる 부모는 아이에게 좋은 장난감을 골라 주고 싶어한다. / 結婚相手を選ぶときには慎重に 결혼 상대를 선택할 때는 신중하게. / 次の5つの選択肢の中から正しいものを1つ選びなさい 다음의 다섯 가지 선택지 중에서 올바른 것을 하나 고르시오. / デザートにはアイスクリームかケーキのどちらかが選べます 디저트로 아이스크림이나 케이크 중 하나를 선택할 수 있습니다. / 彼はきっと学長に選ばれるだろう 그는 반드시 학장으로 뽑힐 것이다. / 私だったら都会の生活よりも田舎の生活を選ぶだろう 나라면 도시 생활보다 시골 생활을 선택할 것이다. / 彼はチームのメンバーを選んだ 그는 팀 멤버를 골랐다.
会話 どれを選んだらいいか
A: どれでも好きなのを選んでいいよ
B: あまりありすぎてどれを選んだらいいかわからないよ. 代わりに選んでよ
A: 뭐든지 마음대로 골라도 괜찮아.
B: 너무 많아서 뭘 골라야 좋을지 모르겠어. 대신 골라 줘.
¶大統領候補を選ぶ 대통령 후보를 선출하다 / 代表に選ばれる 대표로 뽑히다[선출되다] / 死を選ぶ 죽음을 택하다 / 目的のためには手段を選ばない 목적의 달성을 위해서는 수단을 가리지 않다

**えり**【襟】옷깃 ¶彼女は北風の中をコートの襟を立てて歩いた 그녀는 북풍 속에서 코트의 옷깃을 세우고 걸었다. / 襟を正す 옷깃을 여미다 / 襟垢のついたシャツ 옷깃에 때가 묻은 셔츠 慣用句 政治家は襟を正して国民の声に耳を傾けるべきだ 정치가는「옷깃을 여며[정신을 바짝 차려] 국민의 소리에 귀를 기울여야 한다.
**えりあし**【襟足】목덜미
**エリート** 엘리트 ¶彼はエリートコースに乗ってとんとん拍子に出世した 그는 엘리트 코스를 타 순풍에 돛 단 듯이 출세했다. 関連 エリート意識 엘리트 의식 / エリート官僚 엘리트 관료 / エリート社員 엘리트 사원
**えりくび**【襟首】목덜미
**えりごのみ**【選り好み】¶夫は食べ物の選り好みが激しいので料理を作るのに苦労する 남편은 음식을 심하게 가려서 먹기 때문에 요리를 만드는 데 고생한다. / 仕事の選り好みをしないで, 言われたことは何でもしなさい 일을 가리지 않고 하라는 일은 뭐든지 해라.
**えりすぐる**【選りすぐる】뽑아내다, 엄선하다 ¶オリンピックに出場できるのは選りすぐられた選手たちだ 올림픽에 출전할 수 있는 사람은 엄선된 선수들이다. ⇒選り抜き
**えりぬき**【選り抜き】◇選り抜きの 골라 뽑은, 선발된 ¶このチームは選り抜きの選手たちで編成された 이 팀은 골라 뽑은 선수들로 편성되었다.
**えりまき**【襟巻き】목도리 [マフラー] 머플러 ¶外はとても寒かったので襟巻きをして出かけた 밖은 매우 추웠기 때문에 목도리를 하고 나갔다.
**えりもと**【襟元】목[옷깃] 언저리 ¶襟元が少し寒い 목 언저리가 조금 춥다.
**えりわける**【選り分ける】골라내다, 선별하다 [分離する] 가르다 ¶洗濯物は色物と白地の物を選り分けなさい 빨랫거리는 색 있는 옷과 흰 옷을 선별해라.

**える**【得る】❶ [手に入れる] 얻다 ¶だれに聞いても同じ答えを得るだろう 누구에게 물어도 같은 대답을 얻을 것이다. / 彼女は父親の許可を得た 그녀는 아버지의 허가를 받았다. / 我々は多くの本から知識を得ている 우리는 많은 책에서 지식을 얻는다. / その映画は大衆の賞賛を得た 그 영화는 대중의 칭찬을 받았다. / 市長は市民の支持[信任]を得た 시장은 시민의 지지를[신임을] 얻었다. / 彼は農場から大きな収入を得ている

**エルサイズ**

그는 농장에서 큰 수입을 얻고 있다. / この経験から一つの教訓を得ることができる 이 경험에서 하나의 교훈을 얻을 수 있다. / この失敗から得るところが大きい 이 실패에서 얻는 것이 크다. / その作家はノーベル賞を受賞して世界的な名声を得た 그 작가는 노벨상을 수상물 세계적인 명성을 얻었다. / 彼は株投資で大きな利潤を得ている 그는 주식 투자로 큰 이윤을 얻고 있다. / 得るところが大きい 얻는 바가 크다. / 少しも得るところがない 조금도 얻는 바가 없다.

❷ […できる] -ㄹ[-을] 수 있다 ¶彼ならそれを成し得るだろう 그 사람이라면 그것을 해낼 수 있을 것이다. / そんなことはあり得ない 그런 일은 있을 수 없다.

**エルサイズ** 라지[큰] 사이즈 ⇨エスサイズ, エムサイズ

**エレガント** ◇エレガントだ 우아하다(優雅—), 엘리건트하다 ¶若いエレガントな女性 젊은 우아한 여성 / エレガントな装い 우아한 차림

**エレキギター** 일렉 기타, 일렉트릭 기타, 전기 기타 ⇨ギター

**エレクトロニクス** [電子工学] 일렉트로닉스, 전자 공학

**エレベーター** 엘리베이터, 승강기 ¶彼は地階でエレベーターに乗って3階に降りた 그는 지하층에서 엘리베이터를 타서 3층에서 내렸다. / エレベーターに乗って5階まで昇る 엘리베이터를 타고 5층까지 올라간다.
¶下りのエレベーター 내려가는 엘리베이터 / 上りのエレベーター 올라가는 엘리베이터 関連 エレベーターガール 엘리베이터걸

**エロ** 에로, 음란(淫乱) 関連 エロビデオ 음란[에로] 비디오 / エロ本 음란 도서 / エロ小説 에로 소설 ⇨ポルノ

**エロス** [ギリシャ神話の愛の神] 에로스 [性愛] 성적인 사랑

**エロチシズム** 에로티시즘 ¶濃厚なエロチシズムにあふれた彼の小説は世間の評価が高い 농후한 에로티시즘이 넘치는 그의 소설은 사회에서의 평가가 높다.

**エロチック** 에로틱 ¶その映画にはエロチックなシーンがたくさんあった 그 영화에는 에로틱한 장면이 많이 있었다.

**えん** 【縁】❶ [めぐり合わせ] 연, 인연 ¶縁があったらまたお会いしましょう 인연이 있으면 또 만납시다. / 私たちがソウルで出会ったのは不思議な縁だった 우리가 서울에서 만난 것은 기이한 인연이었다. / どうぞこれをご縁によろしく 아무쪼록 이것을 인연으로 잘 부탁해요. / 彼らはテニスが縁で知り合った 그들은 테니스가 인연으로 알게 되었다. / ここで会ったのも何かの縁だ 여기서 만난 것도 뭔가 인연이다.

❷ [関係] 연, 인연, 관계 ¶スニとは縁もゆかりもない 순회와는 아무 관계도 없다. / あんないい加減な人とは早く縁を切りたい 저런 무책임한 사람과는 빨리 인연을 끊고 싶다. / 私は金には縁がない 나는 돈에는 인연이 없다. / おまえとは親子の縁を切る 너하고는 부모 자식의 인연을 끊는다. 慣用句 縁は異なもの味なもの 남녀간의 인연은 어떻게 맺어질지 모르는 묘하고도 재미있는 것이다. / 金の切れ目が縁の切れ目 돈으로 맺어진 관계는 돈이 떨어지면 끊어진다. / 袖振り合うも多生の縁 옷깃만 스쳐도 인연이다.

**えん** 【円】❶ [円形] 원 [直径(半径)8センチの円を描きなさい 직경[반경] 8센티의 원을 그리시오. / 子供たちは先生の周りに円になって座った 아이들은 선생님 주위에 원을 지어, 둥글게 모여 앉았다. / 鳥が円を描いて飛んでいた 새가 원을 그리며 날고 있었다.

❷ [日本の通貨] 엔, 엔화(円貨) ¶この靴は1万8千円で買った 이 구두는 만 8천 엔에 샀다. / この自動販売機は500円玉[1万円札]が使えない 이 자동 판매기는 「500엔짜리 동전[만 엔 지폐]를 사용할 수 없다. / 1ドルは日本円でいくらですか 1달러는 일본엔으로 얼마예요? / 円がウォンに対して急騰[急落]した 엔이 원에 대해 급등[급락]했다. / 円はまだ強くなるだろう 엔은 더욱 강세를 보일 것이다. / 現在の円相場は1ドル110円である 현재 엔 시세는 1달러 110엔이다. 関連 円グラフ 원그래프 / 円周 원주 / 円周率 원주율 / 同心円 동심원 / 半円 반원 / 楕円 타원 ⇨円高, 円安

**えんえい** 【遠泳】원영 ¶きのう遠泳をやった 어제 장거리 수영을 했다.

**えんえき** 【演繹】연역 ◇演繹する 연역하다 関連 演繹法 연역법

**えんえん** 【延々】장장 ¶会議は延々3時間も続いた 회의는 장장 세 시간이나 계속되었다.

**えんか** 【塩化】염화 関連 塩化ナトリウム 염화 나트륨 / 塩化ビニール 염화 비닐 / 塩化物 염화물

**えんか** 【演歌】엔카, 트로트, 《俗》 뽕짝 ¶彼はカラオケで演歌を歌うのが趣味だ 그는 노래방에서 엔카를 부르는 것이 취미다. 関連 演歌歌手 엔카 가수

**えんかい** 【宴会】연회, 잔치 [パーティー] 파티 ¶恩師の還暦を祝して宴会を開いた 은사의 환갑을 축하하여 연회를 베풀었다. 関連 宴会場 연회장

**えんかい** 【沿海】연해 関連 沿海漁業 연해 어업 / 沿海都市 연해 도시

**えんかく** 【遠隔】원격 ¶彼は遠隔地からはるばるやって来た 그는 멀리 떨어진 곳에서 왔다. 関連 遠隔探査[操作] 원격 탐사[조작]

**えんかつ** 【円滑】원활 ◇円滑だ 원활하다 ◇円滑に 원활하게, 원활히 ¶彼の発言が円滑な議事の進行を妨げた 그의 발언이 원활한 의사 진행을 방해했다. / 日韓首脳会談は非常に円滑に進んだ 한일 정상 회담은 아주 원활하게 진행되었다. / 円滑な人間関係 원활한 인간 관계

**えんがわ** 【縁側】툇마루

**えんがん** 【沿岸】연안 ¶この地域では沿岸漁業が盛んだ 이 지역에서는 연안 어업이 번성한다. 関連 沿岸警備隊 연안 경비대 / 沿岸線 해안선 / 沿岸貿易 연안 무역

**えんき** 【延期】연기 ◇延期する 연기하다 ¶悪天候のため出発を翌日まで延期した 악천후 때문에 출발을 다음날까지 연기했다. / 締め切りが1週間延期された 마감이 1주일 연기되었다. / 2, 3日旅行に行くのを延期したほうが

**えんぎ【演技】**演기 ¶彼女の下手な演技のせいで芝居はだいなしになった 그녀의 서투른 연기 때문에 연극은 엉망이 되었다. / 彼の鉄棒の演技は満点だった その 철봉 연기는 만점이었다. / 立派な演技 뛰어난 연기 / 我々の招待に対する彼女の拒絶は単に演技にすぎなかった 우리의 초대를 그녀가 거절한 것은 단지 연기에 지나지 않았다. 関連 演技者 연기자 / 演技力 연기력 ⇒演じる

**えんぎ【縁起】**조짐, 재수 ¶日本では鯛は縁起のよい魚とされている 일본에서는 도미는 길한[운기가 좋은] 생선으로 인식되어 있다. / 縁起でもないこと言うな 재수 없는 소리 마라. / 13は縁起の悪い数だ 13은 조짐이 나쁜 숫자다. 慣用句 うちのおばあさんはいつも縁起を担いでばかりいる 우리 할머니는 언제나 길흉을 따지고만 있다. / そんなこと言わないでくれ, 縁起でもないよ 그런 말 하지 마, 재수 없어. 関連 縁起物 길조를 비는 물건

**えんきょく【婉曲】**완곡 ◇婉曲な 완곡한 ◇婉曲に 완곡히 ¶彼女は彼からの結婚の申し出を婉曲に断った 그녀는 그 사람의 청혼을 완곡하게 거절했다. /「逝去する」は「死ぬ」の婉曲表現である '서거하다'는 '죽다'의 완곡 표현이다.

**えんきょり【遠距離】**원거리 ¶彼は静岡から東京まで遠距離通勤している 그는 시즈오카에서 도쿄까지 원거리 통근을 하고 있다. 関連 遠距離列車 원거리 열차 / 遠距離恋愛 원거리 연애 ⇒長距離

**えんきん【遠近】**원근 ¶片目に眼帯をしているので遠近感がつかみにくい 한쪽 눈에 안대를 하고 있어서 원근감을 잡기 어렵다. / 父は遠近両用めがねをかけている 아버지는 원 양용 안경을 쓰고 있다. 関連 遠近法 원근법

**えんぐみ【縁組み】**〔結婚〕결혼, 혼인 ¶田中さんご夫妻の仲人で両家の縁組みが整った 다나카 씨 부부의 중매로 양가의 혼인이 성립되었다.

**えんぐん【援軍】**원군, 원병 ¶5万の援軍を送る 5만의 원군을 보낸다.

**えんけい【円形】**원형 ¶彼は現在円形脱毛症の治療を受けている 그는 현재 원형 탈모증 치료를 받고 있다. 関連 円形劇場 원형 극장 ⇒円

**えんけい【遠景】**원경 ¶富士山を遠景に入れて記念撮影をした 후지 산을 원경에 넣어 기념 촬영을 했다. / 晴れた日にはここから房総半島の遠景が望める 맑은 날에는 여기서 보소 반도의 원경을 바라볼 수 있다.

**えんげい【園芸】**원예 〔園芸学〕원예학 関連 園芸家 원예가 /〔庭師〕정원사, 원정

**えんげい【演芸】**연예 ¶祭りの最中に演芸大会が開かれた 축제 도중에 「연예 대회가 [장기 자랑이] 열렸다. / 演芸番組 연예 [오락] 프로그램 関連 演芸場 연예장

**エンゲージリング**〔婚約指輪〕약혼 반지

**えんげき【演劇】**연극 ¶彼女は大学で演劇を研究している 그녀는 대학에서 연극을 연구하고 있다. / 韓国の演劇にとても興味がある 한국 연극에 매우 관심이 있다. 関連 演劇部 연극부 ⇒劇, 芝居

**エンゲル(けい)すう【エンゲル係数】**엥겔 계수 ¶わが家のエンゲル係数は高い 우리 집의 엥겔 계수는 높다.

**えんこ【縁故】**연고, 연줄 ¶彼はこの会社に縁故採用された 그 사람은 이 회사에 연줄로 채용되었다. / 何の縁故もない 아무 연고도 없다. / 縁故者 연고자 ⇒コネ

**えんご【援護・掩護】**원호 ; 엄호 ◇援護する〔助力する〕원호하다 〔援護射撃する〕엄호하다 ¶苦学生を援護する目的でこの協会は設立された 고학생을 원호하는 목적으로 이 협회는 설립되었다. / 突撃するから援護してくれ 돌격할 테니까 엄호해 줘. 関連 援護事業 원호 사업 / 援護射撃 엄호 사격

**えんこん【怨恨】**원한 ¶警察は犯行が怨恨によるものだと発表した 경찰은 범행이 원한에 의한 것이라고 발표했다. ⇒恨み

**えんざい【冤罪】**원죄, 억울한 죄, 무고한 죄 ; 누명 ¶冤罪が晴れて彼は釈放された 누명을 벗고 그는 석방되었다. ⇒ぬれぎぬ, 無実

**えんさん【塩酸】**염산

**えんし【遠視】**원시(↔근시)

**えんじ【園児】**〔幼稚園・保育園などの〕원아

**えんじ【臙脂】**연지빛

**エンジニア**엔지니어, 기사, 기술자 ⇒技師

**エンジニアリング**엔지니어링, 공학(工学)

**えんじゃ【縁者】**친척, 일가 ⇒親戚

**えんしゅう【円周】**원주, 원둘레 ¶このたるの円周は1メートルある 이 나무통의 원주는 1미터나 된다. 関連 円周率 원주율

**えんしゅう【演習】**연습 〔軍の機動演習〕훈련, 기동 훈련 〔大学のセミナー〕세미나 〔実習〕실습 ¶兵士たちは丘の上で演習中だ 병사들은 언덕 위에서 훈련중이다. / 英作文の演習をやらなければならない 영작문의 연습을 해야 한다.

**えんじゅく【円熟】**원숙 ◇円熟する 원숙하다 ¶円熟した 원숙한 ¶彼女の演奏は円熟味に欠ける 그녀의 연주는 원숙미가 부족하다. / 円熟した彼の演技は観衆を魅了した 원숙한 그의 연기는 관중을 매료시켰다.

**えんしゅつ【演出】**연출 ◇演出する 연출하다 ¶彼女は小さな劇場で芝居を演出する機会を得た 그녀는 작은 극장에서 연극을 연출할 기회를 얻었다. / 彼のピアノ演奏はロマンチックな雰囲気を演出した 그의 피아노 연주는 로맨틱한 분위기를 연출했다. / 凝った演出 정교한 연출 関連 演出家 연출가 / 演出効果 연출 효과

# えんじょ 【援助】도움, 원조 〔支援〕지원 ◇援助する 원조하다, 도와주다 ¶彼は我々に有形無形の(→物心両面の)援助を与えてくれた 그는 우리에게 물심양면으로 도움을 주었다. / 彼らは国連に援助を要請した 그들은 유엔에 원조를 요청했다. / 津波の被災国に世界の多くの国から援助の手が差し伸べられた 해일[쓰나

えんしょう

미] 피해국에 세계 수많은 나라에서 지원의 손길을 뻗어 왔다.
¶彼は必ず援助すると私に約束してくれた 그는 반드시 도와주겠다고 나에게 약속해 주었다. / 彼女は私を金銭的に援助してくれた 그 여자는 나를 금전적으로 원조해 주었다.
¶援助を求める[要請する] 원조를 구하다[요청하다] / 援助を受ける 원조를 받다
[関連] 援助交際 원조교제 / 援助組織 원조 조직 / 援助要員 원조 요원 / 経済援助 경제 원조 / 技術援助 기술 원조 / 軍事援助 군사 원조 / 財政援助 재정 원조 / 食糧援助 식량 원조 / 政府開発援助(ODA) 정부 개발 원조 / 対外援助 대외 원조 / 緊急援助隊 긴급 원조대

えんしょう【延焼】 연소 【延焼する】 연소하다, 연소되다, 불길이 번지다 ¶強風にあおられて火が瞬く間に隣り近所に延焼した 강풍에 휘날려 불은 순식간에 근처에 연소했다.

えんしょう【炎症】 염증 (▶発音은 염증) ¶彼はひざに炎症を起こしている 그는 무릎에 염증을 일으키고 있다. / 風邪で喉に炎症が起きた 감기로 목구멍에 염증이 생겼다.

えんじる【演じる】 연기하다, 역을 맡다 【失敗などを犯す】 범하다, 부리다 ¶彼はその映画の中で繊細で思いやりのある男を演じている 그는 그 영화 속에서 섬세하고 배려 있는 남자 역할을 하고 있다. / 彼女は春香の役を演じた 그녀는 춘향 역을 맡았다. / オペラを演じる 오페라를 하다 / 失敗を演じる 실책을 저지르다 / 醜態を演じる 추태를 부리다

えんしん【遠心】 [関連] 遠心分離機 원심 분리기 / 遠心力 원심력(↔구심력)

えんじん【円陣】 원진【円陣を組む】 둥글게 진을 치다, 둥글게 모이다 ¶彼らは作戦を練るために円陣を組んだ 그들은 작전을 짜기 위해서 원형으로 진을 쳤다.

エンジン 엔진 ¶エンジンをかける 시동[엔진]을 걸다 / エンジンをふかす 엔진을 켜다[밟다] / エンジンを止める 엔진을 끄다[멈추다] / 急な下り坂を下るときエンジンブレーキを使って車のスピードを押さえた 가파른 내리막길을 내려 갈 때 엔진 브레이크를 밟으며 자동차 스피드를 낮췄다.

えんすい【円錐】 원추, 원뿔 ¶円錐形の建物 원추형 건물

エンスト 엔진 고장 ¶このポンコツ車はしょっちゅうエンストを起こす 이 고물차는 자주 엔진 고장을 일으킨다.

えんせい【厭世】 염세 ◇厭世的な 염세적이다 ¶そんなに厭世的になるなよ 그렇게 염세적으로 생각하지 마. [関連] 厭世家 염세가 / 厭世主義 염세주의 ⇨悲観

えんせい【遠征】 원정 ◇遠征する 원정하다 ¶サッカーの全日本代表チームは先週ヨーロッパ遠征に行った 축구의 일본 국가 대표 팀은 지난주 유럽 원정에 나섰다. [関連] 遠征試合 원정 시합 / 遠征隊 원정대 / 遠征軍 원정군

えんぜつ【演説】 연설 ◇演説する 연설하다 ¶大統領の演説がテレビで流れた 대통령의 연설이 텔레비전에서 방송되었다. / 彼は演説がうまい[下手だ] 그는 연설을 잘한다[연설이 서투르다]. / 演説の草稿を作った 연설 초고를 만들었다.
¶彼は最近の国際情勢について演説した 그는 최근의 국제 정세에 대해서 연설했다.
[関連] 演説会 연설회 / 演説会場 연설 회장 / 演説調 연설조 / アジ演説 선동 연설 / 街頭演説 가두 연설 / 基調演説 기조 연설 / 就任演説 취임 연설 / 所信表明演説 소신 표명 연설 / 選挙演説 선거 연설 / 追悼演説 추도 연설, 추도사 / テレビ演説 텔레비전 연설

えんせん【沿線】 연선 ¶10年前に中央線沿線の高円寺に住んでいた 10년 전에 주오선 연선에 있는 고엔지에 살고 있었다. / 沿線住民は騒音に悩まされている 선로 옆에 사는 주민들은 소음에 시달리고 있다. / 鉄道沿線 철도 연선

えんそ【塩素】 염소 [関連] 塩素酸 염소산 / 塩素ガス 염소가스

えんそう【演奏】 연주 ◇演奏する 연주하다
¶演奏は6時30分に始まります 연주는 여섯 시 30분에 시작해요. / 彼の演奏に感動した 그의 연주에 감동했다. / 今夜東京文化会館にチョン・ミョンファのチェロ演奏を聴きに行く 오늘 밤 도쿄 문화 회관에 정명화의 첼로 연주회를 들으러 간다. / アンコールに答えて彼女はショパンのソナタをピアノで演奏を行った 그녀는 쇼팽의 소나타를 피아노로 연주했다. / ピアノを演奏する 피아노를 연주하다 / 国歌を演奏する 국가를 연주하다 [関連] 演奏会 연주회【独奏会】 독주회 / 演奏者 연주자

えんそく【遠足】 소풍(逍風) ¶きのう日帰りで鎌倉に遠足に行った 어제 당일치기로 가마쿠라에 소풍을 갔다. / 遠足にはのり巻きを作って持っていこう 소풍에는 김밥을 싸 가지고 가자.

えんだい【遠大】 원대하다 ¶彼らはここに一大テーマパークを建設するという遠大な計画に取り組んでいる 그들은 여기에 일대 테마파크를 건설한다는 원대한 계획에 몰두하고 있다.

えんだか【円高】 엔고, 엔화 강세 ¶円高である 엔고이다 / 円高ドル安である 엔고 달러 하락이다 / 円高が進んできょうの為替相場では1ドル106円です 엔고가 진행되어 오늘의 환시세에서는 1달러 106엔이에요. / 円高差益を還元する 엔고 차익을 환원하다 / 政府は円高対策をまとめた 정부는 엔고 대책을 세웠다. ⇨円安

えんだん【演壇】 연단 ¶彼は演説するために演壇に登った 그는 연설을 하기 위해서 연단에 올랐다.

えんだん【縁談】 혼담 ¶適齢期なので彼女には縁談が多い 적령기라서 그녀에게는 혼담이 많다. / 娘の縁談がまとまった[壊れた] 딸의 혼담이 성사되었다[깨어졌다]. / 彼女は縁談をいくつも断った 그녀는 혼담을 몇 개나 거절했다.

えんちゃく【延着】 연착 ◇延着する 연착하다
¶大雪のため列車が2時間延着した 폭설 때문에 열차가 두 시간 연착됐다. / 遅れる, 遅れる

えんちゅう【円柱】 원주, 두리기둥 【円筒】 원기둥

えんちょう【延長】 연장 ◇延長する 연장하다 ¶滞在ビザの延長申請は拒否された 체재 비자의 연장 신청은 거부당했

다. / 多額の金が幹線道路の延長に使われた 고액의 돈이 간선 도로의 연장에 사용되었다.

¶彼らは支払い期間を1年間延長してくれた 그들은 지불 기간을 1년간 연장해 주었다. / 私たちは滞在を1週間延長した우리는 체재를 1주일 연장했다. / 東北新幹線を青森まで延長する 도호쿠 신칸센을 아오모리까지 연장한다. / 新聞の購読を延長した 신문 구독을 연장했다.

¶試合はついに延長戦に入った 시합은 결국 연장전에 들어갔다. 関連 延長コード 연장 코드 ・延長国会 연장 국회 ⇒延ばす

**えんちょう【園長】** 원장 関連 動物園長 동물원 원장 / 幼稚園長 유치원 원장

**えんてん【炎天】** 염천 ¶こんな炎天下で遊ぶと熱射病にかかるよ 이런 땡볕에[이렇게 더운 날씨에] 밖에서 놀면 열사병에 걸려.

**えんとう【円筒】** 원통 ¶円筒形のパイプ 원통형 파이프

**えんどう【沿道】** 연도 [路傍] 길가 ¶優勝パレード見物の人で沿道は大混雑だった 우승 퍼레이드를 구경하는 사람들로 길가는 대혼잡이었다. / 沿道にはいろんな花が植えられている 길가에는 여러 가지 꽃이 심어져 있다.

**えんどう【豌豆】** 완두 ¶えんどう豆 완두콩

**えんとつ【煙突】** 굴뚝 ¶煙突から真っ黒な煙が出る 굴뚝에서 시꺼먼 연기가 난다. / 煙突から煙がもうもうと出ている 굴뚝에서 연기가 자욱이 나온다.

**エンドラン** 《野球》 히트 앤드 런

**エントリー** 엔트리, 참가 등록(参加登録) ◇エントリーする 엔트리하다 ¶その競技には20人のエントリーしかなかった 그 경기에는 스무 명밖에 참가하지 않았다. ⇒登録

**えんにち【縁日】** 제삿날 ¶あすは浅草寺の縁日だ 내일은 센소사의 제삿날이다.

**えんのう【延納】** 연납 ¶授業料を延納する 수업료를 연납하다

**えんのした【縁の下】** 마루 밑 慣用句 この事業には大勢の縁の下の力持ちがいたことを忘れてはいけない 이 사업에는 많은 숨은 공로자가 있었던 것을 잊어서는 안 된다.

**えんばん【円盤】** 원반 ¶円盤投げ 원반던지기 / 円盤投げの選手 원반던지기 선수 関連 空飛ぶ円盤 유에프오(<UFO), 미확인 비행 물체, 비행 접시

**えんぴつ【鉛筆】** 연필 ¶鉛筆で書く 연필로 쓰다 / 鉛筆を削る 연필을 깎다 / 鉛筆のしん 연필심 / 鉛筆の硬さ 연필심 강도 / この鉛筆は硬い[軟らかい] 이 연필심은 딱딱하다[부드럽다]. 数え方 鉛筆1本 연필 한 자루 / 鉛筆1ダース 연필 한 다스 関連 鉛筆入れ 필통 / 鉛筆削り 연필 깎이 / 赤鉛筆 빨간 연필 / 色鉛筆 색연필(▶発音は생연필)

**えんびふく【燕尾服】** 연미복

**えんぶきょく【円舞曲】** 원무곡, 왈츠 ⇒ワルツ

**えんぶん【塩分】** 염분 ¶医者に塩分を控えるように言われた 의사가 염분을 자제하라고 했다. / 塩分控え目のしょうゆ 염분이 적은 간장 / 塩分の多い食べ物 염분이 많은 음식 ⇒塩

**えんぽう【遠方】** 먼 곳 ¶遠方までよくおいでくださいました 먼 곳까지 잘 오셨습니다. ⇒遠い

**えんま【閻魔】** 염마 関連 閻魔大王 염마대왕, 염라대왕 / 閻魔帳 염마장

**えんまん【円満】** ◇円満だ 원만하다 ◇円満に 원만히 ¶性格が円満だ 성격이 원만하다. / 夫婦仲が円満だ 부부 사이가 원만하다. / 彼は円満な人だ 그는 원만한 사람이다. / その問題は円満な方法で解決された 그 문제는 원만한 방법으로 해결되었다. / 彼らは円満な家庭を築くために日々努めている 그들은 원만한 가정을 만들기 위해서 하루하루 노력하고 있다. 円満に解決する[解決される] 원만히 해결하다[해결되다]

**えんめい【延命】** 연명 ¶その手術でどれだけの延命効果があるかわからない 그 수술로 얼마나 연명 효과가 있을지 모른다. / 政府は延命策を講じている 정부는 연명 대책을 강구하고 있다. / 延命治療 연명 치료

**えんやす【円安】** 엔화 약세(円貨弱勢), 엔저(円低) ¶円安ドル高が続いている 엔 약세 달러 강세가 계속되고 있다.

**えんゆうかい【園遊会】** 원유회, 가든파티 ¶園遊会を催す 원유회를 개최하다

**えんようぎょぎょう【遠洋漁業】** 원양어업

**えんりょ【遠慮】** ❶ [気兼ね, 控え目] 조심성 ◇遠慮する 사양하다 [慎み深い] 조심스럽다 [ためらう] 거리끼다 ¶あの男はまったく遠慮がない 그 남자는 전혀 사양하지 않는다. / 彼女は遠慮深い 그녀는 조심성이 많다. / 彼女と兄嫁は遠慮し合っている 그녀와 형수는 서로 조심스레 대한다.

¶彼は遠慮なく上司を批判する 그는 거리낌없이 상사를 비판한다. / 遠慮なく意見を言ってください 기탄없이 의견을 말해 주세요. / どうぞ遠慮なく召し上がってください 어서 사양 마시고 드세요. / 「この机を使っていいですか」「どうぞご遠慮なく」 "이 책상을 사용해도 돼요?" "마음대로 쓰세요." / 遠慮なくそうさせていただきます 사양하지 않고 그렇게 하겠습니다. / 遠慮なくいただきます 사양치 않고 받겠습니다. / 彼とはなんでも遠慮なく話せる仲だ 그와는 뭐든지 거리낌없이 이야기할 수 있는 사이다. / 遠慮のない間柄 스스럼없는 사이

¶彼は遠慮がちに私に話しかけた 그는 조심스럽게 나에게 말을 건넸다. / 遠慮がちに頼む 조심스럽게 부탁하다.

❷ [差し控えること] ◇遠慮する 삼가다 ¶喪中につき年賀状は遠慮いたします 상중이므로 연하장은 사양하겠습니다. / 機内でのおたばこはご遠慮ください 기내에서 담배는 삼가 주시기 바랍니다. / ここでの喫煙はご遠慮ください 여기서의 흡연은 삼가 주시기 바랍니다. / 彼と二人だけで話がしたいのでちょっと遠慮してもらえますか 그 사람하고 둘이서 이야기를 하고 싶으니까 조금 물러나 주시겠어요? / 招待は遠慮したい 초대는 사양하고 싶다. 慣用句 彼は遠慮会釈なく友人を批判した 그는 거리낌없이 친구를 비판했다.

**えんろ【遠路】** 원로, 먼 길 ¶遠路おいでいただきありがとうございます 먼 길을 와 주셔서 감사합니다. / 먼 길을 오시느라고 수고하셨습니다.

# お

**お【尾】** 꼬리 ¶犬は主人の姿を見ると喜んで尾を振った 개는 주인을 보자 반갑게 꼬리를 흔들었다. / 長い尾を引いたジェット機が空高く飛んでいた 긴 꼬리를 드리운 제트기가 하늘 높이 나르고 있었다. 慣用句 彼は失恋の痛手が尾を引いて元気がない 그는 실연의 충격으로 아직도 기운이 없다.

**お【御】** ❶ 〔お…いたす: 謙譲〕-아[-어] 드리다 ¶お見せいたしましょうか 보여 드릴까요? ❷ 〔お…いただく: 尊敬〕-아[-어] 주시다 ¶先生にお教えいただいたことは生涯忘れません 선생님께서 가르쳐 주신 것은 평생 잊지 않겠습니다. ❸ 〔お…くださる: 尊敬〕-(으)시-, -아[-어] 주시다 ¶こちらへお座りください 여기 앉으세요. / お教えくださいませんか 가르쳐 주시겠어요? ❹ 〔お…する: 謙譲〕-아[-어] 드리다 ¶お荷物をお持ちしましょう 짐을 들어 드리겠습니다. ❺ 〔お…になる: 尊敬〕-(으)시- ¶この本お読みになりましたか 이 책 읽으셨어요?

**オアシス** 오아시스 ¶ビルの谷間の公園はいわば都会のオアシスと言える 빌딩 사이의 공원은 이를테면 도시의 오아시스라고 할 수 있다.

**おあずけ【お預け】** 〔保留〕보류, 유보 ¶資金不足のために新会社設立は一時お預けとなった 자금 부족으로 인하여 신회사 설립은 잠시 보류되었다. / ピアノの稽古が終わるまでおやつはお預けよ 피아노 연습이 끝날 때까지 간식은 안돼.

**おい** 어이, 이봐, 이바, 야 ¶おい、ちょっと待ってくれ 어이, 좀 기다려. / おい、ちょっと見てみろ 어이, 좀 봐 봐. / おい君、何をしているんだ 어이 너 뭘 하고 있어?

**おい【甥】** 조카, 생질(↔조카딸, 질녀)

**おい【老い】** 늙음〔老人〕 늙은이, 노인 ¶老いを忘れる 늙음을 잊다 / パーティーでは老いも若きも楽しいひとときを過ごした 파티에서는 늙은이 젊은이할 것 없이 모두가 즐거운 한때를 보냈다.

**おいあげる【追い上げる】** 뒤쫓다, 몰아치다, 따라붙다 ¶2位のランナーが急激に追い上げて来て1位のランナーを一気に追い抜いた 2위 주자가 빠르게 뒤쫓아 와서 1위 주자를 단숨에 앞질렀다. / 韓国が日本を1点差で追い上げた 한국이 일본을 1점 차까지 따라붙었다.

**おいうち【追い打ち・追い撃ち】** 추격, 더욱 다그침 ◇追い打ちをかける 몰아붙이다, 덮치다 ¶両親の事故死の後、さらに追い撃ちをかけるように不幸が彼を襲った 부모님의 사고사 후 또다시 불행이 그에게 들이닥쳤다.

**おいえげい【お家芸】** 장기, 재주 ¶前回のオリンピックで日本はお家芸の柔道でたくさんのメダルを獲得した 저번 올림픽에서 일본은 전통과 실력이 있는 유도에서 많은 메달을 획득했다.

**おいおい【追い追い】** 〔次第に〕 차차, 점차 ¶彼女の健康は追い追い回復している 그녀의 건강은 점차 회복되고 있다. / そのことは追い追いお話しします 그 일은 차차 이야기하겠습니다.

**おいおとす【追い落とす】** 몰아내다 ¶彼は同僚たちを追い落として社長の地位にまで上り詰めた 그는 동료들을 몰아내고 사장 자리까지 올라갔다.

**おいかえす【追い返す】** 되돌려 보내다, 쫓아 보내다 ¶セールスマンを追い返した 외판원을 쫓아 보냈다.

**おいかける【追い掛ける】** 쫓다, 뒤쫓다 ¶すりを追いかけたが捕まえられなかった 소매치기를 뒤쫓았으나 잡지 못했다. / 彼は金鉱を発見するという夢を追いかけて人生を棒に振った 그는 금광을 발견하겠다는 꿈을 쫓아 인생을 헛되이 보냈다. / 先月は仕事に追われて遊ぶ暇もなかった 지난달은 일에 쫓겨 놀 시간도 없었다. / 若者はとかく新しい流行を追いかけるものだ 젊은 사람은 으레 유행을 뒤쫓는다.

**おいかぜ【追い風】** 순풍 ¶私たちのヨットは追い風を受けて進んだ 우리 요트는 순풍을 타고 앞으로 나아갔다.

**おいこし【追い越し】** 추월 ¶ここは追い越し禁止区域だから 추월 금지 구역이다. 関連 追い越し禁止(▶表示) 추월 금지 / 追い越し車線 추월 차선

**おいこす【追い越す】** 앞지르다 〔車などが〕추월하다 ¶トラックが私の車を追い越していった 트럭이 내 차를 추월했다. / 出世競争でライバルに追い越されショックを受けた 출세 경쟁에서 라이벌에게 추월당해 쇼크를 받았다.

**おいこみ【追い込み】** 〔ラストスパート〕라스트 스퍼트〔最後の段階〕막판 ¶彼はゴール間際で最後の追い込みをかけ他のランナーを追い抜いた 그는 골인 직전에 라스트 스퍼트로 다른 주자를 추월했다. / 選挙運動は追い込みに入りいっそう白熱化してきた 선거 운동은 막판에 들어서 더욱 뜨거워졌다.

**おいこむ【追い込む】** 몰아넣다 ¶羊を囲いに追い込む 양을 울타리에 몰아넣다

**おいさき【老い先】** 여생(余生) ¶彼女は老い先短い母親にいまだに心配を掛けている 그녀는 여생이 얼마 남지 않은 어머니에게 아직껏 걱정을 끼치고 있다.

**おいさらばえる【老いさらばえる】** 늙어서 쇠약해지다, 늙어빠지다 ¶あんなに頑丈だった彼もすっかり老いさらばえてしまった 그렇게 건장했던 그 사람도 완전히 늙어서 쇠약해졌다.

**おいしい【美味しい】** 맛있다 ¶このビビンパはとてもおいしい 이 비빔밥은 아주 맛있다. / 母はいつもおいしい料理を作ってくれる 어머니는 항상 맛있는 요리를 만들어 주신다. / あのレストランの料理はおいしい 그 레스토랑의 요리는 맛있다. / 具合が悪いときは何を食べてもおいしくない 몸이 좋지

않을 때는 무엇을 먹어도 맛이 없다. / 君のお弁当はおいしそうだね 네 도시락은 맛있게 보이네. / うわー, おいしそうなカルビだ 우와, 맛있어 보이는 갈비다.
¶おいしそうに食べる 맛있게 먹다 / おいしそうな料理 맛있게 보이는 요리 / おいしい食べ物 맛있는 음식 / おいしい話 귀가 솔깃한 이야기
会話 とてもおいしいです
A：そのコーヒーどうですか
B：とてもおいしいです
A：もう少しいかが
B：結構です. とてもおいしくいただきました
A：그 커피는 어떻습니까?
B：아주 맛있습니다.
A：조금 더 드실래요?
B：괜찮습니다. 너무 맛있게 잘 마셨습니다.

**おいしげる【生い茂る】** 우거지다, 무성해지다 ¶雑草の生い茂った畑 잡초가 우거진 밭 / その家の周りには木が生い茂っていた 그 집 주변에는 나무가 무성했다.

**おいすがる【追いすがる】** 뒤쫓아 매달리다 ¶その女優は追いすがるレポーターを振り切った 그 여배우는 매달리는 리포터를 뿌리쳤다.

**おいそれと** 쉽게 ¶そんな大仕事はおいそれとは引き受けられない 그러한 큰일은 쉽게 맡을 수 없다.

**おいだす【追い出す】** 〔立ち退かせる〕 내쫓다, 쫓아내다, 몰아내다 ¶部屋に入ってきたはちを追い出した 방에 들어온 벌을 내쫓았다. / 家賃滞納でアパートを追い出された 집세 체납으로 아파트에서 쫓겨났다. / 親不孝者を家から追い出した 불효 자식을 집에서 쫓아냈다.

**おいたち【生い立ち】** 성장 과정 ¶彼女の不幸な生い立ちはみんなの同情を集めた 그녀의 불행한 성장 과정은 모두의 동정을 샀다. / 彼は自分の生い立ちを私に語ってくれた 그는 자신의 성장 과정을 나에게 말해 주었다.

**おいたてる【追い立てる】** 내몰다, 내쫓다 〔仕事などに追い立てられる〕 내쫓기다 ¶牧草地に牛を追い立てる 풀밭으로 소를 내몰다 / 雑用に追い立てられてまともに仕事ができなかった 잡무에 쫓겨서 제대로 일을 할 수 없었다.

**おいつく【追い付く】** 따라가다, 따라잡다 〔同じ水準に〕 미치다, 도달하다 ¶彼は先に出発した友達にすぐ追い付いた 그는 먼저 출발한 친구를 곧 따라잡았다. / 生産が需要に追い付かない 생산이 수요에 미치지 못한다. / 日本は欧米諸国に追い付き追い越せでがんばってきた 일본은 구미 각국을 따라잡는 것을 목표로 노력해 왔다.

**おいつめる【追い詰める】** 몰아넣다 ◇追い詰められる 몰리다 ¶犯人を袋小路に追い詰める 범인을 막다른 골목으로 몰아넣다 / 彼は職を失い, 追い詰められて盗みを働いた 그는 직장을 잃고 막다른 처지에 몰려 도둑질을 하였다.

**おいて【於て】** 〔場所〕 에서 〔場合〕 …에 있어서 ¶次回の総会は東京において開催されることになった 다음 총회는 도쿄에서 개최하게 됐다. / 歴史において重要な時代 역사에 있어서 중요한 시대 / その点において 그 점에 있어서

**おいて【措いて】** 이외에, 빼고 ¶何をおいてもやり遂げなければならない 무슨 일이 있어도 해내야 한다. / この仕事ができるのは彼をおいてほかにはいない 이 일을 할 수 있는 사람은 그를 빼고는 없다.

**おいで【お出で】** ¶いつそちらへおいでになりますか(→行く) 언제 그쪽으로 가십니까? / おいではいつがご都合よろしいですか(→来る) 언제 오실 수 있습니까? / 鈴木さんはおいでですか(→いますか) 스즈키 씨는 계십니까?
¶彼はその子においでおいでをした 그는 그 아이에게 이리온 하며 손짓을 했다.

**おいてきぼり【置いてきぼり】** ¶みんな先に行ってしまって彼だけ置いてきぼりを食った 모두가 먼저 가 버려서 그 사람만 혼자 남겨졌다.

**おいぬく【追い抜く】** 앞지르다, 앞서다 ¶マラソンで韓国の選手が日本の選手を追い抜いて優勝した 마라톤에서 한국 선수가 일본 선수를 앞질러 우승했다. ⇒追い越す

**おいはらう【追い払う】** 쫓아 버리다, 내쫓다 〔取り除く〕 없애다 ¶彼は庭に入ってきたのら犬を追い払った 그는 정원에 들어온 들개를 쫓아냈다. / しつこいセールスマンを追い払う 집요한 외판원을 내쫓다 ⇒追い出す

**おいぼれ【老いぼれ】** 늙다리, 늙은이

**おいぼれる【老いぼれる】** 늙어 버리다, 노쇠하다 ¶彼はすっかり老いぼれてしまった 그는 완전히 늙어 버리고 말았다.

**おいまわす【追い回す】** 쫓아다니다 ◇追い回される 쫓기다 ¶女の子の尻ばかり追い回すのはやめなさい 여자 뒤꽁무니만 따라다니는 짓 좀 그만해. / 年中仕事に追い回されている 일년 내내 일에 쫓기고 있다.

**おいめ【負い目】** 부담, 열등감 〔借り〕 빚 ¶彼には助けてもらったという負い目がある 그에게는 도움을 받았다는 빚이 있다.

**おいもとめる【追い求める】** 추구하다 ¶理想を追い求めるということは若い時にはよくあることだ 이상을 추구하는 것은 젊은 시절에는 흔히 있는 일이다. ⇒追及

**おいやる【追い遣る】** 몰아넣다 ¶周囲の無関心が彼を死に追いやった 주위의 무관심이 그를 죽음으로 몰아넣었다.

**オイル** 오일, 기름 ¶この自転車はオイルを差せばもっとよく走るよ 이 자전거는 기름을 치면 더 잘 달릴 거야. / エンジンオイルを交換する 엔진 오일을 교환하다 関連 オイルショック 오일 쇼크, 유류[석유] 파동 / オイルダラー 오일 달러 / オイルフェンス 오일펜스 / サラダオイル 샐러드유, 식용유

**おいる【老いる】** 늙다 ¶往年の人気俳優も今は老いた 왕년의 인기 배우도 이제는 늙었다. / 美しく老いるのはなかなか難しいものだ 아름답게 늙는다는 것은 그리 쉽지 않다. / 老いた両親 늙은 부모 / 老いた馬 늙은 말 慣用句 老いては子に従え 늙어서는 자식을 따르라. / 彼は老いてますます盛んだ 그는 늙을수록 한층 원기 왕성하다.

**おう【王】** 왕 〔君主〕 임금 ¶ライオンは百獣の王と呼ばれている 사자는 백수의 왕이라고 불린

다. / 彼は2年連続でホームラン王のタイトルを獲得した 그는 2년 연속으로 홈런왕을 차지했다. / 朝鮮王朝最後の王 조선 왕조 최후의 왕 관련 王宮 왕궁 / 三冠王 삼관왕 / 石油王 석유왕 / 発明王 발명왕

### おう【追う】
❶ 〔追いかける〕쫓다 〔したがう〕따르다 〔追い求める〕추구하다 ¶女の子は姉の後を追ってどこへでもついて行った 여자 아이는 언니 뒤를 쫓아 어디든지 따라갔다. / 警察は逃走中の犯人を追っていた 경찰은 도망중인 범인을 쫓고 있었다. / 彼らは上空の飛行機の行方を目で追っていた 그들은 상공의 비행기의 행방을 눈으로 쫓고 있었다. / 彼女はいつも服の流行を追っている 그녀는 언제나 옷의 유행을 따르고 있다. / 理想ばかりを追っても何も得られない 이상만 추구하면 아무것도 얻을 수 없다. / 若いうちは夢を追いなさい 젊을 때는 꿈을 쫓아라.
¶追って行く 쫓아가다 / 追って来る 쫓아오다 / 警察に追われている犯人 경찰에 쫓기고 있는 범인
❷ 〔追い払う〕내쫓다 ¶私は手ではえを追った 나는 손으로 파리를 내쫓았다.
❸ 〔せかされる〕쫓기다, 몰리다 ¶彼はいつも時間に追われている 그는 항상 시간에 쫓기고 있다. / 仕事に追われて休む暇もない 일에 쫓겨서 쉴 틈도 없다. / 彼女は子育てに追われている 그녀는 육아에 쫓기고 있다.
❹ 〔追い出される〕쫓기다, 추방되다 ¶彼は社長の地位を追われた 그는 사장 자리에서 쫓겨났다. / 彼女は国を追われてアメリカに亡命した 그녀는 나라에서 추방당해 미국으로 망명했다.
❺ 〔家畜などを進ませる〕몰다 ¶牛を牛舎(うしゃ)まで追ったが逃げられた 외양간까지 몰았다 놓쳤다.

### おう【負う】
❶ 〔背負う〕업다, 짊어지다 ¶赤ん坊を負う 아기를 업다
❷ 〔責任などを引き受ける〕지다 ¶だれがその損失の責任を負うのですか 누가 그 손실의 책임을 질 겁니까? / 彼女はその事で責めを負うべきだ 그녀는 그 일에 책임져야 한다. / 親は子供たちに教育を受けさせる義務を負っている 부모는 자식에게 교육을 받게 할 의무를 지니고 있다. / そんなにたくさんの借金を負ってどうするつもりだろう 그렇게 많은 빚을 지고 그는 어떻게 할 생각인지.
¶手に負えない事態 어찌할 수 없는 사태
❸ 〔傷などを〕입다 ¶彼女は交通事故で重傷を負った 그녀는 교통사고로 중상을 입었다. / 彼は肩に軽い傷を負った 그는 어깨에 가벼운 상처를 입었다. / 彼は火事でひどいやけどを負った 그는 화재로 심한 화상을 입었다. / 彼が負った心の傷は決していえることはないだろう 그가 입은 마음의 상처는 결코 낫지 않을 것이다.
❹ 〔恩恵を受ける〕힘을 입다 ¶チームの優勝は彼の活躍に負うところが大きい 팀 우승에는 그의 활약이 컸다. 慣用句 負うた子に教えられて浅瀬を渡る 업은 아이의 가르침으로 여울을 건넌다. / 때에 따라서는 자기보다 못한 사람에게 배우는 수도 있다.

### おうい【王位】
왕위 ¶王位に就く 왕위에 오르다 / 王位を継ぐ 왕위를 계승하다 관련 王位継承権 왕위 계승권

### おうえん【応援】
응원〔声援〕성원〔支持〕지지〔助け〕도움, 지원 ◇応援する 응원하다〔声援する〕성원하다〔支持する〕지지하다 참고 韓国では運動会で「フレー, フレー, 白組〔青組〕!」というとき, 백군〔청군〕이겨라 ! などという. また,「がんばれ !, ファイト !」の意味では파이팅〔화이팅〕! も用いる.
¶ジナのテニスの応援に行こうよ 지나의 테니스 경기를 응원하러 가자. / わが校のチームの応援に駆けつけた 우리 학교 팀을 응원하러 달려갔다. / 決勝戦はどっちを応援するの 결승전은 어느 팀을 응원하니? / 彼は野球場で声を限りにロッテを応援した 그는 야구장에서 목청껏 롯데를 응원했다. / 母校のチームの劣勢に応援も湿りがちだ 모교 팀의 열세로 응원에도 힘이 없다.
¶私たちは地元候補を応援した 우리들은 고향 후보를 지지했다. / 最後まであなたを応援します 마지막까지 당신을 응원하겠습니다. / 当社は社員たちのボランティア活動を応援しています 당사는 사원들의 자원 봉사 활동을 지원하고 있습니다.
¶彼は忙しかったので彼女に応援を求めた 그는 바빠서 그녀에게 도움을 부탁했다. 관련 応援演説 응원 연설 / 応援歌 응원가 / 応援団 응원단 / 応援(団)席 응원석 / 応援団長 응원단장

### おうおうにして【往々にして】
〔時々〕이따금, 종종〔しばしば〕왕왕 ¶こういうことは往々にして起こるものだ 이런 일은 이따금씩 일어나는 법이다. / 指をしゃぶるのは子供には往々にしてあることだ 손가락을 빠는 것은 아이들에게는 때때로 있는 일이다.

### おうか【謳歌】
구가 ◇謳歌する 구가하다 ¶戦時中の若者たちは青春を謳歌する暇もなかった 전쟁중의 젊은이들은 청춘을 구가할 여유도 없었다.

### おうかくまく【横隔膜】
횡격막

### おうかん【王冠】
왕관

### おうぎ【扇】
부채 ¶暑くて扇であおぐ 더워서 부채를 부치다 관련 扇形 부채꼴

### おうきゅう【応急】
응급 ¶応急処置をとる 응급 조치를 취하다 / 車の応急修理をする 차를 응급 수리하다 / 応急手段を講じる 응급 수단을 강구하다 / 取りあえずけが人に応急手当をした 우선 다친 사람에게 응급 조치를 했다.

### おうこう【横行】
횡행, 활개침, 멋대로 설침 ◇横行する 횡행하다, 활개치다 ¶以前この町では暴力団がわが物顔で横行していた 예전에서는 폭력단이 거리낌없이 활개쳤었다.

### おうこく【王国】
왕국 ¶王国を統治する 왕국을 통치하다 / アメリカは今でも野球王国だ 미국은 지금도 야구 왕국이다. / 日本は今やアメリカをしのぐ自動車王国だ 일본은 이제 미국을 능가하는 자동차 왕국이다. 관련 イギリス連合王国 영국 연합 왕국

### おうごん【黄金】
황금 ¶この仏像は黄金でできている 이 불상은 황금으로 되어 있다. / その投手は黄金の左腕ともてはやされた 그 투수는 황금의 왼팔이라고 칭찬받았다. / テレビの普及とともに映画の黄金時代は終わった 텔레비전의 보급으로 영

화의 황금시대는 끝났다. 関連 黄金郷 황금향 / 黄金時代 황금시대

**おうざ【王座】** 왕좌〔王位〕왕위 ¶王座につく 왕좌를 차지하다 / 王座を守る 왕위를 지키다

**おうし【雄牛】** 수소, 황소

**おうじ【王子】** 왕자(↔왕녀, 공주)

**おうしざ【牡牛座】** 황소자리 ¶牡牛座生まれの人 황소자리 태생의 사람

**おうしつ【王室】** 왕실 関連 英国王室 영국 왕실

**おうじゃ【王者】** 왕자〔チャンピオン〕챔피언 ¶彼は王者の風格がある 그 사람에게는 왕자의 풍격이 있다.

**おうしゅう【応酬】** 응수, 주고받음 ◇応酬する 응수하다 ¶議場は野次の応酬で騒然となった 회의장은 야유의 응수로 떠들썩했다. / 市長はわいろを受け取ったという告発に鋭く応酬した 시장은 뇌물을 받았다는 고발에 날카롭게 응수했다.

**おうしゅう【押収】** 압수 ◇押収する 압수하다 ¶警察はこの事件の証拠物件を押収した 경찰은 그 사건의 증거품을 압수했다.

**おうしゅう【欧州】** 유럽 関連 欧州議会 유럽 의회 / 欧州憲法 유럽 헌법 / 欧州連合 유럽 연합

**おうじょ【王女】** 왕녀, 공주(↔왕자)

**おうしょくじんしゅ【黄色人種】** 황색 인종, 황인종

**おうじる【応じる】** ❶〔答える〕응하다, 대답하다 ¶彼女は授業中, 学生の質問にてきぱきと応じた 그녀는 수업중 학생의 질문에 척척 대답했다. / 要請に応じて救助隊が出動した 요청에 따라 구조대가 출동했다. / 彼は挑戦に応じる用意がある 그는 도전에 응할 듯이 있다. / 募集[注文]に応じる 모집[주문]에 응하다
❷〔受け入れる〕응하다 ¶招待に応じてくれてとてもうれしい 초대에 응해 주어 매우 기쁘다. / 彼女の申し出に応じるつもりはありません 그녀의 제의에 응할 생각은 없습니다.
❸〔必要・需要などを満たす〕응하다, 따르다 ¶消費者の要求に応じた新製品を開発する 소비자의 요구에 따른 신제품을 개발한다. / 希望に応じる 희망에 따르다 / 時に応じて変わる 때에 따라 변하다
❹〔適する〕상응하다, 맞다, 알맞다, 따르다 ¶収入に応じた生活をすべきだ 수입에 맞게 살아야 한다. / その学校は能力に応じた教育をすることで知られている 그 학교는 능력에 알맞는 교육을 하는 것으로 알려져 있다. / 私たちは必要に応じてていねいな言葉遣いをします 우리는 필요에 따라서 정중한 말투를 씁니다. / 時と場合に応じて行動する 때와 장소에 맞게 행동하다

**おうしん【往診】** 왕진 ◇往診する 왕진하다 ¶先生は今往診に出ている(→往診中だ) 선생님은 지금 왕진중이다. / 彼女は月に一度往診してもらっている 그녀는 한 달에 한 번 왕진받고 있다.

**おうせい【旺盛】** 왕성 ◇旺盛だ 왕성하다 ¶息子は元気旺盛だ 아들은 매우 건강하다. / 彼は食欲旺盛である 그는 식욕이 왕성하다. / 子供というのは好奇心が旺盛なものだ 아이들은 호기심이 왕성하기 마련이다. / 彼はとても知識欲が旺盛だ 그는 지식에 대한 욕구가 왕성하다.

**おうせつ【応接】** 응접 ◇応接する 응접하다 ¶客に応接する 손님을 응접한다. 関連 応接係 접수원, 응접원 / 応接室 응접실 / 応接間 사랑방, 응접실

**おうせん【応戦】** 응전 ◇応戦する 응전하다 ¶敵の爆撃機にミサイルで応戦した 적의 폭격기에 미사일로 맞서 싸웠다.

**おうだ【殴打】** 구타 ◇殴打する 구타하다 ¶彼は頭を殴打されその場に倒れた 그는 머리를 구타당해 그 자리에 쓰러졌다.

**おうたい【応対】** 응대 ◇応対する 응대하다 ¶客の応対をする 손님을 응대하다 / 彼女は電話の応対がうまい 그녀는 전화 응답이 능숙하다. / 彼は如才ない応対をする人間だ 그는 빈틈없는 응대를 하는 사람이다.

**おうたい【横隊】** 횡대(↔종대) ¶2列横隊に並ぶ 2열 횡대로 줄을 서다

**おうだん【横断】** 횡단, 가로지름 ◇横断する 횡단하다 ¶道路を横断する時は気をつけて 도로를 횡단할 때는 조심해. / 彼は熱気球で太平洋を横断した 그는 열기구로 태평양을 횡단했다. 関連 横断歩道 횡단보도 / 横断歩道橋 육교 / 横断幕 현수막 / 横断面 횡단면

**おうだん【黄疸】** 황달 ¶黄疸が出る 황달이 들다

**おうちゃく【横着】** 게으름 ◇横着する 게으르다 ¶横着言わないで歩きなさい 게으름 떨지 말고 걸어. / 横着して外で夕食を済ませてきた 귀찮아서 밖에서 저녁 식사를 하고 왔다.
関連 横着者 게으름쟁이, 게으름뱅이

**おうちょう【王朝】** 왕조 関連 高麗王朝 고려 왕조 / 朝鮮王朝 조선 왕조

**おうて【王手】** ¶(将棋で)王手をかける 장군을 부르다 /(将棋で)王手が王手가다. ¶장이야. / 優勝に王手をかけた 1승만 더 하면 우승하게 되었다.

**おうてん【横転】** ◇横転する 옆으로 넘어지다 ¶車が雪でスリップして横転した 차가 눈에 미끄러져 옆으로 넘어졌다.

**おうと【嘔吐】** 구토 ◇嘔吐する 구토하다 ¶彼は乗り物に乗ると必ず嘔吐を催す 그는 차나 배를 타면 반드시 구토 증세를 보인다.

**おうとう【応答】** 응답, 대답 ◇応答する 응답하다 ¶彼の部屋のドアをノックしたが何の応答もなかった 그의 방문을 노크했지만 아무 대답이 없었다. / こちら本部, 32号車ただちに応答せよ 여기는 본부, 3호차는 즉시 응답하라. 関連 質疑応答 질의응답

**おうどう【王道】** 왕도〔近道〕지름길 慣用句 学問に王道なし 학문에 왕도란 없다.

**おうとつ【凹凸】** 요철 ¶凹凸のある砂利道 울퉁불퉁한 자갈길

**おうねん【往年】** 왕년, 옛날 ¶裏通りはまだ往年の面影をとどめている 뒷골목은 아직 옛날 정경이 남아 있다. / 往年の名選手 왕년의 명선수

**おうひ【王妃】** 왕비〔皇后〕황후

**おうふく【往復】** 왕복 ◇往復する 왕복하다 ¶会社までの往復の所要時間はどれくらいですか 회사까지 왕복하는 데 얼마나 걸립

**おうへい**

にか？ /家から駅まで走って20分で往復した 집에서 역까지 뛰어서 20분에 왕복했다. /家と会社を往復するだけで疲れてしまう 집과 회사를 왕복하는 것만으로도 지쳐 버린다. /釜山からソウルまでKTXで往復した 부산에서 서울까지 KTX로 왕복했다.

¶名古屋までの往復切符を買った 나고야까지 왕복표를 샀다. /彼は窓口で往復料金を払った 그는 창구에서 왕복 요금을 냈다. /往復はがきを1枚ください 왕복엽서 한 장 주세요.

**会話** 切符を買う
A：大阪まで1枚ください
B：片道ですか、往復ですか
A：오사카 한 장 주세요.
B：편도입니까？ 왕복입니까？
A：往復だとどのくらい安いですか
B：1割ぐらい安くなります
A：それでは往復切符をください
A：왕복이면 어느 정도 쌉니까？
B：10퍼센트 정도 싸답니다.
A：그러면 왕복표로 주세요.

**おうへい**【横柄】◇横柄だ 건방지다, 무례하다 ◇横柄に 건방지게, 무례하게 ¶よく私にそんな横柄な口がきけるね 나한테 그렇게 건방진 말을 잘도 하는구나. /あの横柄な政治家には我慢できない 그 무례한 정치가는 참을 수 없다.

**おうべい**【欧米】서구(西欧) ¶欧米では復活祭を盛大に祝う 서구에서는 부활제를 성대하게 축하한다. /欧米主導のグローバル化 서구 주도의 글로벌화 **関連** 欧米諸国 서구 각국

**おうぼ**【応募】응모 ◇応募する 응모하다 ¶2名の社員募集に対して100名の応募者があった 두 명의 사원 모집에 100명의 응모자가 있었다. /彼女は何度も懸命に応募しているが一度も当選したことがない 그녀는 몇 번이나 현상에 응모하고 있지만 한 번도 당선된 적은 없다. **関連** 応募原稿[作品] 응모 원고[작품] /応募資格 응모 자격 /応募要領 응모 요령

**おうぼう**【横暴】횡포 ◇横暴だ 횡포하다, 난폭하다 ¶彼の横暴な態度をクラスのみんなが嫌っている 그의 난폭한 태도를 우리 반 모두가 싫어한다. /彼女は夫の横暴さにたまりかねて離婚を決意した 그녀는 남편의 난폭함을 견딜 수 없어 이혼을 결심했다.

**おうむ**【鸚鵡】앵무새 **慣用句** 彼は上司に言われたことをおうむ返しに言った 그는 상사에게 들은 것을 그대로 되받아 말했다.

**おうよう**【応用】응용 ◇応用する 응용하다 ¶学校で学んだ知識を実社会の場でどのように応用するかが大切だ 학교에서 배운 지식을 실제 사회에서 어떻게 응용할지가 중요하다. /彼女は計算問題は得意だが応用問題は苦手だ 그녀는 계산 문제는 잘 하지만 응용문제는 서투르다. /応用範囲が広いからこの公式は覚えておきなさい 응용 범위가 넓으니까 이 공식은 외어 둬라. **関連** 応用化学 응용화학

**おうよう**【鷹揚】◇おうようだ 의젓하다〔寛大な・気前のよい〕너그럽다 ¶おうような人柄 너그러운 인품 /何をするにも彼はいつもおうように構えている 무엇을 하건 그는 항상 너그러운 자세로 임한다.

**おうらい**【往来】〔交通、行き来〕왕래〔道路〕길, 거리 ¶人の往来が激しい 사람의 왕래가 빈번하다. /車の往来が激しいこの道路는 자동차의 왕래가 빈번하다.

**おうりょう**【横領】횡령 ◇横領する 횡령하다, 가로채다 ¶彼は横領の容疑で警察の取り調べを受けた 그는 횡령 혐의로 경찰의 조사를 받았다. /公金を横領する 공금을 횡령하다[가로채다] **関連** 横領罪 횡령죄

**おうレンズ**【凹レンズ】오목 렌즈(↔볼록 렌즈)

**おえつ**【嗚咽】오열 ◇嗚咽する 오열하다 ¶葬儀の最中にあちこちで嗚咽がもれ始めた 장례식 도중 이곳저곳에서 오열하기 시작했다.

**おえらがた**【お偉方】높으신 분들〔要人〕요인 ¶あすこの工場に本社のお偉方が来る 내일 이 공장에 본사의 높으신 분이 온다.

**おえる**【終える】마치다, 끝내다 ¶宿題を終えてから遊びに行きなさい 숙제를 끝내고 놀러 가거라. /この仕事を時間内に終えるにはもう少し人手がいる 이 일을 시간 내에 끝내려면 일손이 좀 더 필요하다. /「何時に仕事を終えますか」「5時です」"몇 시에 일이 끝납니까？""다섯 시입니다."

¶食事を終えた 식사를 마쳤다. /3日でその本を読み終えた 3일 만에 그 책을 다 읽었다. /食器洗いを終えた 설거지를 끝냈다.

¶やっとレポートを書き終えた 겨우 리포트를 다 썼다. /「手紙はもう書き終えましたか」「はい、とっくに終わっています」"편지는 다 썼습니까？""네, 벌써 다 썼습니다." /祖母は90年の長い生涯を終えた 조모는 90년의 긴 생애를 마쳤다.

**おお**【大】큰〔広い〕넓은〔多い〕많은 ¶きのう近所で大火事があった 어제 근처에서 큰 화재가 있었다. /鳥のように自由に大空を舞えたらどんなにいいだろう 새처럼 자유롭게 넓은 하늘을 날 수 만 있다면 얼마나 좋을까？ /私の家族は大人数です 저희 가족은 대가족입니다.

**おおあじ**【大味】◇大味だ 밍밍하다, 덤덤하다 ¶この魚は刺し身に向いていないか 이 물고기는 맛이 밍밍해서 횟감으로는 적합하지 않다.

**おおあたり**【大当たり】〔大成功〕대성공〔ヒット〕히트, 대박〔大豊作〕대풍작〔的中〕적중, 당첨 ¶彼は事業で大当たりした 그는 사업에서 대성공을 이루었다. /ことしは天候に恵まれて米が大当たりだった 금년에는 날씨가 좋아서 벼농사가 대풍작을 이루었다. /くじで大当たりした 복권에서 대박이 터졌다. /大当たりした映画 크게 히트한 영화

**おおあな**【大穴】〔大きな穴〕큰 구멍〔大損失〕큰 결손〔ギャンブル〕대박 ¶株取引の失敗で会社の決算に大穴をあけた 주식 거래의 실패로 회사 결산에 큰 결손이 생겼다. /競馬で大穴を당첨한 경마에서 대박을 터트렸다

**おおあめ**【大雨】큰비 ¶大雨で川が氾濫した 큰비로 강이 범람했다. /大雨注意報を発合する 호우 주의보를 발령하다 ⇒雨

**おおあれ【大荒れ】** 거친 폭풍우, 매우 황폐해짐, 매우 거칠어짐, 큰 소란 ¶大荒れの天気 거친 폭풍우가 몰아치는 날씨 / 台風の接近で海は大荒れだ 태풍의 접근으로 바다가 거칠어졌다. / きょうの相撲は大荒れだった 오늘의 스모는 대파란이 일어났다. / 彼は酒を飲むと決まって大荒れに荒れる 그는 술을 마시면 꼭 큰 소란을 피운다. / あすの株主総会は大荒れになるだろう 내일 주주 총회는 소란스러워질 것 같다.

**おおあわてで【大慌てで】** 허둥지둥, 황급하게 ¶不意の来客を前に彼女は大慌てで掃除をした 뜻밖에 찾아온 손님을 보고 그녀는 허둥지둥 청소를 했다.

**おおい【多い】 ❶** [数が] 많다 ¶迷信を信じる人は多い 미신을 믿는 사람은 많다. / この大学は学生数が多い 이 대학은 학생수가 많다. / 水ぼうそうは子供に多い病気である 수두는 아이에게 많은 병이다. / 幸い事故の負傷者はそう多くはなかった 다행히 사고 부상자는 그리 많지 않았다. / 「この辺は韓国料理の店が多いの?」「そんなに多くないと思うよ」"이 근처에 한국 음식점이 많니?" "그렇게 많지 않을 거야." / 日本は火山が多い 일본은 화산이 많다. / この湖は魚が多い 이 호수에는 물고기가 많다.

¶野球部のほうがサッカー部より部員が多い 야구부가 축구부보다 부원이 많다. / ソウルの人口は釜山より多い 서울의 인구는 부산보다 많다. / 東京は人口が多い 도쿄는 인구가 많다. / 新宿は人が多い 신주쿠는 사람이 많다. / うちは家族が多い 우리 집은 가족이 많다. / 韓国を訪れる日本人が近ごろますます多くなっている 한국을 방문하는 일본인이 최근 더욱더 많아지고 있다. / 今回採用される新卒社員は多くて5, 6名だろう 이번에 채용될 신입 사원들은 많아도 대여섯 명일 것이다.

❷ [量が] 많다 ¶財産[借金]が多い 재산[빚]이 많다. / お金は多ければ多いほどよい 돈은 많으면 많을수록 좋다. / この町は緑が多い 이 동네는 자연이 많다. / この地方は雨が多い 이 지방은 비가 많이 내린다. / 彼の収入はあまり多くない 그의 수입은 그다지 많지 않다. / 今年の夏は猛暑だったのでビールの消費量が多かった 올여름은 너무 더웠기 때문에 맥주 소비량이 많다.

❸ [頻度が] 많다 ¶日本は地震が多い 일본은 지진이 많다. / 遅刻がいちばん多いのは彼だ 지각이 가장 많은 건 그 사람이다.

**おおい【覆い】** 씌우개, 덮개 ¶その部屋の家具には全部布の覆いが掛かっていた 그 방의 가구는 전부 천 덮개로 덮여 있었다. / 雨が降ってきたので商品に覆いが掛けられた 비가 내리기 시작해서 상품에 덮개를 씌웠다. / 覆いをする 덮개로 씌우다 / 覆いを取る 덮개를 벗기다

**おおいかくす【覆い隠す】** 덮어 가리다 [隠蔽する]은폐하다, 감추다 ¶彼女は恥ずかしがって両手で顔を覆い隠した 그녀는 부끄러워하며 두 손으로 얼굴을 가렸다.

¶役人たちはその事実を覆い隠そうとした 공무원들은 그 사실을 감추려고 하였다.

**おおいそぎ【大急ぎ】** ◇大急ぎで 황급하게, 바삐 서둘러 ¶大急ぎで出かけてきたので玄関の鍵を掛け忘れた 황급하게 나가는 바람에 현관문 잠그는 것을 잊어버렸다. / その俳優は大急ぎで衣装を着替えた 그 배우는 바삐 서둘러 의상을 갈아입었다. / 暗くならないうちに大急ぎで仕事を片付けなさい 어두워지기 전에 서둘러 일을 정리해라.

**おおいに【大いに】** [非常に] 대단히, 매우, 몹시, 많이, 크게, 실컷 ¶両親は彼の成功を大いに喜んだ 부모님은 그의 성공을 대단히 기뻐했다. / 彼の講演に聴衆は大いに啓発された 그의 강연에 청중은 많이 계발되었다. / 我々は互いにこの点で大いに異なる 우리는 이 점에서 서로 많이 다르다. / 君のせいで私は大いに不愉快だ 너 때문에 나는 많이 불쾌하다. / 大いに反省しています 크게 반성하고 있습니다. / 周囲を気にせず大いにやってください 주위에 신경 쓰지 말고 마음껏 하세요. / 大いに悩む 매우 고민하다 / 大いに困る 몹시 곤란하다

¶大いに遊ぼう 실컷 놀자. / 大いに食べて飲んだ 실컷 먹고 마셨다.

**おおいばり【大威張り】** ◇大威張りする 크게 뽐내다, 아주 으스대다 ¶テストで満点を取ったので彼は大威張りで帰宅した 시험에서 만점을 받아서 그는 아주 으스대며 귀가했다.

**おおいり【大入り】** 만원(滿員) ¶その芝居は連日大入りだ 그 연극은 연일 대만원이다. / 劇場は大入り満員で入場できなかった 극장이 대만원이어서 입장할 수 없었다. / 大入り満員 대만원

**おおう【覆う】** 덮다, 가리다 ¶彼は両手で顔を覆った 그는 두 손으로 얼굴을 가렸다. / 彼女はベールで顔を覆っていた 그녀는 베일로 얼굴을 가리고 있었다. / 樹木が道を覆ってアーチを作っていた 수목이 길을 덮어 아치를 그리고 있었다. / テーブルはほこりで覆われている 테이블은 먼지로 덮여 있다. / 山は霧に覆われている 산은 안개에 덮여 있다. / 黒い雲が空一面を覆っている 검은 구름이 하늘을 덮고 있다. / 温床をビニールで覆う 온상을 비닐로 덮다

**おおうけ【大受け】** 대호평 ¶その番組は若者たちに大受けだ 그 프로그램은 젊은이들에게 대호평을 받고 있다.

**おおうつし【大写し】** 클로즈업 ¶総理の顔の大写しがテレビに映った 총리 얼굴이 클로즈업되어 텔레비전에 나왔다. / テレビカメラは事故の現場を大写しにして見せた 텔레비전 카메라는 사고 현장을 클로즈업했다.

**おおうりだし【大売り出し】** 대매출, 특별 판매 ¶そのデパートは在庫一掃の大売り出しをした 그 백화점은 재고 정리 특별 판매를 했다.

**オーエル** [OL] 여자 사무원(女子事務員) ¶「お仕事は何をなさっているんですか」「OLです」"무슨 일을 하고 계십니까?" "사무직이오."

**おおおとこ【大男】** 덩치가 큰 사나이 [巨人] 거인 [巨漢] 거한

**おおがかり【大掛かり】** ◇大掛かりな 대대적이다 [大規模だ] 대규모적이다 ¶大掛かりな事業計画 대대적인 사업 계획 / 警察によって現場周辺の大掛かりな捜索がなされた 경찰에 의해 현장 주변의 대대적인 수사가 이루어졌다.

**おおかぜ【大風】** 큰 바람, 강풍 ¶一晚中大風が吹き荒れた 밤새 강풍이 몰아쳤다.

**おおかた【大方】** ［ほとんど］대체로 ［おそらく］아마 ［一般］일반 ¶あと1時間もすれば仕事は大方終わる 앞으로 한 시간 정도면 일은 대부분 끝난다. / 大方彼は風邪だろう 아마 그는 감기일 것이다. / 大方の予想では今シーズンもロッテが優勝するようだ 일반적인 예상대로라면 이번 시즌도 롯데가 우승할 것 같다.

**おおがた【大型】** 대형 ¶大型の台風が日本に接近している 대형 태풍이 일본에 접근하고 있다. / 久々に現れた大型新人選手に野球ファンは期待している 오래간만에 나타난 대형 신인 선수에게 야구팬들은 기대를 걸고 있다. 関連 大型小売店 대형 소매점 / 大型株 대형주 / 大型車 대형차 / 大型バス 대형 버스

**おおかみ【狼】** ［チョウセンオオカミ］늑대 ¶「男はみんな狼よ」と彼女は言った "남자는 모두 늑대야"라고 그녀는 말했다. / 彼は政界の一匹狼だ 그는 정계의 독불장군이다.

**おおがら【大柄】** ¶大柄な人 몸집이 큰 사람 / 大柄な模様のカーテン 무늬가 큰 커튼

**おおかれすくなかれ【多かれ少なかれ】** 많든 적든, 다소간에 ¶昨年の冷害で農民たちは多かれ少なかれ被害を受けた 작년의 냉해로 농민들은 다소간에 피해를 입었다.

**おおきい【大きい】** ❶［面積・体積などが］크다 ¶彼女は目が大きい 그녀는 눈이 크다. / 彼は兄より大きい 그는 형보다 크다. / 中国は日本よりずっと大きい 중국은 일본보다 훨씬 크다. / 「どっちが君のなの」「大きいほうだよ」"어느 쪽이 네 거야?" "큰 쪽이 내 거야." / 「クラスでいちばん大きいのはだれ」「僕だよ」"반에서 누가 제일 커?" "나야." / 漢江は大きい 한강은 크다. / 「このセーターはどうですか」「ちょっと大きいようです」"이 스웨터는 어떻습니까?" "조금 큰 것 같습니다." / 沖に大きなタンカーが見えた 앞바다에 큰 탱커가 보였다. / アフリカは大きな大陸だ 아프리카는 큰 대륙이다. / 部屋が大きい 방이 크다. / 靴が大きい 구두가 크다. / 大きい活字の本 글씨가 큰 책

❷［程度・規模が］크다 ¶彼女は大きなスーパーに勤めている 그녀는 큰 슈퍼에서 근무하고 있다. / テストで大きな間違いをした 시험에서 큰 실수를 했다. / 台風は農作物に大きな被害をもたらした 태풍은 농작물에 큰 피해를 가져왔다. / 私たちの意見に大きな違いはない 우리 의견은 큰 차이가 없다. / 彼には大きな借金がある 그에게는 큰 빚이 있다.

❸［その他］¶体［声］が大きい 몸이［목소리가］크다. / テレビの音が大きい 텔레비전 소리가 크다. / あいつは態度が大きい 그 녀석은 태도가 건방지다. / 大きなことを言う 큰소리 치다. / 大きな顔をするな 젠체하지 마라. / 뽐내지 마라. / 大きなお世話だ 쓸데없는 참견이다.

**おおきく【大きく】** 크게 ◆［大きく…する］ ¶口を大きく開けてください 입을 크게 벌리세요. / 字を大きく書きなさい 글자는 크게 써. / 両手を大きく広げて友人を迎えた 두 손을 크게 벌리고 친구를 맞이했다. / わがチームは大きくリードしていた 우리 팀은 크게 리드하고 있었다. / 大きく息を吸ってください 크게 숨을 들이마시세요. / 政府は外交方針を大きく変えた 정부는 외교 방침을 크게 바꾸었다. / 自爆テロ事件はテレビで大きく報道された 자폭테러 사건은 텔레비전에서 크게 보도되었다. / 物価の上昇は日々の暮らしに大きく響く 물가의 상승은 일상 생활에 크게 영향을 미친다.

◆［大きくする］ ¶大雨が被害をいっそう大きくした 폭우가 피해를 크게 했다. / 来年店を大きくする予定です 내년에 가게를 확장할 예정입니다. / その会社は事業を大きくするのに成功した 그 회사는 사업 확장에 성공했다.

◆［大きくなる］ ¶この市はこの10年でずいぶん大きくなった 이 시는 최근 10년 사이에 아주 커졌다. / 彼の不注意な発言で問題が大きくなった 그 사람의 부주의한 발언으로 문제가 커졌다. / 騒ぎはすぐに大きくなった 소란은 금세 커졌다. ¶しばらく見ない間に大きくなったね 잠시 안 보던 사이에 많이 컸구나. / 彼は大きくなってそのシャツが着られなくなった 그는 몸집이 커져서 그 셔츠를 입을 수 없게 되었다. / 彼女は大きくなったら医者になりたいと思っている 그녀는 커서 의사가 되고 싶어한다.

**おおきさ【大きさ】** 크기 ¶みかんぐらいの大きさのボールを使います 귤 만한 크기의 공을 사용합니다. / それはりんごの倍［半分］の大きさです 그것은 사과의 배［반］이 되는 크기입니다. / その2つは大きさはほぼ同じだが、こっちのほうが重い 그 두 개는 크기는 거의 같지만 이쪽이 더 무겁다. / 車に入るかどうかそのテーブルの大きさを測ってみて 차에 들어갈 수 있는지 그 테이블 크기 좀 재 봐. / 「その冷蔵庫はどのくらいの大きさですか」「縦2メートル、横1メートル、奥行き1メートルです」"그 냉장고는 어느 정도의 크기입니까?" "세로 2미터, 가로 1미터, 안길이 1미터입니다." / 靴の大きさはどのくらいですか 구두 크기는 어느 정도입니까? / みんなのお城の大きさに驚いた 모두 그 성의 크기에 놀랐다. / 桃は大きさ別に分けられた 복숭아는 크기별로 나뉘었다. / この辞書なら手ごろな大きさだ 이 사전이라면 적당한 크기다. / 同じ大きさで色違いのセーターはありますか 같은 크기로 다른 색 스웨터 있습니까? / 彼女は自分の犯した罪の大きさに愕然とした 그녀는 자신이 범한 죄의 심각성에 아연실색했다.

**おおく【多く】** ❶［たくさん］많이 ［大部分］대부분 ［詳しく］자세히 ◆多くの 많은 ¶彼はその件について多くを語ろうとしなかった 그는 그 건에 대해 자세히 말하려고 하지 않았다. / 大きくないその投手に多くは望めない 젊지 않기 때문에 그 투수에게 많은 것을 바랄 수 없다. / その会社では従業員の多くが一時帰休を命じられた 그 회사에서는 대부분의 종업원들에게 임시 휴직의 명령이 내려졌다. / 日本の大企業

の多くは海外でも製品を作っている 일본 대기업의 상당수는 해외에서도 제품을 만들고 있다. / 世界中で多くの人がエイズに苦しんでいる 세계의 많은 사람들이 에이즈로 고통받고 있다. / 今回の旅行では多くのお金を遣った 이번 여행에서는 돈을 많이 썼다. / 辞書を作るには多くの時間と労力が必要である 사전을 만드는 데는 많은 시간과 노력이 필요하다.

❷ [主として] 대개, 대체로 ¶芸術的な催しは多く秋に行われる 예술적인 행사는 대개 가을에 행해진다.

**おおぐい【大食い】** 대식가, 대식한 ¶彼は大食いの割にはやせている 그는 대식가인데 비해 말랐다.

**おおぐち【大口】** [大きな口] 큰 입 [大げさな言葉] 큰소리 [多額] 거액 ¶大口を開けて笑う 입을 크게 벌리고 웃다 / 大口注文を取る 거액의 주문을 받다 / 大口定期預金の金利を高めに設定する 고액 정기 예금의 이자를 높게 설정하다 慣用句 彼は大口をたたいてばかりいるからみんなに嫌われる 그는 큰소리만 치기 때문에 다들 싫어한다.

**オーケー** 오케이 [同意] 동의 [許可] 허가 ◇オーケーする 동의하다, 허가하다 ¶みんなが彼女の提案にオーケーした 모두가 그녀의 제안에 동의했다. / その計画についてやっと社長のオーケーが出た 그 계획에 대해 가까스로 사장의 허가가 나왔다. / 万事オーケー 만사 오케이

**おおげさ【大袈裟】** 과장, 허풍 ◇大げさな 과장된, 요란스러운 ¶彼は受けをねらって大げさな身振りで演説した 그는 인기를 겨냥해 과장된 연설을 했다. / 彼はいつも話が大げさだ 그의 말은 항상 과장이 심하다. / 大げさに言う 허풍 치다 | 과장해서 말하다 / 大げさな表現 과장된 표현

**オーケストラ** 오케스트라, 관현악단(管弦楽団) ¶オーケストラを指揮する 오케스트라를 지휘하다 / 彼はオーケストラで第一バイオリンを弾いている 그는 오케스트라에서 제1 바이올린을 연주하고 있다.

**おおごえ【大声】** 큰소리 ◇大声で 큰소리로 ¶大声を出す 큰소리치다 / 大声で歌う 큰소리로 노래하다 / よく聞こえないので大声で話した 잘 안 들려서 큰소리로 말했다. / 「出て行け」と彼は大声で言った "당장 나가"라고 그는 큰소리로 말했다. / そんなに大声を出すなよ 그렇게 큰소리 내지 마.

**おおごしょ【大御所】** 실력자(実力者), 거물(巨物) ¶彼は文学界の大御所だ 그는 문학계의 거물이다. / 政界の大御所 정계의 거물

**おおごと【大事】** 큰일 ¶このままでは大事になるから何とかしなくては 이대로 가면 큰일이 날테니까 어떻게든 해야 해.

**おおざけ【大酒】** 대주, 많은 술 ¶大酒を飲む 술을 많이 마시다 関連 大酒飲み 술고래, 모주망태, 모주꾼, 주호(酒豪)

**おおさじ【大匙】** 큰 숟가락 ⇒さじ

**おおざっぱ【大雑把】** ◇大ざっぱだ [物事が] 엉성하다 [性格が] 데면데면하다 ◇大ざっぱに 어림잡아, 대충 ¶この計算は非常に大ざっぱなものだ 이 계산은 매우 엉성한 것이다. / 仕事が大ざっぱだ 일이 거칠다 / 大ざっぱに言って鉄道の復旧まであと3か月はかかるだろう 어림잡아 철도의 복구까지 앞으로 3개월은 걸릴 것이다. / 彼は大ざっぱで細かいことにこだわらない 그는 성격이 덜렁대고 세세한 것에 구애받지 않는다.

**おおさわぎ【大騒ぎ】** 큰 소동, 대소동, 야단 ◇大騒ぎする 큰 소동을 벌이다, 야단치다 [うかれ騒ぐ] 야단법석을 떨다 [騒がしい] 떠들썩하다 ¶つまらないことに大騒ぎをする 쓸데없는 일에 소란 피우지 말아라. / 監督が突然解任されてチーム全体が大騒ぎになった 감독이 갑자기 해임되어 팀 전체가 혼란에 빠졌다. / 政治スキャンダルを巡って世間は大騒ぎした 정치 스캔들을 둘러싸고 세상이 떠들썩했다. / 日本が優勝した時, ファンの多くが大騒ぎした 일본이 우승했을 때 대다수의 팬이 떠들썩했다.

**おおしい【雄々しい】** 씩씩하다, 용감하다 ◇雄々しく 씩씩하게, 용감하게 ¶雄々しく振る舞う 용감하게 행동하다

**おおすじ【大筋】** 대강, 줄거리 ¶その芝居の大筋を教えてください 그 연극의 줄거리를 가르쳐 주세요. / 彼は事実関係を大筋で認めた 그는 사실 관계를 대략 인정했다.

**おおずもう【大相撲】** 씨름 대회 ⇒すもう

**おおぜい【大勢】** [人] 많은 사람, 여러 사람, 여럿 [たくさん] 많이 ¶私は大勢の前で話すのが苦手です 나는 많은 사람들 앞에서 이야기하는 것이 서투릅니다. / 世間にはマイホームを持てない人が大勢いる 세상에는 자기 집을 가지지 못하는 사람들이 많다. / パレードには大勢の人が集まった 퍼레이드에는 많은 사람들이 모였다. / イベント会場には観衆が大勢集まった 이벤트 회장에는 관중이 많이 모였다. / 友人たちが大勢でやって来た 친구들이 여럿이서 찾아왔다. / 結婚したばかりの彼の家に大勢で押しかけた 결혼한 지 얼마 안 된 그 사람의 집에 여럿이서 밀어닥쳤다.

**おおそうじ【大掃除】** 대청소 ¶年に一度大掃除をする 일년에 한 번 대청소를 한다. / 大掃除をして新年を迎える 대청소를 하고 설을 쇠다

**オーソドックス** ¶オーソドックスな方法 정통적인 방법

**オーソリティー** 권위자, 대가 ¶金融問題のオーソリティー 금융 문제의 권위자[대가] ⇒専門

**オーダー** [注文] 오더, 주문 [順序] 순서 ◇オーダーする 주문하다 ¶オーダーメイドの服のほうが既製服より値段が高い 오더메이드 옷이 기성복보다 가격이 비싸다. / (レストランなどで)ラストオーダーになります 마지막 주문 받겠습니다. 関連 バッティングオーダー 배팅오더, 타순(打順)

**おおだい【大台】** 대 ¶株価は1万8千円の大台に乗った 주가는 만 8천 엔대로 올라섰다. / 株価はとうとう1万5千円の大台を割った 주가는 드디어 만 5천 엔 이하로 하락했다.

**おおっぴら【大っぴら】** ◇大っぴらに 공공연하게 ¶20歳になったのでこれからは大っぴらに酒が飲める 스무 살이 되었으니 지금부터는 공공연하게 술을 마실 수 있다. / 世間体をはばかってその件は大っぴらにされなかった 세상의 시선을 꺼려 그

건은 공개되지 않았다.

**おおづめ【大詰め】** 최종 단계, 종국, 막판 ¶難航の末ようやく交渉は大詰めを迎えた 난항 끝에 교섭은 간신히 최종 단계에 들어섰다.

**おおて【大手】** 대기업(大企業) ¶通信業界最大手の会社 통신업계 최대 규모의 회사 / 大手私鉄各社 대기업 사철 각사 [関連] **大手筋**〔大企業〕대기업〔多額の株売買者〕큰손

**おおて【大手】**を広げる 두 팔을 크게 벌리다 / 大手を振る 활개를 치다 / 男は道の真ん中で大手を広げて立ちふさがった 남자는 길 한가운데에서 두 팔을 크게 벌리고 가로막았다. [慣用句] 無事になったから明日から大手を振って歩ける 무죄가 되었으니 내일부터 가슴을 펴고 살아갈 수 있다. / 海賊版ソフトが大手を振って出回っている 해적판 소프트가 버젓이 나돌고 있다.

**オーディオ** 오디오 ¶彼女の部屋にはオーディオ機器がそろっている 그녀의 방에는 오디오 기기가 갖추어져 있다. [関連] **オーディオ機器** 오디오 기기 / **オーディオマニア** 오디오 마니아

**オーディション** 오디션 ¶彼女は劇団のオーディションを受けたが不採用となった 그녀는 극단의 오디션을 받았지만 채용되지 않았다. / 監督はこの映画のために100人以上もの俳優のオーディションをした 감독은 이 영화를 위해서 100명 이상의 배우의 오디션을 했다.

**オーデコロン** 오드콜로뉴 ¶オーデコロンをつける 오드콜로뉴를 바르다

**おおどおり【大通り】** 큰 거리, 큰길, 대로 ¶優勝パレードの彼女の大通りを行進した 우승 퍼레이드가 떠들썩하게 큰길을 행진했다.

**オートバイ** 오토바이, 모터사이클 ¶彼女は250ccのオートバイに乗っている 그녀는 250cc 오토바이를 타고 있다. / 田舎道をオートバイで突っ走った 시골 도로를 오토바이로 힘차게 달렸다. [数え方] オートバイ1台 오토바이 한 대

**オートフォーカス** 오토포커스〔自動焦点〕자동 초점 ¶このカメラはオートフォーカスです 이 카메라는 오토포커스입니다.

**オードブル** 오르되브르 ¶今夜の晩餐会ではオードブルに魚介類のサラダが出た 오늘 밤 만찬회에서는 오르되브르에 어패류 샐러드가 나왔다.

**オートマチック** 오토매틱 ⇔[メニュアル] [関連] **オートマ(チック)車** 오토매틱 차

**オートミール** 오트밀 ¶オートミールのかゆ 오트밀 죽

**オートメーション** 오토메이션 ¶この工場では自動車の生産工程は完全にオートメーション化されている 이 공장에서 자동차 생산 공정은 완전히 오토메이션화되어 있다.

**オーナー** 오너, 소유주(所有主) ¶球団のオーナー 구단의 오너, 구단 소유주 [関連] **オーナードライバー** 오너드라이버, 자가운전자

**おおなた【大鉈】** 큰 도끼 ¶社長は会社再건을 위해 경비를 대폭 삭감했다.

**オーバー**〔オーバーコート〕오버코트, 외투

**オーバー** 오버 ◇**オーバーする** 오버하다〔超過する〕초과하다 ◇**オーバーな**〔大げさな〕과장된, 오버된 ¶ついつい買い過ぎて予算をオーバーしてしまった 무심코 너무 많이 사서 예산을 오버해 버렸다. / 彼女はいつもオーバーなことを言う 그녀는 언제나 과장해서 말한다. / それはずいぶんオーバーだな 그것은 과장이 좀 너무 심하네.

**オーバースロー** 오버핸드 스로, 오버스로 ¶彼は投げ方をオーバースローからサイドスローに変えた 그는 투구법을 오버핸드 스로에서 사이드 스로로 바꿨다.

**オーバータイム**〔球技〕오버타임 ¶オーバータイムをとられた 오버타임이 내려졌다.

**オーバーホール** 오버홀, 분해 수리[검사] ◇**オーバーホールする** 오버홀하다

**オーバーワーク** 오버워크, 과중 노동 ¶このところオーバーワークでへとへとだ 요즈음 과중한 노동으로 몹시 지쳐 있다. / 彼は最近オーバーワーク気味だ 그는 요즘 과중한 노동을 한 듯하다.

**おおはば【大幅】** 대폭 ◇**大幅な** 대폭적인 ◇**大幅に** 대폭, 대폭적으로 ¶賃金の大幅アップを要求する 임금의 대폭적인 인상을 요구하다 / 政府は消費税の大幅引き上げを計画している 정부는 소비세의 대폭 인상을 계획하고 있다. / 大幅な所得減税を行う 대폭적인 소득 감세를 실시하다 / ストを回避するために会社側は労組側に対して大幅に譲歩をした 파업을 피하기 위해서 회사 측은 노조 측에 대폭 양보했다. / 大雪のために列車が大幅に遅れている 폭설 때문에 열차가 크게 늦어지고 있다. / 計画を大幅に変更する 계획을 대폭적으로 변경하다

**おおばんぶるまい【大盤振る舞い】** ¶新しく引っ越した家に友達を呼んで大盤振る舞いをした 새로 이사한 집에 친구들을 불러 진수성찬을 대접했다.

**オービー**〔OB〕오비〔卒業生〕졸업생, 선배 ¶政財界にはうちの大学のOBがたくさんいる 우리 대학의 선배는 정재계에 많이 있다.

**おおぶね【大船】** 큰 배 [慣用句] 大船に乗ったつもりでいなさい (큰 배에 탄듯) 마음을 편히 놓아라.

**おおぶろしき【大風呂敷】** 큰 보자기〔誇張, ほら〕허풍 [慣用句] 彼は大風呂敷を広げるのが好きだから言うことはあてにならない 그는 허풍 떠는 걸 좋아하니까 그가 말하는 것은 믿을 수 없다.

**オーブン** 오븐 ¶オーブンでパンを焼く 오븐으로 빵을 굽다. [関連] **オーブントースター** 오븐 토스터 ⇒レンジ

**オープン** ◇**オープンする**〔開店する, 開業する〕개점하다, 개업하다 ◇**オープンに** 털어놓고 ¶その店は昨日オープンしたばかりです 그 가게는 어제 막 오픈했습니다. / 9月1日新装オープン(►広告・掲示など) 9월 1일 신장 오픈 / 彼女には何でもオープンに話せる友人がいない 그녀에게는 무엇이든 툭 털어놓을 수 있는 친구가 없다. [関連] **オープンカー** 오픈카, 무개차 / **オープンセット** 오픈 세트 / **オープン戦**〔プロ野球〕시범 경기〔示範競技〕

**オーボエ** 오보에 ¶彼はオーケストラでオーボエを吹いている 그는 오케스트라에서 오보에를 불고 있다. [関連] **オーボエ奏者** 오보에 주자

**おおまか【大まか】** ◇**大まかだ**〔概略的だ〕대략

적이다【不正確だ】부정확하다〔おおよう〕대범하다 ¶費用の大まかな見積もりをした 비용을 어림잡아 계산해 보았다. / 来年度の景気についての大まかな見通しが発表された 내년도 경기에 대해 대략적인 전망이 발표되었다. / 父は金銭には大まかだ 아버지는 금전면에 있어서 대범하다.

**おおまた【大股】** 황새걸음 ¶彼は大股で通りを歩いていた 그는 황새걸음으로 대로를 걷고 있었다

**おおみず【大水】** 큰물 ¶集中豪雨の後の大水で多くの家屋が浸水した 집중 호우 뒤의 큰물로 많은 가옥이 침수됐다.

**おおみそか【大晦日】** 섣달 그믐날

**おおむかし【大昔】** 먼 옛날 ¶この植物は大昔から薬として使われてきた 이 식물은 먼 옛날부터 약으로서 사용되어 왔다.

**おおむぎ【大麦】** 대맥, 보리

**おおむね【概】** 대체로 ¶彼女の術後の経過はおおむね良好だ 그녀의 수술후 경과는 대체로 양호하다. / この仕事はおおむね終わっている 이 일은 대체로 끝났다.

**おおめ【多め】** ◇多めだ 많다 ◇多めに 많이, 많게 ¶私のご飯は多めによそってください 제 밥은 넉넉하게 담아 주세요. / このパンは塩の量がやや多めだ 이 빵은 소금기가 약간 많은 편이다.

**おおめ【大目】** 慣用句 大目にみる 너그럽게 보아주다 ¶今回だけは彼の間違いを大目にみてやってください 이번만은 그 사람의 잘못을 너그러이 용서해 주십시오.

**おおめだま【大目玉】** 심한 꾸지람 慣用句 ミスを犯して上司から大目玉を食らった 실수를 저질러서 상사에게 심한 꾸지람을 들었다.

**おおもじ【大文字】** 대문자

**おおもの【大物】** 有力者 거물(巨物)〔獲物〕큰 것, 대짜 ¶そのパーティーには財界の大物がたくさん出席した 그 파티에는 재계의 거물들이 많이 출석했다. / 彼はきっと将来大物になるだろう 그는 장래 반드시 거물이 될 것이다. / 大物政治家が次々に収賄容疑で事情聴取を受けた 거물 정치가가 뇌물수수 혐의로 연이어 경위 조사를 받았다. / （釣りで）大物を釣り上げる 거물을 끌어 올리다

**おおもり【大盛り】** 곱배기 ¶とてもお腹がすいていたのでそばの大盛りを注文した 너무 배가 고파서 국수를 곱배기로 주문했다.

**おおや【大家】** 셋집 주인

**おおやけ【公】** ¶公の席で演説するのは苦手だ 공적인 자리에서 연설하는 것은 서투르다. / その美術館は公のものです 그 미술관은 공공의 것입니다. / 公の声明 공식적인 성명 ¶内容を公にする 내용을 공개하다 / 事件が公になる 사건이 일반에게 알려지다 / その事件が公になると町中が騒然となった 그 사건이 공개되자 온 동네가 어수선해졌다. / 市長はまだ公に辞任を発表したわけではない 시장은 아직 공식적으로 사임을 발표하지는 않았다.

**おおゆき【大雪】** 대설, 폭설(暴雪) ¶数日間大雪に見舞われて家から出ることさえできなかった 며칠간 폭설이 내려 집에서 나올 수조차 없었다.

**おおよそ** 대강, 대체로, 대충 ¶どうして彼女がそんなことをしたかおおよその見当はついている 그녀가 왜 그런 짓을 했는지 대강 짐작은 간다. / おおよその見積もりをする 어림잡다

**おおらか** ◇おおらかだ 대범하다, 느긋하다, 털털하다 ¶彼はとてもおおらかな人間だ 그는 매우 느긋한 사람이다.

**オール** 오어, 노(櫓) ¶彼は流れに逆らってオールをこいだ 그는 강을 거슬러서 노를 저었다.

**オールスター** 올스타 ¶オールスター総出演の映画 올스타가 총출연한 영화 関連 オールスターゲーム 올스타전

**オールナイト** 올나이트 ¶オールナイト営業の店 24시간 영업 가게 / オールナイト興行 올나이트 흥행

**オーロラ** 오로라, 극광(極光)

**おおわらい【大笑い】** 대소 ¶大笑いする 큰 소리로 웃다 ¶そいつは大笑いだ 그거 되게 웃긴다. / 彼女はテレビを見ながら何度も大笑いした 그녀는 텔레비젼을 보면서 몇 번이나 큰 소리로 웃었다.

**おおわらわ【大童】** ◇おおわらわだ 분주하다 ◇おおわらわで 분주하게 ¶彼らは一日中演奏会の準備でおおわらわだった 그들은 하루 종일 연주회 준비로 분주했다.

**おか【丘】** 언덕 ¶わが家は眺めのいい丘の中腹に建っている 우리 집은 전망이 좋은 언덕 중턱에 있다.

**おかあさん【お母さん】** 어머니(↔아버지), 엄마,〈敬〉어머님 ¶お母さん、お客様がいらっしゃったよ 어머니, 손님이 오셨어요. /「お母さんはいらっしゃる？」「出かけています」"어머님 계셔요?" "안 계십니다."
¶お母さん、お腹が空いた。ご飯ちょうだい 엄마 배고파. 밥 줘. / お母さん、ご飯まだ 엄마 밥 아직 멀었어?

**おかえし【お返し】** 답례〔お釣り〕거스름돈
¶彼は彼女から受けた親切のお返しにネックレスをプレゼントした 그는 그녀에게 받은 친절의 답례로 목걸이를 선물했다. / 300円のお返しです（→お釣り）는 거스름돈 300엔입니다.

**おかえりなさい【お帰りなさい】** ¶「ママ、ただいま」「お帰りなさい」"엄마, 다녀왔습니다." "어서 와라."

**おかげ【お陰】** ❶〔力添え, 加護〕덕택, 덕분
¶ここまでやってこられたのは皆さんのお陰 여기까지 올 수 있었던 것은 여러분의 덕분입니다. / キム・ジェウクさんのお陰で楽しい旅行になりました 김재욱 씨 덕분에 즐거운 여행이 되었습니다. / チケットが手に入ったのは彼のお陰だ 티켓을 구할 수 있었던 것은 그의 덕택이다.
¶「みなさんお元気でいらっしゃいますか」「はい、お陰様でみんな元気です」"모두 건강하십니까?" "네, 덕분에 모두 잘 있습니다." / お陰様で借金もすべて返済した 덕분에 빚도 모두 갚았습니다.

❷〔原因〕때문, 탓 ¶君の不注意のお陰で仕事は最初からやり直しだ 네 부주의 때문에 처음부터 다시 일해야 한다. / あいつのお陰で恥をかくところだった 그 녀석 때문에 창피를 당할 뻔했다. /

彼がしくじったお陰でこの計画はだめになった 그가 실패하는 바람에 이 계획은 무산되었다.

**おかしい** 【可笑しい】 ❶ [面白い] 우습다 ¶何がそんなにおかしいの 뭐가 그렇게 우스우냐？/ 彼はおかしな顔をして見せた 그는 우스운 얼굴을 했다. / チョルスの冗談がおかしくて笑ってしまった 철수의 농담이 우스워서 웃어 버렸다. / おかしくてたまらない 우스워 죽겠다. / おかしな話 우스운 이야기

❷ [変わっている、変だ] 이상하다 ¶窓の外でおかしな音がした 창 밖에서 이상한 소리가 났다. / この洗濯機はおかしな音がしている 이 세탁기는 이상한 소리가 난다. / パソコンの調子がおかしい 컴퓨터 상태가 이상하다. / ドアの鍵が開いているとはおかしい 문이 안 잠겨져 있다니 이상한데. / 彼が酒の誘いを断わるなんておかしい 그가 술을 마다하다니 이상하다.

きょうの君の声おかしいね 오늘 네 목소리 이상하네. / きょうの彼女はおかしいよ 오늘 그녀는 이상해. / 最近胃の調子がおかしい 요즘 위 상태가 이상하다. / 彼は心配で頭がおかしくなりそうだった 그는 걱정거리 때문에 머리가 이상해질 것 같았다. / あいつ、頭が少しおかしいんじゃないか 그 녀석 머리가 좀 이상하지 않냐？/ おかしな行動 이상한 행동

❸ [適切でない] 어울리지 않다, 마땅찮다, 이상하다 ¶結婚式にジーンズはおかしい 결혼식에 청바지는 어울리지 않는다. / あなたが他人の事に口出しするのはおかしい 당신이 남의 일에 참견하는 것은 이상하다. / 彼ならそれぐらいできてもおかしくない 그라면 그 정도 할 수 있어도 당연하다. / 私が言うのもおかしいが 내가 말한다는 것도 이상하지만…

❹ [怪しい] 수상하다 ¶その男の行動はおかしかった 그 남자의 행동은 수상했다. / おかしな素振りの男 수상한 거동의 남자

**おかしさ** 【可笑しさ】 우스움, 우스꽝스러움 ¶彼女はその人のこっけいな仕草におかしさをこらえることができなかった 그녀는 그의 우스꽝스러운 행동에 웃음을 참을 수 없었다.

**おかす** 【犯す】 〔罪などを〕 범하다, 저지르다 〔違反する〕 어기다 〔強姦する〕 강간하다 ¶彼は殺人を犯した凶悪犯だ 그는 살인을 범한 흉악범이다. / ミスを犯す 실수를 저지르다 / 法を犯す 법을 어기다 / その男は女性を犯した罪で起訴された 그 남자는 강간죄로 기소되었다.

**おかす** 【侵す】 〔領土・権利を〕 침범하다, 침해하다 / 国境を侵す 국경을 침범하다 / 日本の領海[領空]を侵す 일본의 영해를[영공을] 침범하다 / 人権を侵す 인권을 침해하다

**おかす** 【冒す】 〔危険などを〕 무릅쓰다 ◇冒される 〔病気に〕 걸리다 ¶危険を冒す 위험을 무릅쓰다 / 彼は生命の危険を冒してまで実験を続けた 그는 생명의 위험을 무릅쓰고 실험을 계속했다. / 彼はがんに冒されて余命いくばくもない 그는 암에 걸려 여생이 얼마 남지 않았다.

**おかず** 반찬 ¶今晩のおかずは何 오늘 저녁 반찬은 뭐야？

**おかっぱ** 단발머리 ¶少女は頭をおかっぱにしている 소녀는 단발머리를 하고 있다.

**おかどちがい** 【お門違い】 ◇お門違いだ 상대가 틀리다, 잘못 짚다 ¶僕を恨むなんてお門違いだ 나를 원망하다니 잘못 짚었다.

**おかぶ** 【お株】 장기, 십팔번 ¶今度ばかりは彼女にお株を奪われた 이번만큼은 그 여자에게 졌다.

**おかまい** 【お構い】 [もてなし] 대접 ◇お構いなし [意に介しない] 상관하지 않다, 아랑곳하지 않다 ¶どうぞお構いなく. すぐに失礼しますから 곧 잘 겁니다. 신경쓰지 마세요. / 彼女は他人の迷惑なんてお構いなしだ 그 여자는 남에게 폐가 되어도 아랑곳하지 않는다.

**おがむ** 【拝む】 〔礼拝する〕 절하다, 배례하다 〔祈願する〕 빌다 〔参拝する〕 참배하다 ¶母は毎朝お寺に行って拝むのが習慣だ 어머니는 매일 아침 절에 가서 참배하는 것이 습관이다. / 日の出を拝もうと暗いうちに山頂を目指して出発した 일출을 보려고 어두울 때 산정을 향해 출발했다. 慣用句 父を拝み倒して留学の資金を出してもらった 아버지께 사정사정해서 유학 자금을 얻어 냈다.

**おかめはちもく** 【傍目八目】 곁에서 보는 사람이 당사자보다도 사리 판단을 더 정확하게 한다.

**オカルト** 오컬트 関連 オカルト映画 오컬트 영화

**おがわ** 【小川】 시내, 개울 ¶森を抜けて小川が湖に流れ込んでいる 숲을 빠져 나온 개울이 호수로 흘러가고 있다.

**おかわり** 【お代わり】 ¶コーヒー[ご飯]のお代わりいかがですか 커피[밥] 더 드시겠습니까？/ 彼はご飯を[3杯]お代わりした 그는 밥을 [세 그릇] 더 먹었다.

**おかん** 【悪寒】 오한, 한기 ¶朝から悪寒がする. 風邪を引いたのかもしれない 아침부터 오한이 드는데, 감기에 걸린 것 같아.

**おき** 【沖】 앞바다 ¶沖にはたくさんのヨットが浮かんでいた 앞바다에는 많은 요트가 떠 있었다. / 船は海岸の沖5キロのところに錨を下ろした 배는 해안 앞바다 5킬로 지점에 닻을 내렸다. / 沖に漁に出る 앞바다에 고기잡이를 하러 가다 ¶沖合の島 앞바다 부근의 섬 / 沖合漁業 연안 어업과 원양 어업의 중간 규모의 어업

**おき** 【置き】 간격, 마다, 걸러 ¶10 分おきに電車が来る 10분마다 전철이 온다. / この通りには 3 メートルおきに桜が植えられている 이 길은 3미터 간격으로 벚나무가 심어져 있다. / 1 日[2 日, 3 日]おきに 하루[이틀, 사흘] 걸러 / 1 か月おきに 한달 걸러[마다]

**おきあがる** 【起き上がる】 일어나다, 일어서다 ¶彼は石につまずいて倒れたまましばらく起き上がることができなかった 그는 돌에 걸려 넘어진 채로 잠시 동안 일어날 수 없었다. / その患者はベッドの上で起き上がってテレビを見ていた 그 환자는 침대에 앉아서 텔레비전을 보고 있었다.

**おきかえる** 【置き換える】 옮겨 놓다 ¶たまには部屋の家具を置き換えてみるのも気分転換になっていい 가끔씩 기분 전환 삼아 방의 가구를 옮겨 보는 것도 좋다. / 机をベッドの横から窓のそばに置き

**おきざり**【置き去り】◇置き去りにする 내버려 두고 가 버리다 ◇置き去りにされる 내버려지다 ¶その子は置き去りにされた 그 아이는 내버려졌다.

**オキシダント** 옥시던트 ¶その工場付近一帯ではオキシダント濃度が高かった 그 공장 부근 일대는 옥시던트 농도가 높았다.

**おきて**【掟】〔法〕법규, 법도〔規則〕규칙, 규정 ¶弱肉強食はジャングルの掟だ 약육강식은 정글[밀림]의 이치이다. / 掟を破る[守る] 규정을 어기다[지키다] / 掟を定める 규정을 정하다 / 掟に従う 규정에 따르다

**おきてがみ**【置き手紙】¶家に帰ると母の置き手紙があった 집에 돌아가니 어머니의 편지가 있었다. / 彼女へ置き手紙をして帰った 그녀에게 편지를 남겨 두고 집으로 돌아왔다.

**おきどけい**【置き時計】〔卓上用の〕 탁상시계

**おぎなう**【補う】〔損失などを〕메우다〔補足する〕보충하다, 보태다 ¶赤字を補う 적자를 메우다 / 彼はむだにした時間を補うために食事も取らずにがんばった 그는 쓸데없이 흘려 보낸 시간을 메우기 위해 식사도 하지 않고 열심히 노력했다. / 欠員を補う 결원을 보충하다 / 勤勉は経験不足を補う 근면은 경험 부족을 보충한다. / 彼女はアルバイトをして収入を補っている 그녀는 아르바이트를 해서 수입을 보태고 있다.

¶彼の誠意とやさしさは欠点を補って余りある 그의 성의와 친절함은 결점을 덮고도 남는다.

**おきにいり**【お気に入り】¶これは私のお気に入りのバッグです 이건 내 마음에 드는 백이에요. / 彼女は先生のお気に入りで、級友たちからはねたまれている 선생님은 그녀만 좋아해서 반 친구들에게 질투를 사고 있다 / お気に入りの 마음에 드는 것 関連 お気に入り[IT] 즐겨찾기

**おきぬけ**【起き抜け】¶起き抜けに電話で呼び出された 아침에 일어나자마자 전화로 불려 나갔다

**おきば**【置き場】둘 곳[자리]〔物置〕곳간 ¶自転車置き場 자전거 두는 곳 慣用句 みんなに迷惑をかけてしまい身の置き場がなかった 모두에게 폐를 끼쳐 몸 둘 바를 몰랐다.

**おきまりの**【お決まりの】¶お決まりのあいさつを交わす 늘 하는 인사를 주고 받다

**おきみやげ**【置き土産】기념품 ¶洪水を置き土産に台風は去った 홍수를 남기고 태풍은 사라졌다.

**おきもの**【置き物】〔装飾品〕장식품 ¶床の間の置き物 도코노마의 장식품 / 会長といっても実権のない単なる置き物にすぎなかった 회장이라 해도 실권이 없는 그저 장식품에 지나지 않았다.

**おぎゃあ** 응애, 응아 ¶彼女はおぎゃあおぎゃあと泣いている自分の子をあやした 그녀는 응애응애 하며 울고 있는 아이를 달랬다.

# おきる【起きる】❶〔起床する〕일어나다, 기상하다

基本表現
▷起きる時間ですよ 일어날 시간이에요.

▷毎朝6時に起きることにしている 매일 아침 여섯 시에 일어나도록 하고 있다.
▷きょうはいつもより早く起きた 오늘은 평소보다 일찍 일어났다.
▷「けさは何時に起きましたか」「いつもどおり7時です」"오늘 아침에는 몇 시에 일어났습니까?" "평소대로 일곱 시에 일어났습니다."
¶何時だと思っているの. 早く起きなさい 빨리 일어나. 지금이 몇 시인 줄 알아? / 「もう起きているかい，話があるんだけど」「ああ，いいよ入って」"일어났니? 할 얘기가 있는데…" "응, 들어와."

❷〔目を覚ます〕일어나다, 잠이 깨다 ¶私は5時に起きた 나는 다섯 시에 일어났다. / 彼が起きた時はもう9時だった 그가 일어났을 때는 벌써 아홉 시였다. / けさは電話の音で起きた 오늘 아침은 전화벨 소리에 잠을 깼다. / 「もう10時だけど, お父さん起きたかしら」「まだだよ. まだぐっすり眠っているよ」"벌써 열 시인데, 아버지는 일어나셨나?" "아직 푹 주무시고 계셔."

❸〔眠らないでいる〕일어나다, 눈을 뜨다 ¶金曜日はたいてい遅くまで起きている(→遅く寝る) 금요일은 대개 늦게 잔다. / 「どうしてそのうは遅くまで起きていたの」「宿題がたくさんあったんだ」"어제는 왜 늦게까지 안 자고 있었니?" "숙제가 많았어."

❹〔起き上がる〕일어나다, 일어서다 ¶熱もようやく下がったのであすは起きられる 열도 간신히 내렸으니 내일은 일어날 수 있을 거야. / 彼女は病気だったけれどもう起きている 그녀는 몸이 아팠는데도 벌써 일어나 있다.

❺〔発生する〕일어나다, 생기다, 발생하다 ¶戦争が起きる 전쟁이 일어나다 / 殺人事件が起きる 살인 사건이 일어나다 / 交通事故が起きる 교통 사고가 일어나다 / 何が起きてもうろたえてはいけない 무슨 일이 일어나도 당황해선 안 된다. / ここは事故が頻繁に起きる 여기는 사고가 빈번히 일어난다. ⇒起き上がる, 起こす, 起こる

**おきわすれる**【置き忘れる】잊다, 잊어버리고 두고 오다 ¶電車に傘を置き忘れる人は多い 전철에 우산을 잊어버리고 내리는 사람이 많다. / 荷物を置き忘れないようにご注意ください 짐을 잊어버리지 않도록 주의하십시오.

**おく**【奥】안, 속 ¶その写真は引き出しの奥にあった その 사진은 서랍 깊숙한 곳에 있었다. / 私の寝室は家の奥にある 내 침실은 집 안쪽에 있다. / 彼らは森の奥に入って行った 그들은 숲 속으로 들어갔다. / 砂漠の奥深くへと車で行った 사막의 안쪽까지 차로 갔다. / 魚の骨がのどの奥に引っかかってしまった 생선 뼈가 목 안쪽에 걸려 버렸다. / 奥の間 안방

¶彼女は心の奥で何を考えていたのだろうか 그녀는 마음속으로 무슨 생각을 하고 있었을까? / それは胸の奥にそっとしまっておいた 그것은 가슴속에 조용히 묻어 두었다. / 釣りというものは奥が深いものだ 낚시라는 것은 심오한 것이다. / 奥の手 최후의 수단[비법|秘法]

**おく**【億】억 ¶彼は数億の遺産を残して死んだ 그는 수억의 유산을 남기고 죽었다. / 何億年も昔の魚の化石が畑の中から見つかった 몇 억 년 전의 물고기 화석이 밭에서 발견되었다. / 資本金2億

5千万円の上場企業 자본금 2억 5천만 엔의 상장 기업 関連 億万長者 억만장자

**おく**【置く】❶〔場所・状態に位置させる〕놓다, 두다

基本表現
▷新聞はテーブルの上に置いといた
  신문은 테이블 위에 놓아 뒀어.
▷時間です. 鉛筆を置いてください
  시간 다 됐습니다. 연필을 놓으세요.
▷扇風機を窓のそばに置いた
  선풍기를 창문 옆에 두었다.
▷この花瓶をテーブルの真ん中に置いてください 이 꽃병을 테이블 한가운데에 놓아 주십시오.

¶「お母さん, この買い物袋はどこへ置くの」「台所の隅に置いといて」"엄마, 이 쇼핑 봉투 어디다 둘까?" "부엌 구석에 놓아 둬." / 彼は彼女の肩にそっと手を置いた 그는 그녀의 어깨에 살며시 손을 올렸다. / 彼はかばんを床の上にドスンと置いた 그는 가방을 마루 위에 쿵하고 놓았다. / 彼は受話器をガチャンと置いた 그는 수화기를 찰카당하고 놓았다.

¶その国のマスメディアは軍部の支配下に置かれようとしている 그 나라의 매스 미디어는 군부의 지배하에 놓이려 하고 있다. / 難しい立場に置かれている어려운 입장에 놓여 있다.

❷〔設置する〕두다, 설치하다 ¶警察は誘拐事件の特別捜査本部を置いた 경찰은 유괴 사건의 특별 수사본부를 설치했다. / その会社は支社をソウルに置いている 그 회사는 지사를 서울에 두고 있다. / 私どもは大阪に本社を置いています 우리 회사는 오사카에 본사를 두고 있습니다. / 門に守衛を置いた 문에 수위를 두었다.

❸〔泊まらせる, 雇う〕두다〔雇う〕고용하다
¶うちでは下宿人を置いている 우리 집에서는 하숙을 치고 있다. / 彼は店に店員を3人置いた(→雇った) 그는 가게에 점원을 세 명 고용했다.

❹〔後に残す〕두다, 남겨 두다 ¶家族を日本に置いて単身赴任した 가족을 일본에 남겨 두고 해외로 부임했다. / 帰宅してからかばんをタクシーに置いてきたことに気づいた 집에 돌아와서야 가방을 택시에 두고 내린 것을 알았다.

❺〔…しておく〕〔動詞連用形＋〕놓다 ¶ドアを開けておいた 문을 열어 놓았다. / 犬を鎖〔ひも〕でつないでおけ 개를 끈으로 묶어 놓아라. / ひとりにしておいてくれ 혼자 있게 해 줘. / ほうっておけ 그대로 둬라〔놓아 둬라〕. / そのままにしておく 그대로 놓아 두다

❻〔隔てる〕두다, 거르다 ¶距離をおく 거리를 두다 / 彼の家は私の家から1軒おいて隣です 그의 집은 우리 집에서 한 집 건너에 있습니다. / 質問に答えるのにちょっと間をおいた 질문에 답하는 데 조금 시간을 두었다. / 1日おきにやってくる 하루 걸러 오다 / 3日おいて連絡する 사흘 걸러 연락하다

❼〔品物を扱う〕취급하다〔売る〕팔다 ¶その店はさまざまな服を置いている 그 가게는 다양한 옷을 취급한다. / 「ビールはありますか」「すみません. アルコール類は置いてません」"맥주 있습니까?" "죄송합니다. 술은 취급하지 않습니다."

❽〔その他〕¶念頭に置く 염두에 두다 / 一目置く 실력을 인정하다 / 言っておく 말해 두다 / 準備をしておく 준비를 해 두다 / 前もって話をしておく 미리 이야기해 두다 / ふざけた真似をしたらただではおかないぞ 까불면 가만 안 두겠어.

使い分け 置く

| 두다 | 「一定期間存在する, 保存する」あるいは「意識して置く」場合に用いる. 何かの上に置く場合だけではなく, ぶらさげたりするときにも用いる. また, 手以外の動作でも用いることができる. |
| 놓다 | 主として手を用いて置く〔放す〕動作に用いる.「置いておく」場合には놓아두다を用いる. |

**おくがい**【屋外】옥외(↔옥내) ¶天気がいいんだから家でごろごろしてないで屋外で遊びなさい 날씨도 좋은데 집에서 빈둥거리지 말고 밖에 나가서 놀아라. 関連 屋外スポーツ〔競技〕옥외 스포츠〔경기〕

**おくさま**【奥様】부인, 사모님, 아주머니〔主婦〕주부 ¶奥様によろしく사모님께 안부 전해 주세요. / 〔店員が〕奥様, こちらのコートはいかがでしょう 사모님, 이쪽 코트는 어떠십니까? / 奥様方に人気のテレビドラマ 주부들에게 인기 있는 텔레비전 드라마

**おくさん**【奥さん】부인, 아주머니 ¶お隣の奥さん 옆집 아주머니

**おくじょう**【屋上】옥상 ¶この建物の屋上からは富士山がよく見える 이 건물 옥상에서는 후지 산이 잘 보인다. 慣用句 屋上を架す 불필요한 일을 거듭하다 | 옥상가옥(屋上架屋) 関連 屋上庭園 옥상 정원

**おくする**【臆する】겁먹다, 두려워하다 ¶彼女は臆することなくありのままを話した 그녀는 겁먹지 않고 있는 그대로를 이야기했다.

**おくそく**【憶測】억측 ¶彼女の言ったことは単なる憶測にすぎない 그녀가 말한 것은 단순한 억측에 지나지 않는다. / 結果についての彼の憶測は見事に外れた 결과에 대한 그의 억측은 보기 좋게 빗나갔다.

**おくそこ**【奥底】마음속 ¶彼は心の奥底から彼女を愛していた 그는 마음속 깊이 그녀를 사랑하고 있었다. / 彼女は見掛けは意地悪そうだけれど心の奥底はやさしい 그녀는 겉보기는 심술궂은 것 같지만 속마음은 다정하다.

**オクターブ** 옥타브 ¶彼女の声域は3オクターブある 그 여자의 음역은 3옥타브를 넘나든다. / 1オクターブ下〔上〕げて歌う 1옥타브 내려서〔올려서〕노래를 부르다

**おくち**【奥地】오지 ¶この島の奥地には珍しい蝶がいる 이 섬의 오지에는 진귀한 나비가 있다. / 彼はアフリカの奥地で2年ほど生活した 그는 아프리카 오지에서 약 2년간 생활했다. / アマゾンの奥地を探検する 아마존 오지를 탐험하다

**おくづけ**【奥付】판권장

**おくて**【奥手】늦깎이, ◇奥手 늦되다 ¶うちの息子は奥手で大学生にもなってガールフレンドもいない 우리 아들은 늦돼서 그런지 대학생이 되어도 여자 친구 하나 없다.

**おくない【屋内】** 옥내(↔옥외), 실내 ¶雨が降っているときは屋内で遊びなさい 비가 오고 있을 때는 실내에서 놀아라. 関連屋内競技場[体育館]실내 경기장[체육관] / 屋内スポーツ[競技] 실내 스포츠[경기] / 屋内プール 실내 수영장

**おくにじまん【お国自慢】** 고향 자랑 ◇お国自慢をする 고향 자랑을 하다 / お国自慢の民謡をみんなで一緒に歌った 고향의 자랑인 민요를 모두 함께 불렀다.

**おくのて【奥の手】** 최후 수단 ¶彼は最後に奥の手を使って勝負に勝った 그는 마지막으로 최후의 수단을 써서 승부에서 이겼다. / 心配するな. 我々にはまだ奥の手がある 걱정하지 마. 우리에겐 아직 최후의 수단이 있다.

**おくば【奥歯】** 어금니 慣用句奥歯に物が挟まったような言い方をする 석연치 않은 말 하지 마.

**おくびょう【臆病】** ◇臆病だ 겁이 많다 [内気だ] 내성적이다, 암띠다 ¶うちの犬はとても臆病なので番犬としては役に立たない 우리 개는 매우 겁이 많아서 집 지키는 개로서는 도움이 되지 않는다. / 彼女は臆病すぎて人前で話すことなんかできない 그녀는 너무 내성적이라서 사람들 앞에서 이야기도 하지 못한다. 慣用句彼は土壇場にきて臆病風に吹かれて逃げ出した 그는 마지막판에 와서 겁을 내어 달아났다. 関連臆病者 겁쟁이.

**おくぶかい【奥深い】** [場所が] 깊숙하다 [言葉の意味が] 깊다, 심오하다 ¶当時は彼の言葉の奥深い意味を理解することができなかった 당시에는 그의 말의 깊은 의미를 이해할 수 없었다.

**おくまった【奥まった】** 깊숙한 ¶奥まった所に金を隠す 깊숙한 곳에 돈을 감추다 / 旅館の奥まった一室に案内された 여관의 안쪽 구석 방에 안내되었다.

**おくめん【臆面】** ◇臆面もなく 뻔뻔스럽게 ¶彼女はろくに仕事もしていないのに臆面もなく有給休暇を申請した 그녀는 일도 제대로 하지 않으면서 뻔뻔스럽게 유급 휴가를 신청했다. / 臆面もなくよくそんなことが言えるものだ「염치도 없이 [뻔뻔스럽게] 그런 말을 잘도 하는구나.

**おくやみ【お悔やみ】** 조의(弔意), 애도(哀悼) ¶心からお悔やみ申し上げます 진심으로 조의를 표합니다.

**おくゆかしい【奥床しい】** 그윽하다 ◇奥ゆかしい人柄 그윽한 인품 / 彼女の奥ゆかしさにはいつも感心させられる 그 여자의 고상함에는 항상 감탄하게 된다. / 先生は自分の成果を鼻にかけることもない実に奥ゆかしい先生님은 자신의 성과를 자랑하지 않는 실로 품위 있는 사람이다.

**おくゆき【奥行き】** 안길이 [内容の深み] 깊이 ¶奥行きの深い[浅い]家 안길이가 깊은[짧은] 집 / 彼女の小説は簡潔でしかも奥行きのある文体で書かれている 그녀의 소설은 간결하고 깊이 있는 문체로 쓰여져 있다.

**おくらせる【遅らせる】** 늦추다 ¶天気が悪かったので1時間遅らせて出発した 날씨가 나빠서 한 시간 늦춰서 출발했다. / メンバーがそろわなかったので会議を10分遅らせた 멤버가 모이지 않아서 회의를 10분 늦췄다.

**おくりかえす【送り返す】** 돌려보내다 ¶届いた商品が不良品だったのですぐに送り返した 도착한 상품이 불량품이어서 곧바로 돌려보냈다.

**おくりこむ【送り込む】** 보내다, 파견하다 ¶被災地に救援物資を送り込んだ 재해지에 구원 물자를 보냈다. / 彼は系列会社へ役員として送り込まれた 그는 계열 회사에 임원으로 파견되었다.

**おくりじょう【送り状】** 송장

**おくりだす【送り出す】** 내보내다 ¶子供たちを学校に送り出す 아이들을 학교에 내보내다 / わが校は今年300名の卒業生を社会に送り出した 우리 학교는 올해 300명의 졸업생을 사회로 내보냈다.

**おくりむかえ【送り迎え】** 〔送迎〕송영, 마중과 배웅 ◇送り迎えする 송영하다 ¶毎日子供を駅まで送り迎えする 매일 아이를 역까지 데려다 주고 데리고 온다. / 重役には送り迎えの車가 つく 중역에게는 출퇴근시 차가 배정된다.

**おくりもの【贈り物】** 선물 ¶父の誕生日の贈り物にネクタイを買った 아버지의 생일 선물로 넥타이를 샀다. / 彼女に贈り物をしたいんだけど何がいいと思う「マフラーなんかどうだい」"여자 친구한테 선물을 하고 싶은데 뭐가 좋을까?" "머플러는 어때?" / この時計は父が卒業祝いにくれた贈り物なのでとても大事にしている 이 시계는 아버지가 졸업 축하 선물로 주신 거라 매우 소중히 하고 있다. / あなたがびっくりするような贈り物があるのよ 당신이 깜짝 놀랄 만한 선물이 있어. / 彼女に贈り物をもらったから何かお返しをしよう 그 여자에게 선물을 받았으니까 무엇인가 답례를 해야겠다. / ティーカップのセットを贈り物用に包んでもらった 찻잔 세트를 선물용으로 포장시켰다.

# おくる【送る】 ❶ [物を] 보내다, 부치다

基本表現
▷母が小包を送ってきた
　어머니가 소포를 보내왔다.
▷商品を宅配便で送ると知らせがあった
　상품을 택배로 보낸다는 통지를 받았다.
▷友人がビールを送ってくれた
　친구가 맥주를 보내 주었다.

¶手紙を送る 편지를 보내다 [부치다] / この手紙を速達で送ってください 이 편지를 속달로 보내 주세요. / 書留でお金を送ってください 등기 우편으로 돈을 보내 주세요. / 今すぐファックスでその書類を送ります 지금 팩스로 그 서류를 보내겠습니다. / インターネットで電子メールが送られてきた 인터넷으로 전자 메일이 왔다. / 合図[拍手]を送る 신호[박수]를 보내다

❷ [人を見送る] 바래다 [人を派遣する] 보내다, 파견하다 ¶駅まで彼女を送りに行った 역까지 그녀를 배웅하러 갔다. / 家まで車で送っていただけますか 차로 집까지 데려다 주시겠습니까? / 家までお送りしましょう 댁까지 바래다 드리겠습니다. / 客を玄関まで送った 손님을 현관까지 배웅했다.

¶会議に代表を送る必要がある 회의에 대표를 보낼 필요가 있다. / 息子を軍隊に送る 아들을 군대에 보내다

❸ [日々を] 보내다 ¶彼は東京で忙しい毎日を送っていた 그는 도쿄에서 매일 바쁘게 보내고 있

おくる

었다. / 彼は田舎で悠々と日々を送っている 그는 시골에서 유유히 나날을 보내고 있다. / 母は充実した幸せな人生を送った 어머니는 알차고 행복한 인생을 보내셨다.

**おくる【贈る】**〔プレゼントする〕선물하다〔賞品・賞金・称号など〕수여하다 ¶彼は彼女にばらの花を贈った 그는 그녀에게 장미꽃을 선물했다. / 時計を送る 시계를 선물하다 / 勝者にトロフィーが贈られた 승자에게 트로피가 주어졌다. / その芸術家に名誉市民の称号が贈られた 그 예술가에게 명예시민의 칭호가 주어졌다. / 学位を贈る 학위를 수여하다 / 金賞が贈られる 금상이 수여되다

**おくれ【遅れ】**〔遅延〕지연, 늦음, 늦어짐 ¶中央線は踏切事故のため2時間の遅れが出ている 주오선은 건널목 사고로 두 시간의 지연이 발생되고 있다. / バスは10分遅れて来た 버스는 10분 늦게 왔다. / 彼は車のスピードを上げて遅れを取り戻した 시간에 맞추기 위해서 그는 차의 스피드를 냈다.

**おくれ【後れ】**¶後れをとる 뒤지다 | 뒤떨어지다 / わが社は新製品の開発で他社に大きく後れをとった 우리 회사는 신제품 개발로 타사에 크게 뒤졌다. / この夏休みには勉強の後れを取り戻さなければならない 이번 여름 방학에는 뒤처진 공부를 보충하지 않으면 안 된다.

**おくればせながら【後れ馳せながら】**뒤늦게나마 ¶後ればせながら御礼申し上げます 뒤늦게나마 감사의 말씀을 드립니다.

## おくれる
**【遅れる・後れる】** ❶〔指定・約束の時間に〕늦다, 늦어지다

基本表現
▷急いで!会社に遅れるよ
  서둘러! 회사에 늦겠어.
▷遅れてすみません 늦어서 죄송합니다.
▷あすは遅れて出勤します
  내일은 늦게 출근하겠습니다.
▷彼は電車が遅れると知っていらいらした
  그는 전철이 늦어지는 것을 알고 초조해했다.

¶電車は10分遅れていた 전철은 10분 늦었다. / 彼はいつもより遅れて着いた 그는 평소보다 늦게 도착했다. / 会議は10分遅れて始まった 회의는 10분 늦게 시작되었다. / 約束に遅れるなんて彼らしくない 약속에 늦다니 그 사람답지 않다. / 私たちは遅れないように早く出発した 우리는 늦지 않게 빨리 출발했다. / 遅れずに彼が来るなんてめずらしい 늦지 않게 그 사람이 오다니 드문 일이다. / 我々の飛行機は予定より30分遅れて到着した 우리 비행기는 예정보다 30분 늦게 도착했다. / 給料の支払いが遅れている 급료[급여] 지불이 늦어지고 있다. / 列車が大雪のために遅れた 열차가 폭설로 늦었다.

❷〔後れを取る〕뒤떨어지다, 뒤지다 ¶彼はマラソンで先頭グループよりはるかに後れた 그는 마라톤에서 선두 그룹보다 훨씬 뒤떨어졌다. / 彼女はトップより3メートル後れて2位だった 그녀는 선두보다 3미터 뒤진 2위였다. / 彼女は他の生徒たちより学業が後れている 그녀는 다른 학생들보다 학업이 뒤떨어진다. / この雑誌を読めば時代[流行]に後れない 이 잡지를 읽으면 시대[유행]에 뒤지지 않는다. / 流行[時代]に後れる 유행[시대]에 뒤지다 / 発育の後れた子供 성장이 느린 아이

❸〔時計が〕늦다, 늦게 가다 ¶時計が遅れる 시계가 늦다 / 私の時計は1分遅れている 내 시계는 1분 늦다. / この目覚まし時計は1日に2分遅れる 이 자명종은 하루에 2분 늦는다.

**おけ【桶】**통〔手桶〕들통〔水桶〕물통 ¶桶から水をくみ出す 통에서 물을 퍼내다

**おける【於ける】**¶通信分野における技術革新 통신 분야에 있어서의 기술 혁신 ⇒おいて

**おこがましい** 주제넘다, 건방지다 ¶おこがましい口をきくようですが 주제넘은 참견이 될 수도 있겠지만 / おこがましくも,彼は選挙に立候補した 주제넘게 그는 그 선거에 입후보했다.

## おこす
**【起こす】** ❶〔目を覚まさせる〕깨우다 ¶あすの朝6時に起こしてください 내일 아침 여섯 시에 깨워 주세요. /「すみません. 起こしてしまいましたか」「大丈夫です. とっくに起きて新聞を読んでいました」"죄송합니다. 제가 깨웠습니까?" "괜찮습니다. 벌써 일어나서 신문을 보고 있었습니다."

❷〔立てる〕일으키다 ¶椅子から体を起こす 의자에서 몸을 일으키다 / 彼はゆっくりと身を起こした 그는 천천히 몸을 일으켰다. / 彼女は転んだ子を起こしてあげた 그녀는 넘어진 어린이를 일으켜 줬다. / オートバイが倒れたので起こそうとしたが重くてびくともしなかった 오토바이가 넘어져서 일으키려고 했지만 무거워서 꿈적도 하지 않았다.

❸〔引き起こす〕일으키다, 발생시키다 ¶寝不足はしばしば交通事故を起こすもとだ 수면 부족은 자주 교통사고를 일으키는 원인이 된다. / 彼は面倒ばかり起こす男だ 그는 귀찮은 일만 만드는 남자다. / ひともんちゃく起こす 한바탕 말썽을 일으키다 / 腹痛を起こす 배탈을 일으키다

❹〔生じさせる〕일으키다 ¶静電気を起こす 정전기를 일으키다 / ある種の動物even電気を起こすことができる 어떤 종류의 동물은 전기를 일으킬 수 있다. / 彼にやる気を起こさせるのは難しい 그 사람에게 의욕을 생기게 하는 것은 어려운 일이다.

❺〔始める〕일으키다, 시작하다 ¶会社を起こす 회사를 일으키다 / 父は新しい事業を起こした 아버지는 새로운 사업을 일으켰다. / 行動を起こす前によく考えたほうがよい 행동하기 전에 잘 생각하는 편이 좋다. / 訴訟を起こす 소송을 일으키다

**おこす【興す】**일으키다, 시작하다〔復興する〕부흥시키다 ¶彼は過疎の村に産業を興すことに尽力した 그는 작은 마을에 산업을 일으키기 위해 온 힘을 다했다. / 業績不振の会社を興す 업적 부진 회사를 부흥시키다

**おこす【熾す】**〔火を〕피우다 ¶火をおこして体を暖めた 불을 피워 몸을「따뜻하게 했다[녹였다].

**おごそか【厳か】**◇ 엄하다 엄숙하다 ◇ 엄하게 엄숙히 ¶式は厳かな雰囲気の中で執り行われた 식은

**おこたる【怠る】** 게을리 하다, 소홀히 하다
¶彼は職務を怠ったため免職になった 그는 직무를 게을리 해서 면직되었다. / 車を運転する時は注意を怠らないように 차를 운전할 때는 주의를 소홀히 해서는 안 된다. / 警戒を怠るな 경계를 소홀히 하지 마라. / 努力を怠るな 노력을 게을리 하지 마라.

**おことば【御言葉】** 말씀

**おこない【行い】**〔行為〕행위, 행동〔品行〕행실, 품행 ¶それは立派な行いだった 그것은 훌륭한 행동이었다. / 日ごろの行いが悪いからあらぬ疑いをかけられるんだよ 평소의 행동이 나쁘니까 쓸데없이 의심을 받는 거야. ⇒行為, 行動

**おこなう【行う】** 하다, 행하다〔実行する〕실시하다〔催しなどを〕거행하다 ¶試合を行う 시합을 할하다 / 世論調査を行う 여론 조사를 실시하다 / 化学の授業で実験を行った 화학 수업에서 실험을 했다. / 医者は緊急手術を行った 의사는 긴급 수술을 집도했다. / 彼らは顧客調査を行った 그들은 고객 조사를 실시했다. / 彼らはその火山に関する調査を行う予定だ 그들은 그 화산에 대한 조사를 행할 예정이다. / 卒業式は3月21日に行います 졸업식은 삼월 21일에 실시합니다. 慣用句 言うは易く行うは難し 말하기는 쉽고 행하기는 어렵다

**おこなわれる【行われる】** 실시되다, 거행되다
¶住民の強い反対にもかかわらず予定通り工事が行われた 주민의 강한 반대에도 불구하고 예정대로 공사가 실시되었다. / 入社式はあした行われる 입사식은 내일 거행된다. ⇒行う

**おこり【起こり】**〔起源〕기원, 발단(発端) ¶その習慣の起こりは江戸時代[中国]にある 그 습관의 기원은 「에도 시대[중국]에 있다. / 事の起こりは何ですか 일의 발단은 무엇입니까?

**おごり【奢り】**〔ぜいたく〕사치〔ごちそう〕턱 ¶きょうは私のおごりです。遠慮せずにどんどん召し上がってください 오늘은 제가 한턱내겠습니다. 사양하시지 말고 많이 드세요.

**おこりっぽい【怒りっぽい】** 화를 잘 내다, 노하기 쉽다 ¶彼は短気で怒りっぽい 그는 성격이 급하고 화를 잘 낸다. / 本当に怒りっぽいんだから 정말 화를 잘 낸다니까.

**おこりんぼ【怒りんぼ】** 화를 잘 내는 사람, 노하기 쉬운 사람

**おこる【起こる】** 일어나다, 발생하다

基本表現
▶彼に何が起こったのだろう
　그 사람에게 무슨 일이 있었을까?
▶このようなことが二度と起こらないように注意してください 이러한 일이 두 번 다시 일어나지 않도록 주의하세요.
▶彼は目の前で起こっている歴史的事件を見守った
　그는 눈 앞에서 일어나고 있는 역사적인 사건을 지켜보았다.
▶きのう近所で火事が起こった
　어제 근처에서 화재가 일어났다.
¶将来何が起こるのかはだれにもわからない 앞으로 무슨 일이 일어날지는 아무도 모른다. / 交通事故が起こったのはあそこです 교통사고가 일어난 곳은 저쪽입니다. / 事故が起こったらすぐ知らせてください 사고가 일어나면 곧바로 알려 주세요. / 悲劇はその翌日起こった 그 비극은 그 다음날에 일어났다. / とうとうその国で内戦が起こってしまった 마침내 그 나라에서 내전이 일어나고 말았다. / そこで何が起こっているのか私にはわからない 거기서 무슨 일이 일어나고 있는지 나는 모른다. / 何が起こるうとも 무슨 일이 생겨도.
¶厄介な問題が起こった 성가신 일이 일어났다. / かすかな疑いが私の心に起こった 내 마음속에 작은 의문이 생겼다.
¶内戦は部族同士の不信と憎しみから起こった 내전은 부족끼리의 불신과 미움으로부터 발생되었다. / 山火事の多くは落雷によって起こる 산불의 상당수는 낙뢰에 의해서 일어난다. / 彼の発言から騒動 그의 발언으로 인한 소동

**おこる【怒る】** 화를 내다, 성을 내다, 노하다

基本表現
▶彼女が怒っているときは近づかないように
　그 여자가 화가 나 있을 때는 가까이 가지 않도록 하세요.
▶彼女は君のことをずいぶん怒っていたよ
　그 여자는 너에게 대단히 화가 나 있었어.
▶彼は何を怒っているの
　그 사람은 왜 그렇게 화내고 있어?
▶姉はそれを聞いたら怒るだろう
　언니는 그것을 들으면 화낼 것이다.
¶何でそんなに怒っているの 왜 그렇게 화내고 있니? / 彼があんなに怒っているところを見たことがないよ 그 사람이 그렇게 화내는 건「처음 봤어[본 적이 없어]. / 父はかんかんに怒っている 아버지는 불같이 화가 나 있다. / 怒って悪かった 화내서 미안해. / 彼は私の言った言葉にひどく怒った 그는 내가 한 말에 몹시 화를 냈다. / 彼女は何でもないことでよく怒る 그녀는 아무것도 아닌 일에 자주 화낸다. / 彼はすぐ怒る 그 사람은 곧 화를[성을] 낸다. / そんなに怒らないでよ 그렇게 화내지 마. / 彼女はだれも自分の話を信じてくれないと怒った 그녀는 아무도 자신의 이야기를 믿어 주지 않는다며 화를 냈다.
¶彼女は怒って大声を出した 그녀는 화가 나서 큰 소리를 냈다. / 怒った群衆は警官に向かって石を投げた 화가 난 군중은 경찰관을 향해서 돌을 던졌다.
¶私の不注意で彼が怒ってしまった 내 부주의로 그가 화를 내고 말았다. / 口をすべらせてユミを怒らせてしまった 입을 잘못 놀려서 유미를 화나게 만들어 버렸다. / 上司にひどく怒られた 상사에게 심하게 꾸중을 들었다.

会話 僕のことを怒っているかな
　A：キョンヒさん、僕のこと怒っているかな
　B：大丈夫だよ。彼女は本当に怒っているわけじゃぁないさ。怒っているふりをしているだけだよ
A：경희 씨, 아직 나한테 화가 나 있을까?
B：괜찮아. 그 사람은 정말로 화가 나 있는

게 아냐. 화가 난 척하고 있을 뿐이지.
A：宿題やらないとお母さんが本当に怒るぞ
B：心配ないよ. もうすぐやるから
A：숙제 안 하면 엄마가 정말로 화낼 거야.
B：걱정 없어. 금방 할 거니까.

**おこる【興る】**일어나다 ¶この村に新しい産業が興ることが待たれている 이 마을에 새로운 산업이 일어나는 것이 기다려진다.

**おごる【奢る】**[ごちそうする] 한턱내다, 《俗》쏘다 [ぜいたくだ] 사치스럽다 ¶一杯おごらなくちゃね 한턱내야 되겠네. | きょうは僕がおごるよ 오늘은 내가 한턱낼게. | 오늘은 내가 살게[쏠게]. | うまいものばかり食べているので彼女は口がおごっている 그녀는 맛있는 것만 먹어서 입이 고급이다.

**おごる【驕る】**거만하게 굴다, 교만을 부리다 ¶出世した後, 彼は以前がおごっている 출세한 후 그는 거만해졌다. 慣用句 驕れる者は久しからず 교만한 자는 반드시 망하는 법이다.

**おさえ【押さえ・抑え】**[重し] 누름돌, 지지름돌 [統制] 통제 ¶馬車は抑えがきかなくなって暴走した 마차는 통제할 수 없게 되어 폭주했다. | 彼が死んでから急進派に対する抑えがきかなくなった 그가 죽은 후 급진파에 대한 통제가 없어졌다. 関連 抑え投手 구원 투수

**おさえつける【押さえ付ける・抑え付ける】**내리 누르다 [抑圧する] 억압하다, 억누르다 ¶彼は彼女の肩を押さえ付けた 그는 그 여자 어깨를 눌렀다.

**おさえる【押さえる】** ❶ [押しつける] 누르다 ¶文鎮で紙を押さえる 종이를 서진으로 누르다 / はしごをしっかり押さえてくれますか 사다리를 단단히[꽉] 잡아 주세요. / 医者は手首を押さえて脈を診た 의사는 손목을 눌러서 맥을 짚었다. / 傷口をハンカチで押さえた 손수건으로 상처를 눌렀다.

❷ [ふさぐ] 막다, 가리다 ¶私は爆発の瞬間, 耳を押さえた 나는 폭발 순간 귀를 막았다. / 鼻を押さえる 코를 막다

❸ [とらえる] 잡다, 확보하다 ¶犯人を押さえる 범인을 잡다 / 痴漢の犯行の現場を押さえる 치한의 범행 현장을 잡다 / 容疑者の身柄を押さえる 용의자의 신병을 확보하다 / 警察は銀行強盗の証拠を押さえた 경찰은 은행 강도의 증거를 확보했다.

❹ [その他] ¶税金を滞納して税務署に財産を押さえられた 세금을 체납해서 세무서에 재산을 압류당했다. / 彼は要点を押さえて説明した 그는 요점을 잡아 설명했다.

**おさえる【抑える】**[感情を] 누르다, 억누르다, 참다 [抑制する] 억제하다 [食い止める] 막다 ¶怒りを抑える 노여움을 참다 | 憤怒를 누르다 / たかぶった気持ちを抑える 흥분된 마음을 누르다 / 何とか感情を抑えた 겨우 감정을 억눌렀다. / 感情を抑え切れなかった 감정을 모두 다 억제할 수는 없었다. / 彼女は涙を抑えた 그녀는 눈물을 참았다.

¶出費を抑える 지출을 억제하다 / 彼はたばこを1日10本に抑えた 그는 담배를 하루 열 개비로

줄였다. / この薬は風邪の症状を抑える働きがある 이 약은 감기 증상을 억제하는 효능이 있다. / そのピッチャーは相手チームを1点に抑えた その投手は 상대팀에게 1점밖에 허용하지 않았다.

**おさがり【お下がり】**퇴물림 ¶彼女は姉のお下がりを着るのをひどくいやがった 그녀는 언니의 옷을 물려 입는 것을 몹시 싫어했다. / 兄のお下がりだけどこのジャケットは気に入っている 형한테 물려받은 것이지만 이 재킷은 마음에 든다.

**おさき【お先】**¶お先にどうぞ 먼저 하십시오. / お先に召し上がれ 먼저 드십시오. / お先に失礼します 먼저 실례하겠습니다. 慣用句 入試に落ちたときはお先真っ暗だった 입시에서 떨어졌을 때에는 앞이 깜깜했다.

**おさげ【お下げ】**땋은 머리, 둘로 갈라서 땋아 늘어뜨린 머리 ¶妹はいつも髪の毛をお下げに結っている 여동생은 언제나 머리카락을 두 갈래로 땋아 늘어뜨리고 있다.

**おさない【幼い】**어리다 [幼稚だ] 유치하다 ¶その子はまだ年が幼い 그 애는 아직 나이가 어리다. / そのころ私はまだ幼かった 그 당시의 나는 아직 어렸다. / 両親の死後, 幼い子供たちだけが残された 부모님이 돌아가신 뒤 어린 아이들만 남겨졌다. / 彼は幼い弟妹たちを養っている 그는 어린 동생들을 기르고 있다. / 私はうんと幼いころを思い出した 나는 문득 어렸을 적 일이 생각났다. / きみの考えは幼い 네 생각은 유치하다.
¶幼い考え 유치한[어린] 생각 / 幼い少女 어린 소녀

**おさなごころ【幼心】**어린 마음 ¶外国で暮らした体験は彼の幼心に強い印象を与えた 외국에서 살았던 경험이 그의 어린 마음에 강한 인상을 주었다.

**おさなじみ【幼馴染み】**소꿉친구 ¶彼女は北海道にいたころの幼なじみだ 그 여자는 홋카이도에 있었을 때의 소꿉친구다. / 彼ら二人は幼なじみだ 그 두 사람은 소꿉친구다.

**おざなり【御座なり】**건성 ¶彼女はいつもおざなりな返事をする 그녀는 언제나 건성으로 대답한다.

**おさまり【納まり・収まり・治まり】**결말, 수습; 농담 ¶両国間には絶えずごたごたがあったがやっと収まりがついた 양국간에는 끊임없는 말썽이 있었지만 겨우 수습이 되었다. / このストーブはどうもこの部屋には収まりが悪い 이 스토브[난로]는 아무래도 이 방에 어울리지 않는다.

**おさまる【治まる・収まる】** ❶ [世の中が] 조용해지다, 평온해지다, 가라앉다 ¶国内がうまく治まっている 국내가 평온하다. / 騒ぎはまもなく収まった 소란은 곧 조용해졌다.

❷ [気持ち・痛みなどが] 가라앉다 ¶薬を飲んだら頭痛が治まった 약을 먹자 두통이 가라앉았다. / 深呼吸をしたら少し動悸が治まった 심호흡을 하자 심장의 두근거림이 조금 가라앉았다. / 受け取っていただかないと私の気持ちが治まりません 받아 주시지 않으면 제 마음이 편하지 않습니다.

❸ [状態が] 가라앉다, 수습되다 ¶風は朝になっ

**おさまる**【収まる】들어가다 ¶あの戸棚の中のものはこの箱にすべて収まるでしょう 저 찬장 안에 있는 물건들은 이 상자 안에 다 들어가겠죠? / この報告は1枚の紙に収まるだろう 이 보고 한 장에 다 기록될 것이다.

**おさまる**【納まる】❶〔納得する〕납득하다 ¶そんな回答では彼が納まるまい 그런 답변에 그가 납득할 리 없다. ❷〔地位などに〕들어앉다 ¶彼は社長のいすに納まっている 그는 사장 자리에 들어앉아 있다. ❸〔納入される〕납입되다〔所蔵される〕소장되다 ¶税金が国庫に納まる 세금이 국고에 납입되다 / 彼の絵は美術館に納められた 그의 그림은 미술관에 소장되었다.

**おさまる**【修まる】좋아지다, 단정해지다, 바로잡히다 ¶彼女は息子の素行がなかなか修まらないことを気にしている 그녀는 아들의 소행이 좀처럼 바로잡히지 않는 것에 신경을 쓰고 있다.

**おさめる**【治める·収める】❶〔世の中などを〕다스리다, 통치하다 (統治ー) ¶1776年まで英国はアメリカを植民地として治めていた 1776년까지 영국은 아메리카를 식민지로서 통치하고 있었다. / 革命後, 彼は大統領として10年間その国を治めた 혁명 후 그는 대통령으로서 10년간 그 나라를 다스렸다. ❷〔騒ぎなどを〕수습하다, 가라앉히다 ¶もめ事を丸く収める 분규를 원만히 수습하다 / 学生たちの騒ぎを収める 학생들의 소란을 가라앉히다 / 機動隊が暴動を収めた 전투 경찰이 폭동을 가라앉혔다.

**おさめる**【収める】❶〔中にきちんと入れる〕넣다; 담다 ¶衣装だんすに寝具を収める 옷장에 침구를 넣다 / 本を全部本箱に収めた 책을 전부 책장에 넣었다. / 全集には短編小説も収められている 전집에는 단편 소설도 담겨져 있다. ¶彼女はなんとか1か月の食費を5万円以内に収めた 그녀는 겨우 한 달 식비를 5만 엔 이내에서 해결했다. / 彼女はカメラにその景色を収めた 그녀는 카메라에 그 경치를 담았다. ❷〔得る〕얻다, 거두다 ¶ついに私たちは勝利を収めた 마침내 우리는 승리를 거두었다. / 彼の新著は一応の成功を収めた 그의 새 저서는 일단 성공을 거두었다. / 彼の息子は大学で優秀な成績を収めた 그의 아들은 대학에서 우수한 성적을 거두었다. / 軍部はクーデターで権力を手中に収めた 군부는 쿠데타로 권력을 수중에 넣었다.

**おさめる**【納める】❶〔納入する〕내다, 납부하다〔納品する〕납품하다 ¶税金を納める 세금을 내다 / 前期の授業料を納める 전기의 수업료를 내다 / 3か月分の家賃をまとめて納めた 집세 3개월치를 한꺼번에 냈다. / 会費は月末までに納めて下さい 회비는 월말까지 납부해 주세요. / 期日までに品物を納めてください 기일까지 물건을 납품해 주세요. ❷〔受け取る〕받다, 받아들이다 ¶些少ですがお納めください 약소하지만 받아 주십시오. ❸〔秘めておく〕간직하다 慣用句 彼はその秘密を自分の胸に納めておくことにした 그는 그 비밀을 가슴속에 담아 두기로 했다.

**おさめる**【修める】〔専攻する〕전공하다, 닦다, 익히다 ¶彼は大学で東洋史を修めた 그는 대학에서 동양사를 전공했다.

**おさらい**〔復習〕복습〔劇などの下げいこ〕연습 ¶家に帰ってきょう習った部分のおさらいをした 집에 돌아가 오늘 배운 부분을 복습했다. / 彼女は自分の出番のおさらいをしている 그녀는 자신이 맡은 부분을 연습하고 있다.

**おし**【押し】밀기, 밀어붙임〔固執〕고집, 억지 ¶彼は押しが強い 그는 억지가[고집이] 세다. / 彼は押しが足りないから営業の仕事には向いてない 그는 추진력이 부족해서 영업 쪽 일에는 적합하지 못하다. / 彼女は彼の押しの強さに負けて結婚することに決めた 그녀는 그의 고집에 밀려 결혼하기로 했다. 慣用句 とにかく押しの一手で頑張るしかしようがない 무조건 밀어붙여 가며 노력하는 수밖에 없다.

**おじ**【伯父·叔父】〔父の兄〕큰아버지〔父の弟〕작은아버지(↔おば)〔母方の〕외삼촌(↔이모) ¶先週久し振りにおじのところに行った 지난 주 오래간만에 삼촌 집에 갔다. / おじさん, こんにちは 큰아버지, 안녕하세요?

**使い分け** おじ・おば

| | | |
|---|---|---|
| 父方 | おじ | (父の兄) 큰아버지<br>(父の弟) 작은아버지, 삼촌 |
| | おば | 고모, 숙모 |
| 母方 | おじ | 외삼촌 |
| | おば | 이모, 외숙모 |

**おしあい**【押し合い】◇押し合いへし合いする 밀치락달치락하다 ¶特売品をあさる買い物客が売場で押し合いへし合いしていた 특매품을 찾아 다니는 사람들이 판매장에서 밀치락달치락하고 있었다.

**おしあう**【押し合う】서로 밀다 ¶危険なので押し合わないでください 위험하니까 서로 밀지 말아 주세요. / 試合の後ファンは競うようにスタジアムを出た 시합이 끝난 뒤 팬들은 서로 밀듯이 경기장[스타디움]을 나왔다.

**おしあげる**【押し上げる】밀어올리다〔持ち上げる〕들어올리다 ¶坂の上まで自転車を押し上げて行かなければならなかった 고갯길 위까지 자전거를 밀고 가야만 했다.

**おしあてる**【押し当てる】꽉 누르다, 눌러 덮다〔くっつける〕바싹[바짝] 대다 ¶傷口にハンカチを押し当てた 상처에 손수건을 꽉 눌렀다. / その子は電車の窓ガラスに額を押し当てて外を眺めていた 그 아이는 전철 유리창에 머리를 바짝 대고 밖을 바라보고 있었다.

**おしい【惜しい】** ❶ [捨てがたい] 아깝다 ¶それは金が惜しいから言っているのではない 그건 돈이 아까워서 하는 말이 아니다. / 時間が惜しいから早く行こう 시간 아까우니까 빨리 가자. / だれだって命は惜しい 누구든지 생명은 아깝다. / 命が惜しければ金を出せ 목숨이 아까우면 돈을 내놓아. / 惜しい人を失くした 아까운 사람을 잃었다.
❷ [残念だ] 아쉽다, 아깝다 ¶山頂を前に引き返すなんて何とも惜しいことだ 산정을 앞에 두고 되돌아가다니 너무 아쉽다. / 惜しいなあ、あと1点で勝てたのに 아, 아깝다. 1점만 더 얻었어도 이길 수 있었는데… / 惜しいことに大きな魚を逃がしてしまった 아깝게도 큰 물고기를 놓쳐 버렸다. / 私たちは惜しいところで負けてしまった 우리는 아깝게 져 버리고 말았다. / 名残惜しい別れ 아쉬운 작별
❸ [もったいない] 아깝다, 과분하다 ¶この机は人にやるには惜しい 이 책상은 남에게 주기는 아깝다. / 田舎に埋もれているには惜しい人物だ 시골에 묻혀 있기에는 아까운 인물이다. / 彼には惜しいくらいの奥さんだ 그 사람에게는 과분한 아내다.

**おじいさん【お祖父さん】** 할아버지 ¶おじいさん、お元気で 할아버지 건강하세요.

**おじいさん【お爺さん】** 할아버지, 늙은이, 노인(老人) ¶彼女はボランティアで病気のおじいさんの世話をしている 그녀는 자원 봉사로 병든 할아버지를 돌보고 있다. / おじいさん、大丈夫ですか 할아버지 괜찮으세요?

**おしいる【押し入る】** 침입하다 ¶泥棒が留守の間に押し入り、現金が盗まれた 부재중에 도둑이 침입해 현금을 도둑 맞았다.

**おしいれ【押し入れ】** 벽장 ¶冬物を押し入れにしまう 겨울 옷을 벽장에 넣다

**おしうり【押し売り】** 강매 [押し売りする人] 강매 상인, 잡상인 ¶彼女はまがいものダイヤの指輪を押し売りされた 그녀는 가짜 다이아몬드 반지를 억지로 사게 되었다. / 彼に親切の押し売りをされて迷惑している 그 사람의 일방적인 억지 친절에 곤란해하고 있다.

**おしえ【教え】** 가르침 [助言] 조언 [指導] 지도 ¶将来のことで悩んだ末に彼に教えを請うた 장래 일로 고민하던 끝에 그에게 가르침을 청했다. / 結局彼は父親の教えに従った 결국 그는 아버지의 가르침을 따랐다.

**おしえご【教え子】** 제자(弟子) ⇒生徒

**おしえこむ【教え込む】** 철저히 가르치다 ¶彼は生徒たちに命の尊さを教え込んだ 그는 학생들에게 생명의 고귀함을 철저히 가르쳤다. / 彼女は家庭で礼儀作法をみっちり教え込まれた 그녀는 집에서 예의범절을 철저히 배웠다.

**おしえる【教える】** ❶ [教授する] 가르치다 ¶私は彼女に日本語を教えている 나는 그 여자에게 일본어를 가르치고 있다. / 韓国語を教えていただけますか 한국어를 가르쳐 주시겠습니까? / カヤグムの弾き方を教えてください 가야금 어떻게 타는지 가르쳐 주세요. / 「先生は何を教えているのですか」「高校で歴史を教えています」"선생님은 무엇을 가르치고 계십니까?" "고등학교에서 역사를 가르치고 있습니다." / 彼女は大学で韓国語を教えている 그녀는 대학에서 한국어를 가르치고 있다. / 彼女は子供たちに水泳を教えている 그녀는 아이들에게 수영을 가르치고 있다. / 家庭教師が数学を教えてくれた家庭教師が 수학을 가르쳐 주었다. / 犬に芸を教える 개에게 재주를 가르치다
❷ [示す, 告げる] 가르치다, 일러주다 ¶彼の居所を教えてくれませんか 그가 있는 곳을 가르쳐 주실 수 없을까요? / 彼は何を勉強したらいいか教えてくれた 그는 무슨 공부를 하면 좋을지 가르쳐 주었다. / 郵便局へ行く道を教えてください 우체국 가는 길을 가르쳐 주세요. / 彼は真実を教えてくれた 그는 진실을 가르쳐 주었다. / 電話番号を教えてください 전화번호를 가르쳐 주세요.

**使い分け** 教える

| 教える | 体系的知識を伝える | 가르치다 |
| | (情報)を知らせる・告げる | 알리다 |

**おしかける【押し掛ける】** 몰려들다 [招かれていないのに来る] 들이닥치다 ¶群衆が市役所に押し掛けた 군중이 시청에 몰려들었다. / 友人たちが突然夕食に押し掛けてきた 친구들이 갑자기 저녁 식사 때 들이닥쳤다. 関連 押し掛け客 불청객

**おじぎ【お辞儀】** 절, 인사 ◇お辞儀をする 인사하다 ¶彼らは初対面のあいさつにお辞儀を交わした 그들은 첫 대면의 인사로 머리를 숙여 인사했다. / 候補者は大勢の聴衆に向かって深々とお辞儀をした 후보자는 많은 청중을 향해 깊숙이 고개 숙여 인사했다.

**おしきせ【お仕着せ】** ¶毎年のお仕着せの社内旅行は苦痛だ 매년 반 강제적으로 가는 사내 여행은 고통스럽다.

**おしきる【押し切る】** ¶彼らはいつも数の力で反対を押し切る 그들은 언제나 수적인 힘으로 반대를 꺾고 나간다. / 野党の反対を押し切って法案の採決が行われた 야당의 반대를 무릅쓰고 법안 채결을 강행했다. / 彼はいつも自分の考えで他人を押し切ろうとする 그는 언제나 자신의 생각으로 타인을 움직이려고 한다.

**おしくも【惜しくも】** 아깝게도；애석하게도 ¶彼がテニスで惜しくも優勝候補の選手に敗れた 그는 테니스에서 아깝게도 우승 후보 선수에게 졌다. / わが校は惜しくも決勝戦で敗れた 우리 학교는 아깝게도 결승전에서 졌다. ⇒惜しい

**おしげ【惜しげ】** ◇惜しげもなく 아낌없이 ¶彼女は高価なバッグを惜しげもなく妹にあげた 그녀는 비싼 백을 아까워하는 기색도 없이 여동생에 주었다.

**おじけづく【怖じ気づく】** 겁을 먹다 ¶彼は対戦相手がとても強そうだったのでおじづいた 그는 대전 상대가 매우 강해 보여 겁을 먹었다.

**おしこむ【押し込む】** 밀어 넣다, 처넣다 ¶乗客を込んだバスに押し込む 승객을 만원 버스에 밀어 넣다. / スーツケースにスーツを2着押し込んだ 여행 가방에 양복을 두 벌 쑤셔 넣었다.

**おしこめる【押し込める】** [押し込む] 밀어 넣다 [閉じ込める・監禁する] 가두다, 감금하다

¶毎朝満員電車に無理やり押し込められている 매일 아침 만원 전철에 억지로 타고 있다.

**おしころす**【押し殺す】【抑える】억누르다, 억제하다【がまんする】꾹 참다【みんなの前で笑いを押し殺すのに苦労した 사람들 앞에서 웃음을 꾹 참느라 고생했다.

**おじさん**【小父さん】❶【一般成人男性】아저씨 ¶おじさん、駅にはどう行けばいいですか 아저씨, 역에는 어떻게 가면 돼요? / 川に落ちた時、よそのおじさんが助けてくれた 물에 빠졌을 때 모르는 아저씨가 구해 주었다. / 父はいかにもおじさんくさい話し方をする 우리 아버지는 정말 나이 든 사람처럼 말한다. ❷【伯父さん, 叔父さん】⇒おじ

**おしすすめる**【推し進める】추진하다, 밀고 나가다 ¶行政改革を基本方針どおりに推し進める 행정 개혁을 기본 방침대로 추진하다

**おしたおす**【押し倒す】밀어 넘어뜨리다 ¶人込みの中で後ろから押し倒された 혼잡 속에서 뒤에서 누가 미는 바람에 넘어졌다.

**おしだし**【押し出し】【相撲】밀어내기【野球】밀어내기 ¶朝青龍は押し出しで勝った 아사쇼류는 밀어내기로 이겼다. / 9回表ロッテは押し出しで貴重な1点が入った 9회초 롯데는 밀어내기로 귀중한 1점을 얻었다.

**おしだす**【押し出す】밀어내다【掲げる】내세우다 ¶(相撲で)相手を土俵の外へ押し出す 씨름판 밖으로 밀어내다 / 新人候補者は「クリーンな政治」を前面に押し出して選挙戦を戦った 신인 후보자는 깨끗한 정치를 전면에 내세워 선거전을 벌였다.

**おしだまる**【押し黙る】입을 다물다, 침묵하다 ¶父親にしかられている間、彼女は押し黙っていた 아버지에게 야단맞고 있는 동안 그녀는 입을 다물고 있었다.

**おしつけがましい**【押し付けがましい】강요하는 듯하다 ¶彼女の忠告は非常に押し付けがましく聞こえた 그녀의 충고는 매우 강요하는 듯하게 들렸다. / 押し付けがましいところがある 그는 강요하는 듯한 데가 있다.

**おしつける**【押し付ける】밀어 붙이다【強制する, 強要する】떠맡기다, 강요하다【やっかいなものを】넘겨씌우다, 덮어씌우다 ¶満員電車でぎゅうぎゅうとドアに押し付けられてへとへとになった 만원 전철에서 이리저리 떠밀려 몹시 지쳤다. / 自分の意見を他人に押し付けるのはやめなさい 자기 의견을 남에게 강요하지 말아요. / 押し付けがましいようで恐縮ですが 강요하는 것 같아서 죄송합니다만 / 彼女は仕事を人に押し付けて休暇を取った 그녀는 일을 남에게 떠맡기고 휴가를 얻었다. / 責任を人に押し付ける 책임을 남에게 넘겨주다

**おしっこ**《幼》쉬, 쉬야；오줌 ◇おしっこする 오줌을 누다 ¶ママ、おしっこ 엄마, 쉬. / おしっこもらしちゃったの? 오줌 쌌어?

**おしつぶす**【押し潰す】¶車にひかれて帽子はぺしゃんこに押しつぶされた 차에 깔려서 모자가 납작하게 눌려졌다. / 多くの家屋が地すべりで押しつぶされた 많은 가옥이 산사태로 찌그러졌다.

**おしつまる**【押し詰まる】¶今年もいよいよ押し詰まってあと2,3日を残すだけだ 올해도 다 지나가고 드디어 2,3일밖에 남지 않았다.

**おしとおす**【押し通す】【言い張る】밀고 나가다【信念などを貫く】일관하다, 관철하다 ¶彼は最後まで自分の主張を押し通した 그는 끝까지 자신의 주장을 밀고 나갔다.

**おしどり**【鴛鴦】원앙, 원앙새 関連 おしどり夫婦 잉꼬부부

**おしながす**【押し流す】떠내려 보내다；떠밀다 ¶その村は津波に押し流されてしまった 그 마을은 해일에 떠밀려 가 버렸다. / 時代の波に押し流される 시대의 물결에 휩쓸리다

**おしなべて**【押し並べて】대체로 ¶今年の稲作はどの地方もおしなべて豊作だった 올해 벼농사는 모든 지방이 대체로 풍작이었다. / 今年の新入社員はおしなべておとなしい 올 신입 사원은 대체로 점잖다.

**おしのける**【押し退ける】밀어내다 ¶その男は私を押しのけて先に電車に乗り込んだ 그 남자는 나를 밀어내고 먼저 전철에 탔다. / 彼は会社の中で同僚を押しのけて出世した 그는 회사 안에서 동료들을 밀어내고 가장 먼저 출세했다.

**おしのび**【お忍び】미복 잠행 ¶その俳優はお忍びでレストランで食事をしていた 그 배우는 「미복 잠행으로[남에 눈에 띄지 않게]」 레스토랑에서 식사를 하고 있었다.

**おしはかる**【推し量る】헤아리다, 짐작하다 ⇒ 推量

**おしばな**【押し花】눌러 말린 꽃, 압화

**おしべ**【雄蕊】수술, 수꽃술, 웅예(↔암술, 암꽃술, 자예)

**おしボタン**【押しボタン】누름단추 関連 押しボタン式電話 버튼식 전화기

**おしぼり**【お絞り】물수건

**おしまい**【お仕舞い】끝, 마지막 ¶きょうはこれでおしまい 오늘은 이것으로 끝이다. / いつもああなったらおしまいだ 저 녀석도 저렇게 되면 그걸로 끝이다. / 怒ったらおしまいだよ 화를 내면 끝장이다.

**おしみない**【惜しみない】아낌없는 ◇惜しみなく 아낌없이 ¶聴衆は彼に惜しみない拍手を送った 청중은 그에게 아낌없는 박수를 보냈다. / 彼女は本には惜しみなく金を遣う 그녀는 책에는 아낌없이 돈을 쓴다.

**おしむ**【惜しむ】❶【与えるのをしぶる】아끼다 ¶彼は労を惜しまず働いた 그는 노고를 아끼지 않고 일했다. / 成功するためには努力を惜しまない 성공하기 위해서는 노력을 아끼지 않는다. / 彼は子どものためには時間を惜しまない 그는 아이를 위해서라면 시간을 아까워하지 않는다. / 弟は寸暇を惜しんで勉強している 남동생은 일분일초도 아껴 가며 공부한다. / 彼女は金を惜しまずに服を買う 그녀는 돈을 아끼지 않고 옷을 산다. / 我々はその計画を実行するためには費用を惜しまない 우리는 그 계획을 실행하기 위해서라면 비용을 아끼지 않는다.
❷【残念がる】아쉬워하다, 아까워하다, 애석해하다 ¶友達との別れを惜しんだ 친구와의 이별을 아쉬워했다. / 私たちは彼の死を惜しんだ 우리

는 그 사람의 죽음을 애석히 여겼다. / 惜しむらくは, 彼には運がなかった 애석하게도 그에게는 운이 없었다. / 名を惜しむ 이름을 아끼다

**おしめ** 기저귀 ¶おしめをつける[している] 기저귀를 차다 / おしめを替える 기저귀를 갈다 / この子は2歳でおしめが取れた 이 아이는 두 살 때 기저귀를 뗐다.

**おしもんどう【押し問答】** 입씨름, 승강이 ¶彼と押し問答するのは時間のむだだ 그 사람하고 입씨름하는 것은 시간 낭비다.

**おしゃべり** 수다, 잡담 [おしゃべりな人] 수다쟁이 ◇おしゃべりする 수다를 떨다, 잡담하다 ◇おしゃべりだ 수다스럽다 ¶喫茶店でコーヒーを飲みながらおしゃべりをした 찻집에서 커피를 마시며 수다를 떨었다. / 彼はいつも授業中におしゃべりしていてしかられる 그는 수업중에 언제나 잡담을 해서 혼난다. / あいつはおしゃべりだから何も話さないほうがいいよ 그 녀석은 입이 가벼우니까 아무 얘기도 안 하는 게 나아.

**おしやる【押しやる】** 밀어내다, 걷어치우다 ¶椅子がじゃまだったのでわきに押しやった 의자가 방해돼서 옆으로 밀어냈다.

**おしゃれ【お洒落】** ◇おしゃれをする 멋을 부리다, 모양을 내다, 옷을 잘 입다 ◇おしゃれだ 멋있다, 《俗》 근사하다 ¶兄はおしゃれをして出かけた 형은 멋을 부리고 나갔다. / 彼女はおしゃれだ 그녀는 옷을 잘 입는다. / このあたりにはおしゃれな店がたくさんある 이 근처에는 근사한 가게가 많이 있다. / おしゃれな着こなし 멋있는 [근사한] 차림새 / おしゃれな人 멋쟁이

**おじゃん** 틀어짐, 허사(虛事), 물거품 ¶計画は資金不足でおじゃんになった 계획은 자금 부족으로 허사로 돌아갔다.

**おしょう【和尚】** 화상 [仏教僧] 스님 [住職] 주지(住持)

**おじょうさま【お嬢様】** 따님 [令嬢] 영애 ¶彼女はお嬢様育ちだから貧乏がどんなものか知らない 그 여자는 공주같이 자라서 가난이 어떤 것인지 모른다.

**おじょうさん【お嬢さん】** [娘] 따님 [若い娘] 아가씨 (▶呼びかけで用いる) ¶お宅のお嬢さんはおいくつですか 댁의 따님은 몇 살입니까? / お嬢さん, 郵便局はどこでしょうか 아가씨, 우체국은 어디에요?

**おしょく【汚職】** 공직자 비리, 독직 [収賄] 수회 ◇汚職をする 독직하다 ¶汚職がその業界全体にはびこっている 부정 부패가 그 업계 전체에 만연하고 있다. / 政界の汚職事件が摘発された 정계 비리 사건이 적발되었다. 関連 汚職議員 독직 의원

**おしよせる【押し寄せる】** 밀어닥치다, 밀려들다, 몰려들다 ¶新規開店した店に客がわんさと押し寄せた 새로 개점한 가게에 손님이 우르르 몰려들었다. / すずめの一群が小麦畑に押し寄せひどい被害を与えた 한 무리의 참새 떼가 밀밭에 몰려들어 큰 피해를 입혔다. / 優勝戦を見ようと球場に野球ファンが押し寄せた 우승전을 보려고 구장에 야구팬들이 몰려들었다. / どんな僻地(へきち)にも時代の波が押し寄せる 어떤 외진 곳에도 시대의 조류가 밀어닥친다.

**おしろい【白粉】** 분 ¶白粉をつける 분을 바르다

**おしわける【押し分ける】** 헤치다 ¶彼は人込みを押し分けながら前に進んだ 그는 인파를 헤쳐 가며 앞으로 나아갔다.

**おす【雄・牡】** 수컷(↔めす) ¶その犬は雄ですか雌ですか 그 개는 수컷입니까? 암컷입니까? / 雄の犬 수캐 / 雄の鶏 수탉

**おす【押す】** ❶ [力を加える] 밀다, 누르다

> 使い分け 밀다, 누르다
> 밀다 ドアや人のように, 押された対象が移動する場合に用いる.
> 누르다 ベルのように, 押された対象が移動しない場合に用いる.

¶押さないでくれ 밀지 말아 줘. / だれかが後ろからどんと押した 누군가가 뒤에서 세게 밀었다. / ドアを押して開けた 문을 밀어 열었다. / 彼はドアを軽く押した 그는 문을 가볍게 밀었다. / 自転車を押して坂を上った 자전거를 밀고 경사를 [오르막길을] 올랐다.

¶呼び鈴を押す 초인종을 누르다 / 私はすばやくシャッターを押した 나는 재빨리 셔터를 눌렀다. / 緊急の際にはこのボタンを押してください 긴급시에는 이 버튼을 눌러 주세요.

❷ [印を押す] 찍다 ¶判を押す 도장을 찍다 / 彼は自分の本のすべてに名前の印を押した 그는 자신의 모든 책에 이름 도장을 찍었다. / 包みには「取り扱い注意」とスタンプが押されている 소포에는 '취급 주의'라는 도장이 찍혀 있었다.

¶出勤すると毎日タイムカードを押す 출근하면 매일 타임카드를 찍는다.

❸ [しのぐ] 누르다, 압도하다 ¶ジャイアンツは押していた試合を落としてしまった 자이언츠는 다 이겼던 시합에서 지고 말았다.

❹ [無理をする] 을[를] 무릎쓰고 ¶病気を押して出勤した 병을 무릎쓰고 출근했다. 慣用句 年末のデパートは押すな押すなの混雑だ 연말의 백화점은 밀치락달치락하는 혼잡이다. / 彼は今や押しも押されもしない大スターだ 그는 이제 확고부동한 대스타이다.

**おす【推す】** [推薦する] 밀다, 추천하다 ¶彼は圧倒的多数で議長に推された 그는 압도적 다수로 의장으로 추천되었다.

**おすい【汚水】** 오수 [下水] 하수 ¶その工場は長い間汚水をたれ流してきた 그 공장은 오랫동안 오수를 흘려 보내왔다. 関連 汚水処理場 오수처리장

**おずおず** 조심조심, 주춤주춤, 머뭇머뭇 ¶しかられるのを覚悟して生徒たちはおずおずと職員室に入っていった 혼날 것을 각오하고 학생들은 조심조심 교무실로 들어갔다.

**おすそわけ【お裾分け】** ◇おすそ分けする 나누어 주다 ¶郷里からみかんがたくさん届いたので近所におすそ分けした 고향에서 귤을 많이 보내와서 이웃에게 [근처에] 나누어 주었다. / 彼のもうけのおすそ分けにあずかった 그의 수입을 [벌이에서] 조

금 받았다. | 그가 번 것에서 조금 받았다.

**おすみつき【お墨付き】** 보증, 증명서 ¶専門家のお墨付きのついた絵画 전문가의 보증서[증명서]가 붙은 회화

**おせいぼ【お歳暮】** 연말 선물

**おせじ【お世辞】**〔ほめ言葉〕찬사, 칭찬〔おべっか, へつらい〕간살, 발림말, 아첨, 빈말 ¶お世辞を言う 간살을 부리다 / (ほめられた時に謙遜して)お世辞が上手ですね 과찬이십니다. / お世辞で言っただけですよ 그는 단지 아첨으로 말했을 뿐입니다. / 彼女はお世辞にもプロのピアニストなどとは言えない 빈말이라도 그녀를 프로 피아니스트라고는 할 수 없다. / お世辞にもうまいとは言えない 발림이라도 잘한다고는 할 수 없다. / あの人はいつもお世辞たらたら上司の機嫌をとっている 그 사람은 언제나 아첨을 떨며 상사의 기분을 맞춘다. / お世辞の一つも言えなければ出世しないよ 아첨도 못하면 출세 못해. / いいえ、今のは単にお世辞ではありませんよ 아뇨, 지금 하는 말은 단지 입발린 소리가 아니에요.

¶彼は彼女に料理が上手だとお世辞を言った 그는 그녀에게 요리를 잘한다고 칭찬했다. / 彼は時々私に心にもないお世辞を言う 그는 가끔 나에게 마음에도 없는 칭찬을 한다. / 私はお世辞を言う人が大嫌いだ 나는 아첨하는 사람이 너무 싫다.

**おせちりょうり【お節料理】** 세찬, 설 음식

**おせっかい【お節介】** 참견 ◇お節介をやく 참견을 하다 ¶余計なお節介だ 쓸데없는 참견이다. / 頼まれてもいないんだからあまりお節介をやかないほうがいいよ 부탁받은 것도 아닌데 너무 참견하지 않는 게 좋아. / 彼女はあまりにお節介やきなのでみんなから煙たがられている 그녀는 너무 공연한 참견을 하니까 모두가 귀찮게 생각한다.

**おせん【汚染】** 오염 ◇汚染する 오염되다 ¶河川を汚染から守る 하천을 오염으로부터 보호하다[지키다] / 水が汚染している 물이 오염되어 있다. / 工場からの廃水が河川を汚染している 공장에서 나오는 폐수가 하천을 오염시키고 있다. / 調査の結果、その地域は放射能に汚染されていることが明らかになった 조사 결과 그 지역은 방사능에 오염되어 있다는 사실이 밝혀졌다. / 多くの汚染物質が大気中に含まれている 많은 오염물질이 대기중에 포함되어 있다. 関連 汚染源 오염원 / 汚染対策 오염 대책 / 汚染防止 오염 방지 / 環境汚染 환경 오염 / 水質汚染 수질 오염 / 大気汚染 대기 오염 / 放射能汚染 방사능 오염

**おぜん【お膳】** 밥상 ¶お膳を出す 밥상을 올리다 数え方 お膳1客 밥상 한 상

**おぜんだて【お膳立て】**〔準備〕준비, 채비 ¶歓迎会のお膳立てはすっかりととのった 환영회 준비는 모두 끝났다.

**おそい【遅い】** ❶〔時刻・時期が〕늦다 ◇遅く 늦게

基本表現
▷遅いじゃないか、30分も待ったよ
왜 이렇게 늦었어. 30분이나 기다렸잖아.
▷遅くなってすみません 늦어서 죄송합니다.
▷きのうは夜遅くまで起きていた
어제는 밤 늦게까지 잠자지 않았다.
▷午後遅くに昼食を食べた
오후 늦게 점심을 먹었다.
▷秋になると日が昇るのが毎日少しずつ遅くなる
가을이 되면 해 뜨는 시간이 매일 조금씩 늦어진다.
▷相変わらず来たのは彼がいちばん遅かった
여느 때와 같이 그가 제일 늦게 왔다.
▷今となってはもう遅い
이제 와서는 이미 늦었다.

¶もう遅いから寝なさい 늦었으니 그만 자거라. / もう遅いので失礼します 늦었으니 이만 실례하겠습니다. / 今年は例年より春の訪れが遅い 올해는 예년보다 봄이 늦게 찾아온다. / 母はいちばん遅く寝ていちばん早く起きる 어머니는 가장 늦게 자고 가장 일찍 일어난다. / 子供たちは遅くまで起きてテレビを見ていた 아이들은 늦게까지 자지 않고 텔레비전을 보고 있었다. / 夜遅くまで勉強した 밤 늦게까지 공부했다. / 朝遅く起きた 아침 늦게 일어났다. / だれかがドアをノックしている。こんなに夜遅く何の用だろう 누군가가 문을 노크하고 있다. 이렇게 늦은 시간에 무슨 일일까? / 遅くとも10時までには家に帰りなさい 늦어도 열 시까지는 집에 돌아가거라. / 遅くとも9時までに帰る 늦어도 아홉 시까지는 돌아온다. / どうして帰りが遅くなると電話しなかったの 왜 늦게 온다고 전화 안 했어? / 20分も遅刻だぞ。まあ遅くなっても来ないよりはいいけど 20분이나 늦었잖아. 뭐 늦어도 안 오는 것 보다는 낫지만. / 遅い朝食をとる 늦은 아침 식사를 하다

¶彼はいつも手紙の返事をくれるのが遅い 그는 언제나 답장이 늦다. / 謝ってももう遅い 사과해도 이미 늦었다. / 今さら後悔しても遅いよ 이제 와서 후회해도 이미 늦었어. / 運転手は不意に気がついてブレーキを踏んだが遅すぎた 운전기사는 아이를 보고 브레이크를 밟았지만 이미 늦어버린 후였다. / 発育が遅い 발육이 더디다

❷〔速さが〕느리다, 더디다, 늦다 ¶彼は仕事が遅い 그는 일이 느리다. / 彼は足がとても遅いので競走ではいつもびりだ 그는 다리가 느려서 달리기에서는 항상 꼴찌다. / 彼女は最初は遅いペースで走った 그녀는 처음에는 늦은 페이스로 달렸다. / バスが遅いのでとてもいらいらした 버스가 늦어서 매우 초조했다. / 時間がたつのが遅かった 시간이 더디게 간다. / 昇進が遅い 승진이 더디다 / 遅い球 느린 공

**おそう【襲う】** ❶〔襲撃する〕습격하다, 덮치다〔敵陣を襲う 적진을 습격하다 / 敵は大挙してその町を襲った 적은 대대적으로 그 도시를 덮쳤다. / 犬が猫を襲った 개가 고양이를 덮쳤다. / バッタの群れが小麦畑を襲った 메뚜기 떼가 밀밭을 습격했다. / 公園で2人の男に襲われた 공원에서 두 명의 남자에게 습격당했다.

¶覆面をした2人の男が銀行を襲った 복면을 한 두 명의 남자가 은행을 덮쳤다.

❷〔病気・災害などが〕덮치다 ¶台風が関東地方を襲った 태풍이 간토 지방을 덮쳤다. / 疫病がその村を襲った 역병이 그 마을을 덮쳤다. / 悲劇が次々と彼の一家を襲った 비극이 차례차례로 그

の 일가를 덮쳤다.

❸ [不安・恐怖などに襲われる] 사로잡히다 ¶恐怖に襲われた 공포에 사로잡히다 /彼女は後悔の念に襲われた 그녀는 후회스러운 생각에 사로잡혔다. /時々得体の知れない不安に襲われる 가끔 정체 모를 불안에 사로잡힌다.

**おそうまれ** 【遅生まれ】 (취학 아동이) 사월 2일에서 십이월 말일 사이에 태어남, 또는 그런 사람

**おそかれはやかれ** 【遅かれ早かれ】 조만간 ¶あの二人は遅かれ早かれ結婚するだろう 그 두 사람은 조만간 결혼할 것이다. /あの会社は遅かれ早かれつぶれる 그 회사는 조만간 망한다.

**おそざき** 【遅咲き】 철늦게 핌 ¶遅咲きの桜 철늦게 핀 벚꽃

**おそなえ** 【御供え】 공물, 제물 ◇お供えする 신불에 올리다 ¶仏前にお供えする 불전에 공물을 올리다 /お供えもち 신불에 올리는 떡

**おそまき** 【遅蒔き】 ◇遅まきながら 때늦게나마 ¶遅まきながら学校側はいじめ事件について調査を始めた 늦게나마 학교 측은 왕따 사건에 대해 조사를 시작했다.

**おぞましい** 사납다, 무시무시하다, 몸서리다, 몸서리치다 ¶おぞましい光景を見てとてもショックだった 무시무시한 광경을 보고 심한 충격을 받았다.

**おそまつ** 【お粗末】 ◇お粗末 [取るに足りない] 변변찮다 [下手だ] 서투르다, 시시하다 [みすぼらしい] 초라하다 ¶彼のなんともお粗末な演説にはあきれてものも言えなかった 그 의 참으로 변변찮은 연설에는 기가 차서 말도 안 나왔다. /その映画は実にお粗末な出来栄えだった 그 영화는 실로 「변변찮게 만들어진 작품이었다[변변찮은 솜씨였다」. /彼女はお粗末な身なりで戸口に現れた 그녀는 초라한 옷차림으로 대문에 들어섰다. /「ごちそうさまでした」「お粗末さまでした」"잘 먹었습니다." "변변찮습니다."

**おそらく** 【恐らく】 아마 ¶おそらく明日は雨だ 아마 내일은 비가 올 것이다. /土曜日はおそらく家にいると思います 아마 토요일엔 집에 있을 겁니다. /「彼は来るだろうか」「おそらく来ないよ」"그는 올까?" "아마 오지 않을 거야."

**おそるおそる** 【恐る恐る】 [こわごわ] 주뼛주뼛, 흠칫흠칫 [用心して] 조심조심 ¶男の子は恐る恐るライオンのおりに近づいた 남자 아이는 조심조심 사자 우리에 다가갔다.

**おそるべき** 【恐るべき】 [恐ろしい] 무시무시한, 무서운 [非常な] 굉장한, 놀라운 ¶彼女は爆発現場の恐るべき光景に身震いした 그녀는 폭발 현장의 무시무시한 광경에 몸서리 쳤다. /調査の結果恐るべき事実が判明した 조사 결과 놀라운 사실이 판명됐다. /彼女こそまさに恐るべき天才だ 그녀야말로 정말로 놀라운 천재다.

**おそれ** 【恐れ】 ❶ [恐怖] 두려움, 무서움, 공포 ¶彼は恐れを知らない 그는 두려움을 모른다. /彼は死に強い恐れを抱いている 그는 죽음에 강한 두려움을 안고 있다. /我々の新兵器に恐れをなして敵は壊走した 우리의 신병기를 두려워한 적은 도망갔다.

❷ [心配, 懸念] 걱정, 염려 ¶彼が試験に落ちる恐れはない 그가 시험에 떨어질 염려는 없다. /この山は雨が降るとがけ崩れの恐れがある 이 산은 비가 내리면 벼랑이 무너질 우려가 있다. /その船は沈没の恐れがあった その 배는 침몰의 우려가 있었다. /彼はがんの恐れが高い 그는 암일 가능성이 높다. /津波が起こる恐れはない 해일이 일어날 우려는 없다. /大地震が再び起こる恐れがある 대지진이 다시 일어날 우려가 있다. /今夜中から風が強くなる恐れがあります 오늘 밤중에 바람이 강하게 불 우려가 있습니다.

**おそれいる** 【恐れ入る】 죄송하다, 황송하다 [降参する] 손들다 [あきれる] 놀라다, 질리다, 막히다 ¶恐れ入りますが, もう一度おっしゃっていただけませんか 죄송합니다만 한 번 더 말씀해 주실 수 있겠습니까? /ご親切にしてくださってどうも恐れ入ります 친절하게 대해 주셔서 정말 감사합니다. /お手数をかけて本当に恐れ入ります 폐를 끼치게 되어 정말 죄송합니다. /過分なもてなし恐れ入ります 과분한 대접에 몸 둘 바를 모르겠습니다.

¶お見事. 恐れ入りました 훌륭해요. 정말 놀랐습니다. /ミンスの腕前には恐れ入った 민수의 솜씨에는 정말 놀랐다. /ジナの生意気な態度にはまったく恐れ入ったよ 지나의 건방진 태도는 정말이지 막혔어.

**おそれおおい** 【恐れ多い】 황공하다, 송구스럽다 ¶恐れ多いことではありますが, 一言申し上げさせていただきます 송구스러운 일입니다만 한마디 말씀 올리겠습니다. /恐れ多くも陛下からお言葉を賜った 황공하옵게도 폐하께서 말씀을 내리셨다.

**おそれる** 【恐れる】 ❶ [恐怖を感じる] 두려워하다, 무서워하다 ¶何も恐れる必要はない 아무것도 무서워 할 필요는 없다. /失敗を恐れずに挑戦した 실패를 두려워하지 않고 도전했다. /彼は死を恐れている 그는 죽음을 두려워하고 있다. /彼らは軍人を見て恐れおののいていた 그들은 군인들을 보고 무서워서 떨고 있었다.

¶恐れながら申し上げます 죄송합니다만 말씀드리겠습니다.

❷ [心配する, 懸念する] 염려하다, 걱정하다, 우려하다 ¶最悪の事態を恐れた 최악의 사태를 우려했다. /雨が入るのを恐れて窓を閉めた 비가 들어오는 것을 염려하여 창문을 닫았다. /風邪を引くのを恐れて厚着をした 감기에 걸리는 것을 염려하여 두껍게 옷을 입었다. /外国語を話すときには間違いを恐れるな 외국어를 말할 때는 실수를 두려워하지 말아라. /結果を恐れずベストを尽くせ 결과를 걱정하지 말고 최선을 다해라.

**おそろい** 【お揃い】 [一緒に] 함께 모여서 [同じ] 똑같은 ¶ご家族おそろいでどちらへお出かけですか 온 가족끼리 어디 외출하십니까? / 姉妹でおそろいの服を着て銀座に買い物に出かけた 자매끼리 똑같은 옷을 입고 긴자에 쇼핑하러 갔다.

**おそろしい** 【恐ろしい】 ❶ [怖い] 무섭다, 두렵다 ¶恐ろしい光景にぶつかった 무서운 광경에 맞닥뜨렸다. /その事件は聞く

も恐ろしいものだった 그 사건은 듣는 것조차도 두려울 정도였다. / 兄は私に恐ろしい話をした 오빠는 나에게 무서운 이야기를 했다. / きのう恐ろしい目にあった 어제 무서운 경험을 했다. / 交通事故は恐ろしい 교통사고는 무섭다. / 飛行機で旅行するのが恐ろしい 비행기로 여행하는 것이 무섭다. / 私たちは戦争が起こるのではないかと恐ろしかった 우리들은 전쟁이 일어나는 것이 아닐까 하며 두려워했다. / 恐ろしくて口が利けなかった 무서워서 아무 말도 할 수 없었다. / 恐ろしくて後ずさりした 무서워서 뒤로 물러났다. / 金の力というものは恐ろしいものだ 돈의 힘이란 무서운 것이다.
❷〔程度が甚だしい, 非常な〕심하다, 굉장하다 ◇恐ろしく〔ひどく〕심하게, 굉장히 ¶恐ろしいスピードで車が通り過ぎて行った 무서운 속도[스피드]로 차가 지나갔다. / 昨晩は恐ろしく頭が痛かった 어젯밤은 심하게 머리가 아팠다. / このところ生活費が恐ろしくかかる 요즈음 생활비가 너무 많이 들어간다.

**おそろしさ【恐ろしさ】** 무서움, 두려움 ¶恐ろしさのあまり彼は腰を抜かしてしまった 무서운 나머지 그는 기겁을 하고 말았다.

**おそわる【教わる】** 배우다 ¶高校では佐藤先生から数学を教わった 고등학교에서는 사토 선생님에게 수학을 배웠다. / 僕は兄から野球を教わった 나는 형한테 야구를 배웠다.

**オゾン** 오존 ¶フロンガスはオゾン層を破壊する 프레온 가스는 오존층을 파괴한다. 関連 オゾンホール 오존 홀

**おたおた** ¶こんなことくらいでおたおたするな 이런 일 가지고 허둥지둥하지 마라.

**おたがい【お互い】** 서로, 상호 ◇お互いに 서로 ¶彼らは昔からに助け合ってきた 그들은 예전부터 서로 도와 왔다. / 試験に合格するようお互いに頑張ろう 시험에 붙도록 우리 서로 열심히 하자. / 困ったときはお互い様で 곤란할 때는 피차일반입니다. / お互いの利益を考える 서로의 이익을 생각한다.

**おたく【お宅】** 댁, 집 [マニア] 마니아, …광(狂) ¶お宅はどちらですか 댁은 어느 쪽입니까? / お宅まで車で送りましょう 댁까지 차로 모셔다 드리겠습니다. / お宅のご主人は何をなさっているんですか 댁의 남편은 무슨 일을 하고 계십니까? ¶彼はアニメおたくだ 그는 애니메이션 마니아다.

**おだて【煽て】** 부추김 ¶彼は見かけによらずおだてに乗りやすいタイプだ 그는 겉보기와 다르게 부추김에 빠지기 쉬운 타입이다. / つい彼女のおだてに乗って仕事を引き受けてしまった 그녀가 부추기는 바람에 무심코 일을 떠맡아 버렸다.

**おだてる【煽てる】** 추어올리다, 치켜세우다, 부추기다 ¶彼女をおだててその気にさせた 그녀를 치켜세워 그럴 기분으로 만들었다. / 店員は私をおだててその高い服を買わせようとした 점원은 나를 치켜세우며 그 비싼 옷을 사게 만들려고 했다. / おだててもだめだ 치켜세워도 안 된다.

**おたふくかぜ【お多福風邪】** 〔話〕항아리손님, 《正式》유행성 이하선염(急性耳下腺炎)

**おたまじゃくし【お玉杓子】** 〔かえるの子〕올챙이 〔杓子〕국자 〔音符〕콩나물대가리, 음표 ¶みそ汁をおたまじゃくしでお椀にすくう 된장국을 국자로 그릇에 떠 담다 / 私はおたまじゃくしがまったく読めない 나는 콩나물대가리[악보]를 전혀 읽지 못한다.

**おだやか【穏やか】** ◇穏やかだ 온화하다, 평온하다, 차분하다 〔静かだ〕조용하다 ❶〔人柄・話しぶりなどが〕¶彼女は穏やかな目もとをしていた 그녀는 온화한 눈매를 하고 있었다. / 山本さんは穏やかな人柄の方でした 야마모토 씨는 온화한 인품을 가진 분이었습니다. / 自然の中ではより穏やかな落ち着いた気分になる 자연 속에서는 보다 평온하고 안정된 기분이 된다. / 彼は穏やかに話した 그는 차분하게 이야기했다.
¶心中穏やかでなかった 마음속이 평온하지는 않았다. / 奥さんと別居とは穏やかじゃないね 부인과 별거중이라니 보통 일이 아니잖아.
❷〔気候・海などが〕¶日本の気候は韓国より穏やかだ 일본의 기후는 한국보다 온화하다. / きょうは穏やかな一日だった 오늘은 온화한 하루였다. / 風が穏やかに吹いている 바람이 온화하게 불고 있다. / 穏やかな天気 온화한 날씨 / 穏やかな波が浜辺の砂をそっと洗った 온화한 물결이[파도가] 해변의 모래를 살그머니 씻어냈다. / 海が穏やかになった 바다가 평온해졌다.

**おち【落ち】** 빠짐, 누락, 실수〔結末〕결말, 마무리 ¶その名簿にはいくつか落ちがあった 그 명단에는 몇 가지 빠진 것이 있었다. / この洗剤はだんだん落ちがいい 이 세제는 때가 잘 빠진다. / 失敗するのが落ちだからやめときなさい 실패할 게 뻔하니까 그만둬. / その話の落ちは仲間内でおおいに受けた 그 이야기의 웃긴 마무리는 친구들 사이에서 많이 먹혔다.

**おちあう【落ち合う】** 만나다 ¶3時に友達と新宿で落ち合う 세 시에 친구와 신주쿠에서 만난다.

**おちいる【陥る】** 빠지다 ¶困難に陥る 곤란에 빠지다 / わなに陥る 함정에 빠지다 / 危篤に陥る 위독[위기]에 빠지다 / 昏睡状態に陥る 혼수상태에 빠지다 / ジレンマに陥っている 딜레마에 빠져 있다.

**おちおち** ¶車の騒音がひどくて夜もおちおち眠れない 차 소음이 심해서 밤에도 마음 놓고 잘 수가 없다.

**おちこぼれ【落ち零れ】** 낙오자(落伍者) ¶うちのクラスでは落ちこぼれの生徒が増えている 우리 반에는 낙오자가 늘어나고 있다.

**おちこぼれる【落ち零れる】** 낙오하다, 못 따라가다 ¶毎年落ちこぼれる生徒が何人か出る 매년 학생 중에 낙오자가 몇 명씩 나온다.

**おちこむ【落ち込む】** 〔穴などに〕빠지다 〔下落する〕떨어지다 〔気分が沈む〕맥이 빠지다 ¶犬は穴に落ち込んたまではい上がれなかった 개는 구멍에 빠져서 올라오지 못했다. / 不況のせいで売り上げが10パーセント落ち込んだ 불황 탓으로 매상이 10퍼센트 떨어졌다. / 彼は彼女にふられてからすっかり落ち込んでいる 그는 그녀에게 차이고 나서 완전

히 맥이 빠졌다.

**おちつき【落ち着き】** ❶ 〔平静さ〕 침착성 ¶その男を見ると彼女は落ち着きを失った 그 남자를 보자 그녀는 침착성을 잃었다. / 大きな地震にも落ち着きを失わないように 큰 지진에도 침착성을 잃지 않도록. / 母はすぐに落ち着きを取り戻してほほえんだ 어머니는 바로 침착성을 되찾고 미소를 지었다.
¶参観日の生徒たちは落ち着きがない 수업 참관 날의 학생들은 침착하지 못하다. / ヨンヒは入試の前日は落ち着きのない様子だった 영희는 입시 전날 안절부절못했다.
❷ 〔安定〕 안정감〔住む所〕 거처 ¶このテーブルは落ち着きが悪い 이 테이블은 안정감이 없다. / 落ち着き先が決まったら教えてください 거처가 정해지면 알려 주세요.

**おちつきはらう【落ち着き払う】** 침착하다
¶騒動の中でも彼女だけは落ち着き払っていた 소동에서도 그녀만은 침착했다.

**おちつく【落ち着く】** ❶〔人の気持ちが鎮まる〕 가라앉다, 침착하다, 진정되다〔静かだ〕 조용하다〔色〕 차분하다 ¶心が落ち着いた마음이 가라앉았다. / 心を落ち着かせる마음을 진정시키다 / 落ち着きなさい 침착해라. / 落ち着いて行動しなさい 침착하게 행동하라. / そんなことを聞いて落ち着いていられようか 그런 말을 듣고 침착할 수 있을까? / 誤解が解けて私の気持ちは落ち着いている 오해가 풀려 나의 기분은 진정되었다. / 私はこんな色の部屋では落ち着かない 나는 이런 색의 방에서는 초조하다. / 彼女は演奏の前は落ち着かなかった 그녀는 연주 전에는 초조했다. / 彼の言葉で彼女は落ち着かなくなった 그의 말로 인해 그녀는 초조해하기 시작했다. / どこか落ち着いて話せる喫茶店を知っていますか 어딘가 안정되게 이야기할 수 있는 찻집을 알고 있습니까?
¶じっと座っていなさい. 本当に落ち着かない子だね 가만히 좀 앉아 있어! 정말 산만한 애네. / 彼はいつも落ち着いた声で話す 그는 언제나 차분한 목소리로 이야기한다. / 派手な色より落ち着いた色が好きだ 화려한 색보다 차분한 색이 좋다.
❷〔人が新生活·職などに定着する〕 자리잡다, 정착하다, 안정되다〔慣れる〕 익숙해지다 ¶彼も結婚すればずいぶん落ち着くだろう 그도 결혼하면 많이 안정될 것이다. / 彼はやっと新しい職場に落ち着いた 그는 겨우 새 직장에 익숙해졌다. / 「新居に落ち着きましたか」「まだ落ち着きません ね」 "많이 적응되었습니까?" "아뇨, 아직 적응이 안 되네요." / 新居に落ち着いたら必ず手紙をください 새 집에 자리잡으면 꼭 편지해 주세요.
❸〔情勢·天気などが〕 안정되다, 진정되다 ¶事態が落ち着く 사태가 진정되다 / 天候が落ち着いている 안정된 날씨가 계속되다 / このところ天気が落ち着かない 요즈음 날씨가 불안정하다 / 最近消費者物価は落ち着いている 최근 소비자물가는 안정되고 있다. / 彼の病状は今のところ落ち着いている 그의 병상은 현재로서는 안정적이다. / 胃のむかつきはほぼ落ち着きました 위의 메슥거림은 거의 진정되었습니다.
❹〔結論などに到達する〕 귀착되다, 낙착되다, 결정되다 ¶その計画はしばらく見合わせることで落ち着いた 그 계획은 당분간 보류하기로 결정되었다. / 両国の貿易交渉は妥協することで落ち着くだろう 양국의 무역 교섭은 타협으로 귀착될 것이다. / 結局は彼の案に落ち着いた 결국은 그의 안으로 결정됐다.

**おちつける【落ち着ける】**〔気持ちを〕 가라앉히다〔定着する〕 정착하다 ¶泣くのをやめて気持ちを落ち着けなさい 울지 말고 기분 좀 가라앉혀라. / いい加減に腰を落ち着けたらどうだい いまや이제 그만 정착하는 게 어때?

**おちど【落ち度】** 잘못, 실수, 과오 ¶今回の事故は君の落ち度でしかない 이번 사고는 네 잘못이다. / その事故は運転手に落ち度はない 그 사고는 운전사에게 잘못은 없다.

**おちば【落ち葉】** 낙엽 ¶はらはらと落ち葉が散っている 우수수 낙엽이 지고 있다. / 落ち葉をかき集める 낙엽을 긁어 모으다

**おちぶれる【落ちぶれる】** 영락하다, 몰락하다
¶全財産を失い彼はすっかり落ちぶれてしまった 전재산을 잃고 그는 완전히 몰락해 버렸다.

**おちめ【落ち目】** 내리막길, 사양길 ¶落ち目になった彼を助けてくれる者はだれもいなかった 한물 간 그를 도와주는 사람은 아무도 없었다. / かつて人気アイドルだった彼女も今や落ち目だ 일찍이 아이돌 스타였던 그녀도 지금은 내리막길이다.

**おちゃ【お茶】** 차〔茶道〕 다도 ¶お茶を習う 다도를 배우다 / お茶にしよう 차를 마시자. / お茶を入れましょうか 차 좀 드시겠습니까? / 会社でのお茶くみ仕事に嫌気がさして彼女は転職した 회사에서의 차 심부름에 싫증이 나서 그녀는 전직했다. 数え方 お茶1杯 차 한 잔 慣用句 そんなことはお茶の子さいさいだ 그런 것은 "누워서 떡먹기"다. / いい加減な返事でお茶を濁してはいけない 무책임한 대답으로 얼렁뚱땅 넘어가서는 안 된다.

**おちゅうげん【お中元】** 칠월초부터 칠월 15일에 걸쳐 신세를 진 사람에게 보내는 선물

**おちょうしもの【お調子者】** 덜렁이 ⇒調子

**おちょぼぐち【おちょぼ口】** 작게 오므린 입
¶彼女はおちょぼ口だ 그녀 입은 오목하다.

**おちる【落ちる】** ❶〔下する〕 떨어지다〔雨·雪などが〕오다〔日などが〕지다〔穴などに〕빠지다 ¶飛行機が落ちる 비행기가 떨어지다 / 秋になると木の葉が落ちる 가을이 되면 나뭇잎이 떨어진다. / 大粒の雨が落ちてきた 굵은 빗방울이 떨어졌다. / 突然あられが落ちてきた 갑자기 우박이 떨어지기 시작했다. / 瓶が床に落ちた 병이 마루에 떨어졌다. / 消しゴムが机の上から落ちた 우개가 책상에서 떨어졌다. / ハンカチが落ちましたよ 손수건이 떨어졌어요. / 彼は階段から落ちて足首をくじいた 그는 계단에서 떨어져 발목을 삐었다. / 道にお金が落ちていた 길가에 돈이 떨어져 있었다. / 雪の重みで屋根が落ちた 눈의 무게로 지붕이 떨어졌다. / 日が落ちると寒くなった 해가 지자 추워졌다. / 彼は馬から落ちた 그는 말에서 떨어졌다. / 川〔穴〕に落ちる 강〔구멍〕에 빠지다

❷ [染み・汚れなどがとれる] 빠지다, 바래다, 지다 ¶強力な洗剤を使ったらシャツの染みが落ちた 강력한 세제를 썼더니 셔츠의 얼룩이 빠졌다. / セーターを洗ったら色が落ちた 스웨터를 빨았더니 색이 바랬다. / あかがよく落ちない 때가 잘 지지 않는다. / いくら洗っても染みが落ちない 아무리 빨아도 얼룩이 안 진다.

❸ [抜ける, 含まれていない] 빠지다, 누락되다 ¶名簿から私の名前が落ちている 명단에서 내 이름이 빠져 있다.

❹ [試験などに不合格になる] 떨어지다 ¶彼女は一生懸命勉強したのに大学入試に落ちた 그녀는 열심히 공부했는데 대학 입학시험에 떨어졌다. / 選挙に落ちる 선거에 떨어지다.

❺ [程度が下がる] 떨어지다 [下品になる] 저속해지다 ¶今学期は成績が落ちた 이번 학기는 성적이 떨어졌다. / その歌手は人気が落ちた 그 가수는 인기가 떨어졌다. / 2月と8月は売り上げが落ちるのが普通だ 이월과 팔월은 매상고가 떨어지는 것이 보통이다. / 車のスピードが突然落ちた 차의 속도가 갑자기 떨어졌다. / このレストランは味が落ちた 이 레스토랑은 맛이 떨어졌다.

**おつかい【お使い】** 심부름 ¶娘に郵便局までお使いに行かせた 딸에게 우체국에 심부름을 시켰다. / 父のお使いで来ました 아버지 심부름으로 왔어요. ⇒使い

**おっかなびっくり** [こわごわ] 조심조심 ¶スキーは初めてだったのでおっかなびっくり滑った 스키는 처음이어서 조심조심 탔다.

**おっくう【億劫】** ◇おっくうだ 귀찮다, 내키지 않다 ¶手紙を書くのがおっくうだったので電話で済せた 편지를 쓰는 것이 귀찮아서 전화로 때웠다. / 息子は最近学校に行くのをおっくうがるようになった 아들은 요즘 학교에 다니는 것을 귀찮아 한다. / 寒い朝は朝早く起きるのがおっくうだ 추운 날은 아침 일찍 일어나는 것이 귀찮다.

**おっしゃる** 말씀하시다 ¶おっしゃるとおりです 말씀하시는 대로입니다. / 何とおっしゃいましたか 뭐라고 말씀하셨어요? ⇒言う

**おっちょこちょい** [注意力の散漫な人] 덜렁이, 촐랑이 ◇おっちょこちょいだ 부주의하다 ¶彼はおっちょこちょいだからしょっちゅう忘れ物をする 그는 「부주의한 성격이세서[주의력이 없어서]」 자주 물건을 잊어버린다. ⇒せっかち

**おって【追って】** [後で] 추후에, 뒤에, 나중에 ¶追ってお電話いたします 나중에 전화 드리겠습니다. / 追って通知があるまでお待ちください 추후에 통지가 올 때까지 기다려 주세요.

**おっと【夫】** 남편 ¶彼女は事故で夫を失った 그녀는 사고로 남편을 잃었다. / 私には夫がいる[いない] 나에게는 남편이 있다[없다]. / 夫と妻 남편과 아내

**おっとせい** 물개, 해구 ¶おっとせいの毛皮 물개의 모피

**おっとり** ¶どんな時でも父はあわてずおっとり構えている 언제나 아버지는 당황하지 않고 차분하시다. / 裕福な家庭に育ったせいか彼はとてもおっとりしている 부유한 가정에서 자라서 그런지 그는 굉장히 차분하다.

**おっぱい** [乳] 젖 [乳房] 젖통 ¶赤ちゃんはおっぱいを飲んでいる 갓난아기는 젖을 빨고 있다. / 彼女は赤ちゃんにおっぱいを飲ませた 그녀는 갓난아기에게 젖을 먹였다. / 赤ん坊はおっぱいを欲しがって泣いていた 갓난아기는 젖을 먹고 싶어서 울고 있었다. ⇒乳

**おつり【お釣り】** 거스름돈 ¶500円のお釣りです 500엔의 거스름돈입니다. / あのう, お釣りが足りないんですけど 저기요, 거스름돈이 모자라는데요.

**おてあげ【お手上げ】** ◇お手上げだ 끝장나다, 어찌할 도리가 없다, 손들다 ¶早急に手を打たないとお手上げだ 조급히 조치를 취하지 않으면 끝장난다. / 銀行からの融資を拒否されて, 彼はお手上げ状態だった 은행에서 융자를 거부당해 그는 어찌할 도리가 없었다. / もうお手上げだ 이제 끝장이다.

**おてあらい【お手洗い】** 화장실 ¶すみません, お手洗いはどこですか 저기요, 화장실이 어디예요? ⇒トイレ, 便所

**おでかけ【お出掛け】** 외출, 나들이 ¶どこかへお出かけですか 어디 외출하십니까?

**おでき** 부스럼, 종기 ¶背中におできができてすごくかゆい 등에 부스럼이 생겨서 너무 가렵다.

**おでこ** 이마, 《俗》이마빼기 ¶彼はおでこが広い 그는 이마가 넓다.

**おてつだい【お手伝い】** [家政婦] 가정부 ¶お手伝いさんを雇う 가정부를 고용하다

**おてやわらか【お手柔らか】** ¶お手柔らかにお願いします 살살해 주세요. / 잘 좀 봐 주세요.

**おてん【汚点】** 오점, 흠 ¶今回の不祥事は彼の経歴に大きな汚点を残した 이번의 불상사는 그의 경력에 큰 오점을 남겼다.

**おてんき【お天気】** [天候] 날씨, 일기 ¶今日のお天気はどうですか 오늘의 날씨는 어때요? / 彼女はひどいお天気屋だから付き合いづらい 그녀는 심한 기분파라서 사귀기 힘들다. ⇒天気

**おてんば【お転婆】** 말괄량이, 《俗》왈가닥

## おと【音】 소리

**基本表現**

▷突然高い音がした
　갑자기 높은 소리가 났다.
▷今, 変な音が聞こえた
　지금 이상한 소리가 들렸다.
▷しーっ. 音を立てるな 쉿! 소리 내지 마.
▷そんなにどうか音を立てるな
　그렇게 큰 소리를 내지 마라.

¶小さな音 작은 소리 / 大きな音 큰 소리 / 鋭い音 날카로운 소리 / 鈍い音 둔한 소리 / かすかな音 어렴풋한 소리 / 耳をつんざくような音 귀청이 찢어지는 소리 / 耳障りな音 귀에 거슬리는 소리

¶うつろな音 공허한 소리 / 金属的な音 금속성의 소리 / やわらかい音 부드러운 소리 / 美しい音 아름다운 소리 / 澄んだ音 맑은 소리

¶あれっ, 何の音だ 어, 무슨 소리야? / 音は常温では空気中を秒速約340メートルで伝わる 소리는 상온에서는 공기중을 초속 약 340미터로 전해

진다. / 君のギターはいい音だね 네 기타는 소리가 참 좋아.
¶めん類[うどん、そば]を食べる時に音を立てるのは不作法ではない 면류[우동, 메밀국수]를 먹을 때 소리를 내는 것은 예의에 벗어나지 않는다. / 私は教会の鐘の音が聞こえるかと耳を澄ました 나는 교회의 종 소리가 들릴까 해서 귀를 기울였다. / パトカーのサイレンの音を耳にした 순찰차의 사이렌 소리를 들었다. / 風[波]の音がうるさくて一晩中眠れなかった 바람[파도] 소리가 시끄러워서 밤새 잘 수 없었다. / 戸をたたく音がした 문을 두드리는 소리가 났다. / 雪が音もなく降っていた 눈이 소리없이 내리고 있었다. / このテレビは音が出ない 이 텔레비전은 소리가 안 난다. / ステレオの音を下げろ 스테레오의 소리를 줄여라. / 演奏の前にみんなでバイオリンの音合わせをした 연주 전에 모두 함께 바이올린을 조율했다.

**使い分け 音・声**

| 音 | 소리 | 파도 소리가 들려온다.<br>波の音が聞こえてくる<br>소리를 높이다<br>声を高める |
| 声 | | |
| (人の)声 | 목소리 | 목소리를 죽이다<br>声を低める |

**おとうさん【お父さん】** 아버지(↔어머니), 《敬》아버님 [パパ] 아빠 ¶お父さんによろしくよ 아버님께 안부 전해 주세요. ⇨父

**おとうと【弟】** 동생(▶弟と妹の両方をさす), 남동생 ¶私は彼女の弟と付き合っている 나는 그녀의 남동생과 사귀고 있다. / 私には弟が2人いる 나에게는 남동생이 둘 있다. ⇨兄弟 使い分け

**おどおど** 주저주저 ◇おどおどする 주저주저하다, 접먹다 ¶おどおどしないでしゃんとしなさい 주저주저하지 말고 정신 차려. / 少年はおどおどしてうつむいて立っていた 소년은 주저주저 머리를 숙이고 서 있었다.

**おどかす【脅かす】** 으르다, 접을 주다 [びっくりさせる] 놀라게 하다 [脅迫する] 위협하다, 공갈하다 ¶脅かすなよ 놀라게 하지 마. | 접 주지 마. / 脅かしたってむだだよ 을러도 소용없다.

**おとぎ【お伽】** [昔話] 옛날 이야기 [童話] 동화 ¶子どもたちにおとぎ話をしてやる 아이들한테 옛날 이야기를 들려준다. / おとぎの国 동화의 나라

**おどける【戯ける】** 익살을 떨다, 익살부리다 ◇戯けた 익살스러운, 익살부리는 ¶あいつはとてもおどけたやつだ 그 놈은 너무 익살스러운 놈이다. / 彼はおどけてみなを笑わせるのが得意だ 그는 익살을 떨어 모두를 잘 웃긴다. / 観客は道化師のおどけた仕草に大笑いした 관객은 어릿광대의 익살에 큰 소리로 웃었다.

**おとこ【男】** 남자, 《俗》사나이, 사내 ¶男のくせにめそめそするな 남자인 주제에 훌쩍거리지 마. / おれも男だ、まかせておけ 나도 남자야. 맡겨 줘. / 男なら当たって砕けろ 남자라면 일단 부딪혀 봐라. / 男がすたる 사나이 체면이 떨어지다 / 息子も一人前の男になったので頼もしい 아들도 어엿한 한 사람의 남자가 되어 믿음직스럽다. / こちらの男の方にビールを差し上げてください 이쪽 남자분께 맥주 한 잔 드리세요. / 彼女は新しい男の先生に熱を上げている 그녀는 새로 온 남자 선생님을 연모하고 있다. / 娘に男ができたらしい 딸에게 남자가 생긴 것 같아. / 彼はいい男だ 그는 괜찮은 남자다.
¶彼女は男運が悪い 그녀는 남자운이 없다. / 彼はすぐに男気を出すからな 그는 곧바로 의협심을 내니까. / 彼女の笑顔は彼の男心をくすぐった 그녀의 웃음은 그의 마음을 자극했다. / 彼は男盛りだ 그는 남자로서 한창 때다. | 그는 한창 때의 남자다. / 男所帯で、何かと不自由だ 홀아비살림은 여러모로 불편하다. / これは男同士の約束だ 이건 남자끼리의 약속이다. / 彼は親友の死を知らされて男泣きした 그는 친한 친구의 죽음을 알고 북받쳐 울었다.
¶男物の衣料 남성용 의류 慣用句 彼は男の中の男だ 그 사람은 사나이 중의 사나이다. / ここでやめてしまったら男が立たない 여기서 그만둬 버리면 사내로서의 체면이 안 선다. / 君を男と見込んで頼みたい 너를 남자라 믿고 부탁하고 싶다. / 男は度胸、女は愛敬 남자는 배짱 여자는 애교 / 彼は泥棒を捕まえて男を上げた 그는 도둑을 잡아서 남자로서의 체면을 세웠다.

**おとこっぽい【男っぽい】** 남자답다, 사내답다

**おとこで【男手】** ¶この仕事は男手がいる 이 일은 남자의 일손이 필요하다. / 男手が足りない 남자의 일손이 모자란다. / 彼は男手一つで娘3人を育てた 그는 홀아비로 딸 셋을 키웠다.

**おとこともだち【男友達】** 남자 친구(▶場合により「彼氏(恋人)」の意でも用いる) ¶彼女は男友達が多い 그녀는 남자 친구들이 많다.

**おとこのこ【男の子】** 남자 아이(↔여자 아이), 사내아이(↔계집아이) [若い男性] 사내 [息子] 아들 ¶うちは6人家族で、男の子2人と女の子2人がいます 우리 집은 여섯 식구로 아들 둘 딸 둘입니다. / 彼女はきのう病院で男の子を産んだ 그녀는 어제 병원에서 사내아이를 낳았다.

**おとこまえ【男前】** 미남(美男), 멋진 남자, 《俗》얼짱 ¶彼はなかなかの男前だ 그는 상당한 미남이다. / 彼女は背が高く男前で収入の多い男性と結婚したがっている 그녀는 키가 크고 미남이고 수입이 많은 남자와 결혼하고 싶어한다.

**おとこまさり【男勝り】** ◇男勝りだ 남자 못지않다 ¶彼女は体が大きくて力持ちで男勝りだ 그녀는 몸도 크고 힘도 세서 남자 못지않다.

**おとこらしい【男らしい】** 사나이답다, 남자답다 ¶男なら男らしくしろ 남자라면 남자답게 해라. / ユミのことは男らしくあきらめろよ 유미의 일은 남자답게 포기해라. / 男らしい態度 남자다운 태도

**おとさた【音沙汰】** 소식, 연락 ¶2年もの間彼から全く音沙汰がない 2년 동안 그에게서 전혀 소식이 없다.

**おどし【脅し】** 으름장, 위협, 협박 [恐喝] 공갈 ¶その男は私を殺すと言って脅しをかけた 그 남자는 나를 죽이겠다고 으름장을 놓았다. / そんな脅しにのるもんか 그런 위협에 굴하지 않겠다.

[관련] 脅し文句 위협의 문구, 협박조의 말

**おとしあな【落とし穴】** 함정 [計略] 계략 ¶落とし穴に引っかかる 함정에 빠지다 / 落とし穴を仕掛ける 함정을 놓다

**おとしいれる【陥れる】** 몰아넣다, 빠뜨리다 [ぬれ衣を着せる] 뒤집어씌우다 [攻め落とす] 함락시키다 ¶無実の罪に陥れられ投獄された 억울한 누명을 쓰고 투옥됐다. / わが軍はやすやすと敵陣に陥れた 아군은 쉽게 적군을 함락시켰다.

**おとしご【落とし子】** [私生児] 사생아, 서자 [副産物] 부산물 ¶公害は高度成長の落とし子だった 공해는 고도성장의 부산물이다.

**おとしだま【お年玉】** 세뱃돈 ¶その子は正月に親戚からお年玉をたくさんもらった 그 아이는 설날에 친척에게서 세뱃돈을 많이 받았다. [관련] お年玉付き年賀はがき 복권 연하장 / お年玉袋 세뱃돈을 넣는 작은 봉투

**おとしぬし【落とし主】** 분실자, (물건을 잃어버린) 주인 ¶その財布の落とし主は1ヵ月たっても現れなかった 그 지갑의 주인은 한 달이 지나도 나타나지 않았다.

**おとしもの【落とし物】** 분실물 ¶彼は落とし物を最寄りの交番に届けた 그는 분실물을 가까운 파출소에 갖다줬다.

**おとす【落とす】** ❶ [落下させる, 落としてなくす] 떨어뜨리다, 잃다 ¶瓶を落として割ってしまった 병을 떨어뜨려 깨 버리고 말았다. / たいへんだ! 財布をどこかに落としちゃった 큰일이야! 지갑을 어디선가 잃어버렸어.

❷ [取り去る] 빼다, 없애다 [洗い落とす] 씻어내다 ¶このシャツの汚れをどうやって落とせばいいかな 이 셔츠의 때는 어떻게 없애지? / ズボンについたインクの染みは洗っても落とせなかった 바지에 묻은 잉크의 얼룩은 빨아도 빠지지 않았다. / 足の泥を落としてからでないと上がってはだめよ 발에 묻은 흙을 털어내지 않고 올라가면 안 돼.

❸ [質などを] 떨어뜨리다 [信用などを失う] 잃다 [体重などを減らす] 빼다 ¶彼らは品質を落として価格を維持することにした 그들은 품질을 떨어뜨려 가격을 유지하기로 했다. / 彼は医師としての信用を落とした 그는 의사로서의 신용을 잃어버렸다. / 夏までに体重をあと3キロ落としたい 여름까지 체중을 3킬로 더 빼고 싶다.

❹ [落胆する] 낙심하다, 실망하다

[회화] 気を落とすな

A : なんだい, 一回くらいの失敗で気を落とすな
B : うん, これからもっと注意しなくちゃ
A : 뭐야? 한 번 실패했다고 낙심하지 마.
B : 응, 이제부터는 더 주의해야겠어.

❺ [落第させる, 不合格にさせる] 떨어뜨리다, 낙제시키다 [単位を] 못 따다 ¶あの教授は学生を落とすので評判だ 그 교수는 학생을 낙제시키는 것으로 유명하다. / 数学の単位を落とすと留年だよ 수학 학점을 못 따면 유급이다.

❻ [抜かす, 省く] 빠뜨리다 [忘れる] 잊다 ¶うっかりして彼の名前を名簿から落としてしまった 깜빡하고 그의 이름을 명단에서 빠뜨려 버렸다. / 大切なことを言い落としてしまった 중요한 얘기 하는 걸 잊어버렸다.

❼ [その他] ¶私たちは1点差で大事な試合を落としてしまった 우리는 1점 차이로 중요한 시합에서 져 버렸다. / 観光客はお金をたくさん落としてくれるからいちばんのお得意さまです 관광객은 돈을 많이 쓰는 가장 좋은 손님입니다. / それは必要経費で落とそう 그것은 필요 경비로 처리하자.

**おどす【脅す】** 으르다, 위협하다, 협박하다 ¶強盗一味は銀行の支店長を銃で脅した 강도 일당은 은행 지점장을 총으로 위협했다. / 彼は私を殺すぞといって脅した 그는 나를 죽일 거라며 협박했다. / 彼は彼女を脅して黙らせた 그는 그녀를 협박해 입 다물게 했다.

**おとずれ【訪れ】** 방문, 소식 ¶今年は春の訪れが早い 올해는 봄이 빨리 왔다.

**おとずれる【訪れる】** [訪問する] 찾다, 찾아가다, 방문하다 [来る, 到来する] 오다, 찾아오다 ¶友人を友達の新居を訪ねて行った[찾아가다] / 先日大阪のおじの家を訪れた 지난번에 오사카의 큰아버지[작은아버지] 집을 방문했다. / 観光地を訪れる観光地を찾아가다 / 20年ぶりに故郷を訪れた 20년 만에 고향을 찾아갔다. / 万博会場には連日大勢の人が訪れている 만국 박람회에는 연일 많은 사람들이 찾고 있다. / 春が訪れる 봄이 오다 / 長い内戦の後ようやく平和が訪れた 오랜 내전 끝에 겨우 평화가 왔다.

**おととい【一昨日】** 그저께 ¶彼女はおとといの夜から風邪で寝込んでいる 그녀는 그저께 밤부터 감기로 누워 있다.

**おととし【一昨年】** 재작년 ¶彼らはおととしの6月に結婚した 그들은 재작년 유월에 결혼했다.

**おとな【大人】** 어른, 성인(成人) ¶入場料は大人500円です 입장료는 어른 500엔입니다. / うちの子も大人になった 우리 아이도 이제 어른이다. / もっと大人になりなさい 더 어른이돼라. / 考え方が大人になったね 생각이 제법 어른스럽네. / このケーキは甘さを抑えた大人の味だ 이 케이크는 그리 달지 않은 게 어른 입맛에 맞는다.

¶彼女は大人気ない行動をするね 그 여자는 행동이 어른스럽지 못하네. / 娘も大人っぽく振る舞うようになった 우리 딸도 이제 어른스러워졌다. / この子は背丈だけは大人並みだ 이 키는 어른 같이 크다. / その少年は大人ぶった態度を取った 그 소년은 어른인 척한 태도를 취했다.

**おとなしい【大人しい】** 얌전하다(▶おもに人について用いる) [静かだ] 조용하다 [従順だ] 온순하다 [地味だ] 수수하다 ◇おとなしく 얌전히, 조용히, 수수하게, 온순하게 ¶おとなしい少女 얌전한 소녀 / 言うことをよく聞くおとなしい子供 말을 잘 듣는 온순한 아이 / 馬はおとなしい動物だ 말은 온순한 동물이다. / この動物園の虎はおとなしい 이 동물원의 호랑이는 온순하다. / 彼女は一見おとなしそうに見える 그녀는 언뜻 보기에 얌전해 보인다. / 私はおとなしい柄の服が好きだ 나는 수수한 무늬의 옷을 좋아한다.

¶みんな, おとなしくしなさい 모두 조용히 해. / 彼らはおとなしく私の話を聞いた 그들은 조용하게 내 이야기를 들었다. / 私は上司の命令におとなしく従った 나는 상사 명령에 온순하게 따랐다.

**おとなびる【大人びる】** 어른스러워지다 ¶彼女は年齢よりずっと大人びている 그녀는 나이보다 훨씬 어른스럽다. / 彼は急に大人びてきた 그는 갑자기 어른스러워졌다. / 大人びた口をきく 어른스럽게 말을 하다

**おとめ【乙女】** 처녀 ¶清純な乙女 순수한 처녀 / 彼らの心ない行為が少女の乙女心を傷つけた 그들의 무분별한 행동이 소녀 마음에 상처를 주었다.

**おとめざ【乙女座】** 처녀자리 ¶乙女座生まれの人 별자리가 처녀자리인 사람

**おとも【お供】** 수행〔随行員〕수행원 ◇お供する 모시다, 따라가다 ¶部長の出張のお供をして韓国へ行った 부장님을 모시고 한국에 출장갔다. / 喜んでお供します 기꺼이 같이 가겠습니다.

**おとり【囮】** 미끼〔わな〕함정 ¶獲物を捕るためにおとりに鶏を使った 사냥감을 잡으려 미끼로 닭을 썼다. / 警察は逃亡中の犯人を捕まえるためにその妻をおとりに使った 경찰은 도망중인 범인을 잡기 위해 그 아내를 이용했다. [関連] おとり捜査 함정 수사 / おとり捜査員 함정 수사원

**おどり【踊り】** 춤, 무용〔舞踊〕¶踊りを踊る 춤을 추다 / 彼女は踊りがうまい 그녀는 춤을 잘 춘다. / 彼女は週１回踊りを習っている 그녀는 일주일에 한 번 춤을 배운다. / 彼は踊りが好きで毎夜ディスコで踊りまくっている 그는 춤을 좋아해서 매일 밤 디스코텍에 다닌다.

**おどりあがる【躍り上がる】** 〔うれしくて〕뛰다, 날뛰다 ¶うれしくて躍り上がる 기뻐서 펄쩍 뛰다 / 合格の知らせを聞いて彼は躍り上がって喜んだ 합격 소식을 듣고 그는 펄쩍 뛰며 기뻐했다.

**おどりこ【踊り子】** 무희〔舞姫〕, 무용수〔舞踊手〕, 댄서〔バレリーナ〕 발레리나

**おどりでる【躍り出る】** 뛰어나가다, 뛰어오르다 ¶残り１キロで無名のランナーが一躍トップに躍り出た 1킬로에서 무명의 러너가 일약 선두 주자로 나섰다.

**おどりば【踊り場】** 〔階段の〕층계참, 계단참

**おとる【劣る】** 뒤떨어지다, 뒤지다 ¶実力が劣る 실력이 뒤떨어지다〔뒤지다〕/ 勉強では彼に劣っているが、運動なら彼に負けない 공부라면 그에게 뒤지지만 운동이라면 그에게 지지 않는다. / この車は性能の点で日本車に劣っている 이 차는 성능에서 일본차에 뒤진다. / 이 차는 성능에서 일본차만 못하다. / 私は水泳ではだれにも劣らない 나는 수영이라면 누구에게도 뒤떨어지지 않는다. / 大豆は肉に劣らず栄養がある 콩은 고기 못지않게 영양이 있다. / 彼は兄に勝るとも劣らない秀才 그는 형 못지않게 수재다.

**おどる【踊る】** ❶〔音楽に合わせて体を動かす〕추다, 춤추다 ¶ワルツは踊れますか 왈츠는 출 수 있어요? / 彼女はどんな踊りでも踊れる 그녀는 어떤 춤이라도 출 수 있다. / 私たちは音楽に合わせて踊った 우리는 음악에 맞추어 춤을 췄다. / 踊りせまいか 춤 안 출래.
❷〔そそのかされて行動する〕◇踊らされる 놀아나다 ¶大げさな宣伝文句に簡単に踊らされてしまう 과장된 선전문에 간단히 속아 넘어간다. / 彼は悪い仲間に踊らされているに違いない 그는 나쁜 친구들에게 놀아나고 있는 것이 틀림없다.

**おどる【躍る】** 〔心が〕뛰다, 설레다, 두근거리다 ¶胸が躍る 가슴이 뛰다 / 心が躍る 마음이 설레다 / 喜びで胸が躍った 기쁨으로 가슴이 뛰었다 / 彼女は胸を躍らせて彼を待った 그녀는 두근거리며 그를 기다렸다.

**おとろえ【衰え】** 쇠약, 쇠퇴 ¶年とともに体力の衰えを感じる 나이와 함께 체력의 쇠퇴를 느낀다. / 最近視力の衰えが著しい 요즘 시력이 많이 떨어졌다.

**おとろえる【衰える】** 〔体力が〕쇠약해지다 〔力・勢力が〕약해지다, 쇠퇴하다, 쇠하다 ¶年を取って体力がめっきり衰えた 나이를 먹으니 몸이 몹시 쇠약해졌다. / 視力が衰えてはっきり見えなくなった 시력이 약해져서 확실히 안 보이게 되었다. / 台風は勢力が依然衰えないまま北上している 태풍은 강한 세력을 유지한 채 북상하고 있다. / 彼女は日ごとに容姿が衰えてきた 그녀는 날이 갈수록 쇠약해진 모습을 하고 있다. / その映画スターの人気は衰えてきている 그 영화스타의 인기는 떨어지고 있다. / 最近記憶力が衰えてしまった 요즘 기억력이 떨어졌다. / 気力が衰える 기력이 쇠하다 / 国が衰える 나라가 쇠퇴하다

**おどろかす【驚かす】** 놀래다, 놀라게 하다〔驚く〕놀라다 ¶彼の突然の結婚の知らせには非常に驚かされた 그의 갑작스러운 결혼 소식에 아주 놀랐다. / 彼女が自殺したという知らせは友人たちを驚かせた 그녀가 자살했다는 소식은 친구들을 놀라게 했다. / その子は木陰から急に飛び出して友達を驚かせようとした 그 아이는 나무 뒤에서 갑자기 뛰쳐나와 친구들을 놀라게 하려고 했다. / 鳥の声に驚かされた 새소리에 놀랐다. / 驚かすなよ 놀래지 마라.

**おどろき【驚き】** 놀라움, 놀람 ¶その結果は多くの人にとって驚きだった 그 결과는 많은 사람을 놀라게 했다. / 彼が合格したとは驚きだ 그가 합격했다는 건 놀라운 일이다. / 驚きを禁じえなかった 놀라움을 금치 못했다. / 彼は内心の驚きを隠せなかった 그는 마음속의 놀람을 숨길 수 없었다. / そいつは驚きだね それは 놀랍구나. / 母は驚きのあまり気を失った 어머니는 놀란 나머지 까무러쳤다. / 彼女は驚きのあまり声が出なかった 그녀는 놀란 나머지 목소리가 나오지 않았다. / 驚きに満ちた目で見る 경이에 찬 눈으로 보다

# おどろく【驚く】놀라다

**基本表現**

▶彼女がダンスが非常に上手なのに驚いた
　그녀가 매우 춤을 잘 추는 데 놀랐다.

▶彼は驚いて跳び上がった
　그는 놀라 펄쩍 뛰었다.

▶彼女は驚くほど冷静だった
　그녀는 놀라울 정도로 침착했다.

▶彼は驚くべき記憶力の持ち主だ
　그는 놀랄 만한 기억력의 소유자다.

¶その結果にとても驚いた 그 결과에 매우 놀랐다. / チョンホ、ここで君に会うなんて、驚いた 정호야, 여기서 너를 만나다니 너무 놀랐어. / 金剛山のあまりの美しさに驚いたよ 금강산은 놀랄 만

큼 아름다웠어. / 彼女は事の意外さに驚くだろう 그녀는 그 사건의 의외성에 놀랄 것이다. / 彼女の突然の死に非常に驚いた 그녀의 돌연한[갑작스러운] 죽음에 너무나 놀랐다. / 驚いていたにもかかわらず落ち着いた声で答えた 놀랐음에도 불구하고 그녀는 침착한 목소리로 대답했다. / これは驚くにはあたらない 이것은 놀랄 만한 것이 못 된다. / 彼の語学力に驚いた 그의 어학력에 놀랐다.

¶その知らせを聞いても少しも驚かなかった 그 소식을 듣고 조금도 놀라지 않았다.

¶驚いたことに, 彼はすんなり同意してくれた 놀랍게도 그는 순조롭게 동의해 주었다. / 手術後彼は驚くほどの回復をみせた 수술 후 그는 놀랄 정도로 회복이 빨랐다.

¶驚くべき事実が隠されていた 놀랄 만한 사실이 숨겨져 있었다. / それは驚くべき発見だった 그것은 놀랄 만한 발견이었다. / 彼女にそんな勇気があるとは驚くべきことだ 그 여자에게 그런 용기가 있다니 놀랐다.

¶この新型車の性能には驚くほかはない 이 신형차의 성능에는 놀랄 수밖에 없다. / 驚いたのなんのって, チャンピオンの1ラウンドKO負けさ 무엇보다도 놀라운 것은 챔피언의 1라운드 KO패야.

**おないどし【同い年】** 같은 나이, 동갑(同甲)

¶彼は同い年の女性と結婚した 그는 동갑인 여자와 결혼했다. / 彼女は私と同い年だ 그 여자는 나와 동갑이다.

**おなか【お腹】** 배 ¶お腹がすいた 배가 고프다. / お腹がいっぱいだ 배가 부르다. / 食べ過ぎきだった腹をこわした 너무 많이 먹어서 배탈이 났다. / お腹が痛い 배가 아프다. / 姉はお腹が大きい 언니는 배가 불렀다. | (→妊娠している)언니는 임신했다. / お腹を抱えて笑う 배를 쥐고 웃다

**おながれ【お流れ】** [キャンセル] 취소(取消) [中止] 중지 ◇お流れになる 취소되다, 중지되다

¶遠足が雨のためにお流れになった 소풍이 비 때문에 취소됐다.

## おなじ【同じ】

❶[同一の, 同種の] 같다 [まったく同じ] 똑같다 [ほぼ同じ] 비슷하다

[基本表現]

▶サンギと僕は同じマンションに住んでいる
상기와 나는 같은 아파트에 산다.

▶君の言うことも彼の言うことも結局同じだよ
네가 하는 말도 그 사람이 하는 말도 결국은 같다.

▶彼女は私と同じ故郷の出です
그 여자는 저와 같은 고향 출신입니다.

▶僕は君と同じデジカメを買った 나는 네 것과 같은 디지털 카메라를 샀다.

¶彼はいつも同じ冗談ばかり言う 그는 항상 같은 농담만 한다. / その2つの事故は同日の同じ時刻に起きた 그 두 사고는 같은 날 같은 시각에 일어났다. / これと同じサイズで他色はありませんか 이것과 같은 사이즈로 다른 색은 없습니까? / 私たちは同じクラスです 우리는 같은 반입니다. / 彼女は美人だけどお姉さんも同じだよ 그 여자는 미인이지만 언니도 미인이야. / 「きょうは気分はどうですか」「だいたい同じですね」 "오늘 기분은 어떠세요?" "여전해요." / 彼の考えは私とほぼ同じだ 그의 생각은 나와 거의 비슷하다.

¶彼はきのうと同じ服を着ている 그는 어제와 같은 옷을 입고 있다. / 沈黙はしばしば同意することになる 침묵은 흔히 동의와 같은 뜻이 된다. / その家が3千万円だろうが4千万円だろうが同じことだ. 私の給料ではまったく手が届かないよ 그 집이 3천만 엔이든 4천만 엔이든 똑같다. 내 월급으로는 꿈도 꾸지 못한다. / 彼らの不平はほぼ同じだ 그들의 불평은 거의 비슷하다. / 同じダイヤモンドでもピンからキリまである 같은 다이아몬드라도 최상급에서 최하급까지 있다.

¶私にも同じものをください 저도 같은 걸로 주세요. (▶걸로는것으로의 口語体)

[会話] 私も同じです
A：ご注文は何になさいますか
B：ケーキとコーヒーをください
C：私も同じ
A：뭘 주문하시겠습니까?
B：케이크와 커피요.
C：저도 같은 걸로 주세요.
   A：あの教授の講義にはうんざりだ
   B：僕も同じだ
A：그 교수님 강의는 진절머리가 나.
B：나도 그래.

¶彼らはみな同じような服装をしていた 그들은 모두 다 비슷한 옷을 입고 있었다. / みんな同じように見える 모두 다 비슷하게 보인다. / 私がするのを見ていて同じようにやりなさい 내가 하는 것을 잘 보고 있다가 똑같이 해라. / 私も彼と同じような苦しい経験をしてきた 나도 그와 비슷한 힘든 경험을 해 왔다.

❷[数量・大きさ・程度などが等しい] 같다, 마찬가지다 ; 비슷하다

[基本表現]

▶ケーキを同じ大きさに切るのはけっこう難しい
케이크를 같은 크기로 자르는 것은 꽤 힘들다.

▶ミンスは私と同じくらい速く泳げる 민수는 나와 비슷한 정도로 빠르게 헤엄칠 수 있다.

▶ミンチョルは私と同じくらいCDを持っている 민철이는 나만큼 CD를 가지고 있다.

▶彼女は私と同じ年齢だ
그 여자는 나와 동갑이다[같은 나이다].

▶彼は私とほぼ同じ背丈がある
그 사람은 나와 키가 거의 비슷하다.

¶僕は彼と同じくらいビールを飲んだ 나는 그 사람만큼 맥주를 마셨다. / 彼女は私とほぼ同じ給料を取っている 그 여자는 나와 거의 비슷한 월급을 받고 있다. / 私たちは年が同じだ 우리는 나이가 같다.

❸[同然] 다름없다, 마찬가지다 ¶見たところこの中古パソコンは新品と同じだ 겉보기에는 이 중고 컴퓨터는 신품과 다름없다. / ここまで来れば試合は勝ったも同じだ 여기까지 오면 시합은 이긴 것과 다름없다. / 今も昔も同じだ 예나 지금이나 마찬가지다.

❹[どうせ] 어차피, 이왕 ¶同じ買うなら安いほう

がいい 어차피 사려면 싼 것이 좋다. / 同じ行く なら今すぐ行ったほうがいい 이왕 갈 거면 지금 바로 가는 게 낫다.

**おなじく【同じく】** 마찬가지로, 동 ◇同じくする 같이 하다 ¶日本と同じく韓国でも英語教育に熱心だ 일본과 마찬가지로 한국에서도 영어 교육을 열심히 하고 있다. / 学生A, 同じくB 학생A, 동 B / 志を同じくする者がその会に集まった 뜻을 같이하는 사람들이 그 모임에 모였다.

**おなじみ【お馴染み】** ◇おなじみの 잘 아는, 친숙한 ¶みなさんにおなじみの曲をかけます 여러분이 잘 아시는 곡을 틀겠습니다.

**オナニー** 오나니, 수음(手淫) ¶オナニーをする 오나니를 하다

**おなら** 방귀, 《話》방구 ¶おならをする 방귀를 뀌다 / くっせぇ. おならをしたのはだれだ 아, 냄새야. 누가 방구 뀠어 (► 껴었어는 뀌었어의 縮約形) 数え方 おなら 1 発 방귀 한 방

**おに【鬼】** 귀신, 도깨비《悪魔》악마 ¶仕事などの) 미친 사람, 열중하는 사람 ¶鬼ごっこの鬼 술래 ¶生徒たちは担任を鬼のような人だと思っている学生들은 담임 선생님을 악마 같은 사람이라고 생각하고 있다. / うちの部長は仕事の鬼だ 우리 부장은 일에 미친 사람이다. / (鬼ごっこで)今度は君が鬼だよ 이번에는 네가 술래야. / 鬼課長 호랑이 과장 慣用句 心を鬼にして息子を勘当した 마음을 모질게 먹고 아들과 의절했다. / 鬼が出るか蛇が出るか 어떻게 될지 모른다. / 来年のことを言うと鬼が笑う 내년 일이란 아무도 알 수 없어. / 彼がうちのチームに加われば鬼に金棒だ 그가 우리 팀에 들어오면 범에 날개다. / 鬼の居ぬ間の洗濯 범 없는 골에는 토끼가 스승 ¦ 어려운 사람이 없는 동안 하고 싶은 일을 안심하고 할 수 있다. / 少年は将棋で父親に勝ってまるで鬼の首でも取ったかのように喜んだ 소년은 장기에서 아버지에게 이겨서 큰 공을 세운 듯이 의기양양했다. / 鬼の目にも涙 귀신의 눈에도 눈물 ¦ 무정한 사람이라도 때로는 인정을 베푼다. / 鬼は外, 福は内 귀신은 밖으로, 복은 안으로

**おにぎり【お握り】** 주먹밥, 삼각김밥 ¶梅干しの入ったお握りがいちばん好きだ 매실 장아찌가 들어간 주먹밥이 제일 좋다.

**おにごっこ【鬼ごっこ】** 술래잡기 ¶鬼ごっこをしよう 술래잡기 하자.

**おね【尾根】** 산등성이, 능선 ¶尾根を縦走する 산등성이를 종주하다

**おねがい【お願い】** 소원 〔頼み〕부탁, 청 ⇒願い, 頼み

**おねしょ【夜尿症】** 야뇨증 ¶その子はおねしょをしてお母さんにしかられた 그 아이는 잠자리에서 오줌을 싸서 어머니에게 야단을 맞았다.

**おの【斧】** 도끼〔手おの〕손도끼 ¶彼はおので木を切り倒した 그는 도끼로 나무를 베어 쓰러뜨렸다 数え方 おの1丁 도끼 한 자루

**おのおの【各々】** 각각, 각기, 각자 ⇒それぞれ

**おのずから【自ずから】** 저절로, 스스로 ¶努力すれば道は自ずから開けるものだ 노력하면 길은 스스로[저절로] 열리는 법이다.

**おのれ【己】** 자기, 자기 자신 ¶彼は己に厳しく他人に寛大だ 그는 자기 자신에게 엄격하고 남에게 관대하다. / 苦しい修行によって己に克つことを学んだ 심한 수행에 의해 극기를 배웠다.

**おば【叔母・伯母】** 〔父方の〕고모(↔삼촌) 〔母方の〕이모(↔外삼촌) ¶きのう姉に赤ん坊が生まれたから私は今やおばさんよ 어제 언니에게 아기가 태어났으니 나는 이제 이모야. / きのうおばさんのところに遊びに行った 어제 고모 집에 놀러 갔다. ⇒おじ 使い分け

**おばあさん【お祖母さん】** 할머니(↔할아버지) ¶おばあさんはお達者ですか 할머니는 건강하십니까? / おばあさん, お久し振りです 할머니, 오랜만이에요.

**おばあさん【お婆さん】** 할머니

**オパール** 오팔, 단백석

**おばけ【お化け】** 도깨비, 귀신《幽霊》유령 ¶丘の上の古い屋敷にはお化けが出るそうだ 언덕 위의 오래된 집에는 도깨비가 나타난대. / 友達と遊園地のお化け屋敷に行った 친구와 놀이공원에 있는 유령의 집에 갔다. / お化けカボチャ 거대한 호박

**おはこ【十八番】** 십팔번, 장기, 특기 ¶私の十八番は『帰れ釜山港へ』だ 내 십팔번은 "돌아와, 부산항에"이다.

**おばさん【小母さん】** ❶〔一般の成人女性〕아주머니 ¶よそのおばさんに最寄りのコンビニを聞かれた 길 가던 아주머니가 가까운 편의점을 물어왔다 / デパートで偶然田中さんのおばさんに会った 백화점에서 우연히 다나카 씨네 아주머니를 보았다. / おばさん, ちょっと通してください 아주머니, 좀 비켜 주세요. ❷〔叔母さん, 伯母さん〕⇒おば

**おはよう** 안녕, 잘 잤어 ◇おはようございます 안녕하십니까, 안녕히 주무셨습니까 ¶「おはようございます」「やあ明君か, おはよう」"안녕하세요?" "어, 아키라 군이구나. 안녕." / 私は山田さんにおはようございますと言うのは今朝が初めてだ 나는 야마다 씨에게 "안녕하세요?"라고 했다.

**おはらいばこ【お払い箱】** 해고(解雇) ◇お払い箱になる 해고되다 ¶彼は職務怠慢でお払い箱になった 그는 직무 태만으로 해고됐다.

**おび【帯】** 띠, 허리띠〔本の〕띠 ¶帯を結ぶ[解く]띠를 매다[풀다] / 彼女はきらびやかな帯をしていた 그녀는 화려한 띠를 매고 있었다. 慣用句 帯に短したすきに長し다 어중간하여 별로 쓸모가 없다.

**おびえる【怯える】** 무서워하다, 겁내다 〔震える〕떨다 ¶彼女は雷の音におびえた 그녀는 천둥 소리를 무서워 했다. / 彼らは地震の不安におびえながら一夜を過ごした 그들은 지진의 불안에 떨면서 하룻밤을 지냈다. / 彼女は何かにおびえたような顔をしていた 그녀는 뭔가 겁먹은 얼굴을 하고 있었다. / おびえた声音に質れた 목소리로

**おびきよせる【誘き寄せる】** 꾀어 들이다, 유인하다 ¶いのししをわなにおびき寄せる 멧돼지를 덫으로 유인하다

**おびただしい【夥しい】** 매우 많다, 엄청나다 ¶事故現場にはおびただしい量の血が流れていた 사고

현장에는 엄청난 양의 피가 남아 있었다.

**おひつじざ【牡羊座】** 양자리 ¶牡羊座生まれの人 별자리가 양자리인 사람

**おひとよし【お人好し】** 순진한 사람, 호인
¶彼の言葉をまともに信じるなんて君もお人好しだね 그 여자의 말을 그대로 믿다니 너도 참 순진하구나.

**おびやかす【脅かす】** 위협하다, 위태롭게 하다
¶何者かが彼の生命と財産を脅かしている 누군가가 그의 생명과 재산을 위협하고 있다. / 彼の王座を脅かすような挑戦者はいない 그의 왕좌를 위협하는 도전자는 없다. / テロリズムは世界の平和を脅かすものだ 테러리즘은 세계 평화를 위협하는 것이다.

**おひらき【お開き】** ◇お開きになる 끝나다 ◇お開きにする 끝내다 ¶このへんでそろそろお開きにしよう 이쯤에서 슬슬 끝내자. / パーティーは9時にお開きになった 파티는 아홉 시에 끝났다.

**おびる【帯びる】** 띠다 ¶彼の顔は赤みを帯びていた 그의 얼굴은 붉은 기를 띠고 있었다. / 彼女は憂いを帯びた目で僕を見た 그녀는 슬픔을 띤 눈으로 나를 봤다. / 彼は酒気を帯びていた 그는 술기를 띠고 있었다. / 日本の優勝が現実味を帯びてきた 일본의 우승이 현실이 될 것 같다.

¶赤みを帯びた黄色 붉은 기를 띤 노란 색

**おひれ【尾ひれ】** ◇尾ひれを付ける 과장하다(誇張—) ¶彼はその事件について尾ひれをつけて話した 그는 그 사건을 과장해서 말했다.

**オフィス** 오피스, 사무실(事務室) ¶彼は毎日車で自分のオフィスに行く 그는 매일 차로 자신의 오피스에 간다. 関連 オフィスオートメーション 사무 자동화 / オフィスコンピュータ 오피스 컴퓨터 / オフィスレディー 여자 사무원

**おふくろ【お袋】【母親】** 어머니, 엄마 ¶お袋から荷物が届いた 어머니한테서 짐이 왔다. / この食堂の売り物は何と言ってもお袋の味だ 이 식당의 자랑거리는 뭐니뭐니 해도 어머니의 손맛이다.

**オブザーバー** 옵서버, 참관인(參觀人) ¶我々はオブザーバーとして会議に出席した 우리는 옵서버로서 회의에 참석했다.

**オフサイド** 오프사이드 ¶オフサイドの反則をする 오프사이드 반칙을 하다

**おぶさる【負ぶさる】** 업히다 ¶その子はお母さんの背中に負ぶさったままうとうとしていた 그 아이는 어머니의 등에 업혀 졸고 있었다.

**おふせ【お布施】** 보시

**おぶつ【汚物】** 오물 ¶その部屋は汚物にまみれていた 그 방은 오물투성이가 되어 있었다. 関連 汚物入れ[トイレの] 위생통 / 汚物処理施設 오물 처리 시설

**おふる【お古】** 낡은 것, 헌 옷 ¶お古の衣類 낡은 의류 / 彼女の服は全部お古だった 그녀의 옷은 전부 낡은 것이다 / お家の家具は皆お古ばかり集めたものだ 우리 집 가구는 낡은 것뿐이다.

**オフレコ** 오프 더 레코드 ¶オフレコで話す 비공개로 이야기하다 / 記者たちに対してオフレコで発言する 기자들에 대하여 비공개로 발언한다.

**おべっか** 아첨 ◇おべっかを使う 아첨하다, 알랑거리다 ¶彼はいつも上司のご機嫌を取ろうとおべっかを使う 그는 언제나 상사의 비위를 맞추려고 아첨한다. / いい点を取るために先生におべっかなんか使うな 좋은 점수를 얻기 위해서 선생님에게 아첨 같은 건 하지 마라. 関連 おべっか使い 아첨쟁이

**オペラ** 오페라 ¶オペラを観に行く 오페라를 보러 가다 関連 オペラ歌手 오페라 가수 / オペラグラス 오페라 글라스 / オペラ座[劇場] 오페라 극장, 오페라 하우스

**おぼえ【覚え】** [記憶] 기억 [経験] 경험 [理解] 이해 [自信] 자신 ¶人の名前にかけては覚えがよい[悪い] 사람의 이름에 대해서는 기억을 잘 하다[못하다] / 彼は覚えが遅い[速い] 그는 이해가 늦다[빠르다].

¶私もそのようなつらい目にあった覚えがある 나도 그러한 괴로운 경험을 한 기억이 있다. / その住所に覚えがあった 그 주소는 어디서 본 듯하다. / それらの絵を見た覚えがある 그런 그림을 본 기억이 있다. / 料理にかけては腕に覚えがある 요리에는 자신이 있다.

¶身に覚えがない 자신이 한 기억이 없다. / 私がすることを君にとやかく言われる覚えはない 내가 하는 일에 참견하지 마.

**おぼえがき【覚え書き】** 각서 ¶覚え書きを交換する 각서를 교환하다 ⇒メモ

**おぼえる【覚える】** ❶ [記憶・習得する] 기억하다, 외우다, 배우다

使い分け 기억하다, 외우다, 배우다
기억하다 意識的のまたは無意識的に覚える.
외우다[외다] 目的があって意図的に覚える.
배우다 習得してできるようになる.

基本表現
▷九九を覚えましょう
　구구단을 외워 봅시다.
▷このスピーチ原稿がなかなか覚えられない
　이 스피치 원고는 좀처럼 욀 수 없다.
▷コンピュータの使い方を覚えたい
　컴퓨터의 사용 방법을 배우고 싶다.
▷私の言ったことをよく覚えておいてください
　제가 말한 것을 잘 기억하여 두십시오.

¶その公式をそらで覚えた 그 공식을 암기했다. / 彼女の電話番号は何番だか覚えていますか 그녀의 전화번호는 몇 번인지 기억하고 있습니까? / 前にお会いしたことを覚えています 전에 만났던 것을 기억하고 있습니다. / 私の覚えているユナはとても恥ずかしがり屋の女の子でした 제가 기억하고 있는 윤아는 매우 부끄럼을 타는 여자 아이었습니다. / 彼がそう言ったのを彼女は覚えていた 그가 그렇게 말한 것을 그녀는 기억하고 있었다. / その時のことは何一つ覚えていない 그때 일은 아무것도 기억하고 있지 않다. / 私が覚えている限りでは彼はソウルオリンピックで3つの金メダルを取った 내 기억으로는 그는 서울 올림픽에서 금메달을 세 개 땄다.

¶1日に韓国語の単語を5語ずつ覚えた 하루에 한국어 단어를 다섯 개씩 외었다. / ソウルで暮らし

おぼつかない

ている間に少し韓国語を覚えた 서울에서 생활하는 동안 한국어를 좀 익혔다. / 聞いて覚えるということも時には必要だ 듣고 외는 것도 때로는 필요하다. / たばこを覚える 담배를 배우다 / 酒を覚える 술을 알게 되다 / 覚えていろよ 두고 보자!

❷ [感じる] 느끼다 ¶急に空腹感を覚えた 갑자기 공복감을 [시장기를] 느꼈다. / Kポップスに興味を覚えた K팝스에 흥미를 느꼈다.

**おぼつかない**【覚束ない】 [不安だ] 불안하다 [疑わしい] 의심스럽다 [ことばが] 서투르다

¶酔っ払いがおぼつかない足取りで歩いていた 술주정꾼이 불안한 걸음걸이로 걷고 있었다. / このままの成績では彼の合格はおぼつかない 이대로라면 그의 합격은 불안하다. / 商売人がおぼつかない日本語で話しかけてきた 장사꾼이 서투른 일본어로 말을 걸어 왔다.

**おぼれる**【溺れる】❶ [水におぼれる] 빠지다 [おぼれ死ぬ] 익사하다 ¶彼はおぼれている人を助けた 그는 물에 빠진 사람을 구했다. / 彼はおぼれかけた 그는 물에 빠질 뻔했다. / おぼれかけた子どもを助けた 물에 빠질 뻔했던 아이를 구했다. / 彼はおぼれて死んだ 그는 물에 빠져서 죽었다. / 子どもが泳いでいておぼれ死んだ 아이가 수영하다가 물에 빠져 죽었다.

❷ [のめり込む] 빠지다, 정신이 팔리다 ¶酒 [酒色] におぼれる 술 [주색] 에 빠지다 / 彼は日々酒におぼれていった 그는 나날이 술에 빠져 갔다. / 人気におぼれてはいけない 인기에 빠지면 안 된다. 慣用句 おぼれる者はわらをもつかむ 물에 빠진 자는 지푸라기라도 잡는다.

**おぼろげ**【朧気】◇おぼろげだ 희미하다, 어렴풋하다, 아련하다 ◇おぼろげに 희미하게, 어렴풋이, 아련하게 ¶その当時のことはおぼろげに記憶している 그 당시의 일은 아련하게 기억하고 있다. ⇒ぼんやり

**おぼろづき**【朧月】으스름달 関連 おぼろ月夜 으스름달밤

**おぼん**【お盆】우란분재, 백중맞이 ¶お盆には多くの人が家族に会いに帰省する 백중맞이에는 많은 사람들이 가족을 만나러 귀향한다 [고향으로 돌아간다]. ⇒盆②

**おまいり**【お参り】참배 ◇お参りする 참배하러 가다 ¶彼岸には必ず墓にお参りすることにしている 춘분 [추분] 무렵에는 반드시 성묘를 가도록 한다. / 神社にお参りして家族の無事をお祈りした 신사에 참배하여 가족의 무사를 기도했다.

**おまえ**【お前】너, 자네 ⇒あなた, 君

**おまけ**【お負け】덤 [景品] 정품 [値引き] 에누리 ¶これはおまけです 이것은 덤입니다. / 新車を買ったおまけに5万円の商品券をくれた 새 차를 사니까 덤으로 5만 엔짜리 상품권을 주었다. / 200円おまけしてもらった 200엔 깎아 주었다.

**おまけに**【お負けに】게다가 ¶東京の住宅は値段が高く、おまけに狭いと言われている 도쿄의 주택은 값이 비싸고 게다가 좁다고 한다. ⇒の上

**おまちどおさま**【お待ち遠さま】[遅れて] 늦어서 죄송합니다 [長く待たせて] 오래 기다리셨습니다

**おまつりさわぎ**【お祭り騒ぎ】¶昨夜はサッカーでの勝利を祝って飲んだり踊ったりのお祭り騒ぎだった 어젯밤은 축구에서 이겨 축하하느라 마시고 춤추고 난리였다.

**おまもり**【お守り】부적 ¶彼女は厄除けのお守りを持っている 그녀는 액막이 부적을 가지고 있다. / 交通安全のお守り 교통 안전의 부적

**おまる** [室内用便器] 변기 [し瓶] 요강

**おまわりさん**【お巡りさん】순경(巡警) ¶交番のおまわりさんに道を聞いた 파출소의 순경 아저씨에게 길을 물었다. / [呼びかけ] おまわりさん! 경찰 아저씨!

**おみくじ**【お神籤】길흉을 점치는 제비 ¶おみくじを引く 길흉을 점치는 제비를 뽑다

**おむすび**【お結び】주먹밥 ⇒お握り

**おむつ**【お襁褓】기저귀 ¶おむつをする [替える] 기저귀를 채우다 [갈다] / うちの子は5歳になってもおむつが取れない 우리 아이는 다섯 살이 되어도 기저귀를 떼지 못한다. / その赤ん坊はおむつかぶれがひどい 그 갓난아기는 기저귀로 인한 피부병이 심하다. 関連 紙おむつ 종이 기저귀 / おむつカバー 기저귀 커버

**オムレツ** 오믈렛

**おめ**【お目】◇お目にかかる 만나뵙다 ◇お目にかける 보여 드리다 ¶お目にかかれて光栄です 만나 뵈어서 영광입니다. / これがぜひお目にかけたいと思っていた写真です 이것이 꼭 보여 드리고 싶었던 사진입니다.

**おめい**【汚名】오명, 누명 ¶彼は身に覚えのない犯罪の汚名を着せられた 그는 자신의 기억에 없는 범죄의 오명을 입었다. / 汚名をすすぐ 오명을 씻다

**おめおめ** ¶成功もしないでこのままおめおめと故郷に帰ることはできない 성공도 못하고 이대로 염치 없이 고향에 돌아갈 수는 없다.

**おめかし** ◇おめかしをする 화장을 하다, 모양을 내다, 멋을 내다 ¶まあ、おめかしして どこへ行くの 어머, 예쁘게 화장을 하고 어디 가?

**おめだま**【お目玉】꾸중, 야단 ◇お目玉を食う 꾸중을 듣다, 야단을 맞다 ¶彼はつまらぬ失敗をして上司からお目玉を食らった 그는 하찮은 실수로 상사에게 꾸중을 들었다.

# おめでとう【お目出度う】축하하다

¶「試験の結果はどうだった」「受かったよ」「おめでとう」"시험 결과는 어땠어." "합격했어." "축하해." / 「合格おめでとうございます」「ありがとうございます」"합격 축하합니다." "감사합니다."

¶「明けましておめでとうございます」「おめでとうございます」"새해 복 많이 받으십시오." "네, 새해 복 많이 받으십시오." / 結婚おめでとう。お幸せに 결혼 축하해요. 행복하세요. / 誕生日おめでとうございます 생일 축하합니다.

**おめみえ**【お目見え】¶きょうは役者たちのお目見えだ 오늘은 첫공연이다. / あすから新しい紙幣がお目見えする 내일부터 새로운 지폐가 나온다.

# おもい【重い】❶ [物が] 무겁다

基本表現
▶荷物が重い 짐이 무겁다.

▷君のかばんはずいぶん重いね
네 가방은 상당히 무겁네.
▷サンギのスーツケースは私のよりずっと重い 상기의 여행 가방은 내 것보다 훨씬 무겁다.
▷いちばん重い荷物はだれが持つの
제일 무거운 짐은 누가 들어?
▷その箱は重すぎて持ち上げられない 그 상자는 너무 무거워서 들어올릴 수 없다.
▷この本はなんて重いんだろう
이 책은 너무 무겁네.
¶私は妹よりも3キロ重い 나는 여동생보다 3킬로 무겁다. / 赤ん坊は数か月でかなり重くなる 갓난아기는 몇 개월 사이에 상당히 무거워진다.
❷〔気分が〕무겁다, 언짢다 ¶きょうはどうも気分が重い 오늘은 어쩐지 기분이 언짢다. / 彼に会うのは気が重かった 그를 만나려니 마음이 무거웠다. / 父の言葉が重くのしかかった 아버지의 말이 무겁게 눌러왔다.
❸〔動き・身体が〕무겁다, 느리다, 나쁘다
¶彼らは重い足取りで歩いた 그들은 무거운 발걸음을 옮겼다. / 彼は口が重い 그는 입이 무겁다. / 頭が重い 머리가 무겁다 / 胃が重い 소화가 안 되다 / 腰の重い人 엉덩이가 무거운 사람
❹〔程度が〕무겁다, 심하다〔地位が〕높다
¶彼は重い罰を受けた 그 사람은 무거운 벌을 받았다. / 彼は重い病気にかかった 그는 심한 병에 걸렸다. / 彼らは重い税を払わされた 그들은 무거운 세금을 물었다[지불하게 되었다]. / 彼は会社で重い地位にある 그는 회사에서 중요한 지위에 있다. / 首相は事態を重く見た 수상은 사태를 중시했다. / 重い責任をまかされる 중대한 책임을 맡다 [慣用句] 彼女は重い腰をあげて部屋の掃除を始めた 그녀는 귀찮은 듯 느릿느릿 방 청소를 시작했다.

**おもい** 【思い】〔思考〕생각〔気持ち〕느낌〔心中〕마음〔愛情〕사랑, 사모〔願望〕뜻, 소원 ¶この件に関してはどんなことがあっても私の思いは変わらない 이 일에 관해서는 어떤 일이 있어도 내 생각은 바뀌지 않는다. / 韓国旅行ではとても楽しい思いをした 한국 여행은 매우 즐거웠다.
¶彼女はきのう一日中思いに沈んでいた 그녀는 어제 하루 종일 생각에 잠겨 있었다. / 彼の思いのままにさせておいた 그의 마음대로 하게 했다. / 終戦記念日が近づくと戦争に思いをはせる人が多い 종전기념일이 가까워지면 전쟁 때를 생각하는 사람이 많다. / 彼はずっと前から彼女に思いを寄せている 그는 옛날부터 그녀를 사모하고 있었다. / どうやったら彼女に思いは通じるだろう 어떻게 하면 그 여자에게 마음이 전해질까 ? / 思いも寄らず彼女から手紙を受け取った 뜻밖에 그녀에게서 편지를 받았다. / 娘の口からこんな言葉を聞くなんて思いも寄らなかった 딸 입에서 이런 말을 들을 줄은 생각도 못했다. / 彼は母親思いだ 그는 어머니 생각을 많이 한다. / ユミに思いをよせる ユミ에게 마음을 두다 / 思いもよらぬ結果 뜻밖의 결과

**おもいあがる** 【思い上がる】우쭐하다, 으쓱거리다 ¶試験で一番になってからというもの彼女はひどく思い上がっていた 시험에서 일등이 되고부터 그녀는 심하게 우쭐대고 있었다. / 彼の思い上がった態度はみなの反発を買った 그의 우쭐대는 태도는 모두의 반발을 샀다.

**おもいあたる** 【思い当たる】짚이다, 짐작이 가다 ¶思い当たる節がある 짚이는 데가 있다. / 彼が自殺した理由については思い当たる節がない 그가 자살한 이유에 대해서는 짐작이 안 간다.

**おもいあまる** 【思い余る】◇思い余って 생각다 못해 ¶娘の様子がおかしいので思い余って担任の先生に相談した 딸의 행동이 이상해 생각다 못해 담임 선생님에게 상담했다.

**おもいいれ** 【思い入れ】¶この歌には思い入れがあるんだ 이 노래에는 특별한 애착이 있어. ⇒思い込み

**おもいうかぶ** 【思い浮かぶ】떠오르다, 생각나다 ¶名案が思い浮かんだ 명안이 떠올랐다.

**おもいうかべる** 【思い浮かべる】상상하다
¶桜といえば日本の春を思い浮かべる 벚꽃이라고 하면 일본의 봄을 상상하게 된다. / 日本と聞いてすぐ思い浮かべるのは何ですか 일본이라고 하면 제일 먼저 떠올리게 되는 것이 뭐에요?

**おもいえがく** 【思い描く】마음에 그리다 ¶22世紀がどんなものか思い描いてみなさい 22세기가 어떤 것인지 마음에 그려 봐. / 彼女は韓国での新しい生活を思い描いた 그녀는 한국에서의 새로운 생활을 마음에 그렸다.

**おもいおこす** 【思い起こす】상기하다, 생각이 나다 ¶その音楽を聴いてふと昔のことを思い起こした 그 음악을 듣고 문득 옛날 생각이 났다.

**おもいおもい** 【思い思い】¶子供たちはみな野原に座って思い思いに絵を描いていた 어린이들은 모두 들판에 앉아서 각자의 생각대로 그림을 그리고 있었다.

**おもいかえす** 【思い返す】〔考え直す〕재고하다, 다시 생각하다〔顧みる〕돌이켜 보다, 회상하다 ¶途中で思い返して友人のところに行くのを止めた 도중에 다시 생각하여 친구한테 가는 것을 그만두었다. / 学校時代のことを思い返してみるとなつかしい思い出がたくさんある 학교 시절을 돌이켜 보면 그리운 추억이 많이 있다.

**おもいがけず** 【思い掛けず】¶思いがけず知人に出会った 뜻밖에 아는 사람을 만났다. / 思いがけず旧友から手紙を受け取った 뜻밖에 옛친구에게서 편지를 받았다. / 思いがけず大金が転がり込んできた 뜻밖에 거액의 돈을 손에 넣었다.

**おもいがけない** 【思い掛けない】¶このあいだ街で思いがけない人に会った 요전에 거리에서 뜻밖의 사람을 만났다. / 先生にこんなところでお目にかかるとは思いがけないことです 선생님을 이런 곳에서 뵙다니 뜻밖입니다. / 同僚たちは彼の思いがけない昇進をねたんだ 동료들은 그의 의외의 승진을 질투했다. / 思いがけない客 뜻밖의 손님

**おもいきった** 【思い切った】¶思い切った手を打たなければ行き詰まりを打開できない 과감히 손을 쓰지 않으면 막다른 상황을 타개할 수 없다. / 思い切った計画を立てる 대담한 계획을 세운다.

**おもいきって** 【思い切って】과감히 ¶だめで元々と思い切って彼女にデートを申し込んだ 밑져야

본전으로 과감하게 그 여자에게 데이트를 신청했다. / 思い切ってやってみなさい 과감하게 해봐. / 古い制度を思い切って改革する 낡은 제도를 과감하게 개혁한다.

**おもいきり【思い切り】**〔決断〕결단（あきらめ）단념, 체념〔思う存分〕마음껏〔力いっぱい〕힘껏 ¶彼は思い切りが悪いのでいつも後れを取る 그는 결단을 못해서 언제나 뒤진다. / 彼女は何事にも思い切りがよくない 그녀는 무슨 일에든 체념이 좋지 않다.
¶ひどく侮辱されたので彼女は思い切り彼を殴った 심한 모욕을 받은 그녀는 힘껏 그를 때렸다. / 思い切り飲む 마음껏 마시다

**おもいきる【思い切る】**〔あきらめる〕단념하다〔決心する〕결심하다 ¶歌手になろうなどという望みはそろそろ思い切るべき時期ではないか 가수가 되고 싶다는 희망은 이제 단념해야 할 시기가 아닐까？

**おもいこみ【思い込み】**생각, 마음, 고정관념（固定観念）¶それはあなたの一方的な思い込みです 그것은 당신의 일방적인 생각입니다. / 彼女の思い込みの激しさにはまいるよ 그 여자의 일방적인 생각에는 정말 미치겠어.

**おもいこむ【思い込む】**¶彼は息子が家業を継いでくれるものと思い込んでいる 그는 아들이 가업을 이어받아 줄 것으로 믿고 있다. / 彼は思い込んだら後へはひかない 그는 한번 마음 먹으면 물러서지 않는다.

**おもいしらせる【思い知らせる】**¶あいつに思い知らせてやる 그 놈에게 똑똑히 깨닫게 하겠다. / つらい経験を通して自分の弱さを思い知らされた 피로운 경험을 통해서 자신의 나약함을 깨달았다.

**おもいしる【思い知る】**¶大病を患って健康のありがたさをつくづく思い知った 큰 병을 앓고 건강의 고마움을 통감했다.

**おもいすごし【思い過ごし】**¶それは私の思い過ごしだった 그것은 나의 지나친 생각이었다.

**おもいだす【思い出す】**생각나다, 기억나다, 회상하다

基本表現
▶ジナと約束していたことを思い出した
지나와 약속했던 것이 생각났다.
▶どうしても彼の名前が思い出せない 아무리 해도 그 사람의 이름이 기억이 안 난다.
▶静かな夜には故郷をしみじみと思い出す 조용한 밤에는 고향이 절실하게 생각난다.

¶今, 彼女の生年月日を思い出した 지금 그 여자의 생년월일이 생각났다. / 銀行へ行かなければならないことを思い出した 은행에 가야 되는 것이 생각났다.
¶彼女についてはあまり思い出せない 그 여자에 대해서는 그다지 기억이 안 난다. / 彼がだれだかよく思い出せない 그 사람이 누구인지 잘 생각나지 않는다. / いくら考えても思い出せない 아무리 생각해도 기억이 나지 않는다. / 日本に来たら, 私のことを思い出してください 일본에 오면 나를 떠올려 주십시오. / ああ, 思い出した 아아, 생각났다. / この歌を聞くと楽しかった学生時代が思い出される この歌 들으면 즐거웠던 학생 시절이 생각난다. / 夏になると彼女のことを思い出す 여름이 되면 그 여자 생각이 난다. / 彼は子供のころの家を思い出して絵を描いた 그는 어렸을 때 살던 집을 생각하면서 그림을 그렸다.
¶彼女は時々思い出したように泣いた 그녀는 때때로 생각난 듯이 울었다.

**おもいちがい【思い違い】**착각, 오해 ¶私の思い違いだったらかの착각이었나 보다. / 約束は今日だとばかり思い違いしていた 약속이 오늘인 줄로만 착각했다. / 私の思い違いでなければ彼は来週韓国へ行くことになっている 나의 착각이 아니면 그 사람은 다음주 한국에 가기로 되어 있다.

**おもいつき【思い付き】**「문득 떠오른［일시적인］생각〔ひらめき〕착상, 즉흥적인 생각 ¶彼の話は単なる思い付きだ 그의 이야기는 단순한 일시적인 생각이다. / これは決して思い付きで言っているんじゃない 이것은 결코 일시적인 생각으로 말하는 것이 아니다.

**おもいつく【思い付く】**떠오르다, 생각해 내다 ¶いい考えを思いついた 좋은 생각이 떠올랐다. / 思いついたら即実行だ 생각이 떠오르면 곧바로 실행하자. / その出来事の詳細について思い付くままにペンを走らせた 그 사건의 내용에 대해서 생각나는 대로 펜을 움직였다.

**おもいつめる【思い詰める】**¶そんなに思い詰めるな. なるようになるさ 그렇게 심각하게 생각하지 마라. 어떻게든 되겠지. / 彼女は思い詰めた表情で窓辺に腰掛けていた 그녀는 심각한 표정으로 창가에 걸터앉아 있었다.

**おもいで【思い出】**추억, 회상 ¶この町には子供のころの楽しい思い出がたくさんある 이 동네에는 어렸을 때의 즐거운 추억이 많이 있다. / あの試合に勝ったのが学生時代の懐かしい思い出だ 그 시합에 이긴 것이 학생 시절의 그리운 추억이다. / 彼女は過去のつらい思い出をぬぐいさろうとしている 그녀는 과거의 피로운 추억에서 벗어나려고 하고 있다.
¶父は学生時代の思い出話をしてくれた 아버지는 학생 시절의 추억담을 얘기해 주셨다. / 彼はソウルを訪れた時の思い出として地図をとっておいた 그는 서울을 방문했을 때의 추억으로 지도를 소중히 간직해 두었다. / ここは私たちが初めて会った思い出の場所だ 여기는 우리가 처음으로 만난 추억의 장소다. / その光景は忘れられない思い出となっている 그 광경은 잊을 수 없는 추억이 됐다. / しばらく韓国旅行の思い出に浸った 잠시 한국 여행의 추억에 잠겼다. / 若いころのいい思い出 젊은 시절의 좋은 추억

**おもいどおり【思い通り】**뜻대로, 생각대로 ¶思い通りに生きる 뜻대로 살다 / 彼は両親の言うことを無視して思い通りに振る舞った 그는 부모의 말을 무시하고 제 마음대로 행동했다. / 世の中は思い通りにはいかないものだ 세상은 생각대로는 되지 않는 법이다. / すべて思い通りにいった 전부 생각했던 대로 잘 됐다.

**おもいとどまる【思い止まる】**그만두다, 단념하다〔考え直す〕재고하다 ¶会社を辞めるつもりなのはわかっていますが, どうか思い止まってくれませんか

회사를 그만둘 생각인 것은 알고 있습니다만, 아무쪼록 재고해 주지 않겠습니까? / 辞任を思い止まらせる 사임을 단념시키다

**おもいなおす【思い直す】** ¶転職しようと思っていたが、いろいろ考えたあげく思い直した 전직하려고 생각했었지만 여러 가지 생각한 끝에 고쳐 생각했다.

**おもいなやむ【思い悩む】** ¶彼は卒業を控え将来のことをあれこれ思い悩んでいる 그는 졸업을 앞두고 장래에 대해 이것저것 고민하고 있다.

**おもいのこす【思い残す】** ¶やることはやったのだから思い残すことはない 할 것은 다 했으니까 미련은 없다.

**おもいのほか【思いの外】** 뜻밖에, 의외로 ¶その仕事は思いのほか時間がかかった 그 일은 뜻밖에 시간이 걸렸다. ⇨意外

**おもいやり【思い遣り】** 동정심, 배려심, 마음씀, 배려하는 마음, 남을 위하는 마음 ¶彼女は他人に思いやりがある 그녀는 남에 대한 배려심이 있다. / あの奥さんは思いやりがある 그 부인은 마음이 좋다. / 彼は他人に対する思いやりがない 그는 남을 생각하는 마음이 없다. / 体の不自由な人々に対してもっと思いやりを持つべきだ 몸이 불편한 사람들에게 더욱 배려하는 마음을 가져야 한다. / このような思いやりのない仕打ちにはがまんできない 이러한 동정심이 없는 처사에는 참을 수 없다. / 思いやりのない人 동정심이 없는 사람

**おもいやる【思い遣る】** 〔気遣う〕동정하다, 마음을 쓰다 〔心配する〕염려하다 ◇思いやられる 염려되다, 걱정되다 ¶貧しい人たちをいつも思いやる 어려운 사람들에게 늘 마음을 쓴다. / 今からこんな調子では先が思いやられる 지금부터 이런 상태라면 앞날이 염려된다.

**おもいわずらう【思い煩う】** ¶彼女はひきこもりの息子のことを思い煩って夜もおちおち眠れなかった 그녀는 방에 틀어박힌 아들이 걱정돼서 밤에도 마음 놓고 잘 수 없었다.

## おもう【思う】❶ 〔考える〕생각하다, 여기다 ¶彼の話しぶりからとても教養のある人だと思った 그 사람의 말씨로 봐서 매우 교양이 있는 사람이라고 생각했다.

¶夏休みのことを思うと待ち遠しくてたまらない 여름 방학만 생각하면 너무 기다려진다. / あの映画はどう思いましたか その映画はどう思いましたか 그 영화는 어떻게 생각해요? / 思っていることは何でも言ってごらんなさい 생각하고 있는 것은 뭐든 다 말해 봐.

¶彼はだれだと思いますか その人はだれだと思いますか 그 사람은 누구라고 생각해요? / 私が思うにその生徒の退学処分は妥当ではない 내 생각에는 그 학생의 퇴학 처분은 타당하지 않다. / 良く[悪く]思う 좋게[나쁘게]생각하다

 **会話** どう思う?
A : 彼女のことどう思う?
B : 彼女のことをどう思うかだって。頭はいいし、美人だし、言うことなしだよね

A : 그 여자를 어떻게 생각하니?
B : 그 여자를 어떻게 생각하냐고? 머리 좋고, 미인이고, 나무랄 데 없네.

A : 彼はじきによくなると思うかい

B : そう思うよ
C : 本当にそう思うの。僕はそうは思わないよ。長引きそうだよ

A : 그 사람은 곧 좋아진다고 생각해?
B : 그렇게 생각해.
C : 정말로 그렇게 생각해? 나는 그렇게는 생각하지 않아. 오래 끌 것 같아.

❷〔願う、望む〕생각하다, 바라다, -고 싶다, 원하다, -았[-았]으면 좋다 ¶できるだけ早く韓国に留学して韓国語を学びたいと思う 되도록 빨리 한국에 유학 가서 한국어를 배우고 싶다. / この冬はスキーに行きたいと思っている 올해 겨울엔 스키를 타러 가고 싶다. / 君が大学に合格できればいいなと思う 네가 대학에 합격할 수 있으면 좋겠다. / 近い将来またお会いしたいと思います 가까운 시일 안으로 또 만나고 싶습니다. / 物事は思うようにはならない 모든 일은 바라는 대로는 되지 않는다.

¶私は自分がもっときれいだったらいいのにと思う 나는 내가 더 예쁘게 생겼으면 얼마나 좋을까 하고 생각한다.

❸〔みなす〕생각하다, 보다 ¶彼は現代の英雄だと思う 그는 현대의 영웅이라고 생각한다. / 彼は韓国人だと思っていたが実は中国人だった 그는 한국 사람인 줄 알았더니 사실은 중국 사람이었다. / 彼は自分をかっこいい男だと思っている 그는 자신을 멋진 남자라고 생각한다.

❹〔想像する〕생각하다, 상상하다〔推量する〕-ㄹ[-을] 것이다 ¶彼女はもっと若いと思っていたよ その女の人は生각보다 차갑지 않았다. / 彼女は思っていたほど冷たい人ではなかった 그 여자는 생각보다 차갑지 않았다. / 君にプレゼントがあるんだ。何だと思う? 너한테 선물이 있는데, 뭐라고 생각해? / 彼は最近顔色が悪くて、きっと何かの病気だと思うな 그 사람은 요즘 안색이 나쁜데 틀림없이 무슨 병일 거야. / 思ったとおりの人 생각한 대로의 사람

❺〔感じる〕생각하다, 느끼다 ¶初めてソウルに行った時少しも寂しいとは思わなかった 처음 서울에 갔을 때 조금도 쓸쓸하다는 생각이 들지 않았다. / 彼女のわがままな態度はだれも快く思わなかった 그녀의 이기적인 태도는 아무도 좋게 생각하지 않았다. / ご主人が亡くなりてお気の毒に思います 부군께서 돌아가셨다니 정말 안됐습니다.

❻〔予期する〕생각하다, 예측하다〔…ようだ〕《連体形 + 》것 같다, -ㄹ[-을] 것이다 ¶今年の秋は穏やかな日が続くと思います 올해 가을은 온화한 날이 계속될 것입니다. / あすは晴れると思うかい」「いや、晴れないと思うな" "내일은 갤 것 같애?" "아니, 흐릴 것 같은데." / パーティーには何人くらい集まると思いますか 파티에는 몇 명쯤 모일 것 같습니까? / 韓国語の試験は思ったよりも難しかった 한국어 시험은 생각보다 어려웠다. / 会議の席上彼は私が思ったとおりのことを言った 회의 석상에서 그는 내가 생각한 대로 말했다.

¶あの小説家がノーベル賞をもらうとは夢にも思わなかった 그 소설가가 노벨상을 탈 거라고는 꿈에

**おもうぞんぶん**

도 생각하지 않았다.
❼ [不審に思う] 생각하다, 의아스럽게 생각하다, 이상하게 여기다 ¶彼は私の考えに賛成しないと思う 그는 내 생각에 찬성하지 않으리라 생각한다. / どうも彼女には何か秘密があるように思う 어쩐지 그 여자에게는 무엇인가 비밀이 있는 듯하다.
¶彼はあれほど業績を上げているのにどうして出世しないのだろうかと思った 그 사람은 그렇게 성과를 올리고도 어째서 승진을 못하는지 이상하게 생각했다.
❽ [心配する] 생각하다, 걱정하다 […ようだ]《連体形の》것 같다 ¶どうも道に迷ったように思うね 아무래도 길을 잃은 것 같아. / あすはハイキングの予定だが今夜から雨だと思う 내일은 하이킹 예정이지만 오늘밤부터 비가 올 것 같다.
¶これくらいの寒さはなんとも思わない 이 정도의 추위는 아무렇지도 않다. / 君の言うことなんてとも思わないネ하는 말 같은 건 신경도 안 써.
❾ [回想する] 생각하다, 회상하다 ¶彼女には以前どこかで会ったことがあると思う 그 여자하고는 전에 어디에선가 만난 적이 있는 것 같다. / 最近年のせいか昔のことを思うことが多くなった 최근 나이 때문인지 옛날 일을 생각할 때가 많아졌다.
❿ [意図する] -(으)려고 생각하다 ¶彼には本当のことを言ってやろうと思う 그 사람에게는 진실을 말하려고 한다. / 次の日曜日は横浜に行こうと思っている 다음 일요일에는 요코하마에 갈 생각이다. / 父は私を医者にしようと思っている 아버지는 내가 의사가 되기를 원하신다.
⓫ [可愛がる、愛する] 생각하다, 귀여워하다, 그리워하다 ¶世の中に子を思わない親はいない 세상에 자식을 생각하지 않는 부모는 없다. / まだあんな男のことを思っているの 아직 저런 남자를 생각해?
⓬ [予想する] -ㄹ[-을] 줄 알다, -ㄹ[-을] 줄 모르다 ¶雨が降ると思ってたのに降らなかったね 비가 올 줄 알았는데 안 왔네. / 彼が参加するとは思わなかったよ 그 사람이 참석할 줄 몰랐어. / そんなことだろうと思ったよ 그럴 줄 알았어.

**おもうぞんぶん【思う存分】** 마음껏, 실컷 ¶大学入試に受かったら思う存分遊びたい 대학 입시에 합격하면 마음껏 놀고 싶다. / 思う存分食べた 실컷 먹었다.

**おもうつぼ【思う壺】** ¶彼は彼らの思うつぼにはまった 그는 그들의 계략에 빠졌다. / そんなことをしては相手の思うつぼだ 그렇게 하면 상대가 원하는 대로잖아.

**おもうに【思うに】** 생각컨대 ¶思うに人生とははかない夢のようなものだ 생각하면 인생이란 덧없는 꿈과 같은 것이다.

**おもおもしい【重々しい】** 위엄 있다, 무게 있다, 엄숙하다, 장중하다 ◊重々しく 위엄 있게, 무게 있게, 엄숙하게, 장중하게 ¶重々しい雰囲気が漂う 장중한 분위기가 감돈다. / 来賓たちは重々しい口調で次々にあいさつを述べた 내빈들은 위엄 있는 어조로 잇달아 인사를 했다.

**おもかげ【面影】** 모습 ¶この界わいは昔の面影をとどめている 이 근처에는 옛날 모습이 남아 있다. / 彼に昔の面影はなかった 그 사람한테는 옛날 모습이 없었다.

**おもき【重き】[重点]** 중점(▶発音は 중점) [重要な役割] 중요한 자리 ¶経済発展よりも福祉に重きを置く政策 경제 발전보다도 복지에 중점을 두는 정책 / 彼は長年にわたって政界で重きをなしてきた 그 사람은 오랜 세월에 걸쳐 정계의 중심을 차지하고 있었다.

**おもくるしい【重苦しい】** 답답하다 ¶重苦しい雰囲気 무거운 분위기 / その場は重苦しい雰囲気に包まれていた 그 자리는 답답한 분위기에 싸여 있었다. / 気分が重苦しい 기분이 답답하다.

**おもさ【重さ】** 무게 [責任などの] 중요성, 중대성 ¶重さを量る 무게를 달다 / 釣り上げた魚の重さを量った 낚아 올린 물고기의 무게를 달았다. / "その箱の重さはどのくらいですか" "2キロです" "그 상자의 무게는 어느 정도입니까?" "2킬로입니다." / 彼女は責任の重さに耐えられず辞任を決意した 그녀는 책임의 중대함을 못 견뎌 사표 낼 것을 결심했다.

**おもし【重石】** 누름돌 [漬物の] 김칫돌 ¶漬け物に重石をする 채소에 누름돌을 올려 둔다.

# おもしろい【面白い】

❶ [人に知的な興味を持たせる] 재미있다, 흥미롭다

**基本表現**

▶それは面白い考えだ
 그것은 재미있는 생각이다.
▶その話は私にはとても面白かった
 그 이야기는 나에게는 아주 재미있었다.
▶歴史ドラマがますます面白くなってきた
 사극 드라마가 점점 더 재미있어졌다.
▶今は韓国語がいちばん面白い
 지금은 한국어가 가장 재미있다.
▶ありが働いているのを観察するのは面白い
 개미가 일하고 있는 것을 관찰하는 것이 재미있다.

¶そいつは面白そうだね それ 재미있겠군. / 彼は話をしてもあまり面白い人ではない 그는 이야기를 해 봐도 그다지 재미있는 사람이 아니다. / 面白いことに首相はその噂を否定しなかった 재미있게도 수상은 소문을 부정하지 않았다. / 面白いのは彼女もそう思っていたことだ 재미있는 것은 그녀도 그렇게 생각하고 있었다는 점이다. / 最近の政治は面白くなくなった 최근의 정치는 재미없어졌다. / 政治は面白くない 정치는 재미없다.

❷ [人を楽しませる] 재미있다, 즐겁다, 유쾌하다 ¶このおもちゃは面白い 이 장난감은 재미있다. / この本は面白くもあり、ためにもなる 이 책은 재미있기도 하고 유익하기도 하다. / きのう面白い映画を見た 어제 재미있는 영화를 봤다.
¶サーフィンはとても面白い 서핑은 매우 재미있다. / ジェットコースターに乗るのはなんて面白いんだろう 롤러코스터를 타는 것은 굉장히 재미있을 거야. / 週末をひとりで過ごしても面白くない 주말을 혼자 보내는 건 정말 따분하다. / ゴルフなんてどこが面白いんだ 골프가 뭐가 재미있다는 거야? / パーティーは面白かったかい 파티는 재미있

었어 ? /「ディズニーランドへ行こうよ」「それは面白そうだ」"디즈니랜드에 가자.""그거 재미있겠다."
¶修学旅行は面白かったかい 수학여행은 재미있었어 ? /準決勝は面白くなりそうだ 준결승은 재미있어지겠다. /魚が面白いように釣れた 물고기가 엄청나게 잡혔다.

❸ 〔笑わせる〕 웃기다, 우스꽝스럽다, 웃기다
¶彼の冗談は面白い 그의 농담은 웃긴다. /観客はその面白い登場人物を見て大笑いした 관객은 그 재미있는 등장인물을 보고서 크게 웃었다.

¶彼は面白いことばかり言う 그는 재미있는 말만 한다. /あいつは面白いやつだ 저 놈은 웃기는 놈이다. /彼はその話を面白おかしく話した 그는 그 이야기를 참 재미있게 했다. /面白おかしい話 우습고 재미나는 이야기

❹ 〔わくわくさせる〕 재미있다, 두근거리다 ¶こんな面白い試合は見たことがない 이렇게 재미있는 시합은 본 적이 없다. /バンジージャンプはとても面白かった 번지 점프는 매우 재미있었다.

**おもしろがる【面白がる】** 재미있어하다, 우스워하다 〔楽しむ〕 즐거워하다 /子供たちは動物園で猿のこっけいなしぐさを面白がった 어린이들은 동물원에서 원숭이의 익살스러운 몸짓에 재미있어했다. /生徒たちは先生をからかって面白がっている 학생들이 선생님을 놀리며 재미있어한다

**おもしろはんぶん【面白半分】** ¶彼は面白半分にギターを弾いた 그는 재미 삼아 기타를 쳤다.

**おもしろみ【面白味】** 재미 〔興味〕 흥미 ¶その本は私にはまったく面白味が感じられなかった 그 책은 나에게는 전혀 재미없었다. /本当に面白味のないやつだ 그 놈은 정말로 싱거운 놈이다.

**おもだった【主だった】** 주된 ¶「その国の主だった産業は何ですか」「観光です」"그 나라의 주된 산업은 무엇입니까?""관광입니다."

**おもちゃ【玩具】** 장난감, 완구 〔なぐさみもの〕 노리개 ¶子どもたちがおもちゃで遊んでいる 어린이들이 장난감으로 놀고 있다. /誕生日のプレゼントに息子には自動車をあげた 생일 선물로 아들에게 장난감 자동차를 주었다. /私はあなたのおもちゃじゃない 나는 당신의 노리개가 아니야.
関連 おもちゃ箱 장난감 상자 / おもちゃ屋 완구점

**おもて【表】** ❶ 〔表面〕 겉, 겉면, 표면, 거죽 〔前面〕 앞면 ¶彼は封筒の表に相手の住所と名前を書いた 그는 봉투 겉면에 상대의 주소와 이름을 썼다. /この布地はどちらが表ですか 이 옷감은 어느 쪽이 겉입니까 ? /表を下にして紙を折りなさい 종이를 뒤집어 접어라.

❷ 〔戸外〕 밖, 바깥 ¶表に出ろ 밖으로 나와. /僕たちは暗くなるまで表で遊んでいた 우리는 어두워질 때까지 밖에서 놀았다.

❸ 〔うわべ〕 겉 ¶彼女は感情を表に出さない 그녀는 감정을 겉으로 드러내지 않는다. /本性が時々表に出る 본성이 때때로 드러난다.

❹ 〔野球で〕 초(↔말) ¶7回の表が終わった 7회초가 끝났다.

❺ 〔コインの〕 앞(↔뒤) ¶(コインを投げて)表か裏か 앞인지 뒤인지 ?

使い分け 表・裏

|  | 表 | 裏 |
|---|---|---|
| 心 | 겉 | 속 |
| 野球などのゲーム | 초(初) | 말(末) |
| 服 | 겉 | 안 |

**おもてざた【表沙汰】** 표면화 ¶スキャンダルが表ざたになる 스캔들이 표면화되다. /彼は秘密を表ざたにするといって私を脅した 그는 비밀을 표면화한다며 나를 위협했다.

**おもてだつ【表立つ】** 〔目立つ〕 두드러지다
¶今のところ表立った変化は見られない 지금으로서는 두드러진 변화는 보이지 않는다. /我々の計画をつぶそうという表立った動きはまだない 우리들의 계획을 찌부러뜨리고자 하는 두드러진 움직임은 아직 없다.

**おもてどおり【表通り】** 큰길

**おもてむき【表向き】** 표면상 ¶彼は表向きは学校を病欠していることになっているが, 本当は謹慎処分中だ 그는 표면상 학교를 병으로 결석하고 있다고 하지만 사실은 근신 처분중이다. /彼らは表向きは夫婦だが, 実際には籍は入っていない 그들은 표면상 부부이지만 호적상은 부부가 아니다.

**おもな【主な】** 〔重要な〕 중요한 〔主要な〕 주요한 ¶この地方の主な産物は何ですか 이 고장의 주된 산물은 무엇입니까 ? /その作家の小説の主な魅力はその文体にあります 그 작가의 소설의 주된 매력은 그 문체에 있습니다. /私は韓国の主な都市はほとんど訪れました 나는 한국의 주요 도시는 거의 방문했습니다. /主な用件〔任務〕 주된 용건[임무] / 主な原因 주된 원인

**おもなが【面長】** ◇面長だ 얼굴이 갸름하다
¶面長の美人 얼굴이 갸름한 미인

**おもに【主に】** 주로 〔大部分〕 거의 ¶しょう油は主に大豆からつくります 간장은 주로 콩으로 만듭니다. /私は主に営業のほうの仕事をしています 저는 주로 영업을 담당하고 있습니다. /彼らは主に狩りで生活している 그들은 주로 사냥으로 생활하고 있다. /語学は主に韓国語と中国語を集中してやろうと思っています 어학은 주로 한국어와 중국어를 집중해서 하려고 해요. /会場に来ていた人は主に若い女性だった 회장에 왔던 사람들은 주로 젊은 여성이었다.

**おもに【重荷】** 〔重い荷物〕 무거운 짐 〔負担〕 부담 ¶彼は重荷を背負って山道を登った 그는 무거운 짐을 지고 산길을 올랐다. /期限までに仕事を終えて, 重荷を降ろしたような気分になった 기한까지 일을 마치고 무거운 짐을 내린 기분이 되었다. /老人たちは自分たちが家族の重荷になっていると感じている 노인들은 자기들이 가족의 무거운 짐이 된다고 느끼고 있다. /次第に重荷になってくる 점점 부담으로 느껴지다.

**おもみ【重み】** 무게 ¶雪の重みで屋根が落ちた 눈의 무게로 지붕이 떨어졌다. /彼女の意見には重みがある 그 여자의 의견에는 무게가 있다.

**おもむき【趣】** 〔趣旨〕 취지, 뜻 〔雰囲気〕 분위

**おもむく**

기, 모습, 느낌 【風情】멋, 정취, 풍취 ¶この翻訳は原文の趣を十分伝えている 이 번역은 원문의 취지를 충분히 전하고 있다. / この辺はかなり都市化されたが、まだ田舎の趣が残っている 이 주변은 상당히 도시화되었지만 아직 시골의 정취가 남아 있다. / 事態はいつもとは趣を異にしている 사태는 평상시와는 다른 분위기다. / 彼の部屋の装飾は非常に趣があった 그의 방 장식은 대단히 분위기가 있었다. / 旅先では趣のある小さな宿屋に泊まった 여행지에서는 정취가 있는 작은 여관에 묵었다.

**おもむく**【赴く】가다, 떠나다, 향하다 ¶彼は新しい任務に赴くため新しい任地へ行った 그는 새로운 임지로 갔다. / 刑事たちは直ちに殺人現場に赴いた 형사들은 즉시 살인 현장으로 갔다. / 欲望の赴くままにする 욕망대로 하다

**おもむろに**【徐に】서서히, 유유히 〔ゆっくりと〕천천히 ¶彼はおもむろに席を立ち無言で部屋を出て行った 그는 유유히 일어나 말없이 방을 나갔다.

**おもや**【母屋・母家】몸채, 안채 ¶彼の家には母屋とは別に離れまである 그의 집에는 안채 이외에 별채까지 있다.

**おもらし**【お漏らし】◇お漏らしをする 오줌을 싸다 ¶私は小さいころよくお漏らしをした 나는 어릴 때 자주 오줌을 쌌다.

**おもり**【重り・錘】추〔はかりの〕저울추〔釣りの〕낚싯봉, 봉돌 ¶釣り糸に重りをつける 낚싯줄에 낚싯봉을 달다

**おもわく**【思惑】생각, 속셈 ¶計画が思惑どおりにいかずがっかりした 계획이 생각대로 되지 않아 실망했다. / 物事は思惑どおりにいくとは限らない 모든 일이 생각대로 된다고는 할 수 없다.

**おもわしい**【思わしい】탐탁하다, 바람직하다 ¶彼女は大学ではあまり思わしい成績ではなかった 그녀는 대학에서는 별로 탐탁치 않은 성적이었다. / 患者の病状は思わしくない 환자의 상태가 탐탁치 않다.

**おもわず**【思わず】엉겁결에 ¶彼女は車がぶつかりそうになったので思わず叫んでしまった 그녀는 차가 부딪칠 것 같아서 엉겁결에 소리 질렀다. / 思わず手を引っ込める 엉겁결에 손을 빼다

**おもわせぶり**【思わせ振り】¶ずいぶん思わせぶりな言い方をするね 상당히 변죽을 울린 말씨를 하네.

**おもわぬ**【思わぬ】¶思わぬ災難に見舞われた 생각지도 않은 재난을 당했다.

**おもんじる**【重んじる】〔重要視する〕중요시하다 ¶彼女は家柄や学歴を重んじる風潮を嫌悪していた 그녀는 가문이나 학력을 따지는 풍조를 혐오했다.

**おや** 어, 아이고, 《女》어머 ¶おや、こんなとこ ろにかばんが捨ててある 어, 이런 곳에 가방이 버려져 있다. / おや、まあ、어머.
¶彼の姿を見たときおやと思った 그의 모습을 보았을 때 이상하다고 생각했다.

**おや**【親】❶〔両親〕부모, 어버이, 양친〔父親〕부친, 아버지〔母親〕모친, 어머니
¶彼女は親の言うとおりにした 그녀는 부모님이 시키는 대로 했다. / 彼は親の世話にならずに一人で暮らしている 그는 부모의 도움 없이 혼자 살고 있다. / 子供をちゃんと育てるのは親の責任だ 아이를 잘 키우는 것은 부모의 책임이다. / 彼女は親を親とも思わない 그녀는 부모를 부모로 생각하지 않는다. / 彼は20年間親の面倒をみてきた 그는 20년 동안 부모를 돌봐 왔다. / 親孝行な子供 부모에게 효도하는 자식
¶彼女はとても親孝行だ 그녀는 아주 효녀이다. / 彼のピアノの才能は親ゆずりだ 그가 피아노를 잘 치는 것은 부모를 닮았다.

¶親のない子 부모 없는 아이 / 親をなくした赤ん坊 부모를 잃은 아기

❷〔トランプ・花札などの〕선 ¶今度は私が親だ 이번에는 내가 선이다. 慣用句 子供にこんなことをさせるなんて親の顔が見たいよ 아이에게 이런 일을 시키다니 부모가 누군지 궁금하다. / 親の欲目で子供を見てはいけない 부모의 욕심 어린 눈으로 아이를 봐서는 안 된다. / 親の因果が子に報い 부모의 업은 자식에게 돌아간다. / 親の心子知らず 부모 마음을 자식이 모른다. / 親はなくても子は育つ 부모가 없어도 자식은 자란다. / この親にしてこの子ありだ 그 아비에 그 자식이다. 関連 親会社 모회사 / 親鳥〔母鳥〕어미새〔父鳥〕어비새

**おやかた**【親方】우두머리 慣用句 公務員は親方日の丸意識にどっぷりつかっている 공무원은 국가가 뒷받침해 준다는 의식에 완전히 빠져 있다.

**おやこ**【親子】부모와 자식, 어버이와 자식〔父子〕부자〔母子〕모자 ¶感動的な親子の情を表した物語 감동적인 부모와 자식의 정을 나타낸 이야기 / たまには親子水入らずで食事をしようよ 때로는 가족끼리만 식사를 하자. / 彼女は親子ほど年の違う男性と結婚した 그녀는 아버지와 같은 나이의 남자와 결혼했다. / 休日の遊園地は親子連れでいっぱいだ 휴일의 놀이공원은 가족 일행으로 가득하다. 関連 親子丼 닭고기 계란 덮밥

**おやこうこう**【親孝行】효도, 효성, 효행〔親孝行な人〕효자 ¶親孝行しなさい 효도를 하렴. / 彼は親孝行な〔息子〕그는 효자다〔효녀〕다.

**おやじ**【親父】〔父親〕아버지〔老人〕영감쟁이〔店の主人〕주인 ¶うちのおやじは70歳になるが、今も元気だ 우리 아버지는 일흔이 되는데 지금도 여전히 건강하시다. / うちの近所に有名な頑固おやじが住んでいる 우리 집 근처에 간간하기로 유명한 영감쟁이가 살고 있다. / あの飲み屋のおやじさんとは顔なじみだ 그 술집 주인과는 낯익은 사이이다.

**おやしらず**【親知らず】〔歯〕사랑니

**おやすみ**【お休み】〔寝る前のあいさつ〕잘 자라, 잘 자〔休日〕휴일 ¶おやすみなさい 안녕히 주무십시오. (▶日本語と違い、別れの挨拶としては用いない) パパとママにおやすみを言って寝る 아빠와 엄마에게 안녕히 주무세요라고 하고 잤다. / 昨夜はよくお休みになれましたか 어젯밤은 안녕히 주무셨어요?
¶今日はお休みです 오늘은 휴일입니다.

**おやつ**【お八つ】간식(間食) ¶おやつの時間 간식 시간

**おやばか**【親馬鹿】¶彼女は本当に親馬鹿だ 그녀는 정말 자기 자식밖에 모른다.

**おやふこう**【親不孝】불효하다 ◇親不孝だ 불효하다 ¶彼のような親不孝なやつもいない 그와 같은 불효한 놈도 없다. 関連 親不孝者 불효 자식, 불효자

**おやぶん**【親分】〔首領〕두목 ¶彼らは親分と子分の関係だ 그들은 두목과 부하의 관계다. / 彼は親分肌で仲間の面倒をよく見る 그에겐 두목 기질이 있어서 동료를 잘 돌본다.

**おやもと**【親元】¶彼は18歳で親元を離れ東京に出た 그는 열여덟 살 때 부모 곁을 떠나 도쿄에 왔다. / 親元に帰る 부모 슬하에 돌아가다

**おやゆび**【親指】엄지가락〔手の〕엄지손가락〔足の〕엄지발가락 ¶うちの娘は親指をしゃぶる癖がある 우리 딸은 엄지손가락을 빠는 버릇이 있다. 参考 アンデルセン童話の「親指姫」는 엄지 공주 という.

**およぎ**【泳ぎ】헤엄, 수영 ¶彼は毎日プールへ泳ぎに行く 그는 매일 풀장에 수영하러 간다. / 海に泳ぎに行く 바다에 헤엄치러[수영하러] 가다 / 一泳ぎしに行こう 잠깐 수영하러 가자. / 彼女は泳ぎがうまい 그녀는 수영을 잘한다. / 私は泳ぎがへただ 나는 수영이 서투르다.

**およぐ**【泳ぐ】❶〔水泳する〕수영하다, 헤엄치다

使い分け 수영하다, 헤엄치다
수영하다 수영은 「水泳」에서 온 한자어이며, 일정한 훈련에 의해 몸에 익힌 헤엄 능력을 가리키며, 사람에 대해서만 쓰이며, 개·고양이·원숭이 등의 동물에는 쓰지 않는다.
헤엄치다 헤엄칠 것을 의미하는 고유어로, 훈련과는 관계없이 본능적으로 갖추고 있는 헤엄칠 능력을 가리키며, 사람뿐 아니라 동물에 대해서도 널리 쓰인다.

¶私は毎日2時間泳いでいる 나는 매일 두 시간 수영한다. / 彼はすいすいと泳いでいる 그는 물개처럼 헤엄친다. / 彼はプールで泳いだ 그는 풀장에서 헤엄쳤다. / 川で泳ぐ 강에서 헤엄치다 / 彼女はイギリス海峡を泳いで渡った最初の女性だ 그녀는 영국 해협을 헤엄쳐서 건너간 최초의 여성이다. / 私は平泳ぎで泳いだ 나는 평영으로 헤엄쳤다. / 泳ぐには水が冷たすぎる 수영하기에는 물이 너무 차갑다.

¶白鳥が湖の上を泳いでいた 백조가 호수 위를 헤엄치고 있었다. / 水槽ではたくさんの熱帯魚が泳ぎ回っていた 어항에는 많은 열대어가 헤엄치고 있었다.

会話 泳げますか
A：ソッキュさんは泳げますか
B：私はまったく泳げません
A：석규 씨는 수영할 줄 알아요?
B：나는 전혀 못해요.
A：何メートル泳げますか?
B：100メートルぐらいです.
A：몇 미터 수영할 수 있어요?
B：100미터 정도에요.

❷〔比喩的に〕¶彼は世の中を泳ぎ渡るすべを心得ている 그는 세상을 헤쳐 나가는 법을 알고 있다. / 彼女は芸能界を巧みに泳ぎ渡った 그녀는 연예계를 교묘히 헤쳐 나갔다. / 警察は容疑者をしばらく泳がせておいた 경찰은 용의자를 잠시 자유롭게 놓아 두었다.

**およそ**【凡そ】❶〔約〕한, 대략, 대충, 약 ¶ソウルの人口はおよそ1千万人です 서울의 인구는 대충 천만 명입니다. / およそ20分待った 약 20분 기다렸다. / 彼は私にその絵のおよその値段を教えてくれた 그 사람은 나에게 그 그림의 대략적인 가격을 가르쳐 주었다. / 予算はおよそ5億円程度だ 예산은 대충 5억 엔 정도다. / およそ100人が会議に出席した 약 백 명이 회의에 참석했다. / およそ2万人のデモ隊がその平和行進に参加した 약 2만 명의 시위대가 그 평화 행진에 참가했다.

❷〔大体のところ, 総じて〕대강 ¶作品がおよそ出来上がった 작품이 대강 완성되었다. / 彼の言いたいことはおよその見当がつく 그가 말하고 싶은 것은 대강 짐작이 간다.

❸〔まったく, 全然〕도무지, 전혀《+否定》¶およそそんな話は信じられない 그런 이야기는 도저히 믿을 수 없다. / 株にはおよそ興味がない 주식에는 도무지 관심이 없다.

**およばずながら**【及ばずながら】미흡하나마, 미력이나마 ¶及ばずながらお力になりましょう 미력이나마 힘이 돼 드리겠습니다.

**および**【及び】및 ¶東京及び大阪で開かれた国際会議は 도쿄 및 오사카에서 열렸다. / 資格試験の実施要領, 時期及び場所を教えてください 자격 시험의 실시 요령, 시기 및 장소를 가르쳐 주세요. / 牛肉及び豚肉 최고기 및 돼지고기

**およびごし**【及び腰】¶彼はいつも及び腰だ 그는 항상 엉거주춤한 태도이다. / 知事は強い反対にあって及び腰になった 지사는 강한 반대를 당해 엉거주춤한 자세가 되었다.

**およぶ**【及ぶ】❶〔達する〕이르다, 미치다, 달하다, 걸치다 ¶台風の影響は全国に及んだ 태풍의 영향은 전국에 미쳤다. / 地震による被害は関東全域に及んだ 지진으로 인한 피해는 간토 전역에 미쳤다. / 費用は1億円に及ぶ 비용은 1억 엔에 달한다. / 牧場は5平方キロにも及んでいる 목장은 5평방 킬로미터나 달한다. / 打ち合わせは深夜に及んだ 협의는 심야까지 이어졌다. / 中国の歴史は4千年に及ぶ 중국의 역사는 4천 년에 이른다. / 話題が子供のころのことに及んだ 화제가 어렸을 때의 일까지 이르렀다. / そこまで思い及ばなかった 거기까지 생각이 미치지 못했다. / 10年に及んだ闘いに終止符を打った 10년에 걸친 투쟁에 종지부를 찍었다.

❷〔匹敵する〕필적하다, 따르다, 미치다 ¶勉強では彼にとても及ばない 공부로는 도저히 그를 따를 수가 없다. / 相撲では彼に及ぶ者はいない 씨름으로는 그에게 필적할 자가 없다. / 彼女の記録にはとうてい及ばない 그녀의 기록에는 도저히 미치지 못한다. / その問題は私の能力の及ぶとこ

およぼす

ろではない 그 문제는 내 능력 밖의 일이다.
❸〔事態が最後の段階に至る〕이르다, 오다 ¶この期に及んで何を言ってるんだ 이 마당에 와서 무슨 소리냐. / 貧乏のあまり彼は非行に及んだ 가난한 나머지 그는 범행에 이르렀다.
❹〔力や思いが十分な効果を生む〕미치다, 닿다 ¶力の及ぶ限り彼を援助したい 힘이 닿는 데까지 그를 돕고 싶다. / 力及ばず彼は惜敗した 힘이 미치지 않아 그는 아깝게 졌다.
❺〔…する必要がない〕-ㄹ[-을] 필요는 없다 ¶すぐ返事をするには及ばない 지금 당장 대답할 필요는 없다.

**およぼす【及ぼす】** 미치다, 끼치다, 주다 ¶たばこは本人だけでなく周囲の人にも害を及ぼす 담배는 본인뿐만 아니라 주변의 사람들에게도 폐를 끼친다. / 大人の行動は子どもに大きな影響を及ぼす 어른의 행동은 아이에게 큰 영향을 미친다. / 昨年の冷夏は作物に大きな被害を及ぼした 지난 해의 덥지 않은 여름은 작물에 큰 피해를 미쳤다.

**オランウータン** 오랑우탄, 성성이

**おり**〔時〕때, 시〔機会〕기회 ¶こちらにお出かけの折にはぜひお立ち寄りください 여기에 오시면 꼭 들러 주십시오. / 折を見て彼女にそのように伝えておきます 기회를 봐서 그 여자에게 그렇게 전해 놓겠습니다. / このアルバムには彼女が折に触れて写した写真がまとめられている 이 앨범에는 그녀가 기회가 있을 때마다 찍은 사진이 모아져 있다. / 出かけようとした折も折雨が降り出した 나가려던 참에 비가 내리기 시작했다. / 残暑の折からくれぐれもご自愛ください 늦더위에 건강에 유의하시기 바랍니다. / 折悪しくにわか雨にあった 재수없게 소나기를 맞았다.

**おり【檻】** 우리 ¶おりから虎が逃げ出した 우리에서 호랑이가 도망쳤다.

**おりあい【折り合い】**〔仲〕사이〔妥協〕타협 ¶母と妻は折り合いが悪くしばしばいがみあっている 어머니와 아내는 사이가 나빠 자주 서로 으르렁댄다. / この件については彼らと折り合いをつけなくてはならない 이 건에 대해서는 그들과 타협을 해야 한다.

**おりあう【折り合う】**〔妥協する〕타협하다〔合意する〕합의하다 ¶もうこの辺で折り合いましょう 이제 이 정도로 타협합시다. / この条件でようやく彼らと折り合った 이 조건으로 겨우 그들과 합의했다.

**おりいって【折り入って】** 각별히, 특별히 ¶折り入ってお願いしたいことがあるのですが 각별히 부탁하고 싶은 일이 있는데요.

**オリーブ** 올리브 관련 オリーブ色 올리브색 / オリーブ油 올리브유

**オリエンテーション** 오리엔테이션 ¶新入生のためのオリエンテーションが行われた 신입생을 위한 오리엔테이션이 행해졌다. / オリエンテーションを受ける 오리엔테이션을 받다

**オリエンテーリング** 오리엔티어링

**おりおり【折々】**◇折々の 그때그때의 ¶そのレストランでは四季折々の料理が出る 그 레스토랑은 사계절 그때그때의 요리가 나온다.

**おりかえし【折り返し】**〔襟の〕접은 옷깃〔ズボンの〕접단〔すぐに〕곧, 즉시, 바로〔往復〕왕복 ¶折り返しこちらからお電話いたします 바로 이쪽에서 전화하겠습니다. / 折り返しお返事ください 받으시는 대로 곧 회답 주십시오. / 事故のために電車は渋谷駅と池袋駅間の折り返し運転をしていた 사고 때문에 전철은 시부야역과 이케쿠로역 간의 왕복 운전을 했었다. 관련 折り返し点 반환점 / 折り返し電車 왕복 운행 전철

**おりかえす【折り返す】**〔折り曲げる〕접어 젖히다, 접어 젖히다〔引き返す〕되짚어가다, 되짚어오다 ; 되돌아가다, 되돌아오다 ¶袖口を折り返す 소맷부리를 접어 젖히다 / 電車が終点で折り返す 전철이 종점에서 되돌아온다. / (マラソンで)高橋選手は1位で折り返した 다카하시 선수는 반환점에서 1위였다.

**おりかさなる【折り重なる】** 겹치다, 포개다 ¶群集の折り重なって倒れ多くの死傷者が出た 군중이 쓰러진 위에 겹쳐 넘어져 많은 사상자가 나왔다.

**おりがみ【折り紙】** 색종이 ; 종이접기〔保証〕보증, 정평〔定評〕정평 ¶折り紙で鶴を折る 색종이로 학을 접다 관용구 彼女の料理の腕前は折り紙付きだ 그녀의 요리 솜씨는 틀림없다고 정평이 나 있다.

**おりこみ【折り込み】**〔本・雑誌の〕접어 넣은 페이지 관련 折り込み広告 광고 전단지

**おりこむ【織り込む】** 짜 넣다, 섞어 짜다〔盛り込む〕포함시키다 ¶彼女は金糸を織り込んだきれいな帯をつけていた 그녀는 금실을 짜 넣은 아름다운 띠를 두르고 있었다. / この計画にはみんなのアイデアが織り込まれている 이 계획에는 모두의 아이디어가 포함되어 있다.

**オリジナル** 오리지널 ¶この絵は複製でオリジナルはソウルの美術館にある 이 그림은 복사이고 오리지널은 서울에 있는 미술관에 있다. / その曲は彼のオリジナルだ 그 곡은 그의 오리지널이다.

**おりたたみ【折り畳み】**◇折り畳みの 접는 관련 折り畳みいす 접는 의자 / 折り畳み傘 접는 우산

**おりたたむ【折り畳む】** 접다, 개키다 ¶傘を折り畳む 우산을 접다 / 紙を小さく[2つに]折り畳む 종이를 작게[두 개로] 접는다. / 手紙を折り畳んで封筒に入れる 편지를 접어서 봉투에 넣는다. / その釣りざおは折り畳むとケースに入る 그 낚싯대는 접으면 케이스에 들어간다.

**おりづめ【折り詰め】** ¶折り詰めのすし 나무 도시락에 담은 초밥

**おりまげる【折り曲げる】** 구부리다 ¶針金を折り曲げる 철사를 구부리다

**おりめ【折り目】**〔ズボン・スカートの〕주름〔折った線〕접친 금 ¶彼のズボンにはいつも折り目がきちんとついている 그 사람의 바지에는 항상 주름이 잘 잡혀 있다. / アイロンをかけてズボンの折り目をつける 다리미로 바지에 주름을 잡는다. / 折り目に沿って紙を切る 접친 금에 따라 종이를 자르다 / このページの隅に折り目をつける 책의 이 페이지 구석에 접친 금을 잡는다. 관용구 折り目正しい人 예의 바른 사람

**おりもの【下り物】**〔生理〕대하

**おりもの【織物】** 직물 ¶その絹織物は手触りがすば

らしかった 그 실크의 촉감은 정말 좋았다. / 織物を織る 직물을 짜다 関連 織物業 직물업 / 織物工業 직물 공업 / 織物工場 직물 공장 / 毛織物 모직물 / 綿織物 면직물

**おりる**【下りる・降りる】❶ [上から下に移動する] 내려가다, 내려오다 ; 내리다
¶彼女は急いで階段を下りて足首をくじいた 그녀는 서둘러 계단을 내려가다가 발목을 삐었다. / 山を下りるのに3時間かかった 산에서 내려오는 데 세 시간 걸렸다. / 危ないから下りなさい 위험하니까 내려와. / 郵便局はこの坂を下りた所にあります 우체국은 이 비탈길을 내려가면 있습니다. / 負傷者を運ぶためにヘリコプターが空き地に下りた 부상자를 옮기기 위해 헬리콥터가 빈터에 내렸다. / 飛行機が下りる 비행기가 내려오다 / 幕が下りた 막이 내렸다.

❷ [乗り物などから降りる] 내리다 ¶バス〔汽車〕から降りる 버스〔기차〕에서 내리다 / 列車を東京で降りて乗り換えた 도쿄에서 열차를 갈아탔다. / 彼女は駅前でタクシーを降りた 그녀는 역 앞에서 택시를 내렸다. / 降りる人がすむまでお待ちください 내릴 때까지 기다려 주십시오. / どちらで降りますか 어디서 내리세요? / 次の停留所で降ります 다음 정류장에서 내립니다. / 降ります 내립시다. (バスなどで出口が混んでいるとき)

❸ [許可などが出る] 나오다 ¶昨日ビザが下りた 어제 비자가〔사증이〕 나왔다. / 警察の許可が下りるのに2週間かかった 경찰의 허가가 나오는 데 이 주일 걸렸다. / 年金が下りる 연금이 나오다 / 65歳にならないと年金は下りない 65세가 되어야 연금이 나온다.

❹ [途中で止める] 그만두다, 물러나다, 포기하다 ¶市長は収賄容疑のため職を降りる決心をした 시장은 뇌물 수수 혐의로 자리에서 물러날 결심을 했다. / 勝負を降りる 승부를 포기하다

**オリンピック** 올림픽 ¶彼女はオリンピックのマラソンで金メダルを取った 그녀는 올림픽의 마라톤에서 금메달을 땄다. / オリンピックに出場するのが彼の長年の夢だ 올림픽에 출전하는 게 그의 오랜 꿈이다.「2008年のオリンピックがどこで開かれるのか知っていますか」「もちろん。北京で開催されますよ」"2008년 올림픽이 어디서 열리는지 알아요?" "당연하죠. 베이징에서 개최되죠."
関連 オリンピック聖火 올림픽 성화 / オリンピック選手 올림픽 선수 / オリンピック村 올림픽 촌 / 冬季オリンピック 동계 올림픽 / 国際オリンピック委員会 국제 올림픽 위원회 / 日本オリンピック委員会 일본 올림픽 위원회

**おる**【折る】❶ [曲げて壊す] 꺾다〔骨を〕부러뜨리다 ¶彼は小枝を半分に折って火にくべた 그는 작은 가지를 반으로 꺾어서 불을 지폈다. / 彼はスキーで転んで足を折った 그는 스키를 타다 넘어져서 다리가 부러졌다.

❷ [曲げて重ねる] 접다〔指を〕꼽다〔腰・膝を曲げる〕굽히다, 구부리다 ¶彼はその紙を4つに折った 그는 그 종이를 4등분으로 접었다. / 折り鶴を折る 종이를 접어서 학을 만들다 / 私は読みかけの本のページを折った 나는 읽던 책의 페이지를 접었다. / 指を折って数える 손을 꼽아 세다 / 指折り数えて待ちわびる 손꼽아 기다리다 / ひざを折る 무릎을 꿇다 慣用句 彼はいつも私の話の腰を折る 그는 항상 내 이야기를 가로막는다. / その作家は筆を折った 그 작가는 붓을 꺾었다. / 彼は私のためにずいぶん骨を折ってくれた 그는 나를 위해 많은 고생을 해 주었다.

使い分け 折る

| | | |
|---|---|---|
| 折り目をつける | 접다 | 종이를 접다<br>紙を折る |
| (指を)折る | 꼽다 | 손꼽아 헤아리다<br>指を折って数える |
| 折り取る | 꺾다 | 나무 가지를 꺾지 마라.<br>木の枝を折るな |
| 折って壊す | 부러뜨리다 | 연필심을 부러뜨리다<br>鉛筆の芯を折る |

**おる**【織る】짜다〔絹を織る〕비단을 짜다 / この布は絹で織ってある 이 천은 비단으로 짰다. / 彼女は趣味と実益を兼ねて機(き)を織っている 그녀는 취미와 실익을 겸하여 베를 짠다.

**オルガン** 오르간, 풍금 ¶オルガンを弾く 오르간을 치다 関連 オルガン奏者 오르간 연주자

**オルゴール** 오르골, 자명곡

**おれい**【お礼】감사 ¶ご親切に対して一言お礼を述べさせていただきます 친절하게 해 주신 것에 대해 한 마디 감사의 말씀을 드리겠습니다. / お礼の申しようもありません 뭐라고 감사의 말씀을 드려야 할지 모르겠습니다.

**おれる**【折れる】❶ [曲がる] 꺾어지다, 부러지다〔骨が〕부러지다〔たためる〕접히다 ¶風で枝が折れた 바람에 나뭇가지가 부러졌다. / 台風で街路樹が折れた 태풍에 가로수가 꺾어졌다. / 脚〔腕〕が折れた 다리가〔팔이〕부러졌다. / この電気カーペットは小さく折れるのでしまいやすい 이 전기카펫은 작게 접히기 때문에 치우기 쉽다.

❷ [角を曲る] 돌다 ¶その角を右に折れてまっすぐ行ってください 그 모퉁이를 오른쪽으로 돌아 쭉 가세요.

❸ [譲歩する] 양보하다, 굽히다 ¶先方が折れてこちらの条件をのんだ 상대방이 양보해서 이쪽 조건을 받아들였다. / 彼もとうとう説得に折れて我々の考えを受け入れた 드디어 그도 설득에 굴해 우리 생각을 받아들였다.

**オレンジ** 오렌지 ¶彼女は朝食にオレンジジュースを1杯飲んだだけだった 그녀는 아침 식사로 오렌지 주스를 한 잔 마셨을 뿐이었다. 数え方 オレンジ1個 오렌지 한 개 / オレンジ1切れ 오렌지 한 조각 関連 オレンジ色 오렌지색

**おろおろ** 갈팡질팡, 허둥지둥 ◊ おろおろする 갈팡질팡하다, 허둥지둥하다 ¶彼は警察に出頭するよう言われておろおろしていた 그는 경찰에 출두하라는 말을 듣고 갈팡질팡했다. / 地震が起きた時, 母はただおろおろするばかりだった 지진이 났을 때 어머니는 그냥 허둥지둥할 뿐이었다.

**おろか**【愚か】◊ 愚かだ 어리석다 ¶愚かな振る舞い 어리석은 행동 / 君がそんな愚かなことを言うとはまったく意外だ 자네가 그런 어리석은 말을 하

おろか 【愚か】…は[に]ーけんや ¶彼は大学生のくせに常識はおろか挨拶の仕方さえ知らない 그는 대학생인데도 상식은커녕 인사조차 할 줄 모른다.

おろし 【卸】 【卸売り】 도매(都売) ¶品物を卸で買う[売る] 물건을 도매로 사다[팔다] 関連 卸業者 도매업자, 도매상 / 卸値 도매 가격[값]

おろし 【下ろし】 즙 関連 大根下ろし 무즙, 갈은무

おろしうり 【卸売り】 도매 ⇒卸

**おろす** 【下ろす・降ろす】 ❶ [上から下に移動させる] 내리다 ¶幕を下ろす 막을 내리다 / 店のシャッターを下ろす 가게의 셔터를 내리다 / 車の窓ガラスを下ろす 차창을 내리다 / 車から荷物を降ろす 차에서 짐을 내리다 / 網棚のかばんを降ろしてくれますか 선반의 가방을 내려 주실래요?
❷ [乗り物などから降ろす] 내리다 ¶次の角[停留所]で降ろしてください 다음 모퉁이[정류장]에서 내려 주세요.
❸ [新品を使う] 쓰다 ¶お母さん、新しいタオル下ろしてもいい 엄마, 새 수건 써도 돼? / 彼はきのう買った靴を下ろして学校に行った(→履いて) 그는 어제 산 구두를 신고 학교에 갔다.
❹ [貯金を] 찾다, 꺼내다 [お金を引き出す] 인출하다 ¶銀行からお金を下ろす 은행에서 돈을 찾다 / 銀行から3万円下ろして買い物をした 은행에서 3만엔 인출해 쇼핑을 했다. / いくら下ろせばいい? 얼마 찾으면 돼? / キャッシュカードで下ろすよ 현금 인출 카드로 찾을게.
❺ [役職を] 물러나게 하다, 해임하다, 그만두게 하다 ¶彼は部下の監督不行き届きのため課長職を降ろされた 그는 부하 직원의 관리 소홀 책임으로 과장직에서 물러나게 되었다. / どうして彼はその仕事から降ろされたのだろう 그는 왜 그 일에서 밀려났을까? / その俳優は主役から降ろされた 그 배우는 주역에서 하차되었다.
❻ [その他] 子どもを下ろす(→中絶する) 낙태하다 / 大根を下ろす 무를 강판에 갈다 / 魚を3枚に下ろす 생선을 뼈와 양쪽 살로 가르다

おろす 【卸す】 도매하다(都売ー) / 生地を卸す 옷감을 도매하다 / このジャケットは1着につき5千円で卸している 이 재킷은 한 벌에 5천 엔에 도매한다. / 私どもでは小売値の7掛けで卸しています 저희들은 소매값의 7할에 도매합니다.

おろそか 【疎か】 ◇おろそかにする [怠る] 소홀히 하다 ¶彼は仕事に熱中して家庭をおろそかにした 그는 일에 열중해서 가정을 소홀히 했다.

おわび 【お詫び】 사죄, 사과 ⇒わび

**おわり** 【終わり】 끝, 마지막
◆【終わりが】
¶その映画は終わりがとても感動的だった 그 영화는 끝이 아주 감동적이었다. / 仕事も終わりが見えてきた 일도 끝이 보이기 시작했다. / まだ終わりが見えない 이 일은 아직 끝이 안 보인다. / この仕事は終わりがない 이 일은 끝이 없다. / 何事も終わりが肝心だ 무슨 일이든 끝이 중요하다.

◆【終わりを】
¶1945年に戦争は終わりを告げた 1945년에 전쟁은 종전을 고했다.

◆【終わりに】
¶学期の終わりに試験がある 학기 마지막에 시험이다. / 博覧会が終わりに近づく 박람회가 막바지에 이르렀다. / 寒い冬が終わりに近づいてきた 추운 겨울이 끝나 간다. / 会議は5時に終わりになった 회의는 다섯 시에 끝났다. / きょうはもう終わりにしよう 오늘은 이것으로 끝내기로 하자.

◆【終わりまで】
¶8月の終わりまで夏休みが続く 팔월 말까지 여름 방학이 계속된다. / この道の終わりまで行ってください 이 길 끝까지 가 주세요. / 話は終わりまで聞いてください 이야기는 끝까지 들어 주십시오. / 1日で小説を終わりまで読んだ 하루 만에 소설을 다 읽었다. / 彼女はいらいらしてその場に終わりまでいることができなかった 그녀는 짜증이 나서 그곳에 끝까지 있을 수가 없다.

◆【終わりごろ】
¶イベントの終わりごろに花火が打ち上げられた 행사가 끝날 때쯤에 불꽃놀이가 시작되었다.

◆【その他】
¶僕らの仲もこれで終わりだ 우리 사이도 이제 끝이다. / これできょうは終わりです 오늘은 여기까지입니다. / これで手続きは全部終わりです 이것으로 절차는 다 끝났습니다. / これですべてで終わりだ 이것으로 다 끝이다. / これですべてが終わりと言うわけではない 이걸로 전부가 끝난 게 아니며. 慣用句 終わりよければすべてよし 결과만 좋으면 과정은 문제가 되지 않는다.

**おわる** 【終わる】 끝나다, 마치다 ¶仕事[授業]が終わる 일[수업]이 끝나다 / あと2,3日で冬休みが終わる 이제 2,3일 있으면 겨울 방학이 끝난다. / 1945年8月に戦争が終わった 1945년 팔월에 전쟁이 끝났다. / 仕事が終わるとよく飲みに行ったものだ 일이 끝나면 자주 마시러 가곤 했다. / その映画はつまらなかったので半分終わったところで出てきた 그 영화는 재미가 없어서 반 정도 끝났을 때 밖으로 나왔다. / パーティーは9時に終わった 파티는 아홉 시에 끝났다. / 彼らの結婚生活は失敗に終わった 그들의 결혼 생활은 실패로 끝났다. / 彼の書いた物語はたいていハッピーエンドで終わる 그가 쓴 이야기는 대부분 해피엔드로 끝난다. / 試合は引き分けに終わった 시합은 무승부로 끝났다. / コンサートは盛況裏に終わった 콘서트는 성황리에 막을 내렸다. / 作業は暗くなる前に終わるだろう 작업은 어두워지기 전에 끝날 것이다. / 学校は何時に終わるんだい 학교는 몇 시에 끝나니?
¶本を読み終わったらすぐ返してください 책을 다 읽으면 바로 돌려 주세요. / 彼はまだ絵を描き終わっていない 그는 아직 그림을 다 그리지 않았다. / 食べ終わったら食器を洗いなさい 다 먹으면 그릇을 씻어라. / 会議はこれといった成果もなく終わった 회의는 이렇다 할 성과도 없이 끝났다.

会話 もう終わったの?
A: 仕事はもう終わったの?

B：まだだよ
A：일은 벌써 끝난 거야?
B：아직 안 끝났어.

**おん【恩】** 은혜 ¶ご恩は一生忘れません 은혜는 평생 잊지 않겠습니다. / これで恩を売ることになる 이것으로 그에게 은혜를 베푸는 셈이다. / 彼には大変恩をこうむっている 그 사람에게는 많은 은혜를 입고 있다. / 私は先生の恩に報いなければならない 나는 선생님의 은혜에 보답해야 한다. / そんなことを言うなんて弟はとんだ恩知らずだ 동생이 그런 말을 하다니 배은망덕하다. / 彼は恩着せがましいからいやだ 그 사람은 은혜를 베풀고 생색을 내서 싫다. / 「後の仕事は代わりにやっておくよ」「ありがとう。恩に着るよ」 "남은 일은 대신 해 놓을게." "고마워. 부탁할게." / 彼は恩をあだで返した 그는 은혜를 원수로 갚았다.

**おん【音】** [音読み]의 음 ⇒音[おと]

**おんかい【音階】** 음계 [関連] **短音階** 단음계 / **長音階** 장음계

**おんがえし【恩返し】** 보은 ◇恩返しする 은혜를 갚다 ¶長年お世話になったでいずれ彼には恩返ししなければならない 오랜 세월 신세를 졌으니 언젠가 그 사람에게는 은혜를 갚아야 한다.

**おんがく【音楽】** 음악 ¶私は音楽が大好きだ 나는 음악을 아주 좋아한다. / 「どんな音楽が好きなの」「ジャズとポピュラー音楽が好き」"어떤 음악을 좋아해?" "재즈하고 팝 뮤직을 좋아해." / オーケストラが荘重な音楽を演奏している 오케스트라가 장중한 음악을 연주하고 있다. / リラックスするために音楽をかけた 긴장을 풀기 위해서 음악을 틀었다. / 速い音楽に合わせて踊った 빠른 음악에 맞춰서 춤을 추었다. / 私にはクラシック音楽はわからない 나는 클래식 음악은 잘 모르겠다.

¶私は目を閉じて音楽を聞いていた 나는 눈을 감고 음악을 듣고 있었다. / 音楽が急にやんだ 음악이 갑자기 그쳤다.

¶チョルスには音楽の才能がある 철수에게는 음악의 재능이 있다. / 母は音楽の先生だ 우리 어머니는 음악 선생님이다.

¶アジアの音楽 아시아의 음악 / 音楽の授業 음악 수업 / 音楽の好み 음악의 취향 / **音楽家** 음악가 / **音楽会** 음악회 / **音楽学校** 음악 학교 / **音楽祭** 음악제 / **音楽産業** 음악 산업 / **音楽室** 음악실 / **音楽隊** 음악대, 악대 / **音楽堂** 음악당 / **音楽評論家** 음악 평론가 / **西洋音楽** 서양 음악 / **ポピュラー音楽** 팝 뮤직 / **民俗音楽** 민속 음악 / **民族音楽** 민족 음악 / **ラテン音楽** 라틴 음악

**おんぎ【恩義】** 은의 ¶彼には助けてもらった恩義を感じている 그 사람한테는 많은 도움을 받아서 감사하게 생각하고 있다. ⇒恩

**おんきゅう【恩給】** [年金] 연금 ¶祖父は恩給で気楽に生活している 조부는 연금으로 홀가분하게 생활하고 있다. [関連] **恩給受領者** 연금 수령자 [수급자]

**おんきょう【音響】** 음향 [音] 소리 ¶そのホールの音響効果はひどかった 그 콘서트홀의 음향 효과는 너무 나빴다. / 火山は大音響とともに爆発し

た火山は큰 소리와 함께 폭발했다. [関連] **音響学** 음향학 / **音響効果** 음향 효과

**おんけい【恩恵】** 은혜, 혜택 ¶自然の恩恵を受ける 자연의 은혜를 입다 / 奨学金の恩恵を受ける 장학금 혜택을 받다 / 彼からは長い間恩恵を受けてきた 그 사람에게서는 오랫동안 은혜를 받아 왔다. / 平和の恩恵に浴する若者たち 평화의 은혜를 입은 젊은이들

**おんけん【穏健】** 穏健だ 온건하다 ¶彼は穏健な思想の持ち主だ 그는 온건한 사상을 가진 사람이다. / 党内の穏健派と急進派が対立している 당내의 온건파와 급진파가 대립하고 있다.

**おんこう【温厚】** 温厚だ 온후하다 ¶彼は温厚だから腹を立てるなんてことはめったにない 그는 온후해서 화를 잘 내지 않는다. / 温厚な人柄 온후한 인품 / 温厚の士 온후한 선비

**オンザロック** 온더록 ¶ウイスキーをオンザロックでください 위스키를 온더록으로 주세요.

**おんし【恩師】** 은사

**おんしつ【温室】** 온실 [ビニールハウス] 비닐하우스 ¶野菜を温室で栽培する 야채를 온실에서 재배하다 [慣用句] 彼女は温室育ちだ 그녀는 고생을 모르고 자랐다. [関連] **温室効果** 온실 효과 / **温室栽培** 온실 재배 / **温室植物** 온실 식물

**おんしゃ【恩赦】** 사면(赦免) [特赦] 특사 [大赦] 대사 ¶彼は恩赦を受けて出所した 그는 사면되어 출소했다. / 恩赦を与える 사면을 주다

**おんしょう【温床】** 온상 ¶犯罪の温床 범죄의 온상 / 病気の温床 병의 온상

**おんしん【音信】** 음신, 소식 ¶彼とは長いこと音信不通だ 그는 오랫동안 소식이 없다.

**おんじん【恩人】** 은인 ¶彼女は私たちの慈善事業を経済的に支援してくれている恩人の一人です 그 여자는 저희 자선 사업을 경제적으로 지원해 주는 은인의 한 사람입니다. / 彼は命の恩人です 그는 생명의 은인입니다.

**おんせい【音声】** 음성, 소리 ¶テレビの音声を小さく[大きく]してくれ 티비 소리를 작게[크게] 해 줘. / ラジオの音声がちょっと乱れた 라디오 음성이 좀 흐트러졌다. [関連] **音声学** 음성학 / **音声多重放送** 음성 다중 방송 / **副音声** 부음성

**おんせつ【音節】** 음절 ¶単語を音節に区切る 단어를 음절로 나누다

**おんせん【温泉】** 온천 [温泉地] 온천장 ¶祖父母は暇があると田舎の温泉に出かける 조부모는 시간만 있으면 시골 온천에 간다. [関連] **温泉街** 온천장 / **温泉療法** 온천 요법

**おんそく【音速】** 음속 ¶音速の2倍で飛行する 음속의 두 배로 비행하다 / 音速を超える 음속을 넘다 [関連] **超音速ジェット機** 초음속 제트기

**おんぞん【温存】** ◇温存する 온존하다, 간직하다 ¶戦力を温存する 전력을 온존하다 / うちの監督はエースを温存する作戦をとった 우리 감독은 에이스를 여차할 때 기용하기 위해 남겨두는 작전을 짰다.

**おんたい【温帯】** 온대 ¶日本は温帯に位置している 일본은 온대에 위치한다. / この辺りは温帯性の気候だ 이 지역은 온대성 기후이다. [関連] **温帯低気圧** 온대 저기압

**おんだん【温暖】** 온난 ◇温暖だ 온난하다 ¶温暖な気候[地方] 온난한 기후[지방] / ここは冬でも温暖な土地だ 여기는 겨울에도 온난한 지방이다. 関連 温暖前線 온난 전선 / 地球温暖化 지구 온난화

**おんち【音痴】** 음치 ¶音痴なのでカラオケは嫌いだ 음치라서 노래방은 싫다. / 彼女は方向音痴で道に迷いやすい 그녀는 「길눈이 어두워서[길치라서] 길을 잃기 쉽다.

**おんちゅう【御中】** 귀중(貴中) ¶金星出版社御中 금성출판사 귀중

**おんてい【音程】** 음정 ¶ピアノの音程が狂っていたので直してもらった 피아노의 음정이 이상해져서 조율 받았다. / 彼女の歌は音程が外れていた 그녀 노래는 음정이 안 맞았다.

**おんど【温度】** 온도 [気温] 기온 ¶温度が上がる[下がる] 온도가 올라가다[내려가다] / この部屋の中は温度が高い[低い] 이 방은 온도가 높다[낮다]. / 「今日の温度は何度ですか」「セ氏25度です」"오늘 기온은 몇 도에요?" "섭씨 25도입니다." / 温度が30度に上がった[下がった] 기온이 30도까지 올라갔다[내려갔다]. / 温度を測る 온도를 재다 / 風呂の温度を計った 욕조의 온도를 쟀다. / 室内と屋外では10度の温度差があった 실내와 실외는 10도의 온도 차이가 있었다. / 部屋の温度を一定に保つ 방 온도를 일정하게 유지한다. / この鉱泉の温度は20度だ 이 광천 온도는 20도이다. 関連 温度計 온도계 / 温度調節 도 조절 / 室温 실온 / 絶対温度 절대 온도 / 体感温度 체감 온도 ⇒度, 体温, 気温

使い分け **温度形容詞**

| | 気候 | 液体・物体料理 | 人情・人柄性格・言動 |
|---|---|---|---|
| あつい | 덥다 | 뜨겁다 | 두텁다 |
| あたたかい | 따뜻하다 | 따뜻하다 | 따뜻하다 |
| 涼しい | 선선하다서늘하다 | | |
| さわやかだ | 시원하다 | 시원하다* | 시원하다* |
| 肌寒い | 쌀쌀하다 | | 쌀쌀하다* |
| 冷たい | 차다* | 차다 | 차다, 냉정하다 |
| 寒い | 춥다 | | |

▶湯などがぬるいときは미지근하다を用いる. 차다*は空気や物体が冷たい場合(찬 바람 冷たい風), 춥다は体全体で寒さを感じる場合に用い, 体の一部が冷える場合には시리다を用いる. 시원하다*は冷たいものやさっぱりしたものを飲んだり食べたりして快い状態を表す. 쌀쌀하다*はよそよそしい態度を表す.

**おんどう【音頭】** 선창(先唱) ◇音頭を取る 선창하다 ¶課長が音頭を取って飲み会が開かれた 과장의 주최로 술자리가 열렸다. / 彼の音頭で乾杯した 그의 선창으로 건배했다. / 田中氏がパーティーで乾杯の音頭を取った 다나카 씨가 파티에서 건배의 선창을 했다. 関連 音頭取り 선도자

**おんとう【穏当】** ◇穏当だ 온당하다 ¶穏当な考え 온당한 생각 / 穏当な処置をとる 온당한 처치를 하다 / 彼の発言はやや穏当を欠く 그의 발언은 좀 온당하지 않다.

**おんどく【音読】** 음독, 낭독(朗読) ◇音読する 음독하다, 낭독하다 ¶先生は生徒たちに教科書を音読させた 선생님은 학생들에게 교과서를 낭독시켰다.

**おんどり【雄鳥・雄鶏】** 수탉(↔암탉)

**おんな【女】** 여자(女子), 여성(女性), 여인(女人), 《俗》 계집 ¶彼女は美しい女になった 그녀는 아름다운 여자가 되었다. / 彼女はいい女だね 그녀는 참 괜찮아. / 娘も一人前の女になったて 딸도 이제 처녀가 다 되었네. / 彼女は女の魅力たっぷりだ 그 여자에게선 여성스러운 매력이 넘쳐흐른다. / 女の魅力 여인의 매력

¶女の直感はするどい 여자의 직감은 예리하다. / 彼は女運が悪い 그는 여자 운이 나쁘다. / 彼は女嫌いで通っている 그는 여자를 싫어하는 것으로 통하고 있다. / 彼は女好きだ 그는 여자를 좋아한다. / ユミの女心をわかってやれよ 유미의 여자 마음을 알아 주어라. / 彼女も女盛りだ 그녀도 한창 예쁠 나이다. / うちには女っ気がない 우리 집에는 여자가 없다. / 女所帯で不用心だ 여자밖에 없는 집이라 허술해 보인다. / 彼は女手一つで3人の子供を育てた 그녀는 여자 혼자 힘으로 자식을 셋 키웠다. / 女だてらに 여자인 주제에 慣用句 女心と秋の空 여자의 마음과 가을의 하늘은 변하기 쉽다.

**おんなのこ【女の子】** 여자 아이(↔남자 아이), 계집아이(↔사내아이), 계집애 [若い女性] 아가씨 [娘] 딸

**おんならしい【女らしい】** 여자답다 ¶そのドレスはとても女らしい 그 드레스는 아주 여자답다. / ミナもすっかり女らしくなった 미나도 이제 완전히 여자다워졌다.

**おんぱ【音波】** 음파

**おんびん【穏便】** ◇穏便な 원만한, 온당한 ◇穏便に 원만하게, 온당하게 ¶なんとか穏便な処置をお願いします 어떻게 좀 원만한 처치를 부탁드립니다. / 穏便に事が運ぶといいのだが 원만하게 일이 되어가면 좋겠군.

**おんぶ【負んぶ】** ◇おんぶする [背負う] 업다 [依存する] 기대다, 의지하다 ¶赤ん坊をおんぶして買い物に出かけた 아기를 업고 장을 보러 갔다. / 旅行の費用は全額親におんぶすることにした 여행 비용은 전액 부모에게 의지하기로 했다. 慣用句 君はいつも僕におんぶに抱っこだね 자네는 항상 나에게 무엇이든지 의지하는군.

**おんぷ【音符】** 음부, 음표 関連 4分音符 사분음표 / 2分音符 이분음표 / 全音符 온음표, 전음부

**オンライン** 온라인(↔오프라인) ¶すべての支店はオンラインで本社とつながっている 모든 지점은 온라인으로 본사와 연결되어 있다.

**おんりょう【音量】** 음량, 볼륨 ¶テレビの音量を上げる[下げる] 티비 음량을 크게[작게] 하다

**おんわ【温和・穏和】** ◇温和だ 온화하다 [気候が] 따뜻하다 [性格が] 원만하다 ◇温和な 온화한, 따뜻한, 원만한 ¶温和な気候 온화한 기후 / 彼は人柄がとても穏和だ 그는 성격이 아주 온화하다.

# か

**か【可】**〔成績〕가(▶5段階の成績評価, 수「秀」・우「優」・미「美」・양「良」・가「可」の最下位)〔よい〕가함(<가하다)〔可能〕가능 ¶数学の成績は可だった 수학 성적은 가였다./可もなく不可もなしというところだ 가도 없고 불가도 없다./(求人広告で)未経験者可 미경험자 가

**か【科】**〔学科〕과, 학과〔課程〕과, 과정, 코스〔動植物の分類〕과 ¶私は国文科です 저는 국문과입니다./彼女は商業科のある高校に通っています 그녀는 상업과가 있는 고등학교에 다니고 있습니다./ネコ科の動物 고양이과에 속하는 동물

**か【課】**〔会社の〕과〔教科書の〕과 ¶総務課 총무과/第1課 제1과/1日に1課ずつ進む 하루에 한 과씩 나가다

**か【蚊】**모기 ¶蚊に刺された 모기에게 물렸다./蚊の鳴くような声 모기 소리 만한 목소리
[関連] 蚊取り線香 모기향

**-か** ❶〔疑問, 質問〕¶「これはヨンスさんのかばんですか」「いいえ」"이것은 영수 씨 가방입니까?" "아니요."/「ミジャは家にいますか」「ええ」"미자는 집에 있습니까?" "예."/「斉藤さんですか」「はい」"사이토 씨입니까?" "네."
¶「塩をとってくれませんか」「はい」"소금 좀 건네주시겠습니까?" "네."/「クロールで100メートル泳げますか」「はい[いいえ]」"자유형으로 100미터 헤엄칠 수 있습니까?" "네[아니요]."
¶「たばこを吸ってもかまいませんか」「ええ, かまいませんよ」"담배를 피워도 됩니까?" "예, 괜찮습니다."/「申し訳ありません。ここは禁煙です」"죄송합니다. 여기는 금연입니다."/「彼には兄弟姉妹がいますか」「はい 妹[兄]が2人います」"그 사람한테는 형제 자매가 있습니까?" "네, 여동생[형님]이 둘이 있습니다."/「この夏にどこかへ行きましたか」「はい, 北海道に行きました」"이번 여름에 어디가 밨어요?" "네. 홋카이도에 가 왔어요."
¶「いま何時ですか」「午後3時です」"지금 몇 시에요?" "오후 세 시에요."/「韓国のどの道の出身ですか」「慶尚南道です」"한국 어느 도 태생이십니까?" "경상남도입니다."/「いつこの列車は出発しますか」「あと5分で出発します」"이 열차는 언제 출발해요?" "5분 후에 출발해요."/「どちらにお住まいですか」「品川です」"어디에 애서요?" "시나가와입니다."/「どうして彼は休んだのですか」「風邪を引いたようです」"그 사람은 왜 쉬었습니까?" "감기에 걸린 것 같습니다."/(電話などで)「どちら様ですか」「木村です」"누구십니까?" "기무라입니다."
¶「彼女と付き合うつもりなのか」「うん」"그 여자하고 사귈 생각인가?" "응."

❷〔反語, 非難, 命令〕¶だれがそんなことするものか 누가 그런 일을 하겠는가!/どうして全力を尽くさないのか 어째서 최선을 다하지 않는가?/ここでたばこを吸ってはだめじゃないか 여기서 담배를 피우면 안 되잖아

❸〔確認・念を押す〕¶いいか, 車には十分気をつけるんだぞ 알았지, 차에는 충분히 조심해야 돼./何だ, そういうことか 뭐야? 그런 거야?

❹〔依頼, 勧誘, 許可〕¶「この手紙を出してもらえますか」「ええ」"이 편지를 보내 주실래요?" "예."/授業中のおしゃべりはやめてくれませんか 수업 중엔 잡담을 자제해 주세요.
¶「週末に映画に行きませんか」「そうだね」"주말에 영화 보러 안 갈래요?" "그래."/「冬休みにスキーに行かないか」「うん」"겨울 방학에 스키 타러 가지 않을래?" "그래."/「彼女には紅茶を, 私にはコーヒーをいただけますか」「承知しました」"그 여자 분에게는 홍차를, 저에게는 커피를 가져다 주시겠습니까?" "알겠습니다."

❺〔驚き, 感動〕¶なんだ, 簡単じゃないか 뭐야, 간단하잖아./あっ, また雨か, 또 비야?/もう8時か, 家に帰ることにしよう 벌써 여덟 시야? 집에 돌아가기로 하자./彼は韓国語が上手じゃないか 그 사람은 한국어 잘 하잖아.

❻〔不確実, 推定〕¶「どこかで会いしましたか」「いいえ」"어디선가 만났었나요?" "아니요."/冷たい物を食べたせいか, おなかが痛い 찬 것을 먹은 탓인지 배가 아프다./彼女は35歳かそこらだろう 그녀는 서른다섯 살이나 그 정도일 것이다./そのコンピュータは20万円かそこらだろう 그 컴퓨터는 20만 엔이나 그 정도일 것이다.

❼〔並列〕¶彼女の子供は5月か6月に生まれる予定だ 그 여자의 아이는 오월이나 유월에 태어날 예정이다./京都へは4回か5回行ったことがある 교토에는 네 번이나 다섯 번 간 적이 있다./彼が来るか来ないかはわからない 그가 올지 안 올지는 모른다.

**が【我】**〔我意〕고집 ¶彼女は我が強い 그녀는 고집이 세다./彼はいつも我を通す 그는 항상 자기 주장을 밀고 나간다./そんなに我を張るなよ 그렇게 고집 부리지 마.

**が【蛾】**나방

**-が** ❶〔主語を示す〕《母音で終わる各種の語+》가, 《子音で終わる各種の語+》이 ¶雨が降りそうだ비가 내릴 것 같다./今夜は星がとてもきれいだ 오늘 밤은 별이 매우 아름답다./何をするかが重要だ 무엇을 하는가가 중요하다.

❷〔対象を示す〕¶彼はスキーがうまい 그는 스키를 잘 탄다./彼女は料理が下手だ 그녀는 요리가 서투르다./韓国語の新聞が読めるようになりたい 한국어 신문을 읽을 수 있게 되고 싶다.

❸〔逆接関係を表す〕-지만 ¶彼は金持ちですが, 少しも幸福ではありません 그는 부자입니다만, 조금도 행복하지 않습니다./駅へ急いで行ったが,

ガーゼ

その列車には間に合わなかった 역까지 서둘러 갔지만 그 열차를 놓쳤다.
❹〔単に文をつなぐ働きをして〕¶その映画を見に行ったが，評判どおりおもしろかった 그 영화를 보러 갔는데 평판대로 재미있었다. / 顔色が悪いようだが，どうかしたの 안색이 나쁜 것 같은데 무슨 일 있니?
❺〔譲歩を表して〕¶彼女に何を言われようが気にしない 나는 그녀가 무슨 말을 하건 신경 쓰지 않는다. / 彼の言うことにも一理あるが，完全には同意できない 그의 말에도 일리는 있지만 완전히는 동의할 수 없다.
❻〔文末に添えて控えめな気持ちを表して〕¶彼は時間に間に合うようにやって来ると思いますが 그는 시간에 맞게 도착할 것 같은데요. / 頼みごとがあるのですが付瀬いしろ必ずか… 부탁할 것이 있습니다만…
❼〔同じ名詞を繰り返して〕¶年が年だからあまり無理しないほうがいいんじゃない 나이가 나이니만큼 너무 무리하지 않는 게 좋지 않겠어? / そのレストランは場所が場所だけにかなり高いと思うよ 그 레스트랑은 장소가 장소니만큼 꽤 비쌀걸.

**ガーゼ** 가제

**カーソル** 커서 ¶カーソルを動かす 커서를 움직이다

**カーディガン** 카디건

**カーテン** 커튼 ¶カーテンを開けて[閉めて]ください 커튼을 열어[닫아] 주세요. / カーテンを引く 커튼을 치다 / カーテンを掛ける 커튼을 치다 〔関連〕カーテンコール 커튼콜 / カーテンレール 커튼레일

**カード** 카드 〔試合の組み合わせ〕대전 ¶彼はトランプのカードを切った 그는 트럼프 카드를 섞었다. / カードを配る 카드를 돌리다 / カードで買い物をする 카드로 쇼핑을 하다 / 阪神対巨人のカード 한신과 교진의 대전 〔関連〕キャッシュカード 현금 카드 / クリスマスカード 크리스마스 카드 / クレジットカード 신용 카드, 크레디트 카드 / テレホンカード 전화 카드 / バースデーカード 생일 카드 / プリペイドカード 선불 카드 / メンバーズカード 회원 카드 / ポイントカード 포인트 카드

**ガード** 〔警備〕경비, 경호 〔防御〕방어 ◇ガードする 경비하다, 경호하다；방어하다 ¶(スポーツで)敵はガードが固い[甘い] 적은 방어가 완벽하다[허술하다]. / 彼女はガードが固い 그녀는 자기 방어가 철저하다. 〔関連〕ガードマン 경비원, 경호원 / ガードレール 가드레일

**ガード** 〔道路の鉄道橋〕육교 ¶ガード下の通路 육교 아래 통로 / ガードをくぐって行く 육교를 빠져 나가다

**カートリッジ** 카트리지 〔関連〕インクカートリッジ 잉크 카트리지

**カーニバル** 카니발

**カーネーション** 카네이션

**カーブ** 커브 ◇カーブする 굽다 ¶川はゆるやかに右にカーブしていた 강은 완만하게 오른쪽으로 굽어 있었다. / カーブを切る 커브를 틀다 / 急カーブが続く山道 급커브가 계속되는 산길 / (野球で)カーブを投げる 커브를 던지다

**カーフェリー** 카페리

**カーペット** 카펫, 양탄자, 융단 (絨毯)

**ガーリック** 갈릭, 마늘 ⇒にんにく

**カール** 컬, 머리털을 곱슬곱슬하게 함 ◇カールする 컬하다 ¶彼女は髪をカールしている 그녀는 컬이 들어간 머리를 하고 있다. / カールした髪 컬이 들어간 머리

**ガール** 소녀 〔関連〕ガールスカウト 걸 스카우트, 소녀단 / ガールフレンド 걸프렌드, 여자 친구

かい **【会】**❶〔集まり, 会合〕모임〔会議〕회의〔パーティー〕파티 ¶会をもつ 모임을 가지다 / 私はきのうその会に出席しました 저는 어제 그 모임에 참석했습니다. / その会はお流れになった 그 모임은 취소되었다. / 私たちは退社する山田さんのためにお別れの会を開いた 우리는 퇴사하는 야마다 씨를 위해 작별 파티를 열었다. / 会は正午に始まった〔終わった〕모임은 정오에 시작됐다〔끝났다〕. / 会の出席者は多かった〔少なかった〕모임의 참가자는 많았다〔적었다〕.
❷〔団体, 組織〕회, 모임〔協会〕협회〔クラブ, サークル〕클럽, 서클 ¶彼女はその会に入った〔会を抜けた〕그녀는 그「모임에 들어갔다〔모임에서 나왔다」. / 会を発足させる 모임을 발족시키다 / 難民を支援する会を結成する 난민을 지원하는 모임을 결성하다

かい **【回】**❶〔回数〕번, 회, 회수 ¶私はきょう彼に何回も電話したが出なかった 나는 오늘 그 사람에게 몇 번이나 전화했지만 그는 받지 않았다. / 私は週2回泳いでいる 나는 일 주일에 두 번 수영한다. / もう1回やってみたい 다시 한번 해 보고 싶다.
¶彼女の2回目に書いた本は最初のものよりずっと内容がよかった 그녀의 두 번째 책은 첫 번째 것보다 내용이 좋았다. / きょうは私の25回目の誕生日だ 오늘은 나의 25번째 생일이다.
¶クラス会は2年に1回開かれている 클래스 모임은〔동창회는〕2년에 한 번 열리고 있다. / 回を重ねていくうちに上手になった 회를 거듭해 갈수록 능숙해졌다.
〔会話〕1日に何回
A：1日に何回歯をみがきますか
B：1日に2，3回です
A：하루에 몇 번 이를 닦습니까?
B：한두[두세] 번입니다.
❷〔野球〕회〔ボクシング〕회, 라운드 ¶彼は9回の裏[表]に逆転ホームランを打った 그는 9회말[초]에 역전 홈런을 쳤다. / チャンピオンを挑戦者を3回にノックアウトした 챔피언은 도전자를 3회에 녹아웃시켰다. ⇒度, 何回

かい **【貝】**조개〔貝殻〕조가비, 조개껍데기, 조개질 ¶貝類は好きですか 조개류를 좋아합니까? / 彼女は貝のように口を閉ざした 그녀는 조개처럼 입을 굳게 다물었다. 〔関連〕貝細工 조개공예 / 貝塚 패총, 조개더미 / 貝柱 조개관자 / 貝ボタン 조개 단추

かい **【階】**층 ¶私はマンションの2階に住んでいる 나는 아파트 2층에 살고 있다. /「そのマンションは何階建てですか」「14階建てです」"그 아파트는 몇 층 건물입니까?" "14층 건물입니

다."/「トイレは何階にありますか」「階ごとにあります」"화장실이 몇 층에 있어요?" "층마다 있어요."/「このエレベーターは偶数階に止まります」"이 엘리베이터는 짝수 층에 서요."

会話 何階ですか
A：オフィスは何階ですか
B：5階です
A：사무실은 몇 층입니까？
B：5층입니다.

**かい【甲斐】** 보람〔効果〕효과〔価値〕가치 ¶猛勉強のかいがあった 열심히 공부한 보람이 있었다./努力のかいあって課長に昇進した 노력한 보람이 있어서 과장으로 진급했다./手当てのかいもなく父はがんで亡くなった 치료한 보람도 없이 아버지는 암으로 돌아가셨다./この本は実に読みがいがある 이 책은 실로 읽을 가치가 있다.

**-かい【-界】** -계 ¶芸能界 연예계(演芸界)/財界 재계/実業界 실업계/政界 정계

**-かい** -느냐, -냐, -는가, -은[-ㄴ]가 ¶ごはん食べたかい 밥 먹었느냐?/部屋は寒くないかい 방이 춥지 않냐?/賄賂という言葉を知っているかい 속죄라는 말을 아는가?/そんなに忙しいのかい 그렇게 바쁜가?/中国に住んでいる朝鮮の人かい 중국에 사는 조선족인가?

**がい【害】** 해 ¶酒の飲みすぎは健康に害がある 과음은 건강에 해롭다./旱魃(かんばつ)は作物に大きな害をもたらした 한발〔가뭄〕은 작물에 큰 피해를 가져왔다./害をこうむる 해를 입다/健康を害する 건강을 해치다/感情を害する 감정을 상하게 하다/害のない害 해가 없는 벌레 ⇒害する

**-がい【-外】** 외 ¶区域外 구역외/専門外 전문외/問題外 문제외/時間外労働 시간외 노동

**-がい【-街】** 〔通り〕가 ¶商店街 상가/住宅街 주택가

**がいあく【害悪】** 해악, 해 ¶害悪を及ぼす 해를 끼치다[미치다]

**かいあさる【買い漁る】** 사 모으다 ¶古本屋に行って古い漫画の本を買いあさった 헌책방에 가서 오래 된 만화책을 사 모았다.

**かいいき【海域】** 해역 ¶日本の海域 일본 해역

**かいいぬ【飼い犬】** 집에서 기르는 개, 애완견 慣用句 飼い犬に手をかまれる 믿는 도끼에 제 발등 찍히다 ｜ 돌보아 준 사람으로부터 배신당하다

**かいいん【会員】** 회원 ¶そのクラブの会員になった 그 클럽의 회원이 되었다./父はロータリークラブの会員だ 아버지는 로터리 클럽의 회원이다./当クラブは全国に２千人の会員がいます 당 클럽은 전국에 2천 명의 회원이 있습니다./彼は我々のクラブの会員資格を失った 그는 우리 클럽의 회원 자격을 잃었다./会員数はどのぐらいですか 회원수는 어느 정도입니까？/我々のゴルフクラブは会員が少ない 우리 골프 클럽은 회원이 적다./このテニスクラブは会員制ですか 이 테니스 클럽은 회원제입니까？ 関連 会員券 회원권/会員証 회원증/会員制 회원제/会員名簿 명단/終身会員 종신 회원/正会員 정회원

**かいうんぎょう【海運業】** 해운업

**かいえん【開演】** 개연 ¶舞台は２時に開演になる 무대는 두 시에 시작한다./夜の部の開演は６時だ 저녁 공연은 여섯 시부터이다. 関連 開演時間 개막 시간

**かいおうせい【海王星】** 해왕성

**かいおき【買い置き】** ◇買い置きする 사 두다, 사 놓다 ¶ティッシュの買い置きが切れた 사다 놓은 티슈가 다 떨어졌다./災害に備えて常に非常食を買い置きしてある 재해에 대비해서 항상 비상식을 사 두고 있다.

**かいか【開花】** 개화 ◇開花する 개화하다, 개화되다 ¶桜の開花予想 벚꽃의 개화 예상/庶民文化の開花 서민 문화의 개화/彼女の作家としての才能が開花した 그녀의 작가로서의 재능이 개화했다. 関連 開花期 개화기

**かいが【絵画】** 회화, 그림 関連 絵画館 회화관/絵画展 회화전

**がいか【外貨】** 외화 ¶外貨を獲得する 외화를 획득하다 関連 外貨準備高 외화 보유액/外貨預金 외화 예금

**かいかい【開会】** 개회 ◇開会する 개회하다 ¶開会を宣言する 개회를 선언하다/開会の辞を述べる 개회사를 말하다/国会が開会した 국회가 개회되었다./開会中 개회 중 関連 開会式 개회식/開会日 개회일

**かいがい【海外】** 해외〔外国〕외국

◆《海外に・海外で・海外へ》

¶私は海外に一度も行ったことがない 나는 한번도 해외에 나가 본 적이 없다./彼女は何年も海外で暮らしたことがある 그녀는 몇 년이나 해외에서 산 적이 있다./今日では年間１千万人もの日本人が海外へ出かける 요즘에는 연간 천만 명 이상의 일본인이 해외로 나간다./海外に名をとどろかす 해외에 이름을 떨치다

◆《海外の・海外からの》

¶私はインターネットでいつも海外のニュースを読む 나는 언제나 인터넷으로 해외 뉴스를 본다./うちの大学には海外からの留学生が多い 우리 대학에는 외국에서 온 유학생이 많다.

◆《その他》

¶最近は若い人がたくさん海外旅行をする 최근에는 젊은 사람이 많이 해외여행을 한다./わが社は海外事情に通じている人を探している 우리 회사는 해외 사정에 능통한 사람을 찾고 있다./彼は海外留学の機会に飛びついた 그는 해외 유학 기회를 얼른 잡았다. 関連 海外市場 해외 시장/海外放送 해외 방송, 국제 방송/海外貿易 해외 무역

**がいかい【外海】** 외해〔公海〕공해〔大洋〕대양

**かいがいしい【甲斐甲斐しい】** 〔勤勉〕부지런하다 ◇かいがいしく 부지런히 ¶かいがいしく働く 부지런하게 일하다

**かいかく【改革】** 개혁 ◇改革する 개혁하다

¶行政機構を改革する 행정 기구를 개혁하다/思い切った před 과감한 단행하다/教育改革の必要性を唱える 교육 개혁의 필요성을 주장하다/政治家の大部分が行政改革を支持した 정치가의 대부분은 행정 개혁을 지지했다. 関連 政治改革 정치 개혁/税制改革 세제 개혁/宗教改革 종교 개혁

**かいかつ【快活】** ◇快活だ 쾌활하다 ◇快活に 쾌활하게 ¶快活な笑い 쾌활한 웃음 ¶快活に振る舞う 쾌활하게 행동하다

**かいかぶる【買い被る】** [過大評価する] 과대평가하다 ¶あまり買い被られても困ります 너무 과대평가하시면 곤란합니다.

**かいがら【貝殻】** 패각, 조가비, 조개 껍데기, 조개 껍질 関連 貝殻細工 패각 공예 ⇒貝

**かいかん【会館】** 회관 ¶学生会館 학생 회관 / 市民会館 시민 회관 / 文化会館 문화 회관

**かいかん【快感】** 쾌감 ¶あの快感をもう一度味わいたい 그 쾌감을 한번 더 맛보고 싶다. / バイクに乗るといつも快感を覚える 오토바이를 타면 언제나 쾌감을 느낀다. / スキーの後で温泉に入るのは実に快感だ 스키를 탄 후에 들어가는 온천은 실로 쾌감하고 좋다.

**かいかん【開館】** 개관 ◇開館する 개관하다 ¶図書館は9時に開館する 도서관은 아홉 시에 개관한다. 関連 開館時間 개관 시간

**かいがん【海岸】** 해안, 해변(海辺) ¶夏になるとたくさんの渡り鳥がこの海岸へやって来る 여름이 되면 많은 철새가 이 해안으로 온다. / 海岸をはだしで散歩するのが好きです 해안을 맨발로 산책하는 것을 좋아합니다. / 仁川は朝鮮半島の西海岸にある 인천은 한반도의 서해안에 있다. / 岩だらけの海岸は歩きにくい 바위투성이의 해안은 걷기 어렵다. / 湘南海岸は夏には行楽客で非常に混雑する 쇼난 해안은 여름에는 행락객으로 매우 혼잡하다. / この道路は何キロも海岸線に沿って走っている 이 도로는 몇 킬로나 해안선을 따라서 이어지고 있다. 関連 海岸線 해안선

**がいかん【外観】** 외관, 겉보기 ¶ホテルの外観はすばらしかった 호텔의 외관은 훌륭했다. / 外観だけ立派だ 겉보기만 훌륭하다.

**かいき【会期】** 회기 ¶国会は会期中である 국회는 회기중이다. / 会期中に法案を通す 회기중에 법안을 통과시키다 / 会期を延長する 회기를 연장하다

**かいき【回忌】** 주기(周忌) ¶祖父の3回忌 조부의 3주기

**かいき【怪奇】** 괴기 関連 怪奇小説 괴기 소설

**かいき【皆既】** 関連 皆既食 개기식 / 皆既月食 개기 월식 / 皆既日食 개기 일식

# かいぎ 【会議】 회의

[基本表現]
▶毎週木曜日に会議がある
매주 목요일에 회의가 있다.
▶部長は只今会議中です
부장님은 지금 회의 중이십니다.
▶これから会議を始めますので会議室に集まってください 지금부터 회의를 시작하겠습니다. 회의실로 모여 주세요.
▶会議は8時にようやく終わった
회의는 여덟 시에 간신히 끝났다.

¶会議を開く 회의를 열다 / 来月エイズ予防のための会議が開かれる 다음달 에이즈 예방을 위한 회의가 열린다. / 会議は中止になった 회의는 취소되었다. / 山本氏が会議の議長を務めた 야마모토 씨가 회의의 의장을 맡았다. / 私は会社を代表してその会議に出席した 나는 회사를 대표해 그 회의에 참석했다. / きょうの会議では環境汚染の問題が取り上げられた 오늘 회의에서는 환경오염 문제가 다루어졌다. 関連 家族会議 가족 회의 / 教職員会議 교직원 회의 / 緊急[臨時]会議 긴급[임시] 회의 / 軍縮会議 군축 회의 / 講和会議 강화 회의 / 国際会議 국제 회의 / 作戦会議 작전 회의 / 重役会議 중역 회의 / 首脳会議 정상 회의 / 職員会議 직원 회의 / 職場会議 직장 회의 / 全体会議 전체 회의 / テレビ会議 화상 회의 / 分科会議 분과 회의

**かいぎ【懐疑】** 회의 ◇懐疑的だ 회의적이다 ¶彼はすべてに対し懐疑的になっていた 그는 모든 것에 대해 회의적이었다. 関連 懐疑主義 회의주의 / 懐疑心 회의심 / 懐疑論者 회의론자

**かいきゅう【階級】** 계급 [地位] 지위 ¶彼女は上流[中流, 下流]階級に属している 그녀는 상류 [중류, 하류] 계급에 속해 있다. / 階級が一つ上がる 계급이 하나 올라가다 関連 階級意識 계급 의식 / 階級社会 계급 사회 / 階級制度 계급 제도 / 階級闘争 계급투쟁 / エリート階級 엘리트 계급 / 知識階級 지식 계급 / 中産階級 중산 계급 / ブルジョア階級 부르주아 계급 / 労働者階級 노동자 계급

**かいきょ【快挙】** 쾌거 ¶彼はヨットで太平洋単独横断の快挙を成し遂げた 그는 요트로 태평양 단독 횡단이라는 쾌거를 올렸다.

**かいきょう【回教】** 회교, 이슬람교 ⇒イスラム教

**かいきょう【海峡】** 해협 ¶海峡を越える 해협을 넘다 / 対馬海峡 쓰시마 해협(▶韓国では 대한해협 「大韓海峡」)

**かいぎょう【開業】** 개업 ◇開業する 개업하다 ¶医者[弁護士]を開業する 의사[변호사]를 개업하다 関連 開業医 개업의

**かいきん【解禁】** 해금 ◇解禁する 해금하다 ◇解禁される 해금되다 ¶石油の輸出を解禁する 석유의 수출을 해금하다 / 映画の上映が解禁される 영화 상영이 해금되다 / きょうからあゆ漁が解禁になった 오늘부터 은어잡이가 해금되었다. 関連 狩猟解禁 수렵 해금

**かいきん【皆勤】** 개근 ◇皆勤する 개근하다 関連 皆勤賞 개근상 / 皆勤手当 개근 수당

**かいぐん【海軍】** 해군 ¶海軍に入る 해군에 들어가다 関連 海軍基地 해군 기지 / 海軍人 해군 군인 / 海軍将校 해군 장교 / 海軍士官学校 해군 사관학교

# かいけい 【会計】 ❶ [金銭の出し入れ] 회계

¶父は会社で会計を担当している 아버지는 회사에서 회계를 담당하고 있다. / 彼女は会計事務所で働いている 그녀는 회계 사무소에서 일하고 있다. / 会計係に伝票を出した 회계 담당에게 전표를 냈다.
❷ [勘定] 계산 [支払い] 지불 ¶会計, お願いします 계산 부탁합니다. / 会計を済ます 계산을 끝내다

会話 会計は窓口で
A：診察料はおいくらですか

B：2천엔입니다. 계산은 창구에서 해 주세요.

B：2千円です。会計は窓口でお願いします
A：진찰료는 얼마입니까?
B：2천 엔입니다. 계산은 창구에서 해 주세요.

関連 **会計課** 회계과 / **会計学** 회계학 / **会計検査院** 회계 검사원(▶한국의 감사원 「監査院」에 해당) / **会計士** 회계사 / **公認会計士** 공인 회계사 / **会計年度** 회계 연도 / **会計報告** 회계 보고 / **会計簿** 회계 장부 / **一般会計** 일반 회계 / **特別会計** 특별 회계

## かいけつ【解決】 해결 ◇**解決する** 해결하다, 해결되다 ¶容疑者も逮捕され事件は無事に解決をみた 혐의자도 체포되어 사건은 무사히 해결을 보았다. / 彼の助言のおかげでその問題も解決に向かいそうだ 그의 조언 덕분에 그 문제도 해결이 될 것 같다. / 問題は円満に解決した 문제가 원만히 해결되었다. / 紛争は平和的に解決された 분쟁은 평화적으로 해결되었다. / その事件は解決の手がかりさえ見つかっていない 그 사건은 해결의 단서마저 보이지 않았다. / その会社と住民との間の補償問題はまだ未解決のままだ 그 회사와 주민 사이의 보상 문제는 아직 미해결인 채로 남아 있다. / 解決の糸口をつかむ 해결의 실마리를 잡다 / 問題の解決策をさぐる 문제의 해결책을 찾다 / 解決の見込みがない 해결될 가망이 없다

¶警察は誘拐事件を解決するのに全力を尽くしている 경찰은 유괴 사건을 해결하는 데 전력을 다하고 있다. / 解決しなければならない法律上の問題がいくつかある 해결해야 할 법률상의 문제가 몇 가지 있다. / 両国の代表が領土問題を解決するために協議した 양국의 대표가 영토 문제를 해결하기 위해서 협의했다.

### かいけん【会見】 회견 ◇**会見する** 회견하다
¶外相は駐日韓国大使と会見した 외상은 주일 한국대사와 회견했다. / 官房長官は記者会見を開いた 관방장관은 기자 회견을 열었다. / 会見を申し込む 회견하다 / 会見に応じる 회견에 응하다 関連 **記者会見** 기자 회견

### がいけん【外見】 외관, 겉보기, 외모(外貌)
¶彼は外見は立派に見える 그는 겉보기는 훌륭하게 보인다. / 彼女は外見とは全く違う 그 여자는 겉보기와는 판판이다. / 人は外見で判断できない 사람은 외관으로 판단할 수 없다.

### かいげんれい【戒厳令】 계엄령 ¶首都に戒厳令を敷く 수도에 계엄령을 선포하다

### かいこ【蚕】 누에

### かいこ【解雇】 해고 〔一時的な〕레이오프, 일시적 해고, 일시 귀휴 ◇**解雇する** 해고하다 ¶彼女は不況のため解雇された 그녀는 불황으로 인해 해고당했다. 関連 **解雇通知** 해고 통지 / **解雇手当** 해고 수당

### かいこ【回顧】 회고 ◇**回顧する** 회고하다 ¶昔を回顧する 옛날을 회고하다 関連 **回顧録** 회고록

### かいご【介護】 수발, 간호, 병구완 ◇**介護する** 수발하다, 간호하다, 병구완하다 ¶老人を介護する 노인을 수발하다 関連 **介護休暇** 간호 휴가 / **介護保険** 간호 보험 / **在宅介護** 재택 간호 / **訪問介護** 방문 간호 / **要介護者** 수발이 필요한 사람 ⇒看護

### かいこう【海溝】 해구 関連 **日本海溝** 일본해구

### かいこう【開校】 개교 ◇**開校する** 개교하다 ¶わが校は1960年に開校した 우리 학교는 1960년에 개교했다. 関連 **開校記念日** 개교기념일

### かいこう【開港】 개항 ◇**開港する** 개항하다
¶横浜が開港したのはいつですか 요코하마가 개항한 것은 언제입니까? / 仁川国際空港はソウルの新しい玄関口として2001年に開港した 인천 국제공항은 서울의 새로운 현관으로서 2001년에 개항했다.

### かいごう【会合】 회합 ¶会合を開く 회합을 열다 / 会合に参加する 회합에 참석하다 関連 **会合場所** 회합 장소

### がいこう【外交】 ❶〔外国との付き合い〕외교
¶日本と韓国は1965年に外交関係を樹立した 일본과 한국은 1965년에 외교 관계를 수립했다. / 両国は外交関係を断絶した 양국은 외교 관계를 단절했다. / 野党は政府の外交政策を批判した 야당은 정부의 외교 정책을 비판했다. / 首相は貿易問題を解決するために外交的手腕を振るった 수상은 무역 문제를 해결하기 위해서 외교적 수완은 [솜씨를] 발휘했다. / 彼はただ外交辞令で言っただけだよ 그는 단지 겉치레로 말했을 뿐이야.
❷〔社外での販売活動〕외무, 외교원 ¶私は保険の外交員をしている 나는 보험 외판원을 하고 있다. 関連 **外交官** 외교관 / **外交団** 외교단 / **外交特権** 외교 특권 / **外交文書** 외교 문서 / **外交問題** 외교 문제 / **シャトル外交** 왕복 외교 / **瀬戸際外交** 벼랑 끝 전술 / **弔問外交** 조문 외교 / **秘密外交** 비밀 외교

### がいこう【外向】 ◇**外向的** 외향적(↔내향적)
¶彼女は外向的だ 그녀는 외향적이다.

## がいこく【外国】 외국
◆〔**外国へ・外国の**〕
¶私は外国へ行きたい 나는 외국에 가고 싶다. / 日本語の中には多くの外国の言葉がある 일본어 속에는 많은 외래어가 있다.
¶外国へ[外国から]の商業投資 외국으로[외국으로부터의] 상업 투자 / 外国の習慣 외국의 습관
◆〔**外国から(の)**〕
¶うちの大学には外国からの留学生がたくさんいる 우리 대학교에는 외국에서 온 유학생이 많이 있다. / 毎年夏にはその祭りに外国からたくさんの観光客が集まる 매년 여름에는 그 축제에 외국으로부터 많은 관광객이 모인다.
◆〔**その他**〕
¶彼の両親は外国で暮らしている 그의 부모님은 외국에서 살고 있다. / 外国製の車 외제차 関連 **外国語** 외국어 / **外国為替** 외국환, 외환 / **外国航路** 외국 항로 / **外国市場** 외국 시장 / **外国人** 외국인 / **外国人登録(証)** 외국인 등록(증) / **外国人労働者** 외국인 노동자 / **外国製品** 외국 제품, 외국제 / **外国貿易** 외국 무역 / **在留外国人** 재류 외국인

### がいこつ【骸骨】 해골 ¶彼はまるで骸骨のようにやせている 그는 마치 해골같이 말랐다.

### かいこむ【買い込む】 사들이다 ¶週末には1週間分の食料を買い込む 주말에는 1주일분의 음식을

사 둔다. ⇨買う
**かいこん**【開墾】 개간 ◇**開墾する** 개간하다
¶荒れ地を開墾する 황무지를 개간한다.
関連 **開墾地** 개간지
**かいさい**【開催】 개최 ◇**開催する** 개최하다 ◇**開催される** 개최되다 [開会する] 개회하다
¶展示会を開催する 전시회를 개최하다 / オリンピックは4年ごとに開催される 올림픽은 4년마다 개최된다. / 今、見本市が開催されている 지금 견본시장이 개최되고 있다. / 開催日を決定する 개최일을 결정하다 / オリンピックの開催国 올림픽 개최국 関連 **開催地** 개최지
**かいさつ**【改札】 개찰, 개표(改票) ◇**개찰하다**, 개표하다 関連 **改札係** 개찰원 / **改札口** 개찰구, 개표구 / **自動改札機** 자동 개찰기 [개표기]
**かいさん**【解散】 해산 ◇**解散する** 해산하다, 해체되다 ¶3時に現地で解散します 세 시에 현지에서 해산합니다. / 衆議院が解散する 중의원이 해산하다 / 衆議院を解散する 중의원을 해산하다 / 警察は学生のデモを解散させた 경찰은 학생들의 데모를 해산시켰다. / そのロックバンドは去年解散した 그 록 밴드는 작년에 해체했다.
**がいさん**【概算】 개산, 어림셈 ◇**概算する** 개산하다 ¶費用を概算する 비용을 개산하다 / 費用の概算を出す 비용의 개산을 내다 / リフォームには概算で200万円ぐらいかかる 리폼에는 어림잡아 200만 엔 정도 든다.
**かいさんぶつ**【海産物】 해산물
**かいし**【開始】 개시 ◇**開始する** 개시하다 ¶営業を開始する 영업을 개시하다 / 試合を開始する 시합을 개시하다 / 試合は9時に開始する 시합은 아홉 시에 개시한다.
**がいし**【外資】 외자, 외국 자본 関連 **外資系企業** 외자 기업 / **外資導入** 외자 도입
**がいして**【概して】 대체로 ¶新製品は概して好評だった 신제품은 대체로 호평이었다.
**かいしめ**【買い占め】 사재기, 매점 ◇**買い占める** 사재기하다, 매점하다 ¶彼らはその会社の株を買い占めた 그들은 그 회사의 주식을 사재기했다.

# かいしゃ【会社】 회사

◆【会社は】
¶その会社は何をやっているのですか 그 회사는 무엇을 하고 있습니까? / あの会社は倒産しそうなんだ 그 회사는 도산할 것 같아.

◆【会社で・会社の】
¶会社での私の仕事は書類の整理程度だ 회사에서 내가 하는 일은 서류 정리 정도다. / 今度の土曜日に会社の同僚たちとゴルフに行くんだ 이번 토요일에 회사 동료들하고 골프를 치러 간다.

◆【会社へ・会社に】
¶私は毎朝8時に会社へ行く 나는 매일 아침 여덟 시에 회사에 간다. / きょう会社へ来る途中で友達に会った 오늘 회사에 오는 길에 친구를 만났다. / 証券会社に就職しました 증권 회사에 취직했습니다. /「この会社に入って何年になりますか」「4月でまる5年になります」"이 회사에 들어온 지 몇 년이나 됩니까?" "사월이면 만 5년이 됩니다."

会話 …に勤めている
A：どこの会社に勤めているのですか
B：サムスンです
A：어느 회사에 근무하고 있어요?
B：삼성이에요.

◆【会社を・その他】
¶会社を経営する 회사를 경영하다 / 会社を設立する 회사를 차리다 / 会社を辞める 회사를 그만두다 / 会社を休む 회사를 쉬다 / 会社を首にな る 회사에서 잘리다 / 会社訪問する 취직을 검토하기 위해 회사를 방문하다 関連 **会社員** 회사원 / **親会社** 모회사 / **子会社** 자회사 / **系列会社** 계열 회사 / **株式会社** 주식회사 / **持ち株会社** 지주 회사 / **貿易会社** 무역 회사 / **保険会社** 보험 회사 / **旅行会社** 여행사 / **航空会社** 항공사

**がいしゃ**【外車】 외제차 ¶彼は外車に乗っているのは 그는 외제차를 타고 있다. / 一般に外車は国産車に比べ燃費が悪い 일반적으로 외제차는 국산차에 비해 연비가 나쁘다.
**かいしゃく**【解釈】 해석 ◇**解釈する** 해석하다 ¶この英文は二通りに解釈できる 이 영문은 두 가지로 해석할 수 있다. / 彼の忠告を善意に解釈した 그의 충고를 선의로 해석했다. / 彼女はいつも物事を都合のいいように解釈する 그녀는 언제나 사물을 자기 편한 대로 해석한다. / 誤った [正しい] 解釈をする 잘못 [바로] 해석하다 / 一方的な解釈 일방적인 해석 / 解釈の相違 해석의 상이
**かいしゅう**【回収】 회수 ◇**回収する** 회수하다 ¶アンケートを回収する 앙케이트를 회수하다 / 欠陥品を回収する 결함품을 회수하다 関連 **ゴミ回収** 쓰레기 회수
**かいしゅう**【改宗】 개종 ◇**改宗する** 개종하다 ¶改宗を迫る 개종을 강요하다 / 仏教からキリスト教に改宗する 불교에서 기독교로 개종하다
**かいしゅう**【改修】 개수 [修理] 수리, 수선 [改善] 개선 ◇**改修する** 개수하다, 수리하다, 수선하다 ; 개선하다 ¶道路を改修する 도로를 개수하다 / その建物は今改修が行われている 그 건물은 지금 개수를 하고 있다. 関連 **改修工事** 개수 공사 / **河川改修** 하천 개수
**かいじゅう**【怪獣】 괴물(怪物) 関連 **怪獣映画** 괴수 영화
**がいしゅつ**【外出】 외출 ◇**外出する** 외출하다 ¶女の子が夜ひとりで外出するのは危険だ 여자 아이가 밤에 혼자서 외출하는 것은 위험하다. / (電話で)「パク・チョルスさんはいらっしゃいますか」「お待ちください。あいにくただ今外出しております」"박철수 씨 계십니까?" "잠시만 기다려 주세요. 공교롭게도 지금 외출중입니다." / 医者は彼に当分外出を控えるように言った 의사는 그에게 당분간 외출을 자제하라고 말했다. / 君の外出中に電話があったよ 네가 외출했을 때 전화가 왔었어. 関連 **外出着** 외출복, 나들이옷 / **外出禁止** 외출 금지 / **外出先** 외출지
**かいじょ**【解除】 해제 [取り消し] 취소 ◇**解除する** 해제하다, 취소하다 ¶契約を解除する 계약을 취소하다 / 洪水警報を解除する 홍수 경보를 해제하다 / ストを解除する 파업을 해제하다 関連 **武装解除** 무장 해제

**かいしょう【解消】** 해소 ◇ 解消する 해소하다〔取り消す〕취소하다 ¶クラシック音楽はストレス解消によい 클래식 음악은 스트레스 해소에 좋다. / 契約を解消する 계약을 취소하다 / 彼らは婚約を解消した 그들은 약혼을 취소했다.

**かいしょう【快勝】** 쾌승 ◇ 快勝する 쾌승하다 ⇒勝つ

**かいしょう【甲斐性】** 생활력, 패기 ¶彼はかい性のない男だったので奥さんからも愛想をつかされてしまった 그는 일하려는 패기가 없어서 부인은 그에게 정나미가 떨어졌다. / かい性のある人 패기 있는 사람

**かいじょう【会場】** 회장 ¶講演会場には500人以上の人が集まっていた 강연 회장에는 500명 이상의 사람이 모여 있었다. / コンサート会場は彼女のファンで一杯だった 콘서트 회장은 그녀의 팬으로 가득했다.

**かいじょう【海上】** 해상, 바다 위 ¶台風は今朝東の海上に抜けた 태풍은 오늘 아침 동쪽 해상으로 빠져나갔다. / その事故は海上で起こった 그 사고는 바다 위에서 일어났다. / 彼の乗ったボートは海上を漂っていた 그가 탄 보트는 해상을[바다 위를] 떠다니고 있었다. 関連 海上交通 해상 교통 / 海上自衛隊 해상 자위대 / 海上封鎖 해상 봉쇄 / 海上保安庁 해상 보안청(▶韓国の海洋警察隊「해양경찰대」にあたる) / 海上保険 해상 보험 / 海上輸送 해상 수송

**かいじょう【開場】** 개장 ◇ 開場する 개장하다 ¶開場は午前10時からだ 개장은 오전 열 시부터이다. / 午後6時開場, 7時開演 오후 여섯 시 개장, 일곱 시 개연 / 展示場を開場する 전시장을 개장하다

**がいしょう【外相】** 외상, 외무 대신(▶韓国では正式名称を 外 交 通 商 部 長 官「외교통상부장관」という) ¶ソウルで日韓外相会談が行われた 서울에서 일한 외상[외무 장관] 회담이 열렸다.

**がいしょく【外食】** 외식 ◇ 外食する 외식하다 ¶家族と外食する 가족들과 외식하다 / きょうは外食しようか 오늘은 외식할까? 関連 外食産業 외식 산업

**かいしん【会心】** 회심 ¶この絵は私の会心の作だ 이 그림은 저의 회심작입니다. / 会心の笑みを浮かべた 그는 회심의 미소를 띄었다.

**かいしん【回診】** 회진 ◇ 回診する 회진하다

**かいしん【改心】** 회개, 뉘우침 ◇ 改心する 회개하다, 뉘우치다 ¶彼はもうすっかり改心している 그는 이미 완전히 개과했다.

**かいしん【改新】** 개신, 혁신 ◇ 改新する 개신하다, 혁신하다

**がいじん【外人】** 외국인(外国人)

**かいず【海図】** 해도 関連 航海用海図 항해용 해도, 항해도

**かいすい【海水】** 해수, 바닷물 関連 海水着 수영복(水泳服) / 海水魚 해수어, 바닷물고기, 바닷고기, 짠물고기 / 海水パンツ 수영복 / 海水帽 수영모(水泳帽)

**かいすいよく【海水浴】** 해수욕 ¶毎年夏には海水浴に行く 매년 여름에 해수욕을 간다. 関連 海水浴客 해수욕객 / 海水浴場 해수욕장

**かいすう【回数】** 횟수 ¶ここ数年関東地方では地震の回数が増えている 최근 몇 년 사이에 간토 지방에서는 지진의 횟수가 증가하고 있다. / 水泳は練習の回数を重ねれば必ず上達する 수영은 연습의 횟수를 더하면 반드시 능숙해진다. 関連 回数券 회수권

**がいすう【概数】** 개수, 어림 수 ¶概数で表す 개수[어림수]로 나타내다

**かいする【介する】** 통하다〔気にする〕마음에 두다 ¶人を介して仕事を斡旋してもらう 사람을 통해서 일을 알선받다 / 彼はそのことはまるで意に介さないようだ 그는 그 일에 대해 전혀 개의치 않는 것 같다.

**かいする【解する】**〔理解する〕이해하다, 알다 ¶彼は私の言葉を悪意に解した 그는 나의 말을 악의로 이해했다. / 彼はクラシック音楽をまったく解さない 그는 클래식 음악을 전혀 알지 못한다. / ユーモアを解する 유머를 이해하다

**かいする【害する】** 해치다〔気分を〕상하게 하다 ¶健康を害する 건강을 해치다 / 彼の言葉に彼女は感情を害した 그의 말에 그녀는 감정을 상했다.

**かいせい【快晴】** 쾌청 ¶あすは快晴になるでしょう 내일은 맑은 날씨가 되겠습니다. / 雲一つない快晴だ 구름 한 점 없이 맑다

**かいせい【改正】** 개정 ◇ 改正する 개정하다 ¶法律[憲法]を改正する 법률[헌법]을 개정하다 / 来月から地下鉄のダイヤが改正される 다음달부터 지하철 운행 시간이 개정된다.

**かいせきりょうり【懐石料理】** 전통적인 일본 요리, 주로 독상에 차려진 고급 요리

**かいせつ【解説】** 해설 ◇ 解説する 해설하다〔説明する〕설명하다〔論評する〕논평하다 ¶オリンピックの金メダリストが陸上競技の解説をしていた 올림픽의 금메달리스트가 육상 경기의 해설을 하고 있었다. / 映画評論家がその映画について解説した 영화 평론가가 그 영화에 대해서 해설했다. / この本は動物の飼い方を詳しく解説している 이 책은 동물 기르는 방법을 상세하게 해설하고 있다. / 私はテレビで記者のニュース解説を聞いていた 나는 텔레비전에서 기자의 뉴스 해설을 듣고 있었다. 関連 解説書 해설서 / 解説者 해설자

**かいせつ【開設】** 개설 ◇ 開設する 개설하다 ¶介護施設を新しく開設する 간호[수발] 시설을 새롭게 개설하다

**かいせん【回線】** 회선 ¶回線がつながる 회선이 연결되다 / 回線が不通になる 회선이 불통되다 関連 電話回線 전화 회선

**かいせん【開戦】** 개전 ◇ 開戦する 개전하다, 개전되다 ¶日露戦争が開戦したのはいつですか 러일전쟁이 개전된 것은 언제입니까?

**かいぜん【改善】** 개선 ◇ 改善する 개선하다 ¶あなたの食生活にはおおいに改善の余地がある 당신의 식생활에는 개선의 여지가 많이 있다. / 労組は経営者側に待遇を改善するように要求した 노조는 경영자 측에 대우를 개선하도록 요구했다. / 生活を改善する 생활을 개선하다

**がいせん【外線】** 외선 ¶外線にかける時はまずゼロを押して下さい 외선에 걸 때는 먼저 0번을 눌

かいそう

러 주세요.
かいそう【回想】회상 ◇回想する 회상하다 ¶彼は学生時代を回想していた 그는 학창 시절을 회상하고 있었다. / 回想にふける 회상에 잠기다 関連 回想シーン 회상 장면 / 回想録 회상록
かいそう【回送】회송 ◇回送する 회송하다 ¶バスを回送する 버스를 회송하다 関連 回送車 회송차
かいそう【改装】새단장, 개장 ◇改装する 새단장하다, 개장하다 ¶店内改装のため売り尽くしセールを行います 매장 새단장을 위해 재고 정리 세일을 실시합니다. / 酒店をコンビニに改装する 주류 백화점을 편의점으로 개장하다
かいそう【海草】해초
かいそう【海藻】해조
かいそう【階層】계층 ¶さまざまな階層の人々がその集会に参加した 다양한 계층의 사람들이 그 집회에 참가했다.
かいぞう【改造】개조 ◇改造する 개조하다 ¶倉庫を改造して書斎にした 창고를 개조해 서재로 만들었다. / 台所を改造する 부엌을 개조하다 / 内閣を改造する 내각을 개조하다 / バイクを改造する 오토바이를 개조하다
がいそう【外装】외장 関連 外装工事 외장 공사
かいそく【快速】쾌속 関連 快速船 쾌속선 / 快速艇 쾌속정 / 快速電車 쾌속전철
かいぞく【海賊】해적 ¶海賊版のCDやDVDがたくさん出回っている 해적판 CD와 DVD가 많이 나돌고 있다. 関連 海賊船 해적선
かいたい【解体】해체 ◇解体する 해체하다 ◇解体される 해체되다 ¶古い建物を解体して高層マンションに建て替える 낡은 건물을 해체하고 고층 아파트를 짓는다. / 機械を解体する 기계를 해체하다 / 車を解体する 차를 해체하다 / 組織を解体する 조직을 해체하다 / 旧校舎が解体されて近代的な校舎に生まれ変わった 구교사가 해체되어 근대적인 교사로 다시 태어났다.
かいたく【開拓】개척 ◇開拓する 개척하다〔開墾する〕개간하다 ¶荒れ地を開拓する 황무지를 개척하다 / 海外市場を開拓する 해외 시장을 개척하다 / 新しい研究分野を開拓する 새로운 연구 분야를 개척하다 関連 開拓事業 개척 사업 / 開拓者 개척자 / 開拓者精神 개척자 정신 / 開拓地 개척지
かいだし【買い出し】¶スーパーに食料の買い出しに行った 슈퍼에 먹을 것을 사러 갔다.
がいため【外為】〔外国為替〕외환 関連 外為法 외환법
かいだん【会談】회담 ◇会談する 회담하다 ¶南北の代表団が平壌で会談した 남북의 대표단이 평양에서 회담했다. / 次の日韓首脳会談は来年日本で行われる予定だ 다음 일한 정상 회담은 내년에 일본에서 행해질 예정이다.
かいだん【怪談】괴담
かいだん【階段】계단, 층층다리 ¶階段を上がる[下りる] 계단을 올라가다[내려가다] / 階段から落ちる 계단에서 떨어지다 数え方 階段1段 계단 한 단 関連 階段教室 계단 교실 / 非常階段 비상 계단 / らせん階段 나선 계단

ガイダンス 생활 지도；오리엔테이션 ¶大学進学についてのガイダンスがあった 대학 진학에 대한 지도가 있었다. / ガイダンスをする 오리엔테이션을 하다 ⇒オリエンテーション
かいちく【改築】개축 ◇改築する 개축하다 ¶来年この校舎は改築される 내년에 이 교사는 개축된다. 関連 改築工事 개축 공사
かいちゅう【蛔虫】회충
かいちゅう【海中】바다 속 ¶海中に飛び込む 바다 속에 뛰어들다 ⇒海, 水中
かいちゅう【懐中】関連 懐中電灯 플래시, 손전등 / 懐中時計 회중시계
がいちゅう【害虫】해충 ¶害虫を駆除する 해충을 구제하다
かいちょう【会長】회장 関連 生徒会会長 학생회 회장
かいちょう【快調】쾌조, 호조(好調) ◇快調だ 순조롭다 ¶仕事は快調だ 일은 순조롭다.
かいつう【開通】개통 ◇開通する 개통하다 ¶高速道路が開通した 고속도로가 개통했다. / 地下鉄が開通する 지하철이 개통되다 関連 開通式 개통식
かいつまむ【掻い摘まむ】간추리다, 요약하다 ¶かいつまんでお話ししましょう 간추려서 이야기하겠습니다.
かいて【買い手】매주, 살 사람 ¶この家はなかなか買い手がつかない 이 집은 좀처럼 살 사람이 나서지 않는다. / 買い手市場 구매자 시장
かいてい【改定】개정 ◇改定する 개정하다 ¶料金を改定する 요금을 개정하다 関連 運賃改定 운임 개정
かいてい【改訂】개정 ◇改訂する 개정하다 ¶教科書を改訂する 교과서를 개정하다 / 改訂増補 개정 증보 / 改訂版 개정판
かいてい【海底】해저, 바다 밑 ¶その船は海底に沈んでいる 그 배는 바다 밑에 가라앉아 있다. / その地震は日本沖の海底20キロで発生した 그 지진은 일본 앞바다 해저 20킬로에서 발생했다. 関連 海底火山 해저 화산 / 海底ケーブル 해저 케이블 / 海底地震 해저 지진 / 海底探検 해저 탐험 / 海底トンネル 해저 터널 / 海底油田 해저 유전
かいてき【快適】◇快適だ 쾌적하다 ¶快適な旅 쾌적한 여행 / 快適な室温 쾌적한 실내온도 / その新車は快適な乗り心地だった 그 신차는 쾌적한 승차감이었다. / 軽井沢で夏を快適に過ごした 가루이자와에서 여름을 쾌적하게 보냈다.

かいてん【回転】회전 ◇回転する 회전하다, 회전되다 ¶スイッチを入れたらすごいスピードでモーターが回転を始めた 스위치를 켜니 굉장한 스피드로 모터가 회전을 시작했다. / そのフィギュアスケートの選手は見事に4回転ジャンプを決めた 그 피겨스케이트 선수는 보기 좋게 4회전 점프를 해냈다.

¶CDはレコードより速いスピードで回転する CD는 레코드보다 빠른 스피드로 회전한다. / 地球は地軸を中心に1日1回転する 지구는 지축을 중심으로 하루에 1회전한다. / 歯車の1つは時計回りに回転するが、もう一方は反時計回りに回転する 톱니

바퀴 한 개는 시계 방향으로 회전하지만 다른 하나는 시계 반대 방향으로 회전한다. / 資金を回転させる 자금을 회전시키다

¶彼女は頭の回転が速い[遅い] 그녀는 머리 회전이 빠르다[느리다]. / この商品は回転がよい 이 상품은 잘 팔린다. / あのラーメン屋は客の回転がよい 저 라면집은 손님이 많이 드나든다.

関連 回転運動 회전 운동 / (スキーの)回転競技 회전 경기 / 回転資金 회전 자금 / 回転寿司 회전 초밥 / 回転ドア 회전문 / 回転木馬 회전목마 ⇒回る

**かいてん【開店】** 개점 ◇開店する 개점하다

¶表通りに最近新しいレストランが開店した 대로에 최근 새로운 레스토랑이 개점했다. / 午前10時に開店する 오전 열 시에 개점하다 / 本日開店 금일 개점 / 開店時間 개점 시간 / 開店休業 개점휴업 関連 開店祝い 개점 축하

**がいでん【外電】** 외전, 외신(外信) ¶外電によると 외신에 의하면

**ガイド** 가이드【案内】안내【案内する人】안내원 関連 ガイドブック 가이드북 / ガイドライン 가이드라인 / 観光ガイド 관광 가이드 / バスガイド 버스 가이드

**かいとう【回答】** 회답 ◇回答する 회답하다

¶質問に回答する 질문에 회답하다 / 回答を保留する 회답을 보류하다 / 労組の要求に対する回答 노조의 요구에 대한 회답 / アンケートに対する様々な回答 앙케이트에 대한 여러 가지 회답 関連 回答者 회답자

**かいとう【解答】** 해답 ◇解答する 해답하다

¶解答を求める 해답을 구하다 / 試験問題の解答が知りたい 시험 문제의 해답이 알고 싶다. / 解答用紙を配る 해답 용지를 나눠 주다 関連 解答者〔クイズなどの〕해답자 / 解答用紙 해답 용지 / 解答欄 해답란 / 模範解答 모범 해답

**かいとう【解凍】** 해동 ◇解凍する 해동하다

¶電子レンジを使えば冷凍食品を解凍するのは簡単だ 전자레인지를 사용하면 냉동 식품을 해동하는 것은 간단하다. 関連 急速解凍 급속 해동

**かいどう【街道】** 가도【幹線道路】간선도로

¶旅人が街道を行き来する 나그네가 가도를 왕래하다 / 彼は出世街道をひた走っている 그는 출세 가도를 달리고 있다. / 人生の表街道を行く 인생의 본길을 걷다 / 人生の裏街道を歩む 인생의 뒤안길을 걷다 関連 街道筋 가도 연변 / 日光街道 닛코 가도

**がいとう【外套】** 외투

**がいとう【街灯】** 가로등 ¶街灯に明かりが灯る 가로등에 불이 켜지다

**がいとう【街頭】** 가두 ¶街頭演説をする 가두연설을 하다 関連 街頭デモ 가두시위 / 街頭募金 가두모금

**がいとう【該当】** 해당 ◇該当する 해당하다, 해당되다 ¶それは民法第3条に該当する 그것은 민법 제3조에 해당한다. / 下記の事項に該当する人は申し出てください 아래의 사항에 해당하는 사람은 신청해 주세요. 関連 該当事項 해당 사항

**かいどく【解読】** 해독 ◇解読する 해독하다

¶暗号を解読する 암호를 해독하다

**かいどく【買い得】** ¶これはお買い得です 이것은 싸게 사시는 것입니다.

**がいどく【害毒】** 해독 ¶ポルノは子供らに害毒を流している 포르노는 아이들에게 나쁜 영향을 미치고 있다.

**ガイドライン** 가이드라인 ¶ガイドラインを設ける 가이드라인을 마련하다

**かいとる【買い取る】** 사들이다, 매입하다 ⇒買

**かいならす【飼い馴らす】** 길들이다 ¶彼はとらを飼い馴らそうとした 그는 호랑이를 길들이려고 했다. / あのさるは飼い馴らされている 그 원숭이는 길여져 있다.

**かいにゅう【介入】** 개입 ◇介入する 개입하다

¶紛争に介入する 분쟁에 개입하다 / 国連の介入 유엔의 개입 関連 軍事介入 군사 개입

**かいにん【解任】** 해임 ◇解任する 해임하다

◇解任される 해임되다 ¶外務大臣は突然解任された 외무 대신은 갑자기 해임되었다.

**かいぬし【飼い主】** 사육주 ¶犬の飼い主 개 주인

**がいねん【概念】** 개념 ¶美の概念は時代により変化する 미의 개념은 시대에 따라 변화한다. / 誤った概念 잘못된 개념

**がいはく【外泊】** 외박 ◇外泊する 외박하다

¶彼女は無断で外泊した 그녀는 허락 없이 외박했다.

**かいはつ【開発】** 개발 ◇開発する 개발하다 ¶スペースシャトルの開発には何年もかかった 스페이스 셔틀의 개발에는 몇 년이나 걸렸다. / その地域では宅地開発が急速に進んでいる 그 지역에서는 택지 개발이 급속히 진행되고 있다. / 政府は天然資源の開発に努めている 정부는 천연 자원의 개발에 노력하고 있다. / リゾートタウンの開発 휴양 도시의 개발 / 能力の開発 능력의 개발 / 新製品を開発する 신제품을 개발하다 / 新たに開発された技術 새로 개발된 기술 関連 開発援助 개발 원조 / 開発計画 개발 계획 / 開発業者 개발 업자 / 開発途上国 개발도상국 / 宇宙開発 우주 개발 / 経済開発 경제 개발

**かいばつ【海抜】** 해발 ¶その村は海抜2千メートルの所にある 그 마을은 해발 2천 미터가 되는 곳에 있다. / 海抜の高い地域 해발이 높은 지역

**かいひ【会費】** 회비 ¶パーティーの会費を集める 파티 회비를 모으다 / 会費を払う 회비를 지불하다 関連 年会費 연회비

**かいひ【回避】** 회피 ◇回避する 회피하다 ¶責任を回避する 책임을 회피하다 / 戦争を回避する 전쟁을 회피하다 / 衝突を回避する 충돌을 회피하다

**かいひょう【開票】** 개표 ◇開票する 개표하다

¶知事選挙の結果は即日開票された 지사 선거의 결과는 당일 개표되었다. 関連 開票結果 개표 결과 / 開票所 개표소 / 開票速報 개표 속보

**がいひょう【概評】** 개평

**かいひん【海浜】** 해변, 바닷가 海浜公園 해변 공원

**がいぶ【外部】** 외부 ¶彼らは外部との接触を絶っている 그들은 외부와의 접촉을 끊고 있다. / 情報が外部に漏れた 정보가 외부에 새었다. / 秘密

を外部に漏らす 비밀을 외부에 누설하다 / 外部からの刺激 외부로부터의 자극 / 外部の者 외부 사람 / 建物の外部 건물의 외부 / 内部と外部 내부와 외부 / 外部調達 외부 조달

**かいふう [開封]** 개봉 ◇**開封する** 개봉하다, 봉투를 뜯다 ¶この手紙は未開封だ 이건 뜯지 않은 편지다.

## かいふく [回復]
❶ [病気などが治る] 회복
◇**回復する** 회복하다, 회복되다, 되찾다
◆《回復が》
¶彼は手術後の回復が早かった 그는 수술 후의 회복이 빨랐다.
◆《回復の~》
¶医者は彼の回復の早さに驚いた 의사는 그의 회복 속도에 놀랐다. / この患者は回復の見込みがない 이 환자는 회복 가망이 없다.
◆《回復に》
¶彼は術後の回復に努めている 그는 수술 후의 회복을 위해 노력하고 있다.
◆《回復する》
¶ヨンヒは少しずつ回復してきている 영희는 조금씩 회복하고 있다. / 彼はすぐに回復するだろう 그는 곧 회복할 것이다. / 父は長い療養の後健康を回復した アバ지는 긴 요양 후 건강을 되찾았다.
❷ [元の状態を取り戻す] 회복 ◇**回復する** 회복하다, 회복되다 ¶景気が回復する 경기가 회복되다 / やっと天候が回復した 겨우 날씨가 회복됐다. / 一度失った信用を回復するのは容易ではないが 한 번 잃은 신용을 회복하는 것은 쉬운 일이 아니다. / 両国は国交を回復した 양국은 국교를 회복했다.

**かいぶつ [怪物]** 괴물 ¶怪物を退治する 괴물을 퇴치하다

**かいぶんしょ [怪文書]** 괴문서

**かいほう [解放]** 해방 ◇**解放する** 해방하다
¶誘拐犯は人質を解放した 유괴범은 인질을 해방했다 [=풀어 줬다]. / 彼はやっと任務から解放された 그는 겨우 임무로부터 해방되었다 / 勉強[仕事]から解放されたい 공부[일]로부터 해방되고 싶다. / 軍隊は反政府武装ゲリラから街を解放した 군대는 반정부 무장 게릴라로부터 도시를 해방했다.
¶解放感にひたる 해방감에 잠기다
関連 解放軍 해방군 / 女性解放運動 여성 해방 운동 / 奴隷解放 노예 해방

**かいほう [介抱]** 병구완, 간호, 수발 ◇**介抱する** 간호하다 ¶病人を介抱する 환자를 간호하다

**かいほう [会報]** 회보 関連 同窓会会報 동창회 회보

**かいほう [快方]** 차도(差度) ¶彼の病気は快方に向かっている 그의 병은 차도를 보이고 있다.

**かいほう [開放]** 개방 ◇**開放する** 개방하다 ¶その寺の庭園は一般の人に開放されている 그 절의 정원은 일반인에게 개방된다. / 彼は開放的な人だ 그는 개방적인 성격이다. / 開放厳禁(▶揭示) 개방 엄금 関連 開放政策 개방 정책 / 門戸開放 문호 개방

**かいほう [解剖]** 해부 ◇**解剖する** 해부하다

¶死体を解剖する 시체를 해부하다 / 解剖の結果, 被害者は絞殺されたことが判明した 해부 결과 피해자는 교살된 것으로 판명되었다. 関連 解剖学 해부학 / 解剖学者 해부학자 / 解剖図 해부도 / 司法解剖 사법 해부

**かいまく [開幕]** 개막 ◇**開幕する** 개막하다, 개막되다 ¶芝居の開幕は午後6時です 연극의 개막은 오후 여섯 시입니다. / 大会が開幕する 대회가 개막하다 関連 開幕式 개막식 / 開幕戦 개막전

**かいむ [皆無]** ◇**皆無だ** 전무하다, 전혀 없다 ¶成功の見込みは皆無だ 성공의 전망은 전혀 없다.

**がいむ [外務]** 외무 関連 外務省 외무성(▶韓国の 外交 通商部「外交通商部」にあたる) / 外務大臣 외무 대신(▶韓国의 外交 통상부 장관「外交通商部長官」にあたる)

**かいめい [解明]** 해명 ◇**解明する** 해명하다 ¶謎を解明する 의문을 해명하다 / 警察は事故の原因解明に努めている 경찰은 사고의 원인 구명에 힘을 기울이고 있다.

**かいめつ [壊滅]** 괴멸 ◇**壊滅する** 괴멸하다, 괴멸되다 ¶爆撃を受けてその町は壊滅した 폭격을 받아 그 도시는 괴멸했다. / 洪水のために作物は壊滅的被害を受けた 홍수 때문에 작물은 괴멸적 피해를 입었다.

**かいめん [海面]** 해면 ¶海面に海草が浮かんでいた 해면에 해초가 떠올라 있었다.

**かいめん [海綿]** 해면, 갯솜 関連 海綿動物 해면동물, 갯솜동물

**がいめん [外面]** 외면, 표면, 겉 ¶外面的な美しさ 외면적인 아름다움

**かいもく [皆目]** 전혀, 도무지 ¶皆目見当がつかない 전혀 짐작이 가지 않는다.

## かいもの 【買い物】 쇼핑, 장보기〔掘り出し物〕싸게 산 물건 ◇**買い物する** 물건을 사다, 쇼핑하다 ¶買い物に行く 물건을 사러 가다 / 市場に買い物に行く 장보러 가다 / きのうデパートに買い物に行った 어제 백화점에 쇼핑하러 갔다. / 私たちは銀座でたくさん買い物した 우리는 긴자에서 쇼핑을 많이 했다. / 母は買い物に出かけています 어머니는 쇼핑하러 나가셨습니다.
¶それはいい買い物だった 그건 잘 샀다.
¶買い物かごに牛乳を3パック入れた 장바구니에 우유 세 개를 넣었다. / デパートは休日の買い物客でいっぱいだった 백화점은 휴일 쇼핑객으로 가득했다. / 買い物に行く時は買い物袋を持参するようにしている 쇼핑하러 갈 때는 쇼핑 봉투를 가져가도록 하고 있다.
会話 買い物してきて
A:帰りがけにちょっと買い物してきてくれない
B:いいよ. 何が欲しいの
A:돌아오는 길에 뭐 좀 사다 주지 않을래?
B:알겠어. 뭘 사 줄까?
A:買い物に付き合ってよ
B:いいよ, どこへ行くの
A:新宿のデパート. 夏のバーゲンやってるのよ
A:쇼핑 같이 가자.

B：좋아. 어디로 가?
A：신주쿠에 있는 백화점에. 여름 바겐 세일을 하고 있거든.

**がいや【外野】** 외야〔局外者〕국외자 関連 **外野手** 외야수 / **外野席** 외야석

**かいやく【解約】** 해약 ◇**解約する** 해약하다 ¶解約の手続きをとる 해약 절차를 밟다 / 生命保険を解約した 생명 보험을 해약했다. / 銀行口座を解約する 은행 계좌를 해약하다 関連 **解約金** 해약금

**かいよう【海洋】** 해양 関連 **海洋汚染** 해양 오염 / **海洋学** 해양학 / **海洋学者** 해양 학자 / **海洋性気候** 해양성 기후

**かいよう【潰瘍】** 궤양 ¶ストレスから胃潰瘍になった 스트레스로 인해 위궤양에 걸렸다.

**がいよう【概要】** 개요 ⇒概略

**かいらい【傀儡】** 괴뢰 関連 **傀儡政権** 괴뢰 정권

**がいらい【外来】** 외래 **外来患者** 외래 환자 / **外来語** 외래어 / **外来種** 외래종 / **外来病棟** 외래 병동 / **外来文化** 외래 문화

**かいらく【快楽】** 쾌락 ¶**快楽を求める** 쾌락을 추구하다 / **快楽にふける** 쾌락에 빠지다 関連 **快楽主義者** 쾌락주의자

**かいらん【回覧】** 회람 ◇**回覧する** 회람하다, 돌려 보다 ¶書類を回覧した 서류를 회람했다. 関連 **回覧板** 회람판

**かいり【海里】** 해리

**かいりき【怪力】** 괴력 ¶彼は怪力の持ち主だ 그는 괴력의 소유자다.

**かいりつ【戒律】** 계율 ¶戒律を破る[守る] 계율을 어기다[지키다]

**がいりゃく【概略】** 개략, 개요(概要) ¶刑事は事件の概略を述べた 형사는 사건 개요를 말했다. / 報告書の概略を書いていただけますか 보고서의 개요를 써 주시겠습니까? / 概略的な説明 개략적인 설명

**かいりゅう【海流】** 해류 ¶難破船が海流に乗って漂着した 난파선이 해류를 타고 표착했다. 関連 **日本海流** 일본해류

**かいりょう【改良】** 개량 ◇**改良する** 개량하다 ¶この機械はいろんな点で改良が必要だ 이 기계는 여러 점에서 개량이 필요하다. / 彼らはエンジンに改良を加えた 그들은 엔진에 개량을 가했다.
¶この研究所では稲の品種を改良している 이 연구소에서는 벼의 품종을 개량하고 있다. / コンピュータは日々改良されている 컴퓨터는 날마다 개량되고 있다.
¶犬の改良種 개의 개량종

**かいろ【回路】** 회로 関連 **集積回路** 집적 회로 / **電気回路** 전기 회로

**かいろ【海路】** 해로, 바닷길, 뱃길 ¶彼らは海路釜山へ向かった 그들은 뱃길로 부산으로 향했다. 慣用句 **待てば海路の日和あり**(→ねずみの穴にも陽光が射し込む日がある) 쥐구멍에도 볕 들 날이 있다.

**がいろ【街路】** 가로 関連 **街路樹** 가로수

**がいろん【概論】** 개론 関連 **経済学概論** 경제학 개론

**かいわ【会話】** 회화 ¶**会話をする** 회화를 하다 / 彼と会うと、決まって話がはずむ 그와 만나면 어김없이 회화가 활기를 띤다. / 英会話を学ぶ 영어 회화를 배우다 関連 **会話体** 회화체

**かいわい【界隈】** 근처, 일대 ¶この界わいには古い建物が多い 이 근처에는 낡은 건물이 많다.

**かいん【下院】** 하원(↔상원) 関連 **下院議員** 하원 의원 / **米下院** 미하원

**かう【買う】** ❶〔金を払って手に入れる〕사다, 구입하다(購入—), 구하다(求—)

基本表現

▶この時計を5万円で買った
　이 시계를 5만 엔에 샀다.
▶このカメラを3割引で買った
　이 카메라는 30퍼센트 할인 받아 샀다.
▶このプリンターは田中さんから買った
　이 프린터는 다나카 씨에게서 샀다.
▶息子に何かおもちゃを買ってあげることにしよう
　아들에게 장난감을 사 주기로 하자.

¶乗車券を買う 차표를 사다 / 本を買ってくる 책을 사 오다 / いつもこのコンビニでパンを買う 언제나 이 편의점에서 빵을 산다. / このいちごは1パック500円で買いました 이 딸기는 한 팩 500엔에 샀습니다. / 12回の分割払いで新しいパソコンを買うことにした 12개월 할부로 새로운 컴퓨터를 사기로 했다. / 彼女はいつもクレジットカードで服を買っている 그녀는 언제나 신용 카드로 옷을 산다. / あのマクドナルドでハンバーガーとポテトを買おう 저 맥도날드에서 햄버거와 포테이토를 사자. / 友人に頼んでコンサートのチケットを2枚買ってもらった 친구에게 부탁해서 콘서트 티켓을 두 장 샀다. / 金ですべての物が買えるわけではない 돈으로 모든 것을 살 수 있는 것은 아니다. / 新車などとても買う余裕はない 새차 같은 것 도저히 살 여유는 없다.

会話 これを買います
　A：この背広はいくらですか
　B：4万5千円ですが、きょうは特別に2割お安くしておきます
　A：本当ですか。じゃ、これを買うことにします
　A：이 양복은 얼마입니까？
　B：4만 5천 엔입니다만, 오늘은 특별히 20퍼센트 싸게 해 드리지요.
　A：정말입니까? 그러면 이걸로 사겠습니다.

　A：その自転車いくらで買ったの
　B：3万円だよ
　A：ずいぶん高く買ったね. あの店なら同じものをもっと安く買えるよ
　A：그 자전거 얼마에 샀어？
　B：3만 엔.
　A：비싸게 샀네. 저 가게라면 같은 걸 더 싸게 살 수 있는데.

❷〔認める、評価する〕사다, 인정하다, 평가하다 ¶才能を高く買う 재능을 높이 사다 / 私は彼の人柄を高く買っている 나는 그 사람의 인품을 높게 평가한다. / ピアニストとしての彼女の将来性を高く買っている ピアニストとしての그녀의 장래성을 높이 사고 있다. / 彼は日ごろの努力が買われて昇進した 그는 평소의 노력이 높이 인정받아

❸ [その他] ¶恨みを買う 원한을 사다 / ひんしゅくを買う 빈축을 사다 / 任務を買って出る 임무를 자진해서 맡다

**かう** 【飼う】 [ペットを] 기르다 [家畜を] 치다 ¶犬[猫]を飼[고양이]]를 기르다 / 金魚を飼っている 금붕어를 기르고 있다. / 彼の牧場では牛を50頭飼っている 그의 목장에서는 소를 쉰 마리 기르고 있다. / 家で鶏を飼う 집에서 닭을 치다 / あれは飼い猫か 저것은 집고양이일까?

**カウボーイ** 카우보이, 목동(牧童)
**ガウン** 가운 [関連] ナイトガウン 나이트가운
**カウンセラー** 카운슬러, 상담원(相談員)
**カウンセリング** 카운슬링 ¶カウンセリングを受ける 카운슬링을 받다
**カウンター** [飲食店の] 카운터 [逆襲] 카운터 ¶カフェのテーブルが込んでいたのでカウンターでコーヒーを飲んだ 카페의 테이블이 꽉 차 있어서 카운터에서 커피를 마셨다. [関連] カウンターアタック 《サッカー》 카운터 어택 / カウンターパンチ 《ボクシング》 카운터 펀치
**カウント** 카운트 [野球] 볼 카운트 ◇カウントする 카운트하다 ¶[野球]でカウントはワンスリーだ 볼 카운트는 원 스리다. / そのボクサーはカウント9で起き上がった 그 복서는 카운트 9에서 일어났다. [関連] カウントダウン 카운트다운, 초읽기

**かえ** 【替え】 여벌 [予備] 예비 ¶シャツの替えがない 셔츠의 여벌이 없다. / 電球の替え 전구의 예비 [関連] 替え着 여벌 옷 / 替えズボン 여벌 바지 / 替え芯 [シャープペンシルの] 샤프심 / 替え刃 면도기의 갈아 끼우는 칼
**かえうた** 【替え歌】 가사만 바꾼 노래

**かえす** 【返す】 [戻す] 돌려주다, 되돌리다 [恩・金を] 갚다 ¶今日中にこのビデオを返さなくてはならない 오늘 중으로 이 비디오를 돌려주지 않으면 안 된다. / 彼女に傘を返すのを忘れた 그녀한테 우산을 돌려주는 것을 잊었다. / 本を図書館に返しに行ってきます 책을 도서관에 반납하러 갔다 오겠습니다. / 新聞を読み終わったら元の場所に返しなさい 신문을 다 읽고 나면 제자리에 갖다 놔라. / 先生は生徒に答案を返した 선생님은 학생에게 답안지를 돌려주었다. / 借金を返す 빚을 갚다 / 彼は借金を全額返した 그는 빚을 전액 갚았다. / 恩をあだで返す 은혜를 원수로 갚다
¶彼は返す言葉もなかった(→どう答えてよいかわからなかった) 그는 어떻게 대답해야 좋을지 몰랐다.
[会話] いつ返してもらえるの
A : お金、いつ返してもらえるの
B : 来週までに、必ず
A : 돈 언제쯤 줄 수 있니?
B : 다음주까지 꼭 갚을게.
A : このあいだ貸した本を返してくれよ
B : あ、ごめん、忘れてた。あした持ってくるよ
A : 지난번에 빌려준 책 돌려줘.
B : 아, 미안. 깜빡했어. 내일 가져올게.

**かえす** 【帰す】 돌려보내다 ¶台風が近づいていたので先生は生徒たちを早めに家へ帰した 태풍이 가까워지고 있어서 선생님은 학생들을 빨리 집으로 돌려보냈다. / 客をすべて帰してから食卓のあとかたづけをした 손님이 모두 돌아가고 나서 식탁을 치웠다. / 釣った魚を川に帰してやった 낚은 물고기를 강에 놓아 주었다. / 2塁ランナーをホームに帰せなかった 2루 주자를 홈으로 보내지 못했다.

**かえす** 【孵す】 까다, 부화하다 ¶卵をかえす 알을 부화시키다
**かえすがえす** 【返す返す】 ◇返す返すも 아무리 생각해도 ¶それは遺憾な残念だ それは 아무리 생각해도 유감스럽다.
**かえだま** 【替え玉】 대리(代理), 대역(代役) [ラーメンの] 라면집에서 추가로 시키는 면 ; 사리 추가 [関連] 替え玉受験 대리 수험
**かえって** 【却って】 도리어, 오히려 ¶運動のやり過ぎかえって体に害がある 심한 운동은 오히려 몸에 해가 된다. / 車で行ったらかえって遅くなってしまった 차로 갔더니 오히려 더 늦어져 버렸다.
**かえで** 【楓】 단풍 ¶かえでの木 단풍나무 / かえでの葉 단풍잎
**かえり** 【帰り】 ¶彼はいつも帰りが遅い 그는 언제나 늦게 돌아온다. / 私は帰りを急いだ 나는 귀가를 서둘렀다. / 帰りに本屋に立ち寄った 돌아오는 길에 서점에 들렀다. / 会社の帰りに卵を買ってきて 회사에서 돌아오는 길에 계란 좀 사 와. / 帰りの切符もいっしょに買っておいたほうがいい 돌아올 때의 표도 함께 사 두는 게 좋아. / 博多へ行くのに新幹線を使ったが、帰りは飛行機にした 하카타로 가는 데 신칸센을 이용했지만 돌아올 때는 비행기로 했다.
**かえりがけ** 【帰り掛け】 돌아가는 길 ¶帰りがけに雨が降り始めた 돌아가는 길에 비가 내리기 시작했다. / 学校からの帰りがけによく映画を見に行った 학교에서 돌아가는 길에 자주 영화를 보러 갔다.
**かえりざく** 【返り咲く】 복귀하다 ¶彼は政界に返り咲いた 그는 정계로 복귀했다.
**かえりじたく** 【帰り支度】 돌아갈 채비 ¶帰り支度をする 돌아갈 채비를 하다
**かえりみる** 【省みる】 반성하다 ¶自己を省みる 자기를 반성하다
**かえりみる** 【顧みる】 [心にかける] 돌보다 [気にする] 고려하다 [回顧する] 회상하다, 뒤돌아보다 ¶彼は家庭を顧みなかった 그는 가정을 돌보지 않았다. / 彼は他人の意見を顧みない 그는 남의 의견을 고려하지 않는다. / 彼はおぼれている子供を救うため、危険を顧みず川に飛び込んだ 그는 물에 빠진 아이를 구하기 위해 위험을 무릅쓰고 강에 뛰어들었다. / 日本の歴史を顧みる 일본의 역사를 뒤돌아보다
**かえる** 【蛙】 개구리 ¶かえるがゲロゲロ鳴いている 개구리가 개굴개굴 울고 있다. [数え方] かえる1匹 개구리 한 마리 [慣用句] かえるの子はかえる 부전자전(父伝子伝) / サンギに注意してもむだ다. かえるの面に水は 상기한테 주의를 줘도 쓸데없다. 쇠귀에 경 읽기야.

**かえる** 【帰る】 [帰って行く] 돌아가다 [帰って来る] 돌아오다

### 基本表現
- ▶9時までに帰って来なさい
  - 아홉 시까지 돌아오너라.
- ▶彼はいつ大阪から帰って来ますか
  - 그 사람은 언제 오사카에서 돌아옵니까?
- ▶家までは30分で帰れる
  - 집까지는 30분에 돌아갈 수 있다.
- ▶彼は韓国から帰って来たばかりだ
  - 그는 한국에서 막 돌아왔다.
- ▶彼女は1週間家に帰っていない 그녀는 일 주일 간 집에 돌아가지 않고 있다.

¶そろそろ帰らなくてはなりません 슬슬 돌아가지 않으면 안 됩니다. / 이제 돌아가야 합니다. / もう帰ってもいいですね 이제 돌아가도 괜찮습니다. / 早く帰って来てください 빨리 돌아와 주세요. / 学校から帰ってくる時間 학교에서 돌아오는 시간

¶真っすぐ家に帰る 곧바로 집으로 돌아가다 / 歩いて帰る 걸어서 돌아가다 / 車で帰る 차로 돌아가다 / タクシーで帰る 택시로 돌아가다 / 急いで帰る 서둘러 돌아가다

### 会話 いつ帰りますか
A：日本へいつ帰るのですか
B：来週の土曜日に帰るつもりです
A：일본에 언제 돌아갑니까?
B：다음주 토요일에 돌아갈 예정입니다.
A：今晩, お父さんは会社から何時ごろお帰りになりますか
B：いつ帰って来るのかわからないのですよ
A：오늘 밤 아버지는 회사에서 몇 시쯤 돌아오십니까[들어오십니까]
B：언제 돌아오시는지[들어오시는지] 모릅니다.
A：木村様はお帰りになっていらっしゃいますか
B：まだ帰っておりません
A：기무라 씨는 돌아오셨습니까?
B：아직 돌아오지 않았습니다만…
A：ミンスはどこですか
B：もう帰って来ましたよ
A：민수는 어디에 있습니까?
B：벌써 돌아가 버렸습니다.

## かえる【代える・替える・換える】❶〔代用〕바꾸다, 대신하다

### 基本表現
- ▶バターをマーガリンに代えてみた
  - 버터를 마가린으로 바꿔 보았다.
- ▶何ものも命には代えられない
  - 목숨은 무엇과도 바꿀 수 없다.

¶書面にてあいさつに代えさせていただきます 서면으로 인사를 대신하겠습니다. / 石油に代えてガスを使う 석유를 대신해 가스를 사용한다. / 命には代えられない 목숨과는 바꿀 수 없다.

❷〔交換〕바꾸다, 갈다, 교환하다

### 使い分け 바꾸다, 갈다
바꾸다 相互に交換する場合に用いる.
갈다 古い物・不要品を新しい物と取り替える場合に用いる.

### 基本表現
- ▶円をウォンに換えた
  - 엔을 원으로 교환했다[환전했다].
- ▶古くなったコンピュータを新しいのに換えた
  - 오래된 컴퓨터를 새로운 걸로 바꿨다.
- ▶部屋を姉と換えた
  - 방을 누나와 바꿨다.
- ▶小切手を現金に換えた
  - 수표를 현금으로 바꾸었다.

¶1万円札を千円札に換える 만 엔짜리를 천 엔짜리로 바꾸다 / 自動車のタイヤを替える 자동차의 타이어를 갈다 / 古いものを新しいものに替える 낡은 것을 새 것으로 갈다 / 機械の部品を新しいものに替える 기계의 부품을 새 것으로 갈다 / 気分を換えるために散歩に出かける 기분 전환을 위해 산책하러 나가자.

## かえる【変える】바꾸다, 변경하다〔位置を〕옮기다〔名前などを〕갈다

### 基本表現
- ▶そうたびたび考えを変えるな
  - 그렇게 번번이 생각을 바꾸지 마!
- ▶魔法使いは王子をかえるに変えた
  - 마법사는 왕자를 개구리로 바꿨다.
- ▶彼女は結婚して名前を木村から田中に変えた
  - 그녀는 결혼해서 성을 기무라에서 다나카로 갈았다.
- ▶彼は体の向きを右に変えた
  - 그는 몸의 방향을 오른쪽으로 바꿨다.

¶コンピュータの発明は我々のライフスタイルをすっかり変えてしまった 컴퓨터의 발명은 우리의 라이프 스타일을 완전히 바꿔 버렸다. / 彼は顔色を変えた 그는 안색을 바꿨다. / 彼は最後まで態度を変えなかった 그는 끝까지 태도를 바꾸지 않았다. / もしあした雨ならば予定を変えなければならない 만약 내일 비가 온다면 예정을 바꾸지 않으면 안 된다. / 住所を変える 주소를 바꾸다 / 席を変える 자리를 옮기다

## かえる【返る】〔元へ戻る〕되돌아가다〔戻されてくる〕貸した金はまず返ってこないものだ 빌려준 돈은 대개 되돌아오지 않는 것이 예사다. / なくした財布が返ってきた 잃어버렸던 지갑이 되돌아왔다. / バスに置き忘れた傘が返ってきた バスに置いて降りた 우산이 되돌아왔다. / まるで少年時代に返ったようだ 마치 소년 시절로 되돌아간 것 같다. / 昔に返った感じがする 옛날로 되돌아간 느낌이 난다. / 我に返る 제정신이 들다[돌아오다] / もとに返る 본디 상태로 돌아가다

## かえる【孵る】깨다, 부화하다, 부화되다

## かお【顔】얼굴, 낯〔表情〕표정

### 基本表現
- ▶顔を洗った 얼굴을 씻었다.
- ▶顔を上げてこっちを見て
  - 얼굴을 들고 여기를 봐.
- ▶ずいぶんうれしそうな[悲しそうな, 驚いた, 憂鬱な, 心配そうな]顔をしているね
  - 대단히 기쁜 듯한[슬픈 듯한, 놀란, 우울한, 걱정스러운] 얼굴을 하고 있구나.

◆【顔が・顔は】

¶彼女の顔は知っているが名前は知らない 그녀의 얼굴은 알고 있지만 이름은 모른다. / 恥ずかしくて顔が赤くなった 부끄러워서 얼굴이 붉어졌다. / 怒りで彼の顔が真っ赤になった 분노로, 그의 얼굴이 새빨갛게 되었다. / 会えば彼の顔はわかります 만나보면 그 사람의 얼굴은 압니다.

◆【顔を】

¶彼女は私の顔をじっと見た 그녀는 나의 얼굴을 가만히 보았다. / 彼女は彼らの下品な言葉に顔をしかめた 그녀는 그들의 천한 말에 얼굴을 찡그렸다. / 彼女は僕の冗談に顔を赤らめた 그녀는 나의 농담에 얼굴을 붉혔다. / 彼は顔をほころばせながら入ってきた 그는 얼굴에 희색을 띠며 들어왔다.

¶チョルスに500円貸してよと言ったらいやな顔をされた 철수에게 500엔 좀 빌려 달라고 했더니 싫은 얼굴을 했다.

¶彼は本から顔を上げて私にあいさつをした 그는 책에서 얼굴을 들어 나에게 인사를 했다. / 進行中の列車の窓から顔を出してはいけません 진행[운행]중인 열차의 창문으로부터 얼굴을 내밀어서는 안 됩니다.

¶彼女は「ごめんなさい」と言って顔を伏せた 그녀는 "미안해요"라며 얼굴을 숙였다. / 彼女は毛虫を見ると顔を背けた 그녀는 송충이를 보자 얼굴을 돌렸다. / 彼のつまらない冗談を聞いて彼女と顔を見合わせてしまった 그의 시시한 농담을 듣고 그녀와 얼굴을 마주 보고 말았다.

◆【顔で・顔に・顔も】

¶あの双子を顔で見分けるのは難しい 그 쌍둥이를 얼굴로 분별하는 것은 어렵다. / 彼女は父親の顔でこの会社に入ったらしい 그녀는 부친의 빽으로 이 회사에 들어간 것 같다. / 顔で笑って心で泣いた 얼굴로는 웃고 마음으로 울었다. / 心の動揺を顔に出さないようにした 마음의 동요를 얼굴에 드러내지 않도록 했다. / やつなんか顔も見たくない 그 놈은 얼굴도 보기 싫다.

◆【その他】

¶赤ら顔 불그스름한 얼굴 / 青白い顔 창백한 얼굴 / 浅黒い顔 거무스름한 얼굴 / 色白の顔 살갗이 흰 얼굴 / 色黒の顔 피부가 검은 얼굴 / 血色のよい顔 혈색이 좋은 얼굴 / 血色の悪い顔 혈색이 나쁜 얼굴 / やつれた顔 여윈[야윈] 얼굴 | 핼쑥한 얼굴 / 日焼けした顔 볕에 그을린 얼굴 / 丸顔 둥근 얼굴 / うりざね顔 희고 갸름한 얼굴 / 角ばった顔 모난 얼굴 / 長い顔 긴 얼굴 / 美しい顔 아름다운 얼굴 / きれいな顔 예쁜 얼굴 / ふっくらした顔 포동포동한 얼굴 / 細面の顔 갸름한 얼굴 / 骨ばった顔 피골이 상접한 얼굴 / 平べったい顔 둥글고 넓적한 얼굴 / みにくい顔 못생긴 얼굴 / 無表情な顔 무표정한 얼굴

慣用句 大学入試に全部落ちてしまって両親に合わせる顔がない 대학 입시에 전부 떨어져 부모님을 대할 면목이 없다. / 家族全員の顔がそろった 가족 전원이 모두 모였다. / これで彼の顔が立つだろう 이것으로 그의 체면이 설 것이다. / あの政治家は芸能界にも顔がきくらしいよ 그 정치가는 연예계에서도 통한단다. / 彼はマスコミに顔が売れている 그 사람은 매스컴에 얼굴이 팔리고 있다. / あいつはもう二度と顔を合わせることはないだろう 저 녀석과는 이제 두 번 다시 얼굴을 맞댈 일은 없을 것이다. / 彼女はその記事を読むと顔を曇らせた 그녀는 그 기사를 읽고 침울한 표정을 지었다. / この業界では顔が広い 그는 이 업계에서는 발이 넓다. / 子どもに甘い顔を見せるな 아이에게 만만한 얼굴을 보이지 마라. / ちょっと顔を貸してくれないか 잠깐 얼굴 좀 보여 줄 수 있어? / 今夜のパーティーに顔を出してよ 오늘 밤 파티에 참석해 줘. / 僕が謝って彼の顔を立ててあげたんだ 내가 사과해서 그 사람의 체면을 세워 주었어. / 社会に出たら色々な人と顔をつないでおくといい 사회에 나가면 여러 사람을 알아 두는 게 좋아. / よくもおれの顔をつぶしてくれたな 잘도 내 얼굴에 먹칠을 했구나. / 僕の提案に彼はいい顔はしないだろうな 나의 제안에, 그 사람은 좋은 얼굴을 하지 않을 것이다. / あいつは父親が有名人なものでいつも大きな顔をしている 저 녀석은 부친이 유명인이라 항상 거들먹거린다. / 私の顔に免じてこの子を許してほしい 나를 봐서 이 아이를 용서해 줘. / うそをついたってちゃんと顔に書いてあるよ 거짓말이라고 얼굴에 써 있어. / 両親の顔に泥を塗るようなまねはするな 부모님의 얼굴에 먹칠하는 일 따위는 하지 마라. / 君に似合わず大胆だね 보기와는 달리 대담하구나. / 恥ずかしくて顔から火が出る思いだった 부끄러워서 낯이 화끈거리는 기분이었다. / 彼はこの辺ではちょっとした顔だ 그는 이 근처에서는 그런대로 알려진 사람이다.

**かおあわせ**【顔合わせ】대면〔対戦〕대전 ¶顔合わせする 대면하다 / 初顔合わせ 첫 대면[대전]

**かおいろ**【顔色】안색, 얼굴빛〔表情〕표정, 눈치〔血色〕혈색 ¶子供たちの顔色はよかった 아이들의 안색은 좋았다. / 顔色がすぐれない 안색이 좋지 않다. / 顔色をうかがう 눈치를 보다

**かおく**【家屋】가옥

**かおだち**【顔立ち】얼굴 생김새, 용모 ¶彼は整った顔立ちをしている 그는 반듯한 이목구비를 하고 있다.

**かおつき**【顔つき】얼굴 생김새, 용모, 표정

**かおなじみ**【顔馴染み】낯익은 사람 ; 친한 사이 ¶顔なじみだ 낯익다(▶発音は 난낙따). 顔なじみの客 낯익은 손님 / 韓国からの留学生と顔なじみになる 한국에서 온 유학생과 서로 잘 알게 되었다.

**かおぶれ**【顔触れ】진영〔メンバー〕멤버 ¶いつもの顔ぶれ 평소 멤버

**かおまけ**【顔負け】¶彼のテクニックはプロも顔負けだ 그의 테크닉은「프로가 무색할 정도다[프로 뺨치는 거다」.

**かおみしり**【顔見知り】¶ユナとは顔見知りです 윤아와는 아는 사이입니다. / 彼とは単なる顔見知りの関係にすぎません 그 사람하고는 서로 얼굴만 아는 정도의 관계에 불과합니다.

**かおむけ**【顔向け】대면, 얼굴을 대함 ¶両親に顔向けができない 부모님을 뵐 낯이 없다.

**かおやく**【顔役】실력자, 보스

**かおり**【香り】향기, 향내 ¶香りのよい花 향기

좋은 꽃 /かぐわしい花の香り 그윽한 꽃 향기 / コーヒーの香り 커피 향기 / 香り高い 향기가 짙다 ⇒におい

**かおる【薫る・香る】** 향기를 풍기다 〔かぐわしい〕향긋하다, 향기롭다 ¶風薫る5月となりました 바람도 향긋한 오월이 되었다

**がか【画家】** 화가 関連 日曜画家 일요 화가 / 日本画家 일본화가 / 洋画家 서양화가

**かがい【課外】** 과외 関連 課外活動 과외 활동 / 課外授業 과외 수업

**かがいしゃ【加害者】** 가해자

**かかえこむ【抱え込む】** 〔仕事・問題などを〕떠맡다 ¶厄介な問題を抱え込む 귀찮은 문제를 떠맡다

**かかえる【抱える】** 안다, 끼다〔持つ〕들다〔引き受ける〕떠맡다〔養う〕돌보다〔雇う〕고용하다 ¶重い荷物を抱える 무거운 짐을 안다 / 彼は荷物を両手に抱えていた 그는 짐을 양손에 들고 있었다. / 彼女は本を小わきに抱えていた 그녀는 겨드랑이에 책을 끼고 있었다. / 彼女は頭を抱えてうずくまっていた 그녀는 머리를 움켜 쥐고 웅크리고 있었다. / 腹を抱えて笑う 배꼽을 쥐고 웃다 / 困難な問題を抱えている 어려운 문제를 안고 있다. / 政府は不況問題に頭を抱えている 정부는 불황 문제에 고심하고 있다. / 仕事を抱える 일을 떠맡다 / 妻を抱える 처자를 돌보다 / 病人を抱える 환자를 돌보다 / 運転手を抱える 운전사를 고용하다

**かかく【価格】** 가격 ¶この商品は1個3千円の価格で売る予定だ 이 상품은 한 개 3천 엔의 가격에 팔 예정이다 / 最近土地の価格が下がっている 최근 땅 값이 내리고 있다. / 価格を引き下げる[引き上げる]가격을 내리다[올리다] 関連 価格競争力 가격 경쟁력 / 価格協定 가격 협정 / 価格操作 가격 조작 / 価格統制 가격 통제 / 卸売価格 도매 가격 / 公定価格 공정 가격 / 小売価格 소매가격 / 市場価格 시장 가격 / 消費者価格 소비자 가격 / 生産者価格 생산자 가격 / 適正価格 적정 가격

**かがく****【化学】** 화학 ◇化学的だ 화학적이다 ◇化学的に 화학적으로 ¶彼女は大学で化学を専攻した 그녀는 대학에서 화학을 전공했다. / 彼は来る日も来る日も化学の実験に没頭した 그는 매일매일 화학 실험에 몰두했다. 関連 化学記号 화학 기호 / 化学工業 화학 공업 / 化学工場 화학 공장 / 化学式 화학식 / 化学実験室 화학 실험실 / 化学者 화학자 / 化学用語 화학 용어 / 化学処理 화학 처리 / 化学戦 화학전 / 化学繊維 화학 섬유 / 化学調味料 화학조미료 / 化学反応 화학 반응 / 化学反応式 화학 반응식 / 化学肥料 화학 비료 / 化学分析 화학 분석 / 化学兵器 화학 무기[병기] / 化学変化 화학 변화 / 化学薬品 화학 약품 / 応用化学 응용 화학 / 物理化学 물리 화학 / 無機化学 무기 화학 / 有機化学 유기 화학

**かがく****【科学】** 과학 ◇科学的に 과학적으로 ¶18世紀以降科学は非常に進歩した 18세기 이후 과학은 매우 진보했다. / その考えには科学的根拠があるんですか 그 생각에는 과학적 근거가 있는 겁니까 /それは科学的に証明されているのですか 그것은 과학적으로 증명되고 있습니까? 関連 科学的方法 과학적 방법 関連 科学技術 과학 기술 / 科学者 과학자 / 科学小説(SF) 과학 소설, 공상 과학 소설 / 科学博物館 과학 박물관 / 科学用語 과학 용어 / 応用科学 응용과학 / 基礎科学 기초 과학 / 自然科学 자연 과학 / 社会科学 사회 과학 / 人文科学 인문 과학 / 生命科学 생명 과학 / 地球科学 지구 과학 / 文部科学省 문부과학성(▶韓国の 교육 과학 기술부「教育科学技術部」にあたる)

**かかげる【掲げる】** 내걸다, 내세우다〔旗などを〕달다〔掲載する〕싣다, 게재하다 ¶看板を掲げる 간판을 달다 / 旗を掲げる 깃발을 달다 / 目標を掲げる 목표를 내걸다 / 方針を掲げる 방침을 내세우다 / 各新聞はそのニュースをトップに掲げた 각 신문은 그 뉴스를 톱으로 내걸었다.

**かかし【案山子】** 허수아비

**かかす【欠かす】** 빠뜨리다, 거르다 ¶毎朝のジョギングは欠かしたことがない 매일 아침 조깅은 거른 적이 없다. / 1日も欠かさずラジオ講座を聞いている 하루도 거르지 않고 라디오 강좌를 듣고 있다.

**かかと【踵】** 발뒤꿈치, 발꿈치〔履き物の〕뒤축, 굽 ¶靴のかかとがすり減る 구두 뒤축이 닳다 / かかとの高い[低い]靴をはく 굽이 높은[낮은] 구두를 신다.

**かがみ【鏡・鑑】** 거울〔手鏡〕손거울〔手本〕귀감 ¶顔を鏡に映す 얼굴을 거울에 비추다 / 私は鏡の中の自分を židを židいる 나는 거울 속의 내 모습을 보았다. / 鏡を見て化粧をした 거울을 보고 화장을 했다. / 鏡に庭の木が映っていた 거울에 뜰의 나무가 비쳐 있었다. / 教育者の鑑 교육자의 귀감

**かがむ【屈む】**〔しゃがむ〕웅크리다 ¶道端にかがむ 길가에 웅크리다 / (写真撮影で)前の列の人は少しかがんでくれませんか 앞 줄에 계신 분들은 조금 구부려 주세요.

**かがめる【屈める】** 굽히다 ¶彼は体をかがめて何かを拾い上げた 그는 몸을 굽혀 무엇인가를 주웠다. / 腰をかがめておじぎする 허리를 굽혀 인사하다

**かがやかしい【輝かしい】** 눈부시다, 빛나다, 훌륭하다 ¶彼女には輝かしい未来がある 그녀에게는 눈부신 미래가 있다. / 輝かしい名声 눈부신 명성

**かがやかす【輝かす】** 반짝이다 ¶彼は興奮して目を輝かせていた 그는 흥분해서 눈을 반짝거리고 있었다. / 彼女は目を輝かして指輪を見つめた 그녀는 눈을 반짝이며 반지를 응시했다.

**かがやき【輝き】** 빛 ¶ダイヤモンドの輝き 다이아몬드의 빛

**かがやく****【輝く】** 빛나다 ¶太陽は明るく輝いていた 태양은 밝게 빛나고 있었다. / 彼女の顔は喜びで輝いていた 그녀의 얼굴은 기쁨으로 빛나고 있었다. / 遠くの村の明かりがちらちらと輝いていた 멀리 마을의 불빛이 반짝반짝 빛나고 있었다. / 軒先でつららが輝いている 처마 끝에서 고드름이 빛나고 있다. / 彼女はきらきらと輝くダイヤの指輪をはめていた 그녀는 반짝반

짝 빛나는 다이아 반지를 끼고 있었다.
¶我々のチームが勝利の栄冠に輝いた 우리 팀이 승리의 영관에 빛났다.

**かかり【係】** 담당 [담당자] 담당자 [···係]-계 ¶ここの係の人はだれですか 여기 담당자는 누구입니까? / 案内係に聞いて下さい 안내계에 물어봐 주세요. / 私は炊事係をやらされた 나는 취사담당이었다. / 係を決める 담당을 결정하다
[関連] 案内係 안내계 / 庶務係 서무계 / 会計係 회계 담당

**-がかり【-掛かり】** ❶ [数量詞について程度を表す] ¶3人がかりでテーブルを運び入れた 셋이서 테이블을 옮겨 넣었다. / 2日がかりで手紙を書いた 이틀 걸려서 편지를 썼다.
❷ [名詞について依存・類似を表す] ¶彼は結婚して子供までいるのにいまだに親がかりで暮らしている 그는 결혼해서 아이까지 두었는데 여태 부모님에게 기대 살고 있다. / そんな芝居がかりのせりふで私を口説いても無駄よ 그런 드라마에서나 들을 수 있는 말로 날 꼬셔도 소용없어.
❸ [動詞の連用形について偶然を表す] ¶通りがかりの人に道を尋ねたら親切に教えてくれた 지나가는 사람한테 길을 물었더니 친절하게 가르쳐 주었다.

**かかりいん【係員】** 계원, 담당자

**かかりきり【掛かり切り】** ¶午前中は資料の作成にかかりきりだった 오전 중에는 자료 작성에 매달려 있었다.

**かかりちょう【係長】** 계장

**かかりつけ【掛かり付け】** ¶かかり付けの医者 주치의(主治医)

**かかる【掛かる】** ❶ [ぶら下がっている] 걸리다 ¶壁に祖父の肖像画が掛かっている 벽에 조부의 초상화가 걸려 있다. / 青いカーテンが窓に掛かっている 푸른 커튼이 창에 쳐져 있다. / 壁に掛かっている時計 벽에 걸린 시계
❷ [かぶさる] 덮이다 [(上に)置かれる] 놓이다 [届く] 닿다 ¶テーブルに新しいテーブルクロスがかかっている 테이블에 새로운 테이블보가 깔려 있다. / 彼女はチョコレートソースのかかったアイスクリームを食べた 그녀는 초콜릿 소스가 덮인 아이스크림을 먹었다. / コンロにやかんがかかっている 풍로에 주전자가 놓여 있다. / 髪が肩にかかるほど伸びた 머리카락이 어깨에 닿을 정도로 길었다.
❸ [浴びる, 降りかかる] 튀다 ¶こぼしたコップの水が服にかかった 흘린 컵의 물이 옷에 튀었다. / 車が通ったときにスカートに泥がかかった 차가 지나갔을 때 스커트에 진흙이 튀었다.
❹ [引っかかる, 捕らえられる] 걸리다, 잡히다, 빠지다 ¶うさぎがわなにかかった 토끼가 덫에 걸렸다. / 敵のわなにかかって味方の的중 함정에 빠지다. / 針にかかった大きな魚を逃がしてしまった 바늘에 걸린 큰 물고기를 놓쳐 버렸다.
❺ [閉まる] 잠기다, 채워지다 ¶このドアは自動的に鍵がかかる 이 문은 자동으로 잠긴다. / 玄関に鍵がかかっていたので外で待たなければならなかった 현관에 자물쇠가 채워져 있어서 밖에서 기다리지 않으면 안 되었다. / このブラウスは背中でボタンがかかるように出来ている 이 블라우스는 등에

서 버튼을 채우도록 되어 있다.
❻ [作動する] 걸리다 [ラジオ・音楽などが] 켜지다, 시작하다 ¶いったいどうしたんだ, ブレーキがかからないぞ 도대체 어떻게 된거야? 브레이크가 걸리지 않아. / 車のエンジンがかからない, バッテリーが上がったのかな 차 시동이 걸리지 않아. 배터리가 다 된 건가? / ラジオで私の好きな曲がかかっている 라디오에서 내가 좋아하는 곡이 나오고 있다. / 音楽がかかるとホールにいた人々は踊り始めた 음악이 시작되자 홀에 있던 사람들은 춤을 추기 시작했다.
❼ [時・労力などが] 걸리다 [費用が] 들다 ¶報告書をまとめるのに3時間かかった 보고서를 작성하는 데 세 시간 걸렸다. / 彼女は身支度するのに時間がかかる 그녀는 몸치장을 하는 데 시간이 걸린다. / 風邪が完全に治るのに1週間はかかります 감기가 완전히 낫는 데는 일 주일은 걸립니다. / 「駅まではどのくらいかかりますか」「10分もかかりません」 "역까지 어느 정도 걸립니까?" "10분도 걸리지 않습니다." / 車の修理に5万円かかった 차 수리에 5만 엔 들었다. / 東京で暮らすにはかなりお金がかかると 도쿄에서 살려면 꽤 돈이 들어. / 手数料がかかる 수수료가 들다
❽ [被る, 負う] 부과되다, 걸리다, 미치다 ¶この店ではすべての商品とサービスに税金がかかる 이 가게에서는 상품과 서비스에 세금이 붙는다. / 彼に殺人の疑いがかかっている 그에게 살인 혐의가 걸려 있다. / 彼女はすべての責任が自分にかかってくるのではないかと恐れた 그녀는 모든 책임이 자신에게 돌아오는 것이 아닐까 두려워했다.
❾ [従事する] 시작하다, 착수하다 ¶仕事にかかる 일을 시작하다 / さあ, 仕事にかかろう 자, 일을 시작하자. / 彼女の手にかかると粘土が見事なつぼになる 그녀가 손을 대면 점토가 훌륭한 항아리가 된다.
❿ [挑む] 대들다, 덤비다 ¶兄と二人でいじめっ子にかかっていった 형과 [오빠와] 둘이서 왕따시키는 아이에게 덤벼들었다.
⓫ [電話が] 걸리다, 걸려오다 ¶彼女から電話がかかってきた 그녀에게서 전화가 걸려 왔다. / あなたに電話がかかっていますよ 당신에게 전화가 와 있어요.
⓬ [医者に] 보이다, 치료를 받다 ¶すぐに医者にかかったほうがよい 곧바로 의사에게 치료를 받는 게 좋을걸. / 今, 医者にかかっている 지금 그 의사에게 치료를 받고 있다.
⓭ [その他] ¶彼女は赤いリボンのかかった箱を手渡した 그녀는 붉은 리본이 묶인 상자를 전했다. / クリスマスパーティーの誘いがたくさんかかっているんだ 크리스마스 파티의 초대가 많이 들어오고 있어.

**かかる【懸かる】** ❶ [左右される] 달리다, 걸리다 ¶試験に受かるか否かは君の努力にかかっている 시험에 붙을지 안 붙을지는 너의 노력에 달려 있다. / この試合は全国大会出場がかかっている 이 시합은 전국 대회의 출전이 걸려 있다. 日本シリーズの優勝のかかった試合に5万人以上の観客が集まった 일본 시리즈의 우승이 걸린 시합

에 5만명 이상의 관객이 모였다. / 이 勝負에 나의 未来가 걸려 있다 이 승부에 내 앞날이 걸려 있다. / 生活がかかっているので彼は一生懸命働かなければならない 생활이 달려 있기 때문에 그는 열심히 일하지 않으면 안 된다.

❷〖賞がついている〗걸리다 ¶このレースには100万円の賞金がかかっている 이 레이스에는 100만 엔의 상금이 걸려 있다.

❸〖その他〗¶虹がかかる 무지개가 뜨다 / 山に霧がかかる 산에 안개가 끼다

**かかる【架かる】**걸치다, 놓이다 ¶その川には丸木橋が架かっている 그 강에는 외나무 다리가 걸쳐 있다. / 本土と島を結ぶ橋が架かる予定だ 본토와 섬을 연결하는 다리가 놓일 예정이다.

**かかる【罹る】**걸리다 ¶彼女は病気にかかりやすい 그녀는 병에 잘 걸린다. / 彼は肺炎にかかっている 그는 폐렴에 걸려 있다. / はしかにかかる 홍역에 걸리다 / 結核にかかる 결핵에 걸리다

**-かかる** ¶桜の花が散りかかっていた 벚꽃이 떨어지려 하고 있었다. / この牛乳は腐りかかっている 이 우유는 상하려고 하고 있다. / たまたま事故の現場を通りかかっただけだ 우연히 사고의 현장을 지나갔을 뿐이다.

**-がかる** 〖帯びる〗¶青みがかった顔色 푸르스름한 안색 / 左がかった考え 좌익적인 사상

**かかわらず** 《에도, -ㄴ데도[-은데도], -는데도 》 불구하고 〖関係なく〗《에》관계없이 ¶彼女は病気にもかかわらず外出した 그녀는 병에도 불구하고 외출했다. / 早く起きたにもかかわらず学校に遅刻した 일찍 일어났음에도 불구하고 학교에 지각했다. / 雨にもかかわらず野球の試合が行われた 비가 내리는데도 불구하고 야구 시합이 행해졌다. / 納税者の反対にもかかわらず政府は新税を導入した 납세자의 반대에도 불구하고 정부는 신세를 도입했다. / 努力したにもかかわらず失敗した 노력 했는데도 실패했다.

¶大会は晴雨にかかわらず実行する 대회는 날씨에 관계없이 결행한다. / このマラソンには年齢にかかわらず参加できます 이 마라톤에는 연령에 관계없이 참가할 수 있습니다. / 古新聞を量の多少にかかわらず引き取ります 헌 신문을 양에 관계없이 수거해 갑니다.

**かかわり【関わり】**관계, 상관(相関) ¶私はその事件とは何の関わりもない 나는 그 사건과는 아무런 상관이 없다. / 彼は犯人と関わりがある人物だ 그는 범인과 관계가 있는 인물이다.

**かかわる【関わる・係わる】**❶〖関係する〗관계하다, 상관하다(相関—) ¶そんなつまらないことにかかわっている暇はない 그렇게 시시한 일에 상관할 여유는 없다. / 市長はその汚職事件にかかわっていなかった 시장은 그 부정 사건에 관계되지 않았다. / あんな人にはかかわらないほうがよい 저런 사람에게는 상관하지 않는 편이 좋다. / おまえのかかわり知るところではない 네가 상관할 바가 아니다.

❷〖影響する〗관계되다 ¶年金制度の改革は国民全体にかかわる問題だ 연금 제도의 개혁은 국민 전체와 관계되는 문제다. / 1週間も休業することは店の信用にかかわる 1주일이나 휴업하는 것은 가게의 신용과 관계된다. / これは私の名誉にかかわることだ 이것은 내 명예에 관계되는 일이다.

**かき【柿】**감 数え方 かき1個 감 한 개 関連 干しかき 곶감

**かき【下記】**하기〖以下〗아래 ¶日程は下記の通りです 일정은 아래와 같습니다. / 下記に示してあるように 아래에 명시한 대로

**かき【火気】**화기 ¶火気厳禁(►掲示) 화기 엄금 ⇒火

**かき【夏期】**하기 関連 夏期講習 하기 강습 / 夏期休暇 하기 휴가 ⇒夏

**かき【牡蠣】**굴 関連 かきフライ 굴튀김 / かき養殖場 굴 양식장

**かぎ【鍵】**❶〖錠に差し入れる金具〗열쇠, 키〖錠〗자물쇠〖鉤〗갈고랑이

基本表現
▷ドアの鍵を持っている
　문의 열쇠를 가지고 있다.
▷ドアの鍵を掛けた
　문을 잠갔다.
▷ドアの鍵を開けた
　문을(열쇠로) 열었다.
▷ドアに鍵が掛かっている
　문이 잠겨 있다.

¶窓に鍵をかけないで出かけてしまった 창문을 잠그지 않고 나가 버렸다. / ドアの鍵が掛かっているかどうか確かめてきて 문이 잠겨 있는지 확인해 봐. / あれ、この鍵合わないぞ え?! 이 열쇠가 맞지 않아. / ロッカーの鍵が開くはずだ。差し込んでみてその鍵でロッカーが開けれる 거야. 꽂아 봐.

❷〖重要な手掛かり〗열쇠 ¶努力こそが成功への鍵だよ 노력이야말로 성공의 열쇠다. / 夏休みにどれくらい勉強するかが合格の鍵だ 여름 방학에 어느 정도 공부할지가 합격의 열쇠다. / 彼女がその事件の鍵を握っている 그 여자가 사건의 열쇠를 쥐고 있다. 関連 鍵穴 자물쇠 구멍 / 鍵束 열쇠 꾸러미 / 鍵っ子 맞벌이 부부의 아이

使い分け かぎ

| 鍵 | 열쇠 | 열쇠로 열다　鍵を開ける |
| 錠 | 자물쇠 | 자물쇠를 잠그다　錠前をかける |
| 鉤 | 갈고랑이 | 갈고랑이로 끌어 당기다 鉤で引き寄せる |

**かきあげる【書き上げる】**다 쓰다 ¶彼は3日で原稿を書き上げた 그는 3일 만에 원고를 다 썼다.

**かきあつめる【掻き集める】**긁어모으다, 그러모으다 ¶落ち葉をかき集める 낙엽을 긁어모으다 / 小銭をかき集める 잔돈을 모으다

**かきあらわす【書き表す】**글로 쓰다, 글로 나타내다〖描写する〗묘사하다〖表記する〗표기하다

**かきいれどき【書き入れ時】**¶そのそば屋は昼間が書き入れ時だ 그 국수집은 낮이 한창 바쁠 때이다.

**かきいれる【書き入れる】**써 넣다, 기입하다 ¶申請用紙に必要事項を書き入れる 신청서에 필요 사항을 써 넣다

**かきうつす【書き写す】**베끼다 ¶参考書を書き写

**かきおき【書き置き】** 쪽지, 메모 ¶彼の机の上に取引先から電話があったという書き置きをしてきた 그의 책상 위에 거래처에서 전화가 왔다는 메모를 남겨 두었다.

**かきかえ【書き換え】**〔名義の〕개서, 변경 ¶名義の書き換え 명의 변경

**かきかえる【書き換える】**〔名義を〕개서하다, 변경하다〔更新する〕갱신하다 ¶不動産の名義を息子の名義に書き換えた 부동산 명의를 아들의 명의로 변경했다. / 運転免許を書き換える 운전면허증을 갱신하다

**かきかた【書き方】** 쓰는 법 ¶申請用紙の書き方 신청서 쓰는 법

**かきけす【搔き消す】** ¶彼の声は怒号にかき消された 그의 목소리는 고함 소리에 파묻혔다.

**かきごおり【欠き氷】** 빙수

**かきことば【書き言葉】** 글말〔文語〕문어〔文章語〕문장어

**かきこみ【書き込み】** 써넣음, 써넣은 글씨 ¶彼の教科書は書き込みだらけだ 그의 교과서는 필기투성이다. 関連 書き込み禁止〔IT〕쓰기 방지 / 書き込み可〔IT〕쓰기 허용

**かきこむ【書き込む】** 써넣다, 적어넣다, 기입하다 ¶名簿に名前を書き込んだ 명단에 이름을 써넣었다. / 必要事項を申し込み用紙に書き込む 필요 사항을 신청서에 써넣다

**かきしるす【書き記す】** 적다〔記録する〕기록하다 ¶彼は報告書に一部始終を書き記した 그는 보고서에 자초지종을 적었다.

**かきぞめ【書き初め】** 신춘휘호(新春揮毫)

**かきだす【書き出す】** 뽑아 쓰다〔적다〕¶要点を書き出す 요점을 뽑아 쓰다

**かきたてる【書き立てる】** 써대다, 크게 다루다 ¶ほとんどの週刊誌が事件を書き立てた 대부분의 주간지가 사건을 크게 다루었다. / そのスキャンダルは新聞に大きく書き立てられた 그 스캔들은 신문에 크게 다루어졌다.

**かきたてる【搔き立てる】** 북돋우다, 일으키다 ¶この記事は私の好奇心をかき立てる 이 기사는 나의 호기심을 일으킨다. / その本は彼の考古学への興味をかき立てた 그 책은 그의 고고학에 대한 흥미를 북돋웠다.

**かぎつける【嗅ぎ付ける】**〔においを〕맡다〔秘密などを〕탐지해 내다 ¶猫が魚の臭いをかぎつけた 고양이가 생선 냄새를 맡았다. / 警察は逃亡犯の隠れ家をかぎつけた 경찰은 도주범의 은둔지를 탐지해 냈다. / 秘密をかぎつける 비밀을 탐지해 내다

**かぎって【限って】** ¶彼に限ってそんなことをするとは考えられない 그 사람에 관한한 그런 일을 하리라고 생각 할 수 없다. / うちの子に限ってそんな事はない 우리 애만은 그런 일 없다. / 忙しい時に限って人が訪ねて来る 바쁠 때만 사람이 찾아온다. / その日に限って携帯電話を家に置いてきてしまった 그 날따라 휴대 전화를 집에 놔 두고 와 버렸다.

**かきとめ【書留】** 등기(登記), 등기 우편(登記郵便)¶この手紙を書留にしてください 이 편지를 등기 우편으로 해 주세요. / 小包を書留で送る 소포를 등기로 보내다 関連 書留料金 등기 요금

**かきとめる【書き留める】** 적어 두다 ¶彼女の電話番号を書き留めておいた 그녀의 전화번호를 적어 두었다.

**かきとり【書き取り】** 받아쓰기 ¶書き取りをさせる 받아쓰기를 시키다 関連 書き取りテスト 받아쓰기 시험

**かきとる【書き取る】** 받아쓰다 ¶講義内容を書き取る 강의 내용을 받아쓰다 / 先生の言うことを書き取った 선생님이 말씀하신 것을 받아썼다.

**かきなおす【書き直す】** 고쳐 쓰다, 다시 쓰다 ¶名前を書き直す 이름을 고쳐 쓰다 / 記事を書き直す 기사를 고쳐 쓰다 / 私は彼女への手紙を書き直した 나는 그 여자에게 쓴 편지를 다시 썼다.

**かきね【垣根】** 울타리, 담〔生け垣〕산울타리, 생울타리 ¶その家の周りには高い垣根が巡らしてあった 그 집 주위에는 높은 울타리가 둘러져 있었다.

**かきまぜる【搔き混ぜる】** 뒤섞다 ¶コーヒーに砂糖とミルクを入れてかき混ぜた 커피에 설탕과 크림을 넣어서 저었다. / 卵をよくかき混ぜる 계란을 잘 풀다 / 洗剤を水にといてかき混ぜる 세제를 물에 풀어 뒤섞다

**かきまわす【搔き回す】** 휘젓다 ¶紅茶をスプーンでかき回す 홍차를 스푼으로 휘젓다 / 引き出しをかき回して印鑑を捜した 서랍을 뒤져서 도장을 찾았다.

**かきみだす【搔き乱す】** 어지럽히다, 교란시키다〔混乱させる〕혼란시키다

**かきむしる【搔きむしる】** 쥐어뜯다 ¶髪の毛をかきむしる 머리카락을 쥐어뜯다

**かきゅう【下級】** 하급 関連 下級生 하급생

**かきょう【華僑】** 화교

**かぎょう【家業】** 가업 ¶家業を継ぐ 가업을 물려받다

**かきょく【歌曲】** 가곡 ¶シューベルトの歌曲集 슈베르트 가곡집

**かぎらない【限らない】** ¶金持ちが幸せだとは限らない 부자가 반드시 행복하다고는 할 수 없다. / チャンピオンが勝つとは限らない 챔피언이 꼭 이긴다고는 할 수 없다.

**かぎり【限り】❶**〔限界〕한계, 한〔終わり〕끝 ¶天然資源には限りがある 천연자원에는 한계가 있다. / 人間の欲望には限りがない 인간의 욕망에는 한계가 없다. / 宇宙は限りなく広い 우주는 한없이 넓다. / 私たちは限りなく続く大海原を眺めていた 우리는 한없이 계속되고 있는 바다를 바라보고 있었다. / 限りある命を大切にしたい 끝이 있는 목숨을 소중히 하고 싶다. / 彼らの議論は限りなく続いた 그들의 논의는 한없이 계속되었다.

**❷**〔ありったけ〕껏〔範囲, 間〕한, 동안, 범위 ¶両チームとも力の限りを尽くして戦った 양팀 모두 힘껏 전력을 다해 싸웠다. / 彼らは声を限りに日本チームに声援を送った 그들은 있는 힘껏 소리

¶お力になれるかわかりませんが、できる限りのことはするつもりです 힘이 될 수 있을지는 모르겠습니다만, 할 수 있는 것은 다 할 생각입니다. / 私の知る限りそういう事実はありません 제가 아는 한 그런 사실은 없습니다. / 私が生きている限りあいつに勝手なことをさせはしない 내가 살아 있는 한 저 녀석이 제멋대로 하도록 내버려두진 않겠다. / 仕事が終わらない限り休みも取れないよ 일이 끝나지 않는 한 휴가도 받지 못해.

❸ [まで] 까지 [最後] 끝, 마지막 [だけ] 만, 뿐 ¶バーゲンセールは今週限りで終わりだ 바겐세일은 이번주를 마지막으로 끝이다. / きょう限り酒もたばこもやめるぞ 오늘을 끝으로 술도 담배도 끊겠어. / 今回に限り大目に見てやろう 이번만 너 그럼게 봐 주자. / 彼の約束はいつもその場限りだ 그의 약속은 언제나 그때뿐.

❹ [その他] ¶うちの病院は予約制ですが、急患の場合はその限りではありません 우리 병원은 예약제입니다만, 응급 환자의 경우는 예외입니다.

**かぎる【限る】** ❶ [制限する] 한하다, 한정하다, 제한하다 […に限らず] …뿐만 아니라 ¶応募作品は未発表のものに限る 응모작은 미발표인 것에 한한다. / 学生に限り割り引きする 학생에 한해 할인한다. / この店では女性に限り飲み物をサービスしている 이 가게에서는 여성에 한해 음료수를 서비스하고 있다. / 限られた収入でやりくりしなければならない 한정된 수입으로 잘 꾸려나가야 한다. / 時間が限られている 시간이 제한되어 있다.

¶彼女はテニスに限らずスポーツは何でも得意だ 그녀는 테니스뿐만 아니라 스포츠는 뭐든지 잘한다.

❷ [及ぶものがない] 제일이다, 최고다, 그만이다 ¶花は桜にかぎる 꽃은 벚꽃이 최고다. / いやなことは酒でも飲んで忘れてしまうにかぎる 싫은 일은 술이라도 마시고 잊어버리는 것이 제일이다. / 家に閉じ込められているのだ, こういう時は家でのんびりするにかぎる 연휴는 어딜 가도 붐비니까 이럴 때는 집에서 빈둥거리는 것이 최고다. / 夏は冷えたビールにかぎる 여름에는 시원한 맥주가 그만이다.

**かきわける【掻き分ける】** 헤치다 ¶我々は雪をかき分けて進んで行った 우리는 눈을 헤치고 나아갔다. / 彼は人込みをかき分けて前に進んだ 그는 인파를 헤치고 앞으로 나아갔다.

**かきん【家禽】** 가금

**かく【格】** 격 ¶このレストランはこの辺では格が高い 이 레스토랑은 이 근처에서는 격이 높다. / 彼女はほかの女優とは格が違う 그녀는 다른 여배우와는 격이 다르다. / 彼は今回課長に格上げになった 그는 이번에 과장으로 승진했다. / 格下げする 격하시키다 / 格が上がる[下がる] 격이 오르다[내리다]

**かく【核】** [原子・細胞などの] 핵 [核兵器] 핵무기 [核心] 핵심, 중심 ¶日本への核の持ち込みは禁止されている 일본으로의 핵 반입은 금지되어 있다. / アメリカの核の傘に入る 미국의 핵우산에 들어간다. / 核兵器は人類にとって脅威である 핵무기는 인류에 대한 위협이다. / 核戦争には勝者も敗者もない 핵전쟁에는 승자도 패자도 없다. / その国は核兵器開発疑惑がもたれている 그 나라는 핵무기 개발의 의혹을 받고 있다. / 日本は核拡散防止条約に加盟している 일본은 핵 확산 금지 조약에 가맹되어 있다. / 日本の非核三原則とは、核兵器を作らず、持たず、持ち込ませずということだ 일본의 비핵 3원칙이란 핵무기를 만들지 않고, 가지지 않고, 반입하지 않는다는 것이다. / 核実験反対! 핵 실험 반대!

¶学生たちが民主化運動の核になっている 학생들이 민주화 운동의 중심이 되어 있다. / 彼はわが社の核となる人間だ 그는 우리 회사의 핵심이 될 사람이다. 関連 核エネルギー 핵에너지 / 核拡散防止条約(NPT) 핵 확산 금지 조약 / 核家族 핵가족 / 核軍縮 핵 군축 / 核査察 핵 사찰 / 核酸 핵산 / 核シェルター 핵 방공호 / 核施設 핵시설 / 核戦争 핵전쟁 / 核戦略 핵 전략 / 核弾頭 핵탄두 / 核燃料 핵연료 / 核の傘 핵우산 / 核の冬 핵겨울 / 核廃棄物 핵폐기물 / 核爆弾 핵폭탄 / 核爆発 핵폭발 / 核反応 핵반응 / 核武装 핵무장 / 核物質 핵 물질 / 核物理学 핵물리학 / 核分裂 핵분열 / 核兵器 핵무기 / 核保有国 핵보유국 / 核ミサイル 핵미사일 / 核抑止力 핵 억지력 / 核融合 핵융합 / 原子核 원자핵 / 反核運動 반핵 운동 / 非核地帯 비핵 지대

**かく【欠く】** [こわす] 부수다, 깨뜨리다 [不足する] 없다, 결하다 [おこたる] 게을리하다, 소홀히 하다 ¶カップを欠いてしまった 컵이 깨져 버렸다. / 彼は常識を欠いている 그는 상식이 부족하다. / 礼を欠く 예를 결하다 | 결례하다 / お礼状[返事]くらい書かないと礼儀を欠くことになりますよ 감사 편지[답장] 정도 쓰지 않으면 예의 없는 사람이 되어 버립니다. / 火は人間の生活に欠くことができない 불은 인간의 생활에 빠트릴 수 없다. / 注意を欠く 주의를 게을리하다 / 誠実さを欠く謝罪 성실성이 없는 사죄

**かく【書く】** 쓰다 [曲を] 작곡하다

基本表現

▷私はきのう彼に手紙を書いた
나는 어제 그 사람에게 편지를 썼다.

▷ここに名前と住所を書いてください
여기에 이름과 주소를 써 주세요.

▷彼女は40歳をすぎてから小説を書き始めた
그녀는 40세를 지나서부터 소설을 쓰기 시작했다.

▷このペンは書きやすい[書きにくい]
이 펜은 쓰기 편하다[불편하다].

¶彼は赤インクで数字を書いた 그는 빨강 잉크로 숫자를 썼다. / 弟からの手紙には何と書いてあったの 동생에게서 온 편지에는 뭐라고 적혀 있었어? / あの報告書を書いたのはあなたですか 그 보고서를 쓴 사람은 당신입니까? / この小説を書いたのはだれですか 이 소설을 쓴 사람은 누구입니까? / この新聞の記事は私が書いたものです 이 신문 기사는 제가 쓴 것입니다. / 彼女は趣味で詩を書いている 그녀는 취미로 시를 쓰고 있다. / 申し込み用紙に必要事項を書いてください 신청서에 필

요 사항을 써 주세요. / 彼は多くのヒット曲を書いた 그는 많은 히트송을 썼다.

¶領収書を書いてください 영수증을 써 주세요. / 医者は私に処方箋を書いてくれた 의사는 나에게 처방전을 써 주었다. / 私は10万円の小切手を書いた 나는 10만 엔의 수표를 썼다.

**かく【描く】** 그리다 ¶彼は黒板にチョークで絵を描いていた 그는 칠판에 분필로 그림을 그리고 있었다. / 私は毎週日曜日に公園に絵を描きに行く 나는 매주 일요일에 공원에 그림을 그리러 간다. / おまわりさんに市役所へ行く道を聞いたら簡単な地図を描いてくれた 경찰관에게 시청 가는 길을 물어 보았더니 간단한 약도를 그려 주었다.

**かく【掻く】** ❶ [強くこする] 긁다 ¶かゆいところをかく 가려운 데를 긁다 / しきりに頭をかく 자꾸 머리를 긁적거리다

❷ [その他] ¶寝首をかく 눈을 치다 / 汗をかく 땀을 흘리다 / いびきをかく 코를 골다 / 恥をかく 창피를 당하다 / べそをかく 울상이 되다

**かく-【各-】** 각 ¶各学校 각 학교 / 各国 각국 / 各自 각자 / 各社 각사 / 全国各地 전국 각지

**かぐ【家具】** 가구 ¶新しい家に引っ越したので家具を一式買いそろえた 새로운 집으로 이사해서 가구를 세트로 맞추었다. / がらんとした部屋だったので家具を2，3備えた 방이 텅 비어 있어서 가구를 두세 개 갖추었다. / 家具の配置が気に入らない 가구의 배치가 마음에 안 든다. 関連 家具売り場 가구 전시 판매장 / 家具店 가구점 / 収納家具 수납 가구 / ユニット家具 조립식 가구

**かぐ【嗅ぐ】** 맡다 [探る] 알아내다 ¶ハンバーガーのにおいをかいだら急にお腹がすいてきた 햄버거 냄새를 맡았더니 갑자기 배가 고파졌다. / 彼はワインのにおいをかいで少し口に含んだ 그는 와인의 냄새를 맡고 조금 입에 머금었다. / 犬は肉をくんくんかいだ 개는 고기를 킁킁거리며 냄새를 맡았다. / ちょっとこれをかいでみて 잠깐 이 냄새 좀 맡아봐.

¶警察が君のことをいろいろかぎ回ってるらしいぜ 경찰이 너에 대해 여러 가지로 알아내려 하고 있다.

**がく【学】** 학식 (学識) ¶彼女は学がある 그녀는 학식이 있다.

**がく【額】** ❶ [金額] 금액 ¶額が大きい 금액이 크다 / 100万ウォンはかなりの額である 100만 원은 상당한 금액이다. / 借金は雪だるま式にふくれ上がり今ではたいへんな額になってしまった 빚은 눈덩이처럼 불어나 지금은 엄청난 금액이 되어 버렸다. / 私は父に小遣いの額を上げてくれるように頼んだ 나는 아버지에게 용돈을 올려 달라고 부탁했다. / 我々は多額の資金を必要としている 우리는 거액의 자금을 필요로 하고 있다.

❷ [額縁] 틀, 액자 ¶額を飾る 액자를 꾸미다 / 額を掛ける 액자를 걸다 / 彼の部屋にはいくつかの額が掛かっている 그의 방에는 몇 개의 액자가 걸려 있다. / サンギは彼女の写真を額に入れた 상기는 여자 친구의 사진을 액자에 넣었다. / あの額の絵はだれが描いたのですか 그 액자의 그림은 누가 그린 것입니까?

**がくい【学位】** 학위 ¶学位をとる 학위를 따다 / 学位を授与する 학위를 수여하다 / 博士の学位 박사 학위 関連 学位論文 학위 논문

**かくいつてき【画一的】** 획일적 ¶すべてを画一的に判断することはできない 모든 것을 획일적으로 판단할 수는 없다. / 画一的な教育 획일적인 교육

**がくいん【学院】** 학원 (▶韓国では特に語学学校や予備校, 塾など)

**かくう【架空】** 가공, 허구 (虛構) ¶このドラマの登場人物はすべて架空のものです 이 드라마의 등장인물은 모두 가공된 것입니다. / 架空の人物 가공인물 / 架空名義預金 가공 명의 예금

**かくえき【各駅】** 각 역 ¶各駅に停車する 각 역마다 정차하다 / この列車は各駅停車の東京行きです 이 열차는 도쿄행 완행열차입니다.

**がくえん【学園】** 학원 関連 キャンパス 学園祭 학원제 / 学園都市 학원 도시

**かくかい【各界】** 각계 ¶各界の名士 각계의 명사

**かくがく** 후들후들, 흔들흔들, 근들근들 ◇ **かくがくする** 후들거리다, 흔들거리다, 근들거리다 ¶歩きすぎてひざがかくがくした 너무 걸어서 무릎이 후들거렸다.

**かくぎ【閣議】** 각의, 내각 회의 ¶閣議を開く 각의를 열다 / 定例閣議 정례 내각 회의 / 臨時閣議 임시 내각 회의

**がくぎょう【学業】** 학업 ¶学業に励む 학업에 힘쓰다 関連 学業成績 학업 성적

**がくげい【学芸】** 학예 関連 学芸会 학예회 / 学芸欄 학예란

**かくげつ【隔月】** 격월 ¶隔月に配本する 격월로 배본하다 / 隔月発行の雑誌 격월로 발행되는 잡지 関連 隔月刊 격월간

**かくげん【格言】** 격언

**かくご【覚悟】** 각오 ◇ **覚悟する** 각오하다 ¶覚悟を決める 각오를 다지다 / 覚悟はいいか 각오는 됐니? / 手術を受ける覚悟はできているか 수술을 받을 각오는 되어 있어? / 売れない画家との結婚ですから苦労は覚悟の上でした 무명 화가와의 결혼이니까 고생은 각오했었습니다. / 子どもを助け出すために彼は決死の覚悟で火の中に飛び込んだ 아이를 구해 내기 위해서 그는 결사적인 각오로 불 속으로 뛰어들었다.

¶彼はリスクを覚悟の上で株に投資した 그는 리스크를 각오하고 주식에 투자했다. / いつでも挑戦を受ける覚悟がある 언제라도 도전을 받을 각오가 되어 있다. / 最悪の事態を覚悟する 최악의 사태를 각오하다

**かくさ【格差】** 격차 ¶貧富の格差が激しい 빈부의 격차가 심하다. / 男女間で待遇に大きな格差がある 남녀 사이에는 대우 면에서 큰 격차가 있다. 関連 格差社会 격차 사회 / 賃金格差 임금 격차

**かくざとう【角砂糖】** 각설탕, 모사탕 数え方 角砂糖 1個 각설탕 한 개

**かくさん【拡散】** 확산 ◇ **拡散する** 확산하다, 확산되다 ¶核兵器の拡散 핵무기의 확산

**かくじ【各自】** 각자 ¶弁当は各自持参する 도시락은 각자 지참한다. / 交通費は各自負担とする 차

비는 각자 부담으로 한다.
がくし【学士】학사 ¶学士号を得る 학사 학위를 따다 関連 文学士 문학사 / 法学士 법학사
がくし【学資】학자금, 학비(学費)
かくしカメラ【隠しカメラ】몰래카메라, 《縮約》몰카
かくしき【格式】격식 ¶格式ばる 격식을 차리다 / 格式ばったことは抜きにしましょう 격식을 차리지 맙시다. / 祖父は格式を重んじる人だった 조부는 격식을 중요하게 생각하는 사람이었다.
かくしき【学識】학식 ¶彼女は学識が深い 그녀는 학식이 깊다. / 学識のある[豊かな]人 학식이 있는[풍부한] 사람 関連 学識経験者 학식이 있는[풍부한] 사람
かくしげい【隠し芸】숨은 장기(長技), 숨은 재주, 여기(余技) ¶隠し芸を披露する 장기를 부리다 | 숨은 재주를 보여 주다
かくしごと【隠し事】비밀(秘密) ¶何か隠し事があるんじゃないか 뭔가 숨기는 거라도 있는 거 아닌가? ⇒秘密
かくしだて【隠し立て】◇隠し立てする 숨기다 ¶隠し立てするためにならないぞ 숨기면 가만 놓아 두지 않을 거다.
かくじつ【確実】◇確実だ 확실하다 ◇確実に 확실히 ¶彼女が試験に受かるのは確実だ 그녀가 시험에 붙는 것은 확실하다. / 彼の昇進は確実だ 그의 승진은 확실하다. / 現場の状況がつかめず確実な情報が入ってこない 현장의 상황을 잠지 못하고 확실한 정보도 들어 오지 않는다. / 警察は容疑者の犯行を立証する確実な証拠を押さえた 경찰은 용의자의 범행을 입증할 확실한 증거를 확보했다.
¶この会社の株は将来確実に値が上がるだろう 이 회사의 주식은 앞으로 확실히 값이 오를 것이다. / 確実に合格する方法 확실히 합격하는 방법
かくしどり【隠し撮り】비밀 촬영 ◇隠し撮りする 몰래 찍다 ¶私立探偵は2人の密会の写真を隠し撮りした 사설 탐정은 두 사람의 밀회 사진을 몰래 찍었다.
かくしマイク【隠しマイク】숨겨 놓은 마이크
がくしゃ【学者】학자 ¶彼は学者肌だ 그 사람은 학자 기질을 띠고 있다. / 彼は学者らしい風貌をしている 그는 학자같은 [풍모를 띠고 있다[외모를 하고 있다]. / 学者ぶる 학자인 체하다
かくしゅ【各種】각종, 여러 종류, 갖가지 ¶各種家電製品を取りそろえております 각종 가전 제품을 두루 갖추고 있습니다.
かくしゅう【隔週】격주 ¶彼女は隔週水曜日に病院へ行っている 그녀는 격주로 수요일에 병원에 다니고 있다. / 隔週刊雑誌 격주로 발행되는 잡지 / 隔週間 격주간
がくしゅう【学習】학습 ◇学習する 학습하다 ¶韓国語を学習する 한국어를 학습하다 関連 学習参考書 학습 참고서 / 学習塾 과외 학원
がくじゅつ【学術】학술 ◇学術的だ 학술적이다 ¶学術的価値のある発見 학술적 가치가 있는 발견 関連 学術会議 학술회의 / 学術書 학술서 / 学術調査 학술 조사 / 学術論文 학술 논문
かくしょう【確証】확증 ¶確証を握る 확증을 쥐다[잡다] / 그것이 同一犯人의 犯行이라는 確証은 없다 그것이 동일범의 소행이라는 확증은 없다. ⇒証拠
がくしょう【楽章】악장 ¶第1楽章 제일 악장
かくしん【確信】확신 ◇確信する 확신하다 ¶警察はその男が犯人だという確信を深めた 경찰은 그 남자가 범인이라는 확신을 굳혔다. / 彼の証言で私は彼女がうそをついているという確信を持った 그의 증언으로 나는 그 여자가 거짓말을 하고 있다는 확신을 가졌다.
¶私たちは最初から彼の無実を確信していた 우리는 처음부터 그의 결백을 확신하고 있었다. / 彼女は確信もなしに答えた 그녀는 확신도 없이 대답했다. / それが正しいかどうか確信がもてない 그것이 올바른지 어떤지 확신이 서지 않는다. / 彼女は試験に受かることを確信している 그녀는 시험에 붙을 것을 확신하고 있다. / 確信がある 확신이 있다 関連 確信犯 확신범
かくしん【核心】핵심〔要点〕요점(►発音は 요점) ¶彼の発言は核心を突いている 그의 말은 핵심을 찌르고 있다. / 問題の核心に触れる 문제의 핵심을 건드리다 / 核心的な役割 핵심적인 역할 / 核心人物 핵심 인물
かくしん【革新】혁신 ◇革新的だ 혁신적이다 ¶最近はIT分野の技術革新が目ざましい 최근에는 IT 분야의 기술 혁신이 눈부시다. / 革新的な方法 혁신적인 방법 関連 革新政党 혁신 정당 / 革新派 혁신파

かくす【隠す】❶〔物・身を〕감추다, 숨기다

使い分け 감추다, 숨기다
감추다 主に物に対して用い, 探そうとする人の目にふれないように隠す.
숨기다 人にも物にも用いる. 必ずしも探そうとする人がいなくともよい. 人に対して用いると「かくまう」というニュアンスが生じる.

¶宝物を隠す 보물을 감추다 / その子はお金を机の引き出しに隠した 그 아이는 돈을 책상 서랍에 숨겼다. / 彼女は自分の失敗を隠そうとした 그녀는 자신의 실패를 숨기려고 했다. / 今何かポケットに隠したでしょう 지금 뭔가 호주머니에 숨겼죠? / 彼らは警察から身を隠している 그들은 경찰로부터 몸을 숨기고 있다. / 彼女は手로 自分의 顔을 隠した 그녀는 손으로 자신의 얼굴을 가렸다. / しみを化粧で隠す 기미를 화장으로 숨기다
❷〔感情・秘密などを〕감추다, 숨기다 ¶秘密を隠す 비밀을 숨기다 / 会社はその事実を世間に隠した 회사는 그 사실을 세상에 숨겼다. / 彼女は悲しみを笑顔で隠そうとした 그녀는 슬픔을 웃는 얼굴로 숨기려 했다. / 私はあなたに何も隠していません 저는 당신에게 아무것도 숨기고 있지 않습니다. / いくら隠してもだれが 아무리 숨겨도 소용이 없다. / 隠さずすべて話した 감추지 않고 다 말했다. / 何を隠そう, その手紙を書いたのは私だ 숨기겠어. 그 편지를 쓴 건 나야.

がくせい【学生】학생 ¶彼はソウル大学の学生だ 그는 서울대학교 학생이다. /

この大学には1万人以上の学生が在籍している 이 대학에는 만 명 이상의 학생이 재적하고 있다. / 彼は史学科の学生です 그는 사학과 학생입니다. / あの居酒屋は学生のたまり場だ 그 술집은 학생들의 모임터다. / 学生時代には友達とよく旅行をしたものだった 학생 시절에는 친구와 자주 여행을 하곤 했다.

¶まじめな学生 성실한 학생 / 勤勉な学生 근면한 학생 / 模範的な学生 모범적인 학생 / できのよい[悪い]学生 성적이 좋은[나쁜] 학생 | 公부 잘하는[못하는] 학생 / 怠慢な学生 태만한 학생 / 苦学生 고학생

/ 学部の学生 학부 학생 / 大学院の学生 대학원 학생 / 夜学生 야학생 / 男子学生 남학생 / 女子学生 여학생 / 外国人留学生 외국인 유학생 関連 学生運動 학생 운동 / 学生会館 학생 회관 / 学生自治会 학생 자치회, 학생회 / 学生証 학생증 / 学生服 교복 / 学生帽 학생모 / 学生寮 학교[학생] 기숙사 / 学生割引 학생 할인

**かくせいき**【拡声器】확성기 ⇒スピーカー
**かくせいざい**【覚醒剤】각성제 関連 覚醒剤中毒 각성제 중독 / 覚醒剤中毒者 각성제 중독자
**がくせつ**【学説】학설 ¶学説を立てる 학설을 세우다
**がくぜん**【愕然】◇がく然とする 아연실색하다, 깜짝 놀라다 ¶彼女が交通事故にあったと知ってがく然とした 그녀가 교통사고를 당했다는 것을 알고 깜짝 놀랐다. ⇒驚く
**かくだい**【拡大】확대 ◇拡大する 확대하다 ¶この顕微鏡は標本を500倍に拡大する 이 현미경은 표본을 500배로 확대한다. / この写真を拡大してください 이 사진을 확대해 주세요. / わが社はマーケットシェアの拡大に成功した 우리 회사는 시장 점유율의 확대에 성공했다. / 消費の拡大をはかる 소비 확대를 꾀하다 / 法律を拡大解釈する 법률을 확대[확장] 해석하다

¶日韓間の貿易は順調に拡大している 일한간의 무역은 순조롭게 확대되고 있다. / 彼は事業を新分野に拡大した 그는 사업을 신분야로 확대했다. / 国境紛争は全面戦争へと拡大した 국경 분쟁은 전면 전쟁으로 확대되었다. / 禁煙運動は全国に拡大した 금연 운동은 전국으로 확대되었다. 関連 拡大鏡 확대경 / 拡大コピー 확대 복사 / 拡大図 확대도 / 拡大写真 확대 사진

**かくだん**【格段】◇格段の 현격한, 각별한 ¶品質には格段の差がある 품질에는 현격한 차이가 있다. / 格段の進歩を遂げる 현격한 진보를 이루다
**がくだん**【楽団】악단 関連 楽団員 악단원 / 交響楽団 교향악단 / 吹奏楽団 취주악단
**かくち**【各地】각지 ¶ここには日本各地の名産がたくさん集められている 여기에는 일본 각지의 명산품이 많이 모여 있다. / 世界各地を旅する 세계 각지를 여행하다
**かくちょう**【拡張】확장 ◇拡張する 확장하다 ¶来月店舗を拡張する予定だ 다음달 점포를 확장할 예정이다. / 事業を拡張する 사업을 확장하다 / 道路を拡張する 길을[도로를] 확장하다 / 拡張された工場 확장된 공장

**かくちょう**【格調】격조 ¶それは格調高い文体で書かれている 그것은 격조 높은 문체로 쓰여 있다.
**がくちょう**【学長】학장〔総長〕총장
**かくてい**【確定】확정 ◇確定する 확정하다, 확정되다 ◇確定的 확정적인 ¶試験の範囲を確定する 시험 범위를 확정하다 / パーティーの日時が確定次第すぐにお知らせいたします 파티의 일시가 확정되는 대로 곧바로 알려 드리겠습니다. / 彼は懲役3年の実刑が確定した 그는 징역 3년의 실형을 확정받았다. / 山本氏の当選が確定した 야마모토 씨의 당선이 확정되었다.

¶彼が韓国支社長に任命されるのはほぼ確定的だ 그가 한국 지사장으로 임명될 것은 거의 확정적이다. / 勝利を確定的にする 승리를 확정짓다 関連 確定事項 확정 사항 / 確定申告 확정 신고 / 確定判決 확정 판결
**カクテル** 칵테일 関連 カクテルグラス 칵테일글라스 / カクテルパーティー 칵테일파티
**かくど**【角度】각도 ¶角度を測る 각도를 재다 / 角度を変える 각도를 바꾸다 / 45度の角度 45도 각도 / その問題はあらゆる角度から検討する必要がある 그 문제는 모든 각도에서 검토할 필요가 있다.
**かくとう**【格闘】격투 ◇格闘する 격투하다 ¶泥棒と格闘して取り押さえた 도둑과 격투해 잡았다. / 数学の問題と格闘する 수학 문제와 씨름을 하다 / 世界最強の格闘家 세계 최강의 격투가 関連 格闘技 격투기 / 格闘技大会 격투기 대회
**がくどう**【学童】학동 ¶学童保育 학동 보육
**かくとく**【獲得】◇獲得する 획득하다〔競争に勝って〕쟁취하다 ¶彼はマラソンで1等賞を獲得した 그는 마라톤에서 1등상을 획득했다. / 長年苦労した彼は社長の地位を獲得した 오랜 세월 고생한 끝에 그는 사장의 지위를 획득했다. / 野党が政権を獲得した 야당이 정권을 획득했다.
**かくにん**【確認】확인 ◇確認する 확인하다 ¶信号を確認する 신호를 확인하다 / ホテルの予約を確認する 호텔 예약을 확인하다 / 死体の身元を確認する 시체의 신원을 확인하다 / 車をバックするときはだれもいないことを確認しなさい 차를 뒤로 뺄 때는 아무도 없는 것을 확인해라. / 事故の犠牲者の数はまだ確認されていない 사고 희생자 수는 아직 확인되지 않고 있다. 関連 確認事項 확인 사항
**かくねん**【隔年】격년 ¶同窓会は隔年に開かれる 동창회는 격년으로 열린다.
**がくねん**【学年】학년〔学校年度〕학년도 ¶この教科書は小学校の第3学年用です 이 교과서는 초등학교 3학년용입니다. / 彼女は私より1学年下[上]です 그녀는 저보다 한 학년 위[아래]입니다. / この中学は1学年 200人いる 이 중학교에는 한 학년에 200명이 있다. / もうすぐ学年末試験が始まる 좀 있으면 학년말 고사가 시작된다. / 彼女は3年の学年主任だ 그녀는 3학년 학년 주임이다.
**かくのうこ**【格納庫】격납고
**がくひ**【学費】학비〔授業料〕수업료

**がくふ【楽譜】** 악보 ¶私は楽譜なしでこの曲を弾けます 저는 악보 없이 이 곡을 칠 수 있습니다. / 僕は楽譜が読めない 나는 악보를 볼 줄 모른다.

**がくぶ【学部】** 학부 [韓国で] 대학(大学) ¶私は文学部の学生です 저는 문학부 학생입니다. / 彼女は高麗大学文学部を卒業した 그녀는 고려 대학교 문과 대학을 졸업했다. / 息子さんは何学部ですか 아드님은 무슨 학부세요? 関連 医学部 의학부, 의과 대학 / 教育学部 교육학부, 사범대학 / 教養学部 교양학부, 교양 대학 / 工学部 공학부, 공과 대학 / 文学部 문학부, 문과 대학 / 法学部 법학부, 법과 대학

**がくぶち【額縁】** 액자, 액

**かくべつ【格別】** ◇格別だ 각별하다 ◇格別に 각별히 ¶今年の暑さは格別だ 금년 더위는 각별하다. / 今年の冬は格別寒い 금년 겨울은 각별히 춥다. / 格別な配慮 각별한 배려

**かくほ【確保】** ◇確保する 확보하다 ¶席を確保する 자리를 확보하다 / 生産に必要な原材料を確保する 생산에 필요한 원재료를 확보하다 / 資金が確保される 자금이 확보되다

**かくまう【匿う】** 숨기다 ¶犯人をかくまう 범인을 숨기다

**かくまく【角膜】** 각막 関連 角膜移植 각막 이식

**かくめい【革命】** ◇革命的だ 혁명적이다 ¶革命が起きる 혁명이 일어나다 ¶革命的な大発明 혁명적인 대발명 / 技術が革命的に進歩した 기술이 혁명적으로 진보했다. 関連 革命家 혁명가 / 革命軍 혁명군 / 革命政府 혁명 정부 / IT革命 IT혁명 / 技術革命 기술 혁명 / 軍事革命 군사 혁명 / 産業革命 산업 혁명 / 武力革命 무력 혁명 / (中国の)文化大革命 문화 대혁명 / 無血革命 무혈 혁명 / フランス革命 프랑스 혁명 / 流通革命 유통 혁명

**がくもん【学問】** 학문 ¶哲学は私にはもっとも興味のある学問だ 철학은 나에게는 가장 흥미 있는 학문이다. / 遺伝学は時代の先端を行く学問だ 유전학은 시대의 첨단을 걷는 학문이다 / 学問だけでは立派な人間になれない 학문만으로는 훌륭한 사람이 될 수 없다. / 彼女は学問のある人だ 그녀는 학문이 있는 사람이다. / 彼には学問がない 그에게는 학문이 없다. / 学問にいそしむ 학문에 힘쓰다
¶学問の自由 학문의 자유 / 学問の世界 학문의 세계 / 学問的業績 학문적 업적 / 学問的な興味 학문적인 흥미 / 学問的に優れた業績 학문적으로 우수한 업적 慣用句 学問に王道なし 학문에 왕도란 없다.

**がくや【楽屋】** 분장실(扮装室), 대기실(待機室) 関連 楽屋裏 내막(内幕), 내부 사정

**かくやく【確約】** 확약 ◇確約する 확약하다 ¶確約はできない 확약은 할 수 없다. / 確約を得る 확약을 얻다

**かくやす【格安】** ◇格安だ 아주 싸다 ¶格安の値段 아주 싼 가격 / 格安の品 아주 싼 물건 / 格安で売る[買う] 헐값으로 팔다[사다]

**がくゆう【学友】** 학우

**がくようひん【学用品】** 학용품

**かくらん【攪乱】** 교란 ◇かく乱する 교란하다 ¶敵をかく乱する 적을 교란하다

**かくり【隔離】** 격리 ◇隔離する 격리하다 ¶外部から隔離される 외부로부터 격리되다 / その結核患者は直ちに隔離された 그 결핵 환자는 즉시 격리되었다. 関連 隔離患者 격리 환자 / 隔離病棟 격리 병동

**かくりつ【確立】** 확립 ◇確立する 확립하다 ¶制度を確立する 제도를 확립하다 / 地位を確立する 지위를 확립하다

**かくりつ【確率】** 확률 ¶明日は大雪になる確率が高い 내일은 폭설일 확률이 높다. / 成功の確率はほとんどない 성공할 확률은 거의 없다.

**かくりょう【閣僚】** 각료 関連 閣僚会議 각료 회의 / 閣僚折衝 각료 절충

**がくりょく【学力】** 학력 ¶このクラスの生徒の学力は非常に高い 이 학급 학생들의 학력은 아주 높다. / 学力が低下する 학력이 저하되다 / 学力を向上させる 학력을 향상시키다 関連 学力テスト 학력고사 / 基礎学力 기초 학력

**かくれが【隠れ家】** 은신처

**がくれき【学歴】** 학력 ¶学歴がある[ない] 학력이 있다[없다] / 学歴に関係なく人材を登用する 학력에 상관없이 인재를 등용하다 関連 学歴社会 학력 사회 / 学歴制限 학력 제한 / 学歴偏重主義 학력편중주의

**かくれみの【隠れ蓑】** 핑계, 방패 ¶福祉事業というのは脱税の隠れみのだった 복지 사업이라는 것은 탈세의 핑계였다[방패막이였다].

**かくれる【隠れる】** 숨다, 가려지다 [見えなくなる] 사라지다 [覆い隠す] 가리우다 ¶私は急いで階段の影に隠れた 나는 서둘러 계단 뒤에 숨었다. / 彼女は人込みに隠れて姿が見えなくなった 그녀는 인파 속으로 사라져 모습이 보이지 않게 되었다. / 隠れて何をこそこそ話してるのよ 숨어서 뭘 그렇게 소곤소곤 이야기하는 거야? / 親は子供の隠れた才能を引き出すようにしなくてはならない 부모는 아이의 숨은 재능을 끄집어 내도록 하지 않으면 안 된다. / 隠れた人材を探しだすのが私の仕事だ 숨은 인재를 찾아내는 것이 내 일이다. / 隠れて悪い事をしてはいけないよ 숨어서 나쁜 일을 해서는 안 돼.
¶山頂は濃い霧に隠れて見えなかった 산 정상은 짙은 안개에 가려져 보이지 않았다. / 今夜は十五夜なのに月は雲に隠れて見えない 오늘 밤은 보름인데도 달은 구름에 가려져 보이지 않는다. / 太陽が雲に隠れる 해가 구름에 가려졌다. | 해가 구름 뒤에 숨었다.

**かくれんぼう【隠れん坊】** 숨바꼭질, 술래잡기 ¶隠れん坊をする 숨바꼭질하다 | 술래잡기하다

**がくわり【学割】** 학생 할인 関連 学割料金 학생 할인 요금

**がくん** ◇がくんと 덜커덕, 덜커덕 ¶列車ががくんと止まった 열차가 덜커덕하며 멈췄다. / 車が何かにぶつかってがくんと揺れた 차가 무엇인가에 부딪혀 덜커덩하며 흔들렸다.

**かけ【掛け】** ¶読みかけの本 아직 다 못 읽은 책 | 읽고 있는 책 | 읽다 만 책 / 食べかけのサンドイッチ 먹다 만 샌드위치 | 먹다 남은 샌드위치 /

壊れかけのテレビ 거의 망가진 텔레비전 / 仕事をやりかけにする 일을 하다 말다

**かけ【掛け】**〔付け〕외상〔物掛け〕걸이 ¶商品を掛けて売る 상품을 외상으로 팔다 / タオル掛け 타월 걸이 / 수건 걸이 / 洋服掛け 양복 걸이

**かけ【賭け】**내기, 도박〔賭博〕¶賭けをする 내기를 하다 / 賭けに勝つ〔負ける〕내기에 이기다〔지다〕/ 賭けマージャンをする 내기 마작을 하다 / 韓国進出は大きな賭けだった 한국 진출은 큰 도박이었다

**かげ【陰】❶**〔光の当たらない場所〕그늘 ¶木陰で休む 나무 그늘에서 쉬다 / 暑いね、どこか涼しい陰の所で休もうよ 덥지, 어디 시원한 그늘에서 좀 쉬자. / 街路樹が通りに陰を作っていた 가로수로 거리에 그늘이 졌다. / 私の家は高いビルの陰になっていて日当たりが悪い 내 집은 높은 빌딩의 그늘이 져서 햇빛이 잘 안 들어온다.

**❷**〔物の後ろ〕뒤 ¶彼はドアの陰に隠れた 그는 문 뒤에 숨었다. / 彼女はカーテンの陰から現れた 그녀는 커튼 뒤에서 나타났다. / 太陽が山の陰に沈んでいった 해가 산 너머로 졌다.

**❸**〔表面に現れないところ〕뒤, 배후, 그늘 ¶彼女は決して陰で他人の悪口を言ったりしない 그녀는 결코 뒤에서 남의 욕을 하지 않는다. / 彼は陰の実力者だ 그는 배후의 실력자다. / 陰で糸を引く 배후에서 조종하다 / 陰にはなんらか事件の裏に女子がいる 사건의 뒤에는 여자가 있다. / 彼女にはどこかしら陰がある 그녀에게는 어딘가 그늘이 있다. 慣用句 陰ながらあなたの幸福を祈っています「알게 모르게〔음으로 양으로〕당신의 행복을 빌고 있습니다.」 멀리서나마 당신의 행복을 빌고 있습니다. / 彼は陰になりひなたになって私を助けてくれた 그는 「음으로 양으로〔알게 모르게〕나를 도와 주었다.

**かげ【影】**그림자〔シルエット〕실루엣〔姿〕모습〔太陽や月の〕빛 ¶夕方になると木の影が長くなる 저녁이 되면 나무 그림자가 길어진다. / その影のように彼にくっついてた その 개 그림자처럼 그의 뒤에 바짝 붙어 다녔다. / そのスキャンダルは彼の名声に暗い影を投げかけた 그 스캔들은 그의 명성에 어두운 그림자를 드리웠다.

¶スクリーンに映ったうさぎの影がしだいに消えていった 스크린에 비친 토끼의 그림자가 차츰 사라져 갔다. / 彼女は鏡に映った自分の影をちらっと見た 그녀는 거울에 비친 자신의 모습을 슬쩍 보았다. / タやみの中で人の影がゆっくり動いていた 해가 지는 어둠 속에서 사람의 그림자가 천천히 움직이고 있었다. / 月が水に影を映していた 달이 물에 모습을 비추고 있었다. 慣用句 うわさをすれば影がさす 호랑이도 제 말 하면 온다. / 彼は偉大な父のために影が薄い存在だった 그는 위대한 아버지 때문에 눈에 띄지 못하는 존재였다. / 彼女の美貌は今や見る影もない 그녀의 미모는 지금은 흔적도 없다. / かつて私が住んでいた家は今は影も形もない 이전에 내가 살던 집은 지금은 흔적도 없다. / 最近は校内暴力も影をひそめている 최근에는 교내 폭력도 자취를 감추고 있다.

**がけ【崖】**벼랑〔絶壁〕절벽 ¶がけから落ちて大がをした 벼랑에서 떨어져서 큰 부상을 입었다. / がけをよじ登る 벼랑을 기어오르다 / がけ崩れで一家全員が生き埋めになった 산사태로 일가 전원이 생매장되었다. / わが社は破産寸前のがけっぷちに立たされている 우리 회사는 파산 직전의 상황에 처해 있다.

**-がけ【-掛け】**¶ここの商品はすべて定価の7掛けで売られている 여기 상품은 모두 정가의 70퍼센트에 판매되고 있다. / 会社からの帰り掛けに飲み屋に立ち寄った 회사에서 돌아가는 길에 술집에 들렀다.

¶2人掛けのいす 이인용 의자

**かけあう【掛け合う】**¶計画の撤回を役所に掛け合った 계획 철회를 요구하기 위해 관청으로 교섭하러 갔다. / 海で互いに水を掛け合って遊んだ 바다에서 서로에게 물을 끼얹으면서 놀았다. / 声を掛け合う 서로 말을 건네다

**かけあがる【駆け上がる】**뛰어 올라가다 ¶階段を一気に駆け上がった 계단을 단숨에 뛰어 올라갔다.

**かけあし【駆け足】**달음박질, 달음질, 구보 ¶階段を駆け足で上る 계단을 뛰어 올라가다 / 駆け足で旅行する 서둘러 여행하다

**かけい【家系】**가계 関連 家系図 가계도

**かけい【家計】**가계, 생계〔生計〕¶彼はアルバイトをして家計を助けた 그는 아르바이트를 하여 가계를 도왔다. / 家計を切り詰める 가계를 줄이다 / 家計が苦しい 가계가 어렵다. / 家計簿をつける 가계부를 쓰다

**かげえ【影絵】**그림자놀이 ¶影絵をする 그림자놀이를 하다

**かけおち【駆け落ち】**사랑의 도피 ¶彼は恋人とかけ落ちした 그는 애인과 사랑의 도피를 하였다.

**かけおりる【駆け下りる】**뛰어 내려가다 ¶彼は階段を駆け下りた 그 친구는 계단을 뛰어 내려갔다.

**かけがえのない【掛け替えのない】**둘도 없는, 다시 없는 ¶彼女は私の掛け替えのない友人だ 그녀는 나의 둘도 없는 친구이다.

**かげき【歌劇】**가극〔オペラ〕오페라 関連 歌劇場 가극장 / 歌劇団 가극단

**かげき【過激】**과격(↔온건)◇過激だ 과격하다 ¶過激な運動は避けてください 과격한 운동은 삼가 주십시오. / 過激な思想 과격한 사상 / 過激派の学生 과격파 학생 関連 過激分子 과격 분자

**かけきん【掛け金】**부금 ¶生命保険の掛け金を毎月2万円払っている 생명 보험료를 매달 2만 엔씩 붓고 있다.

**かげぐち【陰口】**험담, 흠구덕 ¶彼女はいつも陰口をきいてばかりいる 그녀는 언제나 험담만 하고 있다.

**かけごえ【掛け声】**〔スローガン〕구호 ¶選挙公約は掛け声だけに終わった 선거 공약은 구호만으로 끝났다.

**かけごと【賭け事】**노름, 내기, 도박 ¶賭け事をする 도박을 하다 / 賭け事で大金をすった 도박으로 큰돈을 잃었다.

**かけこみ【駆け込み】**¶駆け込み乗車する 뛰어서 간신히 열차를 타다

**かけこむ【駆け込む】**뛰어들다 ¶突然雨が降ってきたので近くのカフェに駆け込んだ 갑자기 비가 내렸기 때문에 가까운 카페에 뛰어들었다.

**かけざん【掛け算】**곱셈, 곱하기 ◊掛け算する 곱셈하다

**かけじく【掛け軸】**족자

**かけだし【駆け出し】**〔初心者〕신출내기, 풋내기 ¶駆け出しの作家 신출내기 작가 / その当時私はまだ記者としては駆け出しだった 그 당시 나는 아직 기자로서는 신출내기였다.

**かけだす【駆け出す】**뛰기 시작하다, 달리기 시작하다 ¶急に駆け出す 갑자기 뛰기 시작하다

**かけつ【可決】**(↔否決) ◊可決する 가결하다 ◊可決される 가결되다 ¶予算案を可決する 예산안을 가결하다 / 議案は賛成多数で可決された 의안은 찬성 다수로 가결되었다. / その動議は35対15で可決された 그 동의는 35대 15로 가결되었다. / 多数決で可決される 다수결로 가결되다

**かけつける【駆け付ける】**달려가다, 달려오다 ¶消防車が火事の現場に駆け付けた 소방차가 화재 현장으로 달려갔다.

**かけっこ【駆けっこ】**달음질, 달리기, 경주 ¶弟と家まで駆けっこした 동생과 집까지 달리기 경주를 했다.

**かけて**〔範囲, 期間〕걸쳐 ◊かけては〔関しては〕관해서는 ¶関西から東海地方にかけて雪が降るでしょう 간사이에서 도카이 지방에 걸쳐 눈이 내리겠습니다. / 6월부터 7월にかけて日本では雨が多い 유월부터 칠월에 걸쳐 일본에서는 비가 많이 온다. / 週末にかけて 주말에 걸쳐 ¶歌にかけてはだれにも負けない 노래에 관해서는 아무에게도 지지 않는다. / サッカーにかけては彼がいちばん詳しい 축구에 관해서는 그가 제일 잘 안다. / 彼女は料理にかけてはプロ並みだ 그녀는 요리에 있어서는 프로 솜씨다.

**かけどけい【掛け時計】**벽시계

**かけね【掛け値】**에누리 ¶掛け値なしの値段 에누리 없는 가격 / あの芝居は掛け値なしにすばらしかった 그 연극은 과장 없이 매우 훌륭했다.

**かけはし【懸け橋】**가교(架橋) ¶韓国語を勉強して日韓友好の懸け橋になりたい 한국어를 공부해서 일한 우호의 가교가 되고 싶다.

**かけはなれる【懸け離れる】**동떨어지다 ¶彼の考えは現実とはかけ離れている 그의 생각은 현실과는 동떨어져 있다.

**かけひき【駆け引き】**흥정, 술수 ¶彼は駆け引きがうまい 그는 흥정을 잘 한다.

**かけひなた【陰日向】**〔裏表〕표리(表裏) 慣用句 彼女は陰ひなたのある[ない]人이다 그녀는 표리가 있는[없는] 사람이다 / 彼は陰ひなたなく働いた 그는 표리 없이 일했다.

**かけぶとん【掛け布団】**이불 ¶掛け布団を掛ける 이불을 덮다

**かげぼうし【影法師】**그림자 ¶影法師が長く伸びる 그림자가 길게 뻗다

**かけまわる【駆け回る】**뛰어다니다 ¶犬が芝生の上で駆け回っている 개가 잔디밭 위를 뛰어다니고 있다. / 私たちは寄付集めに駆け回った 우리들은 기부 모금을 위해 뛰어다녔다.

**かけもち【掛け持ち】**겸임, 겸직 ¶掛け持ちで仕事をする 겸직으로 일을 하다 / 彼女は3つの学校を掛け持ちで教えている 그녀는 세 학교를 겸임으로 가르치고 있다.

**かけよる【駆け寄る】**달려가다, 달려오다 ¶少女は父親のところに駆け寄った 소녀는 아버지에게로 달려갔다.

**かけら** 조각, 파편 ¶彼らには良心のかけらもない 그들에게는 손톱만큼의 양심도 없다.

**かげり【陰り】**그늘 ¶景気の先行きに陰りが見える 경기의 동향에 그늘이 보인다.

**かける【欠ける】❶**〔壊れる〕이지러지다 ¶皿が欠ける 접시가 이지러지다 / ナイフの刃が欠けた 칼날의 이가 빠졌다.

❷〔不足する〕모자라다, 결여되다, 없다 ¶彼は決断力に欠けている 그는 결단력이 없다. / 彼はチームを率いる能力に欠けていた 그는 팀을 통솔할 능력이 없었다. / 彼の論文の欠点は客観性に欠けていることだ 그의 논문의 결점은 객관성이 결여되어 있는 것이다. / 彼女の考えは合理性に欠けている 그녀의 사고는 합리성이 결여되어 있다. / 君の態度は非常に礼儀に欠けている 너의 태도에는 아주 예의가 없다. / 常識が欠けている 상식이 결여되어 있다. / 人間としての感情が欠けている 인간으로서의 감정이 없다. / きょうはメンバーが2人欠けている 오늘은 멤버 두 명이 없네.

❸〔月が〕이지러지다 ¶月が欠ける 달이 이지러지다

**かける【掛ける】❶**〔つるす, ぶら下げる〕걸다, 달다 ¶壁に鏡をかける 벽에 거울을 걸다 / 居間の壁に絵をかけた 거실 벽에 그림을 걸었다. / コートをハンガーにかけてください 코트는 옷걸이에 걸어 주세요. / 彼女は窓にカーテンをかけた 그녀는 창문에 커튼을 달았다.

❷〔上に載せる〕얹다, 올려 놓다〔かぶせる〕씌우다, 덮다 ¶彼女は鍋に蓋を駐車場を撲に올려 놓다 / こんろになべをかけた 풍로에 냄비를 올려 놓았다. / 彼女はテーブルに新しいテーブルクロスをかけた 그녀는 테이블에 새 테이블보를 씌웠다. / 私は毛布をかけて寝た 나는 담요를 덮고 잤다. / 子供に毛布をかけてあげた 아이에게 담요를 덮어 주었다.

❸〔立てかける〕걸치다 ¶電柱に看板を立てかける 전봇대에 간판을 걸쳐 세우다 / 彼は屋根にはしごをかけてのぼった 그는 지붕에 사다리를 걸치고 올라갔다.

❹〔身につける〕쓰다, 끼다〔まとう〕걸치다 ¶彼はめがねをかけて新聞を読み始めた 그는 안경을 쓰고 신문을 읽기 시작했다. / 本を読むときは老眼鏡をかける 책을 읽을 때는 돋보기를 쓴다. / 日差しが強かったので彼女はサングラスをかけていた 햇살이 강했기 때문에 그녀는 선글라스를 쓰고 있었다. / 母は肩にショールをかけて出かけた 어머니는 어깨에 숄을 걸치고 나가셨다. / エプロンをかける 앞치마를 걸치다

❺〔座る〕앉다 ¶どうぞおかけ下さい 어서 앉으세

かける

❻〔水を〕뿌리다〔塩・醤油などを〕치다〔注ぐ〕붓다 ¶庭の花に水をかける 정원의 꽃에 물을 뿌리다 / ゆで卵に塩をかける 삶은 달걀에 소금을 치다 / サラダにドレッシングをかける 샐러드에 드레싱을 뿌리다 / ご飯に熱いお茶をかけてお茶漬けにした 뜨거운 차를 밥에 부어 말아 먹었다.

❼〔鍵を〕잠그다〔ボタンを〕채우다 ¶金庫の鍵をかける 금고를 잠그다 / 玄関のかぎをかけたか確かめてください 현관을 잠갔는지 확인해 주십시오. / シャツのボタンを間違えてかけていますよ 셔츠 단추를 잘못 채우셨네요.

❽〔結ぶ〕감다, 두르다 ¶彼女は箱に赤いリボンをかけた 그녀는 상자에 빨간 리본을 감았다. / トラックの荷物にロープをかけた 트럭 화물에 로프를 감았다.

❾〔作動させる〕〔エンジンなどを〕걸다〔CD・レコードを〕틀다〔目覚まし時計を〕맞추다 ¶車のエンジンをかける(→車を始動する) 차의 시동을 걸다 / 彼は赤信号でブレーキをかけた 그는 빨간 신호에서 브레이크를 밟았다. / このCDをかけてくれませんか 이 CD를 틀어 주시지 않겠습니까? / 彼女はラジオをかけたまま寝ている 그녀는 라디오를 켠 채 자고 있다. / 朝6時に目覚まし時計をかけた 아침 여섯 시에 자명종 시계를 맞췄다.

❿〔お金・時間を〕들이다, 들이다 ¶彼は車にお金をかけすぎる 그는 차에 돈을 너무 많이 쓴다. / 私は3年かけてこれらの切手を集めた 나는 3년에 걸쳐 이 우표를 모았다. / 金と時間をかけて製作する 돈과 시간을 들여서 제작하다

⓫〔掛け算する〕곱하다 ¶2かける5は10 2곱하기 5는 10.

⓬〔気に〕걱정하다〔目を〕보살피다 ¶彼女はいつも病弱の弟のことを気にかけている 그녀는 언제나 허약한 동생을 걱정하고 있다. / 課長が彼に目をかけているのは明らかだ 과장이 그를 총애하고 있는 것은 분명하다.

⓭〔電話を〕걸다 ¶あとでまたかけてくれませんか 나중에 다시 걸어 주시겠습니까? / どこから電話をかけてるの 어디에서 전화를 걸고 있니? / レストランに電話をかけて席を予約したほうがいい 레스토랑에 전화를 걸어 자리를 예약하는 편이 좋다.

⓮〔保険などを〕들다〔税金を〕부과하다, 매기다 ¶地震や火災に備えて家に3千万円の保険をかけた 지진과 화재에 대비하여 집에 3천만 엔의 보험을 들었다. / 政府はたばこに高い税金をかけている 정부는 담배에 높은 세금을 부과하고 있다. / 生命保険料として毎月5千円ずつかけている 생명보험료으로 매달 5천 엔씩 들고 있다.

⓯〔わなに〕덫을 놓다〔だます〕속이다 ¶きつねをわなにかけて捕まえた 여우를 덫을 놓아 잡았다. / 彼はお年寄りをペテンにかけてお金を巻き上げている 그는 노인을 속여서 돈을 갈취하고 있다.

⓰〔会議にかける〕부치다, 회부하다 ¶この件は会議にかけなければならないでしょう 이 건은 회의에 부치지 않으면 안 되겠지요. / 彼は横領罪で裁判にかけられた 그는 횡령죄로 재판에 회부됐다.

⓱〔言葉を〕걸다 ¶知らない人が声をかけてきた 안면이 없는 사람이 말을 걸어 왔다. / 今晩飲みに行くんだけど他の人にも声をかけといて 오늘 밤 한 잔하러 가는데 다른 사람들한테도 가자고 해 둬.

⓲〔はかりに〕달다 ¶はかりにかける 저울에 달다 / 天秤(てんびん)にかける 저울질하다

⓳〔その他〕¶号令をかける 구령을 붙이다 / 拍車をかける 박차를 가하다 / 圧力をかける 압력을 가하다 / 情けをかける 동정을 베풀다 / 腕に磨きをかける 솜씨를 더 연마하다 / お目にかける 보여 드리다

かける【懸ける】걸다 ¶名誉をかける 명예를 걸다 / 命をかけて必ず守る 목숨을 걸고 꼭 지키다 / 優勝をかけて戦う 우승을 놓고 싸우다 /「みんな気合いが入っているね」「そりゃあ、きょうの試合は優勝をかけた一戦だもの」"모두 기합이 들어가 있네." "그야, 오늘 시합은 우승을 건 일전이니까." / 犯人の情報提供に100万円の懸賞金がかけられた 범인에 대한 정보 제공에 100만 엔의 현상금이 걸렸다.

かける【架ける】〔橋などを〕놓다 ¶その川に橋をかける 그 강에 다리를 놓다

かける【賭ける】걸다〔賭け事をする〕내기하다 ¶阪神の優勝に2千円賭けよう 한신 우승에 2천 엔 내기하자. / それなら賭けてみるか 그럼 내기해 볼까? / 彼らは金を賭けてゴルフをした 그들은 돈을 걸고 골프를 했다.
¶彼らは新製品に社運を賭けている 그들은 신제품에 사운을 걸고 있다. / 政治生命を賭ける 정치 생명을 걸다

かける【駆ける】뛰다 ¶遅刻しそうだったので駅から会社まで駆けていった 지각할 것 같아서 역에서 회사까지 뛰어갔다. / 雨が降りだしたので家まで駆けて帰った 비가 내리기 시작해서 집까지 뛰어서 갔다.

-かける【-掛ける】❶〔途中〕¶私は気分が悪くなって気を失いかけた 나는 기분이 나빠지기 직전할 뻔했다. / 列車は発車しかけていた 열차는 출발하려고 했었다. / 車に引かれた男の人は死にかけていた 차에 치인 남자는 거의 죽어가고 있었다.
❷〔働きかけ〕¶話しかける 말을 걸다 / 笑いかける 웃어 보이다

かげろう【陽炎】아지랑이 ¶かげろうが立っている 아지랑이가 아른거리고 있다.

**かげん【加減】**❶〔程合い〕정도, 상태 ◇加減する〔調節する〕조절하다 ¶「おふろの湯加減はいかがですか」「ちょうどいい加減です」"목욕물의 온도는 어때요?" "딱 좋아요." /「部屋のエアコンの加減はどうですか」「まだちょっと暑いです」"방의 에어컨은 어때요?" "아직 좀 덥네요." /「スープの塩加減はいかがですか」「ちょっと味がうすいです」"스프의 간은 어때요?" "좀 싱겁네요." / ライトの加減で舞台全体の雰囲気がずいぶん違う 조명에 따라 무대 전체의 분위기가 매우 다르다. / あいつの愚かさにはあきれるばかりだ 그 녀석의 어리석음에는 질렸다. / その男はほろ酔い加減で歩いていた 그 남자는 조금 취해서 기분 좋게 걷고 있었다.

¶寒すぎるので冷房を加減してくれませんか 너무 추운데 냉방을 조절해 주시겠습니까？ / 夜, 音楽を聞くときは音量を加減しなくちゃね 밤에 음악을 들을 때는 음량을 조절해야지. / 彼の話は加減して聞いたほうがいい 그 사람의 이야기는 적당히 듣는 게 좋아.
❷ [体の調子] 건강 상태, 컨디션 ¶「お加減はいかがですか」「きょうはだいぶいいようです」 "컨디션은 어때요?" "오늘은 많이 좋은 것 같아요." / 加減がよくないみたいだね 컨디션이 좋지 않은가 봐. / 3日前に風邪を引いて以来ずっと加減が悪い 3일 전에 감기에 걸린 이후로 계속 컨디션이 나빠. / 妻の手厚い看病のおかげで私の加減もよくなってきた 아내의 극진한 간병 덕분에 나의 건강도 좋아졌다.
❸ [影響] 탓 ¶陽気の加減で最近体調がよくない 날씨 탓인지 요즘 컨디션이 안 좋다. / どうした加減か彼は急に立ち止まった 무슨 일인지 그는 갑자기 멈추어 섰다.
❹ [足すことと引くこと] 더하기와 빼기
[関連] 加減乗除 가감승제

### かこ 【過去】
❶ [過ぎ去った時, 出来事] 과거, 지난날, 옛날

◆《過去の》
¶警察は容疑者の過去の記録を調べている 경찰은 혐의자의 과거 기록을 조사하고 있다. / 古い写真を見てしばらく過去の楽しい思い出にひたった 오래된 사진을 보고 잠시 과거의 즐거운 추억에 잠겼다. / いろいろ失敗もしたがもうみなの過去のことだ 갖가지 실패도 했으나 이제 모두 과거의 일이다. / あの歌手は少し前までは人気があったけども過去の人だ 저 가수는 얼마 전까지는 인기가 있었으나 이제 지나간 사람이다.

◆《過去を》
¶もう過去を振り返るのはやめろよ 이제 과거를 되돌아보는 것은 그만해. / 彼らは過去を水に流した 그들은 지난 일을 없었던 것으로 했다. / 和夫は由美子との過去を清算した 가즈오는 유미코와의 과거를 청산했다. / 不幸な過去を忘れたかった 불행한 과거를 잊고 싶었다.

◆《その他》
¶そんなことは過去に例がない 그러한 것은 과거에 전례가 없다. / 韓国の過去40年間の経済的成功は驚異としか言いようがない 한국의 지난 40년간의 경제적 성공은 경이롭다고 하지 않을 수 없다. / 利益は過去最高を記録した 이익은 과거 최고를 기록했다.
❷ [人の経歴] 과거 ¶私はその男の過去について何も知らない 나는 그 남자의 과거에 대해 아무것도 모른다. / 過去のある女と結婚した 과거가 있는 여자와 결혼했다. [関連] 過去形 과거형 / 過去完了 과거 완료

**かご【籠】** 바구니 [鳥かご] 새장 ¶かごはいちごで一杯だった 바구니는 딸기로 가득했다. / みかんっぽいのみかん 바구니 가득한 귤 / かごの鳥 새장 속의 새 [関連] 買い物かご 장바구니 / 花かご 꽃바구니

**かこい【囲い】** 울타리, 담 ¶囲いをする 울타리를 두르다

**かこう【囲う】** 에워싸다, 둘러싸다 ¶芝生をロープで囲う 잔디밭을 로프로 둘러싸다 / 庭を塀で囲った 마당을 울타리로 둘러쌌다.

**かこう【下降】** 하강(↔상승), 떨어짐 ◇下降する 하강하다, 내려가다, 떨어지다 ¶エレベーターが下降中だ 엘리베이터가 내려가는 중이다. / 景気が下降している 경기가 떨어지고 있다. / 今月に入って株価は下降気味だ 이번 달에 들어서 주가가 하강기미다. / あのタレントの人気は下降気味だ 그 탤런트의 인기는 떨어지는 분위기다. / 売り上げが下降線をたどる 매상고가 점점 떨어지고 있다.

**かこう【火口】** 화구 [関連] 火口湖 화구호

**かこう【加工】** 가공 ◇加工する 가공하다 ¶原料を加工する 원료를 가공하다 / 牛乳を加工してチーズにする 우유를 가공하여 치즈를 만들다 / 羊毛を加工して織物にする 양모를 가공하여 직물로 만든다. [関連] 加工業 가공업 / 加工業者 가공업자 / 加工食品 가공 식품 / 加工品 가공품 / 加工貿易 가공 무역

**かこう【河口】** 하구 ¶河口に流れ着く 하구에 다다르다

**かごう【化合】** 화합 ◇化合する 화합하다 ¶炭素と酸素が化合して二酸化炭素になる 탄소와 산소가 화합하여 이산화탄소가 된다. / 酸素と水素を化合させる 산소와 수소를 화합시키다 [関連] 化合物 화합물

**かこうがん【花崗岩】** 화강암

**かこく【苛酷】** ◇苛酷だ 가혹하다 ¶彼らは苛酷な労働に耐えねばならなかった 그들은 가혹한 노동을 견뎌야 했다. / 我々はやむなく苛酷な条件を受け入れた 우리들은 어쩔 수 없이 가혹한 조건을 받아들였다. / 苛酷な要求 가혹한 요구

**かこつける【託つける】** 구실을 삼다 ¶彼は病気にかこつけて集まりを欠席した 그는 병을 구실로 삼아 모임을 결석했다.

**かこみ【囲み】** 포위, 포위망 ¶敵の囲みを破る 적의 포위망을 뚫다 / 囲み記事 박스 기사

**かこむ【囲む】** 둘러싸다, 에워싸다, 포위하다 ¶その俳優はホテルから出るとたちまち群衆に囲まれた 그 배우는 호텔에서 나오자 순식간에 군중에 둘러싸였다. / 敵の城を囲む 적의 성을 포위하다 / 高い塀が刑務所を囲んでいる 높은 울타리가 교도소를 둘러싸고 있다. / 松本市は四方を山に囲まれている 마쓰모토시는 사방이 산에 둘러싸여 있다. / 私たちは食卓を囲んで座った 우리들은 식탁을 둘러싸고 앉았다. / 親睦を深めるために韓国から来た留学生を囲んで一杯やった 친목을 돈독히 하기 위해서 한국에서 온 유학생들과 둘러앉아 한잔 했다. / 正解を○で囲みなさい 정답에 동그라미를 치시오. / かっこで囲む 괄호로 묶다

**かごん【過言】** 과언 ¶彼は日本一のコックと言っても過言ではない 그는 일본 제일의 요리사라고 해도 과언이 아니다.

### かさ 【傘】 우산 [日傘] 양산

[基本表現]
▶傘をさした 우산을 받았다[썼다].

▷傘を広げた 우산을 폈다.
▷傘を畳んだ 우산을 접었다.
▷傘を持って行きなさい 우산을 들고 가라.
¶友達が私を傘に入れてくれた 친구가 나를 우산으로 씌워 주었다. / 私たちは駅まで相合い傘で歩いた 우리들은 역까지 한 우산을 쓰고 걸었다. / どしゃ降りの中を女の人が傘もささずに歩いている 억수같이 쏟아지는 빗속을 여자가 우산도 쓰지 않고 걸어가고 있다. / 強い風で傘がおちょこになってしまった 강한 바람으로 우산이 뒤집혔다.
数え方 傘1本 우산 한 개
¶日本はアメリカの核の傘に入っていると言われている 일본은 미국의 핵우산 속에 들어 있다고 한다.
¶傘の柄 우산 자루 / 傘の骨 우산살 関連 傘立て 우산꽂이 / 折り畳み傘 접는 우산 / ワンタッチ傘 자동 우산

**かさ**【笠】 갓 ¶電灯の笠 전등갓

**かさ**【嵩】〔大きさ〕부피 ¶この小包はかさがあるがさほど重くない 이 소포는 부피는 있지만 그렇게 무겁지는 않다.

**かさい**【火災】화재 ¶私の住んでいるマンションで火災が発生した 내가 살고 있는 아파트에서 화재가 발생했다. / 火災を起こす 화재를 일으키다 / 火災に備える 화재에 대비하다 関連 火災警報(器) 화재경보(기) / 火災避難訓練 화재 피난 훈련 / 火災報知器 화재 경보기 / 火災保険 화재 보험

**かざいどうぐ**【家財道具】가재도구

**かさかさ** 바삭바삭, 꺼슬꺼슬, 꺼칠꺼칠 ◇かさかさだ 바삭바삭하다, 꺼칠하다 ¶落ち葉が足元でかさかさと音を立てた 낙엽이 발밑에서 바삭바삭 소리를 냈다. / 肌がかさかさしている 살갗이 바삭바삭하다. / 피부가 꺼칠꺼칠하다. / かさかさの手 꺼칠해진 손

**がさがさ** 바삭바삭, 꺼슬꺼슬, 꺼칠꺼칠, 부스럭부스럭 ¶笹の葉が風でがさがさと鳴った 대나무 잎이 바람에 부스럭부스럭 소리를 냈다. / 母は毎日洗い物をしているので手ががさがさになっている 엄마는 매일 설거지를 하시기 때문에 손이 꺼칠해지셨다.

**かざかみ**【風上】¶ヨットは風上に向かって進んだ 요트는 바람이 불어 오는 쪽을 향해 나아갔다. 慣用句 男の風上にも置けないやつだ 남자 축에 끼지도 못할 놈이다.

**かさく**【佳作】가작 ¶佳作に入選する 가작에 입선하다

**かざぐるま**【風車】바람개비, 팔랑개비

**かざしも**【風下】¶煙の風下にいると目が痛くなるぞ 연기가 가는 쪽에 있으면 눈이 아파진다. / 火は風下へと燃え広がった 불은 바람이 불어오는 쪽으로 넓게 번져갔다.

**がさつ** ◇がさつな 상스러운, 데퉁스러운 ¶がさつな人間 데퉁스러운 인간

**かさなる**【重なる】❶〔積み重なる〕겹겹이 쌓이다 ¶部屋の隅に本が重なっている 방 구석에 책이 겹겹이 쌓여 있다.
❷〔重複する〕겹치다, 거듭되다 ¶2枚の紙がぴったり重なっている 종이가 두 장 꼭 겹쳐 있다. / 仕事が重なって1日も休みが取れない 일이 쌓여서 하루도 휴가를 받을 수 없다. / 今週は日曜と祝日が重なる 이번주는 일요일과 경축일이 겹친다. / 悪いことは重なるものだ 나쁜 일은 겹치기 마련이다.
¶先月は親戚の結婚式が重なった 지난달은 친척 결혼식이 겹쳤다. / かさねてお願いいたします 거듭 부탁드립니다.

**かさねがさね**【重ね重ね】거듭, 거듭거듭 ¶重ねねおわび申し上げます 거듭 사죄[사과]드립니다.

**かさねる**【重ねる】❶〔上にのせる〕겹치다, 포개다 ¶彼は床に箱を重ねている 그는 마루에 상자를 포개고 있다. / 妹が流し出れた皿を重ねた 여동생이 싱크대에 더러운 접시를 포갰다. / 彼はその雑誌を他の雑誌の上に重ねた 그는 그 잡지를 다른 잡지 위에 포개 두었다. / この皿は紙を2枚重ねて包んでください 이 접시는 종이를 두 장 겹쳐서 포장해 주세요. / 防寒のためにあと1, 2枚重ねて着たほうがいい 방한을 위해서 한두 장 더 겹쳐서 입는 것이 좋다.
❷〔繰り返す〕거듭하다, 되풀이하다 ¶失敗を重ねる 실패를 거듭하다 / 年を重ねる 해를 거듭하다 / 祖父は若いころは苦労に苦労を重ねた 할아버지는 젊은 시절에 숱한 고생을 하셨다. / 彼は練習を重ねとうとう今日の勝利を勝ち得た 그는 연습을 거듭하여 마침내 오늘의 승리를 거둘 수 있었다. / これ以上罪を重ねるのはやめろ 더 이상 죄를 되풀이하는 것은 그만해. / レッスンを重ねるに従って彼女の韓国語の発音がよくなっているレッスンを반복함에 따라 그녀의 한국어 발음은 좋아지고 있다. / その本は版を重ねた 그 책은 판을 거듭했다.

**かさばる**【嵩張る】부피가 커지다 ¶荷物がかさばる 짐의 부피가 커지다 / 荷物がかさばっていてうまく運べない 짐의 부피가 커서 잘 옮길 수 없다.

**かさぶた**【瘡蓋】부스럼 딱지 ¶かさぶたができた[とれた] 부스럼 딱지가 앉았다[떨어졌다].

**かざみどり**【風見鶏】닭모양의 풍향계〔日和見主義者〕기회주의자

**かさむ**【嵩む】〔荷物が〕부피가 커지다〔費用が〕많아지다, 늘다 ¶荷物がかさむから後から送ります 짐이 많아지니까 나중에 보내겠습니다. / 費用が予想以上にかさんだ 비용이 예상 이상으로 늘었다. / 借金がかさむ 빚이 불어나다

**かざむき**【風向き】풍향〔形勢〕형세, 형편 ¶風向きが変わった 풍향이 바뀌었다. / 〔形勢が〕형세가 바뀌었다. / 風向きがよい[悪い] 형세가 좋다[나쁘다]. / 〔形勢が〕형세가 좋다[불리하다].

**かざり**【飾り】장식, 장식물〔虚飾〕허식, 허울 ¶クリスマスツリーには飾りがたくさん付いていた 크리스마스트리에 장식이 많이 걸려 있었다. / 社長といっても飾りだ 사장이라지만 이름뿐이다. / 飾りの多い文章 허식이 많은 문장 / 部屋の飾り 방의 장식 / 正月の飾り 설 장식 関連 飾り窓 진열창, 쇼윈도 / 髪飾り 머리꾸미개

**かざりけ**【飾り気】꾸밈, 겉치레 ¶彼女は飾り気のない人だ 그녀는 꾸밈이 없는 사람이다.

**かざりつけ**【飾り付け】장식, 꾸밈 ◇飾り付け

る 장식하다 ¶クリスマスの飾り付け 크리스마스의 장식 / 部屋に花で飾り付けをした 방에 꽃으로 장식을 했다.
**かざりもの【飾り物】** 장식물, 장식품 ¶あの社長は飾りにすぎない 저 사장은 이름뿐이다.

**かざる【飾る】** ❶〔場所・物を華やかに〕장식하다, 치장하다, 꾸미다 ¶パーティー会場を花で飾った 파티 회장을 꽃으로 장식했다. / 宝石で身を飾った女性 보석으로 몸을 치장한 여성
❷〔陳列する〕진열하다 ¶ウエディングドレスがショーウインドーに飾られている 웨딩 드레스가 쇼윈도에 진열되어 있다. / 教室の後ろの壁に子供たちの絵が飾ってあった 교실 뒤쪽 벽에 아이들의 그림이 장식되어 있었다.
❸〔表面を取りつくろう〕꾸미다, 겉꾸미다 ¶うわべを飾る人はどうも好きになれない 겉을 꾸미는 사람은 아무래도 좋아지지 않는다. / 彼の飾らない人柄がみんなに好かれている 그의 꾸밈없는 인품이 모두에게 호감을 사고 있다. / 言葉を飾る 말을 꾸미다
❹〔華やかさ・立派さを添える〕장식하다 ¶田中耕一さんのノーベル賞受賞は新聞の一面を飾った 다나카 고이치 씨의 노벨상 수상은 신문 일면을 장식했다. / 日本はワールドカップの初戦を勝利で飾った 일본은 월드컵의 첫 시합을 승리로 장식했다. / 有終の美を飾る 유종의 미를 거두다

**かざん【火山】** 화산 ¶火山が爆発する 화산이 폭발하다 / 火山が噴火して溶岩が流れ出した 화산이 터져서 용암이 흘러내렸다. / その火山の活動は活発だ 그 화산의 활동은 활발하다. / 日本には火山が200以上あると言われている 일본에는 화산이 200개 이상 있다고 한다. / 日本은 화산국이다. / 火山の噴火 화산의 분화 関連 **火山ガス** 화산 가스 / **火山活動** 화산 활동 / **火山学** 화산학 / **火山学者** 화산학자 / **火山岩** 화산암 / **火山帯** 화산대 / **火山弾** 화산탄 / **火山島** 화산도 / **火山灰** 화산재 / **火山口** 해저 화산 / **活火山** 활화산 / **休火山** 휴화산 / **死火山** 사화산

**かし【樫】** 떡갈나무
**かし【華氏】** 화씨 ¶華氏212°F 화씨 212°F 関連 **華氏温度計** 화씨온도계
**かし【貸し】** 빌려줌 ¶彼に1万円の貸しがある 그에게 만 엔의 받을 돈이 있다. / 君にはずいぶん貸しがあるよね 당신은 나한테 갚아야 할 게 많은 것이 있지? 関連 **貸し衣裳** 대여 의상 / **貸し金庫** 대여 금고 / **貸し自転車** 대여 자전거 / **貸し事務所** 임대 사무소 / **貸しビル** 임대 빌딩 / **貸し別荘** 임대 별장 / **貸し間** 셋방 / **貸し家** 셋집

**かし【菓子】** 과자 ¶このお菓子はおいしい 이 과자는 맛있다. 数え方 **菓子1個[袋]** 과자 한 개[봉지] 関連 **菓子折り** 과자가 들어 있는 상자 / **菓子パン** 과자빵 / **菓子屋[店]** 과자점 / **氷菓子** 얼음 과자, 빙과 / **駄菓子屋** 구멍가게 / **綿菓子** 솜사탕

**かし【仮死】** 가사 ¶彼は数分間仮死(→人事不省)状態に陥っていた 그 사람은 몇 분간 인사불성 상태였다.

**かし【歌詞】** 가사 関連 **歌詞カード** 가사 카드
**かじ【舵】** 키 ¶舵を取る 키를 잡다 / 船長は風上に舵を取った 선장은 바람이 불어오는 쪽으로 키를 잡았다 / 首相は国政の舵取りをしなくてはならない 수상은 국정 운영의 책임을 져야 한다.

**かじ【火事】** 화재(火災), 불
◆〖火事が・火事は〗
¶夕べ近所で原因不明の火事があった 어젯밤 근처에서 원인 불명의 화재가 있었다. / 山火事は何日も燃え続けた 산불은 며칠이고 계속 불탔다. / 折からの強風で火事はあっという間に広がった 때마침 부는 강풍으로 화재는 순식간에 번졌다. / 火事は風呂場から出た 불은 욕실에서 났다. / 火事はまもなく消し止められた 화재는 금방 진화되었다.
◆〖火事を〗
¶火事を起こす[消す] 화재를 일으키다[끄다] / 火事を出さないように気を付けなさい 불 내지 않게 조심하세요.
◆〖火事に〗
¶火事になる 불이 나다 / 彼は泊まっていたホテルで火事に遭った 그는 묵고 있던 호텔에서 화재를 당했다.
◆〖火事で〗
¶ホテルの火事で10人が焼死した 호텔의 화재로 열 명이 불에 타 죽었다 / わが家は火事で完全に焼けてしまった 우리 집은 화재로 완전히 타 버렸다. / 火事で財産のほとんどが焼けた 화재로 재산의 대부분이 탔다. / 一家は火事で焼け出されてしまい家を失ってしまった 화재로 집을 잃어버렸다.
◆〖その他〗
¶火事だ! 불이야! / 家が火事だ! 집에 불났어! / この金庫は火事でも焼えない 이 금고는 화재에도 불타지 않는다. / 火事の現場には野次馬がたくさん集まっていた 화재 현장에는 구경꾼들이 많이 모여 있었다.
¶火事騒ぎ 불난리 / 火事見舞い 화재 위문
会話 **火事はどこ**
A：火事はどこ
B：駅前のスーパーだよ
A：어디서 화재가 난 거야?
B：역 앞 슈퍼야.
A：火事の原因は何だったの
B：寝たばこらしいね
A：화재의 원인은 뭐였지?
B：잠자리에서 피운 담배라는군.
関連 **山火事** 산불(▶発音は 산뿔)

**かじ【家事】** 가사, 집안일(▶発音は 지반닐)
¶私はふつう午前中に家事を済ましている 나는 보통 오전 중에 집안일을 마친다. / きのうは母の家事を手伝った 어제는 어머니를 도와서 집안일을 했다. / 家事に追われる 가사에 쫓기다 / 家事をおろそかにする 집안일을 소홀히 하다

**がし【餓死】** 아사 ◇**餓死する** 아사하다, 굶어죽다 関連 **餓死者** 아사자

**かじかむ** 곱다 ¶寒くて指がかじかんでいる 추워서 손가락이 곱았다.

**かしかり【貸し借り】** 〖経済〗 대차 ¶これで君とは貸し借りなしだよ 이것으로 너하고는 계산 끝

이지.

**かしきり【貸し切り】** 전세, 대절 ¶そのレストランは当日貸し切りになっていた 그 레스토랑은 당일 전세가 되어 있었다. 関連 貸し切りバス 전세버스／貸し切り料金 전세 요금

**かしきる【貸し切る】** 전세주다, 대절하다 ¶バスを貸し切る 버스를 대절하다／体育館を貸し切る 체육관을 빌려주다

**かしげる【傾げる】** 갸웃하다, 기울이다 ¶首をかしげる 고개를 갸웃하다

**かしこい【賢い】** 영리하다, 현명하다, 똑똑하다; 약삭빠르다 ¶賢く 약삭빠르게 ¶彼女は実に賢い 그녀는 실로 영리하다. ¶それは賢明な方法とは言えない 그것은 현명한 방법이라고 말할 수 없다.／その洋服を買わなかったのは賢かったよ. そのうちバーゲンで半額になるからね 그 양복을 사지 않은 것은 현명한 선택이었어요. 가까운 시일 안에 세일로 반값이 되니까요.
¶彼はいつも賢く立ち回る 그는 항상 약삭빠르게 처신한다.「おっと, もうその手はくわないよ」「ずいぶん賢くなったなあ」"에이, 이제 그 수법에는 안 넘어가요.""많이 영리해졌구나."

**かしこまる【畏まる】** 황공해하다, 어려워하다; 정좌하다 ¶彼は先生の話をかしこまって聞いている 그는 선생님의 말씀을 공손히 듣고 있다.／かしこまらないで楽にしてください 어려워하지 말고 편히 앉으세요.
¶はい, かしこまりました 예, 알겠습니다.

**かしだし【貸し出し】** 대출 ¶図書館で本の貸し出しを頼んだ 도서관에 책 대출을 부탁했다. 関連 貸し出し金 대출금／貸し出し金利 대출 금리

**かしだす【貸し出す】** 대출하다【賃貸する】임대하다 ¶本を貸し出す 책을 대출하다／その絵画はある美術館に貸し出されている 그 그림은 어느 미술관에 임대되어 있다.

**かしちん【貸し賃】** 〔土地・家屋などの〕세〔乗り物などの〕임대료

**かしつ【過失】** 과실, 실수 ¶彼は自分の過失を認めた 그는 자신의 과실을 인정했다.／君は重大な過失を犯したことに気づいてないのかい 당신은 중대한 실수를 범한 것을 알아채지 못했어?／人の過失に目をつぶることも時に必要だ 남의 실수를 눈감아 주는 것도 때로는 필요하다.／昨夜の火事は過失によるものだった 어젯밤 화재는 과실에 의한 것이었다.／事故は運転手の過失によるものだった 사고는 운전수의 과실에 의한 것이었다. 関連 過失致死罪 과실 치사죄／業務上過失 업무상 과실

**かじつ【果実】** 과실, 열매 ¶果実が実る 열매를 맺다 関連 果実酒 과실주

**かしつき【加湿器】** 가습기

**かしつけ【貸し付け】** 대부 関連 貸付係 대부계, 대부 담당자／貸付金 대부금／貸付信託 대부신탁／長期［短期］貸付 장기［단기］대부

**かしつける【貸し付ける】** 대부하다 ¶不動産を抵当にしてお金を貸し付ける 부동산을 담보로 하여 돈을 대부하다

**カジノ** 카지노

**カシミヤ** 캐시미어 ¶カシミヤのセーター 캐시미어 스웨터

**かしゃ【貨車】** 화차

**かしゃく【呵責】** 가책 ¶良心の呵責を感じる 양심의 가책을 느끼다

**かしゅ【歌手】** 가수 関連 流行歌手 유행 가수／オペラ歌手 오페라 가수

**かじゅ【果樹】** 과수 ¶りんご［桃, なし］の果樹園 사과［복숭아, 배］과수원 関連 果樹栽培 과수재배

**カジュアル** 캐주얼 ◇カジュアルだ 캐주얼하다 ¶カジュアルな服装 캐주얼한 복장 関連 カジュアルウェア 캐주얼 웨어

**かしゅう【歌集】** 가집

**かじゅう【果汁】** 과즙 ¶果汁をしぼる 과즙을 짜다／果汁飲料 과즙 음료／天然果汁 천연 과즙

**かじゅう【過重】** ◇過重だ 과중하다 ¶過重な労働 과중한 노동

**がしゅう【画集】** 화집

**かしょ【箇所】** 개소, 군데〔場所〕장소, 곳〔部分〕부분 ¶今回の探険の中でもっとも危険な箇所にさしかかった 이번 탐험에서 가장 위험한 곳에 접어들었다.／ここがこの本の中でもっとも重要な箇所だ 여기가 이 책에서 가장 중요한 부분이다.／大地震の後, 町の数箇所で火事が発生した 대지진 후, 시내의 몇 군데에서 화재가 발생했다. 関連 破損箇所 파손 부분

**かじょう【箇条】** 개조, 조목〔条項〕조항 ¶条例は5箇条から成っている 조례는 5개조로 이루어져 있다.／彼女はスーパーで買うものを箇条書きにした 그녀는 슈퍼에서 살 것을 항목별로 썼다.

**かじょう【過剰】** 과잉 ◇過剰だ 과잉하다 ¶過剰な供給 과잉한 공급／自意識過剰 자의식 과잉 関連 過剰人員 과잉 인원／過剰生産 과잉 생산／過剰設備 과잉 설비／過剰防衛 과잉 방위／過剰米 과잉미／人口過剰 인구 과잉

**がしょう【賀正】** 근하신년〔謹賀新年〕

**かしょうひょうか【過小評価】** 과소평가 ◇過小評価する 과소평가하다 ¶君は彼女の能力を過小評価しすぎだ 당신은 그 여자의 능력을 너무 과소평가하고 있다.

**かしょうりょく【歌唱力】** 가창력

**かしょく【過食】** 과식 関連 過食症 과식증

**-かしら** -ㄹ[-을]까 ¶あしたは晴れるかしら 내일은 날씨가 갤까?／あと2日待っていただけないかしら 앞으로 이틀 기다려 주실 수 없을까요?

**かしらもじ【頭文字】** 두문자〔イニシャル〕이니셜, 머리글자

**かじりつく【かじり付く】**〔かみつく〕물어뜯다〔すがりつく〕달라붙다, 매달리다 ¶りんごにかじりつく 사과를 물어뜯다／一日中机にかじりついて勉強する 하루 종일 책상에 달라붙어 공부한다.／彼はいつまでも社長の椅子にかじりついていたようだ 그는 언제까지나 사장 의자에 눌러앉아 있고 싶은 것 같다.

**かじる** ❶〔かむ〕갉다, 갉아 먹다〔人が〕베다 ¶歯が痛くてりんごをかじれない 이가 아파서 사과

를 베어 먹을 수 없다. / 彼女はきゅうりにコチュジャンをつけてかじるのが好きだ 그녀는 오이에 고추장을 찍어 먹는 것을 좋아한다. / ねずみが壁をかじって穴をあけた 쥐가 벽을 갉아먹어 구멍을 냈다.

❷ [少しだけやってみる] 조금 알다, 조금 해 보다 ¶彼女は韓国語を少しかじっている 그녀는 한국말을 조금 안다. / 大学でほんの少し中国語をかじった 대학에서 중국어를 조금 배웠다.

**かしん**[過信] 과신 ◇過信する 과신하다 ¶自分の能力を過信してはいけない 자신의 능력을 과신해서는 안 된다.

**かじん**[歌人] 시인

**かす**[滓]〔沈殿物〕앙금〔コーヒーなどの〕찌꺼기 ¶かすがたまる 앙금이 앉다 / 油かすを取り除く 기름 찌꺼기를 제거하다 / あいつらは社会のかすだ 저 녀석들은 사회의 쓰레기다.

**かす**[貸す] 빌려주다〔お金を〕꾸어주다〔賃貸しする〕세주다, 임대하다 ¶きのう彼に金を貸した 어제 그 사람에게 돈을 빌려줬다. / 彼には何回かお金を貸したことがある 그 사람에게는 몇 번인가 돈을 꾸어준 적이 있다. / この間貸した1万円をいつ返してくれますか 이전에 빌려준 만 엔은 언제 갚아 주시겠어요? / 観光案内所では時間決めで自転車を貸している 관광 안내소에서는 시간당으로 자전거를 빌려주고 있다. / このマンションは月8万円で貸している 이 아파트는 월 8만 엔에 세주고 있다. / 留学生に部屋を貸す人を知りませんか 유학생에게 방을 빌려주는 사람을 모릅니까? / 地主さんはこの土地を5年間100万円で貸してくれている 땅 주인은 이 토지를 5년간 100만 엔에 빌려주고 있다.

¶彼に電話を貸してあげた 그 사람에게 전화를 빌려주었다. / 私は彼に車を貸してくれと頼んだ 나는 그 사람에게 차를 빌려 달라고 부탁했다. / その本を僕に貸してくれませんか 그 책을 나에게 빌려 주지 않겠습니까? / 恐れ入りますが火を貸していただけませんか 미안합니다만, 불 좀 빌려 주시지 않겠습니까? / トイレを貸していただけますか 화장실 좀 써도 될까요?

**かず**[数] 수, 숫자, 수효

[基本表現]
▶東京の公園の数は多い[少ない]
　도쿄의 공원 수는 많다[적다].
▶出席者の数を数えてくれ
　출석 인원수를 세어 줘.
▶「箱の中のボールの数は?」「5個です」 "상자 속의 공의 개수는?" "다섯 개입니다."

¶あの歌手には数は少ないが熱狂的なファンがいる 저 가수에게는 수는 적지만 열광적인 팬이 있다. / きょうの集まりには20人来るけど、椅子の数が足りないな 오늘 모임에는 스무 명이 오는데 의자 수가 부족하군.

¶この学校は男子のほうが女子より数が多い[少ない] 이 학교는 남자가 여자보다 인원수가 많다[적다]. / 不況でホームレスの数が増えている 불황으로 노숙자의 수가 늘어나고 있다. / 日本や韓国でも毎年数多くの映画が作られている 일본이나 한국에서도 매년 수많은 영화가 만들어지고 있다. / 数ある美空ひばりの歌の中でも『川の流れのように』がいちばん好きだ 수많은 미소라 히바리의 노래 중에서도 "강의 흐름과 같이"가 가장 좋다.

¶我々は数では相手チームに勝っている 우리는 수적으로는 상대 팀보다 우세하다. / 数的には우리가 상대 팀을 이기고 있다. / この商品は数に限りがある 이 상품은 몇 개 남지 않았다. / 「あしたみんなで野球を見に行くんだけど、君も行くかい」「行きたいな。数に入れておいてよ」 "내일 모두 야구 보러 가는데 너도 갈래?" "가고 싶은데, 나도 끼워 줘라". / 小さな数なら暗算できるけど、大きな数じゃだめだな 작은 수라면 암산할 수 있는데 큰 수는 안 된다.

¶彼女にふられた男は数知れない 그 여자에게 차인 남자는 수없이 많다. / 澄んだ空に数知れない星が輝いている 맑은 하늘에 수없이 많은 별이 반짝이고 있다. [慣用句] 与党は数にものを言わせて法案を通過させた 여당은 수적 힘으로 법안을 통과시켰다. / 仕事に慣れるには数をこなすしかないよ 일에 익숙해지려면 많이 해 보는 수밖에 없다.

**ガス** ❶ [気体] 가스
◆《ガスが・ガスは》
¶ガスがついている[消えている] 가스가 켜져 있다[꺼져 있다]. / ガス管からガスが漏れている 가스관으로부터 가스가 새고 있다. / ガスが部屋に充満して爆発が起きた 가스가 방 안에 가득 차서 폭발이 일어났다. / この村にはまだガスは引かれていない 이 마을에는 아직 가스는 가설되어 있지 않다.

《ガスに・ガスの》
¶なべをガスにかけた 냄비를 가스레인지에 올려놓았다. / 彼はガスのにおいに気づいた 그는 가스 냄새를 알아차렸다. / 寝る前にガスの元栓を閉めなさい 자기 전에 가스 밸브를 잠가라. / ガスの火を弱めたあと10分ほどこの野菜を煮てください 가스 불을 약하게 한 후 10분 정도 이 야채를 익혀 주세요. / ガスの火を強くする 가스 불을 강하게 하다

◆《ガスを・ガスで》
¶ガスをつける[消す] 가스불을 켜다[끄다] / いつもガスで料理している 언제나 가스를 써서 요리를 하고 있다.

◆《その他》
¶あさってまでにガス代を払わなくちゃ 모레까지 가스비를 지불해야지. / うちでは天然ガス[都市ガス, プロパンガス]を使っています 우리 집에서는 천연가스[도시가스, 프로판 가스]를 사용하고 있습니다. / 彼女はガス自殺を図った 그녀는 가스 자살을 꾀했다.

¶薄い[濃い]ガス 연한[짙은] 가스 / 無色のガス 무색 가스 / 無臭のガス 무취 가스

❷ [ガソリン] 가솔린, 휘발유, 기름 ¶ガス欠だ 기름이 다 떨어졌다.

❸ [腸内の] 가스 [おなら] 방귀 ¶腹にガスがたまっている 배에 가스가 차 있다. / ガスが出る 방귀가 나오다 [関連] ガスオーブン 가스 오븐 / ガス会

かすか

社 가스 회사 / ガス器具 가스 기구 / ガス警報器 가스 경보기 / ガスこんろ 가스곤로 / ガス風呂 가스풍로 / ガスストーブ 가스스토브, 가스난로 / ガスタービン 가스 터빈 / ガスタンク 가스탱크 / ガス中毒 가스 중독 / ガス灯 가스등 / ガスバーナー 가스버너 / ガス爆発 가스 폭발 / ガスボンベ 가스봄베 / ガスマスク 가스 마스크 / ガスメーター 가스 미터기 / ガス湯沸かし器 가스 온수기 / ガスライター 가스라이터 / ガスレンジ 가스레인지 / 催涙ガス 최루 가스 / 毒ガス 독가스 / 排気ガス 배기가스 / 有毒ガス 유독 가스

**かすか【幽か】** 희미하다, 어렴풋하다 ◇かすかに 희미하게, 어렴풋이 ¶かすかな街灯の光 희미한 가로등 불빛 / かすかな明かり 불빛 / かすかな希望 희미한 희망 / かすかな思い出 어렴풋한 추억 / 遠くの波の音がかすかに聞こえた 멀리 물결 소리가 희미하게 들렸다. / おじのことはかすかに覚えている 삼촌에 대한 것은 희미하게 기억하고 있다. / かすかに見える 희미하게 보이다

**かずかず【数々】**◇数々の〔多くの〕수많은, 숱한 〔いろいろな〕여러 가지 ⇨いろいろ, 多く

**カスタード** 커스터드 [関連] カスタードクリーム 커스터드 크림 / カスタードプリン 커스터드 푸딩

**カスタネット** 캐스터네츠 ¶カスタネットを鳴らす 캐스터네츠를 울리다

**カステラ** 카스텔라

**かずのこ【数の子】** 말린 청어 알

**かすみ【霞】** 안개 ¶山にはかすみがかかっていた 산에는 안개가 끼어 있었다. / かすみのかかった日 안개 낀 날

**かすみそう【霞草】** 안개꽃

**かすむ【霞む】** ❶〔かすみがかかる〕 안개가 끼다 ¶山が遠くでかすんでいる 먼 산에 안개가 끼어 뿌옇게 보인다. / 辺りは霧が立ちこめ白くかすんで何も見えなかった 근처는 안개가 자욱이 끼어 희뿌예져서 아무것도 보이지 않았다.

❷〔はっきり見えなくなる〕 눈이 흐려지다, 침침해지다 ¶彼女の目は涙でかすんだ 그녀의 눈은 눈물로 눈앞이 흐려졌다. / 目まいがして目の前がかすんできた 현기증이 나더니 눈앞이 희미해졌다. / 霧で視界がかすむ 안개 때문에 시야가 흐릿하다.

❸〔目立たなくなる〕 희미해지다 ¶他のゲストが豪華だったため主賓がかすんでしまった 다른 내빈이 쟁쟁했기 때문에 주빈이 가려져 버렸다.

**かすめる【掠める】** ❶〔盗む〕 훔치다〔着服する〕후무리다〔目を〕눈을 속이다 ¶彼はよく店の売上金をかすめていた 그는 자주 가게의 매상금을 훔치고 있었다. / 彼は先生の目をかすめて時々たばこを吸っていた 그는 선생님의 눈을 속이고 가끔 담배를 피우고 있었다.

❷〔かすって行く〕 스치다, 스쳐 지나가다 ¶弾丸が彼のほおをかすめた 탄환이 그의 뺨을 스쳐 지나갔다. / バスが電柱をかすめて通った 버스가 전봇대를 스치며 지나갔다. / かもめが海面をかすめて飛んでいった 갈매기가 해면을 스치면서 날아갔다.

❸〔考えが心をよぎる〕 스치다 ¶破産してしまい自殺しようかという考えが彼の頭をかすめた 파산해 버려 자살을 할까 하는 생각이 그의 머리를 스쳐 지나갔다.

**かすりきず【掠り傷】** 찰상, 찰과상 ¶大丈夫, ほんのかすり傷です 괜찮아요. 그저 찰과상이에요. / 彼はかすり傷一つ負わずに爆発事故の現場から逃げ出した 그는 찰과상 하나 입지 않고 폭발 사고 현장에서 달아났다.

**かする【化する】** 화하다, 변하다 ¶その町は地震で廃墟と化した 그 도시는 지진으로 폐허가 되었다.

**かする【科する】** 과하다 ¶駐車違反で罰金を科せられた 주차 위반으로 벌금을 부과받았다. / 懲役5年を科する 징역 5년을 과하다

**かする【課する】** 과하다, 부과하다〔させる〕시키다 ¶酒に税を課する 술에 세금을 부과하다 / 宿題を課する 숙제를 내다 / 彼女は市場調査の仕事を課せられた 그녀는 시장 조사 일을 부과받았다.

**かすれごえ【掠れ声】** 쉰 목소리

**かすれる【掠れる】** 〔声が〕 쉬다〔字が〕비백이 생기다 ¶大声を出しすぎて声がかすれてしまった 큰 소리를 너무 내어서 목소리가 쉬어 버렸다.

## かぜ【風】 바람

**기본 표현**

▶風が吹いている 바람이 불고 있다.
▶風が静まった
  바람이 잔잔해졌다.
▶きょうは風が全然〔ほとんど〕ない
  오늘은 바람이 전혀〔거의〕없다.
▶風で帽子を飛ばされた
  바람에 모자를 날려 버렸다.
▶風が一晩中ヒューヒュー鳴っていた
  바람이 밤새 씽씽 불고 있었다.

◆〖風が・風は〗

¶強い〔弱い〕風が吹いている 강한〔약한〕바람이 불고 있다. / 夜になって風が強まった 밤이 되어 바람이 강해졌다. / この家は風がよく通るので夏でもわりと涼しい 이 집은 바람이 잘 통하기 때문에 여름에도 비교적 시원하다. / 心地よい風が野原を吹き抜けた 기분 좋은 바람이 들판에 불었다. / どこからか風が入ってくる 어디선가 바람이 들어온다. / 強い風が道路の落ち葉を吹き飛ばした 강한 바람이 도로의 낙엽을 날려 버렸다. / 激しい風が木をなぎ倒した 거센 바람이 나무를 쓰러뜨렸다. / 今夜は北東の冷たい風が吹くでしょう 오늘 밤은 차가운 북동풍이 불겠습니다.

◆〖風で〗

¶木の葉が風でざわめいている 나뭇잎이 바람에 수런거리고 있다. / 風でドアがカタカタ鳴った 바람에 문이 덜컹거렸다. / 風で机の上の書類が吹き飛ばされた 바람에 책상 위의 서류가 날아가 버렸다.

◆〖風に・風の〗

¶旗が風にはためいている 깃발이 바람에 펄럭이고 있다. / 気分が悪いからちょっと風に当たってくるよ 속이 좋지 않아서 잠깐 바람 쐬고 올게. / ラベンダーの香りが風に乗って漂ってきた 라벤다 향기가

바람을 타고 감돌았다. / こんな風の強い日は釣りに出かけないほうがいいよ 이렇게 바람이 강한 날에는 낚시하러 나가지 않는 것이 좋아요.
◆【風を】
¶窓を開けて少し風を入れなさい 창문을 조금 열어 바람이 들어오게 해라. / 背後から時折強い風を受けた 배후에서 때때로 강한 바람을 맞았다.

会話 風はいつおさまるの
A：風が強いよ
B：本当, いつになったらおさまるのかしら
A：바람이 세다.
B：그러게, 언제쯤 잔잔해지려나？
◆【その他】
¶学者風を吹かす 학자 티를 내다
¶さわやかな風 상쾌한 바람 / 雨まじりの風 비가 섞인 바람 / ほこりっぽい風 먼지가 많은 바람 / 肌を刺す風 살을 에는 듯한 바람 / 身を切るような風 뼈 속까지 스미는 바람 慣用句 あしたはあしたの風が吹く(→太陽が昇る)내일은 내일의 태양이 뜬다 / どういう風の吹き回しか, 最近裕子はまじめに働いている 무슨 바람이 불었는지, 요즘 유코는 성실하게 일하고 있다. / 肩で風を切って歩く 어깨를 으쓱거리며 걷는다. / 世間の風当たりが強い 세상의 비난이 드세다. /「どうして知ったの」「風の便りにね」"어떻게 알았어？""풍문에 말이야." 関連 追い風 순풍 / 向かい風 맞바람, 역풍 / 北風 북풍 / 南風 남풍 / 春風 봄바람, 춘풍 / そよ風 산들바람, 솔솔바람 / 疾風 질풍 / 突風 돌풍 / つむじ風 회오리바람 / すきま風 외풍 / 浜風 갯바람

かぜ【風邪】감기(感気)〔インフルエンザ〕인플루엔자, 유행성 감기, 독감(毒感)

基本表現
▷風邪気味だ 감기 기운이 있다.
▷風邪を引いた
　감기에 걸렸다. | 감기가 들었다.
▷風邪が治った 감기가 나았다.
▷風邪で会社[学校]を休んだ
　감기로 회사[학교]를 쉬었다.
◆【風邪が・風邪は】
¶風邪[インフルエンザ]がはやっている 감기가[독감이] 유행하고 있다. / 彼女の風邪が移ったらしい 여자 친구의 감기가 옮은 것 같다. / 風邪がなかなか治らない 감기가 잘 낫지 않는다. / やっと風邪が治った 겨우 감기가 나았다. / 今年の風邪はねばっこらしいよ 올해 감기 증상은 배가 아프다고 하네.
◆【風邪を】
¶風邪を引かないようにお気をつけください 감기에 걸리지 않도록 조심하세요. / 風邪をこじらせないようにこの薬を飲みなさい 감기를 악화시키지 않게 이 약을 먹어. / 私が弟に風邪を移したようだ 내가 동생한테 감기를 옮긴 것 같아.
◆【その他】
¶彼は風邪で寝ている 그는 감기로 누워 있다. / 鼻風邪を引いている 코감기에 걸렸다. / 風邪ぎみで頭が重い 감기 기운으로 머리가 무겁다. / 風邪薬を買ってきてください 감기약을 사다 주세요. / 悪性の風邪 악성 감기 / 頑固な風邪 지독한 감기 慣用句 風邪は万病のもと 감기는 만병의 근원 関連 夏風邪 여름 감기 / おたふく風邪 항아리손님,《正式》유행성 이하선염

かぜあたり【風当たり】❶山の斜面は風当たりが強い 산 경사면은 바람이 세게 불어온다. / 日本に対する風当たりが強ってきた 일본에 대한 비난이 강해지고 있다.

かせい【火星】화성 関連 火星人 화성인 / 火星探査船 화성 탐사선

かぜい【課税】과세 ◇課税する 과세하다 ¶所得に課税する 소득에 과세하다 / 収入はすべて課税される 수입은 모두 과세된다. 関連 課税所得 과세소득 / 課税金 과세금 / 課税率 과세율 / 分離課税 분리 과세 / 累進課税 누진 과세

かせいか【家政科】가정과

かせいふ【家政婦】가정부〔通いの家政婦〕파출부(派出婦)

かせき【化石】화석 ¶化石を掘り出す 화석을 파내다 / 恐竜の化石 공룡 화석 関連 化石燃料 화석 연료

かせぎ【稼ぎ】〔収入〕수입, 벌이 ¶稼ぎがいい 수입이 좋다. / 稼ぎが少ない 수입이 적다. / 彼は一家の稼ぎ手だ 그는 한 가정의 살림살이를 떠맡은 사람이다. 関連 共稼ぎ 맞벌이

かせぐ【稼ぐ】❶〔懸命に働く〕벌다 ¶生活費を稼ぐ 생활비를 벌다 / 彼は月に50万円ほど稼いでいる 그는 한 달에 오십만 엔 정도 벌고 있다. / 学生のころ私は学費を稼ぐためによくバイトをした 학생일 때 나는 학비를 벌기 위해서 자주 아르바이트를 했다. / 彼より倍の奥さんのほうがよく稼ぐ 그 사람보다 부인이 더 많이 번다.
❷〔その他〕¶会議の準備がまだできていなかったので彼はなんとかして時間を稼ごうとした 회의 준비가 아직 되어 있지 않았기 때문에 그는 어떻게 해서든 시간을 벌려고 했다. / ジナはいつも先生のご機嫌をとって点数を稼いでいる 지나는 언제나 선생님의 비위를 맞춰 호감을 사고 있다. 慣用句 稼ぐに追いつく貧乏なし 부지런한 부자는 하늘도 못 막는다.

かせつ【仮設】가설 関連 仮設工事 가설 공사 / 仮設住宅 가설 주택

かせつ【仮説】가설 ¶仮説を立てる 가설을 세우다

カセット 카세트 関連 カセットテープ 카세트테이프 数え方 カセットテープ１本[巻] 카세트테이프 한 개 / カセットテープレコーダー 카세트테이프 레코더

かぜとおし【風通し】¶風通しのよい[悪い]部屋 통풍이 잘 되는[안 되는] 방

かせん【下線】밑줄 ¶資料の重要な箇所に下線を引く 자료의 중요한 부분에 밑줄을 긋다 / 下線部を訳しなさい 밑줄 친 부분을 번역하시오.

かせん【化繊】화섬, 화학 섬유 ¶化繊のセーター 화섬 스웨터

かせん【河川】하천 ¶河川改修工事 하천 개수 공사 関連 河川敷 하천 부지 / 一級河川 일급 하천

がぜん【俄然】아연, 갑자기 ¶それを聞いてがぜん勇気が出てきた 그것을 듣고 갑자기 용기가 났

다.

**かそ【過疎】** 감소(減少), 과소 ¶人口の過疎化に歯止めをかける 인구 감소화에 브레이크를 걸다
[関連] **過疎地域** 인구 감소 지대

**かそう【下層】** 하층 ¶社会の最下層の人々 사회 최하층 사람들 [関連] **下層階級** 하층 계급

**かそう【仮想】** 가상 ◇**仮想する** 가상하다
[関連] **仮想空間** 가상공간 / **仮想現実** 가상현실 / **仮想敵国** 가상 적국

**かそう【仮装】** 가장 ◇**仮装する** 가장하다 ¶彼女は春香に仮装した 그녀는 춘향으로 가장했다.
[関連] **仮装行列** 가장행렬 / **仮装舞踏会** 가장무도회

**かそう【火葬】** 화장 ◇**火葬する** 화장하다
[関連] **火葬場** 화장터

**がぞう【画像】** 화상, 영상(映像) ¶テレビの画像が乱れている 텔레비전의 영상 화질이 안 좋다.
[関連] **画像処理** 화상 처리 / **画像データ** 화상 데이터

**かぞえる【数える】** 세다, 헤아리다 ¶ざっと数える 대충 세다 / 1から10まで指を折って数える 1에서 10까지 손가락을 꼽으며 세다 / 子どもたちは夏休みまであと何日あるか数えた 아이들은 여름 방학까지 앞으로 며칠 남았는지 헤아렸다. / 数え間違える 잘못 세다
¶彼は日本を代表する作家の一人に数えられるだろう 그는 일본의 대표적인 작가의 한 명으로 손꼽힐 것이다. / 二次会まで残った人は数えるほどしかいなかった 2차회까지 남았던 사람은 몇 명 되지 않 됐다. / 地球上には数え切れないほどの種類の昆虫がいる 지구상에는 다 셀 수 없을 만큼 많은 종류의 곤충이 있다.

**かそく【加速】** 가속 ◇**加速する** 가속하다 ¶加速して前の車を追い越した 가속하여 앞차를 앞질렀다. / 下り坂では車に加速度がつく 내리막길에서는 차에 가속이 붙는다. [関連] **重力加速度** 중력 가속도

**かぞく【家族】** 가족, 식구(食口) ¶何人家族ですか 가족이 몇 명입니까? / うちは4人家族です 우리 집은 4인 가족입니다. / 우리 식구는 넷입니다. / うちは家族が多い[少ない] 우리 집은 가족이 많다[적다]. / この家には2家族が同居している 이 집에는 두 가족이「동거하고[같이 살고] 있다.
¶うちの家族はみな早起きだ 우리 가족은 모두 일찍 일어난다. / 彼は家族を養うために一生懸命働いている 그는 가족을 부양하기 위하여 열심히 일하고 있다. / これは家族向けの映画だ 이것은 가족용 영화다.

[会話] **家族のみなさん**
A：家族のみなさんはお元気ですか
B：おかげさまでみな元気でやっています
A：가족 여러분은 건강하십니까?
B：덕분에 모두 건강히 지내고 있습니다.
¶わが家ではペットも家族の一員です 우리 집에서는 애완동물도 가족의 일원입니다. / 彼とは家族同様の付き合いをしている 그 사람하고는 가족처럼 지내고 있다. / 家族そろって箱根にでかけた 가족 모두 하코네에 갔다. / その会社には家族的な雰囲気がある 그 회사에는 가족적인 분위기가 있다. / 休日になるとこの公園は家族連れでにぎわう 휴일이 되면 이 공원은 가족 동반으로 붐빈다.
[関連] **家族会議** 가족회의 / **家族計画** 가족 계획 / **家族構成** 가족 구성 / **家族制度** 가족 제도 / **家族手当** 가족 수당 / **核家族** 핵가족

**ガソリン** 가솔린, 휘발유(揮發油), 기름 ¶ガソリンが切れそうだ 휘발유가 떨어질 것 같다. / この車はガソリンを食う 이 차는 가솔린이 많이 필요하다. / 이 차는 기름을 많이 먹는다.
[関連] **ガソリンスタンド** 주유소(注油所)

**かた【方】** ❶〔方法〕법 ¶このパソコンの使い方を教えてください 이 컴퓨터의 사용법을 가르쳐 주세요. / 私は兄の自分勝手な考え方がいやだ 나는 오빠의 제멋대로인 사고방식이 싫다. / 彼は色々な実験のやり方を試してみた 그는 여러 가지 실험 방법을 시험해 봤다. / 彼女はいつもあんな言い方をする 그녀는 언제나 저런「식으로 말한다[말투를 사용한다].
¶作り方 만드는 법 / 食べ方 먹는 법
❷〔一方の側〕편 ¶ミンスは母方のいとこで民수는〔외가쪽 사촌〕외사촌입니다.
❸〔気付〕댁, 전교 ¶大田様方 井上良夫様 오타 씨 댁 이노우에 요시오 님
❹〔人に対する敬称〕분 ¶あの男の方[女の方]はどなたですか 저 남자분[여자분]은 누구십니까? / この方を応接室にご案内してください 이분을 응접실로 안내해 주세요.

**かた【片】** ¶あの問題は片がつきましたか 그 문제는 결말이 났습니까? / 仕事に片をつける 일을 처리하다

**かた【型・形】** ❶〔原型〕본, 틀〔型紙〕형지 ¶型を取る 본을 뜨다 / ジャケットをあつらえるために型を取った 재킷을 주문하기 위해서 본을 떴다. / ゼラチン液を型に流し込んだ 젤라틴 용액을 틀에 부어 담았다.
❷〔慣例〕형식 ¶型にはまる 틀에 박히다 / 型を破る 형식을 깨다 / 彼女は個性のない型にはまった役者だ 그녀는 개성이 없는 틀에 박힌 연기자다. / 彼は芸術家として型破りだった 그는 예술가로서 파격적이었다. / 彼女の服装は少し型破りだった 그녀의 복장은 조금 파격적이었다.
❸〔様式、タイプ〕타입〔スタイル〕스타일〔車、電化製品などの年式〕모델, 형 ¶この型のズボンが今流行っている 이 스타일의 바지가 지금 유행하고 있다. / これは最新型の液晶テレビです 이것은 최신형 액정 텔레비전입니다. / 2008年型の車 2008년형 차 / 同じ型の車 같은 형태의 차 / 彼は古い型の人間だ 그는 고리타분한 사람이다.
❹〔スポーツなどの規範となる形式〕기본 동작법, 폼, 형 ¶彼は柔道のいくつかの型を私たちに見せてくれた 그는 유도의 몇 가지 기본 동작을 우리에게 보여 주었다.
❺〔形状〕모양 ¶この安物のスーツは一度クリーニングに出したら型が崩れてしまった 이 싸구려 양복은 한번 세탁소에 맡겼더니 모양이 망가져 버렸다.
❻〔抵当〕저당, 담보 ¶借金の形に車を取られてしまった 빚의 담보로 차를 빼앗겼다.

## かた【肩】 어깨

◆〘肩が〙

¶ああ、肩がこった 아휴, 어깨가 결린다. / 아, 어깨가 뻐근하다. / 年のせいか最近どうも肩がこりやすい 나이 탓인지 최근에 왠지 어깨가 쉽게 결린다. / 右の肩がひどく痛む 오른쪽 어깨가 몹시 아프다. / あの外野手は肩が強い 저 외야수는 어깨가 강하다.

◆〘肩で・肩に〙

¶私は買い物客を肩で押しのけて出口まで進んだ 나는 쇼핑하는 사람들을 어깨로 밀쳐내고 출구까지 나갔다. / 観光客はみな肩にカメラをぶらさげていた 관광객들은 모두 어깨에 카메라를 둘러메고 있었다.

◆〘肩の〙

¶さあ、肩の力を抜いて 자, 어깨의 힘을 빼고. / このワンピースは肩のところが少し大きすぎる〔きつすぎる〕 이 원피스는 어깨 부분이「좀 크다〔꽉 낀다〕. / 彼女は肩の出たイブニングドレスを着ていた 그녀는 어깨가 나온 이브닝 드레스를 입고 있었다.

◆〘肩を〙

¶孫に肩をもんでもらった 손자가 어깨를 주물러 주었다. / 肩を脱臼してしまった 어깨를 탈구해 버렸다. / 肩をすくめる 어깨를 움츠리다.

◆〘肩から〙

¶私は重いバッグを肩からつるした 나는 무거운 가방을 어깨에 멨다.

◆〘その他〙

¶ラムの肩肉を300グラムください 램〔새끼 양고기〕의 어깨살을 300그램 주세요.

慣用句 ピッチャーは肩を落としてマウンドを降りた 피처는 낙담한 채 마운드를 내려왔다. / どうしていつも彼女の肩ばかりもつのですか 왜 항상 그 여자 편을 기드세요? / 息子が大学に合格してやっと肩の荷が下りた 아들이 대학에 합격해 이제야 마음이 놓였다. / あの人と話すといつも肩がこる 그 사람과 이야기하면 항상 부담스럽다. / 通勤電車の中では肩のこらない読み物のほうがいい 통근 전철에서는 부담스럽지 않은 읽을거리가 좋다. / 韓国語では佐藤氏と肩を並べる者はいない 한국어에서는 사토 씨와 비견할 사람은 없다. / 彼女は大急ぎで走って来たので肩で息をしていた 그녀는 몹시 서둘러 달려 왔기 때문에 가쁜 숨을 쉬고 있었다. / あの人はいつも肩で風を切って歩いている 그 사람은 언제나 의기양양하게 걷고 있다. / 日本の将来は君たちの肩にかかっている 일본의 미래는 자네들의 어깨에 걸려 있다.

関連 肩車 목말 / 怒り肩 치켜 올라간 어깨 / 五十肩 오십견 / なで肩 민틋한 어깨

**かた**【過多】 과다  関連 栄養過多 영양 과다 / 供給過多 공급 과다 / 脂肪過多 지방 과다 / 人口過多 인구 과다

**がた** ◇がたがくる 못쓰게 되다 ¶うちのテレビはがたがきている 우리 집 텔레비전은 낡아빠졌다. / がたがきた家具 못쓰게 된 가구

**-がた**【-型】 -형 ¶最新型 최신형 / 旧型 구형

**かたあし**【片足】 한쪽 발 ¶片足で立つ 한쪽 발로 서다

## かたい【固い・堅い・硬い】

❶〘物が〙 굳다, 단단하다, 딱딱하다 〘肉などが〙 질기다 ◇かたく 굳게, 단단히

基本表現 は固い
▷このパンは固い
　이 빵은 딱딱하다.
▷このくるみは石のように堅い
　이 호두는 돌처럼 딱딱하다.
▷鉄は銅よりも硬い
　철은 동보다도 단단하다.
▷ダイヤモンドはもっとも硬い鉱物の一つだ 다이아몬드는 가장 딱딱한 광물의 하나이다.
▷氷が固すぎて割れない
　얼음이 너무 단단해 깨어지지 않는다.
▷この結び目はなんて固いんだ
　이 매듭은 어쩌면 이렇게 단단할까.

〘硬い石〖鉛筆の芯〗 굳은 돌〔연필심〕 / 堅い木の椅子 딱딱한 나무 걸상 / 堅い地面 단단한 땅 / この肉は固くて食べられないよ 이 고기는 질겨서 먹을 수가 없어. / 私は固くゆでた卵が好きだ 나는 완숙으로 삶은 달걀을 좋아한다.

❷〘態度・状態などが〙굳다, 단단하다, 딱딱하다 〘頭が〙완고하다 〘口が〙입이 무겁다 ◇かたく 단단하게 ¶固い意志 굳은[단단한] 의지 / 固い誓い 굳은 맹세 / 堅い話 딱딱한 이야기 / 硬い文章 딱딱한 문장 / 硬い表情をする 굳은 표정을 짓다 / 固い握手を交わす 굳은 악수를 나누다 / 固く縛る 단단히 묶다 / 固く決心する 굳게〔단단히〕 결심하다

¶彼の表情は硬かった 그의 표정은 굳었다. / 彼の決心は固かった 그의 결심은 확고했다. / あいつは頭が固いよ 저 녀석은 완고해. / 口の固い男 입이 무거운 남자 / そんな話 硬いことを言わないでくれよ 그런 딱딱한 말은 하지 마.

¶私は弟の無事を固く信じている 나는 동생의 무사함을 굳게 믿고 있다. / その家のドアは固く閉ざされていた 그 집의 문은 굳게 잠겨 있었다. / ぞうきんは固くしぼって下さい 걸레는 꽉 짜 주세요. / 引き出しが固くて開かない 서랍이 꽉 끼어서 열리지 않는다. / 私は二度とその男に会うまいと固く決心した 나는 두 번 다시 그 남자를 만나지 않겠다고 굳게 결심했다. / そう硬くならないでください そり 긴장하지 마세요. / 彼は社長を前にして硬くなっていた 그는 사장 앞에서 긴장하고 있었다.

❸〘堅実、確実に〙견실하다, 건실하다, 착실하다, 단단하다 ; 틀림없다, 확실하다 ¶父は堅い商売をしています 아버지는 건실하게 장사를 하고 계십니다. / 日本の優勝は固い 일본의 우승은 틀림없다. / 彼らは堅い守備力を誇っている 그들은 확고한 수비력을 자랑하고 있다.

¶ランナー1塁か。ここは堅いバントだな 주자 1루인가. 여기서는 확실하게 번트다.

❹〘その他〙 ¶駅の構内での喫煙は固く禁じられています 역 구내에서의 흡연은 엄격히 금지되어 있습니다. / 18歳未満の方の入場は固くお断りします 18세 미만인 분의 입장은 단호히 거절하겠습니다.

**使い分け** かたい

| かたい | 強固だ<br>堅実だ<br>確実だ<br>(肉が)固い<br>(表現が)生硬だ | 굳다, 단단하다<br>견실하다(堅実—)<br>확실하다(確実—)<br>질기다<br>딱딱하다 |
|---|---|---|

**かだい【過大】** 과대 ◇過大だ 과대하다 ¶周囲の過大な期待が私には大きな負担だった 주위의 지나친 기대가 나에게는 큰 부담이었다. / 彼を過大評価しないほうがいい 그 사람을 과대평가하지 않는 것이 좋아.

**かだい【課題】** 과제〔宿題〕숙제〔主題〕주제 ¶それは今後の重要な課題であろう 그것은 향후의 중요한 과제일 것이다. / 環境保護は我々に向けられた最大の課題だ 환경 보호는 우리에게 부과된 최대의 과제다. / 生徒に課題を出す 학생에게 숙제를 내다 / 課題を残す 과제를 남기다 / 課題を提出する 과제를 제출하다 / 論文の課題 논문 과제 / 当面の課題 당면 과제

**がたい【難い】** ¶その要求は受け入れがたい 그 요구는 받아들이기 어렵다. / チョルスのような人物はとても得がたい 철수와 같은 인물은 매우 얻기 힘들다. / 信じがたい結果 피하기 어려운 결과 / 信じがたい速さ 믿기 어려운 속도 / 許しがたい失敗 용서할 수 없는 실패

**かたいじ【片意地】** 외고집, 옹고집 ¶君は少し片意地を張りすぎだ 너는 외고집을 너무 부린다.

**かたいなか【片田舎】** 외딴 시골

**かたうで【片腕】** 한쪽 팔〔腹心〕심복〔右腕〕오른팔 ⇒右腕

**がたおち【がた落ち】** ◇がた落ちする 뚝 떨어지다 ¶私の信用はがた落ちだ 나의 신용은 바닥으로 떨어졌다. / 今学期は成績ががた落ちだ 이번 학기는 성적이 뚝 떨어졌다.

**かたおもい【片思い】** 짝사랑 ¶切ない片思い 애달픈 짝사랑

**かたおや【片親】** 편친 ¶彼は片親の家庭で育った 그는 한쪽 부모 가정에서 자랐다.

**かたがき【肩書き】** 직함 ¶彼は市議の肩書きを持っている 그는 시의원의 직함을 가지고 있다. / 永林さんの肩書きは営業課長です 나가이 씨의 직함은 영업 과장입니다. / 肩書きを並べる 직함을 열거하다 / 他人の肩書きを利用する 남의 직함을 이용하다

**かたかけ【肩掛け】** 숄, 어깨걸이

**かたかた** 달각달각, 달가닥달가닥 ¶キーボードを指でかたかたたたく音が聞こえる 키보드를 달가닥달가닥 치는 소리가 들린다.

**がたがた**〔物音〕덜커덩덜커덩, 덜컹덜컹〔震え〕부들부들, 와들와들 ¶風でドアががたがた鳴った 바람으로 문이 덜커덩거린다. / その子は寒さでがたがた震えていた 그 아이는 추위에 부들부들 떨고 있었다.

**かたかな【片仮名】** ⇒仮名

**かたがみ【型紙】** 형지, 종이 본 ¶型紙のとおりに裁つ 본대로 마르다

**かたがわ【片側】** 한쪽, 일방 関連 片側通行 일방 통행

**かたがわり【肩代わり】** ◇肩代わりする 대신 떠맡다 ¶兄が私の借金を肩代わりしてくれた 형이 나의 빚을 대신 떠맡아 주었다.

**かたき【敵】** 원수〔競争相手〕적, 적수 ¶父親の敵を討つ 아버지의 원수를 갚다 / 彼らは互いを目の敵にしている 그들은 서로를 눈엣가시로 여기고 있다. 関連 恋敵 연적 / 商売敵 장사의 적수 ⇒てき(敵)

**かたぎ【気質】** 기질 ¶彼は職人気質で知られている 그는 장인 기질로 알려져 있다. / 昔気質の職人 옛날 기질의 장인 ⇒気質(きしつ)

**かたぎ【堅気】** 견실한 직업을 가진 사람 ¶彼はやくざから足を洗って堅気になる決心をした 그는 조폭에서 손을 씻고 착실히 살아가기로 마음먹었다.

**かたく【家宅】** 가택 ¶彼は家宅捜索を受けた 그는 가택 수사를 받았다.

**かたくな【頑な】** ◇かたくなだ 완고하다 ◇かたくなに 완고하게 ¶彼はかたくなな態度を変えなかった 그는 완고한 태도를 바꾸지 않았다. / 彼女はかたくなに僕の申し出を断った 그녀는 완고하게 나의 제의를 거절했다.

**かたくりこ【片栗粉】** 녹말가루

**かたくるしい【堅苦しい】** 딱딱하다 ¶堅苦しいあいさつは抜きにしましょう 딱딱한 인사는 뺍시다. / 堅苦しい雰囲気 딱딱한 분위기

**かたぐるま【肩車】** 목말 ¶息子を肩車した 아들을 목말을 태웠다. / パパ、肩車してよ 아빠, 목말을 태워 줘.

**かたごし【肩越し】** 肩越しに 어깨너머로 ¶彼女は肩越しに僕の方をちらっと見た 그녀는 어깨너머로 내 쪽을 힐끗 보았다.

**かたこと【片言】** ¶赤ちゃんは片言をしゃべり始めた 아기가 떠듬떠듬 말하기 시작했다. / 片言の英語［韓国語］で話す 떠듬거리는 영어［한국어］로 이야기하다

**かたこり【肩凝り】** ¶肩凝りがする 어깨가 결리다 / 最近肩凝りがひどい 최근 어깨가 심하게 결린다.

**かたさ【硬さ】**〔物体の〕경도(硬度)

**かたず【固唾】** ¶試合のようすをかたずをのんで見守った 시합 상황을 마른침을 삼키며 지켜보았다.

**かたすかし【肩透かし】** ◇肩すかしを食う 허탕을 치다 ¶試合が雨で中止になって肩すかしを食った 경기가 비로 취소되어 허탕을 쳤다.

**かたすみ【片隅】** 한구석 ¶部屋の片隅にギターが置いてある 방의 한쪽 구석에 기타가 놓여져 있다.

**かたち【形】** ❶〔外形〕모양, 형태 ¶この皿は葉っぱの形をしている 이 접시는 나뭇잎 모양을 하고 있다. / この車は形がよい 이 차는 모양이 좋다. / この花瓶は形がよくない 이 꽃병은 모양이 좋지 않다. / それはどんな形をしているの それは어떤 모양을 하고 있니? / それらは形は同じだが大きさと色が違う 그것들은 모양은 같지만 크기와 색이 다르다. / あなたの洋服は形が崩れてしまっている 당신의 양복은 모양이 망가져 버렸다. / 幸運は色々な形でやってくるものだ 행운은 다

양한 형태로 오는 것이다.
¶新しい公園はようやく形をなしてきた 새로운 공원은 겨우 형태를 이루었다. / その計画はやっと形を整えてきた 그 계획은 겨우 모습을 갖추기 시작했다. | (→具体化してきた) 그 계획은 겨우 구체화되기 시작했다.

❷〔形式〕형식 ¶彼は形にこだわり過ぎる 그는 형식에 너무 집착한다. / 彼は形だけの社長だ 그는 이름뿐인 사장이다. / 彼は客に形だけのあいさつをした 그는 손님에게 형식적인 인사를 했다. / なんらかの形で彼に謝ったほうがいい 어떠한 형식으로든 그에게 사과하는 것이 좋다. / これは形ばかりのお礼です이것은 사소한 선물입니다. / 形だけの謝罪 형식적인 사죄

**かたちづくる【形作る】** 형성하다, 이루다 ⇨作る

**かたづく【片付く】** ❶〔整頓される〕정돈되다, 정리되다 ¶彼女の部屋はいつも片付いている 그녀의 방은 항상 정돈되어 있다.

❷〔解決する〕해결되다, 끝나다 ¶長年の懸案がやっと片付いた 오랜 기간의 현안이 겨우 해결되었다. / 「いつ手伝ってくれるの」「宿題が片付いたらね」"언제 도와 줄 거니?" "숙제가 끝나면요."

❸〔結婚する〕결혼하다, 시집가다 ¶娘もようやく片付きほっとしています 딸도 이제 시집가서 마음 놓고 있습니다.

**がたつく** 덜거덕거리다 ¶この戸はちょっとがたついている 이 문이 조금 덜거덕거린다.

**かたづける【片付ける】** ❶〔整頓する〕치우다, 정돈하다, 정리하다
¶彼が来たのであわてて部屋を片付けた 그가 왔기 때문에 서둘러서 방을 치웠다. / 食事の後, テーブルを片付けた 식사후 테이블을 치웠다. / 机の上を今すぐ片付けなさい 책상 위를 지금 바로 정리해라. / 掃除機をかけるために娘のおもちゃを片付けた 청소기를 돌리기 위해서 딸의 장난감을 정리했다.

❷〔解決する, 終わらせる〕해결하다, 해치우다, 끝내다〔処理する〕처리하다 ¶このごたごたを片付けないとゆっくりできない 이 문제를 해결하지 않으면 쉴 수가 없다. / 夕方までにこの仕事を片付けなければならない 저녁까지 이 일을 끝내야 한다. / 山積みされた仕事を一つ一つ片付けなければならない 산적한 일을 하나하나 정리해야 된다. / あすの朝まっ先にそれを片付けます 내일 아침 맨 먼저 그것을 처리하겠습니다.

❸〔殺す〕해치우다, 없애버리다 ¶あいつをすぐ片付けろ 저 놈을 어서 해치워라.

**かたっぱし【片っ端】** ◇片っ端から 닥치는 대로 ¶学生の頃はいろんな小説を片っ端から読んだものだ 학생 때는 갖가지 소설을 닥치는 대로 읽었다.

**かたつむり【蝸牛】** 달팽이

**かたて【片手】** 한 손 ¶このかばんは重くて片手では持てない 이 가방은 무거워서 한 손으로는 들 수 없다.

**かたてま【片手間】** ◇片手間に 틈틈이, 짬짬이 ¶彼女は片手間に近所の人に韓国語を教えている 그녀는 틈틈이 이웃 사람에게 한국어를 가르치고 있다.

**かたどおり【型通り】** ◇型通りの 격식에 따른
¶私たちは型通りのあいさつを交わした 우리들은 격식에 따른 인사를 나누었다.

**かたとき【片時】** 한시 ¶危なくて片時も子どもから目を離せない 위험해서 한시도 아이들로부터 눈을 뗄 수가 없다. / 君のことは片時も忘れたことはない 너를 한시도 잊은 적 없어.

**かたどる【象る】** 본뜨다 ¶船をかたどった建物 배를 본뜬 건물

**かたな【刀】** 칼 ¶刀を抜く 칼을 빼다 / 刀を差す 칼을 차다 / 刀を研ぐ 칼을 갈다 数え方 刀 1 ふり 칼 한 자루[정]

**かたはば【肩幅】** 어깨통 ¶彼は肩幅が広い[狭い] 그는 어깨가 넓다[좁다]. ⇨肩

**かたぶつ【堅物】** 고지식한 사람

**かたほう【片方】** 한 쪽; 한 짝 ¶二人のうち片方は背が高く, もう片方は太っていた 두 명 중 한 쪽은 키가 크고, 다른 한 쪽은 뚱뚱한 사람이었다.
¶手袋の片方がなくなった 장갑 한 짝이 없어졌다 / 箸の片方 젓가락의 한 짝

**かたまり【固まり・塊】** ❶〔固まったもの〕덩어리
¶大きな岩の塊が道路をふさいでいた 큰 바위 덩어리가 도로를 막고 있었다. / 1キロの牛肉の塊を買ってきた 쇠고기 1킬로를 샀다. (▶「塊」は特に訳す必要なし)

¶土の塊 흙덩어리 / 粘土の塊 점토 덩어리 / コンクリートの塊 콘크리트 덩어리 / チーズの塊 치즈 덩어리

❷〔集まり〕무리, 떼 ¶先生に引率された一塊の子どもたちが通り過ぎていった 선생님에게 인솔된 한 무리의 아이들이 지나갔다.

❸〔その他〕¶彼女は知性の固まりのような人だ 그녀는 매우 지성적인 사람이다. / 彼の話はまるでうその固まりだ 그 사람의 이야기는 마치 다 거짓말인 것 같다. / 欲の固まり 욕심 덩어리

**かたまる【固まる】** ❶〔固くなる〕굳어지다
¶のりは乾くと固まる 풀은 마르면 굳어진다. / ゼリーが固まった 젤리가 굳어졌다. / 固まるまでそのプリンを冷蔵庫で冷やしてください 굳어질 때까지 그 푸딩을 냉장고에서 차게 해 주세요.

❷〔まとまる〕모이다, 뭉치다 ¶5人ずつ固まって班を作った 다섯 사람씩 모여서 반을 만들었다. / 彼らは部屋の隅に固まっていた 그들은 방 구석에 모여 있었다. / 駅前には商店が固まっている 역 앞에는 상점이 모여 있다.

❸〔しっかりしたものになる〕굳어지다, 튼튼해지다, 확고해지다 ¶私たちの考えはすでに固まっている 우리들의 생각은 이미 확고하다. / 会社をやめる決心がようやく固まった 회사를 그만둘 결심을 간신히 굳혔다. / 彼が犯人だという証拠が固まったので警察は逮捕に踏み切った 그가 범인이라는 증거가 확고해졌으므로 경찰은 체포에 나섰다.

**かたみ【形見】** 기념물, 유품 ¶母は私に形見としてこの指輪をくれた 어머니는 돌아가시기 전에 기념으로 이 반지를 주셨다. / 父の形見分けをす

**かたみ【肩身】** ¶自分の息子が万引きをするとは、親としてまったく肩身が狭い 자기 아들이 가게에서 물건을 훔치다니 부모로서 정말 면목이 없다.

**かたみち【片道】** 편도 (↔왕복) 関連 片道切符 편도 차표 [승차권]

**かたむき【傾き】** 경사 ¶屋根の傾き 지붕의 경사 / 傾きが急だ [緩やかだ] 경사가 가파르다 [완만하다]

**かたむく【傾く】** ❶ [傾斜する] 기울다, 기울어지다 ¶あの電柱は少し傾いている 저 전봇대는 조금 기울어져 있다. / 地震で家の柱がひどく傾いた 지진으로 집 기둥이 많이 기울어졌다. / この土地は川の方へ傾いている 이 토지는 강 쪽으로 기울어져 있다. / ビルが少し左へ傾いている 빌딩이 조금 왼쪽으로 기울어져 있다. / 彼の字は右に傾いている 그 사람의 글자는 오른쪽으로 기울어져 있다. / 花瓶が傾いて倒れた 화병이 기울어 넘어졌다. / テーブルがふいに左に傾いたので皿が急に左側へ傾いた 기울어진 테이블이 갑자기 왼쪽으로 기울었다. / 高い波がきてボートが突然片側に傾いた 높은 파도가 와서 보트가 갑자기 한쪽으로 기울었다.
❷ [心・考えが] 기울다, 쏠리다 [傾向がある] 경향을 띠다 ¶彼は思想的に左に傾いている 그는 사상적으로 왼쪽으로 기울어 있다. / 兄の音楽の好みはロックに傾いている 형의 음악적 기호는 록에 치우쳐 있다. / 心が傾く 마음이 기울다
❸ [日・月が沈む] 기울다, 지다 ¶日が西に傾いてきている 해가 서쪽으로 져 가고 있다.
❹ [衰える] 기울다, 기울어지다, 쇠퇴하다 ¶彼の運勢も傾きかけている 그 사람의 운세도 기울어가고 있다. / 家運が傾く 가운이 기울다

**かたむける【傾ける】** ❶ [物を] 기울이다, 기울게 하다 ¶その子は右に頭を傾けた 그 아이는 오른쪽으로 머리를 기울였다. / 彼は椅子を後ろへ傾けて座っている 그 사람은 의자를 뒤로 기울여 앉아 있다. / 私は皿を傾けてスープを飲んだ 나는 접시를 기울여서 수프를 먹었다.
❷ [心を] 기울이다, 쏟다 ¶彼は英語と数学の勉強に全力を傾けた 그는 영어와 수학 공부에 전력을 쏟았다. / 彼の言うことに耳を傾けなさい 그가 하는 말에 귀를 기울여라.
❸ [杯を] 기울이다 [飲む] 마시다 ¶私たちは何杯も杯を傾けた 우리들은 몇 잔이고 [술잔을 기울였다 [술을 마셨다].
❹ [家・国などを] 기울이다, 기울게 하다 [滅ぼす] 망치다, 망하게 하다 ¶国を傾ける 나라를 망하게 하다

**かため【片目】** 한쪽 눈 [片方の目が不自由な人] 애꾸눈이 ¶片目をつぶる 한쪽 눈을 감다

**かためる【固める】** ❶ [固くする] 굳히다, 다지다 ¶地盤を固めてから家を建てる 지반을 다지고 집을 세우다 / ゼリーを冷蔵庫で冷やして固めた 젤리를 냉장고에 넣어 차게 해서 굳혔다. / 砂利をセメントで固める 자갈을 시멘트로 다지다 / 雪を踏み固める 눈을 밟아 다지다
❷ [しっかりしたものにする] 굳히다, 튼튼하게 하다, 확고하게 하다 ¶地位を固める 지위를 굳히다 / 結束を固める 결속을 다지다 / 韓国に留学する決心を固めた 한국에 유학하기로 결심을 굳혔다. / 彼はすでに辞意を固めていた 그는 이미 사의를 굳혔었다.
¶身を固める (→結婚する) 결혼하다 / それはうそで固めた話だ 그것은 모두 거짓말이다.

**かたゆで【固茹で】** ¶固ゆで卵 완숙으로 삶은 계란

**かたよる【偏る・片寄る】** 치우치다 [方向・針路が] 쏠리다 [不公平だ] 불공평하다 ¶栄養が偏る 영양이 치우치다 / 針路が東に偏っている 침로가 동쪽으로 치우쳐 있다. / 彼の見方に偏っている 그 사람의 견해는 치우쳐 있다. / 偏った判定 불공평한 판정

**かたりあう【語り合う】** 이야기를 나누다 ¶私たちは夜を徹して語り合った 우리는 밤을 새우며 이야기를 나누었다.

**かたりて【語り手】** 이야기꾼 [ナレーター] 나레이터, 해설자

**かたる【語る】** 말하다, 이야기하다 ¶彼は事件の一部始終を語った 그는 사건의 자초지종을 말했다. / 自分の体験を語る 자신의 체험을 말하다 / 未来について語る 미래에 관하여 이야기하다 / 民話を語る 민화를 이야기하다

**カタログ** 카탈로그 関連 カタログ販売 카탈로그 판매 / 通信販売カタログ 통신 판매 카탈로그

**かたわら【傍】** [そば] 옆, 곁 […しながら] -는 한편 ¶家事のかたわら母はピアノを習っている 어머니는 집안일을 하는 한편 피아노를 배우고 있다.

**かだん【花壇】** 화단 ¶花壇に種をまく 화단에 씨를 뿌리다

**がたん** 덜커덩, 꽝, 쿵 ; 뚝 ¶がたんと何かが落ちる音がした 쿵하고 무엇인가가 떨어지는 소리가 났다. / 売り上げががたんと落ちた 매상이 뚝 떨어졌다.

**かち【勝ち】** 승리, 이기는 것 ¶わがチームの勝ちは決まったようなものだ 우리 팀의 승리는 정해진 거나 마찬가지다. / 試合は 2 対 1 で日本の勝ちで試합은 2대 1로 일본이 이겼다. / 相手のエラーのお陰で勝ちを拾った 상대의 실책 덕분에 뜻밖의 승리를 거뒀다. / 今夜の試合の勝ちチームを予想するのは難しい 오늘 밤 시합에서 어느 팀이 이길지 예상하기는 어렵다. / 勝ちを収める 승리를 거두다 / 勝ちを譲る 승리를 양보하다 / 早い者勝ち 빠른 자가 장땡

**かち【価値】** 가치 [値打ち] 값어치 (▶ 発音は 가버치) ◇ …する価値がある -ㄹ [-을] 만하다

基本表現
▷ その切手は10万円の価値がある
　그 우표는 10만 엔의 가치가 있다.
▷ この本は読む価値がある
　이 책은 읽을 만하다 [가치가 있다].
▷ 金の価値は下がることはない
　금의 가치는 떨어지지 않는다.
¶このダイヤモンドの価値は約 1 億 5 千万円に相当するという 이 다이아몬드의 가치는 약 1억 5천만

엔에 상당한단다. / 이 絵は芸術的な価値が極めて高いものです 이 그림은 예술적인 가치가 지극히 높은 것입니다. / 1ドルの交換価値は現在115円前後だ 1달러의 교환 가치는 현재 115엔 전후다. / 彼の研究はノーベル賞級の価値はある 그 사람의 연구는 노벨상급의 가치가 있다. / コンピュータは使いこなせなければ価値がない 컴퓨터는 잘 다루지 못하면 가치가 없다. / 長い間、彼の作品は価値が認められなかった 오랫동안 그의 작품은 가치를 인정받지 못했다. / 彼女にとって宝石なんて何の価値もないものだ 그녀에게 있어서 보석같은 건 아무런 가치도 없는 것이다. / わざわざそこまで行ってみる価値がありますか 일부러 거기까지 가 볼 만해요? / この本は読む価値がない 이것은 읽을 만한 책이 못돼요.

¶価値のある情報 가치 있는 정보 / 見る価値のある映画 볼 만한 영화 [関連] 価値観 가치관 / 希少価値 희소가치 / 市場価値 시장 가치 / 美的価値 미적 가치 / 付加価値税 부가가치세

- **がち**【-勝ち】 ¶この時計は遅れがちだ 이 시계는 잘 늦는다. / 彼は最近病気がちだ 그는 최근 자주 병든다. / 彼女は安易に他人に頼りがちだ 그녀는 안이하게 타인에게 잘 의지한다. / きょうは一日曇りがちだ 오늘은 하루 종일 흐리다.

- **かちかち** 째깍째깍; 딱딱, 꽁꽁 ¶古い時計のかちかちという時계 낡은 시계의 째깍째깍하는 소리가 들렸다. / 道がかちかちに凍っていた 길이 꽁꽁 얼어붙어 있었다. / 彼女は面接でかちかちに緊張していた 그녀는 면접에서 잔뜩 긴장해 있었다.

- **かちき**【勝ち気】 ◇勝ち気だ 기승스럽다, 억척스럽다 ¶彼女は勝ち気な性格だ 그녀는 지기 싫어하는 성격이다.

- **かちく**【家畜】 가축 ¶家畜を飼う 가축을 기르다 [関連] 家畜小屋 축사

- **かちこす**【勝ち越す】 ¶うちのチームは今のところ5勝3敗で勝ち越している 우리 팀은 그 팀에서 현재 5승 3패로 이기고 있다.

- **かちとる**【勝ち取る】 쟁취하다 ¶優勝を勝ち取る 우승을 차지하다 / 自由を勝ち取る 자유를 쟁취하다

- **かちぬきせん**【勝ち抜き戦】 승자 진출전〔トーナメント〕토너먼트

- **かちぬく**【勝ち抜く】 내리 이기다 ¶うちのチームは3回戦まで勝ち抜いた 우리 팀은 3회전까지 내리 이겼다.

- **かちのこる**【勝ち残る】 살아남다 ¶チームは決勝まで勝ち残った 팀은 결승까지 살아남았다.

- **かちほこる**【勝ち誇る】 ¶優勝した選手たちは勝ち誇ってパレードした 우승한 선수들은 기세등등하게 퍼레이드를 했다.

- **かちぼし**【勝ち星】〔勝利〕승리 ¶その投手は完投で今期3つ目の勝ち星をあげた 그 투수는 완투로 이번 시즌의 세 번째 승리를 거두었다.

- **かちまけ**【勝ち負け】 승부, 승패 ⇒勝敗

- **かちめ**【勝ち目】 승산, 이길 가망 ¶勝ち目がある[ない] 승산이 있다[없다] / 勝ち目のない試合 승산이 없는 시합 / 私には勝ち目がない 나에게는 승산이 없다.

- **かちゃかちゃ** 잘랑잘랑, 잘그랑잘그랑 ¶ナイフとフォークのかちゃかちゃする音 나이프와 포크의 잘그랑거리는 소리

- **がちゃがちゃ** 잘가닥잘가닥, 덜그럭덜그럭 ¶台所で鍋がががちゃがちゃ鳴る音がした 부엌에서 냄비랑 솥이 덜그럭거리는 소리가 났다.

- **かちゅう**【渦中】 와중 ¶渦中の人物 와중의 인물 / 紛争の渦中に巻き込まれる 분쟁의 와중에 말려들다 / スキャンダルの渦中の人 스캔들이 난 사람

- **かちょう**【課長】 과장(님) ¶課長に昇進する 과장으로 승진하다 / 課長、お電話です 과장님, 전화 받으세요. [関連] 課長代理 과장 대리 / 課長補佐 과장 보좌 / 経理課長 경리 과장

- **がちょう**【鵞鳥】 거위

- **かちん** 울컥 ¶あいつの言い方にはかちんときた 그 녀석의 말투에 화가 울컥 치밀었다.

- **かつ**【且つ】 동시에, 또, 또한, 한편 ¶ミナは美人で、かつ勉強もできる 미나는 얼굴도 곱고 또 공부도 잘한다. / 彼は画家であり、かつ詩人だ 그 사람은 화가이자 또 시인이다. / 報告は迅速かつ正確だった 보고는 신속하고 정확했다. / 驚きかつ喜ぶ 한편 놀라고 한편 기뻐하다 / 必要かつ十分な条件 필요하고도 충분한 조건

- **かつ**【勝つ】 이기다, 승리하다〔困難などに〕이겨내다, 극복하다〔まさる〕강하다, 세다 ¶テニスの試合に勝った 테니스 시합에 이겼다. / 日本は中国に5対2で勝った 일본은 중국에 5대 2로 이겼다. / 日本は中国に大差で勝った 일본은 중국에 큰 차로 이겼다. / 今のところ1対0で韓国が勝っている 현 시점에서는 1대 0으로 한국이 이기고 있다. / どちらが勝ったの 어느 쪽이 이겼니? / 彼にはこの勝負に勝つ見込みがない 그에게는 이 승부에서 이길 전망이 없다. / 勝っても負けてもそんなことは問題じゃない 이기든 지든 그런 일은 문제가 아니다. / 彼は選挙に勝ったのは彼の選挙戦でのことだ.

¶訴訟に勝つ 소송에 이기다 / 賭けに勝つ 내기에 이기다 / 困難に勝つ 곤란을 이기다 / 誘惑に勝つ 유혹을 이기다

¶口では彼女に勝てない 말로는 그녀를 이길 수 없다. / この配色は赤が勝ちすぎている 이 배색은 빨간색이 너무 강하다. / きのうパチンコで3万円勝った 어제 빠찡꼬에서 3만 엔 땄다. 慣用句 勝てば官軍 이기면 관군 지면 역적 / 勝ってかぶとの緒を締めよ 이긴 뒤에도 방심을 하지 마라.

- **カツ** 커틀릿 [関連] トンカツ 돈가스 / メンチカツ 민스 커틀릿 / カツサンド 커틀릿 샌드위치

- **かつあい**【割愛】◇割愛する 생략하다(▶할애하다는「割く、割り当てる」という反対の意味になる) ¶説明を割愛する 설명을 생략하다 ⇒省略

- **かつお**【鰹】 가다랭이 ¶高知県は独特のかつお漁で有名だ 고치현은 독특한 가다랭이잡이로 유명하다. / かつお節を削る 가다랭이포를 깎다

- **かっか** ◇かっかする〔興奮する〕흥분하다〔怒る〕화내다, 성내다 ¶そんなにかっかするなよ 그렇게 흥분하지 마.

- **がっか**【学科】 학과 [関連] 経済学科 경제학과

**がっかい【学会】** 학회 関連 韓国語学会 한국어학회 / 朝鮮学会 조선학회 / 朝鮮語学会 조선어학회 / 物理学会 물리학회

**がっかい【学界】** 학계

**かっかざん【活火山】** 활화산

**がつがつ** 게걸게걸, 걸근걸근 ◇がつがつする 게걸거리다, 걸근거리다 ¶がつがつ食べる 게걸스럽게 먹다 / 金にがつがつしている 돈에 욕심이 많다.

**がっかり** ◇がっかりする [失望する] 실망하다 [落胆する] 낙심하다 ¶私は試験の結果にがっかりした 나는 시험 결과에 실망했다. / 私の誕生日を忘れてたなんてがっかりだわ 내 생일을 잊고 있었다니 실망이야. / 彼らがそんなことをしたとはがっかりだ 그 사람들이 그런 일을 했다니 실망이다. / 彼はがっかりした顔をしていた 그 사람은 실망한 표정을 하고 있었다. / 彼は自分の絵が落選して相当がっかりしていたようだ 그 사람은 자신의 그림이 낙선해 상당히 실망하고 있었던 것 같다. / 知らせを聞いてがっかりした 소식을 듣고 낙심했다. / がっかりしないで失望하지 마. / そんなことでがっかりしてはだめだよ 그런 일로 실망하면 안 돼.

¶君がパーティーに来なかったのでジナはがっかりしてたよ 네가 파티에 오지 않아서 지나는 실망하고 있었어. / あの映画の結末にはまったくがっかりした 그 영화의 결말에는 완전히 실망했다. / 大臣の無責任な発言にがっかりした 대신의 무책임한 발언에 실망했다.

会話 がっかりだな
A : 今度のコンサートが中止になったんだって
B : えっ, がっかりだわ. 楽しみにしてたのに
A : 이번 콘서트가 취소됐대.
B : 뭐라고? 기대하고 있었는데. 실망이야.

**かっき【活気】** 활기 ◇活気がある 활기가 있다 ◇活気づく 활기를 띠다 ¶横浜は国際色豊かで活気のある町だ 요코하마는 국제색이 풍부하고 활기가 있는 도시다. / 春はあらゆるものが活気に満ちている 봄은 모든 것이 활기로 가득 차 있다. / 活気にあふれる議論 활기찬 논의 / 活気の失せた顔 활기를 잃은 안색 ¦ 활기가 없어진 얼굴

¶この静かな村も元日には活気づいて沸き返る 이 조용한 마을도 설날에는 활기로 들끓는다. / 日が沈むころからこの辺りは活気づいてくる 해가 질 무렵부터 이 근처는 활기기에 오른다

**がっき【学期】** 학기 ¶あすから新学期が始まる 내일부터 신학기[새 학기]가 시작된다. / 学期中[学期末]に 학기중[학기말]에 関連 学期末試験 학기말 시험 [고사]

**がっき【楽器】** 악기 ¶楽器を演奏する 악기를 연주하다 / 何か楽器を演奏できますか 뭔가 악기를 연주할 수 있습니까? 関連 楽器店 악기점 / 管楽器 관악기 / 弦楽器 현악기 / 打楽器 타악기 / 民族楽器 민족악기

**かつぎこむ【担ぎ込む】** ¶けが人を病院に担ぎ込んだ 부상자를 병원에 데려다 놓았다.

**かつぎだす【担ぎ出す】** 받들다, 추대하다 ¶彼は会長に担ぎ出された 그는 회장으로 추대되었다.

**かっきてき【画期的】** 획기적 ◇画期的だ 획기적이다 ¶画期的な発明 획기적인 발명 / それは画期的な出来事だった 그것은 획기적인 사건이었다.

**がっきゅう【学級】** 학급, 반 ¶インフルエンザのために1年生のクラスは学級閉鎖になった 유행성 감기 때문에 1학년 학급은 폐쇄가 되었다. 関連 学級委員 학급 위원, 반장 / 学級新聞 학급 신문

**かっきょう【活況】** 활황, 활기 ¶商店街は活況を呈している商店街는 활기를 띠고 있다. / 日本経済は活況を取り戻しつつあると言われている 일본 경제는 활기를 되찾고 있다고 한다.

**かつぐ【担ぐ】** ❶ [背負う] 지다, 메다 ¶荷物を担ぐ 짐을 메다 / 大工さんが大きな道具箱をかついでいる 목수가 큰 연장궤를 메고 있다. / 彼は自転車を軽々とかついで階段を上がっていった 그는 자전거를 가볍게 메고 계단을 올라갔다. / お祭りでは小さな子供もみこしをかついでいた 축제에서는 어린 아이들도 신을 모신 가마를 지고 있었다.
❷ [だます] 속이다 ¶人をかつぐ 사람을 속이다 / エープリルフールに友達にまんまとかつがれてしまった 만우절에 친구에게 감쪽같이 속고 말았다.

**がっく【学区】** 학구 関連 学区制 학구제

**がっくり** 맥없이, 푹, 뚝 ◇がっくりする 맥이 없어지다, 상심하다 ¶不合格と知ってがっくりした 불합격이라는 것을 알고 상심했다. / 彼はがっくりとひざをついた 그는 맥없이 무릎을 꿇었다. / がっくりと肩を落とす 낙담하다

**かっけ【脚気】** 각기 ◇かっけにかかる 각기병에 걸리다

**かっこ【確固】** ◇確固としている 확고하다 ¶確固とした信念をもつ 확고한 신념을 가지다

**かっこ【括弧】** 괄호, 묶음표 ¶注をかっこでくくる 주를 괄호로 묶다

**かっこいい** 멋있다, 멋지다, 《俗》 근사하다 ¶君の車はかっこいいね 네 차는 멋있구나. / 彼, 背が高くてかっこいいわね 그 사람, 키도 크고 멋있네. / かっこいいボーイフレンドが欲しいわ 근사한 남자 친구가 있었으면 좋겠어. / あのミニスカートの女の子, かっこいい 저 미니스커트를 입은 여자 아이, 멋있다. ⇒格好, すてき

**かっこう【格好】** ❶ [形, 姿] 모양, 모습, 볼품 ¶このテーブルは格好がよい 이 테이블은 볼품이 있다. / あの椅子は格好が悪い 저 의자는 볼품이 사납다. / その男は変な格好の帽子をかぶっていた 그 남자는 이상한 모양의 모자를 쓰고 있었다. / 変なズボン, 格好悪い ! こんなの着たくないよ 볼품없는 이상한 바지네. 이런 건 입고 싶지 않아. / 彼女はいつも変な格好をしている 그녀는 항상 이상한 모습을 하고 있다. / 彼の背広姿は格好がよい 그 사람의 양복 모습은 멋있다.

¶きちっとした格好で会社へ行きなさい 단정한 모습으로 회사에 가거라. / 格好で人を判断してはいけない 겉 모습으로 사람을 판단해서는 안 된다. / 彼は歩く格好が父親そっくりだ 그는 걷는 모습이 부친을 쏙 닮았다.

❷ [体裁] 모양, 꼴, 볼품, 품 (<form) ¶女の子の前で格好をつけるなよ 여자 아이 앞에서 품 잡

지 마. / 自分ひとりだけ宿題を忘れて格好が悪かった 나 혼자만 숙제를 깜빡해서 볼품이 사나웠다. / 格好を気にする 모양에 신경을 쓰다 / 格好のいい言葉を言う 번드레한 말을 하다 / 格好つけた男 모양낸 남자
❸ [適切な] ◇格好の 알맞은, 걸맞은, 적당한 ¶結婚祝いに格好の贈り物 결혼 축하에 걸맞은 선물 / 外出には格好の天気だ 외출에는 알맞은 날씨다. / この空き地は子供たちの格好の遊び場だった 이 공터는 아이들에게 알맞은 놀이터였다.
❹ [その他] ¶彼女の年格好は35, 6というところだった 그녀의 연령은 35, 6 정도였다. / あの歌手もすっかり人々から忘れられた格好だ 저 가수도 완전히 사람들로부터 잊혀진 셈이다. / スキャンダルは対立候補を攻撃する格好の攻撃材料となった 스캔들은 반대쪽 후보를 공격하기 위한 좋은 공격 재료가 되었다.

**かっこう**【郭公】뻐꾸기
**かっこう**【滑降】활강 ¶スキーで斜面を滑降するスキーを타고 경사를 미끄러져 내려가다
関連 滑降競技 활강 경기 / 直滑降 직활강 / 斜滑降 사활강

**がっこう**【学校】학교 [語学・塾・料理などの] 学院(学院) [授業] 수업
◆【学校が・学校は】
¶きょうは学校が(→授業が)ない 오늘은 수업이 없다. / 学校は4時に終わります 학교는 네 시에 마칩니다. / 夏休みが終わりあすから学校が始まる 여름 방학이 끝나서 내일부터 학교가 시작된다. / 私はきょう学校が終わってから塾に行きます 나는 오늘 학교 끝나고 나서 학원에 갑니다.
◆【学校から・学校で】
¶彼女は学校から帰る途中で交通事故にあった 그녀는 학교에서 돌아가는 도중에 교통사고를 당했다. / 父は学校で国語を教えている 아버지는 학교에서 국어를 가르치고 계신다.
◆【学校の・学校に】
¶私は電車で学校に通っている 나는 전철로 학교에 다니고 있다. / 娘ももう学校に上がる年齢になった 딸도 벌써 학교에 다닐 나이가 되었다. / この国では6歳になると子供たちは学校に行く 이 나라에서는 여섯 살이 된 아이들은 학교에 간다. / 学校に行く時間だ 학교에 갈 시간이다. / 急がないと学校に遅れるよ 서두르지 않으면 학교에 늦어. / 妹はいじめにあって学校に行けなくなった 여동생은 왕따를 당하는 바람에 학교에 못 가게 되었다. / 母は学校の先生だ 어머니는 학교 선생님이시다.

会話 どこの学校
A : どこの学校に行っているのですか
B : ソウル大学です
A : 어느 학교에 다니고 있습니까?
B : 서울 대학교에 다닙니다.

◆【学校を】
¶きょうは学校をサボった 오늘은 학교를 빠졌다. / 彼はこの春に学校を卒業して就職した 그는 올봄에 학교를 졸업하고 취직했다. / 彼女は働きながら学校を出た 그녀는 일을 하면서 학교를 졸업했다. / 彼は学校を休んだことがない 그는 학교

를 쉰 적이 없다. / 学校をやめたい 학교를 그만두고 싶어.
◆【その他】
¶そのうわさは学校中に広まった ユ 소문은 학교 전체에 퍼졌다. 関連 学校医 학교의 / 学校給食 학교 급식 / 学校教育 학교 교육 / 学校新聞 학교 신문 / 学校生活 학교생활 / 学校法人 학교 법인 / 警察学校 경찰 학교 / 公立学校 공립학교 / 士官学校 사관학교 / 自動車学校 자동차[운전] 학원 / 商業高等学校 상업 고등학교 / 私立学校 사립학교 / 神学校 신학교 / 専門学校 전문 대학 / 日曜学校 일요 학교, 주일 학교 / 美容学校 미용 학원 / 養護学校 양호 학교 / 理容学校 이용 학원 / 料理学校 요리 학원 / 臨海[林間]学校 임해[임간] 학교 / ろうあ学校 농아 학교

**かっこく**【各国】각국, 여러 나라
**かっこわるい**【かっこ悪い】멋없다, 볼품이 사납다 ⇒格好
**かっさい**【喝采】[歓声] 갈채 [拍手] 박수
¶彼女はかっさいを浴びて舞台に登場した 그녀는 박수갈채를 받으며 무대에 등장했다. 関連 拍手喝采 박수갈채
**かつじ**【活字】활자 ¶活字を組む 활자를 짜다 / 活字にする 활자로 하다, 인쇄하다 / 彼女のエッセーが活字になった 그녀의 에세이가 출판되었다. / 大きい活字の雑誌 큰 활자의 잡지 関連 活字体 활자체 / 活字メディア 활자 매체
**かっしゃ**【滑車】활차, 도르래
**がっしゅく**【合宿】합숙 ◇合宿する 합숙하다
¶毎年テニス部は志賀高原で夏の合宿をする 매년 테니스 동아리는 시가 고원에서 여름 합숙을 한다. 関連 合宿所 합숙소
**がっしょう**【合唱】합창 ◇合唱する 합창하다
¶バスの中でみんなで合唱した 버스 안에서 모두 함께 합창했다. 関連 合唱団 합창단 / 混声合唱 혼성 합창 / 男声[女声]合唱 남성[여성] 합창 / 二部合唱 이부 합창
**かっしょく**【褐色】갈색 ¶褐色の肌 갈색의 피부
**がっしり** ¶がっしりした肩 다부진 어깨 / がっしりした骨組み 단단한 뼈대 / 彼は体格ががっしりしている 그는 체격이 다부지다.
**かっすい**【渇水】갈수 関連 渇水期 갈수기 / 渇水量 갈수량
**かっせい**【活性】활성 関連 活性酸素 활성산소 / 活性炭 활성탄
**かっせいか**【活性化】활성화 ◇活性化する 활성화하다 ¶地域の活性化のために大型商業施設が誘致された 지역 활성화를 위해서 대형 상업 시설이 유치되었다.
**かっそう**【滑走】활주 ◇滑走する 활주하다
¶飛行機は離陸のために滑走を始めた 비행기는 이륙을 위해서 활주를 시작했다. / 氷の上を滑走する 얼음 위를 활주하다
**がっそう**【合奏】합주 ◇合奏する 합주하다
関連 合奏曲 합주곡
**カッターナイフ** 커터칼
**がっちり** 꽉, 단단히, 빈틈없이 ◇がっちりした

ガッツ

〔体格が〕다부진〔金銭に〕야무진 ¶彼は私の手をがっちりと握った 그는 나의 손을 꽉 잡았다. / 宮殿はがっちりと守られていた 궁전은 빈틈없이 수호되고 있었다. / がっちりした体格の人 다부진 체격의 사람

**ガッツ** 기력, 끈기, 패기 ¶その男にはガッツがある[ない] 그 남자에게는 끈기가 있다[없다]. / ガッツポーズをとる 승리의 포즈를 취하다 | 주먹을 불끈 쥐어 보이다

**かつて** 일찍이, 전에, 이전에〔ひところ, 一時〕한때 ¶かつてわが国の歴史になかった出来事 일찍이 우리 나라 역사에 없었던 일 / この辺りはかつては閑静な住宅街だった 이 근처는 이전에는 한적한 주택가였다. / 彼はかつて彼女と毎日のようにデートをしていた 그는 한때 그녀와 매일같이 데이트를 하고 있었다. / 彼女の母親はかつては有名な女優だった 그녀의 어머니는 한때 유명한 여배우였다

¶この港町にはかつての面影はまったくない 이 항구도시에는 이전의 모습은 전혀 없다. / かつての恋人からの手紙を偶然見つけた 옛 애인으로부터 받은 편지를 우연히 찾아냈다. / 彼女は私のかつての教え子の一人だ 그 여자는 나의 예전 제자 중 한 명이다.

¶この番組はかつてほど人気がないね 이 프로그램은 전만큼 인기가 없네. / そんな話は未だかつて聞いた事がない 그런 이야기는 아직 한 번도 들은 적이 없다.

**かって【勝手】**〔わがまま, 随意〕◇勝手だ 시먹다 제멋대로, 마음대로 ¶勝手な奴 시먹은 놈 / ミンスは本当にかってな子だ 민수 그 아이는 정말 제멋대로다. / 勝手なことを言う 제멋대로 말하거나. / 勝手に振る舞う 제멋대로 굴다 / 何でも勝手に使っていいよ 뭐든지 마음대로 써도 좋아. / これらの本を勝手に持ち出さないでください 이 책들을 무단으로 가져가지 말아 주세요. / いつも勝手にさせるわけにはいかない 언제나 마음대로 하게 내버려 둘 수는 없다. / 行こうと行くまいと君の勝手だ 가든지 말든지 네 마음대로 해. / 勝手にしろ 네 멋대로 해라.

¶勝手気ままにできるのも学生の間だけだ 제 멋대로 할 수 있는 것도 학생 시절뿐이다. / 今年の新入社員の勝手さは目に余る 금년 신입 사원의 제멋대로인 행동은 눈에 거슬린다.

❷〔様子, 事情〕사정 ¶いつもと勝手が違うので緊張した 평소와 사정이 달라 긴장됐다.

❸〔台所〕부엌, 주방〔厨房〕¶「お母さんはどこにいる」「お勝手にいると思うよ」"어머니는 어디 계셔?" "부엌에 계실거야." 関連 勝手口 부엌문 / 勝手仕事 부엌일

**かっと** 발끈, 벌컥 ◇かっとなる 발끈하다 ¶かっとなって殴る 발끈해서 때리다 / 私はかっとなって彼に本を投げつけた 나는 발끈해서 그 사람에게 책을 던져 버렸다.

**カット** 커트, 컷; 삭감 ◇カットする 커트하다 ¶美容院で髪の毛をカットした 미용실에서 머리를 커트했다. / 業績不振で賃金が1割カットされた 실적 부진으로 임금이 10퍼센트 삭감됐다. / ノーカットの映画を上映する 노 컷의 영화를 상영하다 関連 カットグラス 컷글라스 / 賃金カット 임금 삭감

**ガット**〔ラケットなどの〕거트 ¶テニスのラケットにガットを張る 테니스 라켓에 거트를 치다

**かっとう【葛藤】**갈등 ¶私の心に葛藤が生じた 나의 마음에 갈등이 생겼다.

**かつどう【活動】**활동 ◇活動的だ 활동적이다 ¶私は高校ではクラブ活動に熱中していた 나는 고등학교에서는 클럽 활동에 열중하고 있었다. / 彼は活動範囲を広げたらしい 그는 활동 범위를 넓힌 것 같다. / 彼らは被災のための救援活動を行った 그들은 이재민을 위한 구원 활동을 했다.

¶救助隊はすぐに活動を開始した 구조대는 곧바로 활동을 개시했다. / 救助活動はうまくいった 구조 활동은 잘되었다. / 勇ましい活動を繰り返す軍人 용맹스러운 활동을 되풀이하는 군인 / ふくろうのような夜行性の動物は夜に活動する 올빼미 같은 야행성 동물은 밤에 활동한다.

¶彼はとても活動的な人だ 그 사람은 참 활동적인 사람이다. 関連 活動家 활동가 / 活動力 활동력 / 課外活動 과외 활동 / 火山活動 화산 활동 / 救援活動 구호 활동 / 研究活動 연구 활동 / 広報活動 홍보 활동 / 消火活動 소화 활동 / 政治活動 정치 활동 / ボランティア活動 볼런티어(자원) 봉사 활동

**かっとばす【かっ飛ばす】**날리다 ¶ホームランをかっ飛ばす 홈런을 날리다

**カツどん【カツ丼】**돈가스와 계란을 얹은 덮밥

**かっぱ【河童】**갓파: 강가에 산다고 하는 일본의 상상의 동물〔泳ぎのうまい人〕헤엄을 잘 치는 사람 慣用句 かっぱの川流れ 아무리 숙련된 사람이라도 실수하는 일이 있다. | (⇒さるも木から落ちる)원숭이도 나무에서 떨어진다. / そんなのへのかっぱだ 그런 건 "누워서 떡 먹기"다. 関連 かっぱ巻き 오이를 안에 넣은 김밥

**カッパ【合羽】**우비, 우의

**かっぱつ【活発】**◇活発だ 활발하다 ◇活発に 활발히 ¶彼女は小さいころはとても元気で活発だった 그녀는 어릴 때는 매우 건강하고 활발했다. / 新製品の売れ行きはものすごく活発だ 신제품의 매출은 대단히 활발하다. / 活発な性格 활발한 성격 / 活発に討論する 활발하게 토론을 하다 / 会議では活発に意見が交わされた 회의에서는 활발하게 의견이 교환되었다〔나누어졌다〕.

**かっぱらい【搔っ払い】**〔ひったくり〕날치기, 《俗》들치기〔人〕날치기꾼

**かっぱらう【搔っ払う】**〔ひったくる〕날치기하다, 들치기하다 ¶帰宅途中で彼女はハンドバッグをかっぱらわれた 집에 돌아오는 길에서 핸드백을 날치기당했다. ⇒盗む

**カップ** 컵 関連 カップラーメン 컵라면(▶発音は컵나면) / 計量カップ 계량컵 / ティーカップ 찻잔 / 優勝カップ 우승컵

**かっぷく【恰幅】**풍채, 몸매 ¶かっぷくのよい男性 풍채가 좋은 남자

**カップル** 커플 ¶似合いのカップル 잘 어울리는 커플 関連 カップリング 커플링

**がっぺい【合併】** 합병 ◇合併する 합병하다
¶3つの村が合併して市になった 세 개의 마을이 합병해서 시가 되었다. / その会社はライバル会社に吸収合併された 그 회사는 라이벌 회사에 흡수 합병되었다. 関連 合併症 합병증 / 町村合併 읍면 합병

**かつぼう【渇望】** 갈망 ◇渇望する 갈망하다
¶私たちは平和を渇望してやまない 우리는 평화를 몹시 갈망한다.

**がっぽり** 듬뿍 ¶きのうはパチンコでがっぽりもうけた 어제 빠찡꼬에서 많이 땄다.

**かつやく【活躍】** 활약 ◇活躍する 활약하다
¶活躍が期待される 활약이 기대되다 / 活躍ぶりが注目される 활약상이 주목되다 / 学生時代、野球部で活躍していた 학생 시절 그는 야구부에서 활약하고 있었다. / 体操チームがオリンピックで大活躍した 체조팀이 올림픽에서 대활약했다.

**かつよう【活用】** 활용 ◇活用する 활용하다
¶動詞の活用 동사의 활용 / 辞書を十分に活用する 사전을 충분히 활용하다 / 余暇をうまく活用する 여가를 유효하게 활용하다 / 彼は集めた資料を活用してレポートをまとめた 그는 모은 자료를 활용해서 리포트를 썼다. 関連 活用語尾 활용 어미

**かつら【鬘】** 가발 ¶かつらをつける 가발을 쓰다

**かつりょく【活力】** 활력 ¶あすへの活力を蓄える 내일의 활력을 저축하다 / 活力にあふれる 활력이 넘치다

**カツレツ** 커틀릿 関連 ビーフカツレツ 비프커틀릿 / ポークカツレツ 포크커틀릿

**かてい【仮定】** 가정 ◇仮定する 가정하다

**かてい** ¶仮定を事実として扱ってはならない 가정을 사실로 취급해서는 안 된다. / 彼の理論はまだ仮定にすぎない 그의 이론은 아직 가정에 지나지 않는다. / 火災が発生したという仮定のもとに避難訓練が行われた 화재가 발생했다는 가정하에 피난 훈련이 행해졌다.
¶その距離を2キロと仮定してみよう 그 거리를 2킬로로 가정해 보자. / たくさんのお金を持っていると仮定して何を買いますか 많은 돈을 가지고 있다고 가정한다면 무엇을 사겠습니까?

**かてい【家庭】** 가정 ◇家庭的 가정적이다

◆〖家庭の〗
¶どの家にも家庭の味というものがある 어느 집에도 가정의 맛이라는 것이 있다. / 彼は家庭の事情で学校をやめた 그는 가정 사정으로 학교를 그만뒀다.

◆〖家庭で〗
¶子どもの教育では家庭でのしつけが大切である 아이의 교육에서는 가정교육이 중요하다. / 彼は裕福な家庭で育った 그는 유복한 가정에서 자랐다.

◆〖家庭に・家庭を〗
¶彼女は結婚して家庭に入った 그녀는 결혼해서 전업주부가 됐다. / 父は家庭を大事にする人だった 아버지는 가정을 소중히 하는 사람이었다. / 彼らは学校を卒業してすぐに家庭を持った 그들은 학교를 졸업하자마자 가정을 가졌다. / 家庭を守るのは妻の役目と思っている男性が多い 가정을 지키는 것은 아내의 역할이라고 생각하는 남자가 많다. / 二人で温かい家庭を築いていきたいと思っています 둘이서 따뜻한 가정을 만들어 가고 싶습니다.

◆〖その他〗
¶家庭環境が人格形成に大きな影響を与える 가정환경이 인격 형성에 큰 영향을 미친다. / 私は家庭生活に不満を持っている 나는 가정생활에 불만을 가지고 있다. / 家庭内暴力に悩む人の数が増えている 가정내 폭력에 고민하는 사람들이 늘고 있다.
¶この旅館は家庭的な雰囲気がある 이 여관은 가정적인 분위기가 있다. / 私の妻は家庭的です 제 아내는 가정적입니다. 家庭科 가정과 / 家庭教師 가정교사 / 家庭菜園 가정 채원 / 家庭裁判所 가정 법원 / 家庭訪問 가정 방문 / 家庭用品 가정용품

**かてい【過程】** 과정 ¶発展の過程 발전 과정 / 工事の過程で設計ミスが発見された 공사 과정에서 설계 미스가 발견되었다. / 複雑な過程をたどる 복잡한 과정을 거치다 関連 生産過程 생산 과정

**かてい【課程】** 과정 関連 教職課程 교직 과정 / 博士〖修士〗課程 박사〖석사〗과정

**-がてら** ¶散歩がてら手紙を投函してきた 산책할 겸 편지를 우체통에 넣고 왔다.

**がてん【合点】** 납득, 수긍 ¶なぜだめなのか合点がいかない 왜 안 되는지 수긍이 가지 않는다. / 彼の説明は合点がいかない 그 사람의 설명은 수긍이 가지 않는다. / それで合点がいった 그것으로 납득되었다.

**がでんいんすい【我田引水】** 아전인수 ¶我田引水になるかも知れませんが 아전인수가 될지도 모릅니다만

**かど【角】** 〔物のとがった部分〕귀퉁이, 모서리 〔隅〕구석 〔道の〕모퉁이 〔性格の〕모 ¶テーブルの角に足をぶつけた 테이블 모서리에 다리를 부딪쳤다. / 子どもが机の角に頭をぶつけて泣いている アイが 책상 모서리에 머리를 부딪쳐 울고 있다. / 車は角を曲がった 차는 모퉁이를 돌았다. / 最初の角に本屋があります 첫 번째 모퉁이에 책방〖서점〗이 있습니다. / 次の角を右に曲がってください 다음 모퉁이를 오른쪽으로 돌아 주세요. / 銀行はちょうど角を曲がった所にある 은행은 바로 모퉁이를 돈 곳에 있다. / 角から3軒目が私の家です 모퉁이에서 세 번째가 우리 집입니다. 慣用句 彼もだんだん角が取れてきた 그도 접점 성품이 원만해졌다. / 彼にそんなことを言ったら角が立つよ 그 사람에게 그런 소리를 하면 껄끄러워져.

**かど【過度】** ◇過度の 과도한, 지나친 ¶過度の緊張で声が出なかった 지나친 긴장으로 목소리가 나오지 않았다. / 過度の飲酒は害になる 지나친 음주는 해가 된다.

**-かというと【-かと言うと】** ¶どちらかというと紅茶のほうが好きです 어느 쪽이냐 하면 홍차를 좋아합니다. / 彼のことがまったく嫌いなのかというとそうでもないらしい 그 사람을 통 싫어하는가 하면 그렇지도 않은 것 같다.

かとう【下等】하등 ◇下等だ【低俗】저속하다 ¶下等な小説【趣味】저속한 소설[취미] / 下等な人間 저속한 인간 関連 下等動物 하등동물 / 下等品 하등품

かどう【華道】꽃꽂이

かとうきょうそう【過当競争】과당경쟁

かとき【過渡期】과도기 ¶経済再建の過渡期 경제 재건의 과도기 / 今は過渡期にある 지금은 과도기에 있다.

かどで【門出】새출발 ¶新しい人生の門出を祝う 새로운 인생의 출발을 축하하다

かどまつ【門松】가도마쯔 : 설에 문 앞에 세우는 장식용 소나무 ¶門松を立てる 소나무 장식을 세우다

かとりせんこう【蚊取り線香】모기향 ¶蚊取り線香をたく 모기향을 피우다

カトリック 가톨릭, 가톨릭교, 천주교(天主教) 関連 カトリック教会 가톨릭교회, 천주교회, 성당(聖堂) / カトリック信者[教徒] 가톨릭신자[교도], 천주교인(天主教人)

かな【仮名】가나 : 한자를 바탕으로 만들어진 일본 고유의 글자 関連 かな遣い 가나에 의한 표기법

-かな -ㄹ[-을]까 ¶明日は晴れるかな 내일은 갤까?

-かが -는데 ¶書類を今日までに提出するように言っといたんだがな 서류를 오늘까지 제출하도록 말해 두었는데. / 明日は晴れたらいいんだがな 내일은 갰으면 좋겠는데.

かなあみ【金網】철망, 쇠그물〔鉄条網〕철조망 ¶池の周りに金網を張る 연못 주위에 철조망을 치다

かない【家内】가내, 집안〔家族〕가족, 식구〔妻〕아내, 집사람 ¶家内安全を祈る 가내 안전을 빌다 関連 家内手工業 가내 수공업 / 家内工業 가내 공업

かなう【叶う】이루어지다 ¶夢がかなうといいなあ 꿈이 이루어지면 좋겠어. / 長年の望みがかなった 오랜 세월의 소망이 이루어 졌다. / 私の恋はかないそうもない 내 사랑은 이루어질 것 같지도 않아. / 彼女はかなわぬ夢を見続けている 그녀는 이루어지지 않을 꿈을 계속 꾸고 있다.

かなう【敵う】적대하다, 당해 내다〔足の速さでは〕 ¶彼にかなう者はいない 달리기에서 그를 당해 낼 사람은 없다.

かなう【適う】〔適合する〕꼭 맞다, 들어맞다 ¶彼女の判断は理にかなっている 그녀의 판단은 이치에 꼭 들어맞는다. / それは時宜にかなった発言이었다. 그것은 시기에 꼭 맞는 발언이었다. / 理想にかなう結婚相手はなかなか見つからない 이상에 꼭 맞는 결혼 상대는 좀처럼 찾을 수 없다.

かなえる【叶える】〔願いを〕이루어지게 하다, 들어 주다〔条件を満たす〕충족시키다 ¶どうか私の願いをかなえてください 아무쪼록 제 소원을 들어 주세요. / 彼の要求をかなえるのは難しい 그 사람의 요구를 만족시키는 것은 어렵다.

かなきりごえ【金切り声】새된 목소리, 비명 소리 ¶金切り声をあげる 비명 소리를 지르다

かなぐ【金具】쇠장식

かなしい【悲しい】슬프다(↔기쁘다) ¶彼が交通事故でなくなったと聞いて私はとても悲しかった 그 사람이 교통사고로 죽었다는 소식을 듣고 나는 매우 슬펐다. / 彼女はいつも悲しそうな表情をしている 그녀는 언제나 슬퍼 보이는 표정을 하고 있다. / 突然の悲しい知らせに私たちはただ呆然とするだけだった 갑작스런 비보에 우리들은 그만 망연자실했다. / 悲しいことに息子は家を出たきり帰ってこなかった 슬프게도 아들은 집을 나간 뒤 돌아오지 않았다. / 世界に飢えた子どもたちが大勢いるのは悲しいことだ 세계에 굶주린 아이들이 많이 있다는 것은 슬픈 일이다. / 悲しそうに泣く 슬프게 울다

かなしみ【悲しみ】슬픔, 비애(悲哀), 비탄(悲嘆) ¶その子はおばあさんが死んで初めて悲しみを知った 그 아이는 할머니가 돌아가시고 처음으로 슬픔을 알았다. / 人生には多くの喜びや悲しみがある 인생에는 많은 기쁨과 슬픔이 있다. / 彼女は夫が死んだ時, 悲しみで気が狂いそうになった 그녀는 남편이 죽었을 때 슬픔으로 미칠 것만 같았다. / そのころ私は失恋して悲しみに打ちひしがれていた 그 당시 나는 실연한 슬픔에 잠겨 있었다. / 彼女は悲しみのあまり湖に身を投げた 그녀는 너무 슬픈 나머지 호수에 몸을 던졌다. / 悲しみに沈む 슬픔에 잠기다

かなしむ【悲しむ】슬퍼하다, 비탄하다 ¶だれもがその人の死を悲しんだ 누구나 다 그 사람의 죽음을 슬퍼했다. / 彼らは別れを悲しんだ 그들은 헤어짐을 슬퍼했다. / そんなに悲しまないでください 그렇게 슬퍼하지 마세요. / それは実に悲しむべきことだ 그것은 참으로 슬퍼해야 할 일이다.

かなた【彼方】저쪽, 저편 ¶水平線のかなたに島影が見えた 수평선 저쪽에 섬이 보였다.

かなづち【金槌】쇠망치〔泳げない人〕맥주병 ¶板に金づちで釘を打つ 판자에 쇠망치로 못을 박다 / 彼は金づちだ 그는 맥주병이다.

かなでる【奏でる】연주하다 ¶美しい曲を奏でる 아름다운 곡을 연주하다

かなめ【要】【大切な点】요점, 가장 중요한 대목〔主軸〕주축

かなもの【金物】철물 関連 金物屋 철물점, 철물전

かならず【必ず】❶〔確実に〕반드시, 꼭, 틀림없이 ¶彼は必ず時間に間に合うように来るはずだ 그는 반드시 시간에 맞춰서 올 것이다. | 그는 반드시 제시간에 올 것이다. / 5時までに必ず来てください 다섯 시까지 꼭 와 주세요. / 本を読み終わったら必ず元の場所に戻しておいてください 책을 다 읽으면 반드시 제자리에 갖다 놓아 주세요. / 今度は必ず勝ってみせます 이번엔 꼭 이기고 말겠습니다. / 3時までには必ずお届けします 세 시까지는 반드시 갖다 드리겠습니다. / 人はいつか必ず死ぬ 사람은 언젠가는 반드시 죽는다.

❷〔常に〕반드시, 항상, 언제나 ¶彼女は毎週必ず母親に手紙を書く 그녀는 매주마다 반드시 어머니께 편지를 쓴다. / 彼は私の家へ来るときは必ずおみやげを持ってきてくれる 그는 우리 집에 올 때는 반드시 선물을 가지고 온다. / その女の人

は毎朝必ずこの辺りをジョギングしている その 女子は 毎日 朝 いつも この 近所を ジョギングしている. / 必ずと言っていいほど彼は遅れて来る その 人は きっと 遅刻する.

❸〔必ずしも…とは限らない〕¶必ずしもそうとは限らない 반드시 그렇다고는 할 수 없다. / 必ずしもそのやり方がいいとは限らないよ 반드시 그 방식이 좋다고는 할 수 없어. / 試験の成績がいいからといって, 必ずしも頭がいいとは限らない 시험 성적이 좋다고 해서 반드시 머리가 좋다고는 할 수 없다.

**かなり** 제법, 상당히, 꽤 ¶彼を説得するのはかなり難しそうだ 그를 설득하는 것은 꽤 어려울 것 같다. / 出発がかなり遅れてしまった 출발이 꽤 늦어 버렸다. / 彼は韓国語をかなり上手に話す 그는 한국어를 제법 능숙하게 (말)한다. / あの男はかなり金を持っているようだ 저 남자는 상당한 돈을 가지고 있을 것 같다. / 今夜はかなり寒い[暑い]ですね 오늘밤은 제법 춥네요[덥네요]. / 「具合はどうですか」「かなりよくなりました」"몸은 좀 어떻습니까?" "제법 좋아졌습니다." / それはかなり面白い映画だった 그것은 상당히 재미있는 영화였다. / 彼はかなり疲れているようだ 그는 상당히 피곤한 것 같다. / 彼女は私よりかなり年上だ 그녀는 나보다 꽤 연상이다. / かなり上手に踊る 꽤 잘 추다. / かなり手ごわい相手 상당히 벅찬 상대

¶彼はかなりの金を稼いでいる 그는 상당한 돈을 벌고 있다. / 駅とホテルとはかなりの距離がある 역에서 호텔까지는 상당한 거리가 있다. / かなりの人がタクシーを待っていた 많은 사람들이 택시를 기다리고 있었다. / オートバイがかなりのスピードで走っていた 오토바이가 상당한 속도로 달리고 있었다.

¶彼はかなりのインテリだ 그는 상당한 인텔리다. / かなりの収入がある 상당한 수입이 있다.

**カナリア** 카나리아

**かなわない** 【敵わない】〔勝てない〕이길 수 없다, 당해 내지 못하다 〔がまんできない〕견딜 수 없다 ¶こんなに強い人が相手ではとてもかなわないよ 이렇게 강한 사람이 상대라면 도저히 이길 수 없어. / テニスではとても彼女にかなわない 테니스로는 그녀를 당해 낼 수 없다. / 酒量では彼にかなわない 주량으로는 그를 따라갈 수 없다.

¶安い給料でこんなに働かされたんじゃかなわない 싼 월급으로 이렇게 일을 시키면 견딜 수 없다.

会話 かなわないね
A：こう暑くてはかなわないね
B：早く涼しくなりませんかねえ
A：이렇게 더우면 견딜 수가 없어.
B：빨리 시원해졌으면 좋겠네요.

**かに**【蟹】게 ¶かにのはさみ 집게발 / かにの缶詰 게 통조림 数え方 かに1杯 게 한 마리

**かにざ**【蟹座】게자리 ¶蟹座生まれの人 별자리가 게자리인 사람

**がにまた**【蟹股】팔자걸음 ¶彼がにまたで歩く 그는 팔자로 걷는다.

**かにゅう**【加入】가입 ◇加入する 가입하다 ¶彼は3千万円の生命保険に加入した 그는 3천만 엔의 생명보험에 가입했다. / 私は労働組合に加入した 나는 노동조합에 가입했다. 関連 加入者 가입자 / 未加入 미가입

**カヌー** 카누 ¶カヌーをこぐ 카누를 젓다 関連 カヌー選手 카누 선수

**かね**【金】돈〔現金〕현금

基本表現
▷彼はたくさん金を持っている
　그는 많은 돈을 가지고 있다.
▷いま手持ちの金がない
　지금 가지고 있는 돈이 없다.
▷だれが金を払ったの 누가 돈을 냈니？
▷弁当を売って金を稼いでいる
　도시락을 팔아서 돈을 벌고 있다.
▷旅行にたくさん金を遣った
　여행에 많은 돈을 썼다.
▷彼は株で金をもうけた
　그는 주식으로 돈을 벌었다.
▷お金を貸してくれませんか
　돈을 빌려[꾸어] 주시겠습니까？
▷彼は親戚から金を借りた
　그는 친척으로부터 돈을 빌렸다.

◆〖金が〗

¶金がなくなってきた 돈이 떨어져 가고 있다. / 手持ちの金が足りないのでクレジットカードで払います 지금 가지고 있는 돈이 모자라니이 카드로 지불하겠습니다. / 今とても金が欲しい 지금 매우 돈이 갖고 싶다. / 車を買う金がない 차를 살 돈이 없다. / 子どもの教育に金がかかりすぎる 아이의 교육에 돈이 너무 든다. / ダムを造るには時間と金がかかる 댐을 만드는 데는 시간과 돈이 든다. / 家を建てるのにどれくらいお金がいりますか 집을 짓는 데 돈이 어느 정도 필요합니까？ / 金がいるならいつでも言ってください 돈이 필요하면 언제든지 말하세요. / 一生懸命働いているのにちっとも金がたまらない 열심히 일하고 있는데도 전혀 돈이 모아지지 않는다.

◆〖金に〗

¶この仕事は金になる[ならない] 이 일은 돈이 된다[안 된다]. / この小切手をお金に換えてきてください 이 수표를 현금으로 바꿔 와 주세요. / 彼は金に困っているようだ 그는 돈이 부족한 것 같다.

◆〖金を〗

¶株でかなり金をもうけた 주식으로 돈을 꽤 벌었다. / お金を節約しなさい 돈을 절약하거라. / 銀行に金を預けた 은행에 돈을 맡겼다. / 金を銀行から引き出さなければならない 돈을 은행에서 찾아야 한다. / 土地を担保になんとか金を工面した 토지를 담보로 겨우 돈을 마련했다. / 今年中に借りた金を返します 올해 안에[금년 중에] 빌린 돈을 갚겠습니다. / 父は事業に金をほとんどつぎ込んだ 아버지는 사업에 돈을 거의 쏟아 넣었다. / ユナはファッションに金をかけるのが好きだ 윤아는 패션에 돈을 쓰는 것을 좋아한다. / 彼らはその人から金を奪ったそ그들은 그 사람에게서 돈을 빼앗았다. / 彼女はできるだけ金を貯めようとしている 그 여자는 가능한 한 돈을 모으려고 하고 있다. / 競馬で金を遣い果たした 경마로 돈을 다 써

버렸다. / みんなで金を出し合って新しい事業を始めよう 모두가 돈을 내서 새로운 사업을 시작하자. / そのバッグにいくら金を払ったの 그 가방 얼마 주고 샀어?

◆[金で]

¶彼は自分の金で車を買った 그는 자기 돈으로 차를 샀다. / 愛情は金では買えない 애정은 돈으로는 살 수 없다. / 彼は金で動くような人間ではない 그는 돈으로 움직이는 인간은 아니다. / その件も金で片が付くだろう 그 건이라면 돈으로 해결할 수 있을 것이다.

◆[その他]

¶今いくらお金持ってる 지금 돈 얼마나 가지고 있어? / あといくらお金残っているかしら 돈이 얼마나 남아 있을까?

¶大きな金 큰 돈 / きれいな金 깨끗한 돈 / 不正な金 부정한 돈 / わずかな金 얼마 안 되는 돈 / 楽に稼いだ金 편하게 번 돈 [慣用句]何事も結局は金が物を言う 돈만 있으면 어떻게든 된다. / 彼のところには金がうなるほどあるらしい 그 사람에게는 아주 많은 돈이 있다고 한다. / その絵を手に入れるためなら金に糸目をつけない 그 그림을 손에 넣기 위해서라면 돈을 아끼지 않는다. / 金に目がくらんで悪事に手を染める 돈에 눈이 멀어[어두워] 나쁜 일에 손을 대다 / 金の切れ目が縁の切れ目だ 돈으로 맺어진 관계는 돈이 떨어지면 끊어진다. / その歌手はレコード会社にとって金のなる木だ 그 가수는 레코드 회사에 있어서「돈이 되는 사람이다[벌이의 근원이다]. / 金は天下の回り物 돈은 돌고 도는 것 / 先立つ物は金だ 돈이 우선이다. / 時は金なり 시간은 금이다. [関連]金づる 돈줄

かね【鐘】종 ¶鐘が鳴る 종이 울리다 / 鐘を鳴らす 종을 울리다[치다] / 鐘をつく 종을 치다 / 鐘の音 종소리

かねあい【兼ね合い】[均衡]균형 [案配]안배 ¶仕事と遊びの兼ね合いが難しい 일과 놀이의 균형이 어렵다. ⇒バランス

かねがね【兼ね兼ね】전부터 ¶おうわさはかねがねうかがっています 소문은 전부터 듣고 있었습니다. | 말씀 많이 들었습니다.

かねつ【加熱】가열 ◇加熱する 가열하다 [関連]加熱処理 가열 처리 / 非加熱血液製剤 비가열 혈액제제 ⇒熱する

かねつ【過熱】과열 ◇過熱する 과열하다, 과열되다 ¶受験戦争が過熱する 입시 전쟁이 과열되다 / 過熱した競争 과열된 경쟁

かねづかい【金遣い】¶彼女は金遣いが荒い 그 여자는 씀씀이가 헤프다.

かねづまり【金詰まり】¶金詰まりで四苦八苦している 자금 부족으로 온갖 고생을 하고 있다. | 돈줄이 막혀 몹시 고생하고 있다. / 我々はいま金詰まりだ 우리는 지금 자금 부족이다.

かねて【予て】전부터, 미리 ¶慶州はかねて聞いていたとおりのすばらしい所だった 경주는 전부터 들어 왔던 대로 훌륭한 곳이었다. / かねてから望んでいたソウルへ行けることになった 전부터 바라던 서울에 갈 수 있게 되었다. / かねて約束していたとおり 미리 약속했던 대로

かねばなれ【金離れ】¶彼は金離れがいい[悪い] 그는 돈 씀씀이가 좋다[나쁘다].

かねまわり【金回り】주머니 사정 ¶彼はこのところ金回りがいい[悪い] 그는 요즘 주머니 사정이 좋다[나쁘다].

かねめ【金目】¶金目の物 값나가는[값진] 물건

かねもうけ【金儲け】돈벌이 ◇金儲けする 돈벌이하다 ¶彼は金もうけがうまい 그는 돈벌이에 능숙하다.

かねもち【金持ち】부자(富者) ¶金持ちになる 부자가 되다

かねる【兼ねる】겸하다 [兼ねそなえる]겸비하다 ¶大は小を兼ねる 큰 것은 작은 것을 겸하다 / 監督がコーチも兼ねている 감독이 코치도 겸하고 있다. / うちの会社は総務部長が経理部長も兼ねている 우리 회사는 총무 부장이 경리 부장도 겸하고 있다. / このソファーは長椅子とベッドを兼ねている 이 소파는 긴 의자와 침대를 겸하고 있다. / 私は仕事と観光を兼ねて韓国へ行った 는 일과 관광을 겸해서 한국에 갔다. / 運動を兼ねて毎朝散歩している 운동을 겸해서 매일 아침 산책하고 있다.

¶文武を兼ねそなえる 문무를 겸비하다

-かねる【-兼ねる】❶ [⋯できない] ¶あなたの意見には賛成しかねる 당신의 의견에는 찬성하기 어렵다. / それについては私の口からは申しかねます 그것에 대해서는 제가 말씀드릴 수 없습니다. / ご質問にはお答えしかねます 질문에는 대답할 수 없습니다. / 納得しかねる 납득하기 어렵다. ❷ [⋯するかも知れない] ¶サンギならやりかねない 상기라면 할지도 모른다. / この状態では会社は倒産しかねない 이 상태로는 회사는 도산할지도 모른다.

かねんぶつ【可燃物】가연물

**かのう**【可能】가능 ◇可能だ 가능하다 ¶可能な手段はすべて試してみた 가능한 수단은 모두 시험해 보았다. / それは実行可能な計画だと思う 그것은 실행 가능한 계획이라고 생각한다.

¶人間が月で生活することは可能だと思いますか 인간이 달에서 생활하는 것은 가능하다고 생각합니까? / この文章はいろいろな解釈が可能だ 이 문장은 여러 가지 해석이 가능하다. / もし可能ならばそうします 만약 가능하다면 그렇게 하겠습니다. / 可能な限り協力しましょう 가능한 한 협력하겠습니다.

¶飛行機のおかげで日帰りで韓国に行くことも可能だ 비행기 덕분에 당일치기로 한국에 가는 것도 가능하다. / 科学技術は不可能を可能にした 과학 기술은 불가능을「가능으로 했다[가능하게 했다].

かのう【化膿】화농 ◇化膿する 화농하다, 화농되다, 곪다 ¶傷が化膿した 상처가 곪았다.

かのうせい【可能性】가능성 ¶この計画は成功する可能性が高い 이 계획은 성공할 가능성이 높다. / 彼らは山で遭難した可能性がある 그들은 산에서 조난했을 가능성이 있다. / 彼が助かる可能性は低い 그가 살아날 가능성은 낮다. / この計画が実現する可能性はない 이 계획이 실현될 가능성

は 없다.

**かのじょ** 【彼女】 ❶ 〔女性を指す代名詞〕그녀, 그 여자(▶話し言葉では 그 여자를 用いる)⇨彼 [語法] ¶彼女は美人だね 그 여자는 미인이구나.
❷ 〔ガールフレンド〕여자 친구 〔恋人〕애인 ¶あれがキョンホの彼女だ 저 사람이 경호의 여자 친구다. / 君の彼女ってどんな人なの 네 여자 친구 어떤 사람이야? / 山田さんて, 彼女いるんでしょうやまだ 씨, 여자 친구 있죠? / おまえ彼女できたんだって 너, 여자 친구 생겼다면서?

**かば** 【河馬】 하마

**カバー** 〔覆い〕커버, 씌우개, 덮개 〔本の〕책가위 ◇カバーする〔補う〕커버하다 ¶カバーをかける 덮개를 덮다 / 欠点をカバーする 결점을 커버하다 / 結点を隠す 결점을 가리다 / 損失をカバーする 손실을 커버하다 [関連] カバーガール 카버걸

**かばう** 【庇う】 감싸다, 비호하다 ¶彼は妻をかばおうとして暴漢に刺された 그는 아내를 감싸려다 폭한에게 찔렸다. / 彼女をかばう者は誰もいなかった 그 여자를 감싸는 사람은 아무도 없었다. / 彼は友人をかばうために偽証した 그는 친구를 감싸 위증했다. / 傷ついた脚をかばう 다친 다리를 감싸다

**かばやき** 【蒲焼き】 〔鰻の〕장어구이 ¶蒲焼きにする 장어 구이로 하다

**かばん** 【鞄】 가방 〔アタッシュケース〕공공칠가방 〔トランク〕트렁크 〔通学かばん, ランドセル〕책가방 〔手さげかばん〕손가방 ¶かばんを持っていくのを忘れた 가방을 가지고 가는 것을 잊었다. / 彼は書類かばんを開けて資料を取り出した 그는 서류 가방을 열고 자료를 꺼냈다. / 子どもたちはかばんを背負って登校している 아이들은 가방을 메고 등교하고 있다. / 本がたくさん入っていてかばんが閉まらない 책이 많이 들어 있어서 가방이 닫히지 않는다. / ちょっとかばんの中を見せてごらんなさい 잠깐 가방 안을 보여 봐. / 荷物を旅行かばんに入れる 짐을 여행 가방에 넣다

**かはんしん** 【下半身】 하반신 ¶下半身に肉がついた 하반신에 살이 쪘다.

**かはんすう** 【過半数】 과반수 ¶賛成が過半数に達した 찬성이 과반수에 이르렀다. / 過半数の賛成を得る 과반수의 찬성을 얻다 / 過半数を占める 과반수를 차지하다

**かび** 【黴】 곰팡이 ¶かびが生える 곰팡이가 슬다 / かびがつく 곰팡이가 피다 / かび臭い 곰팡내가 나다 / この前かびだらけだ이 빵 전체에 곰팡이가 피었네. / 部屋の中はかび臭かった 방 안은 곰팡이 냄새가 났다. [関連] 青かび 푸른 곰팡이 / 白かび 흰 곰팡이

**かび** 【華美】 ◇華美だ 화려하다 ¶華美な服装 화려한 복장

**がびょう** 【画鋲】 압정, 압핀 ¶ポスターを画びょうで壁にとめる 포스터를 압정으로 벽에 붙이다

**かびん** 【花瓶】 꽃병, 화병 ¶花瓶に花を生ける 꽃병에 꽃을 꽂다

**かびん** 【過敏】 과민 ◇過敏だ 과민하다 ¶過敏な反応 과민한 반응 / 彼女はほこりに過敏だ 그녀는 먼지에 과민하다. / あの時は, 彼女は神経過敏になっていた 그 때 그녀는 신경과민이었다.

**かぶ** 【株】 ❶ 〔株式〕주식, 주 ¶あの会社の株を持っている 저 회사의 주식을 가지고 있다. / その会社の株を500株所有している 그 회사의 주식을 500주 소유하고 있다. / 今は株を買うには最悪の時期だ 지금은 주식을 사기에 최악의 시기다. / 彼は株と債券を売買している 그 사람은 주식과 채권을 매매하고 있다. / 彼は有り金すべてを株に投資した 그는 가진 돈 모두를 주식에 투자했다. / 石油株が上がった〔下がった〕 석유주가 올랐다〔내렸다〕. / 株でもうけた 주식으로 돈을 벌었다. / 株に手を出して大損してしまった 주식에 손을 대서 큰 손해를 보고 말았다. [数え方] 株1株 주식 한 주
❷ 〔植物の根元〕포기 〔切り株〕그루터기 ¶株分けする 포기를 나누다 / 彼は菊の株を分けて1株くれた 그는 국화의 포기를 나눠서 한 포기 주었다. / キャベツ1株 양배추 한 포기 〔木の〕株1株 그루터기 한 그루 [慣用句] 企画会議でよいアイデアを出して彼女の株が上がった 기획 회의에서 좋은 아이디어를 내 그녀의 주가가 올랐다. [関連] 公開株 공개주 / 非公開株 비공개주 / 上場株 상장주 / 非上場株 비상장주 / 成長株 성장주 / 〔人の〕 유망주 / 店頭株 점두주

**かぶ** 【下部】 하부 [関連] 下部構造 하부 구조 / 下部組織 하부 조직

**かぶ** 【蕪】 순무

**カフェ** 카페 〔喫茶店〕커피숍

**カフェイン** 카페인 ¶カフェイン抜きのコーヒー 카페인을 뺀 커피

**カフェオレ** 카페오레

**カフェテリア** 카페테리아

**かぶか** 【株価】 주가 ¶株価が急騰〔暴落〕した 주가가 급등〔폭락〕했다. [関連] 株価規制 주가 규제 / 株価収益率 주가 수익률 / 株価指数 주가 지수 / 東証株価指数(TOPIX) 동증 주가 지수 / 日経平均株価 닛케이 평균 주가 / 韓国総合株価指数(KOSPI) 한국 종합 주가 지수

**がぶがぶ** 꿀꺽꿀꺽 ¶彼はビールをがぶがぶ飲んだ 그는 맥주를 꿀꺽꿀꺽 마셨다.

**かぶき** 【歌舞伎】 가부키 ¶歌舞伎は日本の代表的な伝統演劇の一つだ 가부키는 일본의 대표적인 전통 연극의 하나이다. [関連] 歌舞伎役者 가부키 배우

**かぶけん** 【株券】 주권(▶発音은 주꿘)

**かぶしき** 【株式】 주식 [関連] 株式会社 주식회사 / 株式市場 주식 시장 / 株式相場 주식 시세 / 株式投資 주식 투자 / 株式取引所 주식 거래소 / 株式配当 주식 배당

**カフス** 〔カフスボタン〕커프스버튼, 커프스단추

**かぶせる** 【被せる】 덮다, 씌우다 〔罪·責任을〕덮어씌우다, 뒤집어씌우다 ¶なべにふたをかぶせる 냄비에 뚜껑을 씌우다 / 雨が降り出したので急いで商品にシートをかぶせた 비가 내리기 시작해서 서둘러 상품에 시트를 덮어씌웠다. / 彼女は私に責任をかぶせて知らん顔している 그녀는 나에게 책임을 뒤집어씌우고 모른 척하고 있다.

**カプセル** 캡슐 [関連] カプセルホテル 캡슐 호텔 / タイムカプセル 타임캡슐

**かふそく** 【過不足】 과부족 ¶食料を過不足なく分

かぶと

配する 식료를 과부족 없이 분배하다[나누어 주다]

**かぶと【兜・冑】**투구 ¶君の熱心さにはかぶとを脱ぐよ 네 열성적인 모습에는 손을 들었다.

**かぶとむし【甲虫】**투구벌레, 장수풍뎅이

**かぶぬし【株主】**주주 関連 株主総会 주주 총회／株主権 주주권

**がぶり** 덥석, 꿀꺽 ¶犬が私の足にがぶりとかみついた 개가 내 다리를 덥석 물었다.

**かぶりつく** 덥석 물다 ¶彼女はりんごにかぶりついた 그녀는 사과를 덥석 깨물었다.

**かぶる【被る】❶**[上から覆う] 쓰다, 덮어쓰다, 뒤집어쓰다 ¶彼は帽子をかぶって出かけた 그는 모자를 쓰고 나갔다. ／彼女は茶色の帽子をかぶっていた 그녀는 갈색 모자를 쓰고 있었다. ／その人は帽子をかぶったまま椅子に座っていた 그 사람은 모자를 쓴 채로 의자에 앉아 있었다. ／帽子をかぶらずに外に出てはいけません 모자를 쓰지 않고 밖에 나가서는 안 됩니다. ／彼は帽子を目深にかぶった 그는 모자를 깊게 눌러 썼다.

¶彼女は頭から布団をかぶって泣いていた 그녀는 머리까지 이불을 덮어쓰고 울고 있었다. ／雪をかぶった富士山を見ることができた 눈을 덮어쓴 후지산을 볼 수 있었다. ／テーブルがほこりをかぶっていた 테이블이 먼지를 뒤집어쓰고 있었다.

**❷**[浴びる] 뒤집어쓰다 ¶ほこりをかぶる 먼지를 뒤집어쓰다 ／暑かったので頭から水をかぶった 더웠기 때문에 머리에서부터 물을 뒤집어썼다. ／泥水をかぶって服が汚れてしまった 흙탕물을 뒤집어써서 옷이 더러워지고 말았다. ／我々の乗ったボートは突然波をかぶった 우리가 탄 보트는 갑자기 파도를 뒤집어썼다.

**❸**[身に受ける] 덮어쓰다, 짊어지다 ¶彼は仲間の罪をかぶった 그는 친구의 죄를 뒤집어썼다. ／親戚の借金をかぶる 친척의 빚을 덮어쓰다

**かぶれる** [炎症を起こす] 타다 [染まる, 夢中になる] 들뜨다 ¶漆にかぶれる 옻을 타다 ／化粧品にかぶれる化粧品 염증을 일으키다 ／彼女は西洋文化にかぶれている 그 여자는 서양 문화에 물들어 있다. ／彼はロックにかぶれている 그는 록에 열중하고 있다.

**かふん【花粉】**화분, 꽃가루 ¶風が花粉を運ぶ 바람이 꽃가루를 나르다 関連 花粉症 화분증, 꽃가루 알레르기

**かべ【壁】❶**[囲い, 仕切り] 벽 ¶壁をたたく 벽을 두드리다 ／部屋の壁を白く塗る 방 벽을 하얗게 바르다 ／壁に寄りかかる 벽에 기대다 ／壁に絵をかける 벽에 그림을 걸다 ／壁に合格者名簿を張り出す 벽에 합격자 명단을 붙이다 ／部屋の真ん中を壁で仕切って２つに分けた 방 한가운데에 벽을 만들어 두 개로 나누었다. ／ベルリンの壁は1989年に取り壊された 베를린 장벽은 1989년에 해체되었다.

**❷**[障壁] 벽, 장벽, 장애, 난관 ¶言葉の壁を乗り越えることが相互理解の第一歩だ 언어의 장벽을 넘는 것이 상호 이해의 첫발이다. ／100メートル走で9秒の壁を破るのは不可能だ 100미터 달리기에서 9초의 벽을 깨는 것은 불가능하다. ／資金不足のため研究が壁に突き当たった 자금 부족으로 연구가 벽에 부딪혔다. ／壁が立ちはだかる 장벽이 가로막다 慣用句 壁に耳あり 낮 말은 새가 듣고 밤 말은 쥐가 듣는다. 関連 壁掛け 벽걸이／壁紙 벽지, 도배지／壁新聞 벽신문, 대자보(大字報)

**かへい【貨幣】**화폐 [通貨] 통화 関連 貨幣価値 화폐 가치／貨幣経済 화폐 경제／貨幣制度 화폐 제도／貨幣単位 화폐 단위

**かべん【花弁】**꽃잎

**かほう【下方】**아래쪽, 하방 ¶下方を見下ろす 아래쪽을 내려다 보다 ⇒下

**かほう【家宝】**가보

**かご【過保護】**과보호, 과잉보호 ¶彼女は過保護に育った 그녀는 과보호로 자랐다.

**かぼそい【か細い】**가냘프다 ¶彼女はか細い声で答えた 그녀는 가냘픈 목소리로 대답했다. ／彼女はか細い腕をしている 그녀의 팔은 가냘프다.

**かぼちゃ【南瓜】**늙은 호박 数え方 かぼちゃ１個 [玉] 늙은 호박 한 통

**かま【釜】**솥, 밥솥 ¶電気がまでご飯をたく 전기밥솥으로 밥을 짓다 慣用句 彼とは昔, 同じかまの飯を食った仲だ 그 사람하고는 옛날에 한 솥밥을 먹은 사이다.

**かま【鎌】**낫 ¶かまで稲を刈る 낫으로 벼를 베다 慣用句 彼にかまを掛けて本当のことを言わせた 그의 속마음을 떠서 사실을 말하게 했다.

**かま【窯】**가마

**かまう【構う】❶**[気にかける] 상관하다, 개의하다; 걱정하다, 신경 쓰다 ◇かまわない [大丈夫] 괜찮다 ¶私はだれが何を言おうが全然かまわない 나는 누가 무슨 말을 하건 전혀 상관하지 않는다. ／彼女がどうなろうとかまわない 그녀가 어떻게 되든지 상관없다. ／僕は君がコンパに来ても来なくてもかまわないけど, ユミはがっかりするだろうね 나는 네가 미팅에 오건 말건 상관없지만 유미는 실망할 거야. ／金はいくらかかってもかまわないからあの子の命を救ってください 돈은 아무리 들어도 괜찮으니까 그 아이의 생명을 구해 주세요. ／彼女が日本人か韓国人か, そんなことはどうだってかまわないじゃないか 그 여자가 일본인이든 한국인이든 그런 것은 상관없잖아. ／私はそのバスに遅れてもいっこうにかまわない 나는 그 버스를 못 타도 전혀 상관없다. ／君が出かけるよりも家にいたいと言うなら, 僕はそれでかまわない 네가 나가는 것보다 집에 있고 싶다면 나는 그걸로 괜찮다. ／どちらでもかまわない 어느 쪽이든 상관없다.

¶私のことはかまわないでほしい 내게는 신경 쓰지 말아 주면 좋겠다. ／どうぞおかまいなく 신경 쓰지 마십시오. ／服装にかまわない 복장에 신경을 쓰지 않다

会話 **かまいませんか**
A : ここに座ってもかまいませんか
B : ええ, どうぞ

A : 여기 앉아도 괜찮습니까?
B : 예, 그러세요.

A : たばこを吸ってもかまいませんか
B : ええ, どうぞ／ご遠慮願えますか

A：담배를 피워도 괜찮습니까?
B：예, 그러세요. | 삼가해 주셨으면 좋겠습니다.
　A：雨が降ってきたから駅までタクシーで行かないか
　B：僕はかまわないよ
A：비가 내리기 시작했는데 역까지 택시로 가지 않을래?
B：나는 상관없어.
　B：何か書く物を貸してください
　B：何がいいの。鉛筆それともボールペン?
　A：何でもかまいません。電話番号を書くだけなので
A：뭔가 쓸 수 있는 것 좀 빌려 주세요.
B：뭐가 좋아? 연필 아니면 볼펜?
A：아무거나 괜찮습니다. 전화번호만 쓰면 되거든요.
　A：ちょっと, そんなに食べると太るわよ
　B：かまわないわ
A：저기, 그렇게 먹으면 살쪄.
B：괜찮아.
❷[相手になる, 世話をする] 상대하다, 돌보다 ¶仕事に追いまくられて子供をかまってやる暇がほとんどない 일에 쫓겨 아이를 돌봐 줄 틈이 거의 없다. あんなやつにかまうな 저런 녀석한테 상관하지 마.
❸[からかう] 놀리다, 건드리다 ¶猫をかまっていたら手を引っかかれてしまった 고양이를 건드렸더니 손을 긁히고 말았다.

**かまえ【構え】**[姿勢] 자세, 태세 [建物の] 외관, 구조 ¶彼は私を殴ろうとする構えを見せた 그는 나를 때리려는 자세를 보였다. / 立派な構えの家 훌륭한 외관의 집

**かまえる【構える】**[家・店などを] 짓다, 차리다, 마련하다 [姿勢・態勢を] 취하다 ¶家を構える家を建てる / やっと自分の店を構えることができたついに自分の店を設けることができるようになった / 銃を構える 총을 자세를 취하다 / カメラを構える카메라를 잡다 / のんきに構える 태평한 태도를 취하다

**かまきり【蟷螂】**사마귀, 버마재비, 당랑

**かまぼこ【蒲鉾】**생선묵 ¶かまぼこ形の建物 가운데가 볼록한 건물

**がまん【我慢】**참을성, 인내성(忍耐性) ◇我慢する 참다, 견디다 ¶もう少し我慢しなさい 조금만 더 참아라. / 酒を飲むのを我慢することができない 술을 마시는 것을 참을 수가 없다. / 息子に1週間ゲームを我慢するように言った 아들한테 1주일간 게임을 하지 않도록 말했다. / おしっこを我慢する 오줌을 참다 / 空腹を我慢する 배고픔을 견디다 / 笑いを我慢する 웃음을 참다
¶彼の高慢な態度にはこれ以上我慢できない 그 사람의 거만한 태도에는 더 이상 참을 수 없다. / 妻の愚痴を聞くのはもう我慢できない 아내의 푸념을 듣는 것은 더 이상 참을 수 없다. / 背中の痛みが我慢できない 등의 아픔을 참을 수 없다. / おまえには我慢ならない 네 태도는 참을 수 없다. / 彼女は我慢できなくなって彼に悪態をついた 그녀는 참을 수 없게 되자 그에게 심한 욕을 해댔다. / この程度の寒さなら我慢できる 이 정도의 추위라면 견딜 수 있다.
¶我慢にも限度というものがある 인내에도 한도라는 것이 있다. / ここが我慢のしどころだ 이 때가 참아야 할 때이다. / 我慢に我慢を重ねてきた 인내에 인내를 거듭해 왔다. / どっちが先に音(ね)を上げるか, もう我慢比べだよ 어느 쪽이 먼저 항복을 하는지 이제는 인내성에 달려 있다.
¶彼はとても我慢強い 그는 매우 인내성이 강하다. / 我慢強く説得する 끈기 있게 설득하다

**かみ**【神】신, 하느님 [女神] 여신 ¶私は神を信じる 나는 신을 믿는다. / 彼女は息子の無事を神に祈った 그녀는 아들이 무사하기를 신에게 빌었다. / この神社は縁結びの神を祭っている 이 신사는 결연의 신을 모시고 있다. / 神かけて私は無実だ 신에게 맹세하는데 나는 무죄다.
〔慣用句〕¶神も仏もない 도와줄 자비로운 신도 부처도 없다. / 苦しい時の神頼み 괴로울 때 하느님 찾기 / 触らぬ神にたたりなし 건드리지 않으면 화를 입지 않는다. / 捨てる神あれば拾う神あり 버리는 신이 있으면 도와주는 신도 있다. / 모든 체화는 사람이 있지 않 주는 사람도 있다. / どちらが勝つかは神のみぞ知る 어느 쪽이 이길지는 신만이 안다. / お客様は神様です 손님은 왕입니다. / この村では何人かの子供が神隠しにあったようにいなくなった 이 마을에서는 귀신에 홀린 듯이 아이들이 갑자기 실종되었다.

**かみ**【紙】종이 ¶この紙は簡単に破れる 이 종이는 간단히 찢어진다. / 書く紙をください 쓸 종이를 주세요. / 紙を縦に折ってください 종이를 세로로 접어 주세요. / 紙を4等分に切った 종이를 4등분으로 잘랐다. / プレゼントを花模様の紙で包んだ 선물을 꽃무늬 종이로 쌌다. / 厚い[薄い]紙 두꺼운[얇은] 종이 〔数え方〕紙1枚 종이 한 장 〔関連〕紙おむつ 종이 기저귀 / 紙コップ 종이 컵 / 紙細工 종이 세공 / 紙製品 종이 제품 / 紙ナプキン 종이 냅킨 / 紙飛行機 종이비행기 / 紙袋 종이 봉지 / 紙やすり 사포, 샌드페이퍼 / 再生紙 재생지

**かみ**【髪】머리, 머리털 [髪の毛] 머리카락

〔基本表現〕
▷月に一度髪を切る
　한 달에 한 번 머리를 자른다.
▷けさ髪を洗った
　오늘 아침 머리를 감았다.
▷妹は鏡の前で髪をとかしている
　여동생은 거울 앞에서 머리를 빗고 있다.
▷彼女は髪を長く[短く]している
　그녀는 긴[짧은] 머리를 하고 있다.
▷髪が伸びたね
　머리가 길었네.
▷髪が抜けだした
　머리카락이 빠지기 시작했다.

¶髪を伸ばす 머리를 기르다 / 髪を束ねる 머리를 묶다 / 髪を三つ編みにする 머리를 땋다 / 髪を結う 머리를 묶다 / 二つに分けて編んだ髪 두 갈래로 땋은 머리
¶このごろ髪が薄くなってきた 요즘 머리숱이 적어졌다. / 君はいつも髪をいじっているね 너는 언제나

머리를 만지고 있구나. / ドライヤーで髪を乾かす 드라이어로 머리를 말리다 / リナが髪を手でかき上げるしぐさがいいんだよ 리나가 머리를 손으로 넘기는 모습이 좋더라. / 彼は髪を手ですく癖がある 그는 머리를 손으로 빗는 버릇이 있다. / 彼は髪を七三に[真ん中で]分けている 그는 2대 8[중간] 가리마를 타고 있다. (▶韓国では二八という)

¶あなたの髪の色って少し茶色がかっているわね 네 머리 색깔은 조금 갈색이네. / いいかげん髪を切ったら? 이제 머리를 좀 자르면 어때?

¶柔らかい髪 부드러운 머리 / 硬い髪 뻣뻣한 머리 / 長い髪 긴 머리 / 短い髪 짧은 머리 / 白髪まじりの髪 흰발이 섞인 머리 / ブロンドの髪 금발 / 黒い髪 검은 머리 / 赤い髪 빨간 머리 / 黒褐色の髪 흑갈색 머리 / もつれた髪 엉클어진 머리 / 乱れた髪 흐트러진 머리 / 縮れた髪 곱슬곱슬한 머리 / つやつやした髪 윤기 있는 머리 / ふさふさした髪 탐스러운 머리 / カールした髪 파마한 머리 / ストレートの髪 쭉 뻗은 머리 数え方 髪1本 머리카락 한 올[가닥] 関連 髪飾り 머리 장식, 머리핀 / 髪型 머리형

**かみ【加味】** ◇加味する 가미하다, 참작하다
¶さまざまな意見を加味して結論をまとめた 다양한 의견을 가미해서 결론을 정리했다.

**かみあう【噛み合う】** [歯車などが] 맞물리다 [意見が] 일치하다 ¶入れ歯がうまくかみ合わない 의치가 잘 맞물리지 않는다. / 彼らとは話がかみ合わない 그 사람들과 이야기가 딱딱하지 않는다.

**がみがみ** 구시렁구시렁, 앙알앙알 ◇がみがみ言う 구시렁거리다, 앙알거리다 ¶がみがみ言うのはやめてほしい 구시렁구시렁 말하는 건 그만둬 줬으면 좋겠다.

**かみきる【噛み切る】** ¶その犬は肉が固くてかみ切れなかった 그 개는 고기가 질겨서 물어뜯을 수 없었다.

**かみきれ【紙切れ】** 종이쪽, 종잇조각

**かみくず【紙屑】** 휴지 ¶この書類はもう紙くず同然だ 이 서류는 이제 휴지와 다름없다.

**かみくだく【噛み砕く】** 잘게 씹다, 씹어 으깨다 ◇かみ砕いて【分かりやすく】 알기 쉽게 ¶もう少しかみ砕いて説明してください 좀 더 알기 쉽게 설명해 주세요.

**かみころす【噛み殺す】** 물어 죽이다 [こらえる] 꾹 참다 ¶あくびをかみ殺す 하품을 꾹 참다

**かみしばい【紙芝居】** 그림연극

**かみしめる【噛み締める】** 악물다, 깨물다 [感情を味わう] 맛보다 ¶唇をかみしめる 입술을 깨물다 | 歯を食いしばる 이를 악물다 慣用句 彼らは勝利の喜びをかみしめていた 그들은 승리의 기쁨을 맛보고 있었다.

**かみそり【剃刀】** 면도칼 ¶電気かみそりでひげをそる 전기면도기로 수염을 깎다 / 彼はかみそりのように切れる 그는 면도칼같이 머리가 영리하다. 数え方 かみそり1丁 면도칼 한 개 関連 安全かみそり 안전면도칼

**かみつ【過密】** 과밀 ◇過密だ 과밀하다 ¶ソウルは東京以上に人口が過密だ 서울은 도쿄 이상으로 인구가 과밀하다. / きょうは過密スケジュールだ 오늘은 과밀한 스케줄이다. 関連 過密ダイヤ 과밀한 열차 운행표 / 過密都市 과밀 도시

**かみつく【噛み付く】** 물다 [歯向かう] 대들다 ¶犬が私の足にかみついた 개가 내 다리를 물었다. / 彼は上司にかみついた 그는 상사에게 대들었다.

**かみなり【雷】** 천동, 벼락 [稲妻] 번개 [叱責] 불호령 ¶雷が鳴っている 번개가 치고 있다. / 登山者が雷に打たれて死亡した 등산을 하던 사람이 벼락을 맞아 사망했다. / 近くに雷が落ちた 근처에 벼락이 떨어졌다. / 昼ごろは快晴だったが、夕方には雷を伴う雨となった 낮에는 쾌청했지만 저녁에는 천둥 번개를 동반한 비가 내렸다.

¶試験の点が悪かったので父の雷が落ちた 시험 점수가 나빠서 아버지의 불호령이 떨어졌다. 関連 雷親父 자주 중을 내는 아버지

**かみばさみ【紙挟み】** 종이 끼우개, 클립

**かみはんき【上半期】** 상반기

**かみひとえ【紙一重】** 종이 한 장 차이, 근소한 차이 ¶生きるも死ぬも紙一重だった 사는 것도 죽는 것도 종이 한 장 차이였다. / 彼らは紙一重の差で勝った 그들은 근소한 차이로 이겼다.

**かみわざ【神業】** 신기(神技), 귀신같은 솜씨

**かみん【仮眠】** 가면 ◇仮眠を取る 선잠을 자다

**かむ【噛む】** 물다, 깨물다 [かみ砕く] 씹다 ¶舌をかむ 혀를 물다 / 私はいらいらすると爪をかむ癖がある 나는 초조하면 손톱을 씹는 버릇이 있다. / 犬にかまれた 개한테서 물렸다.

¶食べ物をよくかんで食べる 음식을 잘 씹어 먹다 / 彼女は固いパンを一口かんだ 그녀는 딱딱한 빵을 한 입 물었다. / 授業中にガムをかんではいけません 수업 중에 껌을 씹으면 안 됩니다.

¶深いかみ傷 깊이 물린 상처 / へびにかまれた傷 뱀에 물린 상처 慣用句 むだ遣いをしないようにと息子にかんで含めるように言いきかせた 낭비를 하지 않도록 아들이 잘 알아듣게 타일렀다.

**かむ** 풀다 ¶鼻をかむ 코를 풀다

**ガム** 껌, 추잉검 ¶ガムをかむ 껌을 씹다 / ガムをはく 껌을 뱉다 関連 風船ガム 풍선껌

**がむしゃら** ◇がむしゃらに[死に物狂いで] 죽을 둥 살 둥[무턱대고] 무턱대고, 무모하게 ¶この一年私はただがむしゃらに働いた 올 한 해 나는 죽을 둥 살 둥 일했다.

**カムバック** 컴백, 복귀(復帰) ◇カムバックする 컴백하다

**かめ【亀】** 거북, 거북이 [海亀] 바다거북 ¶亀の甲 귀갑, 거북의 등딱지 慣用句 亀の甲より年の功だ 오랜 경험이 무엇보다 소중하다.

**かめ【瓶】** 독, 항아리 [取っ手付きの] 동이 数え方 かめ1個 독[항아리] 한 독[개] 関連 水がめ 물동이

**かめい【仮名】** 가명 ¶彼は仮名でホテルにチェックインした 그는 가명으로 호텔에 체크인했다.

**かめい【加盟】** 가맹 ◇加盟する 가맹하다 ¶国連に加盟する 유엔에 가맹하다 関連 加盟国 가맹국 / 加盟店 가맹점

**がめつい** 억척스럽다, 애바르다 ¶彼はがめついやつだ 그는 억척스러운 녀석이다.

**カメラ** 카메라, 사진기(写真機) ¶美しい景色をカメラに収めた 아름다운 경치를 카메라에 담았다. / カメラを向ける 카메라를 돌리다 数え方 カメラ1台 카메라 한 대 関連 カメラマン 카메라맨 / カメラ店 카메라점 / 胃カメラ 위 카메라, 내시경 / 一眼レフカメラ 일안 리플렉스 카메라 / インスタントカメラ 즉석 카메라 / コンパクトカメラ 콤팩트 카메라 / 水中カメラ 수중 카메라 / デジタルカメラ 디지털 카메라 / (縮約) 디카 / ビデオカメラ 비디오카메라 / 使い捨てカメラ(レンズ付きフィルム) 일회용 카메라

**カメレオン** 카멜레온

**かめん【仮面】** 가면, 탈 ¶仮面をかぶる[とる] 가면[탈]을 쓰다[벗다] / 仮面をはぐ 가면[탈]을 벗기다

**がめん【画面】** 화면 [画像] 영상(映像) ¶テレビの画面を調整する 텔레비전 화면을 조정하다 / 32インチの画面 32인치 화면

**かも【鴨】** 오리 [えじき] 봉 ¶カモにする 봉으로 삼다 / カモにされる 봉 잡히다 / 私は彼らのいいカモになった 나는 그들의 봉이 되었다. 関連 鴨肉 오리 고기 / 真鴨 물오리

**かもく【科目】** 과목 ¶どの科目が好きですか 어느 과목을 좋아합니까? 関連 専攻科目 전공과목 / 選択科目 선택 과목 / 必修科目 필수 과목

**かもしか【羚羊】** 영양

**かもしれない** -ㄹ[-을]지도 모르다 ¶午後から雨が降るかもしれない 오후부터 비가 올지도 모른다. / あしたは寒くなるかもしれない 내일은 추워질지도 모른다. / それは本当かもしれない 그것은 사실일지도 모른다. / 来週には会えるかもしれない 다음주에는 만날 수 있을지도 모른다. /「彼女きのうのパーティーに来なかったよ」「忘れていたのかもしれないな」"걔는 어제 파티에 오지 않았어." "깜박했을지도 몰라." / もう少し勉強しておけば試験に受かったかもしれないね 좀 더 공부해 뒀으면 시험에 붙었을지도 몰라. / 日本は優勝するかな」「かもしれないよ」 "일본은 우승할까?" "그럴지도 몰라." / 彼は来るかもしれないし来ないかもしれない 그 사람은 올지도 모르고 안 올지도 모른다.

**かもつ【貨物】** 화물 ¶貨物船 화물선 / 貨物列車 화물 열차 / 貨物料金 화물 요금

**かもめ【鷗】** 갈매기

**がやがや** 와글와글, 왁자지껄, 시끌시끌 ¶教室では生徒たちががやがやと話していた 교실에서는 학생들이 시끌시끌하게 이야기를 하고 있었다.

**かやく【火薬】** 화약 関連 火薬庫 화약고

**かゆ【粥】** 죽 ¶かゆを炊く 죽을 쑤다 / かゆをすする 죽을 먹다

**かゆい【痒い】** 가렵다 ¶頭がかゆい 머리가 가렵다. / 背中がかゆい 등이 가렵다. / かゆいところをポリポリかいた 가려운 데를 북북 긁었다. / 足の裏がかゆくてたまらない 발바닥이 가려워서 견딜 수 없다. 慣用句 彼女は本当にかゆい所に手が届く 그 여자는 정말 세심하게 배려해 주는 사람이다.

**かゆみ【痒み】** 가려움 ¶かゆみがひどい 가려움이 심하다. 関連 かゆみ止め 가려움을 멈추게 하는 약

**かよい【通い】** 통근(通勤) ¶通いのお手伝いさん 파출부(派出婦)

**かよう【通う】** ❶ [行く] 다니다 ¶学校[会社]に通う 학교[회사]에 다니다 / 兄は東京の大学へ通っている 형은 도쿄에 있는 대학을 다니고 있다. / 山田さんは毎日横浜から東京まで通っている やまださんは 매일 요코하마에서 도쿄까지 다니고 있다. / 毎日歩いて勤めに通っている 매일 걸어서 「직장에 다니고[통근하고]」 있다. / 小学校から大学まで16年間学校へ通った 초등학교부터 대학까지 16년간 학교에 다녔다. / 彼は２人の子どもを大学へ通わせている 그는 아이 두 명을 대학에 보내고 있다. / 一時はあの飲み屋に通い詰めた一時は あの飲み屋に通いつめた 한때는 그 술집에 자주 다녔다. ❷ [交通機関が] 다니다 ¶駅から大学までバスが通っている 역에서 대학까지 버스가 다니고 있다. / ２つの島の間を船が通っている 두 개의 섬 사이를 배가 다니고 있다. / その村は鉄道が通っていない 그 마을은 철도가 다니지 않는다. ❸ [通じ合う] 통하다 ¶心が通う 마음이 통하다 / 私たちは心が通い合っていた 우리는 마음이 서로 통하고 있었다. / 政治家は血の通った政治を心がけなければならない 정치가는 인정이 있는 정치에 유의하지 않으면 안 된다.

**かようきょく【歌謡曲】** 가요곡

**がようし【画用紙】** 도화지

**かようび【火曜日】** 화요일

**かよわい【か弱い】** 가냘프다 ¶か弱い女性 가냘픈 여성

**から【空】** ◇空の 빈 ◇空になる 비다 ◇空にする 비우다 ¶箱の中は空だった 상자 속은 비어 있었다. / バケツを空にしてください 물통을 비워 주세요. / きのうの夜は二人で飲んでボトルを２本空にしてしまった 어제 밤은 둘이서 두 병을 마셔 버렸다. 関連 空元気 허세 / 空騒ぎ 헛소동 / 空手形 공수표 / 空約束 빈약속, 거짓 약속

**から【殻】** 껍질, 껍데기 [特に豆などの] 깍지 ¶卵の殻を割る 계란 껍질을 깨다 慣用句 彼は自分の殻に閉じこもっていた 그는 자기만의 세계에 들어박혀 있었다. / 君は自分の殻を破って他の人と付き合うべきだ 너는 자기만의 세계에서 벗어나 다른 사람과 어울려야 한다.

**-から** ❶ [場所の起点] 에서 ¶その劇場は駅から歩いて５分のところにあります 그 극장은 역에서 걸어서 5분정도의 거리에 있습니다. / 彼は成田からソウルに向かった 그는 나리타에서 서울로 향했다. / その時風は北から南へ吹いていた 그때 바람은 북에서 남쪽으로 불고 있었다. / ホテルからは海がよく見えた 호텔에서는 바다가 잘 보였다. / 彼女はドアの後ろからひょっこり姿を現した 그녀는 문 뒤에서 불쑥 모습을 나타냈다. / 彼は急いで部屋から出た 그는 바쁘게 방에서 나갔다. / 母親は子供らに家から出ていきなさいと言った 어머니는 아이들에게 집에서 나가라고 말했다. / 彼は誤ってはしごから落ちた 그는 잘못해서 사다리에서 떨어졌다. / 偶然彼女がバスから降りてくるのを見た 우연히 그녀가 버스에

서 내리는 것을 봤다. / 大阪から新幹線に乗った 오사카에서 신칸센을 탔다. / たとえ太陽が西から昇っても僕は決心を変えないよ 비록 해가 서쪽에서 뜬다고 해도 나의 결심은 바뀌지 않아.

❷〔経由〕로[으로] ¶バスの窓から手や顔は出さないでください 버스 창문으로 손과 얼굴을 내밀지 마세요. / 強盗は窓から建物の中に忍び込んだ 강도는 창문으로 건물 안에 몰래 들어왔다. / 彼女は裏口から台所に入った 그녀는 뒷문으로 부엌에 들어갔다.

❸〔時間の起点〕부터 〔…以来〕-ㄴ[-은] 지 〔…の後で〕-고 ¶父は朝早くから夜遅くまで働いている 아버지는 아침 일찍부터 밤 늦게까지 일하고 있다. / 子供のころから彼をよく知っている 어렸을 때부터 그를 잘 안다. / 息子は朝からずっと遊びに行っている 아들은 아침부터 쭉 놀러 나간 채로 있다.

¶電車のダイヤが来月から変わる 전철의 운행표가 다음달부터 바뀐다. / 学校は8時30分[4月5日]から始まる 학교는 여덟 시 30분[사월 5일]부터 시작된다. / (店などで)「あすは何時からやっていますか」「夕方6時からです」 "내일은 몇 시부터 합니까?" "저녁 여섯 시부터 합니다."

¶母が亡くなってから10年になる 어머니가 돌아가신 지 10년이 된다 / 学校が終わってから映画を見に行った 학교 마치고 영화를 보러 갔다.

❹〔原料, 材料〕로[으로] ¶ビールは大麦から作られる 맥주는 보리로 만들어진다. / 酒は水と米から作る 술은 물과 쌀로 만든다. /「チーズって何から作られるの?」「牛乳からだよ」"치즈는 뭘로 만들어져?" "우유로 만들어." / このスーツは100%ウールからできている 이 양복은 100퍼센트 울로 만들어져 있다.

¶委員会は経験豊富な7名の学者から成り立っている 위원회는 경험이 풍부한 일곱 명의 학자로 구성되어 있다.

❺〔原因, 理由〕로[으로], 에서, -아서[-어서], -(으)니까, 때문에 ¶彼は過労から病気になった 그는 과로로 병이 들었다. / 彼女は好奇心からタバコを吸い始めた 그녀는 호기심에서 담배를 피우기 시작했다.

¶もう遅いから家に帰ったほうがいいよ 이제 늦었으니까 집으로 돌아가는 게 좋아. / 今日は時間があるから電話するよ 오늘은 시간이 있으니까 전화할게. / 事がうまくいかなかったのは, 君が失敗したからだ 일이 잘 안 되었던 것은 자네가 실패했기 때문이다. / おまえが憎いからってしかっているんじゃないよ 네가 「밉기 때문에[미워서]」혼내는 건 아니야. / ジナを好きなのは美人だからではなく, 思いやりがあるからだ 지나를 좋아하는 것은 미인이기 때문이 아니라 배려를 할 줄 알기 때문이다. / ミンスは海外旅行のお金を稼ぎたいからバイトをしている 민수는 해외여행할 돈을 벌고 싶어서 아르바이트를 하고 있다. / 雪が降っているから列車のダイヤが乱れている 눈이 내리고 있기 때문에 열차의 운행이 제대로 안 되고 있다. / 警察が来たからもう大丈夫だ 경찰이 왔으니까 이제 괜찮다.

❻〔根拠, 観点〕로[으로], 에서, -다고 하여 [해서] ¶サンギの表情から見ると, きょうは体調がさそうだ 상기 표정을 보니 오늘은 컨디션이 좋은 것 같다. / 彼女のしゃべり方から, 気の強そうな人に思えた 그녀의 말투로 봐서 고집이 센 사람으로 느껴졌다. / 私の立場から言うと, そんなことにお金を遣うのは無意味だ 내 입장에서 말하면 그런 일로 돈을 쓰는 것은 무의미하다. / 地震の被害からみて, 緊急の対策を取る必要がある 지진의 피해로 봐서 긴급 대책을 세울 필요가 있다.

¶熱が下がったからといって風邪が治ったわけじゃない 열이 내렸다고 해서 감기가 나은 것은 아니다.

❼〔受身・動作の出所〕부터, (으)로부터, 에서, 한테서 ¶彼はみんなから好かれている 그는 모두에게서 사랑받고 있다. / 釜山にいる友人から手紙が来た 부산에 있는 친구로부터 편지가 왔다. / 加藤さんのことは妻からよく聞いています 가토 씨 이야기는 아내로부터 많이 들었습니다. / 酒を飲みすぎないようにと君から彼に言ってくれ 과음하지 않도록 네가 그 사람에게 말해 줘. / 父から毎月10万円の仕送りがある 아버지가 매달 10만 엔 송금해 주신다.

❽〔範囲・数量・順序の起点〕부터, 에서, 이상 ¶1号車から9号車までは全席指定席となっています 1호차에서 9호차까지는 전석 지정석으로 되어 있습니다. / 2時から3時までの間ならお会いできます 두 시에서 세 시 사이라면 만날 수 있습니다. / きょうは35ページから始めます 오늘은 35페이지부터 시작합니다. / この映画は子供から大人まで人気がある 그 영화는 어린이에서 어른에게까지 인기가 있다. / この辞書は専門語から俗語まで扱っている 이 사전은 전문 용어에서 속어까지 다루고 있다. / 彼の話は経済から政治・文化の話題まで及ぶ 그의 화제는 경제에서 정치, 문화에까지 이른다. / このホテルの宿泊料金は7千円からとなっています 이 호텔의 숙박료는 7천 엔 이상입니다. / この指輪は100万円からします 이 반지는 100만엔 이상 합니다.

¶まず乾杯から始めさせていただきます 먼저 건배부터 시작하겠습니다. /「君からやれよ」「いや君からやれよ」"나부터 먼저 해." "아니, 너부터 해."

❾〔意志, 希望〕 ¶一度でいいから慶州に行ってみたい 한번만이라도 경주에 가 보고 싶다. / 選挙に出るからには当選したい 선거에 출마하는 이상 당선되고 싶다. / いつか仕返ししてやるからな 언젠가 복수할테야. / ふざけたらただではおかないから 까불면 가만두지 않을 거야.

**がら**【柄】❶〔模様〕무늬 ¶派手な柄 화려한 무늬 / 彼女は花柄の服を着ていた 그녀는 꽃무늬 옷을 입고 있었다.

❷〔体格〕몸집, 체격 ¶彼は大柄な[小柄な]人です 그는 몸집이 큰[작은] 사람입니다. / 弟は年の割に大柄な[小柄な]ほうです 남동생은 나이에 비해 몸집이 큰[작은] 편입니다.

❸〔身分, 立場〕격, 제격, 분수, 주제 ¶彼は社長になる柄ではない 그는 사장이 될 만한 인물이 아니다. / 文句を言えた柄か 불평할 수 있는 주제냐? / 柄にもないことを言うな 어울리지도 않는

말 하지 마.
¶結婚式にそんな格好で来るなんて信じられないな. 場所柄をわきまえろよ 결혼식에 그런 옷차림으로 오다니 믿을 수 없어. 장소를 분별해.
❹ [態度, 品] 품위, 품격 ¶柄の悪い男 품위 없는 남자 / 彼の柄の悪い態度にはがまんできない 그 사람의 품위 없는 태도는 참을 수 없다.

**カラー** 〔色彩〕컬러, 색, 색채 関連 カラーコピー機 컬러복사기 / カラー写真 컬러 사진 / カラーテレビ 컬러텔레비전 / カラーフィルム 컬러 필름 / スクールカラー 교풍, 학교의 기풍 / ローカルカラー 지방색(地方色)

**がらあき【がら空き】** ◇がら空きだ 텅 비다 ◇がら空きの 텅 빈 ¶会場はがら空きだった 회장은 텅 비어 있었다.

**からあげ【空揚げ】** 튀김 ¶鶏を空揚げにする 닭을 튀기다

**からい【辛い】** ❶ [味が] 맵다 [塩辛い] 짜다
¶辛いスープ 매운 국물 / このキムチはとても辛い 이 김치는 너무 맵다. / このカレーは辛すぎる 이 카레는 너무 맵다. / 食べ物が塩辛すぎる 음식이 너무 짜다. / このコムタンはちょっと塩辛い 이 곰탕은 조금 짜다.
❷ [厳しい] 짜다 ¶私たちの先生はとても点が辛い 우리 선생님은 점수가 매우 짜다.

**からいばり【空威張り】** 허세(虚勢) ◇空いばりする 허세를 부리다 ¶あいつは空いばりしているだけだ 저 녀석은 허세를 부리고 있을 뿐이다.

**カラオケ** 가라오케〔カラオケ店〕노래방 ¶日本人はカラオケが大好きです 일본 사람은 가라오케를 아주 좋아한다. / みんなでカラオケに行った 모두 함께 노래방에 갔다. / 私はカラオケで歌った 나는 노래방에서 노래를 불렀다. 関連 カラオケスナック[パブ] 단란주점 / カラオケ装置 노래방 장치 / 通信カラオケ 통신 노래방

**からかう** 놀리다 [冗談を言って] 조롱하다 ¶子どもをからかう 아이를 놀리다 / 歌が下手だからといって彼をからかうな 노래를 못한다고 그 사람을 놀리면 안 된다. / からかわれているのがわからなかったなんてお前もばかだね 조롱당하고 있는 것도 몰랐다니 너도 어리석다. / からかい半分に言ったんですよ 장난 반 진담 반으로 말했습니다. / からかうなよ! 놀리지 마!

**からから** 바싹바싹, 바싹 ¶のどが渇いてからからだ 목이 바싹 마르다. / からからの天気が続いている 바싹 마른 날씨가 계속되고 있다.

**がらがら** 데그럭데그럭, 와르르 ◇がらがらだ [空っぽ] 텅 비다 ◇がらがらの 텅 빈 ¶がらがらうがいをする 가글가글 헹구다 / 店はがらがらだった 가게는 텅 비어 쉰 목소리

**がらがらへび【がらがら蛇】** 방울뱀

**がらくた** 잡동사니, 폐물 関連 がらくた市 폐물 시장

**からくち【辛口】** ◇辛口だ 쌉쌀하다; 신랄하다
¶辛口の酒[ビール] 쌉쌀한 술[맥주] / 辛口の批評 신랄한 비평

**からし【辛子・芥子】** 겨자 ¶からしがきいている 겨자 맛이 있다. 関連 からし入れ 겨자 항아리

**からす【烏】** 까마귀 ¶からすが1羽鳴いていた 까마귀 한 마리 울고 있었다. 慣用句 彼の入浴はいつもからすの行水だ 그는 항상 목욕을 간단하게 빨리 끝낸다.

**からす【枯らす】** 시들게 하다 ¶旅行中に鉢植えを枯らしてしまった 여행중에 화분이 시들어 버렸다. / 薬で雑草を枯らす 약으로 잡초를 말려 죽이다

**からす【嗄らす】** [声を] 쉬게 하다 ¶声をからして叫ぶ 목소리가 쉬도록 외치다 / 叫び過ぎて声をからした 너무 소리를 질러 목소리가 쉬었다.

**ガラス** 유리〔窓ガラス〕창유리 ¶ガラスが割れる 유리가 깨지다 / ガラスは割れやすい 유리는 깨지기 쉽다. / 窓ガラスを割ったのはだれ 유리창을 깬 사람은 누구야? / 浴室の窓にはすりガラスがはめてある 욕실의 창은 불투명 유리로 되어 있다. / この花瓶はガラスでできている 이 화병은 유리로 되어 있다. / 車のフロントガラスがめちゃめちゃに壊れた 차의 앞 유리창이 엉망진창으로 깨졌다. / 私はガラスの破片で足を切った 나는 유리 파편에 다리를 찔렸다. / 彼女は自家製のジャムをガラスの瓶に入れた 그녀는 직접 만든 잼을 유리병에 넣었다. / ガラスケースに入った人形をもらった 유리 케이스에 들어간 인형을 받았다. / 私たちはガラス工場を見学した 우리는 유리 공장을 견학했다. / ガラス屋さんに頼んで窓にガラスを入れてもらった 유리 가게에 부탁해서 창문에 유리를 넣었다. 数え方 ガラス1枚 유리 한 장
¶わが社の経理はガラス張りだ 우리 회사의 경리는 투명하다. 関連 ガラス切り 유리칼 / ガラス細工 유리 세공 / ガラス製品 유리 제품 / ガラス窓[戸] 유리창[문] / 板ガラス 판유리 / 二重ガラス 이중 유리

**からだ【体】** ❶ [身体] 몸, 신체(身体)

基本表現
▶私は体中に汗をかいていた
　나는 온 몸에 땀을 흘리고 있었다.
▶若いころ体を鍛えておくべきだった
　젊을 때 몸을 단련해 뒀어야 했다.
▶あの子は体が小さい[ほっそりしている]
　그 아이는 몸이 작다[홀쭉하다].

¶この運動のおかげで私はかなり強健な体になった 이 운동 덕분에 나는 꽤 강건한 몸이 되었다. / 日本では湯船の中で体を洗いません 일본에서는 욕조 안에서 몸을 씻지 않습니다. / 彼はいい体をしている 그는 좋은 체격을 갖고 있다. / 彼女は美しい体をしている 그녀는 몸매가 아름답다. / 彼女は引き締まった体をしている 그녀는 군살 하나 없이 쭉 빠진 몸매를 갖고 있다.

¶体中がしびれる 온 몸이 저리다. / 最近どうも体がだるい 최근 왠지 모르게 몸이 나른하다. / 窓から体を乗り出してはだめだよ 창문으로 몸을 내밀어서는 안 돼 / 少なくとも週に1回は体を動かしたほうがいいよ 적어도 일 주일에 한 번은 몸을 움직이는 것이 좋아.

¶男の人に簡単に体を許してはいけません 남자에게 간단히 몸을 허락해서는 안 됩니다. / 体を売る 몸을 팔다 (▶「売春する」の意)

**からだつき**

❷【健康状態】몸, 건강, 컨디션
◆《体が·体は》
¶うちの娘は体が弱い 우리 딸은 몸이 약하다. / 君は体が丈夫だね 너는 몸이 튼튼하구나. / 3日も徹夜して体が持たないよ 3일씩이나 밤샘하면 몸이 견디지 못해. / 休みも返上で毎日残業では体が続かない 쉬는 날도 없이 매일 잔업하다가는 몸이 남아나질 않는다. / もう体は大丈夫だよ 몸은 이제 괜찮아.
◆《体の》
¶体のために毎日適度な運動をする事をおすすめします 몸을 위해서 매일 적당히 운동하는 것을 권합니다. / 最近体の具合がよい〔悪い〕 최근 컨디션이 좋다〔나쁘다〕. / 彼女は私の体の具合はどうかとたずねた 그녀는 나의 컨디션이 어떤지 물었다. / 体の丈夫な子 몸이 튼튼한 애
◆《体に》
¶体に変調をきたしている 몸에 이상이 있다. / 緑茶は体にとてもいい 녹차는 몸에 매우 좋다. / たばこは体によくない 담배는 몸에 해롭다. / 体に合わないので, 卵は食べません 맞지 않아서 계란은 안 먹어요. / 連日の睡眠不足が体にこたえ始めている 연일의 수면 부족이 몸에 나쁜 영향을 미치기 시작했다. / それでは体に気をつけてね 그러면 몸 조심해.
◆《体を》
¶夫は働きすぎて体を壊した 남편은 과로로 몸을 망쳤다. / 体をいたわる 몸을 소중히 하다 [慣用句] 今体が空いていますか 지금 시간이 있습니까? / まだ若くはないのかなあ, 体が言うことを聞かないんだ 이제 젊지 않은가 봐. 몸이 말을 안 들어. / こんなに忙しくては体がいくつあっても足りない 이렇게 바쁘면 몸이 열 개라도 모자란다. / その記者は体を張って戦場の様子を報道した 그 기자는 몸을 던져 전쟁터의 모습을 보도했다.

**からだつき**【体付き】몸매, 체격 ⇒体

**からっかぜ**【空っ風】강바람

**からっと** 활짝; 바삭 ¶からっと晴れた秋の一日だった 활짝 갠 가을의 하루였다. / 空気がからっとしている 습도가 낮아서 쾌적하다. / 彼はからっとした性格だ 그는 시원스러운 성격이다. / えびをからっと揚げる 새우를 바삭하게 튀기다

**カラット**〔宝石の重さの単位〕캐럿〔金の純度〕캐럿

**からっぽ**【空っぽ】◇空っぽの 텅 빈 ¶空っぽの箱 텅 빈 상자 ⇒空(〈ぁ〉)

**からて**【空手】가라테, 당수(唐手) ¶私は空手を習っている 나는 가라테를 배우고 있다. / 彼は相手に空手チョップを見舞った 그는 상대에게 당수 수도치기를 휘둘렀다.

**からとう**【辛党】〔酒類の好きな人〕주당, 애주가, 술꾼 ¶私は辛党です 저는 애주가입니다.

**からぶり**【空振り】〔失敗, むだ〕허사 ◇空振りする〔野球で〕헛치다 ¶彼はチャンスに空振りの三振に終わった 그는 찬스에 헛스윙의 삼진으로 끝났다. / どの試みも空振りに終わった 어떤 시도도 실패로 끝났다.

**カラフル** 컬러플 ◇カラフルな 컬러풀한, 화려한, 다채로운 ¶カラフルな照明 화려한 조명 / カラフルな水着 화려한 수영복

**からまる**【絡まる】감기다, 휘감기다〔もつれる〕얽히다 ¶つたが木にからまっている 담쟁이덩굴이 나무에 휘감겨 있다. / 足に何かがからまった 다리에 무엇인가가 감겼다. / ミシンの糸がからまった 미싱〔재봉틀〕의 실이 얽혔다.

**からまわり**【空回り】공전 ◇空回りする 공전하다 ¶議論が空回りしてとまらない 논의가 공전해서 결론이 나지 않는다.

**からみあう**【絡み合う】얽히다, 뒤얽히다 ¶問題が複雑に絡み合っている 문제가 복잡하게 뒤얽혀 있다.

**からむ**【絡む】❶【巻きつく】휘감기다 ¶つる草が木の幹に絡んでいた 덩굴풀이 나무가지에 휘감겨 있었다.
❷【関係する】얽히다, 관계되다, 관련되다
¶殺人の動機には個人的なうらみが絡んでいたらしい 살인의 동기에는 개인적인 원한이 관계되어 있었다고 한다. / 金が絡むと話がややこしくなる 돈이 관련되면 이야기가 복잡해진다.
❸【難癖をつける】지분거리다, 치근덕거리다 ¶彼は酔うといつも絡む 그는 취하면 언제나 치근덕거린다.

**がらりと** 가라りと 드르륵〔突然〕싹 ¶がらりと戸を開ける 드르륵 문을 열다 / 彼の態度ががらりと変わった 그의 태도가 싹 바뀌었다.

**からりと** 활짝 ¶空がからりと晴れた 하늘이 활짝 갰다. ⇨がらっと

**かられる**【駆られる】끌리다, 사로잡히다, 쫓기다 ¶好奇心に駆られて箱の中をのぞいた 호기심에 끌려 상자 속을 들여다 보았다. / 彼は酒を飲みたいという抑えきれない衝動に駆られた 그는 술을 마시고 싶다는 억누를 수 없는 충동에 사로잡혔다. / 不安に駆られる 불안에 사로잡히다 〔쫓기다〕

**がらん** ◇がらんとした 텅 빈 ¶夏休みで教室はがらんとしていた 여름 방학이라 교실은 텅 비어 있었다. / がらんとした部屋 텅 빈 방 / がらんとした町 텅 빈 마을

**かり**【仮】❶【間に合わせの】◇仮の〔一時的な〕가, 임시의, 일시적인 ¶ここは仮の住いです 여기는 임시 거주지입니다.
❷【偽りの】가짜 ¶彼は宿帳に仮の名前を書き込んだ 그는 숙박부에 가짜 이름을 적었다.
❸【仮定】가정 ¶仮の話だが宝くじで1億円当てたとしたらどうする 만일 이야기지만 1억 엔짜리 복권에 당첨되면 어떻게 할 거야? [関連] 仮営業所 임시 영업소 / 仮契約 가계약 / 仮採用 가채용 / 仮釈放 가석방 / 仮条約 가조약 / 仮処分 가처분 / 仮調印 가조인 / 仮払い 가불 / 仮払金 가불금 / 仮免許 가면허 ⇒仮に

**かり**【借り】빚, 부채〔恩〕은혜〔恨み〕원수 ¶借りを作る 빚을 만들다 / サンギには借りがあるみたいだ 그에게는 빚이 있다. / 彼には1万円借りがある 그 사람에게는 만 엔의 빚이 있다. / 借りはすべて返済した 빚은 다 갚았다. / この借りはいつか返してやる 이 원수 언젠가는 복수하겠다.

**かり**【狩り】사냥 ¶狩りに行く 사냥하러 가다

[関連]**狩り場** 사냥터 / **狩人** 사냥꾼 / **いちご狩り** 딸기 따기 / **うさぎ狩り** 토끼 사냥 / **紅葉狩り** 단풍놀이 / **きのこ狩り** 버섯 따기

**かりいれ【刈り入れ】** 추수(秋收), 수확(收穫) ¶稲の刈り入れ 벼의 수확 / 刈り入れ時 추수철

**かりいれる【刈り入れる】** 베어 들이다, 거두어 들이다 ⇒刈る

**カリウム** 칼륨

**かりかり** [いらいらしたさま] 바작바작 ◇**かりかりする** 곤두서다 ¶最近、彼女は神経がかりかりしている 최근 그녀는 신경이 곤두서 있다.

**がりがり** [引っかくさま] 으득으득 [やせているさま] 빼빼 ¶猫がカーペットをがりがり引っかいている 고양이가 카펫을 으득으득 긁고 있다. / その子はがりがりにやせていた 그 아이는 빼빼 말라 있었다.

**カリキュラム** 커리큘럼, 교육 과정 ¶新しいカリキュラムを編成する 새로운 커리큘럼[교육 과정]을 편성하다

**かりこむ【刈り込む】** 깎아 다듬다, 베다 ¶芝生を刈り込む 잔디를 베다 / 羊の毛を刈り込む 양의 털을 베다 / 植え込みをきれいに刈り込んだ庭園に心어놓은 나무들을 예쁘게 다듬은 정원

**カリスマ** 카리스마 ¶彼には指導者としてのカリスマ性がある 그에게는 지도자로서의 카리스마가 있다. / カリスマの指導者 카리스마적 지도자

**かりたてる【駆り立てる】** 몰다 ¶群衆を駆り立ててデモをする 군중을 몰아 시위를 하다 / ドラマで見た美しい海の景色が私を済州島への旅に駆り立てた 드라마로 본 아름다운 바다 경치가 나로 하여금 제주도 여행을 가게 만들었다.

**かりとる【刈り取る】** [除去する] 잘라 내다, 베어 내다 [収穫する] 베어 들이다, 거두어 들이다 ¶悪の芽は早い時期に刈り取らなければならない 악의 싹은 빠른 시기에 베어 내지 않으면 안 된다.

**かりに【仮に】** [もし] 만약, 만일 [当面] 당분간 [一時的に] 일시적으로, 임시로 ◇**仮にも** 적어도 ¶仮にあなたが私の立場だったらどうしますか? 만약 당신이 저의 입장이라면 어떻게 하겠습니까? / 仮に1個を100円としておこう 예를 들어 한 개를 100엔으로 치자. / ズボンのほころびを仮に縫っておいた 바지의 터진 데를 임시로 꿰매어 두었다.

¶仮にも私は弁護士だ 적어도 나는 변호사다. / 仮にも友達なら力を貸してくれ 적어도 친구라면 도와 줘.

**かりぬい【仮縫い】** 가봉, 시침 바느질 ◇**仮縫いする** 가봉하다, 시침 바느질하다 ¶結婚式の衣裳の仮縫いをした 결혼식 의상을 가봉했다.

**かりぬし【借り主】** 차용인, 빌린 사람 [債務者] 채무자 [借家人] 차가인 [借地人] 차지인

**カリフラワー** 콜리플라워

**ガリべん【ガリ勉】** 공부벌레 ¶あいつはまったくのガリ勉野郎だ 저 녀석은 완전한 공부벌레다.

**かりゅう【下流】** 하류 ¶漢江の下流 한강 하류 / ボートは下流へ向かった 보트는 하류로 향했다. / 5キロ下流に 5킬로 하류에 [関連]**下流階級** 하류 계급 / **下流社会** 하류 사회

**かりょく【火力】** 화력 ¶このガスレンジは火力が強い[弱い] 이 가스레인지는 화력이 강하다[약하다]. [関連]**火力発電所** 화력발전소

**かりる【借りる】** ❶[金・物を借りる] 빌리다, 꾸다

[使い分け] 빌리다, 꾸다, 빌다
빌리다 ①具体的な物を借りる。②助けや力など抽象的なものを借りる。
꾸다 お金や穀物など、使うとなくなるものを借りる。
빌다 他人に無償の援助を請う。物乞いをする。

[基本表現]
▷兄にいくらかお金を借りた
  형에게 돈을 좀 빌렸다.
▷友人に1万ウォン借りている
  친구에게 만 원을 꾸었다.
▷この家は山本さんから借りている
  이 집은 야마모토 씨로부터 빌린 것이다.
▷この本を借りてもいいですか
  이 책을 빌려도 됩니까?
▷電話をお借りしてもいいですか
  전화 좀 써도 괜찮습니까[됩니까]?

¶家を担保にして銀行から1億ウォン借りた 집을 담보로 은행에서 1억 원을 꾸었다. / 彼に借りたお金を返した 그에게 빌린 돈을 갚았다. / レンタカー[ビデオ]を借りた 렌터카[비디오]를 빌렸다. / この部屋は月50万ウォンの家賃で借りられる 이 방은 월 50만 원의 집세로 빌릴 수 있다. / 2年の契約でその家を借りた 2년 계약으로 그 집을 빌렸다. / そのホールを時間ぎめで借りた 그 홀을 시간당으로 빌렸다. / リース会社からコンピュータを10台借りているリース会社에서 컴퓨터를 열 대 빌리고 있다. / バスを借り切って旅行した 버스를 전세 내서 여행했다. / この町に住む人はだれでも図書館から本を借り出すことができる 이 동네에 사는 사람은 누구든지 도서관에서 책을 빌릴 수 있다. / 傘を borrowing する 우산을 빌리다

❷[助けを受ける] 빌리다 ¶君の力が借りたい 너의 힘을 빌리고 싶다. / 너의 도움이 필요하다. / 彼に知恵を借りよう 그에게 지혜를 빌리자. / 酒の力を借りて彼女に愛していると言った 술의 힘을 빌려 그녀에게 사랑한다고 말했다. / この場を借りて皆様にお礼申し上げます 이 자리를 빌려 여러분께 감사 말씀드립니다. / 戦争は正義に名を借りた殺戮(さつりく)だ 전쟁은 정의의 이름을 빌린 살육이다.

**かる【刈る】** 깎다 [草・芝・作物を] 베다 [髪・毛などを] 깎다 [刈って整える] 가꾸다 ¶日曜日に庭の芝生を刈った 일요일에 뜰의 잔디를 베었다. / きのう生け垣を刈った 어제 울타리를 베었다. / きのうみんなで稲を刈った 어제 모두 함께 벼를 베었다.

¶髪を刈る 머리를 깎다 / 彼は髪の毛を短く刈ってもらった 그는 머리카락을 짧게 깎았다. / 横の方を少し刈って下さい 옆 쪽을 조금 깎아 주세요. / 彼らは春に羊の毛を刈る 그들은 봄에 양털을 깎는다.

**かる【狩る】** 사냥하다, 잡다 ¶うさぎを狩る 토끼

-**がる** ¶彼女はあなたに会いたがっています 그녀는 당신을 만나고 싶어하고 있습니다. / 寂しがる 외로워하다 / 強がる 강한 척하다

## かるい【軽い】
❶〔目方が少ない〕가볍다

[基本表現]
▶この荷物は軽い
이 짐은 가볍다.
▶アルミは鉄より軽い
알루미늄은 철보다 가볍다.
▶クラスの中でいちばん軽い人はだれ
반에서 가장 가벼운 사람은 누구야?
¶それはとても軽いので子どもでも持ち上げられる 그것은 매우 가벼워서 아이라도 들어 올릴 수 있다. / この箱重いなあ。少し中味を出して軽くしてよ 이 상자 무거워지네. 내용물 좀 꺼내 줘. / その麻のジャケットはとても軽かった 그 삼베 재킷은 매우 가벼웠다. / 10キロ体重が減ったから体が軽くなった 10킬로 체중이 줄어들어서 몸이 가벼워졌다.

❷〔軽快だ〕가볍다, 경쾌하다 ¶その喫茶店は軽い音楽が流れていた 그 찻집은 경쾌한 음악이 흐르고 있었다. / 彼女が軽い足取りで歩いてきた 그녀가 가벼운 발걸음으로 걸어왔다.

❸〔たいした程度ではない〕가볍다, 하찮다, 우습다 ¶軽い風邪を引いている 가벼운 감기에 걸렸다. / 出かける前に軽い食事を取ろう 나가기 전에 가벼운 식사를 하자. / 軽い運動は健康によい 가벼운 운동은 건강에 좋다. / 気分転換には軽い読み物がよい 기분전환에는 가벼운 읽을 거리가 좋다. / 転んで軽いけがをした 넘어져서 가벼운 상처를 입었다.

¶君の仕事の負担を軽くしなくちゃと思っているんだ 네 일의 부담을 덜어주려고 생각하고 있다. / ロープを軽く引っ張ってくれ 로프를 가볍게 당겨 줘. / 彼女は彼のほおに軽くキスした 그녀는 그의 뺨에 가볍게 키스했다. / 軽く一杯やろう 가볍게 한잔 하자. / 彼を軽く見てはいけない 그 사람을 우습게 봐서는 안 된다. / 軽く考える 하찮게 생각하다

❹〔容易だ〕간단하다, 거뜬하다, 가뿐하다 ◇軽く〔簡単に〕쉽게〔優に〕족히 ¶「山田にテニスで勝つなんてすごいな」「なに、軽いもんさ」"야마다에게 테니스로 이기다니 대단해." "뭐, 그 정도야 거뜬하지." / すごくお腹がすいているからラーメン2杯は軽いな 몹시 배가 고프니까 라면 두 그릇쯤이야 가뿐한 걸.
¶仕事は軽く片付けた 일은 간단히 끝냈다. / 彼女の年収は軽く1千万円を超えている 그녀의 연봉은 천만 엔을 족히 넘는다.

❺〔軽薄だ〕가볍다, 경솔하다 ¶彼女は口が軽い 그 여자는 입이 가볍다. / 軽い気持ちでその仕事を引き受けてはいけない 가벼운 마음으로 그 일을 맡으면 안 된다.

**かるいし【軽石】** 경석, 속돌
**かるがるしい【軽々しい】** 경솔하다, 경망스럽다 ◇軽々しく 경솔하게, 경망스럽게 ¶軽々しい振る舞い 경솔한 행동 ¶彼女は他人のプライバシーを軽々しく口にすることがある 그녀는 남의 프라이버시를 경솔하게 말할 때가 있다.

**カルシウム** 칼슘 ¶カルシウムを摂取する 칼슘을 섭취하다
**カルスト** 카르스트 ¶秋吉台は日本で一番大きなカルスト地形だ 아키요시다이는 일본에서 제일 큰 카르스트 지형이다.
**カルタ** 가루타: 그림이나 글자가 적힌 장방형의 카드 ¶カルタをする 가루타놀이를 하다
**カルチャー** 컬처, 문화, 교양 [関連] カルチャーショック 컬처쇼크 / カルチャースクール 문화 센터
**カルテ** 카르테, 진료 기록카드
**カルテット** 콰르텟 [四重唱] 사중창 [四重奏] 사중주
**カルト** 컬트 [関連] カルト教団 컬트 교단 / カルトムービー 컬트 영화
**かるはずみ【軽はずみ】** ◇軽はずみだ 경솔하다, 경망하다 ¶軽はずみな発言 경망한[경솔한] 발언 / 軽はずみな行動をしてはいけません 경솔한 행동을 해서는 안 됩니다.

## かれ【彼】
❶〔男性を指す代名詞〕《書》그;《話》그 사람, 그 남자;그이 ¶彼は高校の英語の先生です 그 사람은 고등학교 영어 선생님입니다. / 彼が先ほど話した山田さんです 그 사람이 아까 이야기한 야마다 씨입니다. / 彼をご存じですか 그 사람 아세요? / 彼によろしくお伝えください 그 사람에게 잘 전해 주세요. / 彼、かっこいいわね 그 사람, 참 멋있네. / 私は彼をだれよりも愛しています 저는 그이를 누구보다도 사랑하고 있어요.

[語法] 「彼」と「彼女」
그 は, 本来男女の性別に関係なく「その人, あの人」の意味で用いたが, 最近では英語からの影響を受けて, おもに男性をさす「彼」の意味で用いる。ふつう, 그 は書き言葉で用い, 話し言葉では 그 사람 を用いる。「彼女」は書き言葉で 그녀, 話し言葉で 그 여자 などという。

❷〔恋人〕애인〔ボーイフレンド〕남자 친구 ¶ユナにはもう彼がいるらしい 유나에게는 벌써 애인이 있는 것 같아. / 私の彼を紹介するわ 내 남자 친구를 소개할게. [関連] 彼氏 남자 친구

**かれい【華麗】** ◇華麗だ 화려하다 ¶華麗なファッション 화려한 패션 / 華麗な演技 화려한 연기
**かれい【鰈】** 가자미
**カレー** 카레 [関連] カレー粉 카레가루 / カレーライス 카레라이스 / カレー料理 카레 요리 / ドライカレー 드라이카레 (▶韓国に「ドライカレー」は少ない)
**ガレージ** 차고
**かれえだ【枯れ枝】** 마른 가지, 삭정이
**かれき【枯れ木】** 마른 나무, 고목
**がれき【瓦礫】** 와륵, 쓰레기 ¶その町は空爆で瓦礫の山と化した 그 도시는 공중 폭격으로 잿더미로 변했다.
**かれくさ【枯れ草】** 마른 풀 [干し草] 꼴
**かれこれ【彼此】** 이것저것;대충, 이럭저럭 ¶かれこれしているうちにもう出発時間になった 이것

저것 하다가 벌써 출발 시간이 되었다. / 이 町で暮らしてかれこれ10年になる 이 동네에서 생활한 지 그럭저럭 10년이 된다.

**かれは**【枯れ葉】마른 잎, 고엽, 낙엽

**かれら**【彼ら】그들, 그 사람들 ¶彼らはどこの国の人だろう 그들은 어느 나라 사람일까? ➡彼 [語法]

**かれる**【枯れる】마르다 [시들어다] 시들다 ¶花が枯れる 꽃이 시들다 / 旱魃(かんばつ)で稲が枯れた 가뭄으로 벼가 시들었다 / その植物は病気になり枯れてしまった 그 식물은 병이 들어 시들어 버렸다. / 枯れた木 마른 나무

**かれる**【嗄れる】쉬다 ¶声がかれる 목이 쉬다 / せきがひどくてかれてしまった 기침이 심해서 목까지 쉬고 말았다. / 私は声をからして叫んだ 나는 목이 쉬도록 소리쳤다.

**かれる**【涸れる】❶［干上がる］마르다 ¶長い日照りで井戸がかれてしまった 긴 가뭄으로 우물이 마르고 말았다. / もう涙もかれてしまったわ 이제 눈물도 말라 버렸어.
❷［尽きる］마르다, 다하다 ¶彼の芸術的才能はかれることがない 그의 예술적 재능이 고갈되는 일은 없다.

**かれん**【可憐】◇可憐だ 귀엽다, 사랑스럽다(▶ 가련하다 는 主に「かわいそうだ」の意) ➡かわいい

**カレンダー** 캘린더, 달력 ¶カレンダーをめくる 달력을 넘기다 [関連] 卓上カレンダー 탁상 달력 [캘린더] / 日めくりカレンダー 일력

**かろう**【過労】과로 ¶彼は過労で倒れた 그는 과로로 쓰러졌다. [関連] 過労死 과로사

**がろう**【画廊】화랑

**かろうじて**【辛うじて】간신히, 겨우, 가까스로 ¶辛うじて最終電車に間に合った 가까스로 막차를 탔다. / 我々は辛うじて災難を免れた 우리는 가까스로 재난을 피했다. / 彼女は辛うじて生計を立てている 그녀는 간신히 생계를 꾸리고 있다. / 彼は辛うじて試験に合格した 그는 가까스로 시험에 합격했다. / 彼は辛うじて聞き取れるほどの声でささやいた 그는 겨우 알아들을 수 있는 소리로 속삭였다. / 試合では辛うじて1点差で勝った 시합에는 간신히 1점 차이로 이겼다.

**カロチン** 카로틴

**かろやか**【軽やか】◇軽やかだ 가뿐하다, 경쾌하다 ¶軽やかな身のこなし 가뿐한 몸놀림 / 彼女は軽やかな足取りで彼の元へ駆け寄って来た 그녀는 경쾌한 발걸음으로 그에게 달려왔다. ➡軽い

**カロリー** 칼로리 ¶私は1日に1600カロリー取っている 나는 하루에 1600 칼로리를 섭취하고 있다. / このチョコレートはカロリーが高い[低い] 이 초콜릿은 칼로리가 높다[낮다]. / 私は太り過ぎなのでカロリー制限をしなければならない 나는 너무 살쪄서 칼로리를 제한해야 한다. / カロリー計算をする 칼로리 계산을 하다 [関連] 低カロリー食品 저칼로리 식품

**かろんじる**【軽んじる】얕보다, 깔보다, 업신여기다［軽視する］경시하다 ¶人を軽んじる 사람을 얕보다 / 彼は社内ではいくぶん軽んじられていた 그는 사내에서는 조금 업신여김을 당하고 있다. / 人命を軽んじる 인명을 경시하다

**かわ**【川・河】강(江)［小さな川］내, 시내

[基本表現]
▷街の中を川が流れている
　시내에 강이 흐르고 있다.
▷ボートに乗って川を上った[下った]
　보트를 타고 강을 올라갔다[내려갔다].
▷列車は漢江を渡った
　열차는 한강을 건넜다.
▷長雨で川があふれた
　장마로 강이 넘쳤다.

¶この川は湖にそそいでいる 이 강은 호수로 흐르고 있다. / 小さな川が山から流れ出ている 시냇물이 산에서부터 흘러나오고 있다. / 川の水が増した［減った］ 강의 물이 불어났다[줄어들었다]. / 川に橋がかかっている 강에 다리가 놓여 있다. / 小さいころはよく川で遊んだものだ 어렸을 때는 자주 강에서 놀곤 했다. / きのう川へ魚を釣りに行った 어제 강에 낚시하러 갔다. [数え方] 川 1 本［筋］시내 한 줄기

**かわ**【皮】❶［動物の］가죽［毛皮］털가죽, 모피［植物の］껍질［樹皮］수피, 나무껍질 ¶日に焼けて肩の皮がむけ始めた 햇볕에 타서 어깨의 껍질이 벗겨지기 시작했다. / 牛の皮をなめしていろいろな革製品が作られる 소 가죽을 무두질하여 다양한 가죽 제품이 만들어진다. / 猟師はくまの皮をナイフ1本ではいだ 사냥꾼은 곰 가죽을 칼 하나로 벗겼다.

¶バナナの皮を踏んで滑って転んだ 바나나 껍질을 밟아 미끄러 넘어졌다. / なしの皮をむいてちょうしょうか 배 껍질을 깎아 줄까요? / とうもろこしの皮をむくのを手伝ってちょうだい 옥수수 껍질을 벗기는 것을 도와 줘. / トマトは皮ごと食べられる 토마토는 껍질채로 먹을 수 있다. / 木の皮をはがさないでください 나무 껍질을 벗기지 말아 주세요. / みかんの皮 귤 껍질.
❷［物の外側を覆い包むもの］껍질［殻］껍데기 ¶このソーセージは皮が薄い 이 소시지는 껍질이 얇다. / ギョーザの皮 만두피 / パイの皮 파이 껍질 / シュークリームの皮 슈크림 껍질 [慣用句] あいつは人間の皮をかぶった獣だ 저 녀석은 인간의 탈을 쓴 짐승이다. / ついにペテン師の化けの皮がはがれた 마침내 사기꾼의 정체가 드러났다. / 面の皮の厚い男 「낯가죽이 두꺼운［철면피의］남자 [関連] 皮むき器 야채칼

[使い分け] 皮

| 植物の皮 | 껍질 | 사과 껍질 | りんごの皮 |
| 動物の皮 | 가죽 | 가죽 점퍼 | 革ジャンパー |
| 毛皮 | 털가죽 | 털가죽 외투 | 毛皮のコート |
| (卵・貝の)殻 | 껍데기 | 조개 껍데기 | 貝殻 |
| 豆のさや | 깍지 | 콩깍지 | 豆のさや |

**かわ**【革】가죽 ¶このかばんは革製だ 이 가방은 가죽 제품이다. / この革は使っているうちに柔らかくなってくる 이 가죽은 사용하는 동안 부드러워진다. / このバッグはわにの革でできている 이 백은 악어 가죽으로 되어 있다. [関連] 革かばん 가죽 가방 / 革靴 가죽 구두 / 革細工 가죽 세공 / 革製品 가죽 제품 / 革手袋 가죽 장갑 / 牛革 쇠가

**がわ【側】** 쪽, 편, 측 ¶ヨンヒは反対側へ歩いて行った 영희는 반대 쪽으로 걸어갔다. / 彼は川の向こう[こちら]側に住んでいる 그는 강 건너편[이쪽]에 살고 있다 / チョルスは私の左[右]側に座った 철수는 내 왼쪽[오른쪽]에 앉았다. / 北側の部屋はとても寒い 북쪽 방은 매우 춥다. / 道の両側に桜の木がある 도로 양쪽에 벚꽃나무가 있다. / 太平洋側でも大雪が降った 태평양측에서도 폭설이 내렸다.

¶裁判所は会社側の責任を指摘した 재판소는 회사측 책임을 지적했다. / あなたはどちら側につくの, 私それとも彼女? 당신은 어느 편이에요? 나 아니면 그 여자?

**かわいい【可愛い】** ❶〔愛らしい〕귀엽다, 사랑스럽다〔かわいくてきれいな〕예쁘다

> 使い分け 귀엽다, 사랑스럽다, 예쁘다
> 귀엽다 小さく愛らしい対象に用いる. 抽象的な対象には用いない.
> 사랑스럽다 様子や行動に対して用いる.
> 예쁘다 主に人体やその動きおよび小さな対象に用いる. 対象は女性的な感じを受ける. 抽象的な対象には用いない.

¶かわいい女の子 귀여운 여자 아이 / かわいい赤ん坊 귀여운 갓난아기 / かわいい子描 귀여운 새끼 고양이 / かわいい顔 귀여운 얼굴 / かわいい服 예쁜 옷 / かわいい声 예쁜 목소리

¶あの子, なんてかわいいんでしょう 저 아이, 어쩌면 그렇게 귀여운지. / 子供たちはかわいい声で歌を歌った 아이들은 예쁜 목소리로 노래를 불렀다.

¶その服を着るとかわいく見えるよ 그 옷을 입으면 귀여워 보여. / 小さな男の子がかわいい手を振った 작은 남자 아이가 귀엽게 손을 흔들었다. / 彼女も昔はかわいい赤ちゃんだった 그녀도 옛날에는 귀여운 아기였다.

❷〔いとしい〕귀엽다, 사랑스럽다 ¶私のかわいい息子 나의 사랑스러운 아들 / おじいさんは孫娘がかわいくてしょうがない 할아버지는 손녀가 귀여워서 어쩔 줄을 모른다. [慣用句] かわいい子には旅をさせよ 귀여운 자식 매로 키운다. / かわいさ余って憎さ百倍 사랑이 미움으로 변하면 미움도 더해진다.

**かわいがる【可愛がる】** 귀여워하다〔しごく〕곯려 주다 ¶彼は娘をとてもかわいがっている 그는 딸을 매우 귀여워하고 있다. / 彼女は先生にかわいがられている 그녀는 선생님에게 귀여움을 받고 있다.

¶新入生たちをかわいがってやろうぜ(→しごいてやる) 신입생들을 곯려 주자.

**かわいそう【可哀想】** ◇かわいそうだ 불쌍하다, 가엾다, 가련하다, 딱하다 ¶"あの子, 事故で両親を亡くしたんですって" "まあ, かわいそうに" "저 아이, 사고로 부모님을 잃었대요." "저런, 가엾게도." / かわいそうな子犬を見て! 누군가가 버린 거다 불쌍한 강아지 좀 봐! / 누군가가 버린 거야. / 彼女はかわいそうな境遇の中で育った 그녀는 불우한 환경 속에서 자랐다. / 飢えに苦しむ人々を見てかわいそうに思った 굶주림에 괴로워하는 사람들을 보고 불쌍하게 생각했다. / 親を亡くしたかわいそうな子供たち 부모를 여읜 불쌍한 아이들 / 食事に事欠くかわいそうな老人も少なくない 끼니를 거르고 있는 딱한 노인들도 적지 않다.

**かわいた【乾いた】** 마른 ¶乾いた砂 마른 모래 / 乾いた唇 마른 입술 ⇨乾く

**かわいらしい【可愛らしい】** 귀엽다, 사랑스럽다, 예쁘다 ⇨かわいい

**かわかす【乾かす】** 말리다 ¶濡れたズボンを乾かす 젖은 바지를 말리다 / 火のそばで服を乾かしなさい 불 옆에서 옷을 말려라.

**かわかみ【川上】** 상류, 물위 ¶川上にさかのぼる 상류로 거슬러 올라가다

**かわき【渇き】** 갈증 ¶のどの渇きをいやす 갈증을 풀다

**かわぎし【川岸】** 강가, 강변, 강기슭, 냇가

**かわく【乾く】** 마르다, 건조하다, 건조되다

¶洗濯物が乾いた 빨래가 말랐다. / シャツが乾いた 셔츠가 말랐다. / 靴下がまだ乾いてない 양말이 아직 마르지 않았다. / このペンキはすぐ乾く 이 페인트는 금방 마른다. / 強い日差しで道路はすっかり乾いていた 강한 햇볕으로 도로는 완전히 말랐었다. / 空気が乾いている 공기가 건조하다.

**かわく【渇く】** 마르다 ¶暑い! ああ, のどが渇いたぞ! 아아, 목이 마르다. / 大声でしゃべったのでのどが渇いた 큰 소리로 말했더니 목이 말랐다. / 冷えたビールは渇いたのどを潤してくれる 시원한 맥주는 마른 목을 적셔 준다.

**かわしも【川下】** 하류, 물아래 ¶ボートが川下に流される 보트가 하류로 흘러간다.

**かわす【交わす】** 주고받다, 교환하다, 나누다 ¶彼とは何回か言葉を交わしたことがある 그와는 몇 번인가 말을 나눈 적이 있다. / 時々メールを交わす 때때로 메일을 주고 받는다.

**かわす【躱す】** 피하다〔よける〕비키다 ¶首相は記者の質問をうまくかわした 수상은 기자의 질문을 잘 피했다. / 危険から身をかわす 위험으로부터 몸을 피하다 / 追及をかわす 추궁을 피하다

**かわせ【為替】**《経済》환 ¶為替レートは1ドル100円を切っている 환율은 1달러 100엔을 무너뜨리고 있다. / 為替で金を送る 대금을 환으로 보내다 [関連] 為替管理 환 관리〔外為管理〕외환 관리 / 為替相場 환시세〔外為相場〕외환 시세, 환율 / 為替手形 환어음 / 外国為替(がわせ) 외국환, 외환 / 外国為替銀行 외환 은행 / 外国為替市場 외환 시장 / 銀行為替 은행환 / 郵便為替 우편환

**かわぞい【川沿い】** 냇가, 강가, 강변 ¶川沿いに桜並木がある 강가에 벚꽃나무길이 있다. / 川沿いのカフェ 강변 카페

**かわった【変わった】** ¶彼は実に変わった人だ 그는 참 별난 사람이다. / この冷麺は変わった味がする 이 냉면은 색다른 맛이 난다. / あの人は時々変わったことを言う 저 사람은 가끔 이상한 말을 한다. / 変わった振る舞い 이상한 행동 / 変わった絵 색다른 그림

¶変わったことがあれば知らせてください 무슨 일이 있으면 알려 주세요. / その後変わったことがありましたか 그 동안 별일 없었어요? ⇒変わる

**かわら**【瓦】기와 ¶瓦ぶきの家 기와집 関連 瓦屋根 기와지붕

**かわら**【河原・川原】강가[냇가]의 모래밭[자갈밭]

**かわり**【代わり・替わり】❶〔代理〕대리, 대신〔代用〕대용 ◇代わりに 대신에 ¶議長が戻るまで私が代わりを務めます 의장이 돌아올 때까지 제가 대신 맡겠습니다. / 君の代わりはいくらでもいる 너를 대신할 사람은 얼마든지 있다. / 担任の先生が病気だったので代わりの先生が来た 담임 선생님의 병으로 다른 선생님이 오셨다. / 課長が出張の間, 私がその代わりをした 과장이 출장 가 있는 동안 대신 내가 그 일을 했다. / この入れ物はお弁当箱の代わりになる 이 용기는 도시락통 대용이 된다. / このソファーをベッド代わりに使っている 이 소파는 침대 대용으로 사용하고 있다.

¶代わりの人 대신할 사람 / 代わりの品 대용품

¶彼女は具合が悪かったので私が代わりに行った 그녀는 상태가 좋지 않아서 내가 대신 갔다. / 私の代わりに彼女にこれを届けてくれませんか 나 대신에 그녀에게 이것을 전해주지 않겠습니까? / バターの代わりにオリーブ油を使ってもいいですよ 버터 대신에 올리브유를 사용해도 좋아요. / テレビゲームをする代わりに外で遊ぼうよ 텔레비전 게임을 하는 대신에 밖에서 놀자. / 彼は彼女の代わりに棚からその箱を下ろした 그는 그녀 대신에 선반에서 그 상자를 내렸다. / 夫の代わりにお礼の手紙を書いた 남편 대신에 답례의 편지를 썼다. / 私の代わりに妻が会合に出席した 나 대신에 아내가 모임에 참석했다. / 命の代わりにお金を出す 목숨 대신에 돈을 내다

❷〔代償〕대가(▶発音は 대까)¶仕事を手伝ってくれた代わりに彼に食事をごちそうした 일을 도와준 대가로 그에게 식사를 대접했다.

**かわり**【変わり】❶〔変化〕변화〔変わったこと〕별고 ¶患者の状態に何ら変わりはないと医者は言った 환자 상태에 아무런 변화는 없다고 의사는 말했다. /「お変わりありませんか」「おかげさまで家族みんな元気にしています」"별고 없습니까?" "덕분에 가족 모두 건강하게 지내고 있습니다." / 収入は以前とまったく変わりがない(→同じだ) 수입은 이전과 똑같다. / いつもと変わりなく朝7時半に出勤した(いつもどおり) 그녀는 평상시와 변함없이 아침 일곱 시 반에 출근했다.

❷〔相違〕다름, 차이 ¶その会議に彼女が出席しようがしまいが何ら変わりはない 그 회의에 그녀가 참석하든지 말든지 아무런 상관없다. / 値段はこちらのほうが高いが, 性能に関してはどちらのパソコンもほとんど変わりはない 가격은 이쪽이 비싸지만, 성능에 있어서는 어느 컴퓨터든 거의 차이가 없다. 関連 変わり種 변종

**かわりばえ**【代わり映え】¶いっこうに代わり映えがしない 별 차이 없다.

**かわりばんこ**【代わり番こ】◇代わりばんこに 번갈아, 교대로 ¶子供たちは代わりばんこに自転車に乗った 아이들은 번갈아 자전거를 탔다.

**かわりめ**【変わり目】바뀔 때 ¶季節の変わり目 계절이 바뀔 때 | 환절기(換節期) / 学年の変わり目 학년이 바뀔 때

**かわりもの**【変わり者】괴짜, 기인(奇人) ¶あいつは変わり者だ 저 녀석은 괴짜다.

**かわる**【代わる・替わる・換わる】❶〔代理をする〕대신하다, 대리하다 ¶課長が会議に出られなかったので私が代わって出た 과장이 회의에 나갈 수 없었기 때문에 내가 대신 나갔다. / 彼女に代わって私がご用件をうかがいます 그녀 대신에 제가 용건을 듣겠습니다. / 彼に代わっておわびします 그를 대신해 사과합니다. / 私に代わってパーティーに出てくれますか 저 대신에 파티에 참석해 주시겠어요? / 何かそれに代わるものを探さなくては駄目だ 뭔가 그것을 대신할 것을 찾아야 돼. / 彼に代わる技術者はいない 그를 대신할 기술자는 없다.

❷〔入れ替わる〕바뀌다, 교체되다, 교대하다 ¶子供にとって母親の愛情に代わるものはない 아이에게 어머니의 애정을 대신하는 것은 없다. / この1年で首相が二度も代わった 이 1년 동안에 수상이 두 번이나 바뀌었다. / 席を替わっていただけませんか 자리 좀 바꿔 주시면 안 될까요? / 年が替わった 해가 바뀌었다. / 日付が替わる 날짜가 바뀌다

会話 今, 代わります
A：(電話で)秋山さんはいらっしゃいますか
B：少々お待ちください. 今, 代わります
A：아키야마 씨 계십니까?
B：조금만 기다려 주세요. 지금 바꿔 드리겠으니다.
A：(ドライブで)ずいぶん遠くまで来たね
B：疲れたでしょう. 運転を代わってあげるわ
A：꽤 멀리까지 왔구나.
B：피곤하지요. 운전 바꿔 줄게요.

**かわる**【変わる】❶〔変化する〕변하다, 바뀌다

基本表現

▶信号が赤から青に変わった
　신호가 빨강에서 파랑으로 바뀌었다.
▶夜になって雨が雪に変わった
　밤이 되어 비가 눈으로 바뀌었다.
▶彼女は大学に入ってとても変わった
　그녀는 대학에 들어가 많이 변했다.
▶秋になると木の葉が赤や黄色に変わる
　가을이 되면 나뭇잎이 빨강이나 노란색으로 변한다.
▶山の天気は変わりやすい
　산의 날씨는 변덕스럽다.

¶熱すると水は蒸気に変わる 가열하면 물은 증기로 변한다. / 風向きが南から東に変わった 풍향이 남쪽에서 동쪽으로 바뀌었다. / 彼女の部屋の様子が変わった感じがする 그녀의 방 모습이 바뀐 느낌이 든다. / 彼は酔うと人が変わる 그는 취하면 사람이 변한다. / 結婚して姓が変わりました 결혼해서 성이 바뀌었습니다. (▶韓国では結婚しても姓は変わらない) / 彼の気分は変わりやすい 그

の 기분은 변하기 쉽다. / ランチメニューは毎日変わります 점심 메뉴는 매일 바뀝니다.

¶彼の表情ががらりと変わった 그의 표정이 싹 변했다. / この辺の様子も10年たてばすっかり変わるだろう 이 근처의 모습도 10년이 지나면 완전히 바뀔 것이다. / 彼の態度は著しく変わった 그의 태도는 현저하게 변했다. / 彼女の考え方はころころ変わる 그녀의 생각은 요리조리 바뀐다. / 声が変わる 목소리가 변하다

¶住所が変わりましたのでお知らせします 주소가 바뀌었으므로 알려드립니다. / 来月から本社勤務に変わります 다음달부터 본사 근무로 바뀝니다.
❷【異なる】 달라지다 ¶事態は以前とちっとも変わっていない 사태는 이전과 조금도 달라지지 않았다. / もし彼が賛成するというのであれば話は変わってくる 만약 그가 찬성한다면 이야기는 달라진다. / ご出発は何時ですか 다른 이야깁니다만, 출발은 몇 시입니까?

**かわるがわる**【代わる代わる】 번갈아, 교대로 ¶代わる代わるブランコに乗る 번갈아 그네를 탄다

**かん**【缶】 캔, 깡통 関連 缶切り 깡통 따개 / 缶ジュース 캔 주스 / 缶ビール 캔 맥주 / 空き缶 빈 깡통

**かん**【勘】 육감(六感) 〔直感〕 직감 ¶彼の勘が当たったよ 그 사람의 직감이 맞았어. / 彼女は勘が鋭い 그녀의 직감은 예리하다. / このごろ勘が鈍ってきた 요즘 직감이 무디어졌다. / 私は勘が悪い 나는 직감이 나쁘다. / よくわかったね「勘だよ、勘」"잘도 알아냈군." "직감이야, 직감." / 「地図をなくしちゃった」「じゃあ、勘にたよって行くしかないな」 "약도를 잃어버렸어." "그럼, 직감에 의지해서 갈 수밖에 없네." / 勘を働かせなさい 직감력을 발휘하세요. / 勘をつかむ 감을 잡다

**かん**【感】 감〔感動〕감동〔感じ〕느낌 ¶彼女は感きわまって泣きだした 그녀는 벅찬 감동을 이기지 못해 울음을 터뜨렸다. / 時期尚早の感がある 시기 상조의 감이 있다. 関連 快感 쾌감 / 恐怖感 공포감 / 虚脱感 허탈감 / 虚無感 허무감 / 空腹感 공복감 / 罪悪感 죄악감 / 正義感 정의감 / 不安感 불안감 / 満足感 만족감 / 優越感 우월감 / 劣等感 열등감

**かん**【巻】 권 ¶上巻 상권 / 下巻 하권 / 第5券 제 5권(▶오 권 と漢数詞で読む) / 全10巻 전 10권(▶권 と固有数詞で読む) 関連 巻頭 권두 / 巻末 권말

**かん**【寒】 〔小寒〕소한 〔大寒〕대한 ¶寒が明けるまで寒さが続く 대한이 끝날 때까지 추위가 계속된다. / 寒の入り 소한에 접어들다 / 寒の戻り 꽃샘추위, 꽃샘

**かん**【管】 관, 파이프 ¶水道管 수도관 / ガス管 가스관 / 下水管 하수관, 수채통

**かん**【間】 사이 ¶3分間 3분간 / 過去5年間 과거 5년간 / 1週間で完成する 일 주일 사이에 완성하다 / 夫婦間の問題 부부간의 문제 / 東京・ソウル間の距離 도쿄 서울간 거리 慣用句 彼は私の問いに間髪を入れず答えた 그는 내 질문에 대해 즉시 대답했다.

**がん**【癌】 ❶【病気】암 ¶がんにかかる 암에 걸리다 / 私はがんです 저는 암입니다. / 胃にがんができた 위에 암이 생겼다. / 彼は肝臓がんで亡くなった 그는 간암으로 죽었다. / 父のがんはすでにかなり進行していた 아버지의 암은 이미 꽤 진행되고 있었다. / この国では胃がんの発生率が高い 이 나라에서는 위암의 발생률이 높다. / がんが体中に転移した[암이 온 몸에 전이됐다. / 彼女はがんが再発した[消えた] 그녀는 암이 재발했다[사라졌다]. / がんは早期発見が大切だ 암은 조기 발견이 중요하다. / 医者は彼のがんを切除した 의사는 그의 암을 잘랐다.

❷【障害】암, 장애 ¶テロリズムは社会のがんだ 테러리즘은 사회의 암이다. 関連 がん遺伝子 암 유전자 / がん細胞 암세포 / がん通知 암 통지 / 大腸がん 대장암 / 乳がん 유방암 / 肺がん 폐암 / 抗がん剤 항암제 / 発がん物質 발암 물질 / 末期がん患者 말기암 환자

**がん**【雁】 기러기

**かんい**【簡易】 간이 関連 簡易裁判所 간이 재판소 / 簡易保険 간이 보험

**かんいっぱつ**【間一髪】 ¶間一髪のところでその事故にあわずにすんだ 아슬아슬하게 그 사고를 면할 수 있었다.

**かんえん**【肝炎】 간염 関連 肝炎ウイルス 간염 바이러스 / B型[C型]肝炎 B형[C형] 간염

**かんおけ**【棺桶】 관, 관구, 널 慣用句 棺桶に片足を突っ込む 나이가 많아 저승사자가 찾아올 날이 멀지 않다

**かんか**【感化】 감화 ◊感化する 감화하다 ¶恩師の感化を受ける 은사의 감화를 받다 / 彼は友達に感化されやすい 그는 친구들에게 감화되기 쉽다.

**がんか**【眼科】 안과 (▶発音は안과) 関連 眼科医 안과의 / 眼科医院 안과의원

**かんがい**【感慨】 감개 ¶故郷のことを思うと時々感慨にふけってしまう 고향을 생각하면 가끔 감개에 잠기고 만다. / 20年ぶりに幼なじみに会えて感慨無量だった 20년 만에 소꿉친구를 만날 수 있어 감개무량했다.

**かんがい**【灌漑】 관개 ◊灌漑する 관개하다 ¶この土地を灌漑するには莫大な費用がかかる 이 토지를 관개하려면 막대한 비용이 든다. 関連 灌漑設備 관개 설비 / 灌漑用水 관개 용수

**かんがえ**【考え】 ❶〔思考〕생각, 사고
◆【考えが】◆
¶その問題についてどうしても考えがまとまらない 그 문제에 대해서 아무래도 생각이 정리되지 않는다. / 私には君の考えが理解できない 나는 네 생각이 이해되지 않는다. / 近年では、日本や韓国でも男女平等についての考えが広く浸透している 최근에는 일본이나 한국에서는 남녀 평등에 대한 생각이 넓게 침투하고 있다. / 父の考えは古すぎる 아버지의 생각은 너무 낡다.

◆【考えに】◆
¶彼女は考えにふけっていた 그녀는 생각에 빠져 있었다. / 彼の行動は実に日本的な考えに基づいている 그의 행동은 참으로 일본적인 사고를 바탕으로 하고 있다.

◆【その他】

¶自分の考えを他人に押しつけるのはよくないよ 자기 생각을 남에게 강요하는 것은 좋지 않아. / 彼はしばしば何ら考えなしに行動する 그는 종종 아무런 생각 없이 행동한다.

¶深い考え 깊은 사고 / 浅い考え 얕은 사고 / いい考え 좋은 생각 / すばらしい考え 훌륭한 생각 / 甘い考え 안이한 생각 / 夢のような考え 꿈 같은 생각 / 漠然とした考え 막연한 생각 / おかしな考え 이상한 생각

❷〔意見〕생각, 의견, 판단 ¶私の考えでは彼がその役に適任だ 내 생각으로는 그가 그 역할에 적임이다. / 私は自分の考えを人に伝えるのが苦手だ 나는 자신의 생각을 남에게 전하는 것이 서투르다. / 人口問題についてあなたの考えはどうですか 인구 문제에 대하여 당신의 생각은 어떻습니까. / このことでは私は君と同じ考えだ 이 일에서는 나는 너의 생각과 같다.

❸〔思いつき〕생각, 아이디어, 발상 ¶いい考えがあるよ 좋은 생각이 있어. / それはいい考えだ 그것은 좋은 아이디어다. / すばらしい考えが頭に浮かんだ 멋진 아이디어가 떠올랐다. / ちょっと考えがあるんだ 조금 생각이 있어.

❹〔意図〕생각, 의사, 뜻 ¶彼女にはまだ結婚する考えはない 그녀는 아직 결혼할 의사가 없다. / 彼をからかうなんて考えは起こすなよ 그 사람을 놀리려는 생각 따윈 하지 마. / 彼には彼の考えがある 그 사람은 그 사람의 생각이 있다. / 父は私に会社を継がせる考えだ 아버지는 나에게 회사를 상속하게 하실 생각이다.

❺〔思慮, 考慮〕생각, 사려, 분별 ¶彼はなにかにつけ考えが足りない 그는 여러 면에서 생각이 부족하다. / 行動する前にその費用を考えに入れるべきだ 행동하기 전에 그 비용을 고려해야만 한다. / 彼女はあと先の考えもなく駆け落ちした 그녀는 전후의 생각도 없이 그와 사랑의 도피를 했다.

❻〔期待, 想像〕생각〔期待〕기대〔想像〕상상 ¶結果は我々の考えとは違っていた 결과는 우리들의 생각과는 차이가 있었다. / 物事は決して考えどおりにはいかないものだ 세상일은 결코 생각대로는 되지 않는다. / 百年前には人間が宇宙へ行くなどとは考えもつかないことだった 백 년 전에는 인간이 우주에 가리라곤 생각하지도 못할 일이었다.

**かんがえかた【考え方】**사고방식(思考方式), 생각 ¶あなたとは考え方が違うようだ 당신과는 생각이 다른 것 같다.

**かんがえごと【考え事】**생각, 궁리, 걱정거리 ¶あれこれと考え事をする 이리저리 궁리하다

**かんがえこむ【考え込む】**골똘히 생각하다, 생각에 잠기다 ¶そんなに考え込むと体によくない 그렇게 골똘히 생각하면 몸에 좋지 않다. / 彼はじっと何かを考え込んでいるようだった 그는 가만히 무엇인가를 골똘히 생각하고 있는 것 같았

**かんがえだす【考え出す】**생각해 내다, 궁리해 내다 ¶彼はうまい方法を考え出した 그는 좋은 방법을 생각해 냈다.

**かんがえつく【考え付く】**생각해 내다 ¶何かいいことを考えつきましたか 뭔가 좋은 방법이 생각났습니까? / 彼は売り上げを増やすためのよい方法を考えついた 그는 매상을 올리기 위해서 좋은 방법을 생각해 냈다.

**かんがえなおす【考え直す】**다시 생각하다, 재고하다 ¶もう一度考え直してみましょう 다시 한번 생각해 봅시다.

**かんがえぬく【考え抜く】**잘 생각하다, 깊이 생각하다 ¶考え抜いた末, 私は決心した 깊이 생각한 끝에 나는 결심했다.

**かんがえもの【考え物】**¶それは考えものだ 그것은 의심스럽다. / こうすりゃ안 하는 게 좋다.

**かんがえる【考える】**❶〔思う, 思考する〕생각하다〔熟慮する〕잘 생각하다〔検討する〕검토하다

基本表現

▷試験のことを考えるといやになるよ 시험을 생각하면 싫어진다.
▷キョンヒとの結婚なんて考えたこともない 경희와의 결혼 같은 건 생각한 적도 없다.
▷よく考えてみると私が間違っていた 잘 생각해 보니 내가 틀렸다.

◆【…を考える】
¶私たちは彼の提案をよく考えた 우리들은 그의 제안을 충분히 생각했다. / あのことをどう考えていますか 그 일을 어떻게 생각하고 있습니까? / 何を考えているんですか 무슨 생각을 하고 있습니까? / 彼女がまだ若いことを考えると, 世間を知らないのも無理はない 그녀가 아직 젊다는 것을 생각하면 세상을 모르는 것도 무리는 아니다. / 必死に問題の解き方を考えたが結局解けなかった 문제 푸는 법을 열심히 생각했으나 결국 풀 수 없었다. / つまらないことをあれこれ考えるな 사소한 것을 이것저것 생각하지 마라. / 将来を悲観的に考えざるを得ない 장래를 비관적으로 생각하지 않을 수 없다. / 現在の経済状況を考えてみると当分の間不況は回復しそうにない 현재의 경제 상태를 생각해 보면 당분간 불황은 회복할 것 같지 않다.

◆【…と考える】
¶責任は彼が取るべきだとみんな考えている 책임은 그가 져야 한다고 모두 생각한다. / 環境破壊を防ぐことは必要だと考えている 환경 파괴를 막는 것은 필요하다고 생각한다. / これからはITがいっそう重要な役割を果たすであろうと考えられている 앞으로는 IT가 더욱 중요한 역할을 할 것이라고 생각된다. / あの政治家は汚職事件に関わっていたと考えられている 그 정치가는 독직 사건에 관여했다고 생각된다.

◆【…か考える】
¶きょう買い物に行くかどうか考えているの 오늘 쇼핑하러 갈까 말까 생각중이다. / 失恋した時は, どうしたらいいのか何も考えられなかった 실연했을 때는 어떻게 하면 좋을지 아무것도 생각할 수 없었다.

◆【その他】
¶ふざけないで, まじめに考えてよ 장난치지 말고

진지하게 생각해. / 考え過ぎだよ 너무 깊이 생각하지 마. / よく考えてから答えなさい 잘 생각하고 나서 대답해. / それでは, 少し考えさせてください 그러면 조금 생각하게 해 주세요. / この問題はさまざまな角度から考えてみる必要がある 이 문제는 여러 각도에서 생각해 볼 필요가 있다. / 相手の立場に立って考えなさい 상대방 입장에 서서 생각해 봐. / よく考えた末, 彼は余生を田舎で送ることにした 곰곰히 생각한 끝에 그는 여생을 시골에서 보내기로 했다. / 考えてみればあさっては祝日だ 생각해 보니까 모레는 공휴일이다. / ものは考えようだ 사물은 생각하기 나름이다.

❷ [思考, 判断する] 생각하다 [みなす] 보다 [判断する] 판단하다 ¶アインシュタインは20世紀最大の物理学者だと考えられている 아인슈타인은 20세기 최대의 물리학자라고 생각된다. / 私はギャンブルは罪悪だと考えている 나는 도박은 죄악이라고 생각한다. / 彼が言っていることのほうが正しいと考えます 그가 말하고 있는 것이 옳다고 생각합니다.

❸ [意図する] -려고 하다 ¶来年は新車を買おうと考えている 내년에는 새차를 사려고 한다. / この秋にソウルに行こうと考えている 이번 가을에 서울에 가려고 생각하고 있다. / 大学を卒業したら韓国に留学しようと考えています 대학을 졸업하면 한국에 유학하려고 합니다.

❹ [考案する] 생각하다, 고안하다 [工夫する] 궁리하다 [思いつく] 생각해 내다

¶その発明家は数々のおもしろいものを考えた 그 발명가는 재미있는 것을 많이 고안했다. / 電話はもともとアメリカで考えられたものだ 전화는 원래 미국에서 고안된 것이다. / 彼は商売を成功させる手をいろいろ考えた 그는 장사를 성공시키는 방법을 여러 가지로 생각했다. / 彼女は忘年会に参加しない口実を考えていた 그녀는 망년회에 참가하지 않을 구실을 생각하고 있었다. / 大金をもうける何かいい案を考えたいか 큰 돈을 버는 무슨 좋은 방법을 생각했니?

❺ [想像する] 생각하다, 상상하다 ¶宝くじが当たったらどんなにいいか考えてごらん 복권에 당첨되면 얼마나 좋을지 생각해 봐. / ユミのいない人生なんてまったく考えられない 유미가 없는 인생은 전혀 생각할 수 없다. / 彼が事故で死ぬとは考えもしなかった 그가 사고로 죽으리라고는 생각도 하지 않았다. / チョルスと仲良くやっていくことはとても考えられない 철수와 사이좋게 지내는 것은 도저히 상상할 수 없다. / 将来月に人間が住むようになることは十分考えられる 미래에는 달에 인간이 살 수 있게 되는 것은 충분히 생각할 수 있다.

❻ [予期する] 생각하다, 예상하다 [望む] 바라다, 원하다 ¶試験は考えていたよりも簡単だった 시험은 예상했던 것보다 간단했다. / 物事は考えているようにはいかない 일이 란 생각대로 돌아가지는 않는다. / 2, 3日もすれば風邪はよくなるだろうと考えていた 2, 3일 지나면 감기는 좋아질 거라고 생각했다.

❼ [回顧する] 생각하다, 돌이켜보다 [反省する] 반성하다 ¶最近よく昔のことを考える 최근에는 옛일을 자주 생각한다. / 自分のしたことをよく考えてみろ 자신이 한 일을 잘 생각해 봐.

**かんかく** [感覚] 감각 ¶感覚が鋭い 감각이 날카롭다 / 彼女は音楽に対する鋭い感覚をもっている 그녀는 음악에 대한 날카로운 감각을 갖고 있다. / 彼女は方向感覚がいい[悪い] 그녀는 방향 감각이 좋다[나쁘다]. / 彼は感覚が古い 그는 감각이 낡았다. / 感覚がなくなる 감각이 없어지다 / 指の感覚をすっかり失った 손가락 감각을 완전히 잃었다. 関連 感覚器官 감각 기관 / 感覚神経 감각 신경 / 色彩感覚 색채 감각 / ユーモア感覚 유머 감각 / リズム感覚 리듬 감각

**かんかく** [間隔] 간격 ¶椅子を1メートル間隔に並べてください 의자를 1미터 간격으로 놓아 주세요. / 車を運転する時は前の車との間に十分な間隔を取るべきだ 차를 운전할 때는 앞차와의 간격을 충분히 두어야 한다. / 彼らは間隔を一定に保って走った 그들은 일정한 간격을 유지하며 달렸다. / 「バスはどのくらいの間隔で出ていますか」「日中は15分間隔で運転されます」 "버스는 얼마 간격으로 운행됩니까?" "주간에는 15분 간격으로 운행됩니다."

**かんかつ** [管轄] 관할 ◇管轄する 관할하다 ¶この地域は神奈川県警の管轄だ 이 지역은 가나가와 현경의 관할이다. / その件は厚生労働省の管轄下に置かれている 그 건은 후생노동성의 관할하에 있다. 関連 管轄官庁 관할 관청 / 管轄区域 관할 구역

**かんがっき** [管楽器] 관악기 関連 金管楽器 금관 악기 / 木管楽器 목관 악기

**カンガルー** 캥거루

**かんかん** 쨍쨍; 노발대발 ¶かんかん照りの日 쨍쨍 내리쬐는 날 / 先生はかんかんに怒っていた 선생님은 노발대발 화가 나 있었다.

**がんがん** 쾅쾅; 욱신욱신 ¶二日酔いで頭ががんがんする 숙취로 머리가 욱신욱신 쑤신다. / 音楽をがんがん鳴らす 음악을 쾅쾅 울리다 / がんがん仕事をする 어기차게 일을 한다.

**かんき** [乾季・乾期] 건기, 건조기

**かんき** [寒気] 한기 [寒さ] 추위 ¶寒気がゆるむ 추위가 누그러지다 関連 寒気団 한랭 기단

**かんき** [換気] 환기 ◇換気する 환기하다 ¶この部屋は換気がよい[悪い] 이 방은 환기가 좋다[나쁘다]. / 少なくとも1時間に1度は部屋の換気をしたほうがいい 적어도 한 시간에 한 번은 환기를 하는 것이 좋다. 関連 換気口 환기구 / 換気扇 환기 팬 / 換気装置 환기 장치

**かんき** [歓喜] 환희 ¶選手たちの顔は歓喜に満ちていた 선수들의 얼굴은 환희로 가득 차 있었다. / 歓喜のあまり叫ぶ 기쁜 나머지 소리 지르다

**かんきつるい** [柑橘類] 감귤류

**かんきゃく** [観客] 관객 ¶サッカーの日韓戦には約5万人の観客が来ていた 축구 일한전에는 약 5만 명의 관객이 와 있었다. / きょうのコンサートの観客は2千人だ 오늘 콘서트의 관객은 2천 명이다. / きのうは観客が多かった[少なかった] 어제는 관객이 많았다[적었다]. / 観客を動員する 관객을 동원하다

関連 観客席 관객석
**がんきゅう【眼球】** 안구, 눈알
**かんきょう【環境】** 환경 ◇環境がよい[悪い] 환경이 좋다[나쁘다]. / 彼らは恵まれない[恵まれた]環境にいる 그들은 풍족하지 않은[풍족한] 환경에 있다. / 環境の良い所に引っ越したい 환경 좋은 데로 이사가고 싶다. / ここは子供を育てるには環境が悪すぎる 여기는 아이들 키우는 데는 환경이 너무 나쁘다. / 彼女は新しい環境にすぐに慣れた 그녀는 새로운 환경에 곧 익숙해졌다.
¶自然環境の保護に力を入れるべきだ 자연환경 보호에 힘써야 한다. / この洗剤は環境にやさしい 이 세제는 환경친화적이다.

会話 環境にやさしい
 A :「環境にやさしい包装」って、どういう意味ですか
 B : 包装を簡素化したり再生紙を使用したりすることです
 A : "환경 친화적인 포장"이란 어떤 의미입니까?
 B : 포장을 간소화하거나 재생지를 사용하거나 하는 것입니다.

関連 環境アセスメント 환경 영향 평가 / 環境衛生 환경 위생 / 環境汚染 환경오염 / 環境破壊 환경 파괴 / 環境保護 환경 보호 / 環境ホルモン 환경 호르몬 / 環境問題 환경문제 / 環境省 환경청(▶韓国の 환경부「環境部」にあたる) / 家庭環境 가정환경 / 職場環境 직장 환경 / 生活環境 생활환경

**がんきょう【頑強】** ◇頑強だ 완강하다 ◇頑強に 완강히 ¶頑強な人 완강한 사람 / 頑強に否定する 완강히 부정하다 / 労働組合は会社側のリストラ計画に頑強に抵抗した 노동조합은 회사 측의 정리해고[구조 조정] 계획에 완강히 저항했다.
**かんきん【監禁】** 감금 ◇監禁する 감금하다
¶彼女は狭い部屋に監禁された 그녀는 좁은 방에 감금되었다.

**かんけい【関係】** ❶ 〔関連〕 관계, 관련 ◇関係する 관계하다, 관계되다, 관련되다

基本表現
▶喫煙と肺がんとの間には密接な関係がある 흡연과 폐암 사이에는 밀접한 관계가 있다.
▶両国は友好関係を結んでいる
 양국은 우호 관계를 맺고 있다.
▶我々は彼らとよりよい関係を築こうと努めた
 우리는 그들과 보다 좋은 관계를 구축하려고 노력했다.
▶私は彼とは何の関係もありません
 나는 그 사람하고는 아무런 관계도 없습니다.

◆〖関係が・関係は・関係の〗
¶この２つの事件は密接な関係がある 이 두 개의 사건에는 밀접한 관계가 있다. / 彼の言っていることは直接この問題とは関係がない 그가 말하고 있는 것은 이 문제와는 직접 관계가 없다. / 彼が何をしようと私には関係がない 그 사람이 무엇을 하든지 나와는 관계가 없다. /「どういうお仕事をしているのですか」「貿易関係の仕事です」 "어떤 일을 하고 있습니까?" "무역 관계의 일입니다."/ 職場での人間関係は難しい 직장에서의 인간관계는 어렵다. / わが社はその会社と取引関係がある 우리 회사는 그 회사와 거래 관계가 있다. / 彼女は夫の女性関係が原因で離婚した 그녀는 남편의 여자 관계가 원인이 되어 이혼했다.

◆〖関係を・関係に〗
¶彼は両国の関係を改善することに一生を捧げた 그는 양국 관계를 개선하는 일에 평생을 바쳤다. / 彼は暴力団と関係を持っていた 그는 폭력단과 관계를 갖고 있었다. / そのうわさで両家の関係にひびが入った 그 소문으로 양가의 관계에 금이 갔다.
¶外交関係を樹立した[断絶する] 외교 관계를 수립하다[단절하다]

◆〖その他〗
¶市民マラソンには年齢に関係なく出場できる 시민 마라톤에는 연령에 관계없이 출장할 수 있다. / 仕事の関係でよく韓国に行く 일 관계로 한국에 자주 간다. / 紙面の関係でその記事を割愛した 지면 관계로 그 기사를 삭제했다.

❷ 〔関与, 連座〕 **関係する** 〔関わる〕 관계하다, 관여하다 ¶政治家がその収賄事件に関係していることが明らかになった 정치가가 그 뇌물 수수 사건에 관계되어 있는 것이 밝혀졌다. / 過激派が自爆テロに関係していたことは明白だ 과격파가 자폭테러에 관계하고 있었던 것은 명백하다.

❸ 〔縁故, 間柄〕 관계, 인연, 사이 ¶田中さんとはどんな関係ですか 다나카 씨하고는 어떤 관계[사이]입니까?
会話 どんな関係ですか
 A : あの人とはどんな関係なの
 B : 彼女は僕のいとこだよ
 A : 저 사람하고는 어떤 관계야?
 B : 그 여자는 내 사촌이야.

❹ 〔影響〕 관계, 영향 ◇関係する 관계하다, 관계되다, 영향을 미치다 ¶物価の上昇は庶民の生活に直接関係する 물가의 상승은 서민의 생활에 직결된다. / 月は潮の満ち引きと関係がある 달은 조수 간만과 관계가 있다. / 性格は遺伝と環境に関係する 성격은 유전과 환경에 관계가 있다. / 需要と供給の関係 수요와 공급의 관계
関連 関係者 관계자 / 関係当局 관계 당국 / 因果関係 인과 관계 / 相関関係 상관관계 / 男女関係 남녀 관계

**かんげい【歓迎】** 환영 ◇歓迎する 환영하다
¶私たちは温かい歓迎を受けた 우리들은 따뜻한 환영을 받았다. / 彼は歓迎の言葉を述べた 그는 환영의 말을 했다. / 町は歓迎ムード一色に包まれた 거리는 환영의 분위기에 휩싸였다. / 今日は新入生の歓迎会があった 오늘은 신입생 환영회가 있었다.
¶盛大な歓迎 성대한 환영 / 心からの歓迎 진심 어린 환영 / 熱狂的な歓迎 열광적인 환영 / 冷たい歓迎 차가운 환영
¶私たちは客を温かく歓迎した 우리는 손님을 따뜻하게 환영했다. / 彼らは彼女の訪問を歓迎しなかった 그들은 그녀의 방문을 환영하지 않았다. / ホームステイ先の家族にきっと歓迎されるでしょう 홈스테이 가족에게 꼭 환영받을 겁니다. /

かんげき

我々は和平に向けてのいかなる提案も歓迎する 우리는 화평을 향한 어떤 제안도 환영한다.

**かんげき【感激】** 감격 ◇感激する 감격하다 ¶私は感激で胸がいっぱいになった 나는 감격으로 가슴이 벅찼다. / 彼のスピーチには感激した 그의 스피치에는 감격했다. / 感激を新たにする 감격을 새로이 하다 / 感激的な場面 감격적인 장면

**かんげき【観劇】** 관극, 연극 구경 ◇観劇に出かける 연극을 보러 가다

**かんけつ【完結】** 완결 ◇完結する 완결하다 ¶その連続ドラマは来週で完結する 그 연속극은 다음 주에 완결된다[끝난다]. 関連 完結編 완결편

**かんけつ【簡潔】** 簡潔だ 간결하다 / 簡潔な文章 간결한 문장 / 簡潔に説明する 간결하게 설명하다

**かんげん【還元】** 환원 ◇還元する 환원하다 ¶利益を消費者に還元する 이익을 소비자에 환원하다

**かんげんがく【管弦楽】** 관현악 / 管弦楽団 관현악단

**かんご【看護】** 간호 ◇看護する 간호하다 ¶病人を看護する 환자를 간호하다 / 彼女は徹夜で高熱を出した子供の看護をした 그녀는 밤을 새며 열이 높은 아이를 간호했다. 関連 看護学校 간호학원 / 完全看護 완전 간호 ≒看護師

**がんこ【頑固】** 頑固だ 완고하다, 고집스럽다 ¶彼は頑固で扱いにくい 그는 완고해서 대하기 어렵다. / なんて頑固な年寄りなんだ 정말 완고한 노인이야. / 彼女は頑固にその申し出を断った 그녀는 완고하게 그 제의를 거절했다. / 父は一生頑固者で押し通した 아버지는 평생을 완고한 모습으로 사셨다. / おじは頑固一徹な性格だ 큰아버지[작은아버지]는 완고하고 고집불통인 성격이다.
¶彼女は頑固なせきに悩まされている 그녀는 심한 기침에 괴로워하고 있다.

**かんこう【刊行】** 간행 ◇刊行する 간행하다 関連 刊行物 간행물 / 定期刊行物 정기 간행물

**かんこう【観光】** 관광 ◇観光する 관광하다 ¶名所を観光する 명소를 관광하다 / 来月ソウルへ観光に行く予定だ 다음달 서울에 관광하러 갈 예정이다. / 「北海道へはお仕事で行かれるのですか」「いえ、ただの観光です」"홋카이도에는 일로 가십니까?" "아니요, 그냥 관광입니다." / 毎年たくさんの観光客が京都を訪れる 매년 많은 관광객이 교토를 방문한다. 関連 観光案内所 관광 안내소 / 観光ガイド 관광 가이드 / 観光産業 관광 산업 / 観光資源 관광 자원 / 観光施設 관광 시설 / 観光団 관광단 / 観光地 관광지 / 観光バス 관광 버스 / 観光ビザ 관광 비자 / 観光ホテル 관광호텔 / 観光旅行 관광 여행 / 観光旅行業者 관광 여행 업자

**かんこうちょう【官公庁】** 관공서
**かんこうへん【肝硬変】** 간경변
**かんこく【勧告】** 권고 ◇勧告する 권고하다 ¶勧告に応じる 권고에 응하다 / 勧告に従う 권고에[권고를] 따르다 / 引退を勧告する 은퇴를 권고하다 / 彼は辞職を勧告された 그는 사직을 권고받았다.

**かんこく【韓国】** 한국, 《正式》 대한민국 (大韓民国) ¶来週韓国へ行きます 다음주에 한국에 갑니다. / 韓国ドラマを見て韓国に興味を持ちました 한국 드라마를 보고 한국에 관심을 가졌습니다. / 韓国と日本の歴史をもっと勉強したいと思います 한국과 일본의 역사를 더 공부하고 싶습니다. / 韓国がとても気に入りました 한국이 매우 마음에 들었습니다. / また韓国に来たいです 또 한국에 오고 싶습니다. / 「韓国のどちらのご出身ですか」「釜山です」"출신은 한국 어디십니까?" "부산입니다." / 韓国の方(ホェ)が親切なので楽しい旅行になりました 한국 분들이 친절해서 즐거운 여행이 되었습니다.
¶その選手の活躍に韓国中が(→すべての韓国国民が)沸き返った 그 선수의 활약에 온 한국 국민이 열광했다. 関連 韓国銀行 한국은행(▶韓国の中央銀行) / 韓国産業規格(KS) 한국 산업 규격(▶日本工業規格「JIS」に相当) / 韓国人 한국 사람, 《敬》 한국 분 / 韓国製品 한국 제품 / 韓国料理 한국 요리 / 韓国政府 한국 정부 / 韓国文化 한국 문화 / 韓国放送公社 한국 방송 공사, KBS

**かんごく【監獄】** 감옥 / 監獄に閉じ込める 감옥에 가두다

**かんこくご【韓国語】** 한국어, 한국말(▶韓国人は「私たちの言葉」という意味で 우리말 ともいう)

基本表現
▶韓国語はまったくわかりません
　한국말은 전혀 못합니다.
▶少しだけ韓国語が話せます
　한국말을 조금 할 줄 압니다.
▶学校で韓国語を勉強しています
　학교에서 한국어를 배우고 있습니다.
▶「カラオケ」は韓国語で何と言うのですか
　'가라오케'는 한국말로 뭐라고 합니까?

◆《韓国語が・韓国語は》
¶彼女は韓国語がとても上手[下手]です 그 여자는 한국말을 「썩 잘합니다[잘 못합니다]. / 韓国語がもっとうまくなりたい 한국말을 더 잘하고 싶다. / 私の韓国語はソウルではあまり通じなかった 내가 쓰는 한국말은 서울에서는 잘 통하지 않았다.

◆《韓国語を》
¶週2回韓国人に韓国語を習っています 일 주일에 두 번 한국인한테 한국어를 배우고 있어요.

◆《韓国語の》
¶韓国語の小説を読んでいる 한국어 소설을 읽고 있다. / 韓国語の先生 한국어 선생님 / 韓国語の授業 한국어 수업 / 韓国語の新聞 한국어 신문

◆《韓国語で》
¶彼は韓国語で「ようこそ」と言った 그는 한국말로 "어서 오십시오"라고 했다. / サクラは韓国語でポッコッという '사쿠라'는 한국말로 '벚꽃'이라고 한다.

◆《その他》
¶その本は韓国語から翻訳されたものだ 그 책은 한국어에서 번역된 것이다. 関連 韓国語教育 한국어 교육 / 韓国語辞典 한국어 사전 / 韓国語会

話 한국어 회화 / 韓国語能力検定試験 한국어 능력 검정 시험

**かんごし【看護師】** 간호사 [関連] 正看護師 정간호사 / 準看護師 준간호사 / 看護師長 수간호사

**かんごふ【看護婦】** 간호부, 간호원 ⇒看護師

**かんこんそうさい【冠婚葬祭】** 관혼상제

**かんさ【監査】** 감사 [関連] 監査役 감사역 / 会計監査 회계 감사

**かんさつ【観察】** 관찰 ◇観察する 관찰하다 ¶星を観察をする 별을 관찰하다 / 野鳥の生態を観察する 들새의 생태를 관찰하다 / ¶鋭い観察 날카로운 관찰 / 観察力がある 관찰력이 있다 / 彼女は観察力が鋭い 그녀는 관찰력이 날카롭다.

**かんさん【換算】** 환산 ◇換算する 환산하다 ¶円をウォンに換算する 엔을 원으로 환산하다 / 1万ウォンを円に換算するといくらになりますか 만 원을 엔으로 환산하면 얼마가 되니까

**かんさん【閑散】** 한산 ¶夏休みでキャンパスは閑散としていた 여름 방학이라서 캠퍼스는 한산했다.

**かんし【冠詞】** 관사 [関連] 定冠詞 정관사 / 不定冠詞 부정 관사

**かんし【監視】** 감시 ◇監視する 감시하다 ¶犯人は厳重な監視下に置かれた 범인은 엄중한 감시하에 놓였다. / 警察はテロリストの行動に監視の目を光らせている 경찰은 테러리스트의 행동을 감시하느라고 신경을 곤두세우고 있다. [関連] 監視網 감시망

**かんじ【感じ】** ❶〔感覚〕느낌, 감각〔手触り, 感触〕감촉 ◇感じがする 느끼다 ¶カーテンの影にだれかがいるような感じがした 커텐 뒤에 누가 있는 듯한 느낌이 들었다. / この布は触るとざらざらした感じがする 이 천은 만지면 까슬까슬한 느낌이 든다. / この布の手触りは絹のような感じがする 이 천의 감촉은 비단 같은 느낌이 든다. / ビロードの滑らかな感じが好きだ 비로드의 매끄러운 느낌이 좋아한다. ❷〔印象〕느낌, 인상 ¶彼女はどんな感じの人でしたか 그녀는 어떤 느낌의 사람이었습니까? / 彼女は優しい感じの人です 그녀는 상냥한 느낌의 사람입니다. / 彼は感じのよい[悪い]人だ 그 친구는 인상이 좋은[나쁜] 사람이다. / 彼はどこか人なつっこい感じがする 그는 어딘가 붙임성 있는 느낌이 든다. / 温かい感じの絵 따뜻한 느낌의 그림

[会話] どんな感じを受けたか
A: あの女子学生と話してみてどんな感じを受けましたか
B: そうですね. 非常に頭のいい学生だという感じを受けました
A: 그 여학생하고 이야기해 보고 어떤 느낌을 받았습니까?
B: 글쎄요. 매우 머리가 좋은 학생이라는 느낌을 받았습니다.

**かんじ【幹事】** 간사 ¶彼は忘年会の幹事をしている 그는 망년회 간사를 맡고 있다. [関連] 幹事長 간사장

**かんじ【漢字】** 한자, 한문(漢文) ¶漢字で書く 한자로 쓰다 / お名前は漢字でどのように書きますか 성함은 한문으로 어떻게 씁니까? / 韓国では漢字教育が盛んになってきている 한국에서는 한자 교육이 활발해지고 있다. [関連] 漢字能力検定(漢検) 한자 능력 검정 / (日本の)常用漢字 상용한자(▶韓国では教育漢字1800字を主に中等教育で教える)

**がんじがらめ【雁字搦め】** ◇がんじがらめになる 얽매이다 ¶校則でがんじがらめになっていると感じている高校生も多い 교칙에 얽매여 있다고 느끼는 고등학생도 많다.

**がんじつ【元日】** 설날, 정월 초하룻날, 원일

**かんしゃ【感謝】** 감사 ◇感謝する 감사하다 ¶ご援助に対する感謝の気持ちを述べさせていただきます 원조에 대한 감사의 마음을 아룁니다. / 彼の親切に対して感謝の意を表した 그의 친절에 감사의 뜻을 표했다. / 感謝の印としてこれをお受け取りください 감사의 뜻으로 이것을 받아 주세요. / ご好意に対し感謝の言葉もありません 호의에 대해 뭐라고 감사를 드려야 할지 모르겠습니다. / 市長は彼に感謝状を贈った 시장은 그에게 감사장을 주었다. / 感謝祭は11月の第4木曜日である 감사절은 십일월의 네 번째 목요일이다.
¶私は彼女に心から感謝した 나는 그 여자에게 진심으로 감사했다. / 皆様のご親切に心から感謝しています 여러분의 친절에 진심으로 감사드립니다.

**かんじゃ【患者】** 환자 ¶患者を診察する 환자를 진찰하다 [関連] 外来患者 외래 환자 / 入院患者 입원 환자

**かんしゃく【癇癪】** 짜증, 부아, 화 ¶かんしゃくを起こす 짜증 내다 / 父はかんしゃく持ちだ(→ささいなことですぐ怒り出す) 아버지는 사소한 일에도 화를 잘 내신다.

**かんしゅ【看守】** 교도관(矯導官)

**かんしゅう【慣習】** 관습 ¶慣習を守る[破る] 관습을 지키다[타파하다] / 慣習に従う 관습을 따르다 / 慣習的な行事 관습적인 행사

**かんしゅう【監修】** 감수 ◇監修する 감수하다 ¶この辞書は大学教授の監修によって編集された 이 사전은 대학교수의 감수에 의해 편집되었다. [関連] 監修者 감수자

**かんしゅう【観衆】** 관중 ¶観衆は白熱した試合に熱狂した 관중은 열기로 가득 찬 경기에 열광했다. / スタジアムは大観衆で埋め尽くされた 스타디움은 대관중으로 가득 찼다. / 観衆を引きつける 관중을 끌다

**かんじゅせい【感受性】** 감수성 ¶彼女は音楽に対して感受性を持っている 그녀는 음악에 대해 예민한 감수성을 가지고 있다. / 感受性の豊かな[鈍い]子ども 감수성이 풍부한[둔한] 아이

**がんしょ【願書】** 원서 ¶入学願書の受け付けは11月1日から10日までです 입학 원서 접수는 십일월 1일부터 10일까지입니다. / 大学へ願書を出す 대학에 원서를 내다 / 願書に記入する 원서를 기입하다

**かんしょう【干渉】** 참견, 간섭 ◇干渉する 참견하다, 간섭하다 ¶親の干

渉がわずらわしく感じる 부모의 간섭이 귀찮다. / 他国からの内政干渉には断固反対する 타국으로부터의 내정 간섭에는 단호하게 반대한다. / 外国の干渉を受ける[はねつける] 외국의 간섭을 받다[물리치다]

¶他人のことに干渉しないほうがいいよ 남의 일에 간섭하지 않는 것이 좋아. / 大国はしばしば他の国の内政に干渉することがある 대국은 종종 다른 나라의 내정에 간섭할 때가 있다. / もう子どもじゃないんだから、私のことに干渉しないでちょうだい 이제 어린애도 아니니까 내 일에 간섭하지 말아 줘.

**かんしょう【完勝】** 완승 ◇完勝する 완승하다
¶日本は中国に完勝した 일본은 중국에 완승을 거두었다.

**かんしょう【感傷】** 감상 ◇感傷的だ 감상적이다
¶感傷に浸る 감상에 잠기다 / 感傷的な小説 감상적인 소설 / 感傷的になる 감상적으로 되다

**かんしょう【観賞】** 관상 [関連] 観賞植物 관상 식물 / 観賞魚 관상어

**かんしょう【鑑賞】** 감상 ◇鑑賞する 감상하다
¶私の趣味は映画鑑賞です 제 취미는 영화 감상입니다. / 音楽を鑑賞する 음악을 감상하다 / 美術鑑賞 미술 감상

**かんじょう【勘定】** ❶ [計算] 계산, 셈 ◇勘定する 계산하다, 셈하다
¶私は勘定を間違えたらしい 나는 계산을 잘못한 것 같다. / 私は勘定が下手だ 나는 계산이 서투르다.
¶ガイドは乗客の数を勘定した 가이드는 승객의 인원수를 세었다.
❷ [支払い] 계산, 지불 ◇勘定する [支払う] 계산하다, 지불하다 ¶お勘定お願いします 계산해 주세요. / お勘定はおふたりで5300円になります 두 분에 5천 3백 엔입니다. / 勘定は別々にお願いします 계산은 따로따로 해 주세요. / ここの勘定は私が持ちます 여기 계산은 제가 하겠습니다. / 勘定を払っておつりをもらった 계산하고 거스름돈을 받았다. / 勘定をごまかされた気がする 바가지 쓴 것 같다.
❸ [考慮] 계산, 고려 ◇勘定する [考慮する] 계산하다, 고려하다 ¶親の援助は勘定に入れないほうがいい 부모님의 원조는 계산에 넣지 않는 것이 좋다. [慣用句] あの男は何事にも勘定高い 저 남자는 무슨 일이건 손익만 생각한다. [関連] 勘定書 계산서

**かんじょう【感情】** 감정 ◇感情的だ 감정적이다
◆《感情が・感情の》
¶感情が高ぶる 감정이 고조되다 / 歌には彼女の感情がこもっていた 노래에는 그녀의 감정이 가득 담겨져 있었다. / 近隣諸国での対日感情の悪化が懸念されている 이웃 나라들의 대일 감정의 악화가 염려되고 있다.
¶彼は感情の激しい人だ 그는 감정이 격한 사람이다. / ちょっとした感情の行き違いからあの二人は別れてしまった 사소한 감정의 충돌로 그 둘은 헤어지고 말았다.
◆《感情に》
¶一時的な感情にとらわれて事実が見えなくなることがよくある 일시적인 감정에 사로잡혀서 사실을 보지 못할 때가 자주 있다. / 私は自分の感情に負けてしまった 나는 내 감정에 지고 말았다. / 感情に流される 감정에 사로잡히다
◆《感情を》
¶彼女の言葉は私の感情を傷つけた 그녀의 말은 나의 감정을 상하게 했다. / 彼女は飲み会に誘われなかったので感情を害していた 그녀는 회식에 불리지 않아서 감정이 상해 있었다. / 彼は感情をすぐに表に出す 그는 감정을 금방 겉에 드러낸다. / 彼は感情を抑えようとした 그는 감정을 억누르려고 하였다. / 彼女は感情をむき出しにした 그 여자는 감정을 노골적으로 드러냈다. / 彼は感情をこめて詩を朗読した 그는 감정을 담아 시를 낭독했다.
◆《感情的な・感情的に》
¶女は男より感情的だと言われてきた 여자는 남자보다 감정적이라고 말해져 왔다. / そんなに感情的にならないで、落ち着いて 그렇게 감정적으로 나가지 말고 진정해. / 感情的な理由で私は彼の招待を断った 감정적인 이유로 나는 그의 초대를 거절했다. [関連] 国民感情 국민 감정

**かんじょう【環状】** 환상 [関連] 環状線 순환선 / 環状道路 환상 도로, 순환 도로

**がんじょう【頑丈】** ◇頑丈だ 튼튼하다, 단단하다 ¶彼は体が頑丈だ 그는 몸이 튼튼하다. / 頑丈な建物 단단한 건물

**かんしょく【間食】** 간식 ¶間食をする 간식을 먹다 / 間食ばかりしていると太るよ 간식만 먹으면 살쪄.

**かんしょく【感触】** 감촉 [印象] 인상 ¶この布は絹のような感触がする 이 천은 감촉이 비단 같다. / 固い[柔らかい]感触 딱딱한[부드러운] 감촉 / かなり有望という感触を得た 꽤 유망하다는 감을 잡았다.

**かんじる【感じる】** 느끼다
[基本表現]
▶背中に痛みを感じる
　등에 아픔을 느낀다.
▶きょうはとても疲れたと感じる
　오늘은 매우 지쳤다.
▶建物が揺れるのを感じた
　건물이 흔들리는 것을 느꼈다.
▶体が持ち上げられるのを感じた
　몸이 들어 올려지는 것을 느꼈다.
▶まるで10歳も若返ったように感じた
　마치 열 살이나 젊어진 것처럼 느꼈다.

¶私は怒りがこみ上げてくるのを感じた 나는 분노가 북받쳐 오는 것을 느꼈다. / 鏡で顔を見ると年を感じる 거울로 얼굴을 보면 나이를 느낀다. / 感じたままを話してください 느낀 대로 말해 주세요. / 風の冷たさに秋の気配を感じた 차가운 바람에 가을의 기운을 느꼈다. / 危険を感じる 위험을 느끼다 / 焦りを感じる 초조함을 느끼다 / 責任を感じる 책임을 느끼다
¶彼の私に対する敵意を感じた 그 사람의 나에 대한 적의를 느꼈다. / 何か悪いことが起こると感じた

뭔가 나쁜 일이 일어날거라고 느꼈다.
¶ステージに立つたびに活力がわき起こるのを感じる 무대에 설 때마다 활력이 솟아나는 것을 느낀다. / 正座をしていたので足がしびれて何も感じなかった 정좌를 하고 있었기 때문에 다리가 저려 아무것도 느끼지 못했다. / ミンギに見つめられていると感じた 민기가 나를 쳐다보고 있는 것을 느꼈다. / あの子はとても感じやすい子 저 아이는 매우 예민한 아이다. / 彼女にはちっとも魅力を感じない 그 여자에게는 조금도 매력을 느끼지 않는다. / 麻酔をかけられていたので痛みを感じなかった 마취된 상태였기 때문에 아픔을 느끼지 않았다. / 体に感じない地震は 1 日に何度も起こっている 몸에 느껴지지 않는 지진은 하루에 몇 번이고 일어난다.

**かんしん**【関心】관심 ¶彼女は音楽において関心がある 그녀는 음악에 많은 관심이 있다. / 彼は野球にはあまり関心がない 그는 야구에는 별로 관심이 없다. / 海外留学に強い関心を示す若者は多い 해외 유학에 강한 관심을 보이는 젊은이는 많다. / 私は彼女に対する関心をなくした 나는 그 여자에 대한 관심을 잃었다. / 入試以外のことには関心がないのかい 입시 이외에는 관심이 없니? / 関心をひく 관심을 끌다 / 関心を持つ 관심을 가지다
¶環境保護は世界中の人々の関心事である 환경보호는 온 세계 사람들의 관심사이다. / 就職できるかどうかが目下最大の関心事だ 취직할 수 있을지 없을지가 지금 최대의 관심사다.

**かんしん**【感心】◇感心する 감복하다, 감탄하다 ◇感心だ 기특하다 ¶彼の時間の正確さには実に感心する 그가 시간을 잘 지키는 데는 정말 감복한다. / 彼女のピアノの演奏には感心した 그녀의 피아노 연주에는 감탄했다. / 毎日よく勉強するね, 感心するよ 매일 열심히 공부하네. 대단해. / 私はすっかり感心して少年の話を聞いていた 나는 아주 감복하며 소년의 이야기를 듣고 있었다.
¶あの生徒は実に感心だ 저 학생은 정말 기특하다. / 感心な行い 기특한 행동
¶君のその染めた髪の毛にはあまり感心しない 너의 그 염색한 머리는 별로 좋지 않다. / あの女性のコートはあまり感心しない 저 여성의 코트는 그다지 탐탁치 못하다.

**かんじん**【肝心】◇肝心だ 중요하다, 요긴하다 ¶何事も辛抱が肝心だ 무슨 일이든 인내가 중요하다. / 彼は肝心な点が理解できていなかった 그는 중요한 점을 이해하지 못하고 있었다. / 君はいつも肝心な時にいないね 너는 항상 중요한 때에 없다.

**かんすう**【関数】〖数学〗함수(函数)
**かんする**【関する】 관하다(関―) ◇…に関する 에 관한 ◇…に関して 에 관하여[관해서] ¶先ほどの地震に関する情報を教えてください 방금 전의 지진에 관한 정보를 가르쳐 주세요. / これまでに宇宙に関する本を20冊以上読んだ 지금까지 우주에 관한 책을 20권 이상 읽었다. / それはわが社の名誉に関する問題だ 그것은 우리 회사의 명예에 관한 문제다. / 歴史に関する論文 역사에 관

한 논문 / この件に関してどう思われますか 이 건에 관해서 어떻게 생각하십니까? / この点に関しては君に賛成だ 이 점에 관해서는 너에게 찬성이다. / 選挙に関して世論調査をした 선거에 관하여 여론 조사를 했다.
¶バッティングに関する限り彼は申し分ない 타격에 관한 한 그는 나무랄 데가 없다. 慣用句 我関せず 나는 상관하지 않는다. | 오불관언(吾不関焉)

**かんせい**【完成】완성 ◇完成する 완성하다
¶新空港の完成は予定していたより長くかかった 신공항의 완성은 예정됐던 것보다 오래 걸렸다. / 「地下鉄はいつ完成するのですか」「来年の 4 月に完成の予定です」"지하철은 언제 완성됩니까?" "내년 사월에 완성될 예정입니다." / 新しい体育館は完成間近だ 새 체육관은 곧 완성된다. / この礼拝堂の絵画は完成するのに 4 年かかった 이 예배당의 그림은 완성하는 데 4 년 걸렸다. / 彼は 3 日で仕事を完成した 그는 사흘만에 일을 완성했다. / あすの朝までにこの報告書を完成させなくてはならない 내일 아침까지 이 보고서를 완성시켜야 된다.
¶彼は投手としてはすでに完成されている 그는 투수로서는 이미 완성되었다. / 完成された作品 완성된 작품 関連 完成品 완성품

**かんせい**【感性】감성 ¶感性が鋭い 감성이 예리하다 / 感性を刺激する 감성을 자극하다

**かんせい**【歓声】환성 ¶歓声が上がる 환성이 오르다 / 人々は歓声をあげた 사람들은 환성을 올렸다. / 彼は支持者の歓声で迎えられた 지지자가 환성으로 그를 맞이했다. 関連 大歓声 대환성

**かんせい**【管制】관제, 통제 ¶報道管制を敷く 보도 관제를 시행하다 関連 管制塔 관제탑 / 灯火管制 등화 관제

**かんせい**【閑静】◇閑静だ 한적하다 ¶閑静な住宅地 한적한 주택가

**かんぜい**【関税】관세 ¶20パーセントの関税 20퍼센트의 관세 / 関税の引き上げ[引き下げ] 관세의 인상[인하] / 関税を課す 관세를 부과하다 / 関税障壁を撤廃する 관세 장벽을 철폐하다 / その時計の関税を払いましたか 그 시계의 관세를 물었습니까? 関連 関税率 관세율

**がんせき**【岩石】암석
**かんせつ**【間接】간접(↔직접) ◇間接的だ 간접적이다 ◇間接的に 간접적으로 ¶間接的な忠告 간접적인 충고 / 彼女が病気だということを間接的に聞いた 그녀가 아프다는 것을 간접적으로 들었다. / 彼は間接的に君のことを言っていた 그 사람은 간접적으로 네 이야기를 하고 있었다. / 間接的に断る 간접적으로 거절하다 関連 間接喫煙 간접 흡연 / 間接照明 간접 조명 / 間接税 간접세 / 間接選挙 간접 선거 / 間接話法 간접 화법

**かんせつ**【関節】관절 ¶足首の関節を痛めた 발목 관절을 다쳤다. / 肩の関節がはずれる 어깨 관절이 삐다 / 関節をはずす 관절을 삐게 하다 / 関節を合わせる 関連 関節リューマチ 관절 류머티즘

**かんせん**【幹線】간선 関連 幹線道路 간선 도로
**かんせん**【感染】감염 ◇感染する 감염되다
¶彼は結核に感染した 그는 결핵에 감염되었

다. / コンピュータウイルスに感染する 컴퓨터 바이러스에 감염되다 / エイズの感染から身を守ることは可能だ 에이즈 감염으로부터 몸을 지키는 것은 가능하다. / 感染を防ぐ 감염을 막다 関連 感染経路 감염 경로 / 感染源 감염원 / 感染症 감염증

**かんせん【観戦】** 관전 ◇観戦する 관전하다 ¶サッカーの試合を観戦する 축구 경기를 관전하다

**かんぜん【完全】**〔完璧〕완벽 ◇完全だ 완전하다 ◇完全に 완전히, 다 ¶選挙は与党の完全な敗北に終わった 선거는 여당 측의 완전한 패배로 끝났다. / 石器時代の遺物が完全な形で掘り出された 석기시대의 유물이 완전한 형태로 발굴되었다.

¶先週の地震でその古い建物は完全に壊れてしまった 지난주의 지진으로 그 낡은 건물은 완전히 무너져 버렸다. / その計画は彼らの要求を完全に満たしていた 그 계획은 그들의 요구를 완전히 만족시키고 있었다. / もう9時だ。学校には完全に遅刻だな 벌써 아홉 시야. 학교에는 완전히 지각하겠다. / 宿題は完全には終わっていない 숙제는 다는 끝내지 못했다. / 完全に仕事を終える 완전히 일을 마치다 / 完全に負ける 완전히 패하다

完全無欠な人間などいない 완전무결한[결점이 하나도 없는] 인간이란 없다. 関連 完全看護 완전 간호 / 完全試合 완전 시합 / 完全主義者 완벽주의자 / 完全犯罪 완전 범죄 / 完全黙秘 묵비권 행사

**かんぜん【敢然】** ◇敢然と 감연히, 결연히〔勇敢に〕용감히

**かんそう【乾燥】** 건조 ◇乾燥する 건조하다, 건조되다 ¶空気が乾燥している 공기가 건조하다. / 摘みたお茶を乾燥させる 딴 찻잎을 건조시키다 / 洗濯物は乾燥機で乾かすことにしています 빨래는 항상 건조기로 말립니다. / 無味乾燥な文章 무미건조한 글 関連 乾燥剤 건조제 / 乾燥室 건조실 / 乾燥注意報 건조 주의보

**かんそう【感想】** 감상 ◇感想を述べる 감상을 말하다 / 修学旅行の感想を書いた 수학 여행의 감상을 썼다. / その本の感想はどうですか 그 책의 감상은 어떻습니까? / この小説の感想文を来週までに書いてきなさい 이 소설의 감상문을 다음주까지 써 와라.

**かんぞう【肝臓】** 간장 ¶彼は肝臓が悪い 그는 간장이 나쁘다. 関連 肝臓病 간장병

**かんそうかい【歓送会】** 환송회

**かんそく【観測】** 관측 ◇観測する 관측하다

¶月の動きを観測する 달의 움직임을 관측하다 / 天体観測をする 천체 관측을 하다 / それは彼らの希望的観測に過ぎない 그것은 그들의 희망적 관측에 지나지 않는다. / 消息筋の観測によれば 소식통의 관측에 의하면 関連 観測気球 관측 기구 / 観測者 관측자 / 観測所 관측소 / 気象観測 기상 관측

**かんたい【寒帯】** 한대 関連 寒帯気候 한대 기후 / 寒帯植物 한대 식물 / 寒帯地方 한대 지방

**かんたい【歓待】** 환대 ◇歓待する 환대하다

¶歓待を受ける 환대를 받다 / 彼女は客を歓待した 그녀는 손님을 환대했다.

**かんたい【艦隊】** 함대 関連 連合艦隊 연합 함대 / 無敵艦隊 무적 함대

**かんだい【寛大】** 寛大だ 관대하다, 너그럽다

◇寛大に 관대히, 너그러이 ¶彼は他人には寛大だ 그는 남에게는 관대하다. 寛大な人間 관대한 사람 / 寛大な措置 관대한 조치 / 寛大に許す 너그러이 용서하다

**かんたい【眼帯】** 안대 ¶眼帯をする 안대를 하다

**かんだかい【甲高い】** ¶甲高い声で話す 아주 높은 목소리로 말하다

**かんたく【干拓】** 간척 ◇干拓する 간척하다

¶干潟を干拓する 간석지를 간척하다 関連 干拓地 간척지

**かんたん【簡単】** ◇簡単だ 간단하다, 쉽다 ◇簡単に 간단히, 쉽게 ¶テストはとても簡単だった 시험은 아주 간단했다. / このパソコンは使い方が簡単だ 이 컴퓨터는 사용법이 쉽다. / 彼のスピーチは簡単なものだった 그의 스피치는 간단한 것이었다.

¶そんな簡単な問題はすぐに解ける 그렇게 쉬운 문제는 바로 풀 수 있다. / 簡単な修理なら自分でやるよ 간단한 수리라면 내가 할게. / 簡単な手紙 간단한 편지 / 簡単な食事 간단한 식사

¶乾燥した木は簡単に燃える 건조한 나무는 쉽게 타다. / 簡単に言えば君は首ということだ 간단하게 말하자면 너는 해고다. / 警察は事情を簡単に説明した 경찰은 사정을 간단하게 설명했다. / 昼食は簡単にすませた 점심 식사는 간단하게 끝냈다. / あなたが思っているほど事は簡単に進まない 당신이 생각하는 만큼 일은 간단히 진행되지 않아. / 彼女はいとも簡単に大きな男を投げ倒した 그녀는 아주 간단하게 큰 남자를 집어 던졌다.

**かんたん【感嘆】** 감탄 ◇感嘆する 감탄하다

¶景色のすばらしさにみな感嘆の声をあげた 경치의 아름다움에 모두들 감탄의 소리를 질렀다. 関連 感嘆詞 감탄사 / 感嘆符 감탄부, 느낌표(!) / 感嘆文 감탄문

**かんだん【歓談】** 환담 ◇歓談する 환담하다

**がんたん【元旦】** 설날 아침, 원단

**かんだんけい【寒暖計】** 한란계〔温度計〕온도계

**かんち【感知】** 감지 ◇感知する 감지하다 ¶地震を感知する 지진을 감지하다 関連 感知器 감지기

**かんち【関知】** ◇関知する 관여하다(関与—)

¶その問題には我々はいっさい関知していない 그 문제에 우리는 일체 관여하고 있지 않다.

**かんちがい【勘違い】**〔錯覚〕착각〔誤解〕오해 ◇勘違いする 착각하다, 오해하다 ¶塩と砂糖を勘違いした 소금을 설탕으로 착각했다. / その点は勘違いしていました 그 점은 착각하고 있었습니다.

**がんちく【含蓄】** 함축 ¶彼の話にはなかなか含蓄がある 그 사람의 이야기는 함축적이다.

**がんちゅう【眼中】** 안중 ¶彼は私のことなど眼中になかった 그는 나 같은 건 안중에도 없었다.

**かんちょう【干潮】** 간조, 썰물 ¶干潮になる 간

조가 되다 関連 干潮線 간조선

**かんちょう【官庁】** 관청 ¶官庁に勤めている 관청에 근무하고 있다 関連 官庁街 관청가

**かんちょう【館長】** 관장 関連 図書館長 도서관장／博物館長 박물관장

**かんちょう【浣腸】** 관장 ◇浣腸する 관장하다

**かんつう【姦通】** 간통 ◇姦通する 간통하다 関連 姦通罪 간통죄

**かんつう【貫通】** ◇貫通する 관통하다, 관통되다 ¶弾丸が彼の胸を貫通した 탄환이 그의 가슴을 관통했다. ／トンネルがついに貫通した 터널이 마침내 관통했다.

**かんづく【感づく】** 알아채다, 눈치채다 ¶警察は彼が怪しいと感づいていた 경찰은 그가 수상하다는 것을 알아챘다. ／私はそのことに薄々感づいていた 나는 그 일을 어렴풋이 눈치채고 있었다.

**かんづめ【缶詰】 ❶** 〔食品などの〕통조림 ¶ツナの缶詰 참치 통조림／缶詰を開ける 통조림을 따다／缶詰にする 통조림으로 만들다
**❷** 〔比喩的に〕缶詰にする 가두다 ◇缶詰になる 갇히다 ¶車内に缶詰になる 차 안에 갇히다／彼女はホテルに缶詰になって原稿を書き上げた 그녀는 호텔에 갇혀서[틀어박혀] 원고를 다 썼다.
関連 缶詰工場 통조림 공장

**かんてい【官邸】** 관저 関連 首相官邸 수상 관저

**かんてい【鑑定】** 감정 ◇鑑定する 감정하다 ¶筆跡を鑑定する 필적을 감정하다／宝石を鑑定してもらった 보석을 감정 받았다. 関連 鑑定書 감정서／鑑定人 감정인

**かんてん【観点】** 관점 ¶教育的観点からすればそのようなことは望ましくない 교육적 관점에서 보면 그러한 일은 바람직하지 못하다. ／違う観点からみれば 다른 관점에서 보면／観点を変える 관점을 바꾸다

**かんでん【感電】** ◇感電する 감전하다, 감전되다 ¶彼は切れた電線に触れて感電死した 그는 끊어진 전선을 만져서 감전사하였다.

**かんでんち【乾電池】** 건전지, 배터리, 전지

**かんど【感度】** 감도 ¶感度のいいラジオが欲しい 감도가[감이] 좋은 라디오를 갖고 싶다. ／このラジオは感度が悪い 이 라디오는 감도가[감이] 나쁘다. ／高感度フィルム 고감도 필름

**かんとう【完投】** 완투 ◇完投する 완투하다

**かんとう【敢闘】** 감투 関連 敢闘賞 감투상

**かんどう【感動】** 감동 ◇感動的だ 감동적이다 ◇感動する 감동하다, 감동되다 ¶映画に感動して涙を流した 영화에 감동하여 눈물을 흘렸다. ／戦争反対を訴える彼女のスピーチに深く感動した 전쟁 반대를 호소하는 그 여사의 스피치에 깊이 감동했다. ／彼女は感動しやすい人だ 그 여자는 감동하기 쉬운 사람이다. ¶このドラマは感動的だった 이 드라마는 감동적이었다. ／彼の演奏は聴衆に深い感動を与えた 그의 연주는 청중에게 깊은 감동을 주었다.

**かんどう【勘当】** 의절 ◇勘当する 의절하다 ¶彼は父親に勘当された 그는 부친에게 의절당했다.

**かんとうし【間投詞】** 간투사 〔感嘆詞〕 감탄사

**かんとく【監督】** 감독 ◇監督する 감독하다 ¶彼の監督の下で働くのは少しも楽しくなかった 그 사람의 감독하에서 일하는 것은 조금도 즐겁지 않았다. ／従業員の監督を厳しくする必要がある 종업원의 감독을 엄격하게 할 필요가 있다. ／その銀行は政府の監督下に置かれた 그 은행은 정부의 감독하에 놓여졌다. ／その映画の監督はだれですか 그 영화의 감독은 누구입니까？／あの監督の映画は好きだ 그 감독의 영화를 좋아한다. ／私は試験の監督を頼まれた 나는 시험 감독을 부탁받았다. ／生徒が問題を起こしたのはきみの監督不行き届きだ 학생이 문제를 일으킨 것은 네가 감독을 소홀히 했기 때문이다.
関連 監督官庁 감독 관청／映画監督 영화 감독／現場監督 현장 감독／舞台監督 무대 감독

**がんとして【頑として】** 완강히, 고집스레 ¶彼は私の忠告を頑として聞き入れようとしなかった 그는 나의 충고를 고집스레 받아들이려고 하지 않았다.

**かんな【鉋】** 대패 ◇かんなをかける 대패질하다 ¶木の板にかんなをかける 나무판에 대패질을 하다 関連 かんなくず 대팻밥

**カンニング** 커닝 ◇カンニングする 커닝하다 ¶彼は生物の試験でカンニングをやった 그는 생물 시험에서 커닝을 했다. ／カンニングが見つかってしまった 커닝이 들키고 말아 버렸다. ／彼女は地理のテスト用にカンニングペーパーをこしらえた 그녀는 지리 시험용으로 커닝페이퍼를 만들었다.

**かんぬし【神主】** 신사의 신관(神官)

**かんねつし【感熱紙】** 감열지

**かんねん【観念】 ❶** 〔考え〕 관념 ◇観念的だ 관념적이다 ¶私は仏教に対して誤った観念をもっていた 나는 불교에 대해서 잘못된 관념을 가지고 있었다. ／彼女には時間の観念[経済観念]がまったくない 그녀는 시간 관념[경제 관념]이 전혀 없다. ／君の言うことは観念的すぎる 네가 말하는 것은 너무 관념적이다.
**❷** 〔あきらめ〕 체념 (諦念) ◇観念する 체념하다 ¶こんな結果になったのも巡り合わせと観念する 이런 결과가 된 것도 운명이라고 체념한다. ／いくら一生懸命やってもむだだよ. 観念しろ 아무리 열심히 해도 소용없어. 체념해. 関連 固定観念 고정 관념

**がんねん【元年】** 원년

**かんのう【官能】** ◇官能的だ 관능적이다 ¶官能的な描写 관능적인 묘사

**かんのん【観音】** 〔観世音菩薩〕 관세음보살, 관음보살

**かんぱ【寒波】** 한파 ¶寒波が押し寄せる 한파가 밀려오다／この冬東京地方は寒波に見舞われた 이번 겨울 도쿄 지방은 한파에 휩쓸렸다.

**カンパ【募金】** 모금 〔寄付〕 기부 ◇カンパする〔寄付する〕기부하다 ¶送別会のためのカンパを集めた 송별회를 위한 모금을 했다. ／地震の被災者のために２千円カンパした 지진 이재민을 위해서 2천 엔 기부했다.

**かんばい【完売】** 매진 ◇完売する 매진되다 ¶コンサートのチケットは即日完売した 콘서트 티켓은 당일 매진되었다.

**かんぱい【完敗】** 완패 ◇**完敗する** 완패하다 ¶きのうの試合はうちのチームの完敗だった 어제 시합은 우리 팀의 완패였다.

**かんぱい【乾杯】** 건배 ◇**乾杯する** 건배하다 ¶乾杯の音頭を取る 건배를 선창하다 / おふたりの輝かしい前途を祝福して乾杯しましょう 두 사람의 빛나는 앞길을 축복하여 건배합시다. / 乾杯！건배！/ 위하여！

**かんばしい【芳しい】** 〔香りが〕향기롭다, 향긋하다 〔結果が〕좋다, 바람직하다 ¶芳しい香りがする 향기로운 냄새가 난다. / 成果はあまり芳しくない 성과는 별로 좋지 않다. / あの先生の評判は芳しくない 그 선생님의 평판은 좋지 않다.

**カンバス** 캔버스

**かんばつ【旱魃】** 가뭄 ¶かんばつにみまわれる 가뭄이 일다 / かんばつで 가뭄으로

**がんばり【頑張り】** 인내심, 인내력 〔努力〕노력 ¶病気をして以来頑張りきがなくなった 병을 앓고 나서 인내심이 없어졌다. 関連 **頑張り屋** 인내심 있는 사람, 노력가

**がんばる【頑張る】** ❶〔耐えて努力する〕버티다 〔一生懸命な〕힘쓰,하다, 열심히 하다, 잘 하다 〔全力を出す〕힘내다, 힘쓰다 ¶頑張れ！힘내라！/ 日本，頑張れ！일본 힘내라[파이팅]！/ 決勝戦に出るんだって？頑張れよ 결승전에 나간다고？「열심히 해[힘내]」. / 頑張るぞ 열심히 해야겠어. / 数学の試験、頑張って 수학 시험 잘 쳐. / 期待に添えるよう頑張ります 기대에 미칠 수 있도록 열심히[잘] 하겠습니다. / 彼は作品を仕上げるために頑張っている 그는 작품을 완성하기 위해서 노력하고 있다.
¶入学試験が近いので、毎晩夜遅くまで頑張って勉強している 입학 시험이 가까워져서 매일 밤 늦게까지 열심히 공부하고 있다. / 彼女は重い病気だが、頑張っている 그녀는 중병을 앓고 있지만 잘 버티고 있다.
❷〔意志を通す〕버티다 ¶労働者たちは賃上げを要求して頑張っている 노동자들은 임금 인상을 요구하며 버티고 있다.
❸〔ある場所から動かない〕버티다, 버티고 서다 ¶警備員が入り口で頑張っているから勝手に建物の中には入れない 경비원이 입구에 버티고 있어서 마음대로 건물 안에 들어갈 수 없다.

**かんばん【看板】** 간판 ¶通りにはハングルの看板がたくさんあった 거리에는 한글로 된 간판이 많이 걸려 있었다. / 看板を出す 간판을 내걸다 慣用句 **店の看板を下ろす** 가게 간판을 내리다, 폐점하다 / この店は看板倒れだ 이 가게는 소문만 요란하고 실속이 없다. / きょうはこれくらいで看板にしよう 오늘은 이쯤에서 문을 닫자. 関連 **看板娘** 가게의 간판 격 젊은 아가씨 / **看板選手** 간판선수 / **看板スター** 간판스타 / **立て看板** 입간판

**かんぱん【甲板】** 갑판 ¶甲板に出る 갑판에 나가다

**かんび【完備】** 완비 ◇**完備する** 완비하다, 완비되다 ¶この店は駐車場が完備している 이 가게는 주차장이 완비되어 있다. / ホテルの部屋はすべて冷暖房完備になっている 호텔 방은 모두 냉난방이 완비되어 있다.

**かんびょう【看病】** 병시중, 간병 ◇**看病する** 병시중을 들다 ¶寝ずに病人を看病する 자지 않고 환자의 병시중을 들다 / 看病疲れで倒れる 간병으로 인한 피로로 쓰러지다

**かんぶ【幹部】** 간부 関連 **幹部会議** 간부 회의 / **幹部候補生** 간부 후보생 / **最高幹部** 최고 간부

**かんぶ【患部】** 환부

**かんぷう【寒風】** 찬바람

**かんぷう【完封】** 완봉 ◇**完封する** 완봉하다 ¶その投手は中国を5安打完封した 그 투수는 중국을 5안타로 완봉했다.

**かんぶつ【乾物】** 건어물 関連 **乾物屋** 건어물 가게

**かんぶん【漢文】** 한문 (▶しばしば「漢字」の意でも用いる) ⇒漢字

**かんぺき【完璧】** 완벽 ◇**完璧だ** 완벽하다 ◇**完璧に** 완벽히 / **完璧を期する** 완벽을 기하다 / **完璧な結果を残す** 완벽한 결과를 남기다 / ピアノの演奏会は完璧なできだった 피아노 연주회는 완벽했다. 関連 **完璧主義者** 완벽주의자

**かんぺき【岸壁】** 안벽

**かんべん【勘弁】** ◇**勘弁する** 〔許す〕용서하다 〔我慢する〕참다 ¶今回だけは勘弁してください(→許してください) 이번 한 번만 용서해 주세요. / もう勘弁できない(→我慢できない) 더 이상 참을 수 없다.

**かんぼう【感冒】** 감기 ⇒風邪

**かんぽう【官報】** 관보

**がんぼう【願望】** 원망, 소원(所願) ¶願望を抱く 소원을 가지다 / 願望を達する 소원을 이루다

**かんぼうちょうかん【官房長官】** 관방 장관

**かんぽうやく【漢方薬】** 한방약(韓方藥), 한약(韓藥)

**かんぼく【灌木】** 관목

**かんぼつ【陥没】** 함몰 ◇**陥没する** 함몰하다 ¶地震で道路が陥没した 지진으로 도로가 함몰됐다.

**かんまん【干満】** 간만 ¶潮の干満 조수 간만 / 干満の差 간만의 차

**かんまん【緩慢】** ◇**緩慢だ** 완만하다 〔のろい〕느릿느릿하다 ¶彼は動作が緩慢だ 그는 동작이 느릿느릿하다.

**かんみりょう【甘味料】** 감미료 関連 **人工甘味料** 인공 감미료

**かんむり【冠】** 관 ¶冠をかぶる 관을 쓰다 慣用句 **母は今日はお冠だ** 어머니는 오늘 약간 화가 나 계신다.

**かんめい【感銘】** 감명 ¶人々は彼の言葉に感銘を受けた 사람들은 그의 말에 감명을 받았다. / 感銘を与える 감명을 주다

**かんもん【喚問】** 환문 ◇**喚問する** 환문하다 関連 **証人喚問** 증인 신문(訊問)

**かんもん【関門】** 관문 ¶我々は大きな関門を突破した 우리는 큰 관문을 돌파했다.

**かんゆう【勧誘】** 권유 ◇**勧誘する** 권유하다 ¶入会を勧誘する 입회를 권유하다 / 彼女はコーラス部に勧誘された 그녀는 코러스부 입부를 권유받았다. / 彼女は熱心に私を保険に勧誘した 그녀는

열심히 나에게 보험을 권유했다. / 保険の勧誘員 保険 외판원
**がんゆう【含有】**함유 ◇**含有する** 함유하다 ¶アルコール含有量 알코올 함유량
**かんよ【関与】**관여 ◇**関与する** 관여하다, 관여되다 ¶この収賄事件には多くの政治家が関与している 이 뇌물 수수 사건에는 많은 정치가가 관여하고 있다. / 私はその件には関与していない 나는 그 일에는 관여하고 있지 않다. / 関与を否定する 관여를 부정하다
**かんよう【寛容】**◇**寛容だ** 너그럽다, 관용하다 ¶彼は部下に対して寛容だった 그는 부하에 대해서는 너그러웠다. / 寛容な人 너그러운 사람
**かんよう【慣用】**관용 関連 慣用句 관용구 / 慣用表現 관용 표현
**かんようしょくぶつ【観葉植物】**관엽 식물
**がんらい【元来】**원래 ⇒もともと
**かんらく【陥落】**함락 ◇**陥落する** 함락되다 ¶敵の要塞は陥落した 적의 요새는 함락되었다.
**かんらくがい【歓楽街】**환락가
**かんらん【観覧】**관람 ◇**観覧する** 관람하다 / 関連 観覧車 관람차 / 観覧席 관람석 / 観覧料 관람료

**かんり【管理】**관리 ◇**管理する** 관리하다 ¶この公園は管理がよく行き届いている 이 공원은 구석구석까지 관리가 잘 되어 있다. / 暴動後その地区は軍の管理下に置かれている 폭동후 그 지구는 군의 관리하에 놓여 있다. ¶わが社は常に製品の品質管理に細心の注意を払っている 우리 회사는 항상 제품의 품질 관리에 세심한 주의를 기울이고 있다. / 彼は危機管理にすぐれている 그는 위기관리에 뛰어나다. / 彼女はその会社のずさんな在庫管理に驚いた 그녀는 그 회사의 엉성한 재고 관리에 놀랐다. ¶この美術館は市が管理している 이 미술관은 시가 관리하고 있다. / 彼は部下を完全に管理している 그는 부하를 완전히 관리하고 있다. / この店はマネージャーが留守の時は私が管理します 이 가게는 매니저가 없을 때 제가 관리합니다. / 財産を管理する 재산을 관리하다 関連 管理価格 관리 가격 / **管理社会** 관리 사회 / **管理職** 관리직 / **管理人** 관리인

**かんり【官吏】**관리, 공무원(公務員), 벼슬아치
**かんりゃく【簡略】**간략 ◇**簡略化** 간략화 ¶事務の簡略化を図る 사무의 간략화를 도모하다
**かんりゅう【寒流】**한류
**かんりゅう【韓流】**한류 ¶日本では韓流ブームが起こっている 일본에서는 한류 열풍이 불고 있다. 関連 韓流ドラマ[映画] 한류 드라마[영화] / 韓流スター 한류 스타
**かんりょう【完了】**완료 ◇**完了する** 완료하다, 완료되다, 끝나다 ¶工事は5月いっぱいで完了する 공사는 오월 말로 완료된다.
**かんりょう【官僚】**관료, 공무원 ◇**官僚的だ** 관료적이다 ¶官僚的形式主義がはびこる 관료적 형식주의가 만연하다 関連 **官僚主義** 관료주의 / **官僚政治** 관료 정치 / **高級官僚** 고급 관료
**かんれい【慣例】**관례 ¶祭りは9月に行うのが慣例となっている 축제는 구월에 거행하는 것이 관례이다. / 慣例に従う 관례에 따르다 / 慣例を破る 관례를 어기다
**かんれいぜんせん【寒冷前線】**한랭 전선
**かんれき【還暦】**환갑(還甲) ¶還暦を迎える 환갑을 맞이하다
**かんれん【関連】**관련 ◇**関連する** 관련하다, 관련되다 ¶喫煙と肺癌の間には何らかの関連がありますか 흡연과 폐암 사이에는 뭔가 관련이 있습니까? / 気温の変化は作物のできと密接な関連がある 기온의 변화는 작물의 수확과 밀접한 관련이 있다. / 政府は犯罪と貧困を関連付けている 정부는 범죄와 빈곤을 관련 짓고 있다. / あなたの発言に関連して2,3質問させてください 당신의 발언에 관련해서 두세 개 질문하겠습니다. / 石油に関連した製品の値段が上がってきた 석유에 관련된 제품의 가격이 올랐다. 関連 関連会社 관련 회사 / 関連事項 관련 사항 / **関連記事** 관련 기사
**かんろく【貫禄】**관록 ¶彼は貫禄がある[ない] 그는 관록이 있다[없다]. / 貫禄がつく 관록이 붙다 / 貫禄を示す 관록을 보이다
**かんわ【緩和】**완화 ◇**緩和する** 완화하다, 완화시키다 ¶交通渋滞を緩和する 교통 체증을 완화하다 / 緊張を緩和する 긴장을 완화하다 関連 規制緩和 규제 완화 / 緊張緩和 긴장 완화
**かんわじてん【漢和辞典】**한자 사전

# き

**き【木・樹】**❶[樹木] 나무 ¶子供のころよく木に登った 어렸을 적에 자주 나무에 올라갔다. / からすが木にとまっている 까마귀가 나무에 앉아 있다. / 娘が生まれたとき庭に桜の木を植えた 딸이 태어났을 때 정원[뜰]에 벚꽃나무를 심었다. / 熱帯地方では毎日たくさんの木が切り倒されている 열대 지방에서는 매일 많은 나무가 베어지고 있다. / 植木屋に庭の木を刈り込んでもらった 정원사가 정원의 나무를 베었다. 数え方 木 1本 나무 한 그루
¶木の茂った[木のない]山 나무가 우거진[나무가 없는] 산 / 木の実 나무 열매 / 木の芽 나무 싹 ❷[木材] 나무, 목재 [たきぎ] 땔나무 ¶この机は木でできている 이 책상은 나무로 되어 있다. / 木の椅子は金属の椅子より座り心地がいい 나무 의자는 금속 의자보다 앉기 편하다. ¶家の骨組みにはどんな木が使われていますか 집의 뼈대에는 어떤 나무가 사용되고 있습니까? / もっと木をくべなさい 나무를 더 지펴라. / 彼らは木や枯れ葉を燃やして暖をとった 그들은 나무와 마른 나뭇잎을 태워서 몸을 녹였다. 慣用句 木を見て森を見ない 나무만 보고 숲을 보지 못한다.

## き

### 【気】

❶ 〔感情, 気持ち, 気分〕 마음, 감(感), 정신(精神), 기분(気分), 비위(脾胃), 맥(脈), 힘

◆《気が・気は》

¶ そのことを考えると気が重い 그 일을 생각하면 마음이 무겁다. / 彼に本当のことを話して気が楽になった 그에게 사실을 이야기하니 마음이 편해졌다. / 祖父は気が若い 할아버지는 마음이 젊다. / 彼の言葉を聞いて彼女の気が変わった 그의 말을 듣고 그녀의 마음이 바뀌었다. / うそを言って気がとがめた 거짓말을 해서 마음이 불편했다. / 彼といると何だか気が滅入る 그와 있으면 뭔가 (왠지) 기분이 우울해진다 (언짢아진다). / 言いたいことを言ったので気が済んだ 하고 싶은 말을 해서 기분이 풀렸다. / 気が済むまでやってごらん 기분 풀릴 때까지 해 봐. / どこか旅行にでも行けば気が晴れるよ 어딘가 여행이라도 가면 기분이 풀릴 거야. / 気が向いたらあとからいらっしゃい 마음이 내키면 나중에 와요. / あんなことを言うなんて彼の気が知れない 그런 말을 하다니 그의 마음을 모르겠다. / 気は確かかい 제 정신이야? / 兄は彼女に気があるようだ 오빠는 그 여자에게 마음이 있는 것 같다. / 彼に助けを求めるには気が進まない 그에게 도움을 청하는 것은 마음이 내키지 않는다. / 騒音で気が狂いそうだ 소음으로 미칠 것 같다. / 母は朝から気が立っている 어머니는 아침부터 신경이 곤두서 있다.

¶ あしたのブラジルとの試合で日本が負けそうな気がする 내일 브라질과의 시합에서 일본이 질 것 같은 기분이 든다. / 彼がいないと寂しい気がする 그가 없으면 외로운 기분이 든다.

¶ そんな晴れがましい席でスピーチするのは気が引ける 그렇게 화려한 자리에서 스피치를 하는 것은 주눅이 든다. / 楽しみにしていた運動会が中止になって気が抜けてしまった 기대하고 있던 운동회가 취소되어 김이 빠져 버리고 말았다. / 彼女は息子が東京に行ってしまって気が抜けたようだ 그녀는 아들을 동경에 가 버려서 허전해진 것 같다. / この仕事は最後まで気が抜けない 이 일은 마지막까지 온 힘을 다해야 한다.

◆《気に・気の》

¶ その時計は気に入った? 그 시계 마음에 들었니? / きょうは出かける気にならない 오늘은 나갈 마음이 생기지 않는다. / 何事も気の持ちようだ 무슨 일이건 마음먹기 나름이다.

¶ 気に障ったらごめんなさい 기분을 상하게 했다면 죄송합니다. / 彼女のものの言い方は本当に気に障る 그녀의 말투는 정말로 비위에 거슬린다. / 彼は人の気に障るようなことばかり言う 그는 사람의 비위에 거슬리는 말만 한다.

◆《気を》

¶ 気を悪くしないで最後まで聞いてください 기분 상하지 마시고 끝까지 들어 주세요. / もし彼女が来なくても気を悪くしないでください 만약 그 여자가 오지 않아도 기분 상하지 마세요. / 私はよくデパートに買い物に行って気をまぎらす 나는 자주 백화점에 쇼핑을 가서 기분 전환을 한다. / 彼は試験に落ちてすっかり気を落とした 그는 시험에 떨어져 낙심했다. / 気を確かに持ってね 진정해야 [침착해야 돼]. / 彼はスピーチコンテストで優勝して気をよくしている 그는 스피치〔응변〕대회에서 우승해서 기분이 좋다. / 気を引き締めて仕事にかかろう 마음을 단단히 먹고 일에 임하자. / 忙しくて気を抜く暇がない 바빠서 정신을 놓을 틈이 없다.

◆《その他》

¶ あいつは天下を取った気でいる 저 녀석은 천하를 얻은 기분으로 있다. / 妹はあすからの韓国旅行のことで気もそぞろな 여동생은 내일부터 가는 한국 여행으로 정신이 없다.

❷ 〔性質, 性格〕 성질, 성격, 성미, 마음

◆《気が》

¶ 気が短いのが彼の欠点だ 성미가 급한 게 그의 단점이다. / この子は気が弱い 이 애는 마음이 약하다. / 彼は酒を飲むと気が大きくなる 그는 술을 마시면 대담해진다. / 彼女は気が多い 그녀는 변덕스럽다. / 彼とは気が合う 그 사람하고는 마음이 맞다.

¶ 彼女はとても気がきく 그녀는 아주 눈치가 빠르다. / 気がきかないやつだ 눈치가 없는 녀석이네.

◆《気の》

¶ 気の強い女性は苦手だ 성깔 있는 여성은 대하기 어렵다. / 彼女は気の置けない人だ 그녀는 마음을 터놓을 수 있는 사람이다. / もう少し気のきいたことが言えないのか 좀 더 재치 있는 말을 하지 못하겠니.

❸ 〔意志, 意図, 気力〕 생각, 마음 ¶ まじめに働く気があるのかい 성실하게 일할 마음은 있나? / 二度と彼に会う気はありません 두 번 다시 그 사람을 만날 생각은 없습니다. / いくら頼まれても私はその申し出を受ける気はありません 아무리 부탁해도 저는 그 제의를 받아들일 생각은 없습니다. / 彼をだます気はなかった 그를 속일 생각은 없었다. / 彼は弁護士だが, 若いころは外交官になる気でいた 그는 변호사이지만 젊었을 때는 외교관이 되려고 생각했다.

❹ 〔注意, 配慮, 心配〕 조심, 신경, 마음, 걱정 ¶ 足元に気をつけてください 발 밑을〔아래쪽을〕 조심하세요. / 体に気をつけて 몸〔건강〕 조심하세요.

¶ 彼女は格好ばかり気にしている 그녀는 모양〔겉모습〕에만 신경 쓰고 있다. / 彼は身なりを気にしない 그는 옷차림에 신경 쓰지 않는다. / 彼はあれこれ気を回す人だ 그는 이것저것 쓸데없는 것을 생각하는 사람이다. / 母は客に気を配っていた 어머니는 손님에게 신경을 쓰고 있었다. / 何か気にかかることでもあるんですか 뭔가 마음에 걸리는 일이라도 있습니까? / 子供たちの声がうるさくて気が散って読書ができない 아이들이 시끄럽게 떠들어서 정신이 흐트러져 독서를 못하겠다. / 彼がちゃんと薬を飲むように気をつけてやってください 그가 제때에 약을 먹을 수 있도록 신경 써 주세요.

¶ 母のことが気にかかって眠れなかった 어머니가 마음에 걸려 잘 수가 없었다. / 君が遅れるんじゃないかとひどく気をもんだよ 네가 늦지 않을까 몹시 마음을 졸였어. / 息子が事故にあったんじゃないかと気が気ではなかった 아들이 사고를 당하지 않았

올까 하며 「제 정신이 아니었다[안절부절못했다].
¶彼女は夫がそんなに金遣いが荒いとは気がつかなかった 그녀는 남편이 그렇게 돈을 막 쓴다는 것을 알지 못했다. / 気を許していたら息子がゲームで負けてしまった 방심하고 있다가 아들한테 게임에 지고 말았다.

❺〔意識〕의식, 정신 ¶彼女は事故後3日たってようやく気がついた 그녀는 사고 후 사흘이 지나서야 겨우 정신을 차렸다. / 彼女はその知らせを聞いて気を失った 그녀는 그 소식을 듣고 정신을 잃었다. / あまりの暑さに気が遠くなるような気がした 심한 더위에 정신이 몽롱해지는 것 같았다. / この調査には気が遠くなるような時間がかかった 이 조사에는 정신이 아찔해질 만큼 시간이 걸렸다.

❻〔味わい, 香り〕김, 냄새 ¶気の抜けたビールはまずい 김빠진 맥주는 맛없다. / 樽に酒の気が残っている 통에 술 냄새가 남아 있다.

**き**〔奇〕진기 慣用句 事実は小説より奇なり 사실은 소설보다 기괴하고 재미있다. / 彼は奇をてらっているんだ 그는 별난 행동을 해 보이고 있어. / 그는 진기함을 과시하고 있어.

**き**〔機〕〔機会〕기회, 시기 慣用句 彼らは政治改革の機が熟したと感じていた 그들은 정치 개혁의 시기가 무르익었다고 느끼고 있었다. / その男は機に乗じて逃げ出した 그 남자는 기회를 타서 도망갔다. / 機を逸したようだ 기회를 잃은 것 같다. | 기회를 놓친 것 같다. / 彼女は機を見るに敏だ その女は 눈치가 빠르다. ⇨好機, 機会, チャンス

**き**〔期〕기 ¶彼は会長を2期務めている 그는 회장을 2기 역임하고 있다. / 黄金期 황금기 / 離乳期 이유기

**ギア** 기어, 변속기 ¶ギアを変える 기어를 바꾸다 / ギアをトップに入れる 기어를 4단[5단]에 넣다 / 彼はギアをセカンドからサードに入れた 그는 기어를 2단에서 3단으로 바꿨다. 関連 減速ギア 감속 기어

**きあい**【気合い】기합〔気勢〕기세, 기백 ¶コーチは私たちに気合いを入れた 코치는 우리들에게 기합을 넣었다. / 彼は仕事に全然気合いが入っていない 그는 일에 기합이 전혀 들어 있지 않다. / うちのチームはきょうは気合いが入っている 우리 팀은 오늘은 기합이 들어가 있다. / 彼らは相手チームに気合い負けしている 그들은 상대 팀에 기세가 눌리고 있다.

**きあつ**【気圧】기압 ¶機内の気圧が下がってきた 기내의 기압이 내려갔다. / 気圧の谷が通過している 기압골이 통과하고 있다. / 台風の中心気圧は960ヘクトパスカルだ 태풍의 중심 기압은 960헥토파스칼이다. / 日本列島は西高東低の典型的な冬型の気圧配置になっている 일본 열도는 서고동저의 전형적인 겨울형 기압 배치로 되어 있다. 関連 気圧計 기압계 / 高気圧 고기압 / 低気圧 저기압

**ぎあん**【議案】의안 ¶その議案は原案どおり可決された 그 의안은 원안대로 가결되었다. / わが党はその議案に賛成[反対]だ 우리 당은 그 의안에 찬성이다[반대다]. / 県議会はその議案を採択[否決]した 현의회는 그 의안을 채택[부결] 했다. / 与党は増税議案を国会に提出した 여당은 증세 의안을 국회에 제출했다.

**きい**【奇異】◇奇異だ 기이하다 ¶彼女の振る舞いは私たちに奇異な感じを与えた 그녀의 행동은 우리에게 기이한 느낌을 주었다.

**キー** 키 ¶彼は一日中コンピュータのキーをたたき続けた 그는 하루 종일 컴퓨터 키를 똑딱거렸다. / この問題のキーポイントはこれだ 이 문제의 키 포인트는 이것이다. / 車のキー 자동차 키 関連 キーステーション 키 스테이션 / キーホルダー 열쇠고리, 키홀더 / キーワード 키 워드 ⇨キーボード

**きいきい** 끽끽 ¶彼女はきいきい声でしゃべった 그녀는 찢어지는 소리로[쇳소리로] 말했다.

**きいと**【生糸】생사

**キーボード**〔楽器〕키보드〔入力装置〕자판

**きいろ**【黄色】황색, 노란색 ◇黄色い 노랗다 ◇黄色く 노랗게 ¶あそこにいる黄色いセーターを着た女性はだれですか 저기에 있는 노란 스웨터를 입은 여자는 누구입니까? / この本は年月を経て黄色くなってしまった 이 책은 세월이 흘러 누렇게 변했다. / たんぽぽが野原を黄色に染めた 민들레가 들판을 노랗게 물들였다. / 信号が黄色になったら止まりましょう 신호가 노란색이 되면 멈춥시다. / 黄色がかった緑 노란색을 띤 녹색

¶少女は黄色い声をあげて叫んでいた 소녀는 새된 소리를 지르고 있었다. 使い分け

**ぎいん**【議員】의원 関連 議員会館 의원 회관 / 議員立法 의원 입법 / 国会議員 국회의원 / 衆議院議員 중의원 의원 / 参議院議員 참의원 의원 / 下院議員 하원 의원 / 上院議員 상원 의원 / 県[市]議会議員 현[시]의회 의원

**ぎいん**【議院】의원〔議会〕의회〔国会〕국회 関連 議院内閣制 의원 내각제

**キウイ**〔鳥〕키위〔果実〕키위, 양다래

**きうん**【気運】기운 ¶反戦の気運が高まっている 반전의 기운이 높아지고 있다.

**きうん**【機運】기운, 기회 ¶改革の機運が熟したようだ 개혁의 기운이 무르익은 것 같다.

**きえい**【気鋭】기예 ¶彼は気鋭の政治家だ 그는 기백이 있는 정치가이다. / 新進気鋭の作家 신예 작가

**きえいる**【消え入る】사라지다〔声などが〕기어들다 ¶少女は消え入るような声で答えた 소녀는 기어들어가는 듯한 목소리로 대답했다.

**きえうせる**【消え失せる】사라지다, 꺼지다 ¶とっとと消え失せろ 냉큼 사라져 버려.

**きえる**【消える】❶〔火や光が〕꺼지다 ¶部屋の明かりが突然消えた 방의 불이 갑자기 꺼졌다. / 廊下の電気が消えていた 복도의 불이 꺼져 있었다. / ストーブが消えているかどうか確かめなさい 난로가 꺼져 있는지 어떤지 확인해 보아라. / 彼の家に行ったら, 部屋の明かりは消えていた 그의 집에 갔는데 방의 불은 꺼져 있었다. / たき火の火が消えかかっている 모닥불이 꺼져가고 있다. / 火はようやく消えた 불은 간신히 꺼

❷〔存在しなくなる、見えなくなる〕사라지다, 없어지다, 보이지 않게 되다〔文字が〕지워지다〔雪などが溶ける〕녹다 ¶彼はあいさつもそこそこに人込みの中に消えていった 그는 인사도 하는 둥 마는 둥 하며 인파 속으로 사라졌다. / 宅地開発で野生動物たちの姿が消えてしまった 택지 개발로 야생 동물들의 모습이 사라져 버렸다. / あれ、ミンギったらどこへ消えちゃったんだろう 어라? 민기도 참 어디로 사라져버린 걸까? / 飛行機はもなく視界から消えた 비행기는 곧 시야로부터 사라져다. / スタジアムは人影も消えてひっそりとしていた 스타디움[경기장]은 인적이 끊겨 조용했다. / 流行語の多くはやがて消えてしまう 유행어의 상당수는 곧 사라져 버린다. / 雨上がりの空に虹がかかったがまもなく消えてしまった 비가 갠 뒤의 하늘에 무지개가 떴지만 곧 사라져 버렸다. / 字がこすれて消える 글자가 쓸리어 지워지다 / 黒板の字が消えかかっていて読みづらかった 칠판의 글자가 거의 지워져 읽기 어려웠다. / 山の雪が消えた 산의 눈이 녹아 없어졌다.

❸〔感覚・感情などが消える〕없어지다, 가시다, 풀리다 ¶痛みがうそのように消えた 아픔[통증]이 거짓말처럼 사라졌다. / にんにくのにおいはなかなか消えない 마늘 냄새는 좀처럼 없어지지 않는다.

¶彼に対する憎しみはしだいに消えていった 그에 대한 미움은 차츰 사라져 갔다.

**きえん【気炎】** 기염 ¶社長は盛んに気炎を吐いていたよ 사장이 한껏 기염을 토하고 있었어. / 사장은 열렬하게 호언장담하고 있었어.

**ぎえんきん【義援金】** 의연금 ¶彼らは地震の被災者のために義援金を募っている 그들은 지진 이재민을 위해서 의연금을 모집하고 있다.

**きおい【気負い】** 분발, 기백, 강한 의욕, 오기 ¶変な気負いは捨てた方がいい 쓸데없는 기백은 버리는 것이 좋다.

**きおう【気負う】** (남에게 지지 않으려고) 분발하다 ¶気負いすぎると失敗する 너무 분발하다 보면 오히려 실패해. / 大仕事を前にして彼らは気負い立っていた 큰일을 앞에 두고 그들은 기를 쓰고 있었다. ⇨意気込む, 張り切る

**きおうしょう【既往症】** 기왕증

**きおく【記憶】** 기억 ◇記憶する 기억하다
◇〔暗記する〕암기하다

◆〖記憶が・記憶は〗
¶子供のころの記憶が彼女の心をかすめた 어렸을 때의 기억이 그녀의 마음을 스치듯 지나갔다. / その音楽を聞いて当時のさまざまな記憶がよみがえってきた 그 음악을 듣고 그 당시에 있었던 여러 가지 기억이 되살아났다. / 私の記憶が正しければ、彼がここに来るのはこれで３度目です 제 기억이 정확하다면 그 사람이 여기에 오는 것은 이것으로 세 번째입니다. / その夜の記憶はあまり確かではない 그 날 밤의 기억은 그다지 정확하지 않다. / 私はこの映画を前に見た記憶がある 나는 이 영화를 전에 본 기억이 있다. / 記憶が薄れる 기억이 점차 사라지다 / 記憶が希薄である 기억이 희미하다

◆〖記憶を〗
¶当時の新聞記事を読んでその事件の記憶を新たにした 당시의 신문 기사를 읽고 그 사건의 기억을 새롭게 했다. / 昔のアルバムを広げ、幼い日の記憶をたどっていった 옛 앨범을 펼쳐 보면서 어린 날의 기억을 더듬어 갔다.

◆〖記憶に〗
¶その飛行機事故はまだ記憶に新しい 그 비행기 사고는 아직 기억에 새롭다. / 彼女の美しさが私の記憶にこびりついてはなれない 그녀의 아름다움이 나의 기억에 깊게 남아 있다. / 私がそんな書類に署名したことは記憶にない 내가 그런 서류에 서명한 것은 기억에 없다.

◆〖記憶する〗
¶一度にこんなたくさんの単語を記憶できないよ 한 번에 이렇게 많은 단어를 기억할 수는 없어. / その先生のことははっきり記憶している 그 선생님에 관해선 똑똑히 기억하고 있다. / ユミはとても恥ずかしがり屋だったと記憶している 유미는 매우 부끄럼을 타는 사람이었다고 기억하고 있다.

◆〖その他〗
¶彼は記憶力がよい〔悪い〕그는 기억력이 좋다〔나쁘다〕. / 記憶力が年とともに衰えている 기억력이 나이가 들수록 나빠지고 있다.

¶当時のことについては断片的な記憶しかない 당시의 일에 대해서는 단편적인 기억밖에 없다. / 彼は一時的な記憶喪失になっているだけです 그는 일시적인 기억 상실에 걸려 있을 뿐입니다.

**きおくれ【気後れ】** 주눅 ◇気後れする 기가 죽다 ¶大勢の志願者を見て気後れがした 많은 지원자를 보고 기가 죽었다. / 面接では気後れして言いたいことをうまく言えなかった 면접에서는 기가 죽어 하고 싶은 말을 잘 못했다.

**キオスク** 역 매점

**きおち【気落ち】** 낙담, 낙심 ◇気落ちする 낙담하다, 낙심하다 ¶息子が死んで以来、彼女は気落ちして何もする気になれなかった 아들이 죽은 이래로 그녀는 낙담하여 아무것도 할 마음이 생기지 않았다. / 彼はその話を聞いですっかり気落ちしてしまった 그는 그 이야기를 듣고 완전히 낙담해 버렸다. ⇨がっかり, 失望, 落胆

**きおん【気温】** 기온 ¶気温が低い〔高い〕기온이 낮다〔높다〕. / 富士山の山頂の気温はどれくらいですか 후지 산 정상의 기온은 어느 정도입니까? / 夜になって気温がぐっと下がり厳しい冷え込みになった 밤이 되어 기온이 뚝 떨어져 아주 추워졌다. / 日中の気温は35度まで上がるでしょう 낮 기온은 35도까지 올라갈 것입니다. 関連最高〔最低〕気温 최고〔최저〕기온 ・ 平均気温 평균 기온

**ぎおん【擬音】** 의음, 소리시늉〔音響効果〕음향 효과

**きか【気化】** 기화 ◇気化する 기화하다 ¶水が気化する 물이 기화하다〔기화되다〕/ この液体は水よりも低い温度で気化する 이 액체는 물보다 낮은 온도로 기화한다. 関連気化熱 기화열

**きか【帰化】** 귀화 ◇帰化する 귀화하다 ¶彼は日本に帰化しようと考えている 그는 일본에 귀화하려고 생각하고 있다. 関連帰化植物 귀화 식

물

**きか【幾何】** 기하, 기하학 ◇**幾何学的だ** 기하학적이다 ¶その壁紙は幾何学模様をしていた 그 벽지는 기하학적 모양을 하고 있었다. 関連 幾何級数 기하급수 / 平面[立体]幾何学 평면[입체] 기하학 / 解析幾何学 해석 기하학

**きが【飢餓】** ◇飢餓 기아 ¶多くの難民が飢餓に苦しんでいる 많은 난민이 기아에 허덕이고 있다. ⇨ 飢え, 飢える

**きかい【奇怪】** ◇奇怪だ 기괴하다 ¶奇怪な声 기괴한 목소리 / 彼の奇怪な行動に悩まされている 그 의 기괴한 행동에 골치를 앓고 있다. / この事件は最初から奇怪だった 이 사건은 처음부터 기괴했다.

**きかい【器械】** 기계 [器具] 기구 ¶この新しい医療[光学]器械を使えば時間と手間がだいぶ省ける 이 새로운 의료[광학] 기계를 사용하면 많은 시간과 노력을 줄일 수 있다. 関連 器械体操 기계 체조

# きかい【機会】 기회

**基本表現**
- その映画を見る機会が全然なかった
  그 영화를 볼 기회가 전혀 없었다.
- 機会があったらまたお会いしましょう
  기회가 있으면 또 만납시다.
- そのことについて彼には別の機会に話すつもりです
  그 일에 대해서 그 사람에게는 다른 기회에 이야기할 생각입니다.

◆《機会が・機会は》
¶川口さんにあう機会があればよろしくお伝えください 가와구치 씨를 만날 기회가 있으면 안부 전해 주세요. / 最近この辺りは外国人が増えて、英語や中国語、韓国語を耳にする機会が多くなった 최근 이 근처에는 외국인이 증가해서 영어나 중국어 한국어를 들을 기회가 많아졌다. / ソウルに滞在中に彼のところを訪れる機会があった 서울 체재 중에 그 사람을 방문할 기회가 있었다. / 彼女をデートに誘うには、今をおいて機会はない 그 여자에게 데이트 신청을 하는 데는 지금밖에 없다.

**会話** 機会がない
A:札幌の雪祭りに行ったことがありますか
B:いいえ、一度行ってみたいと思っていますが、まだその機会がありません

A:삿포로의 눈축제에 간 적이 있습니까?
B:아뇨, 한번 가 보고 싶습니다만 아직 그 기회가 없습니다.

◆《機会を》
¶私はその話題を持ち出す機会を待っていた 나는 그 화제를 꺼낼 기회를 기다리고 있었다. / 私はついに彼女と話す機会をつかんだ 나는 마침내 그 여자와 이야기할 기회를 잡았다. / 彼女は幸運にも韓国に留学する機会を与えられた 그녀는 운 좋게도 한국에 유학할 기회를 얻었다. / 機会を捕らえる 기회를 잡다 / 絶好の機会を逃す 절호의 기회를 놓치다

◆《機会に》
¶できるだけ早い機会に医者に診てもらったほうがよい 가능한 한 빠른 시일내에 의사에게 진찰받는

것이 좋다. / その件に関してはまたの機会にしませんか そ 건에 관해서는 다음 기회에 하지 않겠습니까? / また次の機会に誘ってください 다음 기회에 또 불러 주세요.

◆《その他》
¶彼女は機会あるごとに家庭教育の重要性を説いた 그녀는 기회가 있을 때마다 가정교육의 중요성을 말했다. / 男女の機会均等の実現はまだ遠い先のことだ 남녀의 기회 균등의 실현까지는 아직 멀다.

# きかい【機械】 기계 ◇**機械的だ** 기계적이다 ◇**機械的に** 기계적으로

◆《機械は》
¶機械は正しく扱ってください 기계는 올바르게 취급해 주세요. / その機械は修理しないと使えないよ 그 기계는 수리하지 않으면 쓸 수 없어. / この機械は正常に作動していない 이 기계는 정상적으로 작동하고 있지 않다.

◆《機械に・機械の》
¶機械に油を差す 기계에 기름을 치다 / 彼は私にその機械の使い方を教えてくれた 그는 나에게 그 기계의 사용법을 가르쳐 주었다. / 母は機械のように正確にキャベツを刻んだ 어머니는 기계처럼 정확하게 양배추를 잘게 썰었다.

◆《機械を》
¶機械を分解して故障の原因を調べた 기계를 분해해서 고장의 원인을 조사했다. / 電源を入れて機械を始動させた 전원을 넣고 기계를 시동시켰다.

◆《機械的に・機械的な》
¶「彼は韓国語の単語をたくさん知っているね」「ああ、でも機械的に覚えているだけだよ」"그 사람은 한국어 단어를 많이 알고 있네." "아, 그렇지만 기계적으로 외우고 있을 뿐이야." / 彼女はいつも機械的な返事しかしない 그녀는 언제나 기계적인 대답밖에 하지 않는다.

◆《その他》
¶この工場には最新の機械設備が整っている 이 공장에는 최신 기계 설비가 갖춰져 있다. / 彼女は家事を機械化しようと考えている 그녀는 가사를 기계화하려고 생각하고 있다. 数え方 機械 1 台 [基] 기계 한 대[채] 関連 機械工 기계공 / 機械工学 기계 공학 / 機械工業 기계 공업 / 機械製品 기계 제품 / 機械部品 기계 부품 / 工作機械 공작 기계 / 精密機械 정밀 기계 / 農業機械 농업 기계

**きがい【気概】** 기개 ¶気概を示す 기개를 보이다 / 彼は気概のある男だ 그는 기개가 있는 남자다. / 彼には最後までやり抜くという気概がある 그에게는 끝까지 해내려고 하는 기개가 있다.

**きがい【危害】** 위해 ¶危害を及ぼす 위해를 끼치다 / 彼女に危害を加えるつもりはなかったんだ 그녀에게 위해를 가할 생각은 없었어.

**ぎかい【議会】** 의회 [国会] 국회 / [都]県]議会が開かれる 도[현]의회가 열리다 / 議会を召集する 의회를 소집하다 / 議会を解散する 의회를 해산하다 関連 議会政治 의회 정치 / 議会制度 의회 제도 / 議会制民主主義 의회제 민주주의 / 市議会 시의회

**きがえ【着替え】** ¶着替えを用意しておく 갈아입을 옷을 준비해 두다 / 急いで着替えを済ませる 서둘러 옷을 갈아입다

**きがえる【着替える】** 갈아입다 ¶パジャマに着替えてから寝るのよ 파자마로[잠옷으로] 갈아입고 자. / 彼女は学校から帰ると制服を私服に着替えた 그녀는 학교에서 돌아오자 교복을 사복으로 갈아입었다.

**きがかり【気掛かり】** 마음에 걸림, 걱정 ¶ただ一つの気がかりは両親のことだった 단 하나 마음에 걸리는 것은 부모님이었다. / 試験の結果が気がかりだ 시험 결과가 걱정이다. ⇨心配

**きかく【企画】** 기획 ◇企画する 기획하다 ¶この企画はどうでしょう 이 기획은 어떻습니까? / 部内で新しい企画が進行中だ 부내에 새로운 기획이 진행 중이다. / 彼女は企画力がある 그녀는 기획력이 있다. / いま新番組を企画している 지금 새로운 프로그램을 기획하고 있다. 関連 企画部 기획부

**きかく【規格】** 규격 ¶この製品は規格に合っていない 이 제품은 규격에 맞지 않다. / 部品を規格化する必要がある 부품을 규격화할 필요가 있다. 関連 規格品 규격품

**きがく【器楽】** 기악

**きかざる【着飾る】** 차려입다, 성장하다, 정장 차림을 하다 ¶着飾って出かける 차려입고[정장 차림을 하고] 외출하다 / パーティーの出席者はみんな着飾っていた 파티 출석자는 모두 차려입고 있었다.

**きかす【利かす】** 〔味を〕맛을 내다 ¶にんにくを利かす 마늘 맛을 내다 / このみそ汁はもう少し塩を利かせたほうがいい 이 된장국은 조금 더 소금을 넣는 것이 좋다.

**きかせる【聞かせる】** 〔話を〕들려주다 〔諭す〕일러주다 〔聞くに値する〕들을 만하다 ¶子供たちに童話を読んで聞かせた 아이들에게 동화를 읽어 들려주었다. / 学生時代の話を聞かせて 학생 시절의 이야기를 들려 줘. / あなたの歌を聞かせてください 당신의 노래를 들려 주세요.

¶娘には私からよく言って聞かせます 딸에게는 제가 잘 일러주겠습니다. | 딸에게는 제가 잘 알아듣게 타이르겠습니다.

¶彼女の話はなかなか聞かせるね 그 여자의 이야기는 꽤 들을 만하군.

**きがね【気兼ね】** ◇気兼ねする 신경을 쓰다, 스스러워하다, 어려워하다 ¶ジナは私に気兼ねしているようだ 지나는 나한테 신경 쓰는 것 같다. / 気兼ねせずに必要なものがあれば言ってください 신경 쓰지 마시고 필요한 것이 있으면 말해 주세요. / おじさんの家なのにどうして気兼ねしているの 삼촌 집인데 왜 그렇게 신경을 쓰고 있니?

**きがる【気軽】** 선뜻, 선선히 ¶サンギなら気軽にその仕事を引き受けてくれるだろう 상기라면 그 일을 선뜻 맡아 줄 거야. / 気軽に話し合える友人がいますか 선뜻 이야기할 수 있는 친구가 있어요? / 散歩はお年寄りにも気軽にできる軽い運動だ 산책은 노인들도 부담없이 할 수 있는 가벼운 운동이다.

**きかん【気管】** 기관 ⇨気管支

**きかん【季刊】** 계간 関連 季刊誌 계간지

**きかん【期間】** 기간 ¶短期間で韓国語をマスターする方法はありますか 단기간에 한국어를 마스터하는 방법은 있습니까? / どのくらいの期間ご滞在の予定ですか 어느 정도 체재하실 예정입니까? / 春休みの期間中は図書の貸し出しはしません 봄 방학 기간 중에는 도서 대출은 하지 않습니다. / このパソコンの保証期間は1年です 이 컴퓨터의 보증 기간은 1년입니다. 関連 契約期間 계약 기간 / 提出期間 제출 기간 / 冷却期間 냉각 기간

**きかん【器官】** 기관 関連 消化器官 소화 기관 / 生殖器官 생식 기관

**きかん【機関】** ❶〔運転装置〕기관 〔エンジン〕엔진 ¶兄の職業は機関士だ 형의 직업은 기관사이다. 関連 機関室 기관실 / 機関銃 기관총 / 蒸気機関 증기 기관 / ディーゼル機関 디젤 기관 / 内燃機関 내연 기관

❷〔組織〕기관 関連 機関紙 기관지 / 教育機関 교육 기관 / 行政機関 행정 기관 / 金融機関 금융 기관 / 交通機関 교통 기관 / 報道機関 보도 기관

**きがん【祈願】** 기원 ◇祈願する 기원하다 ¶この神社には多くの受験生が合格祈願に訪れる 이 신사에는 많은 수험생이 합격을 기원하러 방문한다. 関連 必勝祈願 필승 기원

**ぎがん【義眼】** 의안

**きかんさんぎょう【基幹産業】** 기간 산업

**きかんし【気管支】** 기관지 関連 気管支炎 기관지염 / 気管支喘息 기관지 천식

**きかんしゃ【機関車】** 기관차 関連 蒸気機関車 증기 기관차 / ディーゼル機関車 디젤 기관차 / 電気機関車 전기 기관차

**きき【危機】** 위기 ◇危機的だ 위기적이다 ¶わが国は財政的危機に直面している 우리 나라는 재정적 위기에 직면해 있다. / 危機に際しては冷静に行動せよ 위기에 즈음해서는 냉정하게 행동하라. / 会社は危機を脱した 회사는 위기를 벗어났다. / たくさんの種類の動物が絶滅の危機に瀕している 많은 종류의 동물이 멸종 위기에 직면해 있다. / 政府の政策が裏目に出て経済的危機を招くことになった 정부의 정책이 화근이 되어 경제적 위기를 「부르게 되다[초래했다」. / 近い将来大地震が起こるのではないかという危機感が高まっている 가까운 장래에 대지진이 일어나지 않을까 하는 위기감이 높아지고 있다. / 核戦争の危機が迫っている 핵전쟁의 위기가 닥쳐오고 있다.

¶現在の国際情勢は危機的だ 현재의 국제 정세는 위기감이 감돌고 있다. / 危機的状況 위기적 상황 慣用句 死にそうなところを危機一髪で助かった 죽을 뻔하다 위기일발에서 가까스로 살아났다. 関連 危機意識 위기 의식 / 危機管理 위기 관리 / エネルギー危機 에너지 위기 / 金融危機 금융 위기 / 食糧危機 식량 위기

**きき** 기기 ¶音響AV機器 음향영상 기기, 영상음향 기기 / 電子機器 전자 기기 / 精密機器 정밀 기기

**ききあきる【聞き飽きる】** ¶彼の自慢話は聞き飽き

たよ 그 사람의 자랑은 귀에 못이 박히도록 들었어. / お説教は聞き飽きた 설교는 싫증나도록 들었다.

**ききいる【聞き入る】**¶生徒たちは先生の話に聞き入っていた 학생들은 선생님의 이야기를 열심히 듣고 있었다. / 聴衆は彼女の演奏に聞き入った 청중은 그녀의 연주에 귀를 기울였다.

**ききいれる【聞き入れる】** 들어주다〔받아들이다〕받아들이다 ¶要求を聞き入れる 요구를 들어주다 / 先生は私たちの提案を聞き入れてくれた 선생님은 우리의 제안을 들어주셨다. / 彼女は両親の忠告を聞き入れようとしなかった 그녀는 부모님의 충고를 받아들이려고 하지 않았다. / 君の要求を聞き入れるわけにはいかない 네 요구를 받아들일 수는 없다.

**ききうで【利き腕】**¶私の利き腕は右〔左〕だ 나는 오른손잡이〔왼손잡이〕다.

**ききおぼえ【聞き覚え】**¶その声は聞き覚えがある 그 목소리는 귀에 익다. / それは聞き覚えのある曲だった 그것은 들은 적이 있는 곡이었다. / 韓国で聞き覚えた韓国語で韓国人に話しかけた 한국에서 듣고 익힌 한국말로 한국 사람에게 말을 건넸다.

**ききおよぶ【聞き及ぶ】**¶既にお聞き及びでしょうが, この度結婚することになりました 이미 들어서 알고 계시겠지만 이번에 결혼하게 되었습니다.

**ききかえす【聞き返す】** 다시 듣다〔尋ねる〕다시 묻다, 되묻다 ¶彼はテープを何度も聞き返した 그는 테이프를 몇 번이나 다시 들었다. / 彼女に電話番号を聞き返した 그녀에게 전화번호를 되물었다〔다시 물었다〕. / 娘に質問したのに, 逆に聞き返された 딸에게 질문을 했는데 반대로 질문을 받았다.

**ききかじる【聞きかじる】** 주워듣다 ¶彼は聞きかじった知識を受け売りしているだけだ 그는 주워들은 지식을 자기 의견처럼 말하고 있을 뿐이다. / 遺伝学については聞きかじった程度だ 유전학에 관해서는 겉핥기로 배운 정도다.

**ききだす【聞き出す】** 알아내다, 캐내다 ¶彼らは何も情報を聞き出せなかった 그에게서는 아무 정보도 알아내지 못했다. / 彼女の本心を聞き出そうとしたが, うまくいかなかった 그녀의 본심을 캐내려고 했으나 잘 되지 않았다.

**ききつける【聞き付ける】** 얻어듣다, 귓결에 듣다 ¶騒ぎを聞きつけて野次馬が押しかけてきた 소동을 듣고 구경꾼들이 모여들었다.

**ききて【聞き手】** 듣는 사람〔聴衆〕청중 ¶聞き手を感動させる 듣는 사람을 감동시키다

**ききとる【聞き取る】** 알아듣다 ¶彼の話は聞き取りにくかった 그의 이야기는 알아듣기 어려웠다. / 講義がよく聞き取れなかったので講義를 잘 알아들을 수 없었다. 関連 聞き取り試験 듣기 시험 / 聞き取り練習 듣기 연습

**ききながす【聞き流す】** 흘려 듣다 ¶彼女は母親の小言を聞き流した 그녀는 어머니의 잔소리를 흘려 들었다. / そんなうわさは聞き流しておきなさい 그런 소문은 흘려 들어라.

**ききなれる【聞き馴れる】** 귀에 익다 ¶ドアの向こうで聞き馴れた声がした 문 저 편에서 귀에 익은 목소리가 들렸다. / 彼女のぐちは聞き馴れている 그녀의 푸념은 귀에 익었다.

**ききみみ【聞き耳】**◇聞き耳を立てる 귀를 기울이다, 귀를 곤두세우다 ¶新聞を読んでいるふりをして彼らの会話に聞き耳を立てた 신문을 읽고 있는 척하며 그들의 이야기에 귀를 곤두세웠다[기울였다].

**ききめ【効き目】** 효과, 보람〔効能〕효능 ¶ここの温泉はリューマチに効き目がある 여기 온천은 류머티즘에 효능이 있다. / この薬は効き目が速い 이 약은 효과가 빠르다. / 治療の効き目があった 치료의 효과가 있었다. / 彼に何度注意しても効き目がない 그에게 몇 번이고 주의해도 효과가 없다. / 脅かした効き目があった 협박한〔위협한〕효과가 있었다. ⇒効く, 効果, 効力

**ききもらす【聞き漏らす】** 肝心なことを聞き漏らしてしまった 중요한 말을 잘 못 들었다.

**ききゅう【気球】** 기구 ¶気球を上げる 기구를 띄우다 / 熱気球に乗ってみたい 열기구를 타고 싶어. 関連 観測気球 관측기구

**ききょう【帰郷】** 귀향 ◇帰郷する 귀향하다 ¶3年ぶりに帰郷した 3년 만에 귀향했다. ⇒帰省

**ききょう【桔梗】** 도라지

**きぎょう【企業】** 기업 ◇企業化する 기업화하다 ¶企業を起こす 기업을 일으키다 関連 企業イメージ 기업 이미지 / 企業家 기업가 / 企業合併 기업 합병 / 企業広告 기업 광고 / 企業秘密 기업 비밀 / 企業連合 기업 연합, 카르텔 / 外資系企業 외자 기업 / 公営企業 공영 기업 / 大企業 대기업 / 多国籍企業 다국적 기업 / 中小企業 중소 기업 / ベンチャー企業 벤처 기업 / 民間企業 민간 기업 / 零細企業 영세 기업

**きぎょう【起業】** 기업, 창업 ◇起業する 기업하다 関連 起業家 기업가

**ぎきょく【戯曲】** 희곡 ¶シェークスピアは多くの戯曲を書いた 셰익스피어는 희곡을 많이 썼다. / 小説を戯曲化する 소설을 희곡화하다 ⇒劇

**ききわけ【聞き分け】**¶聞き分けのない子だね 말귀를 못 알아듣는 아이구나. / 聞き分けのないことを言うんじゃない 왜 그렇게 말귀를 못 알아듣니? / 子供のころは聞き分けがいいと言われた 어렸을 때는 말귀를 잘 알아듣는다고 들었다.

**ききわける【聞き分ける】** ❶〔区別する〕분간하다 ¶彼は鳥の声を聞き分けられる 그는 새의 소리를 분간할 수 있다. / 私はLとRを聞き分けるのが苦手だ 나는 듣기에서 L과 R을 구별하는 것이 서툴다.

❷〔納得する〕알아듣다, 납득하다 ¶ここは何とか聞き分けてほしい 이 점은 어떻게든 납득해 주었으면 좋겠다.

**ききん【基金】** 기금 ¶基金を設ける 기금을 마련하다 / 基金を募る 기금을 모으다 関連 国際通貨基金(IMF) 국제 통화 기금

**ききん【飢饉】** 기근 ¶この地方は昨年飢饉に襲われた 이 지방은 작년에 기근이 들었다.

**ききんぞく【貴金属】** 귀금속 ¶貴金属を身につける 귀금속을 몸에 지니다 関連 貴金属店 귀금속점

**きく**【効く・利く】❶〔効き目がある〕듣다, 효력이 있다 ¶その薬はすぐに効いた 그 약은 바로 효과가 있었다. /せきには塩水でうがいするのが効く 기침에는 소금물로 양치하는 것이 효과가 있다. /私は麻酔が効かない体質だ 나는 마취가 듣지 않는 체질이다. /頭痛に効く薬をください 두통에 효과 있는 약을 주세요.
❷〔機能する〕통하다 ¶顔がきく 발이 넓다 /目がきく 보는 눈이 있다 /ごまかしがきかない 속임수가 통하지 않는다. /私の根回しが効いたようだ 나의 사전 교섭이 통한 것 같다. /機転がきく 재치가 있다
❸〔可能〕-ㄹ 수 있다 ¶このワンピースは洗濯機で丸洗いがきく 이 원피스는 세탁기로 그대로 빨 수 있다. /病み上がりで体の無理がきかない 회복한 지 얼마 안 돼서 무리할 수 없다.

**きく**【聞く・聴く】❶〔耳を傾けて聞く〕듣다, 귀를 기울이다 ¶ラジオ[音楽]を聞く 라디오를[음악을] 듣다 /私は毎朝ラジオでニュースを聞く 나는 매일 아침 라디오로 뉴스를 듣는다. /君のぐちなんて聞きたくもない 너의 푸념 같은 건 듣고 싶지도 않다. /そんな話はばからしくて聞いていられない 그런 이야기는 한심해서 듣고 있을 수가 없다. /彼の言い分も聞いたほうがいいよ 그의 말도 들어주는 게 좋다. /彼らに私の意見を聞いてもらえたへんだった 그들에게 내 의견을 듣게 하는 것은 쉽지 않았다.
❷〔音・声を耳で聞き取る〕듣다 ¶表の通りで叫ぶ声を聞いた 큰길에서 외치는 소리를 들었다. /私は彼女が泣いているのを聞いた 나는 그녀가 울고 있는 것을 들었다. /ドアの開く音を聞いた 문이 열리는 소리를 들었다.
❸〔聞き入れる〕듣다, 들어주다, 받아들이다 ¶頼みを聞いてやる 부탁을 들어주다 /この犬は私の言うことを聞く 이 개는 내가 말하는 것을 듣는다. /息子は親の言うことをちっとも聞かない 아들은 부모가 하는 말을 조금도 듣지 않는다. /先生の言うことはよく聞くものです 선생님의 말씀은 잘 들어야 한다. /一つお願いを聞いていただけますか? 한 가지 부탁을 들어주실 수 있겠습니까? /彼は君が何と言っても聞かないだろう 그는 네가 뭐라고 해도 듣지 않을 것이다. /彼は勘定は自分が持つと言って聞かなかった 그는 계산은 자기가 하겠다고 말을 듣지 않았다.
❹〔尋ねる〕묻다 ¶通りかかった人にそのホテルへ行く道を聞いた 지나가던 사람에게 그 호텔에 가는 길을 물었다. /「確かこの辺だったと思うんだけど」「あの店の人に聞いてくるよ」"아마 이 근처였던 거 같은데…" "저 가게 사람한테 물어 보고 올게." /だれがやったのかと彼は私に聞いた 누가 그랬냐고 그는 나에게 물었다. /そんなことは聞かなくてもわかるでしょう 그런 말은 묻지 않아도 알겠지요. /そんなことを聞いているのではありません 그런 말을 묻고 있는 것은 아닙니다.
❺〔情報を得る〕듣다〔伝え聞く〕전해 듣다 ¶彼らが結婚したと聞いた 그들이 결혼했다고 들었다. /名古屋へ移られたと聞きました 나고야로 옮기셨다고 들었습니다. /いろいろとたいへんだということは聞いています 여러 가지로 힘들다는 것은 전해 듣고 있습니다. /よく聞く名前 자주 듣는 이름 慣用句 この職業は聞いて極楽, 見て地獄だ 이 직업은 듣던 바와 달리 실제로는 아주 힘들다. /聞くは一時の恥, 聞かぬは一生の恥 묻는 것은 한때의 수치, 묻지 않는 것은 평생의 수치 /彼女は彼らの話をともなしに聞いてしまった 그녀는 그들의 이야기를 무심코 듣고 말았다. /聞くところによれば, 彼は昔は小学校の先生だったんですね 듣던 바에 의하면 그 사람은 예전에 초등학교 선생님이었더군요. /彼は聞く耳を持たないから何を言ってもむだだ 그는 남의 말을 듣지 않으니 무슨 말을 해도 헛수고야. /彼女は聞きしに勝る美人だった 그 여자는 듣던 바 이상으로 미인이었다.

**きく**【菊】국화(菊花)

**きぐ**【危惧】위구, 위구심, 염려, 걱정 ◇危惧する 위구하다, 걱정하다 ¶みんなが彼女の安否を危惧していた 모두가 그녀의 안부를 걱정하고 있었다.

**きぐ**【器具・機具】기구 関連 実験器具 실험 기구 /暖房器具 난방 기구 /調理器具 조리 기구 /電気器具 전기 기구 /農機具 농기계와 농기구

**きぐう**【奇遇】기우 ¶ここで会うとは奇遇ですね 이런 데서 만나다니 너무나 우연이네요.

**きくばり**【気配り】배려(配慮) ◇気配りする 마음을 쓰다, 신경을 쓰다, 배려하다 ¶お宅のお嬢さんは気配りが行き届いていますね 댁의 따님은 배려심이 깊네요. /彼はほかの人たちへの気配りが足りない 그는 다른 사람들에 대한 배려가 부족하다. /その年になって人に気配りもできないなんて 그 나이가 되도록 사람을 배려할 줄도 모르다니. /細かいところまで気配りする 세세한 데까지 신경을 쓰다

**きくらい**【気位】자존심(自尊心) ¶彼女は気位が高い 그녀는 자존심이 강하다.

**ぎくり** ◇ぎくりと 움찔, 움칫, 깜짝 ¶彼の言葉にぎくりとした 그의 말에 움찔했다.

**きぐろう**【気苦労】근심, 심로 ¶気苦労が絶えないよ 근심이 끊이질 않아. ⇨心配

**ぎけい**【義兄】의형〔姉の夫〕(처에서 보면)자형, 매형, 〔妹から見て〕형부

**きげき**【喜劇】희극 関連 喜劇映画 희극 영화 /喜劇俳優 희극 배우

**ぎけつ**【議決】의결 ◇議決する 의결하다 ◇議決される 의결되다 ¶周辺住民の反対にもかかわらず, 工場の誘致案は議決された 주변 주민의 반대에도 불구하고 공장 유치안은 의결되었다.
関連 議決権 의결권

**きけん**【危険】위험 ◇危険だ 위험하다

基本表現
▶ロッククライミングには多くの危険が伴う 암벽타기에는 많은 위험이 수반된다.
◇冬山登山の危険を甘く見てはいけない 겨울 등산의 위험을 얕잡아 봐서는 안 된다.
▶スキューバダイバーは海の危険を心得ていなければならない 스쿠버 다이버는 바다의 위험을 잘 알아야만 한다.

▷冒険に危険はつきものだ
　모험에 위험은 으레 따르기 마련이다.
▷危険な場所に近づかないようにしなさい
　위험한 장소에 가까이 가지 마라.

◆『危険が』
¶それは爆発の危険がある[ない] 그것은 폭발의 위험이 있다[없다]. / 彼は危険が身に迫っているのを知らなかった 그는 위험이 다가오는 것을 알지 못했다. / 脳の手術には多くの危険が伴う 뇌 수술에는 많은 위험이 따른다.

◆『危険に』
¶救助隊は雪崩の危険にさらされていた 구조대는 눈사태의 위험에 처해 있었다. / 現代社会では人々は常にさまざまな危険にさらされている 현대 사회에서는 사람들은 항상 다양한 위험에 처해 있다.

◆『危険を』
¶患者はまだ危険を脱していない 환자는 아직 위험을 벗어나지 않았다. / その青年は生命の危険を冒しておぼれている子供を助けた 그 청년은 생명의 위험을 무릅쓰고 물에 빠진 아이를 구했다.

◆『危険な』
¶患者はまだ危険な状態です 환자는 아직 위험한 상태입니다.

[会話] 夜の一人歩きは危険
　A：女の夜の一人歩きは危険だよ
　B：大丈夫、心配しないで。10時までには帰るから
　A：여자가 밤에 혼자 걸어다니는 것은 위험해.
　B：괜찮아. 걱정 마. 열 시까지는 돌아올 거야.

◆『その他』
¶彼は危険思想の持ち主だ 그는 위험한 사상의 소유자다. / 危険物持ち込み禁止（▶掲示）위험물 반입 금지 / 危険！立ち入り禁止！（▶掲示）위험! 출입 금지! [関連] 危険信号 위험 신호 / 危険地帯 위험 지대 / 危険人物 위험 인물

**きけん**【棄権】기권（▶発音은 기권）¶選挙の投票を棄権する若者が多い 선거에서 투표를 기권하는 젊은 사람들이 많다. / 対戦相手のチームは棄権するらしい 대전 상대 팀은 기권한다고 한다. / 彼は腹痛のため、マラソンを途中で棄権した 그는 복통 때문에 마라톤을 중도에 기권했다.

**きげん**【紀元】기원 ¶紀元5世紀 기원 5세기 [関連] 紀元前 기원전

**きげん**【起源・起源】기원 [始まり] 시초 ¶宇宙の起源は今なお謎の 우주의 기원은 아직까지 [아직도] 수수께끼다. / ひらがなは漢字を起源としている 히라가나의 기원은 한자이다. / 起源をたどる 기원을 더듬다

**きげん**【期限】기한 ¶この家の明け渡し期限は今年いっぱいだ 이 집을 넘겨 주는 기한은 금년 말까지다. / この定期券の有効期限は1か月だ 이 정기권의 유효 기한은 일 개월이다. / 申し込みの期限が迫っている 신청 마감이 다가오고 있다. / 支払い期限が来たが全額払えなかった 지불 기한이 되었지만 전액 지불할 수 없었다. / 契約の期限が切れた 계약 기한이 다 되었다. / ビザの期限がもうすぐ切れる 비자의 기한이 곧 있으면 다 된

다 [끝난다]. / 決められた期限までに商品を納めなければならない 정해진 기한까지 상품을 납품하지 않으면 안 된다.

**きげん**【機嫌】기분(気分), 비위(脾胃)
[基本表現]
▷彼は機嫌がいい 그는 기분이 좋다.
▷彼女は機嫌が悪いと口もきかない
　그녀는 기분이 나쁘면 말도 하지 않는다.
▷彼女は機嫌を直した 그는 기분을 풀었다.
¶彼女は母親の機嫌を取ろうとした 그녀는 어머니의 비위를 맞추려고 하였다. / 父の機嫌を損ねてしまった 아버지 기분[비위] 상하게 하고 말았다. / 彼はいつも上司の機嫌をうかがっている 그는 언제나 상사의 비위를 맞추려 한다. / 彼女はその仕事を機嫌よく引き受けてくれた 그녀는 그 일을 흔쾌히 맡아 주었다.

**きこう**【気候】기후 ¶日本の気候は温和です 일본의 기후는 온화합니다. / 彼は寒い気候に慣れていない 그는 추운 기후에 익숙하지 않다. / 湿気の多い気候は私の体に合わない 습기가 많은 기후는 나의 몸에 맞지 않다. / うわあ、暑い。ここはやはり日本とは気候が違うね 우와, 덥다. 여기는 역시 일본과는 기후가 틀리구나. / この種の植物は日本の気候では育たない 이런 종류의 식물은 일본의 기후에서는 자라지 않는다. [関連] 気候学 기후학 / 気候帯 기후대 / 海洋性気候 해양성 기후 / 大陸性気候 대륙성 기후

**きこう**【寄港】기항 ◇寄航する 기항하다 ¶イギリスの豪華客船が横浜に寄港した 영국의 호화 여객선이 요코하마에 기항했다. [関連] 寄港地 기항지

**きこう**【寄稿】기고 ◇寄稿する 기고하다 ¶彼女はときどき雑誌にエッセイを寄稿している 그녀는 가끔 잡지에 에세이를 기고하고 있다. [関連] 寄稿家 기고가

**きこう**【機構】기구 [関連] 行政機構 행정 기구 / 社会機構 사회 기구 / 経済機構 경제 기구 / 流通機構 유통 기구

**きごう**【記号】기호, 부호, 표 ¶地図にはさまざまな記号が使われている 지도에는 다양한 기호가 사용되고 있다. / 次の問いに記号で答えなさい 다음 물음에 기호로 대답하시오. / 記号をつける 기호를 달다 [関連] 化学記号 화학 기호 / 元素記号 원소 기호 / 発音記号 발음 기호

**ぎこう**【技巧】기교 [熟練による] 솜씨 ◇技巧的だ 기교적이다 ¶技巧をこらす 기교를 부리다 / この詩にはさまざまな表現上の技巧がこらされている 이 시에는 다양한 표현상의 기교가 담겨 있다.

**きこうし**【貴公子】귀공자
**きこうぶん**【紀行文】기행문

**きこえる**【聞こえる】❶〔音・声などが耳に入る〕들리다 ¶隣の部屋から話し声が聞こえた 옆방에서 이야기 소리가 들렸다. / だれかがギターを弾いているのが聞こえる 누군가가 기타를 치고 있는 것이 들린다. / 風の音が聞こえる 바람 소리가 들린다. / 彼は自分の名前が呼ばれるのが聞こえなかった 그는 자신의 이름이 불리는 것을 듣지 못했다. / 音楽がうるさくてアナウンスが

聞こえなかった 음악이 시끄러워서 안내 방송이 들리지 않았다. / そんなに大きな声でしゃべるとお隣にまで聞こえるわよ 그렇게 큰 소리로 말하면 이웃집까지 들려.
¶祖母は耳が遠くて聞こえません 할머니는 귀가 잘 들리지 않습니다. / 私は片方の耳が聞こえない 나는 한쪽 귀가 들리지 않는다.
❷[ある意味に取られる] 들리다 ¶彼女の言うことはいつももっともらしく聞こえる 그녀가 말하는 것은 언제나 그럴듯하게 들린다. / 何だか私だけが悪者のように聞こえるけど 뭔가 나만 나쁜 놈인 것처럼 들리는데. / 彼は僕の言うことが皮肉に聞こえるようなんだ 그 사람에게는 내가 하는 말이 비꼬는 것처럼 들리나 봐.
❸[有名である] 알려지다, 이름나다 ¶彼女のお父さんは世に聞こえた学者です 그녀의 아버지는 세상에 알려진 학자입니다.

**きこく【帰国】** 귀국 ◇帰国する 귀국하다 ¶彼はあす韓国から帰国する予定だ 그는 내일 한국에서 귀국할 예정이다. / 私たちは仁川空港から帰国の途についた 우리는 인천 공항에서 귀국 길에 올랐다. 関連帰国生 외국에서 생활하던 학생

**きごこち【着心地】** 착용감 ¶このセーターは着心地がよい 이 스웨터는 착용감이 좋다.

**きごころ【気心】** 속마음, 속심 ¶彼は気心の知れた友人だ 그는 속마음까지 아는 친구다. / 彼女とは気心が知れている 그녀와는 속마음까지 다 알고 있는 사이다.

**ぎこちない** 어색하다, 딱딱하다 ¶彼はぎこちない手つきでじゃがいもの皮をむいた 그는 어색한 손놀림으로 감자 껍질을 벗겼다. / 緊張したために動作がぎこちなくなってしまった 긴장한 탓으로 동작이 딱딱해져 버렸다. / ぎこちない笑い 어색한 웃음

**きこつ【気骨】** 기골, 기개(気概) ¶おじは気骨のある人だった 삼촌은 기골이 있는 사람이었다.

**きこなし【着こなし】** 옷맵시 ¶彼は着こなしがいい 그는 옷맵시가 좋다.

**きこなす【着こなす】** ¶彼女はいつも流行の服を上手に着こなしている 그녀는 항상 유행하는 옷을 맵시 있게 잘 입는다.

**きこむ【着込む】** 껴입다 ¶寒かったので毛皮のコートを着込んで出かけた 추워서 모피 코트를 껴입고 나갔다. / 外出するならよく着込んだほうがいいわよ 외출할 거라면 잘 껴입는 것이 좋아.

**きこん【既婚】** 기혼 関連 既婚者 기혼자 [男性の] 유부남(有婦男) [女性の] 유부녀(有夫女)

**きざ【気障】** ◇きざだ 거슬리다, 아니꼽다, 뇌꼴스럽다 ¶あいつはきざだ 저 녀석은 비위에 거슬린다. / 彼のきざな態度が我慢ならない 그의 비위에 거슬리는 태도가 참을 수 없다. / 彼はきざな服装で現れた(→派手な) 그는 야한 옷차림으로 나타났다.

**きさい【記載】** 기재 ◇記載する 기재하다 ¶名簿には彼女の住所だけ記載がなかった 명단에는 그녀의 주소만 기재되어 있지 않았다. / この百科事典にはこの作家については何も記載されていない 이 백과사전에는 이 작가에 대해서는 아무것도 기재되어 있지 않다. / 帳簿にこの費用を記載するのを

忘れた 장부에 이 비용을 기재하는 것을 잊었다. 関連 記載事項 기재 사항 / 記載漏れ 기재 누락

**きざい【器材】** 기재 ¶実験用器材 실험용 기재

**きざい【機材】** 기재 関連 撮影機材 촬영 기재

**きさき【后・妃】** [皇后] 황후 [王妃] 왕비, 왕후

**ぎざぎざ** ◇ぎざぎざだ 들쭉날쭉하다 ¶日本の貨幣にはぎざぎざのついているものがある 일본의 화폐에는 가장자리에 잘게 홈이 파인 동전이 있다. / ぎざぎざした山の稜線 들쭉날쭉한 산 능선

**きさく【気さく】** ◇気さくだ 싹싹하다, 허물없다, 소탈하다, 서글서글하다 ¶彼女は気さくだ 그녀는 싹싹하다[서글서글하다]. / 電車の中で隣に座ったおばさんが気さくに話しかけてきた 전철 안에서 옆에 앉은 아주머니가 허물없이 말을 걸어왔다.

**きざし【兆し】** 조짐, 징조 ¶復興の兆し 부흥의 조짐 / 不吉な兆し 불길한 징조 / 父もようやく回復の兆しが見えてきた 아버지도 간신히 회복의 조짐이 보이고 있다. / 景気回復の兆しはなかなか見えてこない 경기 회복의 조짐은 좀처럼 보이지 않는다.

**きざみ【刻み】** ◇刻みで […ごとに] 마다, 간격으로 ¶その町へ行くバスは30分刻みで出ている 그 마을에 가는 버스는 30분 간격으로 있다.

**きざみめ【刻み目】** 칼자국, 칼집 ¶刻み目を付ける 칼자국[칼집]을 내다

**きざむ【刻む】** [切る] 썰다 [彫る] 새기다, 조각하다 [心に] 새기다, 명심하다 [時間] 시시각각 시간이 지나가다 ¶ねぎを細かく刻む 파를 잘게 썰다 / 母は今台所でみそ汁に入れる大根を刻んでいる 어머니는 지금 부엌에서 된장국에 넣을 무를 잘게 썰고 있다. / トンカツに刻んだキャベツを付け合わせた 돈가스에 잘게 썬 양배추를 곁들였다.

会話 たまねぎを刻む
A：お母さん、なんで泣いているの？
B：泣いているんじゃないわ。たまねぎを刻むと涙が出るのよ
A：엄마 왜 울고 있어？
B：우는 게 아니야. 양파를 썰면 눈물이 나오는 거야.

¶仏像を刻む 불상을 새기다 / 僕は木の幹に自分の名前を刻んだ 나는 나무줄기에 내 이름을 새겼다. / 父の言葉を心に刻む 아버지 말씀을「가슴에 새긴다[명심한다]. / 時計がカチカチと時を刻んでいる 시계가 똑딱똑딱하며 시간이 지나가고 있다.

**きし【岸】** 물가 [川] 강가 [海] 바닷가 ⇒海岸, 川岸, 岸辺, 浜辺

**きし【騎士】** 기사 関連 騎士道 기사도

**きじ【記事】** 기사 [ニュース] 뉴스 ¶この記事はほとんどの新聞に載っていた 이 기사는 대부분의 신문에 실려 있었다. / この記事によると大気汚染がひどくなっているそうだ 이 기사에 의하면 대기 오염이 심해지고 있다고 한다. / 彼はこの雑誌に経済記事を書いている 그는 이 잡지에 경제 기사를 쓰고 있다. / その事件に関する新聞記事を切り抜

いた その 사건에 관한 신문 기사를 잘라냈다 [오려냈다]. / きょうの新聞にその火事の記事が載っていた 오늘 신문에 그 화재 기사가 실려 있었다. / いくつかの新聞はその列車事故の記事を載せなかった 몇 개의 신문은 그 열차 사고의 기사를 싣지 않았다. / きょうの新聞にはおもしろい記事が全然ない 오늘 신문에는 재미있는 기사가 전혀 없다. 関連 解説記事 해설 기사 / 囲み記事 박스 기사 / 三面記事 삼면 기사 / 死亡記事 사망 기사 / 地方記事 지방 소식

**きじ**【生地】〔布地〕옷감〔パンの〕반죽〔陶磁器の〕소태 ¶生地を裁つ 옷감을 마르다 / このワンピースの生地は何ですか 이 원피스의 옷감은 무엇입니까?

**きじ**【雉・雉子】꿩

**ぎし**【技師】기사 関連 建築技師 건축 기사 / 電気技師 전기 기사 / 土木技師 토목 기사

**ぎし**【義姉】〔兄嫁〕형수〔妻の姉〕처형〔夫の姉〕손위 시누이〔女性から見て兄の妻〕손위 올케

**ぎし**【義肢】의지〔義手〕의수〔義足〕의족
**ぎし**【義歯】의치, 틀니 ⇨入れ歯
**ぎじ**【議事】의사 ¶野党は議事進行を妨害している 야당은 의사 진행을 방해하고 있다. 関連 議事日程 의사 일정 / 議事妨害 의사 진행 방해, 의사 방해 / 議事録 의사록

**きしかいせい**【起死回生】기사회생 ¶起死回生の策 기사회생의 책 / 観衆は彼に起死回生の満塁ホームランを期待していた 관중은 그에게 기사회생의 만루 홈런을 기대하고 있었다.

**ぎしき**【儀式】의식 ¶厳粛に儀式を執り行う 엄숙히 의식을 행하다 / 儀式は滞りなく行われた 의식은 지체 없이 행해졌다. / 彼の儀式ばった(→形式的な)あいさつにはへきえきした 그의 형식적인 인사에는 질려 버렸어.

**ぎしぎし** 삐걱삐걱 ¶床がぎしぎし鳴った 마루가 삐걱거렸다.

**きしつ**【気質】기질 ¶のん気な〔優しい〕気質 낙천적인〔온후한〕기질 / 学生気質 학생 기질 ⇨気性, 性質, たち

**きじつ**【期日】기일〔期限〕기한 ¶期日を守る 기일을 지키다 / 期日までに返却する 기일까지 반환하다 / 納品が約束の期日に間に合わない 납품이 약속 기일에 늦다. / 支払いの期日が迫っていた 지불의 기일이 다가오고 있었다. / 書類は期日までに提出してください 서류는 기일까지 제출해 주세요. / 締め切りの期日を決めておきましょう 마감 기일을 정해 둡시다.

**ぎじどう**【議事堂】의사당 関連 国会議事堂 국회 의사당

**きしべ**【岸辺】물가, 강가, 바닷가 ⇨岸
**きしむ**【軋む】삐걱거리다 ¶玄関のドアがきしむ 현관 문이 삐걱거린다.

**きしゃ**【汽車】기차 ⇨電車, 列車
**きしゃ**【記者】기자〔ジャーナリスト〕저널리스트〔特派員〕특파원 ¶彼女は朝鮮日報の記者だ 그녀는 조선일보의 기자다. / 首相は1時に記者会見を行った 수상은 한 시에 기자 회견을 했다. 関連 記者クラブ 기자 클럽 / 記者席 기자석 / 記者団 기자단 / 雑誌記者 잡지 기자 / 従軍記者 종군 기자 / 取材記者 취재 기자 / 新聞記者 신문 기자 / スポーツ記者 스포츠 기자 / 放送記者 방송 기자

**きしゅ**【機種】기종 ¶新しい機種のパソコン 새로운 기종의 컴퓨터

**きしゅ**【機首】기수 ¶機首を上げる 기수를 올리다 / 飛行機は機首を下げて進入してきた 비행기는 기수를 내리고 진입했다.

**きしゅ**【騎手】기수 ¶競馬の騎手 경마의 기수
**ぎしゅ**【義手】의수
**きしゅう**【奇襲】기습 ◇奇襲する 기습하다 ¶敵に奇襲をかける 적을 기습하다 / 奇襲を受ける 기습을 당하다 / 奇襲攻撃 기습 공격

**きじゅうき**【起重機】기중기 ⇨クレーン
**きしゅく**【寄宿】기숙 ◇寄宿する 기숙하다 ¶おばの家に寄宿している 이모 집에서 기숙하고 있다. / 息子は東京で1年間寄宿生活をしてきた 아들은 도쿄에서 1년간 기숙 생활을 해 왔다. 関連 寄宿舎 기숙사 / 寄宿生 기숙생 ⇨寮

**きじゅつ**【奇術】마술(魔術) ¶彼女はパーティーで奇術を披露した 그녀는 파티에서 마술을 피로했다. 関連 奇術師 마술사 ⇨手品

**きじゅつ**【記述】기술 ◇記述する 기술하다 ¶この本には現代史に関する記述はあまりない 이 책에는 현대사에 관한 기술은 별로 없다. / 事実をありのままに記述しなさい 사실을 있는 그대로 기술해라. / 記述式の問題は苦手だ 기술식 문제는 서투르다.

**ぎじゅつ**【技術】기술 ◇技術的な 기술적인 ¶運転技術を磨く 운전 기술을 닦다 / 新しい技術を導入する 새로운 기술을 도입하다 / 人工呼吸を施すには技術がいる 인공 호흡을 하려면 기술이 필요하다. / ハンググライダーで飛ぶにはかなりの技術が必要だ 행글라이더로 나는 데는 상당한 기술이 필요하다. / 情報技術(IT)はめざましい進歩を遂げた 정보 기술은 눈부신 진보를 이루었다. / 彼らは見事な技術で手びねりの陶器を作る 그들은 뛰어난 기술로 수제 도기를 빚는다.

¶技術上の困難のため計画は行き詰まっている 기술상의 어려움 때문에 계획은 막히고 있다. / それは技術的にはできない相談だ 그것은 기술적으로는 무리한 상담이다. 関連 技術援助 기술 원조 / 技術開発 기술 개발 / 技術革新 기술 혁신 / 技術協力 기술 협력 / 技術者 기술자 / 技術導入 기술 도입 / 科学技術 과학 기술 / 先端技術 첨단 기술 (尖端技術)

**きじゅん**【基準・規準】기준〔根拠〕근거 ¶規準を定める 기준을 정하다 / 建造物には安全基準が定められている 건축물에는 안전 기준이 정해져 있다. / 記述問題の採点基準はどうなっていますか 기술 문제의 채점 기준은 어떻게 되어 있습니까? / あなたの判断の基準を教えてください 당신의 판단 기준을 가르쳐 주세요. 関連 基準価格 기준 가격 / 基準賃金 기준 임금 / 環境基準 환경 기준 / 排出基準 배출 기준 / 評価基準 평가 기준

**きしょう**【希少】희소 ¶このワインは希少価値があ

る 이 와인은 희소가치가 있다. 関連希少金属 희소 금속

**きしょう**【気象】기상 ¶冬山は気象の変化が早い 겨울 산은 기상의 변화가 빠르다. / 異常気象のせいで今年の冬は雪が多かった 이상 기상의 탓으로 금년 겨울은 눈이 많이 왔다. 関連気象衛星 기상 위성 / 気象学 기상학 / 気象学者 기상학자 / 気象観測 기상 관측 / 気象図 기상도 / 気象台 기상대 / 気象庁 기상청 / 気象通報 기상 통보 / 気象予報 일기 예보(日気予報) / 世界気象機関 세계 기상 기구

**きしょう**【気性】〔生来の性質〕성질, 성미〔気質〕기질 ¶彼は気性が激しい 그는 성미가 괄괄하다. / 彼女の気性はよくわかっているよ 그녀의 성질[기질]은 잘 알고 있어.

**きしょう**【起床】기상 ◇起床する 기상하다, 일어나다 ¶毎朝 6時に起床する 매일 아침 6시에 일어나다 / 起床時間は厳守してください 기상 시간은 엄수해 주세요.

**きじょう**【机上】탁상 ¶君の考えは机上の空論にすぎない 너의 생각은 탁상공론에 지나지 않는다 / これは机上の計画に終わるかもしれない 이것은 (탁상의) 계획으로 끝날지도 모른다.

**きじょう**【気丈】◇気丈だ 억척차다, 당차다 ◇気丈に 억척차게, 당차게 ◇気丈な人 억척찬 사람 / 気丈に振る舞う 억척차게 행동하다 ¶彼女は気丈に振る舞っていたが、辛かっただろうね 그 여자는 당차게 행동하고 있었지만 피로웠을 거야.

**ぎしょう**【偽証】위증 ◇偽証する 위증하다 ¶法廷で偽証罪に問われる 법정에서 위증하면 위증죄를 추궁받는다.

**ぎじょう**【議場】회의장 ⇒議会, 議堂

**きしょうてんけつ**【起承転結】기승전결

**きしょく**【顔色】기색, 안색〔気分〕기분 ¶彼は両親の顔色をうかがった 그는 부모님의 기색을 살폈다. / ごきぶりを見ると気色が悪くなる 바퀴벌레를 보면 기분이 안 좋다.

**きじん**【奇人】기인〔変わり者〕괴짜

**ぎしん**【疑心】의심 ¶疑心を抱く 의심을 품다 慣用句彼女は疑心暗鬼に陥っているよ 그녀는 한번 의심을 하더니 자꾸 의심하고 있어.

**キス** 키스, 뽀뽀 ◇キスする 키스하다, 뽀뽀하다 ¶娘のほおにお休みのキスをした 딸의 뺨에 잘자라고 뽀뽀했다. / 彼は彼女に投げキスをした 그는 그녀에게 키스를 보냈다[던졌다 | 날렸다]. 関連キスマーク 키스 마크

**きず**【傷】❶〔負傷〕상처〔切り傷〕베인 상처

◆〘傷が・傷は〙

¶腕の傷がまだうずく 팔의 상처가 아직 쑤신다. / その顔の傷はどうしたの 그 얼굴의 상처는 어떻게 된 거야?

会話傷が痛む
　A：傷はまだ痛みますか
　B：ええ. でも、じきに治ると思います
　A：상처는 아직 아픕니까?
　B：예. 그래도 곧 낫겠지요.

◆〘傷に・傷の〙

¶看護師さんが傷の手当てをしてくれた 간호사가 상처를 치료해 주었다. / 母が傷に包帯をしてくれたお母さんが傷に包帯を巻いてくれた 어머니가 상처에 붕대를 감아 주었다.

◆〘傷を〙

¶交通事故で彼は足に傷を負った 교통사고로 그는 다리에 상처를 입었다. / 彼は刃物で刺されて胸に深い傷を負った 그는 칼날에 찔려 가슴에 깊은 상처를 입었다.

◆〘その他〙

¶その子は全身傷だらけだった 그 아이는 전신 상처투성이이다. / 心の傷をいやすのは難しい 마음의 상처를 치유하는 것은 어렵다.

¶切り傷 베인 상처, 창상 / 刺し傷 찔린 상처, 자상 / すり傷 찰상, 찰과상 / ひっかき傷 긁힌 상처

❷〔品物の傷〕흠 ¶この皿には 2、3 傷がある 이 접시에는 두, 세 개 흠이 있다. / このりんごは傷がついている 이 사과에는 흠이 나 있다. / 学校の机にはいくつも傷がついている 학교 책상에는 흠이 많이 나 있다. / 事故で車に傷がついた 사고로 차에 흠이 생겼다.

❸〔欠点, 不名誉〕흠집, 티, 결함, 상처 ¶だれだって古い傷をあばかれたくないものだ 누구라도 오래된 상처를 들추는 것을 싫어하기 마련이다. / 店の評判に傷をつけるようなことはするな 가게 평판에 흠집을 낼 만한 일은 하지 마.

**きずあと**【傷跡】상처 자국, 상처, 상흔, 흉터 ¶転んだけがをした時のひざの傷跡がまだ残っている 넘어져서 다쳤을 때 생긴 무릎 상처 자국이 아직 남아 있다. / その町は戦火の傷跡が生々しかった 그 도시는 전쟁의 상흔이 생생했다. / 友人の心ない一言が彼の心に深い傷跡を残した 친구의 철없는 한마디가 그의 마음에 깊은 상처를 남겼다.

**きすう**【基数】기수

**きすう**【奇数】홀수(↔짝수), 기수(↔우수)

**きずきあげる**【築き上げる】쌓아올리다, 구축하다 ¶彼は苦労して築き上げた財産を失った 그는 고생해서 쌓아올린 재산을 잃었다.

**ぎすぎす** ¶難民の少女はぎすぎすにやせていた 난민 소녀는 삐쩍 말라 있었다. / 彼女のぎすぎすした態度が好きになれない 그 여자의 무뚝뚝한 태도가 좋아지지 않는다. / ぎすぎすした世の中になったものだ 삭막한 세상이 되었구나.

**きずく**【築く】쌓다, 구축하다, 이룩하다, 이루다 ¶堤防を築く 제방을 쌓다 / だれがこの城を築いたのですか 누가 이 성을 쌓았습니까? / 確固たる地位を築く 확고한 지위를 구축하다 / 彼はゼロから事業を起こして成功し、巨万の富を築いた 그는 제로부터 사업을 일으켜 성공해서 막대한 부를 이루었다. / 二人は苦労の末に幸せな家庭を築いた 두 사람은 고생 끝에 행복한 가정을 이루었다.

**きずぐすり**【傷薬】상처에 바르는 약 ¶母親は子供の指に傷薬をつけた 어머니는 아이의 손가락에 약을 발랐다.

**きずぐち**【傷口】상처 자리, 상처 ¶傷口をよく洗ってから包帯をする 상처를 잘 씻고 나서 붕대를 감다 / 医者は患者の額の傷口を縫った 의사는 환자 이마의 상처를 꿰매었다. / 傷口を何針縫ったのですか 상처를 몇 바늘 꿰맸습니까? / 太

ももの傷口はまだふさがっていない 허벅지 상처는 아직 아물지 않았다.
¶昔の傷口に触れる 옛날의 허물을 건드리다 | 옛 상처를 건드리다

**きずつく【傷つく】**〔けがをする〕다치다, 상처를 입다〔心が〕상하다〔品物が〕흠이 나다
¶傷ついた足をかばう 다친 다리를 감싸다 / 彼の言葉に彼女はひどく傷ついた 그의 말에 그녀는 몹시 상했다. / 娘は傷つきやすい年ごろだ 딸은 상처받기 쉬운 나이다.

**きずつける【傷つける】**〔けがをさせる〕상처를 입히다〔品物を〕흠을 내다〔気持ちを〕상하게 하다 ¶けんかした相手を傷つける 싸움서 상대를 상처 입히다 / 借りたCDを傷つけてしまった 빌린 CD에 흠집을 내고 말았다. / 彼女は自尊心をいたく傷つけられた 그녀는 자존심이 매우 상했다.

**きずな【絆】**유대, 인연 ¶困難に直面してかえって家族のきずなが強まった 곤란에 직면해서 오히려 가족 사이[가족의 유대]가 깊어졌다. / 我々は強い友情のきずなで結ばれていた 우리는 강한 우정의 고리[끈으로] 연결되어 있다. / きずなを断つ 인연을 끊다 / 緊密なきずな 긴밀한 유대

**きする【期する】**〔期限を定める〕기하다〔約束する〕기약하다〔期待する〕기대하다〔決心する〕결심하다 ¶5月1日を期して工事を開始する 오월 1일을 기하여 공사를 개시하다 / 私たちは会うを期して別れた 우리들은 재회를 기약하며 헤어졌다. / 彼は心中ひそかに期するところがあるようだ 그 사람에게는 남몰래 결심한 것이 있는 것 같다.

**きせい【奇声】**기성, 괴성 ¶奇声を発する 기성을 지르다

**きせい【寄生】**기생 ¶のみは哺乳動物から血を吸う寄生生物だ 벼룩은 포유동물로부터 피를 빨아먹는 기생 생물이다. 関連 **寄生虫** 기생충 / **寄生植物** 기생 식물 / **寄生動物** 기생 동물

**きせい【既成】**기성 ¶既成概念にとらわれる 기성 관념에 사로잡히다 関連 **既成事実** 기성 사실(既定事実) / **既成政党** 기성 정당

**きせい【既製】**기성(既成) ¶彼は体が大きくて既製服は合わない 그는 몸이 커서 기성복은 맞지 않는다. 関連 **既製品** 기성품

**きせい【帰省】**귀성, 귀향(帰郷) ◇**帰省する** 귀성하다, 귀향하다 ¶あす帰省するつもりです 내일 귀성할 생각입니다. / 彼は休暇で帰省中だ 그는 휴가로 귀성 중이다. / 帰省客で駅や空港は込んでいた 귀성객으로 역이나 공항은 붐비고 있었다.

**きせい【気勢】**기세 ¶気勢を上げる 기세를 올리다 / コーチが檄を飛ばしたので全員の気勢が上がった 코치가 기합을 넣어서 전원의 기세가 올랐다 / 彼の一言で気勢をそがれてしまった 그의 한마디로 기세가 꺾여 버렸다.

**きせい【規制】**규제 ◇**規制する** 규제하다 ¶この通りでは一部で交通規制が行われている 이 길에서는 일부 교통 규제를 하고 있다. / 日本では銃の所持が厳しく規制されている 일본에서는 총의 소지가 엄격히 규제되고 있다. / 規制を緩める[強める] 규제를 완화하다[강화하다] / 輸出を自主規制する 수출을 자주 규제하다 関連 **規制緩和**[撤廃]규제 완화[철폐]

**ぎせい【犠牲】**희생〔犠牲者〕희생자 ¶多くの人々が戦争の犠牲になった 많은 사람들이 전쟁에서 희생되었다. / 今日の日本の平和と繁栄は多くの尊い犠牲の上に達成された 오늘날 일본의 평화와 번영은 많은 고귀한 희생들이 있어 달성되었다. / 彼は自分の命を犠牲にして弟を救った 그는 자신의 생명을 희생해서 남동생을 구했다. / どんな犠牲を払っても目的を達成するもりだ 어떤 희생을 치러서라도 목적을 달성할 생각이다. / 彼は健康を犠牲にしてまで研究に没頭した 그는 건강을 희생하면서까지 연구에 몰두했다.
¶その飛行機墜落事故で多くの犠牲者が出た 그 비행기 추락 사고로 많은 희생자가 나왔다. / エイズの犠牲者の数は年々増えている 에이즈 희생자의 수는 해마다 늘어나고 있다. / 彼女は犠牲的精神に富んでいる 그녀는 희생 정신이 풍부하다. 関連 **犠牲バント** 희생 번트 / **犠牲フライ** 희생 플라이

**ぎせいご【擬声語】**의성어

**きせき【奇跡】**기적 ◇**奇跡的だ** 기적적이다
¶奇跡を行う 기적을 행하다 / 奇跡を起こす 기적을 일으키다 / 奇跡が起こる 기적이 일어나다 / 彼が飛行機事故から助かったのは奇跡的だと言われている 그가 비행기 사고에서 살아남은 것은 기적이라고 말해지고 있다. / 彼女は奇跡的に命を取りとめた 그녀는 기적적으로 목숨을 건졌다. / その赤ちゃんは奇跡的に生き残った 그 아기는 기적적으로 살아남았다.

**ぎせき【議席】**의석 ¶新党は総選挙で20議席を獲得した 신당은 총선거에서 20의석을 획득했다. / 彼は議席を失った 그는 의석을 잃었다.

**きせずして【期せずして】**공교롭게, 뜻밖에, 우연히 ¶期せずして私たちの意見は一致した 뜻밖에 우리의 의견은 일치했다.

**きせつ【季節】**계절, 철 ¶スキーの季節がやってきた 스키의 계절이 돌아왔다. / この季節にしては暖かいわね 이 계절 치고는 따뜻하네.
会話 どの季節が好きか
A：一年の中で どの季節が好きですか
B：秋が好きです
A：일년 중에 어느 계절을 좋아합니까？
B：가을이 좋습니다.
¶すいかは今が季節だ 수박은 지금이 제철[한창]이다. / 季節が変わる 철이 바뀌다 / 今は季節の変わり目だから風邪を引かないように気を付けなさい 지금은 환절기니까 감기에 걸리지 않도록 조심해라. / 季節外れの大雪が降った「철 」는[제철에 안 맞게]폭설이 내렸다. / 季節外れの服装 철 지난 복장 関連 **季節感** 계절감 / **季節品** 계절품 / **季節風** 계절풍 / **季節料理** 계절 요리

**きぜつ【気絶】**기절 ◇**気絶する** 기절하다 ¶彼女はあまりの激痛に気絶した 그녀는 심한 통증[격통]에 기절했다. / そのニュースを聞いて気絶せんばかりに驚いた 그 뉴스를 듣고 기절할 정도로 놀랐다.

**きせる【着せる】**〔服を〕입히다〔罪, 責任など

**キセル**【煙管】담뱃대 관련 キセル乗車 부정 승차 / キセル客 부정 승차객

**きぜわしい**【気忙しい】[性格が] 성급하다 ¶年末は何かと気ぜわしい 연말에는 이것저것 어수선하다. / 彼女は気ぜわしい人だ 그녀는 성급한 사람이다.

**きせん**【機先】기선 [先手] 선수 ¶敵の機先を制することが大切だ 적의 기선을 제압하는 것이 중요하다.

**きせん**【汽船】기선 ⇒ 客船, 船

**きせん**【貴賤】귀천 ¶職業に貴賤はない 직업에 귀천은 없다.

**きぜん**【毅然】◇毅然としている 의연하다 ◇毅然と 의연히 ¶彼に対しては毅然たる態度を取りなさい 그 사람에 대해서는 의연한 태도를 취해라. / 彼女はその申し入れを毅然として断った 그녀는 그 제의를 의연히 거절했다.

**ぎぜん**【偽善】위선 ◇偽善的だ 위선적이다 ¶それは偽善的な行為だ 그것은 위선적인 행위이다. 관련 偽善者 위선자

**きそ**【基礎】❶ [土台] 기초, 토대 ¶その家は基礎がしっかりしている 그 집은 기초[토대]가 튼튼하다. / 建設業者がマンションの基礎工事を始めた 건설 업자가 아파트의 기초 공사를 시작했다.
¶彼は近代医学の基礎を築いたと言われている 그는 근대 의학의 기초를 만들었다고 말해지고 있다.
❷ [基本, もと] 기초 ◇基礎的な 기초적인 ¶基礎がしっかりしている 기초가 튼튼하다 / 基礎を固める 기초를 다지다 / いま韓国語の基礎を学んでいる 지금 한국어 기초를 배우고 있다. / この本は今後の研究の基礎になるだろう 이 책은 향후 연구의 기초가 될 것이다. / このコースでは初心者にスキーの基礎を教える 이 코스에서는 초보자에게 스키의 기초를 가르친다. / 彼は数学の基礎的な知識が欠けている 그는 수학의 기초적인 지식이 부족하다.

**きそ**【起訴】기소 ◇起訴する 기소하다 ¶検察は彼を贈賄罪で起訴した 검찰은 그를 증뢰죄로 기소했다. / その男は傷害罪で起訴された 그 남자는 상해죄로 기소되었다. / この事件は起訴にならないだろう 이 사건은 기소되지 않을 것이다. / 彼は起訴猶予になった 그는 기소 유예가 되었다. 관련 起訴状 기소장

**きそう**【起草】기초 ◇起草する 기초하다 ¶憲法を起草する 헌법을 기초하다

**きそう**【競う】다투다, 겨루다 ¶首位を競う 수위를 다투다 / 技を競う 재주를 겨루다 / F1レースはスピードを競うものだ F1레이스는 스피드를 겨루는 것이다. / バーゲンセールで人々は競って安い品を買い求めていた 바겐 세일로 사람들은 앞다투어 싼 물건을 사고 있었다.

**きぞう**【寄贈】기증 ◇寄贈する 기증하다 ¶彼は母校にコンピュータを5台寄贈した 그는 모교에 컴퓨터를 다섯 대 기증했다. 관련 寄贈者 기증자 / 寄贈品 기증품

**ぎそう**【偽装・擬装】위장 ◇偽装する 위장하다 ¶彼らは難民に偽装して日本に密入国しようとした 그들은 난민으로 위장해서 일본에 밀입국하려고 했다. 관련 偽装結婚 위장 결혼 / 偽装工作 위장 공작

**ぎぞう**【偽造】위조 ◇偽造する 위조하다 ¶この文書は偽造のようだ 이 문서는 위조인 것 같다. / 彼らはパスポートを偽造した 그들은 여권을 위조했다. 관련 偽造紙幣 위조 지폐 / 偽造品 위조품 / 私文書偽造 사문서 위조 / 文書偽造 문서 위조

**きそうてんがい**【奇想天外】기상천외 ◇奇想天外な話 기상천외한 이야기

**きそく**【規則】규칙 ◇規則的だ 규칙적이다
¶私たちは規則を守らなければならない 우리는 규칙을 지켜야만 한다. / 彼は規則を破ったために処罰された 그는 규칙을 어겼기 때문에 처벌되었다. / その規則はこの場合には当てはまらない 그 규칙은 이 경우에는 들어맞지 않는다. / この建物の前には車を止めてはいけないという規則がある 이 건물 앞에는 차를 세워서는 안 된다는 규칙이 있다. / その学校には服装についての厳しい規則がある 우리 학교에는 복장에 대한 엄격한 규칙이 있다. / 彼は規則を曲げる傾向がある 그는 규칙을 지키지 않는 경향이 있다. / 規則正しい生活をする 규칙적인 생활을 하다 / 病院では1日3回規則的に食事が出る 병원에서는 하루에 세 번 규칙적으로 식사가 나온다.

**きぞく**【貴族】귀족 ¶彼は貴族の出だ 그는 귀족 출신이다.

**ぎそく**【義足】의족 ¶彼は地雷を踏んで足を失ったため, 義足を使っている 그는 지뢰를 밟아 다리를 잃어서 의족을 쓰고 있다.

**きた**【北】북, 북쪽 ¶北はどっちの方角かな 북쪽은 어느 방향일까? / 彼は日の当たらない北向きの部屋に住んでいる 그는 별이 들지 않는 북쪽 방에 살고 있다. / この道は真北に走っている 이 길은 정북쪽으로 나 있다.
¶彼らは北寄りのルートをとることにした 그들은 북쪽의 루트를 타기로 했다. / 彼らは北の方に引っ越した 그들은 북쪽으로 이사했다. / その工場はこの町の北にある 그 공장은 이 시의 북쪽에 있다. / この窓は北向きの 이 창문은 북향이다. / 白鳥は春になると北へ飛んで行く 백조는 봄이 되면 북쪽으로 날아간다. / 北風が吹いている 북풍이 불고 있다. / 北行きのバス 북행 버스 관련 北回帰線 북회귀선 / 北国 북국, 북쪽 지방 / 北太平洋 북태평양 / 北半球 북반구 / 北欧 북구, 북유라파 / 北欧 북유럽 / 北米 북미, 북아메리카

**ギター** 기타 ¶ギターを弾く 기타를 치다 관련 ギター奏者 기타 연주자 / エレキギター 전기 기타

**きたい**【期待】기대 ◇期待する 기대하다
기본표현
▶親は子供たちに大きな期待を持っている 부모는

아이들에게 큰 기대를 가지고 있다. / ▷この分ではボーナスを期待できないな 이 상태에서는 보너스를 기대 못하겠어. / ▷彼女は両親の期待に応えた 그녀는 부모님의 기대에 부응했다. / 映画は期待どおりすばらしかった 영화는 기대한 대로 훌륭했다.

◆〖期待する〗
¶母親は子供に期待しすぎる 어머니는 아이에게 너무 기대한다. / 彼が成功するものと期待しています 그가 성공할 것이라고 기대하고 있습니다. / 僕は彼女に会えると期待してそこへ行った 나는 그녀를 만날 수 있을 거라고 기대하고 그곳에 갔다. / あまり期待しないほうがいいよ 너무 기대하지 않는 게 좋아. / あすのイベントにはたくさんの人出を期待している 내일 이벤트에는 많은 인파를 기대하고 있다. / 我々はその選手に大いに期待している 우리는 그 선수에게 큰 기대를 하고 있다. / 彼は前途を期待される学者です 그는 전도가 기대되는 학자입니다. / 期待してやまない 기대해 마지 않다 | 큰 기대를 하고 있다

◆〖期待に·期待は〗
¶期待に応える 기대에 부응하다 / 「この仕事はすべて君に任せたよ」「ご期待に添えるようがんばります」 "이 일은 모두 자네에게 맡기겠네." "기대에 어긋나지 않도록 열심히 하겠습니다." / ¶彼女が回復する期待はまったく持てないと医者は言った 그녀가 회복할 가망은 전혀 없다고 의사는 말했다.

◆〖期待を〗
¶…に期待をかける …에(게) 기대를 걸다 / 彼女は学校の成績が悪くて両親の期待を裏切った 그녀는 학교 성적이 나빠서 부모님을 실망시켜 드렸다. / 労働組合が労使の関係改善に期待を寄せている 노동조합은 노사의 관계 개선에 기대를 모으고 있다. / 彼女が電話してくるのではという期待をいだいた 그 여자가 전화를 걸어오지 않을까 하는 기대를 가졌다. / 彼女はオール優をとって両親の期待を上回った 그녀는 전 과목 수를 받아 부모님의 기대를 웃돌았다.

◆〖その他〗
¶彼の能力は期待外れだった 그의 능력은 기대에 못 미쳤다.

**きたい**【気体】기체 ¶液体を熱すると気体になる 액체를 가열하면 기체가 된다. / 空気はいろいろな気体の混合物である 공기는 여러 가지 기체의 혼합물이다. / ヘリウムは空気より軽い気体の一種である 헬륨은 공기보다 가벼운 기체의 일종이다. 関連 気体酸素 기체 산소 / 気体燃料 기체 연료

**きたい**【機体】기체 ¶機体が揺れる 기체가 흔들리다

**ぎだい**【議題】의제 ¶次の議題に移ります 다음 의제로 넘어가겠습니다. / この問題は次の会議で議題として取り上げます 이 문제는 다음 회의에서 의제로 채택하겠습니다. / その件はすでに議題にのぼったことがある 그 건은 이미 의제에 올랐던 적이 있다.

**きたえる**【鍛える】단련하다〔訓練する〕훈련하다 ¶心身を鍛える 심신을 단련하다 / 彼は精神を鍛えるために座禅を始めた 그는 정신을 단련하기 위해서 좌선을 시작했다. / 彼は厳しいトレーニングで選手たちを鍛えた 그는 엄격한 트레이닝으로 선수들을 단련시켰다. / 日ごろから足腰を鍛えておきないう 평소부터 하반신을 단련해 두어라.

**きたく**【帰宅】귀가, 귀택 ◇帰宅する 귀가하다, 귀택하다 ¶夫はいつも帰宅が遅い 남편은 언제나 늦게 돌아온다. / 10時に帰宅するつもりだ 열 시에 귀가할 생각이다. / 帰宅途中でコンビニに寄った 집에 가는 길에 편의점에 들렀다.

**きたたいせいよう**【北大西洋】북대서양 関連 北大西洋条約機構(NATO) 북대서양 조약 기구

**きたちょうせん**【北朝鮮】북조선(▶韓国では北を「北韓」という)⇒朝鮮, 韓国

**きだて**【気立て】마음씨 ¶あの娘さんはとても気立てがいい 그 아가씨는 마음씨가 매우 좋다.

**きたない**【汚い】❶〔不潔だ〕더럽다, 지저분하다, 탁하다 ¶まあ汚い, 早く手を洗ってきなさい 아, 더러워. 빨리 손 씻고 와. / なんて汚い部屋なんでしょう 정말 더러운 방이네요. / 汚い足で部屋に入らないで 더러운 발로 방에 들어오지 마. / その家は思ったより汚くなかった 그 집은 생각보다 더럽지 않았다. / 工場内の空気が汚い 공장내의 공기가 탁하다 [나쁘다]. / 彼は字が汚い 그는 글자[글씨]가 지저분하다. / 汚い水 더러운 물
❷〔卑怯だ〕더럽다, 비열하다, 비겁하다, 인색하다, 다랍다〔口汚ない, みだらだ〕상스럽다, 천하다, 추잡스럽다 ¶あいつは汚い手を使ってあの土地を手に入れたらしい 그 녀석은 비겁한 수를 써서 그 토지를 손에 넣은 것 같다. / 彼はお金に汚いので嫌われている 그 사람은 돈에 인색해서 미움을 받고 있다. / 彼女は汚い言葉で彼をののしった 그녀는 상스러운 말로 그를 욕했다.

**きたならしい**【汚らしい】더러워 보이다, 추접스럽다, 꾀죄하다 ⇒汚い

**きたる**【来る】오는 ¶来る9月11日の投票日には必ず投票しましょう 오는 구월 십일일 투표일에는 반드시 투표합시다. / 運動会は来る日曜日に開催される 운동회는 오는 일요일에 개최된다.

**きたん**【忌憚】◇忌憚のない 기탄없는 ◇忌憚なく 기탄없이 ¶君の忌憚のない意見を聞きたい 너의 기탄없는 의견을 듣고 싶다.

**きち**【吉】길〔吉日〕길일〔吉事〕길사, 경사 ¶おみくじで吉がでた 점을 치는 제비뽑기에서 길이 나왔다. 慣用句 思い立ったが吉日 가는 날이 장날

**きち**【基地】기지 関連 前進基地 전진 기지 / 軍事基地 군사 기지 / 海軍基地 해군 기지 / 空軍基地 공군 기지

**きち**【機知】기지 ¶彼女は機知に富んでいる 그녀는 기지에 넘쳐 있다. / 機知に富んだ人 기지에 넘치는 사람

**きちゃく**【帰着】귀착 ◇帰着する 귀착하다 ¶私たちは結局同じ結論に帰着したわけだ 우리는 결국 같은 결론에 귀착한 것이다.

**きちゅう**【忌中】기중〔喪中〕상중 ¶祖父の忌中です 조부의 상중입니다. ⇒喪中

**きちょう【基調】** 기조 ¶会議では彼が基調演説をした 회의에서는 그가 기조연설을 했다. / わが国は平和共存を基調とした外交政策をとっている 우리나라는 평화 공존을 기조로 한 외교 정책을 취하고 있다. 関連 基調報告 기조 보고

**きちょう【機長】** 기장 ¶彼は旅客機の機長をしている 그는 여객기의 기장이다.

**きちょう【記帳】** 〔帳簿などへの記載〕 기장 〔宿帳・名簿への記載〕 서명, 기입, 등록 ◇記帳する 기장하다, 서명하다, 기입하다, 등록하다 ¶帳簿にきょうの売り上げを記帳した 장부에 오늘의 매상을 기장했다. / 受付で記帳した 접수처에서 방명록에 서명했다.

**きちょう【貴重】** ◇貴重だ 귀중하다 ¶貴重な時間を無駄にしてしまった 귀중한 시간을 낭비해 버렸다. 関連 貴重品 귀중품

**ぎちょう【議長】** 의장 ¶彼が議長に選ばれた 그가 의장으로 선택되었다. / だれが議長を務めたのですか 누가 의장을 맡았습니까? / (呼び掛けで)議長! 의장님!

**きちょうめん【几帳面】** ◇きちょうめんだ 〔整然としている〕 꼼꼼하다 〔細かい点に気を配る〕 세심하다 ¶彼女は何事にもきちょうめんだ 그녀는 무슨 일에도 꼼꼼하다. / 彼はお金にとてもきちょうめんだ 그는 돈에 매우 꼼꼼하다. / きちょうめんな人 꼼꼼한 사람

**きちんと** ❶〔整って〕 깔끔히, 말쑥히, 말끔히 ¶彼女は服装がいつもきちんとしている 그녀는 언제나 옷을 깔끔히 입고 있다. / あの身なりのきちんとした人はだれですか 저 옷차림을 말끔히 한 사람은 누구입니까? / 髪をきちんと手入れする 머리를 말쑥히 손질하다 / 本は本棚にきちんと並べられていた 책은 책장에 나란히 놓여져 있었다. / 机はきちんと整理してありさい 책상은 깔끔히 정리해 두어라. / 母に部屋をきちんとしておくように言われた 어머니는 방을 잘 정리하라고 말했다. / この道路はきちんと整備されている 이 도로는 잘 정비되어 있다. ❷〔正確に〕 정확히, 확실히 ¶言いたいことはきちんと彼に言ったほうがよい 하고 싶은 말은 확실히 그 사람에게 말하는 것이 좋다. / 彼女はきちんと時間どおりに姿を見せた 그녀는 정확히 약속된 시각에 나타났다. ❸〔規則正しく〕 규칙적으로 〔間違いなく〕 어김없이 ¶彼は毎朝きちんと6時に起きる 그는 매일 아침 반드시 여섯 시에 일어난다. / 私は毎月きちんと家賃の支払いをしている 나는 매월 어김없이 집세를 내고 있다.

**きつい** ❶〔厳しい〕 엄하다, 호되다 〔怖い〕 사납다 〔はなはだしい〕 심하다 ¶武田先生は生徒にいつも다케다 선생님은 학생들에게 엄하다. / 彼女はきつい目で私を見た 그녀는 사나운 눈으로 나를 보았다. / 彼はきつい顔をして子供たちをたしなめた 그는 사나운 표정으로 아이들을 타일렀다. / 遅刻してきつくしかられた 그는 지각해서 호되게 혼났다. ❷〔窮屈な〕 빠듯하다, 빡빡하다 ¶この靴はきつすぎる 이 구두는 너무 꼭 낀다[빠듯하다]. / ロープをきつく結びなさい 로프를 꽉 묶어라.

¶きょうはスケジュールがきつい 오늘은 스케줄이 빡빡하다. ❸〔つらい、きつい〕 힘들다, 고되다 ¶その仕事は新人にはきついかもしれない 그 일은 신인에게는 힘들지도 모른다. / この冬は寒さがきつかった 이번 겨울은 추위가 지독했다. / ウオッカはきつい 酒 보드카는 독한[센] 술이다. ❹〔性格が〕 드세다, 억세다, 거세다 ¶彼女は結婚する前はとてもきついりだった 그녀는 결혼하기 전에는 매우 기가 드센 여자였다.

**きつえん【喫煙】** 흡연, 끽연 ◇喫煙する 흡연하다, 끽연하다 ¶ここでの喫煙はご遠慮ください 이곳에서는 흡연을 삼가해 주십시오. 関連 喫煙権 흡연권 | 喫煙室 흡연실 | 喫煙者 흡연자 | 喫煙席 흡연석 | 間接喫煙 간접흡연

**きづかい【気遣い】** 〔心遣い〕 신경 〔心配, 懸念〕 염려, 걱정 ¶お気遣いは無用です 신경 쓰실 필요는 없습니다. / 秘密が漏れる気遣いはありません 비밀이 샐 염려는 없습니다.

**きづかう【気遣う】** 염려하다, 걱정하다 ¶彼はしきりに友人の安否を気遣っていた 그녀는 자꾸 친구의 안부를 염려하고 있었다. / 彼は母親の病状を気遣って何度も病院に電話をかけた 그는 어머니의 병세를 염려해 몇 번이나 병원에 전화를 걸었다.

**きっかけ【切っ掛け】** 계기 〔機会〕 기회 ¶なかなか彼女に話かけるきっかけをつかめない 좀처럼 그 여자에게 말을 걸 기회를 잡을 수 없다. / 君が韓国語を勉強しようと思ったきっかけは? 네가 한국어를 공부하려고 한 계기는? / ひょんなことから彼女と友達になった 우연한 계기로 그녀와 친구가 되었다. / 彼の抗議が大衆デモのきっかけになった 그들의 항의가 대중 데모의 계기가 되었다.

**きっかり** 딱, 꼭, 정확히 ¶試験は9時きっかりに始まった 시험은 정각 아홉 시에 시작됐다. / そのコートはきっかり1万円だった 그 코트는 딱 만엔이었다. / 彼はきっかり時間どおりに現れた 그는 정확히 시간대로 나타났다.

**きづかれ【気疲れ】** 심로 ◇気疲れする 정신적으로 피곤하다 ¶嫁としての彼女の気疲れはたいへんなものだった 며느리로서의 그녀의 심로는 보통이 아니었다. / 彼と一緒にいると気疲れがする 그 사람하고 함께 있으면 정신적으로 피곤하다.

**きづく【気付く】** 알아차리다, 눈치채다 〔悟る〕 깨닫다, 알다 〔意識が戻る〕 정신이 들다 ¶彼がいなくなったことに気づいた 그가 없어진 것을 알아차렸다. / 彼は彼女の新しいドレスに気づいた 그는 그녀의 새로운 드레스를 알아차렸다. / 彼が遠くから私に手を振っているのに気づいた 그가 멀리서 나에게 손을 흔들고 있는 것을 알았다. / 彼女の下心に気づく 그 여자의 속셈을 알아차리다 / 過ちに気づく 잘못을 깨닫다 / すぐにそのミスに気づくべきだった 곧바로 그 실수를 알아차렸어야 했다. / 彼は自分の欠点に気づいていない 그는 자신의 결점을 모르고 있다. / たいへん間違いをおかしたことに気づいた 엄청난 실수를 범했던 것을 알아차렸다. / 彼は自分の病気がどんなに重いか気づいていない 그는 자신

의 병이 얼마나 심각한지 모르고 있다. /眼鏡をかけていたのでだれも私だと気づかなかった 안경을 쓰고 있어서 아무도 나라는 걸 알아채지 못했다.
¶彼女は涙をだれにも気づかれまいと顔をそむけた 그녀는 아무에게도 눈물을 보이지 않으려는 듯 고개를 옆으로 돌렸다. /救急車の中で気が付いた(→意識が戻った) 구급차 안에서 정신이 들었다.

**キックオフ** 킥오프 ¶試合は7時にキックオフした 경기는 일곱 시에 킥오프했다.

**キックボクシング** 킥복싱

**ぎっくりごし【ぎっくり腰】** 돌발성[급성] 요통 ¶ぎっくり腰になった 급성 요통이 되었다.

**きづけ【気付】** 전교(転交) ¶会社気付で小包が届いた 회사 전교로 소포가 도착했다.

**きつけぐすり【気付け薬】** 의식 회복약 [興奮剤] 흥분제

**きっこう【拮抗】** 길항, 대항 ◇拮抗する 길항하다, 대항하다, 팽팽하다 ¶日本はアメリカに拮抗する経済力を持っている 일본은 미국에 대항하는 경제력을 가지고 있다. /両チームの力は拮抗している 양 팀의 전력은 팽팽하다.

**きっさてん【喫茶店】** 카페, 찻집, 커피숍, 다방

**ぎっしり** 가득, 잔뜩 ¶スーツケースには衣類がぎっしり詰め込まれていた 슈트케이스에는 의류가 가득 담겨 있었다. /きょうは日程がぎっしり詰まっている 오늘은 일정이 꽉 차 있다.

**きっすい【生粋】** ◇生粋の 순수한(純粋—) ¶生粋のソウルっ子 순수한 서울 토박이[서울내기] /生粋の江戸っ子 순수한 도쿄 토박이

**きっする【喫する】** 당하다 ¶油断して惨敗を喫した 방심해서 참패를 당했다.

**きっちり** 꽉 ¶冷蔵庫のドアをきっちり閉めなさい 냉장고 문을 꽉 닫아라.

**キッチン** 부엌, 키친

**きつつき【啄木鳥】** 딱따구리

**きって【切手】** 우표 ¶80円切手を2枚ください 80엔짜리 우표를 두 장 주세요. /私の趣味は切手を集めることだ 내 취미는 우표를 모으는 것이다. /彼女は切手をなめて封筒にはった 그녀는 우표를 핥아 봉투에 붙였다. /手紙に切手をはるのを忘れないように 편지에 우표 붙이는 것을 잊지 않도록. /切手をはった返信用封筒を同封のこと 우표를 붙인 회신용 봉투를 동봉할 것. /使用済みの切手 사용한 우표

[会話] 切手代はいくら
　A：この手紙の切手代はいくらですか
　B：120円です
A：이 편지의 우표 값은 얼마입니까?
B：120엔입니다.

[関連] 切手シート 우표 시트 / 切手収集家 우표 수집가 / 切手帳 우표첩 / 記念切手 기념 우표

**-きっての【-切っての】** 으뜸가는, 제일의 ¶彼は当代きっての名指揮者だ 그는 당대 제일의 명지휘자다.

**きっと** [確かに] 꼭, 반드시 [間違いなく] 틀림없이 [おそらく] 아마 ¶きっと気のせいだよ 아마 기분 탓이야. /きっとそうだ 틀림없이 그렇다. | 아마 그렇다. /あしたきっと遊びに来てね 내일 꼭 놀러 와. /きっと知らせてくださいよ 꼭 알려 주세요. /ジナ、きっと怒っているだろうな 지나 틀림없이 화가 나 있을 거야. /一生懸命練習したんだからきっと勝てるよ 열심히 연습했으니까 반드시 이길 수 있어. /きっときみの思い違いだよ 그것은 틀림없이 너의 착각이야. /「彼女、遅いね。どうしたのだろう」「きっとどこかで道草を食っているんだよ」 "그 사람 늦네. 무슨 일 있나?" "틀림없이 어디선가 판전을 피우고 있을 거야."

**きっと** ¶彼は私をきっとにらみつけた 그는 나를 쩨려 봤다. /私の言葉に彼女はきっとなった 나의 말에 그 여자는 정색을 하였다.

**きつね【狐】** 여우 ¶なんだかきつねにつままれたような気分だ 어쩐지 여우한테 홀린 듯한 기분이야. /きつねの嫁入り(→天気雨) 여우비 [関連] きつね色 엷은 갈색, 황갈색, 노르그레한 빛깔 / きつねうどん 유부 우동

**きっぱり** 딱, 단호히, 깨끗하게 ¶彼の申し出をきっぱりと断った 그의 제의를 단호하게 거절했다. /ユミのことはきっぱりあきらめな 유미는 깨끗하게 포기해라.

**きっぷ【切符】** 표, 티켓 [乗車券] 차표 [入場券] 입장권

◆《切符は・切符が》
¶コンサートの切符は売り切れです 콘서트 표는 매진됐습니다. /あすのサッカーの試合の切符が取れたよ 내일 축구 경기 표 구했어.

[会話] 切符はいくらですか
　A：名古屋までの切符はいくらですか
　B：片道ですか、往復ですか
　A：片道です
A：나고야까지 표는 얼마입니까?
B：편도입니까? 왕복입니까?
A：편도입니다.

◆《切符を》
¶飛行機の切符を取ってくれませんか 비행기 표를 예약해 주시겠습니까? / 京都行きの切符を買った 교토행 표를 샀다.
¶私はスピード違反で切符を切られた 나는 속도위반으로 딱지를 끊겼다. [数方] 切符1枚 표 한 장 [関連] 切符売り場 매표소 / 往復切符 왕복표 / 片道切符 편도표

**きっぽう【吉報】** 길보, 기쁜 소식

**きづまり【気詰まり】** ◇気詰まりだ 거북하다, 어색하다 ¶彼女と一緒にいると気詰まりだ 그녀와 함께 있으면 어색하다. ⇨気兼ね, 窮屈

**きつもん【詰問】** 힐문 ◇詰問する 추궁하다, 힐문하다 ¶彼は私が約束に遅れた理由を詰問した 그는 내가 약속 시간에 늦은 이유를 추궁했다.

**きてい【規定・規程】** 규정 ◇規定の 규정된 ◇規定する 규정하다 ◇規定に従う 규정에 따르다 / 規定を定める 규정을 정하다 / 会員は月一回の例会に出席しなければならないという規定がある 회원은 월 1회의 예회에 출석해야 한다는 규정이 있다. / 入国の際はどこの国でも規定の手続きを済ませなければならない 입국 때는 어떤 나라에서도 규정된 수속을 밟지 않으면 안 된다. / 私たちは高速道路を規定の速度で走っていた 우리는 고속

도로를 규정 속도로 달리고 있었다. / この工場の労働者はみな安全規程に従っている 이 공장 노동자들은 모두 안전 규정을 따르고 있다. / レースに参加する前にちゃんと規定書を読んでおいてください 레이스에 참가하기 전에 제대로 규정서를 읽어 두십시오. ¶公共の場でごみを投げ捨てると罰金が科せられることが条例で規定されている 공공 장소에 쓰레기를 버리면 벌금이 부과되는 것이 조례로 규정되어 있다.

**きてい【既定】** 기정 ¶それは既定の事実だ 그것은 기정 사실이다. / この計画は既定方針どおり実行する 이 계획은 기정 방침대로 실행한다.

**ぎてい【義弟】** 의제, 의동생 〔妻の弟〕손아래 처남 〔夫の弟〕시동생 〔男性から見て妹の夫〕매제

**きてき【汽笛】** 기적 ¶汽車が汽笛を鳴らしながら通り過ぎて行った 기차가 기적을 울리면서 지나갔다.

**きてん【機転】** 재치, 임기응변 〔機知〕기지 ¶彼女は機転がきく 그녀는 재치가 있다. / 君は機転をきかすことができないのか 자네는 임기응변으로 대처 못하나? / 彼は機転をきかして未然に事故を防いだ 그는 기지를 발휘해 사고를 미연에 방지했다.

**きと【帰途】** 귀도, 귀로(帰路) ¶出張の帰途, 旧友を訪ねた 출장에서 돌아오는 길에 옛친구를 방문했다. / 3日間の韓国への公式訪問を終えて首相は帰途についた 3일간의 한국 공식 방문을 끝내고 수상은 귀도에 올랐다.

**きどあいらく【喜怒哀楽】** 희로애락 ¶彼は喜怒哀楽が激しい 그는 희로애락이 격렬하다. 彼女は喜怒哀楽を顔に表さない 그녀는 희로애락을 얼굴에 나타내지 않는다.

**きとう【祈禱】** 기도 ◇祈禱する 기도하다 関連 祈禱会 기도회 / 祈禱師 기도사 / 祈禱書 기도서

**きどう【軌道】** 궤도 ¶人工衛星を軌道に乗せることに成功[失敗]した 인공위성을 궤도에 진입시키는 데 성공[실패]했다. / 放送衛星が静止軌道に乗った放送衛星이 정지 궤도에 진입했다. / 人工衛星の軌道を修正する 인공위성의 궤도를 수정하다 / 軌道を外れる 궤도를 벗어나다 ¶やっと仕事が軌道に乗った 겨우 일이 궤도에 올랐다. / 計画を軌道に乗せた 계획을 궤도에 올렸다.

**きどうたい【機動隊】** 〔日本の警察の〕기동대 (▶한국의 전투경찰 "戦闘警察"에 비슷하다. 韓国語의 기동대는 軍隊의 機動部隊를 さす)

**きとく【危篤】** 위독 ◇危篤である 위독하다 ¶父が, 母が危篤だと知らせてきた 아버지가 어머니가 위독하다고 알려왔다. / 患者は危篤状態에 陥った 환자는 위독 상태에 빠졌다.

**きとくけん【既得権】** 기득권 ¶彼らは既得権を守ろうとした 그들은 기득권을 지키려고 했다.

**きどり【気取り】** 폼을 잡는 것, 거드름, 허세 ¶彼は気取り屋だ 그는 폼을 잡는 사람이다 / 彼は英雄気取りだった 그는 영웅이나 된 것처럼 행동했다.

**きどる【気取る】** 폼을 잡다, 젠체하다, 거드름을 피우다, 점잔 빼다, 허세 부리다 ◇…を気取る -인 체하다, -연하다 ¶彼はいつも気取っている 그는 항상 폼을 잡고 있다. 彼女にいいところを見せようと気取っていたら階段で転んでしまった 그 여자에게 잘 보이려고 팬히 폼을 잡다가 계단에서 넘어지고 말았다. / 気取った話し方をする 젠체하는 말씨를 쓰지 마. / 彼女は気取らないのでみんなに好かれている 그녀는 점잔 빼지 않아서 모두가 좋아한다. / 気取った女 점잔 빼는 여자 / 気取った店 거드름 피우는 가게 ¶彼は大物を気取っていた 그는 거물인 체하고 있었다. / 聖人君子を気取る 성인군자연하다

**きない【機内】** 기내 関連 機内映画 기내 영화 / 機内サービス 기내 서비스 / 機内食 기내식 / 機内持ち込み手荷物 기내 반입 수하물

**きなが【気長】** ◇気長に 느긋하게 ¶ヨンヒが来るのを気長に待った 영희가 오는 것을 느긋하게 기다렸다. / 気長に養生しなさい 느긋하게 요양해라.

**きなくさい【きな臭い】**〔焦げ臭い〕타는[눈는] 냄새가 나다〔情勢が不穏だ〕전운이 감돌다〔怪しい〕수상하다 ¶きな臭いにおいがする〔→焦げ臭いにおいがする〕타는 냄새가 나다 / 国際情勢がなんとなくきな臭くなってきた 요새 국제 정세가 어딘지 모르게 심상치 않다. / あいつはきな臭い(→怪しい)男だ 그 녀석은 어쩐지 수상한 녀석이다.

**きなこ【黄な粉】** 콩가루

**きにいる【気に入る】** 마음에 들다 ¶この椅子が気に入っている 이 의자가 마음에 든다. / 新しい家は気に入っていますか 새 집은 마음에 듭니까? / 彼の態度が気に入らない 그의 태도가 마음에 들지 않는다.

**きにゅう【記入】** 기입 ◇記入する 기입하다, 적다 ¶帳簿にきょうの支出を記入した 장부에 오늘의 지출을 기입했다. / 解答用紙に名前を記入しましたか 답안지에 이름을 적었습니까? / 申し込み用紙に記入してください 신청서에 기입해 주세요. 関連 記入欄 기입란

**きぬ【絹】** 비단 ¶絹のドレス 비단 드레스 / 絹のような手触りの布 감촉이 비단 같은 옷감 / 絹を裂くような声 비단을 찢는 듯한 비명 関連 絹糸 견사, 비단실, 명주실 / 絹織物 견직물

**きぬけ【気抜け】** ◇気抜けする 맥이 빠지다, 얼이 빠지다〔ビールなどが〕김이 빠지다 ¶試験が終わって気抜けしてしまった 시험이 끝나서 맥이 빠지고 말았다. / このビールは気抜けしている 이 맥주는 김이 빠졌다.

**きねん【祈念】** 기원 ◇祈念する 기원하다 ¶皆さんの健康を祈念して乾杯! 여러분의 건강을 기원하며 건배!

**きねん【記念】** 기념 ◇記念する 기념하다 ¶母校の創立記念に桜の木を植えた 모교의 창립 기념으로 벚꽃나무를 심었다. / 彼の業績を記念して銅像が建てられた 그의 업적을 기념하여 동상이 세워졌다. / 彼らは結婚10周年記念にパーティーを開いた 그들은 결혼 10주년 기념으로 파티를 열었다. / 韓国旅行の記念に陶芸品を買った 한국 여행 기념으로 도예품을 샀다. 関連 記念切手[硬貨] 기념 우표[주화] / 記念写

真 기념 사진 / 記念碑 기념비 / 記念日 기념일 / 記念品 기념품

**ぎねん【疑念】** 의념, 의심 ¶疑念を抱く 의심을 품다 / 疑念を晴らす 의심을 풀다

**きのう【昨日】** 어제, 어저께 ¶きのうは私の誕生日だった 어제는 내 생일이었다. / きのうはとても暑かった 어제는 매우 더웠다. / きのう友達と映画を見に行った 어제 친구와 영화를 보러 갔다. / きのうの新聞はどこにあるかな 어저께 신문이 어디 있지? / きのうの夜友達が訪ねてきた 어젯밤 친구가 찾아왔다. / すべてがきのうのことのように思い出される 모든 것이 어제 일처럼 생각난다. / きのう見せてくれた本を貸してもらえませんか 어제 보여 준 책을 빌릴 수 없을까요?

**きのう【機能】** 기능 ◇機能的な 기능적인 ¶肝臓の主な機能は血液を浄化することだ 간장[간]의 주된 기능은 혈액을 정화하는 것이다. / 名詞の中には副詞の機能を持たすものもある 명사 중에는 부사의 기능을 가지는 것도 있다. / このコンピュータは正常に機能していないようだ 이 컴퓨터는 정상적으로 기능하고 있지 않은 것 같다. / 機能を高める 기능을 높이다 / 機能的なデザインの椅子 기능적인 디자인의 의자 関連 機能障害 기능 장애

**きのう【帰納】** 귀납(↔연역) ◇帰納する 귀납하다, 귀납되다 ◇帰納的に 귀납적으로 ¶その原理を帰納的に説明した 그 원리를 귀납적으로 설명했다. 関連 帰納法 귀납법

**ぎのう【技能】** 기능 ¶彼らは特殊技能を身につけている 그들은 특수 기능을 몸에 익히고 있다. / 彼女は特にプログラミングの技能に優れている 그녀는 특히 프로그래밍 기능이 뛰어나다. 関連 技能五輪 기능 올림픽 / 技能賞 기능상

**きのこ【茸】** 버섯 ¶山にきのこを採りに行った 산에 버섯을 따러 갔다. 関連 きのこ狩り 버섯따기 / きのこ雲 버섯 구름 / 毒きのこ 독버섯

**きのどく【気の毒】** ◇気の毒だ [かわいそうだ] 가엾다, 불쌍하다, 딱하다 ◇気の毒がる 불쌍하게 생각하다, 불쌍히 여기다 ¶お気の毒ですが, また不合格です 딱하게도 또 불합격입니다. / あんなに勉強してたのに受験に失敗するなんて彼も気の毒だ 그렇게 공부했었는데 입시에 실패하다니 그도 참 안됐다. / (皮肉に)お気の毒様 딱하게 됐네요.

**会話** お気の毒に

A : 風邪が1週間も抜けないんです
B : それはお気の毒に
A : 감기가 일 주일이 지나도 낫지 않습니다.
B : 그것 참 안됐네요.
A : ご主人が亡くなられたそうですよ
B : それはお気の毒に
A : 남편이 돌아가셨다고 해요.
B : 그것 참 안됐네요.

¶クリスマスイブに残業なんて気の毒だね 크리스마스 이브에 잔업이라니 안됐구나. / 気の毒に彼女の犬が車にひかれたそうだ 딱하게도 그녀의 개가 차에 치였다고 한다. / 彼は気の毒なほど安月給だ 그는 딱할 만큼 월급이 적다.

**きのみきのまま【着の身着のまま】** ¶大きな地震があったので着の身着のままで逃げ出した 큰 지진이 있었기 때문에 맨몸으로 피했다.

**きのり【気乗り】** ¶出かけるのは気乗りがしなかった 외출하는 데 마음이 내키지 않았다. / 彼は気乗りのしない返事をした 그는 마음이 내키지 않는다는 듯 대답을 했다.

**きば【牙】** 엄니, 어금니, 송곳니 ¶狼は牙をといで獲物を待ち構えていた 늑대는 어금니를 갈고 사냥감을 기다리고 있었다. / その犬は牙をむき出して私にほえ立てた 그 개는 송곳니를 드러내고 나에게 짖어댔다.

**きはく【希薄】** ◇希薄だ 희박하다 ◇希薄な 희박한 ¶彼らは危機感が希薄だ 그들은 위기감이 희박하다. / 山頂に近づくにしたがって空気が希薄になった 산정에 가까워짐에 따라 공기가 희박해졌다.

**きはく【気迫】** 기백 ¶君は困難に立ち向かうという気迫に欠けている 너는 곤란에 맞서 싸우려는 기백이 부족하다. / 気迫のこもった試合 기백이 가득찬 시합

**きはずかしい【気恥ずかしい】** 부끄럽다, 멋적다 ¶こんな格好で人前に出るのは気恥ずかしい 이런 모습으로 남 앞에 나서는 것은 부끄럽다.

**きばせん【騎馬戦】** 기마전

**きはつ【揮発】** 휘발 ◇揮発性 휘발성 関連 揮発油 휘발유

**きばつ【奇抜】** ◇奇抜だ 기발하다 ¶彼の着想は奇抜だ 그의 착상은 기발하다. / 彼女は奇抜な服装で現れた 그녀는 기발한 복장으로 나타났다. / 奇抜なアイデア 기발한 아이디어

**きばみんぞく【騎馬民族】** 기마 민족

**きばむ【黄ばむ】** 노래지다, 노랗게 물들다 ¶Tシャツが黄ばんでしまった 티셔츠가 노래져 버렸다.

**きばらし【気晴らし】** 기분 전환 ¶私のいちばんの気晴らしはゴルフだ 나는, 골프가 기분 전환으로 제일 좋아. / 気晴らしにカラオケに行こう 기분 전환으로 노래방에 가자. / たまには気晴らしに散歩でもしたらかみさんに 기분 전환으로 산책이라도 하는 게 어때?

**きばん【基盤】** 기반 ¶基盤を固める 기반을 다지다 / 日本経済の基盤は脆弱だと言われている 일본 경제의 기반은 취약하다고 말해지고 있다. / 日本文化は何を基盤としているのだろうか 일본 문화는 무엇을 기반으로 하고 있는 것일까? / 会社が倒産して生活の基盤を失った 회사가 도산해서 생활의 기반을 잃었다.

**きび【機微】** 기미, 복잡 미묘함 ¶彼は人情の機微に通じている 그는 세상사의 복잡 미묘함을 잘 안다.

**きびき【忌引き】** 상고, 복상 ¶彼は忌引きできょうは休んでいる 그는 상고로 오늘은 쉬고 있다.

**きびきび** ◇きびきびした 발랄하다(▶特に幼児や少女, 若い女性についていう), 팔팔하다 ◇きびきびと 발랄하게, 팔팔하게 ¶老人の팔팔한[활기찬] 동작に驚嘆した 노인의 팔팔한[활기찬] 동작에 경탄했다. / 彼女はきびきびした話し方をする 그녀는 발랄한 말투를 쓴다. / 少年は私の質問にきびきび

答えた 소년은 나의 질문에 활기차게[시원시원하게] 대답했다. / 彼らはきびきびと働いていた 그들은 활기차게 일하고 있었다.

## きびしい【厳しい】 엄하다, 엄격하다 〔激しい〕심하다, 혹독하다, 지독하다 〔苛酷だ〕가혹하다, 냉엄하다 厳しく, 厳格に 엄하게, 엄격히 ¶その先生は生徒にとても厳しい 그 선생님은 학생에게 매우 엄격하다. / 韓国ではポルノについて厳しい検閲がある 한국에서는 포르노에 대해 엄격한 검열이 있다. / わが社の新製品は厳しい検査に合格した 우리 회사의 신제품은 엄격한 검사에 합격했다. / 厳しいしつけ 엄한 가정교육

¶3月になっても厳しい寒さが続いている 삼월이 되어도 매서운 추위가 계속되고 있다. / まだ残暑が厳しい 아직 늦더위가 심하다. / 厳しい練習がわがチームを勝利に導くだろう 혹독한 연습이 우리 팀을 승리로 이끌 것이다.

¶我々はみな人生の厳しい現実に立ち向かわなければならない 우리는 모두 인생의 가혹한 현실과 맞서지 않으면 안 된다. / 状況は厳しい 상황은 어렵다. / 今月は厳しいんだ。いくらか貸してくれないか 이번달은 어려워. 돈 좀 빌려주지 않을래?

¶彼は厳しくしかられた 그는 심하게 혼났다. / 母は私に礼儀作法を厳しく教えた 어머니는 나에게 예의범절을 엄하게 가르쳤다.

**きびょう【奇病】** 괴질, 괴병

**きひん【気品】** 기품, 품위 ¶彼にはどことなく気品がある 그 사람에게는 어딘지 모르게 기품이 있다. / その婦人は気品のある顔立ちをしていた 그 부인은 기품이 있는 얼굴을 하고 있었다. / 彼女の物腰には気品が漂っている 그 여자의 언행에는 기품이 감돌고 있다.

**きびん【機敏】** ◇機敏だ 기민하다 ¶乗員の機敏な行動で惨事を免れた 승무원의 기민한 행동으로 참사를 면했다. / 機敏に動き回る 기민하게 행동하다

**きひんしつ【貴賓室】** 귀빈실
**きひんせき【貴賓席】** 귀빈석

## きふ【寄付】 기부 ◇寄付する 기부하다 ¶地震で罹災した人々のために寄付を集めた 지진으로 피해를 입은 사람들을 위해서 기부금을 모았다. / 寄付を依頼する 기부를 의뢰하다 ¶その政党は企業から多額の寄付を受けている 그 정당은 기업으로부터 거액의 기부를 받고 있다. / 彼は病院の建設のために多額の寄付をした 그는 병원의 건설을 위해서 고액의 기부를 했다. / 彼女は慈善事業に100万円寄付した 그녀는 자선 사업에 100만 엔 기부했다. 関連 寄付金 기부금 / 寄付者 기부자

**ぎふ【義父】** 의부〔夫の父〕시아버지〔妻の父〕장인

**ギブアップ** 기브 업, 항복, 포기 ¶この仕事は僕にはできないよ。ギブアップだ 이 일은 나는 못해. 포기할게나.

**ギブアンドテーク** 기브 앤 테이크, 주고 받음 ¶私たちはギブアンドテークの関係だ 우리는「기브 앤 테이크의 관계다〔주고 받는 관계다〕.

**きふく【起伏】** 기복 ¶線路の両側にある畑地が広がっている 선로의 양쪽에는 기복이 진 밭이 펼쳐져 있다. / 彼は感情の起伏が激しい 그는 감정의 기복이 심하다. / 彼女は起伏に富んだ人生を送った 그녀는 기복이 많은 인생을 보냈다.

**きぶくれ【着膨れ】** 冬は着膨れしがちだ 겨울은 옷을 껴입어서「뚱뚱해 보이기[둔해지기] 십상이다.

**きふじん【貴婦人】** 귀부인

**ギプス** 깁스, 깁스붕대 ¶彼女は足にギプスをしている 그녀는 다리에 깁스를 하고 있다.

**きぶつそんかい【器物損壊】** 기물 손괴, 기물 파손 ¶器物損壊で訴えられる 기물 파손으로 고소되다

**ギフト** 기프트, 선물 関連 ギフト券 상품권(商品券) / ギフトショップ 선물 가게

## きぶん【気分】 기분, 마음 〔雰囲気〕분위기

**基本表現**
▶きょうは気分がいい[悪い]
　오늘은 기분이 좋다[나쁘다].
▶きょうは気分がすぐれない
　오늘은 기분이 언짢다.
▶きょうは気分がめいっている
　오늘은 기분이 우울하다.

◆《気分が・気分は》
¶ずっと気分がよくなりました 훨씬 기분이 좋아졌습니다. / きょうはいくぶん気分がよい 오늘은 기분이 좀 좋다. / 車に酔って気分が悪くなった 차멀미를 해서 속이 메스꺼워졌다. / この計画には気分が乗らない 이 계획에는 기분이 내키지 않는다.

**会話** 気分は最高
A：気分はどうですか？
B：最高です
A：기분이 어떻습니까?
B：최고입니다.

◆《気分を》
¶私の言葉に彼は気分を害したようだ 내 말에 그는 기분을 상한 것 같다. / 自宅の風呂で温泉気分を味わった 집 욕조에서 온천에 온 듯한 기분을 맛봤다.

◆《気分に》
¶試験が終わってすっきりした気分になった 시험이 끝나 기분이 상쾌해졌다. / きょうは勉強する気分になれない 오늘은 공부할 기분이 들지 않는다.

◆《気分が》
¶受験に失敗して以来毎日が暗い気分だった 입시에 실패한 이래 매일 어두운 기분이었다. / 町はすっかりお祭り気分だった 시내는 완전히 축제 기분이었다. / 彼らはまだ新婚気分だ 그들은 아직 신혼 기분이다. / 何だか女王様になった気分だわ 뭔가 여왕이 된 기분이야.

◆《その他》
¶彼は気分屋だ 그는 기분파다. / 気分転換にカラオケに行こう 기분 전환으로 노래방에 가자. 関連 気分屋 기분파

**きべん【詭弁】** 궤변 ¶彼は詭弁をろうしているだけだ 그는 궤변을 늘어놓고 있을 뿐이다. 関連 詭

弁家 궤변가

**きぼ【規模】** 규모 ¶アメリカの農業の規模は大きい 미국 농업의 규모는 크다. / 私が勤めている会社は規模が小さい 내가 근무하고 있는 회사는 규모가 작다. ¶そのコンテストは国際的な規模で行われる 그 콘테스트는 국제적인 규모로 행해진다.

**ぎぼ【義母】** 의모 〔夫の母〕시어머니 〔妻の母〕장모

**きぼう【希望】** 희망 ◇希望する 희망하다

◆〖希望が〗

¶彼女は希望がわいてくるのを感じた 그녀는 희망이 솟아나는 것을 느꼈다. / マイホームを持つという彼の希望がかなった 내 집 마련이라는 그의 희망이 이루어졌다.

◆〖希望に・希望で〗

¶若いころの彼は希望に満ちあふれていた 젊은 시절에 그는 희망으로 가득 차 있었다. / その条件は私の希望にかなっていた 그 조건은 나의 희망대로 돼 있었다.

¶彼女は大学に入って夢と希望でいっぱいだ 그녀는 대학에 들어가 꿈과 희망으로 가득하다.

◆〖希望を〗

¶希望を持つ 희망을 가지다 ¶彼は宇宙飛行士になるという自分の希望をかなえた 그는 우주비행사가 되겠다는 자신의 희망을 이루었다. / 妻の回復は私にあらたにだかせた아내의 回復은 나에게 희망을 안겨 줬다. / どんな時でも希望を捨てていけない 어떤 때라도 희망을 버려서는 안 돼.

◆〖その他〗

¶彼女は希望どおりソウル大学に入学することができた 그녀는 희망대로 서울 대학교에 입학할 수 있었다. 関連 希望小売価格 희망 소매가격 / 希望者 희망자 / 希望退職 명예퇴직(名誉退職) / 希望的観測 희망적 관측

**きぼね【気骨】** 심로, 심려, 마음 고생 ¶これは気骨の折れる仕事だ 이것은 마음 고생이 심한 일이다.

**きぼり【木彫り】** 목각 ¶木彫りの人形 목각 인형

**きほん【基本】** 기본 ◇基本的な 기본적인 ◇基本的に 기본적으로 ¶私は彼女に油絵の基本を教えた 나는 그녀에게 유화의 기본을 가르쳤다. / 言論の自由は民主主義の基本だ 언론의 자유는 민주주의의 기본이다. / 彼女は野菜を基本としたスープの作り方を習った 그녀는 야채를 기본으로 한 수프 만드는 방법을 배웠다.

¶憲法で基本的人権が保障されている 헌법에 기본적 인권이 보장되어 있다. / 基本的にはあなたの計画に賛成です 기본적으로는 당신의 계획에 찬성입니다. / 両党の政策は基本的には同じだ 양당의 정책은 기본적으로는 같다. 関連 基本給 기본급 / 基本単位 기본 단위 / 基本料金 기본 요금

**ぎまい【義妹】** 의매 〔妻の妹〕 처제 〔夫の妹〕 손아랫 시누이

**きまえ【気前】** ◇気前がいい 후하다, 잘 사 주다 ¶彼の気前のよさにはいつも感心する 그 사람의 넓은 배포에 항상 고맙게 생각한다. / 彼はいつも気前よく寄付をする 그는 언제나 후하게 기부를 한다.

**きまぐれ【気紛れ】** 변덕 ◇気まぐれだ 변덕스럽다 ¶気まぐれで釣りを始めた 이렇다할 이유 없이 낚시를 시작했다. / 彼は気まぐれにギターを弾いた 그는 기분에 따라 기타를 쳤다. / 彼は気まぐれなので友達があまりいない 그는 변덕스러워서 친구가 별로 없다. / 彼女の気まぐれには付き合いきれない 그 여자의 변덕은 더 이상 참을 수 없다. /「どうして韓国語を勉強しようと思ったの」「単なる気まぐれさ」"왜 한국어를 공부하려고 했어?" "그냥 그렇게 됐어." / 気まぐれな人 변덕스러운 사람 / 一時の気まぐれ 일시적인 기분

**きまじめ【生真面目】** ◇生まじめだ 고지식하다 ¶彼女は生まじめすぎて冗談も通じない 그녀는 너무 고지식해서 농담도 통하지 않는다.

**きまずい【気不味い】** 서먹서먹하다, 어색하다, 거북하다 ¶私たちの間に気まずい沈黙が続いた 우리 사이에 어색한 침묵이 계속되었다. / だれだって気まずい思いはしたくない 누구든 서먹서먹한 기분을 느끼고 싶지는 않다. / 最近あの二人の関係は気まずくなっている 최근 그 두 사람의 관계는 거북해지고 있다.

**きまつ【期末】** 기말 関連 期末決算 기말 결산 / 期末試験 기말 시험 / 期末手当 기말 수당

**きまって【決まって】** 반드시, 늘 ¶彼女のお昼は決まって弁当だった 그녀의 점심은 늘 도시락이었다. / 彼は土曜日になると決まってDVDを借りてくる 그는 토요일이 되면 반드시 DVD를 빌려 온다. / 祖父は毎朝決まって散歩する 할아버지는 매일 아침 늘 산책을 한다.

**きまま【気儘】** ◇気ままだ 제멋대로 하다, 방자하다 ◇気ままに 제멋대로, 방자하게 ¶彼女の気ままな振る舞いには困っているんだ 그녀는 제멋대로 행동하니까 곤란해. / 気ままに暮らしてみたい 제멋대로 살아 보고 싶다. ⇒勝手, わがまま

**きまり【決まり】** ❶〔規則〕규칙

基本表現
▷彼は決まりを守った 그는 규칙을 지켰다.
▷彼女は決まりに従った 그녀는 규칙에 따랐다.
▷彼は決まりを破った 그는 규칙을 깨었다.

¶寮生は10時までに戻るのが寮の決まりになっている 기숙생은 열 시까지 돌아오는 것이 기숙사의 규칙이다. / うちの学校では制服については特に決まりはない 우리 학교에는 교복에 대해서는 특별한 규칙은 없다.

❷〔決着〕매듭, 결말, 낙착 ¶仕事の決まりをつける 일에 매듭을 짓다 / それで話は決まりだ 그것으로 이야기는 끝난다. / 話し合いは白熱していてなかなか決まりがつきそうもない 토론이 백열화하여 좀처럼 매듭지어질 것 같지 않다.

❸〔習慣〕습관〔慣例〕관례 ¶休みの日は家族で食事をするのがわが家の決まりになっている 휴일에는 가족끼리 식사를 하는 것이 우리 집의 관례로 되어 있다. / 会社では毎朝8時半に朝礼を行うのが我が社の決まりだ 매일 아침 여덟 시 반에 조례를 실시하는 것이 관례다.

**きまりきった【決まりきった】** ¶そんな決まりきったことを聞くんじゃない 그렇게 당연한〔뻔한〕 것을 묻는 게 아니야.

**きまりもんく【決まり文句】**〔ありふれた語句〕판에 박힌 말〔常套句〕상투어 ¶「急がば回れ」は決まり文句だ '급할수록 돌아가라'는 상투적인 문구이다. / 来賓のあいさつは決まり文句ばかりだった 내빈의 인사는 판에 박힌 말뿐이었다.

**きまりわるい【決まり悪い】**민망하다, 쑥스럽다, 창피하다 ¶成人式に両親と同席するのはきまり悪かった 성인식에 부모님과 동석하는 것은 쑥스러웠다. / 彼はきまり悪そうに彼女に謝った 그는 창피한 듯이 그녀에게 사과했다.

## きまる

**【決まる】❶**〔決定される〕정해지다, 결정되다 ¶旅行の日程が決まった 여행 일정이 정해졌다. / 来週会議をすることが決まった 다음주 회담을 하기로 결정되었다. / 祭りは10月1日に決まった 축제는 시월 1일로 정해졌다. ¶彼が議長に決まった 그가 의장으로 결정되었다. / その店にいつもの客の顔ぶれが決まっている その 가게는 항상 오는 손님으로 정해져 있다. / 寿司の味は魚の鮮度で決まる 초밥[스시] 맛은 생선의 신선도에 달려 있다.

〔会話〕考えが決まったか
A：考えがはっきり決まりましたか？
B：ええ、大体
A：생각이 확실히 정해졌습니까？
B：예, 거의 정해졌습니다.
A：就職は決まったか
B：いや、まだなんだ
A：취직은 정해졌어？
B：아니, 아직이야.

**❷**〔必ず…する〕-기 마련이다, 반드시〔꼭, 틀림없이〕-ㄹ[-을] 거다 ¶彼女は断るに決まっている 그녀는 틀림없이 거절할 거야. / 冬は寒いに決まっている 겨울은 춥기 마련이다. / この寒さにそんな格好では風邪を引くに決まっている 이 추위에 그런 차림으로는 감기에 걸리기 마련이다.

〔会話〕決まっている
A：ユミは来るに決まっている
B：なんだって、わからないよ
A：유미는 반드시 올 거야.
B：그걸 어떻게 알아？
A：今年はどこが優勝するかな？
B：ホークスに決まっているよ
A：올해는 어디가 우승할까？
B：물론 호크스가 이기지.
A：仕事をやめて歌手になるって本当なの？
B：冗談に決まっているだろ
A：일 그만두고 가수가 된다는 거 사실이야？
B：물론 농담이지.

**❸**〔うまくいく〕성공하다〔合う〕어울리다 ¶バントが見事に決まった 번트가 보기 좋게 성공했다. / きょうの服は決まっているね 오늘 옷이 잘 어울리네.

¶右ストレートが相手のあごに決まった 오른쪽 스트레이트가 상대의 턱을 쳤다.

**ぎまん【欺瞞】**기만 ◆欺瞞的な 기만적인 ¶彼女の言動は欺瞞に満ちている 그녀의 언동은 기만으로 가득 차 있다. / 欺瞞的な手法 기만적인 수법 関連 自己欺瞞 자기기만

**きみ【君】**너, 자네, 그대

> 使い分け 너, 자네, 그대
> 너 「お前, 君」. 친한 손아랫사람 또는 동년배의 듣는이에게 쓴다. 손아래라도 친하지 않은 상대에게는 쓰기 어렵다.
> 자네 「君, あなた」. 중년 정도의 화자가 아이 취급할 수 없는 손아래 듣는이에게 쓴다.
> 그대 「君, 汝」. 고풍스러운 느낌을 주는 이인칭 대명사. 주로 시나 노래에 쓰이며, 일상회화에서는 통상 쓰이지 않는다.

¶おい, 君! 어이, 자네! ⇒あなた

**きみ【気味】**¶隣の部屋から妙な物音が聞こえて気味が悪くなった 옆방에서 이상한 소리가 들려 소름이 끼쳤다. / それは薄気味悪いほら穴だった 그것은 섬뜩한 동굴이었다. / 気味の悪い笑い 징그러운 웃음 / いい気味だ 고소하다.

**きみ【黄身】**〔卵の〕노른자위

**-ぎみ【-気味】**기색, 기미 ¶彼は仕事が忙しくて疲れ気味のようだ 그는 일이 바빠서 좀 피곤해 보인다. / 試合は終始相手に押され気味だった 경기는 시종 상대에게 밀리는 분위기였다. / 風邪気味のときは早く寝たほうがいいよ 감기 기운 있을 때는 빨리 자는 것이 좋아. / 株価は上り気味だ 주가는 오름세〔상승세〕다. / 彼は最近太り気味だ 그는 요즘 살이 찌는 것 같다.

**きみじか【気短】**◇気短だ 성급하다, 조급하다 ¶父は気短ですぐにどなりちらす 아버지는 성미가 급해서 금방 고함친다. ⇒せっかち, 短気

**きみつ【機密】**기밀 ¶これは最高機密だ 이것은 최고 기밀이다. / 彼は機密を守った[漏らした] 그는 기밀을 지켰다[흘렸다]. 関連 機密事項 기밀 사항 / 機密費 기밀비 / 機密文書 기밀문서 / 機密漏洩 기밀 누설

**きみどり【黄緑】**황록색

**きみょう【奇妙】**◇奇妙だ 기묘하다, 묘하다 ¶彼女の奇妙な振る舞いにみんなが驚いた 그녀의 기묘한 행동에 모두가 놀랐다. / 奇妙なことに彼はそのニュースを知らなかった 묘하게도 그는 그 뉴스를 몰랐다.

## ぎむ

**【義務】**의무 ¶それをするのが君の義務だ 그것을 하는 것이 너의 의무다. / 納税は国民の義務だ 납세는 국민의 의무다. / 義務を負う 의무를 지다 / 義務を果たす 의무를 다하다 / 彼らは会社への義務を怠った 그들은 회사에 대한 의무를 게을리했다. / 外国へ行くときにはパスポートの携帯が義務付けられている 외국에 갈 때는 여권을 휴대하는 것이 의무이다.

¶彼には少しも義務感がない 그에게는 의무감이 조금도 없다. 関連 義務教育 의무 교육

**きむずかしい【気難しい】**까다롭다, 신경질적이다 ¶あの人は気難しそうでとっつきにくい 그 사람은 까다로워서 대하기 어렵다. / 彼女はいつも気難しい顔をしている 그녀는 언제나 신경질적인 표정이다.

**キムチ** 김치 ¶このキムチは辛いけどおいしい 이 김치는 맵지만 맛있다. / ご飯と一緒にキムチを食べると食欲が進む 밥과 함께 김치를 먹으면 식욕이

돋는다. / キムチを漬ける 김치를 담그다

> 参考 **キムチの種類**
> 材料や漬け方、季節により様々な種類があるが、日本でもなじみの代表的なキムチとして次のものがある。 白菜キムチ ペチュキムチ(白菜のキムチ)、 깍두기 カクテギ(大根を角切りにして漬けたもの)、오이김치 オイキムチ(きゅうりのキムチ)、물김치 ムルキムチ(大根などに塩をして水を加えたもの)、보쌈김치 ポサムキムチ(薬味の種類を多くして白菜で包むようにして漬けたもの).

**きめ**【木目・肌理】〔木材の〕 나뭇결〔肌の〕 살결 ¶ きめの細かい[粗い]木材 결이 고운[결이 거친] 목재 / 彼女の肌はきめが細かい 그녀의 피부는 살결이 곱다.
¶ 皆様方のきめの細かいご配慮に感謝いたします 여러분의 세심한 배려에 감사드립니다.

**きめい**【記名】기명〔署名〕서명 ◇ **記名する** 기명하다 ¶ 受付でご記名いただけでしょうか 접수처에서 기명하셨습니까?
関連 **記名投票** 기명 투표

**ぎめい**【偽名】위명〔仮名〕가명 ¶ 偽名を使う 위명을 쓰다 / 彼が偽名を使っていたなんて知らなかった 그가 가명을 사용했었다니 몰랐어.

**きめこむ**【決め込む】¶ 二人は結婚するものと私ははなから決め込んでいた 두 사람은 결혼할 것이라고 나는 처음부터 믿고 있었다. / 彼女は居留守を決め込んだに違いない 그녀는 없는 척한 것임에 틀림없다.

**きめつける**【決めつける】단정해 버리다, 정해 버리다, 믿다 ¶ 失敗したと決めつけるのはまだ早いよ 실패했다고 단정해 버리기에는 아직 일러. / 女性には役職は向かないから決めつける人もいる 여성에게는 임원직[관리직]이 맞지 않다고 믿고 있는 사람도 있다. / 私と弟が口論になると、母は私が悪いと決めつけた 나와 남동생이 말다툼을 하면 어머니는 내가 나쁘다고 정해 두었다.

**きめて**【決め手】증거 ¶ 検察側の主張は決め手を欠いている 검찰 측의 주장은 결정적인 증거가 부족하다. / 1 枚の写真が彼らの関係を証明する決め手となった 한 장의 사진이 그들의 관계를 증명하는 증거가 되었다.

**きめる**【決める】❶〔決定する〕정하다, 결정하다〔強く決意する〕결심하다〔日時・値段などを〕정하다〔勝負を〕결판내다 ¶ 目標を決める 목표를 정하다 / 私たちはこんどの連休にどこに行くか決めた 우리는 이번 연휴에 어디에 갈지 정했다. / 彼女は韓国の大学に留学することに決めた 그녀는 한국의 대학으로 유학가기로 결정했다. / 彼は医者になって病気に苦しむ人を救おうと決めている 그는 의사가 되어서 병으로 괴로워하는 사람들을 구하기로 결심했다. / 私たちは次の会合の日程を決めなければならない 우리는 다음 모임의 일정을 정해야 된다. / このスポーツクラブの会費は月 1 万円と決められている 이 스포츠 클럽의 회비는 한 달에 만 엔으로 정해져 있다. / その企画をいつ始めるか決めましたか 그 기획을 언제 시작할지 결정했습니까? / 父は

ソウルに単身赴任することに決めた父は서울로 단신으로 부임하기로 결정했다.
¶ 試合終了直前の彼のシュートが試合を決めた 경기 종료 직전의 그의 슛이 승부를 판가름 냈다.
❷〔必ず・する〕꼭《+動詞》¶ 私は映画といえば韓国映画に決めている 나는 영화라면 꼭 한국 영화를 본다.
❸〔思い込む〕¶ 彼らはその計画が成功するものと決めてかかっていた 그들은 그 계획이 성공하리라고 믿고 있었다.
❹〔うまくやる〕성공시키다 ¶〔体操で〕彼女は後方宙返りを決めた 그녀는 뒤로 공중제비 돌기를 성공했다. /〔柔道で〕彼は決勝で背負い投げを決めた 그는 결승에서 엎어치기로 결판을 냈다.
¶ 彼女はきょうは黒のスーツで決めている 그녀는 오늘 검정색 정장으로 멋을 냈다.

**きも**【肝】〔肝臓〕간, 간장〔度胸〕담력, 배짱
慣用句 彼は肝がすわっている 그는 배짱이 두둑하다. / 彼女は肝が小さい 그녀는 간이 작다[소심하다]. / 父の忠告を肝に銘じた 아버지의 충고를 가슴속 깊이 새겼다. / 昨夜の地震には肝をつぶした 어젯밤 지진에는 간이 콩알만해졌다. / 道路の急カーブの連続に肝を冷やしたよ 연달은 도로의 급커브에 간담이 서늘해졌다.

**きもいり**【肝煎り】주선, 알선 ¶ 彼は社長の肝いりで入社したそうだ 그는 사장의 주선으로 입사했다고 한다. / 文科省の肝いりでこの展覧会は開かれた 문부과학성의 주선으로 이 전람회는 열렸다.

**きもち**【気持ち】마음〔気分〕기분

基本表現
▶ ああ、いい気持ちだ
아, 기분이 좋다[시원하다].
▶ 運動の後にシャワーを浴びるのは気持ちがいい 운동 뒤에 샤워를 하는 것은 기분이 좋다.
▶ 彼は私の気持ちを察したようだった
그는 내 기분을 알아챈 것 같았다.
▶ 優勝したときはどんな気持ちでしたか
우승했을 때는 어떤 기분이었습니까?

◆《気持ちが》
¶ この部屋はとても涼しくて気持ちがいい 이 방은 매우 시원하고 기분이 좋다. / ホラー映画を見て気持ちが悪くなった 공포 영화를 보고 기분이 나빠졌다. / 最近彼女の気持ちがわからないんだ 요새 여자 친구의 마음을 모르겠어.

◆《気持ちは》
¶ 君の気持ちはよくわかった 네 마음은 잘 알겠다. / たとえ両親が何を言っても気持ちは変わりません 설령 부모님이 무슨 말을 한다 해도 마음은 바뀌지 않습니다. / 彼のソヨンに対する気持ちは変わっていなかった 그의 소영이에 대한 마음은 변함이 없었다. / 彼は年は取っているが気持ちはまだ若々しい 그는 늙었지만 마음만은 아직 젊다.

◆《気持ちの》
¶ 君は本当に人の気持ちがわからない人だね 너는 정말로 남의 마음을 모르는 사람이구나. / なんて気持ちのいい朝なんでしょう 정말 기분 좋은 아침이군요. / あなたの妹さんってとても気持ちのいい人です

きもったま

ね 당신 여동생은 매우 기분을 좋게 해주는 사람이군요.

◆【気持ちを】

¶気持ちを引き締める 마음을 긴장시키다 / 彼は気持ちを静めようとした 그는 마음을 가라앉히려고 했다. / 彼は気持ちをこめて「イムジンガン」を歌った 그는 마음을 담아서 '임진강'을 불렀다. / あなたの気持ちを傷つけてしまったのならごめんなさい 당신의 마음을 상하게 해 버렸다면 미안해요. / 彼女の気持ちをもてあそんではいけない 그녀의 마음을 놀려서는 안 된다.

◆【気持ちに・気持ちで】

¶彼女と話しているとくつろいだ気持ちになる 그녀와 이야기하고 있으면 편안한 느낌이 된다. / 難民の少女の話を聞いているうちに私は泣きたい気持ちになった 난민 소녀의 이야기를 듣고 있는 동안 나는 울고 싶은 기분이 들었다. / 私は彼女に対し感謝の気持ちでいっぱいである 나는 그 여자에 대한 감사의 마음으로 가득하다. / 卒業式では私たちは寂しい気持ちで校歌を歌った 졸업식에서 우리는 서운한 마음으로 교가를 불렀다.

◆【その他】

¶クラブをやめるかどうかは君の気持ち次第だ 클럽을 그만둘지 어떨지는 네 마음먹기 나름이다. / 赤ん坊は母親に抱かれて気持ちよさそうに眠っていた 갓난아기는 어머니한테 안겨 기분 좋게 자고 있었다. / 今はしばらくのんびりしたい気持ちだ 지금은 당분간 쉬고 싶은 기분이다. / 彼女は気持ちよく仕事を手伝ってくれた 그녀는 기분 좋게 일을 도와주었다. / ビール1杯ですっかり気持ちよくなってしまった 맥주 한 잔으로 완전히 기분이 좋아졌다.

¶「私に力があれば助けてあげられるのですが」「気持ちだけで十分ですよ」"나에게 힘이 있다면 도와줄 수 있을 텐데요." "마음만으로 충분해요." / これは私の気持ちばかりのお礼です 이것은 제 마음입니다. / 気持ちだけ右に寄ってください 조금만 더 오른쪽으로 가 주세요.

**きもったま**【肝っ玉】《俗》간덩이 / 【度胸】담력, 배짱 ¶肝っ玉のでかい男 담력이 큰 남자 ⇨肝{に},根性

**きもの**【着物】/【衣服】옷 /【和服】일본옷, 기모노 ¶着物を着る[脱ぐ] 옷을 입다[벗다] / 彼女は着物をていねいに畳んだ 그녀는 기모노를 정성스럽게 접었다. / 君, 着物姿がよく似合うね 너는 기모노 차림이 잘 어울리네. ⇨洋服, 服

**ぎもん**【疑問】의문 ¶疑問を抱く 의문을 품다 / 疑問を晴らす 의문을 풀다 / 景気の回復は疑問の余地がない 경기 회복은 의문의 여지가 없다. / 会社の方針に大部分の従業員は疑問をいだいている 종업원의 대부분은 회사 방침에 의문을 가지고 있다. / 先生は生徒たちの疑問に答え, 説明した 선생님은 학생들의 의문에 대답하여 설명했다. / 「彼の証言は信頼できると思いますか」「そうですね, まだいくらか疑問の点があります」"그 사람의 증언은 믿을 수 있다고 생각합니까?" "음, 아직 몇 가지 의문점이 있습니다." / それが本当かどうかは疑問だ 그것이 사실인 지 어떤지는 의문이다. 関連 疑問形 의문형 / 疑問詞 의문사 / 疑問視 의문시 / 疑問符 의문부, 물음표 / 疑問文 의문문

**ギヤ** 기어 ⇨ギア

**きやく**【規約】규약 ⇨規則, 協約

**きゃく**【客】❶【来訪者】손님 ¶客を迎える 손님을 맞다 / 客をもてなす 손님을 대접하다 / きょうは客が多かった 오늘은 손님이 많았다. / 夕食時に不意の来客に 저녁 식사 때 뜻밖의 손님이 왔다. / 吉田さん, お客さんですよ 요시다 씨, 손님이에요. / あした何人か客が来ることになっている 내일 손님이 몇 명 오기로 되어 있다. / パーティーに20人の客を招いた 파티에 손님을 20명 초대했다. / 招かれざる客 불청객

❷【買い物客】손님 /【顧客】고객 ¶あのスーパーはいつも客で込んでいる 그 슈퍼는 언제나 손님으로 붐비고 있다. / あの店はさっぱり客が来ない 그 가게는 전혀 손님이 오지 않는다. / ほかの店に客をとられる 다른 가게에 손님을 빼앗긴다. / 値上げなんかしたら客に逃げられますよ 가격 인상 같은 것을 하면 손님이 빠져나가요. / お客様は神様です(→王様です) 손님은 왕입니다. / お客様, 何を差し上げましょうか 손님, 뭐 드릴까요? / このレストランは客あしらいが悪い 이 레스토랑은 손님 대접이 나쁘다. / あの広告代理店はどのくらいお客を抱えているのか 그 광고 대리점은 어느 정도 고객을 담당하고 있는가.

❸【施設の利用者】손님, 객 /【宿泊客】숙박객 /【乗客】승객 /【観客】관객 /【見物客】관람객 ¶このホテルは外国人のお客が多い 이 호텔은 외국인 손님이 많다. / バスにはほかに客が乗っていなかった 버스에는 다른 손님은 타고 있지 않았다. / コンサートは客の入りがよかった[悪かった] 콘서트는 입장자 수가 많았다[적었다].

**ぎゃく**【逆】반대 ◇逆に 거꾸로 ¶私たちの意見はまったく逆だ 우리 의견은 완전히 반대다. / 彼女は親切どころかその逆だ 그녀는 친절하기는커녕 그 반대다.

¶彼らの立場は逆になった 그들의 입장은 반대가 되었다. / ねじを逆に巻かないように気をつけなさい 나사를 거꾸로 감지 않게 조심해라. / その子は100から数を逆に数えることができる 그 아이는 100부터 수를 거꾸로 셀 수 있다. / 彼はあわてて車のハンドルを逆に切った 그는 당황해서 차 핸들을[운전대를] 반대로 꺾었다. / 「ノブをいくら引いてもドアが開かないんだ」「じゃあ逆に押してみれば」"손잡이를 아무리 당겨도 문이 열리지 않는다." "그럼 반대로 눌러 보면 어때?" / 彼らは名簿の順序を逆にした 그들은 명단 순서를 거꾸로 했다.

¶彼が駅とは逆の方向に歩いて行くのを見た 그가 역과는 반대 방향으로 걸어가는 것을 보았다. / 予想とは逆の結果が出た 예상과는 반대의 결과가 나왔다. 慣用句 逆もまた真なり 역 또한 참이다. ⇨逆噴射 역분사

**ギャグ** 개그, 익살 ¶彼はいつもギャグを飛ばしている 그는 언제나 익살을 떨고 있다.

**きゃくあし**【客足】¶最近客足がついた[遠のいた] 요즘 손님이「많이 온다[떨어졌다].

**きゃくいん【客員】** 객원 [関連] 客員教授 객원 교수, 초빙 교수

**ぎゃくこうか【逆効果】** 역효과 ¶彼女への忠告が逆効果になった 그 여자에게 한 충고가 역효과가 되었다.

**ぎゃくさつ【虐殺】** 학살 ◇虐殺する 학살하다 ¶村人たちは武装ゲリラによって虐殺されたと言われている 마을 사람들은 무장 게릴라에 의해서 학살되었다거나 한다. / 虐殺者 학살자

**ぎゃくさん【逆算】** 역산 ◇逆算する 역산하다 ¶彼の年齢から生まれた年を逆算した 그의 나이로부터 태어난 해를 역산했다.

**きゃくしつ【客室】** 객실 [応接室] 응접실 [関連] 客室係 [ホテルの] 객실계, 객실 담당자 / 客室乗務員 객실 승무원

**きゃくしゃ【客車】** 객차 ⇒列車

**ぎゃくしゅう【逆襲】** 역습 ◇逆襲する 역습하다 ¶人間はそのうち自然に逆襲されるかもしれない 인간은 조만간 자연에 역습당할지도 모른다. / 私の批判にジナが逆襲するとは思わなかった 나의 비판에 지나가 역습할 거라곤 생각하지 못했다.

**ぎゃくじょう【逆上】** ◇逆上する 발끈하다, 이성을 잃다 ¶彼はすぐに逆上する 그는 바로 이성을 잃는다. ⇒怒る, かっと

**きゃくしょく【脚色】** 각색 ◇脚色する 각색하다 [事実を] 꾸미다 ¶小説を映画用に脚色する 소설을 영화용으로 각색하다 ¶彼女はときどき事実を脚色することがある 그녀는 가끔 사실을 각색하는 일이 있다. [関連] 脚色者 각색자

**きゃくせき【客席】** 객석 ¶客席を埋める 객석을 메우다 ⇒席

**ぎゃくせつ【逆説】** 역설 ◇逆説的に 역설적으로 ¶逆説的に言えば, 安いものほど高くつく 역설적으로 말하면 싼 것일수록 비싸게 치인다.

**きゃくせん【客船】** 여객선

**きゃくせんび【脚線美】** 각선미

**きゃくそう【客層】** 고객층, 손님층 ¶そのコンサートの客層は十代の若者だった 그 콘서트의 고객층은 거의 10대 젊은이였다.

**ぎゃくたい【虐待】** 학대 ◇虐待する 학대하다 ¶その子は両親に虐待されていた 그 아이는 부모로부터 학대받고 있었다. [関連] 児童虐待 아동 학대 / 動物虐待 동물 학대

**ぎゃくたんち【逆探知】** 역탐지 ◇逆探知する 역탐지하다 ¶警察は誘拐犯からの電話を逆探知した 경찰은 유괴범으로부터의 전화를 역탐지했다.

**きゃくちゅう【脚注】** 각주 ¶脚注を付ける 각주를 달다 ⇒注

**ぎゃくてん【逆転】** 역전 ◇逆転する 역전되다, 역전하다 ¶形勢が逆転する 형세가 역전되다 / 彼らの立場は逆転した 그들의 입장은 역전되었다. / 我々は逆転勝利を収めた 우리는 역전 승리를 거두었다. / 韓国は中国に 4 対 3 で逆転勝ちした 한국은 중국에 4대 3으로 역전승했다. [関連] 逆転ホームラン 역전 홈런

**ぎゃくひれい【逆比例】** 역비례, 반비례 ⇒反比例

**ぎゃくふう【逆風】** 역풍 [向かい風] 맞바람 ¶我々のヨットは逆風をついて進んだ 우리 요트는 역풍을 거슬러 앞으로 나아갔다.

**きゃくほん【脚本】** 각본 [台本] 대본 [映画の] 시나리오 [関連] 脚本家 각본가

**きゃくま【客間】** 응접실 [泊まり客の] 객실

**ぎゃくもどり【逆戻り】** ◇逆戻りする 되돌아가다 ¶同窓会ではみんなの話がはずんでまるで学生時代に逆戻りしたような気分だった 동창회에서는 모두 이야기가 신이 나서 마치 학생 시절로 되돌아간 것 같은 기분이었다. / 郵便局に行くにはこの道を逆戻りしなければなりません 우체국에 가려면 이 길을 되돌아가야 됩니다. / あのみじめな生活に戻るつもりもはない 그 비참한 생활로 돌아갈 생각은 없다.

**ぎゃくりゅう【逆流】** 역류 ◇逆流する 역류하다 ¶海水が川に逆流する 바닷물이 강으로 역류하다

**ギャザー** 개더, 주름 [関連] ギャザースカート 개더스커트, 주름치마 ⇒ひだ

**きゃしゃ【華奢】** ◇きゃしゃだ [ほっそりした] 가냘프다 [壊れやすい] 약하다 ¶彼女はきゃしゃな体つきをしている 그녀는 가냘픈 몸매를 하고 있다. / これはきゃしゃな作りの椅子だ 이것은 부실하게 만들어진 의자다.

**きやすい【気安い】** 허물없다, 꺼리낌없다, 마음 편하다 ◇気安く 허물없이, 꺼리낌없이, 마음 편하게 ¶ミンスとは気安い仲だ 민수와는 거리낌 없는 사이다. / この近くに気安い店があるから一杯やっていこう 이 근처에 마음 편한 술집이 있으니까 한잔 하고 가자. / 彼女はだれにでも気安く話しかける 그녀는 누구에게나 허물없이 말을 건넨다.

**キャスター** [脚輪] 캐스터, 다리바퀴 [ニュースキャスター] 앵커, 뉴스캐스터 ¶このスーツケースにはキャスターが付いている 이 여행 가방에는 바퀴 [캐스터]가 붙어 있다.

**キャスチングボート** 캐스팅 보트, 결정 투표, 결재 투표 ¶キャスチングボートを握る 캐스팅 보트를 잡다

**キャスト** 캐스트, 캐스팅, 배역 ¶オールスターキャストの超大作映画 호화 캐스팅[캐스트]의 초대형 영화 / キャストを決める 출연진을 정하다 | 캐스팅하다

**きやすめ【気休め】** 안심, 위안 ¶気休めを言ってもしかたがない 위안의 말을 해도 별수가 없다. / 気安めにそう言ってみただけだ 안심시키기 위해서 그렇게 말해 봤을 뿐이다.

**きやせ【着瘦せ】** ¶彼女は着やせするタイプだ 그녀는 옷을 입으면 야위어 보이는 타입이다.

**きゃたつ【脚立】** 접사다리

**きゃっか【却下】** 각하 [棄却] 기각 ◇却下する 각하하다, 기각하다 ¶市議会は私たちの請願を却下した 시의회는 우리의 청원을 각하했다. / 被告は保釈請求をしたが却下された 피고인은 보석 청구를 했지만 기각되었다.

**きゃっかん【客観】** 객관 ◇客観的이다 객관적이다 ◇客観的に 객관적으로 ¶客観的な意見を聞いてみる 객관적인 의견을 들어보다 / 客観的な事実だけを述べてください 객관적 사실만을 말해 주

세요. / 我々はその問題を客観的に論じなければならない 우리는 그 문제를 객관적으로 논해야 한다. 関連 客観テスト 객관식 테스트

**ぎゃっきょう**【逆境】 역경 ¶彼は今逆境にある 그는 지금 역경에 있다 / 逆境に立ち向かう勇気を持ちなさい 역경에 맞설 용기를 가져라. / 彼女は逆境にめげずに一生懸命生きている 그녀는 역경에 굴하지 않고 열심히 살고 있다.

**きゃっこう**【脚光】[注目] 주목 ¶彼は歌手として脚光を浴びる日を夢見ている 그는 가수로서 각광을 받을 날을 꿈꾸고 있다. / 彼女は新進ファッションデザイナーとして脚光を浴びている 그녀는 신진 패션 디자이너로서 각광을 받고 있다.

**ぎゃっこう**【逆光】 역광 ¶逆光で写真を撮るのは難しい 역광으로 사진을 찍는 것은 어렵다. / ここで撮ると逆光になってしまう 여기서 찍으면 역광이 되어 버린다.

**ぎゃっこう**【逆行】 역행 ◇逆行する 역행하다 ¶突然1台の車が道路を逆行してきた 갑자기 차 한 대가 도로를 역행해 온다. / 彼の考えは時代に逆行している 그의 생각은 시대에 역행하고 있다.

**キャッシュ** 캐시, 현금 ¶キャッシュで払います 현금으로 지불하겠습니다. / 現代はキャッシュレスの時代だと言われている 현대는 캐시리스 시대라고 불리워지고 있다. 関連 キャッシュカード 캐시카드, 현금 카드 ⇒現金

**キャッチフレーズ** 캐치프레이즈, 구호 ⇒スローガン, 標語

**キャッチボール** 캐치볼 ¶兄とキャッチボールをした 형과 캐치볼을 했다.

**キャッチホン** 캐치폰

**キャッチャー** 캐처, 포수 [捕手]

**キャップ** [帽子] 캡, 모자 [筆記用具のふた] 캡, 뚜껑 [主将] 주장 [主任] 주임

**ギャップ** 갭, 차이 ¶世代間のギャップを埋める 세대간의 갭을 메우다 / 彼の言葉と行動には大きなギャップがある 그의 말과 행동에는 큰 차이가 있다.

**キャディー** 캐디

**キャビア** 캐비아

**キャプテン** 캡틴 [主将] 주장 [船長] 선장 [機長] 기장

**キャブレター** 카뷰레터, 기화기

**キャベツ** 양배추 数え方 キャベツ1個[玉] 양배추 한 포기

**ギャラ** 개런티 [出演料] 출연료 ¶あのタレントはギャラが高い 그 탤런트는 개런티가 높다.

**キャラクター** [性格] 성격 [登場人物] 등장 인물 関連 キャラクター商品 캐릭터 상품

**キャラメル** 캐러멜 ⇒あめ

**ギャラリー** [ゴルフ競技の観客] 갤러리 [画廊] 갤러리, 화랑

**キャリア** [経歴] 캐리어 ¶彼女の政治家としてのキャリアは始まったばかりだ 그녀의 정치가로서의 캐리어는[경력은] 지금 막 시작되었다. / 彼はこの道20年のキャリアがある 그는 이 분야에서 20년의 캐리어가[경력이] 있다. 関連 キャリア

ウーマン 캐리어 우먼, 직업여성

**ギャル** 아가씨 ¶金髪に染めて派手な格好をしたギャル 머리를 노랗게 염색하고 화려한 치장을 한 아가씨

**ギャング** 갱, 깡패 関連 ギャング映画 갱 영화

**キャンセル** 캔슬, 취소[取消] ¶[特にコンピュータの] 실행 취소 ◇キャンセルする 캔슬하다, 취소하다 ¶ホテルの予約をキャンセルする 호텔의 예약을 취소하다[캔슬하다] / 飛行機のキャンセル待ちをする 항공권 웨이팅을 하다 関連 キャンセル料 캔슬비 ⇒取り消し, 取り消す

**キャンデー** 캔디 [あめ] 사탕 [アイスキャンデー] 아이스캔디, [俗] 하드

**キャンドル** 캔들, 양초 関連 キャンドルサービス 캔들 서비스

**キャンバス** 캔버스 [画布] 화포 [帆布, テント] 삼베, 마포, 즈키

**キャンパス** 캠퍼스, 교정 ⇒校内, 構内

**キャンピングカー** 캠핑카

**キャンプ** 캠핑 [テント] 캠프, 야영 막사 [野営地] 캠프, 야영지 ◇キャンプする 캠핑하다, 야영하다 ¶キャンプに行きたい 캠핑을 가고 싶다 / 山の中でキャンプをした 산 속에서 캠핑했다. / きのう各球団が一斉にキャンプインした 어제 각 구단이 일제히 합숙 훈련에 들어갔다. 関連 キャンプ場 캠프장, 야영장 / キャンプファイア 캠프파이어, 모닥불 / キャンプ村 캠프촌 / キャンプ用品 캠핑 용품 / 難民キャンプ 난민촌 / ベースキャンプ 베이스캠프

**ギャンブル** 갬블, 노름, 도박 ¶彼はギャンブルで大金をすった 그는 갬블로[도박으로] 큰돈을 잃었다. ⇒かけ, 賭け事

**キャンペーン** 캠페인 ¶彼らは戦争反対のキャンペーンを展開した 그들은 전쟁 반대 캠페인을 전개했다. / 被災者のための募金キャンペーンを行う 피해자를 위해서 모금 캠페인을 전개하다.

**きゅう**【九】구, 《固有語》 아홉 ¶9番目 아홉 번째

**きゅう**【灸】뜸, 뜸질 ¶ときどき背中に灸をすえてもらう 가끔 등에 뜸을 놓고 있다. 慣用句 道楽息子にお灸をすえてやらなければならない 방탕한 아들을 혼쭐내지 않으면 안 된다.

**きゅう**【急】❶ [突然] ◇急だ 급하다, 돌연하다, 갑작스럽다 ◇急に 급히, 갑자기, 돌연히, 갑작스레 ¶電車は急に止まった 전철은 갑자기 멈췄다. /「どうしてきのうの飲み会に来なかったの?」「急な来客があって出かけられなかったんだ」"왜 어제 회식에 오지 않았어?" "갑자기 손님이 와서 나갈 수가 없었어." / 知らせを聞いて彼女は急に泣きだした 소식을 듣고 그녀는 갑자기 울기 시작했다. / 漫画を見ながらその子は急に笑い始めた 만화를 보면서 그 아이는 갑자기 웃기 시작했다. /「この仕事を3時までに終わらせてほしいんだが」「急に言われても無理です」"이 일을 세 시까지 끝내 주면 좋겠는데." "갑자기 그런 말을 하셔도 무리입니다."
¶子供が前に飛び出してきたので急ブレーキを踏んだ 아이가 앞으로 뛰어나와서 '급브레이크를 밟았다[급제동을 걸었다].

❷〔急ぎ, 緊急〕긴급〔危急〕위급〔危篤〕위독 ◇急だ 급하다 ¶その時母は急な用事で留守だった 그때 어머니는 급한 일로 부재중이었다. / 事態は急を要する 사태는 긴급을 요한다. / 私の急を救ってくれたのは一人の青年だった 나의 위험을 구해 준 사람은 한 청년이었다. / 父の急を聞いて病院へ向かった 아버지가 위독하다고 듣고 병원으로 향했다.

❸〔速度が〕◇急だ 빠르다, 급하다 ¶この川は流れが急で危険だ 이 강은 물살이 급해서 위험하다.

❹〔傾斜〕◇急だ 가파르다, 급하다〔角度が〕급하다〔急な坂道〕급한 ¶急な坂道を登って神社にたどり着いた 가파른 비탈길을 올라서 신사에 가까스로 도착했다. / 階段が急だから気を付けてください 계단 경사가 급하니까 조심하세요. / 道路の前方に急カーブがあった 도로 전방에 급커브가 있었다.

**きゅう**【級】❶〔学級〕반〔学年〕학년 ¶彼女は1級下[上]だ 그녀는 한 학년 아래[위]이다. / 私たちは高校で同級だった 우리는 고등학교에서 같은 반이었다.

❷〔等級〕급〔ハングル検定準2級に合格した 한글 검정 준2급에 합격했다. / この米は二級品だ 이 쌀은 2급품이다. / 彼のゴルフはプロ級の腕前だ 그의 골프는 프로급 솜씨다. / 日韓両国の局長級会談が開かれた 일한 양국의 국장급 회담이 열렸다. / 今回の収賄事件には閣僚級の人間がかかわっているらしい 이번 뇌물수수 사건에는 각료급 인사가 관련되어 있는 것 같다. / 5千メートル級の山 5천 미터급의 산 ⇒クラス

**きゅう**【球】〔球体〕구〔ボール〕공, 볼

**きゅう-**【旧-】구〔古い〕낡은〔昔の〕옛〔陰暦〕음력 ¶旧型 구형, 낡은 모델 / 旧友 구우, 옛친구 / 旧正月 구정, 음력 설 ⇒前(ぜ)

**きゆう**【杞憂】기우 ¶杞憂に終わる 기우로 끝나다 / 杞憂に過ぎない 기우에 지나지 않는다. / 기우일 뿐이다. ⇒心配

**きゅうえん**【休演】휴연 ◇休演する 휴연하다 ¶本日は休演いたします 오늘은 휴연하겠습니다. / 彼女は病気で舞台を休演した 그녀는 병으로 무대를 휴연했다.

**きゅうえん**【救援】구원〔救助〕구조 ¶救援を求める 구원을 구하다 / 救助隊は遭難者の救援に向かった 구조대는 조난자 구조를 위해 출발했다. / 救援機を派遣する 구원기를 파견하다 [関連]救援活動 구원 활동 / 救援隊 구원대 / 救援投手 구원 투수 / 救援物資 구원 물자

**きゅうか**【休暇】휴가
◆〖休暇は・休暇が〗
¶「休暇はいつからですか」「今週の末からです」"휴가는 언제부터입니까?" "이번 주말부터입니다." / 休暇はたった5日です 휴가는 겨우 5일입니다. / 休暇はあっという間に終わった 휴가는 눈 깜짝할 사이에 끝났다. / 休暇は楽しかったですか 휴가는 즐거웠습니까?

◆〖休暇を〗
¶あすから1週間の休暇をとります 내일부터 일 주일 동안 휴가를 보냅니다. / 彼は今週休暇をとっています 그는 이번 주 휴가를 보내고 있습니다. / 休暇をどこで過ごすつもりですか 휴가를 어디서 보낼 생각입니까?

◆〖その他〗
¶彼女は休暇で北海道へ行った 그녀는 휴가로 홋카이도에 갔다. / 彼はもう休暇から戻りましたか 그는 벌써 휴가에서 돌아왔습니까? / 休暇のためにお金を貯めています 휴가를 위해서 돈을 모으고 있습니다. / 課長に休暇願いを出した 과장에게 휴가를 신청했다. [関連]育児休暇 육아 휴가, 육아 휴직 / 夏季休暇 하기 휴가 / 出産休暇 출산 휴가 / 生理休暇 생리 휴가 / 有給休暇 유급 휴가 ⇒休み, 休日

**きゅうか**【旧家】명문(名門)

**きゅうかい**【休会】◇休会する 휴회하다 ¶国会は休会になった 국회는 휴회되었다. / 議長は休会を宣言した 의장은 휴회를 선언했다.

**きゅうかく**【嗅覚】후각 ¶彼女は嗅覚が鋭い 그 여자는 후각이 예민하다. / 嗅覚を刺激する 후각을 자극하다

**きゅうがく**【休学】휴학 ◇休学する 휴학하다 ¶できれば1年間休学して韓国に留学したい 가능하면 1년간 휴학하고 한국에 유학을 가고 싶다. / 病気で休学する 병으로 휴학하다 / 休学届を出す 휴학계를 내다

**きゅうかざん**【休火山】휴화산

**きゅうかん**【休刊】휴간 ◇休刊する 휴간하다 ¶しばらくの間本誌は休刊いたします 당분간 본지는 휴간합니다. / 来週は休刊します 다음주는 휴간하겠습니다. [関連]休刊日 휴간일

**きゅうかん**【休館】휴관 ¶図書館は休館だった 도서관은 휴관이었다. / 本日休館(▶掲示) 금일 휴관

**きゅうかん**【急患】급환 ⇒患者, 急病

**きゅうかんちょう**【九官鳥】구관조

**きゅうぎ**【球技】구기 [関連]球技大会 구기 대회

**きゅうきゅう**【救急】구급〔応急〕응급 [関連]救急車 구급차, 앰뷸런스 / 救急処置 구급 처치, 응급 처치 / 救急箱 구급상자 / 救急病院 응급 병원 / 救急医療体制 응급 의료 체제 / 救急救命士 구급 구명원 / 救急隊 구급대 / 救急隊員 구급 대원 / 救急薬 구급약

**きゅうきゅう**【汲々】◇きゅうきゅうとする 급급하다, 허덕거리다 ¶彼はノルマ達成にきゅうきゅうとしている 그는 자기의 노르마[할당량] 달성에 급급해하고 있다.

**ぎゅうぎゅう** 꼭꼭, 꾹꾹, 빽빽이 ¶彼女はスーツケースに衣類をぎゅうぎゅうに詰め込んだ 그녀는 여행 가방에 옷을 꾹꾹 눌러 담았다. / バスはぎゅうぎゅう詰めだった 버스는 꽉 차 있었다. ⇒詰め込む

**きゅうきょ**【急遽】급거〔急いで〕서둘러 ¶母が危篤という知らせに急きょ帰郷した 어머니가 위독하다는 연락에 서둘러 귀향했다.

**きゅうぎょう**【休業】휴업 ◇休業する 휴업하다 ¶都合により明日は臨時休業いたします 사정에 의해 내일은 임시 휴업하겠습니다. / 本日休業(▶掲示) 금일 휴업 ⇒休み, 休む

**きゅうきょく**【究極・窮極】구극, 궁극 ◇究極的な 궁극적인 ¶人生の究極の目標は何だろうか 인생의 궁극적 목표란 무엇일까?

**きゅうくつ【窮屈】** ◇窮屈だ ❶〔衣服がきつい〕갑갑하다〔場所などが狭い〕답답하다 ¶このユニフォームは窮屈だ 이 유니폼은 갑갑하다. / ズボンのウエストが窮屈です 바지의 허리 부분이 불편합니다. / この会議室は狭くて窮屈だ 이 회의실은 좁아서 답답하다.
❷〔のびのびできない〕거북하다〔規則などが厳しい〕엄하다 ¶知らない人といっしょだと窮屈で 모르는 사람과 함께이면 거북하다. / 彼は何事についても窮屈な考え方をする 그는 무슨 일에 대해서도 옹색하게 생각한다. / 生徒たちは窮屈な校則に不満を抱いている 학생들은 엄한 교칙에 불만을 가지고 있다.

**きゅうけい【休憩】** 휴게〔休息〕휴식 ◇休憩する 쉬게하다, 휴식하다 ¶ちょっと休憩をとってから仕事を再開した 조금 쉬고 나서 일을 재개했다. / 彼らは休憩なしで働き続けた 그들은 휴식 없이 계속 일했다. / 授業の間に10分間の休憩がある 수업 사이에 10분간의 휴식이 있다. / 次の映画が始まるまで15分の休憩がある 다음 영화가 시작될 때까지 15분의 휴식이 있다. / ちょっと休憩してコーヒーでも飲みませんか 좀 쉬면서 커피라도 마시지 않겠습니까? 関連 休憩時間 휴게시간 / 休憩室 휴게실 / 休憩所 휴게소

**きゅうけい【求刑】** 구형 ◇求刑する 구형하다 ¶検事は被告に無期懲役を求刑した 검사는 피고인에게 무기 징역을 구형했다.

**きゅうげき【急激】** ◇急激だ 급격하다 ◇急激に 급격히 ¶気温の急激な変化のために風邪を引いた 기온의 급격한 변화 때문에 감기에 걸렸다. / 日本や韓国では出生率の急激な低下が心配されている 일본이나 한국에서는 출생률의 급격한 저하가 걱정되고 있다. / 野党は今度の選挙で急激に伸びた 야당은 이번 선거로 급격하게 세력이 확대됐다. / 映画の観客数は急激に減少している 영화 관객수는 급격히 감소하고 있다. / 母の病状は急激に悪化した 어머니 병 상태가 급격히 악화되었다.

**きゅうけつき【吸血鬼】** 흡혈귀

**きゅうご【救護】** 구호 ◇救護する 구호하다 ¶医師たちはけが人の救護に当たった 의사들은 부상자의 구호에 당도했다. 関連 救護活動 구호활동 / 救護班 구호반

**きゅうこう【急行】** 급행 ❶〔急行列車〕급행, 급행 열차 ¶あすの朝午前8時30分発の東京行の急行に乗る予定だ 내일 아침 오전 여덟 시 30분발 도쿄행 급행을 탈 예정이다. / 箱根まで急行だと1時間で行ける 하코네까지 급행이라면 한 시간에 갈 수 있다.
❷〔急いでいくこと〕◇急行する 급행하다, 급히 가다 ¶警察官が事故現場に急行した 경찰관이 사고 현장으로 급행했다. 関連 急行券 급행권 / 急行停車駅 급행 정차역 / 急行バス 급행 버스 / 急行料金 급행 요금

**きゅうこう【休校】** 휴교 ¶明日は開校記念日なので休校だ 내일은 개교기념일이라서 휴교다.

**きゅうこう【休講】** 휴강 ¶山本先生はきょうは休講だ 야마모토 선생님은 오늘은 휴강이다. / 本日休講(▶掲示)금일 휴강 / このクラスは来週は休講とします 이 수업은 다음주는 휴강합니다.

**きゅうこう【旧交】** 구교, 옛정 ¶高校時代の友人と久しぶりに旧交を温めた 고교 시절의 친구와 오랫간만에 옛정을 돈독히 했다.

**きゅうこうか【急降下】** 급강하 ◇急降下する 급강하하다 ¶飛行機が急降下した 비행기가 급강하했다.

**きゅうこん【求婚】** 구혼 ◇求婚する 彼の求婚を承諾した〔断った〕그 사람의 청혼을 받아들였다〔거절했다〕. / 彼女に求婚した 그 여자에게 청혼했다.

**きゅうこん【球根】** 구근 関連 球根植物 구근 식물

**きゅうさい【救済】** 구제〔救授〕구원 ◇救済する 구제하다, 구원하다 ¶彼らは難民の救済に乗り出した 그들은 난민 구제에 나섰다. / 政府は失業者に対する救済策を講じるべきだ 정부는 실업자에 대한 구제책을 강구해야 한다. / 宗教によって精神の救済を得ようとする人々もいる 종교에 의해서 마음의 구원을 얻으려는 사람들도 있다. / 私たちは地震の被災者を救済するために食糧を送った 우리들은 지진 이재민을 구제하기 위해서 식량을 보냈다. 関連 救済事業 구제 사업 / 救済基金 구제 기금

**きゅうし【白歯】** 구치, 어금니 関連 大臼歯 대구치, 뒤어금니 / 小臼歯 소구치, 앞어금니

**きゅうし【休止】** 휴지〔中止〕중지, 중단하다〔休息〕휴식 ◇休止する 휴지하다, 중지하다〔休息する〕휴식하다 ¶列車の運行を休止する 열차 운행을 중지하다 / 作業を休止してこちらに来てください 작업을 중단하고 이쪽으로 와 주세요. / 私たちは湖のそばで小休止した 우리는 호숫가에서 잠시 쉬었다. 関連 休止符 정지부, 쉼표

**きゅうし【急死】** 급사 ◇急死する 급사하다 ¶彼が昨夜急死したという知らせを聞いて驚いている 그가 어젯밤 급사했다는 소식을 듣고 놀라고 있다.

**きゅうし【九死】** 구사 慣用句 九死に一生を得て助かった 구사일생으로 살아났다.

**きゅうじ【給仕】** 〔食堂の〕급사, 웨이터, 웨이트리스〔給仕する〕식사 시중을 들다 ¶母は客に食事の給仕をしている 어머니는 손님의 식사 시중을 들고 있다. / 彼女が私の給仕をしてくれた 그녀가 나의 식사 시중을 들어 주었다.

**きゅうしき【旧式】** 구식 ¶彼は依然として旧式な考えにとらわれている 그는 여전히 구식 생각에 사로잡혀 있다.

**きゅうじつ【休日】** 휴일〔祝祭日〕축제일〔公休日〕공휴일 ¶きょうは休日だ 오늘은 휴일이다. / 店は木曜日を店の休日にしています 저희 가게는 목요일이 휴일입니다. / 休日はたいてい家でビデオを見たりテレビゲームをしたりする 휴일에는 대개 집에서 비디오를 보거나 텔레비전 게임을 한다. / 5月3日は日本では休日です 일본에서는 오월 3일은 공휴일입니다. / 明日は休日出勤しなければならない 내일은 휴일이지만 출근해야 한다.

**きゅうしゅう【吸収】** 흡수 ◇吸収する 흡수하다 ¶水を吸収する 물을 흡수하다 / 木綿のシャツは汗

をよく吸収する 무명 셔츠는 땀을 잘 흡수한다. / この薬は胃から体内へ吸収される 이 약은 위에서 체내로 흡수된다.

¶うちの会社がライバル企業に吸収された 우리 회사가 라이벌 기업에 흡수됐다. / 日本は長い年月にわたって諸外国の文化を吸収してきた 일본은 긴 세월에 걸쳐 여러 나라의 문화를 흡수해 왔다. / 若いうちはどんどん新しい知識を吸収すべきだ 젊을 때는 적극적으로 새로운 지식을 흡수해야 한다. 関連 吸収合併 흡수 합병 / 吸収剤 흡수제

**きゅうしゅう**【急襲】 급습 ◇急襲する 급습하다
¶警官隊はテロリストのアジトを急襲した 경찰대는 테러리스트의 아지트를 급습했다.

**きゅうじゅう**【九十】 구십,《固有語》아흔 ¶90番目 구십 번째, 아흔째 / 90歳 구십 세, 아흔 살

**きゅうしゅつ**【救出】 구출 ◇救出する 구출하다
¶遭難者の救出作業は難航している 조난자 구출 작업은 난항을 겪고 있다. / 彼らはがれきの下から負傷者を救出した 그들은 무너진 집 아래에서 부상자를 구출했다. 関連 救出作戦 구출 작전

**きゅうしょ**【急所】 급소〔要点〕짝점〔弱点〕약점〔体の〕명자리 ¶この問題の急所はここだ 이 문제의 핵심은 여기다. / 急所を突いた彼女の質問に彼はたじろいだ 그는 그녀의 핵심을 찌르는 질문에 뒷걸음질쳤다. / 弾は彼の急所を外れていた 총알은 그의 급소를 빗나가 있었다.

**きゅうじょ**【救助】 구조 ◇救助する 구조하다
¶彼らは何時間も救助を待たなければならなかった 그들은 몇 시간이나 구조를 기다려야만 했다. / 警察はただちに人質の救助に向かった 경찰은 즉시 인질 구조에 나섰다. / 沈みかけている船の乗客は救助を求めて泣き叫んでいた 가라앉으려고 하는 배의 승객은 구조를 바라며 울부짖고 있었다. / 悪天候のため救助作業は遅れた 악천후 때문에 구조 작업은 늦어졌다.

¶彼らは火事の中から全員無事救助された 그들은 화재에서 전원 무사히 구조되었다. / 彼は川に飛び込んでおぼれかけていた少女を救助した 그는 강에 뛰어들어 물에 빠진 소녀를 구조했다. / 救助隊は多くの人命を救助した 구조대는 많은 인명을 구조했다. 関連 救助信号 구조 신호 / 救助隊員 구조대원

**きゅうじょう**【休場】 ◇休場する 결장하다, 쉬다, 불참하다 ¶今場所は大関の1人が休場している 이번 씨름 대회에서 오제키 한 명이 불참하고 있다.

**きゅうじょう**【球場】 구장, 야구장 ¶神宮球場 진구 구장

**きゅうじょう**【窮状】 어려운 처지, 궁상 ¶難民たちは惨憺たる窮状にある 난민들은 참담한 처지에 있다. / 被災者たちは窮状を訴えた 피재자들은 어려운 처지를 호소했다.

**きゅうしょく**【休職】 휴직 ◇休職する 휴직하다
¶病気で3か月間休職した 병으로 삼 개월 간 휴직했다.

**きゅうしょく**【求職】 구직 ¶現在求職中です 지금 일자리를 구하고 있습니다. 関連 求職者 구직자 / 求職難 구직난

**きゅうしょく**【給食】 급식 ¶わが校では給食はありません 우리 학교에는 급식은 없습니다. 関連 給食費 급식비 / 学校給食 학교 급식

**ぎゅうじる**【牛耳る】 좌지우지하다, 주름잡다, 지배하다 ¶彼がすべてを牛耳っている 그가 모든 것을 좌지우지[지배]하고 있다. / 会社は副社長に牛耳られている 회사는 부사장이 좌지우지하고 있다.

**きゅうしん**【休診】 휴진 ◇休診する 휴진하다
¶その医院は火曜日に休診する 그 병원은 화요일에 휴진한다. / きょうは休診です 오늘은 휴진입니다. / 本日休診(▶掲示) 금일 휴진

**きゅうしん**【急進】 급진 ◇急進的だ 급진적이다 関連 急進思想 급진 사상 / 急進主義 급진주의 / 急進派 급진파

**きゅうしん**【球審】〔野球の〕구심 ⇒審判

**きゅうじん**【求人】 구인 ¶今年は求人が多い 올해는 구인이 많다. / 昨年までは求人難だった 작년까지는 구인난이었다. 関連 求人広告 구인 광고 / 求人情報 구인 정보 / 求人倍率 구인 배율 / 求人欄 구인란

**きゅうす**【急須】 찻주전자

**きゅうすい**【給水】 급수 ◇給水する 급수하다
¶あすから時間給水[給水制限]が行われる 내일부터 시간 급수를[급수 제한을] 한다. 関連 給水車 급수차 / 給水所 급수소 / 給水栓 급수전 / 給水タンク 급수 탱크 / 給水ポンプ 급수 펌프

**きゅうする**【窮する】 궁하다〔言葉に〕막히다
¶私は金に窮しているわけではない 나는 돈이 궁한 것은 아니다. / 彼女は言葉に窮した 그녀는 말이 막혔다. / 答えに窮する 대답이 막히다. 慣用句 窮すれば通ず 궁하면 통한다. ⇒困る, 貧乏

**きゅうせい**【急性】 급성(↔만성) 関連 急性アルコール中毒 급성 알코올 중독

**きゅうせい**【旧姓】 미혼 때의 성

**きゅうせいしゅ**【救世主】 구세주

**きゅうせかい**【旧世界】 구세계, 구대륙

**きゅうせき**【旧跡】 구적, 고적(古跡)〔遺跡〕유적〔史跡〕사적 ¶古都旧跡 명승고적(名勝古跡)

**きゅうせっきじだい**【旧石器時代】 구석기 시대

**きゅうせん**【休戦】 휴전〔停戦〕정전 ◇休戦する 휴전하다 / 休戦協定が結ばれた[破られた] 휴전 협정이 맺어졌다[깨졌다]. 関連 休戦ライン 휴전선

**きゅうぞう**【急増】 급증 ◇急増する 급증하다
¶地球の人口は急増している 지구의 인구는 급증하고 있다.

**きゅうそく**【休息】 휴식 ◇休息する 휴식하다
¶君は働きすぎだから、しばらく休息をとったほうがいい 너는 너무 많이 일을 하고 있으니 당분간 휴식을 취하는 것이 좋다. 関連 休息所 휴식처

**きゅうそく**【急速】 ◇急速な 급속한 ◇急速に 급속히 ¶戦後, 日本経済は急速な発展を遂げた 전쟁 후 일본 경제는 급속한 발전을 이루었다. / 以来二人は急速に親しくなっていった 그 이후로 두 사람은 급속히 친해졌다. / 急速に接近する 급속히 접근하다

**きゅうだい**【及第】 급제〔合格〕합격 ◇及第す

**きゅうたいいぜん【旧態依然】**◇旧態依然としている 구태의연하다 ¶彼の旧態依然とした考え方にあきれている 그의 구태의연한 생각에 질렸다.

**きゅうだん【球団】**〔野球などの〕구단

**きゅうだん【糾弾】**규탄 ◇糾弾する 규탄하다 ¶野党は政府の外交姿勢を激しく糾弾した 야당은 정부의 외교 자세를 격렬하게 규탄했다.

**きゅうち【窮地】**궁지 ¶彼は事業に失敗して窮地に陥っている 그는 사업에 실패해 궁지에 빠져 있다. / 我々は敵を窮地に陥れた 우리는 적을 궁지에 몰아넣었다. / 彼は仲間の裏切りによって窮地に追い込まれた 그는 동료의 배신으로 궁지에 몰렸다. / 窮地から脱する 궁지를 벗어나다

**きゅうてい【休廷】**휴정 ◇休廷する 휴정하다 ¶来週の月曜日まで休廷します 다음주 월요일까지 휴정합니다.

**きゅうてい【宮廷】**궁정 関連 宮廷音楽 궁정악

**きゅうていしゃ【急停車】**급정거, 급정차 ◇急停車する 급정거하다, 급정차하다 ¶彼は車を急停車させた 그는 차를 급정거시켰다. / 彼女の車は急停車した 그녀의 차는 급정차했다.

**きゅうてん【急転】**급전 ◇急転する 급전하다 ¶情勢は急転した 정세는 급전되었다. / 事件は急転直下解決した 사건은 급전직하로 해결됐다.

**きゅうでん【宮殿】**궁전

**きゅうとう【急騰】**급등 ◇急騰する 급등하다 ¶円が急騰した 엔이 급등했다. / 石油価格の急騰が続いている 석유 가격의 급등이 계속되고 있다. / 地価の急騰はバブル経済が引き起こしたものだった 땅값 급등은 거품 경제가 일으킨 것이었다.

**きゅうどう【弓道】**궁도

**きゅうとうせつび【給湯設備】**급탕 설비

**ぎゅうどん【牛丼】**쇠고기 덮밥

**ぎゅうにく【牛肉】**쇠고기, 소고기

**きゅうにゅう【吸入】**흡입 ◇吸入する 흡입하다 関連 酸素吸入器 산소 흡입기

**ぎゅうにゅう【牛乳】**우유 ¶牛乳をしぼる 우유를 짜다 / しぼり立ての牛乳を飲む 금방 짜낸 우유를 마시다 / 牛乳を温める 우유를 데우다 関連 牛乳配達人 우유 배달원 / 牛乳パック 우유팩 / 牛乳瓶 우유병

**きゅうば【急場】**절박한 고비〔危機〕위기〔急場しのぎ〕임시변통 ¶両親から借金をして急場をしのいだ 부모님한테 빚을 내서 위기를 모면했다. / 彼女の急場を救ったのはだれですか 그 여자의 위기를 구한 사람은 누구입니까? ¶彼らは急場しのぎの策を考え出した 그들은 임시 대책을 생각해 냈다. / 急場しのぎとして彼に会長の代理を頼んでみよう 임시로 그 사람에게 회장 대리를 부탁해 보자.

**きゅうびょう【急病】**급병〔急病人〕급환, 응급 환자 ¶急病にかかる 갑자기 병에 걸리다 / 急病人が出た 응급 환자가 생겼다. / 急病人を病院へ運んだ 응급 환자를 병원으로 옮겼다.

**きゅうへん【急変】**급변 ◇急変する 급변하다 ¶患者の病状が急変した 환자의 증세가 급변했다.

**きゅうぼう【窮乏】**궁핍 ¶多くの人が窮乏にあえいでいる 많은 사람이 궁핍에 허덕이고 있다.

**きゅうめい【救命】**구명 関連 救命具 구명구 / 救命胴衣 구명동의, 구명조끼 / 救命ボート 구명보트

**きゅうめい【究明】**구명 ◇究明する 구명하다 ¶原因を究明する 원인을 구명하다 / 事件の真相を一日も早く究明しなければならない 사건의 진상을 하루라도 빨리 구명해야 된다.

**きゅうやくせいしょ【旧約聖書】**구약 성서

**きゅうゆ【給油】**급유 ◇給油する 급유하다 ¶バイクに給油した 오토바이에 급유했다. / 給油するためにガソリンスタンドに立ち寄った 급유하기 위해서 주유소에 들렀다. 関連 給油機 급유기 / 給油所 급유소, 주유소

**きゅうゆう【旧友】**구우, 옛친구

**きゅうゆう【級友】**급우, 반 친구

**きゅうよ【給与】**급여〔給料〕급료 ¶給与が少し上がった 급여가 조금 올랐다. 関連 給与所得 급여 소득 / 給与所得者 급여 소득자 / 給与所得税 급여 소득세, 근로 소득세 / 給与水準 급여 수준 / 給与体系 급여 체계 / 給与明細 급여 명세 ≒給料

**きゅうよう【休養】**휴양 ◇休養する 휴양하다 ¶彼は退院後, 家で1か月間休養した 그는 퇴원 후 집에서 한 달 동안 휴양했다. / この仕事が一段落したらゆっくり休養しよう 이 일이 일단락되면 마음 놓고 휴양하자. 関連 休養地 휴양지

**きゅうよう【急用】**급한 일〔用〕¶彼女は急用で外出した 그녀는 급한 볼일로 외출했다.

**きゅうり【胡瓜】**오이 数え方 きゅうり1本 오이 한 개

**きゅうりゅう【急流】**급류, 급물살 ¶カヌーで急流を下った 카누로 급류를 내려갔다.

**きゅうりょう【丘陵】**구릉, 언덕 ¶なだらかな丘陵 완만한 언덕 関連 丘陵地帯 구릉 지대

# きゅうりょう

**【給料】**급료, 봉급(俸給)
〔月給〕월급

基本表現
▶給料はいくらもらっていますか
월급은 얼마나 받고 있습니까?
▶月30万円の給料をもらっている
월 30만 엔의 월급을 받고 있다.
▶彼はいい給料をもらっている
그는 봉급을 많이 받고 있다.
▶私の給料は少ない 내 월급은 적다.
▶毎月25日に給料を払う
매달 25일에 월급을 지급한다.
▶今月から給料が5千円上がった
이번 달부터 월급이 5천 엔 올랐다.

¶わが家は父の給料だけで生活している 우리 집은 아버지의 월급만으로 생활하고 있다. / 君の会社は給料がいいんだってね 자네 회사는 봉급이 좋다며. / もっと給料が欲しいなあ 급료를 더 받고 싶다. / 給料日前で懐がさびしい 월급 전이라서 가진 돈이 거의 없다. / 給料が出るまで1万円貸

してくれ 월급이 나올 때까지 만 엔 빌려 줘. / この指輪は彼の給料の3か月分よ 이 반지는 그이 월급의 삼 개월분이야. 関連 給料取り 월급쟁이, 봉급쟁이 / 給料袋 봉급 봉투 / 給料明細 급료 명세

**きゅうれき【旧暦】** 구력 〔陰曆〕음력

**きゅっと** 꼭, 꽉 ¶ユナの話に胸がきゅっと締め付けられる思いがした 유나 이야기에 가슴이 죄어 오는 느낌이 들었다. / 少年は口をきっと結んだまま何もしゃべろうとしなかった 소년은 입을 꼭 다문 채로 아무말도 하지 않으려 했다.

**ぎゅっと** 꼭, 꽉 ¶母親は赤ん坊をぎゅっと抱きしめた 어머니는 갓난아기를 꼭 껴안았다. / 彼は私の手をぎゅっと握り締めた 그는 나의 손을 꼭 잡았다.

**キュロットスカート** 퀼로트, 치마바지

**きよ【寄与】** 기여 ◇寄与する 기여하다 ¶彼は医学の発展におおいに寄与した 그는 의학의 발전에 많이 기여했다.

**きよい【清い】** 깨끗하다 〔濁りがない〕맑다 〔純粋な〕순수하다 ¶彼女は少女のような清い心を持っている 그녀는 소녀와 같은 맑은 마음을 가지고 있다. / 私に清き1票をお願いいたします 저에게 깨끗한 한 표를 부탁드리겠습니다. / 湖は清く透き通っていた 호수는 맑고 투명하게 비쳤다.

**きよう【起用】** 기용 ◇起用する 기용하다 ¶企画スタッフに若手を起用した 기획 스태프로 젊은 사람을 기용했다. / 映画の主役に新人を起用する 영화 주연으로 신인을 기용하다

**きよう【器用】** ◇器用だ 재주가 있다, 능숙하다〔如才ない〕약삭빠르다 ◇器用に 능숙하게, 약삭빠르게 ¶この子は手先が器用だ 이 아이는 손재주가 뛰어나다. / 彼女は器用貧乏だ 그녀는 재주가 많아서 박복하다. / 彼は自分の自転車を器用に修理した 그는 자신의 자전거를 솜씨 좋게 수리했다. / あの子は箸を器用に使いこなす 그 아이는 젓가락을 능숙하게 사용한다.

¶彼は世渡りをする約삭빠르게 처세하다 / 彼は自分では器用に立ち回っているつもりらしい 그는 스스로는 요령 좋게 행동하고 있다고 생각하는 것 같다.

**きょう【凶】** 흉 〔不吉〕불길 ¶占いは大凶と出た 운세는 대흉이라고 나왔다.

**きょう【興】** 흥 〔興味〕흥미 慣用句 彼女は恥ずかしがり屋だが興が乗ると歌を歌うこともある 그녀는 부끄러움을 많이 타지만 흥이 나면 노래를 부를 때도 있다. / 彼の演奏はパーティーに興を添えた 그의 연주는 파티에 흥을 돋구었다.

**きょう【経】** 경, 불경 〔経文〕경문 ¶お経を唱える 불경을 외다

# **きょう【今日】** 오늘, 금일 〔この日〕이 날

**きょう** ¶きょうは娘の20歳の誕生日です 오늘은 딸의 스무 살 생일입니다. / きょうはこれまでにしよう 오늘은 여기까지. / きょうは学校はありません 오늘은 수업이 없습니다. / きょうの新聞を持ってきてくれ 오늘 신문을 가져다 줘. / きょうからがんばって勉強するぞ 오늘부터 열심히 공부할 거야. / きょうまでに貸したお金を返してくれるって言ったよね 오늘까지 빌려준 돈을 갚아 준다고 했었지?

¶きょう中にこの仕事を終わらせよう 오늘 중에 이 일을 끝내자. / きょう明日中に私宛に手紙が着くはずです 오늘이나 내일 중으로 제 앞으로 편지가 올 것입니다. / 育児に追われるきょうこのごろです 요즘은 아이를 기르는 데 바쁜 날들입니다. / 先週のきょうソウルに着きました 지난주 ○○○에 서울에 도착했습니다. (▶지난주 오늘이라는 말은 보통 하지 않으므로 ○○○에 구체적인 曜日을 넣는다)

¶きょうの朝は何も食べてこなかったのでとてもお腹がすいた 오늘 아침은 아무것도 먹지 않아서 배가 매우 고팠다. / きょうの午後は暇です 오늘 오후는 한가합니다. / きょうの夜ナイターを見に行きます 오늘 밤 야구 야간 경기를 보러 갑니다.

会話 **きょうの日付·曜日を尋ねる**
A：きょうは何月何日ですか
B：2月23日です
A：오늘은 몇 월 며칠입니까?
B：이월 23일입니다.
A：きょうは何曜日ですか
B：きょうは水曜日です
A：오늘은 무슨 요일입니까?
B：오늘은 수요일입니다.

**-きょう【-強】** ¶千人強 천 명 넘게 / 5キロ強 5킬로 넘게

**ぎょう【行】** 행, 줄 ¶7ページの上〔下〕から3行目から読みなさい 7페이지 위〔아래〕에서 셋째 줄부터 읽어 봐. / 9ページの5－7行目を参照のこと 9페이지의 5행에서 7행을 참조할 것. / レポートは1行間隔に書かれていた リポートは한 줄 간격으로 쓰여져 있었다. / ここで行を改めることにしよう 여기서 행을 바꾸기로 하자.

**きょうあく【凶悪】** ◇凶悪だ 흉악하다 ¶最近、凶悪な犯罪が増えている 최근 흉악 범죄가 증가하고 있다. 関連 凶悪犯 흉악범

**きょうい【胸囲】** 흉위, 가슴둘레 ¶胸囲を測る 흉위를 재다 /「胸囲はどれくらいですか」「90センチです」"가슴둘레는 몇 센티입니까?" "90센티입니다." ⇒バスト, 胸

**きょうい【脅威】** 위협 ¶生物兵器は人類にとって大きな脅威だ 생물 병기는 인류에 있어서 큰 위협이다. / 私たちはテロの脅威にさらされている 우리는 테러의 위협에 놓여 있다. / 敵の脅威に備える 적의 위협에 대비하다 ⇒脅かす

**きょうい【驚異】** 경이 ◇驚異的だ 경이적이다 ¶宇宙の驚異 우주의 경이 / 私たちは彼女の暗算の速さに驚異の目を見はっている 우리는 그녀의 암산 속도에 눈이 휘둥그레졌다. / 彼は驚異的な記憶力をもっている 그는 경이적인 기억력을 가지고 있다. / 驚異的な記録で優勝する 경이적인 기록으로 우승하다

# **きょういく【教育】** 교육 ◇教育的な 교육적인 ◇教育する 교육하다

¶私は日本で教育を受けた 나는 일본에서 교육을 받았다. / 私は正規の教育を受けていない 나는 정규 교육을 받지 못했다. / 子供の教育がいちばんの関心事だ 자녀 교육이 제일의 관심사다. / 家が貧しかったので満足な教育を受けられなかった 집이 가난했기 때문에 만족스러운 교육을 받을 수

きょういん

없었다.
¶君のお母さんは本当に教育熱心だね 너희 어머니는 정말 교육에 열심이시구나. / この映画は教育上子どもによくない 이 영화는 교육상 아이에게 좋지 않다. / このテレビ番組はとても教育的とは言えない 이 TV 프로그램은 도저히 교육적이라고 할 수 없다.
¶新人社員を教育するのが私の仕事だ 신입 사원을 교육하는 것이 나의 일이다. / 私は優れた軍人になるように教育された 나는 우수한 군인이 되도록 교육받았다. 関連 教育委員 교육 위원 / 教育委員会 교육 위원회 / 教育映画 교육 영화 / 教育界 교육계 / 教育改革 교육 개혁 / 教育学 교육학 / 教育学部 교육 학부 / 教育課程 교육 과정 / 教育漢字 교육한자 / 教育機関[施設] 교육 기관[시설] / 教育機器 교육 기기 / 教育基本法 교육 기본법 / 教育実習 교육[교생] 실습 / 教育実習生 교육 실습생, 《話》교생 선생님 / 教育者 교육자 / 教育審議会 교육 심의회 / 教育心理学 교육 심리학 / 教育水準 교육 수준 / 教育制度 교육 제도 / 教育大学 교육 대학 / 教育長 교육감 / 教育番組 교육 프로그램 / 教育費 교육비 / 教育法 교육법 / 教育ママ 교육열이 높은 엄마(▶教育ママ的な行為をぎ맛바람이라는) / 安全教育 안전 교육 / 英語教育 영어 교육 / 英才教育 영재 교육 / 学校教育 학교 교육 / 家庭教育 가정 교육 / 義務教育 의무 교육 / 高等教育 고등 교육 / 語学教育 어학 교육 / 視聴覚教育 시청각 교육 / 社会教育 사회 교육 / 生涯教育 평생 교육 / 情操教育 정서 교육 / 職業教育 직업 교육 / 初等教育 초등 교육 / スパルタ教育 스파르타 교육 / 性教育 성교육 / 専門教育 전문 교육 / 大学教育 대학 교육 / 中等教育 중등 교육 / 通信教育 통신 교육 / 道徳教育 도덕 교육 / 幼児教育 유아 교육

**きょういん【教員】**교원 関連 教員組合 교원 노조[노동조합] / 教員検定試験 교원 자격 검정 시험 / 教員室 교무실 / 教員免許状 교원 자격증 ⇒教師, 先生

**きょうえい【競泳】**경영 ¶私たちは100メートルの競泳をした 우리는 100미터 수영 경기를 했다. 関連 競泳大会 경영 대회

**きょうえん【共演】**공연 ¶イ・ビョンホンとチェ・ジウが共演したテレビドラマに熱中してしまった 이병헌과 최지우가 공연한 텔레비전 드라마에 빠져 버렸다. 関連 共演者 공연자

**きょうか【強化】**강화 ◇強化する 강화하다
¶警備を強化する 경비를 강화하다 / チームを強化する 팀을 강화하다 / 警察は飲酒運転の取り締まりを強化している 경찰은 음주 운전 단속을 강화하고 있다. / 関連 強化合宿 (체력) 강화 합숙 훈련 / 強化ガラス 강화 유리 / 強化プラスチック 강화 플라스틱 / 強化米 강화미

**きょうか【教科】**교과 [科目] 과목 [課程] 교육 과정 ⇒科目

**きょうかい【協会】**협회 関連 出版協会 출판 협회

**きょうかい【境界】**경계 ¶正常と異常の境界ははっきりしていない 정상과 이상의 경계는 뚜렷하지 않다. / 朝鮮半島は38度線で南北の境界を定めた 조선반도[한반도]는 38 도선에 남북 경계를 정했다. 関連 境界線 경계선

**きょうかい【教会】**교회, 성당 ¶私は毎週日曜日に教会に行く 나는 매주 일요일에 교회에 간다. 関連 教会堂 교회당 / カトリック教会 가톨릭 교회 / プロテスタント教会 프로테스탄트 교회

**ぎょうかい【業界】**업계 関連 業界紙 업계지 / 業界団体 업계 단체 / 建設業界 건설 업계 / 出版業界 출판 업계 / コンピュータ業界 컴퓨터 업계

**きょうがく【共学】**공학 ¶私の学校は共学だ 우리 학교는 공학이다. 関連 男女共学 남녀 공학

**きょうかしょ【教科書】**교과서 ¶歴史の教科書 역사 교과서 / 物事が万事、教科書どおりに進展するわけではない 사물이 만사 교과서대로 되는 것은 아니다. 関連 教科書検定制度 교과서 검정 제도 / 検定済み教科書 검정필 교과서 / 国定[検定]教科書 국정[검정] 교과서

**きょうかつ【恐喝】**공갈 ◇恐喝する 공갈하다
¶彼女は恐喝の容疑で逮捕された 그녀는 공갈 혐의로 체포되었다. / 彼らはスキャンダルをねたに彼女を恐喝していたそうだ 그들은 스캔들을 구실로 그녀를 공갈했었다고 한다. 関連 恐喝罪 공갈죄

**きょうかん【共感】**공감 ◇共感する 공감하다
¶共感を得る 공감을 얻다 / 共感を呼ぶ 공감을 자아내다 / 共感をおぼえる 공감을 느끼다 / 彼女の新しい小説は若い読者の共感を得た 그녀의 새로운 소설은 젊은 독자의 공감을 얻었다. / 彼らの意見に共感することができなかった 그들의 의견에 공감할 수 없었다.

**きょうかん【教官】**교관 ¶自動車学校の教官 자동차 학원의 교관

**ぎょうかん【行間】**행간 ¶行間がせまい[広い] 행간이 좁다[넓다]. / もっと行間を開けて[詰めて]書きなさい 행간을 더 띄워[채워] 써라. / 行間に隠れている意味 행간에 숨어 있는 뜻 慣用句 行間を読む 행간을 읽다[글의 속뜻을] 읽다

**きょうき【凶器】**흉기 ¶運転を誤れば自動車は走る凶器にもなりかねない 운전을 잘못하면 자동차는 달리는 흉기가 될지도 모른다.

**きょうき【狂喜】**광희, 환희 ◇狂喜する 광희하다, 환희하다 ¶妹は合格の知らせに狂喜した 여동생은 합격 소식에 미친 듯이 기뻐했다.

**きょうき【狂気】**광기 ¶狂気の沙汰 미친 짓

**きょうぎ【協議】**협의 [相談] 의논 ◇協議する 협의하다, 의논하다 ¶その問題は目下協議中だ 그 문제는 지금 협의 중이다. / 協議の末、彼らは合意に達した 협의 끝에 그들은 합의에 이르렀다. / 協議離婚した彼女は남편과 협의 이혼했다. / 協議事項の1番目は何ですか 협의 사항의 첫 번째는 무엇입니까? / 労使協議で今回の決定がなされた 노사협의에서 이번 결정이 이루어졌다. / 協議の上で決める 협의한 다음 결정하다.
¶6か国は北京で核問題を協議した 6개국은 베이징에서 핵 문제를 협의했다. 関連 協議会 협의회 / 6か国協議 육자회담(六者会談)

**きょうぎ【競技】** 경기 ¶韓国ではサッカーはもっとも人気のある競技だ 한국에서 축구는 가장 인기가 있는 경기다. / スキー競技は雪不足のため中止された 스키 경기는 눈 부족으로 인해 중지되었다 / 北京オリンピックでは28競技が行われる ベイジン 올림픽에서는 28경기가 행해진다. / 競技は晴雨にかかわらず実施される 경기는 날씨에 관계없이 실시된다. / 陸上競技の最終種目はマラソンだ 육상 경기의 최종 종목은 마라톤이다. 関連 競技場 경기장 / 個人競技 개인 경기 / 室内競技 실내 경기 / 水上競技 수상 경기 / 団体競技 단체 경기 / 跳躍競技 도약 경기 / 投てき競技 투척 경기 / トラック競技 트랙 경기 / フィールド競技 필드 경기

**きょうぎ【狭義】** 협의 ¶狭義に解釈する 협의로 해석하다

**ぎょうぎ【行儀】** 예의, 예절 ¶この子は行儀がいい[悪い] 이 아이는 예의가 바르다[없다]. / 行儀よくしなさい 예의 바르게 해라. / 母から厳しく行儀作法を教えられた 어머니로부터 엄격하게 예의 범절을 배웠다.

**きょうきゅう【供給】** 공급 ◇供給する 공급하다 ¶価格は需要と供給のバランスで決まる 가격은 수요와 공급의 밸런스로 정해진다. / 原料の供給が不足している 원료의 공급이 부족하다. / 被災地に水と食糧を供給する 재해지에 물과 식량을 공급하다. / この会社は首都圏にガスを供給している 이 회사는 수도권에 가스를 공급하고 있다. 関連 供給源 공급원

**ぎょうぎょうしい【仰々しい】** 야단스럽다, 호들갑스럽다, 오버하다 ¶彼女の振る舞いは仰々しい 그녀의 행동은 호들갑스럽다. / ずいぶん仰々しい肩書きだな 어지간히 호들갑스러운 직함이군. / 彼は仰々しくおじぎをした 그는 호들갑스럽게 인사를 했다.

**きょうぐう【境遇】** 처지 [環境] 환경 ¶不幸な境遇 불행한 처지 / 彼女は恵まれた[貧しい]境遇に育った 그녀는 풍족한[가난한] 환경에서 자랐다. / この境遇に甘んじるつもりはない 지금의 처지에 만족할 생각은 없다.

**きょうくん【教訓】** 교훈 ¶災害は人間に様々な教訓を与えてきた 재해는 인간에게 여러 가지 교훈을 줘 왔다. / 彼の体験談から貴重な教訓を得た 그의 체험담으로부터 귀중한 교훈을 얻었다. / 今回の失敗を教訓としてさらに努力します 이번 실수를 교훈으로 삼아 더욱 더 노력하겠습니다. / 歴史の教訓を学ぶ 역사의 교훈을 배우다

**きょうけん【狂犬】** 광견, 미친개 関連 狂犬病 광견병

**きょうけん【強健】** ◇強健だ 강건하다 ¶彼は強健な肉体と強靱な意志を持っている 그는 강건한 육체와 강인한 의지를 가지고 있다.

**きょうげん【狂言】** ❶ [能狂言] 교겐 ¶狂言は日本の伝統芸能の一つで笑劇である 교겐은 일본의 전통 예능의 하나이며 소극이다.
❷ [偽り] 거짓 [偽装] 위장 ¶彼女は泥棒に入られたと言ったが狂言だった 그녀는 도둑맞았다고 했지만 거짓이었다. 関連 狂言強盗 위장 강도극 / 狂言師 교겐 연기자

**きょうこ【強固】** ◇強固だ 강고하다, 공고하다, 굳세다 ¶彼は強固な意志を持っていた 그는 강고한 의지를 가지고 있었다.

**きょうこう【凶行】** 흉행, 끔찍한 짓 ¶彼はなぜそのような凶行に及んだのだろうか 그는 왜 그런 끔찍한 짓을 한 것일까?

**きょうこう【強行】** 강행 ◇強行する 강행하다 ¶委員長は採決を強行した 위원장은 채결을 강행했다. / 与党側は国会で法案を強行採決した 여당측은 국회에서 법안을 강행 채결했다. / 反対を押し切ってマンション建設を強行する 반대를 무릅쓰고 아파트 건설을 강행하다 / 雨天にもかかわらず体育祭は強行された 우천에도 불구하고 체육대회는 강행되었다.

**きょうこう【強硬】** ◇強硬だ 강경하다 ◇強硬に 강경히 ¶彼があのような強硬な態度にでるとは思わなかった 그 사람이 그와 같은 강경한 태도로 나올 거라고는 생각하지 않았다. / 違反者に対しては強硬手段をとらざるをえない 위반자에 대해서는 강경 수단을 취하지 않을 수 없다. / 野党は法案の採決に強硬に抵抗した 야당은 법안의 채결에 강경하게 저항했다. / 強硬に主張する 강경하게 주장하다 関連 強硬策 강경책 / 強硬派 강경파 / 強硬路線 강경 노선

**きょうこう【恐慌】** 공황 ¶銀行の倒産は恐慌の誘因となり得る 은행의 도산은 공황의 원인이 될 수 있다. / 石油ショックが恐慌を招いた 석유 파동이 공황을 초래했다. 関連 株式恐慌 주식 공황 / 金融恐慌 금융 공황 / 経済恐慌 경제 공황 / 世界恐慌 세계 공황

**きょうこう【教皇】** 교황

**きょうごう【競合】** 경합 ◇競合する 경합하다 ¶この区間は2つの私鉄が競合している 이 구간은 두 개의 민영 철도가 경합하고 있다.

**きょうごう【強豪】** 강호 ¶強豪チーム 강호 팀

**きょうこうぐん【強行軍】** 강행군 ¶今度の旅行は強行軍だった 이번 여행은 강행군이었다.

**きょうこく【峡谷】** 협곡 [渓谷] 계곡

**きょうこく【強国】** 강국 関連 軍事強国 군사 강국 / 経済強国 경제 강국

**きょうさい【共催】** 공동 주최 ¶県と市の共催で音楽祭が開かれた 현과 시의 공동 개최로 음악제가 열렸다.

**きょうざい【教材】** 교재 ¶教材を用いる 교재를 쓰다

**きょうさく【凶作】** 흉작 ¶凶作に見舞われる 흉작이 되다 / 昨年の米は凶作だった 작년의 쌀농사는 흉작이었다.

**きょうざめ【興醒め】** ¶美談の真相を聞かされて興ざめしてしまった 미담의 진상을 듣고 흥이 깨져 버리고 말았다.

**きょうさん【協賛】** 협찬 ◇協賛する 협찬하다 ¶商店街の協賛を得て夏祭りが行われた 상가의 협찬을 받아 여름 축제를 했다. / わが社はそのイベントに協賛している 우리 회사는 그 이벤트에 협찬하고 있다.

**きょうさんしゅぎ【共産主義】** 공산주의 関連 共産主義国 공산주의 국가 / 共産主義者 공산주의자

**きょうさんとう【共産党】** 공산당 関連 日本共産党 일본 공산당

**きょうし【教師】** 교사〔先生〕선생 ¶私はこの学校の教師だ 나는 이 학교 교사다. / 彼女は小学校[中学校, 高校]の教師になった 그녀는 초등학교[중학교, 고등학교] 교사가 되었다. / 彼は数学の教師だ 그는 수학 교사다. / 家庭教師 가정교사 | 과외 선생님 ⇒先生

**ぎょうし【凝視】** 응시 ◇凝視する 응시하다 ¶彼女は一点を凝視したまま座っていた 그녀는 한 점을 응시한 채로 앉아 있었다.

**ぎょうじ【行司】** 일본 스모[씨름]의 심판

**ぎょうじ【行事】** ¶今月の行事 이 달의 행사 関連 学校行事 학교 행사 / 公式行事 공식 행사 / 祝賀行事 축하 행사 / 年中行事 연중 행사

**きょうしつ【教室】** 교실 ¶私たちは毎日教室を掃除する 우리는 매일 교실을 청소한다. / 教室の最前列に座った 교실 맨 앞줄에 앉았다. 関連 水泳教室 수영 교실 / ヨガ教室 요가 교실 / 料理教室 요리 교실

**きょうしゃ【強者】** 강자 ¶強者と弱者 강자와 약자

**ぎょうしゃ【業者】** 업자〔同業者〕동업자 ¶コピーの修理は出入りの業者に頼もう 복사기 수리는 단골 업자에게 부탁하자. 関連 業者団体 사업자 단체 / 悪徳業者 악덕 업자 / 関係業者 관계 업자 / 小売業者 소매 업자 / 製造業者 제조 업자

**きょうじゃく【強弱】** 강약 ¶音の強弱 소리의 강약

**きょうじゅ【教授】**〔大学の教員〕교수〔教えること〕교수, 가르침 ¶教授する 교수하다, 가르치다 ¶彼は延世大学の経済学の教授だ 그는 연세대학교 경제학 교수다. / 私たちは小野教授の授業を受けている 우리들은 오노 교수의 수업을 받고 있다. ¶あの先生の韓国語の教授法はすばらしい 그 선생님의 한국어 교수법은 훌륭하다. / 韓国語の個人教授を受けている 한국어 개인 교수를[교습을] 받고 있다. ¶母は外国人に生け花を教授している 어머니는 외국인에게 꽃꽂이를 교수하고 있다. 関連 教授会 교수회 / 客員教授 객원 교수, 초빙 교수 / 指導教授 지도 교수 / 准教授 부교수(副教授)(▶韓国での地位は教授の下, 助教授の上) / 助教授 조교수 / 名誉教授 명예 교수

**きょうしゅう【郷愁】** 향수 ¶突然郷愁に駆られた 갑자기 향수가 몰려왔다. / 郷愁を感じる 향수를 느끼다

**きょうしゅく【恐縮】** ◇恐縮する〔申し訳なく思う〕황송하다, 죄송하다, 송구하다〔感謝する〕감사하다 ¶恐縮ですが伝言をお願いできますか 죄송합니다만 메모를 부탁해도 되겠습니까? / 恐縮の至りです 황송하기 이를 데 없습니다. / 面倒をかけて恐縮です 폐를 끼쳐서 죄송합니다. / そんなに恐縮することはありませんよ 그렇게 미안해할 것까진 없습니다. / 見知らぬ人の親切に恐縮してしまった(→感謝する) 낯선 사람의 친절에 감사했다. / 心遣いに恐縮する 배려에 감사하다

**ぎょうしゅく【凝縮】** 응축 ◇凝縮する 응축하다 ¶この本には彼の長年の研究の成果が凝縮されている 이 책에는 그의 오랜 세월에 걸친 연구 성과가 응축되어 있다.

**きょうじゅつ【供述】** 공술〔陳述〕진술 ◇供述する 공술하다, 진술하다 ¶彼はその女が万引きしているのを見たと供述した 그는 그 여자가 훔친 것을 보았다고 진술했다. 関連 供述者 공술인 / 供述書 공술서

**きょうしょ【教書】** 교서 ¶米国大統領の年間教書 미국 대통령의 연두 교서

**ぎょうしょう【行商】** 행상, 도붓장사 ◇行商する 도붓장사하다 ¶その男は靴を行商していた 그 남자는 구두 행상을 하고 있었다. 関連 行商人 행상인, 도붓장수, 보따리장수

**きょうしょく【教職】** ¶彼女は念願の教職につくことができた 그녀는 염원하던 교사가 될 수 있었다. / 教職経験は何年ありますか 교직 경험은 몇 년입니까? 関連 教職員 교직원 / 日本教職員組合(日教組) 일본 교직원 조합, 일교조 / 教職課程 교직 과정

**きょうじる【興じる】** 즐기다 ¶彼女はトランプ占いに興じていた 그녀는 트럼프 점을 즐기고 있었다.

**きょうしん【狂信】** 광신 ◇狂信的だ 광신적이다 ◇狂信する 광신하다 ¶この迷信を狂信している人が多い 이 미신을 광신하고 있는 사람이 많다. 関連 狂信者 광신자

**きょうじん【強靭】** ◇強じんだ 강인하다 ¶これをやり遂げるには強じんな意志が必要だ 이것을 완수하려면 강인한 의지가 필요하다.

**きょうしんざい【強心剤】** 강심제

**きょうしんしょう【狭心症】** 협심증

**きょうせい【強制】** 강제〔強要〕강요 ◇強制する 강제하다, 강요하다 ◇強制的だ 강제적이다 ◇強制的に 강제(적)으로 ¶自由の強制は許されない 자백의 강제는 허락되지 않는다. / 寄付を強制された 기부를 강제당했다. ¶強制的に徴用された人々の生死がわからない 강제로 징용된 사람들의 생사는 알 수 없다. / 私は強制的に会社を辞めさせられた 나는 강제적으로 회사를 그만두게 되었다. 関連 強制執行 강제 집행 / 強制収容所 강제 수용소 / 強制手段 강제 수단 / 強制捜査 강제 수사 / 強制送還 강제 송환 / 強制疎開 강제 소개 / 強制退去 강제 퇴거 / 強制徴用 강제 징용 / 強制力 강제력 / 強制連行 강제 연행 / 強制労働 강제 노동

**きょうせい【強勢】** 강세, 스트레스 ¶この単語は第2音節に強勢を置いて発音してください 이 단어는 제2음절에 강세를 두고 발음하세요.

**きょうせい【矯正】** 교정 ◇矯正する 교정하다, 바로잡다 ¶母親は息子の悪い癖を矯正しようとした 어머니는 아들의 나쁜 버릇을 교정하려고 했다. / 歯並びを矯正してもらった 치열을 교정받았다. 関連 矯正視力 교정 시력 / 歯列矯正 치열 교정

**ぎょうせい【行政】** 행정 ¶日本では司法・立法・

行政の三権は独立している 일본에서는 사법 입법 행정의 삼권은 독립되어 있다. / 今の市長は行政手腕に欠けているようだ 지금의 시장은 행정 수완이 부족한 것 같다. 関連 **行政改革** 행정 개혁 / **行政官** 행정관 / **行政機関** 행정 기관 / **行政権** 행정권 / **行政指導** 행정 지도 / **行政処分** 행정 처분 / **行政命令** 행정 명령

**ぎょうせき【業績】** 업적, 실적(実績) ¶彼は多くの学問的業績をあげた 그는 많은 학문적 업적을 올렸다. / 今期の会社の業績は不振だ 금기의 회사 실적은 부진하다. / 彼女は貧しい人の救済のためにめざましい業績を残した 그녀는 가난한 사람의 구제를 위해서 눈부신 업적을 남겼다.

**きょうそ【教祖】** 교조 ¶**新興宗教の教祖** 신흥 종교의 교조

**きょうそう【競争】** 경쟁 ◇**競争する** 경쟁하다 ¶私はライバルとの競争に勝った[負けた] 나는 라이벌과의 경쟁에 이겼다[졌다]. / ホテル業界の競争は非常に厳しい 호텔 업계의 경쟁은 매우 치열하다. / 数人の候補者が競争から脱落した 후보자 몇 사람이 경쟁으로부터 탈락했다. / 2社の間で新薬開発の激しい競争が展開されている 양 회사간에 신약 개발의 격한 경쟁이 전개되고 있다. / 携帯電話の売り込みで熾烈な競争が繰り広げられている 휴대 전화의 판매로 치열한 경쟁이 벌어지고 있다.

¶君が勝ち残るためには、競争相手を蹴落とさなければいけない 네가 싸워 이기기 위해서는 경쟁 상대를 밀어내야 한다. / その2チームは優勝を目ざして激烈な競争をしている 그 두 팀은 우승을 목표로 격렬한 경쟁을 벌이고 있다. / 競争社会では人々のストレスは大きい 경쟁 사회에서는 사람들의 스트레스는 크다. / その大学は入試の競争率が10倍を超える難関校だ 그 대학교는 입시 경쟁률이 10대 1을 넘는 치열한 학교다. / 生徒の競争心をあおることはやめるべきだ 학생의 경쟁심을 부추기는 일은 하지 말아야 된다. / 日本車もかつては海外では競争力がなかった 일본차도 이전에는 해외에서는 경쟁력이 없었다.

¶航空会社は値下げ競争をしている 항공사는 운임 인하 경쟁을 벌이고 있다. / 動物たちは厳しい生存競争の中で生きなければならない 동물들은 가혹한 생존 경쟁 속에서 살아야 한다. / 液晶テレビの販売競争が激化している 액정TV의 판매 경쟁이 격화하고 있다.

¶小さな店が大きなスーパーと競争するのは容易ではない 작은 가게가 큰 슈퍼와 경쟁하는 것은 쉽지 않다.

**きょうそう【競走】** 달리기, 경주 ◇**競走する** 달리기하다, 경주하다 ¶100メートル競走に勝つことはたいへん難しい 100미터 달리기에서 이기는 것은 매우 어렵다. / 私は彼との競走に負けて悔しい 나는 그와의 달리기에 져서 속이 상하다. / 私は長距離[短距離, 中距離]競走に出場した 나는 장거리[단거리, 중거리] 경주에 출전했다. / 彼女は障害物競走で2位に入った 그녀는 장애물 경주에서 2위로 들어갔다.

¶兄とマラソンで競走してみたい 형과 마라톤 대회에서 같이 경주해 보고 싶어. / 私は家まで弟と競走した 나는 집까지 남동생과 달리기했다. 関連 **競走者** 주자, 러너 / **競走馬** 경주마 / **競走路** 경주로, 레인

**きょうそう【強壮】** 강장 関連 **強壮剤** 강장제 / **強壮飲料** 강장 음료

**きょうぞう【胸像】** 흉상

**ぎょうそう【形相】** 얼굴, 표정(表情), 얼굴빛 ¶彼はすさまじい形相で駅員にくってかかった 그는 화가 치민 표정으로 역무원에게 대들었다.

**きょうそうきょく【狂想曲】** 광상곡

**きょうそうきょく【協奏曲】** 협주곡

**きょうそくほん【教則本】** 교본

**きょうぞん【共存】** 공존 ◇**共存する** 공존하다 ¶人類は他の生物と共存共栄を図るべきだ 인류는 다른 생물과 공존공영을 도모해야 한다. / 日本はこれまで他の国々との平和共存政策をとってきた 일본은 지금까지 다른 나라들과의 평화 공존 정책을 취해 왔다.

**きょうだ【強打】** 강타 ◇**強打する** 강타하다 ¶挑戦者はチャンピオンのあごを強打した 도전자는 챔피언의 턱을 강타했다. / 転んで頭を強打した 넘어져서 머리를 강타했다. 関連 **強打者** 강타자

**きょうだい【兄弟】** 형제 [男と女の] 남매 (男兄) [姉妹] 자매 ¶私たちは4人兄弟です 저는 사 형제입니다. / 彼女は3人兄弟で、お姉さんと弟さんがいる 그녀는 삼 형제로 언니와 남동생이 있다. / 私たちは兄弟です 저희들은 형제입니다.

¶私はときどき兄弟げんかをする 나는 가끔 형제간 싸움을 한다.

¶**義兄弟** 의형제 / **実の兄弟** 친형제 / **双子の兄弟** 쌍둥이 형제

会話 **兄弟について尋ねる**
A：兄弟は何人ですか
B：姉が1人、弟が1人、妹が2人です
A：兄弟は何名입니까
B：언니[누나]가 한 명, 남동생이 한 명, 여동생이 두 명입니다.
A：兄弟はいらっしゃいますか
B：いいえ、いません
A：兄弟 분이 계십니까？
B：아뇨, 없습니다.

関連 **兄弟愛** 형제애 / **兄弟弟子** 한 스승 밑의 제자 / **兄弟分** 의형제, 아주 친한 친구

使い分け **兄弟姉妹**

|  |  | 呼びかけの語 |
|---|---|---|
| 兄 | (弟から見て) 형<br>(妹から見て) 오빠 | 형, 형님<br>오빠, 오라버님 |
| 姉 | (弟から見て) 누나<br>(妹から見て) 언니 | 누나, 누님<br>언니 |
| 弟<br>妹 | 동생 | (名前を呼ぶ) |

**きょうだい【強大】** ◇**強大だ** 강대하다 ¶強大な

**きょうだい** 勢力 강대한 세력 ¶米国は強大な軍事力を誇っている 미국은 강대한 군사력을 자랑하고 있다.

**きょうだい【鏡台】** 경대

**きょうたん【驚嘆】** 경탄 ◇驚嘆する 경탄하다 ¶聴衆はその演奏に驚嘆した 청중은 그의 연주에 경탄했다. / 彼らは驚嘆してその子供を見た 그들은 경탄하며 그 아이를 보았다. / 彼女の研究は驚嘆に値する 그녀의 연구는 경탄할 만하다.

**きょうだん【凶弾】** 흉탄 ¶大統領は暴漢の凶弾に倒れた 대통령은 괴한의 흉탄에 쓰러졌다.

**きょうだん【教団】** 교단 ¶カルト教団 컬트 교단 / キリスト教団 기독교 교단

**きょうだん【教壇】** 교단 ¶教壇に立つことを夢見る 교단에 서는 것을 꿈꾸다

**きょうち【境地】** 경지 ¶彼は独自の境地を開いた 그는 독자적인 경지를 열었다.

**きょうちゅう【胸中・心中】** 흉중, 마음속, 속마음, 심중 ¶平静さを装ったが胸中は穏やかではなかった 아무렇지도 않은 척했지만 속마음은 평온하지 않았다. / 彼女は私に胸中を打ち明けた 그녀는 나에게 속마음을 털어 놓았다. / 胸中お察し申し上げます 심중을 짐작하겠습니다. | 얼마나 슬프신지요.

**きょうちょ【共著】** 공저 ¶この本は研究会のメンバーの共著だ 이 책은 연구회 멤버의 공저다. / 君と共著で本を出したいと共著で本を出したい 너와 공저로 책을 내고 싶다 関連 共著者 공저자

**きょうちょう【協調】** 협조 ◇協調する 협조하다 ¶労使間の協調を図る 노사간의 협조를 도모하다 / 彼女は協調性がある 그녀는 협조성이 있다. / 協調して事に当たる 협조해서 그 일에 임하다

**きょうちょう【強調】** 강조 ◇強調する 강조하다 ¶彼は会議で軍縮の必要性を強調した 그는 회의에서 군축의 필요성을 강조했다. / 彼女は性による差別の問題を特に強調した 그녀는 성에 의한 차별 문제를 특히 강조했다.

**きょうつう【共通】** 공통 ◇共通する 공통하다, 공통되다 ¶彼は私たちの共通の友達です 그는 우리의 공통의 친구입니다. / エイズは人類共通の問題だ 에이즈는 인류 공통의 문제다. / 彼女とは共通の話題がない 그녀와의 공통된 화제가 없다. / 共通の利害 공통의 이해 / 日本語と韓国語には共通点が多い 일본어와 한국어에는 공통점이 많다.「田中さんと佐藤さんの共通点は何」「両方ともサッカーが好きなことかな」 "다나카 씨와 사토 씨의 공통점은 뭐야?" "둘 다 축구를 좋아하는 것이라 할까." / 彼らに共通なのはみんなお金がないことだ 그 사람들에게 공통된 점은 모두 돈이 없다는 것이다. / あの二人には何も共通点がない 저 두 사람에게는 아무런 공통점이 없다. / 英語は世界の共通語といってもよい 영어는 세계의 공통어라고 할 수 있다.

**きょうてい【競艇】** 경정, 모터보트 경주

**きょうてい【協定】** 협정 ¶両社は協定を結んだ 양사는 협정을 맺었다. / 休戦協定を破る 휴전 협정을 깨다 関連 協定価格 협정 가격 / 漁業協定 어업 협정 / 軍事協定 군사 협정 / 紳士協定 신사협정(▶신사협약「紳士協約」ということが多い)

**きょうてき【強敵】** 강적

**ぎょうてん【仰天】** ◇仰天する 깜짝 놀라다 ¶彼の話を聞いてびっくり仰天した 그 사람의 이야기를 듣고 깜짝 놀랐다.

**きょうど【強度】** 강도 ◇強度の〔程度がひどい〕심한 ¶私は強度の近眼だ 나는 심한 근시다.

**きょうど【郷土】** 향토, 고장【故郷】고향〔地方〕지방 ¶彼は郷土の誇りだ 그는 고장의 자랑이다. / 郷土色豊かな料理を楽しんだ 향토색 풍부한 요리를 즐겼다. 関連 郷土玩具 향토 완구 / 郷土芸能 향토 예능 / 郷土史 향토사 / 郷土料理 향토 요리, 지방 요리

**きょうとう【教頭】** 교감(校監) ◇

**きょうどう【共同】** 공동 ¶彼は兄と共同で店を経営している 그는 형과 공동으로 가게를 경영하고 있다. / 彼女は友人と共同で本を書いた 그녀는 친구와 공동으로 책을 썼다. / 彼らは共同で問題解決に当たった 그들은 공동으로 문제 해결에 나섰다. / 彼は友人と共同で新製品を開発した 그는 친구와 공동으로 신제품을 개발했다. / 私は部屋を妹と共同で使っている 나는 방을 여동생과 공동으로 사용하고 있다.

¶首脳会談の共同声明が発表された 정상 회담의 공동 성명이 발표되었다. / このプロジェクトには彼と私が共同責任を負う 이 프로젝트에는 그와 내가 공동 책임을 진다. 関連 共同記者会見 공동 기자 회견 / 共同経営者 공동 경영자 / 共同研究 공동 연구 / 共同作戦 공동 작전 / 共同出資 공동 출자 / 共同所有 공동 소유 / 共同生活 공동생활 / 共同戦線 공동 전선 / 共同体 공동체 / 共同謀議 공동 모의 / 共同募金 공동 모금 / 共同墓地 공동묘지

**きょうどうくみあい【協同組合】** 협동조합 関連 消費者協同組合 소비자 협동조합, 소비조합 / 大学生活協同組合 대학 생활 협동조합, 대학 생협 / 農業〔漁業〕協同組合 농업〔어업〕협동조합, 농협[어협]

**きょうねん【享年】** 향년 ¶おじは享年70だった 삼촌은 향년 70세였다.

**きょうばい【競売】** 경매 ¶彼は高麗青磁のつぼを競売にかけた 그는 고려청자 단지를 경매에 부쳤다. / ネットの競売でこの椅子を買った 인터넷 경매로 이 의자를 샀다. 関連 競売価格 경매 가격 / 競売人 경매인

**きょうはく【脅迫】** 협박 ◇脅迫する 협박하다 ¶彼は不良グループの脅迫をはねのけた 그는 불량서클의 협박을 물리쳤다. / その少年は店員をナイフで脅迫した 그 소년은 점원을 나이프[칼]로 협박했다. / お金を出さないと殺すと脅迫された 돈을 안 주면 죽인다고 협박당했다. 関連 脅迫罪 협박죄 / 脅迫状 협박장 / 脅迫電話 협박 전화

**きょうはくかんねん【強迫観念】** 강박 관념 ¶彼は誰かに命を狙われているという強迫観念にとりつかれていた 그는 누군가가 목숨을 노리고 있다는 강박 관념에 사로잡혀 있었다.

**きょうはん【共犯】** 공범 ¶男は容疑者との共犯を否定した 남자는 혐의자와의 공범을 부정했다. 関連 共犯者 공범자

**きょうふ**【恐怖】공포 ¶恐怖を感じる 공포를 느끼다 / 彼は突如恐怖に襲われた 그는 갑자기 공포에 사로잡혔다. / 彼女は恐怖で震えた 그녀는 공포에 떨었다. / 人々はまた大きな地震が来るのではないかという恐怖の中で暮らしていた 사람들은 또 큰 지진이 오지 않을까하는 공포 속에서 살았다. / たいていの人は死に対して恐怖心を抱いている 대부분 사람은 죽음에 대해서 공포심을 안고 있다. 関連 恐怖映画 공포 영화・恐怖政治 공포 정치・高所恐怖症 고소 공포증・対人恐怖症 대인 공포증・閉所恐怖症 폐소 공포증

**きょうぶ**【胸部】흉부 関連 胸部疾患 흉부 질환 / 胸部レントゲン検査 흉부 엑스레이 검사

**きょうふう**【強風】강풍 ¶強風で屋根の瓦が飛ばされた 강풍으로 지붕의 기와가 날아갔다. / 強風注意報が出ている 강풍 주의보가 발령되었다.

**きょうほ**【競歩】경보

**きょうぼう**【共謀】공모 ◇共謀する 공모하다 ¶彼らは共謀しているにちがいない 그들은 공모하고 있는 것에 틀림없다. / 彼は妻と共謀して詐欺を働いた 그는 아내와 공모해 사기를 쳤다. 関連 共謀者 공모자

**きょうぼう**【凶暴】흉포, 흉악 ◇凶暴だ 흉포하다, 흉악하다 ¶その男はついに凶暴性を発揮した 그 남자는 마침내 흉포성을 발휘했다.

**きょうぼう**【狂暴】광포 ◇狂暴だ 미친듯이 사납다, 광포하다 ¶彼は酒を飲むと狂暴になる 그는 술을 마시면 미친 듯이 사납게 된다. / 狂暴な性格 광포한 성격 関連 狂暴性 광포성

**きょうみ**【興味】흥미, 관심(関心)

基本表現
▶彼女は文学にたいへん興味を持っている
그녀는 문학에 매우 흥미를 가지고 있다.
▶彼は最近車に興味を持つようになった
그는 최근 차에 흥미를 가지게 되었다.
▶私は金もうけには興味がない
나는 돈벌이에는 흥미가 없다.
▶私は野球に興味を失った
나는 야구에 흥미를 잃었다.
▶それはなかなか興味深い話だ
그것은 꽤 흥미로운 이야기다.

¶興味がある[ない] 흥미가 있다[없다] / 興味を覚える 흥미를 느끼다 / 彼は新しい事業におおいに興味を示した 그는 새로운 사업에 많은 관심을 나타냈다. / 近ごろようやく韓国語の学習に興味がわいてきた 최근 겨우 한국어 학습에 흥미가 생겼다. / 彼女は彼の話を興味深げに聞いた 그녀는 그의 이야기를 흥미 있게 들었다. / 私は朝刊のその記事を興味を持って読んだ 나는 조간의 그 기사를 흥미를 가지고 읽었다. / あの監督の新しい映画にはかなり興味をそそられるな 그 감독의 새로운 영화에는 꽤 흥미가 당기는데. / 「田中さん、あなたのこと好きなのよ」"興味ないわ" "다나카씨가 널 좋아하는 거야." "관심 없어."

¶その人気タレントがだれと結婚するのか興味津々だ 그 인기 탤런트가 누구와 결혼하는지 흥미진진하다. / メディアは興味本位で事件を報道すべきではない 미디어는 흥미 본위로 사건을 보도해서는 안 된다. / この週刊誌は興味本位の記事だらけだ 이 주간지는 다 흥미 본위의 기사야.

**ぎょうむ**【業務】업무〔職務〕직무〔仕事〕일 ¶彼は日夜業務に励んでいる 그는 밤낮 업무에 힘쓰고 있다. / コンピュータは我々の業務に大変革をもたらした 컴퓨터는 우리 업무에 대변혁을 가져왔다. 関連 業務管理 업무 관리 / 業務上横領 업무상 횡령 / 業務上過失致死罪 업무상 과실치사죄 / 業務提携 업무 제휴 / 業務妨害 업무 방해 / 業務命令 업무 명령

**きょうめい**【共鳴】공명〔共感〕공감 ◇共鳴する 공명하다, 공감하다 ¶２つの音さが互いに共鳴している 두 개의 음차가 서로 공명하고 있다. / 私は彼女の考えに共鳴している 나는 그녀의 생각에 공감하고 있다. 関連 共鳴者 공명자, 공감자 / 共鳴板 공명판

**きょうやく**【協約】협약 関連 紳士協約 신사협약

**きょうゆ**【教諭】교사(教師)

**きょうゆう**【共有】공유 ◇共有する 공유하다 ¶彼女は家を夫と共有していた 그녀는 집을 남편과 공유하고 있다. / この山林は村人が共有している 이 산림은 마을 사람들이 공유하고 있다. / 部屋を弟と共有している 방을 남동생과 같이 쓰고 있다. 関連 共有財産 공유 재산 / 共有者 공유자 / 共有地 공유지

**きょうよう**【教養】교양 ¶教養を身につけることは大事だ 교양을 쌓는 것은 중요하다. / 「どうして大学に行くの」「教養を身につけるためさ」"왜 대학에 가니?" "교양을 쌓기 위해서지." / 留学は教養を高めるにはよい方法だ 유학은 교양을 높이는 데 좋은 방법이다. / キョンヒは本当に教養があるなあ 경희는 정말로 교양이 있구나. / そんな下品な言葉を使うと教養がないと思われるよ 그렇게 천한 말을 하면 교양 없어 보여. / 教養に欠ける 교양이 모자라다 関連 教養学部 교양 학부 / 教養課程 교양 과정 / 教養科目 교양 과목 / 教養番組 교양 프로그램

**きょうよう**【強要】강요 ◇強要する 강요하다 ¶彼らは多額の寄付を強要した 그들은 거액의 기부를 강요했다. / 身に覚えのない罪で自白を強要された 기억에 없는 죄로 자백을 강요당했다. / 部屋から立ち退くよう家主に強要された 집 주인이 방을 비우라고 강요했다.

**きょうらく**【享楽】향락 関連 享楽主義 향락주의 / 享楽主義者 향락주의자

**きょうらん**【狂乱】광란〔混乱〕혼란, 패닉 ¶地震と火事で人々は狂乱状態になった 지진과 화재로 사람들은 혼란[패닉] 상태에 빠졌다. 関連 狂乱物価 광란 물가

**きょうり**【郷里】향리〔故郷〕고향 ¶郷里は九州です 고향은 규슈입니다. / 郷里の両親に電話をした 고향 부모님께 전화를 했다.

**きょうりゅう**【恐竜】공룡

**きょうりょく**【協力】협력〔協調〕협조 ◇協力する 협력하다 ◇協力的だ 협력적이다 ¶ご協力に感謝します 협력에 감사드립니다. / よりいっそうのご協力をお願いします

보다 더욱 협력해 주시기를 부탁드립니다. / 君への協力は惜しまないよ 너를 위한 것이라면 아낌없이 협력할게. / 彼らの協力がなければ成功は難しい 그들의 협력이 없으면 성공은 어렵다. / 市長は街の美化のため市民に協力を求めた 시장은 거리의 미화를 위해 시민에게 협력을 구했다. / この計画には彼女の協力が必要だ 이 계획에는 그 여자의 협력이 필요하다. / 多くの国が日本の経済協力に期待している 많은 나라가 일본의 경제 협력에 기대하고 있다.

¶みんなで協力して祭りの準備をした 모두 협력해서 축제 준비를 했다. / 私たちはその計画について彼らと協力した 우리는 그 계획에 대해서 그들과 협력했다. / わが社は韓国の企業と協力関係を結んだ 우리 회사는 한국 기업과 협력 관계를 맺었다. / そのマンションの住民は暴力団の追放のために協力した 그 아파트 주민들은 조폭[조직폭력배] 추방을 위해 협력했다.

¶彼はその計画にあまり協力的ではなかった 그는 그 계획에 별로 협력적이지 않았다. / あいつの非協力的な態度は頭にくるな 그 녀석의 비협조적인 태도에는 화가 난다.

**きょうりょく**【強力】◇強力だ 강력하다 ◇強力に 강력히 ¶改革を推進するには強力な指導力が必要だ 개혁을 추진하려면 강력한 지도력이 필요하다. / 我々には強力な後ろ盾がある 우리에게 강력한 후원자가 있다. / 強力なエンジンを搭載した車 강력한 엔진을 탑재한 차 / 強力な接着剤 강력한 접착제 / 強力な経済力 강력한 경제력 / 強力な助っ人 강력한 도우미[협력자] / 社長は事業拡大を強力に推し進めた 사장은 사업 확대를 강력하게 추진했다.

**きょうれつ**【強烈】◇強烈だ 강렬하다 ¶強烈な一撃 강렬한 일격 / 強烈な印象 강렬한 인상 / 強烈な色彩 강렬한 색채 / 強烈な光 강렬한 빛 / 強烈なにおい 강렬한 냄새

**ぎょうれつ**【行列】행렬, 줄 〔行進〕행진 ¶行列に並ぶ 줄을 서다 / 行列を作る 행렬을 짓다 / 劇場の入り口には長い行列ができていた 극장 입구에는 긴 행렬이 생겼다. / その店の前にはたくさんの人々が行列していた 그 가게 앞에는 많은 사람들이 줄을 서고 있었다. / 子供たちの行列は広場へ向かった 아이들의 행렬은 광장으로 향했다. 関連 行列式〔数学〕행렬식 / 仮装行列 가장 행렬

**きょうわおん**【協和音】〖音楽〗협화음, 어울림음 関連 不協和音 불협화음, 안어울림음

**きょうわこく**【共和国】공화국 関連 朝鮮民主主義人民共和国 조선 민주주의 인민 공화국

**きょうわせい**【共和制】공화제

**きょうわとう**【共和党】〔米国の〕공화당

**きょえいしん**【虚栄心】허영심 ¶彼女は非常に虚栄心が強い 그 여자는 허영심이 매우 강하다. / 虚栄心を満足させる 허영심을 만족시키다

**ギョーザ**【餃子】만두 関連 水ギョーザ 물만두 / 焼きギョーザ 군만두 / 蒸しギョーザ 찐만두

**きょか**【許可】허가, 허락 ◇許可する 허가하다, 허락하다 ¶私は先生から早退の許可を得た 나는 선생님으로부터 조퇴 허가를 받았다. / 「あすの休暇の許可をいただけますか」「いいですよ」 "내일 휴가 허가를 받을 수 있겠습니까?" "좋습니다." / 許可なしに外出してはいけません 허가 없이 외출해서는 안 됩니다. / 私たちは学校に体育館の使用許可を願い出た 우리는 학교에 체육관 사용 허가를 신청했다. / やっと市から営業の許可が下りた 겨우 시로부터 영업 허가를 얻었다. / 彼は高麗大学への入学許可を得た 그는 고려 대학교의 입학 허가를 받았다.

¶このコンビニでは酒類とたばこの販売が許可されている 이 편의점은 술과 담배의 판매 허가가 있다. 関連 許可証 허가증 (▶発音は 허가쯩) / 許可制 허가제 / 建築許可 건축 허가

**ぎょかいるい**【魚介類】어류, 어패류

**きょがく**【巨額】거액 ¶彼は巨額の資金を自由に動かせる 그는 거액의 자금을 자유로이 운용할 수 있다. / 彼の発明は会社に巨額の利益をもたらした 그의 발명은 회사에 거액의 이익을 가져왔다.

**ぎょかくだか**【漁獲高】어획고

**きょぎ**【虚偽】허위 ¶彼は警察に虚偽の申し立てをした 그는 경찰에 허위 주장을 했다.

**ぎょぎょう**【漁業】어업 ¶日本では漁業が盛んだ 일본에서는 어업이 번성하다. 関連 漁業協定 어업 협정 / 漁業組合 어업 조합 / 漁業権 어업권 / 漁業資源 어업 자원 / 遠洋〔沿岸〕漁業 원양〔연안〕어업

**きょく**【局】❶〔官庁などの部署〕국 ¶事務局 사무국 / 総務局 총무국 / 入国管理局 입국 관리국 / 編集局 편집국

❷〔囲碁・将棋のひと勝負〕국, 판 ¶一局打つ〔指す〕한 판 두다

**きょく**【曲】곡, 가락 ¶美しい〔悲しい〕曲が流れる 아름다운〔슬픈〕곡이 흘러 나오다 / これは何という曲ですか 이것은 무슨 곡입니까? / 私たちは陽気な曲に合わせて踊った 우리는 밝은 곡에 맞추어 춤을 추었다. / 彼はその曲に歌詞をつけた 그는 그 곡에 가사를 붙였다. / 彼女はリサイタルでショパンの曲をいくつか弾いた 그녀는 리사이틀에서 쇼팽의 곡을 몇 개 연주했다. / 彼はギターで1曲弾いてくれた 그는 기타로 한 곡 연주해 주었다.

**きょく**【極】❶〔地球・磁石の〕극 関連 北極 북극 / 南極 남극 / 陽極 양극 / 陰極 음극 / (乾電池の)プラス極 플러스극 / マイナス極 마이너스극

❷〔極limit〕극, 극도 ¶彼は疲労の極に達している 그는 피로의 극에 달해 있다.

**きょくう**【極右】극우 関連 極右勢力 극우 세력 / 極右分子 극우 분자

**きょくげい**【曲芸】곡예 ¶彼らはサーカスで曲芸をやっている 그들은 서커스에서 곡예를 하고 있다. / サーカスでくまが曲芸を演じた 서커스에서 곰이 곡예를 했다. 関連 曲芸師 곡예사 / 曲芸団 곡예단 / 曲芸飛行 곡예 비행

**きょくげん**【極言】極言する 극언하다 ¶彼はあの会社はいずれ倒産すると極言した 그는 그 회사는 머지않아 도산할 거라고 극언했다.

**きょくげん**【極限】극한〔限界〕한계 ¶彼女の忍耐は極限に達していた 그녀의 인내는 극한에

いるごと言っている。 関連 極限状態 극한 상태
**きょくさ【極左】** 극좌 関連 極左勢力 극좌 세력 / 極左分子 극좌 분자
**きょくしょう【極小】** 극소 ⇨最小
**ぎょくせきこんこう【玉石混交】** 옥석혼효 ¶今回の応募作品は玉石混交だ 이번 응모작들은 옥석혼효다.
**きょくせつ【曲折】** 곡절 ¶この映画はさまざまな曲折を経てようやく完成した 이 영화는 여러 곡절을 거쳐 간신히 완성됐다. ⇨紆余曲折
**きょくせん【曲線】** 곡선 ◇曲線を描く 곡선을 그리다 / ボールはきれいな曲線を描きながらスタンドに飛び込んだ 공은 아름다운 곡선을 그리면서 스탠드로 들어갔다. 関連 曲線美 곡선미
**きょくだい【極大】** 극대 ⇨最大
**きょくたん【極端】** 극단 ◇極端だ 극단적이다〔過度だ〕지나치다 ◇極端的に〔過度に〕지나치게 ¶彼は極端に走りがちだ 그 사람은 극단적으로 흐르기 쉽다. / 極端な言い方をすれば, 現代は拝金主義の時代だ 극단적으로 말하자면 현대는 배금주의 시대다. / 彼の性格の特徴は極端な自信過剰だ 그 사람 성격의 특징은 너무나 자신만만하다는 것이다. / 彼女は極端に大きな帽子をかぶっていた 그 여자는 너무 큰 모자를 쓰고 있었다. 関連 両極端 양극단
**きょくち【局地】** 국지 ◇局地的な 국지적인 ¶局地的な大雨が降った 국지적인 큰비가 내렸다. / 雪は局地的なものだった 눈은 국지적인 것이었다. 関連 局地戦 국지전
**きょくち【極地】** 극지 関連 極地探検 극지 탐험 ⇨北極, 南極
**きょくち【極致】** 극치 ¶芸の極致をきわめる 묘기가 극치에 다다르다 / 彼の技は円熟の極致に達しつつある 그의 기술은 거의 원숙의 극치에 이르고 있다.
**きょくちょう【局長】** 국장 関連 事務局長 사무국장 / 編集局長 편집국장 / 郵便局長 우체국장
**きょくてん【極点】**〔絶頂〕절정. 関連 北極点 북극점 / 南極点 남극점
**きょくど【極度】** 극도 ◇極度の 극도의 ◇極度に 극도로 ¶大勢の人の前で話をするのは初めてなので極度に緊張した 많은 사람들 앞에서 이야기하는 건 처음이라서 극도로 긴장했다. / 彼女は失敗を極度に恐れている 그녀는 실패를 극도로 무서워하고 있다. / 極度に疲労していたので妻と口論する気も起こらなかった 극도로 피로했었기 때문에 아내와 말다툼할 마음도 생기지 않았다.
**きょくとう【極東】** 극동 ¶極東地域 극동 지역
**きょくばん【局番】** 국번, 국번호 関連 市外局番 시외 국번
**きょくぶ【局部】** 국부〔陰部〕음부 ◇局部的な 국부적인 ◇局部的に 국부적으로 ¶患者は局部的な痛みを訴えた 환자는 국부적인 아픔을 호소했다. 関連 局部麻酔 국부 마취
**きょくめん【局面】** 국면 ¶事件は新たな局面に入った 사건은 새로운 국면에 들어갔다. / 事態は重大な局面を迎えた 사태는 중대한 국면을 맞이했다. / 困難な局面を打開する 어려운 국면을 타개하다

**きょくもく【曲目】** 곡목〔プログラム〕 프로그램 ¶本日の演奏会の曲目を一部変更させていただきます 오늘 연주회의 곡목을 일부 변경하겠습니다.
**きょくりょく【極力】** 극력 ¶トラブルは極力避けたいトラブルを 피하고 싶다. / ご期待に添うよう極力努力いたします 기대에 따르도록 극력 노력하겠습니다.
**きょくろん【極論】** 극론 ◇極論する 극론하다 ¶彼は無能だと極論する者もいる 그는 무능하다고 극론하는 사람도 있다. / 極論すれば, 責任は彼女にある 극론하면 책임은 그 여자에게 있다.
**きょこう【挙行】** ◇挙行する 거행하다 ¶創立10周年の記念式典を挙行する 창립 10주년 기념식을 거행한다. / 体育館の落成式は盛大に挙行された 체육관 준공식은 성대하게 거행되었다.
**きょこう【虚構】** 허구, 거짓
**きょしき【挙式】** 거식〔結婚式〕결혼식 ¶いつ挙式なさったのですか 언제 식을 올리셨습니까?
**きょじゃく【虚弱】** 허약 ◇虚弱だ 허약하다 ¶僕は子供のときは虚弱だった 나는 어릴 때는 허약했다. / 彼女は虚弱体質だ 그녀는 허약 체질이었다. 関連 虚弱児 허약아 ⇨病弱, 弱い
**きょしゅ【挙手】** 거수 ◇挙手する 거수하다 ¶賛成の方は挙手してください 찬성하시는 분은 손을 들어 주세요. / 挙手によって採決する 거수에 의하여 채결하다
**きょじゅう【居住】** 거주 ◇居住する 거주하다 関連 居住空間 거주 공간 / 居住権 거주권 / 居住者 거주자 / 居住性 거주성 / 居住地 거주지
**きょしょう【巨匠】** 거장 ¶彼は映画界の巨匠と言われている 그는 영화계의 거장이라고 불리고 있다.
**ぎょじょう【漁場】** 어장
**きょしょくしょう【拒食症】** 거식증
**きょじん【巨人】** 거인 ⇨大男, 大物
**きょすう【虚数】**〔数学〕허수
**きょせい【虚勢】** 허세 ¶彼はいつも虚勢を張っている 그는 늘 허세를 부리고 있다.
**きょぜつ【拒絶】** 거절 ◇拒絶する 거절하다, 거부하다 ¶会社は我々の要求を拒絶した 회사는 우리의 요구를 거절했다. / 容疑者は共犯者の名前を言うことを拒絶した 용의자는 공범자의 이름을 말할 것을 거부했다. / 移植手術後, 患者の体は拒絶反応を起こした 이식 수술 후 환자의 몸은 거절 반응을 일으켰다.
**ぎょせん【漁船】** 어선 ¶トロール漁船 트롤망 어선
**きょぞう【虚像】** 허상
**ぎょそん【漁村】** 어촌
**きょたい【巨体】** 거구(巨軀)
**きょだい【巨大】** 거대 ◇巨大だ 거대하다 ¶巨大な岩 거대한 바위 関連 巨大都市 거대 도시
**ぎょたく【魚拓】** 어탁
**きょだつ【虚脱】** 허탈 ¶このところ彼は虚脱状態に陥っていた 요즘 그는 허탈 상태에 빠져 있었다. / 私は虚脱感に襲われた 나는 허탈감에 휩싸였다.
**きょっかい【曲解】** 곡해 ◇曲解する 곡해하다 ¶ミンスは私の言葉を曲解している 민수는 나의 말

**きょっけい【極刑】** 극형〔死刑〕사형
**ぎょっと** 깜짝, 흠칫 ¶後ろから突然肩をたたかれてぎょっとした 뒤에서 갑자기 어깨를 쳐서 흠칫했다.
**きょてん【拠点】** 거점(▶発音은 거점) ¶拠点を築く 거점을 구축하다 / 我々は新宿のオフィスを営業活動の拠点としている 우리는 신주쿠에 있는 오피스를 영업 활동 거점으로 삼고 있다. [関連] 戦略拠点 전략 거점
**きょとう【巨頭】** 거두, 거물(巨物) [関連] 巨頭会談 거두 회담
**きょどう【挙動】** 거동 ¶挙動不審の男 거동이 수상한 남자
**きょとん** ◇きょとんと 어리둥절히, 멍하니, 멍청히 ¶彼女は居眠りしていたところを起こされてきょとんとしていた 그녀는 졸다가 깨서 어리둥절해하고 있었다. / その少年はきょとんとして私を見つめた 그 소년은 멍하니 나를 쳐다봤다.
**ぎょにく【魚肉】** 어육, 생선 고기 [関連] 魚肉ソーセージ 어육 소시지
**きょねん【去年】** 작년, 지난해 ¶去年はこの時期大雪が降った 작년 이 시기에 폭설이 내렸다. / 私は去年からここに住んでいます 나는 작년부터 여기서 살고 있습니다. / 済州島には去年の6月に行きました 제주도에는 작년 유월에 갔습니다. /「今年の冬は暖かいね」「ええ、去年も暖かかったよね」"올겨울은 따뜻하네.""응, 작년에도 따뜻했지." / このコート去年の秋に買ったの 이 코트 작년 가을에 샀어. / ちょうど去年のきょうあなたに会ったのよね 정확히 작년 오늘 당신을 만났지.
**きょひ【拒否】** 거부 ◇拒否する 거부하다 ¶要求を拒否する 요구를 거부하다 / 彼は私の申し出を拒否した 그 사람은 나의 제의를 거부했다. / 大統領はその法案に対する拒否権を行使した 대통령은 그 법안에 대한 거부권을 행사했다. / 彼女は生の肉に拒否反応を示した 그녀는 날생선에 거부 반응을 나타냈다.
**ぎょふ【漁夫】** 어부 [慣用句] 彼はまんまと漁夫の利を得た 그는 보기 좋게 어부지리를 얻었다.
**ぎょみん【漁民】** 어민
**きょむ【虚無】** 허무 ◇虚無的な 허무적인 ¶虚無な考え 허무적인 생각 [関連] 虚無主義 허무주의 / 虚無主義者 허무주의자
**きよめる【清める】** 身も心も清める 몸과 마음을 깨끗이 하다
**きょよう【許容】** 허용 ◇許容する 허용하다 ¶彼の行動は法的な許容範囲を越えている 그의 행동은 법적인 허용 범위를 넘고 있다. / それは許容誤差の範囲内だ 그것은 허용 오차의 범위 내다. / 他人の過ちを許容する心のゆとりを持ちなさい 남의 잘못을 허용하는 마음의 여유를 가져라. [関連] 許容量 허용량
**きょらい【去来】**〔記憶が〕떠올랐다 사라졌다 하다 ¶さまざまな思いが去来した 다양한 생각이 떠올랐다 사라졌다 했다.
**ぎょらい【魚雷】** 어뢰 [関連] 魚雷艇 어뢰정
**きよらか【清らか】** ◇清らかだ 깨끗하다〔清純だ〕청순하다, 청아하다〔澄み切っている〕맑다〔清潔だ〕청결하다 ¶彼女は清らかな目をしている 그녀는 맑고 깨끗한 눈을 갖고 있다. / 谷川の水は清らかで冷たかった 계곡물은 맑고 깨끗하며 차가웠다. / 清らかな暮らし 청렴한 생활

**きょり【距離】** 거리
◆**距離は・距離が**
¶東京と横浜の距離は約20キロだ 도쿄와 요코하마의 거리는 약 20킬로다. / ここから山頂まではかなりの距離がある 여기에서 산 정상까지는 상당한 거리가 있다. / 先頭ランナーとの距離が狭まってきた[広がっていった] 선두 주자와의 거리가 좁혀져 갔다[벌어져 갔다].
◆**距離を・距離に**
¶彼はその距離を1時間で走破した 그는 그 거리를 한 시간에 주파했다. / 測量器を使えば正確に距離を測定できる 측량기를 사용하면 정확하게 거리를 측정할 수 있다. / 郵便局は駅から50メートルの距離にある 우체국은 역에서 50미터 거리에 있다. / 駅は家から楽に歩いて行ける距離にある 역은 집에서 힘들지 않게 걸어갈 수 있는 거리에 있다. / 彼は同僚といつも距離をおいて付き合う 그는 동료와 언제나 거리를 두고 사귄다.
◆**その他**
¶「ここから市役所まではどのくらいの距離でしょうか」「300メートルくらいだと思います」"여기서부터 시청까지는 어느 정도 거리입니까?""300미터쯤 될 겁니다." / 彼女は短距離[中距離, 長距離]ランナーだ 그녀는 단거리[중거리, 장거리] 주자. [関連] 距離感 거리감 / 遠距離 원거리 / 近距離 근거리
**きょりゅうち【居留地】** 거류지
**ぎょるい【魚類】** 어류
**きょろきょろ** 두리번두리번 ¶少女は周りをきょろきょろ見回した 소녀는 주위를 두리번두리번 둘러보았다.
**ぎょろぎょろ** ¶その男は目をぎょろぎょろさせた 그 남자는 눈을 이리저리 굴렸다.
**きよわ【気弱】** ◇気弱だ 심약하다 ¶彼は何をするにも気弱で覇気がない 그는 무엇을 하든 심약하고 패기가 없다.

**きらい【嫌い】** ❶〔好きでないこと〕싫다 ⇨嫌う ¶私は猫が嫌いです 나는 고양이가 싫습니다. / 彼女はかえるが大嫌いだ 그녀는 개구리를 정말 싫어한다. / 言い訳の多い人って嫌いよね 변명이 많은 사람은 싫어. / ピーマンが嫌いなので食べられない 피망은 싫어해서 못 먹는다. / 私は家事をするのが嫌いなので、結婚なんかしないわ 나는 집안일을 하는 것이 싫어서 결혼 같은 건 하지 않을 거야. /「どうして野球が嫌いになったの」「ジャイアンツが負けてばかりいるからさ」"왜 야구가 싫어졌어?""자이언츠가 지기만 하니까." 嫌いな食べ物 싫어하는 음식
¶彼は私の嫌いなタイプの男なの 그 남자는 내가 싫어하는 타입이야. / その子は学校嫌いが直ったその 아이는 학교를 싫어하는 것이 고쳐졌다.
❷〔傾向〕경향 ¶彼はすぐ飽きる嫌いがある 그는 이내 물리는 경향이 있다. / 彼女は他人の事に口出ししすぎる嫌いがある 그녀는 남의 일에 너무

참견하는 경향이 있다.
**きらい【機雷】** 기뢰
**きらう【嫌う】** 싫어하다 〔憎むほど嫌う〕 미워하다 〔弱い〕 약하다 ¶彼は私のことを嫌っている 그 사람은 나를 싫어한다. / 彼女は性格が悪いのでみんなから嫌われている 그녀는 성격이 안 좋아서 다른 사람들로부터 미움을 받고 있다. / 私の彼って, 私がほかの男の子と話をするのを嫌うのよ 내 남자 친구는 내가 다른 남자와 이야기하는 것을 싫어해. / どうやらジナに嫌われてしまったようだ 아무래도 지나에게 미움을 받은 것 같다. / 彼は努力を嫌う 그 사람은 노력하기를 싫어한다. ¶海苔は湿気を嫌う(→湿気に弱い) 김은 습기에 약하다.
**きらきら** 반짝반짝 ¶星がきらきら光っている 별이 반짝반짝 빛나고 있다. / 子供の目はきらきら輝いた 아이의 눈은 반짝반짝 빛났다. / 川の中で何かがきらきら光った 강 속에서 무엇인가 반짝반짝 빛났다.
**ぎらぎら** 쨍쨍, 번쩍번쩍 ¶熱帯の太陽は容赦なくぎらぎら照りつけた 열대의 태양은 가차없이 쨍쨍 내리쬐었다. / 彼女はぎらぎらした目で私を見つめた 그녀는 번뜩이는 눈으로 나를 쳐다봤다.
**きらく【気楽】** ◇気楽だ 편하다, 홀가분하다 〔のんきだ〕 태평하다 ◇気楽に 편히, 홀가분하게, 태평하게 ¶彼は気楽な人だ 그는 태평한 사람이다. / 気楽に暮らす 마음 편히 지내다 / 気楽にしてください 마음 편히 하세요. / 気楽にやろうぜ 편한 마음으로 하자. / 彼女は物事を気楽に考える傾向がある 그녀는 사물을 태평하게 생각하는 경향이 있다.
**きらす【切らす】** 〔品物を〕 바닥나다, 떨어지다 〔息を〕 헐떡이다 ¶その商品は切らしています 그 상품은 다 떨어졌습니다. / バターを切らしてしまった 버터가 다 떨어졌다. / たばこを切らす 담배가 다 떨어지다
¶彼は息を切らして走ってきた 그는 숨을 헐떡이며 달려왔다.
**きらびやか【煌びやか】** ◇きらびやかだ 화려하다 ◇きらびやかに 화려하게 ¶彼女はきらびやかなドレスを身に着けていた 그녀는 화려한 드레스를 몸에 두르고 있었다. / 出席者はみなきらびやかに装っていた 출석자는 모두 화려하게 치장하고 있었다.
**きらぼし【綺羅星】** 기라성 ¶映画祭には有名なスターたちがきら星のごとく集まった 영화제에는 유명한 스타들이 기라성과 같이 모였다.
**きらめき【煌めき】** 〔星などの〕 반짝임
**きらめく【煌く】** 빛나다, 반짝이다 ¶夜空には星がきらめいていた 밤하늘에는 별이 빛나고 있었다.
**きり【桐】** 오동나무 ¶桐のたんす 오동나무 장농
**きり【錐】** 송곳 〔穴開け用ドリル〕 드릴 ¶錐で板に穴을 開けた 송곳으로 널빤지[나무 판]에 구멍을 뚫었다.
**きり【霧】** 안개
[基本表現]
▷霧がかかっている 안개가 끼어 있다.

▷霧がたちこめた 안개가 자욱했다.
▷霧が晴れた 안개가 개였다.
▷霧が深くなった 안개가 짙어졌다.
¶空港は深い霧のため閉鎖された 공항은 짙은 안개 때문에 폐쇄되었다. / 霧が深くなってきたから慎重に運転してね 안개가 짙어졌으니까 신중하게 운전해. / 彼女に初めて会ったのは霧の深い夜だった 그 여자를 처음으로 만난 것은 안개가 자욱하게 낀 밤이었다. / 港全体が濃い霧に包まれていた 항구 전체가 짙은 안개에 싸여 있었다. / 東京タワーが薄い霧にかすんでいた 도쿄타워가 옅은 안개에 흐릿하게 보였다.
¶ズボンに霧を吹いてからアイロンをかけなさい 바지에 물을 뿌리고 나서 다림질을 해라.
**きり【切り】** 〔区切り〕 매듭 〔限り〕 끝, 한 ¶ちょうど切りがいいところだ 마침 끝맺기가 좋은 곳이다. / 매듭짓기에 딱 좋을 시간이다. / 仕事に切りをつけたらお茶にしよう 일이 매듭 지면 쉬자. / 上を見れば切りがない 위를 보면 끝이 없다.
**-きり** 만, 뿐, 채 ¶君とふたりきりで話がしたい 너와 둘이서만 이야기하고 싶다. / ユミにはあれっきり会っていない 유미와는 그 뒤로 만나지 않았다. / 一回きりだよ 한번뿐이야. / これっきりですか 이것뿐입니까? / 이번이 마지막입니까?
¶彼女は付きっきりで息子を看病した 그녀는 계속해서 곁에서 아들을 간호했다. / 彼女は寝たきりだった 그녀는 병으로 자리에 누운 채 일어나지 못했다. / 彼は怒って部屋を飛び出したきり戻ってこなかった 그는 화를 내고 방을 뛰어나간 채 돌아오지 않았다.

**ぎり【義理】** ❶〔対人関係上の義務〕의리 ¶彼は義理固い 그는 의리가 깊다. / 彼を助けてやらなければならない義理は私にはない 나에게는 그 사람을 도와줘야 할 아무런 이유도 없다. / 義理を欠いてはいけない 의리가 없어서는 안 된다. / 私は友人に義理を立てた 나는 친구에게 의리를 지켰다. / お前には義理がある 너에게는 의리가 있다. / 私は義理でその作家のパーティーに出席した 나는 의리로 그 작가의 파티에 출석했다. / 義理と人情の板挟みに苦しむ 의리와 인정 사이에 끼어 괴롭다.
¶こんなこと頼める義理じゃないんだけど, お金を貸してもらえないかな 이런 일을 부탁할 만한 입장은 아니지만 돈 좀 빌릴 수 없을까?
❷〔姻戚関係の〕 ¶彼は私の義理の兄[弟]です 그 사람은 나의 처남입니다. (→親族語彙は話し手が男か女によって異なるので裏見返しの「親族呼称」を参照) 関連 義理チョコ 의리 초콜릿
**きりあげる【切り上げる】** 〔仕事を〕 일단락 짓다, 끝을 맺다, 끝내다 〔数を〕 잘라올림하다, 반올림하다 ¶この辺で仕事を切り上げよう 이 쯤에서 일을 끝맺자. / きょうはこれで切り上げよう 오늘은 이것으로 끝내자. / あすで韓国での滞在を切り上げることにした 내일로 한국에서의 체재를 일단락 짓기로 했다.
¶小数点以下は切り上げなさい 소수점 이하는 반올림하시오.
**きりうり【切り売り】** ◇切り売りする 잘라 팔다 ; 야금거리다 ¶彼は財産を切り売りして生活し

ている 그는 재산을 야금거리며 생활하고 있다. / 彼女は知識を切り売りしているにすぎない 그녀는 있는 지식을 그대로 가르치는 것에 지나지 않는다. | 그녀는 단순히 자기가 갖고 있는 지식을 남에게 가르치고 있는 것뿐이다.

**きりおとす【切り落とす】** 잘라내다 ¶木の枝を切り落とす 나뭇가지를 잘라내다

**きりかえ【切り替え】** 전환 ¶彼女は頭の切り替えが速い 그녀는 「머리의 전환[상황 파악]」이 빠르다.

**きりかえす【切り返す】** 〔ハンドルを〕반대로 돌리다 〔反撃する〕되받아치다, 반격하다 ¶ハンドルを切り返す 핸들을 반대로 돌리다 / 彼は私の追及を巧みに切り返した 그는 나의 추궁을 교묘하게 되받아쳤다.

**きりかえる【切り替える】** 바꾸다 〔転換する〕전환하다 ¶頭を切り替える 사고 방식을 바꾸다 / 電源を切り替える 전원을 바꾸다 / JRはきょうから春のダイヤに切り替えた JR는 오늘부터 봄 열차 시각표로 바꿨다. / 暑かったのでエアコンの送風を冷房に切り替えた 더워서 에어콘의 송풍을 냉방으로 전환했다.

**きりかぶ【切り株】** 그루터기

**きりきざむ【切り刻む】** 잘게 썰다 ¶ねぎを切り刻む 파를 잘게 썰다 | 파를 다지다

**きりきず【切り傷】** 창상〔傷跡〕칼자국

**ぎりぎり【限度】** 한계 ◇ぎりぎりだ 빠듯하다 ◇ぎりぎりの 빠듯한 ◇ぎりぎりに 빠듯이 ¶予算がぎりぎりで 예산이 빠듯하다 / これがぎりぎりの値段です 이것이 최대의 싸게 한 가격입니다. / 彼は開演ぎりぎりの時間に現れた 그는 공연 시작 빠듯한 시간에 나타났다. / 彼女はいつもぎりぎりに来る 그녀는 언제나 아슬아슬하게 온다. / 約束の時間にぎりぎりに間に合った 약속 시간에 아슬아슬하게 도착했다. / ぎりぎりで電車に間に合った 아슬아슬하게 전철을 탈 수 있었다 / ぎりぎりのところで彼に譲歩した 최대한으로 그에게 양보했다.

**ぎりぎりす** 《昆虫》여치, 베짱이 ¶ありときりぎりす 개미와 베짱이 (▶イソップ物語の韓国訳)

**きりきりまい【きりきり舞い】** ¶仕事が忙しくて一日中きりきり舞いしていた 일 때문에 하루 종일 눈코 뜰 새 없이 바빴다.

**きりくずす【切り崩す】** 깎아 내리다, 무너뜨리다 ¶山を切り崩してゴルフ場を作る 산을 깎아 골프장을 만들다 / 反対派を切り崩す 반대파를 무너뜨리다

**きりくち【切り口】** 〔傷の〕베인 상처〔木の〕절단면, 벤 자리

**きりこむ【切り込む】** 쳐들어가다〔追及する〕추궁하다 ¶兵士たちは敵陣に切り込んだ 병사들은 적진에 돌진했다. / 彼女は市長の答弁に言葉鋭く切り込んできた 그녀는 시장의 답변에 날카롭게 추궁했다.

**きりさく【切り裂く】** 〔布などを〕째다, 찢다〔魚などを〕가르다 ¶彼女は布を切り裂いた 그녀는 웃감을 찢었다. / 闇を切り裂くような叫び声が聞こえた 어둠을 찢는 듯한 비명 소리가 들렸다.

**きりさげる【切り下げる】** 절하하다, 인하하다 ¶値段を切り下げる 가격을 인하하다

**きりさめ【霧雨】** 이슬비 ¶その日は霧雨が降っていた 그 날은 이슬비가 내리고 있었다.

**ギリシアしんわ【ギリシア神話】** 그리스 신화

**きりすてる【切り捨てる】** 〔見捨てる〕돌보지 않다, 무시하다〔数学〕버리다 ¶魚の頭は切り捨てた 생선의 머리는 잘라버렸다. / これは弱者を切り捨てる政策だ 이것은 약자를 돌보지 않는 정책이다. ¶端数を切り捨てる 끝수를 버리다

**キリスト** 〔イエス・キリスト〕예수 그리스도

**キリストきょう【キリスト教】** 크리스트교, 기독교, 예수교 ¶彼女はキリスト教を信仰している 그녀는 기독교를 믿고 있다. / 彼はキリスト教に改宗した 그는 기독교로 개종했다. 関連 キリスト教会 크리스트교 교회 / キリスト教国 크리스트교 국가 / キリスト教青年会 기독교 청년회 / キリスト教徒 기독교도, 기독교인

**きりたおす【切り倒す】** 베어 넘어뜨리다 ¶私は木を切り倒した 나는 나무를 베어 넘어뜨렸다.

**きりだす【切り出す】** 〔木などを〕베어 내다〔言葉を〕꺼내다 ¶木材を切り出す 목재를 베어 내다 / 彼は言いにくそうに切り出した 그는 말하기 어려운 듯이 말을 꺼냈다. / 彼女は別れ話を切り出した 그녀는 헤어지자는 이야기를 꺼냈다.

**きりたつ【切り立つ】** ¶切り立った崖 깎아지른 듯한 벼랑

**きりつ【規律】** 규율 ¶規律を守る 규율을 지키다 / 規律正しい生活を送る 규율 바른 생활을 보내다 / 最近, 学校内の規律が乱れている 최근 학교 내 규율이 문란해지고 있다.

**きりつ【起立】** 기립 ◇起立する 기립하다 ¶全員起立して校歌を斉唱した 전원 기립해서 교가를 제창했다.

**きりっと** ◇きりっとした〔様子が〕야무진〔服装が〕단정한 ¶少年はきりっとした顔つきをしていた 소년은 야무진 얼굴을 하고 있었다. / その男はきりっとした身なりをしていた 그 남자는 단정한 옷차림을 하고 있었다.

**きりつめる【切り詰める】** 〔短縮する〕줄이다〔倹約する〕절약하다 ¶スカートの裾を3センチ切り詰めた スカート 자락을 3센티 줄였다. / 生活費をもっと切り詰めなければならない 생활비를 더욱 절약해야 된다. / 彼女は切り詰めた生活をしていた 그녀는 절약하는[허리띠를 졸라매는] 생활을 하고 있었다.

**きりとりせん【切り取り線】** 절취선 ¶切り取り線にそって切り取る 절취선에 맞춰서 잘라내다

**きりとる【切り取る】** 잘라내다, 오려 내다, 도려내다〔破り取る〕찢어 내다 ¶腫瘍を切り取る 종양을 도려내다 / 新聞の記事を切り取る 신문에 난 기사를 오려 내다 / 雑誌から写真を切り取った 잡지에서 사진을 오려 냈다.

**きりぬき【切り抜き】** 스크랩

**きりぬく【切り抜く】** 오려 내다 ¶新聞のコラムを切り抜く 신문 칼럼을 오려 내다

**きりぬける【切り抜ける】** 타개하다, 뚫고 나가다, 벗어나다 ¶苦境をなんとか切り抜けた 곤경을 간신히 벗어났다. / この難局を切り抜けることができ

**きりはなす【切り離す】** 떼다 ¶シートから切手を2枚切り離した 우표 시트에서 우표를 두 장 떼냈다. / 政治と経済を切り離して考えることはできない 정치와 경제를 떼어서 생각할 수 없다. / この2つの問題は切り離せない 이 두 개의 문제는 떼어낼 수 없다.

**きりひらく【切り開く】〔開墾する〕** 개간하다 〔開拓する〕 개척하다 〔打開する〕 타개하다 ¶彼らは森を切り開いた 그들은 숲을 개간했다. / 自分の手で自らの道を切り開きなさい 네 스스로 길을 개척해라. / 彼女は生命科学の新分野を切り開こうとしている 그녀는 생명 과학의 신분야를 개척하려고 하고 있다.

**きりふき【霧吹き】** 분무기, 스프레이

**きりふだ【切り札】** 〔トランプの〕 으뜸패 〔奥の手〕 비방, 마지막 수단 ¶切り札を出す 비방을 쓰다 / これは最後の切り札としてとっておこう 이것은 마지막 수단으로서 봐 두자. / 彼は代打の切り札だ 그는 대타의 비장의 카드다.

**きりまわす【切り回す】** 꾸려 나가다 ¶母の死後, 私が家事を切り回してきた 어머니가 돌아가신 후 내가 집안일을 꾸려 왔다. / 母が店を切り回している 어머니가 가게를 꾸려 나가고 있다.

**きりみ【切り身】** 토막 ¶魚の切り身 생선 토막 / さけの切り身 연어 토막

**きりもり【切り盛り】** ◇切り盛りする 꾸려 나가다 ¶姉が家事を切り盛りしている 언니가 집안일을 꾸려 나가고 있다.

**きりゅう【気流】** 기류 ¶グライダーはうまく上昇気流に乗った 글라이더는 상승 기류를 잘 탔다. / 気流が乱れる 기류가 흐트러지다 関連 下降気流 하강 기류 / 乱気流 난기류

**きりょう【器量】〔才能〕** 기량 〔容貌〕 생김새 ¶政治家としての器量を発揮する 정치가로서의 기량을 발휘하다 / 彼には大臣の器量がある 그에게는 장관의 기량이 있다. / この子は器量がいい 이 아이는 잘생겼다. / あの家の娘は器量が悪い 그 집 딸은 못생겼다.

**ぎりょう【技量】** 기량 〔技能〕 솜씨 ⇒腕前, 能力

**きりょく【気力】** 기력, 기백 ¶彼らは気力が旺盛だ 그들은 기력이 왕성하다. / 彼は気力がある 그는 기력이 좋다. / 彼は気力に乏しい 그는 기력이 없다. / 最近, 気力が衰えてきた 요즘 기력이 쇠약해졌다. / 何をする気力もなくなった 뭘 할 기력도 잃었다. / この患者は気力だけでもっている이 환자는 기력만으로 버티고 있다. / できるだけ早く気力を取り戻してください 되도록 빨리 기력을 되찾아 주세요.

**きりん【麒麟】** 기린 関連 麒麟児 기린아

**きる【切る】 ❶**〔刃物などで切断する〕 자르다, 베다, 깎다 〔のこぎりで〕 켜다

基本表現
▷彼ははさみで紙を切った
　그는 가위로 종이를 잘랐다.
▷ケーキを一切れ切ってよ
　케이크를 한 조각 잘라 줘.
▷ピザを4つに切った
　피자를 네 조각으로 잘랐다.

¶爪を切る 손톱을 깎다 / 髪を短く切ってもらった 머리를 짧게 잘랐다. / はさみで紙を切る 가위로 종이를 자르다 / のこぎりで棒を2本に切った 톱으로 막대를 두 개로 잘랐다.
¶彼女は私にパンを一切れ切ってくれた 그녀는 나에게 빵 한 조각을 잘라 주었다. / 薄く切った肉を皿に盛り付けた 얇게 썬 고기를 접시에 담았다. / カレーに入れる玉ねぎを切ってくれない 카레라이스에 넣을 양파를 썰어 줄래?

**❷**〔傷つける〕 베다 ¶今朝ひげをそっていて顔を切ってしまった 오늘 아침 면도하다가 얼굴을 베고 말았다. / 彼女は包丁で親指を切った 그녀는 부엌칼에 엄지 손가락을 베었다. / 彼は手首を切って自殺を図ろうとした 그는 손목을 베어 자살하려고 했다.

**❸**〔スイッチを〕 끄다 〔電話を〕 끊다 ¶うるさいからテレビを切っていく 시끄러우니까 텔레비전을 꺼 라. / 彼の言葉に腹が立って私はすぐに電話を切ってしまった 그 사람 말에 화가 나서 나는 당장에 전화를 끊어 버렸다. / (電話で)切らずにそのままお待ちください 끊지 말고 그대로 기다려 주십시오.

**❹**〔数量を下回る〕 밑돌다, 끊다 ¶彼は100メートル競走で10秒を切る記録を出した 그는 100미터 달리기에서 10초 안에 끊는 기록을 냈다. / 最近では10万円を切るパソコンも珍しくない 요즘에는 10만 엔을 밑도는 컴퓨터도 많다. / 大学入試までひと月を切りました 대학입시까지 한 달 남지 않습니다.

**❺**〔完全に…する〕 다 《＋動詞連用形＋》 버리다 ¶持っていたお金はゲームセンターで使い切ってしまった 가지고 있던 돈은 오락실에서 다 써 버렸다. / 彼はマラソンを走った後で疲れ切っていた 그는 마라톤을 뛰고 나서 완전히 지쳐 있었다.

**❻**〔水や空気をかき分ける〕 헤치다, 가르다
¶我々の船は波を切って進んだ 우리 배는 파도를 헤치고 앞으로 나아갔다. / スポーツカーが風を切って走る 스포츠 카가 바람을 가르면서 달리다

**❼**〔水分をなくす〕 빼다, 없애다 ¶水を切る 물기를 빼다 / 炒める前にキャベツの水をよく切りなさい 볶기 전에 양배추의 물기를 빼라. 慣用句 僕とミンスとは切っても切れない仲だ 나와 민수는 떼래야 뗄 수 없는 사이이다.

**きる【着る】** 입다

基本表現
▷彼は上着を着た 그는 웃옷을 입었다.
▷彼女は新しいワンピースを着ている
　그녀는 새 원피스를 입고 있다.
▷コートを着て出かけた 코트를 입고 외출했다.

¶あ, いいシャツ着てるね 와, 좋은 셔츠 입었네. / 外は寒いからブラウスの上にカーディガンを着ていこう 바깥은 추우니까 블라우스 위에 가디건을 입고 가. / 彼女はよそ行きの服を着めかし込んでいた 그녀는 나들이옷을 입고 한껏 멋을 부렸다. / あの白いコートを着た女の子は私のめいです 저 흰 코트를 입은 여자 아이는 내 조카입니다. / そのドレスを着ると彼女はすてきに見える 그 드

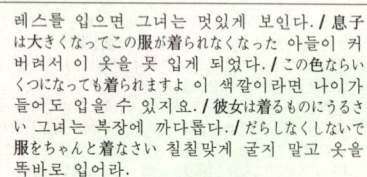

레스를 입으면 그녀는 멋있게 보인다. / 息子は大きくなってこの服が着られなくなった 아들이 커버려서 이 옷을 못 입게 되었다. / この色ならいくつになっても着られますよ 이 색깔이라면 나이가 들어도 입을 수 있지요. / 彼女は着るものにうるさい 그녀는 복장에 까다롭다. / だらしなくしないで服をちゃんと着なさい 칠칠맞게 굴지 말고 옷을 똑바로 입어라.

**きれ**【切れ】조각, 토막 [紙切れ] 종이쪽, 종잇조각 [木切れ] 나무토막 [肉切れ] 고기 조각 [布切れ] 헝겊

**-きれ**【一切れ】조각, 토막 [肉의 점 数え方 ケーキ一切れ 케이크 한 조각 / パン[ハム]一切れ 빵[햄] 한 조각 / 牛肉一切れ 쇠고기 한 점

**きれあじ**【切れ味】¶このナイフは切れ味がいい[悪い] 이 나이프는 잘 든다[잘 들지 않는다].

**きれい**【綺麗】❶ [美しい] 아름답다, 곱다, 예쁘다; 잘생기다 ◇きれいに 아름답게, 곱게, 예쁘게 ⇨美しい 使い分け
¶窓からの景色が実にきれいだ 창문 너머로 보이는 경치가 참 아름답다. / サンギのガールフレンドはとてもきれいだったよ 상기의 여자 친구는 참 예쁘더라. / 彼女、きれいだね その 여자, 예쁘네. / きれいな花をありがとう 예쁜 꽃, 고마워. / 彼女はきれいな字を書く 그녀는 글씨를 예쁘게 쓴다.
¶庭のバラの花がきれいに咲いた 마당의 장미 꽃이 곱게 피었다.
❷ [清潔] 깨끗하다 [澄んでいる] 맑다 [きちんとしている] 단정하다 ◇きれいに 깨끗이; 맑게; 단정히 ¶きれいなタオルで手をふきなさい 깨끗한 수건으로 손을 닦아라. / 透き通ったきれいな水が流れている 맑고 깨끗한 물이 흐르고 있다. / 田舎の空気がきれいで気持ちがいい 시골은 공기가 맑고 상쾌하다. / 私の母はきれい好きだ 우리 엄마는 깨끗한 것을 좋아한다.
¶いつも部屋をきれいにしておきなさい 항상 방을 깨끗이 해 두어야 한다. / 彼女は身なりをきれいに整えた 그녀는 옷차림을 단정히 했다.
❸ [すっかり] ◇きれいに 깨끗이 ¶彼女は約束をきれいに忘れていた 그녀는 약속을 깨끗이 잊어버리고 있었다. / 彼は借金をきれいに返した 그는 빚을 깨끗이 갚았다.

**ぎれい**【儀礼】의례 ◇儀礼的な 의례적인 ¶儀礼的な訪問をする 의례적인 방문을 하다 | 예방하다. / 彼女は儀礼的なあいさつをしただけで帰っていった 그녀는 의례적인 인사를 하고는 그냥 돌아가 버렸다. / これは外交儀礼上必要な手続きだ 이것은 외교 의례상 필요한 수속이다.

**きれいごと**【奇麗事】¶きれいごとで済ませる 겉치레만으로 끝내다 / 彼女はいつもきれいごとを言う 그녀는 언제나 겉치레를 말한다.

**きれつ**【亀裂】균열 [ひび] 금 ¶湖の氷に亀裂が入っている 언 호수에 금이 가 있다. / 彼との間に深い亀裂が生じた 그와의 사이에 깊은 금이 생겼다.

**きれはし**【切れ端】조각, 토막 ¶紙の切れ端 종이 조각 / パンの切れ端 빵 조각

**きれま**【切れ間】사이 ¶雲の切れ間から日が差していた 구름 사이에서 햇빛이 비치고 있었다.

**きれめ**【切れ目】[隙間] 틈새 [中断] 단락 [終わり] 끝 ¶横断歩道で車の流れの切れ目を待っていた 횡단보도에서 지나가는 차들의 흐름이 끊기기를 기다리고 있었다. / 登山客の列が切れ目なく続いていた 등산객의 행렬이 끊임없이 계속되고 있었다.

**きれる**【切れる】❶ [切断・分断される] 끊어지다, 잘라지다 [決壊する] 터지다, 무너지다 ¶たこの糸が切れてしまった 연의 실이 끊어져 버렸다. / ギターの弦が1本ぷつりと切れた 기타 현이 한 줄 툭 끊어졌다. / お風呂場の電球が切れてしまった 목욕탕의 전구가 나갔다.
¶堤防が切れれば、この付近は水につかってしまうだろう 제방이 터지면 이 부근은 물에 잠겨 버릴 것이다.
❷ [途切れる] 끊어지다 [息が] 차다 ¶突然電話が途中で切れてしまった 전화가 도중에 끊어져 버렸다. / 階段を駆け上がったら息が切れた 계단을 뛰어 올랐더니 숨이 찼다.
❸ [傷がつく] 베이다, 다치다 [裂ける] 찢어지다 ¶唇が切れて血が出ているよ 입술이 찢어져서 피가 나와.
❹ [関係が途絶える] 끊어지다 ¶彼は悪い連中とまだ手が切れていないようだ 그는 나쁜 무리와 아직 인연을 끊지 못하고 있는 것 같다. / 就職してから学生時代の仲間とのつながりが切れてしまった 취직하고 나서 학생 시절의 친구와 연락이 끊어져 버렸다.
❺ [期限が切れる] 기한이 지나다, 끊어지다, 끝나다 ¶私の免許証は6月1日に切れる 내 면허증은 유월 1일에 끝난다. / いけない、定期が切れてたわ 아, 정기권이 기한이 지났네.
❻ [尽きてなくなる] 떨어지다, 다 되다 ¶米が切れてしまったので、きょうの朝はパンを食べた 쌀이 다 떨어져 버렸기 때문에 오늘 아침은 빵을 먹었다. / 目覚まし時計の電池が切れた 자명종 건전지 다 됐다. / あと1時間ほどで患者の麻酔は切れるでしょう 앞으로 한 시간 정도면 환자의 마취가 풀릴 거에요.
❼ [切れ味がよい] 잘 들다 [頭がよい] 예리하다, 머리가 좋다[돌다] ¶このナイフは古いがよく切れる 이 칼은 낡았지만 잘 든다.
¶彼はほうっとしているようだが、同級生の中でいちばん頭が切れる 그는 둔하게 보이지만, 동급생 중에서 가장 머리가 좋다.
❽ […しきれない] -ㄹ[-을] 수 없다, -지 못하다 ¶私はこらえ切れずに笑い出してしまった 나는 참지 못하고 웃어 버렸다. / 彼女は数え切れないほどの靴を持っている 그녀는 셀 수 없을 만큼 많은 구두를 가지고 있다.
❾ [方向がそれる] 빗나가다 ¶球は右に切れてファウルになった 공은 오른쪽으로 빗나가서 파울이 되었다.
❿ [逆上する] ¶彼は完全に切れていた 그는 엄청 화가 나 있었다.

**きろ**【岐路】기로, 갈림길 ¶彼女は人生の岐路に立っていた 그녀는 인생의 기로에 서 있었다.

**きろ**【帰路】귀로, 돌아가는 길 ¶会社の帰路、交通事故に遭った 퇴근길에 교통사고를 당했

다. / 合宿を終えて全員が帰路についた 합숙을 마치고 모두가 귀로에 올랐다.

**キロ** 킬로 ¶時速50キロ 시속 50킬로 / 1キロ500円 1킬로다 5백 엔 関連 **キロメートル** 킬로미터 / **キログラム** 킬로그램 / **キロカロリー** 킬로칼로리 / **キロヘルツ** 킬로헤르츠 / **キロリットル** 킬로리터 / **キロワット** 킬로와트

**きろく** 【記録】 ❶ 〔記録〕 기록 〔文書〕 문서 〔議事録〕 의사록 ◇記録する 기록하다
¶富士山は1707年に大噴火したという記録がある 후지 산은 1707년에 대분화를 일으켰다는 기록이 있다. / その記録は彼女の主張の裏付けになるだろう その記録는 그녀의 주장의 뒷받침이 될 것이다. / きょうの会合では記録を取るのですか 오늘의 회의에서는 누가 기록을 해요? / ファーブルは40年にわたり昆虫の生態の記録を取った 파브르는 40년에 걸쳐 곤충의 생태를 기록했다. / 記録を残す 기록을 남기다
¶その戦争の死者の数は正確には記録されていない 그 전쟁의 사망자수가 정확히는 기록돼 있지 않다. / 相場は底値を記録した 시세는 바닥세를 보였다. / 歴史に長く記録される 역사에 길이 기록되다 / 今年の夏は記録的な暑さだった 올여름 더위는 기록적이었다.
❷ 〔競技の結果・成績〕 기록, 성적 ◇記録する 기록하다 ¶彼はマラソンの世界記録を持っている 그는 마라톤의 세계 기록을 가지고 있다. / 彼女は走り高跳びの日本記録を破るだろう 그녀는 높이뛰기의 일본 기록을 경신할 것이다. / 彼は世界記録を2秒更新した 그는 세계 기록을 2초 경신했다. / 新記録を打ち立てる 신기록을 세우다 / 大会タイ記録を作る 대회 타이기록을 이루다
¶ゲームの得点を記録する 게임의 득점을 기록하다 関連 **記録映画** 기록 영화 / **記録係** 기록계 / **記録文学** 기록 문학 / **記録保持者** 기록 보유자 / **公式記録** 공식 기록 / **公認記録** 공인 기록

**ぎろん** 【議論】 〔論議〕 논의 〔討論〕 토론 〔論争〕 논쟁(▶의논(議論)은 「相談」이라는 意味로 用いられる) ◇議論する 논의하다, 토론하다

◆【議論は・議論が】
¶原子力についてはさまざまな議論がある 원자력에 대해서는 논의가 분분하다. / 議論は3時間続いたが結論はでなかった 토론은 세 시간이나 계속되었지만 결론이 나오지 않았다.

◆【議論に】
¶彼とそのことで議論になった 그와 그것에 대해 논의를 했다. / 喫煙の害についての議論に加わった 흡연의 해로움에 대한 논의에 참여했다.

◆【議論の】
¶あなたの主張は議論のポイントから外れている 당신의 주장은 논점에서 어긋난다. / 税制改革は議論の分かれる問題だ 세제 개혁은 의견이 갈리는 문제다. / この絵が本物かどうかいくつかの点で議論の余地がある 이 그림이 진짜인지 어떤지 여러 점에서 논의할 여지가 있다. / 議論の余地がない 논의할 여지가 없다

◆【議論を】
¶貿易の不均衡が日本と韓国の間で議論を呼んでいる 무역의 불균형이 일한 간에서 논의를 일으키고 있다. / この問題については議論を尽くすべきだ 이 문제에 대해서는 논의를 다해야 한다. / 何度も議論を重ねたが意見の一致をみることができなかった 몇 번이나 논의를 거듭했지만 의견의 일치를 볼 수가 없었다. / 議論を交わす 서로 논의하다 / 議論を戦わせる 서로 논쟁을 벌이다

◆【議論する】
¶彼女と郵便事業の民営化について議論した 그녀와 우편 사업의 민영화에 대해서 논의했다. / 環境汚染について議論した 환경오염에 대해서 논의했다. / 今は議論しているときではない 지금은 논의할 때가 아니다.

◆【その他】
¶白熱した議論 백열화한 토론 / 激しい議論 격심한 논의 / 説得力のある議論 설득력이 있는 논의 / 一方的な議論 일방적인 논의

**きわ** 【際】 〔そば〕 옆, 곁 〔端〕 가 〔とき〕 때 〔頃〕 무렵 ¶がけの際に人が立っていた 벼랑가에 사람이 서 있었다. / 額の生え際に白髪があった 이마 가장자리에 흰머리가 있었다. / 桜が散り際に 벚꽃이 질 무렵이다. / 別れ際に彼女は手を振った 헤어질 때 그녀는 손을 흔들었다.

**ぎわく** 【疑惑】 〔疑い〕 의혹, 〔疑い〕 의심 ¶彼は私を疑惑の目で見た 그는 나를 의혹의 눈으로 보았다. / 彼の言ったことに疑惑をいだいている 그 사람이 한 말에 의심을 가지고 있다. / 彼女の行動は疑惑を招いた 그녀의 행동은 의혹을 초래했다. / 私に向けられた疑惑をすべて晴らしたい 내가 받고 있는 의혹을 다 풀고 싶다. ⇨疑い

**きわだつ** 【際立つ】 〔目立つ〕 뛰어나다, 두드러지다, 눈에 띄다 〔際立った人物〕 〔才能〕 뛰어난 인물〔재능〕 ¶彼女はクラスの中では際立った存在だった 그녀는 반에서는 뛰어난 존재였다. / 2人の証言は際立った違いを見せた 두 사람의 증언은 두드러진 차이를 보였다. / 彼の業績は我々の中でも際立っている 그의 업적은 우리 중에서도 월등히 뛰어나다. ⇨著しい

**きわどい** 【際どい】 아슬아슬하다, 위태롭다 〔微妙だ〕 미묘하다 ¶彼はきわどい仕事をしているそうだ 그는 거의 범죄에 가까운 일을 하고 있다고 한다. / きわどいところで助かった 아슬아슬한 고비에서 살아났다. / 韓国は中国にきわどい勝ちを収めた 한국은 중국에 아슬아슬하게 승리했다. / きわどい賭け 위태로운 도박 / きわどい勝負 미묘한 승부 / きわどい判定 미묘한 판정

**きわまる** 【極まる】 ¶彼女は感極まって泣き出した 그녀는 감동받아 울기 시작했다.
¶残酷極まる行為 극히 잔인한 행위 / 危険極まりない運転 위험하기 짝이 없는 운전 / 無礼極まりない態度 무례하기 짝이 없는 태도

**きわみ** 【極み】 극(極), 극치(極致) ¶そんなことをするなんて愚かさの極みだ 그런 짓을 한다는 건 어리석기 짝이 없다. / ぜいたくの極みを尽くしたディナーだった 더무나 호화로운 디너였다. / 光栄の極みです 영광의 극치입니다.

**きわめて** 【極めて】 〔非常に〕 매우 〔並外れて〕 더없이 〔極度に〕 극히 ¶事態は極めて深刻だ 사

태는 극히 심각하다. / 極めて危険な状態 극히 위험한 상태

**きわめる【究める】** 터득하다 ¶茶道の奥義を究めたい 다도의 정수를[비결을] 터득하고 싶다.

**きわめる【極める】** ¶トンネル工事は困難を極めた 터널 공사는 극도로 어려웠다. / 彼女の生活はぜいたくを極めていた 그녀의 생활은 너무나 사치스러웠다. / いつか富士山の山頂を極めたい 언젠가 후지 산을 정복하고 싶다.

**きをつけ【気を付け】** 차려(<차리다) ¶気をつけ! 차려! / 全員が気をつけの姿勢を取った 모두가 차려 자세를 취했다.

**きん【金】** 금 ［将棋の金将］ 금장 ¶私の万年筆は18金だ 내 만년필은 십팔금이다. / 金の指輪 금반지 / 金張りの時計 금딱지 시계 慣用句 沈黙は金なり 침묵은 금이다 / 光るもの必ずしも金ならず 빛나는 것이라도 금이 아닐 수도 있다. 関連 金色 금빛, 금색 / 金紙 금종이, 금박지 / 金市場 금시장 / 金ボタン 금단추 / 金メダル 금메달 / 金めっき 금도금

**きん【菌】** 균 ［細菌］ 세균 ［バクテリア］ 박테리아 ¶菌の培養 균의 배양 / 菌の保有者 보균자 ⇒細菌, ばい菌

**ぎん【銀】** 은 ¶銀色のスプーン 은색 숟가락 関連 銀色 은빛, 은색 / 銀紙 은종이, 은박지 / 銀細工 은세공 / 銀製品 은제품 / 銀メダル 은메달

**きんいつ【均一】** 균일 ◇均一だ 균일하다 ¶あの店では全ての商品を100円均一で売っている 그 가게에서는 모든 상품을 100엔 균일로 판다. / バスの料金は200円均一です 버스 요금은 200엔 균일이에요. / 均一な品質 균일한 품질 関連 均一価格［料金］균일 가격［요금］

**きんいっぷう【金一封】** 금일봉 ¶賞金として金一封をもらった 상금으로 금일봉을 받았다.

**きんえん【禁煙】** 금연 ◇禁煙する 금연하다 ¶店内は禁煙です 가게 안에서는 금연입니다. / 健康のために禁煙することにした 건강을 위해서 금연하기로 했다. 関連 禁煙車 금연차 / 禁煙席 금연석

**きんか【金貨】** 금화

**ぎんか【銀貨】** 은화

**ぎんが【銀河】** 은하, 은하수(銀河水) 関連 銀河系 은하계

**きんかい【近海】** 근해 ¶この魚は日本の近海で獲れたものです 이 물고기는 일본 근해에서 잡힌 것이에요. 関連 近海魚 근해어 / 近海漁業 근해어업

**きんかい【金塊】** 금괴

**きんがく【金額】** 금액 ¶合計金額はいくらですか 합계 금액이 얼마에요? / 上記の金額を確かに受け取りました 상기 금액을 분명히 받았습니다. ⇒額, 金(き)

**きんがしんねん【謹賀新年】** 근하신년

**きんかん【近刊】** 근간 関連 近刊案内 근간 안내 / 近刊図書 근간 도서

**きんがん【近眼】** 근시안, 근시 ¶彼は軽い[ひどい]近眼だ 그는 가벼운[심한] 근시이다. 関連 近眼鏡 근시경

**きんかんがっき【金管楽器】** 금관 악기

**きんかんしょく【金環食】** 금환식

**きんきゅう【緊急】** 긴급 ◇緊急だ 긴급하다 ◇緊急に 긴급히

◆《緊急の》
¶緊急の伝言です 긴급한 전언이에요. / 緊急の際は非常ボタンを押して知らせてください 긴급시에는 비상 버튼을 눌러 알려 주세요.

◆《緊急で》
¶政府は緊急に石油を輸入した 정부는 긴급히 석유를 수입했다.

◆《緊急を》
¶この患者の手術は緊急を要する 이 환자의 수술은 긴급을 요한다.

◆《その他》
¶緊急事態に備えて食糧を確保しておく必要がある 긴급 사태에 대비하여 식량을 확보할 필요가 있다. / 飛行機はエンジントラブルで緊急着陸した 비행기는 엔진 트러블로 긴급 착륙했다. / すぐ緊急会議を開くべきだ 당장 긴급 회의를 열어야 한다. / 政府はしかるべき緊急措置を取るべきだ 정부는 마땅한 긴급 조치를 취하여야 한다.

**きんぎょ【金魚】** 금붕어 ¶子供のころ, よく夜店で金魚すくいをしたものだ 어렸을 때, 노점에서 금붕어 건지기를 자주 했었다. 慣用句 その少年はどこへ行くにも兄の後を金魚の糞のようについて行った 그 소년은 어디를 가든 형 꽁무니만 졸졸 따라다녔다. 関連 金魚草 금어초 / 金魚鉢 어항

**きんきょう【近況】** 근황 ¶近況をお知らせください 근황을 알려 주세요. / 田舎の両親に電話で近況を報告している 고향에 계시는 부모님에게는 전화로 근황을 가끔 보고하고 있다.

**きんきょり【近距離】** 근거리 ¶その幼稚園は自宅から近距離にある 그 유치원은 집에서 가까웠다. 関連 近距離列車 근거리 열차 / 近距離路線 근거리 노선

**きんく【禁句】** 금구 ¶それは彼女の前では禁句だ 그 말은 그 여자 앞에서 해서는 안 된다.

**キング** 킹(<king), 왕(王), 임금 ¶キングサイズのベッド 킹사이즈의 침대

**きんけん【金権】** 금권 関連 金権政治 금권 정치 / 金権政治家 금권 정치가

**きんげん【謹厳】** 근엄 ◇謹厳だ 근엄하다 ¶謹厳実直な人 근엄하고 곧은 사람 ⇒厳しい, まじめ

**きんこ【金庫】** 금고 ¶お金を金庫にしまう 돈을 금고에 넣는다. 関連 金庫破り 금고털이 / 貸し金庫 대여 금고 / 手提げ金庫 손금고 / 夜間金庫 야간 금고

**きんこ【禁固】** 금고 ¶彼は5年の禁固刑を受けた 그는 5년의 금고형을 받았다.

**きんこう【均衡】** 균형 ¶均衡を保つ 균형을 유지하다 / 均衡をとる 균형을 잡다 / 均衡が崩れる 균형이 무너지다 / 彼女は平均台の上で均衡を失い落ちた 그녀는 평균대 위에서 균형을 잃고 떨어졌다. 関連 均衡予算 균형 예산

**きんこう【近郊】** 근교 ¶大阪の近郊に住んでいる 오사카 근교에 살고 있다. / この調査は東京及びその近郊の居住者を対象に行われた 이 조사는 도쿄 및 그 근교에 사는 사람들을 대상으로 실시되었다. 関連 近郊都市 근교 도시 / 近郊農

근교 농업

**きんこう**【金鉱】 금광 〔金鉱石〕 금광석

**ぎんこう**【銀行】 은행
◆【銀行に】
¶銀行に預金口座を設けた 은행에 예금 계좌를 만들었다. / 給料は毎月銀行に振り込まれる 월급은 매달 은행에 입금된다. / ボーナスは銀行に預けるつもりだ 보너스는 은행에 맡길 생각이다. / 彼は銀行に多額の預金があるらしい 그는 은행에 많은 예금이 있는 것 같다. / 銀行に融資を申し込んだが断られた 은행에 융자를 신청했는데 거절당했다.
◆【銀行から】
¶銀行からお金を下ろしてくるからちょっと待っててね 은행에서 돈을 찾아올 테니까 잠깐만 기다려 줘. / 資金の不足額は銀行から借りることにした 자금의 부족액은 은행에서 빌리기로 했다.
関連 銀行員 은행원 / 銀行家 은행가 / 銀行券 은행권 / 銀行預金 은행 예금 / インターネット銀行 인터넷 은행 / 外国為替銀行 외환 은행 / 信託銀行 신탁 은행 / 地方銀行 지방 은행 / 中央銀行 중앙 은행 / 都市銀行 시중 은행 / 日本銀行 일본은행(▶韓国の中央銀行は 한국은행「韓国銀行」という)

**きんこつ**【筋骨】 근골 ¶筋骨たくましい若者 근골이 우람한 젊은이

**きんこんしき**【金婚式】 금혼식

**ぎんこんしき**【銀婚式】 은혼식

**きんさ**【僅差】 근소한 차이 ¶日本は韓国に僅差で勝った[敗れた] 일본은 한국에 근소한 차이로 이겼다[졌다]. / 彼は僅差で当選した 그는 근소한 차이로 당선되었다.

**きんさく**【金策】 ¶彼は金策に出かけた 그는 돈을 마련하려고 나갔다. / 社長は金策に奔走している 사장은 돈을 마련하려고 분주하고 있다.

**きんざん**【金山】 금산〔金鉱〕 금광 ¶佐渡の金山は徳川幕府の財政に大きく寄与した 사도의 금광은 도쿠가와 막부 재정에 많은 기여를 했다.

**きんし**【禁止】 금지 ◇禁止する 금지하다
¶警察はデモを禁止した 경찰은 시위를 금지했다. / 未成年者の喫煙と飲酒は法律で禁止されている 미성년자의 흡연과 음주는 법률로 금지되어 있다. / 美術館内での写真撮影は禁止されている 미술관 안에서는 사진 촬영이 금지되어 있다. 関連 駐車禁止 주차 금지 / 立入禁止 출입 금지(出入禁止) / 通行禁止 통행 금지 / 遊泳禁止 수영 금지 / 落書禁止 낙서 금지

**きんし**【近視】 근시 ¶彼女は仮性近視だ 그녀는 가성 근시이다.
¶それは近視眼的な考えだ 그것은 근시안적인 생각이다. ⇨近眼

**きんジストロフィー**【筋ジストロフィー】 근위축증(筋萎縮症)

**きんじち**【近似値】 근삿값, 《俗称》 근사치

**きんじつ**【近日】 근일 ¶近日開店 근일 개점 / 近日中にご連絡いたします 근간 연락을 드리겠습니다.

**きんじとう**【金字塔】 금자탑 ¶彼女は物理学の世界に金字塔を打ち立てた 그녀는 물리학계에 금자탑을 세웠다.

**きんしゅ**【禁酒】 금주 ◇禁酒する 금주하다
¶彼は医者に酒を控えるよう注意されて禁酒した 그는 의사에게 술을 삼가라고 주의를 받아서 금주했다. / 私は妻に禁酒を誓った 나는 아내에게 금주를 맹세했다. 関連 禁酒運動 금주 운동

**きんしゅく**【緊縮】 긴축 ¶政府は緊縮予算を組んだ 정부는 긴축 예산을 편성했다. 関連 緊縮財政 긴축 재정 / 緊縮生活 긴축 생활 / 緊縮政策 긴축 정책

**きんじょ**【近所】 근처, 이웃〔近所の人〕 이웃 사람 ¶彼は近所付き合いがよい[悪い] 그는 이웃과「잘 어울린다「잘 어울리지 않는다」. / 彼女はほとんど近所付き合いがない 그녀는 이웃과의 교제가 거의 없다. / 近所中がそのうわさで持ち切りだった 그 근처에서는 온통 그 소문만이었다. / 近所迷惑だからステレオのボリュームを下げなさい 이웃에 폐가 되니까 스테레오 볼륨을 낮춰라.
¶彼女は近所の人々をパーティーに招いた 그녀는 이웃 사람들을 파티에 초대했다. / 私は近所のプールへ泳ぎに行った 나는 근처에 있는 풀장에 수영하러 갔다. / 駅の近所の本屋 역 근처에 있는 책방
¶この近所にコンビニはありますか 이 근처에 편의점이 있어요? / 昨夜, 家の近所で火事があった 어젯밤에 우리 집 근처에서 불이 났다.
関連 隣近所 이웃

**きんじる**【禁じる】 ❶〔禁止する〕 금하다, 금지하다 ¶両親は私が夜外出するのを禁じている 부모님은 내가 밤에 외출하는 것을 금하고 있다. / 歩きながらたばこを吸うことは禁じられている 걸으면서 담배를 피우는 것은 금지되어 있다. / 警察はこの道路での駐車を禁じている 경찰은 이 길에 주차하는 것을 금지하고 있다. / 彼は医者からたばこを禁じられている 그는 의사에게 담배를 금지당하고 있다. / イスラム諸国では酒の販売は禁じられている 이슬람 제국에서는 술 판매가 금지되어 있다. / 車両の乗り入れを禁じる(▶掲示) 차량 진입 금지 / 試験中は私語を禁じます 시험 중에는 말을 하면 안 됩니다. / 医者は患者に甘いものを禁じた 의사는 환자에게 단 것을 먹지 말라고 했다.
❷〔抑える〕 금하다 ¶私は涙を禁じ得なかった 나는 눈물을 금하지 못했다. ⇨禁止

**きんしん**【謹慎】 근신 ¶私は謹慎中だ 나는 근신 중이다. / 彼は1週間の自宅謹慎を命じられた 그는 일 주일간의 자택 근신 명령을 받았다.

**きんしん**【近親】 근친〔親戚〕 친척 関連 近親結婚 근친결혼 / 近親相姦 근친상간

**きんせい**【均整・均斉】 균제〔均衡〕 균형 ¶彼は均整のとれた体格をしている 그는 균형이 잡힌 체격이다.

**きんせい**【近世】 근세 関連 近世史 근세사 / 近世文学 근세 문학

**きんせい**【金星】 금성〔明けの明星〕 샛별

**きんせい**【禁制】 금제, 금지 ¶この部屋は男子禁制だ 이 방은 남자 금지다. 関連 禁制品 금제품

**ぎんせかい**【銀世界】 은세계 ¶外は一面の銀世界

だった 바깥은 온통 은세계를 이루었다.

**きんせつ**【近接】근접 ◇近接する 근접하다, 근접되다 ¶自宅は職場に近接している 집은 직장에 근접해 있다.

**きんせん**【金銭】금전〔お金〕돈 ¶彼女は金銭感覚がない 그는 금전 감각이 없다. / 彼は金銭感覚が麻痺している 그는 금전 감각이 마비되어 있다. / 金銭上の問題がいつも私の心にのしかかっている 금전상의 문제가 내 마음을 늘 짓누르고 있다. / 金銭にだらしない人 돈 씀씀이가 헤픈 사람.

**きんぞく**【金属】금속 ◇金属製のテーブル 금속제 테이블 | 金属性の響き 금속성 (金属声) | 金属音 금속음 | 金属加工 금속 가공 | 金属工業 금속 공업 | 金属製品 금속 제품 | 金属探知器 금속 탐지기 | 金属バット 금속 배트 | 金属板 금속판 | 金属疲労 금속 피로 | 貴金属 귀금속 | 軽金属 경금속 | 重金属 중금속

**きんぞく**【勤続】근속 ◇勤続する 근속하다 ¶20年以上勤続した人たちが表彰された 20년 이상 근속한 사람들이 표창받았다. 関連 勤続手当 근속 수당 / 勤続年数 근속 연수

**きんだい**【近代】근대 ◇近代的な 근대적인 ¶ビルの内部はすべてが近代化されていた 빌딩 내부는 다 근대화되어 있었다. 関連 近代劇 근대극 / 近代国家 근대 국가 / 近代史 근대사 / 近代詩 근대시

**きんだん**【禁断】금단 ◇禁断の木の実 금단의 열매 関連 禁断症状 금단증세

**きんちょう**【緊張】긴장 ◇緊張する 긴장하다, 긴장되다 ¶司会者は冗談を飛ばして出演者の緊張をほぐそうとした 사회자는 농담을 해서 출연자의 긴장을 풀려고 했다. / 領土問題で両国間の緊張が高まっている 영토 문제 때문에 양국간의 긴장이 높아지고 있다. / オーディションの会場は緊張した雰囲気だった 오디션 회장은 긴장된 분위기였다. / 歓迎会が終わる頃にはみんなの緊張がほぐれた 환영회가 끝날 무렵에는 모두의 긴장이 풀렸다. / 新しい条約は国際間の緊張緩和に役立つだろう 새로운 조약은 국제간의 긴장 완화에 도움이 될 것이다. / その俳優は緊張のあまりせりふを忘れた 그 배우는 긴장한 나머지 대사를 잊어버렸다.

¶受験生たちは緊張した面もちで試験場へ入った 수험생들은 긴장한 표정으로 시험장에 들어갔다. / だれだって面接では緊張するよ 누구나 다 면접에서는 긴장해.

会話 緊張する
A : あしたは就職の面接なんだ. 緊張するね
B : 大丈夫だよ. 気楽にやれよ
A : 内일은 취직 면접이 있어. 긴장되네.
B : 괜찮을 거야. 맘 편히 먹어.
A : きのう大勢の聴衆の前でスピーチをして緊張したよ
B : そうかい？でもけっこう堂々としていたよ
A : 어제 많은 청중들 앞에서 스피치를 해서 떨었어.
B : 그래? 근데 꽤 당당해 보였는데?
関連 緊張感 긴장감 / 緊張緩和政策 긴장 완화 정책, 데탕트

**きんとう**【均等】균등 ◇均等だ 균등하다 ◇均等に 균등히 ¶お菓子をみんなで均等に分けた 과자를 모두 균등히[똑같이] 나누었다. / 班の人数を均等にするのは難しい 반 인원수를 균등하게 나누는 것은 어렵다. / 均等割りで飲み代を払った 술값을 균등하게 냈다. 関連 男女雇用機会均等法 남녀 고용 기회 균등법

**ぎんなん**【銀杏】은행

**きんにく**【筋肉】근육 ¶スポーツで筋肉を発達させることができる 스포츠로 근육을 발달시킬 수가 있다. / 筋肉を強化するためにトレーニング用の器械を買った 근육을 강화시키기 위해서 단련용 기계를 샀다. / 彼の腕は筋肉が隆々としている 그의 팔은 근육이 울퉁불퉁하다. / 筋肉質の体 근육질 몸 関連 筋肉質 근육질 / 筋肉注射 근육 주사 / 筋肉痛 근육통

**きんねん**【近年】〔最近〕최근 ¶日本や韓国では近年出生率が低下している 일본이나 한국에서는 근년 출산율이 낮아지고 있다. / 世界各地で近年まれにみる自然災害が続いている 세계 각지에서 근년 보기 드문 자연 재해가 잇따르고 있다. / 近年にない大雪だった 근년에 없었던 큰눈이었다. ⇨このごろ, 最近

**きんぱく**【緊迫】◇緊迫する 긴박하다 ¶管制塔は緊迫した空気に包まれた 관제탑은 긴박한 분위기에 싸였다. / 中東情勢は緊迫している 중동 정세는 긴박하다. 関連 緊迫感 긴박감

**きんぱつ**【金髪】금발 ◇金髪に染める 금발로 염색하다 ¶金髪の美女 금발의 미녀

**きんぴか**【金ぴか】金ぴかだ〔ぴかぴかだ〕금빛으로 번쩍이다〔けばけばしい〕요란하다〔派手な〕화려하다

**きんぴん**【金品】금품 ¶有権者に金品を贈ることは禁じられている 유권자에게 금품을 주는 것은 금지되어 있다.

**きんぶち**【金縁】금테 ¶金縁のめがね 금테 안경 / 金縁の額に収められた絵 금테 액자에 담긴 그림

**ぎんぶち**【銀縁】은테 ¶銀縁のめがねをした老婦人 은테 안경을 쓴 노부인

**きんべん**【勤勉】근면 ◇勤勉だ 근면하다, 부지런하다 ¶彼が今日あるのは勤勉によるところが大きい 그가 지금의 지위에 있는 것은 근면에 의한 부분이 많다. / 勤勉さが彼女のいいところだ 근면한 것이 그녀의 장점이다. / 佐藤課長の勤勉な仕事ぶりはだれからも好感をもたれている 사토 과장의 근면한 근무 태도에는 다들 호감을 가지고 있다. 関連 勤勉家 근면가

**きんぺん**【近辺】근방, 부근 ⇨近所, 付近

**ぎんみ**【吟味】음미〔調査〕조사〔検討〕검토 ◇吟味する 음미하다〔調べる〕조사하다〔検討する〕검토하다 ¶彼が提案した計画をみんなで吟味した 그가 제안한 계획을 다 같이 검토했다. / 料理の材料はよく吟味した料理 재료는 잘 조사해서 골라라. ⇨検討, 調べる, 精選

**きんみつ**【緊密】◇緊密だ 긴밀하다 ◇緊密に 긴밀히 ¶両国は緊密な関係にある 양국은 긴밀한 관계이다. / 私は彼と緊密に連絡を取った 나는 그와 긴밀히 연락을 취했다.

きんみゃく【金脈】금맥, 금줄〔금づる〕돈줄
きんむ【勤務】근무 ◇勤務する 근무하다 ¶自動車工場に勤務している 자동차 공장에 근무하고 있다. / 午前9時に勤務が始まる 오전 아홉 시에 일하기 시작한다. / 私たちは8時間交替で勤務している 우리들은 여덟 시간 교대로 근무하고 있다. / 彼は勤務をサボった 그는 일을 게을리했다. / 私の勤務先は市の中心部にある 내 근무처는 시내 중심부에 있다. / 通常の勤務時間は午前9時から午後5時までです 보통 근무 시간은 오전 아홉 시부터 오후 다섯 시까지입니다. / 今週は夜間勤務だ 이번주는 야근이다. / 私用は勤務時間外にやってください 개인적인 일은 근무 시간 외에 하세요. 関連 勤務成績 근무 성적 / 勤務態度 근무 태도 / 勤務評定 근무 평정 / 超過勤務手当 초과 근무 수당
きんもつ【禁物】금물 ¶高血圧の人に塩辛いものは禁物だ 고혈압인 사람에 짠 음식은 금물이다. / ここに長居は禁物だ 여기에 오래 있으면 안 된다. / 彼には油断は禁物だ 그 사람에게는 방심은 금물이다.
きんゆう【金融】금융 ¶金融が逼迫する 금융이 핍박해지다 / 金融引き締めを行う 금융 긴축을 한다. 関連 金融界 금융계 / 金融会社 금융 회사 / 金融緩和政策 금융 완화 정책 / 金融機関 금융 기관 / 金融恐慌 금융 공황 / 金融業 금융업 / 金融業者 금융 업자 / 金融公庫 금융 공고 / 金融市場 금융 시장 / 金融資本 금융 자본 / 金融自由化 금융 자유화 / 金融政策 금융 정책 / 金融引き締め 금융 긴축 / 金融逼迫 금융 핍박
きんゆひん【禁輸品】금수품
きんようび【金曜日】금요일
きんよく【禁欲】금욕 ◇禁欲する 금욕하다 ¶彼は禁欲生活を送っている 그는 금욕적인 생활을 보내고 있다. / 試合の前は禁欲している 시합 전에는 금욕적인 생활을 하고 있다. 関連 禁欲主義 금욕주의 / 禁欲主義者 금욕주의자
きんらい【近来】(발음은 글래) ¶近来まれに見る事件 근래 드문 사건
きんり【利率】금리(➤発音은 금니) 〔利子〕이자 ¶金利が引き上げられた〔下げられた〕금리가 인상〔인하〕되었다. / 金利が自由化された 금리가 자유화되었다. / 年3％の金利で銀行から金を借りた 3퍼센트의 금리로 은행에서 돈을 빌렸다. / ローンに3％の金利を払っている 대출에 3퍼센트의 금리를 지불하고 있다. ➡利子, 利率
きんりょう【禁漁】금어 関連 禁漁期 금어기 / 禁漁区 금어구
きんりょう【禁猟】금렵(➤発音은 금녑) 関連 禁猟期 금렵기 / 禁猟区 금렵구
きんりょく【筋力】근력(➤発音은 글력)
きんりん【近隣】근린(➤発音은 글린), 이웃 ¶近隣の町 가까운 이웃 동네 関連 近隣諸国 근린 각국
きんろう【勤労】근로(➤発音은 글로) ¶勤労意欲が低い〔高い〕근로 의욕이 낮다〔높다〕. 関連 勤労感謝の日 근로 감사의 날〈韓国では勤労者の日「勤労者の日」にあたる〉/ 勤労者 근로자 / 勤労所得 근로 소득 / 勤労奉仕 근로 봉사

く【九】구, 《固有語》아홉 ⇒九(きゅう)
く【区】구 ¶うちの会社は千代田区にある 우리 회사는 지요다구에 있다. / 彼は千葉3区から立候補した 그는 지바 3구에서 입후보했다. 関連 区議会 구의회 / 区役所 구청 / 選挙区 선거구
く【句】구 ¶句と節 구와 절
く【苦】고민, 고통, 고생 慣用句 彼女は病気を苦にしている 그녀는 병 때문에 고민하고 있다. / それは全然苦になりません 그것은 전혀 부담스럽지 않습니다. / 彼は毎日2時間残業をするのを苦にしない 그는 매일 두 시간 잔업을 하는 것을 싫어하지 않는다. / 出口は苦もなく見つかった(→簡単に) 출구는 쉽사리 찾았다. / 苦あれば楽ありだ 괴로움이 있으면 낙이 있다. 関連 三重苦 삼중고
ぐ【具】〔みそ汁・スープなどの〕건더기
ぐ【愚】慣用句 そんなことをするのは愚の骨頂だ 그런 짓을 하는 것은 어리석기 그지 없다. / 愚にもつかない冗談 말도 안 되는 농담
ぐあい【具合】❶〔健康状態〕건강 상태, 몸 상태, 컨디션 ¶お父さんの具合はいかがですか 아버님 건강 상태는 어떠십니까? / どこか具合が悪いの? 顔色がよくないよ 어디 불편하니? 안색이 안 좋아 보여. / バスに乗るといつも酔って具合が悪くなる 버스를 타면 항상 멀미가 나서 몸 상태가 나빠진다.
会話 具合はどうですか
 A：きょうの具合はどうですか
 B：おかげさまできのうよりはずっといいです
 A：오늘 컨디션은 어때요?
 B：덕분에 어제보다 훨씬 좋아졌어요.
 A：この2, 3日腹の具合が悪いんだ
 B：それはよくないね. 医者に診てもらったら
 A：요 2, 3일간 속이 안 좋아.
 B：그거 안됐구나. 병원에 가보는게 어때?
❷〔物事の調子・状態〕상태 ¶このテレビはどこか具合が悪い 이 텔레비전은 어딘가 상태가 안 좋다. / コンタクトレンズの具合はどうですか 콘택트렌즈의 상태는 어떻습니까?
❸〔都合〕형편 ¶そちらにお伺いするのはいつが具合がよろしいですか 그 쪽으로 찾아뵈려고 하는데 언제가 형편이 좋으시겠습니까? / 今度の土曜日は具合が悪いので日曜日はどうですか 이번 토요일은 형편이 안 돼서 그러니 일요일은 어떻습니까? / 今日は具合が悪い 오늘은 형편이 나쁘다. / 今行くと具合が悪い 지금 가면 난처하다.

❹〔方法〕식, 방식 ¶それはこんな具合にやるといいですよ それは 이런 식으로 하면 좋아요. / 彼女とはどんな具合に知り合いになったんだい 女子 친구와는 어떻게 알게 되었지?
❺〔その他〕¶この包丁は魚をおろすのにちょうど具合がいい 이 식칼은 생선을 발라내는 데 딱 좋아. /「試験の具合はどうだった」「まあまあだね」 "시험은 어땠어?" "그저 그랬어." / ミンギのうわさをしているときに突然彼が入って来たのでたいへん具合が悪かった 민기 이야기를 하고 있을 때 갑자기 본인이 들어와서 매우 난처했다. / ステーキはどんな具合に焼きましょうか 스테이크는 어느 정도 구울까요?

**くい**【杭】말뚝 ¶くいを打つ 말뚝을 박다 慣用句 出るくいは打たれる 모난 돌이 정 맞는다.

**くい**【悔い】뉘우침, 후회(後悔) ◇悔いる 뉘우치다, 후회하다 ¶後々まで悔いが残る 오랜 뒤까지 후회하다 / 悔いのない人生を送る 후회 없는 인생을 보내다.

**ぐい** ◇ぐいと 와락, 확 ¶彼は私の腕をぐいと引っ張った 그는 내 팔을 와락 끌어당겼다.

**くいあらためる**【悔い改める】회개하다 ¶自分の犯した罪を悔い改めなさい 자신이 저지른 죄를 회개하라.

**くいいじ**【食い意地】게걸, 식탐 ¶彼は食い意地が張っている 그는 몹시 게걸스럽다.

**くいいる**【食い入る】¶彼女はその絵を食い入るような目で見ていた 그녀는 그 그림을 뚫어지게 바라보고 있었다. / 食い入るように見つめる 뚫어지게 응시하다

**クイーン** 퀸, 여왕(女王), 왕비(王妃) ¶(トランプの)ダイヤのクイーン 다이아몬드의 퀸

**くいき**【区域】구역 関連 危険区域 위험 구역 / 駐車禁止区域 주차 금지 구역 / 住宅区域 주택 구역 / 立ち入り禁止区域 출입 금지 구역

**ぐいぐい** 힘차게, 세차게 ; 꿀꺽꿀꺽, 벌컥벌컥 ¶背中をぐいぐい押された 등을 세차게 떠밀렸다. / 魚は釣り糸をぐいぐい引っ張った 물고기는 낚싯줄을 힘차게 끌어 당겼다. / ぐいぐい飲む 벌컥벌컥 마시다

**くいこむ**【食い込む】파고들다, 죄어들다 ¶猫の爪が鋭く手に食い込んだ 고양이의 발톱이 날카롭게 손에 파고들었다. / ひもが指に食い込んで痛い 끈이 손가락을 죄어들어 아프다. / なんとか5位に食い込むことができた 가까스로 5위에 진입할 수 있었다.

**くいさがる**【食い下がる】¶要求が通るまで食い下がるつもりだ 요구가 관철될 때까지 끈질기게 맞설 것이다.

**くいしばる**【食い縛る】악물다 ¶歯を食いしばる 이를 악물다

**くいしんぼう**【食いしん坊】식충이, 먹보, 걸신쟁이 ¶彼はとても食いしん坊だ 그는 대단한 식충이다.

**クイズ** 퀴즈 ¶クイズを出す 퀴즈를 내다 / クイズを解く 퀴즈를 풀다 関連 クイズ番組 퀴즈 프로

**くいちがい**【食い違い】차이 [不一致] 불일치 ¶その問題について彼らに意見の食い違いが生じた 그 문제에 대해서 그들의 의견이 엇갈렸다. / 彼の言うこととすることには食い違いがある 그가 하는 말과 행동에는 차이가 있다. | 그는 말과 행동이 일치하지 않는다.

**くいちがう**【食い違う】어긋나다, 엇갈리다 ¶双方の主張は食い違う 쌍방의 주장이 엇갈리다 / 両者の間で意見が食い違った 양자간의 의견이 어긋났다. / 今度の指示は前とは食い違っているようだ 이번 지시는 전과는 어긋난 것 같다. / 継ぎ目が食い違う 이음매가 어긋나다

**くいちぎる**【食い千切る】물어뜯다 ¶ライオンが獲物の肉を食いちぎった 사자가 먹이를 물어뜯었다.

**くいつく**【食い付く】덤벼들다, 달라붙다 〔魚が〕입질하다 ¶魚がえさに食いつかなかった 물고기가 먹이에 입질하지 않았다. / 彼はうまい話にはすぐ食いつく 그는 달콤한 말에는 금방 달라붙는다.

**くいつなぐ**【食い繋ぐ】끼니를 잇다 ¶失業してから貯金でなんとか食いつないでいる 실업 후 저금으로 겨우 겨우 살아 가고 있다.

**くいつぶす**【食い潰す】거덜내다, 털어먹다, 탕진하다 ¶彼はとうとう全財産を食いつぶしてしまった 그는 드디어 전 재산을 탕진하고 말았다.

**くいどうらく**【食い道楽】식도락, 미식(美食)〔人〕식도락가, 미식가(美食家)

**くいとめる**【食い止める】막다, 방지하다〔阻止する〕저지하다 ¶被害を最小限に食い止めることができた 피해를 최소한으로 막을 수 있었다. / 延焼を食い止める 불길이 번지는 것을 막다 / 敵の侵攻を食い止める 적의 침공을 저지하다

**くいにげ**【食い逃げ】무전취식(無銭取食) ◇食い逃げする 무전취식하다 ¶彼はまんまと食い逃げした 그는 감쪽같이 무전취식했다.

**くいもの**【食い物】〔食べ物〕음식물 [えじき] 이용물, 희생물 ¶彼らは会社を食い物にした 그들은 회사를 희생시켰다. / その老人はあくどいセールスマンの食い物にされた 그 노인은 악랄한 외판원의 희생이 되었다.

**くいる**【悔いる】뉘우치다, 후회하다 ⇒後悔

**くう**【食う】❶ 〔食べ物を〕먹다 ¶腹がへったから飯でも食いに行こう 배가 고프니까 밥이나 먹으러 가자. / 正月は食っちゃ寝食っちゃ寝したよ 설날에는 먹고 자고 먹고 자고 했어요.
❷〔生活する〕생활하다, 먹고 살아가다 ¶今のところ食うには困らないだけの収入はある 지금으로서는 먹고 사는 데 곤란하지 않을 만큼의 수입은 있다. / わずかな収入で食っていかなければならなかった 얼마 안 되는 수입으로 생활하지 않으면 안 되었다.
❸〔時間・費用などかかる〕잡아먹다, 소비하다 [お金を] 들다 [時間を] 걸리다 ¶この車はガソリンを食う 이 자동차는 휘발유를 많이 소비한다. / その計画は金を食うのであきらめたほうがいい 그 계획은 돈이 들기 때문에 포기하는 게 좋다. / もたもたして時間を食ってしまった 우물쭈물 하는 바람에 시간을 많이 잡아먹었다.
❹〔虫が〕먹다, 물다 ¶蚊に食われて足がかゆい 모기에 물려서 발이 가렵다. / 大事な洋服が虫

食われてしまった 소중한 양복을 벌레가 먹었다. / 慣用句 その選手は審判に食ってかかった 그 선수는 심판에게 대들었다. / 彼女は時々人を食った態度を取る 그녀는 가끔 사람을 깔보는 태도를 취한다. / 野生動物の世界は食うか食われるかの戦いだ 야생 동물의 세계는 먹느냐 먹히느냐의 싸움이다. / 犯人は何食わぬ顔で被害者の葬儀に出ていた 범인은 아무렇지 않은 얼굴로 피해자의 장례식에 참석했다. / 二度とその手は食わないぞ 두 번 다시 그 수에는 안 넘어간다. ⇨食べる

くうかん【空間】공간 ¶空間を埋める空間を채우다 / 狭い空間 좁은 공간 / 時間と空間 시간과 공간

くうき【空気】❶〔大気〕공기〔タイヤ·ボールなどの〕바람

◆空気が·空気は

¶この部屋は空気が悪い 이 방은 공기가 나쁘다. / 空気が乾燥しているので火の元には注意ください 공기가 건조하기 때문에 불씨에는 주의하세요. / もし地球に空気がなかったらすべての生物が死ぬだろう 만약 지구에 공기가 없었다면 모든 생물은 죽겠지. / 都会の空気は排気ガスで汚れている 도심지의 공기는 배기가스에 오염되어 있다.

◆空気を

¶新鮮な空気をいっぱい吸った 신선한 공기를 듬뿍 들이마셨다. / 自転車のタイヤに空気を入れた 자전거 타이어에 바람을 넣었다. / タイヤの空気が抜ける 타이어의 바람이 빠지다 / 彼はゴムボートの空気を抜いた 그는 고무 보트의 바람을 뺐다. / 新鮮な空気を入れるために窓を開けた 환기시키려고 창문을 열었다.

❷〔雰囲気〕분위기 ¶私はこの学校の自由な空気が好きだ 나는 이 학교의 자유로운 분위기가 좋다. / その町には何か不穏な空気が感じられた 그 동네에는 뭔가 불온한 분위기를 느꼈다. / 二人の間に気まずい空気が流れた 두 사람 사이에 어색한 분위기가 흘렀다. / その場の空気が一変した その자리의 분위기가 일변했다. 関連 空気汚染 공기 오염 / 空気清浄機 공기 청정기〔정화기〕/ 空気銃 공기총 / 空気感染 공기 감염〔전염〕/ 空気入れ 공기 펌프

くうきょ【空虚】❍空虚だ 공허하다 ¶空虚な心 공허한 마음 / 空虚な議論 공허한 논의 関連 空虚感 공허감 ⇨うつろ

ぐうぐう〔いびき〕쿨쿨〔空腹〕쪼르륵 ¶ぐうぐういびきをかく 쿨쿨 코를 골다 / ぐうぐう寝る 쿨쿨 잠을 자다 / 腹がぐうぐう鳴る 배에서 쪼르륵 소리가 나다

くうぐん【空軍】공군 関連 空軍機 공군기 / 空軍士官学校 공군 사관학교 / 空軍基地 공군 기지

くうこう【空港】공항 関連 空港バス 공항 버스 / 国際空港 국제공항 / 成田空港 나리타 공항 / 仁川国際空港 인천 국제공항 / ハブ空港 허브 공항

くうしつ【空室】공실, 빈방
くうしゃ【空車】공차, 빈차
くうしゅう【空襲】공습 関連 空襲警報 공습 경보

くうしょ【空所】빈 곳, 빈자리 ¶次の文の空所を埋めなさい 다음 문장의 빈 칸을 채우시오.

ぐうすう【偶数】짝수(↔喜수), 우수(↔기수)

くうせき【空席】〔欠員〕공석〔空いた席. 空いたポスト〕〔役職〕빈자리 ¶次長のポストは空席のままだ 차장 자리는 빈자리인 채이다. / 空席がない 빈자리가 없다 / 空席を埋める 빈자리를 메우다 / 空席に座る 빈자리에 앉다 / スタンドは空席が目立ったスタンド는 빈자리가 눈에 띄었다. / 空席待ちの客 웨이팅 손님

くうぜん【空前】공전 ◇空前の 공전의 ¶その歌手のCDは200万枚という空前の売り上げを記録した 그 가수의 CD는 200만 장이라는 공전의 매상을 기록했다. / 連休の行楽地はどこも空前の人出だった 연휴의 행락지는 어디든지 전례없는 나들이 인파였다. 関連 空前絶後 공전절후

ぐうぜん【偶然】우연 ◇偶然だ 우연하다 ◇偶然に 우연히 ¶映画館で偶然友達と会った 영화관에서 우연히 친구를 만났다. / 偶然そうなったのか, それとも意図的にそうしたのか 우연히 그렇게 되었는지, 아니면 의도적이었는지. / 彼が画家として成功したのは決して偶然ではない 그가 화가로서 성공한 것은 결코 우연이 아니다. / 君と僕の誕生日がいっしょなんて偶然の一致だね 너와 나의 생일이 같다니 우연의 일치로구나. / 偶然の出来事 우연한 사건

くうそう【空想】공상 ◇空想する 공상하다 ¶空想をたくましくして小説を書いた 마음껏 공상해서 소설을 썼다. /「UFOって本当にあるのかなあ」「そんなの空想だよ」 "UFO는 정말로 있을까?" "그런 건 공상이야." / 彼はいつも空想にふけっている 그 친구는 언제나 공상에 잠겨 있다. ¶自分が映画スターだと空想してみた 자기 자신이 영화 스타라고 공상해 봤다. / 宇宙船に乗って宇宙を探検している自分を空想した 우주선을 타고 우주를 탐험하는 자신을 공상했다. 関連 空想家 공상가 / 空想科学小説〔映画〕공상 과학 소설〔영화〕, 에스에프(SF)

ぐうぞう【偶像】우상 ◇偶像化する 우상화하다 関連 偶像崇拝 우상 숭배

ぐうたら 게으름뱅이, 게으름쟁이 ◇ぐうたらなる 게으른 ¶ぐうたらな生活 게으른 생활 / ぐうたら亭主 게으름뱅이 집주인 ⇨なまける

くうちゅう【空中】공중 ¶たこが空中にふわりと浮かび上がった 연이 공중에 두둥실 날아 올랐다. 関連 空中権 공중권 / 空中戦 공중전 / 空中衝突 공중 충돌 / 空中ブランコ 공중 그네 / 空中分解 공중분해

くうちょう【空調】공기 조절 ⇨エアコン

クーデター 쿠데타 ¶軍がクーデターを起こした 군이 쿠데타를 일으켰다. / クーデターが未遂に終わる 쿠데타가 미수에 그치다

くうてん【空転】공전 ◇空転する 공전하다 ¶議論が空転する 의론이 공전하다

くうどう【空洞】공동 ¶この幹は中が空洞になっている 이 나무줄기는 속이 비어 있다. / 国内での産業の空洞化が進んでいる 국내에서의 산업 공동화가 진행되고 있다.

- **ぐうのね【ぐうの音】** 찍소리 ¶妻の反論に私はぐうの音も出なかった 아내의 반론에 나는 찍소리도 못했다.
- **くうはく【空白】** 공백 ¶国会が解散したために政治的空白が生じている 국회가 해산되었기 때문에 정치적 공백이 생겼다. / 空白の期間[状態] 공백 기간[상태] / 空白を埋める 공백을 메우다 / 空白を適切な語で埋めなさい 공백을 적절한 말로 채우시오.
- **ぐうはつ【偶発】** 우발 ◇偶発する 우발하다 ¶不可解な事故が偶発している 불가사의한 사고가 우발하고 있다.
- **くうひ【空費】** 허비, 낭비 ◇空費する 허비하다, 낭비하다
- **くうふく【空腹】** 공복, 시장 ¶空腹を覚える 시장기를[공복을] 느끼다 / 空腹を満たす 공복을 채우다 / 孤児たちはしきりに空腹を訴えている 고아들은 끊임없이 배고픔을 호소하고 있다. 関連 空腹感 공복감, 시장기
- **クーペ**〖車〗 쿠페
- **くうぼ【空母】** 항공모함(航空母艦)
- **クーポン** 쿠폰 ¶2千円の割引クーポン券 2천 엔의 할인 쿠폰권
- **くうゆ【空輸】** 공수 ◇空輸する 공수하다 ¶被災地に支援物資を空輸する 피재지에 지원 물자를 공수하다.
- **クーラー** 냉방기(冷房機)〖エアコン〗에어컨 ¶クーラーがきいている 냉방이 잘 되어 있다. / 室内はクーラーがききすぎていた 실내는 냉방을 심하게 해 놓았다.
- **くうらん【空欄】** 공란, 빈 칸 ¶空欄を埋める 빈 칸을 채우다
- **クール** ◇クールだ 침착하다 ¶彼はクールな男だ 그는 침착한 남자다.
- **くうろ【空路】** 공로 ¶彼女は空路, 釜山へ旅立った 그녀는 비행기로 부산에 여행을 떠났다.
- **くうろん【空論】** 공론 ¶机上の空論 탁상공론
- **ぐうわ【寓話】** 우화 ¶イソップ寓話 이솝 우화
- **クエスチョンマーク** 의문부, 물음표
- **クォーター** 쿼터 関連 クォーターバック〖アメフト〗쿼터백 / スクリーンクォーター制〖映画〗스크린 쿼터제
- **クォーツ** 쿼츠 関連 クォーツ時計 쿼츠 시계
- **くかく【区画】** 구획 ◇区画する 구획하다 ¶造成した住宅地を区画する 조성한 주택지를 구획하다 関連 区画整理 구획 정리 / 行政区画 행정구획
- **くがく【苦学】** 고학 ◇苦学する 고학하다 ¶彼女は苦学して大学を出た 그녀는 고학으로 대학을 나왔다. 関連 苦学生 고학생
- **くがつ【九月】** 구월
- **くかん【区間】** 구간 ¶京都と名古屋の区間で新幹線が不通になっている 교토와 나고야 구간에서 신칸센이 불통이 되었다. 関連 乗車区間 승차구간
- **くき【茎】** 줄기
- **くぎ【釘】** 못 ¶くぎを打つ[抜く] 못을 박다[뽑다] / 板の釘がなかなか抜けない 판자의 못이 좀처럼 빠지지 않는다. / 板をくぎで打ち付ける 판자를 못으로 박다 / 看板をくぎで壁に留める 간판을 못으로 벽에 고정시키다 / 服をくぎに引っ掛けてしまった 옷이 못에 걸리고 말았다. / この壁にくぎを打たないでください 이 벽에는 못을 박지 말아 주세요. 数え方 くぎ1本 못 한 개 ¶雨戸は開けられないようくぎ付けにされていた 빈지문은 열지 못하게 못이 박혀 있었다. 慣用句 遅刻しないようにその生徒にくぎを刺しておいた 지각하지 않도록 그 학생에게 다짐을 해 두었다. / 恐怖のあまりその場にくぎ付けになった 너무나도 무서워서 그 자리에서 꼼짝못하였다. / 彼の目は壁の写真にくぎ付けになった 그는 벽에 걸린 사진에서 눈을 뗄 수 없었다. / ワールドカップの中継を見るためにきのうの夜はテレビにくぎ付けだった 월드컵 중계를 보기 위해서 어젯밤은 텔레비전 앞을 떠나지 못했다. 関連 くぎ抜き 못뽑이
- **くきょう【苦境】** 고경, 곤경 ¶私のミスがもとでチームは苦境に追い込まれた 내 실수가 원인이 되어 팀은 곤경에 빠졌다. / 彼は会社を苦境から救った 그는 회사를 곤경에서 구해냈다. / 苦境に立つ 곤경에 처하다 / 苦境から脱する 곤경을 벗어나다
- **くぎり【区切り・句切り】**〖文章の〗단락〖物事の〗매듭 ¶文章に区切りをつける 문장에 단락을 짓다 / 仕事に区切りがついた 일에 매듭을 지었다. / 区切りのいい所で一休みしよう 일단락 지어지면 잠깐 쉽시다.
- **くぎる【区切る・句切る】**〖分ける〗구분하다, 구획하다, 구획을 짓다〖文章で〗끊다 ¶ノートを線で2つに区切った 노트에 선을 그어 두 개로 구획을 지었다. / 文を句読点で区切る 문장을 구두점으로 끊다
- **くく【九九】** 구구, 구구법, 구구단 ¶九九を覚える 구구를 외우다
- **くくる【括る】** 묶다〖首を〗매다 ¶古新聞をひもでくくった 헌 신문을 끈으로 묶었다. / 修飾語をかっこでくくる 수식어를 괄호로 묶다 / 彼は首をくくって自殺した 그는 목을 매어 자살했다.
- **くぐる【潜る】** 통과하다, 빠져나가다 ¶彼らは法の目をくぐって悪事を働いている 그들은 법망을 교묘하게 빠져나가 나쁜 일을 하고 있다.
- **くげん【苦言】** 고언 ¶苦言を呈する 고언을 드리다

# くさ【草】 풀〖雑草〗잡초

◆**草が・草の**
¶庭の草が伸びている 정원의 풀이 너무 자랐다. / 丘の斜面は草が茂っていた 언덕의 비탈길에는 풀이 무성하다. / 草が花の間にたくさん生えている 잡초가 꽃 사이에 많이 나 있다. / 私は草の上に寝転んで空を眺めていた 나는 풀 위에 누워서 하늘을 바라보았다.

◆**草を**
¶草をむしる 풀을 뽑다 / 週末にはいつも庭の草を刈る 주말에는 언제나 뜰의 풀을 베다 / 牛が野原で草を食(は)んでいる 소가 들판에서 풀을 뜯어 먹고 있다.

# くさい【臭い】 ❶〖悪臭がする〗구리다, 고약하다 ¶臭いにおいがする 구린 냄새가

나다 / 何か臭くない？ 무슨 냄새 나지 않니？ / 彼は息が臭い 그는 입냄새가 지독하다. / この部屋はガス臭くないですか？ 이 방에서 가스 냄새가 나지 않습니까？ / 何だか焦げ臭いな 뭔가 탄 냄새가 나는데. / 彼の部屋[息]はたばこ臭い 그의 방[입]에서는 담배 냄새가 난다. 課長はいつも酒臭い 과장에게서는 항상 술 냄새가 난다.

❷ [怪しい] 수상하다, 의심스럽다 ¶どうもあの男が臭いな 아무래도 저 남자가 수상쩍다.
¶彼女の話はなんかいんちき臭いんだよな 그 여자의 이야기는 왠지 수상하단 말이야. 慣用句 彼らは臭いものにはふたをしようとしている 그들은 의심스러운 것을 숨기려고 한다. / おまえは5年は臭い飯を食わなければいけない 너는 5년 동안은 콩밥을 먹어야 돼!

くさき【草木】 초목 ¶草木もなびく 초목도 너울거리다

くさとり【草取り】 김매기 ¶彼女は庭の草取りをした 그녀는 정원의 잡초를 뽑았다.

くさのね【草の根】 풀뿌리 慣用句 警察は草の根を分けても犯人を捜し出すだろう 경찰은 샅샅이 뒤져서라도 범인을 찾아낼 것이다. 関連 草の根運動 시민 운동 / 草の根民主主義 풀뿌리 민주주의

くさばな【草花】 화초
くさはら【草原】 초원, 풀밭
くさび【楔】 쐐기 ¶くさびを打つ 쐐기를 박다 / 彼らの同盟関係にくさびを打ち込むことに成功した 그들의 동맹 관계에 쐐기를 박는 데 성공했다.

くさみ【臭み】 구린 냄새 ¶にんにくは独特の臭みがある 마늘은 독특한 냄새가 난다. / 臭みを抜く 냄새를 없애다

くさむら【叢・草叢】 풀밭, 풀숲
くさやきゅう【草野球】 아마추어들이 모여서 하는 야구

くさり【鎖】 쇠사슬, 사슬 ¶犬は鎖につないでおいてください 개는 쇠사슬에 매어 두세요. / 犬の鎖を外す 개의 사슬을 풀다

ぐさり ◇ぐさりと 푹 ¶女は男の腹をぐさりと刺した 여자는 남자의 배를 푹 찔렀다. / ナイフでぐさりと突き刺す 나이프로 푹 찌르다 / 母の言葉がぐさりと胸にこたえた 엄마의 말이 찡하고 가슴에 와 닿았다.

くさる【腐る】 ❶ [腐敗する] 썩다 ¶食べ物が腐る ¶この魚は腐っている 이 생선은 상했다. / 木が腐る 나무가 썩다 / 牛乳は冷蔵庫に入れておかないと腐ってしまう 우유는 냉장고에 넣어 두지 않으면 상해 버린다. / 肉が腐りかけている 고기가 썩어 가고 있다. / 古いみかんはかびが生えて腐っていた 오래된 귤이 곰팡이가 생겨서 썩었다. / 夏場は食べ物が腐りやすい 여름철에는 음식물이 상하기 쉽다. / 卵が腐っているのがにおいでわかった 달걀이 상했다는 것을 냄새로 알았다. / 腐った卵 썩은 달걀

❷ [堕落する] 타락하다 ¶あいつは根性が腐っている 저 녀석은 정신이 썩었어. / 저 녀석은 근성이 걸렀어. / 心の腐った人間 마음이 타락한 사람 / 腐り切った世の中 썩어 버린 세상

❸ [その他] ¶その子は先生にしかられてすっかり腐っ

ている その아이는 선생님한테 혼나서 완전히 기가 죽어 있다. / 彼は金を腐るほど持っている 그는 돈이 썩어 날 만큼 많이 있다. / 元気出して、他にも男[女]は腐るほど(→いくらでもたくさん)いるんだから 힘내, 그 사람 외에도 남자[여자]는 얼마든지 많이 있으니까.

くさわけ【草分け】 선구자, 창시자 ¶彼は日本映画界の草分けの存在だ 그는 일본 영화계의 선구자적인 존재다.

くし【串】 꼬챙이, 꼬치 ¶肉片を串に刺す 고기 조각을 꼬챙이에 꿰다 / 魚を串焼きにする 생선을 꼬챙이에 꿰어 굽다 関連 串焼き 꼬치구이

くし【櫛】 빗 ¶髪にくしを入れる 머리를 빗다
くし【駆使】 ◇駆使する 구사하다 ¶このロボットは最新技術を駆使して作られた 이 로봇은 최신 기술을 구사해서 만들어졌다.

くじ【籤】【宝くじ】 복권 ¶くじを引く 제비를 뽑다 / くじに当たる 당첨되다 / くじに外れる 꽝이다 / 彼はくじ運が強い 그는 당첨운이 좋다.

くじく【挫く】 [ねんざ] 삐다 [勢いを] 꺾다
¶転んで足をくじいた 넘어져서 발을 삐었다. 慣用句 弱きを助け強きをくじく 약한 자를 돕고 강한 자를 꺾다

くじける【挫ける】 꺾이다 ¶気持ち[士気]がくじける 마음이[사기가] 꺾이다 / くじけずに頑張って 기죽지 말고 끝까지 노력해 봐

くじびき【籤引き】 제비뽑기 ⇨くじ
くじゃく【孔雀】 공작
くしゃくしゃ 쭈글쭈글, 꾸깃꾸깃 ◇くしゃくしゃだ ¶手紙をくしゃくしゃに丸めて捨てた 편지를 꾸깃꾸깃 말아서 버렸다. / ブラウスはしわでくしゃくしゃだった 블라우스는 심하게 구겨졌다. / 床に座ったのでスカートがくしゃくしゃになった 바닥에 앉아서 치마가 쭈글쭈글 해졌다. / 彼の髪はくしゃくしゃだった 그의 머리는 흐트러졌다.

ぐしゃぐしゃ ◇ぐしゃぐしゃだ 후줄근하다, 질 퍽질퍽하다 ¶ひどい雨が降ったので地面がぐしゃぐしゃだった 비가 많이 내려서 땅바닥이 질퍽질퍽했다.

くしゃみ 재채기 ¶くしゃみが出る 재채기가 나다 / 花粉症でくしゃみが止まらない 꽃가루 알레르기 때문에 재채기가 멈추지 않는다.

くじょ【駆除】 구제 ◇駆除する 구제하다 ¶害虫を駆除する 해충을 구제하다

くしょう【苦笑】 고소, 쓴웃음 ◇苦笑する 고소하다, 쓴웃음을 짓다 ¶彼の話に苦笑せざるを得なかった 그 사람 이야기에 쓴웃음을 짓지 않을 수가 없었다.

くじょう【苦情】 [不平] 불평 [不満] 불만
¶苦情を言う 불평하다 / 苦情を訴える 불만을 호소하다 / 騒音がひどいという苦情が殺到した 소음이 심하다는 불만이 쇄도했다. ⇨不平, 文句

くじら【鯨】 고래 ¶鯨が潮を吹いている 고래가 물을 뿜는다. / 鯨の群れ 고래 떼

くしん【苦心】 고심 [骨折り] 수고 [努力] 노력 [苦労] 고생 ◇苦心する 고심하다 ¶苦心のかいあって、イベントは大成功だった 고생한 보람이 있어서 이벤트는 대성공이었다. / せっかくの苦心も

水の泡になった 모처럼의 노력이 물거품이 되었다. / 苦心の末, やっと見本が出来上がった 고생끝에 드디어 견본이 완성되었다. / これは苦心して作り上げた作品だ 이것은 고심하여 만든 작품이다. / 彼は実験を成功させようと苦心惨たんした 그는 실험을 성공시키려고「고심참담했다[몹시 애를 썼다]. / 彼の苦心の跡がうかがえる 그가 고심한 흔적을 엿볼 수 있다.

**くず【屑】** 쓰레기〔紙くず〕휴지 ¶あいつは人間のくずだ 저 녀석은 인간 쓰레기다. 関連 くず入れ 쓰레기통 / くずかご 휴지통 / くず鉄 쇠 부스러기, 고철 / 紙くず 종이 부스러기, 휴지 조각 / パンくず 빵 부스러기

**ぐず【愚図】**〔のろま〕늘보, 느리광이 〔決断できない人〕굼벵이 ◇愚図だ 굼뜨다, 꾸물꾸물하다

**くすくす** 킥킥, 킬킬 ¶妹は漫画を見てくすくす笑った 여동생은 만화를 보면서 킬킬 웃었다.

**ぐずぐず【愚図愚図】**◇ぐずぐずする 우물쭈물하다, 꾸물거리다, 꾸물대다 ◇ぐずぐず言う 투덜대다 ¶ぐずぐずしていたら汽車に乗り遅れた 우물쭈물하다가 기차를 놓쳤다. / ぐずぐずしないでさっさと着替えなさい 꾸물거리지 말고 얼른 옷 갈아입어라. / 彼は長いことぐずぐず言っていた 그는 오랫동안 투덜거렸다.

**くすぐったい** 간지럽다〔かゆい〕근질거리다〔てれくさい〕멋쩍다, 겸연쩍다 ¶足の裏がくすぐったい 발바닥이 근질거리다 / さわるのはやめてくれ, くすぐったいから 만지는 것 그만해, 간지러우니까. / くすぐったいことを言う 낯간지러운 소리하다 / ほめられすぎてくすぐったい 너무 칭찬을 받아서 쑥스럽다.

**くすぐる** 간질이다, 간지럽히다, 간지럼을 태우다〔そわそわさせる〕들뜨게 하다 ¶赤ちゃんの足をそっとくすぐった 아기의 발을 살짝 간지럽혔다. / 虚栄心をくすぐる 허영심을 자극하다

**くずす【崩す】❶**〔壊す, 乱す〕무너뜨리다, 헐다〔姿勢を〕펴다〔字を〕흘려쓰다 ¶住宅地を造成するために山を崩している 주택지를 조성하기 위해 산을 무너뜨리고 있다. / 刑事たちは彼女のアリバイを崩した 형사들은 그 여자의 알리바이를 무너뜨렸다. / 膝を崩して楽にしてください 무릎을 펴고 편하게 앉으세요. / 彼の字は崩して書くので読めない 그의 글씨는 흘려 써서 읽을 수가 없다.

**❷**〔お金を細かくする〕잔돈으로 바꾸다, 헐다, 《俗》깨다 ¶たばこを買って1万円札を崩した 담배를 사서 만 엔짜리를 깼다. / この千円札を百円玉に崩してもらえますか 이 천 엔짜리를 백 엔짜리로 바꿔 주시겠습니까?

**❸**〔その他〕¶その子はバランスを崩して転んだ 그 아이는 균형을 잃고 넘어졌다. / 体調を崩して力がない 몸 상태가 안 좋아서 힘이 없다.

**ぐずつく【愚図つく】**〔子どもが〕칭얼거리다〔天気が〕끄물거리다 ¶週末はぐずついた空模様になるでしょう 주말은 끄물끄물한 날씨가 되겠습니다.

**くすねる**〔盗む〕후무리다, 훔치다 ⇒**盗む**

**くすぶる【燻ぶる】**연기가 오르다〔滞る〕맺히다〔閉じこもる〕틀어박히다 ¶ビルの焼け跡はまだくすぶっている 빌딩의 불탄 자리는 아직 연기가 오르고 있다. / 領土問題が未だにくすぶっている 영토 문제가 아직까지도 응어리져 있다. / 失業してからは家で毎日くすぶっています 실업하고 나서는 집에 매일 틀어박혀 있습니다.

**くすむ** 칙칙하다 ¶くすんだ色 칙칙한 색깔

## くすり【薬】약

> 基本表現
>
> ▶食後にこの薬を飲んでください
>   식후에 이 약을 드세요.
> ▶この薬は風邪によく効く
>   이 약은 감기에 잘 듣는다.
> ▶この薬を飲めば気分がよくなりますよ
>   이 약을 먹으면 기분이 좋아져요.
> ▶この薬は苦い 이 약은 쓰다.
> ▶傷口に薬を塗った 상처에 약을 발랐다.

**◆薬は**
¶この薬は効き目がはやい 이 약은 효과가 빠르다. / 薬は子供の手の届かない所に置いてください 약은 어린이 손이 닿지 않는 곳에 놓아 두세요.

**◆薬を**
¶胃薬[頭痛薬]をください 위장약[두통약]을 주세요. / 1日3回食後にこの薬を飲んでください 하루에 세 번 식후에 이 약을 드세요. / 医者が風邪薬を処方してくれた 의사 선생님이 감기약을 처방해 주셨다. / この薬を飲むと頭痛が和らぎますよ 이 약을 먹으면 두통이 완화됩니다. / 彼は病院で心臓の薬をもらっている 그는 병원에서 심장약을 받고 있다.

**◆その他**
¶今のあなたには十分な睡眠がいちばんの薬です 지금, 당신에게 가장 필요한 것은 충분한 수면입니다. / 彼は最近薬漬けになっている 그는 최근 약을 지나치게 복용하고 있다. /「これは何の薬ですか」「腹痛に効く薬です」"이것은 무슨 약입니까?" "복통에 잘 듣는 약입니다." 慣用句 今度の失敗は彼にはいい薬になるだろう 이번 실패는 그에게 있어 좋은 약이 될 것이다. / 息子をしかりつけたら薬が効きすぎたのか, すっかりしょげている 아들을 꾸중했더니 효과가 너무 컸는지 완전히 기가 죽어 있다. / ばかにつける薬はない 바보는 죽어도 낫지 않는다. 関連 薬箱 약상자 / 薬屋[薬局] 약방[약국] / 丸薬 알약 / 錠剤 정제 / カプセル 캡슐 / 粉薬 가루약 / 水薬 물약 / 塗り薬 연고(軟膏)

**くすりゆび【薬指】** 약손가락, 무명지

**ぐずる** 칭얼거리다 ¶その赤ん坊は眠くなるとすぐぐずる 그 아기는 잠이 오면 금방 칭얼거린다. / ぐずる子供をあやす 칭얼거리는 아이를 달래다

**くずれる【崩れる】❶**〔整っていたものが壊れる〕무너지다, 허물어지다 ¶崖が崩れる 벼랑이 무너지다 / 地震で塀が崩れた 지진으로 담이 울타리가 〔담이〕무너졌다. / 古い体制が崩れて新しい時代になった 낡은 체제가 무너지고 새로운 시대가 되었다.

**❷**〔天気が〕나빠지다 ¶あしたから天気が崩れそう

だ 내일부터 날씨가 나빠질 것 같다. / 午後から急に天気が崩れて雨が降り出した 오후부터 갑자기 날씨가 흐려지더니 비가 내리기 시작했다.
❸〔その他〕¶だれかに踏まれて帽子の形が崩れてしまった 누군가에 밟혀서 모자가 찌그러져 버렸다. / 汗で化粧が崩れた 땀 때문에 화장이 지워졌다. / 1万円札が崩れますか 만엔 짜리를 잔돈으로 바꿀 수 있습니까?

**くせ**【癖】버릇〔習慣〕습관〔特徴〕특징

基本表現
▷彼は夜更かしの癖がある
 그는 밤늦게까지 무얼하는 버릇이 있다.
▷私はつめをかむ癖がある
 나는 손톱을 깨무는 버릇이 있다.
▷寝る前に歯を磨く癖をつけなさい
 자기 전에 이를 닦는 습관을 들여라.
▷それは癖になりそうだ
 그것은 습관이 될 것 같다.
▷朝寝坊の癖を直した
 늦잠 자는 버릇을 고쳤다.

◆《癖が・癖は》
¶彼はどもる癖がある 그는 말을 더듬는 버릇이 있다. / 新聞はスポーツ欄から読む癖がある 신문을 스포츠면부터 읽는 버릇이 있다. / 漫画ばかり読む悪い癖がついた 만화만 읽는 나쁜 버릇이 생겼다. / 彼の文章には独特の癖がある 그의 문장은 독특한 특징이 있다.

◆《癖の・癖を》
¶癖のある味 독특한 맛 / 彼女は癖のある話し方をする 그 여자의 말투는 독특하다. / 早起きの癖をつけなさい 아침 일찍 일어나는 버릇을 들여라. / 悪い癖を直す 나쁜 버릇을 고치다 / 子どもの指をしゃぶる癖を直す 아이의 손가락 빠는 버릇을 고치다 / 毎朝ドライヤーで髪の癖を直す 매일 아침 드라이어로 삐친 머리카락을 바로잡는다.

◆《その他》
¶ときどきいつもの癖でつい愚痴を言ってしまう 가끔 평상시의 습관으로 불만을 말해 버린다. / 人の話を最後まで聞かないのはあいつの悪い癖だ 남의 이야기를 끝까지 듣지 않는 것은 저 녀석의 나쁜 버릇이다. 慣用句 なくて七癖 누구에게나 없다고 해도 일곱 가지 버릇이 있다. 関連 口癖 말버릇 / 酒癖 술버릇 / 手癖 손버릇

**-くせに** ¶何も知らないくせに口を出すな 아무것도 모르는 주제에 참견하지 마. / 彼女は怖がるくせに見たがる 그녀는 겁이 많은 데도 보고 싶어한다.

**くせん**【苦戦】고전, 고투 ◇苦戦する 고전하다
¶チャンピオンは若い挑戦者に苦戦した 챔피언은 젊은 도전자에게 고전했다. / 与党は総選挙で苦戦を強いられた 여당은 총선거에서 고투를 맞았다.

**くそ**【糞】❶〔大便〕똥, 대변 ¶くそをする 똥을 누다｜대변을 보다
❷〔怒り・失望などを表す〕제기랄, 빌어먹을, 젠장 ¶くそ, 電車に乗り遅れた 제기랄, 전철을 놓쳐 버렸네. / おまえなんか, くそくらえ! 너 따위, 될

대로 돼라! / あのくそばかが! 저 바보 자식이!
❸〔その他〕¶彼女はくそまじめだ 그 애는 고지식해. / へたくそだ 몹시 서투르다 / 彼女は私をくそみそにこきおろした 그녀는 나를 형편없이 깎아내렸다.

**くだ**【管】관 ¶ガラスの管 유리관 慣用句 男が酔ってくだを巻いていた 남자가 술에 취해 주정을 부리고 있다.

**ぐたい**【具体】◇具体的だ 구체적이다 ◇具体的に 구체적으로 ◇具体化する 구체화하다 ¶彼女は具体的な例を挙げて説明した 그녀는 구체적인 예를 들어 설명했다. / あの先生の話はとても具体的でわかりやすい 그 선생님의 이야기는 매우 구체적이어서 알기 쉽다. / それについてもっと具体的に説明してください 그것에 대해서 좀 더 구체적인 설명을 해 주세요. / 彼の提案は具体性に欠ける 그의 제안은 구체성이 결여하다.
¶長年の夢がついに具体化した 오랜 세월 꿈꿔 왔던 것이 드디어 구체화되었다. / 我々の構想はこの企画書に具体化されている 우리들의 구상은 이 기획서에 구체화되어 있다. 関連 具体案 구체안

**くだく**【砕く】부수다, 깨뜨리다〔骨折る〕애쓰다 ¶ハンマーで石を砕いた 망치로 돌을 깨뜨렸다. / 船は厚い氷を砕きながらゆっくり進んだ 배는 두꺼운 얼음을 깨뜨리면서 천천히 앞으로 나아갔다.
¶両親は息子の就職のことで心を砕いた 부모님은 아들의 취직 일로 노심초사했다.

**くたくた** ◇くたくたに 녹초가 되다, 노그라지다, 기진맥진하다 ¶何時間も歩いてくたくたになった 몇 시간이나 걸었더니 녹초가 되었다.

**くだける**【砕ける】부서지다, 깨지다〔気取らない〕스스럼없다, 허물없다 ¶花瓶が床に落ちて粉々に砕けた 꽃병이 바닥에 떨어져서 산산조각이 났다. / 波が岩に砕けて白いしぶきをあげていた 파도가 바위에 부딪혀 하얀 물보라를 일으켰다. / 彼はだれにでもくだけた態度で接する 그 사람은 아무에게나 허물없는 태도로 대한다. / 友人同士のくだけた会話 친구들 간의 스스럼없는 대화 / くだけた服装 캐주얼한 복장
¶彼は私たちにわかりやすいくだけた言葉で説明してくれた 그는 우리들에게 알기 쉽고 스스럼없는 말로 설명해 주었다. 慣用句 とにかく当たって砕けろだ 좌우간 부딪쳐 보자.

**ください**【下さい】❶〔物をもらう, 買う〕주십시오, 주세요 ¶バラを10本ください 장미꽃 열 송이 주세요. / 「クッキー食べる?」「ええ, ください」"쿠키 먹을래?" "네, 주세요." / すみません, コーヒーください 여기요, 커피 주세요.

会話 これをください
 A：この帽子はどうかしら
 B：とてもよくお似合いですよ
 A：では, これをください
A：이 모자 어때요?
B：잘 어울리세요.
C：그럼 이거 주세요.

❷〔相手の動作に対する尊敬〕《動詞語幹＋》

くだす

-(으)십시오[-(으)세요] ¶こちらへおいでください 이쪽으로 오십시오. / お掛けください 앉으세요. / そこに近寄らないでください 그쪽으로는 다가가지 마세요. / ゆっくりやってください, 急ぎませんから 천천히 하세요, 서두르는 게 아니니까요. / 私は彼に部屋から出ていってくださいと言った 나는 그 사람에게 방에서 나가 주십사고 말했다. / お名前をお聞かせくださいませんか 성함이 어떻게 되십니까?

❸ [依頼]《動詞連用形+》주십시오[주세요] ¶駅へ行く道を教えてくださいませんか 역까지 어떻게 가는지 좀 가르쳐 주시겠습니까? / どなたか手を貸してくださいませんか 누군가 좀 도와 주시지 않겠습니까? / もう少し静かにしてください 좀 더 조용히 해 주십시오. / 窓を開けてください 창문 좀 열어 주십시오. / ペンを貸してください 펜 좀 빌려 주십시오. / 私の部屋まで来てください 제 방까지 좀 와 주십시오. / 遅れないでくださいね 늦지 말아 주십시오.

¶ミーティングをしたいので会議室を使わせてくださいませんか 회의를 하고 싶어서 그러는데요, 회의실 좀 사용해도 되겠습니까?

> 語法 오세요と와 주세요
> 오세요는 정중한 의미의「来てください」이며, 聞き手が来ても話し手は利益を受けない.
> ¶一度遊びに来てください 한번 놀러 오세요.
> 와 주세요는 依頼의「来てください」이며, 聞き手が来ることによって話し手が利益を受ける.
> ¶エアコンが故障したので一度見に来てください 에어컨이 고장난 것 같은데 한번 보러 와 주세요.

くだす【下す】❶ [命令・決定などを] 내리다 ¶隊長は前進命令を下した 대장은 전진 명령을 내렸다. / 裁判官は被告に無罪の判決を下した 재판관은 피고인에게 무죄 판결을 내렸다. / 早まった結論を下すべきではない 서두르는 결론을 내려서는 안된다. / 彼はその件に関し, 公平な判断を下した 그는 그 일에 관해 공평한 판단을 내렸다. / 新製品の開発を中止せよという決定が下された 신제품 개발을 중지하라는 결정이 내려졌다.

❷ [下痢する] 설사하다 ¶冷たいものを飲みすぎて腹を下した 찬 것을 많이 마셔서 설사를 했다.

❸ [その他] ¶患者はすでに手の下しようがなかった 그 환자는 이미 손을 쓸 수 없는 상황이었다.

くたばる【死ぬ】《俗》뻗다,《卑》뒈지다, 죽다 ¶くたばってしまえ 죽어 버려!

くたびれる【疲れる】지치다 [古びる] 낡아빠지다 / 立ちっぱなしでくたびれた 계속 서 있어서 지쳤다. / 待ちくたびれる 기다리다 지치다 / くたびれた背広 낡아빠진 양복

**くだもの【果物】**과일, 과실 ¶食後に果物でも食べましょう 식사 후에 과일이라도 먹어요. / 私は果物の中では桃がいちばん好きです 나는 과일 중에서 복숭아를 가장 좋아합니다. / 彼はいろいろな果物を栽培している 그는 여러 가지 과일을 재배하고 있다. / この果物の皮はとても厚い 이 과일 껍질은 매우 두껍다. / あの角を右に曲がったところに果物屋があります 저 모퉁이를 오른쪽으로 돌면 과일 가게가 있습니다.

くだらない【下らない】시시하다, 하찮다, 쓸모없다 ¶彼は下らない話を長々と続けた 그는 시시한 이야기를 길게 늘어놓았다. / 下らないことを言うな 시시한 소리 마라. / 下らない遊び 시시한 놀이 / 下らない質問 시시한 질문 / 下らないことと下らない人間 쓸모없는 인간

くだり【下り】하행(↔상행) 関連 下り線 하행선 / 下り列車 하행 열차

くだりざか【下り坂】내리막길〔衰退〕내리막, 사양길 ¶道はそこから下り坂になっていた 길은 거기서부터는 내리막길이 있다. / 景気が下り坂に入った 경기가 내리막에 접어들었다. / 彼女の人気は下り坂になってきた 그녀의 인기는 내리막이다

**くだる【下る】❶** [低い方へ移動する] 내리다, 내려가다 / 坂道を下る 비탈길을 내려가다 / 山道を5キロほど下ると小屋があった 산길을 5킬로미터 정도 내려갔더니 오두막집이 있었다. / 私たちはボートで川を1時間ほど下った 우리들은 보트로 강을 한 시간 정도 내려갔다. / この坂道を下った所に橋がある 이 비탈길을 내려간 곳에 다리가 있다.

❷ [判決・命令が] 내리다, 나다 ¶被告に懲役3年の判決が下った 피고인에게 징역 3년의 판결이 내렸다. / 撤退命令が下る 철퇴 명령이 내리다

❸ [下回る] 밑돌다 ¶平均点を下回る 평균점을 밑돌다 / 犠牲者は100人を下らない(→超える) 희생자는 100명이 넘는다. / 彼の年収は1千万円を下るまい 그의 연봉은 천만 엔을 넘을 것이다. / スタジアムには5万を下らないサッカーファンが詰めかけた 경기장에는 5만을 넘는 축구팬이 몰려들었다.

❹ [下痢をする] 설사하다, 설사가 나다 ¶きのうから腹が下っているんだ 어제부터 설사를 하고 있어.

**くち【口】❶** [器官] 입

> 基本表現
> ▷口を大きく開けなさい 입을 크게 벌려라.
> ▷口に食べ物を入れたまましゃべってはいけません 입에 음식물을 넣은 채로 말해서는 안 됩니다.
> ▷彼はたばこを口にくわえていた 그는 담배를 물고 있었다.

◆[口が・口から]
¶彼は口が臭かった 그는 입내가 심했다. / わさびで口がひりひりした 와사비로 입이 얼얼했다. / なんの説明も部長の口からは聞けなかった 아무런 설명도 부장님한테서는 들을 수 없었다. / 社長の辞任のニュースは口から口へ伝わった 사장님의 사임 소식은 입에서 입으로 전해졌다.

◆[口に・口を]
¶ライオンは肉を口にくわえていた 사자는 고기를 입에 물고 있었다. / 赤ん坊が指を口にくわえている

아기가 손가락을 빨고 있다. / ナプキンで口をぬぐった 냅킨으로 입을 닦았다. /「私はそんなことやってないわ」と彼女は口をとがらせて言った "나는 그런 일은 안 했어" 라고 그녀는 입을 뾰로통하게 하고 말했다.
❷〔言葉をしゃべること〕입, 말〔うわさ〕소문
◆〔口が・口は〕
¶彼は口がうまい 그는 말을 잘한다. / 彼女は口が軽いから秘密ごとは話せない 그 여자는 입이 가벼기 때문에 비밀 이야기는 못한다. / 彼は口が固い 그 사람은 입이 뜨다[무겁다]. / 彼女は口は悪いが, 根はいい人だ 그녀는 입이 걸지만, 속은 좋은 사람이다. / 彼女は語り口が柔らかい 그녀는 말투가 부드럽다. / 恐怖で口がきけなかった 공포로 말을 할 수가 없었다. / それは口が過ぎるよ 그것은 말이 지나치다. / そんなことをすると世間の口がうるさいぞ 그런 일을 하면 세상의 평판이 시끄럽다.
◆〔口を・口から〕
¶なんだか知らないけどユミがお前から口をきいてくれないんだ 뭐가 뭔지 모르겠지만 유미는 어제부터 나한테 말을 하지 않는 거야. / 私が彼に口をきいてあげよう 내가 그 사람한테 주선해 줄게. / これは私たち夫婦の問題ですから口を出さないでください 이것은 우리 부부 문제니까 참견하지 말아 주십시오. / これは本人の口から直接聞いた話だ 이것은 본인으로부터 직접 들은 이야기다. / 口を慎みなさい 말 조심해. / 口をつぐむ 입을 다물다[봉하다] / 口をふさぐ 입을 막다
◆〔その他〕
¶その山の美しさは口では表せない 그 산의 아름다움은 말로 형언할 수 없다. / 彼らの間ではよく彼女の名前が口に上っていた 그들 사이에서는, 그녀의 이름이 입에 자주 오르고 있었다. / 彼はえらそうなことを言っているが口ほどでもない 그는 잘난 척 말하지만 그렇게 대단치 않다.
❸〔出入り口〕출입구〔入り口〕입구〔出口〕출구 ¶新宿駅の東口で会おう 신주쿠 역 동쪽 출구에서 만나자. / この山の登り口は2か所ある 이 산의 등산 입구는 두 군데 있다. / エスカレーターの上り口[下り口] 에스컬레이터의 올라가는[내려가는] 쪽
❹〔物の口〕아가리, 주둥이〔栓, ふた〕마개, 뚜껑〔穴〕구멍 ¶瓶の口が狭くて梅の実が入らない 병 주둥이가 좁아서 매실이 들어가지 않는다. / ワインの口を切る 와인의 병마개를 따다 / 地震で地面がばっくり口を開いた 지진으로 지면이 쩍끔히 벌어졌다.
❺〔味覚, 食べること〕입, 입맛 ¶口に合う 입에 맞다 ¶このワインがお口に合えばよいのですが 이 와인이 입에 맞으신지 모르겠습니다만… / 日本料理は彼の口に合わないよ 일본 요리는 그 사람 입맛에 맞지 않아. / 私の娘はまだ小さいのに口が肥えている 내 딸은 아직 어린데도 입이 고급이다. / 彼はどの料理にも口をつけなかった 그는 어느 요리에도 입을 대지 않았다. / 酒は一切口にしません 술은 일체 마시지 않습니다.
❻〔物事の始まり〕초, 첫머리 ¶まだ宵の口だ 아직 초저녁이다. / 秋口に 초가을에

❼〔勤め口〕일자리 (▶発音은 일짜리) ¶おじが仕事の口を世話してくれた 삼촌이 일자리를 주선해 주었다.
❽〔その他〕¶彼はジョッキ1杯のビールを3口で飲み干した 그는 조끼 한 잔의 맥주를 세 모금에 다 마셨다. |慣用句| 本当におまえは口が減らないやつだな 정말로 너는 잘도 둘러대는 녀석이구나. / うっかり口を滑らして秘密をもらしてしまった 깜박 입을 잘못 놀려서 비밀을 흘려 버렸다. / その場を収めるため口から出まかせを言ってしまった 그 자리를 진정시키기 위해 아무렇게나 말해 버렸다. / 彼女は口から先に生まれたような女だ 그녀는 어지간히 말이 많은 여자이다. / 口が裂けてもそのことは言えない 입이 찢어져도 그것에 관해서는 말할 수 없다. / あの男のずうずうしさには開いた口がふさがらなかった 저 남자의 뻔뻔함에는 벌어진 입이 다물어지지가 않았다. / 私は彼に口が酸っぱくなるほど忠告した 나는 그 남자에게 입이 닳도록 충고했다. / 子供たちは口をそろえて「いやだ」と言った 어린이들은 입을 모아 "싫어"라고 말했다. / 警察の厳しい追及でようやく容疑者は口を割った 경찰의 엄격한 추궁에 혐의자는 겨우 자백했다. / 口は禍のもと 입은 화근의 근원 / 彼女は口も八丁, 手も八丁だ 그녀는 말도 잘하고 일도 잘한다.

ぐち【愚痴】푸념, 게정 ¶ぐちをこぼす 푸념을 늘어놓다 | 게정거리다 ¶彼は仕事がきついとぐちをこぼした 그는 일이 힘들다고 푸념을 늘어 놓았다. / おばさんはぐちっぽい人だ 아주머니는 푸념이 많은 사람이다.

くちあたり【口当たり】음식물을 입안에 넣었을 때의 감촉, 감칠맛 ¶口当たりのいい酒 감칠맛이 나는 술

くちうら【口裏】¶みんなで口裏を合わせた 모두 말을 맞추었다.

くちうるさい【口煩い】잔소리가 심하다, 말이 많다 ¶私の母は礼儀作法に口うるさい 우리 어머니는 예의범절에 관해서 말이 많다.

くちえ【口絵】권두화(巻頭画), 권두 그림

くちかず【口数】말수 ¶彼女は口数が多い[少ない] 그 여자는 말수가 많다[적다].

くちきたない【口汚い】입이 걸다 ¶あんなに不作法で口汚い子供を見たことがない 저렇게 버릇없고 입이 건 아이는 본 적이 없다. / 口汚くののしる 입에 담지 못할 욕을 하다

くちくかん【駆逐艦】구축함

くちぐせ【口癖】입버릇 ¶母は「早く」というのが口癖になっている 엄마는 '빨리'라는 말이 입버릇이다. / 父の口癖は「努力」だ 아빠의 입버릇은 '노력'이다.

くちぐるま【口車】감언, 감언이설 ¶まんまとセールスマンの口車に乗せられた 감쪽같이 외판원의 감언이설에 속았다.

くちげんか【口喧嘩】말다툼 ¶彼女と口げんかをした 여자 친구와 말다툼했다.

くちごたえ【口答え】말대꾸, 말대답 ¶親に向かって口答えはやめなさい 부모에게 말대꾸하지 말아.

くちコミ【口コミ】소문(所聞), 입소문 ¶その店

의 評判은 口コミ로 전해졌다 저 가게의 평판은 소문으로 전해졌다.

**くちごもる【口籠る】** 더듬거리다 ¶私の質問に彼は口ごもりながら答えた 내 질문에 그는 더듬거리면서 대답하였다.

**くちさき【口先】** ¶あいつはいつも口先だけだ 저 녀석은 항상 입에 발린 말만 한다. / 口先だけで環境問題について語る政治家もいる 입에 발린 말만으로 환경 문제에 대해서 이야기하는 정치가도 있다. / 口先だけの約束 말뿐인 약속

**くちずさむ【口遊む】**〔歌を〕흥얼거리다〔詩を〕읊조리다 ¶歌を口ずさみながら仕事をする 노래를 흥얼거리면서 일을 하다

**くちぞえ【口添え】** 주선(周旋) ¶友人の口添えで仕事が決まった 친구의 주선으로 일자리를 얻게 되었다.

**くちだし【口出し】** 말참견 ◇口出しする 말참견하다 ¶彼は私たちの議論に口出しした 그 사람은 우리들의 논의에 말참견했다. / 余計な口出しはしないでください 쓸데없는 말참견하지 마세요.

**くちづけ【口付け】** 입맞춤, 키스 ◇口付けする 입맞춤하다 ⇨キス

**くちどめ【口止め】** 입막음, 함구령(緘口令) ◇口止めする 입막음하다 ¶上司からかたく口止めされた 상사로부터 엄하게 함구령이 내려졌다. 関連 口止め料 입씻이

**くちなおし【口直し】** 입가심 ¶口直しにアイスクリームを食べる 입가심으로 아이스크림을 먹다

**くちなし【梔子】** 치자나무

**くちばし【嘴】** 부리 ¶くちばしでつつく 부리로 쪼다

**くちばしる【口走る】** ¶うっかり本当のことを口走ってしまった 깜박하고 사실을 엉겁결에 말하고 말았다.

**くちはばったい【口幅ったい】** ¶口幅ったいことを言うようですが 건방진 소리를 하는 것 같습니다만…

**くちび【口火】** 불씨, 발단 慣用句 チョンホが議論の口火を切った 정호가 논의의 첫 의견을 제시했다.

**くちひげ【口髭】** 콧수염, 코밑수염 ¶口ひげを生やす 콧수염을 기르다

**くちびる【唇】** 입술 ¶彼は唇が厚い〔薄い〕그는 입술이 두툼하다〔얇다〕. / 唇をかむ 입술을 깨물다 / 唇をとがらせる 입술을 내밀다 |〔怒って〕뾰로통해지다 / 唇をなめる 입술을 핥다 関連 上唇 윗입술, 下唇 아랫입술

**くちぶえ【口笛】** 휘파람 ¶口笛を吹く 휘파람을 불다

**くちぶり【口振り】** 말투 ¶あの口振りでは、おそらく彼女は来ないだろう 저 말투로는 아마도 그녀는 오지 않을 것이다. / 彼は何でもなかったような口振りだった 그는 아무 일 없었다는 말투였다.

**くちべた【口下手】** ◇口下手で 말솜씨가 없다, 말주변이 없다 ¶彼は口下手で損をしている 그는 말주변이 없어서 손해를 본다.

**くちべに【口紅】** 립스틱(< lipstick), 루즈(< rouge) ¶口紅を塗る 립스틱을 바르다

**くちまね【口真似】** ¶彼女は先生の口まねをした 그녀는 선생님의 말투를 흉내 냈다. / 彼は人の口まねがうまい 그는 남의 말투를 잘 흉내 낸다.

**くちもと【口元・口許】** 입가, 입매 ¶あの子は口元が母親にそっくりだ 저 아이는 입매가 엄마를 꼭 닮았다. / 口元に笑みを浮かべる 입가에 미소를 띠우다

**くちやかましい【口喧しい】** ¶母は、勉強しなさいといつも口やかましく言う 엄마는 공부하라고 항상 잔소리가 심하다.

**くちやくそく【口約束】** 언약(言約), 구두 약속 ◇口約束する 언약하다

**くちゃくちゃ** 쩍쩍, 짝짝〔しわくちゃ〕우글쭈글 ¶彼はガムをくちゃくちゃかんでいた 그는 껌을 짝짝 씹고 있었다. / 紙切れをくちゃくちゃに丸める 종잇조각을 우글쭈글 말다

**ぐちゃぐちゃ** 질퍽질퍽, 질척질척, 질퍽질컥 ◇ぐちゃぐちゃだ 질퍽하다, 질척하다, 질컥하다 ¶雨が降るとこの道はぐちゃぐちゃになる 비가 내리면 이 길은 질퍽거린다. / 柿が地面に落ちてぐちゃぐちゃにつぶれた 감이 땅에 떨어져 엉망진창이 되었다.

**くちょう【区長】** 구청장

**くちょう【口調】** 어조, 말투 ¶ガイドはていねいな口調で説明した 가이드는 정중한 말투로 설명했다. / 穏やかな口調 온화한 말투 / 改まった口調 정색을 한 말투 / 尊大な口調 거만한 말투 / 鋭い口調 날카로운 말투 / 強い口調 강한 말투 / 怒ったような口調 화난 말투 / とがめるような口調 비난하는 듯한 말투

**くつ【靴】** 구두(▶구두는 일반에 革靴をさす)〔履き物〕신, 신발〔スニーカー〕운동화 ¶この靴は少しきつい 이 구두는 꼭 끼다 /「この茶色の靴はおいくらですか」「1万円です」"이 갈색 구두는 얼마입니까?" "만 엔입니다." / ああっ、靴が脱げちゃった 아, 구두가 벗겨졌다.

¶靴のひもを結ぶ 구두 끈을 묶다 / この靴のサイズは私にぴったりだ 이 구두 사이즈는 나한테 딱 맞다. / 買う前に靴の履き心地を試した 사기 전에 구두를 신어 보고 맞는지 안 맞는지 확인했다.

¶靴を履く〔脱ぐ〕구두를 신다〔벗다〕/ 靴を磨く 구두를 닦다 / 彼女は赤い靴を履いていた 그녀는 빨간 구두를 신고 있었다. / 靴を直してもらいたいのですが 구두를 수선하고 싶은데요.

¶かかとの高い〔低い〕靴 굽이 높은〔낮은〕구두 / スウェードの靴 스웨이드 구두 / エナメルの靴 에나멜 구두 / ゴム底の靴 바닥이 고무로 만들어진 구두 / きつい靴 꼭 끼는 구두 / ゆるい靴 헐거운 구두 数え方 靴 1足 구두 한 켤레 関連 靴音 구두 소리, 靴ずみ 구두약, 靴ずれ 구두에 쓸린 상처, 靴ひも 구두끈, 靴ブラシ 구둣솔, 靴べら 구둣주걱, 靴磨き〔人〕구두닦이, 靴店 구둣방, 運動靴 운동화, 革靴 가죽 구두, 가죽신, 長靴 장화

**くつう【苦痛】** 고통〔痛み〕아픔〔つらさ〕괴로움 ¶彼女はひどい胸の痛みを訴えている 그녀는 心臟의 심한 고통을 호소하고 있다. / 患者の苦痛を和らげる 환자의 고통을 가라앉히다 / 拷問で彼は苦痛の叫び声を上げた 고문에 그는 고통의 비명을 질렀다. / もうこの苦痛には耐えられない 이

제 이런 고통은 견딜 수 없다. / 何時間も じっと座っているのは私にとって苦痛だ 몇 시간이나 계속 앉아 있는 것은 나한테는 너무나도 괴롭다. / 長く入院しているのは苦痛だ 오래 입원해 있는 것은 고통스럽다. / いつまでも親に干渉されるのは精神的な苦痛を感じる 언제까지나 부모에게 간섭받는 것은 정신적인 고통을 느낀다.

**くつがえす【覆す】** 뒤집다, 엎다, 뒤집어엎다, 뒤엎다 ¶それは定説をくつがえすような大発見だった 그것은 정설을 뒤엎는 듯한 큰 발견이었다. / 審判の判定をくつがえす 심판의 판정을 뒤집어엎다 / 政権をくつがえす 정권을 전복시키다 / 決定をくつがえす 결정을 뒤엎다

**クッキー** 쿠키 ¶クッキーを焼く 쿠키를 굽다

**くっきり** 뚜렷하게, 선명하게 ¶雪に覆われた富士山がくっきり見えた 눈에 덮인 후지 산이 선명하게 보였다.

**クッキング** 요리(料理), 쿠킹 関連 **クッキングスクール** 요리 학원, 쿠킹 스쿨 ⇒料理

**ぐつぐつ** 뽀글뽀글, 펄펄 ¶野菜は10分間ぐつぐつ煮なさい 야채는 10분간 펄펄 삶아라.

**くっし【屈指】** 굴지 ¶彼の父親は県内屈指の資産家だ 그의 아버지는 현내 굴지의 자산가다. / 球界屈指の好打者 야구계 굴지의 잘 치는 타자

**くつした【靴下】** 양말 ¶靴下をはく[脱ぐ] 양말을 신다[벗다] 数え方 靴下1足 양말 한 켤레

**くつじょく【屈辱】** 굴욕 ◇屈辱的だ 굴욕적이다 ¶新人に敗れたことは彼女にとって大きな屈辱だった 신인에게 진 것은 그녀에게 있어서 큰 굴욕이었다. / 屈辱を与える 굴욕을 주다 / 屈辱を受ける 굴욕을 당하다 / 屈辱に耐える 굴욕을 참다 関連 屈辱感 굴욕감

**ぐっしょり** 흠뻑, 함빡 ¶彼の服はぐっしょり濡れていた 그 사람 옷은 흠뻑 젖어 있었다.

**クッション** 쿠션

**ぐっすり** 푹 ¶ぐっすり眠る 푹 잠들다 ¶赤ちゃんはぐっすり眠っている 아기는 푹 잠들어 있다.

**くする【屈する】** 굴하다, 굴복하다 ¶彼らは迫害にも屈せず戦い続けた 그들은 박해에도 굴하지 않고 계속 싸웠다. / 脅しに屈する 협박에 굴하다 / 権力に屈する 권력에 굴하다

**くっせつ【屈折】** 굴절 ◇屈折する 굴절하다 ¶光は水中に入る時屈折する 빛은 물 속에 들어갈 때 굴절한다. / 屈折した感情 굴절된 감정 関連 屈折率 굴절율

**くったく【屈託】** 근심, 걱정 ¶何のくったくもない顔 아무런 근심 없는 얼굴

**ぐったり** ◇ぐったりする 녹초가 되다 ¶彼はぐったりと椅子に座り込んだ 그는 녹초가 되어 의자에 눌러 앉았다. / ぐったり疲れる 지치서 녹초가 되다

**くっつく【くっ付く】** 붙다, 들러붙다, 달라붙다 ¶服に髪の毛がくっついている 옷에 머리카락이 붙어 있다. / 飴がくっつく 엿이 들러붙다 / ガムが靴の底にくっついた 껌이 구두바닥에 들러붙었다 / 子供のころはいつも母にくっついていた 어릴 적에는 항상 어머니에게 달라붙어 다녔다. / 女の子たちがくっついて座席に座っていた 여자 아이들은 달라붙어 자리에 앉아 있었다.

**くっつける【くっ付ける】** 붙이다 ¶糊でくっつける 풀로 붙이다 / 割れた皿を接着剤でくっつける 깨진 접시를 접착제로 붙이다 / もっと椅子をくっつけて座ってください 좀 더 의자를 붙여서 앉아 주세요. ⇒付ける

**くってかかる【食って掛かる】** 대들다, 덤벼들다 ¶彼は審判に食ってかかった 그는 심판에게 덤벼들었다.

**ぐっと** 홱 [一息に] 단숨에 [はるかに] 훨씬 [じっと] 꾹 ¶綱をぐっと引っ張った 밧줄을 홱 잡아당겼다. / 彼はぐっと飲み干した 그는 단숨에 다 마셨다. / このほうがぐっと引き立ちますよ 이게 더 훨씬 돋보여요. / ぐっと怒りを堪える 화를 꾹 참다

**グッド** 굿, 좋다 関連 **グッドアイディア** 명안

**グッバイ** 굿바이

**くっぷく【屈服・屈伏】** 굴복 ◇屈服する 굴복하다 ¶権力に屈服する 권력에 굴복하다 / 敵を屈服させる 적을 굴복시키다

**くつろぐ【寛ぐ】** 편히 쉬다, 휴식하다 ¶夏休みは田舎の実家でくつろいだ 여름 방학 때는 고향 집에서 쉬었다.

**ぐでんぐでん** 곤드레만드레 ¶ぐでんぐでんに酔っぱらう 곤드레만드레 술 취하다

**くどい** 장황하다, 귀찮다 ¶彼の話はくどい 그의 이야기는 장황하다. / くどいようですが重ねて申し上げておきます 지겹게 되풀이하는 것 같지만 한 번 더 말씀드리겠습니다.

**くとうてん【句読点】** 구두점 (▶発音は 구두쩜) ¶句読点を打つ 구두점을 찍다

**くどく【口説く】** [説得する] 설득하다 [異性を] 사귀어 달라고 여자[남자]에게 매달리다, 꼬시다 ¶議長に立候補するよう彼を口説いた 의장에 입후보하도록 그 사람을 설득했다. / キョンヒを口説くのはなかなか難しい 경희를 꼬시는 것은 상당히 어렵다.

**くどくど** 장황하게, 지리하게 ¶くどくどと説明する 장황하게 설명하다

**くないちょう【宮内庁】** 궁내청 : 황실에 관한 사무를 맡아보는 행정부

**くなん【苦難】** 고난 ¶様々な苦難を味わう 온갖 고난을 겪다 / 苦難の道を歩む 고난의 길을 걷다 / 苦難の時を過ごす 고난의 한때를 보내다 / 苦難に耐える 고난을 이겨내다 / これまでの10年間は経済的苦難の時代だった 지금까지 10년간은 경제적 고난 시대였다.

**くに【国】** ❶ [国家, 国土] 나라, 국가 ¶オリンピックには世界中の国々から選手が参加する 올림픽에는 세계 각국의 선수가 참가한다. / 言葉は国によって異なる 언어는 나라마다 다르다. / 国全体がそのニュースで興奮した 나라 전체가 그 뉴스로 흥분했다. / 私はこれまでに国中を旅行した 나는 지금까지 국내를 다 여행했다. ¶中国はさまざまな民族からなる国 중국은 여러 민족으로 구성된 나라 / この施設は国が運営している 이 시설은 나라가 운영하고 있다. ❷ [故郷] 고향 ¶私はチュソクには国に帰ります 나는 추석에는 고향에 돌아갑니다. / 「お国はどちらですか」「青森です」 "고향이 어디세요?" "아오

모리입니다." お国自慢 우리 고장 자랑
関連 わが国 우리 나라(▶韓国人이 韓国에 있어서 있어서
쓸 때는 分かち書き하지 않고 우리나라로 한다)
**くにく**【苦肉】¶苦肉の策 고육지책
**ぐにゃぐにゃ** 물컹물컹, 흐물흐물 ¶レールがぐ
にゃぐにゃに曲がった 레일이 흐물흐물하게 구부
러졌다. / それは触ると柔らかくてぐにゃぐにゃしている
그것을 만지면 부드럽고 물컹물컹하다.
**くねくね** 구불구불 ¶川はくねくねと谷間を流れて
いた 강은 구불구불하게 골짜기를 흐르고 있
다. / くねくねした道 구불구불한 길
**くねる**【曲がる】구부러지다【よじる】비비꼬다,
비꼬다 ¶道は山をくねって上っていた 길은 산을
구불구불 구부러져 올라가 있었다. / 若者は体を
くねらせて踊った 젊은이는 몸을 비비꼬면서 춤
을 추었다. / くねって流れる川 구부러져 흐르는
강
**くのう**【苦悩】고뇌 ¶彼は生まれて初めて苦悩を味
わった 그는 평생 처음으로 고뇌를 맛보았
다. / 苦悩の色が濃い 고뇌의 빛이 진하다. / 苦悩
に満ちた人生 고뇌에 찬 인생
**くばる**【配る】【手渡す】전네주다【分配する】나
누어 주다, 분배하다【トランプなどを】도르다
¶彼女は通行人にビラを配った 그녀는 통행인에게
전단지를 나누어 주었다. / 洪水の被害者たちに
食糧が配られた 홍수의 피해자【수재민】들에게
식량이 분배되었다. / 彼は私たち一人一人にカード
を5枚ずつ配った 그 사람은 우리들 한 사람 한
사람에게 카드를 다섯 장씩 나누어 주었다.

**くび**【首】❶【首】목,《俗》모가지【首筋】고
개【頭部】머리
◆【首が・首の】
¶首が長い[短い] 목이 길다[짧다]. / 彼は首が太い
[細い]。그는 목이 굵다[가늘다]. / 彼は車の事故
で首の骨を折った 그는 자동차 사고로 목뼈가
부러졌다.
◆【首に・首を】
¶彼女は首にマフラーを巻いていた 그녀는 목에 머
플러를 감고 있었다. / ソンミはボーイフレンドの首
に抱きついた 선미는 남자 친구 목에 달라 붙었
다. / 彼女は首をかしげた 그 여자는 고개를 기울였
다. / 彼は首をひねった 그는 고개를 갸우뚱했
다. / その男は首をすくめた 그 남자는 목을 움츠
렸다. / 彼は窓から首を出した 그는 창문으로 목
을 내밀었다. / 彼女は私の申し出に首を縦に[横に]
振った 그녀는 내 제안에 찬성[반대]했다. / 罪
人は首をはねられた 죄인은 목을[목이] 잘렸
다. / 犯人は被害者の首を絞めて殺した 범인은 피
해자를 목 졸라 죽였다. / 彼女は首をつって死のう
とした 그녀는 목을 매어 자살하려 했다.
◆【その他】
¶シャツを買う前に首回りを測ってもらった 셔츠를
사기 전에 목둘레를 쟀다.
❷【瓶などの】목 ¶瓶が首のところで割れた 병의
목부분이 깨졌다.
❸【解雇】해고,《俗》모가지 ◇首にする 해고
하다,《俗》목을 자르다 ¶社長は秘書を首にし
た 사장은 비서를 해고했다. / 君は首だ 자네는

해고일세. / 彼は会社の金を使い込んで首になった 그
는 회사 돈을 사사로이 써서 해고되었다.
慣用句 借金で首が回らない 빚 때문에 옴짝달싹
못하다. / 期限までにこの仕事を終えないと君の首が飛
ぶよ 기한까지 이 일을 끝내지 않으면 자네는
해고야! / 幸い彼の首はまだつながっている 다행
히 그는 아직 해고를 안 당했다. / 「日本の優勝
の望みはもうないな」「いや、首の皮一枚でつながって
いるよ」"일본이 우승할 전망은 이제 없다."
" 아니야, 아직 희박한 가능성은 남아 있
어." / 彼女は何にでも首を突っ込む 그녀는 아무
일에나 깊이 관여한다. / あなたが来てくれるのを首
を長くして待っています 당신이 오기만을 목이
빠지도록 기다리겠습니다. / みんなは彼がどうして
そんなことをしたのか首をひねった 모두는 그가 왜
그런 짓을 했는가 의아하게 생각했다.
**くびかざり**【首飾り】목걸이
**くびったけ**【首っ丈】◇首ったけだ 홀딱 반하다
¶彼はヨンヒに首ったけだ 그 사람은 영희에게 홀
딱 반했다.
**くびっぴき**【首っ引き】¶辞書と首っ引きで原書を
読む 사전을 잠시도 놓지 않고 원본을 읽는
다.
**くびつり**【首吊り】¶首つり自殺をする 목을 매어
자살을 하다
**くびれる** 잘록하다 ¶その花瓶は胴体の真ん中がく
びれている 그 꽃병은 몸통 가운데가 잘록하
다. / くびれた腰 잘록한 허리
**くびわ**【首輪】목걸이 ¶犬に首輪をつける 개에게
개목걸이를 달다
**くぶ**【九分】¶本社ビルは九分通り完成した 본사
빌딩은 거의 완성되었다.

**くふう**【工夫】궁리(窮理), 연구, 생각 ◇工
夫する 궁리하다, 궁리를 짜내다
¶この装置は私が工夫して作ったものだ 이 장치는
내가 궁리를 짜내서 만든 것이다. / まだまだノ
ートの取り方には工夫が足りないよ 좀더 노트 필기
법을 궁리하지 이 일을 끝맺지 않으면 자네는
が可能になることもある 대수롭지 않은 생각으로
불가능이 가능으로 될 수도 있다. / あまりお金
がなくても工夫次第で快適に暮らすことができるよ 그
다지 돈이 없더라도 궁리 하나로 쾌적하게
생활할 수가 있다. / 彼女の計画はよく工夫がこら
されている 그 여자의 계획은 자세한 부분까지
잘 생각되어 있다. / 幹事は忘年会を楽しくするため
に工夫をこらした(→知恵をしぼった) 간사는 망년
회를 즐겁게 하기 위해서 머리를 짰다.
¶それは彼が工夫したものだ 그것은 그가 고안한
것이다. / スポーツと勉強を両立させる方法を工夫すべ
きだ 스포츠와 공부를 양립하는 법을 잘 생각
해야 한다.
**くぶくりん**【九分九厘】십중팔구 ¶彼は九分九
厘成功すると思う 그는 십중팔구 성공할 거라고
생각한다.
**くぶん**【区分】구분 ◇区分する 구분하다 ¶土
地を区分する 땅을 구분하다 関連 時代区分 시대
구분

**くべつ**【区別】구별【差別】차별 ◇区別する
구별하다, 차별하다

[基本表現]
▷その2台の車は区別がつかない
  그 두 대의 자동차는 구별이 안 된다.
▷私はとかげとやもりの区別がつかない 나는 도마뱀과 도마뱀붙이의 구별이 어렵다.
▷ライオンの雄と雌を区別するのは簡単だ 사자의 수컷과 암컷을 구별하는 것은 간단하다.
▷キムチチゲとテンジャンチゲの味って区別できるかい 김치찌개와 된장찌개의 맛을 구별할 수 있어?
¶子供は善悪の区別がつかない 어린이는 선악의 구별이 안 된다. / あの人は男だか女だか区別がつかない 저 사람은 남자인지 여자인지 구별이 안 간다. / 私はどっちがどっちか区別できない 나는 어느 쪽이 어느 쪽인지 구별할 수 없다. / 韓国の選手と中国の選手はユニフォームの色で区別できる 한국 선수와 중국 선수는 유니폼 색깔로 구별할 수 있다. / 政治家は公私の生活を区別すべきである 정치가는 공사 생활을 구별해야만 한다. / 彼らは子供たちを全員区別せず平等に扱った 그들은 어린이들을 모두 차별없이 평등하게 대했다. / 燃えるごみと燃えないごみは区別して出してください 타는 쓰레기와 안 타는 쓰레기는 분별해서 내 주십시오. / 当社は男女の区別をしない 당사는 남녀 차별을 하지 않는다.
¶彼女は老若男女のなれにでも好かれる 그녀는 남녀노소를 불문하고[막론하고] 누구에게나 호감을 산다.

**くぼち【窪地】** 움푹하게 팬 땅 ⇒盆地
**くぼみ【窪み】** 우묵한 곳, 움푹 들어간 곳
**くぼむ【窪む】** 움푹 패다, 움푹 들어가다 ¶岩のくぼんだ所に水がたまっている 바위의 움푹 팬 곳에 물이 괴어 있다. / 彼の目はくぼんでいる 그 사람의 눈은 움푹 들어가 있다.
**くま【熊】** 곰 [関連]子ぐま 새끼곰
**くまで【熊手】** 갈퀴
**くまなく【隈無く】** 구석구석까지, 샅샅이 ¶家中くまなく財布を探した 집안 구석구석 지갑을 찾았다.
**くまんばち【熊ん蜂】** 말벌
**くみ【組】** ❶ 〔学校などのクラス〕반(班), 학급(学級) ¶私は3年2組です 나는 3학년 2반입니다. / 私たちは同じ組です 우리들은 같은 반입니다.
❷ 〔ひとまとまりのもの〕조 〔一対〕쌍 〔ひとそろい〕벌, 세트 ¶3人1組になりなさい 3인 1조가 돼라. / 私たちは2人ずつ組になって歩き出した 우리들은 두 사람씩 조를 짜서 걷기 시작했다.
¶飛行機には5組の新婚夫婦が乗っていた 비행기에는 다섯 쌍의 신혼부부가 타고 있었다. / 結婚祝いに茶器1組を贈った 결혼 선물로 다기 한 벌을 보냈다. [関連] 2人組 이인조 / 3人組 삼인조 / 4人組 사인조
**くみあい【組合】** 조합 ¶組合に加入する 조합에 가입하다 / 労働組合を結成する 노동조합을 결성하다 [関連] 組合員 조합원 / 組合運動 조합 운동 / 組合費 조합비 / 共済組合 공제 조합 / 生活共同組合 생활 협동조합, 생협 / 農業協同組合 농업 협동조합, 농협 / 労働組合 노동조합, 노조

**くみあげる【汲み上げる】** ¶水をくみ上げる 물을 퍼 올리다 / 部下の意見をくみ上げる 부하의 의견을 받아들이다
**くみあわせ【組み合わせ】** 배합 〔調和〕조화 〔競技の〕대전 ¶紫とピンクは色の組み合わせがいい 보라색과 핑크색의 배합이[조화가] 좋다. / 試合の組み合わせはくじ引きで決められる 경기의 대전 편성은 제비뽑기로 결정된다.
**くみあわせる【組み合わせる】** 짜 맞추다 〔対戦させる〕대전시키다 ¶ばらにかすみ草を組み合わせてください 장미꽃에 안개꽃을 짜 맞추어 주세요. / 優勝候補チーム同士を組み合わせる 우승 후보 팀끼리 대전시킨다
**くみかえる【組み替える・組み換える】** 고쳐[다시, 새로] 짜다 〔再編成する〕재편성하다 ¶クラスを組み替える 반을 재편성하다 / 予算を組み替える 예산을 다시 짜다 / 遺伝子を組み換える 유전자를 재조합하다[재결합시키다]
**くみきょく【組曲】** 조곡
**くみこむ【組み込む】** 짜 넣다 〔内蔵する〕내장하다 ¶早朝練習をトレーニング計画に組み込む 조조 연습을 트레이닝 계획에 짜 넣는다 / ICが組み込まれたクレジットカード IC가 내장된 신용 카드
**くみたて【組み立て】** 조립 [関連] 組立工場 조립 공장 / 組立式家具 조립식 가구
**くみたてる【組み立てる】** 조립하다 ¶この工場ではコンピュータが組み立てられている 이 공장에서는 컴퓨터를 조립하고 있다. / 自分で模型飛行機を組み立てた 자기 혼자서 모형 비행기를 조립했다. / 本棚を組み立てる 책장을 짜다
**くみとり【汲み取り】** 퍼내기 ¶くみ取り作業 퍼내기 작업 / くみ取り式便所 재래식[푸세식] 변소
**くみとる【汲み取る】** 〔水などを〕푸다, 퍼내다 〔推察する〕헤아리다, 짐작하다 ⇒汲む
**くみふせる【組み伏せる】** ¶警官が犯人を組み伏せた 경찰관이 범인을 깔고 눕혔다.
**くみん【区民】** 구민 ¶区民税 구민세

**くむ【組む】** ❶ 〔脚などを〕꼬다 〔腕などを〕끼다 ¶このごろは若い女性が脚を組んで座るのはよく見かける光景だ 요즘 젊은 여성이 다리를 꼬고 앉는 것은 자주 보는 광경이다. / あぐらを組んで座る 책상다리를 하고 앉다 / 彼は腕を組んで考え込んでいる 그는 팔짱을 끼고 생각에 잠겨 있다. / 若いカップルが腕を組んで歩いていた 젊은 커플이 팔짱을 끼고 걷고 있었다. / 学生たちは肩を組んで校歌を歌った 학생들은 어깨동무하고 교가를 불렀다.
❷ 〔チームを組む〕짝이 되다, 한패가 되다 ¶今度のテニスの大会ではだれとダブルスを組むの? 이번 테니스 대회의 복식 경기는 누구와 짝이 되니? / 新入社員はそれぞれベテランと組んで仕事を覚える 신입 사원은 각자 베테랑과 한패가 되어 일을 배운다. / 私は彼と組んで取引先を回った 나는 그와 한패가 되어 거래처를 돌았다. / 小学生は7人から10人の集団を組んで登校した 초등학생들은 일곱 명에서 열 명이 한 집단이 되어 등교했다. / スリ団を捕らえるため日本と韓国の警察が手を組んだ 소매치기단을 잡기 위해 일본과

한국의 경찰이 손을 잡았다. / 私は彼と組んで新しい事業を始めた 나는 그 사람과 협동하여 새로운 사업을 시작했다.
❸〔編成する, 組み立てる〕편성하다, 짜다 ¶プログラムを組む プログラムを 짜다 / 予算を組む 예산을 짜다 / メンバーを組む 멤버를 짜다 / 木曜日の午後に会議の予定を組んだ 목요일 오후에 회의할 예정을 짰다. / 今度の社員旅行の日程を組んでくれますか 이번 사원 여행 일정을 짜 주시겠습니까?
¶足場を組む 발판을 짜다 / 彼は丸太を切っていかだを組んだ 그는 통나무를 잘라 뗏목을 짰다.

**くむ【汲む】**〔水などを〕푸다〔推察する〕헤아리다, 짐작하다 ¶井戸の水をくむ 우물물을 푸다 / 相手の心情をくむ 상대의 심정을 헤아리다 / 彼の気持ちをくんであげなさい 그 사람의 마음을 헤아리세요.

**くめん【工面】**◇工面する 변통하다, 마련하다 ¶お金を工面する 돈을 마련하다 / 何とか工面して家賃を払った 어떻게든 돈을 마련해서 집세를 지불했다.

**くも【雲】**구름 ¶雲が出てきたから雨になるかもしれない 구름이 끼는 걸 보니 비가 올지도 모르겠다. / 空は雲に覆われている 하늘은 구름으로 덮여 있다. / 雲が晴れた 구름이 걷혔다. / 雲が切れる 구름이 보이지 않게 되다 / 月が雲に隠れる 달이 구름에 가려있다. / きょうは雲一つない空だ 오늘은 하늘에 구름 한점 없다. / きょうは雲が多い 오늘은 구름이 많다. / 雲の切れ間から太陽の光が部屋の中に入ってきた 구름 사이로 햇빛이 방안으로 들어왔다. / 山の頂上は厚い雲に覆われていた 산 정상은 두꺼운 구름에 덮여 있었다. / 地平線に雲がもくもくと出てきた 지평선에 구름이 뭉게뭉게 떠올랐다. / あすは大体晴れ, ところどころ雲が出るでしょう 내일은 대체적으로 맑은 날씨에 때때로 구름이 끼겠습니다.

¶厚い雲 두꺼운 구름 / 高い雲 높은 구름 / 低い雲 낮은 구름 / 低く垂れこめた雲 낮게 낀 구름 慣用句 埋蔵金を掘り当てるなんて雲をつかむような話だ 매장금을 찾아다니는 건 구름을 잡는 것 같은 이야기이다. / バスケットボールの選手には雲をつくような大男がたくさんいる 농구 선수 중에는 하늘을 찌를 듯 키가 큰 남자가 많이 있다. 関連 雨雲 비구름 / いわし雲[巻積雲] 권적운, 조개구름 / 黒雲 먹구름 / 巻雲 새털구름 / 積雲 적운 / 積乱雲[入道雲] 적란운, 소나기구름 / 羊雲 뭉게구름 / 雷雲 뇌운 / 綿雲 솜구름

**くも【蜘蛛】**거미 ¶くもの糸 거미 줄 / くもの巣 거미 줄, 거미집 慣用句 いたずらっ子たちはくもの子を散らすように逃げた 장난꾸러기들은 사방으로 흩어져 달아났다.

**くもがくれ【雲隠れ】**◇雲隠れする〔姿を消す〕종적을 감추다 ⇒隠れる

**くもゆき【雲行き】**형세, 추세, 형편 ¶雲行きが怪しくなってきた 형세가 기래진다. どうやら一雨来そうだ 먹구름이 많은 걸 보니 아무래도 비가 한바탕 쏟아질 것 같다. / 和平交渉の雲行きが怪しくなってきた 화평 교섭의 형세가 심상치 않게 되었다.

**くもり【曇り】**❶〔天気〕흐림 ◇曇りの 흐린 ¶曇りの天気 흐린 날씨 / 曇りのち晴れ 흐린 후 갬 / 今にも降りだしそうな曇り空 지금이라도 당장 비가 올 것 같은 흐린 하늘 / あすは曇り時々晴れでしょう 내일은 흐리다가 때때로 맑겠습니다.

❷〔物の表面の汚れ〕흐림 ¶このダイヤには少し曇りがある 이 다이아몬드는 조금 불투명하다. / 窓ガラスの曇りをぬぐった 창문 유리의 흐림을 닦았다.

¶彼女の心には曇りがない 그녀의 마음에는 거리낌이 없다. 関連 曇りガラス 젖빛 유리(▶発音は 젇삔뉴리)

**くもる【曇る】**❶〔空が〕흐리다 ¶だんだん曇ってきた 점점 흐려졌다. / きょうは一日中曇っていた 오늘은 하루 종일 흐렸다.

❷〔ガラス・レンズなどが〕흐려지다 ¶湯気で眼鏡が曇ってしまった 수증기로 안경이 흐려졌다. / 息で窓が曇った 입김으로 창이 흐렸다.

❸〔顔・心が〕흐려지다, 우울해지다, 어두워지다 ¶電話で話しているうちに, 急に彼女の顔が曇った 통화중에 갑자기 그녀의 얼굴이 어두워졌다.

**くやくしょ【区役所】**구청

**くやしい【悔しい】**분하다, 억울하다 ¶ああ悔しい 아, 분하다. / あいつに負けて悔しくてたまらなかった 저 녀석에게 진 게 분해서 참을 수가 없었다. / 悔しいことに, 私が落ちてジナが受かった 억울하게도 내가 떨어지고 지나가 붙었다. / 要求を無視されて私は悔しかった 요구를 무시당해서 나는 억울했다. / もっとうまくやれたのにと思うと悔しい 좀 더 잘 할 수 있었는데라고 생각하니 분하다. / こんなに悔しい思いは二度としたくない 이렇게 억울한 기분은 두 번 다시 겪고 싶지 않다.

¶悔しいけどゴルフじゃ君にかなわないだが, 골프로는 자네에게 못 당하겠네. / 悔しかったら僕の記録を破ってみろ 분하다면 내 기록을 깨 봐라.

**くやしがる【悔しがる】**분해하다 ¶彼は地団駄踏んで悔しがった 그는 「발을 동동 구르며[발버둥이를 치며]」 분해했다.

**くやしさ【悔しさ】**분한 마음

**くやしなき【悔し泣き】**◇悔し泣きする 분해서 울다

**くやしなみだ【悔し涙】**¶悔し涙を流す 분해서 눈물을 흘리다

**くやしまぎれ【悔し紛れ】**분김, 홧김 ¶彼は悔しまぎれに壁を蹴った 그는 홧김에 벽을 찼다.

**くやみ【悔やみ】**조위(弔慰), 조의(弔意) ¶謹んでお悔やみ申し上げます 삼가 조의를 표합니다.

**くやむ【悔やむ】**〔後悔する〕후회하다, 뉘우치다 ¶彼女は自分のことを悔やんだ 그녀는 자기 잘못을 뉘우쳤다. / いまさら悔やんでも遅い 이제 와서 후회해도 이미 늦었다. / 彼は自分のしたことをまったく悔やむ様子もなかった 그는 자기가 한 일을 전혀 뉘우치는 기색이 없었다. ⇒後悔

**くよう【供養】**공양 ◇供養する 공양하다 ¶死者を供養する 죽은 사람을 공양하다

**くよくよ**◇くよくよする 끙끙거리다 ¶くよくよしても仕方がない 끙끙 앓아도 별 수가 없다. / い

つまでもくよくよするのはやめなさい 언제까지나 끙끙 고민하는 것은 그만둬라.

**くら【蔵・倉】** 곳간, 창고 ¶蔵が建つ〔金持ちになる〕부자가 되다

**くら【鞍】** 안장 ¶馬に鞍を置く 말에 안장을 얹다 / 馬の鞍を外す 말의 안장을 벗기다

**くらい【位】**〔地位〕지위〔数字の〕자리 ¶位の高い人 지위가 높은 사람 / 位が上がる 지위가 오르다 / 私は彼より位が上[下]だ 나는 그보다 지위가 위[아래]이다. / 位を譲る 자리를 양보하다 / 10の位 십의 자리

**くらい【暗い】** ❶〔明暗〕어둡다, 캄캄하다 ¶彼は日の射さない暗い部屋に一人で住んでいる 그는 햇빛이 안 드는 어두운 방에 혼자 살고 있다. / 暗いところでは物が見えない 캄캄한 곳에서는 아무것도 안 보인다. / その部屋は窓のない暗い廊下の突き当たりにあった 그 방은 창문도 없는 어두운 복도의 막다른 곳에 있었다. / 昔はろうそくの暗い明かりで勉強したものだ 옛날에는 촛불의 어두운 빛으로 공부했지. / 暗い路地から突然男が飛び出してきた 캄캄한 골목에서 갑자기 남자가 튀어 나왔다. / 彼は朝まだ暗いうちに出発した 그는 아직 해가 뜨지 않은 이른 아침에 출발했다.

¶彼女が家に着いたときはすっかり暗くなっていた 그녀가 집에 도착할 때는 완전히 어두웠다. / 冬は夏よりも暗くなるのが早い 겨울은 여름보다 어두워지는 시간이 빠르다. / 暗くなる前に家に着いた 어두워지기 전에 집에 도착했다. / 空が暗くなって激しい雨が降り始めた 하늘이 캄캄해지더니 비가 세차게 내리기 시작했다.

❷〔くすんでいる, 黒ずんでいる〕어둡다, 칙칙하다 ¶彼女の目の色は暗い青だ 그녀의 눈 색깔은 어두운 파랑이다 / このカーテンの色はちょっと明るすぎるよ. もう少し暗いがいいな 이 커튼 색깔은 너무 밝아. 조금 더 어두운 게 좋은데…

❸〔晴れやかでない, 陰気〕어둡다, 침울하다, 음침하다 ¶地震の被害のことを思うと暗い気持ちになる 지진의 피해를 생각하면 기분이 침울해진다. / 彼は性格が暗い 그 사람은 성격이 어둡다. / 彼女は暗い目をした少女だった 그녀는 침울한[음침한] 눈을 한 소녀였다. / 暗い曲は好きではない 어두운 곡은 좋아하지 않는다. / その知らせを聞いて彼女の顔がさっと暗くなった 그 소식을 듣고 그 여자의 얼굴이 금방 어두워졌다.

¶彼女は暗い過去をできるだけ早く忘れたかった 그녀는 떳떳하지 못한 과거를 가능한 한 빨리 잊고 싶어했다.

❹〔希望が持てない〕어둡다, 캄캄하다, 암담하다 ¶わが社の前途は暗い 우리 회사의 전도는 어둡다. / 彼の大学進学の見通しは暗い 그녀가 대학에 진학할 전망은 어둡다. / 犯罪の増加は暗い世相を反映している 범죄 증가는 암담한 세태를 반영하고 있다.

❺〔精通していない〕어둡다, 캄캄하다 ¶法律には暗いので, その件については弁護士に相談してみます 법률에는 캄캄하니까 그 건에 대해서는 변호사와 의논해 보겠습니다. / 「駅までの道を教えていただけますか」「すみません. 私もこの辺りの地理には暗いのです」「역까지 가는 길을 가르쳐 주시겠습니까?」「죄송합니다만 저도 이 근처 「지리에는 어두운데요[지리는 잘 모릅니다].」/ 彼女は世情に暗いようだ 그녀는 세상 물정에 어두운 것 같다.

**-くらい** ❶〔およそ〕쯤, 정도, 가량 ¶講堂には500人くらいの人がいた 강당에는 5백 명 가량의 사람이 있었다. / いちばん近い地下鉄の駅まで5分くらいです 가장 가까운 지하철 역까지 5분 정도입니다. / 6時くらいには帰宅するよ 여섯 시쯤에는 집에 갈게. / この飛行機はあと20分くらいに着陸する予定です 이 비행기는 앞으로 20분쯤 후에 착륙할 예정입니다.

¶「彼の年齢はどのくらいですか」「50歳くらいです」"그 사람 나이가 어느 정도입니까?" "쉰 살 가량입니다." / 「そのツアーに参加するのにどのくらいかかりますか」「一人あたり5万円くらいです」"그 투어에 참가하는 데 얼마 정도가 듭니까?" "한 사람당 5만 엔정도입니다." / 「空港までどのくらいの距離ですか」「4キロくらいです」"공항까지 거리가 어느 정도입니까?" "4 킬로미터 정도입니다."

❷〔比較の基準〕처럼, 만큼 ¶佐藤さんくらいに韓国語を話せたらいいのだけど 사토 씨 만큼 한국어를 말할 수 있었으면 좋겠는데… / この学校でユナくらい可愛い女の子はいない 이 학교에서 윤아만큼 귀여운 아이는 없다.

¶何も食べられないくらい疲れた 아무것도 못 먹을 정도로 지쳤다. / 今年の夏は我慢できないくらい蒸し暑い 올 여름은 참을 수 없을 만큼 무덥다. / 丘には数えられないくらいの花が咲いている 언덕에는 셀 수 없을 만큼 꽃이 피어 있다. / これくらいの金では海外旅行へは行けない 이 정도의 돈으로는 해외여행은 갈 수 없다. / 切符を買うくらいのお金はある 표를 살 정도의 돈은 있다. / 朝から3杯も御飯をおかわりするのは君くらいだ 아침부터 세 공기나 밥을 더 먹는 사람은 자네 정도뿐일 걸세. / 彼の前で転んじゃって泣きたいくらいだったわ 그 아이 앞에서 넘어져서 울고 싶을 정도였어. / たばこくらい体に悪いものはない 담배만큼 몸에 해로운 것은 없다.

❸〔少なくとも〕쯤, 정도 ¶2年に1回くらいは海外旅行に行きたいものだ 2년에 한 번 정도는 해외여행을 가고 싶다. / せめて「ご苦労さん」くらい言ったらどうだ 하다못해 "수고해"정도 말하면 어때? / それくらいなら私でもやってみせる 그 정도라면 나도 할 수 있다.

❹〔「…するくらいなら」の形で〕-ㄹ[-을] 바에야 ¶あんなやつに頭を下げるくらいなら死んだほうがましだ 저런 녀석에게 머리를 숙일 바에야 차라리 죽는 게 낫다.

**グライダー** 글라이더 ¶グライダーで飛ぶ 글라이더로 날다

**クライマックス** 클라이맥스, 최고조, 절정 ¶クライマックスに達する 클라이맥스에 이르다 / 映画はクライマックスに差しかかった 영화는 클라이맥스에 접어들었다.

**グラウンド** 그라운드, 운동장 関連 グラウンドコンディション 그라운드 사정

**くらがえ【鞍替え】** ◆鞍替えする 전환하다, 자리를 옮기다 ¶彼は野党から与党に鞍替えした 그 사람은 야당에서 여당으로 옮겼다. / いつからユミに鞍替えしたんだい 언제부터 유미에게 마음이 변했어?

**くらがり【暗がり】** 어둠 ¶暗がりに潜む 어둠에 잠기다

**クラクション** 클랙슨, 경적 ¶クラクションを鳴らす 클랙슨을 울리다

**くらくら** 어질어질 ◆くらくらする 어질어질하다 ¶高くて目がくらくらした 높아서 눈이 어질어질했다. / 暑さで頭がくらくらする 더워서 머리가 어질어질하다

**ぐらぐら** 흔들흔들, 근들근들〔沸騰〕펄펄, 부글부글 ◆ぐらぐらする 흔들거리다, 근들거리다 ¶地震で家具がぐらぐらした 지진으로 가구가 흔들흔들했다. / この椅子はぐらぐらしている 이 의자는 흔들흔들했다. / 歯が1本ぐらぐらしている 이가 한 개 흔들거린다.

¶ぐらぐら煮立つ 펄펄 끓어 오르다

**くらげ【水母・海月】** 해파리

**くらし【暮らし】**〔生活〕생활, 살림, 살림살이〔生計〕생계 ¶彼はぜいたくな[質素な]暮らしをしている 그는 사치스러운[검소한] 생활을 하고 있다. / 弟は東京で一人暮らしをしています 남동생은 도쿄에서 혼자 살고 있습니다. / 彼女はピアノを教えて暮らしを立てている 그녀는 피아노를 가르치면서 생계를 꾸리고 있다. / 当時, わが家はその日暮らしだった 그 당시 우리 집은 그날 그날 겨우 먹고 사는 생활이었다. / 物価が上がり暮らしが苦しくなった 물가가 오르고 생활이 어려워졌다. / 彼は暮らしに困っていた 그는 생계가 곤란한 상태였다. / 親の遺産のおかげで, 私の暮らし向きは楽だ 부모 유산 덕분에 나는 살림살이가 넉넉하다. / 都会での暮らしは楽ではない 도회지 생활이 편하지는 않다. / 気楽な暮らし 편한 생활 / 貧しい暮らし 가난한 생활
⇨暮らす, 生活

**クラシック** 클래식 関連 クラシック音楽 클래식 음악, 고전 음악 / クラシックカー 클래식 카

**クラス** ❶〔学級〕학급, 반 ¶その問題でクラスの意見が分かれた 그 문제를 둘러싸고 반의 의견이 나뉘었다. / 吉田先生は我々のクラスの担任だ 요시다 선생님은 우리 반의 담임 선생님이다. / 水泳大会はクラス対抗戦だ 수영 대회는 반대항전이다. / 彼女は韓国語の初級[上級]クラスに入っている 그녀는 한국어 초급반[고급반]에 들어가 있다.
❷〔等級〕급 ¶この会議には各国の閣僚クラスが参加する 이 회의에는 각국 각료급이 참석한다. / 彼はファーストクラスでニューヨークまで飛んだ 그는 퍼스트 클래스로 뉴욕까지 비행기로 갔다. 関連 クラス会〔同窓会〕반창회 / クラスメート 반친구, 클래스메이트, 동급생, 급우

**くらす【暮らす】**〔生活する〕살다, 생활하다 ¶彼らは幸福に暮らしている 그들은 행복하게 살고 있다. / 彼女は何不自由なく暮らしている 그녀는 뭐 하나 부족한 것 없이 생활하고 있다. / 一家は母親のパートの給料だけで暮らしている 그 가족은 어머니의 파트타이머 수입만으로 생활하고 있다. / 外国で暮らしたことはありますか 외국에서 살아 본 적이 있습니까? / 何をして暮らしているの 뭐 하면서 지내고 있니? / 彼は翻訳をして暮らしている 그는 번역을 하면서 살고 있다.
❷〔時を過ごす〕보내다, 지내다 ¶夏休みは歴史小説を読んで暮らした 여름 방학 때는 역사 소설을 읽으며 보냈다. / 彼は若いころ遊んで暮らしたのを後悔している 그는 젊은 시절에 놀면서 지냈던 것을 후회하고 있다.

**グラス** 글라스, 컵, 잔

**グラタン** 그라탱 関連 マカロニグラタン 마카로니 그라탕

**クラッカー**〔食品〕크래커〔爆竹〕크래커 ¶クラッカーを鳴らす 크래커를 울리다

**ぐらつく** 흔들리다, 근들거리다 ¶テーブルがぐらつく 테이블이 흔들리다 / 歯がぐらつく 이가 근들거리다 / 私の自信はぐらつき始めた 내 자신은 흔들리기 시작했다. / 決心がぐらつく 결심이 흔들리다

**クラッチ** 클러치 ¶クラッチを切る 클러치를 끊다 / クラッチをつなぐ 클러치를 연결하다

**グラニューとう【グラニュー糖】** 그래뉴당

**グラビア** 그라비어 関連 グラビア印刷 그라비어 인쇄 / グラビア写真 그라비어 사진

**クラブ** 클럽〔学校の〕동아리 ¶どのクラブに入っていますか 동아리는 뭐 들었어요? / クラブに入る 동아리에 들다 関連 クラブ活動 동아리 활동 / クラブハウス 클럽 하우스, 클럽 회관 / ゴルフクラブ 골프채, 클럽

**グラフ** 그래프 ¶人口の増加をグラフにする 인구 증가 추이를 그래프로 나타내다 関連 グラフ用紙 그래프 용지 / 円グラフ 원그래프 / 折れ線グラフ 꺾은선 그래프 / 棒グラフ 막대그래프

**グラブ** 글러브

**グラフィック** 그래픽, 그림, 도형 関連 グラフィックアート 그래픽 아트 / グラフィックデザイナー 그래픽 디자이너 / グラフィックデザイン 그래픽 디자인

**くらべ【比べ】** 背比べをする 키 재기를 하다 / 力比べをする 힘 겨루기를 하다

**くらべもの【比べ物】** 비교 대상 ¶この絵は彼の絵とは比べものにならない 이 그림은 그 사람의 그림과는 비교가 안 된다. / 妹は器用さでは私とは比べものにならない 여동생은 손재주에 있어서 나와는 비교가 안 된다.

**くらべる【比べる】** 비교하다, 견주다

基本表現
▶この2冊の辞書を比べてみよう
　이 두 권의 사전을 비교해 보자.
▶自分の考えと彼の考えを比べた
　자기의 생각과 그의 생각을 비교했다.
▶彼女は姉に比べるとずいぶん背が高い
　그녀는 언니에 비교해서 훨씬 키가 크다.

¶僕はいつも兄と比べられる 나는 항상 형과 비교당한다. / 彼はりんごを2つ手にとって重さを比べた 그는 사과를 두 개 손에 들고 무게를 비교했

다. / 今月は先月に比べて売り上げが1割伸びた 이번 달은 지난달보다 매상이 10퍼센트 올랐다. / 私は自分の時計と彼女の時計を比べてみた 나는 내 시계와 여자 친구의 시계를 비교해 봤다. / 偽物を本物と比べる 가짜를 진짜와 비교하다

**グラマー** 글래머 ¶彼女はグラマーだ 그녀는 글래머이다.

**くらます 【晦ます】** (姿を) 감추다 (人目を) 남의 눈을 속이다 ¶行方をくらます 행방을 감추다 / 姿をくらます 자취를 감추다 / 泥棒は大勢の人の目をくらまして宝石を持ち出した 도둑은 많은 사람의 눈을 속이고 보석을 들고 나갔다.

**くらむ 【眩む】** ◇目がくらむ (目まいがする) 현기증이 나다 (心を奪われる) 눈이 어두워지다 ¶空腹で目がくらんだ 공복으로 현기증이 났다. / 強烈な太陽に目がくらんだ 강렬한 태양에 눈이 부셔서 안 보이게 되었다. / 目がくらむような断崖 눈 앞이 아찔할 만큼 깎아지른 낭떠러지 / 金に目がくらむ 돈에 눈이 어두워지다

**グラム** 그램 ¶豚肉600グラム 돼지 고기 6백 그램

**くらやみ 【暗闇】** 어둠 ¶暗やみの中で懐中電灯を捜した 어둠 속에서 손전등을 찾았다. / 彼は夜の暗やみに消えていった 그는 밤의 어둠 속으로 사라졌다. / 辺り一面暗やみに包まれていた 부근 일대가 어둠에 쌓였다. / 暗やみで何も見えなかった 캄캄해서 아무 것도 보이지 않았다. / 事件を暗やみに葬る 사건을 어둠 속에 파묻다

**クラリネット** 클라리넷 ¶クラリネットを吹く 클라리넷을 불다 関連 **クラリネット奏者** 클라리넷 취주자

**グランドピアノ** 그랜드 피아노

**グランプリ** 그랑프리 [大賞] 대상

**くり 【栗】** 밤 ¶くりを拾いに行く 밤을 주우러 가다 / くりのいが 밤송이 / くり色の髪 갈색 머리 数え方 くり1個 밤 한 톨

**クリア** ◇クリアする 뛰어넘다, 해결하다 ¶何とかの難問をクリアした 그럭저럭 그 난문을 해결했다.

**くりあげる 【繰り上げる】** 앞당기다 ¶会議の日程を2日繰り上げた 회의 날짜를 이틀 앞당겼다. / 締め切りが2月10日から2月1日に繰り上げられた 마감날이 2월 10일에서 이월 1일로 앞당겨졌다.

**グリース** 그리스 [潤滑油] 윤활유 ¶グリースを塗る 윤활유를 바르다

**クリーナー** [掃除機] 청소기

**クリーニング** 세탁, 빨래 [ドライクリーニング] 드라이클리닝 ¶コートをクリーニングに出した 코트를 세탁소에 맡겼다. / これをドライクリーニングしてほしいのですが 이것을 드라이클리닝하고 싶은데요. 関連 **クリーニング店** 세탁소 [コインランドリー] 빨래방

**クリーム** 크림 ¶コーヒーにクリームを入れる 커피에 크림을 넣다 / クリームを溶かす 크림을 녹이다 / 顔にクリームを塗る 얼굴에 크림을 바르다 関連 **クリーム色** 크림색 / **クリームスープ** 크림수프 / **クリームソーダ** 크림소다 / **クリームチーズ** 크림치즈 / **クリームパン** 크림빵 / **アイスクリーム** 아이스크림 / **クレンジングクリーム** 클렌징크림, 세안용 크림 / **コールドクリーム** 콜드크림 / **シェービングクリーム** 면도용 크림 / **シュークリーム** 슈크림 / **ソフトクリーム** 소프트크림 / **ヘアクリーム** 헤어크림 / **生クリーム** 생크림

**グリーン** [緑] 녹색 [ゴルフ] 그린, 골프장의 잔디밭 関連 **グリーン車** 특별석 / **グリーンピース** 그린피스 (▶環境保護反核団体) / **グリーンベルト** 녹지대, 그린벨트

**クリーンアップ** [野球] 클린업 트리오

**くりかえし 【繰り返し】** 되풀이, 반복, 거듭 ¶同じことの繰り返し 똑같은 일의 반복 / 彼女は彼を許せないと繰り返し言った 그녀는 그를 용서하지 못하겠다고 되풀이해서 말했다. / 私はその本を何度も繰り返し読んだ 나는 그 책을 몇 번이나 되풀이해서 읽었다.

**くりかえす 【繰り返す】** 되풀이하다, 반복하다 ¶お名前をもう一度繰り返していただけますか 성함을 다시 한번 말해 주시겠습니까? / 話を繰り返す 이야기를 되풀이하다 / 過ちを繰り返す 잘못을 되풀이하다 / 同じ過ちを二度と繰り返さな 같은 잘못을 두번 다시 되풀이하지 마라. / 火山は爆発を繰り返した 화산은 폭발을 되풀이했다. / 戦争の悲劇がまたもや繰り返された 전쟁의 비극이 또다시 되풀이되었다.

**くりくり** ¶くりくりした目 부리부리한 눈

**クリケット** 크리켓

**くりこす 【繰り越す】** 이월하다 ¶残高を繰り越す 잔고를 이월하다 / 前年度から予算の一部が繰り越された 전년도에서 예산의 일부가 이월됐다. 関連 **繰越金** 이월금

**クリスタル** 크리스털 [水晶] 수정 関連 **クリスタルグラス** 크리스털 글라스, 크리스털 유리

**クリスチャン** 크리스천, 기독교인, 기독교도 関連 **クリスチャンネーム** [洗礼名] 세례명

**クリスマス** 크리스마스, 성탄절(聖誕節), 성탄일 ¶メリークリスマス！ 메리 크리스마스！ / 家族みんなでクリスマスを祝った 가족 모두 크리스마스를 축하했다. / クリスマスの日にはプレゼントを交換する 크리스마스 날에는 선물을 교환한다. 関連 **クリスマスイブ** 크리스마스 이브 / **クリスマスカード** 크리스마스 카드 / **クリスマスケーキ** 크리스마스 케이크 / **クリスマスツリー** 크리스마스 트리 / **クリスマスプレゼント** 크리스마스 선물

**クリック** 클릭 ◇クリックする 클릭하다 ¶マウスをクリックする 마우스를 클릭하다 関連 **ダブルクリック** 더블 클릭

**クリップ** 클립 ¶書類をクリップで止める 서류를 클립으로 집다

**グリップ** [ラケット・バットなどの握り] 그립, 손잡이

**クリニック** 클리닉 [診療所] 진료소, 진료실

**くりぬく 【刳り貫く】** ¶木の幹をくりぬく 나무 줄기를 도려내다 / りんごのしんをくりぬく 사과 속을 파내다

**くりひろげる 【繰り広げる】** 벌이다 ¶熱戦を繰り広げる 열전을 벌이다

**くる 【来る】** ❶ [離れた所からやって来る] 오다 [到着する] 도착하다 [接近する] 다가오다

ぐる

〔現れる〕 나타나다 〔訪問する〕 찾아오다

基本表現
▶「どこから来たのですか」「埼玉から来ました」
  "어디서 왔어요?" "사이타마에서 왔어요."
▶どうしてここへ来たのですか
  왜 여기에 왔어요?
▶電車が来たよ 전철이 와.
▶彼はたった今来たところだ
  그 사람은 지금 막 온 참이다.
▶彼も来たがっている
  그 사람도 오고 싶어하고 있다.
▶こっちへ来い 이리 와.
▶パーティーには何人来るの
  파티에는 몇 명 와요?

¶一緒に来ればよかったのに 같이 왔으면 좋았을 텐데. / せっかくここまで来たのだから彼女に会っていこう 모처럼 여기까지 왔으니까 그녀를 만나서 가자. / 彼は去年韓国から日本へやって来た 그는 작년에 한국에서 일본에 왔다. / 彼に会いにはるばるここまで来た 그 사람을 만나러 멀리서 여기까지 왔다. / その子は私たちの方へ駆けて来た 그 아이는 우리 쪽으로 뛰어 왔다. / 近いうちに遊びに来てください 가까운 시일내에 놀러 오세요. / 電車の事故のせいで生徒の半分が遅れて来た 전철 사고 때문에 학생 절반 정도가 늦게 왔다. / 郵便は午前中の何時ごろに来ますか 우편은 오전 몇 시쯤에 와요? / 彼は彼女が来るのを辛抱強く待った 그는 그녀가 오기를 참을성 있게 기다렸다. / 彼へは前にも来たことがある 여기에는 예전에도 온 적이 있다. / 梨花はもうすぐここへ来るよ 리카는 금방 여기 올 거야. / もう来るころだ 이제 올 때가 됐다. / 日本へ来てどのくらいなりますか 일본에 온 지 얼마나 됐어요? / ソンギュはもう来たかい 성규는 벌써 왔어? / 彼はまだ来ない 그 사람은 아직 오지 않아. / お待ちかねの手紙が来ましたよ 기다리고 기다리던 편지가 왔어요. / ミンスが30分以内に来なければ待たずに行こう 민수가 30분 이내에 안 오면 기다리지 말고 가자. / 彼は今週の土曜日に来るそうだ 그 사람은 이번주 토요일에 올 거라고 한다. / 来月中に君の所へ彼女が訪ねて来るよ 다음달 중에 너희 집에 그 여자가 찾아올 것이다. / 彼がきのう私の家に来た 그 사람이 어제 우리 집에 왔다. / 「さっきだれが来たと思う?」「チョンスクでしょ」"아까 누가 온 줄 알아?" "정숙이지."

❷〔時が巡ってくる〕오다, 돌아오다 ¶会社を辞めたことを後悔するときが来るよ 회사를 그만둔 것을 후회할 때가 올 거야. / 来月は28回目の誕生日が来る 다음달은 스물여덟 번째 생일이 온다. / またクリスマスが来る 다시 크리스마스가 온다. / 今年は冬が早く来た 올해는 겨울이 일찍 왔다. / 春が来た 봄이 왔다. / 夏休みの間は来る日も来る日も海へ泳ぎに行った 여름 방학 동안은 하루가 멀다 하고 바다로 수영하러 갔다.

❸〔状態が変化する〕오다, 되다, 《形容詞運用形+》지다 ¶表が暗くなってきた 바깥이 어두워지기 시작했다. / だんだん日が短くなってきた 점점 낮이 짧아졌다. / 試合がおもしろくなってきた 시합이 재미있어졌다. / 事業が発展するにつれ彼はぜいたくになってきた 사업이 발전함에 따라 그는 사치스러워졌다. / 夜が明けてきた 날이 새기 시작했다. / いつのまにか夜が明けてくる 어느새 날이 밝아 온다. / 彼を好きになってきた その 사람을 좋아하게 됐다.

❹〔(行って)…してくる〕¶僕がドアの鍵を開けてくるよ 제가 문 열쇠를 열고 올게요. / 子供たちにもっと静かにするように言ってきてくださいませんか 아이들에게 더 조용히 하라고 말해 주세요. / この次は奥さんを連れてきてください 다음에는 부인을 데리고 오세요. / 椅子を持ってきてください 의자를 갖다 주세요. / 空港へ友人を見送りに行ってきたところです 공항에 친구를 배웅하러 갔다온 참이에요.

❺〔原因〕오다, 생기다, 기인하다, 인하다 〔由来〕유래되다 ¶事故はドライバーの不注意からきたものだった 사고는 운전자의 부주의로 인한 것이었다. / その言葉は英語からきたものだ 그 말은 영어에서 왔다. / 日本語の「チョンガー」という言葉は韓国語からきている 일본어의 '존가'라는 말은 한국어에서 유래된 말이다.

❻〔継続〕《動詞連用形+》오다 ¶私は今の会社に10年以上勤めてきた 저는 지금 근무하는 회사에 10년 이상 근무해 왔다.

❼〔その他〕電話がくる 전화가 오다 / 今年の風邪は胃にくる 올해 감기는 위가 아픈 게 특징이다. / エアコンが壊れているところへきてこの暑さだから参る 에어컨이 고장난 데다가 이렇게 더우니까 정말 어쩔 수 없다. / 何でもこい 무엇이든지 괜찮다.

会話 そうこなくちゃ
A:もう一軒行こうか
B:そうこなくちゃ
A:자리 옮겨서 한 잔 더 할까?
B:당연하지.
A:こんな仕事引き受けるんじゃなかったな
B:ここまでやらなくちゃ
A:이런 일을 맡은 게 잘못이었어.
B:기왕 이렇게 됐으니까 끝까지 할 수밖에 없지.

ぐる ¶彼は仲間とぐるになって悪事をはたらいた 그는 친구들과 한패가 돼서 나쁜 짓을 했다.

くるい【狂い】오차(誤差) ¶この時計はほとんど狂いがない 이 시계는 오차가 거의 없다.

**くるう**【狂う】❶〔人が〕미치다 ¶忙しくて気が狂いそうだよ 바빠서 미치겠어. / 彼女は子供のことが心配で気が狂いそうだった 그녀는 아이가 걱정돼서 미칠 정도였다. / そんなことをするなんて気でも狂ったのかそんな 짓을 하다니 너 미치기라도 한 거야? / 工事の騒音で気が狂いそうになった 공사 소음으로 미칠 뻔했다.

❷〔物事が〕이상해지다, 빗나가다, 어긋나다 〔予定などが〕틀어지다 ¶機械の調子がまた狂ってしまった 기계 상태가 또 이상해졌다. / 雨で試合の日程が狂った 비 때문에 경기 일정이 틀어졌다. / 予定が狂う 예정이 틀어지다 / その温度計は狂っている 그 온도계는 맞지 않다. / 時計が狂う 시계가 잘 맞지 않다. / バイオリンの調子が狂って

いる バイオリンの 음조가 잘못돼 있다. / 原稿の 順序が狂っている 원고 순서가 뒤바뀌어 있다. / 暑さですっかり調子が狂ってしまった 더워서 컨디션이 완전히 안 좋아졌다.
❸ [熱中する] 미치다, 빠지다 ¶彼はサッカーに狂っている 그는 축구에 빠져 있다. / ばくちに狂う 도박에 미치다 / 彼はギャンブルに狂って身を持ちくずした 그는 도박에 빠져서 망해 버렸다. / 彼女は韓国の映画スターに狂っている 그녀는 한국 영화 스타에 빠져 있다.

**クルーザー** 크루저, 유람용 모터보트
**グループ** 그룹 ¶彼らは数人のグループを作った 그들은 몇 명으로 그룹을 만들었다. / グループに分けるグループに나누다 / グループに加わる 그룹에 가입하다
**くるくる** 뱅뱅, 뱅글뱅글 [しきりに] 자꾸, 자주 ¶くるくる回る 뱅뱅 돌다 / くるくると気が変わる 그는 변덕스럽다. / 山の天気はくるくる変わる 산의 날씨는 잘 변한다.
**ぐるぐる** 빙글빙글, 빙빙 ¶地球は地軸を中心にぐるぐる回っている 지구는 지축을 중심으로 빙빙 돌고 있다. / 彼は杖をぐるぐる振り回した 그는 지팡이를 빙빙 휘둘렀다. / 飛行機は空港の上空をぐるぐる旋回してから着陸した 비행기는 공항 상공을 빙빙 선회한 후 착륙했다.

## くるしい【苦しい】 ❶ [肉体的・精神的につらい] 힘들다, 고통스럽다, 괴롭다, 답답하다 [困難だ] 난처하다, 어렵다 ¶この苦しい仕事もあすで終わりだ 이 힘든 일도 내일로 끝난다. / 服がきつくて苦しい 옷이 꼭 끼어서 답답하다. / 息をするのが苦しい 숨쉬기가 힘들다. / 10階まで階段で上ったら息が苦しくなった 10층까지 계단으로 올라갔더니 숨이 막혔다. / 突然胸が苦しくなった 갑자기 가슴이 아파 왔다. / 彼はひどいせきで苦しそうな顔をしている 그는 기침이 심해서 괴로운 표정을 지었다. / 彼は今苦しい立場にいる 그는 지금 난처한 입장에 서 있다. / 彼女は苦しい立場にいる 그녀는 어려운 처지에 놓여 있다. / 戦時中はみんなが苦しい思いをした 전쟁 중에는 모두가 어려운 생활을 겪었다.
❷ [困窮した] 어렵다, 군색하다 ¶生活が苦しい 생활이 어렵다. / 私の給料だけでは家族4人が生活するには苦しい 내 월급만으로는 가족 네 명이 생활하기 어렵다. / あの会社は経営が苦しいようだ 그 회사는 경영이 어려운 것 같다. / 旅行でお金を遣いすぎたから今苦しいの 여행에 돈을 많이 썼기 때문에 지금 형편이 안 좋아.
❸ [無理がある] 궁색하다, 구차하다 ¶彼は苦しい言い訳をした 그는 구차한 변명을 했다.
[慣用句] 苦しい時の神頼み 괴로울 때의 소원빌기

**くるしまぎれ【苦し紛れ】** ¶彼は苦し紛れにうそをついた 그는 난처한 나머지 거짓말을 했다.
**くるしみ【苦しみ】** [苦痛] 괴로움, 고통 [苦難] 고난 ¶彼らは苦しみに耐えなければならなかった 그들은 괴로움을 참아야 했다. / 苦しみを味わう 괴로움을 겪다 / 苦しみを乗り越える 괴로움을 극복하다
**くるしむ【苦しむ】** ❶ [肉体的・精神的に苦痛を感じる] 시달리다, 괴로워하다 [悩む] 고민하다 ¶彼女は長い間病気で苦しんでいる 그녀는 오랫동안 병에 시달리고 있다. / 歯が痛くて昨夜一晩中苦しんだ 이가 아파서 어젯밤 계속 괴로워했다. / 彼はばく大な借金で苦しんでいる 그는 막대한 빚으로 고민하고 있다. / 君たちは飢えに苦しんだことなんてあるかい 너희들은 굶주림에 시달린 적이 있어? / 彼は彼女との結婚問題で苦しんでいる 그는 그녀와의 결혼 문제로 고민하고 있다.
❷ [理解・判断に困る] 이해하기 어렵다, 애쓰다 ¶彼のしていることは理解に苦しむ 그 사람이 하는 일은 이해하기 어렵다. / 彼女は返事に苦しんだ 그녀는 대답하기 힘들었다.
❸ [骨折る] 고생하다 ¶この問題を解くのに苦しんだ 이 문제를 푸는 데 고생했다.

**くるしめる【苦しめる】** 괴롭히다 [心配させる] 걱정시키다 [悩ませる] 고민시키다
**くるぶし【踝】** 복사뼈

## くるま【車】 ❶ [自動車] 차, 자동차

[基本表現]
▷私は車に乗った 나는 차를 탔다.
▷私は車から降りた 나는 차에서 내렸다.
▷私は彼女を車に乗せた
　나는 그 여자를 차에 태웠다.
▷私は父の車に乗っていった
　나는 아버지 차를 타고 갔다.
▷あの車を運転しているのはだれ？
　저 차를 운전하고 있는 사람은 누구야？
▷きのう車で横浜に行った
　어제 차로 요코하마에 갔다.
▷子供が車にひかれた 어린애가 차에 치였다.
▷ホテルの前で車を止めた
　호텔 앞에서 차를 세웠다.

¶この車は6人乗れる 이 차에는 여섯 명이 탈 수 있다. / 車が故障した 차가 고장났다. / 車が込んでいて約束の時間に遅れてしまった 차가 막혀서 약속 시간에 늦었다. / そこまで車でほんの数分だ 거기까지 차로 몇 분밖에 안 걸린다. / 毎朝妻が駅まで車で送ってくれる 매일 아침 아내가 역까지 차로 데려다 준다. / 彼は彼女を午後1時に車で迎えに行った 그는 그녀를 오후 한 시에 차로 마중하러 갔다. / そんなに速度を出すと危ないよ 그렇게 속도를 내면 위험해. / 彼は空港へ車を走らせた 그는 공항으로 차를 몰았다. / 我々は2台の車に分乗した 우리는 두 대의 차에 분승했다. / 私は車に酔ったことがない 나는 차멀미한 적이 없다.

[会話] 車に乗る
A：どんな車に乗ってみたい？
B：スポーツカーに乗って高速道路を飛ばしてみたいな
A：어떤 차를 타 보고 싶어？
B：스포츠카를 타고 고속도로를 질주하고 싶어.

❷ [車輪] 바퀴, 차륜 [家具などの足車] 다리바퀴 ¶大きな車の付いた荷車を見たことがありますか 큰 바퀴가 달린 짐수레를 본 적이 있어요？ / このキャビネットは車が付いているので移動しやすい 이 캐비닛은 바퀴가 달려 있어서 움직이기 좋

다. 関連 車社会 자동차 사회 / オートマ車 오토매틱 자동차 / 4WD車 사륜구동차 / RV車 RV차, 레저용차 / クーペ 쿠페 / コンバーチブル 컨버터블 / ステーションワゴン 스테이션왜건, 왜건 / セダン 세단 / ハッチバック 해치백 ⇒自動車

**くるまいす**【車椅子】휠체어(<wheelchair)

**くるまえび**【車海老】보리새우

**くるまる** 푹 싸다 ¶毛布にくるまる 담요로 푹 싸다

**くるみ**【胡桃】호두 関連 くるみ割り(器) 호두까기

**ぐるみ** ¶彼とは家族ぐるみの付き合いをしています 그 사람하고는 가족 모두가 친하게 지내고 있어요. / 町ぐるみのリサイクル活動 온 동네가 참여하는 리사이클링 운동

**くるむ** 감싸다, 싸다 ¶赤ん坊を毛布でくるむ 아기를 담요로 싸다

**グルメ** 미식가(美食家)

**ぐるり** ◇ぐるりと 빙 ¶その村はぐるりと山に囲まれている 그 마을은 산에 빙 둘러싸여 있다. / 彼は部屋の中をぐるりと見回した 그는 방 안을 빙 둘러보았다.

**くるわせる**【狂わせる】〔心を〕미치게 하다 〔機械などを〕틀리게 하다 〔計画などを〕혼란케 하다 ⇒狂う

**くれ**【年末】연말, 세모, 세밀 ¶年の暮れはだれでも忙しい 연말에는 모두가 바쁘다. / 暮れのボーナス 연말 보너스

**グレー**〔灰色〕회색, 잿빛

**クレープ**〔菓子〕크레이프

**グレープ**〔ぶどう〕포도 ⇒ぶどう

**グレープフルーツ** 그레이프프루트

**クレーム** 클레임〔苦情〕불만 ¶商品の品質について消費者から多くのクレームが出た 상품의 품질에 대해 소비자로부터 클레임이 많다.

**クレーン** 크레인, 기중기 関連 クレーン車 크레인차, 기중기 자동차

**くれぐれも**【呉々も】부디, 두루두루, 아무쪼록 ¶ご家族の皆様にくれぐれもよろしく 가족 분들에게 두루두루 안부 잘 전해 주세요. / くれぐれもお体を大切に 부디 몸조리 잘하세요.

**クレジットカード** 신용 카드, 크레디트 카드

**ぐれつ**【愚劣】◇愚劣だ 우열하다, 용렬하다, 어리석다

**クレバス**〔氷河の〕크레바스

**クレパス** 크레파스

**クレヨン** 크레용 ¶少女はクレヨンで絵を書いた 소녀는 크레용으로 그림을 그렸다.

**くれる**【呉れる】❶〔物を与える〕주다 ¶友達がただで本をくれた 친구가 책을 공짜로 주었다. / 彼がくれたペンを愛用している 그가 준 펜을 애용하다. / 父は私に毎月5千円の小遣いをくれる 아버지는 저에게 매달 5천 엔씩 용돈을 주신다. / 彼は毎晩電話をくれる 그 사람은 밤마다 전화를 걸어 온다. / 彼女はなかなか手紙をくれない 그 여자는 좀처럼 편지를 보내 주지 않는다. / 友達がくれた手紙 친구가 보내 준 편지. / この花を私にくれるの? 이 꽃을 나한테 주는 거야? / そんなに欲しけりゃくれてやるよ 그렇게 갖고 싶으면 줄게. / 兵隊たちは泣いている子供に目もくれず通り過ぎた 병사들은 울고 있는 아이를 쳐다보지도 않고 지나갔다.

❷〔…してくれる〕〔動詞連用形＋〕주다 ¶チョンホが辞書を貸してくれた 정호가 나에게 사전을 빌려 주었다. / ヨンミがアルバムを見せてくれた 영미가 앨범을 보여 주었다. / 彼は私のためなら何でもしてくれる 그 사람은 나를 위해서라면 무엇이든지 해 준다. / みんな, ちょっとこの記事を見てくれよ 야, 잠깐 이 기사를 좀 봐. / 私は朝5時半に起こしてくれるように母に頼んだ 나는 아침 다섯 시 반에 깨워 달라고 어머니께 부탁했다. / お金をいくらか貸してくれませんか 돈을 좀 빌려 주시지 않겠어요? / だれか宿題を代わりにやってくれないかな 누가 숙제를 나 대신에 해 주지 않을까?

¶夕べは彼が車で家まで送ってくれた 어젯밤은 그가 집까지 차로 데려다 주었다.

**くれる**【暮れる】❶〔日が暮れる〕날이 저물다, 해가 지다 ¶冬は夏よりもずっと早く日が暮れる 겨울은 여름보다 훨씬 일찍 해가 진다. / 私たちがそこに着いたときはすでに暮れていた 우리들이 거기에 도착했을 때 벌써 해가 졌었다. / 日が暮れてから帰宅した 해가 진 후에 귀가했다. / 日が暮れないうちに出発する 날이 저물기 전에 떠난다. / 日が暮れたてきたので家路についた 날이 저물기 시작했기 때문에 집에 가기로 했다.

❷〔年が〕저물다 ¶年が暮れようとしている 한 해가 저물어 간다. / 今年もあと数時間で暮れている 올해도 앞으로 몇 시간 안에 저물겠다.

**ぐれる** ¶彼は若いころにぐれた 그는 젊었을 때 불량 소년이었다.

**クレンザー** 클렌저〔磨き粉〕마분

**クレンジングクリーム** 클렌징크림

**くろ**【黒】❶〔黒い色〕검정, 검은색, 검은빛, 까망 ◇黒い 검다 ◇黒っぽい 거무스름하다 ¶彼女は黒い服を着ていた 그녀는 검은 옷을 입고 있었다. / 彼は色が黒い 그는 피부가 까맣다. / 壁を黒く塗った 벽을 까맣게 칠했다. / 彼女は黒い目に黒い髪をしている 그녀는 검은 눈에 검은 머리다. / 日に焼けて黒くなった 햇볕에 타서 피부가 까매졌다. / 黒っぽい自動車 거무스름한 자동차

❷〔その他〕¶あいつは黒に違いない 그 녀석이 범인임에 틀림없다. / あの政治家には常に黒いうわさがつきまとっている 그 정치가에게는 언제나 나쁜 소문이 붙어 다니고 있다.

⇒色 使い分け

**くろう**【苦労】고생, 수고〔心配〕걱정, 고민〔努力〕노력 ◇苦労する 고생하다, 수고하다 ¶若いころは苦労が多かった 젊었을 때에는 고생이 많았다. / 彼の苦労は十分報われた 그가 한 고생은 충분히 보답되었다. / 彼は苦労をいとわない 그는 고생을 마다하지 않는다. / 彼女は苦労が重なって病気になった 그녀는 거듭되는 고생에 병이 났다. / うちの息子はまだまだ苦労が足りない 우리 아들은 아직 고생이 모자라다. / ここであきらめたら今までの苦労が水の泡になる 지금 포기하면 지금까지의 노력이「수포로 돌아간다[물거품이 된다]」. / 仕事がうまく行かな

くて苦労が絶えないよ 일이 잘되지 않아서 고생이 많아요. /「あしたの試験は何が出るのかな」「それがわかれば苦労はないよ」"내일 시험에는 무슨 문제가 나올까?" "그걸 알 수만 있다면 고생할 일이 없어." / 苦労の甲斐があって志望の大学に入れた 노력한 보람이 있어서 지망한 대학에 입학했다. / 苦労の甲斐がない 고생한 보람이 없다. / 母は若い時から苦労のしどおしだ 우리 어머니는 젊으셨을 때부터 계속 고생이 많으셨다. / 彼女はあらゆる苦労をなめた 그녀는 갖은 고생을 다 겪었다. / 苦労の末にがんの新薬を開発した 고생 끝에 암의 새로운 약을 개발했다. / うちの次男が苦労の種なんだ 우리 둘째 아들이 고민거리여요. / 事業が失敗して家族に苦労をかけてしまった 사업에 실패해서 가족을 고생시켰다. / 彼女はまだ人生の苦労を知らない 그녀는 아직 인생의 고생을 모른다. / 彼とは長い間苦労を共にしてきた その人とは 오랫동안 고생을 같이 해 왔다. / 学生のころは英語で苦労したよ 학생 시절에는 영어로 고생했어. / 彼らは非常に苦労して工事を完成させた 그들은 고생을 많이 해서 공사를 완성했다. / 収支を合わせるのに彼はさんざん苦労した 수지를 맞추려고 그는 지독하게 고생했다. / こんな苦労にはもう耐えられない 이런 고생은 이제 참지 못하겠다. / 娘は何の苦労もなく試験に合格した 우리 딸은 아무 고생도 없이 시험에 합격했다. / よくそんなことが言えるな 남의 苦労も知らないで 어쩜 그렇게 말할 수 있니? / 내가 어떤 고생을 했는지도 모르고. / 両親を説得するのは一苦労だった 부모를 설득하는 데는 아주 고생했다. ¶彼は苦労性だ 그녀는 스스로 고생을 사서 하는 스타일이다. / 親父の苦労話にはうんざりだ 아버지가 고생한 이야기를 듣는 것은 이제 지긋지긋하다. / 彼はなかなかの苦労人だ 그는 많이 고생한 사람이다.

**くろうと【玄人】** 익수, 전문가, 프로 慣用句 彼の腕前はくろうとはだしだ 그는 프로를 뺨칠 솜씨다.

**クローク** 클로크룸, 외투[휴대품] 보관소 ¶クロークに預ける 클로크룸에 맡기다

**クローズアップ** 클로즈업 ◇クローズアップする 클로즈업하다 ¶環境汚染問題がクローズアップされている 환경오염 문제가 클로즈업되고 있다.

**クローバー** 클로버 関連 四つ葉のクローバー 네 잎 클로버

**グローブ** 글러브

**クロール** 크롤, 크롤 스트로크, 자유형 ¶クロールで泳ぐ 자유형으로 수영하다

**くろかみ【黒髪】** 흑발, 검은 머리털

**くろこげ【黒焦げ】** ◇黒焦げになる 타서 검게 눈다 ¶さんまが黒焦げになった 꽁치가 타서 검게 눌었다.

**くろじ【黒字】** 흑자(↔적자) ¶会社の収益が赤字から黒字になった 회사 수익이 적자에서 흑자가 되었다. 関連 財政黒字 재정 흑자 / 貿易黒字 무역 흑자

**くろしお【黒潮】** 난류(暖流), 일본 해류

**クロスワードパズル** 크로스워드퍼즐, 십자말풀이

**グロッキー** 그로기 ◇グロッキーになる 그로기가 되다, 지치다

**グロテスク** 그로테스크 ◇グロテスクだ 그로테스크하다, 괴상하다, 징그럽다

**くろパン【黒パン】** 흑빵

**くろぼし【黒星】** [負け] 패배 [失敗] 실패 ¶黒星を喫する(→負ける) 지다

**くろまく【黒幕】** 흑막, 막후 인물 ¶警察は事件の黒幕を捜査している 경찰은 사건의 막후 인물을 수사하고 있다. / 政界の黒幕 정계의 막후 인물

**くろめ【黒目】** 검은자위, 눈동자

**くろやま【黒山】** ¶ロケの現場は黒山の人だかりだった 촬영 현장에는 사람이 많이 몰렸다.

**クロワッサン** 크루아상

**くわ【桑】** 뽕나무 関連 くわ畑 뽕나무밭

**くわえる【加える】** ❶ [足す] 가하다, 더하다, 보태다, 넣다 ¶スープに塩を加える 국에 소금을 더하다 / なべに3カップの水を加えてかき回してください 냄비에 물 세 컵을 넣어서 섞으세요. / 8に4を加えると12になる 8에 4를 더하면 12가 된다. / 忘れずに彼の名前をリストに加えてください 잊지 말고 그 사람의 이름을 리스트에 넣어 주세요. / 我々は赤ん坊を加えて全部で13人でした 우리는 아기를 포함해서 전부 열세 명이었어요. / 私もこのチームに加えてください 저도 팀에 들어가게 해 주세요. / カルビに加えてロースも注文した 갈비에다가 로스까지 주문했다. / 補足的な説明を加える 보충 설명을 가하다 / 速力を加える 속력을 보태다
❷ [与える] 주다, 가하다 ¶熱を加えると鉛はすぐ溶ける 열을 가하면 납은 곧 녹는다. / 彼女に危害を加えるやつは許さない 그 여자에게 위해를 가하는 사람은 용서하지 않겠다.

**くわえる【咥える】** ¶指をくわえる 손가락을 입에 물다 / たばこをくわえる 담배를 물다 / 父はたばこをくわえて新聞を読んでいた 아버지는 담배를 문 채 신문을 읽고 있었다.

**くわしい【詳しい】** ❶ [詳細な] 자세하다, 상세하다 ◇詳しく 자세히, 상세히 ¶彼から詳しい情報を聞いた 그 사람에게서 자세한 정보를 들었다. / ごめんなさい。詳しいことはわかりません 미안해요. 자세한 것은 모르겠어요. / 詳しいことは旅行代理店に尋ねてください 자세한 것은 여행사에 물어 보세요. / 韓国料理についてはこの本が詳しい 한국 요리에 대해서는 이 책에 상세하게 나온다. / 詳しい解説 자세한 해설 / もっと詳しく説明してくれませんか 좀 더 자세히 설명해 주시겠어요? / 詳しく調べる 자세하게 알아보다
❷ [精通した] 정통하다, 밝다 ¶彼はこの辺の地理に詳しい 그는 이 근처 지리를 잘 안다. / 歴史に詳しい 역사에 밝다 / 彼は東アジア情勢にあまり詳しくはない 그는 동아시아 정세에 별로 밝지 않다. / 法律に詳しい人 법률에 밝은 사람

**くわずぎらい【食わず嫌い】** ¶食わず嫌いをする [食べ物] 먹어보지도 않고 싫어하다 | [物事] 덮어 놓고 싫어하다

**くわだて【企て】** [計画] 계획, 꾀 [試み] 기도 [たくらみ] 음모

くわだてる【企てる】계획하다, 기도하다, 꾀하다 ¶反乱[陰謀]を企てる 반란을 [음모를] 기도하다 / 政府は都市の再開発を企てている 정부는 도시 재개발을 계획하고 있다.

くわわる【加わる】❶〔仲間に入る〕끼다〔参加する〕참가하다 ¶彼らの仲間に加わるのは気が進まなかった 그들의 한패에 끼는 것은 마음이 내키지 않았다. / 彼女が途中から私たちの会話に加わった 그녀가 도중에 우리 대화에 끼었다. / 彼もその陰謀に加わっていたのですか 그 사람도 그 음모에 끼어 있었어요? / ゲームに加わる 게임에 참가하다
❷〔足される, 与えられる〕가해지다, 더해지다, 늘다 ¶スピードが加わる 속도가 더해지다 / 負担が加わる 부담이 늘다 / 料金には消費税が加わりますよ 요금에는 소비세가 포함되었어요. / 運動会の種目に400メートルリレーが加わった 운동회 종목에 400미터 릴레이가 더해졌다 / 3人分の重みが加わって自転車がパンクした 세 명의 무게가 더해져서 자전거가 펑크 났다.

くん【君】군(▶目下に対して用い, 友人同士では用いない) ¶朴君 박 군 / 山田君 야마다 군 / 一郎君, 試験どうだったの 이치로 군, 시험 어땠어?

ぐん【群】군, 떼, 집단 ¶群衆 군중 / 彼女は語学力では群を抜いている 그녀는 어학 실력에서는 뛰어나다.

ぐん【郡】군 ¶東京都西多摩郡 도쿄도 니시타마군 / 京畿道楊州郡 경기도 양주군

ぐんかん【軍艦】군함

くんくん 킁킁 ¶犬がくんくんにおいをかいでいる 개가 킁킁 냄새를 맡고 있다.

ぐんぐん 부쩍부쩍, 무럭무럭, 쭉쭉 ¶彼はぐんぐん背が伸びている 그는 키가 무럭무럭 자란다. / ぐんぐん進歩する 무섭게 진보하다

ぐんこくしゅぎ【軍国主義】군국주의 関連 軍国主義者 군국주의자

くんし【君子】군자 慣用句 君子危うきに近寄らず 군자는 위험에 가까이 가지 않는다.

くんじ【訓示】훈시 ◇訓示する 훈시하다 ¶社長が新入社員に訓示した 사장이 신입사원에게 훈시했다.

ぐんじ【軍事】군사 ◇軍事的な 군사적인 関連 軍事衛星 군사 위성 / 軍事演習 군사 연습 / 軍事援助 군사 원조 / 軍事介入 군사 개입 / 軍事基地 군사 기지 / 軍事機密 군사 기밀 / 軍事訓練 군사 훈련 / 軍事行動 군사 행동 / 軍事顧問 군사 고문 / 軍事裁判 군사 재판 / 軍事政権 군사 정권 / 軍事大国 군사 대국 / 軍事同盟 군사 동맹 / 軍事費 군사비 / 軍事力 군사력

くんしゅ【君主】군주 関連 君主国 군주국 / 君主制 군주제 / 専制君主 전제 군주 / 立憲君主制 입헌 군주제

ぐんじゅ【軍需】군수 関連 軍需産業 군수 산업 / 軍需物資 군수 물자

ぐんしゅう【群衆】군중 ¶群衆を押し分けて進んでいった 군중을 헤쳐가면서 나아갔다. / 彼の演説が終わると広場に集まった大群衆から歓声が上がった 그의 연설이 끝나자 광장에 모인 많은 군중들이 환성을 질렀다. / 怒った群衆が議事堂に押し寄せた 화난 군중들이 의사당에 몰려왔다. / 彼女の姿は群衆の中に紛れて見えなくなった 그녀의 모습은 군중 속에 섞여 보이지 않게 됐다.

ぐんしゅうしんり【群集心理】군중 심리(群衆心理)

ぐんしゅく【軍縮】군축 関連 軍縮会議 군축 회의

くんしょう【勲章】훈장 ¶勲章を授ける 훈장을 수여하다 / 勲章をぶら下げる 훈장을 달다 関連 文化勲章 문화 훈장

ぐんじん【軍人】군인〔兵士〕병사〔将校〕장교 関連 職業軍人 직업 군인

くんせい【燻製】훈제 ¶肉を燻製にする 고기를 훈제로 하다 / 魚の燻製 생선 훈제

ぐんせい【群生】군생, 군서 ◇群生する 군생하다, 군서하다 ¶はとは群生する 비둘기는 군생한다.

ぐんたい【軍隊】군대 ¶彼は軍隊に入った 그는 군대에 들어갔다. / 軍隊を派遣する 군대를 파견하다 関連 軍隊生活 군대 생활

ぐんて【軍手】면장갑, 목장갑

ぐんと 부쩍, 훨씬, 쑥 ¶彼女は日本語[韓国語]がぐんと上達した 그 여자는 일본어[한국어] 실력이 부쩍 늘었다.

くんとう【薫陶】훈도, 훈육 ¶秋山先生の薫陶を受ける 아키야마 선생님의 훈도를 받는다.

ぐんとう【群島】군도

ぐんばい【軍配】〔勝負の判定〕판정 ¶彼に軍配が上がった 그에게 판정이 제대로 났다

ぐんぱつ【群発】関連 群発地震 군발 지진, 지진군

ぐんび【軍備】군비 ¶軍備を縮小[拡張]する 군비를 축소[확대]하다 関連 軍備撤廃 군비 철폐 / 再軍備 재군비

ぐんぶ【軍部】군부

ぐんぷく【軍服】군복 ¶軍服をぬぐ 군복을 벗다 (→除隊する)

ぐんぽうかいぎ【軍法会議】군법 회의, 군사 법원(▶今は군사 법원을 用いる) ¶軍法会議にかける 군법 회의에 상정하다

ぐんよう【軍用】関連 軍用機 군용기 / 軍用車 군용차 / 軍用道路 군용 도로

くんりん【君臨】◇君臨する 군림하다 ¶ブラジルはサッカー大国として世界のサッカー界に君臨してきた 브라질은 축구 대국으로서 세계 축구계에 군림해 왔다. / 王は君臨すれども統治せず 왕은 군림하나 통치하지 않는다.

くんれん【訓練】훈련 ◇訓練する 훈련하다 ¶訓練を積む 훈련을 쌓다 / 彼はパイロットの訓練を受けた 그는 파일럿 훈련을 받았다. / 彼女は生徒に韓国語の正しい発音を訓練した 그녀는 학생들에게 한국어의 올바른 발음을 훈련시켰다. / この犬は盲導犬として訓練されている 이 개는 맹도견으로서 훈련되어 있다. / よく訓練された犬 잘 훈련된 개 関連 訓練所 훈련소 / 訓練生 훈련생 / 実地訓練 실지 훈련 / 射撃訓練 사격 훈련 / 避難訓練 피난 훈련 / 防災訓練 방재 훈련

# け

**け【毛】** 털, 모 〔髪の毛〕머리카락, 머리 〔羊毛〕양모, 양털 ¶毛が伸びたから床屋へ行くつもりだ 머리가 길어서 이발소에 갈 예정이다. / 最近毛が薄くなってきた 요즘 머리숱이 적어졌다. / 最近抜け毛がひどい 요즘 머리가 많이 빠진다. / 彼は毛が薄い〔濃い〕그는 머리숱이 적다〔많다〕. / 毛が2,3本抜けた 머리카락이 두세 가닥 빠졌다. / 姉の毛はカールしているのに私のは直毛だ 언니 머리카락은 곱슬인데 내 머리카락은 직모다. 数え方 毛1本 털 한 가닥 このスーツは毛80％だ 이 양복은 모 80퍼센트다. ⇨髪

**-け【-家】**씨(氏) ¶徳川家 도쿠가와 씨 집안 / 金家 김씨 집안

**-け【-気】**기〔気配〕기미〔気味〕기운 ¶山小屋は火の気がまったくなかった 산장은 불기라고는 전혀 없었다. / 父は腰痛の気があるようだ 아버지는 요통 기미가 있는 것 같다. / 人気がない 인기척이 없다. 関連 寒気 한기 / ちゃめっ気 장난기

**けあな【毛穴】**털구멍, 모공

**けい【刑】**형〔刑罰〕형벌 ¶終身刑を宣告される 종신형을 선고 받다 / 彼は懲役5年の刑に処せられた 그는 징역 5년형을 받았다. / 彼は殺人の罪で20年の刑に服している 그는 살인죄로 20년형을 복역중이다. / 重い〔軽い〕刑 무거운〔가벼운〕형벌

**けい【計】**합계, 총계〔計画〕계획 ¶レポート作成に要した時間は計6時間だった 리포트 작성에 필요했던 시간은 총 여섯 시간이다. 慣用句 一年の計は元旦にあり 일년지계는 재원단이라. | 한 해의 계획은 정초에 세운다.

**けい【系】**〔系列〕계열〔系統〕계통 ¶あの会社は三井系の企業だ 그 회사는 미쓰이 계열의 기업이다. / 革新〔保守〕系の候補者 혁신〔보수〕계열의 후보자 関連 太陽系 태양계 / 文科系 문과계통 / 理科系 이과 계통

**げい【芸】**재주〔技芸〕기예〔演技〕연기 ¶あの役者は芸が細かい 그 배우는 연기가 섬세하다. / 彼女は芸が達者だ 그녀는 재주가 많다. / いるかに芸を仕込む 돌고래에게 재주를 가르치다 / 芸を身につける 재주를 익히다 / 私は何の芸もない人間です 나는 아무런 재주도 없는 사람이에요. / 手をこまねいているのも芸のない話だ 그냥 수수방관하고 있다니 좀 머리쓸 수 없나? / 芸は身を助ける 재미로 익힌 재주가 어려울 때 생활에 도움을 준다.

**ゲイ** 게이, 남성 동성애자 ¶ゲイであることを公言する 게이인 것을 공언하다 関連 ゲイバー 게이바 / ゲイボーイ 남창(男娼)

**けいい【敬意】**경의 ¶私たちは彼の努力に敬意を表した 우리들은 그 사람의 노력에 경의를 표했다. / 定年退職する社員に敬意を表して送別会が開かれた 정년 퇴직하는 사원에게 경의를 표하기 위해 송별회가 열렸다.

**けいえい【経営】**경영〔商売〕장사 ◇経営する 경영하다

◆《経営は・経営が》

¶あの会社は経営がうまくいっている〔いっていない〕그 기업은 경영이「잘 되고 있다〔잘 되고 있지 않다〕. / わが社の経営は不況で行き詰まっている 우리 회사 경영이 불황으로 정체되고 있다.

◆《経営の・経営に》

¶会社は経営の合理化を進めている 회사는 경영의 합리화를 추진하고 있다. / 彼は会社の経営について独自の見解を持っている 그는 회사 경영에 대해 독자적인 견해를 가지고 있다. / 経営に携わる 경영에 종사하다

◆《経営する》

¶私の母は食堂を経営している 우리 어머니는 식당을 경영하고 계신다.

◆《その他》

¶父は私に会社の経営を任せた 아버지는 나에게 회사 경영을 맡기셨다. / 日本の会社の経営スタイルはアメリカの会社とは違う 일본 회사의 경영 스타일은 미국 회사와는 다르다. / わが社は新しい経営陣の下で再出発した 우리 회사는 새로운 경영진 밑에서 재출발했다. / 経営側は多くの労働者を一時解雇した 경영자 측은 많은 노동자를 일시 해고했다. / あの会社は経営難に陥っている 그 회사는 경영난에 빠져 있다. / うちの会社は経営方針がはっきりしない 우리 회사는 경영 방침이 확실하지 않다. / わが社は積極的に多角経営に乗り出している 우리 회사는 다각 경영에 적극적으로 나서고 있다. 関連 経営権 경영권 / 経営者 경영자 / 経営学 경영학 / 経営学修士(MBA) 경영 석사

**けいえん【敬遠】**경원 ◇敬遠する 경원하다

¶(野球で)打者を敬遠する 타자를 경원하다 / 敬遠の四球 경원 사구

**けいおんがく【軽音楽】**경음악

**けいか【経過】**경과 ◇経過する 경과하다 ¶妻の手術後の経過はどうですか 아내의 수술 경과는 어떻습니까? / もうしばらく経過を見ましょう 조금 더 경과를 봅시다. / 術後の経過がよい 수술 경과가 좋다. / 試合の途中経過をお知らせします 시합의 도중 경과를 알려 드리겠습니다. 関連 経過報告 경과 보고

**けいかい【軽快】**◇軽快だ 경쾌하다 ¶彼のフットワークはとても軽快だった 그의 발놀림은 매우 경쾌했다. / 彼女は軽快な足取りで学校に向かった 그 애는 경쾌한 발걸음으로 학교로 갔다. / 軽快な音楽 경쾌한 음악 / 軽快な装い 경쾌한 옷차림

**けいかい【警戒】**경계 ◇警戒する 경계하다

¶地震の際は火災に対する警戒が必要だ 지진 때는 화재에 대한 경계가 필요하다. / 村人はよそ者の男を警戒している 마을 사람들은 낯선 사람인

그 남자를 경계하고 있다. / 泥棒に十分警戒してください 도둑을 충분히 경계해 주세요. / 川の水はすでに警戒水位に達している 강물은 이미 경계 수위에 달했다. / 警戒心が強い 경계심이 강하다 / 警戒を解く 경계를 풀다 / 厳重な警戒態勢を取る 엄중한 경계 태세를 취하다 〔関連〕警戒警報 경계경보

## けいかく【計画】계획 ◇計画する 계획하다

【基本表現】

▶連休中は何か計画がありますか
 연휴 때 무슨 계획이 있습니까?
▶夏休みの計画はもう立てたの?
 여름 휴가 계획은 벌써 세웠어?
▶計画がうまくいかないからといって途中であきらめてはだめだ 계획이 잘 진행되지 않는다고 해서 도중에 포기해서는 안 된다.
▶計画はだめになった 계획은 엉망이 되었다.
▶その計画は実行された 그 계획은 실행되었다.

◆【計画が・計画は】
¶計画がうまくいくかどうかは彼の努力次第だ 계획대로 잘 될지는 그 사람의 노력에 달렸다. / 我々の計画は失敗に終わった 우리들의 계획은 실패로 끝났다.

◆【計画を】
¶友達と一緒に休みの計画を立てた 친구와 같이 휴가 계획을 세웠다. / 文化祭の出し物についてみんなで計画を練った 학교 축제의 기획물에 대해서 모두 모여 계획을 짰다. / 今年の冬は北海道へスキーに行く計画を立てている 올해 겨울에는 홋카이도에 스키 타러 갈 계획을 세우고 있다. / 資金不足のせいで計画を変更せざるを得なかった 자금 부족 탓에 계획을 변경하지 않을 수 없었다. / 彼はとうとう計画を断念した 그는 결국 계획을 단념했다. / 彼らはその計画をつぶそうとした 그들은 그 계획을 망치려고 했다. / 彼らは政府打倒の計画を実行に移した 그들은 정부 타도의 계획을 실행에 옮겼다. / 少年たちは車を盗むというとんでもない計画を思いついた 소년들은 차를 훔친다는 당치도 않은 계획을 떠올렸다. / その計画にはまったく関心がない 그 계획에는 전혀 관심이 없다.

◆【計画する】
¶来月クラス会を計画している 다음달 반창회를 계획하고 있다. / 大統領の暗殺は入念に計画されていた 대통령 암살은 꼼꼼히 계획되어 있었다.

◆【その他】
¶仕事は計画通りに進んでいますか 일은 계획대로 진행되고 있습니까? / 何もかも計画どおりに進むとは限らない 뭐든지 계획대로 꼭 진행된다고는 할 수 없다. / 新市庁舎の建設は計画中だ 시청사 건설을 계획중이다. / この辺り一帯は道路拡張計画があるそうだ 이 근처 일대는 도로 확장 계획이 있다고 한다. / 警察は彼の殺害は計画的犯行だと見ている 경찰은 그 사람의 살해는 계획적인 범행이라고 보고 있다. / 爆発は事故か計画的なものかわかっていない 폭발이 사고인지 계획적인 것인지 판명되지 않았다. / 彼らは計画的に会社を破産させた 그들은 계획적으로 회사를 파산시켰다. / 彼には全く計画性がない 그에게는 전혀 계획성이 없다. 〔関連〕計画経済 계획 경제 / 5か年計画 5개년 계획 / 財政計画 재정 계획 / 長期計画 장기 계획 / 都市計画 도시 계획

## けいかん【景観】경관, 경치 ¶あのビルは町の景観を損なっている 저 빌딩은 동네 경관을 해치고 있다.

## けいかん【警官】경관, 경찰관 〔関連〕警官隊 경관대 / 婦人警官 여자 경찰관, 여경

## けいき【景気】❶ 〔社会全体の経済状態〕경기

¶景気がよい[悪い] 경기가 좋다[나쁘다]. / 景気が上向く 경기가 회복세에 들다 / 景気が停滞する 경기가 정체하다 / 景気はどうですか 경기는 어떻습니까? / もうじき景気も上向きになるだろう 조금 지나면 경기도 호전되겠지. / 父の会社は景気の波に乗って急成長した 아버지 회사는 경기를 잘 타 급성장했다. / 景気回復の見通しが立たない 경기 회복의 전망이 안 보인다. / この好景気はいつまで続くだろうか 이 호경기는 언제까지 계속될까?

❷ 〔威勢がよく元気なこと〕기세, 기운 ¶彼はいつも景気よく金を遣う 그는 항상 시원스럽게 돈을 쓴다. / 景気のよさそうな顔をしているね 좋은 일이 있는 듯한 얼굴을 하고 있네. / 景気の悪い顔をしてどうかしましたか 기운 없는 얼굴을 하고 무슨 일 있어요? / 景気づけに焼酎を2,3杯飲んだ 기운 내려고 소주를 두세 잔 마셨다. 〔関連〕景気後退 경기 후퇴 / 景気刺激策 경기 자극책 / 景気対策 경기 대책 / 景気停滞 경기 정체 / 景気動向 경기 동향 / 景気変動 경기 변동, 경기 순환

## けいき【刑期】형기 ¶彼は5月で3年の刑期を終える 그는 오월로 3년의 형기를 끝낸다.

## けいき【契機】계기 ¶病気を契機にたばこを止めた 병을 계기로 담배를 끊었다. ⇒機会, きっかけ

## けいき【計器】계기〔メーター〕미터기 ¶計器が狂う 계기가 고장나다 〔関連〕計器盤 계기반 / 計器飛行[着陸] 계기 비행[착륙]

## けいく【警句】경구 ¶警句を発する 경구를 말하다

## けいぐ【敬具】경구〔漢文体の手紙の最後に用いる〕

## けいけん【経験】경험〔経歴〕경력 ◇経験する 경험하다, 겪다

【基本表現】

▶運転の経験がある[ない]
 운전 경험이 있다[없다].
▶この仕事には経験が必要だ
 이 일에는 경험이 필요하다.
▶父は運転の経験が長い
 아빠는 운전 경력이 길다.
▶彼女は政治の経験に乏しい
 그녀는 정치 경험이 부족하다.

◆【経験が・経験は】
¶彼は人生経験が豊富だ 그는 인생 경험이 풍부하다. / 母は運転の経験が浅いので、いっしょに乗っているとはらはらする 어머니는 운전 경험이 별로 없어서 같이 타면 불안하다. / 雑誌編集の経験は何年ぐらいありますか 잡지 편집 경험은 몇 년 정

도 있습니까? / 私は高校で教えた経験がある 나는 고등학교에서 가르친 경험이 있다. / こんなくだらない仕事からどんな経験が得られるのだろうか 이런 시시한 일에서 어떤 경험을 얻을 수 있을까? / この仕事では経験がものを言う 이 일에서는 무엇보다 경험이 도움이 된다.

◆【経験に】

¶試合には負けたが、いい経験になりました 시합에는 졌지만, 좋은 경험이 됐습니다. / 彼女は若いのだから経験に乏しいのは仕方がない 그녀는 젊으니까 경험이 부족한 것은 어쩔 수 없다. / 私は自分の経験に基づいて話をした 나는 내 경험에 의거해서 이야기를 했다. / その経験によって視野が広がった 그 경험에 의해서 시야가 넓어졌다.

◆【経験を】

¶これまでの経験を生かした仕事をしたい 지금까지의 경험을 살린 일을 하고 싶다. / 彼は経験を積んだ外科医です 그는 경험이 풍부한 외과의입니다.

◆【経験する】

¶こんなたいへんな仕事は経験したことがない 이런 힘든 일은 겪어 본 적이 없다. / 病気の苦しさは経験しなければわからない 병의 괴로움은 경험해 보지 않으면 모른다. / 「一人旅を経験したことがありますか?」「いいえ、まだありません」"혼자서 여행한 경험이 있나요?" "아니요, 아직 없어요."

◆【その他】

¶私は経験でそのことがわかる 나는 경험으로 그것을 안다. / 新聞記者としての経験から、真実は必ずしも一つでないことを知っている 신문 기자로서의 경험을 통해, 진실이란 반드시 하나뿐만은 아니라는 것을 알고 있다. / 経験から学ぶことはたくさんある 경험으로부터 배울 것은 많이 있다. / 何事も経験だと思ってやりなさい 어떤 일이라도 경험이라 생각하고 해 봐. / 漁師は嵐の前兆を経験的に知っている 어부는 폭풍의 전조를 경험적으로 알고 있다. / 彼はとても経験豊かな人 그는 아주 경험이 풍부한 사람이다. / この仕事には経験者が必要だ 이 일에는 경험자가 필요하다. / 彼らに経験談を話してやった 그 사람들에게 경험담을 이야기해 주었다. / 新しい経験 새로운 경험 / 痛い経験 아픈 경험 / 苦い経験 쓰라린 경험 / 恐ろしい経験 무서운 경험 / 悲しい経験 슬픈 경험 / 不思議な経験 불가사의한 경험, 신기한 경험 / 楽しい経験 즐거운 경험 / つらい経験 힘든 경험 / 珍しい経験 드문 경험 / 得がたい経験 얻기 힘든 경험 / 忘れがたい経験 잊을 수 없는 경험

**けいけん【敬虔】** ◇**敬虔だ** 경건하다 ¶**敬虔な信者** 경건한 신자 / **敬虔な仏教徒** 경건한 불교도

**けいげん【軽減】**경감 ◇**軽減する** 경감하다 ¶**彼らは税の軽減を求めている** 그들은 세금의 경감을 바라고 있다. / **負担を軽減する** 부담을 경감하다 ⇒**減らす**

**けいこ【稽古】** 연습, 레슨 ◇**稽古する** 연습하다 ¶**毎日3時間バイオリンのけいこをしている** 매일 세 시간 바이올린 연습을 하고 있다. / **彼女は週に1回ピアノのけいこを受けている** 그녀는 일 주일에 한 번 피아노 레슨을 받고 있다. / **先輩が柔道のけいこをつけてくれた** 선배가 유도 연습을 직접 지도해 주셨다. / **けいこに通う** 연습하러 다니다 関連**けいこ場** 연습장 ⇒**レッスン**, **練習**

**けいご【敬語】**높임말, 존대어, 존댓말, 경어 (↔낮춤말) ¶**敬語を使う** 경어를 쓰다 関連**敬語法** 경어법

**けいこう【傾向】**경향, 추세 ¶**これとよく似た傾向は日本でも見られる** 이것과 아주 비슷한 경향은 일본에서도 볼 수 있다. / **近年の交通事故は増える傾向にある** 최근 교통사고는 늘어나는 경향이 있다. / **出生率が徐々に減少するというはっきりした傾向がある** 출생률이 서서히 낮아지고 있다는 뚜렷한 경향이 있다. / **地価が下落傾向にある** 땅값이 하락 추세이다. / **最近の入試の傾向を調べる** 최근의 입시 경향을 조사하다 / **彼女はどうも怠ける傾向がある** 그 여자는 어딘지 게으른 경향이 있다. / **傾向を帯びる** 경향을 띠다

**けいこう【蛍光】**형광 関連**蛍光色** 형광색 / **蛍光灯** 형광등 / **蛍光塗料** 형광 도료 / **蛍光物質** 형광 물질 / **蛍光ペン** 형광펜

**げいごう【迎合】**영합, 아첨 ◇**迎合する** 영합하다, 아첨하다 ¶**彼はすぐに他人に迎合する** 그는 자주 다른 사람에게 아첨을 한다.

**けいこうぎょう【軽工業】**경공업

**けいこうひにんやく【経口避妊薬】**경구 피임약

**けいこく【渓谷】**계곡

**けいこく【警告】**경고 ◇**警告する** 경고하다 ¶**彼らは警告を無視して川に飛び込んだ** 그들은 경고를 무시하고 강에 뛰어들었다. / **今回の地震は防災対策を怠ってきた政府に対する警告となった** 이번 지진은 방재 대책을 소홀히 해 온 정부에 대한 경고였다. / **医者は彼にたばこを止めるよう警告した** 의사는 그에게 담배를 끊도록 경고했다. 関連**警告文** 경고문

**けいさい【掲載】**게재 ◇**掲載する** 게재하다, 싣다 ¶**新聞に広告を掲載した** 신문에 광고를 게재했다. / **その作家の小説は毎週雑誌に掲載されている** 그 작가의 소설은 매주 잡지에 게재되고 있다.

# けいざい【経済】 ❶ [生産・流通・消費にかかわる活動全体] 경제

◆【経済は】

¶**インフレの影響で経済は揺らいでいる** 인플레이션의 영향으로 경제가 흔들리고 있다. / **経済はやがて上向きになるだろうか** 경제는 조만간 호전되는 것일까?

◆【経済を】

¶**観光産業がその島の経済を発展させた** 관광 산업이 그 섬의 경제를 발전시켰다. / **経済を政治と完全に切り離すことは不可能だ** 경제를 정치와 완전히 떼어 놓는 것은 불가능하다. / **経済を安定させることが大切だ** 경제를 안정시키는 것이 중요하다.

◆【その他】

¶**かつては製造業が経済の推進力だった** 예전에는 제조업이 경제의 추진력이었다. / **両国は経済問題で対立している** 양국은 경제 문제로 대립하고 있다.

❷ [財政, 金回り] 경제 ◇**経済的な** 경제적인

◇**経済的に** 経済的で ¶車を買うなんてわが家の経済事情が許さない 차를 사다니 우리 집의 경제 사정이 허락지 않는다. / 彼には経済観念がない 그에게는 경제 관념이 없다. / 彼女は経済的な理由で働きに出た 그녀는 경제적인 이유로 직장에 다니기 시작했다. / 彼は経済的に困っている 그는 경제적으로 곤란을 겪고 있다.

❸ [節約] ◇**経済的** 경제적 ¶この車は燃費がよく経済的のだ 이 차는 연비가 좋아서 경제적이다. / タクシーで行くよりバスを使ったほうが経済的だよ 택시로 가는 것보다 버스를 이용하는 게 더 경제적이야. 関連 **経済援助** 경제 원조 / **経済界** 경제계 / **経済活動** 경제 활동 / **経済観念** 경제 관념 / **経済危機** 경제 위기 / **経済基盤** 경제 기반 / **経済協力開発機構** 경제 협력 개발 기구 / **経済産業省** 경제산업성 (▶韓国의 지식 경제부 「知識経済部」에 있음) / **経済状態** 경제 상태 / **経済政策** 경제 정책 / **経済成長率** 경제 성장률 / **経済大国** 경제 대국 / **経済特区** 경제특구 / **経済白書** 경제 백서 / **経済封鎖** 경제 봉쇄 / **経済摩擦** 경제 마찰 / **経済面 [新聞の]** 경제면 / **経済力** 경제력 / **経済新聞** 경제 신문 / **国内経済** 국내 경제 / **資本主義経済** 자본주의 경제 / **自由経済** 자유 경제 / **計画経済** 계획 경제 / **統制経済** 통제 경제 / **開放経済** 개방 경제

**けいざいがく [経済学]** 경제학 ¶彼女は経済学を勉強している 그녀는 경제학을 공부하고 있다. / 経済学の教科書 경제학 교과서 関連 **経済学者** 경제학자 / **経済学部** 경제학부

**けいさつ [警察]** 경찰 [警察官] 경찰관

◆[警察は]

¶警察は犯行現場を徹底的に捜索した 경찰은 현장을 철저히 수색했다. / 警察はその女を覚醒剤所持の容疑で逮捕した 경찰은 그 여자를 각성제 소지 혐의로 체포했다. / 警察は犯人の行方を追っている 경찰은 범인의 행방을 쫓고 있다.

◆[警察に・警察を]

¶拾った物は何であれ警察に届けるべきだ 주운 물건은 무엇이든 경찰에 갖다 주어야 한다. / スリは現行犯で警察に捕まった 소매치기는 현행범으로 경찰에 잡혔다. / 警察を呼んでください 경찰을 불러 주세요. (▶警察への通報는 112番, 消防署や救急車는 日本과 같이 119番)

◆[その他]

¶事件の犠牲者の家族は警察の対応の悪さを責めた 사건의 희생자 가족은 경찰의 불친절한 대응을 비난했다. / どうしても警察沙汰にはしたくなかった 무슨 일이 있어도 경찰의 신세는 지고 싶지 않았다. / 警察犬を使って容疑者の足取りを追う 경찰견을 써서 혐의자의 발자국을 찾다 関連 **警察学校** 경찰 학교 / **警察官** 경찰관 / **警察署** 경찰서 / **警察署長** 경찰서장 / **警察庁** 경찰청 / **警察手帳** 경찰 수첩 / **女性警察官** 여자 경찰관, 여경(女警)

**けいさん [計算]** 계산, 셈 ◇**計算する** 계산하다 [数える] 세다 ¶この計算は間違っているよ 이 계산은 틀렸다. / このコンピュータは毎秒3億回の計算ができる 이 컴퓨터는 매초 3억회의 계산을 할 수 있다. / 彼女はとても計算が速い 그녀는 계산이 아주 빠르다. / 何度やっても計算が合わない 몇 번 했는데도 계산이 안 맞는다. / どれくらいの費用がかかるか計算してください 어느 정도 비용이 드는지 계산해 주세요. / 1日のもうけを計算した 하루 벌이를 계산했다. / 科学者は今世紀の終わりには世界の人口が2倍になると計算している 과학자는 금세기말에는 세계 인구가 두 배가 될 것이라고 보고 있다. / そのことを計算に入れるのをすっかり忘れていた 그것을 계산에 넣는 것을 새까맣게 잊고 있었다. 慣用句 彼女はとても計算高い人間だ 그녀는 매우 계산적인 [타산적인] 사람이다. 関連 **計算器** 계산기 / **計算尺** 계산자 / **電子計算機** 전자 계산기

**けいし [警視]** 경시 (▶韓国警察의 경정 「警正」에 해당) 関連 **警視総監** 경시총감 / **警視庁** 경시청

**けいし [軽視]** ◇**軽視する** 경시하다 ¶彼女の実力を軽視すべきではない 그녀의 실력을 경시해서는 안 된다. / この問題を軽視するわけにはいかない 이 문제를 경시할 수는 없다.

**けいじ [刑事]** 형사 ¶彼は刑事上の責任を問われた 그는 형사상의 책임을 추궁당했다. / 空港には私服刑事が張り込んでいた 공항에는 사복 형사가 잠복하고 있었다. 関連 **刑事裁判** 형사 재판 / **刑事事件** 형사 사건 / **刑事訴訟** 형사 소송

**けいじ [掲示]** 게시 ◇**掲示する** 게시하다 ¶大学は入試の合格者を掲示した 대학은 입시 합격자 명단을 게시했다. / ドアには「入室禁止」の掲示があった 문에는 '출입 금지' 표시가 있었다. 関連 **掲示板** 게시판

**けいしき [形式]** ❶ [一定の手続き・やりかた] 형식, 양식 ¶形式に従って書類を作成してください 양식에 따라서 서류를 작성해 주세요. / この作家の新しい本は日記の形式で書かれている 그 작가의 새 책은 일기 형식으로 쓰여져 있다.

❷ [見掛け, 儀礼的な行為] 형식 ◇**形式的な** 형식적인 ¶形式にこだわる 형식에 구애되지 말라. / 彼は形式ばかりにこだわって中身は空っぽだ 그는 형식만 따지고 실속은 없다. / それは単に形式のことだ 그것은 단순히 형식상의 문제다. / その政治家の演説は形式的なものだった 그 정치가의 연설은 형식적인 것이었다. / 形式ばったあいさつはよそう 형식적인 인사는 하지 말자. 関連 **形式主義** 형식주의

**けいじどうしゃ [軽自動車]** 경자동차, 경차, 소형 자동차, 소형 차

**けいしゃ [傾斜]** 경사, 비탈 ◇**傾斜する** 비탈지다, 경사지다 ¶急な傾斜 가파른 경사 / この坂道は傾斜がゆるい [きつい] 이 오르막길은 경사가 완만하다 [가파르다]. / この山は45度の傾斜がある 이 산은 45도의 경사가 있다. / その塔はやや北に傾斜している 그 탑은 약간 북쪽으로 경사져 있다. / 傾斜した道 비탈진 길 ⇒傾き, 傾く

**けいしゃ [芸者]** 게이샤 : 일본의 기녀(妓女)

**げいじゅつ [芸術]** 예술 ◇**芸術的な** 예술적이다 ¶彼の芸術を理解することは難しい 그 사람의 예술을 이해하는 것은 어렵다. / 彼には芸術的センスがない 그 사람에게는 예술적 센스가 없다. /

この生け花は実に芸術的だ 이 꽃꽂이는 정말 예술적이다. 関連 芸術家 예술가 / 芸術祭 예술제 / 芸術作品 예술 작품 / 芸術性 예술성

**けいしょう【敬称】** 경칭, 존칭(尊称) ¶敬称を使う 경칭을 쓰다 / 敬称略 경칭 생략

**けいしょう【継承】** 계승 ◇継承する 계승하다 ¶伝統を継承する 전통을 계승하다 関連 継承者 계승자

**けいしょう【軽傷】** 경상, 가벼운 부상 ¶軽傷を負う 가벼운 부상을 입다 / 彼女は幸運にも軽傷ですんだ 그녀는 운 좋게 가벼운 부상으로 끝났다.

**けいしょう【軽症】** 경증, 가벼움 ¶軽症の肺炎 가벼운 폐렴

**けいじょう【形状】** 형상 関連 形状記憶合金 형상 기억 합금

**けいしょうち【景勝地】** 경승지 ¶松島は景勝地として非常に有名だ 마쓰시마는 경승지로서 대단히 유명하다.

**けいしょく【軽食】** 간단한 식사 [間食] 간식

**けいず【系図】** 계도 [家系図] 족보(族譜)

**けいせい【形勢】** 형세◇互角で 호각이다. ¶実力が 비슷비슷하다. / 形勢は我々に有利[不利] 형세는 우리에게 유리[불리]하다. / 形勢は彼らに有利に展開した 형세는 그들에게 유리하게 전개되었다. / 形勢がますます悪化した 형세가 더욱더 악화됐다.

**けいせい【形成】** 형성 ◇形成する 형성하다 ¶性格を形成する 성격을 형성하다 / 両親は子供の人格形成に大きな影響を与える 부모는 아이의 인격 형성에 큰 영향을 준다. / 日本列島は北海道, 本州, 四国, 九州の4つの島から形成されている 일본 열도는 홋카이도, 혼슈, 시코쿠, 규슈의 네 개의 섬으로 형성되어 있다. 関連 形成外科 형성 외과

**けいせき【形跡】** 흔적, 자취 ¶この部屋には犯人が潜んでいた形跡がある 이 방에는 범인이 숨어 있었던 흔적이 있다. / 死体には乱暴された形跡はなかった 시체에는 능욕당한 흔적은 없었다.

**けいそう【軽装】** 경장, 가벼운 복장[옷차림] ¶軽装で登山をするのは危険だ 가벼운 복장으로 등산하는 것은 위험하다. / 軽装で出かける 가벼운 옷차림으로 외출하다

**けいぞく【継続】** 계속 ◇継続する 계속하다 ◇継続的な 계속적인 ¶この議案は継続して審議するべきだ 이 의안은 계속해서 심의해야 한다. / コンピュータ雑誌の購読をさらに1年継続することにした 컴퓨터 잡지 구독을 1년 더 계속하기로 했다. / 継続的な研究が実って新しい事実が発見された 계속적인 연구가 결실을 맺어 새로운 사실이 발견되었다.

**けいそつ【軽率】** ◇軽率だ 경솔하다 ¶軽率な振る舞いはするべきではない 경솔한 행동은 해서는 안 된다. / 突然訪問するなんて軽率だった 갑자기 방문하다니 경솔했다. / 軽率極まりない 경솔하기 짝이 없다

**けいたい【携帯】** 휴대 ◇携帯(用)の 휴대용 ◇携帯する 휴대하다 ¶いつも免許証を携帯しています 항상 면허증을 휴대하고 있습니다. 関連 携帯電話 휴대 전화, 핸드폰 / 携帯ラジオ 휴대용 라디오

**けいだい【境内】** 경내 ¶神社[お寺]の境内 신사[절]의 경내

**けいちょう【傾聴】** ◇傾聴する 경청하다 ¶彼の意見は傾聴に値する 그 사람의 의견은 경청할 만하다.

**けいてき【警笛】** 경적 [汽笛] 기적 ¶警笛を鳴らす 경적을 울리다

**けいと【毛糸】** 털실 ¶母が僕に毛糸でセーターを編んでくれた 어머니는 나에게 털실로 스웨터를 짜 주셨다. ⇨毛, 羊毛

**けいど【経度】** 경도

**けいとう【系統】** 계통, 체계 [条理] 조리 [路線] 노선 ◇系統的な 계통적인 ◇系統的に 계통적으로 ¶この車はブレーキ系統が故障している 이 차는 브레이크 계통이 고장났다. / 系統立てて考える 체계를 세워서 생각하다 / 系統立てて説明してもらえますか 조리 있게 설명해 주시겠습니까? / 系統的な研究 계통적인 연구 / バスの運転系統 버스의 운행 노선 関連 指揮系統 지휘 계통 / 命令系統 명령 계통

**けいとう【傾倒】** 경도 ◇傾倒する 경도하다 [熱中する] 열중하다 [心酔する] 심취하다 ¶彼女は韓国文学に傾倒している 그녀는 한국 문학에 심취해 있다.

**げいとう【芸当】** 재주 [曲芸] 곡예 ¶芸当をする 곡예를 하다 / 僕にそんな芸当はできない 나에게는 그런 재주가 없다.

**げいにん【芸人】** 연예인

**げいのう【芸能】** 예능 [演芸] 연예 関連 芸能界 연예계 / 芸能人 연예인 / 郷土芸能 향토 예능

**けいば【競馬】** 경마 ¶競馬でもうける 경마로 벌다 関連 競馬場 경마장 / 競馬新聞 경마 신문 / 地方競馬 지방 경마 / 中央競馬 중앙 경마

**けいはく【軽薄】** ◇軽薄だ 경박하다 ¶そんな軽薄な男とは付き合わないほうがいい 그런 경박한 남자하고는 어울리지 않는 것이 좋다. / 軽薄な考え 경박한 생각

**けいはつ【啓発】** ◇啓発する 계발하다 ◇啓発される 계발되다 ¶彼の話におおいに啓発された 그 사람의 이야기에 크게 계발되었다.

**けいばつ【刑罰】** 형벌 ¶刑罰を科す 형벌을 가하다 / 刑罰を受ける 형벌을 받다 / 重い[軽い]刑罰 무거운[가벼운] 형벌

**けいはんざい【軽犯罪】** 경범죄 関連 軽犯罪法 경범죄법

**けいひ【経費】** 경비 ¶どれくらい経費がかかるのですか 경비가 어느 정도 듭니까? / 経費がかさむ 경비가 늘어나다 / 経費を削減する 경비가 있는 경비를 삭감할 필요가 있다. / 会社の経費で取引先を接待した 회사 경비로 거래처를 접대했다. / 経費のかかる企画 경비가 드는 기획 関連 必要経費 필요 경비

**けいび【警備】** 경비 ◇警備する 경비하다 ¶空港の警備はいつになく厳重だ 공항 경비는 어느 때보다 삼엄하다. / 警察は大使館周辺の警備を強化している 경찰은 대사관 주변의 경비를 강화하고 있다. / 警備を解く 경비를 풀다 関連 警備員 경

비원 / 警備会社 경비 회사 / 警備隊 경비대 / 警備艇 경비정

**けいひん**【景品】경품 ¶景品を出す 경품을 내다

**げいひんかん**【迎賓館】영빈관

**けいぶ**【警部】경부(▶韓国警察の 경감「警監」にあたる) 関連 警部補 경보보(▶韓国警察의 경위「警衛」에 해당)

**けいふく**【敬服】경복, 탄복 ◇敬服する 경복하다, 탄복하다 ¶君の勇気には敬服する 네 용기에는 탄복한다.

**けいべつ**【軽蔑】경멸 ◇軽蔑する 경멸하다 ◇軽蔑的な 경멸적이다 ◇軽蔑的に 경멸적으로 ¶キョンエは彼を軽蔑の目で見た 경애는 경멸의 눈초리로 그 사람을 보았다. / 彼女は彼を軽蔑している 그녀는 그를 경멸하고 있다. / 友達から軽蔑されている友人に軽蔑されたくない 친구에게 경멸당하고 싶지 않다. / 彼女は軽蔑して笑った 그녀는 경멸하면서 웃었다. / 彼は自分の利益しか考えない人を軽蔑している 그 사람은 자기 이익밖에 생각하지 않는 사람을 경멸한다.

**けいほう**【刑法】형법

**けいほう**【警報】경보 ¶警報を出す 경보를 내다 / 大雨洪水警報が出された 호우 홍수 경보가 났다. / 津波警報が解除された 해일 경보가 해제되었다. 関連 警報器 경보기

**けいみょう**【軽妙】경묘하다 ¶軽妙な話術 경묘한 화술

**けいむしょ**【刑務所】교도소(矯導所), 형무소, 감옥(監獄)(▶韓国では、今は교도소といい、西大門刑務所など歴史の建造物に名を残すのみ) ¶彼らは銀行強盗をして刑務所に入れられた 그들은 은행 강도를 저질러 교도소에 들어갔다. / 彼は妻と娘たちに会いたくて刑務所を脱獄した 그는 아내와 딸들이 보고 싶어 교도소를 탈옥했다. / 刑務所に収容する 교도소에 수용하다 / 刑務所を出る 교도소를 나오다 / (刑)務所暮らし 감옥살이 関連 刑務所所長 교도소 소장

**げいめい**【芸名】예명

**けいもう**【啓蒙】계몽 ◇啓蒙する 계몽하다 ¶民衆を啓蒙する 민중을 계몽하다 関連 啓蒙思想 계몽사상 / 啓蒙思想家 계몽 사상가

**けいやく**【契約】계약 ◇契約する 계약하다

◆【契約が・契約は】
¶ようやくその会社との契約が成立した 드디어 그 회사와의 계약이 성립됐다. / この契約はもう無効だ 이 계약은 이미 무효다. / 来月マンションの賃貸契約が切れる 다음달에 아파트 임대 계약이 끝난다.

◆【契約を】
¶彼は2か月前に業者と家を新築する契約を交わした 그는 두 달 전에 업자와 집을 신축할 계약을 했다. / 彼はサッカーの日本代表チーム監督として2年の契約を結んだ 그는 일본 축구 대표 팀의 감독으로서 2년 계약을 맺었다. / 彼女はその部屋を月10万で借りる契約をした 그녀는 그 방을 한 달에 10만 엔에 빌리는 계약을 했다. / 自動車保険の契約を更新した 자동차 보험 계약을 갱신했다. / 契約を破る 계약을 어기다

◆【契約する】
¶彼はその会社との契約を破棄し別の会社と契約した 그는 그 회사와의 계약을 파기하고 다른 회사와 계약했다.

会話 契約期間
A：その保険の契約期間はどのくらいですか
B：10年です
A：그 보험의 계약 기간은 어느 정도입니까？
B：10년입니다.

関連 契約違反 계약 위반 / 契約金 계약금 / 契約者 계약자 / 契約書 계약서 / 仮契約 가계약 / 本契約 본계약

**けいゆ**【経由】경유 ◇経由する 경유하다, 거치다 ¶ソウルを経由してロンドンへ行く 서울을 경유하여[거쳐] 런던으로 간다.

**けいゆ**【軽油】경유

**けいよう**【形容】형용 ◇形容する 형용하다 ¶形容しがたい美しさ 형용하기 힘든 아름다움 関連 形容詞 형용사

**けいよう**【掲揚】게양 ◇掲揚する 게양하다 ¶国旗を掲揚する 국기를 게양하다

**けいり**【経理】경리 ¶私は会社で経理を担当している 나는 회사에서 경리를 담당하고 있다. 関連 経理部[課] 경리부[과] / 経理部長[課長] 경리부 부장[과장]

**けいりゃく**【計略】계략, 책략, 꾀 ¶まんまと彼らの計略にはまった 그들의 계략에 감쪽같이 빠져 버렸다. / 彼らは一人暮らしの老人の財産をだまし取る計略を巡らせた 그들은 혼자 사는 노인을 속여 재산을 뺏는 계략을 꾸몄다.

**けいりゅう**【渓流】계류

**けいりょう**【計量】계량 ◇計量する 계량하다 [重量を] 달다 関連 計量カップ 계량 컵

**けいりょう**【軽量】경량 ¶彼は軽量級のボクサーだ 그는 경량급 복서다.

**けいりん**【競輪】경륜 関連 競輪場 경륜장 / 競輪選手 경륜 선수

**けいれい**【敬礼】경례 ◇敬礼する 경례하다 ¶彼は上官に敬礼した 그는 상관에게 경례를 했다.

**けいれき**【経歴】[履歴] 이력 ¶あの人どういう経歴の人ですか 저 사람은 어떤 경력을 가진 사람입니까？ / 彼は軍人としての経歴が長い 그는 군인으로서의 경력이 길다. / 華々しい経歴を持っている 화려한 경력을 갖고 있다. / 経歴を生かす 경력을 살리다 / 経歴を調べる 경력을 조사하다

**けいれつ**【系列】계열 ¶あの会社は三菱の系列だ 그 회사는 미쓰비시 계열이다. 関連 系列会社 계열 회사

**けいれん**【痙攣】경련 [こむら返り] 쥐 ¶けいれんが起こる 경련이 일어나다 / けいれんを起こす 경련을 일으키다 関連 胃けいれん 위경련

**けいろ**【経路】¶山頂へは前回と同じ経路をたどった 산 정상에는 저번과 같은 경로를 따라서 갔다. / 鳥インフルエンザの感染経路を突き止める 조류독감의 감염 경로를 밝혀내다 / 彼は警察で銃の入手経路について取り調べを受けた 그는 경찰

에서 총의 입수 경로에 대한 조사를 받았다.
**けいろうのひ【敬老の日】** 경로의 날
**ケーオー** [KO] 케이오 [ノックアウト] 녹아웃 ◇ケーオーする 케이오시키다 ¶チャンピオンは挑戦者を1ラウンドでケーオーした 챔피언은 도전자를 1라운드에서 케이오시켰다. 関連 ケーオー勝ち 케이오승 / ケーオー負け 케이오패
**ケーキ** 케이크 ¶ケーキを焼く 케이크를 굽다 数え方 ケーキ1個 케이크 한 개 / ケーキ1切れ 케이크 한 조각 関連 ウエディングケーキ 웨딩 케이크 / クリスマスケーキ 크리스마스 케이크 / ショートケーキ 쇼트케이크 / デコレーションケーキ 데커레이션케이크 / バースデーケーキ 생일 축하 케이크 / ホットケーキ 핫케이크
**ケース** 케이스 [入れ物] 상자, 갑 [状況, 事例] 상황, 경우, 사례 ¶めがねをケースに入れた 안경을 케이스에 넣었다. / ケースバイケースで考えましょう 상황에 따라서[케이스 바이 케이스로] 생각하자. 関連 タバコケース 담배 케이스 / モデルケース 모델 케이스
**ゲート** 게이트 ¶(競馬で)ゲートインする 게이트 인하다 関連 ゲートボール 게이트볼
**ケーブル** 케이블 関連 ケーブルカー 케이블카(▶韓国にはケーブルカーがないので ケイブルカ というとロープウェイをさすことが多い) / ケーブルテレビ 케이블 티비 / 海底ケーブル 해저 케이블
**ゲーム** 게임 ¶ゲームをする 게임을 하다 / タイガースは2位のチームに5ゲーム差をつけて優勝した 타이거즈는 2위의 팀하고 5게임 차로 우승했다. / ゲームセット 게임 세트 ¦ ゲーム オーバー 게임 오버 関連 ゲーム機 게임기 / ゲームセンター 오락실 / インターネットゲーム 인터넷 게임 / テレビゲーム 텔레비전 게임
**けおりもの【毛織物】** 모직물
**けが【怪我】** 부상, 상처 ◇けがをする 부상을 입다, 상처를 입다, 다치다 ¶サッカーをしていて右足にけがをした 축구를 하다가 오른쪽 발을 다쳤다. / 転んだはずみに 넘어져서 부상을 입었다. / 彼は友達とけんかしてけがをした 그는 친구와 싸워서 상처를 입었다. / 危ないよ, けがするよ 위험해. 다친다. / 私の不注意がもとで妹にけがをさせてしまった 내 부주의로 동생을 다치게 했다. / けがをした子供たちはすぐ病院に運ばれた 부상을 입은 어린이들은 바로 병원으로 옮겨졌다. / 彼は足のけがでずっと欠席している 그는 발을 다쳐 계속 결석하고 있다. / 彼は交通事故で大けがを負った 교통사고로 큰 부상을 입었다. / 弟のけがはたいしたことはなかった 동생의 상처는 대단한 것은 아니었다. / 腕のけががやっと治った 팔 부상이 겨우 나았다. / 「おけがはありませんか」「ええ, 大丈夫です」"안 다치셨습니까?" "네, 괜찮습니다." 関連 けが人 부상자
**げか【外科】** 외과 ¶先月外科手術を受けた 지난달 외과 수술을 받았다. 関連 外科医 외과의
**けがす【汚す】** 더럽히다 [名誉などを] 훼손시키다 ¶家名を汚す 가명을 더럽히다 / 貞操を汚す 정조를 더럽히다 / 彼の名誉はひどく汚された 그 사람의 명예는 심하게 훼손당했다.
**けがらわしい【汚らわしい】** [汚い] 더럽다 [不潔な] 불결하다 [むかつくような] 불쾌하다 [いかがわしい] 야비하다, 추잡하다 ¶口にするのも汚らわしい 입에 담기에도 더럽다. / 汚らわしい手を使う 야비한 수법을 쓰다
**けがれ【汚れ】** 더러움 [不浄] 부정 ¶汚れを知らない純真な子供 더러움을 모르는 순진한 어린이 / 汚れを祓(はら)う 부정을 치다
**けがれる【汚れる】** 더러워지다, 때가 묻다 ¶そんな汚れた金は受け取れない 그런 더러운 돈은 받을 수 없다.
**けがわ【毛皮】** 모피, 털가죽 ¶毛皮のコート 모피 코트
**げき【劇】** [芝居] 극, 연극 [戯曲] 희곡 ◇劇的な 극적인 ¶当劇場で来月からその劇を上演する予定だ 이 극장에서 다음달부터 그 연극을 상연할 예정이다. / 劇に出る 연극에 출연하다 / 試合は劇的な結末になった 시합은 극적인 결말이 되었다. 関連 劇映画 극영화 / 劇画 극화 / 劇作家 극작가 / 放送劇 방송극
**げきか【激化】** 격화 ◇激化する 격화하다 ¶内戦は激化の一途をたどっている 내전은 격화일로를 걷고 있다.
**げきげん【激減】** 격감 ◇激減する 격감하다 ¶最近客の入りが激減した 최근 손님이 격감했다. / 先月は売り上げが激減した 저번 달은 매상이 격감했다.
**げきじょう【劇場】** 극장 関連 劇場街 극장가 / 劇場中継 극장 중계 / オペラ劇場 오페라 극장 / 国立劇場 국립 극장
**げきしん【激震】** 격진 ¶東北地方が激震に見舞われた 격진이 도호쿠 지방을 휩쓸었다
**げきせん【激戦】** 격전 ¶激戦を繰り広げる 격전을 벌이다 / 彼らは激戦を勝ち抜いて決勝戦に進出したのだ 그들은 격전을 이겨내고 결승전에 진출했다. 関連 激戦地 격전지 / 激戦区 [選挙의] 격전구
**げきぞう【激増】** 격증 ◇激増する 격증하다 ¶世界の人口が激増している 세계 인구가 격증하고 있다. / 海外に出かける人々の数が激増している 해외에 나가는 사람들의 수가 격증하고 있다.
**げきたい【撃退】** 격퇴 ◇撃退する 격퇴하다 ¶しつこいセールスマンを撃退するにはどうしたらいいだろう 끈질긴 외판원을 쫓아내기 위해서는 어떻게 하면 좋을까?
**げきだん【劇団】** 극단 関連 劇団員 극단원
**げきつい【撃墜】** 격추 ◇撃墜する 격추하다 ¶ヘリコプターがゲリラに撃墜された 헬리콥터가 게릴라에게 격추당했다.
**げきつう【激痛】** 격통 ¶激痛に襲われる 격통이 덮치다 / 突然腰に激痛を感じた 갑자기 허리에 심한 통증을 느꼈다.
**げきど【激怒】** 격노 ◇激怒する 격노하다 ⇨怒る
**げきどう【激動】** 격동 ◇激動する 격동하다, 격동되다 ¶我々は激動する時代に生きている 우리는 격동하는 시대에 살고 있다. / 激動する中東情勢 격동하는 중동 정세
**げきとつ【激突】** 격돌 ◇激突する 격돌하다 ¶車が塀に激突した 차가 벽에 격돌했다.
**げきへん【激変】** 격변 [急変] 급변 ◇激変する 격변하다, 급변하다 ¶コンピュータの導入によって

**げきむ【激務】** 격무 ¶毎日激務に追われている 매일 격무에 쫓기고 있다.

**げきやく【劇薬】** 극약

**げぎらい【毛嫌い】** ¶彼女はミョンチョルを毛嫌いしている 그녀는 명철이를 까닭 없이 싫어한다.

**げきりゅう【激流】** 격류 [急流] 급류

**げきれい【激励】** 격려 ◇激励する 격려하다 ¶少女への激励の手紙が世界中から寄せられた 소녀에 대한 격려의 편지가 전 세계에서 왔다. / 激励を受ける 격려를 받다 / 校長は選手たちを激励するために球場に駆けつけた 교장은 선수들을 격려하기 위해서 구장에 달려왔다.

**げきろん【激論】** 격론 ¶激論を戦わせる 격론을 벌이다

**けげん【怪訝】** ◇怪訝な 의아한 ¶彼はけげんな顔をしていた 그는 의아한 얼굴을 하고 있었다.

**げこう【下校】** 하교 ◇下校する 하교하다
[関連] 下校時間 하교 시간

**けさ【今朝】** 오늘 아침 ¶けさ早く 오늘 아침 일찍 / けさの出来事 오늘 아침의 일

**げざい【下剤】** 설사약, 하제

**げし【夏至】** 하지 ¶夏至の日 하짓날

**けしいん【消印】** 소인 ¶消印を押す 소인을 찍다 / 手紙には1月13日付け大阪の消印があった 편지에는 일월 13일부의 오사카 소인이 찍혀져 있었다. / 5月10日付け消印まで有効です 오월 10일부 소인까지 유효합니다. / 当日消印有効 당일 소인 유효

**けしかける【嗾ける】** 부추기다 ¶弟をけしかけて父に小遣をねだらせた 동생을 부추겨서 아버지에게 용돈을 조르게 했다. / 犬をけしかける 개를 부추겨서 덤비게 하다

**けしからん【怪しからん】** 괘씸한 ¶なんとけしからん男だ 어쩜 그렇게 괘씸한 놈일까. / 医者が人を殺すとはまったくけしからんことだ 의사가 사람을 죽이다니 정말 괘씸한 일이다.

**けしき【景色】** 경치(景致) [風景] 풍경 ¶美しい景色に見とれてしまった 아름다운 경치를 넋 놓고 쳐다보았다. / 山頂からはすばらしい景色が見られる 산 정상에서는 기막히게 아름다운 경치를 볼 수 있다. / 景色のいいところで弁当を食べた 경치가 좋은 곳에서 도시락을 먹었다. / 朝起きたら外は一面雪景色だった 아침에 일어나니 밖은 온통 눈에 덮여 있었다.

**けしゴム【消しゴム】** 고무 지우개 ¶消しゴムで消す 지우개로 지우다

**けじめ【区別】** 구별 [終結] 매듭 ¶彼は善悪のけじめがつかない 그는 선악의 구별을 못한다. / 公私のけじめをきちんとするべきだ 공사 구별을 확실히 해야만 한다. / 問題にけじめをつける 문제를 매듭 짓다

**げしゃ【下車】** 하차 ◇下車する 하차하다 ¶途中下車する 도중하차하다

**げしゅく【下宿】** 하숙 ◇下宿する 하숙하다 ¶下宿を探す 하숙을 찾다 / 下宿代は食事付きで8万円払っている 하숙비로 식사를 포함해서 8만엔 내고 있다. [関連] 下宿人 하숙인 / 下宿屋 하숙집

**げじゅん【下旬】** 하순 ¶4月下旬に 사월 하순에

**けしょう【化粧】** 화장 ◇化粧する 화장하다 ¶けさは化粧をする時間がなかった 오늘 아침에는 화장할 시간이 없었다. / 部屋に入って行くと彼女は鏡の前で化粧を落としていた 방에 들어가니 그녀는 거울 앞에서 화장을 지우고 있었다. / 彼女は泣いたせいで化粧がすっかり崩れてしまった 그녀는 운 탓에 화장이 완전히 엉망이 되어 버렸다. / 彼女は化粧が濃い 그녀는 화장이 짙다. / 彼女は化粧を直しに化粧室に行った 그녀는 화장을 고치러 화장실에 갔다. / けさ富士山に初雪で薄化粧した 오늘 아침 후지 산이 첫눈으로 엷은 화장을 했다. [関連] 化粧室(トイレ) 화장실 / 化粧水 화장수 / 化粧石けん 화장 비누 / 化粧台 화장대 / 化粧道具 화장 도구 / 化粧品 화장품 / 化粧品入れ 화장품 주머니[파우치] / 化粧品店 화장품 가게 / 厚[薄]化粧 짙은[엷은] 화장

**けす【消す】** ❶ [火を] 끄다 ¶たばこの火を消す 담뱃불을 끄다. 地震だ!火を消せ!지진이다! 불을 꺼! / 彼女はろうそくの火を吹き消した 그녀는 촛불을 불어 껐다.

❷ [電気・ガス・テレビなどを] 끄다 ¶彼は居間の明かりを消した 그는 거실의 불을 껐다. / 勉強するときはテレビを消しなさい 공부할 때는 텔레비전을 꺼라.

❸ [文字などを] 지우다 ¶字を消す 글씨를 지우다 / 黒板を消す 칠판을 지우다 / 間違った所は2本線を引いて消してください 틀린 곳은 두 줄을 그어 지워 주세요.

❹ [取り除く] 없애다, 지우다 ¶冷蔵庫のにおいを消すために脱臭剤を入れた 냉장고 냄새를 없애기 위해서 탈취제를 넣었다. / コンピュータのデータをうっかり消してしまった 컴퓨터의 데이터를 무심코 지워 버렸다. /「このビデオ消してもいい」「ああ、それならもう見たからいいよ」"이 비디오 지워도 돼?" "아, 그거라면 벌써 봤으니까 괜찮아." / 休んでばかりいたのでクラブの名簿から名前を消されてしまった 모임에 자주 빠져서 동아리 명단에서 이름이 지워졌다. / 犯人は巧妙に証拠を消していた 범인은 교묘하게 증거를 없앴다.

❺ [姿・音を] 감추다, 지우다 ¶彼女は人込みに姿を消してしまった 그녀는 붐비는 사람들 속으로 모습을 감추고 말았다. / 兄は音を消してテレビを見ている 형은 소리를 끄고 텔레비전을 보고 있다. / 滝の音で私たちの声は消されてしまった 폭포 소리에 우리들의 목소리가 묻혔다.

❻ [殺す] 죽이다, 없애다 ¶邪魔者は消せ 방해하는 놈은 죽여. / やつは消されたらしい 그 놈은 살해당한 것 같다.

**げすい【下水】** 하수 ¶下水があふれている 하수가 넘치고 있다. / 下水管が詰まっている 하수관이 막혀 있다. / この都市では下水道が完備している 이 도시에서는 하수도가 완비되어 있다. [関連] 下水処理場 하수 처리장

**ゲスト** 게스트 ¶彼女はその番組にゲストとして出演した 그녀는 그 방송 프로그램에 게스트로 출연했다.

**けずる【削る】** ❶〔刃物で薄くそぎとる〕깎다 ¶鉛筆を削る 연필을 깎다 / かんなで板を削る 대패로 나무판을 깎다
❷〔削除する、減らす〕깎다, 줄이다, 삭감하다 ¶この段落は長すぎて少し削ってください이 단락은 너무 기니까 조금 줄여 주세요. / 予算を削る予算을 깎다 / 予算が30％削られたので計画を変更しなくてはならない 예산이 30퍼센트 깎였기 때문에 계획을 변경해야 한다.

**けぞめ【毛染め】** 머리 염색〔染料〕머리 염색약(▶発音은 머리염생냑)

**けた【桁】**〔数字の〕자리, 자릿수〔橋の〕도리 ¶弟は2桁の掛け算ができない 동생은 두 자리 곱하기를 못한다. / 答えの桁が違う 해답의 자릿수가 틀리다 / 1桁間違えて計算した 자릿수를 하나 틀리게 계산했다. / 彼は僕とは桁違いに裕福だ 그 사람은 나와는 비교가 되지 않을 만큼 유복하다.

**げた【下駄】** 게다 : 일본 고유의 나막신 慣用句 げたを預ける 모든 것을 상대에게 맡겨서 일임하다 / その生徒の得点にげたを履かせて卒業させてやった 그 학생의 득점을 올려서 졸업시켜 주었다. 関連 げた箱 신발장

**けだかい【気高い】** 고상하다 ¶気高い姿 고상한 모습 / 気高い心を持った女性 고상한 마음을 가진 여성

**けたたましい** 요란하다 ¶だれかがけたたましい叫び声を上げた 누군가가 요란한 비명을 질렀다. / 電話のベルがけたたましく鳴った 전화벨이 요란하게 울렸다.

**けち** ❶〔けちな人〕구두쇠, 깍쟁이 ◇けちだ 인색하다, 쩨쩨하다 ¶兄はけちだ 형은 구두쇠다. / 彼は金持ちのくせにすごくけちだ 그는 부자이면서 아주 구두쇠다. / 忘年会をやるのなら飲み物をけちるなよ 망년회를 할 거면 마실 것을 아끼지 마라. / そんなけちくさい給料では生活できない 그런 쩨쩨한 월급으로는 생활할 수 없다. / 彼はけちなやつだ 그는 인색한 놈이다.
❷〔悪い縁起〕마, 탈 ¶けちがつく 마가 끼다 | 탈이 나다
❸〔難癖〕트집 ¶けちをつける 트집을 잡다

**けちけち** 인색하게, 쩨쩨하게 ◇けちけちする 인색하게 굴다, 쩨쩨하게 굴다 ¶そんなにけちけちするなよ 그렇게 인색하게 굴지 마.

**ケチャップ** 케첩

**けちる** 인색하게 아끼다 ⇒けち

**けちんぼう【けちん坊】** 구두쇠, 깍쟁이

**けつ【決】**〔採決〕채결 ¶それではこの議題の決を採ります 그러면 이 의제를 채결하겠습니다.

**けつあつ【血圧】** 혈압 ¶私は血圧が高い〔低い〕나는 혈압이 높다〔낮다〕. / 私の血圧は上が120で下が80です 나의 혈압은 위가 120이고 아래가 80입니다. / 血圧を計る 혈압을 재다 / 病院で血圧を測ってもらった 병원에서 혈압을 쟀다. / 血圧を下げる 혈압을 내리다 関連 血圧計 혈압계 / 高血圧 고혈압 / 低血圧 저혈압

**けつい【決意】** 결의〔決心〕결심 ¶彼女は決意が固い 그녀는 결의가 굳다. / 二人は離婚の決意を固めた 두 사람은 이혼 결심을 굳혔다. / 私は決意を新たにした 나는 결의를 새로이 했다. / 一生懸命努力しようと決意した 열심히 노력하려고 결의했다. ⇒決心

**けついん【欠員】** 결원 ¶事務員の欠員が生じた 사무원의 결원이 생겼다. / できるだけ早く欠員を補充する必要がある 될 수 있는 한 빨리 결원을 보충할 필요가 있다.

**けつえき【血液】** 혈액 ¶運動は血液の循環をよくする 운동은 혈액 순환을 순조롭게 한다. / 君の血液型は何だ 네 혈액형은 뭐야? / 彼女の血液型はA型だ 그녀의 혈액형은 A형이다. 関連 血液銀行 혈액 은행 / 血液検査 혈액 검사 / 血液病 혈액병 / 人工血液 인공 혈액 / 冷凍血液 냉동 혈액

**けつえん【血縁】** 혈연 ¶彼とは血縁関係がある 그 사람하고는 혈연 관계에 있다.

**けっか【結果】** 결과
◆〔結果は・結果が〕
¶結果はできるだけ早く知らせてね 결과는 될 수 있는 한 빨리 알려 줘. / 検査の結果がわかるまで1週間かかる 검사 결과가 나올 때까지 일 주일 걸린다. / すべて物事には原因と結果がある 모든 일에는 원인과 결과가 있다.
会話 結果は?
　A：試験の結果はどうでしたか？
　B：期待外れでした
　A：시험 결과는 어땠습니까？
　B：기대 밖이었어.
◆〔結果を〕
¶試合の結果を聞きましたか 시합 결과를 들었습니까? / 彼女のひと言が思わぬ結果を招いた 그녀의 한마디가 생각지도 못한 결과를 초래했다.
◆〔結果に〕
¶どんな結果になってもがっかりしないでください 어떤 결과가 되더라도 실망하지 마세요. / 彼の決断がいい結果につながった 그의 결단이 좋은 결과를 가져왔다.
◆〔その他〕
¶努力の結果、彼女は合格した 노력한 결과 그녀는 합격했다. / 検討の結果、計画は延期された 검토한 결과 계획은 연기되었다. / 結果的にはそれは成功だった 결과적으로 그것은 성공이었다. / 君の言っていることは結果論だ 네가 말하고 있는 것은 결과론이다.

**けっかい【決壊】** ◇決壊する 무너지다 ¶大雨でダムが決壊した 큰비로 댐이 무너졌다.

**けっかく【結核】** 결핵 ¶彼女は結核にかかっている 그 여자는 결핵에 걸렸다. 関連 結核患者 결핵 환자 / 肺結核 폐결핵

**げつがく【月額】** 월액 ¶家賃は月額で10万円です 집세는 월액 10만 엔입니다.

**けっかん【欠陥】** 결함, 흠 ¶ブレーキ系統に問題のある欠陥車約2千台が回収された 브레이크 계통에 문제가 있는 자동차 약 2천 대가 회수되었다. / 欠陥を補う 결함을 보완하다 関連 欠陥商品 결함 상품

**けっかん【血管】** 혈관 ¶血管が詰まる 혈관이 막히다

**げっかん【月刊】** 월간 関連 月刊誌 월간지

**けつぎ【決議】** 결의 ¶満場一致で決議された 만장일치로 결의되었다. 関連 決議案 결의안

**げっきゅう【月給】** 월급 ¶彼女は20万円の月給をもらっている 그 여자는 월급 20만 엔을 받고 있다. / 月給は安月給だ この人の月給は安い. / 月給を上げる 월급을 올리다 関連 月給取り 월급쟁이 / 月給日 월급날

**けっきょく【結局】** 결국 ¶彼は一生懸命努力したが結局は失敗した 그는 열심히 노력했지만, 결국 실패했다. / 結局私は旅行に行かないことに決めた 결국 나는 여행에 안 가기로 결심했다. / 何度も失敗したが結局は実験に成功した 몇 번이나 실패했지만 결국은 실험에 성공했다. / けんかの原因は、結局はお金の問題だった 싸움의 원인은 결국은 돈 문제였다. / そのうわさは結局本当だとわかった 그 소문은 결국 진짜였다.

**けっきん【欠勤】** 결근 ◇欠勤する 결근하다 ¶課長に欠勤届を出した 과장에게 결근계를 냈다. / 風邪で欠勤することを電話で伝えた 감기 때문에 결근한다는 것을 전화로 전했다. 関連 欠勤者 결근자 / 無断欠勤 무단 결근

**げっけい【月経】** 関連 月経周期 월경 주기 / 月経痛 월경통 / 月経不順 월경 불순 ⇨ 生理

**げっけいじゅ【月桂樹】** 월계수

**けっこう【欠航】** 결항 ◇欠航する 결항하다 ¶濃霧のため、KAL503便は欠航になった 짙은 안개 때문에 KAL 503편은 결항되었다. / 台風の影響で連絡船が欠航した 태풍의 영향으로 연락선이 결항되었다.

**けっこう【血行】** 혈행, 혈액 순환 ¶血行をよくする 혈액 순환을 순조롭게 만들다 関連 血行障害 혈행 장애

**けっこう【決行】** 결행, 단행(断行) ¶運動会は小雨なら決行します 운동회는 이슬비 정도라면 결행합니다. / スト決行中 파업 단행중

**けっこう【結構】**
❶ [よい] 좋다 [すばらしい] 훌륭하다 [申し分ない] 나무랄 데 없다 [とてもおいしい] 아주 맛있다 ¶「味はいかがですか」「結構なお味です」"맛은 어떻습니까?" "정말 훌륭한 맛입니다." / 結構な品物を頂戴いたしましてありがとうございました 아주 좋은 물건을 주셔서 정말 감사합니다. / 応募作品はどれもみな結構な出来栄えだった 응모작은 어느 것이나 모두 훌륭한 솜씨였다. / それは結構なことだ 그거 잘 됐구나.

会話 結構な身分だね
A: 今週末は韓国に行って来月は台湾に行くんです
B: まあ、結構なご身分のこと
A: 이번 주말은 한국에 가고 다음달은 대만에 가요.
B: 정말 부러운 팔자구나.

❷ [十分] 충분하다, 괜찮다, 됐다 ¶「コーヒーのお代わりをいかがですか」「いえ、もう結構です」 "커피 리필 어떠십니까?" "아니요, 괜찮습니다." / 印鑑がなければサインでも結構です 도장이 없으시면 사인이라도 괜찮습니다. / 仕事熱心も結構だけど体を壊さないようにしてね 일 열심히 하는 것도 좋지만 몸 상하지 않게 해요. / (写真撮影などで)頭をこちらに向けて、はい、それで結構です 머리를 이쪽으로 돌리시고, 예, 그 정도로 됐습니다.

会話 結構です
A: 何か食べるものありますか
B: 今、サンドイッチしかないんですが
A: それで結構です
A: 뭔가 먹을 거 있습니까?
B: 지금 샌드위치밖에 없는데요.
A: 그걸로 충분합니다.

❸ [許可] 좋다, 괜찮다 ¶部屋は片付けなくても結構です 방은 치우지 않아도 괜찮습니다. / わざわざおいでいただかなくとも結構です 일부러 오시지 않아도 괜찮습니다. / 「いつうかがいましょうか」「いつでも結構ですよ」"언제 찾아뵐까요?" "언제라도 괜찮습니다." / この本は急いで返さなくても結構です 그 책은 서둘러서 돌려주시지 않아도 괜찮습니다.

❹ [かなり] 제법, 꽤 ¶このテレビゲームは結構おもしろい 이 텔레비전 게임은 제법 재미있다. / その料理は結構おいしかった 그 요리는 제법 맛있었다. / こんな子供でも結構役に立っていると いうのは結構役に立っているというのはさえ役에 도움이 된다. / 家の掃除をするのも結構重労働だ 집 청소를 하는 것도 꽤 중노동이다. / 私たちは年がかなり離れているが結構話が合う 우리들은 나이 차가 있지만 제법 이야기가 통한다.

**けつごう【結合】** 결합 ◇結合する 결합하다, 결합되다 ¶水素と酸素が結合して水になる 수소와 산소가 결합해서 물이 되다.

**げっこう【月光】** 월광, 달빛 ¶月光を浴びる 달빛을 받다 / 月光が窓から差し込む 달빛이 창문으로 비치다 / 夜の海が月光に輝いていた 밤 바다가 달빛에 반짝이고 있었다.

**けっこん【結婚】** 결혼 ◇結婚する 결혼하다 ¶チョンホはキョンヒと結婚した 정호는 경희와 결혼했다. 語法 「結婚している」も結婚しているという。 ¶兄と結婚している 누나 형과 결혼하고 있다. / 僕たちは結婚して7年になる 우리들은 결혼한 지 7년이 된다. / 彼女は一生結婚しなかった 그녀는 평생 결혼하지 않았다. / まだ結婚する気になれない 아직 결혼할 마음이 안 든다.

¶チョンスクに結婚を申し込んだ 정숙이한테 청혼했다. / 姉はミンスから結婚を申し込まれた 누나는 민수로부터 청혼을 받았다. / ミョンは ミンスとの結婚を承諾した 미영이는 민수와의 결혼을 승낙했다. / 結婚おめでとう 결혼 축하합니다.

¶誠実な人を結婚相手に選びなさい 성실한 사람을 결혼 상대로 선택하세요. / 結婚願望の強い若い女性もいる 결혼하고 싶어하는 마음이 아주 강한 젊은 여성도 있다. / 彼女は結婚詐欺に引っかかった 그녀는 결혼 사기를 당했다. / 彼らは先月結婚式を挙げた 그들은 지난달에 결혼식을 올렸다. / 彼らは幸せな結婚生活を送っている 그들은 행복한 결혼 생활을 보내고 있다. / 彼らの結婚生活は幸せではなかった 그들의 결혼 생활은 행복하지는 않았다. / 結婚生活はうまくいっていますか 결혼 생활은 어때요? / 田中さんは結婚退職するそうだ 다나카 씨는 결혼하면 퇴직한다고 한

다. / 娘は結婚適齢期だ 딸은 결혼 적령기다. / 娘は結婚にはまだ若すぎる 딸은 결혼하기에는 아직 너무 어리다. / きのう結婚届を出してきた 어제 혼인 신고를 내고 왔다. / 山田さんは社内結婚だ 야마다 씨는 사내 결혼이다.

会話 結婚する
A：彼女って結婚しているの
B：いや、まだだよ。30まで結婚しないんだってさ
A：그 여자는 결혼했어？
B：아니 아직. 서른까지 결혼 안 하겠대.
A：彼とはいつ結婚するの
B：来年の6月よ
A：그 사람하고 언제 결혼해？
B：내년 유월이야.

関連 結婚記念日 결혼기념일 / 結婚行進曲 결혼행진곡 / 結婚式場 예식장(礼式場) / 結婚資金 결혼 자금 / 結婚制度 결혼 제도 / 結婚相談所 결혼상담소 / 結婚披露宴 결혼 피로연 / 結婚指輪 결혼반지 / 見合い結婚 중매결혼 / 恋愛結婚 연애결혼

**けっこん【血痕】** 핏자국, 혈흔 ¶血痕のついたシャツ 핏자국이 묻은 셔츠

**けっさい【決済】** 결제 ◇決済する 결제하다
¶手形で決済する 어음으로 결제하다

**けっさく【傑作】** 걸작 ¶この彫刻は今世紀最大の傑作だ 이 조각은 금세기 최대의 걸작이다. / 彼の話は傑作だった 그의 이야기는 너무 재미있었다. / あいつは実に傑作なやつだ 그 친구 정말 걸작이야.

**けっさん【決算】** 결산 ◇決算する 결산하다
¶毎年3月末に決算する 매년 삼월 말에 결산한다. 関連 決算期 결산기 / 決算書 결산서 / 決算報告 결산 보고

**けっし【決死】** 결사 ¶決死の覚悟で戦いに臨んだ 결사의 각오로 싸움에 임했다. 関連 決死隊 결사대

**けつじつ【結実】** 결실 ◇結実する 결실하다
¶我々の長年の努力がついに結実した 우리들의 다년간의 노력이 드디어 결실을 맺었다.

**けっして【決して】**〔決して…ない〕결코(＋否定), 절대로(＋否定) ¶田舎での生活は決して快適ではない 시골 생활은 결코 쾌적하지는 않다. / この作業は決して難しくはない 이 작업은 결코 어렵지는 않다. / 小さな子供を教えるのは決して容易なことではない 어린 아이를 가르치는 것은 결코 쉬운 일은 아니다. / それは決して悪い話ではない 그것은 절대로 나쁜 이야기는 아니다. / 私は決して父の言葉を忘れないでいる 절대로 아버지 말씀을 잊지 않겠다. / 姉は化粧をしないで出かけることは決してない 누나가 화장을 하지 않고 나가는 일은 절대로 없다. / 彼は決して家業にはかかわりたくないと思っている 그는 절대로 가업에는 관여하고 싶지 않다고 생각한다. / この書類は決して外に持ち出してはいけません 이 서류는 절대로 밖에 가지고 나가서는 안 됩니다. / 彼女は誰が訪ねてきても決して会おうとしなかった 그녀는 누가 방문해도 절대로 만나려고 하지 않았다. / 彼は決して約束を破るような人ではない 그는 결코 약속을 어길 사람이 아니

다. / 決してうそは言わない 절대로 거짓말은 하지 않는다. / 決して泣かない 절대로 울지 않겠다. / 決してそこへ行ってはならない 절대로 거기에 가서는 안 된다.

**げっしゃ【月謝】** 월사금〔授業料〕수업료 ¶月謝を払う 월사금을 치르다

**けっしゅう【結集】** 결집 ¶わが社は総力を結集して環境にやさしい新車を開発した 우리 회사는 총력을 다해 친환경적인 새로운 차를 개발했다.

**げっしゅう【月収】** 월수, 월수입〔月給〕월급

**けっしゅつ【傑出】** ◇傑出する 걸출하다 ¶彼は傑出した指導者だった 그는 걸출한 지도자였다.

**けつじょ【欠如】** 결여 ◇欠如する 결여되다
¶彼女は常識が欠如している 그 여자는 상식이 결여되어 있다. / 基礎学力が欠如している 기초 학력이 결여되어 있다. ⇒欠ける

**けっしょう【決勝】** 결승 ¶決勝戦まで勝ち進んだ 결승전까지 진출했다. / 我々のチームは決勝戦で負けた 우리 팀은 결승전에서 졌다. / テニスの決勝戦は来月行われる 테니스 결승전은 다음달 열린다. 関連 決勝点 결승점 / 準決勝 준결승 / 準々決勝 준준결승 / 同点決勝 플레이오프

**けっしょう【結晶】** 결정 ¶雪の結晶は肉眼でも見ることができる 눈의 결정은 육안으로도 볼 수가 있다. / これは我々の努力の結晶だ 이것은 우리 노력의 결정이다. 関連 結晶体 결정체

**けっしょく【血色】** 혈색 ¶血色がよい 혈색이 좋다. ⇒顔色

**げっしょく【月食】** 월식 関連 皆既月食 개기 월식 / 部分月食 부분 월식

**けっしん【決心】** 결심 ◇決心する 결심하다, 마음먹다 ¶辞職するという部長の固い決心は変えられない 사직한다는 부장의 굳은 결심은 바꿀 수 없다. / 彼の決心は固かった 그의 결심은 굳었다. / 父は父親の仕事を継ぐ決心がつかなかった 그는 아버지의 일을 이을 결심이 서지 않았다. / 離婚しようと思うんだがいざとなると決心が鈍る 이혼하려고 생각하는데 막상 하려니 결심이 흔들린다.
¶彼女は韓国に留学する決心をした 그녀는 한국에 유학갈 결심을 했다. / 彼は禁煙を固く決心した 그는 금연할 것을 굳게 마음먹었다. / どうして弁護士になる決心をしたのですか 어째서 변호사가 될 결심을 했습니까？ / 決心がつかない 결심이 안 서다 / 決心がぐらつく 결심이 흔들리다

**けっせい【結成】** 결성 ◇結成する 결성하다
¶新党を結成する信頼な政党 / この会は6年前に結成された 이 모임은 6년 전에 결성되었다.

**けっせい【血清】** 혈청 関連 血清肝炎 혈청 간염 / 血清検査 혈청 검사 / 血清療法 혈청 요법

**けっせき【欠席】** 결석 ◇欠席する 결석하다
¶欠席の理由を言いなさい 결석한 이유를 말해봐. / インフルエンザが流行っているせいか今日は欠席の生徒が多い 독감이 유행하고 있어서인지 오늘은 결석한 학생이 많다. / 彼は欠席が多いので進級できないそうだ 그는 결석이 많아서 진급 못한다고 한다.
¶彼女は風邪で学校を欠席した 그녀는 감기로 학교를 결석했다. / 田中先生の英語の授業は一度も

欠席したことがない 다나카 선생님의 영어 수업은 한 번도 결석한 적이 없다. / 事情があってあすは欠席したいのですが사정이 있어서 내일은 결석하고 싶은데요. / 今日は用事があって残念ながら欠席します。来週は出ますのでよろしくお願いします。 오늘은 볼일이 있어서 아쉽지만 결석합니다. 다음주에는 출석할 예정이오니 잘 부탁합니다. 関連 欠席者 결석자 / 欠席届 결석계 / 無断欠席 무단 결석

**けっせん**【決戦】결전 ¶いよいよ決戦のときが来た 드디어 결전의 때가 왔다.

**けっそう**【血相】[顔色]안색, 낯색 ¶血相を変える 안색을 바꾸다

**けっそく**【結束】결속 ◇結束する 결속하다 ¶我々は共通の目的のために結束した 우리들은 공통의 목적을 위해 결속했다. / 彼らの結束は固かった 그들의 결속은 단단했다.

**げっそり** 홀쭉히 ¶長い闘病生活で彼女はげっそりやせてしまった 긴 투병 생활로 그녀는 홀쭉이 말라 버렸다.

**けつだん**【決断】결단 ◇決断する 결단하다 ¶彼女は決断が速い 그녀는 결단이 빠르다. / 彼は決断力がある 그는 결단력이 있다. / 私の上司は決断力に欠けている 내 상사는 결단력이 부족하다.

**けっちゃく**【決着】결착 ◇決着する 결착하다, 결말이 나다 ¶論争にやっと決着がついた 논쟁에 드디어 결말이 났다.

**けってい**【決定】결정 ◇決定する 결정하다 ◇決定的だ 결정적이다 ¶私たちは会社の決定に従った 우리들은 회사의 결정에 따랐다. / 社長は重役会議での決定をくつがえした[保留にした] 사장은 중역 회의의 결정을 뒤집었다[보류했다]. / 世論が政府の福祉政策の決定を左右した 여론이 정부의 복지 정책 결정을 좌우했다.
¶私たちはすぐに出発することに決定した 우리들은 곧 출발하기로 결정했다. / その出来事が私の一生を決定した 그 사건이 내 평생을 결정했다. / 2012年のオリンピックの開催地はロンドンに決定した 2012년 올림픽 개최지는 런던으로 결정났다. / 次回の会議の日取りを決定してもよろしいでしょうか 다음 회의 날짜를 결정해도 되겠습니까? / 彼のホームランがわがチームの勝利を決定づけた 그의 홈런이 우리 팀의 승리를 결정지었다.
¶警察は彼が犯人だという決定的な証拠をつかんだ 경찰은 그가 범인이라는 결정적인 증거를 잡았다. / この写真は飛行機が墜落する決定的瞬間をとらえたものだ 이 사진은 비행기가 추락하는 결정적인 순간을 찍은 것이다. / 彼が議長に再選されるのは決定的だ 그가 의장에 재선되기는 결정적이다. / 私にはその問題に最終決定を下す権限はない 나에게는 그 문제에 최종 결정을 내릴 권한은 없다. / 彼女がその計画についての最終決定権を持っている 그녀가 그 계획에 관한 최종 결정권을 가지고 있다. 関連 決定戦 결정전, 플레이오프 / 決定打 결정타 / 決定版 결정판

**けってん**【欠点】결점, 흠 ¶私にはいろいろ欠点がある 나에게는 여러 가지 결점이 있다. / 私は欠点が多い 나는 결점이 많다. / 君は自分の欠点に気付いていない 너는 자기의 결점을 모르고 있다. / 自分の欠点を直したい 자신의 결점을 고치고 싶다. / 人の欠点をあら探しするのはやめろ 남의 결점을 흠잡는 것은 그만둬라. / 欠点を指摘する 결점을 지적하다 / 欠点をさらけ出す 결점을 털어놓다 / その計画には致命的な欠点が一つある 그 계획에는 치명적인 결점이 하나 있다. / 彼らの演奏には全く欠点がなかった 그들의 연주에는 전혀 결점이 없었다.

**けっとう**【血統】혈통 ¶この犬は血統がよい 이 개는 혈통이 좋다. / 血統書付きの犬 혈통서 있는 개

**けっとう**【決闘】결투 ◇決闘する 결투하다

**けっぱく**【潔白】결백 ¶潔白を主張する 결백을 주장하다 / 身の潔白を証明する 결백함을 증명하다

**げっぷ** 트림 ¶げっぷをする 트림을 하다 / げっぷが出る 트림이 나오다 / コーラを飲んだらげっぷが出た 콜라를 마셨더니 트림이 나왔다.

**げっぷ**【月賦】월부 ¶月賦で車を買った 월부로 차를 샀다. 関連 月賦販売 월부 판매

**けっぺき**【潔癖】결벽 ◇潔癖だ 결벽하다 ¶政治家はお金について潔癖であるべきだ 정치가는 돈에 대해서 결벽해야 한다. / 彼女は潔癖症だ 그녀는 결벽증이다.

**けつぼう**【欠乏】결핍 [不足] 부족 ◇欠乏する 결핍되다, 부족하다, 모자라다 ¶彼らは物資の欠乏に苦しんでいる 그들은 물자 부족으로 고생하고 있다. / この病気はビタミンの欠乏により起きる 이 병은 비타민 결핍에 의해 생긴다. / 資金が欠乏している 자금이 모자라다.

**けつまくえん**【結膜炎】결막염 関連 流行性結膜炎 유행성 결막염

**けつまつ**【結末】결말 ¶結末をつける 결말을 내다 / 事件がやっと結末を見た 사건은 겨우 결말을 봤다. / 彼らの家族旅行は悲劇的な結末となった 그들의 가족 여행은 비극적인 결말이 되었다. / 意外な結末 뜻밖의 결말

**げつまつ**【月末】월말 ¶月末までには必ずお返しします 월말까지는 반드시 갚겠습니다. / 月末の支払い 월말 지불

**げつめん**【月面】월면 関連 月面着陸 월면 착륙 / 月面歩行 월면 보행

**けつゆうびょう**【血友病】혈우병

**げつようび**【月曜日】월요일

**げつれい**【月例】월례 関連 月例会議 월례 회의 / 月例行事 월례 행사

**けつれつ**【決裂】결렬 ◇決裂する 결렬하다, 결렬되다 ¶ついに会談は決裂した 결국 회담은 결렬되었다. / 和平交渉が決裂した 평화 교섭이 결렬되었다.

**けつろん**【結論】결론 ¶火星探査衛星の打ち上げは失敗したという結論に達した 화성 탐사 위성의 발사는 실패했다는 결론이 나왔다. / この計画は時期尚早という結論に達せざるを得ない 이 계획은 시기상조라는 결론을 내지 않을 수 없다. / その件に関して早急に結論を下さなければならない 그 건에 관해서 빨리 결론을 내

리지 않으면 안 된다. / 一日中議論を続けたが、結局結論は出なかった 하루 종일 논의를 계속했지만 결국 결론은 나지 않았다. / どうしてそういう結論になるのですか どうして そんな 결론이 나온 겁니까?

¶結論として私は君の意見に同意できない 결론적으로 나는 네 의견에 동의할 수 없다. / 結論を急ぐべきでない 결론을 서두르지 말아야 한다. / それは悩み抜いた末の結論だった 그것은 고민 끝에 내린 결론이었다. / ようやく結論が見え始めた 겨우 결론이 보이기 시작했다. / 結論から言えば、君の昇進は見送られることになった 결론부터 말하자면, 자네 승진은 보류하게 됐다.

**けど** ⇒けれども
**げどく [解毒]** 해독 ¶この薬草には蛇の毒に対する解毒作用がある 이 약초에는 뱀 독을 해독하는 작용이 있다. 関連 解毒剤 해독제
**けとばす [蹴飛ばす]** 내차다 ¶ボールを蹴飛ばす 볼을 내차다 ⇒蹴る
**けなげ [健気]** ◇健気だ 다기지다 [感心な] 갸륵하다, 기특하다
**けなす [貶す]** 헐뜯다 [誹謗する] 비방하다 ¶人をけなす 남을 헐뜯다 / 評論家は口をそろえてその映画をけなした 평론가들은 입을 모아 그 영화를 비방했다. ⇒批判
**けなみ [毛並み]** 털의 결 [家門] 집안 [血筋] 핏줄 ¶この馬は毛並みがすばらしい 이 말은 털의 결이 기막히게 좋다.
**けぬき [毛抜き]** 족집게
**げねつざい [解熱剤]** 해열제
**けねん [懸念]** 걱정, 근심 ◇懸念する 걱정하다, 근심하다 ¶財政赤字の増大を懸念する声が高まっている 재정 적자의 증대를 걱정하는 목소리가 높아지고 있다. / 近い将来関東地方に大地震が起こるのではないかと懸念されている 가까운 장래에 간토 지방에 대지진이 일어나는 것은 아닌가 하는 우려가 있다.
**けはい [気配]** 기색, 낌새, 기미, 기운 ¶この家には人の住んでいる気配がない 이 집에는 사람이 살고 있는 기색이 없다. / 隣の部屋で怪しげな気配がした 옆 방에서 수상한 낌새가 있었다. / 吹く風にも秋の気配が漂い始めた 부는 바람에도 가을 기운이 보이기 시작했다.
**けばけばしい** 야하다(野―) ¶彼女はいつもけばけばしい服を着ている 그녀는 항상 야한 옷을 입고 있다.
**けびょう [仮病]** 피병 ¶仮病を使う 피병을 쓰다[부리다]
**げひん [下品]** ◇下品だ 천하다, 상스럽다, 야비하다 [みだらな] 외설스럽다 ¶下品な言葉遣い 상스러운 말씨 / 下品な服装 천한 옷차림 / 彼の冗談は時々とても下品だ 그 사람의 농담은 가끔 외설스럽다.
**けぶかい [毛深い]** 털이 많다 ¶毛深い人 털보
**けむ [煙]** 慣用句 彼の話にみんなは煙に巻かれてしまった 그 사람의 이야기에 모두가 현혹되고 말았다. ⇒煙(けむり)
**けむし [毛虫]** 송충이
**けむたい [煙たい]** 냅다 [気づまりな] 거북스럽다, 어렵다 ¶煙たい部屋 내운 방 / 煙たい人 거북스러운 사람 / 焚き火が煙たい 모닥불이 냅다. / 彼は部下にとって煙たい存在だ 그 사람은 부하에게 거북스러운 존재다.
**けむたがる [煙たがる]** 내워하다 [敬遠する] 경원하다 ¶彼女はこの煙をとても煙たがった 그녀는 담배 연기를 아주 내워했다. / 部長はみんなから煙たがられている 모두는 부장을 경원시하고 있다.
**けむり [煙]** 연기 ¶煙突から煙が立ち昇っている 굴뚝에서 연기가 솟아오르고 있다. / 煙にむせた 연기에 숨이 막혔다. / 彼は鼻からたばこの煙を出した 그는 코로 담배 연기를 뿜었다. / もうもうとした煙に包まれて周りが何も見えなかった 아득한 연기에 둘러싸여서 주위가 아무것도 보이지 않았다. ホテルの火災で多くの人が煙に巻かれて亡くなった 호텔 화재로 많은 사람들이 연기에 휩싸여 사망했다. / 催涙ガスの煙が目にしみた 최루 가스의 연기가 눈에 맵다. / この部屋は煙くさい 이 방은 탄 냄새가 난다. 慣用句 火のない所に煙は立たない 아니 땐 굴뚝에 연기 날까? 関連 湯煙 수증기, 물의 더운 김
**けむる [煙る]** 연기가 나다, 연기가 자욱하다 ¶火事の焼き跡はまだ煙っていた 화재가 난 곳에서는 여전히 연기가 났다. / 部屋がたばこで煙っている 방이 담배 연기로 자욱하다.
**けもの [獣]** 짐승
**ゲラ** 게라 [校正刷り] 교정지 関連 ゲラ刷り 교정쇄
**けらい [家来]** 가신 [部下] 부하
**げらく [下落]** 하락 ◇下落する 하락하다 ¶野菜の価格が下落した 야채 가격이 하락했다. / 円に対しウォンが急激に下落した 엔에 비해 원이 급격하게 하락했다.
**げらげら** 껄껄 ¶げらげら笑う 껄껄 웃다
**けり** 끝, 끝장, 마무리 ¶論争にやっとけりがついた 논쟁에 드디어 마침표가 찍혔다. / 仕事にけりをつける 일의 마무리를 짓다
**げり [下痢]** 설사 ¶下痢をする 설사를 하다 / 下痢が起こる 설사가 나다 / 下痢が止まる 설사가 멎다 / 下痢気味だ 설사 기미다. 関連 下痢止め 지사제
**ゲリラ** 게릴라 関連 ゲリラ戦 게릴라전 / ゲリラ戦術 게릴라 전술 / ゲリラ兵 게릴라병
**ける [蹴る]** ❶ [足で] 차다, 박차다 ¶彼はサッカーボールを思いっ切り蹴った 그는 축구공을 힘차게 찼다. / 彼に向こうずねを蹴られた 그에게 정강이를 차였다. / 馬は地面を蹴って走り去った 말은 땅을 차고 달려나갔다. / 彼は水を蹴って泳いだ 그는 물을 차며 헤엄쳤다.
¶席を蹴って出る 자리를 박차고 나가다 / 僕たちは波を蹴って走るヨットを見ていた 우리들은 파도를 차고 나아가는 요트를 보고 있었다.
❷ [拒絶する] 차다, 거부하다 ¶組合の要求は会社側にあっさりと蹴られてしまった 조합의 요구는 회사측에 깨끗하게 거부당했다. / 彼はその就職口を蹴った 그는 그 취직자리를 찼다.
**げれつ [下劣]** ◇下劣だ 하열하다 [卑しい] 천하다 [卑劣だ] 비열하다 [下品だ] 야비하다 ¶下

劣な輩 비열한 패거리
**けれど** ⇨ けれども
**けれども** ❶〔逆説を表して〕-(으)나, -지만〔にもかかわらず〕불구하고 ¶全力を尽くしたけれども失敗した 전력을 다했지만 실패했다. / 韓国語は読めるけれども話せません 한국어는 읽을 수 있지만 말은 못합니다. / この本は面白いけれども少し高い 이 책은 재미있지만 좀 비싸다. / その日は雪が降っていたけれども私は銀座まで出かけた 그 날은 눈이 왔지만 나는 긴자까지 나갔다. / 顔はきれいだけれども性格が悪い 얼굴은 예쁘게 생겼으나 심보가 고약하다.
❷〔願望を表して〕-는데, 만, -ㄹ[-을] 텐데 ¶お願いがあるんですけれども 부탁이 좀 있는데요. / ちょっとおうかがいしたいのですけれども, 最寄りの駅はどちらでしょうか 말씀 좀 여쭙겠습니다만, 여기서 가장 가까운 역은 어딥니까? / 明日晴れたらいいんだけれども 내일 개면 좋을 텐데.
❸〔接続詞〕하지만, 그러나 ¶初めての海外旅行で不安がいっぱいだった. けれども食事もおいしくとても楽しかった 처음 가는 해외여행이라 아주 불안했다. 하지만 식사도 맛이 있고 너무 즐거웠다. / 10時が過ぎた. けれども娘はまだ帰ってこない 열 시가 넘었다. 하지만 딸은 아직 안 돌아온다.
**ゲレンデ** 젤렌데, 스키장, 슬로프 ¶ここは初心者用のゲレンデ 여기는 초보자용 스키장이다.
**げろ** 토악질 ¶げろを吐く 토하다 | 토악질하다 | 《俗》오버이트하다
**ケロイド** 켈로이드 ¶私の背中には原爆のケロイドがある 내 등에는 원자 폭탄에 의한 켈로이드가 있다.
**けろりと** 태연스럽게, 싹, 까맣게〔すっかり〕깨끗이 ¶彼はしかられてもけろりとしていた 그는 혼나도 태연스럽게 있었다. / 薬を飲んだら数分で頭痛がけろりとよくなった 약을 먹었더니 몇 분 만에 두통이 깨끗이 나았다. / その少年はさっき言われたことをけろりと忘れてしまった 그 소년은 방금 들은 말을 까맣게 잊어 버렸다.
**けわしい【険しい】**험하다〔傾斜が〕가파르다〔厳しい〕엄하다 ¶険しい山道 험한 산길 / 先生は険しい顔つきをしていた 선생님은 엄한 표정을 지으셨다.
**けん【件】**건〔事柄〕일〔事件〕사건 ¶その件については私は無関係です 그 건에 대해서는 나는 관계 없습니다. / 近所で空き巣が2件あった 근처에서 빈집털이가 두 건 있었다. / 例の件について話がしたい 그 일에 대해서 이야기를 하고 싶다. / 急を要する件で彼に電話した 급한 일로 그에게 전화했다.
**けん【券】**권, 표 ¶コンサートの券を2枚買った 콘서트 표를 두 장 샀다. 関連券売機 매표기 / 航空券 항공권 / 乗車券 승차권 / 食券 식권 / ただ券 무료 티켓 / 搭乗券 탑승권 / 入場券 입장권
**けん【県】**현(▶韓国の 도「道」にあたる) ¶群馬県は埼玉県の北にある 군마현은 사이타마현 북쪽에 있다. / うちの高校は鹿児島県下ではもっとも古い学校です 우리 고등학교는 가고시마현에서 가장 오래된 학교입니다. / その県道を行くと駅に出ます 그 현도로 가면 역으로 나갑니다. / 彼は県議会議員として3期務めている 그는 현의회 의원으로서 3기째 역임하고 있다. / 県知事は今度の選挙で再選を果たした 현지사는 이번 선거에서 재선을 이루었다. / 在京の同郷人の友好を深めるために山形県人会が設立された 재경 동향인의 우호를 다지기 위해 야마가타현 출신자 모임이 설립되었다.
**けん【兼】**겸 ¶居間兼食堂 거실 겸 식당
**けん【剣】**검, 칼 ¶剣を抜く 칼을 빼다
**けん【軒】**채 ¶家はその角から3軒目です 우리 집은 그 모퉁이에서 세 번째 집입니다. / 2, 3軒先に薬屋があります 두세 채 더 가면 약국이 있습니다.
**けん【圏】**권 関連首都圏 수도권 / 勢力圏 세력권
**けん【腱】**건 関連アキレス腱 아킬레스건
**けん【鍵】**〔ピアノなどの〕키, 건반(鍵盤)
**けん【弦】**〔楽器の〕현, 줄〔弓の〕활시위 ¶弦を響かせる 현을 울리다 / ギターに弦を張る 기타 줄을 조이다
**げん【現】**현 ¶現時点では 현시점에서는 関連現市長 현 시장
**-げん【-減】**감, 감소 ¶売り上げは昨年度の3割減である 매상은 작년도보다 3할 감소했다.
**けんあく【険悪】**◇険悪だ 험악하다 ¶二人の関係はますます険悪になっている 두 사람의 관계는 더욱더 험악해졌다.
**けんあん【懸案】**현안 ¶長年の懸案を解決する 다년간의 현안을 해결하다 関連懸案事項 현안 사항
**げんあん【原案】**원안
**けんい【権威】**권위 ¶医学界の権威 의학계의 권위 / 彼は経済学の最高権威だ 그는 경제학의 최고 권위자다. / 人は権威に弱い 사람은 권위에 약하다. / 最近の先生は以前ほど生徒に権威がない 요즘 선생님들은 이전 만큼 학생들에게 권위가 없다. / 権威を失う 권위를 잃다 / 権威ある研究所 권위 있는 연구소 関連権威者 권위자

**げんいん【原因】**원인 ¶「火事の原因は何ですか」「放火らしいよ」"화재의 원인은 뭡니까?" "방화래요." / 彼女の悩みの原因はすべて彼にある 그녀의 고민의 원인은 모두 그에게 있다. / 警察は全力を挙げて事故の原因を究明している 경찰은 전력을 다해서 사고의 원인을 규명하고 있다. / 彼らは機械の故障の原因を突き止めた 그들은 기계 고장의 원인을 밝혀냈다. / 原因不明の熱病にかかる 원인불명의 열병에 걸리다 / その事故は彼女のよそ見が原因だった 그 사고는 그녀가 한눈 판 것이 원인이었다. / 彼が入試に失敗した原因ははっきりしている 그가 입시에 실패한 원인은 확실하다. / いちばん大切なことはストレスの原因を取り除くことだ 가장 중요한 것은 스트레스의 원인을 제거하는 것이다. / 原因と結果 원인과 결과
**げんえい【幻影】**환영
**けんえき【検疫】**검역 ¶検疫を受ける 검역을 받다 関連検疫官 검역관 / 検疫所 검역소
**げんえき【現役】**현역 ¶彼は現役で大学に入った

그는 고등학교 졸업 후 바로 대학에 들어갔다. / 祖父は今も現役で働いている 할아버지는 지금도 건강하게 일하고 계신다. / 現役を退く 현역에서 물러나다 / 現役のプロ野球選手 현역 프로 야구 선수 関連 現役国会議員 현역 국회의원 / 現役兵 현역병

**けんえつ** 【検閲】 검열 ◇検閲する 검열하다
¶出版物はかつて国家の検閲を受けていた 예전에는 출판물이 국가의 검열을 받았었다. / 輸入品は税関の検閲を通る必要がある 수입품은 세관의 검열을 통과할 필요가 있다. / その雑誌は検閲に引っ掛かった 그 잡지는 검열에 걸렸다.

**けんえん** 【犬猿】 견원, 개와 원숭이 慣用句 彼女は彼と犬猿の仲だ 그녀는 그와 견원지간이다.

**けんえんけん** 【嫌煙権】 혐연권

**けんお** 【嫌悪】 혐오 〔憎悪〕 증오 ◇嫌悪する 혐오하다 / 彼の無神経な態度に嫌悪感を抱いている 그의 무신경한 태도에 혐오감을 갖고 있다. / 彼女は自己嫌悪に陥っている 그녀는 자기 혐오에 빠져 있다. / あの男には嫌悪感を催す 저 남자에게는 혐오감을 느낀다.

## けんか 【喧嘩】 싸움, 다툼 〔口げんか〕 말다툼 ◇喧嘩する 싸우다, 다투다 ¶漫画本の取り合いをして弟とけんかした 만화책을 서로 가지려 동생하고 싸웠다. / 彼はお金のことで妻と夫婦げんかをした 그는 돈 문제로 아내와 부부싸움을 했다. / その男と目が合っただけでけんかになってしまった 그 남자와 눈이 마주친 것만으로 싸움이 붙어 버렸다. / 昨晩近所でけんかがあった 어젯밤 근처에서 싸움이 있었다. / 彼は2人の酔っぱらいのけんかを仲裁した 그는 술취한 두 사람의 싸움을 중재했다. / その男は私にけんかを売ってきた 그 남자는 나에게 싸움을 걸어왔다. / 君は本当にけんかっ早いね 너는 정말 듯하면 싸우려고 드네. / 彼らはあんなに仲がよかったのにけんか別れをした 그들은 그렇게 사이가 좋았는데 싸움으로 헤어져 버렸다. / けんか腰で話すのはやめろ 시비조로 말하는 것은 그만둬. 慣用句 けんか両成敗 싸움은 그 원인을 떠나서 쌍방을 처벌한다. 関連 兄弟げんか 형제 싸움

**げんか** 【原価】 원가 (▶発音은 원가) ¶原価で売る 원가로 팔다 関連 原価計算 원가 계산

**けんかい** 【見解】 견해 ¶見解を同じくする 견해를 같이 하다 / 見解を異にする 견해를 달리 하다 / それは見解の相違だ 그것은 견해 차이다. / 首相は今後の経済情況について見解を述べた 수상은 앞으로의 경제 전망에 대해 견해를 발표했다.

**げんかい** 【限界】 한계 ¶その野球選手は体力の限界を感じて引退した 그 야구 선수는 체력의 한계를 느끼고 은퇴했다. / 自分の能力の限界に挑戦してみたい 자기 능력의 한계에 도전해 보고 싶다. / もう我慢の限界だ 더 이상 참을 수가 없다. / 「まだ食べられるかい」「いや、これで限界だ」 "더 먹을 수 있겠냐" "아니, 이제 한계야."

**げんかく** 【厳戒】 엄계, 경계 ¶首都全域에 厳戒態勢を敷く 수도 전역에 삼엄한 경계 태세를 펴다

**げんがい** 【言外】 언외 ¶言外の意味をくみ取る 언외의 뜻을 헤아리다 / 彼は気の進まないことを言外에 にわした 그는 별로 내키지 않는 것을 언외에 비쳤다.

**けんがく** 【見学】 견학 ◇見学する 견학하다
¶自動車工場を見学した 자동차 공장을 견학했다. 関連 見学者 견학자

**げんかく** 【厳格】 ◇厳格だ 엄격하다 ¶厳格な家庭 엄격한 가정 / 彼は息子に厳格だった 그는 아들에게 엄격했다. / 子供を厳格に育てる 자식을 엄격히 키우다

**げんかく** 【幻覚】 환각 ¶幻覚を起こす 환각을 일으키다 / 幻覚に悩まされる 환각에 시달리다 関連 幻覚剤 환각제 / 幻覚作用 환각 작용 / 幻覚症 환각증

**げんがく** 【弦楽】 현악 関連 弦楽器 현악기 / 弦楽四重奏 현악 사중주

**げんがく** 【減額】 감액 ◇減額する 감액하다 ¶来年度予算を大幅に減額した 내년도 예산을 대폭 감액했다.

**けんがん** 【検眼】 검안 ¶眼鏡を作る前に検眼してもらった 안경을 맞추기 전에 검안을 받았다.

**げんかん** 【玄関】 현관, 문간 〔ドア〕 문 〔入り口〕 입구 ¶だれかが玄関のところに来ている 누군가가 현관에 와 있다. / 玄関で靴を脱いでください 현관에서 구두를 벗어 주세요. / 表玄関から入ってください 정면 현관으로 들어와 주세요. / 母は毎朝玄関の掃除をする 어머니는 매일 아침 현관 청소를 하신다. / 母と隣のおばさんが玄関先で立ち話をしていた 어머니와 옆집 아주머니가 현관 앞에 서서 이야기를 하고 계셨다.
¶成田空港は日本の玄関だ 나리타 공항은 일본의 현관이다. / 彼は玄関払いを食わされて腹を立てた 그는 문전 박대를 당하고 화를 냈다.

**けんぎ** 【嫌疑】 혐의 ¶嫌疑がかかる 혐의를 받다 / 嫌疑をかける 혐의를 두다 / 嫌疑を晴らす 혐의를 풀다

## げんき 【元気】 기운 〔力〕 힘 〔活力〕 활력 〔健康〕 건강 ◇元気だ 〔精力的な〕 기운차다, 힘이 나다 〔快活だ〕 쾌활하다 〔活発だ〕 활발하다 〔健康だ〕 건강하다

◆元気が・元気は
¶君はいつも元気がいいね 너는 언제나 활력이 넘치는구나. / 母の励ましの言葉で元気が出た 어머니의 격려에 기운(힘)이 났다. / 冷たいビールを1杯飲めば元気が出るよ 차가운 맥주를 한 잔 마시면 기운이 날 거야. / どうしたの、元気がないの 무슨 일 있어? 기운이 없네. / 彼は風邪で元気がなかった 그는 감기 때문에 기운이 없었다. / きょうは出かける元気はない 오늘은 나갈 기운이 없다. / もう昔のような元気はないよ 이제 옛날같은 기운은 없어.

◆元気な・元気だ
¶元気な人が好きだ 활발한 사람이 좋다. / 2階で子供たちの元気な声がした 2층에서 아이들의 기운찬 목소리가 들렸다. / うちの両親はとても元気だ 우리 부모님은 아주 건강하시다. / きのうはあんなに元気だったのに、けさ突然熱が出た 동생은 어제 그렇게 건강했는데, 오늘 아침 갑자기 열이 났다. / 「元気ですか」「ええ、そちらは」 "건강하십니까?" "예, 그쪽은요?" / 「奥さんは

元気かい」「ああ, あいかわらず元気だよ」"부인은 잘 지내?" "그래, 변함없이 잘 지내."

◆【元気を】
¶元気を出せよ 기운[힘] 내. / ほら, 熱いコーヒーでも飲んで元気を出せよ 자, 뜨거운 커피라도 마시고 기운 내. / あいつ, 彼女にふられて落ち込んでいたから, 元気を取り戻すのには時間がかかるだろうな 저 녀석, 여자 친구에게 차여서 침울해 있었으니까, 기운 차리는 데 시간 좀 걸리겠지. / 彼は仕事を首になって, 元気をなくしてしまった 그는 해고당해서 기운이 없어졌다.

◆【元気に】
¶肺炎で入院していたのですが, もうすっかり元気になりました 폐렴으로 입원해 있었습니다만, 이제 완전히 건강해졌습니다. / 早く姉が元気になるといいな 빨리 언니가 회복됐으면 좋겠다. / 名前を呼ばれたら元気に返事をしてください 이름을 부르면 기운차게 대답해 주세요. / 祖父母は沖縄で元気に暮らしています 조부모님은 오키나와에서 건강하게 살고 계십니다.

◆【その他】
¶娘は私の方に元気よく駆けて来た 딸은 내 쪽으로 힘차게 뛰어왔다. / 彼女はいつも元気いっぱいだ 그녀는 항상 기운차 있다. / あいつ, 落ち込んでいるから元気づけてやろうよ 저 녀석, 힘[기운]이 없으니까 기운 차리게 해 주자.

**けんきゃく【健脚】** 건각 ¶健脚を誇る 건각을 자랑하다 / 健脚ぶりを競い合う 서로 건각을 겨루다

**けんきゅう【研究】** 연구 ◇研究する 연구하다 ¶あの教授はくじらの研究で有名だ 그 교수님은 고래 연구로 유명하다. / 日本古代史の研究はこの遺跡発見によって修正されることになるだろう 일본 고대사 연구는 이 유적 발견에 의해 수정될 것이다. / バイオテクノロジーの研究が注目されている 바이오테크놀로지의 연구가 주목을 받고 있다.

¶この問題についてはまだ研究の余地がある 이 문제에 대해서는 아직 연구의 여지가 있다. / 小川教授は長年の研究成果を今度の学会で発表するつもりだ 오가와 교수님은 다년간의 연구 성과를 이번 학회에서 발표할 계획이다. / 多くの科学者は霊魂を科学研究の対象とは考えていない 많은 과학자들은 영혼을 과학 연구의 대상으로는 생각하지 않는다.

¶彼は環境問題について研究するために大学院に進学した 그는 환경 문제에 대한 연구를 하기 위해 대학원에 진학했다. / 彼らはがんの新薬を研究している 그들은 암의 신약을 연구하고 있다. 関連 **研究員** 연구원 / **研究者** 연구자 / **研究会** 연구회 / **研究開発** 연구 개발 / **研究活動** 연구 활동 / **研究室** 연구실 / **研究所** 연구소 / **研究資料** 연구 자료 / **研究生** 연구생 / **研究費** 연구비 / **研究論文** 연구 논문

**げんきゅう【言及】** 언급 ◇言及する 언급하다 ¶大統領は演説の中で南北関係について言及した 대통령은 연설에서 남북 관계에 관해 언급했다. / 彼は女性問題に対する言及を避けた 그는 여자 문제에 대한 언급을 피했다.

**けんきょ【検挙】** 검거 ◇検挙する 검거하다 ¶警察は麻薬密売グループを一斉検挙した 경찰은 마약 밀매 일당을 일제 검거했다. / 彼は選挙違反の容疑で検挙された 그는 선거 위반 혐의로 검거됐다.

**けんきょ【謙虚】** ◇謙虚だ 겸허하다, 겸손하다 ◇謙虚に 겸허하게, 겸손하게 ¶常に謙虚な態度で人に接するよう心がけている 항상 겸허한 태도로 사람을 대하려고 노력하고 있다. / 君は自分のしたことを謙虚に反省すべきだ 너는 자기가 한 일을 겸허하게 반성해야 한다. / 人の忠告を謙虚に聞く 남의 충고를 겸허하게 듣다

**けんぎょう【兼業】** 겸업 ◇兼業する 겸업하다 ¶彼は米屋と酒屋を兼業している 그는 쌀가게와 술가게를 겸업하고 있다. 関連 **兼業農家** 겸업 농가

**けんきん【献金】** 헌금 ◇献金する 헌금하다 ¶献金を集める 헌금을 모으다 / いくつかの大企業が与党に多額の献金をしていた 몇 군데의 대기업이 여당에 거액의 헌금을 하고 있었다. 関連 **献金政治** 헌금 정치 / **政治献金** 정치 헌금

**げんきん【現金】** 현금, 현찰(現札) ◇現金だ 『打算的だ』 타산적이다 ¶お支払いは現金でお願いします 계산은 현금으로 부탁합니다. / 現金を持っていますか 현금을 가지고 있습니까? / この小切手を現金に換えたいのですが 이 수표를 현금으로 바꾸고 싶은데요. / 彼はスーツを現金で買った 그는 양복을 현금으로 샀다. / 「支払いは現金ですか, カードですか」「現金でお願いします」 "계산은 현금입니까? 카드입니까?" "현금으로 부탁합니다."

¶彼は現金なやつだ 그는 타산적인 놈이야. 関連 **現金書留** 현금 등기 우편 / **現金勘定** 현금 계산 / **現金自動預入支払機(ATM)** 현금 자동 입출금기 / **現金自動支払機** 현금 자동 지급기, 현금 인출기 / **現金取引** 현금 거래 / **現金払い** 현금 지불 / **現金引き換え払い** 대금 상환 인도 / **現金輸送車** 현금 수송차

**げんきん【厳禁】** 엄금 ¶うちの学校では生徒のアルバイトは厳禁になっている 우리 학교에서는 학생들의 아르바이트는 엄금되어 있다. / **火気厳禁**(▶掲示) 화기 엄금 / **開放厳禁**(▶掲示) 개방 엄금

**げんけい【原形】** 원형 ¶建物は爆発で原形を留めないほど破壊されていた 건물은 폭발로 원형을 알 수 없을 정도로 파괴되었다.

**けんけつ【献血】** 헌혈 ◇献血する 헌혈하다 関連 **献血運動** 헌혈 운동 / **献血者** 헌혈자 / **献血車** 헌혈차

**けんげん【権限】** 권한 ¶私は君を首にできる権限を持っている 나는 너를 해고할 수 있는 권한을 가지고 있다. / 何の権限があって私にあれこれ指図するんだ 무슨 권한이 있길래 나한테 이것저것 지시하는 거야? / 最高裁判所は下級裁判所が下した判決を覆す権限を有している 대법원은 하급 법원이 내린 판결을 뒤집을 권한을 가지고 있다. / 彼に人事を決定する権限を与えた 그에게 인사를 결정할 권한을 주었다. / 法律は警察に家宅捜索の権限を与えている 법률로 경찰에 가택 수색의 권한이 주어져 있

다. / 社長は会社経営の権限を全面的に副社長に委ねた 사장은 회사 경영의 권한을 전면적으로 부사장에게 위임했다. / それは私の権限外だ 그것은 내 권한 밖이다. / 私はそれを決める権限はない 나에게는 그걸 결정할 권한이 없다.
関連 職務権限 직무 권한

**けんご【堅固】**◇堅固だ 견고하다 ⇨固い

**げんご【言語】**언어 ¶その国ではどんな言語が話されていますか 그 나라에서는 어떤 언어를 사용하고 있습니까? 慣用句 今年の夏は言語に絶する暑さだった 올여름은 말로 다 할 수 없는 더위였다. 関連 言語学 언어학 / 言語学者 언어학자 / 言語障害 언어 장애

**げんご【原語】**원어, 밑말

# けんこう【健康】 건강 ◇健康だ 건강하다 ◇健康に 건강하게, 건강히

基本表現

▷私はいたって健康です
  나는 매우 건강합니다.
▷彼は心身共に健康だ
  그는 몸도 마음도 건강하다.
▷牛乳は健康によい 우유는 건강에 좋다.
▷寝不足は健康によくない
  수면 부족은 건강에 좋지 않다.
▷たばこは健康に悪い 담배는 건강에 해롭다.
▷彼は忙しくて健康を害してしまった
  그는 바빠서 건강을 해치고 말았다.
▷健康のために毎朝散歩をしている 건강을 위해 매일 아침 산책을 하고 있다.

◆[健康は・健康が]
¶父の健康は十分な運動とバランスの取れた食事のおかげだ 아버지의 건강은 충분한 운동과 균형 잡힌 식사 덕분이다. / 妹は最近健康がすぐれない 동생은 최근 건강이 좋지 않다.

◆[健康に]
¶私は健康に恵まれている 나는 다행히 건강하다. / 健康に気をつけなさい 건강에 조심하세요. / 母はいつも私たちの健康にとても気を遣っていてくれる 어머니는 늘 우리들의 건강에 많은 신경을 써 주시고 계신다. / 健康に勝るものはない 건강보다 소중한 것은 없다.

◆[健康を]
¶私は夫の健康を心配している 나는 남편의 건강을 걱정하고 있다. / 健康を維持するのは意外に難しい 건강을 유지하는 것은 의외로 어렵다. / 長い闘病生活を経てやっと健康を回復した 긴 투병 생활을 거쳐 드디어 건강을 회복했다. / 私たちはお互いの健康を祝して乾杯した 우리들은 서로의 건강을 축하하며 건배했다. / 健康を祝って乾杯! 건강을 위해 건배!

◆[健康(的)な]
¶健康な体 건강한 몸 / 彼らはとても健康的な若者たちだ 그들은 아주 건강한 젊은이들이다. / 健康的な生活を送りなさい 건강한 생활을 보내라.

◆[その他]
¶彼女は健康そのものだ 그녀는 매우 건강하다. / 健康の秘訣は何ですか 건강의 비결이 무엇입니까? / 彼は健康上の理由で留学を見合せた 그는 건강상의 이유로 유학을 보류했다. / 私は年に1回健康診断を受けている 나는 일년에 한번 건강 진단을 받고 있다. 関連 健康管理 건강관리 / 健康状態 건강 상태 / 健康食品 건강 식품 / 健康診断 건강 진단 / 健康美 건강미 / 健康保険 건강 보험 / 健康保険証 건강 보험증 / 健康優良児 건강 우량아

**げんこう【原稿】**원고〔草稿〕초고 ¶原稿を書く〔訂正する〕원고를 쓰다〔정정하다〕/ 原稿を出版社に送る 원고를 출판사에 보내다 / 原稿なしで演説する 원고없이 연설하다 / 四百字詰め原稿用紙 400자 원고지 / 原稿の締め切り 원고 마감 関連 原稿料 원고료

**げんこう【言行】**언행 ¶彼は言行が一致していない 그는 언행이 일치하지 않는다. / 言行を慎む 언행을 삼가다 / 言行録 언행록

**げんこう【現行】**현행 ¶現行の制度 현행 제도 / 現行の法律 현행 법률 / 現行の教科書 현행 교과서 / 社名は変わりますが業務内容は現行通りです 사명은 바뀌지만 업무 내용은 현행대로입니다. ¶現行犯で捕まる 현행범으로 잡히다 / 彼女は万引きの現行犯で捕まった 그녀는 손님으로 가장하여 물건을 훔치다가 현행범으로 잡혔다.

**けんこく【建国】**건국 ◇建国する 건국하다 ¶その国はいつ建国されたの 그 나라는 언제 건국되었어? 関連 建国記念日 건국 기념일 (▶韓国では10月3日の 개천절「開天節」)

**げんこく【原告】**원고 ¶裁判で原告側が勝訴した 재판에서 원고측이 승소했다.

**げんこつ【拳骨】**주먹,《俗》꿀밤 ¶げんこつを食らう 주먹을 얻어맞다ㅣ꿀밤을 맞다 / 彼は私の頭をげんこつで数回殴った 그는 내 머리를 주먹으로 몇 번 때렸다. 数え方 げんこつ1発 주먹 한 대

# けんさ【検査】 검사〔試験〕시험〔点検〕점검 ◇検査する 검사하다, 시험하다, 점검하다〔検査を受ける〕검사받다 ¶日本に入国する際には税関検査を受けなければならない 일본에 입국할 때에는 세관 검사를 받아야 된다. / 毎年新しい学年が始まると身体検査を受ける 매년 새로운 학년이 시작되면 신체검사를 받는다. / 40歳を過ぎたら少なくとも年に1回は成人病の検査を受けるべきだ 40세를 넘으면 적어도 1년에 한번은 성인병 검사를 받아야 한다. / 工場から出荷される製品はすべて品質検査をパスしている 공장에서 출하된 제품은 모두 품질 검사를 통과한 것이다. / 歯医者に行って6か月毎に歯の検査を受けている 6개월마다 치과에 가서 치아 검사를 받는다.
¶病院で視力を検査してもらった 병원에서 시력 검사를 받았다. / 警備員が危険物を持っていないか私の体を検査した 경비원이 위험물을 가지고 있지 않은지 내 몸을 검사했다. / 係官が私のパスポートを入念に検査した 담당관이 내 여권을 꼼꼼히 검사했다. / 検査済み 검사필 関連 検査官 검사관 / 所持品検査 소지품 검사 / 徴兵検査 징병 검사

**けんざい【健在】**건재 ◇健在だ 건재하다 ¶両親は健在です 부모님은 건재하십니다.

**げんざい【原罪】**원죄

**げんざい**【現在】현재〔今〕지금〔こんにち〕오늘 ¶将来のことより現在のことをもっと考えるべきだ 장래보다 지금을 더욱 생각해야 한다. / 現在の住所を教えてください 현주소를 가르쳐 주십시오. / 現在の状況はたいへん緊迫している 현재 상황은 아주 긴박하다. / 彼は現在の仕事に満足していないようだ 그는 지금의 일에 만족하고 있지 않는 것 같다. / 彼は現在銀行に勤めている 그는 현재 은행에 근무하고 있다. / 現在では多くの女性が様々な業界で働いている 지금은 많은 여성이 다양한 업계에서 일하고 있다. / 説明責任が重視されている現在、その企業の対応は非難されて当然だ 설명 책임이 중시되고 있는 현재, 그 기업의 대응은 비난받을 만하다.
¶彼は1年前に家を出たきり現在まで消息を絶っている 그는 1년 전에 집을 나간 뒤로 지금까지 소식이 없다. / その事件が起こったのは10年以上も前のことだが、現在でも多くの人が記憶している 그 사건이 일어난 것은 10년도 넘은 일이지만 지금도 많은 사람이 기억하고 있다. / 彼女は携帯電話で現在地を知らせてきた 그녀는 휴대 전화로 지금 있는 곳을 알려 왔다.
¶市の人口は2007年4月現在のものです 시의 인구는 2007년 사월 현재의 것입니다. / 韓国語講座の申し込み者数は6月10日現在で100人を超えている 한국어 강좌의 신청자 수는 유월 10일 현재 100명을 넘었다.

**げんざいりょう**【原材料】원재료, 원료〔原料〕

**けんさく**【検索】검색 ◇検索する 검색하다 ¶データベースを検索する 데이터 베이스를 검색하다 / インターネットで検索して情報を集める 인터넷으로 검색해서 정보를 모으다 [関連] 検索エンジン〔IT〕검색 엔진

**げんさく**【原作】원작 [関連] 原作者 원작자

**けんさつ**【検札】검표〔検票〕◇検札する 검표하다 [関連] 検札係 검표원

**けんさつ**【検察】검찰 ◇検察側 검찰 측 [関連] 検察官 검찰관 / 検察庁 검찰청

**けんざん**【検算】검산 ◇検算する 검산하다

**げんさん**【原産】원산 ¶この植物はアフリカ原産です 이 식물은 아프리카 원산입니다. / シベリア原産の木材 시베리아 원산 목재 [関連] 原産地 원산지

**げんさん**【減算】감산, 빼기

**げんさん**【減産】감산 ◇減産する 감산하다 ¶先月より10％減産した 지난 달보다 10퍼센트 감산하다

**けんし**【犬歯】견치, 송곳니

**けんし**【検死】검시〔検屍〕◇検死する 검시하다

**けんし**【検視】검시, 검찰관

**げんし**【原子】원자 [関連] 原子価 원자가 / 原子核 원자핵 / 原子記号 원자 기호 / 原子爆弾 원자 폭탄 / 原子番号 원자 번호 / 原子物理学 원자 물리학 / 原子量 원자량 / 原子力 원자력 / 原子炉 원자로

**げんし**【原始】원시 ◇原子的だ 원시적이다 [関連] 原始時代 원시 시대 / 原始人 원시인 / 原始林 원시림

**けんしき**【見識】견식, 식견〔識見〕¶彼はなかなか見識のある人だ 그는 꽤 견식이 있는 사람이다. / 私は美術に関しては見識がない 나는 미술에 관해서는 견식이 없다. / 彼は政治問題に高い見識を持っている 그는 정치 문제에 높은 견식을 가지고 있다.

**けんじつ**【堅実】◇堅実だ 견실하다 ¶それはお金を貯める堅実な方法だ 그것은 돈을 모으는 견실한 방법이다. / 彼は堅実な商売をしている 그는 견실한 장사를 하고 있다. / 私は堅実に財産を増やしてきた 나는 견실하게 재산을 늘려 왔다.

**げんじつ**【現実】현실 ◇現実的だ 현실적이다

◆《現実に》
¶ついに私の夢が現実になった 드디어 내 꿈이 현실이 되었다. / 信じられない出来事が現実に起こることがある 믿기지 않는 일이 현실로 일어나는 경우가 있다. / 現実に背を向けるな 현실에 등 돌리지 마. / 突然起こされて一瞬のうちに夢から現実に引き戻された 갑자기 잠을 깨워서, 순식간에 꿈에서 현실로 돌아왔다. / 理論的には可能なのかもしれないが、そんなことは現実にはありえない 이론적으로는 가능할지도 모르지만 그런 일은 현실에는 있을 수 없다.

◆《現実を》
¶現実を踏まえた議論をするべきだ 현실에 입각하여 논의를 해야 한다. / 誰にとっても困難な現実を直視するのは難しい 누구나 곤란한 현실을 직시하는 것은 어렵다.

◆《現実の・現実的な》
¶彼は就職に失敗して現実の厳しさを痛感した 그는 취직에 실패해서 현실의 어려움을 통감했다. / 私も理想と現実のギャップに苦しんだことがある 나도 이상과 현실의 갭 때문에 괴로웠던 적이 있다. / 彼女は実績を重視する現実的な人だ 그녀는 실적을 중시하는 현실적인 사람이다. / 国民はいつも現実的な政策を要求している 국민은 항상 현실적인 정책을 요구하고 있다. / その計画は非現実的だと思う 그 계획은 비현실적이라고 생각한다.

◆《その他》
¶現実はそんなに甘くないよ 현실은 그렇게 간단하지 않아. / それは現実からかけ離れた理想論だ 그것은 현실에서 동떨어진 이상론이다. / 彼女の話は現実性がない 그 여자의 이야기는 현실성이 없다. / 彼は絵を描くことにより現実から逃避しようとした 그는 그림을 그리는 것으로 현실로부터 도피하려고 했다. / 彼の課長昇進が現実味を帯びてきた 그 사람의 과장 승진이 현실성을 띠기 시작했다. / 彼は水不足を現実問題として取り上げた 그는 물 부족을 현실 문제로 삼았다. [関連] 現実主義 현실주의 / 現実主義者 현실주의자

**げんしゅ**【元首】원수 [関連] 国家元首 국가 원수

**げんしゅ**【厳守】엄수 ◇厳守する 엄수하다 ¶彼女はいつも時間厳守だ 그 여자는 언제나 시간을 엄수한다. / 規則を厳守してください 규칙을 엄수해 주세요. / この秘密は厳守してください 이 비밀은 엄수해 주세요.

**けんしゅう**【研修】연수 ¶研修を受ける 연수를 받다 / 情報システム運営に関する研修会に参加する

정보 시스템 운영에 관한 연수회에 참가하다 関連 **研修期間** 연수 기간 / **研修生** 연수생
**けんじゅう【拳銃】** 권총 [銃] 총 ¶**拳銃**を発射する 권총을 발사하다
**げんじゅう【厳重】** ◇**厳重**だ 엄중하다〔厳格だ〕엄격하다〔厳しい〕엄하다 ◇**厳重**に 엄중히, 엄격히, 엄하게 ¶暴走族の**厳重**な取り締まり 폭주족의 엄중한 단속 / 警察はテロに備えて**厳重**な警戒を行っている 경찰은 테러에 대비해서 엄중한 경계를 하고 있다. / **厳重**に注意する 엄중히 주의하다 / 彼らは**厳重**に処罰された 그들은 엄중하게 처벌받았다.
**げんじゅうしょ【現住所】** 현주소
**げんじゅうみん【原住民】** 원주민
**げんしゅく【厳粛】** ◇**厳粛**だ 엄숙하다 ◇**厳粛**に 엄숙히 ¶教会の中は**厳粛**な雰囲気だった 교회 안은 엄숙한 분위기였다. / 追悼式は**厳粛**に行われた 추도식은 엄숙하게 행해졌다.
**けんしゅつ【検出】** 검출 ◇**検出**する 검출하다 ¶作物から放射能が**検出**された 농작물에서 방사능이 검출되었다.
**げんしょ【原書】** 원서 ¶韓国のベストセラー小説を**原書**で読む 한국의 베스트셀러 소설을 원서로 읽다
**けんしょう【憲章】** 헌장 関連 **国連憲章** 유엔 헌장 / **児童憲章** 어린이 헌장
**けんしょう【懸賞】** 현상〔賞品〕상품 ¶(相撲で)この取り組みにはたくさんの**懸賞**がかけられている 이 대전에는 많은 현상이 걸려 있다. / **懸賞**に当たる 현상에 당첨되다 関連 **懸賞論文**[小説] 현상 논문[소설]
**げんしょう【減少】** 감소 ◇**減少**する 감소하다, 감소되다 ¶会員が**減少**の一途をたどる 회원이 감소의 일로를 걷다 / 世界的規模で森林が**減少**している 세계적 규모로 매년 삼림이 감소하고 있다. / 今月の売り上げは先月に比べて3％**減少**した 이번달의 매상은 지난달에 비교해서 3퍼센트 감소했다. / 日本では出生率が徐々に**減少**している 일본에서는 출생률이 점점 감소하고 있다.
**げんしょう【現象】** 현상 ¶雷は自然**現象**の一つだ 천둥 번개는 자연현상의 하나이다. / それは一時的な**現象**にすぎない 그것은 일시적인 현상에 불과하다. 関連 **社会現象** 사회 현상
**げんじょう【現状】** 현상, 현상황, 현황 ¶このテレビ番組はアジアの**現状**を伝えてくれる 이 방송 프로그램은 아시아의 현황을 전해 준다. / その計画は**現状**にそぐわない 그 계획은 현상황에 맞지 않다. / 日本経済の**現状**を踏まえた政策が必要とされている 일본 경제의 현황에 입각한 정책이 필요하다. / **現状**の打破は難しい 현황 타파는 어렵다. / 大部分の人は**現状**を維持したいと思っている 대부분의 사람은 현재 상황을 유지하고 싶어한다. / 君は**現状**が把握できていない 너는 현상황 파악 못하고 있다. /「景気はじきによくなるかな」「**現状**では難しいね」"경기는 곧 좋아질까？" "현재 상황으로는 어렵지."
**げんしょく【原色】** 원색 関連 **三原色** 삼원색
**げんしょく【現職】** 현직 ¶**現職**の警官 현직 경찰관 / **現職**の議員 현직 의원
**げんしょく【減食】** 감식 ◇**減食**する 감식하다 ¶あなたは健康のために**減食**したほうがいい 네 건강을 위해 감식하는 것이 좋다. 関連 **減食療法** 감식 요법
**げんしりょく【原子力】** 원자력 ¶**原子力**の平和利用を推進する 원자력의 평화 이용을 추진하다 関連 **原子力潜水艦** 원자력 잠수함 / **原子力発電** 원자력 발전 / **原子力発電所** 원자력 발전소
**けんしん【検診】** 검진 ¶保健所では毎年集団検診을 行っている保健所は 매년 집단 검진을 행하고 있다. / がんの定期**検診**を受けた 암의 정기 검진을 받았다.
**けんしん【献身】** 헌신 ◇**献身**的だ 헌신적이다 ◇**献身**する 헌신하다 ¶彼女は慈善活動に**献身**した 그녀는 자선 활동에 헌신했다. / 病人を**献身**的に看護する 병자를 헌신적으로 간호하다 / **献身**的な愛 헌신적인 사랑
**けんすい【懸垂】** 현수, 턱걸이 ¶きょうは10回**懸垂**ができた 오늘은 턱걸이 열 번 했다.
**げんすい【元帥】** 원수
**げんすいばく【原水爆】** 원수폭, 원자 폭탄과 수소 폭탄 関連 **原水爆禁止世界大会** 원수폭 금지 세계 대회
**げんせ【現世】** 현세, 이승 ¶**現世**と来世 현세와 내세
**けんせい【牽制】** 견제 ◇**牽制**する 견제하다 ¶投手は走者を**牽制**して1塁でアウトにした 투수는 주자를 견제해서 1루에서 아웃시켰다. / **牽制**球を投げる 견제구를 던지다
**げんせい【厳正】** 엄정 ◇**厳正**だ 엄정하다 ◇**厳正**に 엄정히 ¶**厳正**中立を守る 엄정중립을 지키다 / **厳正**な抽選 엄정한 추첨 / **厳正**に審査する 엄정하게 심사하다
**げんぜい【減税】** 감세 ◇**減税**する 감세하다 ¶大幅な**減税**を実施する 대폭적인 감세를 실시한다.
**けんせつ【建設】** 건설 ◇**建設**的だ 건설적이다 ¶**建設**的な意見を出す 건설적인 의견을 내다 / 民主国家の**建設** 민주 국가의 건설 / この高速道路はまだ**建設**中だ 이 고속도로는 아직 건설중이다 / 新しい空港を**建設**する計画がある 새로운 공항을 건설할 계획이 있다. / **建設**的な意見を出す 건설적인 의견을 내다 関連 **建設会社** 건설 회사 / **建設業** 건설업 / **建設工事** 건설 공사 / **建設者** 건설자 / **建設費** 건설비 / **建設用地** 건설 용지
**けんぜん【健全】** ◇**健全**だ 건전하다 ¶その少年は心身ともに**健全**だ 그 소년은 몸도 마음도 건전하다. / **健全**な精神 건전한 정신 / **健全**な娯楽 건전한 오락 / **健全**な財政 건전한 재정
**げんせん【源泉】** 원천 関連 **源泉課税** 원천 과세 / **源泉徴収** 원천 징수
**げんせん【厳選】** 엄선 ◇**厳選**する 엄선하다 ¶このキムチは**厳選**された素材を使っています 이 김치는 엄선된 소재를 사용하고 있습니다.
**げんぜん【厳然】** ◇**厳然**たる 엄연한 ◇**厳然**と 엄연히 ¶**厳然**たる事実 엄연한 사실
**げんそ【元素】** 원소 関連 **元素記号** 원소 기호
**けんそう【喧騒】** 훤소, 소란〔騒乱〕떠들썩함 ¶大都会の**喧騒**を逃れて静かな湖畔で休暇を過ごす

대도시의 떠들썩함을 피해 조용한 호숫가에서 휴가를 보낸다.

**けんぞう【建造】** 건조 ◇建造する 건조하다 ¶이 조선소에서는 현재 대형 탱커가 건조中이 지금 이 조선소에서는 대형 유조선을 건조하고 있다. 関連 建造物 건조물

**げんそう【幻想】** 환상 ◇幻想的だ 환상적이다 ¶彼女は結婚生活に甘い幻想を抱いていた 그녀는 결혼생활에 달콤한 환상을 품고 있었다. / 幻想に浸る 환상에 젖다 関連 幻想曲 환상곡

**げんぞう【現像】** 현상 ◇現像する 현상하다, 뽑다 ¶写真を現像する 사진을 현상하다 / フィルムを1本現像してもらった 필름을 한 개 현상했다[뽑았다]. 関連 現像所 현상소

**げんそく【原則】** 원칙 ◇原則的に 원칙적으로 ¶私は人とお金の貸し借りはしないというのを原則としている 나는 남과 돈 거래는 하지 않는 것을 원칙으로 하고 있다. / 原則としてここは駐車禁止ということになっている 원칙적으로 여기는 주차금지로 되어 있다. / わが社は男女雇用機会均等の原則に基づいて積極的に女性を採用することにした 우리 회사는 남녀 고용 기회 균등의 원칙에 기초를 두고 적극적으로 여성을 채용하기로 했다. / 日本で核兵器を製造することは非核三原則に反する 일본에서 핵무기를 제조하는 것은 비핵 삼원칙에 반한다. / 我々は原則的にその提案に賛成だが、まだ話し合わなければならない点がある 우리들은 원칙적으로 그 제안에 찬성이지만 아직 상의해야 할 점이 있다.

**げんそく【減速】** 감속 ◇減速する 감속하다

**けんそん【謙遜】** 겸손 ◇謙遜する 겸손하다 ¶彼女はいつも謙遜ばかりしている 그녀는 항상 겸손하다. / 謙遜してものを言う 겸손하게 말하다

**げんそん【現存】** 현존 ◇現存する 현존하다 ¶これは日本に現存する最古の仏典です 이것은 일본에 현존하는 가장 오래된 불교 경전입니다.

**けんたい【倦怠】** 권태 ¶最近なんとなく倦怠感を覚える 최근 어쩐지 권태감이 든다. 関連 倦怠期 권태기

**げんたい【減退】** 감퇴 ◇減退する 감퇴하다 ¶夏になると食欲が減退する 여름이 되면 식욕이 감퇴한다.

**げんだい【現代】** 현대 ◇現代的だ 현대적이다 ¶現代はインターネットの時代だと言われている 현대는 인터넷 시대라고 한다. / 遺伝子組み換えは現代の重要な問題の一つだ 유전자 조작은 현대의 중요한 문제의 하나이다. / 現代の若者は他人に甘える傾向がある 현대의 젊은이들은 남에게 의지하는 경향이 있다. / 村上春樹は現代の日本を代表する作家の一人だ 무라카미 하루키는 현대 일본을 대표하는 작가의 한 명이다. / 現代社会では車は不可欠な移動手段であることは言うまでもない 현대 사회에서는 차가 불가결한 이동 수단이라는 것은 말할 것도 없다. / 彼のデザインは現代的な感覚にあふれている 그 사람의 디자인은 현대적인 감각이 넘쳐난다. / 現代っ子は我慢強さがない 요즘 애들은 참을성이 없다. 関連 現代音楽 현대 음악 / 現代化 현대화 / 現代人 현대인 / 現代文学 현대 문학 / 現代史 현대사

**けんち【見地】** 견지 ¶その種の雑誌は教育的見地からは青少年に好ましくない そ런 종류의 잡지는 교육적 견지에서 청소년에게 좋지 않다.

**げんち【現地】** 현지 ◇現地に向かう 현지로 떠나다 関連 現地時間 현지 시간 / 現地生産 현지 생산 / 現地調査 현지 조사 / 現地調達 현지 조달 / 現地報告 현지 보고 / 現地法人 현지 법인

**けんちき【検知器】** 탐지기(探知機)

**けんちく【建築】** 건축 ◇建築する 건축하다 ¶彼は建築関係の仕事に従事している 그는 건축 관계의 일에 종사하고 있다. / 新しいコンサートホールの建築費用は総額数十億円に達した 새로운 콘서트홀의 건축 비용은 총액 수십억 엔에 달했다. / その建築様式は中国が起源だ 그 건축 양식은 중국이 기원이다. / 私はギリシア建築に興味がある 나는 그리스 건축에 관심이 있다. / 六本木に超高層ビルを建築している 롯폰기에 초고층 빌딩을 건축하고 있다. 関連 建築家 건축가 / 建築業者 건축업자 / 建築基準法 건축 기준법 / 建築現場 건축 현장 / 建築資材 건축 자재 / 建築物 건축물 / 木造建築 목조 건축

**けんちょ【顕著】** 현저 ◇顕著だ 현저하다 ◇顕著に 현저하게 ¶環境汚染の顕著な例 환경오염의 현저한 예 / 犯罪の若年化傾向が顕著に見られる 범죄의 저연령화 경향이 현저하게 보인다. / その影響が顕著に現れた 그 영향이 현저하게 나타났다.

**けんちょう【県庁】** 현청(▶韓国の道庁「道庁」にあたる) ¶県庁所在地 현청 소재지

**げんつき【原付き】** 関連 原付きニ輪車 소형 오토바이

**けんてい【検定】** 검정 ◇検定する 검정하다 ¶これらの教科書はすべて文部科学省検定済みのものです 이 교과서들은 모두 문부과학성 검정을 받은 것입니다. 関連 検定教科書 검정 교과서 / 検定試験 검정 시험 / 検定料 검정료

**げんてい【限定】** 한정 ◇限定する 한정하다 ¶その求人への応募は大卒に限定されている 그 구인에 대한 응모는 대졸에 한정되어 있다. 関連 限定版 한정판

**げんてん【原点】** 원점(▶発音は 원점) ¶もう一度原点に帰って考え直してみよう 다시 한번 원점으로 돌아가서 다시 생각해 보자.

**げんてん【減点】** 감점 ◇減点する 감점하다 ¶反則で減点する 반칙으로 감점하다 / 数学のテストで単純な計算ミスのせいで5点減点された 수학 시험에서 단순한 계산 실수로 5점 감점당했다. 関連 減点法 감점법

**げんど【限度】** 한도 ¶我慢にも限度がある 참는데도 한도가 있다. / トレーニングは人間の体力の限度を超えていた 트레이닝은 인간의 체력의 한도를 넘었다. / 最大[最小]限度 최대[최소]한도

**けんとう【見当】** ❶ [推測] 짐작 [考え] 생각 [見積もり] 어림 [予想] 예상 ¶見当がつく 짐작이 가다 / 見当をつける 어림을 잡다 / 見当が外れる 예상이 빗나가다 / 先生の年齢の見当がつきますか 선생님 나이가 짐작이 갑니까? / 彼がなぜ急に姿を消したのか見当がつかない 그가 왜 갑자기 모습을 감추었는지 짐작이 가

지 않는다. / 商品があまり売れずとんだ見当外れだった 상품이 별로 팔리지도 않고 열토당토 않은 빗나간 예상이었다. / 彼が正直者だというのはまったく見当違いだ 그가 정직한 사람이란 것은 완전한 착오이다.
❷【おおよそ】가량, 정도 ¶旅行の費用は一人3万円見当だ 여행 비용은 일인당 3만 엔 정도이다.

**けんとう【健闘】** 건투 ◇**健闘する** 건투하다
¶選手たちは最後まで健闘した 선수들은 마지막까지 건투했다. / 健闘を祈る 건투를 빌다

**けんとう【検討】** 검토 ◇**検討する** 검토하다 ¶この問題にはまだ検討の余地が 이 문제에는 아직 검토의 여지가 있다. / その件は現在検討中だ 그 건은 현재 검토중이다. / 彼の提案はもっと検討する余地がある 그의 제안은 더 검토할 여지가 있다. / 予算を再検討する 예산을 재검토하다

**けんどう【剣道】** 검도 ¶彼は剣道5段だ 그는 검도 5단이다

**げんどう【言動】** 언동 ¶言動には十分注意してください 언동에는 충분히 주의해 주세요. / 言動が下品だ 언동이 상스럽다

**げんどうりょく【原動力】** 원동력 ¶正義感が原動力となって彼は検事になった 정의감이 원동력이 되어 그는 검사가 되었다.

**けんない【圏内】** 권내 ¶彼は当選圏内にある 그는 당선 권내에 있다. / 東京は暴風圏内に入った 도쿄는 폭풍 권내에 들었다.

**げんに【現に】** 실제로 ¶私は現に彼女がその部屋へ入るのを見た 나는 실제로 그녀가 그 방으로 들어가는 것을 보았다.

**けんにょう【検尿】** 검뇨, 소변 검사 ◇**検尿する** 검뇨하다〔검뇨를 받다〕 ¶病院で検尿した 병원에서 소변 검사를 받았다.

**けんにん【兼任】** 겸임 ◇**兼任する** 겸임하다
¶彼は総務課長と経理課長を兼任している 그는 총무부 과장과 경리부 과장을 겸임하고 있다.

**げんば【現場】** 현장 ¶救急車が事故現場に急行した 구급차가 사고 현장으로 급행했다. / 私たちは彼が人の財布をすっている現場を押さえた 우리들은 그 남자가 사람의 지갑을 훔치는 현장을 잡았다. / 私はたまたま火事の現場に居合わせた 나는 우연히 화재 현장에 있었다. / 犯罪者は犯行現場によく戻ってくる 범죄자는 범행 현장에 돌아오는 경우가 많다. / いじめの問題について現場の先生方の意見をうかがいたい 왕따 문제에 대해 현장의 선생님들의 의견을 듣고 싶다. / 現場の声 현장의 목소리 関連 **現場監督** 현장 감독 / **現場検証** 현장 검증 / **現場中継** 현장 중계 / **工事現場** 공사 현장

**げんばく【原爆】** 원폭, 원자 폭탄 関連 **原爆犠牲者** 원폭 희생자 /（広島・長崎の）**原爆記念日** 원폭 기념일 / **原爆実験** 원폭 실험 / **原爆症** 원폭증 / **原爆ドーム** 원폭돔

**げんばつ【厳罰】** 엄벌 ¶犯人を厳罰に処する 범인을 엄벌에 처하다

**けんばん【鍵盤】** 건반 関連 **鍵盤楽器** 건반 악기

**けんびきょう【顕微鏡】** 현미경 ¶顕微鏡をのぞく 현미경을 들여다보다 ¶顕微鏡でバクテリアを見た 현미경으로 박테리아를 보았다. 関連 **顕微鏡検査** 현미경 검사 / **顕微鏡写真** 현미경 사진 / **電子顕微鏡** 전자 현미경

**けんぶつ【見物】** 구경〔観光〕관광〔観覧〕관람 ◇**見物する** 구경하다, 관광하다, 관람하다
¶修学旅行で京都のいろいろなお寺を見物した 수학여행으로 교토의 여러 절을 구경했다. / 父と母は東京見物に行った 아버지와 어머니께서는 도쿄 구경을 가셨다. / 友達と歌舞伎見物に行った 친구와 가부키 구경을 갔다. 関連 **見物席** 좌석〔野球場などの席全体〕관람석 / **見物人** 구경꾼〔観光客〕관광객〔観覧客〕관람객, 관람객

**げんぶつ【現物】** 현물〔実物〕실물 ¶代金は現物と引き換えにお支払いください 대금은 현물을 받을 때 지불해 주세요. / 商品の現物を見ないうちは買わないほうがいいよ 상품의 실물을 보지 않고는 안 사는 것이 좋다. 関連 **現物支給** 현물 지급 / **現物取引** 현물 거래

**けんぶん【見聞】** 견문 ¶外国を旅行することは見聞を広めるのにおおいに役立つ 외국을 여행하는 것은 견문을 넓히는 데 큰 도움이 된다.

**げんぶん【原文】** 원문 ¶シェークスピアを原文で読む 셰익스피어를 원문으로 읽다

**けんべん【検便】** 검변, 대변 검사 ◇**検便する** 검변하다, 검변받다

## けんぽう【憲法】 헌법（▶発音은 헌뻡）

**基本表現**

▶政府は憲法を制定した
　정부는 헌법을 제정했다.
▶政府は憲法を発布した
　정부는 헌법을 발포했다.
▶政府は憲法を改正した
　정부는 헌법을 개정했다.

¶日本国憲法は国民の自由を保障している 일본국 헌법은 국민의 자유를 보장하고 있다. / その条令は憲法に違反する 그 조례는 헌법에 위반된다. / 我々は憲法の精神にのっとって戦争には断固として反対する 우리들은 헌법의 정신에 따라 전쟁에는 단호하게 반대한다. 関連 **憲法記念日** 헌법 기념일（▶韓国의 제헌절「制憲節」에 해당） / **憲法第九条** 헌법 제9조

**げんぽん【原本】** 원본〔原文〕원문

**げんまい【玄米】** 현미 関連 **玄米茶** 현미차 / **玄米パン** 현미빵

**けんまく【剣幕・見幕】** 성난 얼굴, 험악한 얼굴 ¶その老人はすごい剣幕で子供を怒鳴りつけた 그 노인은 아주 험악하게 아이에게 큰소리로 호통쳤다. / 彼は恐ろしい剣幕で私に走り寄って来た 그는 무서운 험악한 얼굴로 나에게 달려들었다.

**げんみつ【厳密】** 엄밀하다 ◇**厳密に** 엄밀히 ¶製品は出荷前に厳密な検査を受ける 제품은 출하 전에 엄밀한 검사를 받는다. / 厳密な意味で 엄밀한 의미로 / 厳密に言えば 엄밀하게 말하면

**けんむ【兼務】** 겸무 ◇**兼務する** 겸무하다 ¶彼は社長と専務を兼務している 그는 사장과 전무를 겸무하고 있다.

**けんめい【賢明】** ◇**賢明だ** 현명하다 ¶その仕事は

けんめい

引き受けないほうが賢明だ その 일은 떠맡지 않는 게 현명하다. / やめたほうが賢明だ 그만두는 게 현명하다. / 賢明な判断 현명한 판단

**けんめい**【懸命】◇懸命だ【必死だ】필사적이다 ◇懸命に【熱心に】열심히【必死に】필사적으로 ¶懸命の努力にもかかわらず救出作戦は失敗した 필사적인 노력에도 불구하고 구출 작전은 실패했다. / 彼は夜昼なく懸命に働いた 그는 밤낮을 가리지 않고 열심히 일했다.

**げんめい**【言明】언명 言明する 언명하다 ¶首相は自らの進退問題については言明を避けた 수상은 자신의 진퇴 문제에 대해서는 언명을 피했다.

**げんめつ**【幻滅】환멸 ¶芸能界に幻滅を感じる 연예계에 환멸을 느낀다. / 彼女は夫に幻滅した 그녀는 남편에게 환멸을 느꼈다.

**げんや**【原野】원야【荒野】황야, 광야

**けんやく**【倹約】검약【節約】절약 ◇倹約する 검약하다, 절약하다, 아끼다 ¶食費を倹約して3万円貯めた 식비를 절약해서 3만 엔 모았다. / たいていの主婦は生活費を倹約することに頭を悩ませている 대부분의 주부들은 생활비를 절약하는 것에 골머리를 썩이고 있다. / 飲み水が少なくなったから倹約して使おう 마실 물이 적어졌으니까 아껴서 쓰자. 関連 倹約家 검약가

**げんゆ**【原油】원유 ¶原油価格が高騰する 원유 가격이 많이 오르다 / 原油備蓄を放出する 원유 비축을 방출하다

**けんよう**【兼用】겸용 ◇兼用する 겸용하다 ¶この自転車は兄と兼用している 이 자전거는 형과 같이 쓰고 있다. / このトイレは男女兼用だ 이 화장실은 남녀 겸용이다.

**けんり**【権利】권리(▶発音은 궐리) ¶彼らには真実を知る権利がある 그 사람들에게는 진실을 알 권리가 있다. / 彼女は彼の遺産を要求する法的権利があると言った 그녀는 그의 유산을 요구할 법적 권리가 있다고 했다. / 彼にはそのようなことを言う権利はない 그 사람에게는 그런 말을 할 권리가 없다. / 国民はだれでも教育を受ける権利がある 국민은 누구나 교육을 받을 권리가 있다.

¶だれも言論の自由の権利を奪うことはできない 아무도 언론 자유의 권리를 뺏을 수는 없다. / 他人の権利を侵すと法律で罰せられる 타인의 권리를 침범하면 법률로 처벌된다. / 警察の取り調べに対して容疑者は黙秘する権利を行使した 경찰의 조사에 대해 혐의자는 묵비권을 행사했다. / 自分の権利を主張すべきだ 자신의 권리를 주장해야 한다. / 君の権利を尊重するよ 네 권리를 존중한다. / 相続税が払えないので私はおじの遺産を相続する権利を放棄した 상속세를 낼 수 없기 때문에 나는 삼촌의 유산을 상속받을 권리를 포기했다. / 彼女は女性の権利を守るために戦ってきた 그녀는 여성의 권리를 지키기 위해서 싸워 왔다. / その放送局はワールドカップを放送する権利を独占した 그 방송국은 월드컵을 방송할 권리를 독점했다. / 日本はこの試合に勝てばオリンピックに出場する権利を得る 일본은 이 시합에 이기면 올림픽 출전권을 얻는다. / 権利を失う 권리를 잃다 / 権利を主張する 권리를 주장하다 関連 権利金 권리금 / 権利証書 권리 증서

**げんり**【原理】원리(▶発音은 월리) ¶この原理がスパナに応用されている 지레의 원리가 스패너에 응용되고 있다. / アルキメデスの原理 아르키메데스의 원리

**けんりつ**【県立】현립 (韓国에서는 도립「道立」이 된다) ¶県立高校 현립 고등학교

**げんりょう**【原料】원료(▶発音은 월료)[材料] 재료 ¶ワインはぶどうを原料としている 와인은 포도를 원료로 하고 있다.

**げんりょう**【減量】감량(▶発音은 감냥) ◇減量する 감량하다 ¶あと2キロ減量したい 2킬로 더 감량하고 싶다.

**けんりょく**【権力】권력(▶発音은 궐력) ¶権力を握る 권력을 쥐다 / 権力を得る 권력을 얻다 / 権力を失う 권력을 잃다 / 家康は秀吉の後に権力の座に就いた 이에야스는 히데요시 뒤를 이어 권력의 자리에 앉았다. / 平安時代には藤原氏が権力を振るった 헤이안 시대에는 후지와라 가문이 권력을 휘둘렀다. / 彼は権力に弱い 그는 권력에 약하다. 関連 権力者 권력자 / 権力争い 권력 다툼 / 権力闘争 권력 투쟁

**げんろん**【言論】언론(▶発音은 얼론) ¶言論の自由 언론의 자유 / 言論を統制する 언론을 통제하다 関連 言論界 언론계 / 言論機関 언론 기관 / 言論人 언론인

---

**こ**【子】아이, 《縮約》애, 자식(子息)【男】사내아이, 사내아이【女】계집아이, 계집애【息子】아들【娘】딸【動物】새끼 ¶いい子にしてね 얌전히 있어야 돼. | 엄마 말 잘 들어. / あの子かわいいね 저 아이 귀엽네. / あれがうちの子です 저 아이가 우리 아이입니다. / 猫の子が3匹生まれた 새끼 고양이가 세 마리 태어났다. ➡子供

**こ**【弧】호, 활 모양, 아치 ¶虹が空に弧を描いた 무지개가 하늘에 호를 그렸다.

**こ**【故】고【故人】고인 ¶故イ・スヒョン氏 고 이수현 씨

**こ**【個】개 ¶みかん3個 귤 세 개 / ケーキ3個 케이크 세 개 / あめ玉5個 사탕 다섯 개 / 10個入りの箱 열 개 들이 상자 / この桃は1個200円です 이 복숭아는 한 개에 200엔입니다. / 何個か 개

**ご**【五】오, 《固有語》다섯 ◇五番目 다섯 째

**ご**【後】후 ¶バスは5分後に出発する 버스는 5분 후에 출발한다. / 商品は3日後にお届けします 상품은 3일 후에 도착됩니다. / 事件から1週間

こうい

後に犯人は逮捕された 사건 일 주일 후에 범인은 체포되었다. / 試合開始後, まもなく雨が降り始めた競技が始まった後 얼마 안 되어 비가 내리기 시작했다. / 彼女は大学卒業後ずっと銀行で働いている 그녀는 대학 졸업 후 은행에서 계속 근무하고 있다. / その後お会いしていませんが, いかがお過ごしですか 그 후 못 뵈었습니다만, 어떻게 지내셨습니까?

ご【碁】바둑 ¶碁を打つ 바둑을 두다 関連 碁石 바둑알, 바둑돌 / 碁盤 바둑판

ご【語】언어 [言葉] 말 [語彙] 어휘 ¶イラクでは何語が話されていますか 이라크에서는 어떤 언어를 사용하고 있습니까?

コアラ 코알라

こい【恋】사랑 [恋愛] 연애 ◇恋する 사랑하다 ¶二人は出会って間もなく恋に落ちた 두 사람은 만난 지 얼마 안 되어 금방 사랑에 빠졌다. / 「彼女元気がないわね」「恋に悩む年ごろなのさ」 "그녀 기운이 없네." "사랑에 고민할 나이잖아." / 彼は彼女との恋に破れた 그는 애인과 헤어졌다. / 彼の恋は片思いだった 그의 사랑은 짝사랑이었다.

こい【鯉】잉어

**こい**【濃い】❶ 〔色が〕짙다, 진하다 ¶彼は濃い褐色の肌をしている 그는 짙은 갈색[밤색] 피부이다. / 彼女は濃い赤のドレスを着ていた 그녀는 짙은 빨간 드레스를 입었다. / 夏が近づくにつれ, 葉の色が濃くなる 여름이 다가오면서 나뭇잎 색깔이 짙어진다.

❷ 〔濃度・味が〕진하다 ¶きょうのスープはいつもより濃い 오늘의 수프는 평소보다 진하다. / 濃いお茶[コーヒー]が好きだ 진한 차[커피]를 좋아한다.

❸ 〔密度が〕짙다 ¶濃い霧が山にかかっている 짙은 안개가 산을 덮고 있다. / 少し化粧が濃いわよ 조금 화장이 짙구나. / 彼はあごひげが濃い 그는 턱수염이 짙다. / 彼女は髪が濃い 그녀는 머리 숱이 많다. / 霧が濃くなった 안개가 진해졌다.

❹ 〔可能性・疑いが〕짙다 ¶日本の敗色が濃い 일본의 패색이 짙다. 慣用句 血は水よりも濃い 피는 물보다 짙다.

こい【故意】고의 ◇故意に 고의로, 일부러 ¶彼は故意にやったに違いない 그는 일부러[고의로] 한 것이 분명하다.

ごい【語彙】어휘 ¶あの子は年齢の割に語彙が豊富[乏しい]ですね 그 아이는 나이에 비해서 어휘가 풍부[부족]하군요. / 語彙を増やす 어휘를 늘리다

こいし【小石】작은 돌

こいしい【恋しい】그립다 ¶時々故郷が恋しくなる 가끔 고향이 그리워진다. / なべ料理が恋しい季節といえば, やっぱり冬ですね 냄비 요리가 그리워지는 계절 하면, 역시 겨울이지요.

こいつ【此奴】이놈, 이 녀석 (▶この2つは親しみをこめていう場合にも用いる); 이 새끼 (▶主に軽蔑的な意味で用いる)

こいぬ【子犬】강아지

こいのぼり【鯉幟】고이노보리 : 잉어 모양의 드림 ¶端午の節句にこいのぼりを立てる 단오절에 고이노보리를 세우다

こいびと【恋人】연인, 애인(愛人) ¶彼らは恋人同士だ 그들은 연인 사이이다.

コイン 동전 関連 コインランドリー 빨래방 / コインロッカー 보관함

こう 이렇게, 이처럼 ¶こういうふうに切ってください 이렇게 잘라 주세요. / こう暑くてはかなわない 이렇게 더워서는 참을 수 없다. / 彼女はいつもああしろこうしろとうるさい 그 여자는 항상 이래라저래라 「시끄럽다[잔 소리가 많다]」. / こうしてはいられない 이러고 있을 때가 아니다. / こういう問題は早く解決しなければならない 이러한[이런] 문제는 빨리 해결해야 한다.

こう【功】〔功〕功績 ¶功をあせってはいけない 공적을 세우는 데 급급하지 말아야 한다. / 年の功 연공 / 内助の功 내조의 공 慣用句 功成り名を遂げる 공을 이루고 명성을 얻다

こう【効】〔効果〕효과 慣用句 彼のやり方が効を奏した 그 사람이 하는 방법이 좋은 결과를 낳았다.

こう【幸】행, 다행 慣用句 幸か不幸か彼は一命を取りとめた 다행인지 불행인지 그는 목숨을 건졌다.

こう【甲】〔亀の甲羅〕등딱지 [手の] 손등 [足の] 발등 〔等級, 順序〕갑 ¶甲と乙 갑과 을 慣用句 亀の甲より年の功 쌓인 경험이 중요하다

こう【請う・乞う】빌다 ¶神に許しを請う 하느님[신]에게 용서를 빌다 / 乞う, ご期待 많이 기대해 주세요.

ごう【号】¶お客様のお部屋は302号室です 손님 방은 302호실입니다. / 1号車から5号車は禁煙車です 1호차량에서 5호차량은 금연 차량입니다. / 松中選手は今シーズン40号のホームランを打った 마쓰나카 선수는 이번 시즌에서 40호 홈런을 쳤다. / 『月刊日本』の4月号によれば 『월간일본』 사월호에 의하면 / 『週刊韓国』の今週号 "주간한국" 금주호

ごう【郷】慣用句 郷に入っては郷に従え 다른 지방에 가서는 그곳의 풍속에 따르는 게 좋다. | 입향순속(入郷循俗)

ごう【業】慣用句 彼女は業を煮やして直接彼に会いに行った 그녀는 속이 타서 그를 직접 만나러 갔다.

こうあつ【高圧】고압 ◇高圧的だ 고압적이다 ¶彼は彼女に高圧的な態度をとる 그는 그녀에게 고압적인 태도를 취하다 関連 高圧ガス 고압가스 / 高圧線 고압선 / 高圧電流 고압 전류

こうあん【公安】공안 関連 公安委員会 공안위원회

こうあん【考案】고안 ◇考案する 고안하다 ¶新しいゲーム機を考案中だ 새 게임기를 고안중이다 関連 考案者 고안자

こうい【好意】호의 ◇好意的だ 호의적이다 ◇好意的に 호의적으로 ¶彼の飾り気のない態度に私たちは好意を持った 그 사람의 꾸밈없는 태도에 우리는 호감을 가졌다. / 彼は握手をして私に好意を示した 그 사람은 악수를 함으로 나에게 호감을 표했다. / 彼女は彼を初めて見た時から好意を寄せていた 그녀는 그를 처음 본 순간부터 호

**こうい** 感을 보였다. / 人の好意を無にしてはいけない 사람의 好意를 저버려서는 안 된다. / その職員は私たちに好意的な態度を示した 그 직원은 우리에게 호의적인 태도를 취했다. / 彼は私の言葉を好意的に受け取ってくれた 그 사람은 내 말을 호의적으로 받아들였다.

**こうい【厚意】** 후의 ¶数々のご厚意に心より感謝いたします 많은 후의에 진심으로 감사합니다. / 皆様のご厚意によりたくさんの義援金が集まりました 여러분의 후의로 많은 의연금이 모였습니다 / ご厚意に甘えてそうさせていただきます 베풀어 주신 것을 고맙게 받겠습니다.

**こうい【校医】** 교의, 학교의

**こうい【行為】** 행위 ¶親切な行為 친절한 행위 / 残忍な行為 잔인한 행위 関連 違法行為 불법 행위 / 犯罪行為 범죄 행위 / 不正行為 부정 행위

**ごうい【合意】** 합의 ◇合意する 합의하다 ¶合意を見る 합의를 보다 / 交渉はようやく合意に達した 교섭은 드디어 합의에 이르렀다. / 彼らは合意の上で離婚することにした 그들은 합의를 보고 이혼하기로 했다.

**こういしつ【更衣室】** 갱의실, 탈의실〔脱衣室〕

**こういしょう【後遺症】** 후유증(▶発音은 후유증) ¶広島や長崎には今でも原爆の後遺症で苦しんでいる人がいる 히로시마 나가사키에는 지금도 원폭의 후유증에 괴로워하는 사람이 있다. / 台風〔戦争〕の後遺症 태풍〔전쟁〕의 후유증

**こういってん【紅一点】** 홍일점

**こういん【工員】** 공원〔職工〕직공

**こういん【行員】** 행원, 은행원

**こういん【光陰】** 광음〔歳月〕세월 慣用句 光陰矢のごとし 광음여시(光陰如矢) | 세월은 화살처럼 빨리 지나간다.

**ごういん【強引】** 강인에 억지로, 강제로 ¶彼は強引なやり方で会社を乗っ取った 그는 강제로 회사를 탈취했다. / セールスマンは客に強引な売り込み方をした 외판원은 손님에게 억지로 물건을 팔려고 했다. / 彼女は強引に列に割り込んできた 그녀는 막무가내로 새치기를 했다. / 兄は彼を強引に同意させた 그를 강제로 동의시켰다.

**こうう【降雨】** 강우 ¶この地方の平均年間降雨量は650ミリです 이 지방의 평균 연간 강우량은 650밀리입니다.

**ごうう【豪雨】** 호우 ¶集中豪雨で川が氾濫した 집중 호우로 강이 범람했다.

**こううん【幸運】** 행운 ◇幸運な 운이 좋다 ¶このお守りは幸運をもたらすと言われている 이 부적은 행운을 부른다고 전해지고 있다. / ついに彼は幸運をつかんだ 드디어 그는 행운을 잡았다. / あなたの幸運を祈ります 당신의 행운을 빕니다. / 兄は幸運に見放されたようだ 형은 행운으로부터 버림받은 것 같다. / その時幸運の女神は私にほほ笑んだ 그 때 행운의 여신은 나에게 미소 지었다. / くずかごから 1 万円を見つけるとは何という幸運レジ気筒れの中で万 엔을 발견하다니 어쩌면 이렇게 운이 좋은가. / 幸運にもその事故でけがもけがをしなかった 다행히 그 사고로 아무도 다치지 않았다. 関連 幸運児 행운아 ⇒運

**こううんき【耕耘機】** 경운기

**こうえい【後衛】**〔サッカー・テニスなどの〕후위

**こうえい【光栄】** 영광(光栄) ¶身に余る光栄です 분에 넘치는 영광입니다. / ご一緒に仕事ができて光栄です 함께 일하게 되어서 영광입니다. / お目にかかれてとても光栄に存じます 만나뵙게 되어서 영광으로 생각합니다.

**こうえい【公営】** 공영 関連 公営住宅 공영 주택 / 公営ギャンブル 공영 갬블, 공영 도박

**こうえき【公益】** 공익 ¶公益事業 공익 사업 / 公益法人 공익 법인

**こうえん【公園】** 공원 ¶毎日多くの人が上野公園を訪れる 매일 많은 사람들이 우에노 공원을 찾는다. 関連 国立公園 국립 공원 / 国定公園 국정 공원

**こうえん【公演】** 공연 ◇公演する 공연하다 ¶韓国の人気ロックグループが来月日本で公演する 한국의 인기 록그룹이 다음달 일본에서 공연한다. 関連 地方公演 지방 공연 / 定期公演 정기 공연

**こうえん【後援】** 후원 ◇後援する 후원하다 ¶博覧会は政府の後援で行われた 박람회는 정부의 후원으로 열렸다. 関連 後援会 후원회 / 後援者 후원자

**こうえん【講演】** 강연〔演説〕연설 ◇講演する 강연하다 ¶彼はオンライン出版について講演した 그는 온라인 출판에 대해서 강연했다. 関連 講演会 강연회 / 講演者 강연자

**こうおつ【甲乙】** 갑을〔優劣〕우열 ¶どちらも力作で甲乙っけ難い 어느 쪽도 역작이어서 우열을 가리기 어렵다.

**こうおん【高音】** 고음 ¶その高音は歌えない 그 고음은 못 부른다.

**こうおん【高温】** 고온 ¶ガラスは高温で溶ける 유리는 고온에서 녹는다. / 日本の夏は高温多湿です 일본의 여름은 고온 다습합니다.

**ごうおん【轟音】** 굉음

## こうか

**【効果】** 효과 ◇効果的だ 효과적이다 ¶効果がある[ない] 효과가 있다[없다] / 私の忠告も弟には効果がなかった 나의 충고도 동생에게는 효과가 없었다. / この薬は風邪にすぐ効果が現れた 이 약은 감기에 금방 효과가 나타났다. / 3 か月たってようやくダイエットの効果が出てきた 3개월이 지나서 겨우 다이어트 효과가 나타났다. / このホールは音響効果がとてもよい 이 콘서트홀은 음향 효과가 매우 좋다. ¶韓国語会話をマスターする効果的な方法を教えてください 한국어 회화를 습득하는 데 효과적인 방법을 가르쳐 주세요. / もっと効果的に投資するべきだ 더 효과적인 투자를 해야 한다.

**こうか【校歌】** 교가

**こうか【高価】** 고가(▶発音은 고까) ◇高価だ〔値段が高い〕비싸다 ¶高価な宝石類 고가 보석류

**こうか【高架】** 고가 関連 高架道路 고가 도로 / 高架鉄道 고가 철도

**こうか【硬化】** 경화 ¶態度を硬化させる 태도를 경화시키다 関連 動脈硬化 동맥 경화

**こうか【硬貨】** 경화, 주화(鋳貨), 동전 ¶100円硬貨 백 엔 경화 | 백 엔짜리 동전 数え方 硬貨

1枚 동전 한 닢

ごうか【豪華】◇豪華だ 호화롭다 ¶披露宴は豪華そのものだった 피로연은 호화롭기 그지없었다. /なんて豪華な衣裳なんだろう 어쩌면 그렇게 의상이 호화로울까. /彼はとても豪華な邸宅に住んでいる 그 사람은 아주 호화스러운 저택에 살고 있다. 関連 豪華船 호화선 / 豪華版 호화판

こうかい【公海】공해

**こうかい**【公開】공개 ◇公開する 공개하다 ¶その古墳は一般に公開されている 그 고분은 일반에 공개하고 있다. /彼は自分の絵画コレクションを初めて公開した 그는 자신의 회화 콜렉션을 처음으로 공개했다. /モーターショーでハイブリッドカーが公開された 모터 쇼에서 하이브리드 카가 공개되었다. /その秘宝は国立博物館で一般公開中です 그 비보는 국립박물관에서 일반 공개중입니다. /空軍基地を市民に一般公開する 공군 기지를 시민에게 일반 공개하다 /我々は公共事業の入札に関する情報の公開を要求した 우리는 공공사업의 입찰에 관한 정보 공개를 요구했다. /不正事件の真相を公開する 비리 사건의 진상을 공개하다 関連 公開講座 공개 강좌 / 公開捜査 공개수사 / 公開討論 공개 토론 / 公開入札 공개 입찰 / 公開放送 공개 방송 / 公開模試 공개 모의시험 / 公開録音 공개 녹음

**こうかい**【後悔】후회 ◇後悔する 후회하다 ¶あんなことを言って後悔している 그런 말을 해서 후회하고 있다. /君のしたことを後悔していないのかい 자네는 자기가 한 것에 대해서 후회하지 않는가? / 弟は後悔している様子が全くない 동생은 후회하는 기색이 조금도 없다.
会話 後悔する
A：今しないと後で後悔するよ
B：平気だよ. まだ時間があるんだから
A：지금 안 하면 나중에 후회할걸.
B：괜찮아. 아직 시간 있으니까.
慣用句 後悔先に立たず 후회는 막급이다. ǀ 나중에 후회해도 일을 되돌릴 수는 없다.

こうかい【航海】항해 ◇航海する 항해하다 ¶彼らは世界一周の航海に出た 그들은 세계 일주 항해에 나섰다. / 航海の安全をお祈りします 항해의 안전을 빕니다. / 私たちは快適な航海をしている 우리는 쾌적한 항해를 하고 있다. / 彼らは嵐のために航海を続けることができなかった 그들은 폭풍 때문에 항해를 계속할 수가 없었다. / 太平洋をヨットで単独航海する 태평양을 요트로 단독 항해하다 関連 航海士 항해사 / 航海術 항해술 / 航海日誌 항해 일지 / 遠洋航海 원양 항해 / 処女航海 처녀항해

こうがい【口外】◇口外する 입밖에 내다 ¶このことは決して口外してはならない 이 일은 절대로 입밖에 내서는 안 된다.

こうがい【公害】공해 ¶車の増加は多くの公害をもたらした 자동차의 증가는 많은 공해를 초래했다[가져왔다]. /騒音公害に悩まされる 소음 공해로 괴로워하고 있다. /公害を引き起こす 공해를 일으키다 /公害をなくす 공해를 없애다 関連 公害病 공해병 / 公害防止条例 공해 방지 조례 / 公害問題 공해 문제 / 食品公害 식품 공해 / 無公害車 무공해차

こうがい【郊外】교외 ¶プサン郊外にある高層マンション 부산 교외에 있는 고층 아파트 /ソウルの郊外に住む서울 교외에 살다

ごうかい【豪快】◇豪快だ 호쾌하다 ◇豪快に 호쾌히 ¶彼は豪快に笑った 그 남자는 호쾌하게 웃었다.

ごうがい【号外】호외 ¶衆議院解散に関する号外が出た 중의원 해산에 관한 호외가 나왔다.

こうかいどう【公会堂】공회당

こうかがく【光化学】광화학 関連 光化学スモッグ 광화학 스모그

こうがく【工学】공학 関連 工学部 공학부 / (韓国で) 工科 대학 / 機械工学 기계 공학 / 電子工学 전자 공학

こうがく【光学】광학 関連 光学機器 광학 기기

こうがく【高額】고액 関連 高額紙幣 고액 지폐 / 高額商品 고액 상품 / 高額所得者 고액 소득자 / 高額納税者 고액 납세자

ごうかく【合格】합격 ◇合格する 합격하다 ¶大学入試に合格した 대학 입시에 합격했다. / 高麗大学に合格した 고려대학교에 합격했다. / 試験合格おめでとう 시험 합격 축하해. 関連 合格者 합격자 / 合格点 합격점 / 合格証 합격증 / 合格通知 합격 통지

こうがくしん【向学心】향학심 ¶彼らは向学心に燃えていた 그들은 향학심에 불타 있었다.

こうがくねん【高学年】고학년

こうかつ【狡猾】◇狡猾だ 교활하다 ⇒ずるい

**こうかん**【交換】교환 ◇交換する 교환하다 [取り替える] 바꾸다 ¶彼は本と交換にCDをくれた 그 사람은 책과 CD를 바꿔[교환해] 주었다. / 我々は率直な意見の交換を行った 우리들은 솔직한 의견을 교환했다. / 貨幣が作られる以前は人々は物々交換で生活していた 화폐가 만들어지기 전에는 사람들은 물물 교환 생활을 했었다. / 交換条件として武装ゲリラは仲間の釈放を求めてきた 교환 조건으로 무장 게릴라는 동료의 석방을 요구해[요청해] 왔다. / 商品の交換お断り(▶掲示) 상품 교환 거절 / 服のサイズが合わなければ交換していただけますか 옷 사이즈가 맞지 않을 경우 교환해 줍니까? / 私たちはプレゼントを交換した 우리들은 선물 교환을 했다. / 彼は客と名刺を交換した 그는 손님과 명함 교환했다. / 彼女は彼と席を交換した 그녀는 그와 자리를 바꾸었다. / 彼らは頻繁に情報を交換し合った 그들은 빈번히 서로 정보 교환을 했다. / この機械は部品を交換しないと使えない 이 기계는 부품을 교환하지 않으면 사용할 수 없다. / ふたりは衣類と食料品を交換した 두 사람은 의류와 식료품을 교환했다. / もしそのネクタイが気に入らないのなら私と交換しよう 만약 그 넥타이가 마음에 들지 않는다면 내 것과 바꾸자. 関連 交換台 교환대 / 交換日記 교환 일기 / 交換留学生 교환 유학생 / オイル交換 오일 교환 / 電話交換手 전화 교환원

こうかん【好感】호감 ¶好感を抱く 호감을 가

こうかん / 好感を与える 호감을 주다 / 彼は好感の持てる男だ 그 사람은 호감 가는 남자다.
こうかん【高官】고관 関連 政府高官 정부 고관
こうがん【厚顔】慣用句 あいつはまったく厚顔無恥だ 그 녀석은 정말로 후안무치하다.
こうがん【睾丸】고환, 불알
ごうかん【強姦】강간 ◇強姦する 강간하다 関連 強姦罪 강간죄 / 強姦犯 강간범
こうがんざい【抗癌剤】항암제
こうき【好機】호기 ¶好機を逃す 호기[좋은 기회]를 놓치다 / 好機をとらえる 호기[좋은 기회]를 잡다 / あの打者は好機にいつも打てない 저 타자는 항상 좋은 기회에 치지 못한다.
こうき【後期】후기 ¶江戸時代後期 에도 시대 후기 / 後期の試験は来週の月曜日から始まる 후기 시험은 다음주 월요일부터 시작된다.
こうき【校旗】교기
こうき【高貴】고귀 ◇高貴だ 고귀하다 ¶高貴な家柄 고귀한 가문[집안]

**こうぎ**【抗議】항의 ◇抗議する 항의하다 ¶監督は試合後、審判の判定について抗議を申し入れた 감독은 시합 후 심판의 판정에 대해서 항의를 제의했다. ¶人々は人種差別に激しく抗議した사람들은 인종 차별에 심하게 항의했다. / 環境破壊を招く宅地開発に抗議した地元住民が環境破壊を引き起こす택지 개발로 그 지방 주민들이 항의했다. 関連 抗議集会 항의 집회 / 抗議デモ 항의 데모[시위] / 抗議文 항의문

こうぎ【講義】강의 ◇講義する 강의하다 ¶私は現代詩に関して講義する予定だ 나는 현대시에 관해서 강의할 예정이다. / 講義を聞く[受ける] 강의를 듣다[받다] / 講義をさぼる 강의를 빠지다 / 講義のノートをとる 강의 내용을 노트에 적다 / 化学の講義 화학 강의
こうきあつ【高気圧】고기압 ¶関東地方は高気圧に覆われるでしょう 간토 지방은 고기압 영향을 받겠습니다. 関連 移動性高気圧 이동성 고기압
こうきしん【好奇心】호기심 ¶子供は好奇心が強い 아이들은 호기심이 강하다. / 好奇心にかられる 호기심이 일어나다 / 好奇心をそそる 호기심을 불러일으키다 / 好奇心を満足させる 호기심을 만족시키다
こうきゅう【高級】고급 ◇高級だ 고급스럽다 [深遠だ] 심오하다 ¶食器類は一目で高級品とわかった 식기류는 한눈에 고급품이라는 것을 알았다. / 先輩は私を高級レストランに連れて行ってくれた 선배는 나를 고급 레스토랑에 데려가 주었다. / 彼らは高級ホテルに一泊した 그들은 고급 호텔에 하룻밤 머물렀다. / 高級官僚が収賄の疑いで逮捕された 고위급 관료가 뇌물 혐의로 체포되었다. / 彼は高級車を乗り回している 그는 고급차를 타고 돌아다니고 있다. / まあ, 生け花と高級な趣味をお持ちですね, 꽃꽂이라니 고상한 취미를 가지고 계시군요. / その作家の小説は私には高級すぎる 그 작가의 소설은 나에게 너무 심오하다. 関連 (新聞の)高級紙 고급지 / 高級住宅街 고급 주택가

こうきゅう【高給】고임금, 고연봉(高年俸) ¶彼女は高給取りだ 그 여자의 연봉은 높다.
こうきゅう【硬球】경구
こうきゅうび【公休日】공휴일
こうきょ【皇居】황거, 궁성(宮城) 関連 皇居前広場 황거 앞 광장
こうきょう【公共】공공 ¶公共の福祉 공공복지 / 公共の利益 공공 이익 / 彼は公共心に欠けている 그 사람은 공공심이 [결여되어 있다. 모자라다]. 関連 公共機関 공공 기관 / 公共事業 공공사업 / 公共施設 공공시설 / 公共投資 공공 투자 / 公共放送 공공 방송 / 公共料金 공공요금
こうきょう【好況】호황 ¶ITビジネスは現在好況を呈している IT 비즈니스는 현재 호황을 보이고 있다.

**こうぎょう**【工業】공업 ¶日本は自動車工業が発達している 일본은 자동차 공업이 발달했다. / 石油は工業国の生命線だ 석유는 공업국의 생명선이다. 関連 工業化 공업화 / 工業高校 공업 고등학교, 공고 / 工業国 공업국 / 工業製品 공업 제품 / 工業団地 공업단지 / 工業地区 공업 지구 / 工業デザイナー 공업 디자이너 / 化学工業 화학 공업 / 家内工業 가내 공업 / 金属工業 금속 공업 / 精密機械工業 정밀 기계 공업 / 繊維工業 섬유 공업 / 先進工業国 선진 공업국 / 臨海工業地帯 임해 공업지대

こうぎょう【興行】흥행 ◇興行する 흥행하다 ¶一座は1日2回興行した 극단은 하루에 두 번 흥행했다. / その芝居は6か月の長期興行を続けている 그 연극은 6개월간 장기 흥행을 하고 있다. 関連 終夜興行 철야 흥행 / 地方興行 지방 흥행
こうぎょう【鉱業】광업
こうきょうがく【交響楽】교향악 関連 交響楽団 교향악단
こうきょうきょく【交響曲】교향곡 ¶シューベルトの未完成交響曲 슈베르트의 미완성 교향곡
こうきん【公金】공금 ¶彼は公金を横領した罪で逮捕された 그는 공금을 횡령한 죄로 체포되었다.
ごうきん【合金】합금 ¶この金属は錫と銅の合金だ 이 금속은 주석과 구리로 된 합금이다.
こうぐ【工具】공구
こうくう【航空】항공 関連 航空会社 항공 회사, 항공사 / 航空貨物 항공 화물 / 航空機 항공기 / 航空券 항공권 / 航空写真 항공 사진 / 航空書簡 항공 서간 / 航空便 항공편 / 航空母艦 항공모함 / 航空輸送 항공 수송 / 航空路 항공로 / 国際航空 국제 항공 / 国内航空 국내 항공 / 民間航空 민간 항공
こうけい【光景】광경 [眺め] 경치 ¶美しい山々の光景 아름다운 산들의 경치 / 生々しい事故の光景 생생한 사고 광경
こうげい【工芸】공예 関連 工芸家 공예가 / 工芸品 공예품 / 伝統工芸 전통 공예

**ごうけい**【合計】합계, 도합, 합, 전부, 다, 총 ◇合計する 합계하다, 다 하다
◆〈合計は・合計が〉

¶5と8の合計は13だ 5와 8의 합은 13이다. / 被害者の数の合計は30人となった 피해자의 수는 합계 30명이 되었다. / 何度も計算したが合計が合わない 몇 번이나 계산했지만 합계가 안 맞는다.

◆【合計に】
¶「全部でおいくらですか」「合計で2万4千円になります」"전부 얼마입니까?" "다해서 2만 4천엔입니다." / 合計96人のランナーがマラソンに参加した 총 96명의 주자가 마라톤에 참가했다. / 合計でいくらになりますか全部知りたい 얼마입니까? / 事故の死傷者は合計300名にのぼった 사고의 사상자는 합계 3백 명에 달했다.

◆【合計する】
¶参加者の数は合計して60人となった 참가자 수는 도합 60명이 되었다. / これらの数字を合計して平均を出しなさい 이것들의 숫자를 합해서 평균을 내시오.

こうけいき【好景気】호경기〔好況〕호황 ¶その会社は好景気の波に乗っている 그 회사는 호경기의 물결을 타고 있다.

こうけいしゃ【後継者】후계자 ⇨跡継ぎ

**こうげき【攻撃】**공격 ◇攻撃する 공격하다 ◇攻撃的だ 공격적이다

◆【攻撃は・攻撃が】
¶攻撃は最大の防御だ 공격은 최대한의 방어이다. /〔野球で〕我々にはまだ9回の裏の攻撃が残っている 우리에게는 아직 구회말 공격이 남아 있다.

◆【攻撃を・攻撃から】
¶わが軍は敵に猛攻撃を加えた 아군은 적군에게 맹공격을 가했다. / 我々は明け方に攻撃を開始した 우리들은 새벽녘에 공격을 개시했다. / ダイバーはさめの攻撃をかわした 다이버는 상어의 공격을 피했다. / 敵の攻撃をやっとのことで食い止めた 적의 공격을 겨우〔가까스로〕막았다. / 彼らは敵の攻撃から身を守ることができなかった 그들은 적의 공격으로부터 몸을 지키지 못했다.

◆【攻撃に・攻撃の】
¶我々は敵の攻撃にあえなく屈した 우리들은 적의 공격에 힘없이 굴복했다. / その人はみんなの攻撃の的になった 그 사람은 모두의 공격의 표적이 되었다.

◆【攻撃する】
¶彼の提案は会議で激しく攻撃された 그 사람의 제안은 회의에서 심하게 비난〔공격〕당했다.

◆【攻撃的】
¶野生動物はこちらが危害を加えると急に攻撃的になる 야생 동물은 이쪽에서 위협을 가하면 갑자기 공격적이 된다. 関連 攻撃機 공격기 / 攻撃目標 공격 목표 / 攻撃力 공격력 / 奇襲攻撃 기습 공격

ごうけつ【豪傑】호걸 ¶豪傑笑いをする 호탕하게 웃다

こうけつあつ【高血圧】고혈압 ¶祖父は高血圧だ 할아버지는 고혈압이다.

こうけん【貢献】공헌, 이바지 ◇貢献する 공헌하다, 이바지하다 ¶その選手は優勝おおいに貢献した 그 선수는 우승하는 데 큰 공헌을 세웠다. 関連 国際貢献 국제 공헌

こうげん【公言】공언 ◇公言する 공언하다 ¶挑戦者は優勝すると公言した 도전자는 우승하겠다고 공언했다.

こうげん【高原】고원 関連 高原地帯 고원 지대 / 高原野菜 고원 야채 / 那須高原 나스 고원

こうご【口語】구어 ¶口語体で表現する 구어체로 표현하다

こうご【交互】◇交互に 번갈아 ¶患者は下痢と便秘を交互に繰り返している 환자는 설사와 변비를 번갈아 가면서 반복하고 있다. / 妻と交互に赤ん坊の世話をした 아내와 번갈아 잔난아이 돌봐 보았다. / 私たちは交互に車を運転した 우리는 번갈아 운전했다.

ごうご【豪語】◇豪語する 호언하다 ¶彼は昇進試験に受かることなど簡単だと豪語している 그는 승진 시험에 합격하는 건 간단하다고 호언장담한다〔큰소리 친다〕.

こうこう【高校】고교, 고등학교 ¶息子は今年高校を卒業した 아들은 올해 고등학교를 졸업했다. / 彼女は仙台で高校へ通った 그녀는 센다이에서 고등학교를 다녔다. / 私たちの高校には制服がある 우리 고등학교에서는 교복을 입는다. / 私は高校2年です 나는 고등학교 2학년이다. / 彼は高校時代野球部だった 그는 고등학교 때 야구부였다. / 高校時代の写真を見ている 고등학교 때 사진을 보고 있다. / 彼は高校受験に失敗した 그는 고교 입시에 실패했다〔떨어졌다〕. / 彼は日比谷高校の生徒だ 그는 히비야 고등학교 학생이다. 関連 高校生 고교생 / 高校野球 고교 야구 / 工業高校 공업 고등학교 / 実業高校 실업 고등학교 / 商業高校 상업 고등학교 / 女子高校 여자 고등학교, 여고 / 定時制高校 야간 고등학교 / 男子高校 남자 고등학교 / 農業高校 농업 고등학교 / 夜間高校 야간 고등학교

こうこう【孝行】효행, 효도 ◇孝行する 효도하다 関連 孝行息子〔娘〕 효자〔효녀〕

こうこう【航行】항행 ◇航行する 항행하다 ¶船は下関から釜山に向けて航行していた 배는 시모노세키에서 부산을 향해 항행하고 있었다.

こうごう【皇后】황후 ¶皇后陛下 황후 폐하

ごうごう【轟々】◇ごうごうと 요란하게 ¶滝の音がごうごうと響いていた 폭포 소리가 요란하게 울려퍼졌다.

ごうごう【囂々】¶差別的発言のせいで彼はごうごうたる非難を浴びた 차별적인 발언 때문에 그는 떠들썩하게 비난을 받았다.

こうごうせい【光合成】광합성

こうこがく【考古学】고고학 関連 考古学者 고고학자

こうこく【広告】광고 ◇広告する 광고하다 ¶新聞に店員募集の広告を出した 신문에 점원 모집 광고를 냈다. / 大売り出しの広告が店頭にでかと張り出されていた 대방출 광고가 가게 앞에 큼직하게 붙어 있었다. / 「この製品をどこで知りましたか」「雑誌の広告で見たんです」 "이 제품을 어디에서 아셨습니까?" "잡지 광고에서 봤습니다."

¶テレビのコマーシャルで新製品を広告する 텔레비전 시에프(CF)에서 신제품을 광고하다 関連 広告会社 광고 회사 / 広告業 광고업 / 広告代理店

광고 대리점 / 広告塔 광고탑 / 広告媒体 광고 매체 / 広告費 광고비 / 広告ビラ 광고 딱지 / 広告欄 광고란 / 広告料 광고료 / 求人広告 구인 광고 / 公共広告 공익 광고 / 死亡広告 부고 광고 / 新聞広告 신문 광고

**こうこつ**【恍惚】 황홀 ¶美しい夕日に恍惚として見とれていた 아름다운 석양을 황홀하게[넋을 잃고] 바라보고 있었다.

**こうさ**【交差】 교차 ◇交差する 교차하다, 교차되다 ¶2本の線が直角に交差している 두 개의 선이 직각으로 교차되어 있다. 関連 交差点 교차로 [十字路] 네거리, 사거리 / 立体交差 입체 교차

**こうさ**【考査】 고사 関連 学力考査 학력 고사 / 中間[期末]考査 중간[기말] 고사

**こうざ**【口座】 계좌(計座) ¶銀行に口座を開く 은행에 계좌를 개설하다 / 銀行口座からお金[10万円]を引き出す 은행 계좌에서 돈[10만 엔]을 인출하다 / 水道料金の口座自動振替を申し込んだ 수도 요금 계좌 자동 이체를 신청했다. / 大家さんの口座に家賃を振り込んだ 집 주인 계좌에 집세를 부쳤다. / 給料は自分の口座に振り込まれる 급료는 본인 계좌로 들어온다. 関連 口座番号 계좌 번호

**こうざ**【講座】 강좌 ¶岡田先生は大学で英文法の講座を担当している 오카다 선생님은 대학교에서 영문법 강좌를 담당하고 있다. / 私はいつもテレビのハングル講座を見ている 나는 항상 텔레비전 한글강좌를 시청하고 있다. 関連 (大学の)公開講座 공개 강좌

**こうさい**【交際】 교제 ◇交際する 교제하다, 사귀다

基本表現
▶彼は裕子と交際している
　그 사람은 유코와 사귀고 있다.
▶うちの学校は男女交際を禁止している
　우리 학교는 남녀 교제를 금지하고 있다.
▶彼は交際が広い[狭い]
　그 사람은 교제 범위가 넓다[좁다].

¶彼との交際は長い 그 남자와 오랫동안 사귀고 있다. / 彼女は彼との交際を絶った 그 여자는 그 남자와의 교제를 그만두었다. / 僕はウンジュに交際を申し込んだが断われたた 나는 은주에게 교제하자고 했지만 거절당했다. / 彼は不良仲間との一切の交際を絶った 그는 불량한 친구들과의 관계를 모두 끊었다. / 君はもっと交際の幅を広げたほうがいいよ 자네는 좀 더 교제의 폭을 넓히는 게 좋아.
¶彼はクラスのだれとでも仲よく交際する 그는 반 친구 모두하고 사이 좋게 지낸다. / 彼女は以前チョルスと交際していた 그녀는 전에 철수와 사귀었었다. / 最近だれかと交際しているの? 요즘 사귀는 사람 있니? 関連 交際費 교제비

**こうざい**【功罪】 공죄, 공과 ¶物質文明の功罪について考えてみよう 물질 문명의 공죄에 대해서 생각해 보자.

**こうさく**【工作】 공작 ◇工作する 공작하다 ¶(学校の)工作の時間 공작 시간 / 裏で工作している人物がいるようだ 뒤에서 공작하고 있는 사람이 있는 것 같다. 関連 工作員 공작원 / 工作機械 공작 기계 / 工作室 공작실 / 工作船 공작선 / 工作品 공작품 / 政治工作 정치 공작 / 補強工作 보강 공작 / 和平工作 화평 공작

**こうさく**【耕作】 경작 ◇耕作する 경작하다 ¶この土地は耕作には不向きだ 이 토지는 경작하는 데 적당하지 않다. 関連 耕作機械 경작 기계 / 耕作地 경작지

**こうさつ**【考察】 고찰 ◇考察する 고찰하다 ¶経済情勢について考察する 경제 정세에 대해서 고찰하다 / 日韓関係の現状に関する一考察 일한 관계의 현황에 관한 고찰(▶「一」は特に訳さない)

**こうさつ**【絞殺】 교살 ◇絞殺する 교살하다 ¶被害者の男性は自分のネクタイで絞殺された 피해자인 남성은 자신의 넥타이로 교살되었다.

**こうさん**【公算】 공산 ¶今度の選挙は野党が勝つ公算が大きい 이번 선거는 야당이 이길 공산이 크다.

**こうさん**【降参】 항복(降伏) ◇降参する 항복하다 [手を上げる] 손을 들다 ¶敵はついに降参した 적은 결국 항복했다. / もう降参だ 이제 항복이다. / この暑さには降参だ 이 더위에는 두손두발 다 들었다.

**こうざん**【高山】 고산 関連 高山植物 고산 식물 / 高山病 고산병

**こうざん**【鉱山】 광산 ◇鉱山を採掘する 광산을 채굴하다 関連 鉱山技師 광산 기사 / 鉱山労働者 광산 노동자

**こうし**【子牛】 송아지 ¶子牛の肉 송아지 고기 / 子牛の革 송아지 가죽

**こうし**【公私】 공사 ¶公私を区別する 공사를 구별하다 / 公私を混同するな 공사를 혼동하지 마. / このところ公私とも多忙をきわめている 요즘 공사 사 모두 바쁘다.

**こうし**【公使】 공사 ¶駐日韓国公使 주일 한국 공사 関連 公使館 공사관 / 公使館員 공사관원

**こうし**【行使】 공사 ◇行使する 행사하다 ¶警察は暴動を鎮圧するため武力行使に出た 경찰은 폭동을 진압하기 위해 무력행사를 가했다. / 職権を行使する 직권을 행사하다 関連 実力行使 실력 행사

**こうし**【格子】 격자 関連 格子縞 격자 무늬 / 格子戸[窓] 격자문[창]

**こうし**【講師】 강사 ¶彼は大学で韓国語の非常勤講師をしている 그는 대학교에서 한국어 시간 강사를 하고 있다. 関連 専任講師 전임 강사

**こうじ**【工事】 공사 ◇工事する 공사하다 ¶工事を始める 공사를 시작하다 / 工事中 공사중 関連 工事現場 공사 현장 / 道路工事 도로 공사

**こうじ**【公示】 공시 ◇公示する 공시하다 ¶総選挙が公示された 총선거가 공시되었다. 関連 公示価格 공시 가격

**こうしき**【公式】 공식 ◇公式的な 공식적인 ◇公式に 공식에 ¶公式を応用する 공식을 사용하다 / 公式の見解 공식 견해 / 公式に許可する 공식으로 허가하다 / 首相は韓国を公式に訪問する予定 수상은 한국을 공식 방문할 예정이다. 関連 公式記録 공식 기록 / 公式戦 공식

전 / 公式発表 공식 발표
こうしき【硬式】경식(↔연식) 関連 硬式テニス 경식 정구 / 硬式野球 경식 야구
こうしせい【高姿勢】고자세 ¶高姿勢に出る 고자세로 나오다
こうしつ【皇室】황실
こうじつ【口実】구실, 핑계 ¶もっともらしい口実を作る 그럴듯한 구실을 만들다 / 口実を作って家を抜け出した 핑계를 대서 집을 빠져나갔다 / 病気を口実に怠ける 병을 핑계[구실] 삼아 게으름을 부리다 / 彼女は風邪を口実に仕事を休んだ 그녀는 감기를 핑계[구실]로 일을 쉬었다 / 夫はいつも残業を口実にして遅く帰宅する 그이는 항상 잔업을 핑계 삼아 늦게 귀가한다.
こうしゃ【公社】공사
こうしゃ【後者】후자(↔전자)
こうしゃ【校舎】교사
こうしゃく【公爵】공작 関連 公爵夫人 공작 부인
こうしゃく【侯爵】후작 関連 侯爵夫人 후작 부인
こうしゅう【口臭】구취, 입내 ¶彼はひどい口臭がある 그는 입냄새가 지독하다.
こうしゅう【公衆】공중 ¶彼女は公衆の面前で突然泣きだした 그녀는 사람들이 많이 모여 있는 곳에서 갑자기 울기 시작했다. 関連 公衆衛生 공중 위생 / 公衆電話 공중 전화 / 公衆道徳 공중 도덕 / 公衆便所 공중 변소 / 公衆浴場 공중 목욕탕, 대중탕
こうしゅう【講習】강습 ¶夏休みにパソコンの講習を受けるつもりだ 여름 방학 때 컴퓨터 강습을 받을 예정이다. / 数学の夏期講習を受ける 수학 하기 강습을 받다 関連 講習会 강습회 / 講習生 강습생
こうしゅけい【絞首刑】교수형 ¶あの事件の犯人は絞首刑になった 그 사건의 범인은 교수형에 처해졌다.
こうじゅつ【口述】구술 ◇口述する 구술하다 ¶報告書を秘書に口述筆記させた 보고서를 비서에게 받아 적게 했다. 関連 口述試験 구두시험, 구술시험
こうしょ【高所】고소 ¶うちの子は高所恐怖症なので飛行機が苦手だ 우리 애는 고소 공포증이기 때문에 비행기를 싫어한다.
こうじょ【控除】공제 ◇控除する 공제하다
¶医療費は控除される 의료비는 공제된다. / 年収から必要経費として30%控除してもらえる 연수에서 필요 경비로 30퍼센트를 공제받을 수 있다. 関連 控除額 공제액 / 医療費控除 의료비 공제 / 基礎控除 기초 공제 / 所得控除 소득 공제 / 配偶者控除 배우자 공제 / 扶養控除 부양 공제

# こうしょう【交渉】❶〔話し合い〕교섭
◇交渉する 교섭하다

◆《交渉は・交渉が》
¶両国の和平交渉は不調に終わった 양국의 화평 교섭은 성립지 않았다. / 予備交渉がまとまった 예비 교섭이 성립되었다. / 労使交渉が決裂した 노사 교섭이 결렬되었다.

◆《交渉に・交渉の》
¶会社側が交渉になかなか応じようとしない 회사 측은 교섭에 좀처럼 응하려 하지 않는다. / 核開発の放棄が交渉の議題だ 핵 개발 포기가 교섭의 의제이다. / 価格については交渉の余地がない 가격에 대해서는 교섭할 여지가 없다.
◆《交渉を》
¶与野党は交渉を開始した[打ち切った] 여야는 교섭을 개시했다[그만두었다]. / 組合は会社側と賃上げ交渉を進めている 노조는 회사 측과 임금 인상 교섭을 진행시키고 있다.
◆《その他》
¶彼は家主と家賃を安くしてくれるよう交渉した 그 사람은 집 주인한테 집세를 내려 달라고 사정했다. / その問題は交渉中である 그 문제는 교섭중이다.

❷〔接触〕접촉〔関係〕관계 ¶あの会社とはこの数年間何の交渉もない(→取引がない) 그 회사와는 요 몇년간 아무런 거래도 없다. / その男性と性交渉を持ったのはいつですか 그 남성과 성관계를 가진 것은 언제입니까? 関連 事前交渉 사전 교섭 / 団体交渉 단체 교섭

こうしょう【高尚】◇高尚だ 고상하다 ¶高尚な趣味をお持ちですね 고상한 취미를 가지고 계시 군요.
こうじょう【工場】공장 ¶彼は自動車工場で働いている 그는 자동차 공장에서 일하고 있다. 関連 工場地帯 공장 지대 / 工場長 공장장 / 工場廃水 공장 폐수 / 化学工場 화학 공장 / 組立工場 조립 공장 / 下請工場 하청 공장 / 修理工場 수리 공장 / 製紙工場 제지 공장 / 製鉄工場 제철 공장
こうじょう【向上】향상 ◇向上する 향상하다, 향상되다 ¶近年女性の社会的地位はめざましく向上している 근년 여성의 사회적 지위는 눈부시게 향상되고 있다. / コンピュータは事務能率を向上させた 컴퓨터는 사무 능률을 향상시켰다. / 彼女は向上心が強い 그녀는 향상심이 강하다.
ごうじょう【強情】◇強情だ 고집스럽다, 고집이 세다 ¶強情を張る 고집을 부리다[피우다] / 彼は強情に自分の考えを主張した 그는 고집스럽게 자기의 생각을 주장했다. 関連 強情っ張り 고집쟁이, 고집불통, 왕고집
こうしょく【公職】공직 ¶公職に就く 공직에 취임하다 関連 公職選挙法 공직 선거법
こうしょく【好色】호색 ◇好色だ 호색하다 関連 好色漢 호색한, 호색가, 호색꾼
こうじる【高じる】더해지다, 심해지다 ¶趣味が高じて仕事になってしまった 취미를 넘어서 직업이 되었다. / 病が高じる 병이 심해지다
こうじる【講じる】강구하다 ¶早急に対策を講じる必要がある 조급히 대책을 강구할 필요가 있다.
こうしん【行進】행진 ◇行進する 행진하다 ¶楽隊が通りを行進した 악대가 거리를 행진했다. 関連 行進曲 행진곡 / デモ行進 시위 행진
こうしん【交信】교신 ◇交信する 교신하다 ¶味方との交信が途絶えた 아군과의 교신이 끊어졌다.

**こうしん【更新】** 갱신, 경신 ◇更新する 갱신하다, 경신하다

> **使い分け** 갱신, 경신
> 갱신 法的有効性の更新や、コンピュータでの既存の変更、追加、削除などに用いる.
> 경신 記録の更新に用いる.

¶契約を更新する 계약을 갱신하다 / マラソンの世界記録を更新する 마라톤의 세계 기록을 경신하다 / 運転免許証を更新しなくてはいけない 운전면허증을 갱신하지 않으면 안 된다. 関連 更新料 갱신료

**こうしん【後進】** 후진〔後輩〕후배 ¶後進に道を譲る 후진에게 자리를 양보하다 / 後進を育てる 후진을 양성하다

**こうしんりょう【香辛料】** 향신료 ¶もう少し香辛料を効かしてください 좀 더 향신료를 넣어 주세요.

**こうず【構図】** 구도 ¶この写真は構図がいい[悪い] 이 사진은 구도가 좋다[나쁘다]. / 絵の構図 그림의 구도

**こうすい【香水】** 향수 ¶首に香水をつける 목에 향수를 뿌리다 / 彼女は卒業パーティーに香水をつけていった 그녀는 졸업 파티에 향수를 뿌리고 갔다.

**こうすい【降水】** 강수 関連 降水確率 강수 확률 / 降水量 강수량

**こうずい【洪水】** 홍수 ¶台風による洪水で大きな被害が発生した 태풍에 의한 홍수로 큰 피해가 발생했다. / 洪水で多くの家が流された 홍수로 많은 집이 쓸려갔다. / 情報の洪水 정보의 홍수 関連 洪水警報 홍수 경보

**こうせい【公正】** 공정 ¶公正だ 공정하다 ◇公正に 공정히 ¶公正を期する 공정을 기하다 / 決定は公正だった 결정은 공정했다. / 公正な評価 공정한 평가 / 公正な態度 공정한 태도 / 公正な取引 공정한 거래 / 公正な処置 공정한 처치 / 公正に扱う 공정하게 취급하다 関連 公正取引委員会 공정 거래 위원회

**こうせい【更生】** 갱생 ◇更生する 갱생하다 ¶非行少年[少女]を更生させる 비행 소년을[소녀를] 갱생시키다 / 更生施設 갱생 시설 / 会社更生法 회사 갱생법

**こうせい【厚生】** 후생 ¶父は厚生年金を受給している 아버지는 후생 연금을 받고 있다. 関連 厚生年金制度 후생 연금 제도 / 厚生労働省 후생 노동성 ⟨韓国の保健 福祉 家族部「保健福祉家族部」にあたる⟩

**こうせい【後世】** 후세 ¶後世に名を残す 후세에 이름을 남기다 / 会長の偉大な功績は後世の人々に語り継がれるであろう 회장님의 위대한 공적은 후세에 전해질 것이다.

**こうせい【恒星】** 항성

**こうせい【校正】** 교정 ◇校正する 교정하다 関連 校正者 교정원 / 校正刷り 교정쇄

**こうせい【構成】** 구성 ◇構成する 구성하다 ◇構成される 구성되다 ¶委員会は8名で構成されていた 위원회는 여덟 명으로 구성되어 있었다. / 社会の構成 사회의 구성 / チームの構成 팀의 구성 / 全体の構成 전체의 구성 / 文の構成 문장의 구성 関連 構成員 구성원 / 構成要素 구성요소 / 家族構成 가족 구성

**ごうせい【合成】** 합성 ◇合成する 합성하다 関連 合成語 합성어 / 合成写真 합성 사진 / 合成樹脂 합성 수지 / 合成繊維 합성 섬유 / 合成洗剤 합성 세제

**ごうせい【豪勢】** ◇豪勢だ 호스럽다, 호화롭다 ¶彼らは豪勢な暮らしをしている 그 사람들은 호화로운 생활을 보내고 있다.

**こうせいぶっしつ【抗生物質】** 항생 물질

**こうせき【功績】** 공적 ¶今回の成功は彼の功績だ 이번 성공은 그 사람의 공적이다. / 彼は大きな功績を残した 그는 큰 공적을 남겼다. / 功績をたてる 공적을 세우다

**こうせつ【降雪】** 강설 ¶今朝東京で10センチの降雪があった 오늘 아침 도쿄에 10센치의 눈이 내렸다. 関連 降雪量 강설량

**ごうせつ【豪雪】** 폭설〔大雪〕대설, 큰눈 関連 豪雪地帯 폭설[대설] 지대

**こうせん【交戦】** 교전 ◇交戦する 교전하다 ¶政府軍は反政府ゲリラと交戦中だ 정부군은 반정부 게릴라와 교전중이다. 関連 交戦状態 교전 상태

**こうせん【光線】** 광선, 빛살 関連 可視光線 가시 광선 / 太陽光線 태양 광선 / レーザー光線 레이저 광선

**こうぜん【公然】** ◇公然の 공공연한 ◇公然と 공공연히 ¶それは公然の秘密だった 그것은 공공연한 비밀이었다.

**こうせんてき【好戦的】** ◇好戦的だ 호전적이다 ¶好戦的な態度 호전적인 태도

**こうそ【控訴】** 항소, 공소, 상소 ◇控訴する 항소하다, 공소하다 ¶被告は地裁の判決を不服として控訴した 피고인은 지방 재판소[법원]의 판결에 불복하며 항소했다. / 最高裁に控訴する 최고 재판소에[대법원]에 상소하다 / 控訴を棄却する 공소를 기각하다 / 控訴を取り下げる 공소를 취하하다 / 控訴を下級裁判所に差し戻す 공소를 하급 재판소[법원]에 환송하다 関連 控訴棄却 항소 기각 / 控訴権 항소권 / 控訴状 항소장 / 控訴審 항소심 / 控訴人 항소인

**こうそ【酵素】** 효소 ¶酵素入り洗剤 효소를 첨가한 세제

**こうそう【抗争】** 항쟁 ◇抗争する 항쟁하다 関連 権力抗争 권력 항쟁 / 派閥抗争 파벌 항쟁

**こうそう【構想】** 구상 ◇構想する 구상하다 ¶小説の構想を練る 소설의 구상을 짜다

**こうそう【高層】** 고층 関連 高層雲 고층운 / 高層住宅 고층 주택 / 高層団地 고층 단지 / 高層ビル 고층 빌딩

**こうぞう【構造】** 구조 ¶そのマンションには構造上の欠陥があった 그 아파트에는 구조상의 결함이 있었다. / 社会の構造 사회의 구조 / 文章の構造 문장 구조 関連 耐震構造 내진 구조 / 二重構造 이중 구조

**こうそく【拘束】** 구속 ◇拘束する 구속하다 ¶彼は警察に身柄を拘束された 그 남자는 경찰에

こうてい

몸이 구속되었다. / その法律は言論の自由を拘束するものだった 그 법률은 언론의 자유를 구속하는 것이었다. / この契約は関係者全員に拘束力を持つ 이 계약은 관계자 모두에게 구속력을 가진다. 関連 拘束時間 구속 시간

こうそく【校則】교칙 ¶うちの学校は校則がとても厳しい 우리 학교는 교칙이 아주 엄하다. / 髪を染めることは校則で禁じられている 머리를 염색하는 것은 교칙으로 금지되어 있다.

こうそく【高速】고속 ¶高速で運転する 고속으로 운전하다 / 高速で走る 고속으로 달리다 関連 高速道路 고속도로 / 高速度撮影 고속 촬영 / 高速料金 고속도로 요금

こうぞく【皇族】황족

こうそつ【高卒】고졸, 고등학교 졸업

## こうたい【交替・交代】교체, 교대 ◇交替する・交代する 교체하다, 교대하다 ¶監督は交替させた感독은 투수를 교체시켰다. / 5分遅れで交替の人が来た 교대할 사람이 5분 늦게 왔다. / 彼は若い刑事と張り込みを交替した 그는 젊은 형사와 잠복 근무를 교대했다. / だれか夜勤を交替してくれませんか 누군가 야근을 교체해 주시지 않겠습니까?

¶彼らは交替で子供たちの面倒を見ている 그들은 번갈아 아이를 돌보고 있다. / 掃除当番はクラスの生徒が1週間おきに交替でやります 청소 당번은 반 학생이 일 주일 걸러 교대로 합니다. / 彼らは交替で芝居の主役を務めた 그들은 교대로 연극의 주연을 맡았다. / この工場は8時間交替でフル操業している 이 공장은 여덟 시간 교대로 풀가동하고 있다.

¶新旧交代の時 신구 교체의 시기다. 関連 交代勤務 교대 근무 / 交代時間 교대 시간 / 交代制 교대제 / 世代交替 세대 교체 / 選手交代 선수 교체

こうたい【後退】후퇴 ◇後退する 후퇴하다
¶大学生の学力が後退してきている 대학생의 학력이 후퇴하고 있다. / 1歩後退する 1보 후퇴하다 / 車を後退させる 차를 후진시키다 / 景気の後退 경기 후퇴 / 1歩後退, 2歩前進 1보 후퇴, 2보 전진

こうたい【抗体】항체

こうだい【広大】광대 ◇広大だ 광대하다 ¶広大な領土 광대한 영토 / 広大無辺の宇宙 광대무변한 우주

こうたいし【皇太子】황태자, 왕세자(王世子) 関連 皇太子妃 황태자비, 왕세자비

こうたく【光沢】광택, 윤기 ¶真珠は美しい光沢がある 진주는 아름다운 광택이 있다. / 光沢を失う 윤기를 잃다 / 絹の光沢 비단의 광택

ごうだつ【強奪】강탈 ◇強奪する 강탈하다
¶男がコンビニから売上金を強奪して逃走した 남자가 편의점에서 매상을 강탈해서 도주했다. 関連 強奪者 강탈자

こうだん【公団】공단

こうち【拘置】구치 ◇拘置する 구치하다 ¶容疑者は尋問のため警察に拘置されている 용의자는 심문 때문에 경찰에 구치되어 있다. 関連 拘置所 구치소

こうち【耕地】경지, 경작지 関連 耕地面積 경지 면적

こうち【高地】고지〔高原〕고원 関連 高地トレーニング 고지 훈련

こうちゃ【紅茶】홍차 ¶濃い[薄い]紅茶 진한[연한] 홍차 / 紅茶を飲む 홍차를 마시다 / 紅茶を入れましょうか 홍차 드릴까요?

こうちゃく【膠着】교착 ¶交渉は膠着状態にある 교섭은 교착 상태에 있다. / 膠着状態に陥る 교착 상태에 빠지다

こうちょう【好調】호조 ◇好調だ 순조롭다
¶エンジンは好調だ 엔진이 잘 돌아간다. / 新製品の売れ行きは好調だ 신제품의 판매는 순조롭다. / チャンピオンは今絶好調だ 챔피언은 지금 최상의 컨디션이다. / 展示会は好調な滑り出しだ 전시회는 순조롭게 시작되었다.

こうちょう【校長】교장, 학교장 ¶校長先生 교장 선생님 関連 校長室 교장실

こうちょうかい【公聴会】공청회 ¶公聴会を開く 공청회를 열다

こうちょく【硬直】경직 ¶一瞬体が硬直した 한 순간 몸이 경직했다. / 死後硬直はすでに始まっている 사후 경직은 이미 시작되고 있다.

## こうつう【交通】교통

基本表現

▶この通りは交通が激しい[少ない]
  이 길은 교통량이 많다[적다].
▶大雪のために東京の交通は一日中まひした
  대설로 도쿄의 교통은 하루 종일 마비되었다.
▶この辺も交通の便がよくなった
  이 주변도 교통편이 좋아졌다.
▶韓国は公共交通機関が比較的整っている 한국은 공공 교통 기관이 비교적 정비되어 있다.

¶箱根からの帰りに交通渋滞に巻き込まれた 하코네에서 돌아오는 길에 차가 많이 밀렸다. / 交通事故で毎日多くの人が亡くなっている 교통사고로 매일 많은 사람들이 목숨을 잃고 있다. / 彼は交通違反の切符を切られてしょんぼりしていた 그는 교통 위반 딱지를 떼여 짜증나 있었다. / 警官が交差点の真ん中で交通整理をしている 경찰관이 교차로 한가운데에서 교통정리를 하고 있다. 関連 交通安全運動[週間] 교통안전 운동[주간] / 交通遺児 교통사고 유자녀 / 交通規則 교통 법규 / 交通手段 교통 수단 / 交通信号 교통 신호 / 交通費 교통비 / 交通標識 교통안전 표지 / 交通法規 교통 법규 / 交通網 교통망

こうつごう【好都合】¶その時間なら好都合です 그 시간이라면 괜찮습니다. / 好都合に物事が運んだ 적절하게 일이 진척되었다.

こうてい【公定】공정 ¶公定歩合を引き下げる[引き上げる] 공정이율을 인상하다[인하하다] 関連 公定価格 공정 가격

こうてい【校庭】교정〔キャンパス〕캠퍼스

こうてい【皇帝】황제

こうてい【肯定】긍정 ◇肯定的だ 긍정적이다 ◇肯定する 긍정하다 ¶汚職事件への政治家の関与について警察は肯定も否定もしなかった 정치가의 비

리 사건 관여에 대해 경찰은 긍정도 부정도 하지 않았다. / 肯定的な反応を示す 긍정적인 반응을 보이다 関連 肯定文 긍정문
**ごうてい**【豪邸】저택(邸宅), 호화 주택
**こうていぶあい**【公定歩合】공정이율(公定利率), 공정금리(公定金利)
**こうてき**【公的】공적 ◇公的な 공적인 ¶公的な問題 공적인 문제 / 公的任務 공적 임무 / 公的機関 공적 기관 / 公的生活 공적 생활
**こうてき**【好適】◇好適だ 알맞다, 적당하다
**こうてきしゅ**【好敵手】호적수, 맞수, 라이벌 ¶あの二人は柔道の好敵手同士だ 저 두 사람은 서로 유도의 호적수다.
**こうてつ**【更迭】경질 ◇更迭する 경질하다 ¶監督が更迭された 감독이 경질되었다. / 首相が3人の閣僚を更迭した 수상은 세 명의 각료를 경질했다.
**こうてつ**【鋼鉄】강철
**こうてん**【公転】공전 ◇公転する 공전하다 ¶地球は太陽の周りを公転している 지구는 태양의 주위를 공전하고 있다. 関連 公転運動 공전 운동
**こうてん**【好天】좋은 날씨 ¶運動会は好天に恵まれた 운동회는 좋은 날씨 아래 행해졌다.
**こうてん**【好転】호전 ◇好転する 호전되다, 호전되다 ¶事態はようやく好転してきた 사태는 드디어 호전되기 시작했다. / 景気は好転の兆しを見せている 경기는 호전의 기미를 보이고 있다.
**こうてん**【荒天】악천후 ¶荒天をついて出航する 악천후를 무릅쓰고 출항하다
**こうでん**【香典】조의금, 부의 関連 香典返し 부의에 대한 답례
**こうてんてき**【後天的】후천적 ◇後天的だ 후천적이다 ¶後天的の病気 후천적인 병
**こうど**【高度】고도 ¶高度2千メートルの上空の気温は5度だった 고도 2천 미터의 기온은 5도였다. / 高度を上げる[下げる] 고도를 높이다[낮추다] / 高度な文明 고도의 문명 / 高度な技術 고도의 기술 関連 高度計 고도계 / 高度成長 고도 성장
**こうとう**【口頭】구두 ◇口頭で 구두로 ¶口頭で伝える 구두로 전하다 関連 口頭試問 구술시험 / 口頭弁論 구두 변론
**こうとう**【高等】고등 ◇高等な 고등한 関連 高等学校 고등학교 / 高等教育 고등 교육 / 高等裁判所 고등 법원 / 高等数学 고등 수학 / 高等動物 고등 동물
**こうとう**【高騰】고등, 앙등, 등귀 ◇高騰する 고등하다, 앙등하다, 등귀하다 ¶物価[地価]が高騰する 물가[지가]가 오르다 / 円の高騰 엔고
**こうどう**【公道】공로(公路)
**こうどう**【行動】행동 ◇行動する 행동하다
**こうどう**◆【行動は・行動が】
¶自分勝手な行動は慎んでください 자기 멋대로의 행동은 삼가 주세요. / 修学旅行中は何日か自由行動があった 수학 여행 중 며칠간 자유 행동이 있었다.
◆【行動を・行動に】
¶私は一日中彼らと行動を共にした 나는 하루 종일 그 사람들과 행동을 같이 했다. / 団体行動をするときは勝手なことをしないように 단체 행동을 할 때는 제 멋대로 하지 말도록. / 彼らは熊の行動を調査している 그들은 곰의 행동을 조사하고 있다. / 戦争を止めさせるための行動をただちに起こそう 전쟁을 중지시키기 위한 행동을 바로 시작하자. / 外国では行動に十分注意する必要がある 외국에서는 행동에 충분히 주의할 필요가 있다. / 行動に移す 행동으로 옮기다
◆【行動する】
¶行動する前によく考えなさい 행동하기 전에 잘 생각해라. / 動物は本能によって行動する 동물은 본능에 따라 행동한다.
◆【その他】
¶彼は行動力がある[に欠ける] 그 사람은 행동력이 있다[없다]. / 運転免許を取ってから行動範囲が広がった 운전면허를 따고부터 행동 범위가 넓어졌다. 関連 行動主義 행동주의 / 行動半径 행동 반경 / 行動様式 행동 양식
**こうどう**【講堂】강당
**ごうとう**【強盗】〔人〕강도 〔行為〕강도질 ¶店に強盗が入った 가게에 강도가 들었다. / 強盗を働く 강도질하다 関連 銀行強盗 은행 강도
**ごうどう**【合同】합동 ◇合同する 합동하다, 합치다 ¶合同でコンサートを開く 합동 콘서트를 열다 / 保守系の3党が合同して新党を結成した 보수파의 3당이 합쳐서[합당하여] 새로운 당을 결성했다. / この2つの三角形は合同だ 이 두 삼각형은 합동이다. / 合同慰霊祭 합동 위령제 / 合同事業 합동 사업
**こうとうがっこう**【高等学校】고등학교 ⇒高校
**こうどく**【購読】구독 ◇購読する 구독하다 ¶家では2種類の新聞を購読している 우리 집은 두 가지 신문을 구독하고 있다. / 新聞を年間予約購読する 신문을 연간 예약 구독하다 / 購読契約を更新する 구독 계약을 갱신하다 関連 購読者 구독자 / 購読料 구독료
**こうない**【校内】교내 ¶校内で水泳大会があった 교내에서 수영 대회가 있었다. / けさ校長が校内放送で全校生徒に話をした 오늘 아침 교장 선생님이 교내 방송으로 전교 학생에게 이야기를 했다. 関連 校内暴力 교내 폭력
**こうない**【構内】구내 ¶駅の構内で警察に不審尋問された 역구내에서 경찰에 불심 검문당했다. / 構内立ち入り禁止(▶掲示) 구내 출입 금지
**こうにゅう**【購入】구입 ◇購入する 구입하다 〔買う〕사다 ¶分譲マンションを購入する 분양 아파트를 구입하다 関連 購入価格 구입 가격 / 購入者 구입자 / 一括購入 일괄 구입
**こうにん**【公認】공인 ◇公認する 공인하다 ¶あの二人は親も公認の仲だ 저 두 사람은 부모님도 허락한 사이다. / 彼女は民主党公認で立候補した 그 여자는 민주당 공인으로 입후보했다. 関連 公認会計士 공인 회계사 / 公認記録 공인 기록 / 公認候補者 공인 후보자 / 未公認記録 미공인 기록
**こうにん**【後任】후임 ¶この方が私の後任です 이 분이 내 후임입니다. / 岡田氏が星野氏の後任として阪神の監督になった 오카다 씨가 호시노 씨의

こうねつ【高熱】고열 ¶息子が高熱を出したんです 아들이 열이 심해요.
こうねつひ【光熱費】광열비
こうねん【光年】광년
こうねん【後年】후년
こうねんき【更年期】갱년기 [関連]更年期障害 갱년기 장애
こうのう【効能】[効果]효과 ¶この温泉は多くの病気に効能がある 이 온천은 많은 병에 효능이 있다. [関連]効能書き 효능서
こうのとり【鸛】황새
こうば【工場】공장 ⇒工場(こうじょう)
こうはい【交配】교배 ◇交配する 교배하다 ¶ろばは馬とろばの交配種だ 노새는 말과 당나귀의 교배종이다.
こうはい【後輩】후배 ¶大学では山田さんの1年後輩です 대학교에서는 야마다 씨의 1년 후배입니다.
こうはい【荒廃】황폐 ◇荒廃する 황폐하다, 황폐히 되다 ¶町は戦争で荒廃した 마을은 전쟁으로 황폐해졌다.
こうばい【勾配】물매, 경사 [斜面]비탈 ¶ここからはゆるやかな勾配が続く 여기서부터는 완만한 경사가 계속된다. [関連]急勾配 급한 경사 / 上り[下り]勾配 오르막[내리막] 비탈
こうばい【紅梅】붉은 매화, 홍매
こうばい【購買】구매 ◇購買する 구매하다 ¶新しい液晶テレビの広告は消費者の購買欲をそそった 새로운 액정 텔레비전 광고는 소비자의 구매욕을 일으켰다. [関連]購買者 구매자 / 購買部 구매부 / 購買力 구매력
こうばいすう【公倍数】공배수 [関連]最小公倍数 최소 공배수
こうはく【紅白】홍백 [関連](野球などの)紅白戦 홍백전(►韓国語ではふつう청백전「青白戦」という)
こうばしい【香ばしい】향기롭다, 구수하다 ¶コーヒーの香ばしいにおいが充満する 커피의 구수한 향기가 충만하다
こうはつ【後発】후발 ¶後発のコンピュータメーカー 후발의 컴퓨터 메이커
こうはん【後半】후반 ¶20世紀後半に 20세기 후반에 / 今週後半 이번 주 후반 / 彼女は30代の後半だ 그 여자는 30대 후반이다. [関連]後半期 후반기 / 後半戦 후반전
こうはん【公判】공판 ¶事件は公判に付された 사건은 공판에 부쳐졌다. / 彼は詐欺罪で公判中だ 그는 사기죄로 공판중이다.
こうばん【交番】[派出所]파출소
こうはんい【広範囲】광범위 ◇広範囲の 광범위한 ¶広範囲の研究 광범위한 연구 / 広範囲に及ぶ破壊 광범위에 이르는 파괴 / 捜査は広範囲にわたった 수사는 광범위에 이르렀다.
こうひ【公費】공비, 공금(公金) ¶私たちは公費で研究をしている 우리는 공금으로 연구하고 있다.
こうび【交尾】교미, 짝짓기 ◇交尾する 교미하다 ¶くじらの交尾は24時間も要する 고래의 교미는 스물네 시간이나 필요하다. [関連]交尾期 교미기, 짝짓기 시즌
ごうひ【合否】합격 여부 ¶試験の合否は後日文書でお知らせします 시험 합격 여부는 후일 문서로 알려 드리겠습니다.
こうひょう【公表】공표 ◇公表する 공표하다 ¶調査結果を公表する 조사 결과를 공표하다 / その女優の本当の死因は公表されなかった 그 여배우의 실제 사망 원인은 공표되지 않았다.
こうひょう【好評】호평 ¶コンサートは好評だった 콘서트는 호평이었다. / その作家の新しい小説は好評を博した 그 작가의 새로운 소설은 호평을 받았다.
こうふ【交付】교부 ◇交付する 교부하다 ¶旅券を交付する 여권을 교부하다 / 運転免許証は来週交付されます 운전 면허증은 다음주에 교부됩니다. [関連]交付金 교부금
こうふ【公布】공포 ◇公布する 공포하다 ¶憲法を公布する 헌법을 공포하다
こうぶ【後部】후부, 뒷부분 ¶バスの後部に座る 버스의 뒷쪽에 앉다 / 車の後部にはぶつけた跡があった 차의 뒷부분에 부딪친 흔적이 있었다. [関連]後部座席 뒷좌석
こうふう【校風】교풍

## こうふく【幸福】행복 ◇幸福だ 행복하다 ◇幸福に 행복하게

[基本表現]
▶私はとても幸福です
　나는 아주 행복합니다.
▶私はもっと幸福になりたい
　나는 더 행복해지고 싶어.
▶私は今がいちばん幸福だ
　나는 지금이 가장 행복해.
▶彼は世界でいちばん幸福な人だ
　그는 세상에서 가장 행복한 사람이다.
▶私たちは幸福に暮らした
　우리는 행복하게 살았다.
▶ご幸福を祈ります
　행복을 빌겠습니다.

¶僕は彼女といる時がいちばん幸福だ 나는 여자 친구와 있을 때가 가장 행복해. / きっと君を幸福にします。僕と結婚してください 반드시 당신을 행복하게 해 드리겠어요. 나와 결혼해 주십시오. / 四つ葉のクローバーは幸福をもたらすと言われている 네잎 클로버는 행복을 가져다 준다고 한다. / 彼らの関心は目下子供たちの幸福にある 그들의 관심은 현재로서는 아이들의 행복에 있다. / 私はいつも母の幸福を考えている 나는 항상 어머니의 행복을 생각하고 있다. / 幸福な家庭を築く 행복한 가정을 꾸미다 [関連]幸福感 행복감

こうふく【降伏】항복 ◇降伏する 항복하다 ¶敵軍に降伏する 적군에게 항복하다 [関連]無条件降伏 무조건 항복
こうぶつ【好物】좋아하는 음식
こうぶつ【鉱物】광물 [関連]鉱物学 광물학 / 鉱物学者 광물 학자 / 鉱物資源 광물 자원

## こうふん【興奮】흥분 ◇興奮する 흥분하다

¶ショーが終わるころには、会場全体が興奮のるつぼと化した 쇼가 끝날 무렵에는 회장

전체가 흥분의 도가니가 되었다. / 姉はコンサートから帰ってきてもまだ興奮がさめやらない様子だった 언니는 콘서트에서 돌아와서도 아직 흥분이 식지 않은 모습이었다. / 興奮のあまりつい大きな声を出してしまった 너무 흥분한 나머지 큰 소리를 내고 말았다. / 昨夜はとても興奮していたので寝付かれなかった 어젯밤은 너무 흥분해 있었기 때문에 잠이 오지 않았다. / 彼はささいなことにもすぐ興奮する 그는 사소한 일에도 쉽게 흥분한다. / 母校の勝利の知らせにだれもが興奮した 모교의 승리 소식에 모두 흥분했다. / 考えただけでも興奮する 생각만 해도 흥분된다. / そんなに興奮するなよ 그렇게 흥분하지 마. [関連] 興奮剤 흥분제

こうぶん【構文】구문

こうぶんし【高分子】고분자 [関連] 高分子化合物 고분자 화합물

こうぶんしょ【公文書】공문서 ¶公文書を偽造する 공문서를 위조하다

こうへい【公平】공평 ◇公平だ 공평하다 ◇公平に 공평히 ¶公平を期する[欠く] 공평을 기하다[잃다] / 山口先生はだれに対しても公平で 야마구치 선생님은 누구에게나 공평하게 대하신다. / 公平な立場でこの問題を眺める必要がある 공평한 입장에서 이 문제를 바라볼 필요가 있다. / 彼はいつも公平な態度で生徒に接している 그는 항상 공평한 태도로 학생을 대하고 있다. / このお金は君たち2人で公平に分けなさい 이 돈을 너희 둘이서 공평하게 나누어라.

公平に扱う 공평히 다루다 / 公平に接する 공평하게 대하다 / 彼女は自分が公平に扱われていないと感じた 그녀는 자기가 공평하게 취급받고 있지 않다고 느꼈다.

こうへん【後編】후편 [下巻] 하권

ごうべん【合弁(合作)】[関連] 合弁会社 합작회사 / 合弁企業[事業] 합작 기업[사업]

こうほ【候補】후보 ¶民主党は全選挙区に候補を立てた 민주당은 전선거구에 후보를 내세웠다. / 彼が委員長候補になるなんて考えもしなかった 그 사람이 위원장 후보가 되다니 생각도 못했다. / 彼女がわが党の公認候補だ 그 여자가 우리 당의 공인 후보이다. / アカデミー賞候補の女優 아카데미상 후보 여우 [関連] 候補者名簿 후보자 명단 / 首相候補 수상 후보 / 優勝候補 우승 후보

こうぼ【公募】공모 ◇公募する 공모하다 ¶マスコットの愛称を公募する 마스코트의 애칭을 공모하다 / 債券を公募する 채권을 공모하다 / その大学では韓国語の講師を公募している 그 대학교에서는 한국어 강사를 공모하고 있다.

こうぼ【酵母】효모

こうほう【公報】공보 [関連] 選挙公報 선거 공보

こうほう【広報】홍보 (弘報) [関連] 広報課 홍보과 / 広報活動 홍보 활동 / 広報誌 홍보지

こうほう【後方】후방 ¶彼は後方から迫ってきた 적은 후방에서 육박해 왔다.

ごうほう【合法】◇合法的だ 합법적이다 ◇合法的に 합법적으로 ¶合法手段を用いる 합법적 수단을 이용하다 / 合法的な方法 합법적인 방법 / 問題を合法的に解決する 문제를 합법적으로 해결하다

こうま【子馬】망아지

こうまん【高慢】고만, 거만 ◇高慢だ 고만하다, 거만하다 ¶あの女は高慢な態度は我慢ならない 그 녀석의 거만한 태도는 참을 수 없다. / 高慢な鼻をくじく 거만한 코를 누르다 / 高慢に振る舞う 거만하게 행동하다

ごうまん【傲慢】거만 ◇傲慢だ 거만하다, 거만스럽다 ¶彼女は傲慢だ 그 여자는 거만하다. / 傲慢な人 거만한 사람 / 傲慢な態度で人を見下す 거만한 태도로 사람을 깔보다 / 傲慢に振る舞う 거만을 부리다[떨다]

こうみょう【巧妙】◇巧妙だ 교묘하다 ◇巧妙に 교묘히 ¶巧妙な手口 교묘한 수법 / 詐欺師は巧妙におじいさんをだました 사기꾼은 교묘하게 할아버지를 속였다.

こうみんかん【公民館】마을 회관

こうむ【公務】공무 ¶彼女は公務で外国に行っている 그 여자는 공무로 외국에 가 있다. / その男は公務執行妨害で警察に逮捕された 그 남자는 공무 집행 방해로 경찰에 체포당했다. [関連] 公務員 공무원 / 国家公務員 국가 공무원 / 地方公務員 지방 공무원

こうむる【被る】입다, 받다 ¶東北地方は地震で大きな被害を被った 동북 지방은 지진으로 큰 피해를 입었다. / 円高でわが社は大きな損失を被った 엔고로 우리 회사는 큰 손실을 입었다. / 今では多くの人がインターネットの恩恵を被っている 지금은 많은 사람들이 인터넷의 은혜를 입고 있다.

こうめい【高名】고명 ◇高名な 고명한 [有名な] 유명한 ¶先生のご高名はかねがね承っております 선생님의 고명은 진작부터 듣고 있었습니다. / 高名な学者 고명한 학자 ⇒有名

こうめいせいだい【公明正大】공명정대 ◇公明正大だ 공명정대하다 ◇公明正大に 공명정대히 ¶公明正大に振る舞う 공명정대하게 행동하다

こうもく【項目】항목 ¶資料を項目別に分けた 자료를 항목별로 나눴다. [関連] 項目表 항목표

こうもり【蝙蝠】박쥐 [関連] こうもり傘 박쥐우산

こうもん【校門】교문

こうもん【肛門】항문, 똥구멍

ごうもん【拷問】고문 ◇拷問する 고문하다 ¶彼は拷問にかけられた 그는 고문을 당했다. / 容疑者は拷問に耐えかねて白状した 혐의자는 고문을 받고 자백했다. / ラッシュ時の通勤はまったくの拷問に等しい 러시아워의 통근은 완전히 고문과 같다.

こうや【広野】광야

こうや【荒野】황야

こうやく【公約】공약 ¶野党は税金の引き下げを公約した 야당은 세금의 인하를 공약했다. / 知事は公約を実行した 지사는 공약을 실행했다. [関連] 選挙公約 선거 공약 / 公約違反 공약 위반

こうやくすう【公約数】공약수 [関連] 最大公約数 최대 공약수

こうゆう【交友】교우 [友人] 친구 ¶社長は芸能人とも交友がある 사장님은 연예인과도 친분이

있다. / 彼は交友が広い 그 사람은 교우 관계가 넓다. / 被害者の交友関係を調べる 피해자의 교우 관계를 조사하다

**ごうゆう【豪遊】** 호유 ◇**豪遊する** 호유하다, 호화롭게 놀다 ¶**大金を遣って豪遊する** 큰돈을 들여서 호유하다

**こうよう【公用】** 공용 ¶**課長は公用で外出しています** 과장님은 공용으로 외출하셨습니다. 関連 **公用語** 공용어

**こうよう【効用】** 효용〔効き目〕효능, 효과 ¶**この薬にはいろいろな効用がある** 이 약에는 여러 가지 효능이 있다.

**こうよう【紅葉】** 단풍 ◇**紅葉する** 단풍이 들다 ¶**山々は美しい紅葉に彩られていた** 산들은 아름다운 단풍으로 물들어 있었다.

**こうよう【高揚】** 고양, 앙양(昂揚) ◇**高揚する** 고양하다, 앙양하다 ; 고양되다, 앙양되다 ¶**気分が高揚する** 기분이 고양되다 / **士気を高揚する** 사기를 고양하다

**こうようじゅ【広葉樹】** 광엽수

**ごうよく【強欲】** 탐욕 ◇**強欲だ** 탐욕스럽다

**こうら【甲羅】** 등딱지 慣用句 **甲羅を干す**(→日光浴をする) 일광욕을 하다

**こうらく【行楽】** 행락 ¶**行楽に出かける** 행락을 나가다 関連 **行楽客** 행락객 / **行楽シーズン** 행락철 / **行楽地** 행락지 / **行楽日和** 행락하기에 좋은 날씨

**こうり【高利】** 고리 ¶**高利で金を貸す** 비싼 이자로 돈을 빌려주다 関連 **高利貸し** 고리 대금업〔人〕고리 대금업자

**こうり【小売り】** 소매 ◇**小売りする** 소매하다 ¶**うちでは衣料品の小売りもしています** 우리 가게에서는 의료품의 소매도 하고 있습니다. / **このジャケットは小売り値で2万円です** 이 재킷은 소매가로 2만 엔입니다. 関連 **小売価格** 소매가격, 소매가 / **小売業者** 소매업자 / **小売店** 소매점

**ごうり【合理】** 합리 ◇**合理的だ** 합리적이다 ◇**合理的に** 합리적으로 ¶**合理的な方法** 합리적인 방법 / **彼女は何でも合理的に考える** 그녀는 뭐든지 합리적으로 생각한다. / **会社の経営を合理化する** 회사의 경영을 합리화하다 関連 **合理主義** 합리주의 / **合理性** 합리성

**こうりつ【公立】** 공립 関連 **公立学校** 공립 학교 / **公立高校** 공립 고등학교 / **公立病院** 공립 병원

**こうりつ【効率】** 효율 ◇**効率的だ** 효율적이다 ¶**効率がよい[悪い]** 효율이 좋다[나쁘다]. / **エネルギー効率を高める** 에너지 효율을 높이다 / **効率よく仕事をする** 효율적으로 일을 하다 / **効率的な方法** 효율적인 방법

**こうりゅう【交流】** 교류 ¶**会員同士の交流を深める** 회원간의 교류를 돈독히 하다 / **人事交流を図る** 인사 교류를 도모하다 / **日本はアジア諸国との文化交流をこれまで以上に促進する必要がある** 일본은 아시아 여러 나라와의 문화 교류를 지금까지 했던 것 이상으로 발전시킬 필요가 있다. 関連 **交流発電機** 교류 발전기

**こうりゅう【拘留】** 구류 ◇**拘留する** 구류하다 ¶**容疑者は拘留中だ** 혐의자는 구류중이다. ⇒**拘置**

**ごうりゅう【合流】** 합류 ◇**合流する** 합류하다, 합류되다 ¶**中津川はここで荒川に合流する** 나카쓰가와는 여기서 아라카와와 합류된다. / **東京駅で友達と合流する予定だ** 도쿄역에서 친구와 합류할 예정이다. 関連 **合流点** 합류점

**こうりょ【考慮】** 고려 ◇**考慮する** 고려하다 ¶**あらゆる可能性を考慮に入れておかなければならない** 모든 가능성을 고려에 넣어야만 한다. / **キジンが未成年であることを考慮に入れた** 기정이가 미성년자라는 것을 고려했다.

¶**彼の社会的立場を考慮して訴訟は起こさないことにした** 그 사람의 사회적 입장을 고려해서 소송은 일으키지 않기로 했다. / **家を買う前に住宅ローンのことを考慮すべきだ** 집을 사기 전에 융자를 고려해야만 한다. / **ご要望については2,3日考慮させてください** 요청하신 부분에 대해서는 2, 3일 시간을 주십시오. / **その点は十分考慮するつもりです** 그 점은 충분히 고려할 작정입니다.

**こうりょう【荒涼】** ◇**荒涼としている** 황량하다 ¶**荒涼とした景色** 황량한 풍경

**こうりょう【香料】** 향료〔香水〕향수〔香辛料〕향신료

**こうりょく【効力】** 효력 ¶**それは思わぬ効力を発揮した** 그것은 생각지도 못한 효력을 발휘했다. / **この契約はまだ効力がありますか** 이 계약은 아직 효력이 있습니까? / **その法律は2000年7月1日に効力を発した** 그 법률은 2000년 7월 1일에 효력을 발휘했다. / **効力を失う** 효력을 잃다

**これい【恒例】**〔慣例〕관례 ¶**恒例の夏祭りが近づいている** 매년 행해지는 여름 축제가 다가오고 있다. / **運動会は10月に行われるのが恒例になっている** 운동회는 시월에 열리는 것이 관례이다.

**こうれい【高齢】** 고령 関連 **高齢化時代** 고령화 시대 / **少子高齢化社会** 저출산 고령화 사회 / **高齢者** 고령자 / **高齢出産** 고령 출산 / **高齢層** 고령층

**ごうれい【号令】** 호령, 구령 ◇**号令する** 호령하다 ¶**先生は生徒たちに整列の号令をかけた** 선생님은 학생들에게 정렬하라고 구령을 붙였다.

**こうれつ【後列】** 후열, 뒷줄 ¶**彼は授業の時はいつも後列に座る** 그는 수업 시간에는 항상 뒷줄에 앉는다. / **最後列** 맨 뒷줄

**こうろ【航路】** 항로〔進路〕진로 ¶**航路を変える** 항로를 바꾸다 / **正しい航路を飛ぶ** 바른 항로를 날다 / **航路をそれて飛ぶ** 항로를 벗어나서 날다 関連 **定期航路** 정기 항로

**こうろう【功労】** 공로 ¶**彼は村の発展に功労があった** 그는 마을의 발전에 공로가 있었다. 関連 **功労者** 공로자

**こうろん【口論】** 말다툼, 말싸움, 언쟁〔口げんか〕입씨름〔論争〕논쟁 ◇**口論する** 말다툼하다, 말싸움하다, 언쟁하다 ¶**彼らはふとした言葉がきっかけで口論になった** 그 사람들은 뜻밖의 말이 계기가 되어 말싸움을 했다. / **あの夫婦は毎日口論が絶えない** 그 부부는 매일 말다툼이 끊이지 않는다.

**こうわ【講和】** 강화 ◇**講和する** 강화하다

関連 講和会議 강화 회의 / 講和条約 강화 조약

## こえ【声】❶ [人の声] 소리, 목소리

基本表現
▷彼は大きな声で話した
　그 사람은 큰 소리로 이야기했다.
▷隣の部屋で子供の声がした
　옆 방에서 아이 목소리가 났다.
▷電話の声が遠くてよく聞こえなかった
　전화 소리가 멀어서 잘 안 들렸다.
▷大声を出しすぎて声がかれてしまった
　큰 소리를 너무 내서 목이 쉬고 말았다.
▷彼女はきれいな声をしている
　그 여자는 목소리가 곱다.

◆ 【声が】
¶しっ, 声が大きい 쉿, 목소리가 커. / あがってしまい声が上ずった 긴장해서 목소리가 떨렸다. / ショックで彼はしばらく声が出なかった 쇼크로 그는 잠시 목소리가 안 나왔다. / その歌手の声は後ろの席まで通った 그 가수는 뒷좌석까지 목소리가 잘 들렸다.

◆ 【声で・声に】
¶その子は明るい声で答えた 그 아이는 밝은 목소리로 대답했다. / その声に聞き覚えがあった 그 목소리는 들어본 적이 있었다.

会話 大きい声で話す
　A：もう少し大きい声で話してください
　B：すみません. わかりました
　A：조금 더 큰 목소리로 이야기해 주세요.
　B：죄송합니다. 알겠습니다.

◆ 【声を】
¶私たちは声をひそめてその問題を話し合った 우리들은 소리를 낮추어 그 문제를 상의했다. / 声を出して読みましょう 소리를 내서 읽읍시다. / みんなは声を振り絞って応援した 모두 목소리를 쥐어짜서 응원했다. / 歩いていたら後ろからだれかに声をかけられた 걷고 있었는데 뒤에서 누군가 말을 걸었다. / 声は落ち込んだみたいだから声をかけてやれよ 그 사람 좀 침울해 보이던데 말이라도 걸어 주지 그래. / 今度飲みに行くときは僕にも声をかけてくれ 다음에 술 마시러 갈 때는 나한테도 말해 줘.

◆ 【その他】
¶小さい声 작은 목소리 / 甲高い声 높은 목소리 / しわがれ声 쉰 목소리 / どら声 굵고 탁한 목소리 / 猫なで声 간살스러운 목소리 / 寝ぼけ声 잠꼬대 / はっきりした声 뚜렷한 목소리 / 太い声 굵은 목소리 / 震え声 떨리는 목소리 / 細い声 가는 목소리

❷ [動物の] 소리 ¶草むらから虫の声が聞こえた 풀숲에서 벌레 소리가 들렸다. / 森の中の別荘では鳥の声で目が覚める 숲 속의 별장에서는 새소리에 잠이 깬다.

❸ [言葉] 소리, 말 ¶声をかける 말을 걸다 / 声を揃えて言う 입을 맞춰 말하다

❹ [意見] 소리, 의견 ¶増税に反対の声がますます高まっている 증세에 반대하는 소리가 더욱더 높아지고 있다. / もっと声を大にして世論に訴えるべきだ 더욱 목소리를 크게 내서 여론에 호소해야 한다.

ごえい【護衛】호위 ◇護衛する 호위하다 ¶警察は彼女に護衛を付けた 경찰은 그 여자에게 호위를 붙였다. / 警官に護衛される 경찰관에게 호위 받다

こえがわり【声変わり】변성 ¶息子は声変わりし始めた 아들은 변성기에 접어들었다.

こえだ【小枝】잔가지, 작은 가지

## こえる【越える・超える】❶ [向こう側へ行く] 넘다, 넘어가다 [横切る] 횡단하다 ¶彼は柵を軽々と越えた 그는 울타리를 가볍게 넘었다. / あの山を越えれば目的地まであとわずかだ 저 산을 넘으면 목적지까지 금방이다. / その村へ行くには峠を越えなければならない 그 마을에 가는 데는 고개를 넘어야 한다. / 敵の軍隊が国境を越えて攻め込んだ 적의 군대가 국경을 넘어서 공격해 왔다. / 彼はひとつずつ着実にハードルを越えた 그는 하나씩 착실히 장애를 넘었다. / 白鳥は冬になるとオホーツク海を越えて北海道へやってくる 백조는 겨울이 되면 오호츠크해를 횡단해서 홋카이도에 온다.

❷ [上回る] 넘다 [多くなる] 초과하다 [限度などが] 초월하다 ¶広場は5万人を超える市民で埋まった 광장은 5만 명이 넘는 시민으로 가득 찼다. / 事故の犠牲者の数は100人を超えた 사고의 희생자 수는 100명을 넘었다. / 知事は100万を超える票を集めて再選された 지사는 100만을 넘는 표를 모아서 재선되었다. / 台風が予想を超える大被害をもたらした 태풍이 예상을 초월하는 큰 피해를 가져왔다. / 2メートルを超える大波が打ち寄せた 2미터가 넘는 큰 파도가 밀려왔다. / 制限重量を超えると危険だ 제한 중량을 초과하면 위험하다.

¶この仕事は私の能力を超えている 이 일은 내 능력 밖이다. / いい音楽は時代を超えて人々の心に訴える 좋은 음악은 세월을 초월해 사람들의 마음에 호소한다. / 技術革新には常識を超えた斬新な発想が必要だ 기술 혁신에는 상식을 넘는 참신한 발상이 필요하다. / 想像を超える 상상을 초월하다

こえる【肥える】[人が] 살찌다 [土地が] 기름지다 ¶弟は僕よりも肥えている 동생은 나보다도 뚱뚱하다. / 肥えた男 살찐 남자 / 肥えた土地 기름진 땅

¶彼は口が肥えている 그 사람은 "입이 비싸다 [미식가이다. / 目[耳]が肥えている 안식이 높다.

ゴーグル 고글

ゴーサイン [許可] 허가 ¶会社はこの計画にゴーサインを出した 회사는 이 계획에 허가를 냈다.

コース コース [レーン] 레인 [課程] 과정 ¶ゴルフコースを回る 골프 코스를 돌다 / コースを外れる コースを外れる 코스를 벗어나다 / 第4コースを泳ぐ[走る] 제4레인을 헤엄치다[달리다] 関連 観光コース 관광 코스 / ゴルフコース 골프 코스, 골프장 / 進学コース 진학 코스 / ドクターコース 닥터 코스, 박사 과정 / ドライブコース 드라이브 코스 / ハイキング[散歩]コース 하이킹[산책] 코스

ゴースト [幽霊] 유령 関連 ゴーストタウン [幽霊都市] 유령 도시 / ゴーストライター [代作者] 대

작자
**コーチ** 코치 ◇コーチする 코치하다 ¶野球のコーチ 야구의 코치 関連 ヘッドコーチ 수석 코치
**コーディネーター** 코디네이터
**コーデュロイ** 코르덴 ¶コーデュロイのスカート 코르덴 치마 ⇒コール天
**コート** 〔衣服〕코트, 외투 〔球技の〕코트 ¶コートを着る 코트를 입다 関連 テニスコート 테니스 코트
**コード** 〔電線〕코드 〔和音〕코드, 화음 〔暗号〕코드, 부호, 암호 ¶コードのプラグを差し込む[抜く] 코드 플러그를 꽂다[뽑다] 関連 延長コード 연장 코드 / 電話コード 전화 코드 / バーコード 바코드
**こおどり【小躍り】** ◇小躍りする 작약하다, 덩실거리다 ¶小躍りして喜ぶ 덩실거리며 기뻐하다
**コードレス** 코드리스, 코드가 없는 ¶コードレスホン 코드리스 폰, 무선 전화기
**コーナー** 코너 〔売り場〕매장 ¶先頭の走者は第4コーナーを回った 선두 주자는 제4코너를 돌았다. / あのピッチャーはコーナーワークがいい 저 피처는 코너 워크가 좋다. 関連 コーナーキック 코너킥 / 婦人服コーナー 여성복 매장

# コーヒー
커피 ¶喫茶店でコーヒーを飲んだ 커피숍에서 커피를 마셨다. / おばがコーヒーを入れてくれた 고모가 커피를 끓여 주셨다. / 私たちはコーヒーを飲みながら話をした 우리들은 커피를 마시면서 이야기를 했다. / コーヒーはいかがですか 커피 어떠십니까? / コーヒーはミルクを入れますか 커피에 밀크를 넣습니까? / インスタントより本物のコーヒーがいい 인스턴트보다 진짜 커피가 좋다. / 私はいろいろなコーヒー豆を買って自分でひいてブレンドする 나는 여러 가지 원두를 사서 직접 갈아서 블렌드한다. / コーヒーはブラックで飲みます 커피는 블랙으로 마십니다. / コーヒーをごちそうしよう 커피 사 줄게. / コーヒーを飲みにカフェに寄った 커피를 마시러 카페에 들렀다. / (自販機で)コーヒーを買う 커피를 뽑다

会話 コーヒーを飲むとき
A：コーヒーに砂糖を入れますか
B：ブラックでお願いします
A：커피에 설탕 넣으시겠어요?
B：블랙으로 주세요.
A：何にいたしましょうか
B：コーヒーを２つお願いします
A：뭘로 하시겠어요?
B：커피 둘이요.

関連 コーヒーカップ 커피 잔 / コーヒーサイホン 커피 사이펀 / コーヒーゼリー 커피 젤리 / コーヒーポット 커피포트 / コーヒー豆 커피콩 / コーヒーミル 커피 핸드밀, 커피 분쇄기 / コーヒーメーカー 커피 메이커 / アイスコーヒー 아이스커피, 냉커피 / アメリカンコーヒー 아메리칸 커피 / インスタントコーヒー 인스턴트 커피 / カフェイン抜きのコーヒー 노카페인 커피 / 紙フィルター 여과지, 거름종이 / ホットコーヒー 핫커피

**コーラ** 콜라
**こおらす【凍らす】** 얼게 하다, 얼리다 ¶肉を凍らせる 고기를 얼리다 / バナナを冷凍庫で凍らせた

바나나를 냉장고에서 얼렸다.
**コーラス** 코러스, 합창(合唱) ¶コーラスで歌う 코러스로 부르다
**コーラン** 〔イスラム教の聖典〕코란
**こおり【氷】** ◇氷が溶ける[張る] 얼음이 녹다[얼다] / 氷を割る 얼음을 깨다 / 湖に氷が張った 호수에 얼음이 얼었다. / 足の指が氷のように冷たい 발가락이 얼음처럼 차갑다. / ワインを氷で冷やした 와인을 얼음으로 차게 했다. / 氷詰めにする 얼음으로 둘러싸이다 / 氷を詰める 얼음을 채우다 関連 氷砂糖 얼음 사탕 / 氷まくら 얼음 베개 / 氷水 빙수, 얼음물 / かき氷 빙수
**こおる【凍る】** 얼다 ¶水はセ氏0度で凍る 물은 섭씨 0도에서 언다. (▶この場合の0は영と読む) / 冷凍車の肉がこちこちに凍っている 냉동고의 고기가 꽁꽁 얼어 있다. / 霜がフロントガラスに凍りついた 서리가 앞유리에 얼어 붙었다. / 外は凍りつくような寒さだった 밖은 얼어 붙을 듯한 추위였다.
**ゴール** 골 ¶(球技で)ゴールを決める 골을 넣다 / (競走で)彼はゴールインした 그는 골인했다. 関連 ゴールキーパー 골키퍼 / ゴールキック 골킥 / ゴールライン 골라인
**コールタール** 콜타르
**コールてん【コール天】** 코르덴 ¶コール天のズボン 코르덴 바지
**ゴールデン** 関連 ゴールデンアワー 골든아워, 황금 시간대 / ゴールデンウィーク 골든 위크, 황금 주간(▶韓国では土日の前後に祝祭日が続いて3連休になるときを황금연휴「黄金連休」という)
**ゴールド** 황금 ⇒金
**コールドクリーム** 콜드크림
**コールドゲーム** 콜드 게임 ¶試合は降雨のため6回でコールドゲームになった 시합은 비가 와서 6회에서 콜드 게임이 되었다.
**こおろぎ【蟋蟀】** 귀뚜라미 ¶こおろぎが鳴いている 귀뚜라미가 울고 있다.
**コーン** 〔アイスクリームの〕콘 〔とうもろこし〕옥수수 関連 コーンスープ 콘 수프, 옥수수 수프 / コーンスターチ 콘스타치, 옥수수 녹말 / コーンフレーク 콘플레이크
**こがい【戸外】** 옥외(屋外), 바깥 ¶戸外で夜を明かす 바깥에서 밤을 새우다

# ごかい【誤解】 오해 ◇誤解する 오해하다

基本表現
▶どうも彼らの間に誤解があったようだ
아무래도 그 사람들 사이에 오해가 있었던 것 같다.
▶それは君の誤解だよ 그것은 네 오해야.
▶君は私のことを誤解している
너는 날 오해하고 있어.
▶私の言ったことを誤解しないでください
내가 말한 것을 오해하지 말아 주세요.
¶彼は無口なので誤解されやすい 그는 말이 없어서 오해받기 쉽다. / 君の態度は誤解を招きやすい 자네 태도는 오해를 사기 쉽다. / 彼女の誤解を解いたほうがいいよ 여자 친구의 오해를 푸는 게 좋을 거야.

こがいしゃ

¶彼はセクハラというものを誤解している 그는 성희롱이라는 것을 오해하고 있다.

**こがいしゃ【子会社】** 자회사

**コカイン** 코카인 ¶コカイン中毒 코카인 중독

**ごかく【互角】** ¶技では彼と互角だ 기술에서는 그 사람과 비등비등하다. / 勝負は互角だった 승부는 팽팽했다. / 互角の試合 우열을 가리기 힘든 시합 / 互角に戦う 팽팽하게 싸우다

**ごがく【語学】** 어학〔言語学〕언어학 ¶彼女は語学が得意だ 그 여자는 어학을 잘한다. / 語学の才能がある 어학에 재능이 있다. / 語学の天才 어학의 천재 関連 語学教育 어학 교육 / 語学教師 어학 교사 / 語学力 어학 실력

**ごかくけい【五角形】** 오각형

**こかげ【木陰】** 나무 그늘 ¶木陰で涼む 나무 그늘에서 더위를 피하다

**こがす【焦がす】** 태우다 ¶ご飯[魚]を焦がす 밥[생선]을 태우다 / アイロンで服を焦がす 다리미로 옷을 태우다 / たばこでじゅうたんを焦がしてしまった 담배로 카펫을 태워 버렸다. / 胸を焦がす 속을 태우다

**こがた【小型・小形】** 소형 関連 小型カメラ 소형 카메라 / 小型自動車 소형 자동차 / 小型テレビ 소형 텔레비전

**ごがつ【五月】** 오월 関連 五月病 춘곤증(春困症)

**こがら【小柄】** ◇小柄だ 몸집이 작다 ¶小柄な男 몸집이 작은 남자

**こがらし【木枯らし】** 초겨울의 찬 바람, 매운 바람

**こがれる【焦がれる】** 애타게 그리다 ¶ヨシエは彼に恋い焦がれている 영애는 그 남자를 애타게 사랑하고 있다. / 私は合格発表を待ち焦がれていた 나는 합격 발표를 애타게 기다리고 있었다.

**ごかん【五感】** 오감

**ごかん【互換】** 호환 ¶このソフトは他社のソフトと互換性がありますか 이 소프트웨어는 다른 회사의 소프트웨어와 호환성이 있습니까?

**ごかん【語幹】** 어간(↔어미)

**ごかん【語感】** 어감 ¶言葉のもつ語感 언어가 가지는 어감 / 彼女は語感が鋭い 그녀는 어감이 날카롭다.

**ごき【語気】** 어기, 어세, 어조 ¶語気を荒だてる 말투가 거칠어지다 / 語気を強めて言う 어조를 강하게 말하다

**ごぎ【語義】** 어의, 말뜻

**こきおろす【扱き下ろす】** 깎아내리다, 헐뜯다 ¶この映画は評論家たちにこき下ろされた 평론가들은 그 영화를 깎아내렸다.

**ごきげん【ご機嫌】** 기분 ¶ご機嫌いかがですか 안녕하십니까? / きょうの母はとてもご機嫌だ 오늘 엄마는 아주 기분이 좋으시다. / 課長は朝からご機嫌斜めだ 과장님은 아침부터 기분이 안 좋으시다. / ご機嫌よう、さようなら 안녕히 계십시오.

**こきつかう【扱き使う】** 혹사하다, 부려먹다 ¶彼は朝から晩までこき使われた 그는 아침부터 밤까지 혹사당했다.

**こぎつける【漕ぎ着ける】** ¶工事がようやく完成に漕ぎ着けた 공사가 겨우 완성에 이르렀다.

**こぎって【小切手】** 수표(手票) ¶小切手で払う 수표로 지불하다 / 小切手を現金に換える 수표를 현금으로 바꾸다 / 彼は私に10万円の小切手を切った 그 사람은 나에게 10만 엔짜리 수표를 냈다. 関連 小切手帳 수표장 / 旅行者用小切手 여행자 수표

**ごきぶり** 바퀴벌레

**こきみ【小気味】** ¶柔道で小柄な選手が大きな相手を投げ飛ばすのは実に小気味よい 유도에서 작은 체구의 선수가 큰 선수를 던지는 것을 보면 정말 통쾌하다. / 彼女は立て続けに小気味よくスマッシュを決めた 그녀는 계속 통쾌한 스매쉬를 성공시켰다.

**こきゃく【顧客】** 고객 ⇒客

# こきゅう

**こきゅう【呼吸】** ❶〔息〕호흡, 숨 ◇呼吸

◆呼吸が

¶人は運動したり驚いたりすると呼吸が速くなる 사람은 운동하거나 놀랐거나 할 때 호흡이 빨라진다. / 急いで走ってきたらしく彼は呼吸が荒かった 서둘러서 달려왔는지 그 사람은 호흡이 거칠었다. / 病院に運ばれたとき彼はすでに呼吸が止まっていた 병원으로 옮겨질 때 그는 이미 숨이 끊어져 있었다.

◆呼吸を

¶負傷者たちは苦しそうに呼吸していた 부상자들은 고통스럽게 호흡하고 있었다. / 窓を開けて深呼吸した 창문을 열어서 심호흡을 했다.

◆その他

¶患者は呼吸困難に陥った 환자는 호흡 곤란에 빠졌다. / 私はその子に人工呼吸を施した 나는 그 아이에게 인공호흡을 실시했다. / 演説者はひと呼吸おいてまた話し始めた 연설자는 뜸을 들이고 다시 이야기를 시작했다.

❷〔調子〕호흡, 장단 ¶ピアニストとオーケストラはぴったりと呼吸が合いすばらしい演奏だった 피아니스트와 오케스트라는 호흡이 딱 맞아 훌륭한 연주였다.

❸〔こつ〕요령 ¶やっとボウリングの呼吸がつかめた 이제 겨우 볼링의 요령을 알았다. 関連 呼吸器 호흡기 / 腹式呼吸 복식 호흡

# こきょう

**こきょう【故郷】** 〔出身地〕출신지〔出生地〕출생지 ¶私の故郷は青森です 제 고향은 아오모리입니다. / 「故郷はどこですか」「福岡です」"고향이 어디입니까?" "후쿠오카입니다." / この絵を見るからいつも生まれた故郷の景色を思い出す 이 그림을 보면 항상 태어난 고향의 경치가 생각난다. / 大阪は私の第二の故郷だ 오사카는 나의 제2의 고향이다. / 彼女は故郷の釜山に帰ったそうだ 그 여자는 고향인 부산에 돌아갔다고 한다. / 故郷の両親に会えないのがさびしい 고향의 부모를 만날 수 없는 것이 쓸쓸하다. / 5年ぶりに故郷へ帰った 5년 만에 고향에 돌아갔다. / 彼は18歳で故郷をあとにした 그는 18세에 고향을 떠났다. / 彼女はいつも故郷を恋しがっていた 그녀는 항상 고향을 그리워했다. 慣用句 彼は故郷に錦を飾る日を夢見ていた 그는 금의환향할 날을 꿈꾸고 있었다.

**こぎれい【小綺麗】** ◇小綺麗だ 깔끔하다, 말끔

こく【濃】 감칠맛 ¶この冷麺はこくがある 이 냉면은 감칠맛이 있다. / こくのある酒 깊은 맛이 있는 술 / こくのある作品 운치 있는 작품

こぐ【漕ぐ】 〔櫓・ボートを〕젓다 〔自転車を〕페달을 밟다 〔ブランコを〕뛰다 ¶湖にボートを漕ぎに(→乗りに)行く 호수에 보트를 타러 가다

ごく【極】 〔非常に〕아주, 대단히 〔極度に〕극히, 지극히 ¶ごくまれな出来事 극히 드문 일 / この種のワープロは今ではごくまれだ 이런 종류의 워드 프로세서는 지금은 아주 드물다. ⇒非常

ごく【語句】 어구

ごくあく【極悪】 극악 ◇極悪だ 극악하다, 흉악하다 ¶極悪非道の所業 극악무도한 소행 関連 極悪非道人 흉악한 사람

ごくい【極意】 비결(秘訣), 비법(秘法) ¶剣の極意を得する 검도의 비법을 습득하다

こくいっこく【刻一刻】 각일각, 시시각각 ¶刻一刻と試合開始の時間が近づいた 점점 경기 개시의 시간이 다가온다.

こくえい【国営】 국영 ¶わが国の鉄道はすべて国営です 우리 나라 철도는 모두 국영입니다. / 国営化する 국영화하다 関連 国営企業 국영 기업 / 国営農場〔工場〕 국영 농장〔공장〕 / 国営放送 국영 방송

こくえき【国益】 국익 ¶国益を優先する 국익을 우선하다

こくおう【国王】 국왕, 임금 ¶初代国王 초대 국왕 / 第3代国王 제3대 국왕

こくがい【国外】 국외 ¶犯人は国外に逃れた 범인은 국외로 도망갔다. / 国外に追放する 국외로 추방하다 / 国外のニュース 국외 뉴스

こくご【国語】 국어 〔母国語〕 모국어 ¶国語の授業は2時間だ 국어 수업은 2교시다. 関連 国語教育 국어 교육 / 国語辞典 국어사전

ごくごく 꿀꺽꿀꺽, 벌컥벌컥 ¶水をごくごく飲む 물을 벌컥벌컥 마시다

**こくさい**【国際】 국제 ◇国際的な 국제적인 〔世界的な〕 세계적인 ¶昨年の秋以来国際情勢は深刻さを増している 작년 가을 이래 국제 정세는 심각해졌다. / 私の友人は国際結婚した 내 친구는 국제결혼을 했다. / 昨夜ソウルに国際電話をかけた 어젯밤 서울에 국제 전화를 걸었다. / 神戸は国際色豊かな港町だ 고베는 국제적인 분위기를 짙게 가진 항구 도시이다. / 東京は国際都市だ 도쿄는 국제도시다. / 英語は国際語として世界中で勉強されている 영어는 국제어로서 전 세계 사람들이 배우고 있다. / 彼女は映画祭で多くの国際的に有名な監督たちに会った 그녀는 영화제에서 국제적으로 유명한 감독들을 많이 만났다. / 彼の名は国際的に知られている 그 사람의 이름은 국제적으로 알려져 있다. / 国際舞台に進出する 국제무대에 진출하다 関連 国際オリンピック委員会(IOC) 국제 올림픽 위원회 / 国際化 국제화, 세계화(世界化) / 国際会議 국제회의 / 国際関係 국제 관계 / 国際機関 국제기관 / 国際競技〔試合〕 국제 경기〔시합〕 / 国際空港 국제공항 / 国際事情 국제 사정 / 国際収支 국제 수지 / 国際人 국제인 / 国際親善 국제 친선 / 国際通貨基金(IMF) 국제 통화 기금 / 国際法 국제법 / 国際貿易 국제 무역 / 国際問題 국제 문제 / 国際労働機関(ILO) 국제 노동 기구

こくさい【国債】 국채 ¶国債を発行する 국채를 발행하다 関連 赤字国債 적자 국채

こくさん【国産】 국산 関連 国産化 국산화 / 国産車 국산차 / 国産品 국산품

こくし【酷使】 혹사 ◇酷使する 혹사하다, 부려 먹다 ¶このパソコンは長年の酷使に耐えている 이 컴퓨터는 오랫동안 혹사를 견디어 내 왔다. / 彼は部下を酷使した 그는 부하를 혹사했다. / 体を酷使する 몸을 혹사시키다

こくじ【告示】 고시 ◇告示する 고시하다 ¶投票日を告示する 투표일을 고시하다 関連 告示板 고시판

こくじ【酷似】 ◇酷似する 꼭 닮다 ⇒似る

こくしょ【酷暑】 혹서, 무더위

こくじょう【国情】 국정〔実情〕실정 ¶そのような制度は日本の国情に合わない 그러한 제도는 일본 실정에 맞지 않는다.

ごくじょう【極上】 극상, 최상(最上) ¶極上の日本酒〔焼酎〕 최상의 일본술〔소주〕 関連 極上品 극상품

こくじん【黒人】 흑인 ¶黒人男性〔女性〕 흑인 남성〔여성〕 関連 黒人居住地区 흑인 거주구 / 黒人差別 흑인 차별 / 黒人霊歌 흑인 영가

こくせいちょうさ【国勢調査】 국세 조사 ¶国勢調査を行う 국세 조사를 행하다

こくせき【国籍】 국적 ¶「あなたの国籍はどこですか」「韓国です」"국적이 어디입니까?" "한국입니다." / 日本国籍を取得する 일본 국적을 취득하다 / 国籍不明の飛行機 국적 불명의 비행기 関連 二重国籍 이중 국적 / 無国籍者 무국적인

こくそ【告訴】 고소 ◇告訴する 고소하다 ¶告訴を取り下げる 고소를 취하하다 / 彼女は会社を告訴して損害賠償を求めた 그녀는 회사를 고소해서 손해 배상을 청구했다. / 彼は詐欺罪で告訴された 그는 사기죄로 고소당했다. 関連 告訴状 고소장 / 告訴人 고소인

こくそうちたい【穀倉地帯】 곡창 지대

こくたい【国体】〔国民体育大会〕국민 체육 대회 〔国家体制〕국체, 국가 체제

こくち【告知】 고지, 통보(通報), 알림 ◇告知する 고지하다, 통보하다 ¶医師は患者にがんを告知した 의사는 환자에게 암을 통보했다. 関連 解約告知 해약 고지

こくていこうえん【国定公園】 국정 공원

こくてん【黒点】 흑점 ¶太陽の黒点 태양의 흑점

こくど【国土】 국토〔領土〕영토 ¶国土開発計画 국토 개발 계획 関連 国土交通省 국토 교통성 (▶韓国の 국토 해양부와「国土海洋部」にあたる) / 国土地理院 국토 지리원

こくどう【国道】 국도 ¶国道18号線 국도 18호선

こくない【国内】 국내 ¶このクレジットカードは国内

こくはく【告白】고백 ◇告白する 고백하다
¶僕は彼女に愛を告白した 나는 그 여자에게 사랑을 고백했다. / その男は, 放火は自分がやったと告白した 그 남자는 방화는 자기가 했다고 고백했다.

こくはつ【告発】고발 ◇告発する 고발하다
¶彼は贈賄で告発された 그는 뇌물 수수로 고발 당했다. 関連 内部告発 내부 고발 / 告発者 고발자

こくばん【黒板】칠판 ¶黒板をふく 칠판을 닦다 関連 黒板ふき 칠판 지우개

ごくひ【極秘】극비 ◇極秘に 극비로, 극비리에 ¶捜査は極秘に行われた 수사는 극비로 행해졌다. / 調査結果を極秘にする 조사 결과를 극비로 하다 関連 極秘情報 극비 정보 / 極秘文書 극비 문서

こくひょう【酷評】혹평 ◇酷評する 혹평하다

こくひん【国賓】국빈 ¶大統領は国賓として訪日した 대통령은 국빈으로서 일본을 방문했다.

こくふく【克服】극복 ◇克服する 극복하다
¶障害[危機]を克服する 장애[위기]를 극복하다 / がんを克服するのは容易ではない 암을 극복하는 것은 쉬운 일이 아니다.

こくぶんがく【国文学】국문학 関連 国文学科 국문학과 / 国文学史 국문학사 / 国文学者 국문학자

こくべつしき【告別式】고별식, 영결식 ¶告別式を行う 고별식 행하다 / 告別式に出る 고별식에 참석하다

こくほう【国宝】국보 ¶国宝に指定される 국보로 지정되다 関連 人間国宝 인간문화재(人間文化財)

こくぼう【国防】국방 ¶国防の義務 국방의 의무 関連 国防省 국방성(▶韓国では 국방부「国防部」という) / 国防長官 국방부 장관 / 国防費 국방비 / 国防力 국방력

こくみん【国民】〔市民〕시민 ¶納税は国民の義務だ 납세는 국민의 의무이다. / 増税に反対した国民全体が 증세에 반대한 국민 전체가 / その野球選手は国民の英雄だ 그 야구 선수는 국민적인 영웅이다. 関連 国民運動 국민 운동 / 国民栄誉賞 국민 영예상 / 国民感情 국민 감정 / 国民健康保険 국민 건강 보험 / 国民性 국민성 / 国民総支出 국민 총지출 / 国民総所得 국민 총소득 / 国民総生産(GNP) 국민 총생산 / 国民体育大会 국민 체육 대회 / 国民投票 국민 투표 / 国民年金 국민 연금

こくむ【国務】국무 関連 国務総理 국무총리 / 国務省 국무성 / 国務大臣 국무 대신 / 国務長官 국무 장관

こくめい【克明】◇克明な 극명한 ◇克明に 극명히 ¶克明な描写 극명한 묘사 / 事件の経過を克明に記録した 사건의 경과를 극명하게 기록했다.

こくもつ【穀物】곡물, 곡류, 곡식 関連 穀物畑 곡식밭

こくゆう【国有】국유 関連 国有化 국유화 / 国有財産 국유 재산 / 国有地 국유지 / 国有鉄道 국유 철도 / 国有林 국유림

ごくらく【極楽】¶避難所と比べれば, ここは極楽のようだ 피난소에 비하면 여기는 극락 같다. / 祖母は95歳で極楽往生を遂げた 할머니는 95세에 극락왕생하셨다. 関連 極楽鳥 극락조 / 極楽とんぼ 낙천가(楽天家)

こくりつ【国立】국립 関連 国立がんセンター 국립 암 센터 / 国立劇場 국립극장 / 国立公園 국립공원 / 国立大学 국립대학 / 国立図書館 국립도서관

こくりょく【国力】국력 ¶国力をつける 국력을 배양하다

こくれん【国連】국제 연합, 유엔(▶英語の略称 UNから)가입하다 関連 国連安全保障理事会 유엔 안전 보장 이사회 / 国連加盟国 유엔 가맹국 / 国連軍 유엔군 / 国連憲章 유엔 헌장 / 国連事務総長 유엔 사무총장 / 国連総会 유엔 총회 / 国連大学 유엔 대학 / 国連大使 유엔 대사 / 国連平和維持活動(PKO) 유엔 평화 유지 활동 / 国連平和維持部隊(PKF) 유엔 평화 유지군 / 国連本部 유엔 본부

ごくろう【ご苦労】수고, 고생 ¶ご苦労様 수고하십니다. / 一文にもならないのにご苦労なこった 한 푼 벌이도 안 되는데 고생만 하네. ⇒苦労

こけ【苔】이끼 ¶こけが生える 이끼가 끼다 / こけむした石 이끼 낀 돌 慣用句 転石こけむさず 구르는 돌에 이끼 끼지 않는다

こけい【固形】고형 関連 固形食 고형 식량 / 固形スープ 고형 수프 / 固形燃料 고형 연료 / 固形物 고형물

こげくさい【焦げ臭い】탄내가 나다 ¶焦げ臭いにおいがする 탄내가 난다.

こけし 고케시 : 손발은 없고 몸통에 둥근 머리가 달린 나무로 된 인형

こげちゃ【焦げ茶】짙은 다갈색

こけつ【虎穴】호랑이 굴 慣用句 虎穴に入らずんば虎児を得ず 호랑이 굴에 들어가지 않으면 호랑이 새끼는 잡을 수 없다

こげつく【焦げ付く】눌어붙다 〔貸付金が〕회수 불능이 되다 ¶麺がフライパンに焦げ付いてしまった 면이 프라이팬에 눌어붙어 버렸다. / 融資した金が焦げ付いてしまった 융자한 돈이 회수 불능이 되어 버렸다.

こける 넘어지다, 쓰러지다 ⇒転ぶ

こげる【焦げる】눋다, 타다 ¶ご飯が焦げる 밥이 눋다 / 魚が真っ黒に焦げてしまった 생선이 새까맣게 타 버렸다. / 何か焦げるにおいがする 뭔가 타는 냄새가 난다.

ごげん【語源】어원 ¶この言葉の語源は中国語です 이 단어의 어원은 중국어입니다. / 語源をさかのぼる 어원을 따지다 関連 語源学 어원학

ここ ❶〔場所〕여기, 〈文〉이곳
基本表現
▶ちょっとここで待っていてくれませんか

여기서 좀 기다려 주시겠습니까?
▶2,3分前まで彼はここにいました
2,3분 전까지 그 사람은 여기 있었습니다.
▶ここは何かと便利な所だ
여기는 여러 면에서 편리한 곳이다.
▶私はここ,京都に住んでいます
나는 이곳 교토에 살고 있습니다.

◆《ここは·ここが》
¶ここは有名な作家の生家です 여기는 유명한 작가의 생가입니다. /「ここはどこですか」「青山です」 "여기가 어디입니까?" "아오야마입니다." / ここが東京ドームなの? 여기가 도쿄돔이야? / (地図などを指して)ここが今いるところです 여기가 지금 있는 곳입니다.

◆《ここに·ここへ·ここで》
¶ここに来てください 이리 와 주세요. / 何だここにいたのか, ずっと捜していたんだよ 뭐야 여기 있었던 거야? 계속 찾았잖아. /「僕の鍵知らない?」「ここにあるよ」"내 열쇠 어디 있는지 몰라?" "여기 있어."
¶その荷物はここに置いてください 그 짐은 여기에 둬 주세요. / ここへ越してくるまでどちらにお住まいでしたか 여기 이사 오시기 전에 어디 사셨습니까? / ここには前に一度来たことがある 여기는 전에 한번 온 적이 있다. / (タクシーの運転手に)ここで降ろしてください 여기서 내려 주세요.

◆《ここから》
¶ここから駅まで歩いて10分ほどです 여기서 역까지 걸어서 10분 정도입니다. /「ここからその場所までどのくらいありますか」「約10キロです」"여기에서 그 장소까지 얼마나 떨어져 있죠?" "약 10킬로 정도에요." / とりあえず, ここから出よう 우선 여기서 나가자.

◆《ここの》
¶ここの学生はあまり勉強しない 여기 학생들은 별로 공부 안 한다. / 彼はここの人かい 그 남자는 여기 사람이야

❷〔時点, 範囲, 程度〕여기 ¶ここが大事なところなんだよ 여기가 중요한 곳이야. / ここが我慢のしどころさ 이 때가 참아야 할 때다. / この詩のここが大好きだ 이 시의 여기가 제일 좋다. / ここを特に強調しておきたい 여기를 특히 강조해 두고 싶다. / では, ここで休憩しましょう 그러면, 여기서 휴식합시다. / きょうはここまでにしましょう 오늘은 여기까지 합시다. / ここまでは何とか順調だった 여기까지는 어쨌든 순조로웠다. / ここから後の話はご想像にお任せします 여기서부터 뒷이야기는 상상에 맡기겠습니다.

❸〔期間〕요, 요새 ¶ここ2,3日とても寒い日が続いている 요 2, 3일 몹시 추운 날이 계속되고 있다. / ここ数年ヨンスから連絡がない 요 몇 년 영수로부터 연락이 없다. / ここしばらく映画に行ってない 요새 영화를 보러 가지 않았다. [慣用句] 彼はいつもここ一番というときにしくじってしまう 그는 항상 제일 중요한 때에 실수해 버린다. / 彼はこことばかり自分の権利を主張した 그는 이때라 하고 자기 권리를 주장했다. / ここだけの話だが, 二人はうまくいってないみたいだ 우리끼리니까 하는 이야긴데 두 사람 사이가 별로 안 좋은 것 같아.

ここ【個々】개개〔それぞれ〕각각 ¶個々の問題 개개의 문제 / 個々に検討する 개개로 검토하다 / 報告書は個々に作成して提出してください 보고서는 각각 작성해서 제출해 주세요.

ご ご【午後】오후 ¶きょう午後3時に友達と待ち合わせている 오늘 오후 세 시에 친구와 만나기로 했다. / 午後ずっと街をぶらついていた 오후에 시내를 계속 어슬렁어슬렁거리고 있었다. / 暗い映画館から出ると午後の日差しがまぶしくて彼は目を覆った 어두운 영화관에서 나오니 오후의 햇살이 눈부셔서 그는 눈을 가렸다. / このスーパーは毎日午前10時から午後9時まで開いています 이 슈퍼는 매일 오전 열 시부터 오후 아홉 시까지 엽니다. / 午後2時半の列車 오후 두 시 반 열차

[会話] きょう[あす]の午後
A: きょう[あす]の午後映画を見に行かない
B: いいわね
A: 오늘[내일] 오후 영화 보러 안 갈래?
B: 좋아.

ココア 코코아

こごえ【小声】작은 소리, 낮은 목소리 ¶小声で話す 작은 소리로 말하다 / 一瞬少女は小声になった 그 순간 소녀는 목소리가 작아졌다.

こごえる【凍える】얼다〔かじかむ〕곱다 ¶手[足]が凍える 손[발]이 얼다 / 寒さに凍える 추위에 얼다 / 凍え死ぬ 얼어 죽다 / 外は凍えるような寒さだった 밖은 얼어붙을 듯한 추위였다.

ここく【故国】고국

ここち【心地】기분, 느낌 ¶まるで夢心地だ 마치 꿈같은 기분이다. / 生きた心地がしない 살아 있는 느낌이 안 든다. / このソファーは座り心地がいい 이 소파는 앉기 편하다. / この車はあまり乗り心地がよくない 이 차는 승차감이 좋지 않다. / 心地よい春風 기분 좋은 봄바람

こごと【小言】잔소리 ¶母はいつも小言を言う 어머니는 만날 잔소리한다. / 父から小言を食らった 아버지한테 잔소리를 들었다.

ここのか【九日】구일, 초아흐레〔9日目〕아흐렛날 ¶9月9日 9월 9일 유월 구일

ここのつ【九つ】아홉 ⇒九(きゅう)

こころ【心】마음〔精神〕정신〔真心〕정성〔本心〕속마음

[基本表現]
▶あの子があんなに悲しんでいるのを見ると心が痛む
저 아이가 저렇게 슬퍼하고 있는 것을 보니 마음이 아프다.
▶彼は心が広いからそんなささいなことにはこだわらないだろう
그 사람은 마음이 넓어서 그렇게 사소한 것에는 신경 쓰지 않을 거야.
▶あいつは心の狭い男だ
걔는 속이 좁은 녀석이야.
▶先生のおっしゃったことを心に留めておきます
선생님 말씀을 명심하겠습니다.

◆《心が·心は》
¶その知らせを聞いてから私はずっと心が重かった 그 소식을 듣고부터 나는 계속 마음이 무거웠

## こころあたたまる

다. / 彼らの演奏には心がこもっていなかった 그들의 연주에는 마음이 담겨져 있지 않았다. / 海を眺めていると心が洗われる 바다를 바라보고 있으니 마음이 맑아진다. / 僕たちは本当の兄弟以上に心が通っている 우리들은 친형제 이상으로 마음이 잘 통한다. / 韓国旅行の話を聞いて心が弾んだ 한국 여행의 이야기를 듣고 마음이 들떴다. / 彼は口が悪いが、心は優しい 그는 말은 거칠지만 마음은 착하다. / 体は離れていても心は君と一緒だ 몸은 떨어져 있지만 마음은 너와 함께다. / 喜びに彼女の心は躍った 기쁨으로 그 여자의 가슴은 뛰었다. / 彼の病気のことを考えるとスンヒに心は晴れなかった 남자 친구의 병을 생각하면 승희의 마음은 무거웠다.

◆【心の】

¶彼女は本当の心の優しい人だ 그 여자는 정말 마음이 고운 사람이다. / 心のこもったプレゼントをありがとう 정성이 깃든 선물 고맙습니다. / 心の底から感謝しています 진심으로 감사드립니다. / ソニは心の奥底で彼を慕っている 선희는 진심으로 그 남자를 연모하고 있다. / 韓国は私の心の故郷です 한국은 내 마음의 고향입니다. / その人は見かけは気がよさそうだが、心の中では何を考えているかわからない 그 사람은 겉보기엔 심성이 좋아 보이지만 마음 속으로는 무슨 생각을 하는지 모르겠다.

◆【心に】

¶あの映画のラストシーンはいまだに私の心に刻みつけられている 그 영화의 라스트 신은 지금도 내 마음에 새겨져 있다. / 父は10年前に亡くなったが、今でも私の心に生きている 아버지는 10년 전에 돌아가셨지만 지금도 내 마음에 살아 계신다. / 母の面影が心に浮かんだ 어머니의 모습이 마음 속에 떠올랐다. / ミョンさんはお茶やお花を通して日本の心に触れたいと思った 미영이는 다도나 꽃꽂이를 통해서 일본의 정신을 경험해 보고 싶었다.

◆【心を】

¶母は私のために心をこめてお弁当を作ってくれた 어머니는 나를 위해서 정성껏 도시락을 싸 주셨다. / 悪いうわさが母の心を悩ませた 나쁜 소문이 어머니 마음을 괴롭혔다. / 彼は彼女の美しさに心を奪われた 그는 그녀의 아름다운 모습에 마음을 빼앗겼다. / ヒョクは心を入れ替えてまじめに働くと私に言った 효식이는 마음을 고쳐먹고 열심히 일하겠다고 나에게 말했다. / 彼女はひそかに彼に心を寄せている 그녀는 은근히 그에게 호의를 갖고 있다. / 彼女は子供の将来について心を砕いている 그녀는 아이의 장래에 대해서 신경을 써 왔다. / 私には心を打ち明けられる友達がいない 나에게는 마음을 열어 놓을 수 있는 친구가 없다. / 彼らに心を許してはいけない 그 사람들 신용해서는 안 된다. / 秋山先生は生徒たちの心をつかむのがうまい 아키야마 선생님은 학생들의 마음을 사로잡는 것이 능숙하다.

◆【その他】

¶私は心から妻を愛している 나는 진심으로 아내를 사랑하고 있다. / 心ないうわさでユファは深く傷ついた 무책임한 소문으로 유화는 깊이 상처 입었다. / 娘が韓国から帰って来るのを母親は心待ちにしている 딸이 한국에서 돌아오기를 어머니는 간절히 기다리고 있다. / 心づくしの品物 정성어린 물건 / 心苦しい 괴롭다 [慣用句] 心はここにあらずといったていで上司の話を聞いていた 그는 마음이 딴 데 가 있는 것처럼 상사의 말을 듣하게 듣고 있었다. / 母親は心を鬼にして息子を厳しくしかった 어머니는 마음을 다 잡아 먹고 아들을 호되게 혼냈다. / 私たちは心ゆくまでパーティーを楽しんだ 우리는 마음껏 파티를 즐겼다. / 心にもないお世辞を言うんじゃない 마음에도 없는 입 발림말 하지 마. / 彼女は身も心もその仕事に打ち込んでいる 그녀는 열과 성을 다해 그 일에 몰두하고 있다.

## こころあたたまる【心温まる】
환영을 받았다. / 心温まる話 마음이 흐뭇해지는 이야기

## こころあたり【心当たり】
짐작 ¶心当たりがある 짐작가는 데가 있다. / この写真の男性に心当たりはありませんか 이 사진의 남자에 뭔가 짐작가는 거 없습니까? / この仕事に適任の人材について心当たりはありませんか 이 일에 적합한 인재로 점 찍어 둔 사람 없습니까? / ヘギョンがどこへ出かけたのかまったく心当たりがない 혜경이가 어디로 갔는지 전혀 짐작이 안 간다. / 心当たりの場所を捜す 짐작가는 데를 찾다

## こころえ【心得】
소양(素養) ¶彼女は韓国語の心得がある 그 여자는 한국어에 소양이 있다. / 心得違いもはなはだしい 오해도 심하다.

## こころえる【心得る】
알다, 이해하다 ¶パソコンの操作はひととおり心得ています 컴퓨터 조작은 대충 알고 있습니다. / 心得ました 알겠습니다. / 仕事を何と心得ているのか 일을 뭘로 알고 있는 거야?

## こころおきなく【心置きなく】
기탄없이, 마음놓고 ¶私たちは心置きなく話し合うことができた 우리들은 기탄없이 이야기할 수 있었다.

## こころがけ【心掛け】
마음가짐 ¶あの人が成功したのは心がけがよかったからだ 그 사람이 성공한 것은 마음가짐이 좋았기 때문이다. / それは日ごろの心が次第だ 그것은 평소의 마음가짐에 달려 있다. / それはよい心がけだ 그것 참 마음 잘 먹었다.

## こころがける【心掛ける】
[努力する] 노력하다 [心に留める] 명심하다, 마음에 두다 [気をつける] 조심하다 ¶健康のため適度の運動をするように心がけている 건강을 위해서 적당한 운동을 하도록 노력하고 있다.

## こころがまえ【心構え】
마음의 준비 ¶普段から地震に対する心構えをしておきなさい 평소부터 지진에 대한 마음의 준비를 해 두어라.

## こころがわり【心変わり】
변심 ◇心変わりする 변심하다

## こころざし【志】
[意志, 意図] 뜻 [決意] 마음 [目標] 목표 [好意] 호의 ¶私は医者になる志を立てた 나는 의사가 될 목표를 세웠다. / 志を抱く 뜻을 품다 / 志を遂げる 뜻을 이루다 / 志を継ぐ 뜻을 이어가다 / 志に反して 뜻에 반해서 / お志ありがとうございます 호의에 대해 감사합니다.

## こころざす【志す】
뜻을 두다, 지망하다 ¶私は

子供のころ宇宙飛行士を志していた 나는 어렸을 때 우주비행사를 지망했었다.

**こころづかい【心遣い】** 배려 ¶優しい心づかい 친절한 배려 / お心づかい深く感謝します 마음을 써 주셔서 대단히 감사합니다.

**こころづよい【心強い】** 마음이 든든하다 ¶心強く思う 마음 든든하게 생각한다. / 君が応援してくれると心強いネ 네가 응원해 주니 마음이 든든하다.

**こころならずも【心ならずも】** 부득이, 마지못해 ¶私は心ならずも彼の申し出を承諾した 나는 마지못해 그 사람의 요청을 승낙했다.

**こころのこり【心残り】** 미련(未練), 유감(遺憾) ¶心残りがする 마음에 걸리다 / 心残りはない 미련은 없다.

**こころぼそい【心細い】** 불안하다, 허전하다 ¶ひとりで行くのは心細い 혼자 가는 것은 불안하다. / 心細く思う 허전하게 생각하다.

**こころみ【試み】** 시도 ¶彼女をデートに誘おうとした彼の試みはどうやら失敗だった 그 여자에게 데이트 신청을 하려고 했던 그 사람의 시도는 아무래도 실패한 것 같다. / うまくいくかどうかは保証できないが, 試しにやってみたらどうだい 잘될지 어떨지는 보증할 수 없지만 시도 해 보는 게 어때?

**こころみる【試みる】** 시도하다, 해 보다 ¶その男は何度もユナの関心を引こうと試みているが, 彼女のほうは見向きもしない 그 남자는 몇 번이고 윤아의 관심을 끌려고 시도했지만 윤아는 거들떠 보지도 않는다. / 我々はその方法で何度も試みてみたがうまくいかなかった 우리는 그 방법으로 몇 번이나 시도했지만 잘되지 않았다.

**こころよい【快い】**〔気持ちがいい〕기분이 좋다〔さわやかだ〕상쾌하다 ◇**快く** 쾌히, 좋게, 흔쾌히 ¶快い そよ風 상쾌한 솔솔바람 / 快い眠り 기분 좋은 잠 / 耳に快い響き (귀에) 듣기 좋은 소리 ¶彼は快くその仕事を引き受けた 그 사람은 흔쾌히 그 일을 맡았다. / 彼女は彼のことを快く思っていない 그녀는 그 남자를 좋게 생각하고 있지 않다.

**ここん【古今】** 고금 ¶古今東西の作家 고금 동서의 작가

**ごさ【誤差】** 오차 ¶この時計の1か月の誤差は10秒以内です 이 시계의 한 달 오차는 10초 이내입니다.

**ござ【茣蓙】** 돗자리 ¶ござを敷く 돗자리를 깔다

**ごさい【後妻】** 후처, 후취

**ざいく【小細工】** 잔꾀 ¶小細工を弄する 잔꾀를 부리다

**こさく【小作】** 소작 関連 **小作人** 소작인 / **小作農** 소작농

**こさじ【小匙】** 작은 숟가락〔ティースプーン〕티스푼 ¶小さじ2杯の砂糖 설탕 2티스푼

**こざっぱり** ◇**こざっぱりとしている** 산뜻하다 ¶こざっぱりとした服装 산뜻한 복장

**こさめ【小雨】** 가랑비 ¶さっきから小雨が降っている 조금 전부터 가랑비가 내리고 있다.

**ごさん【誤算】** 오산 ¶あいつを甘く見たのは誤算だった あの녀석을 가볍게 본 것이 오산이었다.

**こし【腰】** ❶〔腰部〕허리 ◆**腰が**

¶きょうは腰がとても痛い 오늘은 허리가 너무 아프다. / 祖母はもう80を過ぎているが全然腰が曲がっていない おばあさんは もう 80을 넘기셨지만 허리가 전혀 굽지 않으셨다.

◆**腰を・腰に**

¶腰を伸ばす 허리를 펴다 / 疲れたのでしばらくベンチに腰を下ろした 피곤해서 잠시 벤치에 앉았다 / 彼は腰を浮かして本を受け取った 그 사람은 몸을 일으켜서 책을 받았다. / 彼女は腰をかがめてその子に話しかけた 그녀는 허리를 구부려서 그 아이에게 말을 걸었다. / スキーをして腰を打ってしまった スキーを 타다가 허리를 다치고 말았다. / ソヨンは腰を振りながら踊った 소연이는 허리를 흔들면서 춤을 추었다.

¶彼女は腰に細いベルトを締めている 그녀는 허리에 가는 벨트를 매고 있다. / 父が両手を腰に当てて戸口に立っていた 아버지가 두 손을 허리에 얹고 문 앞에 서 계셨다. / サンギはさりげなく私の腰に手を回した 상기는 아무렇지 않게 내 허리에 손을 둘렀다.

◆〖その他〗

¶川の深さは腰の辺りまであった 강의 깊이는 허리 정도였다.

❷〔姿勢, 身構え〕자세, 태도, 기세 ¶彼は腰が低い 그 사람은 겸손하다〔저자세다〕. / 彼女は何をするにも腰が重い 그 여자는 항상 엉덩이가 무겁다. / 社長がやっと重い腰を上げた 사장이 드디어 행동을 개시했다. / 私たちは会社の将来について腰をすえて話し合った 우리는 회사의 장래에 대해서 집중해서 이야기를 나누었다.

❸〔粘り, 弾力〕찰기, 끈기 ◇**腰がある** 쫄깃쫄깃하다 ¶この店の冷麺は腰があってとてもおいしい 이 집 냉면은 쫄깃쫄깃해서 참 맛있다. / そばは腰があるほうが好きだ 쫄깃쫄깃한 메밀국수를 좋아한다. 慣用句 箱の中の蛇を見て私は腰を抜かしてしまった 상자 안의 뱀을 보고 나는 너무 놀랐다. / 話の腰を折らないでください 말을 중간에서 중단시키지 마세요.

**こじ【孤児】** 고아 ¶この子は戦争で孤児になった 이 아이는 전쟁으로 고아가 되었다. / 中国残留日本人孤児 중국 잔류 일본인 고아 関連 **孤児院** 고아원

**こじ【故事】** 고사 関連 **故事来歴** 고사내력

**こじ【誇示】** 과시 ◇**誇示する** 과시하다 ¶能力を誇示する 능력을 과시하다

**-ごし【-越し】**〔場所〕… 너머〔期間〕…에 걸친 ¶垣根越しに 울타리 너머 / 窓越しに 창 너머 / 男は肩越しに私の漫画のぞき見た 남자는 어깨 너머 내 만화를 훔쳐보았다. / 彼らとは5年越しの付き合いだ 그 사람들과는 5년이 넘게 사귀고 있다.

**ごじ【誤字】** 오자(▶ワープロで書いた文章では オ타 (誤打)ともいう), ミスプリント〔誤植〕오식 関連 **誤字脱字** 오자 탈자

**こじあける【こじ開ける】** 억지로 열다 ¶錠をこじ開ける 자물쇠를 억지로 열다

**こしかけ【腰掛け】** 의자, 걸상 ¶腰掛け仕事 일

**こしかける【腰掛ける】** 앉다, 걸터앉다 ¶椅子に腰掛ける 의자에 앉다 / ベンチに腰掛ける 벤치에 걸터앉다

**こじき【乞食】** 〔人〕거지 〔行為〕구걸 ¶乞食をする 구걸하다

**ごしごし** 싹싹, 박박 ¶彼女は車をごしごし洗った 그녀는 차를 싹싹 닦았다. / 母は台所の床をごしごし磨いていた 어머니는 부엌 마루를 박박 닦고 계셨다. / 身体をごしごし洗う 몸을 박박 씻다

**こしつ【個室】** 독실(独室), 독방(独房)

**こしつ【固執】** ◇固執する 고집하다 ¶それぞれが自分の意見に固執した 각자가 자기 의견을 고집했다.

**ごじつ【後日】** 후일, 뒷날 ¶後日お宅にうかがいます 후일 댁으로 찾아뵙겠습니다

**ゴシック** 고딕 関連 ゴシック建築 고딕 건축 / (活字の)ゴシック体 고딕체 / ゴシック様式 고딕식

**こじつけ** 견강부회(牽強付会), 억지 〔歪曲〕왜곡〔詭弁〕궤변 ¶彼の話にはこじつけが多い 그 사람의 이야기에는 왜곡이 많다.

**こじつける** 견강부회하다, 억지를 쓰다 〔歪曲する〕왜곡하다 ¶彼女は自分の都合のいいように話をこじつけた 그녀는 자기한테 유리하도록 이야기를 왜곡했다.

**ゴシップ** 가십 ¶彼女は芸能界のゴシップが好きだ 그 여자는 연예계 가십을 좋아한다. / ゴシップ好きの人 가십을 좋아하는 사람 関連 ゴシップ記事 가십 기사 / ゴシップねた 가십 거리 / ゴシップ欄 가십란

**ごじゅう【五十】** 오십, 《固有語》쉰 ¶50番目 오십 번째 関連 五十肩 오십견

**ごじゅう【五重】** 오중 関連 五重奏 오중주 / 五重の塔 오층탑(五層塔)

**こじゅうと【小舅・小姑】** 배우자의 형제자매 (▶시동생(夫의 弟), 시누이(夫의 姉妹), 처남(妻의 弟), 처제(妻의 妹) など)

**ごしゅじん【御主人】** 주인

**ごじゅん【語順】** 어순

**こしょう【故障】** 고장 ◇故障する 고장나다 ¶エンジンの故障で私たちの乗る飛行機が遅れてしまった 엔진 고장으로 우리가 탈 비행기가 늦어져 버렸다. / そのピッチャーはひじの故障のため一軍登録を抹消された 그 피처는 팔뒤꿈치 부상으로 1군 등록이 말소되었다. / ひとりで電気回線を修理した 혼자서 전기 회선의 고장을 수리했다. / 故障中(▶掲示) 고장중(×고장중とはいわない)

¶テレビが故障してしまった 텔레비전이 고장나 버렸다. / この時計は故障している 이 시계는 고장났다. / エレベーターがまた故障だ 엘리베이터가 또 고장났다. / 車のエンジンが故障した 차 엔진이 고장났다. / 彼は故障した車を修理した 그는 고장난 차를 수리했다.

**こしょう【胡椒】** 후추 ¶肉にこしょうをかけた 고기에 후추를 뿌렸다. / しょう入れ 후추통

**ごしょう【後生】** 제발, 부디 ¶後生だからその手紙を返してください 제발 그 편지를 돌려주세

요. / 母はその写真を後生大事にしていた 어머니는 그 사진을 아주 소중하게 간직하셨다.

**ごしょく【誤植】** 오식〔誤字〕오자

**こしらえる【拵える】** 〔作る〕만들다〔準備する〕준비하다, 마련하다〔つくろう〕꾸미다 ¶ピクニックの弁当をこしらえた 피크닉 도시락을 만들다. / 話〔口実〕をこしらえる 이야기를〔구실을〕만들다 ⇨作る

**こじらせる【拗らせる】** 〔病気を〕더치게 하다, 악화시키다〔問題を〕뒤얽히게 하다, 복잡하게 하다 ¶風邪をこじらせて肺炎になった 감기가 악화해서〔오래가서〕폐렴이 되었다.

**こじれる【拗れる】** 〔問題などが〕꼬이다, 뒤틀리다, 굴절되다〔病気が〕더치다 ¶君が口を出すと余計に話がこじれてしまう 네가 참견하면 쓸데없이 이야기가 꼬인다.

**こじん【個人】** 개인 ◇個人的な 개인적인 ¶それが個人のプライバシーの侵害だ 그것은 개인 프라이버시 침해이다. / 私個人の意見では彼女は正しい 내 개인적인 의견으로는 그 여자는 옳다. / 私の個人的な問題に首を突っ込まないでください 내 개인적인 문제에 참견하지 말아 주세요. / これは私の個人的な考えです 이건 내 개인적인 생각입니다. / 私は彼を個人的に知っている 나는 그 사람을 개인적으로 알고 있다. 関連 個人教育 개인 교육 / 個人教授 개인 교수 / 個人経営 개인 경영 / 個人差 개인차 / 個人主義 개인주의 / 個人戦 개인전 / 個人タクシー 개인택시

**こじん【故人】** 고인 ¶故人となる 고인이 되다

**ごしん【誤診】** 오진 ◇誤診する 오진하다 ¶肺炎を軽い風邪と誤診する 폐렴을 가벼운 감기로 오진하다

**ごしんじゅつ【護身術】** 호신술

**こす【越す・超す】** ❶〔通過する, 横切る〕건너다〔越えて行く〕넘다 ¶明るいうちにあの山を越してしまおう 어둡기 전에 저 산을 넘어 버리자.

❷〔時間を〕넘기다, 지내다 ¶つばめは南の暖かい国で冬を越す 제비는 남쪽 따뜻한 나라에서 겨울을 보낸다. / 私たちは富士山の山頂で年を越した(→新年を迎えた) 우리는 후지 산 정상에서 새해를 맞았다.

❸〔超過する〕초과하다, 넘다 ¶彼は1時間を超す長い演説をした 그 사람은 한 시간이 넘는 긴 연설을 했다. / 結婚式には100人を超す人々が招かれた 결혼식에는 100명을 넘는 사람들이 초대되었다. / きょうは気温が35度を超えた 오늘은 기온이 35도를 넘었다. / 彼女は50をとっくに超えている 그 여자는 50은 훨씬 넘었다.

❹〔引っ越す〕이사하다 ¶もっと広い家に越したい 더 넓은 집으로 이사하고 싶다. / 彼は名古屋から大阪に越してきた 그는 나고야에서 오사카로 이사해 왔다.

❺〔その他〕¶またお越しください 또 오십시오. / それに越したことはないよりは 나은 일은 없다. / こっちが越す 그것이 더 좋다. / 給料は多いに越したことはない 급료는 많은 게 제일이다. / 安いに越したことはない 싼 게 더 좋다. / 峠を越す 고비를 넘기다

**こす【濾す】** 거르다 ¶雨水をこす 빗물을 거르

다 / 酒をこす 술을 거르다
**こすい【湖水】** 호수
**こずえ【梢】** 나뭇가지 끝, 우듬지
**コスチューム** 코스튬, 의상
**コスト** 코스트〔費用〕비용〔原価〕원가 ¶コストがかかる 비용이 들다 / コストダウンする 코스트를 낮추다 / コストアップする 코스트가 올라가다
関連 生産コスト 생산 코스트
**コスモス** 코스모스
**こする【擦る】** 비비다, 문지르다, 긁히다 ¶車の側面を塀にこすった 차의 측면을 담에 긁혔다. / その子は手についた泥を壁にこすりつけた 그 아이는 손에 묻은 진흙을 벽에 비볐다. / タオルで体をこする 타월로 몸을 문지르다 / 目をこする 눈을 비비다 / なべの汚れをこすり落とす 냄비의 때를 문질러 벗기다
**こせい【個性】** 개성 ◇個性的な 개성적인 ¶彼女は個性が強い 그 애는 개성이 강하다 / 個性豊かな作品 개성이 풍부한 작품 / 個性を伸ばす 개성을 키우다 / 個性を生かす 개성을 살리다 / 個性を発揮する 개성을 발휘하다 / その女優はとても個性的な顔立ちをしている 그 여배우는 매우 개성적인 얼굴을 하고 있다. / 個性的な人 개성적인 사람
**こせき【戸籍】** 호적 ¶戸籍に入れる 호적에 넣다 / 戸籍から抜く 호적에서 빼다 / 彼女は戸籍上おじの養女になっている 그 여자는 호적상 삼촌의 양녀로 되어 있다. 関連 戸籍抄本 호적 초본 / 戸籍謄本 호적 등본
**こせこせ** ◇こせこせする 좀스럽게 굴다, 곰상스럽다 ¶こせこせした男は嫌いだ 좀스러운 남자는 싫다.
**こぜに【小銭】** 잔돈〔硬貨〕동전 ¶1万円札を小銭に替える 만 엔짜리를 잔돈으로 바꾸다
関連 小銭入れ 동전 지갑
**こぜりあい【小競り合い】** 소규모 전투, 충돌 ¶国境での小競り合いはよく起きる 국경에서는 소규모 충돌이 자주 일어난다.
**ごぜん【午前】** 오전, 새벽 ¶今午前7時です 지금 오전 일곱 시입니다. / 午前10時の東京行きの列車に乗った 오전 열 시발 도쿄행 열차를 탔다. / 午前中に仕上げた 오전 중으로 다 해냈다. / あすの午前中にうかがいます 내일 오전 중에 찾아뵙겠습니다. / 午前中に一日分の仕事をした 오전 중에 하루 치 일을 했다. / 3月5日の午前10時に歯医者の予約がある 삼월 5일 오전 열 시에 치과 예약이 있다. / その船は午前0時に出航した 그 배는 영시에 출항했다. (▶この場合オ전は不要) / 夫は午前1時まで帰って来なかった 남편은 새벽 한 시까지 돌아오지 않았다. / 午前の配達が週2回ある 일 주일에 두 번은 오전 배달이 있다. / きのうは午前授業だった 어제는 오전 수업이었다. / 主人はこのごろ午前様です 남편은 요즘 자정 넘어서 들어온다.
**ごせんし【五線紙】** 오선지
**こそ** ¶彼こそ、その責任を負うべきだ 그야말로 그 책임을 져야 한다. /「本当にすみません」「いいえ、私こそ謝らなければならないんです」"정말 죄송합니다.""아뇨, 제가 사과드려야죠." / これ

こそ私がずっと探していた本です 이거야말로 제가 계속 찾고 있던 책입니다. / 今こそ計画を実行する時である 지금이야말로 계획을 실행할 때입니다. / こんなときこそ冷静に行動するべきだ 이런 때야말로 침착하게 행동해야 한다.
¶病気になってこそ健康のありがたみがわかるものだ 병이 나 봐야 건강의 고마움을 알 수 있다. / たばこは体に害こそあれ何の益もない 담배는 몸에 해롭기만 하지, 좋은 거 하나 없다. / 最後まで答案を書きこそしたがまったく自信はない 답안지 끝까지 쓰기는 했는데 전혀 자신이 없어. / この万年筆はデザインこそ古いがとても書きやすい 이 만년필은 디자인은 낡았지만 [오래됐지만] 아주 쓰기 편하다.
会話 **こちらこそ**
　A : どうもありがとう
　B : いいえ、こちらこそ
　A : 감사합니다.
　B : 아뇨, 저야말로.
　A : またお目にかかれてうれしいです
　B : こちらこそ
　A : 다시 만나뵙게 돼서 기쁩니다.
　B : 저야말로.
**ごそう【護送】** 호송 ◇護送する 호송하다 ¶囚人を護送する 죄인을 호송하다 関連 護送車 호송차
**こそこそ** 살금살금, 소곤소곤 ¶彼はこそこそ逃げ出した 그는 살금살금 도망쳤다. / こそこそ話す 소곤소곤 이야기하다
**ごそごそ** 바스락바스락 ¶箱の中でごそごそ音がする 상자 속에서 바스락바스락 소리가 난다.
**こそだて【子育て】** ¶毎日子育てに追われる 매일 애보기에 정신이 없다.
**こそどろ【こそ泥】** 좀도둑〔行為〕좀도둑질 ¶こそ泥を働く 좀도둑질을 하다
**こたい【固体】** 고체 関連 固体燃料 고체 연료
**こだい【古代】** 고대 関連 古代史 고대사 / 古代人 고대인 / 古代文明 고대 문명
**こだい【誇大】** 과대 ◇誇大だ 과대하다 関連 誇大広告〔宣伝〕과대광고〔선전〕/ 誇大妄想 과대망상
**ごたい【五体】** 오체, 온몸 ¶五体満足な赤ん坊 신체 건강한 아기
**こたえ【答え】** ❶〔解答〕해답, 답 ¶君の答えは合っている〔間違っている〕네 답은 맞았다〔틀렸다〕. / この問題の答えは最後のページにあります 이 문제의 답은 마지막 페이지에 있습니다. /「この問題の正しい答えがわかるかい」「いや、わからないф. 答えは何」"이 문제의 정답을 아니?""아니, 모르겠어. 답은 뭔데?"
❷〔返事〕대답, 답 ¶彼は私の質問にはっきりした答えをしなかった 그 사람은 내 질문에 확실히 대답하지 않았다. / ドアをノックしたが答えはなかった 노크했지만 대답은 없었다. / 私の答えはノーだ 내 대답은 노다. /「この間貸した金はいつ返してくれるんだい」「実は、このパチンコで負けちゃってね」「それ、答えになっていないよ」"요전에 빌려준 돈은 언제 갚을 거야?""실은 어제 빠찡꼬에서 다 잃었어.""그래서 어쩌라고."

**こたえる【応える】** ❶ [報いる] 보답하다, 부응하다, 응하다 ¶私は両親の期待に応えるため一生懸命勉強した 나는 부모님의 기대에 부응하기 위해 열심히 공부했다. / 国民の期待に応えられず日本は5位に終わった 국민의 기대에 부응하지 못하고 일본은 5위에 머물렀다. / 今度は君の親切に応える番だ 이번에는 네가 그 여자의 친절에 보답할 차례다. / 田中選手は観客の声援に手を振って応えた 다나카 선수는 관객의 응원에 손을 흔들어 답했다. / 我々の要求に応えて国はダムの建設計画を中止した 우리들의 요구에 응하여 정부는 댐 건설 계획을 중지했다.
❷ [身にしみる] 사무치다 [つらい] 괴롭다 ¶母の言葉が胸にこたえた 어머니의 말씀이 가슴에 사무쳤다. / この寒さは身にこたえる 이 추위는 몸에 사무친다. / 彼女との別れが僕にはこたえた 나는 여자 친구와 헤어져서 괴로웠다.

**こたえる** ❶ [返事をする] 대답하다 ¶その子は私に「はい[いいえ]」と答えた 그 아이는 나에게 "네[아뇨]"라고 대답했다. / 彼女はその質問には何も答えなかった 그녀는 그 질문에는 아무런 대답도 하지 않았다. / 彼はその事件とは関係ないと私に答えた 그 사람은 그 사건과는 관계없다고 나에게 대답했다. / 私の質問に答えなさい 내 질문에 대답하라. / 私に答えなさい 나에게 대답하라.
❷ [解答する] 답하다, 풀다 ¶だれもその問題に答えられなかった 아무도 그 문제에 답하지 못했다. | 아무도 그 문제를 풀지 못했다.

**こだかい【小高い】** 좀 높다 ¶小高い丘 좀 높은 언덕 / その寺は町外れの小高い所にあった 그 절은 동네에서 떨어진 좀 높은 곳에 있었다.

**ごたごた** 말썽, 분쟁 ◇ごたごたする 복작거리다 ¶ごたごたを起こす 말썽을 일으키다 / ごたごたを片付ける 분쟁을 수습하다 / 彼らの間にはごたごたが絶えない 그들 사이에는 분쟁이 끊이지 않는다. / 町中がごたごたしていた 온 동네가 복작거리고 있었다.

**こだち【木立】** 나무숲

**こたつ【炬燵】** 고타쓰: 이불을 씌우게 만든 화로 ¶こたつにあたる 고타쓰에 몸을 녹이다

**こだま【木霊】** 메아리 ◇こだまする 메아리치다 ¶私たちのヤッホーの声が谷間にこだました 우리의 야호 소리가 골짜기에 메아리쳤다.

**こだわり** [うらみ] 원한 ¶今では彼女に何のこだわりも持っていない 이제는 그 여자에게 아무런 원한도 없다.

**こだわる** 구애되다 ¶形式にこだわる 형식에 구애되다 / 細かいことにこだわる 사소한 것에 구애되다 / 結果にこだわる 결과에 구애받다 / 彼女は何をそんなにこだわっているのだろうか 그 여자는 무엇에 그렇게 구애받는 것일까? / 彼はかなり服装にこだわっている 그 사람은 복장에 패 신경 쓰고 있다.

**こちこち** ¶こちこちに凍る 꽁꽁 얼다 / 乾いてこちこちに固くなる 말라서 딱딱해지다 / あいつは頭がこちこちだ (→頑固だ) 그 녀석은 융통성이 없다 [완고하다]. / その学生は面接試験でこちこちになってしまった 그 학생은 면접 시험 때 긴장해서 꽁꽁 얼어 붙었다.

**ごちそう【御馳走】** 맛있는 음식 [豪華な食事] 진수성찬 ◇ごちそうする [もてなす] 대접하다 [おごる] 한턱 내다, 사다, 《俗》 쏘다 ¶わあ, ごちそうだ 와, 진수성찬이다. / 食卓にはごちそうが並んでいた 식탁에는 맛있는 음식이 즐비해 있었다. / きょうは早く帰ってきてね, ごちそうを作っておくから오늘은 빨리 돌아와, 맛있는 거 만들어 놓을게.
¶昼飯をごちそうする 점심을 사 주다 / 彼らは焼肉をごちそうしてくれた 그 사람들은 불고기를 대접해 주었다.
¶どうもごちそうさま 잘 먹었습니다. / あら, おのろけ話ですか 어, 남편[애인] 자랑이에요? 예—, 참 좋겠네요.

**ごちゃごちゃ** ◇ごちゃごちゃだ 어수선하다 ¶引き出しの中はごちゃごちゃだ 서랍 속이 엉망이다. / 頭の中がごちゃごちゃだ 머리 속이 어수선하다.

**ごちゃまぜ【ごちゃ混ぜ】** ◇ごちゃ混ぜだ 뒤섞이다 ¶夫の机の上は, いくつもの書類がごちゃ混ぜになっていた 남편의 책상 위에는 많은 서류가 뒤섞여 있었다.

**こちょう【誇張】** 과장 ◇誇張する 과장하다 ¶事件を誇張して報告する 사건을 과장해서 보고하다

**ごちょう【語調】** 어조 ¶彼は語調を強めて返事を迫った 그는 강한 어조로 대답을 요구했다. / 語調を和らげる 어조를 부드럽게 하다 / 鋭い語調で話す 날카로운 어조로 말하다

**こちょこちょ** [くすぐるときの声] 간질간질 ¶わきの下をこちょくすぐる 옆구리를 간질간질 간지럽히다

**こちら** ❶ [自分のいる場所] 이쪽, 여기, 이곳 ¶こちらに来て私のそばに座りなさい 이쪽으로 와서 내 옆에 앉거라. / こちらがお客様の部屋です 여기가 손님의 방입니다. / 結婚したその年にこちらに移って来ました 결혼한 해에 이곳으로 이사왔습니다. / 今度こちらにおいでの時にはお立ち寄りください 다음에 이곳에 오실 때는 들러주세요. / 「すみません, 結婚式場はどこですか」「こちらへどうぞ」 "죄송합니다. 결혼식장[예식장]이 어디입니까?" "이쪽으로 오세요."
¶川のこちらからは花火がよく見える 강 이쪽에서는 불꽃놀이가 잘 보인다.
❷ [この人, この物] 이쪽, 이 분, 이것 ¶こちらは私の友達の竹田さんです 이쪽은 내 친구 다케다 씨입니다. / こちらがお探しのカメラですか 이 찾으시는 카메라입니까? / こちらの方にワインを差し上げてください 이 분께 와인을 드리세요.
❸ [当方] 이쪽 [私] 나, 저 [私たち] 우리 ¶(電話などで)こちらは田中ですが 저는 다나카라고 합니다만. / 「はじめまして. よろしくお願いします」「こちらこそ」 "처음 뵙겠습니다. 잘 부탁드립니다." "저야말로요." / こちらではアルコール類は扱っていません 이쪽에서는 술을 취급하지 않습니다.

**こぢんまり** ◇こぢんまりとしている 조촐하다, 오붓하다, 아담하다 ¶こぢんまりとした店 조촐한 가게 / こぢんまりした家 조촐한 집

こつ 요령(要領) ¶スキーのこつをつかむ 스키의 요령을 터득하다 / 自転車に乗るにはこつがある 자전거를 타는 데는 요령이 필요하다. / セールスのこつを覚える 세일즈의 요령을 익히다

ごつい 딱딱하다, 거칠다, 완강하다, 다부지다 ¶ごつい岩 딱딱한 돌 / ごつい男 완강한[다부진] 남자

こっか【国家】국가, 나라 ¶現在, 世界に独立国家はいくつあるのですか 현재 세계에 독립 국가는 몇 개 있습니까? / 彼の死は国家的な損失だ 그의 죽음은 국가적 손실이다. / 新空港の建設は国家的プロジェクトだ 신공항의 건설은 국가적 프로젝트이다. 関連 国家管理 국가 관리 / 国家経済 국가 경제 / 国家権力 국가 권력 / 国家公安委員会 국가 공안 위원회 / 国家公務員 국가 공무원 / 国家財政 국가 재정 / 国家事業 국가사업 / 国家試験 국가시험, 국가고시 / 国家主義 국가주의 / 国家賠償[補償] 국가 배상[보상] ⇒国

こっか【国歌】국가(▶韓国の国歌は愛国歌「愛国歌」という) ¶国家斉唱 국가 제창

**こっかい**【国会】〔議会〕의회

基本表現
▶国会を召集した 국회를 소집했다.
▶国会を解散した 국회를 해산했다.
▶国会は現在開会中だ
　국회는 현재 개회중이다.
▶国会は現在閉会中だ
　국회는 현재 폐회중이다.

¶日本の国会は衆議院と参議院から成る 일본 국회는 중의원과 참의원으로 이루어져 있다. / 内閣総理大臣は国会が指名する 내각 총리 대신은 국회가 지명한다. / 法案の国会承認が今週には得られる見込みが法案の国会承認이 이번주에는 나올 것으로 보인다. / その法案は国会で承認[否決]された 그 법안은 국회에서 승인되었다[부결되었다]. 参考 韓国の国会は一院制で任期は4年。大統領or国務総理による任期途中での辞職はない。首相は大統領が指名し, 国会の承認を経て正式に任命される。関連 国会喚問 국회 환문 / 国会議員 국회의원 / 国会議事堂 국회 의사당 / 国会議事録 국회 의사록 / 国会図書館 국회 도서관 / 通常国会 정기 국회 / 特別国会 특별 국회 (▶韓国の国会には任期途中での解散がないので日本の特別国会に相当するものはない) / 臨時国会 임시 국회

こづかい【小遣い】〔発音は 용돈〕 ¶小遣いをやる子供に 용돈을 주다 / 1か月5千円の小遣いをもらっている 한 달에 5천 엔씩 용돈을 받고 있다. / お小遣いをもっと増やしてほしい 용돈을 더 많이 받고 싶다. / アルバイトをして小遣いをかせぐ 아르바이트를 해서 용돈을 벌다 / 小遣い帳をつける 용돈 기입장을 쓰다

こっかく【骨格】〔人・動物の〕골격, 뼈대〔建物・文章などの〕뼈대 ¶彼は骨格ががっしりしている 그 사람은 골격이 다부지다.

こっき【克己】극기 ¶克己心のある人 극기심이 있는 사람

こっき【国旗】국기 ¶国旗を掲揚する 국기를 게양하다 関連 日本国旗(日章旗) 일본의 국기, 일장기 / 韓国国旗(太極旗) 한국의 국기, 태극기 / 中国国旗(五星紅旗) 중국의 국기, 오성홍기 / 米国国旗(星条旗) 미국의 국기, 성조기

こっきょう【国境】국경 ¶中国と北朝鮮は鴨緑江を挟んで国境を接している 중국과 북한은 압록강을 끼고 국경을 접하고 있다. / 彼らは国境を越えて中国に入った 그들은 국경을 넘어서 중국에 들어갔다. / 国境を侵す 국경을 침범하다 関連 国境線 국경선 / 国境地帯 국경 지대 / 国境紛争 국경 분쟁

コック〔料理人〕요리사〔栓〕꼭지 ¶彼はコック長になった 그는 주방장이 되었다.

こづく【小突く】쿡쿡 찌르다 ¶妹は居眠りしている姉を起こそうとひじでこづいた 언니는 졸고 있는 동생을 깨우려고 팔뒤꿈치로 쿡쿡 찔렀다.

こっくり 꾸벅 ◇こっくりこっくり 꾸벅꾸벅 ◇こっくりする〔うなずく〕끄덕이다 ¶彼は授業中こっくりこっくり居眠りしていた 수업 중 그는 꾸벅꾸벅 졸고 있었다. / 彼女はこっくりとうなずいて同意した 그녀는 고개를 끄덕이며 동의했다.

こっけい【滑稽】◇滑稽だ 우스꽝스럽다, 익살스럽다 ◇滑稽な 익살스러운, 우스꽝스러운 ◇滑稽に 익살스럽게, 우스꽝스럽게 ¶あいつが生徒会長だなんてまったく滑稽だ 그 녀석이 학생회장이라니 말도 안 돼. / 滑稽な話に吹き出してしまった 우스운 이야기에 웃음을 터뜨리고 말았다. / 滑稽なことを言う 웃긴 이야기를 하다 / 滑稽に見える 우스꽝스럽게 보이다

こっこう【国交】국교 ¶国交を結ぶ[回復する] 국교를 맺다[회복하다] / 国交を断絶する 국교를 단절하다 / 国交を正常化する 국교를 정상화하다 / 国交正常化交渉 국교 정상화 교섭

こっこく【刻々】◇刻々と 시시각각 ¶情勢は刻々と変化している 정세는 시시각각 변하고 있다. / 締め切り時間が刻々と迫っている 마감 시간이 시시각각 다가오고 있다.

こつこつ 뚜벅뚜벅, 똑똑, 또각또각〔着実に〕꾸준히, 또박또박 ¶廊下を歩くハイヒールのこつこつという音が聞こえた 복도를 걷는 하이힐의 또각또각하는 소리가 들렸다. / ドアをこつこつたたく 문을 똑똑 두드리다 / こつこつ働く 꾸준히 일하다 / こつこつ貯める 꾸준히 모으다

ごつごつ ◇ごつごつした 울퉁불퉁한, 거칠거칠한 ¶ごつごつした石 울퉁불퉁한 돌 / 父のごつごつした手 아버지의 거칠거칠한 손

こつずい【骨髄】골수 関連 骨髄移植 골수 이식 / 骨髄炎 골수염 / 骨髄バンク 골수 뱅크

こっせつ【骨折】골절 ◇骨折する 골절하다, 뼈가 부러지다 ¶右脚を骨折した 오른쪽 다리가 골절됐다. 関連 複雑骨折 복잡 골절

こっそり 살짝, 몰래 ¶彼は先生が出席を取った後こっそり教室を抜け出した 그는 선생님이 출석을 부른 뒤, 살짝 교실을 빠져 나갔다. / こっそり入り込む 몰래 들어가다

ごっそり 몽땅, 죄다 ¶ごっそり金目の物を盗まれた 값어치 있는 물건을 몽땅 도둑맞았다.

ごったがえす【ごった返す】붐비다, 북적거리다 ¶駅は帰省客でごった返していた 역은 귀성객으

こっち 이쪽, 이리, 여기, 이곳 ⇨こちら
ごっちゃ 뒤범벅, 뒤죽박죽 ◇ごっちゃになる 뒤범벅되다, 뒤죽박죽되다 ¶大切な書類が他のものとごっちゃになってしまった 중요한 서류가 다른 것과 뒤죽박죽이 되어 버렸다 / これとその問題をごっちゃにしないで(→同一視しないで)ください 이것과 그 문제를 동일시하지 말아 주세요.
こづつみ【小包】소포, 소포 우편 ¶小包を出す 소포를 보내다 / 小包郵便で送る 소포 우편으로 보내다
こってり ¶先生にこってり油をしぼられた 선생님께 호되게 야단맞았다. / こってりした料理 기름진 음식 / トーストにバターをこってりつける 토스트에 버터를 잔뜩 바르다
こっとう【骨董】골동(품) ¶骨董に凝る 골동품에 몰두하다 / 彼は正に骨董品的存在だ 그 사람은 정말 골동품적인 존재이다. 関連 骨董収集家 골동품 수집가 / 骨董商 골동품상
コットン 코튼, 무명 ⇨綿
こっぱ【木っ端】¶建物は爆撃で木っ端微塵になった 건물이 폭격으로 산산조각이 났다.
こつばん【骨盤】골반
こつぶ【小粒】작은 알갱이 ¶小粒の柿 작은 감
コップ 컵 〔グラス〕글라스 ¶コップ1杯の水 한 잔의 물 関連 紙コップ 종이컵 / 使い捨てのコップ 일회용 컵
こつん ◇こつんと 딱 ¶頭をこつんとたたく 머리를 딱 치다
ごつん ◇ごつんと 툭, 탁 ¶ごつんと頭をぶつける 툭 머리를 부딪치다
ごて【後手】¶商品開発においてわが社は他社の後手に回った 상품 개발에 있어서 우리 회사는 타사에 뒤처졌다.
こてい【固定】고정 ◇固定する 고정하다 ¶本棚を壁に固定する 책장을 벽에 고정하다 / 家具は壁にしっかりと固定されている 가구는 벽에 단단히 고정되어 있다. / 固定観念にとらわれる 고정관념에 사로잡히다 関連 固定給 고정급 / 固定資産税 고정 자산세 / 固定票 고정표
こてきたい【鼓笛隊】고적대
ごてごて 더덕더덕 ¶彼女はごてごて飾り立てて出かけた 그녀는 더덕더덕 치장을 하고 나갔다.
こてさき【小手先】〔浅知恵〕잔꾀 ¶小手先のごまかしはよせ 잔꾀 부려서 속이는 짓은 하지 마라.
こてしらべ【小手調べ】사전 연습 〔試し〕시험 〔練習〕연습 ¶小手調べに対戦する 시험 삼아 맞서 겨루다
こてん【古典】고전 ◇古典的な 고전적인 ¶『源氏物語』は日本の古典の一つである "겐지모노가타리"는 일본 고전의 하나이다. 関連 古典音楽 고전 음악 / 古典主義 고전주의
こてん【個展】¶彼は油絵の個展を開いた 그는 유화의 개인전을 열었다.
ごてん【御殿】궁궐, 대궐 ¶御殿のような家 대궐 집
こてんこてん ◇こてんこてんに 가차없이 ¶あいつをこてんこてんにやっつけてやる 그 녀석을 가차없이 혼내주겠다.

こと【事】❶〔事柄, 物事〕일, 것;말, 소리 ¶昨夜変なことがあった 어젯밤 이상한 일이 있었다. / 君にもう一つ聞きたいことがある 네게 하나 더 묻고 싶은 게 있다. / 洋服とか髪型とかいったことには興味がない 패션이나 헤어 스타일 같은 것에는 관심이 없다. / きょうはやらなければならないことがたくさんある 오늘 해야 할 일이 많다. / 笑いごとではないよ 웃을 일이 아니겠다. / 私の知ったことではない 내 알 바 아니다. / 何か私にできることがありますか 뭔가 내가 할 수 있는 일이 있습니까? / 何のことを言っているんだい 무슨 말을 하는 거야? / ばかなことを言うな 바보 같은 소리 하지 마.
❷〔出来事, 事態, 事情〕일, 사건, 사태, 사정 ¶毎日の生活の取るに足らぬことなどいちいち覚えていられない 일상 생활의 시시콜콜한 일까지 일일이 기억하고 있을 수 없다. / けさ出勤中にたいへんなことがあった 오늘 아침 출근길에 큰 사건이 있었다. / 翌日新聞がいっせいにそのことを報じた 다음날 신문이 일제히 그 사건을 보도했다. / ことの起こりはささいな誤解だった 일의 발단은 사소한 오해였다. / 困ったことに彼らは自分のことしか考えないのさ 문제는 그 사람들은 자기 일밖에 모른다는 것이지. / もしものことがあったらすぐ電話をくれ 만약 무슨 일이 있으면 곧바로 전화해 줘 / どんなことが起こっても約束は守らなければならない 무슨 일이 있어도 약속은 지켜야 된다. / そういうことならあきらめよう 그런 사정이라면 포기하자.
❸〔内容, 関連〕¶私の言うことがわかりますか 제 말이 무슨 말인지 아시겠습니까? / それはどういうことですか 그게 무슨 말입니까? / 「最近徹に会っていないが, 何か知ってる?」「体調を崩して1か月前から入院中らしいよ」 "최근 도오루에 관해서 듣지 못했는데, 뭐 알고 있어?" "몸이 안 좋아서 한 달 전부터 입원중이라고 하던데." / 食べ物のことになると彼はいろいろうるさい 먹는 얘기가 나오면 그 사람은 여러 가지로 까다롭다.
❹〔予定, 習慣〕¶直美と6時に駅で落ち合うことになっている 나오미와 6시에 역에서 만날 예정이다. / 祖父は毎朝散歩することにしている 할아버지는 매일 아침 산책하신다. / こちらでは11月になると雪が降るのは普通のことです 여기서는 십일월이 되면 눈이 내리는 것은 보통입니다.
❺〔経験〕《過去連体形+》적, 일 ¶あの夫婦がけんかしているのを見たことがない 저 부부가 싸우는 것을 본 적이 없다. / 明夫には前に会ったことがあるのでようすがわかった アキオとは 전에 만난 적이 있기 때문에 바로 알아봤다. / 「韓国へ行ったことがありますか」「いいえ, まだありません」 "한국에 가 본 적이 있어요?" "아뇨, 아직 못 가 봤어요."
❻〔…すること〕《現在連体形+》것, 《動詞語幹+》기 ¶法律を守ることは国民の義務です 법률을 지키는 것은 국민의 의무이다. / 武はギターを弾くことが楽しみだった 다케시는 기타를 치는 것을 좋아했다. / 明子はあれこれ考えた上で教師になることにした 아키코는 이것저것 생각한 끝에 교사가

되기로 했다. / 風邪を引いたのなら休養をとることだ 감기에 걸렸으면 좀 쉬는 게 좋아.

❼〔命令〕《未来連体形+》것 ¶読み終わった本は棚に戻すこと 다 읽은 책은 책장에 돌려놓을 것. / 下校途中に寄り道しないこと 하교 길에 여기저기 들르지 말 것.

❽〔その他〕外国語の学習は難しいがそれだけのことはある 외국어 학습은 어렵지만 그만큼의 가치는 있다. / その会社へ行くことは行ったのだが結局社長には会えなかった 그 회사에 가기는 했지만 결국 사장을 만날 수 없었다. / 驚いたことにその家にはだれも住んでいなかった 놀랍게도 그 집에는 아무도 살고 있지 않았다. / 試合に負けてどれほど悔しかったことか 시합에 져서 얼마나 억울했던지. 慣用句 現職大臣の逮捕はことがことだけに国民全体に大きなショックを与えた 현직 대신의 체포는 일이 일이니만큼 전 국민에게 큰 쇼크를 주었다. / ここに至ってはあきらめるしかない 일이 이렇게 됐다면 포기할 수밖에 없다. / 彼はその機械の使い方をこと細かに説明した 그는 그 기계의 사용 방법을 아주 세세하게 설명했다. / それはことだ 그거 큰일이다. / それはことと次第による 그것은 어떤 상황이냐에 달려 있다. | 그것은 상황에 따라 다르다. / なんとかことなきを得た 아무튼 탈없이 끝났다. / もっと慎重にことに当たるべきだった 더욱 신중히 일을 처리했어야 했다. / ことによると彼の言っていることは正しいのかもしれない 상황에 따라서는 그 사람이 말하는 것이 맞을지도 모른다. / こともあろうに死にたいだjust‐ なんてあいつは何を考えているんだ 하필이면, '죽고 싶다'라니 저 녀석 뭘 생각하는 거야. / 「30万円か」とその男はこともなげに言った "30만 엔이냐?"라고 그 남자는 아무렇지도 않게 말했다. / 事を荒立てるつもりはありません 일을 복잡하게 만들 마음은 없습니다. / だれだって彼とはことを構えたくはないだろう 누구라도 그 남자와 말썽을 일으키고 싶지는 않겠지. / ことを好まない人たちが円満に解決しようとした 문제가 생기는 것을 꺼리는 사람이기 때문에 원만하게 해결하려고 했다.

**こと**【琴】고토: 가야금이나 거문고와 비슷한 악기 ¶琴を弾く 고토를 켜다

**ごと** 째 ¶りんごを皮ごと食べる 사과를 껍질째로 먹다 / 鵜は魚を丸ごと飲み込んだ 가마우지는 물고기를 통째로 삼켰다. / 財布をハンドバッグごと盗まれた 지갑을 핸드백째로 도둑맞았다. / 家を土地ごと売る 집을 토지째 팔다

**-ごと**【-毎】마다 ¶ひと雨ごとに暖かくなってきた 비가 한 번씩 올 때마다 따뜻해졌다. / 日ごと 날마다 / 日曜ごとに 일요일마다 / 10分ごとに 10분마다 / 家ごとに 집집마다

**ことう**【孤島】고도, 외딴 섬 ¶絶海の孤島 절해고도 / 陸の孤島 육지의 고도, 뭍의 고도

**こどう**【鼓動】고동〔脈拍〕맥박 ◊鼓動する 고동치다 ¶胸の鼓動が高まる 가슴의 고동이 높아졌다. / 心臓の鼓動 심장의 고동

**ことかく**【事欠く】모자라다, 부족하다 ¶被災者は飲み水にも事欠いていた 이재민들은 마실 물도 부족했다. / 話の種には事欠かない 이야깃거리는 충분하다. / 金には事欠かない 돈은 충분히 있다. 慣用句 言うに事欠いてあんなことまでしゃべるなんて 이야깃거리가 떨어졌다고 그런 말까지 하다니.

**ことがら**【事柄】일, 사정 ⇒事

**こどく**【孤独】고독 ◊孤独だ 고독하다 ¶世の中には孤独を愛する人もいる 세상에는 고독을 사랑하는 사람도 있다. / 孤独を感じる 고독을 느끼다. / 孤独な生活を送る 고독한 생활을 보내다

**ことごとく** 모두, 모조리 ¶我々の計画はことごとく失敗に終わった 우리들의 계획은 모조리 실패로 끝났다.

**ことし**【今年】올해, 올, 금년 ¶今年はとても忙しかった 올해는 아주 바빴다. / その番組は今年から始まった 그 프로그램은 올해부터 시작됐다. / 息子は今年の春大学を卒業する予定だ 아들은 올봄에 대학을 졸업할 예정이다. / 今年中にその仕事を終えなければならない 올해 안에 그 일을 끝내야 된다. / 今年のいつか慶州へまた行くつもりだ 올해 언젠가 경주에 또 갈 작정이다.

**ことづけ**【言付け】전언, 전갈 ¶言付けを残す 전언을 남기다 / 言付けを受ける 전갈을 받다 / 課長に何かお言付けがございますか 과장님께 전할 말씀이 있으세요?

**ことづける**【言付ける】전언하다, 전갈하다 ¶私に電話をくれるよう奥さんに言付けた 나한테 전화를 달라고 그 사람의 부인한테 메시지를 남겼다. / スジンに手紙を渡すよう彼に言付けた 그에게 편지를 수진이한테 전해 달라고 했다.

**ことなかれしゅぎ**【事無かれ主義】무사주의

**ことなる**【異なる】다르다 ¶彼らの生活様式は我々のものとは異なる 그 사람들의 생활양식은 우리와는 다르다. / この2本のロープは長さが異なる 이 두 줄의 로프는 길이가 다르다. / 僕は君とは異なる考えを持っている 나는 너와는 다른 생각을 가지고 있다. / ビールの売れ行きは気温によって異なる 맥주의 매상고는 기온에 따라서 다르다. / それは事実と異なる報告だ 그것은 사실과 다른 보고이다.

**ことに**【殊に】〔特に〕특히, 특별히 ¶息子は果物, ことに桃が好きだ 아들은 과일 특히 복숭아를 좋아한다. / 今年の冬はことに寒かった 올해 겨울은 특히 추웠다. ⇒特に

**ことば**【言葉】❶〔語句〕말〔単語〕낱말, 단어〔術語, 専門語〕용어〔表現〕표현〔語彙〕어휘

◆〘言葉が・言葉は〙

¶その時の気持ちを表す適当な言葉が見つからなかった 그때의 기분을 표현할 적당한 말이 떠오르지 않았다. / 私は「自由」という言葉が好きだ 나는 '자유'라는 말을 좋아한다. / この科学雑誌には難しい言葉が多い 이 과학 잡지에는 어려운 용어가 많다. / 「コンピュータ」という言葉はだれが作ったのですか '컴퓨터'라는 단어는 누가 만들었습니까?

◆〘言葉で〙

¶その話を自分の言葉で言い直してごらんなさい 그 이야기를 자기의 표현으로 바꿔 말해 봐. / 「ユーザーフレンドリー」というのは, 別の言葉で言えば

「使いやすい」ということだ '유저프렌들리'라는 것은 다른 말로 말하자면 '쓰기 쉽다'는 뜻이다. / 私は自分の気持ちを言葉で表現することができない 나는 내 기분을 말로 표현할 수 없다. / 山頂からの眺めは言葉で言い表せないほど美しい 산정상에서 바라보는 경치는 말로 표현할 수 없을 정도로 아름답다.

◆【言葉の・言葉を】

¶「言葉の意味を知っていますか '이콜로지컬'이라는 단어의 뜻을 알고 있습니까 / この子はまだ4歳だがたくさんの言葉を知っている 이 아이는 아직 네 살이지만 많은 단어를 알고 있다. / 彼女の言葉を借りれば彼女の弟はゲームおたくだ 그 여자의 말을 빌리자면 그 여자의 동생은 게임광이다.

❷[発言, 話し方] 말 [言葉遣い] 말씨

【言葉が】

¶彼女はたいへんショックを受けて言葉が出てこなかった 그녀는 큰 충격을 받아서 말이 안 나왔다. / あなたは言葉がていねいですね 정중한 말을 쓰시네요.

【言葉に】

¶目上の人の前では言葉に気をつけなさい 윗사람 앞에서는 말 조심하세요. / うれしくて言葉になりません 너무 기뻐서 말이 안 나와요. / 言葉に詰まった彼女は 말이 막혔다. / 彼女の言葉にはとげがある 그 여자의 말에는 가시가 있다. / 彼の言葉にはなまりがある 그 사람의 말에는 사투리가 있다.

【言葉を】

¶その少女と少し言葉を交わした 그 소녀와 조금 얘기를 나누었다. / お礼の言葉を述べたいと思います 감사의 말씀을 올리고 싶습니다. / 財務大臣は増税については慎重に言葉を選んだ 재무 대신은 증세에 대해서는 신중하게 말을 골랐다. / 汚い言葉を使ってはいけません 상스러운 말을 써서는 안 됩니다. / 少し言葉を慎みなさい 말을 좀 삼가라. / 私は彼女の言葉を信じた 나는 그 여자의 말을 믿었다. / 娘はまだ赤ちゃん言葉を使う 딸은 아직 아기 말씨를 쓴다.

◆【その他】

¶それが上司に対して言う言葉か 그것이 상사에게 대고 할 말인가. / きょうは天気予報どおり雨が降った 오늘은 일기 예보대로 비가 내렸다. / 彼女は言葉少なに自分の意見を述べた 그녀는 간단하게 자기 의견을 말했다. / その男は言葉数の少ない人だ 그 남자는 말수가 적은 사람이다.

❸[言語] 언어 [話し言葉] 말 ¶こんなとき日本語はたいへん便利な言葉だ 이럴 때 일본어는 아주 편리한 언어다. / いるかは人間の言葉がわかるだろうか 돌고래는 사람의 말을 알 수 있을까? / 人は言葉を話す能力を持っている 인간은 말할 수 있는 능력을 가지고 있다. / この詩は沖縄の言葉で書かれている 이 시는 오키나와 사투리로 쓰여 있다. / 韓国滞在中は言葉には困らなかった 한국 체재중에는 의사 소통에 지장이 없었다. / 私と彼女の間には言葉の壁がある 나와 그 여자 사이에는 언어의 벽이 있다.

¶書き言葉 문장어 | 글말 | 話し言葉 구어 | 입말

慣用句 すみません, 言葉が過ぎました 죄송합니다. 말이 너무 심했습니다. / セールスマンは言葉巧みにおばに宝石を売りつけた 외판원은 교묘한 말로 이모에게 보석을 팔아 넘겼다. / お言葉に甘えてもう一晩泊めていただきます 말씀대로 고맙게 하룻밤 더 묵겠습니다. / 怒るなよ, さっきのは言葉のあやなんだから 화내지 마. 아까 한 말은 비유한 것 뿐이니까. / 言葉の端々から彼の自信が感じられた 말 한 마디 한 마디에 그 사람의 자신감이 느껴졌다. / 彼女の言ったことに返す言葉もなかった 그녀가 한 말에 대꾸할 말도 없었다. / サンギは私の質問に言葉を濁した 상기는 내 질문에 말을 흐렸다. / 言葉を返すようですがあなたの考えは現実的ではないと思います 말대꾸하는 것 같습니다만 선생님의 생각은 현실적이지 않다고 생각합니다. / 言葉を尽くして止めたがだめだった 납득이 가도록 설득하려 막았지만 소용 없었다.

ことばづかい【言葉遣い】말씨 ¶言葉遣いに気をつける 말조심하다 / 最近の若者は言葉遣いが乱暴だ 최근 젊은 사람들은 말씨가 험하다.

## こども【子供】

아이, 어린이 [男児] 사내아이, 사내애 [女児] 계집아이, 계집애 [赤ん坊] 아기 ⇒子

使い分け アイ, アギ, オリニ
아이[애]는 子供의 총칭. 生まれたばかりの赤ん坊는 아기라고 하고, 자신의 赤ん坊에는 아이[애]를 用いることが多い. 아가는 小学校入学前後の子供に対して用いられ, 若い母親が子供を呼ぶときにも用いられる. 어린이는 小学生くらいの子供をさす語.

基本表現
▶彼らには子供が2人いる
  그들에게는 아이가 두 명 있다.
▶子供はおもちゃを散らかした
  아이는 장난감을 어질렀다.
▶私たちには子供はいません
  우리는 아이가 없습니다.
▶妻に子供ができた(→妊娠した)
  아내가 임신했다.
▶妻はきのう子供を産んだ
  아내는 어제 아기를 낳았다.
▶武に子供が生まれた
  다케시네 아기가 태어났다.
▶彼らは3人の子供を育てている
  그들은 세 명의 아이를 키우고 있다.

¶彼はほんの子供だ 개는 그저 어린애다. / 子供は入場無料 어린이는 입장 무료 / 子供のけんかに親が出るものではない 어린애들 싸움에 부모가 나설 일이 아니다. / 子供がたくさんほしい 아이가 많이 있었으면 좋겠다. / 子供の時から彼を知っている 어렸을 때부터 그 사람을 알고 있다. / ジナは子供のような正直さを持っている 지나는 어린아이 같은 정직함을 가지고 있다. / 彼は考えることが子供だ 그 사람은 생각하는 것이 어리다.

¶その話はあまりに子供じみたばかばかしさに満ちている 그 이야기는 너무나 유치하고 터무니없는 내용이다. / ミファが考えが子供っぽい 미화는 생각이 어린애 같다. / 子供扱いしないで 아이 취급하

지 마. / 両親의 離婚은 子供心에도 理解できた 부모의 이혼은 어린 마음에도 이해가 되었다. / 公園は子供連れでにぎわっていた 공원은 어린이를 동반한 사람들로 북적거렸다. 慣用句 それは子供だましにすぎない 그것은 치졸한 속임수에 지나지 않는다. 関連 子供会 어린이회 / 子供の日 어린이날 / 子供服 어린이옷, 아동복 / 子供部屋 아이방, 어린이방 / 子供料金 아이 요금, 어린이 요금

**ことり** 【小鳥】 작은 새 [鳥] 새 ¶小鳥を飼う 작은 새를 키우다 ⇨鳥

**ことわざ** 【諺】 속담(俗談) ¶諺にもあるように 속담에도 있듯이

**ことわり** 【断り】 [拒絶] 거절, 사절 [許可] 허가, 양해 [禁止] 금지 ¶私は断りの手紙を書いた 나는 거절 편지를 썼다. / 未成年者の入場お断り 미성년자 입장 금지 / 駐車お断り 주차 금지 / 断りもなく決める 양해도 없이 결정하다

**ことわる** 【断る】 ❶ [拒否する] 거절하다, 사절하다 ¶彼は私の頼みを断った 그 사람은 내 부탁을 거절했다. / 彼はひとりでできるからと我々の申し出をきっぱり断った 그 사람은 혼자서 할 수 있다면서 우리들의 도움을 딱 거절했다. / 春子は両親からの金銭的な援助をすべて断った 하루코는 부모님으로부터의 금전적인 원조를 모두 거절했다. / 銀行からの融資を断られた 은행으로부터 융자를 거절당했다. / せっかくのご親切ですがお断りします 모처럼의 호의입니다만 거절하겠습니다.

❷ [許可を得る, 注意する] 허락을 받다, 양해를 얻다, 미리 알리다 ¶このコンピュータを使うときは彼女に断ってください 이 컴퓨터를 사용할 때는 그 여자에게 허락을 받아 주세요. / 「あしたパーティーに行くの？」「せっかく招待状もらったけど先約があるから断ろうと思っているの」 "내일 파티 갈 거야?" "모처럼 초대장까지 받았지만 선약이 있어서 못 간다고 연락하려고." / 辞めるときは少なくとも１か月前に断ってください 그만둘 때는 적어도 한 달 전에 양해 주세요. / 断わっておくが, 今度また同じミスをやったら君は首だ 미리 말해 두겠지만 다음에 또 같은 실수를 했다가는 너는 해고야.

**こな** 【粉】 가루 [粉末] 분말 ¶粉をひく 가루를 빻다 関連 粉薬 가루약 / 粉ミルク 가루우유

**こなごな** 【粉々】 산산조각 ◇粉々に 산산조각으로 ¶コップは床に落ちて粉々になった 컵이 마루에 떨어져서 산산조각이 났다. / 粉々にする 산산조각 내다

**こなし** 몸놀림 [動作] 동작 ¶彼は身のこなしがいい 그는 몸놀림이 가볍다.

**こなす** [消化する] 소화하다 [扱う] 익숙하게 다루다, 구사하다, 해내다 [終える] 해치우다, 처리하다 ¶キョンホはもう日常の日本語をこなしている 경호는 이미 일상 일본어를 구사하고 있다. / 仕事をこなす 일을 해내다 / 役をこなす 역할을 소화하다 / 使いこなす 익숙하게 사용하다

**こなせっけん** 【粉石鹸】 가루비누

**こなゆき** 【粉雪】 가루눈

**こなれる** [消化する] 소화되다 [人柄が] 원숙해지다 [技能などが] 숙달되다 ¶食べ物は胃でこなれる 먹은 것은 위에서 소화된다. / ここ数年の間に弟は人柄がこなれてきた 요 몇 년간에 동생은 사람이 원숙해졌다. / こなれた文章を書く 숙달된 문장을 쓰다

**こにもつ** 【小荷物】 소하물 ¶小荷物取扱所 소하물 취급소

**コニャック** 코냑

**にんずう** 【小人数】 소인수, 적은 인원수, 소수 인원 ¶小人数のクラス 소인수 학급

**こぬかあめ** 【小糠雨】 이슬비, 가랑비

**コネ** [縁故] 연고, 연줄 ¶私は政界にコネがある 나는 정계에 연줄이 있다. / コネで就職する 연줄로 입사하다 / 父親のコネで入社した 아버지 연줄로 입사했다.

**こねこ** 【小猫】 새끼 고양이

**こねる** 【捏ねる】 [練り粉・粘土などを] 반죽하다, 개다 [あれこれ言う] 떼쓰다, 억지쓰다 ¶米の粉をこねる 쌀가루를 반죽하다 / だだをこねる 떼를 쓰다 / 理屈をこねる 억지 쓰다 / おもちゃを買ってくれとだだをこねる 장난감을 사 달라고 떼쓰다

**ごねる** 불평하다, 투덜거리다 ⇨不平, 文句

**この** ❶ [近くのものを指す] 이 ¶この服 이 옷 / この問題 이 문제 / この本は君のかい 이 책이 거야? / この花はばらです 이 꽃은 장미입니다. / 彼はどこかこの辺りにいると思います 그 사람은 이 주변 어딘가에 있을 겁니다.
¶このことを覚えておきなさい 이 일을 기억해 둬. / この人が田中さんですよ 이 사람이 다나카 씨에요.

❷ [最近の] 이번, 요 ¶この夏は異常に暑かった 올여름은 유난히 더웠다. / 私はこの１か月ずっと図書館へ通っている 나는 요 한 달 동안 계속 도서관에 다니고 있다. / 秋田先生はこの20年間家族を診てくださっています 아키타 선생님이 이 20년 동안 우리 가족을 진찰해 주시고 계십니다.

**このあいだ** 【この間】 요전, 전날, 일전 ¶この間の約束、覚えていますか 일전의 약속 기억하고 있습니까? / ついこの間まで大阪に住んでいました 바로 얼마 전까지 오사카에 살고 있었습니다. / この間からお腹が痛い 요전부터 배가 아프다. / この間の夜どこにいたの 전날 밤 어디 있었어?

**このうえ** 【この上】 [これ以上] 더 이상 [これに加えて] 게다가 ◇この上は 이렇게 된 바에는 ¶この上ご迷惑をおかけするわけにはいきません 더 이상 폐를 끼칠 수 없습니다. / この上何を期待しているんですか 더 이상 뭘 기대합니까? / この上なく幸せだ 더할 나위 없이 행복하다. / この上はあきらめるしかない 이렇게 된 바에는 포기할 수밖에 없다.

**このくらい** 【この位】 이 쯤, 이 정도, 이만한 ¶釣った魚はこの位大きかった 낚은 물고기는 이 정도 크기였다. / バットはこの位の長さだ 배트는 이 정도의 길이이다. / この位の仕事 이 정도의 일 / この位の人数 이 정도의 인원수 / この位のことは我慢しなくてはならない 이 만한 일은 참아야 한다.

**このごろ【この頃】** 요즘, 요사이, 요새 [最近] 최근 ¶このごろの若者 최근의 젊은이들 / このごろ運動不足だ 요새 운동 부족이다.

**このさい【この際】** 이 기회 ¶この際一つだけはっきりさせておく 이 기회에 하나만 분명히 해 두겠다.

**このさき【この先】**〔前方〕앞쪽〔将来〕장차, 앞으로〔今後〕금후 ¶郵便局はすぐこの先です 우체국은 바로 이 앞입니다.

**このたび【この度】** 이번, 오번, 금번 ¶この度ソウル支社に転勤することになりました 이번에 서울 지사로 전근 가게 되었습니다. / この度はお世話になりました 이번에는 신세를 많이 졌습니다. / この度はご結婚おめでとうございます 결혼 축하 드립니다.

**このつぎ【この次】** 다음 ¶この次の日曜日にドライブしよう 다음 일요일에 드라이브하자. / この次車を使う時はまず私に断ってからにしてくれ 다음에 차를 쓸 때는 우선 나한테 허락 받고 써. / この次の機会にしましょう 다음 기회로 하죠.

**このとおり【この通り】** 이대로〔見たとおり〕본 바와 같이 ¶このとおりにやってみなさい 이대로 해 봐. / エレベーターはこのとおり動きません 엘리베이터는 보는 바와 같이 안 움직입니다.

**このとき【この時】** 이 때 ¶この時になってぼやいたって始まらない 지금에 와서 투덜거려 봤자 소용없어[어쩔 수 없어]. / この時にはもう試験は始まっていた 이때는 벌써 시험은 시작됐었다. / この時とばかり彼は反撃に転じた 이때다하고 그는 반격에 나섰다.

**このところ**〔近ごろ〕요즘, 요사이, 요새 [最近] 최근 ⇒このごろ

**このは【木の葉】** 나뭇잎 (▶発音은 나뭇닢) ⇒葉

**このぶん【この分】** 이 상태, 이 모양, 이 형편 ¶この分だと会議は長引きそうだ 이 상태로는 회의가 길어질 것 같다. / この分ではデフレは改善しないだろう 이 상태로는 디플레이션은 개선되지 않을 것이다. / この分ではそれは難しいかもしれない 이 형편으로는 그것은 어려울지도 모른다.

**このへん【この辺】** 이 근처〔この程度〕이 정도 ¶この辺に喫茶店はありますか 이 근처에 커피숍이 있습니까? / きょうはこの辺で終わりにします 오늘은 이 정도로 끝내겠습니다.

**このほか【この外・この他】** 그 외[밖] ¶彼はこのほかに2台車を所有している 그 사람은 이 외에도 차 두 대를 더 소유하고 있다.

**このまえ【この前】** 요전, 일전, 전번, 지난번 ¶この前学校に遅刻した 전번에 학교에 지각했다. / この前お目にかかったのはいつだったかしら 요전에 뵌 게 언제였더라? / この前彼女とデートしたのは土曜日だった 전번에 여자 친구와 데이트한 것은 토요일이었다. / この前の選挙で与党は大敗した 요전의 선거에서 여당은 크게 졌다. / この前の月曜日 지난 월요일

**このましい【好ましい】** 바람직하다, 좋다 〔感じがいい〕호감이 가다 ¶好ましい傾向 바람직한 경향 / 好ましい人物 호감이 가는 사람 / 好ましい印象 호감이 가는 인상 / 彼の行動は政治家として好ましくない 그 사람의 행동은 정치가로서 바람직하지 못하다.

**このまま** 이대로 ¶このままほうってはおけない 이대로 내버려 둘 수 없다. / このままでは負けてしまうだろう 이대로라면 지고 말 것이다.

**このみ【好み】** 기호, 취향, 취미 ◇好みの 좋아하는 ¶好みは人によって異なる 기호는 사람에 따라서 다르다. / 食物の好みがだんだん変わってきた 음식의 기호가 점점 변했다. / 妻は服の好みがむずかしい 아내는 옷 취향이 까다롭다. / 彼は女性の好みがはっきりしている 그 남자는 좋아하는 여성의 타입이 분명하다. / その男子が好きなタイプの女性は뚜렷이 정해져 있다. / その家は彼の好みに合うように設計された 그 집은 그 사람의 취향에 맞게 설계되었다. / この絵は私の好みに合わない 이 그림은 내 취미에 안 맞는다.

¶チョンホは彼女の好みのタイプだ 정호는 그 여자가 좋아하는 타입이다. / 私の好きな音楽はクラシックだ 내가 좋아하는 음악은 클래식이다. / このセーターは値段も同じくらいだし、どっちを選ぶかは好みの問題だね 이 스웨터는 가격도 비슷하고, 어느 것을 고를지는 취향의 문제다.

¶コーヒーと紅茶とどちらがお好みですか 커피와 홍차 어느 쪽이 좋습니까? / お好みに合わせて塩をお入れください 입맛에 맞게 소금을 넣으세요.

**このみ【木の実】** 나무 열매

**このむ【好む】** 좋아하다〔楽しむ〕즐기다〔望む〕바라다 ¶果物を好む 과일을 좋아하다 / 私は文学を好む 나는 문학을 좋아한다. / 私は理科は好きないが 이과 계열을 좋아하지 않는다. / あいつは何を好んでこの嵐に出かけたんだろう 저 녀석 왜 하필 이 폭풍우에 나간 걸까? / 父は釣り[酒]を好む 아버지께서는 낚시를[술을] 즐기신다. / 日本人は好んで刺身を食べる 일본 사람은 회를 즐겨 먹는다. / 自分から好き好んでこんなたいへんな仕事を引き受けるやつはいない 자기가 좋아서 이런 힘든 일을 맡을 녀석은 없다. / 好むと好まざるにかかわらず兵役に行かなくてはならない 좋건 싫건 관계없이 군대는 가야 된다. / 自ら好んで選んだ道 스스로 좋아서 선택한 길

**このよ【この世】** 이 세상, 이승 ¶この世を去る [死ぬ] 이승을 떠나다. / 彼はもうこの世の人ではない 그이는 이미 이 세상 사람이 아니다. / キョンヒはこの世のものとは思えないほどきれいな人だ 경희는 이 세상 사람이라고는 생각할 수 없을 정도로 아름다운 사람이다.

**このよう【この様】** ◇このような 이와 같은 ◇このように 이와 같이, 이처럼 ¶申し込み用紙はこのように記入してください 신청서에는 이와 같이 기입해 주세요.

**こばむ【拒む】** 〔拒否する〕거부하다〔拒絶する〕거절하다 ¶会社は我々の要求を拒んだ 회사는 우리들의 요구를 거부했다. / 支払いを拒む 지불을 거부하다

**こはるびより【小春日和】** 초겨울의 따뜻한 날씨

**こはん【湖畔】** 호반, 호숫가 ¶湖畔でバーベキューをした 호숫가에서 바베큐를 했다. / ひとりで湖

畔を散歩した 혼자서 호숫가를 산책했다. / 湖畔のホテルに1泊した 호반의 호텔에서 하룻밤 묵었다.

**ごはん【御飯】** 밥[食事] 식사 ¶ごはんですよ 밥 드세요. / ごはんの仕度をしよう 식사 준비 하자. / 母は毎朝6時に起きてごはんを炊く 어머니는 매일 아침 여섯 시에 일어나서 밥을 짓는다. / ごはん時なのにうちの子はどこに行ったのかしら 식사 시간인데 우리 아이는 어디로 갔을까? 数え方 ごはん1膳 밥 한 그릇[공기] ¶しんのあるごはん 꼬들밥 / 蒸しごはん 찐밥 / てんこ盛りのごはん 가득 담은 밥 関連 朝ごはん 아침 밥 / 昼ごはん 점심밥 / 夕ごはん 저녁밥

**こび【媚】** 아첨 ◇媚を売る 아첨을 떨다

**ごび【語尾】** 어미(↔어간)

**コピー** 카피, 복사(複写)[複製品] 복제품 ◇コピーする 카피하다, 복사하다, 복제하다 ¶このページを2枚コピーしてください 이 페이지를 두 장 복사해 주세요. / 音楽CDは簡単にコピーできますか 음악 CD는 간단하게 카피할 수 있습니까? / 有名な絵画のコピー 유명한 그림의 복제품 / コンピュータソフトの違法コピー 컴퓨터 소프트의 불법 복제 関連 コピー機 복사기 / コピー商品《俗》 짝퉁 / コピー用紙 복사 용지, 카피지 / 両面コピー 양면 카피

**コピーライター** 카피라이터

**こひつじ【子羊】** 새끼 양

**こびと【小人】** 소인, 난쟁이

**こびりつく【こびり付く】** 달라붙다 [考えなどが] 머리에서 떠나지 않다 ¶ズボンに泥がこびり付いた 바지에 진흙이 달라붙었다. / 友達の言ったことが頭にこびり付いて離れなかった 친구가 한 말이 머리에서 떠나지 않았다.

**こびる【媚びる】** 아첨하다, 알랑거리다, 아양을 떨다 ⇨お世辞, へつらう

**こぶ【瘤】** 혹[らくだの] 육봉[木の節] 옹이[子供] 아이[障害] 가시 ¶こぶができる 혹이 생기다 / こぶ付きの女 아이가 딸린 여자 慣用句 目の上のこぶ 눈엣가시

**ごぶ【五分】** 오 푼, 오 퍼센트 ◇五分五分だ 비슷하다, 반반이다 ¶彼らの実力は五分五分だ 그들의 실력은 비슷하다. / うまくいくかどうかは五分五分だ 잘 될지 안 될지는 반반이다. / 五分刈り(→スポーツ刈り)にする 머리를 스포츠 형으로 자르다

**こふう【古風】** 고풍 ◇古風だ 고풍스럽다, 예스럽다[旧式だ] 낡다 ¶古風な家具[磁器] 예스러운 가구[자기] / 古風な考え 낡은 생각

**ごぶさた【御無沙汰】** ¶ごぶさたしています 오랜만에 뵙겠습니다. / ごぶさたしてすみません 오랫동안 연락 못 드려서 죄송합니다.

**こぶし【拳】** 주먹 ¶こぶし大の石 주먹 크기의 돌 / こぶしを握る 주먹을 쥐다 / こぶしを振り上げる 주먹을 휘두르다

**こぶとり【小太り】** ◇小太りだ 좀 뚱뚱하다

**コブラ** 코브라

**こぶり【小降り】** ¶雨が小降りになり始めた 빗발이 약해졌다.

**こふん【古墳】** 고분 関連 古墳時代 고분 시대

**こぶん【古文】** 고문[古典] 고전

**こぶん【子分】** 부하(部下)[手下] 졸개 ¶彼には大勢の子分がいる 그 사람에게는 많은 부하가 있다. / 親分と子分 두목과 부하

**こべつ【個別】** 개별 ◇個別的な 개별적인 ◇個別的に 개별적으로 ¶その学生らは個別に指導する必要がある 그 학생들은 개별적으로 지도할 필요가 있다.

**こべつ【戸別】** 호별 関連 戸別訪問 호별 방문

**ごほう【語法】** 어법

**ごほう【誤報】** 오보

**ごぼう【牛蒡】** 우엉 慣用句 彼はラストスパートで3人をごぼう抜きにした 그는 라스트 스퍼트에서 세 명을 차례로 앞질렀다.

**こぼす【零す】** ❶[液体などをこぼす] 흘리다, 엎지르다 ¶ノートにインクをこぼした 노트에 잉크를 엎질렀다. / ごめんなさい, 床にジュースをこぼしてしまったの 미루에 주스를 엎질러 버렸어요. / ごはんを食べる時にこぼさないで 밥 먹을 때 흘리지 마. / 「さよなら」と言って彼女は涙をこぼした "잘 가"하고 그녀는 눈물을 흘렸다. ❷[不平を言う] 투덜대다, 불평하다 ¶妹はいつも夫の給料の少なさをこぼしている 여동생은 항상 남편의 적은 급료에 투덜거린다.

**こぼれる【零れる】** 넘치다, 흘러나오다, 흘러내리다, 새어 나오다, 쏟아지다 ¶ミルクが床にこぼれた 우유가 마루에 쏟아졌다. / 少年の目から涙がこぼれた 소년의 눈에서 눈물이 흘러내렸다. / 女の子の顔に笑いがこぼれた 여자 아이의 얼굴에 웃음이 피어나다.

**ごほん** 콜록 ¶ごほんとせきをした 콜록하고 기침을 했다.

**こぼんのう【子煩悩】** ¶彼は子煩悩な父親だ 그 사람은 자식을 끔찍이 아끼고 생각한다.

**こま** [漫画の] 컷[フィルムの] 화면[戯曲・小説の] 장면[授業時間] 교시 ¶4こま漫画 네 컷 만화 / 大学の講義の1こまは普通90分である 대학 강의의 1교시는 보통 90분이다.

**こま【駒】** [将棋の] 말 ¶駒を動かす 말을 움직이다 慣用句 決勝戦に駒を進める 결승전에 진출하다

**こま【独楽】** 팽이 ¶こまを回す 팽이를 돌리다

**ごま【胡麻】** 참깨 ¶ほうれん草のごま和え 시금치 참깨 무침 関連 ごま油 참기름 / ごま塩 깨소금 / ごま塩頭 반백(斑白) / ごますり 아첨[人] 아첨꾼 慣用句 上役にごまをするようなことはしたくない 상사에게 아첨 같은 것은 하기 싫다. / 開けごま 열려라 참깨！

**コマーシャル** 시에프(CF), 시엠(CM), 선전(宣伝) ¶あの新製品のテレビコマーシャルはおもしろい 그 신제품의 CF는 재미있다. 関連 コマーシャルソング CM 송 / コマーシャルフィルム 시에프(CF)

**こまかい【細かい】** ❶[物が小さい] 작다, 잘다[塵や粒が小さい] 가늘다, 미세하다 ¶細かい砂 가는 모래 / 細かい字は読みにくい 작은 글씨는 읽기 힘들다. / 細かい雨が降ってきた 가는 비가 내리기 시작했다. / 戸棚の細かいほこりを払い落とした 찬장의 미세한 먼지를 털

었다. / 目の細かいざる 촘촘한 소쿠리 / きゅうりを細かく刻む 오이를 가늘게 썰다
❷〔詳細な〕세세하다, 자세하다〔神経が〕꼼꼼하다, 세심하다〔厳密な〕까다롭다〔お金に〕인색하다 ¶規則が細かい 규칙이 까다롭다. / 細かいことは後で決めよう 세세한 것은 나중에 결정하자. / 私は言葉遣いに細かい注意を払った 나는 말씨에 세심한 주의를 기울였다. / 彼女はその時の様子を細かく話した 그 여자는 그때의 상황을 자세히 이야기했다. / その計画について細かく説明をしてください 그 계획에 대해서 자세히 설명해 주세요.
¶彼女は神経が細かい 그 여자는 신경이 예민하다. / 夫はお金に細かい 남편은 인색하다.
❸〔ささいな〕사소하다, 하찮다 ¶この原稿は細かい誤りが多い 이 원고에는 사소한 실수가 많다. / 細かいことを気にするな 하찮은 일에 신경 쓰지 마라.
❹〔金額が少ない〕¶バスに乗るには細かいお金が必要だ 버스를 탈 때 잔돈이 필요하다. / 1万円札を細かくしていただけませんか 만 엔짜리를 잔돈으로 바꿔 주시겠습니까.
**ごまかし**【誤魔化し】속임수 ¶子供にはごまかしがきかない 어린아이에게는 속임수가 통하지 않는다.

## ごまかす
【誤魔化す】❶〔人を欺く〕속이다 ¶あいつらはお年寄りたちをごまかして金を巻き上げた 그 놈들은 노인들을 속여서 돈을 등쳐먹었다. / 人の外見にごまかされるな 사람의 겉모습에 속지 말아라.
/ 自分の気持ちをごまかすものじゃないよ 자기 마음에 정직해라. / 他の人の目はごまかせても僕の目はごまかせないよ 다른 사람 눈은 속여도 내 눈은 못 속인다. / 案外税金をごまかしている人もいるでしょ? 의외로 세금을 낼 때 거짓으로 신고하는 사람도 있죠? / 目方をごまかすなんてずるい店員だ 중량을 속이다니 교활한 점원이다. / おばあさんは釣り銭をごまかされたことに気付いた 할머니는 잔돈을 속여서 받았다는 것을 눈치 챘다. / その政治家は経歴をごまかしていた 그 정치가는 경력을 속이고 있었다. / あの女優は年をごまかしているらしい 그 여배우는 나이를 속인다고 한다. / だれかが帳簿をごまかしているに違いない 누군가가 장부를 속이고 있는 게 틀림 없다. / あめをなめて空腹をごまかした 사탕을 빨며 배고픔을 달랬다.
❷〔その場を取りつくろう〕어물어물 넘기다, 얼버무리다 ¶いい加減なことを言ってごまかすんじゃない 적당히 둘러대서 어물어물 넘기는 거 아니다. / 失敗を笑ってごまかした 실수를 웃음으로 어물어물 넘겼다. / 質問には「私の専門ではありません」とごまかした "제 전문이 아닙니다"라고 얼버무렸다.
**こまぎれ**【細切れ】토막 ¶こま切れの情報 토막 정보 / 肉のこま切れ 잘게 썬 고기 / こま切れにする 잘게 썰다
**こまく**【鼓膜】고막 ¶片方の鼓膜が破れた 한쪽 고막이 찢어졌다. / 鼓膜が破れそうな騒音 고막이 찢어질 것 같은 소음
**こまごま**【細々】◇こまごまと〔まめまめしく〕바지런히〔詳細に〕세세히 ◇こまごまとした〔雑多な〕자질구레한 ¶彼女はこまごまと息子の世話をやいた 그녀는 바지런히 아들의 뒷바라지를 했다. 彼女はこまごまとよく立ち働く 그녀는 바지런히 일을 잘한다. / こまごまと報告することがある 세세히 보고할 것이 있다. / こまごまとした物 자질구레한 것
**こまぬく**【拱く】팔짱끼다 ¶手をこまぬいて待つのはやだ 팔짱끼고 앉아 기다리는 것은 싫다.
[慣用句]手をこまぬいて傍観する 수수방관하다
**こまめ** ◇こまめだ 바지런하다 ◇こまめに 바지런히 ¶こまめな人 바지런한 사람 / こまめに働く 바지런히 일하다
**こまやか**【細やか】◇細やかだ〔心が温かい〕두텁다 ¶そのウエイターはいつもこまやかな心配りをしている 그 웨이터는 항상 사소한 부분까지 신경 써 준다. / こまやかな愛情 두터운 애정
**こまらせる**【困らせる】곤란하게 하다, 난처하게 하다〔苦労させる〕애를 먹이다 ¶私を困らせないでください 저를 난처하게 만들지 말아 주세요.

## こまる
【困る】❶〔困難・苦労を体験する〕곤란하다, 어렵다〔苦労する〕애를 먹다, 고생하다 ¶私たちは住まいのことで困っている 우리는 주거 문제 때문에 애를 먹고 있다. / 外国で病気になってとても気の毒な外国人 외국에서 아주 고생했다. / その人の言うことが理解できなくて困った 그 사람이 하는 말이 이해가 안 돼서 애를 먹었다. / もし地下鉄が止まってしまったら東京の人々は困ったことになるだろう 만약 지하철이 멈춰 버리면 도쿄 사람들은 혼란에 빠질 것이다. / そんなことをすれば君は困ったことになるよ 그런 짓을 하면 니 입장이 곤란해질 거야.
¶困ったことに、課長は酔っ払うと人がまったく変わるんだ 과장은 술 취하면 완전히 사람이 바뀌어서 문제다. / 人手が足りなくて困っています 일손이 부족해서 곤란합니다. / これでますます困ったことになる 이것으로 더욱더 어려워진다. / 困ったときには遠慮なく電話してね 어려울 때는 꺼리지 말고 전화해. / うちの息子にはほとほと困っている 우리 아들 때문에 몹시 난처하다.
[会話] 困ったな
　A: 困った
　B: どうしたんだい
　A: 宿題忘れたんだ
A: 큰일 났다.
B: 왜 그래?
A: 숙제하는 걸 깜빡했어.
　A: 何をお困りですか
　B: 部屋の鍵をなくしてしまったのです
　A: それはお困りですね
A: 무슨 일 있으세요?
B: 방 열쇠를 잃어버렸어요.
A: 그것 참 곤란하게 됐네요.
❷〔困惑する〕난처하다, 곤란하다〔悩む〕고민하다 ¶彼女は彼のルーズさに困っている 그녀는 그의 무책임함에 곤란해하고 있다. / あいつが勝手にそんなことをするとは困ったことだ 그 녀석이 맘대로 그런 일을 하다니 곤란하네. / 姉は彼がやき

もちをやくので困っている 누나는 남자 친구가 질투를 하기 때문에 난처해하고 있다. / 彼のいい加減な態度には困ったものだ 그 남자의 무책임한 태도는 골칫거리다. / 息子がいつまでも子供で困っている 아들이 언제까지나 어린애 같아서 고민이다.

¶彼女の質問には返事に困ったよ 그 여자의 질문에는 대답하기 곤란했다. / 妻の誕生日に何を買ったらよいか困っている 아내 생일에 뭘 사면 좋을지 고민하고 있다.

¶困るじゃないか、勝手に私の名前を使ったりして 그럼 안 되지. 맘대로 내 이름을 팔고. / あいつは困ったやつだなあ 그 녀석은 정말 난처한 녀석이다. / 困ったな、どうしよう 큰일났네. 어떡하지.

❸〔欠乏している〕곤란하다, 궁하다 ¶実は、金がなくて困っているんだ 사실은 돈이 궁해. / 時間がなくて困っている 시간이 없어서 곤란하다.

¶世の中には生活に困っている人が大勢いる 세상에는 생활이 어려운 사람이 많이 있다.

❹〔不都合など〕곤란하다, 불편하다 ¶この部屋に入ってもらっては困ります 이 방에 들어오시면 곤란합니다. / 電気がなければ困るだろう 전기가 없으면 불편할 것이다. / 別に君がいなくても困らないよ 별로 네가 없어도 곤란하지 않아.

**こまわり【小回り】**◇小型車は小回りがきく 소형차는 좁은 길을 잘 달릴 수 있다. / 小回りのきく人 일을 잽싸게 잘하는 사람

**こみ【込み】**◇込みで 포함해서 ¶料金はサービス料込みで5千円です 요금은 서비스 요금 포함해서 5천 엔입니다. / このソフトの値段は郵送料込みで7千円です 그 소프트웨어 가격은 우송료 포함해서 7천 엔입니다. / 税込みで 세금 포함해서 / すべて込みで 모두 포함해서

ごみ 쓰레기〔紙くず〕휴지〔ちり〕먼지 ¶ここにごみを捨てないでください 여기에 쓰레기를 버리지 마세요. / けさごみを出した 오늘 아침 쓰레기를 내놓았다. / 目にごみが入った 눈에 먼지가 들어갔다. / 燃えるごみの収集日は月曜日、燃えないごみは水曜日です 타는 쓰레기는 월요일, 안 타는 쓰레기는 수요일에 수거합니다. / 彼の部屋はごみだらけだ 그 사람 방은 쓰레기투성이다 / 何のごみの山を何とかしろ 그 쓰레기 더미 좀 어떻게 해라. 関連 ごみ入れ〔くずかご〕휴지통 / ごみ埋立て場 쓰레기 매립장 / ごみ収集車 쓰레기차, 쓰레기 수거차 / ごみ収集人 쓰레기 수거인 / ごみ捨て場 쓰레기장 / ごみ箱 쓰레기통 / ごみ袋 쓰레기 봉투

**こみあう【込み合う】**붐비다〔混雑する〕혼잡하다 ¶込み合う駅の待合室 붐비는 역 대합실 / 電車の中は込み合っていた 전철 안은 혼잡했다.

**こみあげる【込み上げる】**복받치다 ¶その瞬間怒りが込み上げてきた 그 순간 화가 복받쳤다. / 笑いが込み上げた 웃음이 복받쳤다. / 少女の目に涙が込み上げてきた 소녀의 눈에 눈물이 솟아올랐다.

**こみいる【込み入る】**복잡하게 뒤얽히다 ¶道が込み入っていてわかりづらい 길이 얽혀 있어서 잘 모르겠다. / 込み入った事情を説明する 복잡한 사정을 설명하다 / このスパイ小説の筋は込み入っていて 이 스파이 소설의 줄거리는 복잡하게 뒤얽혀 있다.

**ごみごみ** ◇ごみごみした 너저분한 ¶ごみごみした町 너저분한 동네

**こみち【小道】**좁은 길〔路地〕골목길, 샛길

**コミック** 만화(漫画) ⇒漫画

**コミッショナー** 커미셔너

**コミュニケ** 코뮈니케, 성명서 ¶共同コミュニケを出す 공동 코뮈니케를 내다

**コミュニケーション** 커뮤니케이션, 대화 ¶親子のコミュニケーションは大切だ 부모 자식간의 커뮤니케이션은 중요하다. / コミュニケーションを図る 커뮤니케이션을 꾀하다

**こむ【込む】**❶〔混雑している〕붐비다〔ぎっしり詰まっている〕꽉 들어차다 ¶込んだバスに乗り込む 붐비는 버스에 올라타다 / 電車は通勤客で込んでいた 전철은 통근객으로 꽉 들어차 있었다. / 道路は込んでいた 도로는 붐비고 있었다.

¶ごめん、きょうは予定が込んでいて会えないんだ 미안해. 오늘은 예정이 꽉 차서 못 만나겠다.

❷〔手〕공이 많이 들다, 정교하다 ¶その指輪には手の込んだ細工がしてある 그 반지는 정교하게 세공되어 있다.

❸〔入れる〕《動詞連用形＋》넣다 ¶教科書にはあまり書き込まないほうがよい 교과서에는 마구 써넣지 않는 편이 좋다.

❹〔強調〕《動詞連用形＋》버리다 ¶ゴールしたとたん倒れこんだ 골인하자마자 쓰러져 버렸다.

**ゴム** 고무 ¶靴底はゴムでできている 신발 바닥은 고무로 되어 있다. 関連 ゴム印 고무도장 / ゴムひも 고무줄 / ゴムの木 고무나무 / ゴム長 고무 장화 / ゴムボート 고무보트 / ゴムまり 고무공 / 合成ゴム 합성 고무 / 輪ゴム 고무밴드

**こむぎ【小麦】**밀 関連 小麦色 연한 갈색 / 小麦粉 밀가루

**こむらがえり【腓返り】**쥐 ¶泳いでいてこむら返りを起こすと大変だ 수영하다 쥐가 나면 큰일이다.

**こめ【米】**쌀〔ご飯〕밥 ¶私たちは米を主食にしている 우리는 쌀을 주식으로 하고 있다. / 私の実家は米を作っている 우리 고향 집은 쌀농사를 짓고 있다. / 米をといでください 쌀을 씻어 주세요. / 米は(→ご飯が)炊けましたか 밥 다 되었습니까? 数え方 米1粒 쌀 한 알 / 米1斗 쌀 한 말 / 米1升 쌀 한 되 / 米1合 쌀 한 홉 関連 米俵 쌀가마니 数え方 米俵 1表 쌀 한 가마니 / 米粒 쌀알 / 米所 쌀 고장, 곡창 / 米ぬか 쌀겨 / 米屋〔店〕쌀가게, 쌀집〔人〕쌀장수 / もち米 찹쌀

**こめかみ** 관자놀이

**コメディアン** 코미디언, 개그맨

**コメディー** 코미디, 희극

**こめる【込める】**〔気持ち・力に〕넣다, 들이다, 담다〔弾〕재다 ¶感情をこめる 감정을 넣다 / 真心をこめる 정성을 들이다 / 愛情をこめて 애정을 담아서 / 私達は心をこめて歌った 우리는 마음을 담아서 노래를 불렀다. / 台詞にもっと感情をこめなさい 대사에 더욱 감정을 넣어요. / 力をこめて押した 힘을 넣어서 밀었다. / 銃に弾をこめて撃った 총에 총알을 넣어서 쏘았다.

**ごめん**【御免】 ❶ [謝罪] ¶あっ、ごめんなさい あ、미안합니다. / ちょっとごめんなさい (中座する時) 죄송합니다. / 失礼なことを言ってごめんなさい 실례되는 말을 해서 죄송합니다. / 遅くなってごめんね 늦어서 미안해. / あなたの気持ちを傷つけてしまって本当にごめんね 네 기분을 상하게 해서 정말 미안해. /「前をごめんなさい」「どうぞ」"앞으로 좀 지나갈게요.""아, 그러세요."

❷ [あいさつとして]
[会話] ごめんください
　A：ごめんください. 鈴木さんのお宅はこちらですか
　B：はい、そうですが. どなた様ですか
　A：失礼します. スズキ 씨 댁이 맞습니까?
　B：네 그렇습니다 만 누구십니까?
　　どうもおじゃましました. それでは、ごめんください
　B：そうですか. じゃ、またおいでください
　A：정말 실례했습니다. 그러면 이만 가 보겠습니다.
　B：그러시겠습니까? 그러면 또 오십시오.

❸ [免除、免職] ¶そのような改まった公式の会合に出席するのはごめんこうむりたい 그런 격식 차리는 공식 회합에 출석하는 것은 거절하고 싶다. /「彼はつい先日突然お役ごめんになったそうだ」「本当かね. それは驚いた」"그 사람은 며칠 전에 갑자기 면직되었다고 하던데.""정말이야? 별일이네."

❹ [拒否、拒絶] ¶そんなことはごめんだ 그런 일은 싫다. / 君の指図などごめんだ 네 지시는 받고 싶지 않다.

**コメント** 코멘트, 논평, 설명 ◇コメントする 논평하다 [関連] ノーコメント 노코멘트 ⇒発言

**こもじ**【小文字】 소문자

**こもち**【子持ち】 ¶彼女は3人の子持ちだ 그 여자는 애가 셋이다.

**こもり**【子守り】 ◇子守りをする 아이를 돌보다 ¶子守りをしてくれる人を捜している 아이를 돌봐 줄 사람을 찾고 있다. [関連] 子守り歌 자장가

**こもる**【籠る】 ◇(ひきこもる) 틀어박히다 (煙(けむり)が) 꽉 차다 (心(こころ)に) 담기다, 깃들다 ¶私は部屋にこもって勉強を続けた 나는 방에 틀어박혀서 공부를 계속했다. / 山にこもって修行する 산에 틀어박혀서 수행하다 / 部屋にたばこの煙にこもった 방에 담배 연기가 꽉 찼다. / 心のこもった贈り物 마음이 담긴 선물

**こもん**【顧問】 고문 ¶会社の顧問をする 회사의 고문을 하다 [関連] 顧問弁護士 고문 변호사 / 技術顧問 기술 고문

**こや**【小屋】 오두막집 [家畜の] 우리 [関連] 犬小屋 개집 / 牛小屋 외양간 / 馬小屋 마구간 / サーカス小屋 서커스 텐트 / 芝居小屋 가설 극장 / 道具小屋 공구실 / 鶏小屋 닭장 / 豚小屋 돼지우리 / 丸太小屋 통나무집 / 見世物小屋 가설 공연장 / 山小屋 산막

**ごやく**【誤訳】 오역 ◇誤訳する 오역하다, 잘못 번역하다

**こやし**【肥やし】 거름 [肥料] 비료 ¶芸人には失恋も芸の肥やしになる 연예인에게는 실연도 연기의 밑거름이 된다.

**こやみ**【小止み】 ¶雨が小止みになった 비가 잠시 멈추었다.

**こゆう**【固有】 고유 ◇固有の 고유한 ¶固有の性質 고유한 성질 / 民族固有の伝統 민족 고유의 전통. / 어느 민족에도 고유의 문화가 있다. / 相撲は日本固有のスポーツだ 스모는 일본 고유의 스포츠다. / この動物はこの島固有の生き物だ 이 동물은 이 섬 고유의 생물이다. [関連] 固有名詞 고유 명사

**こゆき**【小雪】 가랑눈

**こゆび**【小指】 [手の] 새끼손가락 [足の] 새끼발가락

**こよう**【雇用】 고용 ◇雇用する 고용하다 ¶事務員として雇用される 사무직원으로 고용되다 [関連] 雇用期間 고용 기간 / 雇用契約 고용 계약 / 雇用条件 고용 조건 / 雇用主 고용주 / 雇用保険 고용 보험 / 終身雇用制度 종신 고용 제도 / 被雇用者 피고용자 / 男女雇用機会均等法 남녀 고용 기회 균등법 / [韓国の 남녀 고용 평등법「男女雇用平等法」にあたる]

**ごよう**【御用】 ❶ [用事] 용건(▶発音は ごけん), 볼일(▶発音は ぼれる) ¶何か御用ですか 용건이 무엇입니까? / 御用の方は受付までお願いいたします 용건 있으신 분은 접수처까지 와 주시기 바랍니다. /「この箱を2階まで運んでくれますか」「お安い御用です」"이 박스를 2층까지 올려 주시겠습니까?""그럼요. 그 정도쯤이야 아무것도 아니죠."

❷ [注文] 주문 ¶きょうはご用はありませんか 오늘은 주문 없습니까? [関連] 御用納め 연말 종무(終務) / 御用始め 연초 시무(始務) / 御用聞き 주문을 받으러 돌아다니는 사람 / 御用邸 황실 별장

**こよみ**【暦】 달력 ¶暦の上ではもう春だ 달력상으로는 벌써 봄이다.

**こら** 야 ¶こら、やめろ 야, 그만둬.

**こらい**【古来】 고래 ¶日本古来の風習 일본에 전해 내려오는 풍습 →古い, 昔

**ごらいこう**【御来光】 해돋이

**こらえる**【堪える】 참다, 견디다 ¶私はあくびをこらえた 나는 하품을 참았다. / 眠気をこらえる 졸음을 견뎌다. / 笑いをこらえる 웃음을 참다 / 怒りをこらえる 화를 참다 / 涙をこらえる 눈물을 참다 / 悲しみをこらえる 슬픔을 견디다 / 痛みをこらえる 아픔을 참다 →耐える

**ごらく**【娯楽・楽しみ】 즐거움 ¶東京にはたくさんの大衆娯楽場がある 도쿄에는 많은 대중 오락 시설이 있다. / 韓国ではどんな娯楽が若者に人気がありますか 한국에서는 어떤 오락이 젊은이들에게 인기가 있습니까? / この町にはあまり娯楽施設はない 이 동네에는 별로 오락 시설이 없다. / 私は音楽を娯楽でやるのではなく一生の仕事としてやっているのです 나는 음악을 오락으로 하는 것이 아니라 평생의 일로서 하고 있는 것입니다. [関連] 娯楽映画 오락 영화 / 娯楽雑誌 오락 잡지 / 娯楽室 오락실 / 娯楽番組 오락 프로

**こらしめる**【懲らしめる】 혼내 주다 ¶あの野郎、こらしめてやる 그 놈, 혼 좀 내 줘야겠다.

**こらす【凝らす】**〔集中する〕집중시키다 ▷じっと目を凝らしてその小さな光を見た 계속 눈을 집중시켜서 그 작은 불빛을 보았다. / 息を凝らす 숨을 죽이다 / 趣向を凝らす 취향을 고려하다

**コラム** 칼럼 ◇コラムニスト 칼럼니스트

**ごらん【御覧】**¶これからいい物をごらんに入れましょう 지금부터 좋은 것을 보여 드리죠. / あれをごらん 저걸 봐. / ごらんのとおり 보시는 대로 / そら, ごらんなさい 그봐.
¶もう一度やってごらん 다시 한 번 해 봐. / このみかんおいしいよ. 食べてごらん 이 귤 맛있어. 먹어 봐.

**こりごり【懲り懲り】**◇こりごりだ 지긋지긋하다, 넌더리가 나다 ▷彼女と付き合うのはもうこりごりだ 그 여자와 사귀는 것은 이제 넌더리가 난다.

**こりしょう【凝り性】**¶彼は凝り性だ 그 사람은 한 가지에 열중하는 사람이다.

**こりつ【孤立】**고립 ◇孤立する 고립하다, 고립되다 ▷彼は社内で孤立していた 그는 사내에서 고립돼 있었다. / 土砂崩れのため村は孤立した 산사태 때문에 마을은 고립됐다. / 孤立無援で戦う 고립무원 상태에서 싸우다 関連 **孤立主義** 고립주의

**ごりやく【御利益】**신불의 은혜, 영험, 영검, 은총 ¶このお寺はご利益があるそうだ 이 절은 영험하다고 한다.

**ゴリラ** 고릴라

**こりる【懲りる】**질리다, 넌더리나다 ¶ギャンブルで負けてばかりなのに彼はまだ懲りないようだ 도박에서 계속 잃기만 하는데도 그는 아직 질리지도 않는가 보다. / 彼は失敗に懲りずに頑張った 그는 실패에 질리지 않고 계속 노력했다.

**こる【凝る】**〔筋肉が〕결리다, 엉기다 〔熱中する〕열중하다, 빠지다 ▷肩が凝る 어깨가 뻐근하다 / キーボードの打ちすぎで肩が凝ってしまった 키보드를 너무 쳐서 어깨가 다 뻐근하다. / 肩の凝らない読み物 가볍게 읽을 수 있는 읽을 거리.
¶父はゴルフに凝っている 아버지는 골프에 빠져 계신다. / 服装に凝る 패션에 열중하다 / 凝ったデザイン 잘 생각한 디자인

**コルク【栓】**마개 ¶(ワインの)コルクの栓をする 코르크 마개를 하다 / コルクの栓を抜く 코르크 마개를 뽑다 関連 **コルク栓抜き** 코르크 따개

**コルセット** 코르셋

**ゴルフ** 골프 ¶今度の日曜日にお得意様とゴルフをしに行く 이번주 일요일에 거래처 분과 골프치러 간다. 関連 **ゴルフクラブ** 골프 클럽, 골프채 / **ゴルフコース**〔場〕 골프 코스, 골프장 / **ゴルフバッグ** 골프백 / **ゴルフボール** 골프공 / **ゴルフ練習場** 골프 연습장 / **ゴルフカート** 골프 카트

**ゴルファー** 골퍼 関連 **アマゴルファー** 아마추어 골퍼 / **プロゴルファー** 프로 골퍼

**これ** ❶〔自分に近いところにある物・人・こと〕것, 이〔この人〕이 사람〔この子〕이 애
¶これは弟の自転車だ 이것은 동생의 자전거다. / これはお前の靴だ 이것은 네 구두다. / (写真を見せながら)これは私の妹の恵子です 이건 내 여동

생 게이코에요. / これがいちばんよい方法だと思う 이것이 가장 좋은 방법이라고 생각해. / これをどう思われますか 이것을 어떻게 생각하십니까? /「これは何ですか」「韓国語の辞典です」"이게 뭐에요?" "한국어 사전입니다."
¶きょうはこれでおしまいにしよう 오늘은 이걸로 끝내죠. / これ以上何も知りません 더 이상 아무것도 모릅니다. / もうこれ以上食べられない 더 이상 못 먹겠다. / これは家内の焼いたケーキです 이것은 아내가 구운 케이크입니다. / これでどうしよう 이걸로 어찌됩니까? / これでは先が思いやられる 이 꼴로는 앞날이 걱정된다. /「今晩何か食べたい物ある」「いや、これといってないよ」"오늘밤 뭐 먹고 싶은 거 있어?" "아니, 특별히 없어." / これという理由もなしに学校を休んだ 이렇다 할 이유도 없이 학교를 쉬었다.

❷〔呼びかけ〕이봐 ¶これ、やめなさい 이봐 그만 둬.

**これから** 이제부터 〔今後〕앞으로, 금후 〔将来〕장래 〔順序〕이것부터 ¶これからはもっと一生懸命勉強します 이제부터 더욱 열심히 공부하겠습니다. / これからどうなるかわかりません 앞으로 어떻게 될지 모릅니다. / これからはもっと気をつけます 이제부터 더욱 조심하겠습니다.
¶これから夕食に出かけるところです 지금 저녁 먹으러 나가려던 참이에요. / これから先に運んでください 이것부터 먼저 옮겨 주세요. / 私はこれまで金をもうけためしがないし、これからもないだろう 나는 지금까지 돈을 번 적도 없었고 앞으로도 못 벌 것이다. / これからが彼女の人気は続くだろう 앞으로 당분간 그 여자의 인기는 계속될 것이다. / 寒さはこれからが本番だ 추위는 이제부터가 시작이다. / ウニはまだまだこれからの選手だ 은희는 이제부터 차차 성장할 선수다.

**これきり** 이것뿐, 이번뿐 ¶僕が知っているのはこれきりだ 내가 알고 있는 것은 이것뿐이다. / チャンスはこれきりだ 찬스는 이번뿐이다. / 議論はこれきりにしよう 논의는 이것으로 끝내죠. / あなたに会うのもこれきりよ 너를 만나는 것도 이번이 마지막이다.

**コレクション** 컬렉션, 수집품(収集品) ¶コインのコレクションの動전을 수집하다 / 春のミラノコレクション 봄의 밀라노 컬렉션

**コレクター** 컬렉터, 수집가(収集家)

**コレクトコール** 컬렉트콜 ¶コレクトコールで電話をかける 수신자 부담으로 전화를 걸다

**これくらい**〔これ位〕이쯤, 이 정도 ⇨このくらい

**これこそ** 이것이야말로, 이거야말로 ¶これこそ本当の友情だ 이것이야말로 진짜 우정이다. / これこそ私が探し求めていたものだ 이거야말로 내가 찾아 헤매던 것이다.

**これこれ**〔呼びかけ〕이봐, 이것봐, 어이 ¶これこれ、そんなことをしてはいけないよ 어이, 그런 짓 하면 안 되지. / これこれしかじかの理由で 이러이러한 이유로

**コレステロール** 콜레스테롤 ¶この食品はコレステロールが多い〔少ない〕이 식품은 콜레스테롤이 많다〔적다〕. / コレステロールを減らす 콜레스테롤을 줄이다 / 血中コレステロールが高い〔低い〕혈중

콜레스테롤이 높다[낮다].

**これだけ** 이것뿐, 이것만 [こんなに] 이렇게
¶荷物はこれだけですか 짐은 이것뿐입니까? / これだけは確かだ 이것만큼은 확실하다. / これだけの多くの人々 이렇게 많은 사람들 / これだけの多くの情報 이렇게 많은 정보

**これでは** 이래서는, 이러다가는 ¶これでは受理できません。もう一度書き直してください 이래서는 받을 수 없습니다. 다시 고쳐 쓰십시오. / これでは締め切りに間に合わない。どうしよう 이러다가는 마감날에 넘길 수 없어. 어쩌면 좋지?

**これでも** ¶これでも高校時代は投手として鳴らしたんだぞ 이래봬도 고등학교 때는 투수로 활약했었어. / 彼は私をこれでもかと非難した 그 남자는 나를 비난하고 또 비난했다.

**これほど【これ程】** 이렇게 ¶辞書作りがこれほどたいへんとは思わなかった 사전 만들기가 이렇게 힘들 줄은 생각지도 못했다. / これほどすばらしい芝居は見たことがない 이렇게 훌륭한 연극은 본 적이 없다.

**これまで【これ迄】** ❶ [今まで] 지금까지 ¶これまで純子は両親と暮らしてきた 지금까지 준코는 부모님과 생활해 왔다. / きょうはこれまで本を読んでいた 오늘은 지금까지 책을 읽었다. / チソクはこれまでずっとどこにいたの 지석이는 지금까지 계속 어디 있었어. / これは僕がこれまで見た中で最高の映画だ 이것은 내가 지금까지 본 것 중에서 최고의 영화다. / これまでのところ手がかりは見つかっていない 지금까지 단서는 발견되지 않았다. / この小説はこれまでに読んだことがある 이 소설은 전에 읽은 적이 있다. / このコンピュータはこれまでのものとはまったく違う 이 컴퓨터는 이전 것과는 전혀 다르다. / これまでと同じように最善を尽くさなければならない 지금까지와 마찬가지로 최선을 다해야 된다. / きょうはこれまでにないほど調子がいい 오늘은 지금까지와 달리 컨디션이 아주 좋다.
❷ [この終わり] 이만 ¶きょうはこれまで(にしましょう) 오늘은 이만. / 私の人生ももうこれまでだ 내 인생도 이제 끝이다.
❸ [追加] 이것까지, 이것조차 ¶これまで全部合わせていくらですか 이것 까지 다 합쳐서 얼마죠?

**コレラ** 콜레라 ¶コレラにかかる 콜레라에 걸리다 関連 コレラ患者 콜레라 환자 / コレラ菌 콜레라균

**ころ【頃】** 때 [時節, 時期] 시절 ¶我々が着いたころには彼はもういなかった 우리가 도착했을 때에는 그 사람은 이미 없었다. / この写真は楽しかったあのころを思い出させる 이 사진은 즐거웠던 그때를 생각나게 한다. / 父は自分の若いころのことをよく話してくれた 아버지는 젊었을 때 얘기를 잘 들려 주셨다. / 子供のころはあいつとよく遊んだものだ 어린 시절 그 녀석과 잘 놀았다. ¶君はもう親離れをしてもいいころだ 이제 너도 부모님과 떨어져 독립해도 될 때다. / そろそろあの子もソウルに着いているころだろう 그 애도 지금쯤 서울에 도착했을 것이다.
¶年のころは20くらいの美しい女性だった 스무 살쯤 돼 보이는 아름다운 여성이었다.

**-ごろ【-頃】** ❶ [だいたいの時] 경, 쯤, 무렵 ¶あすの朝10時ごろここに来ます 내일 아침 열 시경에 여기로 오겠습니다. / 私はいつも正午ごろに昼食をとる 나는 항상 정오쯤에 점심을 먹는다. / 講演の終わりごろには眠たくなってきた 강연이 끝날 때쯤에는 졸음이 몰려왔다. / 夜明けごろ犬が激しく鳴いているのを聞いた 새벽쯤 개가 심하게 짖는 것을 들었다.
¶いつごろ来られますか 언제쯤 올 수 있습니까?
❷ [旬の時期] 제철, 철, 한창 ¶ぶどうは今が食べごろだ 포도는 지금이 제철이다. / 桜は今が見ごろです 벚꽃은 지금 볼 만해요.

**ごろ【語呂】** 어조 ¶語呂がいい[悪い] 어조가 좋다[나쁘다] / 語呂合わせ 말장난

**ゴロ** [野球] 땅볼 ¶ゴロを打つ 땅볼을 치다 / ゴロを捕る 땅볼을 잡다 / その打者は3塁ゴロに倒れた 그 타자는 3루 땅볼에 그쳤다. 関連 内野ゴロ 내야 땅볼 / ピッチャーゴロ 투수 땅볼 / ファーストゴロ 1루 땅볼

**ころあい【頃合】** [タイミング] 기회, 때 ◇ころあいの [適切な] 적당한, 알맞은 ¶ころあいを見計らって抜け出した 기회를 봐서 빠져나갔다. / よいころあいに 좋은 때에 / ころあいの大きさの段ボール 알맞은 크기의 종이 박스

**ころがす【転がす】** 굴리다 [転売する] 전매하다 ¶ボールを転がす 공을 굴리다 / 土地を転がす 토지를 전매하다

**ころがりこむ【転がり込む】** 굴러 들어가다[들어오다] ¶(ゴルフで)ボールがラフに転がり込んだ 볼이 러프에 굴러 들어갔다. / 思わぬ大金が転がり込んだ 생각지도 않은 큰돈이 굴러 들어왔다. / 助けを求めて交番に転がり込む 도움을 청하러 파출소에 들어가다 / 友人の家に転がり込む 친구 집에 얹혀살려 들어가다

**ころがる【転がる】** ❶ [回転する] 구르다, 굴러 가다 [倒れる] 넘어지다 ¶ボールが坂を転がっていった 공이 비탈길을 굴러갔다. / 子供が階段から転がり落ちた 아이가 계단에서 굴러 떨어졌다. / 切り株につまずいて転がった 나무 밑동에 발이 걸려서 넘어졌다.
❷ [横たわる] 드러눕다, 뒹굴다 ¶床の上にごろりと転がった 마루 위에 벌렁 드러누웠다. / 芝生に寝ころがる 잔디밭에 뒹굴다 / 砂浜に珍しい貝殻がたくさん転がっていた 모래톱에 특이한 조개가 많이 있었다. / こんないいチャンスはそうどこにでも転がっているわけではない 이런 좋은 기회는 그렇게 아무때나 찾아오는 것은 아니다.

**ころころ** ¶彼女は気持ちがころころ変わる 그녀는 기분이 자주 바뀐다. / 言うことがころころ変わる 하는 말이 자주 변한다. / ころころ笑う 까르르 웃다 / ころころと太った少年 포동포동 살찐 소년

**ごろごろ** ¶ボールがごろごろ転がる 공이 데굴데굴 굴러간다. / 海岸に岩がごろごろしていた 해안에 바위가 많이 있었다. / お腹がごろごろ鳴った 배에서 꼬르륵 소리가 났다. / 雷がごろごろ鳴った 천둥 번개가 우르르 울렸다. / 猫はうれしいと、のどをごろごろ鳴らす 고양이는 기분 좋으면 목을 그렁그렁 울린다. / 家でごろごろする 집에서 「게으름을 부린다[빈둥거린다].

**ころし【殺し】** 살인 ¶どんな殺し文句で彼女のハートをつかんだんだい 어떤 기막힌 말로 그 여자의 마음을 잡은 거야? 関連殺し屋 살인자

**ころす【殺す】** ❶ [生命を奪う] 죽이다 ¶被害者は保険金目当てで殺された 피해자는 보험금 목적으로 살해당했다. / その男は愛人を刺し殺した 그 남자는 불륜 상대를 찔러 죽였다. / 絞め殺す 목을 졸라 죽이다 / 猟師はくまを撃ち殺した 사냥꾼은 곰을 쏴 죽였다. / たくさんの鶏が殺された(→屠殺された) 많은 닭이 도살됐다.
❷ [抑える] ¶せっかくの才能を殺してしまうのは惜しい 모처럼의 재능을 썩히는 것은 아깝다. / 塩を入れすぎてスープを殺してしまった 소금을 너무 많이 넣어서 수프의 맛을 죽여 버렸다.
¶キャッチャーはランナーを2塁で殺した 캐처는 러너를 2루에서 잡았다.

**コロッケ** 고로케

**ごろね【ごろ寝】** 등걸잠 ◇ごろ寝する 등걸잠을 자다

**ころぶ【転ぶ】** ❶ [倒れる] 넘어지다, 자빠지다 ¶その少年は木の根につまずいて転んだ 그 소년은 나무 뿌리에 발이 걸려서 넘어졌다. / 雪の上で滑って転ばないように気をつけなさい 눈 위에서 미끄러져 넘어지지 않도록 조심해. / 雪道で転んで足首にけがをした 눈길에서 넘어져 발목을 다쳤다. / 学校から帰る途中で転んじゃったの 학교에서 돌아오는 길에 넘어져 버렸어.
❷ [事態が転回する] 돌아가다 ¶どっちに転んでも同じだ 이러나 저러나 마찬가지다. 慣用句転ばぬ先の杖 미리 준비해 두면 근심될 것이 없다. | 유비무환(有備無患) / 彼は転んでもただでは起きない 그는 넘어져도「그냥은 안 일어난다[뭔가 하나는 챙긴다].

**ころり** ¶彼は彼女にころりと参ってしまった 그 남자는 그 여자에게 홀딱 반했다. / ころりと負ける 맥없이 지다 / ころりと変わる 별안간 변하다 / ころりと忘れる 너무 쉽게 잊다 / 心臓発作でころりと死ぬ 심장 발작으로 별안간 죽다

**ごろり** ◇ごろりと 벌렁 ◇ごろりと横になる 벌렁 눕다

**コロン** 콜론, 쌍점 ▷記号「：」

**こわい【怖い・恐い】** [恐ろしい] 무섭다, 두렵다 [厳しい] 엄하다, 엄격하다 ¶学校へ行く途中で怖い目にあった 학교에 가는 길에 무서운 일을 겪었다. / 昨ജ怖い夢を見た 어젯밤 무서운 꿈을 꿨다. / 交通事故って本当に怖いね 교통사고는 정말 무섭다. / 佐藤先生は怖い先生です 사토 선생님은 엄격하신 선생님입니다. / 彼の顔付きは怖い 그의 표정은 무섭다.
¶彼女はくもが怖い 그녀는 거미를 무서워한다. / 夜になるのが怖い 밤이 되는 것이 두렵다. / 彼は怖いもの知らずだ 그는 무서운 것을 모른다. / 彼は不意に怖くなって逃げ出した 그는 갑자기 무서워져서 도망쳤다. / 私はあまりにも怖くなって足がすくんでしまった 나는 너무 무서워서 다리가 얼어붙었다. / そこにひとりで行くのは怖いよ 거기에 혼자 가는 것은 무섭다. / 怖いもの見たさで事故現場の死体に近づいた 무섭지만 보고 싶은 마음에 사고 현장의 시체에 다가갔다. / あ怖かった ああ、진짜 무서웠다. / 近くの森の木に雷が落ちた時は死ぬほど怖かった 가까운 숲의 나무에 번개가 떨어졌을 때는 죽을만큼 무서웠다.

使い分け 怖い

| 予想できることに対する恐怖 | 무섭다 | 우리 아버지는 화나면 무척 무서워요.<br>父は怒るととても怖いです |
|---|---|---|
| 予想できないことに対する恐怖 | 두렵다 | 보복이 두렵다. 報復が怖い |

**こわいろ【声色】** ¶声色を使う 남의 목소리를 흉내 내다

**こわがる【怖がる・恐がる】** 무서워하다, 두려워하다 ¶人は死ぬことを怖がる 사람은 죽는 것을 무서워한다. / 雷を怖がる人は多い 천둥 번개를 무서워하는 사람은 많다. / 怖がるようなことはないよ 무서워할 것은 없다. / 彼女は事故に遭うのではと怖がった 그녀는 사고라도 나는 게 아닐까 무서워했다. / この子をいじめてはだめだよ。怖がっているじゃないか 이 아이를 괴롭히지 마라. 무서워하잖아. / 暗がりを怖がる 어둠을 두려워하다

**こわき【小脇】** 겨드랑이 ¶犯人はカバンを小わきに抱えていた 범인은 가방을 겨드랑이에 끼고 있었다.

**こわごわ【怖々】** 조심조심, 주뼛주뼛 ¶彼はこわごわ中をのぞき込んだ 그는 조심조심 안을 들여다보았다. / こわごわ崖の淵に近づいた 주뼛주뼛 벼랑에 다가갔다.

**ごわごわ** ◇ごわごわする 뻣뻣하다 ◇ごわごわした 뻣뻣한 ¶このワイシャツは糊がききすぎてごわごわしている 이 와이셔츠는 풀을 너무 먹여서 뻣뻣하다. / ごわごわした布 뻣뻣한 천

**こわす【壊す】** ❶ [破壊する] 부수다, 깨다, 무너뜨리다, 파괴하다 ¶泥棒は2階の窓を壊して侵入した 도둑은 2층 창문을 부수고 침입했다. / 教室の窓ガラスを壊したのはトンジュンだ 교실의 창문을 깬 사람은 동준이다. / 目覚まし時計を落として壊した 자명종을 떨어뜨려서 깼다. / 地震がこの橋を壊した 지진이 이 다리를 무너뜨렸다. / 古いビルを壊して駐車場を作った 오래된 건물을 부수고 주차장을 만들었다.
❷ [台無しにする] 망치다, 상하다, 깨다, 잡치다 ¶高い塔が自然の景観を壊してしまった 높은 탑이 자연경관을 해쳐 버렸다. / 彼の一言で、ユミはすっかり気分を壊した その 사람의 한 마디에 유미는 완전히 기분을 잡쳤다. / 人の縁談を壊すつもりかい 남의 혼담을 망칠 작정이야?
❸ [調子を悪くする] 상하다, 탈이 나다 ¶父は去年体を壊してから全然酒を飲んでいない 아버지는 작년에 몸을 상하신 후 술은 전혀 드시지 않는다. / 冷たいものばかり飲んでいるとお腹を壊すよ 찬 것만 마시면 배탈이 난다.

**こわばる【強張る】** 굳어지다 ¶緊張で体がこわばった 긴장으로 몸이 굳어졌다. / 突然彼女の表情がこわばった 갑자기 그녀의 표정이 굳어졌다.

**こわれもの【壊れ物】** 깨지기 쉬운 물건 ¶壊れ物、取り扱い注意 깨지기 쉬운 물건, 취급 주의

## こわれる

**こわれる** 【壊れる】 ❶ [破壊される] 부서지다, 깨지다, 파괴되다 [破損する] 파손되다 [故障する] 고장나다 ¶コップが床に落ちて粉々に壊れた 컵이 마루에 떨어져서 산산조각 났다. / 多くの住宅やビルが地震で壊れた 많은 주택이나 빌딩이 지진으로 파괴되었다. / 衝突で我々の車はめちゃめちゃに壊れた 충돌로 우리 차는 엉망진창 부서졌다. / 私のテレビは壊れています 내 텔레비전은 고장나고 말았다. / この皿は壊れやすいから気をつけて 이 접시는 잘 깨지니까 조심해. / うちのパソコンは壊れやすい 우리 집 컴퓨터는 고장이 자주 난다.
❷ [物事がだめになる] ¶我々の計画は資金不足で壊れた 우리 계획은 자금 부족으로 실행 불가능이 되었다. / その方との縁談が壊れてしまった 그 분과의 혼담이 깨졌다.

**こん** 【数学】 근 【根気】 끈기, 인내력 ¶36の平方根は6です 36의 제곱근은 6이다. / これはなかなか根のいる仕事だ 이것은 꽤나 끈기가 필요한 일이다. / 根を詰める 끈기 있게 하다 / 根比べをする 인내력을 겨루다

**こん** 【紺】 감색

**こんい** 【懇意】 ◇懇意だ [親しい] 친하다 [親密だ] 친밀하다 ¶懇意になる 친밀하게 되다 / 私と彼は懇意な間柄だ 나와 그 사람은 친한 사이다

**こんいん** 【婚姻】 혼인 ¶婚姻届を出す 혼인 신고를 하다

**こんかい** 【今回】 이번 ¶今回はあきらめよう 이번은 포기하자. / 海外は今回で3度目だ 해외는 이번으로 세 번째다.

**こんがらかる** 헷갈리다, 얽히다, 헝클어지다, 복잡해지다 ¶糸がこんがらかった 실이 얽혔다. / 頭がこんがらがっている 머리 속이 복잡해졌다. / 話がますますこんがらかってきた 이야기가 더욱 복잡해졌다.

**こんがり** 누르스름하게 ¶こんがりと焼く 누르스름하게 굽다 / ソンミはビーチで肌をこんがり焼いた 선미는 해변에서 피부를 누르스름하게 태웠다.

**こんがん** 【懇願】 간청 ◇懇願する 간청하다 ¶懇願を聞き入れる 간청을 받아들이다 / 協力を懇願する 협력을 간청하다 / その男は強盗に撃たないでくれと懇願した 그 남자는 강도에게 쏘지 말라고 간청했다.

**こんき** 【根気】 끈기 ¶彼女は根気がある[ない] 그 여자는 끈기가 있다[없다]. / この仕事には根気がいる 이 일에는 끈기가 필요하다. / 年を取るにつれ根気がなくなってきた 나이를 먹을수록 끈기가 없어졌다. / 彼は根気よく何回も繰り返した 그는 끈기 있게 몇 번이나 반복했다.

**こんき** 【婚期】 혼기 ¶姉は仕事が忙しくて婚期を逸した 언니는 일이 바빠서 혼기를 놓쳤다.

**こんきゅう** 【困窮】 곤궁, 빈곤(貧困) ◇困窮する 곤궁하다 ¶彼らは生活に困窮していた 그 사람들의 생활은 빈곤했다.

**こんきょ** 【根拠】 근거 ¶私の予測には根拠がある 내 예측에는 근거가 있다. / それはまったく根拠のないうわさだ 그것은 전혀 근거없는 소문이다. / 何を根拠にそんなことが言えるんですか 무슨 근거로 그런 말을 하는 겁니까? 関連 根拠地 근거지

**ゴング** [ボクシングの] 공 ¶試合開始のゴングが鳴った 시합 개시의 공이 울렸다. / ゴングで救われた 공이 울려 위기를 모면했다.

**コンクール** 콩쿠르 ¶写真コンクールで1位に入賞した 사진 콩쿠르에서 1위 입상했다. 関連 音楽コンクール 음악 콩쿠르

**コンクリート** 콘크리트 ¶コンクリートを打つ 콘크리트를 치다 関連 コンクリートミキサー 콘크리트 믹서 / 鉄筋コンクリート 철근 콘크리트

**こんけつ** 【混血】 혼혈 ¶彼女は日本人と韓国人の混血だ 그 여자는 일본인과 한국인의 혼혈이다. 関連 混血児 혼혈아

**こんげつ** 【今月】 이달, 이번달, 금월 ¶学校は今月3日から始まる 학교는 이번달 3일부터 시작한다. / 今月中に 이번달 중에 / 『月刊韓国』の今月号 '월간 한국'의 이번달 호 / 今月の歌 이달의 노래

**こんげん** 【根源・根元】 근원[根] 뿌리 ¶あの男がこの事件の諸悪の根源だ 저 남자가 이 사건의 모든 악의 근원이다.

**こんご** 【今後】 앞으로, 차후(此後) ¶今後は研究に専念するつもりだ 앞으로 연구에 전념하겠다. / 今後ともよろしくお願いします 앞으로도 잘 부탁드립니다. / 今後の成り行きを見守る 추이를 지켜보다 / 今後の対策 차후의 대책 / 今後10年間 앞으로 10년 동안

**こんごう** 【混合】 혼합 ◇混合する 혼합하다, 혼합되다 ¶軽油とエンジンオイルを混合する 경유와 엔진 오일을 혼합하다. 関連 混合物 혼합물 ⇨ 混ぜる

**コンコース** [駅・空港などの] 콩코스

**ごんごどうだん** 【言語道断】 언어도단 ◇言語道断だ 언어도단이다 ¶彼らの行動は言語道断だ 그 사람들의 행동은 언어도단이다.

**こんこん** 【滾々】 콸콸, 펑펑 ¶わき水がこんこんとわき出る 샘물이 펑펑 솟아나온다.

**コンサート** 콘서트 [演奏会] 연주회 ¶野外コンサートへ行った 야외 콘서트에 갔다. / コンサートを開く 콘서트를 열다 関連 コンサートホール 콘서트홀 / コンサートマスター 콘서트 마스터

**こんざつ** 【混雑】 혼잡 ◇混雑する 혼잡하다, 붐비다 ¶この週末は3連休で道路の混雑が予想される 이번 주말은 3일 연휴로 도로의 혼잡이 예상된다. / この道路は国道の混雑を緩和する目的で作られた 이 도로는 국도의 혼잡을 완화할 목적으로 만들어졌다. / イベント会場は混雑をきわめていた 이벤트 회장은 아주 붐비고 있었다. / ラッシュ時の混雑を避けたほうがよい 러쉬아워의 혼잡을 피하는 게 좋다. ¶デパートは買い物客で混雑していた 백화점은 쇼핑객들로 붐비고 있었다. / 狭い通りは車で混雑した 좁은 길은 차로 혼잡했다. / 事故のため道路は混雑していた 사고 때문에 도로는 붐비고 있었다.

**コンサルタント** 컨설턴트

**こんしゅう【今週】** 금주, 이번주 ¶今週の金曜日スキーに行く予定だ 이번주 금요일에 스키 타러 갈 예정이다. / 今週はずっと忙しかった 이번주는 계속 바빴다. / 今週のいつか 이번주 언젠가 / 今週中に 이번주 안에 / 今週末に 이번주말에

**こんじょう【根性】** 근성(▶悪い意味で用いる), 마음보(▶発音은 마음뽀), 끈기 ¶根性の曲がった人 마음보가 비뚤어진 사람 / 彼は見かけによらず根性がある 그는 겉보기와 달리 끈기가 있다. / 根性のあるところを見せる 끈기 있는 모습을 보이다 / あいつは根性の悪いやつだ 그 녀석은 본성이 못돼 먹은 녀석이다. 関連 島国根性 섬나라 근성 / 役人根性 관료 근성

**こんしんかい【懇親会】** 간친회, 친목회(親睦会) ¶懇親会に出る 친목회에 참석하다

**こんすい【昏睡】** 혼수 ¶昏睡に陥る 혼수 상태에 빠지다 / 昏睡状態にある 혼수 상태에 있다

**こんせき【痕跡】** 흔적 ¶このベッドにだれかが寝ていた痕跡がある 이 침대는 누군가 누워 있었던 흔적이 있다. / その飛行機は飛行中に痕跡も残さずに消えた 그 비행기는 비행 중에 흔적도 안 남기고 사라졌다. / 薬物使用の痕跡は見られなかった 약물 복용의 흔적은 볼 수 없었다. / 腕のやけどの痕跡 팔의 화상 흔적

**こんぜつ【根絶】** 근절 ◇根絶する 근절하다 [取り除く] 제거하다 ¶汚職を根絶するのは難しい 비리를 뿌리채 뽑는 것은 어렵다.

**こんせん【混線】** 혼선 ◇混線する 혼선되다 ¶電話が混線している 전화가 혼선되어 있다.

**コンセント** 콘센트 ¶コンセントに掃除機のプラグを差し込んだ 콘센트에 청소기 플러그를 꽂았다. / アイロンのプラグをコンセントから抜く 다리미의 플러그를 콘센트에서 빼다[뽑다]

**コンソメ** 콩소메

**コンタクトレンズ** 콘택트렌즈, 렌즈(×콘택트とはいわない) ¶私はコンタクトレンズをしている 나는 콘택트렌즈를 하고 있다. / コンタクトレンズを入れる[外す] 렌즈를 끼우다[빼다]

**こんだて【献立】** 식단, 메뉴 ¶夕食の献立 저녁 식단 / 献立を考える 식단을 생각하다 関連 献立表 차림표, 메뉴

**こんたん【魂胆】** 꿍꿍이속, 책략(策略) ¶何か魂胆があるにちがいない 뭔가 꿍꿍이속이 있는게 틀림없어. / 反対派の魂胆はわかっている 반대파의 책략을 알고 있다.

**こんだん【懇談】** 간담 ◇懇談する 간담하다 関連 懇談会 간담회

**コンチェルト** 콘체르토, 협주곡 ¶バイオリンコンチェルト 바이올린 협주곡

**こんちゅう【昆虫】** 곤충 ¶昆虫を採集する 곤충을 채집하다 関連 昆虫学 곤충학 / 昆虫学者 곤충학자 / 昆虫採集 곤충 채집

**こんてい【根底】** 근저 [根本] 근본 [底] 밑바닥 [基礎] 기초 ¶その作品の根底にはヒューマニズムが流れている 그 작품의 근본에는 휴머니즘이 흐르고 있다. / 現在の制度を根底から見直す 현재의 제도를 근본부터 재검토하다 / その教授の理論は根底から覆された 그 교수의 이론은 근본부터 뒤집어졌다.

**コンディション** 컨디션 [状態] 상태 ¶コンディションがよい 컨디션이 좋다. / 体のコンディションを保つ 몸의 컨디션을 유지하다 / 体のコンディションを整える 몸의 건강 상태를 가다듬다 / ベストコンディションで試合に臨む 최상의 컨디션으로 경기에 임하다 / その投手はきょうコンディションが悪いようだ 그 투수는 오늘 컨디션이 나쁜것 같다. / きょうはグラウンドのコンディションが悪い 오늘은 그라운드의 상태가 안 좋다.

**コンテスト** 콘테스트 ¶美人コンテストに出る 미인 콘테스트에 나가다

**コンテナー** 컨테이너 関連 コンテナー車 [トラック] 컨테이너 차량 [列車] 컨테이너 열차 / コンテナー船 컨테이너선

**コント** 콩트

**こんど【今度】** ❶ [今回] 이번 ¶今度はよくできましたね 이번에는 잘 됐네요. / 彼は今度こそは成功するだろう 그는 이번이야말로 성공할 것이다. / 今度は何が起きたんだ 이번에는 무슨 일이 일어난 거야? / 「韓国へ行くそうですね」「ええ, 今度で5回目です」 "한국에 간다면서요?" "네, 이번으로 다섯 번째예요." ¶今度ばかりは堪忍袋の緒が切れた 이번만은 못 참겠다. / 今度という今度は許さん 이번에는 용서하지 않겠다. / お願い, 今度だけは見逃して 부탁이야, 이번만 봐 줘. / 彼が今度の選挙に立候補するのはほぼ確実だろう 그 사람이 이번 선거에 그 후보자로 나서는 것은 거의 확실하다. / 今度の日曜日に映画を見に行こう 이번 일요일에 영화를 보러 가자. / 今度は京都に行くつもりなんだ 이번에는 교토에 갈 예정이야.

❷ [次回, この次] 다음, 이번 ¶今度の夏休みは海外へ行きたいな 이 다음 여름 휴가 때는 해외에 가고 싶다. / 今度いつ会いましょうか 다음에는 언제 만날까요? / 南大門市場に行くには今度の停留所で降りますか, その次ですか 남대문 시장에 가려면 이번 정거장에서 내려요, 아니면 다음이에요? / きょうはとても込んでいるのでまた今度見に来ましょう 오늘은 너무 붐비니까 다음에 보러 오죠. / 今度はあなたの番です 이번엔 당신 차례입니다. / 今度の東京行きの電車は何時ですか 이번 도쿄행 전철은 몇 시 출발입니까? / 今度から絶対に会議に遅刻をしないようにします 다음부터 절대로 회의에 지각하지 않도록 하겠습니다.

❸ [最近] 최근 [近々] 머지않아 ¶先生は今度生け花を始めたらしい 선생님은 최근 꽃꽂이를 시작하셨어 봐. / 山田氏は今度の選挙で落選したやまだ 씨는 이번 선거에서 낙선했다. / 彼は今度ソウルに行きます 그 친구는 머지않아 서울에 갑니다.

❹ [新しい] ◇今度の 새로운 ¶今度の英語の先生はイギリス人です 새로 오신 영어 선생님은 영국인입니다. / 「今度のお住まいはいかがですか」「すてきよ, とてもいいわよ」 "이번 집은 어떠십니까?" "근사해요, 너무 좋아요."

**こんどう【混同】** 혼동 ◇混同する 혼동하다 ¶公私を混同してはいけません 공사를 혼동해서는 안 됩니다.

**コンドーム** 콘돔 ¶コンドームをつける 콘돔을 끼우다 / コンドームをつけて[つけずに]セックスする 콘돔을 끼우고[끼우지 않고] 섹스하다

**ゴンドラ** 곤돌라

**コントラスト** 콘트라스트, 대비 ¶赤いクッションが黒いソファーと際立ったコントラストを成している 빨간 쿠션이 까만 소파와 두드러진 대비를 이루고 있다.

**コントラバス** 콘트라베이스 ¶コントラバス奏者 콘트라베이스 연주자

**コントロール** 컨트롤, 제어(制御) ◇コントロールする 컨트롤하다 ¶あの投手はコントロールがよい 저 투수는 컨트롤이 좋다. / 速度をコントロールする 속도를 제어하다 関連コントロールタワー 컨트롤 타워, 사령탑(司令塔)

**こんとん**【混沌】 혼돈 ¶政情は混沌としている 정치 정세는 혼돈에 빠져 있다. / 混沌とした世界 혼돈스러운 세계 / 混沌状態 혼돈 상태

**こんな** 이런, 이처럼 ¶私はこんなことは絶対しない 나는 이런 짓은 절대 하지 않는다. / こんなすてきなパーティーは初めてです 이처럼 근사한 파티는 처음입니다. / こんなことは法律で禁止すべきだ 이런 것은 법률로 금지해야만 한다. / 会社でこんな長電話はいけません 회사에서 이렇게 긴 통화는 안 됩니다. / こんな天気に外出しようなどとは思わない 이런 날씨에 외출할 생각은 조금도 없다.

¶こんな出来事は日常茶飯事だ 이런 일은 일상다반사다. / こんなこともできないのか 이런 것도 못해? / こんな遅い時間に訪ねてくるなんて、一体だれかしら 이렇게 늦은 시간에 찾아오다니 도대체 누구지? / こんな強敵が相手では勝ち目はない 이런 강적이 상대라면 승산이 없다.

¶こんな試合は見たことがない 이런 시합은 본 적도 없다. / こんな時はあわてないことだ 이럴 때는 당황하지 않는 게 좋다. / こんなことが起きるとは夢にも思わなかった 이런 일이 일어나리라고는 꿈에도 생각 못 했다.

¶こんな辞書を探していたんです 이런 사전을 찾고 있었어요.

¶いつまでもこんな生活を続けてはいられない 언제까지나 이런 생활을 계속할 수는 없다. / こんなふうにやってください 이런 식으로 해 주세요.

¶おや、こんな所で何しているんだい 아니, 이런 곳에서 뭘 하고 있는 거야?

**こんなに** 이렇게 ¶どうしてこんなにいろいろ尋ねるのですか 왜 이렇게 꼬치꼬치 묻는 겁니까? / お前がこんなに朝早く起きるなんて珍しいね 네가 이렇게 아침 일찍 일어나다니 별일이네. / 物価がこんなに高騰して驚いている 물가가 이렇게 올라서 놀랍다. / こんなに暑くてはこの部屋では仕事ができない 이렇게 더워서는 이 방에서 일을 못하겠다.

¶こんなに感動したことはない 이렇게 감동한 적이 없다. / こんなに痛いとは思わなかった 이렇게 아플 줄 몰랐다. / 新年会だからといって食べ物をこんなに作ることはなかったのに 신년회라고 해서 음식을 이렇게 많이 만들 필요는 없었는데.

¶陽子がこんなに遅くまで帰ってこないのは初めてだ 요코가 이렇게 늦게까지 돌아오지 않는 것은 처음이다. / ここは毎日こんなに寒いのですか 여기는 매일 이렇게 춥습니까? / こんなにおいしいプルコギは初めてです 이렇게 맛있는 불고기는 처음입니다. / こんなに君のことを愛しているのにどうしてわかってくれないんだよ 이렇게 너를 사랑하고 있는데 어째서 알아 주지 않는 거야.

**こんなん**【困難】 어려움 ◇困難だ 어렵다, 난처하다 ¶おじは骨折して歩くのが困難だった 이모는 뼈가 부러져서 걷기 어려웠다. / この問題を解くのは困難だ 이 문제는 풀기 어렵다. / 冬期にこの山を登るのは困難だ 겨울철에 이 산을 오르는 것은 힘들다. / 彼が約束を守らなかったので私は困難な立場に立たされた 그 사람이 약속을 지키지 않았기 때문에 내 입장이 난처해졌다. / 彼の決意は困難に直面してもぐらつかなかった 그의 결의는 어려움에 부딪혀도 흔들리지 않았다. / どんな困難も克服できる強い人間になりたい 어떤 어려움도 극복할 수 있는 강한 사람이 되고 싶다. / 会社は財務的に困難に陥っていた 회사는 재무적인 어려움에 빠져 있었다. / あらゆる困難に耐えなければならない 모든 어려움에 견디지 않으면 안 된다.

**こんにち**【今日】 금일, 오늘 〔このごろ〕 오늘날 ¶京都では古い伝統が今日でも生きている 교토에서는 오래된 전통이 오늘날에도 살아 있다. / 彼は今日もっとも注目すべき指揮者の一人だ 그 사람은 오늘날 가장 주목해야 할 지휘자 중 한 사람이다. / 今日では多くの日本人学生が外国に留学している 오늘날에는 많은 일본인 학생들이 외국에 유학하고 있다. / この伝統的なやり方は今日までずっと伝えられてきた 이 전통적인 방법은 오늘날까지 계속 전해져 왔다.

**こんにちは**【今日は】 안녕하세요, 안녕하십니까, 〈幼〉 안녕 ¶金先生、こんにちは 김 선생님 안녕하십니까? / こんにちはチョンホ、元気にしてる? 안녕, 정호야. 잘 지내니?

**こんにゃく**【蒟蒻】 곤약, 구약나물 ¶日本のこんにゃく栽培の中心地は群馬県下仁田だ 일본의 곤약 재배의 중심지는 군마현 시모니타다.

**コンパ** 술자리, 사교적인 모임, 친목회(親睦会) ¶新人の歓迎コンパをする 새내기 환영회를 하다 関連打ち上げコンパ 뒤풀이 / 追い出しコンパ 송별 파티 / 合同コンパ[合コン] 미팅

**コンパクト** 〔化粧用の〕 콤팩트 〔小型〕 소형 関連コンパクトカメラ 콤팩트 카메라, 소형 카메라 / コンパクトディスク(CD) 콤팩트 디스크, 시디

**コンパス** 〔製図用〕 컴퍼스 〔羅針盤〕 나침반 〔歩幅〕 보폭 〔脚〕 다리 ¶コンパスで円を描く 컴퍼스로 원을 그리다 / 彼はコンパスが長い[短い] 그 사람은 다리가 길다[짧다].

**コンパニオン** 컴패니언

**こんばん**【今晩】 오늘 밤, 오늘 저녁

**こんばんは**【今晩は】 안녕하세요, 안녕하십니까, 〈幼〉 안녕

**コンビ** 콤비, 짝 ¶彼とコンビを組む 그와 콤비를 이루다

**コンビーフ** 콘드비프, 콘비프

**コンビナート** 콤비나트 ¶石油コンビナート 석유 콤비나트

**コンビニ** 편의점(便宜店) 関連 24時間コンビニ 24시간 편의점

**コンビニエンスストア** ⇒コンビニ

# コンピュータ
컴퓨터〔パソコン〕퍼스널 컴퓨터, 피시(PC) ¶コンピュータ化されたオフィス 컴퓨터화된 사무실 / コンピュータにデータを入力する 컴퓨터에 데이터를 입력하다 / コンピュータで処理する 컴퓨터로 처리하다

¶今やパソコンは一家に一台の時代になった 이제 컴퓨터는 한 가구 한 대의 시대가 되었다. / パソコンはハードウェアとソフトウェアから成っている 컴퓨터는 하드웨어와 소프트웨어로 구성되어 있다. / 初心者がパソコンを買うならソフトはインストール済みのものがよい 초보자가 컴퓨터를 산다면 소프트웨어는 미리 설치되어 있는 것으로 사는 것이 좋다. / このパソコンは立ち上げるのに時間がかかりすぎる 이 컴퓨터는 부팅시키는 데 시간이 너무 걸린다. / うちの父は社内のIT化の波に乗り遅れまいとパソコンを買った 우리 아버지는 사내의 IT화 흐름에 뒤질세라 컴퓨터를 사셨다. / ソフトがコンピュータウイルスに感染していることがわかった 소프트웨어가 컴퓨터 바이러스에 감염된 것을 알았다. / 今やデータベースを利用したコンピュータによる辞書作りが主流になってきた 이제는 데이터베이스를 이용한 컴퓨터에 의한 사전 제작이 주류가 되었다. / コンピュータ犯罪は増える傾向にある 컴퓨터 범죄는 늘어나는 경향을 보이고 있다. 関連 コンピュータウイルス 컴퓨터 바이러스 / コンピュータ音痴 컴맹 / コンピュータグラフィックス(CG) 컴퓨터 그래픽스 / コンピュータゲーム 컴퓨터 게임 / コンピュータ言語 컴퓨터 언어 / コンピュータアレルギー〔恐怖症〕컴퓨터 공포증 / コンピュータワクチン 컴퓨터 백신 / アイコン 아이콘 / アクセス 액세스 / アップロード 업로드 / ウインドウ 윈도, 창 / ウェブサイト 웹 사이트 / ウェブブラウザ 웹 브라우저 / カーソル 커서 / キーボード 키보드, 자판 / ダウンロード 다운로드 / バグ 버그 / ブログ 블로그 / ホームページ 홈 페이지, 《縮約》홈피 / マウス 마우스 / メモリー 메모리, 기억 장치 / モデム 모뎀

**こんぶ【昆布】** 다시마

**コンプレックス** 콤플렉스〔劣等感〕열등감 ¶彼は大学を出ていないことにコンプレックスを持っている 그는 대학을 나오지 않았다는 것에 콤플렉스를 가지고 있다.

**コンペ** 경기 대회 ¶ゴルフコンペに出場する 골프 대회에 출전하다

**こんぺき【紺碧】** ¶紺碧の海〔空〕검푸른 바다〔하늘〕

**コンベヤー** 컨베이어, 반송대 関連 ベルトコンベヤー 벨트 컨베이어

**こんぼう【混紡】** 혼방 ¶綿とアクリルの混紡生地 면과 아크릴의 혼방 옷감

**こんぼう【棍棒】** 곤봉, 막대기

**こんぽん【根本】** 근본〔基礎〕기초〔根元〕근원 ◇根本的だ 근본적이다 ¶学校でのいじめの根本的な原因を調べる必要がある 학교에서 일어나는 왕따의 근본적인 원인을 조사할 필요가 있다. / 税制の根本的な改革が必要だ 세제의 근본적인 개혁이 필요하다. / 根本的に改める 근본적으로 고치다 / 彼女の言うことは根本的に間違っている 그 여자가 말한 것은 근본적으로 틀리다

**コンマ** 콤마〔句読点〕반점, 쉼표〔小数点〕소수점 ¶コンマ以下は切り捨て 소수점 이하는 버리다 / コンマを入れる 콤마를 넣다

**こんまけ【根負け】** ◇根負けする 끈기에 지다〔부치다〕¶彼女の強情には根負けした 그 여자의 고집에는 졌다.

**こんもり** 울창하게, 봉긋 ¶こんもり茂った森 울창한 숲 / 地面がこんもり盛り上がった 지면이 봉긋 솟았다.

**こんや【今夜】** 오늘 밤 ¶今夜はとても寒い 오늘 밤은 아주 춥다. / 今夜泊めていただけますか 오늘 밤 묵어도 되겠습니까?

**こんやく【婚約】** 약혼(約婚) ◇婚約する 약혼하다 ¶彼は女優と婚約した 그 남자는 여배우와 약혼을 했다. / 婚約を破棄する 약혼을 파기하다 / 婚約発表をする 약혼 발표를 하다 / 婚約を発表する 약혼을 발표하다 関連 婚約者 약혼자 / 婚約指輪 약혼반지

**こんよく【混浴】** 혼욕 ¶ここの温泉場は混浴です 여기 온천장은 혼욕입니다. 関連 混浴風呂 남녀 혼탕 / 男女混浴 남녀 혼욕

# こんらん
**【混乱】** 혼란 ◇混乱する 혼란하다, 혼란되다 ¶彼女の出現は私たちを混乱に陥らせた 그 여자의 출현은 우리를 혼란에 빠뜨렸다. / その大企業の倒産のあと株式市場は大混乱に陥った 그 대기업의 도산 후 주식 시장은 大혼란에 빠졌다. / 泥棒は混乱に乗じて逃げた 도둑은 혼란을 틈타서 도망갔다. / 警官隊が村から引き揚げれば混乱が生じるだろう 경찰대가 마을에서 철수하면 혼란이 생길 것이다. / 会議は何の混乱もなく終わった 회의는 아무런 혼란이 없이 끝났다. / 震災のあとの神戸は混乱状態にあった 지진후의 고베는 혼란 상태에 있었다. ¶絶望的な混乱状態 절망적인 혼란 상태 / 極度の混乱状態で 극도의 혼란 상태에서 ¶彼はいつも私を混乱させる 그 놈은 항상 나를 혼란스럽게 만든다. / いま頭が混乱している 지금 머리가 혼란스럽다. / 台風のせいで列車のダイヤが混乱している 태풍 탓으로 열차의 운행이 혼란돼 있다. / 政治的混乱 정치적 혼란

**こんれい【婚礼】** 혼례〔結婚式〕결혼식 関連 婚礼衣装 혼례 의상

**こんろ【焜炉】** 풍로, 레인지 関連 ガスこんろ 가스 레인지 / 石油こんろ 석유 곤로

**こんわく【困惑】** 곤혹 ◇困惑する 곤혹하다, 난처하다 ¶彼女は困惑した表情で口ごもった 그녀는 난처한 표정으로 입을 다물었다. / 突然の市長選出馬要請に困惑している 갑작스러운 시장 선거 출마 요청에 난처해하고 있다.

# さ

**さ**【差】차, 차이[隔たり] 간격 [格差] 격차
¶両者の間に差はない 두 사람 사이에 차는 없다. / 両者の間には大きな差がある 두 사람 사이에는 큰 차가 있다. / 値段にあまり差はない 가격에 별로 차이가 없다. / 日本は南北に長く地域によって気温の差はずいぶんある 일본은 남북으로 길어서 지역에 따라 기온의 차가 꽤 있다. / 僕たちの年齢差は2つだ 우리는 두 살 차이다. / 愛があれば年の差なんて問題ではない 사랑이 있다면 나이 차이같은 건 문제가 아니다. / そこが君と僕の差だよ 그게 너와 내 차이다.
¶彼は2位のランナーに100メートル以上の差をつけてゴールインした 그는 2위 주자와 100미터 이상의 차로 골인했다. / 先頭とはずいぶん差がついていた 선두와는 꽤 간격이 나고 말았다. / 貧富の差を縮めるのは簡単なことではない 빈부 격차를 줄이는 것은 간단한 일이 아니다.
¶僕たちのチームは5点差で勝った[負けた] 우리 팀은 5점 차로 이겼다[졌다]. / 彼は大差をつけて勝った 그는 큰 차로 이겼다. / 彼女はわずかの差で負けた 그녀는 근소한 차로 졌다. / 決議案は19対5という大差で承認された 결의안은 19대 5라는 큰 차로 승인되었다. / 彼女はほんのわずかな差で優勝を逃した 그녀는 근소한 차로 우승을 놓쳤다. / タッチの差で終電を逃してしまった 간발의 차로 막차를 놓쳤다.

**ざ**【座】자리 ¶座を外す 자리를 뜨다 / 妻の座におさまる 아내의 자리에 들어 앉다 / 座を取り持つ 판이 깨지지 않게 신경을 쓰다 / 彼の言葉で座が白けてしまった 그의 한마디로 좌중이 깨졌다.

**さあ** 자[疑い, 迷い] 글쎄 ¶さあ, 行こう 자, 가자. / さあ, 着いたよ 자, 도착했다. / さあ, タクシーが来た 자, 택시가 왔다. / さあ, そろそろかえりよう 자, 슬슬 갑시다. / さあさあ泣かないで, すぐに気分がよくなるからね 자, 자 울지마. 곧 기분이 좋아질 거야.
¶さあ, よくわかりません 글쎄, 잘 모르겠는데요.

**サーカス** 서커스 ¶サーカスを見に行く 서커스를 보러 가다 関連 サーカス団 서커스단

**サーキット** 〔レースの〕 서킷 関連 鈴鹿サーキット 스즈카 서킷

**サークル** 서클, 동아리, 동호회(同好会) ¶サークル活動 서클 활동

**ざあざあ** 착착, 쏴쏴 ¶雨がざあざあ降っている 비가 착착 내리고 있다.

**サーチライト** 서치라이트, 탐조등 ¶サーチライトを向ける 서치라이트를 돌리다

**サード** 〔3塁〕 서드 베이스, 삼루 〔3塁手〕 서드 베이스맨, 삼루수

**サービス** 서비스[サーブ] 서브 ¶そのホテルはサービスがいい[悪い] 그 호텔은 서비스가 좋다[나쁘다]. / コーヒーはサービスです(→無料です) 커피는 서비스입니다[무료입니다]. / 市は高齢者に種々のサービスを提供している 시는 고령자에게 여러 가지 서비스를 제공하고 있다.
¶きのうはもっぱら家庭サービスだった 어제는 쭉 가족들과 함께 지냈다. / ルームサービスは別料金です 룸서비스는 별도 요금입니다. / 当社は顧客サービスを改善します 저희 회사는 고객 서비스를 개선합니다. / わが社はアフターサービスが徹底しています 우리 회사는 애프터서비스를 철저히 하고 있습니다. / 最近, セルフサービスのガソリンスタンドが増えてきた 최근 셀프 서비스의 주유소가 늘고 있다. / 彼はいつもサービス精神が旺盛だ 그는 항상 서비스 정신이 왕성하다. /「この値段はサービス料込みですか?」「はい, それに税金も含まれています」"이 가격은 서비스료가 포함되어 있습니까?" "네, 그리고 세금도 포함되어 있습니다". / うんとサービスしますよ 서비스 많이 해 드릴게요. 関連 サービスエース 《テニス》 서비스 에이스 / サービスエリア 서비스 에어리어 [高速道路の] 휴게소 / サービス業 서비스업

**サーブ** 서브 ◇サーブする 서브하다 ¶サーブを送る 서브를 보내다 / サーブを受ける 서브를 받다 / サーブを返す 서브를 쳐 보내다 関連 サーブ権 서브권

**サーファー** 서퍼

**サーフィン** 서핑, 파도타기 ¶今度の日曜日サーフィンをしに行こう 이번 일요일에 파도타기 하러 가자. / サーフィンは初めてだったがうまく波に乗れた 서핑은 처음이었는데, 파도를 잘 탔다.
関連 ネットサーフィン 인터넷 서핑 ⇒ウインドサーフィン

**サーフボード** 서프보드

**サーモスタット** 서모스탯, 온도 조절기(温度調節器)

**サーロイン** 서로인, 등심 関連 サーロインステーキ 서로인[등심] 스테이크

**さい**【才】재능, 재주 ¶彼には金もうけの才がある 그에게는 돈버는 재능이 있다. / 語学の才がある 어학에 재능이 있다. ⇒才能

**さい**【犀】코뿔소, 무소

**さい**【際】때, 경우, 기회 ¶こちらにおいでの際はぜひお立ち寄りください 이쪽에 오실 때에는 꼭 들러 주십시오. / この際だから言いたいことを言わせてもらいます 이 기회에 하고 싶은 말을 하겠습니다. / 緊急の際は 긴급할 때는 / 出発に際して 출발에 즈음하여[임하여]

**さい**【再】재, 다시 ¶身分証明書を再発行してもらった 신분증명서를 재발행받았다. / 再出発する 재출발 했다 / 再検討を要する 재검토가 필요하다. 関連 再確認 재확인 / 再軍備 재군비 / 再検査 재검사 / 再試合 재시합 / 再発見 재발견 / 再放送 재방송

**さい**【歳】세, 살

さいげつ

使い分け 세, 살
세 漢字「歲」の音読みであり, 通常は20以上の漢数詞とともに用いる.
살 固有数詞とともに用いる.

¶何歳ですか 몇 살입니까? / 14歳です 열네 살입니다. / 8歳の少女 여덟 살 소녀 / 彼は私より5歳年上です 그는 나보다 다섯 살 연상입니다. / 彼女には5歳の娘がいる 그녀는 다섯 살짜리 아이가 있다.

**さい**【差異】차이 関連 差異点 차이점 ⇨差
**さいあい**【最愛】최애 ¶キョンヒは僕の最愛の人です 경희는 내가 가장 사랑하는 사람입니다.
**さいあく**【最悪】최악 ¶最悪の事態に陥った 최악의 사태에 빠졌다. / 状況は最悪だった 최악의 상황이었다. / 最悪の場合には卒業できないかもしれない 최악의 경우에는 졸업할 수 없을지도 모른다. / 最悪の場合には家を手放さなければなるまい 최악의 경우에는 집을 팔아야 할 것이다. / 最悪の事態に備える 최악의 경우에 대비하다 / 最悪の結果 최악의 결과
**ざいあく**【罪悪】죄악 ¶彼はその事に罪悪感(→罪責感)を抱いている 그는 그 일에 죄책감[죄악감]을 갖고 있다. / 罪悪視する 죄악시하다
**さいえん**【再演】재연 ◇再演する 재연하다
**さいえん**【才媛】재원
**さいえん**【菜園】채원, 채소밭 関連 家庭菜園 텃밭
**さいかい**【再会】재회 ◇再会する 재회하다
¶再会を喜ぶ 재회를 기뻐하다 / 友人と再会を約した 친구와 재회를 약속했다.
**さいかい**【再開】재개 ◇再開する 재개하다
¶試合を再開する 시합을 재개하다 / 国会は来週再開する 국회는 다음주 재개된다. / 討論が再開された 토론이 재개되었다.
**さいかい**【最下位】꼴찌, 최하위 ¶私の成績はクラスで最下位だった 내 성적은 반에서 꼴찌였다. / 最下位に転落する 최하위로 전락하다
**さいがい**【災害】재해 ¶災害は思いもかけない時にやって来る 재해는 생각지도 못할 때 일어난다. / 災害を引き起こす 재해를 일으키다 / 災害をもたらす 재해를 초래하다 / 災害を防止する 재해를 방지하다 / 災害を被る 재해를 입다 / 災害に見舞われる 재해를 당하다 / 災害保険に入る 재해보험에 들다 関連 災害救助 재해 구조 / 災害対策 재해 대책 / 自然災害 자연 재해
**ざいかい**【財界】재계 関連 財界人 재계 인사 / 政財界 정재계
**さいかいはつ**【再開発】재개발 ◇再開発する 재개발하다 関連 都市再開発 도시 재개발
**ざいがく**【在学】재학 ¶私は梨花女子大に在学している 나는 이화여자대학교에 재학중이다. / 大学在学中に運転免許を取った 대학 재학중에 운전면허를 땄다. 関連 在学証明書 재학 증명서
**さいかくにん**【再確認】재확인 ◇再確認する 재확인하다 ¶飛行機のチケットの再確認をした 비행기 티켓을 재확인했다.
**さいき**【再起】재기 [재기하다] 재기하다 ¶再起を図る 재기를 꾀하다 / 彼は再起不能になった 그는 재기 불능의 상태에 빠졌다.
**さいき**【才気】재기 ¶才気にあふれる 재기가 넘치다 / 才気に富む 재기가 풍부하다 / 才気煥発な人 재기 발랄한 사람
**さいぎしん**【猜疑心】의심, 시의심 ¶彼女は猜疑心が強い 그녀는 시의심이 강하다. ⇨疑い
**さいきょう**【最強】최강 ¶世界最強の男はだれだ 세계 최강의 남자는 누구야.
**さいきょういく**【再教育】재교육 ◇再教育する 재교육하다

## さいきん【最近】최근〔근거로, 이르거로〕요즘, 요새 ¶彼女は最近韓国語を習い始めたそうだ 그 여자는 최근 한국어를 배우기 시작했다고 한다. / 女子大生にとって最近は就職難である 여자 대학생에 있어서 최근은 취업난이 심각하다. / 最近いつ田中氏に会いましたか 최근 언제 다나카 씨를 만났습니까? / 彼が入院したことを知ったのはごく最近のことです 그 사람이 입원한 것을 안 것은 최근입니다. / 最近になり日照り続きだ 최근 들어 가뭄이 계속되고 있다. / 最近10年でこんな大雪はなかった 최근 10년 동안 이렇게 큰 눈은 없었다.
¶最近の流行には驚かされることが多い 요즘 유행에는 놀라는 일이 많다. / 最近の若者の考え方にはついていけない 요즘 젊은이들의 생각에는 따라갈 수 없다. / 最近変わったことがありましたか 최근 별일 없었습니까? / 最近あった出来事 최근에 있었던 일

**さいきん**【細菌】세균 ¶暖かい時は細菌が繁殖しやすい 따뜻할 때는 세균이 번식하기 쉽다. / 細菌を培養する 세균을 배양하다 / 細菌に感染する 세균에 감염되다 関連 細菌学 세균학 / 細菌兵器 세균 무기

**さいく**【細工】세공〔솜씨〕농간, 잔꾀, 조작 ¶この家具はすばらしい細工がしてある이 가구는 훌륭한 세공이 들어가 있다. / 下手な細工をしてもむだだ 서투른 농간은 해도 쓸데없다. / 帳簿に細工を加える 장부 조작을 하다 関連 竹細工 죽세공

**さいくつ**【採掘】채굴 ◇採掘する 채굴하다
¶金を採掘する 금을 채굴하다 関連 採掘権 채굴권

**サイクリング** 사이클링 ¶サイクリングに行く 사이클링을 가다

**サイクル** 사이클 ¶サイクルヒットを達成する 사이클 히트를 달성하다

**さいぐんび**【再軍備】재군비 ◇再軍備する 재군비하다

**さいけつ**【採決】채결 ◇採決する 채결하다
¶採決に付す 채결에 부치다 / 議案を採決する 의안을 채결하다 / 多数決で採決する 다수결로 채결하다

**さいけつ**【採血】채혈 ◇採血する 채혈하다
関連 採血車 채혈차

**さいけつ**【裁決】재결〔決済〕결재〔判決〕판결 ◇裁決する 재결하다 ¶この件は当局の裁決を仰ぐべきだ 이 건은 당국의 재결을 받아야 한다.

**さいげつ**【歳月】세월 ¶あの時から20年の歳月が流

さいけん

[慣用句]**歳月人を待たず** 세월은 사람을 기다려 주지 않는다.

**さいけん**【債券】채권 ¶債券を発行する 채권을 발행하다 [関連]国債 국채 / 社債 사채 / 地方債 지방채

**さいけん**【債権】채권 ¶債権を譲渡する 채권을 양도하다 / 債権を回収する 채권을 회수하다 [関連]債権者 채권자

**さいけん**【再建】재건 ◇再建する 재건하다 ¶倒壊したビルを再建する 무너진 빌딩을 재건하다 / 倒産した会社を再建する 도산한 회사를 재건하다 / 国を再建する 나라를 재건하다

**さいげん**【再現】재현 ◇再現する 재현하다 ¶この番組は昔の名画を再現している 이 방송 프로그램은 옛 명화를 재현하고 있다. / 警察による犯罪現場の再現 경찰에 의한 범죄 현장의 재현

**さいげん**【際限】끝, 한도 ¶際限なく雨が降り続いている 끝없이 비가 계속 내리고 있다. / 彼の要求は際限がない 그의 요구는 끝이 없다.

**ざいげん**【財源】재원 ¶財源が乏しい 재원이 부족하다 / 財源を確保する 재원을 확보하다

**さいけんさ**【再検査】재검사 ◇再検査する 재검사하다 ¶胃の再検査を受ける 위의 재검사를 받다

**さいけんとう**【再検討】재검토 ◇再検討する 재검토하다 ¶計画は再検討しなければならないだろう 계획은 재검토해야 할 것이다.

**さいこ**【最古】최고 ¶世界最古の木造建築 세계 최고의 목조 건축

**さいご**【最後】최후, 마지막, 끝 ◇最後に 마지막으로, 끝으로

[基本表現]
▷私は夏休みの最後の2日間で宿題を全部仕上げた 나는 여름 방학의 마지막 이틀 사이에 숙제를 전부 했다.
▷彼は最後に来た 그가 마지막으로 왔다.
▷最後まで彼女は一生懸命やった 마지막까지 그녀는 열심히 했다.

◆【最後の】
¶二人のボクサーは最後の力を振り絞って戦った 두 복서는 마지막 힘을 다해서 싸웠다. / 「きのうあのテレビ見た?」「最後の5分間だけしか見られなかったの」"어제 그 프로 봤어?" "마지막 5분 밖에 못 봤어." / きょうの宿題は最後の章を要約してくることだ 오늘의 숙제는 마지막 장을 요약해 오는 것이다.

◆【最後に】
¶最後に彼女に会ったのは2週間ほど前だった 마지막으로 그녀를 만난 것은 2주일 정도 전이었다. / 最後に先生のご意見をうかがいたいのですが 마지막으로 선생님 의견을 듣고 싶습니다만. / 彼は最後に一言付け加えた 그는 마지막으로 한 마디 덧붙였다. / 苦戦するかもしれないが最後に勝つのは我々だ 고전할지도 모르겠지만 마지막에 이기는 것은 우리들이다.

◆【その他】
¶『シュリ』は本当におもしろい映画だった. 最後まで目が離せなかったよ "쉬리"는 정말 재미있는 영화였다. 마지막까지 눈을 뗄 수가 없었다. / そのコンサートで最後を飾ったのはチョ・ヨンピルだった 그 콘서트에서 마지막을 장식한 사람은 조용필이었다. / 先月駅で彼とばったり会ったのが彼の姿を見た最後となった 지난달 역에서 그와 우연히 만난 게 그의 마지막 모습이었다. / 言い出したら最後, 彼は決してあとへはひかない 일단 말을 시작하기만 하면 그는 결코 물러서지 않는다. / 大家は私に家賃を払うか出て行くかという最後通告を突きつけた 집 주인은 나에게 집세를 내든지 집을 나가든지 하라는 최후통첩을 했다.

[関連]最後通告 최후통첩(最後通牒) / 最後の晩餐 최후의 만찬 / 最後の手段 최후의 수단 / 最後の審判 최후의 심판

**さいご**【最期】최후 [臨終]임종 ¶私は父の最期を見届けた 나는 아버지의 임종을 지켜보았다. / 彼は悲惨な最期を遂げた 그는 비참한 최후를 맞았다.
¶徳川幕府の最期 도쿠가와 막부의 최후

**ざいこ**【在庫】재고 ¶ご注文の品は在庫がありません 주문하신 물품은 재고가 없습니다. / 靴の在庫が豊富だ 구두의 재고가 많다. / 在庫を調べる 재고를 조사하다 [関連]在庫一掃セール 재고 정리 세일 / 在庫管理 재고 관리 / 在庫品 재고품

**さいこう**【最高】최고(↔최저) ◇最高だ 최고다, (俗)그만이다 [いちばんよい]가장 좋다 [高さ・程度が]가장 높다 ◇最高に 최고로, 가장 ¶今がドライブには最高の季節だ 지금이 드라이브하기에는 최고의 계절이다. / きょうは この夏最高に暑かった 오늘은 올 여름 중 제일 더운 것 같았다. / 最高の気分です 기분이 최고입니다. / 最高に面白い 최고로 재미있다. / お天気が最高によかった 날씨가 최고로 좋았다. / 違反すると最高3万円の罰金を払わなくてはいけない 위반하면 최고 3만 엔의 벌금을 내야 한다. / 「お気に召しましたか」「最高です!」"마음에 드셨습니까?" "네, 아주 마음에 들어요." / 「もっとスピードを出してよ」「無理だよ. これが最高なんだ」"더 속도를 내." "무리야, 이게 최고인걸."

¶このダイヤモンドは最高級品だ 이 다이아몬드는 최고급이다.

¶彼女は走り高跳びで自己最高記録を出した 그녀는 높이뛰기에서 자기 최고 기록을 냈다. / 彼は日本における原子物理学の最高権威と言われている 그는 일본의 원자 물리학의 최고 권위로 일컬어진다. [関連]最高幹部 최고 간부 / 最高気温 최고 기온 / 最高裁判所 최고 재판소 /⇒韓国の大法院『大法院』にあたる / 最高司令官 최고 사령관 / 最高点 최고점

**さいこう**【再考】재고 ◇再考する 재고하다 ¶再考を促す 재고를 촉구하다 / 再考の余地がない 재고의 여지가 없다 / 彼の招待を受けるかどうか再考中だ 그 사람의 초대를 받아들일까 말까 재고중이다.

**さいこう**【採光】채광 ¶採光がいい[悪い]채광이 좋다[나쁘다]. / 設計者は部屋の採光に工夫を加えた 설계자는 방의 채광을 궁리했다.

**さいこうさい【最高裁】** 최고 재판소(▶韓国の大법원「大法院」にあたる)

**ざいこうせい【在校生】** 재학생

**さいこうちょう【最高潮】** 최고조〔クライマックス〕클라이맥스 ¶観客の興奮は最高潮に達した 관객의 흥분은 최고조에 달했다. / オペラは最高潮を迎えた 오페라는 최고조를 맞았다.

**さいこうふ【再交付】** 재교부 ◇再交付する 재교부하다 ¶パスポートの再交付を願い出た 여권의 재교부를 신청했다.

**さいこうほう【最高峰】** 최고봉 ¶モンブランはアルプスの最高峰です 몽블랑은 알프스의 최고봉입니다. / 彼は日本画壇の最高峰です 그는 일본 화단의 최고봉입니다.

**さいころ【賽子】** 주사위 ¶さいころをふる 주사위를 던지다

**さいこん【再婚】** 재혼 ◇再婚する 재혼하다

**さいさき【幸先】** 조짐, 징조 ¶彼はさい先のよいスタートを切った 그는 조짐이 좋은 스타트를 했다. / 1回戦で不戦勝とはさい先がいい 1회전에서 부전승이라니 조짐이 좋다.

**さいさん【再三】** 여러 번, 재삼 ¶彼らは再三の警告を無視した 그들은 여러 번 경고를 무시했다. / 彼女に再三再四手紙を出したが何の返事もない 그 여자에게 여러 번 편지를 보냈지만 아무런 답장도 없다.

**さいさん【採算】** 채산 ¶そんなに安売りしたら採算が取れない 그렇게 싸게 팔아서는 채산이 안 맞는다. / 採算を度外視して売る 채산을 도외시해서 팔다 [関連] 独立採算制 독립 채산제

## ざいさん【財産】 재산

[基本表現]

▷彼には大きな財産がある
　그 사람에게는 큰 재산이 있다.
▷祖父は私にばく大な財産を残した 할아버지는 나에게 막대한 재산을 남겼다.
▷彼はすべての財産を息子に譲った
　그는 모든 재산을 아들에게 물려주었다.
▷山田さんの財産を受け継いだのはだれですか
　야마다 씨의 재산을 물려받은 사람은 누구입니까?
▷おじは株で財産を築いた[失った] 큰아버지는 주식으로 재산을 쌓았다[잃었다].
▷父の財産は子供たちに分けられた
　아버지의 재산은 아이들에게 나뉘졌다.
▷彼は生涯に一財産こしらえた
　그는 생애에 많은 재산을 모았다.

¶弁護士が私の財産を管理している 변호사가 내 재산을 관리하고 있다. / 彼は財産目当てに彼女と結婚した 그는 재산을 목적으로 그녀와 결혼했다. / 借金が払えなかったため彼は財産を差し押さえられた 빌린 돈을 갚을 수 없었기 때문에 그는 재산을 압수당했다. / 財産を奪われる 재산을 빼앗기다 / 健康が私の財産だ 건강이 나의 재산이다. ¶今の私の全財産はたった500円だ 지금 나의 전재산은 겨우 500엔뿐이다. [関連] 財産家 재산가 / 財産分与 재산 분여 / 共有財産 공유 재산 / 公共財産 공공 재산 / 個人財産 개인 재산 / 私有財産 사유 재산 / 知的財産 지적 재산

**さいし【妻子】** 처자〔家族〕가족, 식구 ¶妻子を養う 처자를 돌보다 / 妻子ある人 처자 있는 사람

**さいしけん【再試験】** 재시험 ¶彼は物理と化学の再試験を受けなければならないだろう 그는 물리와 화학 시험을 다시 보아야 할 것이다.

**さいじつ【祭日】** 축제일〔国民の祝日〕국경일〔国慶日〕〔公休日〕공휴일

**さいしつ【材質】** 재질 ¶材質がいい[悪い] 재질이 좋다[나쁘다]

**さいして【際して】** ¶出発に際して 출발에 즈음하여 / 困難に際して(→直面して) 곤란에 직면해서

**さいしゅう【最終】** 최종 ◇最終的な 최종적인 ◇最終的に 최종적으로 ¶だれが最終決定を下したのですか 누가 최종 결정을 내렸습니까? [関連] 最終回 최종회 / 最終日 최종일 / 最終列車[バス] 막차

**さいしゅう【採集】** 채집 ◇採集する 채집하다 [関連] 昆虫採集 곤충 채집 ⇒集める

**ざいじゅう【在住】** 재주〔居住〕거주 ¶日本在住の外国人 일본 거주 외국인 [関連] 在住者 거주자 / 在住期間 재주 기간

**さいしゅつ【歳出】** 세출 [関連] 歳出入 세출입

**さいしゅっぱつ【再出発】** 재출발 ¶彼はラーメン屋として再出発した 그는 라면집 주인으로서 재출발했다.

## さいしょ【最初】 최초, 처음 ◇最初の 첫 ◇最初に 처음에 ¶何事も最初が肝心だ 무슨 일이든 처음이 중요하다. / 最初から彼女を信じていた 처음부터 그녀를 믿고 있었다. / 一緒に行きたいのなら最初からそう言えばいいのに 함께 가고 싶었으면 처음부터 그렇게 말하면 좋았을 텐데. / 最初からもう一度やってみよう 처음부터 다시 한번 해보자. / 初めて多くの人の前で話をしたのだけれど最初から最後まで緊張してしまった 처음으로 많은 사람들 앞에서 이야기를 했는데 내내 긴장되었다. / 僕が彼女に会ったのはそれが最初で最後だった 내가 그 여자를 만난 것은 그때가 처음이자 마지막이다.

¶最初の章は飛ばしましょう 처음 장은 그냥 넘어가자. / 彼の2作目の作品はデビュー作と同じぐらい評判がよかった 그의 두 번째 작품은 데뷔작과 비슷하게 평판이 좋았다. / 最初の方針は変更を余儀なくされた 최초의 방침은 변경을 하지 않을 수 없었다. / 最初のうちは商売がうまくいっていたがこの半年は赤字続きだ 처음에는 장사가 잘 되었는데 요 반년은 적자가 계속되고 있다.

¶最初、私は医者になりたかったのです 처음에 나는 의사가 되고 싶었습니다. / 最初筆記試験があって、次が口述試験です 처음 필기시험이 있고, 다음이 구두시험입니다. / ユミが最初に来た 유미가 제일 먼저 왔다.

**さいじょ【才女】** 재녀 [才媛] 재원

**さいしょう【最小】** 최소 ◇最小の 최소의, 가장 작은 ¶これは世界最小のラジオです 이것은 세계 최소 라디오입니다. [関連] 最小値 최소값, 최소치 / 最小単位 최소 단위 / 最小公倍数 최소

공배수

**さいしょう【最少】** 최소 ◇最少의 최소의, 가장 적은 ¶最少の人数 최소 인원수 / 最少得点 최소 득점

**さいじょう【最上】** 최상 ◇最上의 최상의, 가장 좋은 ¶最上の品 최상품 / 最上の方法 최상의 방법 / 最上の喜び 최상의 기쁨 / 最上階 최상층

**さいしょうげん【最小限】** 최소한 ¶最小限の要求 최소한의 요구 / 最小限に抑える 최소한으로 억제하다 / 被害は最小限にとどめなければならない 피해는 최소한으로 하지 않으면 안 된다.

**さいしょく【菜食】** 채식 ¶医者に菜食をすすめられた 의사는 채식을 권했다. 関連 菜食主義 채식주의 / 菜食主義者 채식주의자

**ざいしょく【在職】** 재직 ◇在職する 재직하다 ¶これ以上今の職場に在職するのは不可能だ 더 이상 지금의 직장에 재직하는 것은 불가능하다. / 在職中に 재직 중에 関連 在職期間 재직 기간

**さいしょくけんび【才色兼備】** ¶彼女は才色兼備の女性だ 그녀는 재색을 겸비한 여성이다.

**さいしん【再審】** [裁判의] 재심

**さいしん【最新】** 최신 ¶これが最新流行のヘアスタイルです 이것이 최신 유행의 헤어스타일입니다. / 最新の情報を手に入れた 최신 정보를 입수했다. / 最新の技術 최신 기술 / 最新の設備 최신 설비 / 最新のコンピュータプログラム 최신 컴퓨터 프로그램 / 最新のニュース 최신 뉴스 / 最新式 최신식

**さいしん【細心】** ◇細心の 세심한 ¶運転には常に細心の注意を払わなくてはならない 운전에는 항상 세심한 주의를 기울여야 된다.

**サイズ** 사이즈 ¶サイズが大きい[小さい] 사이즈가 크다[작다]. / サイズを測る 사이즈를 재다 / このドレスは気に入ったけどサイズが合わない 이 드레스는 마음에 들었지만 사이즈가 맞지 않는다. / サイズが合うかどうかこのスカートをはいてみてもいいですか 사이즈가 맞을 지 안 맞을지 이 스커트를 입어 봐도 될까요? / これ僕にぴったりのサイズだよ 이거 나한테 딱 맞는 사이즈야. / このコートはあらゆるサイズがそろっています 이 코트는 모든 사이즈가 있습니다. / ウエストのサイズを測ってもらえますか 허리 사이즈를 재 주시겠습니까? / この靴は大きすぎます。もっと小さいサイズはありますか 이 구두는 너무 큽니다. 더 작은 사이즈는 있습니까? / 彼は大きめのサイズのシャツを着ていた 그는 약간 큰 사이즈의 셔츠를 입고 있었다.

¶キングサイズのベッドを買った 킹사이즈의 침대를 샀다. / このTシャツはフリーサイズだ 이 티셔츠는 프리사이즈이다. / 彼女のスリーサイズ(→身体のサイズ)はそれぞれ85-58-87だ 그녀의 신체 사이즈는 각각 85-58-87이다.

会話 どのサイズか
　A：どのサイズがいいですか
　B：S[M, L, LL]サイズをください
　A：어느 사이즈가 좋습니까?
　B：S[M, L, LL] 사이즈로 주세요.
　A：スカートのサイズはいくつですか
　B：9号です

　A：스커트 사이즈는 몇입니까?
　B：9호입니다.

**ざいす【座椅子】** 좌식의자

**さいせい【再生】** 재생 ◇再生する 재생하다, 재생되다 ¶とかげのしっぽは切られても再生するトカゲの 꼬리는 잘라도 재생한다. / DVDは鮮明な映像を再生することができる DVD는 선명한 영상을 재생할 수 있다. / CDプレーヤーで音楽を再生するCD플레이어로 음악을 재생한다 / 古新聞を再生する新聞을 재생하다 関連 再生紙 재생지 / 再生繊維 재생 섬유 / 再生装置 재생 장치 / 再生品 재생품

**ざいせい【財政】** 재정 ¶財政が健全だ 재정이 건전하다. / 財政が赤字だ 재정이 적자다. / 財政が苦しい 재정이 힘들다. / 市の財政を建て直す必要がある 시의 재정을 재건할 필요가 있다.

関連 財政援助 재정 원조 / 財政学 재정학 / 財政危機 재정 위기 / 財政黒字[赤字] 재정 흑자[적자] / 財政再建 재정 재건 / 財政難 재정난 / 財政年度 회계 연도(▶4月から始まる日本とは異なり韓国は暦と同じ1月から始まる) / 緊縮財政 긴축 재정 / 国家財政 국가 재정

**さいせいき【最盛期】** 최성기, 한창, 전성기 ¶彼は選手としては最盛期を過ぎている 그는 선수로서는 전성기가 지났다. / あの頃が彼の最盛期だった 그때가 그의 전성기였다. / ぶどうは9月に最盛期に入る 포도는 구월이 한창이다.

**ざいせき【在籍】** 재적 ◇在籍する 재적하다 ¶彼女は延世大学に在籍している 그녀는 연세대학교에 재적하고 있다. 関連 在籍者 재적자

**さいせん【再選】** 재선 ◇再選する 재선하다 ¶我々は彼を議長に再選した 우리들은 그 사람을 의장으로 재선했다. / 国会議員に再選される 국회의원에 재선되다

**さいせん【賽銭】** 새전, 불전(仏銭) 関連 賽銭箱 새전함

**さいぜん【最善】** 최선 ◇最善の 최선의 ¶彼らは被災者の救出に最善を尽くした 그들은 이재민을 구조하기 위하여 최선을 다했다. / 最善の方法 최선의 방법

**さいぜんせん【最前線】** 최전선

**さいせんたん【最先端】** 최첨단(最尖端) ¶最先端の技術 최첨단 기술 / 彼女のファッションは流行の最先端を行っている 그녀의 패션은 유행의 최첨단을 달리고 있다.

**さいそく【催促】** 최촉, 재촉, 독촉(督促) ◇催促する 최촉하다, 재촉하다, 독촉하다 ¶矢のような催促を受ける 성화같은 재촉[독촉]을 받다 / 取引先に代金の支払いを催促した 거래처에 대금의 지불을 재촉했다. / 彼女は借金を返すよう私にしきりに催促した 그녀는 빚을 갚으라고 나에게 자주 재촉했다. / 銀行にローンの返済を催促された 은행으로부터 융자의 반납을 재촉당했다.

関連 催促状 독촉장

**さいた【最多】** 최다 ¶最多勝利 최다 승리 / 最多得点 최다 득점

**サイダー** 사이다

**さいだい【最大】** 최대 ¶今年最大の事件は何ですか 올해 최대의 사건은 무엇입니까? / 日本最大

の港 일본 최대의 항구 / 最大の関心事 최대의 관심사 / 最大の難関 최대의 난관 関連最大公約数 최대 공약수 / 最大値 최댓값, 최대치 / 最大風速 최대 풍속

さいだい【細大】 ¶細大もらさず報告する 세세한 일이건 큰일이건 모두 보고한다.

さいだいげん【最大限】 최대한 ¶能力を最大限に発揮する 능력을 최대한 발휘하다 / 最大限に利用する 최대한으로 이용하다

さいたく【採択】 채택 ◇採択する 채택하다 ¶重役会は彼の案を採択した 중역 회의에서 그 사람의 제안을 채택했다. / 議案が採択される 의안이 채택되다

ざいたく【在宅】 재택 ¶ご主人はご在宅ですか 남편분은 댁에 계십니까? 関連在宅介護 재택간호 / 在宅勤務 재택근무

さいたん【最短】 최단 ¶最短距離 최단 거리

さいだん【祭壇】 제단 ¶祭壇をしつらえる 제단을 차리다

さいだん【裁断】 재단 ◇裁断する 재단하다〔布を〕마르다 ¶生地を裁断する 옷감을 재단하다〔마르다〕

¶上司の裁断を仰ぐ 상사의 재단을 청하다 / 裁断を下す 재단을 내리다.

ざいだん【財団】 재단 関連財団法人 재단 법인

さいちゅう【最中】 한창, 한중간 ¶試合の最中に雨が降り出した 한창 경기 중에 비가 내리기 시작했다. / 食事の最中に 식사의 한중간에

ざいちゅう【在中】 재중 ¶写真在中 사진 재중 / 見本在中 견본 재중 / 印刷物在中 인쇄물 재중

さいちょう【最長】 최장 ◇最長の 최장의, 가장 긴 ¶日本最長の川 일본 최장의 강

さいてい【最低】 최저 〔最低限〕최저한 ¶最低の点数でパスした 彼は英語を最低点でパスした 그는 영어를 최저 점수로 합격했다. / 彼らは最低限度の生活が保障された 그들은 최저한도의 생활이 보장되었다. / きのうの最低気温は10度だった 어제 최저 기온은 10도였다. / あの男は最低なやつだ 저 남자는 형편없는 놈이다. / これは彼の作品の中では最低の出来だ 이것은 그의 작품 중에서 최악의 것이다. / 最低のコンディション 최저의 컨디션 / この小説を完成するのに最低あと1年はかかる 이 소설을 완성하는 데 최소한 1년은 더 걸린다. 関連最低記録 최저 기록 / 最低条件 최저 조건 / 最低賃金 최저 임금 / 最低料金 최저 요금

さいてき【最適】 최적 ◇最適だ 최적하다 ¶その役は彼が最適だ 그 역은 그가 최적이다. / 最適な環境 최적한 환경

さいてん【採点】 채점 ◇採点する 채점하다 ¶数学の先生は採点が辛い〔甘い〕 수학 선생님은 채점 점수가 짜다〔후하다〕. / 答案を採点する 답안을 채점하다 関連採点者 채점자

さいてん【祭典】 제전 ¶スポーツの祭典 스포츠 제전

さいど【再度】 재차, 다시 ¶私たちは再度その地を訪れた 우리는 다시 그 땅을 방문했다. / 再度の警告 재차 경고

サイド サイド〔横〕옆〔側〕측 ¶消費者サイドに立つ 소비자 측에 서다 / 彼はサイドビジネスで翻訳をやっている 그는 부업으로 번역을 하고 있다. 関連サイドスロー 사이드 스로 / サイドブレーキ 사이드 브레이크 / サイドボード 장식용으로 그릇을 넣는 장, 장식장 / サイドミラー 사이드 미러 / サイドリーダー 부교재 / プールサイド 풀사이드

さいなん【災難】 재난〔不幸〕불행〔災害〕재해〔事故〕사고 ¶わが家に大きな災難がふりかかった 우리 집에 큰 재난이 덮쳤다. / 災難に遭う 災難に会う 재난을 만나다 / 災難に見舞われる 재난을 당하다 / 災難を招く 재난을 부르다 / 災難を免れる 재난을 피하다 / それは災難だった 그건 재난이었다.

ざいにち【在日】 재일 ¶私は在日韓国人〔朝鮮人〕3世です 저는 재일 한국인〔조선인〕3세예요.｜〔聞き手が韓国人・朝鮮人〕저는 재일 교포〔동포〕3세예요. 関連在日外国人 재일 외국인 / 在日韓国人〔朝鮮人〕재일 한국인〔조선인〕/ 在日米軍 재일 미군

さいにゅう【歳入】 세입 ¶歳入不足 세입 부족 / 歳入と歳出の均衡をはかる 세입과 세출의 균형을 도모하다

ざいにん【罪人】 죄인

さいにんしき【再認識】 재인식 ¶彼女の能力を再認識した 그녀의 능력을 재인식했다.

さいねん【再燃】 재연 ◇再燃する 재연하다, 재연되다 ¶論争が再燃した 논쟁이 재연되었다. / 領土問題が再燃した 영토 문제가 재연되었다.

さいねんしょう【最年少】 최연소 ¶最年少合格者 최연소 합격자

さいねんちょう【最年長】 최연장 ¶最年長選手 최연장 선수

さいのう【才能】 재능 ¶すばらしい才能 훌륭한 재능 / 並外れた才能 특별한 재능 / 比類なき才能 비교할 수 없는 재능 / 豊かな才能 풍부한 재능 / 生まれつきの才能 타고난 재능 / 隠れた才能 숨겨진 재능 / 芸術的才能 예술적 재능 / 音楽的才能 음악적 재능 / 文学的才能 문학적 재능 / スポーツの才能 스포츠 재능
¶彼は絵の才能がある 그는 그림에 재능이 있다. / 私は音楽の才能が全然ない 나는 음악의 재능이 전혀 없다. / 彼女にはまれな音楽の才能がある 그녀는 보기 드문 음악적 재능이 있다. / 彼は才能ある人物だ 그는 재능 있는 사람이다. / 彼女は世界でもっとも才能あるピアニストの一人だ 그녀는 세계에서 가장 재능 있는 피아니스트의 한 사람이다. / 彼女は語学にずば抜けた才能を持っている 그녀는 어학에 뛰어난 재능을 가지고 있다. / 彼女はダンスに才能を発揮した 그녀는 댄스에 재능을 발휘했다. / 両親は娘の才能を伸ばすことに努力した 부모님은 딸의 재능을 키우는 데 노력했다. / 才能を生かす 재능을 살리다

さいはい【采配】〔指揮〕지휘 ¶今ジャイアンツで采配を振るっているのはだれ 지금 자이언츠에서 지휘를 하고 있는 사람은 누구? / きょうは監督の采配ミスで負けた 오늘은 감독의 지휘 미스로 졌다.

さいばい【栽培】재배 ◇栽培する 재배하다 ¶野菜を栽培する 야채를 재배하다 / ばらを温室栽培する 장미를 온실 재배하다. 関連 促成栽培 촉성 재배 / 有機栽培 유기 재배

さいはつ【再発】재발 ◇再発する 재발하다, 재발되다 ¶事件の再発を防止する 사건의 재발을 방지하다 / 病気が再発する 병이 재발하다

ざいばつ【財閥】재벌 関連 財閥企業 재벌기업 / 新興財閥 신흥 재벌

さいはっこう【再発行】재발행 ¶運転免許証を再発行してもらった 운전 면허증을 재발급받았다.

さいばん【裁判】재판 [公判] 공판 ¶裁判を開く 재판을 열다 / 裁判を受ける 재판을 받다 / 彼は強盗の罪で裁判にかけられた 그는 강도 죄로 재판에 회부되었다. / 事件を裁判にかける 사건을 재판에 회부하다 / 裁判に訴える 소송하다 / 裁判に勝つ[負ける] 재판에 이기다[지다] / 裁判中だ 재판중이다 関連 裁判官 재판관, 법관(法官) / 裁判長 재판장 / 刑事裁判 형사 재판 / 民事裁判 민사 재판

さいばんしょ【裁判所】재판소, 법원(法院)〔法廷〕법정 ¶裁判所に出頭する 법원에 출두하다 関連 家庭裁判所 가정 재판소(▶韓国では 가정 법원「家庭法院」という) / 簡易裁判所 간이 재판소 / 地方裁判所 지방 재판소(▶韓国では 지방법원「地方法院」という) / 高等裁判所 고등 재판소(▶韓国では 고등법원「高等法院」という) / 最高裁判所 최고 재판소(▶韓国では 대법원「大法院」という)

さいひょうか【再評価】재평가 ¶その作家は最近再評価されている 그 작가는 최근 재평가되고 있다.

さいひょうせん【砕氷船】쇄빙선

さいふ【財布】지갑 [小銭入れ] 동전 지갑 ¶散歩中に財布を落とした 산책중에 지갑을 잃어버렸다. / 大金の入った財布を拾った 많은 돈이 든 지갑을 주웠다. / 彼は財布から小銭を取り出した 그는 지갑에서 잔돈을 꺼냈다. / 財布の底をはたいてギターを買った 지갑을 탈탈 털어서 기타를 샀다. / 娘に服を買ってあげたので財布が軽くなってしまった 딸에게 옷을 사 줬기 때문에 지갑이 가벼워졌다.
¶うちでは妻が財布のひもを握っている 우리 집에서는 집사람이 지갑을 쥐고 있다. / ボーナスが入ってつい財布のひもがゆるんだ 보너스를 타서 자꾸 낭비를 했다. / 今月は財布のひもを締めなくてはならない 이번달은 절약해야 된다.

さいぶ【細部】세부 ¶彼は被災状況を細部にわたって報告した 그는 피해 상황을 세부에 걸쳐서 보고했다.

さいへんせい【再編成】재편성 ◇再編成する 재편성하다 ¶委員会を再編成する 위원회를 재편성하다 / 政界再編成 정계 재편성

さいほう【裁縫】재봉, 바느질 ◇裁縫をする 재봉하다 関連 裁縫道具 재봉 도구 / 裁縫箱 재봉함

さいぼう【細胞】세포 ¶顕微鏡で細胞の分裂を観察した 현미경으로 세포의 분열을 관찰했다.

関連 細胞液 세포액 / 細胞学 세포학 / 細胞質 세포질 / 細胞組織 세포 조직 / 細胞膜 세포막 / 幹細胞 줄기 세포 / ES細胞 ES세포, 배성간세포(胚性幹細胞)

ざいほう【財宝】재보

さいほうそう【再放送】재방송 ◇再放送する 재방송하다 ¶この番組は来週の土曜日に再放送される 이 프로그램은 다음주 토요일에 재방송된다.

さいまつ【歳末】세밑, 연말 関連 歳末大売り出し 연말 바겐세일 / 歳末助け合い運動 연말 불우 이웃 돕기 운동

さいみんじゅつ【催眠術】최면술 ¶催眠術をかける 최면술을 걸다 / 催眠術にかかっている 최면술에 걸려 있다 / 催眠術師 최면술사

さいむ【債務】채무 ¶わが社には1千万円の債務がある 우리 회사는 천만 엔의 채무가 있다. / なんとか債務を返すことができた 간신히[그럭 저럭] 채무를 갚을 수 있었다. / 債務を清算する 채무를 청산하다 関連 債務国 채무국 / 債務者 채무자 / 債務超過 채무 초과 / 債務不履行 채무 불이행

ざいむ【財務】재무 関連 財務管理 재무 관리 / 財務省 재무성(▶韓国の 기획 재정부「企画財政部」にあたる) / 財務大臣 재무 대신

ざいもく【材木】재목 関連 材木置き場 재목 저장소 / 材木商 재목상

さいゆうしゅう【最優秀】최우수 関連 最優秀賞 최우수상 / 最優秀選手 최우수 선수

さいゆうせん【最優先】최우선 ◇最優先する 최우선하다 ⇒優先

さいよう【採用】채용 ◇採用する 채용하다
¶彼女は銀行に採用が決まった 그녀는 은행에 채용이 결정되었다. / 彼は採用が取り消された 그는 채용이 취소되었다. / うちの会社は今年は採用を減らした 우리 회사는 올해 채용을 줄였다.
¶彼女は看護師として採用された 그녀는 간호사로 채용되었다. / 彼女の案が採用された 그녀의 안이 채용되었다. / 彼の小説が雑誌に採用された 그의 소설이 잡지에 채용되었다.
¶毎年夏には次年度の採用試験が始まる 매년 여름에는 다음 연도 채용 시험이 시작된다. / 彼は2社から採用通知を受け取った 그는 두 회사에서 채용 통지를 받았다. / 採用担当者はどなたですか 채용 담당자는 어느 분이십니까? / 3か月の仮採用期間の後, 正社員となった 3개월의 연수 기간 후에 정사원이 되었다.

ざいらい【在来】재래 関連 在来線 재래 노선

さいりよう【再利用】재이용 ◇再利用する 재이용하다, 다시 이용하다 ¶再利用できる物 재이용할 수 있는 물건 ⇒リサイクル

さいりょう【最良】최량 ◇最良の 최량의, 가장 좋은 ¶きょうは生涯最良の日だった 오늘은 내 인생에서 가장 좋은 날이었다.

ざいりょう【材料】재료 [素材] 소재 ¶料理の材料 음식 재료 / 材料を取り揃える 재료를 갖추다 / このケーキの材料費はいくらですか 이 케이크의 재료비는 얼마입니까?
¶身の回りにも詩の材料になるものはたくさんある 가까운 주변에도 시의 소재가 될 것은 많이 있

**ざいりょく【財力】** 재력 ¶財力にものを言わせる 재력을 발휘하다

**ザイル**〔登山用〕자일

**さいるい【催涙】**関連 催涙ガス 최루 가스 / 催涙弾 최루탄

**サイレン** 사이렌 ¶サイレンを鳴らす 사이렌을 울리다 / 空襲警報のサイレン 공습 경보의 사이렌

**サイロ** 사일로

**さいわい【幸い】**다행, 행운 ◇幸いだ 다행이다 ◇幸いに 다행히 ¶不幸中の幸い 불행 중 다행 / お役に立てば幸いです 도움이 되었다면 다행입니다. / 幸い彼女に会うことができた 다행히 그녀를 만날 수 있었다. / 幸いあしたは休みだから遊園地にでも連れて行ってあげよう 내일은 쉬는 날이니까 유원지에라도 데리고 가 줄게. / 母親が留守なのを幸いに彼はゲームばかりやっている 어머니가 집에 계시지 않아 그는 운좋게 게임만 하고 있다. / 好天が幸いしてよい景色が楽しめた 날씨가 다행히 좋아서 좋은 경치를 즐길 수 있었다.

**サイン** 사인〔署名〕서명〔合図〕신호 ◇サインする この書類にサインしてください 이 서류에 사인해 주세요. / ここにサインしてくれませんか 여기에 사인해 주지 않겠습니까? / 歌手は自分の写真の上にサインした 가수는 자기의 사진 위에 사인을 했다. / バッターにサインを送る 타자에게 사인을 보내다 関連 サイン会 사인회 / サイン帳 사인북 / サインペン 사인펜

**サウスポー** 사우스포, 왼손잡이 투수

**サウナぶろ【サウナ風呂】**사우나탕, 한증막(汗蒸幕)

**サウンドトラック** 사운드트랙

**さえ【冴え】**¶腕のさえを見せる 훌륭한〔뛰어난〕 솜씨를 보이다

**-さえ** ❶〔極端な例をあげる〕조차, 도 ¶そんなこと子供でさえわかるよ 그런 건 아이도 안다. / 君でさえ解けないのに僕に解けるわけがないだろう 너도 못 푸는데 내가 풀 수 있을 리가 없다. / 彼女はその手紙を開けることさえしなかった 그녀는 그 편지를 열려고도 하지 않았다. / 恵子は「さよなら」さえも言わずに部屋を出ていった 게이코는 "안녕"조차도 하지 않고 방을 나갔다. / 彼の部屋には1冊の辞書さえない 그의 방에는 한 권의 사전조차 없다.
❷〔さらにその上〕마저 ¶暗くなったのに加えて雨さえ降り出した 어두워졌는데다가 비마저 내리기 시작했다. / 疲れたうえに道さえわからなくなってきた 지치고 게다가 길마저 헤매기 시작했다.
❸〔条件を提示する〕만 ¶父がもう少し長生きさえしてくれればよかったのに 아버지가 조금만 더 오래 살아 주셨으면 좋았을 텐데. / 君は一生懸命勉強しさえすればいい 너는 열심히 공부만 하면 된다. / 近ごろの子供は暇さえあればゲームだ 요즘 아이들은 시간만 있으면 게임이다.

**さえぎる【遮る】**〔光·熱·音などを〕가리다, 차단하다〔通行·視界·話などを〕막다, 가로막다 ¶日光をさえぎる 햇빛을 가리다 / 森の中は木々が光をさえぎっていた 숲 속은 나무들이 빛을 차단하고 있었다. / 高いビルが視界をさえぎっている 높은 빌딩이 시야를 가리고 있다. / 話をさえぎらないでください 이야기를 가로막지 말아 주세요. / 行く手をさえぎる 앞길을 가로막다

**さえずり【囀り】**〔歌〕노래〔鳥の〕새가 지저귀는 소리

**さえずる【囀る】**〔歌う〕노래하다〔鳥が〕지저귀다 ¶ひばりがさえずる春 종달새가 지저귀는 봄

**さえる【冴える】**❶〔色·音などが〕맑다, 선명하다 ¶木々の緑がさえて美しい 나무들의 신록이 선명하고 아름답다. / バイオリンがさえた音色を奏でていた 바이올린이 맑은 음색을 내고 있었다. / 夜空に星がさえている 밤하늘에 별이 총총하다.
❷〔頭·気分などが〕맑다, 예민하다, 시원하다〔目が〕초롱초롱하다, 말똥말똥하다 ¶頭がさえる 머리가 맑아지다 / きょうの彼は特別頭がさえている 오늘 그는 특별히 머리가 맑다. / 目がさえてなかなか寝付けなかった 눈이 말똥말똥해서 좀처럼 잠이 들지 않았다. / 何だか気分がさえない 왠지 기분이 울적하다. / さえない顔してるけど, どうしたの 얼굴이 어두운데 무슨 일 있어?
❸〔技術·結果が〕뛰어나다, 능란하다 ¶腕がさえる 솜씨가 뛰어나다 / 彼女の演技は最近さえてきた 그녀의 연기는 최근 능란해졌다. / 彼の今シーズンの打撃成績はさえないね 그 선수의 올 시즌의 타격 성적은 별로다.

**さお【竿·棹】**장대 慣用句 流れに棹さす(→時流に乗る) 시류를 타다〔따르다〕関連 竹ざお 대나무 장대 / 釣りざお 낚싯대 / 物干しざお 빨래 장대

**さか【坂】**❶〔坂道〕비탈길, 고갯길 ¶この町は坂が多い 이 마을은 비탈길이 많다. / その寺に行くには急な坂を上らなければならない 그 절에 가려면 급한 비탈길을 올라가야 된다. / 彼女の家は坂の上にある 그녀의 집은 고갯길 위에 있다. / 坂の途中まで上って, ちょっと休憩した 고갯길 중턱까지 오르고 잠깐 쉬었다. / ここから道が上り坂〔下り坂〕になっている 여기부터 길이 오르막길〔내리막길〕이 된다.
❷〔その他〕¶彼は70の坂を越えている 그는 70고개를 넘었다. / あの俳優の人気は上り坂にある 저 배우의 인기는 올라가고 있다. / 商売は下り坂だ 장사가 점점 안 된다.

**さかあがり【逆上がり】**거꾸로 오르기 ¶鉄棒で逆上がりをする 철봉에서 거꾸로 오르기를 하다

**さかい【境】**〔境界〕경계〔国境〕국경〔岐路〕갈림길 ¶海と川の境 바다와 강의 경계 / 畑の境に木を植えた 밭의 경계에 나무를 심었다. / ロシアは中国と境を接している 러시아는 중국과 국경을 접하고 있다. / 両国は互いに境を接している 양국은 서로 국경을 접하고 있다. / 生死の境をさまよう 생사의 갈림길을 헤매다 関連 境目 경계선

**さかうらみ【逆恨み】** ¶彼女は私に逆恨みしている 그녀는 나에게 거꾸로 원한을 품고 있다.

**さかえる【栄える】** 성하다, 번영하다, 번창하다 ¶国が栄える 나라가 번영하다 / 一族が栄える 집안이 번영하다 / 観光でその地方は栄えている 관광으로 그 지방은 번영하고 있다. / この町はかつて城下町として栄えた 이 도시는 이전에 성곽 도시로서 번창했다.

**さがく【差額】** 차액 ¶差額を支払う 차액을 내다

**さかさま【逆様】** 역 ◇거꾸로 거꾸로 ¶逆さの位置 거꾸로 된 위치 / 逆さまに言う 거꾸로 말하다 / コップを逆さまにする 컵을 거꾸로 하다 / ペンを逆さまに持つ 펜을 거꾸로 잡다

**さがしあてる【捜し当てる・探し当てる】** 찾아내다 ¶彼はやっと彼女を人ごみの中から探し当てた 그는 간신히[가까스로] 그녀를 군중 속에서 찾아냈다.

**さがしだす【捜し出す・探し出す】** 〔見つけ出す〕찾아내다〔発見する〕발견하다

**さがしまわる【捜し回る・探し回る】** 찾아다니다

**さがしもの【捜し物・探し物】** ¶何か捜し物ですか 뭔가 찾으시는 물건 있으십니까?

**さがす【捜す・探す】** 찾다 ¶私はマンションを探している 나는 아파트를 찾고 있다. / 彼女は今仕事を探している 그녀는 지금 일을 찾고 있다. / 警察は迷子を見つけようと町中を捜していた 경찰은 미아를 찾으려고 시내 전체를 수색하고 있었다. / これはまさしく私が長い間捜していた本です 이것이야말로 내가 오랫동안 찾고 있었던 책입니다. / 電話帳で彼女の電話番号を探した 전화번호부에서 그 여자의 전화번호를 찾았다.

¶辞書でこの語を探してみた 사전에서 이 단어를 찾아 보았다. / 彼はかばんに手を入れてペンを捜した 그는 가방에 손을 넣어서 펜을 찾았다 / 私たちはその店を探してしばらく歩き回った 우리는 그 가게를 한동안 걸어다녔다.

[会話] 何を捜しているの
　A : 何を捜しているの
　B : 手帳を捜しているんだよ
　A : 무엇을 찾고 있어?
　B : 수첩을 찾고 있어.
　A : キャプテンが君のことを捜しているよ
　B : 何かしら
　A : 캡틴이 널 찾고 있어.
　B : 무슨 일일까?

**さかずき【杯】** 술잔 ¶杯に酒を注ぐ 술잔에 술을 따르다 / 杯を干す 술잔을 비우다 / 杯を返す 술잔을 되돌리다 / 別れの杯を交わす 이별의 잔을 나누다 / 杯を傾ける 술잔을 기울이다

**さかだち【逆立ち】** 도립, 물구나무서기 ◇逆立ちする 도립하다, 물구나무서다 [慣用句] それは私が逆立ちしてもできない 그것은 내가 아무리 노력해 봐도 안 된다. | 그것은 내가 아무리 발버둥 쳐도 안 된다.

**さかだてる【逆立てる】** ¶犬が毛を逆立てた 개가 털을 곤두세웠다.

**さかな【魚】** 물고기 〔魚肉〕생선

[基本表現]
▷この湖には魚がたくさんいる
　이 호수에는 많은 물고기가 있다.
▷池の中で魚が泳いでいる
　연못 속에서 물고기가 헤엄치고 있다.
▷川で魚をとった 강에서 물고기를 잡았다.
▷夕食は肉にしますか魚にしますか 저녁 식사는 고기로 할까요 생선으로 할까요?

¶この魚は腐ったようなにおいがする 이 물고기는 상한 것 같은 냄새가 난다. / 骨の多い魚は食べられない 뼈 많은 생선은 먹기 힘들다. / 魚を食べる前に骨を取った 생선을 먹기 전에 뼈를 발랐다. / 魚の骨がのどに引っかかった 생선 가시가 목에 걸렸다. / 川に魚釣りに行った 강에 낚시하러 갔다.

¶魚を刺身にして食べた 생선을 회로 해서 먹었다. / 魚をさばく 생선을 손질하다 / この魚を焼いてください 이 생선을 구워 주세요. / 煮た魚が好きだ 조린 생선을 좋아한다. [数え方] 魚 1 匹[尾] 물고기[생선] 한 마리 [関連] 焼き魚 생선 구이

**さかなで【逆撫で】** ¶神経を逆なでする 신경을 거슬리게 하다

**さかなや【魚屋】** 〔店〕생선 가게〔人〕생선 장수

**さかのぼる【遡る】** 거슬러 올라가다 〔遡及する〕소급되다 ¶秋になるとさけがこの川をさかのぼる 가을이 되면 연어가 이 강을 거슬러 올라간다. / 私たちは船で川をさかのぼった 우리들은 배로 강을 거슬러 올라갔다.

¶この壁画ができたのは8世紀にさかのぼる 이 벽화가 만들어진 시기는 8세기로 거슬러 올라간다. / 歴史をさかのぼって仏教の伝来を調べた 역사를 거슬러 올라 불교의 전래를 조사했다. / 当時にさかのぼって考えると日本と韓国は密接な関係があった 당시로 거슬러 올라가 생각해 보면 일본과 한국은 밀접한 관계가 있었다. / この法律は去年にさかのぼって適用される 이 법률은 작년으로 거슬러 올라가 적용된다.

**さかば【酒場】** 술집 ¶酒場で一杯やる 술집에 가서 한잔 하다

**さかみち【坂道】** 비탈길, 언덕길

**さかもり【酒盛り】** 주연(酒宴), 술잔치 ¶昨夜会社の同僚と酒盛りをした 지난밤 회사의 동료와 술잔치를 했다.

**さかや【酒屋】** 〔店〕술 파는 가게〔人〕술장수

**さからう【逆らう】** ❶〔逆方向に進む〕거스르다, 역행하다 ¶私は風に逆らって走った 나는 바람에 역행해서 달렸다. / 流れに逆らって泳いだのでひどく疲れた 흐름에 거슬러 수영해서 아주 피곤하다.

❷〔反抗する〕거스르다, 거역하다, 반항하다 ¶彼はいつも両親に逆らっている 그는 항상 부모에게 반항한다. / 彼は彼女に会ってはいけないという私の命令に逆らった 그는 그녀를 만나서는 안된다는 내 명령을 거역했다. / 彼は私に正面きって逆らった 그는 나에게 정면으로 반항했다. / 私は親の意に逆らって大学を中退した 나는 부모의 뜻

에 거슬러 대학을 중퇴했다. / 社会の風潮に逆らうことは容易ではない 사회 풍조에 역행하는 것은 쉽지 않다. / 運命に逆らうことは不可能だ 운명을 거스르는 것은 불가능하다.

**さかり【盛り】❶** [絶頂、最も盛んな状態] 한창
¶私は夏の盛りに九州を旅した 나는 여름 때 규슈를 여행했다. / チューリップが今を盛りと咲いている 튤립이 지금 한창 피어 있다. / 桜はもう盛りを過ぎた 벚꽃은 이제 한창을 지났다. / 彼女は暑い盛りに買い物に出かけた 그녀는 한창 더울 때 쇼핑을 나갔다. / ぶどうは今が盛りだ 포도는 지금이 한창이다.
¶彼は人生の盛りに死んだ 그는 인생의 한창때에 죽었다. / 彼女はテニスプレーヤーとしては盛りを過ぎている 그녀는 테니스 선수로서의 한창때를 지났다. / この地域には働き盛りの男はあまりいない 이 지역에는 한창 일할 나이의 남자는 별로 없다. / 40歳は分別盛りの40세는 한창 사리를 분별할 나이다. / いたずら盛りの子供 한창 장난칠 때의 아이 / 女盛り 여자의 한창 때
**❷** [動物の発情] 발정(發情), 암내 ¶あのねこは盛りがついている 저 고양이는 발정 났다.

**さかりば【盛り場】** [歓楽街] 환락가 [繁華街] 번화가

**さがる【下がる】❶** [位置が上から下に動く] 내려가다 ¶ベルトなしではズボンが下がってくるベルト 없이는 바지가 내려온다. / おい、君のたこが下がってきてるよ 야, 네 연이 내려온다. / 飛行機の高度が下がってきた 비행기의 고도가 낮아졌다. / 長い間雨が降らないのでダムの水位が下がっている 오랫동안 비가 내리지 않아서 댐의 수위가 낮아졌다.
**❷** [程度・状態が低くなる] 떨어지다 ¶体温が下がった 체온이 떨어졌다. / いつになったら石油の価格は下がるのだろう 언제쯤 되야 석유 가격이 떨어질까? / 昨晩は気温が零下5度まで下がった 어젯밤은 기온이 영하 5도까지 떨어졌다. / 今学期は成績が下がっちゃった이번 학기는 성적이 떨어져 버렸다. / そのチームはJ1からJ2に下がってしまった 그 팀은 J1에서 J2로 떨어져 버렸다. / 最近首相の支持率が下がっているようだ 최근 수상의 지지율이 떨어진 것 같다. / 不況で売り上げが下がっている 불황으로 매상이 떨어지고 있다.
**❸** [ぶら下がる] 드리워지다, 매달리다 ¶その部屋にはランプが天井から下がっていた 그 방에는 램프가 천장에 매달려 있었다. / 軒先につららが下がっている 처마 끝에 고드름이 달려 있다. / 店先には "5時まで準備中"の札が下がっていた 가게 앞에는 "다섯 시까지 준비중"이라는 게시판이 매달려 있었다.
**❹** [後ろへ位置が移る] 물러서다 ¶一歩下がって下さい 한 발 물러서 주십시오.
**❺** [退出する] 물러나다 ¶下がってよろしい 물러나도 좋다.

**さかん【盛ん】** ◇盛んだ 성하다 [元気のある] 왕성하다 [熱烈だ] 열렬하다 ◇盛んに 열렬히 [活発に] 활발히
¶この国では農業が盛んだ 이 나라에서는 농업이 성하다. / 日本では野球が盛んだ 일본에서는 야구가 성하다. / 彼は年は取っても気は盛んだ 그는 나이는 들었지만 기운은 왕성하다. / 祖父は老いてますます盛んだ 할아버지는 늙어도 점점 더 왕성해지셨다. / 江戸時代には歌舞伎が盛んだった 에도 시대에는 가부키가 성했다.
¶彼女の演奏は盛んな拍手を浴びた 그녀의 연주는 열렬한 박수를 받았다. / 世界でもっとも盛んなスポーツはサッカーだ 세계에서 가장 성한 스포츠는 축구다.
¶彼らは松井選手に盛んに声援を送った 그들은 마쓰이 선수에게 열렬한 성원을 보냈다. / 私たちはその計画について盛んに議論を戦わせた 우리들은 그 계획에 대해서 열렬한 논의를 했다. / 環境保護運動が盛んになっている 환경 보호 운동이 왕성해지고 있다. / 日本と韓国の交流は今後ますます盛んになるだろう 일본과 한국의 교류는 금후 더욱 활발해질 것이다. / 暖炉の火が盛んに燃えていた 난로의 불이 활활 타고 있었다. / 私は彼に借金を返せと盛んに催促した 나는 그 사람에게 빌린 돈을 갚으라고 자주 재촉했다. / 酒は血行を盛んにする 술은 혈행을 활발하게 한다.

**さき【先】❶** [先端] 끝 ¶うっかり針の先で親指を刺した 깜빡 바늘 끝으로 엄지손가락을 찔렀다. / この鉛筆の先はとがっている [丸い] 이 연필의 끝은 뾰족하다 [둥글다]. / その女の子は人指し指の先をやけどした 그 여자 아이는 둘째 손가락을 데였다.
**❷** [順序が早いこと] 앞, 선두(先頭) ◇先に 먼저, 우선 ¶彼はオートバイで我々の先を走っていた 그는 오토바이로 우리들의 앞을 달리고 있었다. / 人々は逃げようと先を争って非常口に向かった 사람들은 도망가려고 앞을 다투어 비상구로 향했다. / ライバル会社に先を越された 라이벌 회사에 추월당했다. / 倒れた家から脱出できた時はうれしさよりも安心が先に立った 무너진 집에서 탈출했을 때는 기쁨보다도 안심이 앞섰다. / 彼女は廊下を先に立って私を案内した 그녀는 복도를 앞장서 걸으며 나를 안내했다.
¶徹がいちばん先にやって来た 도루가 제일 먼저 왔다. / 宿題を先にやってから遊びに行きなさい 숙제를 먼저 하고 나서 놀러 가렴. / 代金は先に払ってください 대금은 먼저 내 주세요. / 彼女は私より先に帰った 그녀는 나보다 먼저 갔다. / バレーボールの試合では先に3セット取ったチームが勝つ 배구 경기에서는 3세트를 먼저 이긴 팀이 승리한다. / 先に行ってくれ、すぐに追いつくから 먼저 가, 바로 따라갈게. / きょうは帰りが遅いから先に夕食を済ませていいよ 오늘은 늦게 들어오니까 먼저 저녁 먹어. / 何をするにも腹ごしらえがまず先だ 무엇을 하든지 배를 채우는 것이 먼저다.
**❸** [将来] 앞, 후, 앞날, 장래 ¶先のことは考えないようにしている 앞날의 일은 생각하지 않으려고 한다. / これから先のことはだれにもわからない 앞으로 어떻게 될지 아무도 모른다. / 住む家もお金もなしにこれから先どうやって生きていけばいいんだろう 살 집도 돈도 없이 이제부터 어떻게 살아가야 좋을까? / お先真っ暗だ 앞이 깜깜하다. / 10年先の(→10年後の)日本がどうなっているか想像できるか 10년 후의 일본이 어떻게 되어 있을지

상상이 돼? / がんの治療薬が発見されるのもそう先のことではないだろう 암 치료약이 발견되는 것도 그렇게 먼 미래의 일은 아니겠지. / まだ数年先の話だ 아직 몇 년 후의 이야기다. / 試験はまだ1か月先だ 시험은 아직 한 달 앞이다.

¶あいさつは先が見えていない あの 녀석에게는 장래가 보이지 않는다. / こんな成績じゃ先が思いやられるわ 이런 성적으로는 장래가 걱정된다. / この商売も先が見えている 이 장사도 앞날이 보인다. / あの投手は先が長く期待される 그 투수는 앞날이 기대된다. / 彼女はあまり先が長くない 그녀는 그리 오래 살지 못할 것이다. / この年になると先の楽しみというものがあまりない 이 나이가 되면 앞날의 기대라는 것이 별로 없다. / 先を読む 앞을 내다보다

④〔以前〕이전, 전, 지난번 ¶民主党は先の選挙で敗北した 민주당은 지난번 선거에서 졌다. / 先にも触れたようにそれは事実に反します 이전에도 지적했듯이 그것은 사실과 다릅니다. / 父が私のことを怒鳴りつけたのは後にも先にもその時だけだ 아버지가 나를 야단친 건 딱 한번 그때뿐이다.

⑤〔前方〕앞, 앞쪽 ¶3キロ先にパーキングエリアがある 3킬로 앞에 주차장이 있다. / ねえ、この先においしい店があるんだけど 있잖아, 이 앞에 맛있는 가게가 있는데. / 新幹線で神戸より先へ行ったことがない 신칸센으로 고베보다 더 먼 곳에 가 본 적이 없다.

¶コンビニはこの先を50メートルほど行ったところにある 편의점은 이 앞에서 50미터 정도 간 곳에 있다. / あの青い建物の先を右折してください 저 파란 건물 앞에서 오른쪽으로 꺾어 주세요. / 薬屋さんならすぐ先にあります 약국이라면 바로 앞에 있습니다. / うちの家はスーパーの3軒先にある 우리 집은 슈퍼에서부터 세 번째 집이다. / これから先は車の乗り入れが禁止 여기서부터는 진입 금지 / この先は行き止まりになっている 이 앞은 막다른 길이다.

⑥〔続き〕다음, 뒤〔道のり〕앞길 ¶その先を話してください 그 다음을 이야기해 주세요. / その先は言わなくてもわかるよ 그 뒤는 말하지 않아도 알아요. / まだ先は長い 아직 앞길은 길다. / 今シーズンは始まったばかりだ。まだまだ先は長いよ 이번 시즌은 이제 시작했다. 아직 앞길이 멀다. / さあ、先を急ごう 자 서두르자.

⑦〔行き先〕행선지 ¶彼は旅先から絵葉書をくれた 그는 여행 행선지에서 그림 엽서를 보내 주었다. / ユミは就職先が決まらないらしいよ 유미는 아직 취직이 결정되지 않았나 봐.

**さき**【左記】좌기 ¶日程は左記の通りです 일정은 좌기와 같습니다.

**さぎ**【鷺】백로(白鷺)

**さぎ**【詐欺】사기 ¶彼は詐欺を働いて警察に逮捕された 그는 사기를 쳐서 경찰에 체포당했다. / 詐欺にあう 사기를 당하다 関連 詐欺罪 사기죄 / 詐欺師 사기꾼

**さきおととい**【咋々日】그그저께
**さきおととし**【咋々年】그그러께
**さきがけ**【先駆け】선구, 선구자 ¶彼は現代絵画の先駆けとなった 그는 현대 회화의 선구가 되었다. / パリコレクションは世界の流行の先駆けとなってきた 파리 콜렉션은 세계 유행의 선구자로 되어 왔다. / 春の先駆けとして梅の花が咲き始めた 봄의 선구로서 매화꽃이 피기 시작했다.

**さきごろ**【先頃】요전번, 지난번 ⇨最近, 近ごろ
**さきざき**【先々】장래, 앞으로, 가는 곳마다 ¶彼女は行く先々で歓迎された 그녀는 가는 곳마다 환영받았다. / 先々が思いやられる 장래가 걱정된다.

**サキソホン** 색소폰 関連 サキソホン奏者 색소폰 연주자

**さきだつ**【先立つ】앞서다〔死に別れる〕여의다 ¶試合開始に先立って選手宣誓が行われた 경기 개시에 앞서서 선수 선서가 행해졌다. / 妻に先立たれる아내를 여의다 / 独立するにも先立つものがない(→金がない)독립하려고 해도 돈이 없다.

**さきどり**【先取り】¶時代を先取りする 시대를 앞지르다
**さきばしる**【先走る】¶彼女の先走った行動は周囲から非難された 그녀의 주제넘은 행동은 주위로부터 비난받았다.

**さきばらい**【先払い】선불 ◇先払いする 선불하다 ¶代金を先払いする 대금을 선불하다 / 料金先払い 요금 선불
**さきほこる**【咲き誇る】한창 피다 ¶桜が今を盛りと咲き誇っている 벚꽃이 지금 한창 피어 있다.

**さきぼそり**【先細り】¶商売が先細りになってきた 장사가 점점 쇠퇴해졌다. / 来年は経済成長が先細りになるだろう 내년에는 경제 성장이 점점 쇠퇴할 것이다.

**さきほど**【先程】아까, 조금 전 ⇨さっき
**さきまわり**【先回り】◇先回りする 앞질러 가다 ¶先回りして彼女を待とう 지름길로 앞질러 가서 그 여자를 기다립시다.

**さきみだれる**【咲き乱れる】만발하다 ¶庭にばらが咲き乱れている 정원에 장미가 만발해 있다.
**さきゅう**【砂丘】사구 関連 鳥取砂丘 돗토리 사구
**さきゆき**【先行き】앞날, 장래〔見通し〕전망 ¶先行きが思いやられる 앞날이 걱정된다. / 先行きは暗い 앞날이 어둡다. / 先行きは不透明である 장래가 불투명하다.

**さぎょう**【作業】작업, 일 ◇作業する 작업하다 ¶雪かきはたいへんな作業だった 눈치우기는 아주 힘든 작업이었다. / 工場は9時に作業を開始する 공장은 아홉 시에 작업을 개시한다. 関連 作業員 작업원 / 作業着 작업복 / 作業時間 작업 시간 / 作業場 작업장

**さきん**【砂金】사금
**さきんじる**【先んじる】앞서다 ¶わが社は常に他社に先んじて海外へ進出してきた 우리 회사는 항상 다른 회사에 앞서서 해외에 진출해 왔다. 慣用句 先んずれば人を制す 남보다 앞서 행하면 남을 누를 수 있다.

**さく**【作】【作品】작품 ¶この版画は歌麿の作だ 이 판화는 우타마로의 작품이다. / 夏目漱石の作 나쓰메 소세키 작 / 出世作 출세작 / 失敗作 실패작

**さく**【昨】지난 ¶昨シーズン 지난 시즌 / 昨夜 지난밤

**さく**【柵】울타리 ¶公園の周囲には柵が巡らしてあった 공원의 주위에는 울타리가 둘려져 있었다. / 牧場を柵で囲む 목장을 울타리로 두르다

**さく**【策】[計画] 계획 [計略] 계략, 꾀 [対策] 대책 ¶策を講じる 대책을 강구하다 / 策を弄する 책략을 부리다 / 策を巡らす 계략을 꾸미다 | 꾀를 부리다[피우다] / 計略にはまる 계략에 빠지다 / 策が尽きる 대책이 바닥나다
¶事業拡大のための策を練る 사업 확대를 위해 대책을 짜다 / 成功するために万全の策を立てた 성공하기 위해서 만전의 대책을 세웠다.

**さく**【咲く】피다 ¶桜の花はもうすぐ咲くだろう 벚꽃은 이제 곧 피겠다. / ばらの花が咲いた 장미꽃이 피었다. / 梅がちらほら咲き始めた 매화가 드문드문 피기 시작했다. / 朝顔が咲いている 나팔꽃이 피어 있다.
¶話に花が咲く 이야기꽃을 피우다

**さく**【裂く・割く】❶ [分ける] 쪼개다, 가르다, 째다 [引き裂く] 찢다 [仲を] 가르다 ¶すいかを2つに割る 수박을 둘로 쪼개다[가르다] / 紙を裂く 종이를 찢다 / 彼女は布を2つに裂いた 그녀는 천을 두 장으로 찢었다.
¶二人の仲を裂く 두 사람 사이를 가르다 / 彼の両親は私たちの仲を裂こうとしている 남자 친구의 부모님은 우리들의 사이를 갈라놓으려고 하신다.
❷ [分け与える] 내주다, 내다, 쪼개다 ¶10分ほど時間を割いていただけますか 10분 정도 시간을 내 주실 수 있습니까? / その仕事に多くの人手を割く必要はない 그 일에 많은 일손을 낼 필요는 없다. / ほとんどの新聞が汚職事件に紙面を割いている 거의 모든 신문이 독직 사건에 지면을 할애하고 있다. / 少ない小遣いを割いてこの辞書を買った 적은 용돈을 쪼개어 이 사전을 샀다.

**さくい**【作為】작위 ◇作為的な 작위적인 ¶彼女の言葉には何か作為が感じられた 그녀의 말에는 왠지 작위가 느껴졌다

**さくいん**【索引】색인 ◇索引を付ける 색인을 달다 / 索引を引く 색인을 찾다 / 総索引を作る 총색인을 만들다

**さくがら**【作柄】작황(作況) ¶作柄が良い[悪い] 작황이 좋다[나쁘다]

**さくげん**【削減】삭감 ◇削減する 삭감하다 ¶予算を削減する 예산을 삭감하다 / 経費削減に努める 경비 삭감에 힘쓰다 / 経費削減しなければならない 경비를 삭감해야 된다. 関連 人員削減 인원 삭감

**さくご**【錯誤】착오 関連 試行錯誤 시행착오 / 時代錯誤 시대착오

**さくさく** 사각사각, 서걱서걱 ; 버석버석 ¶このクッキーはさくさくした歯触りがする 이 쿠키는 먹을 때 사각사각 감촉이 있다. / 足元の雪がさくさくと音を立てた 발 밑의 눈이 버석버석 소리를 냈다.

**ざくざく** 썩둑썩둑 ; 서벅서벅 ¶キャベツをざくと切る 양배추를 썩둑썩둑 자르다 / 雪道をざくと進んだ 눈길을 서벅서벅 갔다. / 箱の中には金貨や銀貨がざくざくあった 상자 속에는 금화랑 은화가 가득 차 있었다.

**さくし**【作詞】작사 ◇作詞する 작사하다 ¶山田一郎作詞 야마다 이치로 작사 / 作詞作曲 작사 작곡 関連 作詞家 작사가

**さくじつ**【昨日】어제 ⇨きのう

**さくしゃ**【作者】작자 [著者] 필자 [作家] ¶小説の作者 소설의 작자

**さくしゅ**【搾取】착취 ◇搾取する 착취하다 ¶貧しい人々から搾取する 가난한 사람들로부터 착취하다 / 搾取される 착취당하다 関連 搾取階級 착취 계급 / 中間搾取 중간 착취

**さくじょ**【削除】삭제 ◇削除する 삭제하다 ¶今の発言を記録から削除してください 지금 발언을 기록에서 삭제해 주세요. / ファイルを削除する 파일을 삭제하다

**さくせい**【作成】작성 ◇作成する 작성하다 ¶報告書を作成する 보고서를 작성하다 / 財務省は予算を作成する 재무성은 예산을 작성한다.

**さくせん**【作戦】작전 [戦略] 전략 [戦術] 전술 ¶作戦を立てる 작전을 세우다 / 作戦を練る 작전을 짜다 関連 作戦会議 작전 회의 / 上陸作戦 상륙 작전

**さくそう**【錯綜】착종 ◇錯綜する 착종하다, 복잡하게 뒤얽히다 ¶状況はかなり錯綜しているようだ 상황은 꽤 복잡하게 뒤얽혀 있는 것 같다.

**さくねん**【昨年】작년, 지난해 ⇨去年

**さくばん**【昨晩】어젯밤, 지난밤, 간밤

**さくひん**【作品】작품 ¶彼の作品はほとんど読みました 그의 작품은 거의 읽었습니다. / これはミケランジェロの作品だ 이것은 미켈란젤로의 작품이다. / 彼女は自分の作品に自信を持っていた 그녀는 자기 작품에 자신을 갖고 있었다. / いろいろな作家の作品が本棚に並んでいますね 여러 작가의 작품이 책장에 꽂혀 있군요. / この美術館には多くの芸術作品が展示されている 이 미술관에는 많은 예술 작품이 전시되어 있다. 関連 作品展 작품전 / 美術作品 미술 작품 / 文学作品 문학 작품

**さくふう**【作風】작풍 ¶作風が変わる 작풍이 변하다 / 作風をまねる 작풍을 모방하다

**さくぶん**【作文】작문 ¶学校生活について作文を書いた 학교생활에 대해서 작문을 썼다. / 私は英作文をしなくてはいけない 나는 영작문을 해야 된다.

**さくもつ**【作物】작물, 농작물(農作物) ¶作物を収穫する 농작물을 수확하다 / 作物の出来が良かった作물이 잘 됐다.

**さくや**【昨夜】어젯밤, 지난밤, 간밤

**さくら**【桜】벚꽃 [木] 벚나무 ¶桜が満開だ 벚꽃이 만발했다. / 上野の桜は今が見ごろだ 우에노의 벚꽃은 지금 볼 만하다. 関連 桜色 연분홍색, 담홍색 / 桜前線 벚꽃 전선 / 桜吹雪 벚꽃비 / 桜餅 벚꽃떡 / 八重桜 겹벚꽃

**さくら** [まわし者, にせの客] 바람잡이 ¶さくらを使う 바람잡이를 이용하다

**さくらそう**【桜草】앵초

**さくらん**【錯乱】착란 ◇錯乱する 착란하다 ¶精神に錯乱をきたす 정신 착란을 일으키다 / 妻

さくらんぼ

に先立たれて彼は錯乱状態になった 아내를 먼저 잃고 그는 착란 상태가 되었다. 関連 精神錯乱 정신 착란

**さくらんぼ**【桜ん坊】〔桜桃〕앵두, 버찌, 체리

**さぐり**【探り】탐색 ¶それとなく探りを入れる 넌지시 속을 떠보다

**さくりゃく**【策略】책략〔計略〕계략 ¶彼の策略にまんまとはまった 그의 책략에 그대로 걸렸다. / 策略を用いる 책략을 이용하다 / 策略を巡らす 책략을 꾸미다

**さぐる**【探る】더듬다, 찾다, 뒤지다, 살피다, 헤아리다 ¶財布を出そうとかばんを探った 지갑을 꺼내려고 가방을 뒤졌다. / 暗闇の中を手で探る 어둠 속을 손으로 더듬다 / 海底を探って油田を見つける 바다 속을 살펴서 유전을 발견하다 / 企業の秘密を探る 기업의 비밀을 찾다 / 人の本心を探る 사람의 본심을 헤아리다 / 真意を探る 진의를 살피다 / 原因を探る 원인을 찾다

**ざくろ**【石榴】석류〔木〕석류나무

## さけ【酒】 술〔焼酎〕소주〔マッコリ〕막걸리

基本表現
▷父は毎晩酒を飲む
　아버지는 매일 밤 술을 드신다.
▷仕事のあとよく酒を飲みに行く
　일을 끝내고 자주 술을 마시러 간다.
▷私たちは酒を飲みながら話した
　우리는 술을 마시면서 이야기했다.
▷昨夜は酒を飲みすぎた
　어젯밤은「술을 너무 마셨다[과음했다]」.
▷ちょっと酒に酔った 조금 술에 취했다.
▷だんだん酒が回ってきた
　점점 술기운이 돌기 시작했다.
▷彼は酒が強い 그는 술이 세다.
▷彼女は酒が弱い 그녀는 술이 약하다.
▷去年酒をやめた 작년에 술을 끊었다.

¶酒は一滴も飲めません 술은 한 방울도 못 마십니다. / 父はまったく酒をやらない 아버지는 전혀 술을 안 하신다. / 酒は付き合い程度なら飲めます 술은 어울릴 정도로 마실 수 있습니다. / 彼は酒好きだ 그는 술을 좋아한다. / あのころは酒におぼれていた 그 때는 술에 빠져 있었다. / ミンギの家で酒を一杯振る舞われた 민기네 집에서 술을 한 잔 대접받았다. / 酒を勧める 술을 권하다 / 彼女は酒の勢いで上司の悪口を言ってしまった 그녀는 술기운에 상사의 욕을 하고 말았다. / 彼は孤独を酒で紛らわした 그는 고독을 술로 달랬다. / 酒臭いなあ 술 냄새 나. / 彼の息は酒臭かった 그의 숨에서 술냄새가 났다.

¶強い[弱い]酒が欲しい 독한[약한] 술을 원해. / 最近は辛口の酒が気に入っている 최근 쌉쌀한 술이 마음에 든다. 数え方 酒1本 술 한 병 / 酒1杯 술 한 잔 慣用句 酒に飲まれる 술이 술을 먹는다. / 酒は百薬の長 술은 백약지장 / 酒は飲んでも飲まれるな 술을 마셔도 제정신을 잃어버릴 만큼은 과음하지 마라. 関連 ウイスキー 위스키 / ウオッカ 보드카 / シェリー酒 셰리주 / 地酒 토속주, 토주 / 焼酎 소주 / ジン 진 / 日本酒 일본 술, 정종(正宗) / ビール 맥주(麦酒) / ブランデー 브랜디 / 果実酒 과실주 / 梅酒 매실주 / ワイン 포도주(葡萄酒), 와인

**さけ**【鮭】연어 ¶さけの缶詰 연어 통조림 / さけのくん製 훈제 연어

**さけかす**【酒粕】지게미

**さけぐせ**【酒癖】주벽, 술버릇 ¶彼は酒癖が悪い친구는 술버릇이 나쁘다.

**さげすむ**【蔑む】얕보다, 업신여기다 ⇒軽蔑

**さけのみ**【酒飲み】술보, 술꾼 ¶酒飲み友達 술친구

**さけび**【叫び】외침〔悲鳴〕비명 ¶隣の家から「泥棒」という叫び声が聞こえた 옆집에서 "도둑이야"라는 비명 소리가 들렸다. / 彼は救助を求める叫び声をあげた 그는 구조를 구하는 비명을 질렀다.

## さけぶ【叫ぶ】외치다, 부르짖다, 소리치다

〔主張する〕주장하다 ¶「止まれ」と彼は叫んだ "멈춰"라고 그는 소리쳤다. / 彼はあらん限りの声で叫んだ 그녀는 있는 힘을 다 내어 소리를 질렀다. / 足を折ったとき痛さのあまり叫んだ 다리가 부러졌을 때 너무 아파서 비명을 질렀다. / その絵に触るなと父は私に叫んだ 그 그림에 손대지 말라고 아버지는 나에게 외쳤다. / 妹はごきぶりを見て叫んだ 동생은 바퀴벌레를 보고 소리쳤다.

¶私たちは彼の無実を叫んだ 우리는 그가 무죄임을 주장했다. / 彼らは戦争反対を叫んだ 그들은 전쟁 반대를 주장했다. / 彼女は助けを求めて叫んだ 그녀는 도움을 구하려고 외쳤다.

**さけめ**【裂け目】〔割れ目〕금〔衣服の〕째진 틈, 터진 데 ¶地面に裂け目ができる 지면에 금이 생기다

**さける**【避ける】피하다 ¶自転車を避けようとして車はガードレールに衝突してしまった 자전거를 피하려고 하다가 차는 가드레일에 충돌해 버렸다. /「どうしていつも彼を避けているの？」「だって、しつこくデートに誘うんだもの」"어째서 항상 그 사람을 피하는 거니?" "귀찮게 데이트 신청을 하는걸." / ラッシュアワーを避けて少し早めに家を出た 러시아워를 피하려고 조금 일찍 집을 나왔다. / 彼は人目を避けるように暮らしていた 그 사람은 남의 눈을 피하듯이 살고 있었다. / 争いを避ける 다툼을 피하다 / 雨を避ける 비를 피하다

¶面倒な事態は避けられそうもない 귀찮은 사태는 피할 수 있을 것 같지도 않다. / できればつらい仕事は避けたい 가능하면 힘든 일은 피하고 싶다. / 消費税の引き上げは避けては通れない問題だ 소비세의 인상은 피할 수 없는 문제이다. / もっと注意していたら事故は避けられたはずだ 더 주의 했더라면 사고는 피할 수 있었을 것이다.

**さける**【裂ける】갈라지다〔布などが〕찢어지다, 째지다, 터지다 ¶地震で地面が裂けた 지진으로 땅이 갈라졌다. / シャツが裂けてしまった 셔츠가 찢어져 버렸다. / 服の裾が裂ける 옷자락이 찢어지다 / この紙は簡単に裂ける 이 종이는 쉽게 찢어진다. / 唇が裂ける 입술이 터지다 慣用句 口が裂けても言えない 목에 칼이 들어와도 말 못해.

**さげる**【下げる・提げる】❶〔低くする〕내리다, 낮추다〔頭を〕숙이다 ¶飛行機は

着陸のために機首を下げた 비행기는 착륙을 위해 기수를 낮추었다. / 量産すれば価格を下げることができる 양산하면 가격을 낮출 수 있다. / 最近，家賃が大幅に下げられた 최근 집세가 대폭적으로 내렸다. / 先生に会ったので私は頭を下げた 선생님을 만나서 나는 머리를 숙였다. / 熱を下げたい薬が欲しいのですが 열을 내리는 약이 필요한데요. / ボリュームを下げてくれない? 볼륨을 낮춰 주지 않을래?
❷【つるす】매달다, 달다〔手に持つ〕들다 ¶観光客がみな首からカメラを提げていた 관광객은 모두 목에 카메라를 매고 있었다. / 彼女は両手に紙袋を提げていた 그녀는 양손에 종이 백을 들고 있었다. / 彼女は軒から風鈴を下げた 그녀는 처마에 풍령을 달았다.
❸【その他】¶机を少し後ろへ下げなさい 책상을 조금 뒤로 물러 주세요. / ウェートレスが食器を下げて 웨이트리스가 식기를 치우려 한다.

**ざこう【座高】** 좌고, 앉은키 ¶座高が高い[低い] 앉은키가 크다[낮다]
**さこく【鎖国】** 쇄국 ◇鎖国する 쇄국하다 関連鎖国主義 쇄국주의 / 鎖国政策 쇄국 정책
**さこつ【鎖骨】** 쇄골
**ささ【笹】** 조릿대 ¶笹の葉 조릿대 잎
**ささい【些細】** ◇ささいな 사소한 ¶ささいな出来事 사소한 일 / ささいな間違い 사소한 실수 / ささいなことでけんかをする 하찮은 일로 싸우다
**ささえ【支え】** 받침, 버팀, 지주 ¶心の支えを失う 정신적 지주를 잃다
**さざえ【栄螺】** 소라
**ささえる【支える】** 버티다, 받치다, 지탱하다 ¶柱で壁を支える 기둥으로 벽을 버티다 / 木が倒れないよう棒で支えた 나무가 넘어지지 않도록 막대기로 받쳤다. / 倒れそうになった私を彼が支えてくれた 넘어질 뻔한 나를 그가 받쳐 주었다. / 生計を支える 생계를 지탱하다 / 彼女は女手一つで一家4人を支えてきた 그녀는 혼자 가족 네 명을 부양해 왔다. / 困ったときも友達の励ましが私を支えてくれた 힘들 때도 친구의 격려가 나를 지탱해 주었다.
**ささくれ**〔爪の〕손거스러미 ¶ささくれができる 손거스러미가 생기다
**ささげる【捧げる】** 바치다 ¶命を捧げる 목숨을 바치다 / 彼はその研究に生涯を捧げた 그는 그 연구에 평생을 바쳤다. / 我々は勝利のためにすべてを捧げる覚悟ができている 우리들은 승리를 위해 모든 것을 바칠 각오가 되어 있다. / 仏前に供え物を捧げる 불전에 공물을 바치다 / 神に祈りを捧げる 신에게 기도를 드리다
**ささつ【査察】** 사찰 ◇査察する 사찰하다 ¶査察を受ける 사찰을 받다 関連査察団 사찰단 / 核査察 핵 사찰
**さざなみ【さざ波】** 잔물결 ¶風でプールにさざ波が立った 바람으로 풀장에 잔물결이 쳤다.
**さざめき** 떠들어대는 소리
**さざめく** 떠들다, 법석거리다, 술렁이다 ¶木の葉が風にさざめいている 나뭇잎이 바람에 설렁이고 있다. / 笑いさざめく 웃으며 떠들다
**ささやか【細やか】** 細やかな〔小さい〕자그마

한〔控えめな〕변변치 못한 ¶ささやかなプレゼント 자그마한 선물 / ささやかな勝ちを得る 변변치 못한 수입을 얻다 / ささやかな抵抗を試みる 약한 저항을 시도하다
**ささやき【囁き】** 속삭임 ¶風のささやき 바람의 속삭임 関連ささやき声 속삭이는 소리
**ささやく【囁く】** 속삭이다, 소곤거리다, 수군거리다 ¶彼は私の耳に二言三言ささやいた 그는 내 귀에 두세 마디 속삭였다. / 春には小川がささやき，鳥が歌う 봄에는 시냇물이 졸졸 흐르고 새가 지저귄다. / 専務が次の社長になるといううわさがささやかれている 전무가 다음 사장이 된다는 소문으로 수군거리고 있다.
**ささる【刺さる】** 찔리다, 꽂히다, 박히다 ¶指にとげが刺さった 손가락에 가시가 찔렸다. / 魚の骨がのどに刺さった 생선 가시가 목에 꽂혔다.
**さじ【匙】** 숟가락, 스푼, 술 ¶小さじ1杯の砂糖 한 티스푼의 설탕 / 大さじ2杯の小麦粉 두 큰술의 밀가루 / さじでかき回す 숟가락으로 잘 젓다 / さじですくう 숟가락으로 뜨다 慣用句とうとう医者もその患者にはさじを投げた 결국 의사도 그 환자를 포기했다. / それは私のさじ加減ひとつでどうにでもなる 그것은 내 결정으로 어떻게든 된다.
**さしあげる【差し上げる】** 드리다(▶주다의 겸양어) ⇒上げる, 与える
**さしあたり【差し当たり】** 우선, 당장, 당분간 ¶さしあたりの生活費 당분간의 생활비 / さしあたり3万円で十分だろう 우선 3만 엔으로 충분하겠지.
**さしいれ【差し入れ】** 차입 ◇差し入れする 사 주다〔刑務所などに〕차입하다 ¶残業中の部下にピザの差し入れをした 잔업 중인 부하에게 피자를 사 주었다.
**さしえ【挿し絵】** 삽화 ¶挿し絵入りの本 삽화 넣은 책 関連挿し絵画家 삽화가
**さしおく【差し置く】** 제쳐 놓다, 무시하다 ¶お偉方を差し置いて決めるのはまずい 높은 양반들을 무시하고 결정하는 것은 난처하다. / あした何を差し置いてもユナに電話しなくちゃ 내일 만사 제쳐 두고라도 유나한테 전화해야지.
**さしおさえ【差し押さえ】** 압류 ◇差し押さえる 압류하다 ¶税務署は彼の財産を差し押さえた 세무서가 그의 재산을 압류했다.
**さしかかる【差し掛かる】** 접어들다, 다다르다 ¶私たちは山道に差し掛かった 우리들은 산길로 접어들었다.
**ざしき【座敷】**〔客間〕객실〔応接室〕응접실 ¶座敷に通す 객실로 모시다
**さしこみ【差し込み】**〔プラグ〕플러그〔コンセント〕콘센트〔胃腸の痛み〕산통(疝痛)
**さしこむ【差し込む】** 꽂다〔日が〕들어오다〔きりきり痛む〕쿡쿡 찌르듯이 아프다 ¶プラグをコンセントに差し込む 플러그를 콘센트에 꽂다 / 朝日が窓から差し込む 아침 햇빛이 창문으로 들어온다. / 横腹が急に差し込むように痛んだ 옆배가 갑자기 쿡쿡 찌르듯이 아팠다.
**さしさわり【差し障り】** 지장(支障) ¶差し障りがある 지장이 있다 / 差し障りが起こる 지장이 생기다 / 差し障りのないことを言う 지장이 없는 말

을 하다
**さししめす【指し示す】** 가리키다 ¶位置を地図で指し示す 위치를 지도에서 가리키다 / 行くべき方向を指し示す 가야 할 방향을 가리키다
**さしず【指図】** 지시 〔命令〕 명령 ◇指図する 지시하다 ¶指図を受ける 지시를 받다 / 先生は生徒に教室に入るよう指図した 선생님은 학생에게 교실로 들어오도록 지시했다.
**さしせまる【差し迫る】** 임박하다, 닥치다 ¶締め切りが差し迫る 마감이 임박하다 / レポートの提出期限が差し迫っている 리포트 제출 기한이 임박하다 / 危険が目の前に差し迫ってくる 위험이 목전에 닥쳐오다 / 差し迫った問題 임박한 문제
**さしだしにん【差出人】** 발신인
**さしだす【差し出す】** 내밀다 ¶右手を差し出す 오른손을 내밀다 / 名刺を差し出す 명함을 내다
**さしつかえ【差し支え】** 지장(支障) ¶差し支えなければお供したいのですが 지장이 없으면 모시고 싶습니다만.
**さしつかえる【差し支える】** 지장이 있다[되다, 생기다] ¶あしたの仕事に差し支えるからもう帰ろう 내일 일에 지장이 되니까 이제 돌아가자. / 印鑑がなくても差し支えありません 도장이 없어도 지장이 없습니다.
**さしでがましい【差し出がましい】** 주제넘다 ¶彼女はいつも差し出がましい 그녀는 항상 주제넘는다. / 差し出がましいようですが 주제넘는 말씀입니다만 / 差し出がましいことをしないでください 주제넘은 짓은 하지 말아 주세요.
**さしとめる【差し止める】** 〔禁止する〕 금지하다 〔停止する〕 정지하다
**さしのべる【差し伸べる】** 내밀다, 뻗치다 ¶手を差し伸べる 손을 내밀다 / 救いの手を差し伸べる 구원의 손길을 뻗치다
**さしば【差し歯】** 의치
**さしはさむ【差し挟む】** 〔口出しする〕 참견하다 ¶人の話に口を差し挟む 남의 이야기에 참견하다
**さしひかえる【差し控える】** 삼가다 ¶口出しを差し控える 말을 삼가다 / 意見を差し控える 의견을 삼가다 ⇒控える, つつしむ
**さしひき【差し引き】** 공제, 차감 ¶差し引き2万円の損[得]になる 차감해서 2만 엔의 손[득]이 되다 [関連]差引残高 공제 잔액
**さしひく【差し引く】** 공제하다, 제하다, 빼다 ¶給料から税金を差し引く 급료에서 세금을 제하다
**さしみ【刺身】** 생선회, 회 ¶刺身におろす 회를 치다 / まぐろの刺身 참치 회
**さしむかい【差し向かい】** ¶彼女と差し向かいに座った 그녀와 마주 보고 앉았다.
**ざしょう【座礁】** 좌초 ◇座礁する 좌초하다
**さす【刺す】** 〔刃物などで〕 찌르다 〔はちが〕 쏘다 〔蚊が〕 물다 〔とがったもので〕 꿰뚫다 〔野球でランナーを〕 아웃시키다 ¶刃物で背中を刺される 칼로 등을 찔리다 / 蚊に刺された 모기에게 물렸다. / はちに首を刺された 벌에게 목을 쏘였다. / ばらを摘もうとしてとげが指に刺さった 장미를 꺾으려고 하다가 가시에 찔렸다.

¶外は肌を刺すような寒さだった 밖은 살갗을 찌르는 듯한 추위였다. / 腹に刺すような痛みがきた 배에 찌르는 듯한 아픔이 왔다.
¶ピッチャーはけん制球でランナーを刺した 피처는 견제구로 러너를 아웃시켰다.
**さす【差す】** ❶〔水を〕 붓다, 따르다, 타다 〔油を〕 넣다, 치다 ¶沸騰したらなべに水を差してください 끓으면 냄비에 물을 넣어 주세요. / 植木鉢に水を差した 화분에 물을 주었다. / 杯に酒を差す 잔에 술을 따르다 / 1일에 3回目薬を差しなさい 하루에 세 번 안약을 넣으세요. / 彼は機械に油を差した 그는 기계에 기름을 쳤다.
❷〔傘を〕 쓰다 ¶雨が降ってきたので傘を差した 비가 내리기 시작했기 때문에 우산을 썼다.
❸〔帯びる〕 띠다 ¶彼女の色白の顔にほんのりと赤みが差した 그녀는 하얀 얼굴에 홍조를 띠었다.
**さす【指す】** ❶〔指し示す〕 가리키다, 지목하다 〔指名〕 지명하다 ¶時計の針は12時を指している 시계 바늘이 열두 시를 가리키고 있다. / この矢印は我々が出発した地点を指している 이 화살표는 우리가 출발한 지점을 가리킨다. /「ほら, あそこだよ」と彼は前方を指した "봐, 저기야"라고 그는 전방을 가리켰다. / 先生はめったに私を指さない 선생님은 거의 나를 지명하지 않는다. / あの話は暗に私を指していたと思った 그 이야기는 은근히 나를 가리킨다고 생각했다.
❷〔意味する〕 가리키다, 의미하다, 뜻하다 〔言及する〕 언급하다 ¶「この事」とは何を指しているのですか "이 일"이란 뭘 가리키는 것입니까?
❸〔将棋を〕 두다 ¶将棋を指す 장기를 두다
**さす【挿す】** 〔花を〕 꽂다 ¶花瓶に花を挿す 꽃병에 꽃을 꽂다
**さす【射す】** 〔光が〕 비치다 ¶朝日が窓から射している 아침해가 창문을 통해 비쳤다. / 雨が上がって日が射してきた 비가 그치고 해가 비추기 시작했다.

【使い分け】 さす (刺す, 差す, 指す, 挿す, 射す)

| | | |
|---|---|---|
| 刺す | 刃物で<br>蚊が<br>はちが<br>針で<br>野球で | 찌르다<br>물다<br>쏘다<br>누비다<br>터치아웃시키다 |
| 差す | 傘を<br>刀を<br>目薬を<br>潮が | 쓰다, 받다<br>차다<br>넣다<br>밀려오다 |
| 指す | 示す<br>向かう<br>将棋を | 가리키다<br>향하다<br>두다 |
| 挿す | 花を | 꽂다, 끼우다 |
| 射す | 日が | 비치다 |
| 注す | 水・酒を | 붓다, 따르다 |

**さすが**【流石】❶〔期待・予想どおりに〕역시, 과연 ¶専門家だから彼はさすがに何でも知っている 전문가라서 역시 그는 뭐든지 알고 있다. / さすがに彼は役者の子だ 과연 걔는 배우의 아들이다. / Long間韓国にいたので彼女の韓国語はさすがにうまい 오랫동안 한국에 살고 있어서 그 여자의 한국어는 역시 능숙하다. / こんな難しい問題をすぐに解いてしまうなんてさすがだね 이런 어려운 문제를 바로 풀어 버리다니 역시 머리가 좋네.
¶さすがは熟練の外科医だけあって見事な手術だった 과연 숙달된 외과의답게 훌륭한 수술이었다. ❷〔…でさえも, …だけれども〕¶さすがに頭のよいヨンヒでもその問題は解けなかった 그토록 머리 좋은 영희라도 그 문제는 풀 수 없었다.

**さずかる**【授かる】내려 주시다, 점지하다 ¶彼らはやっとかわいい女の子を授かった 그들은 드디어 귀여운 여자 아이를 점지받았다.

**さずける**【授ける】수여하다 ¶勲章を授ける 훈장을 수여하다 / 彼は文化勲章を授けられた 그는 문화 훈장을 수여받았다.

**サスペンス** 서스펜스 ¶スリルとサスペンスに富むアクション映画 스릴과 서스펜스가 넘치는 액션영화 関連 サスペンス小説 서스펜스 소설

**さすらう**【流離う】유랑하다, 방랑하다 ¶私は日本各地をさすらった 나는 일본 각지를 유랑했다.

**さする**【摩る】문지르다, 어루만지다, 쓰다듬다 ¶背中をさする 등을 어루만지다

**ざせき**【座席】좌석, 자리 ¶座席に着く 좌석에 앉다 / 座席を予約する 좌석을 예약하다 / 座席を確保する 좌석을 확보하다
¶車の後部[前部]座席 차의 뒷[앞]좌석 / 通路側の座席 통로쪽 좌석 / 窓側の座席 창쪽 좌석 関連 座席指定券 좌석 지정권 / 座席番号 좌석번호 / 座席表 좌석표

**させつ**【左折】좌회전 ◆左折する 좌회전하다 関連 左折禁止 좌회전 금지

**ざせつ**【挫折】좌절 ◆挫折する 좌절하다 ¶計画は挫折した 계획은 좌절되었다. / 挫折感を味わった 좌절감을 맛보았다.

**-させる** 〔使役形〕시키다, -게 하다
¶私は彼女に企画書をもう一度書き直させた 나는 그 여자에게 기획서를 다시 한번 쓰게 했다. / 彼女は1日5時間勉強させられた 그녀는 하루에 다섯 시간 억지로 공부하려 됐다. / 彼は私にその契約書に無理矢理サインさせた 그 사람은 나에게 그 계약서에 강제로 사인하게 했다. / 息子が自分で決めたのだから好きなようにさせるつもりです 아들이 스스로 결정한 것이기 때문에 원하는 대로 시킬 생각입니다. / 彼は私に自分の部屋を自由に使わせてくれた 그 사람은 나에게 자기 방을 자유롭게 쓰게 해 주었다. / 彼女は子供たちによい教育を受けさせたかった 아이들에게 좋은 교육을 받게 하고 싶었다. / 夫にたばこをやめさせたい 남편에게 담배를 끊게 하고 싶다. / 彼女に歌わせる 그녀에게 노래시키다 / 部屋を掃除させる 방을 청소시키다 / お使いをさせる 심부름을 시키다 ⇒ 語法 使役形のつくり方

**させん**【左遷】좌천 ¶彼は子会社へ左遷された 그는 자회사로 좌천되었다.

**ざぜん**【座禅】좌선 ¶座禅を組む 좌선을 하다

**さぞ** 오죽, 여북; 틀림없이, 분명 ¶さぞ痛いであろう 오죽 아프랴! / さぞすてきなパーティーだったでしょう 틀림없이 멋진 파티였을 것이다. / お父さんもさぞお喜びになるでしょう 아버지께서도 분명 기뻐하실 거에요. / さぞお疲れでしょう 분명 피곤하시겠지요.

**さそい**【誘い】권유, 유혹, 꾐〔招待〕초대 ¶お誘いありがとうございます 초대해 주셔서 감사합니다. / 友達の誘いに乗ってゲームセンターへ行った 친구의 꾐에 넘어가 전자 오락실에 갔다.

---

> **語法 使役形のつくり方**
>
> **1. 漢字系動詞の使役形**
> 動作性名詞＋ハダという形をした動詞は, ハダをシキダにおきかえると使役形になる.
> 　공부하다→공부시키다　勉強させる.
> 　준비하다→준비시키다　準備させる.
>
> **2. 接尾辞による使役形**
> 一部の動詞・形容詞は, 語幹に-이-, -히-, -기-, -리-, -우-などの接尾辞がついて使役形をつくる.（ただし, これらの使役形は数が少なく一般に他動詞として扱われることが多い.）
> 　죽다→죽이다　殺す.
> 　웃다→웃기다　笑わす, 笑わせる.
> 　알다→알리다　知らす, 知らせる.
> 　지다→지우다　背負わせる.
> 　파다→패다　掘らせる.
>
> **3. 動詞語幹＋-게 하다**
> -게 하다の形はすべての動詞について使役形をつくる.
> 　가다→가게 하다　行かせる.
> 　오다→오게 하다　来させる.
> 　만나다→만나게 하다　会わせる.
>
> 動詞語幹＋-게 하다の形は2の接尾辞による使役形とは語感が異なり, 人にある動作をするようにしむける場合にのみ用いられる.
> 　나는 딸에게 치마저고리를 입게 했다.
> 　私は娘にチマ・チョゴリを着るようにしむけた.
> 　→私は娘にチマ・チョゴリを着させた.
> 　나는 딸에게 치마저고리를 입혔다.
> 　私は娘にチマ・チョゴリを（みずから）着せた.
> 　私は娘がチマ・チョゴリを着るようにしむけた.
>
> | 먹다 | 먹이다 | 먹게 하다 |
> |---|---|---|
> | 食べる | 食わせる, 食べさせる | 食べさせる |
> | 울다 | 울리다 | 울게 하다 |
> | 泣く | 泣かす, 泣かせる | 泣かせる |
>
> 하다の代わりに만들다も可能だが, これは範囲がかなり限られる.
> 　좋아하게 만들다　ほれさせる.

**さそいこむ【誘い込む】** 꾀어들이다, 끌어들이다 ¶彼を一味に誘い込んだ 그를 한패에 꾀어들였다.

**さそう【誘う】** ❶〔勧める〕권하다, 권유하다 〔招く〕초대하다, 부르다 ¶友達を映画に誘った 친구에게 영화 보러 가자고 권했다. / 彼女は私をお茶に誘った 그녀는 나에게 차 한잔 마시자고 권했다. / 今年の冬は友達からスキーに誘われている 올겨울에는 친구가 스키타러 가자고 했다. / 仕事の後, 彼を飲みに誘ったら事が終わった後 그에게 술 마시러 가자고 했다. / 友人たちを家に誘う 친구들을 집에 부르다 / 保険に加入するよう誘う 보험에 들도록 권유하다
❷〔促す〕자아내다, 불러일으키다 ¶彼の冗談はいつもみんなの笑いを誘った 그의 농담은 언제나 모두의 웃음을 자아냈다. / 映画のラストシーンは観客の涙を誘った 영화의 라스트 신은 관객의 눈물을 자아냈다. / 電車の心地よい揺れが眠気を誘う 전철의 기분 좋은 흔들림에 잠이 온다. / いいにおいに誘われて焼き肉屋に入った 좋은 냄새에 이끌려 불고기집에 들어갔다.
❸〔引き込む〕유혹하다, 꾀다 ¶悪の道に誘う 못된 길로 꾀다 / 彼を悪事に誘ったのは若い女だった 그를 나쁜 일에 찐 것은 젊은 여자였다. / 暖かい春の風に誘われて私は旅に出た 따뜻한 봄 바람에 유혹되어 나는 여행을 떠났다.

**さそり【蠍】** 전갈 関連 **さそり座** 전갈자리

**さた【沙汰】** 〔行為〕짓, 행위 〔事態〕사태 ¶正気のさたではない 제정신으로 한 짓이 아니다. / 裁判ざたにしないで解決したほうがよかろう 재판 사태까지 가지 않게 해결하는 게 좋겠지.

**さだまる【定まる】** 정해지다 〔鎮まる〕가라앉다, 안정되다 ¶日程が定まる 일정이 정해지다 / 方針が定まる 방침이 정해지다
¶病状が定まる 병세가 가라앉다 / 天候が定まったら出発しよう 날씨가 안정되면 출발하자.

**さだめ【定め】** 〔規則〕규칙, 규정 〔運命〕운명, 팔자 ¶悲しい定め 슬픈 운명

**さだめる【定める】** 정하다, 결정하다 ¶目標を定める 목표를 정하다 / 方針を定める 방침을 정하다 / 日程を定める 일정을 정하다 / 法律を定める 법률을 제정하다 / ねらいを定める 목표를 정하다

**ざだんかい【座談会】** 좌담회

**さち【幸】** 〔幸せ〕행복 〔食べ物〕음식물 ¶海の幸, 山の幸 산해진미(山海珍味)

**さつ【冊】** 권 ¶辞書3冊 사전 세 권 / 全集の中の1冊 전집 중의 한 권 / 彼女は本を2冊買った 그녀는 책 두 권을 샀다.

**さつ【札】** 〔紙幣〕지폐 ¶千円札 천 엔짜리 지폐 / 1万ウォン札 만 원짜리 지폐 / 札をくずす 지폐를 헐다

**ざつ【雑】** 雑だ 조잡하다 ◇雑に 적당히 ¶雑な仕事 조잡한 일 / 雑な作り 조잡한 만듦새 / 雑に扱う 적당히 다루다

**さつい【殺意】** 살의 ¶犯人は被害者に対して殺意を抱いていた 범인은 이전부터 피해자에 대한 살의를 품고 있었다. / 彼は殺意を持って妻をナイフで刺した 그는 살의를 가지고 나이프로 아내를 찔렀다.

**さついれ【札入れ】** 지갑

**さつえい【撮影】** 촬영 ◇撮影する〔映画を〕촬영하다〔写真を〕찍다 ¶彼らはテレビドラマを撮影していた 그들은 텔레비전 드라마를 촬영하고 있었다. / この映画は京都で撮影された 이 영화는 교토에서 촬영됐다. / 撮影禁止(▶掲示)촬영 금지 関連 **撮影所** 촬영소 / **記念撮影** 기념 촬영

**ざつおん【雑音】** 잡음 ¶雑音が混じる 잡음이 섞이다 / このラジオはよく雑音が入る 이 라디오는 자주 잡음이 잡힌다.

**さっか【作家】** 〔作者〕작가 〔筆者〕필자 〔小説家〕소설가 関連 **陶芸作家** 도예 작가 / **童話作家** 동화 작가 / **人気作家** 인기 작가

**ざっか【雑貨】** 잡화 関連 **雑貨店** 잡화점 / **日用雑貨** 일용 잡화 / **輸入雑貨** 수입 잡화

**サッカー** 축구(蹴球) ¶サッカーをする 축구를 하다 / 彼はサッカーがうまい 그는 축구를 잘한다. / 私はサッカーが苦手だ 나는 축구를 못한다.
関連 **サッカー試合** 축구 시합 / **サッカー場** 축구장 / **サッカー選手** 축구 선수 / **サッカーチーム** 축구 팀 / **サッカーボール** 축구공

> 参考 **おもなサッカー用語**
> イエローカード 옐로카드 / オウンゴール 자살골(自殺goal) / オフサイド 오프사이드 / キックオフ 킥오프 / コーナーキック 코너킥 / ゴール 골 / ゴールキーパー 골키퍼 / ゴールポスト 골포스트 / ゴールライン 골라인 / シュート 슛 / センタリング 센터링 / タッチライン 터치라인 / ドリブル 드리블 / パス 패스 / バック 백 / PK 페널티 킥 / PK戦 승부차기 / 引き分け 무승부(無勝負) / フォワード 포워드 / フリーキック 프리 킥 / レッドカード 레드카드 / ロスタイム 로스 타임 / ワールドカップ 월드컵

**さつがい【殺害】** 살해 ◇殺害する 살해하다 ⇒殺す, 殺人

**さっかく【錯覚】** 착각 ◇錯覚する 착각하다 ¶目の錯覚 눈의 착각 / 錯覚を起こす 착각을 일으키다 / 錯覚ですよ 착각이에요. / まるで中世の時代にいるかのような錯覚に陥った 마치 중세 시대에 있는 것 같은 착각에 빠졌다. / 彼は彼女が自分のことを愛してくれていると錯覚している 그는 그녀가 자기를 사랑하고 있다고 착각하고 있다.

**ざつがく【雑学】** 잡학

**さつき【五月】** 오월 〔花〕영산홍 関連 **五月晴れ** 오월의 맑게 갠 날씨 ⇒**五月**(ごがつ)

**さっき** 아까, 조금전 ¶弟はさっきまでここで遊んでいた 남동생은 조금전까지 여기서 놀고 있었다. / その男がさっきから自分を見つめていることに彼女は気づいていた 그 남자가 아까부터 자기를 바라보고 있다는 것을 그 여자는 눈치채고 있었다.

**さっき【殺気】** 살기 ¶私は暗闇の中に殺気を感じた 나는 어둠 속에서 살기를 느꼈다. / 群衆は殺気立っていた 군중은 살기를 띠고 있었다.

**ざっきちょう【雑記帳】** 잡기장

**さっきゅう【早急】** ◇早急に 조급히, 급히 ⇒急

ぐ, すぐ

**さっきょく【作曲】** 작곡 ◇作曲する 작곡하다
関連 作曲家 작곡가

**さっきん【殺菌】** 살균 ◇殺菌する 살균하다
関連 殺菌剤 살균제 / 殺菌力 살균력

**サックス** 색소폰 ⇒サキソホン

**ざっくばらん** ◇ざっくばらんな [率直な] 솔직한, 숨김없는 ◇ざっくばらんに 솔직히, 숨김없이, 털어놓고 ¶率直

**さっこん【昨今】** 작금, 요즘 ¶昨今, この辺りで空き巣狙いが多発している 요즘 이 주변에서 빈집 털이가 많이 발생하고 있다. / 昨今の医学の進歩はがんの治療に大いに寄与している 요즘 의학의 진보는 암 치료에 크게 공헌하고 있다.

**さっさと** 얼른, 후딱, 빨리 ¶さっさとしなさい 얼른 해라. / さっさと片付ける 후딱 해치우다

**さっし【察し】** 추측, 짐작 [理解] 이해 ¶彼の言いたいことは察しがついていた 그가 말하고 싶은 것이 무엇인지 짐작이 갔었다. / 察しがいい [悪い] 이해가 빠르다 [느리다]. / お察しのとおりです 짐작하신 대로입니다. / その効果がどうなるかだれにも察しがつかない 그 효과가 어떻게 될지 아무도 짐작할 수 없다.

**サッシ** 새시 [窓枠] 창틀 関連 アルミサッシ 알루미늄 새시

**ざっし【雑誌】** 잡지 ¶この雑誌は毎月15日に発売される 이 잡지는 매월 15일에 발매된다. / その雑誌の今月 [今週] 号を買った 그 잡지의 이번달 [이번주] 호를 샀다. / 毎月雑誌を数冊購読している 매월 잡지를 몇 권 구독하고 있다. 関連 雑誌記事 잡지 기사 / 雑誌記者 잡지 기자 / 雑誌社 잡지사 / 雑誌編集者 잡지 편집자 / 学術雑誌 학술 잡지, 학술지 / 月刊雑誌 월간 잡지, 월간지 / 週刊雑誌 주간 잡지, 주간지 / 女性雑誌 여성지 / ファッション雑誌 패션 잡지 / 文芸雑誌 문예 잡지, 문예지 / ポルノ雑誌 포르노 잡지 / 旅行雑誌 여행 잡지

**ざっしゅ【雑種】** 잡종 ¶猪と豚の雑種 멧돼지와 돼지의 잡종 / 雑種の犬 잡종개

**さっしん【刷新】** 쇄신 ◇刷新する 쇄신하다 ¶政界を刷新する 정계를 쇄신하다

**さつじん【殺人】** 살인 ◇殺人的な 살인적인 ¶彼が殺人を犯したなんて信じられない 그가 살인을 범했다니 믿을 수가 없다. / 彼女に殺人の容疑がかかっている 그 여자에게 살인 혐의를 두고 있다. | 그 여자는 살인 혐의를 받고 있다. / 殺人の罪に問われる 살인죄로 추궁당하다 / 殺人的な暑さ 살인적인 더위 / 殺人的なスケジュール 살인적인 스케줄 関連 殺人事件 살인 사건 / 殺人犯 살인범 / 殺人未遂 살인 미수

**さっする【察する】** 헤아리다, 살피다 [推測する] 추측하다 [想像する] 짐작하다 [感じ取る] 느끼다 ¶察するところ, 彼は入学試験に落ちたらしい 짐작하건대 그는 입학 시험에 떨어진 것 같다. / 少しは私の苦しい立場も察してください 조금은 나의 괴로운 입장도 헤아려 주세요. / 一人息子に先立たれたご両親の心中は察するにあまりある 외아들을 먼저 보낸 부모님의 심정은 이루 다 말할 수 없다. / 胸中お察しいたします 심중을 헤

아립니다. / 彼女の口ぶりから察すると, 結婚するらしい その女子の말투로 짐작컨대 결혼할 것 같아. / 動物には危険を察する能力がある 동물에게는 위험을 느끼는 능력이 있다.

**ざつぜん【雑然】** ◇雑然とした部屋 어수선한 방 / 事務所は雑然としていた 사무실은 어수선했다.

**さっそう【颯爽】** ◇さっそうと 씩씩하게, 당당하게 ◇さっそうとした 씩씩한, 당당한 ¶兄は新しいスーツでさっそうと出かけた 오빠는 새 양복을 입고 씩씩하게 나섰다. / 彼女はさっそうとした格好をしていた 그녀는 당당한 모습을 하고 있었다.

**さっそう【雑草】** 잡초 ¶庭の雑草をむしる 마당의 잡초를 뽑다

**さっそく【早速】** 곧, 즉시 [急いで] 빨리 ¶さっそく試してみる 즉시 시험해 보다

**ざった【雑多】** ◇雑多だ 잡다하다 ¶雑多な品物 잡다한 물건 ⇒いろいろ

**さつたば【札束】** 지폐 뭉치, 돈다발 ¶札束を数える 돈다발을 세다

**ざつだん【雑談】** 잡담 ¶彼女と雑談をした 그녀와 잡담을 했다.

**さっち【察知】** ◇察知する 알아채다, 알아차리다 ¶危険を察知する 위험을 알아채다

**さっちゅうざい【殺虫剤】** 살충제 ¶殺虫剤をまく 살충제를 뿌리다

**さっと** 휙, 확 ¶さっと彼女の顔が赤くなった 확 그녀의 얼굴이 빨갛게 되었다. / ほうれんそうはさっとゆでてください 시금치는 살짝 데쳐 주세요.

**ざっと** ❶ [おおよそ] 대충, 대략 ¶この仕事を終えるのにざっと5日はかかるだろう 이 일을 끝내는 데 대충 5일은 걸릴 것이다. /「家の増築にどのくらいかかるかな」「ざっと500万円くらいかな」"집을 증축하는 데 얼마 정도 들까?" "대략 5백만 엔 정도 아닐까?" / 大学の図書館にはざっと20万冊の本がある 대학 도서관에는 대략 20만 권의 책이 있다.
❷ [おおざっぱに] 죽, 대충, 거웃거웃 ¶彼は研究発表の主旨をざっと述べた 그는 연구 발표의 주지를 간략하게 설명했다. / 私は毎朝新聞にざっと目を通す 나는 매일 아침 신문을 대충 훑어본다. / 私はその本をざっと読んだ 나는 그 책을 대충 읽었다. / 私はその論文をざっと飛ばし読みした 나는 그 논문을 대충 읽어 넘겼다.

**さっとう【殺到】** 쇄도 ◇殺到する 쇄도하다 ¶買い物客がデパートのバーゲンセールに殺到した 쇼핑객이 백화점 바겐세일에 쇄도했다. / 朝から問い合わせの電話が殺到している 아침부터 문의 전화가 쇄도하고 있다. / 会社に注文が殺到し始めた 회사에 주문이 쇄도하기 시작했다.

**ざっとう【雑踏】** 잡답 [混雑] 혼잡 ¶都会の雑踏から抜け出す 도시의 혼잡함에서 빠져나가다

**ざつねん【雑念】** 잡념 ¶雑念を払う 잡념을 버리다

**さつばつ【殺伐】** ◇殺伐としている 살벌하다 ¶殺伐とした風景 살벌한 풍경 / 殺伐とした事件 살벌한 사건

**さっぱり** ❶ [まったく (…ない)] 전혀 ◇さっぱりだ [まったくだめだ] 말이 아니다, 형편없다 ¶物

理はさっぱりわからない 물리는 전혀 모르겠다. / 君が何を言いたいのかさっぱりわからない 자네가 무엇을 말하고 싶은 건지 전혀 모르겠네. / 私の英語はここ数年間上達しない 내 영어 실력은 이 수년 동안 조금도 향상되지 않는다. / 近ごろ彼にさっぱり会わない 요즘 그와는 전혀 만나지 않는다. / 今学期の成績はさっぱりだった 이번 학기의 성적은 형편없었다.

❷ [性格が] 담백하다, 시원하다 [味が] 산뜻하다 [気分が] 상쾌하다, 산뜻하다 [身なりが] 산뜻하다, 말쑥하다 ¶彼はさっぱりした人だ 그는 시원스런 사람이다. / 彼女はさっぱりした身なりをしていた 그녀는 산뜻한 옷차림을 하고 있었다. ¶私はさっぱりした食べ物が好きだ 나는 담백한 음식을 좋아한다. / ふろに入ったらさっぱりした 목욕을 했더니 기분이 상쾌했다.

❸ [完全に] 말끔히 ¶キョンヒのことはきれいさっぱり忘れなよ 경희는 깨끗이 잊어버려.

**ざっぴ**【雑費】잡비

**さっぷうけい**【殺風景】살풍경 ◇殺風景だ 살풍경하다 ¶彼の部屋は何とも殺風景だった 그 사람의 방은 참으로 살풍경했다. / 殺風景な部屋 살풍경한 방

**さつまいも**【薩摩芋】고구마

**ざつむ**【雑務】잡무 ¶雑務に追われる 잡무에 쫓기다

**ざつよう**【雑用】잡일, 잡무(雑務) ¶家にいると雑用が多い 집에 있으면 잡일이 많다.

**さて**[感動詞][接続詞] 그런데, 그럼, 그러면 ¶さて、どうしよう 자, 어떻게 하지? / さて、お昼食べに行こうか 자, 점심 먹으러 갈까요? / さて、それでは次の問題に移りましょう 그럼 다음 문제로 넘어가겠습니다.

**さておき**【さて置き】제쳐놓고, 그만 하고 ¶細かい点はさて置き大筋から決めよう 사소한 점은 제쳐놓고 큰 줄거리부터 결정하자. / 何はさておき 우선 먼저 / 冗談はさておき 농담은 그만 하고

**さては** 그러고 보니 ¶さては、弟の仕業だな 그러고 보니 남동생의 짓이로구나. / さては、逃げたな 도망갔다면 도망갔구나.

**さと**【里】[村] 마을 [故郷] 고향 [田舎] 시골 [実家] 친정 [慣用句] そんなことを言うとお里が知れるよ 그런 말 하면 정체가 탄로난다.

**さといも**【里芋】토란

**さとう**【砂糖】설탕(雪糖), 사탕(▶砂糖의 意で는 主로 설탕을 用い, 사탕 은 飴의 意で用いることが多い) ¶コーヒーに砂糖を入れますか 커피에 설탕을 넣겠습니까? / 紅茶に角砂糖を2個入れる 홍차에 각설탕 두 개를 넣 다 / スプーン1杯の砂糖 설탕 한 스푼 / 砂糖の入っていないガム 무설탕 껌

[関連] 砂糖入れ 설탕 용기 / 砂糖菓子 사탕 과자 / 砂糖きび 사탕수수 / 砂糖大根 사탕무 / 黒砂糖 흑설탕, 흑당 / 氷砂糖 보석 사탕

**さどう**【茶道】다도

**さとおや**【里親】수양부모

**さとがえり**【里帰り】친정 나들이 ¶妻は赤ん坊を連れて里帰りした 아내는 아기를 데리고 친정 나들이를 갔다.

**さとご**【里子】[男] 수양아들, 수양자 [女] 수양딸, 수양녀

**さとす**【諭す】타이르다, 깨우치다 ¶私は彼女をさとそうとしたが彼女の言うことに耳を貸そうとしなかった 나는 그 여자를 타이르려고 했지만, 내 말에 귀를 기울이려고 하지 않았다.

**さとり**【悟り】깨달음, 득도 ¶悟りを開く 득도하다 / 悟りの境地に達する 득도의 경지에 달하다

**さとる**【悟る】깨닫다 [気づく] 알아차리다, 눈치채다 ¶彼は人生が甘くないことを悟った 그는 인생이 만만하지 않다는 것을 깨달았다. / 親に悟られないように家を抜け出た 부모가 알아차리지 못하게 집을 빠져 나갔다. / 彼は死期を悟っていた 그는 죽을 때를 알고 있었다.

**サドル** 안장

**さなぎ**【蛹】번데기

**さは**【左派】좌파(↔우파) [関連] 左派政権 좌파 정권 / 左派勢力 좌파 세력 / 中道左派 중도 좌파

**さば**【鯖】고등어 [慣用句] 彼女はさばを読んで30歳と言った 그녀는 서른 살이라고 나이를 속여서 말했다.

**さばき**【裁き】심판(審判), 재판(裁判) ¶裁きを受ける 재판을 받다 ⇒裁判

**さばく**【砂漠】사막 ◇砂漠化する 사막화되다 [関連] サハラ砂漠 사하라 사막

**さばく**【裁く】심판하다, 재판하다 ¶事件を裁く 사건의 시비를 가리다 / 罪を裁く 죄를 심판하다

**さばく**【捌く】[処理する] 다루다, 수습하다 [売る] 팔아치우다 ¶在庫品をさばく 재고품을 팔아치우다 / 混乱をさばくのはたいへんだった 혼란을 수습하는 데는 힘이 들었다. / 魚をさばく 생선을 요리하다

**さばけた**【捌けた】¶彼はさばけた人だ 그는 서글서글한 사람이다.

**さばさば** ◇さばさばする 후련하다, 개운하다 ¶あいつがいなくなってさばさばした 저 녀석이 없어져서 후련하다.

**さび**【錆】녹 ¶さびが付く 녹이 슬다 / さびを落とす 녹을 빼다 [慣用句] 身から出たさび 자업자득(自業自得) [関連] さび止め 방수 도료, 방식제

**さびしい**【寂しい・淋しい】[心細い] 외롭다, 쓸쓸하다 [もの足りない] 허전하다 ¶きのうはだれも来なかったので寂しかった 어제는 아무도 오지 않아서 외로웠다. / あなたがここにいないと寂しい 당신이 여기 없으면 외롭다. / 彼は妻に死別してから寂しく暮らしている 그는 아내를 잃고 나서 쓸쓸하게 살고 있다. / そこは寂しい裏通りだった 거기는 쓸쓸한 뒷골목이었다. ¶「この部屋なんとなく寂しいね」「壁に絵でもかけようか」 "이 방은 왠지 모르게 허전하네요." "벽에 그림이라도 걸까?" / きょうはふところが寂しいんだ 오늘은 호주머니가 허전해. / 口が寂しい 입이 허전하다

[会話] 寂しくなる
A：あなたがいなくなると寂しくなるわね
B：私も寂しいわ

A：네가 가고 나면 외로워질거야.
B：나도 외로워.
　A：一人で暮らして寂しくないですか
　B：いいえ, 全然. むしろ気楽でいいですよ
　A：혼자 생활하면 외롭지 않아요?
　B：아뇨, 전혀. 오히려 편하고 좋아요.

**さびしさ【寂しさ】** 외로움, 쓸쓸함 ¶寂しさを感じる 외로움을 느끼다 / 寂しさを紛らわす 쓸쓸함을 달래다

**ざひょう【座標】** 좌표 関連 座標軸 좌표축 / 縦座標 세로축, 종축 / 横座標 가로축, 횡축

**さびる【錆びる】** 녹나다, 녹슬다 ¶さびたナイフ 녹슨 칼 / 釘がさびてぼろぼろになってしまった 못이 녹슬어서 삭았다. / あまり手入れをしていないので自転車がさびてきた 그다지 손질을 하지 않아서 자전거가 녹슬기 시작했다. / 私の韓国語は少々さびている 내 한국어는 조금 녹슬었다.

**さびれる【寂れる】** 쓸쓸해지다, 쇠퇴하다 ¶さびれた町 쓸쓸해진 마을 / あの商店街も今はさびれている 저 상가도 지금은 활기가 없어졌다.

**サファイア** 사파이어, 청옥(青玉)
**サファリ** 사파리 関連 サファリパーク 사파리 공원

**ざぶざぶ** 좍좍, 첨벙첨벙 ¶頭からざぶざぶ水を浴びた 머리부터 물을 좍좍 끼얹었다. / ざぶざぶ川を渡る 첨벙첨벙 강을 건너다

**ざぶとん【座布団】** 방석 ¶座布団を敷く 방석을 깔다 / 座布団をどうぞ 방석을 사용해 주십시오.

**サフラン** 사프란
**ざぶり** 첨벙, 텀벙 ¶ざぶりと湯ぶねにつかった 첨벙하고 욕조에 몸을 담궜다.

**ざぶん** 텀벙, 첨벙 ¶ざぶんと水に飛び込んだ 첨벙하고 물에 뛰어들었다.

**さべつ【差別】** 차별 ◇差別する 차별하다 ¶人種差別に抗議する 인종 차별에 항의하다 / 彼女は男女差別をなくすための運動に関わっている 그녀는 남녀 차별을 없애기 위한 운동에 관여해 있다. / この会社は男女の差別なく採用する 이 회사는 남녀 차별 없이 채용한다.
¶仕事で女性を差別してはならない 일로 여성을 차별해서는 안 된다. / 私たちは雇用差別に反対する 우리들은 고용 차별에 반대한다. / 先生は5人の生徒を無差別に(→無作為に)選んだ 선생님은 다섯 명의 학생을 무작위로 선발했다.

**さほう【作法】** 예의범절(礼儀凡節), 예절(礼節) [マナー] 매너 ¶食事の作法 식사 예절

**サポーター** ❶〔支持者〕서포터, 지지자, 원조자(援助者)
❷〔保護帯〕서포터, 보호대 ¶肘[膝]のサポーター 팔꿈치[무릎] 보호대

**サボタージュ** 사보타주, 태업 ◇サボタージュする 사보타주하다, 태업하다 ⇒サボる

**サボテン** 사보텐, 선인장(仙人掌)

**さほど** 그다지, 별로 『그다지 멀지 않다 / さほど寒くない 별로 춥지 않다 / 私はさほど気にしていません 나는 별로 신경 쓰지 않습니다.

**サボる** 땡땡이치다 ¶学校をサボってはいけません 학교를 땡땡이쳐서는 안 됩니다. / 午前中2時間授業をサボった 오전 중 두 교시 수업을 땡땡이쳤다. / 彼は仕事をサボる名人だ 그는 일을 땡땡이치는 데 명수이다. / サボるな 땡땡이치지 마!

**さま【様】** 모양, 모습 ¶スーツ姿もなかなか様になっているよ 양복 차림도 꽤 모양새가 나는걸. / 様変わりの模 모습이 바뀌다
**-さま【-様】** ❶〔接尾辞〕-님 ¶社長様 사장님 / お父様 아버님 / お母様 어머님
❷〔依存名詞〕님 ¶キム・ドンジン様 김동진 님

**ざま【様】** 꼴 ¶そのざまは何だ 그게 무슨 꼴이냐. / ざまを見ろ 꼴 좋다

**サマー** 서머(夏) 여름 関連 サマースクール 서머 스쿨 / サマータイム 서머 타임 ⇒夏

**さまざま【様々】** 여러 가지, 가지가지, 가지각색, 갖가지 ¶それぞれ様々な生き方がある 사람마다 가지각색 사는 법이 있다. / 様々な問題が山積している 여러 가지 문제가 산더미같이 쌓여 있다. / 様々なタイプの物の中から選べる 가지각색 타입 속에서 고를 수 있다. / 様々に変化する 갖가지로 변화하다.

**さます【冷ます】** ❶〔冷やす〕식히다〔熱を下げる〕내리게 하다 ¶熱いから冷ましてからお茶を飲みなさい 뜨거우니까 식히고 나서 차를 마셔라. / 熱を冷ます薬 해열제(解熱剤)
❷〔興味・熱意をなくす〕깨다〔興奮を〕가라앉히다 ¶彼の一言が興を冷ましてしまった 그의 한마디가 흥을 깨고 말았다.

**さます【覚ます・醒ます】** ❶〔眠りを〕깨다, 깨우다 ¶けさは早く目を覚ました 오늘 아침은 빨리 잠이 깼다. / ドアのノックの音で目を覚ました 노크 소리에 잠이 깼다. / 眠気を覚ますためにコーヒーを飲んだ 잠을 깨우기 위해서 커피를 마셨다.
❷〔迷いを〕깨우치다 ¶事実を知れば彼もきっと目を覚ますだろう 사실을 알게 되면 그도 반드시 정신을 차리게 되겠지.
❸〔酔いを〕깨우다, 깨다 ¶酔いを覚ますために冷たい水を1杯飲んだ 술을 깨기 위해 냉수 한 잔을 마셨다.

**さまたげ【妨げ】** 방해〔障害〕장애 ¶彼の女性関係が出世の妨げになった 그의 여성 관계가 출세하는 데 장애가 되었다. / 君は助けになるというより妨げになる 자네는 도움이 되기는커녕 방해가 된다. / そこに駐車すると通行の妨げになります 거기에 주차하면 통행하는 데 방해가 됩니다.

**さまたげる【妨げる】** ❶〔邪魔をする〕방해하다〔障害になる〕지장을 주다〔行われなくする〕가로막다 ¶眠りを妨げる 잠을 방해하다 / 違法駐車の車が交通を妨げている 불법 주차 차량이 교통에 지장을 주고 있다. / 雨不足は稲の成長を妨げる 비 부족은 벼가 자라는 데 지장을 준다. / 内戦がその国の発展を妨げた 내전이 그 나라의 발전을 가로막았다. / 騒音で安眠が妨げられた 소음으로 편안히 잘 수 없었다.

**さまよう【彷徨う】** 헤매다, 방황하다 ¶吹雪の中をさまよう 눈보라 속을 헤매다 / 当てもなくさまよう 정처없이 방황하다 / 生死の境をさまよう 생사의 갈림길을 헤매다 / 何日も山の中をさまよい歩いた 며칠이나 산 속을 헤매고 다녔다.

**さみしい【寂しい】** 외롭다, 쓸쓸하다 ⇨さびしい
**サミット** 서밋 [首脳会議] 정상 회의, 정상 회담(頂上会談), 수뇌 회담 ¶G8サミット 주요 8개국 정상 회의[회담]
**さむい【寒い】** 춥다 ¶ううっ, 寒い 우와, 춥다. / 外は凍るように寒い 밖은 얼 것 같이 춥다. / あしたは寒くなるだろうね 내일은 추워지겠지. / 外で待っている間, 寒くて震えていた 밖에서 기다리는 동안 너무 추워서 떨고 있었다.
[会話] 寒くない?
　A：寒くない？
　B：それほどでも. たくさん着てるから
　A：안 추니？
　B：그리 춥지는 않아. 옷을 많이 입어서…
**さむがり【寒がり】** ¶彼女は寒がりだ 그녀는 추위를 많이 탄다.
**さむけ【寒気】** 한기, 오한(悪寒) ¶寒気がする 한기가 들다 / 오한이 나다
**さむさ【寒さ】** 추위 ¶寒さを防ぐ 추위를 막다 / 寒さをしのぐ 추위를 참고 견디다 / 寒さに震える 추위에 떨다 / 韓国は冬の寒さが厳しい 한국은 겨울 추위가 혹독하다
**さむざむ【寒々】** ¶寒々とした冬の夜 몹시 추운 겨울밤 / 寒々とした部屋 썰렁한 방
**さむらい【侍】** 무사
**さめ【鮫】** 상어 [関連] 鮫肌 닭살, 거친 살갗
**さめる【覚める】** ❶ [眠りから] 깨다 ¶けさは鳥の声で目が覚めた 오늘 아침에는 새 소리에 잠이 깼다. / 暑くて夜中に何度も目が覚めた 너무 더워서 한 밤중에 몇 번이나 잠이 깼다. / たっぷり寝たのにまだ眠気が覚めない 푹 잤는데도 아직 졸음이 온다. / 目が覚めると母がそばに立っていた 잠에서 깨니 엄마가 옆에 서 있었다. / 昼寝から覚めたら外はもう暗くなりかけていた 낮잠에서 깨니 밖은 벌써 어두워지고 있었다. / 夢から覚める 꿈에서 깨다
¶寝ても覚めてもあなたのことばかり考えています 자나 깨나 당신 생각만 하고 있습니다. / 彼女は目の覚めるような緑色の服を着ていた 그녀는 눈이 번쩍 뜨일 만한 녹색 옷을 입고 있었다.
❷ [迷いから] 깨어나다, 깨다, 제정신이 들다 ¶彼は一時の迷いから覚めた 그는 한 때의 미망에서 깨어났다. / 息子は悪い夢から覚めたようにまじめになった 아들은 악몽에서 깨어난 것처럼 성실해졌다.
❸ [酔い·麻酔から] 깨다 ¶昨夜は飲みすぎてまだ酔いが覚めない 어젯밤은 너무 많이 마셔서 아직 술이 깨지 않는다. / 酔いが覚めるまでソファーで横になっているよ 술이 깰 때까지 소파에 누워 있을게. / 麻酔から覚める 마취에서 깨어나다
❹ [その他] ¶最近の子供たちは覚めている 요즘 어린이들은 현실적이다. / 彼女はいつも覚めた目で周囲を見つめている 그녀는 항상 냉정한 눈으로 주위를 바라본다.
**さめる【冷める】** ❶ [冷たくなる] 식다 ¶スープが冷める 국이 식다 / お茶が冷めますよ 차가 식어요. / お湯が冷めないうちにおふろに入りなさい 목욕물이 식기 전에 목욕해라.
❷ [興奮·興味などが] 식다, 깨다 ¶コンサートの興奮がまだ冷めやらない コンサートの興奮이 아직 가시지 않는다. / 彼は熱しやすく冷めやすい男だ 그는 금방 뜨거워지고 식기 쉬운 남자다. / 弟はゲーム熱が冷めてしまったようだ 남동생은 게임에 대한 열기가 식어 버린 것 같다. / 私は野球への興味がすっかり冷めた 나는 야구에 대한 흥미를 완전히 잃었다. / それを見て, いっぺんに興が冷めた 그것을 보고, 단번에 흥이 깨졌다. / 愛情が冷める 애정이 식다
**さも** 마치, 처럼, 듯 [とても] 아주, 자못 ¶さも痛そうに顔をしかめる 자못 아픈 듯 얼굴을 찌푸리다 / のどが渇いていたのか水をさもおいしそうに飲み干した 목이 말랐는지 냉수를 아주 맛있게 다 마셨다.
**さもないと** 그렇지 않으면 ¶急いでください, さもないと遅刻しますよ 서두르세요, 그렇지 않으면 지각할 거예요. / 家に電話したほうがよい, さもないとご両親が心配なさるでしょう 집에 전화하는 게 좋아. 안 그러면 부모님이 걱정하실 거야.
**さや【鞘】** [刀の] 칼집 ¶彼は短剣をさやに収めた 그는 단검을 칼집에 넣었다. [慣用句] 彼らは元のさやに収まった 싸우고 별거하던 부부가 화해하고 다시 동거했다.
**さや【莢】** 꼬투리, 콩깍지 ¶豆のさやをむく 콩깍지를 벗기다
**さゆう【左右】** 좌우 ◇左右する 좌우하다
¶道路を横断する時は左右をよく見てから渡りなさい 도로를 횡단할 때에는 좌우를 잘 살피고나서 건너라. / 船は波にもまれて左右に揺れた 배는 파도에 휩쓸려 좌우로 흔들렸다. / 通りの左右にはいちょう並木がある 길 양편에는 은행나무 가로수가 있다. / 彼女は髪を左右に分けていた 그녀는 머리카락을 양쪽으로 갈랐다. / 人間の顔は必ずしも左右対称ではない 인간의 얼굴은 반드시 좌우 대칭은 아니다.
¶1冊の本との出会いが時に人生を左右することもある 한 권의 책과의 만남이 때로는 인생을 좌우할 수도 있다. / リーダーの判断が彼らの運命を左右した リーダー의 판단이 그들의 운명을 좌우했다. / 教育の普及がその国の発展を左右する 교육 보급이 그 나라의 발전을 좌우한다. / 農作物の出来は天候に大いに左右される 농작물의 작황은 날씨에 크게 좌우된다. / 一時的な感情に左右されないようにしなさい 일시적인 감정에 흔들리지 않도록 하라.
**ざゆうのめい【座右の銘】** 좌우명
**さよう【作用】** 작용 ◇作用する 작용하다, 듣다
¶海岸が波の作用で浸食されている 해안이 파도의 작용으로 침식되었다. / この薬には眠くなる作用がある 이 약에는 잠들게 하는 작용이 있다.
¶この薬は胃に作用する 이 약은 위에 듣는다. / 様々な要素が互いに作用し合う 여러 가지 요소가 서로 작용하다
**さようなら** [立ち去る人に] 안녕히 가십시오 [留まる人に] 안녕히 계십시오, 《幼》 안녕 ¶金先生, さようなら 김 선생님, 안녕히 가세요. / さようなら, またあしたね 안녕히 가세요, 내일 또 만나요. / おじいちゃんにさようならを言いなさい 할아버지께 "안녕히 계세요"라고 말씀 드려야지.

⇨さよなら
**さよく【左翼】** 좌익〔急進派〕급진파〔野球〕좌익〔左翼手〕좌익수 関連 左翼思想 좌익 사상／左翼団体 좌익 단체

**さよなら** さよならパーティー 송별회(送別会)／彼はさよなら満塁ホームランを打った 그는 굿바이 만루 홈런을 쳤다. ⇨さようなら

**さら【皿】** 접시〔カップの受け皿〕받침접시
¶皿が彼女のところに運ばれてきた 그녀에게 접시를 갖다 주었다.／彼女は食欲がなかったので皿に手を付けなかった 그녀는 식욕이 없어서 음식에 손도 안 댔다.／母は料理を皿に盛り付けた 엄마는 요리를 접시에 담았다.／彼は皿の料理をきれいに平らげた 그는 접시에 담긴 요리를 깨끗이 다 먹어 치웠다.／テーブルから皿を片付けなさい 테이블의 접시를 치워라.／きょうは私がお皿を洗うわ 오늘은 내가 설거지 할게.
¶スパゲティーを2皿食べた 스파게티 두 접시를 먹었다.／私たちは中国料理店で5皿の料理を注文した 우리들은 중국집에서 다섯 접시의 요리를 주문했다.／便箋紙1枚 접시 한 개 慣用句 数え方 少女は目を皿のようにして私を見つめた 소녀는 눈을 동그랗게 뜨고 나를 바라보았다. 関連 皿洗い機 식기 세척기／皿回し 접시 돌리기／スープ皿 수프 접시／製氷皿〔冷凍庫の〕 제빙 그릇／膝の皿 무릎 뼈

**ざら** ◇ざらだ 흔하다, 흔해 빠지다 ◇ざらに 흔히 ¶佐藤という姓は日本ではざらにある 사토는 일본에서는 흔해 빠진 성이다.／こんな事件なんてざらですよ 이런 사건은 흔합니다.

**さらいげつ【再来月】** 다음다음 달
**さらいしゅう【再来週】** 다음다음 주
**さらいねん【再来年】** 다음다음 해, 내내년
**さらう【攫う】** 휩쓸다〔攫い取る〕낚아채다 ¶波がさらう 파도를 휩쓸리다／ジャズは当時の若者の人気をさらったジャズは 당시 젊은이들의 인기를 독차지했다.／優勝をさらう 우승을 휩쓸다 ⇨誘拐

**さらう【浚う】** 치다 ¶溝をさらう 도랑을 쳐내다／泥をさらう 진흙을 파내다

**サラきん【サラ金】** 〔高利貸し〕고리대금 関連 サラ金業者 고리대금업자

**さらけだす【曝け出す】** 드러내다 ¶本音をさらけ出す 본심을 드러내다／恥をさらけ出す 창피를 드러내다／弱点をさらけ出す 약점을 드러내다／裸をさらけ出す 알몸을 드러내다

**さらさら** 술술, 졸졸 ; 보슬보슬, 보송보송 ◇さらさらしている 보슬보슬하다, 보송보송하다 ¶さらさら流れる 졸졸 흐르다／さらさら書く 술술 쓰다／さらさらした粉雪 보슬보슬한 가루 눈／さらさらした髪 보송보송한 머리카락

**さらさら【更々】** 조금도, 결코 ¶謝る気などさらさらない 사과할 생각은 조금도 없다.

**ざらざら** 까칠까칠, 까슬까슬 ◇ざらざらしている 까칠까칠하다, 까슬까슬하다 ¶ざらざらした手触りだ 까칠까칠한 감촉이다.

**さらす【晒す・曝す】** 쬐다, 맞히다, 드러내다 ¶日光にさらす 햇볕에 쬐다／カーテンが日にさらされて色があせてしまった 커튼이 햇볕에 쬐어 색이 바래져 버렸다.／風雨にさらす 비바람을 맞히다／自転車が雨にさらされていた 자전거가 비를 맞고 있었다.／恥をさらす 창피를 드러내다／危険に身をさらす 위험을 돌보지 않다／玉ねぎをスライスして水にさらす 양파를 썰어서 물에 씻는다.

**サラダ** 샐러드 関連 サラダオイル 샐러드유／サラダドレッシング 샐러드 드레싱／サラダ菜 양상추／サラダバー 샐러드바／ミックスサラダ 믹스 샐러드／野菜サラダ 야채 샐러드

**さらに【更に】** ❶〔その上、かさねて〕더욱, 더, 게다가, 다시〔…のほかにも〕그 위에 ¶反政府ゲリラは仲間の釈放を要求し、さらに多額の現金をも要求した 반정부 게릴라는 동료의 석방을 요구하고, 게다가 거액의 현금까지도 요구했다.／その村までは電車で3時間、そこからさらにバスで1時間かかる 그 마을까지는 전철로 세 시간, 거기서 다시 버스로 한 시간 걸린다.／ここからさらに1キロほど南へ行くと牧場があります 여기에서 1킬로미터 정도 남쪽으로 더 가면 목장이 있습니다.／メニューには日本語と、さらに英語でも書いてあった 메뉴에는 일본어에다가 영어도 적혀 있었다.
❷〔もっと〕더욱, 더, 한층〔ますます〕더욱더 ¶台風が近づくにつれて風雨がさらに強くなってきている 태풍이 다가오면서 비바람이 한층 강해졌다.／彼らはその病気の原因についてさらに詳しく調べた 우리들은 그 병의 원인에 대해 더 상세하게 조사했다.／さらに近くなる 더욱 가까워지다

**サラブレッド** 서러브레드
**サラミ** 살라미
**サラリー【給料】** 급료〔俸給〕봉급〔賃金〕임금 関連 サラリーマン 샐러리맨, 봉급생활자, 《俗》봉급쟁이, 《俗》월급쟁이 ⇨給料

**さらりと** 깨끗이, 시원스럽게 ◇さらりとしている 매끈하다 ¶彼の言葉をさらりと受け流す 그의 말을 깨끗이 받아 넘긴다.／さらりとした感触だ 매끈한 감촉이다.

**ざりがに** 가재

**さりげない【然りげ無い】** ◇さりげないしぐさで 아무 일도 없는 듯한 태도로[표정으로]／彼はさりげない心遣いを見せる 그는 마음 씀씀이가 자연스럽다.／さりげなく尋ねる 아무렇지 않은 듯이 물어보다／首相は記者の厳しい質問をさりげなくかわした 수상은 기자의 날카로운 질문을 아무렇지도 않게 받아 넘겼다.

**さる【猿】** 원숭이 慣用句 猿も木から落ちる 원숭이도 나무에서 떨어진다. 関連 猿芝居 원숭이 곡예〔愚かな企み〕잔꾀／猿まね 남의 흉내

**さる【去る】** ❶〔離れる〕떠나다〔地位や職を〕그만두다〔亡くなる〕떠나다 ¶故郷を去る 고향을 떠나다／彼女は故郷の北海道を去って東京へ行った 그녀는 고향인 홋카이도를 떠나 도쿄로 갔다.／彼は上司と衝突して会社を去った 그는 상사와 충돌해서 회사를 그만뒀다.／その政治家は病気を理由に政界を去った 그 정치가는 병을 이유로 정계를 떠났다.
¶母は3年前にこの世を去った 어머니는 3년전에 세상을 떠났다.
❷〔過ぎ去る〕지나가다 ¶危険が去る 위험이 지나가다／夜のうちに台風が去った 밤 중에 태풍이

지나갔다. / 去る10日に 지난 10일에 慣用句 去る者は日々に疎し 거자일소(去者日疎) | 안 보면 멀어진다.
**ざる**【笊】소쿠리
**さるぐつわ**【猿轡】재갈, 하무 ¶さるぐつわをかます 재갈을 물리다[먹이다]
**さるすべり**【百日紅】백일홍
**サルビア** 샐비어, 깨꽃
**-される** ❶〔受身形〕-되다, -받다, -당하다, 《動詞連用形＋》지다 ¶英語は世界中で話されている 영어는 전 세계에서 쓰이고 있다. / 彼は国民的英雄として尊敬されている 그는 국민적 영웅으로서 존경받고 있다. / 私たちは応接室に通された 우리들은 응접실로 안내받았다. / 動物園は満員だったので入り口で1時間近く待たされた 동물원은 만원이어서 입구에서 한 시간 가까이 기다리게 되었다.
¶彼女は帽子を風に飛ばされた 그녀의 모자가 바람에 날아갔다. / 彼女は車をひどく壊された 그 여자의 자동차는 심하게 부서졌다. / 木村のやつ, 酔っぱらい運転で免許証を取り消されたそうだ 기무라 녀석, 음주 운전으로 면허증이 취소되었대.
❷〔尊敬, 敬意〕¶校長先生が夏休み中の心得についてお話をされます 교장 선생님께서 여름 방학 중의 마음가짐에 대해 말씀하시겠습니다. / 今度上京されましたらぜひお立ち寄りください 다음에 올라오시면 꼭 들러 주십시오.

---
**語法** 受身形のつくり方
①漢字語系動詞の受身形
　動作性名詞＋하다という形をした動詞は, 하다를 되다에 置きかえると受身形になる.
　조절하다→조절되다　調節される.
　배달하다→배달되다　配達される.
　一部の動詞は, 하다를 받다や당하다にかえて受身形をつくる.
　표창하다→표창받다　表彰される.
　납치하다→납치되다[당하다]　拉致(g)される.
　このうち, 被害を被る意味を表す「迷惑の受身」には, おもに당하다とごく一部で되다が用いられる. また받다는 迷惑と迷惑でない場合のいずれにも用いられる.
　1字漢語に하다のついた他動詞は, ③で述べる形式になることが多い.
②接尾辞による受身形
　一部の動詞は, その語幹に「-이-, -히-, -기-, -리-」などがついて受身形をつくる.
　쌓다→쌓이다　積まれる, 차다→채다　蹴られる, 잡다→잡히다　捕らえられる, 쫓다→쫓기다　追われる, 열다→열리다　開かれる.
③-아지다[-어지다]による受身形
　他動詞に-아지다[-어지다]がつくと, 受身または自発的な意味を表す.
　만들다→만들어지다　つくられる.
　넓히다→넓혀지다　広げられる.
　행하다→행해지다　行われる.
　느끼다→느껴지다　感じられる.

---

**さわ**【沢】〔湿地〕습지, 늪〔谷川〕계류(渓流)
**さわがしい**【騒がしい】시끄럽다, 떠들썩하다 ¶騒がしい教室 떠들썩한 교실 / 表が騒がしい 밖이 시끄럽다. / 世間が騒がしい 세상이 시끄럽다.
**さわがせる**【騒がせる】떠들썩하게 하다, 시끄럽게 하다 ¶そのニュースは世間を騒がせた 그 뉴스는 세상을 떠들썩하게 했다. / お騒がせして申し訳ありません 시끄럽게 해서 죄송합니다.
**さわぎ**【騒ぎ】❶〔騒ぐこと〕야단, 소란, 소동 ¶あの騒ぎは何なんだ 이게 왠 소란이지? / 子供たちの騒ぎは静まらなかった 어린이들의 소동은 진정되지 않았다. / 荷物がなくなり彼女は大騒ぎをした 짐이 없어져서 그녀는 야단이었다. / つまらんことでそんな大騒ぎをするな 별것 아닌 일로 그렇게 큰 소란을 피우지 마라. / 彼らの離婚をめぐってたいへんな騒ぎがあった 그들의 이혼을 둘러싸고 큰 소란이 있었다.
¶阪神が優勝し大阪は町中がお祭り騒ぎだった 한신이 우승해서 오사카는 온 동네가 축제 분위기였다. / 昨晩はばか騒ぎをした 어젯밤은 엄청 떠들어 댔음.
❷〔騒動〕소동〔紛争〕분쟁〔騒乱〕소란 ¶サッカーの試合中に観客が騒ぎを起こしたらしい 축구 시합중에 관객이 소란을 피웠단다. / 人々は騒ぎに巻き込まれるのを恐れていた 사람들은 분쟁에 휘말려 드는 것을 두려워했다. / 騒ぎが収まるまで待とう 소란이 가라앉을 때까지 기다리자.
❸〔その他〕¶忙しくて旅行どころの騒ぎではない 바빠서 여행할 때가 아니다. / この絵が本物なら1千万や2千万どころの騒ぎではない 이 그림이 진짜라면 천만 원, 2천만 원 정도가 아니다.
**さわぐ**【騒ぐ】❶〔うるさくする〕떠들다〔つまらないことに大騒ぎする〕야단치다 ¶子猫を囲んで子供たちがわいわい騒いでいた 새끼 고양이를 둘러싸고 아이들이 왁자지껄 떠들었다. / 電車の中で騒ぐのはやめなさい 전철 안에서 떠드는 것은 그만해라. / サンギが君の分まで食べてしまったからって何もそんなに騒ぐことないだろう 상기가 자네 몫까지 먹어 버렸다고 해서 뭘 그렇게 야단법석인가? / 仲間と飲んで騒いだ 동료와 마시고 떠들었다. / あの女優が離婚するのではないかとマスコミが騒いでいる 그 여배우가 이혼하는 건 아닌가 하고 매스컴이 떠들썩하다. / 近年地球の温暖化が騒がれている 최근 몇 년, 지구 온난화로 떠들썩하다.
❷〔要求·抗議する〕떠들어대다, 소란을 피우다 ¶授業料値上げに反対して学生が騒いでいる 수업료 인상에 반대한다고 학생들이 반발하고 있다.
❸〔心が落ち着かない〕설레다 ¶心が騒ぐ 마음[가슴]이 설레다
**ざわざわ** 와삭와삭, 시끌시끌, 술렁술렁 ¶木々が風でざわざわ音を立てている 나무들이 바람에 와삭와삭 소리를 내고 있다. / 教室はざわざわしている 교실은 시끌시끌 했다.
**ざわつく** 와글거리다, 웅성거리다 ¶観客がざわつき始めた 관객이 웅성거리기 시작했다.
**ざわめく** 웅성거리다, 술렁거리다 ¶会場全体

が 興奮でざわめいている 회장 전체가 흥분으로 술 렁거리고 있다.

**さわやか【爽やか】** ◇さわやかだ 시원하다, 산뜻하다, 상쾌하다 ¶さわやかな朝の空気を深く吸い込んだ 상쾌한 아침 공기를 깊게 들이마셨다. / 山の空気はさわやかで冷たかった 산 공기는 상쾌하고 차가웠다. / それはさわやかなよく晴れた秋の日だった 그것은 산뜻하고 쾌청한 가을 날이었다 / 森を散歩して気分がさわやかになった 숲 속을 산책해서 기분이 상쾌해졌다. / うちのオフィスにもさわやかな男性がいればいいのになあ 우리 사무실에도 산뜻한 남자가 있으면 좋으련만.

**さわる【触る・障る】** ❶【触れる】만지다, 다루다, 손을 대다 ¶手でひげを触る 손으로 수염을 만지다 / 髪に触る 머리카락에 손을 대다 / だれかが私の肩に触った 누군가가 내 어깨에 손을 댔다. / シルクの布を手で触ってみた 실크천을 손으로 만져 보다. / その石は触ると冷たかった 그 돌은 만졌더니 차가웠다 / 絵に触らないでください 그림에 손대지 마세요. / 触らないでください (►掲示) 손대지 마시오 (마세요).
❷【感情などを害する】거슬리다, 역하다 【傷つける】해롭다 【害がある】해롭다 ¶彼の一言がヨンヒの気に障ったようだ 그 사람의 한 마디가 영희의 기분을 거슬리게 한 것 같다. / あまり飲みすぎると体に障るよ 과음이 병으로 건강을 해롭다. / あいつのやることなすことすべてが私の神経に障る 그 녀석이 하는 행동 모두가 나한테는 거슬린다. [慣用句] 触らぬ神にたたりなしだ 긁어 부스럼 만들지 마.

**-さん** 씨, 님, 선생, 선생님

[使い分け] 씨, 님, 선생, 선생님
씨(氏) 同等または目下の人に対する敬称. 呼びかけの際には, 通常 김철수 씨のようにフルネームに付けて用い, 日本語のように苗字に付けて 김 씨と言うことはない. 親しい間柄では 철수 씨 のように名前に付けて用いられることもある. また, メディアで犯罪容疑者の名前を報道する際にも, 박모 씨 (朴某氏) のように씨を付ける.
님 上司や家族・親戚など目上の人に対する敬称. 사장님(社長さん), 과장님(課長さん), 아버님(お父さん), 고모님(おばさん)のように, 肩書きや家族・親戚関係を表す語に付けて用いられる. また, 銀行や病院などで人を呼ぶときに姓名に直接付けて用いられることもある.
선생(先生) 同等または目下の人に対する敬称. ほぼ日本語の「さん」に近い. 一方, 선생님は より格式ばった言い方で, 実際に扱っている先生や牧師(목사 선생님), 医者(의사 선생님)などに対して用いられることが多い.

¶田中さんと佐藤さんは会社の同僚だ 다나카 씨와 사토 씨는 회사 동료이다. / 中村さん夫婦は鎌倉に住んでいる 나카무라 씨 내외는 가마쿠라에 살고 있다. / 伊藤さん一家が隣に越してきた 이토 씨 가족이 옆집으로 이사왔다. / 渡辺さんの奥さんがみえました 와타나베 씨 부인이 오셨습니다. / お母さんはいらっしゃいますか 어머님은 계십니까? / 息子[娘]さんは何歳ですか 아드님[따님]은 몇 살입니까?

[会話] …さん
A：鈴木さん, こちらは友人の山田真紀さんです
B：初めまして
A：스즈키 씨, 이쪽은 친구인 야마다 마키 씨입니다.
B：처음 뵙겠습니다.

**さん【三】** 삼,《固有語》셋 ◇**3番目** 세 번째 ¶3分の1 삼분의 일 / 3歳 세 살
**さん【山】** 산 ¶白頭山 백두산 / 富士山 후지 산
**さん【産】** -산 ¶新潟産の米 니이가타산 쌀 / 外国[国内]産のワイン 외국[국내]산 와인
**さん【酸】** 산 [関連] アミノ酸 아미노산

**さんか【参加】** 참가 ◇**参加する** 참가하다 ¶世界中の180以上の国々と地域がオリンピックに参加した 전 세계 180개국 이상의 나라들과 지역이 올림픽에 참가했다. / 彼はボランティア活動に参加した 그는 볼런티어[자원 봉사] 활동에 참가했다. / 君は市民マラソンに参加するつもりかい 자네는 시민 마라톤에 참가할 예정인가? / その大会への参加は女性に限られる 그 대회는 여성만이 참가할 수 있다. / 君にぜひ我々の野球チームに参加してほしい 자네가 꼭 우리 야구 팀에 들어왔으면 하네. / 何人の人がそのレースに参加したのですか 몇 명이 그 경주에 참가했습니까? / この生徒は学校の部活動に積極的に参加した 이 학생은 학교 서클 활동에 적극적으로 참가했다. [関連] 参加国 참가국 / 参加者 참가자 / 参加賞 참가상 / 参加チーム 참가 팀
**さんか【傘下】** 산하 ¶わが社は四井グループの傘下に入ることを決めた 우리 회사는 요쓰이 그룹 산하에 들어갈 것을 결정했다. / 現代財閥傘下の会社 현대 재벌 산하의 회사
**さんか【産科】** 산과 [関連] 産科医 산부인과 의사 / 産科病院 산부인과 병원
**さんか【賛歌】** 찬가 [関連] 賛美歌 찬송가
**さんか【酸化】** 산화 ◇**酸化する** 산화하다, 산화되다 [関連] 酸化剤 산화제 / 酸化鉄 산화철 / 酸化物 산화물
**さんが【山河】** 산하, 산천(山川), 강산(江山)
**さんかい【三回】** 삼회, 세 번 ¶きょうは父の三回忌だ 오늘은 아버지의 삼주기다. ⇨三度
**さんかい【山海】** 산해 ¶山海の珍味 산해진미｜진수성찬【珍羞盛饌】
**さんかい【散会】** 산회 ◇**散会する** 산회하다〔終わる〕끝나다 ¶会議は8時に散会した 회의는 여덟 시에 끝났다.
**ざんがい【残骸】** 잔해 ¶墜落した航空機の残骸がいまだに残っている 추락한 항공기의 잔해가 아직까지도 남아 있다. / わが家は地震で残骸と化した 우리 집은 지진으로 전부 부서졌다.
**さんかく【三角】** 삼각【三角形】삼각형, 세모꼴 ¶三角形は辺が3つある 삼각형은 변이 세 개 있다. / 三角形の頂点[辺, 底辺, 高さ] 삼각형의 정점[변, 밑변, 높이] [慣用句] 彼は目を三角にして子供たちをにらみつけた 그는 눈을 매섭게 뜨고 아이들을 노려 봤다. [関連] 三角関係 삼각관계 / 三

角関数 삼각 함수 / 三角定規 삼각자 / 三角洲 삼각주 / 三角錐 삼각뿔, 세모뿔, 삼각추 / 三角柱 삼각기둥 / 三角貿易 삼각 무역 / 正三角形 정삼각형 / 直角三角形 직각 삼각형 / 二等辺三角形 이등변 삼각형

**さんがく**【山岳】산악 関連 山岳地帯 산악 지대 / 山岳部 산악부
**ざんがく**【残額】잔액〔残高〕잔고
**さんがつ**【三月】삼월
**さんかん**【参観】참관 ◇参観する 참관하다 関連 授業参観 수업 참관
**さんかん**【山間】산간 ¶山間の村 산간 마을
**さんぎいん**【参議院】참의원 関連 参議院議員 참의원 의원 / 参議院議長 참의원 의장
**さんきゃく**【三脚】〔カメラなどの〕삼각〔火鉢にやかんなどをかけるときに用いる〕삼발이
**ざんぎゃく**【残虐】◇残虐だ 잔학하다 ¶残虐な行為 잔학한 행위 / 残虐極まりない 잔학하기 짝이 없다

**さんぎょう**【産業】산업 ¶産業を誘致する 산업을 유치하다 / 新しい産業を興す 새로운 산업을 일으키다 / この国は観光産業が盛んだ 이 나라는 관광 산업이 성행하고 있다. 情報産業はここ数年でめざましく発展してきた 정보 산업은 이 몇 년 사이에 눈부시게 발전해 왔다. / かつて英国は産業にかけてはあらゆる国を凌駕していた 일찍이 영국은 산업에 관해서는 모든 나라를 능가하고 있었다. 関連 産業革命 산업 혁명 / 産業公害 산업 공해 / 産業スパイ 산업 스파이 / 産業廃棄物 산업 폐기물 / 産業廃棄物汚染 산업 폐기물 오염 / 産業労働者 산업 노동자 / 第一次産業 제일차 산업 / 第二次産業 제이차 산업 / 第三次産業 제삼차 산업 / 映画産業 영화 산업 / 観光産業 관광 산업 / 軍需産業 군수 산업 / サービス産業 서비스 산업 / 自動車産業 자동차 산업 / 情報産業 정보 산업 / 石炭産業 석탄 산업 / 石油産業 석유 산업 / 繊維産業 섬유 산업 / 鉄鋼産業 철강 산업 / レジャー産業 레저 산업 / 成長産業 성장 산업 / 地方産業 지방 산업 / 経済産業省 경제산업성 (▶韓国의 기획 재정부「企画財政部」에 해당)

**ざんぎょう**【残業】잔업, 야근〔夜勤〕◇残業する 잔업하다, 야근하다 ¶先週は20時間残業した 지난주는 20시간 잔업했다. 関連 残業手当 잔업 수당 / 残業時間 잔업 시간
**ざんきん**【残金】잔금, 잔고〔残高〕, 잔액〔残額〕¶預金の残金を確認する 예금의 잔금을 확인하다
**サングラス** 선글라스 ¶彼女はサングラスをかけていた 그녀는 선글라스를 쓰고 있었다.
**ざんげ**【懺悔】참회 ◇懺悔する 참회하다 / 罪をざんげする 죄를 참회하다 / 神の前でざんげする 하느님 앞에서 참회하다
**さんけい**【参詣】참배(参拝) ◇参詣する 참배하다 関連 参詣者 참배자
**さんけつ**【酸欠】산소 결핍 ¶酸欠になる 산소 결핍이 되다
**さんげんしょく**【三原色】삼원색(▶色の三原色は 빨강, 노랑, 파랑, 光の三原色은 적색, 녹색, 청색)
**さんご**【珊瑚】산호 関連 珊瑚礁 산호초

**さんこう**【参考】참고 ◇参考にする 참고하다 ¶参考のために昨年の売上高を申し上げておきます 참고로 작년 판매액을 보고드립니다. / 参考までにお聞きしますが, それをいくらでお買いになりましたか 참고삼아 묻습니다만 그것을 얼마에 구입하셨습니까? / 今後の参考のために先生の体験談をお聞かせください 앞으로의 참고를 위해 성생님의 체험담을 들려주십시오. / ご参考までに 참고로
¶その論文を書くに当たってどんな文献を参考にしましたか 그 논문을 쓰는 데 어떤 문헌을 참고하셨습니까? / 彼女に借りた本はとても参考になった 그녀에게 빌린 책은 매우 참고가 되었다. / 研究の参考になる資料を図書館で集めた 연구에 참고가 될 자료들을 도서관에서 수집했다.
¶彼は重要参考人として出頭命令を受けた 그는 중요 참고인으로 출두 명령을 받았다. 関連 参考書 참고서 / 参考書目 참고 서목 / 参考資料 참고 자료 / 参考文献 참고 문헌

**ざんこく**【残酷】◇残酷だ 잔혹하다, 참혹하다 ◇残酷な 잔혹한, 참혹한
¶ローマ皇帝であった暴君ネロはその残酷さで歴史上名高い 로마 황제였던 폭군 네로는 그 잔혹함으로 역사상 유명하다. / 戦争の残酷さは言葉では言い尽くせない 전쟁의 잔혹성은 말로는 이루 다 표현할 수 없다. / 彼らの残酷さは人間として許せない 그들의 잔혹성은 인간으로서 용서할 수 없다.
¶残酷な仕打ち 잔혹한 처사 / 残酷極まりない 잔혹하기 짝이 없다 / あの子に今母親の交通事故による急死を知らせるのはとても残酷なことだ 저 아이에게 지금 엄마가 교통사고로 갑자기 돌아가셨다는 사실을 알리는 것은 매우 잔혹한 일이다. / 子供にそのようなことをするとはあなたは残酷だ 아이에게 그런 짓을 하다니 당신은 잔혹한 사람이다. / 彼女は時々子供たちに対して残酷になることがある 그 여자는 때때로 아이들에게 잔혹하게 대할 때가 있다.

会話 あんな残酷なことを
A : なぜ弟にあんな残酷なことをしたんだ
B : どうしようもなかったんだよ. 反省しているよ
A : 왜 동생에게 그런 심한 짓을 했어?
B : 어쩔 수가 없었어. 반성하고 있어.

**さんさい**【山菜】산채, 산나물
**さんざい**【散在】산재 ◇散在する 산재하다
¶民家が散在する 민가가 산재하다 / 高原に山小屋が散在している 고원에 산장이 여기저기 흩어져 있다.
**さんさく**【散策】산책 ◇散策する 산책하다
¶先週の土曜日に鎌倉を散策した 지난주 토요일에 가마쿠라를 산책했다.
**さんさろ**【三叉路】삼거리, 세거리
**さんさん**【燦燦】◇さんさんと 쨍쨍 ¶真夏の太陽がさんさんと輝いていた 한여름 태양이 쨍쨍히 빛나고 있었다.
**さんざん**【散々】〔ひどく〕단단히, 호되게〔徹底的に〕몹시, 실컷 ¶その生徒は先生にさんざんし

かられた その学生は 先生様に ひどく叱られた。/ 彼女にはテニスでさんざん負かされた 彼女にテニスで完全に負けた。/ 彼は料理にさんざん文句をつけた 彼は料理に対して思い切りけちをつけた。/ 彼はさんざん人を待たせておいて、ごめんなさいの一言もなかった 女の友達は思い切り待たせておいて、すまないという言葉一言もなかった。/ そんなばかげたミスをしないようにとさんざん言って聞かせたはずだ そんな馬鹿な失敗をしないようにくどいほど固く言っておいたはずだ。

会話 **さんざんでした**

A：ハワイ旅行はどうでしたか
B：さんざんでしたよ. 金はすられるし、パスポートはなくすし
A：하와이 여행은 어땠습니까?
B：엉망이었어요. 돈은 소매치기 당하고, 여권은 잃어버리고 말.

**さんじ**【惨事】참사 ¶惨事を引き起こす 참사를 일으키다
**さんじ**【賛辞】찬사 ¶彼らは彼女のピアノ演奏に賛辞を送った 그들은 그녀의 피아노 연주에 찬사를 보냈다.
**さんじげん**【三次元】삼차원
**さんじせいげん**【産児制限】산아 제한, 산제 ¶産児制限を行う 산아 제한을 하다
**さんじゅう**【三十】삼십,《固有語》서른 ◇30番目 서른 번째 ¶彼は30代だ 그는 30대다. / 30日 삼십 일 / 30歳 삼십 세 | 서른 살
**さんじゅう**【三重】삼중, 세 겹 関連 三重苦 삼중고 / 三重唱 삼중창 / 三重奏 삼중주
**さんしゅつ**【算出】산출 ◇算出する 산출하다 ¶経費を算出する 경비를 산출하다
**さんしゅつ**【産出】산출 ◇産出する 산출하다 ¶作物を産出する 작물을 산출하다 / 金を産出する 금을 산출하다 / 石油を産出する 석유를 산출하다 / 石炭の産出量は徐々に減ってきている 석탄의 산출량은 점점 줄고 있다. 関連 産出高 산출고 / 産出量 산출량
**ざんしょ**【残暑】잔서, 늦더위 ¶今年は残暑が厳しい 올해는 늦더위가 심하다.
**さんしょう**【参照】참조 ◇参照する 참조하다 ¶注釈を参照する 주석을 참조하다 / 10ページの注を参照のこと 10페이지의 주를 참조하다 / 3ページの地図を参照しなさい 3페이지의 지도를 참조하세요. / その本は手早く参照するのに便利だ 그 책은 재빨리 참조하기에 편리하다. / 脚注に参照事項あり 각주에 참조 사항 있음.
¶下記参照 아래 참조 / 下図参照 아래 그림 참조 関連 参照符号 참조 부호 / 相互参照 상호 참조
**さんしょう**【山椒】산초나무, 초피나무
**さんじょう**【三乗】세제곱, 삼승(▶삼승은 오래된 말) ◇三乗する 세제곱하다
¶2の三乗は8 2의 세제곱은 8이다. 関連 三乗根 세제곱근, 삼승근
**さんじょう**【惨状】참상 ¶事故現場は惨状を呈していた 사고 현장은 참상을 나타내고 있었다. / その惨状は目をおおいたくなるほどだった 그 참상은 눈을 가리고 싶을 정도였다.

**さんしょううお**【山椒魚】산초어, 도룡뇽
**さんしょく**【三色】삼색, 세 색 関連 三色刷り 삼색 칼라 인쇄 / 三色旗 삼색기
**さんしん**【三振】삼진, 스트라이크 아웃 ◇三振する 삼진당하다 ¶その投手は昨シーズン200個の三振を奪った その投手は지난 시즌에서 200개의 삼진을 빼앗았다.
**ざんしん**【斬新】¶斬新だ 참신하다 ¶斬新なスタイル 참신한 스타일
**さんすい**【散水・撒水】살수(撒水) 関連 散水器 살수기 / 散水車 살수차
**さんすう**【算数】산수 [計算] 계산
**さんする**【産する】[生産する] 생산하다, 산출하다 [栽培する] 재배하다

## さんせい【賛成】찬성 ◇賛成する 찬성하다

基本表現
▶私は君に賛成だ 나는 자네에게 찬성이다.
▶私はその提案に賛成です
 나는 그 제안에 찬성입니다.
▶賛成! 찬성!
▶賛成の人は手を上げてください
 찬성하는 사람은 손을 들어 주세요.

¶市長は市民の賛成を求めた 시장은 시민의 찬성을 구했다. / その計画に賛成ですか反対ですか 그 계획에 찬성입니까 반대입니까? / その案は賛成70、反対26で可決された 그 안은 찬성 70, 반대 26으로 가결되었다. / その提案は賛成多数で可決された 그 제안은 찬성 다수로 가결되었다.

¶私は彼の考えには賛成できない 나는 그 사람의 생각에는 찬성할 수 없다. / お父さんはどうして私たちの結婚に賛成してくれないの 아버지는 왜 우리 결혼을 찬성해 주시지 않는 거야. / 私はその緊急動議に賛成です 나는 그 긴급 동의에 찬성입니다. 関連 賛成者 찬성자 / 賛成投票 찬성 투표

**さんせい**【酸性】산성 関連 酸性雨 산성비 / 酸性食品 산성 식품 / 酸性土壌 산성 토양 / 酸性反応 산성 반응
**さんせいけん**【参政権】참정권(▶発音は 참정권) 関連 婦人参政権 부인 참정권
**さんせき**【山積】산적 ◇山積する 산적하다
¶留守中に難問が山積していた 부재중에 난제가 산적했다. / きょうの午後はする仕事が山積している 오늘 오후에는 해야 할 일이 산더미처럼 쌓여 있다.
**ざんせつ**【残雪】잔설
**さんせん**【参戦】참전 ◇参戦する 참전하다
¶中国は義勇軍を派遣し朝鮮戦争に参戦した 중국은 의용군을 파견해 육이오 전쟁에 참전했다.
**さんぜん**【燦然】◇燦然と 찬연히, 반짝반짝
¶さん然と輝く 반짝반짝 빛나다
**さんそ**【酸素】산소 ◇酸素吸入する 산소 흡입하다 関連 酸素吸入器 산소 흡입기 / 酸素ボンベ 산소통 / 酸素マスク 산소 마스크 / 液体酸素 액체 산소
**さんそう**【山荘】산장
**さんぞく**【山賊】산적

**さんそん【山村】** 산촌, 산간 마을
**ざんだか【残高】** 잔고, 잔액(残額) ¶インターネットで銀行の預金残高を照会した 인터넷으로 은행 예금 잔고를 조회했다.
**サンタクロース** 산타클로스
**サンダル** 샌들
**さんたん【惨憺】** ◇惨憺たる 참담한 ¶さんたんたる光景 참담한 광경 / 計画はさんたんたる結果に終わった 계획은 참담한 결과로 끝났다. / 苦心さんたんする 고심참담하다
**さんたん【賛嘆】** 찬탄 ◇賛嘆する 찬탄하다 ⇒賞賛
**さんだんじゅう【散弾銃】** 산탄총
**さんだんとび【三段跳び】** 세단뛰기, 삼단도
**さんち【山地】** 산지, 산달
**さんち【産地】** 산지, 고장 ¶ぶどうの産地 포도의 산지 / 産地直送のりんごを食べた 산지 직송 사과를 먹었다.
**さんちょう【山頂】** 산정, 산 정상, 산꼭대기 ¶山頂を極める 산꼭대기를 밟다 / 富士の山頂に立つ 후지 산 정상에 서다
**さんちょく【産直】** 산지 직송(産地直送)
[関連] 産直野菜 산지 직송 야채
**さんてい【算定】** 산정〔計算〕계산〔見積もり〕견적
**ざんてい【暫定】** 잠정 ◇暫定的な 잠정적인 ¶暫定措置を講じる 잠정 조치를 강구하다
[関連] 暫定協定 잠정 협정 / 暫定政権 임시 정권 / 暫定予算 잠정 예산
**さんど【三度】** 세 번, 삼회(三回) ¶三度の食事をきちんと取るようにしなくてはいけない 세 끼 식사를 제대로 먹지 않으면 안 된다. / 彼は三度目にやっと成功した 그는 세 번째에 드디어 성공했다. [慣用句] 三度目の転校 세 번째 전학 / 三度目の正直で韓国に勝った日本は 삼세번이라고 세 번째 경기에서 한국을 이겼다. / 父は三度の飯よりゴルフが好きだ 아버지는 세 끼 식사보다 골프를 좋아한다.
**サンドイッチ** 샌드위치 ¶ハムと野菜のサンドイッチが好きだ 햄과 야채 샌드위치를 좋아한다.
**さんとう【三等】** 삼등〔3位〕삼위 ¶娘が駆けっこで3等賞を取った 딸이 달리기에서 삼등상을 받았다.
**さんどう【参道】** 참배를 위해 마련된 길
**さんどう【山道】** 산길
**さんどう【賛同】** 찬동 ◇賛同する 찬동하다 ¶賛同を求める 찬동을 원하다 / 賛同を得る 찬동을 얻다 / 賛同の意を示す 찬동의 뜻을 표시하다 / 彼の提案に賛同する 그의 제안에 찬동하다
[関連] 賛同者 찬동자
**さんとうぶん【三等分】** 삼등분 ◇三等分する 삼등분하다 ¶ケーキを三等分する 케이크를 삼등분하다
**さんにゅう【参入】** 참가(参加), 진출(進出) ◇参入する 참가하다, 진출하다 ¶中国市場に参入する 중국 시장에 진출하다
**さんにん【三人】** 셋, 세 사람, 세 명 [慣用句] 三人寄れば文殊の知恵 셋이 모여 생각하면 문수보살 못잖은 좋은 지혜가 나온다. [関連] 三人組 삼인조 / 三人称 삼인칭
**ざんにん【残忍】** ◇残忍だ 잔인하다 ¶残忍な犯行 잔인한 범행 ⇒残酷
**さんねん【三年】** 삼 년 ¶妹は中学3年生(→中学校3学年)です 여동생은 중학교 3학년입니다.

## ざんねん【残念】 残念だ 유감스럽다, 섭섭하다, 분하다, 언짢다

[基本表現]
▷君が出席できなくて残念だ
자네가 출석 못하다니 유감이네.
▷「コンサートのチケットは取れなかったよ」「それは残念だったね」
"콘서트 티켓은 못 구했어." "그거 섭섭하겠구나."
▷人気のあった食堂が閉店すると聞いてみんな残念がっている 인기 있었던 식당이 폐점한다고 듣고 모두 섭섭해하고 있다.

¶家族を日本に残していくのがとても残念だ 가족을 일본에 남기고 가는 것이 매우 섭섭하다. / 我々のチームは1回戦で敗れるという残念な結果に終わった 우리 팀은 일회전에서 패해 아쉬운 결과로 말았다. / 風邪で旅行に行けなくて彼女はとても残念そうだった 감기로 여행에 갈 수 없어 그녀는 매우 섭섭해했다. / 残念なことに日本シリーズは雨で延期になった 유감스럽게도 일본 시리즈는 비로 연기되었다. / 残念ながらあしたのパーティーには出席できません 유감스럽게도 내일 파티에는 참석할 수 없습니다.

[会話] 残念だったね
A : 今年も合格できませんでした
B : 残念だったね
A : 올해도 불합격입니다.
B : 유감이군요.
A : 残念だなあ。きょうもまた雨だよ
B : うん。でも、天気はしかたがないよ
A : 아, 아쉽다. 오늘도 비 오네.
B : 응. 하지만, 날씨는 어쩔 수 없잖아.

**サンバ** 삼바 ¶情熱的なサンバのリズムにのって踊った 정열적인 삼바의 리듬을 타고 춤췄다.
**さんばい【三倍】** 삼 배, 세 배 ¶2の3倍は6だ 2의 세 배는 6이다. / 彼は私の3倍の給料をもらっている 그 사람은 내 세 배의 급료를 받고 있다. / 過去3年間に物価が3倍になった 과거 3년간에 물가가 3배가 되었다.
**さんぱい【参拝】** 참배 ◇参拝する 참배하다 ¶神社に参拝する 신사에 참배하다 [関連] 参拝者 참배자
**ざんぱい【惨敗】** 참패 ¶きのうのサッカーの試合で日本はブラジルに惨敗した 어제 축구 경기에서 일본은 브라질에 참패했다.
**さんばし【桟橋】** 선창 ¶桟橋に船を横付けする 선창에 배를 가로대다
**さんぱつ【散髪】** 이발 ◇散髪する 이발하다 ¶散髪に行く 이발하러 가다 [関連] 散髪屋 이발소 / 散髪料 이발료
**ざんぱん【残飯】** 잔반
**さんぴ【賛否】** 찬부, 찬반 ¶投票で賛否を問う 투표로 찬부를 묻다 / その問題には賛否両論があった 그 문제에 대해서는 찬반 양론이 있었다.
**さんびか【賛美歌】** 찬미가, 찬송가

**さんびょうし【三拍子】** 삼박자 ¶歌って踊って演技のできる三拍子そろったスター 노래, 춤, 연기의 삼박자를 고루 갖춘 스타

**さんぶ【三部】** 삼부 [関連] 三部合唱 삼부 합창 / 三部作 삼부작

**さんぷ【散布】** 산포, 살포 ◇散布する 뿌리다, 살포하다 ⇒撒く

**さんぷく【山腹】** 산허리, 산중턱

**さんふじんか【産婦人科】** 산부인과 [関連] 産婦人科医 산부인과 의사

**さんぶつ【産物】** 산물 ¶努力の産物 노력의 산물 / 想像の産物 상상의 산물 [関連] 海産物 해산물 / 農産物 농산물

**サンプル** 샘플, 견본(見本) ¶商品のサンプル 상품의 샘플

**さんぶん【散文】** 산문 ◇散文的な 산문적인 [関連] 散文詩 산문시

**さんぽ【散歩】** 산책(散策) ◇散歩する 산책하다 ¶天気がよかったので散歩に行った 날씨가 좋아서 산책하러 갔다. / おばあちゃんは毎朝散歩をする 할머니는 매일 아침 산책을 하신다. / 犬を毎朝散歩に連れていく 개를 매일 아침 산책시키러 데리고 나간다. / 朝食前にちょっと散歩してくるね 아침식사 전에 잠깐 산책하고 올게. / 彼らは公園を散歩した 그들은 공원을 산책했다.

**さんぼう【参謀】** 참모 [関連] 参謀会議 참모 회의 / 参謀総長 참모 총장 / 参謀本部 참모 본부

**さんぽう【三方】** 삼면(三面), 세 방면, 세 방향 ¶ここは三方を海に囲まれている 여기는 삼면이 바다로 둘러 쌓여 있다.

**さんま【秋刀魚】** 꽁치

**ざんまい【三昧】** ¶贅沢ざんまいをしてみたいものだ 마음껏 사치를 부려 보고 싶다. / 秋の夜は読書ざんまいにひたる 가을 밤은 독서 삼매에 빠진다.

**さんまいめ【三枚目】** 〔劇などの〕희극 배우〔滑稽な人〕익살꾼, 익살꾸러기

**さんまん【散漫】** 산만하다 ¶彼の演説はいつも長くて散漫だ 그 사람의 연설은 항상 길고 산만하다. / 弟は注意散漫だ 동생은 주의가 산만하다.

**さんみ【酸味】** 산미, 신맛 ¶私は酸味のある食べ物が好きだ 나는 신맛이 나는 음식을 좋아한다. ⇒すっぱい

**さんみゃく【山脈】** 산맥 [関連] 奥羽山脈 오우 산맥 / 太白山脈 태백 산맥

**さんめんきじ【三面記事】** 사회면 기사(社会面記事)

**さんもん【三文】** 서문, 삼류(三流) [関連] 三文判 막도장 / 三文小説 삼류 소설 / 三文文士 삼류 작가

**さんゆこく【産油国】** 산유국

**さんようすうじ【算用数字】** 〔アラビア数字〕아라비아 숫자

**さんらん【散乱】** 산란 ◇散乱する 산란하다, 흩어지다 ¶書類が散乱する 서류가 흩어지다 / 町中に瓦礫が散乱していた 온 동네에 기와 조각이 흩어져 있었다.

**さんらん【産卵】** 산란 ◇産卵する 산란하다 [関連] 産卵期 산란기

**さんりゅう【三流】** 삼류 ¶三流小説家 삼류 소설가

**ざんりゅう【残留】** 잔류 ◇残留する 잔류하다 [関連] 残留農薬 잔류 농약 / 中国残留孤児 중국 잔류 일본인 고아

**さんりん【山林】** 산림 ¶山林伐採 산림 벌채

**さんりんしゃ【三輪車】** 삼륜차 ¶娘が三輪車に乗れるようになった 딸이 삼륜차를 탈 수 있게 되었다.

**さんるい【三塁】** 삼루, 서드 베이스 [関連] 三塁手 삼루수, 서드 베이스맨 / 三塁打 삼루타

**ざんるい【残塁】** 잔루 ¶ロッテの3回裏の攻撃は2者残塁に終わった 롯데의 삼 회말 공격은 두 개의 잔루로 끝났다.

**さんれつ【参列】** 참석(参席) ◇参列する 참석하다 ¶式典に参列する 식전에 참석하다 / 友人の葬儀に参列する 친구의 장례식에 참석하다 / 彼らの結婚式には多数の人が参列した 그들의 결혼식에는 많은 사람들이 참석했다. [関連] 参列者 참석자

**さんろく【山麓】** 산록, 산기슭 ¶この山の山麓には村がある 이 산의 산기슭에는 마을이 있다.

## し

**し【氏】** 씨 ¶山田氏 야마다 씨 / 崔氏 최 씨(▶韓国人に対する呼びかけとしては用いない) / 鈴木・岡田の両氏 스즈키 오카다 양 씨 / 松本氏夫妻 마쓰모토 씨 내외

**し【四】** 사, 넷 ⇒四(よ)

**し【市】** 시 ¶鎌倉市 가마쿠라시 / ソウル特別市 서울 특별시 / 市の管轄 시의 관할 **市議会** 시의회 / **市町村** 시정촌(▶韓国では、町は「邑」に、村は面「面」に相当する)/ **市当局** 시 당국

**【死】** ❶〔命を失うこと〕죽음

◆〚死の〛

¶死の危険に直面している 죽음의 위험에 직면해 있다. / 彼は死の恐怖に取りつかれた 그는 죽음의 공포에 사로잡혔다. / 母はこの手紙を死の2日前に書いた 어머니는 이 편지를 돌아가시기 2일 전에 쓰셨다. / 彼女は3日の間死のふちをさまよっていた 그녀는 3일간 사경을 헤맸다. / 原爆の投下後, 広島に死の灰が降った 원자폭탄 투하 후 히로시마에 죽음의 재가 내렸다. / 兵器産業はしばしば死の商人と呼ばれる 병기 산업은 흔히 죽음의 상인이라고 불린다.

◆〚死を〛

¶死を覚悟する 죽음을 각오하다 / 死を選ぶ 죽음을 택하다 / 不慮の死をとげる 뜻밖의 죽음을 맞

다 / 私たちは彼女の死を深く悼んだ 우리들은 그녀의 죽음을 깊이 애도했다. / 母親は子供の死を嘆き悲しんだ 어머니는 아이의 죽음을 탄식하며 슬퍼했다. / 不注意な運転が死を招く 부주의한 운전이 죽음을 부른다. / 危機一髪のところで死をまぬがれた 위기일발의 순간에 죽음을 피했다.

◆**死に・死と**

¶彼の突然の死に驚いた 그 사람이 갑자기 죽은 것에 놀랐다. / この蛇の毒は人を死に至らしめる 이 뱀의 독은 사람을 죽음에 이르게 한다. / 胃がんが彼女を死に追いやった 위암이 그녀를 죽음으로 몰았다. / 冬山で私は死に直面していた 겨울산에서 나는 죽음에 직면했다. / 兄は今死と戦っている 형은 지금 죽음과 싸우고 있다.

❷〔野球のアウト〕아웃 ¶9回裏2死満塁 9회말 「투 아웃[이사] 만루 関連 自然死 자연사・安楽死 안락사・急死 급사・交通事故死 교통사고사・事故死 사고사・即死 즉사・窒息死 질식사・中毒死 중독사・変死 변사 ⇨死ぬ

**し**【師】스승 ¶師の教え 스승의 가르침 / 私は彼を師と仰いでいた 나는 그 사람을 스승으로 받들었다.

**し**【詩】시 ¶詩を書く 시를 쓰다 / 詩を朗読する 시를 낭독하다 / 趣味は詩を鑑賞することです 취미는 시를 감상하는 것입니다.

**じ**【地】〔本性〕본성 〔地面〕땅, 땅바닥 〔素地〕바탕〔肌〕살결, 피부〔生地〕감, 천 ¶そのうちに彼も地がでるだろう 언젠가 그 사람도 본성이 나오겠지. / ブルドーザーで地ならしをする 불도저로 땅을 고른다. / 白地にピンクの花模様 하얀 바탕에 핑크 꽃모양 / 彼は地が黒い 그 사람은 피부가 까맣다. / 彼は冒険小説を地で行くような人生を送った 그는 모험 소설의 주인공 같은 인생을 보냈다. 慣用句 雨降って地固まる 비 온 뒤에 땅이 굳어진다.

**じ**【字】글자, 글씨 〔活字〕활자 ¶彼は字がうまい[へただ] 그는 글씨를 잘 쓴다[못 쓴다]. / この子は3歳のときにはもう字が読めた[書けた] 이 아이는 세 살 때에 이미 글자를 읽었다[썼다]. / 「この字はなんて読むの」「カだよ」"이 글자는 뭐라고 읽어?" "가야." / 私の字はきたない 나는 글씨를 잘 못 써. / その手紙は丸みのある字で書かれていた 그 편지는 둥근 글씨체로 쓰여져 있었다. / 小さい字は目に悪い 작은 글씨는 눈에 나쁘다. / 字をきれいに書く 글씨를 예쁘게 쓰다

¶道はS字形に曲がりくねっている 길은 S자형으로 꼬불꼬불해 있다. / 祖母は年のために腰がくの字に曲がっている 할머니는 나이 때문에 허리가 ㄱ자로 굽었다. / 少年は芝の上に大の字に寝そべった 소년은 잔디 위에 큰 대자로 드러누웠다. / 四百字詰め原稿用紙 400자 원고지 ⇨文字

**じ**【時】시 ¶今何時ですか 지금 몇 시입니까? / 午後3時20分です 오후 세 시 20분입니다. / 午前9時45分です 오전 아홉 시 45분입니다. / 列車は2時ぴったりに出発した 열차는 두 시 정각에 출발했다. / 私は10時45分の列車に乗った 나는 열 시 45분 열차를 탔다.

会話 何時に寝ますか

A：毎日何時に寝ますか

B：11時ごろです
A：毎日何時に<眠>じますか？
B：열한 시쯤입니다.

**じ**【痔】치질 ¶痔になる 치질을 앓다 関連 いぼ痔 수치질

**じ**【辞】¶市長は開会[閉会]の辞を述べた 시장은 개회[폐회] 인사를 했다.

**しあい**【試合】경기(競技), 게임, 시합 ◇試合する 경기하다, 시합하다

基本表現

▷延世大学と試合をした
 연세 대학교와 경기를[시합을] 했다.
▷きょうは試合に出た
 오늘은 경기[시합]에 나갔다.
▷試合に勝った
 경기[시합]에 이겼다.
▷試合に負けた
 경기[시합]에 졌다.
▷試合は引き分けに終わった
 경기는[시합은] 무승부로 끝났다.

◆**試合は・試合が**

¶試合は何時に始まりますか 경기는 몇 시에 시작합니까? / 試合はどうなってますか 경기는 어떻게 되고 있습니까? / 韓国と中国の試合は2対1で韓国が勝った 한국과 중국의 시합은 2대 1로 한국이 이겼다. / 試合は雨のために延期になった 시합은 비 때문에 연기되었다. / 球場では白熱した試合が繰り広げられていた 구장에서는 뜨거운 열전이 펼쳐지고 있었다.

◆**試合に**

¶私はあすの試合に全力を尽くすつもりだ 나는 내일 경기에 전력을 다할 생각이다. / 兄は柔道の試合に出場した 형은 유도 시합에 출전했다. / 彼らはきのうの試合に3対1で勝った 그들은 어제 시합에서 3대 1로 이겼다. / その試合には外国のチームも参加する 그 경기에는 외국팀도 참가한다.

◆**試合を**

¶日曜日に野球の試合をすることになっている 일요일에 야구 시합을 하기로 되어 있다. / うちのサッカー部はその高校のチームと試合をした 우리 축구부는 그 고등학교 팀과 경기를 했다. / ラグビーの試合を見た 럭비 시합을 보았다. / チョルスにテニスの試合を申し込んだ 철수에게 테니스 시합을 신청했다. / 最後まで試合を投げちゃだめだよ 마지막까지 경기를 포기해서는 안 된다.

◆**その他**

¶バレーボールの校内試合で我々のチームが優勝した 교내 배구 경기에서 우리 팀이 우승했다. / そのボクシングの試合は八百長試合だといううわさがある 그 복싱 시합은 돈이 짠 엉터리 시합이라는 소문이 있다. / うちのバスケットボール部は第1試合で敗退した 우리 농구부는 제1시합에서 졌다. / ユナはなかなかの試合巧者だ 윤아는 상당히 경기에 능숙한 사람이다. / おもしろい試合 재미있는 시합 / つまらない試合 재미없는 시합 / 白熱した試合 뜨거운 열전 関連 選手権試合 선수권 시합・公式試合 공식 경기・練習試合 연습 시합・大学対抗試合 대학 대항전 ⇨競技

**じあい**【慈愛】자애 ¶彼女は慈愛に満ちた顔で子供

たちを見守った 그녀는 자애에 넘친 얼굴로 아이들을 지켜보았다.

**しあがり【仕上がり】** 완성, 마무리, 됨됨이 ¶仕上がりはいつですか 완성은 언제입니까? / 仕事の仕上がりが遅い 일의 마무리가 늦다. / 写真の仕上がりがよい 사진이 잘 나왔다.

**しあがる【仕上がる】** 완성되다, 마무리되다 ¶仕事が仕上がったら少し休もう 일이 마무리되면 조금 쉬자.

**しあげ【仕上げ】** 마무리 ¶この家具は仕上げが完璧だ 이 가구는 마무리가 완벽하다. / 画家は絵に最後の仕上げをした 화가는 그림의 마지막 마무리를 했다.

**しあげる【仕上げる】** 마무르다, 마무리하다, 끝내다[完成させる] 완성시키다 ¶この仕事はどうしても5時までに仕上げなければならない 이 일은 어떻게 해서든지 다섯 시까지는 완성해야 된다. / 彼は3時間で宿題をなんとか仕上げることができた 그는 세 시간에 숙제를 간신히 완성할 수 있었다.

**しあさって【明々後日】** 글피

**しあつ【指圧】** 지압 ¶毎日指圧療法を受けている 매일 지압 요법을 받고 있다. 関連 指圧師 지압사

**しあわせ【幸せ】** 행복 ◇幸せだ 행복하다 ◇幸せに 행복하게 ¶幸せを祈る 행복을 빌다 / 他人の幸せをうらやんではいけない 남의 행복을 부러워해서는 안 된다. / 私はよい友達を持って幸せだ 나는 좋은 친구를 가져서 행복하다. / 本を読んでいる時がいちばん幸せだ 책을 읽고 있을 때가 가장 행복하다. / 私は幸せ者だ 나는 행복한 사람이다. / きっと幸せにするから僕と結婚してくれ 반드시 행복하게 할 테니까 나와 결혼해 줘. / お幸せに 행복하십시오. / 彼らは幸せに暮らしていた 그들은 행복하게 살고 있었다.

**しあん【思案】** 궁리[考え] 생각 [心配] 근심, 걱정 ◇思案する 궁리하다 ¶よい考えが浮かばず思案に暮れた 좋은 생각이 떠오르지 않아서 골똘히 생각에 잠겼다. / 思案の末, 名案が浮かんだ 궁리 끝에 명안이 떠올랐다. / ここが思案のしどころだ 여기가 궁리해야 할 고비다. | 지금이 생각하여야 할 때다. / 彼は思案顔で私を見た 그 사람은 근심어린 얼굴로 나를 보았다.

**じい【辞意】** 사의 ¶業績不振の責任をとって社長は辞意を表明した 업적 부진의 책임을 지고 사장은 사임할 것을 표명했다. / 彼は土壇場で辞意を翻した 그는 막판에 사의를 뒤엎었다. / 首相の辞意は固い 수상의 사의는 굳다.

**ジーエヌピー【GNP】** 지엔피, 국민 총생산(国民総生産) ¶日本のGNPは米国に次いで世界第2位だ 일본의 GNP는 미국에 이어서 세계 제 2위다.

**シーエム【CM】** 시엠, 시에프(CF) ⇨コマーシャル

**しいか【詩歌】** 시가

**しいく【飼育】** 사육 ◇飼育する 사육하다, 기르다 ¶この牧場では牛を飼育している 이 목장에서는 소를 사육하고 있다. / 彼はこの動物園でパンダの飼育係をしている 그는 이 동물원에서 팬더의

사육을 담당하고 있다. 関連 飼育場 사육장

**じいしき【自意識】** 자의식, 자아의식 ¶彼女は自意識過剰だ 그 여자는 자아의식 과잉이다.

**シーズン** 시즌, 철, 성향기 ¶まつたけは今がシーズンだ 송이버섯은 지금이 제 철이다. 関連 シーズンオフ 시즌오프 / 行楽シーズン 행락 시즌

**シーソー** 시소 ¶シーソーをして遊んだ 시소를 타며 놀았다. 関連 シーソーゲーム 시소게임

**しいたけ【椎茸】** 표고버섯, 표고

**しいたげる【虐げる】** 학대하다(虐待—) ¶人々は圧政にしいたげられてきた 사람들은 압정에 학대 받아 왔다.

**シーツ** 시트 ¶シーツを敷く 시트를 깔다 / シーツを取り替える 시트를 갈다

**しいっ** 쉿 ¶しいっ, 先生が来る 쉿, 선생님이 오신다.

**しいて【強いて】** [あえて] 굳이 [無理に] 억지로 ¶強いて言えば, 趣味は音楽鑑賞です 굳이 말하자면 취미는 음악 감상입니다. / 強いて行く必要はない 굳이 갈 필요는 없다.

**シーディー【CD】** 시디[コンパクトディスク] 콤팩트디스크 ¶シーディーをかける 시디를 틀다 関連 CDプレーヤー 시디플레이어 / 音楽CD 음악 시디

**シーディーロム【CD-ROM】** 시디롬

**シート** 시트[座席] 좌석 ¶シートベルトを締めてください 좌석[안전] 벨트를 매 주십시오. 関連 切手シート 우표 시트 / リクライニングシート 리클라이닝 시트

**シード** 시드 ◇シードする 시드하다 関連 シード選手 시드 선수

**ジーパン** 청바지 ¶スンはいつもジーパンをはいている 승희는 항상 청바지를 입는다.

**ジープ** 지프, 지프차

**シーフード** 해산물, 해산물 요리

**しいる【強いる】** 강요하다, 강권하다 ¶自白を強いる 자백을 강요하다 / 人々に犠牲を強いた 사람들에게 희생을 강요했다. / 酒を強いる 술을 강권하다 / 協力を強いられる 협력을 강요당하다 / 彼は妥協を強いられた 그 사람은 타협을 강요당했다.

**シール** 스티커 ¶シールをはる 스티커를 붙이다

**しいれ【仕入れ】** 매입 ¶父はいつも朝早く市場に魚の仕入れに行っている 아버지는 항상 아침 일찍 시장에 생선을 매입하러 가신다. 関連 仕入れ係 매입계 / 仕入れ先 매입처 / 仕入れ値 매입 가격

**しいれる【仕入れる】** 사들이다, 매입하다[入手する] 입수하다 ¶問屋から冬物の服を仕入れた 도매상에서 겨울옷을 사들였다. / その商品は仕入れてあります 그 상품은 매입해 두었습니다. / まず情報を仕入れる必要がある 먼저 정보를 입수할 필요가 있다.

**しいん** ◇しいんと 쥐 죽은 듯이, 찬물을 뿌린 듯이 ¶場内はしいんとしていた 장내는 쥐 죽은 듯했다.

**しいん【子音】** 자음

**しいん【死因】** 사인 ¶死因を調べる 사인을 조사하다 / 彼の死因はがんだった 그 사람의 사인은

**シーン** 신, 장면(場面) ¶映画のラストシーンは意外だった 영화의 마지막 장면은 의외였다. / このドラマのラブシーンはすてきだった 이 드라마의 러브신은 너무 근사했다.

**じいん【寺院】** 사원

**じいん** ◇じいんと 짜릿하게, 찡하게 ◇じいんとする 짜릿하다 ¶彼女の話は胸にじいんときた 그녀의 이야기는 가슴에 찡하게 와 닿았다.

**ジーンズ** 진 関連 ブルージーンズ 블루진 ⇒ジーパン

**しうち【仕打ち】** 처사, 취급 ¶私はクラスメイトからひどい仕打ちを受けた 나는 반 친구들로부터 심한 취급을 당했다.

**しうんてん【試運転】** 시운전 ◇試運転する 시운전하다 ¶新車の試運転をした 새 차를 시운전했다.

**シェア** 셰어, 시장 점유율(市場占有率) ¶市場の50%以上のシェアを占める 시장의 50퍼센트 이상의 셰어를 차지하다 / その会社はパソコン市場でシェアを徐々に拡大している 그 회사는 컴퓨터 시장에서의 점유율을 점차 확대하고 있다.

**しえい【市営】** 시영 関連 市営アパート 시영 아파트 / 市営バス 시영 버스

**じえい【自営】** 자영 ◇自営する 자영하다 (経営する) 경영하다 ¶将来は自営したいと考えている 장래는 경영하고 싶다. 関連 自営業 자영업

**じえい【自衛】** 자위 ◇自衛する 자위하다 ¶自衛手段をとる 자위수단을 취하다 / 住民は自衛策を講じた 주민은 자위책을 강구했다. 関連 自衛権 자위권 / 自衛隊 자위대 / 自衛力 자위력

**シェイプアップ** 셰이프업 ¶彼女はシェイプアップのためにエアロビクスをしている 그녀는 셰이프업을 위해 에어로빅을 하고 있다.

**ジェーリーグ** 〔Jリーグ〕 제이 리그, 일본 프로 축구 리그

**ジェスチャー** 제스처, 몸짓 ¶彼がそう言っているのは単にジェスチャーにすぎない 그가 그렇게 말하고 있는 것은 단순히 제스처에 지나지 않는다. / 彼はジェスチャーを交えて話した 그는 몸짓을 섞어가며 이야기했다.

**ジェット** 제트 関連 ジェットエンジン 제트 엔진, 제트 기관 / ジェット機 제트기 / ジェット気流 제트 기류 / ジェットコースター 롤러코스터

**ジェネレーション** 〔世代〕세대 ¶うちの娘とはジェネレーションギャップを感じる 우리 딸과는 세대 차를 느낀다.

**シェパード** 셰퍼드

**シェフ** 요리사(料理師), 주방장(厨房長)

**しえん【支援】** 지원 [支持] 지지 ◇支援する 지원하다, 지지하다 ¶支援を得る 지원을 얻다 / ストライキは組合員全員によって支援された 파업은 조합원 전원에게 지지받았다. 関連 支援グループ 지원 그룹 / 支援者 지원자

**しお【塩】** 소금 ¶魚に塩を振る 생선에 소금을 치다 / 野菜を1時間塩に漬けてください 야채를 한 시간 소금에 절여 주세요. / このスープは塩をひとつまみ入れればおいしくなりますよ 이 스프는 소금을 살짝 넣으면 맛있어 됩니다. / この料理はちょっと塩加減がきつい 이 요리는 조금 짜다. /「塩を取ってください」「はい, どうぞ」"소금을 좀 건네 주세요." "네, 여기요."

**しお【潮】** 바닷물 [満ち潮] 밀물 [引き潮] 썰물 [潮流] 조류, 해류(海流) ¶潮が満ちてきている 밀물이 든다. / 潮が引いてきている 썰물이 빠진다. / 今は潮が満ちている 지금은 밀물때다. / 今は潮が引いている 지금은 썰물때다. / この辺りは潮の流れが速い 이 주변은 조류의 흐름이 빠르다. / 今は潮の変わり目 지금은 조류가 바뀌는 때다. / 瀬戸内海は潮の満ち干の差が大きい 세토나이카이는 바닷물의 간조차가 크다. / 辺りに潮の香がただよっていた 주변에 바닷물 냄새가 가득했다. / 鯨が潮を吹く 고래가 물을 뿜는다. / 私のいる岩の前に潮だまりができた 내가 있는 바위 앞에 바닷물 웅덩이가 생겼다.

**しおあじ【塩味】** 짠맛 ¶このみそは塩味が濃すぎる 이 된장은 짠맛이 너무 강하다.

**しおかぜ【潮風】** 바닷바람, 갯바람

**しおから【塩辛】** 젓갈 ¶イカの塩辛 오징어 젓갈

**しおからい【塩辛い】** 짜다 [塩辛いスープ] 짠 국 / 塩辛くして食べる 짜게 해서 먹다

**しおくり【仕送り】** ¶毎月東京の息子に仕送りをしている 매달 도쿄의 아들에게 생활비를 보내고 있다. / 月10万円の仕送りで生活する 부모님이 보내 주시는 월 10만 엔으로 생활하고 있다.

**しおけ【塩気】** 소금기, 간 ¶塩気が抜ける 소금기가 빠지다 / 塩気を抜く 소금기를 빼다 / 塩気のきいた魚が好きだ 소금기 있는 생선을 좋아한다.

**しおさい【潮騒】** 해조음, 파도 소리, 밀물 소리

**しおざけ【塩鮭】** 자반연어, 소금에 절인 연어

**しおづけ【塩漬け】** 소금절이 ¶魚を塩漬けにする 생선을 소금에 절이다 / 塩漬けにしたさけ 소금에 절인 연어

**しおどき【潮時】** 때 [好機] 기회, 호기 ¶潮時を待つ 때를 기다리다 / 潮時を見計らって退散する 때를 봐서 돌아갔다. / 物事には潮時がある 일에는 때가 있다. / そろそろ彼も引退の潮時だ 이제 곧 그도 은퇴할 때다.

**しおひがり【潮干狩り】** 조개잡이 ¶先週家族で潮干狩りに行った 지난주 가족끼리 조개를 잡으러 갔다.

**しおみず【塩水】** 소금물

**しおやき【塩焼き】** 소금구이 ¶魚を塩焼きにする 생선을 소금구이로 하다

**しおらしい** 얌전하다, 음전하다, 기특하다 ¶彼女はいつになくしおらしかった 그녀는 보통 때와는 달리 얌전했다. / しおらしいことを言うじゃないの 기특한 말을 하네.

**しおり【栞】** 서표 ¶しおりをはさむ 서표를 끼우

**しおれる【萎れる】** 시들다 ¶水不足で葉がしおれた 물 부족으로 잎이 시들었다. / 花がしおれている 꽃이 시들었다.

**-しか** 〔ただ…だけ〕밖에 ¶彼には一度しか会ったことがない 그 사람하고는 한 번밖에 만난 적이 없다. / 彼は自分の名誉のことしか考

えない 그는 자기의 명예밖에 생각하지 않는다. / 母にしか知られたい어머니밖에 믿을 수 없다. / 差し上げられるものはこれしかありません 드릴 수 있는 것은 이것밖에 없습니다. / 私は父の前で泣くしかなかった 나는 아버지 앞에서 울 수밖에 없었다. / そんなのは言い訳でしかない 그런 말은 변명일 뿐이다. ⇒だけ

**しか【鹿】** 사슴〔子じか〕 새끼 사슴 ¶しかの角 사슴뿔 / しか皮 사슴 가죽 数え方 しか1頭 사슴 한 마리

**しか【市価】** 시가(▶発音は しか가) ¶この帽子は市価の2割引で買った 이 모자는 시가의 20퍼센트 할인으로 샀다. / 市価の半額で 시가의 반값으로

**しか【歯科】** 치과(▶発音は しか가) ¶歯科医に通う 치과를 다니다 関連 歯科医院 치과 의원 / 歯科大学 치과 대학, 치대

**じか【時価】** 시가(▶発音は しか가) ¶時価1億円の宝石 시가 1억 엔의 보석 / 株式を時価発行する 주식을 시가 발행하다 / 時価に換算する 시가로 환산하다

**じが【自我】** 자아 ¶彼女は自我が強い 그 여자는 자아가 강하다. / 彼は自我に目覚める 자아에 눈뜨다 / 彼は自我を確立する時期にあった 그는 자아를 확립하는 시기에 있었다. ⇒我(が)

**しかい【司会】** 사회 ◇司会する 사회 보다 ¶司会を務める 사회를 보다 / 彼が討論会の司会をした 그 사람이 토론회의 사회를 봤다. / 彼はテレビのクイズ番組の司会をしている 그 사람은 텔레비전 퀴즈 프로그램의 사회를 맡고 있다. 関連 司会者 사회자〔テレビ番組などの〕엠시,(▶MC,すなわちMaster of Ceremoniesから)

**しかい【視界】** 시계〔視野〕시야 ¶視界が開ける 시야가 트이다 / 視界が悪い 시야가 나쁘다 / 富士山が視界に入ってきた 후지 산이 시야에 들어왔다. / 飛行機が視界から消えた 비행기가 시야에서 사라졌다.

**しがい【市外】** 시외 ¶私の家は京都の市外にある 우리 집은 교토 시외에 있다. / 市外通話する 시외통화하다 関連 市外局番 시외 국번 / 市外電話 시외 전화 / 市外バス 시외버스

**しがい【市街】** 시가〔通り〕거리 関連 市街戦 시가전 / 市街地 시가지 / 市街地図 시가 지도 / 市街電車 시가 전차

**しがい【死骸】** 시체〔屍体〕

**じかい【次回】** 차회, 다음 번 ¶次回に詳しくお知らせします 다음 번에 자세히 알려 드리겠습니다. / 次回にお楽しみに 다음 회를 기대하셔요. / 次回に続く 다음 회에 계속되다 / 次回に回す 다음 번으로 돌리다

**しがいせん【紫外線】** 자외선 ¶紫外線を浴びる 자외선을 쬐다

**しかえし【仕返し】** 복수, 보복 ◇仕返しする 복수하다, 보복하다 ¶いつかあいつに仕返ししてやる 언젠가 그 녀석에게 복수할 것이다. / 彼女は仕返しに彼の家に火をつけた 그녀는 보복으로 그 집에 불을 붙였다.

**しかく【資格】** 자격〔免許〕면허 ¶音楽教師の資格がある 음악 교사 자격이 있다. / その仕事をする資格は持っていない 그 일을 할 자격이 없다. / 編集者になるには特別な資格は必要ない 편집자가 되는 데는 특별한 자격은 필요 없다. / 彼女は医師の資格を取った 그녀는 의사 면허를 땄다. / 彼は公務員の資格を失った 그는 공무원 자격을 잃었다.

¶25歳以下の人には国会議員に立候補する資格はない 25세 이하의 사람에게는 국회의원에 입후보할 자격이 없다. / 彼は大学入学資格を満たしていない 그는 대학 입학 자격에 미치지 못한다. / 私は君を責める資格は ないね 나에게 너를 꾸짖을 자격은 없다. / 彼にはあのような賞賛を受ける資格はない 그에게는 그런 칭찬을 받을 자격은 없다. 関連 資格試験 자격 시험 / 資格審査 자격 심사 / 受験資格 수험 자격 / 無資格者 무자격자

**しかく【四角】** 사각, 네모 ◇四角い 네모나다, 네모지다 ¶花壇は柵で四角に囲まれている 화단은 울타리로 네모지게 둘러싸여 있다. / 四角いじゅうたん 사각 융단 関連 四角形 사각형, 네모꼴 / 四角柱 사각기둥, 사각주 / 真四角 정사각형, 바른네모꼴 / 長四角 직사각형, 긴네모꼴

**しかく【死角】** 사각 ¶死角になる 사각지대가 되다 / 死角に入る 사각에 들다 / 建物のこの部分は死角になっている 건물의 이 부분은 사각지대다.

**しかく【視覚】** 시각 ◇視覚的な 시각적인
¶人々に原爆の恐ろしさを知ってもらうには視覚に訴えるのがいちばんだ 사람들에게 원자 폭탄의 무서움을 알리려면 시각적으로 호소하는 것이 제일이다. / このポスターは視覚的な効果をねらっている 이 포스터는 시각적인 효과를 노리고 있다. 関連 視覚芸術 시각 예술

**しがく【私学】** 사학, 사립 학교 ¶私学に通う 사립 학교에 다니다 関連 私学助成金 사학 조성금 ⇒私立

**じかく【自覚】** 자각 ◇自覚する 자각하다 ¶私は責任を十分自覚している 나는 책임을 충분히 자각하고 있다. / 君は大学生としての自覚が足りない 너는 대학생으로서의 자각이 부족하다. / 自覚がない 자각이 없다 関連 自覚症状 자각 증상

**しかけ【仕掛け】** 장치〔ごまかし〕속임수 ¶この人形はぜんまい仕掛けで動く 이 인형은 태엽 장치로 움직인다. 慣用句 種も仕掛けもない 아무 속임수도 없다. 関連 電気仕掛け 전기로 움직이는 장치 / 仕掛け花火 여러 가지 모양이 나타나도록 만든 큰 불꽃놀이

**しかける【仕掛ける】** 장치하다, 놓다〔挑む〕걸다 ¶わなを仕掛ける 함정을 파다 / 爆弾を仕掛ける 폭탄을 장치하다 / 花火を仕掛ける 불꽃놀이를 장치하다 / けんかを仕掛ける 싸움을 걸다 / 敵はまもなく攻撃を仕掛けてくるだろう 적은 곧 공격해 올 것이다.

**しかざん【死火山】** 사화산

**しかし** 그러나〔しかしながら〕그렇지만, 하지만 ¶彼は大金持ちだ. しかし不幸だ 그는 큰 부자다. 하지만 불행하다. / その車はかなり高額だった. しかし買うことにした 그 차는 꽤 비쌌다. 그렇지만 사기로 했다. / だれもが彼を犯人と思った. しかし事実はそうではなかった 모두가 그를 범인이라고 생각했다. 그러나 사실은 그렇지

じがじさん

않았다. / もう3日間も雨が降っている. しかしいっこうに降りやむ気配もない 벌써 3일간이나 비가 내리고 있다. 그렇지만 전혀 그칠 기미도 없다. / しかし彼女は美人だね 誰が何と言ってもあの女は美人だね.

**じがじさん【自画自賛】** 자화자찬 ◇**自画自賛する** 자화자찬하다

**じかせい【自家製】** ◇**自家製の** 집에서 만든 ¶自家製のケーキ 집에서 만든 케이크

**じがぞう【自画像】** 자화상 ¶自画像を描く 자화상을 그리다

**しかた【仕方】** 방법, 《連体形+》줄 ¶挨拶の仕方 인사 방법 / 車の運転の仕方を知らない 차 운전할 줄 모른다. / 韓国語の勉強の仕方がわからない 한국어 공부법을 모른다. ⇒**方法**

## しかたがない 【仕方がない】

❶〔どうしようもない〕어쩔 수 없다, 하는 수 없다 ¶それは仕方がないことだ 그것은 어쩔 수 없는 일이다. / 娘が独りで生活したいというのなら仕方がない 딸이 혼자서 생활하고 싶다고 한다면 하는 수 없다. / 天災は仕方がない 자연재해는 어쩔 수 없다. / 仕方がないさ 어쩔 수 없지 뭐. / 起きてしまったことは仕方がない 일어나 버린 일은 하는 수 없다. / 歩くよりほか仕方がない 걸을 수밖에 달리 방법이 없다. / 彼女が君に腹を立てているのは仕方がないと思う 그 여자가 네게 화를 내는 것은 어쩔 수 없다고 생각해. / 焦っても仕方がない 안달해도 어쩔 수 없다.

¶「しまった, また宿題忘れちゃったよ」「仕方がないやつだな」 "큰일 났다, 또 숙제 잊어버렸다." "어쩔 수 없는 녀석이군."

❷〔我慢できない〕견딜 수 없다, 참을 수 없다 ¶彼の驚いた顔を思い出すとおかしくて仕方がなかった 그의 놀란 얼굴을 떠올리면 우스워서 참을 수가 없었다. / しゃくにさわって仕方がない 비위에 거슬려서 참을 수가 없다. / 白頭山に行きたくて仕方がない 백두산에 가고 싶어서 견딜 수가 없다. / うるさくて仕方がない 시끄러워서 참을 수가 없다. / のどが渇いて仕方がない 목이 말라서 죽겠다. ⇒**仕様**

**しかたなく【仕方無く】** 어쩔 수 없이, 하는 수 없이 ¶私は仕方なく賛成した 나는 어쩔 수 없이 찬성을 했다.

**しかつ【死活】** 사활 ¶死活にかかわる 사활에 관계되다 / それは彼らにとって死活問題だった 그것은 그들에게 있어 사활이 걸린 문제였다.

**しがつ【四月】** 사월 ¶新学期は4月から始まる 새 학기는 사월부터 시작한다. 関連 **四月ばか** 만우절(万愚節)

**じかつ【自活】** 자활 ◇**自活する** 자활하다 ¶彼は自活の道を選んだ 그는 자활의 길을 선택했다.

**しかつめらしい【鹿爪らしい】** 점잔빼다, 위엄스럽다, 딱딱하다 ¶彼はいつもしかつめらしい顔をしている 그는 항상 점잔뺀 얼굴을 하고 있다.

**しがない** 보잘것없다, 초라하다 ¶おれはしがない教師だとも彼は言った 자기는 보잘것없는 교사라고 그는 말했다. / しがない暮らしをする 초라한 생활을 하다

**じかに【直に】** 직접 ¶じかに社長にお会いしたい 직접 사장을 뵙고 싶다. / 熱いやかんをじかにテーブルの上に置いてはいけないよ 뜨거운 주전자를 직접 테이블 위에 놓아서는 안 된다. / 品物を地面にじかに置く 물건을 직접 땅바닥에 두다 / 手でじかに触る 손으로 직접 만지다 / じかに聞いた話 직접 들은 이야기

**しがみつく** 매달리다 〔執着する〕집착하다 ¶地位にしがみつく 지위에 집착하다 / 子供が母親にしがみつく 아이가 어머니에게 꼭 매달리다 / 彼は過去の栄光にしがみついている(→とらわれている) 그는 과거 영광에만 사로잡혀 있다.

**しかめっつら【顰め っ面】** 찌푸린 얼굴, 찡그린 얼굴 ¶しかめっ面をする 얼굴을 찌푸리다 / しかめっ面で話す 찌푸린 얼굴로 이야기하다

**しかめる【顰める】** 찌푸리다, 찡그리다 ¶彼女は顔をしかめて息子を見た 그녀는 얼굴을 찡그리며 아들을 보았다. / 痛くて思わず顔をしかめた 아파서 나도 모르게 얼굴을 찡그렸다. / 先生は彼の乱暴な振る舞いにまゆをしかめた 선생님은 그의 난폭한 행동에 눈살을 찌푸렸다.

**しかも【然も】** ❶〔その上〕게다가, 더구나 ¶彼はとても頭がいいし, しかもとても勤勉だ 그는 아주 머리가 좋고 게다가 아주 근면하다. / 梨花は韓国語が話せる. しかもとても流暢だ 리카는 한국어를 할 줄 안다. 게다가 아주 유창하다. / このアパートは狭すぎるし, しかも家賃が安くない 이 아파트는 좁고 더구나 집세가 싸지도 않다.

❷〔それでもなお, にもかかわらず〕그런데도, 그럼에도 불구하고 ¶彼は先生にひどくしかられて, しかもけろりとしている 그는 선생님께 심하게 혼났다. 그런데도 천연덕스러운 얼굴을 하고 있다.

**じかよう【自家用】** 자가용 ¶うちには自家用の発電機がある 우리 집에는 자가용 발전기가 있다. 関連 **自家用車** 자가용차

## しかる 【叱る】

꾸짖다, 야단치다 ¶父親は息子をしかった 아버지는 아들을 꾸짖었다. / 頭ごなしにしかりつける 덮어놓고 야단치다 / 先生は校則を破った生徒たちを厳しくしかった 선생님은 교칙을 어긴 학생들을 엄격하게 혼내셨다. / 私は彼が遅刻したのをしかった 나는 그가 지각한 것을 야단쳤다. / 授業中おしゃべりをして先生にしかられた 수업 중에 수다를 떨어서 선생님께 혼났다. / 父からしかられたことがまだ一度もない 나는 아버지께 야단맞은 적이 아직 한 번도 없다. / 私は帰宅が遅いと両親にしかられた 나는 귀가가 늦어서 부모님께 야단맞았다.

**しかるべき【然るべき】** 〔本来あるべき〕마땅한, 당연한 〔ふさわしい〕합당한 〔必要な〕필요한 ¶この問題はしかるべき方法で解決する予定だ 이 문제는 적절한 방법으로 해결할 예정이다. / 彼は会社でしかるべき地位を得た 그는 회사에서 합당한 지위를 얻었다. / 事故の再発を防止するためにしかるべき手段を取ります 사고 재발을 방지하기 위해 필요한 수단을 취하겠습니다. / しかるべき人を通じて申し込んだ 적당한 사람을 통해 신청했다. / 彼が悪いのだから, 私に謝ってしかるべきだ 그 사람이 나쁘니까 나에게 사과해야 한다.

**シガレット** 〔紙巻たばこ〕궐련〔たばこ〕담배

## じかん

**関連** シガレットケース 궐련갑, 담배 케이스

**しかん【士官】** 사관 ◇**士官学校** 사관학교 / **士官候補生** 사관후보생

**しがん【志願】** 지원 ◇**志願する** 지원하다 ¶彼女は今年3つの大学に入学を志願した 그녀는 올해 입시에서 3군데 대학을 지원했다. / 彼は軍隊を志願した 그는 군대를 지원했다. / もし私があなたならその仕事に志願したのに 만약 내가 너라면 그 일을 지원했을 텐데. **関連** **志願者** 지원자 / **志願票** 지원원표 / **志願兵** 지원병

**じかん【次官】** 차관 **関連** **事務次官** 사무 차관

# じかん【時間】

❶ [時間の単位] 시간 ¶1時間は60分である 한 시간은 60분이다. / まる1時間も待たされた 꼬박 한 시간이나 기다렸다. / 試合が始まって2時間たった 경기가 시작한 지 두 시간이 지났다. / この本は3時間で読める 이 책은 세 시간에 읽을 수 있다. / 試験は午前10時から11時30分まで1時間半続いた 시험은 오전 열 시부터 열한 시 30분까지 한 시간 반 동안 계속되었다. / ここからその別荘まで車で2時間かかる 여기서 그 별장까지 차로 두 시간 걸린다. / 「横浜までは電車で何時間くらいかかりますか」「1時間ぐらいです」 "요코하마까지는 전철로 몇 시간 정도 걸립니까?" "한 시간 정도입니다." / 昼間は1時間に2本しか電車がない 낮에는 한 시간에 두 번밖에 전철이 안 온다.

¶4時間後にまたこの場所で落ち合おう 네 시간 후에 다시 이 장소에서 만나자. / 8時間ごとにこの薬を飲んでください 여덟 시간마다 이 약을 드세요. / 1時間以内にそちらに着きます 한 시간 이내에 그곳에 도착합니다. / 時給1000円でアルバイトをしている 시급도 천 엔으로 아르바이트를 하고 있다. / 1時間当たり千円もらっている 한 시간당 천 엔 받고 있다.

❷ [時] 시간

◆**時間が・時間は**

¶時間がかかる 시간이 걸리다 / まあ, 本当に時間がたつのは速いですね 정말 시간이 가는 것은 빠르네요. / 残り時間が少なくなってきた 시간이 얼마 안 남았다. / (過去形で表現する) この仕事を終えるには時間が足りない 이 일을 끝내기에는 시간이 부족하다. / 答えがわかった時にはもうほとんど時間がなかった 답을 알았을 때에는 벌써 시간이 거의 없었다. / 開演までたっぷり時間がある 막이 오를 때까지 충분히 시간이 있다. / 時間があったら遊びに来てください 시간이 있으면 놀러 오세요. / 時間が許すならもう少し話したいことがある 시간이 허락한다면 조금 더 이야기하고 싶다. / 彼女は育児に追われ自分の時間がもてない 그녀는 육아에 쫓겨서 자기의 시간을 가질 수 없다. / お時間はとらせませんのでアンケートをお願いします 시간을 많이 안 뺏겠으니 앙케이트를 부탁드립니다. / 時間があるから急がなくても大丈夫よ 시간이 있으니까 서두르지 않아도 괜찮아. / 今お時間はありますか 지금 시간 있으십니까? / 時間はあっという間に過ぎていく 시간은 눈 깜짝할 사이에 지나간다.

◆**時間に**

¶時間に縛られるのはいやだ 시간에 묶이는 것은 싫다. / 営業マンの彼は時間に追われる生活をしている 외판원인 그 사람은 시간에 쫓기는 생활을 하고 있다.

◆**時間の**

¶ロッテの優勝が決まるのも時間の問題だ 롯데의 우승이 결정나는 것도 시간 문제다. / 辞書を編集するのは時間のかかる仕事だ 사전을 편집하는 것은 시간이 걸리는 일이다. / ゲームに夢中になり時間のたつのも忘れてしまった 게임에 열중해서 시간이 가는 것도 잊어버렸다. / 時間の無駄 시간 낭비

◆**時間を**

¶時間を守る 시간을 지키다 / 時間をつぶす 시간을 허비하다 / その件についてはもうすこし考える時間をください 그 건에 대해서는 조금 더 생각할 시간을 주세요. / 彼女は暇で時間を持て余している 그녀는 한가해서 시간을 주체 못하고 있다. / 時間をかければいいというものではない 시간을 들인다고 되는 것은 아니다. / お時間をさいていただきありがとうございました 시간 내 주셔서 감사합니다. / 少々お時間を拝借できませんでしょうか 잠깐 시간을 내 주시지 않겠습니까? / タクシーで行けば時間を節約できる 택시로 가면 시간을 절약할 수 있다. / 私たちはこれ以上時間をむだにすることはできない 우리는 더 이상 시간을 낭비할 수 없다. / 時間をかせぐ 시간을 벌다

◆**その他**

¶さあ, 時間だよ 자, 시간이야. / 外国語の学習には時間と労力が必要だ 외국어 학습에는 시간과 노력이 필요하다. / きょうは昼食を取る時間もない 오늘은 점심을 먹을 시간도 없다. / 時間つぶしに彼はパチンコをした 시간을 때우려고 그는 빠찡꼬를 했다.

❸ [時刻] 시간, 시각 ¶正確な時間がわかりますか 정확한 시간을 아십니까? / もっとも忙しい時間は午後1時から6時です 가장 바쁜 시간은 오후 한 시부터 여섯 시입니다. / その事故は現地[日本]時間の午後7時半に起こった 그 사고는 현지[일본] 시간으로 오후 일곱 시 반에 일어났다. / 彼女は約束の時間から30分遅れてやって来た 그녀는 약속 시간에 30분 늦게 왔다. / 彼らはいつもの時間にやって来た 그들은 여느 때와 같은 시간에 왔다. / 到着時間を教えてくだされば人を迎えにやります 도착 시간을 가르쳐 주시면 모시러 사람을 보내겠습니다.

¶そろそろ彼が車で迎えに来る時間だわ 이제 남자 친구가 차로 마중 나올 시간이다. / あの教授は時間どおりに授業を始める 그 교수님은 제시간에 수업을 시작한다. / 新幹線は時間どおりに[遅れて]東京駅に着いた 신칸센은 제시간에[늦게] 도쿄역에 도착했다. / 列車は時間より遅れて博多駅を出発した 열차는 정각보다 늦게 하카타역을 출발했다. / 私の上司は時間に正確だ[厳しい] 내 상사는 시간에 정확하다[엄격하다]. / 彼は時間にルーズだ 그는 시간을 잘 지키지 않는다. / 電波時計は時間が正確だ 전파 시계는 시간이 정확하다. / 時間をテレビの時報に合わせた 시계를 텔레비전 시보에 맞췄다. / 上の階の人, うるさいな. こんな時間に何をやっているんだろう 윗층 사람 시끄럽네. 이 시간에 뭘 하는 거야? / 彼女は

# しき

時間を間違えてパーティーに来た彼女は時間を勘違いしてパーティーに来た / **時間厳守**でお願いします 모임은 오후 두 시 반입니다. 시간 엄수하세요. / 会う時間を決めましょう 만날 시간을 정합시다.

❹ [何かをするために区切った時間] 시간 [学校の時限] 교시 ¶きょうは3時間目に英語がある 오늘은 3교시에 영어가 있다. / 国語の授業は週に4時間ある 국어 수업은 일 주일에 네 시간 있다. / 数学の時間に2回あてられた 수학 시간에 두 번 지명받았다. / 彼は1時間目の授業に何とか間に合った 그는 1교시 수업에 겨우 늦지 않게 왔다. / 月曜日には授業が5時間ある 월요일에는 수업이 다섯 시간 있다. / 彼は3時間目の物理の授業に出席していなかった 그는 3교시 물리 수업에 출석하지 않았다. / 50分の授業時間中ずっと眠っていた 수업 시간 50분 동안 계속 잤다.

¶デパートの開店時間は普通10時です 백화점 개점 시간은 보통 열 시입니다. / 営業時間 午前10時～午後6時 (▶掲示) 영업 시간 오전 10시～오후 6시 / 彼は勤務時間中に会社を抜け出した 그는 근무 시간중에 회사를 빠져 나왔다. / 子供たちは休み時間には運動場で遊ぶ 아이들은 쉬는 시간에는 운동장에서 논다. / 組合は時間切れでストに突入した 노조는 시간이 다 되어 파업에 돌입했다. / 試合は時間切れで引き分けとなった 경기는 시간이 다 되어 무승부가 되었다. テレビ討論会は深夜の時間帯に組まれた 텔레비전 토론회는 심야 시간대에 짜여졌다. / **時間切れです** 시간 다 되었습니다. 関連 **時間外勤務** [労働] 시간외 근무 [노동] / **時間外手当** 시간외 수당 / **時間差攻撃** 시간차 공격 / **時間割** 시간표

## しき【式】

❶ [儀式] 식, 의식 [結婚式] 결혼식 ¶式は10月10日の午後3時からです 시월 10일 오후 세 시부터입니다. / 僕たちはハワイの教会で式を挙げた 우리들은 하와이 교회에서 결혼식을 올렸다. / 万歳三唱で式を締めくくった 만세 삼창으로 식을 마무리했다. / 式に参列する 식에 참석하다

❷ [方式] 식, 방식 ¶彼式のやり方は気に入らない 그 사람 방식은 마음에 안 든다. / トイレは洋式 [和式]だ 화장실은 서양식[일본식]이다. / その会社ではアメリカ式に現場で働きながら仕事を覚えていくやり方をとっている 우리 회사에서는 미국식으로 현장에서 일하면서 일을 익혀가는 방식을 취하고 있다.

❸ [数学・化学などの式] 식 [数式] 수식 [公式] 공식 ¶式が間違っている 식이 틀렸다. / 式を立てる 식을 세우다 / 式を解く 식을 풀다 / 水の化学式 물의 화학식

**しき**【士気】사기 ¶士気を高める 사기를 높이다 / 士気が落ちる 사기가 떨어지다 / 予選を勝ち抜いた選手の士気が上がった 예선을 이겨서 선수들의 사기가 올라갔다. / ここで負ければ選手の士気に影響する 여기서 지면 선수들의 사기에 영향을 미친다.

**しき**【四季】사계, 사철 ¶ここでは四季を通じてスポーツが楽しめる 여기서는 사계절 내내 스포츠를 즐길 수 있다. / 日本は四季の変化に富んでいる 일본은 사계의 변화가 풍부하다. / **四季折々の花** 계절마다의 꽃

**しき**【指揮】지휘 ◇**指揮する** 지휘하다 ¶彼は野球チームの指揮をとっている 그는 야구팀의 지휘를 맡고 있다. / 部隊は少佐の指揮下にあった 부대는 소령의 지휘하에 있었다. / 彼の指揮下に50人の部下がいる 그의 지휘하에 50명의 부하가 있다. / 兵士たちは隊長の指揮を仰いだ 병사들은 대장의 지휘를 청했다. / 彼らは大尉の指揮に従った 그들은 대위의 지휘를 따랐다. / 指揮系統に混乱があるようだ 지휘 계통에 혼란이 있는 것 같다. / オーケストラを指揮する 오케스트라를 지휘하다 関連 **指揮官** 지휘관 / **指揮権** 지휘권 / **指揮者** 지휘자 / **指揮棒** 지휘봉

**じき**【直】곧 ¶もうじき12時ですよ 곧 열두 시입니다. / クリスマスはもうじきだ 크리스마스는 곧 온다. / もうじき着く 이제 곧 도착한다. / 父はじきに帰ってきます 아버지는 곧 돌아오실 겁니다. ⇒すぐ

**じき**【次期】차기 関連 **次期首相** 차기 수상 / **次期大統領** 차기 대통령 [当選者] 대통령 당선자 [당선인]

**じき**【時期】시기, 때 [適した季節] 계절 ¶そろそろ年賀状を書く時期だ 이제 연하장을 쓸 시기이다. / 毎年この時期になると田舎の母がかにを送ってくれる 매년 이 때가 되면 시골집의 어머니가 게를 보내 주신다. / 7, 8月がすいかの時期だ 7, 8월이 수박 철이다. / それは人生でもっとも苦しかった時期だった 그것은 인생에서 가장 힘든 시기였다. / 計画の実施の方法と時期について説明します 계획의 실시 방법과 시기에 대해서 설명하겠습니다. / 時期が来ればわかるよ 때가 오면[되면] 알게 될 거야.

まだ時期尚早だ 아직 시기상조다. / 時期が時期だけに 시기가 시기인 만큼

**じき**【時機】시기, 때 [機会] 기회 [好機] 호기 ¶時機を待つ 때를 기다리다 / 時機をうかがう 기회를 엿보다 / 時機を逸する 시기를 놓치다 / そのコンピュータ会社は新製品発表の時機をうかがっている 그 컴퓨터 회사는 신제품 발표 시기를 엿보고 있다. / 計画を実行する時機を逸してしまった 계획을 실행할 시기를 놓쳐 버렸다. / まだそれを発表する時機ではない 아직 그것을 발표할 시기가 아니다. / 時機を見て彼に謝罪するつもりだ 시기를 봐서 그 사람에게 사죄할 생각이다.

**じき**【磁気】자기 ¶磁気を帯びる 자기를 띠다 / 強い磁気を発生する 강한 자기를 발생하다 関連 **磁気嵐** 자기 폭풍 / **磁気カード** 자기 카드 / **磁気テープ** 자기 테이프 / **磁気ディスク** 자기 디스크

**じき**【磁器】자기 関連 **高麗磁器** 고려 자기

**しきい**【敷居】문지방, 문턱 ¶敷居をまたぐ 문지방을 넘다 / 敷居が高い 문턱이 높다 慣用句 うちの敷居を二度とまたぐんじゃない 우리 집에 두 번 다시 오지 마라.

**しきかい**【市議会】시의회 [議事堂] 의사당 関連 **市議会議員** 시의회 의원, 시의원

**しきかく**【色覚】색각 関連 **色覚異状** 색맹 (색盲)

**しきぎょう**【私企業】사기업

**しききん【敷金】** 집세 보증금 ¶敷金として家賃の2か月分払った 집세 보증금으로 집세 두 달치 분을 냈다.

**しきさい【色彩】** 색채, 빛깔〔傾向〕경향 ¶教会のステンドグラスは色彩に富んでいた 교회의 스테인드글라스는 색채가 풍부했다. / この絵は色彩に乏しい この絵は색채가 빈약하다. / 美しい色彩を持つ鳥が好きだ 아름다운 빛깔을 가진 새를 좋아한다. / 彼女が描いた絵は色彩感覚がいい 그녀가 그린 그림은 색채감각이 좋다. / 彼は政治的色彩を帯びた演説をした 그는 정치적 경향을 띤 연설을 했다. / その風習には宗教的色彩がある 그 풍습에는 종교적 경향이 있다.

**しきし【色紙】** 네모난 예쁜 종이(▶韓国には日本のようなサイン用の色紙は通常ない)

**しきじ【式辞】** 식사 ¶式辞を述べる 식사를 말하다

**じきじき【直々】** 직접(直接) ¶社長が直々に電話してきた 사장님이 직접 전화를 해 주셨다. ⇨直接

**しきしゃ【識者】** 식자, 지식인(知識人)

**しきじゃく【色弱】** 색약

**しきじょう【式場】** 식장 関連 結婚式場 예식장 (礼式場), 결혼 식장

**しきそ【色素】** 색소 関連 メラニン色素 멜라닌 색소

**しきたり【仕来り】** 관례(慣例), 선례(先例) ¶私たちは土地のしきたりに従って結婚式を行った 우리는 지역의 관례에 따라 결혼식을 올렸다.

**しきち【敷地】** 대지, 부지, 터 ¶この辺り一帯は全部新しい工場の敷地です 이 주변 일대는 전부 새 공장 부지입니다. / うちの敷地は約60坪です 우리 집 부지는 약 50평입니다. / 警察は大学の敷地内にいた学生を全員逮捕した 경찰은 대학 캠퍼스 안에 있었던 학생을 전원 체포했다. / 家の敷地 가옥 대지 / 敷地面積 부지 면적

**しきちょう【色調】** 색조 ¶渋い色調のカーテン 차분한 색조의 커튼

**しきつめる【敷き詰める】** 깔다 ¶小道は落ち葉で敷き詰められていた 골목은 낙엽이 깔려 있었다.

**じきひつ【直筆】** 자필(自筆), 친필 ¶直筆の原稿 자필 원고

**しきふ【敷布】** 시트

**しきふく【式服】** 예복(礼服) ¶式服をご着用ください 예복을 입어 주십시오.

**しきぶとん【敷布団】** 요(▶掛け布団은 이불)

**しきべつ【識別】** 식별 ◇識別する 식별하다 ¶雄と雌を識別する 수컷과 암컷을 식별하다

**しきもう【色盲】** 색맹 関連 赤緑色盲 적록 색맹 ⇨色覚

**しきもの【敷物】** 깔개〔じゅうたん〕융단〔マット〕매트리스 ¶敷物を敷く 깔개를 깔다

**しきゅう【子宮】** 자궁 関連 子宮外妊娠 자궁외 임신 / 子宮がん 자궁암 / 子宮筋腫 자궁 근종

**しきゅう【支給】** 지급 ◇支給する 지급하다 ¶この会社は従業員に制服を支給する 이 회사는 종업원에게 제복을 지급한다. / 生徒には無料で教科書が支給される 학생들에게는 무료로 교과서가 지급된다. / うちの会社は毎月25日に給料を支給している 우리 회사는 매월 25일에 월급을 지급하고 있다. / 交通費は月に4万円まで支給します 교통비는 월 4만 엔까지 지급합니다. 関連 支給品 지급품

**しきゅう【四球】** 사구, 포볼 ⇨フォアボール

**しきゅう【死球】** 사구, 데드볼 ¶死球を受ける 데드볼을 맞다 ⇨デッドボール

**しきゅう【至急】** 시급히, 빨리, 서둘러 ◇至急の 시급한, 급한 ¶至急お返事ください 빠른 답장 부탁합니다. / この小包を至急送ってください 이 소포를 서둘러 보내 주세요. / 至急おいでください 빨리 와 주세요. / この書類のコピーを5部とってほしいんだ。至急頼むよ 이 서류 다섯 장 카피해 줬으면 해. 빨리 부탁해.

¶彼は至急の用事でソウルへ行った 그는 급한 용건으로 서울에 갔다. / 至急の場合 시급한 경우

**じきゅう【自給】** 자급 ◇自給する 자급하다 ¶食糧を自給する必要があると考える 식량을 자급할 필요가 있다. / その島では住民は自給自足の生活をしていた 그 섬에서는 주민들이 자급자족의 생활을 하고 있었다.

**じきゅう【持久】** ¶うちのチームは持久力に欠けている 우리 팀은 지구력이 부족하다. / 交渉は持久戦になった 교섭은 지구전이 되었다.

**じきゅう【時給】** 시급, 시간급 ¶時給千円のアルバイトをしている 시간급 천 엔의 아르바이트를 하고 있다. / 時給はいくらですか 시간급은 얼마입니까? / 彼の給料は時給制で支払われている 그의 급여는 시급제로 지불되고 있다. 関連 時給制 시급제

**しきょ【死去】** 사거 ◇死去する 사거하다 ¶1950年死去 1950년 사거 ⇨死亡

**しぎょう【始業】** 시업〔学校の〕개학(開学) ¶始業時間は8時半です 시작하는 시간은 여덟 시 반입니다. 関連 始業式 개학식

**じきょう【自供】** 자백(自白) ◇自供する 자백하다 ¶彼はついに自供した 그는 드디어 자백했다.

## じぎょう【事業】 사업

◆《事業は・事業が》

¶事業はうまくいっている 사업은 잘 되고 있다. / 事業が軌道に乗った 사업이 궤도에 올랐다. / 不況になり事業が振るわなくなった 불황이 되어 사업이 번창하지 않게 되었다.

◆《事業に》

¶彼は新しい事業に乗り出した 그는 새로운 사업에 착수했다. / 父は全財産を新しい事業に注ぎ込んだ 아버지는 전재산을 새로운 사업에 쏟아부었다. / 彼は事業に成功して大金持ちになった 그는 사업에 성공해서 큰 부자가 되었다. / 彼女は事業に失敗してすべてを失った 그녀는 사업에 실패해서 모든 것을 잃었다.

◆《事業を》

¶彼は飲食関係の事業を営んでいる 그는 요식업 관계의 사업을 하고 있다. / 彼は3年前、新しい事業を始めた 그는 3년전에 새 사업을 일으켰다. / 彼女はその事業をゼロから築き上げた 그녀는 그 사업을 제로부터 쌓아 올렸다. / 彼らは少しずつ事業を拡張していった 그들은 조금씩 사업을 확장해 갔다. / 私は父親の事業を受け継いだ 나는

아버지의 사업을 이어받았다. 関連 事業家 사업가〔企業家〕기업가〔実業家〕실업가 / **事業資金** 사업 자금 / **事業所** 사업소 / **事業税** 사업세, 영업세 / **営利事業** 영리 사업 / **救済事業** 구제 사업 / **公共事業** 공공 사업 / **公益事業** 공익 사업 / **慈善事業** 자선 사업 / **社会事業** 사회 사업 / **福祉事業** 복지 사업

**しきょく【支局】** 지국 ¶ソウル支局 서울 지국 関連 **支局長** 지국장

**しきり【仕切り】** 칸막이 ¶部屋の仕切り 방의 칸막이 / 部屋にカーテンで仕切りをした 방에 커튼으로 칸막이를 했다.

**しきりに**〔頻繁に〕〔繰り返し〕계속, 줄곧〔熱心に〕열심히, 몹시 ¶しきりにせがむ 자꾸 조르다 / 私のところにしきりにやって来る 나한테 자꾸 온다. / 事務所にしきりに問い合わせの電話がかかってきた 사무소에 자꾸 문의 전화가 걸려 왔다. / せみがしきりに鳴いている 매미가 줄곧 울고 있다. / 彼女は理由をしきりに知りたがった 그녀는 이유를 자꾸 알고 싶어했다. / 彼女は生命保険に入るようにしきりに勧めた 그녀는 생명 보험에 들라고 계속 권했다.

**しきる【仕切る】** 칸막이하다, 구획하다〔物事を〕도맡아서 처리하다, 지휘하다 ¶牧場を鉄条網で半分に仕切った 목장을 철조망으로 칸막이해서 반으로 나눴다. / 会社는 他の 회사를 도맡아서 일을 처리하다 / その場を仕切る 그 일을 지휘하다

**しきん【資金】** 자금 ¶事業の資金は十分ある 사업 자금은 충분하다. / 資金を調達する 자금을 조달하다 / 資金がない 자금이 없다 / 資金が足りない 자금이 부족하다 / 資金繰りが苦しい 자금 마련이 힘들다 / おじに資金を出してくれるように頼んだ 삼촌에게 자금을 내 달라고 부탁했다. / 計画を実行するために資金を集める必要がある 계획을 실행하기 위해서 자금을 모을 필요가 있다. 関連 **資金源** 자금원 / **資金難** 자금난 / **運転資金** 운전 자금 / **政治資金** 정치 자금 / **選挙資金** 선거 자금

**しきんきょり【至近距離】** 지근 거리 ¶強盗は至近距離から銀行員を撃った 강도는 지근 거리에서 은행원을 쐈다.

**しきんせき【試金石】** 시금석

**しく【敷く】**〔広げる〕펴다 ¶部屋に新しいカーペットを敷いた 방에 새 카펫을 깔았다. / 1872年に日本で初めて新橋・横浜間に鉄道が敷かれた 1872년에 일본에서 처음으로 신바시 요코하마간에 철도가 깔렸다. / 自分の布団は自分で敷きなさい 자기 이불은 자기가 깔아라. / どうぞ座布団をお敷きください 방석을 까십시오. ¶首都に戒厳令が敷かれた 수도에 계엄령이 선포되었다.

**じく【軸】** 축, 굴대 関連 **軸受け** 축받이 / **回転軸** 회전축 / **マッチの軸** 성냥 개비

**しぐさ【仕種】** 하는 짓, 동작, 행동〔振る舞い〕짓〔身振り〕몸짓〔演技〕연기 ¶子供っぽいしぐさ 유치한 짓 / キョンヒのわざとらしいしぐさが気にくわない 경희의 일부러 꾸민 듯한 행동이 마음에 안 든다. / 女の子は母親のしぐさをまねた 여자 아이는 어머니의 몸짓을 흉내냈다. / 彼のおどけたしぐさがみんなを笑わせた 그의 익살스러운 몸짓이 모두를 웃게 했다.

**ジグザグ** 지그재그, 갈지자형 ¶野原に道がジグザグに通っていた 들판에 길이 지그재그로 나 있었다. / 暴走族はその通りをジグザグに進んで行った 폭주족은 그 길을 지그재그로 달려 갔다.

**しくしく** 훌쩍훌쩍 ¶しくしく泣く 훌쩍훌쩍 울다

**じくじく** 질퍽질퍽, 끈적끈적, 질금질금 ¶傷口がうみでじくじくしている 상처가 고름으로 끈적끈적하다.

**しくじる** 실패하다, 실수하다, 그르치다 ¶取引先との打ち合わせに遅れてしくじった 거래처와의 회의에 늦어서 일을 그르쳤다. / 入学試験の英語でしくじった 입시 영어에서 실수했다.

**ジグソーパズル** 지그소 퍼즐, 조각 그림 맞추기

**シグナル** 신호 ¶シグナルを送る 신호를 보내다 ⇒**信号**

**しくはっく【四苦八苦】** 사고팔고 ¶金の工面に四苦八苦している 돈 마련에 온갖 고생을 다하다

**しくみ【仕組み】** 구조, 얼개, 짜임새 ¶社会の仕組み 사회 구조 / 機械の仕組み 기계 구조

**しくむ【仕組む】** 계획하다, 짜다, 꾸미다 ¶完全犯罪を仕組む 완전 범죄를 계획하다

**シクラメン** 시클라멘

**しけ【時化】** ◇しける 바다가 거칠어지다 ¶台風が近づいているため海は大しけだ 태풍이 다가와서 바다는 크게 거칠어졌다. ⇒**時化る**

**しけい【死刑】** 사형 ¶死刑を執行する 사형을 집행하다 / 犯人は死刑に処せられた 범인은 사형에 처해졌다. / 裁判官は被告に死刑を宣告した 법관은 피고에게 사형을 선고했다. / 死刑廃止を主張している人たちもいる 사형 폐지를 주장하는 사람들도 있다. 関連 **死刑囚** 사형수

**しげき【刺激】** 자극 ◇**刺激する** 자극하다 ◇**刺激的だ** 자극적이다

◆**刺激が**

¶毎日の生活にもっと刺激が欲しい 일상 생활에 더욱 자극이 필요하다. / 最近のテレビ番組は子供には刺激が強すぎる 최근 텔레비전 방송은 어린이에게는 너무 자극이 강하다.

◆**刺激の**

¶彼女は刺激のない田舎の生活にうんざりしていた 그녀는 자극이 없는 시골 생활에 질려 있었다. / 台所から何か刺激の強いにおいがする 부엌에서 뭔가 자극이 강한 냄새가 난다.

◆**刺激を**

¶彼女は刺激を求めて東京へ来た 그녀는 짜릿한 것을 찾아서 도쿄에 왔다. / 辛いものは胃に刺激を与えるので食べすぎないほうがいい 매운 것은 위에 자극을 주기 때문에 너무 먹지 않는 편이 좋다. / その本から刺激を受けて私は科学者になった この本から刺激を받아 나는 과학자가 되었다. / 彼の音楽は多くの人に刺激を与えた 그의 음악은 많은 사람에게 자극을 주었다.

◆**刺激と・刺激に**

¶ミンスの若さと活力は私にとって大きな刺激となった 민수의 젊음과 활력은 나에게 있어서 큰 자극이 되었다. / 先生の言葉が刺激となり彼女は韓国に留学することにした 선생님의 말씀이 자극이 되어 그녀는 한국에 유학하기로 했다. / 減税は景気に対する大きな刺激になりうる 감세는 경기에 대해 큰 자극이 될 수 있다.

◆【刺激的】

¶彼の講演はとても刺激的だった 그의 강연은 아주 자극적이었다. / ソウルは刺激的な町だ 서울은 자극적인 도시이다. / それは刺激的なニュースだった 그것은 자극적인 뉴스였다.

◆【刺激する】

¶香辛料は食欲を刺激する 향신료는 식욕을 자극한다. / 友達に刺激されてサッカー部に入った 친구에게 자극받아서 축구부에 들어갔다. / つまらないことで彼を刺激しないほうがいい 사소한 것으로 그를 자극하지 않는 편이 좋다. / この化粧品は肌を刺激しません 이 화장품은 피부를 자극하지 않습니다. / 彼女のかん高い声が彼の神経を刺激した 그녀의 높고 날카로운 목소리가 그의 신경을 자극했다. 関連 刺激剤 자극제 / 刺激臭 자극취 / 刺激物 자극물 / 景気刺激策 경기 자극책

**しげしげ**【繁々】자주, 뻔질나게 [じっくり] 자세히, 찬찬히 ¶私はしげしげとその店に通った 나는 자주 그 가게에 갔다. / 彼はしげしげと私を見つめた 그는 찬찬히 나를 바라보았다.

**しげみ**【茂み・繁み】수풀, 숲

**しける**【時化る】[海が荒れる] 바다가 거칠어지다 [さえない] 시들다 ¶海がしけて波が荒い 바다가 거칠어지고 파도가 거세다.
¶しけた顔をする 시들어 버린 얼굴을 하다

**しける**【湿気る】습기가 차다, 눅눅하다 ¶しけた部屋 습기가 찬 방 / このクッキー、しけてるよ 이 쿠키, 눅눅해.

**しげる**【茂る・繁る】우거지다, 무성하다 ¶青葉が茂る 푸른 잎이 우거지다 / 草木が生い茂っている 초목이 무성하다. / 庭には雑草が茂っていた 정원에는 잡초가 무성하 있었다. / 森は高い木がうっそうと茂っている 숲에는 높은 나무가 울창하게 우거져 있다. / 並木道のいちょうの葉が青々と茂っている 가로수길의 은행잎이 새파랗게 우거져 있다.

**しけん**【試験】❶ [問題を出して答えさせる試験] 시험

[基本表現]

▷あす数学の試験がある
내일 수학 시험이 있다.
▷きのう英語の試験を受けた
어제 영어 시험을 봤다.
▷大学の入学試験に受かった[落ちた]
대학 입학시험에 붙었다[떨어졌다].
▷この問題は次の試験に出るよ
이 문제는 다음 시험에 나올 거다.

◆【来週から中間試験は】

¶来週から中間試験が始まる 다음주부터 중간고사가 시작된다. / 期末試験は体育を除いた全教科だ 기말 시험은 체육을 뺀 전과목이다. / 英語と数学と生物の試験を受けた 영어와 수학과 생물 시험을 보았다. / あすで試験は終わりだ 내일로 시험은 끝난다. / きのうの試験は難しかった[簡単だった] 어제 시험은 어려웠다[간단했다].

会話 試験はいつ
A : 国語の試験はいつだっけ
B : あさってだよ
A : 국어 시험은 언제였지?
B : 모레야.
A : きょうの試験はよくできたかい
B : いや、全然だめだった
A : 오늘 시험은 잘 봤어?
B : 아니, 완전히 엉망이었어.
A : 入社試験はどうだった
B : まあまあってとこかな
A : 입사 시험은 어땠어?
B : 그럭저럭 봤어.

◆【試験の】

¶試験の結果が気になる 시험 결과가 걱정된다. / 試験の採点にはかなり時間がかかる 시험 채점에는 꽤 시간이 걸린다. / 今度の試験の範囲はどこですか 이번 시험 범위는 어디입니까?

◆【その他】

¶歴史の試験で90点取った 역사 시험에서 90점 받았다. / 試験でカンニングしたことあるかい 시험에서 커닝한 적 있어? / 徹夜で試験勉強をした 철야로 시험 공부를 했다.

❷ [性質や能力を試すこと] 시험 [実験] 실험
◇試験する 시험하다 ¶彼を試験的に1か月雇ってみることにしよう 그 사람을 시험적으로 한 달 고용해 보기로 하자. / この新薬はまだ試験段階だ 이 신약은 아직 시험 단계이다. / この新しいコンピュータの性能を試験してみよう 이 새로운 컴퓨터의 성능을 시험해 보자. 関連 試験科目 시험 과목 / 試験官 시험관 / 試験監督 시험 감독 / 試験場 시험장 / 試験日 시험날 / 試験問題 시험 문제 / 試験用紙 시험지 / 一次試験 일차 시험 / 二次試験 이차 시험 / 学年末試験 학년말 시험 [고사] / 学力試験 학력 시험 / 期末試験 기말 시험 [고사] / 口述試験 구두 시험 / 公務員試験 공무원 시험 / 国家試験 국가시험 / 資格試験 자격 시험 / 実技試験 실기 시험 / 司法試験 사법 시험 / 就職試験 취직 시험 / 昇進試験 승진 시험 / 中間試験 중간고사 / 追試験 추가 시험, 추시 / 適性試験 적성 검사 / 筆記試験 필기시험 / 面接試験 면접 시험 / 模擬試験 모의시험
⇒テスト

**しげん**【資源】자원 ¶資源が豊富だ 자원이 풍부하다. / 資源を開発する 자원을 개발하다 / 人的資源を確保する 인적 자원을 확보하다 / 地下資源を利用する 지하자원을 이용하다 / 日本は天然資源に乏しい 일본은 천연자원이 부족하다.

**じけん**【事件】사건 (▶発音は さけん) ¶異常な事件が次々と起こる 이상한 사건이 계속 일어난다. / 最近うちの近所で子供が犬にかまれるという事件があった 최근 집 근처에서 아이가 개에게 물리는 사건이 있었다. / 事件のくわしくなる 사건이 밝혀지다 / 事件がうやむやになる 사건이 흐지부지되다 / 事件を起こす 사건을 일으키다 / 彼らはその事件をもみ消そうとした 그들은 그

じげん

사건을 숨기려고 했다. / 警察は市長の汚職事件を捜査している 경찰은 시장의 독직 사건을 조사하고 있다. / その殺人事件は記憶に新しい 그 살인 사건은 기억에 새롭다. / 彼女はその事件とは何の関係もない 그녀는 그 사건과는 아무런 관계도 없다. / この事件の解決にはかなり時間がかかった 이 사건의 해결에는 꽤 시간이 걸렸다. / 芸能人の恋愛事件には興味がない 연예인의 연애 사건에는 관심이 없다. 関連 刑事事件 형사 사건 / 傷害事件 상해 사건 / 盗難事件 도난 사건 / 誘拐事件 유괴 사건

じげん【次元】차원 ¶4次元の世界 4차원의 세계 / 次元の低い話 차원 낮은 이야기 / 彼が言っていることはこの問題とまったく次元が異なる 그가 말하고 있는 것은 이 문제와 전혀 차원이 다르다.

じげん【時限】시한, 기한(期限) [授業時間] 교시 ¶1時限目の授業は国語だ 1교시 수업은 국어다. / 3時限目は休講だった 3교시는 휴강이었다. 関連 時限スト 시한부 파업 / 時限装置 시한 장치 / 時限爆弾 시한폭탄

しけんかん【試験管】시험관 関連 試験管ベビー 시험관 아기

しご【死後】사후 ¶その作家の作品は死後10年たって出版された 그 작가의 작품은 사후 10년 지나서 출판되었다. / その女性の死体は死後1か月経過していた 그 여자의 시체는 사후 한 달을 경과했었다. / 死後の世界 사후의 세계

しご【死語】사어【廃語】폐어

しご【私語】사담(私談), 잡담(雑談) ¶私語はつつしんでください 사담[잡담]은 삼가 주세요.

じこ【事故】사고

基本表現
▶交通事故に遭った 교통사고를 만났다.
▶近所で大きな事故が起こった
　근처에서 큰 사고가 일어났다.
▶自転車でちょっとした事故を起こした
　자전거로 조그마한 사고를 일으켰다.
▶彼はその事故で大けがをした
　그 사람은 그 사고로 큰 부상을 입었다.
▶注意すればほとんどの事故は防ぐことができる
　주의하면 거의 모든 사고는 방지할 수가 있다.

¶事故が起こったらすぐ知らせてください 사고가 일어나면 바로 알려 주세요. / 子供のいたずらがあのような大きな事故の引き金になった 아이의 장난이 그런 큰 사고의 계기가 되었다. / 不注意が悲惨な事故を引き起こす 부주의가 비참한 사고를 일으킨다. / 不慮の事故に遭う 뜻밖의 사고를 만나다 / 警察が事故現場に出動した 경찰이 사고 현장으로 출동했다. / 車の衝突事故で4人が死亡した 차의 충돌 사고로 네 명이 사망했다. 関連 事故死 사고사 / 事故多発地帯 사고 다발 지대 / 事故通報システム 사고 통보 시스템 / 事故防止 사고 방지 / 海難事故 해난 사고 / 人身事故 인신 사고 / 接触事故 접촉 사고 / 鉄道事故 철도 사고 / 飛行機事故 비행기 사고 / 落盤事故 낙반 사고

じこ【自己】자기 ¶日記は自己を見つめるのに役立つ 일기는 자기를 돌아보는 데 도움이 된다. / 費用は自己負担になります 비용은 자기 부담이 됩니다. / 彼女は自己嫌悪に陥っている 그녀는 자기혐오에 빠져 있다. / 彼は自己顕示欲が強い 그는 자기 현시욕이 세다. / 自己暗示にかかる 자기 암시에 걸리다 / 自己紹介する 자기소개를 하다 / 自己批判する 자기비판을 하다 / 自己弁護する 자기 변호를 하다 関連 自己犠牲 자기희생 / 自己欺瞞 자기기만 / 自己資金 자기 자금 / 自己資本 자기 자본 / 自己主張 자기주장 / 自己中心 자기중심 / 自己破産 자기 파산 / 自己反省 자기반성 / 自己満足 자기만족 / 自己矛盾 자기모순

じご【事後】사후 ¶問題の事後処理はうまくいった 문제의 사후 처리는 잘 해결되었다. / 先生には事後承諾を得ることにした 선생님에게는 사후 승낙을 받기로 했다. / 事後報告 사후 보고를 하다

しこう【思考】사고 ◇思考する 사고하다 ¶思考が止まる 사고가 멎다 / 疲れると思考力が落ちてくる 피곤하면 사고력이 떨어진다.

しこう【施行】시행 ◇施行する 시행하다 ¶法律を施行する 법률을 시행하다 / この法律は来月から施行される 이 법률은 다음달부터 시행된다.

しこう【歯垢】치석(歯石)

しこう【嗜好】기호 ¶そばは多くの日本人の嗜好に合う 소바[메밀국수]는 많은 일본인의 기호에 맞는다. 関連 嗜好品 기호품

じこう【事項】사항 [項目] 항목 ¶特記事項なし 특기 사항 없음 関連 関連事項 관련 사항 / 注意事項 주의 사항 / 調査事項 조사 사항

じこう【時候】절후(節候), 절기(節気), 기후(気候) ¶時候のあいさつをする 절기 인사를 하다

じこう【時効】시효 ¶その事件はあすで時効が成立する 그 사건은 내일로 시효가 성립한다. / そんな古い話はもう時効だ 그런 오래된 이야기는 벌써 시효다. 関連 時効停止 시효 정지

じごう【次号】차호, 다음 호 ¶次号の予告 차호의 예고 / 次号へ続く 다음 호에 계속하다 / 以下次号 이하 차호

しこうさくご【試行錯誤】시행착오 ¶試行錯誤を重ねてやっと成功した 시행착오를 거듭한 끝에 겨우 성공했다.

じごうじとく【自業自得】자업자득 ¶彼が進級できなかったのは自業自得だ 그가 진급하지 못한 것은 자업자득이다.

しごき【扱き】기합(気合), 호된 훈련 ¶しごきに耐える 기합에 버티다 / 部活でのしごきが問題となった 클럽 활동에서의 기합이 문제가 되었다.

しごく【扱く】기합을 넣다, 호되게 훈련하다, 호된 훈련을 가하다 ¶彼は新入部員をしごいた 그는 신입 부원을 호되게 훈련시켰다. / 柔道部の新入部員たちは先輩にたっぷりしごかれた 유도부의 신입 부원들은 선배에게 단단히 기합받았다.

しごく【至極】지극히, 더없이 ¶彼女がそう言ったのは至極もっともだ 그녀가 그렇게 말한 것은 지극히 당연한 일이다. / まったく迷惑至極だ 참

으로 귀찮기 그지없다.

**じこく**【時刻】시각 ¶彼はユナとの約束の時刻に遅れた 그는 유나와의 약속 시각에 늦었다. / 電車は時刻どおり着いた 전철은 정각에 도착했다. / もう帰る時刻だ 벌써 돌아갈 시각이다. / 出発[到着]時刻が1時間遅れた 출발[도착]시각이 한 시간 늦어졌다. / 彼女はいつもちょうどよい[早い, 遅い]時刻に訪ねてくる 그녀는 항상「딱 좋은[빠른, 늦은] 시각에 찾아온다.
[関連] 時刻表 시각표, 시간표

**じこく**【自国】자국, 자기 나라 [関連] 自国語 자국어, 자기 나라 말 / 自国民 자국민

**じごく**【地獄】지옥 ¶被災地の光景はまさにこの世の地獄だった 피해지의 풍경은 마치 이 세상의 지옥이었다. / 借金を返すのに地獄の苦しみを味わった 빌린 돈을 갚는 데 지옥의 괴로움을 맛보았다. / おまえなんか地獄に落ちろ 너 같은 놈 지옥에 떨어져라. / 彼女には地獄耳だ 그녀는 귀가 밝다. [慣用句] 地獄で仏とは彼のことだ 지옥에서 부처님이란 그를 뜻한다. / 地獄の沙汰も金次第 돈만 있으면 귀신도 부릴 수 있다. [関連] 生き地獄 생지옥 / 受験地獄 수험 지옥, 입시 지옥 / 通勤地獄 통근 지옥, 교통 지옥

**しごせん**【子午線】자오선

**しこたま** 잔뜩, 왕창 ¶彼は競馬でしこたまもうけた 그는 경마에서 왕창 벌었다. ⇨たくさん

**しごと**【仕事】일 [作業] 작업 [職業] 직업 [労働] 노동 [商売] 장사 [任務] 임무

[基本表現]
▷「お仕事は何ですか」「銀行員です」
"무슨 일을 하십니까?" "은행원입니다."
▷今は仕事がない 지금은 일이 없다.
▷私は仕事を探している 나는 일을 찾고 있다.
▷父はマスコミ関係の仕事についている
아버지는 매스컴 관계의 일을 하신다.
▷去年仕事をやめた
작년에 일을 그만두었다.

◆《仕事が・仕事は》
¶やっと仕事が終わった 드디어 일이 끝났다. / 彼女は仕事がよくできる 그녀는 일을 잘 한다. / まいった, あの書類がないと仕事にならない 큰일 났다. 그 서류가 없으면 일이 안 돼. / 仕事がつかえている 일이 밀려 있다. / 仕事がはかどらない 일이 잘 진척되지 않는다. / 母のことが心配で仕事に手がつかない 어머니가 걱정되어서 일이 손에 잡히지 않는다. / 彼は仕事が雑だ[ていねいだ] 그는 일을 대충[정성껏] 한다. / 彼女は仕事が速い[遅い] 그녀는 일이 빠르다[느리다].

¶もっと楽な仕事はないかなあ 더욱 편한 일은 없을까? / 「仕事は何時に終わりますか」「6時です」"일은 몇 시에 끝납니까?" "여섯 시입니다."

◆《仕事に》
¶さあ, 仕事にかかろう 자 일을 시작하자. / 父はもう仕事に出かけた 아버지는 벌써 일을 보러 나갔다. / 私は貿易関係の仕事にかかわっている 나는 무역 관계의 일에 종사한다. / 毎日毎日仕事に追われている 매일매일 일에 쫓기고 있다.

◆《仕事で・仕事だ》

¶あす仕事で札幌へ行きます 내일 일로 삿포로에 갑니다. / 最近仕事で疲れているんだ 최근 일로 피곤해. / 小さな子供の世話というのはたいへんな仕事だ 어린 아이를 돌보는 것은 아주 힘든 일이다.

◆《仕事を》
¶仕事を片付ける 일을 처리하다 / 私は仕事を変えようと考えている 나는 일을 바꾸려고 생각하고 있다. / 体調が悪かったので仕事を休んだ 몸이 안 좋아서 일을 쉬었다. / 子供が病気なのできょうは仕事を休まなければならない 아이가 아파서 오늘은 일을 쉬어야 된다. / 途中で仕事を投げ出してはだめだ 도중에 일을 내던져서는 안 된다. / きょうはこれで仕事を切り上げよう 오늘은 이것으로 일을 끝내자. / 週末は仕事を家に持って帰らなければならない 주말에는 일을 집에 가지고 가지 않으면 안 된다. / 日曜日も仕事をしているのかい 일요일도 일을 하고 있는 거야? / この仕事を引き受けてくれないかな 이 일을 맡아 주지 않을래? / 彼はデザインの仕事をやっている 그는 디자인 일을 하고 있다. / 彼女は通訳の仕事をやっています 그 여자는 통역 일을 하고 있습니다.

◆《その他》
¶山口さんは仕事の鬼だ 야마구치 씨는 일에 몰두하는 사람이다. / 仕事の帰りに買い物をした 퇴근길에 쇼핑을 했다. / おじが経理の仕事の口を見つけてくれた 삼촌이 경리 일을 찾아 주셨다. / その仕事のけりはいつつくんだい この 일은 언제 마무리 지을 거야? / 今仕事中です 지금 일하는 중입니다. / 彼女はよく仕事中に居眠りをしている 그 여자는 일하는 중에 자주 존다. [関連] 仕事着 작업복 / 仕事場 작업장(작업義) / 職場(職場) / 仕事部屋 작업실 / 仕事量 작업량 / 手仕事 수공(手工) / 針仕事 바느질 / 水仕事〔食事の後片付け〕설거지〔洗濯〕빨래 / 野良仕事 들일 (▶発音は「ら」)

**しこみ**【仕込み】¶彼の韓国料理の腕は本場仕込みだ 그 사람의 한국 요리 솜씨는 본고장에서 익힌 것이다.

**しこむ**【仕込む】〔教える〕가르치다〔訓練する〕훈련하다 ¶猿に芸を仕込むのは簡単ではない 원숭이에게 재주를 가르치는 것은 간단한 일이 아니다.

**しこり**【凝り】〔はれ物〕응어리〔腫瘍〕종양〔感情の〕응어리 ¶しこりができる 응어리가 생기다 / 胸に小さなしこりがある 가슴에 작은 응어리가 있다. / ようやく心のしこりが取れた 겨우 마음의 응어리가 풀렸다. / 互いの誤解が彼らの心にしこりを残した 서로의 오해가 그들의 마음에 응어리를 남겼다.

**じこりゅう**【自己流】자기류〔我流〕아류 ¶私は自己流で絵を描いている 나는 자기류로 그림을 그리고 있다.

**しさ**【示唆】시사〔ヒント〕힌트 ◇示唆する 시사하다 ¶彼は私にさりげなく示唆を与えた 그는 나에게 아무 일도 아닌 듯이 힌트를 주었다. / 彼の言葉は示唆に富んでいた 그 말은 시사하는 바가 많았다. / 医者は妻ががんかもしれないことを示唆した 의사는 아내가 암일지도 모른다고 시사했다.

**じさ【時差】** 시차 ¶東京と北京との時差は1時間ある 도쿄와 베이징과의 시차는 한 시간이다. / ラッシュアワーを避けるため時差通勤している 러시아워를 피하기 위해 시차 통근을 하고 있다. / まだ時差ぼけが治っていない 아직 시차 적응이 안 되고 있다.

**しさい【司祭】** 사제

**しざい【私財】** 사재 ¶彼は私財を投じて村に病院を建設した 그는 사재를 들여서 마을에 병원을 건설했다.

**しざい【資材】** 자재 관련 建築資材 건축 자재

**じざい【自在】** 자재 ¶彼女は3か国語を自由自在に操ることができる 그녀는 3개국어를 자유자재로 구사할 수 있다.

**しさく【思索】** 사색 ◇思索する 사색하다 ¶私はしばらくの間、思索にふけった 나는 잠시 동안 사색에 잠겼다. 관련 思索家 사색가

**しさく【試作】** 시작 ¶何度も試作を繰り返した 몇 번이나 시작을 거듭했다. / 新車を試作した 새 차를 시작했다. 관련 試作品 시작품

**じさく【自作】** 자작 ◇自作する 자작하다 ¶彼は自作の詩を朗読した 그는 자작시를 낭독했다. / 彼はその映画を自作自演した 그는 자신이 만든 영화에 자신이 출연했다. / 自作の曲 자작곡 관련 自作農 자작농

**じざけ【地酒】** 토속주 (土俗酒), 토주 (土酒), 그 지방의 술

**しさつ【視察】**〔観察〕관찰 ◇視察する 시찰하다 ¶首相は地震の被害を視察するために現地を訪れた 수상은 지진의 피해를 시찰하기 위해서 현지를 방문했다. 관련 視察団 시찰단 / 外国視察 외국 시찰

**じさつ【自殺】** 자살 ◇自殺する 자살하다 ¶彼女が自殺したなんて信じられない 그 여자가 자살했다니 믿을 수가 없다. / 彼は自室で自殺を図った 그는 자기 방에서 자살을 꾀했다. / 警察は彼の死を自殺とみなした 경찰은 그의 죽음을 자살이라고 간주했다. / 男がビルの屋上から飛び降り自殺をしようとしていた 남자가 빌딩 옥상에서 떨어져 자살을 하려고 했었다. / 酔って線路を歩くなんて自殺行為だ 술취해서 선로를 걷다니 자살 행위다. / 自殺者はこの数年増えつつある 자살자는 이 몇 년 동안 계속 늘어나 있다. 관련 自殺未遂 자살 미수 / 集団自殺 집단 자살

**しさん【試算】** 시산 ◇試算する 시산하다 ¶必要経費を試算する 필요 경비를 시산하다

**しさん【資産】** 자산 〔財産〕재산 ¶事業に失敗して資産をほとんど失った 사업에 실패해서 자산을 거의 잃었다. / 国会議員の資産が公開された 국회의원의 자산이 공개되었다. 관련 資産家 자산가 / 個人資産 개인 자산 / 固定資産 고정 자산 / 無形資産 무형 자산 / 流動資産 유동 자산 / 有形資産 유형 자산

**しざん【死産】** 사산 ¶彼女の子供は死産だった 그녀의 아이는 사산이었다.

**じさん【持参】** 지참 ◇持参する 지참하다 ¶弁当を持参する 도시락을 지참하다 / 筆記用具を持参してください 필기용구를 가져와 주세요.

관련 持参金 지참금

**しし【獅子】** 사자 관련 獅子舞い 사자무, 사자춤

**しじ【指示】** 지시 ◇指示する 지시하다 ¶彼は指示に従って用紙に書き込んだ 그는 지시에 따라 용지에 기입했다. / 彼が説明してくれた指示に従った 그가 설명해 준 지시에 따랐다. / その件については上司の指示を仰いだほうがいい 그 건에 대해서는 상사의 지시를 따르는 게 좋다.

¶主将は味方に攻撃を指示した 주장은 자기편에게 공격을 지시했다. / 医者は毎食後にその薬を飲むよう指示した 의사는 식후마다 그 약을 먹도록 지시했다. / 先生は生徒たちに体育館に集まるよう指示した 선생님은 학생들에게 체육관으로 모이도록 지시했다. / 指示されたとおりに行う 지시대로 하다

**しじ【支持】** 지지 ◇支持する 지지하다 ¶級友の支持を受けて彼は生徒会長に立候補した 급우의 지지를 받아 그는 학생회장에 입후보했다. / その俳優は女性の間に熱狂的な支持を得ている 그 배우는 여성들 사이에 열광적인 지지를 얻고 있다. / 現在の内閣はすでに国民の支持を失っている 현재의 내각은 이미 국민의 지지를 잃었다. / 私たちはその計画を強く支持した 우리는 그 계획을 강하게 지지했다. / その提案はあまり支持されていない 그 제안은 별로 지지를 못 받고 있다. / 選挙では野党の候補者を支持します 선거에서는 야당의 후보자를 지지합니다. / 首相の支持率は最近少しだけ上がった 수상의 지지율은 최근에 조금 올랐다. / このテレビ番組の支持層は主に若者だ 이 텔레비전 프로의 지지층은 주로 젊은이다. 관련 支持者 지지자

**じじ【時事】** 시사 관련 時事解説 시사 해설 / 時事問題 시사 문제

**ししざ【獅子座】** 사자자리 ¶獅子座生まれの人 사자자리 태생의 사람

**ししつ【資質】** 자질 ¶彼は画家としてすぐれた資質がある 그는 화가로서 뛰어난 자질이 있다. / 彼女はすぐれたバイオリニストになる資質がある 그녀는 뛰어난 바이올리니스트가 될 자질이 있다.

**しじつ【史実】** 사실

**じじつ【事実】** 사실〔真実〕진실
◆《事実は・事実が》
¶社長が病気だという事実はだれにも知られていない 사장이 병에 걸렸다는 사실은 누구에게도 알려지지 않았다. / 調査の結果、そのような事実はないことが判明した 조사한 결과, 그런 사실은 없다고 판명되었다. / 彼が法律を犯したという事実は否定できない 그 사람이 법률을 어겼다는 사실은 부정 못한다.

◆《事実を》
¶事実をありのままに述べたほうがよい 사실을 있는 그대로 말하는 게 좋다. / 彼の小説は事実をもとにしている 그의 소설은 사실을 바탕으로 하고 있다. / 事実を確認しましたか 사실을 확인했습니까? / あなたは事実を隠しているのではないですか 당신은 사실을 감추고 있는 것은 아닙니까? / たとえ友人のためとはいえ、事実を曲げることはできない 비록 친구를 위한다고 해도 사실을 왜곡할

◆【事実に・事実と】

¶目撃者の証言は一連の事実と符合する 목격자의 증언은 일련의 사실과 부합한다. / 事実に目を向けるべきだ 사실에 눈을 돌려야 한다. / 彼女の話は事実に反している コ 여자의 이야기는 사실에 반하고 있다. / 事実に照らしてみると彼の言ったことは信頼できる 사실에 비추어 보면 그 사람이 말한 것은 신뢰할 수 있다.

◆【その他】

¶彼女がプロ野球選手と付き合っているといううわさは事実だった 그녀가 프로 야구 선수와 사귀고 있다는 소문은 사실이었다. / それは明白な事実だ 그것은 명백한 사실이다. / 既成の事実 기성 사실 / 驚くべき事実 놀랄 만한 사실 / 注目すべき事実 주목할 만한 사실 / 確かな事実 확실한 사실 / 周知の事実 주지의 사실 / 知られざる事実 알려지지 않은 사실 / 歴史上の事実 역사상의 사실 / 冷厳な事実 냉엄한 사실 / 否定しがたい事実 부정하기 힘든 사실

¶事実上の指導者は彼ではない 사실상의 지도자는 그 사람이 아니다. / 彼は事実上の指導者だ 그는 사실상의 지도자다. / 「おまえが物を盗んだという話だぞ」「とんでもない. 事実無根です」 "네가 물건을 훔쳤다는 이야기다." "엉터리같은 소리. 사실무근이다. [慣用句]事実は小説より奇なり 사실은 소설보다 진기하다.

**しじみ**【蜆】 가막조개

**ししゃ**【支社】 지사 [関連]支社長 지사장

**ししゃ**【死者】 사자, 사망자 ¶毎年交通事故で多数の死者がでている 매년 교통사고로 많은 사망자가 나오고 있다. / 火事の犠牲者は死者 2 名, 負傷者30名にのぼった 화재의 희생자는 사망자 두 명, 부상자 30명에 달했다. / あれだけの大事故だったにもかかわらず, 幸い一人の死者もでなかった 그렇게 큰 사고였는데도 불구하고 다행히 한 명의 사망자도 없었다. / 死者の数 사망자 수

**ししゃ**【使者】 사자 ¶使者を派遣する 사자를 보내다[파견하다]

**ししゃ**【試写】 시사 ¶試写会を行う 시사회를 열다 / 映画の試写会に行く 영화의 시사회를 가다

**ししゃく**【子爵】 자작 [関連]子爵夫人 자작 부인

**じしゃく**【磁石】 자석 [羅針盤] 나침반 [関連]棒磁石 막대자석

**ししゃごにゅう**【四捨五入】 사사오입, 반올림 ◇四捨五入する 사사오입하다, 반올림하다 ¶5.26を四捨五入すると5.3になる 5.26을 사사오입하면 5.3이 된다.

**じしゅ**【自主】 자주 ◇自主的な 자주적인[自発的な] 자발적인 ¶彼らは自主性に欠けている 그들은 자주성이 부족하다. / 輸出の自主規制に踏み切る 수출의 자주 규제를 단행하다 / 来年に向けて自主トレーニングを行う 내년을 위해 자발적으로 트레이닝을 하다 / 私たちは自主的な環境保護活動を続けている 우리는 자주적인 환경 보호 활동을 계속하고 있다. / 自主的な判断 자주적인 판단

**じしゅ**【自首】 자수 ◇自首する 자수하다 ¶警察に自首したほうがいい 경찰에 자수하는 게 좋다.

**ししゅう**【刺繍】 자수, 수 ◇刺繍する 자수하다, 수를 놓다 ¶彼女はテーブルクロスにきれいな花を刺繍した 그녀는 테이블 클로스에 예쁜 꽃을 자수했다. [関連]刺繍糸 자수실

**ししゅう**【詩集】 시집 ¶詩集を編む 시집을 엮다

**しじゅう**【四十】 사십, 마흔 ¶40歳 사십 세, 마흔 살 / 40代の人 40대의 사람 ⇒四十(しじゅう)

**しじゅう**【始終】 시종 [いつも] 항상, 언제나 [しょっちゅう] 자주 ¶始終笑いながら話す 시종 웃으면서 이야기하다 / あの子は家にいると始終テレビばかり見ている 걔는 집에 있으면 시종 텔레비전만 본다. / 最近は始終物忘れをする 요즘은 건망증이 심하다. / 一部始終 자초지종(自初至終)

**しじゅう**【次女】 내주, 다음 주, 차주

**じしゅう**【自習】 자습 ◇自習する 자습하다 [関連]自習時間 자습 시간 / 自習室 자습실

**しじゅうそう**【四重奏】 사중주 [関連]弦楽四重奏 현악 사중주

**じしゅく**【自粛】 자숙, 자제(自制) ◇自粛する 자숙하다, 자제하다 ¶営業を自粛する 영업을 자숙하다 / 最近は酒を自粛している 요즘은 술을 자제하고 있다.

**ししゅつ**【支出】 지출(↔収入) ◇支出する 지출하다 ¶支出が増える 지출이 늘다 / 支出を減らす 지출을 줄이다 / 支出が収入を超えないように気をつけている 지출이 수입을 넘지 않도록 조심하고 있다. / 支出を抑える 지출을 억제하다 / 収入と支出のバランスを保つ 수입과 지출의 밸런스를 유지하다 / 支出の内訳を示す 지출 내역을 제시하다

¶車のガソリン代に毎月１万円支出している 차 기름 값으로 매달 만 엔 지출하고 있다. / 国は地震の災害復旧に多額の支出をした 국가는 지진의 피해 복구에 많은 금액을 지출했다. [関連]支出額 지출액 / 支出明細書 지출 명세서

**ししゅんき**【思春期】 사춘기 ¶思春期に入る 사춘기에 들어가다 / 娘ももう思春期だ 딸도 이제 사춘기다. / 思春期の子供たち 사춘기의 아이들

**ししょ**【司書】 사서 [関連]図書館司書 도서관 사서

**ししょ**【支所】 지소

**じしょ**【子女】 [関連]帰国子女 외국에서 생활하다 돌아온 아이들, 귀국 학생

**じしょ**【辞書】 사전(辞典) ¶辞書を引く 사전을 찾다 / 辞書を引いて 말 という単語を探した 사전을 찾아서 말이라는 단어를 찾았다. / 知らない単語が出てきたら辞書を引きなさい 모르는 단어가 나오면 사전을 찾아요. / 私たちは韓国語の新しい辞書を編集している 우리는 한국어 새 사전을 편집하고 있다. / この単語は辞書にも載っていない 이 단어는 사전에도 나오지 않는다. / この英語の本だったら辞書なしで読めるよ 이 영어 책이라면 사전이 없어도 읽을 수 있다. / 辞書と首っ引きで韓国の小説を原文で読んだ 사전을 항상 참고하며 한국 소설을 원문으로 읽었다.

**じしょ**【地所】 땅, 토지(土地)

**じじょ**【次女】 차녀, 둘째 딸 ¶わが家の次女 우리 집의 둘째 딸

**ししょう【支障】** 지장〔障害〕장애 ¶支障が出る지장이 생기다 / マスコミの取材が捜査の支障となった 매스컴의 취재가 수사의 지장이 되었다. / 資金不足のせいで計画に支障をきたした 자금 부족 때문에 계획에 지장이 생겼다. / その行事は何の支障もなく執り行われた 그 행사는 아무런 지장도 없이 집행되었다.

**ししょう【死傷】** 사상 ◇死傷する 사상하다
¶地震で多くの死傷者が出た 지진으로 많은 사상자가 났다. / ガス爆発による死傷者は200人以上に上ったガス 폭발에 의한 사상자는 2백 명 이상이 되었다. / 死傷者数 사상자수

**ししょう【師匠】** 스승

**しじょう【史上】** 사상, 역사상 ¶それは史上初の有人宇宙飛行だった 그것은 사상 최초의 유인 우주비행이었다. / 史上最大の建造物 사상 최대의 건조물 / 史上まれに見る事件 역사상 보기 드문 사건

**しじょう【市場】** 시장 ¶市場を開拓する 시장을 개척하다 / 日本は米市場を部分的に開放することを決定した 일본은 쌀 시장을 부분적으로 개방하기로 결정했다. / 中国製品が大量に市場に出回っている 중국 제품이 대량으로 시장에 나돌고 있다. / わが社は最近新製品を市場に出した 우리 회사는 최근 신제품을 시장에 냈다.
¶中国は色々な製品の有望な市場とみなされている 중국은 여러 가지 제품의 유망한 시장이라고 간주되고 있다. / 彼らはコンピュータ市場の独占を図った 그들은 컴퓨터 시장의 독점을 꾀했다. / 日本銀行は円相場を支えるために外国為替市場に介入した 일본은행은 엔 시세를 지탱하기 위해 외환 시장에 개입했다. 関連 **市場経済** 시장 경제 / **市場調査** 시장 조사 / **市場占有率** 시장 점유율 / **国内市場** 국내 시장 / **海外市場** 해외 시장 / **株式市場** 주식 시장

**しじょう【私情】** 사정 ¶私情に走る 사정에 치우치다 / 仕事に私情をさしはさむべきではない 일에 사정을 개입시키지 말아야 한다.

**しじょう【紙上】** 지상〔紙面〕지면 ¶企業買収の話題が新聞紙上をにぎわせている 기업 매수의 화제가 신문 지상을 떠들썩하게 하고 있다. / 法案の詳細を紙上で公表する 법안의 상세를 신문 지상에 공표하다. 関連 **紙上討論** 지상 토론

**しじょう【詩情】** 시정 ¶詩情豊かな作品 시정 풍부한 작품

**しじょう【誌上】** 지상 ¶本誌8月号の誌上に掲載された記事 본지 팔월호의 지상에 게재된 기사

**じしょう【自称】** 자칭 ◇自称する 자칭하다
¶彼は芸術家を自称している 그는 예술가를 자칭하고 있다. / 自称弁護士 자칭 변호사

**じじょう【自乗】** 제곱, 자승(▶자승은 古い用語) ◇自乗する 제곱하다 ¶4の自乗は16だ 4의 제곱은 16이다.

# **じじょう【事情】** 사정〔理由〕이유
◆**〔事情が・事情は〕**
¶「大阪に引っ越すんだってね」"오사카로 이사 간다며?" "응, 좀 사정이 있어서." / どんな事情があってもうそをついてはいけない 어떤 사정이 있어도 거짓말을 해서는 안 된다. / 事情が許せば来月韓国に行きます 사정이 허락한다면 다음달 한국에 갑니다. / 日本と韓国では事情が違う 일본과 한국하고는 사정이 다르다. / 事情はわからないけど、彼は会社をやめたらしい 사정은 모르겠지만 그 사람은 회사를 그만둔 모양이다. / 東京の住宅事情はひどい 도쿄의 주택 사정은 말이 아니다.
◆**〔事情を〕**
¶事情を打ち明ける 사정을 털어놓다 / 事情を詳しく説明してください 사정을 자세히 설명해 주세요. / 詳しい事情を知っている人はいませんか 자세한 사정을 아는 사람은 없습니까?
◆**〔事情に〕**
¶彼は政界の事情に通じている 그 사람은 정계 사정에 밝다.
◆**〔事情で〕**
¶そういう事情で彼女は来られなかったのです 그런 사정으로 그 여자는 못 왔어요. / 家庭の事情で私は祖父母に育てられました 가정 사정으로 나는 조부모 밑에서 컸습니다. / やむを得ない事情でその会議には出席できません 어쩔 수 없는 사정으로 내일 회의에는 참석 못합니다. 関連 **事情聴取** 사정 청취 / **事情通** 사정에 밝은 사람 / **国際事情** 국제 사정 / **国内事情** 국내 사정 / **食糧事情** 식량 사정

**ししょく【試食】** 시식 ◇試食する 시식하다 関連 **試食会** 시식회 / **試食品** 시식품

**じしょく【辞職】** 사직 ◇辞職する 사직하다
¶辞職を表明する 사직을 표명하다 / 辞職を勧告する 사직을 권고하다 / あす辞職願いを出すつもりだ 내일 사표를 낼 예정이다. / その政治家は収賄容疑の責任を取って辞職した 그 정치가는 뇌물 수수 혐의의 책임을 지고 사직했다. 関連 **内閣総辞職** 내각 총사직

**じじょでん【自叙伝】** 자서전

**ししょばこ【私書箱】** 사서함

**ししん【指針】** 지침 ¶この本から人生の指針を得ることができた 이 책에서 인생의 지침을 얻을 수 있었다.

**しじん【詩人】** 시인

# **じしん【地震】** 지진
◆**〔地震が・地震は〕**
¶近ごろひんぱんに地震がある 최근 빈번히 지진이 일어난다. / 強い地震がこの地方一帯を襲った 강한 지진이 이 지방 일대를 덮쳤다. / 地震が房総沖の海底で発生した 지진이 보소 반도 앞바다의 해저에서 발생했다. / ややや弱い地震が感じられた今朝早く약한 지진이 느껴졌다. / きのう震度3の地震があった 어제 진도 3의 지진이 있었다. / 「地震はどのくらいひどかったですか」「とても大きかったの」 "지진은 어느 정도 심했습니까?" "아주 컸어." / 「地震はどのくらい続きましたか」「2分ぐらいです」 "지진은 어느 정도 계속되었습니까?" "2분 정도입니다."
◆**〔地震の〕**
¶地震の時はあわてて家の外へ飛び出してはいけない 지진 때는 당황해서 집 밖으로 뛰쳐나와서는 안 된다. / 地震のため多数の家屋が倒壊した 지진 때문에 많은 가옥이 무너졌다. / 地震の予知が

かなか難しい 지진 예측은 아주 어렵다. / 地震の影響으로 인한 津波의 心配はない 지진의 영향으로 인한 해일[쓰나미]의 걱정은 없다.

◆[地震で]
¶地震で家が揺れた 지진으로 집이 흔들렸다. / 大地震で地面が割れた 대지진으로 지면이 갈라졌다. / 関西地区に地震で大きな被害が出た 간사이 지구에 지진으로 큰 피해가 났다.

> [参考] 韓国では地震の規模をいう場合, 日本でいう「震度~」は진도 ~, 「マグニチュード~」はふつう리히터 규모 ~, あるいは単に 규모 ~ という.

[会話] 地震だ
A: あっ, 揺れてる. 地震だ!
B: え, そう？ 僕はぜんぜん感じないけど
A: テレビをつけてみよう. 地震速報をやるよ
A: 震度は3だ. 震源地は茨城県南部だって
A: 앗, 흔들린다. 지진이다.
B: 어 그래? 나는 전혀 느껴지지 않는데.
A: 텔레비전 틀어 보자. 지진 속보를 한다.
B: 진도 3이다. 진원지는 이바라키현 남부래.

◆《その他》
¶激しい地震 심한 지진 / 強い地震 강한 지진 / かなり強い地震 아주 강한 지진 / 弱い地震 약한 지진 / ごく軽い地震 아주 가벼운 지진 / 比較的大きい[小さい]地震 비교적 큰[작은] 지진 [慣用句] 地震, 雷, 火事, 親父 지진, 천둥, 화재, 아버지(무서운 순서대로) / [関連] 地震学 지진학 / 地震学者 지진학자 / 地震観測所 지진 관측소 / 地震計 지진계 / 地震研究所 지진 연구소 / 液状化 액상화 / 海底地震 해저 지진 / 火山性地震 화산성 지진 / 活断層 활단층 / 群発地震 군발 지진 / 余震 여진

**じしん**【自身】 자신[自己] 자기 ¶自身を省みる 자신을 돌아보다 / 自身で解決する 자기가 해결하다 / 自分自身のために 자기 자신을 위해서 / 私自身は肉より魚のほうがよかった 나는 고기보다 생선이 더 좋았다.

## じしん【自信】 자신, 자신감(自信感)

[基本表現]
▷我々は試合に勝つ自信がある
  우리는 시합에서 이길 자신이 있다.
▷私は料理の腕には自信がある
  나는 요리 솜씨에는 자신이 있다.
▷韓国で1年暮らして韓国語には自信がついた
  한국에서 1년 사니까 한국어에는 자신이 붙었다.
▷彼は自信を持って意見を述べた
  그 사람은 자신을 가지고 의견을 말했다.
▷私は自分に自信がない
  나는 자기에게 자신이 없다.
▷もっと自信を持ちなさい 더욱 자신을 가져라.
▷自信をなくさないで自信을 잃지 마.
▷私はようやく自信を取り戻すことができた
  나는 마침내 자신을 되찾을 수 있었다.

¶私は健康には自信がある. これまで一度も会社を休んだことがない 나는 건강에는 자신이 있다. 지금까지 한 번도 회사를 쉰 적이 없다. / 実社会で経験を積むにつれて私の自信は深まった 실사회에서 경험을 쌓으면서 나의 자신감은 강해졌다. / 彼は新しいビジネスに成功してみせると自信満々だ 그는 새로운 비즈니스에 성공하고야 말겠다며 자신만만하다. / 彼は東大を受験した際, 自信満々であった 그는 도쿄대 입시를 봤을 때 자신만만했다. / 僕は自信に満ちた女性が好きだ 나는 자신에 찬 여성이 좋다. / 彼の自信のほどがうかがえる 그 사람의 자신감을 엿볼 수 있다. / 君はちょっと自信過剰気味だ 너는 너무 자신만만하다. / 彼女はたいへんな自信家だ 그녀는 대단한 자신가이다. / この料理は当店の自信作だ 이 요리는 이 가게에서 제일 잘하는 요리다. / ユミは自信のなさそうな顔になった 유미는 자신없는 얼굴이 되었다.

**じすい**【自炊】 자취 ◇自炊する 자취하다 ¶彼はアパートで自炊している 그는 아파트[연립 주택]에서 자취하고 있다. [関連] 自炊生活 자취 생활

**しすう**【指数】 지수 ¶彼の知能指数は140ある 그의 지능지수는 140이다. [関連] 物価指数 물가 지수 / 不快指数 불쾌 지수

## しずか【静か】 ◇静かだ 조용하다, 고요하다
◇静かに 조용히, 고요히

> [使い分け] 조용하다, 고요하다
> 조용하다 騒がしくない程度に静かであれば, 少しぐらい物音がしてもよい状態. 人の態度・性格についても用いる.
> 고요하다 完全な静寂状態にあることを示す. やや詩的な表現. 人については用いない.

¶静かな海 조용한 바다 / 静かな山里 고요한 산촌 / 静かな夏の夜だった 조용한 여름 밤이었다. / 彼らは静かな声でしゃべっている 그들은 조용한 소리로 이야기를 나누고 있다. / 私は静かな音楽が好きです 나는 조용한 음악이 좋습니다. / その日の海はとても静かだった 그날의 바다는 아주 고요했다. / 私の住んでいるところはとても静かです 내가 살고 있는 곳은 아주 조용합니다. / あなた, きょうはいつもと違ってとても静かね 너 오늘은 평소와 다르게 아주 조용하네.
¶静かにしてください 조용히 해 주세요. / 赤ちゃんが寝ていますのでドアは静かに閉めてください 아기가 자고 있으니까 문을 조용히 닫아 주세요. / ただの風邪だから静かに寝ていればすぐに治りますよ 그냥 감기니까 푹 자면 곧 나을 겁니다. / 子供たちは静かに寝ている 아이들은 조용히 자고 있다. / 彼女は静かに彼に語りかけた 그녀는 조용히 그에게 말을 걸었다. / そう興奮するなって. 静かに話し合おうよ 그렇게 흥분하지 말라니까. 조용히 상의하자. / 子供たちは静かに座って本を読んでいた 아이들은 잠자 앉아서 책을 읽고 있었다. / その歌手が歌い始めると客席は静かになった 그 가수가 노래 부르기 시작하자 객석은 조용해졌다. / 静かに諭す 조용히 타이르다

**しずく【滴】** 방울, 물방울 ¶雨のしずく 빗방울 / 涙ひとしずく 눈물 한 방울 / 雨のあとで木からしずくがしたたり落ちていた 비온 뒤 나무에서 물방울이 뚝뚝 떨어지고 있었다.

**しずけさ【静けさ】** 고요, 정적(静寂) ¶嵐の前の静けさ 폭풍 전의 정적 / 辺りは不気味な静けさに包まれていた 주변은 으스스한 정적에 휩싸여 있었다. / 女性の叫び声が夜の静けさを破った 여자의 비명 소리가 밤의 고요를 깼다.

**しずしず【静々】** ◇静々と 조용조용히 ¶静々と歩く 조용조용히 걷다

**システム** 시스템 ¶大量生産システムが確立された 대량 생산 시스템이 확립되었다. / システム化する 시스템화하다 관련 システムエンジニア 시스템 엔지니어 / システムキッチン 시스템 키친 / システム工学 시스템 공학 / システム産業 시스템 산업 / コンピュータシステム 컴퓨터 시스템

**じすべり【地滑り】** 사태, 대변동 ¶地滑りが起きる 사태가 일어나다 / 自民党は選挙で地滑りの勝利を収めた 자민당은 선거에서 큰 승리를 거두었다.

**しずまる【静まる・鎮まる】** ❶〔人・物が静かになる〕조용해지다, 고요해지다, 잠잠해지다 ¶先生が教室に入って来ると生徒たちは静まった 선생님이 교실에 들어오시자 학생들은 조용해졌다. / 彼の家は静まり返っていた 그의 집은 잠잠했다.

❷〔勢いが弱まる〕가라앉다 ¶夕方になって嵐はやっと静まった 저녁 때가 되어 폭풍은 드디어 가라앉았다. / 嵐が過ぎて波が静まった 폭풍우가 지나가고 파도도 가라앉았다. / 気持ちが静まる 마음이 가라앉다 / 兄の怒りはなかなか静まらなかった 형의 노염은 좀처럼 가라앉지 않았다.

¶痛みが鎮まる 아픔이 가라앉다 / 胸の痛みはすぐに鎮まった 가슴의 아픔은 곧 가라앉았다. / よくうがいをすればのどの痛みは鎮まるでしょう 자주 양치질을 하면 목의 통증은 가라앉을 것입니다.

❸〔反乱などが鎮圧される〕진압되다, 가라앉다 ¶騒ぎが鎮まる 소란이 가라앉다 / 騒ぎはすぐには鎮まらなかった 소란은 바로 가라앉지는 않았다.

## しずむ【沈む】

❶〔下の方に行く〕가라앉다, 내려앉다, 낮아지다〔特に太陽・月などが〕지다 ¶船は乗組員もろとも沈んだ 배는 승무원과 함께 가라앉았다. / 潜水艦は海中深く沈んでいた 잠수함은 바다속 깊이 가라앉아 있었다. / この湖の底には財宝が沈んでいると言われている 이 호수의 밑에는 보물이 가라앉아 있다고 한다. / ソファーに座ると体が沈んだ 소파에 앉으니 몸이 가라앉았다.

¶夕日が沈む 석양별이 지다 / 太陽はゆっくりと西[地平線]に沈んだ 태양은 천천히 서쪽[지평선]으로 졌다.

¶〔野球で〕彼は沈む球に手を出して空振りした 그는 낮게 들어오는 공을 치려다가 헛스윙을 했다. / 挑戦者は2ラウンドでマットに沈んだ 도전자는 2라운드에서 케이오당했다.

❷〔活気がなくなる〕침울해지다〔悲しみなどに〕잠기다 ¶母の話を聞いて私の心は沈んだ 어머니의 이야기를 듣고 내 마음은 침울해졌다. / 彼は沈んだ顔をしていた 그는 침울한 얼굴을 하고 있었다. / 彼女は沈んだ声で息子の死を告げた 그 여자는 침울한 목소리로 아들의 죽음을 고했다. / 姉はつらい悲しみに沈んでいた 언니는 피로운 슬픔에 잠겨 있었다.

| 使い分け | 沈む | |
|---|---|---|
| しずむ | (水に)沈む・沈殿する | 가라앉다 |
| | (日・月が)沈む | 지다 |
| | (思いに)沈む | 잠기다 |
| | (気持ちが)しずむ | 침울해지다(沈鬱—) |

**しずめる【沈める】**〔沈没させる〕가라앉히다〔水中につける〕잠그다 ¶敵艦を沈める 적의 군함을 가라앉히다 / 駆逐艦は魚雷で沈められた 구축함은 어뢰로 가라앉았다. / 浴槽に体を沈める 목욕통에 몸을 잠그다 / 彼女は大きな椅子に身を沈めた 그녀는 커다란 의자에 몸을 파묻었다.

**しずめる【静める・鎮める】** ❶〔人を静かにさせる〕조용하게 하다 ¶先生は騒がしい子供たちを静めるのにたいへんだった 선생님은 시끄러운 아이들을 조용하게 하는 데 몹시 애먹었다.

❷〔人を落ち着かせる〕가라앉히다, 진정시키다 ¶気持ちを静める 마음을 가라앉히다 / 怒りを静める 화를 가라앉히다 / 医者は怖がって泣いている子供を静めようとした 의사는 무서워서 울고 있는 아이를 진정시키려고 했다.

❸〔反乱などを鎮圧する〕진압하다 ¶内乱を鎮める 내란을 진압하다 / 暴動を鎮めるために軍隊が出動した 폭동을 진압하기 위해서 군대가 출동했다.

❹〔苦痛・不安などを和らげる〕가라앉히다, 진정시키다 ¶この薬は痛みを鎮めるのによく効くんだって 이 약은 아픔을 가라앉히는 데 아주 효과가 있대.

**じする【辞する】** 사직하다, 사퇴하다, 그만두다 ◇…も辞さない …도 불사하다 ¶市長は健康上の理由で職を辞した 시장은 건강상의 이유로 사직했다. / 試合に勝つためなら反則も辞さない 시합에 이기기 위해서라면 반칙도 불사한다. ⇒辞める

**しせい【市制】** 시의 제도
**しせい【市政】** 시정

## しせい【姿勢】

❶〔身体の構え〕자세

基本表現
▶彼は姿勢がよい 그는 자세가 좋다.
▶彼は姿勢が悪い 그는 자세가 나쁘다.
▶姿勢に気をつけなさい 자세에 조심하라.
▶姿勢を正しなさい 자세를 바르게 하라.

¶彼は先生の前で気をつけの姿勢で立っていた 그는 선생님 앞에서 차렷 자세로 서 있었다. / 椅子に楽な姿勢で座った 의자에 편한 자세로 앉았다. / 彼女は長い時間姿勢を崩さなかった 그녀는 긴 시간 자세를 흐트러뜨리지 않았다.

❷〔態度〕자세, 태도 ¶彼はいじめの問題に前向きの姿勢で取り組んだ 그는 왕따 문제에 적극적인 자세로 임했다. / 野党は政府の政策に対して対決の

姿勢をとった 야당은 정부의 정책에 대해서 대결 자세를 취했다.

**しせい【施政】** 시정 ¶首相は国会で施政方針演説を行った 수상은 국회에서 시정 방침 연설을 했다.

**じせい【自生】** 자생 ◇自生する 자생하다 ¶山野に自生する花 산야에 자생하는 꽃 ¶ここには高山植物が自生している 여기에는 고산 식물이 자생하고 있다.

**じせい【自制】** 자제 ◇自制する 자제하다 ¶彼には自制心が欠けている 그 사람에게는 자제심이 부족하다. / 自制心が働く 자제심이 작용하다 / 私はその知らせを聞いて自制心を失った 나는 그 소식을 듣고 자제심을 잃었다. / 欲望を自制する 욕망을 자제하다.

**じせい【時制】** 시제 関連 過去時制 과거 시제 / 現在時制 현재 시제 / 未来時制 미래 시제

**じせい【時勢】** 시세 ¶時勢に任せる 시세에 맡기다 / 時勢に乗り遅れる 시세에 뒤떨어지다 / 時勢に逆らうことは不可能だ 시세에 거스르는 것은 불가능하다. / 時勢についていくのは楽じゃない 시세에 따라가는 것은 쉬운 일이 아니다.

**せいかつ【私生活】** 사생활 ¶他人の私生活に立ち入る 남의 사생활에 간섭하다

**しせいじ【私生児】** 사생아 ¶彼女は私生児として生まれた 그 여자는 사생아로서 태어났다.

**しせき【史跡・史蹟】** 사적 ¶史跡を訪れる 사적을 찾다 / 史跡が多い 사적이 많다 ¶ここは古い町で史跡が多い 여기는 오래된 마을로 사적이 많다.

**しせき【歯石】** 치석, 잇돌 ¶歯石を取る 치석을 제거하다

**しせき【自責】** 자책 ¶自責の念に駆られる 자책감에 사로잡히다 関連 自責点 자책점

**しせつ【使節】** 사절 ¶韓国へ親善使節を送る 한국에 친선 사절을 보내다 関連 使節団 사절단

**しせつ【施設】** 시설 ¶施設を完備する 시설을 완비하다 / 近所に学校や病院などの施設がそろっている 근처에 학교나 병원 등의 시설이 즐비하다. / その捨て子は施設に入れられた 그 버려진 아이는 시설에 들어갔다. / 公共施設は市民ならだれでも利用できる 공공시설은 시민이라면 누구라도 이용할 수 있다. / 教育施設の拡充が本年度の重点目標だ 교육 시설의 확충이 본년도의 중점 목표다. / 週に1回老人施設でボランティア活動をしています 일 주일에 한 번 노인 시설에서 볼런티어[자원 봉사] 활동을 하고 있습니다. 関連 核施設 핵 시설 / 軍事施設 군사 시설 / 厚生施設 후생 시설 / 娯楽施設 오락 시설 / 宿泊施設 숙박 시설 / 福祉施設 복지 시설 / 養護施設 양호 시설

**じせつ【自説】** 자설, 자기 의견 ¶彼はなかなか自説を曲げない 그 사람은 좀처럼 자기 의견을 굽히지 않는다.

**じせつ【時節】** 시절, 계절, 철〔時機〕시기, 기회 ¶新緑の時節 신록의 시절[계절] / 時節を待つ 시기를 기다리다 / 時節柄ご自愛ください 때가 때인 만큼 자중자애하시기를 바랍니다.

**しせん【支線】** 지선

**しせん【死線】** 사선 ¶彼らは山で遭難して3日間死線をさまよった 그들은 산에서 조난해서 3일간 사선을 헤맸다. / 死線を越える 사선을 넘다

**しせん【視線】** 시선 ¶偶然彼女と視線が合った 우연히 그 여자와 시선이 마주쳤다. / 鋭い視線を向ける 날카로운 시선을 돌리다 / 人々の視線を集める 사람들의 시선을 모으다 / 視線をそらした 그 사람은 내 눈으로부터 시선을 피했다. / その時背後に視線を感じた 그 때 등 뒤에 시선을 느꼈다.

**しぜん【自然】** ❶〔山・海・川やそこに生きる万物〕자연 ¶彼らは自然の美を解さない 그들은 자연미를 이해하지 못한다. / 都会の子供たちは自然に親しむ機会が少ない 도회지의 아이들은 자연에 친숙해질 기회가 적다. / 私の田舎ではまだ自然が残っている 우리 시골에는 아직 자연이 남아 있다. / 子供たちは自然に帰って野原を走り回った 아이들은 자연으로 돌아가서 들판을 뛰어 다녔다.

¶昆虫の世界では自然の営みが繰り返されている 곤충의 세계에서는 자연의 영위가 반복되고 있다. / この前の地震で自然の威力を思い知らされた 지난번 지진으로 자연의 위력을 알았다.

❷〔ありのままで無理のない姿〕자연스러움 ¶動きが自然だ 자연스럽다 ◇自然に 자연스레 ¶そのアニメの動きはとても自然だ 그 애니메이션의 움직임은 아주 자연스럽다. / 自然な身のこなし 자연스러운 동작 / ヨンヒはチョルスの前だと自然に振る舞うことができた 영희는 철수 앞에서는 자연스럽게 행동할 수 있었다.

❸〔ひとりでに〕자연히, 저절로 ¶自然に疎遠になる 자연히 소원해지다 / 彼女の髪は自然にカールする 그녀의 머리는 자연히 컬이 된다. / この程度の傷なら自然に治るだろう 이 정도의 상처라면 자연히 나을 것이다. / 彼は韓国で暮らすうちに自然に韓国語が話せるようになった 그는 한국에서 사는 동안 저절로 한국말을 할 수 있게 되었다.

¶この問題は自然の成り行きにまかせるしかないだろう 이 문제는 사태의 추이를 지켜볼 수밖에 없을 것이다. 関連 自然界 자연계 / 自然科学 자연 과학 / 自然科学者 자연 과학자 / 自然現象 자연 현상 / 自然公園 자연 공원 / 自然災害 자연재해 / 自然死 자연사 / 自然主義 자연주의 / 自然主義者 자연주의자 / 自然食品 자연식품, 자연식 / 自然崇拝 자연 숭배 / 自然淘汰 자연도태 / 自然破壊 자연 파괴 / 自然発火 자연 발화 / 自然発生 자연 발생 / 自然美 자연미 / 自然保護 자연보호

**じぜん【次善】** 차선 ¶次善の策 차선책

**じぜん【事前】** 사전 ◇事前に 사전에, 미리 ¶事前協議 사전 협의 / 選挙の事前運動 선거의 사전 운동 / 計画に変更がある場合は事前にお知らせします 계획에 변경이 있을 때에는 사전에 알려 드리겠습니다. / 事前の通告なしに予定は変更された 사전 통고 없이 예정은 변경되었다.

**じぜん【慈善】** 자선 関連 慈善事業 자선 사업 / 慈善団体 자선 단체

**しそ【紫蘇】** 자소, 차조기

**しそう【思想】** 사상 ¶そこが西洋と東洋の思想の違いだ 그것이 서양과 동양의 사상의 다른 점이다. / 彼の思想は政府から弾圧を受けた 그의 사상은 정부로부터 탄압을 받았다. / 彼女は過激[進歩的]な思想の持ち主だ 그녀는 과격한[진보적인] 사상을 가졌다. / 仏教の思想はアジアの国々に広まった 불교 사상은 아시아 나라들 사이에 퍼졌다. / 偏った思想 치우친 사상 / 思想の自由 사상의 자유 関連 思想運動 사상 운동 / 思想家 사상가 / 思想調査 사상 조사 / 思想統制 사상 통제 / 思想犯 사상범 / 思想問題 사상 문제 / 危険思想 위험 사상 / 近代思想 근대 사상

**しぞう【死蔵】** 사장 ◇死蔵する 사장하다 ¶貴重な資料を死蔵する 귀중한 자료를 사장하다

**じぞう【地蔵】** 지장, 지장보살

**しそうのうろう【歯槽膿漏】** 치조 농루 ¶歯槽膿漏になる 치조 농루가 되다

**じそく【時速】** 시속 ¶時速80キロで運転する 시속 80킬로로 운전하다 / 車は時速120キロで走っていた 차는 시속 120킬로로 달리고 있었다.

**じぞく【持続】** 지속 ◇持続する 지속하다, 지속되다 [維持する] 유지하다 ¶平和がしばらく持続した 평화가 잠시 지속되었다. / 選手がスタミナを持続させることができれば、この試合に勝てるだろう 선수가 스태미나를 유지할 수 있으면 이 경기에 이길 것이다. 関連 持続期間 지속 기간 / 持続性 지속성 / 持続力 지속력

**しそこなう【為損なう】** 그르치다, 잡치다, 잘못하다, 실패하다 ¶仕事をしそこなう 일을 그르치다[잡치다] / 忙しくて電話しそこなった 바빠서 전화를 못했다.

**しそん【子孫】** 자손 ¶子孫を残す 자손을 남기다 / 子孫が繁栄する 자손이 번영하다 / 彼は家康の子孫だ 그는 이에야스의 자손이다.

**じそんしん【自尊心】** 자존심 ¶彼は自尊心が強い 그는 자존심이 강하다. / その言葉は先生の自尊心をひどく傷つけた 그 말은 선생님의 자존심에 심하게 상처를 입혔다.

**した【下】** ❶ [下方] 아래, 밑 [服の]속

> 使い分け 아래, 밑
> 아래 상대적으로 낮은 부분을 가리킴. 下方
> 밑 物体の底に近い部分をさす. 下, 底
> ¶위와 아래[밑] 上と下 / 아랫줄[밑의 줄] 下の行 / 아래 표[밑의 표] 下の表 / 아래 층[밑의 층] 下の階

◆〖下に〗
¶机の下にボールペンが1本落ちていた 책상 밑에 볼펜이 하나 떨어져 있었다. / 彼は重要な単語の下に線を引いた 그는 중요한 단어 밑에 선을 그었다. / 先生はわきの下に大きな辞書をかかえて教室に入ってきた 선생님은 겨드랑이에 큰 사전을 끼고 교실로 들어오셨다. / 太陽が地平線の下に沈もうとしている 태양이 지평선 밑으로 저물어 가고 있다. / 山頂から町全体が下に見えた 산꼭대기에서 마을 전체가 아래로 보였다. / ロープを下に引っ張ってくれ ロープを下に당겨줘. / 階段の下に非常口があります 계단 밑에 비상구가 있습니다. / 彼はセーターの下にポロシャツを着ていた 그는 스웨터 밑에 폴로셔츠를 입고 있었다.

◆〖下で〗
¶あの木の下でちょっと休もう 저 나무 밑에서 조금 쉬자. / どうぞごゆっくり. 下で待っていますから 천천히 하세요. 밑에서 기다리겠습니다.

◆〖下を〗
¶橋の下を信濃川が流れている 다리 밑을 시나노강이 흐르고 있다. / 彼女は下を向いたまま歩いていた 그녀는 고개를 숙인 채 걷고 있었다. / 高い崖から下を見るのは恐ろしい 높은 절벽에서 밑을 보는 것은 무섭다.

◆〖下の〗
¶下の階から話し声が聞こえた 아래 층에서 이야기하는 소리가 들렸다. / 下の表を見てください 아래 표를 봐 주십시오. / 重い本は下の棚に置いてくれ 무거운 책은 아래 선반에 둬.

◆〖下へ〗
¶「おやつの時間よ. 下へ降りて来なさい」「はい, 今行きます」"간식 시간이다. 아래로 내려와." "네, 지금 갈게요." / 停電のためエレベータで下へ降りられなかった 정전이 돼서 엘리베이터로 아래로 내려갈 수 없었다.

◆〖その他〗
¶下から3行目に私の名前がある 밑에서 셋째줄에 내 이름이 있다. / ベッドの下から猫が出てきた 침대 밑에서 고양이가 나왔다. / 下は食品売場です 아래는 식품 매장입니다.

❷ [年齢が] 아래, 밑 ¶彼は私より4つ年が下だ 그 사람은 나보다 네 살 아래다. / 6歳より下の子供は両親同伴でないと入れません 여섯 살 이하의 어린이는 부모 동반이 아니면 못 들어갑니다. / 下の息子は3歳です 밑의 아들은 세 살입니다.

❸ [地位・等級が] 아래, 밑 [程度が] 뒤지다
¶20人の部下が彼の下で働いている 20명의 부하가 그 사람 밑에서 일하고 있다. / 彼は会社では私より位が下だ 그 사람은 회사에서는 나보다 지위가 아래다. / ミンスは学年が私の2年下だった 민수는 학년이 나보다 2년 아래였다. / 一郎は自分の成績が平均より下なのでがっかりした 이치로는 자기의 성적이 평균보다 아래였기 때문에 낙심했다. / 私の韓国語の実力は梨花より下だ 내 한국어 실력은 리카보다 아래다.

**した【舌】** 혀 ¶舌が荒れている 혀가 헐었다. / 辛くて舌がひりひりする 매워서 혀가 따끔따끔하다. / 熱いお茶で舌の先をやけどした 뜨거운 차에 혀끝을 데었다. / 舌を出して見せてください 혀를 내밀어 보여 주세요. / その少年は私に向かって舌を出した 그 사내아이는 나를 보고 혀를 내밀었다. / 犬は舌をだらりと垂らしていた 개는 혀를 축 늘어뜨렸다.
¶君はよく舌が回るね 넌 정말 말을 안 막히고 잘 한다. / あの子は舌足らずだ 그 애는 좀 혀가 짧다. / 舌足らずな説明 충분하지 못한 설명 / 緊張して舌が回らない 긴장해서 혀가 안 돌

アガンダ。/ 舌がもつれてうまくしゃべれない 혀가 꼬부라져 잘 말할 수 없다. / その映画には舌をかむような題名がついている ユ 영화에는 발음하기 힘든 제목이 붙어 있다. / 彼は財布を持ってくるのを忘れたことに気づいて舌打ちした ユ는 지갑 안 가지고 온 것을 알고 혀를 찼다. [慣用句] 彼は舌先三寸で上司をごまかした ユ는 감언이설로 상사를 속였다. / 彼女は舌が肥えている ユ녀는 입맛이 고급이다. / 彼の記憶のよさには舌を巻いた ユ 사람의 좋은 기억력에는 감탄했다.

**しだ**【羊歯】양치 [関連] しだ植物 양치 식물

**じた**【自他】자타 ¶彼は自他共に認める韓国通だ ユ 사람은 자타가 공인하는 한국통이다.

**したあご**【下顎】아래턱

**したい**【死体】사체, 시체(屍体), 시신(屍身) ¶行方不明者は翌日死体で発見された 행방불명자는 다음날 시체로 발견되었다. / 死体の身元を確認しなければならない 시체의 신원을 확인해야 된다. / 東京湾で身元不明の水死体が発見された 도쿄만에서 신원 불명의 시신이 발견되었다. [関連] 死体遺棄 사체[시체] 유기 / 死体解剖 사체[시체] 부검

**-したい** -고 싶다 ¶韓国に留学したい 한국에 유학하고 싶다. / ぜひお会いしたいです 꼭 뵙고 싶어요. / 水が飲みたい 물이 마시고 싶다.
⇒-たい, したがる

**しだい**【次第】❶ [事情] 사정 ¶事と次第によっては私が代わりに行こう 일과 사정에 따라서는 내가 대신 가지. / 事の次第はこうです 일의 사정은 이렇습니다. / 「ちょっと手伝ってくれないか」「事と次第によるね」"좀 도와주지 않을래?" "일과 사정에 따라서."

¶今回の不祥事について深くおわびする次第です 이번 불상사에 대해서 깊은 사과를 드리는 바입니다. / 面目次第もありません 면목도 없습니다. / お恥ずかしい次第です 창피할 뿐입니다.

❷ […によって決まる] ◇…次第だ …에 달려 있다. ¶成功は努力次第だ 성공은 노력에 달려 있다. / どこに行くかを決めるのは彼女次第だ 어디에 갈지를 정하는 것은 ユ 여자에게 달려 있다. / 「和食にする,それとも韓国料理がいい?」「君次第でどちらでも」 "일식으로 할? 아니면 한국 요리가 좋아?" "어느 쪽이든 네게 맡길게."

❸ […したらすぐ] 《現在連体形+》 즉시,《現在連体形+》 대로 ¶わかり次第お知らせします 아는 즉시 알려 드리겠습니다. / 都合がつき次第おうかがいします 시간이 나는 대로 찾아뵙겠습니다. / 天気になり次第出発しよう 날씨가 좋아지면 즉시 출발하자. / 送金があり次第商品を送ります 입금 확인 후 즉시 상품을 보내겠습니다. /
¶到着次第電話して 도착하는 대로 전화해. / 手当たり次第に本を読む 닥치는 대로 책을 읽다

❹ [順序] 순서 ¶開会式は式次第に従ってとどこおりなく行われた 개회식은 순서에 따라서 막힘[지체]없이 진행됐다.

**しだい**【私大】사립 대학교, 사립대학

**じたい**【自体】자체 ¶飛行機自体の重さ 비행기 자체의 무게. / 発想それ自体はよかった 발상 자체는 좋았다.

**じたい**【事態】사태
◆[事態は・事態が]

¶事態は重大な局面を迎えている 사태는 중대한 국면을 맞았다. / 事態は膠着したままだった 사태는 여전히 교착 상태였다. / 事態は少しの遅滞も許されない 사태는 조금의 지체도 허락하지 않는다. / このような事態は先例のないことであった 이런 사태는 전례가 없는 일이었다. / 事態が好転するまで favor し사태가 호전될 때까지 기다리자. / 時間がたつにつれ事態はますます悪化した 시간이 지남에 따라 사태는 점점 악화됐다. / 全土に非常事態が宣言された 전국에 비상사태가 선언되었다.

◆[事態の・事態を]

¶社長は事態の重大さに気づいていない 사장은 사태의 중대함을 모르고 있다. / 不測の事態を考慮に入れておかなかったのがいけなかった 예측 못할 사태를 고려해 두지 않았던 것이 잘못이었다.

**じたい**【辞退】사퇴 ◇辞退する 사퇴하다 ¶彼は会長就任を辞退した ユ는 회장 취임을 사퇴했다. / 誠に残念ですが, 式典への参加は辞退させていただきます 정말 유감스럽습니다만 식전의 참가는 사퇴하겠습니다.

**じだい**【時代】❶ [歴史の一期間] 시대 ¶発掘された土器は弥生時代のものと見られている 발굴된 토기는 야요이 시대의 것으로 보인다. / そのつぼは江戸時代末期のものだ ユ 항아리는 에도 시대 말기의 것이다. / あの政治家の引退を見て一つの時代が終わった感じがした ユ 정치가의 은퇴를 보고 한 시대가 끝났다는 느낌이 들었다.

¶世宗大王の時代 세종 대왕 시대 / 旧石器時代 구석기 시대 / 原始時代 원시 시대 / 先史時代 선사 시대 / 封建時代 봉건 시대

❷ [人生の一時期] 시절, 시기 ¶彼は高校時代野球部に入っていた ユ는 고등학교 시절 야구부였다. / この映画を見ると青春時代を思い出す 이 영화를 보면 청춘 시절이 생각난다. / 彼女は少女時代を北海道で過ごした ユ 여자는 소녀 시절을 홋카이도에서 보냈다.

❸ [世の中] 시대 ¶宇宙旅行を楽しめる時代もやがて来るでしょう 우주여행을 즐길 수 있는 시대도 곧 오겠지요. / 我々の役目は時代の先を行く商品を開発することだ 우리 역할은 시대를 앞서는 상품을 개발하는 것이다. / 時代を反映したファッション 시대를 반영한 패션 / 時代に逆行する法案には反対だ 시대에 역행하는 법안에는 반대. / 現代は豊かさの時代だ 현대는 풍족한 시대다. / これからはITの時代だと思う 이제부터는 IT 시대라고 생각한다. / そんな考えは時代後れだ 그런 생각은 시대에 뒤져 있다. / 彼の考えには時代錯誤な面がある ユ의 생각에는 시대착오적인 면이 있다. / あのころは古きよき時代だった ユ 시절은 낡고 좋은 시기였다. / 時代の変化についていくのは容易ではない 시대의 변화에 따라가는 것은 쉬운 일이 아니다. / 時代に後れないためにはインターネットを活用しなければならない 시대에 뒤떨어지지 않기 위해서는 인터넷을 활용해야 된다. / 時代後れの考え 시대에 뒤진 생각

しだいに

❹〔古いこと〕▸ずいぶん時代物の椅子を使っているね 꽤 오래된 의자를 사용하네. 関連 時代劇 사극(史劇) / 時代小説 역사 소설

**使い分け** 時代

| 歴史区分 | 시대(時代) | 고려 시대 高麗時代 |
|---|---|---|
| 時期 | 시절(時節) | 학생 시절 学生時代 |

**しだいに【次第に】**〔徐々に〕차차, 점점 ▸次第に寒くなる 점점 추워지다 / 次第に事実が明らかになってきた 차차 사실이 밝혀졌다.

**したう【慕う】**그리워하다, 사모하다, 연모하다 ▸母を慕う 어머니를 그리워하다 / 故郷を慕う 고향을 그리워하다 / その先生は生徒に慕われている 학생들은 그 선생님을 사모하고 있다. / 密かにあの方を慕う 남몰래 그 분을 연모하다 / 私は兄を慕うように慕っていた 나는 그 사람을 형처럼 따르고 있었다.

**したうけ【下請け】**하청 ▸ほとんどの自動車メーカーは車の部品製造を下請けに出している 거의 모든 자동차 메이커는 차의 부품 제조를 하청에 맡기고 있다. 関連 下請け企業 하청 업체 / 下請け業者 하청 업자 / 下請け工場 하청 공장 / 下請け仕事 하청 업무

**したがう【従う】**❶〔後について行く〕따라가다, 뒤따르다, 좇다〔一緒に行く〕함께 가다 ▸観光客たちはガイドに従って歩いた 관광객들은 가이드를 뒤따라서 걸었다. / 彼は上司に従ってソウルへ出張に行った 그는 상사와 함께 서울에 출장을 갔다.

❷〔服従する, 応じる, 沿う〕따르다, 좇다, 복종하다 ▸ここでは彼の指示に従わなければならない 여기서는 그의 지시에 따라야 한다. / 彼はいつも人を自分の意見に従わせようとする 그는 항상 사람을 자기의 의견에 따르도록 시킨다. / 委員会の採決に従うつもりだ 위원회의 채결에 따를 생각이다. / 外国人観光客たちは日本の習慣に従って屋内では靴をぬいだ 외국인 관광객들은 일본 관습에 따라서 실내에서는 구두를 벗었다. / 彼の忠告に従ったのは賢明だった 그의 충고에 따른 것은 현명했다.

▸彼は手順に従ってプラモデルを完成させた 그는 순서에 따라 플라모델[조립모형]을 완성시켰다. / 私は今まで自分の良心に従って行動してきた 나는 지금까지 나의 양심에 따라서 행동해 왔다. / 万一の場合は係員の指示に従って行動してください 만일의 경우는 담당자의 지시에 따라 행동해 주십시오.

▸慣例に従う 관례에 따르다 / 時流に従う 시류에 따르다 / 大勢に従う 대세를 따르다

❸〔…につれて〕…에 따라 ▸日が暮れるに従って寒くなってきた 날이 저물어짐에 따라 추워졌다. / そのドラマは回を重ねるに従って視聴率が上がっていった 그 드라마는 회를 거듭함에 따라 시청률이 올라갔다.

**したがえる【従える】**❶〔伴う〕거느리다 ▸社長は2人の秘書を従えていた 사장은 두 명의 비서를 거느리고 있었다.

❷〔征服する〕정복하다 ▸彼は次々と敵を従えた

그는 차례로 적을 정복했다.

**したがき【下書き】**초고(草稿), 초안(草案) ▸下書きを作る 초안을 잡다 / 絵の下書きをする 그림의 밑그림을 그리다 / 原稿の下書きをした 원고의 초안을 썼다.

**したがって【従って】**따라서 ▸この計画には多くの問題がある. 従って中止すべきだ 이 계획에는 많은 문제가 있다. 따라서 중지해야 한다.

**-したがる** -고 싶어하다 ▸会いたがる 만나고 싶어하다 / 食べたがる 먹고 싶어하다
⇒-たい

**したぎ【下着】**속옷, 내의, 내복 ▸下着は毎日取り替えます 속옷은 매일 갈아입습니다.

**したく【支度】**〔準備〕준비, 채비〔身仕度〕몸치장 ◇支度する 준비하다〔身支度する〕몸치장하다 ▸夕食の支度ができました 저녁 준비가 되었습니다. / 出かけるまであと20分しかない. 早く支度して外に行こう 20분 전이야. 빨리 준비해. / 旅行の支度をする 여행 준비를 하다

**じたく【自宅】**자택, 자기 집 ▸自宅に帰る 자택으로 돌아가다 / 自宅待機する 자택 대기하다 関連 自宅謹慎 자택 근신 / 自宅療養 자택 요양

**したごころ【下心】**속마음, 속셈, 본심(本心), 저의(底意) ▸下心がある 속셈[속내]이 있다 / 下心が見える 속셈이 보이다 / 彼には何か下心があるのかもしれない 그에게는 뭔가 속셈이 있을지도 모른다.

**したじ【下地】**〔基礎〕기초 ▸うまく商売の下地を作った 장사의 기초를 잘 만들었다.

**したしい【親しい】**친하다〔気安い〕친숙하다〔親密な〕친밀하다 ◇親しくなる 친해지다 ▸私はユミと子供のころから親しくしている 나는 유미와 어릴 때부터 친하게 지내고 있다. / 彼は親しい友人の一人です 그는 친한 친구 중의 한 명입니다. / 私はその作家とは個人的に親しい 나는 그 작가와 개인적으로 친하다. / 私はその画家とひょんなことから親しくなった 나는 그 화가와 공교로운 일로 친해졌다.

▸彼は昔から親しくわが家に出入りしている 그는 옛날부터 우리 집에 친숙하게 들락날락했다. / 私はその先生から親しく教えを受けたい 나는 그 선생님으로부터 직접 가르침을 받고 싶다. / 彼らは首相と親しげに語り合った 그들은 수상과 친밀하게 이야기를 나누었다. / 彼女は私に親しげに話しかけてきた 그녀는 나에게 친밀하게 말을 걸어 왔다. 慣用句 親しき仲にも礼儀あり 친한 사이에도 예의 바르게 행동하라.

**したじき【下敷き】**〔敷物〕깔개〔文具の〕책받침 ▸下敷きを敷く 깔개를 깔다 / 柱の下敷きになる 기둥에 깔리다 / 彼は倒れた建物の下敷きになった 그는 무너진 건물에 깔렸다.

**したしみ【親しみ】**친밀감, 친근감 ▸親しみを覚える 친밀감을 느끼다 / 新しい担任の先生にはあまり親しみが感じられない 새로운 담임 선생님에게는 별로 친근감을 못 느낀다. / 親しみのこもった手紙 친밀감이 어려 있는 편지 / 彼は親しみのある態度で話しかけてきた 그는 친근감 있는 태도로 말을 걸어 왔다.

**したしむ【親しむ】**〔接する〕접하다〔楽しむ〕

**기다** ¶都会の子供たちは自然に親しむ機会が少ない 도회지의 아이들은 자연을 접할 기회가 적다. / 夏はいろいろなスポーツに親しむ季節です 여름은 여러 가지 스포츠를 즐기는 계절이다. / その女優は親しみやすい人だった 그 여배우는 접하기 쉬운 사람이었다. / その昔話はみんなに親しまれている 그 「옛날 이야기[옛이야기]」는 모두에게 사랑받고 있다. / 桜は昔から日本人に親しまれてきた 벚꽃은 옛날부터 일본인에게 친숙했다.

**したじゅんび【下準備】** 사전 준비 ⇨準備

**したしらべ【下調べ】**〔事前調査〕사전 조사〔予備調査〕예비 조사〔予習〕예습 ¶授業の下調べをするべきより先に現地にて事前調査をすべきだ まず現地に行て사전 조사를 해야 한다.

**したたか【強か】**◇したたかだ 만만찮다, 여간 아니다 ¶したたかな女性 만만찮은 여성 / もっとしたたかに生きたほうがいい 더욱 강하게 사는 게 좋다.

**したたる【滴る】** 떨어지다, 듣다 ¶雨が滴る 빗물이 듣다 / 血が滴る 피가 떨어지다 / 蛇口から水が滴っている 수도 꼭지에서 물이 떨어지고 있다. / 額から汗が滴り始めた 이마에서 땀이 떨어지기 시작했다.

**したつつみ【舌鼓】** ¶舌鼓を打つ 입맛을 다시다 / 彼は焼肉に舌鼓を打った 그는 고기 구이를 맛있게 먹었다.

**したっぱ【下っ端】** 말단(末端) ¶下っ端役人 말단 공무원

**したづみ【下積み】** ¶その歌手には長い下積み生活があった 그 가수에게는 긴 무명 생활이 있었다.

**したて【下手】** 아래쪽 ◇下手に〔控えめに〕공손히 ¶下手から現れる 아래쪽으로 나타나다 / 下手に出れば彼らを付け上がらせるだけだ 저자세로 나가면 그들을 기어오르게 할 뿐이다.

**したて【仕立て】**〔縫製〕바느질 ¶この背広は仕立てがいい 이 양복은 바느질이 좋다.

**したてる【仕立てる】**〔服〕짓다, 맞추다〔養成する〕양성하다, 길러내다〔でっち上げる〕꾸며내다 ¶スーツを仕立てる 양복을 짓다 / 一人前の職人に仕立てる 한 사람의 장인으로 길러내다 / 私は陰謀によって犯人に仕立て上げられた 나는 음모에 의해 범인으로 꾸며졌다.

**したどり【下取り】** 인수(引受) ¶古い車を下取りに出して新しいのを買おう 중고차를 넘겨주고 새 차를 사자. 関連**下取価格** 인수 가격 / **下取品** 인수품

**じたばた** 바둥바둥, 허둥지둥 ◇じたばたする 버둥버둥하다, 허둥거리다, 허둥지둥하다 ¶今さらじたばたしてもむだだ 이제 와서 바둥바둥해도 쓸데없다. / じたばたすると命がないぞ 바둥거리면 목숨은 없다.

**したび【下火】** ¶火が下火になる 불이 약해지다 / ブームが下火になる 붐이 식어지다 / あの歌手の人気は下火になってきた 그 가수의 인기는 시들해졌다. / ミニスカートの流行が下火になった 미니스커트는 유행이 한물갔다.

**したまわる【下回る】** 밑돌다 ¶平均点を下回る 평균점을 밑돌다 / 収入が支出を下回った 수입이 지출을 밑돌았다. / 与党の得票数は予想を大幅に下回った 여당의 득표수는 예상을 크게 밑돌았다.

**したみ【下見】** 예비 조사, 사전 답사 ¶工場の建設予定地を下見する 공장 건설 예정지를 예비 조사하다 / 彼らは社員旅行の下見に行った 그들은 사원 여행의 사전 답사를 갔다.

**したむき【下向き】** 거꾸로〔景気などの〕하향세 ¶コップを下向きに置く 컵을 엎어놓다 / 景気が下向きになる 경기가 하향세를 나타내다

**じだん【示談】** 시담, 합의〔和解〕화해 ¶その件は示談で済ませましょう 그 건은 합의로 끝냅시다. / 事故を10万円で示談にした 사고를 10만 엔으로 합의를 보았다. 関連**示談金** 합의금

**じだんだ【地団駄】** ¶地団駄を踏んで悔しがる 발을 동동 구르며 분해하다

**しち【七】** 칠, 일곱 ◇7番目 일곱 번째 ⇨七(な)

**しち【質】** 전당(典当) ¶スイス製の腕時計を質に入れた 스위스제 손목시계를 전당잡혔다. 関連**質草** 전당물 / **質流れ** 유질 / **質流れ品** 유질품 / **質屋** 전당포

**じち【自治】** 자치 ¶学生たちは大学当局に学生の完全な自治を認めるように要求した 학생들은 대학 당국에 학생의 완전한 자치를 인정하도록 요구했다. 関連**自治会** 자치회 / **自治権** 자치권 / **地方自治体** 지방 자치 단체

**しちがつ【七月】** 칠월

**しちごさん【七五三】** ¶七五三とは、男子は3歳と5歳、女子は3歳と7歳になる年の11月15日に子供の成長を祈るお祝いのことです 시치고산이란 남아는 세 살, 다섯 살, 여아는 세 살, 일곱 살이 되는 해의 십일월 15일에 아이의 성장을 축하하는 행사입니다.

**しちじゅう【七十】** 칠십, 일흔 ⇨七十(ななじゅう)

**しちてんばっとう【七転八倒】** 칠전팔도 ◇七転八倒する 칠전팔도하다 ¶彼は激しい腹痛で七転八倒した 그는 심한 복통으로 칠전팔도했다 〔참을 수 없었다〕.

**しちめんちょう【七面鳥】** 칠면조

**しちゃく【試着】** ◇試着する 입어 보다 ¶このスカートを試着できますか 이 치마를 입어 봐도 됩니까? 関連**試着室** 탈의실(脱衣室), 피팅룸

**しちゅう【支柱】** 지주, 기둥 ¶テントの支柱 천막 기둥 / トマトに支柱を立てた 토마토에 지주를 세웠다. / 彼らは一家の支柱を失ってしまった 그들은 집안의 기둥을 잃어버렸다. 関連**精神的支柱** 정신적 지주

**シチュー** 스튜 関連**ビーフシチュー** 비프 스튜

**しちょう【市庁】** 시청

**しちょう【市長】** 시장 ¶横浜市長 요코하마 시장 / 釜山市長 부산 시장 関連**市長選挙** 시장 선거

**しちょう【試聴】** 시청 ◇試聴する 들어 보다 ¶(店で)このCD試聴できますか 이 CD 들어 볼 수 있습니까?

**じちょう【自重】** 자중 ◇自重する 자중하다 ¶我々はもっと自重すべきだ 우리는 더 자중해야

**しちょうかく【視聴覚】** 시청각 関連 視聴覚機器 시청각 기기 / 視聴覚教育 시청각 교육 / 視聴覚教材 시청각 교재

**しちょうしゃ【視聴者】** 시청자 ¶視聴者の皆様からのご意見をお待ちしています 시청자 여러분의 의견을 기다리고 있겠습니다. / 視聴者参加番組 시청자 참가 프로그램

**しちょうそん【市町村】** 시정촌(▶町と村은 韓国의 읍「邑」과 면「面」에 相当한다) [地方自治体] 지방 자치 단체

**しちょうりつ【視聴率】** 시청률 ¶視聴率を調査する 시청률을 조사하다 / 視聴率が上がる 시청률이 오르다 / 視聴率がいちばん高い番組 시청률이 가장 높은 프로그램 / 視聴率がいい番組 시청률이 좋은 프로그램 / 視聴率12%の番組 시청률 12퍼센트의 프로

**しっ** 쉬, 쉿 / しっ, 静かに 쉿, 조용히.

**しつ【質】** 질 ¶この紙の質はとてもいい 이 종이의 질은 아주 좋다. / 量より質 양보다 질이다. / 当社の製品は質のよさで有名です 우리 회사의 제품은 질이 좋기로 유명합니다. / 値段が高いからといって質がいいというものではない 가격이 비싸다고 해서 질이 좋은 것은 아니다. / 上質の紙 질 좋은 종이

**-しつ【-室】** 실 ¶何号室ですか 몇 호실입니까?(▶몇 호실의 発音은 며도실) / 203号室 203호실(▶203은 이백삼이라 읽는다) / 研究室 연구실 / 控え室 대기실

**じつ【実】** ❶ [本当, 事実] 실 [真実] 진실 [事実] 사실 [現実] 현실 [中身, 実質] 내실 ◇実の [本当の] 친, 진짜 ◇実に 실로, 정말, 진짜
◆【実は】
¶実は、今月いっぱいで仕事を辞めるんです 실은 이 달말로 일을 그만둡니다. / あの二人はけんかばかりしているが、実は仲がいい 저 두 사람은 싸움만 하지만 실은 사이가 좋다.
◆【実に】
¶彼女は親切で実にいい人ですね 그 여자는 친절하고 진짜 좋은 사람이네요. / その映画は実におもしろかったので最後までくぎづけになった 그 영화는 정말 재미있어서 마지막까지 눈을 떼지 못했다. / 彼は実に韓国語がうまい 그 사람은 정말 한국말이 능숙하다. / 彼女は実によく勉強をする 그녀는 정말 열심히 공부한다. / 今年の夏は実に暑かった 올해 여름은 정말 더웠다. / 実に残念なことだ 실로 유감스러운 일이다.
◆【実の】
¶実の母 친어머니 / おばは私を実の子のように可愛がってくれた 고모는 나를 친자식처럼 귀여워해 주셨다.
◆【実を言うと】
¶実を言うと、それと同じ本を彼女にもらったの사실 그것과 같은 책을 그녀한테 받았어. / 実を言うと、今持ち合わせのお金が全然ないのです 사실 지금 가진 돈이 한푼도 없어요.
❷ [内容, 実質] 실, 실질
◆【実は】
¶彼らの意見は実は同じだ 실은 그들의 의견은 같다.
◆【実の】
¶彼は一見目立たないがグループの実のリーダーだ 그는 언뜻 보면 눈에 띄지 않지만 그룹의 실질적인 리더다. / 売り上げは伸びたが、実のところ赤字だ 매상은 늘었지만 실은 적자다.
◆【実を】
¶名を捨てて実を取る 명분을 버리고 내실을 취하다 / その運動は形ばかりで実を伴っていない 그 운동은 요란하기만 하지 내실이 없다.

**しつい【失意】** 실의 ¶彼女は失意に打ちのめされていた 그녀는 실의에 빠져 있었다. / 失意のどん底に突き落とされる 실의의 구렁텅이에 빠졌다.

**じついん【実印】** 실인

**じつえき【実益】** 실익 ¶私の仕事は趣味と実益を兼ねている 내 일은 취미와 실익을 겸하고 있다.

**じつえん【実演】** 실연 ◇実演する 실연하다 ¶彼は手品の実演をした 그는 마술의 실연을 했다. 関連 実演販売 실연 판매

**しつおん【室温】** 실온

**しっか【失火】** 실화

**じっか【実家】** 친정(親庭), 생가(生家), 고향 집 ¶実家に帰る 친정[생가]에 가다(▶친정은 結婚한 女性의 実家)

**じつがい【実害】** 실제 손해 ¶地震による実害はなかった 지진에 의한 실제 손해는 없었다. / 実害を伴う 실제 손해가 따르다

**しっかく【失格】** 실격 ◇失格する 실격하다 ¶彼女は遅刻してレースに失格した 그녀는 지각해서 레이스에 실격했다. / 彼は医者としては失格だ 그는 의사로서 실격이다. 関連 失格者 실격자 / 失格負け 실격패

**しっかり** ❶ [固く, 丈夫に] 단단히, 튼튼히, 꼭, 꽉 ¶箱をガムテープでしっかり留めた 박스를 박스테이프로 단단히 봉했다. / このテーブルは作りがしっかりしているね 이 테이블은 튼튼히 만들어졌네. / この家はしっかりした土台の上に建てられている 이 집은 단단한 토대 위에 세워져 있다.
¶瓶のふたをしっかり締めた 병의 뚜껑을 단단히 잠갔다. / 彼女をしっかり抱きしめた 그녀를 꽉 껴안았다. / 子供は母親の手をしっかり握っていた 아이는 엄마 손을 꼭 잡고 있었다. / 手すりにしっかりつかまってください 난간을 단단히 잡아 주세요. / 目をしっかり閉じなさい 눈을 꽉 감고 있어라.
❷ [気を引き締める] 똑똑히, 확실히 ◇しっかりする 정신 차리다, 기운을 내다 ¶おまえは長男なんだからしっかりしてくれよ 너는 장남이니까 확실히 해 줘. / 母の言葉は私の記憶にしっかり刻み付けられている 어머니의 말씀은 내 기억 속에 똑똑히 새겨져 있다. / 酔っ払っても彼はしっかりした足取りで歩いていた 술 취해도 그는 확실한 발걸음으로 걷고 있었다.
¶しっかりして(→元気を出せ) 힘 내. / しっかりしろ. もうすぐ救助隊が来るからな 정신 차려. 곧 구조대가 올 거야.

❸【堅実】착실히 ◇しっかりしている 착실하다 ¶彼女はしっかりした女性だ 그녀는 착실한 여성이다. / 彼は若いのになかなかしっかりしたことを言う 그는 젊은데 꽤 바른 말을 한다.
❹【十分】충분히, 잔뜩, 두둑이 ◇しっかりした〔確実な〕확실한 ¶私は毎朝朝食をしっかりとっている 나는 매일 아침을 두둑이 먹고 있다. / 彼女は結婚のためにしっかり貯金している 그녀는 결혼을 위해 충분히 저금을 하고 있다. / 彼はまだ基本がしっかり身についていないようだ 그는 아직 기본이 충분히 익혀지지 않은 것 같다. / しっかりした証拠がなくて彼を逮捕できない 확실한 증거가 없어서 그를 체포할 수 없다.

じっかん【実感】실감 ◇実感する 실감하다 ¶実感のこもった話 실감 나는 이야기 / 実感をこめて話す 실감 나게 이야기하다 / 実感に乏しい 실감이 나지 않는다. / まだ結婚したという実感がわいてこない 아직 결혼한 게 실감이 나지 않는다. / 私は軽率だったとつくづく実感した 나는 경솔했었다고 절실히 실감했다.

しっき【漆器】칠기

しつぎ【質疑】질의 ¶あとで質疑応答を行います 이따가 질의응답을 하겠습니다.

じつぎ【実技】실기 ¶理論と実技 이론과 실기 関連 運転実技 운전 실기 / 体育実技試験 체육 실기 시험

しっきゃく【失脚】실각 ◇失脚する 실각하다, 실각되다 ¶失脚に追い込まれる 실각으로 몰리다 / 失脚を免れる 실각을 면하다 / その政治家は収賄で失脚した 그 정치가는 뇌물 수수로 실각되었다. / 大統領はクーデターで権力の座から失脚した 대통령은 쿠데타로 권력의 자리에서 실각했다. / 政敵を失脚させる 정적을 실각시키다.

しつぎょう【失業】실업, 실직 ◇失業する 실업하다, 실직하다 ¶不況で失業者が増え続けている 불황으로 실업자가 계속 늘어나고 있다. / 失業者の数を低く抑えなければならない 실업자 수를 줄여야 한다. / 失業率は年々低下している 실업률은 매년 저하하고 있다. / 私は失業保険で生活している 나는 실업 보험으로 생활하고 있다. ¶彼女は失業中だ 그녀는 실업 중이다. / 彼は失業した 그는 실업했다. / 彼は長い間失業していた 그는 오랫동안 실직하고 있었다. 関連 失業人口 실업 인구 / 失業対策 실업 대책 / 失業手当 실업 수당 / 失業問題 실업 문제

じっきょう【実況】실황 ¶オリンピックの開会式を実況放送でお送りしています 올림픽 개회식을 실황 방송으로 보내 드리고 있습니다. 関連 実況録画 실황 녹화

じつぎょう【実業】실업 ¶彼は有能な実業家だ 그는 유능한 실업가다. 関連 実業家 실업가 / 実業界 실업계

シック シックだ 멋지다, 세련되다 ◇シックな 멋진, 세련된 ◇シックに 멋지게 ◇着こなしがシックな人 옷 입는 게 세련된 사람 / 彼女はスーツをシックに着こなしていた 그녀는 양복을 멋지게 입고 있었다.

しっくい【漆喰】회반죽 ¶壁にしっくいを塗る 벽에 회반죽을 바르다

しっくり 잘, 꼭 ¶最近夫とはしっくりいっていない 최근 남편과는 잘 지내지 못한다.

じっくり 차분히, 곰곰이 ¶実行する前にじっくり考えるべきだ 실행하기 전에 차분히 생각해야 한다. / じっくり腰をすえて問題を解決する 곰곰이 전념해서 문제를 해결하다

しっけ【湿気】습기 ¶湿気を含んだ風 습기찬 바람 / 湿気のない気候 습기 없는 기후 / 湿気を取る 습기를 제거하다 / 湿気を吸う 습기를 흡수하다 / 日本の夏は湿気が多い 일본의 여름은 습기가 많다. / 山の空気はひんやりと湿気を帯びていた 산의 공기는 차가운 습기를 띠고 있었다.

しつけ【躾】가정 교육〔礼儀作法〕예의범절 ¶あの学校は生徒のしつけが行き届いている 그 학교는 학생 교육이 잘 되어 있다. / あの子はしつけがなっていない 그 아이는 예의범절이 좋지 못하다. / 父はしつけが厳しかった 아버지는 가정교육이 엄격했다. / しつけのいい子供 예의범절이 바른 아이

じっけい【実刑】실형 ¶彼は懲役5年の実刑判決を受けた 그는 징역 5년의 실형 판결을 받았다.

しつける【躾ける】예의범절을 가르치다 ¶子供をしつける 아이에게 예의범절을 가르치다

しつげん【失言】◇失言する 실언하다 ¶あれは私の失言でした 그건 제 실언이었습니다. / 彼はあわてて失言を取り消した 그는 서둘러 실언을 취소했다. / 失言を謝る 실언을 사과하다 / うっかり失言してしまった 깜박 실언을 해 버렸다.

しつげん【湿原】습원〔湿地〕습지

じっけん【実験】실험〔試み〕시험 ◇実験する 실험하다 ¶きょうは学校で理科の実験をした 오늘은 학교에서 과학 실험을 했다. / この方法でうまくいくかどうか実験してみよう 이 방법으로 잘 될지 안 될지 실험해 보자. / 長年にわたる実験の結果をもとに彼は論文を書いた 다년에 걸친 실험의 결과를 바탕으로 그는 논문을 썼다. / すべての核実験を禁止するかどうかが軍縮会議の主な争点の一つだ 모든 핵 실험을 금지할지 안 할지가 군축 회의의 주요한 쟁점의 하나다. / この薬はまだ実験段階ですか 이 약은 아직 실험 단계입니까. / 新しい機械を実験的に動かしてみた 새로운 기계를 실험적으로 작동시켜 보았다. 関連 実験材料 실험 재료 / 実験台 실험대 / 実験室 실험실 / 実験段階 실험 단계 / 化学実験 화학 실험 / 人体実験 인체 실험 / 動物生体実験 동물 생체 실험

じっけん【実権】실권 ¶社長の弟が会社の実権を握っている 사장의 동생이 회사의 실권을 잡고 있다. / 実権を奪われる 실권을 빼앗기다.

じつげん【実現】실현 ◇実現する 실현하다, 실현되다 ¶宇宙飛行士になるという長年の夢がついに実現した 우주 비행사가 된다고 하는 오랜 꿈이 드디어 실현했다. / 彼女は男女平等社会の実現のために闘った 그녀는 남녀 평등 사회의 실현을 위해 싸웠다. / 彼らは選挙公約を実現するために最善を尽くした 그들은 선거 공약을 실현하기 위해서 최선을 다했다. / その計画を実現するのはほとんど不可能だ 그 계획을 실현하는 것은

거의 불가능하다. / 実現性のない話 실현성이 없는 이야기

**しつこい** 집요하다, 치근거리다, 끈덕지다, 끈질기다【味が】질다, 기름지다 ◇しつこく 집요하게, 끈덕지게, 끈질기게 ¶今年の風邪はしつこい 올해 감기는 끈덕지다. / 彼はしつこい性格だ 그 사람은 끈덕진 성미다. / しつこい料理 진한 요리 / しつこい味 진한 맛
¶記者たちは彼女に離婚の理由をしつこく質問した 기자들은 그녀에게 이혼의 이유를 끈덕지게 질문했다. / しつこく聞きたがる子供 집요하게 묻고 싶어하는 아이

**しっこう**【執行】집행 ◇執行する 집행하다〔実行する〕실행하다 ¶予算の執行 예산의 집행 / 死刑を執行する 사형을 집행하다 / 彼は懲役 3年, 執行猶予 2年になった 그는 징역 3년, 집행 유예 2년이 되었다. 関連 執行委員会 집행 위원회 / 執行人 집행관 / 執行部 집행부

**じっこう**【実行】실행 ◇実行する 실행하다
¶計画はただちに実行に移された 계획은 즉시 실행에 옮겨졌다. / 彼は口は達者だが実行が伴わない 그는 말은 잘하지만 실행은 하지 않는다. / 彼は実行可能な解決法を提案した 그는 실행 가능한 해결법을 제안했다. / 彼女の案は実行不可能のように思われる 그녀의 제안은 실행 불가능한 것처럼 생각된다. / 彼らは実行委員会を組織した 그들은 실행 위원회를 조직했다. / 事件の実行犯は全部で 3人いた 사건의 실행범은 전부 세 명 있었다. / 彼女は実行力がある 그녀는 실행력이 있다.
¶私の考えを実行するのはまだ早すぎる 내 생각을 실행하는 것은 아직 너무 빠르다. / その計画を実行するのは容易ではなかろう 그 계획을 실행하는 것은 쉬운 일이 아닐 것이다. / 与党の選挙公約はまったく実行されていない 여당의 선거 공약은 전혀 실행되지 않고 있다.

**じっこう**【実効】실효 ¶実効のある措置 실효성 있는 조치 / その国が実効支配している島 그 나라가 실질적으로 지배하고 있는 섬

**じっさい**【実際】실제〔事実〕사실〔現実〕현실 ◇実際に 실제로

◆《実際・実際(に)には》
¶それは実際すばらしい考えだった 그것은 사실 훌륭한 생각이었다. / 彼女, とても変わった人って聞いたけど実際そうなのかな 그 여자 아주 특이한 사람이라고 들었는데 실제로 그런가? / 私は, 実際はそれほど多く本を読んではいません 나는 사실 그렇게 많은 책을 읽지는 않습니다. / この設計では実際にはうまくいかないだろう 이 설계로는 실제로 잘 안 되겠지. / かろうじて収支とんとんのように見えたが実際には赤字だった 겨우 수지가 맞는 것처럼 보였지만 실제로는 적자였다.

◆《実際の》
¶その絵の実際の価値はだれにもわからなかった 그 그림의 실제 가치는 아무도 몰랐다. / 実際の訓練の時にはヘルメットをかぶります 실제 훈련 때에는 헬멧을 씁니다. / 彼女はやさしそうに見えるけど実際のところはとても厳しい人だ 그녀는 친절한 것처럼 보이지만 실제로는 아주 엄한 사람이다.

◆《実際に》
¶この映画は実際にあった話をもとにしている 이 영화는 실제 있었던 이야기를 기초로 하고 있다. / 私の娘は実際にその現場にいたんですよ 내 딸은 실제로 그 현장에 있었어요. / 彼らが今実際に必要としているものは水だ 그들이 지금 실제로 필요로 하는 것은 물이다.

◆《その他》
¶もっと実際的な計画にしよう 더 현실적인 계획으로 하자. / それは実際問題として不可能だと思う 그것은 현실 문제로서 불가능하다고 생각한다. / 写真ではこのビルは実際より大きく見える 사진으로는 이 건물은 실제보다 크게 보인다.

**じつざい**【実在】실재〔存在〕존재 ◇実在する 실재하다, 존재하다 ¶実在の人物 실재의 인물 / かつて実在した村 예전에 실재한 마을 / その人は確かにこの町に実在していた 그 사람은 확실히 이 마을에 존재했다.

**しっさく**【失策】실책 ¶失策を犯す 실책을 범하다

**じっし**【実施】실시 ◇実施する 실시하다 ¶試験を実施する 시험을 실시하다 / 訓練が実施される 훈련이 실시되다 / その計画を予定どおり来月実施します 그 계획을 예정대로 다음달 실시합니다. / 運動会は毎年10月に実施されます 운동회는 매년 시월에 실시됩니다.

**じっしつ**【実質】실질 ◇実質的な 실질적인 ◇実質的に 실질적으로 ¶外見だけで実質が伴わない 외견만으로 실질은 수반되지 않는다. / これは実質的な賃金引き下げだ 이것은 실질적인 임금 인하다. 関連 実質金利 실질 금리 / 実質賃金 실질 임금

**じっしゃかい**【実社会】실사회 ¶実社会の現実 실사회의 현실 / 実社会に出る 실사회에 나가다

**じっしゅう**【実習】실습 ◇実習する 실습하다
¶料理の実習をする 요리 실습을 하다 関連 実習生 실습생 / 教育実習 교육 실습 / 教育実習生 교육 실습생, 교생 / 現場実習 현장 실습

**じっしょう**【実証】실증 ◇実証する 실증하다
¶その理論が正しいことが実証された 그 이론이 옳은 것이 실증되었다. 関連 実証主義 실증주의

**じつじょう**【実情】실정 ¶実情を調査する 실정을 조사하다 / 実情に合わせる 실정에 맞추다 / この法律は実情に合っていない 이 법률은 실정에 맞지 않는다. / 彼は被災地の実情を訴えた 그는 피해지의 실정을 호소했다. / 実情を考えるとそれはなかなか難しい 실정을 생각하면 그것은 꽤 어렵다. / 実情を聞かせてください 실정을 들려 주세요. / 彼女は芸能界の実情に詳しい 그녀는 연예계의 실정에 밝다. / ここは駐車禁止ですが守られていないのが実情です 여기는 주차 금지입니다만 지켜지지 않는 것이 실정입니다.

**しっしん**【失神】실신 ◇失神する 실신하다
¶恐ろしさのあまり失神する 무서운 나머지 실신하다 / 失神して倒れる 실신해서 쓰러지다 / 彼女はその知らせを聞いたとき失神しそうになった 그녀는 그 소식을 들었을 때 실신할 뻔했다. 関連 失神状態 실신 상태

**しっしん**【湿疹】습진 ¶顔に湿疹が出た 얼굴에

습진이 났다. / 湿疹に悩む 습진으로 고민하다

**じっしんほう【十進法】** 십진법

**じっせいかつ【実生活】** 실생활

**じっせき【実績】** 실적〔実績〕업적〔経験〕경험 ¶彼は着々と実績を上げてきた 그는 착착 실적을 올려 왔다. / 彼は弁護士としての実績がある 그에게는 변호사로서의 실적이 있다. / この会社では実績に応じて給料が支払われる 이 회사에서는 실적에 따라서 급료가 지급된다. 関連 営業実績 영업 실적 / 販売実績 판매 실적

**じっせん【実戦】** 실전 ¶彼には実戦の経験がない 그에게는 실전의 경험이 없다. / このチームは十分実戦で鍛えてある 이 팀은 충분히 실전에서 단련되어 있다.

**じっせん【実践】** 실천 ◇**実践する** 실천하다 ◇**実践的な** 실천적인 ¶新しい教育理論を実践に移す 새로운 교육 이론을 실천에 옮기다 / 実践的な教育 실천적인 교육 関連 実践力 실천력

**しっそ【質素】** ◇**質素だ** 검소하다〔地味〕수수하다 ¶彼らは質素な暮らしをしていた 그들은 검소한 생활을 하고 있었다. / 彼女はいつも質素な服を着ている 그녀는 항상 수수한 옷을 입고 있다. / 質素な食事 검소한 식사

**しっそう【失踪】** 실종 ◇**失踪する** 실종하다 ¶彼女が失踪して3年になる 그녀가 실종된 지 3년이 된다. / 彼の失踪の理由はだれもわからなかった 그의 실종 이유는 아무도 몰랐다. / 失踪者を捜索する 실종자를 수색하다

**しっそう【疾走】** 질주 ◇**疾走する** 질주하다 ¶全力疾走 전력 질주 / 車で疾走する 차로 질주하다

**じつぞう【実像】** 실상

**しっそく【失速】** ◇**失速する** 실속하다 ¶その飛行機は突然失速して墜落した 그 비행기는 갑자기 실속하면서 추락했다.

**じつぞん【実存】** 실존 ◇**実存する** 실존하다 関連 実存主義 실존주의

**じったい【実体】** 실체 ¶実体のない会社 실체 없는 회사 / 実体をつかむ 실체를 파악하다

**じったい【実態】** 실태 ¶経営の実態 경영 실태 / 政治腐敗の実態を調査する 정치 부패의 실태를 조사하다 / 秘密組織の実態を明らかにする必要がある 비밀 조직의 실태를 밝힐 필요가 있다

**しったかぶり【知ったか振り】** ◇**知ったかぶりする** 아는 체[척]하다 ¶知ったかぶりする人 아는 척하는 사람 / 知りもしないくせに知ったかぶりする 알지도 못하는 주제에 아는 체한다.

**しっち【湿地】** 습지 関連 湿地帯 습지대

**じっち【実地】** 실지〔現場〕현장 関連 実地訓練〔試験〕실지 훈련〔시험〕/ 実地検証 실지 검증 / 実地調査 실지 조사

**しっちかいふく【失地回復】** 실지 회복

**じっちゅうはっく【十中八九】** 십중팔구 ¶十中八九, 彼の計画は失敗だろう 십중팔구 그 사람의 계획은 실패할 거다.

**しっつい【失墜】** 실추 ◇**失墜する** 실추되다, 실추하다 ¶論文に大きな誤りが見つかり, その学者は権威を失墜した 논문에 큰 잘못이 밝혀져서 그 학자는 권위가 실추되었다.

**しっと【嫉妬】** 질투, 샘 ◇**嫉妬する** 질투하다 ¶嫉妬に燃える 질투에 불타다 / 嫉妬に狂う 질투에 미치다 / 彼女の美しさと才能は他の女優たちの嫉妬を招いた 그녀의 아름다움과 재능은 다른 여배우들의 질투를 샀다. / キョンヒは私がいつもいい成績をとるので嫉妬している 경희는 내가 항상 좋은 성적을 받기 때문에 질투를 하고 있다. / 私の彼はとても嫉妬深い 내 남자 친구는 질투심이 아주 강하다. / 嫉妬心を燃やす 질투심을 불태우다

**しつど【湿度】** 습도 ¶梅雨時は湿度が高い 장마 때는 습도가 높다. / きょうの湿度は60％だ 오늘의 습도는 60퍼센트다. 関連 湿度計 습도계

**じっと** ❶〔動かないで〕가만히〔静かに〕조용히 ¶じっとしていなさい 가만히 있어. / 長いことじっと座っていた 오랫동안 가만히 앉아 있었다. / 生徒たちはじっと立ちつくしていた 학생들은 가만히 서 있었다. / ベッドでじっと横になっていた 침대에서 가만히 누워 있었다. / うちの娘は元気がありすぎて片時もじっとしていることがない 우리 딸은 너무 기운이 넘쳐서 잠시도 가만히 있지 못한다. / そのことを考えるとじっとしていられない 그 일을 생각하면 가만히 있을 수 없다. / 出かけるより家でじっとしていたい 나가는 것보다 집에서 조용히 있고 싶다.

❷〔集中して〕가만히, 물끄러미 ¶彼女は私をじっと見た 그녀는 나를 가만히 봤다. / その子は人形をじっと見つめた 그 아이는 인형을 물끄러미 쳐다보았다. / 私は部屋にこもってじっと考え込んでいた 나는 방에 들어박혀서 가만히 생각에 빠졌다.

¶みんなで星をじっと眺めた 모두 함께 별을 가만히 쳐다보았다. / 彼は丘から海をじっと眺めていた 그는 언덕에서 바다를 가만히 쳐다보고 있었다.

❸〔耐えて〕꾹, 가만히 ¶じっと痛みをこらえた 아픔을 꾹 참았다. / 彼女が来るのをじっと待った 그녀가 오는 것을 가만히 기다렸다.

**しっとう【執刀】** 집도 ◇**執刀する** 집도하다 ¶きょうの手術は伊藤先生が執刀します 오늘 수술은 이토 선생님이 집도하십니다. 関連 執刀医 집도의

**しっとり** 촉촉이 ◇**しっとりしている** 촉촉하다 ¶しっとりとした肌 촉촉한 피부

**じっとり** 흠뻑 ¶額がじっとりと汗ばんでいる 이마가 땀에 흠뻑 젖었다.

**しつない【室内】** 실내, 방안〔屋内〕옥내 ¶室内で遊ぶ 방안에서 놀다 / 時々室内の空気を入れ替えたほうがいい 가끔 실내의 공기를 바꾸는 편이 좋다. 関連 室内楽 실내악 / 室内楽団 실내 악단 / 室内競技 실내 경기 / 室内競技場 실내 경기장 / 室内装飾 실내 장식 / 室内遊戯 실내 유희

**ジッパー** 지퍼, 파스너

**しっぱい【失敗】** 실패, 실수〔誤り〕잘못 ◇**失敗する** 실패하다, 실수하다

使い分け 실패, 실수
실수 不注意や錯覚, 誤解などによって起こる場合に用いられ, しくじり, へま, 粗相程度の軽い

失敗をいう.
**失敗** 用意周到に準備していたとしても結果としてうまくいかなかった場合に用いられる.
▶例えば、料理を作る際に、不注意でいつもより塩を少し入れすぎたら失手といえるが、出来上がった料理が不注意による失手がなくても、おいしくなかったら失敗になる.

¶その計画は完全な失敗だった 그 계획은 완전한 실패였다. / 今度こそ失敗は許されないぞ 이번만큼은 실패를 용서하지 않겠다. / 我々はこの機械を実用化するまでに何度も失敗を重ねた 우리는 이 기계를 실용화하기까지 몇 번이나 실패를 거듭했다. / 彼らの結婚は失敗に終わった 그들의 결혼은 실패로 끝났다. / 私は大失敗をしてしまった 나는 큰 실패를 해 버렸다. / 彼にそのことをしゃべったのは失敗だった 그에게 그것을 말한 것은 실수였다.
¶商売は失敗した 장사는 실패했다. / 兄は入試に失敗した 형은 입시에 실패했다. / 彼は事業に失敗し莫大な借金だけが残った 그는 사업에 실패해서 막대한 빚만 남았다. / 君の助けがなかったら僕は失敗していただろう 네 도움이 없었다면 나는 실패했을 거야. / 彼を説得するのに失敗した 그를 설득하는 데 실패했다. 慣用句 失敗は成功のもと 실패는 성공의 어머니.

**じっぱひとからげ**【十把一絡げ】 それらの問題を十把一からげに扱うことは間違っている 그 문제들을 뭉뚱그려서 취급하는 것은 잘못이다.

**じっぴ**【実費】 실비 ¶負担してください 실비는 부담해 주십시오. / 実費で売る 실비로 팔다.

**しっぴつ**【執筆】 집필 ◇執筆する 집필하다
¶新聞に連載小説を執筆する 신문에 연재소설을 집필하다 関連 執筆者 집필자

**しっぷ**【湿布】 습포, 찜질 ◇湿布する 습포하다, 찜질하다 ¶足に湿布をした 발에 찜질했다.

**じつぶつ**【実物】 실물〔本物〕진짜 ¶この肖像画は実物そっくりだ 이 초상화는 실물과 흡사하다. / あの俳優は映画で見るほど実物はすてきではなかった 그 배우는 영화에서 본 만큼 실물은 멋지지 않았다. / 実物大の絵 실물 크기의 그림 関連 実物取引 실물 거래

**しっぺがえし**【しっぺ返し】 보복(報復) ¶悪いことをすると必ずしっぺ返しがある 나쁜 짓을 하면 반드시 보복이 있다. / しっぺ返しをする 보복하다.

**しっぽ**【尻尾】 꼬리〔端〕끝 ¶犬のしっぽ 개 꼬리 / 犬は私を見てしっぽを振った 개는 나를 보고 꼬리를 흔들었다. 慣用句 彼はついにしっぽを出した 그는 드디어 꼬리를 밟혔다. / いつか彼らのしっぽをつかんでやる 언젠가 그들의 꼬리를 잡고야 말겠다. / 詐欺師はしっぽを巻いて逃げ出した 사기꾼은 기가 죽어서 도망갔다.

**しつぼう**【失望】 실망〔落胆〕낙담〔絶望〕절망 ◇失望する 실망하다, 낙담하다 ¶彼が大学入試に落ちたとき両親の失望はたいへんなものだった 그가 대학 입시에 떨어졌을 때 부모님의 실망은 아주 컸다. / 彼に裏切られた彼女は失望のどん底にあった 그에게 배신당한 그녀는 실망의 구렁텅이에 있었다. / 彼女は失望の色を隠せなかった 그녀는 실망의 빛을 감추지 못했다.
¶あまりにもくだらない仕事に失望し彼は会社を辞めた 너무 시시한 일에 실망해 그는 회사를 그만두었다. / 期待にそえず両親を失望させてしまった 기대에 부응하지 못하고 부모님을 실망시키고 말았다. / もう少しできる人だと思っていたのに彼に失望させられた 조금 더 능력 있는 사람인 줄 알았는데 그 사람에게는 실망했다. / きょうの講演にはとても失望した 오늘 강연은 아주 실망했다. / 彼は失望の色を浮かべた 그는 실망의 표정을 보였다. / 彼女は失望のあまり自殺した 그녀는 실망한 나머지 자살했다.

**しつむ**【執務】 집무 ◇執務する 집무하다 ¶市長は現在執務中です 시장은 현재 집무 중입니다. 関連 執務時間 집무 시간 / 執務室 집무실

**じつむ**【実務】 실무 ¶実務に携わる 실무에 종사하다 / 彼は有能な実務家だ 그는 유능한 실무가이다. / 彼は経営の実務経験が豊富だ 그는 경영의 실무 경험이 풍부하다.

**しつめい**【失明】 실명 ◇失明する 실명하다
¶事故で失明する 사고로 실명하다 / 彼女は子供のころ失明した 그녀는 어렸을 때 실명했다.

**じつめい**【実名】 실명〔本名〕본명

## しつもん【質問】 질문〔問い合わせ〕문의
◇質問する 질문하다

◆質問が・質問は◆
¶何か質問はありますか 무슨 질문이 있습니까? / 「伊藤先生、質問があります」「何ですか」"이토 선생님, 질문이 있습니다." "무엇입니까?"
◆質問に◆
¶私はその質問に答えられなかった 나는 그 질문에 대답할 수 없었다. / (答案などで)以下の質問に答えなさい 다음 질문에 답하시오.
◆質問を◆
¶ただいまの発表に対する質問を受け付けます 지금 발표에 대한 질문을 받겠습니다. / 質問を続けてください 질문을 계속하세요. / 思い切ってその質問を彼女にぶつけてみた 과감히 그 질문을 그 여자에게 했다. / 作者はこの作品の中でどんな質問を読者に投げかけていますか 작가는 이 작품 속에서 어떤 질문을 독자에게 던지고 있습니까?
◆質問する◆
¶「質問してもよろしいですか」「ええ、どうぞ」"질문해도 됩니까?" "예, 하세요." / 私たちはその件について彼女にいくつか質問した 우리는 그 건에 대해서 그 여자에게 몇 개의 질문을 했다. / 私は彼が言ったことについて彼に質問した 나는 그가 말한 것에 대해서 그에게 질문했다.
◆その他◆
¶子供たちは先生を質問攻めにした 아이들은 선생님에게 질문 공세를 폈다. / 私は質問攻めにあった 나는 질문 공세를 받았다. 関連 質問者 질문자 / 質問書 질문서 / 質問用紙 질문지(質問紙)

**しつよう**【執拗】 ◇執拗だ 집요하다 ◇執拗に 집요하게 ¶テレビのレポーターたちは離婚した女優に執

拗に質問を浴びせかけた 방송국의 리포터들이 한 흔한 여배우에게 집요하게 질문을 퍼부었다.

**じつよう【実用】** 실용 ◇実用的だ 실용적이다
¶実用的な家具 실용적인 가구 / 実用性がある 실용성이 있다 / 新しいアイディアを実用化した 새로운 아이디어를 실용화했다. 関連 **実用新案特許** 실용신안 특허 / **実用品** 실용품

**しつりょう【質量】** 질량 ¶物体の質量を測定する 물체의 질량을 측정하다 / 質, 量ともに질과 양 둘 다

**じつりょく【実力】** ❶ [実際の能力] 실력 ¶入試に合格するには英語の実力をつけなければならない 입시에 합격하기 위해서는 영어 실력을 키워야 된다. / 彼は実力のある野球選手だ 그는 실력 있는 야구 선수다. / 実力を発揮すればその選手が優勝するだろう 실력을 발휘하면 그 선수가 우승할 것이다. / 僕は実力で試合に勝った 나는 실력으로 경기에서 이겼다. / 当社では実力に応じた給料を支払います 우리 회사에서는 실력에 따라서 월급을 지불합니다. / 昇進は実力次第です 승진은 실력에 따라 결정됩니다. / 二人のボクサーの実力は伯仲している 두 복서의 실력은 우열을 가리기 어렵다.
❷ [腕力, 武力] 실력 ¶彼らが実力に訴えるとは思ってもみなかった 그들이 실력에 호소하리라고는 생각도 못했다. / 話し合いがまとまらず労働者側は実力行使に出た 교섭이 결렬나지 않아서 노동자 측은 실력 행사로 나왔다. 関連 **実力者** 실력자 / **実力主義** 실력주의 / **実力テスト** 실력 테스트

**しつれい【失礼】** ❶ [無礼] 실례 ◇失礼だ 실례다 ¶ノックせずに部屋に入るのは失礼だ 노크도 하지 않고 방에 들어오는 것은 실례다. / 人を長い間待たせるのは失礼だ 사람을 오랫동안 기다리게 하는 것은 실례다. / なんて失礼な男なんだ 무례한 녀석이군. / ずいぶん失礼な言い分だと思いませんか 상당히 무례한 말이라고 생각하지 않습니까? / 大切なお客様だから失礼のないようにね 중요한 손님이니까 실례가 없도록 해.
❷ [謝罪, 依頼, 断り] 실례 ◇失礼する 실례하다 ¶失礼します 실례하겠습니다. / 失礼しました 실례했습니다. / 失礼ですが 실례지만 / お先に失礼します 먼저 실례하겠습니다. / (中座する時) ちょっと失礼します 좀 실례합니다.
¶お取り込み中のところ失礼します 바쁘신 중에 실례합니다. / あいにく留守でしたので失礼しました 공교롭게도 집을 비워서 죄송했습니다. / 遅くなって失礼しました 늦어서 죄송합니다.
¶ (電話で) 失礼ですが, どちら様でしょうか 죄송합니다만 누구십니까? / 失礼ですが, もう一度おっしゃってください 실례지만 다시 한 번 말씀해 주십시오. / 失礼ですが, あと2,3質問してもよろしいでしょうか 죄송합니다만 두세 가지만 더 질문해도 되겠습니까? / お話し中失礼ですが, たばこを吸ってもよろしいでしょうか 말씀하시는 중에 죄송하지만 담배를 피워도 되겠습니까? / 失礼ですがいくらかかりましたか 죄송합니다만 얼마 들었습니까? / 失礼ながらあなたのおっしゃることには同意でき

ません 죄송합니다만 말씀하신 것에는 동의할 수 없습니다.

**じつれい【実例】** 실례 ¶実例を挙げる 실례를 들다 / 実例にならう 실례를 따르다

**しつれん【失恋】** 실연 ◇失恋する 실연하다 ¶失恋の痛手 실연의 상처 / 私は彼女に失恋した 나는 그녀에게 실연당했다. / 失恋した人 실연당한 사람

**じつわ【実話】** 실화

**してい【子弟】** 자제

**してい【師弟】** 사제, 스승과 제자 ¶師弟関係を結ぶ 사제 관계를 맺다

**してい【指定】** 지정 ◇指定する 지정하다 ¶指定を受ける 지정을 받다 / 会う日時と場所を指定する 만날 일시와 장소를 지정하다 / この鳥は天然記念物に指定されている 이 새는 천연기념물로 지정되어 있다. / 座席はすべて指定です 좌석은 모두 지정석입니다. / 書類は指定どおりにご記入ください 서류는 지정된 대로 기입해 주세요. 関連 **指定券** 지정권 / **指定席** 지정석

**してき【指摘】** 지적 ◇指摘する 지적하다 ¶彼は私の誤りを指摘した 그는 내 잘못을 지적했다. / ミスを指摘される 미스를 지적받다

**してき【私的】** 사적 (▶発音は 사적) ◇私的な 사적인 ¶私的感情 사적 감정 / 私的行動 사적 행동 / 私的な発言 사적인 발언

**してき【詩的】** 시적 (▶発音は 시쩍) ◇詩的な 시적인 ¶詩的表現 시적 표현

**してつ【私鉄】** 사철, 사유 철도

**-しても** ¶その店に今すぐ行くとしても着くころには閉まっているよ 그 가게에 지금 바로 간다고 해도 도착할 즈음에는 닫혀 있을 거다. / 彼がお金を盗んだ犯人だとしても何らそれを証明できるようなものはない 그가 돈을 훔친 범인이라고 하더라도 그것을 증명할 수 있는 것은 아무것도 없다. / どんなにがんばったとしてもたいした金にはならない 아무리 열심히 해도 큰 돈은 되지 않는다. / 彼女の絵はどこに出したとしても恥ずかしくない作品だ 그녀의 그림은 어디에 내놓아도 부끄럽지 않은 작품이다. / 彼女には性格上の問題があるにしてもごくわずかだ 그녀에게는 성격상의 문제가 있다고 해도 아주 사소한 것이다. / どうせ僕が今後昇進したとしても課長どまりさ 어차피 내가 앞으로 승진한다고 해도 과장에서 끝이겠지. / だれが何を言ったとしても気にかけるな 누가 뭘 말했다고 해도 신경 쓰지 마.

**してん【支店】** 지점 ¶神戸支店 고베 지점 / 支店を出す 지점을 내다 関連 **支店長** 지점장

**してん【視点】** 시점 (▶発音は 시쩜) ¶視点が定まらない 시점이 일정하지 않다. ¶彼らは視点を変えて話し合った 그들은 시점을 바꾸어서 의논했다.

**しでん【市電】** 시내 전차, 시가 전차

**じてん【事典】** 사전 関連 **百科事典** 백과사전

**じてん【時点】** 시점 (▶発音は 시쩜) ¶出版された時点ではこの本はあまり話題にならなかった 출판된 시점에서는 그 책은 별로 화제가 안 됐다. / 現時点ではご質問にはお答えできません 현시점에서는 질문에는 대답해 드릴 수 없습니다.

**じてん【次点】** 차점(▶発音は 차점) ¶彼はこの前の市長選挙では次点だった 그는 전번의 시장 선거에서는 차점이었다.

**じてん【自転】** 자전 ◇自転する 자전하다 ¶地球は自転している 지구는 자전하고 있다.

**じてん【辞典】** 사전 ¶辞典を引く 사전을 찾다／辞典を編さんする 사전을 편찬하다 関連 国語辞典 국어사전／韓日辞典 한일사전／日韓辞典 일한사전 ⇨辞書

**じでん【自伝】** 자전, 자서전 関連 自伝小説 자전소설

**じてんしゃ【自転車】** 자전거 ¶自転車に乗る 자전거를 타다／自転車で通学する 자전거로 학교에 다닌다. 数え方 自転車1台 자전거 한 대 ¶うちの会社はいつも自転車操業だ 우리 회사는 항상 불안한 경영 상태이다. 関連 自転車競技 자전거 경기／自転車店 자전거점／自転車旅行 자전거 여행

**しと【使途】** 용도(用途) ¶金の使途を明らかにする 돈의 용도를 밝히다／使途不明金 용도 불명금

**しどう【指導】** 지도〔指揮〕지휘〔監督〕감독〔教授〕교수〔競技などの〕코치 ◇指導的な 지도적이다 ◇指導する 지도하다

◆[指導の・指導に]
¶彼の指導のもとにこの仕事を遂行してほしい 그 사람의 지도 하에 이 일을 수행해 주었으면 한다.／今年から新任の大田先生がサッカー部の指導に当たるそうだ 올해부터 신임인 오타 선생님이 축구부의 지도를 담당하신다고 한다.／担任の先生は生徒たちの進路指導に一生懸命だ 담임 선생님은 학생들의 진로 지도에 열심이다.

◆[指導を]
¶指導を受ける 지도를 받다／北川教授に卒論の指導を仰いだ 기타가와 교수님께 졸업 논문 지도를 받았다.／教師の実験の指導を誤り生徒の一人がけがをした 교사가 실험의 지도를 잘못해서 학생 한 명이 부상을 입었다.／今後ともよろしくご指導をお願いいたします 앞으로도 지도 말씀 잘 부탁드립니다.
¶きょうから1か月間私が新入社員の指導をすることになった 오늘부터 한 달간 내가 신입 사원의 지도를 하게 됐다.／もとオリンピック選手だった人が水泳部の指導をしている 전 올림픽 선수였던 사람이 수영부의 지도를 하고 있다.

◆[その他]
¶彼は我々の研究チームの指導的立場にある 그는 우리 연구 팀의 지도적 입장에 있다.／彼女は今回のプロジェクトの中で指導的役割を果たしている 그녀는 이번 프로젝트에서 지도적 역할을 다하고 있다.／彼はボーイスカウトの中で指導力を発揮した 그는 보이스카우트에서 지도력을 발휘했다. 関連 指導案 지도안／指導教官 지도 교관／指導者 지도자／指導主事 지도 주사(▶韓国の 장학사 「奨学士」に相当する)／学習指導要領 학습 지도 요령

**しどう【私道】** 사도, 사설 도로

**じどう【児童】** 아동, 어린이〔学童〕학동, 초등학교 학생 関連 児童劇 아동극／児童憲章 어린이 헌장／児童心理学 아동 심리학／児童相談所 아동 상담소／児童福祉法 아동 복지법／児童文学 아동 문학

**じどう【自動】** 자동 ◇自動的に 자동적으로 ¶このドアは自動的に鍵がかかる 이 문은 자동적으로 열쇠가 잠긴다. 関連 自動改札機 자동개찰기／自動制御 자동 제어／自動操縦装置 자동 조종 장치／自動ドア 자동문／自動販売機 자동판매기, 《縮約》자판기

**じどうし【自動詞】** 자동사

**じどうしゃ【自動車】** 자동차 ¶自動車に乗る 자동차를 타다／自動車から降りる 자동차에서 내리다／自動車に乗せる 자동차에 태우다／自動車を運転する 자동차를 몰다[운전하다] 数え方 自動車1台 자동차 한 대 関連 自動車学校 자동차(운전) 학원／自動車産業 자동차 산업／自動車事故 자동차 사고／自動車修理工場 자동차 수리 공장／自動車修理工 자동차 수리공／自動車専用道路 자동차 전용 도로／自動車保険 자동차 보험／自動車メーカー 자동차 메이커／自動車レース 자동차 경주 ⇨車

**しとしと** 부슬부슬 ¶一日中雨がしとしとと降る 하루 종일 비가 부슬부슬 내린다.

**じとじと** ◇じとじとした 축축한, 눅눅한 ¶じとじとした天気 눅눅한 날씨

**しとやか【淑やか】** 淑やかだ 정숙하다〔優雅だ〕우아하다 ◇淑やかに 정숙히, 우아하게 ¶彼女は話し方がしとやかだ 그녀는 말씨가 정숙하다.／しとやかな女性 정숙한 여성／しとやかに歩いていく 정숙히 걸어가다

**しどろもどろ** 횡설수설 ◇しどろもどろだ 횡설수설하다 ¶その男の返答はしどろもどろだった 그 남자의 대답은 횡설수설했다.／しどろもどろの言い訳 횡설수설한 변명

**しな【品】** ❶[個々の品物]물건〔商品〕상품 ¶この品はいかがでしょうか 이 물건은 어떠십니까？／この品はあの店で売っています 이 상품은 그 가게에서 팔고 있습니다.／私はあのデパートでいくつかの品を買った 나는 그 백화점에서 몇 개 물건을 샀다.／カタログに買いたい品がいくつかあった 카탈로그에 사고 싶은 물건이 몇 개 있었다.／結構なお品をどうもありがとうございました 좋은 물건 너무 감사합니다.／あの店は品ぞろえが豊富だ 그 가게는 갖춘 물건이 풍부하다.／その品は製造中止になりました 그 상품은 제조 중지가 되었습니다.
❷[品質]품질, 질 ¶このスーツは品がよい[悪い] 이 양복은 품질이 좋다[나쁘다].

**しない【市内】** 시내 ¶市内見物に行った 시내 관광을 갔다.／市内配達は無料です 시내 배달은 무료입니다. 関連 市内循環バス 시내 순환 버스／市内通話 시내 통화

**しない【竹刀】** 죽도

**しなう【撓う】** 휘다 ¶よくしなう竹 잘 휘는 대나무／この釣りざおはよくしなう 이 낚싯대는 잘 휜다.／風で枝がしなっている 바람에 가지가 휘어 있다.

**しなかず【品数】** ¶その店は商品の品数が多い 그 가게는 상품의 종류가 많다.

**しなぎれ【品切れ】** 품절, 절품 ◇品切れになる 품절하다, 품절되다 ¶メロンは品切れです 멜론

은 품절입니다. / その商品は現在品切れとなっております 그 상품은 현재 품절입니다.

**しなびる【萎びる】** 이울다, 시들다, 쭈글쭈글하다 ¶朝顔がしなびてしまった 나팔꽃이 시들어 버렸다. / おばあさんの顔はしなびていた 할머니의 얼굴이 쭈글쭈글했다.

**しなもの【品物】** 물품, 물건 〔製品〕제품 〔商品〕상품 〔品質〕품질, 질 ¶この店では質のよい品物が安く買える 이 가게에서는 질 좋은 물건을 싸게 살 수 있다. / この品物はよく売れる 이 물건은 잘 팔린다. / 我々は問屋から品物を仕入れている 우리들은 도매상에서 물건을 사들이고 있다. / こちらの方が品物がよい 이쪽 것이 질이 좋다. / その品物はどこで手に入れましたか 그 물건은 어디서 입수했습니까?

**しなやか【撓やか】** ◇しなやかだ 유연하다, 부드럽다 〔優雅だ〕우아하다 ◇しなやかに 유연하게 ; 우아하게 ¶しなやかな枝 유연한 가지 / 彼女のしなやかな身のこなしは観客をうっとりさせた 그녀의 우아한 몸놀림은 관객을 반하게 했다. / 体操選手たちはしなやかな体をしている 체조 선수들은 몸이 유연하다.

**シナリオ** 시나리오, 각본 ¶シナリオを書く 각본을 쓰다 関連 シナリオライター 시나리오 작가 / 映画シナリオ 영화 시나리오

**しなん【至難】** ¶その事件の真相を解明することは至難のわざだ 그 사건의 진상을 해명하는 것은 지극히 어렵다.

**じなん【次男】** 차남, 둘째 아들

**しにせ【老舗】** 노포

**しにめ【死に目】** 임종(臨終) ¶父親の死に目にも会えなかった 아버지의 임종도 못 보았다.

**しにものぐるい【死に物狂い】** ◇死に物狂いで 필사적으로 ¶死に物狂いになる 죽을 힘을 다하다 〔必死になる〕 노력하다 / 死に物狂いになって働く 필사적으로 일을 하다 / 入試を目指して死に物狂いで勉強した 입시를 목표로 필사적으로 공부했다.

**しにん【死人】** 죽은 사람, 사자, 사인, 사망자 ¶彼女は死人のように青い顔をしていた 그녀는 죽은 사람처럼 파란 얼굴을 하고 있었다. / 交通事故で死人が出た 교통사고로 사망자가 났다. 慣用句 死人に口なし 죽은 사람은 말이 없다.

**じにん【自任】** 자임 ◇自任する 자임하다 ¶彼は文壇の第一人者を自任している 그는 문단의 제일인자를 자임하고 있다.

**じにん【辞任】** 사임 ◇辞任する 사임하다 ¶彼は事件の責任を取って辞任した 그는 사건의 책임을 지고 사임했다. / その大臣は不適切な発言のために辞任に追い込まれた 그 대신은 적절하지 못한 발언으로 인해 사임으로 몰렸다. / 社長の職を辞任する 사장직을 사임하다

**しぬ【死ぬ】** 죽다, 돌아가다

> 使い分け 죽다, 돌아가다
> 돌아가다는 죽다의 완곡적 표현. 原義는 「帰る」라는 意味로, 「死ぬ」의 敬語로서, 돌아가시다(亡くなる)의 形으로 用いられる.

会社などで電話で相手から「課長さんはいらっしゃいますか」と尋ねられたときに「帰りました」と答える場合に 돌아가셨습니다라고 訳してしまいがちだが、これだと「お亡くなりになりました」という意味にとられてしまうので注意が必要である。この場合は、집에 가셨습니다と言う。

基本表現
▶私の父は3年前にがんで死んだ
우리 아버지는 3년 전에 암으로 돌아가셨다.
▶その詩人は若くして死んだ
그 시인은 젊어서 죽었다.
▶私の兄は交通事故で死んだ
우리 형은 교통사고로 죽었다.

◆ 【…で死ぬ】
¶世界中で毎日多くの人々が飢えで死んでいる 세계에서 매일 많은 사람들이 굶어죽고 있다. / 祖母は老衰で死んだ 할머니는 노쇠해서 돌아가셨다. / 夕べ男性が刃物で刺されて死んだ 어젯밤 남자가 칼에 찔려 죽었다. / 男性がゴルフ中に雷に打たれて死んだ 남자가 골프중에 번개를 맞아 죽었다 / 彼の父親は戦争で死んだ 그의 아버지는 전쟁에서 돌아가셨다. / 彼は何の病気で死んだのですか 그 사람은 무슨 병으로 죽은 것입니까? / 彼はがんで死んだ 그는 암으로 죽었다. / その犬は病気で死にかけている 그 개는 병으로 죽어 가고 있다.

◆ 【…が死ぬ】
¶彼女が死んでから10年になる 그녀가 죽은 지 10년이 된다. / アパートの部屋で2人の男性が死んでいた 아파트 방에서 두 명의 남자가 죽어 있었다. / 彼が死んだことを知って驚いた 그가 죽은 것을 알고 놀랐다.
¶そんな味付けではせっかくの素材の持ち味が死んでしまう 그렇게 맛을 내서는 모처럼의 재료 맛이 살지 못한다.

◆ 【…に死ぬ】
¶彼の母親は彼が6歳の時に死んだ 그의 어머니는 그가 여섯 살 때 돌아가셨다. / 祖父は家族に看取られて安らかに死んだ 할아버지는 가족들이 돌보는 가운데 평안히 별세하셨다.

◆ 【…して死ぬ】
¶彼女は病気を苦にしてビルの屋上から飛び降りて死んだ 그녀는 병에 시달리다가 빌딩 옥상에서 떨어져 죽었다. / 彼はがけから落ちて死んだ 그는 벼랑에서 떨어져서 죽었다. / 彼は私をおいて死んでしまった 그는 나를 두고 죽어 버렸다.

◆ 【死んだ】
¶彼女は若くして死んだ 그녀는 젊어서 죽었다. / 彼の物腰は彼の死んだ父親を思い出させる 그의 언동은 돌아가신 아버지를 생각나게 한다. / 山で熊に出くわし彼は死んだふりをした 산에서 곰을 만나 그는 죽은 척 했다. / 息子はもう死んだものとあきらめた 아들은 이미 죽은 것이라고 포기했다.

◆ 【その他】
¶その老人は死んでから1週間後に発見された 그 노인은 죽은 지 일 주일 후에 발견되었다. / 遺

じぬし

体は死んでから3日ほどたっていた 시체는 죽은 지 3일 정도 지났다.
¶腹が減って死にそうだ 배 고파 죽겠어. / 暑くて死にそうだ 더워서 죽겠다. / 死にそうな暑さだ 죽을 것 같은 더위다. / 死ぬほど嫌だ 죽기보다 싫다. / 死ぬほど彼に会いたい 죽도록 그가 보고 싶다. / 辺りは死んだような静けさだった 주변은 죽은 듯이 조용했다. / 彼女は死んだように眠り続けた 그녀는 죽은 것처럼 계속 잤다. / 死ぬに死ねない 죽을래도 죽지 못하다 / 生きるか死ぬかの問題 죽느냐 사느냐의 문제 慣用句 死ぬ気でやればうまくいく 죽을 각오로 하면 잘 될 것이다. / そんなことをするくらいなら死んだほうがましだ 그런 짓을 할 바에야 차라리 죽는 게 낫다. / このままでは死んでも死に切れない 이대로라면 죽을래도 죽을 수 없다. / あの人に会えるのならもう死んでもいい 그 사람을 만날 수 있다면 죽어도 좋다.

参考 「死ぬ」の婉曲表現
亡くなる 돌아가시다 / 息を引き取る 숨을 거두다 / あの世へ行く 저승으로 가다 / この世を去る 별세하다 / 世を去る 세상을 떠나다 / 最期を遂げる 최후를 마치다

**じぬし**【地主】지주

**しのぎ**【鎬】¶両チームは優勝をかけてしのぎを削った 양 팀은 우승을 걸고 치열하게 싸웠다.

**しのぎ**【凌ぎ】¶そんなやり方は一時しのぎにすぎない 그런 방법은 「잠시 피하는 것[미봉책]에 지나지 않는다. / 退屈しのぎにテレビをつけた 심심풀이로 텔레비전을 켰다.

**しのぐ**【凌ぐ】❶〔勝る〕능가하다(凌駕—) ¶彼は非常に才能があるからいずれ師匠をしのぐようになるだろう 그는 아주 재능이 있으니까 언젠가는 스승을 능가할 것이다. / 彼には若者をしのぐ気力があった 그에게는 젊은이를 능가하는 기력이 있었다. / 彼はスポーツでは私をしのいでいる 그는 스포츠로는 나를 능가한다. / 今年の米の収穫高は去年をしのぐそうだ 금년의 쌀 수확은 작년을 능가한다고 한다. / 相手の数が2対1で我々をしのいでいた 상대의 수가 2대 1로 우리들을 능가했다.

❷〔耐える, 切り抜ける〕참다, 견디다, 넘기다 ¶寒さをしのぐ 추위를 참다 / しのぎ難い蒸し暑さ 견디기 어려운 무더위 / 今年の夏の暑さはしのぎ切れないほどだった 올여름 더위는 견디기 힘들 정도였다. / しのぎやすい季節になりました 지내기 좋은 계절이 되었습니다. / 日本人は夏の暑さをしのぐため昔からいろいろな工夫をしてきた 일본인은 여름 더위를 견디기 위해 옛날부터 여러 가지 궁리를 해 왔다. / 彼らは水を飲んで飢えをしのいだ 그들은 물을 마시며 배고픔을 견디었다. / 急場をしのぐ 절박한 고비를 넘기다

❸〔防ぐ, 避ける〕막다, 피하다 ¶この小屋はボロだけど風雨をしのぐには十分だ 이 오두막은 낡지만 비바람을 피하기에는 충분하다. / 途中で雨が降り出したので軒下で雨をしのいだ 도중에 비가 내리기 시작해서 처마 밑에서 비를 피했다.

**しのばせる**【忍ばせる】〔音・声を〕죽이다, 낮

추다 〔隠す〕숨기다 ¶私は足音をしのばせて部屋から抜け出した 나는 발소리를 죽여 방에서 나왔다. / 彼らは声をしのばせて話した 그들은 목소리를 낮추어서 이야기했다.

¶暴漢はビルの物陰に身をしのばせていた 폭한은 건물의 귀틍이에 몸을 숨기고 있었다. / ポケットに凶器をしのばせる 주머니에 흉기를 숨기다

**しのびあし**【忍び足】¶忍び足で歩く 발소리를 죽이고 걷다

**しのびこむ**【忍び込む】잠입하다, 숨어들다, 몰래 들어가다 ¶泥棒は窓から家の中に忍び込んだに違いない 도둑은 창문으로 집안에 몰래 들어왔음이 틀림없어.

**しのびよる**【忍び寄る】살며시 다가오다 ¶秋のかすかな気配が忍び寄ってきた 가을 기운이 살며시 다가왔다. / 忍び寄るインフレ 살며시 시작되는 인플레이션

**しのぶ**【忍ぶ】〔耐える〕참다, 견디다 〔隠れる〕숨다 〔避ける〕피하다 ¶恥をしのんで借金を頼んだ 부끄러움을 참고 돈을 빌려 달라고 부탁했다. / 父の醜態は見るにしのびない 아버지의 추태는 눈뜨고 볼 수가 없다. / 物陰にしのぶ 그늘에 숨다 / 人目をしのんで恋人と会う 남의 눈을 피해 애인과 만나다

**しのぶ**【偲ぶ】그리다, 그리워하다, 사모하다 ¶昔の友をしのぶ 옛 친구를 그리워하다 / 亡き母をしのぶ 돌아가신 어머니를 그리워하다 / 古きよき時代をしのぶ 옛날의 좋은 시대를 그리워하다

**しば**【芝】잔디【芝生】잔디밭 ¶芝を育てる 잔디를 키우다 / 毎週芝を刈っている 매주 잔디를 깎고 있다. 関連 芝刈り機 잔디 깎기

**しはい**【支配】지배 ◆支配する 지배하다 ◇支配的な 지배적인 ¶隣国を支配下に置く 이웃 나라를 지배하에 두다 / 韓国は1945年に35年間にわたる日本の植民地支配から解放された 한국은 1945년에 35년간에 걸친 일본 식민지 지배로부터 해방되었다. / 徳川家は約300年にわたって日本を支配したのでトクガワ氏は約300年に걸친 일본을 지배했다. / 静けさが森を支配していた 숲에는 정적이 감돌았다. / 感情に支配される 감정에 지배되다 / 人間がコンピュータに支配される日が来るかもしれない 인간이 컴퓨터에 지배될 날이 올지도 모른다. / 彼女の絵は明るい色が支配的だ 그녀의 그림은 밝은 색이 지배적이다. 関連 支配階級 지배 계급 / 支配者 지배자 / 支配人 지배인 / 支配力 지배력

**しばい**【芝居】❶〔劇〕연극 ¶きのう芝居を見に行った 어제 연극을 보러 갔다. / 彼女は多くの芝居で主役をつとめた 그녀는 많은 연극에서 주연을 맡았다. / 学園祭で芝居をやることになり今けいこで忙しい 학교 축제에서 연극을 하게 되어 지금 연습으로 바쁘다. / 我々の劇団は来月新しい芝居を上演する 우리 극단은 다음달 새로운 연극을 상연한다.

❷〔作り事〕연극, 속임수 ¶彼は君のために一芝居打っているんだよ 그 사람은 너를 위해서 연극을 하고 있어. / 彼女が泣き叫んだのはすべてお芝居だった 그녀가 울부짖은 것은 모두 연극이

어. / 彼女は芝居がうまい 그녀는 속임수가 능숙하다. / 芝居がかったまねはやめろ 연극하지 마.
関連 芝居見物 연극 구경 / 芝居小屋 극장 / 芝居好き 연극을 좋아하는 사람

じはく【自白】자백 ◇自白する 자백하다 ¶彼はついに犯行を自白した 그는 드디어 범행을 자백했다.

しばしば 자주, 종종 ¶しばしばあること 자주 있는 일 ⇨よく

しはつ【始発】시발 ¶東京駅始発の列車に乗った 도쿄역 시발의 열차를 탔다. / 始発駅で電車を待った 시발역에서 전철을 기다렸다. 関連 始発列車 시발 열차, 첫차

じはつてき【自発的】◇自発的な 자발적인 ◇自発的に 자발적으로 ¶自発的な行動 자발적인 행동 / 生徒は自発的に勉強している 학생들은 자발적으로 공부하고 있다. / 彼女は自発的に部屋の掃除を申し出た 그녀는 자발적으로 방 청소를 자청했다.

しばふ【芝生】잔디밭 ⇨芝

じばら【自腹】자기 돈, 자기 부담 ¶私はしかたなく自腹を切った 나는 할 수 없이 내 돈을 냈다. / 本は自腹を切って買うべきものだ 책은 자기 돈으로 사야 하는 것이다.

**しはらい**【支払い】지불 〔勘定〕계산 ¶今月は支払いが滞っている 이번달은 지불이 연체되고 있다. / 彼は支払いを半年にわたって引き延ばした 그는 지불을 반년 후로 늦췄다. / 支払いは銀行振り込みでお願いします 지불은 무통장 입금으로 부탁드립니다. / 銀行はその会社の振り出した小切手の支払いを拒絶した 은행은 그 회사가 발행한 수표의 지불을 거절했다. / 冷蔵庫の月賦に月1万円の支払いをしている 냉장고의 월부로 한 달에 만 엔씩 지불하고 있다. / 車のローンの支払いが終わっていない 자동차 할부금이 끝나지 않았다. / 支払いを済ませて私たちはレストランを出た 지불을 끝내고 우리는 레스토랑을 나왔다. / 支払い済み(▶表示) 지불 완료. / 支払い期限が過ぎる 지불 기한이 넘다
関連 支払い先 수취인 / 支払い条件 지불 조건 / 支払い高 지불액 / 支払い通知書 지불 통지서 / 支払い伝票 지불 전표 / 支払い人 지불인 / 支払い猶予 지불 유예

しはらう【支払う】지불하다, 치르다〔借金を〕갚다 ¶パソコンを買って現金で支払った 컴퓨터를 현금으로 샀다. / 免税店でバッグを買ってドルで支払った 면세점에서 가방을 사고 달러로 치렀다. / 商品を交換してもらい差額分を支払った 상품을 교환하고 차액분을 치렀다. / 現金の持ち合わせがなかったのでクレジットカードで支払った 현금을 소지하고 있지 않아서 신용카드로 지불했다. / あすまでに電気料金を支払わないといけない 내일까지 전기 요금을 지불해야 된다. / 家賃は月末までにお支払いください 집세는 월말까지 지불해 주세요. / 彼は借金をすべて支払った 그는 빚을 모두 갚았다. ⇨払う

**しばらく**【暫く】❶〔少しの間〕잠깐, 잠시, 좀 ¶私はしばらくうとうとしていた 나는 잠시 좋았다. / しばらく様子をみてよう 잠시 상황을 봐 보자. / しばらくいてください 잠시 계세요. / 「岡田部長はいらっしゃいますか」「今呼んでまいりますのでしばらくお待ちください」 "오카다 부장님 계십니까?" "지금 불러 올테니 잠시 기다려 주십시오." / しばらく休んでからまた歩きだした 잠깐 쉬고 나서 다시 걷기 시작했다. / しばらくして父が出かけた 잠시 후에 아버지가 외출하셨다. / もうしばらくたてば涼しくなるでしょう 조금 있으면 시원해질 겁니다. / しばらく席を外してくれませんか 잠시 자리를 피해 주시겠습니까? / しばらくその場を取り繕った 잠시 그 자리를 얼버무려 넘겼다. / もうしばらくの辛抱だ 조금만 더 참자.

❷〔長い間〕오래〔当分の間〕당분간 ¶田舎に帰っていない 오랫동안 시골에 돌아가지 않았다. / しばらく見ないうちに大きくなったね 오랫동안 안 본 사이에 많이 컸네. / ここしばらく雨が降っていない 요 당분간 비가 내리지 않았다. / 彼がしばらくぶりで日本に帰ってきた 그가 오랜만에 일본에 돌아왔다. / しばらくの間, 運動は控えてください 당분간 운동은 하지 말아 주세요.
会話 しばらくぶりですね
A: しばらくぶりですね. お元気ですか
B: ええ, まあまあです
A: 오랜만이네요. 건강하셨습니까?
B: 네, 그럭저럭 지내요.

しばる【縛る】❶〔結ぶ, くくる〕묶다, 매다 ¶小包をひもで縛った 소포를 끈으로 묶었다. / 彼女は髪をリボンで縛った 그녀는 머리를 리본으로 묶었다. / 人質は手足を縛られていた 인질은 손발이 묶여 있었다.
❷〔束縛する〕속박하다, 얽매다 ¶人の自由を縛る 사람의 자유를 얽매다 / 時間に縛られる 시간에 얽매이다 / 因習に縛られる 인습에 얽매이다 / 彼は仕事に縛られている 그는 일에 속박되어 있다. / 生徒たちは校則に縛られて自由がないと思っている 학생들은 교칙에 속박되어 자유가 없다고 생각하고 있다. / 私は両親に縛られたくない 나는 부모님께 속박되기 싫다 싶다.

しはん【市販】시판 ¶市販の品 시판하는 물건 / この品物はまだ市販されていない 이 물건은 아직 시판되지 않는다.

じばん【地盤】〔基礎〕기초, 토대〔足掛かり〕발판 ¶地盤が軟弱だ 지반이 무르다 / 地盤を築く 지반을 쌓다 / 彼は着々と地盤を固めてきた 그는 착착 지반을 굳혀 왔다. 関連 地盤沈下 지반 침하

しひ【私費】사비 ¶彼は私費を投じて美術館を設立した 그는 사비를 들며 미술관을 설립했다.
関連 私費留学生 사비 유학생

じひ【自費】¶彼女は自費で韓国に留学した 그녀는 자비로 한국에 유학했다. 関連 自費出版 자비 출판

じひ【慈悲】자비 ¶慈悲深い人 자비로운 사람 / 恵まれない人々に慈悲を施す 가난한 사람들에게 자비를 베풀다

じびいんこうか【耳鼻咽喉科】이비인후과

じびき【字引】사전 ⇨辞書

じひつ【自筆】자필 ¶著者から自筆の返事をもらっ

た 저자로부터 자필 답장을 받았다. / これはその女優の自筆のサインだ 이것은 그 여배우의 자필 사인이다

**しひょう【指標】** 지표 関連 景気指標 경기 지표

**じひょう【辞表】** 사표 ¶辞表を出す 사표를 내다 / 辞表を受理する 사표를 수리하다 / 辞表を却下する 사표를 각하하다

**じびょう【持病】** 지병 ¶持病が出る 지병이 나다

**しびれ【痺れ】** 저림, 마비(麻痺) ¶手足のしびれ 손발의 저림 / 彼はしびれを切らして待っていた 그는 초조함에 떨면서 기다리고 있었다.

**しびれる【痺れる】** 저리다, 찌르르하다, 마비되다 [陶酔する] 도취하다 ¶足がしびれる 다리가 저리다 / 寒さで指がしびれた 추위에 손가락이 저렸다. / 右半身がしびれている 오른쪽 반신이 마비되었다. / 電気でしびれる 감전되어 찌르르하다 / ロックにしびれる 록에 도취하다

**しぶ【四分】** 関連 四分音符 사분음표 / 四分休符 사분쉼표 / 付点四分音符 점사분음표

**しぶ【支部】** 지부 ¶支部を設置する 지부를 설치하다 関連 支部長 지부장

**じふ【自負】** 자부 ◆自負する 자부하다 ¶この作品なら入賞できると私は自負していた 이 작품이면 입상할 수 있다고 나는 자부하고 있었다. / 自負心が強い 자부심이 세다

**しぶい【渋い】** ❶ [苦い味がする] 떫다 [少し苦い] 떠름하다 ¶柿が渋い 감이 떫다. / 柿が少し渋い 감이 떠름하다. / この柿は渋い味がする 이 감은 떫은 맛이 난다. / 父は渋いお好きで お父지가 떠름한 차를 좋아하신다. / このワインは渋くて飲めない 이 와인은 떠름해서 마실 수 없다.

❷ [不機嫌だ] 떠름하다, 떨떠름하다, 지루퉁하다 ¶彼はいつになく渋い顔をしている 그는 여느 때와 달리 떠름한 얼굴을 하고 있다. / 彼に金を貸してくれと頼んだが渋い顔で断られた 그 사람에게 돈을 빌려 달라고 부탁했지만 떨떠름한 얼굴로 거절당했다.

❸ [地味だが趣のある] 수수하다 [落ち着いた] 차분하다 [洗練された] 세련되다 ¶渋い色 수수한 색깔 / 渋い趣味 차분한 취미 / 彼女は渋い着物を上品に着ていた 그녀는 수수한 기모노를 고상하게 입었다. / 君は好みが渋いね 너는 취미가 수수하다. / この茶わんはなかなか渋い 이 찻잔은 꽤 세련되다. / その俳優は声も渋いが演技も渋い 그 배우는 목소리도 차분하지만 연기도 차분하다. / きのう彼女が渋い中年の男と一緒にいるのを見た 어제 그녀가 수수한 중년 남자와 같이 있는 것을 보았다. / 彼は渋いのどをしている 그는 차분한 목소리를 가지고 있다.

❹ [けちな] 인색하다, 《俗》짜다 ¶彼女は金に渋い 그녀는 돈에 인색하다.

**しぶがっしょう【四部合唱】** 사부 합창

**しぶき【繁吹・飛沫】** 물보라, 비말(飛沫) ¶モーターボートはしぶきを上げて湖面を進んだ 모터보트는 물보라를 일으키며 호수 위를 달렸다. / 車が水しぶきをかけて走り去った 차가 물을 튀기고 나 버렸다. 関連 波しぶき 파도의 비말

**しふく【私服】** 사복 ¶私服に着替える 사복으로 갈아입다 / 遠足は私服でよいことになった 소풍은 사복으로 가도 되게 됐다. 関連 私服刑事 사복 형사

**しふく【私腹】** 사복 [私利] 사리 ¶政治家は私腹を肥やすべきではない 정치가는 사리를 채워서는 안 된다.

**ジプシー** 집시

**しぶしぶ【渋々】** 마지못해, 할 수 없이, 떨떠름하게 ¶私はしぶしぶ彼らの計画に同意した 나는 마지못해 그들의 계획에 동의했다.

**しぶつ【私物】** 사물 ¶この辞書は私の私物です 이 사전은 내 사물입니다. / 彼は会社のコンピュータを私物化している 그는 회사의 컴퓨터를 사물화하고 있다.

**ジフテリア** 디프테리아

**しぶとい** [頑固な] 고집이 세다 [屈しない] 끈질기다, 강인하다 ◆しぶとく 끈질기게 ¶しぶとい男だ 그는 고집이 센 남자이다. / しぶとく食い下がる 끈질기게 물고 늘어지다

**しぶる【渋る】** [ためらう, いやがる] 주저하다, 꺼리다. 망설이다 ¶彼は返事をしぶった 그는 대답을 망설였다. / 彼は子供の教育には金を出し渋ることはなかった 그는 아이 교육비에는 주저하지 않았다.

**じぶん【自分】** 자기 [自身] 자신
◆《自分が・自分は》

¶彼は自分がいい教師だと思っている 그는 자기가 좋은 선생님이라고 생각하고 있다. / 自分が悪いのはわかっているんだ 내가 나쁜 것은 알고 있어. / 結局, 彼女は自分がかわいいのさ 결국 그녀는 자기 자신이 소중한 거야. / 自分は自分, 人は人だ 나는 나, 남은 남이다.

◆《自分で》

¶自分で作ってみてはいかが 스스로 만들어 보시면 어때요? / 彼は自分で商売を始めた 그는 자영업을 시작했다. / 自分で答えを見つけなさい 스스로 답을 찾아내요. / 私は全部自分でやった 나는 전부 스스로 했다.

◆《自分の》

¶自分の考えを人にわからせるのは難しい 자기의 생각을 남에게 설명하는 것은 어렵다. / 彼女は自分の車を持っている 그녀는 자기 차를 가지고 있다. / 彼は自分のことしか考えられない人間だ 그 사람은 자기밖에 생각하지 않는 사람이다. / 自分のことは自分でしなさい 자기 일은 자기가 해. / 子供たちはまだ小さくて自分のことも自分ではきない 아이들은 아직 어려서 자기 일도 스스로 못한다. / ヨンヒは鏡の中の自分の姿を見た 영희는 거울 속의 자기 모습을 보았다. / 彼は自分のミスを私のせいだと責めた 그는 자기 실수를 내 탓이라고 질책했다.

◆《その他》

¶彼女は自分から私にそう言った 그 여자는 스스로 나에게 그렇게 말했다. / 自分から謝ろうとしない 그는 먼저 사과하려고 하지 않는다. / 彼は自分あての小切手を振り出した 그는 자기 앞으로 수표를 발행했다.

¶自分本位の考え方というのは大人げない 자기 위주

의 생각은 어른답지 못하다. / 自分自身の将来については よく考えたほうがいい 자신의 장래에 대해서는 잘 생각하는 게 좋다.

**じぶん【時分】** 때, 시절 ¶子供の時分 어릴 때 / 今時分, 彼はいったい何しているんだろう 지금 그는 도대체 뭘 하고 있는 걸까?

**じぶんかって【自分勝手】** ◇自分勝手に 제멋대로 ¶彼はいつも自分勝手に行動する 그는 항상 제멋대로 행동한다. / 彼女は自分勝手な女だ 그녀는 제멋대로 하는 여자다. / 君はいつも自分勝手なことばかり言っている 너는 항상 네 멋대로 말해.

**しへい【紙幣】** 지폐 ¶新しい紙幣を発行する 새로운 지폐를 발행한다. / これを5千ウォン紙幣1枚と千ウォン紙幣5枚にくずしてもらえますか 이것을 5천 원짜리 한 장과 천 원짜리 다섯 장으로 바꿔 주시겠습니까? 関連 偽造紙幣 위조 지폐

**じへいしょう【自閉症】** 자폐증 ¶自閉症の子供 자폐증 아이

**しべつ【死別】** 사별 ◇死別する 사별하다 ¶彼は3年前に奥さんと死別した 그는 3년 전에 부인과 사별했다.

**じへん【事変】** 사변 ¶事変が起こる 사변이 일어나다 関連 満州事変 만주 사변

**しへんけい【四辺形】** 네모꼴, 사변형, 사각형(四角形) 関連 平行四辺形 평행 사변형, 나란히꼴

**しほう【四方】** ❶ 【方角】 주위, 둘레 ¶日本は四方を海で囲まれている 일본은 사방이 바다로 둘러싸여 있다. / 子供たちは四方に散って隠れた 아이들은 사방으로 흩어져 숨었다. / 泥棒は逃げる前に四方を見回した 도둑은 도망가기 전에 사방을 둘러 보았다.

¶30センチ四方の板を用意してください 사방 30센티 판자를 준비해 주세요. / いなくなった飼い犬を四方八方捜したが見つからなかった 없어진 개를 사방팔방 찾아보았지만 찾을 수 없었다.

**しほう【司法】** 사법 関連 司法権 사법권 / 司法試験 사법 시험 / 司法書士 사법 서사 / 司法制度 사법 제도 / 司法当局 사법 당국 / 司法取引 사법 거래

**しぼう【志望】** 지망 ◇志望する 지망하다 ¶彼女は女優志望だ 그녀는 여배우 지망이다. / 娘は第一志望の高校に入学した 딸은 제1지망의 고등학교에 입학했다. / 彼は志望どおり歌手になった 그는 지망한 대로 가수가 되었다. / 志望大学はどこですか 지망 대학교는 어디입니까?

¶彼女は最初文学部を志望していたが法学部に転向した 그녀는 처음에 문학부를 지망했지만 법학부로 전환했다. 関連 志望者 지망자 / 志望校 가고 싶은 학교

**しぼう【死亡】** 사망 ◇死亡する 사망하다, 죽다; 〔婉曲的〕떠나다, 돌아가다 ¶彼は40歳の若さで死亡した 그는 마흔 살의 젊은 나이로 죽었다. / 飛行機の墜落事故で多くの乗客が死亡した 비행기의 추락 사고로 많은 승객이 사망했다.

¶医者は患者の死亡を宣告した 의사는 환자의 사망을 선고했다. / 彼女の死亡原因は依然として不明だ 그녀의 사망 원인은 여전히 불명이다. / 被害者の死亡推定時刻はけさの4時から7時の間だ 피해자의 사망 추정 시각은 오늘 새벽 4시부터 일곱 시 사이이다. / 開発途上国での新生児の死亡率はきわめて高い 개발도상국의 신생아 사망률은 아주 높다. 関連 死亡記事 사망 기사 / 死亡者 사망자 / 死亡証明書 사망 증명서 / 死亡通知 사망 통지

**しぼう【脂肪】** 지방 ¶脂肪の多い食物 지방이 많은 음식 / 最近お腹に脂肪がついてきた 최근 배에 지방이 붙었다. / 低脂肪の食生活が長寿やがんの予防に効果があると信じている人も多い 저지방의 식생활이 장수나 암 예방에 효과가 있다고 믿는 사람도 많다. 関連 脂肪分 지방분 / 低脂肪牛乳 저지방 우유, 저지방유 / 皮下脂肪 피하 지방

**じほう【時報】** 시보 ¶9時の時報 아홉 시의 시보 / 時計をテレビの時報に合わせる 시계를 텔레비전 시보에 맞추다

**じぼうじき【自暴自棄】** 자포자기 ¶入試に失敗して自暴自棄になった 입시에 실패해서 자포자기가 되었다. / 彼は自暴自棄になって家を飛び出した 그는 자포자기가 되어 집을 뛰쳐나왔다.

**しぼむ【萎む】** 〔草花が〕시들다 〔風船などが〕오므라들다 ¶花がしぼむ 꽃이 시들다 / あさがおは日が沈むとしぼむ 나팔꽃은 날이 지면 시든다. / 風船がしぼんだ 풍선이 오므라들었다.

**しぼる【絞る】** ❶ 〔水気を取る〕짜다 〔タオルを絞る〕수건을 짜다 / 牛の乳を絞る 우유를 짜다 / 油を絞る 기름을 짜다 / オレンジを絞って毎朝ジュースを飲んでいる 오렌지를 짜서 매일 아침 주스를 마시고 있다.

❷ 〔厳しく責める, きたえる〕혼내다 ¶宿題をしていかなかったので先生にこってり絞られた 숙제를 안 해 가서 선생님께 잔뜩 혼났다. / きょうはクラブのコーチに絞られてしまった 오늘은 클럽 코치에게 혼났다.

❸ 〔範囲を限定する〕좁히다 〔レンズを〕조이다 ¶的を絞る 목표를 좁히다 / 問題を一つに絞って議論しましょう 문제를 하나로 좁혀서 논의합시다. / 立候補者を2人に絞らなくてはいけない 입후보를 두 사람으로 좁혀야 된다. / カメラのレンズを絞ったカメラ 조리개를 조였다. / テレビの音量を絞る 텔레비전의 소리를 낮추다

❹ 〔無理に出させる〕짜내다, 쥐어짜다 ¶私は知恵を絞ってその問題を解こうとした 나는 지혜를 짜서 그 문제를 풀려고 했다. / 声を絞り出す 목소리를 짜내다

**しほん【資本】** 자본 ¶資本を投じる 자본을 투입하다 / 新しい事業には多くの資本が必要だ 새로운 사업에는 많은 자본이 필요하다. / この事業は2千万円の資本で始められた 이 사업은 2천만 엔의 자본으로 시작되었다. / うちの会社に資本を出してくれる銀行を探している 우리 회사에 출자해 줄 은행을 찾고 있다. / なんといっても健康がいちばんの資本だ 뭐니뭐니해도 건강이 최고의 자본이다. 関連 資本家 자본가 / 資本金 자본금 / 資本主義 자본주의 / 資本主義経済 자본주의 경제 / 資本不足 자본 부족 / 運転資本 운전 자본 / 外国資本 외국 자본 / 民族

しま

本 민족 자본

**しま【島】** 섬 ¶この島には病院がない 이 섬에는 병원이 없다. / 日本は4つの大きな島から成っている 일본은 네 개의 큰 섬으로 되어 있다. / 明日は島巡りをしましょう 내일은 섬을 돕시다. / 石垣島に行ったことがありますか いしが키 섬에 가 본 적이 있습니까? [慣用句] 彼女には取り付く島もなかった 그녀에게 완전히 무시당했다.

**しま【縞】** 줄무늬 ¶縞のある服 줄무늬가 있는 옷 / 縞柄のシャツ 줄무늬 셔츠 / 縞模様 줄무늬 모양

**しまい【仕舞い・終い】** 끝, 마지막 ¶父はしまいには怒りだした 아버지는 결국 화를 내셨다. / パチンコをしていたら、しまいにはお金をぜんぶ使ってしまった 빠찡꼬를 하다보니 결국 돈을 몽땅 날려 버렸다.

¶遅くとも8時には店じまいをしている 늦어도 여덟 시에는 가게를 닫는다. / 高いのでとうとう買わずじまいだった 비싸서 결국 옷도 못 샀다. ⇒ **おしまい**

**しまい【姉妹】** 자매 [関連] 姉妹校 자매교 / 姉妹都市 자매 도시 / 兄弟姉妹 형제 자매 ⇒ **兄弟**

**使い分け**

**しまう【仕舞う・終う】** ❶ [片付ける] 치우다, 챙기다 [保管する] 넣다, 간수하다, 간직하다 ¶本をしまった 책을 치웠다. / 出かける前におもちゃを全部しまいなさい 나가기 전에 장난감을 전부 치워라. / 母は掃除機を押し入れにしまっている 어머니는 청소기를 붙박이장에 넣어 둔다. / 「私のドライヤー、また使ったのね?」 「うん、でも、ちゃんとしまっておいたよ」 "내 헤어드라이어, 또 썼지?" "응, 근데 도로 넣어 두었어."

¶大切にしまっておく 소중히 간직해 두다. / 大工道具を物置にしまった 연장을 창고에 넣었다. / 現金はふだん金庫にしまっている 현금은 평소 금고에 간직한다. / 彼の思い出を胸にそっとしまっておきたい 남자 친구의 추억을 가슴에 살며시 간직하고 싶다.

❷ […てしまう] [動詞連用形+] 버리다, -고 말다 ¶忘れてしまう 잊어버리다 / 早く朝ご飯を食べてしまいなさい 빨리 아침밥을 먹어 치워. / その小説、もう読んでしまったんですか 그 소설 벌써 읽어 버렸습니까? / バスがちょうど出てしまった バスが今 떠나 버렸다. / 話し始めると彼女は何もかも忘れてしまう 말하기 시작하면 그녀는 다른 것을 전부 잊어버린다. / 「きのうの新聞、どこへやった?」 「とっくに捨てしまったよ」 "어제 신문, 어디에 두었어?" "벌써 버렸지." / この仕事を明日までにやってしまわなければならない 이 일을 내일까지 끝내 버려야 한다.

¶母が大切にしていた花瓶をこわしてしまった 어머니가 아끼시던 꽃병을 깨고 말았다.

**しまうま【縞馬】** 얼룩말

**じまく【字幕】** 자막 ¶日本語字幕入りの韓国映画 일본어 자막이 들어간 한국 영화 / 字幕を入れる 자막을 넣다 / この映画には字幕が入っている 이 영화에는 자막이 들어 있다.

**しまぐに【島国】** 섬나라 [関連] 島国根性 섬나라 근성

**しまつ【始末】** ❶ [処理] 처리, 매듭, 처치 ◇始末する 처리하다, 매듭을 짓다, 해치우다 [解決する] 해결하다 ¶事故の始末に時間がかかった 사고 처리에 시간이 걸렸다. / 火の始末はきちんとしてください 불의 처리는 확실히 해 주세요. / 独り暮らしだからこんな大きなケーキは始末に困るよ 혼자 사니까 이렇게 큰 케이크는 처치 곤란하다.

¶この問題をどう始末するつもりですか 이 문제를 어떻게 처리할 생각입니까? / 彼が残していった仕事を始末した 그가 남기고 간 일을 매듭지었다. / 机に散らかった書類を始末しなさい 책상에 어질러진 서류를 치워라. / 邪魔者を始末する 방해자를 처리하다.

❷ [結末] 꼴, 모양, 형편 ¶何をさせてもあの始末だ 무엇을 시켜도 저 모양이다. / 何たる始末だ これが 무슨 꼴이냐. / こんな始末になるとは思ってもみなかった 이런 꼴이 될 거라고는 생각도 못했다.

¶パチンコをやって一文無しという始末だった 빠찡꼬로 빈털털이가 되고 말았다.

¶仕事でミスを犯して始末書を書いた 회사에서 실수를 해 시말서를 썼다. / 仕事でミスをして上司に始末書を提出させられた 업무에 실수를 해서 상사가 시말서를 제출하게 했다. [慣用句] 今年の風邪は始末が悪いよ、せきと熱が出るし下痢もするんだ 올해의 감기는 독하다. 기침이랑 열이 나고 설사도 해. / あいつは乱暴でまったく始末に負えないやつだ 그 녀석은 난폭해서 정말 다루기 힘든 녀석이다.

**しまった** 아차, 아이고 ¶しまった!家に財布を忘れてきた 아차, 집에 지갑을 두고 왔다.

**しまり【締まり】** 긴장감(緊張感) ¶彼は締まりのない顔をしていた 그는 긴장감이 없는 얼굴을 하고 있었다. / 締まりの悪い蛇口 잘 잠가지지 않는 수도꼭지 / 彼女は締まり屋だ 그녀는 정말 돈을 아낀다.

**しまる【閉まる】** 닫히다 ¶ドアがひとりでに閉まった 문이 저절로 닫혔다. / ドアがばたんと閉まった 문이 쾅하고 닫혔다. / プールはきのう一日中閉まっていた 풀장은 어제 하루 종일 닫혀 있었다. / 家の鍵は全部閉まっているようだった 집 열쇠는 전부 잠겨져 있는 것 같았다. / 瓶のふたが閉まっていないよ 병 뚜껑이 닫혀지지 않았어. / 「図書館は何時までだったっけ?」 「たしか、7時には閉まると思ったけど」 "도서관은 몇 시까지였지?" "아마 일곱 시에는 닫을걸."

**しまる【締まる】** ❶ [ゆるみがない] 죄어지다, 죄이다 ¶帯が締まる 띠가 죄어지다 / 襟で首が締まる 옷깃에 목이 죄인다. / 彼は体が締まっている 그는 몸이 단단하다. / 彼女の口元はきりっと締まっている 그녀의 입매는 꽉 다물어져 있다.

❷ [緊張する] 긴장하다, 긴장되다 ¶重要な仕事を任されて身の締まる思いがした 중요한 일을 맡아서 긴장되는 느낌이 였다. / あと1イニングで締まっていこう 이제 남은 건 1회니까 긴장을 풀지 말자. / 締まらない話だけど借金で首が回らないんだ 부끄러운 이야기인데 빚으로 쩔쩔매고 있어.

**じまん** 【自慢】 자랑 ◇自慢する 자랑하다 ¶勉強のよくできる息子は彼女の自慢の種だった 공부 잘 하는 아들은 그녀의 자랑거리였다. / 彼女は自慢の料理の腕を披露した 그녀는 늘 자랑하던 요리 솜씨를 보여 주었다. / 父は大きな魚を釣ったことを自慢気に話した 아버지는 큰 고기 잡은 것을 자랑스럽게 이야기했다. / 君の自慢話を聞くのはうんざりだ 네 자랑에는 지긋지긋하다.

¶彼が奥さんを自慢するのももっともだ. 本当によくできた人だもの 그 사람이 부인 자랑하는 것은 당연하다. 정말 괜찮은 사람인걸. / 彼が, 陽子がいつも自慢しているハンサムなボーイフレンドだ 그가 바로 요코가 항상 자랑하는 잘생긴 남자 친구다. / 彼女はいつも自分の頭のよさを自慢している 그녀는 항상 자기의 좋은 머리를 자랑한다. / 彼はよく自分の運転技術を自慢した 그는 자주 자기의 운전 기술을 자랑했다.

会話 自慢するなよ
A : 聞いて. 英語のテストで100点取ったのよ
B : 自慢するなよ
A : 들어 봐, 영어 시험에서 100점 맞았다.
B : 자랑하지 마.
A : 自慢じゃないけど, すごくいい車買ったんだ
B : へえ, そう?
A : 자랑은 아니지만 아주 좋은 차 샀어.
B : 우와, 정말?
A : きょうは授業中居眠りしなかったぞ
B : そんなこと自慢にならないよ
A : 오늘은 수업 시간에 안 졸았다.
B : 그거도 자랑이라고 하니?

**しみ** 【染み】 얼룩, 물 [肌の] 기미 ¶服にジュースのしみをつけてしまった 옷에 주스 얼룩이 져 버렸어. / 便箋にインクのしみがついている 편지지에 잉크 얼룩이 져 있다. / ズボンに醤油のしみがついた 바지에 간장 얼룩이 졌다. / コーヒーはしみになるよ 커피는 얼룩이 남는다. / スーツのしみを抜いてもらった 양복의 얼룩을 뺐다. /「このしみ, とれますか?」「はい, 漂白すれば」 "이 얼룩 지워질까요?" "네, 표백하면 돼요."

¶日焼けして顔にしみができた 햇볕에 타서 얼굴에 기미가 꼈다. 関連 しみ抜き 얼룩빼기

**じみ** 【地味】 ◇地味だ 수수하다 [おとなしい] 차분하다 [簡素な] 검소하다 ¶彼女は地味な服装をしていた 그녀는 수수한 옷을 입고 있었다. / あなたには地味な色のほうが似合いそうね 너에게는 차분한 색이 잘 어울릴 것 같아. / 彼女は地味な性格だ 그녀는 차분한 성격이다. / 彼は見た目は地味だが, なかなか優秀な男だ 그 사람은 보기에는 수수하지만 꽤 우수한 남자다.

**しみこむ** 【染み込む】 스며들다 ¶インクが紙に染み込む 잉크가 종이에 스며든다. / 水が地面に染み込んで地下水になる 물이 땅에 스며들어서 지하수가 된다.

**しみじみ** 【切実に】 절실히 【深く】 깊이, 곰곰이 [本当に] 정말로 ¶健康の大切さをしみじみ感じた 건강의 소중함을 절실히 느꼈다.

**しみず** 【清水】 맑은 샘물 ¶岩から清水がわいていた 바위에서 맑은 샘물이 넘쳤다.

**じみち** 【地道】 ◇地道だ 착실하다 ¶彼は地道な努力を重ねた 그는 착실한 노력을 거듭했다. / 彼は地道に考古学の研究を続けてきた 그는 착실하게 고고학의 연구를 계속해 왔다.

**しみる** 【染みる】 ❶ [しみ透る] 스며들다, 배어들다 ¶汗が下着にしみてきた 땀이 속옷에 배어 왔다. / 水は乾いた土にどんどんしみていった 물은 마른 땅에 스며들었다.

❷ [刺激する] 맵다 [ひりひり痛む] 아리다, 따갑다 ¶煙が目にしみる 연기가 맵다. / ヘアローションが目にしみた 헤어로션이 눈이 따갑다. / 海水が切り傷にひりひりしみる 바닷물에 찢어진 상처가 따갑다. / 冷たい水が歯にしみた 차가운 물에 이가 아리다. / 寒さが身にしみた 추위에 몸이 따갑다.

¶空の青さは目にしみるようだった 파란 하늘에 눈이 따가운 것 같았다.

❸ [感動する] 스며들다, 사무치다 ¶心にしみる言葉 가슴에 사무치는 말 / フルートの音色が心にしみた 플루트 소리가 마음에 스며들었다. / 彼らの親切が身にしみてうれしかった 그들의 친절함이 와닿아 기뻤다.

❹ [⋯じみる] ¶子供じみたことはやめなさい 어린애 같은 짓은 그만해. / 彼は若いのに年寄りじみたことを言う 그는 젊은데 노인네같은 말을 한다.

**しみん** 【市民】 시민 ¶多くの移民が米国の市民になっている 많은 이민자가 미국 시민이 되었다. / 彼は釜山市民だ 그는 부산 시민이다. / 今の市長は市民に人気がある 지금 시장은 시민에게 인기가 있다. 関連 市民運動 시민 운동 / 市民権 시민권 / 市民大学 시민 대학 / 名誉市民 명예 시민

**じむ** 【事務】 사무 ◇事務的な 사무적인 ¶彼女は銀行で事務を執っている 그녀는 은행에서 사무를 보고 있다. / 彼は書類を事務的に処理した 그는 서류를 사무적으로 처리했다. / 新しい事務所は来月オープンする 새로운 사무소는 다음달 오픈한다. / 姉は保険会社の事務員だ 누나는 보험 회사의 사무원이다. / 事務用品をいくらか購入した 사무 용품을 얼마 정도 구입했다. 関連 事務官 사무관 / 事務機器 사무 기기 / 事務局 사무국 / 事務局長 사무국장 / 事務次官 사무차관 / 事務職 사무직 / 事務総長 사무총장 / 事務能力 사무 능력 / 事務費 사무비 / 事務用品 사무 용품

**ジム** [体育館] 체육관 [スポーツクラブ] 헬스클럽

**しむける** 【仕向ける】 ¶私は同意するように仕向けられた 나는 동의하도록 설득당했다. / 彼女は私が怒るようにわざと仕向けたのだ 그 여자는 내가 일부러 화나도록 만들었다.

**しめい** 【使命】 사명 ¶使命を果たす 사명을 다하다 / 彼らは重要な使命を帯びて韓国へ渡った 그들은 중요한 사명을 띠고 한국으로 건너갔다. / 彼らは使命感にあふれていた 그들은 사명감에 넘쳐 있었다.

**しめい** 【氏名】 성명 [名前] 이름 ¶ここに住所氏名を記入してください 여기에다 주소 성명을 적어 주세요.

**しめい【指名】** 지명 ◇指名する 지명하다 ¶指名を受ける 지명을 받다 / 私たちは彼を議長に指名した 우리는 그 사람을 의장으로 지명했다. / 先生に指名されてあわてた 선생님께 지명당해 당황했다. / テロ事件の容疑者が指名手配された 테러 사건의 용의자가 지명 수배됐다. / 指名手配中の男を見かけた 지명 수배중인 남자를 봤다.

**しめきり【締め切り】** 마감 ¶原稿の締め切りが迫っている 원고 마감날이 다가온다. / 締め切りに間に合うだろうか 마감에 댈 수 있을까?

**しめきる【閉め切る】** 꼭 닫다, 단단히 잠그다 ¶ドアを閉め切る 문을 꼭 닫다 / 入り口は閉め切られていた 입구는 단단히 닫혀 있었다. / 閉め切った部屋 문을 꼭 닫은 방

**しめきる【締め切る】** 마감하다 ¶申し込みは5時に締め切られます 신청은 다섯 시에 마감됩니다.

**しめくくり【締め括り】** 매듭 ¶教授が研究会の締めくくりのあいさつをした 교수님이 연구회를 끝맺는 인사를 하셨다.

**しめくくる【締め括る】** 매듭짓다, 끝맺다 ¶会議を締めくくる 회의를 매듭짓다 / 感謝の言葉でスピーチを締めくくる 감사의 말로 스피치를 끝맺다

**しめころす【絞め殺す】** 교살하다 ¶彼は恋人を電気コードで絞め殺した 그는 전기 코드로 애인의 목을 졸라 죽였다.

**しめし【示し】** 본보기 ¶カンニングをした生徒に何の罰も与えなければ他の生徒への示しがつかない 커닝한 학생에게 아무 벌도 주지 않으면 다른 학생에게 규율이 잡히지 않는다.

**しめしあわせる【示し合わせる】** 미리 의논하다, 미리 짜다 (共謀する) 공모하다 ¶友達と示し合わせて授業をサボった 친구와 미리 짜고 수업을 빠졌다. / 示し合わせたとおりに事を運んだ 미리 의논한 대로 일을 진행시켰다. / 強盗一味は行員と示し合わせて銀行から金を奪った 강도 일당은 은행원과 미리 짜고 은행에서 돈을 훔쳤다.

**じめじめ** ◇じめじめする 구질구질하다, 눅눅하다 ¶部屋の中がじめじめしている 방 안이 눅눅하다. / じめじめした天気 구질구질한 날씨

**しめす【示す】** 보이다 (指し示す) 가리키다 (表す) 나타내다 ¶誠意を示す 성의를 보이다 / 方角を示す 방위를 가리키다 / 彼は科学に関することには何でもおおいに興味を示した 그는 과학에 관해서는 뭐든지 큰 관심을 보였다. / お客様の家の場所を地図上で示してください 손님의 자택 위치를 지도상에서 가리켜 주십시오. / 彼は写真に写っている自分の友人を指で示した 그는 사진에 찍힌 자기 친구를 손가락으로 가리켰다. / 温度計は0度を示している 온도계는 0도를 나타내고 있다. (►0度は 영도 と読む) / 時計の針は6時を示していた 시계 바늘은 여섯 시를 가리키고 있었다. / この図はどのようにして地震が起こるのかを示している 이 그림은 어떻게 해서 지진이 일어나는지를 나타내고 있다. / 彼はいくつか例を示して自分の理論を説明した 그는 몇 개 예를 보이며 자기의 이론을 설명했다.

**しめた** 됐어, 됐군

**しめだす【締め出す】** 내쫓다, 몰아내다 ¶彼は弟を部屋から締め出した 그는 동생을 방에서 내쫓았다. / 彼はグループから締め出された 그는 그룹에서 내쫓겼다.

**しめつ【死滅】** 사멸 (絶滅) 절멸 ◇死滅する 사멸하다 ◇絶滅する 절멸하다 ¶その種の動物はとっくに死滅していたと思われていた 그 종의 동물은 벌써 멸종했다고 생각되었다.

**じめつ【自滅】** 자멸 ◇自滅する 자멸하다 ¶彼は自滅に追い込まれた 그는 자멸에 몰렸다. / 彼らが自滅するのは時間の問題だ 그들이 자멸하는 것은 시간 문제다. / 自滅的な行為 자멸적인 행동

**しめつける【締め付ける】** 죄다, 짓누르다 ¶ボルトを締め付ける 볼트를 죄다 / 暴力団は警察の取り締まり強化によって厳しく締め付けられている 조직 폭력패는 (조폭은) 경찰의 엄한 단속을 받아 활동이 주춤해졌다. / その光景に私は胸が締め付けられる思いがした 그 광경에 나는 가슴이 짓눌리는 기분이었다.

**しめっぽい【湿っぽい】** 축축하다, 눅눅하다 (陰気だ) 음침하다, 침울하다 ¶洗濯物がまだ湿っぽい 세탁물이 아직 축축하다. / 湿っぽい衣服 눅눅한 옷 / 湿っぽい話 음침한 이야기

**しめりけ【湿り気】** 습기 (湿気)

**しめる【湿る】** ❶ [水気を含む] 습기차다, 축축해지다, 축축해지다, 눅눅해지다 ¶雨で地面が湿った 비로 땅바닥이 축축해졌다. / きのうの雨でまだ地面が湿っている 어제 비로 아직 지면이 축축하다. / 梅雨時は空気が湿っている 장마 때에는 공기가 습기차다. / 庭は朝露で湿っている 정원은 아침 이슬로 촉촉하다. / 薬が湿らないように瓶のふたをしっかり閉めなさい 약이 습기 차지 않게 뚜껑을 꽉 닫아라. / このシャツは湿っているから日なたに干してちょうだい 이 셔츠는 축축하니까 양지에 말려 줘. / 雨で服が湿った 비로 옷이 축축해졌다.

❷ [活気がない] 우울해지다, 맥이 빠지다, 맥이 없다 ¶予想外の敗戦でみんなの気分は湿りがちった 예상 외의 패전으로 모두의 기분은 우울해졌다. / このところわがチームの打線は湿っている 요즘 우리 팀의 타선은 맥이 없다.

**しめる【占める】** 차지하다 ¶過半数を占める 과반수를 차지하다 / 首位を占める 수위를 차지하다 / 彼の店は駅前の一等地の一角を占めている 그의 가게는 역 앞 1등지의 한 부분을 차지하고 있다. / 彼女は会社で重要な地位を占めている 그녀는 회사에서 중요한 지위를 차지하고 있다. / わが社のオフィスはこのビルの1階から3階までを占めている 우리 회사 사무실은 이 빌딩의 1층에서 3층까지 차지하고 있다. / 私たちはレストランの窓側の席を占めた 우리는 레스토랑의 창가 자리를 차지했다. / わが家の毎月の家計の中で食費が30％を占めている 우리 집 식비는 매월 가계 중에서 30퍼센트를 차지하고 있다. / 私たちのクラスでは男子が多数を占めている 우리 반에서는 남자가 다수를 차지하고 있다. ⇒独占

**しめる【閉める】** 닫다 (蛇口などを) 잠그다 ¶静かにドアを閉めてください 조용히 문

을 닫아 주세요. / 妹ははばたんと大きな音を立てて部屋のドアを閉めた 동생은 쾅하고 큰 소리를 내며 방문을 닫았다. / その家の窓はすべて一日中閉められたままだった 그 집 창문은 하루 종일 모두 닫혀진 채였다. / カーテンを閉めていただけますか 커튼을 쳐 주시겠습니까? / 引き出しを閉める 서랍을 닫다

¶蛇口を閉めるのを忘れないで 수도꼭지를 잠그는 것을 잊지 마. / ふたをちゃんと閉めてください 뚜껑을 꼭 덮어 주세요.

**会話** 店を閉める
A:毎日何時に店を閉めるのですか
B:午後8時です
A:매일 몇 시에 가게를 닫습니까?
B:오후 여덟 시입니다.
A:あの韓国料理店はほとんど客が入っていないらしい
言いうちに店を閉めるんじゃないかな
A:저 한국 요리집은 손님이 거의 없대.
B:조만간 가게를 닫는 거 아녀?

**しめる【絞める】** 조르다 ¶被害者はナイロンストッキングで首を絞めて殺されていた 피해자는 나일론 스타킹으로 목을 졸려 죽어 있었다.

**しめる【締める】**〔きつくする〕죄다, 조르다〔結ぶ〕매다〔節約する〕절약하다〔勘定を〕마감하다, 청산하다, 합계하다〔塩や酢で〕절이다
¶ねじを締める 나사를 죄다 / ベルトを締める 벨트를 죄다 / 靴ひもを締めなさい 구두끈을 매어요. / ネクタイを締める 넥타이를 매다 / 長男が来春に大学進学だから財布のひもを締めなければならない 장남이 내년 봄에 대학 진학을 하니까 절약해야 된다. / 勘定を締めてください 계산해 주세요. / 1ヶ月の生活費を締めて30万円になる 한 달 생활비는 합쳐서 30만 엔이 된다. / この魚は酢で締めてある 이 생선은 식초로 절였다.

**しめん【紙面】** 지면〔紙上〕지상 ¶その記事は紙面の都合で割愛された 그 기사는 지면 제약상 삭제되었다. / 各新聞はその事件に多くの紙面を割いた 각 신문은 그 사건에 많은 지면을 할애했다. / そのニュースは新聞の紙面をにぎわしている 그 뉴스는 신문의 지면을 떠들썩하게 하고 있다.

**じめん【地面】** 지면, 땅, 땅바닥 ¶地面が凍って滑りやすい 땅이 얼어서 미끄러지기 쉽다. / 地面が揺れている 지면이 흔들리고 있다. / 地面に座り込む 땅바닥에 주저앉다

## しも

**しも【霜】** 서리 ¶霜が降りる 서리가 내리다 / 昨夜は草に霜が降りた 어젯밤은 풀에 서리가 내렸다. / 木々は霜で覆われている 나무들은 서리에 덮여 있다. / 霜はじきにとけるだろう 서리는 곧 녹을 거야. / 庭の花が霜で枯れた 정원의 꽃이 서리로 말라졌다. / 窓ガラスが霜で白くなっている 창유리가 서리로 하얗게 되었다.

¶霜が降りるほど寒い日 서리가 내릴 정도로 추운 날 / 霜の付いた窓ガラス 서리가 낀 창유리 関連 遅霜 늦은 서리 / 初霜 첫 서리

**しもて【下手】** 아래쪽〔舞台の〕무대 왼쪽

**じもと【地元】** 자기 고장, 그 지방 ¶彼は地元の発展に尽くしてきた 그는 자기 고장 발전에 힘을 다해 왔다. 関連 地元紙 그 지방 신문 / 地元チ

ーム 자기 고장 팀 / 地元民 그 지방 사람들

**しもばしら【霜柱】** 서릿발 ¶霜柱が立った 서릿발이 섰다.

**しもやけ【霜焼け】** 동상, 동창 ¶指が霜焼けになった 손가락이 동창에 걸렸다.

**しもん【指紋】** 지문 ¶指紋を押す 지문을 찍다 / 警察は犯人の指紋を採った 경찰은 범인의 지문을 채취했다. / 銃に残った指紋が容疑者のものと一致した 총에 남은 지문이 용의자의 것과 일치했다. 関連 指紋押捺 지문 날인 / 指紋採取 지문 채취

**しもん【諮問】** 자문 ◇諮問する 자문하다 関連 諮問委員会 자문 위원회 / 諮問機関 자문 기관

**じもんじとう【自問自答】** 자문자답 ◇自問自答する 자문자답하다 ¶これでよかったのだろうかと私は自問自答した 이것으로 된 건지 나는 자문자답했다.

**しや【視野】** 시야〔識見〕식견 ¶緑の平原が視野に入ってきた 녹색 평원이 시야에 들어왔다. / 高いビルが視野をさえぎっている 높은 빌딩이 시야를 가리고 있다. / 彼は視野が狭い〔狭い〕 그는 시야가 넓다〔좁다〕. / 読書を通して視野を広げる 독서를 통해서 시야를 넓히다 / 旅は視野を広げる 여행은 시야를 넓힌다.

**じゃあ** 그럼 ¶じゃあ始めようか 그럼 시작할까? / じゃあね 그럼 안녕.

**ジャー**〔魔法瓶〕보온병(保温瓶)〔炊飯器〕전기밥솥

**じゃあく【邪悪】** ◇邪悪だ 사악하다 ¶邪悪な心 사악한 마음

**ジャージー** 운동복, 추리닝

**しゃあしゃあ** ◇しゃあしゃあと 유들유들, 넉살좋게, 언죽번죽 ¶彼は怒られてもしゃあしゃあとしている 그는 혼나도 언죽번죽하다. / 彼女はしゃあしゃあと現れた 그녀는 넉살좋게 나타났다. / しゃあしゃあとうそをつく 유들유들 거짓말을 한다.

**ジャーナリスト** 저널리스트, 언론인(言論人)

**ジャーナリズム** 저널리즘

**シャープペンシル** 샤프펜슬(▶替え芯은 샤프심이라고 한다)

**シャーベット** 셔벗

**しゃいん【社員】** 사원 ¶彼女は証券会社の社員です 그녀는 증권 회사의 사원입니다. 関連 社員食堂 사원 식당 / 社員旅行 사원 여행 / 新入社員 신입 사원 / 平社員 평사원

**しゃおんかい【謝恩会】** 사은회

**しゃか【釈迦】** 석가, 석가모니 慣用句 釈迦に説法 공자 앞에서 문자 쓴다.

## しゃかい

**しゃかい【社会】** 사회〔世の中〕세상 ¶コンピュータとインターネットは我々の社会を大きく変えた 컴퓨터와 인터넷은 우리 사회를 크게 바꾸었다. / 日本の社会では会社員が1ヶ月の休暇を取ることは珍しい 일본 사회에서는 회사원이 한 달 휴가를 얻는 것은 드물다. / 彼女は高校卒業後すぐに社会に出た 그녀는 고등학교 졸업 후 곧 사회에 나왔다. / 子供の社会では遊びがもっとも大切である 아이들 세계에서는 노는 것이 가장 중요하다.

¶私は何か社会のために役立ちたい 나는 뭔가 사회

를 위해 도움이 되고 싶다. / 彼は社会の福祉におおいに貢献した 그는 사회의 복지에 크게 공헌했다. / 彼は社会的に認められなかった 그는 사회적으로 인정받지 못했다.

¶彼の父は社会的地位の高い人だった 그의 아버지는 사회적 지위가 높은 사람이었다. / エイズは今重大な社会問題だ 에이즈는 지금 중대한 사회 문제이다. / その事件は大きな社会不安を引き起こすだろう 그 사건은 큰 사회 불안을 일으킬 것이다. / がんの手術をしてから社会復帰するまで長い時間がかかった 암 수술을 하고부터 사회 복귀할 때까지 긴 시간이 걸렸다. 関連 社会悪 사회악 / 社会運動 사회 운동 / 社会科 사회과 / 社会科学 사회 과학 / 社会学 사회학 / 社会現象 사회 현상 / 社会主義 사회주의 / 社会主義者 사회주의자 / 社会人 사회인 / 社会秩序 사회 질서 / (新聞の)社会面 사회면 / 社会福祉 사회 복지 / 社会保険 사회 보험 / 社会保障 사회 보장 / 社会問題 사회 문제

じゃがいも【じゃが芋】감자

しゃがむ 쭈그리다, 웅크리다 ¶その場にしゃがむ 그 자리에 쭈그리다 / 疲れきっていたので私は道端にしゃがみこんでしまった 너무 피곤해서 나는 길가에 쭈그리고 앉아 버렸다. / その子はたき火のそばにしゃがんで手を温めていた 그 애는 모닥불 옆에 웅크리고 손을 쬐고 있었다.

しゃがれごえ【嗄れ声】쉰 목소리 ¶しゃがれ声で話す 쉰 목소리로 말하다

しゃがれる【嗄れる】쉬다 ¶風邪で声がしゃがれてしまった 감기로 목이 쉬어 버렸다.

しゃかんきょり【車間距離】차간 거리 ¶道路では車間距離を十分に取るべきだ 도로에서는 차간 거리를 충분히 유지해야 한다.

しゃく【酌】¶お酌をする 술을 잔에 따르다

しゃく【癪】화, 부아 ¶しゃくにさわる 아니꼽다 / 화[부아]가 나다 / あの女の話し方がしゃくにさわる 그 여자 말하는 투가 아니꼽다. / 何てしゃくなやつだ 참 아니꼬운 놈이다. / ここであきらめるのはしゃくだ 여기서 포기하는 것은 아깝다.

-じゃく【-弱】¶背は170センチ弱です 키는 170센티 좀 안 돼요. / 2割弱 2할 미만

しゃくし【杓子】주걱 ¶杓子で汁を国字をつぐ 국자를 뜨다 / 杓子定規な人 융통성 없는 사람 / 杓子定規な考え 획일적인 생각 / 何でも杓子定規にやれるわけではない 뭐든지 획일적으로 되는 것은 아니다.

じゃくしゃ【弱者】약자 関連 社会的弱者 사회적 약자

しやくしょ【市役所】시청(市庁)

しゃくぜん【釈然】¶そんな説明では釈然としない 그런 설명으로는 석연치 않다.

じゃくたい【弱体】◇弱体な 약한 弱体化する 약체화하다, 약체되다 ¶チームが弱体化した 팀이 약체화됐다.

しゃくち【借地】차지 関連 借地権 차지권 / 借地人 차지인 / 借地料 차지료

じゃぐち【蛇口】수도꼭지 ¶蛇口を開ける[閉める] 수도꼭지를 틀다[잠그다]

じゃくてん【弱点】약점 ¶彼にはすぐ怒るという弱点がある 그에게는 화를 잘 내는 약점이 있다. / 私は彼の弱点を握っている 나는 그의 약점을 쥐고 있다. / 弱点を握られる 약점을 잡히다 / 弱点につけこむ 약점을 이용하다 / 人の弱点をつく 남의 약점을 찌르다 / 弱点を克服する 약점을 극복하다

しゃくど【尺度】척도 [基準] 기준 ¶価値の尺度 가치의 척도

じゃくにくきょうしょく【弱肉強食】약육강식 ¶ジャングルは弱肉強食の世界だった 정글은 약육강식의 세계였다. / この世界は弱肉強食だ 이 세계는 약육강식이다.

しゃくねつ【灼熱】작열 ◇灼熱の 작열하는 [燃えるような] 불타는 ¶灼熱の太陽の下で作열하는 태양 아래에서 関連 灼熱地獄 작열 지옥

しゃくはち【尺八】퉁소

しゃくほう【釈放】석방 ◇釈放する 석방하다 ¶容疑者を釈放する 혐의자를 석방하다 / その男は容疑不十分で釈放された 그 남자는 혐의 불충분으로 석방되었다. / 彼は仮釈放になった 그는 가석방이 되었다.

しゃくめい【釈明】석명 [弁明] 변명 ◇釈明する 석명하다 [弁明する] 변명하다 ¶釈明の余地がない 변명의 여지가 없다.

しゃくや【借家】차가, 셋집 ¶以前は借家に住んでいました 이전에는 셋집에 살았습니다. 関連 借家人 차가인

しゃくやく【芍薬】작약

しゃくよう【借用】차용 ◇借用する 차용하다, 빌리다 関連 借用語 차용어 / 借用証書 차용 증서

しゃくりょう【酌量】참작 ◇酌量する 참작하다 ¶裁判官は被告の情状を酌量して刑を軽くした 재판관은 피고의 정상을 참작해서 형을 가볍게 했다.

しゃげき【射撃】사격 ◇射撃する 사격하다 [撃つ] 쏘다 ¶彼は射撃がうまい[へただ] 그는 사격을 잘한다[못한다]. 関連 射撃演習 사격 연습 / 射撃訓練 사격 훈련 / 射撃場 사격장 / 一斉射撃 일제 사격 / 実弾射撃 실탄 사격

ジャケット 재킷 [上着] 상의(上衣) [本のカバー] 책カバー [レコードの] 카버

しゃけん【車検】차량 검사 ¶もうすぐ車検に出さなくてはならない 곧 차량 검사에 내야 된다. 関連 車検証 차량 검사증

しゃこ【車庫】차고 ¶車を車庫に入れる 차를 차고에 넣다

しゃこう【社交】사교 ◇社交的な 사교적인 ¶彼女は社交的だ 그녀는 사교적이다. / あの人は社交性に欠ける 그 사람은 사교성이 없다. / 社交上の礼儀をわきまえなさい 사교상 예의를 차려요. / 彼は社交辞令として述べたにすぎない 그는 겉치레로 말했음에 불과하다. 関連 社交家 사교가 / 社交界 사교계 / 社交ダンス 사교댄스, 사교춤

しゃさい【社債】사채 ¶社債を発行する 사채를 발행하다

しゃざい【謝罪】사죄, 사과(謝過) ◇謝罪する 사죄하다, 사과하다 ¶謝罪の意を表す 사죄의

뜻을 표하다 / 彼は雑誌の発行元に謝罪を求めた 그는 잡지의 발행처에 사죄를 요구했다. / 新聞に謝罪広告を出す 신문에 사죄 광고를 내다 / 大臣は不適切な発言を公式に謝罪した 대신은 부적절[적절하지 못한] 발언을 공식으로 사죄했다.

**しゃさつ【射殺】** 사살 **射殺する** 사살하다
¶犯人はその場で射殺された 범인은 그 자리에서 사살되었다.

**しゃし【斜視】** 사시, 사팔뜨기

**しゃじつ【写実】** ◇**写実的な** 사실적인 ¶この絵は写実的だ 이 그림은 사실적이다. 関連 **写実主義** 사실주의 / **写実主義者** 사실주의자

**しゃしょう【車掌】** 차장

# しゃしん【写真】 사진

基本表現
▷子供たちの写真を撮った
　아이들의 사진을 찍었다.
▷この写真を現像してください
　이 사진을 현상해 주세요.
▷写真の焼き付けは 1 枚いくらですか
　사진 현상은 한 장에 얼마입니까?
▷写真を引き伸ばしてもらった
　사진을 확대 했다.
▷この写真を 5 枚焼き増ししてください
　이 사진을 다섯 장 더 뽑아 주세요.
▷彼女は写真映りがよい
　그녀는 사진발이 좋다.
　(▶사진발의 발음은 사진빨)

◆写真は・写真が
¶旅先で撮った写真はすべてよく撮れていた 여행지에서 찍은 사진은 모두 잘 나왔다. / この写真はピンぼけだ 이 사진은 초점이 맞지 않다. / 免許証の更新には顔写真が必要だ 면허증 갱신에는 얼굴 사진이 필요하다. / 私の写真が雑誌に載った 내 사진이 잡지에 실렸다. / 私の趣味は写真を撮ることです 내 취미는 사진을 찍는 것입니다.

◆写真の
¶写真のほうが実物よりきれいだ 사진이 실물보다 아름답다. / 彼女は写真のためにポーズをとった 그녀는 사진을 위해 포즈를 취했다.

◆写真に
¶この写真には 4 人の子供が写っている 이 사진에는 네 명의 아이들이 찍혀 있다. / ユナといっしょに写真に写っているこの男はだれだか 유나와 함께 사진에 찍힌 이 남자는 누구야?

◆写真で
¶写真でしか彼女を見たことがない 사진으로밖에 그 여자를 본 일이 없다. / この写真ではその人がだれかはわかりません 이 사진에서는 그 사람이 누군지 모르겠습니다.

◆写真を
¶私たちの写真を撮ってくださいませんか 우리 사진을 찍어 주시겠습니까? / その俳優との写真を撮ってもらった 그 배우와 사진을 찍었다.
数え方 写真 1 枚[葉] 사진 한 장

◆その他
¶彼女は写真嫌いだ 그녀는 사진을 싫어한다. /

彼は写真判定で100メートル競走に勝った 그는 사진 판정으로 100미터 달리기에 이겼다.
関連 **写真家** 사진가 / **写真館** 사진관 / **写真機** 사진기, 카메라 / **写真コンテスト** 사진 콘테스트 / **写真集** 화보집 / **写真立て** 사진틀 / **カラー写真** 컬러 사진, 천연색 사진 / **記念写真** 기념 사진 / **航空写真** 항공 사진 / **白黒写真** 흑백 사진 / **スチール写真** 스틸 사진 / **スナップ写真** 스냅 사진 / **スピード写真** 속성 사진 / **ヌード写真** 누드 사진 / **報道写真** 보도 사진 / **上半身の写真** 상반신 사진 / **全身の写真** 전신 사진

**ジャズ** 재즈 ¶彼はジャズの演奏がうまい 그는 재즈의 연주가 능숙하다. / **ジャズシンガー** 재즈 싱어, 재즈 가수 / **ジャズダンス** 재즈댄스 / **ジャズバンド** 재즈 밴드

**じゃすい【邪推】** ¶彼が故意にやったのではないかと邪推した 그가 고의로 한 거 아닌가하고 나쁘게 봤다. / 僕に別の恋人がいるなどというのは君の邪推にすぎない 나에게 다른 애인이 있다는 것은 네 오해에 지나지 않는다.

**ジャスト** 꼭 ¶6時ジャストにここに着いた 여섯 시 정각에 여기에 도착했다. / **変化球をジャストミートした** 변화구를 저스트미트했다.

**ジャスミン** 재스민

**しゃせい【写生】** 사생 ◇**写生する** 사생하다 ¶美しい風景を写生した 아름다운 풍경을 사생했다. 関連 **写生画** 사생화 / **写生帳** 사생장

**しゃせい【射精】** 사정 **射精する** 사정하다

**しゃせつ【社説】** 사설 ¶東亜日報の社説 동아일보의 사설 / きょうの社説は憲法改正のことを扱っている 오늘 사설은 헌법 개정을 다루고 있다.
関連 **社説欄** 사설란

**しゃせん【車線】** 차선 ¶2車線の道路 이차선 도로 / **車線を変える** 차선을 바꾸다 / **車線を守る** 차선을 지키다 関連 **追い越し車線** 추월 차선

**しゃせん【斜線】** 사선

**しゃそう【車窓】** 차창

**しゃたい【車体】** 차체

**しゃたく【社宅】** 사택 **社宅住まい** 사택살이

**しゃだん【遮断】** 차단 ◇**遮断する** 차단하다
¶通行を遮断する 통행을 차단하다 / 空気を遮断する 공기를 차단하다 / 雑音を遮断する 잡음을 차단하다 / この道は交通が遮断されている 이 길은 교통이 차단되어 있다. 関連 **(鉄道の)遮断機** 차단기

**しゃちゅう【車中】** 차중, 차내(車内), 찻간

**しゃちょう【社長】** 사장 関連 **社長室** 사장실 / **社長秘書** 사장 비서 / **副社長** 부사장

**シャツ** 셔츠, 샤쓰 数え方 **シャツ 1 枚** 셔츠 한 벌 [下着] 속셔츠

**じゃっかん【若干】** 약간, 얼마간 ¶お金が若干足りない 돈이 약간 모자라다. / パンフレットはまだ若干残っている 팸플릿은 아직 약간 남아 있다. / 先生の説明には若干疑問に思うところがある 선생님의 설명에는 약간 의문되는 점이 있다.

**ジャッキ** 잭 ¶車をジャッキで持ち上げてパンクしたタイヤを取り替えた 차를 잭으로 들어올려 펑크난 타이어를 갈아 끼웠다.

## しゃっきん【借金】 차금, 빚

[基本表現]
▷私は彼に100万円近い借金がある 나는 그 사람한테 100만 엔 가까운 빚이 있다.
▷彼は銀行に借金をした
　그 사람은 은행에서 돈을 빌렸다.
▷彼女に借金を返した
　그 여자한테 빚을 갚았다.
▷私は友人に5万円の借金を申し込んだ
　나는 친구한테 5만 엔 빌려달라고 부탁했다.
▷今は借金はありません
　지금은 빚은 없습니다.

¶最近借金がかさんでいる 최근 빚이 쌓이고 있다. / 彼はサラ金から借金の取り立てにあっている 그는 고리대금업자로부터 빚의 반환을 채촉받고 있다. / 巨額の借金を抱えて途方に暮れている 거액의 빚을 안고 어찌할 바를 모르고 있다. / これまでなんとか借金しないでやってきた 지금까지 어떻게든 빚을 안 지고 해 왔다. / 彼は10万円の借金を踏み倒した 그는 빌려 간 10만 엔을 떼어먹었다. / 親から借金して車を買った 부모님께 빚을 지고 차를 샀다. / 父は私たち家族に大きな借金を残して死んだ 아버지는 우리 가족에게 큰 빚을 남기고 돌아가셨다. / 彼は借金で首が回らなかった 그는 빚으로 쩔쩔맸다. [関連]借金取り 빚쟁이 / 借金地獄 빚더미

**ジャックナイフ** 잭나이프
**しゃっくり** 딸꾹질 ◇しゃっくりする 딸꾹질하다 ¶なかなかしゃっくりが止まらない 좀처럼 딸꾹질이 안 멈춘다.
**ジャッジ** 저지〔審判員〕심판원
**シャッター**〔カメラ、扉〕셔터 ¶9時には店のシャッターを下ろす 아홉 시에는 가게의 셔터를 닫는다. / カメラのシャッターを切る 카메라의 셔터를 누르다 [関連]シャッタースピード 셔터 스피드 / シャッターチャンス 셔터 찬스
**シャットアウト**〔野球〕완봉(完封) ◇シャットアウトする〔締め出す〕못 들어오게 하다〔完封する〕완봉하다 ¶煙をシャットアウトする 연기를 차단하다
**しゃどう【車道】** 차도 ¶車道に飛び出す 차도에 뛰어나가다
**しゃない【社内】** 사내, 회사내 ¶彼は社内では評判がいい 그는 사내에서 평판이 좋다. [関連]社内結婚 사내 결혼 / 社内報 사내보
**しゃない【車内】** 차내, 찻간 ¶車内は禁煙です 차내는 금연입니다.
**しゃにくさい【謝肉祭】** 사육제〔カーニバル〕카니발
**しゃにむに【遮二無二】** 마구, 무턱대고 ¶彼はしゃにむに敵のゴールに突き進んだ 그는 무턱대고 적의 골을 달려들었다.
**じゃねん【邪念】** 사념 ¶邪念を払う 사념을 떨치다
**しゃふつ【煮沸】** 자비 ◇煮沸する 펄펄 끓이다 ¶煮沸消毒する 열소독하다(×자비소독하다とはふつういわない)

**しゃぶる** 빨다 ¶指をしゃぶる 손가락을 빨다 / 妹はあめをしゃぶっていた 동생은 사탕을 빨고 있었다.
**しゃべる【喋る】**〔話す〕말하다, 이야기하다〔ぺちゃくちゃ話す〕지껄이다, 수다떨다 ¶彼女は本当によくしゃべる人だ 그 여자는 참 수다스러운 사람이야. / 彼とは一度もしゃべったことはなかった 그와는 한 번도 이야기한 적이 없었다. / 友達と電話で1時間しゃべった 친구와 전화로 1시간 이야기했다. / ぺちゃくちゃしゃべってうるさい人たちだ 재잘재잘 말하는 시끄러운 사람들이다. / これは秘密だからだれにもしゃべらないでね 이것은 비밀이니까 아무한테도 말하지 마.
**シャベル** 삽 ¶シャベルで穴を掘った 삽으로 구멍을 팠다. / シャベルで歩道の雪かきをした 삽으로 보도의 눈을 치웠다. / シャベルで土をすくう 삽으로 흙을 뜨다
**しゃへん【斜辺】** 빗변, 사변
**しゃほん【写本】** 사본
**シャボンだま【シャボン玉】** 비눗방울 ¶シャボン玉をふくらます 비눗방울을 부풀리다 / シャボン玉を吹く 비눗방울을 불다

## じゃま【邪魔】 ❶〔妨げるもの〕방해(妨害), 장애(障碍) ◇邪魔する 방해하다

[基本表現]
▷騒音が勉強の邪魔になる
　소음이 공부의 방해가 된다.
▷隣のマンションが邪魔で日が当たらない
　옆 아파트 때문에 빛이 안 비친다.
▷スキャンダルが彼の昇進の邪魔となった
　스캔들이 그의 승진에 방해가 되었다.
▷お話中、ちょっとお邪魔します
　말씀하시는 중에 좀 실례하겠습니다.

¶仕事の邪魔をしないでください 일을 방해하지 말아 주세요. / 邪魔だからどいてください 방해되니까 비켜 주세요. / その箱が邪魔です 그 상자가 장애입니다. / 今お邪魔でしょうか 지금 괜찮으십니까? / 前の人の頭が邪魔になって舞台がよく見えない 앞 사람의 머리가 장애가 되어 무대가 잘 보이지 않는다. / 通行の邪魔にならないようにしてください 통행에 방해가 되지 않도록 해 주세요. / この部屋にピアノは邪魔だ 이 방에는 피아노는 필요없다. / 邪魔なものは物置にしまいます 방해되는 것은 곳간에 넣어 두겠습니다. / 彼はいつも話の邪魔をする 그는 항상 이야기할 때 방해를 한다. / ここなら邪魔されずに勉強ができる 여기라면 방해받지 않고 공부할 수 있다.

¶お邪魔しました 실례했습니다. / お邪魔ではありませんか 방해가 되지 않습니까?

❷〔訪問する〕방문 〔訪ねる〕방문하다, 찾아가다 ¶1時間ばかりお邪魔してもいいですか 한 시간만 방문해도 되겠습니까? / いつかお邪魔にあがります 언젠가 찾아뵙겠습니다.

[会話] お邪魔します
　A：こんにちは。お邪魔します
　B：どうぞ
　A：안녕하세요. 실례하겠습니다.
　B：들어오세요.
　A：長いことお邪魔しました

B : 아니에요. 제발 미안해하지 마세요
A : 긴 시간 실례했습니다.
B : 아닙니다. 또 오십시오.

**じゃまもの【邪魔者】** 방해자 ¶邪魔者扱いする 방해자 취급을 하다 / 私は邪魔者扱いされた 나는 방해자 취급을 당했다.

**しゃみせん【三味線】** 샤미센: 일본 고유의 삼현 악기

**ジャム** 잼 ¶パンにジャムを塗る 빵에 잼을 바르다 [関連]ジャム入れ 잼 단지 / イチゴジャム 딸기 잼

**シャムねこ【シャム猫】** 샴 고양이

**しゃめん【斜面】** 사면 ¶山の斜面 산의 사면 / 私たちは急斜面をスキーで滑り降りた 우리는 급사면을 스키로 미끄러져 내렸다.

**しゃもじ【杓文字】** 주걱

**しゃようう【斜陽】** 사양 [関連]斜陽産業 사양 산업

**じゃらじゃら** 짤랑짤랑 ¶彼がポケットの中で何かをじゃらじゃらさせた 그는 주머니 속에서 뭔가를 짤랑짤랑 울렸다.

**じゃり【砂利】** 자갈 ¶道路に砂利を敷く 도로에 자갈을 깔다 / 寺の庭には砂利が敷き詰めてあった 절 정원에는 자갈이 빈틈없이 깔려 있었다. [関連]砂利トラック 자갈 트럭 / 砂利道 자갈길

**しゃりょう【車両】** 차량 ¶私は3両目の車両に乗った 나는 세 번째 차량을 탔다. / 列車は車両故障のため遅れた 열차는 차량 고장으로 늦었다. / 車両通行止 차량 통행 금지 [関連]車両整備 차량 정비 / 大型[小型]車両 대형[소형] 차량

**しゃりん【車輪】** 차륜, 바퀴

**しゃれ【洒落】** ❶ [冗談] 익살, 농담 [だじゃれ] 신소리 ¶彼はよくうまいしゃれをとばす 그는 자주 재치 있는 익살을 떤다. / 彼はよくへたなしゃれを言う 그는 자주 어설픈 농담을 한다. / 彼はしゃれがうまい 그 사람은 익살이 능숙하다. / ヨンヒには僕のしゃれがわからない 영희는 내 농담을 이해 못한다. / それはただのしゃれだよ 그건 그저 농담이야. / お前本当にしゃれの通じないやつだな 너 정말 농담이 통하지 않는 녀석이구나. / 「それがしゃれのつもりかい? つまらないしゃれはよせよ」「しゃれじゃないよ, 本気だよ」 "그건 웃기려고 한 소리야? 재미없는 농담은 하지 마." "농담 아니야, 진짜야."
❷ [気のきいたこと] 멋 ◇しゃれた [粋な] 멋이 있는, 멋진 [気の利いた] 재치가 있는 ¶彼はしゃれた格好をしている 그 친구는 멋있는 옷을 입고 있다. / 彼はよくしゃれたことを言う 그 사람은 자주 재치 있는 이야기를 한다. / それはしゃれた帽子だね 그거 멋진 모잔데. / しゃれたレストランに行きたい 멋있는 레스토랑에 가고 싶다. / しゃれたまねをするね 재치 있군. / 彼はしゃれっ気がある 그는 아주 익살스러운 사람이다. / 今年の夏はヨーロッパ一周旅行としゃれこもうか 올해 여름은 호화롭게 유럽 일주 여행을 해 볼까.

**しゃれい【謝礼】** 사례 ◇謝礼を出す 사례를 내다 / 生け花の先生に毎月謝礼をしている 꽃꽂이 선생님께 매월 사례를 드리고 있다. / 謝礼として10万円差し上げます 사례로 10만 엔을 드리겠습니다. [関連]謝礼金 사례금

**じゃれる** 재롱을 부리다[떨다], 장난치다 ¶子犬がボールにじゃれている 강아지가 공으로 장난치고 있다.

**シャワー** 샤워 ¶出かける前にシャワーを浴びる 나가기 전에 샤워를 할래. [関連]シャワー室 샤워실

**ジャングル** 정글 [密林] 밀림 [関連]ジャングルジム 정글짐

**じゃんけん【じゃん拳】** 가위바위보 ◇じゃんけんする 가위바위보하다 ¶じゃんけんで勝負を決める 가위바위보로 승부를 정하다 / だれが飲み物を買いに行くかじゃんけんで決めよう 누가 음료수를 사러 갈지 가위바위보로 정하자.

**じゃんじゃん** 마구, 펑펑 ¶金をじゃんじゃん使う 돈을 펑펑 쓰다 / 水をじゃんじゃん使う 물을 펑펑 쓰다 / じゃんじゃん持ってくる 마구 가져오다 / 彼女は服をじゃんじゃん買い込んだ 그녀는 옷을 마구 사들였다.

**シャンソン** 샹송 [関連]シャンソン歌手 샹송 가수

**シャンデリア** 샹들리에

**ジャンパー** 점퍼, 잠바 [関連]ジャンパースカート 점퍼 스커트

**ジャンプ** 점프 ◇ジャンプする 점프하다 ⇒跳ぶ

**シャンプー** 샴푸 ◇シャンプーする 샴푸하다 ¶彼女は毎朝シャンプーする 그녀는 매일 아침 샴푸한다.

**シャンペン** 샴페인

**ジャンボ** 점보 [関連]ジャンボサイズ 점보 사이즈 / ジャンボジェット機 점보제트기 **大きい, 巨大**

**ジャンル** 장르 [種類] 종류 ¶詩は文学の一ジャンルである 시는 문학의 한 장르이다. / 作品をジャンル別に分けた 작품을 장르 별로 나누었다.

**しゅ【主】** 주 [神] 하느님 ◇主として 주로 ¶主イエスキリスト 주 예수 그리스도
¶この計画は彼女が主になって進めた 이 계획은 그녀가 주가 되어 진행했다. / この果物は主として東南アジアでとれる 이 과일은 주로 동남아시아에서 자란다. / 主たる原因 주된 원인 / 彼らの主たる任務は情報収集だった 그들의 주된 임무는 정보 수집이었다.

**しゅ【朱】** 주 [朱色] 주색 [慣用句]朱に交われば赤くなる 사귀는 친구따라 사람은 변한다. | 근묵자흑(近墨者黒)

**しゅ【種】** 종류 [動植物の分類単位] 종 ¶この種の本はよく売れる 이런 종류의 책은 잘 팔린다. / 種の起源 종의 기원 / 新種のりんご 신종의 사과 ⇒種類

**しゅい【首位】** 수위 ¶わがチームが首位に立った 우리 팀이 수위에 섰다. / 次の試合では首位を奪うつもりだ 다음 경기에서는 수위를 뺏을 생각이다. [関連]首位打者 수위 타자 ⇒トップ

**しゅゆう【私有】** 사유 ◇私有する 사유하다 [関連]私有財産 사유 재산 / 私有地 사유지

**しゅう【州】【米国などの】** 주 ¶ハワイ州 하와이 주 / アジア州 아시아주 [関連]州議会 주의회 / 州政府 주정부 / 州立大学 주립 대학

**しゅう**【週】주 ¶週に一度家族で外食する 일주일에 한 번 가족끼리 외식한다. / 2月の第3週に彼は帰国します 이월 셋째 주에 그는 귀국합니다. / 私たちは週ぎめで給料をもらっている 우리는 주급을 받고 있다. / 今週の始め〔終わり〕に試験がある 이번주 초[말]에 시험이 있다. / 先週の日曜日に横浜に行った 지난주 일요일에 요코하마에 갔다. / 来週の月曜日は何月何日ですか 다음 주 월요일은 몇 월 며칠이죠? / ミンスとは毎週会っている 민수와는 매주 만나고 있다. / もう何週間もキョンヒに会っていない 벌써 몇 주나 경희를 못 만났다. / 私は何週間も前に手紙を出しましたた나는 몇 주 전에 편지를 보냈는데. / 今年は1週間の夏休みを取った 올해는 일 주일의 여름 휴가를 얻었다. / 学校週5日制 학교 주 5일제 ⇒週末

**じゆう**【自由】자유 ◆自由だ 자유롭다 ◆自由に 자유로이, 마음대로

◆**自由は・自由が**
¶言論の自由は憲法で保障されている 언론의 자유는 헌법으로 보장되어 있다. / 祖父が脳卒中で手足の自由がきかなくなった 할아버지는 뇌졸중으로 손발의 자유를 잃었다.

◆**自由な・自由の**
¶最近自由な時間がほとんどない 요즘 자유로운 시간이 거의 없다. / 多くの人が自由のために戦ってきた 많은 사람이 자유를 위해 싸워 왔다. / 彼は刑期を終えて自由の身になった 그는 형기를 마치고 자유의 몸이 되었다.

◆**自由に**
¶このコンピュータは自由にお使いください 이 컴퓨터는 마음대로 쓰세요. / 自由に好きなものをお召し上がりください 마음대로 좋아하시는 것을 드세요. / 自由にお取りください(▶掲示) 자유롭게 가지고 가세요. / 自由にご覧ください(▶掲示) 자유롭게 보세요.
¶きょうたまたま午後自由になった 오늘은 마침 오후에 시간이 생겼다. / 私には自由になる金がない 나에게는 자유롭게 쓸 돈이 없다. / 自由になる日が待ち遠しかった 자유로워질 날이 너무 기다려졌다.

◆**自由を・自由だ**
¶我々は表現の自由を守らなければならない 우리는 표현의 자유를 지켜야 된다. / 彼は交通事故で両足の自由を失った 그는 교통사고로 양다리를 못 쓰게 됐다. / 行くか行かないかは君の自由だ 갈지 안 갈지는 네 자유다.

◆**その他**
¶彼女は韓国語を自由自在に話す 그녀는 한국어를 자유자재로 말한다. / 私は自由気ままに暮らしている 나는 내 멋대로 자유롭게 생활하고 있다. / 彼女はいつも自由奔放に振る舞う 그녀는 항상 자유분방하게 행동한다. 関連 **自由意志** 자유의지 / **自由意思** 자유의사 / **自由化** 자유화 / **自由業** 자유직업 / **自由競争** 자유 경쟁 / **自由形**〔水泳〕자유형 / **自由経済** 자유 경제 / **自由研究** 자유 연구 / **自由行動** 자유행동 / **自由裁量** 자유재량 / **自由思想** 자유사상 / **自由市場** 자유 시장 / **自由主義** 자유주의 / **自由主義者** 자유주의자 / **自由世界** 자유세계 / **自由席** 자

유석 / **自由放任主義** 자유방임주의 / **自由貿易** 자유 무역 / **自由民主党** 자유 민주당

**じゅう**【十】십, 〔固有語〕열 ◇**十番目** 열 번째 ¶何十冊もやってみた 몇 십번이나 해 보았다. / 何十人もの人々が彼に会いにきた 몇 십명의 사람들이 그를 만나러 왔다. / 十分の一 십분의 일 慣用句 **十人十色** 각인각색(各人各色) / 彼は一を聞いて十を知る男だ 그는 하나를 보고 열을 아는 사람이다. (▶韓国語ではふつう「一を見て」という)

**じゅう**【銃】총 ¶うさぎに向けて銃を撃つ 토끼를 노려 총을 쏘다 / 銃で鳥を撃つ 총으로 새를 쏘다 / 強盗は私に銃を向けた 강도는 나에게 총을 겨누었다. / 兵士はさっと銃を構えた 병사는 날렵하게 총을 잡았다. / 銃を取る 총을 잡다 / 男は行員に銃を突きつけて銀行から金を奪った 남자는 은행원을 총으로 위협해서 은행에서 돈을 훔쳤다. 数え方 銃1挺 총 한 자루[정] 関連 **カービン銃** 카빈총 / **空気銃** 공기총 / **拳銃** 권총 / **散弾銃** 산탄총 / **ライフル銃** 라이플총 / **連発銃** 연발총

**-じゅう**【-中】❶〔期間〕동안, 중, 내내 ¶ここは一年中雨が多い 여기는 일년 내내 비가 많다. / 彼らは一晩中話していた 그들은 밤새도록 이야기했다. / 夏休みの間中,論文を書いていた 여름 방학 중 내내 논문을 썼다. / きのうは一日中テレビを見ていた 어제는 하루 종일 텔레비전을 보고 있었다. / 彼は授業の間中, 居眠りしていた 그는 수업 중 계속 졸았다. / これは今月中に片づけなければならない 이것은 이번달 안에 마무리해야 된다.
❷〔場所〕온, 안 ¶英語は世界中で話されている 영어는 온 세계에서 쓰여지고 있다. / 部屋中をくまなく捜した 온 방안을 구석구석 찾았다. / 彼女は日本中を旅行した 그녀는 일본 도처를 여행했다. / 国中がそのニュースに興奮していた 온 나라가 그 뉴스로 흥분되었다. / 体中が痛い, 온몸이 아프다. / おもちゃがそこら中に散らかっていた 장난감이 여기저기 흩어져 있었다. / 親戚中が集まった 친척들이 모두 모였다.

**じゅうあつ**【重圧】중압 ¶**重圧を加える** 중압을 가하다 / **重圧に耐える** 중압에 견디다 / 私は責任の重圧に耐えかねた 나는 책임의 중압을 견딜 수 없었다. / 両親の過大な期待は私にとって重圧となった 부모의 과대한 기대는 나에게 중압이 되었다. 関連 **重圧感** 중압감

**しゅうい**【周囲】주위 ¶この湖の周囲はどのくらいですか 이 호수 둘레는 어느 정도입니까? / その木の周囲は5メートルはあった 그 나무 주위[둘레]는 5미터 이상이었다. / 私の家の周囲はとても静かです 우리 집 주위는 아주 조용합니다. / 結婚しろって周囲がうるさいんだ 결혼하라고 주위에서 야단이야.
¶私はこの町の周囲の美しさを忘れない 나는 이 도시 주위의 아름다움을 잊을 수 없다. / そこからは周囲の田園風景が見渡せる 거기에서는 주위의 전원 풍경이 보였다. / 周囲の国々は日本の態度に注目している 주변 국들은 일본의 태도에 주목하고 있다. / あなたは周囲の目を気にしすぎる

넌 주위의 눈을 너무 의식해. / 彼は周囲の状況を判断してさばき行動する 그는 주위 상황을 판단해서 척척 행동한다.
¶私の家は周囲を高い木で囲まれている 우리 집 주위는 높은 나무로 둘러싸여 있다. / 彼女は注意深く周囲を見回した 그녀는 주의깊게 주위를 둘러보았다. / 刑務所の周囲には高い塀が巡らされている 교도소 주위에는 높은 담이 둘러싸여 있다. / 気が付くと周囲にはだれもいなかった 정신차리니 주위에는 아무도 없었다. / 人の性格は周囲から影響を受ける 사람의 성격은 주위의 영향을 받는다. / 君は周囲への思いやりが足りない 너는 주위에 대한 배려가 부족하다. ⇒周り

じゅうい【獣医】수의, 수의사 関連 獣医学 수의학
じゅういち【十一】십일, 《固有語》열하나 ◇11番目 열한 번째
じゅういちがつ【十一月】십일월
しゅうえき【収益】수익 ¶今年は大きく収益を上げることができた 올해는 큰 수익을 올릴 수 있었다. 関連 収益金 수익금 / 収益率 수익률
じゅうおう【縦横】종횡 ◇縦横に 마음대로, 자유자재로 ¶道路が縦横に走っている(→四方に延びる) 도로가 사방으로 뻗어 있다. / 彼は馬を縦横に操った 그는 말을 자유자재로 몰았다. / 彼女は3か国語を縦横に操ることができる 그녀는 3개국어를 자유자재로 구사할 수 있다. / 彼はサッカーの試合で縦横無尽の活躍をした 그는 축구 시합에서 종횡무진의 활약을 했다.
しゅうかい【集会】집회, 모임 ¶明日市役所で集会を開きます 내일 시청에서 집회를 열겠습니다. / 集会に参加する 모임에 참석하다 関連 集会所 집회 장소

## しゅうかく

【収穫】❶〔作物の〕수확 ◇収穫する 수확하다 ¶今年は米の収穫が多かった[少なかった] 올해는 쌀 수확이 많았다[적었다]. / 台風でりんごの収穫に大きな被害が出た 태풍으로 사과의 수확에 큰 피해가 났다. / ぶどうの収穫はいつ始まりますか 포도의 수확은 언제 시작됩니까? / この土地はやせていて収穫が少ない 이 토지는 메말라서 수확이 적다. / 9月,10月は収穫の季節だ 구월, 시월은 수확의 계절이다. / 今年のじゃがいもの収穫はよさそうだ 올해 감자의 수확은 좋을 것 같다. / もうじき小麦の収穫期になる 조금 있으면 밀의 수확기가 된다.
¶先週とうもろこしを収穫した 지난주 옥수수를 수확했다.
❷〔よい結果〕수확〔成果〕성과 ¶会社側との話し合いからは大した収穫はなかった 회사측과의 교섭에서는 큰 수확은 없었다. / 彼女は韓国留学で多くの収穫を得た 그녀는 한국 유학에서 많은 성과를 얻었다. / 相手の率直な意見を聞けたのは収穫だった 상대의 솔직한 의견을 들을 수 있었던 것은 수확이었다. 関連 収穫高 수확고, 수확량
しゅうがく【就学】취학 ◇就学する 취학하다
¶親には子供を就学させる義務がある 부모에게는 아이를 취학시킬 의무가 있다. 関連 就学児童 취학 아동 / 就学年齢 취학 연령 / 就学率 취학률

しゅうがくりょこう【修学旅行】수학여행(▶発音は수항녀행) ¶修学旅行で韓国に行く予定だ 한국으로 수학여행 갈 예정이다.
じゅうがつ【十月】시월

## しゅうかん

【習慣】습관〔慣習〕관습 ◇習慣的な 습관적인
◆〔習慣が・習慣は〕
¶父は毎朝散歩する習慣がある 아버지는 매일 아침 산책하는 습관이 있다. / 毎日夜ふかしする悪い習慣がついた 매일 밤늦게 자는 나쁜 습관이 붙었다.
¶我々の習慣は彼らのとは異なる 우리들의 관습은 그들과는 다르다.
◆〔習慣を〕
¶よい習慣を身につけることは大切だ 좋은 습관을 갖는 것은 중요하다. / 朝寝坊の習慣を直さなくてはならない 늦잠자는 습관은 고쳐야 된다. / 食事の後に歯を磨く習慣をつけなさい 식사 후에 이를 닦는 습관을 가져라.
◆〔習慣に〕
¶やがて日記を書くことが彼女の習慣になった 어느새 일기를 쓰는 것이 그녀의 습관이 되었다. / 朝食前に新聞を読むのを習慣にしている 아침 먹기 전에 신문을 읽는 것을 습관으로 하고 있다. / 韓国の習慣についての本がほしい 한국의 관습에 관한 책이 있으면 한다.
◆〔その他〕
¶悪い習慣から抜け出すことはなかなか難しい 나쁜 습관으로 벗어나는 것은 아주 어렵다.
¶長い間の習慣で朝6時には目が覚める 오랫동안의 습관으로 아침 여섯 시에는 눈이 떠진다.
¶寝る前にふろに入るのが彼の習慣だ 자기 전에 목욕하는 것이 그의 습관이다.
しゅうかん【週刊】주간 関連 週刊誌 주간지
しゅうかん【週間】주간, 주일 ¶あと1週間で夏休みが終わる 이제 일주일이면 여름 방학이 끝난다. / 1週間に1度は映画を見に行く 일 주일에 한 번은 영화를 보러 간다. / 何週間も雨が降っていないので空気が乾燥している 몇 주 동안이나 비가 안 내려서 공기가 건조하다. / 交通安全週間 교통 안전 주간 / 読書週間 독서 주간
しゅうき【周期】주기 ◇周期的に 주기적으로
¶10年周期で火山の活動が活発になる 10년 주기로 화산의 활동이 활발해진다. / ハレー彗星は約76年の周期で地球に近づく 헬리 혜성은 약 76년의 주기로 지구에 다가온다. / 彼は月に一度周期的に老人施設を訪れている 그는 한 달에 한 번 주기적으로 노인 시설을 방문하고 있다.
しゅうき【臭気】취기〔悪臭〕악취 ¶ごみが鼻をつく臭気を放っていた 쓰레기가 코를 찌르는 악취를 내고 있었다.
しゅうぎ【祝儀】축의금 ¶めいの結婚式に祝儀をはずんだ 조카의 결혼식에 축의금을 듬뿍 주었다. 関連 祝儀袋 축의 봉투
しゅうぎいん【衆議院】중의원 関連 衆議院議員 중의원 의원 / 衆議院議長 중의원 의장
しゅうきゅう【週休】주휴 ¶週休二日制(→週5

日制]주5일제｜(→週5日勤務制)주5일근무제

**しゅうきゅう【週給】** 주급 ¶彼は週給で5万円もらっている 그는 주급으로 5만 엔 받고 있다.

**じゅうきょ【住居】** 주거［家］집［所帯］살림 ¶住居を構える 살림을 차리다 / 彼らは田舎に住居を定めた 그들은 시골에 정착했다. / 来月横浜に住居を移転します 다음달 요코하마로 이사갑니다. 関連 住居費 주거비

**しゅうきょう【宗教】** 종교 ¶わが家の宗教は仏教だ 우리 집 종교는 불교이다. / どんな宗教を信じていますか 어떤 종교를 믿고 있습니까？ /「宗教は何ですか」「私は宗教を信じていません」 "종교는 뭐에요？" "나는 종교를 믿지 않아요." / そのいかがわしい宗教は若者の間に急速に広まっている 그 수상쩍은 종교는 젊은이들 사이에 급속히 퍼지고 있다. / 私は宗教にはまったく関心がありません 나는 종교에는 전혀 관심이 없습니다. / 彼女は新興宗教に夢中になっている 그녀는 신흥 종교에 빠져 있다. / 彼らは宗教上の理由で迫害された 그들은 종교상의 이유로 박해받았다. / 彼は宗教上の理由から豚肉を食べない 그는 종교상의 이유로 돼지고기를 먹지 않는다. / 宗教の自由はだれにも保障されなければならない 종교의 자유는 누구에게나 보장되어야 한다. 関連 宗教家 종교가 / 宗教画 종교화 / 宗教改革 종교 개혁 / 宗教学 종교학 / 宗教団体 종교 단체 / 宗教法人 종교 법인

**しゅうぎょう【就業】** 취업 ◇就業する 취업하다 ¶就業時間中は禁煙です 업무 시간 중은 금연입니다. 関連 就業規則 취업 규칙 / 就業人口 취업 인구

**しゅうぎょう【終業】** 종업 ◇終業する 종업하다 ¶本日は終業しました 오늘은 일［영업］이 끝났습니다. / 終業時間は7時です 영업하는[업무하는] 일곱 시까지입니다. 関連 終業式 종업식

**じゅうぎょういん【従業員】** 종업원 ¶従業員は何人ですか 종업원은 몇 명 있습니까？ / 彼女は書店の従業員をしている 그녀는 서점에서 일하고 있다. / 失礼ですがここの従業員の方ですか 실례합니다만 여기 종업원 되십니까？

**しゅうきょく【終局】** 종국［終末］종말［結末］결말 ¶事件はついに終局を迎えた 사건은 드디어 결말을 맞이하였다. / 事態は終局に近づきつつある 사태는 종말에 가까워지고 있다.

**しゅうきん【集金】** 수금(収金) ◇集金する 수금하다 ¶きのう新聞の集金に来た 어제 신문대금 받으러 왔다. 関連 集金人 수금원

**じゅうきんぞく【重金属】** 중금속

**じゅうく【十九】** 십구, 《固有語》열아홉 ◇19番目 열아홉 번째

**ジュークボックス** 주크박스

**シュークリーム** 슈크림

**しゅうけい【集計】** 집계 ◇集計する 집계하다 ¶毎月月末に売り上げを集計している 매달 월말에 매상을 집계하고 있다. / 候補者たちは選挙の集計結果が出るのを落ち着かない様子で待っていた 후보자들은 선거의 집계 결과가 나오기를 초조하게 기다리고 있다.

**じゅうけいしょう【重軽傷】** 중경상 ¶たくさんの人が事故で重軽傷を負った 여러 사람이 사고로 중경상을 입었다. 関連 重軽傷者 부상자

**しゅうげき【襲撃】** 습격 ◇襲撃する 습격하다 ¶敵の陣地を襲撃する 적진을 습격하다 / 反政府武装勢力が警察署を襲撃した 반정부 무장 세력이 경찰서를 습격했다.

**じゅうげき【銃撃】** 총격 ◇銃撃する 총격하다 ¶敵兵に銃撃を加えた 적병에게 총격을 가했다. 関連 銃撃戦 총격전

**しゅうけつ【終結】** 종결 ¶犯人が逮捕され事件はようやく終結した 범인이 체포되어 마침내 사건이 종결됐다.

**じゅうけつ【充血】** 충혈 ◇充血する 충혈되다 ¶寝不足で目が充血している 잠을 못 자서 눈이 충혈되었다. / 充血した目 충혈된 눈

**じゅうご【十五】** 십오, 《固有語》열다섯 ◇15番目 열다섯 번째

**しゅうこう【就航】** 취항 ◇就航する 취항하다 ¶羽田空港からソウル行きの直行便が就航している 하네다 공항에서 서울까지 직행편이 취항하고 있다.

**しゅうごう【集合】** ❶［集める［集まる］こと］집합 ◇集合する 집합하다, 모이다 ¶午前10時に東京駅に集合してください 오전 열 시에 도쿄역에 집합해 주세요. / 1時間後また入り口に集合することにしましょう 한 시간 후에 다시 입구에 모이기로 하죠. / 次回の集合場所と集合時間を決めましょう 다음 집합 장소와 집합 시간을 결정합시다. / 彼は集合時間に遅れたので後からひとりで電車で行かなければならなかった 그는 집합 시간에 늦어서 혼자서 전철로 가야 했다.

¶選手たちはコーチのところに集合した 선수들은 코치가 있는 곳으로 집합했다. / 先生は生徒たちを講堂に集合させた 선생님은 학생들을 강당으로 집합시켰다. / 全員集合しましたか 모두 모였습니까？

❷［数学で］집합 ¶集合Bは集合Aの部分集合である 집합B는 집합A의 부분 집합이다. 関連 集合写真 단체 사진 / 集合住宅 연립 주택 / 集合名詞 집합 명사 / 集合論 《数学》집합론

**じゅうこうぎょう【重工業】** 중공업

**じゅうごや【十五夜】** 십오야 ¶十五夜の月 보름달

**ジューサー** 주서

**しゅうさい【秀才】** 수재 ¶彼はうちの高校では一番の秀才として知られている 그는 우리 고등학교에서는 으뜸가는 수재로서 알려져 있다.

**じゅうさつ【銃殺】** 총살 ◇銃殺する 총살하다 ¶その男は反逆罪で銃殺された 그 남자는 반역죄로 총살되었다. 関連 銃殺刑 총살형

**じゅうさん【十三】** 십삼, 《固有語》열셋 ◇13番目 열세 번째 ¶明日は13日の金曜日だ 내일은 13일의 금요일이다.

**しゅうし【収支】** 수지 ¶収支はとんとんだ 수입과 지출이 엇비슷하다. / 収支を合わせる 수지를 맞추다 関連 収支決算 수지 결산 / 国際収支 국제 수지 / 貿易収支 무역 수지

**しゅうし【修士】** 석사(碩士) ¶彼女は心理学の修士号を取った 그녀는 심리학 석사 학위를

しゅうし【終始】 시종(始終) ¶住民たちは終始一貫してダム建設に反対してきた 주민들은 시종일관으로 댐건설에 반대해 왔다.

しゅうじ【習字】〔書道〕서예 ¶子供のころ習字を習っていた 어릴 때 서예를 배웠었다. 関連 ペン習字 펜글씨

じゅうし【十四】 십사, 《固有語》열넷 ◇14番目 열네 번째

じゅうし【重視】 중시 ◇重視する 중시하다
¶警察はその事実を特に重視した 경찰은 그 사실을 특히 중시했다. / 政府は現在の事態を重視している 정부는 현재의 사태를 중시하고 있다. / 面接では人柄が重視される 면접 때는 사람됨됨이를 본다.

じゅうじ【十字】 십자 ◇(キリスト教で)十字を切る 십자가[성호]를 긋다 関連 十字架 십자가 / 十字路 네거리, 사거리

じゅうじ【従事】◇従事する 종사하다 ¶農業に従事する 농업에 종사하다 / 彼女は旅行業に従事している 그녀는 여행업에 종사하고 있다.

じゅうしち【十七】 십칠, 《固有語》열일곱 ◇17番目 열일곱 번째

しゅうじつ【終日】 종일 ¶駅構内では終日禁煙です 역구내에서는 하루 종일 금연입니다.

じゅうじつ【充実】 충실 ◇充実している 충실하다〔内容のある〕알차다 ◇充実した 충실한, 알찬 ¶私は充実した学生生活を送っていた 나는 알찬 학교생활을 보내고 있었다. / この工場は充実した設備を備えている 이 공장은 충실한 설비를 갖추고 있다. / 大学図書館の資料は非常に充実している 대학 도서관의 자료는 아주 충실하다. / 充実した内容の本 내용이 알찬[충실한] 책
関連 充実感 충실감

しゅうしふ【終止符】 종지부 ¶終止符を打つ 종지부를 찍다 / 彼らは内among에 終止符を打つことにした 그들은 내연에 종지부를 찍기로 했다.

しゅうしゅう【収集】 수집〔集めたもの〕수집품 ◇収集する 수집하다 ¶私は切手の収集に興味がある 나는 우표 수집에 관심이 있다. / 彼は切手収集家だ 그는 우표 수집가다. / 時代に後れないようにするためには情報収集が欠かせない 시대에 뒤지지 않기 위해서는 정보 수집이 필수이다. / 情報を収集する 정보를 수집하다 / 彼はたくさんのレコードやCDを収集している 그는 많은 레코드와 CD를 수집하고 있다. / 彼は切手の収集家として知られている 그는 우표 수집가로 알려져 있다. / この辺りのごみの収集日はいつですか 이 지역의 쓰레기 버리는 날은 언제입니까?

しゅうしゅう【収拾】 수습 ◇収拾する 수습하다
¶話し合いは収拾がつかなくなった 협상은 수습할 수 없게 되었다. / 事態を収拾する 사태를 수습하다

じゅうじゅう【重々】〔よく〕잘, 충분히〔かさねて〕거듭 ¶その点は重々承知しております 그 점은 잘 알고 있습니다. / 重々おわび申し上げます 거듭 사과 드립니다.

しゅうしゅく【収縮】 수축 ◇収縮する 수축되다

しゅうじゅく【習熟】 익숙, 숙달 ◇習熟する 익숙해지다, 숙달되다 ¶彼はパソコンに習熟している 그는 컴퓨터에 숙달되어 있다.

じゅうじゅん【従順】◇従順だ 유순하다, 다소곳하다 ◇従順に 유순히, 다소곳이 ¶彼らは上官の命令に従順に従った 그들은 상관의 명령에 유순히 따랐다.

じゅうしょ【住所】 주소 ¶空欄に住所と氏名を記入してください 공란에 주소와 이름을 적어 주세요. / 先生の住所を忘れてしまった 선생님의 주소를 잊어버렸다. / 手紙は新しい住所に転送してください 편지는 새로운 주소로 우송해 주세요. / 彼の住所がわかっていれば教えてあげるのだが 그 친구의 주소를 알고 있으면 알려 주겠는데. / 私はあちこちと引越す나는 주소를 여기저기 바꿨다. / 住所が変わったら知らせてください 주소가 바뀌면 알려 주십시오. / 現在の住所には先月引っ越してきた 지금 사는 곳에는 지난달에 이사왔다. / 新しい住所はどちらですか 새로운 주소는 어떻게 됩니까?
¶住所不定の男 주소 불명의 남자 / 住所不明 주소 불명 関連 住所録 주소록 / 住所変更届 주소 변경계

じゅうしょう【重傷】 중상 ¶爆発事故で3人が重傷を負った 폭발 사고로 세 명이 중상을 입었다. 関連 重傷者 중상자

じゅうしょう【重症】 중증(▶発音은 중증)〔重病〕중병, 중환 ¶彼は重症だ 그는 중증이다. / 重症患者 중증 환자

しゅうしょく【修飾】 수식 ◇修飾する 수식하다 関連 修飾語 수식어

しゅうしょく【就職】 취직, 취업 ◇就職する 취직하다, 취업하다 ¶就職は決まったかい 취직은 정해졌니? / だれか就職の世話をしてくれないかなあ 누군가 취직을 주선해 주지 않을까? / 私は貿易商社に就職を申し込んだ 나는 무역 상사에 입사 원서를 냈다. / 私は就職活動で忙しい 나는 취직 활동으로 바쁘다. / 女子学生が就職口を見つけるのはたいへんだ 여학생이 일자리를 구하는 것은 힘들다. / いい就職口が見つからない 좋은 취직 자리를 못 찾는다. / ここ数年は就職難だ 이 몇 년은 취직난이다.
¶彼は出版社に就職した 그는 출판사에 취직했다. / 彼女は銀行に就職している 그녀는 은행에 취직했다. (*취직하고 있다とはいわない) / Uターン就職しようかな 고향으로 돌아가서 취직할까. 関連 就職斡旋 취업 알선 / 就職斡旋所 취업 알선소 / 就職係 취업 상담실 / 就職情報 취업 정보 / 就職情報誌 취업 정보지 / 就職試験 취업 시험 / 就職説明会 취업 설명회 / 就職戦線 취업 전선 / 就職相談 취업 상담 / 就職率 취업률 / 就職浪人 취업 재수생(就業再修生)

じゅうしょく【住職】 주지(스님)

じゅうじろ【十字路】 십자로, 네거리, 사거리 ¶あそこの十字路を右へ曲がってください 저기 사거리에서 오른쪽으로 꺾으세요.

しゅうしん【執心】 집착(執着), 집념(執念)
¶彼は現在, 彼女にご執心だ 그는 현재 그녀에게

**しゅうしん【終身】** 종신 〔生涯〕 평생 関連 **終身会員** 종신회원 / **終身刑** 종신형 / **終身雇用** 종신고용 / **終身年金** 종신 연금

**しゅうしん【就寝】** 취침 ◇**就寝する** 취침하다, 자다 ¶もう就寝の時間だ 벌써 잘 시간이다.

**しゅうじん【囚人】** 죄수(罪囚) 関連 **囚人服** 죄수복

**じゅうしん【重心】** 중심 ¶重心が高い[低い] 중심이 높다[낮다]. / 重心を失う 중심을 잃다 / 重心を取る 중심을 잡다

**ジュース** ❶〔果汁〕주스 ¶オレンジジュースをいただきます 오렌지 주스를 마시겠습니다. 数え方 ジュース1杯 주스 한 잔
❷〔球技で〕듀스 ¶テニスの決勝戦はジュースに持ち込まれた 테니스 결승전은 듀스가 되었다. 関連 **缶ジュース** 캔 주스

**しゅうせい【修正】** 수정 ◇**修正する** 수정하다 ¶工事半ばで設計に修正を加えた 공사 중반에 설계에 수정을 가했다. / 誤りを修正する 오류를 수정하다 / 原稿を何回も修正した 원고를 몇 번이나 수정했다. / 当初の計画を修正しなければならなかった 당초의 계획을 수정해야 됐다. / 人工衛星を軌道を修正して静止軌道に入った 인공위성은 궤도를 수정해서 정지 궤도에 진입했다. / 法案は修正されたあと成立した 법안은 수정된 후에 성립됐다. / この写真はかなり修正されている 이 사진은 꽤 수정되었다. 関連 **修正案** 수정안 / **修正液** 수정액 / **修正予算** 수정 예산

**しゅうせい【習性】** 습성 〔くせ〕버릇 ¶さけは生まれた川に戻る習性がある 연어는 자기가 태어난 강으로 돌아가는 습성이 있다.

**じゅうせい【銃声】** 총성, 총소리 ¶遠くで銃声を聞いた 멀리서 총소리를 들었다.

**じゅうぜい【重税】** 중세, 무거운 세금 ¶重税をかける 무거운 세금을 매긴다. / 国民は重税に苦しんでいる 국민은 무거운 세금에 시달리고 있다.

**しゅうせき【集積】** 집적 ¶技術が集積される 기술이 집적되다 / 木材が市場に出る前にここに集積される 목재는 시장에 나가기 전에 이곳에 모인다. 関連 **集積回路(IC)** 집적회로 / **集積地** 집적지

**しゅうせん【終戦】** 종전 ¶長い戦争もようやく終戦を迎えた 긴 전쟁도 드디어 종전을 맞았다. 関連 **終戦記念日** 종전 기념일

**しゅうぜん【修繕】** 수리(修理) ◇**修繕する** 수리하다, 고치다 ¶自転車を修繕してもらった 자전거를 수리했다. / このエアコンは修繕がきかない 이 에어컨은 수리가 안 된다. 関連 **修繕費** 수리비

**じゅうそう【縦走】** 종주 ◇**縦走する** 종주하다 ¶去年の夏は北アルプスを縦走した 작년 여름에는 북알프스를 종주했다.

**じゅうぞく【従属】** 종속 ◇**従属する** 종속되다 ¶かつてアフリカ諸国は植民地としてイギリスやフランスに従属していた 예전에 아프리카 여러 나라들은 영국과 프랑스의 식민지로 종속되어 있었다. 関連 **従属関係** 종속 관계 / **従属国** 종속국 / **従属節〔言語〕** 종속절 / **従属物** 종속물

**しゅうたい【醜態】** 추태 ¶醜態をさらす 추태를 드러내다 / 彼は酔って醜態を演じた 그는 취해서 추태를 보였다.

**じゅうたい【渋滞】** 정체(停滞) ◇**渋滞する** 정체되다 ¶帰りは渋滞に巻き込まれた 돌아오는 길은 차가 많이 밀렸다. / 高速道路は10キロにわたって渋滞が続いている 고속도로는 10킬로에 걸친 정체가 이어지고 있다. / 道路がひどく渋滞している 도로가 심하게 정체되고 있다.

¶車で道が渋滞する 차가 밀리다

**じゅうたい【縦隊】** 종대 ¶1列縦隊で行進する 1열 종대로 행진한다

**じゅうたい【重体・重態】** 중태 ¶娘さんは重体です 따님은 중태입니다. / 患者はけさ重体に陥った 환자는 오늘 아침 중태에 빠졌다.

**じゅうだい【十代】** 십대 ¶窃盗犯は十代の少年だった 절도범은 10대 소년이었다. / 彼女は十代で結婚し子供を生んだ 그녀는 10대에 결혼해서 아이를 낳았다.

**じゅうだい【重大】** ◇**重大だ** 중대하다 〔深刻だ〕심각하다 ¶君の責任は重大だ 자네의 책임은 중대하다 / これはきわめて重大な問題だ 이것은 아주 중대한 문제이다. / 事態は重大な局面を迎えた 사태는 중대한 국면을 맞았다. / 君は重大なミスを犯したとも言える実수를 범했다. / この湖の生物は重大な危機にさらされている 이 호수의 생물은 심각한 위기에 직면해 있다. / 首相の発言は国会の審議に重大な影響を及ぼした 수상의 발언은 국회의 심의에 중대한 영향을 미쳤다. / 彼女はその時重大な決意をした 그녀는 그 때 중대한 결의를 했다. / 彼らはことの重大さに気がついていない 그들은 일의 중대함을 깨닫지 못하고 있다 / 日本政府は中国での反日デモを重大視した 일본 정부는 중국에서의 반일 데모를 심각하게 받아들였다.

**しゅうたいせい【集大成】** 집대성 ¶彼は長年の研究を集大成して1冊の本にまとめた 그는 다년간의 연구를 집대성해서 한 권의 책으로 정리했다.

**じゅうたく【住宅】** 주택 ¶彼は木造住宅に住んでいる 그는 목조 주택에 살고 있다. / 倉庫の跡地に超高層住宅が建設される 창고가 있던 자리에 초고층 주택이 건설된다. / 住宅事情を改善するために対策を講じなければならない 주택 사정을 개선하기 위해서 대책을 강구해야 한다. / その喫茶店は閑静な住宅街にある 그 찻집은 한적한 주택가에 있다. / そこは新興住宅地として開発された 거기는 신흥 주택지로 개발되었다. / 家を買うのに住宅ローンを借りた 집을 사느라 주택 융자를 냈다. / 都市部の住宅難は深刻で慢性的に住宅が不足している 도시의 주택난은 심각해서 만성적으로 주택이 부족하다. 関連 **住宅産業** 주택 산업 / **住宅手当** 주택 수당 / **一戸建て住宅** 단독 주택 / **二世帯住宅** 두 세대 주택 / **建て売り住宅** 판매용 주택 / **賃貸住宅** 임대 주택 / **分譲住宅** 분양 주택 ⇨**家**

**しゅうだん【集団】** 집단 〔団体〕단체 〔グループ〕그룹 〔特に悪者の〕떼,

무리 ¶多くの日本人は海外旅行の時でも集団で行動する 대다수의 일본인은 해외 여행에 가서도 집단으로 행동한다. / 彼らは集団で通行人を襲った그들은 집단으로 지나가는 사람을 덮쳤다. / マラソンでは日本、韓国、エチオピアの選手らが先頭集団を形成している マラ톤에서는 일본, 한국, 에티오피아 선수들이 선두 그룹을 형성하고 있다. / 最近集団すりが横行している 최근에 소매치기 그룹이 횡행하고 있다. / 大使館は武装集団に取り囲まれた 대사관은 무장 집단으로 둘러싸였다. / 彼女は集団生活に慣れていない 그녀는 단체 생활에 익숙하지 않다. / 小学校で食中毒を集団発生した 초등학교에서 식중독 식중독에 걸렸다. 関連 集団検診 단체 검진 / 集団行動 단체 행동

**じゅうたん【絨毯】** 융단, 양탄자, 카펫 ¶居間に新しいじゅうたんを敷いた 거실에 새 카펫을 깔았다. 関連 じゅうたん爆撃 융단 폭격

**じゅうだん【縦断】** 종단 ◇縦断する 종단하다 ¶台風は日本列島を縦断した 태풍은 일본 열도를 종단했다. 関連 縦断面 종단면

**しゅうち【周知】** 주지 ¶それは周知の事実だ 그것은 주지의 사실이다. / 周知のとおり彼は今年限りで現役を引退する 주지하는 바와 같이 그는 올해로 현역에서 은퇴한다.

**しゅうちしん【羞恥心】** 수치심 ¶彼は羞恥心がまったくない 그는 수치심이 전혀 없다.

**しゅうちゃく【執着】** 집착〔愛着〕애착〔固執〕고집 ◇執着する 집착하다 ¶今の仕事に執着はない 지금 일에 집착은 없다. / 彼はすべての執着を捨てて仏門に入った 그는 모든 집착을 버리고 불교에 입문했다. / 彼女は神戸に強く執着している 그녀는 고베에 강하게 집착하고 있다. 関連 執着心 집착심

**しゅうちゃくえき【終着駅】** 종착역 (▶発音は종창녁)

**しゅうちゅう【集中】** 집중 ◇集中する 집중하다, 집중되다 ◇集中的な 집중적인 ¶過度の権力の集中は避けるべきだ 과도한 권력 집중은 피해야 한다. / 大都市への人口集中が深刻な問題になっている 대도시로의 인구 집중이 심각한 문제가 되고 있다. / 彼は集中力に欠ける 그는 집중력이 없다. / 彼女はクラスメイトから集中攻撃を受けた 그녀는 반 친구들로부터 집중 공격을 받았다. / 敵は都市の中心部を集中攻撃した 적군은 도시의 중심부를 집중 공격했다. ¶工場が市の南部に集中している 공장이 시의 남부에 집중해 있다. / 人々の関心は衆議院選挙に集中した사람들의 관심은 중의원 선거에 집중되었다. / 彼らの視線が手品師の指の動きに集中していた그들의 시선이 마술사의 손가락 움직임에 집중되었다. / 彼は全神経を集中させて絵の最後の仕上げをした 그는 온 정신을 집중해서 그림의 마무리 작업을 했다. / あなたは勉強に集中していないね 너는 공부에 집중하고 있지 않다. / きょうはとても疲れているので全然集中できない 오늘은 너무 피곤해서 전혀 집중이 안 된다. 関連 集中豪雨 집중 호우 / 集中講義 집중 강의 / 集中治療

室(ICU) 집중 치료실

**しゅうてん【終点】** 종점 (▶発音は종점) ¶この電車の終点は東京です 이 전철의 종점은 도쿄입니다. / 終点でバスを降りた 종점에서 버스에서 내렸다.

**しゅうでん【終電】** (전철의) 막차

**じゅうてん【重点】** 중점 (▶発音は중점) ¶練習は守備に重点を置いている 연습은 수비에 중점을 두고 있다. / 彼はこの夏休みに数学を重点的に勉強するつもりだ 그는 이번 여름 방학에 수학을 중점적으로 공부할 예정이다.

**じゅうでん【充電】** 충전 ◇充電する 충전하다 ¶充電式のひげそり 충전식 면도기 / 働きすぎたのでしばらく充電期間が必要だ 너무 일을 많이 해서 잠시 충전 기간이 필요하다. / きのう携帯電話のバッテリーを充電した 어제 휴대 전화기의 배터리를 충전했다. 関連 充電器 충전기

**しゅうでんしゃ【終電車】** (전철의) 막차 ¶終電車を逃す 막차를 놓치다

**しゅうと【舅】** 〔妻からみた〕시아버지〔夫からみた〕장인

**シュート** 슛 ◇シュートする 슛을 하다 ¶シュートが決まった 슛이 들어갔다. / いいシュートだ 좋은 슛이다. 関連 (バスケットボールの)ダンクシュート 덩크 슛 / ロングシュート 롱 슛

**しゅうとう【周到】** 용의주도, 주도면밀 ◇周到だ 용의주도하다, 주도면밀하다 ◇周到に 용의주도하게, 주도면밀하게 ¶彼らは周到な計画を立てた 그들은 주도면밀한 계획을 세웠다. / 周到な準備をする 주도면밀한 준비를 하다 / 用意周到に準備する 용의주도하게 준비하다

**じゅうどう【柔道】** 유도 ¶柔道をする 유도를 하다 / 僕は柔道を習っている 나는 유도를 배우고 있다. / 兄は柔道 5 段だ 형은 유도 5단이다. 関連 柔道家 유도인 / 柔道着 유도복(柔道服) / 国際柔道連盟(IJF) 국제 유도 연맹

**しゅうどういん【修道院】** 수도원 〔女性の〕수녀원

**しゅうとく【拾得】** 습득 ◇拾得する 습득하다 〔拾う〕줍다 関連 拾得物 습득물

**しゅうとく【習得】** 습득 ◇習得する 습득하다〔習う〕배우다〔熟達する〕숙달하다 ¶スキーの技術を習得する 스키 기술을 습득하다 / 外国語を習得するのはなかなか大変だ 외국어를 습득하는 것은 꽤 힘들다.

**しゅうとめ【姑】** 〔妻からみた〕시어머니〔夫からみた〕장모

**じゅうなん【柔軟】** ◇柔軟だ 유연하다〔しなやかな〕부드럽다 ¶柔軟な心 부드러운 마음 / 柔軟体 유연한 몸 / 彼は柔軟な態度で交渉に臨んだ 그는 유연한 태도로 교섭에 임했다. / もっと柔軟に対応することが大切だ 좀더 유연하게 대응하는 것이 중요하다. 関連 柔軟性 유연성 / 柔軟体操 (유연) 운동[체조], 스트레칭

**じゅうに【十二】** 십이, 《固有語》열둘 ◇12番目 열두 번째

**じゅうにがつ【十二月】** 십이월, 섣달

**じゅうにし【十二支】** 십이지 ⇒干支(간)

**じゅうにしちょう【十二指腸】** 십이지장

[関連]**十二指腸潰瘍** 십이지장 궤양
**じゅうにぶん【十二分】** 마음껏 ¶映画を十二分に楽しんだ 영화를 마음껏 즐겼다.

## **しゅうにゅう【収入】** 수입

[基本表現]
▷彼は年間およそ1千万円の収入がある
　그는 연간 약 천만 엔의 수입이 있다.
▷彼女は収入が多い 그녀는 수입이 많다.
▷夫は私より収入が少ない
　남편은 나보다 수입이 적다.
▷今月は収入が増えた[減った]
　이번달은 수입이 늘었다[줄었다].
▷「1か月あたり収入はどのくらいですか」「20万円以上あります」"한 달 평균 수입은 어느 정도입니까?" "20만 엔이 넘습니다."

¶彼はアルバイトをして収入を補っている 그는 아르바이트를 해서 모자란 수입을 충당하고 있다. / 私は収入内で生活している 나는 수입 내에서 생활하고 있다. / 収入以上の生活をするべきではない 수입 이상의 생활을 해서는 안 된다. / 彼女の収入だけで暮らしていけますか 자기 수입만으로 생활할 수 있습니까? / 彼女は工場で働いて収入を得ている 그녀는 공장에서 일해서 수입을 얻고 있다.

¶臨時収入があったから昼飯おごるよ 갑자기 돈이 생겼으니까 점심 사 줄게. / 昨年の総収入は約500万円だった 작년 총수입은 약 5백만 엔이었다. [関連]**収入印紙** 수입 인지 / **収入源** 수입원 / **定収入** 고정 수입

**しゅうにん【就任】** 취임 ◇**就任する** 취임하다
¶校長先生が就任のあいさつをします 교장 선생님의 취임 인사가 있겠습니다. / 社長に就任する 사장으로 취임하다 / イ・ミョンバク氏が韓国大統領に就任した 이명박 씨가 한국의 대통령으로 취임했다. [関連]**就任演説** 취임 연설 / **就任式** 취임식

**じゅうにん【十人】** ¶彼女の容姿は十人並み以上だ 그녀의 용모는 보통 이상이다. [慣用句]**十人十色** 각양각색(各樣各色)

**じゅうにん【住人】** 거주자(居住者), 주민(住民)
¶このアパートの住人は気さくな人が多い 이 아파트 주민은 소탈한 사람이 많다.

**しゅうねん【執念】** 집념 ¶執念深い 집념이 강하다 / 執念を燃やす 집념을 불태우다 / 彼らは研究の完成に執念を燃やした 그들은 연구의 완성에 집념을 불태웠다. / 彼は執念深そうだった 그는 집념이 강한 것 같았다. / 彼は姿を消した妻を執念深く捜し回った 그는 사라진 아내를 집요하게 찾아다녔다. / 刑事は執念深く犯人を追い詰めた 형사는 집요하게 범인을 추적했다.

**しゅうねん【周年】** 주년, 돌 ¶創立20周年を迎える 창립 20주년[스무 돌]을 맞는다.

**じゅうねん【十年】** 십년 ¶この家を建ててからもう十年になる 이 집을 세운 지 벌써 10년이 된다. / 十年ごとに 10년마다 / 数十年間 수십 년간 [慣用句]**十年一日のごとく暮らしている** 십년을 하루 같이 변함없이 살고 있다. / 十年ひと昔 십년이면 강산도 변한다.

**しゅうのう【収納】** 수납 ◇**収納する** 수납하다, 넣어 두다 ¶物を収納するスペースが少ない 물건을 수납할 공간이 적다. [関連]**収納庫** 수납장

**しゅうは【周波】** 주파 [周波数] 주파수 ¶周波数を合わせる 주파수를 맞추다 / 周波数693キロヘルツで放送する 주파수 693킬로헤르츠로 방송하다 [関連]**高周波** 고주파 / **低周波** 저주파

**しゅうは【宗派】** 종파 [分派] 분파 [教派] 교파 ¶日本の仏教は多くの宗派に分かれている 일본의 불교는 많은 종파로 나뉘어져 있다.

**しゅうはい【集配】** 집배 [配達] 배달 ◇**集配する** 집배하다 ◇**配達する** 배달하다 ¶郵便物は1日3回集配される 우편물은 하루에 세 번 배달된다. [関連]**集配センター** 우편 센터 / **集配人** 집배원

**じゅうばこ【重箱】** 찬합 [慣用句]**それは重箱の隅をつつくようなものだ** 그것은 쓸데없는 참견이다.

**しゅうバス【終バス】** (버스의) 막차

**じゅうはち【十八】** 십팔, (固有語) 열여덟 ◇**18番目** 열여덟 번째 [関連]**十八金** 십팔금 ⇒**十八番**(おはこ)

**しゅうばん【終盤】** 종반, 막판 ¶選挙戦も終盤に入った 선거전도 종반에 들어섰다.

**じゅうびょう【重病】** 중병, 중환(重患) ¶旅の途中で重病にかかった 여행 도중에 중병에 걸렸다. / 彼女は重病です 그녀는 중병입니다.
[関連]**重病人** 중환자

**しゅうふく【修復】** 수복 [復元] 복원 [回復] 회복 ◇**修復する** 수복하다, 복원하다, 회복하다 ¶外交関係の修復 외교 관계의 회복 / 遺跡の修復工事 유적의 복원 공사 / 亀裂を修復する 균열을 복원하다 / 建物の外壁が修復された 건물의 외벽이 복원되었다

**じゅうふく【重複】** 중복 ◇**重複する** 중복하다, 중복되다 ⇒**重複**(ちょうふく)

**しゅうぶん【秋分】** 추분 [関連]**秋分点** 추분점 / **秋分の日** 추분날

**しゅうぶん【醜聞】** 추문 [スキャンダル] 스캔들 ¶その若手政治家に女性を巡る醜聞が流れた 그 젊은 정치가에 관한 여성 스캔들이 흘러 나왔다. ⇒**スキャンダル**

## **じゅうぶん【十分】** ◇**十分だ** 충분하다 ¶**十分に** 충분히 [たっぷり] 실컷 [徹底的に] 철저히

◆**十分な**

¶十分な時間があればもっとうまくできたんだが 시간만 충분히 있었으면 더 잘 했을 텐데. / 私たちは祭の準備に十分な時間をかけた 우리들은 축제의 준비에 충분한 시간을 들였다. / そのコートを買うのに十分なお金を持っている 그 코트를 살 정도의 돈이 있다. / 健康のためには十分な運動をすることが必要だ 건강을 위해서는 충분한 운동을 할 필요가 있다.

◆**十分に**

¶私は休日を十分に楽しんだ 나는 휴일을 마음껏 즐겼다. / その件については十分に調べておく必要がある 그 건에 대해서는 충분히 조사해 둘 필요가 있다.

◆**十分だ・十分で**

¶これで十分です 이것으로 충분합니다. / 書類は

目を通すには10分もあれば十分 서류를 훑어보는 데 10분이면 충분하다. ／ 7時間も眠れば十分です 일곱 시간 자면 충분합니다. ／ 荷物を入れるのにこの箱の大きさで十分ですか 이 정도 상자면 짐 넣기에 충분합니까？／「この辞書ちょっと古いけど翻訳に使えるかい」「十分だよ」"이 사전 좀 오래 됐는데 번역하는 데 쓸 수 있겠어？" "충분하지."

◆その他

¶そちらの事情は十分わかっております 그 쪽 사정은 충분히 알고 있습니다. ／ 200台の車が止まれる余地が十分ある 200대의 차를 세워 둘 공간이 충분하다. ／ その映画は東京周辺の地域から森が消えつつある 도쿄 인근 지역에서 숲이 사라지고 있다.  ⇒周辺

シュウマイ【焼売】중국 요리의 하나 : 찐 만두
しゅうまく【終幕】종막, 종결(終末)

**しゅうまつ**【週末】주말 ¶私は週末はいつもゴルフをします 나는 주말에는 항상 골프를 합니다. ／ 週末は休みなので仕事をしません 주말은 쉬는 날이라서 일을 하지 않습니다. ／ 私たちは今週末スキーへ行きます 우리는 이번 주말에 스키 타러 갑니다. ／ 週末に会いたいのだけれど 주말에 보고 싶은데. ／ 先週末に箱根に行った 지난 주말에 하코네에 갔다. ／ 週末の午後によく買い物に行く 주말 오후에 쇼핑하러 자주 간다. ／ 週末は何か特別な予定がありますか 주말에 무슨 특별한 계획 있습니까？／ 週末は家でずっとテレビゲームをやっていた 주말에는 집에서 하루 종일 텔레비전 게임을 하고 있었다. ／ 軽井沢でゆったりと週末を過ごした 가루이자와에서 느긋하게 주말을 보냈다.

しゅうまつ【終末】종말, 끝 ¶事件は意外な終末を迎えた 사건은 의외의 종말을 맞았다.
じゅうまん【充満】◇充満する 충만하다, 가득 차다 ¶煙が室内に充満していた 연기가 방안에 가득 찼다.
じゅうみん【住民】주민 ¶彼は地域の住民を代表して演説した 그는 지역 주민을 대표해서 연설을 했다. ／ 私はこの町の住民です 저는 이 동네의 주민입니다. ／ 地元住民は原子力発電所の建設計画に反対している 지역 주민은 원자력 발전소 건설 계획에 반대하고 있다.  関連 住民運動 주민 운동 ／ 住民税 주민세 ／ 住民登録 주민 등록 ／ 住民票 주민 등록표
じゅうもんじ【十文字】열십자 ¶丸太を十文字に組み合わせる 통나무를 열십자로 짜다

しゅうや【終夜】철야(徹夜), 밤새 ¶コンビニは終夜営業するところが多い 편의점은 밤새 영업하는 곳이 많다.  関連 終夜運転 철야 운전
じゅうやく【重役】중역〔役員〕임원  関連 重役会 중역 회의 ／ 重役室 중역실
じゅうゆ【重油】중유
しゅうゆう【周遊】주유〔一周〕일주 ◇周遊する 일주하다 ¶父と母は二人で北海道周遊の旅に出かけた 아버지와 어머니는 두 분이서 홋카이도 일주 여행을 가셨다. ／ 韓国を周遊する 한국을 일주하다  関連 周遊券 주유권
しゅうよう【収容】수용 ◇収容する 수용하다 ¶この病院は100人の患者を収容する設備がある 이 병원에는 100명의 환자를 수용할 수 있는 시설이 있다. ／ このホテルの収容能力は大きい〔小さい〕이 호텔은 많은 사람을 수용할 수 있다〔없다〕. ／ この競技場は5万人の観客を収容できるように設計されている 이 경기장은 5만 명의 관객을 수용할 수 있도록 설계되어 있다. ／「そのホールの収容人員はどのくらいですか」「300人です」"그 홀의 수용 인원은 얼마나 됩니까？" "300명입니다." ¶彼らは負傷者を病院に収容した 그들은 부상자를 병원으로 수용했다. ／ けが人はただちに病院に収容された 부상자는 곧바로 병원에 수용되었다. ／ 難民たちは仮の施設に収容され難民は 임시 시설에 수용되었다.  関連 収容所 수용소 ／ 強制収容所 강제 수용소

**じゅうよう**【重要】중요 ◇重要だ 중요하다 ¶彼の意見は重要である〔ない〕그의 의견은 중요하다〔중요하지 않다〕. ／ 私にとって名誉は何より重要である 나에게 있어서 명예는 무엇보다 중요하다. ／ 時間どおりに到着することが重要だ 제시간에 도착하는 것이 중요하다. ／ ほかの国々の文化を理解することがますます重要になっている 다른 나라의 문화를 이해하는 것이 갈수록 중요해지고 있다.

¶彼は多くの重要な発見をした 그는 중요한 발견을 많이 했다. ／ 彼女は会社で重要な地位にある 그녀는 회사에서 중요한 위치에 있다. ／ これは私たちにとってきわめて重要な問題だ 이것은 우리들에게 아주 중요한 문제이다. ／ 重要な点を明確にする必要がある 핵심을 명확하게 할 필요가 있다. ／ それはあまり重要なことではない 그것은 별로 중요한 것이 아니다.

¶彼は政界の重要人物だ 그는 정계의 중요 인물이다. ／ 彼女は事の重要性を理解していない 그녀는 일의 중대함을 이해하지 못하고 있다.

¶我々は今回の会議を重要視している 우리는 이번 회의를 중요하게 생각하고 있다.  関連 重要産業 중요 산업 ／ 重要参考人 중요 참고인 ／ 重要書類 중요 서류 ／ 重要文化財 중요 문화재 ／ 重要無形文化財 중요 무형 문화재
しゅうらい【襲来】엄습(掩襲), 기습(奇襲) ¶敵軍が襲来した 적군이 습격해 왔다. ／ 今年の冬は寒波の襲来が予想される 올해 겨울은 한파의 엄습이 예상된다.
じゅうらい【従来】종래, 종전(從前) ¶従来の方法 종래의 방법 ／ 赤字になっても会社は従来の経営方針を変えようとしなかった 적자가 되어도 회사

は 종래의 경영 방침을 바꾸려 하지 않았다. / このパソコンは従来のものとどう違いますか 이 컴퓨터는 종래의 것과 어떻게 다릅니까? / 体育祭は従来どおり行われます 체육 대회는 종래대로 개최합니다. / その研究論文の信憑性については従来から指摘されてきた 그 연구 논문의 신빙성에 대해서는 예전부터 지적되어 왔다. / 従来に例を見ない措置 종래에 없던 조치

## しゅうり【修理】
수리〔修繕〕수선 ◇修理する 수리하다, 수선하다, 고치다 ¶この機械は修理が必要だ 이 기계는 수리해야 한다. / この掃除機、調子悪いな。修理に出さなくちゃ 이 청소기 잘 안 돌아가네. 수리에 맡겨야지. / 車を修理工場に出した 차를 수리 공장에 맡겼다. / 道路は修理中だ 도로는 수리 중이다. ¶おまえ、自分でコンピュータを修理できるんだろ 너 컴퓨터 고칠 수 있지? / 靴のかかとを修理してもらったら千円取られた 구두 뒷굽을 수선하는 데 천 엔 들었다.

**会話** 修理に…かかる
A : 修理に何日かかりますか
B : 2, 3日でできますよ
A : 수리하는 데 며칠 걸립니까?
B : 2, 3일이면 됩니다.
A : この自転車の修理にいくらかかりますか
B : 2千円ぐらいだと思いますよ
A : 이 자전거 수리하는 데 얼마 듭니까?
B : 2천 엔 정도 들 겁니다.

## しゅうりょう【修了】
수료 ◇修了する 수료하다 ¶義務教育課程を修了する 의무 교육 과정을 수료하다 / 彼は修士課程を修了した 그는 석사 과정을 수료했다. **関連** 修了証書 수료 증서

## しゅうりょう【終了】
종료 ◇終了する 종료하다, 끝나다, 끝내다 ¶開始から終了まで1時間かかった 개시에서 종료까지 한 시간 걸렸다. / 手術は無事終了した 수술은 무사히 끝났다. / その日の営業を終了する 그 날의 영업을 끝내다

## じゅうりょう【重量】
중량, 무게 ¶手荷物の重量を計る 수하물의 무게를 재다 / この貨物の重量は約100キロある 이 화물의 중량은 약 100킬로다. **関連** 重量挙げ 역도〔力道〕, 역기〔力技〕/ 重量感 중량감 / 重量級 중량급 / 重量制限 중량 제한 / 重量超過 중량 초과 / 総重量 총 중량

## じゅうりょく【重力】
중력 ¶重力の法則 중력의 법칙 / 重力に引かれる 중력에 끌리다 **関連** 無重力状態 무중력 상태

## しゅうれっしゃ【終列車】
막차, 마지막 열차

## じゅうろうどう【重労働】
중노동

## しゅうろく【収録】
수록〔録音〕녹음〔掲載〕게재 ◇収録する 수록하다〔録音する〕녹음하다〔掲載する〕게재하다 ¶インタビューをICレコーダーに収録した 인터뷰를 IC레코더에 녹음했다. / その番組をもう一度見たいのでDVDに収録した 그 방송 프로그램을 한 번 더 보고 싶어서 DVD에 녹화했다. / この本には作家の日記が収録される 이 책에는 작가의 일기가 수록되어 있다.

## じゅうろく【十六】
십육, 《固有語》열여섯 ◇16番目 열여섯 번째

## しゅうわい【収賄】
수뢰(↔증뢰) ◇収賄する 수뢰하다 / 彼は収賄の容疑で逮捕された 그는 뇌물 수수 혐의로 체포되었다. **関連** 収賄側 뇌물 받은 쪽 / 収賄罪 뇌물수뢰죄 / 収賄事件 뇌물 수수 사건

## しゅえい【守衛】
수위〔警備員〕경비원 ¶会社の守衛 회사의 경비원 / 守衛を置く 수위를 두다

## しゅえん【主演】
주연 ◇主演する 주연하다 ¶チェ・ジウ主演の映画 최지우 주연의 영화 / その映画ではだれが主演していますか 그 영화에서는 누가 주연입니까? **関連** 主演男優〔女優〕주연 남우〔여배우〕/ 主演俳優 주연 배우

## しゅかん【主観】
주관 ◇主観的な 주관적인(↔객관적인) ¶主観を交える 주관을 개입시키다 / 主観を捨てる 주관을 버리다 / あの先生の分析は主観的すぎる 그 선생님의 분석은 너무 주관적이다. / 主観的な考え 주관적인 생각 / 主観的判断 주관적 판단 / 主観的に判断する 주관적으로 판단하다

## しゅき【手記】
수기 ¶手記に記す 수기에 적다 / 手記を公開する 수기를 공개하다 / 北極探検の手記を出版する 북극 탐험 수기를 출판하다

## しゅぎ【主義】
주의〔信念〕신념 ¶私は, 仕事は家に持ち帰らない主義だ 나는 집에서는 일을 가지고 오지 않는다. / 彼はかたくなに自分の主義を守り通している 그는 완고하게 자기의 신념을 지키고 있다. / 私の主義としてギャンブルはしない 나는 도박은 일체 손에 안 댄다. / 借金をするのは私の主義に反する 빚을 내는 것은 내 주의에 반한다. / 彼は主義に反した行動を取らざるを得なかった 그는 자기 신념에 반하는 행동을 하지 않을 수 없었다. / それでは私の主義から외れることになる 그러면 내 신념에서 벗어나게 된다. / 君の主義主張はよくわかったよ 네 주장은 잘 알겠어.

## しゅぎょう【修行】
수행 ◇修行する 수행하다 ¶修行を積む 수행을 쌓다 / 彼は寺にこもって一心に修行した 그는 절에 틀어박혀 수행에 정진했다. **関連** 修行僧 수행승

## しゅぎょう【修業】
수업, 수련(修練) ◇修業する 수업하다 ¶君はまだ修業が足りない 너는 아직 수련이 부족하다. / 彼はコックになる修業をしている(→訓練を受けている) 그는 요리사가 되는 훈련을 받고 있다.

## じゅきょう【儒教】
유교

## じゅぎょう【授業】
수업 ◇授業をする 수업하다 ◇授業を受ける 수업을 받다

**基本表現**
▶私はきのう韓国語の授業に出た
나는 어제 한국어 수업을 들었다.
▶きょうは英語の授業がある
오늘은 영어 수업이 있다.
▶私は中国語の授業を受けている
나는 중국어 수업을 받고 있다.
▶あすは授業がない 내일은 수업이 없다.
▶彼はしょっちゅう授業を欠席する
그는 자주 수업에 안 나온다.
▶私は授業をサボった 나는 수업을 빼먹었다.
▶授業は9時から始まる
수업은 아홉 시부터 시작한다.

▷授業は3時半に終わった
　수업은 세 시 반에 끝났다.
¶きょうの英語の授業には出られません 오늘 영어 수업에는 못 나갑니다. / 彼女は授業に遅れてきた 그녀는 수업에 늦게 왔다. / 僕は授業にいつも遅れたことはなかった 나는 수업에는 한 번도 늦은 적이 없었다. / 金先生の授業は韓国語で行われた 김 선생님의 수업은 한국어로 진행되었다. / 「体育の授業はどこで行われていますか」「体育館ですよ」"체육 수업은 어디에서 하고 있습니까?" "체육관입니다." / 先生の都合で6時限目の授業は自習 선생님의 사정으로 6교시 수업은 자습이다. / きょうの歴史の授業は新羅についてだった 오늘 역사 수업은 신라에 관해서 였었다. / 「きょうは何時間数学の授業がありますか」「2時間です」"오늘은 수학 수업이 몇 시간 있습니까?" "두 시간입니다."
¶渡辺先生は今授業中です 와타나베 선생님은 지금 수업 중이십니다. / 授業中にいつもうとうとする 수업 중에 항상 존다. / 授業中におしゃべりするのは止めなさい 수업 중에 떠들지 말라. / きょうの授業はこれまで 오늘 수업은 여기까지. / うちの学校では授業時間は1こま45分です 우리 학교 수업 시간은 1교시당 45분이다. / 期末試験の後は授業時間が短縮される 기말 시험 후에는 수업 시간이 단축된다. 関連 授業参観 수업 참관 / 授業料 수업료 / 課外授業 과외 수업 / 短縮授業 단축 수업 / 補習授業 보충 수업

じゅく【塾】학원(學院) ¶週3回塾に通っている 일 주일에 세 번 학원에 다니고 있다. / そろばん塾 주산 학원 / 英語塾 영어 학원

しゅくえん【祝宴】축연, 축하연, 축하 파티
¶盛大な結婚式の祝宴(→披露宴)が開かれた 성대한 결혼식 피로연이 열렸다.

しゅくが【祝賀】축하 ¶授賞式の後は祝賀会を開きます 수상식 후에는 축하 파티를 엽니다. 関連 祝賀会 축하 파티 / 祝賀状 축하장 / 祝賀パレード 축하 퍼레이드

じゅくご【熟語】숙어〔成語〕성어 関連 四字熟語 사자 성어

しゅくさいじつ【祝祭日】축제일

しゅくじ【祝辞】축사 ¶来賓の祝辞 내빈 축사 / 開会式では市長が祝辞を述べた 개회식에서는 시장이 축사를 했다. / 朴先生の受賞に対して祝辞を述べさせていただきます 박 선생님의 수상에 대해서 축사를 올리겠습니다.

しゅくじつ【祝日】〔公休日〕공휴일 ¶国民の祝日 공휴일

しゅくしゃ【宿舎】숙사, 숙소〔宿所〕〔ホテル〕호텔〔旅館〕여관, 여인숙 関連 公務員宿舎 공무원 주택

しゅくしゃく【縮尺】축척 ¶縮尺5万分の1の地図 5만 분의 1의 지도

しゅくじょ【淑女】숙녀 ¶紳士淑女の皆様 신사숙녀 여러분

しゅくしょう【縮小】축소 ◇縮小する 축소하다 ¶サイズを半分に縮小する 사이즈를 반으로 축소하다. / 会社の規模を縮小する 회사의 규모를 축소하다. / 経費を10パーセント縮小する 경비를 10퍼센트 축소하다. / 来年からこのスポーツ大会の規模は縮小される 내년부터 이 스포츠 대회의 규모는 축소된다. / このページを縮小コピーしてください 이 페이지를 축소 복사해 주세요. 関連 縮小コピー 축소도

しゅくず【縮図】축도 ¶学校は社会の縮図だ 학교는 사회의 축도다. / それはまさに社会の縮図を見るようだった 그것은 마치 사회의 축도를 보는 듯했다.

じゅくす【熟す】〔果物などが〕익다〔機会が〕무르익다 ¶りんごが熟す 사과가 익다. / 柿の実が真っ赤に熟している 감이 샛빨갛게 익었다. / 機が熟すのを待つ 때가 무르익기를 기다린다. / まだ機が熟していない 아직 때가 이르다.

じゅくすい【熟睡】숙면(熟眠) ◇熟睡する 숙면하다 ¶昨夜は熟睡できなかった 어젯밤에는 숙면을 못했다. / 彼は熟睡していた 그는 숙면하고 있었다.

しゅくだい【宿題】【懸案】❶〔学校の〕숙제, 과제(課題) ¶宿題がたくさんある 숙제가 많이 있다. / 宿題を全部すませた 숙제를 전부 마쳤다. / 先生は私たちにたくさんの宿題を出した 선생님은 우리들에게 숙제를 많이 내셨다. / 宿題をすぐにやりなさい 숙제를 바로 하거라. / 数学の宿題を忘れた 수학 숙제 안 했다.
❷〔懸案〕숙제, 과제, 현안 ¶この前の宿題から始めよう 지난번에 남아 있던 문제부터 시작하자. / その問題は次の会議までの宿題になった 그 문제는 다음 회의까지 과제로 남았다.

じゅくたつ【熟達】숙달 ◇熟達する 숙달되다 ¶彼は仕事に熟達している 그는 일에 숙달되어 있다.

じゅくち【熟知】숙지, 정통(精通) ◇熟知する 숙지하다, 정통하다, 잘 알다 ¶この町のことは熟知している 이 동네에 관해서는 잘 알고 있다. / 彼女は芸能界の事情を熟知している 그 여자는 연예계 사정에 정통해 있다.

しゅくちょく【宿直】숙직 ◇宿直する 숙직하다 ¶今夜は宿直当番だ 오늘밤은 숙직이다. 関連 宿直室 숙직실

しゅくてき【宿敵】숙적

しゅくてん【祝典】축전〔祭り〕축제 ¶祝典を催す 축제를 열다

しゅくでん【祝電】축전 ¶2人に祝電を送った 두 사람에게 축전을 보냈다.

じゅくどく【熟読】정독(精読) ◇熟読する 정독하다 ¶私は参考書を熟読した 나는 참고서를 정독했다.

じゅくねん【熟年】중장년(中壮年) ¶熟年の夫婦 중장년 부부

しゅくはい【祝杯】축배 ¶勝利を祝って祝杯を挙げた 승리를 축하하며 축배를 들었다.

しゅくはく【宿泊】숙박 ◇宿泊する 숙박하다〔泊まる〕묵다 ¶今晩はこのホテルに宿泊しよう 오늘 밤은 이 호텔에 묵자. / このあたりに宿泊できる所はありますか 이 근처에 숙박할 수 있는 곳은 있습니까? / 宿泊料金はいくらですか 숙박료는 얼마입니까? / もう1日宿泊を延長したいのですが 하루 더 숙박을 연장하고 싶은데요.

しゅくふく

関連 宿泊施設 숙박 시설 / 宿泊所 숙박소 / 宿泊人 숙박객 / 宿泊名簿 숙박부 ▶泊まる

しゅくふく【祝福】축복 ◇祝福する 축복하다
¶二人はみんなの祝福を受けて結婚した 두 사람은 모두의 축복을 받으며 결혼했다. / 彼らの前途を祝福した 그들의 앞길을 축복해 주었다.

しゅくめい【宿命】숙명 ◇宿命的な 숙명적인
¶宿命のライバル 숙명의 라이벌 / 不幸は私の宿命なのだろうか 불행은 내 숙명인가? / 死はすべての生あるものの宿命である 죽음은 살아 있는 모든 것들의 숙명이다. / それは宿命的な出会いだった 그것은 숙명적인 만남이었다. / 宿命と思う 숙명으로 여기다 関連 宿命論 숙명론 / 宿命論者 숙명론자

じゅくりょ【熟慮】숙고(熟考) ◇熟慮する 숙고하다 ¶彼女は熟慮の末、韓国に留学することを決心した 그녀는 심사숙고한 끝에 한국으로 유학 가기로 결심했다.

じゅくれん【熟練】숙련〔熟達〕숙달 ◇熟練する 숙련되다, 숙달되다, 능수능란하다 ¶熟練は練習から生まれる 숙련은 연습에서 비롯된다. / 彼は車の運転に熟練している 그는 차 운전이 능수능란하다. / 彼女はコンピュータの操作に熟練している 그녀는 컴퓨터 조작이 능수능란하다. / パイロットは熟練を要する職業の一つだ 파일럿은 숙련을 요하는 직업 중의 하나이다.
関連 熟練工 숙련공

しゅくん【殊勲】수훈〔殊勲を立てる 수훈을 세우다〕関連 殊勲賞 수훈상 / 最高殊勲選手(MVP) 최고 수훈 선수

しゅげい【手芸】수예 ◇手芸教室 수예 교실 / 手芸品 수예품

しゅけん【主権】주권(▶発音は 주껀)¶他国の主権を侵す 타국의 주권을 침해하다 / 軍事独裁政権を倒し民衆が主権を握った 군사 독재 정권을 무너뜨리고 민중이 주권을 잡았다. 関連 主権在民 주권 재민 / 主権者 주권자

じゅけん【受験】수험〔入試〕입시 ◇受験する 입시를 보다 ¶彼女は受験勉強に励んでいる 그녀는 수험 공부에 전념하고 있다. / うちの高校は進学校なので三年生になれば受験勉強が中心になる 우리 학교는 명문 고등학교라서, 3학년이 되면 입시 공부가 중심이 된다. / 彼は大学受験にすべて失敗した 그는 대학 입시에 모두 실패했다. / 兄は今年大学受験に失敗していま予備校に通っている 형은 올해 대학 입시에 실패하여 지금 재수 학원에 다니고 있다. / 私は受験地獄を経験したくない 나는 입시 지옥을 겪고 싶지 않다.
¶東京大学を受験するつもりだ 도쿄 대학을 지원할 생각이다. 関連 受験科目 수험 과목 / 受験産業 입시 산업 / 受験資格 수험 자격 / 受験者 수험생 / 受験生 수험생 / 受験番号 수험 번호 / 受験票 수험표 / 受験料 수험료

しゅご【主語】주어

しゅこう【趣向】취향〔工夫〕궁리, 아이디어 ¶今年の忘年会はちょっと趣向を変えてみませんか 올해 망년회는 조금 취향을 바꿔 보지 않겠습니까? / 趣向を凝らした新製品を発売する予定だ 아

이디어 신제품을 발매할 예정이다.

じゅこう【受講】수강 ◇受講する 수강하다
¶多くの学生がその科目を受講した 많은 학생이 그 과목을 수강했다. 関連 受講者 수강자 / 受講生 수강생 / 受講料 수강료

しゅこうぎょう【手工業】수공업

しゅこうげい【手工芸】수공예 ¶手工芸品 수공품

しゅさい【主催】주최 ◇主催する 주최하다 ¶パーティーは慈善団体の主催で開かれた 파티는 자선 단체의 주최로 열렸다. / このコンサートは新聞社の主催だ 이 콘서트는 신문사 주최이다. / 国際会議を主催する 국제회의를 주최하다 関連 主催国 주최국 / 主催者 주최자

しゅざい【取材】취재 ◇取材する 취재하다
¶彼は事件を取材するため現地へ飛んだ 그는 사건을 취재하기 위해 현장으로 날아갔다. / その小説家は１か月かけて新しい小説のために取材旅行をした 그 소설가는 새로운 소설을 쓰기 위해 한 달 동안 취재 여행을 했다. 関連 取材活動 취재 활동 / 取材記者 취재 기자

しゅざん【珠算】주산〔そろばん〕주판 ¶彼は珠算ができる 그는 주산을 할 수 있다.

しゅし【主旨】요지(要旨) ¶論文の主旨 논문의 요지

しゅし【趣旨】취지〔目的〕목적〔要点〕요점
¶このイベントの趣旨を説明しましょう 이 이벤트의 취지를 설명하겠습니다. / それは本会設立の趣旨に反する 그것은 본회의 설립 취지에 반한다. / お話の趣旨はわかりました 이야기의 취지는 알겠다. / その経済評論家は今の不況はまだ続くだろうという趣旨の発言をした 그 경제 평론가는 지금의 불황은 당분간 계속될 것이라는 취지의 발언을 했다. / 趣旨に沿えるよう努力してみましょう 취지를 살리도록 노력해 봅시다.

しゅじい【主治医】주치의

しゅしゃせんたく【取捨選択】취사선택 ◇取捨選択する 취사선택하다 ¶必要な資料を取捨選択する必要がある 필요한 자료를 취사선택하다 / 現代社会では情報を取捨選択することが重要だ 현대사회에서는 정보를 취사선택하는 것이 중요하다.

しゅじゅ【種々】가지가지, 여러 가지 ¶引き出しの中は種々雑多な物でいっぱいだった 서랍 속은 여러 잡다한 물건들로 가득했다.

しゅじゅつ【手術】수술 ◇手術する 수술하다 ¶手術を受けるために入院した 수술을 받기 위해 입원했다. / 夫の手術は3時間に及んだ 남편의 수술은 세 시간 걸렸다. / 手術は100％成功だった 수술은 100퍼센트 성공했다. / 手術ができるほどの体力がない 수술을 할 수 있을 정도의 체력이 없다. / 父は今手術中です 아버지는 지금 수술 중이십니다.
¶２人の医師が彼の胃の切除手術をした 두 명의 의사가 그의 위 제거 수술을 했다. / 田中先生が私の大腸がんの手術をした 다나카 선생님께서 내 대장암 수술을 하셨다.
¶私は盲腸の手術をした 나는 맹장 수술을 받았다. / 私は二度, 膝の手術をしている 나는 두 번 무릎 수술을 받았다.

しゅちょう

¶大きな手術 큰 수술 / ちょっとした手術 간단한 수술 / 難しい手術 어려운 수술 / 生死にかかわる手術 생사가 걸려 있는 수술 / 心臓の手術 심장 수술 / 脳の手術 뇌 수술 関連手術衣 수술복 / 手術室 수술실 / 手術台 수술대 / 開腹手術 개복 수술 / 形成手術 성형 수술 / 外科手術 외과 수술 / 整形手術 정형 수술

**しゅしょう【主将】**주장 ¶野球部の主将 야구부 주장

**しゅしょう【首相】**수상〔総理〕총리 ¶首相の座につく 수상의 자리에 앉다 関連首相官邸 수상 관저 / 前[元]首相 전수상(▶韓国語では「前」と「元」を特に区別しない)

**じゅしょう【受賞】**수상 ◇受賞する 수상하다 ¶彼女は受賞の喜びを語った 그녀는 수상의 기쁨을 이야기했다. / キム・デジュン元大統領はノーベル平和賞を受賞した 김대중 전대통령은 노벨 평화상을 수상했다. 関連受賞作品 수상 작품 / 受賞者 수상자

**じゅしょう【授賞】**수상 ¶ノーベル賞授賞式 노벨상 수상식

**しゅしょく【主食】**주식 ¶日本人の主食は米です 일본인의 주식은 쌀입니다. / 韓国では米を主食としている 한국에서는 쌀을 주식으로 하고 있다.

## しゅじん

**しゅじん【主人】**❶〔一家のあるじ〕주인〔家長〕가장〔夫〕남편, 바깥양반(▶発音は바깥냥반)¶一家の主人ともなると責任が重い 한 집안의 가장쯤 되면 책임이 무겁다. / 主人に何かご用ですか 남편에게 무슨 용건이 있으십니까? / ご主人にお目にかかりたいのですが 남편분을 만나뵙고 싶습니다.

❷〔自分が仕えている人〕주인〔雇い主〕고용주 ¶犬は主人のところへ駆け寄った 개는 주인에게 달려갔다. / 彼は厳しい主人の下で 5 年も勤めた 그는 엄격한 주인 밑에서 5년이나 일했다.

❸〔所有者〕임자〔店主〕가게 주인 ¶あの旅館の主人は 3 代目だ 저 여관의 주인은 3대째이다. / この店の主人はなかなか商売上手だ 이 가게 주인은 장사를 아주 잘 한다.

❹〔客をもてなす人〕주인 ¶社長自身がパーティーで主人役を務めた 사장이 직접 파티에서 손님을 접대했다.

**じゅしん【受信】**수신 ◇受信する 수신하다 ¶山間地はテレビの受信状態が悪い 산간 지역은 텔레비전 수신 상태가 나쁘다. / 衛星放送を受信するには専用アンテナがいる 위성 방송을 수신하려면 전용 안테나가 필요하다. 関連受信機 수신기 / 受信局 수신국 / 受信者 수신자 / 受信料 수신료

**しゅじんこう【主人公】**주인공

**じゅず【数珠】**염주(念珠) ¶車が 1 キロほど数珠つなぎになっている 자동차가 1킬로 정도 죽 늘어서 있다.

**しゅせい【守勢】**수세 ¶チームは初めから守勢に回った 팀은 처음부터 수비 태세를 취했다.

**じゅせい【受精】**수정 ◇受精する 수정하다 関連受精卵 수정란

**じゅせい【授精】**수정 関連人工授精 인공 수정 / 体外授精 체외 수정

**しゅせき【主席】**주석 関連国家主席 국가 주석

**しゅせき【首席】**수석 ¶大学を首席で卒業する 대학을 수석으로 졸업하다 / 会議の日本首席代表を務める 회의의 일본 수석 대표를 맡다

**しゅせつ【主節】**《言語》주절

**じゅぞう【受像】**수상 ◇受像する (전파를) 수상하다 関連受像機 수상기

**しゅぞく【種族】**종족〔人種〕인종〔部族〕부족〔動植物の〕종족 ¶種族の保存 종족 보존

**しゅたい【主体】**주체 ◇主体的だ 주체적이다 ¶労働者を主体とする団体 노동자가 주체인 단체 / 彼らは主体性に欠けている 그들은 주체성이 없다. 関連主体思想 주체 사상

**しゅだい【主題】**주제 関連主題歌 주제가

**じゅだく【受諾】**수락 ◇受諾する 수락하다 ¶彼の申し入れを正式に受諾した 그의 신청을 정식으로 수락했다.

## しゅだん

**しゅだん【手段】**수단〔方法〕방법 ¶私たちはあらゆる手段を尽くした 우리는 모든 수단을 다했다. / 英語は重要なコミュニケーションの手段だ 영어는 중요한 커뮤니케이션 수단이다. / 彼は目的のためには手段を選ばない 그는 목적을 위해서는 수단을 가리지 않는다. / 彼らは不正な手段で極秘情報を入手した 그들은 부정한 수단으로 극비 정보를 입수했다. / この難題を解決するよい手段はあるかな 이 난제를 해결할 좋은 방법이 있을까? / 警察は犯罪を減らすため思い切った手段を講じた 경찰은 범죄를 줄이기 위해 단호한 수단을 강구했다. / どうやら彼らを説得する手段を誤ったようだ 아무래도 그들을 설득하는 방법이 잘못된 것 같다.

¶最後の手段として家を売らなければならないかもしれない 최후의 수단으로 집을 팔아야 할지도 모른다. / 窮状を乗り切るために一時解雇の手段を取るしかない 곤궁에서 벗어나기 위해서는 일시 해고책을 쓸 수밖에 없다. / この状況では強行手段に訴えるのもやむを得ない 이 상황에서는 강공책에 호소하지 않을 수 없다.

**じゅちゅう【受注】**수주 ¶先月は新車の受注が多かった 지난 달은 새 차의 수주가 많았다. 関連受注生産 수주 생산

## しゅちょう

**しゅちょう【主張】**주장 ◇主張する 주장하다 ¶彼の主張は正しい 그 사람의 주장은 맞다. / 双方の主張が食い違う 쌍방의 주장이 엇갈리다 / その国の主張は事実に基づいていない 그 나라의 주장은 사실에 의거하고 있지 않다. / サンギの主張には全く根拠がない 상기의 주장에는 전혀 근거가 없다. / キョンヒはどんなことがあっても自分の主張を曲げない 경희는 무슨 일이 있어도 자기의 주장을 굽히지 않는다. / 会議では私の主張が通った 회의에서는 내 주장이 받아들여졌다. / 自己主張ばかりしていないで人の意見にも耳を傾けるべきだ 자기 주장만 하지 말고 남의 의견에도 귀 좀 기울여라.

¶容疑者はその女に前に会ったことがないと主張した 용의자는 그 여자를 전에 만난 적이 없다고 주장했다. / 彼は無実を主張した 그는 무죄를 주장했다. / 彼はおじの財産の相続権を主張した 그는

삼촌 재산의 상속권을 주장했다. / 彼女はそんなくだらない本を読んでも時間のむだだと主張した 그녀는 그런 시시한 책을 읽는 것은 시간 낭비라고 주장했다. / 労働組合側は大幅な賃金の引き上げを主張した 노동조합 측은 대폭적인 임금 인상을 주장했다. / 意見を主張しあう 의견을 서로 주장하다

**じゅつ【術】**-술【技術】재주, 기술【方法】방법【魔法】마술, 요술 ¶彼は世渡りの術にたけている 그는 처세술이 뛰어나다.

**しゅつえん【出演】**출연 ◇出演する 출연하다 ¶彼は映画『友へ チング』に出演していた 그는 영화 "친구"에 출연했었다. / その女優は去年テレビに初出演した 그 여배우는 작년에 처음으로 텔레비전에 출연했다. / 監督をイ・ビョンホンを『JSA』で韓国軍兵士の役で出演させた 감독은 "JSA"에서 이병헌을 한국군 병사 역으로 출연시켰다. / イ・ヨンエはヒロイン役でテレビドラマ『チャングムの誓い』に出演した 이영애는 드라마 "대장금"에 주인공으로 출연했다. / ボクシングの世界チャンピオンがアクション映画に特別出演した 복싱 세계 챔피언이 액션 영화에 특별 출연했다. ¶彼の楽団はナイトクラブと1週間の出演契約をした 그의 악단은 나이트클럽과 1주일간의 출연 계약을 했다. 関連 出演者 출연자 / 出演料 출연료. 友情出演 우정 출연

**しゅっか【出火】**발화(発火)【火災】화재 ◇出火する 발화하다, 불이 나다 ¶警察は出火の原因を調べている 경찰이 화재 원인을 조사하고 있다. / 消防車は出火現場に急行した 소방차는 화재 현장으로 급히 출동했다. / 台所から出火した 부엌에서 불이 났다.

**しゅっか【出荷】**출하 ◇出荷する 출하하다 ¶桃の出荷が始まった 복숭아 출하가 시작됐다. / 農作物を市場に出荷する 농작물을 시장에 출하하다 関連 出荷量 출하량

**しゅつがん【出願】**출원, 지원(志願), 신청(申請) ◇出願する 출원하다, 지원하다, 신청하다 ¶特許を出願する 특허를 신청하다 / 願書はもう大学に出願しましたか 원서는 벌써 대학에 냈습니까? / 特許出願中 특허 신청중 関連 出願期限 지원 기한 / 出願者 지원자 / 出願手続き 지원 절차

**しゅっきん【出勤】**출근 ◇出勤する 출근하다 ¶父は9時に出勤します 아버지는 아홉 시에 출근한다. 関連 出勤時間 출근 시간 / 出勤日 출근일 / 出勤簿 출근부 / 休日出勤 휴일 출근 / 時差出勤 시차 출근

**しゅっけ【出家】**출가 ◇出家する 출가하다 ¶彼は18歳のときに出家した 그는 열여덟 살때 가했다.

**しゅっけつ【出欠】**출결 ¶これから出欠を取ります 지금부터 출석을 부르겠습니다. / 5月10日までに出欠をお知らせください 오월 10일까지 출결 사항을 알려주십시오.

**しゅっけつ【出血】**출혈 ◇出血する 출혈하다, 피가 나다 ¶まず傷口の出血を止めなければならない 우선 상처의 출혈을 막아야 된다. / けが人はひどく出血していた 부상자는 출혈이 심했다. ¶出血大サービス 폭탄세일 関連 出血多量 과다

출혈 / 内出血 내출혈, 피하 출혈 / 脳出血 뇌출혈

**しゅつげん【出現】**출현 ◇出現する 출현하다, 나타나다 ¶ライバルの出現 라이벌의 출현 / コンピュータの出現が世界を大きく変えた 컴퓨터의 출현이 세계를 크게 바꿨다. / そのチームにものすごい選手が出現した 그 팀에 대단한 선수가 나타났다.

**じゅつご【述語】**술어

**しゅっこう【出向】**¶彼は子会社に出向中だ 그는 자회사에서 근무중이다. 関連 出向社員 파견 사원

**しゅっこう【出港】**출항 ◇出港する 출항하다 ¶嵐のため船の出港が延期された 폭풍 때문에 배의 출항이 연기되었다. / 船は韓国の釜山へ向かって下関港を出港した 배는 한국 부산을 향해 시모노세키를 출항했다.

**しゅっこう【出航】**출항 ◇出航する 출항하다 ¶出航時間 출항 시간

**じゅっこう【熟考】**숙고 ◇熟考する 숙고하다 ¶熟考を重ねる 숙고를 거듭하다 / その件については現在熟考中です 그 건은 현재 숙고중입니다. / 熟考の上返答します 숙고한 후에 답변을 드리겠습니다.

**しゅっこく【出国】**출국 ◇出国する 출국하다 ¶彼は不法に日本から出国した 그는 불법으로 일본에서 출국했다. / 政治的理由で彼は出国を認められなかった 정치적 이유로 그는 출국을 인정받지 못했다. / 出国手続きをする 출국 수속을 하다

**しゅつごく【出獄】**출옥 ◇出獄する 출옥하다, 출옥되다 ¶彼はあす出獄する予定だ 그는 내일 출옥할 예정이다.

**しゅっさつ【出札】**매표 関連 出札係 매표원 / 出札所 매표소

**しゅっさん【出産】**출산, 해산【分娩】분만 ◇出産する 출산하다, 해산하다 ¶出産予定はいつごろですか 분만 예정일은 언제쯤입니까? / 彼は妻の出産に立ち合うことを希望した 그는 아내의 분만 과정을 지켜보기를 희망했다. / 妻を無事双子を出産した 아내는 무사히 쌍둥이를 출산했다. 関連 出産休暇 출산 휴가 / 出産予定日 출산 예정일

**しゅっし【出資】**출자【融資】융자 ◇出資する 출자하다 ¶この店は商社が出資する外食チェーン店です 이 가게는 무역 회사가 출자하는 외식 체인점입니다. 関連 出資額 출자액 / 出資金 출자금 / 出資者 출자자 / 共同出資 공동 출자

**しゅっしゃ【出社】**출근(出勤) ◇出社する 출근하다 ¶木村はまだ出社しておりません 기무라 씨는 아직 출근하지 않았습니다.

**しゅっしゅっ** ¶煙がしゅっしゅっと音を立てて機関車の煙突から出ていた 기관차 굴뚝에서 칙칙폭폭 소리를 내면서 연기가 뿜어져 나왔다.

**しゅっしょ【出所】**〔出場所〕출소, 출처〔出獄〕출옥 ◇出所する 출소하다, 출옥하다 ¶うわさの出所 소문의 출처 / 情報の出所は不明だ 정보의 출처는 불명하다. ¶刑務所から出所する 교도소에서 출소하다 / 彼は刑を終えて出所した 그는 형을 마치고 출옥했

**しゅっしょう【出生】**出생 ¶私は偶然自分の出生の秘密を知った 나는 우연히 자신의 출생의 비밀을 알았다. / 日本も韓国も出生率が下がり続けている 일본도 한국도 출생률이 계속 떨어지고 있다. 関連 出生地 출생지 / 出生届 출생 신고 / 出生率 출생률

**しゅつじょう【出場】**출장〔参加〕참가 ◇出場する 출장하다〔参加〕참가하다 ¶うちの野球部は国体への出場が決まった 우리 야구부는 국민 체육 대회의 출장이 결정되었다. / その選手はドーピング疑惑で出場停止になった 그 선수는 도핑 의혹으로 출장 정지가 되었다. / 市民マラソンの出場者の数は千人にものぼった 시민 마라톤 참가자 수는 천 명에 달했다.
¶彼は水泳選手としてオリンピックに出場した 그는 수영 선수로서 올림픽에 출장했다. / 彼女は美人コンテストに出場して幸運にも優勝した 그녀는 미인 콘테스트에 참가해서 운좋게 우승했다. / 1万メートル競走には32人が出場した 만 미터 경주에는 32명이 출장했다. 関連 出場者 출장자

**しゅっしん【出身】**출신 ¶彼女は慶州出身だ 그녀는 경주 출신이다. / どちらのご出身ですか 어디 출신이십니까? / 漁村出身のたくましい青年に出会った 어촌 출신의 늠름한 청년을 만났다. / 私はソウル大学の出身です 나는 서울 대학교 출신입니다. 関連 出身校 출신교 / 出身大学 출신 대학 / 出身地 출신지

**しゅっせ【出世】**출세〔昇進〕승진 ◇出世する 출세하다〔昇進する〕승진하다, 승진되다 ¶うちの会社では学歴がないと出世のチャンスはほとんどない 우리 회사에서는 학벌이 없으면 출세할 기회는 거의 없다. / 今回の失敗は君の出世の妨げになるかもしれない 이번 실수는 네 출세에 방해가 될지도 모른다. / 彼は着々と出世コースを歩んでいる 그는 착실히 출세 코스를 밟고 있다. / 彼が我々の中では出世頭だ 그가 우리 중에서는 제일 빨리 출세했다. / その小説が彼の出世作だ 그 소설이 그의 출세작이다.
¶彼女は課長に出世した 그녀는 과장으로 출세했다. / 出世したければ一生懸命働くことだ 출세하고 싶으면 열심히 일해야 한다. / 男性中心の会社では女性が出世するのはたいへんだろう 남성 중심 회사에서는 여성이 출세하는 것은 힘들 것이다. / 彼が早く出世したのは有能だったからだ 그가 빨리 출세한 것은 유능했기 때문이다. 関連 立身出世 입신출세

**しゅっせい【出生】**출생 ⇨出生(しゅっしょう)

**しゅっせき****【出席】**출석, 참석(参席) ◇出席する 출석하다, 참석하다
¶その先生はいつも授業の前に出席を取る 그 선생님은 항상 수업 전에 출석을 부른다. / 出席日数が足りないと進級できないよ 출석 일수가 부족하면 진급할 수 없다. / 入院していたので 1 学期の出席率は悪かった 입원했었기 때문에 1학기 출석률은 나빴다.
¶私はその会議に上司の代理として出席した 나는 그 회의에 상사 대리로서 출석했다. / 講演会には多くの人が出席していた 강연회에는 많은 사람이 참석해 있었다. / 弊社の創立記念パーティーにご出席ください 저희 회사 창립 기념 파티에 참석해 주십시오. / 結婚式に出席していただけるかどうかお知らせください 결혼식에 참석하실 수 있을지 어떨지 알려 주시기 바랍니다. / これから名前を呼びますから出席している人は返事をしてください 지금부터 이름을 부를 테니 출석한 사람은 대답을 하여 주십시오. 関連 出席者 출석자 / 出席簿 출석부

**しゅつだい【出題】**출제 ◇出題する 출제하다
¶今年の入試の出題傾向が少し昨年と変わった 올해 입시의 출제 경향이 작년과 조금 달라졌다. / 問題は口頭で出題します 문제는 구두로 출제하겠습니다. / テスト問題は主に教科書から出題された 시험 문제는 주로 교과서에서 출제되었다. 関連 出題者 출제자 / 出題範囲 출제 범위

**しゅっちょう【出張】**출장 ◇出張する 출장하다
¶出張を命じる 출장하라고 명하다 / 彼は出張中だ 그는 출장 중이다. / 彼女は大阪へ出張しています 그녀는 오사카에 출장갔습니다. / 彼は海外出張が多い 그는 해외 출장이 많다. 関連 出張所 출장소 / 出張手当 출장 수당 / 出張費 출장비

**しゅってん【出典】**출전 ¶出典を調べる 출전을 조사하다 / 文献を引用した時は出典を示す必要がある 문헌을 인용했을 때에는 출전을 표시할 필요가 있다.

**しゅっとう【出頭】**출두 ◇出頭する 출두하다
¶彼女は警察への任意出頭を拒否した 그녀는 경찰의 임의 출두 요구를 거부했다. / 法廷に出頭する 법정에 출두하다 関連 出頭命令 출두 명령

**しゅつどう【出動】**출동 ◇出動する 출동하다
¶デモの鎮圧のため機動隊(→戦闘警察)が出動した 데모 진압을 위해 전투경찰이 출동했다. / 火事の通報を受けて消防車が直ちに出動した 화재 통보를 받고 소방차가 즉시 출동했다. 関連 出動命令 출동 명령

**しゅつば【出馬】**출마 ◇出馬する 출마하다
¶有名なタレントが選挙に出馬した 유명한 탤런트가 선거에 출마했다.

**しゅっぱつ****【出発】**출발(↔到着) ◇出発する 출발하다 ¶飛行機はあと15分で出発だ 비행기는 15분 후에 출발한다. / 悪天候のため彼らは出発の延期を余儀なくされた 악천후 때문에 그들은 출발을 연기할 수밖에 없었다. / 濃霧のため飛行機の出発が遅れた 짙은 안개 때문에 비행기 출발이 늦어졌다. / 体調が悪いのであす出発を見合わせよう 몸이 안 좋으니 내일 출발을 보류합시다. / 私たちは出発を 1 日早めた 우리는 출발을 하루 앞당겼다. / 出発の時間をもう一度確かめなさい 출발 시간을 한번 더 확인하세요. / 出発に際してひと言注意しておきます 출발하기 전에 한 가지 주의점을 말씀드리겠습니다. / 出発間際になってパスポートを忘れたことに気づいた 막 출발하려고 할 때 여권을 잊은 것을 깨달았다. / 列車の出発に間に合いますか 열차 출발 시간에 댈 수 있습니까? / 韓国への出発の日が迫っている 한국으로 출발할 날이 다가오고 있다. / 釜山への出発便は 1

日3回です 부산행은 하루 세 편입니다.
¶さあ出発しよう 자, 출발하자. / 私たちは朝早いうちに出発した 우리는 아침 일찍 출발했다. / 彼女はきのう大阪からソウルに向けて出発した 그녀는 어제 오사카에서 서울을 향해 출발했다. / 列車は午前10時に出発する予定だ 열차는 오전 열 시에 출발할 예정이다. / バスは定刻に出発した 버스는 정각에 출발했다.
¶大学を卒業した後、彼女は小学校の教師として出発した 대학을 졸업한 뒤 그녀는 초등학교 교사로서 첫발을 내디뎠다.

会話 出発について尋ねる
A：出発の準備はできたかい
B：はい
A：출발 준비는 됐어?
B：예.
A：出発は何時でしたっけ
B：9時ですよ
A：출발은 몇 시였지요?
B：아홉 시에요.

関連 出発時刻 출발 시각 / 出発点 출발점 / 出発ロビー 출발 로비

**しゅっぱん**【出版】출판 ◇出版する 출판하다 ¶出版の自由は憲法で保障されている 출판의 자유는 헌법에 보장되어 있다. / その本の出版は差し止められた 그 책의 출판은 금지되었다. / 私は出版の仕事をしたいと思っている 나는 출판 일을 하고 싶다.
¶新しい日韓辞典を出版する 새로운 일한사전을 출판한다. / この雑誌は小学館から出版されている 이 잡지는 쇼가쿠칸에서 출판되고 있다. / この雑誌は年に6回出版される 이 잡지는 1년에 여섯 번 출판된다. / この本は出版されたばかりです 이 책은 막 출판된 것입니다. / その小説はもう出版されていません 그 소설은 이제 출판되지 않습니다. / 「その作家の新作の小説はいつ出版されますか」「来月初めです」"그 작가의 신작 소설은 언제 출판될니까?" "다음달 초입니다." / 彼女は自分の詩を自費出版した 그녀는 자기의 시를 자비 출판했다. 関連 出版界 출판계 / 出版業 출판업 / 出版業者 출판 업자 / 出版権 출판권 / 出版社 출판사 / 出版部数 출판 부수 / 出版物 출판물

**しゅっぴ**【出費】출비 ¶今月は出費がかさんだ 이 달은 출비가 늘었다. / 年末はいつも出費が多い 연말에는 항상 출비가 많다. / 出費を抑える 출비를 억제하다

**しゅっぴん**【出品】출품 ◇出品する 출품하다 ¶彫刻を出品する 조각을 출품하다 / 彼の作品は展覧会に出品された 그의 작품은 전람회에 출품되었다. / たくさんの手芸品がバザーに出品されている 많은 수의 手芸品이 바자회에 출품되었다. 関連 出品者 출품자 / 出品物 출품물

**しゅつ**【もつ】【出没】출몰 ◇出没する 출몰하다 ¶このあたりよく熊が出没する 이 부근에는 자주 곰이 출몰한다. / あの廃家には幽霊が出没するそうだ 저 집에는 유령이 출몰한다.

**しゅつりょう**【出漁】출어 ¶台風のため出漁を見合わせた 태풍 때문에 출어를 미루었다.

関連 出漁区域 출어 구역

**しゅつりょく**【出力】출력 ¶このエンジンの出力は120馬力です 이 엔진의 출력은 120 마력입니다. / 出力を上げる 출력을 올리다 関連 出力装置 출력 장치

**しゅと**【首都】수도 ¶韓国の首都はどこですか 한국의 수도는 어디입니까? / 東京は日本の首都です 도쿄는 일본의 수도입니다. / 首都を移転する 수도를 이전하다 関連 首都圏 수도권 / 首都高速道路 수도 고속도로

**しゅとう**【種痘】종두, 우두(牛痘) ¶種痘を受ける 종두를 맞다

**しゅどう**【手動】수동 ¶この鉛筆削りは手動式だ 이 연필깎이는 수동식이다. 関連 手動制御装置 수동 제어 장치 / 手動ブレーキ 수동 브레이크

**じゅどう**【受動】수동 ◇受動的な 수동적인 ¶いつも受動的な態度ではいけない 항상 수동적인 태도로는 안 된다. 関連 受動態『言語』피동형(被動形), 수동태 / 受動的喫煙 간접 흡연(間接喫煙)

**しゅどうけん**【主導権】주도권(▶発音は주도권) ¶日本が試合の主導権を握った 일본이 경기의 주도권을 쥐었다. 関連 主導権争い 주도권 쟁탈

**しゅとく**【取得】취득 ◇取得する 취득하다 ¶彼は去年運転免許を取得した 그는 작년에 운전면허를 취득했다. 関連 取得物 취득물 ⇒得る

**ジュニア** 주니어[二世] 이세

**しゅにく**【朱肉】인주(印朱)

**じゅにゅう**【授乳】수유 ◇授乳する 수유하다 ¶そろそろ赤ちゃんに授乳する時間だわ 이제 곧 아기에게 젖 먹일 시간이네.

**しゅにん**【主任】주임 ¶彼が営業主任です 그가 영업 주임입니다. / 1年生の学年主任はどなたですか 1학년 학년 주임은 어느 분입니까? 関連 主任技師 주임 기사 / 主任教授 주임 교수 / 現場主任 현장 주임

**しゅのう**【首脳】수뇌, 정상(頂上) ¶日韓首脳会談が来月ソウルで開かれる 일한 정상 회담이 다음 달 서울에서 열린다. 関連 首脳会談 수뇌 회담〔特に国家元首の〕정상 회담(頂上会談) / 首脳部 수뇌부

**シュノーケル** 스노클, 숨대롱

**しゅはん**【主犯】주범

**しゅび**【守備】수비 ¶守備を固める 수비를 견고하게 하다 / 味方が守備についた 우리 편이 수비에 들어갔다. / あの選手は守備がうまい 저 선수는 수비를 잘한다. / 彼は守備範囲が広い 그는 수비 범위가 넓다. / 軍が国境の守備についた 군이 국경 수비에 들어갔다.

**しゅび**【首尾】〔結果〕결과 ¶彼女の言うことは首尾一貫している 그녀의 말은 일관되어 있다. / 首尾よく事が運んだ 순조롭게 일이 진행되었다. / 作戦は首尾よく実行された 작전은 성공적으로 실행되었다.

**じゅひょう**【樹氷】수빙, 상고대

**しゅひん**【主賓】주빈 ¶彼らは大使夫妻を主賓として晩餐会を開いた 그들은 대사 부처를 주빈으로 모시고 만찬회를 열었다. 関連 主賓席 주빈석

しゅふ【主婦】 주부 ¶家庭の主婦 가정 주부
しゅふ【首府】 수부, 수도(首都)
しゅほう【手法】 수법(▶発音は수뻡)〔方法〕방법〔技法〕기법(▶発音は기뻡) ¶この絵は写実的な手法で描かれている 이 그림은 사실적인 기법으로 그려져 있다.
しゅぼうしゃ【首謀者】 수모자〔主謀者〕주모자 ¶その男がこの事件の首謀者だ 그 남자가 이 사건의 주모자다.

**しゅみ**【趣味】 ❶〔楽しみのためにする事〕취미 ¶「趣味は何ですか」「編み物です」"취미가 뭐에요?" "뜨게질이에요." /「趣味は何だい」「ロックを聴くことだよ」"취미가 뭐야?" "록을 듣는 거." / テニスが彼女の趣味だ 테니스가 그녀의 취미다. / 私は趣味で絵を始めた 나는 취미로 그림을 시작했다. / 趣味をいかせる仕事につきたい 취미를 살리는 일을 하고 싶다. / 父は趣味と実益を兼ねて古本屋をやっている 아버지는 취미와 실익을 겸해서 헌책방을 하고 계신다. / 趣味が高じて写真家になった 취미가 발전해서 사진가가 되었다. / 君は実に多趣味だね 넌 정말 취미가 많구나. / 無趣味な人 무취미한 사람
❷〔好み〕취미, 취향(趣向)〔感覚〕감각, 센스 ¶彼は服の趣味がいい[悪い] 그 사람은 패션 센스가 있다[없다]. / 彼女はいつも趣味のいい服装をしている 그녀는 항상 센스 있는 옷을 입고 있다. / このデザインは私の趣味に合わない 이 디자인은 내 취향에 맞지 않아. / 彼と私は音楽に関してほとんどぴったり趣味が一致している 남자 친구와 나는 음악에 관해서는 거의 취미가 같다. / 私の音楽の趣味は姉とはかなり違う 내 음악의 취향은 언니와는 아주 다르다. / 趣味のいいスカーフね 멋진 스카프네. / 現代建築の多くはまったく悪趣味だと思う 현대 건축의 대부분은 볼품이 없다고 생각한다. / 彼、私の趣味じゃないわ 그 남자는 내 취향이[타입이] 아니야. / それは趣味の問題だ 것은 취향의 문제다.

**じゅみょう**【寿命】 ❶〔生命の長さ〕수명 ¶かめは寿命が長いと言われる 거북은 수명이 길다고 한다. / 概して言えば女性のほうが男性より寿命が長い 대체적으로 여성이 남성보다 수명이 길다. / 日本人の平均寿命は年々延びている 일본인의 평균 수명은 매년 늘고 있다. / 過労が彼の寿命を縮めたことは疑いない 과로가 그의 수명을 단축시킨 것은 의심할 여지가 없다. / 患者は重病で寿命はあといくらもない 환자는 중병으로 수명이 이제 얼마 남지 않았다. (*남지 않는다 と現在形にしない) / 祖母は寿命をまっとうして95歳で亡くなった 할머니는 천수를 누리시고 95세에 돌아가셨다. / 高速道路でスリップした時は寿命が縮まる思いがした 고속도로에서 미끄러졌을 때는 수명이 단축되는 줄 알았다.
❷〔物の有効期間・耐用年数〕수명 ¶この電池の寿命は100時間だ 이 전지의 수명은 100시간이다. / 電池の寿命がきている 전지의 수명이 다 되었다.

しゅもく【種目】〔競技の〕종목 ¶彼は水泳の2種目に参加した 그는 수영 두 종목에 참가했다. [関連]出場種目 출전 종목

じゅもく【樹木】 수목〔木〕나무 ¶庭の北側には樹木が生い茂っていた 정원 북쪽에는 수목이 무성하게 자라 있었다.
じゅもん【呪文】 주문 ¶呪文を唱える 주문을 외다 / 呪文を解く 주문을 풀다 / 魔法使いが王女に呪文をかけた 마법사가 공주에게 주문을 걸었다.
しゅやく【主役】 주연(主演) ¶娘が学芸会で主役を演じた 딸이 학예회에서 주연을 맡았다. / 事件の主役を突き止めなければならない 사건의 주범을 밝혀야 한다.
じゅよ【授与】 수여 ◇授与する 수여하다 ¶ノーベル賞を授与する 노벨상을 수여하다 / 彼女は医学博士の学位を授与された 그녀는 의학 박사 학위를 수여받았다. [関連]授与式 수여식
しゅよう【主要】 주요 ◇主要な 주요한 ¶会の主要メンバーは5人いる 회의 주요 멤버는 다섯 명 있다. / りんごは長野県の主要産物のひとつだ 사과는 나가노현의 주요 산물의 하나이다. / 会社の主要なポストはほとんど男性社員が占めている 회사의 주요한 직책은 거의 남자 사원이 차지하고 있다.
¶主要産業 주요 산업 / 主要人物 주요 인물 / 主要都市 주요 도시
しゅよう【腫瘍】 종양 ¶脳に小さな腫瘍ができた 뇌에 작은 종양이 생겼다. [関連]悪性[良性]腫瘍 악성[양성] 종양

**じゅよう**【需要】 수요(↔供給) ¶価格は需要と供給のバランスで決まる 가격은 수요와 공급의 균형으로 결정된다. / 経済的な小型車の需要が増えている 경제적인 소형차의 수요가 늘어나고 있다. / 携帯電話の需要が増大している 휴대 전화의 수요가 늘어나고 있다. / コンピュータの需要は着実に伸びている 컴퓨터의 수요는 꾸준히 늘고 있다. / 将来食糧の需要を満たしていくためにはどうしたらよいのだろう 장래 식량의 수요를 채우기 위해서는 어떻게 하면 좋을까?

しゅらば【修羅場】 수라장, 아수라장 ¶これまで多くの修羅場をくぐり抜けてきた 지금까지 많은 아수라장을 견뎌 왔다.
ジュラルミン 두랄루민
じゅり【受理】 수리 ◇受理する 수리하다 ¶入学願書を受理する 입학 원서를 수리하다 / 君の辞表は受理することはできない 자네의 사표는 수리할 수 없다.
じゅりつ【樹立】 수립 ◇樹立する 수립하다 ¶連立政権を樹立する 연립 정권을 수립하다 / 彼は100メートルの世界新記録を樹立した 그는 100미터 달리기 세계 신기록을 수립했다.
しゅりゅう【主流】 주류 ¶党内の主流派 당내 주류파
しゅりょう【狩猟】 수렵, 사냥 ¶狩猟が解禁になった 수렵이 해금되었다. / 狩猟に出かける 사냥하러 나가다 [関連]狩猟家 사냥꾼 / 狩猟期 수렵기 / 狩猟場 수렵지, 사냥터 / 狩猟民族 수렵 민족
じゅりょう【受領】 수령 ◇受領する 수령하다

しゅりょく

¶金100万円確かに受領しました 금액 100만 엔을 확실하게 수령했습니다. 関連 受領証 수령증

**しゅりょく【主力】**주력 ¶今年は業績回復に主力を注ぐ 올해는 업적 회복에 주력을 다한다. 関連 主力部隊 주력 부대 / 主力商品 주력 상품 / 主力選手 주력 선수 / 主力メンバー 주력 멤버

**しゅるい【種類】**종류, 가지 ¶あのスーパーマーケットはあらゆる種類の食品を扱っている 그 슈퍼마켓은 온갖 종류의 식품을 취급하고 있다. / 当店はあらゆる種類の本を売っています 우리 가게는 온갖 종류의 책을 팔고 있습니다. / このスープにはどんな種類の香辛料が入っているの? 이 수프에는 어떤 종류의 향신료가 들어 있어? / どんな種類の車を探しているのですか 어떤 종류의 차를 찾고 있습니까? / 彼女は15種類のばらを庭で栽培している 그녀는 열다섯 가지의 장미를 정원에서 재배하고 있다. / 僕は君と同じ種類の時計を持っている 나는 너와 같은 종류의 시계를 갖고 있다. / ああいう種類の帽子が流行しているらしい 저런 종류의 모자가 유행하고 있는 것 같아. / 日常生活ではたくさんの種類の広告に接する 일상생활에서는 많은 종류의 광고를 접한다. / 弟は数種類の違った昆虫を飼っている 동생은 몇 가지 곤충을 키우고 있다.

¶そのレストランはワインの種類が豊富だ 그 레스토랑은 와인 종류가 풍부하다. / 読書には2種類ある. 精読と多読である 독서에는 두 종류가 있다. 정독과 다독이다. / オートバイは排気量によっていくつかの種類に分けられる 오토바이는 배기량에 따라 몇 가지로 나뉘어진다. / この2つの植物は同じ種類に属する 이 두 개의 식물은 같은 종류에 속한다. / 新しい種類 새로운 종류 / いろんな種類 여러 종류

**じゅれい【樹齢】**수령 ¶この木は樹齢約500年です 이 나무는 수령 약 500년입니다.

**しゅわ【手話】**수화 ¶手話で話す 수화로 이야기하다 / 彼女は手話ができる 그녀는 수화를 할 수 있다.

**じゅわき【受話器】**수화기 ¶受話器を取る 수화기를 들다 / 受話器を置く 수화기를 놓다 / 受話器を耳に当てる 수화기를 귀에 대다

**しゅわん【手腕】**수완 ¶手腕を発揮する 수완을 발휘하다 関連 手腕家 수완가

**しゅん** ◇しゅんと 초연히 ◇しゅんとする[なる] 풀이 죽다 ¶不合格の知らせを聞いて彼はしゅんとなった 불합격 소식을 듣고 그는 풀이 죽었다.

**しゅん【旬】**제철, 한물 ¶桃は今が旬だ 복숭아는 지금이 제철이다. / 旬が過ぎる 제철이 지나다

**じゅん【純】**순 ◇純な 순수한, 순진한 ¶それは純日本式の庭だった 그것은 순일본식 정원이었다. / 純な性格 순진한 성격 関連 純愛 순애 / 純文学 순수 문학, 순문학 ⇨純粋

**じゅん【順】**순, 순서, 차례 [順番] 순번 ¶身長の順に1列に並びなさい 키 큰 순으로 한 줄로 서요. / 今日したことを順を追って思い返した 오늘 한 일을 순서대로 되돌아봤다. / 順を追って説明します 순서대로 설명하겠습니다.

¶年齢順に 연령순으로 / 番号順に 번호순으로 / 先着順に 선착순으로 / 順不同に 순서에 관계없이 ⇨順序, 順番

**じゅん-【準-】**준- ¶準会員 준회원 / チームは準決勝に進んだ 팀은 준결승에 나갔다.

**じゅんい【順位】**순위 ¶順位を争う 순위를 다투다 / 私より彼女のほうがテストの順位が上だった 나보다 그녀가 시험 순위가 위였다. / 子供たちは好きな食べ物に順位をつけた 아이들은 좋아하는 음식에 순위를 매겼다.

**じゅんえき【純益】**순익, 순이익 ¶今月は120万円の純益を上げることができた 이번 달은 120만 엔의 순이익을 올릴 수 있었다.

**じゅんえん【順延】**순연 [延期] 연기 ◇順延する 순연되다, 순연되다; 연기하다, 연기되다 ¶試合は雨で順延になった 경기는 비로 연기되었다.

**じゅんかい【巡回】**순회 ◇巡回する 순회하다 ¶警官が町内を巡回中だ 경관이 동네를 순회 중이다. 関連 巡回講演 순회 강연 / 巡回図書館 순회 도서관

**しゅんかん【瞬間】**순간 ◇瞬間的な 순간적인 ¶最後の瞬間に彼はレースの先頭に立った 최후의 순간에 그는 레이스 선두에 섰다. / 花嫁が新郎にキスしたその瞬間を写真に撮った 신부가 신랑한테 키스한 그 순간을 사진으로 찍었다. / 彼女の顔を見た瞬間嘘をついていることがわかった 그녀의 얼굴을 본 순간 거짓말 하는 것을 알았다. / その光景を見た瞬間驚いた 그 광경을 본 순간 놀랐다. / 彼がパスを受けてからシュートを決めるまではまったく瞬間の出来事だった 그가 패스를 받아서 슛을 넣을 때까지 완전히 한순간이었다. / 犯人が警察に捕まる決定的瞬間を目撃した 범인이 경찰에 잡히는 결정적 순간을 목격했다. / 瞬間的に出した答が好評だと思って見た 関連 瞬間最大風速 순간 최대 풍속 / 瞬間接着剤 순간 접착제 / 瞬間速度 순간 속도 / 瞬間湯沸器 순간 온수기 / 瞬間冷凍 순간 냉동

**じゅんかん【循環】**순환 ◇循環する 순환하다, 순환되다 ¶マッサージをすれば血液の循環がよくなる 마사지를 하면 혈액 순환이 좋아진다. / このバスは市内を循環している 이 버스는 시내를 순환하고 있다. 関連 循環器 순환기 / 循環系 순환계 / 循環小数 순환 소수 / 循環バス 순환 버스 / 悪循環 악순환 / 景気循環 경기 순환

**しゅんき【春季】**춘계

**じゅんきゅう【準急】**준급행

**じゅんきょ【準拠】**준거 ◇準拠する 준거하다 ¶この参考書は教科書に準拠している 이 참고서는 교과서에 준거하고 있다.

**じゅんぎょう【巡業】**순회 공연 ¶彼らは日本各地を巡業した 그들은 일본 각지를 순회 공연했다. 関連 地方巡業 지방 순회 공연

**じゅんきょうじゅ【准教授】**부교수(副教授), 조교수(助教授) 参考 韓国の大学の職階では, 부교수は 교수(教授)の下, 조교수の上.

**じゅんきん【純金】**순금

**じゅんぎん【純銀】**순은

**じゅんけつ【純潔】**순결 [貞節] 정절 ◇純潔な 순결하다 ¶純潔を守る[失う] 순결을 지키다 [잃

다] / 純潔な心 순결한 마음

**じゅんけっしょう【準決勝】** 준결승 ¶彼らは強敵を破り準決勝に進んだ 그들은 강적을 깨고 준결승에 올라갔다.

**じゅんこう【巡航】** ¶その飛行機の巡航速度は500ノットだ 그 비행기의 순항 속도는 500노트다. / 飛行機は巡航速度に達した 비행기는 순항 속도에 다다랐다.

**じゅんさ【巡査】** 순경(巡警)〔警察官〕경찰관 ¶派出所の巡査 파출소 순경 関連巡査部長 경장(警長)／交通巡査 교통 순경

**しゅんじ【瞬時】** 순시, 삽시간, 순식간 ¶瞬時に消え去る 순식간에 사라져 가다 / 瞬時に理解する 순시에 이해하다 ⇨ 瞬間

**じゅんじ【順次】** 순차적으로, 차례차례 ¶商品が入り次第順次発送します 상품이 들어오는 대로 순차적으로 발송하겠습니다. ⇨順々に

**じゅんしせん【巡視船】** 순시선

**じゅんしゅ【遵守】** 준수 ◇遵守する 준수하다 ¶法律を遵守する 법률을 준수하다 ⇨従う, 守る

**じゅんじゅんけっしょう【準々決勝】** 준준결승

**じゅんじゅんに【順々に】** 차례차례 ¶生徒たちは順々に自己紹介をした 학생들은 차례차례 자기 소개를 했다. / 子供たちは順々にバスに乗り込んだ 아이들은 차례차례 버스에 올라탔다. / ブランコには順々に乗りましょうね 그네는 차례차례 탑시다. / 彼は仕事の方法を順々に説明した 그는 일의 방법을 차례로 설명했다. / 順々に仕事を片付けた 차례차례 일을 해치웠다.

**じゅんじょ【順序】** 순서 ¶このリストは順序が逆[めちゃくちゃ]になっている 이 리스트는 순서가 반대로[엉망진창이] 되어 있다. / プログラムに演奏される曲の順序が書いてあります 프로그램에 연주될 곡의 순서가 써 있습니다. / 名前, 住所, 電話番号の順序で記入した 이름, 주소, 전화번호 순으로 기입했다. / これらの本はアイウエオの順序に並んでいますから順番を狂わせないでください 이 책들은 아이우에오 순으로 배열되어 있으니까 순서를 흐트리지 마세요. / ものには順序がある 일에는 순서가 있다. / 順序を踏む 절차를 밟다 / 順序を誤る 순서가 틀리다

¶このファイルは順序よく並んでいる 이 파일은 순서대로 배열되어 있다. / イベントは順序どおりうまく進行した 이벤트는 순서대로 진행되었다. / 順序立てて説明してください 순서대로 설명해 주세요.

**じゅんじょう【純情】** 순정 ◇純情な[純真な] 순진한 ¶あの男は純情な娘をもてあそんだ 그 남자는 순진한 처녀를 농락했다.

**じゅんしょく【殉職】** 순직 ◇殉職する 순직하다 ¶火事で消防士が殉職した 화재로 소방사가 순직했다.

**じゅんじる【準じる】** 준하다 ¶前例に準じて賞与が決定された 전례에 준해서 상여가 결정되었다.

**じゅんしん【純真】** 순진 ◇純真だ 순진하다 ¶純真な子供の心を傷つけてはいけない 순진한 아이의 마음에 상처를 입혀서는 안 된다. / 純真無垢 순진 무구

**じゅんすい【純粋】** 순수 ◇純粋だ 순수하다 ¶これは純粋な金だ 이것은 순수한 금이다. / 純粋の珍島犬 순종 진돗개 / 彼の動機は純粋だった 그의 동기는 순수했다. / 純粋な気持ち 순수한 마음 / 純粋な好意 순수한 호의 関連純粋培養 순수 배양

**じゅんちょう【順調】** ◇順調だ 순조롭다 ◇順調に 순조로이 ¶手術後の経過は順調 수술 후의 경과는 좋다. / 準備は順調ですか 준비는 순조롭습니까? / すべて順調です 모두 순조롭습니다. / 計画は順調に運んでいる 계획은 순조로이 진행되고 있다. / 順調な滑り出しをする 순조로운 출발을 하다

**しゅんとう【春闘】** 〔労働組合の〕춘투, 춘기 임금 인상 투쟁

**じゅんとう【順当】** ◇順当だ〔当然の〕당연하다, 타당하다〔順調な〕순조롭다 ◇順当に 순조로이 ¶それは断るのが順当だろう 그것을 거절하는 것이 당연하지. / 順当にいけばチームは優勝だ 순조롭게 가면 우리 팀은 우승할 것이다.

**じゅんのう【順応】** 순응 ◇順応する 순응하다 ¶環境に順応する 환경에 순응하다 / 彼らは新しい生活に順応することができなかった 그들은 새로운 생활에 순응할 수 없었다. 関連順応性 순응성

**じゅんぱく【純白】** 순백 ¶純白のウエディングドレス 순백의 웨딩드레스

**じゅんばん【順番】** 순번, 순서(順序)〔行う順序〕차례 ¶名簿は順番がばらばらだ 이 명단은 순서가 엉망이다. / 彼女はファイルの順番を狂わせてしまった 그녀는 파일의 순서를 흐트리고 말았다. / 作品は年代の順番に展示されていた 작품은 연대순으로 전시되어 있었다.

¶「そんなところで何をしているの」「映画のチケットを買う順番を待っているのよ」"그런 데서 뭐 하고 있어?" "영화 티켓을 사려고 기다리고 있어." / その本を順番に回して見てください 그 책을 차례로 돌려서 봐 주세요. / スーパーでレジの順番を待っていた 슈퍼의 계산대 앞에서 차례를 기다리고 있었다. / 病院で1時間待ってやっと私の順番が来た 병원에서 한 시간이나 기다려 드디어 내 차례가 왔다. / ゲームをやる順番を決めようゲームを 할 순번을 결정하자.

**じゅんび【準備】** 준비 ◇準備する 준비하다, 마련하다, 장만하다

> **使い分け** 준비하다, 마련하다, 장만하다
> 준비하다 何かをするために必要なものをそろえること.
> 마련하다 何かの目的のために必要なのだが, 現在自分のところにないために買ってくるなどしてそれを整えること. また, 緊急性があって今必要だから用意すること. 対策や制度などを整えること.
> 장만하다 現在はそれがないために困るわけではないが, あったほうがふさわしいようなもの, 例えば家具や家などをきちんと整えること.

¶テストの準備はできてますか 시험 준비는 되어

있습니까? / 朝食の準備ができました 아침 준비가 되었습니다. / パーティーの準備に取りかかろう 파티 준비에 들어가자. / このところ祭の準備に追われている 요즘 축제 준비에 쫓기고 있다. / 展覧会の準備に1か月を費やした 전람회를 준비하는 데 한 달이 걸렸다. / 準備を怠ると何事もうまくいかない 준비를 게을리하면 무슨 일이건 잘 안 된다. / 準備は万全だ 준비는 만전이다. / 準備を整える準備를 갖추다 / 泳ぐ前に準備運動をしてください 수영하기 전에 준비 운동을 하세요.

¶妻は夕食の準備をしている 아내는 저녁 준비를 하고 있다. / 出かける準備をしてください 나갈 준비를 하세요. / 母が私の旅行の準備をしてくれた 엄마가 내 여행 준비를 done 주셨다. / お金を準備する 돈을 마련하다 / 冬物を準備する 겨울 옷을 장만하다

会話 準備がいいね
A : 困ったな、雨が降ってきた
B : 傘なら持ってるよ
A : 準備がいいね

A : 큰일 났다. 비 온다.
B : 우산이라면 있어.
A : 준비성이 좋은데.

A : ほらユナが来たぞ. 付き合ってくださいと言っちゃえよ
B : 待ってくれ. 心の準備ができていないんだ
A : 저기 윤아 온다. "사귀자"라고 말해.
B : 잠깐만. 마음의 준비가 안 됐어.

**しゅんぶん【春分】** 춘분 関連 春分点 춘분점 / 春分の日 춘분날

**じゅんもう【純毛】** 순모 ¶このコートは純毛だ 이 코트는 순모이다. / 純毛のセーター 순모 스웨터 関連 純毛製品 순모 제품

**じゅんゆうしょう【準優勝】** 준우승 ◇準優勝する 준우승하다 ¶彼女はテニスの競技会で準優勝した 그녀는 테니스 경기에서 준우승을 했다. 関連 準優勝者 준우승자

**じゅんようかん【巡洋艦】** 순양함

**じゅんれい【巡礼】** 순례 ◇巡礼する 순례하다 関連 巡礼者 순례자

**じゅんろ【順路】** 순로 ¶順路に従って進んでください 순로를 따라 앞으로 가 주세요. / 順路を外れる 순로를 벗어나다

**しょあく【諸悪】** 제악, 온갖 악 ¶金は諸悪の根源だ 돈은 온갖 악의 근원이다.

**じょい【女医】** 여의, 여의사

**しょいこむ【背負い込む】** 떠맡다 ¶他人の借金をしょい込む羽目になった 남의 빚을 떠맡게 처지가 되었다. / 厄介な仕事をしょい込む 귀찮은 일을 떠맡다

**しょう【小】** 소, 작음 ¶大は小を兼ねる 큰 것은 작은 것을 대신할 수 있다. / 僕のうちは小家族だ 우리 집은 소가족이다. ⇒小さい

**しょう【性】** 〔性質〕성질, 성미〔気質〕기질〔体質〕체질 ¶性が悪い 성질이 나쁘다. / 性に合う 성미에 맞다 / この仕事は私の性に合わない 이 일은 내 성미와 안 맞다. / そのような手段で金を稼ぐのは私の性に合わない 그런 수단으로 돈을 버는 것은 내 성미에 안 맞다. / 脂性(あぶらしょう) 지성

**しょう【省】** 성 (▶韓国의 부「部」에 상당하다) ¶外務省 외무성 (▶韓国의 외교 통상부「外交通商部」에 あたる)

**しょう【商】** 〔数学〕몫, 상 (▶상은 古い用語)

**しょう【章】** 장〔記章〕휘장〔徽章〕〔バッジ〕배지 ¶章を立てる 장을 만들다 / 第3章 제3장

**しょう【勝】** 승 ¶2勝する 2승하다

**しょう【証】** -증 〔あかし〕증거 ¶会員証 회원증

**しょう【賞】** 상 ¶彼は展覧会で金賞を取った 그는 전람회에서 금상을 받았다. / 彼は芥川賞を受けた 그는 아쿠다가와상을 받았다. / 賞を与える 상을 주다 関連 アカデミー賞 아카데미상 / 一等賞 일등상 / 残念賞 아차상 / 特賞 특상 / 努力賞 노력상 / ノーベル賞 노벨상

**しよう【仕様】** ❶〔方法〕방법, 방도, 수단 ¶ほかにしようがなかったのです 다른 방법이 없었어요. / なんとかしようがありそうなものだが どうしてもその方法がない 어떻게든 방법이 있을 것 같은데. / ミンスと連絡のしようがなかった 민수와 연락할 방도가 없었다. / 彼女の話を聞いて泣けてしようがなかった 그 여자의 이야기를 듣고 울음을 참을 수 없었다. / 彼はしようのないあまえだ 그 사람은 형편없는 게으름쟁이다. / 痛くてしようがない 아파서 죽겠다. / どうしようもない 어쩔 수 없다.

❷〔仕様書〕제원(諸元) ¶仕様を変更する 제원을 변경하다 / この製品は先月仕様の変更があった 이 제품은 지난달 제원의 변경이 있었다.

**しよう【私用】** 사용 ¶私用の電話 사용 전화 / 会社の電話を私用に使うべきではない 회사의 전화를 개인 용무로 쓰면 안 된다. / 父は私用で出かけています 아버지는 사적인 일로 나가셨습니다.

**しよう【使用】** 사용 ◇使用する 사용하다, 쓰다 ¶このパソコンはもう使用されない 이 컴퓨터는 이제 사용되지 않는다. / 非常口は緊急のとき以外は使用できません 비상구는 긴급시 이외는 사용할 수 없습니다. / このナイフはさまざまな用途に使用できる 이 칼은 여러 가지 용도로 쓸 수 있다.

¶この試験では電卓の使用が認められている 이 시험에는 전자계산기 사용이 허용된다. / 英語の授業では日本語の使用は禁止です 영어 수업 때는 일본어 사용은 금지입니다. / トイレは全部使用中 화장실은 전부 사용 중이다. / ご使用前に使用上の注意をよくお読みください 사용하시기 전에 사용상의 주의를 잘 읽어 주십시오. / 使用済みの乾電池をごみ箱に捨ててはいけない 다 사용한 건전지를 쓰레기통에 버리면 안 된다. / この薬の使用期限は来年の7月1日になっている 이 약의 사용 기한은 내년 칠월 1일로 되어 있다. / この腕時計は水中での使用にも耐える 이 손목시계는 수중에서 사용해도 견딘다.

関連 使用禁止 사용 금지 / 使用者 사용자〔雇用主〕고용주 / 使用済み核燃料 폐기 핵연료 / 使用人 사용인 / 使用料 사용료

**じょう【上】** 상 ❶〔上級〕상급 ¶にぎり寿司の上級 초밥 ❷〔接尾〕-상 ¶経験上 경험상

**じょう【条】** 조〔節〕줄기 ¶憲法第9条 헌법 제 9조 / 一条の光 한 줄기 빛

**じょう【情】** 정 ¶彼女は情の深い〔薄い〕人だ 그녀는

는「정이 깊은[박정한] 사람」이다. / 彼は情にもろくてすぐほろりとなる 그는 정에 약해서 금세 눈시울이 뜨거워진다. / 情にほだされてはいけない 정에 얽매여서는 안 된다. / 長くいっしょに住んでいると相手に情が移る 오래 같이 살면 상대에게 정이 든다. / 哀れみの情 연민의 정

**じょう【畳】** 장 ¶6畳間 다타미 여섯 장 넓이의 방

**じょう【嬢】**-양 ¶小川嬢 오가와 양 / 受付嬢 접수처 여직원

**じょう【錠】** 자물쇠 [錠剤의] 정, 알 ¶寝る前には必ずドアの錠をかけなさい 자기 전에 반드시 문을 잠가라. / ドアの錠を外す 문의 자물쇠를 풀다
¶この薬を毎食後3錠飲んでください 이 약을 하루 세 번 식후에 세 알씩 드세요.

**じょうあい【情愛】** 사랑, 애정(愛情)

**しょうあく【掌握】** 장악 ◇掌握する 장악하다
¶彼は課長として部下の掌握に努めた 그는 과장으로서 부하를 장악하는 데 힘썼다. / 政権を掌握する 정권을 장악하다

**じょうい【上位】** 상위 ¶彼女はクラスで僕より上位にいる 그녀는 반에서 나보다 상위에 있다. / 私は彼より成績が上位だ 나는 그보다 성적이 상위다. / 上位入賞する 상위 입상하다 ⇒上

**しょういん【勝因】** 승인 ¶きょうの試合の勝因はピッチャーがよかったせいだ 오늘 경기의 승인은 피처가 잘 던졌기 때문이다.

**じょういん【上院】** [議会의] 상원 ¶米上院議員 미 상원 의원

**じょういん【乗員】** 승무원(乗務員)

**じょうえい【上映】** 상영 ◇上映する 상영하다
¶『ブラザーフッド』は渋谷の映画館で上映中だ "태극기 휘날리며"는 시부야의 영화관에서 상영 중이다. / 映画の上映は約2時間です 영화 상영 시간은 약 두 시간입니다. / 絶賛上映中 절찬 상영 중 / 近日上映 근일 상영
¶この映画館は今韓国映画を上映している 이 영화관에서는 지금 한국 영화를 상영하고 있다. / その映画は来月から上映される 그 영화는 다음 달부터 상영된다.

**しょうエネ【省エネ】** 에너지 절약 ¶経費節減のため省エネ対策をとった 경비 절감을 위해 에너지 절약 대책을 강구했다. / 省エネのためにエアコンは28度に設定してください 에너지 절약을 위해 에어컨은 28도로 설정해 주십시오.

**じょうえん【上演】** 상연 ◇上演する 상연하다
¶この劇場では歌舞伎を上演している 이 극장에서는 가부키를 상연하고 있다. / そのミュージカルは長期間上演されている 그 뮤지컬은 장기간 상연되고 있다.

**じょうおん【常温】** 상온 ¶この食べ物は常温で1週間もつ 이 음식은 상온에서 일 주일은 간다 [괜찮다].

**しょうか【消火】** 소화, 진화(鎮火) ◇消火する 소화하다, 진화하다, 불을 끄다 ¶消防隊が火事を消火するのに1時間もかからなかった 소방대가 화재를 진화하는 데 한 시간도 채 걸리지 않았다. 関連 消火器 소화기 / 消火訓練 소화 훈

련 / 消火栓 소화전

## しょうか

**【消化】** 소화 ◇消化する 소화하다
¶この野菜は消化がよい[悪い] 이 야채는 소화가 잘된다[안된다]. / この薬は消化を助ける 이 약은 소화를 돕는다. / 肉は消化にどれくらい時間がかかりますか 고기는 소화되는 데 어느 정도 시간이 걸립니까? / 彼は食べすぎで消化不良を起こした 그는 너무 많이 먹어서 소화 불량이 되었다.
¶彼は消化しきれないほどの仕事を抱えていた 그는 소화해 내지 못할 정도의 일을 떠맡고 있었다. / こんなきついスケジュールを消化するのは無理だ 이런 힘든 스케줄을 소화해 내는 것은 무리다. 関連 消化液 소화액 / 消化器官 소화 기관 / 消化剤 소화제

**しょうが【生姜】** 생강 関連 紅しょうが 붉은색으로 물들인 생강

**じょうか【浄化】** 정화 ◇浄化する 정화하다
¶腐敗した政界を浄化することが必要だ 부패한 정계를 정화할 필요가 있다. / ここの水は汚れているので浄化しなくては飲めない 이곳의 물은 더럽기 때문에 정화하지 않으면 마실 수 없다. 関連 浄化運動 정화 운동 / 浄化槽 정화조 / 浄化装置 정화 장치

**しょうかい【商会】** 상회 ¶山本商会 야마모토 상회

## しょうかい

**【紹介】** 소개 ◇紹介する 소개하다 ¶キョンホの紹介でミョンイと会った 경호의 소개로 미영이와 만났다. / 彼は紹介の必要もないほどよく知られていた 그는 소개할 필요도 없을 정도로 잘 알려져 있었다. / 鈴木さんはすでに皆さんに紹介済みです 스즈키 씨는 이미 모든 분들에게 소개했습니다.
¶私はヨンエを両親に紹介した 나는 영애를 부모님께 소개했다. / 自己紹介させていただきます。鈴木博と申します 제 소개를 하겠습니다. 스즈키 히로시라고 합니다. / キム・ソンフン氏を紹介します 김성훈 씨를 소개하겠습니다. / 彼は私を奥さんに紹介してくれた 그 사람은 나를 부인에게 소개했다. / 友人を紹介します。こちらはパク・チョルス君です 친구를 소개하겠습니다. 이쪽은 박철수 씨입니다.
¶私は取引先の部長に正式に紹介された 나는 거래처 부장님께 정식으로 소개되었다. / ただいまご紹介にあずかりました松井崇です 방금 소개받은 마쓰이 다카시입니다. / その韓国料理店は雑誌で紹介された その韓国料理店 장지에 소개되었다. 関連 紹介者 소개자 / 紹介状 소개장

**しょうかい【照会】** 조회 ◇照会する 조회하다
¶数年前に出版された本について出版社に照会した 몇 년 전에 출판된 책에 대해서 출판사에 조회했다. / 照会の電話が鳴り続けた 조회 전화가 계속 울렸다. 関連 照会先 조회처 / 照会状 조회장 / 残高照会 잔고 조회 / 身元照会 신원 조회

## しょうがい

**【生涯】** 생애, 평생(平生) ¶山田教授はがんの研究に生涯を捧げた 야마다 교수님은 암 연구에 평생을 바쳤다. / 彼は短いが波乱に富んだ生涯を送った 그는 짧지만 파란만장한 생애를 보냈다. / 彼女は34年

の短い生涯を終えた 그녀는 34년간의 짧은 생애를 마쳤다. / 私は韓国で生涯の友となるキム・ジェウク君に出会った 나는 한국에서 평생 친구가 될 김재욱 씨를 만났다. / きょうはわが生涯の最良の日だ 오늘은 내 생애에서 최고의 날이다.
¶彼は生涯3度結婚した 그는 평생 세 번 결혼했다. / この経験は生涯忘れないだろう 이 경험은 평생 잊을 수 없을 것이다. / 彼は生涯独身で通した 그는 평생을 독신으로 보냈다. 関連 生涯教育 평생 교육 / 生涯賃金 평생 임금

**しょうがい**【渉外】섭외 ¶彼が渉外の担当です 그가 섭외 담당입니다. 関連 渉外係 섭외 담당

**しょうがい**【傷害】상해 ¶彼は酔って客のひとりに傷害を加えた 그는 술 취해서 손님 한 명에게 상처를 입혔다. / その男は傷害罪で逮捕された 그 남자는 상해죄로 체포되었다. 関連 傷害事件 상해 사건 / 傷害致死 상해 치사 / 傷害保険 상해 보험

**しょうがい**【障害】장애(障碍) ¶彼は体に障害がある 그는 몸에 장애가 있다. / 聴力を失うことは音楽家にとって致命的な障害となる 청력을 잃는 것은 음악가에게 있어서 치명적인 장애가 된다. / 障害を乗り越える 장애를 극복하다 / 障害にぶつかる 장애에 부딪히다 関連 障害者 장애자, 장애인 / 障害物 장애물 / 障害物競走 장애물 경주, 장애물 달리기 / 胃腸障害 위장 장애 / 言語障害 언어 장애

**じょうがい**【場外】장외 関連 場外馬券売り場 마권 장외 발매소 / 場外ホームラン 장외 홈런

**しょうかく**【昇格】승격(▶発音は 승격) ◇昇格する 승격하다, 승격되다 ¶市に昇格した 시로 승격되다 / 彼は課長に昇格した 그는 과장으로 승진했다.

**しょうがく**【小額】소액 関連 小額紙幣 소액 지폐

**しょうがく**【少額】소액, 적은 돈 ¶私には少額の貯金があるだけだ 나에게는 소액의 저금이 있을 뿐이다.

**しょうがくきん**【奨学金】장학금 ¶奨学金を受ける 장학금을 받다 / 彼は奨学金をもらって大学を出た 그는 장학금을 받고 대학을 나왔다.

**しょうがくせい**【奨学生】장학생

**しょうがくせい**【小学生】초등학생(初等学生)

**しょうがつ**【正月】정월, 설 [元旦] 원단, 설날 아침 ¶正月を過ごす 설을 쇠다 / 今年の正月休みにはスキーをする予定だ 올해 설날 휴일에는 스키를 탈 예정이다. / 正月一日 설날

**しょうがっこう**【小学校】초등학교(初等学校) ¶弟は小学校3年生です 동생은 초등학교 3학년입니다. / 妻は小学校の教師をしています 아내는 초등학교 교사입니다.

**しようがない** ⇨仕様

**じょうかまち**【城下町】성곽 도시(城郭都市)

**しょうかん**【召喚】소환 ◇召喚する 소환하다 ¶証人を召喚する 증인을 소환하다 / 裁判所に召喚される 법원에 소환되다 関連 召喚状 소환장

**しょうき**【正気】[健全な精神状態] 제정신 [本気] 본심, 진심 ¶彼は正気ではない 그는 제정신이 아니다. / 彼は正気だ 그는 본심이다. / 彼は

正気に戻らないだろう 그는 제정신으로 돌아오지 않을 것이다. / 彼女は麻薬をやりすぎて正気を失った 그녀는 마약을 너무 먹어서 제정신을 잃었다. / そんな危険な場所へ行くなんて正気の沙汰ではない そんな위험한 장소에 가다니 제정신이 아니구나. / 釜山からソウルまで歩いてみようと思うんだ」「えっ,正気かい」"부산에서 서울까지 걸어서 가려고 하는데." "뭐? 제정신이야?"

**しょうぎ**【将棋】¶将棋を指す 장기를 두다 / コンサートに詰めかけたファンが将棋倒しになった 콘서트에 몰려든 팬이 도미노처럼 쓰러졌다. 関連 将棋盤 장기판 / 詰め将棋 외통 장기

**じょうき**【常軌】상궤 ¶常軌を逸する 상궤를 벗어나다

**じょうき**【蒸気】증기 ¶蒸気を出す 증기를 내다 / やかんから蒸気が上がった 주전자에서 증기가 났다. 関連 蒸気機関 증기 기관 / 蒸気機関車 증기 기관차 / 蒸気船 증기선, 기선 / 蒸気タービン 증기 터빈

**じょうぎ**【定規・定木】자 ¶定規で線を引く 자로 선을 긋다 関連 三角定規 세모자, 삼각자 / T定規 티자

**じょうきげん**【上機嫌】좋은 기분 ¶彼は酔って上機嫌だった 그는 취해서 기분이 좋은 것 같았다. / きょうは上機嫌だね. 何かいいことでもあったの 오늘은 기분이 좋네. 뭐 좋은 일 있었어?

**しょうきぼ**【小規模】소규모 ¶彼は小規模な工場を経営している 그는 소규모 공장을 경영하고 있다.

**しょうきゃく**【焼却】소각 ◇焼却する 소각하다 ¶ごみを焼却する 쓰레기를 소각하다 / 焼却処分 소각 처분 関連 焼却炉 소각로

**じょうきゃく**【乗客】승객 ¶この飛行機は300人以上の乗客を乗せることができる 이 비행기는 300명 이상의 승객을 태울 수 있다. 関連 乗客名簿 승객 명단

**しょうきゅう**【昇給】승급 ◇昇給する 승급하다, 승급되다 ¶今年はあまり昇給が期待できない 올해는 별로 승급을 기대할 수 없다. / 3％昇給した 3퍼센트 승급했다. 関連 定期昇給 정기 승급

**じょうきゅう**【上級】상급 ¶小学校では先輩は私たちの2年上級だった 초등학교 때 그 선배는 우리보다 두 학년 높았다. 関連 上級クラス 상급반, 고급반(高級班) / 上級コース 상급[고급] 코스 / 上級生 상급생, 현내기 / 上級品 고급품(高級品)

**しょうきょ**【消去】소거 ◇消去する 소거하다 [消す] 지우다 ¶ICレコーダーに録音しておいた曲を消去した IC레코더에 녹음해 둔 곡을 소거했다. / うっかりハードディスクのデータを消去してしまった 깜빡하고 하드 디스크의 데이터를 소거해 버렸다.

**しょうぎょう**【商業】상업 [商売] 장사 ¶父は商業に従事している아버지는 상업에 종사하고 계신다. / 商業が盛んだった町が繁栄した 상업이 번성해서 마을이 번영했다. / 福岡は九州地方の商業の中心地だ 후쿠오카는 규슈 지방의 상업 중심지다. / 大阪は伝統的な商業都市だ 오사카는

전통적인 상업 도시이다. / 商業化する 상업화되다 / 関連 商業英語 상업 영어 / 商業界 상업계 / 商業銀行 상업 은행 / 商業高校 상업 고등학교 / 商業主義 상업주의 / 商業通信文 상업 통신문 / 商業放送 상업 방송 / 商業簿記 상업 부기

**じょうきょう【上京】** 상경 ◇上京する 상경하다
¶母が田舎から上京中です 어머니께서는 도쿄에 와 계신다.

**じょうきょう【状況・情況】** 상황 ◇状況が変わる 상황이 변하다 / 状況が突然悪化した 상황이 갑자기 악화되었다. / 状況はきっとよくなる 상황은 반드시 좋아진다. / 状況を把握する 상황을 파악하다 / 状況を打開する 상황을 타개하다 / 状況判断を誤る 상황 판단을 잘못하다 / 資金不足で会社は絶望的な状況にある 자금 부족으로 회사는 절망적인 상황에 있다.
¶目下の状況では 지금 상황에서는 / どんな状況でも 어떤 상황에서도 関連 状況証拠 상황 증거

**しょうきょく【消極】** ◇消極的だ 소극적이다
¶彼は消極的な態度を取った 그는 소극적인 태도를 취했다. / 彼女は消極的な性格をしている 그녀는 소극적인 성격이다. / 会社は新しい技術を取り入れるのに消極的だった 회사는 새로운 기술을 도입하는 데 소극적이었다. / そんなに消極的になっていないでユミをデートに誘えよ 그렇게 소극적으로 굴지 말고 유미에게 데이트 신청해. 関連 消極的証拠 소극적 증거, 반증(反証) / 消極策 소극책 / 消極主義 소극주의 / 消極性 소극성

**しょうきん【賞金】** 상금 ¶賞金を出す 상금을 걸다 / 彼女はクイズ番組で賞金200万円を獲得した 그녀는 퀴즈 프로에서 상금 200만 엔을 획득했다.
¶賞金獲得者 상금 획득자

**じょうきん【常勤】** 상근 ¶常勤で働く 상근으로 일하다 関連 常勤者 상근자 / 常勤役員 상근 임원 / 非常勤 비상근

**じょうくう【上空】** 상공 ¶飛行機はソウル上空を通過した 비행기는 서울 상공을 통과했다.

**しょうぐん【将軍】** 장군 関連 将軍家 장군의 가문

**じょうげ【上下】** 상하, 위아래 ◇上下に 상하로, 위아래로 ◇上下する 오르내리다 ¶乱気流の影響で飛行機は上下に激しく揺れた 난기류의 영향으로 비행기는 상하로 심하게 흔들렸다. / 彼は旗を上下に動かして合図を送った 그는 깃발을 위아래로 흔들어서 신호를 보냈다. / 波が上下にうねっていた 파도가 위아래로 너울거렸다.
¶ピストンは上下運動を繰り返していた 피스톤은 상하 운동을 반복하고 있었다. / 金価格は毎日上下する 금 가격은 매일 오르내린다. / 私は上下 2巻の小説を買った 나는 상하 두 권의 소설을 샀다. / 中央線は上下線とも不通になっている 주오 선은 상행 하행 모두 불통이 되었다.
¶このレバーを上下左右に動かして 이 레버는 상하 좌우로 움직인다. / 背広上下で 2万円というのは安いなあ 양복 한 벌에 2만 엔은 싸다. / 上下の別なく 상하의 구별없이 関連 上下関係 상하관계 / 上下水道 상하수도

**じょうけい【情景】** 정경 ⇨光景

**しょうげき【衝撃】** 충격 ◇衝撃的だ 충격적이다
¶車のバンパーは衝突の衝撃を吸収する 차의 범퍼는 충돌시의[충돌로 인한] 충격을 흡수한다. / そのニュースは全世界の人々に衝撃を与えた そのニュースは전세계 사람들에게 충격을 주었다. / 私はその光景に大きな衝撃を受けた 나는 그 광경에 큰 충격을 받았다. / その女優は不倫をしたという衝撃的な告白をした 그 여배우는 불륜을 했다고 충격적인 고백을 했다. / 衝撃的な発言 충격적인 발언 関連 衝撃波 충격파

**しょうけん【証券】** 증권 [債券] 채권 [株券] 주권(►「券」の発音はいずれも뭔) 関連 証券会社 증권 회사 / 証券市場 증권 시장 / 証券取引所 증권 거래소 / 有価証券 유가 증권

**しょうげん【証言】** 증언 ◇証言する 증언하다
¶目撃者の証言をもとに犯人の割り出しを急いだ 목격자의 증언을 토대로 범인 색출을 서둘렀다. / 被告に不利[有利]な証言をする 피고에게 불리한[유리한] 증언을 하다 / 法廷で彼の無実を証言した 법정에서 그 사람의 무죄를 증언했다. / 証言台に立つ 증언대에 서다

## じょうけん【条件】 조건(►発音は 조건)

**◆〖条件が・条件は〗**

¶君の案に同意するにはいくつか条件がある 네가 낸 안에 동의하는 데는 몇 가지 조건이 있다. / 君の会社は勤務条件がいいね 네 회사는 근무 조건이 좋네. / このスポーツクラブは入会条件が厳しい 이 스포츠 클럽은 가입 조건이 까다롭다. / 他の条件が同じなら私はこの仕事を選ぶ 다른 조건이 같다면 나는 이 일을 선택한다. / 世界記録の出る条件がそろっていた 세계 신기록을 낼 조건이 갖추어져 있었다. / そんな条件は認められない 그런 조건은 인정하지 못한다.

**◆〖条件で・条件には〗**

¶週給で食事付きという条件でその店で働くことにした 주급이고 식사 제공이라는 조건으로 그 가게에서 일하기로 했다. / 彼はその家をいい条件で買った 그는 그 집을 좋은 조건으로 샀다. / ガソリンを満タンにして返すという条件でなら車を貸してあげるよ 기름을 가득 채워 돌려준다는 조건이라면 차를 빌려 줄게. / どんな条件で相手の提案に同意したのか 어떤 조건으로 그 측의 제안에 동의한 거야? / 契約の条件で部屋で犬や猫を飼えない 계약 조건으로 방에서 개나 고양이를 키울 수 없다. / 条件付きで 조건부로

¶彼は匿名を条件に取材に応じた 그는 익명을 조건으로 취재에 응했다. / 残念ですがあなたは当社の採用条件には合いません 유감스럽지만 당신은 우리 회사 채용 조건에는 맞지 않습니다. / 「この仕事引き受けてくれないかな?」「条件によるよ」"이 일을 맡아 주지 않을래?" "조건에 따라서." / 無条件に受け入れる 무조건 받아들이다

**◆〖条件を〗**

¶そんな条件を受け入れるわけにはいかない 그런 조건을 받아들일 수는 없다. / 相手はきっと契約にいろいろ条件を付けてくるだろう 상대는 분명히 계약에 여러 가지 조건을 붙여 오겠지. / そちらの条件を飲むしかないようだね 그쪽 조건에 따를

수밖에 없겠어. 関連 条件反射 조건 반사 / 交換条件 교환 조건 / 必須条件 필수 조건 / 必要十分条件 필요충분조건 / 付帯条件 부대 조건 / 無条件降伏 무조건 항복 / 立地条件 입지 조건

## しょうこ【証拠】증거
◆[証拠が・証拠は]

¶僕が金を盗んだという証拠があるのかい 내가 돈을 훔쳤다는 증거라도 있어? / 彼が現場にいたという証拠がある 그 사람이 현장에 있었다는 증거가 있다. / 証拠がないのに他人を疑うものじゃない 증거도 없는데 남을 의심하는 거 아니야. / この証拠は彼らがその強盗事件に関与していたことを示している 이 증거는 그들이 그 강도 사건에 관여하고 있었다는 것을 보여 주고 있다.

◆[証拠で・証拠だ]

¶不十分な証拠で判断するな 불충분한 증거로 판단하지 마. / その男はうそをついているに違いない。態度が何よりの証拠だ 그 남자는 거짓말을 하고 있는 게 틀림없다. 무엇보다도 태도가 증거야. / その男の泥まみれの靴はぬかるみを歩いてきた証拠だった 그 남자의 진흙투성이 구두는 진흙탕 길을 걸어왔다는 증거다. / 「彼女は新しいことをすぐ覚えちゃうんだ」「頭がいい証拠だよ」 "그녀는 새로운 것을 곧 배우거든." "머리가 좋다는 증거야."

◆[証拠に・証拠を]

¶キョンヒは怒っているよ。その証拠にきょう来なかったじゃないか 경희는 화나 있어. 그 증거로 오늘 안 왔잖아. / 我々はあの女がスパイだという証拠を握っている 우리는 그 여자가 간첩이라는 증거를 쥐고 있다. / 動かぬ証拠を突きつけられてその男は犯行を自供した 확실한 증거를 들이대자 그 남자는 범행을 자백했다.

◆[その他]

¶その証拠から彼が無実であることが証明された 그 증거로부터 그가 무죄라는 것이 증명되었다. / 彼女は証拠不十分のため起訴されなかった 그녀는 증거 불충분으로 기소되지 않았다. / 証拠隠滅のおそれがあるので彼は保釈を許されなかった 증거 은폐의 가능성이 있기 때문에 그는 보석이 허락되지 않았다. / 警察は証拠固めに少し時間がかかった 경찰은 증거 확보에 시간이 조금 걸렸다. 関連 証拠写真 증거 사진 / 証拠書類 증거 서류 / 証拠品 증거품 / 証拠物件 증거 물건 / 状況証拠 상황 증거 / 物的証拠 물적 증거

しょうご【正午】정오 ¶正午の時報 정오의 시보

しょうこう【小康】소강 ¶国境をめぐる両国間の対立はしばらく小康を保った 국경을 둘러싼 양국 간의 대립은 잠시 소강 상태를 유지했다. / 手術後の彼の容態は小康状態にある 수술 후 그의 병세는 소강 상태이다. / 小康状態になる 소강 상태에 접어들다

しょうこう【将校】장교 ¶陸軍[海軍]将校 육군[해군] 장교

しょうこう【商工】상공, 상업과 공업 関連 商工会議所 상공 회의소 / 商工業 상공업 / 商工組合 상공 조합

しょうこう【焼香】분향 ◇焼香する 분향하다 ¶仏前に焼香する 불전에 분향하다 / 先生の葬儀ではたくさんの人々が焼香した 선생님의 장례식에는 많은 사람들이 분향했다.

しょうごう【照合】대조 확인 ◇照合する 대조 확인하다 ¶警官は免許証の写真と書類の写真を照合した 경찰관은 면허증 사진과 서류 사진을 대조 확인했다.

しょうごう【称号】칭호〔学位〕학위 ¶彼女はその論文によってドクターの称号を得た 그녀는 그 논문으로 박사 학위를 받았다. / 名誉博士の称号が彼に贈られた 그는 명예박사 학위를 받았다.

じょうこう【条項】조항 ¶法律の条項 법률 조항

しょうこうぐち【昇降口】승강구

じょうこく【上告】상고 ◇上告する 상고하다 ¶最高裁に上告する 대법원에 상고하다

しょうこり【性懲り】¶彼は性懲りもなくまだギャンブルを続けている 그는 질리지도 않고 아직도 도박을 계속하고 있다.

しょうこん【商魂】상혼 ¶彼女は商魂たくましく金をもうけた 그녀는 악착같이 돈을 벌었다. / この地方には商魂たくましい人が多い 이 지방에는 악착 같은 장사꾼이 많다.

しょうさい【商才】¶彼には商才がある 그 사람에게는 장사의 재주가 있다.

しょうさい【詳細】상세 ◇詳細だ 상세하다, 자세하다 ◇詳細に 상세히, 자세히 ¶詳細は係員にお問い合わせください 상세한 것은 담당자에게 문의해 주십시오. / 詳細な報告 상세한 보고 / 詳細な計画書 상세한 계획서 / 詳細に報告する 상세하게 보고하다 / ガイドは登山ルートを詳細に説明した 가이드는 등산 루트를 자세히 설명했다.

じょうざい【錠剤】정제, 알약 ¶錠剤を2錠飲んだ 알약을 두 알 먹었다. 数え方 錠剤1錠 알약 한 알

しょうさっし【小冊子】소책자

しょうさん【賞賛・称賛】칭찬, 찬양 ◇賞賛する 칭찬하다, 찬양하다 ◇賞賛される 칭찬을 받다 ¶新聞はその警察官の勇気を賞賛した 신문은 그 경찰관의 용기를 칭찬했다. / 彼の勇敢な行動は賞賛に値する 그의 용감한 행동은 칭찬받을 만하다. / 子供たちはその축구選手を賞賛の目で見た 아이들은 그 축구 선수를 찬양하는 눈으로 보았다. / 彼は学校中の賞賛の的であった 그는 학교 전체의 칭찬의 대상이었다.

しょうさん【勝算】승산 ¶我々のチームには勝算がない[ある] 우리 팀에는 승산이 없다[있다]. / 勝算のない試合 승산이 없는 시합

しょうし【焼死】소사 ◇焼死する 소사하다 ¶3人が火事で焼死した 세 명이 화재로 숨졌다. 関連 焼死者 소사자 / 焼死体 소사체

しょうじ【障子】장지 ¶障子を張る 장지를 바르다 関連 障子紙 장지문 종이, 창호지(窓戸紙)

じょうし【上司】상사 ¶佐藤さんが新しい上司です 사토 씨가 새로운 상사입니다. / 上司の命令 상사의 명령

じょうじ【常時】상시, 항시, 늘 ⇨いつも

**じょうじ【情事】** 정사 ¶情事におぼれる 정사에 빠지다

**しょうじき【正直】** 정직 ◇正直だ 정직하다 [率直だ] 솔직하다 ◇正直に 정직히 [率直に] 솔직히 ¶ヨンヒは正直だ 영희는 정직하다. / あいつの正直さは疑問だ 걔의 정직함은 의심스럽다. / 私の質問に正直に答えなさい 내 질문에 솔직히 대답해라. / 正直言ってこれは私の手に余る 솔직히 말해서 이 일은 나한테 벅차다. 正直な人柄なのでミンスが好きだ 사람이 정직해서 민수가 좋다. / 正直なところ君の考えには賛成できない 솔직히 말하면 네 생각에는 찬성할 수 없다.

**じょうしき【常識】** 상식 ◇常識的な 상식적인 ¶訪問する前に電話を入れるのは常識だ 방문하기 전에 전화를 하는 것은 상식이다. / そんなことは常識だ 그런 것은 상식이다. / 現代社会ではコンピュータが不可欠なことは常識になっている 현대 사회에서 컴퓨터가 필수라는 것은 상식이다. / 彼には常識がない 그는 상식이 없다.
¶常識を身につける 상식을 몸에 익히다 / 常識を働かせる 상식적인 판단을 하다 / 常識に欠ける 상식이 없다 / 常識的な意見 상식적인 의견 / 常識的に考える 상식적으로 생각하다 / 常識外れの振る舞い 상식을 벗어난 행동

**しょうしつ【焼失】** 소실 ◇焼失する 소실하다, 소실되다 ¶店舗はどうにか焼失を免れた 점포는 가까스로 소실의 위기는 면했다. / 地震で多くの家屋が焼失した 지진으로 많은 가옥이 소실되었다. / 文化財が焼失した 문화재가 소실되었다. / 財産を焼失る 재산을 소실하다 / 焼失した建物·焼失家屋 소실 가옥

**じょうしつ【上質】** 상질, 양질(良質) ◇上質の 질이 좋은 ¶上質のワイン[生地] 질이 좋은 포도주[옷감] / 上質の素材 양질의 소재 関連 上質紙 상질지 ⇒関連

**しょうしゃ【勝者】** 승자 ¶勝者と敗者 승자와 패자

**しょうしゃ【商社】** 상사 ¶彼は商社マンだ 그는 상사에 근무한다. 関連 総合商社 종합 상사

**じょうしゃ【乗車】** 승차 ◇乗車する 승차하다, 타다 ¶2番線の列車に乗車してください 2번 플랫폼의 열차를 타십시오. / タクシーに乗車拒否をされた 택시 승차 거부를 당했다. / 無賃乗車を見つけられた 무임승차를 걸었다. 関連 乗車口 승차구 / 乗車券 승차권 / 乗車券売り場 표사는 곳, 승차권 판매소, 매표소 / 乗車賃 운임(運賃)

**じょうじゅ【成就】** 성취 [達成] 달성 ◇成就する 성취하다, 성취되다 [達成] 달성하다 ¶目的を成就するまでは決してあきらめてはいけない 목적을 성취하기까지는 결코 포기해서는 안 된다. 関連 大願成就 대원 성취

**しょうしゅう【召集·招集】** 소집 ◇召集[招集]する 소집하다 ¶招集に応じる 소집에 응하다 / 予備兵を招集する 예비병을 소집하다 / 特別国会が招集された 특별 국회가 소집되었다. / 株主総会のため株主が招集された 주주 총회를 위해 주주들이 소집되었다. 関連 召集令状 소집 영장, 소집 명령서

**しょうじゅう【小銃】** 소총 関連 小銃弾 소총탄

**じょうしゅう【常習】** 상습 ◇常習的な 상습적인 ¶たばこがいつのまにか常習になった 담배가 어느새 상습화되었다. / 彼女は遅刻の常習犯だ 그녀는 지각 상습범이다. 関連 常習犯 상습범

**じょうじゅつ【上述】** 상술, 전술(前述) ◇上述する 상술하다 ¶上述のとおり 상술한 대로

**じょうじゅん【上旬】** 상순 ¶来月上旬 다음 달 상순

**しょうしょ【証書】** 증서 [証明書] 증명서 ¶公正証書を作成する 공정 증서를 작성하다 / 卒業証書を手にする 졸업장[졸업증]을 받다 関連 借用証書 차용 증서

**しょうじょ【少女】** 소녀 ¶彼女は少女趣味があった 그녀는 소녀 취미가 취미가 있었다. 関連 少女時代 소녀 시절 / 少女漫画 소녀 만화

**しょうしょう【少々】** [数量] 조금, 약간 [時間] 잠시, 잠깐 ¶こしょうを少々かける 후추를 조금 뿌리다 / 塩を少々加えてください 소금을 약간 넣어 주세요. / 少々の間違いは目をつぶろう 약간의 실수는 눈감아 주지. / 少々お待ちください 잠시 기다려 주십시오. / 彼は少々のことではへこたれない 그는 여간한 일로는 지치지 않는다.

**しょうじょう【症状】** 증상 ¶症状が出る 증상이 나타나다 / 風邪のような症状がある 감기같은 증상이 있다. / 子供たちは食中毒の症状を呈していた 아이들은 식중독 증상을 보이고 있었다. / 患者の症状が悪化した 환자의 증상이 악화됐다. / 母の症状は回復に向かっている 어머니의 증상은 회복되고 있다. 関連 禁断症状 금단 증상 / 脱水症状 탈수 증상 / 自覚症状 자각 증상

**しょうじょう【賞状】** 상장(▶発音は賞状) ¶賞状を授与する 상장을 수여하다 / 彼は美術展に入選して賞状をもらった 그는 미술전에 입선해서 상장을 받았다.

**じょうしょう【上昇】** 상승 ◇上昇する 상승하다, 올라가다 ¶気温の上昇 기온의 상승 / 上昇気流に乗る 상승 기류를 타다 / 物価が上昇する 물가가 상승하다

**じょうじょう【情状】** 정상 ¶情状酌量の余地がない 정상 참작의 여지가 없다.

**しょうしょく【小食·少食】** 소식(↔대식) ¶彼女は小食だ 그녀는 소식가다. / きょうは小食だね 오늘은 소식하네. 関連 小食家 소식가

**じょうしょく【常食】** 상식 [主食] 주식 ¶日本や韓国では米を常食としている 일본이나 한국에서는 쌀을 주식으로 하고 있다. / 牛は牧草を常食としている 소는 목초를 먹고 산다.

**しょうじる【生じる】** 생기다 [起こる] 일어나다 [発生する] 발생하다 ¶困った事態が生じた 곤란한 사태가 생겼다. / 結婚してから生活に大きな変化が生じた 결혼하고부터 생활에 큰 변화가 생겼다. / その事故は彼のスピードの出し過ぎから生じた 그 사고는 그가 속도를 너무 내서 일어났다. / 日韓間に貿易不均衡が生じた 일한간에 무역 불균형이 생겼다. / 彼女の話から我々の間に誤解が生じた 그 여자의 말로 인해 우리 사이에 오해가 생겼다. / 思わぬ結果が生じた 생각지도 못한 결과가 생겼다. / こぶが生じる 혹이 생기다 · 静電気が生じる 정전기가 일어나다

**じょうじる【乗じる】** 틈을 타다, 이용하다
¶人の弱みに乗じる 사람의 약점을 이용하다 / 泥棒は闇に乗じて店に忍び込んだ 도둑은 어둠을 틈타 가게에 몰래 들어왔다.

**しょうしん【小心】** ◇小心だ 소심하다 ¶彼は意外にも小心だ 그는 의외로 소심하다. 関連小心者 소심자

**しょうしん【昇進】** 승진 ◇昇進する 승진하다
¶彼は昇進が早い 그는 승진이 빠르다. / 私にはこれ以上昇進の見込みがない 나에겐 더 이상 승진할 가망이 없다. / 異例の昇進 이례적인 승진 / 彼は課長に昇進した 그 사람은 과장으로 승진했다.

**しょうじん【精進】** 정진 ◇精進する 정진하다
¶私は研究に精進することに決めた 나는 연구에 정진하려고 마음먹었다. 関連精進料理 사찰 음식(寺刹飲食)

**しょうしんしょうめい【正真正銘】** 진정, 진짜, 틀림없이 ¶正真正銘の金貨 틀림없는 금화 / これは正真正銘ゴッホが描いた絵 이것이 틀림없이 고흐가 그린 그림이다.

**じょうず【上手】** ◇上手だ 잘하다, 능숙하다 ◇上手に 잘, 멋지게, 능숙하게
¶母は料理が上手だ 어머니는 요리를 잘하신다. / 彼は英語も韓国語も上手だ 그 사람은 영어도 한국어도 다 잘한다. / 彼女は子供の扱いがとても上手だ 그녀는 아이를 다루는 것이 아주 능숙하다. / 彼は上手な日本語で自分の意見を述べた 그는 유창한 일본말로 자기 의견을 말했다. / 彼女は商売がとても上手だ 그녀는 장사가 아주 능숙하다. / あいつはお世辞が上手だ 저 녀석은 간살 부리는 것이 능숙하다. / 話し上手な人は聞き上手でもある 잘 말하는 사람은 잘 듣는 사람이기도 하다. / スキーの上手な人 스키를 잘 타는 사람
¶上手にできました 아주 잘했습니다. / 君は日本語を上手に話すね 넌 일본말을 유창하게 하는구나. / 彼女は日本の歌を上手に歌う 그녀는 일본 노래를 잘 부른다. / 彼は上手には泳げない 그 사람만큼 수영을 잘 못한다. / この本を読めば将棋が上手になるよ 이 책을 읽으면 장기를 잘 두게 돼. / ピアノが上手になりたい 피아노를 잘 치고 싶어. 慣用句上手の手から水が漏れる(→猿も木から落ちる) 원숭이도 나무에서 떨어진다.

**しょうすい【憔悴】** ◇憔悴する 초췌하다 ¶彼女は長い闘病生活で憔悴しきっていた 그녀는 긴 투병 생활로 초췌해졌다.

**じょうすいどう【上水道】** 상수도

**しょうすう【小数】** 소수 ¶小数点以下を切り捨てる 소수점 이하를 잘라버리다

**しょうすう【少数】** 소수 ¶テストに合格したのは少数だった 시험에 합격한 사람은 소수였다. / 日本ではキリスト教は少数派だ 일본에서는 기독교는 소수파다. 関連少数意見 소수 의견 / 少数精鋭主義 소수 정예주의 / 少数民族 소수 민족

**しょうする【称する】** -라고 하다, 부르다, 일컫다〔偽る〕사칭하다 ¶山本と称する男 야마모토라고 하는 남자 / 自ら名人と称する 자칭 달인이라고 한다. / 病気と称して会社を休んだ 병이라

고 하고 회사를 쉬었다.

**じょうせい【情勢・状勢】** 정세 ¶この国の政治情勢は不安定だ 그 나라의 정치 정세는 불안정하다. / 経済情勢は流動的だ 경제 정세는 유동적이다. / 情勢を見る 정세를 보다 / 私たちは新聞やテレビを通じて世界の情勢を知っている 우리는 신문이나 텔레비전을 통해 세계의 정세를 안다. / 現在の情勢では不況はまだ続きそうだ 현재의 정세로는 불황은 당분간 계속될 것 같다. / 情勢判断を誤る 정세 판단을 잘못하다 関連国際情勢 국제 정세

**しょうせつ【小説】** 소설 ¶彼はいくつかの歴史小説を書いた 그는 몇 권의 역사 소설을 썼다. / 私はあまり小説は読まない 나는 소설은 별로 읽지 않는다. / これは実際の出来事を小説にしたものだ 이것은 실제의 일을 소설로 만든 것이다. / これは韓国のベストセラー小説だ 이것은 한국의 베스트셀러 소설이다. / 将来は小説家になりたい 앞으로 소설가가 되고 싶다. 慣用句事実は小説より奇なり 사실은 소설보다 더 기이하고 재미있다. 関連怪奇小説 괴기 소설 / 近代小説 근대 소설 / 空想科学小説(SF) 공상과학 소설 / 現代小説 현대 소설 / 時代小説 시대 소설 / 写実小説 사실 소설 / 私小説 사소설 / 推理小説 추리 소설 / 大河小説 대하 소설 / 大衆小説 대중 소설 / 短編小説 단편 소설 / 中編小説 중편 소설 / 長編小説 장편 소설 / 通俗小説 통속 소설 / 伝記小説 전기 소설 / 冒険小説 모험 소설 / 問題小説 문제 소설 / ユーモア小説 유머 소설, 해학 소설 / 歴史小説 역사 소설 / 恋愛小説 연애 소설 / 連載小説 연재 소설

**じょうせつ【常設】** 상설 ◇常設する 상설하다 ¶委員会を常設する 위원회를 상설하다 関連常設委員会 상설 위원회 / 常設展 상설전

**じょうぜつ【饒舌】** 요설 ◇饒舌だ 요설하다, 수다스럽다, 말이 많다 ¶饒舌な人 요설가〔おしゃべり〕수다쟁이 / 彼はさっきから饒舌になっている 그 사람은 아까부터 말이 많아졌다.

**しょうせん【商船】** 상선 関連商船隊 상선대

**じょうせん【乗船】** 승선 ◇乗船する 승선하다, 배를 타다 ¶早めに乗船した 일찌감치 배를 탔다. / 乗船ください 승선해 주십시오. 関連乗船券 승선권

**しょうそ【勝訴】** 승소 ◇勝訴する 승소하다 ¶原告側が勝訴した 원고측이 승소했다.

**しょうそう【焦燥】** 초조 ¶焦燥を感じる 초조를 느끼다 / 焦燥に駆られる 몹시 초조하다 / 計画がうまくいかず焦燥にかられた 계획이 잘 진행되지 않아서 초조해졌다. 関連焦燥感 초조감

**しょうぞう【肖像】** 초상 ¶肖像画を描いてもらう 초상화를 그려 주었다. 関連肖像画家 초상화가 / 肖像権 초상권

**じょうそう【上層】** 상층 ¶会社の方針は上層部の人間にしか知らされていない 회사의 방침은 상층부 사람들 이외에는 잘 알려지지 않았다. 関連上層雲 상층운 / 上層階級 상류 계급 / 上層気流 상층 기류

**じょうぞう【醸造】** 양조 ◇醸造する 양조하

빚다 ¶ビールは大麦から醸造される 맥주는 보리에서 양조되다. 関連 醸造酒 양조주 / 醸造所 양조장

**じょうそうきょういく【情操教育】** 정조 교육

**しょうそく【消息】** 소식 [連絡] 연락 ¶彼らの消息は不明だ 그들은 소식불명이다. /「息子さんの消息は何かつかめましたか」「いいえ、何も」"아드님의 소식은 뭔가 들으셨어요?" "아니, 아무것도." / 一昨日からその船からの消息が途絶えている 그제부터 그 배의 연락이 끊겼다. / 長いこと消息を絶っていた友人のことを新聞で読んだ 오랫동안 못 들었던 친구 소식을 신문에서 읽었다. / 兄から消息を伝える便りが届いた 형 소식을 전해 줄 편지가 도착했다. / 彼らは冬山で消息を断った 그들은 겨울산에서 연락이 두절됐다. / 彼女は芸能界の消息に通じている 그녀는 연예계 소식에 정통하고 있다. / 信頼できる消息筋によれば近々南北首脳会談が開かれるそうだ 신뢰할 수 있는 소식통에 의하면 머지않아 남북 정상 회담이 열린다고 한다.

**しょうたい【正体】** 정체 [本性] 본성 ¶あの女がついに正体を現した 그 여자가 드디어 정체를 드러냈다. / いつかあいつの正体を暴いてやる 언젠가 그 녀석의 정체를 밝혀내고 말겠다. / 正体をつかむ 정체를 파악하다 / 正体を隠す 정체를 감추다 / 彼は夜空に正体不明の物体を見たと言った 그는 밤 하늘에서 정체불명의 물체를 보았다고 했다. / 正体なく酔っぱらう 정신없이 취하다

**しょうたい【招待】** 초대 ◇招待する 초대하다 ◇招待される 초대되다, 초대를 받다 ¶韓国にいる間いろいろな人から招待を受けた 한국에 있는 동안 많은 사람으로부터 초대를 받았다. / 喜んでご招待をお受けします 기쁘게 초대에 응하겠습니다. / ご招待ありがとうございます 초대해 주셔서 감사합니다. / 残念ながらご招待をお断わりしなければなりません 유감스럽지만 초대를 거절할 수밖에 없겠습니다. / 今度の週末のパーティーに彼女を招待したらどうだろう 이번 주말 파티에 그 여자 친구를 초대하는 건 어떨까? / 彼女を食事に招待したいんだけど来ると思うかい 그 여자를 식사에 초대하고 싶은데 올 것 같아? 関連 招待客 초대객 / 招待券 초대권 / 招待状 초대장 / 招待席 초대석

**じょうたい【状態】** 상태 ¶患者の状態はよい[悪い] 환자의 상태는 좋다[나쁘다]. / 彼は心臓の状態が悪い 그는 심장 상태가 나쁘다. / 天候状態は非常に悪い 날씨 상태가 아주 나쁘다. / 彼女はとても外出できる状態ではない 그녀는 도저히 외출할 수 있는 상태가 아니다. / 祖父は病気で1年以上寝たきりの状態だ 할아버지는 1년 이상 노환으로 누워 계시는 상태이다. / 経済状態は景気回復の様相を見せはじめている 경제 상태는 경기 회복의 양상을 보이기 시작하고 있다. / 彼は今精神状態が不安定だ 그는 지금 정신 상태가 불안정하다. / 彼は興奮状態にある 그녀는 흥분 상태이다. / 両国は戦争状態にある 양국은 전쟁 상태이다. / 戦争状態に突入する 전쟁 상태로 돌입하다 / その国はひどい混乱状態に陥っている 그 나라는 심한 혼란 상태에 빠져 있다. / 自然の状態ではこれらの樹木は20メートルもの高さに成長する 자연 상태에서는 이 수목들은 20미터까지 성장한다. / 今の状態では 지금 상태로서는

会話 状態はどうですか
A：患者の状態はどうなんですか
B：危険な状態です
A：환자의 상태는 어떻습니까?
B：위험한 상태입니다.
A：最近、健康状態はどうだい
B：いいよ[悪いね]
A：최근 건강 상태는 어때?
B：좋아[나빠].

**じょうたい【上体】** 상체 [上半身] 상반신 ¶彼女はベッドの上で上体を起こした 그녀는 침대 위에서 상체를 일으켰다.

**しょうだく【承諾】** 승낙 [許可] 허가 ◇承諾する 승낙하다 [許可する] 허가하다 ¶彼は娘の韓国留学を承諾した 그는 딸의 한국 유학을 허락해 주었다. / 私は彼女との結婚について父の承諾を得た 나는 여자 친구와의 결혼에 대해 아버지의 승낙을 받았다. / 私たちはクラスの担任の承諾を得てこの教室を使った 우리는 반 담임 선생님의 승낙을 얻고 이 교실을 사용했다. / 私の承諾なしにこのコンピュータを使わないでください 제 허락없이 이 컴퓨터를 사용하지 마세요. / 私は上司に事後承諾を求めたがだめだった 나는 상사에게 사후 승낙을 구했지만 거절당했다. / 彼は私の提案を二つ返事で承諾した 그는 내 제안을 즉시 승낙했다. 関連 承諾書 승낙서

**じょうたつ【上達】** 숙달 [進歩] 진보 [向上] 향상 ◇上達する 늘다, 숙달하다, 향상되다 ¶上達が早い[遅い] 숙달이 빠르다[늦다] / 韓国語が上達する 한국어 실력이 늘다 / 彼はスキーがぐんぐん上達した 그는 스키 기술이 쑥쑥 향상되었다.

**しょうだん【商談】** 상담 ◇商談する 상담하다 ¶商談をまとめることができた 상담이 성사되었다. / あのレストランは商談に格好の場所だ 그 레스토랑은 상담하는 데 적당한 장소이다.

**じょうだん【冗談】** 농담 ¶冗談を言う 농담을 하다 / 彼は冗談を言ってみんなを笑わせた 그는 농담을 해서 모두를 웃겼다. / 彼は私の冗談を真に受けた 그 사람은 내 농담을 곧이들었다. / 冗談はよせ 농담하지 마. / 冗談がすぎるぞ 농담이 지나쳐. / 冗談にも程がある 농담에도 한도가 있다. / 冗談も休み休み言え 농담도 유분수지. / 冗談半分に言ったまでだよ 농담삼아 말했을 뿐이야. / あいつは冗談が通じないやつだ 그 녀석한테는 농담도 못한다. / 冗談はさておき本題に入ろう 농담은 그만두고 본론으로 들어가자.

¶気のきいた冗談 재치 있는 농담 / おもしろい冗談 재미있는 농담 / つまらない冗談 재미없는 농담 / 罪のない冗談 죄 없는 농담 / 辛らつな冗談 신랄한 농담 / 人を傷つけるような冗談 사람에게 상처를 주는 농담 / きわどい冗談 외설스러운 농담 / たちの悪い冗談 악의가 담긴 농담

会話 冗談だよ
A：よくも私のこと太ってるなんて言ったわね

B：そう怒るなよ．ただの冗談だよ
A：잘도 나한테 뚱뚱하다고 했지?
B：그렇게 화내지 마. 그냥 농담이야.
A：宿題，代わりにやってくれないかな
B：冗談言うなよ
A：숙제 나 대신 해 주지 않을래?
B：농담하지 마.
A：この本を1日で読めるかな
B：冗談だろ．500ページ以上あるんだよ
A：이 책을 하루만에 다 읽을 수 있을까?
B：농담하지 마. 500페이지가 넘는데….

**しょうち【承知】 ❶** [知っていること] ◇**承知する** 알다 ¶ご承知のとおり契約は破棄されました 아시는 바와 같이 계약은 파기되었습니다. / 無理を承知でお願いしています 무리인 줄 알면서도 부탁합니다. / この事業のリスクは承知の上だ 이 사업은 리스크를 알고서 하는 일이다. / そんなことは百も承知だ 그런 일은 충분히 알고 있다.
**❷** [同意] ◇**承知する** [了解する] 알다, 양해하다 [受け入れる] 승낙하다 ¶お申し込みの件，承知しました 신청하신 건에 대해서는 잘 알았습니다. /「この手紙を送ってくれませんか?」「承知しました」 "이 편지를 보내 주시겠습니까?" "알겠습니다." / 彼女は仕方なく見合いを承知した 그녀는 할 수 없이 선보는 것을 승낙했다.
**❸** [容赦] ◇**承知する** [容赦する] 용서하다 ¶勝手なことを言うと承知しないぞ 방자한 말을 하면 용서하지 않을 테다.

**しょうちゅう【焼酎】** 소주 関連 芋焼酎 고구마 소주 / 麦焼酎 보리 소주 / 米焼酎 쌀 소주

**じょうちょ【情緒】** 정서, 정취(情趣) ¶東京の下町には何とも言えない情緒がある 도쿄의 시타마치에는 서민 지역에는 무어라 말할 수 없는 정취가 있다. / 異国情緒を味わう 이국 정취를 맛보다 ¶彼女はいつも情緒不安定だ 그녀는 항상 정서가 불안정하다.

**しょうちょう【小腸】** 소장
**しょうちょう【省庁】** 중앙 관청(中央官庁)
**しょうちょう【象徴】** 상징 ◇**象徴的** 상징적인 ◇**象徴する** 상징하다 ¶平和の象徴 평화의 상징 / 桜の花は日本の象徴とされている 벚꽃은 일본의 상징이라고 한다. / それは象徴的な出来事だった 그것은 상징적인 일이었다. 関連 象徴主義 상징주의

**じょうちょう【冗長】** ◇**冗長だ** 장황하다 ¶冗長なスピーチ 장황한 연설

**じょうでき【上出来】** ◇**上出来だ** 썩 잘됐다[잘했다] ¶上出来，上出来! 참 잘됐다, 잘했어! / 彼にしては上出来だ 그 사람으로서는 잘한 셈이다.

**しょうてん【商店】** 상점, 가게 ¶商店を経営する 상점을[가게를] 경영하다 関連 商店街 상가 / 商店主 가게 주인

**しょうてん【焦点】** 초점(►発音に注意) ¶被写体にカメラの焦点を合わせる 피사체에 카메라의 초점을 맞추다 / 写真の焦点が合っていない[合っている] 사진의 초점이「맞지 않다[맞다]. / このビデオカメラは自動的に焦点が合う 이 비디오 카메라는 자동으로 초점이 맞춰진다. / 問題の焦点がはっきりしない 문제의 초점이 확실하지 않다. 関連 焦点距離 초점 거리 / 自動焦点カメラ 자동 초점 카메라

**じょうと【譲渡】** 양도 ◇**譲渡する** 양도하다, 물려주다 ¶権利を譲渡する 권리를 양도하다 / 彼は資産の一部を息子に譲渡した 그는 자산의 일부를 아들에게 양도했다. 関連 譲渡証書 양도 증서

**しょうとう【消灯】** 소등 ◇**消灯する** 소등하다, 전등을 끄다 関連 消灯時間 소등 시간

**しょうどう【衝動】** 충동 ◇**衝動的な** 충동적인 ◇**衝動的に** 충동적으로 ¶突然旅に出たいという衝動に駆られた 갑자기 여행을 떠나고 싶은 충동에 사로잡혔다. / ダイエット中だったのでケーキを食べたい衝動を抑えるのに苦労した 다이어트 중이어서 케이크를 먹고 싶은 충동을 억제하는 데 고생했다. / 最近よく衝動買いをしてしまう 최근에 자주 충동구매를 한다. / 衝動的な犯行 충동적인 범행 / 彼女は衝動的に電車に飛び込んで自殺した 그녀는 충동적으로 전철에 뛰어들어 자살했다.

**じょうとう【上等】** 상등 [高級] 고급 ◇**上等の** 고급인 [立派な] 훌륭한, 잘 된 ¶これが店でいちばん上等なコートです 이것이 가게에서 제일 고급스런 코트입니다. / 80点取れれば上等だ 80점 따면 잘 한 것이다. 関連 上等品 상등품, 고급품

**じょうとう【常套】** 상투 ◇**常套的な** 상투적인 ¶「一緒に映画に行きませんか」と言うのが女の子を誘うときの彼の常套的なやり方だ「같이 영화 보러 가지 않을래요?」라고 하는 것이 그가 여자를 꼬실 때 상투적으로 쓰는 방법이다. / 客をおだてて買わせるのがセールスマンの常套手段 손님을 부추겨 사게 하는 것이 외판원의 상투적인 수법이다.

**しょうどく【消毒】** 소독 ◇**消毒する** 소독하다 ¶このタオルは消毒済みです 이 수건은 소독한 것입니다. / 傷口をよく消毒しないと傷を잘 소독해. / まな板は時々日光消毒するといい 도마는 가끔 일광 소독을 하면 좋다. / 熱湯消毒 열탕 소독 関連 消毒液 소독액 / 消毒器 소독기 / 消毒薬 소독약

**しょうとつ【衝突】 ❶** [乗り物などの] 충돌 ◇**衝突する** 충돌하다 [ぶつかる] 부딪치다 ¶車は衝突でひどく傷んだ 자동차는 충돌로 심하게 부서졌다. / バンパーは衝突のショックを吸収する働きをする 범퍼는 충돌로 인한 충격을 흡수하는 작용을 한다.
¶車と車が衝突した 차와 차가 충돌했다. / 車がバスと衝突した 자동차가 버스와 충돌했다. / 自転車が人に衝突した 자전거가 사람에게 충돌했다. / 曲がり角で子供と衝突した 길 모퉁이에서 아이와 부딪쳤다. / トラックが塀に衝突した 트럭이 담에 충돌했다. / バスとダンプカーが正面衝突した 버스와 덤프트럭이 정면 충돌했다.
**❷** [対立] 충돌, 대립 ◇**衝突する** 충돌하다, 대립하다, 맞서다 ¶夫婦の間で意見の衝突があった 부부 사이에 의견 충돌이 있었다. / 労使間の衝突は極力回避すべきだ 노사간의 대립은 될 수

있는 대로 회피해야 한다. / 父と意見が衝突した アッパと意見が対立했다. / 学生たちと警官隊が衝突した 학생들과 경찰대가 충돌했다. / その問題に関して立候補者たちは激しく衝突した 그 문제에 관해서 입후보자들은 심하게 대립했다. 関連衝突事故 충돌 사고

じょうない【場内】장내 ¶場内アナウンスが流れた 장내 방송이 들려 왔다. / 場内禁煙 장내 금연 / 場内整理 장내 정리 / 場内放送 장내 방송

しょうに【小児】소아, 어린이 関連小児科 소아과 / 小児科医 소아과 의사 / 小児麻痺 소아마비

しょうにゅうどう【鍾乳洞】종유동, 종유굴

しょうにん【承認】승인 ◇承認する 승인하다 ¶上司から休暇の承認を得た 상사로부터 휴가 승인을 받았다. / 私の企画について部長に承認を求めた 부장님에게 내 기획에 대해 승인을 구했다. / 新法は議会の承認を経て成立した 신법은 의회의 승인을 얻어 성립했다.

¶私は役員会がその提案を承認したものと思っていた 나는 중역 회의에서 그 제안을 승인한 줄로 알고 있었다.

**しょうにん** 【証人】증인 ¶私は証人として法廷に呼ばれた 나는 증인으로 법정에 불려 갔다. / 僕が君のアリバイを証明する証人になるよ 내가 자네의 알리바이를 증명하는 증인이 되어 주겠네. / 彼女はその事故の生き証人だ 그녀는 그 사고의 산 증인이다. / 原告[被告]側の証人として法廷に出た 원고[피고] 측 증인으로서 법정에 섰다. / 裁判所は彼を事件の証人として召喚した 재판소는 그를 사건의 증인으로 소환했다. / 検察側は弁護側の証人を厳しく尋問した 검찰 측은 변호 측 증인을 심하게 신문했다. / 彼は証人に立つよう説得された 그는 증인석에 서도록 설득당했다. / その政治家は証人喚問に応じなかった 그 정치가는 증인 환문에 응하지 않았다.

しょうにん【商人】상인, 장사꾼 関連小売り商人 소매 상인 / 死の商人 죽음의 상인, 무기 판매 업자

じょうにん【常任】상임 関連常任委員 상임 위원 / 常任委員会 상임 위원회 / 常任指揮者 상임 지휘자 / 国連常任理事国 유엔 상임 이사국

じょうねつ【情熱】정열 ◇情熱的だ 정열적이다 ¶情熱を注ぐ 정열을 쏟다 / 彼は新しい研究に情熱を燃やしていた 그는 새로운 연구에 정열을 불태웠다. / 彼はとても情熱的な人だ 그는 매우 정열적인 사람이다. / 彼女は情熱的に教育に取り組んでいる 그녀는 정열적으로 교육에 힘쓰고 있다. 関連情熱家 정열가

しょうねん【少年】【青少年】청소년 ¶少年のころよくこの川で泳いだ 소년 시절에는 자주 이 강에서 헤엄쳤다. / 少年たちは野原でサッカーをしていた 소년들은 들판에서 축구를 하고 있었다. / 彼は内気な少年だ 그는 내성적인 소년이다. / この本は少年少女向けだ 이 책은 소년소녀를 대상으로 한 것이다. / 彼は少年らしい笑みを見せた 그는 소년다운 미소를 보였다. / 彼は少年時代について私に語り始めた 그는 소년 시절 이야기를 나에게 말하기 시작했다. 慣用句少年老い易く学成り難し 세월은 빠르므로 공부에 힘써야 한다. | 소년이로학난성(少年易老学難成) / 少年よ大志を抱け 소년들이여, 대망을 품어라. 関連少年院 소년원 / 少年鑑別所 소년 감별소, 소년 분류 심사원 / 少年犯罪 소년 범죄

しょうねんば【正念場】중요한 고비, 중대한 국면 ¶「毎日残業で疲れたよ」「がんばれよ. 今が正念場なんだから」"매일같이 잔업해서 피곤해." "힘내. 지금이 중요한 고비니까."

しょうのう【小脳】소뇌, 작은골

じょうば【乗馬】승마 ◇乗馬する 승마하다, 말을 타다 ¶趣味は乗馬です 승마가 취미입니다. 関連乗馬靴 승마화, 승마 부츠 / 乗馬クラブ 승마 클럽 / 乗馬ズボン 승마 바지 / 乗馬服 승마복

しょうはい【勝敗】승패 ¶その選手のバントが試合の勝敗を決した 그 선수의 번트가 시합의 승패를 결정했다. / あの2チームが決勝で勝敗を争うだろう 저 두 팀이 결승에서 승패를 겨룰 것이다. / 試合は延長戦までもつれたが結局勝敗がつかなかった 경기는 연장전까지 엎치락뒤치락했지만 결국 승패가 나지 않았다. / 勝敗は時の運だ 승패는 시운에 달려 있다.

**しょうばい** 【商売】❶ [商い, 商活動]장사 ¶私のおじは大阪で商売をしている 우리 큰아버지는 오사카에서 장사를 하고 계신다. / うちは商売をやっています 우리 집은 장사를 하고 있습니다. / 彼女は商売が上手だ 그녀는 장사를 잘한다. / これでは商売にならない 이래서는 장사가 안 된다. / 彼は商売の手を広げすぎて失敗した 그는 사업을 너무 크게 벌려서 실패했다. / 近くにスーパーができて多くの小売店は商売上がったりになった 근처에 슈퍼가 생겨서 많은 소매상은 장사가 말이 아니었다.

¶彼は商売熱心です 그 사람은 장사를 열심히 합니다. / 彼はあまり商売気がない 그는 장사하려는 마음이 별로 없다. / 神社で商売繁盛を祈願した 신사에서 장사가 잘 되기를 기원했다. / 彼は根っからの商売人だ 그는 본성이 장사꾼이다.

会話商売はどうですか
A：近ごろ商売のほうはどうですか？
B：ぼちぼちです
A：요즘, 장사는 어떻습니까？
B：그저 그렇습니다.

❷ [職業] 직업, 장사 [家業] 가업 ¶彼はいずれ家の商売を継がなくてはならない 그는 언젠가 가업을 이어받아야 한다. / 絵かきも商売となるとつらい仕事だ 화가도 직업으로 하려면 힘든 일이다. / 彼は商売柄そういうことにはなかなか詳しい 그 사람은 직업상 그런 일은 상당히 상세히 알고 있다. / 銀行員という商売柄いつもネクタイを締めていなければならない 은행원은 직업상 항상 넥타이를 매고 있어야 한다. / 彼には商売敵が多い 그에게는 직업상 적이 많다. / 本は私の商売道具だ 책은 내 밥벌이 도구[수단]이다.

じょうはつ【蒸発】증발 ◇蒸発する 증발하다, 증발되다 ¶水は沸騰すると蒸発する 물은 끓으면

증발한다. / 母親が蒸発していなくなり幼い子供だけが残された 어머니가 증발해 버려서 어린 아이들만 남겨졌다.

**じょうはんしん**【上半身】상반신 ¶レントゲンを撮りますので上半身裸になってください 엑스레이 사진을 찍을 테니 상반신의 옷을 벗어 주세요.

**しょうひ**【消費】소비 ◇消費する 소비하다〔金・時間などを〕쓰다 ¶エネルギーの消費は年々増え続けている 에너지 소비량은 매년 늘고 있다. / 電力の消費をできるだけ抑えるよう努めるべきだ 전력 소비를 가능한 한 억제하도록 노력해야 한다.
¶夏の暑い日には膨大な量の電力が消費される 더운 여름날에는 방대한 전력량이 소비된다. / 日本で消費される食料の多くは外国から輸入されている 일본에서 소비되는 식료의 대부분이 외국에서 수입되고 있다. / 彼女は収入以上にお金を消費する 그녀는 버는 것 이상으로 돈을 쓴다. / 運動中は多くのカロリーを消費する 운동 중에는 많은 칼로리를 소비한다. 関連 消費材 소비재 / 消費者 소비자 / 消費者運動 소비자 운동 / 消費者価格 소비자 가격 / 消費者金融 소비자 금융 / 消費者団体 소비자 단체 / 消費者物価指数(CPI) 소비자 물가 지수 / 消費者米価 소비자 쌀값 / 消費者問題 소비자 문제 / 消費税 소비세 / 消費量 소비량

**じょうび**【常備】상비 ◇常備する 상비하다
¶地震に備えて飲料水や非常食を常備している 지진에 대비해서 음료수와 비상식량을 상비하고 있다. 関連 常備薬 상비약

**しょうひょう**【商標】상표 関連 商標権 상표권 / 登録商標 등록 상표

**しょうひん**【商品】상품 ¶デパートは多くの商品を扱っている 백화점은 많은 상품을 취급하고 있다. / 私どもの店では質のよい商品だけを扱っています 우리 가게에서는 질 좋은 상품만을 취급하고 있습니다. / 大売り出しの冬物商品を仕入れた 특별 판매용으로 겨울 상품을 사들였다. / ショーウインドに商品が美しく陳列されていた 쇼윈도에 상품이 예쁘게 진열되어 있었다. / 少しでも傷のある宝石は商品としての価値が下がる 조금이라도 흠집이 있는 보석은 상품으로서 가치가 떨어진다. 関連 商品券 상품권 / 商品陳列ケース 상품 진열장 / 商品陳列棚 상품 진열대 / 商品取引所 상품 거래소 / 商品見本 상품 견본 / 商品名 상품명 / 欠陥商品 결함 상품 / 目玉商品 특매품

**しょうひん**【賞品】상품 ¶賞品を与える 상품을 수여하다 / 彼は賞品として旅行券をもらった 그는 상품으로 여행권을 받았다.

**じょうひん**【上品】점잖 ◇上品だ 고상하다, 품위가 있다, 점잖다 ¶彼女の趣味は上品だ 그녀의 취미는 고상하다. / 隣の奥さんはいつも上品な服装をしている 옆집 부인은 항상 고상한 복장을 하고 있다. / 彼女は上品ぶっている 그 여자는 점잖을 부리고 있다. / 上品に話す 점잖게 이야기하다

**しょうふ**【娼婦】창부, 창녀(娼女)〔売春婦〕매춘부

**しょうぶ**【勝負】승부〔試合〕시합, 경기
◇【勝負が・勝負は】
¶あと1点取ればこの勝負はこっちのもんだ 앞으로 1점을 더 따면 이 시합은 우리가 이길 거다. / 双方のチームが総力をあげて戦い勝負がつかなかった 양팀이 총력을 다하여 싸워서 승부가 나지 않았다. / 1時間後ようやく勝負がついた 한 시간이 겨우 승부가 났다.
◇【勝負に】
¶私は勝負に勝った[負けた] 나는 경기에서 이겼다[졌다].
会話 勝負にならない
　A：あいつとはとても勝負にならないよ
　B：弱気を出すな. 君にも勝つチャンスはあるよ
　A：그 녀석한테는 도저히 이길 수 없어.
　B：약한 소리 하지 마. 자네에게도 이길 수 있는 기회가 있어.
◇【勝負の】
¶勝負の世界は厳しい 승부의 세계는 험난하다.
◇【勝負を】
¶勝負を争う 승부를 다투다 / 今すぐ勝負をつけよう 지금 당장 승부를 가리자. / きょうこそは彼と勝負をつけてやる 오늘이야말로 그와 승부를 가리고 말겠다. / 勝負を投げるのはまだ早すぎる 승부를 포기하는 것은 아직 빠르다. / 君は彼と1対1の勝負をするべきだ 자네는 그 사람과 일 대 일의 승부를 해야 한다.
◇【勝負だ】
¶あの2人は頑固さでいい勝負だ 저 두 사람의 고집은 겨룰 만하다. / 入試だてわとわすか. この冬休みが勝負だ 입시까지 얼마 남지 않았으니 이 겨울 방학이 고비다. 関連 勝負事 노름 / 勝負師〔かけ事の〕도박꾼, 노름꾼

**しょうぶ**【菖蒲】창포 ¶菖蒲園 창포 정원

**じょうぶ**【丈夫】❶〔壮健なさま〕◇丈夫だ〔健康な〕건강하다〔たくましい〕튼튼하다 ¶彼はとても丈夫で風邪ひとつ引かない 그는 매우 건강해서 감기 한번 걸리지 않는다. / 彼女は小さいころ病弱だったが今ではすっかり丈夫になった 그녀는 어릴 적 병약했지만 지금은 완전히 건강하게 되었다. / 私も昔ほど丈夫ではない 나도 옛날만큼 건강하지는 않다. / 丈夫が何よりだ 건강이 제일이다. / 体が丈夫な人 몸이 튼튼한 사람 / おいしい食べ物ときれいな空気が彼を丈夫にした 맛있는 음식과 맑은 공기로 그는 건강해졌다.
❷〔頑丈だ〕◇丈夫だ 단단하다, 튼튼하다〔強固だ〕견고하다〔長持ちする〕오래 견디다 ¶本棚が重いので部屋の床は丈夫でなければならない 책장이 무거우니까 방 바닥이 단단하지 않으면 안 된다. / 銅は錫よりも堅くて丈夫だ 동은 주석보다 단단하고 견고하다. / このズボンの生地は厚くて丈夫だ 이 바지의 천은 두껍고 튼튼하다. / その箱は丈夫なプラスチックでできている 그 상자는 견고한 플라스틱으로 만들어져 있다. / 丈夫に作る 단단하게 만들다

**じょうぶ**【上部】상부〔上側〕윗쪽 ¶上部からの命令 상부로부터의 명령 / 塔の上部 탑 상부 / ページの上部 페이지 윗쪽 부분 / 上部を指し示す 윗쪽을 가리키다

しょうふく【承服】◇承服する 승복하다 ¶君の意見は承服できない 자네의 의견에는 승복할 수 없네. / 承服しがたい条件 승복하기 어려운 조건

しょうふだ【正札】정찰, 정가표(定価票) ¶商品はすべて正札どおりです 상품은 전부 정찰제입니다.

しょうぶん【性分】성품, 성미〔天分〕천분〔天性〕천성 ¶温和な性分 온화한 성품 / 田舎暮らしは私の性分に合わない 시골 생활은 내 성미에 맞지 않는다. / 持って生まれた性分 타고난 천성 / 彼は生まれつき気の弱い性分だ 그는 천성이 순하다.

じょうぶん【条文】조문 ¶憲法の条文 헌법의 조문

しょうへき【障壁】장벽〔壁〕벽〔障害〕장애 ¶障壁を築く 장벽을 쌓다 / 言葉の障壁を乗り越えるための教育 언어의 장벽을 넘다 / 国家間の障壁을 取り除く必要がある 국가간의 장벽을 제거할 필요가 있다. 関連 関税障壁 관세 장벽

じょうへき【城壁】성벽 ¶城には城壁が巡らされていた 성은 성벽으로 둘러싸여 있었다.

しょうべん【小便】소변, 오줌 ◇小便する 소변을 보다, 오줌을 누다 ¶小便を漏らす 오줌을 싸다 / 立ち小便をする 서서 오줌을 누다 | 노상 방뇨하다 / 弟はまだ寝小便をして母にしかられた 남동생은 또 자다가 오줌을 싸서 엄마한테 혼났다. / 彼は小便が近い 그는 오줌을 자주 눈다. / この地下道は小便臭い 이 지하도는 지린내가 난다.

じょうほ【譲歩】양보 ◇譲歩する 양보하다 ¶譲歩を求める 양보를 구하다 / 譲歩を重ねる 거듭 양보하다 / お互いが譲歩してやっと交渉がまとまった 서로 양보해서 겨우 교섭이 성립되었다 / 組合の要求に会社側は大幅な譲歩をした 노조 요구에 회사 측은 큰 양보를 했다. / 彼らは一歩も譲歩しなかった 그들은 한 발자국도 양보하지 않았다.

しょうほう【商法】상법(▶発音は상뻡)

しょうぼう【消防】소방 ¶消防車が来た時はもう家は焼け落ちていた 소방차가 왔을 때는 이미 집은 불타서 내려앉아 있었다. 関連 消防士 소방관 / 消防署 소방서 / 消防隊 소방대 / 消防団 소방단 / 消防庁 소방청 / 消防艇 소방선 / 消防ポンプ 소방 펌프

# じょうほう【情報】정보

¶ライバル会社が新製品を開発したという確かな情報がある 라이벌 회사가 신제품을 개발했다는 확실한 정보가 있다. / 首相が国会を解散するという情報が入った 수상이 국회를 해산한다는 정보가 들어와 있다.

◆《情報を》

¶相手チームについての情報を集めた 상대 팀에 대한 정보를 수집했다. / この件についてはまだなんの情報もない 이 건에 대해서는 아직 아무런 정보도 없다. / 信頼すべき筋から一つ重要な情報を得た 신뢰할 만한 소식통으로부터 한 가지 중요한 정보를 얻었다. / テレビは最新の情報を与えてくれる 텔레비전은 최신 정보를 제공해 준다. / 彼はライバル会社に秘密情報を流した 그는 라이벌 회사에 기밀 정보를 누설했다. / だれかがその情報を漏らしたにちがいない 누군가가 그 정보를 누설한 게 틀림없다. / スパイは敵の極秘情報を探り出そうとしていた 스파이는 적의 극비 정보를 알아내려고 했었다.

◆《その他》

¶彼は敵国の情報部員だった 그는 적국의 간첩이었다. 関連 情報科学 정보 과학 / 情報化社会 정보화 사회 / 情報機関 정보기관 / 情報技術(IT) 정보 기술 / 情報員 정보원〔スパイ〕간첩 / 情報源 정보원 / 情報公開 정보 공개 / 情報産業 정보 산업 / 情報誌 정보지 / 情報時代 정보 시대 / 情報処理 정보 처리 / 情報提供者 정보 제공자 / 情報網 정보망 / 情報ルート 정보 루트 / (韓国の)国家情報院 국가 정보원 / (米国の)中央情報局(CIA) 미국 중앙 정보국

じょうまえ【錠前】자물쇠 ⇒錠

しょうまっせつ【枝葉末節】지엽 ¶枝葉末節にとらわれてはいけない 지엽적인 문제에 구애받아서는 안 된다.

しょうみ【賞味】상미 ◇賞味する 상미하다 関連 賞味期限 품질 유지 기간, 유통 기간(流通期間)

しょうみ【正味】정량(定量)〔実際の〕실제 ¶正味の重さは100グラム足らずだろう 실제 무게는 100그램이 채 못 되겠지. / 正味2時間 실제 두 시간

じょうみゃく【静脈】정맥 関連 静脈注射 정맥 주사

じょうむ【乗務】승무 ◇乗務する 승무하다 ¶列車に乗務する 열차에 승무하다 関連 乗務員 승무원 / 乗務員室 승무원실

じょうむ【常務】상무 関連 常務取締役 상무이사(常務理事)

# しょうめい【証明】증명 ◇証明する 증명하다

¶その証拠が彼の無罪の証明となった 그 증거가 그 남자의 무죄를 증명해 주었다. / 身分証明書の提示を求められた 신분 증명서 제시를 요구당했다. / JRに遅延証明を出してもらった JR로부터 연착 증명서를 받았다. / 私は警察に彼女の無実を証明した 나는 경찰에게 그 여자의 무죄를 증명했다. / 弁護士は法廷で被告の無実を証明しようとした 변호사는 법정에서 피고의 무죄를 증명하려고 했다. / 何か身分を証明するものを持って来てください 뭔가 신분을 증명할 만한 것을 가지고 와 주십시오. / その事実は彼の正直さを証明している 그 사실은 그의 정직함을 증명하고 있다. / あなたは自分が正しいことを証明できますか 당신은 자기 자신이 정당하다는 것을 증명할 수 있습니까? / 次の2つの三角形の面積が同じであることを証明しなさい 다음 두 개 삼각형의 면적이 같다는 것을 증명하시오. / この定理を証明するのは非常に難しい 이 정리를 증명하는 것은 아주 어렵다. / 上記のとおり相違ないことを証明します 상기한 바대로 틀림없음을 증명합니다. / 新たに発掘された出土品によって彼の説が正しいことが証明された 새롭게 발굴된 출토품에 의해 그의 설이 정당하다는 것이 증명되었다.

関連 成績証明書 성적 증명서

**しょうめい【照明】**조명 ¶照明を当てる 조명을 비추다 関連 照明器具 조명 기구 / 照明装置 조명 장치 / 照明弾 조명탄

**しょうめつ【消滅】**소멸 ◇消滅する 소멸하다, 소멸되다 ¶この法律の効力は来月消滅する 이 법률의 효력은 다음달에 소멸된다. / ファッションの流行はすぐに自然消滅する 패션의 유행은 금방 자연 소멸된다.

**しょうめん【正面】** ❶ [前面] 정면, 전면(前面), 앞 ¶そのビルの正面には大きな像がある 그 빌딩의 정면에는 큰 조각상이 있다. / 劇場の正面にはすばらしい彫刻がほどこされていた 극장 정면에는 훌륭한 조각이 새겨져 있었다. / 正面を向いて私の話をよく聞きなさい 나를 똑바로 보고 내 말을 잘 들어라. / その生徒は先生の正面に座った 그 학생은 선생님의 정면에 앉았다. / 家の正面で車が止まった 집 앞에 차가 멈추었다.
❷ [まともに向かい合うこと] ¶野党側は消費税引き上げに正面から反対した 야당 측은 소비세 인상에 정면으로 반대했다. / その問題には正面から取り組むつもりです 그 문제에는 정면으로 맞설을 생각입니다. / 妻に「愛してるよ」と正面切って言うのは照れ臭い 아내에게 "사랑해"라고 얼굴을 맞대고 말하는 것은 부끄럽다.
¶トラックと乗用車が正面衝突した 트럭과 승용차가 정면 충돌했다. 関連 正面攻撃 정면 공격 / 正面玄関 정면 현관

**しょうもう【消耗】**소모 ◇消耗する 소모하다 ¶消耗が激しい 소모가 심하다 / 体力を消耗する 체력을 소모하다 / 激しい運動は多量のカロリーを消耗する 심한 운동은 다량의 칼로리를 소모한다. 関連 消耗品 소모품

**じょうやく【条約】**조약 ¶条約を結ぶ 조약을 맺다 / 条約に盛り込む 조약에 담다 / 日本はアメリカと安全保障条約を結んでいる 일본은 미국과 안전 보장 조약을 맺고 있다. / 日本と韓国は1999年に新しい日韓漁業協定を締結した 일본과 한국은 1999년에 새로운 일한 어업 협정을 체결했다. / 日本はまだその条約を批准していない 일본은 아직 그 조약을 비준하지 않았다. / 「日韓基本条約が締結されたのはいつですか」「1965年です」 "일한 기본 조약이 체결된 것은 언제입니까?" "1965년입니다." 関連 条約改正 조약 개정 / 条約国 조약국 / 通商条約 통상 조약 / 平和条約 평화 조약

**しょうゆ【醤油】**간장 ¶とうふに醤油をかけた 두부에 간장을 뿌렸다. / 刺身にわさびと醤油をつけて食べた 생선회에 와사비와 간장을 찍어서 먹었다.

**しょうよ【賞与】**상여금, 보너스 関連 年末賞与 연말 상여금

**しょうよう【商用】**상용, 사업상의 용무 ¶彼は商用で札幌へ飛んだ 그는 사업상 삿포로에 급히 갔다.

**じょうよう【常用】**상용 ◇常用する 상용하다 ¶この薬は常用すると副作用が出る 이 약은 상용하면 부작용이 나타난다. 関連 (日本の)常用漢字 상용 한자

**じょうようしゃ【乗用車】**승용차

# しょうらい
**【将来】** ❶ [将来] 장래(▶発音は 장내), 앞날(▶発音は 암날) [未来] 미래 [副詞的に] 앞으로
◆将来の◆
¶もっと真剣に自分の将来のことを考えなさい 더 진지하게 자신의 장래 일을 생각해라. / 私の将来の夢は宇宙飛行士になることです 나의 장래 꿈은 우주비행사가 되는 것입니다.
◆将来は・将来を◆
¶日本の将来はどうなっていくのだろう 일본의 미래는 어떻게 될 것인가? / 母は妹の将来を心配しているう 어머니는 여동생의 장래를 걱정하고 있다. / 将来を約束する 장래를 약속하다
◆その他◆
¶近い将来大地震が起こるのではないかといううわさがある 가까운 미래에 큰 지진이 일어날 거라는 소문이 있다. / 将来自分の家を持ちたいものだ 앞으로 자기 집을 가지고 싶다. / 「お前、将来何になりたいの」「科学者になりたい」 "너 크면 뭐가 되고 싶어?" "과학자가 되고 싶어."
❷ [見込み] 장래 ¶彼女は将来が楽しみな役者だ 그녀는 장래가 기대되는 배우다. / 彼はチームのエースとして将来を期待されている 그는 팀의 에이스로서 장래가 기대된다. / その会社は将来性のある会社だ 그 회사는 장래성이 있는 회사다. / この仕事には将来性がない 이 일에는 장래성이 없다.

# しょうり
**【勝利】**승리 ¶その戦闘は連合軍の決定的な勝利に終わった 그 전투는 연합군의 결정적인 승리로 끝났다. / 韓国は中国に2対0で勝利をおさめた 한국은 중국에 2대 0으로 승리를 거두었다. / そのゴルファーはトーナメントで今期2度目の勝利をあげた 그 골퍼는 토너먼트에서 이번 시즌 두 번째의 승리를 올렸다. / うちのチームはあとひと息のところで勝利を逃した(→一歩の差で) 우리 팀은 한 발 차로 승리를 놓쳤다. / チームを勝利に導く 팀을 승리로 이끌다
¶完璧な勝利 완벽한 승리 / 逆転勝利 역전 승리 / 楽な勝利 쉬운 승리 / 辛うじての勝利 아슬아슬한 승리 / むなしい勝利 허무한 승리 / 圧倒的勝利 압도적 승리 / 思いがけない勝利 생각지도 못한 승리 / 外交上の勝利 외교상의 승리
関連 勝利者 승리자 / 勝利投手 승리 투수 / 祝勝会 기념 파티 / 勝利国 전승국

**じょうりく【上陸】**상륙 ◇上陸する 상륙하다 ¶我々は無人島に上陸した 우리는 무인도에 상륙했다. / 台風が19日未明に紀伊半島に上陸した 태풍이 19일 새벽에 기이 반도에 상륙했다. 関連 上陸作戦 상륙 작전

# しょうりゃく
**【省略】**생략 ◇省略する 생략하다 ¶この翻訳は原文と比べてみると部分的な省略がある 이 번역은 원문과 비교해 보면 부분적으로 생략되어 있다. / 経済産業省は経産省と省略される 경제 산업성은 경산성으로 줄여 말한다. / 堅苦しいあいさつは省略しましょう 딱딱한 인사말은 생략합시다. / 細かい点は省略して大まかな点だけを話します 자

세한 내용은 생략하고 개요만 이야기하겠습니다. / 名前と住所を省略せずに書いてください 이름과 주소를 생략하지 말고 쓰세요. / この辞典は大辞典の一部を省略したものです 이 사전은 대사전의 일부를 생략해서 만든 것입니다.
¶以下省略 이하 생략
関連 省略形 생략형 / 省略文 생략문

**じょうりゅう【上流】** ❶ [川の] 상류 ¶信濃川の上流は長野県を流れている 시나노 강 상류는 나가노현을 흐르고 있다. / 昔よくこの川の上流で釣りをしていた 옛날에는 이 강 상류에서 자주 낚시를 했었다. / 彼らは上流へ向かって船を進めた 그들은 상류를 향해서 배를 전진시켰다. / ここから500メートルほど上流で水死体が発見された 여기서부터 약 500미터 정도 상류에서 익사체가 발견되었다. / 上流までさかのぼる 상류까지 거슬러 올라가다
❷ [社会的地位] 상류 ¶彼女は上流階級の出だ 그녀는 상류 계급 출신이다. / かつてテニスやゴルフは上流階級の遊びだった 일찌기 테니스와 골프는 상류 계급의 놀이였다. / そのブランドは上流社会の女性に人気がある 그 브랜드는 상류 사회 여성에게 인기가 있다.

**じょうりゅう【蒸留】** 증류 ◇蒸留する 증류하다
¶ブランデーはワインを蒸留して作られる 브랜디는 와인을 증류시켜 만들어진다. 関連 蒸留器 증류기 / 蒸留酒 증류주 / 蒸留水 증류수

**しょうりょう【少量】** 소량, 조금 ¶塩を少量加える 소금을 조금 넣다 / 少量生産 소량 생산

**じょうりょくじゅ【常緑樹】** 상록수

**しょうれい【奨励】** 장려 ◇奨励する 장려하다
¶健康増進のためにスポーツを奨励する 건강 증진을 위해 스포츠를 장려하다 / わが校では生徒にコンピュータ技術の習得を奨励している 우리 학교에서는 학생들에게 컴퓨터 기술 습득을 장려하고 있다. 関連 奨励金 장려금

**じょうれい【条令】** 조령, 조례(条例) 関連 市条令 시 조령

**じょうれん【常連】** 단골 ¶彼はあの居酒屋の常連だ 그는 그 술집의 단골 손님이다. / 常連になる 단골이 되다 関連 常連客 단골 손님

**じょうろ【如雨露】** 물뿌리개 ¶じょうろで草花に水をやる 물뿌리개로 화초에 물을 주다

**しょうわくせい【小惑星】** 소혹성, 소행성

**しょえん【初演】** 초연 ¶その劇の初演は1996年だった 그 연극의 초연은 1996년이었다.

**ショー** 쇼 ¶ショーを見に行く 쇼를 보러 가다 / ラスベガスではショーを楽しんだ 라스베가스에서는 쇼를 즐겼다. / プロレスは一種のショーだ 프로레슬링은 일종의 쇼이다. 関連 ショーガール 쇼걸 / ファッションショー 패션쇼 / モーターショー 모터쇼, 자동차 전시회

**じょおう【女王】** 여왕 ¶エリザベス女王 엘리자베스 여왕 / 銀幕の女王 은막의 여왕 関連 女王ばち 여왕벌

**ショーウインドー** 쇼윈도, 진열창 ¶ショーウインドーをのぞく 쇼윈도를 보다 / ショーウインドーは美しく飾られていた 쇼윈도는 아름답게 장식되었다.

**ジョーカー** [トランプの] 조커

**ジョーク** 조크 [冗談] 농담 ⇒冗談

**ショーツ** [女性用下着] 팬티

**ショート** [電気の] 합선, 쇼트, 단락(短絡) [野球で] 쇼트스톱, 유격수(遊撃手) ¶電気がショートして家中の明かりが消えた 전기가 합선되어 집안의 조명이 꺼졌다. / [野球で]ショートを守る 유격수를 보다 関連 ショートカット [髪型] 쇼트커트 / ショートケーキ 쇼트 케이크 / ショートパンツ 반바지 / ショートヘアー 쇼트 헤어, 짧은 머리

**ショール** 숄, 어깨걸이 ¶ショールを肩に掛ける 숄을 어깨에 걸치다

**ショールーム** 쇼룸, 전시실, 진열장

**しょか【初夏】** 초하, 초여름

**じょがい【除外】** 제외 ◇除外する 제외하다
¶未成年は除外する 미성년자는 제외하다 / この品物は関税対象品目から除外되어 있는 이 물건은 관세 대상 품목에서 제외되어 있다. / 外交官は駐在国の法律の適用から除外される 외교관은 주재국의 법률 적용에서 제외된다.

**しょかん【書簡】** 서간 ¶書簡をやり取りする 서간을 주고받다 関連 書簡文 서간문

**しょかん【所感】** 소감 ¶所感を述べる 소감을 말하다

**じょかんとく【助監督】** 조감독

**しょき【初期】** 초기 ¶この小説は彼女の初期の作品だ 이 소설은 그녀의 초기 작품이다. / がんは初期のうちに発見することが重要だ 암은 초기에 발견하는 것이 중요하다. / 明治時代初期に建てられた洋風建築 메이지 시대 초기에 세워진 서양식 건축물 / ハードディスクを初期化する 하드 디스크를 초기화하다

**しょき【所期】** 소기 ¶所期の目標を達成する 소기 목표를 달성하다

**しょき【書記】** 서기 関連 書記官 서기관 / 書記局 서기국 / 書記長 서기장

**しょきゅう【初級】** 초급 ¶初級韓国語 [英語] 초급 한국어 [영어] / 初級クラス 초급반(初級班) / 初級編 초급편

**じょきょ【除去】** 제거 ◇除去する 제거하다, 없애다 ¶障害物を除去する 장애물을 제거하다 / かびを除去する 곰팡이를 제거하다 関連 除去剤 제거제

**じょきょうじゅ【助教授】** 조교수, 부교수(副教授) ⇒准教授

**じょきょく【序曲】** 서곡

**ジョギング** 조깅 ◇ジョギングする 조깅하다
¶たくさんの人が毎日公園をジョギングしている 많은 사람이 매일 공원을 조깅하고 있다.

**しょく【食】** [食べ物] 음식 [食事] 식사, 끼니 [食欲] 식욕, 입맛 ¶私は日本食がいちばん好きだ 나는 일본 음식을 가장 좋아한다. / このホテルは1泊2食付きで2万円だ 이 호텔은 1박 식사 두 끼 제공에 2만엔이다. / うちの子は食が細い 우리 아이는 적게 먹는다. / きょうは何だか食が進むоday오늘은 왠지 식욕이 난다. / 食に事欠く 먹을 것이 없다 関連 食後 식후 / 食前 식전 / 朝食 아침밥 / 昼食 점심밥 / 夕食 저녁밥 ⇒食事, 食欲

## しょく

**しょく**【職】❶〔仕事〕일, 직업, 일자리 〔職場〕직장

◆【職が】

¶彼は職がなくて毎日ぶらぶらしている 그는 일이 없어서 매일 빈둥거리고 있다.

◆【職に】

¶この職に就いてもう10年になります 이 직업에 종사한 지 벌써 10년이 됩니다. / 私の父は会社内で重要な職に(→地位に)ある 우리 아버지는 회사 내에서 중요한 지위에 계신다.

◆【職を】

¶彼は職を変える 그는 자주 직업을 바꾼다. / 彼は職を転々としている 그는 여기저기 직장을 자주 바꾼다. / 勤めていた会社の倒産で彼は職を失った 근무하고 있던 회사가 도산해서 그는 직장을 잃었다. / 会社を首になったので新しい職を探さといけない 회사에서 잘렸기 때문에 새로운 직장을 찾아야 된다. / 職を得る 일자리를 얻다

❷〔技術〕기술, 기능 ¶何か手に職をつけたい 뭔가 기술을 익히고 싶다. 関連 職種 직종 / 職責 직책

**しょくあたり**【食中り】〔食中毒〕식중독 ¶夏は食あたりしないように注意すべきだ 여름에는 식중독에 걸리지 않게 조심해야 한다.

**しょくあん**【職安】직업 소개소(職業紹介所)

¶職安で仕事を探した 직업 소개소에서 일을 찾았다. / その会社は職安に求人票を送った 그 회사는 직업 소개소에 구인표를 보냈다.

**しょくいん**【職員】직원 〔教職員〕교직원 ¶この学校には約100人の職員がいる 이 학교에는 약 100명의 교직원이 있다. / 父は市役所の職員です 우리 아버지는 시청 직원입니다. /「この研究所には職員が何人いますか」「全部で30人です」"이 연구소에는 직원이 몇 명 있습니까?" "모두 30명입니다." / 私の課は職員が多い〔少ない〕우리 과는 직원이 많다〔적다〕. / この病院には十分な職員がいる〔いない〕이 병원에는 충분한 직원이 있다〔없다〕. / 彼女はこの春区役所の職員になった 그녀는 올봄에 구청 직원이 되었다. 関連 職員会議 직원 회의 / 〔先生の〕教職員 회의 / 職員室 직원실 〔学校の〕교직원실

**しょぐう**【処遇】처우 〔待遇〕대우 ¶労使は従業員の処遇について話し合った 노사는 종업원의 대우에 대해 이야기를 나누었다.

**しょくえん**【食塩】식염 関連 食塩水 식염수

**しょくぎょう**【職業】직업

◆【職業は】

¶「あなたのご職業は何ですか」「会社員です」"당신의 직업은 무엇입니까?" "회사원입니다." / 私の父の職業は大工です 우리 아버지 직업은 목수입니다.

◆【職業に・職業を】

¶教職を一生の職業にしたい 교직을 평생의 직업으로 삼고 싶다. / 自分にあった職業を見つけるのは難しい 자기 자신에게 맞는 직업을 찾는 것은 어렵다.

◆【その他】

¶看護師はもっともやりがいのある職業の一つだ 간호사는 가장 보람있는 직업의 하나이다. / アンケートの職業欄に「会社員」と書いた 설문 조사 직업란에 '회사원'이라고 적었다. 関連 職業安定所 직업 안내소 / 職業案内欄 직업 안내란 / 職業意識 직업 의식 / 職業教育 직업 교육 / 職業軍人 직업 군인 / 職業紹介所 직업 소개소 / 職業病 직업병 ⇨ 仕事

**しょくざい**【食材】식재료 〔食料品〕식료품

¶そのスーパーには新鮮な食材がそろっている 그 슈퍼에는 신선한 식료품이 갖추어져 있다.

**しょくじ**【食事】식사, 끼니, 밥 ◇食事する 식사하다, 밥을 먹다

基本表現

▷私は1日3回きちんと食事をとっています 나는 하루 세 끼 규칙적으로 식사를 합니다.

▷大田はいま食事に出ております 오타 씨는 지금 식사하러 나갔습니다.

▷食事中に大声で話してはいけません 식사 중에 큰 소리로 얘기해서는 안 됩니다.

▷食事を抜くのは健康によくないよ 식사를 거르는 것은 건강에 좋지 않아요.

▷お食事はもう済みましたか 식사는 하셨습니까?

▷たまには外で食事したいな 가끔은 외식하고 싶어.

◆【食事に】

¶そろそろ食事にしますよ 식사 준비가 다 됐어요. / ああ、お腹がすいた。食事に行きましょうよ 아, 배고프다. 밥 먹으러 갑시다. / 来週の土曜日は食事に招かれている 다음주 토요일에는 식사에 초대 받았다.

◆【食事の】

¶食事の前に手を洗いましょう 식사하기 전에 손을 씻읍시다. / 私は食事の後片付けを手伝った 나는 설거지를 도왔다. / 母が風邪で寝込んでいるので姉が食事の仕度をした 어머니가 감기로 누워 있기 때문에 언니가 식사 준비를 했다.

◆【食事を】

¶夕べ久しぶりに家族そろって食事をしました 어젯밤에 오랜만에 가족이 다 모여서 식사를 했습니다. / このところまともな食事をしていないな 요즘 제대로 된 밥을 먹은 적이 없네. / 食事を減らして2キロ減量した 식사를 줄여서 2킬로 감량했다. / 毎日バランスのとれた食事をすることが大切です 매일 밸런스 좋은 식사를 하는 것이 중요합니다. / 父は糖尿病なので食事を制限されている 아버지는 당뇨병이어서 식사 제한을 받고 있다. / 病院では決まった時間に食事をする 병원에서는 정해진 시간에 식사를 한다. / 食事を出す 식사를 내다

◆【その他】

¶おいしい食事 맛있는 식사 / まずい食事 맛없는 식사 / 軽い食事 간단한 식사 / しつこい食事 기름기가 많은 식사 / 十分な食事 충분한 식사 / 栄養のある食事 영양가 높은 식사 / 豪華な食事 호화로운 식사 / ぜいたくな食事 사치스러운 식사 / 粗末な食事 변변치 못한 식사 / 食事時間 식사 시간

会話 食事をしよう

A：きょうは外で食事をしようか
B：いいわね
A：오늘은 밖에서 식사할까?
B：좋아요.
A：お食事ご一緒しませんか
B：すみません. きょうはほかに約束があるので
A：식사 같이 하시겠습니까?
B：죄송합니다. 오늘은 선약이 있어서요.

**しょくしゅ【触手】** 촉수〔昆虫の触角〕촉각, 더듬이

**しょくしょう【食傷】** 식상 ◇**食傷する** 식상하다〔食べ物に〕물리다〔物事に〕싫증이 나다 ¶焼き肉には食傷気味だ 불고기에는 물린 듯하다.

**しょくじりょうほう【食餌療法】** 식이 요법(▶発音は 요뻡)

**しょくせいかつ【食生活】** 식생활 ¶あなたは食生活の改善がまず必要です 당신은 식생활 개선이 우선 필요합니다. / ご飯とみそ汁は日本人の食生活の基本だ 밥과 된장국은 일본인 식생활의 기본이다.

**しょくだい【燭台】** 촛대

**しょくたく【食卓】** 식탁 ¶食卓につく 식탁에 앉다 / 家族で食卓を囲みながら団らんのひとときを過ごした 가족이 식탁에 둘러 앉아 단란하게 한때를 보냈다. / 電話が鳴ったので食卓を離れた 전화가 울려서 식탁을 떠났다. / 母は食事の後も食卓を片付けるのに忙しい 어머니는 식사 후에도 식탁을 치우기에 바쁘시다.

**しょくちゅうどく【食中毒】** 식중독 ¶食中毒にかかる 식중독에 걸리다.

**しょくつう【食通】** 미식가(美食家)

**しょくどう【食堂】** 식당〔料理店〕요리점, 요리집(▶発音は 요리찜)〔関連〕**食堂街** 식당가 / **食堂車** 식당차 / **社員食堂** 사원 식당 / **大衆食堂** 대중 식당

**しょくどう【食道】** 식도〔関連〕**食道がん** 식도암

**しょくにん【職人】** 장인(匠人)〔関連〕**職人気質** 장인 기질 / **職人芸** 장인 솜씨

**しょくば【職場】** 직장, 일터 ¶私たちは同じ職場で働いている 우리는 같은 직장에서 근무하고 있다. / **職場に通う** 직장에 다니다 / **職場に復帰する** 직장에 복귀하다 / **職場を変える** 직장을 바꾸다〔関連〕**職場結婚** 직장 결혼 / **職場放棄** 직무 유기

**しょくばい【触媒】** 촉매〔関連〕**触媒作用** 촉매 작용 / **触媒反応** 촉매 반응

**しょくパン【食パン】** 식빵 ¶食パンを焼く 식빵을 굽다 〔数え方〕食パン1枚 식빵 한 장 / 食パン1切れ 식빵 한 쪽

**しょくひ【食費】** 식비, 밥값 ¶毎月食費に5万円使っている 매월 식비로 5만 엔 사용한다.

**しょくひん【食品】** 식품 ¶とうふはたんぱく質に富む消化のよい食品です 두부는 단백질이 풍부하고 소화가 잘 되는 식품입니다.〔関連〕**食品衛生法** 식품 위생법 / **食品加工業** 식품 가공업 / **食品添加物** 식품 첨가물 / **インスタント食品** 인스턴트 식품, 즉석 식품 / **加工食品** 가공 식품 / **健康食品** 건강 식품 / **自然食品** 자연 식품, 자연식 / **冷凍食品** 냉동 식품

**しょくぶつ【植物】** 식물 ¶森にはたくさんの種類の植物がある 숲에는 많은 종류의 식물이 있다. / 植物が成長するためには光と水分が欠かせない 식물이 성장하기에는 빛과 수분이 필요하다. / 植物に水をやるのを怠けてしまうと枯れてしまう 식물에 물 주는 것을 게을리하면 말라 버린다. / 彼は東アジアの植物を研究している 그는 동아시아 식물을 연구하고 있다. / 植物を育てる 식물을 가꾸다 ¶母はいつも料理に植物性の油を使っている 어머니는 항상 요리에 식물성 기름을 사용하신다. / 交通事故の後遺症で彼女は植物人間状態になってしまった 교통사고 후유증으로 그녀는 식물인간 상태가 돼 버렸다.〔関連〕**植物園** 식물원 / **植物界** 식물계 / **植物学** 식물학 / **植物学者** 식물학자 / **植物採集** 식물 채집 / **植物性繊維** 식물성 섬유 / **園芸植物** 원예 식물 / **観葉植物** 관엽 식물 / **高山植物** 고산 식물 / **熱帯植物** 열대 식물

**しょくみんち【植民地】** 식민지 〔関連〕**植民地化** 식민지화 / **植民地主義** 식민지주의 / **植民地政策** 식민지 정책

**しょくむ【職務】** 직무 ¶それぞれが職務をきちんと遂行しなければならない 각자가 직무를 정확히 수행해야 된다. / 彼は職務怠慢で解雇された 그는 직무 태만으로 해고되었다. / 警官は挙動不審な男を職務質問した 경찰관은 거동이 수상한 남자를 불심 검문했다.〔関連〕**職務規定** 직무 규정 / **職務権限** 직무 권한 / **職務手当** 직무 수당 / **職務放棄** 직무 유기 / **職務命令** 직무 명령

**しょくもつ【食物】** 음식, 음식물 ¶食物はいろんな種類をとったほうが健康によい 음식은 골고루 섭취하는 것이 건강에 좋다.〔関連〕**食物連鎖** 식물 연쇄, 먹이 연쇄〔사슬〕

**しょくよう【食用】** 식용 ¶このかえるは食用になる 이 개구리는 식용할 수 있다. / このきのこは食用に適さない 이 버섯은 식용으로는 적당하지 않다.〔関連〕**食用油** 식용유 / **食用がえる** 식용 개구리

**しょくよく【食欲】** 식욕, 밥맛, 입맛 ¶食欲がある〔ない〕식욕이 있다〔없다〕. / **食欲をそそる** 식욕을 돋구다 / うちの子供たちは相変わらず食欲が旺盛だ 우리 아이들은 변함없이 식욕이 왕성하다. / きょうはあまり食欲がない 오늘은 별로 밥맛이 없다. / 夏にはいつも食欲がなくなる 여름에는 항상 입맛이 없어진다. / 秋にはたいてい食欲が増す 가을에는 대체적으로 입맛이 돋는다.〔関連〕**食欲不振** 식욕 부진

**しょくりょう【食料】** 식료〔食品〕식료품〔食品〕식품 ¶きのうスーパーへ行ってたくさん食料を買い込んできた 어제 슈퍼에 들러 많은 식료품을 사들였다.〔関連〕**食料品店** 식료품점, 식품점

**しょくりょう【食糧】** 식량 ¶世界各地で食糧事情が悪化してきた 세계 각지에서 식량 사정이 악화되었다. / 私たちは世界的な食糧不足に対処しなければならない 우리는 세계적인 식량 부족에 대처해야 된다. / 我々の両親の世代は食糧難の時代に育った 우리 부모님 세대는 식량난 시대에 자랐다.

**しょくりん【植林】** 식림, 조림(造林) ◇**植林する** 식림하다, 조림하다

**しょくれき【職歴】** 직력, 직업 경력

**しょくん【諸君】** 제군[みなさん] 여러분

**しょけい【処刑】** 처형 ◇**処刑する** 처형하다 ¶クーデターの首謀者として彼は処刑を免れることはできない 쿠데타의 주모자로서 그는 처형을 면할 수 없다. / その死刑囚は電気椅子で処刑された 그 사형수는 전기의자에서 처형되었다. 関連 **処刑場** 처형장 / **処刑台** 처형대

**しょげる【悄気る】** 기가 죽다, 풀이 죽다 ¶株で大損して彼はしょげ切っている 주식 거래로 큰 손해를 보아서 그는 기가 푹 죽어 있다. / そんなことでしょげるな それ 그런 일로 기 죽지 마. しょげた顔をしているね。どうしたの 풀이 죽어 있는데, 왜 그래?

**しょけん【所見】** 소견 ◇**所見を述べる** 소견을 말하다 ¶医師の所見では彼女の病気はストレスによるものらしい 의사의 소견에 따르면 그녀의 병은 스트레스로 인한 것 같다.

**じょげん【助言】** 조언 ◇**助言する** 조언하다 ¶助言を求める 조언을 구하다 / 弁護士の助言には従うべきだ 변호사의 조언에는 따라야 한다. / 先生はこの本を読むようにと助言してくれた 선생님이 이 책을 읽도록 보도록 조언해 주셨다. 関連 **助言者** 조언자

**じょこう【徐行】** 서행, 감속(減速) ◇**徐行する** 서행하다 ¶坂を下る時には車は徐行しなければならない 비탈길을 내려갈 때 자동차는 서행 해야 한다. 関連 **徐行運転** 서행 운전

**しょこく【諸国】** 제국, 여러 나라 ¶アジア諸国 아시아 제국

**しょこん【初婚】** 초혼, 첫혼인

**しょさい【書斎】** 서재 ¶書斎にこもる 서재에 틀어박히다

**しょざい【所在】** 소재 [行方] 행방 ¶秘密帳簿の所在は警察にもわからなかった 비밀 장부의 소재는 경찰도 못 찾았다. / 彼は現在のところ所在が不明である 그는 현재 행방이 불명하다. / 容疑者はこの数週間所在をくらましている 피의자는 요 몇 주간 행방을 감추고 있다. / この不始末の責任の所在をはっきりさせねば 잘못의 책임을 누가 져야 할지 분명하게 해야 한다. ¶彼は所在なさそうにうろうろしていた 그는 정처없이 떠돌아 다니고 있었다. 関連 **所在地** 소재지

**じょさいない【如才無い】** [機転がきく] 빈틈없다 [人当たりのよい] 붙임성 있다 ¶彼の如才ない応対にはいつも感心する 그 사람의 빈틈없는 대응에는 언제나 감탄한다. / 彼女は大勢の客に如才なく振る舞った 그녀는 많은 손님한테 붙임성 있게 대했다.

**じょさんぷ【助産婦】** 조산사(助産師) [産婆] 산파

**しょし【初志】** 초지 ¶初志を貫徹するのは容易ではない 초지일관하는 것은 쉬운 일이 아니다.

**しょじ【所持】** 소지 ◇**所持する** 소지하다 ¶彼はコカインの不法所持で逮捕された 그는 코카인 불법 소지로 체포되었다. / 犯人は銃を不法に所持していた 범인은 권총을 불법으로 소지하고 있었다. 関連 **所持金** 소지금 / **所持品** 소지품

**じょし【女子】** 여자, 계집아이, 계집애 [女性] 여성 ¶うちのクラスでは女子が男子より数が多い 우리 반에는 여자가 남자보다 많다. 関連 **女子学生** 여자 학생, 여학생 / **女子校** 여학교 / **女子高** 여고 / **女子高生** 여고생 / **女子大学** 여자 대학교, 여대 / **女子大生** 여자 대학생, 여대생

**じょし【助詞】** 조사

**じょしつ【除湿】** 제습 ◇**除湿する** 제습하다 関連 **除湿器** 제습기 / **除湿剤** 제습제

**じょしゅ【助手】** 조수 ¶彼は大学の助手をしている 그는 대학교의 조수로 근무하고 있다. 関連 **助手席** 조수석 / **運転助手** 운전 조수

**しょしゅう【初秋】** 초추, 초가을

**じょじゅつ【叙述】** 서술 ◇**叙述する** 서술하다 ¶詳しく叙述する 상세하게 서술하다 / ありのままを叙述する 있는 그대로를 서술하다

**しょしゅん【初春】** 초춘, 초봄, 이른봄

**しょじゅん【初旬】** 초순 ¶日韓首脳会談は来月初旬に開かれる 일한 정상 회담은 다음달 초순에 열린다.

**しょじょ【処女】** 처녀 [処女性] 처녀성 ¶男に処女を奪われる 남자에게 처녀를 빼앗기다 / 処女を失う 처녀성을 상실하다 関連 **処女航海** 처녀 항해 / **処女作** 처녀작 / **処女地** 처녀지 / **処女峰** 처녀봉 / **処女膜** 처녀막

**じょじょう【叙情・抒情】** 서정 ◇**叙情的だ** 서정적이다 ¶彼は叙情的な文章を書く 그는 서정적인 문장을 쓴다. 関連 **叙情詩** 서정시

**じょじょに【徐々に】** 서서히 [少しずつ] 점점, 조금씩 [ゆっくり] 천천히 ¶徐々に進む 서서히 전진하다 / 徐々に暗くなる 서서히 어두워지다 / 車は徐々にスピードを上げた 자동차는 서서히 스피드를 올렸다. / ミョンチョルは徐々にコンピュータについての知識を身に付けている 명철이는 점점 컴퓨터에 대한 지식을 습득해 가고 있다. / 母は徐々に回復してきています 어머니는 천천히 회복되고 있습니다.

**しょしん【初心】** 초심 ¶初心に戻る 초심으로 돌아가다 [慣用句] **初心忘るべからず** 초심을 잊지 마라. / **初心者** 초심자, 새내기 / **初心者コース** 초심자 코스

**しょしん【初診】** 초진 関連 **初診料** 초진료

**しょする【処する】** [処罰する] 처하다, 처벌하다 [対処する] 대처하다 ¶あの男のような凶悪な犯罪者は厳罰に処するべきだ 저 남자 같은 흉폭한 범죄자는 엄벌에 처해야 한다. / 犯人は無期懲役に処せられた 범인은 무기 징역 판결을 받았다. / 難局に処する 난국에 대처하다

**じょせい【女性】** 여성, 여자(女子) ◇**女性的** 여성적이다 ¶今ではたくさんの女性が社会に進出している 지금은 많은 여성이 사회에 진출하고 있다. / 結婚してからも仕事をする女性が増えている 결혼하고 나서도 일을 하는 여성이 늘고 있다. / 女性に優しいというだけでは真のフェミニストとは言えない 여성에게 상냥하다는 것만으로는 진정한 페미니스트라고 할 수 없다. / セクハラは女性ばかりでなく男性にとっても

頭の痛い問題だ 성희롱은 여성뿐만 아니라 남성에게 있어서도 골치 아픈 문제이다. / あの女性は何というお名前ですか その 여성의 성함은 어떻게 됩니까? / 彼は実は女性が苦手だと打ち明けた 그는 사실 여자가 어렵다고 고백했다. / 彼女は女性差別撤廃を主張した 그녀는 여성 차별 철폐를 주장했다. / 彼のしぐさは女性的だ 그 사람의 몸짓은 여성적이다.
▶**女性科学者** 여성 과학자 / **女性ドライバー** 여성 운전자 / **女性販売員** 여성 판매원 / **女性用トイレ** 여성용 화장실 / **独身女性** 독신녀 〔関連〕**女性化** 여성화 / **女性解放運動** 여성 해방 운동 / **女性解放論** 여성 해방론 / **女性観** 여성관 / **女性雑誌** 여성 잡지 / **女性問題** 여성 문제

**じょせい【助成】** 조성 ◇助成する 조성하다 ¶私立学校を助成する 사립학교를 조성하다 〔関連〕助成金 조성금

**しょせいじゅつ【処世術】** 처세술 ¶処世術を心得る 처세술을 익히다

**しょせき【書籍】** 서적 ¶書籍売り場 서적 매장 / 書籍目録 서적 목록

**じょせつ【序説】** 서설〔序論〕서론

**じょせつ【除雪】** 제설 ◇除雪する 제설하다, 눈을 치우다 ¶この地方では1年に数回道路の除雪が必要だ 이 지방에서는 1년에 몇 번은 도로의 제설이 필요하다. / 除雪作業 제설 작업 〔関連〕除雪機 제설기 / 除雪車 제설차

**しょせん【所詮】** 〔結局〕결국, 어차피〔とうてい〕도저히 ¶しょせん紙切れに過ぎない 어차피 종이 조각에 지나지 않는다. / しょせんかなわない望み 도저히 이룰 수 없는 소원

**しょぞう【所蔵】** 소장 ◇所蔵する 소장하다 ¶韓国の国立中央博物館所蔵の文化財が日本で一般公開されている 한국 국립중앙박물관에서 소장하는 문화재가 일본에서 일반 공개되어 있다. / 中村氏所蔵の本 나카무라 씨 소장의 책

**じょそう【助走】** 조주, 도움닫기 ¶助走をつける 도움닫기를 하다 〔関連〕助走路 조주로

**じょそう【女装】** 여장 ◇女装する 여장하다 ¶容疑者は女装して逃走中だ 혐의자는 여장하여 도주이다.

**じょそう【除草】** 제초 ◇除草する 제초하다 ¶畑に除草剤をまく 밭에 제초제를 뿌리다

**しょぞく【所属】** 소속 ◇所属する 소속하다〔属する〕속하다 ¶彼はハンナラ党所属の国会議員だ 그는 한나라당 소속 국회의원이다. / 彼は高校の野球部に所属している 그는 고등학교 야구부에 소속해 있다. / 彼女は現在営業部に所属している 그녀는 현재 영업부에 소속되어 있다.

**しょたい【所帯・世帯】** 세대, 가구, 살림 ¶彼は25歳で所帯を持った 그는 스물다섯 살에 가정을 꾸렸다. / 彼は大所帯を支えている 그는 대가족을 부양하고 있다. / このごろ彼女は所帯やつれしている 요즘 그녀는 살림에 찌들어 있다. / 所帯じみた살림에 찌들다 〔関連〕**所帯数** 세대수, 가구수 / **所帯道具** 살림살이, 세간살이 / **所帯持ち** 가정을 가진 사람 / **所帯主** 세대주, 가구주 / **男所帯** 남자만의 살림살이 / **新婚所帯** 신혼 살림

**しょだい【初代】** 초대 ¶これは初代学長の銅像です 이것은 초대 학장의 동상입니다.

**しょたいめん【初対面】** 초대면, 초면 ¶初対面の挨拶を交わす 초대면의 인사를 나누다 / 佐藤さんとは初対面です 사토 씨와는 초면입니다. / 初対面で人見知りする 초대면이라서 낯가림하다

**しょだな【書棚】** 〔本棚〕책장〔書架〕서가

**しょだん【初段】** 초단 ¶私は柔道初段です 나는 유도 초단입니다. ⇨段

**しょち【処置】** 처치〔措置〕조치〔処理〕처리〔治療〕치료 ◇処置する 처치하다 ¶政府は不正取引を行った企業に対して厳しい処置をとった 정부는 부정 거래를 한 기업에 대해 엄한 조치를 취했다. / 医者や看護師は負傷した人々の処置に追われていた 의사와 간호사는 부상당한 사람들 치료에 쫓기고 있었다. / 救急車が来る前に彼はその子供に応急処置をした 구급차가 오기 전에 그는 그 아이에게 응급 처치를 했다. / 処置を誤る 처치를 잘못하다 / 処置無しだ 처치 불능이다
¶その医者はすばやく傷を処置した 그 의사는 재빠르게 상처를 치료했다. / その問題は適当に処置してください 그 문제는 적당히 처리해 주십시오.

**しょちゅう【暑中】** 복중(伏中) ¶暑中見舞いを出す 복중 문안 엽서를 보내다 / 暑中お見舞い申し上げます ▶韓国では暑中見舞いを出す習慣はないので毎日蒸し暑い日が続いておりますがお変わりございませんか「毎日暑い日が続きますがお変わりございませんか」などと意訳する

**しょちょう【所長】** 소장 ¶研究所長 연구소 소장

**しょちょう【署長】** 서장 ¶警察署長 경찰서 서장

**じょちょう【助長】** 조장 ◇助長する 조장하다 ¶過保護は子供の依存心を著しく助長する 과보호는 어린이의 의존심을 현저하게 조장한다.

**しょっかく【触角】** 〔昆虫の〕촉각, 더듬이 ¶触角を伸ばす 촉각을 뻗치다

**しょっかく【触覚】** 촉각 ¶触覚が発達している 촉각이 발달되어 있다.

**しょっき【食器】** 식기, 그릇〔茶碗〕공기 ¶食器を用意する 식기를 준비하다 / 食器をテーブルから下げてくれますか 식기를 테이블에서 치워 주시겠습니까? / 食器を洗う 식기를 씻다 / 食器を洗って戸棚に片付ける 식기를 씻어서 찬장에 정리하다 / 食器を磨く 식기를 닦다 〔関連〕**食器棚** 찬장

**ジョッキ** 조끼, 맥주잔

**ジョッキー** 〔騎手〕기수 〔関連〕**ディスクジョッキー** 디스크자키, 디제이(DJ)

**ショッキング** ◇ショッキングだ 쇼킹하다 ¶それはショッキングな事件だった 그것은 쇼킹한 사건이었다.

**ショック** 쇼크, 충격(衝撃) ¶床に落としたショックで時計が動かなくなってしまった 마룻바닥에 떨어진 충격으로 시계가 멈춰 버렸다. / 弟の突然の死は私にとって大きなショックだった 동생의 갑작스런 죽음은 나에게 큰 충격이었다. / 彼女は精神的ショックに耐えられるだろうか

그녀는 정신적인 충격을 견딜 수 있을까? / 私はしばらくの間そのショックから立ち直れなかった 나는 얼마 동안 그 충격으로부터 벗어날 수 없었다. / 多くの人々がその報道写真を見てショックを受けた 많은 사람들이 그 보도 사진을 보고 충격을 받았다. / ショックを与える 쇼크를 주다 / ショック死する 쇼크사하다 関連 ショック療法 쇼크 요법 (▶発音은 요쁙)

**しょっけん【食券】** 식권

**しょっけん【職権】** 직권 ¶職権を行使する 직권을 행사하다 / 職権を乱用する 직권을 남용하다 / 職権を与える 직권을 부여하다 / 職権を侵す 직권을 침해하다

**しょっちゅう** 노상, 언제나, 자주 ⇒いつも

**しょっぱい** 짜다 ¶しょっぱい味がする 짠 맛이 나다 / しょっぱくして食べる 짜게 해서 먹다

**ショッピング** 쇼핑 ¶ショッピングをする 쇼핑하다 ¶デパートにショッピングに行った 백화점에 쇼핑하러 갔다. 関連 ショッピングカー 쇼핑 카트, 밀차 / ショッピングセンター 쇼핑 센터 / ショッピングバッグ 쇼핑백

**しょてい【所定】** 소정 ¶所定の用紙 소정의 용지 / 所定の様式 소정의 양식 / 所定の手続きを踏む 소정의 절차를 밟다 / ごみは所定の場所に出してください 쓰레기는 지정된 장소에 내 주십시오. / 火災訓練が始まったらすぐに所定の位置についてください 화재 훈련이 시작되면 금방 정해진 자리로 가 주십시오.

**しょてん【書店】** 서점, 책방

**じょてんいん【女店員】** 여점원, 여자 점원

**しょとう【初冬】** 초동, 초겨울

**しょとう【初等】** 초등 関連 初等科 초등과 / 初等教育 초등 교육

**しょとう【初頭】** 초두, 초엽(初葉) ¶19世紀初頭 19세기 초두

**しょとう【諸島】** 제도 ¶伊豆諸島 이즈 제도

**しょどう【書道】** 서도, 서예(書芸) 関連 書道家 서도가, 서예가

**じょどうし【助動詞】** 조동사, 보조 동사

**しょとく【所得】** 소득 [収入] 수입 [稼ぎ] 벌이 ¶妻は私よりも所得が多い 아내는 나보다 소득이 많다. / 去年よりも所得が増えた 지난해보다 소득이 늘어났다. / 彼の年間所得は1千万円以上ある 그의 연간 소득은 천만 엔 이상이다. / 彼女は1か月に税込みで30万円の所得がある 그녀는 한 달에 세금을 포함해서 30만 엔의 소득이 있다. / 税務署に所得税の申告書を提出する 세무서에 소득세 신고서를 제출하다 関連 可処分所得 가처분 소득 / 勤労[不労]所得 근로[불로] 소득 / 国民所得 국민 소득 / 税込み所得 세금을 포함한 소득 / 税引き所得 세금을 공제한 소득 / 低所得世帯 저소득 가구

**しょなのか【初七日】** 칠일장

**しょにち【初日】【開幕日】** 개막일

**しょにんきゅう【初任給】** 첫 월급(▶発音은 초월급), 첫 봉급 ¶初任給はどれくらいでしたか 첫 월급은 어느 정도였습니까?

**じょのくち【序の口】** 시초, 시작 ¶この程度はまだ序の口だ 이 정도는 아직 시작일 뿐이다.

**しょばつ【処罰】** 처벌 ◇処罰する 처벌하다 ¶厳重な処罰 엄중한 처벌 / 処罰を受ける 처벌을 받다 ⇒罰

**しょはん【初版】** 초판 ¶この辞書の初版は2001年に出た 이 사전의 초판은 2001년에 나왔다.

**じょばんせん【序盤戦】** 초반전(初盤戦) ¶選挙はまだ序盤戦だ 선거는 아직 초반전이다.

**しょひょう【書評】** 서평 ¶出版社から書評を依頼された 출판사로부터 서평을 의뢰받았다. 関連 書評欄 서평란

**しょぶん【処分】** 처분 [処罰] 처벌 ◇処分する 처분하다, 처벌하다 ¶彼はけんかをして学校から3日間の謹慎処分を受けた 그는 싸워서 학교에서 3일간의 근신 처분을 받았다. / 不要な物は処分したほうがいい 필요없는 물건은 처분하는 것이 좋다. / 不動産を処分する 부동산을 처분하다 / 規則に違反した者は厳重に処分する 규칙을 위반한 자는 엄중하게 처벌하다 関連 行政処分 행정 처분

**じょぶん【序文】** 서문, 머리말

**しょほ【初歩】** 초보, 초급(初級) ◇初歩的な 초보적인 ¶料理の初歩 요리 초보 / 韓国語を初歩から学ぶ 한국어를 초급부터 배우다 / 初歩的な知識 기본적인 지식 / 初歩的なミスを犯す 기본적인 실수를 저지르다

**しょほう【処方】** 처방 ¶医者は抗生物質を処方してくれた 의사는 항생 물질을 처방해 주었다. / 医師が処方箋を書いてくれた 의사가 처방전을 적어 주었다.

**しょぼくれる** 추레하다 ¶彼はその時いつになくしょぼくれていた 여느 때와 달리 그때 그는 추레했다.

**しょぼしょぼ** 초보, ◇しょぼしょぼする【目が】 가슴추레하다, 개개풀어지다

**じょまく【除幕】** 제막 ◇除幕する 제막하다 関連 除幕式 제막식

**しょみん【庶民】** 서민 ◇庶民的だ 서민적이다 ¶マイホームを持つことは庶民の夢だ 내집 마련은 서민의 꿈이다. / 浅草は庶民的な町だ 아사쿠사는 서민적인 동네이다. 関連 一般庶民 일반 서민

**しょむか【庶務課】** 서무과

# しょめい【署名】 서명 ◇署名する 서명하다
¶ワープロで打たれた手紙の最後に彼の自筆の署名が入っていた 워드로 쓰인 편지 마지막에 그의 자필 서명이 있었다. / 嘆願書の署名を集めるように依頼された 탄원서 서명을 모으도록 의뢰받았다. / 著者の署名入りの本を手に入れることができた 저자의 서명이 들어간 책을 구할 수 있었다. / この地域の自然を環境破壊から守るために署名運動をしています 이 지역의 자연을 환경 파괴로부터 지키기 위해 서명 운동을 하고 있습니다. / この書類に署名捺印してください 이 서류에 서명 날인해 주십시오.

**会話** 署名運動をする
A : 何の署名運動なんですか
B : 原発の建設に反対するためです。この嘆願書に署名してください
A : 무슨 서명 운동입니까?

B：원전 건설에 반대하기 위해서입니다. 이 탄원서에 서명해 주십시오.
**しょめい【書名】** 서명
**じょめい【除名】** 제명 ◇除名する 제명하다 ¶彼はクラブから処分を受けた．그는 클럽으로부터 제명 처분을 받았다. / 会員から除名する 회원에서 제명하다
**しょめん【書面】** 서면〔文書〕문서 ¶私たちは書面で抗議を申し入れた 우리는 서면으로 항의의 뜻을 표시했다.
**しょもつ【書物】**〔本〕책〔書籍〕서적
**しょや【初夜】** 초야, 첫날밤 ¶新婚初夜 결혼 초야(結婚初夜)
**じょや【除夜】** 제야 ¶除夜の鐘 제야의 종소리
**じょやく【助役】**〔市の〕부시장〔駅の〕조역
**しょゆう【所有】** 소유 ◇所有する 소유하다, 가지다, 갖다 ¶彼はこの辺り一帯の土地を所有している 그는 이 주변 일대의 땅을 소유하고 있다. / 彼は車を3台も所有している 그는 자동차를 세 대나 가지고 있다. / 彼は違法に銃を所有していた 그는 불법으로 권총을 소유하고 있었다. / 彼女は所有欲が強い 그녀는 소유욕이 강하다. 関連 所有格 소유격 / 所有権 소유권 / 所有者 소유자 / 所有地 소유지 / 所有物 소유물
**じょゆう【女優】** 여배우
**しょよう【所用】** 볼일(▶発音は 볼릴), 용무(用務) ¶父は所用で外出しています 아버지는 일보러 나가셨습니다. / 所用があって先週大阪へ行って来ました 볼일이 있어서 지난주에 오사카에 다녀왔습니다.
**しょようじかん【所要時間】** 소요 시간 ¶会社までの所要時間 회사까지의 소요 시간
**しょり【処理】** 처리〔処分〕처분 ◇処理する 처리하다, 처분하다 ¶顧客からの苦情を処理する 고객의 불만을 처리하다 / その件は私がうまく処理しておいた 그 건은 내가 잘 처리해 두었다. / 弁護士が法律上のことはうまく処理してくれた 변호사가 법률상 일은 잘 처리해 주었다. / この町ではごみがきちんと処理されている 이 동네는 쓰레기가 깔끔하게 처리되고 있다. / 下水〔汚水〕処理には微生物が利用される 하수〔오수〕처리에는 미생물이 이용된다. / 今日ではコンピュータが人に代わって大量のデータを処理してくれる 요즘은 컴퓨터가 사람을 대신해서 대량의 데이터를 처리해 준다. / この金属板は酸で処理してある 이 금속판은 산으로 처리되어 있다. / 電子レンジで材料を加熱処理しておくと料理の時間が省ける 전자레인지로 재료를 가열 처리해 두면 요리 시간을 줄일 수 있다.
¶我々が抱えている大きな問題の一つに廃棄物処理の問題がある 우리가 안고 있는 큰 문제의 하나가 폐기물 처리 문제이다. 関連 事後処理 사후 처리 / 情報処理 정보 처리 / 熱処理 열처리 / 排水処理場 배수 처리장
**じょりゅう【女流】** 여류 ¶女流作家 여류 작가 ⇒女性
**じょりょく【助力】** 조력, 도움 ◇助力する 조력하다, 돕다 ¶助力を求める 조력을 구하다 / 助力を得る 조력을 얻다 / 専門家の助力が不可欠だ 전문가의 도움이 필요하다.

**しょるい【書類】** 서류〔文書〕문서 ¶この書類に記入してください 이 서류에 기입해 주세요. / この書類に印を押していただけますか 이 서류에 도장을 찍어 주시겠습니까？ / あすまでに会議に必要な書類を作っておいてください 내일까지 회의에 필요한 서류를 작성해 두세요. / 会社での私の仕事はせいぜい書類の整理程度だ 회사에서 내가 할 일은 고작 서류 정리 정도다. / 旅行から帰ってくると私の机の上は書類の山となっていた 여행에서 돌아왔더니 내 책상 위에는 서류가 산더미 같이 쌓여 있었다. / あすまでにこの書類を提出しなければならない 내일까지 이 서류를 제출해야만 한다. 数え方 書類1枚 서류 한 장 / 書類1通 서류 한 통 関連 書類かばん 서류 가방 / 書類選考 서류 전형 / 書類送検 서류 송청 / 機密書類 기밀문서, 비밀 서류
**ショルダーバッグ** 숄더백
**じょれつ【序列】** 서열 ¶序列が上〔下〕である 서열이 위〔아래〕이다. / 職業に序列をつけることはできない 직업에 서열을 매길 수는 없다. 関連 年功序列 연공서열
**しょろう【初老】** 초로 ¶初老の紳士 초로의 신사
**じょろん【序論】** 서론
**しょんぼり** 맥없이 ◇しょんぼりする 풀이 죽다 ¶彼女はしょんぼりと立っていた 그녀는 맥없이 서 있었다. / 雨で遠足が中止になって弟はしょんぼりしていた 비로 소풍이 취소되어 남동생은 풀이 죽어 있었다. / しょんぼりした足取り 풀이 죽은 발걸음
**じらい【地雷】** 지뢰 ¶地雷を敷設する 지뢰를 부설하다 / 地雷に触れる 지뢰를 건드리다 / 地雷を取り除く 지뢰를 제거하다 関連 地雷探知機 지뢰 탐지기
**しらが【白髪】** 백발, 흰머리 ¶白髪交じりの髪 백발이 성성한 머리 / 父はめっきり白髪が増えてきた 아버지는 눈에 띄게 흰머리가 늘어 갔다. / 彼は若いのに白髪が多い 그는 젊은데도 흰머리가 많다. / 白髪を抜く 흰머리를 뽑다 関連 白髪頭 백발 머리 / 白髪染め 흰머리 염색약 / 若白髪 새치
**しらかば【白樺】** 자작나무
**しらける【白ける】** 흥이 깨지다, 분위기가 깨지다 ¶そのひと言で座が白けてしまった 그 한 마디로 그 자리의 흥이 깨지고 말았다.
**しらじらしい【白々しい】**〔みえすいた〕빤하다, 뻔하다, 속이 들여다보이다〔とぼけた〕천연덕스럽다 ¶しらじらしいうそ 빤한 거짓말 / しらじらしいおせじ 속이 들여다보이는 아첨 / しらじらしい作り話 속이 들여다보이는 지어낸 이야기 / 男はしらじらしい態度で犯行を否認した 남자는 천연덕스러운 태도로 범행을 부인했다.
**じらす【焦らす】** 애를 태우다, 약을 올리다, 초조하게 하다 ¶ボーイフレンドを長い間待たせてじらす 오랫동안 기다리게 해서 남자 친구를 애를 태우다 / じらさないでください 애타게 하지 마세요.
**しらずしらず【知らず知らず】** 저도 모르게, 부

지중에 ¶虫歯は知らず知らずのうちに進行する 충치는 저도 모르는 사이에 진행한다. / 我々の体は知らず知らずのうちにさまざまな有害物質に冒されている 우리들의 몸은 모르는 사이에 여러 가지 유해물질의 침범을 받고 있다.

**しらせ【知らせ】** 소식〔通知〕통지 ¶よい〔悪い〕知らせ 좋은〔나쁜〕소식 / お知らせ 알림 / 知らせを受け取る 통지를 받다 / その知らせを聞いて彼は急いで帰宅した 그 소식을 듣고 그는 급히 귀가했다. / うちのチームが優勝したという知らせがあった 우리 팀이 우승했다는 소식을 들었다.
慣用句 悪いことが起こりそうな虫の知らせがあった 나쁜 일이 일어날 것 같은 예감이 들었다.

## しらせる【知らせる】알리다

基本表現
▷新しい住所を知らせてください
새 주소를 알려 주세요.
▷私は彼女に山田君と安藤さんが結婚したことを知らせた 나는 여자 친구에게 야마다 씨와 안도 씨가 결혼했다는 것을 알렸다.

¶何かあったら知らせてください 무슨 일이 있으면 알려 주세요. / 詳細は追ってお知らせします 상세한 것은 나중에 알려 드리겠습니다. / 結果は手紙でお知らせします 결과는 편지로 알려 드리겠습니다. / 息子が試験に合格したと知らせてきた 아들이 시험에 합격했다고 알려 왔다. / その事故のことをすぐ警察に知らせたほうがいいよ 그 사고를 곧바로 경찰에 알리는 것이 좋아요. / 会社が倒産したということをだれが新聞に知らせたのか 회사가 도산했다는 것을 누가 신문에 알렸는가? / この事をだれにも知らせないでください 이 일은 아무에게도 알리지 마세요.

**しらばくれる** 모르는 체하다, 시치미를 떼다 ¶しらばくれてもむだだ 시치미를 떼도 소용없다.

**しらべ【調べ】**〔調査〕조사〔訊問〕신문〔曲〕가락〔音色, 旋律〕음률 ¶彼は警察の調べを受けた 그는 경찰의 신문을 받았다. / 調べはついている 이미 조사는 해 두었다. / 妙なる調べ 아름다운 가락

## しらべる【調べる】❶〔調査する〕알아보다, 조사하다〔検査する〕검사하다〔点検する〕점검하다〔捜査する〕수사하다〔捜索する〕수색하다 ¶交通の便を調べる 교통 편을 알아보다 / 地震による被害額を調べる 지진에 의한 피해액을 알아보다 / すぐに調べてみます 곧 알아보겠습니다. / 原因を調べる 원인을 조사하다 / 事件を調べる 사건을 수사하다 / どうもひざの調子がよくないな. あす病院に行って調べてもらおう 아무래도 무릎의 상태가 좋지 않아. 내일 병원에 가서 검사를 받자. / 警察が事故の原因を調べているが時間がかかりそうだ 경찰이 사고 원인을 조사하고 있는데 시간이 걸릴 것 같다. / 税関で荷物を調べられた 세관 직원이 내 짐을 조사했다 / ブレーキがよく効かなかったので整備士によく調べてもらった 브레이크가 잘 듣지 않아서 정비공에게 잘 점검하도록 했다. / ガスが漏れていないかメーターを調べてみた 가스가 새지 않고 있는지 미터기를 점검해 보았다. / 警察は容疑者の部屋を徹底的に調べた 경찰은 혐의자의 방을 철저하게 수색했다.
❷〔辞書などで捜す〕찾다 ¶単語の意味がわからなかったので辞書で調べた 단어의 의미를 몰라서 사전을 찾았다.
❸〔捜す〕찾다〔手探りで〕뒤지다 ¶バスを降りようとしたら定期券がないのでかばんの中を調べてみた 버스를 내리려고 했더니 정기권이 없어서 가방 속을 찾아 보았다. / 車内をくまなく調べる 차내를 살살이 뒤지다
❹〔尋問する〕신문하다 ¶彼女は万引きの現場を発見され警察に調べられた 그녀는 훔치는 현장이 발각되어 경찰의 신문을 받았다.

**しらみ【虱】**이 ¶その子の髪にはしらみがわいている 그 아이의 머리에는 이가 끓고 있다. / 母猿が子猿のしらみを取っている 어미 원숭이가 새끼 원숭이의 이를 잡고 있다. / 警察は家宅捜索を行い家中をしらみつぶしに調べた 경찰은 가택 수색을 하여 집안을 이 잡듯이 조사했다.

**しらむ【白む】** 밝아오다 ¶東の空が白んできた 동쪽 하늘이 밝아 왔다.

**しらんかお【知らん顔】** 모른 체 ¶彼女は僕を見ても知らん顔だった 그녀는 나를 보고도 모른 체했다.

## しり【尻】❶〔人・動物の〕엉덩이, 궁둥이, 볼기

使い分け 엉덩이, 궁둥이, 볼기
お尻全体を볼기, 医学用語では둔부(臀部)といい、その上の部分を엉덩이, 座るときに床に接触する下の部分を궁둥이という。
一般には、「お尻」に対してごく普通に使用される語は엉덩이のほうで、궁둥이は卑語とされており、いわば日本語の「けつ」に相当する語といえる。볼기は、お尻のほっぺたといわれる両方の膨らんだ部分をさしていることが多い。

◆《尻が・尻に》
¶彼女は尻がかなり大きい 그녀는 궁둥이가 상당히 크다. / 医者はその子のお尻に注射をした 의사는 그 아이의 엉덩이에 주사를 놓았다.
◆《尻を》
¶父親は罰として子供の尻をぶった 아버지는 벌로 아이의 볼기를 쳤다. / 彼女はお尻を振りながら歩く 그녀는 엉덩이를 흔들면서 걷는다.
❷〔後方, 底〕뒤, 꽁무니, 꼴찌, 밑, 밑바다 ¶その子はいつもお兄さんの尻について歩いている 저 아이는 항상 오빠 꽁무니를 쫓아 다닌다. /「テストどうだった」「だめだね. たぶん尻から数えて2,3番目くらいかな」"테스트 어땠어?" "망쳤어, 아마도 꼴찌에서 두, 세 번째 정도일 거야". 慣用句 彼は奥さんの尻に敷かれている 아내는 그를 깔고 앉아 있다. / 彼は尻に火がつくまで何もしない 그는 발등에 불이 떨어질 때까지 아무것도 하지 않는다. / あいつはいつも女の尻ばかり追い回している 그 녀석은 언제나 여자 뒤 꽁무니만 쫓아 다닌다. / 彼女は夫の尻をたたいて庭の草取りをさせた 그녀는 남편을 재촉해서 정원의 잡초를 뽑게 했다. / 姉は尻が重くて用を言いつけられて

もなかなか動こうとしない 언니는 엉덩이가 무거워서 일을 시켜도 좀처럼 움직이려고 하지 않는다. / 彼女は尻が軽い 그 여자는 궁둥이가 가볍다.

**しりあい【知り合い】**［関係］아는 사이 ［人］아는 사람, 친지 ◇知り合いになる 아는 사이가 되다, 친지가 되다 ¶彼は単なる知り合いです 그 사람은 단지 아는 사이입니다. / あの会社の社長とは個人的に知り合いです 그 회사의 사장과는 개인적으로 아는 사이입니다. / 彼は知り合いが多い 그는 아는 사람이 많다. / 彼女に知り合いの医者を紹介した 그녀에게 아는 의사를 소개했다. / 山中さんと知り合いになった 야마나카 씨와 아는 사이가 되었다.

会話 …と知り合いです
A：大田さんとはお知り合いですか
B：ええ、よく知ってます
A：오타 씨와는 아는 사이입니까？
B：예, 잘 알고 있습니다.

**しりあう【知り合う】**알게 되다, 아는 사이가 되다, 사귀게 되다 ［顔見知りになる］친지가 되다 ¶どうやって彼女と知り合ったんだに 어떻게 해서 여자 친구를 알게 됐어？ / 私たちは知り合って10年になります 우리는 알게 된 지 10년이 됩니다.

**シリーズ** 시리즈 ¶私は金曜日にはテレビのシリーズ物を見ている 나는 금요일에는 텔레비전 연속극을 보고 있다. 関連 （野球の）韓国シリーズ 한국 시리즈 / 日本シリーズ 일본 시리즈 / ワールドシリーズ 월드 시리즈

**じりき【自力】**자력, 제힘 ¶自力で解決する 제힘으로 해결하다 / 自力で立ち上がる 자력으로 일어나다 / 自力で更生する 자력으로 갱생하다 / 何とか自力で岸まで泳ぎついた 간신히 자력으로 물가까지 헤엄쳐 왔다.

**しりごみ【尻込み】**◇尻込みする［ひるむ］꽁무니를 빼다, 뒷걸음질치다 ［ためらう］주저하다, 망설이다 ¶女の子は犬が怖くて尻込みした 여자아이는 개가 무서워서 뒷걸음질쳤다. / 尻込みしないでやってごらん 망설이지 말고 한 번 해봐. / 彼はいざという時に決まって尻込みする 그는 막상 시작하면 꼭 꽁무니를 뺀다.

**しりしょく【私利私欲】**사리사욕 ¶彼は公共の利益よりも自分の私利私欲にとらわれてしまった 그는 공공의 이익보다도 자기의 사리사욕에 사로잡혔다. / その政治家は私利私欲に目がくらみ賄賂を受け取った 그 정치가는 사리사욕에 눈이 어두워 뇌물을 받았다.

**じりじり** ◇じりじりと［一歩一歩］한발한발 ［だんだんと］차차, 차츰차츰 ［着実に］척척 ［日差しが］쨍쨍 ［肉などが］지글지글 ¶締め切り時間がじりじりと迫っている 마감 시간이 점점 다가온다. / 2位の走者が先頭走者をじりじり追い上げている 2위 주자가 선두 주자를 한발한발 바짝 뒤쫓고 있다. / 肌がじりじりと焼け付くような日だった 쨍쨍하고 살이 타는 듯한 날이었다.

**しりぞく【退く】**물러나다, 물러서다 ¶一歩退く 한 발 물러서다 / その場から退く 그 장소에서 물러나다 / 現役から退く 현역에서 물러나다 / トラックを通すために道路わきへ退いた 트럭을 통과시키기 위해 도로 한편으로 물러섰다. / 彼は第一線から退いて現在は選手の指導に当たっている 제일선에서 물러나서 현재는 선수 지도를 하고 있다. / 彼は一歩も退かなかった 그는 한 발짝도 물러서지 않았다.

**しりぞける【退ける】**물리치다 ［遠ざける］멀리하다 ［拒否する］거절하다 ¶敵の攻撃を退ける 적의 공격을 물리치다 / ほかの意見を退ける 다른 의견을 물리치다 / 裁判長は弁護士の申し立てを退けた 재판장은 변호사의 신청을 물리쳤다.

**しりつ【市立】**시립 ¶市立図書館 시립 도서관 / 市立病院 시립 병원

**しりつ【私立】**사립 ¶私立学校 사립학교 / 私立探偵 사설탐정（私設偵探）

**じりつ【自律】**자율 関連 自律神経 자율신경 / 自律神経失調症 자율 신경 실조증 / 自律性 자율성

**じりつ【自立】**자립 ◇自立する 자립하다 ¶彼は経済的に親から自立している 그는 경제적으로 부모로부터 자립하고 있다. / 私は自立してレストランを経営している 나는 자립해서 레스토랑을 경영하고 있다.

**しりとり【尻取り】**끝말잇기

**しりぬぐい【尻拭い】**［後始末］뒤치다꺼리 ¶尻拭いをする 뒤치다꺼리를 하다 / 息子の借金の尻拭いをする 아들의 빚 뒤치다꺼리를 하다 / いつも彼の尻拭いをさせられている 항상 그의 뒤치다꺼리를 하고 있다.

**しめつめれつ【支離滅裂】**지리멸렬 ◇支離滅裂だ 지리멸렬하다 ◇支離滅裂な 지리멸렬한 ¶あがってしまいスピーチは支離滅裂になった 흥분해서 [얼어] 버려서 스피치는 지리멸렬이 되었다.

**しりもち【尻餅】**엉덩방아 ¶尻餅をつく 엉덩방아를 찧다 / 驚いて尻餅をついた 놀라서 엉덩방아를 찧었다.

**しりゅう【支流】**지류

**じりゅう【時流】**시류 ¶時流に乗る 시류를 타다 / 時流に逆らう 시류를 거스르다 / 時流に従う 시류를 따르다

**しりょ【思慮】**사려 ［考え］생각 ¶それは思慮を欠いた発言だった 그것은 사려 없는 발언이었다. / 彼女は思慮深い人だ 그녀는 사려가 깊은 사람이다. / 彼には思慮分別に欠けるところがある 그에게는 사려 분별이 부족하다.

**しりょう【資料】**자료 ¶資料を調べる 자료를 조사하다 / 資料を揃える 자료를 갖추다 / 会議のための資料を集める 회의를 위한 자료를 수집하다 ¶研究資料 연구 자료 / 資料室 자료실

**しりょう【飼料】**사료 ［えさ］먹이, 모이 ¶鶏に飼料をやる 닭한테 사료를 주다 関連 飼料作物 사료 작물

**しりょく【視力】**시력 ¶視力が良い 시력이 좋다 / 視力が弱い 시력이 나쁘다 / 視力は正常です 시력은 정상입니다. / 私の視力は左右ともに1.0です 내 시력은 양쪽 다 1.0입니다. / 年とともに視力が衰えてきた 나이 들면서 시력이 떨어졌다. / 事故で左目の視力を失った 사고로 왼쪽 눈 시력을 잃었다. / 視力を検査してもらう 시력을 검사

しりょく 받다 関連 視力検査 시력 검사 / 視力表 시력표

**しりょく【資力】**자력, 재력(財力)【資産】자산【資金】자금 ¶わが社には事業を拡大するための資力がない 우리 회사에는 사업을 확대하기 위한 자산이 없다.

**しる【知る】** ❶〔情報·知識がある〕알다

基本表現

▷有名な作家が昔このあたりに住んでいたのを知っていますか 유명한 작가가 옛날 이 근처에 살았다는 것을 알고 계십니까?
▷私がその事件を知ったのは3日たってからだった 내가 그 사건을 알게 된 것은 3일이 지나서였다.
▷私はその事件については何も知らない 나는 그 사건에 대해 아무것도 모른다.
▷夫にはこのことを知られたくないわ 남편에게는 이 일이 안 알려졌으면 해.

¶私の知る限り 내가 알기로는 / 知っての通り 아는 바와 같이 / 私だけが事の真相を知っている 나만이 사건의 진상을 알고 있다. / 私は札幌の町をよく知っています 나는 삿포로 거리를 잘 알고 있습니다. / このパソコンの使い方を知っていますか 이 컴퓨터의 사용방법을 알고 있습니까? / キム·チョルスという人を知っていますか 김철수라는 사람을 압니까? /「ユミはどこに住んでるか知ってる?」「いいえ、知りません」"유미가 어디에 살고 있는지 알아요?""아니요, 모릅니다."/「サンギ、来月エジプトに行くんだって」「ああ、知っているよ」"상기는 다음달 이집트로 간다고 하던데.""아, 알고 있어."/ そんなこと私が知っているはずないでしょう 그런 일 내가 알 리가 없잖아요. / その件については、私はこれ以上何も知りません 그 건에 대해서는 나는 더 이상 아무것도 모릅니다 / その老人はだまされているとも知らずに契約書にサインした 그 노인은 속는 줄도 모르고 계약서에 사인했다. / 私はそのようなことはまったく知りません は그런 일은 전혀 모릅니다.

❷〔理解する, 認識する〕알다, 이해하다, 깨닫다 ¶私はそれをうわさに聞いて知っているにすぎない 나는 그것을 소문으로 들어서 알고 있을 뿐이다. / 彼は自分に双子の妹がいたことを知った 그는 자신의 쌍둥이 여동생이 있었다는 것을 알게 되었다. / こういう雑誌があることをつい最近知った 이런 잡지가 있다는 것을 최근에 알았다. / 私たちはその作業がどんなに危険かよく知っている 우리는 그 작업이 얼마나 위험한지 잘 알고 있다. / 彼は政治についてよく知っている 그는 정치에 관해서 잘 알고 있다. / トルストイの『戦争と平和』は世界的に知られた名作だ 톨스토이의 "전쟁과 평화"는 세계적으로 잘 알려진 명작이다. / そのつぼがそんなに高価なものとは知らなかった 그 항아리가 그렇게 비싼 것인 줄은 몰랐다. / 彼女は世間知らずだ 그녀는 세상 물정을 모른다. / 知らぬ間に 모르는 사이에

❸〔経験〕알다, 경험하다 ¶20歳の時初めて酒の味を知った 스무 살 적에 처음으로 술맛을 알았다. / 彼女は何の苦労も知らない 그녀는 고생을 하나도 모른다.

❹〔面識がある〕알다, 안면이 있다 ¶知っている人 아는 사람 / 僕は子供の時から彼を知っている 나는 어릴 적부터 그를 알고 있다. / 彼のことは名前〔顔〕しか知らない 그 사람에 관해서는 이름〔얼굴〕밖에 모른다. / 知らない人について行ってはいけないよ 모르는 사람을 따라가면 안 돼. / 道を歩いていたら知らない人に声をかけられた 길을 걷고 있는데 모르는 사람이 말을 걸어 왔다. / その人のことはうわさに聞いているがほとんど知らない 그 사람은 소문으로 알고 있지만 거의 모른다.

❺〔関係する〕알다, 상관하다 ¶それは私の知ったことじゃない 그건 내가 아는 바가 아니다. / お前がどうなろうと私の知ったことか 네가 어떻게 되든 내가 아는 바가 아니다. 慣用句 身なりはみすぼらしいが彼は知る人ぞ知る画家です 겉모습은 초라하지만 그는 알 만한 사람은 다 아는 화가입니다. / 知らぬが仏 모르는 것이 약이다.

**しる【汁】**〔果実などの〕즙〔吸い物〕국 ¶みかんの汁を絞る 귤 즙을 짜다 / 汁の実 국 건더기 慣用句 彼はその商売でうまい汁を吸っていた 그는 그 장사로 손 하나 까딱하지 않고 이익을 챙겼다.

**シルエット** 실루엣

**シルク** 실크, 견사 関連 シルクハット 실크해트 / シルクロード 실크 로드, 비단길 ⇒絹

**しるこ【汁粉】**단팥죽

**しるし【印·徴】**표시 ¶印をつける 표시를 달다 / 難しい単語にマーカーで印をつけた 어려운 단어에 마카로 표시를 했다. / 重要単語に星印をつける 중요 단어에 별표시를 하다 / 正しい答えの番号に印をつけなさい 맞는 답의 번호에 표시하시오. / 出席者の名前の横にチェック印をつけてください 출석자 이름 옆에 체크 표시를 해 주세요. / ×印のついた単語はわからないものです X〔엑스〕표시가 된 단어는 모르는 것입니다. /「この印(우)は何ですか」「それは郵便局の印です」"이 표시(우)는 무엇입니까?""그것은 우체국 표시입니다."(▶우 는 우편「郵便」から) / この印は低気圧を表している 이 표시는 저기압을 나타내고 있다.

¶ご親切に対するほんのお礼の印です 친절하게 대해주셔서 감사합니다. 약소하지만 받아 주십시오. / このバッジはこの会社の社員の印です 이 배지는 이 회사 사원이 가지는 것입니다.

¶「このところ食欲が出てきました」「それゃいい。だいぶ快方に向かっているしるしですよ」"요즘 식욕이 돋기 시작했습니다.""그거 잘됐네요. 차도가 보이는 증거입니다."

**しるす【印す】**〔印をつける〕표시하다〔跡を残す〕자국을 남기다〔刻む〕새기다 ¶彼は自分の道具にイニシャルを印した 그는 자기 도구에 이니셜로 표시해 두었다. / 1969年人類は月への第一歩を印した 1969년에 인류는 달에 제일보를 남겼다. / 心に印す 마음에 새기다

**しるす【記す】**〔書く〕적다 ¶きょうの出来事を日記に記した 오늘의 일을 일기에 적었다. / 地図に記された地名を頼りに遺跡を探した 지도에 적혀진 지명으로 유적을 찾았다.

**シルバー**〔銀〕은〔銀色〕은색, 은빛 ⇒銀

**しれい【司令】** 사령 [関連] 司令官 사령관 / 司令部 사령부

**しれい【指令】** 지령 [指示] 지시 ◇指令する 지령하다 ¶指令に従って行動する 지령에 따라 행동하다 / 台風が近づいているという知らせを受けて村長は村民全員の避難を指令した 태풍이 다가온다는 소식을 받고 촌장은 촌민 전원의 피난을 지시했다.

**じれい【辞令】** 사령 [辞令状] 사령장(▶発音は사령짱) [人事異動などの発令] 발령 ¶辞令を受ける 발령을 받다 / 会社からソウル転勤の辞令が出た 회사에서 서울 전근 발령을 받았다. / それは社交辞令ですよ 그것은 겉치레 말이에요. [関連] 外交辞令 외교 사령

**じれったい【焦れったい】** 답답하다, 안타깝다, 애가 타다 ¶彼のはっきりしない態度にじれったくなってきた 그의 애매한 태도에 답답해졌다. / じれったい思いで電話が来るのを待っていた 안타까운 마음으로 전화가 오기만을 기다렸다. / 何でじれったいやつだ 정말로 답답한 녀석이다.

**しれる【知れる】** 알려지다 ¶事が知れる 일이 알려지다 / 身元が知れる 신원이 알려지다 / そのニュースは日本中に知れ渡った 그 뉴스는 일본 전국에 알려졌다. / 事件が新聞に出て世間に知れた 사건이 신문에 나서 세상에 알려졌다. / その小説家が盗作していたことが世間に知れてしまった 그 소설가가 도작했다는 것이 세상에 알려져 버렸다. / 彼は名の知れた大学に入りたかった 그는 유명한 대학교에 들어가고 싶어했다.

¶電話1本もかけてみんなが心配していたか知れないよ 전화 한통 안 주니 모두 얼마나 걱정했는지 몰라. / あんなものに金をかけるなんて気が知れないね 저런 것에 돈을 들이다니 속을 알 수가 없다. / 知れた事が 뻔한 일이다.

**じれる【焦れる】** 초조해하다, 안달이 나다 ¶何をそんなにじれているの 무엇을 그렇게 초조해하고 있어?

**しれん【試練】** 시련 ¶試練の時 시련의 시기 / 試練を受ける 시련을 받아들이다 / 試練を経る 시련을 겪다 / プロ野球の選手になるためには厳しい試練に耐えなければならない 프로 야구 선수가 되기 위해서는 힘겨운 훈련을 견뎌 내야 된다.

**ジレンマ** 딜레마 ¶私も仕事をやめるかどうかのジレンマに陥っていた 나는 일을 그만둘까 어쩔까 딜레마에 빠져 있었다.

**しろ【白】** ❶ [白い色] 백색, 흰색 ◇白い 희다 [まっ白い] 새하얗다 ¶白い紙 흰 종이 / 真っ白いワイシャツ 새하얀 와이셔츠 / 彼女は色が白い 그녀는 피부가 희다. / 彼は髪が白い 그는 머리가 희다. / 花嫁はまっ白なドレスを着ていた 신부는 새하얀 드레스를 입고 있었다. / 富士山は雪まっ白になっている 후지 산은 눈에 덮여 하얗게 되었다. / 家の壁を白く塗った 집 벽을 희게 칠했다. ⇒色 [使い分け]

❷ [潔白] 결백 [無罪] 무죄 ¶彼は白だと思う 그는 결백할 것이다. / 被疑者が白か黒からない 피의자가 무죄인가 유죄인가 아직 모른다. [慣用句] 彼らは彼女を白い目で見た 그들은 그녀를 차가운 눈으로 봤다.

**しろ【城】** 성 ¶徳川家康は江戸に城を築いた 도쿠가와 이에야스는 에도에 성을 쌓았다. / 城を明け渡す 성을 내주다 / 城を攻め落とす 성을 함락시키다 [関連] 城跡 성터

**しろあり【白蟻】** 흰개미

**しろうと【素人】** 소인, 생무지, 초심자, 풋내기, 아마추어 ¶私はゴルフに関してはずぶの素人だ 나는 골프에 관해서는 완전 초보이다. / あの女優の演技は何か素人っぽい 그 여배우의 연기는 왠지 어설프다. / 彼の腕前は素人離れしている 그 사람의 솜씨는 아마추어 같지 않게 능숙하다. / この絵は素人目にはよく見える 이 그림은 문외한이 보기에는 좋게 보인다. / それは素人の考えだね 그것은 아마추어 같은 생각이다. / 素人向きのガイドブック 비전문가용 가이드 북

**しろくじちゅう【四六時中】** [昼も夜も] 밤낮없이 [いつも] 항시 [一日中] 온종일, 하루 종일 ⇒いつも

**しろくま【白熊】** 백곰, 흰곰

**しろくろ【白黒】** 흑백(黑白) ¶白黒をはっきりさせる 흑백을 가리다 / 彼は驚いて目を白黒させた 그는 놀라서 눈을 희번덕거렸다. [関連] 白黒映画 [写真] 흑백 영화 [사진] / 白黒テレビ 흑백 텔레비전

**じろじろ** 빤히, 뚫어지게, 말똥말똥 ¶顔をじろじろ見る 얼굴을 뚫어지게 보다 / 他人をじろじろ見てはいけません 사람을 빤히 쳐다봐서는 안 됩니다.

**シロップ** 시럽

**しろバイ【白バイ】** 경찰 오토바이 ¶白バイの警官 경찰 오토바이를 탄 경찰관

**しろぼし【白星】** [勝利] 승리 ¶白星をあげる 승리를 거두다 ⇒勝ち, 勝利

**しろみ【白身】** [卵の] 흰자위 [魚の] 흰살

**しろめ【白目】** 흰자위 ¶白目をむく 눈을 부라리다

**しろもの【代物】** 물건 ¶これはたいした代物だ 이것은 대단한 물건이다.

**じろり** ◇じろりと 흘깃 ¶店の主人は私を疑い深くじろりと見た 가게 주인은 나를 의심스러운 눈초리로 흘깃 봤다.

**じろん【持論】** 지론 ¶私は学校教育に対する持論を披露した 나는 학교 교육에 대한 지론을 피로했다. / 持論に固執する 지론에 고집하다

**しわ【皺】** 주름 [顔・皮膚のしわ] 주름살 [衣服・布・紙などのしわ] 구김살 ◇しわになる 주름이 지다 ¶最近顔のしわが増えてきた 최근에 얼굴 주름이 늘어났다. / 親父が怒ると眉間にしわが寄り怖い顔になる 아버지가 화내시면 눈살을 찌푸려 무서운 얼굴이 된다. / 妻は目じりにしわが寄り始める年齢になった 아내는 눈꼬리에 주름이 지기 시작하는 나이가 되었다. / 母はアイロンでズボンのしわを伸ばした 어머니는 다리미로 바지의 주름을 펴셨다. / 彼女は包装紙のしわを伸ばした コ녀는 포장지의 주름을 폈다. / 彼は千円札のしわを伸ばしてたばこを1箱買った 그는 천 엔 짜리 지폐의 주름을 펴서 담배 한 갑을 샀다. / きのう会った老人の額には寄る年波で深いしわが刻まれていた 어제 만난 노인의 이마에는 깊은

주름이 새겨져 있었다. / このスーツはしわが寄らない 이 양복은 주름이 잡히지 않는다. / このスカートはしわになりやすい 이 스커트는 잘 구겨진다. / 上着は脱いだらすぐ掛けておきなさいよ。しわになるからね 웃옷은 벗으면 금방 걸어두어라. 구겨지니까.

**しわがれごえ【しわがれ声】** 목쉰 소리
**しわがれる** 목이 쉬다
**しわくちゃ【皺くちゃ】** ◇皺くちゃだ 주글주글하다, 구깃구깃하다〔皮膚が〕주글주글하다〔紙・布などが〕구깃구깃하다 ¶ズボンがしわくちゃだ 바지가 주글주글하다.
**しわけ【仕分け】**〔分類〕분류 ◇仕分けする〔分類する〕분류하다〔えり分ける〕고르다 ¶郵便物を宛て先別に仕分けした 우편물을 수신처 별로 분류했다.
**しわざ【仕業】** 짓, 소행(素行) ¶これはいったいだれの仕業だ 이것은 도대체 누구 짓이냐?
**じわじわ** ◇じわじわと 서서히 ¶喜びがじわじわとわいてきた 기쁨이 서서히 넘쳐왔다.
**しわす【師走】** 섣달
**しわよせ【皺寄せ】** 영향(影響), 여파(余波) ¶経済政策の失敗が低所得者層にしわ寄せされた 경제 정책의 실패가 저소득자층에 영향을 끼쳤다. / 零細企業は不況のしわ寄せを直接受けてしまった 영세 기업은 불황의 여파를 직접 받았다.
**しん【心】**〔こころ〕마음, 진심(真心), 본심(本心) ¶心が強い 마음이 강하다 / 心から君を愛している 진심으로 당신을 사랑한다.
**しん【真】**〔真実〕진실〔本物〕진짜 ◇真の 진실한, 진정한, 참다운 ¶真の友 진실한 친구 / 真の友情 진정한 우정 / 真の勇気 진정한 용기 / 真の意味で 참뜻으로 / 彼女の演技は真に迫っていた 그녀의 연기는 박진감이 넘쳤다.
**しん【芯】** 속, 심〔ろうそくの〕심지 ¶芯からくたびれた 뼛속부터 지쳤다. / 芯まで冷える 뼛속까지 시리다 / 雪の中で3時間立ち尽くしていたら体が芯まで冷えた 눈 속에서 세 시간 꼼짝 않고 서 있었더니 몸 뼛속까지 시렸다.
¶ご飯に芯がある 밥이 되다.
¶リンゴの芯 사과의 속 / キャベツの芯 양배추의 속 / 鉛筆の芯 연필심 / ろうそくの芯 초의 심지
**しん-【新-】** 신-, 새 ¶新年 신년 / 새해 / 新記録 신기록 / 新発明 신발명
**しん-【親-】** 친- ¶親米派 친미파 / 親日家の駐日大使 친일가인 주일 대사
**ジン** 関連 ジンフィズ 진피즈 / ジントニック 진 토닉
**-じん【-陣】**-진〔陣営〕진영〔陣地〕진지 ¶敵陣 적진 / 第一陣 제일진 / 多数の報道陣が事件の取材に押しかけた 많은 보도진이 사건 취재로 밀려들었다.
**しんあい【親愛】** 친애 ◇親愛する 친애하는 ¶親愛の情を抱く 친애의 정을 품다 / 親愛なる友 친애하는 벗
**しんあんとっきょ【新案特許】** 신안 특허 ¶新案特許出願中 신안 특허 출원중
**しんい【真意】** 진의〔本当の意味〕참뜻 ¶彼の発言の真意は理解しがたい 그의 발언의 진의는 이해할 수 없다.

**じんい【人為】** ◇人為的な 인위적인 ◇人為的に 인위적으로 ¶それは人為的な災害だ 그것은 인위적인 재해이다. / 人為的なミス 인위적인 미스 / 人為的に作る 인위적으로 만들다
**しんいり【新入り】** 새내기 ⇒新入(しんにゅう)
**じんいん【人員】** 인원〔人数〕인원수〔職員〕직원 ¶人員を増やす〔減らす〕 인원을 늘리다〔줄이다〕 / 必要な人員を確保する 필요한 인원을 확보하다 / 総務課は人員が過剰〔不足〕だ 총무과는 인원이 과잉〔부족〕하다. / 不況で人員整理が行われた 불황으로 인원 정리가 행해졌다. / 募集人員は5名です 모집 인원은 다섯 명입니다.
**しんえい【新鋭】** 신예 ◇彼は新鋭の作家です 그는 신예 작가입니다. / 最新鋭の設備 최신예 설비
**じんえい【陣営】** 진영 ¶反対陣営 반대 진영 / 東西両陣営 동서 양 진영
**しんえいたい【親衛隊】** 친위대〔ファン〕팬
**しんえん【深遠】** 深遠な 심원한, 심오한 ¶ことわざにはそれぞれ深遠な意味がある 속담에는 각각 심오한 의미가 있다.
**しんか【真価】** 진가(▶発音は진까) ¶彼は指導者としての真価を発揮するだろう 그는 지도자로서 진가를 발휘할 것이다. / 真価を世に問う 진가를 세상에 묻다
**しんか【進化】** 진화 ◇進化する 진화하다, 진화되다 ¶進化の過程 진화의 과정 / 地球上の生物は何億年もかけて進化してきた 지구상의 생물은 수억년에 걸쳐 진화해 왔다. 関連 進化論 진화론
**じんか【人家】** 인가 ¶この辺りは人家が密集している 이 주변에는 인가가 밀집해 있다.
**シンガーソングライター** 싱어송라이터, 가수 겸 작곡가
**しんかい【深海】** 심해 関連 深海魚 심해어
**しんがい【心外】** 심외, 뜻밖 ¶そんなことを言われるとはまったく心外だ 그런 말을 들을 줄이야 정말 뜻밖이다.
**しんがい【侵害】** 침해 ◇侵害する 침해하다 ¶自由の侵害 자유의 침해 / どんな状況においても人権の侵害は許されない 어떤 상황에서도 인권 침해는 용서받을 수 없다. / プライバシーを侵害する 프라이버시를 침해하다 / 権利を侵害される 권리를 침해당하다
**じんかいせんじゅつ【人海戦術】** 인해 전술 ¶人海戦術を取る 인해 전술을 쓰다
**しんがお【新顔】** 새 얼굴〔新入〕신인
**しんがく【神学】** 신학 関連 神学校 신학교 / 神学者 신학자
**しんがく【進学】** 진학 ◇進学する 진학하다 ¶進学準備 진학 준비 / ほとんどの生徒が大学進学を希望している 거의 모든 학생이 대학 진학을 희망하고 있다. / 専門学校に進学する 전문대학에 진학하다 関連 進学塾 학원(学院) / 進学難 진학난 / 進学率 진학률
**じんかく【人格】** 인격(▶発音は인껵) ¶人格を尊重〔無視〕する 인격을 존중〔무시〕하다 / 彼は優れた人格をそなえた人物だ 그는 뛰어난 인격을 지닌 사람이다. / スポーツは人格の形成にも役立つ

포츠는 인격 형성에도 도움이 된다. 関連 人格者 인격자 / 二重人格 이중 인격

**しんがた【新型】** 신형 ◇新型車 신형차 / 新型モデル 신형 모델 / 最新型の機器 최신형 기기

**しんがっき【新学期】** 신학기, 새 학기

**しんかん【新刊】** 신간 関連 新刊書 신간서 / 新刊図書 신간 도서

**しんかん【新館】** 신관〔別館〕별관

**しんかんせん【新幹線】** 신칸센 : 일본의 고속 간선 철도 ¶新幹線で盛岡まで行く 신칸센으로 모리오카까지 가다 関連 東海道新幹線 도카이도 신칸센

**しんき【新規】** 신규 ◇新規に 신규로 ¶彼は新規に店舗を開店した 그는 신규 개점했다. / 新規に学生証を発行する 학생증을 신규 발행하다 / 新規まき直しをしよう 처음부터 다시 시작하자. 関連 新規加入 신규 가입 / 新規採用 신규 채용

**しんぎ【審議】** 심의〔討議〕토의 ◇審議する 심의하다 ¶法案は現在審議中だ 법안은 현재 심의 중이다. / その問題は慎重に審議する必要がある 그 문제는 신중히 심의할 필요가 있다. / 審議を打ち切る 심의를 중단하다 / 審議を再開する 심의를 재개하다 関連 審議会 심의회

**しんぎ【真偽】** 진위 ¶事の真偽を確かめる必要がある 일의 진위를 확인할 필요가 있다. / その情報の真偽の程はわからない 그 정보의 진위 여부는 알 수가 없다.

**しんきいってん【心機一転】** 심기일전 ◇心機一転する 심기일전하다 ¶私は心機一転して酒とたばこをやめることにした 나는 심기일전해서 술과 담배를 끊기로 했다.

**しんきゅう【進級】** 진급 ◇進級する 진급하다 ¶妹は今年2年生に進級した 여동생은 올해 2학년으로 진급했다. / 欠席日数が多いと進級はできない 결석 일수가 많으면 진급 못 한다. 関連 進級試験 진급 시험

**しんきょ【新居】**〔新しい家〕새집〔新婚家庭〕새살림 ¶兄夫婦は世田谷に新居をかまえた 형부부는 세타가야에 새 주택을 장만했다.

**しんきょう【心境】** 심경 ◇心境の変化 심경의 변화 / 彼はその時の心境を語った 그는 그때의 심경을 말했다. / その事実を知って私は複雑な心境になった 그 사실을 알고 나는 복잡한 심경이었다.

**しんきろう【蜃気楼】** 신기루 ¶砂漠で蜃気楼を見た 사막에서 신기루를 보았다.

**しんきろく【新記録】** 신기록 ¶彼女は走り高跳びで日本新記録を出した 그녀는 높이뛰기에서 일본 신기록을 냈다.

**しんきんかん【親近感】** 친근감 ¶親近感を覚える 친근감을 느끼다 / 初めて会った時から彼には親近感を抱いていた 처음 만났을 때부터 그 사람에게는 친근감을 갖고 있었다.

**しんきんこうそく【心筋梗塞】** 심근 경색

**しんく【深紅】** 심홍색

**しんぐ【寝具】** 침구

**しんくう【真空】** 진공 ¶この機械は食品を真空状態でパックする 이 기계는 식품을 진공 상태로 포장한다. 関連 真空管 진공관 / 真空掃除機 진공 청소기 / 真空包装 진공 포장

**ジンクス** 징크스 ¶うちのチームは金曜日の試合には負けるというジンクスがある 우리 팀은 금요일 경기에는 지는 징크스가 있다. / ジンクスを破る 징크스를 깨다

**シンクタンク** 싱크탱크, 두뇌 집단

**シングル** 싱글 ¶シングルの部屋をお願いします 싱글룸을 부탁합니다. 関連 シングル盤《音楽》싱글반 / シングルヒット《野球》싱글 히트, 일루타 / シングルベッド 싱글 베드

**シングルス**〔テニスなどの〕싱글, 단식 경기

**シンクロナイズドスイミング** 싱크로나이즈드 스위밍, 수중 발레

## しんけい【神経】 신경

◆《神経が・神経は》

¶神経が鈍い 신경이 둔하다. / 彼女は神経が細い 그녀는 신경이 과민하다. / 彼は神経が図太い 그 사람은 뻔뻔스럽다. / 神経が高ぶって夕べはよく眠れなかった 신경이 흥분되어 어젯밤은 잘 잘 수 없었다. / みんなの神経がいら立っていた 모두의 신경이 곤두서 있었다. / たび重なる不幸で彼女の神経はまいってしまった 거듭되는 불행으로 그녀의 신경은 약해져 버렸다. / 彼女は神経がすっかりまいっている 그녀는 완전히 신경이 약해졌다. / 彼は運動神経が抜群だ 그는 운동 신경이 뛰어나다.

◆《神経を》

¶神経をとがらせる 신경을 곤두세우다 / 神経を逆なでする 신경을 건드리다 / 会社を倒産から救うために神経がすり減らした 회사를 도산에서 구하기 위해서 신경을 많이 썼다. / ひどい虫歯に神経を抜いて治療をする 심한 충치는 신경 치료를 한다. / そんなに神経を使うと体がもちませんよ 그렇게 신경을 쓰면 몸이 버티지 못해요. / 獲物をねらってハンターは引き金に神経を集中した 사냥감을 노리고 사냥꾼은 방아쇠에 정신을 집중시켰다.

◆《神経に》

¶彼女の声は神経に触る 그 여자의 목소리는 신경에 거슬린다.

◆《その他》

¶彼は意外と神経質だ 그는 의외로 신경질적이다. / 彼女は神経過敏だ 그녀는 신경과민이다. / 彼女は職場の人間関係が原因で神経性の胃炎になってしまった 그녀는 직장의 인간관계로 인해 신경성 위염이 되어 버렸다. / おばあちゃんの神経痛はとてもつらそうだ 할머니의 신경통은 아주 심하신 것 같다. 関連 神経科 신경과 / 神経科医 신경과 의사 / 神経ガス 신경 가스 / 神経系統 신경 계통, 신경계 / 神経細胞 신경 세포 / 神経症 신경증 / 神経症患者 신경증 환자 / 神経障害 신경 장애 / 神経衰弱 신경 쇠약 / 神経戦 신경전 / 神経中枢 신경 중추 / 顔面神経 안면 신경 / 視神経 시신경 / 自律神経 자율 신경 / 肋間神経 늑간 신경

**しんけつ【心血】** 심혈 ¶彼は3年の歳月をかけ心血を注いでこの絵を描きあげた 그는 3년의 세월에 걸쳐 심혈을 쏟아서 이 그림을 완성했다.

**しんげつ【新月】** 신월〔三日月〕초승달

**しんけん【真剣】** ◇真剣さ 진지성 ◇真剣だ 진지

하다 ◇真剣に 진지하게 ¶真剣なまなざし 진지한 눈길 / どうしたの, 真剣な顔をして何か事か? 심각한 얼굴을 하고. / 少女の真剣な態度に私たちは心を打たれた 소녀의 진지한 태도에 우리는 감동받았다. / 彼は子供の教育に真剣だ 그는 아이 교육에 열성이다. / 金のことになると彼は真剣になる 돈 문제가 되면 그는 진지해진다.

¶息子は全然真剣に勉強しない 아들은 전혀 진지하게 공부하지 않는다. / 将来についてもう少し真剣に考えなさい 장래에 대해서 조금 더 진지하게 생각해라.

¶おまえは真剣味に欠ける 너는 진지함[진지성]이 부족하다.

**しんげん【進言】** 진언 ◇進言する 진언하다 ⇨ 忠告, 提案

**じんけん【人権】** 인권(▶発音は인껜) ¶人権を尊重する 인권을 존중하다 / 人権を蹂躙する 인권을 유린하다 / 人権を侵害する 인권을 침해하다 関連 人権問題 인권 문제 / 人権擁護 인권 옹호 / 基本的人権 기본적 인권

**しんげんち【震源地】** 진원지 ¶うわさの震源地 소문의 진원지

**じんけんひ【人件費】** 인건비(▶発音は인껜비)
¶人件費がかさむ 인건비가 많아지다 / 人件費の削減 인건비 삭감

**しんご【新語】** 신어〔新造語〕 신조어 関連 新語辞典 신어 사전

**じんご【人後】** 慣用句 彼は金もうけにかけては人後に落ちない 그는 돈벌이라면 남에게 뒤지지 않는다.

**しんこう【信仰】** 신앙 ◇信仰する 신앙하다, 믿다 ¶彼らは神に対する信仰を持っている 그들은 신에 대한 신앙을 가지고 있다. / 村人たちは昔ながらの信仰を守ってきた 마을 사람들은 옛날부터의 신앙을 지켜 왔다. / 私たちには信仰の自由がある 우리에게는 신앙의 자유가 있다. / 彼女は仏教への信仰心が篤い 그녀는 불교에 대한 신앙심이 두텁다. / 信仰を捨てる 신앙을 버리다

¶彼女はキリスト教を信仰している 그녀는 그리스도교를 믿고 있다.

**しんこう【進行】** 진행 ◇進行する 진행하다, 진행되다

◆進行が
¶工事の進行が早い[遅い] 공사의 진행이 빠르다[느리다].

◆進行を
¶議事の進行を妨げないでください 의사 진행을 방해하지 말아 주세요. / この病気の進行を食い止めるのは難しい 이 병의 진행을 막는 것은 어렵다. / 観客は試合の進行を見守っていた 관객은 경기 진행을 지켜보고 있었다.

◆進行中
¶交渉は現在進行中だ 교섭은 현재 진행 중이다. / バスの進行中は急停車にご注意ください 버스가 달리고 있을 때는 급정거에 주의해 주세요.

◆進行する
¶仕事がスムーズに進行した 일이 매끄럽게 진행됐다. / 工事が着々と進行している 공사가 착착 진행되고 있다. / それでは討議を進行させましょう 그러면 토의를 진행시킵시다. / 結婚式は滞りなく進行した 결혼식은 지체없이 진행되었다. / インフレの進行度は鈍ってきた 인플레이션의 진행도는 둔해졌다. / 「お父さんの具合はどうですか?」「がんかなり進行しているようです」"아버님 병세는 어떠십니까?" "암이 꽤 진행되어 있는 것 같습니다."

◆その他
¶私は会議で進行役を務めた 나는 회의에서 진행역을 맡았다. 関連 進行係 진행자 / 進行形 진행형

**しんこう【侵攻】** 침공 ◇侵攻する 침공하다 ¶他国に侵攻する 다른 나라를 침공하다 / 侵攻作戦 침공 작전

**しんこう【振興】** 진흥〔推進〕 추진〔奨励〕 장려 ◇振興する 진흥하다 ¶この村は観光事業を振興している 이 마을은 관광 사업을 진흥하고 있다.

**しんこう【新興】** 신흥 ◇新興の〔新しい〕새로운 関連 新興住宅地 신흥 주택지 / 新興工業国 신흥 공업국 / 新興勢力 신흥 세력 / 新興都市 신흥 도시

**しんこう【親交】** 친교 ¶私は政治家と親交がある 나는 정치가와 친교가 있다. / 親交を結ぶ 친교를 맺다 / 親交を深める 친교를 깊게 하다

# しんごう【信号】 ❶〔交通信号〕(교통) 신호 ¶信号が青から黄に変わった 신호가 파란색에서 노란색으로 바뀌었다. / 信号が赤になったので車は止まった 신호가 빨간색이 되어서 차는 멈췄다. / 信号が変わるのを待っていた 신호가 바뀌기를 기다렸다. / 子供には小さいうちから信号を守るよう教えるべきだ 어린이에게는 어릴 때부터 신호를 지키도록 가르쳐야 한다. / 次の信号を右に曲がってください 다음 신호에서 오른쪽으로 꺾어 주세요. / 彼は信号を無視して通りを横断した 그는 신호를 무시하고 길을 횡단했다. / 赤信号で渡るな 빨간 신호 때 건너지 마.

❷〔合図〕신호 ¶信号を送ってヨットの位置を知らせた 신호를 보내서 요트의 위치를 알렸다. / 人工衛星からの信号は世界各地で受信された 인공위성의 신호는 세계 각지에서 수신되었다.

関連 信号違反 신호 위반 / 信号機 신호기 / 信号待ち 신호 대기 /(鉄道の)安全信号 안전 신호 / 応答信号 응답 신호 / 危険信号 위험 신호 / 救助信号 구조 신호 / 警戒信号 경계 신호 / 遭難信号 조난 신호 / 停止信号 정지 신호 / 手旗信号 수기 신호

# じんこう【人口】 인구

基本表現
▶世界の人口は年々増え続けている
  세계 인구는 매년 계속 늘어나고 있다.
▶ソウルの人口は釜山の2倍以上ある
  서울 인구는 부산 인구의 2배 이상이다.
▶私の住んでいる町は人口が少ない[多い] 내가 살고 있는 도시는 인구가 적다[많다].
▶その都市は人口密度が高い[低い]
  그 도시는 인구 밀도가 높다[낮다].

▶その国の人口は日本より多い[少ない]
　その나라의 인구는 일본보다 많다[적다].
◆《人口は・人口が》
¶横浜市の人口は350万人です 요코하마시의 인구는 350만 명이다. / 今後日本の人口は減少を続けると予測されている 앞으로 일본의 인구는 계속 감소할 것으로 예측되고 있다. / 開発途上国では人口が爆発的に増加している 개발도상국에서는 인구가 폭발적으로 증가하고 있다.
[会話]**人口はどれくらいか**
　A：韓国の人口はどれくらいですか
　B：約5千万人です
　A：한국의 인구는 어느 정도입니까？
　B：약 5천만 명입니다.
◆《人口の・人口に》
¶中国はとても人口の多い国です 중국은 아주 인구가 많은 나라입니다. / 世界の食糧生産は人口の増加についていけないと指摘する学者が多い 세계의 식량 생산은 인구 증가에 쫓아갈 수 없다고 지적하는 학자가 많다. / 人口の増加は都市環境にマイナスの影響を及ぼしている 인구 증가는 도시 환경에 마이너스 영향을 미치고 있다.
◆《その他》
¶彼らは人口問題は他人事だと思っている 그들은 인구 문제는 남의 문제라고 생각하고 있다. / ある社会学者は都市人口過密を増大する犯罪発生率の重大な要因として挙げている 어느 사회학자는 도시 인구 과밀을 늘어나는 범죄 발생률의 중대한 요인으로 들고 있다.

**じんこう【人工】**인공　[人造]인조　◇**人工的に**인공적으로　¶救助隊員はおぼれて意識を失った子供に人工呼吸を施した 구급대원은 물에 빠져 의식을 잃은 어린이에게 인공호흡을 시도했다. / そのスキー場では人工的に雪を降らせている そのスキー장은 인공 눈을 뿌린다. 関連 **人工衛星** 인공위성 / **人工甘味料** 인공 감미료 / **人工語** 인공어 / **人工降雨** 인공 강우 / **人工受精** 인공 수정 / **人工芝** 인공 잔디 / **人工心臓** 인공 심장 / **人工心肺** 인공 심폐 / **人工頭脳** 인공두뇌 / **人工臓器** 인공 장기 / **人工中絶** 인공 중절 / **人工孵化** 인공 부화

**しんこうしゅうきょう【新興宗教】**신흥 종교
**しんこきゅう【深呼吸】**심호흡　◇**深呼吸する** 심호흡하다
**しんこく【深刻】**◇**深刻だ** 심각하다　¶事態は深刻だ 사태는 심각하다. / 深刻な問題 심각한 문제 / 深刻な顔つき 심각한 표정 / 海洋汚染が漁業に深刻な影響を及ぼしている 해양 오염이 어업에 심각한 영향을 미치고 있다. / 不況はいっそう深刻になってきた 불황은 한층 심각하게 되었다.
**しんこく【申告】**신고　[報告]보고　◇**申告する**신고하다　[報告する]보고하다　¶所得税の申告は3月15日までに済まさなくてはいけない 소득세의 신고는 삼월 15일까지 끝내야 된다. / (税関で)申告するものがありますか 신고할 것이 있습니까？ / 申告漏れ 신고 누락 関連 **申告書** 신고서 / **申告用紙** 신고 용지 / **青色申告** 청색 신고 / (▶韓国의 녹색신고「녹색申告」에 相当함) / **確定申告** 확정 신고

**しんこん【新婚】**신혼　¶ハワイへ新婚旅行に行く計画を立てた 하와이로 신혼여행 갈 계획을 세웠다. / 彼は新婚ほやほやだ 그는 따끈따끈한 신혼이다. 関連 **新婚夫婦** 신혼부부 / **新婚初夜** 결혼 초야(結婚初夜)
**しんさ【審査】**심사　◇**審査する** 심사하다　¶審査を通る 심사를 통과하다 / 応募作品の審査結果が発表になった 응모 작품의 심사 결과가 발표되었다. 関連 **審査委員会** 심사 위원회 / **審査員** 심사원 / **書類審査** 서류 심사
**しんさい【震災】**진재　¶神戸で震災に遭った 고베에서 지진을 만났다. 関連 **関東大震災** 《歴史》 간토 대지진(関東大震災)
**じんさい【人災】**인재
**じんざい【人材】**인재　¶わが社では意欲のある若い人材を集めている 우리 회사에서는 의욕 있는 젊은 인재를 모집하고 있다. 関連 **人材銀行** 인재 은행 / **人材派遣会社** 인재 파견 회사 / **人材不足** 인재 부족 / **人材難** 인재난
**しんさく【新作】**신작　¶彼女は先月新作を発表した 그녀는 지난달에 신작을 발표했다.

**しんさつ【診察】**진찰　◇**診察する** 진찰하다　¶木村先生の診察を受けた 기무라 선생님의 진찰을 받았다. / その医者は1日に30人の患者を診察する 그 의사는 하루 30명의 환자를 진찰한다. / 歯を診察してもらった 이를 진찰 받았다.
[会話]**医者の診察を受ける**
　A：どうもこのごろ体の調子がよくないんだ
　B：じゃあ、早めに医者に診察してもらったほうがいかもしれない。小川医院がいいよ。あそこの先生は患者をていねいに診てくれることで有名だから
　A：ところで診察時間は何時から何時までなの
　B：確か午前中は9時から12時までで午後は2時から6時までだよ
　A：診察料はいくら
　B：それは一概には言えないよ
　A：아무래도 요즘 몸이 안 좋아.
　B：그럼, 빨리 「의사한테 진찰받는[병원에 가는]」게 좋을지도 몰라. 오가와 의원이 좋아. 거기 선생님은 환자를 정성껏 봐 주시기로 유명하거든.
　A：그런데 진찰 시간은 몇 시부터 몇 시까지야？
　B：아마 오전은 아홉 시부터 열두 시까지고 오후는 두 시부터 여섯 시까지 거야.
　A：진료비는 얼마니？
　B：그건 한마디로 말할 수 없어.
関連 **診察券** 진찰권 / **診察室** 진찰실

**しんし【紳士】**신사　◇**紳士だ** 신사적이다　◇**紳士的に** 신사적으로　¶紳士を気取る 신사인 체하다 / 紳士的に話し合う 신사적으로 말하다 / 紳士用品売り場 신사용품 매장 関連 **紳士服** 신사복
**じんじ【人事】**인사　¶社内の新しい人事はあす発表される 사내의 새로운 인사이동은 내일 발표된다. / 春の人事異動で九州に転勤になった 봄 인사이동으로 규슈에 전근가게 되었다.

シンジケート

[慣用句] 人事を尽くして天命を待つ 최선을 다하고 결과를 기다린다. | 진인사대천명(尽人事待天命) [関連] 人事課 인사과 / 人事部 인사부

**シンジケート** 신디케이트

**しんじつ【寝室】** 침실

**しんじつ【真実】** 진실 [現実] 현실 ¶彼は真実を語っていない 그는 진실을 말하고 있지 않다. / しばらくの間真実を隠しておいたほうがいい 잠시 동안 진실을 감추어 두는 게 좋다. / どんな事情があっても真実を曲げることはできない 어떠한 사정이 있어도 진실을 왜곡할 수 없다. / 真実を探り出すのは容易ではない 진실을 찾아내는 것은 쉬운 일이 아니다. / 彼の話はどうも真実味に乏しい 그 사람의 이야기는 아무래도 진실성이 부족하다

**じんじふせい【人事不省】** 인사불성 ¶彼は人事不省に陥るまで酒を飲み続けた 그는 인사불성이 될 때까지 술을 계속 마셨다.

**しんじゃ【信者】** 신자 ¶彼女は熱心な仏教[キリスト教]信者だ 그녀는 독실한 불교[크리스트교] 신자이다.

**じんじゃ【神社】** 신사 ¶神社に参拝する 신사를 참배하다

**しんしゃく【斟酌】** 참작 ◇斟酌する 참작하다 ¶事情を斟酌する必要がある 사정을 참작할 필요가 있다. ⇒考慮

**しんしゅ【新種】** 신종

**しんじゅ【真珠】** 진주 ¶真珠のネックレス 진주 목걸이 / 真珠を養殖する 진주를 양식하다 / 真珠を採取する 진주를 채취하다 [関連] 真珠貝 진주조개 / 真珠養殖場 진주 양식장 / 養殖真珠 양식 진주

**じんしゅ【人種】** 인종 ¶人種のるつぼ 인종의 전시장 / アメリカはさまざまな人種で構成されている 미국은 여러 인종으로 구성되어 있다. / 人種的偏見をなくす 인종적 편견을 없애다 [関連] 人種差別 인종 차별 / 人種問題 인종 문제 / 黄色人種 황색 인종 / 白色人種 백색 인종 / 有色人種 유색 인종

**しんじゅう【心中】** 동반 자살 [同伴自殺] [集団自殺] 집단 자살 [恋人同士の] 정사(情死) ¶店が倒産した時は一家心中まで考えた 가게가 도산했을 때는 가족 동반 자살까지 생각했다. [関連] 無理心中 억지 정사

**しんしゅく【伸縮】** 신축 ◇伸縮する 신축하다 ¶この材質は伸縮性にすぐれている 이 재질은 신축성이 뛰어나다.

**しんしゅつ【進出】** 진출 ◇進出する 진출하다 ¶わが校の野球部が決勝戦に進出した 우리 학교 야구부가 결승전에 진출했다. / 彼は政界に進出することを考えている 그는 정계에 진출할[나갈] 것을 생각하고 있다. / 日本市場に進出する韓国の会社が増えている 일본 시장으로 진출하는 한국 회사가 늘어나고 있다.

**しんしゅつきぼつ【神出鬼没】** 신출귀몰 ¶彼の行動半径は広くまさに神出鬼没だ 그의 행동반경은 넓어서 정말 신출귀몰하다.

**しんしゅん【新春】** 신춘, 새봄 [新年] 새해

**しんしょ【新書】** 신서 [関連] 新書版 신서판

**しんしょ【親書】** 친서

**しんじょう【信条】** 신조 [信念] 신념 ¶不言実行が私の信条だ 불언실행이 내 신조이다. / 生活信条に反する生活を 신조에 어긋나다

**しんじょう【心情】** 심정 ¶心情をくむ 심정을 살펴 주다 / 彼の心情は十分に理解できる 그의 심정은 충분히 이해할 수 있다.

**しんじょう【経歴】** 신상 [取り柄] 장점 ¶正直なのが私の身上です 정직함이 내 장점입니다. [関連] 身上書 신상 명세서

**しんじょう【真情】** 진정 ¶真情を吐露する 진정을 토로하다

**しんしょうしゃ【身障者】** 신체 장애인

**しんしょうぼうだい【針小棒大】** 침소봉대 ¶彼はいつも針小棒大に言うから聞き流しておけばよい 그는 항상 침소봉대로 말하기 때문에 흘려 들으면 된다

**しんしょく【侵食】** 침식 ◇侵食する 침식하다 ¶波に侵食された海岸 파도에 침식된 해안 [関連] 侵食作用 침식 작용

**しんしょく【寝食】** 침식 ¶彼らは4年間寝食を共にした 그들은 4년간 침식을 함께 했다. / 寝食を忘れて研究する 침식을 잊고 연구하다

## **しんじる【信じる】**

❶ [真実と思う] 믿다

[基本表現]
▶私は妻の言うことを信じている
　나는 아내가 하는 말을 믿고 있다.
▶彼はUFOの存在を信じている 그는 UFO [유에프오]의 존재를 믿고 있다.
▶今でも迷信を信じている人は多い
　지금도 미신을 믿는 사람은 많다.
▶実際のところ初めは弟の話は信じなかった 실제로 처음에는 동생의 말을 믿지 않았다.
▶信じられないわ. 믿을 수 없어.

¶彼の言葉を信じる 그의 말을 믿다 / 「私は小さいころサンタクロースを本当にいると信じていたの」「私もよ」 "나는 어린 시절 산타크로스는 정말로 있다고 믿었었어." "나도야." / ユナがあいつと結婚するなんてちょっと信じられない 윤아가 그 녀석과 결혼하다니 좀처럼 믿어지지 않는다. / 信じられないよ! 못 믿어. / 信じてよ 믿어 줘. / 信じる信じないは別にして彼は誠実な人間と思われていた 믿고 안 믿고를 떠나서, 다들 그를 성실한 사람이라고 생각해 왔다. / 東京は土地の値段が信じられないくらい高い 도쿄는 땅값이 믿을 수 없을 정도로 비싸다. / そのようなことはほとんど信じがたい 그런 것은 거의 믿기 어렵다.

❷ [信仰する] 믿다 ¶神を信じる 신을 믿다 / イスラム教徒はアラーの神を信じている 이슬람 교도는 알라를 믿고 있다. / 彼女はキリスト教を信じている 그녀는 크리스트교를 믿고 있다. / 日本人がみな仏教を信じているわけではない 일본인이 모두 불교를 믿고 있는 것은 아니다. / あなたが星占いを信じているって本当? 네가 점성술을 믿는다는데 정말이야?

❸ [信頼する, 信用する] 믿다, 신용하다 ¶信ずべき人 믿을 만한 사람 / 信じて疑わない 믿어 의

심치 않다 / あの人はいつもそばっかりつくから信じられない 그 사람은 항상 거짓말만 하니까 믿을 수 없다. / その光景を見たとき私は自分の目が信じられなかった 그 광경을 보았을 때 나는 내 눈을 믿을 수가 없었다. / その患者は医者を信じきっていた 그 환자는 의사를 완전히 믿고 있었다.
❹ 〔確信する〕 믿다, 확신하다 ¶彼は試験に合格できると信じている 그는 시험에 합격할 수 있다고 믿고 있다. / 彼女が試験に合格すると私は信じている 그녀가 시험에 합격한다고 나는 믿고 있다.

**しんしん**【心身】심신, 몸과 마음 ¶心身ともに健康だ 심신이 다 건강하다. / けさはよく眠って心身ともに爽快(<small>そうかい</small>)だ 잘 자서 오늘 아침은 몸과 마음이 상쾌하다. / 心身ともに疲れ果てる 심신이 모두 지치다 / スポーツで心身を鍛える 스포츠로 몸과 마음을 단련하다 関連 **心身症** 심신증 / **心身障害** 심신장애

**しんしん**【新進】신진 ¶新進作家 신진 작가 / 彼は新進気鋭の批評家だ 그는 신예 비평가다.

**しんしん**【深々】◇しんしんと 조용히 ¶秋の夜はしんしんと更けていく 가을밤은 조용히 깊어 간다. / しんしんと雪が降っていた 조용히 눈이 내리고 있었다.

**しんしん**【津々】¶人々は裁判の結果に興味津々だ 사람들은 재판 결과에 흥미진진하다. / 子供たちはその老人の話を興味津々で聞いていた 어린이들은 그 노인의 이야기를 흥미진진하게 듣고 있었다.

**しんしん**【信心】신앙심 ¶彼女は信心深い人だ 그녀는 신앙심이 깊은 사람이다.

**しんじん**【新人】신인, 새내기 ¶彼女は文壇期待の新人だ 그녀는 문단에서 기대되는 신인이다.
¶新人歌手 신인 가수 / 新人候補 신인 후보
関連 **新人王** 신인왕

**じんしん**【人心】인심, 민심(民心) ¶人心をつかむ 민심을 파악하다 / 人心を新たにする 인심을 새롭게 하다 / 人心を惑わす 민심을 어지럽히다

**じんしん**【人身】인신 関連 **人身事故** 인신 사고 / **人身売買** 인신 매매

**しんすい**【浸水】침수 ◇浸水する 침수되다 ¶家屋約600戸が床上浸水した 가옥 약 6백 채가 마루 위까지 침수됐다. / 床下浸水する 마루 밑까지 침수되다 / 浸水家屋 침수 가옥

**しんすい**【進水】진수 ◇進水する 진수하다 ¶この造船所は大型のタンカーを数多く進水させてきた 이 조선소는 대형 탱커를 많이 진수시켜 왔다.
関連 **進水式** 진수식

**しんずい**【真髄・神髄】진수 ¶東洋美術の神髄 동양 미술의 정수

**しんせい**【申請】신청 ◇申請する 신청하다 ¶パスポートを申請する 여권을 신청하다 関連 **申請書** 신청서 / **申請人** 신청인

**しんせい**【神聖】신성 ◇神聖だ 신성하다 ¶神聖な儀式 신성한 의식 / 教会や寺院は信者にとっては神聖な場所だ 교회나 사원은 신자에게 있어서는 신성한 장소이다. / ヒンズー教では牛を神聖視している 힌두교에서는 소를 신성시하고 있다.

**じんせい**【人生】인생, 삶 (▶発音は삼)
¶祖父は幸せな人生を送った 할아버지는 행복한 인생을 보냈다. / 人生ってそんなものだ 인생이란 그런 것이다. / 人生は一度しかないのだから充実した日々を送れ 인생은 한 번밖에 없으니까 충실한 하루하루를 보내라. / 人生はバラ色とは限らない。浮き沈みの多いものだよ 인생은 장미빛이라고만은 할 수 없다. 오르막이 있으면 내리막도 있는 법이야. / 定年退職した父は経営コンサルタントとして第二の人生を踏み出した 정년퇴직한 아버지는 경영 콘설턴트로서 제 2의 인생을 내디뎠다. / 人生経験を積めばだれが信頼できる人間かくらいはわかるよ 인생 경험을 쌓으면 어떤 사람이 믿을 만한지 알 수 있어. / 私と姉はまったく異なった人生観を持っている 나와 언니는 전혀 다른 인생관을 가지고 있다.

**しんせいじ**【新生児】신생아
**しんせかい**【新世界】신세계 **新大陸** 신대륙
**しんせき**【親戚】친척 ¶彼女は韓国から親戚を訪ねて日本に来た 그녀는 친척을 만나기 위해서 한국에서 일본으로 왔다. / あの人は彼の遠い[近い]親戚らしい저 사람은 그의 먼[가까운] 친척이라고 하다. / 彼と僕は親戚に当たる 그 사람과 나는 친척이 된다. / 彼も鈴木ですが、私とは親戚ではありません 그 사람도 스즈키지만 나와는 친척이 아닙니다. / あの家とは親戚付き合いがない 숙모 집과는 친척 교류가 없다. / 親戚の者がみんなうちに集まった 친척 모두가 우리 집에 모였다. / 仙台の親戚のおじさんの家に1週間泊まった 센다이의 삼촌댁에 일 주일 묵었다.
¶親戚関係 친척 관계

**じんせき**【人跡】인적 ¶人跡まれな山中 인적이 드문 산 속 / 人跡未踏のジャングル 사람이 들어간 적 없는 정글

**シンセサイザー** 신시사이저

**しんせつ**【親切】친절 【好意】호의 ◇親切だ 친절하다 ◇親切に 친절히
¶皆様のご親切は忘れません 여러분의 친절은 잊지 않겠습니다. / 口先だけの親切はごめんだ 말로만의 친절은 싫다. / 親切も時によっては仇になる 친절한 경우에 따라 부담이 된다. / よくも人の親切を踏みにじるようなことをしてくれたな 잘도 사람의 호의를 짓밟는 짓을 했구나. / 親切を無にする 호의를 저버리다 / 親切心からそうしたのです 친절을 베풀고자 그렇게 한 것입니다.
¶隣のおばさんはだれに対してもいつも親切だった 옆집 아주머니는 누구에게나 항상 친절했다. / 彼女は親切な人でした 그녀는 친절한 사람이었습니다.
¶彼は私にとても親切にしてくれた 그는 나에게 아주 친절하게 해 주었다. / 人に親切にしなさい 남에게 친절히 해라. / 彼女は親切にも私の仕事を手伝ってくれた 그녀는 친절하게도 내 일을 도와 주었다. / 彼は親切にコピー機の使い方を教えてくれた 그는 친절하게 복사기 사용 방법을 가르쳐 주었다.
¶ご親切にありがとうございます 호의에 감사드립니다. / まあ、ご親切にどうも 어머 친절하게도. 감사합니다. / ご親切にお招きいただきありがとうござ

います 친절하게도 초대해 주셔서 감사합니다./「僕の車を使ってもいいよ」「それはご親切にありがとうございます」 "내 차를 써도 돼." "호의를 베풀어 주셔서 감사합니다."

**しんせつ**【新設】신설 ◇**新設する** 신설하다
¶子供の数が減っているにもかかわらず大学の新設が続いている 아이의 수가 줄고 있는데도 불구하고 대학의 신설이 계속되고 있다./学科を新設する 학과를 신설하다
¶新設校 신설 학교

**しんせつ**【新雪】갓 내린 눈

**しんせん**【新鮮】◇**新鮮だ** 신선하다 [新しい] 새롭다 **新鮮さ** 신선함, 신선도 [新鮮味] 신선미 ¶山の空気は新鮮だ 산 공기는 신선하다./健康のために新鮮な野菜をたくさん食べよう 건강을 위해서 신선한 야채를 많이 먹자./「暖房で頭がぼうっとしてきた」「外に出て少し新鮮な空気を吸ったらいいよ」"난방으로 머리가 띵해졌다." "밖에 나가서 조금 신선한 공기를 들이쉬면 좋아요."/この若い作家の作品には新鮮な感覚が感じられる 이 젊은 작가의 작품에서는 신선한 감각이 느껴진다.
¶冷蔵庫に入れておけば数日はレタスの新鮮さを保てる 냉장고에 넣어 두면 며칠 동안은 양상추의 신선함을 유지할 수 있다./新鮮さがなくなる 신선도가 없어지다/彼のアイデアは新鮮味に欠ける 그의 아이디어에는 신선미가 없다.

**しんぜん**【親善】친선 [友好] 우호 ¶学生たちは今回の相互交流を通じて日韓両国間の親善を深めた 학생들은 이번 상호 교류를 통해 일한 양국 간의 친선을 강화했다./オリンピック大会の主目的は国際的な友好と親善を深めることである 올림픽 대회의 주된 목적은 국제적인 우호와 친선을 깊게 하는 데 있다.
¶国際親善 국제 친선 **関連 親善外交** 친선 외교/**親善試合** 친선 경기/**親善使節** 친선 사절

**じんせん**【人選】인선 ◇**人選する** 인선하다
¶人選を誤る 인선을 잘못하다/新しい監督は数人の候補者の中から人選する予定だ 새로운 감독은 몇 사람의 후보자 중에서 뽑을 예정이다.

**しんそう**【新装】신장 ◇**新装する** 신장하다
¶10月1日新装開店 시월 1일 신장 개점

**しんそう**【真相】진상 [真実] 진실 [事実] 사실
¶事件の真相を明らかにする 사건의 진상을 밝히다/真相を究明する 진상을 구명하다/事の真相を知ったら彼は驚くだろう 일의 진상을 알면 그는 놀랄 것이다.

**しんぞう**【心臓】❶ [身体の] 심장 ¶彼女は心臓が弱い[悪い] 그녀는 심장이 약하다[나쁘다]./水泳をやると心臓が丈夫になる수영을 하면 심장이 튼튼해진다./そのニュースを聞いて心臓が止まるほどびっくりした 그 뉴스를 듣고 심장이 멎을 만큼 놀랐다./ジナと一緒にいるといつも心臓がどきどきする 지나와 함께 있으면 항상 가슴이 두근두근한다./父の胸に耳を当てたら心臓の鼓動が感じられた 아버지의 가슴에 귀를 대니 심장의 고동이 느껴졌다./手当てのかいもなく彼女の心臓は止まってしまった 치료의 보람도 없이 그녀의 심장은 멈추고 말았다./被害者は心臓を撃ち抜かれて即死状態だった 피해자는 총알이 심장을 관통하여 즉사 상태였다./この坂は心臓破りの坂と言われている 이 고개는 심장이 찢어지는 고개라고 불리운다.
¶僕は心臓が弱いので(→心臓なので)彼女に話しかけることができない 나는 소심해서 그녀에게 말을 걸 수 없다./うれしくて心臓が高鳴った 기뻐서 심장이 설레었다./きょうの試合はまったく心臓に悪かった 오늘 경기는 심장에 나빴었다.
❷ [物事の中心部] 심장, 중심부 ¶機械の心臓部 기계의 심장부/この部署は会社のいわば心臓にあたる 이 부서는 말하자면 회사의 심장에 해당한다./大地震によって街の心臓部が破壊された 대지진에 의해 시가지의 중심부가 파괴되었다.
❸ [ずうずうしいさま] ¶あいつも相当の心臓だ 저녀석도 상당히 뻔뻔스러운 놈이다. **慣用句** 彼はきっと心臓に毛が生えているんだ(→面の皮が厚い) 그는 분명히 얼굴이 두껍다. **関連 心臓移植** 심장 이식/**心臓外科** 심장 외과/**心臓外科医** 심장 외과의/**心臓肥大** 심장 비대/**心臓病** 심장병/**心臓弁膜症** 심장 판막증/**心臓発作**[麻痺] 심장 발작[마비]/**心臓マッサージ** 심장 마사지/**人工心臓** 인공 심장

**じんぞう**【人造】인조 **関連 人造湖** 인공호(人工湖)/**人造ゴム** 인조 고무/**人造繊維** 인조 섬유/**人造ダイヤ** 인조 다이아몬드/**人造人間** 인조 인간, 로봇/**人造皮革** 인조 피혁

**じんぞう**【腎臓】신장 ¶父は腎臓が悪い 아버지는 신장이 나쁘시다. **関連 腎臓移植** 신장 이식/**腎臓炎** 신장염/**腎臓結石** 신장 결석/**腎臓病** 신장병

**しんぞく**【親族】친족 [親戚] 친척 ¶彼は父方の親族です 그는 아버지 쪽 친척입니다.
¶親族会議 친족 회의

**じんそく**【迅速】신속 ◇**迅速だ** 신속하다 ◇**迅速に** 신속히 ¶迅速な行動 신속한 행동/警察は事件に迅速に対処した 경찰은 사건을 신속하게 처리했다./建設作業は迅速に行われた 건설 작업은 신속하게 이루어졌다./迅速かつ正確に 신속하고 정확하게/**迅速配達** 신속 배달

**しんそこ**【心底】마음속, 참으로 ¶心底あきれる 참으로 기가 막히다/心底嫌になる 정말 싫어지다

**しんそつ**【新卒】새 졸업생

**しんたい**【身体】신체, 몸 ¶選手は全員強健な身体の持ち主だった 선수는 모두 튼튼한 몸을 가졌다./学校では身体検査がある 우리 학교에서 신체검사가 있다./乗客は空港で身体検査を受けた 승객은 공항에서 신체검사를 받았다./婦人警官が彼女を身体検査した 여자 경찰관이 그녀를 신체검사 했다./**身体の発育** 신체 발육
**関連 身体障害者** 신체 장애인

**しんたい**【進退】진퇴 ¶**進退極まる** 진퇴유곡이다/**進退伺いを出す** 책임을 지고 일신의 거취를 상사의 처치에 맡기다 **関連 進退両難** 진퇴양난

**しんだい**【寝台】침대 ¶**寝台に横になる** 침대에 눕다/いつか寝台車でゆったり旅がしたい 언젠가 침대차로 느긋하게 여행을 하고 싶다.

じんたい【人体】인체 ¶人体に有害な物質 인체에 해로운 물질 / 放射線は人体に重大な影響がある 방사선은 인체에 중대한 영향이 있다. 関連 人体解剖図 인체 해부도 / 人体実験 인체 실험
しんたいそう【新体操】리듬 체조, 신체조
しんたく【信託】신탁 関連 信託会社 신탁 회사 / 信託銀行 신탁 은행 / 信託統治 신탁 통치 / 貸付信託 대부[대출] 신탁 / 投資信託 투자 신탁
しんだん【診断】진단 ◇診断する 진단하다 ¶診断を受ける 진단을 받다 / 診断を誤る 진단을 잘못하다 / 医者は即座に診断を下した 의사는 즉시 진단을 내렸다. / 年1回は健康診断を受けることにしている 일년에 한 번은 건강 진단을 받기로 하고 있다. / 患者を診断する 환자를 진단하다 / 彼の病気は糖尿病と診断された 그의 병은 당뇨병으로 진단되었다. 関連 診断書 진단서 / 経営診断 경영 진단
しんちく【新築】신축 ◇新築する 신축하다 ¶新築の家 신축한 집 / 新築されたビル 신축된 빌딩 / 彼は最近家を新築した 그는 최근 집을 신축했다. / 新築祝いに招かれた 신축 축하 파티에 초대받았다.
しんちゃ【新茶】햇차
しんちゅう【心中】심중, 마음속 [心情] 심정 ¶心中を明かす 심중을 밝히다 / 心中を察する 심중을 헤아리다 / 心中お察しいたします 심정은 충분히 헤아릴 수 있습니다. / 彼女はそれを知って心中おだやかでなかった 그녀는 그 사실을 알고 심중이 편안하지 않았다. / 私は心中ひそかに昇進を期待していた 나는 마음속으로 은근히 승진을 기대하고 있었다.
しんちゅう【真鍮】놋쇠

# しんちょう

【身長】키 ¶うちの息子は身長がどんどん伸びている 우리 아들은 키가 무럭무럭 자라고 있다. / 私たちのクラスの平均身長は165センチだ 우리 반 평균 키는 165센티미터다. / 彼女は身長が低い 그는 키가 크다[작다]. / 彼と私は身長が同じだ 그와 나는 키가 같다. / 1年に一度身長を測る 1년에 한 번 키를 잰다. / この1年で身長が3センチ伸びた 이 1년 동안에 키가 3센티미터 자랐다. / 身長順に並んだ 키 순서대로 늘어섰다.

会話 身長について尋ねる
A：身長はどのくらいですか
B：170センチです
A：君と明ではどちらが身長が高いの
B：彼の方が3センチぐらい高いんだ
A：키는 어느 정도입니까？
B：170센티미터입니다.
A：너와 아키라 중에서 누가 키가 커？
B：아키라가 3센티미터 정도 커.

しんちょう【慎重】◇慎重さ 신중성(▶発音은 신중성) ◇慎重だ 신중하다 ◇慎重に 신중히 ¶今回の交渉には慎重を要する 이번 교섭에는 신중성을 요한다. / 彼は何事にも慎重さを欠く 그는 만사에 신중하지 못하다.
¶彼女は言動が慎重だ 그녀는 언동이 신중하다. / 彼は慎重な性格だ 그는 신중한 성격이다. / その事件は慎重な調査が必要だ 그 사건은 신중한 조사가 필요하다. / 総理は政府の外交政策に関して慎重な発言をした 총리는 정부의 외교 정책에 대해서 신중한 발언을 했다. / 慎重な態度 신중한 태도
¶その件については慎重に考えなさい 그 건에 대해서는 신중하게 생각해요. / 慎重に運転してくれよ 신중하게 운전해 줘. / 彼女はできるだけ慎重に振舞った 그녀는 될 수 있는 한 신중히 행동했다. / コップを割らないように慎重に扱った 컵을 깨지 않도록 신중히 취급했다. / 高価な物を買う時には慎重にね 고가품을 살 때에는 신중하게 해. 関連 慎重派 신중파
しんちょう【新調】新調する 새로 만들다 ¶背広を1着新調した 양복을 한 벌 새로 만들었다.
じんちょうげ【沈丁花】서향(瑞香)
しんちんたいしゃ【新陳代謝】신진대사 ¶運動は体の諸器官の新陳代謝を高める 운동은 몸의 여러 기관의 신진대사를 높인다. / 政界の新陳代謝が進んでいる 정계의 세대교체가 진행되고 있다. / 新陳代謝が激しい[活発だ] 신진대사가 심하다[활발하다].
じんつう【陣痛】진통 ¶陣痛が始まる 진통이 시작되다 / 陣痛が起っている 진통이 일어나고 있다.
しんてい【進呈】진정 ◇進呈する 진정하다, 드리다 ¶この本をあなたに進呈します(▶広告文) 이 책을 당신께 드리겠습니다. / 見本無料進呈 견본 무료 진정
じんてき【人的】인적(▶発音은 인적) ¶人的資源 인적 자원 / 人的交流 인적 교류
しんてん【親展】[手紙の表書き]친전
しんてん【進展】[進行]진전 [進歩]進展する 진전하다, 진전되다 ¶何か進展があったら知らせてください 뭔가 진전이 있으면 알려 주세요. / 進展を見せる 진전을 보이다 / 話し合いは何の進展もなかった 이야기는 아무런 진전도 없었다. / 二人の仲が進展する 두 사람의 사이가 진전되다 / 犯人の車が発見されて捜査が急速に進展した 범인의 차가 발견되어서 수사가 급속하게 진전되었다. / 事件は意外な方向に進展した 사건은 의외로운 방향으로 진전되었다.
しんでん【神殿】신전
しんでんず【心電図】심전도
しんと 쥐죽은 듯이 ◇しんとする 조용해지다 ¶教室はしんと静まり返っていた 교실은 쥐죽은 듯이 조용했다. / そのひと言で子供たちはしんとなった 그 한 마디로 아이들은 조용해졌다.
しんと【信徒】신도 [信者]신자 ¶仏教信徒 불교도 / キリスト教信徒 기독교도
しんど【進度】진도 ¶今度の数学の先生は授業の進度が早い 이번 수학 선생님은 수업의 진도가 빠르다. / このクラスは学習の進度が遅れている 이 반은 학습의 진도가 늦다.
しんど【震度】진도(▶韓国ではふつうマグニチュードで表す。⇒地震) ¶昨夜の地震は東京で震度4でした 어젯밤 지진은 도쿄에서 진도 4였습니다. / 震度6の強い地震が記録されたのは3年振りのことだった

진도 6의 강진이 기록된 것은 3년만의 일이었다.

**しんとう【浸透】** 침투 ◇浸透する 침투하다, 침투되다 ¶大部分の日本人には自分が中流であるという意識が浸透している 대부분의 일본인은 자기가 중산 계층이라고 하는 의식에 젖어 있다. / 思想を浸透させる 사상을 침투시키다
関連 浸透圧 침투압 / 漫透膜 침투막

**しんとう【神童】** 신동
**しんどう【神童】** 신동

**しんどう【振動】** 진동 〔흔들림〕 ◇振動する 진동하다 ¶振り子の振動 진자의 진동 / ガラス窓が振動する 유리창이 진동하다 / 激しく振動する 심하게 진동하다
関連 振動計 진동계 / 振動数 진동수

**しんどう【震動】** 진동 ◇震動する 진동하다 ¶ビル工事で騒音と震動がひどい 빌딩 공사로 소음과 진동이 심하다. / 地震で地面が震動するのを感じた 지진으로 땅이 흔들리는 것을 느꼈다.

**じんどう【人道】** 인도 〔人倫〕 인륜 ◇人道的な 인도적인 ¶人道的な立場から死刑に反対する人もいる 인도적인 입장에서 사형을 반대하는 사람도 있다. / それは人道に外れた行為だ 그것은 인륜에서 벗어난 행동이다. / 人道に反する 인도에 어긋나다 関連 人道主義 인도주의 / 人道主義者 인도주의자

**シンナー** 시너 ¶少年はシンナーを吸っていた 소년은 시너를 빨고 있었다. 関連 シンナー遊び 시너 놀이 / シンナー中毒 시너 중독

**しんにち【親日】**(▶韓国で) 対日協力者といったような否定的ニュアンスで用いられるので、好意的な意味で「彼は親日家だ」という場合はその人は日本に対して好意的だ. などとする) ¶彼は親日派だ 그 사람은 친일파다.

**しんにゅう【侵入】** 침입 ◇侵入する 침입하다 ¶敵の侵入を防ぐため国境は兵士で固められた 적의 침입을 막기 위해 병사로 하여금 국경을 튼튼히 지키도록 했다. / 泥棒が宝石店に侵入した 도둑이 보석점을 침입했다. / 他人の家に不法に侵入することは犯罪だ 남의 집에 불법으로 침입하는 것은 범죄이다. 関連 侵入者 침입자 / 不法侵入 불법 침입

**しんにゅう【新入】** 신입 ¶新入社員 신입 사원 ∣ 새내기 / 新入生 신입생 ∣ 새내기

**しんにゅう【進入】** 진입 ◇進入する 진입하다 ¶飛行機が滑走路に進入してきた 비행기가 활주로에 진입해 왔다. / 進入禁止 (▶揭示) 진입 금지
関連 進入路 진입로

**しんにん【信任】** 신임 ◇信任する 신임하다 ¶彼はたちまちクラスメートの信任を得た 그는 바로 반 친구들의 신임을 얻었다. / 信任が厚い 신임이 두텁다 関連 信任状 신임장 / 信任投票 신임 투표 / 不信任 불신임

**しんにん【新任】** 신임 ¶校長先生が新任のあいさつを述べた 교장 선생님이 신임 인사를 하셨다. / 新任の課長 신임 과장 / 新任の教師 신임 교사 / 新任地 신임지

**しんねん【新年】** 신년, 새해 ¶新年を迎える 새해를 맞이하다 ∣ 설을 쇠다 / 新年おめでとうございます 새해 복 많이 받으세요. / 家族そろって新年を祝った 가족 모두 모여 신년을 축하했다. / おじの家に新年のあいさつに行った 삼촌댁에 신년 인사를 드리러 갔다. / 友達と新年のあいさつを交わした 친구와 신년 인사를 나누었다. / 新年早々テストがある 신년부터 시험이 있다. ¶謹賀新年 근하신년 関連 新年会 신년회 / (雑誌の)新年号 신년호

**しんねん【信念】** 신념 ¶正直は報われるというのが私の信念です 정직은 보답받는다는 것이 나의 신념입니다. / 最後まで信念を貫くべきだ 끝까지 신념을 관철해야 한다. / 信念がぐらつく 신념이 흔들린다. / 信念を曲げる 신념을 굽히다 / 信念の強い人 신념이 강한 사람

# しんぱい

**【心配】** 걱정, 근심, 시름 ◇心配だ 걱정스럽다 ◇心配する 걱정하다

> 使い分け 걱정, 근심, 시름
> 日本語の「心配」に最も近いのは걱정で、근심はより心理的に不安や焦燥感を伴った気持ちを表す. 시름はこの中で最も程度の大きいもので、夫や子供を亡くした女性が感じるような「絶望的な悲しみ」や「憂鬱な感じ」を表す.

◆【心配が・心配は】
¶何か心配があるの 뭐 걱정 있어? / 心配事がある 걱정거리[근심거리]가 있다. / きょうは雨の心配はないよ 오늘은 비 걱정은 없어.
¶金の心配は私がするから好きなようにしてください 돈 걱정은 내가 할 테니까 하고 싶은 대로 하세요. / 彼女は何の心配もない 그녀는 아무런 걱정도 없다.

◆【心配の・心配に・心配で】
¶父は心配のあまり病気になってしまった 아버지는 너무 걱정한 나머지 병이 나셨다. / 病気がちな娘が唯一の心配の種だ 병약한 딸이 유일한 걱정거리다. / 彼は両親の死後, 自分の将来のことが心配になりだした 그는 부모님이 돌아가시자 자기 장래가 걱정이 되기 시작했다. / 試験の結果が心配で昨夜は一睡もできなかった 시험 결과가 걱정되어 어젯밤은 한숨도 못 잤다.

◆【心配を】
¶お母さんに心配をかけてはだめだよ 어머니께 걱정을 끼쳐 드리면 안 된다. / 彼女は心配をつのらせながら夫の帰りを待った 그녀는 걱정하면서 남편이 돌아오는 것을 기다렸다.

◆【心配する】
¶心配すればきりがない 걱정을 하면 끝이 없다. / 私のことだったら心配しないで, 大丈夫だから 내 일이라면 걱정하지 마. 괜찮으니까. / 無理するな, 体が心配だから無理しちゃ 健康이 걱정되니까. / 彼は娘の帰りが遅いと心配になる 그는 딸의 귀가가 늦어지면 걱정이 된다. / 両親は息子の安否をとても心配した 부모는 아들의 안부를 매우 걱정했다. / 心配することは何もないよ 걱정할 거 하나도 없어.

¶彼女の自尊心を傷つけはしないかと心配した 그녀의 자존심에 상처 입히지 않을까 걱정했다.

◆【その他】
¶先方からまだ返事がこないのが心配だ 상대편으로부터 아직 답장이 안 와서 걱정이다. / 地震の被災者たちの健康状態が心配だ 지진 피해자들의 건강상태가 심배이다. / 心配なのは彼らに十分な食料がないことだ 걱정되는 것은 그들에게 충분한 식량이 없는 것이다. / いらぬ心配 쓸데없는 걱정

[会話] 心配がある[ない]
A：締め切りに間に合うようにレポートを仕上げられるか心配だ
B：心配ないって. ワープロを打つのは手伝ってやるさ
A：기한 안에 리포트를 완성할 수 있을지가 걱정이다.
B：걱정없다니까. 워드 치는 것은 도와 줄게.

A：何を心配しているの
B：いや, 何も
A：뭘 걱정하는 거야?
B：아니, 아무것도.

A：心配なような顔をしているけど, どうしたんだ
B：この2, 3日妻の具合がよくないんだ
A：걱정스러운 얼굴인데 무슨 일이야?
B：요 2, 3일 아내의 건강이 안 좋거든.

[関連] 心配症〔人〕걱정꾸러기

**シンバル** 심벌즈 ¶シンバルを鳴らす 심벌즈를 울리다

**しんぱん**【侵犯】침범 ◇侵犯する 침범하다
¶隣国の船が領海を侵犯した 이웃 나라의 배가 영해를 침범했다. / 領空侵犯 영공 침범

**しんぱん**【審判】심판 ◇審判する 심판하다 ¶いつかあの男には神の審判が下されるだろう 언젠가 그 남자에게는 신의 심판이 내릴 것이다. / 野球の審判をする 야구의 심판을 하다 / 公正な審判 공정한 심판 / 最後の審判 최후의 심판 [関連] 審判員 심판원 [レフリー] 레퍼리

**しんぴ**【神秘】신비 ◇神秘的だ 신비적이다, 신비스럽다 ¶海の中は神秘的な美しさだった 바다 속은 신비롭게 아름다웠다. / 彼は宇宙の神秘を探ろうとしていた 그는 우주의 신비를 찾으려고 했다. / 生命の神秘を解く 생명의 신비를 풀다 / 神秘に包まれた神秘に 싸여 있다 [関連] 神秘主義 신비주의

**しんぴょうせい**【信憑性】신빙성(▶発音은 신빙성) ¶この情報は信憑性がある[ない] 이 정보는 신빙성이 있다[없다]. / 信憑性のある情報 신빙성이 있는 정보 / 信憑性に乏しい 신빙성이 적다.

**しんぴん**【新品】신품, 새것 ¶このバイクは新品同様だ 이 오토바이는 새 것과 같다. / これは新品の冷蔵庫だ 이것은 새 냉장고이다.

**しんぷ**【新婦】신부, 새색시 ¶新婦を迎える 새색시를 맞다 / 新郎新婦 신랑 신부

**しんぷ**【神父】신부

**シンフォニー** 심포니, 교향곡 ¶シンフォニーオーケストラ 심포니 오케스트라, 교향악단

**しんぶつ**【神仏】신불, 신과 부처 ¶後は神仏の加護を祈るだけだ 이제는 신과 부처의 가호를 빌 뿐이다.

**じんぶつ**【人物】인물, 사람〔人材〕인재 ¶彼女はこの仕事にうってつけの人物だ 그녀는 이 일에 딱 맞는 사람이다. / この小説の中心人物は中年の探偵だ 이 소설의 중심인물은 중년 탐정이다 / この作家は歴史上の人物を生き生きと描き出す 이 작가는 역사상의 인물을 생생하게 그려낸다. / 彼が信頼できる人物であることを保証します 그가 믿을 만한 사람이라는 것을 보증합니다. / 「田中氏というのはどんな人ですか」「なかなかの人物ですよ」"다나카 씨라는 사람은 어떤 사람입니까?" "꽤 괜찮은 사람입니다." / 申し分のない人物 나무랄 데가 없는 인물 [関連] 人物画 인물화 / 人物評 인물평 / 人物描写 인물 묘사 / 危険人物 위험 인물 / 重要人物 중요 인물 / 大人物 거물(巨物) / 登場人物 등장 인물 / 要注意人物 요주의자(要注意者)

## しんぶん【新聞】신문〔新聞紙〕신문지

[基本表現]
▷私は新聞を2紙とっている
　나는 신문을 두 가지 구독하고 있다.
▷彼は新聞を配達している
　그는 신문을 배달하고 있다.
▷彼女は新聞を広げた[畳んだ]
　그녀는 신문을 펼쳤다[접었다].
▷新聞を取ってきてちょうだい
　신문을 가져 와 줄래?
▷私は朝食前に新聞を読む
　나는 아침을 먹기 전에 신문을 본다.

◆【新聞は・新聞が】
¶この新聞は日刊です 이 신문은 일간입니다. / この新聞は1部いくらですか 이 신문은 한 부 얼마입니까? / もう新聞はおすみですか もう新聞은 보셨습니까? / この新聞は発行部数が多い 이 신문은 발행 부수가 많다. / この新聞は読者が多い 이 신문은 독자가 많다. / どの新聞も政府高官のスキャンダルを詳しく報じた 어느 신문도 정부 고관의 스캔들을 상세하게 보도했다.

◆【新聞を】
¶まだきょうの新聞を読んでいません 오늘 신문을 아직 읽지 않았습니다. / 彼に英字新聞を読むようにと助言した 그에게 영자 신문을 읽도록 조언했다. / どの新聞をとっていますか 어느 신문을 구독하고 계십니까? / 僕は毎日スポーツ新聞を買っている 나는 매일 스포츠 신문을 산다. / 古新聞をすぐ処分しなさい 헌 신문을 바로 처분해라. / 私たちは大学新聞を月に1度出している 우리는 대학 신문을 한 달에 한 번 내고 있다.

◆【新聞の】
¶そのニュースはきのうの新聞の夕刊で読んだ 그 뉴스는 어제 신문의 석간에서 읽었다. / 彼女はよく新聞の記事を切り抜いている 그녀는 자주 신문 기사를 오린다. / いつも新聞の見出しだけをざっと見ています 항상 신문 제목만 쭉 보고 있습니다. / 新聞のテレビ欄 신문의 텔레비전란

◆【新聞に・新聞で】
¶その作家の死は新聞で知った 그 작가의 죽음은 신문에서 알았다. / 彼らは新聞に求人広告を載せた

그들은 신문에 구인 광고를 실었다. / 日韓首脳会談が開かれるというニュースがきょうの新聞に出ていた 일한 정상 회담이 열린다는 뉴스가 오늘 신문에 나와 있었다. / どの新聞にも天気予報が載っている 어느 신문에도 일기 예보가 실려 있다. / 新聞によるとこの夏は雨が多いそうだ 신문에 의하면 올해 여름에는 비가 많이 온다고 한다. / けさは忙しくて新聞に目を通す暇もなかった 오늘 아침은 바빠서 신문을 읽을 여유도 없었다. / 茶わんを新聞で包んでちょうだい 밥공기를 신문으로 싸 줘. 数え方 新聞1部 신문 한 부 関連 新聞売り場 신문 판매점 / 新聞記事 신문 기사 / 新聞記者 신문 기자 / 新聞広告 신문 광고 / 新聞購読者 신문 구독자 / 新聞購読料 신문 구독료 / 新聞社 신문사 / 新聞種 기사 거리[재료] / 新聞配達(人) 신문 배달(원) / 新聞発表 신문 발표

**じんぶん**【人文】 인문 関連 人文科学 인문 과학 / 人文地理 인문 지리

**しんべい**【親米】 친미 ¶彼らは親米派と呼ばれている 그들은 친미파라고 불린다.
¶親米外交 친미 외교

**しんぺん**【身辺】 신변 ¶首相の身辺は常に警護されている 수상의 신변은 항상 경호되고 있다. / 身辺が危うい 신변이 위험하다. / 身辺の整理をする 신변을 정리하다 / 身辺の世話をする 신변을 돌보다

**しんぽ**【進歩】 진보 ◇進歩する 진보하다 ◇進歩的な 진보적인 ¶彼女は学習の進歩が早い[遅い] 그녀는 학습의 진보가 빠르다[느리다]. / 交通機関の進歩によって旅行は快適で安全なものになった 교통 기관의 진보로 인해 여행은 쾌적하고 안전한 것이 되었다. / 科学の進歩は必ずしも人間全体の幸福にはつながらないかもしれない 과학의 진보는 반드시 인간 전체의 행복에는 연결되지 않을지도 모른다. / 最近の医学における進歩は目覚ましい 최근 의학에 있어서의 진보는 눈부시다. / 君の英会話にはまだまだ進歩の余地がある ね 영어 회화는 아직 진보의 여지가 있다. / きょうも昼はカレーかい。進歩がないねえ 오늘도 카레야? 매일 똑같네.
¶近年通信技術の目覚ましく進歩した 근년 통신 기술이 눈에 띄게 진보했다. /「ゴルフのパットのテクニックが進歩しましたね」「ええ、いくらか」 "골프의 퍼트[퍼팅] 기술이 진보했네요." "예, 어느 정도는."
¶彼は非常に進歩的な思想の持ち主だ 그는 아주 진보적인 사상을 가진 사람이다.
¶着実な進歩 착실한 진보 / わずかな[大幅な]進歩 약간의[대폭적인] 진보 / 急速な進歩 급속한 진보 / ゆっくりとした進歩 느릿한 진보 / 著しい進歩 현저한 진보 / 驚異的な進歩 경이적인 진보

**しんぼう**【辛抱】 참을성 (▶発音は 참을썽) 〔忍耐〕 인내심 ◇辛抱する 참다, 견디다 ⇒耐える
使い分け
¶君は辛抱が足りない 너는 인내심이 모자라다. / 辛抱のかいがあって彼の誤解を解くことができた 참은 보람이 있어서 그의 오해를 풀 수 있었다. / つらいだろうがもう少しの辛抱の 힘을겠지만 조금만 더 참아라.
¶彼は辛抱強い 그는 인내심이 강하다. / 彼女は辛抱強く彼を待った 그녀는 참을성 있게 그를 기다렸다.
¶多くの苦難を辛抱してきた 많은 고난을 참아 왔다. / 痛みをじっと辛抱する 아픔을 꾹 참다 / 背中の痛みが辛抱できない 등의 아픔을 참을 수가 없다.

**しんぼう**【信望】 신망 〔信用〕 신용 ¶彼はリーダーとして仲間の信望が厚い 그는 리더로서 동료들의 신망이 두텁다. / 信望を得る[失う] 신망을 얻다[잃다]

**じんぼう**【人望】 인망, 덕망 ¶彼は会社の同僚たちに人望がある[ない] 그는 회사의 동료들에게 인망이 있다[없다]. / 人望を集める 인망을 모으다 / 人望を得る[失う] 인망을 얻다[잃다]

**しんぼく**【親睦】 친목 ¶親睦を図るためにパーティーを開いた 친목을 도모하기 위해서 파티를 열었다. / 親睦を深める 친목을 다지다 / 親睦会 친목회

**シンポジウム** 심포지엄 〔討論会〕 토론회 ¶東京で日韓文化交流のシンポジウムがある 도쿄에서 일한 문화 교류에 대한 심포지엄이 있다.

**シンボル** 심벌 ¶平和のシンボル 평화의 심벌 / シンボルマーク 심벌마크

**しんまい**【新米】〔米〕 신미, 햅쌀 〔初心者〕 풋내기 ¶私を応対した店員は新米だった 나를 응대한 점원은 풋내기였다. / 新米を指導する 풋내기를 지도하다 / 新米記者 풋내기 기자

**じんましん**【蕁麻疹】 두드러기 ¶鶏を食べるとじんましんが出る 닭을 먹으면 두드러기가 난다.

**しんみ**【親身】 육친(肉親) ¶おばさんは親身になって世話をしてくれた 아주머니는 육친처럼 나를 돌봐 주셨다.

**しんみつ**【親密】 ◇親密だ 친밀하다 ¶あの二人は極めて親密な間柄だ 저 두 사람은 극히 친밀한 사이다. / 私たちは親密に語り合った 우리들은 친밀하게 이야기했다. / 親密に付き合う 친밀하게 사귀다 / 親密になる 친밀해지다

**じんみゃく**【人脈】 인맥 〔コネ〕 연줄

**しんみょう**【神妙】 ◇神妙な 온순한, 얌전한 ◇神妙に 온순히, 얌전히 ¶子供たちは神妙な顔をして座っていた 아이들은 온순한 얼굴로 앉아 있었다.

**しんみり** 조용히, 차분히 ◇しんみりする 침울해지다 ¶夜更けまでしんみりと語り合った 밤늦게까지 조용히 이야기했다. / しんみりとした話 침울해지는 이야기

**じんみん**【人民】 인민 ¶人民の人民による人民のための政治 인민의 인민에 의한 인민을 위한 정치 / 人民の権利 인민의 권리 / 人民裁判 인민 재판 / 人民投票 인민 투표

**じんめい**【人名】 인명 ¶人名辞典 인명 사전

**じんめい**【人命】 인명 ¶地震でビルが倒壊し多くの人命が失われた 지진으로 빌딩이 무너져서 많은 인명을 잃었다. / 救出が遅れれば人命にかかわる 구출이 늦어지면 인명에 관계된다. 関連 人命救助 인명 구조 / 人命尊重 인명 존중

**じんもん**【尋問】 심문 ◇尋問する 심문하다

¶警察は容疑者を6時間あまり尋問した 경찰은 혐의자를 여섯 시간이 넘게 심문했다. / 弁護人は検察側の証人を厳しく尋問した 변호사는 검찰측 증인을 혹독하게 심문했다. / 尋問を受ける 심문을 받다 [関連] 反対尋問 반대 심문 / 不審尋問 불심 심문 / 誘導尋問 유도 심문

**しんや【深夜】** 심야, 한밤중(▶発音은 한밤쭝) ¶夫は深夜に帰宅した 남편은 한밤중에 귀가했다. / 会議は深夜まで続いた 회의는 한밤중까지 계속되었다. [関連] 深夜営業 심야 영업 / 深夜放送 심야 방송 / 深夜番組 심야 프로 / 深夜料金 심야 요금

**しんやくせいしょ【新約聖書】** 신약 성서

**しんゆう【親友】** 친한 친구 ¶彼女は私のいちばんの親友だ 그녀는 내 제일 친한 친구다. / 彼らは親友の間柄だ 그들은 친한 친구 사이다. / 僕と彼はすぐに親友になった 나와 그는 곧 친해졌다. / 無二の親友 둘도 없는 친구

**しんよう【信用】** 신용〔信頼〕신뢰 ◇信用する 신용하다〔信じる〕믿다

[基本表現]
▷田先生は生徒たちに信用がある 무라타 선생님은 학생들에게 신임을 받고 있다.
▷私の知る限りではあの人は信用できる 내가 아는 한 그 사람은 신용할 수 있다.
▷君のことは信用できない 너는 신용할 수 없다.
▷あの男の言うことはどうも信用できない 그 남자가 하는 말은 아무래도 믿을 수가 없다.

¶この問題は店の信用にかかわる 이 문제는 가게의 신용에 관계된다. / 宝石を買うなら信用のある店にしたほうがいいよ 보석을 산다면 신용 있는 가게에서 사는 편이 좋다. / 彼が発言を撤回しなければ社会的信用を落とすことになるだろう 그가 발언을 철회하지 않는다면 사회적 신용이 떨어질 것이다. / スキャンダルで彼は政治家としての信用をなくしてしまった 스캔들로 그 사람은 정치가로서의 신용을 잃고 말았다. / 会社の信用は著しく傷ついた 회사의 신용은 매우 손상되었다. / 信用を傷つける 신용을 손상시키다 / 信用を得る 신용을 얻다

¶「世論調査を信用しますか」「そうね、あまり信用しないね」 "여론 조사를 믿습니까?" "음, 별로 신뢰하지 않아." / 「もちろん君は占い師なんて信用していないよね」「いいえ、信用しているわ」"물론 당신은 점쟁이 같은 거 믿지 않지요?" "아니요. 믿고 있어요." / 彼はアメリカで実業家として成功したと言っているけど、どこまで信用していいのかな 그 사람은 미국에서 실업가로서 성공했다고 하는데 어디까지 사실일까? / だれも私の言うことを信用してくれなかった 아무도 내 말을 믿어 주지 않았다. / 新聞に書いてあることを全部全部信用してはいけない 신문에 써 있는 것을 전부 믿어서는 안 된다. / 正直なところ私はサンギの腕をたいて信用していない 솔직히 말해서 나는 상기의 실력을 그렇게 신용하고 있지는 않다. [関連] 信用金庫 신용 금고 / 信用組合 신용 조합 / 信用状 신용장 / 信用取引 신용 거래

**しんようじゅ【針葉樹】** 침엽수 / 針葉樹林 침엽수림

**しんらい【信頼】** 신뢰, 믿음 ◇信頼する 신뢰하다 ¶国民の政府に対する信頼は失われてしまった 정부에 대한 국민의 신뢰는 상실되고 말았다. / 国民に対する国民の信頼を取り戻さなければならない 정치에 대한 국민의 신뢰를 되찾아야 된다. / 彼への信頼がたちまち失せてしまった 그에 대한 신뢰가 바로 없어졌다. / 彼は親の信頼にこたえるべく一生懸命勉強した 그는 부모의 신뢰에 응하려고 열심히 공부했다. / 監督はそのピッチャーに絶大な信頼を置いている 감독은 그 피처에게 절대적인 신뢰를 두고 있다.

¶彼は信頼できる人物だ 그는 신뢰할 만한 사람이다. / 君の判断は信頼しているよ 네 판단은 신뢰하고 있어. / キョンヒは決して約束を破らないのでみんなから信頼されている 경희는 결코 약속을 어기지 않기 때문에 모든 사람으로부터 신뢰받고 있다.

¶いったん労使間の信頼関係が壊れると修復するのは難しい 일단 노사간의 신뢰 관계가 무너지면 회복하기가 힘든다. / 彼女の話なら信頼性は高い 그녀의 이야기라면 신뢰성은 높다. / 日本車は信頼性の高さで有名だ 일본차는 신뢰성이 높기로 유명하다. / 近隣諸国との信頼関係を築く 주변 여러 나라와의 신뢰 관계를 구축하다

**しんらつ【辛辣】** 辛辣だ 신랄하다 ◇辛辣に 신랄히 ¶辛辣な言葉 신랄한 말 / 辛辣な批評 신랄한 비평 / 彼は政府の外交政策を辛辣に批評した 그는 정부의 외교 정책을 신랄하게 비평했다.

**しんり【心理】** 심리 ◇心理的な 심리적인 ◇心理的に 심리적으로 ¶人間の心理は微妙だ 인간의 심리는 미묘하다. / 彼は相手の心理を読むのがうまい 그는 상대의 심리를 읽는 것이 능숙하다. / 彼の小説には女性の複雑な心理がよくとらえられている 그의 소설에는 여성의 복잡한 심리가 잘 나타나 있다.

¶この作家は心理描写にすぐれている 이 작가는 심리 묘사에 뛰어나다. / 私はその時、異常な心理状態にあった 나는 그 때 이상한 심리 상태였다. / 私は児童心理学を専攻している 나는 아동 심리학을 전공하고 있다. / それは心理的効果をねらったような発言だった 그것은 심리적 효과를 노린 발언인 것 같았다. / 彼女は心理的に追い詰められていた 그녀는 심리적으로 몰려 있었다. [関連] 心理学者 심리학자 / 心理作戦 심리 작전 / 心理療法 심리 요법 / 群衆心理 군중 심리

**しんり【審理】** 심리 ◇審理する 심리하다 ¶その事件は現在審理中です 그 사건은 현재 심리중입니다.

**しんり【真理】** 진리 ¶彼の言うことにも一面の真理がある 그가 하는 말에도 일면의 진리가 있다. / それは疑いのない真理だ 그것은 의심할 여지가 없는 진리다. / 真理を探求する 진리를 탐구하다 / 絶対の真理 절대 진리

**しんりゃく【侵略】** 침략 ◇侵略する 침략하다 ¶他国を侵略する 다른 나라를 침략하다 / その国は何度となく侵略されてきた 그 나라는 몇 번이나 침략당해 왔다. / 侵略行為 침략 행위 / 侵略国 침략국 / 侵略者 침략자 / 侵略戦争 침략 전쟁

**しんりょう【診療】** 진료〔治療〕치료〔診察〕진찰 ◇診療する 진료하다 [関連] 診療時間 진료 시간 / 診療所 진료소

**しんりょく【新緑】** 신록 ¶新緑の季節 신록의 계절

**しんりょく【深緑】** 심록, 심녹색, 짙은 초록색 ¶この村は春には深緑に覆われる 이 마을은 봄에는 짙은 녹색으로 뒤덮인다.

**じんりょく【尽力】** 진력〔努力〕노력 ◇尽力する 진력하다 ¶この運動は皆さんの尽力があってこそ成功したものです 이 운동은 여러분의 노력이 있었기 때문에 성공한 것입니다. / 尽力を請う 힘써 주기를 바라다 / 尽力の甲斐もなく 노력한 보람도 없이 / 計画の実現のために私も大いに尽力するつもりです 계획의 실현을 위해서 저도 많이 노력할 생각입니다.

**しんりん【森林】** 삼림, 숲 ¶この森林には多くの野生動物が生息している 이 숲에는 많은 야생 동물이 생식하고 있다. [関連] 森林開発 삼림 개발 / 森林公園 삼림 공원 / 森林地帯 삼림 지대 / 森林破壊 삼림 파괴 / 森林保護 삼림 보호 / 森林浴 삼림욕 (▶発音は삼님녁)

**しんるい【親類】** 친척〔親戚〕 ¶彼女は私の母〔父〕方の親類です 그 여자는 나의 어머니〔아버지〕쪽 친척입니다. / 彼はあの有名な画家とは親類関係にある 그는 그 유명한 화가와는 친척 관계에 있다. / 父の葬儀には多くの親類縁者や友人が参列した 아버지의 장례식에는 많은 친척들과 친구들이 참석했다. / 血を分けた親類 피를 나눈 친척

**じんるい【人類】** 인류 ¶コンピュータの発明は人類にとっては多大な進歩につながった 컴퓨터의 발명은 인류에 있어서 커다란 진보로 이어졌다. / 今後もし第三次世界大戦が起きれば人類の大半は滅んでしまうだろう 만약 앞으로 제 3차 세계 대전이 일어나면 인류의 태반은 멸망할 것이다. / 宇宙ステーションの建設は長い間の人類の夢である 우주 스테이션 건설은 오랜 세월 인류의 꿈이다. / 彼は人類の歴史の中で初めて月面に立った 그는 인류 역사상 처음으로 달 표면에 섰다. / 人類の正確な起源はまだはっきりしない 인류의 정확한 기원은 아직 확실하지 않다. / 人類に対する犯罪 인류에 대한 범죄 [関連] 人類愛 인류애 / 人類学 인류학 / 人類学者 인류학자 / 文化人類学 문화 인류학

**しんれい【心霊】** 심령 [関連] 心霊現象 심령 현상 / 心霊術 심령술 / 心霊術師 심령술사

**しんろ【進路】** 진로 ¶台風は進路を変えて関東地方を直撃する予定だ 태풍은 진로를 바꾸어서 간토 지방을 직격할 예정이다. / 四国地方は台風の進路に当たっている 시코쿠 지방은 태풍의 진로에 들어 있다. / 卒業後の進路が決まった 졸업 후의 진로가 결정되었다. / 進路を誤る 진로를 그르치다 / 進路を妨げる 진로를 방해하다 [関連] 進路指導 진로 지도

**しんろ【針路】** 침로 ¶船は針路を北東に取った 는 침로를 북동으로 잡았다. / 漁船が針路を誤って韓国の領海に入った 어선이 침로를 잘못 잡아 한국의 영해로 들어갔다. / 針路からそれる 침로에서 벗어나다

**しんろう【心労】** 심로〔心配〕걱정 ¶心労が重なる 정신적 피로가 겹치다 / 心労が尽きない 걱정이 끝이 없다

**しんろう【新郎】** 신랑

**しんわ【神話】** 신화 ¶檀君神話 단군 신화 / ギリシア神話 그리스 신화

# す

**す【巣】** 집〔巣窟〕소굴 ¶うちの軒下につばめが巣を作った 우리 집 처마 밑에 제비가 집을 지었다. / その男の子はくもが巣をかける様子をじっと見ていた 그 남자 아이는 거미가 집을 만드는 모습을 쳐다보고 있었다. / はちの巣 벌집 / くもの巣 거미집
¶その一軒家は盗賊の巣であることが判明した 그 집은 도적의 소굴인 것이 판명되었다. / 悪の巣 악의 소굴 / 愛の巣 사랑의 보금자리

**す【酢】** 초, 식초〔食酢〕 ¶きゅうりを酢につける 오이를 식초에 절이다

**ず【図】** 그림〔図表〕도표〔挿絵〕삽화 ¶その図は体の働きを説明している 그 그림은 몸의 작용을 설명하고 있다. / 紙飛行機の作り方を図に書いて説明した 종이 비행기 만드는 방법을 그림으로 그려서 설명했다. / 10ページの第 2 図が示すように交通事故の件数は年々増加している 10쪽의 제 2 도표가 나타내듯이 교통사고의 건수는 매년 증가하고 있다.
¶彼がエプロンをしているのは見られた図ではなかった 그가 앞치마를 하고 있는 모습은 차마 볼 수 없었다. [慣用句] 計画が図に当たった(→予想通りに進行した) 계획이 예상대로 진행되었다. / チョールにはお世辞を言わないほうがいい よ. 図に乗って(→いい気になって, 調子に乗って)自慢話を始めるから 철수에게는 겉치레 말을 하지 않는 게 좋아. 들떠서 자랑을 시작하거든.

**すあし【素足】** 맨발 ¶彼女は廊下を素足で歩いてきた 그녀는 복도를 맨발로 걸어왔다. ⇨はだし

**ずあん【図案】** 도안 ¶布地に花の図案を描く 천에 꽃 도안을 그리다 ⇨デザイン

**すいあげる【吸い上げる】**〔ポンプなどで〕빨아올리다, 자아올리다〔絞り取る〕빨아먹다, 착취하다 ¶井戸にたまった泥水を吸い上げる 우물에 고인 진흙물을 빨아올리다 / このポンプが海底から海水を吸い上げる 이 펌프가 바다 속에서 바닷물을 빨아올린다. / 彼は露天商の売上金を吸い上げて私腹を肥やした 그는 노점상의 매상을 착취해서 사리사욕을 채웠다. / ばらは花瓶の水を吸い上げずに枯れてしまった 장미는 꽃병의 물을 빨아올

**すいあつ【水圧】** 수압 関連 水圧計 수압계

**すいい【推移】** 추이 ¶携帯電話の使われ方も時代の推移につれて移り変わってきた 휴대 전화의 사용 방법도 시대의 추이에 따라 변해 왔다. / 事態の推移を見守る 사태의 추이를 지켜보다 / わが社の業績は好調に推移している 우리 회사의 업적은 순조롭게 추이하고 있다. / その国は平和裏に民主主義へ推移できるだろうか 그 나라는 평화적으로 민주화될 수 있을까?

**すいい【水位】** 수위 ¶ダムの水位が日に日に上がって[下がって]いる 댐의 수위가 나날이 오르고[내리고] 있다. 関連 危険水位 위험 수위 / 警戒水位 경계 수위

**ずいい【随意】** 수의〔自由〕자유 ◇随意に 마음대로 ¶行くか行かないかは随意です 가고 안 가고는 자유입니다. / 科目の選択は随意です 과목의 선택은 자유입니다. / どうぞご随意に召し上がれ 마음대로 하세요. 関連 随意筋 수의근 / 随意契約 수의 계약

**ずいいち【随一】** 제일 ◇随一の 제일의 ¶これは今年公開された映画の中でも随一の傑作だ 이것은 올해 공개된 영화 중에서도 제일 걸작이다. / 当代随一の画家 당대 제일의 화가

**スイートピー** 스위트피

**ずいいん【随員】** 수행원, 수원 ¶韓国の大統領と随員一行は午後3時に羽田空港に到着した 한국의 대통령과 수행원 일행은 오후 세 시에 하네다 공항에 도착했다.

**すいえい【水泳】** 수영, 헤엄 ◇水泳する 수영하다, 헤엄치다 ⇒泳ぐ 使い分け
¶僕は週に2回プールへ水泳に行く 나는 일 주일에 두 번 수영장에 간다. / 私は兄に水泳を習った 나는 형한테 수영을 배웠다. / 彼女は水泳がうまい 그녀는 수영이 능숙하다. / 子供たちの多くは放課後水泳教室に通っている 많은 아이들이 방과 후 수영 교실에 다니고 있다. 関連 水泳着 수영복 / 水泳競技 수영 경기 / 水泳選手 수영 선수 / 水泳大会 수영 대회 / 水泳パンツ 수영 팬츠 / 水泳帽 수영모

**すいおん【水温】** 수온

**すいか【西瓜】** 수박 数え方 すいか1個 수박 한 통

**すいがい【水害】** 수해 ¶この地域は去年大きな水害に見舞われた 이 지역은 작년 큰 수해를 입었다. / 水害で作物は致命的な被害を受けた 홍수로 농작물은 치명적인 피해를 입었다. / 水害を被る 수해를 입다 / 水害の被災地 수해지 / 水害防止対策 수해 방지 대책

**すいがら【吸い殻】** 담배꽁초 ¶吸い殻は灰皿に捨ててください 담배꽁초는 재떨이에 버려 주세요. / 彼は吸い殻をもみ消した 그는 담배꽁초를 비벼 껐다.

**すいきゅう【水球】** 수구

**すいぎゅう【水牛】** 수우, 물소

**すいぎん【水銀】** 수은 ¶温度計の水銀柱が上がる 온도계의 수은주가 오르다 関連 水銀温度計 수은 온도계 / 水銀中毒 수은 중독 / 水銀電池 수은 전지 / 水銀灯 수은등

**すいげん【水源】** 수원 ¶信濃川の水源は日本アルプスの山中にある 시나노 강의 수원은 일본 알프스 산중에 있다. 関連 水源地 수원지

**すいこう【推敲】** 퇴고 ◇推敲する 퇴고하다 ¶君の論文は推敲を要する 자네 논문은 퇴고가 필요하다. / 彼は原稿の推敲を重ねた 그는 원고의 퇴고를 거듭했다.

**すいこう【遂行】** 수행 ◇遂行する 수행하다 ¶我々はこの計画を遂行するために多くの困難を乗り越えなければならなかった 우리는 이 계획을 수행하기 위해서 많은 어려움을 극복해야 됐다. / 彼は無事に任務を遂行して帰国した 그는 무사히 임무를 수행하고 귀국했다.

**ずいこう【随行】** 수행 ◇随行する 수행하다 ¶外相が首相の訪韓に随行した 외상은 수상의 한국 방문에 수행했다. 関連 随行員 수행원

**すいこむ【吸い込む】** 〔気体を〕들이마시다〔液体を〕빨아들이다 ¶彼は山の新鮮な空気を思い切り吸い込んだ 그는 산의 신선한 공기를 마음껏 들이마셨다. / 乾いた地面は雨を吸い込んだ 마른 땅은 비를 빨아들였다. ⇒吸う

**すいさい【水彩】** 수채 関連 水彩画 수채화 / 水彩絵の具 수채화 물감 / 水彩画家 수채화가

**すいさつ【推察】** 추찰, 짐작 ◇推察する 추찰하다, 짐작하다 ¶ご推察のとおりです 짐작하신 대로입니다.

**すいさん【水産】** 수산 関連 水産加工品 수산 가공품 / 水産業 수산업 / 水産試験場 수산 시험장 / 水産大学 수산 대학 / 水産物 수산물, 해산물(海産物)

**すいさんか【水酸化】** 수산화 ¶水酸化ナトリウム 수산화나트륨 / 水酸化物 수산화물

**すいし【水死】** 익사(溺死) ◇水死する 익사하다 ¶沈没した漁船の乗組員全員が水死した 침몰된 어선의 승무원 전원이 익사했다. / 彼は水死体で発見された 그는 익사체로 발견되었다.

**すいじ【炊事】** 취사 ◇炊事する 취사하다 関連 炊事道具 취사도구 / 炊事当番 취사 당번 / 炊事場 취사장

**すいしつ【水質】** 수질 ¶中学生たちは石狩川の水質を調査した 중학생들은 이시카리 강의 수질을 조사했다. 関連 水質検査 수질 검사 / 水質汚染防止法 수질 오염 방지법

**すいしゃ【水車】** 물레방아, 수차 ¶水車小屋 물레방앗간

**すいじゃく【衰弱】** 쇠약 ◇衰弱する 쇠약해지다 ¶その子は高熱で衰弱していた 그 아이는 고열로 쇠약해 있었다. 関連 神経衰弱 신경 쇠약

**すいじゅん【水準】** 수준〔標準〕표준〔平均〕평균 ¶彼の技能は水準以上だ 그의 기능은 수준 이상이다. / 彼らの学力は水準以下だ 그들의 학력은 수준 이하이다. / 彼の語学力は一定の水準に達している 그의 어학력은 일정 수준에 달해 있다. / 彼女の踊りは水準に達していなかった 그녀의 춤은 수준 미달이었다. / 彼女の歌はプロの水準だと思う 그 여자의 노래는 프로 수준이라고 생각한다. / 東京の物価は世界の主要都市の水準からすれば高い 도쿄 물가는 세계 주요 도시의 수준에 비해 비싸다.

¶国民の知的水準は高い 국민의 지적 수준은 높다. / 開発途上国ではまだ生活水準が低い 개발도상국에서는 아직 생활수준이 낮다. / 国民の生活水準を高める 국민의 생활수준을 높이다. / 所得水準 소득 수준 / 教育水準 교육 수준

**ずいしょ**【随所】여기저기, 도처 ¶君のレポートには随所に誤りがある 네 리포트에는 여기저기 틀린 점이 있다.

**すいしょう**【水晶】수정 [関連] 水晶球 수정 구슬 / (眼球の)水晶体 수정체 / 紫水晶 자수정

**すいじょう**【水上】수상 ¶水上交通 수상 교통 / 水上生活 수상 생활 / 水上レストラン 수상 레스토랑 [関連] 水上競技 수상 경기 / 水上警察 수상 경찰 / 水上スキー 수상 스키 / 水上飛行機 수상 비행기, 수상기

**すいじょうき**【水蒸気】수증기〔熱で発生する〕증기, 김

**すいしん**【推進】추진 ◇推進する 추진하다
¶政府は行政改革を推進している 정부는 행정 개혁을 추진하고 있다. [関連] 推進力 추진력

**すいしん**【水深】수심 ¶水深を測る 수심을 재다 / この川の水深は約2メートルだ 이 강의 수심은 약 2미터다. / このプールの水深はどのぐらいですか 이 풀장의 수심은 어느 정도입니까?

**すいすい**〔軽やかに〕씽씽, 휙휙〔簡単に〕척척, 술술 ¶グライダーは空をすいすいと飛んだ 글라이더는 하늘을 휙휙 날아다녔다. / 彼女はその問題をすいすいと解いてみせた 그녀는 그 문제를 척척 풀어 보였다.

**すいせい**【水星】수성
**すいせい**【彗星】혜성 ¶その女優は映画界に彗星のように現れた 그 여배우는 영화계에 혜성처럼 나타났다. [関連] ハレー彗星 핼리 혜성

## すいせん【推薦】추천 ◇推薦する 추천하다

[基本表現]
▷この辞書を推薦します
이 사전을 추천합니다.
▷伊藤さんを議長に推薦します
이토 씨를 의장으로 추천합니다.

¶私は先生の推薦でその参考書を買った 나는 선생님의 추천으로 그 참고서를 샀다. / 教授は私に推薦状を書いてくれた 교수님은 내게 추천장을 써 주셨다. / 彼女はその大学に推薦入学した 그녀는 그 대학에 추천 입학했다. / 私は夏休みに推薦図書を全部読んだ 나는 여름 방학 때 추천 도서를 다 읽었다.

¶私は彼をその職に推薦した 나는 그를 그 직장에 추천했다. / うちのチームにいいコーチを推薦してくれませんか 우리 팀에 좋은 코치를 추천해 주지 않겠습니까? / 先生は大学受験用に数学の参考書を何冊か推薦してくれた 선생님은 대학 입시용으로 수학 참고서를 몇 권 추천해 주셨다. / その映画はアカデミー賞候補に推薦された 그 영화는 아카데미상 후보로 추천되었다. [関連] 推薦候補 추천 후보 / 推薦者 추천자

**すいせん**【水仙】수선, 수선화
**すいせん**【水洗】수세 [関連] 水洗便所 수세식 변소〔▶水洗でないものは在来식 변소「在来式便所」という〕

**すいそ**【水素】수소 [関連] 水素ガス 수소 가스 / 水素燃料車 수소연료차 / 水素爆弾 수소 폭탄 / 液体水素 액체 수소

**すいそう**【吹奏】취주 ◇吹奏する 취주하다 [関連] 吹奏楽 취주악 / 吹奏楽団 취주 악단 / 吹奏楽器 취주 악기

**すいそう**【水槽】수조, 물통〔金魚・熱帯魚などの〕어항

**すいぞう**【膵臓】췌장

## すいそく【推測】추측, 짐작, 전망 ◇推測する 추측하다, 짐작하다 ¶私の推測は正しかった〔外れた〕내 추측은 맞았다〔어긋났다〕. / これは単なる推測です 이것은 단순한 추측입니다. / UFOの正体はまだ推測の域を出ていない 유에프오의 정체는 아직 추측의 범위를 벗어나지 못한다.

¶来年の経済成長率を推測する 내년 경제 성장률을 전망하다 / 私の推測する限りでは彼女は30代のはずだ 내가 추측하는 한 그 여자는 30대임에 틀림없다. / 彼女の好物をあてずっぽうで推測してみたら好みそうな物を어림짐작으로 추측해 보았다. / 刑事の口ぶりから推測すると私を犯人だと疑っているようだ 형사의 말투로 추측하면 나를 범인이라고 의심하고 있는 것 같다.

**すいぞくかん**【水族館】수족관
**すいたい**【衰退】쇠퇴 ◇衰退する 쇠퇴하다 ¶農業は衰退の一途をたどっている 농업은 쇠퇴의 일로를 가고 있다. / 世論調査では大統領の支持率は衰退〔下落〕している 여론 조사에 의하면 대통령의 지지율은 하락하고 있다.

**すいちゅう**【水中】수중, 물속 ¶ボートは水中に沈んでいた〔沈んだ〕보트는 수중에「가라앉아 있었다〔가라앉았다〕. / その潜水艦は水中を高速で航行できる 그 잠수함은 수중을 고속으로 항행할 수 있다. [関連] 水中カメラ 수중 카메라 / 水中撮影 수중 촬영 / 水中眼鏡 수중 안경 / 水中翼船 수중익선

**すいちょく**【垂直】수직 ◇垂直だ 수직이다 ◇垂直の 수직의 ◇垂直に 수직으로 ¶2本の直線は垂直に交わっている 두 직선은 수직으로 교차하고 있다. / 杭は地面に垂直に打たれた 말뚝은 지면에 수직으로 박혔다. / その崖は垂直に近かった 그 벼랑은 수직에 가까웠다. / 底辺に垂直な線を引く 저변에 수직의 선을 긋다 / 垂直に立てる 수직으로 세우다 [関連] 垂直距離 수직 거리 / 垂直線 수직선 / 垂直二等分線 수직 이등분선 / 垂直尾翼 수직 꼬리 날개, 수직 미익 / 垂直離着陸機 수직 이착륙기

**すいつく**【吸い付く】달라붙다〔吸着する〕흡착하다 ¶このクリップは磁石に吸い付かない 이 클립은 자석에 달라붙지 않는다.

**スイッチ** 스위치 ¶スイッチを入れる〔切る〕스위치를 켜다〔끄다〕/ テレビのスイッチを入れて〔切って〕 텔레비전 스위치를 켜〔꺼〕 줘. / このパソコンのスイッチは30分たつと自動的に切れる 이 컴퓨터의 스위치는 30분 지나면 자동적으로 꺼진다. / スイッチを切り換える 스위치를 전환하다 [関連] スイッチバック 스위치백 / スイッチヒッタ

**すいてい【推定】** 추정 ◇推定する 추정하다
¶被害額は3千万円以上にのぼると推定されている 피해액은 3천만 엔 이상이 될 것으로 추정된다. / 行方不明の登山者たちは死亡したものと推定されている 행방불명된 등산객들은 사망한 것으로 추정되고 있다.
¶死亡推定時刻 사망 추정 시각 / 推定価格 추정 가격

**すいてい【水底】** 수저
**すいてき【水滴】** 수적, 물방울
**すいでん【水田】** 무논, 수전
**すいとう【出納】** 출납 [関連] 出納係 출납계, 출납 담당자 / 出納簿 출납부
**すいとう【水筒】** 물통, 수통

**すいどう【水道】** 수도 [水道水] 수돗물
¶水道を出す[止める] 수도를 틀다[잠그다] / 水道の水を出しっぱなしにしてはいけない 수돗물을 틀어 놓으면 안 된다. / ここは水道の出が悪い 여기는 수돗물이 잘 안 나온다. / この村にはまだ水道がない 이 마을에는 아직 수도가 없다. / 村に水道を引いた 마을에 수도를 설치했다.
¶水道管が破裂した 수도관이 파열됐다. / あす水道工事のため3時間断水します 내일 수도 공사 때문에 세 시간 단수됩니다. [関連] 水道局 수도국 / 水道料金 수도 요금

**すいとる【吸い取る】** 빨아들이다 ¶母は掃除機で床のほこりを吸い取った 어머니는 청소기로 마루의 먼지를 빨아들였다. / ふきんで水を吸い取る 행주로 물을 빨아들이다

**すいばく【水爆】** 수폭, 수소 폭탄
**すいはんき【炊飯器】** 밥솥 [関連] 電気炊飯器 전기 밥솥
**ずいひつ【随筆】** 수필 [関連] 随筆家 수필가 / 随筆集 수필집, 에세이집
**すいふ【水夫】** 수부, 뱃사람 [船員] 선원
**すいぶん【水分】** 수분 [湿気] 습기 [汁] 즙
¶水分の多い果物 수분이 많은 과일

**ずいぶん【随分】** ❶ [とても] 몹시, 꽤, 퍽 [相当に] 상당히 ¶この部屋はずいぶん寒い 이 방은 꽤 춥다. / 彼女は君が言ったことにずいぶん腹を立てているようだ 그녀는 네가 한 말에 몹시 화가 난 것 같아. / ずいぶん長い間停留所で待っていたがバスはなかなか来なかった 꽤 긴 시간 정류장에서 기다렸는데 버스는 좀처럼 오지 않았다. / ずいぶん気分がすぐれず相当に気分が悪いようだ 상당히 기분이 좋지 않다. / 君はずいぶん気が短いなあ 넌 몹시 성미가 급하구나. / しばらく会わないうちにずいぶん大きくなったね 얼마 동안 안 본 사이에 꽤 많이 컸구나. / ずいぶん遠い 꽤 멀다.
❷ [ひどい] ◇ずいぶんな 너무한 ¶「ミンギは私を邪魔者扱いするのよ」「ずいぶんな人ね」 "민기는 나를 방해꾼 취급을 해." "너무한 사람이네." / 「お前、ぶたみたいに太ってるな」「ずいぶんな言い方じゃないか」 "너 돼지처럼 뚱뚱하다." "너무 심하게 말하는 거 아냐?"

**すいへい【水兵】** 수병 [関連] 水兵服 수병복 / 水兵帽 수병모

**すいへい【水平】** 수평 ◇水平だ 수평이다 ◇水平な 수평의 ◇水平に 수평으로 ¶水平にする 수평으로 하다 / 水平を保つ 수평을 유지하다 / 1隻の船が水平線上に現れた 한 척의 배가 수평선에 나타났다. / 太陽が水平線の上に昇っている[下に沈んでいる] 태양이 수평선 [위로 떠오르고 있다[밑으로 지고 있다].
¶水平面 수평면 / 水平飛行 수평 비행

**すいほう【水泡】** 수포 [慣用句] 我々の努力は水泡に帰した 우리의 노력은 수포로 돌아갔다. ⇨泡

**すいま【睡魔】** 수마, 졸음 ¶突然睡魔に襲われた 갑자기 졸음이 몰려왔다. / 彼は授業中睡魔と闘っていた 그는 수업 중에 졸음과 싸우고 있었다.

**すいみん【睡眠】** 수면, 잠 ¶きのうは十分に睡眠をとった 어제는 충분히 수면을 취했다. / 「毎日どれくらい睡眠をとりますか」「少なくとも7時間はとります」 "매일 어느 정도 수면을 취합니까?" "적어도 일곱 시간은 취합니다." / 風邪を引いたときは十分な睡眠をとったほうがいい 감기에 걸렸을 때는 충분히 자는 게 좋다. / 蚊に睡眠を妨げられた 모기 때문에 잘 못 잤다. / このところ睡眠不足だ 요새 잠이 모자라다. / 彼は睡眠不足で頭がぼうっとしていた 그는 잠이 모자라서 머리가 띵해했다. / 仕事を期限内に仕上げるために睡眠時間を減らした 일을 기한내에 완성시키기 위해서 수면 시간을 줄였다.
[関連] 睡眠薬 수면제

**すいめん【水面】** 수면 ¶赤いボールが水面に浮かんでいた 빨간 공이 수면에 떠올라 있었다. / まもなく彼は水面に浮かび上がった 잠시 후 그는 수면으로 떠올랐다.
¶その件については彼らの間で何度も水面下で交渉がもたれた 그 건에 대해서 그들 사이에 몇 번이나 비공식 교섭이 있었다.

**すいもの【吸い物】** 맑은장국
**すいもん【水門】** 수문, 물문 [運河의] 갑문
**すいよう【水溶】** ¶水溶性物質 수용성 물질 / 水溶液 수용액
**すいようび【水曜日】** 수요일

**すいり【推理】** 추리 ◇推理する 추리하다 ¶彼女の推理によると泥棒は台所の窓から逃げたらしい 그녀의 추리에 의하면 도둑은 부엌 창문으로 도망갔다고 한다. / 彼はこれらの証言から犯人はまだこの町にいると推理した 그는 이 증언들로 범인은 아직 이 동네에 있다고 추리했다. [関連] 推理小説 추리 소설

**すいりょう【推量】** 추량, 짐작 [推測] 추측 ◇推量する 추량하다, 짐작하다 ⇨推測
**すいりょく【水力】** 수력 [関連] 水力発電 수력 발전 / 水力発電所 수력 발전소
**すいれん【睡蓮】** 수련
**すいろ【水路】** 수로, 물길 [用水路] 용수로 [航行用] 뱃길 [運河] 운하
**すいろん【推論】** 추론 ◇推論する 추론하다
¶事実から推論する 사실로부터 추론하다

**スイング** [野球で] 스윙 [音楽で] 스윙 ◇スイングする 스윙하다 ¶彼はフルスイングした 그는 풀 스윙했다.

**すう【吸う】**〔気体を〕마시다, 들이쉬다, 들이마시다〔たばこを〕피우다〔液体を〕마시다, 들이마시다〔吸収する〕빨아들이다 ¶息を深く吸った 숨을 깊이 들이마셨다. / 新鮮な空気を吸うために外に出た 신선한 공기를 쐬기 위해 잠시 밖에 나갔다. / 彼らは有毒ガスを吸わないようにガスマスクをつけていた 그들은 유독 가스를 마시지 않도록 가스 마스크를 쓰고 있었다. / たばこは吸いません 담배는 피우지 않습니다. / 赤ん坊がほ乳びんを吸っている 아기가 우유병을 빨고 있다. / 子供のころよく親指を吸っていた 어릴 때 자주 엄지손가락을 빨고 있었다. / スポンジは水をよく吸う 스펀지는 물을 잘 빨아들인다. / この掃除機はよくほこりを吸う 이 청소기는 먼지를 잘 빨아들인다.

**すう【数】**수〔数字〕숫자 ⇒**数**(수)

**すう-【数-】**수, 몇 ¶私は彼女に数回会ったことがある 나는 그녀를 몇 번 만난 적이 있다. / 数人 몇 사람 / 数年間 수년간

**すうがく【数学】**수학 ¶あす数学の試験がある 내일 수학 시험이 있다. / 数学の問題 수학 문제 関連 **数学者** 수학자

**すうき【数奇】**◇数奇な 기구한 ¶数奇な生涯を送る 기구한 생애를 보내다

**すうこう【崇高】**◇崇高だ 숭고하다 ¶彼は崇高な精神の持ち主だ 그는 숭고한 정신을 가졌다. / 崇高な使命 숭고한 사명

**すうし【数詞】**수사

**すうじ【数字】**숫자 ¶先月の売り上げの大まかな数字を挙げてくれませんか 지난달 매상의 대략적인 숫자를 들어 주지 않겠습니까? / 私は数字に弱い 나는 숫자에 약하다. / 彼女は数字に強い 그녀는 숫자에 강하다. / 何でもいいから好きな2けたの数字を選んでください 뭐든 좋으니까 좋아하는 두자릿수를 골라 주세요. / 4は縁起の悪い数字だ 4는 재수가 없는 숫자이다. / うっかり数字を見誤ってしまった 깜박하고 숫자를 잘못 보았다. / 彼女は毎月の降水量を数字で表した 그녀는 매월 강수량을 숫자로 나타냈다. 関連 **アラビア数字** 아라비아 숫자 / **漢数字** 한문 숫자 / **ローマ数字** 로마 숫자

**すうしき【数式】**수식

**ずうずうしい【図々しい】**뻔뻔하다, 뻔뻔스럽다〔厚かましい〕낯가죽이 두껍다 ¶あんなずうずうしい男は見たことがない 저런 뻔뻔한 남자는 처음 봐어. / 仕事もせずに金を要求するなんてずうずうしいにもほどがある 일도 하지 않고 돈을 요구하다니 뻔뻔한 데도 정도가 있다. / 彼はずうずうしくもまた現われた 그는 뻔뻔스럽게도 또 나타났다. / そんなことを言うなんてずうずうしいですね 그런 말을 하다니 뻔뻔스럽다. /「またちょっと金を貸してくれよ」「ずうずうしいことを言うな」"또 돈 좀 빌려줘." "뻔뻔스럽지도 않아?"

**スーツ** 양복(洋服) ¶入学式には紺のスーツを着ていかなくちゃ 입학식에는 감색 양복을 입고 가야지. / 彼はその店でスーツをあつらえた 그는 그 가게에서 양복을 맞췄다. 数え方 スーツ1着〔揃〕양복 한 벌

**スーツケース** 여행 가방

**スーパーマーケット** 슈퍼 마켓 ¶スーパーマーケットで買い物をした 슈퍼마켓에서 쇼핑을 했다.

**すうはい【崇拝】**숭배 ◇崇拝する 숭배하다 ¶信者たちはみな教祖を崇拝している 신자들은 모두 교조를 숭배하고 있다. / 崇拝者 숭배자 関連 **偶像崇拝** 우상 숭배

**スープ** 수프, 국물 ¶彼女は毎日朝食に野菜スープを飲む 그녀는 매일 아침 야채 수프를 마신다. / 濃い〔薄い〕スープ 진한〔연한〕수프 / スープ皿 수프 접시 / スープの素 수프의 재료 関連 **コンソメスープ** 콩소메 수프 / **ポタージュスープ** 포타지 수프

**ズーム** 줌 ¶カメラが女優の顔をズームインした 카메라가 여배우 얼굴을 줌인했다. 関連 **ズームレンズ** 줌 렌즈

**すえ【末】❶**〔終わり〕말〔末っ子〕막내 ¶7月の末に期末試験がある 칠월 말에 학기말 고사가 있다. / 末の娘は17歳です 막내 딸은 열일곱 살입니다.

**❷**〔結果〕끝, 결과 ¶長い話し合いの末, ようやく合意が成立した 긴 의논 끝에 드디어 합의가 성립되었다. / 長年の修行の末, 彼は一人前の職人として認められた 긴 세월의 노력 끝에 그는 사람의 장인으로 인정받았다. / 熱戦の末, 試合は引き分けに終わった 열전 끝에 시합은 무승부로 끝났다. / 彼は苦心の末, ついに実験を成功させた 그는 고심 끝에 드디어 실험을 성공시켰다.

**❸**〔将来〕장래, 앞날 ¶あの学生は末が楽しみだ 그 학생은 앞날이 기대된다. / 末永く 오래오래

**スエード** 스웨이드 ¶スエードの靴 스웨이드 구두

**すえおく【据え置く】**거치하다〔凍結する〕동결하다 ¶利率は2年間据え置かれたままだ 이율은 2년간 동결한 채이다. / 賃上げ率は5パーセントに据え置かれた 임금 인상률은 5퍼센트로 동결됐다.

**すえつける【据え付ける】**설치하다, 고정시키다 ¶エアコンを据え付ける 에어컨을 설치하다 / 彼はカメラを三脚の上に据え付けた 그는 카메라를 삼각대 위에 고정시켰다. / 工場に新しい機械が据え付けられた 공장에 새로운 기계가 설치되었다

**すえっこ【末っ子】**막내 ¶彼女は4人兄弟の末っ子だ 그녀는 사 형제의 막내이다.

**すえる【据える】**〔置く〕놓다, 두다〔固定する〕설치하다〔地位につける〕앉히다 ¶像を台座の上に据える 조각상을 대좌 위에 놓다 / 部長に据える 부장으로 앉히다 / 腰を据えて受験勉強に取り組む 차분히 입시 공부에 몰두하다

**ずが【図画】**도화, 그림 ¶図画用紙 도화지

**スカート** 스커트, 치마 ¶スカートをはく〔脱ぐ〕치마를 입다〔벗다〕/ 彼女は白いブラウスにタイトスカートをはいていた 그녀는 하얀 블라우스에 타이트 스커트를 입고 있었다. / ミニスカートはあなたにとてもよく似合ってるわ 그 미니스커트는 너한테 너무 잘 어울린다. 関連 **ギャザースカート** 개더 스커트 / **プリーツスカート** 플리츠 스커트 / **フレアスカート** 플레어 스커트 / **ロングスカート**

ト 통 스커트

**スカーフ** 스카프 ¶彼女は肩に花柄の赤いスカーフを掛けていた 그녀는 어깨에 꽃모양의 빨간 스카프를 두르고 있었다.

**ずかい【図解】** 도해 ◇図解する 도해하다 ¶先生は黒板にその装置の仕組みを図解した 선생님은 칠판에 그 장치의 구조를 그리며 설명했다.

**ずがいこつ【頭蓋骨】** 두개골

**スカイダイビング** 스카이다이빙 [関連] スカイダイバー 스카이다이버

**スカウト** 스카우트 〔ヘッドハンティング〕헤드헌팅 ◇スカウトする 스카우트하다 ¶彼女は竹下通りを歩いていてモデルにスカウトされた 그녀는 다케시타 거리를 걷고 있다가 모델로 스카우트되었다. / 彼は高給を出すというライバル会社にスカウトされた 그는 더 높은 연봉을 주겠다는 라이벌 회사에 스카우트되었다.

**すがお【素顔】** 맨얼굴, 민낯 〔実像〕 실상, 참모습 ¶君は素顔のほうがきれいだ 넌 맨 얼굴이 더 예쁘다. / この記事はその俳優の素顔を紹介している 이 기사는 그 배우의 실상을 소개하고 있다. / その時初めて私たちは彼の素顔を見た 우리는 그때 처음으로 그의 참모습을 보았다.

**すかさず【透かさず】** 즉시, 즉각, 곧장 ⇒すぐ

**すかす【透かす】** 비추어 보다 ¶ガラスごしに透かして見る 유리창 너머로 비추어 보다 / 封筒を透かして見た 봉투를 빛에 비추어 보았다. / 写真のネガを明かりに透かして見る 사진의 네거티브를 빛에 비추어 보다 / 闇を透かして見ると人影が動いていた 어둠 속을 응시하니 사람 그림자가 움직이고 있었다.

**ずかずか** 서슴없이, 거침없이 ¶彼はずかずかと僕の部屋に入って来た 그 사람은 내 방에 서슴없이 들어왔다.

**すがすがしい【清々しい】** 상쾌하다, 시원하다 ¶きょうはとてもすがすがしい天気だ 오늘은 아주 상쾌한 날씨이다. / シャワーを浴びてすがすがしい気分になった 샤워를 하자 상쾌한 기분이 되었다. / すがすがしい朝の空気 상쾌한 아침 공기 / すがすがしい高原の朝 시원한 고원의 아침

**すがた【姿】** ❶ 〔全体的な形〕 모습〔体つき〕 몸매 ¶私は今でもあの先生の姿をありありと思い出すことができる 나는 지금도 그 선생님의 모습을 생생하게 떠올릴 수 있다. / 富士山の美しい姿は世界中に知られている 후지 산의 아름다운 모습은 전세계에 알려져 있다. / 彼女はほっそりした姿をしている 그녀는 늘씬한 몸매를 하고 있다.

¶この数か月彼の姿を見ていない 이 몇 개월 그의 모습을 못 보았다. / 彼女は私の姿を見て走ってきた 그녀는 나를 보고 뛰어 왔다. / 鏡に映った自分の姿をごらん 거울에 비친 자기 모습을 봐. / この辺りではもはや野鳥の姿を見ることができない 이 주변에서는 이제 야조[들새]의 모습을 볼 수 없다.

¶多くの有名人がそのパーティーに姿を見せた 많은 유명인이 그 파티에 모습을 보였다. / キョンホ、このところ姿を見せなかったね 경호, 너 요즘 안 보이던데! / 彼は暗闇の中に姿を消した 그는 어둠 속에 모습을 감추었다. / 彼女はカーテンの後ろに姿を隠した 그녀는 커튼 뒤로 모습을 숨겼다. / 彼の姿はどこにも見あたらなかった 그의 모습은 어디에도 보이지 않았다. / 彼は姿をくらました 그는 자취를 감췄다.

¶鯛の姿焼きを食べた 도미의 통구이를 먹었다.
❷ 〔身なり、外見〕 옷차림, 모양, 모습 ¶姿から判断する限り彼女はかなりの金持ちらしい 옷차림으로 봐서 그녀는 꽤 부자인 것 같다. / 彼は変装して女性に姿を変えた 그는 여자로 변장했다. / 彼女はチマチョゴリ姿で現れた 그녀는 한복 차림으로 나타났다. / 彼女の後ろ姿は母親そっくりだ 그녀의 뒷 모습은 어머니를 쏙 닮았다.

❸ 〔様子〕 형편, 모습 ¶あの国の本当の姿を知るのは難しい 그 나라의 진짜 모습을 알기는 어렵다. / その映画は韓国の若者のありのままの姿を描いている 그 영화는 한국 젊은이의 모습을 있는 그대로 그리고 있다. / 故郷はもはや昔の姿ではなかった 고향은 이제 옛날 모습이 아니었다. /「久しぶりに彼に会ってどうだった」「変わり果てた姿にびっくりしたよ」"오랜만에 그 사람을 만나서 어땠어?" "완전히 변한 모습에 놀랬어."

**スカッシュ** 〔スポーツ〕 스쿼시

**すかっと** ◇すかっとする 산뜻하다, 후련해지다 ¶言いたいことを言ってすかっとした 하고 싶은 말을 해서 후련했다. / 軽く運動するとすかっとするよ 가볍게 운동하면 산뜻해.

**すがる【縋る】** 매달리다, 의지하다 ¶老人は杖にすがって歩いた 노인은 지팡이에 의지하며 걸었다. / 彼女は私の肩にすがって泣いた 그녀는 내 어깨에 매달려서 울었다. / 母親に取りすがっている子供 어머니에게 매달리는 아이 / いつまでも親にすがる 언제까지나 부모에게 매달리다 / 親にすがって暮らす 부모에게 의지하다 살다

**ずかん【図鑑】** 도감 [関連] 動物図鑑 동물 도감 / 植物図鑑 식물 도감

**スカンク** 스컹크

**すき【鋤】** 가래 ¶すきで畑を耕す 가래로 밭을 갈다

**すき【好き】** ◇好きだ 〔形容詞〕《가, 이》좋다 〔動詞〕《를, 을》좋아하다 ◇好きな 좋아하는(➡この意味では 좋은 とはいわない)

[基本表現]

▶私はビールが好きだ
　나는 맥주를 좋아한다.
▶彼はワインより焼酎が好きだ
　그는 와인보다 소주를 좋아한다.
▶彼は酒のなかでビールがいちばん好きだ
　그는 술 중에서 맥주를 제일 좋아한다.
▶焼酎とワインとどっちが好きですか
　소주와 와인 중 어느 쪽이 좋습니까?

¶私はテニスが大好きだ 나는 테니스를 아주 좋아한다. / 僕はクラシックが好きだ 나는 클래식을 좋아한다. / 私はプールよりも海で泳ぐのが好きだ 나는 풀장보다 바다에서 수영하는 것을 좋아한다.

¶庭いじりはあまり好きではない 정원 꾸미기는 별로 좋아하지 않는다. / 彼女は甘いものが大好きだ 그녀는 단 것을 아주 좋아한다. / 油絵は何とな

く好きだ 유화가 왠지 좋다. / 自分の好きでやっていることなら疲れも感じない 자기가 좋아서 하는 일이라면 피곤함도 느껴지지 않는다.

¶ばらは彼女の好きな花 장미는 그녀가 좋아하는 꽃이다. / 日曜日は好きなだけ(→思う存分)寝ていられる 일요일은 마음껏 잘 수 있다. / 好きな(→都合のよい)時いつでもいらっしゃい 언제라도 편한 시간에 와요. / 新宿でも渋谷でも好きな所でいいよ 신주쿠건 시부야건 편한 곳으로 해. / おまえの好きなように(→したいように)しなさい 너 하고 싶은 대로 해.

¶年とともに和食が好きになってきた 나이 먹으면서 일식이 좋아졌다.

会話 好きですか

A：サッカーは好きですか
B：はい，大好きです
A：축구 좋아합니까？
B：네，아주 좋아합니다.
A：どんな本がいちばん好きですか
B：推理小説です
A：어떤 책이 가장 좋습니까？
B：추리 소설입니다.
A：好きな食べ物は何ですか
B：焼き肉です
A：좋아하는 음식이 무엇입니까？
B：불고기입니다.

慣用句 好きこそものの上手なれ 무슨 일이든 좋아해야 열심히 해서 익숙해진다.

**すき**【透き・隙】❶〔油断〕틈, 빈틈, 허점 ¶あの人はいつもすきがない 그 사람은 한 치의 빈틈도 없다. / すきをつく〔ねらう〕 허점을 찌르다〔노리다〕 / 私はすきをつかれて財布をすられた 나는 멍하게 있다가 지갑을 소매치기당했다. / 犯人は警備のすきに乗じて脱走した 범인은 경비의 눈을 피해 탈주했다. / すきを見せてはいけない 빈틈을 보여서는 안 된다. / 相手がひるむだきにさっと逃げ出した 상대가 풀이 꺾인 틈을 타서 도망쳤다. / 油断しているすきに敵が攻撃してきた 방심한 틈에 적이 공격해 왔다. / 彼の議論には一分のすきもない 그의 논의에는 조금도 빈틈이 없다.

❷〔空間・時間のあき〕틈, 빈틈, 여지, 짬 ¶部屋中散らかっていて足を踏み入れるすきもない 방 안 전체가 어질러져 있어서 발 딛을 틈도 없다. / 父は仕事のすきをみてよく遊んでくれた 아버지는 일의 짬을 봐서 자주 놀아 주셨다. / 潜り込むすきもないかれで 틈도 없다.

❸〔機会〕틈, 기회 ¶彼は2塁に盗塁するすきをうかがっていた 그는 2루에 도루할 틈을 노리고 있었다.

**すぎ**【杉】삼나무, 삼목 関連 杉花粉症 삼나무꽃가루 알레르기

**-すぎ**【-過ぎ】❶〔時間が〕¶「今何時ですか」「2時5分過ぎです」"지금 몇 시입니까?" "두 시 5분 지났어요." / 今月の10日過ぎに申込書を持ってきてください 이번달 10일 지나서 신청서를 가지고 오세요. / 9時過ぎに電話してください. 必ず家にいますから 아홉 시 넘어서 전화해 주세요. 반드시 집에 있으니까요.

¶8時過ぎに出ましょう 여덟 시 넘어서 나가지요. / バスは1時ちょっと過ぎに来た 버스는 한 시 조금 넘어서 왔다. / もうお昼過ぎだ 벌써 정오가 지났다. / 彼女はもう30過ぎでしょう 그녀는 이미 서른이 넘었지요？

❷〔過度〕¶彼はまた飲みすぎみたい 그는 또 너무 마신 것 같아. / 食べすぎは体によくない 과식은 몸에 안 좋다. / 彼は働きすぎだ 그 사람은 지나치게 일한다. / それは言いすぎだ 그건 말이 지나치다.

**-ずき**【-好き】광(狂), 마니아 ¶映画好き 영화광 / ゴルフ好き 골프광 / 釣り好き 낚시광 / 私の母はきれい好きだ 우리 어머니는 깨끗한 것을 좋아하신다.

**スキー** 스키 ◇スキーをする 스키를 타다 ¶先週末に白馬へスキーに行った 지난 주말에 하쿠바에 스키 타러 갔다. / 兄はスキーがうまい 형은 스키를 잘 탄다. 関連 スキーウェア 스키복 / スキー靴 스키화 / スキー場 스키장 〔室内スキー場〕실내 스키장 / スキーストック 스키 스톡 / スキーズボン 스키 바지 / スキー帽 스키 모자 / スキーヤー 스키어 / スキー用具 스키 용구 / スキーリフト 스키 리프트 / アルペンスキー 알파인 스키 / ノルディックスキー 노르딕 스키 / ゲレンデ 겔렌데

**すきかって**【好き勝手】제멋대로 ¶好き勝手なことを言う 제멋대로 말을 하다 / 彼女はとてもわがままで何でも自分の好き勝手にしたがる 그녀는 너무 제멋대로라서 뭐든지 자기 좋은 대로 하고 싶어 한다. / 彼は好き勝手なことばかりしている 그는 제멋대로 한다.

**すききらい**【好き嫌い】가림〔偏食〕편식 ¶彼は人の好き嫌いが激しい 그는 사람을 가리는 것이 심하다. / 彼女は食べ物に好き嫌いが多すぎる 그녀는 편식이 너무 심하다. / 私は好き嫌いなく何でも食べられる 나는 가리지 않고 뭐든 먹을 수 있다. / うちの子供たちは好き嫌いをしない 우리 아이들은 편식을 하지 않는다. / だれにでも好き嫌いはある 누구에게나 좋아하고 싫어함이 있다.

**すぎさる**【過ぎ去る】지나가다 ¶過ぎ去った事は忘れよう 지나간 일은 잊어버리자.

**ずきずき** 욱신욱신 ◇ずきずきする 욱신욱신하다, 욱신거리다 ¶傷口がずきずきしている 상처가 욱신욱신 쑤시다 / 頭がずきずきする 머리가 욱신욱신하다

**すきっぱら**【空きっ腹】허기진 배

**スキップ** ◇スキップする 깡충깡충 뛰다 ¶子供たちは通りをスキップしていった 아이들은 길을 깡충깡충 뛰어갔다.

**すきとおる**【透き通る】비추어 보이다, 투명하다〔声などが〕맑다 ¶彼女は透き通るような肌をしている 그녀는 투명한 피부를 하고 있다. / 彼女の透き通った美しい歌声にうっとりした 그녀의 맑고 아름다운 노랫소리에 매료됐다.

**すぎない**【過ぎない】◇…にすぎない …에 지나지 않다, …에 불과하다 ¶憶測にすぎない 억측에 지나지 않다 / それは単なるうわさにすぎない 그것은 단순한 소문에 불과하다. / これは始まりにすぎない 이것은 시작에 불과하다.

**すきま**【隙間・透き間】틈, 빈틈, 틈새기〔割れ

目】금 ¶すき間ができる 틈이 생기다 / ドアに少しすき間がある 문에 조금 틈이 있다. / すき間風の入る部屋 외풍이 드는 방 / すき間風を防ぐために窓にテープをはった 외풍을 막기 위해 창에 테이프를 붙였다. / 会場はすき間がないほど人でいっぱいだった 회장은 틈이 없을 정도로 사람으로 가득했다. / 壁のすき間から太陽の光が差し込んでいる 벽 틈으로 햇빛이 들고 있다.

**スキムミルク** 스킴밀크 [脱脂乳] 탈지유
**すきやき**【鋤焼き】 스키야키 : 쇠고기, 두부, 야채등을 넣어 간장 양념하여 끓인 냄비 요리
**スキャナー** 스캐너
**スキャンダル** 스캔들 ¶スキャンダルに巻き込まれる 스캔들에 휩쓸리다 / あらゆる手段を尽くしてスキャンダルをもみ消そうとする 온갖 수단을 다해서 스캔들을 없애려고 하다
**スキューバダイビング** 스쿠버 다이빙
**すぎる**【過ぎる】 ❶[通過する] 지나다, 지나가다, 통과하다 ¶列車は京都を過ぎて大阪に差しかかっていた 열차는 교토를 지나 오사카에 이르고 있었다. / ソウル駅を過ぎる 서울역을 지나가다 / 私たちは森を過ぎて湖に出たり는 숲을 지나서 호수로 나왔다. / 嵐が過ぎるのを待った 폭풍이 지나가기를 기다렸다.
❷[時間が経過する] 지나다, 지나가다, 넘다 [期限・期間が]끝나다 ¶真夜中が過ぎても夫は帰ってこなかった 한 밤중이 지나도 남편은 돌아오지 않았다. / 時間は刻々と過ぎていく 시간은 시시각각 지나간다. / 1時間が過ぎる 한 시간이 지나다 / 寝る時間は過ぎています 잘 시간이 지났어요. / 休みはあっという間に過ぎた 쉬는 날은 눈 깜짝할 새에 지나갔다. / 彼が家に着いたのは午前1時を過ぎてから그가 집에 도착한 것은 오전 한 시를 넘어서였다. / 彼は定刻を過ぎても現れなかった 그는 정각을 지나도 나타나지 않았다. / 寒い冬が過ぎてうららかな春になった 추운 겨울이 가고 화창한 봄이 왔다. / 免許証の期限が過ぎた 면허증의 기한이 지났다.
¶彼女は30歳をとっくに過ぎている 그녀는 서른 살을 한참 넘었다. / 盛りを過ぎる 한창 때를 지나다
¶過ぎたことはしかたがない 지난 일은 어쩔 수 없다. / 過ぎたことは忘れなさい 지난 일은 잊어버려.
❸[程度を超える] 지나치다 [過分だ] 과분하다, 분에 넘치다 ¶これは私には過ぎた物です 이것은 저에게는 과분한 물건입니다. / 冗談が少し過ぎているんじゃないですか 농담이 조금 지나친 거 아닙니까? / 君のいたずらは度が過ぎるよ 네 장난은 도가 지나쳐. / 言葉が過ぎる 말이 지나치다
慣用句 過ぎたるは及ばざるがごとし 지나친 것은 모자람만 못하다.

**-すぎる**【-過ぎる】 지나치게, 너무 ¶彼は食べすぎた 그는 지나치게 많이 먹었다. / この帽子は私には大きすぎる 이 모자는 내게 너무 크다. / コーヒーに砂糖を入れすぎた 커피에 설탕을 너무 넣었다. / 医者はたばこを吸いすぎないように忠告した 의사는 담배를 너무 많이 피우지 말라고 충고했다. / 長く座りすぎて腰が痛くなった 너무 오래 앉아 있어서 허리가 아파졌다. / 彼は危険に気が付くのが遅すぎた 그는 위험을 너무 늦게 알아차렸다.
¶かばんが小さすぎて荷物が全部入らない 가방이 너무 작아서 짐이 전부 들어가지 않는다. / 講義の内容が難しすぎて理解できない 강의 내용이 너무 어려워서 이해할 수 없다. / 政府は情勢を楽観しすぎる 정부는 정세를 너무 낙관한다. / 彼は体が大きすぎて去年買ったシャツが着られない 그는 몸이 너무 커져서 작년에 산 셔츠를 못 입는다. / 働きすぎて体をこわさないようにすべきだ 지나치게 일을 해서 건강을 해치지 않도록 해야 한다.
¶サッカーをするには1人多すぎる 축구하기에는 한 명이 많다. / コップの数が1つ多すぎる 컵이 한 개 많다. / その机はこの場所に置くには2センチ長すぎる 그 책상은 이곳에 놓기에는 2센티 길다. / このスカートはウエストが大きすぎる 이 스커트는 허리가 너무 크다.

**ずきん**【頭巾】 두건 ¶ずきんを被る 두건을 쓰다
関連 防災ずきん 방재 두건, 보호 두건
**スキン**【皮膚】 살갗, 피부 [コンドーム] 콘돔 関連 スキンケア 스킨케어, 피부 관리 [손질] / スキンシップ 스킨십 / スキンダイバー 스킨 다이버 / スキンダイビング 스킨 다이빙 / スキンヘッド 스킨헤드
**すく**【空く】비다 [腹が] 배가 고프다 ¶飛行機は空いていた 비행기는 빈자리가 많았다. / 手が空いているなら手伝ってください 짬이 나면 도와주세요. / おなかが空いた 배가 고프다.
**すく**【好く】 좋아하다, 사랑하다 ¶彼はみんなに好かれている 그는 모두에게 사랑받고 있다. / あいつは好かんやつだ 저 녀석은 내 비위에 안 맞는다.
**すく**【梳く】 빗다 ¶ブラシで髪をすく 브러시로 머리를 빗다
**すぐ** ❶[ただちに] 곧, 당장, 금방, 즉시, 곧바로 ¶すぐ行きます 곧 가겠습니다. / すぐ始めよう 곧 시작하자. / すぐに医者に行ったほうがいいだろう 즉시 병원에 가는 게 좋을 것 같다. / 金と時間があればすぐにも韓国へ行きたいのだが 돈과 시간이 있으면 당장이라도 한국에 가고 싶은데. / 緊急の場合にはすぐ知らせてください 긴급시에는 즉시 알려 주세요. / 連絡を受けてすぐ出かけた 연락을 받고 즉시 나갔다. / お客さまはすぐいらっしゃいます 손님은 곧 오십니다. / 温めればすぐ食べられますよ 데우면 금방 먹을 수 있어요. / 放課後すぐに学園祭の準備を始めた 방과후 바로 학교 축제 준비를 시작했다. / 忙しいのですぐには出かけられない 바빠서 곧바로는 나갈 수 없다. / 今すぐ宿題をするべきだ 지금 당장 숙제를 해야 한다.
¶戻ったらすぐ電話するように夫に言ってください 돌아오면 즉시 전화하도록 남편에게 말해 주세요. / 音楽が始まるとすぐ彼は踊り始めた 음악이 나오자마자 그는 바로 춤을 추기 시작했다. / 先生が教室を出るとすぐ生徒たちは騒ぎ始めた 선생님이 교실을 나가자마자 학생들은 떠들기 시작했다.

会話 すぐお持ちします
A：ビールお願いします
B：はい、すぐお持ちします
A：맥주 갖다 주세요.
B：네, 바로 가져 나옵니다.
A：すぐ来てください。空き巣に入られました
B：わかりました。住所はどちらですか
A：당장 와 주세요. 도둑이 들었어요.
B：알겠습니다. 주소가 어떻게 됩니까？

❷〔間もなく〕곧, 금방, 머지않아 ¶ユナはもうぐ来るだろう 유나는 곧 오겠지. / すぐ戻ります 곧 돌아오겠습니다. / もうすぐ幕が開くでしょう 이제 곧 막이 열리겠지요. / クリスマスはもうすぐだ 크리스마스는 이제 머지않다. / もうすぐ5時だ 곧 다섯 시다.

¶雪がとけるとすぐ春が来る 눈이 녹으면 머지않아 봄이 온다. / 彼が生まれてすぐ彼の一家は北海道へ引っ越した 그가 태어나고 그의 일가는 홋카이도로 이사를 갔다.

❸〔簡単に〕쉽게, 곧잘 ¶駅はすぐわかると思います 역은 바로 알 수 있을 거예요. / 木綿は洗うとすぐ縮む 면은 빨면 쉽게 줄어든다. / 安物はすぐ壊れる 싸구려는 곧잘 고장난다. / その問題はすぐには解けないよ 그 문제는 쉽게 풀리지 않는 / 「ああ、早く死にたいわ」「あなたはすぐそういうことを言うんだから」"아, 빨리 죽고 싶다." "넌 쉽게 그런 말을 해."

❹〔近くに〕바로 ¶図書館はすぐ近くにある 도서관은 바로 가까이에 있다. / 彼女は市役所のすぐ近くに住んでいる 그녀는 시청 바로 가까이에 살고 있다. / 村のすぐ外れにお寺があった 마을 바로 벗어난 곳에 절이 있었다. / その店は駅のすぐ目と鼻の先にある 그 가게는 역 바로 코앞에 있다. / 明が友子のすぐそばに立っていた 아키라가 유코 바로 옆에 서 있었다. / すぐ近くのところ 바로 가까운 곳

-ずく〔-尽く〕¶彼は力[腕]ずくで弟から漫画を取り上げた 그는 우격다짐으로 동생한테서 만화책을 빼앗았다. / 彼は欲得ずくで君に近づいただけだ 그는 타산적으로 네게 접근한 것뿐이야.

すくい【救い】구원(救援)[助け] 도움 [幸い] 다행 ¶大勢の難民の国際的な救いを求めている 많은 난민들이 국제적인 구원을 요청하고 있다. / 同窓生たちが彼に救いの手を差し伸べた 동창생들이 그에게 구원의 손길을 내밀었다. / 死傷者が出なかったのがせめてもの救いです 사상자가 나오지 않은 것이 그나마 다행입니다.

スクイズ〔野球〕스퀴즈 플레이 ¶スクイズをする 스퀴즈 플레이를 하다 関連 スクイズバント 스퀴즈번트

すくう【掬う】뜨다, 떠내다〔網で〕건지다, 건져내다〔足を〕걸어차다 ¶両手で水をすくって飲んだ 두 손으로 물을 떠 마셨다. / しゃくしで汁をすくう 국자로 국을 뜨다 / スプーンでアイスクリームをすくった 스푼으로 아이스크림을 떴다. / 金魚鉢から金魚をすくう 어항에서 금붕어를 건져내다 / 魚をすくおうとしたら逃げられた 물고기를 건지려고 했는데 놓쳤다.

¶不意に何かに足元をすくわれて転んでしまった 불시에 뭔가에 발을 걸어차여서 넘어지고 말았다. / 相手を見くびっていると試合で足をすくわれるよ 상대를 깔보다가는 경기에서 질 거야.

すくう【救う】〔危険などから〕구하다, 구원하다〔困窮者などを〕구제하다〔力を貸す〕돕다 ¶医師団はその少年の命を救った 의사단은 그 소년의 목숨을 구했다. / 彼はおぼれかけた少女を救った 그는 물에 빠진 소녀를 구했다. / 友人たちが彼を苦境から救い出した 친구들이 그를 곤경에서 구해냈다. / 募金は貧しい人々を救うために使われます 모금은 가난한 사람들을 구제하기 위해 쓰입니다. / 危機から救う 위기에서 구하다

¶「彼は遅刻ばかりするので首になったらしいよ」「本当？救いがたいやつだな」"그 사람은 지각을 많이 해서 해고되었다는데." "정말? 그 녀석 구제 불능이네." / 自爆テロのニュースを聞くたびに救われない気持ちになる 자폭 테러 뉴스를 들을 때마다 절망감에 빠진다.

スクーター 스쿠터
スクープ 스쿠프, 특종(特種) ◇スクープする 스쿠프하다, 특종을 잡다, 특종 보도하다 ¶その新聞は大臣の汚職事件をスクープした 그 신문은 대신 독직 사건을 스쿠프했다. / その新聞社は他社を出し抜いてその事件をいち早くスクープした 그 신문사는 다른 신문사를 제치고 그 사건을 재빨리 특종으로 보도했다.

スクーリング 스쿨링
スクール 스쿨, 학원 ¶クッキングスクール 요리학원 関連 スクールカラー 스쿨 컬러 / スクールバス 스쿨버스

すくすく 무럭무럭；쑥쑥, 쭉쭉 ¶子供たちは自然の中ですくすくと育っている 아이들은 자연 속에서 무럭무럭 자라고 있다. / 畑ではとうもろこしがすくすくと育っていた 밭에서 옥수수가 쑥쑥 자랐다.

すくない【少ない】적다(↔多い)¶人数が少ない 사람 수가 적다. / 彼女は友達が少ない 그녀는 친구가 적다. / 彼が成功する可能性は少ない 그가 성공할 가능성은 적다. / 姉は口数が少ない 언니는 말수가 적다. / この通りは車の往来が少ない 이 길은 차의 왕래가 적다. / 彼は少ない収入で家族をまかなっている 그는 적은 수입으로 가족을 먹여 살리고 있다. / 今月は出費が少なかった 이번 달은 나가는 돈이 적었다. / この地方は日中の気温の変化が少ない 이 지방은 낮의 기온 변화가 적다. / 今回の地震で村が受けた被害は幸い少なかった 다행히 이번 지진으로 마을이 입은 피해는 적었다. / あの店は品物の種類が少ない 그 가게는 물건의 종류가 적다. / 彼の試験の成績は合格ラインより3点少なかった 그의 시험 성적은 합격선보다 3점 적었다.

¶今年は例年より雨が少ない 올해는 예년보다 비가 적다. / 日本で人口のもっとも少ない県はどこですか 일본에서 인구가 가장 적은 현은 어디입니까?

¶東京では銭湯の数は少なくなった 도쿄에서는 목욕탕 수가 적어졌다. / 米の残りが少なくなってきた 쌀의 잔량이 줄어들고 있다. / ご飯がちょっと多すぎます。少なくしてください 밥이 좀 많아요. 덜

어 주세요. / 近ごろでは携帯電話を持っている小学生も少なくない 최근에는 휴대폰을 가지고 있는 초등학생도 적지 않다.

**すくなからず【少なからず】** 적지 않아【대수うー】꽤 ¶それを聞いて少なからず驚いた 그것을 듣고 적지 않게 놀랐다. / 生徒たちの作文には文法的な誤りが少なからずあった 학생들의 작문에는 문법적인 실수가 꽤 있었다.

**すくなくとも【少なくとも】** 적어도 ¶少なくとも3か月はかかる 적어도 3개월은 걸린다. / 少なくとも5万円は要る 적어도 5만 엔은 필요하다. / 少なくとも1週間の入院が必要だ 적어도 1주일간 입원이 필요하다. / 少なくとも彼女の名前ぐらいは聞くべきだったのに 적어도 그녀의 이름 정도는 물었어야 했는데. / 少なくとも彼は30歳にはなっている 적어도 그는 서른은 되었다. / 彼に初めて会ったのは少なくとも10年以上前だ 그를 처음 만난 것은 적어도 10년 이상 전이다.

**すくむ【竦む】** 움츠러지다, 자지러지다 ¶少年はどなりつけられてすくみ上がった 소년은 호통 듣고 움츠러졌다. / 足がすくんで歩けなかった 발이 움츠러져서 걸을 수가 없었다.

**ずくめ** ¶彼女は黒ずくめの服装をしていた 그녀는 검정 일색의 복장을 하고 있었다. / 彼は結構ずくめの申し出を断った 그는 좋은 조건만 있는 제안을 거절했다.

**すくめる【竦める】** 움츠리다, 자지러뜨리다 ¶彼はため息をついて肩をすくめた 그는 한숨을 쉬고 어깨를 움츠렸다. / 彼は首をすくめて飛んできたボールをよけた 그는 목을 움츠려서 날아오는 공을 피했다.

**スクラップ** 스크랩 [くず鉄] 파쇄, 고철, 쇳조각 ◇スクラップする 스크랩하다, 오리다 ¶新聞の記事をスクラップする 신문에서 난 기사를 스크랩하다[오리다]. / 母は料理記事をスクラップしている 어머니는 요리 기사를 스크랩하고 있다. ¶機械をスクラップにする 기계를 파쇄로 만들다. / この車はスクラップにされる運命にある 이 차는 고철이 될 운명에 있다. 関連 **スクラップブック** 스크랩북

**スクラム** [ラグビー] 스크럼 ¶スクラムを組む 스크럼을 짜다 関連 **スクラムトライ** 스크럼 트라이 / **スクラムハーフ** 스크럼 하프

**スクランブル** 스크램블, 긴급 출격 ¶2機のジェット戦闘機が国籍不明機を迎撃するためにスクランブルした 두 대의 제트 전투기가 국적 불명의 비행기를 요격하기 위해서 긴급 출격했다. 関連 **スクランブルエッグ** 스크램블 에그 / **スクランブル交差点** 스크램블 교차점

**スクリーン** 스크린 [映画界] 영화계 ¶スライドが順々にスクリーンに映し出された 슬라이드가 순서대로 스크린에 비춰졌다. 関連 [映画] **スクリーンクォーター制** 스크린 쿼터제 / **ワイドスクリーン** 와이드 스크린

**スクリュー** 스크루

**すぐれる【優れる・勝れる】** 우수하다(優秀一) [群を抜いている] 뛰어나다 [よい] 좋다 ¶この車は他の車よりも安全性がすぐれている 이 차는 다른 차보다도 안전성이 뛰어나다. / 彼女は化学が特にすぐれている 그녀는 화학이 특히 우수하다. / 彼は外科医として腕がすぐれている 그는 외과의로서 기술이 뛰어나다. / ピアニストとしての彼女の才能は人並み外れてすぐれている 피아니스트로서의 그녀의 재능은 뛰어나게 우수하다. ¶すぐれた芸術は世界中の人々に愛される 뛰어난 예술은 온 세계 사람들에게 사랑받는다. / これが今のところもっともすぐれたコンピュータと言われているこいつが 지금으로서 최고의 컴퓨터라고 한다. / 彼はすぐれた数学者だ 그는 뛰어난 수학자이다. / 彼はすぐれた才能を持っている人だ 그는 뛰어난 재능을 가진 사람이다. / この賞は自然科学の分野ですぐれた業績をあげた人に与えられる 이 상은 자연 과학의 분야에서 뛰어난 업적을 남긴 사람에게 주어진다.

**ずけい【図形】** 도형 [図] 그림 [図式] 도식 関連 **平面図形** 평면 도형 / **立体図形** 입체 도형

**スケート** 스케이팅 [用具] 스케이트 ◇スケートをする 스케이팅하다, 스케이트를 타다 ¶冬にはこの池でスケートができる 겨울에는 이 연못에서 스케이트를 탈 수 있다. / 湖にスケートに行こう 호수에 스케이트 타러 가자. 関連 **スケート靴** 스케이트화 / **スケートリンク** 스케이팅 링크, 스케이트 링크 / **インラインスケート** 인라인 스케이트 / **スピードスケート** 스피드 스케이팅, 스피드 스케이트 / **フィギュアスケート** 피겨 스케이팅, 피겨 스케이트

**スケートボード** [用具] 스케이트보드 [遊び] 스케이트보딩 ¶スケートボードをする 스케이트보드를 타다

**スケール** 스케일 ¶スケールの大きい[小さい]計画 스케일이 큰[작은] 계획 / 彼はスケールの大きな人間だ 그는 스케일이 큰 사람이다.

**スケジュール** 스케줄 ¶夏休みのスケジュールを立てる 여름 방학 스케줄을 세우다 / 今週はスケジュールが詰まっている 이번주는 스케줄이 꽉 차 있다. / 出張のスケジュールはどうなっていますか 출장 스케줄은 어떻게 되어 있습니까? / 会議はスケジュールどおり開催された 회의는 스케줄대로 개최되었다.

**ずけずけ** 거침없이, 함부로, 마구 ¶そんなにずけずけ言うな 그렇게 함부로 말하지 마. / 彼女は彼の提案をずけずけ批判した 그녀는 그의 제안을 마구 비판했다.

**スケッチ** 스케치 [写生画] 사생화 [写生] 사생 ◇スケッチする 스케치하다 ¶学生たちは橋をスケッチした 학생들은 다리를 스케치했다. 関連 **スケッチブック** 스케치북

**スケボー** 스케이트보드 ⇒スケートボード

**すける【透ける】** 비치다 [透けて見える] 들여다 보이다 ¶肌が透けて見えるブラウス 살이 비치는 블라우스

**スコア** 스코어 [得点] 득점 ¶うちのチームは6対2のスコアで勝った 우리 팀은 6대 2의 스코어로 이겼다. / スコアをつける 득점을 매기다 関連 **スコアブック** 스코어북 / **スコアボード** 스코어보드, 득점판 / **スコアラー** 득점 기록원

**すごい** **【凄い】** ❶ [程度が甚だしい] 굉장하다, 대단하다, 엄청나다 ◇凄く 굉장히,

**ずこう**

대단히 ¶その曲のおかげで彼女はすごい人気が出た 그 곡 덕분에 그녀는 대단한 인기를 얻었다. / デパートはすごい混雑だった 백화점은 굉장히 혼잡했다. / 彼は料理に関してはすごい腕前を持っている 그는 요리 솜씨가 대단하다. / 彼女はすごい美人だ 그녀는 굉장한 미인이다. / すごい風が一日中吹いていた 굉장한 바람이 하루 종일 불었다. / 昨夜はすごい嵐だった 어젯밤은 굉장한 폭풍이었다. / 車がすごいスピードで赤信号を無視して走り去った 차가 굉장한 스피드로 빨간 신호를 무시하고 달려갔다. / 飛行機がすごい勢いで高層ビルに衝突した 비행기가 엄청난 기세로 고층 빌딩에 충돌했다. / すごいにおいだ 엄청난 냄새다. /「先週新車を買ったんだ」「すごいなあ」"지난주 새 차 샀어." "굉장한데."

¶彼はすごくいい人です 그는 굉장히 좋은 사람입니다. / 彼女は猫がすごく好きだ 그녀는 고양이를 굉장히 좋아한다. / この部屋はすごく暑いね 이 방은 굉장히 덥네.

❷〔恐ろしい〕무섭다, 무시무시하다 ¶父にすごい顔で怒られた 아버지께 무서운 얼굴로 혼났다. / ライオンはすごいうなり声を上げた 사자는 무시무시하게 으르렁거리는 소리를 냈다.

**ずこう** 〔図工〕도공

**すこし** 〔少し〕조금, 좀, 약간 ❶〔数が〕¶彼は友人が少ししかいない 그는 친구가 조금밖에 없다. / 新しい服を少し買いたい 새 옷을 조금 사고 싶다. / 果物が少しほしい 과일이 좀 필요하오. / DVDは持っていないけれどCDなら少しある DVD는 안 가지고 있지만 CD라면 조금 있다.

❷〔量が〕¶今お金が少ししかない 지금 돈이 조금밖에 없다. / 少しお金がいるんですが 돈이 좀 필요한데요. / この料理は少し砂糖を使いすぎましたね 이 요리는 설탕을 많이 썼네요. / もう少し紅茶をいかがですか 홍차 좀 더 어떠세요? / 焼酎を少し飲んでみませんか 소주를 조금 마셔 보지 않겠습니까? / ハンカチに少し血がついていた 손수건에 피가 조금 묻어 있었다. / 彼は胃の手術をしてから一度に少しずつしか食べられなくなった 그는 위 수술을 하고 나서 조금씩밖에 못 먹게 되었다. / 姉は少しだけケーキを分けてくれた 언니는 케이크를 조금 나누어 주었다. / 少しずつ貯金する 조금씩 저금하다

❸〔程度が〕¶私は少し韓国語が話せる 나는 한국어를 조금 할 수 있다. / 彼女少し化粧が濃いと思わない? 그 여자 화장이 좀 짙지 않아? / そんなに怒るなよ。ほんの少し遅れただけなのに 그렇게 화내지 마. 그저 조금 늦은 것뿐인데. / 少し太ったね 조금 살쪘네. / 彼女は30歳を少し過ぎている 그녀는 서른 살을 조금 넘었다. / 少し疲れたな 좀 피곤한데. / 少しお金が足りなくて新しいパソコンが買えなかった 돈이 조금 부족해서 새 컴퓨터를 살 수가 없었다. / そんなことを言うなんて君らしくない 그런 말을 하는 거 너 아니야. 말 좀 조심해. / 彼は少し足を引きずって歩く 그는 발을 조금 끌면서 걷는다. / 少し頭が痛い 머리가 좀 아프다. / 少し暖かくなってきた 조금 따뜻해졌다. / 彼はそれを聞いて少しがっかりした 그는 그것을 듣고 조금 실망했다. / この箱は運ぶには少し重すぎる 이 상자는 들어 나르기에는 조금 무겁다. / あの少し背の高い男の子が私の弟でキが 조금 큰 저 남자애가 제 동생입니다.

¶子犬は毎日少しずつ大きくなる 강아지는 날이 다르게 조금씩 큰다. / 音楽を聞いていると少しずつ気分が和んでくる 음악을 듣고 있으면 조금씩 기분이 누그러진다.

¶もう少し大きな声で話してくれませんか 조금 더 큰 소리로 말해 줄래요? / テーブルの間隔をもう少しあけたほうがいい 테이블 간격을 조금 더 떼는 게 좋다. / その話をもう少し聞かせてください 그 이야기를 좀 더 들려 주세요. / もう少し若かったらオリンピックを目指すんだけど 조금만 더 젊었으면 올림픽을 노리는 건데. / 彼はもう少しで死ぬところだった 그는 하마터면 죽을 뻔했다. / 彼はもう少しのところで事故にあうところだった 그는 하마터면 사고를 만날 뻔했다. / 私はもう少しで飛行機に乗り遅れるところだった 나는 조금만 더 늦었으면 비행기를 놓칠 뻔했다. / もう少しいい映画だと思っていたよ 좀 더 좋은 영화 줄 알았어. / もう少しましなネクタイ持ってないの? 좀 더 괜찮은 넥타이 없어?

¶少しは助けてくれてもいいだろう 조금은 도와줘도 괜찮지 않아? / 少しは僕の言うことを聞けよ 조금은 내 말을 들어. / 少しは気分がいいようで今日は気分が좀 좋습니까? / 計画に賛成した人も少しはいた 계획에 찬성한 사람도 조금은 있었다.

¶少しでもわからないことがあったら私に聞いてください 조금이라도 모르는 것이 있으면 나한테 물어봐요. / 少しでも彼女の力になりたい 조금이라도 그녀의 힘이 되고 싶다.

❹〔距離が〕¶もう少し行くと右手に駅があります 조금 더 가면 오른쪽에 역이 있습니다. / うちから学校までほんの少しだ 우리 집에서 학교까지는 아주 가깝다. / 仙台の少し先まで行きます 센다이 좀 지나서 내립니다. / もう少しで私の家だ 조금 더 가면 우리 집이다. / 公園まではまだ少しある 공원까지는 아직 조금 더 가야 한다. / 彼はもう少しのところで決勝で負けた 그는 아슬아슬하게 결승에서 졌다.

❺〔時間が〕¶少しお待ちください 잠시 기다려 주세요. / 残り時間はほんの少しだ 남은 시간은 아주 조금이다. / 彼から少し前に電話があったよ 그 사람한테서 조금 전에 전화가 있었다. / 少し休もうか夕食の仕度ができますよ 조금만 더 있으면 저녁 준비가 됩니다. / それから少しして彼らがやって来た 그 후 조금 있다가 그들이 왔다. / もう少し早く彼に会いたい 조금이라도 빨리 그를 만나고 싶다.

**すこしも** 〔少しも〕〔少しも…ない〕조금도, 전혀 《+否定》¶少しも怖くない 조금도 무섭지 않다. / もうお腹がすいていない 전혀 배고프지 않아. / 彼は父親が死んだことを聞いても少しも悲しくなかった 그는 아버지가 돌아가신 것을 듣고도 전혀 슬프지 않았다. / 道路が込んでいるだろうから今出発しても少しも早すぎることはないよ 도로가 붐빌 테니까 지금 출발해도 너무 빨리 출발하는 것은 아니야.

건 아니야. / 試合に負けることなど少しも考えたことがなかった 경기에서 진다는 건 전혀 생각한 적 없었다. / 私たちが言い争う必要は少しもなかったのに 우리가 말다툼할 필요는 하나도 없었는데. / 宿題が少しもはかどっていない 숙제가 전혀 진척되지 않았다. / 君は妹さんと少しも似ていないね 넌 동생하고 하나도 안 닮았네. / どうして少しもやせないのかしら 어째서 살이 하나도 안 빠지지?

**すごす【過ごす】** 지내다, 보내다 ¶2週間、北海道で過ごした 2주일 동안 홋카이도에서 지냈다. / 彼女は暇な時はたいていビデオやDVDを見て過ごす 그녀는 한가할 때는 대개 비디오나 DVD를 보며 보낸다. / 私たちはパーティーでとても楽しい時を過ごした 우리는 파티에서 아주 즐거운 시간을 보냈다.
¶彼は幸福な一生を過ごした 그는 행복한 일생을 보냈다. / 時間をむだに過ごしてはいけません 시간을 허비해서는 안 됩니다. / 彼は週末をぶらぶら過ごした 그는 주말을 빈둥빈둥 보냈다.
会話 いかがお過ごしですか
A : いかがお過ごしですか
B : 元気でやっています
A : 어떻게 지내십니까?
B : 잘 지냅니다.
A : 久しぶりですね。いかがお過ごしですか
B : おかげさまで元気でした
A : 오랜만입니다. 어떻게 보내셨습니까?
B : 덕분에 잘 지냈습니다.

**すごご** 맥없이, 터덜터덜 ¶彼は勇んで出かけて行ったがすごすご戻ってきた 그는 씩씩하게 나갔다가 터덜터덜 돌아왔다.

**スコッチウイスキー** 스카치위스키, 스카치
**スコップ** 삽 [移植ごて] 모종삽
**すごみ【凄味】** ¶その男はすごみのある声で私にだれかと聞いた 그 남자는 위협적인 목소리로 나한테 누구냐고 물었다. / 彼はだれにでもすごみをきかせる 그는 누구에게나 공갈을 친다.
**すこやか【健やか】** ◇すこやかだ 건강하다, 튼튼하다 ◇すこやかに 건강히, 튼튼하게 ¶子供たちはすこやかに育った 아이들은 튼튼하게 자랐다.
**すごろく【双六】** 주사위 놀이 ¶すごろくをする 주사위 놀이를 하다
**すさまじい【凄まじい】** [恐ろしい] 무시무시하다, 끔찍하다, 무섭다 [ものすごい] 대단하다, 굉장하다 ¶事故現場はすさまじい光景だった 사고 현장은 끔찍한 광경이었다. / 小包はすさまじい音を立てて爆発した 소포는 굉장한 소리를 내면서 폭발했다. / そのロックグループの日本での人気はすさまじい 그 록 그룹은 일본에서 인기가 대단하다.

**すさむ【荒む】** 거칠어지다 ¶すさんだ生活をする 거친 생활을 하다 / 彼の行動は最近すさんできている 그의 행동은 최근 거칠어졌다.
**ずさん【杜撰】** 엉터리, 날림 ¶彼はやることがずさんだ 하는 일이 엉터리다. / このビルは管理がずさんだ 이 건물은 관리가 엉터리다. / ずさんな計画 엉터리 계획 / ずさんな工事 부실 공사(不実工事)

**すし【鮨・寿司】** 초밥 ¶私はすしが大好きです 저는 생선초밥을 매우 좋아합니다. / 韓国にも日本のすし屋さんはありますか 한국에도 일본의 초밥집 같은 것은 있나요? / すしを握ってもらう 초밥을 주문하다 関連 すし屋 초밥집 / 回転ずし(店) 회전 초밥(집) / 握りずし 생선초밥 / 巻きずし 김밥

**すじ【筋】** ❶ [線] 선, 금, 줄, 줄기 [縞] 줄무늬 [折り目] 金 ¶地図の上には赤い筋が引かれていた 지도상에는 몇 줄인가 빨간 줄이 그어져 있었다. / 彼女は1本赤い筋の入った帽子をかぶった 그녀는 빨간 줄이 한 줄 그어진 모자를 썼다. / 彼はいつもきれいに筋のついたズボンをはいている 그는 항상 깨끗하게 줄이 선 바지를 입는다. / カーテンの間から一筋の光が漏れていた 커튼 사이로 한 줄기 빛이 새어 들었다. / 2筋に分かれる 두 줄기로 갈라지다 / 幾筋かの煙 여러 줄기의 연기
❷ [腱] 건, 힘줄(▶発音은 힘줄) [繊維] 섬유 [青筋] 핏대 ¶彼女は走っていて足の筋を痛めてしまった 그녀는 달리다가 다리의 힘줄을 다치고 말았다. / この肉は安かっただけに筋も多い 이 고기는 싼 만큼 힘줄도 많다. / さやえんどうの筋を取るのを手伝ってちょうだい 청대완두 줄기 빼는 거 도와줄래. / 首の筋をちがえる 목 힘줄을 삐끗했다. / 青筋を立てる 핏대를 세우다
❸ [小説・芝居などの] 줄거리 ¶その芝居の筋がどんなだったのか教えてちょうだい 그 연극의 줄거리가 어땠는지 가르쳐 줘. / この小説の筋は複雑すぎて理解できない 이 소설의 줄거리는 너무 복잡해서 이해가 안 된다. / この映画はおもしろいけれど筋らしい筋がない 이 영화는 재미있지만 줄거리라고 할 만한 게 없다.
❹ [物事の道理] 조리, 도리 [論理] 논리 ¶君の言うことには筋が通っている 네 말에는 조리가 있다. / 一度だまされたのだから彼を信用しないというのは筋が通っている 한 번 속은 거니까 그를 신용하지 않겠다는 건 조리가 있다. / 彼が言うことは筋が通っていないことが多い 그 사람 말은 논리적이지 않은 경우가 많다. / そのことで彼女を責めるのは筋違いというものだ 그 일로 그녀를 질책하는 것은 도리에 맞지 않는 것이다. / 筋を通す 조리를 세우다
❺ [消息筋] 소식통 [分野] 분야 [関係者] 관계자 ¶我々はその件について信頼すべき筋から情報を得た 우리는 그 사건에 대해서 신뢰할만한 소식통으로부터 정보를 얻었다. / 彼はその筋の専門家だ 그는 이 분야의 전문가다. / 消息筋はその国での政変を伝えている 소식통은 그 나라의 정변을 전하고 있다.
❻ [血統] 혈통, 핏줄 ¶王家の筋を引く 왕가의 혈통을 잇다
❼ [素質] 소질 ¶ゴルフの筋がなかなかいいって兄に言われたわ 골프에 꽤 소질이 있다고 오빠가 말했어.
❽ [道筋] 연변 ¶私たちはその晩街道筋の宿に泊まった 우리는 그날 밤 가도 연변의 여관에서 묵었다.

**すじあい【筋合い】** [理由] 이유, 까닭 ¶君たち

**すじがき**

のことをとやかく言うべき筋合いじゃないけど、もう少し彼女の言うことも聞いてやれよ 너희들의 일을 이러쿵저러쿵 말할 이유는 없지만 조금만 더 그녀의 말도 들어 줘라.

**すじがき【筋書き】**〔計画〕계획〔小説의〕줄거리 ¶事は筋書き通りに運んでいる 일은 계획대로 진행되고 있다.

**すじがねいり【筋金入り】**◇筋金入りだ 확고하다, 굳건하다 ◇筋金入りの 확고한, 굳건한

**すじちがい【筋違い】**◇筋違いだ 얼토당토 않다, 도리에 어긋나다 ¶筋違いの主張 도리에 어긋나는 주장

**すしづめ【鮨詰め】**◇すし詰めだ 꽉 들어차다, 《俗》콩나물시루 같다 ¶電車はすし詰めだった 전철은 꽉 들어찼다. / すし詰めの満員電車 콩나물시루 같은 만원 전철 / われわれは狭い部屋にし詰められた우리들은 좁은 방에 꽉 채워졌다. 関連 すし詰め教室 콩나물 교실

**すじみち【筋道】**〔道理〕사리, 조리〔論理〕논리〔話などの順序〕절차, 순서 ¶筋道を立てて話す 사리에 맞게 이야기하다〔조리 있게 이야기하다〕 それは筋道の通った〔通らない〕話だ 그것은 조리가 선〔서지 않은〕이야기다. / 我々は議論の筋道を見失ったようだ 우리는 논의의 절차를 헤매고 있는 것 같다. / 彼の話は混乱していて筋道が通らなかった この 話は 混乱스러워서 논리에 맞지 않는다.

**すじむかい【筋向かい】**¶うちの筋向かいの家 우리 집에서 비껴 마주보는 집

**すじょう【素性】**〔生まれ〕태생, 핏줄, 가문〔身元〕신원, 정체〔正体〕〔経歴〕경력 ¶彼はようやく私に素性を明かした 그는 드디어 나에게 신원을 밝혔다. / 素性は争えない 혈통은 속일 수 없다.

¶素性の怪しい人間 태생이 의심스러운 사람 / 素性の知れない男 정체를 알 수 없는 남자

**ずじょう【頭上】**두상, 머리 위 ¶頭上注意(▶掲示)두상 주의 / 頭上には木々の枝が屋根のように広がっている 머리 위에는 나뭇가지가 지붕처럼 펼쳐져 있다. / 壊れたガラスが通行人の頭上に降ってきた 깨진 유리가 통행인의 머리 위로 떨어졌다.

**ずしん** ◇ずしんと 쿵 ¶石柱がずしんと倒れた 돌기둥이 쿵하고 무너졌다. / 隣室でずしんという音がした 옆방에서 쿵하는 소리가 났다. / 彼女の言葉は胸にずしんとこたえた 그녀의 말은 가슴에 쿵하고 와닿았다.

**すす【煤】**검댕, 그을음 ¶彼は体中すすだらけだった 그는 온몸이 그을음투성이다. / 天井のすすを払う 천정의 그을음을 털다

**すず【鈴】**방울 ¶鈴を鳴らす 방울을 울리다 / 鈴の音が聞こえる 방울 소리가 들리다 / 猫の首に鈴をつける 고양이 목에 방울을 달다

**すず【錫】**주석 ¶すず製品 주석 제품 / すずメッキ 주석 도금

**すすき【薄・芒】**억새

**すすぐ【濯ぐ・漱ぐ】**가시다, 헹구다 ¶彼は水で口をすすいだ 그는 강물로 입을 가셨다. / セーターをぬるま湯ですすぐ 스웨터를 미지근한 물로 헹구다 / 洗濯物をよくすすぎなさい 빨래를 잘 헹궈라. / 髪をすすいでシャンプーを落とす 머리를 헹궈 샴푸를 씻어내다

**すずしい【涼しい】**❶〔温度が〕시원하다, 서늘하다 ¶今日は涼しい 오늘은 시원하다. / 涼しいそよ風が彼の日焼けした顔をなでた 시원한 산들바람이 그의 탄 얼굴을 어루만졌다. / 涼しそうなシャツを着ている 시원해 보이는 셔츠를 입고 있네요. / 涼しくなってきた 시원해졌다.

❷〔表情などが〕시원스럽다, 맑다 ¶涼しい目もと 시원스러운 눈매 / その少女は目もとが涼しかった 그 소녀는 눈매가 시원스러웠다. / 彼女は涼しい声で答えた 그녀는 맑은 목소리로 대답했다. / 人に迷惑をかけておいてよく涼しい顔をしていられるな 남에게 폐를 끼치고 잘도 아무렇지도 않은 얼굴을 하는군.

**すずなり【鈴生り】**¶木には黄色い実が鈴なりになっている 나무에는 노란색 열매가 주렁주렁 열려 있다. / 川岸は見物人が鈴なりだった 강기슭에는 구경꾼이 한데 모여 있었다.

**すすむ【進む】**❶〔前進する〕가다, 나아가다, 전진하다 ¶この道をまっすぐ進むと駅が見えてきます 이 길을 곧장 가면 역이 보입니다. / 私は人込みをかき分けながら前へ進んだ 나는 붐비는 사람들을 가르며 앞으로 나아갔다. / 大通りに突き当たるまでこの道を進んでください 큰길이 나올 때까지 이 길로 가세요. / 彼女は2歩前へ進んだ 그녀는 두 발 앞으로 나아갔다. / 前へ進め! 앞으로 가! / 彼はドアの方へゆっくり進むとそっと部屋を抜け出した 그는 문 쪽으로 천천히 가서 몰래 방을 빠져 나갔다. / 船は霧の中を進んだ 배는 안개 속을 나아갔다. / 川は平野を横切ってくねくねと進む 강은 평야를 가르며 꼬불꼬불 나아간다. / あまりにも混雑していてなかなか前へ進めなかった 너무나 혼잡해서 앞으로 나갈 수 없었다. / 深く積もった雪に足をとられ、ちっとも先に進めなかった 깊게 쌓인 눈에 발이 빠져 조금도 앞으로 가지 못했다. / ひどい吹雪のためほとんど進めなかった 심한 눈보라 때문에 거의 나아가지 못했다.

❷〔進展する〕진척하다, 진척되다 ¶計画は順調に進んでいる 계획은 순조롭게 진척되고 있다. / 研究が進む 연구가 진척되다 / おしゃべりばかりしていたら仕事はちっとも進まないよ 수다만 떨고 있다가는 일은 하나도 진척되지 않을 거야. / 新しい体育館の建設工事はどんどん進んだ 새 체육관 건설 공사는 척척 진척되고 있다. / 人間による環境の破壊が進んでいる 인간에 의한 환경 파괴가 진행되고 있다. / 仕事の進み具合はどうですか 일의 진척 상황은 어떻습니까? / 現在の不況は悪化の方向へ進んでいる 현재의 불황은 악화의 방향으로 진행되고 있다.

¶適度な運動をすると食が進む 적당한 운동을 하면 식욕이 돈다.

❸〔進歩する〕진보하다, 발달하다 ¶望遠鏡の発明で太陽系の研究はおおいに進んだ 망원경의 발명으로 태양계의 연구는 크게 진보되었다. / 世の中が進んで暮らしもよくなった 세상이 발달해서 생활도 좋아졌다. / 医学はこの30年で著しく進ん

いる 의학은 이 30년 동안 현저하게 진보했다. / その種族は進んだ文明を持っていた 그 종족은 진보된 문명을 가지고 있었다. / 近年, 通信技術の分野はおおいに進んでいる 최근 통신 기술 분야는 크게 진보되고 있다. / どんなに医学が進んでも治せない病気がある 아무리 의학이 진보해도 고칠 수 없는 병이 있다.

❹ [病気が] 진행되다, 악화되다(悪化―) ¶入院中の父の病気はかなり進んでいると聞かされた 입원 중이신 아버지의 병은 꽤 악화되었다고 한다. / 彼のがんだいぶ進んでいた 그의 암은 꽤 진행돼 있었다.

❺ [積極的にする] 내키다 ; 나서다, 자진하다 ¶彼は進んで力を貸してくれた 그는 나서서 도와주었다. / 彼らは困っているときはいつも進んで助け合った 그들은 곤란할 때는 항상 자진해서 서로 도왔다. / 進んでそれをやろうとする人は一人もいなかった 그것을 적극적으로 하려는 사람은 한 사람도 없었다. / 今夜映画を見に行くのは気が進まない 오늘 밤 영화를 보러 가는 것은 별로 내키지 않는다.

❻ [時計が] 빠르다(↔늦다) ¶この目覚まし時計は1日に1分進む 이 자명종은 하루에 1분씩 빨라진다. / 私の時計は2分進んでいる 내 시계는 2분 빠르다.

❼ [段階が上がる] 올라가다 [進学する] 진학하다 ¶韓国語の上級クラスに進んだ 한국어 고급반으로 올라갔다. / 今度のボーリング大会ではだれが決勝に進むかな 이번 볼링 대회에서는 누가 결승전에 오를까? / 息子はどうしても大学には進みたくないと言っている 아들은 무슨 일이 있어도 대학에는 진학하기 싫다고 한다.

¶将来はどういう道に進むつもりですか 장래는 어떤 길로 나아갈 예정입니까?

❽ [伝わる] 나아가다 ¶光は秒速30万キロの速さで進む 빛은 초속 30만킬로의 속도로 나아간다.

**すずむ【涼む】** 바람을 쐬다 ¶祖母は縁側で涼んでいた 할머니는 툇마루에서 바람을 쐬고 계셨다.

**すずむし【鈴虫】** 방울벌레

**すすめ【勧め・薦め】** 권고, 권장 [助言] 조언 [推薦] 추천 ¶父は医者の勧めで毎朝1時間の散歩をしている 아버지는 의사의 권유로 매일 아침 한 시간 산책을 하고 계신다. / 友人の勧めでその本を読んだ 친구의 추천으로 그 책을 읽었다. / 先生の勧めで私は絵を描き始めた 선생님의 권유로 나는 그림을 그리기 시작했다. / これがお勧めです 이것을 권합니다.

**すずめ【雀】** 참새 [慣用句] 雀の涙ほどの金しか払ってくれなかった 쥐꼬리만한 돈밖에 주지 않았다.

**すずめばち【雀蜂】** 말벌

**すすめる【進める】** ❶ [進行・進展させる] 진행시키다, 진척시키다, 추진시키다 ¶会社は工場の機械化を進めた 회사는 공장의 기계화를 진행시켰다. / 私たちは計画を進めるために彼に協力した 우리들은 계획을 추진시키기 위해서 그에게 협력했다. / 彼女はさらに研究を進め多くの業績を残した 그녀는 더욱 연구를 진척시켜 많은 업적을 남겼다. / 彼らは働く女性を対象に調査を進めている 그들은 일하는 여성을 대상으로 조사를 하고 있다. / このイベントのためにスタッフは1年前から準備を進めていた 이 이벤트를 위해 스태프는 1년 전부터 준비를 추진시켜 왔다. / どうぞお話を進めてください 이야기를 진행시켜 주십시오. / 工事を進める 공사를 진척시키다 / 事を進める 일을 진행시키다

❷ [前進させる] 전진시키다 ¶将軍はさらに多くの部隊を前線に進めた 장군은 더욱 많은 부대를 전선으로 전진시켰다.

❸ [時計を進める] 빨리 가게 하다 [針を] 앞으로 돌리다 ¶時計の針を進めて正しい時刻にした 시계 바늘을 앞으로 돌려 정확한 시각으로 맞췄다. / 時計を3分進めた 시계를 3분 빠르게 했다.

**すすめる【勧める】** ❶ [忠告する] 권고하다, 충고하다 ¶医者は彼に運動をするように勧めた 의사는 그에게 운동을 하도록 권고했다.

❷ [差し出す] 권하다 ¶酒を勧める 술을 권하다 / 客にお茶を勧めた 손님에게 차를 권했다.

❸ [奨励する] 권장하다, 권유하다 ¶兄は私にその資格試験を受けるように勧めた 오빠는 나에게 그 자격시험을 보도록 권유했다. / 進学を勧める 진학을 권유하다

**すすめる【薦める】** 추천하다, 천거하다 ¶私は君にこの本を薦めたい 나는 너에게 이 책을 추천하고 싶다. / 店員はこのコートを薦めてくれた 점원은 이 코트를 추천해 주었다. / 彼を委員長に薦めるには理由がある 그 사람을 위원장으로 천거하는 데는 이유가 있다.

**すずらん【鈴蘭】** 은방울꽃

**すすりなき【啜り泣き】** ◇すすり泣く 흐느끼다, 훌쩍거리며 울다

**する【啜る】** [ちびちび飲む] 조금씩 마시다, 홀짝이다 [鼻を] 훌쩍거리다 ¶スープをすする 스프를 조금씩 마시다 / 紅茶をすすりながら日なたぼっこをした 홍차를 조금씩 마시면서 햇볕을 쬐다. / 鼻をすする 코를 훌쩍거리다 / そばをする 메밀국수를 후루룩 소리를 내며 먹다

**すそ【裾】** 옷자락 ¶シャツのすそをズボンに入れなさい 셔츠 옷자락을 바지에 넣어라. / 彼はズボンのすそをまくって川に入った 그는 바지 자락을 걷고 시냇물에 들어갔다. / 彼女が歩くとスカートのすそが床を引きずった 그녀가 걸으니 스커트 자락이 마루에 끌렸다. / スカートのすそ上げをする 스커트 자락을 올리다

**スター** 스타 ¶彼女はデビュー後1年でスターの座についた 그녀는 데뷔 1년 후에 스타의 자리에 올랐다. / 映画スター 영화 스타 / 韓流スター 한류 스타 / トップスター 톱스타 / スーパースター 슈퍼스타 / 人気スター 인기 스타

**スタート** 스타트, 시작, 출발 ¶我々の事業は幸先のよいスタートを切った 우리 사업은 좋은 스타트를 끊었다. / 6人の選手がスタートラインについた 여섯 명의 선수가 출발선[스타트 라인]에 섰다.

**スタイリスト** 스타일리스트

**スタイル** 스타일 ¶最新流行のスタイル 최신 유행 스타일 / 流行後れのスタイル 유행에 뒤진 스

**スタジアム** スタディウム, 경기장

**スタジオ** 스튜디오 ¶映画スタジオ 영화 스튜디오 / 撮影スタジオ 촬영 스튜디어 / 録音スタジオ 녹음 스튜디어

**すたすた** 종종 ¶彼女はさよならと手を振るとすたすたと歩いていった 그녀는 안녕하고 손을 흔들고는 종종걸음으로 갔다. / 彼はかばんを持って道路をすたすた歩いて行った 그는 가방을 들고 길을 빠른 걸음으로 걸어갔다.

**ずたずた** ◇ずたずたに 갈기갈기, 토막토막 ¶カーテンはずたずたに裂けていた 커튼은 갈기갈기 찢어져 있었다. / 彼女は手紙をずたずたに破った 그녀는 편지를 갈기갈기 찢었다.

**すだつ【巣立つ】** 〔鳥が〕 보금자리를 떠나다 〔自立する〕 자립하다 〔卒業する〕 졸업하다 〔社会に出る〕 사회로 떠나다 ¶子供たちはすでにみんな巣立っていった 아이들은 이미 모두 부모 곁을 떠났다. / この春200人の生徒が本校から巣立っていった 올봄에 200명의 학생이 이 학교를 졸업했다.

**スタッフ** 스태프 ¶彼は編集スタッフの一人だ 그는 편집 스태프의 한 사람이다. / 大会は15人のスタッフで運営された 대회는 15명의 스태프로 운영되었다.

**スタミナ** 스태미나 ¶彼はスタミナがある 그는 스태미나가 있다. / スタミナをつける 스태미나를 키우다 関連 スタミナドリンク 드링크제 / スタミナ料理 스태미나 요리

**すだれ【簾】** 발 ¶窓にすだれを掛ける 창문에 발을 걸다

**すたれる【廃れる】** 한물가다, 사라지다, 쇠퇴하다, 쓰이지 않게 되다 ¶流行が廃れる 유행이 한물가다 / その習慣はすっかり廃れてしまった 그 관습은 완전히 사라져 버렸다.

**スタンダード** 스탠더드, 표준 関連 スタンダードナンバー 스탠더드 넘버 ⇒標準

**スタンド** 스탠드 〔観客席〕관람석 〔電気スタンド〕전기 스탠드 ¶スタンドは5万の大観衆で埋まっていた 스탠드는 5만 명의 대관중으로 가득 차 있었다. 関連 スタンドバー 스탠드바 / スタンドプレー 스탠드 플레이 / 軽食スタンド 간이 식당 / 電気スタンド 전기 스탠드

**スタントマン** 스턴트맨

**スタンプ** 스탬프 ¶スタンプを押す 스탬프를 찍다 / 駅で絵はがきにスタンプを押した 역에서 그림엽서에 기념 스탬프를 찍었다. 関連 スタンプインク 스탬프 잉크 / スタンプ台 스탬프대

**スチーム**〔暖房器具〕스팀 ¶この部屋はスチームが通っている 이 방은 스팀이 들어온다. 関連 スチームアイロン 증기 다리미

**スチール** 스틸, 강철(鋼鉄) 関連 スチールギター 스틸 기타

**スチール**〔野球〕스틸, 도루(盗塁) ¶イチローは2塁にスチールを試みた 이치로는 2루에 도루를 시도했다. 関連 ホームスチール 홈 스틸

**スチール**〔写真〕스틸

**スチュワーデス** 스튜어디스〔客室乗務員〕객실 승무원

**スチロール** 스티롤, 스티렌 ¶発泡スチロール 스티로폼, 발포 스티렌 수지

**ずつ** 씩 ¶彼らは一人ずつ部屋に入っていった 그들은 한 사람씩 방으로 들어갔다. / なべに水を少しずつ足していくと味を조금씩 더해주세요. / 一つずつ解決しよう 하나씩 해결하자.
¶彼らは一人ずつ本を持っている 그들은 한 명씩 그 책을 가지고 있다. / 一人一個ずつです 한 사람 한 개씩이다.
¶そのセールスマンは2か月に1回ずつ新しい商品をもってくる 그 외판원은 두 달에 한 번씩 새로운 상품을 가지고 온다. / 3人に1冊ずつ本を貸した 세 명에게 한 권씩 책을 빌려 줬다.

**ずつう【頭痛】** 두통 ¶きょうは頭痛がする 오늘은 두통이 있다. / 彼女は頭痛持ちだ 그녀는 두통이 있다. / 数学の勉強をするといつも頭痛がする 수학 공부를 하면 항상 머리가 아프다. / 人手不足が頭痛の種だ 일손 부족이 항상 골칫거리다.
¶軽い頭痛 가벼운 두통 / ひどい頭痛 심한 두통 / 激しい頭痛 격한 두통 / 割れるような頭痛 깨질 것 같은 두통 / ずきずきする頭痛 콕콕 찌르는 듯한 두통 関連 頭痛薬 두통약

**すっかり** 〔すべて〕모두, 죄다, 몽땅 〔まったく〕까맣게 〔完全に〕완전히 ¶すっかり食べてしまった 죄다 먹어 버렸다. / 彼は事業に失敗してすっかり財産を失ってしまった 그는 사업에 실패해서 완전히 재산을 잃고 말았다. / 彼は妻の誕生日のことをすっかり忘れていた 그는 아내의 생일을 까맣게 잊고 있었다. / 彼女に電話するのをすっかり忘れていた 그녀에게 전화하는 것을 까맣게 잊고 있었다. / 彼の病気はすっかりよくなった 그의 병은 완전히 좋아졌다. / 部屋をすっかり掃除した 방을 말끔히 청소했다. / 彼らはすっかり安心していた 그들은 완전히 안심했다. / 赤ん坊はすっかり目を覚ましていた 아기는 완전히 잠을 깼다. / 故郷はすっかり変わってしまった 고향은 완전히 변해 버렸다.

**すっきり** ◇すっきりする 산뜻하다, 상쾌하다, 후련하다, 시원스럽다, 개운하다, 깔끔하다
¶冷たい水を1杯飲んだらすっきりした 차가운 물을 한 잔 마시자 상쾌했다. / 彼に悩みを打ち明けられたらすっきりするのだけど 그에게 고민을 털어놓을 수 있다면 후련할 텐데. / その問題にはすっきりした答えは出せなかった 그 문제에는 시원스런 답은 낼 수 없었다. / 彼の返事はどうもすっきりしない 그의 대답은 아무래도 개운하지가 않다. / 彼女の部屋はすっきりしている 그녀의 방은 깔끔하다.

**ズック**〔布〕즈크 ¶ズック靴 즈크화

**すっくと** 벌떡, 우뚝 ¶彼女はすっくと立ち上がった 그녀는 벌떡 일어섰다. / 老松がすっくと立っていた 노송이 우뚝 서 있었다.

**ずっしり** 묵직이 ¶このかばんはずっしりと重い 이 가방은 꽤 묵직하다.

**すっと** 불쑥, 쓱 ◇すっとする 개운하다, 후련하다 ¶彼女はすっと立ち上がった 그녀는 불쑥

어섰다. 黒いドレスの女性が部屋にすっと入ってきた 검은 드레스를 입은 여성이 방으로 불쑥 들어왔다. / ドアがすっと開いた 문이 쓱 열렸다. / まぼろしはすっと消えた 환상이 쓱 사라졌다.

¶紅茶を飲むとほっとする흥차를 마시면 개운하다. / 言いたいことを言ってすっとした 하고 싶은 말을 해서 개운하다. / 気分がすっとする 기분이 후련하다.

## ずっと

❶ [程度が] 훨씬 ¶彼女は私よりずっと年下です 그녀는 나보다 훨씬 연하입니다. / 今年の冬は去年の冬よりずっと寒い 올해 겨울은 작년 겨울보다 훨씬 춥다. / 野球よりサッカーの方がずっとおもしろいと思う 야구보다 축구가 훨씬 재미있다고 생각한다. / それは私が思っていたよりずっと高価であった 그것은 내가 생각했던 것보다 훨씬 고가였다.

❷ [時間・距離が離れて] 훨씬 [ずっと前] 오래 전 [遠くに] 멀리 [まっすぐ] 곧장 ¶ずっと前にここに来たことがある 오래전에 여기에 온 적이 있다. / 私ずっと前からミンスのことが好きだったの 나는 오래전부터 민수를 좋아했었어.

ずっと向こうに湖が見える 멀리 저쪽에 호수가 보인다. / この道ずっと行けば図書館があります 이 길을 곧장 가면 도서관이 있습니다. / 「すみません、市役所はどこにあるかわかりますか」「ええ、この通りのずっと先です」"말씀 좀 묻겠습니다. 시청이 어디에 있는지 아십니까?" "예, 이 길을 곧장 가시면 있습니다."

❸ [続けて] 계속, 쭉 [長い間] 오래도록 ¶旅行の間ずっと雨に降られた 여행하는 동안 계속 비가 왔다. / 取り調べの間彼はずっと沈黙を通した 취조 중에 그는 계속 침묵을 유지했다. / 名古屋から東京までずっと立ちっぱなしだった 나고야에서 도쿄까지 쭉 서서 왔다. / バスがなかったので家までずっと歩かなければならなかった 버스가 없어서 집까지 계속 걸어서 가야 했다.

¶ずっとこんなふうに一緒にいられるといいね 쭉 이렇게 같이 있을 수 있으면 좋겠다. / 彼女は両親にずっと会っていなかった 그녀는 부모님과 안 만난지 오래되었다. / あれからずっと彼女に会っていない 그 이후로 그녀를 쭉 만나지 않았다.

**すっぱい【酸っぱい】** 시다, 시큼하다 ¶レモンは酸っぱい 레몬은 시다. / このぶどうは酸っぱくて食べられない 이 포도는 셔서 먹을 수가 없다. / このりんごは甘酸っぱい 이 사과는 새콤달콤하다. / ミルクが少し酸っぱくなった 우유가 좀 시큼하다. / 梅干しが酸っぱくて彼は顔をゆがめた 매실 절임이 셔서 그는 얼굴을 찡그렸다. / 酸っぱい味がする 신 맛이 나다

¶弟にはもうギャンブルはするなと口が酸っぱくなるほど言ったのに 동생에게는 이제 도박은 하지 말라고 입에 침이 마르도록 말했는데.

**すっぱだか【素っ裸】** 알몸뚱이 ¶少年は素っ裸になって川に飛び込んだ 소년은 알몸뚱이로 강에 뛰어들었다. / 赤ちゃんが素っ裸で遊んでいる 아기가 알몸뚱이로 놀고 있다.

**すっぽかす** [約束を] 어기다 [仕事などを] 팽개쳐 두다 ¶姉は私との約束をすっぽかした 언니는 나와의 약속을 어겼다. / 彼女は仕事をすっぽかして映画に行った 그녀는 일을 팽개쳐 두고 영화 보러 갔다. / 彼はガールフレンドにデートをすっぽかされて怒っている 그는 여자 친구가 데이트 약속을 어겨서 화났다.

**すっぽり** [かぶる] 폭 [収まる] 꼭, 쏙 ¶山は黒い雲にすっぽり覆われている 산은 검은 구름에 푹 덮여 있다. / 母親は子供を毛布ですっぽりとくるんだ 어머니는 아이를 담요로 푹 둘러쌌다. / 球がグローブにすっぽり収まった 공이 글러브에 쏙 들어왔다.

**すっぽん【鼈】** 자라 慣用句 あの二人は月とすっぽんほど違う 그 두 사람은 완전히 다르다.

**すで【素手】** 맨손, 맨주먹 ¶彼は素手で蛇をつかんだ 그는 맨손으로 뱀을 잡았다. / あの連中と素手で戦うなんて無茶だ 저 녀석들과 맨주먹으로 싸우다니 어처구니가 없네.

**ステーキ** 스테이크 ¶夕食にはステーキを焼こう 저녁으로 스테이크를 굽자. / 「ステーキはどのようにいたしましょう」「レア [ミディアム、ウエルダン] にしてください」"스테이크는 어떻게 할까요?" "레어로 [미디엄으로, 웰던으로] 해 주세요."

**ステージ** 스테이지, 무대(舞台) ¶ステージに立つ 무대에 서다 / ステージ衣装 무대 의상

**ステータス** 사회적 지위 ¶新しい役職につけば彼のステータスはずっと上がるだろう 새로운 직책에 오르면 그의 사회적 지위는 훨씬 더 올라갈 것이다. / 外車はもはやステータスシンボルではなくなった 외제차는 이제는 사회적 지위의 상징이 되지 않는다.

**すてき【素敵】** ◇すてきだ 멋지다, 《俗》 근사하다 ¶すてきな男性 멋진 사나이 / すてきな車 근사한 차

¶「このブローチ、彼にもらったの」「すてきね」 "이 브로치, 남자 친구한테서 받았어." "이쁜데." / 「海までドライブしよう」「まあ、すてき！」"바다로 드라이브하자." "어머, 근사한데."

**すてご【捨て子】** 버려진 애, 기아(棄兒)

**ステッカー** 스티커 ¶ステッカーをはる 스티커를 붙이다

**ステッキ** 스틱, 지팡이

**ステップ** 스텝, 걸음 [バスなどの] 승강구 계단 ¶彼女は軽やかにワルツのステップを踏んだ 그녀는 가볍게 왈츠 스텝을 밟았다. / 成功への第一のステップ 성공을 향한 첫걸음 / バスのステップに立つ 버스의 승강구 계단에 서다 [関連] ノンステップバス 저상 버스(低床一)

**すでに【既に】** 벌써, 이미 ¶彼はすでに仕事を終えていた 그는 이미 일을 끝냈다. / 彼はすでにその家には住んでいなかった 그는 이미 그 집에 살고 있지 않았다. / すでに手遅れだ 벌써 늦었다. / すでに述べたように 이미 말한 것처럼 / もう

**すてみ【捨て身】** ◇捨て身の 결사적인(決死的一) ◇捨て身で 결사적으로, 목숨을 걸고 ¶捨て身で敵を攻撃する 결사적으로 적을 공격하다

## すてる【捨てる】

❶ [処分する] 버리다, 처분하다 ¶紙くずをごみ箱に捨てる 휴지를 쓰레기통에 버리다 / このごみを捨てておいてちょうだい 이 쓰레기를 버려 줄래. / 空き缶を投げ捨ててはいけません 빈 캔을 던져서는 안 됩니

**ステレオ** 528

다. / 有害廃棄物が海に捨てられている 유해 폐기물이 바다에 버려져 있다.
❷〔見放す・放棄する〕버리다, 포기하다〔断念する〕단념하다 ¶選手たちは最初から勝負を捨てていた 선수들은 처음부터 승부를 포기하고 있었다. / 最後まで希望を捨てるな 마지막까지 희망을 버리지 마. / 偏見を捨てないと正しいものの見方ができない 편견을 버리지 않으면 사물을 바르게 볼 수 없다. / 多くの家族がその村を捨ててよそへ引っ越してしまった 많은 가족이 그 마을을 버리고 다른 곳으로 이사가 버렸다. / 村人たちは自分の命を捨ててまで村を救った若者に感謝した 마을 사람들은 자기의 목숨을 버리면서까지 마을을 구한 젊은이에게 감사했다.
¶彼もまんざら捨てたもんじゃない 그도 그렇게 쓸데없는 사람은 아니다.
**会話** 夫を捨てる
A：あの人, ご主人を捨ててほかの男のところへ行っちゃったそうよ
B：まあ, かわいそう. あんなに幸せそうだったのにね
A：그 사람 남편을 버리고 다른 남자한테 갔대.
B：아, 불쌍하다. 그렇게 행복해 보였는데.

**ステレオ** 스테레오 ¶このCDはステレオで録音されている 이 CD는 스테레오로 녹음되어 있다. / CDをステレオで聴く CD를 스테레오로 듣다
[関連] ステレオ放送 스테레오 방송
**ステレオタイプ** 스테레오 타입
**ステンドグラス** 스테인드 글라스 ¶窓に美しいステンドグラスをはめた 창에 아름다운 스테인드글라스를 끼웠다.
**ステンレス** 스테인리스, 스테인리스강 ¶ステンレス製のなべ 스테인리스제 냄비
**スト** 스트라이크, 파업(罷業) ¶労働者たちは労働条件の改善を求めてストに入った 노동자들은 노동 조건 개선을 요구하며 파업에 들어갔다. / 従業員はスト中だ 종업원은 스트라이크 중이다. / 鉄道のストは3日間続いている 철도의 파업은 3일간 계속되고 있다. / 午前6時にストが解除になった 오전 여섯 시에 파업이 해제되었다.
[関連] スト権 파업권 / スト破り 파업 방해 / 時限スト 시한 파업 / ゼネスト 총파업 / ハンスト 단식 투쟁
**ストア** 스토어, 상점, 가게 [関連] コンビニエンスストア 편의점 / チェーンストア 체인 스토어, 체인점 / ディスカウントストア 할인점 수퍼
**ストーカー** 스토커 ¶ある男性からストーカーされているどこの男性からストーカーを당하고 있다.
**ストーブ** 스토브, 난로(暖炉) (▶韓国では通常 난로という) ¶ストーブをつける[消す] 스토브를 켜다[끄다] [関連] ガスストーブ 가스스토브 / 石油ストーブ 석유스토브 / 電気ストーブ 전기스토브
**すどおり【素通り】** ◇素通りする 지나치다 ¶彼はバス停を素通りした 그는 버스 정류장을 지나쳤다. / 京都を素通りして大阪へ行った 교토를 지나 오사카에 갔다.
**ストッキング** 스타킹 ¶ストッキングをはく[脱ぐ] 스타킹을 신다[벗다] / ストッキングが伝線してるわ 스타킹이 나갔어요. / 薄手のストッキングはすぐ

伝線する薄いストッキングは 금방 나간다. [関連] パンティーストッキング 팬티 스타킹
**ストック** 스톡〔在庫〕재고품〔スキーの〕스톡 [関連] ストックオプション 스톡 옵션 ⇒**在庫**
**ストップ** 스톱, 중지(中止), 정지(停止) ◇ストップする 스톱하다, 멈추다 ¶新知事はダム建設計画にストップをかけた 새 지사는 댐 건설 계획을 중지시켰다. / バスがストップする 버스가 멈추다 [関連] ストップウォッチ 스톱워치, 초시계(秒時計) ⇒**止まる, 止める**
**ストライキ** 스트라이크, 파업 ⇒**スト**
**ストライク** 〔野球〕스트라이크 ¶カウントはツーストライク・スリーボールだ 카운트는 투 스트라이크 스리 볼이다. / 彼は直球でストライクをとった 그는 직구로 스트라이크를 잡았다. [関連] ストライクゾーン 스트라이크 존
**ストリップ** 〔ショー〕스트립 쇼 [関連] ストリッパー 스트리퍼
**ストレート** 스트레이트〔ボクシング, ポーカー〕스트레이트〔野球で直球〕스트레이트, 직구〔ウイスキーの〕스트레이트의 ¶ストレートな発言(→率直な発言) 솔직한 발언 / 我々はストレートで勝った 우리는 전승했다. / 我々はストレートで負けた 우리는 전패했다. / 彼女は大学にストレートで合格した 그녀는 대학에 한번에 합격했다. / 彼はウイスキーをストレートで飲む 그는 위스키를 스트레이트로 마신다.
**ストレス** 스트레스 ¶彼は仕事のストレスがたまっているようだ 그는 일의 스트레스가 쌓여 있는 것 같다. / テニスをしてストレスを解消した 테니스를 해서 스트레스를 해소했다. / ストレスの原因 스트레스의 원인
**ストロー** 스트로, 빨대 ¶アイスコーヒーをストローで飲んだ 냉커피를 빨대로 마셨다.
**ストロボ** 스트로보, 플래시 ¶ストロボをたく 플래시를 터뜨리다
**ずどん** 쾅 ¶ずどんと鉄砲が鳴った 쾅하고 총소리가 울렸다.
**すな【砂】** 모래 ¶目に砂が入った 눈에 모래가 들어왔다. / 小さな子供は砂遊びが好きだ 어린 아이는 모래 장난을 좋아한다. / トラックが砂ぼこりをあげて走り過ぎた 트럭이 모래 먼지를 일으키며 지나갔다. / その町での生活は砂をかむようだった 그 도시에서의 생활은 무미건조했다. [関連] 砂あらし 모래 폭풍 / 砂時計 모래시계 / 砂場 모래장 / 砂浜 모래사장 / 砂原 모래벌판 / 砂山 모래언덕 / 砂丘 사구
**すなお【素直】** ◇素直だ 순진하다, 순수하다, 솔직하다〔温和だ〕온순하다 ◇素直に 순진하게, 순순히, 솔직히 ¶弟は正直で素直な子だ 동생은 정직하고 순진한 아이다. / 彼女は純粋な性質だ 그녀는 순수한 사람이다. / この絵には子供の素直な目で見たままが描かれている 이 그림에는 아이의 순수한 눈으로 본 그대로가 그려져 있다. / 彼は素直な文章を書く 그는 자연스러운〔담백한〕글을 쓴다.
¶お父さんの言うことに素直に従いなさい 아버지가 말씀하신 것을 순순히 따라라. / 彼女は素直に先生の忠告を聞いていた 그녀는 순순히 선생님의

충고를 듣고 있었다. / 素直に白状しなさい 솔직히 자백해.

**スナック** 〔軽食〕스낵, 간단한 식사 〔店〕스낵바

**スナップ** 스냅 〔ホック〕똑닥단추 〔写真〕스냅 사진 ¶ブラウスのスナップを留める[外す] 블라우스의 스냅을 채우다[풀다] / 海岸でスナップ写真を撮った 해안에서 스냅 사진을 찍었다. / ボールを投げるときスナップをきかせてごらん 공을 던질 때 스냅을 잘 이용해 봐.

**すなわち【即ち】**즉, 곧 ¶事件は7年前, すなわち2001年に起こった 사건은 7년 전, 즉 2001년에 일어났다. / 三原色, すなわち赤, 緑, 青 삼원색, 즉 빨강, 녹색, 파랑.

**スニーカー** 운동화, 스니커

**すね【脛】**정강이 ¶すねを階段にぶつけた 정강이를 계단에 부딪혔다. 慣用句 君はまだ親のすねをかじっているのか 넌 아직도 부모님께 손을 벌리니? / 彼はすねに傷を持つ身だ 그는 뒤가 구리다. | 그는 떳떳치 못한 구석이 있다. 関連 すね当て 정강이받이

**すねる【拗ねる】**비꼬이다, 뒤틀려지다, 토라지다 ¶その子はすねて母親に返事もしなかった 개는 토라져서 어머니에게 대답도 하지 않았다.

**ずのう【頭脳】**두뇌, 머리 ¶この仕事にはすぐれた頭脳が必要だ 이 일에는 뛰어난 머리가 필요하다. / 彼女は頭脳明晰だ 그녀는 두뇌가 명석하다.
¶彼は会社の頭脳となって働いた 그는 회사의 두뇌가 되어 일했다. / ここに日本最高の頭脳が集まった 여기에 일본 최고의 두뇌들이 모였다. 関連 頭脳集団 두뇌 집단 / 頭脳流出[流入] 두뇌 유출[유입] / 頭脳労働 두뇌 노동 / 人工頭脳 인공 두뇌

**スノー** 스노, 눈 関連 スノータイヤ 스노 타이어 / スノーモービル 설상차(雪上車)

**スノーボード** 스노보드

**スパイ** 스파이, 간첩(間諜) ◇スパイする 빼내다 ¶彼らは敵国にスパイを潜入させた 그들은 적국에 스파이를 잠입시켰다. / 彼女は日本の軍事機密をスパイした 그 여자는 일본의 군사 기밀을 빼냈다. 関連 スパイ衛星 스파이 위성 / スパイ映画[小説] 스파이 영화[소설] / スパイウェア 《IT》스파이웨어 / 産業スパイ 산업 스파이 / 二重スパイ 이중 간첩

**スパイク** 〔バレーボールの〕스파이크 〔靴〕스파이크 슈즈 ¶彼女のスパイクが決まった 그녀가 스파이크를 성공시켰다. 関連 スパイクタイヤ 스파이크 타이어

**スパイス** 양념, 향신료(香辛料) ¶暑い国ではスパイスのきいた料理が好まれる 더운 나라에서는 향신료가 들어간 요리가 인기다. / シチューにスパイスを入れる 스튜에 향신료를 넣다

**スパゲッティ** 스파게티 ¶お昼にスパゲッティを食べた 점심에 스파게티를 먹었다.

**すばしっこい** 재빠르다, 날쌔다 ◇すばしっこく 재빨리, 날쌔게 ¶犬はすばしっこく逃げていった 개는 재빠르게 도망갔다. / その子はとてもすばしっこくて捕まえられなかった 그 아이는 아주 날쌔서 잡을 수 없었다.

**すぱすぱ** 뻑뻑, 뻐끔뻐끔 ¶たばこをすぱすぱ吸う 담배를 뻐끔뻐끔 피우다

**ずばずば** 거리낌없이 ¶彼はずばずばものを言う 그는 거리낌없이 말하다

**スパナ** 스패너

**ずばぬける【ずば抜ける】**두드러지다, 빼어나다, 뛰어나다 ¶彼はずば抜けて足が速い 그는 두드러지게 발이 빠르다. / 彼女はクラスでずば抜けてよくできる 그녀는 반에서 뛰어나게 공부를 잘한다. / 彼女はずば抜けた音楽の才能を持っている 그녀는 빼어난 음악적 재능을 가지고 있다.

**すばやい【素早い】**날쌔다, 재빠르다, 민첩하다 ◇素早く 날쌔게, 재빨리, 민첩하게 ¶素早い決断 재빠른 결단 / 彼は素早く立ち上がった 그는 날쌔게 일어났다. / 彼らは素早く行動に移った 그들은 민첩하게 행동으로 옮겼다. / 彼は素早くそれに感づいた 그는 재빠르게 그것을 눈치 챘다. / 政府は素早く被災者への支援策を講じた 정부는 재빨리 피해자 지원책을 강구했다.

**すばらしい【素晴らしい】**훌륭하다, 굉장하다, 멋지다 ¶それはすばらしい それ 굉장하다.
¶そのホテルの部屋からはすばらしい海の景色が見える 그 호텔 방에서 훌륭한 바다의 경치가 보인다. / 彼は大学ですばらしい成績を収めた 그는 대학에서 훌륭한 성적을 거두었다. / そのピアニストはすばらしい演奏をした 그 피아니스트는 훌륭한 연주를 했다. / その日は暖かい日差しのすばらしい日だった 그 날은 햇살이 따뜻한 멋진 날이었다.
会話 すばらしかった
A：料理はいかがでしたか
B：チゲの味がとてもすばらしいです
A：料理は どうでしたか
B：찌개 맛이 아주 훌륭했습니다.
A：コンサートはいかがでしたか
B：すばらしいのひと言です
A：콘서트는 어땠습니까？
B：한 마디로 멋졌습니다.

**すばる【昴】**묘성(昴星)

**スパルタ** 스파르타 関連 スパルタ教育 스파르타 교육

**ずはん【図版】**도판, 그림 〔挿し絵〕삽화 〔図解〕도해

**スピーカー** 스피커, 확성기(拡声器) ¶スピーカーから音楽が流れてきた 스피커에서 음악이 흘러 나왔다.

**スピーチ** 스피치 ¶テーブルスピーチをする 테이블 스피치를 하다 / 私は友人の結婚披露宴でスピーチをした 나는 친구의 결혼 피로연에서 스피치를 했다.

**スピード** 스피드, 속력(速力), 속도(速度)

基本表現
▷スピードを落とせ 속력을 낮춰.
▷そんなにスピードを出さないで
그렇게 속도를 내지 마.
▷今スピードはどのくらい出てますか
지금 속도는 어느 정도입니까？

**スピッツ**

▷スピード違反で捕まった 속도 위반으로 걸렸다. ¶この車はどのくらいスピードが出ますか 이 차는 어느 정도 스피드를 낼 수 있습니까? / もっとスピードを出せ 스피드를 더 내. / スピードを出しすぎると危険だ 스피드를 너무 내면 위험하다. / 列車はスピードを増した 열차는 스피드를 더 냈다. / その車は途方もないスピードで走っていた 그 차는 터무니없는 속도로 달리고 있었다. / 車は時速80キロのスピードで走っていた 차는 시속 80킬로의 스피드로 달리고 있었다. / 光は宇宙空間を毎秒約30万キロのスピードで進む 빛은 우주 공간을 매초 약 30만킬로의 속도로 진행한다. ¶スピード違反の切符を切られた 속도 위반으로 딱지를 떼었다. / そのスポーツカーはスピード感にあふれていた 그 스포츠카는 스피드감이 넘쳤다. / バイクをフルスピードで飛ばした 오토바이를 전속력으로 달렸다. / 生産をスピードアップする 생산 속도를 향상시키자. / もっと仕事のスピードを上げないと予定どおりに終わらないぞ 일의 속도를 더 내지 않으면 예정대로 안 끝나. 関連 スピード狂 스피드광 / スピードガン 스피드 건 / スピードスケート 스피드 스케이팅

**スピッツ**〔犬〕스피츠

**ずひょう【図表】**도표〔グラフ〕그래프 ¶彼は物価の統計値を図表で示した 그는 물가의 통계치를 도표로 나타냈다. / 人口動態の図表を作る 인구 동태 그래프를 만들다

**スプーン** 스푼〔さじ〕숟가락 ¶スプーンですくい上げる〔取る〕스푼으로 떠올리다〔건지다〕/ スプーン1杯の砂糖 한 스푼의 설탕 関連 先割れスプーン 스포크, 포크 겸용 스푼 / スープスプーン 수프 스푼 / デザート用スプーン 디저트 스푼

**ずぶとい【図太い】**배짱이 좋다, 대담하다〔厚かましい〕뻔뻔스럽다, 유들유들하다 ¶あいつは図太い神経の持ち主だ 그 녀석은 대담한 신경을 가졌다. / 図太いやつだなあ 배짱이 좋은 녀석이네.

**ずぶぬれ【ずぶ濡れ】**¶夕立にあってずぶ濡れになった 소나기를 만나서 흠뻑 젖었다.

**スプリンクラー** 스프링클러

**スプリンター** 스프린터, 단거리 선수 関連 スプリント種目 스프린트 종목

**スプレー** 스프레이, 분무기 ◇スプレーする 분무하다 ¶壁にペンキをスプレーした 벽에 페인트를 스프레이로 뿌렸다. / スプレー缶 스프레이 통 関連 ヘアスプレー 헤어 스프레이

**すべ【術】**방법, 수단, 도리 ¶もはやなすすべもないいまでは 어쩔 도리가 없다. / 自分の家が焼け落ちるのを彼はなすすべもなく見ていた 자기 집이 불에 타 무너지는 것을 그는 손도 못 쓰고 보고 있었다.

**スペア** 스페어 関連 スペアインク 스페어 잉크 / スペアキー 스페어 키 / スペアタイヤ 스페어 타이어

**スペース** 스페이스 ¶ノートパソコンは机の上でもあまりスペースを取らない 노트북 컴퓨터는 책상 위에서도 별로 스페이스를 차지하지 않는다. / 収納スペース 수납 스페이스

**スペースシャトル** 스페이스 셔틀, 우주 왕복선〔宇宙往復船〕

**スペード**〔トランプ〕스페이드 ¶スペードのキング〔ジャック, クイーン〕스페이드의 킹〔잭, 퀸〕

**スペクトル** 스펙트럼 関連 スペクトル分析 스펙트럼 분석

**スペシャリスト** 스페셜리스트, 전문가(專門家) ¶ウェブスペシャリスト 웹 스페셜리스트

**すべすべ** ◇すべすべだ 매끈매끈하다 ¶彼女の肌は赤ん坊のようにすべすべしている 그녀의 피부는 아기처럼 매끈매끈하다. / すべすべした肌 매끈매끈한 피부

**すべて【全て】**전부(全部), 모두, 다〔全体〕전체 ◇すべての 모든 ¶私たちすべてが彼女が結婚したことを知っている 우리 모두 그녀가 결혼한 것을 알고 있다. / 金がすべてだ 돈이 전부다. / 医者の言うことをすべて信じてはいけない 의사가 하는 말을 전부 믿어서는 안 된다. ¶ミョンチョルは持っていたすべてのお金をなくした 명철이는 가지고 있던 돈 전부를 잃어 버렸다. / 台風ですべての作物が被害を受けた 태풍으로 작물 전체가 피해를 입었다. ¶クリスマスが近づくと通りのすべての木がイルミネーションで飾られる 크리스마스가 다가오면 거리의 모든 나무가 일루미네이션으로 장식된다. / その出来事についてすべて話してあげましょう 그 일에 대해서 다 이야기해 드리겠습니다. / 私たちの会話がすべて録音されているとは知らなかった 우리 대화가 전부 녹음되어 있을 줄은 몰랐다. 慣用句 すべての道はローマに通ず 모든 길은 로마로 통한다.

**すべらす【滑らす】**미끄러뜨리다〔口を〕잘못 놀리다 ¶老人は階段で足を滑らせた 노인은 계단에서 발이 미끄러졌다. / 口を滑らせてしまった 무심코 입을 잘못 놀려 버렸다.

**すべりこみ【滑り込み】**〔野球の〕슬라이딩 ¶滑り込みで会議に間に合った 아슬아슬하게 회의에 닿았다. / 滑り込みセーフ 슬라이딩 세프

**すべりこむ【滑り込む】**〔野球で〕미끄러져 들어가다, 슬라이딩하다〔何とか間に合う〕겨우 시간에 대가다 ¶外野フライで三塁走者が本塁に滑り込んだ 외야 플라이로 3루 주자가 본루에 슬라이딩했다. / 列車はホームに滑り込む 열차가 홈에 미끄러져 들어오다 / 始業のベルと同時に教室に滑り込んだ 수업 시작 종과 동시에 교실에 아슬아슬하게 들어갔다.

**すべりだい【滑り台】**미끄럼틀, 미끄럼대 ¶うちの子は滑り台が好きだ 우리 아이는 미끄럼틀을 좋아한다. / 滑り台を滑る 미끄럼틀을 타다

**すべりだし【滑り出し】**시작 ◇滑り出す 시작되다 ¶上々の滑り出しだ 최상의 시작이다.

**すべりどめ【滑り止め】**〔自動車〕미끄럼 방지 ¶滑り止めのしてあるタイヤ 미끄럼 방지 처리된 타이어 / 彼は滑り止めにいくつもの大学を受験した 그 친구는 안전판으로 몇 개의 대학에 원서를 냈다.

**スペリング** 스펠링, 철자법 ¶この英文にはスペリングの間違いが2か所ある 이 영문에는 스펠링이 틀린 데가 두 군데 있다. / 「カリスマ」という単語

**すべる【滑る】** ❶〔滑走する〕활주하다〔スキーやスケートで〕타다〔かすめて〕미끄러지듯 나아가다 ¶スキーで丘を滑り降りた 스키 타고 언덕을 내려갔다. / この湖は氷が薄くて滑れない 이 호수는 얼음이 얇아서 스케이트를 탈 수 없다. / 海の上を船が滑るように進んでいった 바다 위를 배가 미끄러지듯 나아갔다. / モーターボートが湖面をかすめるように滑っていった 모터보트가 호수 면을 스치듯이 미끄러져 갔다.
❷〔不本意に〕미끄러지다〔つるつるする〕미끄럽다〔試験に〕떨어지다〔口が〕잘못 놀리다
¶氷の上で滑って転んだ 얼음 위에서 미끄러져 넘어졌다. / 道が凍結していたのでブレーキをかけた時, 車が滑った 도로가 얼어 있어서 브레이크를 걸었을 때 차가 미끄러졌다. / 凍った道は滑りやすい 언 길은 미끄러지기 쉽다.
¶手が滑って皿を割ってしまった 손이 미끄러워서 접시를 깨고 말았다. / 彼は今年も入試に滑った 그는 올해도 입시에서 떨어졌다. / ついロが滑ってしまった 무심코 입을 잘못 놀리고 말았다.

**使い分け** すべる

| すべる | 滑って転ぶ | 미끄러지다 |
| --- | --- | --- |
| | (スキーなどで) 滑る | 타다 |
| | (試験に) すべる, 落ちる | 떨어지다 |

**スポイト** 스포이트
**スポークスマン** 대변인(代弁人)
**スポーツ** 스포츠 ¶スポーツは大好きです 스포츠를 아주 좋아합니다. / サッカーは彼の好きなスポーツだ 축구는 그가 좋아하는 스포츠이다. / 好きなスポーツは何ですか 좋아하는 스포츠는 무엇입니까? / 「何かスポーツをしていますか」「ゴルフをやっています」"뭔가 스포츠를 하고 계십니까?" "골프를 하고 있습니다." / 私の学校はスポーツがとても盛んです 우리 학교는 스포츠가 아주 활성화되어 있습니다. / 私は見て楽しむスポーツが好きだ 나는 보고 즐기는 스포츠를 좋아합니다. / テレビでスポーツ中継を見るのが好きです 텔레비전에서 스포츠 중계를 보는 것을 좋아합니다. / 彼の体はスポーツで鍛えて引き締まっている 그의 몸은 스포츠로 단련되어 단단하다. / 彼はスポーツ万能だ 그는 스포츠 만능이다. / 彼はスポーツマンだ 그는 스포츠맨이다.
関連 スポーツ医学 스포츠 의학 / スポーツウェア 스포츠 웨어, 운동복 / スポーツカー 스포츠카 / スポーツ界 스포츠계 / スポーツ刈り 스포츠머리 / スポーツ記者 스포츠 기자 / スポーツキャスター 스포츠 캐스터 / スポーツシャツ 스포츠 셔츠 / スポーツシューズ 스포츠 슈즈, 운동화 / スポーツ新聞 스포츠 신문 / スポーツセンター 스포츠 센터 / スポーツドリンク 스포츠 드링크, 스포츠 음료수 / スポーツニュース 스포츠 뉴스 / スポーツバッグ 스포츠 백 / スポーツマンシップ 스포츠맨십 / スポーツ用品 스포츠 용품 / スポーツ用品店 스포츠 용품점 / スポーツ欄〔新聞の〕 스포츠란 / ウインタースポーツ 겨울철 스포츠 / 室内スポーツ 실내 스포츠 / プロ[アマ]スポーツ 프로[아마] 스포츠 ⇒運動

**ずぼし【図星】** ¶「チャンホはユミのことが好きなんじゃないかな」「図星だよ」"찬호가 유미를 좋아하는 거 아닐까?" "맞아 맞아."
**スポットライト** 스포트라이트〔脚光〕각광, 주시〔注視〕¶スポットライトを浴びる 스포트라이트를 받다
**すぼめる【窄める】** 오므리다〔すくめる〕움츠리다〔折り畳む〕접다 ¶口をすぼめる 입을 오므리다 / 肩をすぼめる 어깨를 움츠리다 / 傘をすぼめる 우산을 접다

**ズボン** 바지

基本表現
▶ズボンをはく 바지를 입다
▶ズボンを脱ぐ 바지를 벗다
▶ズボンをプレスする 바지를 다림질하다
▶このズボンのサイズは32だ 이 바지 사이즈는 32이다.
▶ズボンを1本買った 바지를 한 벌 샀다.
▶ズボンの丈を詰めてもらった 바지 길이를 줄였다.

¶最近腹が出てきてズボンが窮屈だ 요즘 배가 나와서 바지가 꽉 낀다. / その子はだぶだぶのズボンをはいていた 그 아이는 헐렁헐렁한 바지를 입고 있었다. / ズボンの後ろポケットに財布を入れた 바지의 뒷 주머니에 지갑을 넣었다. 数え方 ズボン1本 바지 한 벌
**スポンサー** 스폰서 ¶この番組にスポンサーが付くだろうか 이 프로그램에 스폰서가 붙을까? / テレビ番組のスポンサーになる 텔레비전 프로그램의 스폰서가 되다
**スポンジ** 스펀지 ¶食器をスポンジで洗った 식기를 스펀지로 씻었다. 関連 スポンジケーキ 스펀지 케이크
**スマート** 스마트 ◇スマートだ 스마트하다, 말쑥하다, 세련되다〔ほっそりした〕날씬하다 ¶スマートな身なり 스마트한 차림새 / スマートな紳士 스마트한 신사 / スマートな服装をする 스마트한 복장을 하다 / 彼女はずいぶんスマートになった 그녀는 굉장히 날씬해졌다. ⇒しゃれた, 細い
**すまい【住まい】**〔家〕집〔住所〕주소, 사는 곳〔暮らし〕생활, 살이 ¶お住まいはどちらですか 댁은 어디십니까? / 彼女は一人住まいをしている 그녀는 혼자 생활하고 있다.

**すます【済ます】** ❶〔終える〕끝내다, 마치다 ¶早く宿題を済ませなさい 빨리 숙제를 끝내라. / 自分の用事を済ませてくるよ 내 일을 끝내고 올게. / 用件は電話で済ませた 용건은 전화로 끝냈다. / 入学手続きを済ませた 입학 수속을 끝냈다. / 先月の会社との新規の契約を済ませた 지난 달 그 회사와의 신규 계약을 마쳤다. / 夕食は済ましてきました 저녁은 먹고 왔습니다.
会話 勘定を済ませる
A : もう勘定は済ませたんですか
B : うん, きょうはおごるよ

A : 벌써 계산하셨어요?
B : 응, 오늘은 내가 살게.
❷ 〔間に合わせる〕때우다 〔解決する〕해결하다, 넘기다 ¶お昼はよくサンドイッチで済ましている 점심은 자주 샌드위치로 때운다. / 忙しい時は朝食抜きで済ますことがある 바쁠 때는 아침을 안 먹을 때도 있다. / わびぐらいでは済まされない 사과한 정도로는 용서되지 않는다. / 今の世の中コンピュータぐらい扱えなくては済まないだろう 지금 세상에서 컴퓨터 정도는 쓸 줄 알아야 될걸.

**すます【澄ます】**❶〔耳を〕기울이다 ¶隣の話し声に耳を澄ました 옆의 이야기 소리에 귀를 기울였다. / 耳を澄ますと草むらで虫の声が聞こえた 귀를 기울이자 수풀에서 벌레 우는 소리가 들렸다.
❷〔態度を〕점잔을 빼다, 새침하다 ¶彼女はいつもつんと澄ましている 그녀는 항상 새침하게 점잔을 빼고 있다. / 彼は澄ました顔をしていたが実はとても緊張していた 그는 점잔 뺀 얼굴을 하고 있었지만 실은 아주 긴장하고 있었다.

**スマッシュ**〔テニス, 卓球〕스매시 ◇スマッシュする 스매시하다

**すみ【隅】**구석, 모퉁이 ¶彼女は部屋の隅に座っていた 그녀는 방 구석에 앉아 있었다. / 父はいつも新聞を隅から隅まで読む 아버지는 항상 신문을 구석구석 읽으신다. 慣用句 彼は隅に置けないやつだ 그는 보통내기가 아니다.

**すみ【炭】**숯 ¶炭を焼く 숯을 굽다 / 炭をおこす 숯불을 피우다 関連 炭火 숯불 / 炭火焼き 숯불구이

**すみ【墨】**먹〔墨汁〕먹물〔いか・たこの〕먹물 ¶墨で書く 먹으로 쓰다 / 空は墨を流したように(→漆黒のごとく)暗かった 하늘은 칠흑같이 어두웠다. 関連 墨絵 묵화

**すみごこち【住み心地】**¶この家はとても住み心地がいい 이 집은 아주 살기 좋다.

**すみこみ【住み込み】**더부살이 ¶住み込みの家政婦 더부살이 가정부

**すみずみ【隅々】**구석구석 ¶部屋の隅々まで探したが、鍵は見つからなかった 방 구석구석까지 찾았지만 열쇠는 찾지 못했다. / 彼は町の隅々まで知っていた 그는 동네 구석구석까지 알고 있었다.

# すみません

**【済みません】**❶〔謝罪〕미안합니다, 죄송합니다

使い分け 미안합니다, 죄송합니다
いずれも 韓国語でおわびの意を表す語だが, 죄송합니다は, 主に目上の人に対しておわびを言う場合に用いられ, 미안합니다よりも丁寧な表現.

基本表現
▶すみません 미안합니다.
▶ご面倒をおかけしてすみません
 귀찮게 해서 죄송합니다.
▶遅くなってすみません
 늦어서 미안합니다.
▶カメラを壊してすみません
 카메라를 고장내서 죄송합니다.

会話 すみません
A :(足を踏まれて)あっ, 痛い!
B : すみません. 大丈夫ですか
A : ええ, 大丈夫です
A : 아, 아파아. | 아파.
B : 죄송합니다. 괜찮으십니까?
A : 예, 괜찮습니다.
A : 長いことお待たせしてすみませんでした
B : どういたしまして
A : 오래 기다리게 해서 죄송합니다.
B : 괜찮습니다.
❷〔依頼の前置き・呼びかけ〕미안합니다만, 죄송합니다만 ¶すみません, 駅へ行く道を教えてください 죄송합니다만, 역으로 가는 길을 가르쳐 주십시오. / すみません, 窓を開けてくれませんか 죄송합니다만, 창문 좀 열어 주시지 않겠습니까? / お忙しいところすみませんが, ちょっとお時間をいただけますか 바쁘신데 죄송합니다만, 좀 시간을 내 주시겠습니까?
❸〔感謝〕고맙습니다, 감사합니다 ¶どうもすみません, 本当に助かります 감사합니다. 정말 도움이 되었습니다. / わざわざお越しいただいてすみません 일부러 와 주셔서 감사합니다.

会話 どうもすみません
A : これ, つまらないものですが
B : いつもどうもすみません
A : 이거 별거 아닙니다만.
B : 항상 감사합니다.
A : どうぞ, おかけください
B : まあ, どうもすみません
A : 앉으세요.
B : 아, 감사합니다.
❹〔聞き返し〕미안합니다만, 죄송합니다만 ¶すみません, もう一度おっしゃってくださいませんか 죄송합니다만, 다시 한 번 말씀해 주시겠습니까?

**すみやか【速やか】**◇速やかな 신속한, 빠른 ◇速やかに 신속히, 빨리 ¶書類を速やかに提出してください 서류를 신속히 제출해 주십시오.

**すみれ【菫】**제비꽃〔三色すみれ〕팬지

# すむ

**【済む】**❶〔終わる〕끝나다 ¶会議が済んだ 회의가 끝났다. / 仕事はもう済みましたか 일은 벌써 끝났습니까? / 夕食は 7 時半に済んだ 저녁 식사는 일곱 시 반에 끝났다. /「いつ試験が済んだんですか」「先週の金曜日です」"언제 시험이 끝났습니까?""지난주 금요일입니다." / コンサートは無事に済んだ 콘서트는 무사히 끝났다. / 勉強が済んだら出かけよう 공부가 끝나면 외출하자. / その雑誌はもうお済みですか 그 잡지는 다 보신 거예요.
¶使用済みの切手を集めています 사용한 우표를 모으고 있습니다. / 部屋は全部予約済みです 방은 전부 예약되었습니다.
❷〔間に合う, 足りる〕되다, 괜찮다, 해결되다, 넘기다 ¶昼食には千円あれば済む 점심에는 천엔만 있으면 된다. / 12月は暖かくてコートなしで済んだ 십이월은 따뜻해서 코트 없이도 지낼 수 있었다. / その程度の謝罪で済むと思うな 그 정도의 사죄로 끝날 거라고 생각하지 마. / これは金

済むような問題ではない 이것은 돈으로 해결될 문제가 아니다. / バスがあったのでタクシーに乗らないで済んだ 버스가 있어서 택시 안 타도 됐다. / 彼の援助を求めずに済んだ 그의 원조를 구하지 않고 해결했다. / 大事故だったにもかかわらず彼女はかすり傷で済んだ 큰 사고였는데도 그녀는 찰과상으로 끝났다.
❸〔満足する〕만족하다, 속이 풀리다 ¶したいことをしたんだから気が済むだろう 하고 싶은 일을 했으니까 이제 만족하지? /〖慣用句〗済んだことは仕方がない 끝난 일은 어쩔 수 없다.

**すむ**【住む・棲む】살다 ¶私は東京の渋谷に住んでいる 나는 도쿄의 시부야에 살고 있다. / 私はこの通りに住んでいる 나는 이 거리에 살고 있다. / 彼はこのマンションの7階に住んでいます 그 사람은 이 아파트 7층에 살고 있습니다. / この村はとても住みやすいところです 이 마을은 아주 살기 좋은 곳입니다. / 彼女はどこかこの近所に住んでいるようだ 그녀는 어딘가 이 근처에 살고 있는 것 같다. / 私は両親の家の隣に住んでいる 나는 부모님 집 옆에 살고 있다. / 家族と横浜に住んでいる 가족과 요코하마에 살고 있다. / 私はこのアパートに一人で住んでいる 나는 이 아파트에 혼자서 살고 있다. / あなたはどのくらいここに住んでいるのですか 당신은 어느 정도 여기에 살고 있습니까? / ここに住むようになってから5年になる 여기 에 살게 된 지 5년이 된다. / 私は10年前からここに住んでいる 나는 10년 전부터 여기에 살고 있다.
¶きつねは穴の中にすむ 여우는 굴 속에 산다. / この森には鹿がすんでいる 이 숲에는 사슴이 살고 있다. / その島には多くの珍しい動物がすんでいる 그 섬에는 희귀 동물이 많이 살고 있다.

**すむ**【澄む】맑다〔透明다〕투명하다 ¶水は底まで澄んでいる 물은 바닥까지 투명하다. / 澄んだ水〔空気, 声〕맑은 물〔공기, 목소리〕

**スムーズ** 스무드 ◇スムーズだ 스무드하다, 순조롭다 ◇スムーズに 스무드하게, 순조롭게 ¶事はスムーズに運んだ 일은 순조롭게 진행되었다. / 仕事はスムーズにいっています 일은 순조롭게 되고 있습니다. ⇒順調

**ずめん**【図面】도면 ¶図面を引く 도면을 그리다

**すもう**【相撲】스모, 씨름 ¶相撲を取る 씨름을 하다 / 相撲の取り組み 씨름판
¶相撲取り 스모 선수, 씨름꾼, 역사(力士)
〖会話〗**相撲の醍醐味**
A : 相撲の醍醐味って何だろうね
B : 大型力士同士のぶつかり合いかな
A : そうね. だけど小兵力士が大型力士を倒すのもいいよ
B : 確かに, そういうときは思わず手をたたきたくなる
A : 스모의 묘미는 뭘까?
B : 큰 선수가 서로 부딪히는 박력이 아닐까?
A : 그래. 하지만 작은 선수가 큰 선수를 쓰러뜨리는 것도 좋잖아.
B : 맞아. 그럴 때는 나도 모르게 박수치고 싶어져.

A : 相撲は心技体の3つがそろわないと強くなれないと言うね
B : 相撲に限らず柔道など日本の伝統的武道ではみな同じだよ
A : 스모는 정신, 기술, 체력, 이 세 가지가 갖추어지지 않으면 강해질 수 없대.
B : 스모뿐만 아니라 유도 등 일본 전통 무도에서는 다 그래.

**スモッグ** 스모그 ¶スモッグがかかっている 스모그가 끼어 있다. 〖関連〗光化学スモッグ 광화학 스모그

**すもも**【李】자두

**すやき**【素焼き】초벌구이, 설구이 ¶素焼きのつぼ 설구이 단지

**すやすや** 새근새근, 색색 ¶赤ん坊はすやすや眠っている 아기가 새근새근 잠자고 있다.

**すら** 조차, 마저 ¶酒はもちろんたばこすらやめたよ 술은 물론 담배조차 끊었어.

**スライス** 슬라이스 〖関連〗スライスチーズ 슬라이스 치즈 / スライスハム 슬라이스 햄

**スライド** 슬라이드 ◇スライドする 연동하다 ¶スライドを映す 슬라이드를 비추다 / 賃金は物価にスライドされる 임금은 물가에 연동된다.
〖関連〗スライド映写機 슬라이드 영사기

**ずらす** 비키다〔動かす〕움직이다〔時期・時間を〕미루다, 물리다〔移す〕옮기다 ¶机を左にずらす 책상을 왼쪽으로 옮기다 / 椅子を少しずらしていただけますか 의자를 조금만 비켜 주시겠습니까? / 本棚をずらしてロッカーを置くスペースを作った 책장을 움직여서 로커를 놓을 자리를 만들었다.
¶私たちは昼食をずらしてとっている 우리들은 점심을 미뤄서 먹는다. / 発表を来週の月曜日まで1週間ずらした 발표를 다음주 월요일로 일 주일 미뤘다. / 時間をずらす 시간을 뒤로 물리다

**すらすら** 척척, 술술, 거침없이 ¶その生徒は質問にすらすら答えた 그 학생은 질문에 척척 대답했다. / 彼女は韓国語のテキストをすらすらと読んだ 그녀는 한국어 교과서를 술술 읽었다. / 事はすらすらと運んだ 일은 거침없이 진행되었다.

**スラックス** 슬랙스, 바지

**スラム** 슬럼, 빈민굴(貧民窟) ¶この区域はスラム化している 이 지역은 슬럼화되고 있다.
〖関連〗スラム街 빈민가(貧民街)

**すらり** ◇すらりとしている 날씬하다 ¶すらりとした美人 날씬한 미인

**ずらり** 죽 ¶歩道には見物人がずらりと並んでいた 인도에는 구경꾼이 죽 서 있었다. / 映画館のチケット売り場の前には入場券を求める人がずらりと並んでいた 영화관 매표소 앞에는 티켓을 구하려는 사람들이 죽 서 있었다. / 展示場には新製品がずらりと並んでいる 전시장에는 신제품이 죽 진열되어 있다.

**スラング** 속어, 상말

**スランプ** 슬럼프 ¶あの選手はスランプに陥っている 그 선수는 슬럼프에 빠져 있다. / スランプから抜け出す 슬럼프에서 벗어나다

**すり**【掏摸】소매치기 ¶地下鉄の中ですりにやられた 지하철 안에서 소매치기를 당했다. / すりに

ご用心〈▶掲示〉소매치기 조심 / すりを働く 소매치기하다

**すりかえる【摺り替える】** 바꿔치다 ¶そのピカソの絵はいつの間にか偽物とすり替えられていた 그 피카소 그림은 어느새 가짜와 바뀌어 있었다.

**すりガラス【擦りガラス】** 젖빛 유리(▶発音은 젙빤뉴리)

**すりきず【擦り傷】** 찰과상(擦過傷)

**すりきれる【擦り切れる】** ¶このシャツは襟がすり切れている 이 셔츠는 옷깃이 닳아서 찢어져 있다. / 彼はいつもすり切れたジーパンをはいている 그는 항상 닳아서 해어진 청바지를 입고 있다. / じゅうたんがすり切れて薄くなってきた 융단이 닳아서 얇아졌다.

**すりこむ【擦り込む】** 문질러 바르다 ¶薬を擦り込む 약을 문질러 바르다 / この軟膏を肌に擦り込んでください 이 연고를 피부에 문질러 바르세요.

**スリッパ** 슬리퍼 ¶スリッパをはく[脱ぐ] 슬리퍼를 신다[벗다]

**スリップ** [滑ること] 미끄러짐 [女性用の下着] 슬립 ◇スリップする 미끄러지다 ¶車が雪でスリップした 눈에 차가 미끄러졌다. / 雨の日はスリップしやすい 비가 오는 날에는 미끄러지기 쉽다. ⇨滑

**すりへらす【磨り減らす】** 닳게 하다 [心身を] 소모시키다 [やすりなどで] 마멸시키다 ¶靴のかかとをすり減らす 구두 뒷굽을 닳게 하다 / 彼女は仕事で神経をすり減らしてしまった 그녀는 일에 신경을 소모시켜 버렸다.

**すりへる【磨り減る】** 닳다, 마멸하다, 마멸되다 ¶タイヤの溝がすり減っている 타이어가 닳았다.

**すりむく【擦り剝く】** 깨다, 까다 ¶転んで膝をすりむいてしまった 넘어져서「무릎이 깨져 버렸다 [무릎에 찰과상을 입었다」.

**スリラー** [小説・映画] 스릴러 ¶スリラー映画 스릴러 영화

**スリル** 스릴 ¶ジェットコースターはスリル満点だった 롤러코스터는 스릴 만점이었다. / 彼はスリルとロマンの冒険を求めて一人で航海に出発した 그는 스릴과 낭만 모험을 찾아서 혼자서 항해에 나섰다. / スリル満点の映画 스릴 만점인 영화 | スリルが溢れる映画 스릴이 넘치는 영화

**する【為る】** ❶ [行う] 하다 ¶きょうは何もすることがなくて退屈だ 오늘은 아무 할 일이 없어서 지루하다. / 好きなようにしろ, もうどうなっても知らないぞ 좋을 대로 해, 어떻게 되든 모른다. / そうするよりほかに方法がなかった 그렇게 할 수 밖에 방법이 없었다. / 「何をしているの」「クロスワードをしているんだよ」"뭐 해?" "퍼즐 맞추기를 하고 있어." / 電話をする 전화를 하다 / 早くしろよ 빨리 해. / 財布をなくしてしまった. どうしよう 지갑을 잃어 버렸어. 어떡하지? / このごろ腹が出てきた. 何か運動したほうがいいかな 요즘 배가 나왔어. 뭔가 운동하는 게 좋을까? / もう少し男らしくしたらどうなた 조금 더 남자답게 굴면 어떨까?

¶最近の彼女はする事なす事すべてうまくいかないようだ 최근 그녀는 하는 일마다 잘 되지 않는 것 같다.

❷ [仕事に従事する, 役目を務める] 하다, 말다 ¶「お仕事は何をしていらっしゃいますか」「車のセールスマンをしています」"무슨 일을 하고 계십니까?" "차 세일즈맨을 하고 있습니다." 彼のお父さんは床屋さんをしている 그녀의 아버지는 이발소를 하고 계신다. / 父はこの町で医者をしています 아버지는 이 동네에서 의사를 하고 계십니다. / 教師をする 교사를 하다 / だれに仲人をしてもらおうか 누구에게 중매를 부탁하지? / 頑固じいさんの相手をするのも疲れるよ 완고한 할아버지를 상대하는 것도 피곤해.

❸ [感じられる] 느껴지다, 나다 ¶よいにおいがする 좋은 냄새가 난다. / ガスのにおいがする 가스 냄새가 난다. / このヨーグルトは変な味がするよ 이 요구르트는 이상한 맛이 난다. / 頭痛[寒気]がする 두통[오한]이 느껴진다. / 玄関で人の声がする 현관에서 사람 목소리가 난다. / 稲光がしたとたんごろごろと大きな音がした 번개가 치자마자 우르르하고 큰 소리가 났다. / ほめられれば悪い気はしない 칭찬받으면 기분이 나쁘지는 않다. / 前に先生にお会いしたことがあるような気がします 전에 선생님을 뵌 적이 있는 것 같은 느낌이 듭니다.

❹ [人を…にする] ¶僕が必ず君を幸福にしてみせる 내가 너를 반드시 행복하게 해 주겠어. / 息子を会社の後継ぎにするつもりだ 아들에게 회사 뒤를 잇게 할 생각이다. / あんなわがままな人間を仲間にするのは反対だ 그런 제멋대로 구는 사람이 우리 그룹에 들어오는 건 반대야. / あんなやつを相手にするな 저런 녀석을 상대하지 마. / ばかにするな 깔보지 마. / クラブの部長にだれをしようか 동아리 부장을 누구로 할까?

❺ [物を…にする] ¶せっかくのご好意を無にする結果になり申し訳ございません 모처럼 베풀어 주신 호의를 헛되이 해서 죄송합니다. / 椅子を台にしてたんすの上のものを取った 의자를 발판으로 해서 옷장 위에 있는 물건을 집었다. / この宝石類をお金にするとどれくらいになりますか 이 보석류를 돈으로 바꾸면 얼마 정도 됩니까? / この機械は大豆をひいて粉にする 이 기계는 콩을 갈아서 가루로 만든다. / これをもちまして私のあいさつにさせていただきます 이것으로써 제 인사를 대신하겠습니다. / あの話はなかったことにしてください 그 이야기는 없었던 걸로 해 주세요.

❻ [ある状態である, ある状態になる] ¶小さな子供はちょっとの間もじっとしていない 어린 아이는 잠시도 가만히 있지 않는다. / これまで病気らしい病気をしたことがない 지금까지 병이라 할 만한 병을 앓은 적이 없다. / 彼女はまだ来ない. どうしたんだろう 그녀는 아직 안 왔어. 어떻게 된 일일까? / このごろ君はどうかしているよ 요즘 너 어떻게 된 거야. / 静かにしていなさい 조용히 해요. / 顔を真っ赤にする 얼굴을 벌겋게 하다

❼ [決める, 選ぶ] ¶[喫茶店で]私はコーヒーにします 나는 커피로 하겠습니다. / 彼女は仕事をやめることにした 그녀는 일을 그만두기로 했다. / 朝食はもっぱらトーストとコーヒーにしています 아침은 항상 토스트와 커피로 하고 있습니다. / 彼は毎日ジョギングをすることにしている 그는 매일 조깅을 하기로 했다. / どっちかにしなさい 둘 중 하나만

골라. / じゃあ、こうしよう 그럼, 이렇게 하자. / 家賃は月末までに納めるものとする 집세는 월말까지 내는 것으로 함.

❽ [値がする] 하다 ¶この車は500万円もする 이 차는 5백만 엔 하겠다. / このマンションは5千万はするだろう 이 아파트는 5천만은 하겠지. / この服はかなりするだろうな 이 옷은 꽤 하겠지. / そのパソコンはいくらしたの 그 컴퓨터는 얼마나 줬어?

❾ [時間がたつ] 지나다 ¶30分もすれば雨はやむだろう 30분 있으면 비는 그치겠지. / 3日もすれば 사흘만 있으면 / この洗濯機は買って1年もしないのにもう壊れた 이 세탁기는 사서 1년도 안 됐는데 벌써 고장났다. / しばらくすれば彼の怒りも治るだろう 좀 지나면 개도 화가 풀리겠지.

❿ [身につける] 하다, 매다 ¶銀行員はいつもネクタイをしている 은행원은 항상 넥타이를 하고 있다. / とても寒かったのでマフラーをして出かけた 너무 추워서 머플러를 하고 나갔다. / ネックレスをする 목걸이를 하다

⓫ [ある形・色・性質である] 하다 ¶彼女は青い目をしている 그녀는 파란 눈을 하고 있다. / 先生は恐い顔をしてぼくをにらんだ 선생님은 무서운 얼굴을 하고 나를 쏘려보셨다. / あの男の子はいい体格をしている 저 남자 애는 체격이 좋다.

⓬ [ある動作を始める] 하다 ¶もうお昼だから食事にしよう 벌써 점심 시간이 됐네. 밥 먹자. / そろそろ寝るとするか 슬슬 잘까? / 3時になったら休憩にしよう 세 시가 되면 쉬자[휴식하자].

⓭ […とすれば] 하다 ¶もう一度生まれ変わるとしたら何になりたい? 다시 태어난다면 뭐가 되고 싶어? / そこまで歩いていくとすれば何分ぐらいかかりますか 거기까지 걸어간다면 몇 분 정도 걸립니까?

⓮ […しようとする] -(으)려고 하다 ¶出かけようとするところへ電話が鳴った 나가려고 하는데 전화가 울렸다. / 逃げようとする 도망치려고 하다 / 彼女は笑いそうになるのを懸命にこらえようとしていた 그녀는 나오는 웃음을 애서 참으며 있었다. / 日が暮れようとしている 해가 지려고 하다

⓯ […に[と]しても] -다고 해도 ¶この強風ではたとえ電車が動いたにしても連絡船は運航しないだろう 이 강풍에 설령 전철이 운행된다고 해도 연락선은 운항하지 않을 것이다. / 飲みすぎていたにしても君の昨晩の振る舞いはまったく弁解の余地がない 아무리 술 취했다고 해도 네가 어젯밤 한 행동은 변명의 여지가 없다.

⓰ […にしろ, …にせよ] -건, -든지 ¶うちの子はチーズにしろヨーグルトにしろ乳製品にはすべてアレルギーを起こす 우리 아이는 치즈건 요구르트건 유제품에는 모두 알레르기를 일으킨다. / ここに留まるにせよここから離れるにせよ生き延びられる保障はない 여기에 머무르든지 여기에서 떠나든지 연명할 수 있다는 보장은 없다.

⓱ [ーとしたことが] 오れとしたことが、こんな失敗をしでかすとは 다른 사람도 아닌 내가 이렇게 실패할 줄이야.

⓲ […にしては] …치고는 […としては] …(으)로

서는 ¶うちの子は小学生にしてはかなり背が高い 우리 아이는 초등학생 치고는 패 키가 크다. / その作家の作品としては新作はあまりできのよいものとは言えない 그 작가의 작품으로서는 신작은 별로 잘된 작품이라고 할 수 없다.

**する【刷る】** 박다, 찍다 [印刷する] 인쇄하다 ¶新聞を刷る 신문을 인쇄하다 / 名刺を刷る 명함을 찍다[박다] ⇒印刷

**する【擦る・磨る・擂る】** [こする] 문지르다, 비비다, 갓다 [ひく] 빻다 [すりつぶす] 으깨다 [失う] 탕진하다 ¶マッチをする 성냥을 긋다 / ごまをする 깨를 빻다 (▶日本語のような「へつらう」の意味はない) / 財産をする 재산을 탕진하다 / 彼は競馬で有り金全部をすってしまった 그는 경마에서 있는 돈 전부를 탕진해 버렸다.

**する【掏る】** 소매치기하다 ¶人込みで財布をすられた 사람들이 붐비는 데에서 지갑을 소매치기 당했다.

**ずる【狡】** 부정(不正), 사기(詐欺) ¶彼はよくトランプでずるをする 그는 트럼프에서 자주 속임수를 쓴다. / ずるをして人から金を巻き上げる 사기를 쳐서 돈을 갈취하다

**ずるい【狡い】** [悪賢い] 간사하다, 치사하다 [狡猾な] 교활하다 [不公平な] 불공평하다 [いんちきな] 부정하다 ¶彼はずるいから嫌いだ 그 사람은 간사해서 싫어. / ひとりでケーキを食べちゃったなんてずるいよ 혼자 케이크를 먹어 버리다니 너무해. / そんなのずるいよ 그런 거 불공평해. / ずるい手を使ってまで試合に勝とうとは思わない 속임수를 쓰면서까지 이기려고는 생각하지 않는다. / いつもずるいことをしているから罰が当たったのさ 언제나 치사한 행동을 하니까 벌을 받은 거야. / 少しはずるくならなきゃだめだよ 조금은 간사해지지 않으면 안 돼.

**ずるがしこい【狡賢い】** 간사하다, 교활하다 ⇒ずるい

**すると** 그러자, 그렇다면 ¶すると彼女は突然泣きだした 그러자 그 애는 갑자기 울기 시작했다. / 彼は窓から外を見た。すると1台の車が走り去るのが見えた 그는 창밖을 보았다. 그러자 차 한 대가 지나가는 것이 보였다. / すると彼女に会いたくないのですね 그렇다면 그 여자를 만나고 싶지 않은 거네요. / すると彼はあなたの遠い親戚になりますね 그렇다면 그 사람은 당신의 먼 친척이 되네요.

## するどい

**【鋭い】** ❶ [刃物などが鋭利な] 날카롭다, 예리하다 ¶鋭いナイフで指を切ってしまった 날카로운 칼에 손가락을 베고 말았다. / ライオンは鋭い牙を持っている 사자는 예리한 엄니를 가지고 있다. ¶あの目つきの鋭い人はだれですか 저 눈매 날카로운 사람은 누구입니까?

❷ [頭・感覚がすぐれた] 날카롭다, 예리하다, 예민하다 ¶彼は鋭い直感力を持っている 그는 예리한 직감력을 가지고 있다. / 彼女は美に対する感受性がとても鋭い 그녀는 미에 대한 감수성이 아주 예민하다. / 彼は鋭いから君のうそなんかすぐに見破るよ 그는 예리해서 너의 거짓말 같은 건

바로 알아채. / 「お前、最近彼女とうまく行っていないだろう」「鋭いね. どうしてわかる」"너 요새 여자친구랑 별로 안 좋지?" "예리한데. 어떻게 알았어?" / 犬は嗅覚が鋭い 개는 후각이 예민하다. / 大臣は記者からの鋭い質問に答えに詰まった 대신은 기자로부터의 날카로운 질문에 말문이 막혔다. / 彼女は現在の国際情勢を鋭く分析した 그녀는 현재의 국제 정세를 날카롭게 분석했다.
❸ [激しい、厳しい] 날카롭다 ¶わき腹に鋭い痛みが走った 옆구리에 날카로운 아픔이 느껴졌다. / きーっと鋭い音を立てて車は急停車した 끼익하는 날카로운 소리를 내며 차는 급정거를 했다.

**ずるやすみ【ずる休み】**◇ずる休みする 꾀를 부려서 쉬다 (さぼる) 땡땡이를 치다 ¶きょう学校をずる休みした 오늘 학교를 꾀를 부려서 쉬었다 [땡땡이 쳤다].

**ずれ** 차이(差異) ¶二人の間には意識のずれがある 두 사람 사이에는 의식의 차이가 있다. / 記録と実際の日付には1日のずれがある 기록과 실제 날짜에는 하루의 차이가 있다. / その病気は普通、感染から発病まで24時間のずれがある 그 병은 보통 감염에서 발병까지 24시간 걸린다.

**スレート** 슬레이트 ¶スレートぶきの屋根 슬레이트 지붕

**すれすれ** ❶ [今にも触れそうに] 스레스레에 닿을락말락하게, 아슬아슬하게 ¶バスが私の車のわきのすれすれのところを通った 버스가 내 차 옆을 닿을락말락하게 지나갔다. / ピッチャーの投げたボールがバッターの頭すれすれを通った 투수가 던진 공이 타자의 머리를 아슬아슬하게 스쳐갔다. / 飛行機が水面すれすれを飛んでいった 비행기가 수면에 닿을락말락한 곳을 날아 갔다.
❷ [かろうじて] 겨우 ◇すれすれの 아슬아슬한, 빠듯한 ◇すれすれで[に] 아슬아슬하게, 빠듯이 ¶発車時間すれすれに駅に着いた 발차 시간 빠듯하게 역에 도착했다. / 彼はすれすれで試験に合格した 그는 아슬아슬하게 시험에 합격했다.
¶彼らの商売は犯罪すれすれだ 그들이 하는 장사는 범죄에 가깝다.

**すれちがい【擦れ違い】**¶彼女と僕はすれ違いになった 그녀와 나는 엇갈렸다. / 姉夫婦はすれ違いの生活をしている 언니 부부는 엇갈리는 생활을 하고 있다.

**すれちがう【擦れ違う】** 스쳐 지나가다, 마주지나가다 [行き違い] 엇갈리다 ¶車がすれ違った 차가 스쳐 지나갔다. / 2つの列車がすれ違った 열차 두 대가 스쳐 지나갔다. / 彼と駅ですれ違った 그와 역에서 엇갈렸다. / 彼女とすれ違いになって会えなかった 그녀와 엇갈려서 못 만났다. / 意見がすれ違っている 의견이 엇갈렸다.

**すれっからし**¶彼女は前よりもっとすれっからしになった 그녀는 전보다 더욱 약삭빠르고 교활해졌다.

**すれる【擦れる】**닳다 [世慣れてくる] 닳고 닳다, 가스러지다

**ずれる** ❶ [正しい位置からそれる] 비뚤어지다 [散らばる] 흐트러지다 [移る] 옮다 [引き寄せる] 땡기다 ¶トラックの積み荷がずれて道路に落ちた 트럭에 쌓은 짐이 흐트러져서 도로에 떨어졌다. / 印刷が少しずれている 인쇄가 조금 비뚤어져 있다. / 席を一つずれてもらえませんか 자리를 한 자리 땡겨 주시지 않겠습니까? / 悪天候のため試合開始が1時間ずれた（→遅れる） 악천후 때문에 경기 개시가 1시간 늦춰졌다.
❷ [基準からはずれる] 벗어나다, 어긋나다, 나가다 ¶彼の行動は常道からずれている 그 사람의 행동은 상식에 어긋난다. / 君のしたことは規則からずれている 네가 한 행동은 규칙에서 어긋난다. / 君の意見は少しずれている 네 의견은 조금 빗나갔다.

**スローガン** 슬로건 ¶核兵器反対のスローガンを掲げて彼らはデモをした 그들은 핵무기 반대 슬로건을 내걸고 시위했다.

**スローモーション** 슬로 모션 ¶バッティングフォームがスローモーションで映し出された 배팅폼이 슬로 모션으로 비쳐졌다.

**すわりごこち【座り心地】**¶このいすは座り心地がいい 이 의자는 편하다.

**すわりこむ【座り込む】** 들어앉다, 주저앉다 [抗議のために] 연좌하다 ¶いったん座り込んだら彼女はなかなか帰らない 일단 들어앉으면 그녀는 좀처럼 돌아가지 않는다. / めまいがして座り込んでしまった 어지러워서 주저앉고 말았다. / 彼らは会社の前に座り込んで解雇に抗議した 그들은 회사 앞에 주저앉아서 해고에 항의했다.

## すわる【座る】 앉다 ¶椅子に座る 의자에 앉다 / ミナの隣に座った 미나 옆에 앉았다. / 彼女は私の左隣に座った 그녀는 내 왼쪽에 앉았다. / 私たちはテーブルの周りに座った 우리들은 테이블을 둘러싸고 앉았다. / こっちに来てそばに座りなよ 여기 와서 옆에 앉아. / どうぞお座りください 앉으세요. / 教室の後ろの方の席に座った 교실 뒤쪽 의자에 앉았다. / 弟は机に向かって座り, 宿題をやっていた 동생은 책상에 앉아 숙제를 하고 있었다. / 彼は座って何時間もテレビを見ていた 그는 앉아서 몇 시간이나 텔레비전을 보고 있었다. / 映画館は満員で座るところがなかった 영화관은 만석이어서 앉을 자리가 없다.
¶座布団の上にあぐらをかいて座る 방석 위에 책상다리하고 앉다 / 正座で座る 정좌로 앉다 / じっと座る 가만히 앉다 / きちんと座る 바르게 앉다 / 車座になって座る 빙 둘러앉다 / 並んで座る 나란히 앉다 / 寄り添って座る 바짝 붙어 앉다

**会話** 座ってもいいですか
A：この席に座ってもいいですか
B：すみません. ふさがっています
A：이 자리에 앉아도 됩니까？
B：죄송합니다. 사람이 있습니다.
A：ここに座ってもいい？
B：もちろん
A：여기 앉아도 돼？
B：그럼.

**すわる【据わる】**¶彼は酔って目がすわっていた 그는 술이 취하여 눈이 풀려 있었다. / うちの息子はまだ首がすわらない 우리 아들은 아직 목을 가누지 못한다. / 彼は度胸がすわっている 그는 배짱이 좋다.

**すんか【寸暇】** 짬, 틈, 촌극, 촌가 ¶寸暇を惜し

んで本を読む 暇を出して本を読む
**ずんぐり** ◇**ずんぐりしている** 땅딸막하다 ¶犯人は背が低くてずんぐりした男だった 범인은 키가 작고 땅딸막한 남자였다.
**すんぜん**【寸前】 직전(直前), 바로 앞 ¶流しから水があふれる寸前に蛇口を締めた 싱크대에 물이 넘치기 직전에 수도꼭지를 잠갔다. / あの会社は倒産寸前だ 그 회사는 도산하기 직전이다. / 彼女はゴール寸前で倒れた 그녀는 골 직전에서 쓰러졌다.
**すんでのところ** ◇**すんでのところで** 자칫하면, 하마터면, 아슬아슬하게 ¶すんでのところで衝突を回避した 아슬아슬하게 충돌을 피했다. / すんでのところで殺されかけた 하마터면 살해될 뻔했다.

**すんなり**【容易に】 쉽게, 수월히 〔スムーズに〕 순조롭게 ¶我々は試合にすんなりと勝った 우리는 경기에서 쉽게 이겼다. / 結論はすんなりまとまった 결론은 수월히 정리되었다.
**すんぽう**【寸法】 치수 〔段取り〕 참, 계획, 작정 ¶寸法が合う 치수가 맞다 / 寸法を測る 치수를 재다 / 店員はメジャーで箱の寸法を測った 점원은 줄자로 상자의 치수를 쟀다. / このじゅうたんの寸法は縦180センチ、横90センチだ 이 융단의 치수는 세로 180센티, 가로 90센티다. / 仕立屋にコートを作るために私の寸法を採った 양복점 주인은 코트를 만들기 위해서 내 치수를 쟀다.
¶こうやって妻の怒りをなだめる寸法だ 이렇게 해서 아내의 화를 누그러뜨릴 작정이야.

# せ

**せ**【背】 ❶〔背中〕 등 〔背後〕 배후, 뒤편 〔背景〕 배경 ¶彼は壁に背をもたせかけながら雑誌を読んでいた 그는 벽에 등을 기대고 잡지를 읽고 있었다. / 彼はくるりと背を向けて立ち去った 그는 휙 등을 돌리고 가 버렸다. / 人々は背を丸め急ぎ足で歩いて行った 사람들은 등을 움츠리고 빠른 걸음으로 걸어갔다. / きちっと背を伸ばして立ちなさい 등을 똑바로 펴고 서. / では、写真を撮りましょう。お城を背にして並んでください 그러면 사진을 찍읍시다. 성을 등지고 서 주세요. / 太陽を背にする 태양을 등지다. / 背に負う 등에 업다.
¶上着を椅子の背に掛けた 웃옷을 의자 등받이에 걸었다. / 山の背 산등성이
❷〔背丈〕 키 ¶私は平均よりもちょっと背が低い〔高い〕 나는 평균보다 조금 작다〔크다〕. / 彼女は中学に入ってから10センチ背が伸びた 그녀는 중학교 들어가서 키가 10센티 컸다. / プールの深さは2メートルあり大人でも背が立たない 풀장의 깊이는 2미터로 어른도 키가 안 닿는다. / 弟は3歳年下だが背は僕と同じぐらいの 동생은 세 살 연하지만, 키는 나와 비슷하다.

会話 背が高い
A：彼、背が高い？
B：うん、僕より少なくとも5センチは高いよ
A：그 사람 키 커?
B：응. 나보다 적어도 5센티는 커.
A：君、背はどのぐらいあるの？
B：175 センチぐらいかな
A：너 키 몇이야?
B：175센티 정도.

慣用句 背に腹はかえられない 따로 방법이 없다
¶彼は私の忠告に背を向けた 그는 내 충고를 무시했다.

**せい**【性】 ❶〔性行為〕 성, 섹스, 성교(性交) ¶性的な分野 〔学校で性について教えることには意見が分かれている 학교에서 성교육을 하는 것에 대해서는 찬반 양론이 있다. / 子供たちは小学校で性教育を受けている 아이들은 초등학교에서 성교육을 받고 있다. / あの子も性に目覚めるころだ 그 아이도 성에 눈뜰 때다. / 彼は妻のほかにも何人かの女性と性交渉をもっていた 그는 아내 외에도 몇 명의 여성들과 성관계를 맺고 있었다. / 彼女は会社で性的いやがらせを受けた 그녀는 회사에서 성희롱을 당했다. / テレビ番組には性的描写が多すぎる テレビ전의 방송에는 선정적인 장면이 너무 많다. / 彼女は性的魅力がある[に欠ける] 그녀는 성적 매력이 있다[부족하다].
❷〔性別〕 성 ¶性による差別はなくすべきだ 성 차별은 없애야 한다.
❸〔文法上の性〕 성 ¶フランス語には性が2つある 프랑스어에는 성이 두 개 있다. 関連 性革命 성혁명 / 性感帯 성감대 / 性行為 성행위 / 性差別 성차별 / 性生活 성생활 / 性的嫌がらせ 성적 괴롭힘 / 性転換 성전환 / 性犯罪 성범죄 / 性欲 성욕
**せい**【姓】 성, 성씨 ¶結婚して姓が佐藤に変わりました 결혼해서 성이 사토로 바뀌었습니다. / 婿養子になったので妻の姓を名乗っています 데릴사위가 되었기 때문에 아내의 성을 따르고 있습니다.
**せい**【正】〔正しい〕 바른 〔副に対して〕 정 〔負に対して〕 플러스 ¶正道 정도 / 正答 정답 / 正社員 정사원 / 正選手 레귤러 선수 / 正数 양수 / 正の符号 플러스 기호
**せい**【生】 생, 삶, 생명 ¶生あるものは必ず消滅する 생명이 있는 것은 반드시 소멸된다. / 少年は数日間生死の境をさまよった 소년은 며칠간 생사의 갈림길을 헤맸다. / その詩人は1900年に生を受けた 그 시인은 1900년에 태어났다.
**せい**【精】 ❶〔精霊〕 정령 〔妖精〕 요정 ¶花の精 꽃의 요정 / 水の精 물의 정령 ❷〔精力〕 정력 〔活力〕 원기 ¶これを食べて精をつけなさい 이것을 먹고 기운 차려라. / 精のつく食事 영양식
慣用句 仕事に精を出す 일을 열심히 하다 / 精も根も尽き果てる 기진맥진하다
**せい**【聖】 성 ¶聖なる地 성지(聖地) / 聖人 성인 ⇒神聖
**せい**【背】 키 〔物の高さ〕 높이 ¶背の順に並んでください 키 순으로 서 주세요. ⇒背(せ)

**せい【所為】** 탓, 때문 ¶私のせいじゃないわよ 내 탓 아니야. / みんな事故をヒョンジュンのせいにした 모두가 사고를 현준이 탓으로 돌렸다. / 彼はいつも自分の失敗を人のせいにする 그는 항상 자기의 실패를 남의 탓으로 돌린다. / それはまったく私のせいです 그것은 전적으로 제 탓입니다.

¶熱があったせいでよく眠れなかった 열이 있어서 푹 잘 수 없었다. / 大雪のせいで電車が遅れた 폭설 때문에 전철이 늦게 왔다. / たかが2, 3キロ歩いただけでこんなに疲れるなんて、年のせいかしら 겨우 2, 3킬로 걸었을뿐인데 이렇게 피곤하다니, 나이 탓인가? / 風邪薬を飲んだせいで会議中にとても眠かった 감기약을 먹은 탓으로 회의 중에 너무 졸렸다.

**会話** 気のせいでしょ
A:あれっ, 今地震があったでしょう
B:ないよ, 気のせいでしょ
A:え, 方今 지진이었지?
B:아냐, 네가 그냥 그렇게 생각한 거겠지.
B:だれのせいで試合に負けた
B:確かにピッチャーの調子は悪かったけど, 彼だけのせいじゃないよ
A:누구 때문에 시합에 졌어?
B:확실히 투수의 컨디션이 나쁘긴 했지만 그 사람 탓만은 아니야.

**-せい【-世】** 세, 대(代) ¶エリザベスニ世 엘리자베스 2세 / 日系三世 일본계 3세 / 在日韓国人四世 재일 한국인 4세

**-せい【-制】** -제 ¶日給[月給]制 일급[월급]제 / 全日[定時]制高校 주간[야간] 고등학교 / 4年制大学 4년제 대학 / 徴兵制 징병제

**-せい【-製】** -제 ¶私の机は木製だ 내 책상은 목제다. / これはどこ製の車? 이 차는 어디 거야?
¶日本製の車 일제 차 / 外国製の靴 외제 구두 / お手製のケーキ 손수 만든 케이크

**ぜい【税】** 세, 세금 ¶税を納める[納付する] 세금을 내다[납부하다] / 税を徴収する 세금을 징수하다 / 税がかかる 세금이 들다[붙다] / 税込みで千円です 세금 포함해서 천 엔입니다. / これは税込みの値段です 이것은 세금 포함한 값입니다. / 年収は税込み[税引き]で700万円です 연수입은 세금을 포함해서[제외하고] 7백만 엔입니다. / 政府は増税[減税]すると公表した 정부는 증세[감세]한다고 공표했다. 関連 税額 세액 / 税控除 세금 공제 / 税収 세수, 세수입 / 税制 세제 / 税法 세법 / 税率 세율 / 国税 국세 / 地方税 지방세 / 住民税 주민세 / 固定資産税 고정 자산세 / 消費税 소비세 / 付加価値税 부가 기치세 / 所得税 소득세 / 相続税 상속세 / 租税 조세 / 地価税 지가세 / 直接税 직접세 / 間接税 간접세 / 物品税 물품세 / 累進税 누진세

**せいあつ【制圧】** 제압 ◇制圧する 제압하다
¶機動隊が暴徒を制圧した全警[기동대가] 폭도를 진압했다.

**せいい【誠意】** 성의 ◇誠意のある 성의 있는
¶彼らは誠意がない 그들은 성의가 없다. / 私の誠意が彼に通じるだろうか 내 성의 그 사람이 알아줄까? / 彼女に誠意を示すことが大切だ 그녀에게 성의를 표시하는 것이 중요하다. / 誠意を尽くす 성의를 다하다 / 彼に誠意をもって謝罪した 그에게 성의를 가지고 사죄했다. / 誠心誠意努力する 성심성의껏 노력하다

**せいいき【聖域】** 성역 ¶たとえ家族でも自分の部屋に勝手に入られると聖域を侵されたような気がする 설령 부모라 할지라도 자기 방에 마음대로 들어오면 성역을 침범당한 기분이 든다.

**せいいき【声域】** 성역 ¶彼女は声域が広い 그녀는 성역이 넓다.

**せいいく【成育】** 육성 ◇成育する 육성하다 ⇒ **成長・生長**

**せいいく【生育】** 생육 ◇生育する 생육하다, 생육되다 ¶稲の生育がよい[悪い] 벼의 생육이 좋다[나쁘다]. ⇒成長・生長

**せいいっぱい【精一杯】** 힘껏 ¶精一杯やってみます 힘껏 해 보겠습니다. / 彼女は精一杯努力した 그녀는 최대한 노력을 했다. / 貯金どころか生活するのに精一杯だ 저금은커녕 생활하는 것이 고작이다. / 家族を養うだけで精一杯だ 가족을 부양하는 것만으로도 힘겹다.

**せいう【晴雨】** 청천과 우천, 날씨 ¶晴雨にかかわらず9時に出発します 날씨에 관계없이 아홉 시에 출발하겠습니다. 関連 晴雨計 기압계(気圧計)

**セイウチ** 바다코끼리

**せいうん【星雲】** 성운

**せいえい【精鋭】** 정예 ¶このプロジェクトのスタッフは各部門の精鋭をえりすぐりました 이 프로젝트의 스태프는 각 부문의 정예 멤버를 엄선했습니다. / 日本のアマチュアスポーツ界の精鋭たち 일본 아마추어 스포츠계의 정예 멤버들 関連 精鋭部隊 정예 부대 / 少数精鋭主義 소수정예주의

**せいえき【精液】** 정액

**せいえん【声援】** 성원 ◇声援する 성원하다
¶観衆の声援を受けながら選手たちが入場した 관중의 성원을 받으면서 선수들이 입장했다. / 人々は彼女に声援を送った 사람들은 그녀에게 성원을 보냈다. / みなさんの声援に応えるために一生懸命がんばります 여러분의 성원에 보답하기 위해서 열심히 하겠습니다. / うちのチームを声を限りに声援した 우리 팀을 목청껏 응원했다.

**せいえんぎょう【製塩業】** 제염업

**せいおう【西欧】** 서구, 서구파, 서유럽〔西洋〕 서양〔ヨーロッパ〕 유럽, 구라파 ¶西欧諸国 서구 여러 나라 / 西欧文化[文明] 서구 문화[문명] ⇒西洋

**せいか【成果】** 성과(▶発音은 성꽈) 〔結果〕 결과 〔努力などの〕 결실 ¶成果を収める 성과를 거두다 / 彼のすぐれた研究の成果を生かしたい 그의 뛰어난 연구 성과를 살리고 싶다. / 彼女は遺伝子の研究で輝かしい成果を収めた 그녀는 유전자 연구에서 뛰어난 성과를 거두었다. / 今度の調査で何の成果も得られなかった 이번 조사에서는 아무런 성과도 얻지 못했다.

**せいか【生家】** 생가 ¶私たちはその作家の生家を訪ねた 우리는 그 작가의 생가를 방문했다. / 今度の日曜日は母の生家を訪ねよう 이번 일요일에

**せいか**【生花】생화〔生け花〕꽃꽂이
**せいか**【盛夏】성하, 한여름 ⇨**真夏**
**せいか**【聖歌】〔賛美歌〕찬송가 [関連] **聖歌隊** 성가대 / **クリスマス聖歌** 성탄절 성가
**せいか**【聖火】성화 ¶オリンピック聖火 올림픽 성화 [関連] **聖火台** 성화대 / **聖火ランナー** 성화 주자 / **聖火リレー** 성화 봉송
**せいか**【青果】청과, 청과물 [関連] **青果市場** 청과물 시장 / **青果店** 채소 가게
**せいかい**【政界】정계 ¶政界に入る 정계에 입문하다 / 政界を去る 정계를 떠나다 / あの政治家は政界の大立者だ 그 정치가는 정계의 거물이다. / 政界再編が取りざたされている 정계 재편 얘기로 떠들썩하다.
**せいかい**【正解】정답(正答), 올바른 해답 ¶正解は巻末参照 정답은 책 맨 뒤쪽 참조 / この計算問題には正解などありえない 이 계산 문제에 정답같은 것은 있을 수 없다. / その問題にはだれも正解できなかった 그 문제는 아무도 정답을 맞추지 못했다.
¶傘を持ってきて正解だった 우산을 가지고 오길 잘했다. [関連] **正解者** 정답자
**せいかい**【盛会】성황(盛況) ¶パーティーは盛会だった 파티는 성황이었다. / 博覧会は盛会のうちに幕を閉じた 박람회는 성황리에 막을 내렸다.
**せいかいいん**【正会員】정회원
**せいかいけん**【制海権】제해권, 해상권 ¶制海権を掌握する 제해권을 장악하다
**せいかがく**【生化学】생화학 [関連] **生化学者** 생화학자
**せいかぎょう**【製菓業】제과업 [関連] **製菓会社** 제과 회사, 제과 업체 / **製菓業者** 제과 업자

**せいかく**【性格】성격〔人柄〕인품〔気質〕기질〔性質〕성질 ¶君は性格がいい[悪い]ね 넌 성격이 좋구나[나쁘구나]. / 彼は酒を飲むと性格が変わる 그는 술을 마시면 성격이 바뀐다. / "彼女はどんな性格の人ですか" "魅力的な人だよ, ちょっと頑固だけどね" "그 여자는 어떤 성격입니까?" "매력적인 사람이야. 좀 완고하기는 해도." / 彼らは性格が似ている 그들은 성격이 닮았다. / 彼女は性格がまったく異なる 그들은 성격이 전혀 다르다. / 彼女の性格は私と反対だ 그녀의 성격은 나와 반대다. / 彼とは性格が合いそうにもない 그와는 성격이 안 맞을 것 같다. / 彼らは性格の不一致から離婚を申し立てた 그들은 성격 불일치로 이혼을 신청했다. / 子供の性格は家庭環境に大きく影響される 아이의 성격은 가정환경에 크게 영향받는다.
¶彼女は明るい性格だ 그녀는 밝은 성격이다. / **楽天的な性格** 낙천적인 성격 / **あけっぴろげな性格** 털털한 성격 / **円満な性格** 원만한 성격 / **穏やかな性格** 온순한 성격 / **温和な性格** 온화한 성격 / **勝ち気な性格** 싫어하는 성격 / **外向的な性格** 외향적인 성격 / **社交的な性格** 사교적인 성격 / **活動的な性格** 활동적인 성격 / **きちょうめんな性格** 꼼꼼한 성격 / **強引な性格** 밀어부치는 성격 / **暗い性格** 어두운 성격 / **内向的な性格** 내향적인 성격 / **優柔不断な性格** 우유부단한 성격

¶青少年向け雑誌という性格上, ヌード写真は載せられない 청소년용 잡지라는 성격상 누드 사진은 실을 수 없다. / 大きな遊園地ができてからこの村の性格はがらりと変わった 큰 유원지가 생기고 나서 이 마을의 분위기는 완전히 바뀌었다. / この2つの問題には類似点もあるが性格はまったく異なる 이 두 문제는 닮은 점도 있지만 성격이 완전히 다르다. [関連] **性格俳優** 성격파 배우 / **性格描写** 성격 묘사

**せいかく**【正確】¶正確だ 정확하다 ◇**正確に** 정확히 ◇**正確さ** 정확성 ¶計算はすべて正確であることがわかった 계산은 모두 정확하다는 것을 알았다. / 彼はデータが正確であることを力説した 그는 데이터가 정확하다는 것을 역설했다. / この時計は正確だ 이 시계는 정확하다. / 私はいつも時間に正確だ 나는 항상 시간을 잘 지킨다. / 入学試験に関する正確な情報がほしい 입학시험에 관한 정확한 정보를 원한다. / 正確な時刻は何時ですか 지금 정확히 몇 시입니까? / もっと正確な地図が必要だ 좀더 정확한 지도가 필요하다. / 彼は正確な答えを出した 그는 정확한 답을 냈다.
¶この韓国語の単語は正確に発音するのが難しい 이 한국어 단어는 정확하기 발음하기가 어렵다. / 家具は寸法どおり正確に作られなければならない 가구는 치수대로 정확히 만들어져야 한다. / 地震を正確に予測するのはまだまだ難しい 지진을 정확하게 예측하는 것은 아직 어렵다. / 正確に言うと, 今2時13分です 정확히 말하면, 지금 두 시 13분입니다. / "彼は実際何て言ったんですか?" "正確には覚えていないんです" "그 사람은 실제로 뭐라고 했습니까?" "정확하게는 기억이 나지 않습니다." / 彼は30を越えているよ. もっと正確に言えば32歳と6か月だ 그 사람은 서른 넘었어. 정확하게 말하면 서른두 살하고 6개월이야.
¶君の仕事は正確さに欠ける 네 일은 정확성이 부족해. / 正確を期するため何回も確認した 정확성을 기하기 위해 몇 번이나 확인 했다.

**せいがく**【声楽】성악 [関連] **声楽家** 성악가 / **声楽科** 성악과

**せいかつ**【生活】생활, 삶〔生計〕생계〔暮らし〕살림 ◇**生活する** 생활하다, 살림하다, 살아가다〔生計を立てる〕살림을 꾸려나가다 ¶韓国の人々はどんな生活をしているのだろう 한국 사람들은 어떤 생활을 하고 있을까? / テレビとインターネットが私たちの生活を大きく変えた 텔레비전과 인터넷이 우리들의 생활을 크게 바꿨다. / 彼は韓国で新たな生活のスタートを切った 그는 한국에서 새로운 생활을 시작했다. / 車のない生活など想像できない 차 없는 생활은 상상도 할 수 없다. / 生活を変えるのはなかなか難しいことだ 생활을 바꾸는 것은 아주 어려운 일이다. / 生活の知恵 생활의 지혜
¶彼女は生活のためにパートの仕事をしている 그녀는 생계를 위해 파트타임으로 일하고 있다. / 仕事はきついけれどやめるわけにはいかない. 生活がかかっているからね 일은 힘들지만 그만둘 수는 없다. 생계가 달려 있으니까. / 彼は職を失い生活に困っている 그는 직장을 잃어 생활이 곤란한다. /

せいかん

彼の一家は生活に追われていた 그의 집은 생활에 쫓기고 있었다. / この数か月生活が苦しい 요 몇 개월간 생활이 힘들다. / 去年より生活は楽になった 작년보다 생활은 편해졌다. / 分相応の生活をすることが大切だ 분수에 맞는 생활을 하는 것이 중요하다.

¶彼女は幸福な生活を送っている 그녀는 행복한 삶을 보내고 있다. / 忙しい生活 바쁜 생활 / 充実した生活 충실한 생활 / 平穏な生活 평온한 생활 / 退屈な生活 지루한 생활 / 楽な生活 편한 생활 / ぜいたくな生活 사치스런 생활 / 何不自由ない生活 아무런 불편함이 없는 생활 / 孤独な生活 고독한 생활 / 質素な生活 검소한 생활 / 規則正しい生活 규칙적인 생활

¶都会での生活は金がかかる 도회지에서의 생활은 돈이 든다. / 田舎での生活は気楽だ 시골에서의 생활은 즐겁다. / 都会[田舎]での生活に慣れるのにしばらくかかった 도회지[시골] 생활에 익숙해지는 데 조금 시간이 걸렸다. / 彼女は大学生活を楽しんでいる 그녀는 대학 생활을 즐기고 있다. / 彼は結婚[独身]生活に満足しているようだ 그녀는 결혼[독신] 생활에 만족해하고 있는 것 같다. / 電気は日常生活に欠かせない 전기는 일상 생활에 빼놓을 수 없다. / 戦争で彼らは幸福な家庭生活を破壊された 전쟁으로 그들은 행복한 가정을 짓밟혔다. / 現代生活のせわしなさが人々をいらいらさせる 현대인의 바쁜 생활이 사람들을 짜증나게 한다. / この2, 3年で生活状態は大いに改善された 최근 2, 3년 동안 생활 수준이 크게 개선되었다. / 結婚しても彼には生活力がない 결혼해도 그는 생활력이 없다.

¶彼はアパートで一人で生活している 그는 아파트에서 혼자 생활하고 있다. / 私は以前韓国で生活したことがあります 나는 이전에 한국에서 산 적이 있습니다. / 年金だけでは生活できない 연금만으로는 생활이 안 된다. / 彼は月15万円で生活している 그는 한 달에 15만 엔으로 생활하고 있다. / 彼女は保険の外交員をして生活している 그녀는 보험 외관원으로 생활하고 있다.

関連 生活環境 생활환경 / 生活協同組合[生協] 생활 협동 조합, 생협 / 生活水準 생활수준 / 生活設計 생활 설계 / 生活費 생활비 / 生活必需品 생활필수품 / 生活保護 생활 보호 / 生活様式 생활양식

**せいかん**【生還】생환 ◇生還する 생환하다, 살아 돌아오다 ¶彼らは山で遭難したがかろうじて生還することができた 그들은 산에서 조난당했지만 겨우 살아 돌아올 수 있었다. 関連 生還者 생환자 ⇒戻る

**せいかん**【精悍】◇精悍だ 사납고 매섭다 ¶精悍な顔つき 사납고 매서운 얼굴

**せいかん**【静観】정관 ◇静観する 정관하다, 조용히 지켜보다 ¶事態を静観する 사태를 조용히 지켜보다

**せいがん**【請願】청원 ◇請願する 청원하다 ¶市当局に建設工事の差し止めを請願した 시당국에 건설 공사의 중지를 청원했다. 関連 請願権 청원권 / 請願者 청원자 / 請願書 청원서

**せいかん**【税関】세관 ¶税関での手続きを済ませる 세관 수속을 끝내다 / 税関で荷物を調べられた 세관에서 짐 조사를 받았다. / 私の荷物はやっとのことで税関を通り抜けた 내 짐은 간신히 세관을 통과했다. 関連 税関係員 세관원 / 税関検査 세관 검사 / 税関申告書 세관 신고서

**せいき**【世紀】세기 ¶私たちは21世紀の初頭にいる 우리는 21세기의 초두에 있다. / その画家は19世紀の半ば[初め, 終わり]に生まれた 그 화가는 19세기의 중반[초반, 후반]에 태어났다. / 彼は18世紀最大の作曲家と言われている 그는 18세기 최대의 작곡가로 불린다. / 彼の文学活動は半世紀に及んだ 그의 문학 활동은 반세기에 이르렀다. / 彼らは世紀の偉業を成し遂げた 그들은 세기의 위업을 달성했다. 関連 世紀末 세기말

**せいき**【正規】정규 ¶正規の学校教育は受けていない 정규 교육은 받지 않았다. / 正規の手続きを踏んでください 정규 절차를 밟아 주세요. 関連 正規軍 정규군

**せいき**【生気】생기 [活力] 활력 ¶新入生たちは生気にあふれている 신입생들은 활력이 넘친다. / 生気潑剌とした青年 생기 발랄한 청년 / 彼女は生気のない目で私を見た 그 여자는 생기없는 눈으로 나를 보았다. / 春の訪れとともに公園の木々が生気を取り戻した 봄이 되면서 공원의 나무들이 생기를 되찾았다.

**せいき**【性器】성기

**せいぎ**【正義】정의 ¶正義を貫く 정의를 관철하다 / 正義のために戦う 정의를 위해 싸우다 / 彼女は正義感が強い 그녀는 정의감이 강하다. / 私は正義の味方だ 나는 정의의 편이다.

**せいきゅう**【請求】청구 ◇請求する 청구하다 ¶請求がありしだいカタログを送ります 청구하시면 바로 카탈로그를 보내겠습니다. / 法外な支払いの請求に驚いた 터무니없는 청구서에 놀랐다. / 彼らは損害賠償の請求をあきらめた 그들은 손해 배상 청구를 포기했다.

¶家賃の請求を請求された 집세 지불을 청구받았다. / 会社に出張旅費を請求した 회사에 출장비를 청구했다. / テレビの修理代として1万円を請求してきた 텔레비전 수리비로 만 엔을 청구해 왔다. / 代金は会社に請求しておいてください 대금은 회사로 청구해 주세요.

¶電気料金の請求書がきた 전기 요금 청구서가 왔다. 関連 請求権 청구권 / 請求額 청구액

**せいきゅう**【性急】◇性急だ 성급하다 ¶性急に 성급히, 성급하게 / 彼はずいぶん性急な人だ 그는 꽤 성급한 사람이다. / 性急に結論を出さないほうがいい 성급하게 결론을 내지 않는 게 좋다.

**せいきゅうりょく**【制球力】제구력 ¶この投手は制球力がある[ない] 이 투수는 제구력이 있다[없다].

**せいきょ**【逝去】서거 ◇逝去する 서거하다 ¶父君のご逝去を衷心よりお悔やみ申し上げます(→冥福を祈る) 아버님의 명복을 진심으로 빕니다. ⇒死ぬ

**せいぎょ**【制御】제어, 통제(統制) ◇制御する 제어하다, 통제하다 ¶車の制御がきかなくなった 차의 제어가 안된다. / 機械はすべてコンピュータで制御されている 기계는 모두 컴퓨터로 통제되고

있다. 関連 制御装置 제어 장치 / 制御棒 제어봉 / 自動制御 자동 제어

**せいきょう【生協】** 생협, 생활 협동 조합(生活協同組合)

**せいきょう【盛況】** 성황 ¶展覧会は大盛況だった 전람회는 대성황이었다.

**せいきょうと【清教徒】** 청교도 関連 清教徒革命 청교도 혁명

**せいきょうぶんり【政教分離】** 정교 분리 関連 政教一致 정교 일치

**せいきょく【政局】** 정국 ¶政局を安定させる 정국을 안정시키다 / 行き詰まった政局を打開する 정체된 정국을 타개하다

**ぜいきん【税金】** 세금 ¶どの商品にも５％の税金がかかっている 어떤 상품에도 5퍼센트의 세금이 부과되어 있다. / この商品には税金がかからない 이 상품에는 세금이 부과되지 않는다. / 輸入車には高い税金がかけられている 수입차에는 높은 세금을 매긴다. / 税金を２万円納めた 세금을 2만 엔에 냈다. / 税金を分納して払った 세금을 분납해서 냈다. / 酒類の税金が上がった 주류의 세금이 올랐다. / 野党は税金を下げるよう政府に要求した 야당은 세금을 내리라고 정부에 요구했다. / 税金は毎月給料から差し引かれる 세금은 매달 월급에서 빠져 나간다. / 税金の払い戻しを受けた 세금을 돌려 받았다. / 彼は税金を滞納していた 그는 세금을 안 내고 있었다. / それは税金逃れだ 그것은 세금 회피다.

**せいく【成句】** 숙어(熟語) ⇨イディオム

**せいくうけん【制空権】** 제공권 ¶制空権を握る 제공권을 장악하다

**せいくらべ【背比べ】** ¶兄と背比べをした 형과 키를 대보았다.

**せいけい【整形】** 정형, 성형(成形) ¶鼻の整形手術を受けた 코의 성형 수술을 받았다. 関連 整形外科 정형외과〔形成外科〕성형외과 / 整形外科医 정형외과 의사〔形成外科医〕성형외과 의사 / 美容整形 미용 성형

**せいけい【生計】** 생계 ¶何をして生計を立てているのですか 뭘 해서 생계를 꾸려 나가고 있습니까? / 会社が倒産して生計の道を絶たれてしまった 회사가 도산해서 생계 수단이 끊겼다. / 彼女はピアノを教えて生計を立てている 그녀는 피아노를 가르쳐서 생계를 꾸리고 있다. / 彼は音楽家としてかろうじて生計を立てている 그는 음악가로서 겨우 생계를 꾸리고 있다. 関連 生計費 생계비

**せいけい【西経】** 서경 ¶西経40度 서경 40도

**せいけい【政経】** 정경 ¶政経分離 정경 분리 / 政経癒着 정경 유착

**せいけつ【清潔】** ◇清潔だ 청결하다, 깨끗하다 ◇清潔に 청결히, 청결하게 ¶清潔な服装 청결한 복장 / いつも清潔な服を着なさい 항상 깨끗한 옷을 입어라. / 傷には清潔な包帯をしてください 상처에는 청결한 붕대를 감으세요. / 手は石けんで洗って清潔にしておいてください 손은 비누로 씻어서 청결하게 유지하세요. / 君は本当に清潔好きだね 넌 정말 청결한 것을 좋아하는구나.

¶彼はいつも清潔な(→清廉な)政治を唱えている 그는 항상 청렴한 정치를 주장하고 있다. / 彼はその清潔な人柄で人望を集めている 그는 그 청결한 인품으로 사람들의 신망을 얻고 있다.

**せいけん【政権】** 정권 ¶自民党が政権を握った[失った] 자민당이 정권을 잡았다[잃었다]. / 野党が新政権を樹立した 야당이 새 정권을 수립했다. / 現政府は前回の選挙で政権についた 현정부는 저번 선거에서 정권을 잡았다. / 現政府は３年前から政権の座についている 현정부는 3년 전부터 정권을 잡고 있다.

¶福田政権 후쿠다 정권 関連 政権争い 정권 다툼 / 政権交代 정권 교체 / 政権政党 정권 정당 / 軍事政権 군사 정권

**せいけん【政見】** 정견 ¶新首相が政見を発表した 새 수상이 정견을 발표했다. 関連 政見放送 정견 방송

**せいげん【制限】** 제한 ◇制限する 제한하다 ¶チケットは数に制限がありますので早めに予約してください 티켓은 한정되어 있으므로 서둘러서 예매해 주십시오. / 航空会社では機内持ち込み手荷物に制限を設けている 항공 회사에서는 기내에 가지고 들어갈 수 있는 짐을 제한하고 있다. / 愛知万博では入場制限が行われた 아이치 엑스포에서는 입장 제한이 실시되었다. / 彼女は年齢制限に引っかかってその仕事に応募できなかった 그녀는 나이 제한에 걸려서 그 일에 응모할 수 없었다.

¶彼はたばこを１日２本に制限している 그는 담배를 하루에 두 대로 제한하고 있다. / 私は糖尿病のため食事を制限されている 나는 당뇨병 때문에 음식을 조절하고 있다. / 「あまり食べないね。どうかしたの」「今, 食事を制限してるんだ」"잘 안 먹네. 왜 그래?" "지금 음식 조절을 하고 있거든." / 言論の自由を制限することは憲法違反だ 언론의 자유를 제한하는 것은 헌법 위반이다. / 韓国は日本からの輸入を制限した 한국은 일본으로부터의 수입을 제한했다. 関連 制限時間 제한 시간 / 制限速度 제한 속도 / 産児制限 산아 제한 / 時間制限 시간 제한 / 重量制限 중량 제한 / 速度制限 속도 제한 / 年齢制限 연령 제한 / 輸入制限 수입 제한

**せいご【正誤】** 関連 正誤表 정오표 / 正誤問題 정오 문제, 오엑스 문제

**せいご【生後】** 생후 ¶生後３か月の赤ちゃん 생후 3개월된 아기 / 彼女は生後まもなく母を失った 그녀는 생후 얼마 안 되어 어머니를 잃었다.

**せいこう【成功】** 성공 ◇成功する 성공하다 ¶ご成功を祈ります 성공을 빕니다. / イベントは大成功だった 이벤트는 대성공이었다. / 彼は実験で２度成功を収めている 그는 실험에서 두 차례 성공을 거두고 있다. / ちょっとしたひらめきが彼女に成功をもたらした 순간적으로 번뜩인 아이디어가 그녀에게 성공을 가져왔다. / あなたの成功の秘訣を教えてください 당신의 성공 비결을 가르쳐 주세요. / 今回の公演はまずまずの成功だ 이번 공연은 그럭저럭 성공했다. / その選手の盗塁の成功率は高い[低い] 그 선수의 도루 성공률은 높다[낮다]. / 私たちは彼の成功談を聞いた 우리는 그의 성공담을 들었다.

せいこう

¶彼はきっと成功する 그는 꼭 성공한다. / 彼は商売で成功した 그는 장사로 성공했다. / 彼女は芸能界で成功した 그녀는 연예계에서 성공했다. / 彼は歌手として成功した 그는 가수로서 성공했다. / 私たちは彼を説得することに成功した 우리들은 그를 설득하는 데 성공했다. / 彼女は美容院を成功させようとがんばっている 그녀는 미용실을 잘 되게 하려고 열심히 하고 있다.

**せいこう**【性交】성교, 섹스 ⇒セックス
**せいこう**【性向】성향 ⇒性格, 性質
**せいこう**【精巧】◇精巧だ 정교하다 ¶このカメラはとても精巧だ 이 카메라는 아주 정교하다. / これを作るためにはもっと精巧な機械が必要だ 이것을 만들기 위해서는 더욱 정교한 기계가 필요하다. ⇒精密
**せいこう**【製鋼】제강 関連 製鋼業 제강업 / 製鋼所 제강소
**せいこうほう**【正攻法】정공법 ¶正攻法でいこうよ 정공법으로 가자.
**せいこん**【精根】정력(精力), 끈기 ¶精根が尽き果ててしまった 기력이 다 소진되었다.
**せいこん**【精魂】정성(精誠) ¶この絵は精魂を傾けて描きました 이 그림은 정성을 기울여서 그렸습니다.
**せいざ**【星座】성좌, 별자리 関連 星座表 성좌도 / オリオン星座 오리온 성좌
**せいざ**【正座】정좌 ◇正座する 정좌하다 ¶彼女は床の上に正座した 그녀는 마루 위에서 정좌했다.
**せいさい**【制裁】제재 ¶村人たちは彼に制裁を加えようとした 마을 사람들은 그에게 제재를 가하려고 했다. / 日本はその国に経済制裁を加えることを検討している 일본은 그 나라에 경제 제재를 가하는 것을 검토하고 있다. / 彼はすでに社会的制裁を受けている 그는 이미 사회적 제재를 받고 있다.
**せいさい**【生彩・精彩】〔生気〕생기 ¶彼女は生彩を欠いている 그녀는 생기를 잃었다. / 彼のプレーは生彩がなかった 그의 플레이는 생기가 없었다. / 彼女の演奏はひときわ生彩を放っていた 그녀의 연주는 한층 생기를 띠고 있었다.
**せいざい**【製材】제재 関連 製材業 제재업 / 製材所 제재소

**せいさく**【政策】정책 ¶彼らはこれまでの政策を引き継いだ 그들은 지금까지의 정책을 실행했다. / その政策を実行するのは難しい 그 정책을 실행하는 것은 어렵다. / 政府は政策の転換を迫られている 정부는 정책의 전환이 다급해졌다. / 両党は政策協定を結んだ 양당은 정책협정을 맺었다. / 当面の外交政策が決定された 당면 외교 정책이 결정되었다. / 中国の対日政策は柔軟になってきている 중국의 대일 정책은 유연해지고 있다.
¶政府は大胆な政策を立てた 정부는 대담한 정책을 세웠다. / 強硬な政策 강경한 정책 / 柔軟な政策 유연한 정책 / 弱腰な政策 소극적인 정책 / 長期[短期]的な政策 장기[단기]적인 정책 関連 政策決定機関 정책 결정 기관 / 政策決定者 정책 결정자 / 政策綱領 정책 강령 / 金融政策 금융 정책 / 金融引き締め政策 금융 긴축 정책 / 軍事政策 군사 정책 / 経済政策 경제 정책 / 産業政策 산업 정책 / 社会政策 사회 정책 / 増税政策 증세 정책 / 対外政策 대외 정책 / 農業政策 농업 정책

**せいさく**【制作】제작 ◇制作する 제작하다
¶彼は現在新しい映画を制作している 그는 현재 새로운 영화를 제작하고 있다. 関連 制作者 제작자
**せいさく**【製作】제작 ◇製作する 제작하다 ¶この工場では主に家電製品を製作している 이 공장에서는 주로 가전제품을 만들고 있다. 関連 製作者 제작자 / 製作所 제작소 / 製作費 제작비
**せいさつ**【正察】정찰

**せいさん**【生産】생산 ◇生産する 생산하다
◇生産的な 생산적인 ¶土地, 労働力, 資本が生産の三要素である 토지, 노동력, 자본이 생산의 3대 요소이다. / わが社は生産力を高めるために積極的な設備投資を行った 우리 회사는 생산력을 높이기 위해 적극적인 설비 투자를 행했다. / 生産性の向上に努める 생산성 향상에 노력하다 / この工場は週に150台の車の生産能力がある 이 공장은 일 주일에 150대의 차를 생산할 수 있다. / 不況のため生産を削減せざるをえない 불황 때문에 생산량을 줄이지 않을 수 없다. / 欠陥があったのでその洗濯機は生産中止になった 결함이 있어서 그 세탁기는 생산이 중지되었다. / ここ数年石油の生産量が増大している[減少している] 요 몇 년 사이 석유의 생산량이 증가하고[감소하고] 있다. / この工場の月間生産量はどのくらいですか 이 공장의 월간 생산량은 어느 정도입니까? / 大量生産によって商品の価格は下がる 대량 생산에 의해 상품 가격은 내려온다.
¶あの工場は1日に千台のコンピュータを生産している 그 공장은 하루에 천 대의 컴퓨터를 생산하고 있다. / この辺りの農家ではみかんを生産している 이 주변의 농가에서는 귤을 생산하고 있다.
関連 生産過剰 생산 과잉 / 生産管理 생산 관리 / 生産コスト 생산비 / 生産者 생산자 / 生産者価格 생산자 가격 / 生産手段 생산 수단 / 生産設備 생산 설비 / 生産高 생산고 / 生産地 생산지 / 生産調整 생산 조정 / 生産物 생산물 / 国内総生産(GDP) 국내 총생산 / 国民総生産(GNP) 국민 총생산 / 工業[農業]生産物 공업[농업] 생산물

**せいさん**【成算】승산(勝算)〔見込み〕가망성
¶君には成算があるのか 너에게 승산이 있어? / その計画に上司の承認を得られる成算はあるのか 그 계획은 상사의 승인을 얻어낼 가망성이 있는가? / まったく成算がない 전혀 승산이 없다.
**せいさん**【青酸】청산 関連 青酸化合物 청산 화합물 / 青酸カリ 청산가리
**せいさん**【凄惨】◇凄惨だ 처참하다 ¶私はその凄惨な光景を直視できなかった 나는 그 처참한 광경을 똑바로 쳐다볼 수 없었다.
**せいさん**【清算】청산 ◇清算する 청산하다
¶負債を清算する 빚을 청산하다 / 過去を清算する 과거를 청산하다 / 彼との関係を清算した 그와의

관계를 청산했다.
**せいさん【精算】**정산 ◇精算する 정산하다
¶勘定を精算してください 계산해 주세요. / 東京駅で運賃を精算した 도쿄역에서 운임을 정산했다. / 運賃を精算してもらった 승차 요금을 정산했다. 関連 精算所 정산소 / 精算表 정산표
**せいさんかく(けい)【正三角形】**정삼각형
**せいし【正視】**정시, 직시(直視) ◇正視する 직시하다, 똑바로 보다 ¶彼は私を正視しようとしなかった 그는 나를 똑바로 보려고도 하지 않았다. / 自分がもはや若くないという事実を正視しなくてはならない 자기가 더 이상 젊지 않다는 사실을 직시해야만 한다.
**せいし【生死】**생사 ¶海で遭難した彼らの生死は不明だ 바다에서 조난당한 그들은 생사 불명이다. / これは生死にかかわる問題だ 이건 생사가 걸린 문제다. / 我々は生き延びるために生死をかけた戦いに立ち向かった 우리는 살아남기 위해 생사를 건 싸움에 맞섰다. / 彼女は数日間生死の境をさまよった 그녀는 며칠간 생사의 갈림길을 헤맸다. / 戦争中、彼とは生死を共にした仲だ 그와는 전쟁중에 생사를 같이한 사이다.
**せいし【制止】**제지 ◇制止する 제지하다, 말리다 ¶男は警官の制止を振り切って逃げ出した 남자는 경관의 제지를 뿌리치고 도망쳤다. / 彼は犬が見知らぬ人にほえるのを制止した 그는 개가 낯선 사람에게 짖지 못하게 했다. / 議長は私の発言を制止した 의장은 내 발언을 제지했다.
**せいし【精子】**정자
**せいし【製糸】**제사 関連 製糸業 제사업 / 製糸工場 제사 공장
**せいし【製紙】**제지 関連 製紙業 제지업 / 製紙工場 제지 공장
**せいし【静止】**정지 ◇静止する 정지하다, 정지되다 ¶車は完全に静止した 차는 완전히 정지했다. / スクリーン上の像は静止していた 스크린 상의 영상은 정지해 있었다. 関連 静止衛星[軌道] 정지 위성[궤도] / 静止画像 정지 화면
**せいじ【政治】**정치 ◇政治的な 정치적인
¶彼らは現在の政治のありようについて論じた 그들은 현재의 정치 실태에 대해서 논했다. / おじは市議会議員として政治に携わっている 삼촌은 시의회 의원으로서 정치에 종사하고 있다. / 多くの若い人は政治に無関心だ 대다수의 젊은이들은 정치에 무관심하다. / 私たちは今後の政治の成り行きを注意深く見守る必要がある 우리는 향후 정치 추세를 주의 깊게 지켜볼 필요가 있다. / その国の政治情勢は安定している 그 나라의 정치는 안정되어 있다. / 彼は政治通だ 그는 정치통이다. / 国民の政治に対する不信感はもはやぬぐいがたい 국민들의 정치에 대한 불신은 이미 불식시키기 어렵다. / 彼の政治的手腕にはあまり期待できない 그의 정치적 수완에는 별로 기대할 수 없다. / 政治的駆け引き 정치적인 밀고 당기기 수 / 政治的見解 정치적 견해 関連 政治運動 정치 운동 / 政治改革 정치 개혁 / 政治活動 정치 활동 / 政治機構 정치 기구 / 政治献金 정치 헌금 / 政治資金 정치 자금 / 政治スキャンダル 정치 스캔들 / 政治体制 정치 체제 / 政治団体 정치

단체 / 政治闘争 정치 투쟁 / 政治思想 정치 사상 / 政治犯 정치범 / 政治問題 정치 문제 / 政治力 정치력 / 政治理論 정치 이론 / 政治倫理 정치 윤리 / 政治論争 정치 논쟁 / 金権政治 의회 정치 / 金権政治 금권 정치 / 政党政治 정당 정치 / 独裁政治 독재 정치 / 派閥政治 파벌 정치 / 民主政治 민주 정치 / 立憲政治 입헌 정치
⇒政治家、政治学
**せいじか【政治家】**정치가 ¶彼は政治家になりたがっている 그는 정치가가 되고 싶어한다. / 多くの人が政治家は信頼できないと考えている 많은 사람이 정치가는 신뢰할 수 없다고 생각한다.
**せいじがく【政治学】**정치학 ¶ハーバード大学で政治学を勉強している 그는 하버드 대학에서 정치학을 공부하고 있다. / 私は政治学を専攻しています 저는 정치학을 전공하고 있습니다.
**せいしき【正式】**정식〔公式〕◇正式に 정식으로〔公式に〕공식으로 ¶正式な招待状はまだ受け取っていません 정식 초대장은 아직 받지 못했습니다. / 正式な発表は後ほど行われる予定です 정식 발표는 나중에 할 예정입니다. / 正式な手続きを踏んでビザを申請した 정식 수속을 밟아 비자를 신청했다. / 正式な名称 정식 명칭
¶彼は正式に選挙戦出馬を表明した 그는 정식으로 선거 출마를 표명했다. / 新しい大学の設置が正式に認可された 새로운 대학의 설립이 정식으로 인가되었다. / 彼らは正式には結婚していない 그들은 정식으로는 결혼하지 않았다.
**せいしつ【性質】❶**〔人の〕성질〔性格〕성격〔気質〕기질 ¶うちの子はおとなしい性質だ 우리 집 애는 성격이 온순하다. / 彼は性質が荒い 그는 성격이 거칠다. / 二人は兄弟だが性質は全然違う 두 사람은 형제이지만 성격은 판이하다. / 怒りっぽい性質 화를 잘 내는 성격
**❷**〔物・事の〕성질〔特質〕특성〔本質〕본질
¶透明性はガラスの性質の一つである 투명성은 유리의 성질 중의 하나이다. / 銅は電気をよく通すという性質がある 구리에는 전기를 잘 통하는 성질이 있다. / この2つの布は見かけはよく似ているが性質はまったく異なる 이 두 개의 천은 보기에는 아주 비슷하지만 특성은 전혀 다르다.
**せいじつ【誠実】**성실 ◇誠実だ 성실하다, 진실하다 ¶彼は誠実な人だ 그는 성실한 사람이다. / 彼女はだれに対しても常に誠実だ 그녀는 누구에게나 항상 진실하다. / あの政治家は誠実さに欠ける 저 정치가는 성실성이 부족하다. / 私はこれまで誠実に生きてきた 나는 지금까지 성실하게 살아 왔다.
**せいしゃ【聖者】**성자 ⇒聖人
**せいしゃいん【正社員】**정사원
**せいじゃく【静寂】**정적 ¶突然の嵐が夜の静寂を破った 갑작스런 폭풍이 밤의 정적을 깼다. / 辺りは静寂に包まれていた 주위는 정적에 휩싸여 있었다. / 猛烈な砲撃の後、突然戦場に静寂が訪れた 맹렬한 포격 뒤에 갑자기 전쟁터에 정적이 찾아왔다. / 静寂が流れる 정적이 흐르다
**せいじゃく【脆弱】**◇脆弱だ 취약하다 ¶日本経済の基盤は脆弱だと言われている 일본 경제의 기반

せいしゅ 은 취약하다고 한다. / この家は脆弱な地盤の上に建っている 이 집은 지반이 취약하다.

**せいしゅ【清酒】** 청주, 맑은 술 ⇒酒

**せいしゅく【静粛】** 정숙 ◇静粛だ 정숙하다 ◇静粛に 정숙히 ¶静粛な雰囲気 정숙한 분위기 / 静粛に願います 정숙한 해 주십시오.

**せいじゅく【成熟】** 성숙 ◇成熟する 성숙하다, 성숙되다 ¶今年は稲の成熟が(→収穫が)遅いを해는 벼 수확이 늦다. / 最近の子供たちには成熟が(→成長が)早い 요즘 아이들은 성장이 빠르다. / 彼女は成熟した女性だ 그녀는 성숙한 여성이다. / 娘は成熟して女らしくなった 딸은 성숙하고 여성스러워졌다.

関連 成熟期 성숙기

**せいしゅん【青春】** 청춘 ¶息子は青春のまっただ中にいる 아들은 청춘 한가운데에 있다. / 彼女は青春を謳歌している 그녀는 청춘을 구가하고 있다. / 彼らは青春のすべてをかけてサッカーに打ち込んでいる 그들은 모든 청춘을 축구에 바치고 있다. / 彼は青春時代の愚行を後悔している 그는 청춘 시절의 어리석은 행동을 후회하고 있다. / 青春の思い出 청춘에 대한 추억

**せいじゅん【清純】** ◇清純だ 청순하다 ¶彼女は清純派の歌手だ 그녀는 청순파 가수다. / 清純な乙女 청순한 처녀

**せいしょ【清書】** 정서(浄書) ◇清書する 정서하다 ¶この書類を清書してください 이 서류를 깨끗하게 다시 작성해 주세요.

**せいしょ【聖書】** 성서, 성경(聖経) 関連 旧約[新約]聖書 구약[신약] 성서

**せいしょう【斉唱】** 제창 ◇斉唱する 제창하다 ¶校歌を斉唱する 교가를 제창하다 / 子供たちは楽しそうに斉唱していた 아이들은 즐겁게 노래를 부르고 있었다.

**せいじょう【正常】** 정상 ◇正常だ 정상적이다 ◇正常に 정상적으로 ¶脈拍は正常だ 맥박은 정상이다. / お子さんは正常な発育を遂げています 댁의 아이는 정상적인 발육을 하고 있습니다. / 電車の運行は正常に戻った 전철의 운행은 정상적으로 회복되었다. / この機械は正常に作動していない 이 기계는 정상적으로 작동하지 않는다. / 日本は1965年に韓国との国交関係を正常化した 일본은 1965 년에 한국과의 국교를 정상화했다.

関連 正常値 정상치

**せいじょう【政情】** 정치 정세 ¶その国は政情が不安定だ 그 나라는 정치가 불안정하다.

**せいじょう【清浄】** 청정 関連 清浄野菜 청정 야채 / 空気清浄器 공기 청정기

**せいじょうき【星条旗】** 성조기 ¶星条旗よ永遠なれ 성조기여 영원하라 / 米国国旗

**せいしょうねん【青少年】** 청소년 関連 青少年犯罪[非行] 청소년 범죄[비행]

**せいしょく【生殖】** 생식 [繁殖] 번식 ¶わらびは無性生殖の植物だ 고사리는 무성 생식 식물이다. 関連 生殖期 생식기 / 生殖器 생식기 / 生殖機能 생식 기능 / 生殖細胞 생식 세포 / 生殖作用 생식 작용 / 生殖力 생식력

**せいしょく【聖職】** 성직 関連 聖職者 성직자

**せいしん【精神】** 정신 ◇精神的な 정신적인 ◇精神的に 정신적으로

◆[精神が・精神は]

¶彼は精神が安定[錯乱]している 그는 정신적으로「안정되어 있다[불안한 상태이다]」 / 禅で精神が豊かになった 좌선을 했더니 정신적으로 풍요로워졌다. / こんなミスするなんて精神がたるんでいる証拠だ 이렇게 실수를 많이 하다니 정신이 해이해져 있다는 증거다. / 私は精神が안정되어 있지 않다 나는 정신적으로 지쳐 있다. / よりいい企画を立てるには批判的な精神が必要だ 보다 좋은 기획을 세우기 위해서는 비판적인 정신이 필요하다. / 赤十字の精神は人類の福祉に貢献することだ 적십자 정신은 인류의 복지에 공헌하는 것이다.

◆[精神の・精神的]

¶君は徐々に精神の自立を図らなければならない 너는 슬슬 정신적으로 자립해 나가야 한다. / 私は入試に失敗して大きな精神的打撃を受けた 나는 입시에 실패해서 정신적으로 큰 타격을 받았다. / 近ごろは精神的疲労が激しい 요즘 정신적인 피로가 극심하다. / その事故による彼女の精神的ショックは大きかった 그 사고로 인해 그녀는 정신적으로 큰 충격을 받았다. / 妻はいつも私を精神的に支えてくれた 아내는 나를 늘 정신적으로 뒷받침해 주었다.

◆[精神を・精神に]

¶勉強に精神を集中しなさい 공부에 정신을 집중해라. / 彼は精神に異常をきたしている 그는 정신이 이상해졌다. / わざと反則するなんてスポーツマン精神に反する 고의로 반칙하다니 스포츠맨 정신에 위배된다.

◆[その他]

¶彼女は最近精神状態が不安定だ 그녀는 최근 정신 상태가 불안정하다. / 君は精神年齢が低いね 정신 연령이 낮다. / 彼女はすごい精神力の持ち主だ 그녀는 대단한 정신력을 가진 사람이다. / 健全な精神 건전한 정신

¶開拓者精神 개척자 정신 / 法の精神 법의 정신 慣用句 健全な肉体に健全な精神が宿る 건전한 육체에 건전한 정신이 깃든다. 関連 精神安定剤 정신 안정제 / 精神医学 정신 의학 / 精神異常 정신 이상 / 精神衛生 정신 위생 / 精神科医 정신과 의사 / 精神鑑定 정신 감정 / 精神障害 정신 장애 / 精神薄弱 정신 박약 / 精神病 정신병 / 精神分析 정신 분석 / 精神療法 정신 요법

**せいじん【成人】** 성인 (▶韓国では民法上満19歳から) [大人] 어른 ◇成人する 성인이 되다 [大人になる] 어른이 되다 ¶子供たちはみな成人した 아이들은 모두 어른이 되었다. / この映画は成人向きだ 이 영화는 성인용이다. / 成人男性[女性] 성인 남자[여자] 関連 成人映画 성인용 영화 / 成人教育 성인 교육 / 成人講座 성인 강좌 / 成人式 성인식 / 成人の日 성인의 날 / 成人病 성인병

**せいじん【聖人】** 성인

**せいしんせいい【誠心誠意】** 성심성의 ¶彼女は誠心誠意母親の看病をした 그녀는 성심성의 껏

어머니 간병을 했다.

**せいしんびょう【精神病】** 정신병 関連 精神病院 정신 병원 / 精神病者 정신병 환자

**せいず【製図】** 제도 関連 製図家 제도공 / 製図器 제도기 / 製図板 제도판

**せいすい【盛衰】** 성쇠 ¶新羅王朝の盛衰 신라왕조의 성쇠 / 人生の盛衰 인생의 성쇠

**せいすう【整数】** 정수

**せいすう【正数】** 양수(陽数)

**せいする【制する】**〔抑える〕제지하다, 억제하다〔鎮圧する〕진압하다, 제압하다, 누르다〔占める〕차지하다 ¶彼の勝手な行動を制することができなかった 그의 방자한 행동을 제지할 수 없었다. / 暴動を制するために軍隊が出動した 폭동을 진압하기 위해서 군대가 출동했다. / 与党はかろうじて過半数を制することができた 여당은 간신히 과반수를 차지했다. 慣用句 柔よく剛を制する 부드러움이 강함을 누른다

**せいせい【清々】**◇せいせいする 후련해지다 ¶その話を聞いて気分がせいせいした 그 이야기를 듣고 기분이 후련해졌다.

**せいせい【生成】** 생성 ◇生成する 생성하다, 생성되다 ¶その2つの溶液を混合すると新しい物質が生成する 두 개의 용액을 혼합하면 새로운 물질이 생성된다. 関連 生成文法 생성 문법

**せいせい【精製】** 정제 ◇精製する 정제하다 ¶原油を精製する 원유를 정제하다 関連 精製所 정제소 / 精製品 정제품

**せいぜい【精々】** ❶〔できる限り〕가능한 한, 힘껏〔くれぐれも〕부디 ¶せいぜいがんばりなさい 가능한 한 열심히 해라. / せいぜい努力します 힘껏 노력하겠습니다. / せいぜい健康には気をつけてください 부디 건강에는 조심하십시오.
❷〔たかだか〕기껏해야, 고작, 겨우 ¶せいぜい500円くらいでしょう 기껏해야 5백 엔 정도죠? / 彼はせいぜい20歳だ 그는 고작 스무 살이야 / 彼女がここに滞在するのはせいぜい3日ぐらいだ 그녀가 여기에 체류하는 것은 기껏해야 3일 정도다. / 彼の日本語はせいぜい日常会話に困らない程度のものだ 그의 일본어는 겨우 일상생활에 불편이 없을 정도다.

**ぜいせい【税制】** 세제 関連 税制改革 세제 개혁 / 税制調査会 세제 조사위원회

**ぜいぜい** 헐떡헐떡, 쌕쌕, 씩씩 ¶彼はぜいぜい息を切らしながら駆け込んできた 그는 숨을 헐떡거리며 달려왔다. / 彼女は一晩中喘息でぜいぜい息をしていた 그녀는 밤새 천식으로 숨을 거칠게 몰아쉬었다.

**せいせいどうどう【正正堂堂】**◇正々堂々としている 정정당당하다 ◇正々堂々と 정정당당히, 정정당당하게 ¶正々堂々と戦う 정정당당히 싸우다

## せいせき【成績】 성적

◇【成績が・成績は】

¶3学期は成績が上がった[下がった] 3학기는 성적이 올랐다[떨어졌다]. / 期末試験の成績が発表された 기말 시험의 성적이 발표되었다. / うちの子は学校の成績がよい[悪い] 우리 아이는 학교 성적이 좋다[나쁘다]. / 私の成績はクラスで中くらいだ 내 성적은 반에서 중간 쯤이다. / 彼女の営業成績はすばらしい 그녀의 영업 성적은 대단하다. / 日本チームの成績は3勝2敗だった 일본 팀의 성적은 3승 2패였다.

◇【成績で】

¶彼は優秀な成績で大学を卒業した 그는 우수한 성적으로 대학을 졸업했다. / 韓国は4勝2敗の成績で優勝した 한국은 4승 2패로 우승했다.

◇【成績を】

¶野球部は期待したほどの成績をあげられなかった 야구부는 기대한 만큼의 성적을 올리지 못했다. / 模擬テストでは予想以上の成績を収めることができた 모의고사에서는 예상 이상의 성적을 낼 수 있었다. / 国語で100点満点中80点の成績をとった 국어 성적은 100점 만점 중 80점이었다. / 数学の試験でいい[悪い]成績をとった 수학 시험에서 좋은[나쁜] 성적을 받았다.

◆【その他】

¶こんな成績じゃ親に怒られるよ 이런 성적으로는 부모님께 혼난다. / 今シーズンの成績が不振だったのでその選手の年俸は大幅に下がった 그 선수는 올 시즌의 성적 부진으로 연봉이 대폭으로 내려갔다. 関連 成績証明書 성적 증명서 / 成績表 성적표

**せいせん【生鮮】** 関連 生鮮食料品 신선한 식료품 / 生鮮野菜 신선한 야채

**せいせん【精選】** 정선 ◇精選する 정선하다, 정선되다 ¶料理の材料を精選する 요리의 재료를 정선하다 / このしょうゆは精選した大豆から作りました 이 간장은 정선된 콩으로 만들었습니다. 関連 精選図書 정선 도서 / 精選品 정선품

**せいぜん【生前】** 생전 ¶夫の生前の思い出を大切にしたい 남편과의 살아생전의 추억을 소중히 간직하고 싶다. / 故人の生前の意志により葬儀は行いません 고인의 생전의 뜻에 따라 장례식은 치르지 않습니다.

**せいぜん【整然】** 整然としている 질서정연하다, 논리정연하다 ◇整然と 질서정연하게, 논리정연하게 ¶彼の部屋はいつも整然としている 그의 방은 항상 정돈돼 있다. / 人々は彼の整然とした話しぶりに感心した 사람들은 그의 논리정연한 말솜씨에 감탄했다. / 生徒たちは整然と並んで来賓の登場を待っていた 학생들은 질서정연하게 늘어서서 내빈의 등장을 기다렸다.

**せいそう【清楚】**◇清楚だ 청초하다 ¶彼女は清楚な身なりで現れた 그녀는 청초한 옷차림으로 나타났다. / 清楚な少女 청초한 소녀 / 清楚な花 청초한 꽃

**せいそう【正装】** 정장 ◇正装する 정장하다 ¶正装して式に出るつもりだ 정장을 하고 식장에 갈 예정이다. / 彼女はパーティーで正装していた 그녀는 파티에서 정장을 하고 있었다.

**せいそう【清掃】** 청소 ◇清掃する 청소하다 ¶生徒たちは放課後に教室を清掃する 학생들은 방과후에 교실을 청소한다. 関連 清掃車 청소차, 쓰레기차 / 清掃作業員 청소부, 환경미화원(環境美化員)

**せいそう【盛装】**◇盛装する 화려하게 차려 입다 ¶盛装した女性 화려하게 차려 입은 여성

**せいぞう【製造】** 제조 ◇製造する 제조하다
¶彼は自動車の製造に従事している 그는 자동차 제조업에 종사하고 있다. / その会社はテレビの製造を中止した 그 회사는 텔레비전 제조를 중지했다. / わが社はスポーツ用品を製造している 우리 회사는 스포츠 용품을 제조하고 있다. 関連 **製造業** 제조업 / **製造業者** 제조업자 / **製造原価** 제조 원가 / **製造能力** 제조 능력 / **製造年月日** 제조 년월일 / **製造法** 제조법 / **製造元** 제조원

**せいそうけん【成層圏】** 성층권

**せいそく【生息・棲息】** 서식 〔繁殖〕 번식 ◇生息する 서식하다 ¶ゴリラはアフリカのジャングルに生息している 고릴라는 아프리카의 정글에 서식하고 있다. / 熱帯だけに生息する動物の種もある 열대에서만 서식하는 동물의 종도 있다.
関連 **生息地** 서식지〔棲息地〕

**せいぞろい【勢ぞろい】** ◇勢ぞろいする 한 자리에 모이다 ¶祖父の法事には親類縁者が勢ぞろいした 할아버지의 제사에는 친족들이 한 자리에 모였다.

**せいぞん【生存】** 생존 ◇生存する 생존하다
¶環境破壊は人類の生存を脅かしている 환경 파괴는 인류의 생존을 위협하고 있다. / 遭難者の生存は確認されていない 조난자의 생존은 확인되지 않고 있다. / 救急車が列車事故の生存者を乗せて病院へ急行した 구급차가 열차 사고의 생존자를 태우고 병원으로 급행했다. / この島には恐竜が生存していた形跡がある 이 섬에는 공룡이 생존하고 있었던 흔적이 있다. 関連 **生存競争** 생존 경쟁 / **生存権** 생존권 / **生存率** 생존율 / **適者生存** 적자 생존

**せいたい【生体】** 생체 関連 **生体解剖** 생체부 / **生体実験** 생체 실험 / **生体肝〔腎〕移植** 생체 간〔신장〕 이식

**せいたい【生態】** 생태 ¶我々は長年にわたってくじらの生態を調べている 우리는 긴 세월에 걸쳐서 고래의 생태를 조사하고 있다. / 都会の中学生の生態を調べてリポートを書いた 도시 중학생의 실태를 조사해 리포트를 썼다. 関連 **生態学** 생태학 / **生態学者** 생태학자 / **生態系** 생태계

**せいたい【声帯】** 성대 ¶彼女は美空ひばりの声帯模写をした 그녀는 미소라 히바리의 목소리를 흉내냈다.

**せいたい【政体】** 정체 関連 **立憲政体** 입헌 정체

**せいだい【盛大】** ◇盛大だ 성대하다 ◇盛大に 성대히, 성대하게 ¶創立記念パーティーは盛大だった 창립 기념 파티는 성대했다. / 新入部員のために盛大な歓迎会が開かれた 신입 부원을 위해 성대한 환영회가 열렸다. / 指揮者は観客の盛大な拍手で迎えられた 관객은 지휘자를 성대한 박수로 맞았다. / 披露宴は盛大に行われた 피로연은 성대하게 열렸다.

**ぜいたく【贅沢】** 사치〔奢侈〕 ◇贅沢だ 사치스럽다, 호화롭다 ◇贅沢に 사치스럽게, 호화롭게 ◇贅沢する 사치하다 ¶彼らはぜいたくの限りを尽くした 그들의 사치는 극에 달했다. / ぜいたくは敵だ 사치는 적이다.
¶私の姉は着る物にぜいたくだ 우리 언니는 옷 입는 것이 사치스럽다. / 彼女はぜいたくな暮らしをしている 그녀는 호화스럽게 살고 있다. / 彼はぜいたくな男だ 그는 사치스러운 남자다.
¶その少女はぜいたくに育った 그 소녀는 호화롭게 자랐다. / 高い布地をぜいたくに使って服を仕立てた 비싼 천을 아낌없이 써서 옷을 만들었다.
会話 **ぜいたくを言うな**
　A：もっと大きな家に住みたいなあ
　B：ぜいたくを言ったらきりがないよ
　A：もっと広い家に住みたい.
　B：사치를 부리려면 끝이 없어.
　A：もっといい席は取れなかったの
　B：ぜいたく言うなよ. チケット取るだけでたいへんだったんだ
　A：더 좋은 자리 없었어？
　B：그런 말 하지 마. 티켓 구하는 것만으로도 고생했는데.
関連 **ぜいたく品** 사치품

**せいたん【生誕】** 탄생(誕生) ¶今年はこの作家の生誕100年に当たる 올해는 이 작가의 탄생 100주년에 해당한다.

**せいだん【星団】** 성단

**せいち【生地】** 생지, 출생지

**せいち【聖地】** 성지 関連 **聖地巡礼** 성지 순례

**せいち【精緻】** ◇精緻だ 정치하다 ⇒**精密, 緻密**

**せいち【整地】** 정지 ◇整地する 정지하다 ¶畑を宅地用に整地する 밭을 택지용으로 정지하다

**せいちゃ【製茶】** 제다 関連 **製茶業** 제다업 / **製茶工場** 제다 공장

**せいちゅう【成虫】** 성충, 어른벌레, 자란벌레 ¶観察していたうちの幼虫が成虫になった 관찰하고 있던 나비의 유충이 성충이 되었다.

# **せいちょう【成長・生長】** 성장 〔動植物の〕 생장 ◇成長する 성장하다 〔育つ〕 자라다 〔成人する〕 어른이 되다 ¶子供は成長がとても早い 어린이는 성장이 매우 빠르다. / 彼女は15歳で成長が止まってしまった 그녀는 열다섯 살 때 성장이 멈춰 버렸다. / 栄養のバランスのとれた食事は子供の成長に欠かせない 영양 밸런스가 잡힌 식사는 어린이의 성장에 빼놓을 수 없다. / 両親も彼の成長を楽しみにしている 부모님은 그의 성장을 기대하고 있다. / 彼女の仕事には成長の跡が見られる 그녀의 일에는 성장의 흔적이 보인다. / 日光は植物の生長を促進する 햇빛은 식물의 생장을 촉진시킨다. / 韓国は目覚ましい経済成長を遂げた 한국은 눈부신 경제 성장을 이루었다.
¶彼は成長して立派な若者になった 그는 커서 훌륭한 젊은이가 되었다. / 成長するにつれて彼にも人生の厳しさがわかるだろう 성장함에 따라 그도 인생의 어려움을 알겠지. / 君は見違えるほど成長したね 너는 못 알아볼 정도로 컸네. / この犬は成長すると30キロを超える 이 개는 성장하면 30킬로를 넘는다. / IT産業は1990年代に急成長した IT산업은 1990년대에 급성장했다. 関連 **成長株** 성장주〔人〕 유망주(有望株) / **成長産業** 성장 산업 / **成長ホルモン** 성장 호르몬 / **成長率** 성장률

**せいちょう【静聴】** ¶ご静聴ありがとうございました 끝까지 들어 주셔서 감사합니다.

**せいつう【精通】** 정통 ◇精通する 정통하다
¶彼は東洋史に精通している 그는 동양사에 정통하다. / 彼女は5か国語に精通している 그녀는 5개국어에 정통하다.

**せいてい【制定】** 제정 ◇制定する 제정하다
¶憲法を制定する 헌법을 제정하다 / 外資による株買い占めを規制する法律が制定された 외국 자본에 의한 주식 매점을 규제하는 법률이 제정되었다.

**せいてき【性的】** 성적(▶発音은 성적) ◇性的な 성적인 ¶あの女優は性的魅力がある 그 여배우는 성적인 매력이 있다. / 彼女は性的いやがらせを受けた 그녀는 성희롱을 당했다. / 性的差別 성차별 / 性的衝動 성적 충동 / 性的倒錯 성도착 / 性的欲望 성적 욕망

**せいてき【政敵】** 정적

**せいてつ【製鉄】** 제철 関連 製鉄会社 제철 회사 / 製鉄業 제철업 / 製鉄所 제철소

**せいてん【晴天】** 청천, 맑게 갠 하늘 [晴れ] 맑은 날씨 ¶この晴天はしばらく続くだろう 이 맑은 날씨는 한동안 계속될 것이다. / 今年の夏は晴天続きだった 올여름은 맑은 날씨가 계속되었다. / 運動会は幸い晴天に恵まれた 운동회날은 다행히 날씨가 맑았다.

**せいてん【青天】** 청천, 청공(青空), 푸른 하늘 関連 それは青天の霹靂だった 그것은 청천벽력이었다.

**せいでんき【静電気】** 정전기 ¶ドアのノブに静電気が起きている 문 손잡이에 정전기가 일어났다.

**せいと【生徒】** 학생 [▶韓国에서는 小中高生도 학생 「学生」이라 한다] ¶私はこの学校の生徒だ 나는 이 학교의 학생이다. / 君の学校の生徒数は何人だい 너희 학교의 학생수는 몇 명이야? / 運動会には全校生徒が参加する 운동회에는 전교생이 참가한다. / 生徒会 학생회 / 生徒会長 학생회 회장 / 生徒総会 학생회 총회 / 生徒手帳 학생 수첩 ⇨学生

**せいど【制度】** 제도 ¶新しい選挙制度の導入が検討されている 새로운 선거 제도의 도입이 검토되고 있다. / わが国の教育制度は改める必要がある 우리 나라의 교육 제도는 개정할 필요가 있다. / 第二次大戦後日本では徴兵制度が廃止された 제2차 세계 대전 후 일본에서는 징병 제도가 폐지되었다. / 現行の制度では免許証は5年ごとに更新しなくてはならない 현행 제도로는 면허증은 5년마다 갱신해야 된다. / 因習的な制度にとらわれる必要はない 인습적인 제도에 얽매일 필요는 없다. / 9年間の義務教育が日本では制度化されている 9년간의 의무 교육이 일본에서는 제도화되어 있다. / 家族制度 가족 제도 / 結婚制度 결혼 제도 / 社会制度 사회 제도

**せいど【精度】** 정도, 정밀도(精密度) ¶この顕微鏡は精度が高い 이 현미경은 정밀도가 높다. / うちの病院では検査の精度を高めるために最新の医療機器を導入した 우리 병원에서는 검사의 정밀도를 높이기 위해서 최신 의료 기구를 도입했다.

**せいとう【正当】** ◇正当だ 정당하다 ◇正当に 당히, 정당하게 ¶この土地は正当な手段で手に入れたものだ 이 토지는 정당한 수단으로 입수한 것이다. / 彼女は会社で正当な扱いを受けていないと主張した 그녀는 회사에서 정당한 대우를 못 받고 있다고 주장했다. / 仕事はとてもきついので賃上げは正当な要求だと考えている 일이 아주 힘들기 때문에 임금 인상은 정당한 요구라고 생각하고 있다. / 会社は正当な理由もなく従業員の首を切った 회사는 정당한 이유도 없이 종업원을 해고했다.
¶その作家の作品は長い間正当に評価されなかった 그 작가의 작품은 오랫동안 제대로 평가받지 못했다. / 我々は彼のことを正当に評価しなくてはならない 우리는 그를 제대로 평가해야 한다.
¶彼女は自分の意見の正当性を主張した 그녀는 자기 의견의 정당성을 주장했다. / 彼は酔っぱらいを殴ったのは正当防衛だと言った 그는 술취한 사람을 때린 것은 정당방위라고 했다. / どんな理由でも戦争を正当化することはできない 어떤 이유로도 전쟁을 정당화할 수 없다. / 自分の行為を正当化する 자신의 행위를 정당화하다

**せいとう【政党】** 정당 ¶彼らは新しい政党を結成した 그들은 새로운 정당을 결성했다. / 今度の選挙ではどの政党に投票しますか 이번 선거에서는 어느 정당에 투표하겠습니까? 関連 政党員 정당원 / 政党政治 정당 정치 / 政党内閣 정당 내각 / 中道政党 중도 정당 / 保守[革新]政党 보수[혁신] 정당 ⇨党

**せいとう【正統】** 정통 ¶彼は正統な王位継承者だ 그는 정통 왕위 계승자이다. 関連 正統性 정통성 / 正統派 정통파

**せいとう【精糖】** 정당 関連 精糖工場 정당 공장

**せいとう【製糖】** 제당 関連 製糖会社 제당 회사 / 製糖業 제당업

**せいとう【製陶】** 제도 関連 製陶業 제도업

**せいどう【正道】** 정도, 정로(正路), 올바른 길 ¶私は常に正道を歩んできた 나는 항상 정도를 걸어 왔다. / 正道を踏み外すな 정도에서 벗어나지 마.

**せいどう【聖堂】** 성당 [儒教의] 성묘(聖廟), 문묘(文廟) 関連 大聖堂 대성당

**せいどう【青銅】** 청동 関連 青銅器 청동기 / 青銅器時代 청동기 시대

**せいどく【精読】** 정독 ◇精読する 정독하다

**せいとん【整頓】** 정돈 ◇整頓する 정돈하다
¶彼女の部屋は整頓してあった 그녀의 방은 정돈되어 있었다. / 机の引き出しの中を整頓しなさい 책상 서랍 안을 정돈해라. / 机の上を整頓するのは苦手だ 책상 위를 정돈하는 것은 서투르다. / 整理整頓(▶揭示) 정리 정돈

**せいなん【西南】** 서남 / 西南の風 서남풍 ⇨南西

**せいにく【精肉】** 정육 関連 精肉業 정육업 / 精肉店 정육점

**ぜいにく【贅肉】** 군살 ¶最近ぜい肉がついてきた 요즘 군살이 붙었다. / 腹にぜい肉がついてきた 배에 군살이 붙었다. / ぜい肉を落とすために毎日ジョギングをしている 군살을 빼기 위해서 매일 조깅을 하고 있다.

**せいねん【青年】** 청년〔若者〕젊은이 ¶彼は前途有望な青年だ 그는 전도유망한 청년이다. / 多くの青年が戦争反対のデモに参加した 많은 청년이 전쟁 반대 시위에 참가했다. / 私は青年時代に韓国に留学した 나는 청년 시절에 한국에 유학했다. 関連 青年海外協力隊 청년 해외 협력대 / 青年期 청년 시절 / 青年実業家 청년 실업가 / 青年団 청년단

**せいねん【成年】** 성년〔成人〕성인〔大人〕어른 ¶息子は成年に達した 아들은 성인이 되었다.

**せいねんがっぴ【生年月日】** 생년월일 ¶「生年月日はいつですか」「1980年 6 月 9 日です」 "생년월일은 언제입니까?" "1980년 유월 9일입니다."

**せいのう【性能】** 성능 ¶性能が良い[悪い] 성능이 좋다[나쁘다]. / これは性能の高い車だ 이것은 성능이 높은 차다. / デジタルテレビは性能が向上している 디지털 텔레비전은 성능이 향상되고 있다. / オフィス内には性能のよい暖房システムが備えつけてある 사무실내에는 성능이 좋은 난방 시스템이 정비되어 있다. / このパソコンの性能はどうですか 이 컴퓨터의 성능은 어떻습니까? / 性能の優れたコンピュータ 성능이 우수한 컴퓨터 関連 性能検査 성능 검사

**せいは【制覇】** 제패〔征服〕정복〔支配〕지배〔優勝〕우승 ◇制覇する 제패하다 ¶ジンギスカンは世界制覇を夢見ていた 칭기스칸은 세계 제패를 꿈꾸고 있었다. / 彼女は2000年のテニス女子シングルスで世界制覇を成し遂げた 그녀는 2000년의 테니스 여자 싱글에서 세계 제패를 이룩했다. / わが野球部が全国野球大会を制覇した 우리 야구부가 전국 야구 대회를 제패했다.

**せいはつ【整髪】** 이발(理髪), 조발(調髪) ◇整髪する 이발하다, 조발하다 関連 整髪料 이발료

**せいばつ【征伐】** 정벌, 토벌〔討伐〕〔征服〕정복 ◇征伐する 정벌하다 ¶桃太郎は鬼を征伐した 모모타로는 도깨비를 퇴치했다.

**せいはんたい【正反対】** 정반대, 딴판 ¶妹の性格は私と正反対だ 여동생의 성격은 나와 정반대다. / 兄は背が高くてほっそりしているが、弟は正反対だ 형은 키가 크고 늘씬하지만 동생은 정반대다. / 結果は我々のもくろみとは正反対だった 결과는 우리들의 의도와는 딴판이었다.

**せいひ【成否】** 성부, ◇事が成否の鍵を握っている 그가 성패의 열쇠를 쥐고 있다. / 事の成否にかかわらず彼の能力は評価している 일의 성패에 관계없이 그의 능력은 높이 평가하고 있다.

**せいひ【正否】** 정부 ¶事の正否を見定めたい 일의 옳고 그름을 확인하고 싶다. / 彼には正否の区別がつかない 그는 옳고 그름의 구별을 하지 못한다. ⇨是非

**せいび【整備】** 정비 ◇整備する 정비하다 ¶車を整備に出した 차를 정비에 맡겼다. / 彼は車を整備工場へ持って行った 그는 차를 정비 공장에 가지고 갔다. / 快適な住環境の整備は大切だ 쾌적한 주거 환경의 정비는 중요하다.

¶機械を整備する 기계를 정비하다 / 高速道路網を整備する 고속도로망을 정비하다 / 飛行機は飛行前に必ず整備される 비행기는 비행 전에 반드시 정비된다. / グラウンドはいつも整備されている 그 라운드는 항상 정비되어 있다. 関連 整備員 정비원

**せいひょう【製氷】** 제빙 関連 製氷機 제빙기 / 製氷皿 제빙 그릇 / 製氷所 제빙 공장

**せいびょう【性病】** 성병

**せいひれい【正比例】** 정비례 ◇正比例する 정비례하다 ¶運賃は乗車距離に正比例する 운임은 승차 거리에 정비례한다.

**せいひん【製品】** 제품〔商品〕상품 ¶当社の製品は品質の確かさで有名です 우리 회사의 제품은 품질의 신용성으로 유명합니다. / 我々は原料を輸入して製品を輸出する 우리들은 원료를 수입하고 제품을 수출한다. / この車はどこの会社の製品ですか 이 차는 어느 회사의 제품입니까? / その会社の新製品の広告がきょうの新聞に出ていた 그 회사의 신제품 광고가 오늘 신문에 나와 있었다. / 外国製品には関税がかかっている 외국 제품에는 관세가 부과돼 있다. / この工場では家電製品を製造している 이 공장에서는 가전제품을 제조하고 있다. / その会社は新しい携帯電話の製品化を進めている 그 회사는 새로운 휴대 전화의 제품화를 진행시키고 있다.

¶アルミ製品 알루미늄 제품 / 化学製品 화학 제품 / 紙製品 종이 제품 / ガラス製品 유리 제품 / 機械製品 기계 제품 / 革製品 피혁품, 가죽 제품 / 絹製品 견제품 / 工業製品 공업 제품 / 錫製品 주석 제품 / 電気製品 전기 제품 / 乳製品 유제품 / 美容製品 미용 제품 / プラスチック製品 플라스틱 제품 / 綿製品 면제품 / 木製品 목제품 / 木工製品 목공품 / 羊毛製品 양모품 関連 製品開発 제품 개발 / 新製品 신제품

**せいひん【清貧】** 청빈 ◇清貧だ 청빈하다 ¶清貧の生活 청빈한 생활 / 私は金のために魂を売るくらいなら清貧に甘んじる 나는 돈을 위해 혼을 팔 바에에 차라리 청빈한 생활에 만족한다.

**せいふ【政府】** 정부 ¶政府は消費税の引き上げを計画している 정부는 소비세 인상을 계획하고 있다. / 彼女は政府の要職についている 그녀는 정부의 요직에 올라 있다. / 軍部は革命政府を樹立しようとした 군부는 혁명 정부를 수립하려려고 했다. / 現政府は国民の支持をあまり受けていない 현 정부는 국민의 지지를 별로 못 받고 있다. / 彼らは時の政府を打倒した 그들은 당시의 정부를 타도했다. / 国会は賛成多数で政府案を可決した 국회는 찬성 다수로 정부안을 가결했다. / 野党は日本政府の外交方針を批判した 야당은 일본 정부의 외교 방침을 비판했다. 関連 政府機関 정부 기관 / 政府公報 정부 홍보 / 政府筋 정부 관계자 / 政府当局 정부 당국 / 政府補助金 정부 보조금 / 韓国政府 한국 정부 / 米国政府 미국 정부 / 亡命政府 망명 정부

**せいぶ【西部】** 서부 関連 西部劇 서부극, 서부 활극

**せいふく【正副】** 정부 ¶契約書を正副 2 通提出してください 계약서를 원본과 복사본 각 한 통씩 제출해 주십시오. / 正副議長 정부 의장

**せいふく【制服】** 제복 ¶中学校の時の制服はセーラー服だった 중학교 때의 제복은 세일러복이었다. / 会社では制服を着用しなければならない 회사에

서는 제복을 착용해야 된다. / 制服のガードマン がビルの入り口を警備している 제복을 입은 경비원이 빌딩 입구를 경비하고 있다.

**せいふく【征服】** 정복 ◇征服する 정복하다
¶新羅が百済を征服した 신라는 백제를 정복했다. / エベレストを征服したのはだれですか 에베레스트를 정복한 사람은 누구입니까? 関連 征服者 정복자 / 被征服者 피정복자

**せいぶつ【生物】** 생물 ¶他の星に生物は存在するのだろうか 다른 별에 생물이 존재할까? 関連 生物化学 생물 화학 / 生物化学兵器 생물 화학 무기 / 生物学 생물학 / 生物工学 생물 공학 / 生物兵器 생물학 무기, 생물 무기

**せいぶつ【静物】** 정물 関連 静物画 정물화

**せいふん【製粉】** 제분 ◇製粉する 제분하다
¶小麦を製粉する 밀을 제분하다 関連 製粉機 제분기 / 製粉業 제분업 / 製粉所 제분소

**せいぶん【成分】** 성분 ¶水の成分は酸素と水素と水素だ 물의 성분은 산소와 수소다. / 海水中の窒素や燐などの成分が増えると赤潮が発生する 해수 중의 질소나 인 등의 성분이 늘어나면 적조가 발생한다. / このサプリメントの主成分は何ですか 이 서플리먼트의 주된 성분은 무엇입니까? / 成分を分析する 성분을 분석하다

**せいへき【性癖】** 성벽〔くせ〕버릇 ¶彼女は被害妄想の性癖がある 그녀는 피해망상의 성벽이 있다.

**せいべつ【性別】** 성별 ¶性別は問わない 성별은 묻지 않는다. / 従業員の募集は性別に関係なく行われた 종업원의 모집은 성별에 관계없이 행해졌다.

**せいへん【政変】** 정변〔クーデター〕쿠데타 ¶政変が起こる 정변이 일어나다

**せいぼ【生母】** 생모, 생어머니, 친어머니 ⇒母

**せいぼ【歳暮】**〔年の暮れ〕세모, 세밑〔年末の贈答品〕연말 선물

**せいぼ【聖母】** 성모 ¶聖母マリア 성모 마리아

**せいほう【製法】** 제법 ¶これは伝統的な製法で作られたマッコリだ 이것은 전통적인 제법으로 만들어진 막걸리다.

**せいほう【西方】** 서방, 서쪽

**せいぼう【制帽】** 제모 (▶発音은 세뽕)

**せいほう【税法】** 세법 (▶発音은 세뻡)

**せいほうけい【正方形】** 정방형, 정사각형〔正四角形〕¶一辺が8センチの正方形を描きなさい 한 변이 8센티인 정방형을 그리시오. ⇒四角

**せいほく【西北】** 서북 ¶西北の風 서북풍

**せいほつねん【生没年】** 생몰년

**せいほん【製本】** 제본 ◇製本する 제본하다
¶卒業論文は製本して提出すること 졸업 논문은 제본해서 제출할 것 関連 製本業 제본업 / 製本所 제본소

**せいまい【精米】** 정미〔精白した米〕백미 ◇精米する 정미하다 ¶玄米を精米する 현미를 정미하다 関連 精米機 정미기 / 精米所 정미소

**せいみつ【精密】** 정밀 ◇精密だ 정밀하다〔正確だ〕정확하다〔詳細だ〕상세하다 ¶精密に 정밀히; 정확히; 상세히 ¶医者は彼女に精密検査をした 의사는 그녀를 정밀검사했다. / 現代の地図は昔の地図に比べるとはるかに正確で精密だ 현대의 지도는 옛날 지도에 비해서 월등히 정확하고 정밀하다. / 精密な時計 정밀한 시계 / 彼は故障した機械を精密に調べた 그는 고장난 기계를 정밀하게 조사했다. 関連 精密機械〔器〕정밀 기계 / 精密機械工業 정밀 기계 공업 / 精密検査 정밀 검사

**ぜいむしょ【税務署】** 세무서 関連 税務署員 세무서원 / 税務署長 세무서장

# せいめい
**【生命】** 생명〔命〕목숨
◆《生命を・生命に》
¶彼は今の仕事に生命をかけている 그는 지금 일에 목숨을 걸고 있다. / 医者は患者の生命を救った 의사는 환자의 목숨을 구했다. / 彼女は交通事故に遭ったが生命に別条はなかった 그녀는 교통사고를 당했지만 생명에는 이상 없었다.

◆《生命が》
¶ガス爆発で多くの生命が失われた 가스 폭발로 많은 사람이 죽었다. / あの失言で彼は政治生命が断たれた 그 실언으로 그는 정치 생명이 끊겼다.

◆《生命の》
¶生命の起源についてはまだ未知の部分が多い 생명의 기원에 대해서는 아직 미지의 부분이 많다. / その記者は生命の危険を冒してこの戦争の実態を伝えた 그 기자는 생명의 위험을 무릅쓰고 이 전쟁의 실태를 전했다. / その野球選手は足の骨折のため生命の危機に立たされている 그 야구 선수는 다리의 골절 때문에 선수 생명의 위기에 서 있다.

◆《その他》
¶言論の自由が民主主義の生命だ 언론의 자유가 민주주의의 생명이다. / ごきぶりは生命力が強い 바퀴벌레는 생명력이 강하다. / 臓器移植や遺伝子操作は生命倫理にかかわる問題だ 장기 이식이나 유전자 조작은 생명 윤리에 관련된 문제이다. 関連 生命維持装置 생명 유지 장치 / 生命科学 생명 과학 / 生命工学 생명 공학 / 生命線 생명선 / 生命保険 생명 보험 ⇒命

**せいめい【姓名】** 성명〔名前〕이름 関連 姓名判断 성명 판단 ⇒氏名, 名前

**せいめい【声明】** 성명 ◇声明する 성명하다
¶首相が辞任するという声明を聞いて驚いた 수상이 사임한다는 성명을 듣고 놀랐다. / 政府はその問題についてきのう公式声明を発表した 정부는 그 문제에 대해서 어제 공식 성명을 발표했다. 関連 声明書 성명서 / 共同声明 공동 성명

**せいもん【正門】** 정문〔入口〕입구 ⇒門

**せいや【聖夜】** 성야

**せいやく【制約】** 제약〔制限〕제한 ◇制約する 제약하다〔制限する〕제한하다 ¶このゴルフクラブの入会には厳しい制約がある 이 골프클럽의 가입에는 엄격한 제약이 있다. / この国では移動の自由が制約されている 이 나라에서는 이동의 자유가 제약되어 있다.

**せいやく【製薬】** 제약 関連 製薬会社 제약 회사 / 製薬業 제약업

**せいやく【誓約】** 서약〔誓い〕맹세〔約束〕약속 ◇誓約する 서약하다; 맹세하다; 약속하다
¶彼女は真実を述べることを誓約した 그녀는 진실

**せいゆう【声優】** 성우

**せいよう【西洋】** 서양(↔동양) ◇西洋化する 서양화하다 ¶西洋には東洋とは違った文化がある 서양에는 동양과는 다른 문화가 있다. / 西洋と東洋は生活洋式も習慣も異なる 서양과 동양은 생활양식도 관습도 다르다. / 長崎には西洋風の古い建物が多い 나가사키에는 서양풍의 오래된 건물이 많다. / 日本の若者はますます西洋化している 일본의 젊은이는 더욱더 서양화되고 있다. / 彼は西洋史に興味をもっている 그는 서양사에 관심을 가지고 있다. 関連 西洋思想 서양 사상 / 西洋諸国 서양 각국 / 西洋人 서양인, 서양 사람 / 西洋文明 서양 문명 / 西洋料理 서양 요리

**せいよう【静養】** 정양, 요양〔休養〕휴양 ◇静養する 정양하다, 요양하다 ¶祖母は静養のために温泉に行った 할머니는 요양을 위해 온천에 가셨다. / しばらく静養したほうがいい 잠시 요양하는 게 좋다.

**せいよく【性欲】** 성욕 ¶性欲が減退する 성욕이 감퇴하다 / 性欲を感じる 성욕을 느끼다 / 性欲の衝動を抑えられず性犯罪を犯す者もいる 성욕의 충동을 억제하지 못하고 성범죄를 저지르는 사람도 있다.

**せいらい【生来】** 선천적으로 ◇生来の 타고난 ¶彼は生来の怠け者だ 그는 타고난 게으름뱅이다.

**せいり【生理】** 생리〔月経〕월경 ◇生理的な 생리적인 ¶きょう生理が始まった 오늘 생리가 시작됐다. / 今生理中です 지금 생리중입니다. ¶彼とは生理的に合わない 그와는 생리적으로 안 맞는다. 関連 生理学 생리학 / 生理休暇 생리 휴가 / 生理作用 생리 작용 / 生理食塩水 생리 식염수 / 生理痛 생리통 / 生理日 생리일 / 生理用ナプキン 패드, 생리대

## せいり 【整理】 정리 ◇整理する 정리하다

¶帳簿の整理を終えるのにあと2, 3日はかかりそうだ 장부의 정리를 끝내는 데 2, 3일은 더 걸릴 것 같다. / 整理用キャビネットに書類をしまう 정리용 캐비닛에 서류를 넣다 / 警官が交通整理をしている 경찰관이 교통정리를 하고 있다. / 人員整理を実施し人件費を減らす 정리해고를 실시해서 인건비를 줄인다.

¶書類を整理する 서류를 정리하다 / 引き出しを整理していらない物を捨てた 서랍을 정리해서 필요 없는 것을 버렸다. / 自分の考えを整理して文章にまとめた 자기의 생각을 정리해서 문장으로 나타냈다. / 話の要点を箇条書きに整理した 이야기의 요점을 조목별로 써서 정리했다. / 「何しているのですか」「研究のための資料を整理しているのです」 "뭐 하고 있습니까?" "연구를 위해 자료를 정리하고 있습니다." / 彼女の部屋はいつもきちんと整理されている 그녀의 방은 항상 깔끔히 정리되어 있다. / 結婚する前に身辺を整理しておかなければならない 결혼하기 전에 신변 정리를 해 두어야 된다. / バザーに出す衣類の整理を頼まれた 바자회에 낼 의류 정리를 부탁받았다. / その会社は負債を整理できず倒産した 그 회사는 빚을 정리하지 못하고 도산했다. 関連 整理券 정리권 / 整理だんす 옷장 / 整理番号 정리 번호 / 交通整理 교통정리

**せいりし【税理士】** 세무사(稅務士)

**せいりつ【成立】** ❶〔できる〕성립 ◇成立する 성립하다, 성립되다, 이루어지다〔組織される〕조직되다 ¶初めての連立内閣が成立した 최초로 연립 내각이 성립됐다. / その政党は50年前に成立した 그 정당은 50년 전에 성립됐다. / 国際連合は1945年に成立した 국제 연합은 1945년에 성립했다. / その古代文明はいつ成立したのですか 그 고대 문명은 언제 성립한 것입니까?

¶そんな理論は成立しないよ 그런 이론은 성립하지 않는다. / まれに見る凶悪事件の時効があすで成立する 보기 드문 흉악 사건의 시효가 내일로 만료된다. / アリバイが成立した 알리바이가 성립됐다.

❷〔話がまとまる〕성립 ◇成立する 성립하다, 성립되다, 이루어지다〔締結される〕체결되다〔合意に達する〕합의하다, 합의되다 ¶相互友好条約が成立した 상호 우호 조약이 성립됐다. / 両国の間で休戦協定が成立した 양국간에 휴전 협정이 성립됐다. / 当事者間で妥協が成立した 당사자간에 타협이 성립됐다. / 本年度の予算案が国会で成立した 이번 연도의 예산안이 국회에서 성립됐다. / 彼の努力で商談は成立した 그의 노력으로 상담은 성립됐다.

**せいりつ【税率】** 세율

**せいりゃく【政略】** 정략 関連 政略結婚 정략 결혼

**せいりゅう【整流】** 정류 関連 整流器 정류기

**せいりゅう【清流】** 청류

**せいりょう【声量】** 성량 ¶彼は声量がある 그는 성량이 풍부하다.

**せいりょういんりょう【清涼飲料】** 청량음료

## せいりょく 【勢力】 세력〔物理的な力〕힘〔権力〕권력〔影響力〕영향력

¶与党は総選挙での圧倒的な勝利によって勢力をさらにのばした 여당은 총선거의 압도적인 승리로 그 세력이 더욱더 커졌다. / 野党は勢力の拡大を図った 야당은 세력의 확대를 꾀했다. / 彼は政界でかなりの勢力を持っている 그는 정계에서 세력을 꽤 가지고 있다. / 勢力を振るう 세력을 떨치다 / その政治家はかつての勢力を失った 그 정치가는 옛날의 세력을 잃었다. / この条約はアジアにおける勢力の均衡を破る〔破る〕だろう 이 조약은 아시아에 있어서 세력 균형을 유지할〔깰〕 것이다. / 台風の勢力は急に衰えた 태풍의 세력은 갑자기 쇠퇴했다. / 社内の勢力争いには巻き込まれたくない 사내 세력 다툼에는 끼어들고 싶지 않다. 関連 勢力圏 세력권 / 勢力範囲 세력 범위 / 革新〔保守〕勢力 혁신〔보수〕세력 / 主要勢力 주요 세력 / 新興勢力 신흥 세력 / 反対勢力 반대 세력 / 反動勢力 반동 세력 / 武装勢力 무장 세력

## せいりょく 【精力】 정력(▶発音은 정녁) ◇精力的 정력적이다 ¶

に精력을 注ぐ 사업에 정력을 쏟다 / 研究に全精力を傾けた研究에 전 정력을 쏟았다. / 仕事を完成させるのに多大な精力を費やした 일을 완성시키는 데 막대한 정력을 썼다. / 彼女は子供の世話で精力を使い果たした 그녀는 아이 돌보는 데 정력을 다 썼다. / 最近精力が衰えた 최근 정력이 떨어졌다.

¶彼は精力的な活動家だ 그는 정력적인 활동가다. / 彼は精力的に仕事をこなした 그는 정력적으로 일을 해치웠다. 関連 精力家 정력가 / 精力剤 정력제

**せいれい【政令】** 정령 関連 政令指定都市 정령 지정 도시 (▶韓国의 광역시 「広域市」에 상당하는)

**せいれい【精霊】** 정령

**せいれい【聖霊】** 성령, 성신(聖神)

**せいれき【西暦】** 서기(西紀) ¶西暦2005年 서기 2005년 ⇨ 紀元

**せいれつ【整列】** 정렬 ◇整列する 늘어서다, 정렬하다 ¶生徒たちは2列に整列した 학생들은 두 줄로 늘어섰다.

**せいれん【精錬】** 정련 ◇精錬する 정련하다 関連 精錬工場 정련 공장 / 精錬所 정련소 ⇨ 精製

**せいれんけっぱく【清廉潔白】** 청렴결백 ◇清廉潔白だ 청렴결백하다 ¶彼は清廉潔白な人だ 그는 청렴결백한 사람이다. ⇨ 潔白

**せいろん【正論】** 정론 ¶彼女の言ったことは正論だと思う 그녀가 한 말은 정론이라고 생각한다. / 彼はいつも正論を吐く 그는 항상 정론을 편다.

**セーター** 스웨터

**セーフ** 세이프(↔アウト) [間に合う] 시간에 대다 ¶2塁, 3塁ともセーフだった 2루, 3루 모두 세이프였다. / 終電にぎりぎりセーフだった 겨우 막차를 탈 수 있었다.

**セーブ** 〘野球・サッカー〙세이브 ◇セーブする 세이브하다 [力などを蓄える] 축적하다 ¶その投手は今年10個目のセーブをあげた 그 투수는 올해 10번째의 세이브를 거두었다. / シュートはゴールキーパーによってセーブされた 슛은 골키퍼에 의해 저지되었다. / 力をセーブしておきなさいよ 힘을 아껴 둬라. 関連 セーブポイント 세이브 포인트

**セーフティーバント** 〘野球〙세이프티 번트 ⇨ バント

**セーラーふく【セーラー服】** 세일러복

**セール** 세일, 판매(販売) ¶この服は年末のセールで買った 이 옷은 연말 세일 때 샀다. / あの店でCDのセールをやっている 그 가게에서 CD 세일을 하고 있다. 関連 バーゲンセール 바겐세일 ⇨ バーゲンセール

**セールス** 판매〔セールスマン〕세일즈맨, 외판원(外販員) ¶母は保険のセールスをしている 어머니는 보험 외판원을 하고 계신다. 関連 セールスポイント 세일즈 포인트

**せおいなげ【背負い投げ】** 〘柔道〙업어치기 ¶相手を背負い投げで倒した 상대를 업어치기로 넘어뜨렸다.

**せおう【背負う】** 업다, 메다, 짊어지다, 떠맡다 ¶赤ちゃんを背負う 아기를 업다 / 老人は荷物を背負っていた 노인은 짐을 짊어졌다. / リュックサックを背負う 배낭을 짊어지다 / 彼は大きな借金を背負っている 그는 많은 빚을 지고 있다.

**せおよぎ【背泳ぎ】** 배영, 등헤엄 ⇨ 背泳(ぱぃ)

**せかい【世界】 ❶**［地球上すべての地域］세계〔地球〕지구 ◇世界的な 세계적인 〔国際的な〕국제적인 ¶アメリカを襲った同時多発テロは世界を揺るがした 미국을 덮친 동시 다발 테러는 세계를 뒤흔들었다. / その事件は世界の注目を集めた 그 사건은 세계의 주목을 모았다. / 映画産業はアメリカが世界に誇るものの一つだ 영화 산업은 미국이 세계에 자랑하는 것 중의 하나다. / 国連は世界の平和を守るために設立された 유엔은 세계 평화를 지키기 위해서 설립되었다.

¶その図書館の蔵書数は世界一だ 그 도서관의 장서 수는 세계 제일이다. / これは世界一高いビルだ 이것은 세계에서 최고로 높은 빌딩이다. / ブラジルはサッカーでは世界最強だ 브라질은 축구로는 세계 최강이다. / いつか世界一周旅行をしてみたい 언젠가 세계 일주 여행을 해 보고 싶다. / そのコンサートは世界各地で放映された 그 콘서트는 세계 각지에서 방영되었다. / 世界中の人々が平和を望んでいる 전 세계 사람들이 평화를 바라고 있다. / 英語は今では世界中で話されている言語だ 영어는 지금은 전 세계에서 통하는 언어다. / 彼は走り幅跳びで世界新記録を樹立した 그는 멀리뛰기에서 세계 신기록을 수립했다. / 環境破壊は世界的問題だ 환경 파괴는 세계적인 문제다. / 彼女は女優として世界的名声を博している 그녀는 여배우로서 세계적인 명성을 날리고 있다.

¶彼は世界をまたにかけてビジネスをしている 그는 세계를 무대로 비즈니스를 하고 있다. / これほど大きなダイヤモンドは世界に類のないものだ 이만큼 큰 다이아몬드는 세계에 유례가 없는 것이다. **❷**［生活の場］세계, 세상 ¶彼は僕たちとは住んでいる世界が違う 그는 우리들과는 사는 세계가 다르다. / 君は世界が狭いよ 너는 좁은 세계에 갇혀 있다. / 恋人を亡くしてから彼女は自分の世界に閉じこもってしまった 애인을 잃고 나서 그녀는 자기만의 세계에 갇혀 버렸다. / 彼女は働いたことがないので外の世界を知らない 그녀는 일한 적이 없어서 바깥 세상을 모른다. / 君の話を聞いて私は目の前に新しい世界が開けたような気がした 네 이야기를 듣고 나는 눈 앞에 새로운 세계가 열린 것 같은 느낌이 들었다. / 金の欲しくない人間がどこの世界にいるだろうか 돈 욕심 없는 사람이 어디에 있을까? **❸**［ある特定の範囲］세계 ¶勝負の世界は厳しい 승부의 세계는 냉엄하다. / 文学の世界 문학의 세계 / 政治の世界 정치의 세계 / スポーツの世界 스포츠의 세계 / 学問の世界 학문의 세계 / 空想の世界 공상의 세계 / 動物の世界 동물의 세계 / 大人の世界 어른의 세계 / 子供の世界 어린이 세계 / 月の世界 달 세계 / 未知の世界 미지의 세계 / 死後の世界 사후의 세계 / 詩の世界 시의 세계 / 物語の世界 이야기 세계 関連 世界遺産 세계 유산 / 世界観 세계관 / 世界記録 세계 기

록 / 世界銀行 세계은행 / 世界経済 세계 경제 / 世界史 세계사 / 世界自然保護基金(WWF) 세계 자연보호 기금 / 世界情勢 세계 정세 / 世界人口 세계 인구 / 世界選手権大会 세계 선수권 대회 / 世界大戦 세계 대전 [第一次[第二次]世界大戦] 제일차[제이차] 세계 대전 / 世界貿易 세계 무역 / 世界保健機関(WHO) 세계 보건 기구 / 新[旧]世界 신[구]세계 / 第三世界 제삼 세계

**せかす**【急かす】 재촉하다, 독촉하다 ¶原稿をせかされている 원고를 독촉받고 있다. / せかさないでくれ 재촉하지 말아 줘. / 彼はせかされて決心した 그는 재촉을 받고 결심했다. ⇨急がせる, せきたてる

**せかせか** 조급하게, 성급하게 ◇せかせかする 조급하다, 안절부절못하다 ¶彼は部屋の中をせかせか動き回った 그는 방 안을 초조하게 걸어다녔다. / 姉はとてもせかせかして落ち着かないようだった 언니는 아주 조급해서 안절부절못하는 것 같았다.

**せかっこう**【背格好】[体つき] 체격(体格), 몸매 ¶彼らは大体同じ背格好だ 그들은 체격이 거의 같다.

**ぜがひでも**【是が非でも】 어떤[무슨] 일이 있어도, 반드시, 기어이 ¶是が非でもインフルエンザの流行を阻止しなければならない 무슨 일이 있어도 독감의 유행을 막아야 된다. ⇨ぜひ

**せがむ** 조르다, 졸라대다 ¶いくらせがんでもだめなものはだめだ 아무리 졸라도 안 되는 건 안 돼.

**セカンド**〖野球〗[2塁] 세컨드 베이스, 이루 / [2塁手] 이루수 ⇨野球

**せき**【席】 ❶[座席] 좌석, 자리

> 基本表現
> ▷私は席に着いた
> 나는 자리에 앉았다.
> ▷私はちょっと席を外した
> 나는 잠깐 자리를 떴다.
> ▷「この席は空いていますか」「はい, 空いています」|「いいえ, 空いてません」
> "이 자리는 비어 있어요?" "네, 비어 있어요." |"아니요, 사람 있는데요."
> ▷私は老人に席を譲った
> 나는 노인에게 자리를 양보했다.
> ▷席を替わっていただけませんか
> 자리를 바꿔 주시지 않겠습니까?
> ▷ちょっと席をとっておいてもらえますか
> 자리 좀 봐 주시겠어요?
> ▷ウィーンフィルのコンサートの席を2枚予約した
> 빈필 콘서트를 두 장 예약했다.

¶席に着いてください 자리에 앉아 주세요. / ヨンヒは僕の左側の席に座った 영희는 내 왼쪽 자리에 앉았다. / まあすてき! 窓側の席だわ 어머 멋져! 창문 옆 자리야. / 彼女は教室の後ろのほうの席に座っていた 그녀는 교실의 뒤쪽 자리에 앉았다. / この席からは舞台がよく見えない 이 자리에서는 무대가 잘 보이지 않는다. / すみません, 彼は今席を外しています 죄송합니다. 그는 지금 자리에 없습니다.

❷[場所] 자리, 마당 ¶その歌手は公の席で婚約を発表した 그 가수는 공적인 자리에서 약혼을 발표했다. / 彼の昇進を祝って宴会の席を設けた 그의 승진을 축하하는 연회의 자리를 마련했다.

❸[地位] 자리 ¶課長の席が空いている 과장 자리가 비어 있다. 慣用句忙しくて席の温まる暇がない 바빠서 엉덩이를 붙이고 있을 틈이 없다. / 彼らは怒って交渉の席を蹴った 그들은 화가 나서 협상 테이블을 박차고 나왔다.

**せき**【堰】 둑, 방죽 ¶この堰は50年ほど前に作られたものだ 이 둑은 한 50년 전에 만들어진 것이다. 慣用句彼女は堰を切ったように泣き出した 그녀는 갑자기 엉엉 울기 시작했다.

**せき**【咳】 기침 ◇せきをする 기침하다 ¶せきが出る 기침이 나다 / 子供のせきがなかなか止まらない 아이의 기침이 좀처럼 멈추지 않는다. / せきがひどいですね 기침이 심하네요. / せき込んで話ができなかった 기침이 나와서 얘기를 할 수 없었다. / 男は突然せき払いをした 남자는 갑자기 헛기침을 했다. / 隣の部屋で彼が一晩中せきをしているのが聞こえた 옆방에서 그가 밤새도록 기침하는 소리가 들렸다. 関連せき止め 기침약

**せき**【積】〖数学〗곱, 적(▶적은 古い用語) ¶12×12の積を求めよ 12 곱하기 12는 얼마인가?

**せき**【籍】[戸籍] 호적 ¶彼女は夫と別居しているがまだ籍は抜いていない 그녀는 남편과 별거하고 있지만 아직 호적은 빼지 않았다. / 養子を籍に入れた 양자를 호적에 넣었다. / 弟はサッカー部に籍を置いている 동생은 축구부에 들어가 있다.

**せきうん**【積雲】적운, 뭉게구름, 솜구름

**せきえい**【石英】석영

**せきがいせん**【赤外線】적외선 関連赤外線カメラ 적외선 카메라 / 赤外線写真 적외선 사진

**せきこむ**【急き込む】성급해지다 ◇せき込んで 성급하게 ¶彼はせき込んで質問した 그는 성급하게 질문했다.

**せきさい**【積載】적재 ◇積載する 적재하다, 싣다 ¶トラックが港でコンテナを積載した 트럭은 항구에서 컨테이너를 적재했다. / その船はセメントを積載していた 그 배는 시멘트를 싣고 있었다. / 石油を積載したタンカーが座礁した 석유를 적재한 유조선이 좌초되었다. 関連積載貨物 적재 화물 / 積載量 적재량

**せきざい**【石材】석재

**せきじゅうじ**【赤十字】적십자 関連赤十字国際委員会 적십자 국제 위원회 / 赤十字社 적십자사 / 赤十字病院 적십자 병원

**せきじゅん**【席順】자리의 순서 ¶席順を決める 자리의 순서를 정하다

**せきじょう**【席上】석상, 자리 ¶社長は株主総会の席上で引退を表明した 사장은 주주총회 석상에서 은퇴를 표명했다.

**せきずい**【脊髄】척수, 등뼈 関連脊髄移植 척수 이식 / 脊髄炎 척수염 / 脊髄神経 척수 신경 / 脊髄注射 척수 주사

**せきせいいんこ**【背黄青いんこ】잉꼬

**せきせつ**【積雪】적설 ¶積雪で道路が封鎖された 적설로 도로가 봉쇄되었다. / 「積雪はどのくらい

ですか」「2 メートルです」 "적설량은 어느 정도입니까?" "2 미터입니다." 関連 積雪量 적설량

**せきぞう【石像】** 석상

**せきたてる【急き立てる】** 재촉하다, 서두르게 하다, 쫓다 ¶彼女は子供たちをせき立てた 그녀는 아이들을 재촉했다. / 彼にどうするのかすぐに決めろとせき立てられた 그는 나에게 어떻게 할 것인지 당장 결정하라고 재촉했다.

**せきたん【石炭】** 석탄 ¶石炭を掘る 석탄을 파다 / ストーブに石炭をくべる 난로에 석탄을 지피다 / 寒かったので石炭をたいた 추워서 석탄을 땠다. 関連 石炭液化 석탄 액화 / 石炭ガス 석탄 가스 / 石炭殻 석탄재 / 石炭産業 석탄 산업 / 石炭層 석탄층

**せきちゅう【脊柱】** 척추(脊椎)

**せきつい【脊椎】** 척추 関連 脊椎カリエス 척추 카리에스 / 脊椎動物 척추 동물

**せきどう【赤道】** 적도 ¶我々の乗った船はきょう赤道を通過した 우리가 탄 배는 오늘 적도를 통과했다. / その島は赤道直下にある 그 섬은 적도 바로 밑에 있다.

**せきとめる【塞き止める】** 막다, 가로막다 ¶子供たちは小川をせき止めて遊んでいた 아이들이 시냇물을 가로막고 놀고 있었다. / 我々はなだれ込む人の波をせき止めることはできなかった 우리들은 우르르 몰려드는 인파를 막을 수 없었다.

## せきにん【責任】 책임

基本表現

▷この事故の責任は私にある
이 사고의 책임은 나에게 있다.

▷試合に負けたのは君の責任ではない
시합에 진 것은 네 책임이 아니다.

▷窓ガラスを割った責任はだれがとるのですか
유리창을 깬 책임은 누가 집니까?

▷君は自分の言った事に対して責任をとるべきだ
넌 자기가 한 말에 대해서 책임을 져야 한다.

▷わが部の主将としての責任を果たした
그는 서클의 주장으로서 책임을 다했다.

▷彼は今回の失敗に責任を感じている
그는 이번 실패에 책임을 느끼고 있다.

▷製造業者は製品の安全に対する責任がある
제조 업자는 제품의 안전에 대한 책임이 있다.

¶他人に責任を転嫁するべきではない 남에게 책임을 전가해서는 안 된다. / 運転手は事故の責任を逃げようとした 운전사는 사고의 책임을 회피하려고 했다. / 彼はミスの責任を私に負わせた 그는 실수의 책임을 나에게 떠맡겼다. / 責任をもって戸締まりしておきます 책임 지고 문단속을 하겠습니다. / 市長は市民に対して責任があるはずだ 시장은 시민에 대해 당연히 책임이 있다. / 彼は会社で責任のある地位に就いている 그는 회사에서 책임 있는 자리에 앉아 있다. / 何事につけまず責任の所在を明白にすべきである 무슨 일이든 우선 책임의 소재를 명백하게 해야 한다. / 私は自分の責任において契約を取り消した 나는 내가 책임 질 생각으로 계약을 취소했다.

¶私は会社の経営に全責任を負っている 나는 회사의 경영에 모든 책임을 지고 있다. / 重い責任 무거운 책임 / 直接的責任 직접적인 책임 / 最終的責任 최종적인 책임 / 法的責任 법적 책임 / 公的責任 공적 책임 / 社会的責任 사회적 책임 / 個人的責任 개인적 책임 / 共同責任 공동 책임

¶彼は責任感が強い[ない] 그는 책임감이 강하다[없다]. / この店の責任者はだれですか 이 가게의 책임자는 누구입니까?

会話 …の責任です
A : 今回の墜落事故の責任はだれにあるのですか
B : もちろんパイロットの責任です
A : 이번 추락 사고의 책임은 누구에게 있습니까?
B : 물론 조종사의 책임입니다.
A : この仕事の責任者はだれですか
B : 高橋さんです
A : 이 일의 책임자가 누구지요?
B : 다카하시 씨에요.

**せきのやま【関の山】** 고작 ¶ひと言皮肉を言うのが関の山だ ひとまじに 비꼬는 것이 고작이었다. / 一時しのぎの修理が関の山だ 임시방편의 수리가 고작이다.

**せきはい【惜敗】** 석패 ◇惜敗する 아깝게 패하다[지다] ¶うちの野球部は2回戦で惜敗した 우리 야구부는 2회전에서 아깝게 졌다.

**せきはん【赤飯】** 팥밥 ¶赤飯をたいて祝う 팥밥을 짓고 축하하다

**せきひ【石碑】** 비석〔記念碑〕 기념비 ¶その作家の石碑が故郷の丘の上に建てられた 그 작가의 비석이 고향의 언덕 위에 세워졌다. ⇒碑

**せきぶん【積分】** 적분 ◇積分する 적분하다 関連 積分学 적분학 / 積分法 적분법 / 積分方程式 적분 방정식 / 微積分 미적분

**せきむ【責務】** 책무〔義務〕의무〔責任〕책임 ¶責務を果たす 책임과 의무를 다하다

**せきめん【赤面】** 적면 ◇赤面する 얼굴을 붉히다, 얼굴이 빨개지다 ¶彼女は私の冗談に赤面した 그녀는 내 농담에 얼굴을 붉혔다. / 彼は赤面しながら彼女にデートを申し込んだ 그는 얼굴을 붉히며 그녀에게 데이트 신청을 했다. 関連 赤面恐怖症 적면 공포증

**せきゆ【石油】** 석유 ¶その国は石油が豊富だ 그 나라는 석유가 풍부하다. / 彼らはついに石油を掘り当てた 그들은 드디어 석유를 찾아냈다. / わが国では常に3か月分の石油を備蓄している 우리 나라에서는 항상 3개월분의 석유를 비축하고 있다. / 石油の値段が高騰した 석유 가격이 폭등했다. 関連 石油王 석유왕 / 石油会社 석유 회사 / 石油化学 석유 화학 / 石油缶 석유통 / 石油危機 석유 위기 / 石油コンビナート 석유 콤비나트 / 石油こんろ 석유 곤로 / 石油産出国 석유 산출국 / 石油資源 석유 자원 / 石油ストーブ 석유 스토브, 석유난로 / 石油精製 석유 정제 / 石油製品 석유 제품 / 石油タンク 석유 탱크 / 石油ポンプ 석유 펌프 / 石油埋蔵量 석유 매장량 / 石油輸出国機構(OPEC) 석유 수출국 기구 / 石油輸送管 석유 수송관 / 石油ランプ 석유램프

**せきらんうん【積乱雲】** 적란운, 소나기구름 〔入道雲〕뇌운(雷雲)
**せきり【赤痢】** 적리 ¶赤痢患者 적리 환자 [関連]赤痢菌 적리균, 이질균
**せきりょう【席料】** 자릿세 〔入場料〕입장료
**せきれい【鶺鴒】** 〚鳥類〛할미새
**せく【急く】** 〔急ぐ〕서두르다〔焦って待ち切れない〕조급해지다 ¶早く仕事を終えようと気ばかりがせいていた 빨리 일을 끝내려고 마음만 조급해져 있었다. [慣用句]せいては事を仕損じる 서두르면 일을 망친다.
**セクシー** 섹시 ◇セクシーだ 섹시하다 ¶彼女はセクシーだ 그녀는 섹시하다. / セクシーな姿 섹시한 자태
**セクハラ** 성희롱(性戯弄) ¶女子社員の50%以上が職場で何らかのセクハラを経験している 여자 사원들의 절반 이상이 직장에서 어떤 형태로든 성희롱을 경험한 적이 있다. / セクハラする上司 성희롱하는 상사 [関連]セクハラ被害 성희롱 피해 / セクハラ発言 성희롱 발언

**せけん【世間】** 〔世の中〕세상〔世の中の人々〕세상 사람들〔世間〕세상 물정〔付き合い〕교제〔活動〕범위 ¶その事件は世間を騒がせた 그 사건은 세상을 떠들썩하게 했다. / 私は世間の信用を失った 나는 세상 사람들의 신용을 잃었다. / 私は世間が何と言おうと少しも気にしない 나는 세상 사람들이 뭐라고 하든 조금도 신경쓰지 않는다. / 彼女はいつも世間の目を気にしている 그녀는 항상 다른 사람의 눈을 의식한다. / このことは世間に知られたくない 이 일은 세상에 알리고 싶지 않다. / そんなことをすれば世間の笑い者になるだろう 그런 일을 하면 세상의 웃음거리가 될 것이다. / 世間では彼を冷酷な男だと言っている 세상 사람들은 그를 냉혹한 남자라고 말한다. / 彼は世間との関係を断って田舎でひっそり暮らした 그는 세상과 인연을 끊고 시골에서 조용히 살았다. / この画家は世間にほとんど知られていない 이 화가는 세상에 거의 알려지지 않았다. / 彼女は世間をうんと渡ってきた 그녀는 인생을 잘 보내왔다. / 世間は狭いものだ 세상은 좁다. / 彼は世間が広い〔狭い〕그는 교제 범위가 넓다〔좁다〕. ¶彼は世間をよく知っている 그는 세상 물정을 잘 알고 있다. / 彼女は世間知らずだ 그녀는 세상 물정을 모른다. / 私は世間並みに幸せな生活を送っている 나는 세상 사람들 못지않게 행복한 생활을 보내고 있다. / 私たちはしばらくの間世間話をした 우리들은 잠시 잡담을 했다. / 彼にとって大切なのは世間体を保つことだった 그에게 있어서 중요한 것은 체면을 유지하는 것이었다. [慣用句]こんな事件を起こしてしない世間向けできない 이런 사건을 일으켜 버려서 세상에 대해 낯을 들 수가 없다. / 世間の荒波にもまれたおかげで成長した 세상 풍파에 시달린 덕분에 많이 성장했다. / 渡る世間に鬼はない 세상에는 나쁜 사람만 있는 것이 아니다.
**せこい** 인색하다, 쩨쩨하다 ¶彼は金にせこい 그는 돈에 인색하다. / あいつはせこいやつだ 그 녀석은 인색한 놈이다.

**せこう【施工】** 시공 ◇施工する 시공하다 ¶このビルはわが社が施工した 이 빌딩은 우리 회사가 시공했다.
**せこう【施行】** 시행 ◇施行する 시행하다 ⇒施行(しこう)
**セコンド** 〚ボクシング〛세컨드
**せじ【世事】** 세사, 세상사, 세상일, 세상 물정 ¶彼は世事にうとい 그는 세상일에 어둡다. / 彼女は若いのに似合わず世事にたけている 그녀는 나이도 어린데 세상 물정에 밝다.
**せじ【世辞】** 아첨 ⇒お世辞
**セシウム** 세슘
**せしめる** 〔だまし取る〕착복하다, 가로채다 ¶彼は一人暮らしの老人をだまして金をせしめた 그는 혼자 사는 노인을 속여서 돈을 가로챘다.
**せしゅう【世襲】** 세습 [関連]世襲議員 세습 의원 / 世襲財産 세습 재산 / 世襲制度 세습 제도
**せすじ【背筋】** 등골, 등줄기 ¶背筋を伸ばす 허리를 쭉 펴다 / 背筋が痛む 등골이 아프다. / その話を聞いて背筋が寒くなった 그 이야기를 듣고 등골이 오싹했다.
**ゼスチャー** 제스처, 몸짓
**ぜせい【是正】** 시정 ◇是正する 시정하다 ¶男女の賃金格差を是正すべきだ 남녀간의 임금 격차를 시정해야 한다. / 過ちを是正する 잘못을 시정하다
**せせこましい** 〔場所が〕비좁다〔性格が〕좀스럽다, 옹졸하다 ¶彼らはせせこましい家に住んでいる 그들은 비좁은 집에 살고 있다. / せせこましい男だ 옹졸한 남자다.
**せせらぎ** 시냇물〔水音〕시냇물 소리
**せせらわらい【せせら笑い】** 비웃음
**せせらわらう【せせら笑う】** 비웃다 ¶彼女は私の失敗をせせら笑った 그 여자는 내 실패를 비웃었다.
**せそう【世相】** 세상, 세태(世態), 사회(社会) ¶この事件は最近の世相を反映している 이 사건은 요즘 세태를 반영하고 있다. / その記録映画に当時の暗い世相の一端を垣間見る思いがした 그 기록 영화를 보고 나니 당시 사회의 어두운 면을 엿본 느낌이 들었다.
**ぜぞく【世俗】** 세속〔世間〕세상 ◇世俗的な 세속적인 ◇世俗化する 세속화되다 ¶彼女は世俗にこびているだけだ 그녀는 세상에 아부하고 있을 뿐이다. / 彼は世俗的名声をべっ視している 그는 세속적인 명성을 멸시하고 있다. / 世俗的な関心 세속적인 관심 [関連]世俗主義 세속주의
**せたい【世帯】** 세대〔家族〕식구(食口) [関連]世帯数 세대수 / 世帯主 세대주 / 二世帯住宅 2세대 주택
**せだい【世代】** 세대 ¶わが家では3世代が同居している 우리 집에는 3세대가 동거하고 있다. / 若い世代に期待している 젊은 세대에 기대하고 있다. / 彼らとは同世代だ 그들과는 동세대다. / わが社でも急速に世代交代が進んでいる 우리 회사에서도 급속히 세대교체가 진행되고 있다. / 彼らは新世代のコンピュータ開発に従事している 그들은 신세대의 컴퓨터 개발에 종사하고 있다. / 世代

の差 세대차 / 世代の断絶 세대간의 단절
関連 次世代 차세대 / 次世代戦闘機 차세대 전투기 / 次世代携帯電話 차세대 휴대폰

**せたけ【背丈】** 키, 신장 ⇒背, 身長

**セダン** 세단

**せちがらい【世知辛い】** 각박하다〔暮らしにくい〕살아가기 힘들다〔心にゆとりがない〕인색하다, 쩨쩨하다 ¶せちがらい世の中になったものだ 참으로 각박한 세상이 되었다.

**せつ【節】 ❶**〔信条〕절개, 지조 ¶金のために節を曲げてはならない 돈 때문에 지조를 굽혀서는 안 된다.
**❷**〔時〕때 ¶東京においでの節はお立ち寄りください 도쿄에 오시게 되면 들러 주십시오. / その節はたいへんお世話になりました 그 때는 신세 많이 졌습니다. / その節はよろしくお願いします 그 때는 잘 부탁드리겠습니다.
**❸**〔文章の一節〕단락 ¶これは聖書の一節だ 이것은 성경의 한 구절이다. / 第3章の第2節 제 3장 제 2절
**❹**〔文法〕절

**せつ【説】 ❶**〔意見〕설, 의견〔考え〕생각〔見解〕견해 ¶彼女は自分の説を曲げないと思うよ 그녀는 자기의 의견을 굽히지 않을 거야. / お説のとおりです 옳으신 말씀입니다.
**❷**〔学説〕학설, 설 ¶彼は進化に関する新しい主張を唱えた 그는 진화에 관한 새로운 설을 주장했다.
**❸**〔風評〕설, 소문 ¶ふたりは離婚したという説もある 둘이 이혼했다는 설도 있다.

**せつえい【設営】** 설치(設置) ◇設営する 설치하다 ¶公園に避難所を設営する 공원에 피난소를 설치하다

**せつえん【節煙】** 절연 ◇節煙する 담배를 줄이다 ⇒たばこ

**ぜつえん【絶縁】** 절연 ◇絶縁する 절연하다〔縁を切る〕인연을 끊다 ¶電線を絶縁する 전선을 절연하다 / 彼女と絶縁するつもりだ 그녀와는 인연을 끊을 생각이다 / 縁をたたきつける 인연을 끊었다. 関連 絶縁体 절연체 / 絶縁テープ 절연 테이프

**せっかい【石灰】** 석회 ¶畑に石灰をまいた 밭에 석회를 뿌렸다. 関連 石灰岩 석회암 / 石灰質 석회질 / 石灰水 석회수 / 生石灰 생석회 / 消石灰 소석회

**せっかい【切開】** 절개 ◇切開する 절개하다 ¶医師は患部を切開した 의사는 환부를 절개했다 / 狭心症の患者に心臓の切開手術をしなければならない 협심증 환자에게 심장 절개 수술을 해야 된다.

**せっかく【折角】❶**〔努力してわざわざ〕모처럼, 일부러 ¶彼はせっかく貯めた金をギャンブルですってしまった 그는 모처럼 모은 돈을 도박으로 날려 버렸다. / せっかく来てくれたのに留守をしてすみません 모처럼 오셨는데 집을 비워 죄송합니다. / せっかくの苦心が水の泡になった 모처럼의 노력이 물거품이 되었다. / せっかく買ってきたのにケーキいらないの一부러 사 왔는데 케이크 안 먹니? / せっかくのお誘いですが明日がうかがえません 모처럼

불러 주셨는데 내일은 찾아뵐 수 없습니다. / せっかくですから喜んでいただきます 모처럼 주셨으니 기쁘게 받겠습니다. / せっかく楽しみにしていたのに、試合は雨で流れてしまった 모처럼 기대하고 있었는데 시합은 비로 유산되었다.
**❷**〔貴重な〕모처럼 ¶せっかくの週末だというのに雨だった 모처럼의 주말인데 비가 왔다. / 彼女とデートできるせっかくのチャンスを逃してしまった 그녀와 데이트할 수 있는 모처럼의 찬스를 놓치고 말았다.

**せっかち** ◇せっかちだ 성급하다 ¶彼女はせっかちだ 그녀는 성급하다. / 父は年を取るにつれせっかちになっている 아버지는 나이가 드시면서 성급해지셨다. / せっかちな人 성급한 사람

**せつがん【接岸】** 접안 ◇接岸する〔船が陸地に〕닿다 ¶我々の乗った船は船着き場に接岸した 우리가 탄 배는 선착장에 닿았다.

**せつがんレンズ【接眼レンズ】** 접안 렌즈

**せっき【石器】** 석기 関連 石器時代 석기 시대 / 新[旧]石器時代 신[구]석기 시대

**せっきゃく【接客】** 접객 ¶部長は接客中です 부장님은 손님을 만나고 계십니다. 関連 接客係 고객 담당 / 接客業 서비스업

**せっきょう【説教】**〔宗教上の〕설교〔小言〕잔소리, 꾸지람 ◇説教する 설교하다 ¶新任の牧師が説教を行った 새로 오신 목사님이 설교를 하셨다. / おやじに説教を食った父に잔소리를 들었다. / お説教はたくさんだ 잔소리는 이제 지겹다. / 先生から成績のことで長々と説教された 성적이 나쁘다고 선생님한테 한참동안 꾸지람을 들었다.

**ぜっきょう【絶叫】** 절규 ◇絶叫する 절규하다, 비명을 지르다 ¶彼女は恐怖のあまり絶叫した 그녀는 너무 무서운 나머지 비명을 질렀다.

**せっきょく【積極】** 積極的である 적극적이다 ◇積極的に 적극적으로 ¶彼はその問題に対して積極的な態度をとった 그는 그 문제에 대해 적극적인 태도를 취했다. / 彼女は市民レベルの日韓交流に積極的だ 그녀는 시민 차원의 한일 교류에 적극적이다. / 鈴木氏は積極的な人と思われている 사람들은 스즈키 씨를 적극적인 사람이라고 생각하고 있다. / もっと積極的に意見を述べてください 좀더 적극적으로 의견을 말해 주세요. / 彼女は積極的に教育問題に取り組んだ 그녀는 적극적으로 교육 문제에 몰두했다. / 家の近所の人たちは積極的に地域社会の行事に参加している 주위에 사는 사람들은 적극적으로 지역 사회의 행사에 참가하고 있다.
¶彼は積極性に欠ける 그는 적극성이 부족하다. / 我々は積極策をとった 우리는 적극적인 대책을 취했다.

**せっきん【接近】** 접근, 근접 ◇接近する 접근하다 ¶爆撃機は目標に接近した 폭격기는 목표물에 접근했다. / 2人の実力は接近している 두 사람의 실력은 비슷하다[막상막하다]. / 世論調査によれば両党の支持率はかなり接近している 여론 조사에 의하면 양당의 지지율은 꽤 근접하고 있다. 関連 異常接近(ニアミス) 니어미스

**ぜっく【絶句】** ◇絶句する 말문이 막히다 ¶彼女

のあまりの無責任さに絶句してしまった 그녀가 너무 무책임해서 기가 막혔다. / 彼はそのニュースを聞いて絶句した 그는 그 뉴스를 듣고 말문이 막혔다.

**せっく【節句】** 명절(名節) ¶端午の節句 단오절 / 桃の節句 삼월 삼짇날 ⇨ひなまつり

**セックス** 섹스 [性交] 성교 ◇セックスする 섹스하다, 성교하다 ¶彼女とはまだセックスはしていない 그녀와는 아직 섹스는 하지 않았다. / 息子はセックスに興味を持ち始める年になった 아들은 섹스에 흥미를 갖기 시작할 나이가 되었다. / 近ごろの映画はセックス場面が多すぎる 요즘 영화는 섹스 장면이 너무 많다. / 彼はデートをするといつもセックスしたがる 그는 만나면 항상 섹스하자고 한다. / 私たちは10代のセックスについて自由に話をした 우리들은 10대의 섹스에 대해서 자유롭게 이야기를 했다. / マリリン・モンローはハリウッドのセックスシンボルと言われていた 마릴린 먼로는 헐리웃의 섹스 심벌로 불리워졌었다. / その女優はすごくセックスアピールがある 그 여배우는 굉장히 섹스어필을 한다. ◇セックスチェック [運動選手의] 성별 검사(性別検査)

**せっけい【設計】** 설계 ◇設計する 설계하다 ¶彼女は市立美術館を設計した 그녀는 시립 미술관을 설계했다. / 生活設計はどうなっているの 인생 설계는 어떻게 됐니? 関連 設計士 설계사 / 設計者 설계자 / 設計書 설계서 / 設計図 설계도

**せっけい【雪渓】** 설계 ¶雪渓を登る[下る] 설계를 올라가다[내려 가다]

**ぜっけい【絶景】** 절경 ¶なんという絶景だ 어쩌면 이렇게 절경일까.

**せっけっきゅう【赤血球】** 적혈구

**せっけん【石鹸】** 비누 ¶この石けんは泡立ちがよい 이 비누는 거품이 잘 난다. / この石けんはよく落ちる 이 비누는 잘 씻긴다. / 石けんで手を洗いなさい 비누로 손을 씻어라. / その子は体中に石けんをつけた 그 애는 온몸에 비누칠을 했다. 関連 石けん入れ 비눗갑 / 石けん水 비눗물 / 化粧石けん 세숫비누 / 粉石けん 가루비누 / 洗濯石けん 세탁비누, 빨랫비누

**せつげん【節減】** 절감 ◇節減する 절감하다 ¶経費を節減する必要がある 경비를 절감할 필요가 있다.

**せつげん【雪原】** 설원

**ゼッケン** 제킨 ¶ゼッケン2番の選手 2번 선수 / ゼッケン番号 선수 번호

**せっこう【石膏】** 석고 関連 石膏像 석고상

**ぜっこう【絶交】** 절교 ◇絶交する 절교하다 ¶彼とは絶交した 그와는 절교했다. / 君とは絶交だ 너와는 절교다.

**ぜっこう【絶好】** 절호 ¶絶好のチャンス[機会] 절호의 찬스[기회] / 絶好の運動会日和 운동회를 하기에 딱 좋은 날씨

**ぜっこうちょう【絶好調】** 절호조 ¶あの選手は今絶好調だ 그 선수는 지금 최상의 컨디션이다.

**せっこつ【接骨】** 접골 関連 接骨医 접골사 / 接骨院 접골원

**ぜっさん【絶賛】** 절찬 ◇絶賛する 절찬하다 ¶絶賛発売中 절찬 발매중 / 彼の作品は絶賛を博した その人の作品は絶賛を博した 그 사람의 작품은 절찬을 받았다. / 評論家たちは彼女の演奏を絶賛した 평론가들은 그녀의 연주를 절찬했다.

**せっし【摂氏】** 섭씨(↔화씨) ¶気温は摂氏5度だ 기온은 섭씨 5도다. / 気温は摂氏で何度ですか 기온은 섭씨 몇 도입니까?

**せつじつ【切実】** ◇切実だ 절실하다, 간절하다 ◇切実に 절실히, 간절히 ¶水不足は切実な問題だ 물부족은 절실한 문제이다. / 父の無事を切実に願った 아버지의 무사를 간절히 바랐다.

**せっしゅ【接種】** 접종 関連 予防接種 예방 접종

**せっしゅ【摂取】** 섭취 ◇摂取する 섭취하다 ¶ビタミンCの適量摂取が必要だ 비타민 C의 적절한 섭취가 필요하다. / 塩分の摂取量を制限している 염분의 섭취를 제한하고 있다. / 明治以降日本は西洋文化を摂取してきた 메이지 이후 일본은 서양 문화를 받아들여 왔다.

**せっしゅう【接収】** 접수 ◇接収する 접수하다 ¶軍はその建物を司令部として使用するために接収した 군은 그 건물을 사령부로 사용하기 위해 접수했다.

**せつじょ【切除】** 제거(除去) ◇切除する 제거하다, 잘라 내다 ¶がんで肝臓の一部を切除した 암으로 간장의 일부를 잘라냈다. / 医師は彼の胃から腫瘍を切除した 의사는 그의 위에서 종양을 제거했다.

**せっしょう【折衝】** 절충, 협상(協商) ◇折衝する 절충하다 ¶我々はその件について折衝を重ねた 우리는 그 건에 대해서 협상을 거듭했다. / 賃上げについて経営側と折衝中だ 회사 측과 임금 인상에 대해 협상 중이다.

**せつじょうしゃ【雪上車】** 설상차

# せっしょく【接触】 접촉 [連絡] 연락
◇接触する 접촉하다, 닿다 ¶コンセントの接触が悪くてテレビがつかない 콘센트 접촉이 잘 안 돼서 텔레비전이 안 켜진다. / 電線がぶらさがって家の屋根に接触しているのでこのままでは断線が増えて屋根に当たりそうで이대로는 위험하다. / 車がタクシーと接触した 차가 택시하고 부딪쳤다. / この病気は接触感染によって広まると言われている 이 병은 접촉 감염에 의해서 퍼진다고 한다.
¶彼とは数年前から個人的な接触がある 그와는 수년 전부터 개인적으로 연락을 해 왔다. / 彼とは接触を保つべきだ 그와는 연락을 유지해야 한다. / 彼との接触は避けたほうがいい 그와의 접촉은 피하는 것이 좋다. / 私はそのコンピュータ会社の社長と接触を試みた 나는 그 컴퓨터 회사 사장과 접촉을 시도했다. / 彼は外国人ビジネスマンと接触する機会が多かった 그는 외국인 비즈니스맨과 접촉할 기회가 많았다.

**せつじょく【雪辱】** 설욕 ◇雪辱する 설욕하다 ¶我々は去年の雪辱を果たした 우리는 작년의 패배를 설욕했다. 関連 雪辱戦 설욕전

**ぜっしょく【絶食】** 금식(禁食) [断食] 단식 ◇絶食する 금식하다, 단식하다 ¶彼らは教義にのっとって3日間絶食した 그들은 교리에 따라서 3일간 금식했다. / 人間ドックで検査を受けるために24時間絶食した 종합 검진을 받기 위해 스물

네 시간 금식다.
**せっすい【節水】** 절수 ¶節水にご協力ください 절수에 협력해 주세요.

**せっする【接する】** ❶ [接触する] 접하다, 만나다 [面する] 면하다 ¶新しい家は川に接している 새 집은 강에 접해 있다. / その建物の西側は道路に接している 그 건물의 서쪽은 도로에 접해 있다. / この円は点Bにおいて直線Aと接する 이 원은 점 B에서 직선 A와 접한다.
❷ [隣接する] 접하다, 이웃하다, 인접하다 ¶中国はロシアと国境を接している 중국은 러시아와 국경을 접하고 있다. / わが家は佐藤さんの家と接している 우리 집은 사토 씨네 집과 이웃해 있다.
❸ [応対する, 付き合う] 접하다, 대하다 [客を迎える] 접대하다 [会う] 만나다 ¶彼は毎日たくさんの来客と接するので忙しい 그는 매일 많은 손님을 대하기 때문에 바쁘다. / 彼は外国人と接する機会が多い 그는 외국인과 접할 기회가 많다. / 異性と接する機会を作る 이성과 접할 기회를 만들다 / もっと愛情をこめて生徒たちに接するべきだ 더욱 애정을 담아 학생들에 대해야 한다. / あのスーパーは客に接する態度がていねいだ 그 슈퍼는 공손한 태도로 손님을 대한다.
❹ [知らせなどを受け取る] 접하다, 받다 [聞く] 듣다 ¶昨晩同窓生が亡くなったという知らせに接し, たいへん驚いた 어젯밤 동창생이 죽었다는 소식을 듣고 너무 놀랐다.
¶彼女は小さいころから英語に接していたので英語がとても流暢だ 그녀는 어렸을 때부터 영어에 접해 있었기 때문에 영어가 아주 유창하다.

**ぜっする【絶する】** ¶その光景は想像を絶していた 그 광경은 상상을 초월하였다. / 言語を絶する悲劇 말로 표현할 수 없는 비극

**せっせい【摂生】** 양생(養生), 건강관리 ¶摂生を心掛けなさい 건강에 유념하세요.

**せっせい【節制】** 절제 ◇節制する 절제하다 ¶酒を節制している 술을 절제하고 있다.

**ぜっせい【絶世】** 절세 ¶絶世の美女 절세미녀 / 절세가인

**せつせつ【切々】** ◇切々たる 간절한, 절절한, 애절한 ◇切々と 간절히, 절절히, 애절히 ¶彼女は手紙で彼に対する切々たる思いを打ち明けた 그녀는 편지로 그에 대한 애절한 마음을 고백했다. / 彼は戦争の悲惨さを切々と訴えた 그는 전쟁의 비참함을 간절히 호소했다.

**せっせと** [熱心に] 열심히, 부지런히 ¶彼は家族のためにせっせと働いた 그는 가족을 위해 열심히 일했다.

**せっせん【接戦】** 접전 ¶接戦の末やっと勝った 접전 끝에 간신히 이겼다.

**せっせん【接線】** 〖数学〗 접선

**せっそう【節操】** 절조, 지조(志操) ¶節操を守る 절조[지조]를 지키다 / 彼は節操のない男だ 그는 지조없는 남자다.

**せつぞく【接続】** 접속, 연결(連結) ◇接続する 접속하다, 연결하다 ¶コードを接続する 코드를 연결하다 / テレビにビデオを接続した 텔레비전에 비디오를 연결했다. / この電車は終点でバスと接続している 이 전철은 종점에서 버스와 연결된다. / 空港とホテルの間を接続するバスの便がある 공항과 호텔 사이를 연결하는 버스편이 있다.
関連 接続駅 갈아타는 역 / 接続詞 접속사 / 接続便 환승차 / 接続列車 환승 열차

**せっそくどうぶつ【節足動物】** 절지동물

**せったい【接待】** 접대 [もてなし] 대접 ◇接待する 접대하다 ¶あした得意先を接待しなければならない 내일 거래처 사람들을 접대해야 한다.
関連 接待係 접대 담당 / 接待費 접대비 / 接待ゴルフ 접대 골프

**ぜったい【絶対】** 절대 ◇絶対的な 절대적인(↔相対的인) ◇絶対に 절대로 [必ず] 반드시, 꼭 [決して] 결코 ¶そのグループの中で彼は絶対的な権力を持っている 그 그룹 안에서 그는 절대적인 권력을 가지고 있다. / 彼女は自分の作品に絶対の自信を持っている 그녀는 자기의 작품에 절대적인 자신을 가지고 있다. / 子供のころは父の言うことは絶対だった 어렸을 때는 아버지 말씀이 절대적이었다. / 3日間の絶対安静を要します 3일간 절대 안정이 필요합니다.
¶彼は絶対に私に会いに来るはずよ 그는 반드시 나를 만나러 올 거에요. / その計画には絶対に反対だ 그 계획에는 절대로 반대이다. / 「成績が上がったら自転車買ってあげるよ」「本当? 絶対だよ」 "성적이 오르면 자전거 사 줄게." "정말? 꼭 사 줘야 돼!"
¶どんなことがあっても絶対にあきらめない 어떤 일이 있어도 절대로 포기하지 않겠다. / そんなことは絶対にしてはいけません 그런 짓은 절대로 해서는 안 된다. / それは絶対にしなきゃ 그것은 꼭 해야 하지. / 盗みをしたなんてそんなこと絶対にあり得ない よ 그가 도둑질을 했다니 그런 일은 절대 있을 수가 없다. 関連 絶対音感 절대 음감 / 絶対温度 절대 온도 / 絶対君主制 절대 군주제 / 絶対視 절대시 / 絶対主義 절대주의 / 絶対多数 절대 다수 / 絶対値 절대치 / 絶対評価 절대 평가 / 絶対服従 절대복종

**ぜつだい【絶大】** ◇絶大だ 절대적이다, 지대하다 ¶彼は社内で絶大な力を持っている 그는 회사에서 절대적인 힘을 갖고 있다. / 絶大なる支援をお願いします 많은 지원을 부탁드립니다.

**ぜったいぜつめい【絶体絶命】** 절체절명(► 절대절명 과 쓰는 것은 오류) ¶絶体絶命の危機 절체절명의 위기

**せつだん【切断】** 절단 ◇切断する 절단하다 ¶電線を切断する 전선을 절단하다 / 彼は事故で右手を切断した 그는 사고로 오른손이 잘렸다. 関連 切断面 절단면

**せっち【設置】** 설치 ◇設置する 설치하다 ¶議会は市立大学の設置案を可決した 의회는 시립 대학의 설치안을 가결했다. / 特別委員会を設置する 특별 위원회를 설치하다 / エアコンを設置する 에어컨을 설치하다

**せっちゃく【接着】** 접착 ◇接着する 접착하다, 붙이다 ¶両端をのりで接着する 양끝을 풀로 붙이다 関連 瞬間接着剤 순간 접착제 / 接着剤 접

착제

**せっちゅう【折衷】** 절충 ◇절충하다 ¶２つの案を折衷して結論を出した 두 개의 안을 절충해서 결론을 냈다. 関連 折衷案 절충안

**ぜっちょう【絶頂】** 절정 ¶私はその時幸福の絶頂にあった 나는 그때 행복의 절정에 있었다. / 彼女は人気の絶頂を極めていた 그녀의 인기는 절정에 달해 있었다.

**せっつく【せき立てる】**재촉하다〔催促する〕독촉하다〔せがむ、ねだる〕조르다 ¶彼女は速く歩くように私をせっついた 그녀는 빨리 걸으라고 나를 재촉했다.

**せってい【設定】** 설정 ◇設定する 설정하다 ¶エアコンを25度に設定した 에어컨을 25도로 설정했다. / 君の状況設定は甘い 네 상황 판단은 안이하다.

**せってん【接点】**〚数学・電気〛접점〔共通点〕공통점 ¶我々の議論には接点がみられない 우리들의 논의에는 접점이 보이지 않는다.

**せつでん【節電】** 절전 ◇節電する 절전하다
¶節電に努める 절전에 노력하다

**セット** ❶〔一そろいの〕세트 ¶父の誕生日にネクタイセットをプレゼントしよう 아빠 생일에 넥타이 세트를 선물하자. / 彼はひげそりセットをスーツケースに詰め込んだ 그는 면도기 세트를 여행 가방에 챙겨 넣었다. / 応接セットを買った 응접 세트를 샀다.
❷〔作動のための〕◇セットする 세트하다, 조절하다, 조정하다〔合わせる〕맞추다〔入れる〕넣다 ¶彼は目覚まし時計を7時にセットした 그는 자명종을 일곱 시에 맞췄다. / 爆弾は9時に爆発するようにセットされた 폭탄은 아홉 시에 폭발하도록 세트되었다. / 電子レンジの目盛りを15分にセットしてください 전자레인지 눈금을 15분으로 맞춰 주세요. / 私は時計を正しい時間にセットした 나는 시계를 정확한 시간에 맞췄다. / DVDをセットしてくれませんか DVD를 넣어 주시겠습니까？
❸〔テニスの試合などの〕세트 ¶彼はテニスの試合で第1セットは取ったが次の2セットは落とした 그는 테니스 경기에서 1세트는 이겼지만 2세트는 졌다. / セットポイント 세트 포인트
❹〔髪の〕세트 ◇セットする 세트하다 ¶母はきのう美容院へ行って髪をセットしてもらった 어머니는 어제 미용실에 가서 머리를 세트했다.
❺〔映画などの〕세트 ¶その映画のセットは壮大ですばらしかった 그 영화 세트는 장대하고 멋있었다. 関連 セットポジション〚野球〛세트 포지션 / セットプレー〚サッカー〛세트 플레이 / 応接セット 응접 세트 / ギフトセット 선물 세트 / 救急セット 구급 세트 / 紅茶〔コーヒー〕セット 홍차〔커피〕세트 / 裁縫セット 재봉 세트

**せつど【節度】** 절도 ¶節度を守る 절도를 지키다 / 節度ある生活 절도 있는 생활 / 彼の行動は節度を越えている 그의 행동은 절도를 넘어 섰다.

**セットアップ** 세업〔設置〕설치 ◇セットアップする 설치하다, 세트업하다 ¶パソコンにモデムをセットアップした 컴퓨터에 모뎀을 설치했다.

**せっとう【窃盗】** 절도 ¶その男は窃盗を働いて逮捕された 그 남자는 절도를 해서 체포되었다.

関連 窃盗罪 절도죄 / 窃盗犯 절도범

**せっとうじ【接頭辞】**〚言語〛접두사, 접두어

**せっとく【説得】** 설득 ◇説得する 설득하다 ¶彼女の説得に負けて一緒に行くことに同意した 그녀의 설득에 져서 함께 가는 데 동의했다. / 人質を解放させようというテロリストへの必死の説得もむだに終わった 인질을 해방시키라고 테러리스트를 필사적으로 설득했지만 아무 소용이 없었다. / 彼は説得力のある意見をいくつか示した 그는 설득력 있는 의견을 몇 개 제시했다. / 君の話は説得力に欠ける 네 이야기는 설득력이 부족하다.
¶彼女は頑固だからだれが説得してもだめだよ 그녀는 고집이 세서 누가 설득해도 안 된다. / そんなことでは相手を説得することはできないよ 그런 식으로는 상대를 설득할 수 없다. / 彼を説得するのは一苦労だった 그를 설득하는 것은 힘든 일이었다. / 私は夫を説得して新しい車を買わせた 나는 남편을 설득해서 차를 새로 사게 했다. / 妻は会社を辞めないように夫を説得した 아내는 회사를 그만두지 말도록 남편을 설득했다. / 何を言っても彼を説得することはできないだろう 무슨 말을 해도 그를 설득하기 어려울 것이다. / 彼らは私を説得して仲間に引き込んだ 그들은 나를 설득해서 자기 편으로 끌어들였다.

**せつな【刹那】** 찰나〔瞬間〕순간 ◇刹那的な 찰나적인, 일시적인 ¶刹那的な快楽にふける 일시적인 쾌락에 탐닉하다

**せつない【切ない】** 애절하다, 안타깝다, 애달프다 ¶彼に去られて本当に切ない思いをしたわ 그가 가 버려서 너무 애절했다. / 親の離婚は子供たちにとってとても切ないことだ 부모의 이혼은 아이들에게 너무 애달픈 일이다.

**せつなる【切なる】** 간절한 ¶私の切なる願いを聞いてほしい 나의 간절한 부탁을 들어주기 바래.

**せつに【切に】**간절히〔本心から〕진심으로 ¶彼の成功を切に願っている 그의 성공을 간절히 빌고 있다.

**せっぱく【切迫】** ◇切迫する 절박하다 ◇切迫した 절박한 ¶情勢が切迫してきた 정세가 절박해졌다. / 切迫した危険はない 당장의 위험은 없다. 関連 切迫流産 절박 유산

**せっぱつまる【切羽詰まる】** 다급해지다, 막다른 지경에 이르다 ¶手形の期限が近づいてきてせっぱ詰まっているんだ 어음 기한이 가까워져서 다급해졌어. / 彼はせっぱ詰まってうそをついた 그는 다급해져서 거짓말을 했다.

**せっぱん【折半】** 절반〔半々〕반반 ¶費用は折半しよう 비용을 절반으로 하자. / 飲み代を2人で折半した 술 값을 둘이서 반반씩 냈다.

**ぜっぱん【絶版】** 절판 ◇絶版になる 절판되다 ¶その本は絶版になっていた 그 책은 절판되었다. 関連 絶版本 절판본

**せつび【設備】** 설비〔施設〕시설 ◇設備する 설비하다
¶その工場は新しい設備を備えている 그 공장은 새로운 설비를 갖추고 있다. / このスポーツクラブはいろいろな設備が整っている 이 헬스클럽은 여러 가지 시설을 갖추고 있다. / 事務所にセントラル

ヒーティングの設備を取り付けた 사무실에 중앙 난방을 설치했다. / この学校は設備を改善すべきだ 이 학교는 시설을 개선해야 한다. / この間泊まったホテルは設備がよかった 지난번에 묵은 호텔은 시설이 좋았다. / この病院には500人以上の患者を収容する設備がある 이 병원에는 500명 이상의 환자를 수용할 수 있는 시설이 갖추어져 있다. / その遊園地には子供の好きなあらゆる設備がある 그 유원지에는 아이들이 좋아하는 여러 가지 시설이 있다.

¶この工場には最新の機械が設備されている 이 공장에는 최신 기계가 설비되어 있다.

関連 設備資金 설비 자금 / 設備投資 설비 투자

**せつびじ**【接尾辞】《言語》접미사, 접미어

**ぜつぴつ**【絶筆】절필

**ぜっぴん**【絶品】《逸品》일품

**せっぷく**【切腹】할복(割腹) ◇切腹する 할복하다

**せつぶん**【節分】세쓰분 : 입춘 전날 ¶節分に豆まきをして邪気をはらった 입춘 전날에 볶은 콩을 뿌려 악귀를 쫓았다. (*「鬼は外、福は内」는 잡귀는 집 밖으로, 복은 집 안으로.)

**せつぶん**【接吻】입맞춤【キス】키스 ◇接吻する 입맞춤하다, 키스하다 ⇒キス

**ぜっぺき**【絶壁】절벽 ⇒崖, 断崖

**せつぼう**【切望】절망, 갈망(渴望) ◇切望する 절망하다, 갈망하다 ¶この計画の実現を切望している 이 계획의 실현을 갈망하고 있다.

**ぜつぼう**【絶望】절망 ◇絶望的だ 절망적이다 ◇絶望する 절망하다 ¶彼女は絶望のあまり自殺した 그녀는 절망한 나머지 자살했다. / 私はそのころ絶望のどん底にいた 나는 그 때 절망의 구렁텅이에 빠져 있었다. / 彼女の死を知って絶望の淵に投げ込まれた 그녀의 죽음을 알고 절망의 늪에 빠졌다. / 彼らの生存は絶望的だ 그들의 생존은 절망적이다. / 大地震に襲われたその都市は絶望的な混乱状態に陥っていた 대지진이 덮친 그 도시는 절망적인 혼란 상태에 빠져 있었다. / 人生に絶望してはいけない 인생에 절망해서는 안 된다. / 志望校の入試に不合格だったことを知って私は絶望した 지원 학교 입시에 불합격한 걸 알고 나는 절망했다.

**ぜつみょう**【絶妙】◇絶妙だ 절묘하다 ¶この料理は旬の野菜と魚介類の取り合わせが絶妙だ 이 요리는 제철 야채와 어패류의 조화가 절묘하다. / 彼は3塁線に絶妙なバントを決めた 그는 3루선에 절묘한 번트를 성공시켰다.

## せつめい

【説明】설명 ◇説明する 설명하다 ¶先生はその問題について明確な説明をしてくれた 선생님은 그 문제에 대해서 명확한 설명을 해 주셨다. / 現在の宇宙創造の説明はいわゆる「ビッグバン理論」に基づいている 현재 우주 창조에 관한 설명은 이른바 '빅뱅 이론'에 기초하고 있다. / 私は事故現場の詳細な説明をした 나는 사고 현장에 대해서 상세하게 설명을 했다. / もっと納得のいく説明をしてほしい 좀더 납득이 가는 설명을 해 주길 바래. / 世の中には説明のつかないことがたくさんある 세상에는 설명되지 않는 것들이 많이 있다.

¶事情を説明する 사정을 설명하다 / 何が起こったのか説明してください 무슨 일이 일어난 건지 설명해 주세요. / 彼はどうやって救出されたかを私たちに説明した 그는 어떻게 구출되었는지 우리들에게 설명했다. / 彼はコンピュータの仕組みを説明してくれた 그는 컴퓨터의 구조를 설명해 주었다. / 私は自分の研究の内容をスライドを使って説明した 나는 내 연구의 내용을 슬라이드를 사용해서 설명했다.

会話 どう説明するの

A：この車のへこみどう説明してくれるのよ

B：本当にすみません、ちょっとわき見してしまって

A：이 차 우그러진 걸 어떻게 설명할 거야?

B：정말 죄송합니다. 잠깐 한눈 팔다가….

関連 説明会 설명회 / 説明書 설명서 / 説明図 설명도

**ぜつめつ**【絶滅】(減種) ◇絶滅する 멸종되다 ¶ときには絶滅寸前だ 따오기는 멸종 직전이다. / パンダは絶滅の恐れがある動物に指定されている 팬더는 멸종 위기에 처해 있는 동물로 지정되어 있다. / 恐竜はなぜ絶滅したのだろうか 공룡은 왜 멸종된 것일까? / 核戦争は人類の絶滅につながりかねない 핵전쟁은 인류의 멸종을 초래할 수도 있다.

**せつもん**【設問】설문 ⇒質問

## せつやく

【節約】절약 ◇節約する 절약하다 ¶コンピュータのおかげでたくさんの時間と労力が節約できる 컴퓨터 덕분에 많은 시간과 노력을 절약할 수 있다. / これからは経費を節約しなければならない 지금부터는 경비를 절약해야 된다. / 電気を節約して使いましょう 전기를 절약해서 사용합시다. / 私は節約できるものはすべて節約している 나는 절약할 수 있는 것은 모두 절약하고 있다.

**せつりつ**【設立】설립 ◇設立する 설립하다 ¶新しい大学の設立が許可された 새로운 대학의 설립이 허가되었다. / 私たちは新しい会社を設立した 우리는 새로운 회사를 설립했다. 関連 設立者 설립자

**せとぎわ**【瀬戸際】갈림길, 막판, 고비판, 고빗사위, 막바지 ¶両国は戦争の瀬戸際にある 양국은 전쟁의 갈림길에 있다. / 彼は運命の瀬戸際に立たされている 그는 운명의 갈림길에 서 있다. / 彼の不注意のために私たちは今や破滅の瀬戸際にある 그의 부주의로 우리들은 지금 파멸의 갈림길에 있다. / 瀬戸際になってからそんなことを言われても困るよ 막판에 와서 그런 말을 하면 곤란하잖아. 関連 瀬戸際外交 벼랑끝 외교

**せともの**【瀬戸物】도자기(陶磁器), 사기 그릇 関連 瀬戸物屋 도자기점

**せなか**【背中】등 ¶背中が痛かったので病院に行った 등이 아파서 병원에 갔다. / 監督はホームランを打った選手の背中を軽くたたいた 감독은 홈런 친 선수의 등을 가볍게 쳤다. / 祖父は少し背中が曲がっている 할아버지는 등이 조금 굽어 있다. / その男は背中に大きな袋を背負っていた 그 남자는 등에 큰 자루를 짊어지고 있었다. / 祖母は背中を丸めて居眠りを始めた 할머니는 등을 구부리고 졸기 시작했다. / 2匹の猫は背中を丸めてにらみ合

った 二 匹 の 고양이는 등을 구부린 채 노려봤다.
¶私たちは背中合わせに座った 우리들은 서로 등을 둘리고 앉았다. / 彼女の家は大学の寮と背中合わせになっている 그녀의 집 뒤에 대학 기숙사가 있다. ⇨背(*)

**ぜにん【是認】** 시인 ◇是認する 시인하다 ¶役所の無責任を是認するべきではない 관청의 무책임함을 시인해서는 안 된다.

**ゼネコン** 종합 건설 회사 ⇨建設

**ゼネスト** 총파업 ⇨スト, ストライキ

**せのび【背伸び】** 발돋움 ◇背伸びする 발돋움하다 ¶少女はパレードを見ようとして背伸びした 소녀는 퍼레이드를 보려고 발돋움했다. / 背伸びしてもしかたがない 발돋움해도 소용없다.

**せばまる【狭まる】** 좁아지다, 좁혀지다 ¶しだいに道幅が狭まってきた 점점 길이 좁아졌다. / 事件の容疑者の範囲が狭まってきた 사건 용의자의 범위가 좁혀졌다. / 貧富の差が狭まる 빈부의 차가 좁혀지다

**せばめる【狭める】** 좁히다 ¶駐車中の車が道を狭めていた 도로에 주차한 차 때문에 도로가 좁아졌다. / この国では言論の自由が狭められている이 나라에서는 언론의 자유가 제한되어 있다. / 行方不明の子供の捜索範囲が狭められた 실종된 아이의 수색 범위가 좁혀졌다.

**セパレーツ**〔婦人服〕세퍼레이츠 〔水着〕투피스 수영복

**せばんごう【背番号】** 등번호, 백넘버 ¶背番号9の選手 등번호 9번 선수

**ぜひ【是非】 ❶** 〔よしあし〕시비〔賛否〕찬반
¶工場誘致の是非をめぐって住民たちの意見は分かれていた 공장 유치의 찬반을 둘러싸고 주민들의 의견이 나뉘어졌다. / そういう事情なら是非もない 그런 사정이라면 별수 없다.
**❷**〔どうしても〕꼭, 제발, 부디, 아무쪼록 ¶近くにおいでの際はぜひお立ち寄りください 근처에 오시거든 꼭 들러 주십시오. / 私の作ったカレーをぜひ食べてね 내가 만든 카레라이스 꼭 먹어. / ぜひ一度彼女に会ってみたい 그 여자를 꼭 한번 만나고 싶다. / 「夏休みは海外旅行に行こうよ」「ええ, ぜひそうしましょうよ」"여름 방학에는 해외여행 갈까?" "네, 꼭 그렇게 해요." / 今年はぜひ優勝したい 올해는 반드시 우승하고 싶다. / ぜひ彼女を助けてあげてください 부디 그녀를 도와주십시오.

**セピア** 세피아 関連 **セピア色** 암갈색(暗褐色)

**せひょう【世評】** 세평〔評判〕평판〔うわさ〕소문 ¶世評では彼女が直木賞を受賞するそうだ 항간의 소문으로는 그녀가 나오키상을 수상한다고 한다. / 彼は常に世評を気にしている 그는 항상 세상 사람들의 평판을 의식하고 있다.

**せびる** 조르다 ¶彼はいつまでも親に小遣いをせびっている 그는 아직까지도 부모에게 용돈을 조른다.

**せびれ【背鰭】** 등지느러미

**せびろ【背広】** 양복 ¶背広をあつらえる 양복을 맞추다 ⇨スーツ

**せぼね【背骨】** 척골, 등골뼈, 등뼈 ⇨骨

**せまい【狭い】** 좁다 ¶この道は狭いので大型トラックは通行できない 이 길은 좁기 때문에 대형 트럭은 통과할 수 없다. / このアパートは家族5人が住むには狭すぎる 이 아파트에 가족 다섯 명이 살기에는 너무 좁다.
¶心の狭い人は嫌いだ 마음이 좁은 사람은 싫다. / 彼女は視野が狭い 그 여자는 시야가 좁다. / 世間は広いようで狭い 세상은 넓은 듯하지만 좁다. / ただでさえ狭い部屋なのに新しい家具は無理だ 안 그래도 좁은 방인데 새로운 가구는 무리다.
¶狭い入り口 좁은 입구 / 狭い川 좁은 강 / 狭い町 좁은 동네 / 狭い市場 좁은 시장 / 狭い土地 좁은 토지 / 狭い橋 좁은 다리 / 狭い部屋 좁은 방 / 狭い廊下 좁은 복도 慣用句 **狭き門を突破した優秀な学生です** 여러분은 입시의 좁은 문을 통과한 우수한 학생입니다.

**せまくるしい【狭苦しい】** 비좁다 ¶この台所は狭苦しいので不便だ 이 부엌은 비좁아서 불편하다. / この部屋には家具がたくさんあって狭苦しい 이 방에는 가구가 많이 있어서 비좁다.

**せまる【迫る】 ❶**〔近づく〕다가오다, 닥쳐오다 ¶締め切りが迫っているマガンが다가오고 있다. / 出発の時が刻一刻と迫る 출발 시각이 점점 다가온다. / 船の出航が間近に迫っている 배의 출항이 임박해 오고 있다. / 敵は首都に迫った 적은 수도로 육박해 왔다. / 入学試験の時期が迫っている 입학 시험이 다가왔다. / 家のすぐ後ろには山が迫っていた 집 바로 뒤로 산이 근접해 있다. / 彼は自分の死期が迫っているのを知っていた 그는 자기가 죽을 때가 되었다는 것을 알고 있었다. / オリンピックの開催まであと1週間に迫っている 올림픽 개최까지 앞으로 일 주일밖에 안 남았다. / 彼らの身に危険が迫っていた 그들의 목숨에 위험이 닥쳐왔다. / 彼は一気に問題の核心に迫った 그는 곧바로 문제의 핵심을 찔렀다.
**❷**〔強要する〕재촉하다〔強いる〕강요하다 ¶彼らは返答を迫った 그들은 대답을 재촉했다. / 社長は辞任を迫られた サジャン은 사임을 강요당했다. / 彼は必要に迫られないと勉強しない 그 친구는 그렇게 할 수밖에 없는 상황이 되어야 공부한다.
**❸**〔その他〕¶彼の真に迫った演技は感動的だった 그의 박진감 있는 연기는 감동적이었다. / 彼女の話は聞く者の胸に迫った 그녀의 이야기는 듣는 사람을 감동시켰다.

**せみ【蟬】** 매미 ¶せみが鳴いている 매미가 울고 있다.
¶せみしぐれ 매미들의 합창 소리 / せみの抜け殻 매미의 허물 関連 **あぶらぜみ** 기름매미, 유지매미 / **みんみんぜみ** 참매미

**セミコロン** 세미콜론, 쌍반점 (▶記号「;」)

**ゼミナール** 세미나

**セミプロ** 세미프로

**せめ【責め】**〔とがめ〕비난, 나무람〔責任〕책임〔拷問〕고문 ¶年長者だということで彼一人が責めを負った 연장자라는 이유로 그가 혼자서 책임을 졌다.

**せめぐ【鬩ぐ】** 싸우다, 다투다 ¶肉親同士でせめ

ぎ合う 육친끼리 서로 다투다

**せめて**〔少なくとも〕적어도 […だけ]만 ¶せめてお名前を教えてください 적어도 이름이라도 가르쳐 주세요. / せめて子供の声だけでも聴かせてください 적어도 자식의 목소리만이라도 듣게 해 주십시오. / せめてありがとうぐらいは言ってよいと思うけど 해도 되는 말 정도는 해도 될 것 같은데… / 家に来る前にせめて電話だけでもしてください 집에 오기 전에 적어도 전화만이라도 해 주세요. / せめてもう5分早く着いていればなあ 적어도 5분만 더 빨리 도착했더라면…

¶風呂に入るのがせめてもの楽しみ 목욕하는 것이 그나마 즐거움이야.

**せめる【攻める】**공격하다 ¶わが軍は一気に敵を攻めた 아군은 단숨에 적군을 공격했다. ¶我々は相手のゴールに攻め込んだ 우리들은 상대편 골로 공격해 갔다.

**せめる【責める】** ❶〔非難する〕책망하다, 비난하다, 나무라다, 꾸짖다 ¶彼らは私の不注意を責めた 그들은 내 부주의를 비난했다. / やれるだけのことはやったのだから、君を責めたりはしない 할 수 있을 만큼은 했으니까 자네를 책망하지 않네. / 彼は見通しが甘かったと自分を責めた 그는 너무 낙관적인 전망을 세웠다고 자신을 책망했다. / なぜ私が責められなければならないのか全然わからない 왜 내가 비난 받아야 하는지 전혀 모르겠다. / あれこれ文句を言ってみんなが彼を責め立てた 이런저런 불평을 해서 모두가 그를 몹시 비난했다.

❷〔強く請求する, 催促する〕재촉하다〔せがむ〕조르다 ¶私は彼に借りた金を返せと責められている 그는 빌려준 돈을 갚으라고 나에게 자꾸 재촉한다. / 母親は子供に責められてテレビゲームを買ってやった 아이는 엄마를 졸라 텔레비전 게임을 샀다.

❸〔拷問する〕고문하다 ¶彼は拷問で責められたが、決して秘密をもらさなかった 그는 고문을 받았지만 결코 비밀을 누설하지 않았다. / 彼は責められて自白した 그는 고문을 받아 자백했다.

**セメント** 시멘트 ¶セメントが固まった 시멘트가 굳었다. / 塗り立てのセメントに触らないでください 방금 바른 시멘트를 만지지 마세요. / 壁にセメントを塗る 벽에 시멘트를 바르다 関連 **セメント工場** 시멘트 공장

**ゼラチン** 젤라틴
**ゼラニウム**《植物》제라늄
**セラミックス** 세라믹
**せり【芹】**《植物》미나리
**せり【競り】** 경매(競売) ¶せりにかける 경매에 부치다 / 古いたんすを競りに出した 낡은 옷장을 경매에 붙였다. 関連 **競り市場** 경매 시장
**せりあい【競り合い】** 경쟁(競争) ⇒**競争**
**せりあう【競り合う】** 경쟁하다, 다투다 ¶あの二人はいつも競り合っている 저 두 사람은 항상 다툰다. ⇒**競争**
**ゼリー** 젤리 ¶かき混ぜてゼリー状にする 저어서 젤리 상태로 만들다 関連 **コーヒーゼリー** 커피 젤리 / **フルーツゼリー** 프루트젤리
**せりおとす【競り落とす】** 경락하다 ¶ピカソの絵を日本の企業が競り落とした 피카소 그림을 일본 기업이 경락했다.

**せりふ【台詞・科白】**〔言葉〕말〔芝居の〕대사 ¶彼女のそのせりふは聞き飽きた 그녀의 그 말은 듣기에 질렸다. / それはこっちのせりふだよ 그 말은 내가 할 말이야. / せりふをとってしまった 대사를 틀려 버렸다.

¶せりふのない役 대사가 없는 역할 / せりふ回し 대사의 구사

**セルフサービス** 셀프서비스 ¶あのガソリンスタンドはセルフサービスだ 그 주유소는 셀프서비스다. / セルフサービスの食堂でお昼を食べた 셀프서비스 식당에서 점심을 먹었다. / 飲み物はセルフサービスです 음료수는 셀프서비스입니다.

**セルフタイマー** 셀프타이머
**セルロイド** 셀룰로이드 ¶セルロイド製品 셀룰로이드 제품

**ゼロ【零】** 제로, 영(零), 공(空); 바다, 없음

¶彼はその事業をゼロから築き上げた 그는 그 사업을 제로부터 시작해 이룩했다. / 僕は絵の才能はゼロだ 나는 그림에는 재능이 전혀 없다. / 我々は5対ゼロで勝った 우리는 5대 영으로 이겼다. / 007の映画を見た 공공질 영화를 봤다. / 視界ゼロで前に進めない 시야가 안 보여서 앞으로 나아갈 수 없다. / 私の財産はほとんどゼロになってしまった 내 재산은 거의 바닥났다.

**セロテープ** 셀로판테이프, 스카치테이프
**セロハン** 셀로판 ¶セロハン紙 셀로판지 / **セロハンテープ** 셀로판테이프, 스카치테이프
**セロリ** 셀러리
**せろん【世論】** 여론(輿論) ⇒**世論**(よろん)

**せわ【世話】** ❶〔面倒を見ること〕시중, 보살핌, 도움〔看護〕간호 ◇**世話する** 시중을 들다, 보살피다, 돌보다〔植物を栽培する〕가꾸다〔動物を飼う〕키우다

[基本表現]
▶だれが病人の世話をしているのですか
누가 병간호를 하고 있습니까?
▶自分の世話は自分でできます
자기 일은 스스로 할 수 있습니다.
▶ばらは世話がたいへんだ
장미는 가꾸기가 어렵다.
▶猫の世話をするのは妹の役目です
고양이를 키우는 것은 여동생 일입니다.

◆《世話に・世話で》
¶そこにいる間はおじの世話にならなければならない 거기 있는 동안은 삼촌 신세를 져야 된다. / 私は体が弱いから人の世話にならなければならない 나는 몸이 약해서 남의 도움을 받아야 한다. / 彼は30にもなって親の世話になっている 그는 서른 살이 되어서도 부모의 도움을 받고 있다.

¶彼女は毎日子供の世話で忙しい 그녀는 매일 아이를 돌보느라 바쁘다.

◆《世話を》
¶両親が留守の間、彼女はしっかり妹や弟の世話をした 부모님이 안 계실 때 그녀는 동생들을 잘 보살폈다. / 私たちは彼女に食事の世話を頼んでいる 우리들은 그녀에게 식사 준비를 맡기고 있다. / 姉のところに赤ちゃんの世話を頼もう 언니한테

## せわしい

아기를 봐 달라고 부탁해 보자.
¶彼は親身になって孤児たちを世話した 그는 헌신적으로 고아들을 보살폈다. / 旅行中も彼女は子供たちが夫にちゃんと世話してもらっているか心配だった 여행 중에도 그녀는 남편이 아이들을 잘 돌보고 있는지 걱정이었다. / 看護師の彼女は病気のおじいさんを世話している 간호사인 그녀는 병환중이신 할아버지를 보살피고 있다.

❷〔斡旋〕추천, 소개, 알선 ◇世話する 추천하다, 소개하다 ¶彼は私に就職口を世話してくれた 그는 나에게 취직 자리를 알선해 주었다. / うちの息子にだれかいいお嫁さんを世話してくれませんか 누가 우리 아들에게 좋은 신부감을 소개해 주지 않겠습니까? / 家政婦を雇いたいのですが、だれかいい人を世話してくださいませんか 가정부를 고용하고 싶습니다만, 누군가 좋은 사람을 추천해 주시지 않겠습니까?

❸〔手数がかかって厄介なこと〕수고, 신세, 폐
¶もうこれ以上世話を焼かせないでくれ 이제 더 이상 곤란하게 하지 말아 줘. / 自分で洗濯もできないなんて世話の焼ける人ね 자기 혼자서 빨래도 못하다니, 정말 성가신 사람일세. / 世話を焼かせて悪いですね 폐를 끼치게 되어 죄송해요. / 韓国では友達のところに世話になるつもりだ 한국에서는 친구 신세를 질 생각이다. / 世話の焼ける人ね, シャツのアイロンぐらい自分でかけたら 성가신 사람일세, 셔츠의 다림질 정도는 자기가 하면 어때? / その節は色々とお世話になりました 그때는 여러모로 신세를 졌습니다. / このたびたいへんお世話になりました 이번에는 정말로 폐가 많았습니다. / わざわざ知らせてくださってお世話様でした 일부러 알려 주시다니 감사합니다. / お言葉に甘えてお世話になります 그럼 말씀대로 신세 좀 지겠습니다. / 彼にはたいして世話になっていない 그 사람에게는 그렇게 신세 지고 있지 않다. / 彼らにはいろいろと世話になった 그들에게는 여러모로 신세를 졌다.

¶もう何年も医者の世話になっていない(→病院へ行っていない) 벌써 몇 년이나 병원에 안 갔다.

❹〔おせっかい〕참견 ¶大きなお世話だ 쓸데없는 참견이야. / 余計な世話を焼かないでくれないか 쓸데없는 참견은 하지 말아 줄래? 関連世話好き 남의 일을 잘 돌봐주는 사람 / 世話女房 남편의 시중을 잘 드는 아내 / 世話人 간사(幹事), 담당자(担当者), 도우미

**せわしい【忙しい】**〔忙しい〕바쁘다〔落ち着かない〕성급하다, 조급하다, 급하다 ◇せわしく 바삐, 바쁘게 ; 성급히, 조급히 ¶彼女はせわしい人だ 그녀는 성격이 급하다. / 男はせわしく働いていた 남자는 바삐 일하고 있었다.

**せん【千】** 천 ¶千円〔ウォン〕천 엔〔원〕/ 千番目 천 번째 / 5千枚の切符 5천 장 / 何千人もの人々 몇 천 명의 사람들 慣用句千里の道も一歩から 천 리 길도 한 걸음부터

**せん【栓】** 마개 ¶コルクの 코르크, 목전(木栓)〔瓶の〕병마개〔水道・ガスなどの〕꼭지 ¶栓を抜く 마개를 따다 / 瓶に栓をする 병에 마개를 하다 / 水道の栓を開けた〔閉めた〕수도 꼭지를 틀었다〔잠갔다〕 / 非常にうるさかったので両手で耳に栓

をした 너무 시끄러워서 두 손으로 귀를 막았다

**せん【腺】**《解剖》선 ¶甲状腺 갑상선

**せん【線】** ❶〔細長い筋〕선, 줄 ¶線を引く〔引く〕을 긋다 / 先生は黒板にまっすぐな線を描いた 선생님은 칠판에 직선을 그으셨다. / 間違えたときは2本の線を引いて消してください 틀렸을 때는 두 줄을 그어 지워 주세요. / 2点の間を線で結ぶ 두 점 사이를 선으로 연결하다

❷〔電線, 電話線〕전선, 전화선 ¶電話の線を新たに1本引いてもらった 전화선을 새롭게 한 줄 가설했다.

❸〔交通機関の路線〕선, 노선〔車線〕차선 ¶現在のところ全線にわたって列車が遅れています 현재 모든 노선에서 열차가 지연되고 있습니다. / 東京行きの特急は3番線から発車します 도쿄행 특급은 3번 플랫폼에서 출발합니다.

¶国道246号線 국도 246호선

❹〔物事の方向〕선 ¶それが妥当な線だと思うよ 그것이 타당한 선일 거야. / 「見積もりはこのくらいでどうでしょうか」「そうだな, その線で手を打とう」"견적은 이 정도로 어떻습니까?" "그래, 그 선에서 타결 짓자." / 「今度の企画どうでしょうか」「ああ, なかなかいい線いってるじゃないか」"이번 기획은 어떻습니까?" "그래, 괜찮은데."

❺〔体の輪郭〕몸매 ¶姉は毎日体の線を保つために努力している 언니는 매일 몸매를 유지하기 위해 노력하고 있다. / 母は最近太ってきて体の線が崩れてきたと嘆いている 어머니는 요즘 살이 쪄서 몸매가 망가졌다고 한탄하고 있다.

❻〔その他〕¶彼は見るからに線が細そうだ 그는 보기에도 예민한 것 같다.
関連曲線 곡선 / 直線 직선

**せん【選】** 선 ¶彼の作品は選に漏れた 그의 작품은 당선되지 않았다.

**ぜん【善】** 선 慣用句善は急げ 좋은 일은 서둘러 하라.

**ぜん【禅】** 선〔禅宗〕선종 関連禅僧 선승 / 禅問答 선문답 / 座禅 좌선

**ぜん【膳】** 소반(小盤)〔食膳〕밥상〔助数詞〕공기, 벌 ¶膳を出す 밥상을 올리다 / ご飯2膳 밥 두 공기 / はし1膳 젓가락 한 벌

**ぜん-【全-】** 전〔すべての〕모두, 모든〔全体〕전체〔完全〕완전 ¶全10巻の百科事典 전10권의 백과사전(▷この場合10권は漢数詞で読む)/ 全財産 전 재산 / 全人類 전 인류 / 全世界 전 세계 / 韓国全土 한국 전토 / 全日本 전일본 / 全費用 모든 비용 / 橋の全長 다리의 전체 길이 / 全自動洗濯機 전자동 세탁기

**ぜん-【前-】** 전 ¶前首相 전수상 / 前妻 전처 / 전부인 / 前近代的な設備 전근대적인 설비 / 前ページ参照 앞 페이지 참조 ⇨前, 元

**ぜんあく【善悪】** 선악 ¶彼女は善悪をわきまえている 그녀는 선악을 분간하고 있다. ⇨よしあし

**せんい【戦意】** 전의 ¶戦意を失う 전의를 잃다 / 戦意を喪失する 전의를 상실하다

**せんい【繊維】** 섬유 ¶繊維質のものをできるだけたくさん食べなさい 가능하면 섬유질을 많이 먹어라. 関連繊維工業 섬유 공업 / 繊維製品 섬유

제품 / 合成[化学]繊維 합성[화학] 섬유 / 植物[食物]繊維 식물성[식이성] 섬유

**ぜんい【船医】** 선의

**ぜんい【善意】** 선의 ¶彼女には善意でそれを貸したんだ 그녀에게는 선의로 그것을 빌려 주었어. / 彼の言葉は善意に解釈すべきだ 그의 말은 선의로 해석해야 한다. / 彼女の行動は善意に満ちていた 그녀의 행동은 선의로 가득 차 있었다. / 彼女は善意の人だ 그녀는 착한 사람이다.

**ぜんいき【全域】** 전역 ⇨**一帯**

**せんいん【船員】**【船乗り】뱃사람

**ぜんいん【全員】** 전원〔みんな〕모두 ¶全員が私に賛成してくれた 전원이 나에게 찬성해 주었다. / 全員一致でそれを決めた 만장일치로 그것을 결정했다. / われわれ全員の責任 우리 모두의 책임 / 全員集合 전원 집합 ⇨**みな, みんな**

**ぜんえい【前衛】** 전위 関連 前衛映画 전위 영화 / 前衛芸術 전위 예술 / 前衛派 전위파 / 前衛部隊 전위 부대

**せんえつ【僭越】** 외람〔生意気〕건방 ◇僭越だ 외람되다〔生意気だ〕주제넘다, 건방지다 ¶僭越ながらひと言ごあいさつを述べさせていただきます 외람됩니다만 인사말 드리겠습니다. / 彼は僭越にも私に援助を申し出た 그는 주제넘게 나에게 원조를 제기했다.

**ぜんおん【全音】** 전음, 온음 関連 全音階 온음계 / 全音符 온음표

**せんか【専科】** 전과 ¶デザイン専科 디자인 전과

**せんか【戦果】** 전과 ¶連合軍は敵との戦闘で大きな戦果をあげた 연합군은 적과의 전투에서 큰 전과를 올렸다.

**せんか【戦火】** 전화, 병화(兵火) ¶両軍は戦火を交えた 양군은 교전했다. / 戦火をのがれる 전화를 피하다

**せんか【戦禍】** 전화, 병화(兵禍) ¶戦禍を被る 전화를 입다 / このあたりは戦禍を被っていない 이 근처는 전화를 입지 않았다.

**せんか【線香】** 선향

**ぜんか【前科】** 전과 ¶その男には窃盗の前科があった 그 남자에게는 절도 전과가 있었다. / 彼は前科3犯だ 그는 전과 3범이다. 関連 前科者 전과자

**せんかい【旋回】** 선회 ◇旋回する 선회하다 ¶飛行機が頭上を旋回している 비행기가 머리 위를 선회하고 있다. / 急旋回する 급선회하다 / 旋回飛行 선회 비행

**せんがい【選外】** 선외 ¶私の作品は選外になった 내 작품은 입선되지 않았다. 関連 選外佳作 선외가작

**ぜんかい【前回】** 전회, 전번, 지난번 ¶前回は教科書のここまで学びました 지난번에는 교과서를 여기까지 배웠습니다. / 彼は前回の選挙で落選した 그는 전번 선거에서 낙선했다. / 前々回の会議は欠席した 지지난번 회의 때는 결석했다.

**ぜんかい【全会】** 전회 ¶決議案は全会一致で採択された 결의안은 만장일치로 채택되었다.

**ぜんかい【全壊】** 전파(全破) ◇全壊する 전파되다 ¶強風で家屋が全壊した 강풍으로 가옥이 다 파손됐다.

**ぜんかい【全快】** 완쾌(完快) ◇全快する 완쾌하다, 완쾌되다 ¶姉は長いこと入院していたがもう全快した 누나는 오랫동안 입원했었지만 이제 완쾌되었다.

**ぜんかい【全開】** ¶エンジン全開で(→全速力で)車を走らせた 전속력으로 자동차를 달렸다.

**ぜんがく【全学】** 전교(全校) ¶全学集会 전교 집회 ⇨**全校**

**ぜんがく【全額】** 전액〔総額〕총액 ⇨**合計, 総額, 総計**

**せんかん【戦艦】** 전함

**せんがん【洗眼】** 세안 ◇洗眼する 세안하다, 눈을 씻다 ¶目にごみが入ったので洗眼した 눈에 먼지가 들어가서 세안했다.

**せんがん【洗顔】** 세안, 세수(洗手) ◇洗顔する 세안하다, 세수하다 ¶毎日寝る前に洗顔して肌の手入れをする 매일 자기 전에 세수하고 피부 손질을 한다. 関連 洗顔クリーム 세안 크림

**ぜんかん【全巻】** 전권〔全編〕전편 ¶その作家の著作を全巻そろえるつもりだ 그 작가의 저작을 전권 다 갖출 생각이다.

**せんかんすいいき【専管水域】** 전관 수역

**ぜんき【前期】** 전기 関連 前期繰り越し 전기 이월 / 前期繰り越し金 전기 이월금 / 前期試験 전기 시험

**ぜんき【前記】** 전기〔上記〕상기 ¶前記の件について至急ご返答ください 상기의 건에 대한 답신을 서둘러 주십시오. / 参加者は前記のとおりです 참가자는 상기와 같습니다.

**せんきゃく【先客】** 선객 ¶彼女には先客がいた 그녀에게는 선객이 있었다.

**せんきゃくばんらい【千客万来】** 천객만래(▶発音は「천걍말래」) ¶開店以来千客万来だ 개점 이래 손님이 끊이지 않는다. / きょうは千客万来で忙しかった 오늘은 손님이 많아서 바빴다.

**せんきゅうがん【選球眼】** 선구안 ¶(野球で)彼は選球眼がある 그는 선구안이 있다.

# せんきょ ◆〘選挙が〙

¶もうすぐ総選挙が行われる 곧 총선거가 행해진다.

◆〘選挙の〙

¶選挙の票を稼ぐために彼は地元へ戻った 선거 표를 얻기 위해 그는 고향에 돌아갔다. / 選挙の結果はあしたの朝かわかる 선거 결과는 내일 아침에 알 수 있다. / 選挙の結果, 山本候補がトップ当選を果たした 선거 결과, 야마모토 후보가 톱으로 당선되었다.

◆〘選挙を〙

¶これから議長を決める選挙を行います 지금부터 의장을 뽑는 선거를 실시하겠습니다.

◆〘選挙に〙

¶彼女は次の選挙に出ることに決めた 그녀는 다음 선거에 나가기로 했다. / 彼はわずか10票差で選挙に敗れた 그는 불과 열 표 차로 선거에 졌다. / 選挙に勝つためには演説がうまくなくてはならない 선거에 이기기 위해서는 연설을 잘 해야 된다 / 母は選挙に行った 어머니는 선거하러[투표하러] 갔다.

せんきょ

◆[選挙で]
¶彼は今年の選挙で衆議院議員に当選した 그는 올해 선거에서 중의원 의원에 당선되었다. / 選挙で選ぶ 선거로 뽑다

◆[その他]
¶立候補者はみな激しい選挙運動を繰り広げた 입후보자는 모두 격렬한 선거 운동을 펼쳤다. / 彼は選挙違反で逮捕された 그는 선거 위반으로 체포되었다. 関連 選挙運動員 선거 운동원 / 選挙演説 선거 연설 / 選挙管理委員会 선거 관리 위원회 / 選挙区 선거구 / 選挙権 선거권 / 選挙公報 선거 공보 / 選挙公約 선거 공약 / 選挙事務所 선거 사무소 / 選挙資金 선거 자금 / 選挙制度 선거 제도 / 選挙戦 선거전 / 選挙立会人 선거 입회인 / 選挙人名簿 선거인 명단 / 選挙日 선거일 / 選挙法 선거법 / 選挙妨害 선거 방해 / 選挙民 선거민 / 公職選挙法 공직 선거법 / 小選挙区制 소선거구제 / 間接選挙 간접 선거 / 市長選挙 시장 선거 / 大統領選挙 대통령 선거, 대선(大選) / 大統領予備選挙 대통령 예비 선거 / 知事選挙 지사 선거 / 直接選挙 직접 선거 / 中間選挙 중간 선거 / 統一地方選挙 통일 지방 선거 / 被選挙権 피선거권 / 普通選挙 보통 선거 / 補欠選挙 보결 선거, 보선(補選)

**せんきょ**【占拠】점거 ¶占拠する 점거하다 ¶彼らはビルを不法に占拠した 그들은 빌딩을 불법으로 점거했다. / 不法占拠者 불법 점거자

**せんぎょ**【鮮魚】선어, 신선한 생선(生鮮) ⇒魚

**せんきょう**【戦況】전황, 전상(戦状) ¶戦況は我々に不利だ 전황은 우리에게 불리하다.

**せんぎょう**【専業】전업 ¶彼は米作りを専業にしている 그는 쌀 농사를 전업으로 하고 있다. 関連 専業主婦 전업주부 / 専業農家 전업 농가

**せんきょうし**【宣教師】선교사

**せんきょく**【戦局】전국

**せんぎり**【千切り】채 ¶キャベツを千切りにする 양배추를 채치다

**せんくしゃ**【先駆者】선구자 [開拓者] 개척자 [先導者] 선도자 ¶あの医師は心臓移植手術の先駆者として知られている 그 의사는 심장 이식 수술의 선구자로 알려져 있다.

**ぜんけい**【前傾】¶彼は前傾姿勢で走っていた 그는 몸을 앞으로 기울이고 달렸다.

**ぜんけい**【前掲】전술(前述), 전기(前記) ¶前掲の図表 앞의 도표

**ぜんけい**【前景】전경

**ぜんけい**【全景】전경 ¶山の頂上からは村の全景を見渡すことができる 산 정상에서는 마을의 전경을 널리 바라볼 수 있다.

**せんけつ**【先決】선결 ¶謝罪することが先決だ 사죄하는 것이 선결이다. / 先決問題 선결 문제

**せんけつ**【鮮血】선혈 ¶鮮血に染まったシャツ 선혈로 물든 셔츠

**せんげつ**【先月】지난달, 전달 ¶先月末 지난달 말 / 先々月 지지난달, 전전달 関連 先月号 지난달호

**せんけん**【先見】선견 ¶彼女は先見の明がある[ない] 그녀는 선견지명이 있다[없다].

**せんげん**【宣言】선언 ◇宣言する 선언하다 ¶第二次世界大戦後アフリカの多くの植民地が独立を宣言した 제2차 세계 대전 후 아프리카의 많은 식민지가 독립을 선언했다. / 校長先生が運動会の開会を宣言した 교장 선생님께서는 운동회의 개회 선언을 하셨다. / 父は禁煙すると宣言した 아버지는 담배를 끊겠다고 선언하셨다. 関連 共産党宣言 공산당 선언 / 共同宣言 공동 선언 / 人権宣言 인권 선언 / 独立宣言 독립 선언

**ぜんけん**【全権】전권 ¶軍部が全権を握った 군부가 전권을 잡았다. / 特使に全権を委任する 특사에게 전권을 위임하다 関連 全権大使 전권 대사

**ぜんげん**【前言】전언 ¶彼は前言を取り消した 그는 전언을 취소했다. / 証人が前言をひるがえすとは思わなかった 증인이 그전 증언을 뒤엎을 줄은 생각도 못했다.

**せんご**【戦後】전후 ¶戦後の日本はしばらく混乱していた 전후 일본은 얼마 동안 혼란스러웠다. / 彼らは戦後生まれだ 그들은 전후 태생이다. 関連 戦後派 전후파

**ぜんご**【前後】❶[物の前と後ろ] 전후, 앞뒤 ¶大統領一行の車列の前後にはパトカーが護衛している 대통령 일행의 차 행렬 앞뒤에는 경찰 순찰차가 호위하고 있었다. / 少女は椅子に座って足を前後に揺らしていた 소녀는 의자에 앉아서 발을 앞뒤로 흔들고 있었다. / その建物の前後の入り口には警備員が立っている 그 건물 앞뒤 입구에는 경비원이 서 있다. / 彼は前後左右を見回してそこにだれもいないのを確認した 그는 전후좌우를 둘러보고 아무도 없다는 것을 확인했다.

❷[時間] 전후 ◇前後する 전후하다, 잇달다 ¶たいていのホテルは休日前後は宿泊客でいっぱいだ 대개의 호텔은 휴일 전후에는 숙박객으로 만원이다. / 友達が2人前後してやって来た 친구가 두 명 잇달아 왔다.

❸[およそ] 전후, 내외 ¶留守中に30歳前後の男の方が訪ねていらっしゃいました 부재중에 서른 살 전후의 남자분이 오셨습니다. / 11時前後に行くつもりです 열한 시경에 갈 예정입니다.

会話 …円前後
A : 1か月の電話代はどのくらいですか
B : 5千円前後です
A : 한 달 전화 요금은 어느 정도입니까?
B : 5천 엔 내외입니다.

❹[先後の事情, 脈絡] 전후, 앞뒤 [順序] 순서 [文脈] 문맥 ¶彼女は時々前後の見境もなく洋服を買いまくる 그녀는 가끔 앞뒤 생각없이 마구 옷을 산다. / 彼は前後のつながりのないことを言ってみんなの失笑を買った 그는 앞뒤가 안 맞는 말을 해서 모두의 웃음거리가 되었다. / 彼の記憶は前後している 그의 기억은 뒤바뀌어 있다.

慣用句 夕べは前後不覚になるまで飲んでどうやって家に帰ったかもわからない 어젯밤은 제정신을 잃을 정도로 마셔서 어떻게 집에 돌아갔는지 모른다

**せんこう**【先攻】선공 ¶(野球で) うちのチームの先

攻で試합이 始まった 우리 팀의 先攻으로 경기가 시작되었다.

**せんこう【先行】** 선행 ◇先行する 선행하다, 앞서다 ¶先行の車が突然止まった 앞서가던 차가 갑자기 멈추었다. / まず彼を先行させよう 먼저 그를 앞세우자. / 彼は理屈ばかりが先行している 그는 이론이 먼저 앞선다. / 時代に先行する 시대에 선행하다 / 5回までに韓国が3点先行していた 5회까지 한국이 3점 앞서고 있었다. 関連先行投資 선행 투자

**せんこう【専攻】** 전공 〔専門分野〕 전문 분야 〔専攻科目〕 전공 과목 ◇専攻する 전공하다 ¶大学では哲学が専攻だった 대학에서 철학을 전공했다. / 専攻は何ですか 전공이 무엇입니까?

**せんこう【潜行】** 잠행 ◇潜行する 잠행하다 ¶テロリストたちは地下に潜行した 테러리스트들은 지하에 잠행했다. / 犯人はこの辺りに潜行しているに違いない 범인은 이 근처에 잠행하고 있는 게 틀림없다.

**せんこう【線香】** 향, 선향 ¶仏壇に線香をあげる 불단에 분향하다 関連線香立て 향꽂이 / 蚊取り線香 모기향

**せんこう【選考】** 전형(銓衡), 고선(考選) ◇選考する 전형하다, 고선하다 ¶選考に漏れてしまった 전형에 누락되어 버렸다. / 数人が書類選考で選ばれた 몇 명이 서류 전형으로 뽑혔다. 関連選考委員 전형 위원 / 選考委員会 전형 위원회 / 選考基準 전형 기준

**せんこう【閃光】** 섬광 ⇨光, 光る

**ぜんこう【善行】** 선행 ¶善行を積む 선행을 쌓다

**ぜんこう【全校】** 전교 ¶全校生 전교생

**ぜんごう【前号】** 전호 ¶前号から続く 전호에서 계속

**せんこく【先刻】** 〔ちょっと前〕 조금 전, 아까 〔すでに〕 벌써, 이미 ¶先刻お母さんにお会いしました 아까 어머니를 뵈었습니다. / 先刻ご承知のとおり次のように決定いたしました 이미 아시는 바와 같이 다음과 같이 결정했습니다. / そんなことは先刻承知 그런 일은 벌써 알고 있다.

**せんこく【宣告】** 선고 ◇宣告する 선고하다 ¶裁判官は被告に死刑を宣告した 재판관은 피고에게 사형을 선고했다. / 被告に懲役10年が宣告された 피고인에게 징역 10년이 선고되었다. / 医者からがんだと宣告された 의사로부터 암 선고를 받았다.

**ぜんこく【全国】** 전국 ◆全国的な 전국적인 ◇全国的に 전국적으로 ¶全国から選抜された運動選手が国立競技場に集まった 전국에서 선발된 운동선수들이 국립 경기장에 모였다. / その試合の模様は全国にテレビで中継された 그 경기의 상황은 전국에 텔레비전으로 중계되었다. / 退職したら全国各地を旅行したい 퇴직하면 전국 각지를 여행하고 싶다. / あしたからバレーボールの全国大会が始まる 내일부터 배구 전국 대회가 시작된다. / この本は日本全国で買える 이 책은 일본 전국에서 살 수 있다.

¶その新聞社は内閣支持率に関する全国的な世論調査を行った 그 신문사는 내각 지지율에 관한 전국적인 여론 조사를 실시했다. / あしたは全国的に晴天に恵まれるでしょう 내일은 전국적으로 맑은 날씨가 되겠습니다. / 少年犯罪は全国的に増加している 소년 범죄는 전국적으로 증가하고 있다. 関連全国区 전국구 / 全国紙 전국지

**せんごくじだい【戦国時代】** 전국 시대

**ぜんごさく【善後策】** 선후책 ¶至急善後策を講じる必要がある 시급히 선후지책을 강구할 필요가 있다.

**ぜんざ【前座】** 그 날의 주역에 앞서 출연하는 것. 또는 그 연예인. ¶彼女はショーの前座を務めている 그녀는 쇼의 개막 출연을 맡고 있다.

**センサー** 센서, 감지기(感知器)

**せんさい【戦災】** 전재, 전화(戦災), 전쟁의 피해 ¶戦災で多くの人々が家を失った 전쟁으로 많은 사람들이 집을 잃었다. / 東京は甚大な戦災を被った 도쿄는 막대한 전화를 입었다. / 私たちは幸運にも戦災を免れた 우리들은 다행히도 전쟁의 피해를 면했다. 関連戦災孤児 전쟁고아 / 戦災地区 전쟁의 피해를 입은 지구

**せんさい【繊細】** ◇繊細だ 섬세하다 ◆繊細な 섬세한 ¶彼は神経が繊細だ 그는 섬세하다. / 彼女は繊細な感受性の持ち主だ 그녀는 섬세한 감수성을 가지고 있다.

**せんざい【洗剤】** 세제 ¶洗濯機にスプーン1杯の洗剤を入れてください 세탁기에 세제를 한 스푼 넣어 주세요. / 洗剤で食器を洗った 세제로 식기를 씻었다. 関連合成洗剤 합성 세제 / 中性洗剤 중성 세제

**せんざい【潜在】** 잠재 ◇潜在的な 잠재적인 ¶子供たちの潜在能力を引き出す 어린이들의 잠재 능력을 끌어내다 関連潜在意識 잠재 의식 / 潜在的失業者 잠재적 실업자 / 潜在需要 잠재 수요

**ぜんさい【前菜】** 전채 〔オードブル〕 오르되브르

**せんさいいちぐう【千載一遇】** 천재일우 ¶千載一遇のチャンス 천재일우의 호기

**せんさく【詮索】** ◇詮索する 〔他人のことに立ち入る〕 참견하다 〔精査する〕 탐색하다 ¶余計な詮索をするな 쓸데없는 참견하지 마. / 彼女は詮索好きだ 그녀는 참견하는 걸 좋아한다. / その事件について詮索するのは止めよう 그 사건에 대해 탐색하는 것은 그만두자.

**せんさばんべつ【千差万別】** 천차만별 ¶花の色は千差万別だ 꽃 색깔은 천차만별이다. / 人の個性は千差万別だ 사람의 개성은 천차만별이다.

**せんし【先史】** 선사 関連先史時代 선사 시대

**せんし【戦士】** 전사 ¶無名戦士の墓 무명 전사의 묘

**せんし【戦死】** 전사 ◇戦死する 전사하다 ¶父はその戦争で戦死した 아버지는 그 전쟁에서 전사했다. 関連戦死者 전사자

**せんじ【戦時】** 전시 ¶戦時中は田舎に疎開していた 전쟁중에는 시골에 피난했다. 関連戦時経済 전시 경제 / 戦時産業 전시 산업 / 戦時体制 전시 체제 / 戦時内閣 전시 내각

**ぜんじ【漸次】** 점차 ⇨次第に, 徐々に

**せんじぐすり【煎じ薬】** 탕약(湯薬), 탕제(湯剤), 약탕(薬湯)

せんしつ【船室】 선실
せんじつ【先日】 요전, 일전(日前)〔最近〕 최근 ¶先日ばったり旧友に会った 요전에 옛친구와 딱 마주쳤다. / 先日来雨が降ったり止んだりしている 요 며칠전부터 비가 내렸다 그쳤다 한다.
ぜんじつ【前日】 전일, 전날 ¶出発の前日に彼女に会った 출발 전날에 그녀와 만났다.
せんじつめる【煎じ詰める】〔突き詰める〕 따지다 ¶せんじ詰めれば責任は私にある 따져 보면 책임은 나한데 있다.
せんしゃ【戦車】 전차. 탱크
せんしゃ【洗車】 세차 ◇洗車する 세차하다 ¶洗車してください 세차해 주세요. 関連 洗車場 세차장
せんじゃ【選者】 선자 ⇒選考
ぜんしゃ【前者】(↔後者) ¶その2冊の本のうち後者より前者のほうが好きだ 그 책 두 권 중에 후자보다 전자를 더 좋아한다. / 木製とスチール製の本棚があるが前者のほうが値段が高い 목제와 강철 책장이 있는데 전자가 가격이 더 비싸다.

### せんしゅ【選手】 선수〔運動選手〕 운동 선수 ¶僕は小さいころ野球の選手になりたかった 나는 어릴 적 야구 선수가 되고 싶었다. / その選手は400メートル走で新記録を出した 그 선수는 400 미터 달리기에서 신기록을 세웠다. / 彼はひざの故障で選手生命の危機にある 그는 무릎의 부상으로 선수 생명의 위기를 맞았다.
¶テニスの選手 테니스 선수 / サッカーの選手 축구 선수 / バレーボールの選手 배구 선수 / バスケットボールの選手 농구 선수 / ゴルフの選手 골프 선수 / ボクシングの選手 권투 선수 / 水泳の選手 수영 선수 / スケートの選手 스케이팅 선수 / 走り高跳びの選手 높이뛰기 선수 / マラソンの選手 마라톤 선수 / 短[長]距離の選手 단[장]거리 선수 / 競輪の選手 경륜 선수 関連 選手権 선수권 / 選手権大会 선수권 대회 / 選手権保持者 선수권 보유자 / 選手団 선수단 / 選手村 선수촌 / 万能選手 만능 선수 / 正選手 정규 선수 / 補欠選手 후보[보결] 선수

せんしゅ【先取】 선취 ◇先取する 선취하다 ¶日本が1点先取した 일본이 1점 선취했다. 関連 先取点 선취점
せんしゅ【船主】 선주
せんしゅ【船首】 선수, 이물
せんしゅう【先週】 지난주 ¶先週の金曜日 지난주 금요일 参考 韓国語では「先週のきょう」のような言い方はふつうせず具体的な曜日を入れる.
せんしゅう【選集】 선집
せんじゅう【先住】 선주 関連 先住民 선주민 / 先住民族 선주 민족
ぜんしゅう【全集】 전집 ¶文学全集 문학 전집
ぜんしゅう【禅宗】 선종
せんしゅうらく【千秋楽】〔芝居・相撲などの〕 마지막 날
せんしゅつ【選出】 선출 ◇選出する 선출하다 ¶彼を議長に選出した 그를 의장으로 선출했다. / 千葉県選出の国会議員 지바현 선출 국회의원

せんじゅつ【戦術】 전술 ◇戦術的な 전술적인 ¶野党は議事の引き延ばし戦術をとった 야당은 의사의 지연 전술을 취했다. 関連 戦術家 전술가 / 戦術核兵器 전술 핵무기
ぜんじゅつ【前述】 전술〔上述〕 상술 ◇前述の 전술한, 상술한 ¶臨時総会開催の主旨は前述のとおりです 임시 총회 개최의 주지는 앞서 말씀드린 대로입니다.
ぜんしょ【善処】 선처 ◇善処する 선처하다 ¶の件は善処いたします 그 건은 선처하겠습니다.
せんじょう【戦場】 전장, 전쟁터 ¶その町は戦場と化した 그 도시는 전쟁터로 변했다. / 多くの若者が戦場の露と消えた 많은 젊은이가 전장의 이슬로 사라졌다.
せんじょう【洗浄】 세척 ◇洗浄する 세척하다 ¶胃を洗浄する 위를 세척하다
ぜんしょう【全勝】 전승 ¶全勝優勝 전승 우승
ぜんしょう【全焼】 전소 ◇全焼する 전소하다, 전소되다 ¶2軒が全焼した 두 채가 전소했다.
せんしょうこく【戦勝国】 전승국
せんしょうしゃ【戦傷者】 전상자
ぜんしょうせん【前哨戦】 전초전
せんしょく【染色】 염색 ◇染色する 염색하다 関連 染色工場 염색 공장 / 染める
せんしょくたい【染色体】 염색체 関連 染色体異常 염색체 이상 / 染色体地図 염색체 지도
せんじる【煎じる】 달이다 ¶ハーブを煎じる 허브를 달이다
せんしん【専心】 전심〔専念〕 전념 ◇専心する 전심하다, 전념하다 ¶研究に専心する 연구에 전념하다
せんじん【先人】 선인, 옛사람 ¶先人の英知に学ぶ 선인의 예지를 이어 받다
せんじん【先陣】 선진 ¶製薬会社は新薬の開発を巡って先陣争いをしている 제약 회사는 신약 개발을 둘러싸고 선진 다툼을 하고 있다.

### ぜんしん【前進】 전진 ◇前進する 전진하다 ¶吹雪が彼らの前進をはばんだ 눈보라가 그들의 전진을 가로막았다. / ひどい風のため彼らはなかなか前進できなかった 심한 바람으로 그들은 좀처럼 전진할 수 없었다. / 指揮官は部隊を前進させた 지휘관은 부대를 전진시켰다. / 彼は2歩前進した 그는 두 걸음 전진했다.
¶十分な資金を得て計画は速やかに前進した 충분한 자금을 얻어 계획은 신속하게 진행되었다. / 実験の結果は満足のいくものではなかったが, 研究は一歩前進したと言えるだろう 실험 결과는 만족할 만한 것은 아니었지만, 연구는 한 걸음 더 나아갔다고 할 수 있을 것이다.

ぜんしん【前身】 전신 ¶この会社の前身は小さな個人商店だった 이 회사의 전신은 조그마한 개인 상점이었다.
ぜんしん【全身】 전신, 온몸 ¶全身が汗でびっしょりになった 온몸이 땀으로 흠뻑 젖었다. / 久しぶりに運動したせいで全身が筋肉痛になった 오랜만에 운동했더니 전신에 근육통이 생겼다. / 全身の力を込めて(→渾身の力をふりしぼって)くいを引き抜いた 혼신의 힘을 쏟아 말뚝을 뽑았다. / その子は

全身にやけどを負っていた その 아이는 전신에 화상을 입었었다. / 生徒たちは先生の言葉を聞き漏らすまいとして全身を耳にしていた 학생들은 선생님의 말을 빠뜨리지 않으려고 열심히 귀를 기울였다. / 自分たちの負けが決まった瞬間、彼は全身の力が抜けていくのを感じた 자신들의 패배가 결정된 순간, 그는 전신의 힘이 빠져나가는 것을 느꼈다. / 彼女はその研究に全身全霊を傾けた 그녀는 그 연구에 전심전력을 기울였다. / 医師は患者に全身麻酔をかけた 의사는 환자에게 전신 마취를 했다. / 全身像を撮る 전신상을 찍다 / 全身運動をする 전신 운동을 하다

**せんしんこく【先進国】** 선진국 ¶先進国首脳会議(G7) 선진 7개국 정상 회담 / 先進7か国 선진 7개국 ⇨ サミット

**ぜんじんみとう【前人未踏】** 전인미답 ¶前人未踏の記録 전인미답의 기록 / 前人未踏の孤島 전인미답의 외딴섬

**せんす【扇子】** 부채 ¶部屋の中はクーラーもなく暑かったので扇子であおいだ 방 안에는 냉방이 안 되고 더웠기 때문에 부채질을 했다.

**センス** 센스 ¶彼はセンスがよい[悪い] 그는 센스가 좋다[나쁘다]. / この子は絵のセンスがある[ない] 이 아이는 그림에 센스가 있다[없다]. / 彼女は美的センスがある[ない] 그녀는 미적 센스가 있다[없다]. / センスのいい男 센스가 있는 남자

**せんすい【潜水】** 잠수 ¶潜水する 잠수하다 関連 潜水艦 잠수함 / 潜水病 잠수병 / 潜水夫 잠수부 / 潜水服 잠수복

**せんする【宣する】** 〔宣言する〕선언하다〔告げる〕고하다 ¶判事は開廷を宣した 판사는 개정을 선언했다.

**ぜんせ【前世】** 전세, 전생(前生) ¶私の前世は犬だったのかもしれない 나는 전생에 개였을지도 모른다.

**せんせい【先生】** ❶〔教師〕선생님 ¶私の兄は高校の先生です 우리 아버지는 고등학교 선생님입니다. /「わかりましたか」「はい、先生」 "알겠습니까?" "예, 선생님." / 彼は大学を卒業して数学の先生になった 그는 대학을 졸업하고 수학 선생님이 되었다. / 私は英語の先生です 저는 영어 선생님입니다. / 私の彼氏はスキーの先生です 내 남자 친구는 스키 강사입니다. / 担任の先生 담임 선생님 / 校長先生 교장 선생님
❷〔医者・弁護士・代議士など専門家〕선생님 ¶山本先生がうちの家族を診てくださっています 야마모토 선생님이 우리 가족을 진찰해 주고 계신다. / 少し熱があったので病院で先生に診てもらった 조금 열이 있어서 병원에서 선생님한테 진찰 받았다. / 先生、娘の容態はいかがですか 선생님, 딸의 상태는 어떻습니까?

**せんせい【先制】** 선제 ¶うちのチームが先制点をとった 우리 팀이 선제점을 얻었다. / 敵に先制攻撃を加える 적에게 선제 공격을 가하다

**せんせい【宣誓】** 선서 ◇宣誓する 선서하다 ¶彼は法廷で宣誓して証言した 그는 법정에서 선서하고 증언했다. / 運動会で選手宣誓をした 운동회에서 선수 선서를 했다. 関連 宣誓式 선서식 / 宣誓書 선서서

**せんせい【専制】** 전제〔独裁〕독재 ◇専制的な 전제적인 関連 専制君主 전제 군주 / 専制政治 전제 정치

**ぜんせい【全盛】** 전성 ¶新羅が全盛を極めたのはいつですか 신라가 전성시대를 누린 것은 언제입니까? / 藤原氏は平安時代に全盛を誇った 후지와라 씨는 헤이안 시대에 전성을 누렸다. / そのころが彼の全盛期だった 그 때가 그의 전성기였다. / 日本映画の全盛期を懐かしむ人は多い 일본 영화의 전성기를 그리워하는 사람은 많다. / 全盛時代 전성시대

**せんせいじゅつ【占星術】** 점성술 関連 占星術師 점성사 ⇨ 星占い

**センセーショナル** ◇センセーショナルだ 센세이셔널하다, 감동적이다 ¶センセーショナルな記事 센세이셔널한 기사

**センセーション** 센세이션 ¶彼女の発言はセンセーションをまき起こした 그녀의 발언은 센세이션을 불러 일으켰다.

**ぜんせかい【全世界】** 전 세계 ¶全世界がアメリカ大統領の演説に注目した 전 세계가 미국 대통령의 연설에 주목했다. / その科学者の偉業は全世界に知られている 그 과학자의 위업은 전 세계에 알려져 있다. / わが社の製品は全世界で売られている 우리 회사 제품은 전 세계에서 팔리고 있다. ⇨ 世界

**せんせき【船籍】** 선적 ¶船籍不明の船 선적 불명의 배

**ぜんせつ【前説】** 전설〔前言〕전언 ¶彼は突然前説をひるがえした 그는 갑자기 앞서 한 말을 번복했다.

**せんせん【宣戦】** 선전 ◇宣戦する 선전하다 ¶日本はアメリカに対して宣戦した 일본은 미국에 선전했다. 関連 宣戦布告 선전 포고

**せんせん【戦線】** 전선 ¶戦線におもむく 전선으로 가다 / 小国は大国に同じ共同戦線を張って対抗した 소국은 대국에 공동 전선을 펴서 대항했다. / 東部[西部]戦線 동부[서부] 전선

**せんぜん【戦前】** 전전(↔전후), 전쟁전 ¶日本人の体格は戦前に比べると非常に向上している 일본인의 체격은 전쟁전과 비교하면 매우 향상되었다. / この家は戦前に建てられた 이 집은 전쟁전에 지어졌다. 関連 戦前派 전전파

**ぜんせん【前線】** 전선 ¶彼らは最前線で戦った 그들은 최전선에서 싸웠다. / 寒冷[温暖]前線が北上している 한랭[온난] 전선이 북상하고 있다. 関連 前線基地 전선 기지 / 梅雨前線 장마 전선

**ぜんせん【善戦】** 선전 ◇善戦する 선전하다 ¶挑戦者はチャンピオンを相手に善戦した 도전자는 챔피언을 상대로 선전했다.

**ぜんせん【全線】** 전노선 ¶全線にわたって電車が遅れている 전노선에 걸쳐 전철이 지연되고 있다 / 鉄道はまだ全線開通していない 철도는 아직 전 노선이 개통되지 않았다. / 大雪のため高速道路は全線通行禁止だ 대설로 고속도로는 전노선 통행금지이다.

**ぜんぜん【全然】** 〔少しも…でない〕전혀, 통, 영 《+否定》

**せんせんきょうきょう**

基本表現
▷私は車には全然興味がない
　나는 자동차에는 전혀 관심이 없다.
▷私はゴルフは全然しません
　나는 골프는 전혀 하지 않습니다.
▷彼の言ったことが全然わからなかった
　그가 한 말이 무슨 말인지 전혀 몰랐다.
▷「疲れている？」「いいえ、全然。」
　"피곤해？" "아뇨, 전혀."

¶彼女は全然韓国語が話せない 그녀는 전혀 한국어를 못한다. / 全然知らない 전혀 모른다. / 「ソウルに行ったことがありますか」「いいえ、韓国には全然行ったことがないんです」"서울에 가 본 적이 있어요?" "아뇨, 한국에는 한 번도 가 본 적이 없어요." / 全然大丈夫です 《俗》전혀 괜찮습니다.

¶医者は私に悪いところは全然ないと言った 의사는 나에게 전혀 이상이 없다고 했다. / それは君が以前言っていたことと全然違う 그것은 자네가 전에 말했던 것과 영 다르네. / それは全然別の問題である 그것은 완전히 다른 문제이다.

会話 全然見当がつかない
　A：彼女は今どこにいるんだろう
　B：全然見当もつきません
　A：그 여자는 지금 어디에 있을까?
　B：전혀 모르겠습니다.

**せんせんきょうきょう【戦々恐々】** ◇戦々恐々とする 전전긍긍하다 ¶いつまた余震が起こるかも知れないとみんなが戦々恐々としていた 언제 또 여진이 일어날지 모른다고 모두들 전전긍긍하고 있었다.

**せんぞ【先祖】** 선조 [祖先] 조상 ¶うちの先祖は九州から来た 우리 선조는 九州에서 왔다. / 年2回先祖の墓にお参りしている 1년에 두 번 조상님께 성묘하러 간다. / その人物はうちの先祖に当たる 그 사람은 우리 선조가 된다. / 母の先祖に高名な画家がいる 어머니의 조상님 중에는 고명한 화가가 있다. / 泣く泣く先祖伝来の土地を手放した 어쩔수 없이 조상 전래의 토지를 팔아넘겼다. / 彼らは先祖代々その地方に住んでいる 그들은 선조 대대로 그 지방에 살고 있다.

**せんそう【戦争】** 전쟁 [戦闘] 전투 ◇戦争する 전쟁하다

◆〖戦争が・戦争は〗
¶中東で戦争が勃発した[起こった] 중동에서 전쟁이 발발했다[일어났다]. / 10年間続いた戦争が終わった 10년간 계속된 전쟁이 끝났다.

¶戦争は拡大した 전쟁은 확대됐다. / 戦争は激しさを増した 전쟁은 더욱 격렬해졌다. / 戦争は長期化した 전쟁은 장기화되었다. / 戦争は泥沼化した 전쟁은 수렁에 빠졌다.

◆〖戦争で〗
¶彼は戦争で片腕を失った 그는 전쟁에서 한쪽 팔을 잃었다. / 彼女は戦争で夫を失い未亡人になった 그녀는 전쟁에서 남편을 여의고 미망인이 되었다.

◆〖戦争に・戦争の〗
¶日本は真珠湾を奇襲しアメリカとの戦争に突入した 일본은 진주만을 기습하고 미국과의 전쟁에 돌입했다. / 両国間の紛争はついに戦争に発展した 양국간의 분쟁은 결국 전쟁으로 발전했다. / 一般市民が戦争の危険にさらされている 일반 시민이 전쟁의 위험에 처해 있다.

◆〖戦争を〗
¶国際社会は戦争を回避しようと努めた 국제 사회는 전쟁을 피하려고 노력했다. / 日本国憲法は戦争を永久に放棄することをうたっている 일본국 헌법에는 전쟁을 영원히 포기한다고 명시되어 있다. / どうすれば戦争をなくすことができるのだろうか 어떻게 하면 전쟁을 없앨 수 있을까? / 戦争を終結させる 전쟁을 종결시키다

◆〖その他〗
¶世論の大勢は戦争反対[支持]であった 여론의 대세는 전쟁을 반대[지지]했다. / 両国は戦争状態にあった 양국은 전쟁 상태였다. / 子供のころよく戦争ごっこをして遊んだ 어릴 적에 자주 전쟁놀이를 하면서 놀았다.

¶日本はかつてアメリカと無謀な戦争をした 일본은 일찍이 미국과 무모한 전쟁을 했다. 関連 戦争映画 전쟁 영화 / 戦争記念碑 전쟁 기념비 / 戦争孤児 전쟁고아 / 戦争ごっこ 전쟁놀이 / 核戦争 핵전쟁 / 局地戦争 국지 전쟁, 국지전 / 経済戦争 경제 전쟁 / 受験戦争 수험 전쟁, 입시 전쟁 / 侵略戦争 침략 전쟁 / 全面戦争 전면 전쟁 / 太平洋戦争 태평양 전쟁 / 代理戦争 대리 전쟁 / 朝鮮戦争 한국[조선] 전쟁, 6·25 [육이오] 전쟁 / 独立戦争 독립 전쟁 / 防衛戦争 방위 전쟁 / 貿易戦争 무역 전쟁

**せんそう【船倉】** 선창
**せんそう【船窓】** 선창
**ぜんそうきょく【前奏曲】** 전주곡 [序曲] 서곡
**せんぞく【専属】** 전속 [所属] 소속 ◇専属する 소속하다, 소속되다 ¶彼はレコード会社と専属契約を結んだ 그는 레코드 회사와 전속 계약을 맺었다. / あの俳優はうちの劇団に専属している 그 배우는 우리 극단에 소속되어 있다.

**ぜんそく【喘息】** 천식 ¶息子は夜中に喘息の発作に襲われた 아들은 한밤중에 천식 발작을 일으켰다. 関連 喘息患者 천식 환자 / 小児喘息 소아 천식

**ぜんそくりょく【全速力】** 전속력 ¶1台の車が全速力で走り去った 한 대의 자동차가 전속력으로 달려갔다. / 彼に追いつこうとして全速力で走った 그를 따라잡으려고 전속력으로 달렸다.

**センター** ❶ [野球の守備位置] 센터(필드) [選手] 센터(필더), 중견수(中堅手) ¶センターフライを捕る 센터 플라이를 잡다
❷ [中心部] 중앙, 중심 ¶向こうから来た車が突然センターラインを越えた 마주 오는 차가 갑자기 중앙선을 넘었다. 関連 ショッピングセンター 쇼핑센터, 쇼핑몰 / スポーツセンター 스포츠 센터 / 文化センター 문화 센터

**せんたい【船体】** 선체 ¶その船は船体をひどく損傷していまにも沈没しそうだった 그 배는 선체가 심하게 손상돼서 당장이라도 침몰할 것 같았다.

**せんだい【先代】** 선대 ¶先代君主 선대 군주

**ぜんたい**【全体】전체 ◇**全体的** 전체적인 ◇**全体的に** 전체적으로
◆〖**全体が・全体の**〗
¶国全体がそのニュースに興奮していた 온 나라가 그 뉴스로 온통 흥분해 있었다. / その山小屋からは谷全体の景色が見える 그 산장에서는 계곡 전체의 경치가 보인다. / 地方ごとの資料はあるが国全体のものはない 지방 별로는 자료가 있지만 나라 전체의 자료는 없다.
◆〖**全体で・全体に**〗
¶文化祭にクラス全体でミュージカルをやることにした 문화제에서 반 전체로 뮤지컬을 하기로 했다. / 体全体に発疹が出ている 온몸에 발진이 생겼다. / 野球は日本人全体に人気があるスポーツだ 야구는 일본 온 국민에게 인기 있는 스포츠이다.
◆〖**全体の**〗
¶厚い雲が山全体を覆っている 두꺼운 구름이 산 전체를 뒤덮었다. / 私はまだ社内LANの仕組み全体を把握していない 나는 아직 사내 LAN 구조 전체를 파악 못하고 있다. / この講座では15世紀から18世紀にいたる日本文学全体を扱います 이 강좌에서는 15세기에서 18세기에 걸친 일본 문학 전체를 다룹니다.
◆〖**その他**〗
¶君の論文は全体としてはとてもよくまとまっている 자네 논문은 전체적으로 매우 잘 정리되어 있네. 関連**全体会議** 전체 회의 / **全体主義** 전체주의

**ぜんだいみもん**【前代未聞】전대미문 ¶**前代未聞の不祥事[事件]** 전대미문의 불상사[사건]

**せんたく**【洗濯】세탁, 빨래 ◇**洗濯する** 세탁하다, 빨래하다, 빨다 ¶子供がいると洗濯の量が多い 아이가 있으면 빨래가 많다. / きょうは洗濯物が多い 오늘은 빨래가 많다. / 梅雨時はなかなか洗濯物が乾かない 장마 때는 좀처럼 빨래가 안 마른다. / 彼女はベランダに洗濯物を干した 그녀는 베란다에 빨래를 널었다. / 雨が降りだしたので急いで洗濯物を取り込んだ 갑자기 비가 내리기 시작해서 서둘러 빨래를 걷었다. / 妻は洗濯物を畳んでいる 아내는 빨래를 개고 있다. / 洗濯物のしわを伸ばして洗濯物の 주름을 펴다. / このセーターは洗濯機で洗える 이 스웨터는 세탁기로 빨 수 있다.
¶コートを洗濯に出した 코트를 세탁소에 맡겼다. / 「僕のワイシャツはどこにあるの」「今、洗濯に出してあるわ」"내 와이셔츠 어디 있어?" "세탁소에 맡겼어."
¶汚れたタオルを洗濯した 더러워진 수건을 빨았다. / コインランドリーで1週間分まとめて洗濯した 빨래방에서 일 주일 분을 몰아서 세탁했다. / 彼女は昼間勤めているので夜洗濯する 그녀는 낮에 일하기 때문에 밤에 빨래를 한다. / 洗濯したらTシャツの色が落ちてしまった 세탁했더니 티셔츠의 물이 빠졌다. / セーターを洗濯したら縮んでしまった スウェーターを 빨았더니 줄어들었다. / スーツは家では洗濯できないからドライクリーニングに出さなきゃ 양복은 집에서 세탁 못하니까 드라이클리닝에 해야지. 慣用句 **彼は一夏を山で過ごして命の洗濯**

した 그는 한 여름을 산에서 보내면서 기분 전환을 했다. / **鬼のいぬ間に洗濯** 범 없는 골에는 토끼가 스승 | 호랑이 없는 골에 토끼가 왕 노릇 한다. 関連**洗濯板** 빨래판 / **洗濯石けん** 빨랫비누, 세탁비누 / **洗濯ばさみ** 빨래집게 / **洗濯ひも** 빨랫줄 / **洗濯物** 빨래, 빨랫감 / **洗濯機** 세탁기

**せんたく**【選択】선택 ◇**選択する** 선택하다, 택하다 ¶各社の最新モデルのパソコンが並べられていてどれにしようか選択に迷うほどだ 각 회사의 최신 모델 컴퓨터가 진열되어 있어 어떤 것으로 해야 할지 망설여질 정도이다. / 一生の間には時に人生の選択を誤ることもあるだろう 살면서 때로는 인생의 선택을 잘못할 경우도 있을 것이다. / 結婚をとるか仕事をとるか彼女は重大な選択を迫られている 결혼을 택할지 일을 택할지 그녀는 중대한 선택에 직면해 있다. / 会議の日時の選択は部長しだいです 회의의 날짜 선택은 부장님께 달려 있습니다. / この件についてはまだ選択の余地があるから結論を急がずにじっくり考えてみよう 이건에 대해서는 아직 선택의 여지가 있으니까 서둘러 결론을 짓지 말고 시간을 두고 생각해 보자.
¶次の中から自由に好きな科目を選択することができます 다음 중에서 좋아하는 과목을 마음대로 선택할 수 있습니다. 関連**選択科目** 선택 과목 / **選択肢** 선택지

**せんだって**【先だって】일전 ⇒**この間, 先日**

**せんたん**【先端】끝 [時代・流行の] 첨단 ¶うちの大学病院は遺伝子治療研究の先端を行っている 우리 대학 병원은 유전자 치료 연구의 첨단을 달리고 있다. / 日本の半導体技術は時代の最先端を行っている 일본의 반도체 기술은 시대의 최첨단을 달리고 있다. / 彼女は流行の先端を行っている 그녀는 유행의 첨단을 달리고 있다.
¶**鉛筆の先端** 연필 끝 / **岬の先端** 곶 끝 関連**先端技術** 첨단 기술

**せんだん**【船団】선단

**せんち**【戦地】전지, 전쟁터 ¶**多くの若者が戦地に送られた** 많은 젊은이들이 전쟁터로 보내졌다.

**ぜんち**【全治】전치, 완쾌(完快) ◇**全治する** 전치되다, 완쾌하다 ¶**交通事故で全治2か月のけがをした** 교통사고로 전치 2개월의 부상을 입었다. / **夫は全治してきのう無事退院した** 남편은 완쾌해서 어제 무사히 퇴원했다.

**ぜんちぜんのう**【全知全能】전지전능 ¶**全知全能の神** 전지전능하신 하느님

**センチメートル** 센티미터, 센티 (▶記号 cm)

**センチメンタル** 센티멘털 ◇**センチメンタルだ** 센티멘털하다, 감상적이다 ⇒**感傷**

**せんちゃ**【煎茶】달인 차 ⇒**茶**

**せんちゃく**【先着】선착 ¶**先着50名様に粗品進呈** 선착순 50명에게 선물 증정 / **申し込みは先着順に受け付けます** 신청은 선착순으로 받습니다.

**せんちゅう**【戦中】전쟁중 関連**戦中派** 전중파

**せんちょう**【船長】선장

**ぜんちょう**【前兆】전조, 조짐, 징조 ¶**それは幸運[不運]の前兆だった** 그것은 행운[불운]의 징

ぜんちょう

조였다. / 月の周りのかさは雨の前兆だ 달무리는 비가 올 조짐이다. / これは私たちにとってよい前兆だ 이것은 우리들한테 좋은 조짐이다. / 暴動はより深刻な問題の前兆だった 폭동은 보다 심각한 문제의 전조였다. / 地震の前兆 지진의 조짐 / 不吉な前兆 불길한 징조

ぜんちょう【全長】전체 길이 ¶その橋の全長はどのくらいですか 그 다리의 전체 길이는 어느 정도입니까

せんて【先手】선수 ¶碁の対局では私が先手を打った 바둑 대국에서는 내가 선수를 잡았다. / ライバルに勝つには先手を打つ必要がある 라이벌에게 이기기 위해서는 먼저 수를 칠 필요가 있다. / うちのチームは相手にまんまと先手を打たれた 우리 팀은 상대에게 보기 좋게 선제점을 허용해 버렸다. / 何事も先手必勝だ 무엇이든 선수 필승이다.

せんてい【選定】선정 ◇選定する 선정하다
¶選定基準 선정 기준 / 選定図書 선정 도서

せんてい【剪定】전정, 전지(剪枝), 가지치기 ◇剪定する 전정하다 ¶庭の木を剪定した 정원의 나무를 전정했다. 関連 剪定ばさみ 전정가위, 전지가위

ぜんてい【前提】전제 ¶他言しないことを前提に彼女に秘密を打ち明けた 다른 사람에게 말하지 않는 것을 전제로 그녀에게 비밀을 털어놓았다. / ヨンミとは結婚を前提に付き合っている 영애하고는 결혼을 전제로 사귀고 있다. 関連 大[小]前提 대[소]전제 / 前提条件 전제 조건

せんてん【先天】선천 ◇先天的な 선천적이다 ¶チャンホの運動神経のよさは先天的だ 찬호가 운동 신경이 좋은 것은 선천적이다. / 先天的な能力とは人が持って生まれた能力のことである 선천적인 능력이란 사람의 타고난 능력을 말한다. / 先天的なものか後天的なものかは知らないが彼には独特の持ち味がある 선천적인 것인지 후천적인 것인지는 모르겠지만, 그 사람에게는 독특한 개성이 있다. / 先天的な素質 선천적인 소질 関連 先天性異常 선천성 이상 / 先天性疾患 선천성 질환

**せんでん**【宣伝】선전 [広報] 홍보(弘報) ◇宣伝する 선전하다 ¶店の宣伝のためにちらしやポスターを作った 가게 선전을 위해 광고지와 포스터를 만들었다. / そのスーパーは無農薬野菜の宣伝を開始した その スーパーは 무농약 야채 선전을 시작했다. / 雑誌で紹介されたことでうちの店は大きな宣伝になった 잡지에 소개된 덕분에 우리 가게는 큰 선전이 되었다. / 政府はラジオを海外に向けた宣伝の道具として利用している 정부는 라디오를 해외에 대한 선전 도구로 이용하고 있다.

¶これはテレビで宣伝していた新商品だ 이것은 텔레비전에서 선전했던 신상품이다. / 今近くのスーパーで大安売りの宣伝をしている 지금 근처 슈퍼에서 대특매 선전을 하고 있다. 関連 宣伝カー 선전차 / 宣伝価値 선전 가치 / 宣伝記事 선전 기사 / 宣伝効果 선전 효과 / 宣伝費 선전비 / 宣伝部 선전부 / 宣伝ポスター 선전용 포스터 / 宣伝文句 선전 문구

せんと【遷都】천도 ◇遷都する 천도하다
セント 센트 ¶1ドル50セント 1달러 50센트 / 1セント銅貨 1센트 동전
せんど【鮮度】선도 ¶野菜の鮮度が落ちる 야채의 신선도가 떨어지다 / このいちごは鮮度が高い 이 딸기는 신선도가 높다. / 鮮度を保つためにキャベツを冷蔵庫に入れておいた 신선도를 유지하기 위해 양배추를 냉장고에 넣어 두었다.

ぜんと【前途】전도 [将来] 장래 [展望] 전망 ¶彼女は前途を悲観している 그녀는 장래를 비관하고 있다. / わが社は前途多難だ 우리 회사는 전도 다난이다. / 彼は前途有望な青年だ 그는 전도 유망한 청년이다. / 我々の将来は前途洋々だ 우리 장래는 전도가 양양하다.

ぜんど【全土】전도 [全国] 전국 ¶寒波が日本全土を襲った 한파가 일본 전국을 엄습했다.

せんとう【先頭】선두 ¶彼は先頭を切ってゴールした 그는 맨 먼저 골인했다. / 彼女は我々の先頭に立つにふさわしい人だ 그녀는 우리 리더로서 적합한 사람이다. / それぞれの国旗を先頭に選手団が入場した 각각 국기를 선두로 선수단이 입장했다. / パレードの先頭にいるのが私の兄です 퍼레이드의 선두에 있는 사람이 우리 형[오빠]입니다. / 市民グループが社会改革運動の先頭に立った 시민 그룹이 사회 개혁 운동에 앞장섰다. 関連 先頭集団 선두 집단

せんとう【尖塔】첨탑

せんとう【戦闘】전투 ¶戦闘を開始する 전투를 개시하다 / 戦闘に参加する 전투에 참가하다 / 彼は普段は温厚だが時々戦闘的になる 그는 평소에는 온후하지만 가끔 전투적이다. 関連 戦闘員 전투원 / 戦闘機 전투기 / 戦闘部隊 전투 부대 / 戦闘力 전투력 / 非戦闘員 비전투원

せんとう【銭湯】대중 목욕탕

せんどう【先導】선도 ◇先導する 선도하다 ¶首相の乗った車はパトカーに先導された 수상이 탄 자동차를 경찰 순찰차가 선도했다. / 彼らはボーイに先導されて部屋に入った 그들은 보이의 안내를 받아 객실로 들어갔다. 関連 先導者 선도자 / 先導車 선도차

せんどう【扇動】선동 ◇扇動する 선동하다 ◇扇動的な 선동적인 ¶群衆を扇動する 군중을 선동하다 / 彼は労働者を扇動してストライキを打った 그는 노동자를 선동해서 파업에 들어갔다. / 暴動を扇動したのはだれだ 폭동을 선동한 사람은 누구야 / 扇動的なデマに惑わされるな 선동적인 헛소문에 현혹되지 마! 関連 扇動者 선동자

せんどう【船頭】뱃사공 慣用句 船頭多くして船山に登る 사공이 많으면 배가 산으로 올라간다.

ぜんとうよう【前頭葉】전두엽
セントバーナード犬 세인트버나드 개
セントラルヒーティング 중앙 난방 (장치), 집중 난방 (장치)
セントラルリーグ 센트럴 리그 (▶日本プロ野球のリーグ)
せんない【船内】선내
ぜんにちせい【全日制】주간(昼間) ¶全日制高校 주간 고등학교
ぜんにっぽん【全日本】전일본 関連 全日本柔道

選手権 전일본 유도 선수권

**せんにゅう【潜入】**잠입 ◇潜入する 잠입하다 ¶スパイが敵国に潜入した 간첩이 적국에 잠입했다. / 何者かが基地に潜入したらしい 누군가가 기지에 잠입했단다.

**せんにゅうかん【先入観】**선입관, 선입견(先入見), 선입감(先入感)〔偏見〕편견 ¶彼はその国に先入観を持っている 그는 그 나라에 대해 선입관을 가지고 있다. / 彼女は男性に対して先入観があるように思う 그녀는 남성에 대해 선입관을 가지고 있는 것 같다.

**せんにん【専任】**전임 関連専任講師 전임 강사（↔시간 강사）

**せんにん【選任】**선임 ◇選任する 선임하다 ¶彼女が議長に選任された 그녀가 의장으로 선임되었다.

**せんにん【前任】**전임 ¶前任の大臣 전임 대신 関連前任者 전임자

**ぜんにん【善人】**선인

**せんぬき【栓抜き】**병따개, 마개뽑이, 마개따개, 오프너

**せんねん【専念】**전념 ◇専念する 전념하다 ¶彼女は研究に専念してきた 그녀는 연구에 전념해 왔다. / うるさくて勉強に専念できない 시끄러워서 공부에 전념할 수 없다. / 彼は野球に専念しているよ 그는 야구에 전념하고 있어.

**ぜんねん【前年】**전년〔昨年〕지난해, 작년

**せんのう【洗脳】**세뇌 ◇洗脳する 세뇌하다 ¶テレビコマーシャルは人々を洗脳して不必要なものまで買わせようとする 텔레비전 광고는 사람들을 세뇌해서 불필요한 것까지 사게 하려 한다. 関連洗脳教育 세뇌 교육

**ぜんのう【前納】**전납, 선납 ◇前納する 전납하다, 선납하다 ¶授業料を前納する 수업료를 전납하다

**ぜんのう【全能】**전능 ¶全能の神 전능하신 하느님 関連全能者 전능자

**せんばい【専売】**전매〔独占〕독점 ¶かつて塩は政府の専売だった 일찍이 소금은 정부의 전매였다. 関連専売権 전매권 / 専売特許 전매특허 / 専売品 전매품

**せんぱい【先輩】**선배（↔후배）¶彼女は3年先輩です 그녀는 3년 선배입니다. / 彼は職場の先輩です 그는 직장 선배입니다.

**ぜんぱい【全廃】**전폐 ¶米の配給制は全廃された 쌀 배급제는 전폐되었다. / 核兵器の全廃が我々の最終目標である 핵무기 전폐가 우리들의 최종 목표이다.

**ぜんぱい【全敗】**전패 ◇全敗する 전패하다

**せんぱく【浅薄】**◇浅薄だ 천박하다 ◇浅薄な 천박한 ¶彼の知識は浅薄だ 그 사람의 지식은 천박하다. / 浅薄な知識 천박한 지식

**せんぱく【船舶】**선박 関連船舶会社 선박 회사 / 船舶業 선박업 ⇒船

**せんばつ【選抜】**선발 ◇選抜する 선발하다 ¶代表選手の選抜に漏れてしまった 대표 선수 선발에서 빠졌다. / 志願者の中から何人が選抜されたのですか 지원자 중에서 몇 명이 선발되었습니까? 関連選抜試験 선발 시험 / 選抜チーム 선발팀 / 全国選抜高校野球大会 전국 선발 고등학교 야구 대회

**せんぱつ【先発】**선발 ◇先発する 선발하다 ¶だれが先発したのですか 누가 선발되었습니까? 関連先発隊 선발대 / 先発投手 선발 투수（▶中継ぎは 중간 계투 투수, おさえは 마무리 투수라고 한다. またリリーフを総称して 구원 투수라고 한다）

**せんぱつ【洗髪】**세발 ◇洗髪する 세발하다, 머리를 감다

**せんばづる【千羽鶴】**천 마리 종이학

**せんばん【旋盤】**선반 関連旋盤工 선반공

**せんぱん【戦犯】**전범, 전쟁 범죄인 ¶戦犯裁判 전범 재판

**ぜんぱん【前半】**전반 ¶彼女は30代前半だ 그녀는 30대 전반이다. 関連前半戦 전반전

**ぜんぱん【全般】**전반 ◇全般的な 전반적인 ¶状況全般を見直したほうがよいと思う 상황 전반을 다시 살펴보는 게 좋다고 생각한다. / 今年は全般的に暑い 올해는 전반적으로 덥다. / 全般的に見ると景気は上向きだ 전반적으로 보면 경기는 오름세이다. ¶労働者全般 노동자 전반 / 組織全般 조직 전반

**せんび【船尾】**선미（↔선두), 고물（↔이물）

**せんぴ【戦費】**전비

**せんびょうしつ【腺病質】**선병질〔虚弱体質〕허약 체질

**ぜんぶ【全部】**전부〔すべて〕모두, 다〔全体〕전체

基本表現
▷この本全部持っていってもいいよ
　이 책 다 가져가도 돼.
▷彼は夕食前に宿題を全部済ませた
　그는 저녁 식사 전에 숙제를 모두 끝냈다.
▷私はこの作家の作品は全部読みました
　나는 이 작가의 작품은 다 읽었습니다.
▷「全部でいくらになりますか」「2千円です」
　"모두 얼마입니까?" "2천 엔입니다."

¶これで全部ですか 이것이 전부입니까? / この本を1日で全部読んだ 이 책을 하루에 다 읽었다. / とてもお腹がすいていたので食事を残さず全部食べた 너무나 배가 고파서 밥을 남기지 않고 전부 먹었다. / 「ここにあったクッキー知らない?」「それなら全部食べてしまったよ」"여기 있었던 쿠키 봤어?" "그거라면 다 먹어 버렸어." / これらの本を全部一緒に包んでください 이 책들을 다 같이 싸 주세요. / これを全部一人でやるのはたいへんだ 이것을 전부 혼자서 하는 것은 힘들다. / 私は彼ら全部にコーヒーを入れてあげた 나는 그들 모두에게 커피를 끓여 줬다. / 級友全部が彼女の誕生パーティーに招待された 반 친구 모두가 그녀의 생일 파티에 초대받았다. / 学生全部がその試験を受けた 모든 학생이 그 시험을 봤다.

¶私は知っていることを全部警察に話した 나는 알고 있는 것을 전부 경찰에 말했다. / 彼女が言ったことは全部覚えている 그녀가 말한 것은 모두 기억하고 있다. / 彼は釣りのことなら全部知っている 그는 낚시라면 다 알고 있다. / 席はもう全部ふさがっています 자리는 벌써 다 찼습니다. / 彼の言

うことの全部が全部正しいとは限らない 그가 말하는 것 모두가 맞다고는 할 수 없다.

¶会議には全部で5人しか出席しなかった 회의에는 모두 다섯 명밖에 출석 안 했다. / 私の先月の稼ぎは全部で30万円だった 내 저번달 수입은 전부 30만 엔이었다.

**会話** 全部使った
A：お母さん、お小遣いちょうだい
B：この間あげたばかりじゃない
A：だって、もう全部使っちゃったんだもん
A：엄마, 용돈 좀 줘.
B：요전에 줬잖아.
A：벌써 다 써 버렸는걸…

ぜんぶ【前部】전부, 앞쪽 ¶最前部 맨 앞쪽 ⇒ 正面, 前

せんぷう【旋風】선풍〔つむじ風〕회오리바람
¶その作家の小説は文壇に旋風をまき起こした 그 작가의 소설은 문단에 선풍을 불러 일으켰다.

せんぷうき【扇風機】선풍기 ¶扇風機をかける〔止める〕선풍기를 틀다〔끄다〕/ 扇風機にあたりながらうとうとした 선풍기를 쐬면서 꾸벅꾸벅 졸았다.

せんぷく【潜伏】잠복 ◇潜伏する 잠복하다 ¶この地域に犯人が潜伏しているらしい 이 지역에 범인이 잠복해 있다고 한다. / そのウイルスは長期間体内に潜伏する 그 바이러스는 장기간 체내에 잠복한다. 関連 潜伏期 잠복기

せんぷく【船腹】선복〔積載量〕적재량

ぜんぷく【全幅】전폭 ◇全幅の 전폭적인 ¶彼に全幅の信頼を置いている 그를 전폭적으로 신뢰하고 있다.

ぜんぶん【前文】〔上記の文〕앞의 글〔法律・条約などの〕전문

ぜんぶん【全文】전문

せんべい【煎餅】전병, 센베이 関連 せんべい布団 얇은 이불

ぜんべい【全米】전미 ¶全米選手権 전미 선수권

せんべつ【選別】선별 ◇選別する 선별하다 ¶不良品を選別する 불량품을 선별하다 関連 選別機 선별기 ⇒選ぶ, 選り分ける

せんべつ【餞別】전별금〔餞別金〕¶韓国に帰る友人に餞別を贈った 한국에 돌아가는 친구에게 전별금을 주었다.

せんべん【先鞭】선수(先手) ¶その会社はネットショッピングに先鞭をつけた 그 회사는 네트 쇼핑으로 선수를 쳤다.

ぜんぺん【前編】전편(↔후편)

ぜんぺん【全編】전편 ¶この映画は全編を通じてヒューマニズムにあふれている 이 영화는 전편에 걸쳐 휴머니즘이 넘치고 있다. / その本を全編を通して読み直した 그 책을 처음부터 끝까지 다시 읽었다.

せんぼう【羨望】선망 ◇羨望する 선망하다
¶彼女はみんなの羨望の的なのだ 그녀는 모두의 선망의 대상이다. / 彼女は羨望と賞賛の入り交じった眼差しで韓国の人気女優を見つめた 그녀는 선망과 칭찬이 어린 눈빛으로 한국의 인기 여배우를 쳐다보았다.

せんぽう【先方】〔相手〕상대방, 상대편 ¶先方の言い分 상대방의 주장

せんぽう【先鋒】선봉

せんぽう【戦法】전법〔戦術〕전술〔戦略〕전략

ぜんぼう【全貌】전모 ¶事件の全貌を明らかにする 사건의 전모를 밝히다

ぜんぽう【前方】전방, 앞 ¶前方にガソリンスタンドが見えた 전방에 주유소가 보였다. / 高速道路は前方にまっすぐ延びている 고속도로는 앞으로 쭉 뻗어 있다. / 私たちは前方へ突進した 우리들은 앞으로 돌진했다. / 子供たちが前方を다투어 달려간다. / 前方を見る 앞을 보다 関連 前方後円墳 전방후원분

せんぼうきょう【潜望鏡】잠망경

せんぼつしゃ【戦没者】전몰자, 전몰장병, 전사자(戦死者)

ぜんまい【発条】태엽(胎葉) ¶時計のぜんまいを巻く 시계의 태엽을 감다 / この猿のおもちゃはぜんまい仕掛けで動く 이 원숭이 장난감은「태엽을 감아야〔태엽으로〕」움직인다. / ぜんまい仕掛けのおもちゃ 태엽 장치 장난감

ぜんまい【薇】〔植物〕고사리

せんまいどおし【千枚通し】송곳

せんむ【専務】전무 関連 専務取締役 전무이사 (専務理事)

せんめい【鮮明】◇鮮明だ 선명하다 ◇鮮明な 선명한 ◇鮮明に 선명히, 선명하게 ¶あの事故の記憶は今でも鮮明だ 그 사고의 기억은 지금까지도 선명하다. / 雪の上に鮮明な足跡がいくつかついていた 눈 위에 선명한 발자국이 몇 갠가 나 있다. / 鮮明な映像 선명한 영상 ¶このテレビは鮮明に画像が映る 이 텔레비전은 선명하게 화면이 나온다. / あの日のことは今でも鮮明に覚えている 그 날의 일은 지금도 선명히 기억하고 있다.

ぜんめつ【全滅】전멸 ◇全滅する 전멸하다, 전멸되다 ¶敵はわが軍の空爆を受けて全滅した 적은 아군의 폭격을 받고 전멸했다. / 敵を全滅させる 적을 전멸시키다 / 周辺の環境破壊でこの小川のほたるは全滅した 주변의 환경 파괴로 이 시내의 반딧불은 완전히 사라졌다.

せんめん【洗面】세면, 세수(手洗) ◇洗面する 세수하다, 얼굴을 씻다 関連 洗面器 세면기, 세숫대야 / 洗面所 세수간 / 洗面台 세면대 / 洗面用具 세면도구, 세면구

**ぜんめん**【全面】❶〔全表面〕전면 ¶彼はその箱の全面を青く塗った 그는 상자의 전면을 파랗게 칠했다. / 駅前の新しいビルは全面ガラス張りの 역 앞 새 빌딩은 전면이 유리이다. / きょうの朝刊は全面イラク戦争関連のニュースで埋まっていた 오늘 조간은 전면 이라크 전쟁 관련 뉴스로 가득찼다.

❷〔全体〕◇全面的な 전면적인, 전적인 ◇全面的に 전면적으로, 전적으로 ¶その会社はわが社に全面的な協力を求めた 그 회사는 우리 회사에 전면적인 협력을 구했다. / 国民は政府の政治改革を求めている 국민은 전면적인 정치개혁을 원하고 있다.

¶彼は自分の言動に対して全面的に責任を取るべきだ 그는 자신의 언동에 대해 전면적인 책임을

져야 한다. / 銀行が資金面で全面的にバックアップしてくれることになった 은행이 자금면에서 전면적으로 지원해 주기로 했다. / 彼の意見に全面的に賛成だ 그의 의견에는 전적으로 찬성이다. / 容疑者は全面的に犯行を認めた 용의자는 전면적으로 범행을 인정했다. / この辞書は昨年全面的に改訂された 이 사전은 작년에 전면적으로 개정되었다. 関連 **全面広告** 전면 광고 / **全面講和** 전면 강화 / **全面戦争** 전면 전쟁, 전면전 / **全面否認** 전면 부인

**ぜんめん【前面】** 전면, 앞쪽 ¶今年度の政府予算は景気対策を前面に押し出した予算だった 올 정부 예산은 경기 대책을 전면으로 내세운 예산이었다. / 前面に出る 전면에 나서다

**せんもう【繊毛】**〔生物〕섬모〔細い毛〕가는 털, 솜털 関連 **繊毛運動** 섬모 운동

**ぜんもう【全盲】** 전맹 ¶全盲の人 전맹자

**せんもん【専門】**〔専攻〕전공〔専攻科目〕전공 과목 ◇**専門的な** 전문적인 ¶彼女の専門は国文学です 그녀의 전공은 국문학입니다. / 息子が大学で韓国語を専門に勉強している 아들은 대학교에서 한국어를 전문으로 공부하고 있다. / それは私の専門外だ 그것은 내 전공 밖이다. / この本屋は童話を専門に扱っている 이 서점은 동화를 전문으로 취급하고 있다. / その旅館は団体客を専門に泊める 그 여관은 단체객을 전문으로 받는다.

¶そういう専門的な話は難しくてわからない 그런 전문적인 이야기는 어려워서 모르겠어. / この仕事には専門的な技術が必要だ 이 일에는 전문적인 기술이 필요하다. / 専門的な立場からそれについてどう思いますか 전문적인 입장에서 그것에 대해 어떻게 생각합니까? / 彼は植物に関して専門的な知識を持っている 그는 식물에 관한 전문적인 지식을 가지고 있다. / 私の息子はデザインの専門学校に通っている 우리 아들은 디자인 전문학교에 다니고 있다.

¶彼女は食べる気専門だ 그녀는 아직 먹는 것에만 관심이 있다. 関連 **専門医** 전문의 / **専門家** 전문가 / **専門科目** 전문 과목 / **専門教育** 전문 교육 / **専門誌** 전문지 / **専門書** 전문 서적 / **専門職** 전문직 / **専門知識** 전문 지식 / **専門店** 전문점 / **専門病院** 전문 병원 / **専門用語** 전문 용어, 전문어

**ぜんや【前夜】** 전야, 전날 밤〔昨夜〕어젯밤 ¶出発の前夜彼女とデートした 출발 전날 밤 그녀와 데이트했다. 関連 **前夜祭** 전야제

**せんやく【先約】** 선약 ¶悪いが先約があるので明日はだめだ 미안하지만 선약이 있어서 내일은 안 되겠어.

**ぜんやく【全訳】** 완역(完訳) ◇**全訳する** 완역하다 ¶韓国のベストセラーを日本語に全訳して出版した 한국의 베스트셀러를 일본어로 완역해서 출판했다.

**せんゆう【占有】** 점유 ◇**占有する** 점유하다, 차지하다 ¶その村では少数の人々が富を占有していた 그 마을에서는 소수의 사람들이 부를 차지하고 있었다. / わが社の製品が市場を占有する日は近い 우리 회사의 제품이 시장을 점유하는 날은 그다지 멀지 않다. 関連 **占有権** 점유권 / **占有者** 점유자 / **市場占有率** 시장 점유율

**せんゆう【専有】** 전유 ◇**専有する** 전유하다 ¶マンションの専有面積 아파트의 전유 면적 / 彼はそのマンションに部屋を専有している 그는 그 아파트를 한 채 갖고 있다. 関連 **専有権** 전유권 / **専有者** 전유자

**せんゆう【戦友】** 전우

**せんよう【専用】** 전용 ◇**自分専用の車が欲しい** 자기 전용차가 갖고 싶다. / これらの席は非喫煙者専用です 이 자리들은 금연자 전용입니다. / 専用浴室付きの学生寮 전용 욕실이 딸린 학생 기숙사 / 女性専用車両 여성 전용 차량 / 政府専用機 정부 전용기 / 大統領専用機 대통령 전용기 関連 **専用回線** 전용 회선 / **バス専用レーン** 버스 전용 차로

**ぜんよう【全容】** 전용〔全貌〕전모 ¶事件の全容がしだいに明らかになった 사건의 전모가 점점 밝혀졌다.

**ぜんら【全裸】** 전라 ◇**全裸で** 전라로 ¶林の中で全裸の女性の死体が発見された 숲 속에서 전라의 여자 시체가 발견되었다

**せんらん【戦乱】** 전란〔動乱〕동란 ¶戦乱の渦 전란의 소용돌이

**せんり【千里】** 천리 関連 **千里眼** 천리안 慣用句 千里の道も一歩から 천리 길도 한 걸음부터

**せんりつ【戦慄】** 전율 ◇**戦慄する** 전율하다 ¶戦慄を覚える 전율을 느끼다 / 住民虐殺の光景を見て体中に戦慄が走った 주민 학살 광경을 보고 온몸에 전율이 스쳤다.

**せんりつ【旋律】** 선율 ⇒メロディー

**ぜんりつせん【前立腺】** 전립선 関連 **前立腺肥大症** 전립선 비대증

**せんりゃく【戦略】** 전략 ◇**戦略的な** 전략적인 ¶彼がこの戦略を立てた 그가 이 전략을 세웠다. / この都市は戦略上重要だ 이 도시는 전략상 중요하다. / **選挙戦略** 선거 전략 / **マーケティング戦略** 마케팅 전략 / **戦略家** 전략가 / **戦略物資** 전략 물자 / **戦略核兵器** 전략 핵무기 / **戦略兵器制限条約(SALT)** 전략 무기 제한 협정 / **戦略兵器削減条約(START)** 전략 무기 감축 협정 / **戦略防衛構想(SDI)** 전략 방위 구상

**ぜんりゃく【前略】** 전략

**せんりょう【占領】** 점령 ◇**占領する** 점령하다 ¶終戦後、日本はしばらくアメリカ軍の占領下にあった 종전 후 일본은 잠시 동안 미군의 점령하에 있었다. / 敵軍は一晩のうちにわが国の領土の半分を占領した 적군은 하룻밤에 우리 나라 영토의 반을 점령했다. / この部屋は息子が占領している 이 방은 아들이 혼자 쓰고 있다. 関連 **占領軍** 점령군 / **占領地** 점령지

**せんりょう【染料】** 염료

**ぜんりょう【善良】** ◇**善良だ** 선량하다 ¶善良な市民 선량한 시민 / 善良な人 선량한 사람

**ぜんりょうせい【全寮制】** ¶全寮制の学校 기숙사제 학교

**せんりょく【戦力】** 전력 ¶戦力を増強する 전력을 증강하다 / 彼はチームの戦力にならない 그는 팀의 전력이 안 된다.

**ぜんりょく【全力】** 전력 ¶この仕事に全力を尽くします 이 일에 전력을 쏟겠습니다. / 及ばずながら全力を尽くします 미흡하나마 전력을 다하겠습니다. / 警察は事件解決のため全力を挙げた 경찰은 사건 해결을 위해 전력을 기울였다. / 彼は博士論文に全力を注いだ 그는 박사 논문에 전력을 쏟았다.
¶私は全力で走った 나는 온 힘을 다해 달렸다. / 警察は全力で凶器となったナイフを捜している 경찰은 전력을 다해 흉기로 쓰인 나이프를 찾고 있다.

**ぜんりん【前輪】** 전륜, 앞바퀴 ¶前輪駆動の車 전륜 구동차

**せんれい【先例】** 선례〔前例〕전례 ¶そのような先例はない 그런 전례는 없다. / 我々は先例にならって処理した 우리는 전례를 따라 처리했다. / 先例を破る 전례를 깨다 / このような事態は先例のないことであった 이런 사태는 전례에 없는 일이었다.

**せんれい【洗礼】** 세례 ¶牧師は少女に洗礼を施した 목사는 소녀에게 세례를 줬다. / 洗礼を受ける 세례를 받다 関連 洗礼式 세례식 / 洗礼名 세례명

**ぜんれい【前例】** 전례 ¶このような事件は前例がない 이런 사건은 전례가 없다.

**せんれき【戦歴】** 전력 ¶彼はボクサーとして輝かしい戦歴を持っていた 그는 복서로서 화려한 전력을 가지고 있었다.

**ぜんれき【前歴】** 전력 ¶彼女は前歴を隠していた 그녀는 전력을 숨겼다. / この男の前歴を調べてくれ 이 남자의 전력을 조사해 줘.

**せんれつ【戦列】** 전열 ¶老若男女が次々と戦列に加わった 남녀노소가 잇달아 전열에 들어갔다. / 戦列から離れる 전열에서 벗어나다

**せんれつ【鮮烈】** ◇鮮烈だ 선열하다 ¶彼女は私たちに鮮烈な印象を与えた 그녀는 우리들에게 선열한 인상을 주었다.

**ぜんれつ【前列】** 전열, 앞줄 ¶前列の右から8番目の男子 앞줄 오른쪽에서 여덟 번째 남자 아이 ⇨列

**せんれん【洗練】** ◇洗練されている 세련되다
¶彼女はファッションセンスが洗練されている 그녀는 패션 센스가 세련되었다. / 洗練された若い女性たち 세련된 젊은 여성들
¶洗練された演奏 세련된 연주 / 洗練された物腰 세련된 태도

**せんろ【線路】** 선로〔レール〕레일 ¶線路を敷く 선로를 깔다 関連 線路工事 선로 공사 / 線路作業員 선로공, 보선공(保線工)

# そ

**そあく【粗悪】** 조악 ◇粗悪だ 조악하다 ¶粗悪な代用品 조악한 대용품 関連 粗悪品 조악품

**ぞい【沿い】** ¶海岸沿いに別荘がある 해안가에 별장이 있다. / 私たちは道路沿いを歩いた 우리는 길가를 걸었다. ⇨沿う

**そいね【添い寝】** ¶彼女は赤ん坊に添い寝していた 그녀는 아기 곁에 바싹 붙어 자고 있었다.

**そいんすう【素因数】**〔数学〕소인수

**そう【相】** 상〔様相〕모습〔人相〕인상〔手相〕수상, 손금 ¶彼は大物になる相だ 그는 크게 될 상이다. ⇨人相

**そう【僧】** 승, 중,〔敬〕스님〔僧侶〕승려

**そう【層】** 층〔地層〕지층〔階級〕계층 ¶その新聞は広い読者層を持っている 그 신문은 넓은 독자층을 가지고 있다. / このチームは選手の層が厚い 이 팀은 선수층이 두껍다.
¶社会の下層 사회의 하층 / 高額[低額]所得者層 고액[저액] 소득자층 / 知識層 지식층 / 各界各層 각계각층

**そう-【総-】** 총- ¶総売上高 총매상고 / 総代理店 총대리점 / 総所得 총소득

**そう** ❶〔あいづち・返しなど〕그래, 맞아, 그럼
◆肯定して〕
¶「このペンは君の?」「そう, 私のよ」"이 펜 네 거?" "그래, 내 거야." / 「私はテニスが好きです」「私もそうです」"저는 테니스를 좋아합니다." "저도 그렇습니다." / 「うちの父は食べるものにうるさいんだ」"うちもそうだよ. 特に酒のさかなにはね」"우리 아버지는 식성이 까다로우셔." "우리 아버지도 그러셔. 특히 술안주엔…." / 「沖縄はまだ行ったことがないんだ」「僕もそうだよ. いつかぜひ行ってみたいな」"오키나와에는 아직 가 본 적이 없어." "나도 그래. 언젠가 꼭 가 보고 싶어." / 「夕べあまり寝てないんじゃないの」「そうなんです」"어젯밤에 잠을 잘 못 잔 거 아니야?" "맞아요."
◆驚き・疑問など〕
¶「浩君, 大学に受かったんだって」「へえ, そうかい. 一生懸命勉強してたからな」"히로시가 대학에 합격했대." "그래? 열심히 공부했었으니까." / 「きのうここへ大島さんが来たんだよ」「そう?」"어제 여기에 오시가 씨가 왔었어." "정말?"
会話 あっそう
A: あしたから長野に行くんです
B: あっそう. 何しに行くんだい?
A: 友達とスキーに行くんです
A: 내일부터 나가노에 갑니다.
B: 아, 그러니? 뭐하러 가는 거야?
A: 친구랑 스키 타러 갑니다.

❷〔このように〕그렇게〔そのような〕그런 ¶本当に彼がそう言ったの? 정말로 그가 그렇게 말했어? / そういう言い方をするのは失礼だ 그런 말투는 실례야. / みんながそう言ってた 모두 그렇게 말했었어. / そうするよりほかはなかった 그렇게 할 수밖에 없었어. / 「あしたは雨が降るのかな」「天気予報どおりだとそうなんじゃないかな」"내일 비 올까?" "일기 예보대로라면 그렇지 않을까?" / 「あしたは雪かな」「そうなってもらいたくないな

あ、道路の雪かきはごめんなだよ」"내일은 눈 내릴려나?""안 그랬으면 좋겠어. 길가 눈 치우기 싫어."/「ヨンヒまだ怒っていると思う？」「ああ、そうじゃないかな」"영희 아직 화나 있을 것 같아?""글쎄, 그렇지 않을까？"
¶そう言ってなんだが、君の仕事ぶりはいまいちだな 이런 말 해서 좀 그렇지만 자네는 일하는 태도가 안 돼 있어./これからはそういうことのないように気をつけます 앞으로는 그런 일 없도록 조심하겠습니다./そうして彼は成功した。そうして彼は成功した。そうしているうちに彼女が現れた 그러는 사이에 그녀가 나타났다.

❸〔それほど〕그리，그다지 ¶「試験はどうだった？」「そう難しくはなかったよ」"시험은 어땠어?""그렇게 어렵지는 않았어."/このバッグはそう高くなかった 이 백은 그리 비싸지 않았다./「駅に行くのにどちらの道が近いですか」「どちらへ行ってもそう違いません」"역까지 가는 데 어느 길이 가깝습니까?""어느 쪽으로 가든 별 차이가 없습니다."/「そう怒らなくてもいいじゃない」「だって，本当にむかつくんだもん」"그렇게 화낼 필요 없잖아.""하지만, 정말로 화나는 걸…."/世の中そう甘くはないぜ 이 세상 그렇게 만만찮아.

❹〔その他〕¶そうねえ、글쎄요./そうだ，わかった 참，이제 알았네./5時までに来てね。そうしないと列車に間に合わないから 다섯 시까지 와야 돼. 안 그럼 열차 못 타니까./じゃ，7時に駅前ということにしよう. 아，そうだ，広子にも来るように言ってもらえるかな 그럼，일곱 시에 역 앞에서 만나기로 하자. 아참，히로코한테도 오라고 말해 줄래?/そうこうしているうちに私たちは目的地に着いた 이럭저럭 하는 사이에 우리들은 목적지에 도착했다.

**そう【沿う】** 따르다 ¶私たちは川に沿って歩いた 우리는 강을 따라 걸어갔다./海岸線に沿って道路が続いていた 해안선을 따라 도로가 나 있었다./会社の方針に沿って売り上げ目標を達成しよう 회사 방침에 따라 매상 목표를 달성하자.

**そう【添う】** ¶できるだけみなさんのご要望に添うつもりです 가능한 한 여러분의 희망에 따를 생각입니다.

**ぞう【象】** 코끼리 関連 **アフリカ象** 아프리카 코끼리／**インド象** 인도 코끼리

**ぞう【像】** 상〔姿〕모습〔彫像〕조상〔肖像〕초상〔画像〕화상〔映像〕영상 ¶スクリーン上の像は静止していた 스크린 영상은 정지돼 있었다./市民らは彼の死後、彼の像を建てた 시민들은 그가 죽은 후에 그의 동상을 세워 주었다./仏の像 부처의 상 関連 **虚像** 허상／**実像** 실상

**そうあたりせん【総当たり戦】**〔リーグ戦〕리그전

**そうあん【創案】** 창안 ¶これは彼女の創案です 이것은 그녀의 창안입니다. 関連 **創案者** 창안자

**そうあん【草案】** 초안 ¶条約の草案を作る 조약의 초안을 만들다／スピーチの草案を作らなければならない 스피치 초안을 만들어야 한다.

**そうい【創意】** 창의 ¶彼女は創意に富んだデザイナーだ 그녀는 창의성이 풍부한 디자이너이다./この作品は創意を欠いている 이 작품은 창의성이 부족하다./みなさんの創意工夫をできるだけ生かしたい 여러분의 창의와 고안을 가능하면 살리고 싶다.

**そうい【相違】** 상위〔差異〕차이〔区別〕구별〔不一致〕틀림，다름 ◊**相違する** 상위하다 ¶君は我々の間のちょっとした意見の相違にこだわりすぎる 자네는 우리들 사이의 별거 아닌 의견의 차이에 너무 구애받고 있다./お互いの見解の相違を調整するよりも서로의 의견 차이를 조정해야 한다./この記事は事実と相違する 이 기사는 사실과 상위하다./上記のとおり相違ございません 상기와 같이 틀림없습니다.

**そうい【総意】** 총의 ¶国民の総意に基づいて 국민의 총의에 의거하여

**そういう**〔そのような〕그런〔そんなふうな〕그와 같은〔その種の〕그 따위 ¶彼がそういう人だとは思わなかった 그 친구가 그런 사람인 줄은 몰랐다./そういう雑誌は好きじゃないの 그런 잡지는 안 좋아해./そういう下品な言葉は使わないでください 그런 상스러운 말은 쓰지 마세요./そういう事情なら欠席もやむを得ませんね 그런 사정이라면 결석할 수밖에 없겠네요./そういうわけできのうは早退しました 그런 사연으로 어제는 조퇴했습니다.

**そういえば【そう言えば】** 그래 말이지，ミンギも同じことを言っていた 그러고보니 민기도 같은 말을 했었지./そう言えば，確かにユミ元気がないね 그러고보니 확실히 유미는 기운이 없네.

**そういん【総員】** 총원 ¶一行は総員100名だ 일행은 총원 100명이다.

**ぞういん【増員】** 증원 ◊**増員する** 증원하다 ¶スタッフを増員してほしい 스태프를 증원해 주었으면 한다./うちの部署ではスタッフが10人から15人に増員された 우리 부서는 스태프가 열 명에서 열다섯 명으로 증원되었다.

**そううつびょう【躁鬱病】** 조울병〔症〕¶彼女には躁鬱病の気がある 그녀에게는 조울증 증세가 있다. 関連 **躁鬱病患者** 조울병 환자

**ぞうえん【造園】** 조원 関連 **造園家** 조원가

**ぞうお【憎悪】** 증오 ◊**憎悪する** 증오하다 ¶彼女は彼に対して憎悪の念を抱いた 그녀는 그에게 증오심을 품었다./彼は憎悪をむき出しにした 그는 증오심을 드러냈다./これは憎悪すべき行為だ 이것은 증오할 만한 행위이다.

**そうおう【相応】** ◊**相応する** 상응하다，상당하다〔妥当に〕마땅하다 ◊**相応の** 상응한，상당한，알맞은 ¶それ相応な値段でしょうね 그에 상당한 가격이겠지요./やっている仕事に対してそれ相応の報酬を得ている 하고 있는 일에 대한 마땅한 보수를 받고 있다./年相応に振る舞いなさい 나잇값 좀 해라./彼女は身分相応の暮らしをしている 그녀는 분수에 맞는 생활을 하고 있다.

**そうおん【騒音】** 소음 ¶この辺りは車の騒音がひどい 이 근처는 자동차 소음이 심하다./彼らは都会の騒音を逃れて田舎に引っ越した 그들은 도시의 소음을 피해서 시골로 이사했다. 関連 **騒音公害** 소음 공해／**騒音測定器** 소음 측정기／**騒音防止条例** 소음 방지 조례

**ぞうか**【増加】증가 ◊増加する 증가하다, 증가되다, 늘다 ¶所得の増加はここ数年鈍っている 소득의 증가는 요 몇 년간 뜸하다. / 中年男性の自殺者数は年々増加の一途をたどっている 중년 남성의 자살률이 매년 증가하고 있다. / 中国は人口の増加を抑えようとしている 중국은 인구 증가를 억제하려고 하고 있다.
¶ここ50年で世界の人口は急激に増加している 최근 50년간 세계 인구는 급격히 증가하고 있다. / 少年犯罪が目に見えて増加している 소년 범죄가 눈에 띄게 늘고 있다. / 働く女性の数は増加しつつある 일하는 여성의 숫자는 계속 증가하고 있다. / 売り上げが去年より3割増加した 매상이 작년보다 30퍼센트 늘었다. 関連 増加率 증가율

**ぞうか**【造花】조화
**そうかい**【爽快】◊爽快だ 상쾌하다 ¶高原の朝の空気は爽快だった 고원의 아침 공기는 상쾌했다. / けさは気分が爽快だ 오늘 아침은 기분이 상쾌하다. / 爽快な気分 상쾌한 기분
**そうかい**【総会】총회 ¶生徒総会は次の水曜日に開かれる 학생 총회는 다음 수요일에 열린다. 関連 総会屋 총회꾼 / 株主総会 주주 총회 / 国連総会 유엔 총회 / 定例〔臨時〕総会 정례〔임시〕총회
**そうがく**【総額】총액〔合計〕합계 ¶総額でいくらですか 합계가 얼마입니까? / 被害総額は1億円に上る 피해 총액은 1억 엔에 달한다. ⇒合計, 総計
**ぞうがく**【増額】증액 ◊増額する 증액하다 ¶我々は交際費の増額を要求した 우리들은 접대비의 증액을 요구했다. / 小遣いを千円増額してもらった 용돈을 천 엔 증액해 줬다.
**そうかつ**【総括】총괄 ◊総括する 총괄하다 ¶1年間の活動を総括する 1년간의 활동을 총괄하다 / これまでの意見を総括すると次のようになる 지금까지의 의견을 총괄해 보면 다음과 같다. 関連 総括質問 총괄 질문
**そうかん**【創刊】창간 ◊創刊する 창간하다 ¶この雑誌は2000年の創刊だ 이 잡지는 2000년에 창간됐다. / 新しい女性雑誌を創刊する 새로운 여성 잡지를 창간하다 関連 創刊号 창간호
**そうかん**【壮観】장관 ¶富士山の眺めは壮観だ 후지 산의 전망은 장관이다. / そのお祭りのパレードは壮観だった 그 축제의 퍼레이드는 장관이었다.
**そうかん**【相関】상관 ◊相関的な 상관적인 ¶作物の収穫高は天候と相関関係がある 작물의 수확고는 날씨와 상관관계가 있다.
**そうかん**【送還】송환 ◊送還する 송환하다 ¶不法入国者を本国に送還する 불법 입국자를 본국으로 송환하다 関連 強制送還 강제 송환
**ぞうかん**【増刊】증간 関連 増刊号 증간호
**そうがんきょう**【双眼鏡】쌍안경 ¶野鳥を双眼鏡で観察する 들새를 쌍안경으로 관찰하다
**そうき**【想起】상기 ◊想起する 상기하다 ¶その古い写真は私に子供の頃を想起させた 그 낡은 사진은 내 어렸을 때를 상기시켰다.
**そうき**【早期】조기 ¶彼のがんは早期に発見された 그의 암은 조기에 발견되었다.
**そうぎ**【争議】쟁의 ¶労使間の争議が起こる〔解決する〕 노사간의 쟁의가 일어나다〔해결되다〕 関連 争議権 쟁의권 / 労働争議 노동 쟁의 ⇒ストライキ
**そうぎ**【葬儀】장의, 장례(葬礼)〔葬式〕장례식 ¶会長の葬儀はあす行われる 회장님의 장례식은 내일 행해진다. / 友人の葬儀に参列した 친구의 장례식에 참석했다. 関連 葬儀場 장의장 / 葬儀社 장의사
**ぞうき**【臓器】장기 ¶臓器移植を行う 장기 이식을 하다 / 臓器を提供する 장기를 제공하다 関連 臓器提供者 장기 제공자, 도너 / 臓器売買 장기 매매 / 人工臓器 인공 장기
**ぞうきばやし**【雑木林】잡목림(▶発音은 잡몽님)
**そうきゅう**【早急】⇒早急(ミュ)
**そうきゅう**【送球】송구 ◊送球する 송구하다 ¶彼はライトから本塁に送球した 그는 우익에서 홈으로 송구했다.
**そうきょ**【壮挙】장거 ¶壮挙を成し遂げる 장거를 성취하다
**そうぎょう**【創業】창업〔創立〕창립 ¶わが社は今年創業50年を迎える 우리 회사는 올해 창업 50주년을 맞이한다. / 会社を創業する 회사를 창업하다 関連 創業者 창업자
**そうぎょう**【操業】조업 ◊操業する 조업하다 ¶操業を開始する 조업을 개시하다 / その自動車工場は操業を中断〔中止〕している 그 자동차 공장은 조업을 중단〔중지〕하고 있다. / 不況のせいで操業を短縮せざるをえない 불황 탓으로 조업을 단축해야 된다. / この工場は24時間操業している 이 공장은 24시간 조업을 하고 있다. 関連 操業休止 조업 휴지 / 操業時間 조업 시간 / 操業停止 조업 정지
**ぞうきょう**【増強】증강 ◊増強する 증강하다 ¶体力の増強に努める 체력 증강에 힘쓰다 / その国は軍備を増強している 그 나라는 군비를 증강하고 있다.
**そうきょくせん**【双曲線】쌍곡선
**そうきん**【送金】송금 ◊送金する 송금하다 ¶出版社に雑誌の年間購読料として6千円送金した 출판사에 잡지의 연간 구독료로 6천 엔 송금했다. / 大至急10万円送金してください 시급히 10만 엔 송금해 주세요. 関連 送金為替 송금환 / 送金手数料 송금 수수료 / 送金人 송금인
**ぞうきん**【雑巾】걸레〔モップ〕자루걸레 ¶床にぞうきんをかける 마루에 걸레질하다
**そうぐう**【遭遇】조우 ◊遭遇する 조우하다, 만나다 ¶けさ交通事故に遭遇した 오늘 아침 교통사고를 당했다. / 困難に遭遇してもあきらめてはいけない 곤란에 처하더라도 포기해서는 안 된다.
**ぞうげ**【象牙】상아 ¶彼はこれまで象牙の塔に閉じこもっていた 그는 지금까지 상아탑에 갇혀 있다. 関連 象牙細工 상아 세공 / 象牙質〔歯の〕상아질
**そうけい**【早計】◊早計だ 조급하다, 경솔하다 ◊早計な 조급한, 경솔한 ◊早計に 조급하게, 조급하게, 경솔하게 ¶早計な結論을

조급한 결론을 내지 마. / あんな男と結婚するのを決めるなんて早計だ 저런 남자와 결혼하기로 한 것은 경솔한 짓이다. / 今, 遭難者の救出をあきらめてしまうのは早計すぎる 지금 조난자 구출을 포기해 버리는 것은 너무 조급한 것이다.

**そうけい【総計】** 총계〔合計〕합계〔総額〕총액 ◇総計する 총계하다 ¶今月の経費は総計約100万円になる 이번달 경비의 총계는 약 100만 엔이다. / 彼の借金は総計400万円にもなっている 그의 빚은 합계가 4백만 엔이나 되었다. / これらの数字の総計はいくらですか 이 숫자들의 총계는 얼마입니까? / 今月の食費を総計した 이번달 식비를 총계했다. ⇒合計, 総数

**そうげい【送迎】** 송영, 배웅과 마중 ◇送迎する 송영하다 ¶空港のロビーは旅行客と送迎客でごった返していた 공항 로비는 여행객과 배웅하는 사람과 마중하는 사람으로 몹시 붐볐다.
関連 送迎デッキ〔空港の〕송영대 / 送迎バス 송영버스

**ぞうけい【造形】** 조형 関連 造形美術 조형 미술
**ぞうけい【造詣】** 조예 ¶彼女は東洋美術に造詣が深い 그녀는 동양 미술에 조예가 깊다.
**そうけん【双肩】** 쌍견, 양 어깨 ¶このプロジェクトの成功は君の双肩にかかっている 이 프로젝트의 성공 여부는 자네 어깨에 달려 있다.
**そうけん【壮健】** ◇壮健だ 장건하다〔健康だ〕건강하다 ¶ご壮健で何よりです 건강하시다니 참 기쁩니다.
**そうけん【送検】** 송청(送庁) ◇送検する 송청하다 ¶彼は横領罪で送検された 그는 횡령죄로 송청되었다. / 警察は彼女を書類送検した 경찰은 그녀를 서류 송청했다.
**そうげん【草原】** 초원
**ぞうげん【増減】** 증감 ◇増減する 증감하다, 증감되다 ¶旅行客の数は季節によって増減する 여행객 수는 계절에 따라 증감한다.
**そうこ【倉庫】** 창고〔貯蔵庫〕저장고 ¶商品を倉庫に入れる 상품을 창고에 넣다 関連 倉庫会社 창고 회사 / 倉庫係 창고계 / 倉庫業 창고업
**そうご【相互】** 상호, 호상(互相), 서로 ◇相互の 서로의 ◇相互に 서로 ¶彼らは相互に理解を深め合った 그들은 서로 깊이 이해하게 됐다. / 地球上のすべての生き物は相互に依存して生きている 지구상의 모든 생물은 서로 의존하면서 살고 있다. / 年に1回会員相互の親睦を深めるために懇親会が開かれる 1년에 한 번씩 회원간의 친목을 돈독히 하기 위해 친목회가 열린다. 関連 相互依存 상호 의존 / 相互関係 상호 관계 / 相互作用 상호 작용 / 相互不可侵条約 상호 불가침 조약 / 相互扶助 상호 부조 / 相互貿易 상호 무역
**ぞうご【造語】** 조어 ¶「ヘアヌードってだれの造語?」「マスコミが造ったらしいよ」"헤어누드란 누가 만든 말이야?" "매스컴이 만든 것 같아."
**そうこう** ¶そうこうするうちに彼らがやって来た 이럭저럭하는 사이에 그들이 왔다.
**そうこう【草稿】** 초고 ¶スピーチの草稿を書く 스피치의 초고를 쓰다

**そうこう【走行】** 주행 ◇走行する 주행하다 ¶この車の走行距離はどのくらいですか 이 차의 주행 거리는 어느 정도입니까? / 私たちは悪路を走行しなければならなかった 우리는 험한 길을 주행하지 않으면 안 되었다. 関連 走行距離計 주행계, 계기기
**そうごう【総合】** 종합 ◇総合的な 종합적인 ◇総合的に 종합적으로 ◇総合する 종합하다 ¶みんなの意見を総合して判断する必要がある 모두의 의견을 종합해서 판단할 필요가 있다. / 5教科の点数を総合して学年の順位が決まる 다섯 과목의 점수를 종합해서 전교 석차가 정해진다. / 目撃者の話を総合するとどうも事故の原因はドライバーの信号無視らしい 목격자의 얘기를 종합해 보면 아무래도 사고 원인은 운전자의 신호 무시인 것 같다. / 情報を総合する 정보를 종합하다 / 総合的な判断 종합적인 판단 / 物事を総合的にとらえる能力も大切だ 사물을 종합적으로 파악하는 능력도 중요하다. / 総合的に見て彼女の進歩に満足している 종합적으로 봐서 그녀의 진보는 만족스럽다. / 総合的に検討する 종합적으로 검토하다 関連 総合雑誌 종합 잡지 / 総合商社 종합 상사 / 総合大学 종합 대학, 대학교(▶韓国では総合大学を 大学校「대학교」という) / 総合病院 종합 병원
**そうごう【相好】** ¶老人は孫の顔を見るや否や相好を崩した 노인은 손자의 얼굴을 보자마자 환하게 웃으며 기뻐했다.
**そうこうかい【壮行会】** 결단식(結団式), 격려식(激励式) ¶彼のために壮行会を開こう 그 사람을 위해 격려식을 열자.
**そうこうげき【総攻撃】** 총공격 ¶私の意見はクラスメイトの総攻撃を浴びた 내 의견은 반 아이들의 총공격을 받았다. / わが軍は敵に総攻撃を開始した 아군은 적에게 총공격을 개시했다.
**そうこうしゃ【装甲車】** 장갑차
**そうこん【早婚】** 조혼 ¶彼女は早婚だった 그녀는 조혼이었다.
**そうごん【荘厳】** ◇荘厳だ 장엄하다 ¶教会で荘厳なミサが行われた 교회에서 장엄한 미사가 행해졌다.
**そうさ【捜査】** 수사 ◇捜査する 수사하다 ¶目撃者がいないため事件の捜査は難航している 목격자가 없어서 사건 수사는 난항을 겪고 있다. / 警察は殺人事件を捜査中だ 경찰은 살인 사건을 조사 중이다. / 犯人は警察の捜査網をくぐり抜けて逃亡を続けている 법인은 경찰의 수사망을 빠져나가 도망을 계속하고 있다. / 捜査網を広げる 수사망을 넓히다 / 警察は入念に家宅捜査をした 경찰은 꼼꼼히 가택 수색을 했다. / 捜査一課は汚職事件を捜査している 수사 1과는 독직 사건을 조사 중이다. 関連 捜査員 수사원 / 捜査陣 수사진 / 捜査本部 수사 본부 / 捜査令状 수사 영장
**そうさ【操作】** 조작 ◇操作する 조작하다 ¶車のハンドル操作を誤って歩道に乗り上げてしまった 자동차의 핸들을 잘못 조작해서 인도를 침범하고 말았다. / この機械は操作するのが難しい 이 기계는 조작하기가 어렵다. / 彼は世論を操作しようとしている 그는 여론을 조작하려고 하고 있다.

関連 遠隔操作 원격 조작 / 市場操作 시장 조작 / 株価操作 주가 조작

**ぞうさ【造作】** ◇造作ない 손쉽다, 간단하다 ◇造作なく 손쉽게, 간단히 ¶自転車のパンクの修理など造作ないよ 자전거 펑크 수리쯤이야 간단하지. / 少女は何の造作もなく難しい曲を最後まで弾き終えた 소녀는 아무렇지도 않게 어려운 곡을 끝까지 쳤다.

**そうさい【相殺】** 상쇄 ◇相殺する 상쇄하다 ¶お互いの債務を相殺する 서로의 채무를 상쇄하다 / 先月の損失を今月の利益で相殺した 지난달 손실을 이번달 이익으로 상쇄했다. / 今回の失敗で彼のこれまでの実績が相殺されてしまった 이번 실패로 그의 지금까지 실적이 상쇄되어 버렸다. 関連 相殺勘定 상쇄 계정

**そうさい【総裁】** 총재 ¶自民党総裁 자민당 총재 / 日銀総裁 일본은행 총재

**そうざい【惣菜】** 반찬

**そうさく【創作】** 창작 〔ねつ造〕날조 ◇創作する, 날조하다 ¶この小説は彼一人の創作というわけではない 이 소설은 그 혼자의 창작이 아니다. / なかなか創作意欲がわかない 좀처럼 창작 의욕이 안 떠오른다. / この料理は彼女が創作したものだ 이 요리는 그녀가 창작한 것이다.
¶その話は彼の創作だ(→彼がでっち上げた) 그 이야기는 그가 날조한[지어낸] 것이다. 関連 創作活動 창작 활동 / 創作舞踊 창작 무용 / 創作力 창작력

**そうさく【捜索】** 수색 ◇捜索する 수색하다 〔探す〕찾다 ¶多くの住民が行方不明の子供の捜索に加わった 많은 주민이 실종된 어린이 수색에 참여했다. / 警察に娘の捜索願いを出した 경찰에 딸의 수색원을 냈다. / 警察は容疑者の自宅を捜索した 경찰은 혐의자의 자택을 수색했다. 関連 捜索隊 수색대 / 家宅捜索 가택 수색

**ぞうさく【造作】** 〔顔つき〕생김새 ¶彼女の髪型が顔の造作を引き立たせていた 그녀의 헤어스타일이 얼굴 생김새를 돋보이게 했다.

**ぞうさつ【増刷】** 증쇄 ◇増刷する 증쇄하다 ¶この本を2万部増刷することにした 이 책을 2만 부 추가 인쇄하기로 했다.

**そうざん【早産】** 조산 ◇早産する 조산하다 ¶うちの娘は早産で生まれた 우리 딸은 조산이다. 関連 早産児 조산아

**ぞうさん【増産】** 증산 ◇増産する 증산하다 ¶自動車を増産する 자동차를 증산하다 / オリンピック景気で液晶テレビが増産された 올림픽 경기로 액정 텔레비전이 증산되었다.

**そうし【創始】** 창시 ◇創始する 창시하다 ¶孔子は儒教を創始した 공자는 유교를 창시했다. 関連 創始者 창시자

**そうじ【掃除】** 소제(清掃) ◇掃除する 청소하다 〔掃く〕쓸다 〔ふく〕닦다 ¶彼女の部屋はいつも掃除が行き届いている 그녀의 방은 항상 말끔히 청소돼 있다. / 母は私に家の掃除を頼んで買い物に出かけた 엄마는 나에게 집 청소를 부탁하고 장보러 나갔다. / 母はじゅうたんに掃除機をかけている 엄마는 융단에 청소기를 돌리고 있다. ¶日曜日は家にいて掃除をしました 일요일에는 집에서 청소를 했습니다. / この床は掃除しやすい 이 바닥은 청소하기 쉽다. / 自分の部屋をきれいに掃除した 자기 방을 깨끗이 청소했다. / 美樹ちゃん、おふろを掃除してくれる ミキヤ, 목욕실을 청소해 줄래? / 床を掃除できるようにいすを持ち上げてください 바닥을 청소를 하게 의자를 들어 주세요. / 家を大掃除したら一日かかった 집을 대청소했더니 하루 종일 걸렸다. 関連 掃除道具 청소 도구 / 掃除機 청소기 / 掃除当番 청소 당번

**そうじ【相似】** 상사 ◇相似する 상사하다 ◇相似な 상사한 ¶この2つの三角形は相似だ 이 두 개의 삼각형은 상사형이다. 関連 相似形 상사형, 닮은꼴

**そうしき【葬式】** 장례식 ⇒葬儀

**そうじしょく【総辞職】** 총사직 ◇総辞職する 총사직하다 ¶内閣が総辞職した 내각이 총사직을 했다. ⇒辞職

**そうした** 그러한, 그런 ¶そうした話は聞いていない 그런 얘기는 듣지 못했어.

**そうしたら** 〔未来〕그러면 〔過去〕그랬더니 ¶公園に行ってごらん. そうしたら武に会えるよ 공원에 가보렴. 그러면 다케시를 만날 수 있을 거야. / 窓を開けた. そうしたら涼しい風が入ってきた 창문을 열었다. 그랬더니 시원한 바람이 들어왔다.

**そうしつ【喪失】** 상실 ◇喪失する 상실하다, 잃어 버리다 ¶彼女は自分の能力に対する自信を喪失したようだ 그녀는 자신의 능력에 대해 자신을 잃어 버린 것 같다. / 彼は交通事故の後遺症で記憶を喪失した 그는 교통사고의 후유증으로 기억을 상실했다. 関連 記憶喪失 기억 상실

**そうじて【総じて】** 대체로 [一般に] 일반적으로 ¶総じて最近の学生たちは基礎学力が低い 대체로 요즘 학생들은 기초 학력이 낮다.

**そうしゃ【走者】** 주자 ¶彼は三塁打を打って走者を一掃した 그는 3루타를 쳐서 주자를 다 생환시켰다. / 第一[最終]走者 제일[최종] 주자

**そうしゃじょう【操車場】** 조차장

**そうじゅう【操縦】** 조종 ◇操縦する 조종하다 ¶彼はヘリコプターの操縦ができる 그는 헬리콥터를 조종할 수 있다. / 彼女は夫を操縦している 그녀는 남편을 꽉 잡고 있다. 関連 操縦桿 조종간 / 操縦席 조종석 / 操縦士 조종사 / 副操縦士 부조종사

**ぞうしゅう【増収】** 증수 ¶わが社の上半期の業績は増収減益だった 우리 회사의 상반기 업적은 증수감익이었다.

**ぞうしゅうわい【贈収賄】** 증수회, 뇌물 ¶市長と業者の贈収賄疑惑が発覚した 시장과 업자의 증수회 의혹이 발각되었다. / 贈収賄事件 증수회 사건

**そうじゅく【早熟】** ◇早熟だ 조숙하다 ◇早熟な 조숙한 ◇早熟の〔果物など〕조생종 ¶早熟な子供 조숙한 아이 / 早熟のいちご 조생종 딸기

**そうしゅん【早春】** 조춘, 초봄, 이른봄 ¶早春の香り 초봄의 향기 / 梅は早春に咲く 매실은 초봄에 핀다.

**そうしょ【草書】**［文字］초서［字体］초서체

**ぞうしょ【蔵書】** 장서 ¶大学の図書館には5万冊の蔵書がある 대학 도서관에는 5만 권의 장서가 있다. 関連 蔵書印 장서인／蔵書家 장서가／蔵書票 장서표／蔵書目録 장서 목록

**そうしょう【総称】** 총칭 ◇総称する 총칭하다 ¶これらの動物を総称して哺乳類という 이 동물들을 총칭해서 포유류라고 한다.

**そうじょう【相乗】** 関連 相乗効果 상승 효과／相乗作用 상승 작용／相乗平均 상승 평균, 기하 평균

**そうしょき【総書記】** 총비서(総秘書)

**そうしょく【僧職】** 승직 ¶彼は僧職に就いた［あった］그는 승직에 취임했다［있었다］.

**そうしょく【草食】** 초식 関連 草食動物 초식 동물

**そうしょく【装飾】** 장식 ◇装飾する 장식하다 ◇装飾的な 장식적인 ¶クリスマスツリーはたくさんの豆電球で美しい装飾が施されていた 크리스마스 트리는 많은 꼬마전구로 예쁘게 장식되어 있었다. ／パーティーのために室内を装飾した 파티를 위해 실내를 장식했다. 関連 装飾音《音楽》장식음, 꾸밈음／装飾品 장식품／室内装飾 실내 장식

**ぞうしょく【増殖】** 증식 ◇増殖する 증식하다, 증식되다 ¶がん細胞が増殖する 암세포가 증식하다 関連 増殖炉 증식로, 증식 원자로／細胞増殖 세포 증식

**そうしれいかん【総司令官】** 총사령관

**そうしれいぶ【総司令部】** 총사령부

**そうしん【送信】** 송신(↔受信) ◇送信する 송신하다 ¶ニュースの原稿をインターネットで送信した 뉴스 원고를 인터넷으로 송신했다. ／衛星放送は赤道上空の2つの通信衛星から送信されている 위성 방송은 적도 상공의 두 개의 통신 위성에서 송신되고 있다. 関連 送信機 송신기

**ぞうしん【増進】** 증진 ◇増進する 증진하다 ¶健康を増進するためにジョギングをしている 건강 증진을 위해 조깅을 하고 있다. ／キムチは食欲を増進する効果がある 김치는 식욕을 증진시키는 효과가 있다.

**そうしんぐ【装身具】** 장신구［アクセサリー］액세서리

**ぞうすい【雑炊】**（채소, 어패류, 된장을 넣어 끓인）죽

**ぞうすい【増水】** 증수 ◇増水する 증수하다, 강물이 불어나다 ¶大雨で川が増水した 폭우로 강물이 불어났다.

**そうすう【総数】** 총수 ¶賛成者は総数で25名だった 찬성자는 총수가 25명이었다. ／会員総数は何名ですか 회원 총수는 몇 명입니까? ⇨総計

**そうすかん【総すかん】** ¶私の提案はみんなから総すかんをくらった 내 제안은 모두가 반대했다.

**そうすると**［未来］그렇다면, 그러면［過去］그랬더니 ¶そうするとだれが犯人だろう 그렇다면 누가 범인일까? ／そうするとすぐに出発しなければならない 그러면 당장 출발해야 된다. ⇨すると, それでは

**そうすれば** 그렇게 한다면, 그러면 ¶病院に見舞いに行こう. そうすれば彼女はきっと喜ぶよ 병문안을 가자. 그러면 그 친구는 틀림없이 기뻐할 거야. ／すぐに行くんだ. そうすれば彼に追いつけるよ 지금 바로 가. 그렇게 하면 그를 따라잡을 수 있어. ⇨そうしたら, そうすると

**そうせい【総勢】** 총원(総員) ¶我々は総勢10名で市役所に抗議に行った 우리는 총원 열 명에서 시청에 항의하러 갔다. ／一行は総勢で25名ほどだった 일행은 총원 25명 정도였다. ／総勢100名の代表団 총원 100명의 대표단

**ぞうせい【造成】** 조성 ◇造成する 조성하다 ¶東京の郊外に宅地を造成する 도쿄 교외에 택지를 조성하다 関連 造成地 조성지

**ぞうぜい【増税】** 증세 ◇増税する 증세하다 ¶政府は増税を計画している 정부는 증세를 계획하고 있다. ／大幅な増税には反対だ 대폭적인 증세에는 반대이다.

**そうせいじ【双生児】** 쌍생아, 쌍둥이 関連 一［二］卵性双生児 일[이]란성 쌍생아 ⇨ふたご

**そうせつ【創設】** 창설 ◇創設する 창설하다 ¶彼はその村に病院を創設した 그는 그 마을에 병원을 창설했다. 関連 創設者 창설자

**そうぜつ【壮絶】** 장절하다［壮烈だ］장렬하다 ¶彼は壮絶な死を遂げた 그는 장렬한 죽음을 맞이했다. ／壮絶な戦い 장렬한 싸움

**ぞうせつ【増設】** 증설 ◇増設する 증설하다 ¶病棟を増設する 병동을 증설하다／オフィスの電話を2本増設してもらった 오피스의 전화를 두 대 증설했다.

**そうぜん【騒然】** ◇騒然とする 소연해지다 ¶突然の銃声に会場は騒然となった 갑작스런 총성에 회장은 소연해졌다.

**ぞうせん【造船】** 조선 関連 造船会社 조선 회사／造船業 조선업／造船所 조선소

**そうせんきょ【総選挙】** 총선거 ¶総選挙は5月に行われる 총선거는 오월에 실시된다.

**そうそう【早々】 ❶**［急いで］부랴부랴, 서둘러 ¶彼は早々に立ち去った 그는 부랴부랴 떠났다. ／5時になると彼は早々に退社した 다섯 시가 되면 그녀는 서둘러 퇴근했다.
**❷**［…するとすぐ］《動詞語幹＋》-자마자,《動詞語幹＋》-기가 무섭게 ¶彼は入学早々に病気になった 그는 입학하자마자 병에 걸렸다. ／新年早々に韓国に行く 새해가 되자마자 한국에 간다. ／彼は赴任早々改革に着手した 그는 부임하기가 무섭게 개혁에 착수했다.

**そうそう【草々】**［手紙の結び］총총

**そうそう【錚々】** ◇そうそうたる 쟁쟁한 ¶政財界のそうそうたる人たちがそのパーティーに出席した 정재계의 쟁쟁한 사람들이 그 파티에 참석했다.

**そうぞう【想像】** 상상 ◇想像する 상상하다
◆《想像が》
¶君が何を言いたいのか, だいたい想像がつくよ 자네가 무엇을 말하고 싶은지 대개 상상이 가네. ／彼女が何を考えているのかさっぱり想像がつかない 그녀가 무엇을 생각하고 있는지 도무지 상상이 안 간다.
◆《想像に》
¶それはご想像におまかせします 그것은 상상에 맡

そうぞう
◆**想像も**》
¶私が試験に合格したときどんなにうれしかったか想像もつかないでしょう 내가 시험에 합격했을 때 마나 기뻤는지 상상이 안 가지요? / 借金を返すのに想像もできないほどの苦労をした 빚을 갚는 데 상상도 못 할 만큼 고생을 했다.
◆**想像を**》
¶地震の被害は想像を絶するほどだった 지진으로 인한 피해는 감히 상상할 수 없을 정도였다. / 彼は二人の関係について想像をたくましくした 그는 두 사람의 관계에 대해 마음대로 상상했다.
◆**想像する**》
¶それは私の想像したとおりになった 그것에 관해서는 내 예상이 적중했다. / 電気のない生活を想像できますか 전기가 없는 생활을 상상할 수 있습니까? / 彼はいつも自分がいつか億万長者になったときのことを想像している 그는 항상 자기가 언젠가 억만장자가 되었을 때를 상상하고 있다. / 君が彼の立場にいると想像してみなさい 자네가 그 사람의 입장에 있다고 생각해 보게. / そこは想像していたとおり静かで落ち着いた場所だった 그 곳은 예상했던 대로 조용하고 안정된 장소였다. / 彼がそんなことをするなんてとても想像できない 그가 그런 일을 한다는 게 상상할 수 없다.
◆**その他**》
¶もっと想像力を働かせなさい 좀더 상상력을 발휘해. / 読書は子供の想像力を伸ばす 독서는 어린이의 상상력을 키운다. / 彼女は想像力が豊かだ 그녀는 상상력이 풍부하다. / 竜は想像上の動物だ 용은 상상 속의 동물이다.

**そうぞう【創造】** 창조 ◇ **創造する** 창조하다 ◇**創造的な[独創的な]** 독창적인 ¶神は自分の形に似せて人を創造した 신은 자신을 모방해서 인간을 창조했다. 関連 **創造者** 창조자 / **創造性** 창조성 / **創造物** 창조물 / **創造力** 창조력 / **天地創造** 천지 창조

**そうそうきょく【葬送曲】** 장송곡

**そうぞうしい【騒々しい】** 떠들썩하다, 시끄럽다 ¶通りが騒々しい 거리가 떠들썩하다. / 車の音が騒々しい 차 소리가 시끄럽다. / 場内は人々の話し声で騒々しかった 장내는 사람들 이야기 소리로 떠들썩했다.
¶騒々しい笑い声 떠들썩한 웃음 소리 / 騒々しいパーティーだ 떠들썩한 파티이다 / 騒々しい子だね 시끄러운 아이구나.

**そうぞく【相続】** 상속 ◇ **相続する** 상속하다 ¶この家は父から相続した 이 집은 아버지로부터 상속받았다. / 彼女は父の遺産[財産]を相続した 그녀는 아버지의 유산[재산]을 상속했다. / 彼は父の跡目を相続して社長になった 그는 아버지의 가독을 상속해서 사장이 되었다. 関連 **相続争い** 상속 다툼 / **相続権** 상속권 / **相続税** 상속세 / **相続人** 상속인

**そうそふ【曾祖父】** 증조부, 증조할아버지
**そうそぼ【曾祖母】** 증조모, 증조할머니
**そうそん【曾孫】** 증손, 증손자

**そうだ** 그렇다 ¶「キム先生でいらっしゃいますか」「ええ、そうです」 "김 선생님이세요?" "네, 그렇습니다." / 「ああ、そうか」 네, 그래요? / ああ、そうだったのか、 그랬던가? / そうだけれども 그렇지만 / (たとえ)そうだとしても 그렇다 치더라도 / そうだとすれば 그러면 / そうでなくても 그렇지 않아도 / (独り言で)そうだ、京都へ行こう 그래, 교토로 가자.

-**そうだ** ❶ [···ということだ] -ㄴ[-는]다고 한다, -ㄴ[-는]단다, -ㄴ[-는]대 ¶彼は近々韓国に行くそうだ 그는 머잖아 한국에 간다고 한다. / 来年はこのスタイルのスーツがはやるそうだ 내년에는 이런 스타일의 양복이 유행한대.
❷ [···に見える、思える] 《連体形+》 것 같다, 듯하다 ¶彼女はおとなしそうだが、なかなか気が強い 그녀는 얌전한 것 같지만 상당히 기가 세다. / 2つの事件は何らかの関係がありそうだ 두 건의 사건은 뭔가 연관이 있는 것 같다. / この提案には異議がなさそうだ 이 제안에는 이의가 없는 것 같다. / 君の考えはよさそうだ 자네의 생각이 좋은 듯하다.
❸ [今にも…しそうだ] -ㄹ[-을] 것 같다 ¶雨[雪]が降りそうだ 비가[눈이] 올 것 같다. / なべが吹きこぼれそうだ 냄비가 끓어 넘칠 것 같다. / 食べ過ぎてお腹がパンクしそうだ 과식해서 배가 터질 것 같다.

**そうたい【早退】** 조퇴 ◇ **早退する** 조퇴하다 ¶学校[会社]を早退する 학교[회사]를 조퇴하다

**そうたい【相対】** ◇**相対的な** 상대적 ◇**相対的に** 상대적으로 (↔절대적으로) ¶物価上昇は相対的に収入減となる 물가가 오르면 상대적으로 수입이 줄어든다. 関連 **相対主義** 상대주의 / **相対性** 상대성 / **相対性理論** 상대성 이론 / **相対評価** 상대 평가

**そうたい【総体】** 総体的に 총체적으로, 대체로 ¶総体的に見て状況は好転している 총체적으로 봐서 상황은 호전하고 있다.

**そうだい【壮大】** ◇**壮大だ** 장대하다 ◇**壮大な** 장대한 ¶壮大な富士山の眺め 장대한 후지 산의 경치 / 壮大な建築物 장대한 건축물 / 壮大な計画 장대한 계획

**そうだい【総代】** 총대, 총대표 ¶彼女は卒業生総代に選ばれた 그녀는 졸업생 총대표로 뽑혔다.

**ぞうだい【増大】** 증대 ◇ **増大する** 증대하다, 증대되다, 늘다 ¶近年の不況で就職できない学生が増大している 근년의 불황으로 취업 못하는 학생이 늘고 있다. / エネルギー消費量が増大しているエネルギー 소비량이 증대하고 있다. / 台風の勢力は日本に近づくにつれて増大した 태풍의 세력은 일본에 다가오면서 증대했다.

**そうだち【総立ち】** 총기립 ¶場内が総立ちになって指揮者に歓声と拍手を送った 장내가 총기립하여 지휘자에게 환성과 박수를 보냈다.

**そうだつ【争奪】** 쟁탈 ◇**争奪する** 쟁탈하다 ¶のピッチャーを巡っていくつかの球団が争奪戦を繰り広げた 그 투수를 둘러싸고 몇몇의 구단이 쟁탈전을 벌였다.

**そうだん【相談】** 의논(議論), 상의(相議) [専門家との] 상담 ◇**相談する** 의

논하다, 상담하다, 상의하다

**使い分け** 의논, 상담
専門家などに意見や答えを求めるような場合には 상담(相談)が用いられ, 単に話し合うというような場合には 의논(議論)または 상의(相談)が用いられる。なお, 日本語の「議論」の意味では, 토론(討論)が用いられる。

◆**〖相談する〗**
¶どうして親と相談しないの 왜 부모님과 의논하지 않는 거니? / プライベートなことで友人に相談した 개인적인 일로 친구에게 상의했다. / この件は弁護士に相談したほうがよさそうだ 이 건은 변호사에게 상담하는 것이 좋을 것 같다. / ちょっと相談したいことがあるのですが 잠깐 상의하고 싶은 것이 있습니다만 / その件は夫とよく相談してからご返事します 그 건에 대해서는 남편과 잘 의논하고 나서 대답드리겠습니다. / 買うかどうかはまず財布の中身と相談してからでないと 살지 안 살지는 지갑 좀 보고 나서.

◆**〖相談が〗**
¶ようやく相談がまとまった 드디어 합의가 되었다.

◆**〖相談の〗**
¶社長は専門家と相談の上その決定を下した 사장님은 전문가와 상담한 후에 그 결정을 내렸다.

◆**〖相談に〗**
¶困ったことがあったら, 何でも相談に乗るよ 어려운 일이 있으면, 무엇이든지 의논해. / 相談に乗ってくれる? 상담 들어 줄래? / 勉強のことで先生のところに相談に行った 공부에 관한 일로 선생님한테 상담하러 갔다.

◆**〖相談を〗**
¶友人からパソコンの購入のことで相談を受けた 친구가 컴퓨터 구입하는 일로 상담을 해 왔다.

◆**〖その他〗**
¶私に何の相談もなく勝手に決められては困る 나한테 의논하지 않고 마음대로 결정하면 곤란하다. / これから相談相手はいますか 누군가 상담할 사람은 있습니까? **慣用句** ものは相談だが, この車を僕に譲ってくれないかな 그냥 물어보는 건데 이 차 나한테 팔아 주지 않을래? / それはとてもできない相談だ 그것은 도무지 불가능한 일이다. / 急に100万円貸してくれと言われても無理な相談だ 갑자기 백만 엔 빌려 달라고 해도 무리한 부탁이다. **関連** 相談役 상담역 / 結婚相談所 결혼 상담소 / 人生相談 인생 상담

**そうち**【装置】장치 ¶その装置で空気が流れるようになっている 그 장치로 공기가 흘러가게 되어 있다. / 台所にガス感知装置が取り付けられている 부엌에는 가스 탐지 장치가 설치되어 있다. / 私の部屋に盗聴装置が仕掛けられていた 내 방에는 도청 장치가 설치되어 있었다. / このマンションには防犯装置が設置されている 이 아파트에 방범 장치가 설치되어 있다. **関連** 安全装置 안전 장치 / 制御装置 제어 장치 / 舞台装置 무대 장치

**ぞうちく**【増築】증축 ◇増築する 증축하다 ¶自宅を増築した 자택을 증축했다. **関連** 増築工事 증축 공사

**そうちょう**【早朝】이른 아침, 조조 ¶早朝に家を出た 이른 아침에 집을 나섰다. **関連** 早朝出勤 조조 출근 / 早朝割引 조조 할인

**そうちょう**【総長】총장 ◇事務総長 사무총장 / 大学総長 대학 총장 ◇検事総長 검찰 총장 / 国連事務総長 유엔 사무총장 / 参謀総長 참모 총장

**そうちょう**【荘重】◇荘重だ 장중하다 ◇荘重に 장중히, 장중하게 ¶会長の葬儀は荘重に執り行われた 회장님의 장례식은 장중하게 치루어졌다.

**ぞうちょう**【増長】◇増長する〔高慢になる〕거만해지다〔思い上がる〕교만해지다 ¶先生にほめられたからといって増長するな 선생님한테 칭찬 받았다고 해서 거만해지지 마.

**そうで**【総出】¶一家総出で稲の刈り入れをした 일가족을 총동원해서 벼를 수확했다.

**そうてい**【想定】상정, 가정 ◇想定する 상정하다, 가정하다 ¶地震が発生したという想定のもとに避難訓練を実施した 지진이 발생했다는 가정하에 피난 훈련을 실시했다. / もしもの時を想定して対策を立てる 만약의 경우를 상정해서 대책을 세우다

**そうてい**【装丁】장정〔製本〕제본 ◇装丁する 장정하다, 제본하다 ¶頑丈な装丁の厚い本 튼튼한 제본의 두꺼운 책 / この本はだれが装丁したものですか 이 책은 누가 장정한 것입니까?

**ぞうてい**【贈呈】증정 ◇贈呈する 증정하다 ¶本日ご来場の方にはもれなく記念品を贈呈します 오늘 이 곳에 오신 분들에게는 빠짐없이 기념품을 드립니다. / 著者贈呈 저자 증정 **関連** 贈呈式 증정식 / 贈呈本 증정본

**そうてん**【争点】쟁점 ◇争点を明らかにする 쟁점을 분명히 하다 / 論争の争点がぼやける 논쟁의 쟁점이 희미해지다 / 彼の意見は争点から外れている 그의 의견은 쟁점에서 벗어나 있다.

**そうてん**【装塡】장전 ◇装塡する 장전하다, 재다〔はめ込む〕끼워 넣다 ¶機関銃に弾薬を装塡した 기관총에 총알을 장전했다. / カメラにフィルムを装塡する 카메라에 필름을 끼워 넣다

**そうでん**【送電】송전 ◇送電する 송전하다 ¶送電をストップする 송전을 멈추다 **関連** 送電線 송전선

**そうとう**【相当】❶〔かなり〕상당히 ◇相当な 상당한 ¶きょうはきのうより 寒い 오늘은 어제보다 상당히 춥다. / 彼の家は相当金持ちだ 그의 집은 상당한 부자이다. / 被害は相当ひどいものだった 피해는 상당히 심한 것이었다.

¶その費用は相当な額になるだろう 그 비용은 상당한 금액이 되겠지. / 共働きの彼女にとって家事は相当な負担になっている 맞벌이인 그녀에게 집안일은 상당한 부담이 되고 있다. / 相当な努力が必要だ 상당한 노력이 필요하다.

¶商売で相当の純益を上げた 장사로 상당한 순이익을 올렸다. / 彼は自分を相当な人物だと思っている 그는 자기를 상당한 인물이라고 생각하고

そうどう

있다. / 相当な腕前 상당한 솜씨 / 彼の実力は相当なものだ 그의 실력은 상당한 것이다. / 彼は相当の心臓だ 그는 상당히 심장이 강하다.
❷ [適当, 該当] ◇相当する 상당하다, 해당하다 ¶その店は昨夜泥棒に入られ100万円相当の被害を受けた 그 가게는 어젯밤에 도둑이 들어 100만 엔 상당의 피해를 입었다. / それ相当のお礼をしなくてはならない 그에 맞는 사례를 하지 않으면 안된다.

¶ 1貫は3.75キログラムに相当する 한 관은 3.75킬로그램에 상당한다. / 千ウォンは日本円でいくらに相当しますか 천 원은 일본 엔으로 얼마가 됩니까? / 「電話」に相当する韓国語は何ですか '덴와'에 해당되는 한국어는 무엇입니까? / 魚のひれは鳥の翼に相当する 물고기의 지느러미는 새의 날개에 해당된다. / この宝石は100万円相当のものだ 이 보석은 100만 엔에 상당하는 것이다.

そうどう【騒動】 소동 ◇騒動が起こる 소동이 일어나다 / だれがこの騒動を起こしたんだ 누가 이 소동을 일으켰어? / 2人の生徒がけんかを始めたことでクラス中が大騒動になった 두 학생이 싸움을 시작하여 반 전체에 큰 소동이 일어났다.
関連 お家騒動 집안 싸움

ぞうとう【贈答】 증답 ◇贈答する 증답하다
関連 贈答品 선물(膳物)

そうなめ【総なめ】 ¶我々は強豪チームを総なめにした 우리는 강호 팀을 모조리 눕혔다. / 彼女は賞を総なめにした 그녀는 상을 모두 휩쓸었다.

そうなん【遭難】 조난 ◇遭難する 조난하다 ¶悪天候のために山での遭難が相次いで 악천후로 산에서 조난이 잇달았다. / 彼らは海で遭難したに違いない 그들은 바다에서 조난한 것이 틀림없다. / この沖合いで船が遭難した 이 앞바다에서 배가 조난했다. / その飛行機は遭難信号を発した 그 비행기는 조난 신호를 보냈다. 関連 遭難救助隊 조난 구조대 / 遭難現場 조난 현장 / 遭難者 조난자

ぞうに【雑煮】 떡국

そうにゅう【挿入】 삽입 ◇挿入する 삽입하다 ¶論文に注を挿入する 논문에 주를 달다 / 後で挿入された語句 나중에 삽입된 어구 関連 挿入キー [キーボードの] 인서트 키 / 挿入句 삽입구

そうねん【壮年】 장년 ¶壮年の男性 장년의 남성 / 私も壮年期に入った 나도 장년기에 들어갔다.

そうは【走破】 주파 ¶マラソンのコースを最後まで走破したマラソン 코스를 끝까지 주파했다.

そうば【相場】 시세(時勢) [市価] 시가 ¶金の相場が上がる [下がる] 금 시세가 오르다 [내리다] / 株式相場はこのところ安定している 주식 시세는 요즘 안정적이다. / きょうの円の為替相場はいくらですか 오늘 엔의 환율은 얼마입니까? / ファーストフード店のアルバイトの時給は800円が相場だ 패스트푸드점 아르바이트는 보통 시간당 800엔이다. / 素人は相場に手を出さないほうがよい 초보자는 투기적 거래에 손을 대지 않는 것이 좋다. / 慣用句 夏は暑いものと相場が決まっている 여름은 더운 법이다. 関連 相場師 투기 업자 / 株式相場 주식 시세 / 変動為替相場制 변동 환율제

そうはく【蒼白】 ◇そう白だ 창백하다 ¶彼は顔面そう白になった 그는 얼굴이 창백해졌다.

ぞうはつ【増発】 증발, 증차(増車) ◇増発する 증발하다, 증차하다 ¶年末年始には電車가 増発される 연말연시에는 전철이 증차 운행된다.

そうはつき【双発機】 쌍발기

そうばん【早晩】 [遅かれ早かれ] 조만간 ¶この問題については早晩結論が出るだろう 이 문제에 대해서는 조만간 결론이 나겠지. / 早晩真実は明らかにされるだろう 조만간 진실이 밝혀질 것이다.

そうび【装備】 장비 ◇装備する 장비하다 ¶装備を点検する 장비를 점검하다 / 車にはシートベルトの装備が義務づけられている 차에는 안전띠 장비가 의무화되어 있다. / ヨットは航海のための十分な装備が整っているヨットには航海하는데 충분한 장비가 준비되어 있다.

そうびょう【躁病】 조병 ¶躁病患者 조병 환자 ⇒躁鬱病

そうふ【送付】 송부 ◇送付する 송부하다, 부치다 ¶書類を送付する 서류를 보내다 / 取引先に請求書を送付した 거래처에 청구서를 보냈다. / 補正予算案は本会議に送付された 보정 예산이 본회의에 송부되었다. 関連 送付先 수취인(受取人) / 送付者 발송인(発送人)

そうふう【送風】 송풍 [換気] 환기 ◇送風する 송풍하다 ¶トンネルには24時間送風している 터널에는 24시간 송풍되고 있다. 関連 送風機 송풍기

ぞうふく【増幅】 증폭 ◇増幅する 증폭하다 ¶アンプで増幅してギターを演奏する 앰프로 증폭해서 기타를 연주하다 / うわさというものは増幅して伝わる 소문이라는 것은 과장되어 전해진다.

ぞうへいきょく【造幣局】 조폐국(▶韓国では조폐 공사 '造幣公社'라고 한다)

そうへき【双璧】 쌍벽 ¶彼らは天文学의 双璧을 이루고 있다 그들은 천문학의 쌍벽을 이루고 있다.

そうべつ【送別】 송별 ¶送別의 言葉을 述べる 송별 인사말을 하다 / 彼女의 送別会를 열었다 그녀의 송별회를 열었다.

ぞうほ【増補】 증보 ◇増補する 증보하다 ¶辞書의 増補改訂版이 出た 이 사전의 증보 개정판이 나왔다.

そうほう【双方】 쌍방, 양쪽 ¶契約의 条件에 대해서 双方는 合意에 達한 계약 조건에 관해서 양쪽은 합의에 이르렀다. / 双方의 合意로 離婚이 成立한 양쪽의 합의로 이혼이 성립했다. / 賃金交渉에서는 労使双方가 歩み寄る 姿勢를 示한 임금 교섭에서는 노사 양쪽이 양보하는 자세를 보였다.

そうほんざん【総本山】 총본산 ¶浄土宗의 総本山 정토종의 총본산 / 国際金融의 総本山 국제 금융의 총본산

そうむ【総務】 총무 関連 総務会長 총무회장 / 総務省 총무성 / 総務部[課] 총무부[과]

そうめい【聡明】 ◇聡明だ 총명하다 ¶彼女는 聡明한 그녀는 총명하다. / 聡明한 사람 총명한 사람

**そうめん【素麺】** 소면, 국수
**そうめんせき【総面積】** 총면적
**そうもく【草木】** 초목
**そうもくろく【総目録】** 총목록
**ぞうもつ【臓物】** 내장(内臟) ⇨はらわた
**ぞうよ【贈与】** 증여 ◇贈与する 증여하다 ¶彼は土地を子供たちに贈与した 그는 토지를 아이들에게 증여했다. 関連 贈与者 증여자 / 贈与税 증여세
**そうらん【騒乱】** 소란〔騷動〕소동 ¶騒乱を起こす 소란을 피우다 / 軍隊が騒乱を鎮圧した 군대가 소란을 진압했다. / 学生たちは騒乱罪で逮捕された 학생들은 소란죄로 체포되었다.
**そうり【総理】** 총리〔総理大臣〕총리 대신(▶韓国では国무총리「国務総理」という)〔首相〕수상 関連 総理官邸 총리 관저
**ぞうり【草履】** 짚신 / ゴム草履 고무신 / わら草履 짚신
**そうりつ【創立】** 창립 ◇創立する 창립하다
¶会社の創立50周年を記念してパーティーが開かれた 회사 창립50주년을 기념해서 파티가 열렸다. / この大学の創立は12世紀にさかのぼる 이 대학의 창립은 12세기로 거슬러 올라간다.
¶この学校は10年前に創立された 이 학교는 10년 전에 창립되었다. / 彼は昨年独立して自分の会社を創立した 그는 작년에 독립해서 자기 회사를 창립했다. 関連 創立記念日 창립 기념일 / 創立者 창립자
**ぞうりむし【草履虫】** 짚신벌레
**そうりょ【僧侶】** 승려 ⇨僧
**そうりょう【総量】** 총량 ⇨総計, 量
**そうりょう【送料】** 송료 ¶この手紙の送料はいくらですか 이 편지의 송료는 얼마입니까? / この小荷物の送料は2千円です 이 소하물의 송료는 2천 엔입니다. / 商品は送料込み1万円でお届けします 상품은 배송료를 포함해서 만 엔에 보내 드립니다. / 送料および手数料は無料です 송료 및 수수료는 무료입니다.
**そうりょうじ【総領事】** 총영사 関連 総領事館 총영사관
**そうりょく【総力】** 총력 ¶総力を挙げて選挙戦を戦った 총력을 다해 선거전에 임했다. / この計画を実現するために総力を結集した 이 계획을 실현하기 위해 총력을 결집했다. 関連 総力戦 총력전
**ソウル** 서울(▶大韓民国の首都)
**そうるい【走塁】** 『野球』주루 関連 走塁妨害 주루 방해
**そうれい【壮麗】** ◇壮麗な 장려하다 / 壮麗な王宮〔寺院〕장려한 왕궁〔사원〕
**そうれつ【壮烈】** ◇壮烈な 장렬하다 ¶彼は壮烈な最期を遂げた 그는 장렬한 최후를 맞이했다.
**そうれつ【葬列】** 장렬
**そうろ【走路】** 〔競技場の〕주로
**そうろん【総論】** 총론 ¶議論は総論から各論に移った 의론은 총론에서 각론으로 옮겨졌다.
**そうわ【挿話】** 삽화
**そうわ【総和】** 총화 ⇨総計
**そうわ【送話】** 송화 関連 送話器 송화기 / 送話口

〔電話の〕송화구
**ぞうわい【贈賄】** 증회, 증뢰〔わいろ〕뇌물 ◇贈賄する 뇌물 주다 ¶彼らはその役人に500万円の贈賄をした 그들은 그 공무원에게 5백만 엔의 뇌물을 줬다. / 彼は贈賄罪で起訴された 그는 뇌물 수수죄로 기소되었다. / 彼には贈賄の嫌疑がかけられている 그는 뇌물 수수 사건 / 贈賄者 증회자, 증뢰자
**そえぎ【添え木・副え木】**〔骨折の〕부목〔草木の〕받침대 ¶左足に副え木を当ててもらった 왼쪽 발에 부목을 댔다.
**そえもの【添え物】** 덤〔付加物〕부가물〔景品〕경품〔料理の〕고명
**そえる【添える】** 〔添付する〕첨부하다〔付け加える〕곁들이다〔料理に付け合わせを〕곁들이다
¶贈り物に手紙を添えた 선물에 편지를 첨부했다. / 願書には写真を添えて提出のこと 원서에는 사진을 첨부해서 제출할 것. / 彼女はえびフライに刻んだキャベツとレモンを添えた 그녀는 새우튀김에 잘게 썬 양배추와 레몬을 곁들였다.
¶彼女の出席はパーティーに花を添えた 그녀의 출석은 파티에 꽃을 더한 격이다.
**そえん【疎遠】** ◇疎遠になる 소원해지다 ¶故郷を離れて以来、彼とは疎遠になった 고향을 떠난 이후 그와는 소원해졌다.
**ソース** 소스 ¶かきフライにソースをかけて食べる 굴 프라이에 소스를 뿌려 먹다 / ウスターソース 우스터 소스 / ホワイトソース 화이트 소스
**ソーセージ** 소시지 関連 ウインナソーセージ 비엔나 소시지 / フランクフルトソーセージ 프랑크푸르트 소시지
**ソーダ** 소다 関連 ソーダ水 소다수 / クリームソーダ 크림 소다 / 炭酸ソーダ 탄산 소다
**ソーラーカー** 솔라카
**ソーラーハウス** 솔라 하우스, 태양열 주택
**そかい【疎開】** 소개 ◇疎開する 소개하다 ¶祖父の世代は戦時中、田舎に疎開していた 할아버지 세대는 전쟁중 시골로 피난하 있었다. 関連 疎開地 소개지 / 強制疎開 강제 소개 / 集団疎開 집단 소개
**そがい【疎外】** 소외 ◇疎外する 소외하다, 따돌리다 ¶彼女は会社でも常に疎外感を感じている 그녀는 회사에서도 항상 소외감을 느끼고 있다. / 彼女はクラスの仲間から疎外されている 그녀는 반 친구들한테 따돌림을 당하고 있다.
**そがい【阻害】** 저해 ◇阻害する 저해하다 ¶契約の決定的な阻害要因は何ですか 계약의 결정적인 저해 요인은 무엇입니까? / この事件は両국의 우호 관계를 저해하는 것이라고 생각된다.
**そかく【組閣】** 조각 ◇組閣する 조각하다 ¶首相は組閣に着手した 수상은 조각〔내각 조직〕에 착수했다. 関連 組閣本部 조각 본부
**そく【足】** 켤레 ¶靴2足 구두 두 켤레 / 靴下1足 양말 한 켤레
**そぐ【削ぐ】** 〔縁を〕뾰족하게 깎다〔薄く切り取る〕얇게 깎다〔勢いなどを〕꺾다 ¶少年はナイフで竹をそいでいた 소년은 칼로 대나무를 뾰족하게 깎고 있었다. / 勢いをそぐ 기세를 꺾다
**ぞく【俗】** ◇俗な 속된 ◇俗に 흔히 ¶それは俗な

考え方だ 그것은 속된 생각이다. / 俗に言うように口は災いの元だ 흔히 말하듯이 입이 화근이다.

**ぞく【属】**〔生物学〕 関連 属名 속명
**ぞく【賊】**〔盗賊〕도둑〔反逆者〕역적(逆賊) ⇨ 強盗, 泥棒
**-ぞく【-族】**-족 ¶朝鮮族 조선족 / 藤原氏一族 후지와라 씨 일족
**ぞくあく【俗悪】**◇俗悪だ 악하다 ¶俗悪なテレビ番組 악악한 텔레비전 프로그램
**そくい【即位】**즉위 ◇即位する 즉위하다 ¶皇帝に即位する 황제에 즉위하다 関連 即位式 즉위식
**ぞくうけ【俗受け】**¶このテレビ番組は俗受けをねらっている(→大衆に迎合している) 이 텔레비전 프로는 대중에게 영합하고 있다. ¶その映画は俗受けした 그 영화는 대중에게 인기를 얻었다.
**そくおう【即応】**즉응 ◇即応する 즉응하다 ¶大統領は情況に即応して新しい政策を発表した 대통령은 정황에 즉응해서 새로운 정책을 발표했다.
**ぞくご【俗語】**속어 ¶彼は俗語をたくさん使う 그는 속어를 많이 쓴다. / 俗語表現 속어 표현
**そくざ【即座】**◇即座に〔すぐに〕당장〔その場で〕즉석에서 ¶彼は即座に答えることができなかった 그는 즉석에서 대답하지 못했다. / 警察はどんな緊急事態にも即座に対応できる態勢を整えている 경찰은 어떠한 긴급 사태에도 당장 대응할 수 있는 태세를 갖추고 있다.
**そくさい【息災】**안녕 ¶家族の無病息災を祈る 가족의 건강과 안녕을 빌다
**そくし【即死】**즉사 ◇即死する 즉사하다 ¶彼は銃で撃たれ即死した 그는 총에 맞아 즉사했다.
**そくじ【即時】**즉시, 즉각(即刻)〔すぐに〕당장 ¶住民は米軍の即時撤退を要求した 주민은 미군의 즉각 철퇴를 요구했다. 関連 即時払い 즉시불(►「即時払いいたします」は 즉시 지불하겠습니다. という)
**ぞくじ【俗事】**속사〔雑事〕잡사〔雑用〕잡일
**そくじつ【即日】**즉일, 당일(当日) ¶運転免許証は即日交付された 운전 면허증은 당일 교부되었다.
¶即日開票 당일 개표 / 即日完売 당일 매진
**ぞくしゅつ【続出】**¶難問が続出した 난문제가 속출했다. / インフルエンザの流行で患者が続出した 인플루엔자 유행으로 환자가 속출했다.
**ぞくしょう【俗称】**속칭 ⇨通称
**そくしん【促進】**촉진 ◇促進する 촉진하다 ¶我々は日本と韓国の友好関係を促進するために努力した 우리는 일본과 한국의 우호 관계를 촉진하기 위해 노력했다. / 社長は社員に新製品の販売促進を指示した 사장님은 사원에게 신제품 판매 촉진을 지시했다.
**ぞくじん【俗人】**속인 ⇨俗, 俗物
**そくする【即する】**〔合致する〕들어맞다〔基づく〕입각하다 ¶彼の考えは現実に即していない 그의 생각은 현실에 맞지 않는다. / 事実に即して答えてください 사실에 입각해서 대답해 주세요.

課〕に属している 그녀는 수영부[비서과]에 속해 있다. / 彼らは同じ政党に属している 그들은 같은 정당에 속해 있다. / いるかは哺乳類に属する 돌고래는 포유동물에 속한다.
**ぞくせい【属性】**속성 ⇨性質, 特徴
**そくせいさいばい【促成栽培】**◇促成栽培する 촉성 재배하다 ¶促成栽培のトマト 촉성 재배 토마토
**ぞくせかい【俗世界】**속세간 ⇨世間, 俗世間
**そくせき【即席】**〔インスタント〕인스턴트 ¶子供たちは木箱で即席の舞台を作った 아이들은 나무상자로 즉석 무대를 만들었다. / 即席のスピーチをする 즉석에서 스피치를 하다 / 即席で演奏する 즉석에서 연주를 하다 関連 即席ラーメン 인스턴트 라면 / 即席料理 즉석 요리
**そくせき【足跡】**〔足あと〕발자국, 족적〔業績〕업적 ¶朝鮮通信使の足跡をたどって旅をした 조선통신사의 발자국을 따라 여행을 했다. / 彼は物理学の発展に偉大な足跡を残した 그는 물리학 발전에 위대한 업적을 남겼다.
**ぞくせけん【俗世間】**속세간, 속세 ⇨世間, 俗世間
**ぞくせつ【俗説】**속설 ⇨通説
**ぞくぞく** ◇ぞくぞくする〔驚き・恐怖などで〕오싹오싹하다〔寒さで〕으슬으슬하다 ¶恐ろしさで背筋がぞくぞくした 두려움으로 등골이 오싹오싹했다. / 彼女は寒さでぞくぞくしていた 그녀는 추위로 으슬으슬 떨었다. / 宝くじに当たってぞくぞくするほどうれしかった 복권에 당첨되어 오싹할 만큼 기뻤다.
**ぞくぞく【続々】**속속, 잇따라 ¶祝いの客が続々と訪れた 축하객이 잇따라 찾아왔다. / ランナーが続々とゴールインした 러너가 잇따라 골인했다. / アイドルスターが続々登場した 아이돌 스타가 속속 등장했다.
**そくたつ【速達】**속달 ¶彼に速達で手紙を出した 그에게 속달로 편지를 보냈다. 関連 速達郵便 속달 우편 / 速達料金 속달 요금
**そくだん【即断】**즉단 ◇即断する 즉단하다 ¶彼は即断を迫られた 그 사람은 즉시 결정하라고 강요받았다.
**そくだん【速断】**속단 ◇速断する 속단하다 ¶速断は避けるべき 속단은 금물이다.
**ぞくっぽい【俗っぽい】**속되다 ¶俗っぽい趣味 속된 취미 ⇨俗
**そくてい【測定】**측정 ◇測定する 측정하다 ¶距離を測定する 거리를 측정하다 / 温度計は気温の変化を測定する 온도계는 기온의 변화를 측정하다 / 身長と体重を測定してもらった 신장과 체중을 측정했다. 関連 測定器 측정기 / 体力測定 체력 측정

**そくど【速度】**속도〔速力〕속력〔スピード〕스피드 ⇨スピード

基本表現
▷後ろの車が速度を上げて私の車を追い越していった 뒤차가 속도를 올려 내 차를 추월했다.
▷電車は速度を時速30キロに落とした 전철은 속도를 시속 30킬로로 떨어뜨렸다.
▷バスは時速50キロの速度で走り続けた

버스는 시속 50킬로 속도로 계속 달렸다.

◆〖速度は・速度が〗

¶「この飛行機の速度は今のどのくらいですか」「時速約950キロです」 "이 비행기의 현재 속도는 얼마 정도입니까?" "시속 약 950킬로입니다." / のぞみの最高速度は時速270キロだ 노조미의 최고 속도는 시속 270킬로이다. / 熱帯植物の生長の速度は雨季がもっとも速い 열대 식물의 생장 속도는 우기 때가 가장 빠르다. / 彼は本を読む速度が遅い 그는 책을 읽는 속도가 느리다[빠르다]. / 光の速度は物理学では重要な定数だ 빛의 속도는 물리학에서는 중요한 정수이다.

◆〖速度で〗

¶いつも安全速度で運転している 항상 안전 속도로 운전하고 있다. / 彼女は一定の速度で走った 그녀는 일정한 속도로 달렸다. / 音は毎秒340メートルの速度で伝わる 소리는 매초 340미터의 속도로 전해진다. / 仕事は予想以上の速度ではかどった 일은 예상외의 속도로 진척되었다. / この区域では規定の速度で走らなければならない 이 구역에서는 규정 속도로 달려야 한다.

◆〖速度を〗

¶速度を上げる 속도를 올리다 / 速度を落とす 속도를 떨어뜨리다 / 彼は制限速度を守った 그는 제한 속도를 지켰다. / 事故を起こした車はかなりの速度を出していたらしい 사고를 낸 자동차는 상당한 스피드를 낸 것 같아. / 子供たちの通学区域では速度を落として運転しなければならない 어린이 통학 구역에서는 속도를 줄여서 운전해야 한다. / 車は速度を10キロ落とした 차는 속도를 10킬로 떨어뜨렸다. / その車は高速道路に入り徐々に速度を増していった 그 차는 고속도로에 들어가 서서히 속도를 올리기 시작했다.

◆〖その他〗

¶都心部では速度規制がある 도심부에서는 속도 제한이 있다. / 速度計は時速50キロを示していた 속도계는 시속 50킬로를 가리키고 있었다. 関連 速度違反 속도위반 / 速度制限 속도 제한 / 経済速度 경제 속도 / 血沈速度 혈침 속도 / 最高速度標識 최고 속도 표지 / 最大制限速度 최대 제한 속도 / 瞬間速度 순간 속도 / 巡航速度 순항 속도 / 平均速度 평균 속도

**そくとう**【即答】 즉답 ¶彼女は即答を避けた 그녀는 즉답을 피했다.

**そくどく**【速読】 속독 関連 速読術 속독술

**そくばい**【即売】 즉매 ◇即売する 즉매하다 ¶野菜を即売する 야채를 즉매하다 関連 展示即売会 전시 즉매회

**そくばく**【束縛】 속박 ◆束縛する 속박하다 ¶彼女は女性に対する社会的慣習の束縛から逃れたかった 그녀는 여성에 대한 사회적 습관의 속박에서 벗어나고 싶었다. / 親から束縛を受けたくない 부모로부터 속박을 받고 싶지 않다.

¶行動の自由を束縛する 행동의 자유를 속박하다 / 時間に束縛される 시간에 속박되다 / 仕事に束縛される 일에 속박되다 / 小さな子供がいる母親はどうしても行動を束縛されてしまう 어린 아이가 있는 엄마는 어찌하든 행동을 속박 받게 된

다. / 彼らは独裁政権の下で自由を束縛されている 그들은 독재 정권하에서 자유를 속박 받고 있다.

**ぞくはつ**【続発】 속발, 속출(続出) ◇続発する 속발하다, 속출하다 ¶大雪で交通事故が続発した 폭설로 교통사고가 속출했다.

**ぞくぶつ**【俗物】 속물 関連 俗物根性 속물 근성 ⇒俗

**そくぶつてき**【即物的】 즉물적 ¶彼女は考え方が即物的にすぎる 그녀는 사고방식이 너무 즉물적이다.

**ぞくへん**【続編】 속편 ⇒続き

**そくほう**【速報】 속보 ◇速報する 속보하다 ¶テレビ各局は飛行機事故を速報した 텔레비전 각국은 비행기 사고를 속보했다. 関連 ニュース速報 뉴스 속보

**ぞくめい**【属名】 〖生物〗 속명

**そくめん**【側面】 측면 ¶消防の仕事には危険な側面がある 소방 활동에는 위험한 측면이 있다. / その問題を社会的側面から考える 그 문제를 사회적 측면에서 생각하다. / 問題の政治的側面を考察する 문제의 정치적 측면을 고찰한다. / 彼らを側面から援助する 그들을 측면에서 지원한다. / 我々は敵を両側面から攻撃した 우리는 적군을 양측에서 공격했다. 関連 側面攻撃 측면 공격 / 側面図 측면도

**そくりょう**【測量】 측량 ◇測量する 측량하다 ¶マンションを建てるために測量する 아파트를 세우기 위해 측량하다 / 川の水深を測量する 강의 수심을 측량하다 関連 測量器 측량기 / 測量技師 측량 기사 / 測量船 측량선 / 測量図 측량도 / 三角測量 삼각 측량

**ぞくりょう**【属領】 속령 ⇒属国

**そくりょく**【速力】 속력 ¶列車は速力を上げた[下げた] 열차는 속력을 올렸다[내렸다]. / 車は全速力で走っていた 차는 전속력으로 달리고 있었다. ⇒スピード, 速度

**そぐわない** 맞지 않다, 어울리지 않다 ¶彼女の服装はその場にそぐわなかった 그녀의 복장은 그 장소에 어울리지 않았다. / そのような考えは時代にそぐわない 그런 생각은 시대에 맞지 않다.

**そけいぶ**【鼠径部】 서혜부

**そげき**【狙撃】 저격 ◇狙撃する 저격하다 ¶一人の男がビルの窓から大統領を狙撃した 한 남자가 빌딩 창문에서 대통령을 저격했다. 関連 狙撃手 저격수 / 狙撃兵 저격병

**ソケット** 소켓 ¶電球をソケットにはめる 전구를 소켓에 끼우다

**そこ** ❶〖その場所〗 거기, 그곳 ¶そこへは前に行ったことがある 거기에는 전에 가 본 적이 있다. / そこからホテルまでタクシーに乗った 거기에서 호텔까지 택시를 탔다. / 「あれえ、鍵がないわ」「そこにあるじゃないか」"어쩌지, 열쇠가 없어." "거기에 있잖아." / 我々にはそこに行く手段がなかった 우리는 그곳에 갈 수단이 없었다. / 私は朝早くそこを出発した 나는 아침 일찍 그곳을 출발했다. / そこには50人か60人ぐらいの人がいた 그곳에는 50명에서 60명 정도의 사람들이 있었다. / 「そこにいるのはだれ」「僕だ、明だよ」"거기 누

구 있어?" "나야, 아키라야." / 古い家が取り壊されてそこに新しい家が建てられた 낡은 집이 헐어지고 거기에 새 집이 세워졌다. / 彼は故郷に戻りそこで人生の晩年を過ごした 그는 고향에 돌아가 그 곳에서 인생의 만년을 보냈다.

❷〔その程度・範囲〕그렇게, 거기 ¶彼がそこまで病気が重いとは思わなかった 그가 그렇게 큰 병일 줄은 몰랐다. / 私たちはだれも彼をそこまで信用しないだろう 우리는 아무도 그를 거기까지 신용하지 않을 것이다. / 何もそこまで言うことはないだろう 그렇게까지 말할 것 없잖아.

❸〔その点〕그 점 ¶そこは君と同じ意見だ 그 점은 자네와 같은 의견이다. / 私が言いたいのはそこだ 내가 말하고 싶은 것이 그 점이다. / そこが大事な点だ 거기가 중요한 점이다.

❹〔その他〕¶ちょうど出かけようとしているそこへ彼が訪れて来た 딱 나가려고 했더니 거기에 그 사람이 찾아왔다. / 春はもうすぐそこまで来ている 봄이 성큼 다가왔다.

そこ【底】❶〔物の下の面〕바닥, 밑바닥 ¶物をたくさん入れすぎたので段ボール箱の底が抜けてしまった物건을 너무 많이 넣어서 상자 밑바닥이 빠져 버렸다. / 瓶の底には1滴の水も残っていなかった 병 바닥에는 물 한 방울도 남아 있지 않았다. / ボートは底を上にして浮いていた 보트는 바닥을 위로 하고 떠 있었다. / 船は海の底に沈んだ 배는 바다 밑으로 가라앉았다. / この靴は底が厚い 이 구두는 밑바닥이 두껍다.

❷〔物事の奥〕속 ¶心の底からあなたのことを愛しています 진심으로 당신을 사랑합니다. / 私は心の底まで見透かされたような気がした 내 마음 속까지 꿰뚫어 본 것 같은 느낌이 들었다. / 友人としゃべって久し振りに腹の底から笑った 친구와 오랜만에 마음껏 웃었다. / その悲しい出来事が記憶の底からよみがえってきた 그 슬픈 일이 기억 속에서 되살아났다.

❸〔その他〕¶彼女の考えは底が浅い 그녀의 생각은 천박하다. / 彼は底知れない力を持っている 그는 무한한 힘을 가지고 있다. / 彼には何か底の知れないところがある 그에게는 속을 알 수 없는 데가 있다. / 為替レートが先週底入れした 환율이 지난주에 바닥을 쳤다. / 景気が底を打った 경기는 바닥을 쳤다. / 資金が底をついてしまった 자금이 바닥이 났다. / 財布の底をはたいてそれを買った 지갑을 탈탈 털어 그것을 샀다.

관련 上げ底 과자 따위 토산물을 실제보다 많아 보이게 바닥을 높인 것 / 二重底 이중 바닥

そご【齟齬】〔狂い〕차질 〔食い違い〕불일치 ¶私と部下の間に意見のそごが生じた 나와 부하 사이에 의견의 불일치가 생겼다.

そこいじ【底意地】심보, 마음보 ¶彼女は底意地が悪い 그녀는 심보가 나쁘다.

そこう【素行】소행, 행실(行実) ¶彼は素行が悪いために解雇になった 그는 행실이 나빠서 해고되었다. / 彼女の素行調査をした 그녀의 행실을 조사했다. / 素行を改める 행실을 바로잡다

そこく【祖国】조국 관련 祖国愛 조국애

そこここ 여기저기 ¶そこここに本や雑誌が散らばっている 여기저기 책이랑 잡지가 어질러져 있다. ⇒あちこち

そこそこ 정도, 안팎, 될까말까 ◇そこそこにする 둥 마는 둥 ¶30分そこそこで着きます 30분 정도에 도착할 수 있습니다. / このボールペンは100円そこそこの品だ 이 볼펜은 100엔 안팎의 물건이다.
¶食事もそこそこにテレビをつけた 밥을 먹는 둥 마는 둥 텔레비전을 켰다.

そこぢから【底力】저력 〔実力〕실력 ¶彼は底力がある 그에게는 저력이 있다. / 底力を見せてやれ 실력을 보여 주어라.

そこつ【粗忽】◇そこつだ 경솔하다 ¶彼にはどこもそこつなところがある 그에게는 어쩐지 경솔한 면이 있다. 관련 そこつ者 덜렁이 ⇒うかつ, 不注意

そこで〔場所〕거기서〔だから〕그래서〔ところで〕그런데 ¶そこで何をしているの 거기서 뭐하고 있니? / 財布を忘れてきちゃった。そこでお願いなんだけど, 1万円ほど貸してくれない 지갑을 집에 두고 왔어. 그래서 부탁인데, 만 엔 정도 좀 빌려 줄래? / そこで一つご相談なんですが 그런데 한 가지 의논할 게 있는데.

そこなう【損なう】해치다, 손상시키다 〔感情を〕상하게 하다 ¶父は過労で健康を損なった 아버지는 과로로 건강을 해치셨다. / この像は公園の美観を損なっている 이 상은 공원의 미관을 손상시키고 있다. / 彼女の機嫌を損なうな 그 여자의 기분을 상하게 하지 마.

−そこなう【−損なう】놓치다, -지 못하다 ¶終電に乗りそこなった 막차를 놓쳤다. / 毎週見ている連続ドラマを見そこなった 매주 보고 있는 드라마를 보지 못했다.

そこなし【底無し】◇底なしだ 한이 없다 ¶彼は底なしの大酒飲みだ 그는 한없는 술고래다. / 底なし沼 바닥이 없는 늪

そこぬけ【底抜け】◇底抜けに 한없이 ¶彼は底抜けに明るい 그는 한없이 밝다.

そこねる【損ねる】〔感情などを〕상하게 하다 〔健康などを〕해치다 ⇒損なう

そこはかとなく 까닭없이, 공연히 ⇒なんとなく

そこひ【内障眼】내장안〔白内障〕백내장〔黒内障〕흑내장〔緑内障〕녹내장

そこびえ【底冷え】¶今夜は底冷えする 오늘 밤은 뼈 속까지 스며드는 추위이다.

そこへいくと【そこへ行くと】그런 점에서는, 그것과 비하면 ¶「うちの指導教授は課題がやたらと多いんだ。昨日も徹夜したんだぜ」「そこへ行くとうちの教授は楽だよ」"우리 지도교수는 과제가 너무 많을 수가 없어. 어제도 밤새웠어." "그런 점에서는 우리 교수는 편해."

そこら 저기, 저곳, 그 근처〔その程度〕그 정도, 그쯤 ¶そこらで休憩しよう 그쯤에서 좀 쉬자. / そこら中を捜したが見つからない 그 근처를 샅샅이 찾아봤지만 말은 발견되지 않는다. / そこら辺に駐車してください 그 근처에 주차해 주세요. / 体のそこら中が痛い 온몸이 아프다.
¶1年やそこらで韓国語はマスターできない 1년 정도로 한국어는 마스터할 수 없다. / 4つか

男の子 네 살 정도의 남자 아이
**そざい【素材】** 소재 [材料] 재료 ¶このスーツの素材はウールです 이 양복의 소재는 울입니다.
**そざつ【粗雑】** ◇粗雑だ 조잡하다 ¶粗雑な計画 조잡한 계획 / 彼の企画書は粗雑だった 그의 기획서는 조잡했다. ⇒雑
**そし【阻止】** 저지 ◇阻止する 저지하다 ¶敵の前進を阻止する 적의 전진을 저지하다 / 野党は結束してその法案の採択を阻止した 야당은 결속해서 그 법안의 채택을 저지했다.
**そじ【素地】** 소지 [素質] 소질 [基礎] 바탕 ⇒素質
**そしき【組織】** 조직 [機構] 기구 [体系] 체계 ◇組織的な 조직적인 ◇組織する 조직하다 ¶彼は組織の中核にいた 그는 조직의 핵심이었다. / わが社の組織を説明します 우리 회사의 조직을 설명하겠습니다. / ユネスコは国連の組織の一部分だ 유네스코는 유엔 조직의 일부이다.
¶環境を守るために私たちは組織的な活動を展開した 환경을 지키기 위해 우리들은 조직적인 활동을 전개했다. / 組織的な抵抗 조직적인 저항 / 労働組合を組織する 노동조합을 조직하다 / 住民たちは自治会を組織した 주민들은 자치회를 조직했다. / 彼らは新しい政党を組織した 그들은 새로운 정당을 조직했다. / 組織化する 조직화하다 [関連]組織委員会 조직 위원회 / 組織工学 조직 공학 / 組織犯罪 조직 범죄 / 組織力 조직력 / 組織労働者 조직 노동자 / 筋肉組織 근육 조직 / 脂肪組織 지방 조직 / 政治組織 정치 조직 / 社会組織 사회 조직
**そしつ【素質】** 소질 [資質] 자질 [才能] 재능 ¶君は俳優としての素質がある 자네에게는 배우로서의 재능이 있다. / 彼女は音楽の素質がある 그녀는 음악에 소질이 있다.

**そして** 그리고 ❶ [並列] ¶夫は会社に, そして子供たちは学校に行きました 남편은 회사에 그리고 아이들은 학교에 갔습니다. / ミンスはまだ中学生です. そして私の弟もそうです 민수는 아직 중학생입니다. 그리고 내 남동생도 그렇습니다. / 父は酒も飲みません. そしてたばこも吸いません 아버지는 술을 마시지 않아요. 그리고 담배도 피우지 않아요. / 渡辺氏は菜食主義者で, 牛肉も豚肉も, そして魚すら食べない 와타나베 씨는 채식주의자로, 쇠고기도 돼지고기도, 그리고 생선조차도 먹지 않는다.
❷ [結果] ¶雨が上がり, そして青空が広がった 비가 그치고 그리고 파란 하늘이 펼쳐졌다.
❸ [順序] ¶彼はドアの前に立ち, そしてベルを押した 그는 문 앞에 서서 그리고 초인종을 눌렀다. / 彼は深呼吸をして, そして演壇に立った 그는 심호흡을 하고 그리고 연단에 섰다.

**そしな【粗品】** [贈り物として] 증정품, 사은품 ¶粗品ですが, どうぞお受け取りください 증정품인데, 받아 주십시오.
**そしゃく【咀嚼】** 저작 ◇そしゃくする 저작하다 [かむ] 씹다 [理解する] 이해하다 ¶草食動物の歯はそしゃくしやすいように平たくなっている 초식동물의 이빨은 풀을 씹기 위해 평평하게 되어 있다. / 本の内容をよくそしゃくする 책 내용을 잘 이해하다

**そしょう【訴訟】** 소송 ¶彼らはその会社に対して損害賠償の訴訟を起こした 그들은 그 회사에 대해 손해 배상 소송을 제기했다. / 彼女は離婚訴訟を起こした 그녀는 이혼 소송을 제기했다. / 彼は訴訟を取り下げた 그는 소송을 취하했다. / 訴訟に勝つ[負ける] 소송에 이기다[지다] [関連]訴訟手続き 소송 수속 / 訴訟人 소송인 / 訴訟費用 소송 비용 / 民事[刑事]訴訟 민사[형사] 소송
**そしょく【粗食】** 조식 ¶粗食の人のほうが美食の人より健康であることが多い 조식하는 사람이 미식하는 사람보다 건강한 경우가 많다.
**そしらぬ【素知らぬ】** ¶素知らぬ振りをする 모르는 체하다 / 素知らぬ顔で通り過ぎる 모르는 체하고 지나간다. ⇒知らん顔
**そしり【謗り】** 비난(非難), 비방(誹謗) ¶そんなことをすれば世間のそしりを招くだろう 그런 짓을 하면 세상 사람들로부터 비난을 받게 될 거야. / 彼は不正直のそしりを免れない 그는 정직하지 않다는 비난을 면치 못 할 것이다.
**そしる【謗る】** [非難する] 비난하다 [中傷する] 헐뜯다, 비방하다 ¶彼は私をそしった 그는 나를 헐뜯었다.
**そすう【素数】** 《数学》 소수
**そせい【粗製】** 조제, 조제(粗造) [関連]粗製品 조제품, 막치 / 粗製乱造 조제 남조
**そせい【蘇生】** 소생 ◇蘇生する 소생하다 ¶その赤ん坊は奇跡的に蘇生した 그 아기는 기적적으로 소생했다. ⇒生き返る
**そぜい【租税】** 조세 [税金] 세금 [課税] 과세 [関連]租税収入 조세 수입 / 租税負担率 조세 부담률
**そせき【礎石】** 초석, 주춧돌 [基礎] 기초 ⇒基礎, 土台
**そせん【祖先】** 조선, 조상(祖上), 선조(先祖) ¶人類の祖先 인류의 조상 ⇒先祖
**そそう【粗相】** [へま] 실수 ¶粗相をしてしまった 실수 해 버렸다. ¶また粗相をしたのね(→小[大]便をもらした) 또 오줌[똥]을 쌌구나.
**そそぐ【注ぐ】** ❶ [つぐ] 따르다, 붓다 ¶杯に酒をそそぐ 술잔에 술을 따르다 / 私はグラスにワインを注いだ 나는 잔에 와인을 따랐다. / 水をそそぐ 물을 붓다
❷ [掛ける] 주다 ¶父は鉢植えに水を注いだ 아버지는 화분에 물을 주었다.
❸ [流れ込む] 흘러가다 ¶漢江はソウルを通って黄海にそそぐ 한강은 서울을 통과해 황해[서해]로 흘러간다. / 江戸川は関東平野を流れて東京湾にそそぐ 에도 강은 간토 평야를 흘러 도쿄 만으로 흘러간다.
❹ [集中する] 집중시키다, 기울이다 ¶彼らは問題解決に全力を注いだ 그들은 문제를 해결하는 데 전력을 기울였다. / 彼は遠くの光にじっと目を注いだ 그는 먼 빛을 가만히 주시하였다.
**そそくさ** 총총히, 서둘러, 허둥지둥 ¶彼女はそそくさと出かけていった 그녀는 허둥지둥 나갔다.
**そそっかしい** 덜렁거리다, 경망스럽다 [軽率だ] 경솔하다 ¶彼女はそそっかしいところがある 그

너는 덜렁거리는 면이 있다.

**そそのかす【唆す】** 부추기다, 꾀다 ¶彼らはその少年をそそのかして漫画を盗ませた 그들은 그 소년을 부추겨 만화책을 훔치게 했다.

**そそりたつ【聳り立つ】** 우뚝 솟다 ¶新宿にはいくつもの超高層ビルが空高くそそり立っている 신주쿠에는 여러 개의 초고층 빌딩이 하늘 높이 우뚝 솟아 있다. / 巨大な絶壁が目前にそそり立っていた 거대한 절벽이 눈앞에 우뚝 솟아 있었다. / 険しい山々がそそり立っている 험한 산들이 우뚝 솟아 있다.

**そそる** 돋구다 ¶その本は私の興味をそそった 그 책은 내 흥미를 돋구었다. / この広告は女性たちの好奇心をそそるだろう 이 광고는 여성들의 호기심을 돋구겠지. / そのにおいは食欲をそそった 그 냄새는 식욕을 돋구었다.

**そぞろ【漫ろ】** ¶先生が話をしている間, 子供たちは気もそぞろだった(→落ち着かなかった) 선생님이 이야기하는 동안 어린이들은 마음이 싱숭생숭했다. / 二人は海岸をそぞろ歩いた(→ぶらぶら歩いた) 두 사람은 해안을 어슬렁어슬렁 걸었다.

**そだい【粗大】** ◇粗大な 조대한 関連 粗大ごみ 대형 쓰레기

**そだち【育ち】** 가정 환경, 가정 교육〔生育〕 성장, 발육 ¶彼は育ちがよい[悪い] 그는 가정 환경이 좋다[나쁘다]. / 彼らには育ち盛りの子供が3人いる 그들에게는 성장기의 어린이가 세 명 있다. / 彼は温室育ちで苦労を知らない 그는 귀하게만 자라 고생을 모른다. / 彼女は都会[田舎]育ちだ 그녀는 도회지에서[시골에서] 자랐다.

**そだつ【育つ】** 자라다, 성장하다 ¶赤ちゃんはすくすく育っている 아기는 쑥쑥 자란다. / 元気に育って 건강하서 자라다 / ばらの苗が順調に育った 장미 모종이 순조롭게 자랐다. / 彼は横浜で生まれ横浜で育った 그는 요코하마에서 태어나 요코하마에서 자랐다. / 私も弟も母乳で育ちました 나나 남동생은 모유로 자랐습니다. / 少女はりっぱな医者に育った 그 소녀는 훌륭한 의사로 성장했다. / この大学からは多くの著名な科学者が育った 이 대학교에서는 많은 저명한 과학자가 양성되었다.

**そだてる【育てる】** ❶ 〔人・動物・植物を〕기르다, 키우다 (▶크다「大きい」의 사역동사로「大きくする」의 意)〔家畜を〕치다 ¶彼女は2人の子供を女手一つでりっぱに育てた 그녀는 혼자 힘으로 두 아이를 훌륭하게 키웠다. / 彼女は赤ちゃんを母乳で育てたいと思っている 그녀는 아기를 모유로 키우고 싶어한다. / 母は庭でいろいろな花や野菜を育てています 어머니는 정원에 여러 가지 꽃이랑 야채를 기르고 있습니다. / 苗木を育てる 묘목을 키우다 / 牛を育てる 소를 기르다 / 愛を育てる 사랑을 키우다

❷ 〔養成する〕기르다, 양성하다 〔教育する〕교육하다 ¶その学校は多くの音楽家を育てた 그 학교는 많은 음악가를 양성했다. / 社会のルールを守る子供たちを育てなければいけない 사회 룰을 지키도록 어린이들을 교육해야 된다.

**そち【措置】** 조치 ¶首相はテロ防止のために必要な措置を取ることを約束した 수상은 테러 방지를 위해 필요한 조치를 취할 것을 약속했다. / 判事はその会社に川を浄化する措置をすぐに講じるように命じた 판사는 그 회사에 강을 정화하는 조치를 지금 당장 강구하도록 명했다. / 彼女は緊急措置を講じる必要性があることを議会で強調した 그녀는 긴급 조치를 강구할 필요가 있다는 것을 의회에서 강조했다.

**そちら【そこ】** 거기, 그곳, 그쪽〔相手〕당신, 자네〔それ〕그것 ¶そちらはどうですか 그쪽의 날씨는 어떻습니까? / そちらはいかがお過ごしですか 그쪽은 어떻게 지내십니까? / 彼はそちらに行きました 그는 거기로 갔습니다. / 私がそちらへ参りますのでしばらくお待ちください 제가 그곳으로 갈 테니까 잠시만 기다려 주세요. / そちらにお座りください 그쪽에 앉아 주세요. / あすそちらに着きます 내일 그곳에 도착합니다. / そちらをください 그것으로 주십시오.

**そつ** ¶彼女は万事そつがない 그녀는 만사에 실수가 없다. / 彼は何をやってもそつなくこなす 그는 무엇을 해도 실수없이 해낸다.

**そつう【疎通】** 소통 ¶韓国語がわからなかったので意志の疎通がうまくいかなかった 한국말을 몰라서 의사소통이 잘 안 됐다. / 私たちは意思の疎通を欠いていた 우리들은 대화가 없었다. / これからお互いの意思の疎通を図っていきたい 이제부터 서로 의사소통을 도모해 가고 싶다.

**ぞっか【俗化】** 세속화 ◇俗化する 세속화하다, 세속화되다 ¶この避暑地も完全に俗化してしまった 여기 피서지도 완전히 세속화되어 버렸다.

**ぞっかい【俗界】** 속계

**そっき【速記】** 속기 ◇速記する 속기하다 関連 速記者 속기사〔速記士〕/ 速記録 속기록

**そっきゅう【速球】** 〔野球〕속구 関連 速球投手 속구 투수

**そっきょう【即興】** 즉흥 ¶彼女は即興で曲を作った 그녀는 즉흥으로 곡을 만들었다. / 即興でスピーチをした 즉흥 스피치를 했다. / 彼は即興演奏をした 그는 즉흥 연주를 했다. 関連 即興曲 즉흥곡 / 即興詩 즉흥시 / 即興詩人 즉흥 시인

## **そつぎょう【卒業】** 졸업 ◇卒業する 졸업하다

基本表現
▶彼は京都大学の文学部を卒業した
　그는 교토 대학교 문과 대학을[문학부를] 졸업했다.
▶高校を卒業したのはいつですか
　고등학교는 언제 졸업했습니까?
▶卒業するにはさらに10単位必要だった
　졸업하려면 10학점이 더 필요했다.

¶卒業の記念に友だちと海外旅行をした 졸업 기념으로 친구와 해외여행을 갔다. / 彼女は高校の卒業アルバムを開いた 그녀는 고등학교 졸업 앨범을 펼쳤다. / 私は朝鮮半島の三国時代について卒業論文を書いた 나는 조선 반도[한반도]의 삼국 시대에 대해 졸업 논문을 썼다.
¶日本の大学は入るのは難しいが卒業するのはやさしいと言われている 일본의 대학교는 들어가는 것은 어렵지만 졸업하기에는 쉽다고 한다.
¶妹も人形を抱いて寝る習慣は卒業したようだ 여동

생도 인형을 안고 자는 습관은 졸업한 것 같다. 関連 卒業式 졸업식 / 卒業試験 졸업 시험 / 卒業証書 졸업장 / 卒業証明書 졸업 증명서 / 卒業生 졸업생 / 卒業論文 졸업 논문

**そっきん【側近】** 측근 ¶大統領の側近 대통령 측근

**そっきん【即金】【現金】** 현금, 맞돈 ⇒現金

**ソックス** 속스, 양말 ¶ソックスをはく[脱ぐ] 양말을 신다[벗다] 関連 ハイソックス 하이 속스 ⇒靴下

**そっくり** ❶ [似ている] ◇そっくりだ 꼭 닮았다, 쏙 빼닮았다 ◇そっくりの 꼭 닮은 ¶彼は父親にそっくりだ 그는 아버지를 꼭 닮았다. / ミナの声は妹とそっくりだ 미나 목소리는 여동생과 꼭 닮았다. / あの双子の兄弟はそっくりだ 저 쌍둥이 형제는 쏙 빼닮았다. / このろう人形は本物そっくりだ 이 밀랍 인형은 진짜와 꼭 닮았다. / ペ・ヨンジュンのそっくりさんがテレビに出ている 배용준을 닮은 사람이 텔레비전에 나왔다. ❷ [そのまま] 그대로 ¶娘の部屋は亡くなる前とそっくりそのままにしてあります 딸의 방은 죽기 전 그대로 놔두고 있습니다. / 帰省してみると昔住んでいた家は10年前とそっくりそのままの状態だった 귀성해 보니 옛날 살았던 집은 10년 전 그대로인 상태였다. / 黒板の文章をノートにそっくり写した 칠판의 문장을 노트에 그대로 베꼈다. ❸ [全部] 몽땅, 모조리, 전부 ¶夜中に有り金をそっくり盗まれてしまった 밤중에 있는 돈 모조리 도둑 맞았다. / これは小魚なのでそっくり食べても大丈夫だ 이것은 작은 생선이니까 통째 먹어도 괜찮습니다. / 彼は父の財産をそっくり引き継いだ 그는 아버지의 재산을 몽땅 상속받았다.

**そっけつ【即決】** ◇即決する 즉결하다 関連 即決裁判 즉결 재판

**そっけない【素っ気ない】** [よそよそしい] 쌀쌀하다, 냉담하다 [ぶっきらぼうな] 무뚝뚝하다, 퉁명스럽다 ¶彼女はそっけない態度を取った 그녀는 쌀쌀한 태도를 취했다. / 彼女はそっけない返事をした 그녀는 퉁명스럽게 대답을 했다. / 彼の話し方はそっけない 그가 이야기하는 태도는 무뚝뚝하다.

**そっこう【即効】** 즉효 ¶この薬は胃痛に即効がある 이 약은 위통에 즉효성이 있다. 関連 即効性 속효성(速効性) / 即効薬 즉효약, 속효약(速効薬)

**そっこう【速攻】** 속공 ¶我々は敵に速攻を仕掛けた 우리는 적군에게 속공을 걸었다.

**ぞっこう【続行】** 속행 ◇続行する 속행하다 ¶会議を続行する 회의를 속행하다 / 小雨だったので野球の試合は続行された 가랑비여서 야구 시합은 속행되었다.

**そっこうじょ【測候所】** 기상대(気象台)

**そっこく【即刻】** 즉각, 즉시(即時) ¶即刻帰国しなさい 즉시 귀국해라. / 即刻出発した 즉시 출발했다. ⇒すぐ, 直ちに

**ぞっこく【属国】** 속국, 종속국(従属国)

**ぞっこん** ¶キョンヒにぞっこんなんだ 경희에게 홀딱 반했다.

**そっせん【率先】** 솔선 ◇率先する 솔선하다 ¶彼は率先してリサイクル運動に取り組んだ 그는 솔선해서 재활용 운동에 몰두했다. / 率先垂範する 솔선수범하다

**そっち** [そこ] 거기, 그곳 [そっちの方] 그쪽 [それ] 그것 [相手] 당신, 자네

**そっちのけ【そっち退け】** ◇そっちのけにする 제쳐놓다 ¶母親たちは子供たちをそっちのけにしておしゃべりに興じていた 어머니들은 아이들을 제쳐놓고 수다떠는 데 열을 올리고 있었다. / 彼は勉強をそっちのけにしてテレビゲームをした 그는 공부를 제쳐놓고 텔레비전 게임을 했다.

**そっちゅう【卒中】** 졸중, 뇌졸중, 졸중풍 [発作] 발작 ¶父は卒中で倒れた 아버지는 뇌졸중으로 쓰러지셨다. / 祖母は卒中で倒れて以来寝たきりになっている 할머니는 뇌졸중으로 쓰러지고 나서 누워 지내게 되었다.

**そっちょく【率直】** ◇率直な 솔직한 ◇率直に 솔직하게 ¶この計画について率直な意見を聞かせてください 이 계획에 대해 솔직한 의견을 들려 주세요. / 伊藤さんの率直な人柄が好きだ 이토 씨의 솔직한 인품을 좋아한다.
¶彼らは率直にその問題について論じた 그들은 솔직하게 그 문제에 대해 논의했다. / もっと率直にものを言ってください 좀 더 솔직하게 말해 주세요. / 率直に言って, このスーツ似合っていないよ 솔직히 말해서 그 양복 어울리지 않아. / 君は率直に誤りを認めるべきだ 자네는 솔직하게 잘못을 인정해야 해.

**そっと** ❶ [静かに] 조용히, 가만히 ¶赤ん坊を起こさないようにドアをそっと閉めた 아기가 깨지 않게 문을 조용히 닫았다. / みんながまだ寝ていたので彼はそっと部屋を出た 모두 아직 잠들어 있기 때문에 그는 조용히 방을 나갔다. / 彼は彼女に何かそっと言った 그는 그녀에게 뭐라 가만히 말했다. ❷ [やさしく] [軽く] 부드럽게, 가볍게 ¶その陶器をそっと扱ってください 그 도자기는 살살 다루어 주세요. / 彼女の手にそっと触れた 그녀의 손을 가볍게 댔다. / ドアをそっとノックする音がした 문을 가볍게 노크하는 소리가 들렸다. / 風が私の髪をそっとなでた 바람이 내 머리카락을 부드럽게 만졌다. ❸ [こっそり] 살짝, 몰래 ¶彼女はそっと涙をふいた 그녀는 살짝 눈물을 닦았다. / 机の上の娘の日記をそっと読んだ 책상 위의 딸의 일기장을 몰래 읽었다. / だれかが夜中にそっと忍び込んだらしい 누군가가 밤중에 살짝 들어온 거 같아. / 私はそっと部屋に入った 나는 몰래 방에 들어갔다. ❹ [触れずにおく] 가만히, 그냥 ¶どうか私をそっとしておいてください 제발 나를 그냥 내버려 두세요. / この問題はしばらくそっとしておこう 이 문제는 잠시 그냥 놔두자.

**ぞっと** 오싹 ◇ぞっとする 오싹해지다, 소름이 끼치다 ¶血を見てぞっとした 피를 보고 오싹했다. / その殺人事件は考えただけでもぞっとする 그 살인 사건은 생각만 해도 소름이 끼친다. / ぞっとするような悲鳴が聞こえた 오싹해질 만큼의 비명이 들렸다.

**そっとう【卒倒】** 졸도 ◇卒倒する 졸도하다
¶彼女はショックで卒倒した 그녀는 충격으로 졸도했다. / その地震の惨状を見て卒倒しそうになった 그 지진의 참상을 보고 졸도할 것 같았다.

**そっぱ【反っ歯】** 뻐드렁니

**そっぽ** ¶そっぽを向く 외면하다, 모르는 체하다 / 彼女は私が忠告してもそっぽを向いて聞こうとしなかった 그녀는 내가 충고를 해도 외면하고 들으려 하지 않았다.

**そつろん【卒論】** 졸업 논문 ¶卒論のテーマは何にした 졸업 논문 테마는 무엇으로 했어?

**そで【袖】** 〔衣服の〕 소매 〔舞台などの〕 옆 ¶暑かったのでワイシャツの袖をまくった 더워서 와이셔츠 소매를 걷어올렸다. / 彼女は私の袖を引っ張った 그녀는 내 소매를 당겼다. / 娘に袖無しのワンピースを買ってやった 딸에게 민소매 원피스를 사 주었다. / 彼女は半袖[長袖]の服を着ていた 그녀는 반소매[긴소매]의 옷을 입고 있었다. / このジャケットはまだ袖を通したことがない 이 재킷은 아직 입은 적이 없다. / 父の書斎には両袖のある大きな机がある 아버지 서재에는 양쪽 서랍이 있는 큰 책상이 있다.
¶その俳優は舞台の袖で出番を待っていた 그 배우는 무대 옆에서 나갈 차례를 기다리고 있었다. 慣用句 彼女に袖にされた 그녀에게 냉대당했다. / 彼は役人に袖の下を使っらしい 그는 공무원에게 떡값을 주었나 보다. / 袖振り合うも多生の縁 옷깃만 스쳐도 인연 / ない袖は振れぬ 없는 것은 어찌할 도리가 없다. 関連 袖口 소맷부리 / 袖ぐり 진동 둘레 / 袖丈 소매 길이

**ソテー** 소테 関連 ポークソテー 포크 소테

**そてつ【蘇鉄】** 〔植物〕 소철

**そと【外】** ❶ 〔外部〕 밖, 바깥 ¶外はとても寒い 밖이 너무 춥다. / 外にだれかいるの？ 밖에 누구 있어？ / 彼女はカーテンを開けて窓の外を見た 그녀는 커튼을 열고 창문 밖을 보았다. / 私が起きた時、外はまだ暗かった 내가 일어났을 때 밖은 아직 어두웠다. / 外はとても いい天気だ 밖은 날씨가 너무 좋다. / 晴れた日には洗濯物を外に干す 날씨가 맑은 날에는 세탁물을 바깥에 널어 놓는다. / 子供たちは外で遊んでいる 아이들은 밖에서 놀고 있다. / この本棚を部屋の外に出してくれませんか 이 책장을 방 밖으로 내 주지 않겠습니까? / 銀行の外に電話ボックスがある 은행 밖에 전화박스가 있다. / 窓を開けて外の空気を入れた 창문을 열고 바깥 공기를 넣었다.
❷ 〔外出先〕 밖 ¶今晩は外で一緒に食事をしよう 오늘 밤은 밖에서 같이 식사하자. / 外から帰ったら必ず手を洗いなさい 밖에서 돌아오면 반드시 손을 씻어라. / 夫は今、外に出ています 남편은 지금 외출 중입니다.
❸ 〔部外〕 외부 ¶このことは外に漏らしてはいけません 이 일은 외부에 누설해서는 안 됩니다.
❹ 〔外面〕 겉 ¶彼女は感情を外に表さない 그녀는 감정을 겉으로 나타내지 않는다. ⇨外部, 外側

**そとうみ【外海】** 외해

**そとがわ【外側】** 외측, 바깥쪽 〔外面〕 겉 ¶このジャケットは外側は皮だが、内側は布だ 이 재킷은 겉은 가죽인데 안은 천이다. / そのビルの外側は茶色をしている 그 빌딩 외벽은 갈색이다. / そのドアは外側へ開く 그 문은 바깥쪽으로 열린다. / 外側だけを見て人を判断してはいけない 겉만 보고 사람을 판단해서는 안 된다.

**そとづら【外面】** 〔外見〕 겉모양 ¶外面だけは立派だねえ 겉모양만은 훌륭하구나.
¶彼は外面が(→人への接し方が)いい 그는 사람을 대하는 태도가 좋다. ⇨外見

**そとまわり【外回り】** ¶家の外回りを片付けた 집 밖 주위를 청소했다. / 彼は外回りの仕事をしている 그는 외근을 담당하고 있다.

**そなえ【備え】** 준비, 대비〔防備〕 방비 ¶台風に対する備えは十分できている 태풍에 대한 준비는 충분하다. 慣用句 備えあれば憂いなし 미리 준비해 두면 근심될 것이 없다. | 유비무환(有備無患)

**そなえつけ【備え付け】** 비치(備置) ¶備え付けの食器棚 비치된 찬장

**そなえつける【備え付ける】** 갖추다, 비치하다, 설치하다 ¶車にカーナビを備え付けた 자동차에카 내비게이션을 설치했다. / 居間にエアコンを備え付けた 거실에 에어컨을 설치했다. / 浴室にはシャワーが備え付けてある 욕실에는 샤워기가 설치되어 있다. / このマンションには家具が備え付けられている 이 아파트에는 가구가 갖추어져 있다.

**そなえもの【供え物】** 공물(供物), 제물(祭物)
¶両親の墓前に供え物をした 부모님의 무덤 앞에 공물을 올렸다.

**そなえる【備える】** ❶ 〔準備する〕 준비하다
〔必要な対策を講じる〕 대비하다
¶大地震に備えて非常食を備えておかなくてはならない 큰 지진에 대비해 비상식량을 준비해 둬야 된다. / 期末テストに備えて一生懸命勉強した 기말시험에 대비해 열심히 공부했다. / 将来に備えてお金を貯めなさい 장래에 대비해 저금해라.
❷ 〔取り付ける〕 비치하다, 설치하다, 갖추다 ¶オフィスに最新のコンピュータを備えた 사무실에 최신 컴퓨터를 설치했다. / 彼女の部屋にはすてきな家具が備えてあった 그녀의 방에는 멋진 가구가 갖추어져 있다.
❸ 〔持っている〕 갖추다, 지니다 ¶彼は医学の知識を十分に備えている 그는 의학 지식을 충분히 지니고 있다. / この日韓辞典は韓国語を学ぶ人にとって備えるべき辞典だ 이 일한사전은 한국어를 배우는 사람한테는 반드시 갖추어야 할 사전이다.

**そなえる【供える】** 올리다, 바치다 ¶彼らは犠牲者の墓に花を供えた 그들은 희생자의 무덤에 꽃을 바쳤다.

**ソナタ** 〔音楽〕 소나타 参考 ドラマ『冬のソナタ』の原題は "겨울 연가" (冬の恋歌).

**そなわる【備わる】** 갖추어지다 ¶この体育館にはプールとシャワー室が備わっている 이 체육관에는 수영장과 샤워실이 갖추어져 있다. / 彼女は生まれながらに音楽の才能が備わっている 그녀에게는 선천적인 음악 재능이 갖추어져 있다. ⇨備える

**その** ¶その知らせを聞いて彼女は小躍りした その소식을 듣고 그녀는 좋아서 덩실거렸다. / いったいどこでその帽子を手に入れたの 도대체 그 모자는 어디서 구했니? / 数日前, 車を木にぶつけてしまったがその木にまだ跡が残っている 며칠 전에 차를 나무에 부딪쳤는데 그 나무는 아직 흔적이 남아 있다. / きりんのもっとも著しい特徴はその長い首だ 기린의 가장 현저한 특징은 그 긴 목이다.

¶大きな箱だね. その中に何が入っているの 큰 상자구나. 그 속에 뭐가 들어 있어? / 私のことを理解してくれない人も少なからずいた. 父もその一人だった 나를 이해 못하는 사람이 적잖이 있었다. 아버지도 그중 한 분이셨다. / 彼はその話をどうしても信じない 그는 그 얘기를 도저히 믿지 않는다. / 車が通りを横断していた女の子とその犬をひいた 차가 도로를 횡단하고 있던 여자 아이와 개를 치었다.

¶これまでそのような美しい女性に会ったことはない 지금까지 그렇게 아름다운 여성을 만난 적이 없다. / 私は本当はそのようには考えていない 나는 사실 그렇게는 생각하지 않는다.

**そのあと【その後】** 그 후, 그 뒤 ¶そのあとすぐ彼は床についた 그 후 그는 곧 잠자리에 들었다. / 彼女はそのあとせっせと皿を洗った 그녀는 그 뒤에 열심히 설거지를 했다.

**そのうえ【その上】** 게다가, 더구나 ¶彼女は優しい思いやりがありそのうえきれいだ 그녀는 상냥하고 배려할 줄 알고 게다가 예쁘다. / そのマンションは狭すぎたしそのうえ家賃も高すぎた 그 아파트는 너무 좁고 게다가 집세도 너무 비쌌다. / 彼は車を盗んで猛スピードで飛ばし, そのうえ運転免許を持っていなかった 그는 차를 훔쳐 맹속력으로 달린 데다가 운전면허증도 가지고 있지 않았다. / 佐藤先生は学校で英語を教え, そのうえ夜は塾でも教えている 사토 선생님은 학교에서 영어를 가르치는 데다가 밤에는 학원에서도 가르치고 있다.

**そのうち【その内】** [すぐに] 곧 [近いうちに] 머지 않아 [まもなく] 이윽고, 얼마 안 있어 [いつか] 언젠가 [その中の] 그 가운데 ¶彼はそのうちきっと姿を現すに違いない 그는 언젠가는 영락없이 모습을 나타낼 것이다. / 僕の言うことを信じないようだけれど, そのうちわかるよ 내 말을 안 믿는 것 같은데 곧 알게 될 거야.

¶そのうちの一つをください. どれでもかまいません 그것들 중에 하나 주세요. 아무거나 상관없습니다.

**そのかわり【その代わり】** 그 대신에 [しかし] 그러나 [だから] 그러니까 ¶遊びに行っていいよ. その代わり暗くなる前に帰って来なさい 놀러 가도 돼. 그 대신 어두워지기 전에 돌아와야 돼. / このTシャツは品質があまりよくない. その代わりとても安いんだ 이 티셔츠는 품질이 그다지 좋지 않아. 그 대신 굉장히 싸. / 友人の結婚式に出席できなかった. その代わり祝電を打った 친구 결혼식에 참석 못 했어. 그 대신 축전을 쳤어. / CDを貸すよ. その代わり宿題を手伝ってよ CD 빌려줄게. 그 대신에 숙제 도와줘. / きょうは眠いからもう勉強はやめた. その代わりあしたやることにするよ 오늘은 졸리니까 공부는 그만할래. 대신에 내일 할게. ⇨代わり

**そのかん【その間】** 그간, 그사이, 그동안 ¶その間, 私は黙っていた 그동안 나는 입 다물고 있었다.

**そのき【その気】** ¶彼はほめられてその気になった 그는 칭찬을 받고 우쭐해졌다. / 彼が釣りに行こうと誘ってくれたけどその気にならなかった 그가 낚시하러 가자고 말했지만, 그럴 기분이 아니었다.

**そのくせ【その癖】** [それでも] 그러면서도 [それにもかかわらず] 그런데도 불구하고 ¶彼女は明るい子だが, そのくせ妙にはにかみ屋だ 그녀는 성격이 밝은 아이이지만 그러면서도 이상하게 부끄럼 타는 데가 있다.

**そのくらい【その位】** 그만큼, 그 정도, 그만한 ⇨くらい, それくらい

**そのご【その後】** 그 후, 그 뒤 ¶その後彼女は元気だ 그 후 그녀는 잘 있다. / その後1週間たって彼は亡くなった 그 뒤 일 주일 지나서 그는 죽었다. / 二人はその後再び会うことはなかった 두 사람은 그 후로 다시 만날 일이 없었다.

**そのころ【その頃】** [その当時] 그 당시, 그 무렵 [その時] 그때 ¶そのころ僕は韓国の釜山にいた 그 무렵 나는 한국 부산에 있었다. / 私はそのころは日本にはいないかもしれない 나는 그 무렵에는 일본에 없을지도 몰라. / そのころまでには帰ります 그때까지는 돌아오겠습니다.

**そのた【その他】** 기타 [それ以外] 그 밖, 그 외 ¶私はその他大勢の一人にすぎない 나는 그 밖의 많은 사람 중 한 사람에 불과하다. / ミンスは韓国人で, その他は中国人だ 민수는 한국인이고 그 외는 중국인이다. / あの店ではバナナ, パイナップル, その他の果物を売っている 그 가게에서는 바나나, 파인애플 그 밖의 과일을 팔고 있다. / その牧場には牛, 馬, 羊その他がいる 그 목장에는 소, 말, 양 그 밖의 것들이 있다.

**そのたび【その度】** 그때마다 ¶彼女は外国に行くとそのたびにたくさんの買い物をする 그녀는 외국에 가면 그때마다 쇼핑을 많이 한다. ⇨-ごと, たび

**そのため【その為】** 그러기에, 그 때문에 ¶そのために彼は怒った 그 때문에 그는 화났다. / そのために彼女に電話した 그 때문에 그녀에게 전화했다. / 彼とけんかをして, そのために1週間口をきかなかった 남자 친구와 싸웠기 때문에 1주일간 말하지 않았다.

**そのつぎ【その次】** 그 다음 ¶その次は何をしましょうか 그 다음에는 뭘 할까요? / その次に彼に会った時, 体調が悪そうだった 그 다음에 그를 만났을 때 몸이 안 좋아 보였다. ⇨次

**そのつど【その都度】** 그때그때 ¶交通費はそのつど請求してください 교통비는 그때그때 청구해 주세요. / 質問があればそのつど聞いてください 질문이 있으면 그때그때 물어 주세요.

**そのて【その手】** 그 수 [その種] 그런 종류 ¶その手は食わないぞ 그 수에는 안 넘어간다. / その手の品物はもう古い 그런 종류의 물건은 이제 낡다.

**そのとおり【その通り】** 그대로 ¶まさにそのとおりです 바로 그대로입니다. / そのとおりにします 그대로 하겠습니다.

**そのとき【その時】** 그때〔その当時〕그 당시 ¶その時は私は不安でいっぱいだった 그때 나는 불안감으로 가득 차 있었다. / 彼女が帰ろうとしていたちょうどその時に友達が来た 그녀가 돌아가려고 했던 그때 친구가 왔다. / その時までに仕事を終えていた 그때까지 일을 끝냈었다. / パーティーに行ってその時に初めて彼に会ったのパーティーに가서 그 때 처음으로 그 사람을 만났어.

**そのば【その場】** 그 자리 ¶それをその場で決めた 그것을 그 자리에서 결정했다. / たまたまその場に居合わせた 우연히 그 자리에 있었다. / 彼女はその場にふさわしいスピーチをした 그녀는 그 자리에 어울리는 스피치를 했다. / 彼はその場をうまく収拾した 그는 그 자리를 잘 수습했다. / その場限りの約束をするな 그 자리 뿐인 약속은 하지 마. / それはその場しのぎの解決策にすぎない 그것은 임시변통의 해결책에 지나지 않는다.

**そのひ【その日】** 그날 ¶その日が選挙の投票日に決定された 그날이 선거 투표일로 결정되었다. / その日は予定がすっかり詰まっていた 그날은 예정이 완전히 차 있었다. / 彼女はその日その日を生きている 그녀는 그날그날을 살고 있다. / いつも折り畳み傘を持って出かけるのにその日に限って傘を持っていなかった 항상 접는 우산을 들고 집을 나섰는데 그날따라 우산을 안 가져 갔다.

**そのひぐらし【その日暮らし】** 하루살이 생활 ¶彼はその日暮らしをしている 그는 하루살이 생활을 하고 있다.

**そのひと【その人】** 그 사람 ¶その人はどういう人ですか 그 사람은 어떤 사람입니까?

**そのへん【その辺】**〔その辺り〕그 근처, 주변, 그 주변〔それに関する〕그것에 관한〔その程度〕그 정도 ¶君のかばんはどこかその辺にあったよ 자네 가방은 이 근처 어딘가 있었는데. / その辺の事情をもっと教えてください 그것에 관한 사정을 좀 더 가르쳐 주세요. / 彼の悪口を言うのはその辺でやめておけ 그 사람 욕하는 건 그 정도로 그만해. ⇒この辺,辺

**そのほか【その外】** 그 밖 ¶クラスの中で20人は男子だがそのほかは女子だ 반에서 20명은 남자지만 그 밖에는 여자이다. / そのほかに何が食べたいか 그 밖에 뭐가 먹고 싶습니까? ⇒その他,ほか

**そのまま** 그대로 ¶(電話で)そのままお待ちください 그대로 기다려 주십시오. / (チャンネルを変えないで)そのままご覧ください 그대로 시청해 주십시오. / 眠かったが,そのまま勉強を続けた 졸렸지만 그대로 계속 공부했다. / 部屋はそのままにしておいてください 방은 그대로 놔두십시오. / ミンギから聞いたことをそのまま言ってくれ 민기한테서 들은 얘기를 그대로 말해 줘. / そのまま放っておくわけにはいかない 그대로 둘 수는 없다. / どうぞそのままで(→立たなくても結構です) 그대로 계세요.

**そのみち【その道】** 그 분야 ¶その道の巨匠 그 분야의 거장 / その道の専門家 그 분야의 전문가

**そのもの【その物】** 바로 그것〔それ自体〕그 자체 ¶これは私が欲しかったまさにそのものだ 이것은 내가 갖고 싶었던 바로 그것이다. / 素材そのものはよい 소재 그 자체는 좋다. / そのものずばりの表現だ 바로 딱 맞는 표현이다. / 彼は誠実そのものだ 그는 성실 그 자체이다.

**そのような** 그러한 ⇒そんな

**そのように** 그렇게 ¶私はそのように聞いています 나는 그렇게 들었습니다.

**そば ❶**〔付近〕근처, 가까이〔わき〕옆, 곁

◆**《そばの》**

¶母はすぐそばのコンビニへ行きました 엄마는 근처 편의점에 갔습니다. / 子供たちは私の家のそばの空き地で遊んでいます 아이들은 우리 집 근처에 있는 빈터에서 놀고 있습니다.

◆**《そばに》**

¶私はその男のそばに座った 나는 그 남자 옆에 앉았다. / その老人のそばに寄る 그 노인 곁으로 다가가다 / 彼は海のそばに住んでいる 그는 바다 근처에 살고있다. / 彼女は窓のそばに立っていた 그녀는 창문 옆에 서 있었다. / 病院のそばに郵便局があります 병원 옆에 우체국이 있습니다. / 君のそばにいさせてくれ 당신 곁에 있게 해 줘. / 祖父が倒れたときだれもそばにいなかった 할아버지가 쓰러지셨을 때 옆에는 아무도 없었다. / 彼はテレビのリモコンをいつもそばにおいて離さない 그는 텔레비전 리모컨을 항상 곁에 두고 떼놓지 않는다.

◆**《そばを》**

¶きのう車で君の家のそばを通った 어제 차로 자네 집 근처를 지나갔다. / 私が病気の間, 彼は私のそばを離れなかった 내가 병에 걸렸을 때 그는 내 곁을 떠나지 않았다.

❷〔…するとすぐ〕《動詞語幹+》-자마자 ¶足元に気をつけろと言ったそばから彼は転んだ 발밑을 조심하라고 하자마자 그는 넘어졌다. / 店に並べたそばからその本は売れていった 서점에 진열하자마자 그 책들은 팔려 나갔다.

**そば【蕎麦】**〔植物〕메밀〔食べ物〕메밀 국수(→そばやうどんを含めた麵類는 국수,면 という) ¶一日に一度は必ずそばを食べる 하루에 한 번은 반드시 국수를 먹는다. 関連**そば粉** 메밀 가루 / **そば屋** 국숫집 / **立ち食いそば屋** 서서 먹는 국숫집

**そばかす【雀斑】** 주근깨 ¶顔にそばかすのある少女 얼굴에 주근깨가 있는 소녀

**そばだてる【欹てる】**〔耳を〕기울이다 ¶その人の話に耳をそばだてた 그 사람의 얘기에 귀 기울였다.

**そびえる【聳える】** 우뚝 솟다 ¶高層ビルが空にそびえている 고층 빌딩이 하늘에 우뚝 솟아 있다. / 雲の上にそびえ立つ富士山 구름 위에 우뚝 솟은 후지 산

**そびやかす【聳やかす】**〔肩を〕거들먹거리다 ¶その男は肩をそびやかして立ち去った 그 남자는 거들먹거리면서 떠나갔다.

**そびょう【素描】** 소묘〔デッサン〕데생

**-そびれる** 놓치다, -지 못하다 ¶彼女に礼を言

いそびれてしまった 그녀에게 감사할 기회를 놓쳤다. / 先生にそのことを聞きそびれてしまった 선생님께 그 일을 듣지 못했다.

**そふ【祖父】** 조부, 할아버지
**ソファー** 소파 関連 **ソファーベッド** 침대 겸용 소파
**ソフト** 소프트 ◇**ソフトだ**〔柔らかい〕부드럽다 関連 **ソフト(コンタクト)レンズ** 소프트 (콘택트)렌즈 / **ソフトドリンク** 소프트드링크 / **ソフト路線** 소프트 노선 ⇒**柔らかい**
**ソフトウェア**〔コンピュータの〕소프트웨어 ¶新しいソフトウェアをパソコンにインストールした 새 소프트웨어를 컴퓨터에 인스톨했다[깔았다].
**ソフトクリーム** 소프트크림
**ソフトドリンク** 소프트드링크
**ソフトボール** 소프트볼
**そふぼ【祖父母】** 조부모
**ソプラノ** 소프라노 ¶**ソプラノ歌手** 소프라노 가수
**そぶり【素振り】**〔態度〕태도〔振る舞い〕거동〔気配〕기색 ¶彼は怖がっている素振りは見せなかった 그는 무서워하는 기색은 보이지 않았다. / 彼の横柄な素振りにはいらいらさせられる 그 사람의 건방진 태도에는 짜증난다. / 彼女は冷ややかな素振りをした 그녀는 냉담한 태도를 보였다. / キョンヒの素振りが変だ 경희의 거동이 이상하다. / 妙な素振り 기묘한 거동

**そぼ【祖母】** 조모, 할머니
**そぼう【粗暴】**◇**粗暴だ** 조포하다〔乱暴だ〕난폭하다 ¶その男は粗暴だった 그 남자는 난폭했다. / 彼の粗暴な振る舞いにはもう我慢できない 그 사람의 난폭한 행동에는 이제 참을 수 없다.
**そぼく【素朴】**◇**素朴だ** 소박하다 ¶彼はとても素朴な好青年だ 그는 매우 소박하고 좋은 청년이다. / 素朴な疑問になるのですが、なぜ地球は太陽の周りを回っているのですか 소박한 질문입니다만 왜 지구는 태양의 주위를 돌고 있습니까? / 彼の言ったことを素朴に信じることができますか 그가 말한 것을 순진하게 믿을 수 있습니까?
**そまつ【粗末】①**〔上等でない〕◇**粗末だ** 변변치 않다〔質の悪い、貧弱な〕조잡하다〔みすぼらしい、古びた〕허술하다〔質素な〕검소하다 ¶彼女はいつも粗末な服を着ている 그녀는 항상 검소한 복장을 하고 있다. / その旅館の食事は非常にお粗末だった 그 여관 식사는 상당히 허술했다.
¶彼女は粗末な家に住んでいる 그녀는 초라한 집에 살고 있다. / 彼は粗末な食べ物を食べていた 그는 변변치 않은 음식을 먹고 있었다. / (物を贈るとき)お粗末な物ですが、どうぞ 변변치 않습니다만 받아 주십시오. / (食事などが)お粗末さまでした 변변치 못했습니다.
**②**〔大事にしない〕◇**粗末にする** 소홀히 하다 ¶ものを粗末にするな 물건을 소홀히 하지 말아야 한다. / 彼は親を粗末にした 그는 부모를 소홀히 했다. / 1円でも粗末にしてはいけません 일 엔이라도 소홀히 해서는 안 됩니다. / 若いうちは体を粗末にしがちだ 젊을 때는 몸을 소홀히 하기 쉽다. ⇒**お粗末**
**そまる【染まる】** 염색되다, 물들다 ¶この布地

はむらなく染まる 이 천은 골고루 물든다. / 山々が夕日でばら色に染まっていた 산들이 석양에 장미빛으로 물들었다. / 彼女の腕は血で染まった 그녀의 팔은 피로 물들었다. / 彼は息子が悪に染まるのではないかと心配している 그는 아들이 나쁜 데에 물들지 않을까 걱정하고 있다.
**そむく【背く】**〔従わない〕거역하다〔裏切る〕반역하다, 저버리다, 어긋나다〔法や約束を破る〕어기다 ¶彼は親の意に背いて芸能界に入った 그는 부모 뜻을 거역하고 연예계에 들어갔다. / 彼らは国に背いた 그들은 나라를 반역했다. / 法に背けば罰せられる 법을 어기면 벌 받는다. / 彼は彼女の信頼に背くようなことばかりする 그는 그녀의 신뢰를 저버리는 짓만 한다. / 私は自分の信念に背くようなことはきません 나는 내 신념을 저버리는 짓은 할 수 없습니다. / みなさんのご期待に背かぬようがんばります 여러분의 기대에 어긋나지 않도록 노력하겠습니다.
**そむける【背ける】**〔顔を〕외면하다〔目を〕돌리다 ¶彼女は赤ら顔を隠すために私から顔を背けた 그녀는 빨개진 얼굴을 감추기 위해 나를 외면했다. / 悲惨な光景から思わず目を背けた 끔찍한 광경에 엉겁결에 눈을 돌렸다.
**そめ【染め】** 염색〔染めの色合い〕빛깔 ¶このスカーフは染めがよい[悪い] 이 스카프는 물이 잘 들었다[잘 안 들었다]. ⇒**染まる、染める**
**そめもの【染め物】** 염색〔染めた物〕염색물 関連 **染め物屋** 염색집
**そめる【染める】**〔染料で染める〕염색하다〔色付けする〕물들이다 ¶白い布を青く染める 흰 천을 파랗게 염색하다 / 彼女は髪の毛を茶色に染めた 그녀는 머리카락을 갈색으로 물들였다. / 夕日が空を真っ赤に染めた 저녁노을이 하늘을 빨갛게 물들였다. / 少女はほおを赤く染めた 소녀는 뺨을 빨갛게 물들였다. / 悪事に手を染める 나쁜 일에 관여하다
**そもそも**〔もともと〕애당초, 원래〔一体〕도대체 ¶そもそもテストの問題自体が間違っていた 애당초부터 테스트 문제 자체가 틀렸다. / そもそも携帯電話を映画館に持ち込むのがいけない 애당초 휴대폰을 영화관에 들고 들어간 것이 나쁘다. / それがそもそもの理由だ 그것이 원래 이유이다. / そもそも何が起きたんだ 도대체 무슨 일이야?
**そや【粗野】**◇**粗野だ** 거칠다 ¶彼の粗野な態度にはあきれた 그의 거친 태도에 질렸다. / 教養のない人は粗野な言葉を使う 교양이 없는 사람은 거친 말을 쓴다.
**そよう【素養】** 소양 ¶彼女は文学の素養がある 그녀는 문학에 소양이 있다. / 彼は美術の素養がほとんどない 그는 미술에 소양이 거의 없다. / 彼女は音楽の素養に欠けている 그녀는 음악에 소양이 결여되어 있다.
**そよかぜ【微風】** 산들바람, 솔솔바람, 미풍 ¶心地よいそよ風が吹いている 기분 좋은 산들바람이 불고 있다. ⇒**風**
**そよぐ【戦ぐ】** 산들거리다 ¶木の葉が風にそよいでいる 나뭇잎이 바람에 산들거리고 있다. / 風にそよぐ稲穂 바람에 산들거리는 벼이삭

**そよそよ** 산들산들, 살랑살랑, 솔솔 ¶春風がそよそよと吹いている 산들산들 봄바람이 분다.

**そら** 자, 이봐 ¶そら, 見ろ 거봐. /そら, あいつが来た 그것 봐, 개가 왔어. /そらね, 言ったとおりでしょ! 거봐, 내 말 맞지! /そら, また始まった 저런, 또 시작이군.

**そら** 【空】 ❶ 〔天〕 하늘
◆【空が】
¶空が晴れてきた 하늘이 맑아졌다. /空が急に暗くなった 하늘이 갑자기 어두워졌다. /空が曇り立が降り出した 하늘이 어두워지고 소나기가 내리기 시작했다. /空が怪しい 하늘이 이상하다.
◆【空の】
¶空のかなたに渡り鳥の群れが見えた 하늘 저편에 철새 떼가 보였다. /空の旅はいかがでしたか 비행기 여행은 어떠했습니까?
◆【空に】
¶空に美しい虹がかかった 하늘에 아름다운 무지개가 떴다. /空に無数の星が輝いていた 하늘에 무수한 별이 빛나고 있었다. /ひばりが空に舞い上がった 종달새가 날아 오른다. /凧はすうっと空に上がった 연은 쏙 하늘로 올랐다.
◆【空を】
¶空を見上げた 하늘을 올려다봤다. /空を白い雲がゆっくり流れていく 하늘에 하얀 구름이 천천히 흘러간다. /鳥のように空を飛びたい 새처럼 하늘을 날고 싶다. /厚い雲が空を覆った 두꺼운 구름이 하늘을 덮었다.
◆〔その他〕
晴れた空 쾌청한 하늘 /雲一つない空 구름 한 점 없는 하늘 /曇り空 흐린 하늘 /どんよりとした空 잔뜩 찌푸린 하늘 /今にも雨が降り出しそうな空 지금 당장이라도 비가 내릴 것 같은 하늘 /夕焼け空 저녁놀이 진 하늘 /朝焼け空 아침 노을이 진 하늘 /灰色の空 잿빛 하늘
¶1羽の鳥が空高く飛んでいた 한 마리 새가 하늘 높이 날고 있었다. /彼女は旅の空から便りをくれた 그녀는 여행지에서 편지를 주었다.
❷ 〔暗記〕¶彼はその詩をそらで覚えた 그는 그 시를 외웠다〔암기했다〕. 関連 空色 하늘색 /青空 푸른 하늘 /星空 별이 빛나는 하늘 /夜空 밤하늘

**そらおそろしい**【空恐ろしい】 두렵다, 무섭다
¶この子の行く末を考えるとそら恐ろしい 이 아이의 장래를 생각하면 두렵다.

**そらす**【反らす】 젖히다 ¶体を後ろに反らす 몸을 뒤로 젖히다 /彼は胸を反らして答えた 그는 가슴을 젖히고 대답했다.

**そらす**【逸らす】 〔方向を〕 빗나가다 〔注意などを〕 돌리다 ¶的をそらす 과녁이 빗나가다 /彼は本当の問題から人々の注意をそらそうとした 그 사람은 진짜 중요한 문제로부터 사람들의 주의를 돌리려고 했다. /話をそらさないでください 말 돌리지 말아 주세요. /この悲惨な現実から目をそらしてはいけない 이 비참한 현실을 외면해서는 안 된다.

**そらぞらしい**【空々しい】 〔見え透いた〕 뻔하다, 뻔뻔하다 ¶空々しいうそをつくな 뻔한 거짓말은 하지 마. /彼女は私に空々しいお世辞を言った 그녀는 나한테 속이 빤히 들여다보이는 아부를 했다.

**そらとぶえんばん**【空飛ぶ円盤】 비행 접시 〔UFO〕 유에프오, 미확인 비행물체(未確認飛行物体)

**そらとぼける**【空惚ける】 시치미를 떼다, 모르는 체하다 ¶そらとぼけないで 시치미 떼지 마.

**そらなみだ**【空涙】 거짓 눈물 ¶彼女は空涙を流していた 그녀는 거짓 눈물을 흘렸다. ⇒涙

**そらに**【空似】 慣用句 それは他人の空似というものだ 그 사람은 남이면서 우연히 닮은 것이다. ⇒似る

**そらまめ**【空豆】 누에콩

**そらみみ**【空耳】¶君の空耳だよ(→聞き違えた) 자네가 헛들은 것이겠지. /空耳だった 잘못 들었다. | 헛들었다.

**そらもよう**【空模様】 날씨 ¶あすの空模様 내일의 날씨 /空模様が怪しい 날씨가 이상하다. /空模様から判断すると今夜は雪になりそうだ 날씨를 봐서 오늘 밤엔 눈이 올 것 같다.

**そり**【反り】 휨, 휘어짐 ¶板の反りがひどい 판자가 좀 심하게 휘었다. 慣用句 彼とは反りが合わない 그 사람하고는 마음이 잘 맞지 않는다.

**そり**【橇】 썰매 ¶そりに乗ろう 썰매 타자. /彼は北極圏を犬ぞりで横断した 그는 북극권을 개썰매로 횡단했다.

**そりかえる**【反り返る】 〔曲がる〕 뒤다, 휘다 〔いばる〕 으스대다 ¶湿気で雑誌の表紙が反り返った 습기로 잡지 표지가 휘었다. /彼はえらそうに椅子に反り返った 그는 잘난 체하며 의자를 뒤로 젖히고 앉았다.

**ソリスト**《音楽》솔리스트

**そりゅうし**【素粒子】 소립자

**そる**【反る】 〔曲がる〕 휘다 〔体・指などが〕 젖혀지다 ¶板が反る 판자가 휘다 /長い間日に当たると木材は簡単に反ってしまう 오랫동안 햇볕에 쬐면 목재는 쉽게 휘어버린다. /痛みのあまり彼の体は弓なりに反った 너무 아파서 그 사람의 몸은 활 모양으로 휘었다.

**そる**【剃る】 깎다, 면도하다, 밀다 ¶けさひげをそった 오늘 아침 면도했다. /彼は毎朝電気かみそりでひげをそる 그는 매일 아침 전기면도기로 수염을 깎는다. /ひげをそったほうがいいよ 수염을 깎는 게 좋아. /彼は口ひげをそり落とした 그는 콧수염을 면도했다. /床屋でひげをそってもらった 이발소에서 면도했다. /僕の頭ははげているんじゃなくて, そっているんだ 내 머리는 벗겨진 것이 아니라 민 것이다.

**それ** 그, 그것 〔そら〕 자, 이봐 ¶それは君のかばん? 그건 자네 가방이야? /それはいい考えだ 그것은 좋은 생각이다.
¶それがどうした 그것이 어쨌는데? /それはそうと, 彼女は元気かい 그건 그렇고 여자 친구는 잘 있어? /それはそれとして, 君はこれについてどう思うの 그건 그렇다 치고 자네는 이것에 대해 어떻게 생각해? /それはないよ 그런 법은 없어. /それ, それ 그거야. /それもそうだ 그것도 그렇군. /それ, 見たことか 거봐, 그럴 줄 알았어.

**それが** 하지만, 그런데, 실은 ¶今日は早く帰るつもりだった. それが急に仕事ができて10時過ぎになった 오늘은 일찍 집에 갈 생각이었다. 그런데 갑자기 일이 생겨서 열 시가 넘었다. /「皆さんお元気ですか」"아버님의 안부를 여쭙더라" "가족 모두 안녕하세요?" "실은 요즘 아버님이 편찮으세요."

**それから** 〔そして〕 그리고 〔その次に〕 그 다음에 〔その後〕 그 후 〔それ以来〕 그 이후 ¶テニスをして, それから昼食にした 테니스를 하고나서 점심을 먹었다. / それから彼女に会っていない 그 후로 그녀를 만나지 않았다. / コーヒー, それからケーキが出た 커피, 그리고 케이크가 나왔다.

**それきり【それ切り】** 그 후, 그 이후, 그 뒤 〔それだけ〕 그것뿐 ¶彼とはそれきり会っていない 그와는 그 후 만나지 않았다. / それきり何の連絡もない 그 뒤로 아무 연락도 없다.

**それくらい【それ位】** 그 정도, 그 쯤 ¶それくらいなら十分だ 그 정도면 충분하다. / それくらいのことなら私にもできます 그 쯤이야 나도 할 수 있습니다. / それくらいのことで泣くなよ 그 정도 일로 울지 마.

**それこそ** 그야말로 ¶もし彼女が家出をしたとすればそれこそたいへんだ 만약 그녀가 가출을 했다면 그야말로 큰일이다. / それこそ願ったりかなったりだ〔願ったとおり〕 그야말로 바라는 대로이다. / 〔打ってつけ〕 그야말로 안성맞춤이다. / うれしくてそれこそ天に昇る気持ちだった 기뻐서 그야말로 하늘을 날라갈 것 같은 기분이었다.

**それしき** 그까짓 ¶それしきのことで大騒ぎするな 그까짓 일로 소란 피우지 마.

**それぞれ** 각자, 각기, 각각 ¶うちの子供たちはそれぞれが自分の部屋を持っている 우리 아이들은 각자 자기 방을 가지고 있다. / 彼女と私はコンクールでそれぞれ賞をもらった 그녀와 나는 콩쿠르에서 각기 상을 탔다. / 彼は3人子供がいて, それぞれが違った学校へ行っている 그는 세 명의 아이가 있고, 각자 다른 학교에 다니고 있다. / 本はそれぞれ700円と900円と千円です 책은 각각 7백 엔과 9백 엔 그리고 천 엔입니다. / 政治と経済はそれぞれ別個の問題である 정치와 경제는 각각 별개의 문제이다.

**それだけ** 그것만, 그것뿐 〔その分〕 그만큼 ¶それだけはごめんだ 그것만은 싫어. / 用件はそれだけだ 용건은 그것 뿐이야. / その件についてはそれだけだ 그 건에 대해서는 그것 뿐이다. / 努力すればそれだけのことはある 노력하면 그만큼의 결과가 있다.

**それっきり【それっ切り】** 〔それだけ〕 그것밖에 ◇それっきりになる 끝나다 ¶砂糖はそれっきりしか残っていないのか 설탕은 그것밖에 안 남았어? / その件はそれっきりになった 그 건은 그것으로 끝났다.

**それで** 〔そして〕 그리고 〔そういうわけで〕 그래서 ¶それで彼女は来られなかった 그래서 그녀는 못 왔다.

**それでこそ** 그래야 ¶それでこそ男だ 그래야 남자지.

**それでは** 그러면, 그럼 ¶それでは始めましょうか 그럼 시작할까요? / それではこのへんで失礼します 그럼 여기서 실례하겠습니다. / それではまたお会いしましょう 자, 그럼 또 만나요. / それでは加藤さんにあまりに厳しすぎる 그러면 가토 씨한테는 너무 혹하다.

**それでも**〔それでもなお〕 그래도, 그런데도 〔それにもかかわらず〕 그럼에도 불구하고 ¶それでも行くのか 그래도 가겠는가? / 彼は忙しそうだったが, それでも私がたずねてもいやそうな顔をした 그는 바쁜 것 같았지만 그래도 내가 찾아갔더니 기쁜 표정이었다. / 彼は勉強はあまりしなかったが, それでも試験には合格するつもりでいた 그는 별로 공부하지 않았지만 그래도 시험에 합격할 걸로 믿고 있었다.

**それどころ【それ処】** ◇それどころか 그건 고사하고, 그렇기는커녕 ¶忙しくてそれどころではないばかれそう暇もない. / 彼女はお礼も言わなかった. それどころか怒り出したよ 그녀는 감사의 말은 커녕 화를 냈다.

**それとなく** 넌지시, 슬며시, 살짝 ¶それとなく彼に注意した 넌지시 그 사람에게 주의를 주었다. / それとなく申し出を断った 넌지시 제의를 거절했다.

**それとも** 아니면, 혹은 ¶コーヒー, それとも紅茶になさいますか 커피 아니면 홍차로 하시겠습니까? / 辛いものは好きですか, それとも嫌いですか 매운 음식을 좋아합니까, 아니면 싫어합니까?

**それなのに** 그런데도, 그럼에도 불구하고 ¶彼のためにいろいろしてあげた. それなのに彼は私を裏切ったんだよ 그를 위해서 여러 가지 해 주었는데도 그는 나를 배신했다.

**それなら** 그렇다면 ¶それならどうして自分でやらないのか 그렇다면 왜 자기가 안 하는 건가? / それなら私がやります 그렇다면 제가 하겠습니다. / それならそうと言ってくれればいいのに 그러면 그렇다고 말해 주면 좋았을 텐데. / それなら事は簡単だ 그렇다면 일은 간단하다.

**それなり** 그런대로 ¶それはそれなりに役に立つ 그것은 그런대로 도움이 된다. / 練習すればそれなりの効果はある 연습하면 그런대로 효과가 있다.

**それに** 〔その上〕 게다가 ¶風邪がなかなか治らない. それに歯まで痛くなってきた 감기는 좀처럼 낫지 않는다. 게다가 이마저 아파 왔다.

**それにしては** 그렇다고는 하나 ¶数学は苦手だと言うけれど, それにしてはよくできるね 수학은 못한다고 하지만 잘 하네.

**それにしても** 그렇다고 하더라도, 그렇다고 쳐도 ¶遅くなると電話があったけど, それにしても彼は遅いなあ 늦겠다고 전화가 왔지만 그렇다고 해도 그 사람 너무 늦네. / ミンスは若くて元気だが, それにしてもよく頑張るね 민수는 젊고 건강하다고 하지만 그렇다 하더라도 너무 열심이다.

**それにつけても** 그렇다고 하더라도, 그렇다고 쳐도 ¶それにつけても悔やまれるのはせっかくのチャンスを逃してしまったことだ 그렇다 하더라도 후회되는 것은 모처럼의 기회를 놓쳐 버린 것이다.

**それほど【それ程】**〔そんなに〕그렇게〔それほど…ない〕그다지《＋否定》¶なぜそれほどまで私を憎むのですか 왜 그렇게까지 나를 미워하는 것입니까？／彼がそれほど怒ったのを見たことはありなかった 그가 그렇게 화낸 것은 별로 본 적이 없었다.／きょうはそれほど寒くない 오늘은 그다지 춥지 않다.

会話 忙しい？
A：忙しいの？
B：それほどでもないよ
A：바쁘니？
B：별로.

**それまで**〔その時まで〕그때까지 ◇それまでだ〔終わりだ〕그만이다 ¶それまでお元気でいらしてください 그때까지 건강하세요.／それまで辛抱して待っていた 그때까지 참고 기다렸다.／それまでに終わらせなさい 그때까지 끝내라.
¶行ってみて彼に会えなかったらそれまでだ 가 보고 그 사람을 만나지 못하면 그만이다.

**それゆえ【それ故】**그러므로, 그러니까, 따라서 ～したがって, だから

**それる【逸れる】**빗나가다, 벗어나다 ¶弾丸はるかに的をそれた 탄환은 멀리 표적을 빗나갔다.／私たちが乗った車は一時脇道にそれた 우리 탄 차는 한때 샛길로 빠졌다.／台風は南シナ海にそれた 태풍은 남중국해로 빗나갔다.／彼は自分の選んだ道からそれることはなかった 그는 자기가 선택한 길에서 벗어나는 일은 없었다.／話がすっかりそれてしまったね 이야기가 완전히 빗나가 버렸네.／論点からそれる 논점에서 벗어나다

**ソロ**《音楽》솔로, 독주(独奏), 독창(独唱) ¶彼はソロで歌った 그는 솔로로 노래 불렀다.
関連 ソロホームラン 솔로 홈런

**そろい【揃い】**〔一式〕벌, 세트 ◇おそろいで〔みんなで一緒に〕모두 함께 ¶一そろいの家具 한 가구 세트／食器一そろい 반상기 한 벌
¶おそろいでお出かけですか 모두 함께 외출하십니까？

**ぞろい【揃い】**〔全部が〕모두 ¶一流ぞろいのプレーヤー 전원 일류 선수들／彼女たちは美人ぞろいだった 그 여자들은 모두 미인이었다.

**そろう**〔揃う〕❶〔集まる〕모이다〔一か所に〕갖추어지다 ¶生徒全員がそろった 학생 전원이 모였다.／みなさん，そろいましたか 여러분, 모두 모였습니까？／この学校には優秀な生徒がそろっている 이 학교에는 우수한 학생이 모여 있다.／みんなそろって家を出た 모두 다 같이 집을 나섰다.／このチームは全員そろうと20人になる 이 팀은 전원 모이면 20명이 된다.
¶この店は文房具も何でもそろっている 이 가게에는 문방구라면 무엇이든 갖추어져 있다.／必要な道具がそろっている 필요한 도구가 갖추어져 있다.／その美術館には印象派の作品がそろっている 그 미술관에는 인상파의 작품이 모여 있다.／彼の無罪を証明する証拠がそろった 그 남자의 무죄를 증명하는 증거가 모였다.
❷〔完全になる〕갖추어지다 ¶もう１冊で日本文学全集が全部そろう 이제 한 권만 더 있으면 일본 문학 전집이 전부 갖추어진다.／このディナ―セットはそろっていない 이 디너 세트는 갖추어지지 않았다.／日本は優勝できる条件がそろっている 일본은 우승할 수 있는 조건이 갖추어져 있다.
❸〔等しい〕고르다〔釣り合う〕맞다 ¶りんごの粒がそろっていない 사과 크기가 고르지 않다.／母は粒のそろったくりを買ってきた 어머니는 알이 고른 밤을 사 왔다.／ダンサーは全員背がそろっている 댄서는 전원 키가 비슷비슷하다.
慣用句 うちのクラスはそろいもそろって足がのろい(→みんな走るのが遅い) 우리 반 학생들은 누구나 할 것 없이 모두들 달리기가 느리다.

**そろえる**〔揃える〕❶〔集める〕모으다〔準備する〕갖추다 ¶学会には世界の権威者が顔をそろえた 학회에는 세계의 권위자가 모였다.／あしたまでに必要な資料をそろえてください 내일까지 필요한 자료를 갖추어 주세요.／彼は自動車の修理道具をそろえている 그는 자동차 수리 도구를 갖추었다.／この店では世界各国のビールをそろえている 이 가게에는 세계 각국의 맥주가 갖추어져 있다.
❷〔完全にする〕갖추다 ¶ビートルズのCDをすべてそろえた 비틀즈의 CD를 전부 갖추었다.／スキー用品をそろえた 스키 용품을 갖추었다.
❸〔等しくする〕맞추다 ¶垣根の高さをそろえたほうがいい 울타리의 높이를 맞추는 게 좋다.／前髪の長さをそろえて切ってください 앞머리 길이를 맞추어서 잘라 주세요.／サポーターたちは声をそろえて声援を送った 서포터들은 목소리를 모아 성원을 보냈다.／口をそろえて言う 입을 모아 말하다
❹〔きちんとする〕가지런히 하다 ¶靴をそろえて置きなさい 구두를 가지런히 두어라.／彼女は紙をそろえてへりを切り落とした 그녀는 종이를 가지런히 하고 가장자리를 잘라 냈다.／足をそろえて立っているのは疲れる 다리를 가지런히 모아 서 있는 것은 피곤하다.

**そろそろ**❶〔ゆっくりと〕천천히, 서서히 ¶老人はそろそろと道路を横切った 노인은 천천히 길을 건넜다.／道がとても狭かったのでそろそろと運転した 길이 너무 좁아서 차를 서서히 몰았다.
❷〔程なく〕이제 곧〔ぼちぼち〕슬슬 ¶兄はそろそろ帰ってくるでしょう 오빠는 이제 곧 돌아오겠지요.／もうそろそろ寝る時間ですよ 이제 곧 잘 시간이에요.／そろそろ授業が始まるから行こうよ 슬슬 수업이 시작되니까 가자.
¶そろそろ帰りましょうか 이제 돌아갈까요？／そろそろ始めましょう 슬슬 시작해 봅시다.／そろそろ出かけましょうか 슬슬 출발할까요？

**ぞろぞろ**줄이 ¶観客は球場からぞろぞろと出て来た 관객들이 구장에서 줄줄이 나왔다.

**そろばん【算盤】**수판(数板), 주판(珠板), 산판(算板) ¶そろばんをはじく 수판을 놓다／そろばんで計算した 수판으로 계산했다.／彼女はそろばんができない 그녀는 수판을 못 한다.／きょうはそろばんの練習をした 어제는 수판 연습을 했다.／そろばんの玉 수판알, 주판알 慣用句 そろばんが合う(→採算が合う) 채산이 맞다／それではそろばんが合わない(→採算がとれない) 그러면 채산이 맞지 않다.／彼はいつもそろばんずくだ(→打算的) 그

そんじる

항상 타산적이다.
**そわそわ** 들썽들썽 ◇**そわそわする** 들썽거리다, 안절부절못하다 ¶なぜそわそわしているの 왜 그렇게 안절부절못해? / 子供たちが演奏会が始まるとすぐにそわそわしだした 아이들은 연주회가 시작되자 금방 들썽거렸다. / 彼女はそわそわして立ち上がった 그녀는 안절부절못해서 일어섰다.

**そん**【損】❶〔損失〕손, 손해 ◇**損する** 손해 보다 ¶彼は株で大損をした 그는 주식으로 큰 손해를 봤다. / 競馬で3万円損した 경마에서 3만 엔 손해 봤다.
¶このかばんが1万円なら損な買い物じゃない 이 가방을 만 엔에 샀다면 손해 본 거 아니잖아? / あの店は損を承知で在庫品を安売りしている 그 가게는 손해인 줄 알면서 재고품을 싸게 팔고 있다. / 得るところは少なく損ばかりだ 손해 볼 뿐 이익이 적다. / 損になるようなことには手を出すな 손해 볼 것 같은 것에는 손대지 마.
❷〔不利〕손해, 불리 ¶彼に親切にしておいて損はないよ 그에게 친절하게 해둬서 손해 볼 것은 없어. / 長男は損だとよく言われる 장남은 손해 볼 때가 많다고들 한다. / 韓国語を話せなくて彼は損をした 한국어를 못해서 그는 손해를 봤다. / 取引先と損な契約をしてしまった 거래처와 불리한 계약을 했다.

会話 心配して損した
A：きのうの数学のテストすごく簡単だったね
B：本当、心配して損しちゃったよ
A：어제 수학 시험은 너무 쉬웠지.
B：정말. 괜히 걱정했어.
A：人に頼まれるといやとは言えないんだ
B：損な性格してるね
A：부탁 받으면 싫다는 말 못하겠어.
B：손해 볼 깨나 타고났구나.
慣用句 損して得とれ 손해가 이익을 끌고 온다.
**そんえき**【損益】손익 ¶当期の損益を計算する 당기 손익을 계산하다 関連 損益計算書 손익 계산서 / 損益分岐点 손익 분기점

**そんがい**【損害】손해 ¶会社はその取引で大損害を受けた 회사는 그 거래에서 큰 손해를 보았다. / 台風が穀物に甚大な損害を与えた 태풍은 곡물에 거대한 손해를 주었다. / 車を電柱にぶつけちゃってね。10万円の損害だよ 차를 전봇대에 부딪쳐 버렸거든. 10만 엔 손해 봤어. / わが社の損害はしめて300万円になった 우리 회사의 손해는 모두 300만 엔이 되었다. / 損害を自分で埋め合わせた 그는 손해를 자기가 메웠다. / 彼らは損害の償いをした 그들은 손해 배상을 했다. / 損害を最小限に食い止めなければならない 손해를 최소한으로 막아야 된다. / 彼はタクシー会社に対して損害賠償を要求するだろう 그는 택시 회사에 손해 배상 청구를 할 것이다. 関連 損害保険 손해 보험

**そんけい**【尊敬】존경 ◇**尊敬する** 존경하다 ¶その社長は社員の尊敬を集めている 우리 사장님은 사원의 존경을 받고 있다. / あの政治家は尊敬に値する 그 정치가는 존경을 받을 만하다. / 尊敬の念を抱く 존경심을 가지다
¶私たちはみな彼を尊敬していた 우리 모두 그를 尊敬하고 있었다. / みんな彼をリーダーとして尊敬している 모두 그를 리더로서 존경하고 있다. / 尊敬する人はだれですか 존경하는 사람은 누구입니까? / 田中先生は学生たちに非常に尊敬されていた たなか 先生님은 学生들에게 상당히 존경받고 있었다. 関連 尊敬語 존경어

**そんげん**【尊厳】존엄 ¶人間の尊厳を傷つけてはいけない 인간의 존엄을 훼손해서는 안 된다. / 我々は生命の尊厳をもっと尊ぶべきだ 우리는 생명의 존엄을 더 존중해야 한다. 関連 尊厳死 존엄사

**そんざい**【存在】존재 ◇**存在する** 존재하다 ¶私は宇宙人の存在を信じている 나는 우주인의 존재를 믿고 있다. / 彼女はクラスではひときわ目立つ存在だった 그녀는 반에서 유달리 눈에 띄는 존재였다. / いるかは哺乳類の中では特異な存在だ 돌고래는 포유류들 중에서는 특이한 존재이다. / 姉は家では母のような存在だ 언니는 집에서는 엄마와 같은 존재이다. / 人間は社会的存在だ 인간은 사회적 존재이다. / 私たちの存在理由とは何だろう 우리가 존재하는 이유가 무엇일까? / あの役者は実に存在感がある 그 배우는 정말 존재감이 있다.
¶かつて地球上には恐竜が存在していた 일찍이 지구 상에는 공룡이 존재하고 있었다. / 地球以外の他の惑星には生命体は存在しない 지구 이외의 다른 혹성에는 생명체는 존재하지 않는다. / いかなる生物も空気がなければ存在できない 그 어떠한 생물도 공기가 없으면 존재할 수 없다.

**ぞんざい** ◇**ぞんざいだ**〔乱暴だ〕거칠다, 험하다【いいかげんだ】적당하다, 무책임하다【失礼だ】무례하다 ◇**ぞんざいに** 거칠게, 함부로, 험하게, 적당히, 무례하게 ¶彼は仕事がぞんざいだ 그가 하는 일이 거칠다. / 彼女の話しぶりにはぞんざいな調子があった 그녀의 말투에는 무례한 데가 있었다. / 本をぞんざいに扱ってはいけない 책은 험하게 다루어서는 안 된다. / 彼らはお年よりをぞんざいに扱った 그들은 나이 드신 분들을 무례하게 대했다.

**そんしつ**【損失】손실 ¶わが社の損失はかなり大きい 우리 회사는 손실이 패 크다. / 彼のミスで会社に5千万円の損失を与えた 그의 실수로 회사에 5천만 엔의 손실을 주었다. / 莫大な損失を被る 막대한 손실을 입다 / 今月の損失をどうやったら補えるだろう 이번달 손실을 어떻게 하면 보충할 수 있을까? / これ以上の損失は避けなければならない 이 이상의 손실은 피해야 한다. / 円高による損失は大したことはないだろう 엔고로 인한 손실은 대수롭지 않을 것이다. / その政治家の死は国家的損失である 그 정치가의 죽음은 국가적 손실이다. 関連 損失補填 손실 보전

**そんしょう**【損傷】손상 ¶兄の車は事故で損傷を受けた 형의 자동차는 사고로 손상을 입었다.
**そんしょく**【遜色】손색 ¶君の作品は入選作と比べても遜色がない 자네 작품은 입선작과 비교해도 손색이 없다.
**そんじる**【損じる】〔機嫌〕상하게 하다〔…しそこなう〕잘못《+動詞》¶祖父の機嫌を損じてしまった 할아버지의 기분을 상하게 했다. / 年賀状

**ぞんじる**【存じる】〔知る〕알다〔思う〕생각하다 ¶ご存じのとおり、この方は韓国では有名な俳優です 아시는 바와 같이 이 분은 한국에서는 유명한 배우입니다．/ぜひご一緒したいと存じます 꼭 같이 하고자 합니다．

**そんぞく**【存続】존속 ◇**存続する** 존속하다, 존속되다 ¶会員は減っているがそれでもまだクラブの存続を望む声は多い 회원은 줄고 있지만 그래도 아직 클럽의 존속을 바라는 소리가 많다．

**そんぞく**【尊属】존속 関連 尊属殺人 존속 살해 (殺害)／直系尊属 직계 존속

**そんだい**【尊大だ, 傲慢だ】거만하다 ¶彼女はいつも尊大な態度をとる 그녀는 항상 거만한 태도를 취한다．

**そんちょう**【尊重】◇**尊重する** 존중하다 ¶プライバシーを尊重するべきだ 프라이버시를 존중해야 한다．／夫は私の意見を尊重しない 남편은 내 의견을 존중하지 않는다．／人権の尊重 인권 존중

**そんちょう**【村長】촌장(▶韓国の 면장「面長」に相当する)

**そんとく**【損得】손익(損益)〔利害〕이해 ¶彼の言い分には損得勘定が入っている 그의 주장에는 손익을 고려에 넣고 있다．／彼はすべて損得ずくで行動している 그는 모든 일에 손익을 따지면서 행동하고 있다．／彼女は損得抜きで私を援助してくれた 그녀는 손익을 떠나서 나를 원조해 주었다．／彼は自分の損得にはまったく無関心な人だった 그는 자기의 손익에는 전혀 무관심한 사람이었다．

**そんな**〔そのような〕그런, 그럴〔そんなふうに〕그렇게〔それ〕그 ¶そんな魅力的な女性に会ったことはない 그런 매력적인 여성을 만난 적이 없다．／娘はそんな悪い言葉を使うのかとショックを受けた 딸이 그런 나쁜 말을 쓰는 걸 듣고 충격을 받았다．／そんなばかな 그런 말도 안 되는 소리．／私の前でよくもそんなことが言えるね 내 앞에서 잘도 그런 말을 하네．／そんなことをするとはあんまりだ 그런 짓을 하다니 너무하다．／私はそんなことは言ってない 나는 그런 말은 하지 않았어．／私の知る限りそんなことはこれまでなかった 내가 알기로는 그런 일은 지금까지 없었다．

¶水道の水をそんなふうに出しっぱなしにしてはいけない 수도를 그렇게 틀어 놓아서는 안 된다．／彼女はいつもそんなふうに言うんだ 그녀는 항상 그렇게 말한다．／そんなふうにして彼は金をもうけたのだ 그렇게 해서 그는 돈을 벌었다．／そんなわけで、約束の時間に遅れてしまいました 그런 이유로 약속 시간에 늦어버렸습니다．

¶新しい家に引っ越してからそんなこんなで忙しい 새 집에 이사하고 나서 이런저런 일로 바쁘다.

会話 **そんなはずない**
A：彼，あしたのパーティーに来ないらしいよ
B：そんなはずないわ．私に来るって約束したんだから
A：그 친구 내일 파티에 안 온대．
B：그럴 리 없어．나한테 온다고 약속했는걸．
A：授業サボって映画見に行こうぜ
B：そんなことできないよ
A：수업 땡땡이 치고 영화 보러 가자．
B：그런 짓 못해．
A：あいつ彼女に振られて落ち込んでいるんだ
B：そんなことだろうと思ったよ
A：저 녀석 여자 친구한테 차여서 풀이 죽어 있어．
B：그럴 거라 생각했어．
A：それでは私がカンニングをしたと言うのか
B：そんなつもりで言ったんじゃないよ
A：그럼 내가 커닝했다는 거야?
B：그런 뜻으로 말한 거 아니야．

**そんなに**〔そんなに…ない〕그다지, 그리《＋否定》¶空港はそんなに遠いのですか 공항은 그렇게 멉니까?／その店はそんなに安いですか 그 가게는 그렇게 쌉니까?

会話 **そんなに**
A：きょうはそんなに寒くないね
B：そうだね
A：오늘은 그다지 춥지 않네．
B：그렇네．
A：きのう漫画の本 10 冊買っちゃった
B：えっ，そんなに？
A：어제 만화책 열 권 사 버렸다．
B：뭐? 그렇게나?
A：コンピュータの使い方教えてくれない
B：いいけど，僕もそんなに詳しい訳じゃないよ
A：컴퓨터 사용 방법 가르쳐 줄래?
B：좋지만, 나도 그렇게 잘 아는 건 아닌데．
A：お金貸して，3 万円でいいんだ
B：そんなには無理だね
A：돈 빌려 줄래? 3만 엔이면 돼．
B：그렇게는 무리야．
A：あの映画おもしろかった，3 回も見ちゃったよ
B：そんなにおもしろかった？ 僕はそう思わなかったよ
A：그 영화 재미있었어．세 번이나 봤다니까．
B：그렇게 재미있었어? 나는 안 그랬는데．
A：あなたってまたデートに遅刻よ．もう，いや！
B：ごめん，ごめん．そんなに怒るなよ．二度と遅れないから
A：자기는 또 데이트하는 데 지각이야．이제 싫어!
B：미안, 미안해．그렇게 화내지 마．다시는 안 그럴게．
A：글쎄, 그렇게 말한다면 용서해 줄게．

**ぞんぶん**【存分】◇**存分に** 마음껏, 실컷 ¶存分に楽しんでください 마음껏 즐기십시오．／存分にカラオケを楽しんだ 마음껏 노래방을 즐겼다．／思う存分遊ぶ 마음껏 놀다

**そんみん**【村民】촌민, 마을 사람들

**ぞんめい**【存命】존명〔生存〕생존 ¶父の存命中はそのことは知らなかった 부친 생존시에는 그런 일은 몰랐다．

**そんらく**【村落】마을, 촌락, 촌리(村里) ⇒**村**

**そんりつ**【村立】공립(公立)(▶韓国に「村立」はない) ¶村立中学校 공립 중학교

# た

**た【他】** 타 ◇他の 다른 ¶他の人の意見も聞きましょう 다른 사람들의 의견도 들어 보죠. ⇨その他, ほか

**た【田】** 논 ¶田を耕す 논을 갈다 / 田に水を引く 논에 물을 대다

**ダークホース** 다크호스

**ターゲット** 타깃[的] 과녁, 표적[目標] 목표 ¶この広告は女性にターゲットをしぼっている 이 광고는 여성을 타깃으로 하고 있다.

**ダース** 다스 ¶鉛筆を1ダースください 연필 한 다스 주세요.

**タートルネック** 터틀넥 ¶タートルネックのセーター 터틀넥 스웨터

**ターバン** 터번 ¶ターバンを巻いている男 터번을 감은 남자

**ダービー** 더비 ¶日本ダービーで大穴を当てた 일본 더비에서 대박이 터졌다.

**タービン** 터빈

**ターボ** 터보 ¶ターボエンジン 터보 엔진 / ターボジェット 터보 제트 / ターボ車 터보차  관련

**ターミナル** 터미널 관련 ターミナルビル 터미널 빌딩 / ターミナルホテル 터미널 호텔 / バス[エア]ターミナル 버스[에어] 터미널

**タール** 타르 ¶タール分の少ないタバコ 타르가 적은 담배

**ターン** 턴 ◇ターンする 턴하다 관련 ターンテーブル 턴테이블 ⇨ユーターン

**たい【対】** 대 ¶試合は6対2で勝った 시합은 6대 2로 이겼다. / 1対1で話す 일대일로 이야기하다 / 日本対韓国のサッカー試合は白熱していた 일본 대 한국 축구 경기는 격렬했다.

¶韓国の対日輸出 한국의 대일 수출 / 日本の対アジア貿易 일본의 대아시아 무역

**たい【隊】** 대 ¶隊列 대열 ¶隊を組む 대열을 짜다 / 救助隊が到着した 구조대가 도착했다. / 探検隊 탐험대 / 消防隊 소방대 / 歩兵隊 보병대

**たい【鯛】** 도미, (縮約) 돔 慣用句 腐っても鯛 썩어도 준치 (►준치 はニシン科の「ひら」)

**タイ** [国] 타이, 태국(泰国) [同足] 동점 [ネクタイ] 넥타이 ¶彼は走り幅跳びで世界タイ記録を出した 그는 넓이뛰기에서 세계 타이 기록을 냈다. 관련 タイピン 넥타이 핀

**たい【他意】** 다른 뜻 ¶そのことに他意はありません 그것에 다른 뜻은 없습니다.

**-たい** [...したい] -고 싶다 ¶できるだけ早くジナに会いたい 될 수 있는 한 빨리 지나를 보고 싶다. / 私は慶州に行ってみたいです 나는 경주에 가 보고 싶은데요. / 君に今すぐ来てもらいたい 네가 지금 곧 와 주었으면 좋겠어. / 写真を撮ってもらいたいんですが 사진을 찍어 주셨으면 좋겠습니다만. / 話したいことがあるのだけど 하고 싶은 이야기가 있는데. / 船に乗って世界一周してみたいなあ 배를 타고 세계 일주해

보고 싶다. / またお会いしたいです 또 만나고 싶습니다.

/ 手を洗いたいのですが 손을 씻고 싶은데요.

会話 飲みたくない
A：仕事が終わったらビールでも飲みに行かないか？
B：ごめん、きょうは飲みたくないんだ
A：日ー終ったら麦酒 마시러 안 갈래？
B：미안, 오늘은 마시고 싶지 않아.
A：あした釣りに行かないか？
B：どっちかっていうと家にいたいな。 寒そうだもの
A：내일 낚시 안 갈래？
B：글쎄, 그냥 집에 있고 싶은데. 추울 것 같아서.

**だい【大】** ❶ [大きいこと, もの] 대, 큰 ◇大の [非常に] 아주, 매우, 무척 ◇大だ [大きい] 크다 ¶彼は大企業で働いている 그는 대기업에서 일하고 있다. / そのデマで町中が大混乱に陥った 그 유언비어 때문에 시 전체가 대혼란에 빠졌다. / 私はその案に大賛成だ 나는 그 안건에 대찬성이다. / 大成功 대성공 / 大学者 대학자 / 生ビールの大を3つお願いします 생맥주 큰 것으로 세 잔 주세요.

¶ミンスとは大の仲よしだ 민수와는 아주 친한 사이이다. / 父は大の映画好きだ 아버지는 무척 영화를 좋아하신다. / 私は蛇が大の苦手だ 나는 뱀이 아주 싫다. / 大の大人 다 큰 어른 / 彼は当選する可能性が大だ 그는 당선될 가능성이 크다. / 核実験について声を大にして反対したい 핵 실험에 대해서 소리 높여 반대하고 싶다.

❷ [大きさ] 대, 크기 ¶河原でこぶし大の石を拾った 시냇가에서 주먹만한 돌을 주웠다. / このくもの写真は実物大だ 이 거미 사진은 실물 크기이다. / 彼女は部屋にお気に入りの歌手の等身大のポスターをはった 그녀는 방에 좋아하는 가수의 실물 크기의 포스터를 붙였다.

❸ [大学] …대, 대학(校) / 女子大 여대 / 私立大 사립대 / 東大 도쿄 대학 / ソウル大 서울대 慣用句 大は小を兼ねる 큰 것은 작은 것을 대신할 수 있다 / 大の男が泣いたりしちゃ, みっともない 다 큰 남자가 울면 보기 흉하다. / 大は大の字になって寝た 그는 큰 대자로 누워 잤다. / 子供というのは大なり小なり親の影響を受ける 어린이는 크건 작건 부모의 영향을 받는다.

**だい【代】** ❶ [家・地位などの継承期間[順位]] 시대(時代) 세대(世代) ¶その話は孫子の代まで語り伝えていくだろう 그 이야기는 자손 대대로 전해져 내려 갈 것이다. / 彼の家は何代も続いた名家だ 그의 집은 몇 대에 걸친 명가이다. / 私の家族は祖父の代からここに住んでいる 우리 가족은 조부님 때부터 여기에 살고 있다. / 実家は私の兄に代が変わった 친정에서는 우리 오빠가 대를 이었다.

¶キム・デジュン氏は韓国の第15代大統領を務めた 김

대중 씨는 한국의 제15대 대통령을 역임했다. / パク・チョンヒ氏は何代目の大統領ですか 박정희 씨는 몇 대 대통령입니까? / 日本は徳川家光の代に鎖国した 일본은 도쿠가와 이에미쓰 시대에 쇄국했다. / 先代の王 선대 왕

❷ [年令・年代のおおよその範囲] 대 ¶彼女は30代らしい 그녀는 30대라고 한다. / 彼は20代半ばだ 그는 20대 중반이다. / 40代の人 40대 사람 / その店は10代の少年少女の服を扱っている 그 가게는 10대 소년 소녀의 옷을 취급한다. / 私たちは1980年代に生まれました 우리는 1980년대에 태어났습니다.

❸ [代金] 대금, 요금(料金), 값, 돈 ¶お代は結構です 대금은 지불 안 하셔도 됩니다. / お代はいくらですか 요금은 얼마입니까? / 電話代を払うのを忘れてしまった 전화세[전화료] 내는 것을 잊어버렸다. / 新宿駅までのバス代さえない 신주쿠역까지 갈 버스 요금조차 없다.

❹ [人の代理] 대리 ¶彼は柔道の師範代だ 그는 유도 보조 사범이다.

**だい【台】** ❶ [物をのせるもの] 대, 받침대 ¶この台の上にある本を持ってきてくれませんか 그 받침대 위에 있는 책을 갖다 주시겠습니까? / 椅子を台にして棚の上の箱を取った 의자를 받침대로 해서 선반 위의 상자를 집었다. / 台を重ねる 받침대를 쌓다

¶洗面台 세면대 / 譜面台 악보대 / 作業台 작업대 / 燭台 촛대

❷ [機械などを数える単位] 대 ¶もう1台車が欲しい 차 한 대 더 갖고 싶다. / 家には2台のテレビがある 우리 집에는 텔레비전이 두 대 있다.

❸ [数量のおよその範囲] 대 ¶朝7時台の電車はとても込んでいる 아침 일곱 시부터 여덟 시 사이의 전철은 아주 복잡하다. / 10万円台のコンピュータがよく売れる 10만 엔대의 컴퓨터가 잘 팔린다. / テストで90点台を取れば大丈夫です 시험에서 90점 이상 맞으면 괜찮습니다.

**だい【題】** [表題] 제목 ¶私の論文の題は「韓国の食文化について」です 내 논문의 제목은 '한국의 음식 문화에 대하여'입니다. / その本の題は何というのですか 그 책의 제목은 뭡니까? / 『四月の雪』という題の韓国映画を見た '사월의 눈'이라는 제목의 한국 영화를 보았다. / 題をつける 제목을 붙이다 / 歌の題 노래 제목

**だい-【第-】** 제- ¶第1回 제1회 / 第2課 제2과

**たいあたり【体当たり】** ¶刑事はドアに体当たりした 형사는 문을 향해 몸을 날렸다. / 体当たりの演技をする 혼신을 다해 연기를 하다

**タイアップ** 제휴(提携) ◇タイアップする 제휴하다 ¶わが社は韓国のソフトウエア会社とタイアップしている 우리 회사는 한국의 소프트웨어 회사와 제휴하고 있다.

**たいあん【大安】** 길일(吉日)

**たいい【大尉】** 대위

**たいい【大意】** 대의, 줄거리 [概要] 개요 [概略] 개략 [要約] 요약 ¶文章の大意 글의 대의 / 大意をつかむ 대의를 파악하다 / 大意をまとめる 개요를 정리하다

**たいい【体位】** 체위, 건강 [体格] 체격 [姿勢] 자세 ¶体位測定 체위 측정

**たいい【退位】** 퇴위 ¶王は退位を決心した 왕은 퇴위를 결심했다.

**たいいく【体育】** 체육 ¶きょうの体育の授業はバレーボールだった 오늘의 체육 수업은 배구였다. / 体育の先生 체육 선생님 関連 体育館 체육관 / 体育着 체육복 / 体育大会 체육 대회 / 体育大学 체육 대학 / 体育の日 체육의 날

**だいいち【第一】** 제일, 첫째 ◇第一の 첫째가는 ◇第一に 첫째로, 우선

¶私にとっては仕事が第一だ 나한테는 일이 첫째이다. / 商売は信用が第一の 장사는 신용이 제일이다. / 健康が第一だ 건강이 제일이다. / 何よりも安全を第一にすべきだ 무엇보다도 안전을 제일로 해야 한다. / 安全第一(➡標語) 안전 제일 / インターネットで調べてみろと言われても無理だよ、第一パソコンを持っていないんだ 인터넷으로 찾아보라고 해도 무리야. 우선 컴퓨터가 없어.

¶いい大学に入ることが、彼らの第一の関心事だ 좋은 대학교에 들어가는 것이 그들의 가장 큰 관심사다. / 彼女がアメリカに行く第一の目的は英語力をつけることだった 그녀가 미국에 가는 첫째 목적은 영어 실력을 쌓는 것이었다.

¶東京に来てまず彼女は住む部屋を探した 그녀는 도쿄에 와서 제일 먼저 살 집을 구하러 다녔다. / その家を買う気はないよ、第一に会社から遠すぎるし、第二に値段が高すぎる 그 집을 살 생각은 없어. 첫째로 회사에서 너무 멀고, 둘째로 가격이 너무 비싸.

¶「その厚い本、どこまで読んだの」「まだ第一章だよ」 "그 두꺼운 책 어디까지 읽었어?" "아직 제1장이야." / 彼がリレーの第一走者だった 그가 릴레이의 첫 번째 주자였다. / 新聞の第一面でその事故が大々的に取り上げられた 신문의 제1면에 그 사고가 대대적으로 보도되었다. / 彼らは環境破壊防止に向けて第一歩を踏み出した 그들은 환경 파괴 방지를 향한 첫걸음을 내디뎠다.

**だいいちいんしょう【第一印象】** 첫인상(➡発音は 처딘상) ¶日本の第一印象はどうですか 일본의 첫인상이 어때요?

**だいいちにんしゃ【第一人者】** 제일인자 ¶田中教授はこの分野での第一人者とみなされている 다나카 교수는 그 분야에서 제일인자로 인정받고 있다.

**だいいっき【第一期】** 제일기

**だいいっせん【第一線】** 제일선 ¶彼は経営の第一線を退いた 그는 경영의 제일선에서 물러났다. / 彼女は政界の第一線で活躍している 그녀는 정계의 제일선에서 활약하고 있다. / 第一線部隊 제일선 부대

**たいいん【退院】** 퇴원 ◇退院する 퇴원하다 ¶全快して退院する 완쾌해서 퇴원하다 / 夫はきのう退院しました 남편은 어제 퇴원했습니다.

**たいいん【隊員】** 대원

**たいえき【退役】** 퇴역 ◇退役する 퇴역하다 ¶おじは50歳で海軍を退役した 삼촌은 쉰 살에 해군을 퇴역하셨다. 関連 退役軍人 퇴역 군인 / 退役将校 퇴역 장교

**ダイエット** ダイエット ¶私は今ダイエット中です 나는 지금 다이어트 중입니다. 関連 **ダイエット食品** 다이어트 식품

**たいおう【対応】** 대응, 상응(相応) ◇**対応する** 대응하다, 상응하다 ¶対応策を練る 대응책을 짜다 / その問題に対する対応策を講ずる必要がある 그 문제에 대한 대응책을 강구할 필요가 있다. / 変化に対応する 변화에 대응하다 / この韓国語に対応する日本語はない 이 한국어에 상응하는 일본어는 없다.

**だいおうじょう【大往生】** 대왕생 ¶**大往生を遂げる** 편안하게 죽다

**ダイオキシン** 다이옥신 ¶工場跡地の土壌からダイオキシンが検出された 공장터 토양에서 다이옥신이 검출되었다.

**たいおん【体温】** 체온 ¶体温を計る 체온을 재다 / 体温が上がる[下がる] 체온이 오르다[내리다] / 私の体温は平均より少し低め[高め]です 내 체온은 평균보다 조금 낮은[높은] 편입니다. 関連 **体温計** 체온계 / **体温調節** 체온 조절

**たいか【大火】** 큰 화재, 큰불 ¶町は大火に見舞われた 시내는 큰 화재였다.

**たいか【大家】** 대가 [巨匠] 거장 ¶彼は日本画の大家です 그 사람은 일본화의 대가입니다. / その道の大家 그 분야의 대가 / 書道の大家 서예의 대가

**たいか【耐火】** 내화 ◇**耐火性** 내화성 関連 **耐火建築** 내화 건축 / **耐火れんが** 내화 벽돌

**たいか【退化】** 퇴화 ◇**退化する** 퇴화하다, 퇴화되다 ¶文明の退化 문명의 퇴화 / 生物の器官は環境によって退化する 생물의 기관은 환경에 의해 퇴화된다.

**たいが【大河】** 대하, 큰 강 関連 **大河小説** 대하 소설 / **大河ドラマ** 대하드라마, 사극(史劇)

**だいか【代価】** 대가, 값 ¶人々は自由のために大きな代価を払った 사람들은 자유를 위해서 큰 대가를 치렀다.

**たいかい【大会】** 대회 ¶大会を開く[終える] 대회를 열다[마치다] / 大会に参加する 대회에 참가하다 / 彼女はテニス大会に出場した 그녀는 테니스 대회에 출전했다. ¶**競技大会** 경기 대회 / **水泳大会** 수영 대회 / **全国大会** 전국 대회 / **体育大会** 체육 대회 / **党大会** 당대회 / **花火大会** 불꽃놀이 / **弁論大会** 웅변 대회 / **マラソン大会** 마라톤 대회 / **野球大会** 야구 대회

**たいかい【大海】** 대해 ¶大海の一滴 ⇒一滴

**たいかい【退会】** 탈회(脱会), 탈회(脱会) ◇**退会する** 탈퇴하다 ¶**退会届** 탈퇴 신고

**たいがい【大概】** ❶ [たいてい] 대개, 대체로 ◇**たいがいの【大部分の】** 대개의, 대부분의 ¶今の子供たちはたいがいテレビゲームを持っている 요즘 어린이들은 대부분 텔레비전 게임기를 가지고 있다. / 夕食はたいがいテレビを見て過ごしています 저녁 식사 후는 대개 텔레비전을 보고 지냅니다. / 日曜はたいがい家にいる 일요일에는 대개 집에 있다. / たいがいの人はあなたの意見に賛成してくれるでしょう 대부분의 사람은 당신의 의견에 찬성해 줄 겁니다. / たいがいの人は知っている 대부분의 사람은 알고 있다.

❷ [適当な程度] ◇**たいがいに** 작작 ¶**ふざけるのもたいがいにしなさい** 까부는 것도 작작 해라.

**たいがい【対外】** 대외 ◇**対外的な** 대외적인 ¶アメリカの対外政策は国際情勢に大きな影響を与える 미국의 대외 정책은 국제 정세에 큰 영향을 준다. 関連 **対外援助** 대외 원조 / **対外関係** 대외 관계 / **対外投資** 대외 투자 / **対外貿易** 대외 무역 / **対外問題** 대외 문제

**たいかく【体格】** 체격 ¶その男は体格がよかった 그 남자는 체격이 좋았다. / 彼はがっしりした体格をしている 그는 다부진 체격을 하고 있다. / **きゃしゃな体格** 가냘픈 체격

**たいがく【退学】** 퇴학 [自主退学] 자퇴 ◇**退学する** 자퇴하다 ¶彼は何度も校則を破って退学させられた 그는 몇 번이나 교칙을 어겨서 퇴학당했다. / **中途退学する** 도중에 자퇴하다 関連 **退学処分** 퇴학 처분 / **退学届** 자퇴서 / **中途退学者** 중퇴자

# だいがく 【大学】 대학, 대학교(大学校) [キャンパス] 캠퍼스, 교정(校庭)

> [使い分け] 대학, 대학교
> 대학 단과대학, 학부 또는 단기대학을 말한다.
> 대학교 종합대학을 말한다.
> ▶대학은 「大学に入る」, 「大学を出る」 등의 같이 대학을 총칭적으로 말하는 경우에도 사용한다.

> [基本表現]
> ▷私は東北大学を受けた
>   나는 도호쿠 대학 시험을 보았다.
> ▷私は大阪大学に受かった
>   나는 오사카 대학에 붙었다.
> ▷私は名古屋大学に入った
>   나는 나고야 대학에 들어갔다.
> ▷私は北海道大学に行っている
>   나는 홋카이도 대학에 다니고 있다.
> ▷私は九州大学で哲学を専攻している 나는 규슈 대학에서 철학을 전공하고 있다.
> ▷私は京都大学を卒業した
>   나는 교토 대학을 졸업했다.

◆〖大学は・大学から・大学の〗
¶東京大学は日本の代表的な大学だ 도쿄 대학은 일본의 대표적인 대학이다. / その学生を大学から退学処分にした 대학은 그 학생을 퇴학 처분했다. / 彼は延世大学の1年生だ 그는 연세 대학교 일 학년이다. / 彼女は大学の生活にうまくなじめなかった 그녀는 대학 생활에 잘 적응하지 못했다.

◆〖大学に〗
¶息子は大学に行っている 아들은 대학교에 다니고 있다 / 兄は大学に在学中だ 형은 대학교에 재학중이다. / 私は3つの大学に出願した 나는 세 군데 대학교에 원서를 냈다. / 彼女は慶応大学に進学した 그녀는 게이오 대학에 진학했다. / 息子は今年大学に入学した 우리 아들은 올해 대학교에 입학했다. / 彼らは娘を大学にやった 그들은 딸을 대학교에 보냈다. /「どこの大学に行っていますか」「高麗大学です」"어느 대학 다니세요?" "고려 대학교요."

◆《大学で・大学を》
¶彼は大学を優秀な成績で卒業した 그는 대학을 우수한 성적으로 졸업했다. / 彼女は大学を出たで 그녀는 대학을 갓 나왔다. / 彼は苦学して大学を出たが 그는 고학으로 대학교를 나왔다.
◆《その他》
¶大学によっては, 教官たちは構内の教職員住宅に住んでいる 대학교에 따라서는 교수들이 캠퍼스 내의 교직원 숙소에 살고 있는 데도 있다. / 彼はいつも大学時代をなつかしんでいる 그는 항상 대학교 시절을 그리워하고 있다. / 彼女は大学の入学資格を満たしていない 그녀는 대학교 입학 자격에 미치지 못한다. / 彼は大学出だと言った 그는 대학 나왔어. 関連 大学教授 대학 교수 / 大学生 대학생 / 大学入試センター試験 대학입시센터 시험 / (▶한국의 대학 수학 능력 시험「대학수학능력시험」에 あたる) / 大学病院 대학 병원 / 医科大学 의과 대학, 의대 / 海洋大学 해양 대학 / 芸術大学 예술 대학, 예대 / 工業大学 공과 대학, 공대 / 公立大学 공립 대학 / 国立大学 국립 대학 / 歯科大学 치과 대학, 치대 / 商科大学 상과 대학 / 女子大学 여자 대학, 여대 / 私立大学 사립대학 / 総合大学 종합 대학 / 短期大学 단기 대학 / (▶한국의 전문대학「專門大學」에 あたる) / 農業大学 농과 대학, 농대 / 保健大学 보건 대학, 보대 / マンモス大学 대규모 대학 / 薬科大学 약학 대학, 약대

**だいがくいん**【大学院】대학원 ¶彼女は大学院で韓国文学を専攻している 그녀는 대학원에서 한국 문학을 전공하고 있다. / 彼女は同志社大学の大学院で学んでいる 그녀는 도시샤 대학 대학원에서 공부하고 있다. 関連 大学院生 대학원생

**たいかくせん**【対角線】대각선

**たいかん**【対韓】〔対韓国〕대한 ¶対韓関係を改善する 대한 관계를 개선하다 / 対韓政策 대한 정책 / 対韓貿易 대한 무역

**たいがん**【対岸】강 건너편, 건너편 언덕 ¶私たちは対岸まで小さな船で渡った 우리는 건너편까지 작은 배로 건너갔다. / 川の対岸にある倉庫 강 건너편에 있는 창고 慣用句 他人の失敗を対岸の火事と見る 남의 실수를 강 건너 불구경하듯 하다

**だいかん**【大寒】대한

**たいかんしき**【戴冠式】대관식

**たいき**【待機】대기 ◇待機する 대기하다 ¶私は自宅待機するように言われた 나는 자택에서 대기하라는 명령을 받았다. / 入り口には常に2人の警官が待機している 입구에서는 항상 두 명의 경찰관이 대기하고 있다.

**たいき**【大器】대기 慣用句 彼は大器晩成型の人だった 그는 대기만성형이다.

**たいき**【大気】대기 ¶ロケットは大気圏外に出たロケットは大気圏 밖으로 나갔다. / 大気圏内に再突入する 대기권에 재진입하다 関連 大気圧 대기압 / 大気汚染 대기 오염

**だいぎいん**【代議員】대의원

**だいぎし**【代議士】〔国会議員〕국회 의원〔衆議院議員〕중의원 의원 ¶彼女は代議士になった 그녀는 국회 의원이 되었다.

**だいきぼ**【大規模】대규모 ¶大規模な救助活動 대규모 구조 활동 / 大規模に事業を展開する 대규모로 사업을 전개하다

**たいぎめいぶん**【大義名分】대의명분 ¶大義名分を掲げる 대의명분을 내세우다 / 彼らには国のために戦うという大義名分があった 그들에게는 나라를 위해 싸운다는 대의명분이 있었다.

**たいきゃく**【退却】퇴각 ◇退却する 퇴각하다 ¶わが軍は退却を余儀なくされた 아군은 퇴각할 수밖에 없었다. / 後方に退却する 후방으로 퇴각하다 関連 退却命令 퇴각 명령

**たいきゅう**【耐久】내구 ◇耐久性 내구성 ¶ステンレスは耐久性が高い 스텐레스는 내구성이 뛰어나다. / マラソンで勝つためには耐久力(→持久力)とスピードをつけなければならない 마라톤에서 이기기 위해서는 지구력과 스피드를 갖추어야 된다. 関連 耐久消費財 내구 소비재

**だいきゅう**【代休】휴일에 근무한 대신 얻는 휴가 ¶きょう休日出勤の代休を取った 휴일에 출근한 대신 오늘 쉬었다.

**たいきょ**【退去】퇴거 ◇退去する 퇴거하다 ¶津波の恐れがあったので住民たちは急いで退去した(→避難した) 해일〔쓰나미〕의 위험이 있어서 주민들은 급하게 피신했다. / ホームレスたちは駅の構内から退去させられた 노숙자들은 역 구내에서 쫓겨났다. / 不法入国者たちは国外に強制退去(→強制送還)させられた 불법 입국자들은 국외로 강제 송환되었다.

**たいきょく**【大局】대국, 대세 ◇大局的 대국적 ¶大局を見失ってはいけない 대세를 잘못 봐서는 안 된다. / 大局的見地から物事を見る 대국적인 견지에서 사물을 보다 / 大局的にはあまり変わらない 대국적 차원에서는 별로 차이가 없다.

**たいきょくけん**【太極拳】태극권

**たいきん**【大金】대금, 많은 돈, 큰돈, 거액(巨額) ¶大金を寄付する 거액을 기부하다 / 大金を注ぎ込む 큰 돈을 쏟아붓다 / 大金を投じる 큰돈을 투자하다 / 彼は大金をはたいて株を買った 그는 거액을 털어서 주식을 샀다. / 競馬で大金を失う 경마에서 큰돈을 잃었다.

**だいきん**【代金】대금, 값 ¶代金を支払う 대금을 지불하다 / 本の代金として2千円払った 책값으로 2천 엔을 냈다. / 代金を請求する 대금을 청구하다 / 代金を1万円請求された 대금을 만 엔 청구받았다. / 代金はいくらですか 대금은 얼마입니까? / 代金先払い〔後払い〕대금 선불〔후불〕/ 代金引き替え 대금 상환

**だいく**【大工】목수, 목공 ¶休みになると日曜大工に励んでいる 휴일이 되면 취미로 목공 일을 즐긴다. / 大工の棟梁 목수의 우두머리 関連 大工仕事 목수 일 / 大工道具 목수 연장

**たいぐう**【待遇】대우〔処遇〕처우〔客扱い〕대접, 서비스 ◇待遇する 대우하다〔もてなす〕대접하다 ¶待遇改善のために立ち上がる 처우 개선을 위해 일어나야 한다. / あの会社は待遇がいい〔悪い〕그 회사는 대우가 좋다〔나쁘다〕. / あのホテルは待遇がよい〔悪い〕그 호텔은 서비스가 좋다〔나쁘다〕. / 国賓として待遇する 국빈으로 대우하다 / 役員待遇 이사 대우

**たいくつ【退屈】** ◇退屈する 지루하다, 따분하다, 심심하다 ¶その映画は退屈だった 그 영화는 지루했다. / 皿洗いの仕事は退屈だと설거지 일은 따분하다. / 彼の話には退屈した 그의 이야기는 지루했다. / こんな退屈な生活には耐えられない 이런 따분한 생활은 참을 수가 없다. / 退屈なパーティーだった 지루한 파티였다. / 退屈な演説にはもううんざりだ 그의 따분한 연설은 이제 지긋지긋하다. / 退屈でたまらない 심심해서 죽겠다.
¶音楽を聞いて退屈をまぎらした 음악을 들으면서 지루함을 달랬다. / 退屈しのぎにテレビを見た 그냥 심심해서 텔레비전을 보았다.

**たいぐん【大群】** 떼, 무리, 대군 ¶畑をいなごの大群が襲った 밭을 메뚜기 떼가 덮쳤다. / 魚の大群 물고기 떼 / 鳥の大群 새 떼 / 水牛の大群 물소 떼

**たいけい【体型】** 체형, 몸매 ¶やせた体型 마른 체형 / ぽっちゃりした体型 통통한 체형 / 標準体型 표준 체형 / 彼女はスリムな体型をしている 그녀는 날씬하다. / 体型に合わせて服を作る 체형에 맞춰서 옷을 만들다

**たいけい【体系】** 체계 ◇体系的 체계적 ◇体系化 체계화 ¶体系的な研究 체계적인 연구 / 資料を体系的に整理する 자료를 체계적으로 정리하다 / 法律を体系化する 법률을 체계화하다
関連 賃金体系 임금 체계

**だいけい【台形】** 사다리꼴

**たいけつ【対決】** 대결 ◇対決する 대결하다 ¶優勝をかけて対決する 우승을 걸고 대결하다 / 中国との対決は避けたい 중국과의 대결은 피하고 싶다. / 世紀の対決 세기의 대결 / 対決姿勢 대결 자세

**たいけん【体験】** 체험 ◇体験する 체험하다 ¶山で恐ろしい体験をした 산에서 무서운 체험을 했다. / それは私にとって貴重な体験だった 그것은 나에게 있어서 귀중한 체험이었다. / 祖母から戦争の体験を聞いた 할머니한테 전쟁을 체험한 이야기를 들었다. / この話は彼の体験に基づいている 이 이야기는 그의 체험에 근거하고 있다. / シミュレーターを使って無重力を体験できる 시뮬레이터를 사용해서 무중력을 체험할 수 있다. / 夏休みに企業で就業体験をしてみた 여름 방학에 기업에서 인턴십을 해 봤다. / 父は若いころの体験談を語ってくれた 아버지는 젊은 시절의 체험담을 이야기해 주셨다. / 体験を生かす 체험을 살리다

**たいげんそうご【大言壮語】** 호언장담(豪言壯談) ¶大言壮語をする 호언장담을 하다

**たいこ【太古】** 태고 ¶昔

**たいこ【太鼓】** 북 ¶太鼓をたたく 북을 치다 数え方 太鼓1面 북 한 개 慣用句 人物については私が太鼓判を押します 사람됨은 내가 보증하겠습니다. 関連 太鼓橋 무지개다리 / 太鼓魚 울렁이배 / 太鼓持ち 남자 기생, 호스트 [おべっか使い] 아첨꾼 / 大[小]太鼓 큰[작은] 북

**たいこう【対抗】** 대항 ◇対抗する 대항하다 ¶きのう大学対抗のディベートが行われた 어제 대학 대항 토론회가 열렸다. / 我々の間には対抗意識なんてありません 우리 사이에는 라이벌 의식 같은 것은 없습니다. / 高校生のころ僕は彼に強い対抗意識を抱いていた 고등학생 때 나는 그에게 강한 라이벌 의식을 갖고 있었다. / プロ野球の日米対抗戦が東京ドームで行われた 프로 야구의 일미 대항전이 도쿄돔에서 행해졌다. / 佐藤氏は田中氏の対抗馬として今度の知事選に出馬するものとみられている 사토 씨는 다나카 씨의 맞상대로 이번 지사 선거에 출마할 것으로 보인다. / 野党の攻勢に対して対抗策を講じる必要がある 야당의 공세에 대한 대응책을 강구할 필요가 있다.

¶だれもテニスでは彼に対抗できない 테니스로 그와 대항할 수 있는 사람은 아무도 없다. / 小さな商店は安売りで大型店に対抗せざるをえなかった 소형 상점은 염가 판매로 대형 마트에 대항하지 않을 수 없었다. / 大手百貨店に対抗して地元商店が結束した 대형 백화점에 대항해서 동네 상점이 결속했다. / わが社はライバル会社に対抗して新しい車を発売した 우리 회사는 라이벌 회사에 대항해서 새 차를 출시했다.

**たいこう【対向】** ¶トラックが対向車線に飛び出した 트럭이 맞은 편 차선으로 뛰어들었다.
関連 対向車 마주 오는 차

**だいこう【代行】** 대행 ◇代行する 대행하다 ¶社長代行を務める 사장 대행을 맡다 / 首相代行 수상 대행
¶職務を代行する 직무를 대행하다 関連 代行機関 대행 기관 / 代行者 대행자

**だいこう【代講】** 대강 ◇代講する 대강하다

**たいこく【大国】** 대국 [強国] 강국 ¶日本は経済大国になった 일본은 경제 대국이 되었다. / 軍事大国 군사 대국 関連 大国主義 대국주의

**だいこくばしら【大黒柱】** 기둥감, 대들보 ¶チームの大黒柱 팀의 대들보 / 一家の大黒柱を失う 한 가족의 기둥을 잃다

**だいごみ【醍醐味】** 묘미(妙味) ¶ホームランこそ野球の醍醐味だ 홈런이야말로 야구의 묘미다.

**だいこん【大根】** 무 [▶以前は 무우 と表記していた] ¶大根を刻む 무를 잘게 썰다 / 大根を抜く 무를 뽑다 数え方 大根1本 무 한 개 関連 大根足 무다리 / 大根下ろし 무즙, (俗) 같은 무 [器具] 강판 / 大根役者 서투른 배우

**たいさ【大差】** 대차, 큰 차 [差이] ¶2人の実力には大差はなかった 두 사람의 실력에는 큰 차이 없었다. / 大差で勝つ 큰 차이로 이기다

**たいざい【滞在】** 체재, 체류(滯留) ◇滞在する 체재하다, 체류하다, 머무르다, 있다 [泊まる] 묵다 ¶彼のソウル滞在は非常に短かった 그는 서울에 잠깐 머물러 있었다. / 韓国での滞在は楽しかったですか 한국에 있는 동안은 즐거웠습니까? / 彼女は釜山滞在中に彼と知り合った 그녀는 부산에 있는 동안에 그와 알게 되었다. / 彼は友人の家に滞在中です 그는 친구 집에 묵고 있습니다.

¶彼はビザが切れても日本に滞在し続けた 그는 비자가 끊겼는데도 일본에 계속 머물러 있었다. /「こちらにはどのくらい滞在するのですか」「2、3日程度滞在します」"여기서 얼마나 있을 겁니

**だいざい**【題材】제재, 소재 ¶その作家の小説は未婚の母を主な題材にしている 그 작가의 소설은 미혼모를 주된 소재로 하고 있다. / 実際の事件を題材にする 실제의 사건을 소재로 하다 / 題材を集める 소재를 모으다

**たいさく**【大作】대작〔傑作〕걸작

**たいさく**【対策】대책 ¶この問題に対しては何らかの対策を講じる必要がある 이 문제에 대해서는 뭔가 대책을 강구할 필요가 있다. / テロ対策を練る 테러 대책을 짜다 / 緊急対策 긴급 대책 / 公害対策 공해 대책

**たいさん**【退散】해산〔解散〕◇退散する 해산하다〔退く〕물러가다, 피하다 ¶警察はデモ隊を退散させるため催涙ガスを使用した 경찰은 데모대를 해산시키기 위해서 최루 가스를 사용했다. / そろそろ退散しよう 이쯤에서 피하자.

**だいさん**【第三】제삼 ¶第三の人物 제삼의 인물 関連第三国 제삼국 / 第三者 제삼자 / 第三次産業 제삼차 산업 / 第三世界 제삼 세계

**たいし**【大使】대사 ¶駐韓大使を務める 주한 대사를 맡다 / 駐日韓国大使 주일 한국 대사 関連大使館 대사관 / 大使館員 대사관 직원 / 特命全権大使 특명 전권 대사

**たいし**【大志】대지, 큰 뜻 ¶彼は大志を抱いてアメリカへ渡った 그는 큰 뜻을 품고 미국으로 건너갔다. / 少年よ、大志を抱け 소년이여, 야망을 가져라.

**たいじ**【退治】박멸〔撲滅〕◇退治する 박멸하다, 물리치다 ¶ごきぶりを退治する 바퀴벌레를 박멸하다 / 害虫を退治する 해충을 박멸하다 / 盗賊を退治する 도적을 물리치다

## **だいじ**【大事】대사, 중대사, 큰일 ◇大事だ〔重要だ〕중요하다〔貴重だ〕소중하다

◆**大事だ・大事な**

¶何事にも忍耐がいちばん大事だ 어떤 일에도 인내가 가장 중요하다 / 子供を甘やかさないことが大事だ 아이의 응석을 받아 주지 않는 것이 중요하다. / 大事な話があります 중요한 이야기가 있습니다. / 健康ほど大事なものはない 건강만큼 소중한 것은 없다. / 大事なことを聞き逃していたった 중요한 이야기를 놓쳐 버렸다. / その封筒の中に何か大事なものでも入っているの 그 봉투 안에 뭐 중요한 것이라도 들어 있는 거야? / 受験生にとっては今がいちばん大事な時だ 수험생에게 있어서는 지금이 가장 중요한 때다. / その子は彼の大事な跡取り息子だ 그 아이는 그 사람의 대를 이을 소중한 아들이다. / 大事なところで失敗してしまった 결정적인 데에서 실수하 버렸다.

◆**大事に**〔大切に〕소중히

¶この皿は割れやすいから大事に扱ってください 이 접시는 깨지기 쉬우니까 조심해서 다뤄 주세요. / これは私が大事にしている花です 이것은 제가 소중히 여기고 있는 꽃입니다.

¶くれぐれもお大事に 아무쪼록 몸 조심하세요. 慣用句大事をとってコピーを2部作成した 만약을 위해서 사본을 2부 작성했다. / 微熱があったので大事をとって学校を休んだ 미열이 있어서 혹시 몰라서 학교를 쉬었다. / 問題は適切に処理されたため大事には至らなかった 문제는 적절하게 처리되었기 때문에 일이 커지는 않았다. / 大事の前の小事〔小事は無視〕큰일을 앞두고는 작은 일에 구애되지 말아라. │〔小事に注意〕큰일을 앞두고는 작은 일에도 신중을 기해야 한다.

**ダイジェスト** 다이제스트〔要約〕요약 ¶ダイジェスト版 다이제스트판

## **たいした**【大した】❶〔優れた, すばらしい〕대단한(<대단하다), 굉장한(<굉장하다) ¶彼女は大した音楽家だ 그녀는 대단한 음악가다. / 彼は大したやつだ 그는 굉장한 녀석이다. / 彼は自分のことを大した人物だと思っている 그는 자기가 대단한 인물인 줄 안다. / 彼の運転の腕前は大したものだ 그 사람의 운전 실력은 대단하다. / このレポート、君が書いたんだって。大したものだね 이 리포트 네가 썼다면서? 대단하다. / これを見てね、大したものだろう 이걸 봐 봐, 대단하지?

❷〔それほど〕(►「大した…ではない」の形で) 별, 큰, 대단한 ¶彼は大した政治家ではない 그는 별 대단한 정치가는 아니다. / 大した損害ではない 큰 손해는 아니다. / 大した金もないのに無駄遣いするな 돈도 별로 없으면서 낭비하지 마. / 彼女の病気は大したことはなかった 그녀의 병은 대단한 것은 아니었다. / このごろでは千円ばかりの金では大したものが買えない 요즘에는 돈 천 엔으로는 별 대단한 것을 살 수 없다. / 大したものではない 별것 아니다. / 大したことはないよ 별일 아니야.

会話大したことない

A : どうかしたの?
B : なに, 大したことじゃないんだ
A : 무슨 일이야?
B : 뭐, 별일 아니야.
A : あの焼き肉屋さんどうだった
B : 大したことなかったよ
A : 그 고깃집 어땠어?
B : 별거 없었어.

**たいしつ**【体質】체질 ¶私は生まれつき丈夫な体質だ 나는 태어나면서부터 튼튼한 체질이다. / 彼女は疲れやすい体質だ 그녀는 쉽게 피곤해지는 체질이다. / 太りやすい体質のせいでいくら食べないようにしても少し食べてもすぐ살 잘 찌는 내 체질은 어떻게 할 수가 없어. / アルコールは私の体質に合わない 알코올은 내 체질에 안 맞는다. / 彼は虚弱体質だ 그는 허약 체질이다. / 彼女はアレルギー体質だ 그녀는 알레르기 체질이다. / 彼は体質改善のために食餌療法を始めた 그는 체질 개선을 위해서 식이 요법을 시작했다. / 会社の体質を改める必要がある 회사의 체질을 개선할 필요가 있다.

**たいして**【大して】(►「大して…ではない」の形で) 그다지, 별로 ¶試験は大して難しくなかった 시험은 그다지 어렵지 않았다. / テレビを見るのは大しておもしろくなかった 텔레비전을 보는 것은 대

지 재미있지 않았다. / 姉が言ったことは大して気にしていない 누나가 한 말은 별로 신경쓰이지 않는다. / ロックのCDはたくさん持っているけれど、ジャズのCDは大して持っていない 록 CD는 많이 가지고 있는데 재즈 CD는 별로 가지고 있지 않다. / 大して苦労もせずに彼女の家が見つかった 별로 고생하지 않고 여자 친구의 집을 찾았다. / 君がやったことは彼女のやったことと大して変わりない 네가 한 것은 그가 한 것과 별로 다를 게 없다. /「雪がずいぶん降っているね」「うん、でも大して積もっていないよ」"눈이 꽤 내리고 있네." "응, 근데 별로 안 쌓였어." ⇨大した

**たいして**【対して】대하여 ¶彼は私に対して脅迫的な態度を取った 그는 나에게 위협적인 태도를 취했다. / 私はその時の彼女に対してあわれみを感じた 나는 그때 그녀에게 연민의 정을 느꼈다. / 私たちは会社の不当な解雇に対して断固戦うつもりだ 우리는 회사의 부당한 해고에 대해 강경하게 맞서 싸울 생각이다. ⇨対する

**たいしゃ**【退社】퇴사(退職) ◇退社する【退勤】[退職] 퇴근 ◇退勤する[退職する][辞職する] 사직하다, 그만두다 [退職する] 퇴직하다 ¶私は退社を決意した 나는 퇴직을 결심했다. / 彼女はいつも5時に退社する 그녀는 항상 다섯 시에 퇴근한다. / 退社時間 퇴근 시간

**たいしゃ**【代謝】대사 関連 基礎代謝 기초 대사 / 新陳代謝 신진대사

**たいしゅう**【大衆】대중 ◇大衆的 대중적 ◇大衆化 대중화 ¶首相は大衆の支持を背景に行政改革を進めた 수상은 대중의 지지를 배경으로 행정 개혁을 추진했다. / 大衆の声が政府に政策を変えさせた 대중의 목소리가 정부의 정책을 바꾸게 했다. / わが社が今しなければならないのは大衆のニーズを知ることだ 우리 회사가 지금 해야 할 일은 대중의 요구를 파악하는 것이다.
¶このタイプのコンピュータは大衆向けだ 이 컴퓨터 모델은 대중용이다. / 高級なフランス料理店より大衆的な焼き肉屋のほうが好きだ 고급 프랑스 요리집보다 대중적인 고기집이 더 좋다. / 大衆的な人気 대중적인 인기 関連 大衆運動 대중 운동 / 大衆演芸 대중 예능 / 大衆音楽 대중음악 / 大衆娯楽 대중오락 / 大衆雑誌 대중 잡지 / 大衆紙 대중지, 대중 신문 / 大衆社会 대중 사회 / 大衆小説 대중 소설 / 大衆食堂 대중 식당 / 大衆文学 대중 문학 / 一般大衆 일반 대중

**たいしゅう**【体臭】체취, 몸 냄새 ¶彼は体臭が強い 그는 몸에서 냄새가 난다.

**たいじゅう**【体重】체중, 몸무게

基本表現
▷「体重はどのくらいですか」「50キロです」
"체중은 얼마나 됩니까?" "50킬로입니다."
▷体重が増えた[減った]
체중이 늘었다[줄었다].
▷体重が2キロ増えた[減った]
몸무게가 2킬로 늘었다[줄었다].
¶体重を5キロ減らさなければならない 체중을 5킬로 줄여야 된다. / 彼女は体重を45キロに落とすことに成功した 그녀는 살을 45킬로까지 빼는 데 성공했다. / 彼女は体重が増えないように気をつけている 그녀는 몸무게가 늘지 않도록 조심하고 있다. / 私は毎日体重を計っている 나는 매일 체중을 잰다. / 彼は左足に体重をかけた 그는 왼발에 체중을 실었다. / 氷はとても薄かったので彼の体重に耐えられなかった 얼음은 아주 얇아서 그 사람의 몸무게를 견디지 못했다. / 私は標準より体重が2キロ多い[少ない] 나는 평균 체중보다 2킬로 더[덜] 나간다. / 彼は標準体重だ 그는 표준 체중이다.
¶彼女はそっと浴室の体重計に乗って体重を計ってみた 그녀는 살짝 욕실의 체중계에 올라가 몸무게를 재 보았다.

**たいしょ**【対処】대처 ◇対処する 대처하다, 대응하다 ¶難局に対処する 난국에 대처하다 / 非常事態に対処する 비상 사태에 대응하다

**たいしょう**【大将】대장 [首領] 우두머리 ¶陸軍大将 육군 대장 / 海軍大将 해군 대장 / がき大将 골목대장 / よう、大将、元気かい 야, 친구, 별일 없나?

**たいしょう**【大勝】대승 ◇大勝する 대승하다, 크게 이기다 ¶韓国が中国に12対1で大勝した 한국이 중국에 12대 1로 크게 이겼다.

**たいしょう**【対称】대칭 ◇対称的 대칭적 ¶人間の体は左右対称ではない 인간의 몸은 좌우 대칭이 아니다. / 対称軸 대칭축

**たいしょう**【対象】대상 ¶大臣の発言はマスコミからの非難の対象になった 대신의 발언은 매스컴으로부터 비난의 대상이 되었다. / がんの治療薬は多くの科学者の研究対象になっている 암 치료약과 많은 과학자의 연구 대상이 되고 있다. / 女子大生を対象に就職活動に関する調査を行った 여대생을 대상으로 취업 활동에 관한 조사를 실시했다. / 私は彼を結婚の対象とは考えてはいない 나는 그 남자를 결혼 상대로는 생각하고 있지 않다. / この雑誌は10代の少女を対象にしている 이 잡지는 10대 소녀를 대상으로 하고 있다.

**たいしょう**【対照】대조 ◇対照する 대조하다 ◇対照的 대조적 ¶黒い壁は白いカーテンときわだった対照をなしている 검은 벽은 하얀 커튼과 환연한 대조를 이루고 있다. / 私と弟は性格が対照的だ 나와 동생은 성격이 대조적이다. / 涼しかった6月とは対照的に7月はとても暑かった 선선했던 유월과는 대조적으로 칠월은 아주 더웠다. / その2人のボクサーは好対照だ。1人はパンチが強力だし、もう1人はテクニックがすぐれている 그 두 복서는 아주 대조적이다. 한 쪽은 펀치가 세고, 다른 한 쪽은 기술이 뛰어나다.
¶『春香伝』を訳文と原文を対照しながら読んだ "춘향전"을 번역문과 원문을 대조해 가면서 읽었다. 関連 対照言語学 대조 언어학 / 対照実験 대조 실험 / 対照分析 대조 분석

**たいじょう**【退場】퇴장 ◇退場する 퇴장하다 ¶式が終わり卒業生が退場していった 식이 끝나고 졸업생들이 퇴장했다. / 決議案に抗議を示すために一部の議員たちは議場から退場した 결의안에 항의를 표명하기 위해서 일부 의원들은 의장에

서 퇴장했다. / 暴言を吐いたため選手は退場を命じられた 폭언을 퍼부었기 때문에 선수는 퇴장 명령을 받았다.

**だいしょう【代償】** 대상, 대가(代価), 보상(補償) ¶人々は収用された土地の代償としてわずかなお金を受け取った 사람들은 토지 수용에 대한 대가로 약간의 돈을 받았다. / どんな代償を払ってもやり遂げなければならない 어떤 대가를 치르더라도 해내야만 한다. / 代償は高くついた 대가는 비싸게 치렀다. / その絵が手に入るならどんな代償を払ってもよい 그 그림이 손에 들어온다면 어떤 대가를 치러도 좋다.

**だいしょう【大小】** 대소 ¶テントは大小いろいろありますよ 텐트는 큰 거 작은 거 여러 가지가 있습니다. / 靴下は大小にかかわらず値段は同じです 양말은 크기에 상관없이 가격은 똑같습니다. / 皿は大小取り混ぜて千円で売っています 접시는 큰 것 작은 것 한데 섞어서 천 엔에 팔고 있습니다.

**だいじょうぶ【大丈夫】** 괜찮다, 문제 없다, 틀림없다〔安全だ〕안전하다 ¶「顔色悪いよ。大丈夫?」「はい、大丈夫です」"안색이 안 좋은데 괜찮아?" "네, 괜찮아요." / 「ああ、ごめん」「大丈夫だよ」"아, 미안." "괜찮아." / 「渋谷駅前で5時で大丈夫ですか」「大丈夫です」"시부야역 앞에서 다섯 시에 만나면 되겠습니까?" "예 괜찮습니다." / 「僕がしてあげようか」「大丈夫、自分でできるから」"내가 해 줄까?" "괜찮아, 내가 할 수 있으니까." / 「大丈夫なの?」「大丈夫さ」"괜찮은 거니?" "괜찮아." / 「なんだ、まだ起きているの?あした学校大丈夫なの?」「大丈夫、大丈夫」"뭐야, 아직 안 자고 있어? 내일 학교 가야잖아?" "괜찮아요, 상관없어." / 「先生、娘の具合はどうでしょうか」「もう大丈夫ですよ」"선생님, 제 딸의 상태는 좀 어떻습니까?" "이제 괜찮습니다." / 「仕事で失敗するんじゃないかって心配なの」「大丈夫、僕がついているから」「일を 망치지 않을까 걱정이에요」 "문제 없어. 내가 옆에 있잖아." / 「遅れちゃうよ」「大丈夫だって」"늦겠다." "괜찮다니까." / 「自転車のタイヤに空気を入れないといけないかな」「まだ大丈夫だよ」"자전거 타이어에 바람을 넣어야 돼?" "아직 안 넣어도 돼."

¶この薬を飲んで2、3日寝ていれば大丈夫ですよ 이 약을 먹고 2, 3일 누워 있으면 괜찮아져요. / この建物ならこれぐらいの地震が起きても大丈夫だ 이 건물이라면 어떤 지진이 일어나도 안전하다. / そんなかっこうで大丈夫? 그런 차림으로 괜찮아? / 不況でもうちの会社は大丈夫だ 불황에서도 우리 회사는 지장 없어. / 寒くても私は大丈夫です 추워도 상관없습니다. / 5万円あればさしあたり大丈夫だ 5만 엔이 있으면 당분간 괜찮다. / ここならスケボーの練習をしても大丈夫だ 여기라면 스케이트 보드 연습을 해도 안전하다. / この牛乳はまだ大丈夫だ 이 우유는 아직 마셔도 된다. / この棚に重い物を載せても大丈夫ですか 이 선반에 무거운 물건을 올려놔도 괜찮습니까?

¶大丈夫、君ならうまくやれるさ 괜찮아, 너라면 잘 할 수 있을 거야. / 大丈夫、失望させたりしない よ 문제없어, 실망시키지 않을게. / 大丈夫、心配するな 괜찮아, 걱정 마.

**たいしょうりょうほう【対症療法】** 대증 요법 (▶発音は대증뇨뻡)

**たいしょく【大食】** 대식 ◇大食する 많이 먹다 ¶あいつは無芸大食 그 녀석은 아무런 재주도 없으면서 먹기만 많이 먹는다. 関連 大食漢 대식한

**たいしょく【退職】** 퇴직〔辞職〕사직 ◇退職する 퇴직하다〔辞める〕그만두다 ¶彼は退職に備えて貯蓄をしている 그는 퇴직에 대비해서 저축을 하고 있다. / 父は去年定年で退職した 아버지는 작년에 정년퇴직하셨다. / 彼女のおじさんは定年前に退職した 그녀의 삼촌은 정년 전에 퇴직하셨다. / 彼は上司とけんかをして退職した 그는 상사와 싸우고 퇴직했다.

¶私はきのう退職願い[届け]を出した 나는 어제 사직서를 냈다. / その会社では希望退職者を募っているそうだ 그 회사에서는 명예퇴직자를 모집하고 있다고 한다. 関連 退職金 퇴직금 / 退職者 퇴직자 / 希望退職〔名誉退職〕명예퇴직 / 定年退職 정년퇴직

**たいしん【耐震】** 내진 ¶耐震構造 내진 구조

**たいじん【対人】** 대인 ¶彼は会社での対人関係がうまくいかなくて悩んでいる 그 사람은 회사에서의 대인 관계로 고민하고 있다. / 対人関係のもつれ 대인 관계의 갈등 関連 対人恐怖症 대인 공포증 / 対人地雷 대인 지뢰 / 対人賠償保険 대인 배상 보험

**たいじん【退陣】** 퇴진〔辞職〕사직 ◇退陣する 퇴진하다〔辞職する〕사직하다 ¶野党は内閣の退陣を要求した 야당은 내각의 퇴진을 요구했다.

**だいじん【大臣】** (▶韓国では行政府の省は 부 "部"といい、日本の大臣に相当する の長は 장관 "長官"という) ¶彼は2005年に大臣になった 그는 2005년에 대신이 되었다. 関連 環境大臣 환경 대신 / 国土交通大臣 국토 교통 대신 / 財務大臣 재무 대신 / 外務大臣 외무 대신 / 厚生労働大臣 후생 노동 대신 / 国務大臣 국무 대신 / 総務大臣 총무 대신 / 総理大臣 총리 대신 (▶韓国では 국무총리 "国務総理"という) / 経済産業大臣 경제 산업 대신 / 農林水産大臣 농림 수산 대신 / 法務大臣 법무 대신 / 文部科学大臣 문부 과학 대신 / 防衛大臣 방위 대신

**だいじんぶつ【大人物】** 거물〔巨物〕

**だいず【大豆】** 콩 関連 大豆油 콩기름

**たいすい【耐水】** 내수 ◇耐水性 내수성

**だいすう【代数】** 대수 ¶代数式 대수식 / 代数学 대수학

**たいする【対する】** ❶〔向かい合う〕대하다, 마주보다 ¶そのマンションは道をはさんで駅と対している 그 아파트는 길을 사이에 두고 역과 마주보고 있다.

❷〔向けられる〕대하다 ¶彼は目上の人に対する言葉遣いがなっていない 그는 윗사람에 대한 말씨가 버릇없다. / 他人に対する思いやりの気持ちを忘れてはいけない 타인을 배려하는 마음을 잊어서는 안 된다. / 彼女の音楽に対する情熱は並々ならぬも

がある 彼女の音楽に対する熱情は人並ならぬものがある。/ 審判に対するその選手の抗議は認められなかった 審判の判定に対するその選手の抗議は受け入れられなかった。/ 金銭に対する感覚が麻痺している人もいる 金銭感覚が麻痺した人もいる。/ 政府に対する不満が国民の間にくすぶっている 政府に対する不満が国民の間に消えずにある。

¶都会の人は概して知らない人に対して冷たい 都会の人達は大体見知らぬ人に冷たい。/ 今の多くの若者は政治に対して無関心だ 最近の若者達は大部分政治に無関心だ。/ 彼はその国に対して偏見を抱いている 彼はその国に対して偏見を持っている。/ 彼女は自分の子供に対して厳しい 彼女は自分の子供に厳しい。

❸ [関する] 関する、大対する ¶その問題に対する考えを聞かせてください その問題に関する考えを話してください。/ ただ今の先生の研究発表に対して何か意見がありますか 今し方先生がされた発表に関する研究について何かご意見ありますか。

❹ [応じる] 大対する、に対して ¶お客様には愛想よく対することが肝心だ お客様には愛想よく対応するのが肝心だ。/ 地震に対する備えは万全とは言えない 地震に対する準備は完璧とは言えない。/ それは私の質問に対する答えになっていない それは私の質問に対する回答ではない。/ ボランティアは奉仕に対する報酬を受け取らない ボランティアは奉仕に対する対価を受けない。

❺ [対抗・対戦する] 対抗する、対戦する ¶うちのチームは初戦で優勝候補と対した 我がチームは初戦で優勝候補と対戦した。

❻ [比較・対照する] 対する、反対する、反する ¶「東洋」に対する語は「西洋」だ 「東洋」に対する言葉は「西洋」だ。/ 着物はふつう洋服に対して和服を指して言う 着物は普通洋服に対して日本式の服を指す。/ 彼は出不精なのに対して彼の奥さんは出かけるのが好きだ 彼は外に出るのを嫌がるのに対して彼の夫人は外出するのを好む。/ うちの学校では生徒2人に対して1人の割合でパソコンを持っている 我が学校は学生2人に1人の割合でコンピューターを保有している。/ 投票は賛成45に対して反対23だった 投票は賛成45、反対23だった。/ この映画館のきょうの入場者数はきのうの100人に対し200人だった この劇場の入場者数は昨日100人だったのに今日は200人だった。

たいせい【大成】◇大成する ¶彼は事業家として大成した 彼は事業家として大成した。

たいせい【大勢】大勢 ¶選挙の大勢が判明した 選挙の大勢が判明した。/ 反対意見が大勢を占めている 反対意見が大勢を占めている。/ 大勢には影響ない 大勢に影響はない。/ 松井の満塁ホームランで試合の大勢が決まった 松井の満塁ホームランで試合の大勢が決まった。/ 大勢に従う 大勢に従う / 大勢に逆らう 大勢に逆らう

たいせい【体制】体制 ¶いつの時代の若者も既存の支配体制には批判的だ どの時代の若者でも既存の支配体制には批判的だ。/ 学長は体制側の人間だった 学長は体制側の人であった。/ 反体制運動 反体制運動 [関連] 旧[新]体制 구[신]체제 / 経済体制 경제 체제 / 現体制 현체제 / 社会体制 사회 체제 / 政治体制 정치 체제 / 戦時体制 전시 체제 / 資本主義体制 자본주의 체제

たいせい【体勢】姿勢(姿勢) ¶体勢が崩れる 자세가 흐트러지다 / 体勢をたてなおす 자세를 바로잡다

たいせい【態勢】態勢 ¶観光客の受け入れ態勢を整える 관광객을 맞을 태세를 갖추다 / 出動態勢を整える 출동 태세를 갖추다 / 飛行機は着陸態勢に入った 비행기는 착륙 태세에 들어갔다.

たいせいよう【大西洋】대서양 [関連] 北大西洋条約機構(NATO) 북대서양 조약 기구, 나토

たいせき【体積】체적, 부피 ¶体積を計算する 부피를 계산하다 / この容器の体積は200立方センチメートルです 이 용기의 체적은 200세제곱센티미터입니다.

たいせき【堆積】퇴적 ◇堆積する 퇴적되다 ¶土砂が河口付近に堆積している 토사가 하구 부근에 퇴적되고 있다. [関連] 堆積岩 퇴적암 / 堆積物 퇴적물

# たいせつ【大切】❶ [物・事が重要であること]
◇大切だ 중요하다, 소중하다

[基本表現]

▷それは非常に大切な問題だ
그것은 아주 중요한 문제이다.
▷健康より大切なものはない
건강보다 소중한 것은 없다.
▷お金は人生でもっとも大切なものではない
돈이 인생에서 가장 중요한 것은 아니다.
▷外国貿易はどの国にとっても大切である
외국 무역은 어느 나라에 있어서도 중요하다.
▷そこへ遅れずに到着することが大切だ 거기에 제시간에 도착하는 것이 중요하다.

¶年を取るにしたがって健康の大切さがわかってきた 나이를 먹으면서 건강의 소중함을 알게 되었다. / 「あすの夜会えるかな」「ごめん、大切な約束があるんだ」 "내일 저녁에 만날 수 있어?" "미안, 중요한 약속이 있어."

❷ [貴重であること] ◇大切だ 소중하다, 귀중하다 ◇大切に 귀중히, 소중히 ◇大切にする 아끼다 ¶ヨンヒは私の大切な友人です 영희는 내 소중한 친구입니다. / 大切なものは金庫にしまってください 귀중품은 금고에 넣어 주십시오. / その出来事は子供時代の大切な思い出となっている 그 일은 어린 시절의 소중한 추억이 되었다. / 自由というものは大切な財産だ 자유라는 것은 소중한 재산이다. / 誰よりも大切な人 누구보다도 소중한 사람

¶物を大切にする 물건을 아끼다 / 私はこの本を大切にしている 나는 이 책을 소중히 여기고 있다. / 電気を大切にしよう 전기를 아끼자. / 僕は彼との友情を大切にしている 나는 그와의 우정을 소중히 여기고 있다.

¶両親は一人息子を大切に育てた 부모님은 외아들을 애지중지 키웠다.

❸〔注意深いこと〕◇大切に 조심히 ¶この磁器は壊れやすいから大切に扱ってください 이 자기는 깨지기 쉬우니까 조심해서 취급해 주세요. / ご主人にお体を大切になさるようにお伝えください 남편분께 몸 건강하시라고 전해 주세요.

**たいせん**【大戦】대전 ¶第一次世界大戦 제일차 세계 대전 / 第二次世界大戦 제이차 세계 대전

**たいせん**【対戦】대전 ◇対戦する 대전하다 ¶う리 学校は運悪く去年の優勝校と対戦することになった 우리 학교는 운 나쁘게 작년 우승교와 대전하게 되었다. / 韓国は中国と対戦した 한국은 중국과 대전했다. 関連 対戦相手 대전 상대 / 対戦成績 대전 성적

**たいそう**【体操】체조 [体育] 체육 [運動] 운동 ¶祖父は健康を維持するために毎日体操をしている 할아버지는 건강을 유지하기 위해서 매일 체조를 하고 계신다. / 推理小説は頭の体操なる 추리 소설은 두뇌 운동이 된다. 関連 体操選手 체조 선수 / 体操服 체조복 / 器械体操 기계 체조 / 準備体操 준비 체조 / 柔軟体操 스트레칭 / 新体操 신체조, 리듬 체조 / 美容体操 미용 체조 / ラジオ体操 라디오 방송을 통해 따라하는 체조 ⇒運動, スポーツ

**たいそう**【大層】〔非常に〕매우, 굉장히 ◇たいそうな〔大げさな〕과장된 ¶たいそう高価な油絵だったが その것은 매우 비싼 유화였다. / 彼はいつもたいそうなことを言う 그는 항상 과장된 말을 한다.

**だいそつ**【大卒】대졸, 대학 졸업 ¶彼女は大卒です 그녀는 대졸입니다.

**だいそれた**【大それた】엉뚱한, 엄청난, 얼토당토않은 ¶大それた望みを抱く 얼토당토않은 희망을 품다 / そんな大それたことを言うな 그런 잠꼬대 같은 소리 하지 마.

**たいだ**【怠惰】◇怠惰に 나태하다, 게으르다 ¶彼は怠惰な生活を送っていた 그는 나태한 삶을 보내고 있었다. / 私は怠惰な人間は嫌いだ 나는 게으른 사람은 싫다.

**だいたい**【大体】❶〔おおよそ〕대강, 대략, 대체로, 대충 ¶家から駅まで大体1キロある 집에서 역까지 대략 1킬로이다. / 大体10時ごろだ 대강 열 시쯤이다. / 土曜日には大体図書館に行く 토요일에는 대체로 도서관에 간다. / だれが優勝するのか大体見当はつく 누가 우승할지 대충 짐작이 간다. / 日曜日は大体家にいる 일요일에는 대체로 집에 있다. / 最近買った車には大体満足している 최근에 산 차에는 대체로 만족하고 있다. / 私はこの本を大体読み終えた 나는 그 책을 대강 다 읽었다.
¶先生の説明で大体のところはわかりました 선생님의 설명으로 대강의 내용은 알겠습니다. / これが私たちの計画の大体の内容です 이것이 우리 계획의 대강의 내용입니다. / どんなものが必要なのか大体のところを教えてください 어떤 것이 필요한지 대강 가르쳐 주세요.
❷〔そもそも〕도대체, 본래, 본시 ¶大体, あいつが悪いんだよ 애당초 그 녀석이 잘못된 거야. / この仕事を1週間以内に終えるなんて大体無理な話 이 일을 일 주일 이내에 끝내는 것은 본래 무리한 이야기다.

**だいだい**【橙】등자(橙子), 등자나무 関連 だいだい色 주황색(朱黄色)

**だいだい**【代々】대대(로) ¶私の家は代々医者です 우리 집은 대대로 의사 집안입니다. / この掛け軸は代々伝えられわが家の家宝です 이 족자는 대대로 전해져 내려온 우리 집 가보입니다. / 先祖代々の墓 선조 대대의 묘

**だいだいてき**【大々的】대대적 ◇大々的な 대대적인 ◇大々的に 대대적으로 ¶その会社はテレビやラジオで新製品を大々的に宣伝した 그 회사는 텔레비전과 라디오에서 신제품을 대대적으로 선전했다. / 新聞は事件を大々的に報道した 신문은 사건을 대대적으로 보도했다.

**だいたすう**【大多数】대다수 ¶クラスの大多数がその案に賛成している 반의 대다수가 그 안건에 찬성했다. / 大多数の住民はダム建設に反対だった 대다수의 주민이 댐 건설에 반대했다.

**たいだん**【対談】대담 ◇対談する 대담하다 ¶ノーベル賞受賞者との対談をシリーズで掲載する 노벨상 수상자와의 대담을 시리즈로 게재한다. / 対談記事 대담 기사

**だいたん**【大胆】◇大胆だ 대담하다 ◇大胆に 대담히, 대담스레 ◇大胆さ 대담성, 대담함〔度胸〕배짱 ¶彼の大胆さはとても信じられないほどだった 그의 대담함은 도저히 믿을 수 없을 정도였다. / 彼は並外れた大胆さを持つ男だ 그는 보통이 아닌 배짱을 가진 남자이다.
¶大胆な考え 대담한 생각 / 大胆なデザイン 대담한 디자인 / それはずいぶん大胆な計画だ 그것은 꽤 대담한 계획이다. / 彼女は大胆な服を好んで着る 그녀는 대담한 옷을 즐겨 입는다. / そこへ一人で行くとは君も大胆なことをするね 거기에 혼자 가다니 너도 참 대담하다. / その評論家は大胆な予測で知られている 그 평론가는 대담한 예측으로 알려져 있다. / 彼は大胆にも大勢の人の前で彼女に結婚を申し込んだ 그는 대담하게도 많은 사람들 앞에서 그녀에게 프로포즈를 했다. 大胆不敵にも 용감무쌍하게도

**だいち**【大地】대지, 땅 ¶万物の母なる大地 만물의 어머니인 대지 / 大地の恵み 대지의 혜택 / 大地に根を下ろす 대지에 뿌리를 내리다

**だいち**【台地】대지

**たいちゅう**【対中】〔対中国〕대중 ¶対中関係 대중 관계 / 対中貿易 대중 무역

**たいちょう**【体調】몸 상태, 컨디션 ¶体調がいい[悪い] 몸 상태가 좋다[나쁘다]. / 体調がすぐれない 몸 상태가 좋지 않다. / 暑さで体調を崩す 더위로 컨디션이 엉망이다. / 試合に備えて体調を整える 경기에 대비해서 컨디션을 조절하다 / きょうの体調はどうですか 오늘 컨디션은 어떻습니까?

**たいちょう**【隊長】대장 ¶小隊長 소대장 / 軍楽隊長 군악 대장 / 探検隊長 탐험 대장

**だいちょう**【大腸】대장 関連 大腸炎 대장염 / 大腸菌 대장균

**タイツ** 타이츠

**たいてい**【大抵】대개, 대강 〔通常〕보통 〔大部分〕대부분 ¶夜は大抵家にいます 밤에는 대개

집에 있습니다. / 夏は大抵海へ行く 여름에는 대개 바다로 간다. / 彼の書く推理小説は大抵おもしろい 그가 쓴 추리 소설은 대부분 재미있다. / 大抵の日本人は寿司が好きだ 일본인은 대부분 초밥을 좋아한다. / うちの子はまだ5歳だけれど大抵のことは自分でできる 우리 아이는 겨우 다섯 살인데 대부분 일은 혼자서 할 수 있다. / 大抵の事は彼女の言っている大강의 일은 알고 있다.
¶いろいろ大変な目にあってきたから大抵のことには動じないよ 여러 가지 힘든 상황을 겪어 왔기 때문에 웬만한 일에는 꿈적도 안 한다.

**タイト** ◇タイトだ 타이트하다 ¶タイトなスケジュール 타이트한 스케줄

**たいど**【態度】태도〔振る舞い〕행동 ¶それ以来、彼は私に対する態度をがらりと変えた 그 이후 그는 나에 대한 태도를 싹 바꿨다. / 生活態度を改めたほうがいいよ 생활 태도를 고치는 편이 좋다. / 彼女は不満そうな態度をとった 그 여자는 불만스러운 태도를 취했다. / 米国は貿易赤字問題で日本に対して強硬な態度をとった 미국은 무역 적자 문제로 일본에 대해서 강경한 태도를 취했다. / この問題に対して君の態度をはっきりさせてくれ 이 문제에 대해서 네 태도를 분명히 해 줘. / その生徒の授業中の態度は悪い 그 학생의 수업 태도는 나쁘다. / 彼はきっぱりとした態度でその申し出を拒否した 그는 단호한 태도로 그 제의를 거부했다. / 彼は気取った態度で自分の考えを述べた 그는 거들먹거리는 태도로 자기 생각을 말했다. / 彼は態度がでかい 그는 태도가 건방지다.
会話 態度で示す
A：心の中ではいつも君に感謝しているよ
B：たまには態度で示してよ
A：마음속으로는 항상 너한테 감사하고 있어.
B：가끔은 행동으로 보여 줘.
A：最近彼の私に対する態度が変わってきたの
B：ほかに好きな女の子ができたんじゃない？
A：요즘 나에 대한 남자 친구의 태도가 이상해.
B：따로 좋아하는 여자가 생긴 거 아냐？
A：もうあなたなんかと付き合っていられないわ
B：何だよ、その態度は
A：이제 더 이상 당신 같은 사람하고 상대하기 싫어.
B：뭐야, 그 태도는？
¶好意的態度 호의적인 태도 / 積極的態度 적극적인 태도 / 消極的態度 소극적인 태도 / 楽観的態度 낙관적 태도 / 悲観的態度 비관적 태도 / 明確な態度 명확한 태도 / あいまいな態度 애매한 태도 / 寛容な態度 관용적인 태도 / 謙虚な態度 겸허한 태도 / 無礼な態度 무례한 태도 / 軽蔑的態度 경멸적인 태도 / 傲慢な態度 거만한 태도 / ぶっきらぼうな態度 무뚝뚝한 태도 / 傍観的態度 방관적 태도

**たいとう**【台頭】대두 ◇台頭する 대두하다 ¶政界では若手の台頭が著しい 정계에서는 젊은 사람들의 대두가 현저하다.

**たいとう**【対等】◇対等だ 대등하다 ¶私と彼女は仕事においては対等だ 나와 그녀는 일에 있어서는 대등하다. / 私たちは彼らと対等な立場に立っている 우리들은 그 사람들과 대등한 입장에 서 있다. / 日本は諸外国と常に対等な関係を維持することに努めている 일본은 여러 나라들과 항상 대등한 관계를 유지하는 데 노력하고 있다. / 昔は、女性は男性と対等に扱われていなかった 옛날에는 여성은 남성과 대등하게 대우받지 않았다. / 弟は私と対等な口をきく 동생은 나에게 맞먹는다.

**だいどう**【大道】대도, 큰길, 거리, 대로 関連 大道芸 거리 공연 / 大道芸人 거리 공연자, 거리에서 공연을 하는 연예인.

**だいどうしょうい**【大同小異】대동소이 ¶彼らの意見は大同小異だ 그들의 의견은 대동소이다.

**だいとうりょう**【大統領】대통령 ¶韓国の初代大統領 한국의 초대 대통령 / 第5代大統領 제5대 대통령 関連 大統領官邸 대통령 관저〔米国の〕백악관、화이트 하우스〔韓国의〕청와대（青瓦台）/ 大統領候補 대통령 후보 / 大統領執務室 대통령 집무실 / 大統領選挙 대통령 선거〔特に韓国の〕대선（大選）/ 大統領夫人 대통령 부인〔영부인〕/ 大統領補佐官 대통령 보좌관 / 次期大統領 차기 대통령〔特に選挙で決定している場合〕대통령 당선자（大統領当選者）/ 副大統領 부통령〔▶韓国では副大統領を置かず大統領に何かあったときは首相にあたる国務総理が代行する）

**たいとく**【体得】◇体得する 익히다, 습득하다 ¶スキーの技術を体得する 스키 기술을 익히다 / 日本料理のこつを体得した 일본 요리의 요령을 습득했다.

**だいどころ**【台所】부엌 ¶台所仕事 부엌일（▶発音은 부엌닐）/ 台所道具 부엌살림 慣用句 最近うちは台所が苦しい 요즈음 우리 집은 살림이 어렵다.

**タイトスカート** 타이트스커트

**タイトル** 타이틀〔題名〕제목, 표제〔選手権〕선수권 ¶そのテレビドラマには長いタイトルがついている 그 텔레비전 드라마에는 긴 제목이 붙어 있다. / チャンピオンはタイトルの防衛に成功した 챔피언은 타이틀 방어에 성공했다. 関連 タイトルマッチ 타이틀 매치, 타이틀전

**たいない**【体内】체내 ¶人間の体内にすむ寄生虫もいる 사람의 몸 안에 사는 기생충도 있다.

**だいなし**【台無し】엉망 ◇台無しにする 잡치다 ¶強い風で満開の桜が台無しになった 강풍으로 만발한 벚꽃이 엉망이 되었다. / 計画が台無しだ 계획을 잡쳐 버렸다. / 雨で服が台無しになった 비를 맞아 옷이 엉망이 되었다.

**ダイナマイト** 다이너마이트 ¶ダイナマイトで岩を爆破した 다이너마이트로 바위를 폭파했다. / ダイナマイトを仕掛ける 다이너마이트를 장치하다

**ダイナミック** 다이내믹, 동적, 활동적 ◇ダイナミックだ 다이내믹하다 ¶ダイナミックな演技 다이내믹한 연기 / この絵には荒れ狂う海がダイナミックに描かれている 이 그림에는 거친 바다가 다이내믹하게 그려져 있다.

**だいに**【第二】제이, 둘째 ¶第二アクセント 둘째 악센트 / 彼は第二のヒトラーだ 그는 제 2의 히틀

러다. / 彼女は教師として第二の人生を歩み始めた 그녀는 교사로서 제2의 인생을 걷기 시작했다. / 第二に、それは値段が高すぎる 둘째로, 그것은 너무 가격이 비싸다.

**たいにち【対日】** 대일 ¶対日貿易赤字が年々増している 대일 무역 적자가 해마다 늘고 있다. / 対日感情が悪化する 대일 감정이 악화되다

**たいにん【退任】** 퇴임 ◇退任する 퇴임하다 ⇒ 辞職, 辞める

**たいにん【大任】** 대임 〔重大な任務〕중대한 임무 ¶大任を引き受ける 중대한 임무를 맡다 / 大任を無事果たすことができた 중대한 임무를 무사히 달성할 수 있었다.

**ダイニング** 関連 ダイニングキッチン 다이닝 키친 / ダイニングルーム 다이닝 룸

**たいねつ【耐熱】** 내열 ◇耐熱性 내열성 ¶耐熱ガラス 내열 유리

**たいのう【滞納】** 체납 ◇滞納する 체납하다 ¶彼は家賃を3か月滞納している 그는 집세를 3개월 체납하고 있다. 関連 滞納金 체납금 / 滞納者 체납자 / 税金滞納者 세금 체납자

**だいのう【大脳】** 대뇌 関連 大脳皮質 대뇌 피질

**たいは【大破】** 대파 ◇大破する 대파하다, 대파되다 ¶車はコンクリートの壁に激突して大破した 차는 콘크리트 벽에 격돌해서 크게 파손됐다.

**たいはい【退廃】** 퇴폐 ◇退廃する 퇴폐하다 ◇退廃的 퇴폐적 ¶退廃した風潮が社会に蔓延している 퇴폐 풍조가 사회에 만연하고 있다. / 退廃的なムード 퇴폐적인 분위기.

**たいはい【大敗】** 대패, 참패 ◇大敗する 대패하다 ¶チームは2回戦で大敗した 팀은 2회전에서 대패했다.

**たいばつ【体罰】** 체벌 ¶教師が生徒に体罰を加えることは禁止されている 교사가 학생한테 체벌을 가하는 것은 금지되어 있다.

**たいはん【大半】** 태반(太半), 대반, 대부분 ¶クラスの大半の生徒がインフルエンザにかかっている 대부분의 반 학생들이 유행성 감기에 걸렸다. / 彼は1日の大半を読書して過ごした 그는 하루의 대부분을 독서를 하며 지냈다. / 女子が大半を占める女子が大半を占めている 여자가 대반을 차지한다. / 仕事を大半終えた 일의 태반은 끝났다.

**たいひ【対比】** 대비 ◇対比する 대비하다 ¶理想と現実を対比させる 이상과 현실을 대비시키다

**たいひ【堆肥】** 퇴비, 두엄

**タイピスト** 타이피스트, 타자수(打字手)

**だいひつ【代筆】** 대필, 대서(代書) ◇代筆する 대필하다 ¶手紙を代筆する 편지를 대필하다

**たいびょう【大病】** 큰 병, 대병〔重病〕중병, 중환 ¶彼は長いこと大病を患っている 그는 오랜 세월 중병을 앓고 있다.

**だいひょう【代表】** 대표 ◇代表する 대표하다 ◇代表的 대표적 ¶各国の代表が国連総会に出席していた 각국의 대표가 유엔 총회에 출석했다. / ヨンヒが代表に選ばれた 영희가 대표로 뽑혔다. / 彼らがこの会議の韓国代表だ 그들이 이 회의의 한국 대표다. / 我々は彼を代表として送った 우리는 그 식전에 그를 대표로 보냈다.

¶私は会社を代表してその会議に出た 나는 회사를 대표해서 그 회의에 참석했다. / (結婚式で)新郎の友人一同を代表してごあいさつさせていただきます 신랑의 친구들을 대표해서 인사말씀 드리겠습니다. / 彼女は日本を代表してソウルマラソンに出た 그녀는 일본을 대표해서 서울 마라톤에 참가했다. / 彼は近い将来韓国を代表するサッカー選手になるだろう 그는 가까운 장래에 한국을 대표하는 축구 선수가 될 것이다.

¶この古墳は新羅時代の代表的なものです 이 고분은 신라 시대의 대표적인 것입니다. / 彼の意見は今日の若者の代表的なものだ 그 사람의 의견은 오늘날 젊은이들을 대표한 것이다. 関連 代表権 대표권 / 代表作 대표작 / 代表者 대표자 / 代表団 대표단 / 代表電話 대표 전화 / 代表取締役 대표 이사 / 代表番号〔電話の〕대표 번호 / 代表部 대표부 / 比例代表制 비례 대표제

**ダイビング** 다이빙〔飛び込み競技〕다이빙 경기〔潜ること〕잠수(潜水) 関連 ダイビングスーツ 잠수복 / スカイダイビング 스카이다이빙 / スキューバダイビング 스쿠버다이빙 / スキンダイビング 스킨다이빙

**たいぶ【退部】** 탈퇴(脱退) ◇退部する 탈퇴하다 ¶サッカー部を退部した 축구부를 탈퇴했다.

**タイプ** ❶〔型〕타입, 스타일 ¶性染色体は2つのタイプに分かれる. ひとつはX染色体で, もうひとつはY染色体だ 성염색체는 두 가지 타입으로 나뉜다. 하나는 X염색체이고 또 하나는 Y염색체이다.

¶彼は人の上に立つタイプだ 그는 남의 위에 설 타입이다. / 彼は人をだますようなタイプの人ではない 그는 사람을 속일 만한 타입의 사람이 아니다. / 君のようなタイプの人は珍しいと思うよ 자네같은 타입의 사람은 드물거야. / 彼女は家庭的なタイプだ 그녀는 가정적인 타입이다. / ぽっちゃりした〔ほっそりした〕タイプの女性 통통한〔날씬한〕타입의 여성 / 彼女は私の好みのタイプではない 그녀는 내 스타일이 아니다.

会話 どんなタイプ
A：どんなタイプの車が好きですか
B：スポーツカーだね
A：어떤 스타일의 차를 좋아해요?
B：스포츠카지.
A：どんなタイプの男の人が好き
B：スポーツマンタイプ
A：어떤 타입의 남자가 좋아?
B：스포츠맨 타입.

❷〔タイプライター〕타이프라이터, 타자기(打字機) ¶手紙をタイプした 편지를 타이프했다. / タイプした手紙 타이프한 편지

**だいぶ【大分】** 상당히, 꽤, 제법 ¶きのうの地震はだいぶ大きかったね 어제 지진은 상당히 컸었지. / 彼は兄弟だが性格がだいぶ違う 그들은 형제지만 성격이 꽤 다르다. / 夜もだいぶ更けてきたからもう寝ることにしよう 밤도 꽤 깊었으니까 이제 자자. / ジナは君とだいぶ親しい仲だそうだね 지나는 너와 상당히 친한 사이라면서. / あなたが手伝ってくれれば, 時間がだいぶ節約できるんだ

けど 네가 도와주면 시간이 꽤 절약될 텐데. / 彼女は実際よりもだいぶ若く見える 그녀는 실제보다 꽤 젊어 보인다.

¶父がだいぶ前に亡くなりました 아버지는 꽤 오래 전에 돌아가셨습니다. / 彼女が来るまでまだだいぶ時間があったので喫茶店で時間をつぶした 그녀가 올 때까지 꽤 시간이 있어서 커피숍에서 시간을 때웠다. / 一生懸命働いたので貯金がだいぶたまった 열심히 일을 했기 때문에 저금이 제법 모였다. / 列車は予定をだいぶ遅れて駅に到着した 열차는 예정보다 상당히 늦게 역에 도착했다.

会話 だいぶ進歩したね
A：韓国語がだいぶ進歩したね
B：そう言っていただいてうれしいです
A：한국말 실력이 상당하네요.
B：그렇게 말씀해 주셔서 기쁩니다.
A：ご気分はいかがですか
B：おかげ様で今日はだいぶいいです
A：기분은 어떠십니까?
B：덕분에 오늘은 상당히 좋습니다.

**たいふう**【台風】태풍
◆【台風が・台風は】
¶大型台風が時速60キロで紀伊半島に接近している 대형 태풍이 시속 60킬로로 기이 반도에 접근하고 있다. / 台風は太平洋南西部で発生する 태풍은 태평양 남서부에서 발생한다. / 四国に上陸after台風はシコクーに 상륙 후 태풍은 약해졌다. / 台風16号は中心気圧960ヘクトパスカル，半径50キロ以内は風速25メートル以上の暴風になっている 태풍 16호는 중심 기압 960헥트파스칼, 반경 50킬로 이내는 풍속 25미터 이상의 폭풍이 불고 있다. / 台風9号は関東地方に上陸した 태풍 9호는 간토 지방에 상륙했다. / 台風は日本列島を縦断して太平洋に抜けた 태풍은 일본 열도를 종단해서 태평양으로 빠졌다. / 台風が東京を直撃した 태풍이 도쿄를 직격했다. / 台風が北上する 태풍이 북상하다

◆【台風に・台風で】
¶沖縄はしばしば台風に見舞われる 오키나와는 자주 태풍에 휩싸인다. / 村は台風で壊滅的な被害を受けた 마을은 태풍으로 괴멸적인 피해를 입었다. / 台風で米作に被害が出た 태풍으로 쌀농사 피해가 났다.

◆【台風の】
¶台風の接近にともなって風雨がますます強まった 태풍의 접근과 함께 비바람이 더욱 세졌다. / 台風の間は外出を控えてください 태풍이 지나갈 때는 외출을 삼가해 주세요.
¶台風の目 태풍의 눈 / 台風の進路 태풍의 진로

◆【その他】
¶台風一過でうそみたいに天気がよくなった 태풍이 지나가자 '거짓말처럼 날씨가 개었다'[어제의 폭풍우가 거짓말 같다]. / 大型台風 대형 태풍 / 小型台風 소형 태풍 / 強い台風 강한 태풍 / 弱い台風 약한 태풍 / 雨[風]台風 비[바람] 태풍 慣用句 台風が今度の選挙での台風の目だ 그 (사)는 이번 선거에서 태풍의 눈이 될 것이다.
関連 台風圏 태풍권 / 台風情報 태풍 정보

だいふく【大福】큰 복 [大福餅] 팥소가 든 찹쌀떡

だいぶつ【大仏】대불, 큰부처 ¶奈良の大仏殿 나라의 대불전

だいぶぶん【大部分】대부분 〔ほとんど〕거의
¶山地が国土の大部分を占めている 산지가 국토의 대부분을 차지하고 있다. / 日曜は何もせずに1日の大部分を過ごした 일요일에는 아무것도 하지 않고 하루의 대부분을 보냈다. / 島の大部分を森林が覆っている 섬의 대부분을 산림이 뒤덮고 있다. / うちの学校の大部分の生徒がこの辞書を使っている 우리 학교 대부분의 학생이 이 사전을 쓰고 있다. / マンションの工事は大部分終わっている 아파트의 공사는 거의 끝나가고 있다. / バンパーが衝突のショックを大部分吸収してくれた 범퍼가 충돌의 쇼크를 거의 흡수해 주었다.

**タイプライター** 타이프라이터, 타자기(打字機)

**たいへい**【太平】◇太平だ 태평하다 ¶天下太平だ 천하태평이다.

**たいべい**【対米】〔対米国〕대미 ¶対米感情がよくなっている 대미 감정이 좋아지고 있다. / 対米関係 대미 관계 / 対米貿易 대미 무역 / 対米輸出 대미 수출

**たいへいよう**【太平洋】태평양 関連 太平洋戦争 태평양 전쟁 / 太平洋プレート 태평양 플레이트 / 北[南]太平洋 북[남]태평양

**たいべつ**【大別】대별 ◇大別する 대별하다, 크게 나누다 ¶世界の気候は5つのグループに大別される 세계의 기후는 다섯 개의 그룹으로 크게 나누어진다.

**たいへん**【大変】〔大事件〕큰일 〔とても〕대단히, 매우, 많이 ◇たいへんだ 큰일이다, 힘들다 ◇たいへんな〔ものすごい〕대단한, 굉장한〔途方もない〕엄청난〔ひどい〕심한〔重大な〕중대한〔難しい〕어려운 ¶たいへんお世話になりました 대단히 신세가 많았습니다. / たいへん失礼しました 대단히 실례했습니다. / 彼女はたいへん幸せだった 그녀는 아주 행복했다. / 外はたいへん暑かった 밖은 굉장히 더웠다. / これはたいへん難しい問題だ 이것은 아주 어려운 문제이다. / その知らせを聞いて彼はたいへん驚いた 그 소식을 듣고 그는 아주 놀랐다. / 彼女を説得するのにたいへん苦労した 그녀를 설득하는 데 대단히 애먹었다. / 芝居はたいへん楽しかった 연극은 아주 재미있었다.
¶彼女はたいへんな皮肉屋だ 그녀는 대단히 빈정거리는 사람이다. / 彼はたいへんな努力家だ 그 사람은 대단한 노력가다. / おじはたいへんな金持ちだ 삼촌은 대단한 부자이다. / きのうはたいへんな目に遭った 어제는 봉변을 당했다. / 息子の不合格は母親にとってたいへんショックだった 아들의 불합격에 어머니는 큰 충격을 받았다. / それは私にとってはたいへんな事件だった 그것은 나에게 있어서 큰 사건이었다. / 忘年会はたいへんな騒ぎだった 망년회는 대단한 소동이었다. / たいへんなことになった 큰일이 났다. / 元日のお寺や神社はどこもたいへんな人出だ 설날의 절과 신사는 어디든 대단한 인파다.
¶もし大地震が起きたらたいへんだ 만약 대지진이 일어나면 큰일이다. / この取引が失敗したらたい

**だいべん**

んだ 이 거래가 실패한다면 큰일이다. / 部屋が ひどく散らかっていたので掃除するのがたいへんだった 방이 엄청 어질러져 있어서 청소하는 게 힘들었다. / 今は生活がたいへんだ 지금은 생활이 곤란하다. / 君にはこの仕事のたいへんさがわかっていない 너는 이 일의 중대함을 모른다.

会話 たいへんだ
A：たいへん，財布を家に忘れてきた
B：早く取りに戻りなさい
A：큰일 났다. 지갑을 집에 두고 왔어.
B：빨리 가지러 가.
A：宿題を忘れたんで先生に怒られたよ
B：それはたいへんだったね
A：숙제를 잊어버려서 선생님께 혼났어.
B：정말 안됐네.
A：申し訳ありません。お預かりした封筒をなくしてしまいました
B：たいへんなことをしてくれたね。あの中には重要な書類が入っていたのに
A：죄송합니다. 맡겨 두셨던 봉투를 잃어버렸습니다.
B：큰 실수를 저질렀군. 그 안에는 중요한 서류가 들어 있었어.
A：他の男とデートしちゃったの
B：彼氏にばれたらたいへんよ
A：어제 아키라하고 데이트했어.
B：남자 친구에게 들키면 큰일이다.

**だいべん【大便】** 대변 ¶うんこ, くそ〕똥 ¶大便をする 대변을 보다 / 똥을 누다

**だいべん【代弁】** 대변 ◇代弁する 대변하다 ¶政治家は国民の意見を代弁しなくてはならない 정치가는 국민의 의견을 대변해야 된다. 関連 代弁者 대변자

**たいほ【逮捕】** 체포 ◇逮捕する [捕まえる] 체포하다, 잡다 ¶犯人の逮捕は時間の問題だ 범인의 체포는 시간 문제다. / 誘拐事件の犯人逮捕に多数の捜査員が投入された 유괴 사건의 범인 체포에 많은 경찰관이 투입되었다. / その政治家には収賄容疑で逮捕状が出ている 그 정치가에게는 뇌물 수수 혐의로 체포장이 나왔다. / その女には逮捕歴があった 그 여자에게는 전과가 있었다.

¶警察は彼を殺人容疑で逮捕した 경찰은 그를 살인 혐의로 체포했다. / その男は窃盗罪で逮捕された 그 남자는 절도죄로 체포되었다. / 彼女は万引きの現行犯で逮捕された 그녀는 물건을 훔친 혐의로 현행범으로 체포되었다. / その事件の犯人はまだ逮捕されていない 그 사건의 범인은 아직 체포되지 않았다. / あなたを逮捕します 당신을 체포합니다.

**たいほう【大砲】** 대포 ¶大砲を撃つ 대포를 쏘다

**たいぼう【待望】** 대망, 갈망 ◇待望する 대망하다, 갈망하다, 크게 바라다 ¶待望の雨が降り始めた 기다리던 비가 내리기 시작했다. / 待望の大学生活 대망의 대학 생활

**たいぼく【大木】** 큰 나무 ¶杉の大木 큰 삼나무 慣用句 あいつはうどの大木さ 그 녀석은 덩치만 크고 쓸모가 없는 사람이야.

**だいほん【台本】** 대본 ¶台本を書く 대본을 쓰다 関連 台本作家 대본 작가

**たいま【大麻】** 대마 [マリファナ] 마리화나, 대마초(大麻草) ¶大麻を吸う 대마초를 피우다

**タイマー** 타이머 ¶タイマーを設定する 타이머를 설정하다 / タイマーを7時に合わせる 타이머를 7시에 맞추다 関連 セルフタイマー 셀프타이머

**たいまつ【松明】** 횃불 ¶松明の明かり 횃불의 불빛 / 松明を持つ 횃불을 들다

**たいまん【怠慢】** 태만 ◇怠慢だ 태만하다 ¶それに気がつかなかったのは彼の怠慢だ 그것을 눈치채지 못한 것은 그의 태만이다. / 彼らは職務に怠慢だ 그들은 직무 태만이다.

**タイミング** 타이밍 ¶何ていいタイミングだ 어쩌면 그렇게 좋은 타이밍이야. / 実にタイミングが悪かった 정말 타이밍이 나빴다. / タイミングが合わないタイミングが 맞지 않다 / 何事にもタイミングを外してはだめだ 무슨 일이든지 타이밍을 놓치면 안 된다.

**タイム** 타임, 타임아웃 ¶100メートル走のタイムを計る 100미터 달리기의 타임을 재다 / 陸上競技大会ではいいタイム(→記録)が出た 육상 경기 대회에서 좋은 기록이 나왔다. / 彼女は2時間21分06秒のタイムでゴールインした 그녀는 두 시간 21분 6초의 기록으로 골인했다.

¶ピンチに際し監督はタイムをかけた 핀치 때 감독은 타임을 걸었다. / (審判が)タイムを宣する 타임을 선언하다 / タイムアップ 타임업 / タイム! 타임! / タイムアウト！ 関連 タイムカード 타임 카드 / タイムカプセル 타임캡슐 / タイムキーパー 타임키퍼 / タイムサービス 타임 서비스 / タイムスイッチ 타임스위치 / タイムテーブル [時間表] 시간표 [時刻表] 시각표 / タイムマシーン 타임머신 / タイムリミット 타임 리밋 / タイムレコーダー 타임리코더, 시간 기록기

**タイムリー** ¶タイムリーな企画 때에 알맞은 기획 / タイムリーヒット(→適時打)を放つ 적시타를 치다

**だいめい【題名】** 제목(題目) ¶映画の題名 영화 제목 / 『チング』という題名の韓国映画 "친구"라는 제목의 한국 영화 / 題名をつける 제목을 붙이다

**だいめいし【代名詞】** 대명사 ¶キムチは韓国料理の代名詞だ 김치는 한국 요리의 대명사다.

**たいめん【体面】** 체면 ¶体面をつくろう 체면을 차리다 / 体面を重んじる 체면을 존중하다 / 体面を気にする 체면에 신경을 쓰다 / それでは私の体面にかかわる 그래서는 내 체면이 안 선다. / そんなことをするのは君の体面を汚すことになる 그런 짓을 하면 네 체면을 깎게 된다. / 彼は体面上そう言えなかった 그는 체면상 그렇게 말할 수 없었다.

**たいめん【対面】** 대면 ◇対面する 대면하다 ¶その親子は20年ぶりに対面した 그 부모와 자식은 20년 만에 대면했다. / 佐藤さんとは初対面です 사토 씨와는 초면입니다.

**タイヤ** 타이어 ¶タイヤがパンクした 타이어가 펑크 났다. / タイヤに空気を入れる 타이어에 바람을 넣다 / 空気の抜けたタイヤ 바람이 빠진 타이어 / 前[後ろ]のタイヤ 앞[뒤] 타이어 関連 タイヤ

チェーンタイヤー 체인 / スノータイヤ 스노 타이어 / スペアタイヤ 스페어 타이어

**ダイヤ** ❶ [列車の] 운행 계획, 운행표 [時刻表] 시각표, 시간표 ¶大雪のため列車のダイヤが大幅に乱れた 대설로 열차의 운행이 크게 혼란을 빚었다. / ダイヤを改正する 운행표를 개정하다
❷ [宝石] 다이아, 다이아몬드 ¶ダイヤの指輪 다이아몬드 반지
❸ [トランプ] 다이아몬드 ¶ダイヤのキング[クイーン, ジャック] 다이아몬드의 킹[퀸, 잭]

**たいやき【鯛焼き】** 붕어빵(▶붕어 는 魚の「ふな」)

**たいやく【大役】** 대역, 큰 역할 ¶議長という大役をまかせられた 의장이라는 큰 역할을 맡게 됐다. / 大役を果たす 대역을 완수하다

**だいやく【代役】** 대역 ¶だれが彼女の代役を務めるのですか 누가 그녀의 대역을 맡습니까?

**ダイヤモンド** [宝石] 다이아, 다이아몬드 [野球の内野] 다이아몬드, 내야

**ダイヤル** 다이얼 ¶ダイヤルを回す [電話の] 다이얼을 돌리다 / 何度もダイヤルしたのにいつも話し中だった 몇 번이나 전화했는데 계속 통화중이었다. 関連 ダイヤルイン 다이얼인 / ダイヤル回線 다이얼 회선 / フリーダイヤル 프리 다이얼

**たいよ【貸与】** 대여 ◇貸与する 대여하다 ¶奨学金を貸与する 장학금을 대여하다 / 制服を貸与する 제복을 대여하다

**たいよう【大洋】** 대양 ¶大洋航路 대양항로

**たいよう【太陽】** 태양, 해 ¶太陽が明るく輝く 해가 밝게 빛난다. / 太陽は東から昇って西に沈む 태양은 동쪽에서 떠서 서쪽으로 진다. / 太陽が雲の向こうに隠れた 태양이 구름 뒤에 숨었다. / 太陽がアスファルトの道路に照りつけている 태양이 아스팔트 도로에 내리쬐고 있다. / 南向きの部屋には太陽の光がよく差す 남향 방에는 햇빛이 잘 비친다. / 私たちは焼けつく8月の太陽のもとを歩き続けた 우리는 타 들어가는 팔월의 태양 아래를 계속 걸었다.
¶ぎらぎらと照りつける太陽 쨍쨍 내리쬐는 태양 / 灼熱の太陽 작열하는 태양 / 真昼の太陽 한낮의 태양 関連 太陽エネルギー 태양 에너지 / 太陽系 태양계 / 太陽光線 태양 광선 / 太陽黒点 태양 흑점 / 太陽電池 태양 전지 / 太陽熱 태양열 / 太陽熱発電 태양열 발전 / 太陽暦 태양력

**だいよう【代用】** 대용, 대신 ◇代用する 대용하다, 대신하다 ¶このソファーはベッドの代用になる 이 소파는 침대의 대용이 된다. / リュックサックをまくらの代用として使う 배낭을 베개 대용으로 사용하다 / 絹の代わりにナイロンを代用する 명주 대신에 나일론을 대용한다. / この料理では牛肉の代わりに豚肉で代用することができます 이 요리는 쇠고기 대신 돼지고기로 대용할 수 있습니다. 関連 代用食品 대용 식품 / 代用品 대용품

**たいようねんすう【耐用年数】** 사용 연한, 수명 ¶洗濯機の耐用年数は約10年です 세탁기의 사용 연한은 약 10년입니다.

**たいら【平ら】** ◇平らだ 평평하다, 평탄하다 ◇平らに 평평히, 평탄하게 ¶平らな岩 평평한 바위 / 平らな道 평탄한 길 / ブルドーザーで地面を平らにならす 불도저로 지면을 평평하게 고르다

**たいらげる【平らげる】** [平定する] 평정하다 [残らず食べつくす] 먹어 치우다 ¶彼は3人前の焼き肉を平らげた 그는 불고기 3인분을 먹어 치웠다.

**だいり【代理】** 대리 ◇代理をする 대리하다, 대신하다 [代行する] 대행하다 ¶式で市長の代理をしたのはだれですか 식에서 시장님의 대리를 한 사람은 누구입니까? / 出張の間彼が私の代理を務めてくれた 출장 가 있는 동안 그가 내 대리를 해 주었다. / あすは私の代理をしてくれませんか 내일은 저랑 바꿔 주시겠습니까? / 佐藤さんの代理で会議に出た 사토 씨의 대리로 회의에 참석했다. / 渡辺の代理で来ました 와타나베의 대리로 왔습니다. 関連 代理業者 대리업자 / 代理出産 대리 출산 / 代理戦争 대리 전쟁 / 代理店 대리점 / 代理母 대리모 / 広告代理店 광고 대리점 / 総代理店 총 대리점 / 販売総代理店 판매 총대리점 / 部長代理 부장 대리 / 保険代理店 보험 대리점 / 旅行代理店 여행사

**だいリーガー【大リーガー】** 메이저 리거 ¶パク・チャンホは韓国人初の大リーガーとして知られている 박찬호는 한국인 최초의 메이저 리거로 알려져 있다.

**だいリーグ【大リーグ】** 메이저 리그 ¶野球は日本人として初めて大リーグのオールスターゲームに選ばれたムなどいっしょに 처음으로 메이저 리그 올스타 게임에 뽑혔다.

**たいりく【大陸】** 대륙 ¶大陸横断 대륙 횡단 関連 大陸性気候 대륙성 기후 / 大陸棚 대륙붕 / アジア大陸 아시아 대륙 / 五大陸 오대륙 / 新[旧]大陸 신[구]대륙

**だいりせき【大理石】** 대리석, 대리암(大理岩) ¶大理石の床 대리석 바닥 / 大理石の像 대리석상

**たいりつ【対立】** 대립 ◇対立する 대립하다, 대립되다 ¶野党と政府との対立が深まっている 야당과 정부와의 대립이 깊어지고 있다. / 消費税引き上げについて鋭い意見の対立がある 소비세 인상에 대해서 첨예한 의견 대립이 있다. / 民族的対立はしばしば戦争につながる 민족적 대립은 흔히 전쟁으로 발전된다. / お互いの誤解から対立を招いた 서로의 오해로 인해 대립을 불러일으켰다. / 総裁選での福田氏の対立候補はだれですか 총재 선출에서 후쿠다 씨의 라이벌 후보는 누구입니까?
¶その件について彼らの意見は互いに対立している 그 건에 대해서 그들의 의견은 서로 대립하고 있다. / 日本と韓国は貿易不均衡問題についてまっ向から対立した 일본과 한국은 무역 불균형 문제에 대해서 정면으로 대립했다. / 対立する国々がジュネーブで和平協定に調印した 대립하는 나라들이 제네바에서 화평 협정에 조인했다. / 利害が対立する 이해가 대립되다

**だいりにん【代理人】** 대리인

**たいりゃく【大略】** 대략 [概要] 개요 ¶計画の大略を説明いたします 계획의 개요를 설명하겠습니다.

**たいりゅう【対流】** 대류 |関連| **対流圏** 대류권 / **対流電流** 대류 전류

**たいりょう【大量】** 대량 ¶被災地の病院では大量の血液を必要としている 피해지의 병원에서는 대량의 혈액을 필요로 하고 있다. / 日本は食糧を大量に消費している 일본은 식량을 대량으로 소비하고 있다. |関連| **大量解雇** 대량 해고 / **大量生産** 대량 생산

**たいりょう【大漁】** 풍어(豊漁) ¶今年はさんまが大漁だそうだ 올해는 꽁치가 풍어라고 한다.

**たいりょく【体力】** 체력 ¶私は体力がある 나는 체력이 있다. / 彼女は体力がない 그녀는 체력이 없다. / 近ごろ体力が衰えてきた 최근 체력이 약해졌다. / 試合に備えて体力をつけなければならない 시합에 대비해서 체력을 키워야 된다. / 彼には体力を使う仕事は無理だ 그에게는 체력을 쓰는 일은 무리다. / その選手は体力の限界を理由に引退を発表した 그 선수는 체력의 한계를 이유로 은퇴를 발표했다.

¶うちの母には海外旅行は体力的に無理だ 우리 어머니에게 해외여행은 체력적으로 무리다. |関連| **体力測定** 체력 측정

**たいりん【大輪】** 대륜 ¶**大輪**のばら 큰 장미꽃

**タイル** 타일 ¶タイルを張る 타일을 붙이다 / タイル張りの浴室 타일 깔린 욕실 |関連| **タイル職人** 타일공

**ダイレクトメール** 다이렉트 메일, 디엠(DM)

**だいろっかん【第六感】** 제육감, 육감, 눈치 ¶彼女は第六感が働く 그녀는 육감을 가지고 있다. / 第六感でそれに感づいた 육감으로 그것을 눈치챘다.

**たいわ【対話】** 대화, 대담 ◇**対話する** 대화하다 ¶市長は市民との対話が重要だと語った 시장은 시민과의 대담이 중요하다고 말했다. / 近ごろは親子の対話が不足している 요즘은 부모 자식간의 대화가 부족하다. / 対話の場を持つ 대화의 자리를 마련하다 / 対話を通して解決する 대화를 통해서 해결하다 / 南北対話 남북 대화

**たいわん【台湾】** 타이완, 대만 ¶**台湾人** 대만 사람 / **台湾語** 대만어

**たうえ【田植え】** 모내기, 모심기 ◇**田植えする** 모를 내다[심다] |関連| **田植え機** 이앙기

**タウン** 타운, 시가지 |関連| **タウンウェア** 타운웨어, 나들이옷 / **タウン誌** 그 지역의 생활 정보지 / **ニュータウン** 뉴 타운 / **ベッドタウン** 베드 타운

**ダウン** 다운 ◇**ダウンする** 다운하다, 다운되다, 떨어지다 ¶二学期は成績がかなりダウンした 성적이 꽤 떨어졌다. / 今月は売り上げがダウンした 이번 달의 매상이 다운되었다. / 先週は風邪でダウンしてしまった 지난주 감기로 지쳐 떨어졌다. / 挑戦者は第1ラウンドでチャンピオンからカウント7のダウンを奪った 도전자는 제1라운드에서 챔피언으로부터 카운트 7의 다운을 빼앗았다. |関連| **ダウンサイジング**〔小型化〕 소형화

**ダウン**〔羽毛〕 오리털 |関連| **ダウンジャケット** 오리털 파카

**ダウンしょうこうぐん【ダウン症候群】** 다운 증후군

**ダウンロード** 다운로드 ◇**ダウンロードする** 다운 받다 ¶ファイルをダウンロードする 파일을 다운 받다

**たえがたい【堪え難い】** 참기 어렵다, 견디기 어렵다 ¶それは彼にとって堪え難い侮辱だった 그것은 그에게 있어 견디기 어려운 굴욕이었다. / 去年の夏は堪え難い暑さだった 작년 여름은 견디기 어려운 더위였다.

**だえき【唾液】** 타액〔唾〕 침 ¶唾液が分泌される 타액이 분비되다 |関連| **唾液腺** 타액선

**たえず【絶えず】**〔常に〕 항상〔絶え間なく〕 끊임없이 ¶彼女は絶えず不平を言っている 그녀는 늘 불평을 말하고 있다. / 時間は絶えず過ぎていく 시간은 끊임없이 지나고 있다. / 絶えず努力しなさい 끊임없이 노력해야 한다.

**たえま【絶え間】** 틈, 사이 ◇**絶え間ない** 끊임없는 ◇**絶え間なく** 끊임없이 ¶実験の成功は彼の絶え間ない努力の結果だった 실험의 성공은 그의 끊임없는 노력의 결과였다. / 昨晩から雨が絶え間なく降り続いている 어젯밤부터 비가 끊임없이 내리고 있다.

**たえる【耐える・堪える】** ❶〔我慢する〕 참다, 견디다

> **使い分け** 참다, 견디다
> 참다「こらえる」. 怒り・笑い・涙・痛み・眠気などの内部から生じる感情や欲望を抑えること.
> 견디다「耐える」. 人間や生物が, 一定期間外部から加えられる力や困難な状況に屈しないこと. また, 台風を見だ木があるか？（台風にもちこたえる木があるだろうか）といったように「物が長持ちする, もちこたえる」という意味にも用いる.

¶彼女は長い間彼のわがままによく耐えてきた 그녀는 오랫동안 그의 방자함에 잘 견뎌 왔다. / 果たして彼はその苦痛に耐えられるだろうか 과연 그는 그 고통에 견딜 수 있을까？ / 私は彼女の不幸を見るに堪えられない 나는 그녀의 불행을 차마 볼 수 없다. / 私たちは幾多の試練に堪えなければならなかった 우리들은 수많은 시련을 견뎌야 했다. / どんな困難にも耐えられる強い人間になってほしい 어떤 곤란에도 견딜 수 있는 강한 인간이 되기를 바란다. / 彼女はつらい仕事に堪えることができなかった 그녀는 힘든 일을 견딜 수가 없었다.

¶彼の悪口雑言は聞くに堪えないものだった 그가 하는 욕에는 도저히 참을 수 없었다.

❷〔持ちこたえる〕 견디다, 지탱하다 ¶この靴は激しい使用に耐えるようデザインされている 이 구두는 험하게 신어도 견딜 수 있도록 디자인되어 있다. / この床材はどんな強い衝撃にも耐えられる 이 바닥재는 어떤 강한 충격에도 견딜 수 있다. / この家は100年の間風雪に耐えてきた 이 집은 100년의 비바람에도 견디어 왔다. / 堤防は増水した流れの勢いに耐えられなかった 제방은 불어난 물살을 지탱할 수가 없었다.

❸〔値する〕〔未来連体形+〕 만하다 ¶彼の演奏は鑑賞に堪えるものだった 그의 연주는 감상할 만한 것이었다.

**たえる【絶える】** 끊어지다, 끊기다〔やむ〕그치다 ¶**彼女からの便りが絶えて久しい** 그녀로부터 소식이 끊긴 지 오래다. / **当てにしていた両親からの仕送りが絶えてしまった** 믿고 있었던 부모님께서 보내 주시던 송금이 끊겨 버렸다. / **長い闘病生活のあとうとう息絶えた 享年五十二歳だった** 긴 투병 생활 끝에 그는 결국 숨졌다. / **通りはすっかり人通りが絶えた** 거리는 사람의 왕래가 완전히 끊어졌다. / **表通りは車の流れが一日中絶えない 大きな通り** 큰길은 차량이 하루 종일 끊기지 않는다. / **血筋が絶える** 혈통이 끊기다

¶**彼女の家は笑い声が絶えない** 그녀의 집은 웃음소리가 끊이지 않는다. / **子供が成長するまで親は心配が絶えない** 아이가 성장할 때까지 부모는 걱정이 끊이지 않는다.

**だえん【楕円】** 타원 ¶**楕円軌道** 타원 궤도
[関連] 楕円形 타원형

**たおす【倒す】❶**〔立っているものを横にする〕쓰러뜨리다, 넘어뜨리다 /**体当たりして泥棒を地面に倒した** 몸으로 부딪쳐서 도둑을 땅바닥에 넘어뜨렸다. / **彼女はうっかりして花瓶を倒してしまった** 그녀는 무심코 꽃병을 넘어뜨려 버렸다. / **台風が電柱を倒してしまった 태풍이 전봇대를 넘어뜨려 버렸다. / **車に乗って座席を後ろに倒した** 차를 타서 좌석을 뒤로 젖혔다. / **押し倒す** 밀어서 쓰러뜨리다 / **木を倒す** 나무를 넘어뜨리다

**❷**〔打ち負かす〕쳐부수다, 무찌르다〔勝つ〕이기다〔政府などを転覆させる〕타도하다, 뒤집어엎다 ¶**彼らは相手チームを簡単に倒した** 그들은 상대 팀을 간단히 쳐부수었다. / **民衆が蜂起し独裁政権を倒した** 민중이 봉기해서 독재 정권을 타도했다.

**タオル** 타월〔手ぬぐい〕수건 ¶**タオルで顔をふく** 타월로 손을 닦다 / **タオルを投げる** 타월을 던지다 [数え方] **タオル1枚[本]** 수건 한 장 [関連] **タオル掛け** 타월[수건]걸이 / **タオルケット** 타월천으로 만든 이불 | 수건 이불 / **タオル地** 타월[수건]천 / **バスタオル** 목욕 타월

**たおれる【倒れる】❶**〔立っていたものが横になる〕쓰러지다, 넘어지다, 자빠지다

[使い分け] 쓰러지다, 넘어지다, 자빠지다
쓰러지다 人・動植物・物が力が抜けるか朽ちるかしてその場にくずれるように横になる.
넘어지다 人・動物・物が滑ったりつまずいたりして倒れる. また, 木などの植物が倒れる場合にも用いる.
자빠지다 넘어지다 に近いが, 主体が人・動物だけで植物・物には用いない.

¶**大地震で多くの家が倒れた** 대지진으로 많은 집들이 무너졌다. / **台風で街路樹の木が倒れた** 태풍으로 가로수가 넘어졌다. / **地震で多数の墓石が倒れた** 지진으로 많은 묘석이 쓰러졌다. / **彼は地面にあおむけに倒れた** 그는 땅바닥에 뒤로 벌렁 나자빠졌다. / **強風でテントが倒れた** 강풍으로 텐트가 쓰러졌다. / **乗客は出口の所で将棋倒しに倒れた乗客たちは** 출구 쪽에서 장기짝[도미노] 넘어지듯이 쓰러졌다. / **彼女はめまいがして近くの椅子に倒れ込んだ** 그녀는 현기증이 나서 가까운 의자에 푹 쓰러져 버렸다. / **つまずいて倒れる** 발이 걸려 넘어지다

¶**彼女は倒れた椅子を起こした** 그녀는 넘어진 의자를 일으켰다. / **彼は倒れた塀の下敷きになって死んだ** 그는 쓰러진 담에 깔려 죽었다.

**❷**〔病気で床に就く, 死ぬ〕쓰러지다 ¶**彼はとうとう過労で倒れてしまった** 그는 결국 과로로 쓰러지고 말았다. / **彼は暑さと空腹で倒れた** 그는 더위와 배고픔으로 쓰러졌다. / **大統領はパレードの最中に凶弾に倒れた** 대통령은 퍼레이드 중에 흉탄에 쓰러졌다.

**❸**〔政府・指導者などが〕쓰러지다, 넘어지다〔計画・事業・会社などが〕무너지다 ¶**民衆の支持を失って共産主義政権は倒れた** 민중의 지지를 잃어서 공산주의 정권은 무너졌다. / **不況で多くの中小企業が倒れた** 불황으로 많은 중소기업이 무너졌다.

¶**クリーンアップがあえなく三振に倒れた** 크린업이 쉽게 삼진에 무너졌다.

**たか【高】**◇**たかが** 기껏해야, 고작해야 ¶**たかが500円ぐらいの金をけちるな** 기껏해야 500엔 정도의 돈을 아까워하지 마라. / **相手はたかが子供じゃないか** 상대는 고작해야 어린이가 아니냐.
[慣用句] **たかをくくっていたらひどい目に遭った** 대수롭지 않게 생각하고 있다가 혼났다. / **彼の実力ではたかが知れている** 그의 실력은 별거 아니다.

**たか【鷹】** 매 [関連] **鷹狩り** 매사냥 / **鷹匠** 매사냥꾼 / **タカ派** 매파(↔비둘기파)

**-だが❶**〔逆接〕-지만 ¶**彼は金持ちだが幸せではない** 그는 부자이지만 행복하지는 않다.
**❷**〔前置き〕-ㄴ[-은-는]데 ¶**これ嘆願書なんだが何とか処理してくれないか** 이거 민원 서류인데 어떻게 좀 처리해 주겠나？

**たかい【高い】❶**〔位置が〕높다〔背が〕크다
◇**高く** 높이

[基本表現]
▶**富士山は高い** 후지 산은 높다.
▶**エベレスト山は富士山より高い** 에베레스트산은 후지산보다 높다.
▶**白頭山は朝鮮半島でいちばん高い山だ** 백두산은 한반도에서 가장 높은 산이다.
▶**あの高い木を見て** 저 높은 나무를 좀 봐.
▶**武は僕より背が高い** 다케시는 나보다 키가 크다.
▶**あの建物は東京でいちばん高いビルだ** 저 건물은 도쿄에서 가장 높은 빌딩이다.

¶**この寺院は天井がとても高い** 이 사원은 천장이 아주 높다. / **富士山はどのくらい高い 후지 산은 얼마나 높아? / **その箱は棚の高いところにあるので手が届かない** 그 박스는 선반 높은 곳에 있어서 손이 닿지 않는다. / **私は高いところが怖い** 나는 높은 곳이 무섭다. / **きょうは波が高い 오늘은 파도가 높다. / **彼は鼻が高い** 그는 콧대가 높다. / **日がまだ高いうちに目的地に着いた** 해가 아직 떠 있을 때 목적지에 도착했다. / **その鳥は高い**

**たがい**

がけに巣を作る 그 새는 높은 절벽에 집을 짓는다.
¶ひばりが空高く飛んでいた 종달새가 하늘 높이 날아 오르고 있었다. / たこはどんどん高く上がっていった 연은 점점 높이 올라갔다. / 東京タワーは空高くそびえていた 도쿄타워는 하늘 높이 솟아 있었다. / もっと手を高く上げてください 손을 좀 더 높이 올려 주세요.

❷〔金銭的に額が多い〕높다, 많다〔価格が〕비싸다 ◇高く 비싸게 ◇高くなる〔物価などが〕오르다

[基本表現]
▷プロ野球選手でいちばん高い年俸をもらっているのはだれですか
프로 야구 선수 중에서 가장 높은 연봉을 받고 있는 사람은 누구입니까?
▷労働組合はより高い賃金を要求してストライキに突入した 노동 조합은 보다 높은 임금을 요구하며 파업에 돌입했다.
▷彼らは給料が高い 그들은 월급이 많다.
▷東京は非常に物価が高い
도쿄는 물가가 아주 비싸다.
▷この毛皮のコートはとても高かった
이 모피 코트는 매우 비쌌다.
▷兄の車は私のよりずっと高い
형의 차는 내 것보다 훨씬 더 비싸다.
▷その店でいちばん高い時計を買った
그 가게에서 가장 비싼 시계를 샀다.

¶彼女は高い家賃を払っている 그녀는 비싼 집세를 내고 있다. / この品は値段は高いが質はよい 이 물건은 가격은 비싸지만 질은 좋다.
¶彼は車を高く売った 그는 차를 비싸게 팔았다. / このごろは国内の旅行のほうが海外旅行より高くつく 요즘은 국내여행이 해외여행보다 비싸다. / どんなに高くても別荘を買うぞ 아무리 비싸더라도 그 별장을 살 거야.
¶今月もまた物価が高くなった 이번달도 또 물가가 올랐다.

[会話] ちょっと高いよ
A：このケーキおいしいね
B：うん．でもちょっと高いわね
A：이 케이크 맛있네.
B：응, 그런데 좀 비싸다.
A：お勘定は3万円になります
B：えっ, 高すぎる
A：금액은 3만 엔입니다.
B：네? 너무 비싸다.

❸〔声・音が高い〕높다〔声・音が大きい〕크다 ◇高く 높이, 크게 ◇高くなる 높아지다, 커지다 ¶加藤さんは声が高いのでソプラノを受け持ってください 가토 씨는 목소리가 높으니까 소프라노를 맡당해 주세요. / その俳優の声は高いのでよく通る 그 배우의 목소리는 높기 때문에 잘 들린다. / もっとも高い音を出す楽器は何ですか 가장 높은 음을 내는 악기는 무엇입니까? / 彼は高い声で話す 그는 큰 목소리로 말한다. / おい, 声が高いよ, 目立つよ 야, 목소리가 너무 커. / 息子の大学合格の話になると彼女の声は高くなった 아들의 대학 합격 이야기가 나오니 그녀의 목소리는 높아졌다.

❹〔世間に広く知れ渡っている〕높다 ¶あの俳優は評判が高い 그 배우는 평판이 높다. / 彼は腕利きの弁護士として評判が高い 그는 실력이 있는 변호사로서 평판이 좋다. / 彼女は作家として知名度が高い 그녀는 작가로서 지명도가 높다. / 彼は次期社長の呼び声が高い 그는 차기 사장으로서 소문이 자자하다. / 彼はけちで悪名が高い 그는 구두쇠로 악명이 높다.

❺〔地位などが上位である〕높다 ¶彼は会社で高い地位に就いている 그는 회사에서 높은 지위에 올라 있다.

❻〔品位・能力などがすぐれている〕높다 ◇高く 높이 ¶彼は理想が高い 그는 이상이 높다. / 彼女は望みが高すぎる 그녀는 바람이 너무 많다. / 古代エジプトは高い文明を持った王朝だった 고대 이집트는 높은 문명을 가진 왕조였다. / その数学の教科書はかなり程度が高い 그 수학 교과서는 꽤 수준이 높다. / 彼女は高い教養を身に付けている 그녀는 높은 교양을 갖추고 있다.
¶彼の能力は社長に高く買われている 사장은 그의 능력을 높이 샀다. / その画家の初期の絵が現在高く評価されている 그 화가의 초기 그림이 현재 높게 평가받고 있다.

❼〔程度を表す数値が大きい〕높다 ◇高くなる 높아지다, 오르다 ¶きょうは湿度が高かった 오늘은 습도가 높았다. / アフリカでは乳幼児の死亡率が非常に高い 아프리카에서는 유아기의 사망률이 매우 높다. / 風邪のせいで熱が高くなってきた 감기 때문에 열이 높아졌다. [慣用句]「彼女, お高くとまってるね」「ほんとだね, 何様のつもりだろう」"그 여자, 되게 잘난 체한다." "정말 그래, 자기가 뭐 대단한 사람인 줄 아나?"

**たがい【互い】** 서로 ¶互いの意見を尊重する 서로의 의견을 존중하다 / 両社は互いの利益のために手を組んだ 두 회사는 서로의 이익을 위해 손을 잡았다.
¶互いに協力し合う 서로 협력하다 / 彼らは互いに顔を見合わせた 그들은 서로 얼굴을 마주보았다. / 私たちはお互いに共通したところは何もない 우리들은 서로 공통된 점이 아무것도 없다. / 彼らは互いによく知っている 그들은 서로 잘 알고 있다. / 彼らは互いに目をそらした 그들은 서로 시선을 피했다. ⇒お互い, 相互

**だかい【打開】** 타개 ◇打開する 타개하다 ¶行き詰まりを打開する 정체를 타개하다 / 難局を打開する 난국을 타개하다 / 危機を打開する 위기를 타개하다 / 打開策を探る 타개책을 찾다

**たがいちがい【互い違い】** ◇互い違いに 엇갈리게, 번갈아 ¶私は互い違いに彼らの顔を見つめた 나는 번갈아 그들의 얼굴을 주시했다. / 花壇には赤と白の花が互い違いに植えられていた 화단에는 빨간 꽃과 하얀 꽃이 엇갈리게 심어져 있었다.

**たかく【多角】** 다각 ◇多角的 다각적 ¶問題を多角的に検討する 문제를 다각적으로 검토하다 / 経営の多角化を図る 경영의 다각화를 도모하다
[関連] 多角形 다각형 / 多角経営 다각 경영 / 多角貿易 다각 무역

**たがく【多額】** 다액 〔巨額〕거액 ¶新しい事業を始めるには多額の資金が必要だ 새로운 사업을 시작하는 데는 거액의 자금이 필요하다. / 多額の損失 거액의 손실 / 多額納税者 고액 납세자

**たかさ【高さ】** 높이 〔背の〕크기 〔高度〕고도 ¶高さ3千メートルの山 높이 3천 미터의 산 / この山は高さが2千メートルある 이 산은 높이가 2천 미터이다. / あの煙突の高さはどれくらいですか 저 굴뚝의 높이는 어느 정도 됩니까? / 飛行機は高さ1万メートルから墜落した 비행기는 높이 만 미터에서 추락했다. / 妹は私と背の高さが同じた 여동생과 나는 키가 똑같다. / 「あなたのお兄さんの背の高さ、どれくらいあるの？」「175センチぐらいかな」"네 오빠 키는 어느 정도야?" "175센티 정도일걸". / 妹と私は声の高さが違う 여동생과 나는 목소리의 높이가 다르다. / 高さを測る 높이를 재다

¶その指輪の値段の高さに驚いた 그 반지의 비싼 가격에 놀랐다.

**たかしお【高潮】** 해일

**たかだい【高台】** 고지대, 높은 곳 〔丘〕언덕 ¶高台にある住宅 고지대에 있는 주택

**たかだか【高々】** 〔せいぜい〕기껏, 기껏해야, 겨우 ◇高々と〔高く〕높다랗게, 드높이 ¶高々千円じゃないか 기껏해야 천 엔이잖아. / 相手の得票数は高々1万票くらいだろう 상대의 득표는 겨우 만 표 정도겠지.

¶チャンピオンはリング上でトロフィーを高々と持ち上げた 챔피언은 링 위에서 트로피를 드높이 들어 올렸다. / 旗を高々と揚げる 깃발을 드높이 올리다

**だがっき【打楽器】** 타악기 ¶打楽器奏者 타악기 연주자

**たかとび【高飛び】** 줄행랑, 멀리 도망침 ¶犯人は国外へ高飛びを企てた 범인은 국외로 줄행랑을 계획했다.

**たかなみ【高波】** 높은 파도 〔大波〕큰 파도 ¶ヨットが高波に飲まれた 요트가 높은 파도에 휩쓸렸다.

**たかね【高値】** 비싼 값, 높은 값 ¶長雨で野菜は高値で売れている 장마 때문에 야채는 비싼 값으로 팔리고 있다. / 株価は年初から高値をつけている 주가는 연초 이래 상승세를 타고 있다.

**たかね【高嶺】** 고령, 높은 산봉우리 ¶富士の高嶺 후지 산의 높은 산봉우리 |慣用句|別荘は庶民には高嶺の花だ(→絵にかいたもち) 별장은 서민에게는 그림의 떡이다.

**たかのぞみ【高望み】** 분에 넘치는 소망, 지나친 욕심 ¶余り高望みしては何も得られない 지나친 욕심을 부리면 아무것도 얻지 못한다.

**たかびしゃ【高飛車】** ◇高飛車な 고압적인 ◇高飛車で 고자세로, 고압적으로 ¶高飛車な態度 고압적인 태도 / 「そっちが悪い」と彼は高飛車に出た "그쪽이 나쁘다"고 그는 고자세로 나왔다.

**たかぶる【高ぶる】** 흥분하다 ¶神経が高ぶってなかなか眠れない 신경이 흥분되어 좀처럼 잠을 이룰 수가 없다. / 気持ちが高ぶる 마음이 흥분되다

**たかまる【高まる】** 높아지다 〔大きくなる〕커지다 ¶ピアニストとしての彼女の名声は高まった 피아니스트로서 그녀는 명성이 높아졌다. / 健康な生活に対する人々の関心が高まってきている 건강한 생활에 대한 사람들의 관심이 높아지고 있다. / 女性の地位が高まる 여성의 지위가 높아지다 / たばこの禁止を求める声が日増しに高まっている 금연을 원하는 목소리가 하루하루 높아지고 있다. / 暗くなってくると彼女の不安がますます高まった 어두워지자 그녀의 불안이 더욱더 커졌다. / インフレが高まって物価が高騰した 인플레이션이 높아져서 물가가 크게 올랐다.

**たかみのけんぶつ【高みの見物】** 수수방관(袖手傍観) ¶高みの見物をする 수수방관하다

**たかめる【高める】** 높이다 ¶その小説は彼の名声を高めた 그 소설은 그의 명성을 높였다. / コンピュータの導入によって仕事の能率を高めた 컴퓨터의 도입으로 일의 능률을 높였다. / 安静にして寝ていたことが薬の効果を高めた 안정을 취하고 있었던 것이 약의 효과를 높였다. / 彼女は教養を高めるためにカルチャーセンターに通っている 그녀는 교양을 높이기 위해서 문화 센터에 다니고 있다. / もっと生活水準を高めたい 생활 수준을 더 높이고 싶다.

**たがやす【耕す】** 갈다 〔開墾する〕일구다 ¶鋤で畑を耕す 가래로 밭을 갈다 / 荒地[土地]を耕す 황무지[토지]를 일구다

**たから【宝】** 보물, 보배 ¶子供は国の宝だ 어린이는 나라의 보배다. / 一人息子のミスは母親にとってかけがえのない宝だった 외아들인 민수는 어머니에게 무엇과도 바꿀 수 없는 보물이었다. / 彼はうちのチームの宝だ 그는 우리 팀의 보배다. |慣用句|宝の持ち腐れ 훌륭한 재능이나 물건을 가지고 있으면서 제대로 활용하지 못하고 썩인다. |関連|宝捜し 보물찾기 / 宝島 보물섬 / 宝船 보물선

**だから** 〔結果〕그러니까, 그래서, 그러기에 〔理由〕때문에, -(으)니까 ¶きょうは気分がすぐれないんだ。だからコンサートには行けないよ 오늘은 기분이 별로거든. 그래서 콘서트에는 못 가겠어. / 彼女の家は商店街に近い。だから買い物をするには便利だ 그녀의 집은 상가에 가깝다. 그래서 쇼핑하기에 편리하다. / 夕べは一晩中暑かった。だからよく眠れなかった 어제 저녁은 밤새 더웠다. 그래서 잘 자지 못했다. / 確かにキョンヒが悪い。けれども、だからといって暴力をふるうのはようない 확실히 경희가 나빠. 그래도 그렇다고 해서 폭력을 휘두르는 건 좋지 않아.

¶雨だから、試合は延期になるだろう 비가 오니까, 시합은 연기될 것이다. / あいつはいつも話が大げさだから、話半分に聞いておきな 그 녀석은 항상 말을 과장되게 하니까, 이야기는 반만 믿어. / 私が小食なのは胃弱だからなの 내가 소식하는 건 위가 약하기 때문이야. / サンギをそっとしておいてあげなさい。精神的に参っているようだから 상기를 그냥 내버려 둬. 정신적으로 쇼크를 받은 것 같으니까.

|会話| **だから言ったでしょ**
A：ガラスの破片で指を切っちゃったよ

B：だから注意したでしょう
A：유리 파편에 손가락을 베었어.
B：그러니까, 주의하라고 했잖아.
A：あの男に金をだまし取られた
B：だから言わんこっちゃない
A：그 남자한테 돈을 사기 당했어.
B：그러니까 말했잖아.
A：ああ、今月はもう5千円しか残ってないや
B：だからどうだって言うの。私なんか10万円も借金があるのよ
A：아, 이번달은 이제 5천 엔밖에 안 남았어.
B：그래서 어쨌다는 거야. 나는 10만 엔이나 빚이 있어.
A：大丈夫？顔が青いよ
B：だからホラー映画なんて見たくなかったんだ
A：괜찮아? 얼굴이 새파랗다.
B：그러니까 공포 영화 같은 거 보기 싫었어.
A：きのうは忙しかったんだ
B：だからって勝手に約束をすっぽかす理由にはならないよ
A：어제는 바빴어.
B：그렇다고 해서 제멋대로 약속을 어긴 이유는 안 되지.

**たからか【高らか】** ◇高らかに 소리 높이 ¶彼は声高らかに選手宣誓をした 그는 소리 높여 선수 선서를 했다.

**たからくじ【宝籤】** 복권(福券), 복표(福票)
¶宝くじを買う 복권을 사다 / 宝くじが当たる 복권에 당첨되다 / 宝くじで2億円当たった 복권으로 2억 엔 당첨되었다. 関連 年末ジャンボ宝くじ 연말 점보 복권

**たかる【集る】**〔群がる〕꾀다〔集まる〕몰려들다〔せびる〕졸라대다〔ゆする〕등치다〔砂糖にありがたかる 설탕에 개미가 몰려들다 / 食べ物にありがたかっていた 먹을 것에 파리가 꾀어 있었다. / 彼はしょっちゅう私に食事をたかっている 그는 자주 나에게 밥을 사 달라고 졸라댄다. / 友達にたかられて一杯おごってやった 친구가 졸라서 한턱 냈다. / 街でちんぴらにたかられた 거리에서 깡패들에게 강제로 돈을 빼앗겼다. / 人の弱みに付け込んでたかる 남의 약점을 잡아 등치다

**-たがる**-고 싶어하다 ¶彼はあなたと友達になりたがっている 그 사람은 너와 친구가 되고 싶어 한다. ⇨-たい

**たかん【多感】** 多感だ 다감하다, 감정이 풍부하다 ¶彼はそこで多感な少年時代を過ごした 그는 그곳에서 다감한 소년 시절을 보냈다. / 娘は多感な年ごろだ 딸은 감정이 풍부할 나이다.

**たき【多岐】** 다기망양(多岐亡羊) ◇多岐にわたる 다기하다 ¶わが社の業務は多岐にわたっている 우리 회사 업무는 다방면에 걸쳐 있다.

**たき【滝】** 폭포(瀑布) ¶華厳の滝 게곤 폭포 / 大乗の滝 대승 폭포(▶韓国三大滝の一つ) / 滝つぼ 폭포의 웅덩이 / 滝に打たれる 폭포를 맞다 / 汗が体中滝のように流れた 땀이 온몸에 폭포처럼 흘렀다.

**だきあう【抱き合う】** 서로 얼싸안다 ¶私たちは抱き合って泣いた 우리는 서로 얼싸안고 울었다. / 彼らはしっかと抱き合った 그들은 꽉 얼싸안았다.

**だきあげる【抱き上げる】** 안아올리다
**だきおこす【抱き起こす】** 안아일으키다
**だきかかえる【抱き抱える】** 부둥켜안다, 껴안다 ¶彼は大きな包みを抱きかかえていた 그는 큰 보따리를 껴안고 있었다. / けが人を抱きかかえて運ぶ 부상자를 부둥켜안고 옮기다

**たきぎ【薪】** 땔나무, 장작 ¶たきぎをくべる 장작을 지피다 / たきぎを拾う 땔나무를 줍다 ¶たきぎ取りに行く 나무하러 가다

**だきこむ【抱き込む】** 끌어안다, 끌어들이다
¶まんまと警備員を抱き込んだ 감쪽같이 경비원을 끌어들였다.

**タキシード** 턱시도

**だきしめる【抱き締める】** 껴안다, 부둥켜안다
¶母親は息子をしっかりと抱き締めた 어머니는 아들을 꽉 껴안았다.

**だきつく【抱き付く】**〔しがみつく〕매달리다
¶少女はおびえて父親に抱きついた 소녀는 겁에 질려 아버지에게 매달렸다. / 首に抱きつく 목에 매달리다

**たきつける【焚き付ける】**〔火を〕불을 지피다〔扇動する〕선동하다〔そそのかす〕부추기다 ¶暴動をたきつける 폭동을 선동하다 / 彼らは彼をたきつけて本を盗ませた 그들은 그를 부추겨서 책을 훔치게 했다.

**たきび【焚き火】** 모닥불 ¶たき火をする 모닥불을 피우다 / たき火にあたる 모닥불을 쬐다 / たき火を囲む 모닥불을 둘러싸다

**だきゅう【打球】** 타구 ¶打球はバックスクリーンに飛び込んだ 타구는 백스크린으로 날아갔다.

**だきょう【妥協】** 타협 ◇妥協する 타협하다
¶彼はめったに人と妥協をしない 그는 좀처럼 남들과 타협하지 않는다. / この件に関しては妥協の余地がない 이 건에 관해서는 타협의 여지가 없다. / 妥協点を見つける 타협점을 찾다 / 妥協案 타협안

**たく【炊く】** 짓다 ¶ご飯をたく 밥을 짓다

**たく【焚く】** 때다, 쬐다, 피우다〔風呂を〕데우다 ¶まきをたく 장작을 때다 / 風呂をたく 목욕물을 데우다 | 욕조에 목욕물을 받다 / ストロボをたく 스트로보를 쬐다

**だく【抱く】** 안다, 품다(▶안다, 품다 とも の発音は 다)¶女の子は腕に人形を抱いていた 소녀는 팔에 인형을 안고 있었다. / 母のだっこしている赤ん坊は私の妹です 엄마가 안고 있는 아기는 내 여동생입니다. / 彼は彼女の肩を抱いて写真に映っていた 그는 그녀의 어깨를 안고 사진을 찍었다. / めんどりが卵を抱いている 암탉이 알을 품고 있다.

**たくあん【沢庵】** 단무지

**たぐい【類い・比い】**〔種類〕종류〔類似〕유례
¶このたぐいの本は子供にはふさわしくない 이런 종류의 책은 어린이들에게 적합하지 않다. / たぐいまれな美女 보기 드문 미인

**たくえつ【卓越】** ◇卓越した 탁월한〔抜群の〕뛰어난 ¶卓越した才能 탁월한 재능 / 卓越した技

탁월한[뛰어난] 기술 / 彼は卓越した指導者だ 그는 탁월한 지도자다. / 林教授は研究ばかりでなく人格においても卓越した人物だった 하야시 교수님은 연구뿐만 아니라 인격에 있어서도 탁월한 인물이었다.

**たくさん** 【沢山】 ❶ 〔多数, 多量〕 많이 ◇たくさんの 많은
◆〔数〕
¶彼はネクタイをたくさん持っている 그는 넥타이를 많이 가지고 있다. / 彼女は知り合いはたくさんいるが、親友はひとりもいない 그녀는 아는 사람은 많지만, 친한 친구는 한 명도 없다. / 人気スターはファンレターをとてもたくさんもらう 인기 스타는 팬레터를 아주 많이 받는다. / 学校にも行かず就職もしない若者がたくさんいる 학교도 안 가고 취직도 안 하는 젊은이들이 많이 있다. / しなければならないことがたくさんある 해야 할 일이 많이 있다. / 学生時代に本をできるだけたくさん読んでおくべきだ 학생 시절에 책을 될 수 있는 한 많이 읽어 두어야 한다.
¶かなりくさんの学生がこの辞書を使っている 꽤 많은 학생들이 이 사전을 쓰고 있다. / 彼女のコンサートはたくさんの聴衆を集めた 그녀의 콘서트는 많은 청중을 모았다. / なんてたくさんの人なんだろう どうして こんなに 사람이 많을까. / チョルスより僕のほうがCDをたくさん持っている 철수보다 내가 CD를 더 많이 가지고 있다.
◆〔量〕
¶まだ宿題がたくさん残っている 아직 숙제가 많이 남았다. / そんなにあわてるな、時間はたくさんある 그렇게 서두르지 마. 시간은 많아. / お金はたくさんあるから 내가 사 줄게. 돈은 많이 있으니까. / 僕はそんなにたくさんは酒を飲みません 나는 그렇게 술을 많이는 안 마셔요. / 「ビールを追加しましょうか」「いや、まだたくさんあります」 "맥주를 추가할까요?" "아니요, 아직 많이 있습니다."

❷ 〔十分〕
¶くだらない話はもうたくさんだ 시시한 이야기는 이제 충분해. / カップラーメンはもうたくさんだ 컵라면은 이제 됐다. / 戦争なんてもうたくさんだ 전쟁 따위는 이제 싫다. / やめてくれ、愚痴はもうたくさんだ 그만둬. 푸념은 이제 듣기 싫어.

**タクシー** 택시 ¶タクシーを拾う 택시를 잡다 / タクシーを止める 택시를 세우다 / タクシーに相乗りする 택시에 합승하다 / タクシーで行きましょう 택시로 가죠. / タクシーを呼んでくれませんか 택시를 불러 주시겠습니까?
¶流しのタクシー 손님을 찾아 돌아다니는 택시 / 空車のタクシー 빈 택시 関連 タクシー運転手 택시 운전기사(運転技士) / タクシー乗り場 택시 타는 곳 / タクシー料金 택시 요금 / 神風タクシー 총알 택시 / 個人タクシー 개인 택시

**たくじしょ** 【託児所】 탁아소 ¶子供を託児所に預ける 아이를 탁아소에 맡기다

**たくする** 【託する】 맡기다 〔頼む〕 부탁하다
¶彼女に子供の世話を託した 그녀에게 아이를 돌봐 달라고 부탁했다. / 友達に伝言を託した 친구에게 전언을 부탁했다.

**たくち** 【宅地】 택지 ¶都市郊外での宅地の開発が進んでいる 도시 교외에서 택지 개발이 진행되고 있다. / 宅地を造成する 택지를 조성하다 関連 宅地造成業者 택지 조성 업자 / 宅地分譲 택지 분양

**タクト** 〔指揮棒〕 지휘봉 ¶タクトを振る 지휘봉을 잡다

**たくはい** 【宅配】 택배 ¶荷物を宅配してもらった 짐을 택배로 받았다. / スキーを宅配便で先にホテルに送った 스키를 먼저 택배로 호텔에 보냈다. 関連 宅配会社 택배 회사 / 宅配サービス 택배 서비스

**タグボート** 예인선

**たくましい** 【逞しい】 늠름하다, 씩씩하다, 건장하다, 우람하다, 다부지다 ◇たくましく 늠름히, 늠름하게, 씩씩히, 씩씩하게, 왕성하게 ¶兄はたくましい腕をしている 형은 우람한 팔을 가지고 있다. / 水泳選手たちはたくましい体つきだった 수영 선수들은 늠름한 체격을 하고 있었다. / 子供たちは体も心もたくましく成長した 우리 아이들은 몸도 마음도 건장하게 성장했다.
¶想像をたくましくする 상상을 왕성하게 하다

**たくみ** 【巧み】 ◇巧みだ 능숙하다 〔巧妙だ〕 교묘하다 ¶セールスマンは話術が非常に巧みだった 외판원은 화술이 아주 교묘했다. / 巧みな演技 능숙한 연기 / 彼は巧みに警察の追求をかわした 그는 경찰의 추궁을 교묘히 피했다. / 巧みにだます 교묘히 속이다

**たくらみ** 【企み】 꾀 〔陰謀〕 음모 ¶私は彼らの企みに気づいていた 나는 그들의 음모를 눈치채고 있었다.

**たくらむ** 【企む】 꾀하다, 꾸미다 ¶陰謀をたくらむ 음모를 꾀하다 / 一もうけたくらむ 한밑천 잡으려고 꾀하다 / 彼らは何か悪事をたくらんでいるようだ 그놈은 무언가 나쁜 일을 꾸미고 있는 것 같다. / テロリストたちは列車の爆破をたくらんでいた 테러리스트들은 열차의 폭파를 꾀하고 있었다. / 一体キョンヒは何をたくらんでいるんだろう 도대체 경희는 뭘 꾸미고 있는 것일까?

**だくりゅう** 【濁流】 탁류

**たぐる** 【手繰る】 〔ロープなどを〕 끌어당기다, 감아올리다 〔記憶を〕 더듬다 ¶ロープをたぐる 로프를 끌어당기다 / 子供のころの記憶をたぐった 어렸을 때의 기억을 더듬었다.

**たくわえ** 【蓄え】 〔貯蔵〕 여축(余蓄), 비축(備蓄) 〔貯金〕 저금 ¶食料品の蓄えが尽きてきた 식료품의 비축이 바닥나기 시작했다.
¶蓄えが底をつく 돈이 바닥나다 / 一銭の蓄えもない 저금은 한 푼도 없다. / 老後の蓄え 노후를 위한 저금

**たくわえる** 【蓄える】 〔貯蔵する〕 저장하다, 비축하다 〔貯める〕 저금하다, 저축하다 〔知識・力を〕 쌓다, 기르다 〔ひげを〕 기르다 ¶食糧[燃料]を蓄える 식량을[연료를] 저장하다 / お金を蓄える 돈을 모으다 / 月給の中から毎月少しずつ蓄えている 월급의 중에서 매달 조금씩 모으고 있다. / 実力を蓄える 실력을 길러 두다 / 試合に備えて力を蓄えておこう 경기에 대비해서 실력을 쌓아 두자. / あごひげを蓄える 턱수염을 기르

たけ /知識を蓄える 지식을 쌓다

**たけ【丈】**〔(服の)기장, 길이〕〔背〕키 ¶丈が長い 기장이 길다 /スカートの丈が長すぎる 스커트 길이가 너무 길다. /丈を詰める 기장을 줄이다 /背丈が高い[低い] 키가 크다[작다]

**たけ【竹】**대나무 ¶竹には百年に花が咲かない 대나무는 좀처럼 꽃이 피지 않는다. /竹を植える 대나무를 심다 /竹の節 대나무 마디 /竹の皮 대나무 껍질 /竹の葉 대나무 잎 [慣用句] 彼は竹を割ったような性格だ 그는 대쪽같은 성격이다. [関連] 竹馬 죽마, 대말 /竹垣 대나무 울타리 /竹細工 죽세공 /竹ざお 대나무 장대 /竹とんぼ 도래미 /竹の子 죽순 /竹ほうき 대비 /竹やぶ 대밭, 대나무 숲

# -だけ ❶〔限定, 最低限〕뿐, 만, 만큼

> **使い分け** 뿐, 만
> 뿐 後に指定詞の「이다, 아니다」が続いて「~だけだ 뿐이다」「~のみならず 뿐 아니라」となるときに用いる.
> 만 上記以外の場合に用いる.

¶一つだけください 하나만 주세요. /真相を知っているのは君だけだ 진상을 알고 있는 사람은 너뿐이다. /私だけがそれを知っている 나만이 그것을 알고 있다. /その本は次郎に貸しただけだ 그 책은 지로에게 빌려줬을 뿐이다. /命令に従っただけだ 명령에 따랐을 뿐이다. /ほんの少しだけお金を貸してくれませんか 아주 조금만 돈을 빌려 주시지 않겠습니까? /東京の周辺だけで100以上の大学がある 도쿄 주변만 해도 100개 이상의 대학이 있다. /当然のことをしただけだ 당연한 일을 했을 뿐이다. /君にやってもらいたいのはそれだけだ 너에게 부탁하고 싶은 것은 그것뿐이다. /それだけはかんべんしてくれ 그것만큼은 참아 줘. /血を見ただけで気分が悪くなった 피를 보는 것만으로도 기분 나빠졌다. /村上春樹の小説は英語だけでなく他の外国語にも翻訳されている 무라카미 하루키의 소설은 영어뿐만아니라 다른 외국어로도 번역되었다. /貧乏だからというだけで人を軽蔑してはいけない 가난하다는 것만으로 사람을 경멸해서는 안 된다.

¶ここだけの話だけどヨンヒはもうすぐ結婚するらしいわ 우리만의 이야기[비밀]인데 영희는 곧 결혼한다더라. /もっと勉強しなければ入試には受からないよ. そのことははっきりしているし. 더욱 공부하지 않으면 입시에 붙지 못할 거야. 그것 만큼은 분명해라. /これだけは言っておこう 이것만큼은 말해 둘게.

❷〔程度, 範囲〕만큼, 데까지 ¶お金はいるだけ貸してやるよ 돈은 필요한 만큼 빌려 줄게. /できるだけのことをしましょう 할 수 있는 데까지는 합시다. /時勢に後れまいと, できるだけ多くの新聞に目を通している 시세에 뒤질세라 할 수 있는 한 많은 신문을 읽고 있다. /家族を養うだけのお金は稼いでいる 가족을 부양할 만큼의 돈은 벌고 있다.

❸〔比例〕~ㄹ[-을]수록, 만큼 ¶山では上に登れば登るだけ空気は薄くなる 산에서는 위로 올라가면 올라갈수록 공기가 희박해진다. /本を読めばそれだけ知識が増える 책을 읽으면 그만큼 지식이 는다.

❹〔価値, 評価〕만큼 ¶頑張っただけのことはあった 열심히 한 만큼의 성과는 있었다. /さすがに学者だけあって専門のことは詳しい 역시 학자인 만큼 전문적인 지식에 밝다.

❺〔その他〕¶一目見ただけで彼女のことが好きになった 한 번 본 것만으로 그녀가 좋아졌다. /どれだけ君に会いたかったかわかるかい 얼마나 네가 보고 싶었는지 알아? /「君とヨンホとではどちらが年上なんだい」「僕のほうが2つだけ上だ」"너와 영호 중에서는 누가 나이가 많지?" "내가 두 살 위야." /やってみただけだった 해 본 것만으로도 헛수고였다.

**だげき【打撃】**타격〔損害〕손해〔野球の〕배팅 ¶死因は頭部の打撃によるものと判明した 사망 원인은 머리에 입은 타박상으로 판명되었다. /事業の失敗は彼にとっては打撃だった 사업의 실패는 그에게 있어서 타격이었다. /農家は冷害で大きな打撃を受けた 농가는 냉해로 큰 타격을 입었다.

¶彼は打撃練習をしている 그는 타격 연습을 하고 있다. [関連] 打撃戦 타격전

**だけしか**《「…だけしかない」の形で》밖에 없다 ¶残ったお金はこれだけしかない 남은 돈이 이것밖에 없다.

**たけだけしい【猛々しい】**〔どう猛な〕사납다〔ずうずうしい〕뻔뻔스럽다 [慣用句] 盗人たけだけしいとはお前のことだ 적반하장이란 너를 두고 하는 말이다. /도적이 도리어 뻔뻔하다더니 네 이야기다.

**だけつ【妥結】**타결 ◇妥結する 타결하다, 타결되다 ¶労使の賃上げ交渉が妥結した 노사의 임금 인상 교섭이 타결됐다.

**-だけで** ❶〔接続〕뿐 ¶残ったのは1冊だけで後は全部売れてしまった 남은 것은 한 권일 뿐 나머지는 다 팔렸다. /彼は命令するだけで自分は椅子一つ運ばなかった 그는 남에게 명령할 뿐, 자신은 의자 하나 옮기지 않았다.

❷〔理由〕만으로 ¶一目見ただけで彼女のことが好きになった 한 번 본 것만으로 그녀가 좋아졌다.

❸〔限定〕만 ¶このメガネはレンズだけで10万円もする 이 안경은 렌즈만 10만 엔이나 든다.

❹〔即時〕~자마자 ¶梅干を見ただけで唾が出てきた 매실을 보자마자 침이 나왔다.

**たけなわ【酣】**한창, 절정〔絶頂〕¶桜も満開になり春もすっかりたけなわだ 벚꽃도 만발하고 봄도 절정이다. /選挙戦もたけなわに入った 선거전도 절정에 들어섰다. /宴もたけなわだ 연회가 한창이다.

**-だけに** ❶〔結果〕만으로 ¶新しい計画は呼びかけだけに終わった 새로운 계획은 권유만으로 끝났다.

❷〔到達点〕에만, 에게만 ¶君だけに教えてあげよう 너에게만 가르쳐 줄게.

❸〔場所〕에만, 에서만 ¶この法律は国内だけに

適用される 이 법률은 국내에서만 적용된다.
 ❹〔理由〕만큼 ¶お茶の先生だけに上品だ 다도 스승인 만큼 품위가 있다.

**たこ【凧】** 연 ¶凧を揚げる 연을 날리다 関連 凧揚げ大会 연날리기 대회

**たこ【蛸】**〔まだこ〕낙지〔みずだこ〕문어〔いいだこ〕꼴뚜기, 쭈꾸미 数え方 たこ1匹 문어 한 마리 関連 たこ足配線 문어발식 배선 / たこつぼ 문어를 잡는 항아리 / たこ部屋 인부의 합숙소

**たこ【胼胝】**굳은살, 못, 딱지 ¶中指にたこができた 가운데 손가락에 굳은살이 생겼다. 慣用句 耳にたこができるほど聞かされた 귀에 못이 박이도록 들었다.

**だこう【蛇行】**사행 ◇蛇行する 사행하다, 꾸불거리다 ¶川が平野を蛇行して流れている 강이 평야를 꾸불거리며 흐르고 있다. 蛇行した川 꾸불꾸불한 강 関連 蛇行運転 사행 운전

**たこくせききぎょう【多国籍企業】**다국적 기업

**たこやき【蛸焼き】**다코야키, 낙지 구이

**たさい【多才】**◇多才だ 다재하다, 재능이 많다 ¶彼は多才な人です 그는 재능이 많은 사람이다. / 多才多能だ 다재다능하다

**たさい【多彩】**◇多彩だ 다채롭다 ¶学園祭では多彩な催し物があった 학교 축제에는 다채로운 행사가 있었다. / 多彩な顔触れ 다채로운 멤버

**ださい** 허접하다, 멋없다, 촌스럽다 ¶彼の着ているものってなんだかださいわ 그 사람이 입고 있는 옷은 왠지 촌스러워.

**たさく【多作】**다작 ¶多作な作家 많은 작품을 쓰는 작가

**たさつ【他殺】**타살 ¶他殺死体 타살 시체

**ださん【打算】**타산 ◇打算的 타산적 ¶打算で動く 타산으로 행동하다 / 彼女は打算的な考えを持っている 그녀는 타산적인 생각을 가졌다.

**たし【足し】**보탬 ¶これでは何の足しにもならない 이걸로는 아무런 보탬도 안 된다. / これをタクシー代の足しにしてください 이걸 택시비에 보태세요. / 食パン2枚では全然腹の足しにならない 식빵 두 장으로는 전혀 배가 안 찬다.

**だし【出し】**육수, 국거리, 다싯물 ¶鳥がらでだしを取った 닭뼈로 육수를 뽑았다. / だしのきいたスープ 맛이 잘 우러난 국물 慣用句 弟をだしにして親にテレビゲームを買ってもらおう 동생을 핑계로 부모님께 텔레비전 게임기를 사 달라고 해야지.

**だしいれ【出し入れ】**◇出し入れする 꺼내고 넣다〔出納する〕출납하다 ¶この押し入れは出し入れがたいへんだ 이 벽장은 넣고 빼기가 힘든다. / 金を出し入れする 돈을 출납하다

**だしおしみ【出し惜しみ】**◇出し惜しみする 내놓기 아까워하다 ¶彼はわずかの金を出し惜しみする 그는 적은 돈도 내놓기 아까워한다.

**たしか【確か】** ❶〔明らかで間違いのないさま〕◇確かだ 확실하다, 틀림없다 ◇確かに 확실히, 틀림없이〔本当に〕과연, 정말 ¶「それは確かですか」「確かです」"그것은 확실합니까?""틀림없습니다." / 弁論大会で彼女が1位を取るのは確かだ 웅변 대회에서 그녀가 1등할 것이 틀림없다. / 彼が人気作家であるのは確かだ 그가 인기 작가인 것은 확실하다. / 私たちは彼がそれを盗んだという確かな証拠を握っている 우리는 그가 그것을 훔쳤다는 확실한 증거를 갖고 있다. / 彼がそのとき運転していたのは確かだ 그가 그때 운전하고 있었다는 것은 틀림없다.

¶長い髪は確かに彼女によく似合う 긴 머리가 확실히 잘 어울린다. / 確かに見覚えのある顔だが, 名前を思い出せない 틀림없이 본 적이 있는 얼굴이지만 이름이 기억이 안 난다. /「お借りしたお金をお返しします」「確かに受け取りました」"빌린 돈을 갚겠습니다.""틀림없이 받았습니다." / 確かにこの目で彼女を見ました 확실하게 제가 그녀를 봤습니다.

¶確かに彼は口数が少ない人だ 확실히 그는 말수가 적은 사람이다. / 確かに例外もあることはある 틀림없이 예외가 있기는 있다.

❷〔信用のおけるさま〕◇確かだ 확실하다, 믿을 수 있다, 틀림없다〔安全だ〕안전하다 ¶これは確かな筋からの情報だ 이것은 확실한 소식통으로부터의 정보이다. / もっと確かな情報が必要だ 더욱 확실한 정보가 필요하다. / 祖父は80歳だが記憶は確かだ 할아버지는 80세이시지만, 기억은 여전하시다. / この家は腕の確かな大工さんが建てたものだ 이 집은 기량이 확실한 목수가 지은 것이다. / あの医者の腕は確かだろうか 그 의사의 실력은 확실한가? / 彼女が言うことなら確かだ 그녀가 말한 것이라면 믿을 수 있다. / 私の記憶が確かなら彼には以前会ったことがある 내 기억이 정확하다면 이전에 그 남자를 만난 적이 있다. / 当社の製品は品質の確かさで知られている 우리 회사 제품은 품질이 확실한 것으로 알려져 있다. / 確かな品 틀림없는 물건

❸〔たぶん〕아마, 틀림없이 ¶これは確か彼から借りた本だ 이것은 아마 그에게 빌린 책이다. / 確かあしたは君の誕生日だよね 아마 내일이 네 생일이었지?

❹〔その他〕¶気は確かかい? 제정신이야? / どう気を確かに持ってください 맛발 정신 차리세요.

**たしかめる【確かめる】**확인하다 ¶外出する前に戸締まりを確かめる 외출하기 전에 문단속을 확실히 해. / 足りないものがないか確かめなさい 부족한 것이 없는지 확인해. / あなたの買ってきた卵, いくつか割れていたわよ. 買う時に確かめたの 당신이 사온 달걀, 몇 개 깨졌었어. 살 때 확인했어? / その件は直接本人に当たって確かめてください 그 건은 직접 본인한테 확인해 주세요. / 変だと思うなら行って自分で確かめてきなさい 이상하다고 생각되면 가서 직접 확인해 봐요. / 彼女の今晩の都合を確かめた 그녀의 오늘 밤 예정을 확인했다. / 単語の意味を辞典で確かめる 단어의 의미를 사전에서 확인하다 / 自分の目で確かめる 자기 눈으로 확인하다 / 真偽を確かめる 진위를 확인하다

**たしざん【足し算】**덧셈 ¶足し算をする 덧셈을 하다

**たじたじ** 움찔움찔 ◇たじたじだ 쩔쩔매다 ¶記者に次々と質問され大臣はたじたじになった 기자들로부터 질문 공세를 받고 대신은 쩔쩔맸다.

**たしなみ【嗜み】** 소양(素養) ¶おばは茶道のたしなみがある 이모는 다도의 소양이 있다.

**たしなむ【嗜む】** 즐기다 ¶彼女はお花やお茶をたしなむしとやかな女性だ 그녀는 꽃꽂이나 다도를 즐기는 단아한 여성이다. / 彼は酒もたばこもたしなまない 그는 술도 담배도 안 한다.

**たしなめる【窘める】** 나무라다 ¶母から不作法をたしなめられた 엄마한테 버릇없다고 혼났다.

**だしぬく【出し抜く】** 따돌리다, 앞지르다 ¶彼は僕を出し抜いて彼女にデートを申し込んだ 그는 나보다 먼저 그녀에게 데이트 신청을 했다. / 他社を出し抜いて記事にする 타사를 앞질러서 기사를 내다 / 彼らは警察を出し抜いた 그들은 경찰을 따돌렸다.

**だしぬけ【出し抜け】** ◇出し抜けに〔突然〕갑작스레〔不意に〕느닷없이 ⇨突然

**だしもの【出し物】** 공연물〔隠し芸〕숨은 장기

**だしゃ【打者】** 타자, 타수(打手) ¶先頭打者 선두 타자 / 強打者 강타자 / 3割打者 3할 타자

**だじゃれ【駄洒落】** 시시한 익살 ¶だじゃれを飛ばす 시시한 익살을 부리다

**たしゅたよう【多種多様】** ◇多種多様だ 다종다양하다 ⇨いろいろ

**だじゅん【打順】** 타순 ¶打順を入れ替える 타순을 바꾸다 / 打順が回ってくる 타순이 돌아오다

**たしょう【多少】** ❶〔多いことと少ないこと〕¶参加者の多少を問わず会は定刻どおり始めます 참가자의 많고 적음에 상관없이 모임은 제시간에 시작합니다. / 塩の量の多少は料理の味を大きく左右する 소금량의 많고 적음은 요리의 맛을 크게 좌우한다. / 金額の多少にかかわらず借金はしたくない 금액의 많고 적음의 관계없이 빚은 지기 싫다.

❷〔いくぶん〕다소, 약간 ¶その計画は多少変更の余地ある 그 계획은 다소 변경의 여지가 있다. / このごろは多少気分がよい 요즘 약간 기분이 좋다. / 多少なりとも韓国映画に関心があるのならこのDVDを見てみるべきだ 조금이라도 한국 영화에 관심이 있다면 이 DVD를 봐야 한다. / わが家はきのうの地震で多少被害を受けた 우리 집은 어제 지진으로 다소 피해를 입었다. / 日中は暑いが、朝晩は多少冷える 낮에는 덥지만 아침과 밤에는 다소 차갑다. / 仕事に多少手間がかかって時間に遅れてしまった 일은 조금 시간이 걸려서 약속 시간에 늦었다. / 多少韓国語が話せます 한국말을 조금은 할 줄 압니다.

¶この際多少のことは大目に見よう 이번에는 사소한 일은 좀 봐 주겠다. / 株取引で多少の利益を上げた 주식 거래로 조금 이익을 올렸다. / 彼女はその問題について多少の知識がある 그녀는 그 문제에 대해서 다소 지식이 있다. / あの二人の言っていることには多少の食い違いがある 그 두 사람이 하는 말은 약간 엇갈린다. / 多少の収穫はあった 다소의 수확은 있었다.

**たじろぐ** 주춤하다 ¶彼は相手の勢いに一瞬たじろいだ 그는 상대의 기세에 순간 주춤했다.

**だしん【打診】** 타진 ◇打診する 타진하다 ¶電話で先方の意向を打診してみた 전화로 그쪽 의향을 타진했다.

**たす【足す】** 더하다 ¶7に9を足す 7에 9를 더하다 / 2に3を足すと5になる 2에 3을 더하면 5가 된다. / 塩を足す 소금을 더하다

¶用を足す〔用事を済ませる〕볼일을 보다〔トイレに行く〕용변을 보다

**だす【出す】** ❶〔内から外へ〕내다〔取り出す〕꺼내다〔外に出す〕내밀다 ¶彼は上着の内ポケットから手帳を出した 그는 웃옷 속주머니에서 수첩을 꺼냈다. / その男の子は私に向かって舌を出し「べぇ」と言った 그 남자 아이는 나를 향해 혀를 내밀고 '메롱' 했다. / バスの窓から顔を出してはいけません バス 창문 밖으로 얼굴을 내밀면 안 됩니다. (※この場合 창문에서 とはいわない) / 早く手を出してごらん、いい物をあげるから 손을 내밀어 봐. 좋은 거 줄게. / 彼女はバッグの中身を全部テーブルの上に出した 그녀는 가방의 내용물을 전부 테이블 위에 꺼냈다. / ごみはポリ袋に入れて収集日に出してください 쓰레기는 비닐 봉지에 넣어서 수거일에 내 주세요. / かたつむりが角を出した 달팽이가 눈을 내밀었다.

❷〔送る〕보내다〔手紙などを〕내다, 부치다
¶手紙を出す 편지를 부치다〔보내다〕/ 彼女はその歌手にファンレターを出した 그녀는 그 가수에게 팬레터를 보냈다. / 買い物に行くついでに手紙を出してくれる? 쇼핑 가는 길에 편지를 부쳐 줄래? / 彼は荷物を宅配便で出した 그는 짐을 택배로 보냈다. / 手紙の返事はすぐに出しなさい 편지 답장은 바로 보내라.

¶3塁コーチが打者にスクイズのサインを出した 3루 코치가 타자한테 스퀴즈 사인을 보냈다. / 各クラスが一人ずつ代表を実行委員会に出した 각 반에서 한 명씩 대표를 실행 위원회에 내보냈다. / 彼らは一人娘を東京に出した 그들은 외동딸을 도쿄로 보냈다.

❸〔提出する〕내다, 제출하다 ¶申請書を出す 신청서를 내다 / 3月末日までに報告書を出さなくてはならない 삼월말까지 보고서를 내야 된다. / 彼はいくつかの大学に入学願書を出した 그는 몇 개 대학에 입학 원서를 제출했다. / 時間です。答案を出してください 시간이 됐습니다. 답안지를 제출해 주세요.

❹〔表に現す〕드러내다, 나타내다〔発揮する〕발휘하다 ¶彼は感情をすぐに表に出す 그는 감정을 바로 표정에 드러낸다. / もっと感じを出して台詞の練習をしなさい 좀더 감정을 담아서 대본 연습을 해. / 彼女は入試で実力を出せなかった 그녀는 입시에서 실력을 발휘하지 못했다. / 日本チームは調子を出してきた 일본 팀이 실력을 발휘하기 시작했다.

❺〔提示する〕내다〔発表する〕발표하다〔出版する〕출판하다 ¶費用の見積もりを出してください 비용의 견적을 제출해 주세요. / その自動車メーカーは新聞にニューモデルの宣伝広告を出した 그 자동차 회사는 신문에 신모델의 선전 광고를 냈다. / 展覧会に作品を出した 전람회에 작품을 출품했다. / この出版社はおもに漫画本を出している 이 출판사는 주로 만화책을 내고 있다. / 彼女は4月に新しいCDを出す 그녀는 4월에 새로운 CD를 낸다. / 記事には実名は出しません 기사에

실명은 싣지 않습니다.
❻ [生じさせる] 내다 ¶阪神淡路大震災は6千人以上の死者を出した 한신아와지대지진은 6천 명 이상의 사망자를 냈다. / 商売で赤字を出してしまった 장사에서 적자를 내고 말았다. / 隣家が昨夜火事を出して어젯밤 화재가 났다. / 車は100キロ近いスピードを出して走っていた 차는 100킬로 가까운 스피드를 내면서 달리고 있었다. / 元気を出せ! 기운[힘] 내!
❼ [発する] 내다 ¶大声を出すな 큰 소리를 내지 마. / 彼女は声を出して詩を読んだ 그녀는 소리를 내서 시를 읽었다. / 電気自動車は排気ガスを出さない 전기 자동차는 배기가스를 내지 않는다. / 娘は風邪を引いて熱を出した 딸은 감기에 걸려서 열이 났다. / あいつは思っていることは何でも口に出してしまう 그 녀석은 생각하고 있는 것은 뭐든지 말해 버린다. / 意見をどんどん出してください 의견을 적극적으로 내 주세요.
❽ [提供する] 내다 [払う] 지불하다 ¶英語の先生は夏休みの宿題をたくさん出した 영어 선생님은 여름 방학 숙제를 많이 내셨다. / 彼女はコーヒーとサンドイッチを出してくれた 그녀는 커피와 샌드위치를 대접해 주었다. / お客様にお茶を出してくれませんか 손님께 차를 갖다 주시겠습니까? / 金は出すけど口は出さないよ 돈은 내더라도 참견은 안 한다. / 食事の勘定は私が出します 식사 값은 제가 내겠습니다. / スキーに行く時彼に車を出させよう 스키 타러 갈 때 타고 갈 차는 그 사람한테 부탁하자.
❾ [開店する] 내다 ¶彼は銀座に店を出した 그는 긴자에 가게를 냈다. / わが社はソウルに支店を出している 우리 회사는 서울에 지점이 있다.
❿ [流出させる] 흘리다 ¶彼は第6ラウンドで鼻血を出した 그는 6라운드에서 코피가 났다. / 彼は授業中よだれを出して居眠りをしていた 그는 수업 중에 침을 흘리면서 졸았다.
⓫ [出発させる] 내다, 출발시키다 ¶バスを出すバスを출발시키다 / JRは臨時列車を3本出した JR는 임시 열차를 세 번 운행했다. / 9時に迎えの車を出すから駅で待ちなさい 9시에 마중가는 차를 내보내겠습니다. / 荒天で船を出せない 악천후로 배를 출항시킬 수 없었다.
⓬ [結果を出す] 내다 ¶彼女はその問題に正しい答えを出した 그녀는 그 문제에 정답을 냈다. / あすまでに結論を出してください 내일까지 결론을 내 주세요.
⓭ [その他] ¶朝顔が芽を出した 나팔꽃이 싹이 텄다. / 彼女はデジカメを修理に出した 그녀는 디지털 카메라를 수리에 맡겼다. / 彼女はフィルムを現像に出した 그녀는 필름 현상을 맡겼다. / うちの大学はプロ野球選手を大勢出している 우리 대학은 프로야구 선수를 많이 배출하고 있다. / ここの責任者を出せ[→呼べ] 여기 책임자를 불러라. / 彼女は女手ひとつで4人の子供をみな大学まで出した 그녀는 혼자 힘으로 네 명의 자식들을 모두 대학교까지 보냈다. / うちの娘は口に出しても恥ずかしくない 우리 딸은 어디에 내놓아도 부끄럽지 않다. / 金を出さないと撃つぞ 돈을 내놓지 않으면 쏘겠다. / 商売に手を出す 장사에 손을 대다 / 女に手を出す 여자를 건드리다

-だす [-出す] -기 시작하다 ¶雪が降り出した 눈이 내리기 시작했다. / その知らせを聞いて彼女はわっと泣き出した 그 소식을 듣고 그녀는 앙하고 울음을 터뜨렸다. / このポテトチップは食べ出したらやめられない 이 감자칩은 먹기 시작하면 멈출 수가 없다. ⇨始める

たすう【多数】다수 [大多数] 대다수 ¶多数の国民が日韓ワールドカップのテレビ中継にくぎづけになった 많은 국민들이 한일 월드컵의 텔레비전 중계에 빠졌다. / PTAの会合では出席者は母親が多数を占める 학부모 회의의 출석자는 어머니들이 다수를 차지한다.

¶うちの高校の大多数の生徒は大学への進学を希望している 우리 고등학교의 대다수 학생들은 대학 진학을 희망하고 있다. / その議案は絶対多数の賛成をもって可決された 그 의안은 절대다수의 찬성으로 가결되었다. / 彼は132対10の圧倒的多数で議長に選出された 그는 132대 10의 압도적인 차로 의장에 선출되었다. / 不特定多数の市民がテロの標的になることもある 불특정 다수의 시민이 테러의 표적이 될 경우도 있다. / どちらの案を採用するか多数決で決めよう 어느 쪽 안을 채용할 지 다수결로 결정하자. 関連 多数派 다수파 / 多数意見 다수 의견

**たすかる**【助かる】❶ [危険から逃れる] 살아나다 [生き延びる] 살아남다 ¶転覆した漁船の乗組員は全員助かった 전복한 어선의 승무원은 전원 구출되었다. / その飛行機事故で命の助かった人はいなかった 그 비행기 사고에서 목숨을 건진 사람은 없다. / 彼は手術をして助かった 그는 수술을 받아서 목숨을 건졌다. / 医者が彼女は助かるだろうと言った 의사가 그녀는 살아날 것이라고 했다. / 新薬のおかげで助かった 신약 덕분에 살아났다. / 彼は助かる見込みがほとんどない 그는 살아날 가망이 거의 없다.

❷ [助けになる] 도움이 되다 [楽になる] 편해지다 [ありがたい] 고맙다 [よかった] 살았다, 좋았다 ¶コンピュータがあるのでおおいに助かっている 컴퓨터가 있어서 크게 도움이 되고 있다. / 君が手伝ってくれたので本当に助かったよ 네가 도와줘서 정말 고마워. / 本当に助かりました 정말 고맙습니다.

¶あした車で迎えに来てくれると助かるんだけど 내일 차로 데리러 와 주면 고맙겠는데. / 「レポートの締め切り, 1週間延びたんだってさ」「本当? 助かった」 "리포트 마감이 일 주일 연기됐다." "정말? 살았다."

¶奨学金をもらっているので学費が助かっている 장학금을 받고 있어서 학비에 도움이 되고 있다.

たすけ【助け】도움 [救助] 구조, 구원 (救援) ¶私は姉に助けを頼んだ 나는 언니에게 도움을 구했다. / 同僚の助けを借りて仕事を終わらせた 동료의 도움을 빌려서 일을 끝냈다. / だれの助けも借りずにその仕事をやったんて信じられないな 누구의 도움도 받지 않고 그 일을 하다니 믿기지가 않는다. / きのうの試合では君のアドバイスがとても助けになった 어제 경기에서는 네 어드바이스가 매

우 도움이 되었다.
¶彼女は大声で助けを呼んだ 그녀는 큰 소리로 구조를 청했다. / 救助隊が我々を助けに来た 구조대가 우리를 구하러 왔다.

**たすけあう【助け合う】** 서로 돕다 [協力する] 협력하다

**たすけだす【助け出す】** 살려내다, 구해내다
¶消防士は燃えている家の中から子供を助け出した 소방대원은 불 타고 있는 집 안에서 아이를 구해 냈다.

**たすけぶね【助け船】** 구조선 [助力] 도움 [慣用句] 答えがわからず困っている時に彼女に助け船を出してもらった 답을 몰라서 끙끙대고 있을 때 그녀에게 도움을 받았다.

**たすける【助ける】** 돕다 [促進する] 촉진하다 [救う] 살리다, 구하다 ¶彼女が君の仕事を助けてくれるよ 그녀가 네 일을 도와 줄 거야. / 彼が助けてくれなかったら彼女は失敗していただろう 그가 도와주지 않았다면 그녀는 실패했을 거야. / 家計を助けるために母はパートで働いている 집안 살림을 돕기 위해 어머니는 파트타임으로 일하고 있다. / この薬は消化を助ける 이 약은 소화를 촉진시킨다.
¶彼らは倒壊した家の下敷になった人々を助けた 그들은 붕괴된 집 밑에 깔린 사람들을 구했다. / あの人が私の命を助けてくれたんだ 저 사람이 내 목숨을 구해 주었어. / 男の人が池に落ちた子供を助けた 남자가 연못에 빠진 어린이를 구해 냈다. / 命ばかりはお助けください 목숨만은 살려 주세요. / 助けて! 人 살려! / 助けると思って1万円貸してよ 도와주는 셈치고 만 엔만 빌려 줘.

<u>使い分け</u> **助ける**

| 命を助ける | 살리다 | 사람 살려. 助けてくれ |
|---|---|---|
| 救助する | 구하다 | 물에 빠진 사람을 구하다 水に溺れた人を助ける |
| 手伝う | 돕다 | 가사를 돕다[거들다] 家事を助ける |
|  | 거들다 |  |

**たずさえる【携える】** 손에 들다, 지니다, 휴대하다 ¶愛用のカメラを携えて旅行に出かけた 애용하는 카메라를 지니고 여행을 떠났다.

**たずさわる【携わる】** [関係する] 관계하다 [従事する] 종사하다 ¶おじは韓国との貿易に携わっている 삼촌은 한국과의 무역에 종사하고 있다. / 農業に携わる 농업에 종사하다

**たずねびと【尋ね人】** 심인, 찾는 사람 ¶尋ね人広告 심인 광고

**たずねる【訪ねる】** 찾다, 방문하다 ¶友人[恩師]を訪ねる 친구[은사]를 찾다 / 私はきのう彼女を訪ねた 나는 어제 그녀를 방문했다. / ちょっとチョンホを訪ねてみよう 잠깐 정호를 찾아가 보자. / あしたうちに訪ねていらっしゃい 내일 우리 집에 와. / 釜山を訪ねるのはこれで2度目です 부산에 가는 것은 이걸로 두 번째입니다. / 私たちは慶州で仏国寺を訪ねた 우리는 경주에 가서 불국사를 방문했다.

**たずねる【尋ねる】❶** [質問する] 묻다 ¶道を尋ねる 길을 묻다 / 夫の安否を尋ねる 남편의 안부를 묻다 / 私は彼女の名前を尋ねた 나는 그녀의 이름을 물었다. / ちょっとお尋ねしたいのですが 말씀 좀 여쭙겠습니다. / タクシーの運転手は行き先を尋ねた 택시 운전기사는 목적지를 물었다. / 彼女に山本さんを知っているかどうか尋ねた 그 여자에게 야마모토 씨를 아는지 모르는지를 물어 봤다. / 警察は私に交通事故が起こった時の状況について尋ねた 경찰은 나에게 교통사고가 일어났을 때의 상황을 물었다. / 医者は私の健康状態を尋ねた 의사 선생님은 내 건강 상태를 물었다.

**❷** [探し求める] 찾다 ¶家出した息子の行方を尋ね回った 가출한 아들의 행방을 찾아다녔다. / 私は友人の家を尋ねて歩き回った 나는 친구네 집을 찾아 걸어다녔다.

**だせい【惰性】** 타성 [慣性] 관성 ◇惰性的 타성적 ¶自転車はしばらく惰性で進んだ 자전거는 잠시 관성으로 달렸다. / 惰性で付き合う 타성으로 사귀다 / 惰性的な生活 타성적인 생활

**だせき【打席】** 타석 ¶その打者は第2打席で初球のストレートをバックスクリーンに打ち込んだ 그 타자는 제2타석에서 초구의 스트레이트를 백스크린으로 쳤다. / その選手は4打席3安打だった 그 선수는 4타석 3안타였다. / 打席に立つ 타석에 서다

**だせん【打線】** 타선 ¶下位[上位]打線 하위[상위] 타선 / 強力打線 강력 타선

**たそがれ【黄昏】** 황혼 ¶たそがれの町 황혼 빛에 물든 동네 / 人生のたそがれを迎える 인생의 황혼을 맞다

**だそく【蛇足】** 사족, 군더더기 ¶最後の段落は蛇足なので削りましょう 마지막 단락은 군더더기니깐 빼죠. / 蛇足ながら付け加えますと彼はまだ独身です 덧붙이는 말입니다만 그 사람은 아직 독신입니다.

**ただ【只】❶** [普通] ◇ただの 보통 ¶彼はただの平凡な男にすぎない 그는 보통 평범한 사람은 아니다. / 彼は20歳を過ぎたらただの人になった 그는 스무 살을 넘자 평범한 사람이 되었다. / ただの風邪とは思えないので医者に行った 그냥 감기라고 생각되지 않아서 병원에 갔다. / それは彼女にとってただの指輪ではなかった 그것은 그녀에게 있어서 그냥 반지가 아니었다. / それはただ事ではない 그건 보통 일이 아니다.
¶わが家がただでさえ狭いのにピアノなんか入らない 우리 집은 그렇지 않아도 좁은데 피아노 같은 건 안 들어간다.

**❷** [無料] 공짜, 무료 ◇ただで 공짜로, 무료로 ¶거저, 그냥 ¶6歳未満の幼児のバス料金はただです 여섯 살 미만의 유아의 버스 요금은 무료입니다. / 私はただの入場券を持っている 나는 무료 입장권을 가지고 있다. / ただでやる[もらう] 공짜로[거저] 주다[얻다] / この本はただで差し上げます 이 책은 그냥 드리겠습니다. / 飲み物はただで提供します 음료는 무료로 제공합니다. / 保証期間中はただで修理いたします 보증 기간 중은

무료로 수리해 드리겠습니다. / ただでもそんなものはいらない 공짜라도 그런 건 필요없다.

¶ただ同様の値段 公짜나 마찬가지 값 / このギターはただ同然で手に入れた 이 기타는 공짜나 마찬가지로 입수했다. / それではただ働き同然だ 그렇게 되면 공짜로 일하는거나 마찬가지다.

慣用句 彼は転んでもただでは起きない 그는 넘어져도 그냥은 일어나지 않는다. | 꼭 자기 속을 차린다. / そんなことをしたらただでは済まないよ 그런 짓 하면 그냥 안 둘 거야. / ただより高いものはない 공짜보다 비싼 것은 없다.

**ただ【唯】** ❶ [単に] 단지, 그저, 다만 ¶私はただ君に事実を知ってもらいたかっただけだ 나는 단지 네게 사실을 알려 주고 싶었을 뿐이야. / 浜辺で寝ているとただ波の音だけが聞こえた 바닷가에 누워 있으니 오로지 파도 소리만 들렸다. / 私はただソニ話がしたかった 나는 단지 선희와 이야기하고 싶었다. / 夜ふかしはただ健康を害するだけだ 밤샘은 그저 건강을 해칠 뿐이다. / それはただの偶然の一致だった 그것은 단지 우연의 일치였다. / その子はただ泣くばかりだった 그 아이는 그저 울기만 했다. / 今回のミスについてはただただおわびするほかありません 이번 실수에 대해서는 다만 사과할 수밖에 없습니다.

❷ [唯一の] 오직, 오로지 ¶彼が生涯愛した女性はただ彼女だけだった 그가 평생 사랑한 여자는 오직 그녀뿐이었다. / 兄は地震で生き残った彼女のただ一人の肉親であった 오빠는 지진에서 살아남은 그녀의 단 하나뿐인 육친이다.

❸ [しかし] 그러나, 허나 ¶そのことについてお話します。ただ、他の人には言わないでください 그 일에 대해서 이야기하겠습니다. 허나, 다른 사람한테는 말하지 말아 주십시오.

**だだ【駄々】** 떼 ¶だだをこねる 떼를 쓰다 / だだをこねるんじゃありません 떼쓰는 거 아니야. / だだをこねたってだめ 떼 써도 안 돼. / だだっ子 떼쟁이 | 응석받이

**ただい【多大】** ◇多大だ 다대하다, 크다 ¶自然からの恩恵は多大である 자연의 은혜는 다대하다 / 台風が鉄道に多大な被害を与えた 태풍은 철도에 큰 피해를 주었다. / 石油の値上がりで多大な影響を受ける 석유 값 인상으로 막대한 영향을 받다

**だたい【堕胎】** 낙태(落胎), 타태 ◆堕胎する 낙태하다 ◆堕胎手術 낙태 수술

**ただいま【ただ今】** ❶ [現在, 今] 현재, 지금 [ちょうど今] 방금, 막 ¶申し訳ありませんが、ただ今母は外出しております 죄송합니다만 지금 어머니는 외출 중이십니다. / ただ今彼女はソウルに滞在中です 지금 그녀는 서울에 체재 중입니다. / ただ今8時です 지금은 여덟 시입니다. / 夫はただ今戻ったところです 남편은 지금 막 돌아왔습니다. / 幸いにもただ今のところ異常ありません 다행히 지금은 이상 없습니다.

❷ [すぐに] 지금 곧 ¶ただ今参ります 지금 곧 가겠습니다. / 母はただ今戻りますのでもう少しお待ちください 어머니는 지금 돌아오실 테니 조금만 더 기다려 주십시오. / 「料理はまだですか」「ただ今お持ちします」"요리는 아직 안 됐어요?" "지금 가지고 갑니다." / 「メニューを持ってきてください、はい、ただ今」"메뉴 좀 주세요." "네, 지금 가겠습니다."

❸ [帰宅のあいさつ] 다녀왔습니다 ¶「お母さん、ただいま」「うん、梨花. お帰り」"엄마 다녀왔습니다." "응, 리카. 잘 다녀왔어?"

**たたえる【称える】** 칭찬하다, 기리다 ¶観客は選手たちの健闘をたたえた 관객들은 선수들의 건투를 칭찬했다.

**たたえる【湛える】** 가득 채우다 ¶貯水池は満々と水をたたえていた 저수지는 물로 가득 채워져 있었다.

**たたかい【戦い・闘い】** 싸움, 전쟁(戦争), 투쟁(闘争) [試合] 시합 ¶戦いを挑む 싸움을 걸다 / 戦いに勝つ[負ける] 싸움에 이기다[지다] / 時間との闘い 시간과의 싸움

¶世界中でエイズとの闘いが繰り広げられている 전 세계에서 에이즈와의 싸움이 펼쳐지고 있다. / 彼らはその戦いに勝った 그들은 그 싸움에서 이겼다. / 彼女の一生は病気との闘いの連続だった 그녀의 일생은 병과의 싸움의 연속이었다. / 労使の闘いは妥協点を見出せないまま泥沼状態に陥った 노사의 분쟁은 타협점을 찾지 못한 채 수렁에 빠졌다. / 私たちは苦しい戦いを乗り越えて決勝戦に進んだ 우리는 힘든 싸움을 이겨내고 결승전에 진출했다.

**たたかう【戦う・闘う】** ❶ [戦争する] 전쟁하다, 싸우다 ¶国のために戦う 나라를 위하여 싸우다 / 第二次世界大戦で日本はアメリカと戦った 제2차 세계 대전에서 일본은 미국과 싸웠다.

❷ [苦しみや困難と] 싸우다, 다투다 ¶誘惑と闘う 유혹과 싸우다 / 貧困と闘う 빈곤과 싸우다 / 母はいま死と闘っている 어머니는 지금 죽음과 싸우고 계신다. / 彼女は最後まで差別に負けず逆境と闘い続けた 그녀는 최후까지 차별에 지지 않고 역경과 계속해서 싸웠다.

❸ [競争する] 겨루다 ¶優勝をかけて戦う 우승을 목표로 싸우다 / 勝っても負けても正々堂々と戦わなければならぬ 이기든 지든 정정당당하게 싸워야 된다. / 安全保障政策をめぐって与野党は激しい議論を戦わせた 안전 보장 정책을 둘러싸고 여야당은 격렬한 토론을 벌였다.

**たたきあげる【叩き上げる】** ¶彼はボーイからたたき上げてホテルの支配人になった 그는 보이부터 시작해서 호텔 지배인까지 되었다.

**たたきうり【叩き売り】** 염가 판매, 투매 ¶冬物衣料のたたき売り 겨울 의류의 염가 판매

**たたきおこす【叩き起こす】** 억지로 깨우다

**たたきこむ【叩き込む】** ¶くぎを板にたたき込む 못을 판자에 때려 박다 / 英単語を頭にたたき込んだ 영어 단어를 머리에 집어넣었다. / 新入社員に礼儀をたたき込む 신입 사원에게 예의를 철저히 교육시켰다.

**たたきころす【叩き殺す】** 때려 죽이다

**たたきこわす【叩き壊す】** [取り壊す] 허물다 [粉々にする] 산산이 부수다 [破壊する] 파괴하다 ⇨壊す

**たたきだす【叩き出す】** 내쫓다 ¶彼は家からたたき出された 그는 집에서 쫓겨났다.

**たたきつける【叩き付ける】** 내던지다, 내동댕이치다 ¶彼は本を床にたたきつけた 그는 책을 마루에 내동댕이쳤다. / 上司に辞表をたたきつける 상사에게 사표를 내던지다

**たたく【叩く】 ❶【打つ】** 치다, 두드리다, 두들기다 〔ぶつ〕때리다 〔はたく〕털다

> **使い分け** 치다, 두드리다, 때리다
> 치다 主に物体に対してこぶしや道具を使って打撃を加えることで、突くことも含む。人に対して用いるとかなり力を入れて打撃を加える意味になる。
> 두드리다 何回も繰り返して打つことで、人の肩を叩くときにも用いる。
> 때리다 人または動物を手(こぶしも含む)または道具を使って打撃を加える。また、雨や雪が窓をたたく場合にも用いる。

**基本表現**
▷彼は興奮してテーブルをドンとたたいた
  그는 흥분해서 테이블을 쾅하고 쳤다.
▷だれかが玄関の戸をたたいている
  누군가가 현관문을 두드리고 있다.
▷雨が激しく屋根をたたいている
  비가 심하게 지붕을 때린다.

**◆【人・体を】**
¶「どうしたの」「ケンちゃんが本で私の頭をたたいたの」 "어떻게 된 거야?" "젠이 책으로 내 머리를 쳤어." / 彼は息子のほおをぴしゃりとたたいた 그는 아들의 빰을 찰싹하고 때렸다. / 彼は僕の背中をぽんとたたいた 그는 내 등을 철썩 때렸다. / 彼女は彼の肩を軽くたたいた 그녀는 그의 어깨를 가볍게 두드렸다. / おばあちゃん、肩をたたいてあげようか 할머니, 어깨 두드려 드릴까요? / 彼らは手をたたいて彼女をはやしたてた 그들은 손뼉을 치면서 그녀를 놀려댔다.
¶子供たちが犬を棒でたたいていた 아이들이 개를 막대로 때리고 있었다. / 彼ははえたたきではえをぴしゃりとたたいた 그는 파리채로 파리를 찰싹 쳤다.

**◆【物を】**
¶太鼓をたたく 북을 치다 / 彼女はクッションをたたいてほこりを出した 그녀는 쿠션을 쳐서 먼지를 털었다. / 彼女は電卓をたたいてきょうの売り上げを計算した 그녀는 계산기를 두들겨서 오늘의 매상을 계산했다. / 彼女はピアノに近づいてキーをそっとたたいた 그녀는 피아노로 다가가 건반을 조심스럽게 쳤다. / 彼はいらいらすると指先でテーブルをコツコツとたたく癖がある 그는 초조하면 손끝으로 테이블을 톡톡 두드리는 버릇이 있다.

**❷【攻撃する】** 공격하다, 치다 〔非難する〕비난하다 ¶我々は敵の後方をたたく作戦をとった 우리는 적의 후방을 칠 작전을 취했다. / その政治家はスキャンダルを起こしてマスコミにさんざんたたかれた 그 정치가는 스캔들을 일으켜서 매스컴에 심하게 비난당했다.

**❸【値切る】** 깎다 ¶彼女は魚屋で残ったさんまを半値にまでたたいて買った 그녀는 생선 가게에 남은 꽁치를 반값까지 깎아서 샀다.

**❹【言う】** 지껄이다 ¶無駄口をたたく 쓸데없는 소리를 지껄이다 | 실떡거리다 / 人の陰口をたたくのはやめなさい 사람 뒤에서 쑥덕거리는 것은 하지 마라.

**ただごと【只事】** 보통 일, 예삿일 ◆発音は예산닐 ¶あの叫び声はただ事ではない 저 비명 소리는 보통 일이 아니다.

**ただし【但し】** 단 ¶運動会は10月10日です。ただし、雨の場合は中止します 운동회는 시월 10일입니다. 단 우천시에는 취소됩니다. / プールに行ってもいいわよ。ただし、ひとりじゃだめよ 풀장에 가도 돼. 단 혼자서는 안 돼. / 締め切りは今月末。ただし、当日の消印は有効 마감은 이달말. 단 당일 소인은 유효. / お金はお貸ししましょう。ただし、利子は8%です 돈은 빌려 드리겠습니다. 단 이자는 8퍼센트입니다. / 男女不問、ただし大卒以上に限る 남녀 불문, 단 대졸 이상에 한함

**関連** 但し書き 단서(但書)

**ただしい【正しい】** 옳다, 바르다, 올바르다, 맞다 ◇正しく 옳게, 바로, 올바로

> **使い分け** 옳다, 바르다, 맞다
> 옳다 道徳的な規範、礼儀作法など人間の定めたあるべき基準にかなっている。
> バルダ まっすぐだ。動作などがきちんとしている。
> 맞다 ある特徴・属性・性質(大きさ、規格)などが一致、または合致している。相手の意見などに同意するときにも用いる。

**基本表現**
▷私には彼が正しいのか間違っているのかわからない
  나는 그 사람이 옳은 건지 아닌지 모르겠다.
▷初めの2つの計算式は正しいが、最後の1つは間違いだ 처음 두 개의 계산식은 맞는데 마지막 한 개는 틀렸다.
▷正しい答えの番号に〇印をつけなさい
  맞는 답의 번호에 동그라미를 치시오.
▷この文は文法的に正しい[正しくない]
  이 문장은 문법적으로 맞다[맞지 않다].

¶彼の言うことが正しい 그 사람 말이 맞다. / あの時、君がとった行動は正しかったと思う 그때, 네가 한 행동은 옳았다고 생각해. / 果たして自分は正しいことをしているのだろうかと思った 과연 나는 올바른 행동을 하고 있는 것인가 생각했다. / 私の記憶が正しければ、あの男は10年前に事件を起こしている 내 기억이 맞다면, 그 남자는 10년 전에 사건을 일으켰다. / 彼がすぐに病院で診てもらったのは正しかった 그가 바로 병원에서 진찰받은 것은 옳았다. / 物事を正しく見るためには、批判的な姿勢が必要だ 사물을 올바르게 보기 위해서는 비판적인 자세가 필요하다. / 正しい姿勢 바른 자세 / 正しい歴史認識 올바른 역사 인식

**ただす【正す】** 고치다 〔改める〕바로잡다 ¶文中の誤りをただしなさい 문장 속에서 틀린 곳을 바르게 고치시오. / 人の思い違いを正す 남의 틀린 생각을 바로 잡다. / 姿勢を正す 자세를 바로하다

**ただす【糺す】** 〔調査する〕밝히다, 따지다 ¶事

**件の真相をただす** 사건의 진상을 밝히다 慣用句 **きのうの火事は元をただせば、たばこの不始末だった** 어제 화재는 진상을 밝혀 보니 담배의 부주의한 처리였다.

**ただす【質す】** 묻다, 따지다 ¶**警察は彼のアリバイをただした** 경찰은 그 남자의 알리바이를 추궁했다. / **彼女の真意をただすべきだ** 그 여자의 진의를 물어야 한다.

**たたずまい【佇まい】**〔雰囲気〕분위기〔趣〕풍취 ¶**この町は昔の城下町のたたずまいを残している** 이 동네는 옛날 성곽 도시의 분위기가 남아 있다.

**たたずむ【佇む】** ¶**彼女はしばらく海辺にたたずんでいた** 그녀는 잠시 바닷가에 서 있었다. / **窓辺にたたずむ** 창가에 기대서다

**ただちに【直ちに】** 곧, 즉시, 바로 ¶**全員そろったら、直ちに出発します** 모두 다 모이면 바로 출발하겠습니다.

**だだっぴろい【だだっ広い】** 휑댕그렁하다 ¶**うちの学校の校庭はだだっ広い** 우리 학교 교정은 휑뎅그렁하다.

**ただのり【只乗り】** 무임승차(無賃乗車) ◇ **ただ乗りする** 무임승차하다 ¶**彼は東京から横浜までただ乗りした** 그는 도쿄에서 요코하마까지 무임승차했다. / **自動改札機は電車のただ乗りを防ぐ効果がある** 자동개찰기는 전철의 무임승차를 막는 효과가 있다.

**たたみ【畳】** 다다미〔ござ〕돗자리 ¶**畳を敷く** 다다미를 깔다 / **畳替えする** 다다미 걸자리를 갈다 / **私は洋室よりも和室の畳の部屋のほうが好きだ** 나는 서양식 방보다 일본식 다다미 방을 더 좋아한다. 慣用句 **畳の上で死にたい** 집에서 죽고 싶다 関連 **畳屋** 다다미 가게

**たたむ【畳む】** 개다, 접다〔商売を〕걷어치우다 ¶**ふとんを畳む** 이불을 개다 / **傘を畳む** 우산을 접다 / **新聞紙を畳む** 신문지를 접다 / **紙を2つに畳む** 종이를 2로 접다 / **店を畳む** 가게 문을 닫다 | 가게를 걷어치우다 | 폐점하다

**ただよう【漂う】** 떠다니다, 떠돌다, 감돌다 ¶**白い雲が青い空に漂っている** 하얀 구름이 파란 하늘을 떠다니고 있다. / **波間に漂うヨット** 바다 사이를 떠다니는 요트 / **温室には花の甘い香りが漂っていた** 온실에는 꽃의 달콤한 향기가 감돌고 있었다. / **たばこの煙が漂う** 담배 연기가 떠돌다 / **どういうわけか教室には暗い雰囲気が漂っていた** 어쩐지 교실에는 어두운 분위기가 감돌았다. / **険悪な雰囲気が漂う** 험악한 분위기가 감돌다.

**たたり【祟り】** 지벌〔のろい〕저주〔災い〕재앙〔後難〕뒷탈 ¶**あの家にたたりがある** 그 집에는 저주가 있다. / **このトンネルには悪霊のたたりがある** 이 터널에는 악령의 재앙이 있다. / **そんなことをすると後のたたりが怖いよ** 그런 짓을 하면 뒷탈이 무섭다. 慣用句 **触らぬ神にたたりなし** 긁어 부스럼 ◆原意は「かいてはれ物」

**たたる【祟る】** 지벌을 입다〔悪い結果を招く〕탈이 되다 ¶**悪霊にたたられる** 악령으로부터 화를 당하다 / **父は過労がたたって病気になった** 아버지는 과로 탓으로 병이 드셨다. / **深酒がたたって肝臓をやられた** 과음으로 간이 상했다. / **毎晩夜ふかしをしていると後でたたるよ** 매일 밤 늦게 자면 뒤에 탈이 생길걸.

**ただれる【爛れる】**〔皮膚が〕진무르다〔生活が乱れる〕문란해지다 ¶**傷口がただれる** 상처가 진무르다 / **彼はただれた生活をしている** 그는 문란한 생활을 하고 있다.

**たち【質】** 질〔性質〕성질, 성격〔気質〕기질 ¶**たちの悪いいたずら** 저질스러운 장난 / **たちの悪い風邪** 지독한 감기 / **たちの悪い冗談はやめなさい** 저질스러운 농담은 그만하게. / **たちの悪い人間とは付き合わないほうがいい** 질이 좋지 않은 사람하고는 사귀지 않는 게 좋아. / **私は涙もろいたちで** 나는 눈물을 잘 흘리는 성격입니다. / **彼は飽きっぽいたちだ** 그는 금방 싫증내는 편이다. / **あいつはそういうたちなんだ** 그놈은 그런 성격이야.

**たちあい【立ち会い】** 입회 ¶**院長立ち会いのもとに手術が行われた** 원장의 입회하에 수술이 행해졌다. 関連 **立ち会い演説** 합동 연설 / **立ち会い人** 입회인

**たちあう【立ち会う】** 입회하다 ¶**契約に立ち会う** 계약에 입회하다 / **開票に立ち会う** 개표에 입회하다 / **現場検証に目撃者をも立ち会わせる** 현장 검증에 목격자도 입회시키다

**たちあがる【立ち上がる】** ❶〔起立する〕일어나다 ¶**彼は名前を呼ばれたので椅子から立ち上がった** 그는 이름이 불려져서 의자에서 일어섰다. / **彼女は立ち上がって台所へ行った** 그녀는 일어서서 부엌으로 갔다. / **生まれたばかりの子馬がよろよろと立ち上がった** 막 태어난 망아지가 비틀비틀 일어섰다.

❷〔気力を取り戻す〕일어서다 ¶**挫折から再び立ち上がる** 좌절에서 다시 일어서다 / **彼はようやく失意のどん底から立ち上がった** 그는 겨우 실의의 바닥에서 일어섰다.

❸〔行動を起こす〕일어나다, 나서다 ¶**国家再建に立ち上がる** 국가 재건에 나서다 / **市民たちは独裁政権に反対して一斉に立ち上がった** 시민들은 독재 정권에 반대해서 일제히 일어섰다.

❹〔コンピュータが〕¶**コンピュータが立ち上がらないけど、どこかおかしいのかな** 컴퓨터가 부팅시킬 수 없는데 어디가 이상한 것이야?

**たちあげる【立ち上げる】** ❶〔コンピュータを〕부팅시키다 ❷〔事業を〕일으키다

**たちいふるまい【立ち居振る舞い】** 행동거지 ¶**彼の立ち居振る舞いはいつもと違っていた** 그의 행동은 평소와 달랐다. / **彼女は立ち居振る舞いとやかだ** 그녀는 행동거지가 정숙하다.

**たちいり【立ち入り】** 출입(出入) ¶**立ち入り禁止** 출입 금지 / **関係者以外立ち入り禁止(▶掲示)**〔관계자 외[외인] 출입 금지 / **工場の立ち入り検査をする** 공장의 현장 검사를 하다

**たちいる【立ち入る】** 들어가다, 출입하다〔干渉する〕간섭하다 ¶**芝生に立ち入るべからず(▶掲示)** 잔디에 들어가지 마시오. / **他人の問題に立ち入らないでください** 남의 문제에 간섭하지 말아 주세요. / **少し立ち入ったことをお伺いしますが** 좀 사사로운 일에 대해 여쭤 보겠습니다만.

**たちうち【太刀打ち】** ¶**仕事では彼にはとても太刀**

打ちできない 일은 그에게 도저히 맞서지 못한다.

**たちおうじょう【立ち往生】**◇立ち往生する 오도 가도 못하다 [どうにもできなくなる] 꼼짝 못하다 ¶大雪で列車が立ち往生した 대설로 열차가 오도 가도 못했다. / 彼は記者たちの質問攻めに立ち往生した 그는 기자들의 질문 공세에 꼼짝 못했다.

**たちおくれ【立ち後れ】**뒤처짐, 뒤떨어짐 ¶スタートでの立ち後れを取り戻す 스타트에서의 뒤처짐을 만회하다

**たちおくれる【立ち後れる】**뒤늦어지다, 뒤처지다 [劣る] 뒤떨어지다 ¶スタートで立ち後れてびりになった 스타트에서 뒤처져서 꼴찌가 되었다. / 日本は社会福祉の面でヨーロッパ諸国に立ち後れているとよく言われる 일본은 사회 복지면에서 유럽의 여러 나라들에 뒤떨어진다고들 한다.

**たちぎえ【立ち消え】**◇立ち消えになる 흐지부지되다 ¶その企画はいつの間にか立ち消えになった 그 기획은 어느새 흐지부지되었다.

**たちぎき【立ち聞き】**◇立ち聞きする 엿듣다 ¶私は偶然彼らの話を立ち聞きした 나는 우연히 그들의 이야기를 엿들었다.

**たちきる【断ち切る】**[切断する] 자르다, 절단하다 [関係を] 끊다 ¶ロープを断ち切る 로프를 자르다 / 未練を断ち切る 미련을 끊다 / 敵の補給路を断ち切らなければならない 적의 보급로를 끊어 버려야 된다. / 彼との関係を思い切って断ち切った 그와의 관계를 과감히 뒤엎어버렸다.

**たちぐい【立ち食い】**◇立ち食いする 서서 먹다 ¶立ち食いそば屋 입식 메밀국수집

**たちこめる【立ち込める】**자욱이 끼다 ¶あたりには深い霧が立ちこめていた 주변에는 짙은 안개가 자욱이 끼어 있었다. / 競技場には熱気が立ちこめていた 경기장에는 열기가 가득 찼다. / 部屋にはばらの甘い香りが立ちこめていた 방에는 장미의 달콤한 향기가 가득했다.

**たちさる【立ち去る】**떠나다, 물러가다 ¶彼はだれにも知らせず立ち去った 그는 아무에게도 알리지 않고 떠났다. / すぐ立ち去れ! 당장 물러가!

**たちしょうべん【立ち小便】**노상 방뇨(路上放尿) ¶立ち小便する 길가에서「소변을 보다[방뇨하다]」

**たちすくむ【立ち竦む】**¶私は焼け跡に呆然と立ちすくんだ 나는 불탄 자리에 명하니 서 있었다. / 恐怖で立ちすくむ 공포로 선 채 움직이지 못했다.

**たちどおし【立ち通し】**¶終点に着くまで立ち通しだった 종점에 도착할 때까지 계속 서 있었다.

**たちどころに【立ち所に】**[すぐに] 당장, 금방 [その場で] 그 자리에서 ⇒すぐ

**たちどまる【立ち止まる】**멈춰 서다 ¶驚いて立ち止まる 놀라 멈춰 서다 / 彼は掲示板を見て立ち止まった 그는 게시판 앞에서 문득 멈춰 섰다. / 立ち止まらないでください 멈춰 서지 말아 주세요.

**たちなおる【立ち直る】**도로 일어서다 [回復する] 회복하다, 회복되다 ¶彼女はショックからやっと立ち直ることができた 그녀는 쇼크로부터 겨우 회복할 수 있었다. / その投手は4回から立ち直った 그 투수는 4회부터 회복했다. / 相場が立ち直る 시세가 회복되다

**たちのき【立ち退き】**퇴거(退去), 이전(移転), 이주(移住) ¶家主は家賃の滞納を理由に立ち退きを要求した 집주인은 집세의 체납을 이유로 이주를 요구했다. / 立ち退き命令 퇴거 명령 / 立ち退き料 퇴거[이전] 보상금

**たちのく【立ち退く】**퇴거하다, 이전하다, 이주하다 ¶彼は家賃が払えずアパートを立ち退かなければならなかった 그는 집세를 못 내서 아파트를 나가야 됐다. / 地震で倒壊の恐れのあるマンションから立ち退く 지진으로 붕괴의 위험이 있는 아파트에서 이전하다 / 住民たちは避難のため立ち退いた 주민들은 피난을 위해 이주했다.

**たちのぼる【立ち上る】**솟아오르다 ¶やかんから湯気が立ち上っていた 주전자에서 김이 솟아올랐다. / 煙突の煙が立ち上る 굴뚝의 연기가 솟아오르다

**たちのみ【立ち飲み】**◇立ち飲みする 서서 마시다 関連 立ち飲み屋 선술집

**たちば【立場】** ❶ [地位, 境遇] 입장 [置かれている状況] 처지 ¶そんなことを言われては私の立場がないよ 그런 말을 하면 내 입장이 곤란하다. / お互いの立場を尊重しながら話を進めるべきだ 서로의 입장을 존중하면서 이야기를 진전시켜야 한다. / 立場上, 返答できません 입장상 대답할 수 없습니다. / 私はこの会社で責任のある立場にいる 그는 이 회사에서 책임이 있는 입장에 있다. / そんなことをすれば彼は苦しい立場に追い込まれるだろう 그런 짓을 하면 그는 힘든 처지에 몰릴 것이다. / 相手の立場に立って物事を考えてみなさい 상대의 입장에 서서 생각해 봐요. / 君はそんなぜいたくを言える立場ではない 너는 그런 사치스러운 말을 할 처지가 아니다. / 対等な立場に立つ 대등한 입장에 서다

❷ [見地, 観点] 입장, 관점 ¶女性の立場からご意見はありませんか 여성의 입장에서 의견은 없으십니까? / 彼女はその問題では部外者の立場をとった 그녀는 그 문제에서는 국외자의 입장을 취했다. / 彼はその問題に関して私とは反対の立場をとった 그는 그 문제에 대해서 나와 반대의 입장을 취했다.

**たちはだかる【立ちはだかる】**막아서다, 가로막다 ¶突然一人の男が私の前に立ちはだかった 갑자기 한 남자가 내 앞을 막아섰다. / 前途には多くの難関が立ちはだかっている 앞길에는 많은 난관이 가로막고 있다.

**たちばなし【立ち話】**서서 하는 이야기 ¶母は隣の家の人と立ち話をしていた 어머니는 옆집 사람과 서서 이야기를 하고 있었다.

**たちふさがる【立ち塞がる】**가로막다 ¶行く手に多くの困難が立ちふさがっている 가는 길에는 많은 곤란이 가로막고 있다.

**たちまち【忽ち】**[すぐに] 금세, 순식간에 ¶うわさはたちまち町中に広まった 소문은 순식간에 동네에 퍼졌다. / 新製品はたちまち売り切れた 신제품은 금세 다 팔렸다.

**たちまわる【立ち回る】** ❶うまく立ち回る 약삭빠르게 처신하다[굴다]

**たちみ【立ち見】**◇立ち見する 서서 보다 ¶芝居を立ち見した 연극을 서서 보았다. 関連 立ち見席 입석(立席)

**たちむかう【立ち向かう】** 맞서다 ¶私たちは団結して困難に立ち向かった 우리는 단결해서 곤란에 맞섰다. / 敵に立ち向かう 적과 맞서다

**だちょう【駝鳥】** 타조

**たちよみ【立ち読み】** 서서 읽기 ¶本屋で立ち読みして時間をつぶした 서점에서 서서 읽으면서 시간을 때웠다.

**たちよる【立ち寄る】** 들르다 ¶途中でコンビニに立ち寄った 도중에 편의점에 들렀다. / 本屋に立ち寄ってから帰った 서점에 들렀다가 집에 갔다. / 近くにおいでの際にはぜひお立ち寄りください 근처에 오실 때에는 꼭 들러 주세요. / 釜山まで行くついでに慶州に立ち寄った 부산까지 가는 김에 경주에 들렀다.

**だちん【駄賃】** 심부름 값, 수고비 ¶お使いのお駄賃に息子に500円あげた 심부름 값으로 아들에게 500엔 주었다.

**たつ【立つ・発つ】** ❶ 〔人・物などが立つ, 立ち上がる〕 서다, 일어서다 ¶彼は窓際に立って暗闇に目をこらした 그는 창가에 서서 어둠을 뚫어져라 쳐다보았다. / 彼女は椅子から立って新しくコーヒーを入れた 그녀는 의자에서 일어나 새로 커피를 탔다. / 雨の中に妹が立っているのを見て驚いた 빗속에 여동생이 서 있는 것을 보고 놀랐다. / 一日中立っていたので足がむくんでしまった 하루 종일 서 있어서 다리가 부어 버렸다. / 足がしびれて立てない 다리가 저려서 일어설 수가 없다. / その灯台は断崖に立っていた 그 등대는 절벽에 서 있었다. / 広島平和記念公園には平和の像が立っている 히로시마 평화 기념 공원에는 평화의 동상이 서 있다. / 「スピード落とせ」という看板が道路に沿って立っていた '속도를 줄이시오'라는 간판이 길가에 세워져 있었다. / 彼はバットを2,3回振ってからバッターボックスに立った 그는 배트를 두세 번 휘두르고 타석에 섰다. / うちの犬は後ろ足で立つことができる 우리 집 개는 뒷다리로 설 수 있다.

❷ 〔垂直の状態になる〕 서다 ¶うちの犬は耳が立っている 우리 개는 귀가 서 있다. / 今朝庭に霜柱が立っていた 오늘 아침 정원에 서릿발이 섰다. / 朝起きたら〈ペニスが〉立っていた 아침에 일어나니 〈페니스가〉 서 있었다.

❸ 〔ある状況・立場に身を置く〕 서다 ¶君はどちらの側に立っているのかね 너는 어느 쪽에 서 있는 거야? / 上に立つ人がしっかりしていなくてはだめだ 윗사람이 견실해야 된다. / 彼は人の上に立つ器ではない 그는 다른 사람을 이끌 만한 인재가 아니다. / バトントワラーがパレードの先頭に立った 악대 지휘자가 퍼레이드의 선두에 섰다. / 彼女はいつの日か女優として舞台に立つことを夢見ている 그녀는 언젠가 배우로서 무대에 설 것을 꿈꾸고 있다. / 教壇に立つ 교단에 서다 / 優位に立つ 우위에 서다 / 苦しい立場に立つ 어려운 입장에 서다

❹ 〔上に広がる〕 나다 ¶工場の煙突から煙が立っている 공장 굴뚝에서 연기가 나고 있다. / なべから湯気が立っていた 냄비에서 김이 나고 있었다. / ほこりが立たないように水をまいた 먼지가 나지 않게 물을 뿌렸다.

❺ 〔生じる〕 일다 〔うわさが〕 나다 ¶波が立つ 파도가 일다 / 風が立つ 바람이 일다 / 泡が立つ 거품이 일다 / 台風が近づいていきて波が立っている 태풍이 다가와서 파도가 높아졌다. / 午後になると風が立ってきた 오후가 되면서 바람이 세졌다. / この石けんは泡があまり立たない 이 비누는 거품이 별로 안 난다. / 彼は女にだらしがないという評判が立っている 그는 여자 관계가 깔끔하지 못하다는 소문이 났다.

❻ 〔席を離れる, 去る〕 뜨다 〔出発する〕 떠나다, 출발하다 ¶彼は急いで席を立った 그는 서둘러서 자리를 떴다. / お先に失礼とわびて食事の席を立った 먼저 실례하겠다고 하고 식사 자리를 떴다. / 私はあす韓国に発ちます 나는 내일 한국으로 출발합니다. / あさって発つ予定だ 모레 떠날 예정이다.

❼ 〔感情が高ぶる〕 흥분하다 ¶彼女は今, 気が立っているようだ 그녀는 지금 흥분해 있는 것 같다.

❽ 〔よくできる〕 잘하다, 솜씨가 좋다 ¶彼は腕が立つ外科医だ 그는 실력 있는 외과 의사다. / 彼女は筆が立つ 그녀는 글을 잘 쓴다.

❾ 〔決まる〕 서다 〔成り立つ〕 유지되다 ¶忙しくて夏休みの予定が立たない 바빠서 여름 방학 예정이 안 정해진다. / はっきりした将来の見通しは立っていない 확실한 장래 전망은 안 서 있다. / そんなに金をむだ遣いしたら生計が立たないよ 그렇게 돈을 낭비하면 생활이 유지되지 못한다. / 月20万円以下では暮らしが立たない 한 달에 20만 엔 이하로는 생활이 유지되지 못한다.

❿ 〔動きを起こす〕 일어서다, 일어나다, 나서다 ¶立つべき時は今だ 나서야 할 때는 지금이다. / 今回の市長選挙には候補者が5人立っている 이번 시장 선거에는 후보자가 다섯 명 나왔다.

⓫ 〔基づく〕 의거하다 ¶私は経験の上に立って忠告しているのだ 나는 경험에 의거해서 충고하고 있는 것이다. / 彼の著作は深い考察の上に立っている 그의 작품은 깊은 고찰에 의거하고 있다.

⓬ 〔その他〕 ¶この町で10日ごとに市が立つ 이 마을에서는 10일마다 장이 선다. / 面目が立たない 면목이 서지 않다 慣用句 立つ鳥後を濁さず 떠날 때에는 아쉬움을 두지 말고 뒷정리를 깨끗이 해라.

**たつ【建つ】** 〔家などが〕 서다, 세워지다 ¶来年新しい家が建つ 내년에 새로운 집이 세워진다. / ビルが建つ 빌딩이 세워지다 / 彼の学校は丘の上に建っている 그의 학교는 언덕 위에 서 있다. / 彼は畑の中にぽつんと1軒建っている その家は 밭 한가운데에 덜렁하니 한 채 서 있다. / 公園には記念碑が建っている 공원에는 기념비가 서 있다.

**たつ【経つ】** 지나다, 흐르다 〔過ぎる〕 지나가다 ¶時間があっという間に経ってしまった 시

간이 순식간에 지나 버렸다. / 日本に来てからもう 3 年経った 일본에 와서 벌써 3년이 되었다 / 月日の経つのは早いもの 세월이 흐르는 것은 빠르다. / 話が楽しくて, 時の経つのも忘れてしまった 이야기가 재미있어서 시간이 가는 줄도 몰랐다. / 授業中は時間が経つのが遅く感じる 수업 중에는 시간이 가는 것이 느리게 느껴진다. / 時が経つにつれて彼女のホームシックはつのった 시간이 지나감에 따라 그녀의 향수병은 심해졌다.

¶その会社は5年も経たないうちに大きくなるだろう 그 회사는 5년도 안 걸려서 크게 될 것이다. / 彼らは結婚して1週間と経たないうちにけんかをした 그들은 결혼해서 1주일도 되기 전에 싸움을 했다. / 15分経ったらまた電話をします 15분 후에 다시 전화하겠습니다. / 30分経つと山頂に着いた 30분 지나서 산 정상에 도착했다. / 勉強して1時間も経たないうちに, 彼は居眠りを始めた 공부한 지 한 시간도 안 돼서 그는 졸기 시작했다.

¶もう少し経ってから宿題をやろう 조금만 더 있다가 숙제를 해야겠다. / しばらく経ってから切符をなくしたことに気がついた 조금 지나고 나서 표를 잃어버린 것을 알아차렸다.

[会話] 300年は経っている
A : ずいぶん古そうなお寺ですね
B : そうなんです. 300年は経っていますよ
A : 꽤 오래된 것 같은 절이네요.
B : 그렇습니다. 300년은 됐습니다.

**たつ**【絶つ・断つ】❶ [断絶する][遮断する] 끊다 [遮断する] 차단하다 ¶台風のためその地域との通信が絶たれた 태풍 때문에 그 지역과의 통신이 끊어졌다. / 大雪のため交通が断たれた 대설로 교통이 차단되었다. / ああいう人たちとは早く交際を断ったほうがいいよ 그런 사람하고는 빨리 교제를 끊는 편이 좋다. / 消息を絶つ 소식을 끊다 / 敵の退路を断つ 적의 퇴로를 끊다 / 外交関係を絶つ 외교 관계를 끊다

¶優勝への望みが絶たれた 우승할 희망이 끊겼다. / 政治生命が絶たれる 정치 생명이 끊겼다.
❷ [やめる] 끊다, 그만두다 ¶彼は酒とたばこを断った 그는 술과 담배를 끊었다.

[会話] 酒を断つ
A : 君のお父さんは酒を断たれたそうだけど, どうしてなの?
B : うん, 肝臓を悪くしたんだ
A : 너희 아버지는 술을 끊으셨다던데 어쩐 일이야?
B : 응, 간이 안 좋아지셨어.

❸ [根絶する] 끊다, 근절하다 ¶根を絶たない限りそのような犯罪が再び起こるだろう 범죄의 뿌리를 뽑지 않는 한 그러한 사건은 다시 일어날 것이다.
❹ [生命を奪う] 끊다 ¶彼女が自ら命を絶つほど悩んでいたとは知らなかった 그녀가 스스로 목숨을 끊을 정도로 고민하고 있었다는 걸 몰랐다.
[慣用句] 政治家の汚職が後を絶たないのは嘆かわしいことだ 정치가의 비리 사건 문제가 뒤를 끊이지 않는 것은 한탄스러운 일이다.

**たつ**【裁つ】마르다 ¶生地を裁ってスカートを作った 옷감을 재단해서 스커트를 만들었다.

**だつい**【脱衣】탈의 [関連] 脱衣室 탈의실 / 脱衣場 탈의장

**だっかい**【脱会】탈회, 탈퇴(脱退) ◇脱会する 탈회하다, 탈퇴하다 ¶彼は先月ゴルフクラブを脱会した 그는 지난달 골프 클럽을 탈퇴했다.

**だっかい**【奪回】탈회, 탈환(奪還) ◇奪回する 탈회하다, 탈환하다 ¶タイガースは2か月ぶりに首位の座を奪回した 타이거즈는 두 달 만에 수위를 탈환했다.

**タッカルビ** 닭갈비

**たっきゅう**【卓球】탁구 ¶卓球をする 탁구를 치다 [関連] 卓球場 탁구장 / 卓球台 탁구대

**だっきゅう**【脱臼】탈구, 탈골(脱骨) ◇脱臼する 탈골하다, 탈골되다 ¶腕を脱臼する 팔이 탈골되다

**ダッグアウト** [野球] 더그아웃

**タックル** 태클 ◇タックルする 태클하다

**だっこ**【抱っこ】◇だっこする 안다 ¶女の子は人形をだっこしていた 여자 아이는 인형을 안고 있었다. / ママ, だっこして 엄마, 안아 줘.

**だっこく**【脱穀】탈곡 ◇脱穀する 탈곡하다 [関連] 脱穀機 탈곡기

**だつごく**【脱獄】탈옥, 파옥(破獄) ◇脱獄する 탈옥하다, 파옥하다 [関連] 脱獄囚 탈옥수

**だつサラ**【脱サラ】¶彼は脱サラを決心した 그는 샐러리맨을 그만두고 사업을 새로 시작할 결심을 했다.

**だっしめん**【脱脂綿】탈지면

**たっしゃ**【達者】◇達者だ [壮健だ] 건강하다, 정정하다 [上手だ] 능숙하다, 뛰어나다 ¶祖母は85歳ですが達者です 할머니는 85세이지만 정정하십니다. / 達者で何よりだ 건강해서 다행이다. / どうかお達者で 아무쪼록 건강하세요.

¶彼は口が達者だ 그 사람은 말을 잘한다. / 彼女は韓国語が達者です 그 여자는 한국어가 능숙합니다. / 達者な腕前 뛰어난 솜씨 [関連] 芸達者 여러 취미를 가진 사람

**だっしゅ**【奪取】탈취 ◇奪取する 탈취하다 [奪う] 빼앗다 ¶彼はフライ級の王座を奪取した 그는 플라이급 왕좌를 탈취했다. / 松坂はきのうの試合で12三振を奪取した マツザカは 어제 경기에서 삼진 열두 개를 빼앗았다.

**ダッシュ** 대시 [突進] 돌진 [記号] 줄표(一); 프라임(′) ◇ダッシュする 대시하다, 돌진하다 ¶彼はゴールに向かってダッシュした 그는 골을 향해 돌진했다. / a′ (a ダッシュ) 에이 프라임

**だっしゅう**【脱臭】탈취 ◇脱臭する 탈취하다 [関連] 脱臭剤 탈취제

**だっしゅつ**【脱出】탈출 ◇脱出する 탈출하다, 벗어나다 ¶敵地から脱出する 적지에서 탈출하다 / 海外へ脱出する 해외로 탈출하다 / 燃え盛るビルからヘリコプターで脱出した 불타는 빌딩에서 헬리콥터로 탈출하다. / 最下位から脱出する 최하위에서 벗어나다

**ダッシュボード** 대시보드, 계기반[판]

**だっしょく**【脱色】탈색 ◇脱色する 탈색하다 [漂白する] 표백하다 [関連] 脱色剤 탈색제 [漂白剤] 표백제

**たつじん【達人】** 달인, 도사 ¶彼は剣道の達人だ 그는 검도의 달인이다. / 韓国語の達人 한국어의 달인 / その道の達人 그 분야의 달인

**だっすい【脱水】** 탈수 ◇脱水する 탈수하다
関連 **脱水機** 탈수기 / **脱水症状** 탈수 증상

**たっする【達する】** ❶〔至る, 及ぶ〕달하다, 이르다〔到達する〕도달하다〔到着する〕도착하다
¶3時間歩いて目的地に達した 세 시간 걸어서 목적지에 도달했다. / 我々はついにエベレストの山頂に達した 우리는 드디어 에베레스트산 정상에 도달했다. / 切り傷は骨まで達していた 찢어진 상처는 뼈 속까지 이를 정도였다.
¶話し合いの結果, 計画を延期すべきだという結論に達した 논의한 결과 계획을 연기해야 한다는 결론에 이르렀다. / 労使は労働条件について合意に達した 노사는 노동 조건에 관해서 합의에 이르렀다. / ジェット機は超音速に達した 제트기는 초음속에 달했다. / 危機は頂点に達した 위기는 정점에 도달했다. / 劇は主人公が銃弾に倒れるところでクライマックスに達した 연극은 주인공이 총탄에 쓰러지는 장면에서 클라이맥스에 달했다. / このマンションは建築基準に達している 이 아파트는 건축 기준을 갖추고 있다. / 日本の工業技術は世界最高の水準に達している 일본의 공업 기술은 세계 최고의 수준이다.
❷〔達成する〕달성하다〔実現する〕이루다 ¶目的を達するまでがんばりなさい 목적을 달성할 때까지 열심히 해 봐라.
❸〔ある数量に〕달하다 ¶地球の人口は60億に達した 지구의 인구는 60억에 달했다. / 被害額はおよそ2億円に達した 피해액은 약 2억 엔에 달했다. / 事故の負傷者は100人に達した 사고의 부상자는 100명에 달했다. / 私も40の大台に達した 나도 40대에 달했다. / 過半数に達する 과반수에 달하다 / 目標に達する 목표에 달하다

**だっする【脱する】** 벗어나다〔ピンチを脱する 핀치를 벗어나다〕〔窮地を脱する 궁지를 벗어나다〕

**たつせ【立つ瀬】** 입장(立場) ¶そう言われては立つ瀬がない 그렇게 말하면 입장이 난처하다.

**たっせい【達成】** 달성 ◇達成する 달성하다
¶目標を達成する 목표를 달성하다 関連 **達成感** 달성감

**だつぜい【脱税】** 탈세 ◇脱税する 탈세하다
¶彼は何年も脱税してきた 그는 몇 년이나 탈세를 해 왔다. / 脱税疑惑 탈세 의혹 関連 **脱税者** 탈세자

**だっせん【脱線】** 탈선 ◇脱線する 탈선하다, 탈선되다〔話が〕빗나가다 ¶列車が脱線して多くの負傷者が出た 열차가 탈선해서 많은 부상자가 났다. / 話が途中で脱線した이야기가 도중에 빗나갔다. / 脱線事故 탈선 사고

**だっそう【脱走】** 탈주 ◇脱走する 탈주하다
¶刑務所から囚人が脱走した 교도소에서 죄수가 탈주했다. 関連 **脱走者** 탈주자 / **脱走兵** 탈주병

**たった**〔ただ…だけ〕단, 단지〔わずか…だけ〕겨우, 불과 ¶この村にはたった1軒しか食堂がない 이 마을에는 단 한 채밖에 식당이 없다. / きょうはたった10ページ読んだだけだ 오늘은 겨우 10페이지 읽었을 뿐이다. / うちの息子は1日にたった2時間しか勉強しない 우리 아들은 하루에 겨우 두 시간밖에 공부를 안 한다. / 私の月収はたったの15万円だ 내 월급은 겨우 15만 엔이다. / 彼が水泳で金メダルを取ったのはたった15歳の時だった 그가 수영에서 금메달을 딴 것은 불과 열다섯 살 때였다. / 彼の家はたった一度しか訪問したことがなかった 그의 집은 단 한 번밖에 방문한 적이 없었다. / 彼は若いときに万引きをした. それが生涯たった一度の過ちだった 그는 젊었을 때 물건을 훔쳤다. 그것이 평생 단 한번의 실수였다. / たったコップ1杯の水もむだに使ってはいけない 단 한 잔의 물도 낭비해서는 안 된다. / たったこれだけしかお金が残っていない 겨우 이것밖에 돈이 안 남았다. / たった2人だけ生き残った 겨우 두 사람만이 살아 남았다. / その子はたった一人で留守番をしていた 그 아이는 단 혼자서 집을 보고 있었다.

**だったい【脱退】** 탈퇴 ◇脱退する 탈퇴하다
¶組合を脱退する 조합을 탈퇴하다 関連 **脱退者** 탈퇴자

**たったいま【たった今】** 방금 ¶バスはたった今出たところです 버스는 지금 막 떠났습니다. / たった今地震がありました 방금 지진이 있었습니다.

**タッチ** 터치 ◇タッチする 터치하다〔関与する〕관여하다 ¶彼の絵には独特なタッチがある 그의 그림에는 독특한 터치가 있다. / タッチの重い〔軽い〕ピアノ 터치가 무거운〔가벼운〕피아노 / 私はこの計画にはまったくタッチしていない 나는 이 계획에는 전혀 관여하지 않았다. 関連 **タッチアウト** 터치아웃 / **タッチアップ** 터치업 / **タッチダウン** 터치다운 / **タッチパネル** 터치스크린 / **タッチライン** 터치라인

**たって**〔どうしても〕꼭, 굳이 ¶彼のたっての願いで付き合った 그의 간절한 부탁으로 사귀었다.

**-たって**《語幹＋》- 더라도, 《連用形＋》-도, -는데도 ¶雨が降ったの練習は毎日やっています 비가 내리더라도 연습은 매일 하고 있습니다. / 何を言ったって父は同意しないだろう 무슨 말을 해도 아버지는 동의 하지 않으실 것이다. / 何か食べようったって帰りの電車賃しかないのに 뭘 먹으려는데도 집에 갈 차비밖에 없는데.

**だって**〔なぜなら〕왜냐하면〔でも〕하지만, 그렇지만 ¶「どうしてけんかしたの?」「だって, あの子が僕の悪口を言うんだもの」"왜 싸운 거야?" "글쎄 걔가 내 욕을 하잖아." / 「まだ勉強しているの?」「だって, 宿題がいっぱいあるんだから」"아직 공부하고 있어?" "왜냐하면 숙제가 많이 있거든."
¶「もう寝なさい」「だってまだ10時前だよ」"이제 자거라." "그렇지만 아직 열 시 전인데요."

**-だって** ❶〔…でさえも, …もまた〕조차도, 도, -(이)라도 ¶子供だってそんなこと知ってるよ 애라도 그런 건 알고 있어. / 私だって彼にあんなこと言いたくなかったわ 나도 그 사람한테 그런 말 하고 싶지 않았어. / 僕だって戦争には反対だ 나도 전쟁에는 반대야.
❷〔うわさ, 真偽〕-ㄴ〔-는〕단다, -ㄴ〔-는〕다면서, -ㄴ〔-는〕대, -(이)라니 ¶市長は汚

職事件の責任をとって辞職するんだって 시장은 비리 사건의 책임을 지고 사직한대. / 結婚するんだって？ 結婚한다면서？ / あの人が先生だって？ まさか저 사람이 선생님이라고？ 설마？

❸《たとえ…でも》《語幹＋》- 더라도,《連用形＋》- 도, - 라도 ¶たとえ雨だって試合はやる 만약에 비가 오더라도 경기는 한다. / いくら金持ちだって幸福は金で買えないよ 아무리 부자라도 행복은 돈으로 살 수 없어.

❹《その他》¶彼は音楽のことなら何だって知っている 그는 음악에 관해서라면 뭐든지 알고 있다.

**たづな【手綱】** 고삐 ¶馬の手綱を取る 말고삐를 잡다 / 手綱を緩める〔引く〕고삐를 늦추다〔당기다〕/ 社員の手綱を引き締める必要がある 사원 관리를 철저히 할 필요가 있다.

**たつのおとしご【竜の落とし子】** 해마(海馬)

**だっぴ【脱皮】** 탈피 ◇脱皮する 탈피하다 ¶蛇が脱皮する 뱀은 탈피하다 / 彼らは古い慣習からの脱皮をはかった 그들은 오래된 관습으로부터 탈피를 꾀했다.

**たっぴつ【達筆】** 달필 ¶彼女は達筆だ 그녀는 달필이다.

**たっぷり** 많이, 듬뿍, 잔뜩, 가득, 푹〔充分に〕충분히, 족히 ¶久しぶりに雨がたっぷり降った 오래간만에 비가 많이 왔다. / きょうはたっぷり運動をした 오늘은 충분히 운동을 했다. / 駅から彼の家までたっぷり2キロある 역에서 그의 집까지 2킬로는 충분히 있다. / この絵を仕上げるのにたっぷり2週間かかりそうだ 이 그림을 완성하는 데는 이 주일은 충분히 걸릴 것 같다. /「会社までどれくらいかかりますか」「たっぷり1時間かかります」"회사까지 얼마나 걸립니까？" "한 시간은 족히 걸립니다." / この金でたっぷり3日は遊べる 이 돈으로 사흘간은 충분하게 놀 수 있다. / 一晩たっぷり眠りたい 하룻밤 푹 자고 싶다. / たっぷりと酒をつぐ 듬뿍 술을 따르다

¶彼の話はユーモアたっぷりだった 그의 이야기는 유머가 가득 넘쳤다. / 愛嬌たっぷりだ 애교가 넘쳐 흐른다. / 彼女は試験直前でも自信たっぷりに見えた 그녀는 시험 직전에도 자신만만하게 보였다

会話 **時間はたっぷりある**
　A：コンサートに間に合うかしら
　B：だいじょうぶ。時間はたっぷりあるから
　A：콘서트 시간까지 갈 수 있을까？
　B：괜찮아, 시간은 충분히 있으니까.
　A：今月はお金がたっぷりある
　B：あまり派手に使わないでよ
　A：이번달은 돈이 충분히 있어.
　B：너무 함부로 쓰지 마.

**ダッフルコート** 더플코트
**だつぼう【脱帽】** 탈모 ◇脱帽する 모자를 벗다, 탈모하다〔敬意を表する〕경의를 표하다〔降参する〕손을 들다 ¶彼の熱意には脱帽するよ 그의 열의에는 경의를 표하지 않을 수 없다.

**だっぽくしゃ【脱北者】** 탈북자 ¶北朝鮮から脱出してきた人たちを脱北者という 북한에서 탈출한 사람들을 탈북자라고 한다.

**たつまき【竜巻】** 회오리바람

**だつらく【脱落】** 탈락〔落伍〕 낙오 ◇脱落する 탈락하다, 낙오하다〔後れる〕뒤떨어지다〔抜ける〕누락되다 ¶先頭集団から脱落する 선두 집단에서 뒤떨어지다 / 総裁選レースから脱落する 총재선 레이스에서 탈락하다 / 厳しい練習のため次々と部員が脱落した 엄격한 연습 때문에 잇따라 부원이 탈락했다. / この本には途中6ページの脱落がある 이 책은 중간에 6페이지가 빠져 있다. 関連 **脱落者** 탈락자〔落伍者〕 낙오자

**だつりょくかん【脱力感】** 탈력감

**たて【盾】** 방패〔口実〕구실 ◇盾つく 대들다, 반항하다 / 机を盾にする 책상을 방패로 삼다 / 規則を盾にとる 규칙을 구실로 삼다 慣用句 **親に盾をつくとは何事だ** 부모님에게 대들다니 무슨 짓이야.

**たて【縦】** 세로〔長さ〕길이〔高さ〕높이 ¶縦10センチ、横8センチの紙 세로 10센티, 가로 8센티의 종이 / このプールは縦50メートル、横20メートルだ 이 풀장은 세로가 50미터, 가로가 20미터이다.

¶縦に並べる 세로로 늘어놓다 / 縦に線を引く 세로로 선을 긋다 / 作文は縦に書きなさい 작문은 세로로 쓰시오. / 背の順に縦に一列に並んだ 키 큰 순으로 일렬 종대로 섰다. / 紙を縦に折ってください 종이를 세로로 접으세요. / りんごを縦に2つに切った 사과를 세로 두 조각 냈다.

**-たて【- 立て】** 갓, 막 ¶生まれたての子犬 갓 태어난 강아지 / 摘みたてのいちご 막 딴 딸기 / 焼きたてのパン 갓 구워낸 빵 / 炊きたてのごはん 막 지은 밥 / 大学出たての会社員 갓 대학교를 나온 회사원

**たで【蓼】** 여뀌 慣用句 **たで食う虫も好き好き** 뭘 해도 제멋 / 사람의 취미나 기호는 가지각색이다.

**だて【伊達】** ◇だてに 멋으로 ¶だて眼鏡をかける 멋으로 안경을 쓰다 / だてに年を取ってはいません 그저 나이 먹은 게 아닙니다. 関連 **だて男** 멋쟁이 남자

**-だて【- 立て】** ¶2頭〔4頭〕立ての馬車 쌍두〔사 두〕마차 / あの劇場では昔の名画を2本立てでやっている 저 극장에서는 옛날 명화 두 편을 동시 상영하고 있다.

**-だて【- 建て】** ¶40階建の超高層ビル 40층 초고층 빌딩 / 一戸建の家 단독 주택 / 2階建バス 2층 버스 / 円〔ドル〕建てで支払う 엔으로〔달러로〕지불하다

**たていた【立て板】** 慣用句 **彼の発表は立て板に水** 그의 발표는 청산유수다.

**たてうり【建て売り】** 関連 **建て売り住宅** 지어서 파는 집

**たてかえる【立て替える】** ¶勘定を立て替えておいてくれませんか 나중에 갚을 테니까 계산을 대신 지불해 주시겠습니까？ / 다른 사람들 계산을 일단 다 해 주지 않겠어요？

**たてがき【縦書き】** 종서, 세로 쓰기 ¶縦書きにする 세로 쓰기를 하다

**たてかける【立て掛ける】** 기대 세워 놓다 ¶屋根にはしごを立て掛ける 지붕에 사다리를 기대 세워 놓다 / 壁に鏡を立て掛ける 벽에 거울을 기대 세워 놓다

워 놓다

**たてがみ**〔ライオンの雄や馬などの〕갈기

**たてぐ**【建具】건구 関連 建具屋 소목장이

**たてごと**【竪琴】수금〔ハープ〕하프

**たてこむ**【立て込む】〔混む〕혼잡하다, 붐비다〔家が〕빽빽이 들어서다〔忙しい〕바쁘다 ¶店内は客で立て込んでいた 가게 안은 손님으로 붐비고 있었다 / この辺は家が立て込んでいる この 주변은 집이 빽빽이 들어서 있다. / すみません, 今立て込んでいます 죄송합니다, 지금 바쁩니다.

**たてこもる**【立て籠る】농성하다, 틀어박히다 ¶犯人は人質を取って店内に立てこもったままだ 범인은 인질을 잡고 가게 안에 대치하고 있다.

**たてつづけ**【立て続け】◇立て続けに 잇따라, 연달아, 계속 ¶記者たちは大臣に立て続けに質問をした 기자들은 대신에게 잇달아 질문했다. / 町内で立て続けに放火事件が起こった 동네에서 잇따라 방화 사건이 일어났다.

**たてなおす**【立て直す】〔計画などを〕다시 세우다〔姿勢などを〕바로잡다 ¶旅行の計画を立て直した 여행 계획을 다시 세웠다. /体勢を立て直す 태세를 바로잡다

**たてなおす**【建て直す】만회하다, 새로 일으키다, 고쳐 세우다〔建物を〕새로 짓다〔再建する〕재건하다 ¶会社を建て直す 회사를 재건하다

**たてふだ**【立て札】팻말 ¶「駐車禁止」の立て札を立てる '주차 금지' 팻말을 세우다

**たてまえ**【建て前】〔原則〕원칙〔理屈〕이치, 도리 ¶民主主義の建て前は多数決だ 민주주의의 원칙은 다수결이다. / 建て前ではそうだが 겉으로는 그렇지만 / 建て前と本音 겉치레와 속마음 [본심]

**たてまし**【建て増し】증축 ◇建て増しする 증축하다 ¶秋には一部屋建て増しする予定だ 가을에는 방 하나를 증축할 예정이다. / 建て増し部分 증축 부분

**たてもの**【建物】건물 ¶建物を建てる 건물을 세우다 / 石造りの建物 석조 건물

**たてやくしゃ**【立て役者】〔芝居の〕주연 배우〔中心人物〕중심 인물 ¶優勝の立て役者 우승의 히로인[히로인]

**たてゆれ**【縦揺れ】〔船・飛行機の〕뒷질, 피칭〔地震の〕상하로 흔들림 ◇縦揺れする〔船などが〕뒷질하다〔地面が〕상하로 흔들리다

**たてる**【立てる】❶〔縦にする〕세우다〔差す〕꽂다 ¶屋根にテレビのアンテナを立てた 지붕에 텔레비전 안테나를 세웠다. / 登山隊は山頂に旗を立てた 등산대는 정상에 깃발을 꽂았다. / 北風がとても冷たかったのでコートの襟を立てた 북풍이 매우 차서 코트의 깃을 세웠다. / その犬は耳をぴんと立てていた 그 개는 귀를 쫑긋 세우고 있었다. / 猫はしっぽをぴんと立てた 고양이는 꼬리를 똑바로 세웠다. / バースデーケーキにろうそくを立てる 생일 케이크에 초를 꽂다

❷〔生じさせる〕일으키다〔音・湯気などを〕내다 ¶トラックが土ぼこりを立てて走り過ぎていった 트럭이 흙먼지를 일으키면서 지나갔다. / もうこれ以上波風を立てないでちょうだい 이제 더 이상 풍

파를 일으키지 말아 줘. / 彼らは音を立てないように気をつけた 그들은 소리를 내지 않으려고 조심했다. / やかんがストーブの上で湯気を立てている 주전자가 난로 위에서 김을 내고 있다.

❸〔ある役として引き出す〕내세우다 ¶部長が病気のため課長を代理に立てた 부장님이 편찮으셔서 과장님을 대리로 세웠다. / 民主党は知事選挙に独自の候補者を立てた 민주당은 지사 선거에 단독 후보자를 세웠다.

❹〔決める〕세우다, 정하다 ¶夏休みの計画は立てましたか 여름 방학 계획은 세웠습니까? / 彼はいつも予定を立てずに仕事をする 그는 항상 예정을 세우지 않고 일을 한다.

❺〔生活する〕꾸리다, 세우다 ¶生計を立てる 생계를 꾸리다 [세우다] / 彼はタクシーの運転手として生計を立てている 그 사람은 택시 운전기사로 생계를 꾸리고 있다. / 私は教師として身を立てたいのです 저는 교사가 되어 생계를 꾸리고 싶습니다.

❻〔その他〕¶私がデートに遅れたので彼は腹を立てている 내가 데이트에 늦어서 그는 화를 내고 있다. / そんなうわさをいったいだれが立てたの 도대체 그런 소문을 누가 낸 거야? / ありもしないうわさを立てられて困っている 있지도 않은 소문이 나서 난처하다. / 猫はドアに爪を立てた 고양이는 문을 긁었다. / 手柄を立てる 공을 세우다 / 学説を立てる 학설을 세우다 / 誓いを立てる 맹세하다

**たてる**【建てる】짓다, 세우다〔建設する〕건설하다

> 使い分け 짓다, 세우다
> 짓다 構造をもつものを建てる. 通常は家を建てる場合に用いる.
> 세우다 ふつう 学校(학교), 病院(병원), 教会(교회), 養老院(양로원)といった施設を建てる場合に用いる. また, 銅像のように構造をもたないものを建てる場合にも用いる.

¶私は新しく家を建てた 나는 새로 집을 세웠다. / その邸宅はしっかりした土台の上に建てられているユ 저택은 견고한 토대 위에 세워져 있다. / 5年後にはここに30階建のビルが建てられるそうだ 5년 후에는 여기에 30층짜리 빌딩이 세워진다고 한다. / 新しい家が郊外のいたるところに建っている 새로운 집이 교외의 여기저기에 지어져 있다. / あの家は建てられてからどれくらいになるのですか 저 집은 지어진 지 얼마나 됐습니까?

¶銅像を建てる 동상을 세우다 この像は作曲家の生誕百年を記念して建てられた 이 동상은 작곡가의 탄생 100주년을 기념해서 세워졌다.

**だてん**【打点】타점 ¶彼は2打点をあげた 그는 2타점을 올렸다. 関連 打点王 타점왕 / 勝利打点 승리 타점

**だとう**【打倒】◇打倒する 타도하다 ¶独裁政権を打倒する 독재 정권을 타도하다

**だとう**【妥当】◇妥当だ 타당하다 ¶議論は妥当な結論に達した 논의는 타당한 결론에 도달했다. / 今年の賃上げ交渉は妥当な線でまとまった 올해 임금 인상 교섭은 타당한 선에서 결정났

たどうし 다. / 妥当な判断 타당한 판단
**たどうし**【他動詞】타동사(↔자동사)
**たとえ**〔たとえ…でも〕비록, 가령, 설령 ¶たとえ大地震が来てもこのビルは大丈夫だ 가령 대지진이 온다고 해도 이 건물은 괜찮다. / たとえあした雨が降っても競技会は行われる 비록 내일 비가 오더라도 경기 대회는 열린다. / たとえ入試に失敗しても気を落とすなよ 가령 입시에 실패하더라도 낙담하지 마. / たとえその薬が安全でも乱用してはならない 가령 그 약이 안전하다고 해도 남용해서는 안 된다. / たとえ冗談でもそんなことは言ってはいけない 비록 농담이라도 그런 말은 하면 안 된다. / たとえだれが反対しようともこの計画はやり遂げてみせます 설령 누가 반대를 한다 해도 이 계획은 완수해 보이겠습니다. / たとえどんなことがあっても君のそばを離れはしない 가령 어떤 일이 있어도 네 곁을 떠나지 않겠다. / たとえ事実だとしても 비록 사실이라 해도 / たとえそうだとしても 비록 그렇다 해도 〔慣用句〕君のためならたとえ火の中水の中、何だってするよ 너를 위해서라면 물불을 가리지 않을 거야.

**たとえば**【例えば】예를 들면, 예컨대〔もし〕만일, 만약 ¶たとえばライラックなど花の中にはよい香りを持つものが多い 예를 들어 라일락과 같이 꽃 중에는 좋은 향기를 가진 것이 많다. / どこか暖かいところに行きたいな、たとえばハワイとかタイとか 어딘가 따뜻한 곳에 가고 싶다, 예를 들면 하와이나 타이 같은. / たとえば日本語や中国語のようにアルファベットを使わない言語もある 예를 들면 일본어나 중국어처럼 알파벳을 쓰지 않은 언어도 있다.
¶たとえば君が彼女の立場だったらどうする 만약 네가 그녀의 입장이라면 어떻게 하겠어? / たとえば合格しなかったときはどうしますか 만일 합격하지 못했을 때는 어떻게 하겠습니까?
〔会話〕たとえばどんなもの
A：おみやげ買ってきてね
B：たとえばどんなもの？
A：기념품 사 와 줘.
B：예를 들면 어떤 거？

**たとえる**【例える】비유하다, 비기다 ¶人生はしばしば航海にたとえられる 인생은 자주 항해에 비유된다. / その湖はたとえようもないほど美しかった 그 호수는 비유할 수 없을 정도로 예뻤다. / 白頭山の雄大さは何にもたとえようがない 백두산의 응대함은 무엇에도 비유할 수 없다.

**たどく**【多読】다독 ◇多読する 다독하다
〔関連〕多読家 다독가

**たどたどしい**〔話し方が〕더듬거리다〔足取りが〕비틀거리다 ¶たどたどしい韓国語を話す 한국말을 더듬더듬 말하다 / 彼はたどたどしい読み方をした 그는 더듬더듬하며 읽었다.

**たどりつく**【辿り着く】다다르다, 도달하다 ¶やっと頂上にたどり着いた 겨우 정상에 도달했다. / 激論の末、やっと結論にたどり着いた 격론 끝에 드디어 결론에 도달했다.

**たどる**【辿る】더듬다, 더듬어 찾다〔跡をたどる〕더듬어 가다 ¶山道をたどって行くと小さな神社に出た 산길을 더듬어 찾아가니 작은 신사

가 나왔다. / 警察は犯人の足取りをたどってついに犯人の隠れ家を発見した 경찰은 범인의 발자취를 더듬어 드디어 범인이 숨어 있는 곳을 발견했다. / 株価は下降線をたどっている 주가는 내림세를 타고 있다. / 昔の記憶をたどる 옛날 기억을 더듬다
¶数奇な運命をたどる 기구한 운명을 겪다

**たな**【棚】선반, 시렁 ¶箱を棚の上に置いた 상자를 선반 위에 두었다. / 物を整理するために壁に棚をつけた 물건을 정리하기 위해서 벽에 선반을 붙였다. 〔関連〕網棚 그물 선반 / 食器棚 찬장 / 本棚 서가 / 【本箱】책장 〔慣用句〕彼は自分のことを棚に上げて他人のことばかり非難する 그는 자기 일은 덮어놓고 남의 일만 비난한다. / 常務からいきなり社長になるなんて、まったく棚からぼた餅だ 상무에서 갑자기 사장이 되다니, 굴러 온 호박이네.

**たなあげ**【棚上げ】보류 ◇棚上げする 보류하다 ¶この計画はしばらく棚上げだ 이 계획은 잠시 보류한다.

**たなおろし**【棚卸し】재고 조사 ¶あしたは棚卸しのため休業します 내일은 재고 조사로 인해 휴업합니다. / 棚卸しをする 재고 조사를 하다

**たなざらし**【棚晒し】¶棚ざらしの商品 오랫동안 팔리지 않고 남아 있는 상품 / その案件は棚ざらしのままだ 그 안건은 미결인 채이다.

**たなばた**【七夕】칠석(날)

**たなびく**【棚引く】길게 끼다 ¶火山の煙がゆっくりと青空にたなびいている 화산의 연기가 천천히 파란 하늘에 끼고 있다. / 遠くの山に霞が白くたなびいている 먼산에 안개가 하얗게 끼어 있다.

**たなぼた**【棚ぼた】〔思いがけない幸運〕굴러 온 호박, 횡재 ¶棚ぼた式の利益をあげる 뜻밖의 이익을 올리다

**たなん**【多難】다난 ◇多難だ 다난하다 ¶わが社の前途は依然多難だ 우리 회사의 앞날은 여전히 어려움이 많다. / 彼女は多難な生涯を送った 그녀는 힘든 생애를 보냈다. / 多難な一年 다난한 한 해

**たに**【谷】골짜기, 골 ¶深い谷 깊은 골짜기 / 気圧の谷 기압골 / 景気の谷 경기의 바닥 / 불경기

**だに**【壁蝨】〔害虫〕진드기〔のみ〕벼룩〔ならず者〕불량배, 깡패 ¶だにがたかる 진드기가 꾀다 / 町のダニ 거리의 불량배 〔関連〕家だに 집진드기 / 犬だに 개벼룩

**たにがわ**【谷川】계류(渓流), 계수(渓水)
**たにぞこ**【谷底】골짜기 밑바닥
**たにま**【谷間】산골짜기 ¶谷間に1輪のゆりが咲いていた 산골짜기에 한 송이의 백합이 피어 있다. / ビルの谷間 빌딩의 골짜기 / ⇒谷

**たにん**【他人】남, 타인 ¶彼はいつも他人の粗捜しをしている 그는 항상 남의 흠을 잡는다. / 他人を当てにしてはいけない 남을 의지해서는 안 된다. / 彼は他人の仕事にけちをつける 그는 남의 일에 트집을 잡는다. / 彼女は赤の他人だよ 그 여자는 생판 남이야. / 他人の目なんか気にするな 남의 눈 같은 거 신경 쓰지 마. / 彼は他人の長所を全然認めない 그는 남의 장점을 전혀 인정하지 않는다. / 他人のことに口出しをする

南の 일에 참견하지 마. 그것은 彼ら 2人의 問題であって 他人이 口出しするようなことじゃないよ 그것은 그들 두 사람의 문제며 남이 참견할 만한 일이 아니야. / 他人事ではない 남의 일이 아니다. 慣用句 あの女の人はチョンスクに似ているけど 他人の空似だね 저 여자는 정숙이를 닮았지만 남남끼리 닮은 거야. / そんなに他人行儀なことを言わないでください 그렇게 쌀쌀하게 말하지 마세요.

**たぬき**【狸】너구리 ¶彼はなかなかのたぬきだ 그는 상당히 간사하다. / たぬき寝入りをする 자는 척을 하다 数え方 たぬき1匹 너구리 한 마리 慣用句 取らぬたぬきの皮算用 독장수셈 │ 떡 줄 사람은 꿈도 안 꾸는데 김칫국부터 마신다. 関連 たぬきおやじ 능구렁이 영감

**たね**【種】❶〔植物など〕씨, 씨앗 ¶庭に朝顔の種をまいた 정원에 나팔꽃 씨를 뿌렸다. / 種からトマトを育てた 씨앗에서 토마토를 키웠다. / このすいかは種が多い 이 수박은 씨가 많다. / 梅は種が大きい 매실은 씨가 크다. / これは新種の種なしすいかだ 이것은 신종의 씨 없는 수박이다. / 母がメロンの種を取ってくれた 엄마가 멜론의 씨를 빼 주었다.
❷〔原因〕원인, 불씨, 거리 ¶彼女の不平の種はつきない 그녀의 불평거리는 끊임없다. / 体の弱い息子がいつも私たちの悩みの種だ 몸이 허약한 아들이 항상 우리들의 걱정거리다. / このサッカー場は市民の自慢の種だ 이 축구장은 시민의 자랑거리다. / 自分でまいた種だ 자기가 뿌린 씨앗이다. / 紛争の種 분쟁의 원인
❸〔主題, 話題〕거리, 소재 ¶話の種にその本を読んでみた 이야깃거리로 그 책을 읽어 보았다. / 2時間も話していたら話の種が尽きてしまった 두 시간이나 이야기했더니 이야깃거리가 떨어졌다. / 彼はいつも物笑いの種だ 그는 항상 비웃음거리다. / 新しい小説の種を探す 새 소설의 소재를 찾다
❹〔手品などの〕수, 술책〔トリック〕트릭, 속임수 ¶種も仕掛けもありません 속임수도 트릭도 없습니다. / この手品の種を教えてあげましょう 이 마술의 트릭을 가르쳐 드리겠습니다. 慣用句 まかぬ種は生えぬ 뿌리지 않은 씨앗은 나지도 않는다. 関連 種牛 종우, 씨소 / 種馬 종마, 씨말 / 種まき 파종, 씨뿌리기

**たねあかし**【種明かし】트릭 밝히기 ¶手品の種明かしをする 마술의 트릭을 밝히다

**たねぎれ**【種切れ】¶話題が種切れになってきた 이 야깃거리가 없어졌다.

**たねん**【多年】다년, 다년간 ¶多年にわたる研究 다년에 걸친 연구 関連 多年生植物 다년생 식물

**-だの** -(으)니 ¶妻がなしのりんごだのいっぱい買ってきた 아내는 배니 사과니 많이 사 왔다. / 彼女は寒いだの暑いだの不満たらたらだ 그 여자는 추우니 더우니 불만이 많다.

**たのしい**【楽しい】즐겁다 ◇楽しく 즐겁게 ¶私たちは伊豆で楽しい週末を過ごした 우리는 이즈에서 즐거운 주말을 보냈다. / パーティーは楽しかった 파티는 즐거웠다. / 私たちはおしゃべりして楽しい夕べを過ごした 우리들

은 수다를 떨면서 즐거운 저녁 시간을 보냈다. / ハイキングは楽しい 하이킹은 매우 즐겁다. / 学生時代の楽しい思い出を大切にしたい 학생 시절의 즐거운 추억을 소중히 간직하고 싶다. / 彼といっしょにいるととても楽しい 그와 같이 있으면 아주 즐겁다.
¶彼女は楽しそうな顔をしていた 그녀는 즐거운 표정을 하고 있었다. / 子供たちは公園で楽しそうに遊んでいた 어린이들은 공원에서 즐겁게 놀고 있었다.
¶お金はなくていいからあなたと楽しく暮らしたい 돈은 없어도 좋으니까 당신과 즐겁게 살고 싶다. / 楽しくやってください 즐기세요.

会話 楽しそうですね
A : きょうはずいぶん楽しそうだね. 何かあったの
B : きょう彼女とデートしたんだ
A : 오늘은 꽤 즐거워 보이네. 무슨 좋은 일이라도 있었나?
B : 오늘 여자 친구랑 데이트했거든.
A : とても楽しい晩でした. ありがとうございました
B : どういたしまして. またお出かけください
A : 아주 즐거운 저녁이었습니다. 고맙습니다.
B : 별말씀을요. 또 놀러 오세요.

**たのしませる**【楽しませる】즐겁게 하다〔喜ばせる〕기쁘게 하다 ¶春には色とりどりの花が私たちの目を楽しませてくれる 봄에는 여러 색깔의 꽃이 우리들의 눈을 즐겁게 해 준다. / 彼らはなぞなぞをして子供たちを楽しませた 그들은 수수께끼를 해서 아이들을 즐겁게 했다.

**たのしみ**【楽しみ】❶〔楽しいこと〕즐거움, 낙(楽) ¶ゴルフは私の大きな楽しみです 골프는 나의 큰 즐거움입니다. / 私のいちばんの楽しみは海外旅行です 나의 최대의 낙은 해외여행입니다. / 父は仕事以外には何の楽しみもない人だった 아버지는 일 외에는 아무런 취미도 없는 사람이었다. / 昔はあまり楽しみがなかった 옛날에는 별로 즐거운 일이 없었다.
❷〔期待〕¶彼女は韓国からのおみやげを楽しみにしている 그녀는 한국에서 가져온 선물을 기대하고 있다. / 彼は将来が楽しみな青年だ 그는 장래가 기대되는 청년이다.

**たのしむ**【楽しむ】즐기다 ¶私たちは週末にはドライブを楽しんでいる 우리는 주말에는 드라이브를 즐긴다. / 両親は旅行をして余生を楽しんだ 부모님은 여행을 하면서 여생을 즐기셨다. / 彼らは放課後サッカーをして楽しんだ 그들은 방과 후에 축구를 즐겼다. / 私は天気がいい時には庭いじりを楽しんでいる 나는 날씨가 좋을 때는 정원 손질을 즐기고 있다. / 釣りを楽しむ 낚시를 즐기다 / 青春を楽しむ 청춘을 즐기다 / このテレビ番組は子供からお年寄りまで楽しめる 이 텔레비전 프로그램은 어린이에서 노인까지 즐길 수 있다.

**たのみ**【頼み】❶〔依頼〕부탁, 청 ¶頼みがあるのですが 부탁이 있는데요. / 彼女の頼みを断れなかった 그녀의 부탁을 거절할 수 없었다. / 彼のたっての頼みでそうした 그의 간절한 부탁으로 그렇게 했다. / 頼みを聞き入れる 부탁을 들어주다

❷〔頼り〕의지, 희망 ¶銀行からの融資が最後の頼みだった 은행 융자가 마지막 희망이었다. / 頼みの綱はヨンスだけだ 부탁할 사람은 연수뿐이다.

## たのむ【頼む】
❶〔依頼する〕부탁하다 ¶君に頼みたいことがあるんだけど 자네한테 부탁할 게 있는데. / 友人にお金を貸してくれと頼まれた 친구에게 돈을 빌려 달라고 부탁받았다. / 頼むよ, 1万円でいいから貸してくれ 부탁이야! 만 엔이라도 좋으니까 꾸어 줘. / 私は頼まれるといやと言えないんです 나는 부탁받으면 싫다고 말을 못 하거든요. / 私はミンギにコンサートのチケットを取ってくれるよう頼んだ 나는 민기한테 콘서트 티켓을 끊어 달라고 부탁했다. / 頼むから静かにしてください 제발 좀 조용히 해 주세요. / 僕はミファに結婚してほしいと頼んだ 나는 미화한테 결혼해 달라고 부탁했다. / トンスに頭を下げて頼んだ 동수한테 머리를 숙여 부탁했다.
❷〔任せる〕부탁하다, 맡기다 ¶留守を頼む 집보기를 부탁하다 / 留守の間子供を頼みます 집 비우는 동안 아이를 부탁합니다. / この仕事はウナに頼もうthis事件は穏かに頼みます (*unclear*) 이 일은 은아한테 맡기자. / 急用ができてしまって. すまないがあとを頼んだよ 급한 일이 생겼어. 미안하지만 뒷일을 부탁해.
❸〔注文する, 招く〕부탁하다, 주문하다, 시키다 ¶すみませんが, これは私が頼んだ物とは違います 죄송하지만, 이건 내가 주문한 것과 다릅니다. / お急ぎでしたらタクシーを頼みましょうか 급하시면 택시를 부를까요? / 子供のために家庭教師を頼んだ 아이를 위해서 가정 교사를 불렀다.

会話 何を頼んだ
A：あなた何を頼んだの
B：ドーナツと紅茶よ
A：너 뭘 시켰어?
B：도넛하고 홍차야.

**たのもしい**【頼もしい】믿음직하다, 미덥다
¶私にはこの頼もしい部下がたくさんいる 나에게는 믿음직한 부하가 많이 있다. / 頼もしい男 믿음직한 남자 / 行く末頼もしい子供 장래성 있는 아이

**たば**【束】다발 ¶たき木の束 땔감 다발 / 手紙の束 편지 다발 / 鍵の束 열쇠 다발 / 花束 꽃다발 / 札束 돈다발
¶書類を束にする 서류를 다발로 묶다 慣用句 束になってかかる 하나로 뭉쳐 덤비다

**だは**【打破】타파 ◇打破する 타파하다 ¶因習を打破する 인습을 타파하다 / 現状を打破する 현상을 타파하다

## たばこ【煙草】담배〔紙巻きたばこ〕궐련〔葉巻〕엽궐련〔喫煙〕끽연, 흡연

基本表現
▷私は1日2箱たばこを吸う
　나는 담배를 하루에 두 갑 핀다.
▷私はたばこを止めた
　나는 담배를 끊었다.
▷インスクはたばこに火をつけた
　인숙이는 담배에 불을 붙였다.
▷たばこの火を消してください
　담뱃불을 꺼 주세요.
▷たばこは健康によくない
　담배는 건강에 좋지 않다.

◆〖たばこの〗
¶灰皿でたばこの火をもみ消した 재떨이에 담뱃불을 비벼 껐다. / 酒を飲むとたばこの量が増えると 술을 마시면 담배 피는 양이 는다. / 部屋の空気はたばこの煙でむっとしていた 방 공기가 담배 연기로 쾌쾌했다[내뱄었다]. / たばこのにおいは嫌いだ 담배 냄새는 싫다.

◆〖たばこを〗
¶彼はうまそうにたばこをふかしている 그는 맛있게 담배를 피고 있다. / 私は医者からたばこを禁じられている 나는 의사로부터 담배를 금지당했다. / 医者が私に, たばこを断つようにと言った 그는 안절부절해서 「담배를 연달아 피웠다[줄담배를 피워댔다]. / なかなかたばこをやめられない 좀처럼 담배를 끊을 수가 없다. / たばこを吸うときが出る 담배를 피면 기침이 나온다. / おじはパイプにたばこを詰めた 삼촌은 파이프에 담배를 채웠다.

会話 たばこを吸う
A：たばこを吸ってもいいですか
B：ええ, かまいませんよ
A：담배를 피워도 됩니까?
B：예, 괜찮습니다.
A：たばこ1本もらえるかな
B：ここは禁煙だよ
A：담배 한 개비 줄래?
B：여기는 금연인데.

◆〖その他〗
¶このたばこはとてもきつい〔軽い〕이 담배는 매우 독하다〔순하다〕. / 彼はくわえたばこで歩いていた 그는 담배를 물고 걷고 있었다. 関連語 たばこの灰 담뱃재 / たばこの吸殻 담배꽁초 / フィルター付きたばこ 필터 붙은 담배 / たばこの自動販売機 담배 자동판매기 教え方 たばこ1本 담배 한 개비〔대〕/ たばこ1箱 담배 한 갑 / たばこ1カートン 담배 한 보루 / たばこ入れ 궐련갑, 담배 케이스 / たばこ屋 담배 가게 / 刻みたばこ 살담배 / ヘビースモーカー 헤비스모커, 골초 / チェーンスモーカー 체인 스모커

**たはた**【田畑】논밭, 전답 ¶田畑を耕す 논밭을 갈다

**たはつ**【多発】다발 ◇多発する 빈발하다, 다발하다 ¶夏には食中毒が多発する 여름에는 식중독이 많이 발생한다. / 年末には交通事故が多発する 연말에는 교통사고가 빈발하다

**たばねる**【束ねる】묶다 ¶新聞紙を束ねる 신문지를 묶다 / 本を束ねる 책을 묶다 / 髪を後ろで束ねる 머리를 뒤로 묶다

## たび【旅】여행 ¶ヒチョルは時々当てもなく旅に出る 희철이는 가끔 정처없이 여행에 나선다. / ウンジュは今旅に出ている 은주는 지금 여행 중이다. / 列車の旅はどうでしたか 열차 여행은 어땠습니까? / 一人旅をしたことがありますか 혼자 여행을 해 본 적 있습니까? / 母はソウル・慶州・釜山を巡る5日間の旅に出かけた 어머니는 서울, 경주, 부산을 도는 5일간의 여행을 떠났다. / 父は旅慣れている 아버지는 여행을 많이 다

넜다. / 旅支度をする 여행 준비를 하다 慣用句 旅の恥はかき捨てだ 여행지에서는 부끄러운 짓을 해도 상관없다. / 旅は道連れ世は情け 여행에는 길동무 인생에는 정이 필요하다. / かわいい子には旅をさせよ 귀여운 자식일수록 여행을 보내 고생을 시켜라. 関連 旅先 여행지 / 旅路 여행길, 여로 / 旅人 나그네

**たび**【度】마다 ¶京都へ来るたびにいつもの寺を訪れている 교토에 올 때마다 항상 같은 절을 방문하고 있다. / 見るたびに思い出す 볼 때마다 생각이 난다. / 朝から何回も電話しているが、そのたびに話し中だ 아침부터 몇 번이나 전화했지만 그때마다 통화 중이다.

**たび**【足袋】버선 ¶たびをはく 버선을 신다 数え方 たび 1 足 버선 한 켤레

**たびかさなる**【度重なる】거듭되다, 되풀이되다 ¶度重なる災難に村人は言葉がなかった 거듭되는 재난에 마을 사람들은 할 말이 없었다.

**たびだつ**【旅立つ】여행을 떠나다 ¶弟は空路ソウルへ旅立った 동생은 비행기로 서울에 여행 갔다.

**たびたび**【度々】자주, 여러 번 ¶クネはたびたび病院へ見舞いに来てくれた 근혜는 자주 병원에 병문안을 와 주었다. / 兄は出張でたびたび韓国へ行く 오빠는 출장으로 자주 한국에 간다.

**ダビング** 더빙, 복제(複製) ◇ダビングする 더빙하다, 복제하다

**タフ** 터프 ◇タフだ 터프하다, 야성적이다, 박력 있다 ¶彼はタフな男だ 그는 터프한 남자다.

**タブー** 터부, 금기(禁忌) ¶その患者の前でがんの話はタブーだ 그 환자 앞에서 암 이야기는 금기다. / タブーを破る 금기를 깨다

**だぶだぶ** ◇だぶだぶだ 헐렁헐렁하다 ¶このオーバーは私にはだぶだぶだ 이 외투는 나한테 헐렁헐렁하다. / 靴がだぶだぶだ 신발이 헐렁헐렁하다. / だぶだぶのズボン 헐렁헐렁한 바지

**だふや**【だふ屋】암표상(暗票商) ¶だふ屋が 5 千円のコンサートのチケットを 1 万円で売っていた 암표상이 5천 엔짜리 콘서트 티켓을 만 엔에 팔고 있었다.

**ダブる** 겹치다 ¶祝日と日曜がダブっている 경축일과 일요일이 겹쳤다. / 物がダブって見える 사물이 겹쳐 보인다.

**ダブル** 더블 ¶ダブルの上着 더블 재킷 / ダブルの部屋 더블룸 / 彼は失恋した上に職を失いダブルパンチを食らった形だ 그는 실연한 데다 직장을 잃어 더블 펀치를 얻어맞은 꼴이다. 関連 ダブルス 더블스, 복식 경기 / ダブルスチール 더블스틸 / ダブル選挙 (중의원과 참의원의) 동시 선거 / ダブルプレー 더블 플레이 / ダブルヘッダー 더블헤더 / ダブルベッド 더블베드

**たぶん**【多分】❶ 〔おそらく〕 아마 〔ひょっとすると〕 혹시
基本表現
▷たぶん午後から雨になるだろう
　아마 오후부터 비가 올 것이다.
▷来年の今ごろはたぶん海外旅行でもしているだろう
　내년 이맘때쯤에는 아마 해외여행이라도 하고 있을 것이다.
▷チュンシクはたぶん 2 時ごろここへ来るだろう
　춘식이는 아마 두 시쯤 여기에 올 것이다.
▷「妙子は韓国語がしゃべれるのかな」「よくわからないけど、たぶんね」
　"다에코는 한국어를 할 수 있을까?" "잘 모르겠지만 아마 할 수 있을 거야."
¶「あすお伺いしてもよろしいでしょうか」「ええ、あすはたぶん一日中家にいると思います」 "내일 댁에 들러도 되겠습니까?" "예, 내일은 아마 하루 종일 집에 있을 겁니다." / 「あいつ、きょうは二日酔いで休んでるかな」「たぶんそうだと思うよ」 "그 녀석, 오늘 숙취로 쉬고 있을까?" "아마 그럴 거야." / たぶんユジンは来ないだろう 유진이는 아마 오지 않을 거야. / たぶん大丈夫だ 아마 괜찮을 거야.
会話 たぶん道に迷っているんだ
　A：ユジン 늦네
　B：たぶん道に迷っているんだよ
　A：そうだ、ひどい方向音痴だもんね
A：유진이가 늦네.
B：아마 길을 헤매고 있을 거야.
A：그래, 심한 방향치야.

❷ 〔たくさん〕 다분히 ¶彼が今日あるのは多分にご両親のおかげだ 그에게 오늘이 있는 것은 다 부모님 덕분이다. / この雪では遭難のおそれが多分にあるのは安全の조난의 위험이 다분히 있다. ¶ご多分にもれずうちも業績が思わしくない 딴 회사와 마찬가지로 우리 회사도 업적이 부진하다

**たべごろ**【食べ頃】〔旬〕제철 ¶りんごは今が食べごろだ 사과는 이제 제철이다.

**たべざかり**【食べ盛り】¶うちには食べ盛りの子供が 3 人もいる 우리 집에는 한창 먹을 나이의 아이들이 세 명이나 있다.

**たべすぎる**【食べ過ぎる】과식하다

**たべほうだい**【食べ放題】¶あの店は 2 千円で食べ放題だ 저 가게는 2천 엔으로 무제한 먹을 수 있다.

**たべもの**【食べ物】음식, 먹을 것 ¶サンギは食べ物にうるさい 상기는 음식에 까다롭다. / 冷蔵庫の中には食べ物がいっぱいある 냉장고 안에는 먹을 것이 많이 있다. / 「食べ物では何がいちばん好きですか」「プルゴギです」 "음식 중에서 뭘 가장 좋아합니까?" "불고기입니다." / そばは好きな食べ物の一つだ 메밀국수는 좋아하는 음식 중의 하나다. / 魚や野菜は身体によい食べ物 생선과 야채는 몸에 좋은 음식이다. / 温かい食べ物 따뜻한 음식

**たべる**【食べる】❶ 〔食べ物を食べる〕 먹다
基本表現
▷お昼にビビンバを食べた
　점심에 비빔밥을 먹었다.
▷ゆっくりよくかんで食べなさい
　천천히 잘 씹어 먹어라.
▷今は何も食べたくない
　지금은 아무것도 먹고 싶지 않다.
▷これは生で食べられますか

이것은 날로 먹을 수 있습니까?
▶君はよく食べるね 너는 참 잘 먹네.
¶「何時ごろご飯を食べようか」「そうね、6時ごろにしましょう」"몇 시쯤 밥을 먹을까?" "가만있자, 여섯 시쯤으로 하죠." / もしお腹がすいてたらサンドイッチでも食べて 만약 배가 고프면 샌드위치라도 먹어. / 朝食をきちんと食べることは大事なことだ 아침을 제대로 먹는 것은 중요한 일이다. / ヨンスはあんなにあった料理を全部食べてしまった 연수는 그렇게 많이 있던 음식을 다 먹어버렸다. / 私は6時に晩ご飯を食べる 나는 여섯 시에 저녁을 먹는다. /「お昼を食べに行こう」「ああ、ビビンバが食べたいな」"점심을 먹으러 가자." "아, 비빔밥이 먹고 싶어라." /「何か食べない」뭐 안 먹을래? / ずいぶん長い間くえなかものを食べなかった 꽤 오랫동안 제대로 된 걸 먹지 못했다.

¶外で食べてくるから夕食はいらないよ 밖에서 먹고 올 테니까 저녁은 필요없어. /「おなかが痛いよ」「食べすぎたんじゃないの」"배가 아파." "과식한 거 아니냐?" /「お腹いっぱいだ。もう何も食べられない 배부르다. 더 이상 아무것도 먹을 수 없어. / 2日間何も食べていない 이틀 동안 아무것도 먹지 않았다. /「お腹すいたな」「そう、何か食べる物を作ってあげましょう」"배고프다." "그럼 뭐 먹을 걸 만들어 줄게." /「このきのこ食べられるかな」「いや、それは食べられないよ、毒きのこだよ」"이 버섯 먹을 수 있을까?" "아니 그건 먹을 수 없어. 독버섯이야." / 彼女の料理はまあ食べられる 그녀의 요리는 먹을 만해.

¶その子は餅を一口で食べた 그 아이는 떡을 한입에 먹었다. / 冷麺は酢をかけて食べるのがおいしい 냉면은 식초를 쳐 먹는 것이 맛있다.

¶「この犬には何を食べさせているのですか」「ドッグフードだけです」이 개한테는 뭘 먹이고 있습니까? "사료뿐입니다." / 牛が牧場で草を食べている 소가 목장에서 풀을 뜯어먹고 있다. / ライオンは他の動物の肉を食べる 사자는 다른 동물의 고기를 먹는다.

¶彼はポテトチップをポリポリ食べている 그는 포테이토칩을 어적어적 먹고 있다. / 食べ物をガッガッ食べるな 음식을 게걸스럽게 먹지 마. / 彼はりんごをムシャムシャ食べていた 그는 사과를 우적우적 먹고 있었다. / ピーナッツをポリポリと食べる 땅콩을 아작아작 먹다. / 彼は生がきをかまずに食べた 그는 생굴을 씹지도 않고 먹었다. / 少年はおにぎりをむさぼるように食べた 소년은 주먹밥을 게걸스럽게 먹었다. / 少女はサンドイッチを飲み込むように食べた 소녀는 샌드위치를 삼키듯이 먹었다.

❷〔暮らしていく〕살아가다, 먹고 살다 ¶こんな安月給では食べていけない 이런 저임금으로는 먹고 살 수 없다. / ヒョノには食べるに困らないほどの財産があるそうだ 현호에게는 먹고 살기에 부족하지 않을 만큼의 재산이 있다고 한다. / ヒョノは奥さんに食べさせてもらっている 현호를 부인이 먹여 살리고 있다.

**たべん**【多弁】다변, 말이 많음 ¶ヨンジュンは飲むほどに多弁になる 용준이는 마시면 마실수록 말이 많아진다.

**たほう**【他方】다른 한쪽〔一方で〕한편 ¶一方は赤で、他方は白だ 한쪽은 빨강이고 한쪽은 흰색이다. / 円高は物価の下降をうながしたが、他方では失業の増大を生み出した エンコは 물가 하락을 촉진했지만 한편으로는 실업 증가를 낳았다.

**たほう**【多忙】다망하다, 매우 바쁘다 ¶父はいつも仕事で多忙だ 아버지는 일 때문에 늘 매우 바쁘다. / 毎日多忙を極めている 매일 극도로 다망하다. / ご多忙中恐縮です 바쁘신 와중에 죄송합니다. / 多忙な日々を送る 다망한 나날을 보내다.

**たほうめん**【多方面】다방면 ¶彼は多方面で活躍している 그 사람은 다방면에서 활약하고 있다. / 多方面にわたる才能の持ち主 다방면에 걸친 재능의 소유자 / 多方面にわたって検討する 다방면에 걸쳐 검토하다 / 多方面な知識 다방면의 지식

**だぼく**【打撲】타박 ¶ヨンジュンは全身に打撲を受けた 용준이는 온몸에 타박상을 입었다.
関連 打撲傷 타박상

**たま**【玉】〔球状のもの〕옥, 구슬 ¶玉を磨く 구슬을 닦다 / 子供がガラスの玉で遊んでいた 아이가 유리구슬로 놀고 있었다. / ソンギの背中に玉の汗が浮いていた 성기의 등에 구슬땀이 흐르고 있었다.

¶毛糸の玉を固く巻いた 털실 타래를 단단하게 감았다. / うどんを一玉ゆでた 우동을 한 사리 삶았다. / 百円玉持ってるかい 백 엔짜리 갖고 있어? 慣用句 彼は短気なのが玉に瑕だ 그는 성질이 급한 것이 옥에 티다 / 彼女は玉のような赤ん坊を産んだ 그녀는 귀여운 아기를 낳았다.

**たま**【球】〔ボール〕공, 볼〔投球〕투구〔電球〕전구 ¶球を打つ[ける]공을 치다[차다] / 球を投げる 공을 던지다 / あの投手の球は速い 저 투수의 공은 빠르다. / 彼はその球をうまくよけた 그는 그 공을 잘 피했다. / 彼は高めの球をレフトスタンドへ運んだ 그는 높은 공을 레프트 스탠드로 날렸다. / 今のはいい球だった 지금 공은 좋은 공이었다.

¶電気の球が切れたので新しいものと取り替えた 전구가 나가서 새것으로 갈았다.

**たま**【弾】총알 ¶弾にあたる 총탄에 맞다 / その女の子は流れ弾に当たって死んだ 그 여자 아이는 유탄에 맞아 죽었다. / 弾が私の腕をかすめた 총알이 내 팔을 스쳤다. / その家の壁は弾で穴だらけになっていた 그 집의 벽은 총알로 구멍투성이가 되어 있었다. / ミヌは拳銃に弾を込めた 민우는 권총에 총알을 채웠다.

**たまげる**【魂消る】놀라 자빠지다, 깜짝 놀라다 ¶ミヌがそんなことをするなんてたまげた話だ 민우가 그런 짓을 하다니 깜짝 놀랐다.

**たまご**【卵・玉子】❶〔鳥・虫・魚などの〕알〔鶏の〕달걀, 계란 ¶うちのめんどりは毎日卵を産む 우리 집 암탉은 매일 알을 낳는다. / 親鳥はずっと卵を抱いている 어미 새는 줄곧 알을 품고 있었다. / 卵からちょうの幼虫がかえった 알에서 나비의 유충이 부화했다.

¶卵を割ってボウルに入れてよくかき混ぜてちょうだい 계란을 깨서 그릇에 넣고 잘 저어 줘. / 私は卵料理が得意です 제 특기는 계란 요리입니다.

다. / 彼女は朝食に卵をゆでている 그녀는 아침 식사로 달걀을 삶고 있다. / 私は卵サンドが好きだ 나는 계란 샌드위치를 좋아한다. / それはにわとりが先か卵が先かの問題だ 그것은 닭이 먼저냐 달걀이 먼저냐의 문제인 개[알]

¶産みたての卵 방금 낳은 알[달걀] / 新しい卵 새로운 알[달걀] / 古い卵 오래된 알[달걀] / 卵の白身 달걀 흰자위 / 卵の黄身 달걀 노란자위 / 卵の殼 달걀 껍질 / 卵型の顔 계란형 얼굴 数え方 卵1個[玉] 계란 한 개

❷[一人前に育つ前のもの] 햇병아리 ¶彼女は医者の卵だ 그녀는 의사 지망생이다. / 彼は画家の卵だ 그는 화가 지망생이다. 関連 卵酒 계란술 / 卵とじ 달걀 덮인 요리 / 卵焼きそ달걀 부침, 계란말이 / いり卵 지진 달걀 / 落とし卵 수란 / 生卵 생계란 / 目玉焼き 계란 프라이 / ゆで卵 삶은 달걀 [固ゆで] 완숙 [半熟] 반숙

**たましい【魂】** 영혼, 혼, 얼, 넋[心] 정성, 마음 ¶人間の魂は不滅かもしれない 인간의 영혼은 불멸일지도 모른다. / 魂の存在など信じていない 영혼의 존재 따위는 믿지 않는다. / その国では死者の魂は年に一度里帰りをすると信じられている 그 나라에서는 죽은 자의 영혼은 1년에 한 번씩 돌아온다고 믿어지고 있다.

¶君の行為は悪魔に魂を売るようなものだ 너의 행위는 악마에게 영혼을 파는 것과 같다. / 彼女は魂をこめて絵を完成させた 그녀는 혼신을 다해서 그림을 완성했다. / 彼女の美しさに魂を奪われた 그녀의 아름다움에 넋을 잃었다. / 魂が抜ける 넋이 나가다

¶うちの選手には負けじ魂が欠けている 우리 선수들은 투지력이 약하다. 慣用句 三つ子の魂百まで 세 살 적 버릇이 여든까지 간다. / 一寸の虫にも五分の魂 지렁이도 밟으면 꿈틀한다.

**だます【騙す】** 속이다 [なだめる] 달래다 ¶彼が人をだますなんて信じられない 그 친구가 사람을 속이다니 믿을 수 없다. / 彼はお年寄りをだまして金を巻き上げた 그는 노인을 속이고 돈을 빼앗았다. / ウンジュはだまされてゴルフクラブの会員権を買った 은주는 속아서 골프 클럽 회원권을 샀다. / チャンホは人がいいのでだまされやすい 창호는 사람이 좋아서 속기 쉽다. / 彼のやさしそうな笑顔に私たちはまんまとだまされた 그 여자의 상냥한 얼굴에 우리는 감쪽같이 속았다. / よくだましましたね! 잘도 속였군! / 甘い話にだまされるな 달콤한 말에 속지 마라. / 君は悪徳業者にだまされたようだ 너는 악덕 업자에게 속은 것 같다. / だまされたと思ってこの化粧品を試してごらんなさい 속았다고 생각하고 이 화장품을 한번 써 보세요.

¶彼女は泣く子をだましてねかしつけた 그녀는 우는 아이를 달래서 재워 놓았다. / 痛めたひざをだましだまし歩いた 다친 무릎을 살살 걸었다.

**たまたま【偶々】** 우연히 ¶ボールがたまたま少女に当たった 우연히 공이 소녀에게 맞았다. / 私はたまたまその記事を新聞で読んだ 나는 우연히 그 기사를 신문에서 읽었다.

**たまつき【玉突き】** 당구, 당구 치기 ¶玉突きをする 당구를 치다 / 高速道路で13台の車が玉突き衝突した 고속도로에서 열세 대의 자동차가 연쇄 충돌했다. 関連 玉突き台[場] 당구대[장] / キュー 큐

**たまに【偶に】** 때로, 가끔 ◇たまの 오랜만의 ¶たまにはまっすぐ家へ帰ろう 가끔은 곧바로 집으로 돌아가자. / 仕事の帰りにたまに同僚たちと飲み屋に立ち寄る 퇴근길에 가끔씩 직장 동료들과 술집에 들른다. / たまにはおしゃれなレストランに行きたいわ 때로는 세련된 레스토랑에 가고 싶어. / たまにはうちへ遊びに来てください 가끔은 우리 집에 놀러 오세요. / 同じアパートに住んでいるのにたまにしか彼女を見かけない 같은 아파트에 살고 있는데 가끔씩밖에 그녀를 보지 못한다. / たまの休みなので家でゆっくりしたい 오랜만의 휴일이니까 집에서 푹 쉬고 싶다.

**たまねぎ【玉葱】** 양파 ¶たまねぎを切る 양파를 썰다 / ひき肉にたまねぎを入れて料理した 다진 고기에 양파를 넣고 요리했다. 数え方 玉ねぎ1個 양파 한 개[알]

**たまのこし【玉の輿】** 신데렐라 ¶「ミファったら、社長の息子さんと結婚するらしいわ」「玉の輿に乗ったわけね。うらやましいわ」 "미화가 사장 아들과 결혼한대" "신데렐라가 되었구나. 부럽다."

**たまもの【賜物・賜】** 보람, (좋은) 결과, 덕분, 은혜 ¶彼がビジネスで成功したのは日ごろの努力のたまものだった 그가 사업에 성공한 것은 평소 노력의 결과였다.

# たまらない 【堪らない】 ❶[耐えられない] 견딜 수 없다, 참을 수 없다 [困る] 곤란하다 ¶のどが痛くてたまらない 목이 아파서 견딜 수 없다. / この寒さははまったくたまらない 이 추위는 도저히 견딜 수 없다. / こんなにうるさくてはたまらないな 이렇게 시끄러워서는 참을 수 없는데. / 彼の言ったことがおかしくてたまらなかった 그가 한 말이 우스워서 참을 수 없었다. / 海外旅行中の娘が心配でたまらない 해외여행 중인 딸이 걱정돼 죽겠다. / たった5分遅れただけなのに、あんなに言われてはたまらないよ 단지 5분 늦었을 뿐인데 그렇게 말하면 못 참아. / 彼女はたまらなくなって泣き出してしまった 그녀는 참을 수 없어서 울어 버렸다.

¶たばこが吸いたくてたまらないけど、ここは禁煙だ 담배를 피우고 싶어 견딜 수 없지만 여기는 금연이다. / 私は時々いなかに帰りたくてたまらなくなる 나는 가끔 고향에 돌아가고 싶어 견딜 수 없어진다. / トイレに行きたくてたまらない 화장실에 가고 싶어 죽겠다.

¶こう毎日雨ばかりじゃ、たまらないなあ 이렇게 매일 비가 오니 미치겠다. / ふろの修理に30万もするんじゃたまらない 목욕탕 수리비가 30만이나 하다니 너무해.

❷[とても] 매우, 무척, 너무 ¶彼女はケーキが好きでたまらない 그녀는 케이크를 무척 좋아한다. / 彼に10年ぶりに会えたときはうれしくてたまらなかった 10년 만에 그를 만났을 때는 무척 기뻤다. / 仕事のあとの一杯はたまらない 일이 끝난 후의 한잔은 아주 그만이야. / 母の作るチゲはたまらなくおいしい 어머니가 만들어 주시는 찌개는 너무 맛있다. / その部屋はたまらなく暑かった 그 방

**だまりこむ【黙り込む】** 입을 다물다, 잠자코 있다

**たまりば【溜まり場】** 소굴, 아지트, 회합 장소 ¶そこは学生たちの溜まり場の一つだった 거기는 학생들 소굴의 하나였다.

**たまる【溜まる・貯まる】** ❶〔積もる〕쌓이다, 축적되다〔水などが〕괴다〔お金が〕모이다 ¶ほこりが棚の上にたまっている 먼지가 선반 위에 쌓여 있다. / 洗濯物がたまってしまった 빨래가 밀렸다. / バケツに雨水がたまっている 물통에 빗물이 고여 있다. /「どうしたの, 元気ないね」「このところ忙しくて疲れがたまっているんだ」"무슨 일이 있어? 기운이 없어 보이는데." "요즘 바빠서 피로가 쌓였어." / 1年で10万円たまった 1년에 10만 엔 모았다. / 旅行から帰ってくると郵便受けに手紙がたまっていた 여행에서 돌아와 보니 우체통에 편지가 쌓여 있었다.
❷〔とどこおる〕밀리다 ¶家賃が3か月たまってしまった 집세가 삼개월 밀렸다. / 飲み屋のつけがたまっている 술집 외상값이 밀렸다. / そろそろたまった仕事を片付けなければならない 이제 밀린 일을 마무리해야 한다.

**たまる【堪る】** 견디다, 참다 ¶一人で責任を取らされてはたまったものではない 나 혼자 책임 지는 것은 참을 수 없다. / そんなことがあってたまるものか 그런 일이 있어서 되겠느냐? / 負けてたまるか 절대 질 수 없어.

**だまる【黙る】** ❶〔しゃべらない〕말을 하지 않다, 입을 다물다, 잠자코 있다〔静かになる〕조용해지다 ¶ちょっと黙っててください 가만히 좀 있으세요. / 말 좀 하지 말아요. / 先生が教室へ入ってくると生徒たちは一斉に黙った 선생님이 교실에 들어오시자 학생들이 일제히 조용해졌다. / 黙れ! 입 닥쳐! / どうしてそのことを黙っていたの 왜 그 말을 안 했니? / 私が何を聞いても彼女は黙っていた 내가 무엇을 물어도 그녀는 잠자코 있었다. / 彼にあんなことを言われて黙っていられるか 그 사람에게 그런 말을 듣고 가만히 있을 수 없어. / 彼女は黙って出て行った 그녀는 아무 말도 없이 나가 버렸다.
❷〔口外しない〕입 밖에 내지 않다 ¶今言ったことは黙っていてくださいね 지금 말한 것은 입 밖에 내지 말아 주세요. / 彼女はそのことについて彼には黙っていた 그녀는 그 일에 대해 그에게는 말하지 않았다.
❸〔許可なく〕¶私の物を黙って持っていかないでください 내 물건을 허가 없이 가져가지 말아 주세요. / 黙って学校を休んではいけません 아무 말 없이 이 학교를 쉬어서는 안 됩니다. / 親に黙って友達と旅行に行った 부모님께 말 안 하고 친구와 여행을 갔다
❹〔何もしないでいる〕가만히 있다 ¶親友が困っているのを黙って見ていられない 친구가 곤란해하는 것을 가만히 보고 있을 수 없다.
¶彼は不動産をたくさん持っているので黙っていてもかなりのお金が入ってくる 그는 부동산을 많이 가지고 있어서 가만히 있어도 상당한 돈이 들어온다.

**ダミー** 더미 ¶ダミー会社 유령 회사

**だみごえ【濁声】** 탁한 목소리

**たみんぞくこっか【多民族国家】** 다민족 국가

**ダム** ¶ダムを建設する 댐을 건설하다 関連 多目的ダム 다목적 댐 / 貯水ダム 저수 댐 / 砂防ダム 사방 댐

**たむろする【屯する】**〔集まる〕모이다 ¶高校生がゲームセンターにたむろしていた 고등학생들이 오락실에 모여 있었다.

**ため【為】** ❶〔利益〕이익〔助け〕도움 ◇ためになる 유익하다 ◇…のために -을[를] 위하여[위해서]

〔基本表現〕
▷あなたのためなら何でもしますよ
　당신을 위해서라면 뭐든지 하겠어요.
▷健康のためたばこはやめるべきだ
　건강을 위해서 담배는 끊어야 한다.
▷君のためを思って言っているんだよ
　너를 위해서 말하는 거야.
▷この本はとてもためになる
　이 책은 매우 도움이 된다.
▷そのテレビ番組は少しも子供のためにならないと思う
　그 텔레비전 프로그램은 아이에게 조금도 도움이 되지 않는다고 본다.

¶小林さんのために送別会を開こう 고바야시 씨를 위해서 환송회를 열자. / 彼は子供たちのために毎日一生懸命働いている 그는 아이들을 위해 매일 열심히 일한다. / たいへんためになるお話をありがとうございました 매우 도움이 되는 말씀 감사합니다. / 今のうちに技術を身につけておけばそのうちきっとためになるよ 지금 기술을 익혀 두면 앞으로 반드시 도움이 될 거야.

❷〔目的〕목적 ◇…のために -을[를] 위하여[위해서] ◇…するために …하기 위하여[위해서]

〔基本表現〕
▷これは高校生のための辞書です
　이것은 고등학생을 위한 사전입니다.
▷何のためにそんなばかなことをしたの
　뭘 위해 그런 바보 같은 짓을 했어?
▷彼は医学の研究をするために米国へ行った 그는 의학을 연구하기 위해 미국으로 갔다.
▷僕は大学に入るために一生懸命勉強した
　나는 대학에 입학하기 위해 열심히 공부했다.

¶時々何のために生きているのかと考えることがある 가끔 무엇을 위해서 살고 있는지 생각할 때가 있다. / 生きるために食べるのか, 食べるために生きるのか 살기 위해 먹느냐, 먹기 위해 사느냐? / 約束の時間に遅れないために早めに家を出た 약속한 시간에 늦지 않기 위해 일찍 집을 나섰다. / 被災地の住民たちは水と食料の配給を受けるために列を作った 재해지의 주민들은 물과 식량의 배급을 받기 위해 줄을 섰다. /「この機械は何のために使うの」「ジュースを作るのに使うのよ」"이 기계는 무엇을 위해서 사용하니?" "주스를 만들 때 사용해." / 私は万一の時[老後]のために貯金している 나는 만일을[노후를] 위해 저금을 하고 있

다.

❸〔原因, 理由〕때문 ◇…のために …때문에
¶腹痛のため仕事を休んだ 복통 때문에 일을 쉬었다. / 寝坊したためにバスに乗り遅れてしまった 늦잠을 자서 버스를 놓쳐 버렸다. / きょうの試合は雨のため順延となった 오늘 경기는 비 때문에 연기되었다. / 雪のため新幹線のダイヤが乱れている 눈 때문에 신칸센 운행에 혼선이 빚어지고 있다. / 君の胃痛はストレスのためだ 너의 위통은 스트레스 때문이다. / 暴飲暴食のためチョルスは健康を損なった 폭음폭식 때문에 철수는 건강을 해쳤다. / その少女は恐怖のため身を震わせていた 그 소녀는 공포로 몸을 떨었다.
¶「君のおじいさん毎日体操をしているんだってね」「元気なのはそのためだよ」"네 할아버지는 매일 체조를 하신다면서?" "그러니까 건강하신 거야."
慣用句 世のため人のためになるようなことをしたい 세상을 위해 사람들을 위해 일하고 싶다.

使い分け ために

| 理由・原因 | 때문에 | 비 때문에 오늘 경기는 연기되었다. 雨のために今日の試合が延期になった. |
|---|---|---|
| 目的 | 위하여, 위해 (⇒위하다) | 가족을 위해 열심히 일하다 家族のために一生懸命働く |

**だめ**【駄目】❶〔悪い, 役に立たない〕못되다, 안 되다, 못쓰다, 쓸모없다 ◇だめになる 못쓰게 되다, 무산되다 ◇だめにする 망치다
基本表現
▶彼女は母親としてはだめだ
 그녀는 어머니로서는 실격이다.
▶彼は歌手としてはだめだが俳優としてはなかなかだ
 그는 가수로서는 별로지만 배우로서는 괜찮다.
▶魚を焼きすぎてだめにしてしまった
 생선을 너무 구워서 못 먹게 되었다.
▶日照りで野菜がだめになった
 가뭄으로 야채가 못쓰게 되었다.
¶この靴はもうだめだ 이 구두는 이제 못쓴다. / この参考書はだめだ 이 참고서는 못쓴다. / その計画はだめだ 그 계획은 안된다. / この傘ではだめだ 僕には小さすぎるよ 이 우산으로는 안 된다. 나에게는 너무 작다. / あの子は何をやらせてもだめだ 걔는 무엇을 시켜도 안 된다. / 彼女の演技はまったくだめだ 그녀의 연기는 전혀 아니다. / 彼はだめな教師だ 그는 좋지 않은 교사이다. / なぜ, あんなだめなやつと付き合うんだい 왜 그런 몹쓸 사람하고 사귀지?
¶牛乳は必ず冷蔵庫に入れておきなさい. そうしないとだめになりますよ 우유는 꼭 냉장고에 넣어 두세요. 안 그러면 상해요. / 働きすぎると体をだめにするよ 과로하면 건강을 해친다. / 台風でりんごが全部だめになった 태풍으로 사과를 망쳤다. / らんの花を外に出していたらすぐにだめになった 난꽃을 밖에 내 놓았더니 금방 시들어 버렸다. / 航空会社のストで旅行の計画がだめになった 항공사의 파업으로 여행 계획이 무산되었다. / 遠足は雨でだめになった 소풍은 비 때문에 못 가게 되었다. / 彼女の将来の計画は父親の急死によりだめになった 그녀의 장래 계획은 아버지의 급사로 무산되었다. / 酒が人をだめにすることもある 술이 사람을 망칠 수도 있다.
❷〔むだな, 無益な〕소용없다〔うまくいかない〕안 되다 ¶いくら言ってもだめだ 아무리 말해도 소용이 없다. / いくらやってもだめだった 아무리 해도 안 되었다. / 努力したがすべてだめだった 노력했지만 모두 안 됐다. / 何をしてもだめな時もあるよ 무엇을 해도 안 될 때가 있어. / だめでもともとだよ 밑져야 본전이야. / 「彼は勝つかな」「だめだろう」 "그 사람 이길까?" "안 될걸."
会話 だめだった
A : 彼女をデートに誘ったのかい
B : ああ, でもだめだったよ
A : 그 여자한테 데이트 신청했어?
B : 응. 하지만 잘 안 됐어.
❸〔…してはいけない〕-(으)면 못쓰다, 안 되다〔…しなければならない〕-아야[-어야] 되다 ¶ここにごみを捨てたらだめだよ 여기에 쓰레기를 버리면 안 돼. / ここでたばこを吸ってはだめだよ 여기서 담배를 피우면 안 돼요. / 校則では茶髪はだめだ 교칙으로는 노랑 머리는 안 된다. / もっと注意して運転しなければだめだ 더 주의해서 운전해야 된다. / こういうやさしい公式は知っていないとだめだよ 이런 쉬운 공식은 알고 있어야 돼. / そんな口のきき方をしたらだめだ 그런 소리 하면 못써. / 何か一つくらい趣味を持たないとだめだと思う 뭔가 한 가지 취미를 가져야 한다고 봐.
会話 だめです
A : ここでキャッチボールをしてもいいですか
B : だめです. するなら公園に行ってください
A : 여기서 캐치볼을 해도 괜찮습니까?
B : 안 됩니다. 하고 싶으면 공원에 가세요.
❹〔…できない〕못하다〔不可能だ〕불가능하다〔都合が悪い〕안 되다 ¶歌はまるっきりだめです 노래는 전혀 못합니다. / 10冊もの本を3日で読むなんてとてもだめです 열 권의 책을 3일에 읽다니 도저히 못 합니다. / だめかもしれないが彼を説得してみるよ 안 될지도 모르지만 그를 설득해 볼게. / コンピューターのこととなるとまったくだめなので 컴퓨터에 대해서는 전혀 모릅니다. / この車を買うには200万円ではだめだ 이 차를 사려면 2백만 엔으로는 안 된다.
会話 だめだけど
A : 木曜の午後はどう
B : 木曜はだめだけど, 金曜の午後ならいいよ
A : 목요일 오후는 어때?
B : 목요일은 안 되지만 금요일 오후라면 괜찮아.
A : ちょっと5千円貸してくれよ
B : だめだよ
A : 5천 엔 좀 빌려 줘.
B : 안 돼.
❺〔望みがない〕가망이 없다, 안 되다 ¶僕はもうだめだ 나는 더 이상 안 돼. / だめだ, こりゃ 안 되겠다. 이건. / 医者はその患者はもうだめだと思っ

**ためいき** 한 의사는 그 환자가 더 이상 가망이 없다고 생각했다. / あの火事の時はもうだめかと思いました 그 화재 때는 이제 끝장이라고 생각했습니다. / 今度のテストはだめだろう 이번 시험은 가망이 없어. / 国立大学がだめでもどこかの私大には入れるだろう 국립 대학이 안 되더라도 어딘가 사립 대학은 들어갈 수 있을 거야. 慣用句 彼に土曜の夜でいいかとだめを押した 그에게 토요일 밤으로 다짐 받았다.

**ためいき【溜め息】** 한숨 ¶彼女は深いため息をついた 그녀는 깊은 한숨을 쉬었다. / ほっとため息をつく 안도의 한숨을 쉬다

**ダメージ** 타격(打擊) ¶スキャンダルは政治家の評判に大きなダメージを与える 스캔들은 정치가의 평판에 큰 타격을 준다. / ダメージを受ける 타격을 받다

**ためぐち【ため口】** 반말

**ためし【例】** 이제까지 보기(나 례) ¶これまで宝くじには当たったためしがない 지금까지 복권에 당첨된 적이 없다. / 何をしてもうまく行ったためしがない 뭘 해도 잘 된 예가 없다.

**ためし【試し】** 시험 ◇試しに 시험 삼아 ¶試しにやってみよう 시험 삼아 해 보자. / 試しにそのパソコンを使ってみた 시험 삼아 그 PC를 사용해 보았다. / 試しにこの料理を食べてみてください 이 음식을 한번 먹어 보세요. / 試しに靴を履いてみる 구두를 한번 신어 본다. 慣用句 ものは試しだ 뭐든지 해 보아라.

**ためす【試す】** 시험하다, 해보다 ¶実力を試す 실력을 시험하다 / 機械の性能を試す 기계의 성능을 시험하다 / 自分の力を試すために入社試験を受けたら採用になった 자신의 힘을 시험하기 위해 입사 시험을 쳤더니 채용이 되었다. / やっと新型のパソコンが届いた。早速試しに使ってみようかな 드디어 신형 PC가 배달됐다. 당장 시험 삼아 사용해 볼까? / あれこれ試してみたら、この方法がいちばんよかった 이것저것 시험해 보았지만 이 방법이 가장 좋았다.

**ためらい【躊躇い】** 주저, 망설임 ¶彼女はためらいがちに話し始めた 그녀는 주저하면서 말하기 시작했다.

**ためらう【躊躇う】** 주저하다, 망설이다 ¶私は返事をためらった 나는 대답을 망설였다[주저했다]. / 即答はためらわれる 당장 대답하기는 곤란하다. / 彼女は彼と結婚しようかどうかまだためらっている 그녀는 그와 결혼할지 어쩔지 아직도 망설이고 있다. / 彼女はその誘いを受けるべきか断るべきかためらった 그녀는 그 권유를 받아들여야 할지 거절해야 할지 망설였다. / 一度決めたら、ためらわずに実行しなさい 한번 정하면 망설이지 말고 실행해라.

**ためる【溜める・貯める】** 모으다 ¶(金を) 저축하다 ¶(滞らせる) 미루다 ¶彼は車を買うために金をためている 그는 차를 사기 위해 돈을 모으고 있다. / ためあった古新聞をリサイクルに出した 모아 둔 헌 신문을 재활용에 내놨다. / 水をためる 물을 모아 두다

¶彼は家賃を半年間もためていた 그는 집세를 반년 동안이나 미루고 있었다. / 借金を20万円ためてしまった 빚을 20만 엔 지고 말았다. / 夏休みは遊んでばかりいてすっかり宿題をためてしまった 여름 방학에는 놀기만 해서 숙제를 몽땅 미루고 말았다. / 仕事をためる 일을 미루어 두다

¶彼女は目に涙をためていた 그녀는 눈에 눈물이 고여 있었다. / ストレスをためてはいけない 스트레스를 쌓아두면 안 된다.

**ためん【多面】** 다면 ◇**多面的** 다면적 ¶多面的な活動 다면적인 활동 ¶多面的に物事を見る 다면적으로 사물을 보다 関連 **多面体** 다면체

**たもくてき【多目的】** 다목적 ¶多目的ダム 다목적 댐

**たもつ【保つ】**〔ある状態を長く続ける〕유지하다〔守る〕지키다 ¶車を運転する時は一定の車間距離を保たなければならない 차를 운전할 때는 일정한 차간 거리를 유지해야 한다. / 健康を保つためには十分睡眠を取らなければなりません 건강을 유지하기 위해서는 충분한 수면을 취해야 한다. / 緊急時には平静を保つことが大切だ 긴급 시에는 평정을 유지하는 것이 중요하다. / 世界平和を保つためには世界中の国々が努力をしなければいけない 세계 평화를 유지하기 위해서는 세계 모든 나라들이 노력해야 된다. / この温室は常に気温が28度に保たれている 이 온실은 항상 기온이 28도로 유지되고 있다.

¶彼は体面を保つことだけしか考えなかった 그는 체면을 유지하는 것밖에 생각하지 않았다. / 秩序を保つ 질서를 유지하다

会話 **若さを保つ**
A : 君のお母さんは年のわりに若く見えるね。若さを保つ秘訣は何？
B : ヨガだよ。とにかく熱心だよ
A : 네 어머니는 연세에 비해 젊어 보이시는군. 젊음을 유지하는 비결이 뭐야?
B : 요가야. 어쨌든 열심이셔.

**たもと【袂】**〔服の〕소매 자락〔側〕곁, 옆 ¶長いたもとの和服 긴 소매의 일본 옷 / 私たちは橋のたもとで待ち合わせた 우리는 다리 옆에서 만나기로 했다. 慣用句 ささいなことから親友とたもとを分かつことになった 사소한 일로 친구와 갈라서게 되었다.

**たやすい** 쉽다 ◇**たやすく** 쉽게, 용이하게 ¶言うのはたやすい 말하기는 쉽다. / 彼はいともたやすくその難問を解いた 그는 아주 용이하게 그 난문을 풀었다. ⇒やさしい

**たよう【多様】** ◇**多様だ** 다양하다 ¶人々は多様な反応を示した 사람들은 다양한 반응을 나타냈다. / 多種多様な品物 다양한 물건 / 商品を多様に取りそろえる 상품을 다양하게 갖추다 関連 **多様化** 다양화 / **多様性** 다양성

**たより【便り】**〔手紙〕편지〔消息〕소식 ¶お便りありがとう 편지 고마워요. / 韓国の友人から便りが届いた 한국 친구한테 편지가 왔다. / 最近彼女から便りがない 요즘 그녀로부터 소식이 없다. / 彼女は家へ毎週便りを出している 그녀는 집에 매주 편지를 보내고 있다.

¶風の便りでは彼女は結婚したそうだ 풍문에 의하면 그녀가 결혼했다고 한다. / 春の便りが待ち遠しい 봄 소식이 기다려진다. 慣用句 **便りのない**

のはよい便り 무소식이 희소식
**たより【頼り】**의지 【助け】도움 ◇頼りにする 의지하다【信じる】믿다 ¶彼女の判断をあまり頼りにするな 그녀의 판단에 너무 의지하지 말아라. / 彼は頼りになる人間ではない 그는 도움이 될 만한 사람이 아니다. / 困ったとき頼りになる友達がいてうれしい 곤란할 때 의지할 친구가 있어 기쁘다. /「何とかこの自転車、直してみるよ」「本当? 頼りにしてるわ」 "어떻게든 이 자전거 고쳐 볼게." "정말? 부탁한다."
¶その老人はつえを頼りにゆっくり歩いた 그 노인은 지팡이를 의지해 천천히 걸었다. / 地図を頼りに目的地にたどりついた 지도를 보면서 목적지에 간신히 도착했다. / 彼は記憶を頼りに人相書きを描いた 그는 기억을 토대로 몽타주를 작성했다.

**たよる【頼る】**의지하다【信頼する】믿다【依存する】의존하다 ¶君はちょっと人に頼りすぎだよ 너는 남에게 너무 의지한다. / 今回の仕事は彼に頼りっきりだった 이번 일은 그에게 완전히 의지했다. / 私は親戚を頼って東京へ行った 나는 친척을 믿고 도쿄로 갔다. / こんなピンチでは人に頼るしかない 이런 핀치에서는 그에게 의존할 수밖에 없다. / 彼女は本当に頼れる人だね 그녀는 정말 의지할 만한 사람이야. / 彼は長年の経験に頼って料理に味をつける 그는 오랜 세월의 경험에 의지하여 음식에 맛을 낸다. / 辞書に頼りながら韓国語の新聞を読んでいる 사전을 찾아가면서 한국어 신문을 읽고 있다. / 足を折ってしまったので松葉づえに頼って歩いている 다리를 부러뜨려서 목발 신세를 지고 걷고 있다.

**たら【鱈】**대구
**-たら** ❶〔仮定〕-(으)면, -(이)라면 ¶雨が降ったら運動会は延期です 비가 내리면 운동회는 연기됩니다. / ユナが来たら出発しよう 윤아가 오면 출발하자.
¶予定を少し変更したらどうでしょう 예정을 조금 변경하면 어떻습니까?
❷〔念押し, 命令〕それはもう済んだことだったら 그것은 벌써 끝난 일이라고 했잖아. / やめなさいったら 그만두라니까. / 何とか言ったら? 무슨 말이든 해 봐.
❸〔希望〕-았-〔-었〕으면 ¶もっと若かったらなあ 좀더 젊었으면.
❹〔確定条件〕-(으)니, -(으)니까, -더니, -자 ¶外に出たら雨が降っていた 밖에 나갔더니 비가 오고 있었다.

**たらい【盥】**대야 [慣用句] 患者は病院をたらい回しにされた 환자는 이 병원 저 병원으로 옮겨졌다.

**だらく【堕落】**타락 ◇堕落する 타락하다 ¶政治家の堕落は嘆かわしいことだ 정치가들의 타락은 한탄스러운 일이다. / 芸術の堕落 예술의 타락 / 堕落した政治家〔生活〕 타락한 정치가〔생활〕 / 酒が彼を堕落させた 술이 그를 타락시켰다.

**-だらけ** -투성이 ¶彼の答えは間違いだらけだった 그의 답은 오답투성이였다. / 誤字だらけのレポート 오자투성이의 리포트 / 体中傷だらけだった 온몸에 상처투성이다. / 血だらけになる 피투성이가 되다

¶このところいい事だらけだ 요즘 만사가 잘 된다.

**たらこ【鱈子】**명란〔塩漬けにした食品〕명란젓
**だらしない**〔服・部屋などが〕너절하다, 지저분하다 못하다, 칠칠하지 못하다【ふがいない】한심스럽다 ¶なんてだらしない男なんだ 정말 칠칠하지 못한 남자네. / 彼はいつもだらしない服装をしている 그는 항상 옷차림이 단정하지 못하다. / だらしない生活はやめなさい 야무지지 못한 생활은 그만둬. / 簡単にあきらめるなんて、あいつもまったくだらしない 간단하게 포기하다니 그 녀석도 한심스럽다.
¶彼は金銭にだらしない 그는 금전 관계에 있어 야무지지 못하다. / 犬が床にだらしなく寝そべっていた 개가 마루에 늘어져 누워 있었다.

**たらす【垂らす】**늘어뜨리다, 드리우다, 내리다〔したたらせる〕떨어뜨리다【よだれなどを】흘리다 ¶2階の窓からロープを垂らす 2층 창문에서 밧줄을 늘어뜨리다 / 彼女は髪を肩まで垂らしていた 그녀는 머리를 어깨까지 늘어뜨리고 있었다. / 前髪を垂らす 앞머리를 내리다 / しょうゆを服に垂らしてしまった 간장을 옷에 떨어뜨리고 말았다. / すだれを垂らす 발을 드리우다 / よだれを垂らす 침을 흘리다 / あの子は鼻水を垂らしている 저 아이는 콧물을 흘리고 있다.

**-たらず【-足らず】**¶車で20分足らずの道のりです 차로 20분 안 되는 거리입니다. / 10分足らずで着きます 10분 이내로 도착합니다. / 1週間足らずで出来上がった 일 주일 안에 완성되었다.

**たらたら** 뚝뚝, 줄줄, 질질〔くどい〕장황히, 장황하게 ¶彼の腕から血がたらたらとしたたっていた 그의 팔에서 피가 뚝뚝 떨어지고 있었다. / 彼は不平たらたらだ 그는 불평투성이다.

**だらだら** 줄줄【長々と】질질, 지루하게【ゆるやかに】완만히, 완만하게【だらしない】게으른 ¶額から汗がだらだら流れていた 이마에서 땀이 줄줄 흐르고 있었다. / 会議がだらだらと5時まで長引いた 회의를 다섯 시까지 질질 끌었다. / だらだらした話 질질 끄는 이야기 / だらだらした坂を下る 가파르지 않은 비탈길을 내려가다 / だらだらと生活を送る 지루한 생활을 하다

**タラップ**〔飛行機・船の〕트랩 ¶タラップを上る〔下る〕트랩을 올라가다〔내려가다〕
**たらばがに【鱈場蟹】**왕게(王-)
**たらふく【鱈腹】**실컷, 배불리 ¶たらふく食う 배불리 먹다
**だらり** 축 ¶だらりとぶら下がる 축 매달리다
**-たり** ❶〔例示〕-거나 ¶旅先で見たり聞いたりしたことを書き記した 여행지에서 보거나 듣거나 한 것을 적었다.
❷〔交互動作, 対照動作〕-았-〔-었-〕다(가) ¶勉強したり部活をしたりで息子は忙しい 공부하랴 특별 활동 하랴 아들은 바쁘다. / 雨が降ったりやんだりする 비가 왔다 안 왔다 한다. / 行ったり来たりする 왔다갔다 한다. / 上ったり下ったりする 올라갔다 내려갔다 한다. / 泣いたり笑ったりすることもなく 웃음이 터졌다.
❸〔仮定〕-(으)면 ¶そんなことであきらめたりしたら一生後悔するよ 그까짓 일로 포기하면 평생 후회할걸.

ダリア

❹ 〖疑い〗 ¶"変だ。だれもいないよ" "まさか集まりは明日だったりして" "이상하다. 아무도 없네." "설마 모임이 내일은 아니겠지？"

**ダリア** 달리아, 양국(洋菊)

**たりきほんがん**〖他力本願〗 ¶そんなに他力本願では人生を渡っていくことはできない 그렇게 남에게 의지하기만 하면 인생을 살아 갈 수 없다.

**だりつ**〖打率〗 타율, 타격률 ¶今シーズンの彼の打率は3割2分5厘だった 올 시즌 그의 타율은 3할 2푼 5리였다.

**-たりとも** -(이)라도 ¶1円たりとも無駄にできない 1엔이라도 낭비할 수 없다.

**たりない**〖足りない〗 모자라다, 부족하다 ¶資金が足りない 자금이 부족하다 / 電車賃が200円足りない 전철비가 200엔 부족하다 / 千円に40円足りない 천 엔에 40엔 모자라다 / これでは昼食代にも足りない 이것으로는 점심값도 안 된다. / 野球のメンバーが1人足りない 야구 멤버가 한 명 모자란다. / 時間が足りなくなってきた 시간이 부족해졌다. / 彼は忍耐力が足りない 그는 인내심이 부족하다. / 彼女はまだ経験が足りない 그녀는 아직 경험이 부족하다. / 誠意が足りない 성의가 모자라다 / 頭の足りない人 모자란 사람

¶あんなぜいたくをしていれば金がいくらあっても足りないだろう 저런 사치를 하면 돈이 아무리 있어도 모자랄 것이다. / たりない物がないかどうか確かめなさい 부족한 것이 없는지 확인해라. / 私は作文の力が足りない 나는 작문 실력이 부족하다.

会話 それじゃ足りない
A：2千円でいい？
B：それじゃ足りないよ
A：2천 엔이면 돼？
B：그것 가지고는 부족해.
A：あのセーター欲しいんだけど、5千円で買えるかな
B：ちょっと足りないね。値段は5千円だけど消費税は別だから
A：저 스웨터 갖고 싶은데 5천 엔에 살 수 있을까？
B：좀 부족할걸. 가격은 5천 엔이지만 소비세가 별도라서.
A：ラーメン1杯で足りたい？
B：全然足りないよ
A：라면 한 그릇으로 충분하니？
B：전혀 부족해.

**たりょう**〖多量〗 다량 ◇多量の 많은 ◇多量に 많이 ¶クウェートは多量の石油を輸出している 쿠웨이트는 다량의 석유를 수출하고 있다. / 昨夜は多量の雨が降った 어젯밤에 많은 비가 내렸다. / 作業員たちが多量の放射能を浴びた 인부들은 다량의 방사선을 쐬었다.

¶レモンはビタミンCを多量に含んでいる 레몬은 비타민 C를 많이 포함하고 있다. / その女性は出血多量で死んだ 그 여자는 출혈 과다로 죽었다.

**たりる**〖足りる〗 족하다〔十分だ〕충분하다〔するに足りる〕《未来連体形+》만하다 ¶昼食には千円あれば足りる 점심은 천 엔이면 충분하다. / 生活するのに足りる収入がある 생활하는 수입이 있다. / この机を運ぶには2人いれば足りる 이 책상을 옮기기에는 두 명이면 충분하다. / 卒業に必要な出席日数は足りている 졸업에 필요한 출석 일수는 충분하다. / その件は電話で用が足りる 그 건은 전화 통화로 족하다.

¶彼は信頼するに足りる人間だ 그 사람은 믿을 만한 사람이다. ⇨足りない

**たる**〖樽〗 통〔木の樽〕나무통 ¶酒を樽に詰める 통에 술을 채우다 関連 ビア樽 맥주통 / 酒樽 술통

**だるい**〖怠い〗 나른하다 ¶熱があって体がだるい 열이 나고 몸이 나른하다. / 足がだるい 다리가 나른하다. / 彼はだるそうに立ち上がった 그는 나른한 듯 일어섰다.

**タルタルソース** 타르타르 소스

**だるま**〖達磨〗 달마〖人形〗오뚝이 ¶日本では念願がかなうと達磨に目を入れる習慣がある 일본에서는 소원을 성취하면 달마상에 눈을 그려 넣는 풍습이 있다.

**たるみ**〖弛み〗 느슨함 ¶ひものたるみをなくす(→しっかり締める) 끈을 꽉 죄었다.

**たるむ**〖弛む〗 늘어지다, 느슨해지다, 느즈러지다〖だれる〗해이해지다 ¶ロープがたるんでいる 로프가 느슨하다. / 最近の彼の仕事ぶりはたるんでいる 최근 그의 일하는 태도가 해이해져 있다. / 気持ちがたるんでいると事故が起こりやすい 긴장이 풀려 있으면 사고 나기 쉽다. / 息子はこのごろたるんでいる 아들은 요즘 해이해져 있다.

**たれ**〖垂れ〗〖掛け汁〗うなぎのたれ 장어구이에 바르는 양념장

**だれ**〖誰〗 ❶〖名前のわからない人〗 누구 ◇だれが 누가가(×누구가とはいわない)

会話 だれかを尋ねる
A：あの赤い服を着ているのはだれですか
B：橋本さんです
A：저 빨간 옷을 입은 사람은 누구예요？
B：하시모토 씨요.
A：イチローってだれ
B：野球選手だよ
A：이치로가 누구야？
B：야구 선수야.
A：これはだれの傘？
B：私のよ
A：이건 누구 우산이야？
B：내 거야.
A：だれがそんなことを言ったの？
B：吉田だよ
A：누가 그런 말을 했어？
B：요시다야.
A：だれを捜しているの？
B：伊藤さんです
A：ほら、あそこにいるよ
A：누굴 찾고 있어？
B：이토 씨요.
A：저기 봐 봐. 저기 있어.
A：彼はだれと一緒に出かけたの？
B：さあね

A：그 사람은 누구랑 같이 나갔어?
B：글쎄.
　A：あなたのほかにだれがそこにいたの?
　B：別にだれも、僕だけだよ
A：당신 외에 누가 거기 있었어?
B：아무도 없었어. 나뿐이야.
　A：(ドアのノックなどに)だあれ?
　B：僕だよ
A：누구야?
B：나야.
　A：そのプレゼント、だれにあげるの?
　B：だれだと思う?
A：그 선물 누구한테 줄 거야?
B：누굴 거 같아?

¶だれかと思ったわ 난 또 누구라고. / クリスマスパーティーにだれを誘って行こうかな 크리스마스 파티에 누구랑 같이 갈까? / だれがだれだか私にはさっぱりわからない 누가 누군지 난 전혀 모르겠다.

❷ [不特定の人] 누구 ◇ だれか 누구, 누군가 ◇ だれも [否定文で] 아무도 ¶このマラソンにはだれでも参加できる 이 마라톤에는 누구라도 참가할 수 있다. / そんなことだれでも知っている 그런 것은 누구라도 알고 있다. / 人には欠点はある 누구나 결점은 있다. / このコンピュータが1万円ならだれだって買うよ 이 컴퓨터가 만 엔이면 누구라도 산다. / この靴は僕のじゃない。だれかほかの人のだ 이 구두는 내 것이 아니야. 누구가 다른 사람 것이야. / 彼女は教室でだれかと話している 그녀는 교실에서 누군가와 이야기 중이다.

¶留守中にだれか来ましたか 부재중에 누구 왔습니까? / だれかいませんか 누구 안 계십니까? / だれか助けてくれ 누군가 도와줘.

¶店の中にはだれもいなかった 가게 안에는 아무도 없었다. / 韓国語ではだれも彼にはかなわない 한국어로 아무도 그를 능가할 수 없다. / だれにもわからないよ 아무도 모를 거야.

**たれこめる【垂れ込める】** 낮게 끼다, 드리우다 ¶空には暗い雲が垂れこめていた 하늘에는 어두운 구름이 낮게 깔려 있었다.

**たれさがる【垂れ下がる】** 아래로 드리워지다, 늘어지다, 매달리다 ¶桜の枝が道の上に垂れ下がっている 벚꽃 가지가 길에 드리워져 있다.

**たれながす【垂れ流す】** 흘리다 ¶その工場は有毒廃液を川に垂れ流していた 그 공장은 유독성 폐수를 강에 흘려 보내고 있었다.

**だれひとり【誰一人】** 어느 누구도, 누구 하나도, 아무도 ¶だれひとりとしてその質問に答えられなかった 아무도 그 질문에 대답하지 못했다. / だれひとりとして知らないものはいない 어느 누구도 모르는 사람이 없다. / だれひとりとして彼女を助けようとはしなかった 아무도 그녀를 도우려 하지 않았다.

**たれまく【垂れ幕】** 현수막(懸垂幕)
**だれもかれも【誰も彼も】** 누구를 막론하고, 누구 할 것 없이 ⇒みんな

**たれる【垂れる】** ❶ [下がる] 늘어지다, 처지다, 드리워지다 [雲などが] 끼다 ¶実の重みで枝が垂れる 열매 무게 때문에 나뭇가지가 처지다[늘어지다] / 雲が低く垂れて今にも雨が降りそうだった 구름이 낮게 드리워져 당장이라도 비가 내릴 것 같았다. / 彼は額に垂れた髪をかき上げた 그는 이마에 흘러 내린 머리카락을 쓸어 올렸다. / 彼は池に釣り糸を垂れた 그는 연못에 낚싯줄을 드리웠다. / 耳が垂れた犬 귀가 처진 개

❷ [滴る] 떨어지다 ¶彼女のコートから雨水が垂れていた 그녀의 코트에서 빗물이 떨어지고 있었다.

**だれる** 해이해지다, 지루해지다, 늘어지다 ¶夏の午後は気分がだれる 여름철 오후에는 축 늘어져 있다. / 客席がだれてきた 관객들이 무대를 지루하게 느끼기 시작했다. / 授業がだれる 수업이 지루하다. / だれた試合 지루한 경기

**タレント** 탤런트 ¶テレビタレント 탤런트 (▶特にテレビに限定したいときは 주로 텔레비전에 나오는 탤런트 などとする) / 人気タレント 인기 탤런트

**-だろう** ❶ [推量, 可能性] -ㄹ[-을] 것이다, -겠지 ¶彼は1時間もすれば戻って来るだろう 그는 한 시간이면 돌아올 것이다. / 彼女はきょうは来ないだろう 그녀는 오늘 오지 않을 것이다. / 彼は試験に受かるだろう 그는 시험에 붙을 것이다. / 彼は韓国出身だろう 그는 한국 출신일 것이다. / 「彼はテストの結果を聞いてがっかりしているよ」「そうだろうね」"그 사람은 테스트 결과를 듣고 낙담하고 있어." "그렇겠지."

¶ことによると彼らは私たちの提案に反対するだろう 어쩌면 그들은 우리 제안에 반대할 것이다. / きっと彼らはこの事件について何か知っているだろう 틀림없이 그들은 이 사건에 대해 뭔가 알고 있을 것이다. / 彼らはきっと合意に達するだろう 그들은 분명 합의할 것이다. / 九分九厘彼は合格するだろう 99퍼센트 그는 합격할 것이다.

¶彼女はきっと病気なのだろう 그녀는 분명히 병일 것이다. / 彼はきっとその映画を見ていないだろう 그는 아마 그 영화를 보지 않았을 것이다. / 君の助けがなかったら僕は報告書を仕上げることができなかっただろう 너의 도움이 없었다면 나는 보고서를 완성할 수 없었을 것이다. / 「僕はどうしたらいいと思う」「僕ならカウンセラーに相談するだろうな」 "나는 어떻게 하면 좋을까?" "나라면 카운셀러에게 상담할 거야."

❷ [疑問] -ㄹ[-을]까 ¶いったいその男は信用できるだろうか 과연 그 남자는 신용할 수 있을까? / 彼はなぜ私にうそをついたのだろうか 그는 왜 내게 거짓말을 했을까? / 彼女にどんな印象をもたれた(→与えた)だろう 그녀에게 어떤 인상을 주었을까? / なぜ彼は遅れているのだろう 왜 그는 늦는 것일까? / だれがそんなデマを流したのだろう 누가 그런 유언비어를 퍼뜨렸을까?

❸ [感嘆] -(는)구나 ¶なんて美しい夕焼けなんだろう 정말 아름다운 저녁놀이구나. / 彼女はなんて上手にピアノを弾くんだろう 그녀는 정말 피아노를 잘 치는구나.

❹ [念を押す] -지 ¶あの人が君たちの先生なんだろう 저 사람이 너희들의 선생님이지? / 釜山に行ったことはないんだろう 부산에 가 본 적이 없

だろうと

지? / 君だってそう思うだろう 너도 그렇게 생각하지?
❺ [譲歩] -든(지), -거나, -(으)나 ¶雨だろうが雪だろうが出かけなければならない 비가 오나 눈이 오나 나가야 한다. / 紅茶だろうがコーヒーだろうが何でも飲むよ 홍차든 커피든 뭐든지 마실게.
❻ [反語] -ㄹ[-을]걸, -ㄹ[-을] 텐데 ¶僕ならそんなことを言わなかっただろうに 나라면 그런 말은 안 했을걸. / つらかっただろうによく我慢したね 힘들었을 텐데 잘 참았구나.

**だろうと** -(이)든지 ¶この施設は誰だろうと無料で利用できます 이 시설은 누구든지 무료로 이용할 수 있습니다.

**タワー** 타워 関連 コントロールタワー 관제탑(管制塔) / ソウルタワー 서울 타워 / 東京タワー 도쿄 타워 / 南山タワー 남산 타워(▶ソウルタワーの旧称)

**たわいない** [ささいな] 사소하다, 실없다, 하찮다 [ばかげた] 시시하다 [たやすく] 맥없이 ¶子供たちはたわいないことでよくけんかする 아이들은 사소한 일로 자주 싸운다. / たわいない話をする 시시한 이야기를 하다
¶たわいなく負ける 맥없이 지다

**たわごと** [戯言] 헛소리 ¶そんなたわ言に耳を貸している暇はない 그런「실없는 소리」[헛소리]에 귀 기울일 틈이 없다.

**たわし** [束子] 수세미 ¶たわしで磨く 수세미로 닦다

**たわむ** [撓む] 휘다 ¶雪で木の枝がたわんでいる 눈으로 나뭇가지가 휘어져 있다.

**たわむれ** [戯れ] 놀이, 장난 ¶ほんの戯れに碁をやっています 그저 장난 삼아 바둑을 두고 있습니다. / 運命のたわむれ 운명의 장난

**たわむれる** [戯れる] [遊ぶ] 놀다 [浮かれる] 시시덕거리다 [男女が] 새롱거리다, 희롱거리다 ¶子犬がボールと戯れている 강아지가 공을 가지고 놀고 있다. / 酒の席で戯れる 술자리에서 시시덕거리다

**たわら** [俵] 섬 関連 米俵 쌀섬

**たわわ** 휘어지게 ¶みかんが枝もたわわに実っている 귤이 가지에 주렁주렁 열렸다.

**たん** [痰] 담, 가래 ¶たんを吐く 담을 뱉다 / たんがのどにからんでいる 가래가 목에 걸려 있다. / せきと一緒にたんが出る 기침과 함께 가래가 나오다 関連 たん壺 타구

**タン** [舌] 텅 [牛タン] 셧밀, 혓바닥살 / タンシチュー 텅스튜

**だん** [団] 단 ¶彼女は有名なバレエ団のプリマだ 그녀는 유명한 발레단의 프리마 발레리나다. 関連 外交団 외교단 / 楽団 악단 / 観光団 관광단 / 記者団 기자단 / 選手団 선수단 / 調査団 조사단

**だん** [段] ❶ [階段] 계단 [階段の1段] 단 ¶私は階段を2段ずつ上がった[下りた] 나는 계단을 2단씩 올라갔다[내려갔다]. / 山頂まで長い石段が続いていた 산정까지 긴 돌계단이 계속 이어져 있었다.
❷ [重なったものの一つ] 단 ¶その皿は食器棚の上の段にしまってください 그 접시는 찬장의 상단에 넣어 주세요. / ロケットの2段目はまもなく切り離された 로켓의 2단째가 잠시후 분리되었다. / 2段ベッドに寝る 2층 침대에서 자다
❸ [段落] 단락 [新聞の段] 단 ¶次の段の要旨を述べなさい 다음 단락의 요지를 서술하시오. / 3段抜きの見出し 3단짜리 표제 / 5段記事 5단 기사
❹ [段位] 단 ¶彼はもっと上の段を目指して猛練習した 그는 더 높은 단수를 목표로 맹연습을 했다. / 段をとる 단을 따다 / 「君は、剣道は何段なの」「2段だよ」"너는 검도 몇 단이야?" "2단이야." / 柔道3段 유도 3단
❺ [場面, 局面] 때 ¶いざ実行する段になると彼はおじけづいた 막상 실행할 때가 되니 그는 겁을 냈다.

**だん** [談] 담, 담화, 말 ¶目撃者の談によると、犯人は40歳ぐらいの背の高い男だった 목격자 증언에 의하면 범인은 40세 정도의 키가 큰 남자였다. 関連 成功談 성공담 / 冒険談 모험담 / 経験談 경험담

**だん** [壇] 단 ¶立候補者は壇に立って政見を述べ始めた 입후보자가 단상에 올라 정견을 피력하기 시작했다.

**だんあつ** [弾圧] 탄압 ◇弾圧する 탄압하다
¶学生運動は当局の厳しい弾圧を受けた 학생운동은 당국의 엄한 탄압을 받았다. / 言論を弾圧する 언론을 탄압하다

**たんい** [単位] ❶ [数量の基準] 단위 ¶「日本では長さの単位に何が用いられていますか」「普通はメートルです」"일본에서는 길이의 단위로 무엇을 이용합니까?" "일반적으로는 미터를 씁니다." / 単位をそろえてから計算しなさい 단위를 맞춘 후에 계산해. / 単位面積当たりの収量を増やす 단위 면적당 수확량을 늘리다
❷ [まとまり] 단위 ¶家族は社会の単位の一つだ 가족은 사회 구성 단위의 하나다. / 卵はダース単位で売られている 달걀은 다스 단위로 판다. / 修学旅行中はクラス単位で行動する予定だ 수학여행은 반별로 행동할 예정이다.
❸ [授業履修量の基準] 학점(学点) ¶今年は韓国語を4単位取った 올해는 한국어를 4학점 땄다. / 経済学の単位を落とした 경제학은 학점을 따지 못했다. / 卒業するにはさらに8単位必要だ 졸업하려면 8학점 더 필요하다. / 単位が足りなくて卒業できなかった 학점이 모자라서 졸업할 수 없었다.

**たんいつ** [単一] 단일 ¶彼らは単一行動を取った 그들은 단일 행동을 했다. 関連 単一通貨 단일 통화 / 単一民族国家 단일 민족 국가

**だんいん** [団員] 단원

**たんか** [単価] 단가(▶発音は단까) ¶このボールペンは単価50円で販売している 이 볼펜은 단가 50엔에 판매하고 있다.

**たんか** [担架] 들것 ¶けが人は担架で病院に運ばれた 부상자는 들것에 실려 병원에 옮겨졌다.

**たんか** [短歌] 단가(短歌) ¶短歌を作る 단가를 짓다

**タンカー** 탱커, 유조선(油槽船) 関連 石油タンカー 유조선

**だんかい** [段階] 단계 ¶一定の段階に達する 일정

한 단계에 달하다 / 次の段階に進む 다음 단계로 나아가다 / 私たちは初期の段階で失敗してしまった 우리는 초기 단계에서 실패했다. / 新製品の開発はまだ研究[実験]段階だ 신제품 개발은 아직 연구[실험] 단계를 밟아서 설명하다 / 段階を追って説明する 단계를 밟아서 설명하다 / 段階的に人員を削減する 단계적으로 인원을 삭감하다 / 段階別に分類する 단계별로 분류하다 / 現段階では 현 단계에서는

**だんがい**【断崖】단애 ¶**断崖絶壁** 단애 절벽

**だんがい**【弾劾】탄핵 ◇**弾劾する** 탄핵하다 ¶弾劾を受ける 탄핵을 받다 関連 弾劾裁判所 탄핵 재판소

**たんがん**【嘆願】탄원 ◇**嘆願する** 탄원하다 ¶嘆願を受け入れる 탄원을 받아들이다 / 嘆願書を出す 탄원서를 내다

**だんがん**【弾丸】탄환, 탄알 数え方 弾丸 1 発 총알 한 방 関連 弾丸摘出手術 탄환 적출 수술 / 弾丸ライナー〖野球〗라이너, 라인 드라이브 ⇒弾(含)

**たんき**【短気】◇**短気だ** 급하다, 성급하다 ¶彼は短気だ 그는 성급이 급하다. / 短気な人は苦手だ 성질이 급한 사람은 대하기 어렵다. / 短気を起こすな 성급하게 굴지 마라. 慣用句 短気は損気 급한 성질은 손해다.

**たんき**【短期】단기 ¶この夏には韓国語の短期講習を受けるつもりだ 이번 여름에는 한국어 단기 강습을 받을 생각이다. / 今回は短期決戦で臨みましょう 이번에는 단기 결전으로 끝냅시다. / 短期間滞在する 단기간 체류하다 / 短期留学 단기 유학 / 短期大学 2년제 대학, 전문대학 / 短期契約 단기 계약 / 短期金利 단기 금리

**たんきゅう**【探求・探究】탐구 ◇**探究する** 탐구하다 ¶彼は子供のころから探求心が旺盛だ 그는 어릴 적부터 탐구심이 왕성하다. / 真理を探究する 진리를 탐구하다

**たんきょり**【短距離】단거리 関連 短距離競走 단거리 경주〔달리기〕 / 短距離走者 단거리 주자 / 短距離弾道ミサイル 단거리 탄도 미사일

**タンク** 탱크 関連 石油タンク 석유 탱크 / タンクローリー 탱크 로리

**タンクトップ** 탱크톱

**だんけつ**【団結】단결 ◇**団結する** 단결하다 ¶彼らは団結が固い 그들은 단결심이 강하다. / 団結は力なり 단결은 힘이다. / 目的を達成するまで一致団結して行動しよう 목적 달성을 위해 일치 단결하여 행동하자. 関連 団結権 단결권 / 団結心 단결심 / 団結力 단결력

**たんけん**【探検・探険】탐험 ◇**探検する** 탐험하다 ¶ヨットで無人島の探検に出かけた 요트로 무인도 탐험에 나섰다. / 南極探検 남극 탐험 関連 探検家 탐험가 / 探検隊 탐험대

**たんけん**【短剣】단검〔短刀〕단도

**たんげん**【単元】〖学科의〗단원

**だんげん**【断言】단언 ◇**断言する** 단언하다 ¶彼は自分は潔白だと断言した 그는 자신은 결백하다고 단언했다. / 彼とは結婚する気はないと彼女はきっぱり断言した 그와는 결혼할 마음이 없다고 그녀는 딱 잘라 말했다. / 彼女は必ず来ると彼は断言した 그녀는 반드시 올 거라고 그는 단언했다. / 断言はできないが、ミンギは今度は入試に合격すると思う 단언할 수 없지만 민기는 이번 입시에는 합격할 거라고 생각한다. / 財布を間違いなくバッグに入れたと断言できるかい 지갑을 틀림없이 가방 속에 넣었다고 단언할 수 있겠니

**たんご**【単語】단어, 낱말, 어휘(語彙) ¶単語を辞書で調べる 단어를 사전에서 찾다 / 韓国語の単語を覚える 한국어 단어를 외우다 / 韓国語の単語力をつける 한국어 어휘력을 키우다(°단어력 とはいわない) / 基本的な単語 기본적인 단어 関連 単語集 단어집 / 単語帳 단어장

**たんご**【端午】단오 ¶端午の節句 단오절(端午節)

**タンゴ** 탱고 ¶タンゴを踊る 탱고를 추다

**だんこ**【断固】◇**断固たる** 단호한 ◇**断固として** 단호히 ¶断固たる態度を取る 단호한 태도를 취하다 / 断固たる処置を取る 단호하게 처리하다 / 断固として拒否する 단호히 거부하다 / 我々は最後まで断固戦うつもりだ 우리는 끝까지 단호히 싸울 생각이다.

**だんご**【団子】경단 慣用句 花よりだんご 금강산도 식후경(▶原意는「金剛山も食後の見物」) 関連 だんご鼻 주먹코

**たんこう**【炭鉱】탄광 ¶炭鉱で働く 탄광에서 일하다 / 炭鉱地帯 탄광 지대 関連 炭鉱夫 탄광부

**たんこうぼん**【単行本】단행본 ⇒本

**たんこぶ** 혹 ¶頭のそのたんこぶはどうしたの 머리에 난 그 혹은 어떻게 된 거야 慣用句 彼女は私にとって常に目の上のたんこぶだった 그녀는 나에게 있어서 항상 눈엣가시였다.

**ダンサー** 댄서, 무용수(舞踊手), 무용가(舞踊家)

**たんさいぼう**【単細胞】단세포 ¶彼はかなり単細胞だ 그는 꽤 단세포적이다. 関連 単細胞生物 단세포 생물

**たんさん**【炭酸】탄산 関連 炭酸飲料 탄산 음료 / 炭酸ガス 탄산 가스 / 炭酸カルシウム 탄산 칼슘 / 炭酸水 탄산수 / 炭酸ソーダ 탄산 소다

**だんし**【男子】남자 ¶このクラスには男子生徒は 10 人しかいない 이 반에는 남학생이 열 명밖에 없다. / 男子用トイレ 남자용 화장실 関連 男子学生 남학생 / 男子校 남자 학교

**たんじかん**【短時間】단시간 ¶原稿を短時間で書き上げた 원고를 단시간 내에 썼다.

**だんじき**【断食】단식 ◇**断食する** 단식하다 関連 断食闘争 단식 투쟁 / 断食療法 단식 요법

**だんじて**【断じて】절대로 ¶断じて決心を変えるつもりはない 절대로 결심을 바꿀 생각이 없다.

**たんしゃ**【単車】오토바이 ⇒オートバイ

**だんしゃく**【男爵】남작 ¶男爵夫人 남작 부인

**たんじゅう**【短銃】단총〔拳銃〕권총

**たんしゅく**【短縮】단축 ◇**短縮する** 단축하다 ¶彼女は日本記録を 2 分短縮した 그녀는 일본 기록을 2분 단축했다. / 労働時間の短縮 노동 시간의 단축 関連 短縮授業 단축 수업 / 短縮ダイヤル 단축 다이얼 / 操業短縮 조업 단축

**たんじゅん**【単純】◇**単純だ** 단순하다 ◇**単純に** 단순히 ¶この問題は単純そのものだ 이 문제는 단

순 그 자체다. / 彼はほんとに単純なやつだ 그는 정말 단순한 녀석이다. / そんな単純な話じゃないんだ 그렇게 단순한 이야기가 아니다. / 単純なミスを犯す 단순한 실수를 범하다 / 単純な作業 단순 작업 / 物事はそう単純には運ばない 매사가 그리 단순하지만은 않다.

¶この図は原子炉の働きを単純化したものです 이 도면은 원자로의 기능을 단순화한 것입니다. / 彼の話は単純明快だ 그의 이야기는 단순 명쾌하다. 関連 単純労働 단순 노동

**たんしょ【短所】** 단점(短点)〔欠点〕결점(▶ 단점, 결점의 発音은 단쩜, 결쩜)¶臆病なところが彼の短所で気が多いのが彼の短所だ. / 私は短所が多い 나는 단점이 많다. / 明るい性格が彼女の短所を補っている 밝은 성격이 그녀의 단점을 보완한다. / この案には長所もあれば短所もある 이 안에는 장점도 있고 단점도 있다.

**だんじょ【男女】** 남녀 ¶このクラスは男女合わせて40人だ 이 반은 남녀 합해서 40명이다. / 卓球は男女を問わずだれでも楽しめるスポーツです 탁구는 남녀를 막론하고 누구나 즐길 수 있는 스포츠입니다. 関連 男女共学 남녀 공학 / 男女雇用機会均等法 남녀 고용 기회 균등법(▶ 韓国では 남녀 고용 평등법「男女雇用平等法」という) / 男女差別 남녀 차별 / 男女同権 남녀 동권 / 男女平等 남녀 평등

**たんじょう【誕生】** 탄생, 출생 ◇誕生する 탄생하다, 출생하다 〔生まれる〕태어나다 ¶国中が王子の誕生を祝った 온 나라가 왕자의 탄생을 축하했다. / 彼は妻の誕生祝いに指輪をプレゼントした 그는 아내에게 생일 선물로 반지를 줬다. / きのう娘の誕生パーティーをやった 어제 딸의 생일 파티를 했다. /「君の誕生日はいつ?」「4月1日です」"네 생일은 언제야?" "사월 1일입니다."

¶映画界に新しいスターが誕生した 영화계에 새로운 스타가 탄생했다. / 国連は1945年に誕生した 유엔은 1945년에 탄생했다. 関連 誕生石 탄생석 / 誕生地 출생지 / 誕生日 생일(▶ 目上の人に対しては 생신 という)

**だんしょう【談笑】** 담소 ◇談笑する 담소하다 ⇒おしゃべり

**たんしん【単身】** 단신 ◇単身で 혼자 ¶彼は単身で犯人のアジトに乗り込んだ 그는 혼자 범인의 아지트에 쳐들어 갔다. / ソウルに単身赴任する 서울에 단신으로 부임하다

**たんしん【短針】**〔時計の〕단침, 시침(時針)

**たんす【簞笥】** 장, 장롱〔洋服だんす〕옷장 数え方 たんす1棹[点] 장롱 한 짝 関連 たんす預金 장롱 예금

**ダンス** 댄스〔踊り〕춤 関連 ダンスパーティー 댄스 파티 / ダンスホール 댄스홀 / 社交ダンス 사교 댄스 / フォークダンス 포크 댄스

**たんすい【淡水】** 담수, 민물 関連 淡水湖 담수호 / 淡水魚 담수어, 민물고기

**だんすい【断水】** 단수 ◇断水中 단수 중

**たんすいかぶつ【炭水化物】** 탄수화물

**たんすう【単数】** 단수 ¶名詞の単数形 명사의 단수형

**たんせい【丹精】** 단정, 단성(丹誠), 정성(精誠) ¶この菊は父が丹精して育てたものです 이 국화는 아버지가 정성들여 기른 것입니다.

**たんせい【端正】** ◇端正だ 단정하다 ¶彼は端正な顔だちをしている 그는 단정한 용모를 하고 있다.

**だんせい【男性】** 남성〔男子〕남자 ◇男性的の 남성적인〔男らしい〕남자다운, 사나이다운 ¶男性より女性のほうが長生きだ 남성보다 여성이 더 오래 산다. / 男性中心の社会 남성 위주의 사회 / 男性的なスポーツ 남성적인 스포츠 / 浅黒い男性的な顔 거무스름한 남성적인 얼굴 / 男性的な声 남성적인 목소리 / 男性雑誌 남성 잡지 / 男性ホルモン 남성 호르몬

**たんせき【胆石】** 담석〔胆石症〕담석증

**だんぜつ【断絶】** 단절 ◇断絶する 단절하다, 단절되다 ¶家系が断絶する 가계가 단절되다 / 国交を断絶する 국교를 단절하다 / 世代の断絶 세대의 단절

**たんせん【単線】** 단선 ¶単線軌道 단선 궤도 / 単線鉄道 단선 철도

**だんぜん【断然】** 단연, 단연코, 훨씬 ¶水泳だったら断然彼がいちばんだ 수영이라면 단연코 그가 최고다. / こっちのほうが断然いい 이쪽이 훨씬 좋다.

**たんそ【炭素】** 탄소 関連 炭素化合物 탄소 화합물 / 炭素繊維 탄소 섬유 / 二[一]酸化炭素 이[일]산화 탄소

**だんそう【断層】** 단층 関連 断層地震 단층 지진 / 断層面 단층면

**たんそく【嘆息】** 탄식〔ため息〕한숨 ◇嘆息する 탄식하다 ¶チームの負けが決まると監督は深い嘆息をもらした 팀의 패배가 정해지자 감독은 깊은 한숨을 쉬었다. / 嘆息が出る 탄식이 나오다

**たんそく【短足】** 짧은 다리 ¶僕は短足だからジーンズは似合わないんだ 나는 다리가 짧아서 청바지가 어울리지 않는다.

**だんぞく【断続】** ◇断続する 단속하다 ◇断続的 단속적 ¶作業は10日間にわたり断続して行われた 작업은 10 일간에 걸쳐 단속적으로 계속되었다. / 雨が断続的に降った 비가 단속적으로 내렸다.

**たんだい【短大】** 2년제 대학, 전문대학(專門大学)

**だんたい【団体】** 단체〔集団〕집단〔組織〕조직 ¶彼らはいつも団体で行動している 그들은 항상 단체 행동을 한다. / 彼らは50人の団体で韓国ツアーに出かけた 그들은 50명 단체로 한국 여행을 떠났다.

¶私は個人競技より団体競技のほうが好きだ 나는 개인 경기보다 단체 경기가 좋다. / 団体旅行で韓国へ行ってきた 단체 여행으로 한국에 갔다왔다. / 20人以上は団体割引になる 20명 이상은 단체 할인이 된다. / 彼女はある宗教団体に属している 그녀는 어떤 종교 단체에 소속되어 있다. / 彼らは慈善団体を設立した 그들은 자선 단체를 설립했다. / ボランティア団体に加入する 자원 봉사 단체에 가입하다 / 政治団体を解散させた 정치 단체를 해산시켰다. 関連 団体活動 단체 활동 / 団体客 단체객, 단체 손님 / 団体交渉 단체 교섭 / 団体行動 단체 행동 / 団体責任 단체 책임

임 **団体戦** 단체전 / **団体保険** 단체 보험 / **圧力団体** 압력 단체 / **右翼団体** 우익 단체 / **外郭団体** 외곽 단체 / **公共団体** 공공 단체 / **市民団体** 시민 단체

**たんたん【淡々】**◇淡々と 담담히, 담담하게 ¶彼は心境を淡々と語った 그는 심경을 담담하게 말했다.

**だんだん【段々】**❶〔次第に〕점점, 점차 ¶だんだん夜が明ける 점차 날이 밝아가다 / だんだん暖かくなってきた 점점 따뜻해졌다. / 木の葉がだんだん色づき始めた 나뭇잎이 점차 물들기 시작했다. / だんだんおもしろくなる 점점 재미있어지다 / 彼女はだんだんいらいらしてきた 그녀는 점점 초조해졌다. / こつこつ学習を続ければ韓国語の力がだんだんついてくるでしょう 꾸준히 학습을 계속하면 한국어 실력이 점차로 늘겠지요.

❷〔はしご・階段などの段〕단, 층계 ¶おばあさんがお寺の石の段々をゆっくりと上がっていた 할머니가 절의 돌계단을 천천히 올라가고 있었다. / 山の斜面にみかんの段々畑が広がっていた 산 경사면에 귤의 계단식 밭이 펼쳐졌다.

**たんち【探知】**탐지 ◇探知する 탐지하다 ¶秘密を探知する 비밀을 탐지하다 関連 探知機 탐지기 / 逆探知 역탐지 / 魚群探知機 어군 탐지기

**だんち【団地】**단지 ¶うちは公営団地に住んでいる 우리는 공영 아파트 단지에 살고 있다. / 団地住まい 단지 생활 / 住宅団地 주택 단지

**だんちがい【段違い】**◇段違いだ 격이 다르다, 뛰어나다 ¶田舎の夜空の美しさは都会とは段違いだ 시골 밤하늘의 아름다움은 도시와는 비교할 수도 없다. / 将棋となると彼のほうが僕より段違いに強い 장기라면 그가 나보다 훨씬 잘한다. 関連 段違い平行棒 이단[고저] 평행봉

**たんちょう【単調】**◇単調だ 단조롭다〔退屈だ〕지루하다, 따분하다 ◇単調な 지루한, 따분한 ¶彼女は単調な日々を送っていた 그녀는 지루한 나날을 보내고 있었다. / 単調な景色 단조로운 경치

**たんちょう【短調】**단조(▶発音은 단쪼)¶ト短調のフーガ 사단조의 푸가

**だんちょう【団長】**단장

**たんてい【探偵】**탐정 ¶彼は探偵をしている 그는 탐정이다. 関連 探偵社 탐정사 / 探偵小説 탐정 소설 / 私立探偵 사립[사설] 탐정

**だんてい【断定】**단정 ◇断定する 단정하다 ¶調査によりその事故は人為的ミスによるものと断定された 조사에 의하면 그 사고는 인위적 실수에 의한 것으로 판정되었다. / 断定するには証拠が不十分だ 단정 짓기에는 증거가 불충분하다. / 断定的に言う 단정적으로 말하다

**たんてき【端的】**단적(▶発音은 단쩍)◇端的な 단적인 ¶端的な表現 단적인 표현 / 彼の陳述には矛盾が端的に現れている 그의 진술에는 모순이 단적으로 드러나 있다. / 端的に言うならこれは失敗作だ 단적으로 말하면 이것은 실패작이다.

**たんとう【担当】**담당 ◇担当する 담당하다 ¶この仕事の担当はだれですか 이 일의 담당은 누구입니까? / 担当の者がすぐお伺いいたします 담당자가 곧 찾아 뵙겠습니다. ¶私はこの地区を担当しています 저는 이 지역을 담당하고 있습니다. / だれがその店を担当するのですか 누가 그 가게를 담당합니까? / 彼は高校で地理を担当している 그는 고등학교에서 지리를 담당하고 있다. / どちらの党が政権を担当しても構わない、어느 당이 정권을 장악하고 있다 해도 상관없다.

**たんとう【短刀】**단도 ¶短刀を抜く 단도를 뽑다 / 短刀で刺される 단도로 찔리다

**だんとう【暖冬】**난동 ¶暖冬異変 이상 난동(異常暖冬)

**だんどう【弾道】**탄도 ¶弾道ミサイル 탄도 미사일〔誘導弾〕/ 大陸間弾道弾(ICBM) 대륙간 탄도 미사일〔誘導弾〕

**たんとうちょくにゅう【単刀直入】**단도직입 ◇単刀直入に 단도직입적으로, 솔직히(率直—) ¶単刀直入に尋ねる 단도직입적으로 묻다 / 単刀直入に言う 단도직입적으로 말하다

**たんどく【単独】**단독 ◇単独で 단독으로 ¶事件は犯人の単独犯行と考えられていた 사건은 범인의 단독 범행으로 여겨졌다. / 大統領との単独会見に成功した 대통령과의 단독 회견에 성공했다. / 単独で行動しないほうがいいよ 단독으로 행동하지 않는 편이 좋아. / 単独首位に立っている 단독 수위에 올랐다. / 単独登頂を試みる 단독 등정을 시도하다 関連 単独航海 단독 항해 / 単独内閣 단독 내각 / 単独犯 단독범 / 単独飛行 단독 비행

**だんどり【段取り】**〔準備〕준비 〔手順〕절차 ¶結婚式の段取りはできましたか 결혼식 준비는 다 됐습니까 / 段取りを決める 절차를 정하다 / 段取りが悪い 준비가 엉성하다

**だんな【旦那】**〔夫〕남편 ¶お宅の旦那様はどちらにお勤めですか 남편 분은 어디서 근무하십니까?

**たんなる【単なる】**단순한 ¶単なるうわさ[空想]にすぎない 그건 단지 소문[공상]에 지나지 않는다. / 彼は単なる友達です 그는 단지 친구일 뿐입니다. / 単なる間違い 단순한 실수

**たんに【単に】**단지, 단순히, 다만, 그저, 그냥 ¶単に聞いてみただけだ 그냥 물어 보았을 뿐이다. / それは単に模倣にすぎない 그것은 단지 모방에 지나지 않는다. / 彼女は単にお金のために今の仕事をしている 그녀는 단지 돈 때문에 지금의 일을 하고 있다. / これは単に一個人としての見解にすぎません 이것은 단지 한 개인으로서의 견해에 불과합니다. / それは単にこのクラスだけでなく学校全体の問題だ 그것은 단순히 이 반뿐만 아니라 학교 전체의 문제다.

**たんにん【担任】**담임 ¶私が今度みなさんのクラスを担任することになりました 제가 이번에 여러분의 담임을 맡게 되었습니다. / 担任教師 담임 선생님

**だんねつざい【断熱材】**단열재

**たんねん【丹念】**◇丹念な 공을 들인, 공이 든 ◇丹念に 공들여, 〔綿密に〕세밀히 ¶丹念な作業 공이 든 작업 / 丹念に作る 공들여 만들다 / 丹念に調べる 세밀히 조사하다

**だんねん【断念】**◇断念する 단념하다 ¶彼は立候補を断念した 그는 입후보를 단념했다.

たんのう【堪能】 ❶〔熟達〕 ◇堪能だ 능숙하다, 뛰어나다 ¶彼女は韓国語に堪能だ 그녀는 한국어가 능숙하다.
❷〔満足〕 ◇堪能する 즐기다, 만끽하다 ¶ソウルの本場の韓国料理を堪能した 서울에서 본고장의 한국 음식을 즐겼다. / オーケストラのすばらしい演奏を十分に堪能した 관현악단의 훌륭한 연주를 충분히 만끽했다.
たんのう【胆嚢】 담낭, 쓸개 関連 胆嚢炎 담낭염
たんぱ【短波】 단파 関連 短波受信機［ラジオ］ 단파 수신기［라디오］ / 短波放送 단파 방송 / 超短波 (VHF) 초단파 / 極超短波 (UHF) 극초단파
たんぱく【淡泊・淡白】 담백 ◇淡泊だ 담백하다 ¶この魚は淡泊な味がする 이 생선은 담백한 맛이 난다. / 淡泊な食べ物 담백한 음식 / 彼は金に淡泊だ 그는 돈에 욕심이 없다.
たんぱくしつ【蛋白質】 단백질 ¶動物［植物］性たんぱく質 동물［식물］성 단백질
タンバリン 탬버린
だんぱん【談判】 담판 ◇談判する 담판하다 ¶上司と直接談判した 상사와 직접 담판했다.
ダンピング 덤핑 ◇ダンピングする 덤핑하다 ¶在庫品をダンピングした 재고품을 덤핑했다.
ダンプカー 덤프트럭, 덤프차
たんぺん【短編】 단편 ¶彼女は今短編小説を書いている 그녀는 지금 단편 소설을 쓰고 있다. 関連 短編映画 단편 영화 / 短編作家 단편 작가 / 短編集 단편집
だんぺん【断片】 단편 ◇断片的 단편적 ¶子供のころについては断片的な記憶しかない 어린 시절에 대해서는 단편적인 기억밖에 없다. / 断片的な情報 단편적인 정보
たんぼ【田圃】 논 ¶たんぼのあぜ道 논두렁
たんぽ【担保】 담보 ¶私は自分の家を担保に入れた 나는 집을 담보로 넣었다. / 土地を担保にして2千万円借りることができた 토지를 담보로 해서 2천만 엔을 빌릴 수가 있었다. / 担保を取って金を貸す 담보를 받고 돈을 빌려주다 / 無担保で融資する 무담보로 융자하다.
だんぼう【暖房】 난방 ¶暖房をつける 난방을 켜다 / この部屋は暖房がよくきいている 이 방은 난방이 잘 되어 있다. / その部屋には暖房が入ってなかった 그 방은 난방이 안 되어 있었다. / 冷暖房完備 냉난방 완비 関連 暖房器具 난방 기구 / 暖房装置 난방 장치 / 暖房費 난방비 / 床暖房 바닥 난방
だんボール【段ボール】 골판지 数え方 段ボール1枚 골판지 한 장 関連 段ボール箱 골판지 상자
たんぽぽ【蒲公英】 민들레
たんまつ【端末】 ［コンピュータの］ 단말 ¶端末機 단말기
だんまつま【断末魔】 단말마 ¶断末魔の叫びを上げる 단말마의 소리를 지르다 / 断末魔の苦しみ 단말마의 고통
たんめい【短命】 단명 ◇短命だ 단명하다 ¶姉はあまりにも短命だった姉は너무나도 명이 짧았다. / 太りすぎの人は短命だと言われている 살이 많이 찐 사람은 오래 살지 못한다고 한다. / 新内閣は短命に終わるだろう 신내각은 「오래가지 못할［단명에 끝날］」것이다.
だんめん【断面】 단면 ¶現代社会の断面 현대 사회의 단면 関連 断面図 단면도
だんやく【弾薬】 탄약 関連 弾薬庫 탄약고
だんゆう【男優】 남자 배우, 남우, 남배우
たんらく【短絡】 단락〔電気のショート〕 쇼트 ◇短絡的だ 단락적이다 ¶それは短絡的発想だ 그것은 단락적 발상이다.
だんらく【段落】 단락 ¶段落をつける 단락을 짓다 / 文章を段落に区切る 문장을 단락으로 나누다 ¶仕事が一段落したら休憩しましょう 일이 일단락되면 쉽시다.
だんらん【団欒】 단란 ◇団欒する 둘러앉다 ¶夕食後一家団欒する 저녁 식사 후 가족끼리 둘러앉아 즐거운 시간을 보내다
だんりゅう【暖流】 난류(↔한류)
だんりょく【弾力】 탄력 ◇弾力的だ 탄력적이다 ¶年を取ると弾力的な考え方ができなくなる 나이를 먹으면 융통성이 없어진다. / 肌の弾力性を保つ 피부의 탄력성을 유지하다 / 弾力性のある計画 탄력성이 있는 계획 / 弾力性に富む 탄력성이 풍부하다
たんれん【鍛練・鍛錬】 단련, 수련(修練) ◇鍛練する 단련하다 ¶もっと鍛練を積みなさい 좀 더 수련을 쌓아라. / 身体の鍛練 신체 단련 / 心身を鍛練する 심신을 단련하다
だんろ【暖炉】 난로 ¶暖炉をたく 난로를 피우다 / 暖炉にあたる 난로를 쬐다
だんわ【談話】 담화 ¶首相の談話を発表する 수상의 담화를 발표하다 / 談話がはずんだ 이야기가 활기를 띠었다. 関連 談話室 담화실

# ち

ち【血】 ❶〔血液〕 피
◆〚血が・血は〛
¶傷口から血が出ている 상처에서 피가 났다. / 血が止まらない 피가 안 멈춘다. / シャツに血がついているよ 셔츠에 피가 묻어 있어. / その選手の顔面をまっ赤な血がだらだら流れていた 그 선수의 안면에 새빨간 피가 뚝뚝 흐르고 있었다.
¶動物の体内には血が流れている 동물의 체내에는 피가 흐르고 있다. / 内戦で多くの人の血が流された内戦에서 많은 사람들이 피를 흘렸다.
◆〚血の〛
¶容疑者の自宅から血のついたジャケットが見つかった 용의자의 자택에서 피 묻은 재킷이 발견되었다. / 犯行現場にはたくさんの血の跡が残されていた 범행 현장에는 많은 피의 흔적이 남아 있었다. / 部屋の中は血の海だった 방 안은 피바다였

다. / 血の気が引く 핏기가 가시다
◆〔血を・血に〕
¶傷に包帯をして血を止めた 상처에 붕대를 하고 피를 멈췄다. / 彼は検査のため20ccの血をとられた 그는 검사를 위해 20cc의 피를 뽑았다. (▶ccの発音は シにː) / その鳥は血を流して死んでいた 그 새는 피를 흘리며 죽어 있었다. / 昨夜, 祖父は血を吐いて入院した 어젯밤 할아버지께서 피를 토해서 입원하셨다.
¶その男のシャツは血に染まっていた 그 남자의 셔츠는 피로 물들어 있었다.
❷〔血統〕핏줄 ¶私たちは血がつながっている 우리들은 같은 핏줄을 가지고 있다. / 彼には韓国人の血が流れている 그에게는 한국인의 피가 흐르고 있다. / 彼は李王家の血を引いている 그는 이씨 왕실의 핏줄을 잇고 있다. / 彼らは血を分けた兄弟だのに全然似ていない 그들은 피를 나눈 형제지만 전혀 닮지 않았다. 慣用句 私はすぐ頭に血がのぼってしまう 나는 곧잘 화를 내는 성격이다. / 格闘技の試合を見ると血が騒ぐ 격투기 시합을 보면 피가 끓는다. / この映画ではやくざ同士の血で血を洗う抗争が描かれている 이 영화에는 깡패들의 피로 피를 씻는 싸움이 그려져 있다. / この作品は血と汗の結晶です 이 작품은 피와 땀의 결정입니다. / 二人の対戦は血沸き肉躍る戦いだった 두 사람의 대전은 피 끓는 육탄전이었다. / 先生から学んだことはいずれ血となり肉となるだろう 선생님의 가르침은 언젠가 꼭 피가 되고 살이 될 것이다. / 国民が望んでいるのは血の通った政治だ 국민이 바라고 있는 것은 인간미가 있는 정치다. / 彼は世界チャンピオンになるために血のにじむような努力をした 그는 세계 챔피언이 되기 위해 피나는 노력을 했다. / あいつは本当に血の巡りの悪い男だ 그 녀석은 정말 머리 회전이 둔한 놈이다. / 血は争えない 핏줄은 못 속인다. / 血は水よりも濃い 피는 물보다 진하다. / 彼は血も涙もない男だ 그는 피도 눈물도 없는 남자이다. / 血を吐く思いで彼女に別れを告げた 피를 토하는 심정으로 그녀에게 이별을 고했다. / 言うとおりにしないと血を見るよ 내가 말한 대로 안 하면 피를 보게 될 거야.

ち【地】땅 ¶私が初めて韓国の地を踏んだのは1992年のことだった 내가 처음으로 한국 땅을 밟은 것은 1992년이었다. / まるで地の果てに来たようだ 마치 땅 끝까지 온 것 같다. / 天と地の差 천지차이 慣用句 足が地に着いた生活 견실한 생활 / 彼の名声は地に墜ちた 그의 명성은 바닥에 떨어졌다. ⇨土地

チアガール 치어걸

ちあん【治安】치안 ¶このあたりは治安がよい[悪い] 이 주변은 치안이 좋다[나쁘다]. / 治安が乱れる 치안이 문란해지다 / 治安を維持する[乱す] 치안을 유지하다[어지럽히다]

ちい【地位】지위, 자리 ¶地位の高い人 지위가 높은 사람 / 彼は軍隊では私より地位が高かった 그는 군대에서는 나보다 지위가 높았다. / 彼女は社会的な地位が高い[低い] 그녀는 사회적 지위가 높다[낮다]. / 彼は政府の重要な地位にある 정부의 중요한 자리에 있다. / 支配人の地位に就いた 그는 지배인 자리에 앉았다. / 会社ではどんな地位にいるの 회사에서는 어떤 지위에 있어? / 彼は健康を犠牲にしてまで今の地位を得た 그는 건강을 희생하면서까지 지금의 지위를 얻었다. / 女性の社会的地位はおおいに向上した 여성의 사회적 지위는 크게 향상되었다.

ちいき【地域】지역 ¶伝統的な慣習はこの地域では徐々にすたれている 이 지역에서는 전통적인 관습이 점점 사라지고 있다. / この地域は雪が多い 이 지역은 눈이 많이 내린다. / 次の表は人口の変化を地域別に示したものです 다음 표는 인구의 변화를 지역별로 표시한 것입니다. / ラーメンの味は地域によって異なる 라면 맛은 지역에 따라 다르다. / 食中毒が発生したといううわさはすぐにその地域一帯に広まった 식중독이 발생했다는 소문은 금새 그 지역 일대로 퍼졌다. / リサイクル運動に地域ぐるみで取り組んでいる 재활용 운동에 지역 전체가 힘쓰고 있다. 関連 地域開発 지역 개발 / 地域経済 지역 경제 / 地域産業 지역 산업 / 地域住民 지역 주민 / 地域差 지역차 / 地域社会 지역 사회

チーク〔木〕티크 / チーク材 티크재

ちいさい【小さい】❶〔体積・面積などが〕작다 ¶彼は小さな家に住んでいる 그는 작은 집에 살고 있다. / その子は小さくてかわいい女の子だった 그 아이는 작고 귀여운 여자아이였다. / 壁に小さなひび割れを見つけた 벽에 작은 금이 간 것을 발견했다. / 車は小さければ小さいほど維持が楽だ 차는 작으면 작을수록 유지하기가 편하다. / これがこの店でいちばん小さいサイズのシャツです 이것이 이 가게에서 가장 작은 사이즈의 셔츠입니다. / その犬は小さくて猫ぐらいだった 그 개는 작아서 고양이 정도의 크기였다. / この帽子ちょっと私には小さいね 이 모자, 나한텐 좀 작아. / 文字が小さすぎて読めない 글씨가 너무 작아서 읽을 수가 없다. / 小学校のころ息子は体が小さく病気がちな子供だった 우리 아들은 초등학교 때 몸집도 작고 잔병치레를 많이 했다. / 石けんだいぶ小さくなったな. 新しいのと取り替えなくちゃ 비누 많이 썼네. 새 걸로 바꿔야 겠다. /「あの会社をどう思いますか」「小さいけれど活気のある会社ですね」"그 회사 어떻게 생각합니까?" "작지만 활기가 있는 회사에요." / ここではそんなに小さくなっている必要はないよ 여기서는 그렇게 기죽어 있을 필요 없어. / 小さめに切る 작게 자르다

❷〔数量・程度がわずかな〕작다 ¶10より小さい数なら暗算できるよ 10보다 작은 수라면 암산할 수 있어. / 台風の被害は思ったより小さかった 태풍 피해는 생각보다 작았다. / この薬品は副作用がきわめて小さい 이 약품은 부작용이 작다.

❸〔幼い〕어리다 ¶彼女は小さい子をあやすのが上手だ 그녀는 어린 아이를 잘 달랜다. / 小さいころ僕は体が弱かった 어렸을 때 나는 몸이 허약했다. / うちの娘はまだ小さいから自転車は乗れません 우리 딸은 아직 어려서 자전거는 탈 줄 몰라요.

❹〔音・声が〕작다, 낮다 ¶彼らは小さい声で何かを話していた 그들은 작은 소리로 뭔가 이야기

하고 있었다. / 夜は音楽の音を小さくしなさい 밤에는 음악 소리를 좀 줄여라.
❺ [度量が] 작다, 좁다, 소심하다 ¶気が小さい 소심하다.

**チーズ** 치즈 数え方 チーズ一切れ 치즈 한 조각 関連 チーズケーキ 치즈 케이크 / チーズバーガー 치즈 버거 / 粉チーズ 가루 치즈 / プロセスチーズ 프로세스 치즈

**チータ** 치타

**チーフ** 주임(主任), 책임자

**チーム** 팀 ¶チームを組む 팀을 짜다 / 僕は学校のサッカーチームに入っている 나는 학교 축구 동아리에 들어가 있다. / その野球チームは5年前に作られた 그 야구팀은 5년전에 만들어졌다. / 我々はチームで仕事をする 우리는 팀을 짜서 일을 한다. / 我々はすばらしいチームプレーで勝利を収めた 우리는 훌륭한 팀플레이로 승리를 거두었다. / チームワークがとれている 팀워크가 좋다.

**ちえ** 【知恵】 지혜, 꾀, 생각, 아이디어 [頭] 머리 ¶彼はよく知恵が回る 그는 머리가 잘 돌아간다. / 知恵を貸してください 지혜를 빌려 주십시오. / もう少し知恵を働かせろ 조금 더 머리를 써 봐. / よい知恵が浮かんだ 좋은 생각이 떠올랐다. / よい知恵が浮かばない 좋은 아이디어가 떠오르지 않는다. / 知恵を絞る 꾀를 짜내다 ¶息子は日ごとに知恵がついている 아들은 하루가 다르게 똑똑해지고 있다. / 彼にもそれくらいの知恵はある 그에게도 그 정도의 지혜는 있다. / さぼることになるとよく知恵が回るね 게으름 피우는 데에는 머리가 잘 돌아가네. / うちの娘に悪い知恵をつけたのはだれだ 누가 우리 딸을 나쁜 짓하게 꼬드긴 거야. / 知恵を出し合ってこの問題を解決しよう 서로 지혜를 내서 이 문제를 해결하자. / バーゲンのときだけ服を買うのも一種の生活の知恵だ 바겐세일 때에만 옷을 사는 것도 일종의 생활의 지혜이다. / 彼は若いに似合わぬ知恵者だ 그는 젊은데도 불구하고 많은 지혜를 가졌다. 慣用句 三人寄れば文殊の知恵 평범한 사람이라도 셋이 모여 생각하면 좋은 지혜가 나온다. 関連 知恵の輪 퍼즐링 / 知恵袋 꾀보

**チェーン** 체인 [鎖] 쇠사슬 ¶事故を起こした車はチェーンを付けていなかった 사고를 낸 차는 체인을 달고 있지 않았다. 関連 チェーンソー 전기톱 / チェーン店 체인점, 연쇄점 / タイヤチェーン 타이어 체인

**チェス** 체스 ¶チェスをする 체스를 하다 / チェスの駒 체스의 말 / チェス盤 체스판

**チェック** 체크 [模様] 체크무늬 ◇チェックする 체크하다 ¶彼は部下が作った書類をチェックした 그는 부하가 만든 서류를 체크했다. / 彼女は一覧表を見て必要なものをチェックした 그녀는 일람표를 보고 필요한 것을 확인했다. / 当社は製品を定期的にチェックしています 저희 회사는 제품을 정기적으로 검사하고 있습니다.
¶テーブルには赤と白のチェックのクロスがかかっていた 테이블에는 빨간색과 흰색의 체크무늬 테이블보가 깔려 있었다. / チェック柄のスーツ 체크무늬 양복
¶10時にホテルにチェックインした 열 시에 호텔에 체크인했다. / チェックアウトは何時ですか 체크아웃은 몇 시입니까? 関連 チェックポイント 체크포인트

**チェロ** 첼로 ¶チェロ奏者 첼로 연주자

**チェンジ** 체인지 [交代] 교체, 교대 ◇チェンジする 교체하다, 교대하다 [野球で] 공수가 교체되다[교대되다] ⇨交代

**チェンバロ** 쳄발로 ¶チェンバロ奏者 쳄발로 연주자

**ちか** 【地下】 ❶ [地面の下] 지하, 땅속 ¶レストランは地下1階にある 레스토랑은 지하 1층에 있다. / この古代遺跡は何世紀もの間, 地下に埋もれていた 이 고대 유적은 몇 세기 동안이나 지하에 묻혀 있었다. / 地下にトンネルを掘る 지하에 터널을 파다 / 地下100メートルにある軍事施設 지하 100미터에 있는 군사 시설
❷ [秘密・非合法の世界] 지하 ¶彼女は地下運動に身を投じた 그녀는 지하 운동에 몸을 던졌다. / 彼はテロ組織に加わり地下に潜伏した 그는 테러 조직에 가담해서 지하로 숨었다. 関連 地下街 지하상가 / 地下核実験 지하 핵실험 / 地下資源 지하자원 / 地下室 지하실 / 地下水 지하수 / 地下組織 지하 조직 / 地下駐車場 지하 주차장 / 地下道 지하도

**ちか** 【地価】 지가 (▶発音は 지까), 땅값 ¶地価が上がる 땅값이 오르다 / 地価が高騰[下落]する 땅값이 폭등하다[하락하다]

**ちかい** 【近い】 ❶ [距離が] 가깝다 ¶私の家は学校に近い 우리 집은 학교에서 가깝다. / 駅に行くにはこの道を行くのがいちばん近い 역은 이 길로 가는 것이 제일 가깝다. / 美術館はここから近い 미술관은 여기서 가깝다. / この辺でいちばん近い本屋はどこにありますか 여기에서 제일 가까운 서점은 어디에 있습니까? / 子供は窓にいちばん近いところに座りたがった 아이는 창 쪽에 있고 싶어했다. / 高速道路ができて故郷がずっと近くなった 고속도로가 생겨서 고향이 아주 가까워졌다.
❷ [時間が] 가깝다 [遠からず] 멀지 않다, 머지않다 ¶夏も終わりに近いなあ 여름도 이제 다 갔네. / あら, もうお昼近いわね 어, 벌써 점심시간이 다 됐네. / 目を覚ましたのは午後3時近かった 잠에서 깬 것은 오후 세 시가 다 되어서였다. / この絵が完成する日も近い 이 그림이 완성될 날도 멀지 않았다. / 私とあなたの誕生日は近いわ 나랑 당신의 생일은 가깝네. / 近いうちに彼女は本を出すでしょう 머지않아 그녀는 책을 낼 것입니다. / 近いうちにまた会いましょう 조만간 또 만나죠[만납시다].
❸ [関係・性質が] 가깝다 ¶私の近い親戚が京都に住んでいます 내 가까운 친척이 교토에 살고 있습니다. / それは不可能に近いとだれもが言った 모두가 그것은 불가능에 가깝다고 했다. / 彼の韓国語の発音は完璧に近い 그 사람의 한국어 발음은 완벽에 가깝다. / 一般道路を時速150キロで走るなんて自殺行為に近い 일반도로를 150 킬로로 달리다니 자살 행위나 마찬가지다. / 寒いとトイレが近くなる 추우면 자주 화장실에 가게 된다.

❹【数量が】가깝다 ¶会場には100人近い人が集まっていた 회장에는 백 명 가까운 사람이 모여 있었다. / 母は70歳近いがずっと若く見える 어머니는 70이 다 되었지만 아직도 젊어 보인다. / パチンコで5万近くすった 빠찡꼬로 5만 엔 가까이 잃었다.

**ちかい**【誓い】맹세 ¶彼は断酒[禁煙]の誓いを立てた 그는 술을[담배를] 끊기로 맹세했다. / 彼らは忠誠の誓いを立てねばならない 그들은 충성을 맹세하여야 된다. / 誓いの言葉 맹세의 말 / 誓いを守る[破る] 맹세를 지키다[어기다]

**ちかい**【地階】지계【地下室】지하실 ⇒地下

**ちがい**【違い】차이(差異), 차

　**기본표현**
- ▷この2台の車にはいろいろ違いがある 이 두 대의 차에는 여러 가지 차이가 있다.
- ▷この3冊の辞書には大した違いがない 이 세 권의 사전에는 큰 차이가 없다.
- ▷AとBの違いは何ですか A와 B의 차이가 뭡니까?
- ▷これらのりんごは大きさに違いがある 이 사과들은 크기에 차이가 있다.

¶私はAとBの違いがよくわからない 나는 A와 B의 차이를 잘 모르겠다. / 彼らは年齢の違いを乗り越えて結婚した 그들은 나이 차이를 극복하고 결혼했다. / 日本と韓国の文化的[社会的]違いを挙げてください 일본과 한국의 문화적[사회적] 차이를 들어 주세요. / 私は3分違いで学校に遅刻した 나는 3분 차로 지각했다. / 私は弟と3つ違いです 나와 동생은 세 살 차이입니다.

¶大きな違い 큰 차이 / 小さな違い 작은 차이 / 明らかな違い 명백한 차이 / 微妙な違い 미묘한 차이 / 根本的な違い 근본적인 차이 / 表面的な違い 표면적인 차이 / 大きな違い 중대한 차이 / 決定的な違い 결정적인 차이

**ちがいない**【違いない】틀림없다 ¶それは本当に違いない 그것은 진짜임에 틀림없다. / あしたは雨に違いない 내일은 틀림없이 비가 올 것이다. / 彼は合格するに違いない 그는 틀림없이 합격할 것이다. / ホテルは大体あの辺に違いない 호텔은 대충 저 부근이 틀림없다.

**ちがいほうけん**【治外法権】치외법권

**ちかう**【誓う】맹세하다 ¶忠誠を誓う 충성을 맹세하다 / 彼は真実を証言することを誓った 그는 진실을 증언하기로 맹세했다. / 私がやっていないことは神にかけて誓います 내가 하지 않았다는 것은 신에게 맹세합니다. / こんなことは二度とやるまいと心に誓った 이런 짓은 두 번 다시 하지 않겠다고 마음 속으로 맹세했다. / 父が禁煙を誓ってから半年になる 아버지가 금연을 맹세한지 반 년이 된다. / 彼らは永遠の愛を誓った 그들은 영원한 사랑을 맹세했다. / 私たちは将来を誓い合った 우리는 서로 장래를 맹세한 사이다. / 誓って うそは申しません 맹세코 거짓말은 하지 않겠습니다.

**ちがう**【違う】❶【異なる】다르다 ¶彼女は姉とは性格が違う 그녀는 언니와는 성격이 다르다. / 意見がちがう 의견이 다르다 / それ

は以前君が言ったことと全然違う 그것은 이전에 네가 한 말과 전혀 다르다. / その2つの提案はあらゆる点で違う 그 두 개의 제안은 모든 점에서 다르다. / 彼らはそれぞれ違う学校へ通っている 그들은 각각 다른 학교에 다니고 있다. / 違うバッグを見せてもらえますか 다른 가방을 보여 주시겠습니까? / 彼は社内の雰囲気がいつもと違うことに気付いた 그는 회사 분위기가 여느 때와는 다르다는 것을 알았다. / 結果は彼の予想とあまり違わなかった 결과는 그의 예상과 별로 다르지 않았다. / かもとあひるは違う 오리와 집오리는 다르다. / そばとうどんは全然味が違う 메밀국수와 우동은 맛이 전혀 다르다. / コーヒーを注文したのに違うものが出てきた 커피를 시켰는데 다른 것이 나왔다.

¶姉と違って私は甘いものに目がない 언니와는 달리 나는 단 것을 아주 좋아한다. / その問題とは違ってこれはやさしい 그 문제와는 달리 이것은 쉽다. / うわさとは違って高い店 소문과는 달리 비싼 가게 / サファイアの値段は大きさと色によって違う 사파이어 가격은 크기와 색깔에 따라 다르다. / さすがに名人は違うな 역시 명수는 다르구나.

❷【間違っている】틀리다, 아니다【思い違いする】잘못 생각하다 ¶うっかりして違う電車に乗ってしまった 깜박해서 전철을 잘못 탔다. /【電話で】違う番号にお掛けでは、何番にお掛けになりましたか 잘못 거신 것 같은데요. 몇 번에 거셨죠? / どうやら道が違うみたいだ 왠지 이 길이 아닌 것 같다. / この手紙は住所が違っている 이 편지는 주소가 틀렸다. / きょうのテストは2か所答えが違っていた 오늘 시험에서 두 개 틀렸다.

**회화** 아니, 違うよ
- A：これ君のかばんかい
- B：いや、違うよ
- A：이거 네 가방이야?
- B：아니, 아닌데.
- A：金さえあれば幸せになれるんだけどなあ
- B：そうとも違うんじゃない
- A：돈만 있으면 행복해질 수 있을 텐데.
- B：그건 아닌 것 같은데?

❸【正常でなくなる】미치다 ¶彼女は気でも違ったようにわめき散らした 그녀는 미친 듯이 소리를 질러댔다.

**ちかく**【近く】❶【距離が】가까이【近所】근처 ◇近くに 가까이에 ◇近くの 가까운 ¶昨夜我が家の近くで火事があった 어젯밤 우리 집 근처에서 불이 났다. / 近くで見ればその像がどれだけ大きいかわかるよ 가까이에서 보면 그 동상이 얼마나 큰지 알 수 있어. / 彼はお寺の近くに住んでいる 그는 절 근처에 살고 있다. / 空港は町の近くにある 공항은 주택가 근처에 있다. / 暖まるために火の近くに座った 몸을 녹이려고 불 가까이에 앉았다. / 彼は窓の近くに立っていた 그는 창가에 서 있었다. / 너무 추워서 난로 옆으로 자리를 옮겼다. 私たちは近くに住んでいるがめったに会うことはない 우리는 가까이 살지만 거의 만나는 일이 없다. /「この近くに郵便局はありません

か」「あの交差点の手前にあります」"이 근처에 우체국은 없습니까?" "저 사거리 못 미쳐서 있습니다." / 近くに病院がないので困る 근처에 병원이 없어서 불편하다. / 近くにおいでの節はぜひお立ち寄りください 근처에 오시게 되면 꼭 들러주십시오. / 彼は缶コーヒーを近くのコンビニで買った 그는 캔 커피를 근처 편의점에서 샀다.

❷ [時間が] 머지않아, 일간, 곧 ¶彼女は近く結婚する 그녀는 곧 결혼한다. / 人事異動が近く発表されるだろう 조만간 인사이동이 있을 것이다. / 映画の終わり近くに停電した 영화가 끝나 갈 때에 정전이 되었다.

❸ [数量·程度が] 가까이 ◇近くの 가까운
¶彼女を30分近く待っている 그녀를 30분 가까이 기다리고 있다. / 10年近く飼っていた犬が死んでしまった 10년 가까이 키우고 있던 개가 죽고 말았다. / 梅雨に入りひと月近く雨が降ったり止んだりしている 장마가 시작되고 한 달 가까이 비가 내렸다 그쳤다 하고 있다. / 30人近くの人々が集った 30명 가까운 사람들이 모였다.

**ちかく**【知覚】【感覚】 감각 ◇知覚する 지각하다 ◇知覚できる [できない] 揺れ 지각할 수 있는 [없는] 흔들림 関連 知覚神経 지각 신경

**ちかく**【地殻】 지각 ¶地震によって地殻変動が起こった 지진에 의해 지각 변동이 일어났다.
関連 地殻運動 지각 운동

**ちがく**【地学】 지학 [地球科学] 지구 과학 [地質学] 지질학 関連 自然地理学 자연 지리학

**ちかごろ**【近頃】 요즘, 요새 [最近] 최근 ¶近ごろの学生は講義のノートをとらない 요즘 학생들은 수업 시간에 필기를 하지 않는다. / 近ごろいかがお過ごしですか 요새는 어떻게 지내십니까? / 近ごろにない大雪 최근 들어 처음 내린 대설이

**ちかしつ**【地下室】 지하실

**ちかちか** 반짝반짝, 따끔따끔 ◇ちかちかする 반짝이다, 반짝거리다 / 遠くであかりがちかちかと光っている 멀리서 빛이 반짝반짝 빛나고 있다 / 空には星がちかちかまたたいていた 하늘에는 별이 반짝반짝 깜박거리고 있었다 / ちかちかするネオン 반짝이는 네온 / 強い光で目がちかちかする 강한 빛에 눈이 따끔거린다.

**ちかぢか**【近々】 머지않아, 일간 ⇨じき

**ちかづき**【近付き】 ¶お近づきになれてうれしく思います 만나게 되어서 기쁘게 생각합니다. / お近づきの印に一杯おごりましょう 만난 기념으로 한 잔 사겠습니다.

**ちかづく**【近付く】 ❶ [時間が差し迫る] 다가오다, 다가가다 ¶春が近づいてきた 봄이 다가왔다. / 夏休みも終わりに近づいた 여름 방학도 끝나 간다. / 入試が近づき緊張しすぎた 입시가 다가와서 긴장되었다. / お正月が目前に近づいている 설날 눈앞에 다가왔다. / 私は秋が近づくのを感じた 나는 가을이 다가오는 것을 느꼈다.

❷ [距離·状態が接近する] 다가가다, 다가오다 ¶彼らは湖に近づいて行った 그들은 호수로 다가갔다. / 台風が関東に近づいているらしい 태풍이 간토 지방에 다가오고 있다고 한다. / 噴火口に近づいてはいけません 분화구에 다가가서는 안 됩니다. / 男は背後からその女性に近づいた 남자는 뒤에서 그 여자에게 다가갔다.

¶新しいビルが完成に近づいた 새로운 빌딩이 거의 다 완성되어 간다. / 両社は和解に近づいている 두 회사는 화해를 눈 앞에 두고 있다.

❸ [親しくなる] 다가가다 ¶彼女は財産目当てに近づいたらしい 그녀는 재산을 노리고 그에게 다가갔다고 한다. / あの人たちには近づかないほうがいいですよ 저 사람들하고는 거리를 두는 편이 좋아. / 「彼はどんな人ですか?」「ちょっと近づきにくい人ですね」 "그 사람은 어떤 사람입니까?" "좀 다가가기 어려운 사람입니다."

**ちかづける**【近付ける】 대다, 가까이 하다 ¶椅子をもっとテーブルに近づけなさい 의자를 좀 더 테이블에 가까이 대. / 彼は明かりを壁の絵に近づけた 그는 불빛을 벽의 그림에 가까이 댔다. / 新聞に目を近づける 신문에 눈을 가까이 하다 / それは火に近づけないでください 그것은 불에 가까이 가져가지 마세요. / 彼女は男を決して近づけない 그녀는 남자를 절대 가까이하지 않는다.

**ちかてつ**【地下鉄】 지하철 ¶銀座まで地下鉄で行った 긴자까지 지하철로 갔다. / その事件が起こったとき私は地下鉄で出勤途中だった 그 사건이 일어났을 때 나는 지하철로 출근하고 있었다. / 地下鉄を乗り換える 지하철을 갈아타다 / 地下鉄の中で 지하철 안에서

**ちかどう**【地下道】 지하도

**ちかみち**【近道】 지름길 ¶きょうは近道をして学校に行った 오늘은 지름길로 학교에 갔다. / 駅へはこっちが近道だ 역은 이쪽이 지름길이다.

**ちかよる**【近寄る】 가까이 가다, 다가가다, 접근하다 ¶私が近寄ると彼らは黙って 내가 다가가자 그들은 입을 다물었다. / 不審物には近寄るな 수상한 물건에는 다가가지 마. / 権力に近寄る 권력에 접근하다

## **ちから**【力】 ❶ [物を動かす力] 힘

[基本表現]
▶彼は力が強い [ある]
　그는 힘이 강하다 [있다].
▶私は力が弱い [ない]
　나는 힘이 약하다 [없다].
▶韓国語の力がついた
　한국어 실력이 늘었다. ⇨❸

¶彼は驚異的な力でオートバイを持ち上げた 그는 경이적인 힘으로 오토바이를 들어 올렸다. / 相手の力に対してこちらは技で対抗しよう 상대가 힘으로 나오면 이쪽은 기술로 대항하자. / このふたを開けるのにはかなり力がいる 이 뚜껑을 여는 데는 꽤 힘이 든다. / 彼女の声援のおかげで体に力がみなぎるのを感じた 그녀의 성원 덕분에 몸에 힘이 넘치는 것을 느꼈다. / 力比べをする 힘겨루기를 하다

¶風がすごい力で木々をなぎ倒した 바람이 굉장한 힘으로 나무들을 쓰러뜨렸다. / この前の大地震で自然の力のすごさを思い知った 지난번의 대지진으로 자연의 위력을 절실히 느꼈다.

❷【体力】힘【気力】기력 ¶子供たちは力が余っているのでじっとしていられなかった 아이들은 힘이 남아돌아 가만히 못 있었다. / きちんと食べないと力が出ないよ 제대로 먹지 않으면 힘이 안 난다. / 試合の終わりまでには力を使い果たしてしまった 경기가 끝날 때쯤에는 힘이 다 소진되었다. / 若い人たちは力にあふれていてうらやましい 젊은이들은 힘이 넘쳐서 부럽다. / 声に力がない 목소리에 힘이 없다.

¶両方の選手とも力を出し切って満足そうだった 양 선수 모두 있는 힘을 다 써서 만족해 보였다. / 彼女は最後の力を振り絞って電話に手を伸ばした 그녀는 있는 힘을 다해 전화기에 손을 뻗었다. / 彼はついに力が尽きた 그는 결국 힘이 다했다. / ご主人を亡くされてさぞお力を落とされたことでしょう 남편을 잃으시고 얼마나 낙담하셨겠습니까? / その知らせを聞いたとたんに体中の力が抜けてしまった 그 소식을 들은 순간 온 몸의 힘이 빠져 버렸다.

❸【能力】힘, 능력, 실력【手腕】솜씨 ¶彼女は医者としてすぐれた力を発揮した 그녀는 의사로서 뛰어난 능력을 발휘했다. / それは私の力ではどうにもならない 그것은 내 힘으로는 어떻게 안 된다. / 彼は文章を読みとる力が不足している 그는 문장을 이해하는 능력이 부족하다. / 彼らには優勝するだけの力がある 그들에게는 우승할 만한 능력이 있다. / あいつは自分の力を過大視している 그 녀석은 자기 능력을 과대평가하고 있다. / 新入社員の力はまだ未知数だ 신입 사원의 능력은 아직 미지수다. / 一生懸命やったが力が及ばなかった 열심히 했지만 능력이 미치지 못했다. / 作文の力がついてきたね 작문 실력이 늘었네. / 山田君の数学の力はすごい 야마다 군의 수학 실력은 뛰어나다.

¶今度の仕事は力の限りがんばります 이번 일은 최선을 다해 열심히 하겠습니다. / 自分一人の力で大きくなったと思うなよ 자기 혼자 힘으로 컸다고 생각하지 마. / 知識は力なり 아는 것이 힘이다.

❹【権力, 勢力】힘【影響力】영향력 ¶彼は政界で相当の力を持っている 그는 정계에서 상당한 영향력을 가지고 있다. / 彼は親の力で一流会社に入った 그는 부모의 영향력으로 일류 회사에 들어갔다.

❺【尽力, 助力】힘, 도움 ¶あなたがたのお力が必要です 여러분들의 힘이 필요합니다. / 彼には今までずいぶん力になってもらった 그 사람에게는 지금까지 상당히 도움을 받았다. / 住民たちは警察と力を合わせて地域のパトロールを行うことにした 주민들은 경찰과 힘을 합쳐 지역 순찰을 하기로 했다. / 多くの人が私に力を貸してくれた 많은 사람들이 나에게 힘이 되어 주었다. / 彼女は署名運動に力を貸した 그녀는 서명 운동을 도와주었다. / わが社は新製品の開発に力を入れている 우리 회사는 신제품 개발에 힘을 쏟고 있다. / みんなの力で会社をここまで大きくすることができた 모두의 힘으로 회사를 여기까지 확장할 수 있었다. / 他人の力ばかり当てにしていては何もできない 다른 사람의 힘만 믿고 있어서는 아무것도 할 수 없다.

❻【効力】힘 ¶薬の力に頼り過ぎるのはよくない 약에 너무 의존하는 것은 좋지 않다. / その候補者は金の力で票を集めたというわさだ 그 후보자는 돈의 힘으로 표를 모았다고 한다. / 意志の力で禁煙した 강한 의지로 담배를 끊었다. / 運命の不思議な力に逆らうことはできない 운명의 불가사의한 힘에 거스를 수 없다. 関連 力関係 역학 관계 力持ち(힘)장사

**ちからいっぱい【カ一杯】**힘껏 ¶ドアを力一杯押したが開かなかった 문을 힘껏 밀었지만 열리지 않았다.

**ちからこぶ【力瘤】**알통 ¶彼は腕を曲げて力こぶを作った 그는 팔을 구부려서 알통을 만들었다. / 彼の盛り上がった力こぶはすごい 그의 불룩 솟은 알통은 굉장하다.

**ちからずく【力尽く】**◇力ずくで 힘으로, 강제로 ¶彼は彼女を力ずくで部屋から追い出した 그는 그녀를 강제로 방에서 쫓겨냈다. / 彼らはかぎのかかったドアを力ずくで開けようとした 그들은 잠긴 문을 강제로 열려고 했다.

**ちからぞえ【力添え】**도움 ¶どうぞお力添えください 제발 도와주세요. ⇒助ける

**ちからだめし【力試し】**¶力試しにこの問題をやってみなさい 시험 삼아 이 문제를 풀어 봐라.

**ちからづよい【力強い】**[声などが]힘차다【心強い】마음이 든든하다 ◇力強く 힘차게 ¶力強い声 힘찬 목소리 / この詩には力強いリズムがある 이 시에는 힘찬 리듬이 있다.

¶君がいるので力強い 자네가 있어서 든든하다. / 力強い味方が現れた 믿음직한 협력자가 나타났다.

**ちからなく【力なく】**힘없이 ¶彼女は力なくほほえんだ 그녀는 힘없이 미소지었다.

**ちからまかせ【力任せ】**있는 힘껏 ¶彼は力任せにドアを蹴飛ばした 그는 있는 힘껏 문을 찼다.

**ちかん【痴漢】**치한 ¶満員電車の中で痴漢にあった 만원 전철 안에서 치한을 만났다.

**ちき【知己】**지기 ¶百年の知己を得る 백년지기를 얻다

**ちきゅう**【地球】지구 ¶地球は太陽の周りを回っている 지구는 태양 주위를 돌고 있다. / 地球は地軸を中心に自転する 지구는 지축을 중심으로 자전한다. / 地球の反対側ではいま夜だ 지구의 반대편은 지금 밤이다. / 宇宙飛行士たちは無事地球に帰還した 우주비행사들은 무사히 지구에 귀환했다.

¶地球上にはどのくらいの種類の生物がいるのだろうか 지구 상에는 몇 종류나 되는 생물이 있을까? 関連 地球温暖化 지구 온난화 / 地球科学 지구 과학, 지학(지학) / 地球儀 지구의 / 地球人 지구인 / 地球物理学 지구 물리학

**ちぎょ【稚魚】**치어 ¶毎年あゆの稚魚を川に放流する 매년 은어의 치어를 강에 방류한다.

**ちぎる【千切る】**잘게 찢다〔パンなどを〕뜯다〔もぎ取る〕잘라 떼다 ¶紙をちぎって捨てる 종이를 잘게 찢어서 버리다 / 明はパンをちぎって池の鯉に投げ与えた 아키라는 빵을 잘게 찢어서 연

**ちぎれる【千切れる】** 찢어지다, 끊어지다 ¶ロープがちぎれた 줄이 끊어졌다. /そんなに引っ張ったらひもがちぎれるよ 그렇게 잡아당기면 줄이 끊어져. /寒くて耳がちぎれそうだ 추워서 귀가 찢어질 것 같다.

**チキン** 치킨 ¶フライドチキン 프라이드치킨 /チキンライス 치킨라이스

**ちく【地区】** 지구 ¶ここは商業地区です 여기는 상업 지구입니다. /文教[住宅, 風致]地区 학교가 많은[주택이 많은, 풍치] 지구 /京浜地区 게이힌 지구 /地区代表 지구 대표

**ちくご【逐語】** ¶逐語訳 축어역 /逐語訳する 축어역하다

**ちくさん【畜産】** 축산 [関連]畜産業 축산업 /畜産物 축산물

**ちくじ【逐次】** 차례차례 ¶問題点は逐次処理してまいります 문제점은 차례차례 처리해 가겠습니다.

**ちくしょう【畜生】** 〔獣〕짐승 ¶畜生！[罵り, 悔しさ] 제기랄! /こん畜生！이 개새끼! /畜生, 電車[バス]に乗り遅れた 제기랄, 전철을[버스를] 놓쳤다.

**ちくせき【蓄積】** 축적 ◇蓄積する 축적하다 ¶彼はわずか数年でぼく大な富を蓄積した 그는 불과 몇 년만에 막대한 부를 축적했다. /経験が蓄積される 경험이 축적되다 /農薬の体内蓄積 농약의 체내 축적

**チクタク** 똑딱똑딱, 째깍째깍 ¶時計がチクタクと鳴る 시계가 똑딱[째깍]거리다

**ちくちく** 따끔따끔 ¶ばらのとげが手にちくちく刺った 장미 가시가 손을 따끔따끔 찔렀다. /このセーターはちくちくする 이 스웨터는 따끔따끔하다

**ちくのうしょう【蓄膿症】** 축농증

**ちぐはぐ** ◇ちぐはぐだ〔釣り合わない〕어울리지 않다〔話が〕뒤죽박죽이다 ¶その靴は彼のちょっとしたスーツとはいかにもちぐはぐだった 그 구두는 그의 깔끔한 양복하고는 너무나도 안 어울렸다. /その色の取り合わせは何だかちぐはぐだ 그 색깔들은 왠지 어울리지 않는다.
¶彼女の話はちぐはぐだ 그녀의 이야기는 뒤죽박죽이다.

**ちくび【乳首】** 젖꼭지

**ちくりと** 콕, 쿡, 따끔하게 ¶うっかり針でちくりと刺したら血が出た 무심코 바늘로 손가락을 쿡 찔렀더니 피가 났다.

**チクる** 고자질하다 ¶君がテストでカンニングしたのを先生にチクったのはあいつだよ 네가 시험에서 커닝한 것을 선생님께 고자질한 사람은 그 녀석이야. /弟は僕のやったことをお母さんにチクったんだ 동생은 내가 한 일을 어머니께 고자질했어.

**ちけい【地形】** 지형 ¶ここの地形は農業に向いていない 이 곳의 지형은 농업에 맞지 않는다. [関連]地形学 지형학 /地形図 지형도

**チケット** 티켓, 표 ◇切符

**ちこく【遅刻】** 지각 ◇遅刻する 지각하다 ¶彼は寝坊して学校に遅刻した 그는 늦잠자서 학교에 지각했다. /私は会議に10分遅刻した 나는 회의에 10분 지각했다. /彼女は授業に遅刻した 그녀는 수업에 지각했다. /目覚まし時計が鳴らなかったせいで会社に遅刻した 자명종이 울리지 않아서 회사에 지각했다. /彼は遅刻の常習犯だ 그는 지각 대장이다. [関連]遅刻届 지각계

**ちじ【知事】** 지사 ¶知事選挙 지사 선거 /東京都知事 도쿄도 지사 /県知事 현지사 /(韓国の)道知事 도지사

**ちしき【知識】** 지식 ¶私は韓国語の知識が多少ある 나는 한국어에 대해 다소의 지식을 가지고 있다. /姉はコンピュータの知識が豊富だ 누나는 컴퓨터에 관해서는 아는 게 많다. /私は法律の知識がまったくない 나는 법률 지식이 전혀 없다. /この本は大気汚染に関する最新の知識を与えてくれる 이 책은 대기 오염에 관한 최신 정보를 제공해 준다.
¶音楽の知識を生かせる仕事につきたい 음악 지식을 살리는 일을 하고 싶다. /世界中を旅行することでさまざまな知識を得た 세계를 여행함으로써 여러 가지 지식을 얻었다. /子供は知識の吸収が速い 애들은 지식을 흡수하는 게 빠르다. /大学に行って知識を広げたい 대학에 가서 지식을 넓히고 싶다. /うちの息子は知識欲が旺盛だ 우리 아들은 지식욕이 왕성하다. /この仕事にはインターネットの専門知識が必要だ 이 일에는 인터넷의 전문 지식이 필요하다. /彼らにはハイテク製品を製造する技術的な知識がない 그들에게는 하이테크 제품을 제조할 기술적인 지식이 없다. /知識を積む 지식을 쌓다
¶高度な知識 고도의 지식 /基礎的知識 기초적 지식 /初歩的知識 초보적인 지식 /専門的知識 전문적인 지식 /深い知識 깊은 지식 /浅い知識 얕은 지식 /広い知識 넓은 지식 /わずかな知識 약간의 지식 /生半可な知識 어설픈 지식 /実用的知識 실용적인 지식 /一般的知識 일반적인 지식 [関連]知識階級 지식 계급 /知識産業 지식 산업 /知識人 지식인

**ちじく【地軸】** 지축

**ちしつ【地質】** 지질 ¶工場を建設する前に十分な地質調査が行われた 공장을 건설하기 전에 충분한 지질 조사가 행해졌다. [関連]地質学 지질학 /地質学者 지질 학자

**ちじょう【地上】** 지상 ¶このホテルは地上15階, 地下2階だ 이 호텔은 지상 15층, 지하 2층이다. /横浜のランドマークタワーは地上296メートルちょうどの高さである 요코하마의 랜드마크 타워는 높이가 정확하게 지상 296미터이다. /人工衛星は地上3万6千キロでうまく軌道に乗った 인공위성은 지상 3만 6천 킬로에서 성공적으로 궤도를 탔다. /わしは翼を広げて地上に降りた 독수리는 날개를 펴고 지상으로 내려왔다.
¶オーストラリアのエアーズロックは地上最大の一枚岩だ 호주의 에어즈락은 지상 최대의 바위이다. /地上最強の男 지상 최강의 남자
¶そこはさながら地上の楽園のようだった 거기는 마치 지상의 낙원 같았다. [関連]地上管制塔 지상 관제탑 /地上勤務 지상 근무 /地上権 지상권

地上職員〔航空会社の〕지상 직원 / 地上部隊 지상 부대 / 地上波放送 지상파 방송

**ちじん【知人】** 지인, 아는 사람 ¶彼はマスコミ業界に知人が多い 그는 매스컴 업계에 아는 사람이 많다. / 知人がそのレストランをすすめてくれた 아는 사람이 그 레스토랑을 추천해 주었다. / 知人を頼って上京する 아는 사람을 믿고 상경하다 / 知人関係 지인 관계

**ちず【地図】** 지도〔略図〕약도 ¶朝鮮半島の地図を調べた〔見た〕한반도 지도를 조사했다〔보았다〕. / 地図でその場所を探した 지도에서 그 장소를 찾았다. / 今この地図のどこにいるのかわかりますか 지금 있는 곳이 이 지도상 어디인지 아시겠습니까? / 彼は地図の見方をよく知っている 그는 지도를 잘 본다. / 彼女に駅までの地図を描いてくれるよう頼んだ 그녀에게 역까지 가는 약도를 그려 달라고 부탁했다. / その村はどの地図にも出ていない 그 마을은 어느 지도에도 안 나와 있다. / 彼らは地図を頼りに目的地まで行った 그들은 지도를 의지해서 목적지까지 갔다. / 2万分の1の地図 2만분의 1지도 関連 地図帳 지도첩 / 韓国地図 한국 지도 / 市街地図 시가 지도 / 世界地図 세계 지도 / 道路地図 도로 지도 / 日本地図 일본 지도 / 白地図 백지도

**ちすじ【血筋】** 핏줄, 혈통(血統) ¶血筋がいい 혈통이 좋다 / 血筋をひく 핏줄을 이어받다 / 彼は政治家の血筋だ 그는 정치가 집안 출신이다. 関連 血筋は争えない 핏줄은 속일 수 없다.

**ちせい【治世】** 치세 ¶世宗大王の治世 세종대왕의 치세

**ちせい【知性】** 지성〔知能〕지능 ◇知性的だ 지성적이다 ¶彼女の話し方には知性が感じられた 그녀의 말투에는 지성이 느껴졌다. / あの男には知性のかけらもない 그 남자는 지성이라고는 손톱만큼도 없다.

**ちせつ【稚拙】** ◇稚拙だ 치졸하다 ¶彼の文章は稚拙だ 그의 문장은 치졸하다. / 稚拙な文章 치졸한 문장

**ちそう【地層】** 지층 ¶その化石は白亜紀の地層から発見された 그 화석은 백아기의 지층에서 발견되었다. 関連 地層学 지층학

**ちたい【地帯】** 지대 ¶この地方は日本でも有数の豪雪地帯だ 이 지방은 일본에서도 손꼽히는 폭설 지대다. / 安全〔危険〕地帯 안전〔위험〕지대 / 工場地帯 공장 지대 / 山岳地帯 산악 지대 / 阪神工業地帯 한신 공업 지대

**チタン** 티탄 ¶このゴルフクラブはチタン製이 골프채는 티탄제다.

**ちち【父】** ❶〔男親〕아버지, 부친 ¶彼は3人の子の父だ 그는 세 아이의 아버지다. / 父は日本人で, 母は韓国人です 아버지는 일본 사람이고 어머니는 한국 사람입니다. / 父は間もなく退院できそうです 아버지는 곧 퇴원할 수 있을 것 같습니다.
❷〔生みの親, 創始者〕아버지, 창시자 ¶彼は遺伝学の父と呼ばれている 그는 유전학의 아버지로 불리우고 있다. 関連 父の日 아버지의 날(▶韓国では父の日と母の日をひとつにして어버이날「父母の日」といい, 5月8日に祝う)

**ちち【乳】** 젖〔母乳〕모유〔乳房〕유방 ¶牛の乳を搾る 젖을 짜내다 / この牛は乳の出がよい 이 소는 젖이 잘 나온다. / 彼女は赤ちゃんに乳を飲ませている 그녀는 아기에게 젖을 먹이고 있다. / 赤ちゃんは乳を飲んでいてむせた 아기는 젖을 먹다가 사레 들렸다. / 乳を含ませる 젖을 물리다 / 乳離れする 젖을 떼다 / 乳臭い 젖내가 나다

**ちち【遅々】** ◇遅々として 지지부진하여 ¶計画は遅々として進まない 계획은 지지부진한 채 진행되지 않는다.

**ちちかた【父方】** 부계, 아버지 쪽 ¶彼は父方のいとこです 그 사람은 사촌입니다. (▶裏見返し「親族呼称」参照)

**ちぢみあがる【縮み上がる】** 움츠러들다 ¶彼は恐怖で縮み上がった 그는 공포로 움츠러들었다.

**ちぢむ【縮む】** 오그라들다, 줄어들다 ¶このシャツは洗ったら縮んでしまった 이 셔츠는 빨았더니 줄어들어 버렸다.

**ちぢめる【縮める】** 줄이다, 단축하다 ¶ズボンのすそを1センチ縮めてください 바지 밑단을 1센티 줄여 주세요. / 彼は100メートルの日本記録を0.1秒縮めた 그는 100미터 일본 기록을 0.1초 단축했다. / 飲みすぎると寿命が縮むよ 과음하면 제명대로 못 살아요. / 夏休みは3週間に縮められた 여름 방학이 3주일로 단축되었다.

**ちちゅう【地中】** 지중, 땅속 ¶私たちはタイムカプセルを地中に埋めた 우리는 타임캡슐을 땅에 묻었다. / もぐらは地中に住む 두더지는 땅 속에 산다.

**ちちゅうかい【地中海】** 지중해

**ちぢれる【縮れる】**〔髪が〕곱슬곱슬하다〔しわが寄る〕주름이 지다 ¶彼女の髪は縮れている 그녀의 머리는 곱슬곱슬하다 / 服地が縮れる 옷감에 주름이 지다

**ちつ【膣】** 질 関連 膣カンジダ症 질칸디다증

**ちつじょ【秩序】** 질서 ¶暴動を鎮圧し秩序を守るために大統領は首都に戒厳令を布告した 폭동을 진압하고 질서를 지키기 위해서 대통령은 수도 전역에 계엄령을 선포했다. / この国の秩序を回復するにはまだいぶ時間がかかるだろう 이 나라의 질서를 회복하는 데는 꽤 시간이 걸릴 것이다. / 過激派グループは社会秩序を乱す恐れがある 과격파 그룹은 사회 질서를 어지럽힐 위험이 있다. / このクラスには秩序というものがない 이 반에는 질서라는 것이 없다.
¶彼は秩序立てて仕事をこなす人だ 그 사람은 조리 있게 일을 해치우는 사람이다. / 秩序立って질서 정연하게

**ちっそ【窒素】** 질소 関連 窒素酸化物 질소 산화물 / 窒素肥料 질소 비료

**ちっそく【窒息】** 질식 ◇窒息する 질식하다〔息が詰まる〕¶犠牲者の死亡原因はほとんどが煙による窒息だった 희생자의 사망 원인은 대부분이 연기에 의한 질식이었다. / ダイビング中にボンベの酸素が切れて窒息するところだった 스쿠버 다이빙 중에 산소통의 산소가 떨어져서 질식사할 뻔했다. / もちがのどに引っかけてあやうく窒息しかけた 떡이 목에 걸려서 하마터면 질식할 뻔했다. / 窓を開けてください. ここは息苦しくて

**窒息しそうです 창문 좀 열어 주세요. 여기는 숨이 막혀서 질식할 것 같아요. / うちの学校は規則が厳しくて窒息しそうだ 우리 학교는 규칙이 너무 엄해서 숨이 막힐 것 같다. / 窒息死する 질식사하다

**ちっとも** 조금도, 하나도, 전혀 ¶ちっともおもしろくない 하나도 재미없다. / ちっともわからない 전혀 모르겠다. / ちっとも見当がつかない 전혀 짐작이 가지 않는다. / そんなことちっともかまわない 그런 건 전혀 상관없다. / 彼が来なくてもちっともかまわない 그가 안 와도 아무 상관없어.

**チップ** 팁 ¶チップをやる[もらう] 팁을 주다[받다] / ボーイにチップを1万ウォン渡した 호텔 종업원한테 팁을 만 원 주었다. / テーブルの上にチップを置いてきた 테이블 위에 팁을 두고 왔다. / 彼は運転手にチップをはずんだ 그는 운전사에게 팁을 듬뿍 주었다. ◁チップはご辞退します 팁은 안 받습니다. / シリコンチップ 실리콘 팁 / ファウルチップ 〖野球〗 파울 팁

**ちてき**【知的】지적 (▶発音은 지적) ¶知的水準が高い 지적 수준이 높다. / 知的好奇心が旺盛だ 지적 호기심이 왕성하다. / 彼女は非常に知的な女性だ 그녀는 대단히 지적인 여성이다. / 彼の話し方は知的な印象を与える 그의 말투는 지적인 인상을 준다. / 知的な雰囲気 지적인 분위기 / 彼には知的なところがない 그 사람에게는 지적인 데가 없다. 関連 知的財産 지적 재산 / 知的所有権 지적 소유권[재산권] / 知的労働 지적 노동

**ちてん**【地点】지점 ¶ここは登山コースの中でもっとも危険な地点だ 여기는 등산 코스 중에서 가장 위험한 지점이다. / その選手は30キロ地点で棄権した 그 선수는 30킬로 지점에서 기권했다. / 出発地点 출발 지점 / 通過地点 통과 지점 / 折り返し地点 반환 지점

**ちどうせつ**【地動説】지동설 ¶地動説を唱える 지동설을 주장하다

**ちどりあし**【千鳥足】갈지자걸음 (▶発音은 갈찌짜걸음) ¶彼は車道を千鳥足で歩いていた 그는 차도를 갈지자로 걷고 있었다

**ちなまぐさい**【血生臭い】¶犯行現場は血生臭かった 범행 현장은 피비린내가 났다. / 血生臭い戦争 피비린내 나는 전쟁

**ちなみに**【因みに】근데 ¶彼女は非常に優秀な弁護士で, ちなみに2児の母親だ 그녀는 아주 우수한 변호사로, 두 아이의 어머니이기도 하다. / ちなみにそのパソコン, いくらで買ったの 근데 그 컴퓨터 얼마에 샀어?

**ちなむ**【因む】¶その子は春にちなんで春子と名付けられた 그 아이는 봄에서 이름을 따와 하루코라고 이름 지었다.

**ちねつ**【地熱】지열 関連 地熱発電 지열 발전 / 地熱発電所 지열 발전소

**ちのう**【知能】지능 ◇知能的 지능적 ¶知能が高い 지능이 높다. / そのチンパンジーは3歳児並みの人の知能を持っているといわれる 그 침팬지는 세 살짜리 어린애 정도의 지능을 가지고 있다고 한다. / 彼は知能指数が150ある 그는 지능 지수가 150이다. / 知能の遅れた子供 지능이 늦은 아이 関連 知能検査 지능 검사 / 知能指数(IQ) 지능 지수 / 知能犯 지능범

**ちのけ**【血の気】핏기 ; 혈기 ¶彼女は顔から血の気がうせるのを感じた 그녀는 얼굴에서 핏기가 가시는 것을 느꼈다. / 私の記憶では彼は血の気の多い男だった 내 기억으로는 그는 혈기 넘치는 남자였다.

**ちのり**【地の利】¶その町は交通の要衝として地の利を得ている 그 도시는 교통의 요지로서 유리한 지리적 조건에 있다.

**ちのり**【血糊】¶服には血のりがべっとりと付いていた 옷에는 끈적끈적한 피가 흠뻑 묻어 있었다.

**ちばしる**【血走る】핏발이 서다 ¶乗っ取り犯の目は血走っていた 탈취범의 눈은 핏발이 서 있었다. / 血走った目 핏발이 선 눈

**ちび** 꼬마【小さい人】키가 작은 사람〔子供〕어린애, 어린이 ¶うちのおちびさんはどこだい 우리 집 꼬마는 어디지? / おちびさんたちは一緒に庭で遊んでますよ 꼬마들은 뜰에서 같이 놀고 있어요.

**ちびちび** 홀짝홀짝, 야금야금 ¶彼はブランデーをちびちび飲んだ 그는 브랜디를 홀짝홀짝 마셨다. / 彼女はビスケットをちびちび食べ始めた 그녀는 비스켓을 야금야금 먹기 시작했다.

**ちひょう**【地表】지표

**ちぶ**【恥部】치부〔体の〕음부(陰部) ¶日本の恥部 일본의 치부

**ちぶさ**【乳房】유방, 가슴; 《俗》젖통이, 젖통 ¶乳房の豊かな[小さな]女性 가슴이 풍만한[작은] 여자 / 彼女は乳房が大きい 그 여자는 가슴이 크다.

**チフス** 티푸스 ¶腸チフス 장 티푸스 / 発疹チフス 발진 티푸스 関連 チフス菌 티푸스균

**ちへいせん**【地平線】지평선 ¶地平線のかなた 지평선 너머 / 地平線に日が沈む 지평선에 해가 지다 / 地平線上に小さな影が現れた 지평선상에 작은 그림자가 나타났다.

**ちほう**【地方】❶〔地域〕지방 ¶九州地方に大雨注意報が出ている 규슈 지방에 폭우 주의보가 내려졌다. / 伝統行事は地方によって異なる 전통 행사는 지방에 따라 다르다. / 信越地方は大雪に見舞われた 신에쓰 지방에 대설이 내렸다. / この地方では良質のぶどうが採れる 이 지방에서는 질이 좋은 포도가 수확된다.
¶これは地方色豊かな小説だ 이것은 지방색이 풍부한 소설이다. / 熱帯地方には昆虫の種類が多い 열대 지방에는 곤충의 종류가 많다.
❷〔中央都市以外の土地〕지방〔主要都市と対比してないかり〕시골 ¶地方に住んでいたことがある 지방에 산 적이 있다. / 彼女は昨年の春に地方から出て来たそうだ 그녀는 작년 봄에 지방에서 올라왔다고 한다. / 父は地方に単身赴任した 아버지는 지방에 단신 부임했다. / 仕事の関係上, 地方を旅することが多い 일 관계상, 지방을 여행하는 경우가 많다. 関連 地方議会 지방 의회 / 地方行政 지방 행정 / 地方銀行 지방 은행 / 地方区〔選挙の〕지역구 / 地方交付税 지방 교부세 / 地方公務員 지방 공무원 / 地方債 지방채 / 地方裁判所 지방 재판소(▶韓国의 지방 법원에 あたる) / 地方紙 지방지〔地方版〕지방판 / 地方自治

**ちほう**【地方】自治団体 /地方巡業 지방 순업 /地方税 지방세 /地方分権 지방 분권

**ちほう**【痴呆】치매 関連 老人性痴呆症(認知症) 노인성 치매 [アルツハイマー病] 알츠하이머병

**ちまた**【巷】항간 ¶巷のうわさではその女優は近々結婚するそうだ 항간의 소문으로는 그 여배우가 곧 결혼한다고 한다.

**ちまなこ**【血眼】혈안 ¶彼らは血眼になって行方不明の子供を捜した 그들은 혈안이 되어 실종된 어린이를 찾았다.

**ちまみれ**【血塗れ】피투성이 ¶じゅうたんの上に血まみれのハンカチが落ちていた 융단 위에 피투성이의 손수건이 떨어져 있었다. /彼女の手は血まみれだった 그녀의 손은 피투성이였다.

**ちまめ**【血豆】피가 섞인 물집 ¶手に血豆ができた 손에 피가 섞인 물집이 생겼다.

**ちまよう**【血迷う】미치다, 이성을 잃다 ¶何を血迷ったのか彼は警官に殴りかかった 갑자기 이성을 잃었는지 그는 경찰관에게 덤벼들었다.

**ちみつ**【緻密】◇緻密だ 치밀하다 ¶我々は緻密な計画を立てた 우리는 치밀한 계획을 세웠다. /彼は緻密な頭脳の持ち主だ 그는 치밀한 두뇌를 가졌다. /緻密さに欠ける計画 치밀하지 못한 계획

**ちめい**【地名】지명 関連 地名辞典 지명 사전

**ちめい**【致命】◇致命的だ 치명적이다 ¶それは致命的な間違いだった 그것은 치명적인 실수였다. /株価暴落で会社は致命的な打撃をくらった 주가 폭락으로 회사는 치명적인 타격을 입었다. /彼は交通事故で致命傷を負った 그는 교통 사고로 치명상을 입었다.

**ちめいど**【知名度】지명도 ¶そのメーカーは海外では非常に知名度が高い 그 메이커는 해외에서는 대단히 지명도가 높다. /この前の選挙でその候補は知名度を利用して票を稼いだ 지난 선거에서 이 후보는 지명도를 이용해서 표를 얻었다.

**ちもう**【恥毛】음모(陰毛)

**ちゃ**【茶】〔飲料〕차

基本表現
▶お茶を1杯飲んだ 차를 한 잔 마셨다.
▶お茶を沸かした 차를 끓였다.
▶お茶を入れましょうか 차를 끓일까요?
▶お客様にお茶を出した 손님께 차를 냈다.
▶「お茶はいかがですか」「いただきます」 "차 드실래요?" "예, 마시겠습니다."

¶君の入れるお茶はいつもぬるすぎる 네가 끓이는 차는 항상 미지근하다. /お茶の時間ですよ, ちょっと休憩しましょう 차 마실 시간입니다. 좀 쉬 하죠. /きのう友達をお茶に招いた 어제 친구를 초대해서 차를 마셨다. /お茶でも飲みながら君の話を聞こう 차라도 마시면서 네 이야기를 듣자. /熱いお茶が飲みたい 뜨거운 차를 마시고 싶다. /濃い茶 진한 차 /薄い茶 엷은 차 /渋い茶 떫은 차 /苦い茶 쓴 차 数え方 茶1杯 차 한 잔 ¶彼女は毎週1回お茶を習っている 그녀는 일 주일에 한 번 다도를 배우고 있다.

会話 お茶に誘う
A:さあ, お茶にしましょう
B:ええ, そうしましょう
A:자, 차나 한잔 하죠.
B:예, 그렇게 하죠.

関連 日本茶 일본차 /緑茶 녹차 /麦茶 보리차 /抹茶 말차, 가루차 /ウーロン茶 우롱차 /ジャスミン茶 자스민차 /ハーブ茶 허브차 /人参茶 인삼차 /お茶 유자차 /⇒お茶, 茶色

**チャーター** 전세(傳貰) ¶旅行会社はバスをチャーターして客を空港まで運んだ 여행사는 버스를 전세해서 손님을 공항까지 실어 주었다.
関連 チャーター機 전세기(傳貰機)

**チャーハン**【炒飯】볶음밥

**チャーミング** ◇チャーミングだ 매력적이다 ◇チャーミングな 매력적인 ¶ソンヒはチャーミングな女の子だ 선희는 매력적인 여자아이다.

**チャームポイント** ¶彼女のチャームポイントは目だ 그녀의 매력 포인트는 눈이다.

**チャイム** 차임벨, 벨 ¶玄関のチャイムが鳴った 현관의 벨이 울렸다. /始業のチャイムは8時30分に鳴る 시작종은 여덟 시 30분에 울린다.

**ちゃいろ**【茶色】갈색(褐色) ¶彼は茶色の髪をしている 그는 갈색 머리를 하고 있다. /彼の目は茶色だ 그의 눈은 갈색이다. ⇒茶

**ちゃかす**【茶化す】놀리다 ¶彼はまじめに言ってるんだから茶化すのはよせ 그는 진지하게 말하고 있는 거니까 놀리지 마. ⇒からかう

**ちゃかっしょく**【茶褐色】다갈색

**ちゃく**【着】〔到着〕도착〔順位〕등〔衣服の数〕벌 ¶京都6時着の列車に乗ります 교토에 여섯 시에 도착하는 열차를 탑니다. /その子はかけっこで2着だった 그 아이는 달리기에서 2등을 했다. /彼はスーツを20着も持っている 그는 양복을 스무 벌이나 가지고 있다.

**ちゃくがん**【着眼】착안〔注目〕주목 ◇着眼する 착안하다, 주목하다 ¶彼はいいところに着眼している 그는 좋은 점에 주목하고 있다. /着眼点がいい 착안점이 좋다.

**ちゃくし**【嫡子】적자

**ちゃくじつ**【着実】◇着実だ 착실하다 ◇着実に 착실히 ¶着実に進歩する 착실하게 진보하다 /彼の研究は着実に進んでいる 그의 연구는 착실하게 진행되고 있다. /創立以来わが社は着実に発展してきた 창립 이래 우리 회사는 착실히 발전해 왔다.

**ちゃくしゅ**【着手】착수 ◇着手する 착수하다 ¶工事に着手する 공사에 착수하다 /新しい計画に着手する 새로운 계획에 착수하다 /我々はさっそく仕事に着手した 우리들은 곧바로 일에 착수했다. /政府は財政の再建に着手した 정부는 재정 재건에 착수했다.

**ちゃくしょく**【着色】착색 ◇着色する 착색하다, 물들이다 ¶その布はインクで赤く着色されている 그 물은 잉크로 빨갛게 물들어 있다. /合成着色料使用(▶掲示) 합성 착색료 사용 関連 着色剤 착색제

**ちゃくせき**【着席】착석 ◇着席する 착석하다, 자리에 앉다 ¶自分の席に着席する 자기 자리에

앉다 / みなさん、どうぞご着席ください 여러분 착석해 주십시오.

**ちゃくそう【着想】** 착상 ¶着想が奇抜だ 착상이 기발하다. / 着想がひらめく 착상이 떠오르다 / よい着想が浮かぶ 좋은 착상이 떠오르다 ⇒アイディア, 考え

**ちゃくち【着地】** 착지 ◇着地する 착지하다 ¶パラシュートで草原に無事着地した 낙하산으로 들판에 무사히 착지했다. / (体操で)彼は着地を見事に決めた 그는 착지를 훌륭하게 해냈다. / 着地に成功する 착지에 성공하다 / 着地で体勢が崩れた 착지 때 자세가 흐트러졌다.

**ちゃくちゃく【着々・着着】** 착착, 척척 ¶仕事は着々と進んでいる 일은 척척 진행되고 있다. / 彼は計画を着々と実行に移した 그는 계획을 착착 실행에 옮겼다. / 準備が着々と進められている 준비가 척척 진행되고 있다.

**ちゃくにん【着任】** 부임(赴任) ◇着任する 부임하다 ¶新しい支社長は先週着任した 새로운 지사장은 지난주에 부임했다.

**ちゃくばらい【着払い】** ¶品物の代金は着払いでいいですか 물품 대금은 수취인 지불로 해도 좋습니까? / 不良品を送料着払いで返品した 불량품을 배송료 수취인 부담으로 반품했다.

**ちゃくふく【着服】** 착복 ◇着服する 착복하다 ¶着服が発覚する 착복이 발각되다 / 会社の金を着服する 회사의 돈을 착복하다

**ちゃくもく【着目】** ◇着目する〔注目する〕주목하다 ¶私は彼の意見に着目した 나는 그의 의견에 주목했다.

**ちゃくよう【着用】** 착용 ◇着用する 착용하다, 입다 ¶礼服を着用する 예복을 착용하다 / パーティーには改まったドレスの着用が必要だ 파티에는 격식차린 드레스를 입고 가야 한다. / 制服着用のこと 제복을 착용할 것

## ちゃくりく【着陸】(▶発音は 창뉵)

◇着陸する 착륙하다 ¶まもなく成田空港に着陸いたします 곧 나리타 공항에 착륙하겠습니다. / 我々の乗った飛行機は 1 時間待された後に着陸許可が降りた 우리가 탄 비행기는 한 시간 기다린 후에 착륙 허가가 내렸다. / このジャンボジェットは東京からニューヨークまで無着陸で飛びます 이 점보제트기는 도쿄에서 뉴욕까지 논스톱으로 갑니다. / 飛行機は着陸態勢に入った 비행기는 착륙 태세에 들어갔다. / 飛行機は無事に着陸した 비행기는 무사히 착륙했다. / ¶飛行機は胴体着陸した 비행기는 동체 착륙했다. / パイロットはヘリコプターをビルの屋上に着陸させた 파일럿은 헬리콥터를 빌딩 옥상에 착륙시켰다. / 彼らは月への着陸に成功した 그들은 달 착륙에 성공했다. 関連着陸装置 착륙 장치 / 着陸地点 착륙 지점 / 計器着陸 계기 착륙 / 軟着陸 연착륙

**ちゃこし【茶漉し】** 찻잎 거르기

**ちゃさじ【茶匙】** 찻숟가락, 찻숟갈

**ちゃち** ◇ちゃちな 허술한, 빈약한 ¶そんなちゃちなラジオはすぐに壊れちゃうよ 그런 허술한 라디오는 바로 고장날 거야. / そのちゃちな木造の小屋は嵐につぶされた 그 허술한 목조 오두막은 폭풍에 무너졌다. / ちゃちな造りの家 허술하게 만들어진 집

**ちゃっかり** 약삭빠르게 ◇ちゃっかりしている 약삭빠르다 ¶彼はどさくさに紛れてちゃっかり稼いだ 그는 혼란한 틈을 타서 약삭빠르게 돈을 벌었다. / あいつ、ちゃっかりしてるなあ 그 녀석 약삭빠르네.

**チャック** 지퍼, 파스너 ¶背中のチャックを上げて[下して]ちょうだい 등의 지퍼를 올려[내려] 줄래. / 彼はかばんのチャックを開けた 가방 지퍼를 열었다.

**ちゃっこう【着工】** 착공〔起工〕기공 ◇着工する 착공하다, 기공하다 ¶新社屋は来月着工の予定です 신사옥은 다음달 착공 예정입니다. 関連着工式 착공식〔起工式〕기공식

**ちゃのま【茶の間】** 거실〔居室〕

**ちゃのみばなし【茶飲み話】** 한담〔閑談〕

**ちゃばん【茶番】** 뻔한〔빤한〕연기, 뻔할 뻔 자 ¶選挙はまったくの茶番だった 선거는 속이 빤히 들여다보이는 연극이었다.

**チャペル** 채플, 예배당〔礼拝堂〕

**ちやほや** ◇ちやほやする 추어올리다〔子供を〕애지중지하다 ¶君たちがあんまりちやほやするから彼女はつけあがるんだ 너희들이 자꾸 추어올리니까 걔는 거만해지는 거야. / その子は祖父母にちやほやされてきた 조부모는 그 아이를 애지중지해 왔다.

**ちゃめ【茶目】** ¶お茶目な子だね 장난꾸러기네. / 彼は茶目っ気たっぷりに橋本先生の口まねをした 그는 장난스럽게 하시모토 선생님의 말투를 흉내 냈다.

**チャリティーショー** 자선 쇼

**ちゃりん**〔ガラスや金属などがぶつかる音〕땡그랑 ¶何かが床に落ちてちゃりんと音を立てた 뭔가가 바닥에 떨어져서 땡그랑하고 소리가 났다. / 歩くとポケットの中で硬貨がちゃりんちゃりんと鳴った 걸으니 주머니 속에서 동전이 땡그랑땡그랑하고 울렸다.

**チャレンジ【挑戦】** 도전 ◇チャレンジする 도전하다 ⇒挑戦

**ちゃわん【茶碗】**〔湯飲み〕찻잔, 찻종〔ご飯茶碗〕밥공기, 밥그릇 ¶彼は茶碗に 3 杯もご飯を食べた 그 아이는 밥을 세 그릇이나 먹었다. 数え方 茶碗 1 客 찻잔 한 개 関連茶碗蒸し 그릇에 새우·닭고기·은행·버섯 등을 넣고 계란을 풀어 넣어 그릇째 찐 일본 요리, 계란찜

**チャンス** 찬스, 기회〔機会〕, 호기〔好機〕¶チャンス到来だ 찬스가 왔다. / 一生に一度のチャンスだ 평생에 한 번 있는 찬스다. / まだ逆転のチャンスはある 아직 역전의 기회는 있다. / 彼は逃げ出すチャンスをうかがっていた 그는 도망갈 기회를 노리고 있었다. / 彼は韓国に留学できるチャンスを手に入れた 그는 한국에 유학할 찬스를 얻었다. / チャンスをつかむ 찬스를 잡다 / 日本は再三のチャンスを生かすことができなかった 일본은 여러 번의 기회를 살리지 못했다. / 絶好のチャンスを逃してしまった 절호의 기회를 놓쳐 버렸다. / もう一度だけチャンスください 다시 한번만 기회를 주세요.

**ちゃんと** ❶〔きちんとしている〕단정히, 가지런히 ◇**ちゃんとした** 단정한, 떳떳한, 훌륭한, 반듯한, 번듯한, 착실한 ¶服をちゃんと着なさい 옷을 단정히 입어라. / 服はちゃんと掛けられていた 옷은 단정히 걸려 있었다. / 彼の部屋はちゃんと片付けられていた 그의 방은 단정하게 정리되어 있었다. / 本は本棚にちゃんと並べられていた 책은 책장에 가지런히 꽂혀져 있었다. / ちゃんとしなさい 빔을 단정히 해라.
¶彼はいつもちゃんとした身なりをしている 그 사람은 항상 단정한 차림을 하고 있다. / ちゃんとした服なんて持っていないよ 단정한 옷 같은 건 가지고 있지 않는데. / 彼女はちゃんとした会社に勤めている 그녀는 번듯한 회사에 근무하고 있다. / ちゃんとした仕事につけよ 떳떳한 직업을 가져라. / 彼女はちゃんとした家の出です 그 여자는 반듯한 집안 출신입니다. / ちゃんとした人 착실한 사람
❷〔間違いなく〕어김없이 〔はっきり〕확실히 〔正確に〕정확히 ¶そのことはちゃんと覚えています 그것은 정확하게 기억하고 있습니다. / ちゃんと彼に書類を届けました 분명히 그 사람에게 서류를 전했습니다. / 言われたとおりちゃんとやってください 지시대로 정확히 해 주세요.

**チャンネル** 채널 ¶チャンネルを合わせる 채널을 맞추다 / 弟はしょっちゅうテレビのチャンネルを変える 동생은 자주 텔레비전 채널을 바꾼다. / 1チャンネルに変えてちょうだい 1채널로 들어 줘. /「8チャンネルで何をやってるの？」「野球中継をやっているよ」"8채널에서 뭘 해?" "야구 중계하고 있어." / 彼女は妹とチャンネル争いをしていた 그녀는 동생과 채널을 가지고 다퉜다.

**ちゃんばら** 칼싸움〔剣劇〕검극 ¶ちゃんばら映画 검극 영화

**チャンピオン** 챔피언 ¶彼はかつてヘビー級の世界チャンピオンだった 그는 예전에 헤비급 세계 챔피언이었다. / 彼は柔道の世界チャンピオンになった 그는 유도 세계 챔피언이 됐다. 関連チャンピオンベルト 챔피언 벨트

**ちゆ**〖治癒〗치유 ◇**治癒する** 치유하다, 치유되다 ¶骨折の治癒には時間がかかる 골절을 치유하는 데는 시간이 걸린다.

**ちゅう**〖中〗중, 중간 ¶彼の成績は中だ 그의 성적은 중간이다. / 彼女の数学の成績は中の上〔下〕である 그녀의 수학 성적은 중상위〔중하위〕다. / 中くらいの 중간쯤의 / 中程度 중 정도

**-ちゅう**〖-中〗❶〔ある期間の範囲内〕중, 안, 동안 ¶午前中に二度彼女に電話した 오전에 그녀에게 두 번 전화했다. / 彼はあすの午前中に成田に到着の予定です 그는 내일 오전 중으로 나리타에 도착할 예정입니다. / 報告書を一両日中に仕上げなければならない 이 보고서를 이틀 안에 완성하지 않으면 안 된다. / 授業中おしゃべりをやめなさい 수업 중에는 떠들지 마. / ソウル滞在中に民俗村を訪れるつもりです 서울 체재 중에 민속촌을 방문할 예정입니다. / 留守中に隣の人が犬の世話をしてくれた 집을 비울 때는 옆집 사람이 개를 돌봐 주었다. / 今週中に自転車を修理してもらいなさい 이번 주에 자전거를 고쳐 달라고 해. / 面接中ずっと緊張してしまった 면접 보는 동안 내내 긴장했다.
❷〔行為・状態が継続している〕중 ¶この問題は現在討議中だ 이 문제는 현재 토의 중이다. / 佐藤さんは今食事中ですよ 사토 씨는 지금 식사 중이에요. / 彼は作業中にけがを負った 그는 작업 중에 부상을 입었다. / うちの娘は二人ともまだ大学に在学中です 우리 딸은 둘 다 아직 대학교에 재학 중이에요. / 田中さんは先月から入院中です 다나카 씨는 지난달부터 입원 중입니다. / 君が来たときはちょうど入浴中だったんだ 네가 왔을 때 마침 목욕 중이었어. / 父と母は先週の末から北海道を旅行中です 아버지와 어머니는 지난 주말부터 홋카이도를 여행 중입니다. / このミュージカルは帝国劇場で上演中です 이 뮤지컬은 데이코쿠 극장에서 상연 중입니다. / 電話が話し中です 통화중이다. (×전화가 통화중이다 とはいわない) / 山下さん, お話中失礼します。お客様がお見えです 야마시타 씨, 말씀 도중 실례하겠습니다. 손님이 오셨습니다.
¶工事中（▶掲示）공사중 / 放送中 방송중 / 営業中 영업중 / 故障中 고장(×고장중 とはいわない)
❸〔ある空間の範囲内〕중, 안, 속 ¶車中の乗客は全員無事に逃れた 차 안의 승객은 전원 무사히 대피했다. / 空気中のほこり 공기 중의 먼지
❹〔ある数量の範囲内〕중 ¶10人中3人に賞品が当たる 열 명 중 세 명 꼴로 상품이 당첨된다.

**ちゅう**〖宙〗공중(空中) ¶体が宙に浮くような感じがした 몸이 공중에 뜨는 듯한 느낌이 들었다. / 宙づりにする 공중에 매달리다 / その計画は宙に浮いたままだ 그 계획은 중단된 상태다.

**ちゅう**〖注〗주, 주석(注釈) ¶彼は論文に注を付けた 그는 논문에 주를 달았다. / その本には詳しい注が付いている 그 책에는 자세한 주가 붙어 있다. / 注は各章の末尾にある 주는 각 장의 말미에 있다. / 欄外の注 난외의 주석 関連脚注 각주

**ちゅうい**〖注意〗❶〔気持ちを集中すること〕주의 ◇**注意する** 주의하다 ¶彼女の注意を引こうとしてみたがだめだった 그녀의 주의를 끌려고 해 보았지만 실패했다. / 私は大声を出して彼らの注意をそらした 나는 큰 소리를 내서 그들의 주의를 딴 데로 돌렸다. / 息子が何をしても両親はまったく注意を払わなかった 아들이 뭘 하든 부모는 전혀 주의를 기울이지 않았다. / この問題はよく試験に出るから要注意だ 이 문제는 자주 시험에 나오니까 요주의다.
¶どうして彼女の言ったことに注意しなかったのか? 어째서 그녀가 한 말에 주의하지 않았지? / 言葉に注意しなさい 말조심해. / 彼女はどうやって母がセーターを編むのか注意して見ていた 그녀는 어떻게 어머니가 스웨터를 짜는지 주의 있게 보고 있었다. / そのようなことが二度と起こらないように注意しなさい 그런 일이 두 번 다시 일어나지 않도록 주의해라.
¶先生は彼の言うことを注意深く聞いた 선생님은 그가 하는 말을 주의 깊게 들으셨다.
❷〔警戒, 用心〕주의, 조심 ◇**注意する** 주의하다, 조심하다〔慎重だ〕신중하다 ¶手術には細心の注意が必要だ 수술에는 세심한 주의가 필

요하다. / けがばかりするのは注意が足りないからだ 자주 다치는 것은 주의가 부족하기 때문이다.
¶忙しいのはわかっているけど、健康にはせいぜい注意してね 바쁜 건 알고 있는데 건강에는 아무쪼록 주의해. / 熱いからやかんに触らないように注意しなさい 뜨거우니까 주전자에 손대지 않도록 조심해. / もし彼がもう少し注意していたら事故は起こらなかっただろうに 만약에 그가 조금만 더 주의했더라면 사고는 일어나지 않았을 텐데.
¶彼はとても注意深い人間だ 그는 아주 신중한 사람이다. / 彼の運転は注意深い 그의 운전은 조심스럽다. / 彼らは敵を注意深く見守っていた 그들은 적을 주의 깊게 지켜보고 있었다.
¶すりにご注意 소매치기 주의 / 猛犬に注意(▶掲示) 맹견 조심 / 頭上注意(▶掲示) 머리 조심 / 取り扱い注意(▶掲示) 취급 주의 / 割れ物注意(▶掲示) 파손 주의
❸〔忠告〕주의, 충고〔警告〕경고 ◇注意する 주의하다, 충고하다〔警告する〕경고하다 ¶もし医者の注意に従っていれば、あれほど悪くならなかったのに 만약 의사의 주의에 따랐더라면 그렇게 악화되지는 않았을 텐데. / 生徒たちに一言注意を与えておきましょう 학생들에게 한마디 주의를 주겠습니다. / 赤信号で道路を渡って警官に注意された 빨간 신호로 도로를 건너서 경찰관에게 주의 받았다. / 医者に塩分を控えるように注意を受けた 의사에게 염분을 줄이도록 주의 받았다.
¶彼は娘に夜遅くまで出歩かないように注意した 그는 딸에게 밤늦게까지 돌아다니지 않도록 주의를 주었다. / あす取引先に電話するのを忘れていたら注意してください 내일 거래처에 전화하는 것을 잊으면 알려 주세요. 関連 注意書き 주의서 / 注意事項 주의 사항 / 注意信号 주의 신호 / 注意報 주의보 / 注意力 주의력 / 要注意人物 요주의 인물

**チューインガム** 추잉껌 ¶眠気を追い払うためにチューインガムをかんだ 졸음을 쫓기 위해서 추잉껌을 씹었다.

**ちゅうおう【中央】** 중앙〔中心〕중심〔両端からみた真ん中〕가운데 ¶市の中央に大きな総合病院がある 시 중심에 큰 종합 병원이 있다. / 彼はテーブルを部屋の中央に動かした 그는 테이블을 방한가운데로 옮겼다. / 道路の中央に白線が引いてある 도로 중앙에 백색선이 그어져 있다. / 彼は前列の中央に座った 그는 앞줄 가운데에 앉았다. 関連 中央アジア 중앙 아시아 / 中央アメリカ 중앙 아메리카, 중미 / 中央卸売市場 중앙 도매 시장 / 中央気象台 중앙 기상대 / 中央銀行 중앙 은행 / 中央競馬会 중앙 경마회 / 中央集権 중앙 집권 / 中央情報局(CIA)〔米国の〕중앙정보부 / 中央政府 중앙 정부 / 中央選挙管理委員会 중앙 선거 관리 위원회 / 中央分離帯 중앙 분리대 / 中央郵便局 중앙 우체국

**ちゅうか【中華】** 중화 関連 中華人民共和国 중화 인민 공화국 / 中華街 중화가, 차이나타운 / 中華思想 중화 사상 / 中華そば 중국식 라면 / 中華なべ 중국식 냄비 / 中華料理 중국 요리 / 中華料理店 중국 요리점, 중국집 ⇒中国

**ちゅうかい【仲介】** 중개 ◇仲介する 중개하다 ¶彼はその件で仲介の労を執った 그는 그 건의 중개 역할을 했다. / 弁護士が両者の仲介に立った 변호사가 양자의 중개에 섰다. / 土壇場での仲介工作は失敗した 막판에 중개 공작이 실패했다. / 株の売買を仲介する 주식 매매를 중개하다 関連 仲介者 중개자 / 仲介貿易 중개 무역

**ちゅうがえり【宙返り】** 공중제비〔飛行機の〕공중 회전 ¶軽業師は宙で宙返りした 곡예사는 줄 위에서 공중제비를 했다. / 3機の飛行機が並んで宙返りした 석 대의 비행기가 나란히 공중 회전을 했다.

**ちゅうがく【中学】** 중학, 중학교 ¶私は中学3年生です 나는 중학교 3학년입니다. / 妹は中学生です 여동생은 중학생입니다. / どこの中学に行ってるの? 어느 중학교 다녀?

**ちゅうかん【中間】** 중간〔真ん中〕가운데 ◇中間的 중간적〔中立的〕중립적 ¶そのビルは池袋と目白の中間にあります 그 건물은 이케부쿠로와 메지로 중간에〔사이에〕있습니다. / 私はその問題については中間的な立場をとった 나는 그 문제에 대해서는 중립적인 입장을 취했다. / 彼女は青と緑の中間のような色の服を着ていた 그녀는 파랑과 녹색 중간정도 색의 옷을 입었다. 関連 中間管理職 중간 관리직 / 中間決算 중간 결산 / 中間子〔物理〕중간자 / 中間試験 중간 고사 / 中間色 중간색 / 中間層 중간층 / 中間発表 중간 발표 / 中間報告 중간 보고

**ちゅうき【中期】** 중기 ¶この寺は平安時代中期に建立された 이 절은 헤이안 시대 중기에 건립되었다. 関連 中期国債 중기 국채 / 中期目標 중기 목표

**ちゅうきゅう【中級】** 중급 ¶韓国語の中級クラスに登録した 한국어 중급반에 등록했다. / 韓国語は中級レベルだと思います 한국어는 중급 수준인 것 같습니다. / 中級コース 중급 코스

**ちゅうきんとう【中近東】** 중근동

**ちゅうぐらい【中位】** 중간 정도 ¶彼は期末試験で中位の成績だった 그는 기말 시험에서 중간 정도의 성적이었다. / その中位の大きさの袋を取ってください 그 중간 정도 크기의 주머니를 건네 주세요.

**ちゅうけい【中継】** 중계 ◇中継する 중계하다 ¶事故現場の模様を各局が中継で伝えた 사고 현장 모습을 각국이 중계했다. / 総理官邸前から中継でお伝えします 총리 관저 앞에서 중계합니다. / ワールドカップの試合は全世界にテレビ中継された 월드컵 경기는 전 세계에 텔레비전 중계되었다. / 衛星中継で放送する 위성 중계로 방송되다 関連 中継放送 중계 방송 / 中継局 중계국 / 中継車 중계차 / 衛星中継 위성 중계 / 劇場中継 극장 중계 / 実況中継 실황 중계

**ちゅうけん【中堅】** 중견 ¶30代はこの会社では中堅だが 30대는 이 회사에서는 중견이다. / 会社の中堅幹部 회사의 중견 간부

**ちゅうげん【中元】** お中元 백중 선물

**ちゅうこ【中古】** 중고, 중고품 ¶このパソコンは中古で買った 이 컴퓨터는 중고로 샀다. / フリーマーケットでは様々な中古品が売られている 벼룩시장에서는 여러 가지 중고품이 팔리고 있다

에서는 여러 가지 중고품을 팔고 있다.
[関連]**中古車** 중고차

**ちゅうこうねん**【中高年】중년과 노년

**ちゅうこく**【忠告】충고 ◇忠告する 충고하다

[基本表現]
▶医者は彼にたばこをやめるように忠告した
　의사는 그에게 담배를 끊도록 충고했다.
▶彼女は仕事のやり方について忠告してくれた
　그녀는 일하는 방법에 대해 충고해 주었다.
¶ひとつだけ忠告しておこう 한가지만 충고해 두지. / 彼は両親の忠告を受け入れて旅行を延期した 그 부모님의 충고를 받아들여 여행을 연기했다. / 私は彼の忠告を無視して失敗した 나는 그의 충고를 무시해서 실패했다. / 彼女は僕の忠告に背いてまだあの男と付き合っている 그녀는 내 충고를 듣고도 아직 그 남자랑 사귀고 있다. / 彼は先生の忠告に従った 그는 선생님의 충고에 따랐다. / 私は医者の忠告でしばらく休養することにした 나는 의사의 충고로 잠시 휴양하기로 했다.

**ちゅうごく**【中国】중국 ¶中国人 중국인, 중국 사람 / 中国語 중국어, 중국말 / 中国服 중국 옷 / 中国残留孤児 중국 잔류 일본인 고아 / 中国料理店 중국 요리점, 중국집

**ちゅうごし**【中腰】◇엉거주춤한 자세 ¶三塁手は中腰で構えた 3루수는 엉거주춤한 자세를 취했다.

**ちゅうざ**【中座】◇中座する 도중에 자리를 뜨다 ¶彼は会議を中座して取引先に向かった 그는 회의 도중에 자리를 뜨고 나와 거래처로 향했다.

**ちゅうさい**【仲裁】중재 〔調停〕조정 ◇仲裁する 중재하다 〔調停する〕조정하다 ¶第三者が紛争を仲裁した 제삼자가 분쟁을 중재했다. / 裁判所の仲裁で両者は和解した 재판소의 중재로 양자가 화해했다. / 仲裁役を務める 중재역을 맡다

**ちゅうざい**【駐在】주재 ◇駐在する 주재하다
¶彼はその会社の日本駐在員だ 그는 그 회사의 일본 주재원이다. / 彼は韓国大使の駐在 한국 대사 / ソウル駐在特派員 서울 주재 특파원 / 海外駐在員 해외 주재원 [関連]**駐在所** 파출소(派出所)

**ちゅうさんかいきゅう**【中産階級】중산 계급

**ちゅうし**【中止】중지, 취소(取消)◇中止する 중지하다, 취소하다 ¶私は首脳会談の中止をテレビで知った 나는 정상 회담의 취소를 텔레비전으로 알았다. / その工場では自動車の生産を中止することに決めた 그 공장에서는 자동차 생산을 중지하기로 결정했다. / 雨で野球の試合は中止された 비로 야구 경기는 취소되었다. / 交通ストライキは翌日の明け方に中止された 철도 파업은 다음 날 새벽에 중지되었다. / たぶんあすの会議は中止されるだろう 아마 내일 회의는 취소될 것이다.

**ちゅうし**【注視】주시〔注目〕주목 ◇注視する 주시하다, 주목하다 ¶交渉の成り行きを注視する 교섭의 경과를 주시하다

**ちゅうじ**【中耳】〔医学〕중이 [関連]**中耳炎** 중이염

**ちゅうじつ**【忠実】◇忠実だ 충실하다 ◇忠実に 충실히 ¶犬は一般に飼い主に忠実だ 개는 일반적으로 주인에게 충실하다. / 彼は職務に忠実だ 그는 직무에 충실하다. / 彼は自分の主義に忠実だ 그는 자기가 정한 방침에 충실하다. / この翻訳は原文に忠実だ 이 번역은 원문에 충실하다.

**ちゅうしゃ**【注射】주사 ◇注射する 주사를 놓다[맞다] ¶医師は患者に麻酔剤を注射した 의사는 환자에게 마취 주사를 놓았다. / この子は注射をしても泣かないか 이 아이는 주사 맞아도 울지 않았다. / 流感の予防注射をしてもらった 독감 예방 주사를 맞았다. 数え方 注射 1本 주사 한 대 [関連]**注射液** 주사액 / **注射器** 주사기 / **注射針** 주사 바늘 / **静脈注射** 정맥 주사 / **皮下〔筋肉〕注射** 피하〔근육〕주사

**ちゅうしゃ**【駐車】주차 ◇駐車する 주차하다, 세우다 ¶「どこか駐車できるところあるかな」「あ, あそこが空いてる」"어디 주차할 수 있는 곳 있을까?" "아 저기 비어 있다." / 道の真ん中に車が駐車している 길 한가운데에 차가 세워져 있다. / 駐車料金はいくらですか 주차 요금은 얼마입니까? / 東京は駐車料金が高い 도쿄는 주차 요금이 비싸다. / 私は駐車違反で1万8千円の罰金を取られた 나는 불법 주차로 벌금 만 8천 엔을 물었다.

¶駐車禁止(▶掲示)주차 금지 / 駐車可 주차 가능 ⇒**駐車場**

**ちゅうしゃく**【注釈】주석 ¶注釈を付ける 주석을 달다 [関連]**注釈者** 주석자

**ちゅうしゃじょう**【駐車場】주차장 ¶駐車場はどこですか 주차장은 어디입니까? / 駐車場はいっぱいだ 주차장은 꽉 찼다. / スーパーの前には広い駐車場がある 슈퍼 앞에는 넓은 주차장이 있다. / 車は地下の駐車場に停めておいた 차는 지하 주차장에 세워 두었다. / ここは無料[有料]駐車場です 여기는 무료[유료] 주차장입니다. [関連]**立体駐車場** 입체 주차장

**ちゅうしゅう**【中秋】중추 ¶中秋の明月 중추명월

**ちゅうしゅつ**【抽出】추출 ◇抽出する 추출하다
¶ごまから抽出した油を料理に用いる 깨에서 추출한 기름을 요리에 사용한다. / 200人の学生の意見を無作為抽出した 학생 200명의 의견을 무작위 추출했다. / 標本を抽出する 표본을 추출하다

**ちゅうじゅん**【中旬】중순 ¶2月中旬に出発する予定です 이월 중순에 출발할 예정입니다.

**ちゅうしょう**【中傷】중상 ◇中傷する 중상하다
¶彼の言ったことは私に対する中傷だ 그가 한 말은 나에 대한 중상이다. / その記事はまったくの中傷だ 그 기사는 완전히 중상이다. / とんでもない中傷を受ける 터무니없는 중상을 받다 / 彼らは陰で彼女のことを中傷している 그들은 뒤에서 그녀를 중상하고 있다.

**ちゅうしょう**【抽象】추상 ◇抽象的な 추상적
¶彼の話は抽象的すぎる 그의 이야기는 너무 추상적이다. [関連]**抽象画** 추상화 / **抽象芸術** 추상 예술 / **抽象名詞** 추상 명사

**ちゅうしょうきぎょう**【中小企業】중소기업

**ちゅうしょく**【昼食】점심, 오찬 ¶会社の近くの韓国料理店で昼食をとった 회사 근처의 한국 요

리점에서 점심을 먹었다. / 彼は昼食をとりに出ています 그는 점심을 먹으러 나갔습니다. / 我々は昼食をとりながらそのことを話し合った 우리는 점심을 먹으면서 그 일에 대해 이야기했다. / あした取引先と昼食会がある 내일 거래처와 오찬회가 있다. / 昼食時に会いましょう 점심 시간에 봅시다. / 昼食時間 점심 시간

## ちゅうしん【中心】중심

¶美術展の展示の中心は李朝の白磁だった 미술 전시의 중심은 조선 시대 이조 백자였다.

◆【中心に】
¶彼の事務所は町の中心にある 그의 사무소는 시내 중심에 있다. / 私たちは父を中心に何枚かの写真を撮った 우리는 아버지를 중심으로 몇 장인가 사진을 찍었다.

◆【その他】
¶話題の中心 화제의 중심 / 東京は世界経済の中心の一つです 도쿄는 세계 경제 중심의 하나입니다. / その研究は森教授が中心となって行われた 그 연구는 모리 교수님이 중심이 되어 행해졌다. / きのうのサッカーの試合では中心になる選手が3人もけがで欠場していた 어제 축구 경기에서는 중심이 되는 선수가 세 명이나 부상으로 못 나갔다. / 太陽系の惑星は太陽を中心にして回っている 태양계의 혹성들은 태양을 중심으로 돌고 있다. / 世界の中心で愛をさけぶ 세상 중심에서 사랑을 외치다 関連 中心人物 중심 인물 / 中心地 중심지 / 中心部 중심부

ちゅうすいえん【虫垂炎】충수염〔盲腸炎〕맹장염

ちゅうすう【中枢】중추 ¶この部署は会社の中枢である 이 부서는 회사의 중추다. 関連 中枢機関 중추 기관 / 中枢神経 중추 신경

ちゅうせい【中世】중세 ¶中世史 중세사 / 中世ヨーロッパ 중세 유럽

ちゅうせい【中性】중성 関連 中性子《物理》중성자 / 中性脂肪 중성 지방 / 中性洗剤 중성 세제

ちゅうせい【忠誠】충성 ¶彼は国王に忠誠を誓った 그는 국왕에게 충성을 맹세했다. / 忠誠を尽くす 충성을 다하다

ちゅうせいだい【中生代】중생대

ちゅうぜつ【中絶】중절〔妊娠〕임신 중절 ◇中絶する 중절하다

ちゅうせん【抽選・抽籤】추첨 ◇抽選する 추첨하다, 추첨되다 ¶抽選で順番を決める 추첨으로 순번을 정하다 / 抽選に当たる 추첨에 당첨되다 / 抽選に外れる 추첨에 떨어지다 関連 抽選券 추첨권 / 抽選番号 추첨 번호

ちゅうぞう【鋳造】주조 ◇鋳造する 주조하다 ¶その仏像は金で鋳造されている 그 불상은 금으로 주조되었다. / 政府は新しい貨幣を鋳造することを決定した 정부는 새로운 화폐를 주조하기로 결정했다. / 硬貨は造幣局で鋳造される 동전은 조폐국에서 주조된다. 関連 鋳造所 주조소

ちゅうたい【中退】중퇴 ◇中退する 중퇴하다 ¶彼は高校を2年で中退した 그는 고등학교를 2학년에 중퇴했다. / 学校によっては中退者の比率が高いところもある 학교에 따라서는 중퇴자의 비율이 높은 곳도 있다. / 大学中退者 대학 중퇴자

ちゅうだん【中断】중단 ◇中断する 중단하다 ¶交渉を中断する 교섭을 중단하다 / 音響装置の故障で演奏は中断した 음향 장치의 고장으로 연주는 중단되었다. / 工事は中断された 공사는 중단되었다. / 雨のため試合は一時中断された 비 때문에 경기는 일시 중단되었다.

ちゅうちょ【躊躇】주저 ◇躊躇する 주저하다〔ためらう〕망설이다 ¶彼女は離婚届にサインするのに躊躇した 그녀는 이혼 신고서에 사인하는 것을 주저했다. / 彼は躊躇せず彼女にデートを申し込んだ 그는 주저 없이 그녀에게 데이트를 신청했다.

ちゅうと【中途】중도〔途中〕도중 ¶我々は中途から引き返した 우리는 도중에 돌아왔다. / 何事も中途で止めてはいけない 무슨 일이든 도중에 그만두어서는 안 된다. / 彼はその会社に中途採用された 그는 그 회사에 경력 사원으로 채용되었다.

ちゅうとう【中東】중동 ¶中東諸国 중동 각국 / 中東情勢 중동 정세

ちゅうどう【中道】중도 ¶有権者はその政党の中道政策を支持した 유권자는 그 정당의 중도 정책을 지지했다. / 中道右派[左派] 중도 우파[좌파]

ちゅうどく【中毒】중독 ¶10人がガス中毒で死亡した 열 명이 가스 중독으로 사망했다. / アルコール中毒になる 알코올 중독에 빠지다 関連 中毒症状 중독 증상 / アルコール中毒 알코올 중독〔依存症〕/ 一酸化炭素中毒 일산화 탄소 중독 / 仕事中毒 일중독 / 食中毒 식중독 / 麻薬中毒 마약 중독 / 麻薬中毒患者 마약 중독 환자

ちゅうとはんぱ【中途半端】◇中途半端だ 흐지부지하다, 어중간하다 ◇中途半端に 흐지부지하게, 어중간히 ¶彼は何をやっても中途半端だ 그는 뭘 해도 흐지부지하다. / 彼は私に中途半端な返事をした 그는 나한테 흐지부지한 대답을 했다. / 中途半端な手段 어중간한 수단 / 彼女は物事を中途半端にしておくのが嫌いだ 그녀는 일을 어중간하게 하는 것을 싫어한다.

ちゅうとん【駐屯】주둔 ◇駐屯する 주둔하다 ¶沖縄には米軍が駐屯している 오키나와에는 미군이 주둔하고 있다. 関連 駐屯地 주둔지

チューナー 튜너, 동조기(同調器)

ちゅうなんべい【中南米】중남미, 라틴 아메리카

ちゅうにくちゅうぜい【中肉中背】¶中肉中背の人 알맞은 몸집에 적당한 키를 가진 사람

ちゅうにち【駐日】주일 ¶駐日韓国大使 주일 한국 대사

チューニング 튜닝, 조율(調律) ◇チューニングする 튜닝하다, 조율하다 ¶このベースはチューニングが合っている 이 베이스는 튜닝이 맞춰져 있다. / ギターのチューニングをした 기타 튜닝을 했다.

ちゅうねん【中年】중년 ¶中年の女性 중년 여성 / 彼ももう中年だ 그도 벌써 중년이다. / 中年

期にさしかかる 중년기에 접어들다 / 母は中年太り で65キロもある 어머니는 중년이 되어 살이 쪄서 65킬로나 나가신다.

**チューバ** 튜바

**ちゅうばん【中盤】**중반 ¶試合は中盤戦に入った 경기는 중반전에 들어갔다.

**ちゅうび【中火】**중간불 ¶中火で10分間ゆでてください 중간불로 10분간 삶아 주세요.

**ちゅうぶ【中部】**중부 ◇中部地方 중부 지방

**チューブ** 튜브(▶韓国では「浮き輪」を意味することが多い) ¶チューブから歯磨きを絞り出した 튜브에서 치약을 짰냈다. / 自転車のチューブに穴が開いていた 자전거 튜브에 구멍이 났다. / チューブ入り絵の具 튜브에 들어 있는 물감

**ちゅうふく【中腹】**중복, 중턱 ¶そのホテルは山の中腹に建っている 그 호텔은 산 중턱에 세워져 있다.

**ちゅうぶらりん【宙ぶらりん】**¶凧が木に引っかかって宙ぶらりんになっていた 연이 나무에 걸려서 공중에 매달려 있었다. / 問題が宙ぶらりんになっている 문제가 어중간하게 되었다. / 事業計画は宙ぶらりんになったままだ 사업 계획은 흐지부지된 상태다.

**ちゅうべい【中米】**중미, 중앙 아메리카

**ちゅうもく【注目】**주목 ◇注目する 주목하다
¶彼の奇抜なファッションは人々の注目を集めた 그의 기발한 패션은 사람들의 주목을 끌었다. / 彼女は人々の注目の的だ 그 여배우는 사람들의 주목의 대상이다. / 彼の研究は注目に値する 그의 연구는 주목할 만하다. / その作家は急に注目を浴びてきた 그 작가는 갑자기 주목을 받기 시작했다.
¶その若いピアニストは世界中の人々から注目されている 그 젊은 피아니스트는 세계 사람들로부터 주목을 받고 있다. / これからは中国経済に注目しなくてはいけない 이제부터는 중국 경제에 주목해야 된다. / 彼の発言の中には注目すべき点がいくつかあった 그의 발언 중에는 주목해야 할 점이 몇 개인가 있었다.

**ちゅうもん【注文】** ❶ [品物などの注文] 주문 ◇注文する 주문하다

[基本表現]
▶(レストランで)ご注文はお決まりですか
　주문은 정하셨습니까?
▶外国に医学の専門書を注文した
　외국의 의학 전문서를 주문했다.
▶彼は体がたいへん大きいので服はすべて注文で作る
　그는 몸이 아주 커서 옷은 모두 주문해서 만든다.
▶ご注文の品はいつお届けいたしましょうか
　주문하신 물건은 언제 보내 드릴까요?
▶その洋服店は客の色々な注文に応じてくれる
　그 양복점은 손님의 여러 가지 주문에 응해 준다.

◆【注文が・注文は】
¶(店やレストランで)ご注文はうかがっておりますか? 주문하셨습니까? / この家具は注文があってから作り始めます 이 가구는 주문을 받고 나서 만들기 시작합니다. / その本は注文が殺到しているそうだ 그 책은 주문이 쇄도하고 있대. / 近ごろは景気が悪く, 注文が以前より減った 요즘은 경기가 나빠서 주문이 이전보다 줄었다. / ほかにご注文はありますか 이것 외에 주문은 더 있으십니까?

◆【注文を】
¶すみません, 注文を取ってもらえますか 여기요. 주문해도 되겠습니까? / すみませんが, 先程の注文を取り消してくれませんか 죄송합니다만 아까 주문한 것을 취소해 주시겠습니까? / 当店のどの者が注文を受けたか覚えていらっしゃいますか 저희 가게 점원 중에 누가 주문을 받았는지 기억하십니까?

◆【注文する】
¶本屋に洋書を2冊注文した 서점에 양서 두 권을 주문했다. / その詩集を5冊追加注文した 그 시집을 다섯 권 추가 주문했다.

◆【その他】
¶さぼっていないで注文でも取ってきなさい 게으름 피우지 말고 주문이라도 받아 와. / すみません, 今品切れで注文になります 죄송합니다. 지금 품절이라서 주문하셔야 됩니다. / 急ぎの注文 급한 주문

[会話] 何を注文した?
　A：何を注文した?
　B：私はケーキと紅茶
　A：じゃあ, 私も

A：뭐 시켰어?
B：나는 케이크하고 홍차.
A：그럼, 나도.

❷ [強い要求] 요구, 주문, 재촉〔条件〕조건
¶上司は私の仕事にあれこれと注文をつける 상사는 내 일에 여러 가지로 트집을 잡는다. / 先生は学園祭のプランに何の注文もつけなかった 선생님은 학교 축제 계획에 아무런 조건도 달지 않으셨다. / 彼はまだ経験不足だから無理な注文はしないほうがよい 그는 아직 경험이 부족하니까 무리한 요구는 하지 않는 게 좋다. / この仕事を一人でやれというのは無理な注文だ 이 일을 혼자 하라고 하는 것은 무리한 요구다. / なんでも君の注文どおりに行くと思ったら大間違いだ 뭐든지 네 요구대로 된다고 생각했다면 큰 잘못이야.

[会話] 注文をつける
　A：彼らにもっと仕事を早くやってくれるよう注文をつけたらどうだろうか
　B：いや, やめよう. 彼らは精一杯やっているのだから
　A：그 사람들한테 일을 더 빨리 하라고 재촉하면 어떨까?
　B：아니야, 하지 마. 그들은 열심히 하고 있거든.

[関連] 注文建築 주문 건축 / 注文書 주문서 / 注文品 주문 상품

**ちゅうや【昼夜】**주야, 밤낮 ¶彼らは昼夜兼行で働いて工事を完成させた 그들은 밤낮 가리지 않고 일을 해서 공사를 완성시켰다. / 工場では工員たちが昼夜交替で働いている 공장에서는 공원들이 밤낮 교대로 일하고 있다. / 彼女は一昼夜意識がない 그녀는 하루 종일 의식이 없다.

**ちゅうよう【中庸】**중용 ¶中庸を取る 중용을 취하다 / 中庸を守る 중용을 지키다 [関連] 万事中

**ちゅうりつ** 【中立】 중립 ¶スイスは長い間中立を守ってきた 스위스는 긴 세월 중립을 지켜 왔다. / 彼はその問題に対しては中立的態度をとった 그 문제에 대해서는 중립적 태도를 취했다. 関連 中立国 중립국 / 中立主義 중립주의 / 中立地帯 중립 지대 / 永世[非武装]中立 영세[비무장] 중립

**チューリップ** 튤립

**ちゅうりゅう** 【中流】 중류 ¶漢江の中流 한강의 중류 ¶日本では国民の多くが中流意識を持っている 일본에서는 국민의 대다수가 중류 의식을 가지고 있다. / 中流家庭 중류 가정

**ちゅうりゅう** 【駐留】 주류 ◇駐留する 주류하다

**ちゅうりんじょう** 【駐輪場】 자전거 보관소[駐輪台] 자전거 보관대

**ちゅうわ** 【中和】 중화 ◇中和する 중화하다 ¶種をまく前に石灰で土壌を中和する 씨를 뿌리기 전에 석회로 토양을 중화하다 関連 中和剤 중화제 / 中和反応 중화 반응

**ちょう** 【庁】 청 ¶気象庁 기상청 / 国税庁 국세청

**ちょう** 【兆】 조 ¶5兆円[ウォン] 오조 엔[원]

**ちょう** 【長】 《頭(かしら)》 우두머리 ¶一家の長 가장(家長) / 組織の長 조직의 우두머리 ¶会長 회장 / 市長 시장 / 委員長 위원장 慣用句 この分野では彼は私に対して一日の長がある 이 분야에서는 그는 나보다 한 수 위다.

**ちょう** 【腸】 장 《はらわた》 창자 ¶腸の具合が悪い 장 상태가 나쁘다. / 新鮮な果物や野菜をたくさん食べれば腸のがんにかかる危険を少なくできる 신선한 과일이나 야채를 많이 먹으면 장암에 걸릴 위험이 적어진다. 関連 腸炎 장염 / 腸カタル 장카타르 / 腸チフス 장티푸스 / 腸捻転 장염전증 / 腸閉塞 장폐색증 / 大腸 대장 / 小腸 소장

**ちょう** 【蝶】 나비 ¶たくさんの蝶が花から花へと飛び回っている 많은 나비가 꽃에서 꽃으로 날아다니고 있다. / 少女はリボンを蝶結びにした 소녀는 리본을 나비 모양으로 묶었다. 慣用句 彼女は両親に蝶よ花よと育てられた 그녀는 부모님이 금이야 옥이야 하고 키웠다. 関連 蝶ネクタイ 나비 넥타이 / あげは蝶 호랑나비 / もんしろ蝶 흰나비

**ちょう-** 【超-】 초- 《とても》 매우, 아주, 너무 ¶このかばんは、小さなポケットがたくさんついていて超便利だよ 이 가방, 작은 주머니가 많아서 아주 편리해. / 「藤井君、超かっこいいよね」「そう? 髪型が超ださくない?」 "후지이 씨, 너무 멋지지." "그래? 헤어스타일이 너무 촌스럽지 않아?" ¶超近代的な建物 아주 근대적인 건물 / 超一流のスター 초일류 스타 ¶超高層ビル 초고층 빌딩 / 超合金 초합금 / 超満員 초만원 / 超音速旅客機 초음속 여객기 / 超現実主義 초현실주의 / 超高感度フィルム 초고감도 필름 / 超小型カメラ 초소형 카메라 / 超新星 초신성 / 超大国 초대국 / 超短波 초단파 / 超伝導 초전도 / 超特急 초특급 / 超法規的措置 초법규적 조치

**-ちょう** 【-朝】 〔王朝〕 -조 ¶平安朝 헤이안조 / 李朝 조선 왕조(朝鮮王朝), 조선조

**ちょうあい** 【寵愛】 총애 ¶彼女は王の寵愛を受けた[失った] 그 여자는 왕의 총애를 받았다[잃었다].

**ちょうい** 【弔意】 조의 ¶旧友の父上のご逝去に弔意を表した 옛친구 아버지의 서거에 조의를 표했다.

**ちょういん** 【調印】 조인 ◇調印する 조인하다 ¶両国は通商条約に調印した 양국은 통상 조약에 조인했다. / 調印式はあした行われる予定 조인식은 내일 열릴 예정이다. 関連 調印国 조인국

**ちょうえき** 【懲役】 징역 ¶被告は2年の懲役に処せられた 피고는 징역 2년형을 받았다. / 彼は来月5年間の懲役を終える 그는 다음달 징역 5년간의 형기를 마친다. 関連 懲役囚 징역수 / 無期懲役 무기 징역

**ちょうえつ** 【超越】 초월 ◇超越する 초월하다 ¶時代を超越する 시대를 초월하다 / あの人は世間を超越している 그 사람은 세상을 초월했다. / この世界には人知を超越した何かが存在していると私は信じる 이 세계에는 인지를 초월한 뭔가가 존재하고 있다고 나는 믿는다.

**ちょうおんぱ** 【超音波】 초음파 ¶超音波検査 초음파 검사

**ちょうか** 【超過】 초과 ◇超過する 초과하다, 초과되다, 넘다 ¶披露宴の費用は予算を大幅に超過した 피로연 비용은 예산을 크게 초과했다. / 彼の体重は規定より2キロ超過していた 그의 체중은 규정보다 2킬로 초과했다. / 彼の演説は予定時間を30分超過しても終わらなかった 그의 연설은 예정 시간을 30분 넘어도 끝나지 않았다. ¶その国の輸出超過は年間で5億ドルに上る 그 나라의 수출 초과는 연간 5억 달러에 이른다. / 10時までにホテルをチェックアウトしないと超過料金を払わなければならない 열 시까지 호텔을 체크아웃하지 않으면 초과 요금을 내야 한다. / 私のかばんは重量オーバーしていたので超過料金を払わなくてはならなかった 내 가방은 중량을 오버해서 초과 요금을 내야 했다. / 先月は40時間の超過勤務をした 지난달은 40시간 초과 근무를 했다. ¶超過額 초과액 / 超過勤務手当 초과 근무 수당

**ちょうかい** 【懲戒】 징계 ¶賄賂を受け取った警官は懲戒免職になった 뇌물을 받은 경찰관은 징계 면직이 되었다. / 懲戒処分 징계 처분

**ちょうかく** 【聴覚】 청각 ¶うさぎは聴覚が鋭い 토끼는 청각이 예민하다. / 彼は3歳のとき大病をして聴覚を失った 그는 세 살 때 큰 병을 앓고 청각을 잃었다. 関連 聴覚器官 청각 기관

**ちょうかん** 【朝刊】 조간(신문) ¶きょうの朝刊にブログの特集記事が出ていた 오늘 조간에 블로그 특집 기사가 나왔다.

**ちょうかん** 【長官】 장관(▶韓国語の 장관은 日本の「大臣」にあたる) ¶内閣官房長官 내각 관방장관 / 最高裁判所長官 최고 재판소 장관(▶韓国の 대법원장 「大法院長」にあたる) / (韓国の)国防長官 국방부 장관 / (米国の)国務長官 국무 장관

**ちょうき【長期】** 장기 ◇**長期的** 장기적 ¶労働争議は長期にわたった 노동 쟁의는 장기간 계속되었다. / 長期的に見ればそれは我々に大きな利益をもたらすだろう 장기적으로 보면 그것은 우리들에게 큰 이익을 가져다 줄 것이다. / 彼は長期欠席のため留年した 그는 장기 결석으로 유급되었다. / 気象庁は向こう3か月の長期予報を発表した 기상청은 향후 3개월의 장기 예보를 발표했다. / 交渉は長期戦になりそうだ 교섭은 장기전이 될 것 같다. / 日本に長期間滞在する 일본에서 장기간 체류하다
¶長期貸し付け 장기 대부 / 長期金融 장기 금융 / 長期計画 장기 계획 / 長期国債 장기 국채 / 長期囚 장기수

**ちょうきか【長期化】** 장기화 ◇**長期化する** 장기화하다, 장기화되다 ¶戦争が長期化する 전쟁이 장기화하다 / 捜査が長期化する 수사가 장기화되다

**ちょうきょう【調教】** 조교 ¶馬を調教する 말을 조교하다 関連 調教師 조교사

**ちょうきょり【長距離】** 장거리 ¶ソウルに長距離電話を掛けた 서울에 장거리 전화를 걸었다. / 長距離競走[選手] 장거리 경주[선수] / 長距離列車 장거리 열차 / 長距離トラック 장거리 트럭 / 長距離弾道ミサイル 장거리 탄도 미사일

**ちょうけし【帳消し】** 〔棒消し〕 〔相殺〕 상쇄 ◇**帳消しにする** 말소하다 〔相殺する〕 상쇄하다 ¶彼の借金を帳消しにしてあげた 그의 빚을 말소해 주었다. / 今年は暖冬で売り上げが伸びず昨年の利益が帳消しになった 올해는 따뜻한 겨울로 매상이 늘지 않아 작년 이익이 상쇄되었다.

**ちょうこう【兆候・徴候】** 징후, 징조, 조짐 ¶空は嵐の兆候を見せていた 하늘은 폭풍 징조를 보이고 있었다. / その子供はインフルエンザの兆候を示していた 그 아이는 인플루엔자[유행성 감기]의 징후를 나타냈다. / 景気が回復する兆候はない 경기가 회복할 징후가 없다.

**ちょうこう【聴講】** 청강 ◇**聴講する** 청강하다 ¶私はきのうファン教授の講義を聴講した 나는 어제 황 교수님의 강의를 청강했다. / 多数の聴講者が詰めかけた 많은 청강자가 몰려왔다. 関連 聴講生 청강생

**ちょうごう【調合】** 조제〔調剤〕 ◇**調合する** 조제하다 ¶薬を調合する 약을 조제하다 / 薬剤師が風邪薬を調合してくれた 약사가 감기약을 조제해 주었다.

**ちょうこうそう【超高層】** 초고층 ¶彼は超高層マンションに住んでいる 그는 초고층 아파트에 살고 있다. / 超高層ビル 초고층 빌딩

**ちょうこく【彫刻】** 조각 ◇**彫刻する** 조각하다 ¶庭園には多くの大理石の彫刻が置かれていた 정원에는 많은 대리석 조각이 놓여져 있었다. / 氷で像を彫刻する 얼음으로 상을 조각하다
関連 彫刻家 조각가 / 彫刻刀 조각도

**ちょうさ【調査】** 조사 ◇**調査する** 조사하다 ¶飛行機墜落事故の原因は目下調査中だ 비행기 추락 사고의 원인은 지금 조사 중이다. / 調査の結果、彼には前科があることが判明した 조사 결과, 그 사람에게는 전과가 있는 것

이 판명되었다. / 最新のアンケート調査で, 消費税引き上げに国民の大半が反対していることが分かった 최신 설문 조사에서 국민 대부분이 소비세 인상에 반대하고 있는 것으로 나타났다. / 検察はあるIT企業による違法な株価操作の調査を始めた 검찰은 어느 IT기업에 의한 불법 주가 조작에 대한 조사를 시작했다. / 世論調査によれば, 日本人の大半は中流意識を持っている 여론 조사에 의하면 일본인의 반 이상은 중류 의식을 가지고 있다.
¶竹下教授は地球の温暖化現象を調査している 다케시타 교수님은 지구의 온난화 현상을 조사하고 계신다. 関連 調査委員会 조사 위원회 / 調査書〔成績〕 성적 통지서 / 調査団 조사단 / 調査報告書 조사 보고서

**ちょうし【調子】** ❶ 〔具合, 状態〕 상태, 형편, 컨디션 ¶このごろ体の調子がよくないだ 요즘 몸 상태가 안 좋아. / たばこをやめてから調子がいいんだ 담배를 끊고부터 컨디션이 좋다. / 彼は無理をして調子を崩した 그는 무리해서 몸이 안 좋았다.
¶松坂はきょうは調子がいい 마쓰자카는 오늘 컨디션이 좋다. / 来週の試合に備えて選手たちは調子を整えていた 다음주 경기에 대비해서 선수들은 컨디션을 조절했다.
¶機械の調子が悪い 기계 상태가 나쁘다. / エンジンの調子がよくない 엔진 상태가 좋지 않다. / 田舎では万事こんな調子なんだ 시골에서는 만사 이런 식이야.
会話 調子はどう?
　A：最近体の調子はどう?
　B：胃の調子がよくないんだ
　A：요새 몸은 어때?
　B：위가 안 좋아.
　A：調子はどう?
　B：まあまあかな
　A：잘 돼 가?
　B：그냥 그래.

❷ 〔音調〕 음조, 가락, 장단 ¶今ベースギターの調子を合わせているところだ 지금 베이스 기타의 음조를 맞추고 있는 중이다. / ピアノはバイオリンと調子が合っていない 피아노는 바이올린과 음조가 맞지 않는다. / そんな高い調子では歌えないよ 그렇게 높은 음조로는 노래할 수 없다.
¶彼は指で調子をとっていた 그는 손가락으로 장단을 맞추고 있었다.

❸ 〔勢い, はずみ〕 기세, 본궤도 〔方法〕 방법, 방식, 식, 요령 〔人当たり〕 붙임성
¶いつもの調子でやればいいよ 여느 때와 같은 요령으로 하면 돼. / その調子だ 잘한다. / この調子では成功は期待できない 이대로라면 성공은 기대할 수 없다.
¶長い休暇の後なのでまだ調子がでない 긴 휴가 뒤라서 아직 제 컨디션이 돌아오지 않는다. / 松中は7月に入ってバッティングの調子を落としている 마쓰나카는 칠월에 들어서 배팅 기세가 떨어졌다. / 調子のいいセールスマンにまんまと引っかかる老人が多い 요령 좋은 세일즈맨[외판원]에게 속아 넘어가는 노인이 많다. / 調子よくことが運んでく

**ちょうじ**

れるといいのだが 기세 좋게 일이 진행되면 좋겠는데. / 一度うまくいったくらいで調子に乗るな 한번 잘된 거 가지고 우쭐해하지 마. / あいつは調子がいいからな 그 녀석은 붙임성이 좋으니까 말이야. / 君はお調子者だね 넌 참 살살이야. / 怒られると思っていたのにほめられるなんて調子狂っちゃうな 혼날 거라고 생각했었는데 칭찬 받으니까 어색해.

❹【語調, 口調】어조, 말투 ¶彼は政府の外交政策を強い調子で批判した 그는 정부의 외교 정책을 강한 어조로 비판했다. / 先生の話は一本調子だったので生徒たちはすぐあきた 선생님의 말은 단조로운 말투라서 학생들은 금방 질렸다.

**ちょうじ**【弔辞】조사 ¶告別式では鈴木氏が弔辞を述べた 고별식에서는 스즈키 씨가 조사를 읽었다.

**ちょうしぜん**【超自然】초자연 ¶超自然現象 초자연 현상

**ちょうじゃ**【長者】장자〔年長者〕연장자, 연상자, 웃어른〔金持ち〕부자 ¶長者番付 부자 랭킹 関連 億万長者 억만장자

**ちょうしゅ**【聴取】청취 ◇聴取する 청취하다 ¶警察は彼から事情を聴取している 경찰은 그 사람에게서 사정을 묻고 있다. / ラジオの聴取者 라디오 청취자 関連 聴取率 청취율

**ちょうじゅ**【長寿】장수 ◇長寿だ 장수하다 ¶この村には多くの人が長寿を保っている 이 마을에는 장수하는 사람이 많다. / 長寿の秘訣はくよくよ悩まないことである 장수의 비결은 끙끙 고민하지 않는 것이다. / 長寿番組 장수 프로그램 関連 不老長寿 불로장수

**ちょうしゅう**【徴収】징수 ◇徴収する 징수하다, 거두다 ¶通行料はゲートで徴収される 통행료는 게이트에서 징수된다. / 彼は50万円の税金を徴収された 그는 50만 엔의 세금을 징수당했다. 関連 源泉徴収 원천 징수

**ちょうしゅう**【聴衆】청중 ¶聴衆が多い[少ない] 청중이 많다[적다]. / 聴衆は彼の言葉に静まり返った 청중은 그의 말에 조용해졌다. / 聴衆は彼女の演奏が気に入ったようだった 청중은 그녀의 연주가 마음에 든 것 같았다. / 聴衆の心をつかむ 청중의 마음을 사로잡다

**ちょうしょ**【長所】장점(↔단점)(▶장점, 단점의 発音은 장점, 단점) ¶コンピュータの長所は大量のデータを蓄え, それを迅速に利用できる点である 컴퓨터의 장점은 대량 데이터를 저장하여 그것을 신속히 이용할 수 있는 점이다. / この新しい素材の長所はどういうところですか 이 새로운 소재의 장점은 어떤 점입니까? / 彼の提案には実用的だという長所がある 그의 제안은 실용적이라는 장점이 있다. / 彼女の長所は責任感が強いことです 그녀의 장점은 책임감이 강합니다. / このカメラの長所の一つはだれにも使いやすいことだ 이 카메라의 장점 중 하나는 누구라도 쉽게 사용할 수 있다는 점이다. / 長所を生かす 장점을 살리다

**ちょうじょ**【長女】장녀, 맏딸

**ちょうしょう**【嘲笑】조소, 비웃음 ◇嘲笑する 조소하다, 비웃다 ¶嘲笑を受ける 조소를 당하다 / 嘲笑を浴びせる 조소를 퍼붓다 / 嘲笑の的になる 조소의 대상이 되다 / 私は彼の嘲笑に耐えた 나는 그의 조소를 참았다. / 人々は彼を嘲笑した 사람들은 그를 조소했다.

**ちょうじょう**【頂上】정상, 꼭대기 ¶頂上に登る 정상에 오르다 / 頂上に着いた ついに 드디어 정상에 도착했다. / その古城は山の頂上に建っている 그 고성은 산의 정상에 세워져 있다. / 頂上からの眺めはすばらしかった 정상에서 바라본 경치는 너무 멋졌다. / 富士山の頂上は雪に覆われていた 후지산의 정상은 눈에 덮여 있었다.

**ちょうじょう**【超常】¶超常現象 초자연적 현상 / 超常的能力 초자연적 능력

**ちょうしょく**【朝食】아침 식사, 아침밥 ¶朝食を作る 아침을 하다 / けさ朝食に何を食べましたか 오늘 아침은 무엇을 드셨습니까? / 朝食時에 아침 식사 때

**ちょうじり**【帳尻】계산(計算) ¶帳尻を合わせる 계산을 맞추다 / 帳尻が合わない 계산이 안 맞다

**ちょうしん**【長身】장신, 장구 ¶彼は2メートルの長身だ 그는 2미터의 장신이다.

**ちょうしん**【長針】분침(分針)

**ちょうじん**【超人】초인 ¶超人的な活躍をした 초인적인 활약을 했다. / 超人的な忍耐力 초인적인 인내력

**ちょうしんき**【聴診器】청진기 ¶医師は患者の胸に聴診器を当てた 의사는 환자의 가슴에 청진기를 댔다.

**ちょうせい**【調整】조정 ◇調整する 조정하다 ¶お互いの意見の相違を調整した 서로의 의견 차이를 조정했다. / 両国間の貿易不均衡を調整しなければならない 양국간의 무역 불균형을 조정해야 된다. / 彼はレースに備えてエンジンを調整した 그는 레이스에 대비해서 엔진을 조정했다. / その選手は来シーズンに向けての調整が遅れている 그 선수는 다음 시즌을 위한 컨디션 조정이 늦어지고 있다. / ブレーキは定期的に調べて調整してください 브레이크는 정기적으로 조사해서 조정해 주십시오. / 機械を調整する 기계를 조정하다 / テレビの画面を調整する 텔레비전의 화면을 조정하다 / 彼らは計画を微調整した 그들은 계획의 세세한 부분을 조정했다. 関連 年末調整 연말 정산(精算)

**ちょうせつ**【調節】조절 ◇調節する 조절하다 ¶テレビの音量を調節する 텔레비전 음량을 조절하다 / 椅子の高さを調節したほうがいいと思うよ。高すぎるんじゃない 의자의 높이를 조절하는 게 좋겠어. 너무 높은 거 아니야? / エアコンで部屋の温度を調節した 에어컨으로 방의 온도를 조절했다. / この水槽の温度は自動調節されています 이 수조의 온도는 자동 조절되어 있습니다. / 哺乳類は自分で体温の調節をすることができる 포유류는 스스로 체온을 조절할 수 있다.

**ちょうせん**【挑戦】도전 ◇挑戦する 도전하다 ◇挑戦的だ 도전적이다 ¶チャンピオンは彼の挑戦に応じた 챔피언은 그의 도전에 응했다. / 世界選手権で金メダルを獲得した彼女はオリンピックへ向けて新たな挑戦を開始した 세계 선수권에서 금메달을 획득한 그녀는 올림

픽을 향해 새로운 도전을 시작했다. / 祖父にとってコンピュータを使うことは、未知の世界への挑戦だった 할아버지에게 있어서 컴퓨터를 사용하는 것은 미지의 세계에 대한 도전이었다. / その学生は私に挑戦的な態度を取った 그 학생은 나에게 도전적인 태도를 보였다 / 今回チャンピオンは手強い挑戦者を迎えた 이번에 챔피언은 만만치 않은 도전자를 맞았다.

¶多くの人々が彼に挑戦したが、だれも勝てなかった 많은 사람들이 그에게 도전했지만 아무도 이기지 못했다.

**ちょうせん【朝鮮】** 조선 〔朝鮮民主主義人民共和国〕조선 민주주의 인민 공화국 関連朝鮮半島 조선 반도(▶韓国では 반도의「韓半島」という) / 朝鮮王朝 조선 왕조 / 朝鮮人参 조선인삼, 고려 인삼 / 北朝鮮 북조선(▶韓国では 북한「北韓」という) / 朝鮮語 조선어, 조선말(▶韓国では 한국어, 한국 말, 우리말 などという) ⇨韓国, 北朝鮮

**ちょうぜん【超然】** 초연한 ◇超然と 초연히 ¶彼は世間から超然としている 그는 세속에 초연하다.

**ちょうぞう【彫像】** 조상, 조각상

**ちょうだ【長打】** 장타 ¶松井はきょうの試合で2本の長打を放った 마쓰이는 오늘 경기에서 2개의 장타를 날렸다. 関連長打者 장타자

**ちょうだい【頂戴】** ◇ちょうだいする〔もらう〕받다〔ください〕주세요〔飲食する〕먹다〔…してください〕〔動詞連用形+〕주세요 ¶お手紙ちょうだいいたしました 편지 잘 받았습니다. / それちょうだいナ ちょうだい 줘. / 知らせてちょうだいね 알려 줘. / 先日送っていただいたぶどう、みんなでおいしくちょうだいしました 지난번 보내 주신 포도, 모두 함께 맛있게 먹었습니다.

**ちょうたつ【調達】** 조달 ◇調達する 조달하다 ¶だれが食料を調達してくれるの? 누가 음식을 조달해 주는 거야? / 会社を設立するための資金を調達する 회사를 설립하기 위한 자금을 조달하다

**ちょうちょう【町長】** 정장(▶韓国の 읍장은「邑長」に相当する)

**ちょうちょう【長調】** 장조 ¶バイオリン協奏曲イ長調 바이올린 협주곡 가장조

**ちょうちん【提灯】** 제등, 초롱 ¶提灯を灯す 제등을 켜다 関連提灯行列 제등 행렬

**ちょうつがい【蝶番】** 경첩 ¶ドアの蝶番が外れている 문의 경첩이 떨어졌다. / ドアがきしむので蝶番に油を差した 문이 삐거덕거려서 경첩에 기름을 쳤다.

**ちょうてい【調停】** 조정〔仲裁〕중재 ◇調停する 조정하다〔仲裁する〕중재하다 ¶国連が両国の調停に乗り出した 국제 연합이 양국의 조정에 나섰다. / その件は調停に持ち込まれた 그 건은 중재에 넘겨졌다.

¶調停案 조정안 / 調停者 조정자 / 調停委員会 조정 위원회

**ちょうてん【頂点】** 정점〔絶頂〕절정《幾何》꼭짓점(▶数学的の 정점은 古い用語)¶機内の緊張は頂点に達した 기내의 긴장은 절정에 달했다. / 彼女は人気の頂点にいる 그녀는 인기 절정에 있다. / 三角形の頂点 삼각형의 꼭짓점

**ちょうでん【弔電】** 조전 ¶弔電を打つ 조전을 치다

**ちょうど【丁度】** 막, 마침, 꼭, 정각 ¶ちょうど出かけようとしたときに電話が鳴った 막 나가려고 할 때 전화가 울렸다. / バスはちょうど出たところだ 버스가 막 출발했다. / 代金は3千円ちょうどです 대금은 정확히 3천 엔입니다. /「今何時ですか」「ちょうど10時です」"지금 몇 시입니까?" "정각 열 시입니다." / 彼は5時ちょうどに現れた 그는 다섯 시 정각에 나타났다. / この靴はちょうどぴったりだ 이 구두는 꼭 맞다. /「すみません、郵便局はどこにありますか」「この通りのちょうど向かいにあります」"말씀 좀 묻겠습니다. 우체국이 어디 있습니까?" "이 길 바로 건너편에 있습니다."

¶これはちょうど私が探していた本です 이것은 마침내 찾고 있던 책입니다. / ちょうどいいところへ来てくれた. この荷物を運ぶのを手伝ってくれないか 마침 잘 왔다. 이 짐 나르는 것을 도와주지 않을래?

**ちょうない【町内】** 동네 ¶今度の土曜に町内会の会合がある 이번주 토요일에 반상회가 있다. / 町内の人々 동네 사람들

**ちょうなん【長男】** 장남, 맏아들, 맏이

**ちょうネクタイ【蝶ネクタイ】** 나비 넥타이

**ちょうのうりょく【超能力】** 초능력 ¶超能力者 초능력자 関連念力 염력 / 透視 투시 / 予知 예지 / テレパシー 텔레파시

**ちょうは【長波】** 장파

**ちょうはつ【挑発】** 도발 ◇挑発する 도발하다 ◇挑発的の 도발적이다 ¶彼は相手を挑発しようとしているのようだった 그는 상대를 도발하려고 하는 것 같았다. / 挑発に乗る 도발에 말려들다 / 彼女の言葉は挑発的だった 그녀의 말은 도발적이었다. / 彼女は挑発的に私にウインクした 그 여자는 나에게 도발적인 윙크를 했다.

**ちょうはつ【長髪】** 장발 ¶うちの野球部では長髪は禁止になっている 우리 야구부에서는 장발은 금지되어 있다. / 長髪の若者 장발의 젊은이

**ちょうふく【重複】** 중복 ◇重複する 중복하다, 중복되다 ¶予約が重複していた 예약이 중복되었다. / 同じ語の重複は避けたほうがよい 같은 말의 중복은 피하는 게 좋다.

**ちょうへい【徴兵】** 징병〔兵役〕병역 ¶息子は昨年徴兵された 아들은 작년에 군대 갔다. / 弟は病気のせいで徴兵を免除された 동생은 병으로 병역에 면제되었다. / 彼は徴兵を逃れるために海外へ逃亡した 그는 병역을 피하려고 해외로 도망갔다. / 日本には徴兵制度がない 일본에는 징병 제도가 없다.

¶徴兵検査 징병 검사 / 徴兵忌避 병역 기피

**ちょうへん【長編】** 장편 ¶長編小説〔映画〕장편 소설〔영화〕

**ちょうぼ【帳簿】** 장부 ¶帳簿を付ける 장부를 적다 / 彼は店の売り上げを毎日帳簿に記入している 그 가게의 매상을 매일 장부에 기입하고 있다. / 経理が帳簿をごまかしていたことが発覚した 경리가 장부를 속인 것이 발각되었다.

**ちょうほう【重宝】** ◇重宝だ 편리하다, 쓸모가

ちょうほう 있다 ¶この辞書はとても重宝だ 이 사전은 정말 편리하다. / この折り畳みのバッグはどこへ行くにも重宝している 이 접을 수 있는 가방은 어디에 갈 때도 편리하다. / 彼は手先が器用なのでみんなに重宝がられている 그 사람은 손재주가 뛰어나서 모두에게 인기가 있다.

**ちょうほう【諜報】** 첩보 関連 諜報員 첩보원, 간첩(間諜) / 諜報活動 첩보[간첩] 활동 / 諜報機關 첩보 기관

**ちょうほう【眺望】** 조망 [전망] 전망 ¶この部屋は眺望がよい 이 방은 전망이 좋다. / 眺望台 조망대

**ちょうほうけい【長方形】** 장방형, 직사각형

**ちょうほんにん【張本人】** 장본인 ¶警察は暴動の張本人を指名手配した 경찰은 폭동의 장본인을 지명수배했다.

**ちょうみ【調味】** 조미 ◇調味する 조미하다, 맛을 내다 ¶肉を塩・こしょうで調味する 고기를 소금, 후추로 맛을 내다 / このスープは化学調味料の味がする 이 스프는 화학 조미료의 맛이 난다.

**ちょうめん【帳面】** 공책, 노트 / 帳面に書く 노트에 적다[쓰다]

**ちょうもん【弔問】** 조문, 조상, 문상 ◇弔問する 조문하다 ¶私は友人の家に弔問に出かけた 나는 친구 집에 문상 갔다. 関連 弔問客 조문객

**ちょうもんかい【聽聞會】** 청문회 ◇聽聞会を開く 청문회를 열다

**ちょうやく【跳躍】** 도약 ◇跳躍する 도약하다 関連 跳躍台 도약대 / 跳躍力 도약력

**ちょうり【調理】** 조리 [料理] 요리 ◇調理する 조리하다 [料理する] 요리하다 関連 調理器具 조리 기구 / 調理師 조리사 / 調理台 조리대 / 調理場 조리장 / 調理法 조리법

**ちょうりつ【調律】** 조율 ◇調律する 조율하다 ¶ピアノを調律する 피아노를 조율하다 関連 調律師 조율사

**ちょうりゅう【潮流】** 조류 / 潮流が速い 조류가 빠르다 / 潮流に乗る 조류를 타다 / 時代の潮流に逆らう 시대의 조류에 거스르다

**ちょうりょく【聽力】** 청력 ¶私は事故で右耳の聽力を失った 나는 사고로 오른쪽 귀의 청력을 잃었다. / 聽力が衰える 청력이 쇠하다 関連 聽力檢査 청력 검사 / 聽力測定器 청력 측정기

**ちょうるい【鳥類】** 조류 関連 鳥類学 조류학 / 鳥類保護区 조류 보호구

**ちょうれい【朝礼】** [學校の] 조례 [會社などの] 조회(朝会) ¶毎週月曜日に朝礼がある 매주 월요일에 조례가 있다.

**ちょうろう【長老】** 장로 ¶政界の長老 정계의 장로

**ちょうわ【調和】** 조화 ◇調和する 조화하다, 조화되다

◆【調和が・調和の】
¶きょうの姉の服装は調和がとれている 오늘 언니의 옷차림은 조화가 잘 됐다. / 調和のとれた発展 조화된 발전

◆【調和を】
¶新しく出来たビルは周囲との調和を欠いている 새롭게 생긴 빌딩은 주위와 조화를 이루지 못한 다. / 地球上の生物はみな調和を保って生きている 지구상의 생물은 모두 조화를 유지하며 살고 있다.

◆【調和する】
¶この山荘は景観とよく調和している 이 산장은 경관하고 좋은 조화를 이루고 있다. / 真っ赤な電話が部屋の調和を乱している 새빨간 전화기가 방의 조화를 깨고 있다. / この部屋のカーテンはカーペットの色とうまく調和している 이 방의 커튼은 카펫의 색과 잘 조화를 이루고 있다.

**チョーク【白墨】** 분필(粉筆) ¶その子は道路にチョークで機關車の絵を描いていた 그 아이는 도로에 분필로 기관차 그림을 그리고 있었다.

**ちょきん【貯金】** 저금 [預金] 예금 ◇貯金する 저금하다 [預金する] 예금하다

◆【貯金が・貯金は】
¶貯金が100万円ある 저금이 100만 엔이 있다. / 今貯金はどれくらいある 지금 저금은 어느 정도 있어?

◆【貯金で】
¶貯金で自転車を買った 저금으로 자전거를 샀다.

◆【貯金を】
¶彼は貯金を家の購入にあてた 그는 저금을 집 사는 데 썼다. / 子供たちは母の日の贈り物を買うために貯金を出し合った 아이들은 어머니날 선물을 사기 위해 각자 저금한 돈을 냈다. / 口座から貯金を下す 계좌에서 저금을 찾다[빼다]

◆【貯金を】
¶両親は老後のために貯金している 부모는 노후를 위해 저금을 하고 있다. / 車を買うために貯金しています 차를 사기 위해 저금을 하고 있습니다. / 1年で50万円貯金した 1년에 50만 엔을 저금을 했다. / 私は毎月給料の中から2万円貯金している 나는 매달 월급에서 2만 엔 저금하고 있다. / お年玉は毎年全部貯金している 세뱃돈은 매년 전부 저금하고 있다. / 先週銀行に5万円貯金した 지난주 은행에 5만 엔 저금했다. 関連 貯金通帳 저금 통장 / 貯金箱 저금통 / 積立貯金 적립저금, 적금 / 定額貯金 정기 적금 / 郵便貯金 우체국 저금

**ちょくえい【直營】** 직영 ¶このレストランは有名ホテルの直營だ 이 레스토랑은 유명 호텔 직영이다. / このかばん屋は工場の直營店だから値段が安い 이 가방집은 공장 직영점이기 때문에 가격이 싸다.

**ちょくげき【直撃】** 직격 ◇直撃する 직격하다 ¶その島は去年の夏3度も台風の直撃を受けた 그 섬은 작년 여름 세 번이나 태풍의 직격을 받았다. / 大地震が阪神地方を直撃した 대지진이 한신 지방을 직격했다. 関連 直撃彈 직격탄

**ちょくご【直後】** 직후 ¶事件直後記者たちが現場に駆けつけた 사건 직후 기자들이 현장에 달려왔다.

**ちょくし【直視】** 직시 ◇直視する 직시하다 ¶君は現実を直視すべきだ 넌 현실을 직시해야 한다. / 我々は既に資金が底を突いているという事実を直視しなければならない 우리는 이미 자금이 바닥난 사실을 직시해야 한다.

**ちょくしゃ【直射】** 직사 ¶この花は直射日光に当てないようにしてください 이 꽃은 직사광선을 쐬지 않게 해 주세요.

**ちょくしん【直進】** 직진 ◇直進する 직진하다

**ちょくせつ**【直接】직접 ¶彼の直接の死因は心不全だった 그의 직접적인 사인은 심부전이었다. / あす直接返事をください 내일 직접 대답을 해 주세요. / 「彼女どこに住んでいるか知る？」「知らないよ。直接聞いてみれば」"그 여자가 어디 사는지 알아?" "몰라. 직접 물어 봐." / 私は書類を直接部長のところに持っていった 나는 서류를 직접 부장님께 가지고 갔다. 関連 直接照明 직접 조명 / 直接税 직접세 / 直接選挙 직접 선거 / 直接民主制 직접 민주제 / 直接話法 〔文法〕 직접 화법

**ちょくせん**【直線】직선 ¶直線Aと直線Bは平行である 직선 A와 직선 B는 평행이다. / ここから駅までは直線距離で300メートルしかない 여기서 역까지는 직선거리로 300미터밖에 안 된다. / コーナーから直線コースに入る 코너에서 직선 코스에 들어간다.

**ちょくぜん**【直前】직전 ¶彼は列車が出る直前に駆け込んだ 그는 열차가 떠나기 직전에 뛰어들었다. / バスの直前直後の横断は危険です 버스 바로 앞뒤의 횡단은 위험합니다.

**ちょくそう**【直送】◇直送する 직송하다 ¶この桃は産地から直送されたものです 이 복숭아는 산지에서 직송된 것입니다. / 産地直送野菜 산지 직송 야채

**ちょくぞく**【直属】직속 ¶このプロジェクトチームは社長の直属だ 이 프로젝트 팀은 사장 직속이다. / 中村部長直属の部下 나카무라 부장 직속 부하

**ちょくちょう**【直腸】직장 関連 直腸炎 직장염 / 直腸がん 직장암

**ちょくつう**【直通】직통 〔直行〕 직행 ◇直通する 직통하다 ¶新宿から京都までの直通バスがある 신주쿠에서 교토까지 직행 버스가 있다. / これは成田空港までの直通列車だ 이것은 나리타 공항까지 가는 직행 열차다. / 社長と秘書室の間は直通電話でつながっている 사장님과 비서실간은 직통 전화가 연결되어 있다.

**ちょくばい**【直売】◇直売する 직매하다 ¶生産者直売のいちごを1箱買った 생산자 직매의 딸기를 한 박스 샀다. / 産地で野菜を直売する 산지에서 야채를 직매하다 関連 直売店 직매점 / 直売品 직매품

**ちょくほうたい**【直方体】직방체, 정방체, 직육면체

**ちょくめん**【直面】◇直面する 직면하다 ¶難局に直面する 난국에 직면하다 / その国は経済的困難に直面している 그 나라는 경제적 곤란에 직면해 있다. / 我々はいつか死に直面しなければならない 우리들은 언젠가 죽음에 직면해야 된다. / 危機に直面して大統領の指導力が発揮された 위기에 직면하여 대통령의 지도력이 발휘되었다.

**ちょくやく**【直訳】직역 ◇直訳する 직역하다 ¶原文を単純に日本語に直訳しただけでは意味がわからない 원문을 단순히 일본어로 직역한 것만으로는 의미를 알 수 없다. / 直訳して言うと 직역해서 말하면

**ちょくゆにゅう**【直輸入】직수입 ¶この品はイタリアから直輸入されたものです 이 물건은 이탈리아에서 직수입된 것입니다.

**ちょくりつ**【直立】직립 ◇直立する 직립하다, 똑바로 서다 ¶彼は先生の前で直立不動の姿勢をとった 그는 선생님 앞에서 직립 부동자세를 취했다. / 人類は直立歩行を始めて以来腰痛に悩まされてきた 인류는 직립 보행을 시작한 이래 요통에 시달려 왔다. 関連 直立猿人 직립 원인

**ちょくりゅう**【直流】직류(↔교류) ¶直流回路 직류회로

**ちょくれつ**【直列】직렬(↔병렬) ¶電球を直列につなぐ 전구를 직렬로 연결하다 / 直列回路 직렬 회로

**ちょこちょこ** 아장아장 ¶赤ん坊は私の方にちょこちょこ歩いてきた 아기가 내 쪽으로 아장아장 걸어왔다.

**チョコレート** 초콜릿, 초코 ¶彼女はフランスのおみやげにチョコレートを1箱くれた 그녀는 프랑스에 간 기념품으로 초콜릿을 한 박스 주었다. / さあチョコレートをもうひとつ召し上がれ 자 초콜릿 하나 더 드세요. / チョコレートの詰め合わせ 초콜릿을 이것저것 담은 것, 초콜릿 세트 関連 チョコレート色 초콜릿색, 밤색

**ちょこんと** 다소곳이 ¶少年は椅子にちょこんと腰掛けていた 소년은 의자에서 다소곳이 앉아 있었다. / はとが1羽枝にちょこんと止まっていた 비둘기가 한 마리 가지에 다소곳이 앉아 있었다. / 彼女は私にちょこんとおじぎをした 그녀는 나에게 가볍게 인사를 했다.

**ちょさく**【著作】저작 ¶この小説は彼の著作の中でもっとも有名なものだ 이 소설은 그의 저작 중에서 가장 유명한 것이다. / この本の著作権は小学館が所有している 이 책의 저작권은 쇼가쿠칸이 소유하고 있다. / その作家は著作権侵害で訴えられた 그 작가는 저작권 침해로 고소당했다. 関連 著作家 저작가 / 著作権法 저작권법 / 著作権料 저작권료 / 著作物 저작물

**ちょしゃ**【著者】저자 ¶著者不明の本 저자 불명의 책

**ちょじゅつ**【著述】저술 ◇著述する 저술하다 ¶彼女は著述で生活している 그녀는 저술 활동으로 생활을 하고 있다. / 著述業 저술업

**ちょしょ**【著書】저서 ¶彼は歴史に関する著書が多い 그는 역사에 관한 저서가 많다.

**ちょすい**【貯水】저수 ¶貯水槽 저수조 / 貯水タンク 저수 탱크 / 貯水池 저수지 / 貯水量 저수량

**ちょぞう**【貯蔵】저장 ◇貯蔵する 저장하다 ¶地方自治体では災害に備えて3か月分の食料を倉庫に貯蔵している 지방 자치 단체에서는 재해에 대비해서 3개월분의 식량을 창고에 저장하고 있다. / この船にはインド洋で捕れたまぐろが冷凍貯蔵されている 이 배에는 인도양에서 잡힌 참치가 냉동 저장되어 있다. 関連 貯蔵庫 저장고 / 貯蔵室 저장실 / 貯蔵物 저장물

**ちょちく**【貯蓄】저축 〔貯金〕 저금 ◇貯蓄する 저축하다 ¶貯蓄を勧める 저축을 권하다 関連 貯蓄預金 저축 예금 / 財形貯蓄 재형 저축

**ちょっか**【直下】직하 ¶赤道直下の太陽が照りつけた 적도 직하의 태양이 강하게 내리쬤다. 関連 直下型地震 직하형 지진

**ちょっかい** 참견 ◇ちょっかいを出す 참견하다,

건드리다 ¶彼女はしょっちゅう人のことにちょっかいを出す 그녀는 자주 남의 일에 참견을 한다. / おれの女にちょっかい出すんじゃない 내 여자를 건드리지 마.

**ちょっかく**【直角】 직각 ¶2本の直線は直角に交差している 두 직선은 직각으로 교차하고 있다. 関連 直角三角形 직각 삼각형, 직삼각형

**ちょっかん**【直感】 직감 ◇直感する 직감하다 ◇直感的 직감적 ¶直感が当たる 직감이 들어맞다 / 直感に頼る 직감에 의지하다 / 彼女は直感的に真実を悟った 그녀는 직감적으로 진실을 알아챘다. / 直感的に見抜く 직감적으로 알아차리다

**ちょっかん**【直観】 직관 ◇直観する 직관하다 ◇直観的 직관적 ¶何か変だと彼は直観した 뭔가 이상하다고 그는 직관적으로 느꼈다. / 私たちには直観的に善悪がわかるものだ 우리는 직관적으로 선악을 안다. / 直観的に彼は本当のことを言っていると思った 직관적으로 그가 사실을 말하고 있다고 생각했다. / 直観的に悟る 직관적으로 깨닫다 関連 直観力 직관력

**チョッキ** 조끼 関連 防弾チョッキ 방탄조끼 ⇨ベスト

**ちょっきゅう**【直球】 직구, 스트레이트 ¶直球を投げる 직구를 던지다

**ちょっけい**【直径】 지름, 직경 ¶直径を測る 지름을 재다 / 池の直径は約5メートルの연못의 직경은 약 5미터다. / 幹の直径 나무 줄기의 직경

**ちょっけい**【直系】 직계 ¶徳川家の直系の子孫 도쿠가와 가문 직계 자손

**ちょっこう**【直行】 직행 ◇直行する 직행하다, 곧바로 가다 ¶済州島へは成田からの直行便を利用した 제주도에는 나리타에서 직행편을 이용했다. / 知らせを聞いて病院に直行した 소식을 듣고 병원으로 직행했다.

**ちょっと** ❶〔程度・量が少し〕조금〔わずかに〕좀, 약간 ¶この洋服はちょっと小さい 이 옷은 조금 작다. / ちょっと疲れた 조금 피곤하다. / ちょっとぜいたくをして高級ホテルに泊まった 조금 사치해서 고급 호텔에 묵었다. / 韓国語をちょっと話せる 한국어를 조금 할 수 있다. / この机にはちょっと傷がある 이 책상에는 약간 흠이 있다. / ドアがちょっとだけ開いていた 문이 조금 열려 있었다.

¶ちょっと話があるんだけど 할 이야기가 좀 있는데. / ちょっとお聞きしたいのですが 잠깐 물어보고 싶습니다만. / 君が新聞を読み終わったらスポーツ欄をちょっと見たいんだけど 너 신문 다 보면 스포츠란을 좀 보고 싶은데.

会話 ちょっと食べさせて
A : この料理うまいなあ
B : 本当? ちょっと食べさせて
A : 이 요리 맛있다.
B : 정말? 좀 먹어봐도 돼?
A : 6時30分の列車に間に合うかな
B : ちょっと無理だね
A : 여섯 시 30분 열차를 탈 수 있을까?
B : 좀 무리지.

❷〔少しの間〕잠깐, 잠시, 좀 ¶ちょっとお待ちください 잠시 기다려 주세요. / ちょっとこの店をのぞ いていってもいい? 잠깐 이 가게를 둘러봐도 돼? / ちょっと出かけてきます 잠시 나갔다 오겠습니다. / 母は角の所でちょっと立ち止まり近所の人と話をした 어머니는 모퉁이에 잠시 서서 동네 사람하고 이야기를 하셨다. / おじの家にちょっと立ち寄った 삼촌 댁에 잠시 들렀다. / ちょっとの間に父はずいぶんふけてしまった 잠깐 사이에 아버지는 확 늙어 버렸다. / ちょっと前にコンサートは始まっていた 조금 전에 콘서트는 시작했다. / ちょっと遅れただけじゃない。そんなに怒らないでよ 조금 늦었을 뿐이잖아. 그렇게 화내지 마. / もうちょっとで終電車に乗り遅れるところだった 하마터면 막차를 놓칠 뻔했다.

会話 ちょっと考えてみる
A : 今度の週末に旅行に行かない?
B : ちょっと考えてみるわ
A : 다음 주말에 여행 안 갈래?
B : 좀 생각해 볼게.
A : 部屋の掃除はまだかかるの
B : いや、もうちょっとで終わるよ
A : 방 청소는 아직 멀었어?
B : 아니, 이제 조금만 하면 끝나.

❸〔かなり〕좀, 꽤, 제법 ¶この本は子供にはちょっと難しい 이 책은 어린이에게는 조금 어렵다. / それはちょっといい話だね 그것은 제법 좋은 이야기네.
¶サンギのスキーの腕はちょっとしたものだよ 상기 스키 실력은 제법인데. / 彼女はこの辺ではちょっとした有名人だ 그녀는 이 주변에서는 꽤 유명한 사람이다.

❹〔容易に〕좀처럼, 쉽사리, 쉽게 ¶「彼女、離婚したんだって」「ちょっと信じられないわ」"그 여자 이혼했대." "좀처럼 믿을 수가 없어." / その絵は素人にはちょっと描けない 그 그림은 아마추어들은 쉽게 그릴 수 없다. / その件に関してはちょっとお話できないんですが 그 건에 관해서는 쉽게 이야기할 수 없는데요.

❺〔呼びかけ〕저, 저기, 저기요, 여기요, 잠깐 ¶ちょっと、消しゴム貸してくれない? 잠깐, 지우개 좀 빌려 줄래? / ちょっと、あの人見て 저기, 저 사람 봐. / ちょっとすみません、駅はどちらでしょうか 말씀 좀 묻겠습니다. 역이 어느 쪽입니까? / (食堂で)ちょっとすみません、水ください 저기요, 물 좀 주세요. 慣用句 彼はちょっとやそっとじゃあきらめない 그는 여간해서는 포기하지 않는다.

**ちょめい**【著名】 저명 ¶著名だ 저명하다 ¶著名な学者 저명한 학자 / 著名の人 저명인사

**ちょろちょろ**〔水が〕졸졸〔火が〕활활 ¶小川が岩の間をちょろちょろ流れている 시냇물이 바위 사이를 졸졸 흐르고 있다. / 火がちょろちょろ燃えている 불이 활활 타고 있다.

**ちらかす**【散らかす】〔紙くずなどを〕흩뜨리다〔部屋などを乱雑にする〕어지르다, 어지럽히다
¶紙を散らかす 종이를 흩뜨리다 / 公園にごみを散らかす 공원에 쓰레기를 흩뜨리다 / 子供たちは部屋中におもちゃを散らかしていた 아이들은 방안에 장난감을 어질렀다. / 海や山でごみを散らかす人がいる 바다나 산에서 쓰레기를 흩뜨리는 사람이 있다. / 台所を散らかさないでちょうだい 부엌을

어지르지 말아 줘. / 우리 息子은 部屋을いつも散らかしている 우리 아들은 항상 방을 어지럽힌다. / 庭を取り散らかす 마당을 어지르다

**ちらかる【散らかる】**〔ごみなどが〕흩어지다〔部屋などが〕어질러지다 ¶ビラが通りに散らかっている 전단지가 거리에 흩어져 있다. / 新聞紙が道路に散らかっていた 신문지가 도로에 흩어져 있었다. / 通りにごみが散らかっていた 거리에 쓰레기가 흩어져 있었다. / 弟の部屋はいつも散らかっている 동생 방은 언제나 지저분하다. / 母は散らかった部屋を片付けた 어머니는 어질러진 방을 정리하셨다.

**ちらし【散らし】**전단〔新聞の折り込み広告〕광고 전단지 ¶2, 3人の若者が駅前でちらしを配っていた 두세 명의 젊은 사람들이 역 앞에서 전단지를 나누어 주고 있었다. /関連ちらし寿司 초밥의 한 가지로 여러 종류의 생선회를 밥 위에 예쁘게 얹어 놓은 것, 회덮밥

**ちらす【散らす】**흩날리다〔集中力を〕산만하게 하다 ¶風が桜を散らしてしまった 바람이 벚꽃을 흩날려 버렸다. / 太郎の気を散らさないでね. 宿題をしているんだから 타로를 방해하지 마. 숙제를 하고 있으니까.

**ちらちら** 팔랑팔랑; 반짝반짝 ◇ちらちらする〔光が〕반짝거리다, 깜박거리다〔目が〕어지럽다, 어쩔어쩔하다 ¶雪がちらちら降っている 눈이 팔랑팔랑 내리고 있다. / 月光が水面にちらちらしていた 달빛이 수면에 반짝거리고 있었다. / 蛍光灯がちらちらしている 형광등이 깜박거리고 있다. / 光のために目がちらちらする 빛 때문에 눈이 어지럽다.

**ちらつく**〔雪が〕흩날려 내리다〔面影・情景が〕어른거리다 ¶小雪がちらつき始めた 눈이 흩날려 내리기 시작했다. / 田舎の母の顔が目の前にちらついた 시골 어머니 얼굴이 눈 앞에 어른거렸다. / その恐ろしい光景がちらついて眠れない 그 무시무시한 광경이 어른거려서 잠을 잘 수가 없다.

**ちらばる【散らばる】**흩어지다 ¶弟の部屋にはおもちゃがあちこちに散らばっている 동생 방에는 장난감이 여기저기 흩어져 있다. / 彼らは四方八方に散らばって逃げた 그들은 사방팔방으로 흩어져서 도망쳤다. / 瀬戸内海には多くの島が散らばっている 세토나이카이에는 많은 섬이 산재해 있다. / この銀行の支店は全国に散らばっている 이 은행의 지점은 전국에 있다.

**ちらほら** 드문드문, 간간이 ¶桜の花がちらほら咲いている 벚꽃이 드문드문 피어 있다. / そのうわさはちらほら聞いている 그 소문은 간간이 들린다.

**ちらり** ◇ちらりと 힐끗, 흘끗〔ふと〕언뜻 ¶彼女は私をちらりと見た 그 여자는 나를 흘끗 보았다. / 木々の向こうに人影がちらりと見えた 나무들 사이로 사람 그림자가 흘끗 보였다. / 不安がちらりと彼の胸をよぎった 불안이 언뜻 그의 마음을 스쳤다.

**ちり【塵】**〔ほこり〕먼지, 티끌 ¶机の上はちりひとつなかった 책상 위에는 티끌 하나 없었다. / 姉はいつも部屋をちりひとつないようにしている 누나는 항상 방을 먼지 하나 없도록 한다. / 大掃除で棚の上のちりを払った 대청소로 선반 위의 먼지를 털었다. /慣用句ちりも積もれば山となる 티끌 모아 태산 / 彼には親切心なんてちりほどもない 그 사람에게는 친절한 마음 같은 거 티끌만큼도 없다. /関連ちり取り 쓰레받기

**ちり【地理】**지리 ¶彼はこの辺の地理に明るい 그는 이 주변 지리에 밝다. / 僕はこの辺の地理には暗いんだ 나는 이 주변 지리에 어둡다. /関連地理学者 지리 학자 / 自然地理 자연 지리 / 風水地理 풍수지리

**ちりがみ【塵紙】**휴지 ¶古新聞をちり紙と交換した 헌 신문을 휴지와 교환했다.

**ちりぢり【散り散り】**뿔뿔이 ¶群衆は散り散りになった 군중은 뿔뿔이 흩어졌다. / 戦争で一家は散り散りになった 전쟁으로 일가는 뿔뿔이 흩어졌다. / 子供たちは散り散りばらばらに走って行った 아이들은 뿔뿔이 흩어져서 달려갔다.

**ちりばめる【鏤める】**아로새기다, 여기저기 박다 ¶花嫁は真珠をちりばめたドレスを着ていた 신부는 여기저기 진주를 박은 드레스를 입고 있었다. / ダイヤモンドをちりばめた指輪 다이아몬드를 아로새긴 반지 / 金銀をちりばめた箱 여기저기 금은을 박은 상자 / 星をちりばめた夜空 여기저기 별이 박힌 밤하늘

**ちりめん【縮緬】**바탕이 오글쪼글한 비단, 크레이프 /関連ちりめんじゃこ 마른 새끼 멸치

**ちりょう【治療】**치료 ◇治療する 치료하다 ¶治療を受ける 치료를 받다 / この薬にはがんの治療に使われている 이 약은 암 치료에 사용되고 있다. / これは腎臓病を治療する一つの方法だ 이것은 신장병을 치료하는 한 방법이다. / きのう歯を治療してもらった 어제 이를 치료했다. /関連治療費 치료비 / 治療法 치료법 / 外科治療 외과 치료 / 放射線治療 방사선 치료 / 民間治療法 민간 치료법

**ちりんちりん**〔鈴などの音〕땅랑땅랑 ¶風鈴がちりんちりんと鳴っている 풍경이 딸랑딸랑 울리고 있다.

**ちる【散る】** ❶〔落ちる〕지다, 떨어지다 ¶桜が散る 벚꽃이 지다 / 花びらが風に散っている 꽃잎이 바람에 지고 있다.
❷〔分散する〕흩어지다〔火花が〕튀기다 ¶木の葉が公園に散っていた 나뭇잎이 공원에 흩어져 있었다. / ガラスの破片が散った 유리 조각이 산산이 흩어졌다. / 子供たちは四方八方に散った 아이들은 사방팔방으로 흩어졌다. / 暗闇に火花が散った 어둠에 불꽃이 튀겼다.

**ちんあげ【賃上げ】**임금 인상 ¶労働組合は5％の賃上げを要求した 노동조합은 5퍼센트 임금 인상을 요구했다. / 賃上げスト〔闘争〕임금인상 파업〔투쟁〕

**ちんあつ【鎮圧】**진압 ◇鎮圧する 진압하다 ¶暴動は軍隊に鎮圧された 폭동은 군대에 의해 진압되었다.

**ちんか【沈下】**침하 ◇沈下する 침하하다 ¶この一帯は年々地盤沈下が進んでいる 이 일대에서는 매년 지반침하가 진행되고 있다.

**ちんか【鎮火】**진화 ◇鎮火する 진화되다 ¶火事の鎮火には2時間かかった 화재 진화에는 두 시간 걸렸다.

**ちんぎん【賃金】**임금 ¶彼は自動車工場で働いてい

い賃金をもらっている 그는 자동차 공장에서 일해서 좋은 임금을 받고 있다. / 去年賃金はかなり上がった 작년에는 임금이 꽤 올랐다. / 週あたりの賃金はいくらですか 일주일당[주당] 임금은 얼마입니까? / 彼の賃金は週毎に支払われる 그의 임금은 매주 지불되고 있다. / 彼の賃金は月当り25万円です 그의 임금은「한 달에[월당] 25만 엔입니다. / 労働者は賃金の引き上げを要求してストライキを起こした 노동자는 임금 인상을 요구하며 파업을 일으켰다. [関連]賃金格差 임금격차 / 賃金カット 임금 커트 / 賃金生活者 임금 생활자 / 賃金闘争 임금 투쟁 / 基本賃金 기본임금 / 最低賃金 최저 임금 / 実質[名目]賃金 실질[명목] 임금 / 生活賃金 생활 임금

**ちんこん**【鎮魂】진혼 [関連]鎮魂曲 진혼곡

**ちんしゃ**【陳謝】진사（謝罪）사죄 ◇陳謝する 진사하다, 사죄하다 ¶彼は自分の非礼を陳謝した 그는 자기의 무례를 사죄했다.

**ちんじゅつ**【陳述】진술 ◇陳述する 진술하다 ¶彼は法廷で以下のように陳述した 그는 법정에서 아래와 같이 진술했다. [関連]陳述書 진술서 / 冒頭陳述 모두 진술

**ちんじょう**【陳情】진정 ◇陳情する 진정하다 ¶国会に陳情する 국회에 진정하다 / 住民は被災地の復興支援を市長に陳情した 주민은 피해지의 복구 지원을 시장에게 진정했다. [関連]陳情書 진정서 / 陳情団 진정단

**ちんせい**【沈静・鎮静】진정 ◇沈静[鎮静]する 진정하다, 진정되다 ¶石油価格の高騰が沈静化した 석유 가격의 폭등이 진정화됐다. / 混乱は徐々に鎮静した 혼란은 서서히 진정되었다. [関連]鎮静剤 진정제

**ちんたい**【沈滞】침체 ◇沈滞する 침체하다, 침체되다 ¶景気は依然として沈滞している 경기는 여전히 침체되고 있다. / 沈滞した空気 침체된 공기

**ちんたい**【賃貸】임대 ◇賃貸する 임대하다 ¶私はこの土地を10年間の賃貸契約で借りた 나는 10년 계약으로 이 토지를 빌렸다. [関連]賃貸住宅 임대 주택 / 賃貸人 임대인 / 賃貸マンション 임대 아파트 / 賃貸料 임대료

**ちんちゃく**【沈着】◇沈着だ 침착하다 ¶非常事態でも彼は沈着だった 비상사태에서도 그는 침착했다. / 沈着な態度 침착한 태도 / 沈着に行動した 침착하게 행동하다 / 沈着さ 침착성

**ちんちょう**【珍重】◇珍重する 소중히 하다[여기다] ¶そのきのこは美食家たちに珍重されている 그 버섯은 미식가들에게 사랑받고 있다.

**ちんつう**【沈痛】◇沈痛な 침통한 ¶彼は沈痛な面持ち[口調]で社長の悲報を私たちに告げた 그는 침통한 얼굴로[말투로] 사장님의 비보를 우리들에게 고했다.

**ちんつうざい**【鎮痛剤】진통제

**ちんでん**【沈殿】침전 ◇沈殿する 침전하다, 침전되다 ¶水から不純物を沈殿させて取り除く 물에서 불순물을 침전시켜 제거하다 / コップの底に細かい砂が沈殿している 컵 바닥에 작은 모래가 침전되어 있다. [関連]沈殿物 침전물

**チンパンジー** 침팬지

**ちんぴら** 돌마니, 깡패

**ちんぷ**【陳腐】◇陳腐だ 진부하다 ¶陳腐な学説 진부한 학설 / 陳腐な冗談 진부한 농담 / 陳腐なしゃれ 진부한 농담 / 陳腐なテレビ番組 진부한 텔레비전 프로그램

**ちんぷんかんぷん**【珍粉漢粉】¶私にはまったくちんぷんかんぷんだ 뭐가 뭔지 나는 통 모르겠다. / 彼は何かちんぷんかんぷんなことを言っている 그는 뭔가 횡설수설하고 있다.

**ちんぼつ**【沈没】침몰 ◇沈没する 침몰하다 ¶船は嵐で転覆して沈没した 배는 폭풍에 전복되어 침몰했다. [関連]沈没船 침몰선

**ちんみ**【珍味】진미 ¶宴会場のテーブルには山海の珍味が並んでいた 연회장 테이블에는 산해진미가 차려져 있었다.

**ちんもく**【沈黙】침묵 ◇沈黙する 침묵하다 ¶彼女との間に気まずい沈黙が続いた 그녀와의 사이에 어색한 침묵이 계속되었다. / 彼は突然沈黙を破ってしゃべり始めた 그는 갑자기 침묵을 깨고 말하기 시작했다. / 容疑者はその事件について固く沈黙を守っている 용의자는 그 사건에 대해서 굳게 침묵을 지키고 있다. [慣用句]雄弁は銀、沈黙は金 웅변은 은, 침묵은 금

**ちんれつ**【陳列】진열 ◇陳列する 진열하다 ¶その部屋には新羅時代の宝物が陳列されている 그 방에는 신라 시대의 보물이 진열되어 있다. [関連]陳列室 진열실 / 陳列台 진열대 / 陳列棚 진열장 / 陳列品 진열품

---

**ツアー** 투어, 관광 여행（観光旅行）¶友人と韓国ツアーに申し込んだ 친구와 한국 투어를 예약했다. / ツアーに参加する 투어에 참가하다 / 温泉ツアー 온천 투어 [関連]ツアーコンダクター 투어 가이드 ⇒旅, 旅行

**つい** ❶【ちょうど, まさに】바로【ほんの】조금 ¶父はつい今しがた会社から帰ってきたばかりだ 아버지는 방금 회사에서 돌아오셨다. / こういう雑誌があることをつい最近知りました 최근에서야 이런 잡지가 있는 것을 알았습니다. / つい先週車を買ったばかりだ 바로 지난주에 차를 샀다. / 私が彼に会ったのはつい3日前のことだった 내가 그를 만난 것은 겨우 3일 전의 일이었다. ❷【うっかり】그만【思わず】무심코, 나도 모르게 ¶彼女はつい違う教科書を持ってきてしまった 그녀는 그만 다른 교과서를 가지고 왔다. / 頭にきてつい大声を出してしまった 화가 나서 그만 큰 소리를 내 버렸다. / 彼はついうっかりして紅茶に塩を入れてしまった 그는 무심코 홍차에 소금을 넣어 버렸다. / 話し込んでいてつい時間がたつのを忘れ

てしまった 이야기에 열중하느라 그만 시간 가는 것을 잊어버렸다. / 口をすべらせてしまった 나도 모르게 말실수를 했다.

**つい**【対】쌍, 짝, 세트 ¶2つの置物は対になっている 두 장식품은 한 세트이다.

**ツイード** 트위드 ¶ツイードのジャケット 트위드 재킷 / 彼はツイードの服を着ていた 그는 트위드 옷을 입고 있었다.

**ついおく**【追憶】추억 ¶学生時代の追憶にふける 학창 시절의 추억에 잠기다

**ついか**【追加】추가 ◇追加する 추가하다 ¶3人の追加で忘年会の参加者は全部で15人になった 세 명이 늘어나 망년회의 참가자는 전부 열다섯 명이 되었다. / 追加注文したいのですが 추가 주문하고 싶은데요. / 追加料金を払う 추가 요금을 내다 / ロッテが7回の裏に2点を追加した 롯데는 7회말에 2점을 추가했다. / 条件を追加する 조건을 추가하다 関連 追加予算 추가 예산 / 追加料金 추가 요금

**ついかんばん**【椎間板】추간판, 추간 연골 ¶彼は先日椎間板ヘルニアの手術をした 그는 며칠 전에 허리 디스크 수술을 했다.

**ついきゅう**【追及】추궁 ◇追及する 추궁하다 ¶刑事は容疑者の金の出所を追及した 형사는 용의자의 자금 출처를 추궁했다. / 国交省は飛行機の墜落事故の原因を追及している 국교성은 비행기 추락 사고의 원인을 규명하고 있다. / 市長は汚職事件の責任を追及されるだろう 시장은 이번 비리의 책임을 추궁당할 것이다. / 警察は殺人犯の行方を追及している 경찰은 살인범의 행방을 쫓고 있다.

**ついきゅう**【追求】추구 ◇追求する 추구하다 ¶人はだれでも幸福を追求する権利がある 사람은 누구나 행복을 추구할 권리가 있다. / 利益を追求する 이익을 추구하다

**ついきゅう**【追究】추구 ◇追究する 추구하다 ¶真理を追究する 진리를 추구하다

**ついしけん**【追試験】추가 시험 ¶あした数学の追試験を受ける 내일 수학 추가 시험을 본다.

**ついじゅう**【追従】추종 ◇追従する 추종하다 ¶他人の意見に追従する 남의 의견을 추종하다 関連 追従者 추종자

**ついしょう**【追従】아부, 아첨 ◇追従する 아부하다, 아첨하다 ¶お追従を言う 아첨을 하다 関連 追従者 아첨꾼, 아첨쟁이

**ついしん**【追伸】추신 ¶追伸を書く 추신을 쓰다

**ついせき**【追跡】추적 ◇追跡する 추적하다 ¶警察は容疑者を追跡中だ 경찰은 용의자를 추적중이다. / 犯人を追跡する 범인을 추적하다 関連 追跡者 추적자 / 追跡調査 추적 조사

**ついたち**【一日】초하루 [► 単に日付をいうときは 一日 (ついたち) でよい] ¶七月一日 칠월 초하루[일일] / 一月一日 정월 초하루 | 일월 일일

**ついたて**【衝立】칸막이 ¶ついたてを立てる 칸막이를 세우다 / ついたてで仕切る 칸막이로 칸을 막다

**ついちょう**【追徴】추징 ◇追徴する 추징하다 ¶裁判所は彼に1千万円の追徴金を納めるよう命令した 재판소는 그에게 천만 엔의 추징금을 납부하라는 판결을 내렸다. 関連 追徴金 추징금 / 追徴税 추징세

**-ついて**【-就いて】…에 관하여(関—), …에 대해서(対—) ¶宇宙についてもっと知りたい 우주에 대해서 더 많이 알고 싶다. / 彼女に私の好きな音楽について話した 그 여자에게 내가 좋아하는 음악에 관해 이야기했다. / その事故についてはラジオで聞いた 그 사고에 대해서는 라디오에서 들었다. / 彼についてはうわさは聞いているがほとんど知らない 그 사람에 대해서는 소문으로만 들었지 거의 모른다. / 私たちは環境問題について話し合った 우리들은 환경 문제에 대해서 이야기를 나누었다. / 「ねえ, 何について話してるの」「夏休み中の旅行についてだよ」 "무슨 얘기 하고 있어?" "여름 방학 때 갈 여행 얘기 하고 있었어."

¶佐藤教授は経済のグローバル化について講演した 사토 교수님은 경제의 세계화에 대해서 강연했다. / 韓国の歴史についての本が欲しい 한국의 역사에 관한 책이 있으면 한다. / この企画についてどう思いますか 이 기획에 대해서 어떻게 생각하십니까? / 日本についての印象はいかがですか 일본에 대한 인상은 어떠십니까? / 指名手配犯についての情報を求めています 지명 수배범에 관한 정보를 찾고 있습니다. / 韓国語についての論文 한국어에 관한 논문

**ついで**【序で】김, 기회(機会) ◇～する[した]ついでに 《動詞連体形＋》김에 ¶横浜に行ったついでに友人の家を訪ねた 요코하마에 간 김에 친구 집을 방문했다. / 買い物に行くついでに銀行に寄った 쇼핑가는 김에 은행에 들렀다. / ついでにやってしまおう 하는 김에 마저 다 해 버리자. / ついでにもう一つ例を挙げましょう 말하는 김에 예를 하나 더 들겠습니다. / ついでの時に寄ってください 기회 있을 때 들러 주세요. / ついでながら申し上げますが彼女はこの件とは無関係です이번 기회에 말씀드립니다만 그 여자는 이 사건과는 무관합니다.

**ついていく**【付いて行く】따라가다 ¶その子は行列のあとをついて行った 그 아이는 행렬 뒤를 따라갔다. / ひよこが親鶏の後をついて行く 병아리가 어미 닭 뒤를 따라간다. / 授業に何とかついて行く 수업에 간신히 따라가나 / 難しくて数学の授業について行けない 수학 수업이 어려워서 따라갈 수가 없다. / 彼の考えにはとてもついて行けない 그의 생각에는 도저히 찬동할 수 없다. / 私はもう年で時代について行けない 나는 이미 나이를 먹어 시대에 못 따라간다.

**ついてくる**【付いて来る】따라오다 ¶私について来てください 나를 따라오세요.

**ついとう**【追悼】추도 ◇追悼する 추도하다 ¶追悼の意を表する 추도의 뜻을 표하다 / 私は友人への追悼の辞を述べた 나는 친구에게 추도사를 바쳤다. / 故人を追悼する 고인을 추도하다 関連 追悼式 추도식

**ついとつ**【追突】추돌 ◇追突する 뒤에서 들이받다 ¶彼女は赤信号で停止していた時ほかの車に追突された 그녀는 빨간불에서 정지하고 있을

**ついに**【遂に】〔やっと〕겨우 〔とうとう〕드디어〔最終的には〕마침내, 끝끝내, 결국 ¶ついに頂上に着いたぞ 드디어 정상에 도착했어. / 彼はついに試験に合格した 그는 마침내 시험에 합격했다. / スピンむついにこの春結婚するらしいよ 수현이도 드디어 올봄에 결혼한대. / この腕時計, 調子が悪かったのだがついに止まってしまった 이 손목 시계, 잘 안 가더니 결국 멈춰 버렸다. / 試作品がついに完成した 시작품이 드디어 완성됐다. / 彼女はついに行ってしまった 그녀는 결국 떠나가 버렸다. / 彼はついに一言も口をきかなかった 그는 끝끝내 아무 말도 하지 않았다.

**ついばむ**【啄む】쪼아먹다 ¶小鳥がえさをついばんでいる 작은 새가 먹이를 쪼아먹고 있다.

**ついほう**【追放】추방 ◇追放する 추방하다 ¶政府は密入国者を国外追放にした 정부는 밀입국자를 국외로 추방했다. / 彼らは党から過激分子を追放した 그들은 당에서 과격분자를 축출했다. / 悪書を追放する運動が各地に広がっている 악서를 추방하는 운동이 각지에 퍼지고 있다. / 彼は母国から追放された 그는 모국에서 추방당했다. / 外国人労働者たちは不法滞在を理由に国外追放された 외국인 노동자들은 불법 체류를 이유로 국외로 추방당했다. / 彼は八百長疑惑でプロ野球界から永久追放された 그는 승부 조작 의혹을 받아 프로 야구계에서 영구 제명되었다. / 公職から追放される 공직에서 쫓겨나다

**ついやす**【費やす】〔金・時間などを〕쓰다, 들이다, 소비하다 〔浪費する〕낭비하다 ¶私は韓国語の勉強に多くの時間を費やしてきた 나는 지금까지 한국어 공부에 많은 시간을 들였다. / 彼らは10年の歳月を費やしてロボットを完成させた 그들은 10년의 세월을 들여서 로봇을 완성시켰다.

**ついらく**【墜落】추락 ◇墜落する 추락하다 ¶旅客機は海中に墜落した 여객기는 바다 속으로 추락했다. / 飛行機墜落事故で乗客乗員300名が死亡した 비행기 추락 사고로 승객 승무원 300명이 사망했다. / 墜落現場 추락 현장

**ツイン** 트윈 ¶ツインベッド 트윈베드 / ツインルーム 트윈룸

**つう**【通】¶ミヨンはワインにかけては通だ 미현이는 와인에 관해서는 훤하다. / 彼は通ぶっているが実は何も知らない 그 사람은 전문가인 척하지만 실은 아무것도 모른다.
¶情報通 정보통 / 韓国通 한국통 / 米国通 미국통 / 日本通 일본통

-**つう**【-通】통 ¶2通の手紙 편지 두 통

**つういん**【通院】통원 ◇通院する 통원하다, 병원에 다니다 ¶通院患者 통원 환자 / 通院治療 통원 치료

**つうか**【通貨】통화 〔お金〕돈 ¶外国の通貨での支払いはできません 외국 통화로 지불은 불가능합니다. / 韓国の通貨単位は何ですか 한국의 통화 단위는 무엇입니까? / 通貨の安定 통화의 안정 関連通貨危機 통화 위기 / 通貨供給量 통화 공급량 / 国際通貨 국제 통화

**つうか**【通過】통과 ◇通過する 통과하다 ¶ただ今, 飛行機は富士山の上空を通過中です 지금 저희 비행기는 후지 산 상공을 통과하고 있습니다. / 列車は熱海駅を通過した 열차는 아타미역을 통과했다. / 列車はトンネルを通過した直後に脱線した 열차는 터널을 통과한 직후에 탈선했다. / その法案は国会を通過した 그 법안은 국회를 통과했다. / 検査を通過する 검사를 통과하다 関連通過駅 통과역

**つうかい**【痛快】◇痛快だ 통쾌하다 ◇痛快な 통쾌한 ¶彼の話は痛快だった 그의 이야기는 통쾌했다.

**つうがく**【通学】통학 ◇通学する 통학하다 ¶バスは通学の生徒で満員だった 버스는 통학하는 학생들로 만원이었다. / 彼女は自宅通学の学生だ 그녀는 자택에서 통학하는 학생이다. / 家から徒歩で通学する 집에서 걸어서 통학한다. /「どうやって通学しているの」「自転車だよ」"학교까지 뭐 타고 다니니?" "자전거 타고." 関連通学区域 통학 구역 / 通学路 통학로

**つうかん**【痛感】◇痛感する 통감하다, 절감하다 ¶責任を痛感する 책임을 통감하다 / 英語の必要性を痛感している 영어의 필요성을 절감하고 있다. / ハードディスクが壊れてデータのバックアップを取ることの大切さを痛感した 하드 디스크가 고장 나서 데이터 백업의 중요성을 절감했다.

**つうき**【通気】통기, 통풍(通風) ¶この部屋は通気が悪い 이 방은 통풍이 안 된다. / かびを防ぐには通気をよくすることが必要だ 곰팡이를 예방하기 위해서는 통풍을 잘 할 필요가 있다. / この服は通気性がよい 이 옷은 바람이 잘 통한다. 関連通気孔 통풍구

**つうきん**【通勤】출퇴근, 통근 ◇通勤する 출퇴근하다, 통근하다 ¶社宅に住んでいるのは通勤に便利だからだ 사원 주택에 사는 것은 출퇴근이 편리하기 때문이다. / 通勤時間はどのくらいですか 통근 시간은 어느 정도 됩니까? / 会社までの通勤時間は1時間半です 회사까지 통근 시간은 한 시간 반입니다. / 通勤時間の電車はひどく込みます 출퇴근 시간의 전철은 매우 붐빕니다. / 私は遠距離通勤しています 나는 장거리 통근하고 있습니다. / 大雪のため通勤の足が乱れた 대설로 통근길이 혼잡해졌다. / 私は通勤ラッシュを避けて早く家を出ます 나는 러시아워를 피하려고 일찌감치 집에서 나옵니다. ¶彼女は横浜から東京へ電車で通勤している 그녀는 요코하마에서 도쿄까지 전철로 통근하고 있다. / 地下鉄で通勤する 지하철로 통근하다 / うちの会社は楽に通勤できる場所にある 우리 회사는 출퇴근하기에 편한 곳에 있다. 関連通勤圏 근권 / 通勤地獄 통근 지옥 / 通勤者 통근자 / 通勤手当 통근 수당 / 通勤定期 통근 정기권

**つうこう**【通行】통행 ◇通行する 통행하다 ¶都内の主要道路の通行が禁止された 도내 주요 도로의 통행이 금지되었다. / この道路は4時から7時まで通行はできません 이 도로는 네 시부터 일곱 시까지 통행할 수 없습니다. / この出入り口は9時から5時まで通行できる 이 출입구는 아홉 시부터 다섯 시까지 이용할 수 있다. 通行の妨げになる車は撤去される 통행에 방해가

는 차는 철거된다. / この道路はいつも車の通行量が多いので この 도로는 항상 차의 통행량이 많다. / 日本では車は左側通行だ 일본에서는 차는 좌측통행이다. / 土砂崩れで道は通行止めになっている 산사태로 길이 통행금지가 되었다. / この道は通行できますか この 길은 통행할 수 있습니까?

¶一方通行(▶揭示) 일방통행 / 右[左]側通行(▶揭示) 우측[좌측]통행 / 通行禁止(▶揭示) 통행금지 / 車両通行禁止(▶揭示) 차량 통행금지

関連 通行証 통행증 / 通行人 통행인 / 通行料金 통행료

**つうこく【通告】** 통고 ◇通告する 통고하다
¶通告を受ける 통고를 받다 / 事前の通告なしに解雇された 사전 통고도 없이 해고 당했다. / これは最後通告と思ってもらってよい 이것은 최후통첩이라고 생각해도 좋다. / 会社は彼に一時解雇を通告した 회사는 그에게 일시 해고를 통고했다.

**つうこん【痛恨】** 통한 ¶痛恨の逆転負けを喫した日本が先日痛恨の역전패를 당했다.

**つうさん【通算】** 통산 ¶王貞治氏は現役時代通算868本のホームランを打った 오 사다하루 씨는 선수 시절 통산 868개의 홈런을 쳤다. / 彼女の通算成績は3位である 그녀의 통산 성적은 3위다.

**つうじて【通じて】** 통하여, 통해서 ¶秘書を通じてその国会議員に面会を申し込んだ 비서를 통해서 그 국회의원에게 면회를 신청했다. / 友人を通じて彼女と知り合った 친구를 통해서 그녀와 알게 되었다. / インターネットを通じて多くの人と交流している 인터넷을 통해서 많은 사람들과 교류하고 있다. / テレビを通じて新製品を宣伝する 텔레비전을 통해서 신제품을 선전하다 / 新聞を通じてその作家の死を知った 신문을 통해서 그 작가가 죽은 것을 알았다.

¶彼は生涯を通じて染色体の研究に取り組んだ 그는 생애를 바쳐 염색체 연구에 몰두했다. / ここの気候は一年を通じて穩やかだ 여기의 기후는 일년 내내 온화하다.

**つうしょう【通商】** 통상 ¶通商を始める 통상을 시작하다 / 2国間の通商条約が先月調印された 두 나라간의 통상 조약이 지난달에 조인되었다. / 通商交渉 통상 교섭 関連 アメリカ通商代表部(USTR) 미통상대표부 / 外交通商省【韓国の】외교 통상부

**つうじょう【通常】** 【ふだん】평소 【一般的に】보통 ¶通常朝7時に起きる 평소에 아침 일곱 시에 일어난다. / 通常そうは言わない 보통 그렇게는 말하지 않는다. / 通常の値段 평소 가격

関連 通常国会 통상 국회 / 通常兵器 통상 무기

**つうじる【通じる】** ❶【道・交通などがつながる】통하다, 연결되다〔至る〕이르다〔通〕다니다 / 道が四方に通じる 길이 사방으로 통하다 / この高速道路は東京から大阪までつうじている 이 고속도로는 도쿄에서 오사카까지 연결되어 있다. /「この道はどこに通じていますか」「四谷駅まで通じています」"이 길은 어디로 통합니까?" "요쓰야역까지 통합니다." / そのドアは非常階段に通じる 그 문은 비상계단으로 연결된다. / 来年は私の町まで地下鉄が通じる予定だ 내년에는 우리 동네까지 지하철이 연결될 예정이다.

❷【電話がつながる】통하다, 연결되다, 터지다〔電流が伝わる〕흐르다 / 彼女の所に電話をかけたが通じなかった 그 여자한테 전화했지만 연결되지 않았다. / 地震でその地域への電話がすべて通じなくなった 지진으로 그 지역 전화가 모두 불통이었다. / 彼の電話はいつも通じる 그는 항상 전화가 안 된다. / その電線には電流が通じている 그 전선에는 전류가 흐르고 있다.

❸【理解される】통하다, 이해되다 ¶言葉が通じる 말이 통하다 / その地域では英語가 통じない 그 지역에서는 영어가 통하지 않는다. / 僕の韓国語通じるかなあ 내 한국어 통할까? / 彼の顔つきからすると, どうやら私の言っている意味が通じなかったらしい 그 사람 얼굴로 보아 아무래도 내 말을 이해하지 못하는 것 같다. / 何も言わなくても彼らは気持ちが通じていた 아무 말도 안 해도 그들은 마음이 통했다. / 彼女には冗談が通じない 그 여자한테는 농담이 통하지 않는다.

❹【精通する】통하다, 정통하다 ¶国際情勢に通じる 국제 정세에 통하다 / 彼は韓国の経済事情に通じている 그는 한국의 경제 사정에 정통하고 있다. / 彼女は3か国語に通じている 그녀는 3개국어에 능통한다.

❺【内通している】통하다, 내통하다〔密通する〕밀통하다, 관계를 맺다 ¶我々の中にひそかに敵と通じている者がいるようだ 우리들 가운데 몰래 적과 내통하는 사람이 있는 것 같다.

¶彼は人妻と通じている 그 남자는 유부녀와 관계를 맺고 있다.

❻【その他】¶その手は僕には通じないよ 그 수법은 나한테는 통하지 않아.

**つうしん【通信】** 통신【連絡】연락【報道】보도 ◇通信する 통신하다 ¶タンカーとの通信が途絶えている 유조선과의 통신이 끊겼다. / ソウルからの通信によると南北離散家族の再会が実現するようだ 서울의 한 통신에 의하면 남북 이산 가족 상봉이 실현될 것 같다. / 人工衛星から通信が送られてきた 인공 위성에서 통신이 왔다.

¶彼のヨットに無線で通信しようとしたがだめだった 그의 요트에 무선으로 통신하려고 했지만 연결이 안 되었다. / 救助隊は行方不明の登山者を発見したと本部に連絡した 구조대는 행방불명된 등산객을 발견했다고 본부에 연락했다.

¶大学の通信教育を受けています 대학의 통신 교육을 받고 있습니다. 関連 通信員 통신원 / 通信衛星 통신 위성 / 通信回線 통신 회선 / 通信機関 통신 기관 / 通信工学 통신 공학 / 通信士 통신사 / 通信使《歴史》통신사 / 通信社 통신사 / 通信手段 통신 수단 / 通信販売 통신 판매 / 通信費 통신비 / 通信文 통신문 / 通信簿(생활) 통지표 / 通信妨害 통신 방해 / 通信網 통신망 / 衛星通信 위성 통신 / 商業通信 상업 통신 / データ通信 데이터 통신 / パソコン通信 피시 통신, 컴퓨터 통신 / 光通信 광 통신

**つうぞく【通俗】** 통속 ◇通俗的だ 통속적이다 ¶その評論は通俗的に書かれている 그 평론은 통속적으로 쓰여 있다. 関連 通俗小説 통속 소설

通俗性 통속성

**つうたつ【通達】** 통달, 통지(通知) ◇**通達する** 통달하다, 통지하다 ¶文科省から次のような通達を受けた 문과성에서 다음과 같은 통지를 받았다.

**つうち【通知】** 통지 ◇**通知する** 통지하다 ¶彼らはセミナーの開催延期の通知を送ってきた 그들로부터 세미나 연기를 알리는 통지가 왔다. / 彼は課長昇進の通知を受けた 그는 과장 승진의 통지를 받았다. / 裁判所に出廷するよう通知を受けた 재판소에 출정하라는 통지를 받았다. / 株主に株主総会について通知した 주주에게 주주 총회에 관해 통지했다. / 会社は彼に書面で採用を通知した 회사는 그에게 서면으로 채용을 통지했다. / 詳細は追って通知します 상세한 것은 따로 통지하겠습니다. 関連**通知状** 통지서 / **通知表** (생활) 통지표 / **死亡通知** 사망통지

**つうちょう【通帳】** 통장 ¶通帳に記入する 통장에 기입하다 関連**預金通帳** 예금 통장

**つうどく【通読】** 통독 ◇**通読する** 통독하다 ¶この本を通読するのに3日かかった 이 책을 통독하는 데 3일 걸렸다.

**ツーピース** 투피스 ¶彼女は紺のツーピースを着ていた 그녀는 감색 투피스를 입고 있었다.

**つうふう【通風】** 통풍 ¶通風がよい 통풍이 잘된다. / 通風装置 통풍 장치

**つうふう【痛風】** 통풍 ¶父は痛風を患っている 아버지는 통풍을 앓고 계신다.

**つうぶん【通分】** (数学) 통분 ◇**通分する** 통분하다 ¶5分の2と7分の3を通分する 5분의 2와 7분의 3을 통분한다

**つうほう【通報】** 통보, 신고 ◇**通報する** 통보하다, 신고하다 ¶彼はひき逃げを目撃して警察に通報した 그는 뺑소니를 목격하고서 경찰에 신고했다. / 警察は住民の通報で現場に急行した 경찰은 주민의 통보로 현장에 출동했다. / 消防署に火事の通報があったのは午前4時だった 소방서에 화재 신고가 들어온 것은 오전 네 시였다.

**つうやく【通訳】** ❶ [行為] 통역 ◇**通訳する** 통역하다 ¶彼女は会議で通訳を務めた 그녀는 회의에서 통역을 맡았다. / 講演者は通訳を通して話した 강연자는 통역을 통해서 이야기했다. / 商談は通訳をつけて行われた 상담은 통역을 끼고 행해졌다. / 二人は通訳抜きで直接話し合った 두 사람은 통역 없이 직접 이야기를 나누었다. / 私は外国人観光客に通訳してあげた 나는 외국인 관광객한테 통역을 해 주었다. / 彼の韓国語を日本語に通訳してくださいませんか 그 사람의 한국어를 일본어로 통역해 주시겠습니까?
❷ [人] 통역사(通訳士), 통역 ¶韓国語を一生懸命勉強して将来通訳になりたい 한국어를 열심히 공부해서 앞으로 통역사가 되고 싶어.
関連**同時通訳** 동시 통역

**つうよう【通用】** 통용 ◇**通用する** 통용하다, 통용되다, 통하다 [使用される] 쓰이다, 먹히다 [流通する] 유통되다 ¶英語は世界中で通用する 영어는 전 세계에서 통용된다. / 2千円札はまだ通用している 2천 엔짜리 지폐는 아직 통용되고 있다. / 彼の韓国語は韓国では通用しなかった 그의 한국어는 한국에서는 통용되지 않았다. / 君のわがままな態度は社会では通用しない 너의 버릇없는 태도는 사회에서는 통용되지 않는다. / 僕には脅しは通用しないよ 나한테 협박은 안 통해. / 僕はいつも半年間通用する定期を買っている 나는 항상 반년간 쓸 수 있는 정기권을 산다. / この切符の通用期間は2日間だ 이 표의 사용 기간은 이틀이다. 関連**通用門** 뒷문, 옆문

**ツーリスト** 여행자, 관광객 [旅行案内所] 여행 안내소

**つうれい【通例】** [しきたり] 통례, 관례(慣例) [通常] 보통 [一般的に] 일반적으로 ⇒**普通, 通常**

**つうれつ【痛烈】** ◇**痛烈だ** 통렬하다 ◇**痛烈に** 통렬히 ¶彼の論文は痛烈に批判された 그의 논문은 통렬하게 비판되었다. / イチローはライトに痛烈な当たりを放った 이치로는 라이트에 통렬한 타구를 날렸다.

**つうろ【通路】** 통로 ¶私は通路側の席を予約した 나는 통로 쪽 자리를 예약했다. / 大きな木箱が通路をふさいでいた 큰 나무 상자가 통로를 막고 있었다. / 通路に荷物を置かないで下さい 통로에 짐을 놓지 말아 주세요.

**つうわ【通話】** 통화 ¶通話中です 통화 중입니다. 関連**通話料** 통화료 / **市内[市外]通話** 시내 [시외] 통화 / **指名通話** 지명 통화 / **番号通話** 번호 통화 / **料金受信人払い通話** 수신자 부담 전화

**つえ【杖】** 지팡이 ¶老人は杖をついて歩いていた 노인은 지팡이를 짚고 걷고 있었다. / 杖にすがって歩く 지팡이에 의지해서 걷다

**つか【塚】** 흙무더기 [墓] 무덤 関連**貝塚** 패총, 조개더미

**つか【柄】** 손잡이 [刀の] 칼자루

**つかい【使い】** ❶ [使者] 심부름꾼 ¶私は彼の所に使いを出した 나는 그에게 심부름꾼을 보냈다. / 荷物はだれか使いの者に取りに行かせます 짐은 심부름꾼을 보내 가져 오겠습니다.
❷ [用事を足すこと] 심부름 ¶スーパーまでお使いに行ってくれない 슈퍼까지 심부름갔다 와 줄래? / 私は弟を使いに行かせた 나는 동생한테 심부름시켰다.
❸ [操る人] ¶魔法使い 마법사 / 猛獣使い 맹수 조련사

**つがい【番い】** [雌雄] 암수 ¶この池には毎年冬に渡り鳥がつがいで飛んでくる 이 연못에는 매년 겨울에 철새 한 쌍이 날아온다.

**つかいかた【使い方】** 사용법 ¶使い方を教える 사용법을 가르치다 / 表計算ソフトの使い方がよくわからない 표계산 프로그램의 사용 방법을 잘 모르겠다. / 彼女は包丁の使い方がうまい 그녀는 칼을 잘 쓴다. / 私は時間の使い方が下手だ 나는 시간을 효율적으로 못 쓴다. / うちの社長は人の使い方がうまい 우리 사장님은 사람을 잘 부린다.

**つかいこなす【使いこなす】** 잘 다루다, 잘 쓰다, 구사하다 ¶パソコンを使いこなせるようになりたい 컴퓨터를 잘 하고 싶다. / 工場にこの機械を使

いこなせる者がいない 공장에 이 기계를 잘 다루는 사람이 없다. / 彼女は韓国語をうまく使いこなす 그녀는 한국어를 능숙하게 구사한다.

**つかいこむ【使い込む】** [横領する] 횡령하다 [使い慣らす] 길이 들다, 손 익게 쓰다, 오래 쓰다 ¶公金を使い込む 공금을 써 버리다 / 彼は会社の金を500万円使い込んだ 그는 회사 돈 5백만 엔을 써 버렸다.
¶使い込んだ包丁 길이 든 식칼 / 使い込んだ辞書 손에 익은 사전

**つかいすて【使い捨て】** 일회용(一回用) ¶使い捨てコップ 일회용 컵 / この病院では使い捨ての注射器が使用されている 이 병원에서는 일회용 주사기가 사용되고 있다.

**つかいで【使いで】** ◇使いでがある 쓸 만하다 ¶100万円といえばかなり使いでがある 백만 엔이라면 꽤 쓸 수 있겠다.

**つかいはしり【使い走り】** 심부름 [人] 심부름꾼 ¶彼の使い走りをするのはもういやだ 그의 심부름꾼 노릇하는 것은 이제 지긋지긋하다.

**つかいはたす【使い果たす】** 다 써 버리다, 탕진하다 ¶彼は有り金を使い果たしてしまった 그는 있는 돈을 다 써 버렸다.

**つかいふるす【使い古す】** ◇使い古した 낡아빠진 [すり切れる] 해진, 닳아빠진, 마멸된 ¶使い古したバッグ 낡아빠진 가방 / 使い古した辞書 닳아빠진 사전 / 使い古された表現 낡아빠진 표현

**つかいみち【使い道】** 쓸모, 쓸데, 용도 ¶それは使い道がない 그것은 쓸데가 없다. / 牛乳パックには使い道がたくさんある 우유팩은 쓸데가 많다.

**つかいわける【使い分ける】** 가려 쓰다 [駆使する] 구사하다 ¶場に応じて話し方を使い分けることが大切だ 상황에 따라서 말투를 가려 쓰는 것이 중요하다. / 彼女は3か国語を使い分ける 그녀는 3개국어를 구사한다.

**つかう【使う・遣う】** ❶ [道具・材料・施設などを] 쓰다, 사용하다 ¶このコンピュータは簡単に使える 이 컴퓨터는 쓰기 쉽다. / 市民にもっと図書館を使ってほしいと思う 시민들이 더 많이 도서관을 이용해 줬으면 한다. / 私たちは箸を使って食べる 우리는 젓가락을 사용해서 먹는다. / うちでは暖房にガスを使っている 우리 집에서는 난방으로 가스를 쓰고 있다. / この食品には添加物はいっさい使われていない 이 식품은 첨가물을 전혀 사용하고 있지 않다.

¶辞書を使ったら元の場所に戻しておいてください 사전을 쓰거는 제자리에 갖다 놓아 주세요. / 僕は兄といっしょにこの部屋を使っている 나는 형과 방을 같이 쓰고 있다. / こちらではクレジットカードは使えますか 여기 카드 되나요? / 空き缶を使っていかだを作った 빈 캔을 사용해서 뗏목을 만들었다. / その電話番号は現在使われていません 그 전화번호는 현재 사용되고 있지 않습니다. / この掃除機は古くなったがまだ使える 이 청소기는 오래됐지만 아직 쓸 수 있다.

❷ [交通手段などを] 쓰다 [乗る] 타다 ¶通勤はバスを使っている 버스로 출퇴근하고 있다. / 地下鉄を使えば10分で東京駅に行ける 지하철 타면 10분이면 도쿄역에 갈 수 있다.

❸ [言葉を] 쓰다 [丁寧な言葉を使う 공손한 말을 쓰다] / インドでは英語も使われている 인도에서는 영어도 쓰이고 있다. / その言葉はしばしば誤って使われる 그 말은 자주 잘못 사용된다.

❹ [時・金を] 쓰다 ¶君はゲームソフトにお金を使いすぎる 너는 게임 소프트에 돈을 너무 쓴다. / このお金はいざという時に使えるようにとってある 이 돈은 만일의 경우에 쓸 수 있도록 따로 남겨두었다. / まる1日使ってこの小説を読み終えた 꼬박 하루 걸려 이 소설을 다 읽었다. / 彼は余暇を使って園芸を楽しんでいる 그는 여가를 이용해서 원예를 즐기고 있다. / 彼は通勤時間を有効に使って韓国語を勉強している 그는 통근 시간을 활용해서 한국어를 공부하고 있다.

❺ [人を] 쓰다 [雇う] 고용하다 ¶うちの会社は500人の社員を使っている 우리 회사는 5백 명의 사원을 고용하고 있다. / 彼女は5人の部下を使っている 그 여자는 다섯 명의 부하를 거느리고 있다. / アルバイトの学生を使う 아르바이트 학생을 쓰다

❻ [その他] ¶頭を使う 머리를 쓰다 / 身だしなみに気を使う 몸차림에 신경을 쓰다 / 友達をだしに使う 친구를 미끼로 쓰다 / このチケットは来月まで使える 이 티켓은 다음달까지 쓸 수 있다 / あいつは使えない(→役に立たない) 그 녀석은 도움이 안 된다.

**つかえる【支える】** 막히다, 메다 [引っかかる] 걸리다 [滞る] 밀리다 ¶下水管に何かがつかえた 하수구에 뭔가가 막혔다. / 食べ物がのどにつかえた 음식이 목에 걸렸다. / 車がつかえていて全然進まない 차가 밀려서 꼼짝도 못하고 있다. / その言葉を聞いて胸につかえていたものが取れた 그 말을 듣고 답답했던 가슴이 뻥 뚫렸다.
¶家具がつかえて入り口を入らない 가구가 입구에 걸려서 못 들어간다. / スピーチの途中でつかえてしまった 연설 도중에 말이 막혀 버렸다. / 興奮して言葉がつかえた 흥분해서 말문이 막혀 버렸다. / 仕事がつかえそうな일이 밀려 있다. / 天井に頭がつかえそうな大男だった 천장에 머리가 닿을 정도로 키가 큰 남자였다.

**つかえる【仕える】** 모시다, 섬기다, 봉사하다 [身の回りの世話をする] 시중들다 ¶彼女は10年間秘書として社長に仕えてきた 그녀는 10년간 비서로서 사장님을 섬겨 왔다. / 神に仕える 신을 섬기다

**つかつか** 성큼성큼 ¶彼女は先生の前につかつかと歩み寄った 그녀는 선생님 앞으로 성큼성큼 걸어갔다.

**つかのま【束の間】** 잠깐 동안, 한 순간 ¶それはつかの間の出来事だった 그것은 한 순간의 일이었다. / 彼の喜びもつかの間であった 그의 기쁨도 한 순간이었다. / 私は彼のことをつかの間も忘れたことがない 나는 그 사람을 한 순간도 잊은 적이 없다. / つかの間の恋 짧은 사랑 / つかの間の命 짧은 목숨

**つかまえる【捕まえる】** ❶ [捕らえる] 잡다, 붙잡다 [逮捕する] 체포하다 ¶泥棒を捕まえる 도둑을 붙잡다 / 警察はスリを現行犯で捕まえた 경찰은 소매치기를 현행범

으로 체포됐다. / 少年はとんぼを捕まえた 소년은 잠자리를 잡았다. / あの男を捕まえろ 저 남자를 잡아라.

❷ [しっかりと持つ] 꼭[꽉] 잡다, 붙잡다, 붙들다 ¶少女は母親の手をつかまえた 소녀는 엄마 손을 꼭 잡았다. / 彼の体をしっかりつかまえていないと階段から落ちちゃうぞ 그를 꽉 붙잡고 있지 않으면 계단에서 떨어진다. / その子は母親の腕をつかまえて離そうとしなかった 그 아이는 엄마 팔을 붙들고 놓으려고 하지 않았다.

❸ [呼び止める, 引き止める] 잡다, 붙잡다 ¶タクシーをつかまえて帰ります 택시 타고 들어가겠습니다. / 廊下で先生をつかまえて質問をした 복도에서 선생님을 붙잡고 질문을 했다.

❹ [その他] ¶彼女が帰る前に運よくつかまえることができた 다행히 그녀가 귀가하기 전에 만날 수 있었다.

**つかまる** 【捕まる】 ❶ [捕らえられる] 잡히다, 붙잡히다 [逮捕される] 체포되다 ¶その男は痴漢の現行犯で捕まった 그 남자는 치한 현행범으로 체포되었다. / きのうパトカーにスピード違反で捕まった 어제 속도 위반으로 경찰한테 걸렸다.

❷ [しっかり持つ] 잡다, 붙잡다, 붙들다 [しがみ付く] 매달리다 ¶でこぼこ道だから手すりにしっかりつかまってください 길이 울퉁불퉁하니까 손잡이를 꽉 잡으세요. / 私はつり革につかまった 나는 손잡이를 붙잡았다. / ロープにしっかりつかまる 로프를 꽉 잡다

❸ [呼び止める, 引き止める] 잡히다, 붙잡히다 ¶この時間じゃ, タクシーはなかなかつかまらないよ 이 시간대에는 택시는 잘 안 잡힌다. / 下校時に友達につかまってゲームセンターに付き合わされた 하교 길에 친구한테 붙잡혀서 오락실에 같이 가게 되었다. / その店員は気難しい客に20分もつかまってしまった 그 점원은 까다로운 손님에게 20분이나 붙잡혀 있었다.

**つかみあい** 【摑み合い】 ¶あいつは弟としょっちゅうつかみ合いのけんかをする 그 녀석은 동생과 노상 치고 받고 한다.

**つかみどころ** 【摑み所】 ◇つかみ所が[の]ない 종잡을 수 없다, 막연하다 ¶つかみ所のない話 종잡을 수 없는 이야기 / つかみ所のない人 종잡을 수 없는 사람 / 君の話はつかみ所がない 네 이야기는 종잡을 수가 없다.

**つかむ** 【摑む】 ❶ [物を握る] 쥐다, 잡다, 집다, 붙잡다, 붙들다 ¶彼は私の腕をつかんだ 그는 내 팔을 붙들었다. / ハンドルをしっかりつかみなさい 핸들을 꽉 잡아. / その男は彼女のハンドバッグをつかむとバイクに飛び乗った 그 남자는 그녀의 핸드백을 잡아채자 오토바이로 달아났다. / 彼は鉄棒を両手でつかんだ 그는 철봉에 양손으로 매달렸다. / 少女は母親の手をつかんで離さなかった 소녀는 엄마 손을 붙잡고 놓지 않았다. / 女の子は風船をつかもうとした 여자 아이는 풍선을 잡으려고 했다. / 彼女は隣の席から包みをさっとつかみ上げた 그 여자는 옆 자리에 있는 보따리를 잽싸게 집어들었다.

❷ [手に入れる] 잡다 ¶チャンスをつかんだら離すな 기회를 잡으면 놓지 마. / 幸運をつかむ 행운을 잡다 / 警察は大臣の汚職の証拠をつかんでいるようだ 경찰은 대신의 비리 증거를 잡은 것 같다. / 彼女はとうとう真相をつかんだ 그녀는 마침내 진상을 밝혀냈다. / 要点をつかんで話しなさい 요점만 간단히 얘기해.

❸ [理解する] 이해하다 ¶君が何を言いたいのかどうもつかめないな 네가 뭘 말하고 싶은지 전혀 모르겠구me.

**つかる** 【浸かる・漬かる】 잠기다, 침수하다, 침수되다 ¶大雨で家が床上[床下]まで水に浸かった 큰 비로 집이 마루 위[아래]까지 침수되었다. / 屋根まで浸かる 지붕까지 잠기다 / 洪水で道路が水に浸かった 홍수로 도로가 침수되었다. / 私は風呂に浸かってリラックスした 나는 욕조에 몸을 담근 채 느긋하게 휴식을 즐겼다.

¶キムチがよく漬かっている 김치가 잘 익었다.

**つかれ** 【疲れ】 피로 ¶ひと眠りしたら疲れが取れた 한숨 잤더니 피로가 풀렸다. / なかなか疲れが取れない 피로가 좀처럼 풀리지 않는다. / 疲れがたまっている 피로가 쌓여 있다. / 一日中歩きすぎたので疲れがでた 하루 종일 걸어 다녀서 피곤했다. / 一日中議論して疲れを感じた 하루 종일 논쟁을 했더니 피로를 느꼈다. / 温泉に入って疲れをいやした 온천에 들어가서 피로를 풀었다. / 彼女は本当に疲れを知らない人だ 그 여자는 정말 지칠 줄 모르는 사람이다.

¶疲れ目にはこの目薬が効くよ 눈이 피곤할 때에는 이 안약이 잘 듣는다.

**つかれる** 【疲れる】 피곤해지다 [疲れている] 피로하다, 피곤하다 [へとへとに疲れる] 지치다, 녹초가 되다 ¶きょうはとても疲れた 오늘은 정말 피곤하다. / ちょっと疲れている 좀 피곤하다. / こんなに疲れたのは初めてだ 이렇게 피곤한 적은 처음이다. / もうくたくたに疲れたよ, 疲れて死にそうだ 最近年のせいか疲れやすい 최근 나이 탓인지 쉽게 피곤해진다. / 「疲れた?」「ぜんぜん」 "피곤해?" "천혀." / 札幌への日帰り出張は本当に疲れる 삿포로 당일 출장은 정말 피곤하다.

¶歩き疲れてしまった 걷다가 지쳤다. / 彼は疲れきった顔をしていた 그 사람은 완전히 지친 표정을 하고 있었다. / コンピュータの画面をずっと見ていたせいで目が疲れてしまった 컴퓨터 화면을 계속 본 탓인지 눈이 피곤해졌다. / 身も心も疲れ果ててしまった 몸도 마음도 지칠대로 지쳤다. / この仕事は精神的に疲れる 이 일은 정신적으로 피곤하다.

¶都会の忙しい生活に疲れた 도회지의 바쁜 생활에 지쳤다.

**つかれる** 【憑かれる】 홀리다 ¶悪霊に憑かれる 악령에 홀렸다. / 彼は何かに憑かれたように勉強した 그는 뭔가에 홀린 것처럼 공부했다.

**つき** 【月】 ❶ [天体] 달 ¶月が出た[沈んだ] 달이 떴다[졌다]. / 月は満ちたり欠けたりする 달은 찼다가 이지러졌다가 한다. / 今夜は明るい月が出ている 오늘 밤은 밝은 달이 떠 있다. / 今晩は月が出ている[出ていない] 오늘 밤은 달이 나왔다[나오지 않았다]. / 月が雲に隠れている 달

이 구름에 숨어 있다.
¶月の光が道を照らしていた 달빛이 길을 비추고 있었다. / 月には生物はいない 달에는 생물은 없다. / 月の石って見たことあるかい 달의 돌이라는 거 본 적 있어?
❷〔暦の〕달, 월

> **使い分け** 달, 월
> ①順序　漢数詞と共に 월을 用いて、일월, 이월, 삼월…のようにいう. ただし、6月と10月は例外的に 유월, 시월 という.
> ②期間　固有数詞 달 または漢数詞 개월을 用いて、한 달 (ひとつき)、두 달 (ふたつき)、일개월 (1か月)、이개월 (2か月) のようにいう. 数字が大きくなると通常は 개월 を用いる. なお、「月に2回」は 달에 두 번 ではなく、한 달에 두 번 というので注意すること.

¶毎月会議がある 매달[매월] 회의가 있다. / 8月は一年でいちばん暑い月だ 팔월은 1년 중에 가장 더운 달이다. / 月初めに電話代が銀行口座から引き落とされる 월초에 전화 요금이 은행 계좌에서 자동 납부된다. / 父は月に一度床屋へ行く 아버지는 한 달에 한 번 이발소에 가신다. / 私は8万の家賃を払っている 나는 한 달에 8만엔의 집세를 내고 있다.
¶この仕事はひと月で終わるだろう 이 일은 한 달이면 끝날 것이다. / ひと月前にこの車を買ったばかりだ 한 달 전에 이 차를 샀다. / このふた月禁煙している 요 두 달 동안 금연하고 있다. 慣用句 月とすっぽん 천양지차(天壤之差) 関連 月明かり 달빛 / 月夜 달밤 / 月ロケット 달 로켓

**つき**【付き】〔運〕운, 행운 〔付属, 専属〕부, 전속 ◇…につき〔時間, 単位〕당 ◇…付きの〔備わった〕…이[가] 붙은 ¶つきが回ってきた 행운이 찾아왔다. / つきがない 운이 없다. / つきが逃げた 행운이 달아났다.
¶一人につき千円 한 사람당 5천 엔 / 1時間につき千円払いましょう 한 시간에 천 엔 내겠습니다.
¶条件付き 조건부 / 社長付きの秘書 사장 전속 비서 / エアコン付きの部屋 에어컨이 붙은 방 / タイマー付きエアコン 타이머 붙은 에어컨 / 1年間保証付きのカメラ 1년간 보증된 카메라 / 1泊朝食付きで8千円です 조식 포함 하루에 8천 엔입니다.

**つぎ**【次】다음 ◇次に 다음에, 다음으로
◆〖次は・次が〗
¶次は何を注文するか決めましたか 다음은 뭘 주문할지 정했어요? / 今回は試合に負けたが次は負けるものか 이번 시합은 졌지만 다음에는 안 질 거야. /「次はだれの番ですか」「次は僕の番だよ」"다음은 누구 차례입니까?" "다음은 내 차례야." / 代々木の次が新宿だ 요요기 다음이 신주쿠다.
◆〖次の〗
¶次の木曜日に英語の試験がある 다음 목요일에 영어 시험이 있다. / 兄は大学で学ぶためにその次の年に上京した 형은 대학에서 공부하기 위해서 그 다음해에 도쿄로 올라갔다. / 次の信号を左に曲がってください 다음 신호에서 왼쪽으로 돌아가세요. / 小田原は次の次の駅です 오다와라는 다음다음 역입니다. / 次の方, どうぞ 다음 분 들어오세요. / そのバスに乗り遅れて次のを待った 그 버스를 놓쳐서 다음 버스를 기다렸다. / 次の質問に答えなさい 다음 질문에 대답하시오. / 新聞には次のように書いてある 신문에는 다음과 같이 쓰여 있다. / ブッシュ氏の次のアメリカ大統領には誰がなるだろうか 부시 대통령 다음 미국 대통령은 누가 될까? /「今度の土曜日は釣りには行けないよ」「じゃあ、また次の機会にでも」"이번 토요일은 낚시 못 가겠다." "그럼 다음에 가지 뭐."
◆〖次に〗
¶次にお会いできるのを楽しみにしています 다음에 뵐 수 있기를 기대하고 있습니다. / 最初に筆記試験があって次に実技テストがあります 처음에 필기시험이 있고 다음에 실기 시험이 있습니다. / 横浜は東京の次に人口が多い 요코하마는 도쿄 다음으로 인구가 많다. / いちばん好きなのは寿司で次に好きなのは焼き肉です 가장 좋아하는 것은 초밥이고 다음으로 좋아하는 것은 불고기입니다. / 私が彼を好きな理由は2つある. まず彼が自分の意見を持っていること, 次にうそをつかないことだ 내가 그 사람을 좋아하는 이유가 두 가지 있다. 먼저 그는 자기의 의견을 가지고 있는 것, 다음으로 거짓말을 하지 않는 것이다.
◆〖その他〗
¶車が次から次へと彼らの前を通り過ぎていった 차가 연이어 그들의 앞을 지나갔다. / 次から次へと不審な事件が起きた 계속해서 이상한 사건이 일어났다.

**つぎ**【継ぎ】기웁질〔当てぎれ〕헝겊, 바대 ¶継ぎだらけのシャツ 기움질투성이의 셔츠 / 少年は膝に継ぎの当たったズボンをはいていた 소년은 무릎에 헝겊을 댄 바지를 입고 있었다. / 彼女は夫の作業着に継ぎを当てた 그녀는 남편의 작업복에 바대를 댔다.

**つきあい**【付き合い】❶〔交際〕교제, 사귐 〔親交〕친분 〔関係〕사이, 관계 〔面識〕안면 ¶彼とは長い付き合いです 그 사람하고 오랫동안 알고 지낸 사이입니다. / 彼らとは付き合いがありません 그 사람들과는 친분이 없습니다. / 彼とは個人的な付き合いはほとんどない 그와는 개인적인 친분은 거의 없다. / 彼は有力者と付き合いがあるので今の職を得た 그는 유력자와 안면이 있어서 지금의 직장을 얻었다. / 私たちは彼らと短い付き合いがあった 우리는 그 사람들과 조금 알고 지낸 적이 있었다. / あの人とは会釈を交わす程度の付き合いです 저 사람과는 인사 정도 하는 사이입니다. / 彼とは兄弟付き合いをしている 그 사람과는 형제처럼 지내고 있다. / 僕らはだんだん付き合いがなくなった 우리는 점점 교제가 없어졌다. / 彼とは付き合いをやめたい 그와는 연락을 끊고 싶다. / 彼は付き合いがまずい[へただ] 그 사람은 붙임성이 좋다[나쁘다]. / 彼女は付き合いが広い[狭い] 그 여자는 교제 범위가 넓다[좁다].

¶佐藤さんは単に仕事上の付き合いだけです 사토 씨와는 단순히 업무적인 관계일 뿐입니다. / 今のところ近所付き合いはうまくやっています 지금 이웃들과는 잘 지내고 있습니다.
❷ [一緒に行動すること] 교제상, 사림성 ¶付き合いで私は時々彼らとゴルフに行く 교제상 나는 가끔 그들과 골프를 간다. / 酒は付き合いで飲む程度です 술은 교제상 마시는 정도입니다. / 酒を飲むのも付き合いのひとつだと彼は言った 술 마시는 것도 교제의 하나라고 그는 말했다. / お前、最近付き合い悪いな 너 요즘 얼굴 보기 힘들다. / 男同士の付き合い 남자끼리의 관계

**つきあう【付き合う】** ❶ [交際する] 사귀다, 지내다, 교제하다 ¶彼は分け隔てなくだれとでも付き合う 그는 가리지 않고 누구와도 잘 지낸다. / あんな連中とは付き合うな 그런 녀석들과는 사귀지 마. / ミンスと私は2年間付き合っている 민수와 나는 2년간 사귀고 있다. / 私は彼と長いこと付き合っている 나는 남자 친구와 오랫동안 사귀고 있다. / 3年も付き合っていてユミのことを何も知らない 3년이나 사귀고 있지만 유미에 대해서 아무것도 모른다. / 彼女は付き合いやすい[にくい]人だ 그 여자는 사귀기 쉬운[힘든] 사람이다. / 付き合っているうちに彼女は彼と結婚する気がなくなった 연애하는 동안 그 여자는 남자 친구와 결혼하고 싶은 마음이 없어졌다. / 彼とは距離を置いて付き合ったほうがいいよ 그 남자와는 거리를 두고 사귀는 게 좋다. / もうあなたとは付き合い切れない 더 이상 너와 행동을 같이 할 수 없다.
❷ [一緒に行動する] 같이[함께] 가다 ¶映画に付き合ってくれない？ 영화 보러 같이 안 갈래？ / 先週の日曜は妻の買い物に付き合った 지난주 일요일에는 아내하고 쇼핑을 같이 갔다.

**会話** 付き合わないか
A : ちょっと付き合わないか. 話があるんだ
B : 今忙しいんで, あとにしてくれないか
A : 나 좀 보자. 할 말 있어.
B : 지금 바빠. 나중에 하면 안 되냐?
A : たばこを吸ってもいい？
B : もちろんいいわよ. 私も付き合おうかしら
A : 담배 피워도 돼？
B : 그럼 괜찮지. 나도 한 대 필까？

**つきあたり【突き当たり】** 막다른 곳 ¶路地の突き当たりに1軒の古いアパートがある 골목길의 막다른 곳에 오래된 연립 주택 한 채가 있다. / エレベーターは廊下の突き当たりです 엘리베이터는 복도 끝에 있습니다. / 突き当たりを右に曲がる 막다른 곳에서 우회전하다 / 突き当たりの店 맨 끝 가게

**つきおとす【突き落とす】** 밀어 떨어뜨리다 ¶男は女を崖[列車]から突き落とした 남자는 여자를 절벽[열차]에서 밀어 떨어뜨렸다.

**つきかえす【突き返す】** 되돌리다 [拒絶する] 물리치다 ¶レポートを突き返された 리포트가 되돌아왔다.

**つぎき【接ぎ木】** 접목 ◇接ぎ木する 접목하다 ¶ばらを台木に接ぎ木する 장미를 대목에 접목하다

**つきぎめ【月極め】** 월정액(月定額), 월세, 사글세 ¶私はマンションの部屋を月極めで借りている 나는 아파트의 방을 월세로 빌리고 있다. / 月極駐車場 월정액 주차장

**つききり【付き切り】** ¶彼は病気の妻をつききりで看病している 그 사람은 병든 아내 곁에서 한시도 떠나지 않고 간병하고 있다. / 母親はつききりで息子の勉強をみてやっている 어머니는 아들 옆에 딱 붙어서 공부를 봐 주고 있다.

**つぎこむ【注ぎ込む】** [液体を] 부어 넣다 [金を] 쏟아 넣다 ¶株に全財産をつぎ込んだ 주식에 전재산을 쏟아 부었다. / 彼は車に金をつぎ込んでいる 그는 차에 돈을 쏟아 붓고 있다.

**つきささる【突き刺さる】** 찔리다, 박히다 ¶ピンが指に突き刺さった 핀에 손가락을 찔렸다. / タイヤにくぎが突き刺さっていた 타이어에 못이 박혀 있었다. / 彼の言葉は私の胸に突き刺さった 그의 말은 내 가슴을 찔렀다.

**つきさす【突き刺す】** 찌르다 ¶箸をご飯に突き刺すのは行儀が悪い 젓가락을 밥에 찌르는 것은 무례한 짓이다. / 男が彼に近づいてきていきなり腹にナイフを突き刺した 남자가 그에게 다가와서 갑자기 배를 칼로 찔렀다.

**つきすすむ【突き進む】** 돌진하다 ¶目標に向かって突き進む 목표를 향해 돌진하다 / 船は嵐の海を突き進んだ 배는 폭풍의 바다를 돌진했다.

**つきそい【付き添い】** [世話人] 시중꾼 [花嫁・花婿の付き添い人] 대반 ¶どなたか付き添いの方はいらっしゃいますか 곁에서 도와 줄 분 있으신가요？

**つきそう【付き添う】** [一緒に行く] 곁에 따르다 [世話をする] 시중[수발]을 들다, 돌보다 ¶彼は父親に付き添われて警察に出頭した 그는 아버지 곁에 따라서 경찰에 출두했다. / だれが病院でおじいちゃんに付き添うの 병원에서 할아버지 병 수발은 누가 들어？ / 看護師がいつも彼女に付き添っている 간호사가 항상 그녀를 돌보고 있다.

**つきたおす【突き倒す】** 밀쳐서 넘어뜨리다 ¶明は哲也を地面に突き倒した 아키라는 데쓰야를 땅바닥에 밀쳐서 넘어뜨렸다.

**つきだす【突き出す】** 밀어내다, 내밀다 [引き渡す] 넘기다 ¶彼は窓から顔を突き出して辺りを眺め回した 그는 창문으로 얼굴을 내밀고 주변을 둘러보았다. / あごを突き出す 턱을 내밀다 / 犯人を警察に突き出す 범인을 경찰에 넘기다

**つぎたす【継ぎ足す】** 잇다, 덧붙이다, 보태다 ¶コードを継ぎ足す 코드를 잇다 / 紙を継ぎ足す 종이를 덧붙이다

**つきづき【月々】** 매달, 매월, 다달이 ¶アルバイトで月々いくらもらってるの？ 아르바이트로 한 달에 얼마 받아？ / 月々息子に小遣いを5千円与えている 매달 아들에게 용돈을 5천 엔씩 주고 있다. / 月々のお支払いはわずか3千円です 매달 지불액은 겨우 3천 엔입니다.

**つぎつぎ【次々】** 잇달아, 연달아, 연이어 ¶次々に事故が起こる 연달아 사고가 일어나다 / 次々と仕事ができる 잇달아 일이 들어 오다 / 生徒たちは次々に教室から校庭に飛び出した 학생들은 연달아 교실에서 교정으로 뛰어나갔

다. / この書斎から彼の傑作が次々と生まれた 이 서재에서 그의 걸작이 연달아 탄생했다. / 学生時代の思い出が走馬灯のように次々と彼の頭の中を駆け巡った 학생 시절의 추억이 주마등처럼 연달아 그의 머릿속을 스쳐 지나갔다.

**つきつける【突き付ける】** 내밀다, 들이대다 [要求などを] 하다 ¶強盗は銃を行員の背中に突きつけて金庫に案内させた 강도는 은행원 등에 총을 들이댄 채 금고로 안내시켰다. / 彼らは我々に無理な要求を突きつけてきた 그들은 우리에게 무리한 요구를 해 왔다. / 警察が証拠を突きつけたので彼は黙ってしまった 경찰이 증거를 들이대는 바람에 그는 입을 다물고 말았다.

**つきでる【突き出る】** 뚫고 나오다, 돌출하다, 튀어나오다 ¶釘が突き出る 못이 뚫고 나오다 / 海に突き出た岬 바다에 튀어나와 있는 갑 / 腹が突き出る 배가 튀어나오다.

**つきとばす【突き飛ばす】** 들이밀치다, 들이받다 ¶男は通行人を突き飛ばして逃げた 남자는 지나가는 사람을 들이받고 도망쳤다.

**つきとめる【突き止める】** 밝혀내다, 알아내다 ¶真相を突き止める 진상을 밝혀내다 / 故障の原因を突き止める 고장의 원인을 알아내다 / 警察は容疑者の居所をまだ突き止めていない 경찰은 용의자가 있는 곳을 아직 알아내지 못했다.

**つきなみ【月並み】** 평범하다, 진부하다 ¶月並み の文句 평범한 문구 / 月並みなことを言う 진부한 말을 하다 / あした入学試験だね。月並みだけど全力を尽くせとしか言えないね 내일 입학 시험이구나. 진부하지만 전력을 다하라는 말 이외에는 할 말이 없네.

**つきはなす【突き放す】** 뿌리치다 [見放す] 버리다, 돌보지 않다 ¶困っている友達を突き放すことはできない 곤경에 빠진 친구를 뿌리치지는 못한다. / そんなに突き放した態度を取らなくってもいいじゃないか 그렇게 냉정한 태도를 취하지 않아도 괜찮지 않은가?

**つきひ【月日】**[歳月] 세월 ¶月日を記す 월일을 적다 / 月日が流れる 세월이 흐르다 / 月日がたつのは早いものだ 세월이 가는 것은 빠르구나. / 月日がたつにつれて彼女の悲しみも薄らいできた 세월이 감에 따라 그녀의 슬픔도 점점 사라졌다.

**つきまとう【付き纏う】** 따라다니다, 붙어다니다 [子供などが] 매달리다 ¶怪しい男がつきまとう 수상한 남자가 따라다니다 / 彼はいつも私につきまとっている 그 사람은 항상 나를 따라다닌다. / 不安がつきまとう 불안이 따라다니다 / どの世界でも学歴がつきまとう 어느 세상에서도 학력이 따라다닌다.

¶その子は家では母親にずっとつきまとっている 그 애는 집에서는 엄마를 졸졸 따라다닌다.

**つきみ【月見】** 달구경 [陰暦正月15日の] 달맞이 ¶今夜は晴天で月見ができそうだ 오늘밤은 맑아서 달구경을 할 수 있을 것 같다. 関連 月見草 달맞이꽃

**つぎめ【継ぎ目】** 이음매, 이음새 [縫い目] 솔기, 땀 ¶水道管の継ぎ目から水が漏れている 수도관의 이음새에서 물이 새고 있다.

**つきもの【付き物】** ¶床の間には掛け軸と花瓶が付き物だ 도코노마[객실 정면의 높은 곳]에는 족자와 화병이 으레 있는 것이다. / 都会に騒音は付き物だ 도회지에서는 소음이 나기 마련이다. / 株取引にリスクは付き物だ 주식 거래에 리스크는 으레 있게 마련이다.

**つきゆび【突き指】** ◇突き指する 손가락을 삐다 ¶バスケットボールをしていて突き指してしまった 농구를 하다가 손가락을 삐고 말았다.

**つきよ【月夜】** 달밤 ¶明るい月夜 밝은 달밤 / 月夜の散歩 달밤의 산책

**つきる【尽きる】** 다하다, 떨어지다, 없어지다 [終わる] 그치다, 끝나다 ¶食料が尽きる 식량이 떨어지다 / 燃料が尽きる 연료가 떨어지다 / 彼もとうとう運が尽きたようだ 그도 마침내 운이 다한 것 같다. / 用意していた資金が尽きてしまった 준비한 자금이 떨어졌다. / 彼女はゴールの手前で力尽きてしまった 그녀는 골을 바로 앞에 두고 힘이 다했다. / 愛想が尽きる 정이 떨어지다 / 話は一晩中尽きなかった 이야깃거리는 하룻밤 내내 떨어지지 않았다. / 悩みの種が尽きない 고민거리가 떨어지지 않는다.

¶うまいの一言に尽きる 맛있다는 말밖에 안 나오네.

**つく【付く】** ❶ [付着する] 붙다 [汚れ・染みなどが] 묻다 [根付く] 뿌리를 박다 ¶この糊はあまりよく付かない 이 풀은 잘 안 붙는다. / 彼女のブーツには泥が付いていた 그녀의 부츠에는 흙이 묻어 있었다. / このシャツはコーヒーの染みが付いているので着られない 이 셔츠는 커피 얼룩이 묻어 있어서 입을 수 없다. / 彼のポケットから血の付いたハンカチが見つかった 그의 주머니에서 피 묻은 손수건이 발견되었다.

¶運動不足のせいか、腹の周りに肉が付いてしまった 운동 부족 탓인지 배 주변에 살이 쪄 버렸다.

❷ [備わる] 갖추어지다, 딸리다 ¶この腕時計にはアラーム機能が付いている 이 손목시계에는 알람 기능이 딸려 있다. / 私は家具付きの賃貸マンションを探している 나는 가구 딸린 임대 아파트를 찾고 있다. / このCDには歌手の写真が付いている 이 CD에는 가수 사진이 딸려 있다. / ハンバーグにはライスが付いてくる 햄버그에는 밥이 같이 나온다.

¶うちの犬にはポチという名前が付いている 우리 개 이름은 포치다.

¶うちにもファックスが付いたよ。 우리 집에도 팩스가 갖추어졌어.

❸ [付き添う] 붙다 [従う] 따르다 [そばにいる] 곁에 있다 ¶大統領には数人の護衛がぴったりついていた 대통령에는 여러 명의 호위가 딱 붙어 있었다. / 患者には看護師がついていますから心配ありません 환자에게는 간호사가 붙어 있으니 걱정 없습니다. / 私についてきてください 절 따라 오세요. / 母親の後について歩く 어머니 뒤를 따라 걸어간다. / その子には母親がついてこなかった 그 아이는 어머니가 같이 오시지 않았다. / お母さんがついていてあげるからぐっすりお眠りなさい 엄마가 곁에 있어 줄 테니까 푹 자라.

❹ [味方する] 편을 들다 ¶「君はどっちの側につくつもりだ」「君につくよ」"넌 어느 쪽 편 들거야?" "네 편 들게." /「どうも勝てそうもないよ」「大丈夫だよ, 僕がついているから」"좀처럼 이길 수 없을 것 같아." "걱정하지 마. 내가 있으니까."

❺ [運がある] 운이 좋다, 재수가 있다 ¶今日はついてる 오늘은 재수가 있다. / ついていない 운이 없다 | 재수가 없다 / 彼はこのごろあまりついていないようだ 그는 요새 별로 운이 없는 것 같다.

❻ [決着する] 결말이 나다〔勝負が〕승부가 나다 ¶交渉は長時間の話し合いの末に決着がついた 교섭은 긴 시간의 이야기 끝에 결말이 났다. / 二人の対戦は瞬時にして勝負がついた 두 사람의 대전은 금세 승부가 났다.

❼ [費用などがかかる] ¶このりんごは1個200円につく 이 사과는 한 개 2백 엔 한다. / この車は何度も修理してもらって高くついてしまった 이 차는 몇 번이나 수리를 받아서 돈이 많이 깨졌다. / この骨董品は高い値がついている 이 골동품은 비싼 값이 매겨져 있다.

❽ [火が] 붙다〔明かりなどが〕켜지다〔テレビなどのスイッチが〕켜지다 ¶冬は空気が乾燥していて火がつきやすい 겨울은 공기가 건조해서 불이 붙기 쉽다. / 木がぬれていてなかなか火がつかない 나무가 젖어 있어서 좀처럼 불이 안 붙는다. / 5時きっかりに橋の照明がついた 다섯 시 정각에 다리의 조명이 켜졌다. / 夜遅くまで娘の部屋に明かりがついていた 밤늦게까지 딸 방에 불이 켜져 있었다. / うちでは一日中テレビがついている 우리 집은 하루 종일 텔레비전이 켜져 있다. / この部屋暑いなあ. エアコンついてるの? 이 방 덥다. 에어컨 켜져 있어?

❾ [獲得する] 늘다, 나다, 생기다 ¶うちの息子も最近貫禄がついてきた 우리 아들도 요즘 관록이 생겼다. / うちの子もそろそろ知恵がついてきた 우리 아이도 드디어 지혜가 생기기 시작했다. / どうすれば韓国語の力がつきますか 어떻게 하면 한국어의 실력이 늡니까? / 実力がつく 실력이 붙다 / 運動を始めてから体力がついた 운동을 시작하고부터 체력이 좋아졌다.

❿ [実や花がなる] 맺히다 ¶この柿の木は今年たくさん実をつけた 이 감나무는 올해 많은 열매를 맺었다.

**つく** 【着く】❶ [到着する] 도착하다〔届く〕닿다

기본표현
▷飛行機は定刻どおり仁川空港に着いた
  비행기는 제시간에 인천 공항에 도착했다.
▷あと2, 3分で東京駅に着きます
  2,3분이면 도쿄역에 도착합니다.
▷どうやってそこに着いたのですか
  어떻게 거기에 갔습니까?

¶車で5分で現場に着いた 차로 5분 만에 현장에 도착했다. / この列車は8時に新大阪に着く予定だ 이 열차는 여덟 시에 신오사카에 도착할 예정이다. / さあ, やっとホテルに着きました 자, 드디어 호텔에 도착했습니다. / 空港に着くとすぐ姉は電話をくれた 언니는 공항에 도착하자마자 전화해 주었다. / 目的地に着いたらもう暗くなっていた 목적지에 도착하자 금세 어두워졌다. / 日本に着いて間もなく彼女は韓国からの手紙を受け取った 일본에 도착한 지 얼마 되지 않아 그녀에게 한국에서 편지가 도착했다.

¶小包は今朝着きました 소포는 오늘 아침에 도착했습니다. / 川底に足が着く 강바닥에 발이 닿다

회화 何時に着きますか
  A: いつも何時に家に着きますか?
  B: 7時ごろです
  A: 항상 몇 시에 집에 도착합니까?
  B: 일곱 시쯤입니다.
  A: ジュンソクさんは着きましたか?
  B: まだです. でも5時までには着くでしょう
  A: 준석 씨는 도착했습니까?
  B: 아직이요. 그래도 다섯 시까지는 도착하겠죠.

❷ [場所に身を置く] 잡다〔座る〕앉다 ¶位置に着く 자리를 잡다 /席に着いてください 자리에 앉아 주십시오. / 私たちは全員テーブルに着いた 우리는 전원 테이블에 앉았다. / 選手たちは自分のポジションに着いた 선수들은 자기의 포지션을 잡았다.

**つく** 【突く】❶ [刺す] 찌르다 ¶その男は彼女の心臓をナイフで突いて殺した 그 남자는 그녀의 심장을 칼로 찔러서 죽였다. / 痛っ, 針で指を突いちゃった 아야, 바늘로 손가락 찔렸어.

❷ [押す] 밀다〔判子を〕찍다 ¶彼は私をひじでそっと突いた 그는 나를 팔꿈치로 살며시 밀었다. / だれかに突かれて転んだ 누군가에게 밀려서 넘어졌다.

❸ [攻める] 찌르다 ¶挑戦者はチャンピオンの弱点を突いて倒した 도전자는 챔피언의 약점을 찔러 이겼다. / 我々の背後を突いた 우리들의 적의 배후를 찔렀다. / 彼女の意見は核心を突いている 그 여자의 의견은 핵심을 찌르고 있다.

❹ [つえなどをつく] 짚다〔当てる〕괴다 ¶机にひじをつく 책상에 팔꿈치를 괴다 / 彼は転んで膝をついた 그는 넘어져서 무릎을 짚었다. / 彼女は片手でほおづえをついていた 그녀는 한 손으로 턱을 괴고 있었다. / つまづいて地面に手をついた 넘어져서 땅에 손을 짚었다. / 足を折ってしまったので松葉づえをついている 다리가 부러져서 목발을 짚고 있다.

❺ [その他] ¶まりを突いているのが私の妹です 공치기 하는 애가 내 동생입니다. / その懐かしい歌が彼の胸を突いた そのうら悲しい調べが 그리운 노래가 그의 마음에 와닿았다. / 遭難者の捜索は風雨を突いて行われた 조난자 수색은 비바람을 뚫고 행해졌다. / 悪臭が鼻を突く 악취가 코를 찌르다

**つく** 【就く】❶ [地位・職に身を置く] 앉다, 취임하다, 오르다 ¶専務が社長のポストに就いた 전무가 사장 자리에 취임했다. / エリザベス2世は1952年に王位に就いた 엘리자베스 2세는 1952년에 왕위에 올랐다.

¶ソヨンはやっと職に就いた 소연이는 드디어 직

장을 잡았다. / 彼は教職に就いている 그 사람은 교직에 몸담고 있다.
❷ 〔ある動作に〕 ¶彼らは帰路についた 그들은 귀로에 올랐다. / 昨夜床についたのは11時ごろだった 어젯밤 잠자리에 든 것은 열한 시쯤이었다. / 赤ん坊はすぐに眠りについた 아기는 금방 잠이 들었다.
❸ 〔師事する〕 ¶娘は先生についてバイオリンを習っている 딸은 선생님 지도 아래 바이올린을 배우고 있다.

**つく**【憑く】〔霊・考えなどが〕들리다, 씌다
¶彼女には悪霊がついていると言われた 그 여자는 악령이 씌었다고 한다.

**つぐ**【次ぐ】다음가다〔続く〕잇따르다, 뒤따르다 ¶横浜は東京に次ぐ大都市だ 요코하마는 도쿄에 다음가는 대도시이다. / 会社で彼は社長に次ぐ地位にいる 회사에서 그는 사장님 다음가는 지위에 있다. / 私が好きなスポーツはテニス, 次いでスキーです 제가 좋아하는 스포츠는 테니스, 다음이 스키입니다.
¶ヨンスに次いでスミがやって来た 연수에 뒤따라 수미가 왔다. / 残業に次ぐ残業で疲れてしまった 잇따르는 잔업에 피곤해졌다.

**つぐ**【注ぐ】따르다 ¶杯に酒を注ぐ 잔에 술을 따르다 / 私のグラスにビールを注いだ 나는 잔에 맥주를 따랐다. / 彼はグラスにワインを注いでくれた 그는 잔에 와인을 따라 주었다.

**つぐ**【接ぐ】잇다〔接ぎ木する〕접붙이다 ¶病院で折れた骨を接いでもらった 병원에서 부러진 뼈를 이었다. / 若枝を台木に接いだ 어린 가지를 대목에 접붙였다.

**つぐ**【継ぐ】잇다, 이어받다〔仕事などを〕계승하다〔相続する〕상속하다 ¶弟が店を継いだ 동생이 가게를 이어받았다. / 家業を継ぐ 가업을 잇다 / 次に, 由美が健の言葉を継いだ 다음으로 유미가 겐의 말을 이어받았다. / 亡き父の遺志を継いで彼は政治家になった 돌아가신 아버지의 뜻을 이어받아 그는 정치가가 되었다. / だれがイ・ミョンバク大統領の後を継いで次の大統領になるのだろう 누가 이명박 대통령 뒤를 이어 다음 대통령이 될까? / 王位を継ぐ 왕위를 계승하다 / 遺産を継ぐ 유산을 상속하다

**つくえ**【机】책상 ¶彼は一日中机に向かっていた 그는 하루 종일 책상 앞에 앉아 있었다. 教え方
机1脚 책상 한 개

**つくし**【土筆】뱀밥

**つくす**【尽くす】❶〔献身する〕진력하다, 이바지하다 ¶彼は社会のために尽くしている 그는 사회를 위해 전력을 다하고 있다. / 国家の発展に尽くす 나라 발전에 이바지하다 / 彼女は夫に尽くしている 그녀는 남편에 정성을 다하고 있다.
❷〔余すところなく…する〕다하다〔…してしまう〕다〔모두〕《+用言》¶全力を尽くす 전력을 다하다 / 最善を尽くす 최선을 다하다 / 真心を尽くす 온갖 정성을 다하다 / 手を尽くす 온갖 수단을 다하다 / 彼らは八方手を尽くして行方不明の子供を捜した 그들은 온갖 수단을 동원해서 행방불명된 아이를 찾았다.
¶彼は車のことは知り尽くしている 그는 차에 대해서는 뭐든 알고 있다. / 私の言いたいことは言い尽くしました 내가 말하고 싶은 것은 다 말했습니다. / 彼は焼き肉を食べ尽くした 그는 구운 고기를 다 먹었다. / 大火が建物全部を焼き尽くした 큰 불이 건물 전부를 다 태웠다. / その本には環境破壊の恐ろしさが描き尽くされている 그 책에는 환경 파괴의 무서움이 전부 그려져 있다.
¶この件は既に議論を尽くしたと思う 이 건은 이미 다 논의되었다고 생각한다.

**つくづく** 곰곰이 ; 절실히, 정말 ; 자세히 ¶そのことについてつくづくと考えた 그 일에 대해서 곰곰이 생각했다. / つくづく考えてみると彼女が悪いわけではない 곰곰이 생각해 보니라 그 여자가 나쁜 것은 아니다. / 友達のありがたさをつくづく感じた 친구의 고마움을 절실히 느꼈다. / 自分がつくづく嫌になる 나 자신이 정말 싫어진다. / 彼は壁の絵をつくづく眺めた 그는 벽의 그림을 자세히 바라보았다.

**つくつくほうし**【つくつく法師】애매미

**つぐない**【償い】보상(補償)〔けがをさせられた償い〕彼は見舞金を受け取った 부상에 대한 보상으로 그는 위문금을 받았다. / このたびの交通事故についてはできるだけの償いをさせていただきます 이번 교통사고에 대해서는 할 수 있는 한 보상해 드리겠습니다.

**つぐなう**【償う】〔損失などを〕갚다, 보상하다〔罪を〕씻다 ¶損害を償う 손해를 갚다 / 会社は従業員の業務中の負傷に対して金銭で償った 회사는 종업원의 업무 중의 부상에 대해서 돈으로 보상했다. / 罪を償う 죄를 씻다

**つぐみ**【鶫】개똥지빠귀

**つぐむ**【噤む】〔口を〕다물다 ¶彼はそのことについては口をつぐんでいる 그 사람은 그 일에 대해서는 입을 다물고 있다.

**つくり**【作り・造り】〔構造〕구조〔細工〕만듦새, 짜임새 ¶このたんすは作りが悪い〔しっかりしている〕이 장롱은 짜임새가 나쁘다〔잘 되어 있다〕. / れんが造りの建物 벽돌 구조의 건물

**つくりあげる**【作り上げる】만들어 내다〔完成させる〕완성시키다〔でっち上げる〕꾸며내다 ¶作品は立派な作品を作り出して내다 / 彼はついに帆船の模型を作り上げた 그는 드디어 범선의 모형을 완성시켰다. / 話を作り上げる 이야기를 꾸며내다

**つくりかえる**【作り替える】고쳐〔새로〕만들다, 다시 짓다 ¶その倉庫はアトリエに作り替えられた 그 창고는 아틀리에로 고쳤다.

**つくりかた**【作り方】만드는 방법 ¶母は私に雑煮の作り方を教えてくれた 어머니는 나에게 떡국 만드는 법을 가르쳐 주셨다.

**つくりごえ**【作り声】가성(仮声) ¶姉は電話では作り声で話す 언니는 전화 받을 때 목소리가 달라진다.

**つくりごと**【作り事】〔うそ〕거짓말〔捏造〕날조 ¶これは作り事とは思えない 이것이 거짓말이라고는 생각되지 않는다. / 彼は作り事を言っているのに違いない 그 사람은 거짓말을 하고 있는 게 틀림없다.

**つくりつけ【作り付け】** 붙박이 ¶玄関の壁にはけた箱が作り付けになっている 현관의 벽에는 신발장이 붙박이로 되어 있다. / 作り付けの本棚 붙박이 本棚

**つくりなおす【作り直す】** 고쳐 만들다 ¶母親は自分の洋服を娘のスカートに作り直した 어머니는 자신의 옷으로 딸의 스커트를 만들었다.

**つくりばなし【作り話】** 꾸며낸 이야기 [うそ] 거짓말 ¶それはただの作り話だった 그것은 단지 꾸며낸 이야기일 뿐이었다. / あの男はいいかげんな作り話ばかりしている 그 남자는 엉터리같은 이야기만 한다. / 彼女は作り話をしてみんなの同情を買った 그녀는 거짓말을 해서 모두의 동정을 샀다.

**つくりわらい【作り笑い】** 억지 웃음 ¶彼女は作り笑いを浮かべた 그녀는 억지 웃음을 띄었다.

**つくる【作る・造る・創る】** ❶〔製造する〕만들다, 제조하다〔生産する〕생산하다〔あつらえる〕맞추다

**[基本表現]**
▷この彫像は大理石で造られている
　이 조각상은 대리석으로 만들어져 있다.
▷バターは牛乳から作る
　버터는 우유로 만들어진다.
▷ビールは大麦を使って造られる
　맥주는 보리를 사용해서 만들어진다.

¶息子に紙飛行機を作ってやった 아들에게 종이비행기를 만들어 주었다. / この工場ではコンピュータの部品を作っている 이 공장에서는 컴퓨터 부품을 만들고 있다. / 彼はスーツをあつらえで作った 그는 양복을 맞췄다.

**[会話]** 何からつくるの
A：ワインって何から造るの
B：ぶどうからだよ
A：와인은 뭘로 만들어?
B：포도로.
A：この人形どうやって作るのかな
B：全部手作りらしいよ
A：이 인형은 어떻게 만들까?
B：전부 손으로 직접 만들었대.

❷〔建造する〕만들다, 짓다, 건조하다 ¶家[倉庫]を造る 집을〔창고를〕짓다 / 橋[道路]を造る 다리[도로]를 만들다 / この造船所では大型タンカーを造っている 이 조선소에서는 대형 유조선을 건조하고 있다. / つばめが巣を作っている 제비가 집을 짓고 있다. / 雪だるまを作ろう 눈사람 만들자. / その家は石とれんがで造られている 그 집은 돌과 벽돌로 지어져 있다. / このダムを造るのに10年かかった 이 댐을 만드는 데 10년 걸렸다.

❸〔栽培する〕가꾸다, 재배하다 ¶彼女は庭で野菜を作っている 그녀는 정원에서 야채를 키우고 있다.

❹〔ある形にする〕만들다, 짓다 ¶手をつないで輪を作ろう 손을 잡고 원을 만들자. / たくさんの客が店の前に列を作って待っていた 많은 손님이 가게 앞에 줄 서서 기다리고 있었다. / マスコミが世論を作ると言われている 매스컴이 여론을 만든다고 한다.

❺〔生み出す〕만들다〔詩文・楽曲を〕짓다〔映画などを制作する〕제작하다 ¶私は詩を作るのが好きだ 나는 시를 짓는 것을 좋아한다. / いつか映画を作ってみたい 언젠가 영화를 만들어 보고 싶다. / モーツァルトは41の交響曲を作った 모차르트는 41곡의 교향곡을 만들었다.

❻〔組織する〕만들다, 조직하다〔設立する〕설립하다〔結成する〕결성하다 ¶その問題を審議するために特別委員会が作られた 그 문제를 심의하기 위해서 특별 위원회가 만들어 졌다. / この大学は100年前に作られた 이 대학은 100년 전에 설립되었다. / ロックが好きな連中が集まってバンドを作った 록을 좋아하는 사람들이 모여 밴드를 만들었다. / 彼は今の仕事を辞めて新しく会社を作ろうとしている 그 사람은 지금 일을 그만두고 새롭게 회사를 세우려고 하고 있다. / 結婚して幸せな家庭を作りたい 결혼해서 행복한 가정을 꾸미고 싶다.

❼〔文書を〕만들다, 작성하다 ¶契約書を作る 계약서를 만들다 / 買い物メモを作る 쇼핑 메모를 만들다 / だれが試験の問題を作るの 누가 시험 문제를 내? / 彼女は今スピーチの草稿を作るのに忙しい 그녀는 지금 스피치의 초고를 만드느라 바쁘다.

❽〔友人などを〕만들다〔子供を〕낳다, 갖다 ¶彼女は多くの友人[敵]を作った 그 여자는 많은 친구를〔적을〕만들었다. / 彼は愛人を作った 그는 딴 여자를 만들었다. / 彼らは子供を3人作った 그들은 아이 세 명을 가졌다. / あの共働きの夫婦は子供を作りたがらない 그 맞벌이 부부는 아이를 갖고 싶어하지 않는다.

❾〔財産や資金をこしらえる〕만들다, 마련하다〔借金を〕지다 ¶祖父は株で一財産作った 할아버지는 주식으로 한 재산을 마련했다. / まず運動資金を作らねばならない 우선 운동 자금을 마련해야 된다. / 彼は借金をたくさん作って姿をくらました 그는 빚을 많이 지고 모습을 감추었다.

❿〔時間や機会を見つける〕만들다, 내다 ¶話し合う機会を作ろう 서로 논의할 기회를 만들자. / きっかけを作る 계기를 만들다 / あす30分ほど時間を作ってくれませんか 내일 30분 정도 시간을 내주시지 않겠습니까?

⓫〔でっちあげる〕만들다, 꾸미다, 지어내다 ¶彼は口実を作って会議をさぼった 그는 구실을 만들어서 회의를 빠졌다. / あれは彼女が作った話ではないだろうか 그건 그 여자가 지어낸 이야기가 아닐까?

⓬〔調理する〕만들다〔ご飯を〕짓다 ¶毎朝自分で朝食を作る 매일 아침 자기가 아침을 만들다 / 料理を作る 음식을 만들다 / 彼女は私たちにすばらしい食事を作ってくれた 그녀는 우리들에게 훌륭한 식사를 만들어 주었다. / このスープうまいね. どうやって作るの 이 수프 맛있다. 어떻게 만들었어? / おいしいキムチを作るには経験がいる 맛있는 김치를 만드는 데는 경험이 필요하다.

⓭〔記録を樹立する〕만들다, 세우다, 수립하다 ¶彼は走り幅跳びの世界記録を作った 그는 멀리뛰기 세계 기록을 세웠다.

**つくろう【繕う】** 꾸미다〔修理する〕고치다〔衣類を〕꿰매다, 깁다〔体面を〕차리다〔場を〕얼

버무리다 ¶ズボンのほころびを繕った 바지의 터진 곳을 고쳤다. / 母にシャツを繕ってくれるよう頼んだ 엄마한테 셔츠를 꿰매 달라고 부탁했다. / 靴下を繕う 양말을 깁다 / 彼はいつも体裁を繕うことばかりを考えている 그 사람은 항상 체면 차릴 것만 생각하고 있다. / 適当に言い訳をしてその場を繕った 적당한 핑계를 대서 그 자리를 얼버무렸다.

**つけ【付け】**〔勘定〕계산서, 청구서〔掛け売り〕외상 ¶それはつけで買った 그것은 외상으로 샀다. / あの店はつけがきくんだ 그 가게는 외상을 받아 준다. / あの店にはつけがたまっている 저 가게에는 외상이 쌓여 있다. / 飲み屋のつけを払ってきた 술집 외상을 갚고 왔다. / それは私のつけにしてください 그것은 내 이름 앞으로 달아 놔라. 慣用句 先週授業をさぼったつけが回ってきた 지난주 수업을 빠졌던 그 대가를 톡톡히 치르게 생겼다.

**-づけ【-付け】**부 ¶3月10日付けの消印 삼월 10일부의 소인 / 7月4日付けの手紙 칠월 4일부의 편지 / 請求書は6月30日付けになっている 청구서는 유월 30일부로 되어 있다. / 4月1日付けで人事異動が発令された 사월 1일부로 인사이동이 발령되었다.

**つけあがる【付け上がる】**기어오르다 ¶彼女はまわりからちやほやされて付け上がっている 그녀는 주위에서 치켜 주니까 기고만장이다. / その手の人間は少し甘くするとどこまでも付け上がる 그런 인간은 조금만 잘해 주면 어디까지라도 기어오른다.

**つけあわせ【付け合わせ】**◊付け合わせる 곁들이다 ¶にんじんとじゃがいもの付け合わせのステーキ 당근과 감자를 곁들인 스테이크 / 彼女は焼いたさんまに大根おろしを付け合わせた 그녀는 구운 꽁치에 갈은 무를 곁들였다.

**つけかえる【付け替える】**바꾸다, 갈다, 교환하다〔新しくする〕새롭게 하다 ¶電球を60ワットのものに付け替えた 전구를 60와트로 갈았다.

**つげぐち【告げ口】**고자질 ◊告げ口する 고자질하다 ¶上司に告げ口する 상사에게 고자질하다 / あいつは友達のことを先生に告げ口した 그 녀석은 친구의 일을 선생님께 고자질했다. / 私が男の子とデートしてるところを見たなんてお父さんに告げ口しないでね 내가 남자하고 데이트하고 있는 것 봤다고 아버지한테 이르지 마. 関連 告げ口屋 고자질쟁이, 고자쟁이

**つけくわえる【付け加える】**보태다, 덧붙이다, 첨가하다 ¶彼の説明に付け加えることはありません 그의 설명에 보탤 것은 없습니다. / ひと言付け加えたい 한 마디만 덧붙이고 싶다.

**つけこむ【付け込む】**이용하다, 틈타다 ¶相手の弱みに付け込んで彼らは法外な代金を要求した 상대의 약점을[무지를] 이용해서 그들은 터무니없는 대금을 요구했다.

**つけたす【付け足す】**보태다, 덧붙이다, 첨가하다 ◊付け加える

**つけね【付け根】**붙어 있는 부분〔腕などの〕죽지 ¶葉の付け根 잎이 붙어 있는 부분 ¶首〔親指〕の付け根が痛い 목덜미〔엄지손가락〕의 죽지〕가 아프다. / 足の付け根 가랑이 / 腕の付け根

**つけひげ【付け髭】**가짜 수염 ¶付けひげをつける 가짜 수염을 붙이다

**つけまつげ【付け睫毛】**가짜 속눈썹 ¶付けまつげをつける 가짜 속눈썹을 붙이다

**つけもの【漬け物】**야채 절임〔キムチ〕김치 ¶漬け物を漬ける 야채 절임을 만들다 / 白菜の漬け物 배추 절임 / 漬け物屋 야채 절임 가게

**つける【付ける・点ける】**❶〔取り付ける〕달다, 붙이다, 설치하다 ¶シャツのボタンがとれちゃった. お母さん, つけてくれる 셔츠 단추가 떨어져 버렸어. 엄마 달아 줘. / この上に棚をつけたらどうだろうか 이 위에 선반을 달면 어떨까. / 重い物を持ち上げるために倉庫の天井には滑車がつけられている 무거운 물건을 들어올리기 위해 창고의 천장에 도르래가 설치되어 있다. / その小包にこの荷札をつけておいてください 그 소포에 이 꼬리표를 달아 주세요. / 居間にエアコンをつけた 거실에 에어컨을 달았다.

❷〔付着させる〕붙이다〔塗る, 貼る〕바르다〔しみを〕묻히다〔香水を〕뿌리다 ¶履歴書に写真をのりでつけた 이력서에 사진을 풀로 붙였다. / 割れた皿を接着剤でつける 깨진 접시를 접착제로 붙이다 / 彼女は両膝をぴったりつけて座っていた 그녀는 양 무릎을 딱 붙이고 앉아 있었다. / けさトーストにいちごジャムをつけて食べてね 오늘 아침은 토스트에 딸기잼 발라 먹어. / 薬をつける 약을 바르다 / 手にインクをつける 손에 잉크를 묻히다 / シャツにコーヒーのしみをつけてしまった 셔츠에 커피 얼룩이 묻어 버렸다. / 彼女はシャネルの香水をつけている 그 여자는 샤넬 향수를 뿌렸다.

❸〔付き添わせる〕붙이다 ¶警察は容疑者に常時見張りをつけることにした 경찰은 용의자에게 항상 감시를 붙이기로 했다. / 父の容態が悪化したので常時看護師をつけることにした 아버지의 상태가 악화되어 간호사를 항상 붙이기로 했다. / 両親は私に家庭教師をつけてくれた 부모님은 나에게 가정교사를 붙여 주셨다. / 弁護士をつける 변호사를 붙이다

❹〔尾行する〕뒤를 쫓다, 미행하다 ¶犯人をつける 범인을 미행하다 / だれかに跡をつけられている気がする 누군가에 미행을 당하고 있는 느낌이다.

❺〔添加する〕붙이다〔味を〕들이다, 묻히다 ¶1割の利子をつけて借りた金を返した 10퍼센트 이자를 붙여서 빌린 돈을 갚았다. / 彼女はそのメロディーに歌詞をつけた 그녀는 그 멜로디에 가사를 붙였다. / 魚に軽く塩味をつけた 생선에 가볍게 소금을 묻혔다.

❻〔獲得する〕붙이다〔体力・能力などを〕기르다 ¶もっと体力をつけたほうがいいよ 체력을 더 기르는 게 좋다. / 教養を身につける 교양을 기르다 / 学力をつける 학력을 기르다 / 本を読む習慣を身につける 책을 읽는 습관을 기르다

❼〔記入する〕기입하다, 적다〔書く〕쓰다〔勘定〕달다 ¶私は10年間日記をつけている 나는 10년간 일기를 쓰고 있다. / きのうは日記をつけるの

つける
を忘れた 어제는 일기 쓰는 것을 잊었다. /帳簿をつける 장부를 기입하다 /この勘定は私につけておいてください 이 계산은 나한테 달아 놓으세요.
❽[値を決める] 매기다 ¶この商品にはいくらの値をつけたらよいだろうか 이 상품에는 얼마의 값을 매기면 좋을까? /私の欲しかったジーパンの値段がついていた 내가 사고 싶었던 청바지는 2만 엔의 가격표가 붙어 있었다. /ゴッホの絵にある日本人が100万ドルの値をつけた 고흐의 그림에 어떤 일본인이 100만 달러의 값을 매겼다. /私はどんなに高い値をつけられてもこの土地を売る気はない 나는 아무리 비싼 돈을 주어도 이 땅을 팔 생각은 없다.
❾[火をつける] 붙이다, 지르다 [スイッチを入れる] 켜다 ¶薪に火をつける 장작에 불을 붙이다 /たばこに火をつける 담배에 불을 붙이다 /電灯をつける 전등을 켜다 /ちょっと暗いから明かりをつけよう 조금 어두우니까 불을 켜자. /ラジオをつけたまま勉強しても効果が上がりません 라디오를 켠 채 공부해도 효과가 오르지 않습니다. /ガスをつける 가스를 켜다

つける【着ける】❶[身につける] 입다 ; 걸치다, 달다 ¶彼女は黒い服を身に着けていることが多い 그녀는 검은 옷을 입을 때가 많다. /彼女は真珠のブローチを着けていた 그 여자는 진주 브로치를 달고 있었다. /イヤリングを着ける 귀걸이를 달다 /あなたが着けているイヤリング, すてきね 네가 하고 있는 귀걸이 멋지다. /リボンを着ける 리본을 달다
❷[乗り物を到着させる] 대다 ¶波が高くて船を岸壁に着けることができなかった 파도가 높아서 배를 안벽에 댈 수가 없었다. /運転手は車をホテルの正面玄関の前に着けた 운전기사는 차를 호텔 정문 현관 앞에 댔다.

つける【漬ける・浸ける】❶[ひたす] 잠그다, 담그다, 찍다 ¶タオルをお湯につけた 타월을 뜨거운 물에 담갔다. /彼女は川の水に手をつけた 그녀는 강물에 손을 담갔다. /すいかを井戸につけておく 수박을 우물에 담가 두다 /刺身はしょうゆにつけて食べる 회는 간장에 찍어 먹는다.
❷[漬け物にする] 담그다, 절이다 ¶白菜を漬ける 배추를 절이다 /たくあんを漬ける 단무지를 담그다 /キムチを漬ける 김치를 담그다

つける【告げる】고하다 [知らせる] 알리다 ¶彼は私に会社を辞めることに決めたと告げた 그는 나에게 회사를 그만두기로 결정했다고 말했다. /彼は友と故郷に別れを告げた 그는 친구와 고향에 이별을 고했다. /時計が正午を告げた 시계가 정오를 알렸다. /彼は名前も告げずに立ち去った 그는 이름도 말하지 않고 가 버렸다. /うぐいすの声が春の到来を告げた 꾀꼬리 소리가 봄이 온 것을 알렸다.

**つごう【都合】**❶[便宜] 형편 [時間] 시간 ¶いつだと都合がいいですか 언제가 좋으시겠어요? /きょうは都合が悪いんだ 오늘은 사정상 안 되는데. /今度の水曜日は都合がつかない 다음 수요일은 시간을 낼 수 없어. ¶都合のよいにあした僕は休みなんだ 마침 내일 나 쉬는 날이야. /すべて都合よくいった 모든 일

이 잘됐다. /私の家はスーパーに近くて都合がよい 우리 집은 슈퍼가 가까워서 편리하다. /いつでも都合のよいときに来てください 언제라도 형편 좋으실 때 오세요. /君は自分に都合のいいことばかり言うね 넌 네 생각만 하는구나.
◆会話◆ 都合がいい
A : 何時に会うことにする?
B : 6時だと都合がいいんだが
A : 몇 시에 만나기로 할까?
B : 여섯 시면 시간 괜찮은데.
A : 今晩都合はどう?
B : ああ, あいてるよ
A : 오늘 밤 시간 괜찮아?
B : 응, 별거 없어.
A : 6時で都合つくかい
B : うん, いいよ
A : 여섯 시면 시간 괜찮니?
B : 응, 좋아.
❷[事情] 사정 [理由] 이유 ¶投書は紙面の都合により一部削除することがあります 투서는 지면상의 이유로 일부 삭제하는 경우가 있습니다. /一身上の都合により3月31日付けで退職した 일신상의 사정으로 삼월 31일부로 퇴직했다. /あの子は家庭の都合で転校しなければならなかった 그 아이는 집안 사정으로 전학을 하지 않으면 안 되었다. /時間の都合上早めに仕事を切り上げるかもしれない 시간 사정상 빨리 일을 마칠지도 모른다.
❸[やりくり] ◇都合する 마련하다, 변통하다 ¶友人に金を都合してやった 친구에게 돈을 마련해 주었다. /来週の月曜日までに10万円ほど都合してもらえませんか 다음주 월요일까지 10만 엔 정도 마련해 주실 수 없어요? /計画はまとまったが資金の都合がつかない 계획은 세웠는데 자금 마련이 안 된다. /彼はなんとか都合をつけて会合に出席した 그는 어떻게든 돈을 빌려 모임에 출석했다.
❹[全部で] 도합 ¶屋根の修理に都合50万円かかった 지붕 수리에 도합 50만 엔이 들었다. /都合600人が講演会に出席した 도합 600명이 강연회에 출석했다.

**つじつま【辻褄】** 사리, 조리, 이치 ¶それならつじつまが合う 그렇다면 이치가 맞는다. /彼の話はつじつまが合わない 그의 이야기는 이치가 맞지 않는다. /つじつまの合わない言い訳 앞뒤가 맞지 않는 변명

**つた【蔦】** 담쟁이덩굴 ¶つたに覆われた塀 담쟁이덩굴에 덮인 담

**-づたい【-伝い】**¶私たちは河原伝いに歩いた 우리들은 강가의 모래밭을 따라서 걸었다. /泥棒は屋根伝いに逃げた 도둑은 지붕을 타고 도망쳤다. /尾根伝いに登った 산등성이를 타고 올랐다.

**つたう【伝う】** 타다 ¶はしごを伝って屋根に上った 사다리를 타고 지붕에 올랐다.

**つたえる【伝える】**❶[知らせる] 전하다 [通知する] 통지하다 ¶私は彼女にそのことを伝えましょう 제가 그 여자한테 그것을 전할게요. /先方には出張の予定を手紙で伝えてあります 그쪽에는 출장 예정을 편지로 전했습니

다. / ジウンにできるだけ早く来るように伝えてください 지운이 한테 될 수 있는 한 빨리 오라고 전해 주세요. / 面接の日時を伝える 면접 일시를 통지하다

¶ご両親によろしくお伝えください 부모님께 안부 전해 주세요. / 彼に伝言を伝えてもらえますか「この 사람한테 말 좀 전해 주시겠습니까?」「きょうチョンホに会うんだって?」「うん、何か伝えることある?」"오늘 정호 만난다며?" "응, 뭐 전할 말 있어?" / 新聞が伝えるところによると有名な映画俳優が亡くなったそうだ 신문이 전한 바에 의하면 유명한 영화배우가 죽었다고 한다.

❷〔伝承する〕전하다, 전수하다〔後世に残す〕물려주다〔伝来する〕전래하다 ¶彼は弟子に漆塗りの技術を伝えた 그는 제자에게 옻칠의 기술을 전수했다. / この料理法は祖母から母へと伝えられてきたものだ 이 요리법은 할머니로부터 어머니께 전수된 것이다. / 彼女の日本留学時代のことは何も伝えられていない 그녀의 일본 유학 시절의 일은 아무것도 전해지지 않았다. / 鉄砲はヨーロッパから日本に伝えられた 총은 유럽으로부터 일본에 전해졌다.

❸〔熱・音・光などを伝導する〕전도하다 ¶銅は電気を伝えやすい 동은 전기가 잘 통한다.

**つたわる【伝わる】**❶〔知らせられる〕전해지다, 들려 오다〔広まる〕퍼지다 ¶そのニュースは世界中に伝わった 그 뉴스는 전세계로 퍼졌다. / 彼女が結婚したといううわさが伝わってきた 그녀가 결혼했다는 소문이 들려 왔다. / こちらの真意が先方に伝わらなかったようだ 이쪽의 진의가 저쪽에 전해지지 않았던 것 같다. / この手紙を読むと彼の気持ちが伝わってくる 이 편지를 읽으면 그의 마음이 전해져 온다. / その話は彼に伝わっていなかったようだ 그 이야기는 그 사람에게는 전해지지 않았던 것 같다. / 口から口へと伝わる 입에서 입으로 전해지다

❷〔進む〕전도되다, 전해지다 ¶音は空気中では水中より速く伝わる 소리는 공기 중에서는 물속보다 빨리 전해진다. / 金属は熱が伝わりやすい 금속은 열이 전해지기 쉽다.

❸〔伝承する〕전해 오다〔伝来する〕전래되다, 전해지다 ¶この村に代々伝わる昔話を聞いた 이 마을에 대대로 전해 오는 옛날 이야기를 들었다. / 6世紀のなかごろ仏教が日本に伝わった 6세기 중엽 불교가 일본에 전해졌다.

❹〔沿って移動する〕따르다, 타다 ¶手すりを伝わって歩いた 손잡이를 따라 걸었다. ☞伝う

**つち【土】**흙〔土地〕땅 ¶乾いた土が雨を吸収した 마른 땅이 비를 흡수했다. / 畑の土を耕して種をまいた 밭 흙을 갈아 씨를 뿌렸다. / みみずは軟らかい土に住む 지렁이는 부드러운 땅에 산다. / 土の中に埋める 땅속에 묻다 / 最近の子供たちは土に親しむことが少ない 요즘 아이들은 흙에 접할 기회가 적다. / この土はトマトの生長に適している 이 흙은 토마토 생장에 적합하다. / こんなやせた土では野菜は育たない 이런 메마른 땅에서는 야채는 안 자란다. / 肥えた土 비옥한 땅 慣用句ビートルズが1966年に日本の土を踏んだ 비틀즈는 1966년에 일본 땅을 밟았다. / その力士に初日から土がついた 그 스모 선수는 첫날부터

**つち【槌・鎚】**망치〔金槌〕쇠망치 ¶つち音 망치 소리

**つちいろ【土色】**흙빛

**つちいろ【土色】**사색(死色) ¶彼女の顔は土気色だった 그녀의 얼굴은 사색이었다.

**つちけむり【土煙】**흙먼지 ¶トラックが土煙を立てて通り過ぎた 트럭이 흙먼지를 일으키며 지나갔다.

**つちふまず【土踏まず】**(발바닥의) 장심

**つつ【筒】**통〔円筒〕원통〔銃身〕총신, 총열 ¶手品師は紙を筒形に丸めた 마술사는 종이를 원통 모양으로 말았다. / 筒形の容器 통 모양의 용기 / 竹筒 대나무 통

**-つつ**❶〔同時〕-면서 ¶彼は庭を眺めつつ物思いにふけっていた 그 사람은 마당을 바라보면서 생각에 잠겨 있었다.

❷〔逆接〕-면서 ¶言い訳と知りつつ許してやった 변명인 줄 알면서 용서해 주었다.

❸〔進行〕-고 있다 ¶台風が近づきつつある 태풍이 다가오고 있다.

**つっかいぼう【突っ支い棒】**버팀목 ¶小屋の壁につっかい棒をした 오두막 벽에 버팀목을 댔다.

**つっかけ【突っ掛け】**샌들

**つつがなく【恙無く】**〔無事に〕〔健康で〕건강히, 건강하게 ¶私たちはつつがなく暮らしております 우리들은 건강하게 지내고 있습니다.

**つづき【続き】**계속, 연속(連続)〔続編〕속편 ¶この歌詞の続きがどうしても思い出せない 이 가사의 다음이 아무리 생각해도 떠오르지 않는다. / この記事の続きは14ページにあります 이 기사는 14페이지에 이어집니다. / このドラマの続きは来週放映される 이 드라마의 속편은 다음주에 방영된다. / この話の続きはどうなると思う 이 이야기의 다음은 어떻게 될 것 같아? / 彼の旅行での失敗談にはまだ続きがある 그 사람의 여행기에서의 실패담은 아직 끝나지 않았다. / おやつを食べたら宿題の続きをやらなくちゃ 간식 먹고 나면 숙제를 마저 해야하나. / この前の続きを勉強しよう 전의 다음 부분을 공부하자. 関連続き柄 혈연 관계 / 続き番号 연속 번호 / 続き部屋 서로 붙은 방

**-つづき【-続き】**¶あの家は不幸続きだ 그 집은 불행이 계속된다. / 昨年の夏は日照り続きだった 작년 여름은 가뭄이 계속되었다. / 毎日雨続きでうんざりだ 매일 계속되는 비로 지긋지긋하다. / このところうちは災難続きだ 요즘 우리 집은 재난이 계속된다. / ここ数日徹夜続きでへとへとだ 요 며칠 계속 밤샘해서 기진맥진하다. / この用紙は4枚続きになっている 이 용지는 네 장이 한 세트로 되어 있다. / 米は2年続きの不作이었다 쌀은 2년 연속 흉작이었다. / 日本は古く大陸と陸続きであった 일본은 옛날에는 대륙과 연결되어 있었다.

**つつく** 쿡쿡 찌르다〔鳥がくちばしで〕쪼다〔つつき回る〕들이쑤시다, 집적거리다〔せかす〕재촉하다 ¶彼女はひじで私の横腹をつついた 여자 친구

つづく

는 팔꿈치로 내 옆구리를 쿡쿡 찔렀다. / その子は棒で火をつついた 그 아이는 막대기로 불을 들쑤셨다. / 鶏がえさをつつく 닭이 모이를 쪼다 ¶母親は子供につつくように食べるのは止めなさいとたしなめた 어머니는 아이에게 음식을 집적거리며 먹지 말라고 타일렀다. / 彼らはなべをつついていた 그들은 젓가락으로 전골 요리를 집어 먹고 있었다.

¶人の欠点をつつく 남의 결점을 찌르다 / 準備不足を彼女につつかれてしまった 그녀에게 준비 부족하다고 지적당했다. / みんなにつつかれて彼もやっと重い腰を上げた 모두에게 재촉당해서 그도 드디어 무겁게 몸을 일으켰다.

## つづく 【続く】

❶ [継続する] 계속하다, 계속되다 [持続する] 지속하다, 지속되다 ¶不況がまだ当分続きそうだ 불황이 당분간 계속될 것 같다. / 祭りは数日間続く 축제는 며칠간 계속된다. / 雨の降らない日が1か月も続いている 비가 안 오는 날이 한 달이나 계속되고 있다. / 日照りが続く 가뭄이 계속되다 / 雪が3日間降り続いた 눈이 3일간 계속 내렸다. / 彼女のぐちは延々と続いた 그녀의 불평은 한없이 계속되었다. / こんなお天気が続くといいんだが 이런 날씨가 계속되면 좋겠는데. / 主人は禁酒禁煙を決意したけど、いつまで続くかしら 남편은 금주 금연을 결심했는데 언제까지 계속될까?

¶次号に続く 다음호에 계속됨 / 18ページに[より]続く 18페이지에[에서] 계속됨 / 裏面に続く 뒷면에 계속됨 / 痛みは何日も続いた 통증은 며칠간이나 계속되었다. / この道路はひっきりなしに車の流れが続く 이 도로는 쉴 새 없이 차가 지나다닌다.

❷ [続いて起きる] 잇따르다, 계속되다 ¶稲光に続いて大きな落雷の音が聞こえた 번개에 이어 큰 천둥 소리가 들렸다. / このところ子供を狙った凶悪犯罪が続いている 요즘 아이를 노린 흉악 범죄가 잇따르고 있다. / 不幸が続く 불행이 계속되다

❸ [後に従う] 뒤를 따르다 ¶生徒たちは先生の後に続いた 학생들은 선생님 뒤를 따라갔다. / 兄に続いて僕もプールに飛び込んだ 형 뒤를 따라 나도 풀장에 뛰어들었다. / 3ゲーム差で西武が首位のロッテに続いている 3게임 차로 세이부가 일위 롯데의 뒤를 달리고 있다.

❹ [通じる] 이어지다 [広がる] 펼쳐지다, 벌어지다 ¶釜山からソウルまで続く道 부산에서 서울까지 이어지는 길 / この道は丘の上まで続いている 이 길은 언덕 위까지 이어지고 있다. / この道はどこまで続いているのですか 이 길은 어디까지 이어지고 있습니까? / 鉄道が遠くまでまっすぐに続いていた 기찻길이 멀리까지 쭉 이어져 있었다. / 砂漠が広々と続いている 사막이 드넓게 펼쳐져 있다.

❺ [並ぶ] 나란하다 ¶この通りはポプラ並木が続いている 이 길은 포플러 나무가 늘어서 있다. / 秋葉原駅前には電気街が続いている 아키하바라역 앞에는 전자 상가가 즐비하게 늘어서 있다. / そのラーメン屋さんの前には順番待ちの人の列が長々と続いていた 그 라면집 앞에는 차례를 기다리는 사람의 행렬로 장사진을 이루고 있었다.

## つづけざま 【続け様】

◇続けざまに 잇따라 ¶その作家は続けざまに短編小説を発表した 그 작가는 잇따라 단편 소설을 발표했다.

## つづける 【続ける】

❶ 계속하다 ¶2人は沈黙を続けた 두 사람은 줄곧 침묵하고 있었다. / 彼女は結婚しても仕事を続けるつもりだ 그녀는 결혼해도 일을 계속할 생각이다. / いつまでもこんな生活を続けてはいられない 언제까지나 이런 생활을 계속할 수는 없다. / そのまま仕事を続けてください 그대로 일을 계속하세요. / さて、と彼は話を続けた 그런데, 하고 그는 이야기를 계속했다. / 20分の休憩のあと会議は続けられた 20분 휴식 뒤에 회의는 계속되었다. / (話を)続けなさい。それでどうなったの 계속해 봐. 그래서 어떻게 됐어? / 僕は毎朝欠かさずジョギングを続けている 나는 매일 아침 빼먹지 않고 조깅을 하고 있다. / 土砂降りの雨にもかかわらず試合は続けられた 억수같은 비에도 불구하고 경기는 계속되었다.

¶DVDを3本続けて見た DVD 세 편을 연거푸 보았다. / 彼は何時間も続けてコンピュータに向かっている 그는 몇 시간 째 계속해서 컴퓨터 앞에 앉아 있다.

¶もう3年もこのスーツを着続けている 벌써 3년이나 이 양복을 입고 있다. / 不景気で失業がずっと増え続けている 불경기로 실업이 계속 늘고 있다. / その男の子は午前中ずっと漫画を読み続けていた 그 남자 아이는 오전 내내 만화를 읽고 있었다. / 朝青龍は13日間勝ち続けている 아사쇼류는 13일간 내리 이기고 있다.

## つっけんどん 【突っ慳貪】

◇つっけんどんだ 퉁명스럽다, 무뚝뚝하다 ◇つっけんどんに 퉁명스레, 무뚝뚝하게 ¶あの店の店員はつっけんどんだ 그 가게 점원은 퉁명스럽다. / 彼女は「知らないわ」とつっけんどんに答えた 그녀는 "몰라"라고 퉁명스럽게 대답했다.

## つっこむ 【突っ込む】

❶ [入れる] 처넣다, 처박다, 쑤셔 넣다 ¶彼はポケットに両手を突っ込んでいた 그는 주머니에 양손을 처넣고 있었다. / 水たまりに足を突っ込む 물구덩이에 발을 처박다 / 戸棚に首を突っ込んで捜す 벽장 속에 머리를 쑤셔 넣고 찾다 / 書類を引き出しに突っ込んだ 서류를 서랍에 쑤셔 넣었다.

❷ [突き進む] 돌진하다, 돌입하다 [衝突する] 충돌하다, 처박다 [墜落する] 추락하다 ¶敵陣に突っ込む 적진에 돌진하다 / 車が塀に突っ込んだ 차를 담벼락에 처박았다. / トラックが人家に突っ込んだ 트럭이 인가로 돌진했다. / 飛行機は山に突っ込んだ 비행기는 산에 추락했다.

❸ [立ち入る] 관여하다, 끼어들다 [掘り下げる] 파고들다 [追窮する] 추궁하다 ¶他人の問題にまで首を突っ込んではいけない 남의 문제에까지 끼어들어서는 안 된다. / 突っ込んだ話をすることができた 깊이 있는 이야기를 할 수 있었다. / その記者は突っ込んだ質問をした 그 기자는 날카로운 질문을 했다. / 誤りをつっこまれる(→指摘される) 잘못을 지적당하다 / 説明の矛盾を突っこまれると

彼はしどろもどろになった 설명의 모순점을 지적당하자 그는 횡설수설했다.

**つつじ**【躑躅】진달래 ¶つつじの花 진달래꽃
**つつしみ**【慎み】조심성 ¶どんな時でも慎みを忘れてはいけません 어느 순간에도 조심하는 마음가짐을 잊어서는 안 됩니다. / 彼は慎み深いその사람은 조심성이 있다.
**つつしむ**【慎む】❶〔注意を払う〕조심하다 ¶もう少し言葉を慎んだほうがいいよ 조금 더 말을 조심하는 게 좋다.
❷〔控えにする〕삼가다, 삼가하다（▶최근은 삼가다 보다도 삼가하다 의 형태로 사용되는 경향이 있다）¶医者は彼に酒を慎むように言った 의사는 그 사람한테 술을 삼가하라고 했다. / 暴飲暴食を慎みなさい. さもないと体を壊しますよ 폭음폭식을 삼가하세요. 그렇지 않으면 몸 상합니다. / 軽々しい言動を慎むようにしている 경솔한 언동을 삼가하도록 하고 있다.
**つつしんで**【謹んで】삼가 ¶謹んでおわび申し上げます 삼가 사과의 말씀을 드립니다. / 謹んでお悔やみ申し上げます 삼가 조의를 표합니다.
**つったつ**【突っ立つ】〔ぼうっと突っ立っていないで手伝えよ 멍청히 서 있지 말고 도와 줘.
**つつぬけ**【筒抜け】〔声·音などが〕그대로 들리다〔秘密などが〕곧바로 누설되다 ¶我々の声は隣の部屋にいる우리 말소리는 옆 방에 다 들린다. / 秘密は彼らに筒抜けになっている 비밀은 그들에게 전부 새나가고 있다.
**つっぱり**【突っ張り】〔支柱〕버팀목〔不良〕날라리 ¶彼は高校生のとき突っ張りだった 그는 고등학교 때 불량배였다.
**つっぱる**【突っ張る】〔支える〕버티다〔こわばる〕땅기다 ¶腕の筋肉が突っ張っている 팔 근육이 땅긴다. / 突っ張っている生徒 반항적인 학생
**つつましい**【慎ましい】〔控えめな〕얌전하다〔質素な〕검소하다 ◇慎ましく 얌전히, 얌전하게；검소히, 검소하게 ¶彼女は娘と2人で慎ましく暮らしている 그녀는 딸과 둘이서 검소하게 생활하고 있다. / 慎ましい食事 검소한 식사
**つつみ**【堤】둑〔堤防〕제방 ¶堤を築く 둑을 쌓다 / 堤が切れる 둑이 무너지다
**つつみ**【包み】보따리, 꾸러미 ¶彼は包みをほどいた 그는 보따리를 풀었다. / その包み, ひもでしばってくれよ 그 보따리 좀 끈으로 묶어 줘. / 紙包みを開く 종이 꾸러미를 열다 / 服の包み 옷 보따리 / 包み紙 포장지（包装紙）
**つつみかくす**【包み隠す】숨기다, 은폐하다 ¶真相を包み隠さず話しなさい 진상을 숨기지 말고 이야기해라.
**つつむ**【包む】싸다〔包装する〕포장하다〔すっかり覆う〕둘러싸다 ¶贈り物を紙で包む 선물을 종이로 싸다 / これをプレゼント用に包んでください 이것을 선물용으로 싸 주세요.

¶彼は謎に包まれた不可解な男 그는 수수께끼에 둘러싸여 있는 알 수 없는 남자다. / 会場は沈うつな空気に包まれた 집회는 침울한 공기에 둘러싸여 있었다. / 森全体が霧に包まれていた 숲 전체가 안개에 싸여 있었다. / コンサート会場は熱気に包まれていた コンサート 회장은 열기에 둘러싸

여 있었다. / 彼の家はすっかり炎に包まれた 그의 집은 완전히 화염에 둘러싸였다.
**つづり**【綴り】〔単語の〕철자〔書類などの〕철 ¶つづりを間違える 철자를 틀리다 / ハルラサン（漢拏山）のつづりが間違ってるよ 한라산 철자가 틀렸어. / 彼のレポートにはつづりの間違いがたくさんある 그의 리포트에는 철자 틀린 데가 많다. / 綴り字法 철자법
¶書類のつづり 서류철 / 新聞のつづり 신문철
**つづる**【綴る】〔語を〕철자하다〔文章を〕짓다〔書類を〕철하다 ¶文章をつづる 글을 짓다 / 新聞をつづって保管する 신문을 철하여 보관하다
**って**【伝·伝手】〔縁故〕연줄, 연고 ¶私はその会社に有力なつてがある 나는 그 회사에 유력한 연줄이 있다. / 彼女は親戚のつてでその仕事を得た 그녀는 친척의 연고로 그 일을 얻었다. / つてを探す 연줄을 찾다 / つてを頼って上京した 연줄을 믿고 도쿄에 왔다
**-って**《母音体言＋》가,《子音体言＋》이
**会話** 太田さんって誰
　A：この件については太田さんに聞いてください
　B：え？　太田さんって誰ですか
　A：이 건에 관해서는 오타 씨한테 물어 보세요.
　B：예？　오타 씨가 누군데요?
¶これって生で食べられますか 이거 날로 먹을 수 있어요?
**つど**【都度】¶そのつど 그때마다 ⇨度(き)
**つとまる**【務まる】감당하다 ¶あの男ならどんな役目だって務まる 그 남자라면 어떤 일이라도 감당할 수 있다. / 彼には主将が務まらない 그 사람은 주장 자리를 감당해 낼 수 없다.
**つとめ**【務め】의무（義務）, 임무（任務）¶税金を払うのは国民としての務めです 세금을 내는 것은 국민으로서의 의무입니다. / 仕事に最善を尽くすことが君の務めだ 지금 일에 최선을 다하는 것이 네 임무다. / 彼はリーダーとしての務めを立派に果たした 그는 리더로서의 임무를 훌륭히 해냈다. / 彼は教師としての務めを怠った 그는 교사로서의 임무를 게을리했다. / 親としての務め 부모로서의 의무
**つとめ**【勤め】근무〔仕事〕일 ¶姉は郵便局に勤めに出ている 언니는 우체국에 다닌다. / きょうは勤めを休んだ 오늘은 근무를 쉬었다. / 先月勤めをやめた 지난달 일을 그만두었다. / 夫は8時に勤めから帰って来た 남편은 여덟시에 회사에서 돌아왔다. / 妻は勤めに出たことがない 아내는 직장을 다닌 적이 없다. / お勤めはどちらですか 근무처는 어디십니까? [関連] 勤め先 근무처 / 勤め人 근로자
**つとめる**【努める】힘쓰다, 애쓰다, 노력하다 ¶彼は会長としての大役を果たそうと努めた 그는 회장으로서의 큰 역할을 다하려고 애썼다. / 時間どおりに着くように努めてください 시간대로 도착하도록 힘써 주세요. / 規則正しい生活に努める 규칙적인 생활을 하려고 노력하다 / 彼は母親の看病に努めた 그는 어머니 간병에 힘썼다. / 二度とこんなことがないよう努めます 두 번 다시 이런 일이 없도록 노력하겠습니다. / 彼女は泣く

まいと努めた 그녀는 울지 않으려고 애썼다.

**つとめる【勤める】**［勤務する］근무하다〔働く〕일하다 ¶彼は市役所に勤めている 그는 시청에서 근무하고 있다. / 彼女は銀行に勤めている 그녀는 은행에서 근무하고 있다. / 私の友達はパン屋に勤めている 내 친구는 빵집에서 근무하고 있다.

**つとめる【務める】**맡다 ¶山本氏は市長を2期務めた 야마모토 씨는 시장직을 두 번 연임했다. / 彼は会議の議長を務めた 그는 회의의 의장을 맡았다. / 彼は外国人観光客のガイドを務めた 그는 외국인 관광객 가이드를 맡았다. / 主役を務める 주역을 맡다

**つな【綱】**줄, 밧줄 ¶綱でしばる 밧줄로 묶다 / 綱を解く 밧줄을 풀다 / 綱を引く 밧줄을 잡아당기다 / 彼女は木の間に綱を張って服を干した 그녀는 나무 사이에 줄을 쳐서 옷을 말렸다. / 警察は犯行現場に立入禁止の綱を張った 경찰은 범행 현장에 출입 금지 줄을 쳤다. 慣用句 あなただけが頼みの綱です 당신만이 유일한 희망입니다.

**ツナ**〔まぐろ〕참치 ¶ツナの缶詰 참치캔 / ツナサンド 참치 샌드위치

**つながり【繋がり】**〔関係〕관계, 관련〔関連〕¶2つの事件の間には何らかのつながりがあるように思われる 두 사건 사이에는 어떠한 관련이 있는 것 같다. / 私は彼らとは何のつながりもない 나는 그 사람들과는 아무런 관련도 없다.

**つながる【繋がる】❶**〔接続する〕연결되다 ¶ホースは蛇口につながっている 호스는 수도꼭지에 연결되어 있다. / 四国と本州が橋でつながった 시코쿠와 혼슈가 다리로 연결되었다. / この道は200メートルで国道につながっている 이 길은 200미터 앞에서 국도로 연결된다. ¶やっとソウルの友人に電話がつながった 간신히 서울 친구에게 전화가 연결되었다. / このコンピュータはプリンタとつながっている 이 컴퓨터는 프린터와 연결되어 있다. **❷**〔関係する〕관계가 있다, 관련되다, 이어지다 ¶私は彼と血がつながっている 나는 그 사람과 혈연 관계가 있다. / 彼の自殺は汚職事件と密接につながっているようだ 그 사람의 자살은 독직 사건과 밀접한 관련이 있는 것 같다. / 寝不足は事故につながりやすい 수면 부족은 사고로 이어지기 쉽다.

**つなぎ【繋ぎ】**〔間を埋めるもの〕막간〔一時しのぎ〕임시 변통〔作業服〕오버올 関連 (ひもなどの)つなぎ目 이음매

**つなぐ【繋ぐ】**〔動物を〕매다〔場所・物などを〕연결하다, 잇다〔手を〕잡다〔命を〕잇다, 유지하다〔電話を〕대다 ¶馬を木につなぐ 말을 나무에 묶어 두다 / 犬はひも[鎖]につないでおいてください 개는 끈으로[쇠사슬로] 매 두세요.

¶この橋は2つの島をつないでいる 이 다리는 두 섬을 잇고 있다. / このコンピュータは支社と本社をつないでいる 이 컴퓨터는 지사와 본사를 잇고 있다. / ホースの口を蛇口につなぐ 호스를 수도꼭지에 연결하다. / テレビのプラグをコンセントにつないでよ 텔레비전 플러그 좀 콘센트에 꽂아 줘. / 彼女はビーズをつないでネックレスを作った 그녀는 비즈를 연결해서 목걸이를 만들었다.

¶私たちは手をつないで歩いた 우리는 손을 잡고 걸었다. / 山の中で命をつなぐものといえば, ひとかけらのチョコレートしかなかった 산속에서 목숨을 부지할 수 있는 음식은 초콜릿 한 조각 뿐이었다. /〔電話で〕田中さんにつないでいただけませんか 다나카 씨 좀 부탁합니다.

**つなひき【綱引き】**줄다리기 ¶子供たちは二手に分かれて綱引きをした 아이들은 두 편으로 나뉘어서 줄다리기를 했다.

**つなみ【津波】**쓰나미〔高潮〕해일(海溢)¶地震による高潮の国際名称には日本語の「津波」が使われている 지진이 일으키는 해일의 국제 명칭으로서는 일본어인 '쓰나미'가 쓰이고 있다. / インド洋で発生した地震による津波が沿岸諸国を襲った 인도양에서 발생한 지진으로 인한 쓰나미가〔해일이〕연안국을 휩쓸었다. / 津波警報 쓰나미[해일] 경보

**つなわたり【綱渡り】**줄타기, 외줄타기 ¶そのサーカスでは猿が綱渡りをする 그 서커스에서는 원숭이가 줄타기를 한다. 資金繰りに追われて毎日綱渡りの連続だ 자금 운용에 쫓겨서 매일 외줄타기의 연속이다.

**つね【常】**상사, 보통, 예사 ¶彼は朝食にパンと目玉焼きを食べるのが常である 그는 보통 아침으로 빵하고 달걀 후라이를 먹는다. / 鎌倉へ行くと祖父を訪ねるのが常だった 가마쿠라에 가면 항상 할아버지 댁에 들렀다. / あの子は若者の常としてよく食べよく眠る 걔는 여느 젊은 애들처럼 잘 먹고 잘 잔다. / それは世の常だ 그것은 흔하디 흔한 세상사다.

**つねづね【常々】**평소〔いつも〕늘 ¶いざというときのために常々準備をしています 만약을 위해서 평소에 준비하고 있습니다. / 常々思っていたが, 君は本当に努力家だね 늘 생각하고 있었지만 넌 정말 노력가다.

**つねに【常に】**〔いつも〕항상, 늘 ¶彼は常に何かを食べている 그는 항상 뭔가를 먹고 있다.

**つねる【抓る】**꼬집다 ¶彼女は私の腕をぎゅっとつねった 여자 친구는 내 팔을 꽉 꼬집었다. / 夢ではないかと頬をつねってみた 꿈이 아닌지 볼을 꼬집어 봤다.

**つの【角】**〔牛・羊・やぎ・さいの角〕뿔〔触角〕촉각, 더듬이 ¶子牛に角が生えてきた 송아지한테 뿔이 나기 시작했다. / 雄牛には角があるが, 雌牛にはない 숫소는 뿔이 있지만 암소는 없다. / 鹿が角で突く 사슴이 뿔로 받다 / 闘牛士は牛の角に突かれて死んだ 투우사는 소의 뿔에 혀서 죽었다. / かたつむりが角を出した[引っ込めた] 달팽이가 더듬이를 뺐다[집어넣었다]. / 羊の角 양 뿔 慣用句 彼はしゅうとめといつも角突き合わせている 그녀는 시어머니와 항상 옥신각신한다. 関連 角笛 각적, 뿔피리

**つのる【募る】❶**〔高じる, 強くなる〕더해지다〔ひどくなる〕심해지다 ¶年を取るにつれて故郷に対する思いが募ってきた 나이를 먹으면서 고향에 대한 그리움이 깊어졌다. / 夫の死から数年たったが彼女の悲しみは募るばかりだった 남편이 죽고 몇 년이 지났지만 그녀의

의 슬픔은 더해질 뿐이었다. / がんにかかっているのではないかという不安が募る 암에 걸린 것은 아닌가 하는 불안이 심해진다. / 日ごと寒さが募る 날이 갈수록 추위가 심해진다.

❷〔募集する〕모집하다〔寄付などを集める〕모으다 ¶難民救済基金の寄付を募る 난민 구제 기금의 기부를 모으다 / ボランティア活動の参加者を募ります 자원 봉사 활동의 참가자를 모집합니다. / ごみのリサイクルについての新しいアイディアを募ります 쓰레기 재활용에 대한 새로운 아이디어를 모집합니다.

つば【唾】침〔唾液〕타액 ¶つばを吐く 침을 뱉다 / 道につばを吐くのは行儀が悪い 길에 침을 뱉는 것은 예의없는 짓이다. / 彼は私につばを飛ばしてしゃべる 그 남자는 나한테 침을 뛰겼다. / 彼はつばを飛ばしながらしゃべった 그 사람은 침을 튀기면서 말했다. / そのケーキを見ただけでつばが出てきた 그 케이크를 보기만 해도 침이 고였다. / 生つばを飲む 군침을 삼키다

つば【鍔】〔刀の〕날밑〔帽子の〕차양

つばき【椿】동백나무〔花〕동백꽃 関連 つばき油 동백 기름

つばさ【翼】날개 ¶翼を広げる 날개를 펴다 / わしは翼を広げて飛び立った 독수리는 날개를 펼치고 날아갔다.

つばめ【燕】제비 ¶つばめの巣 제비집

つぶ【粒】알, 낱알〔液体の〕방울 ¶一粒の米 한 알의 쌀 / 大粒の雨が降り始めた 큰 빗방울이 떨어지기 시작했다. / 大粒の涙 닭똥 같은 눈물 / このスープにはコーンの粒々がある 이 수프에는 옥수수 알갱이가 들어 있다. / これらのみかんは粒がそろっている 이 귤들은 알이 고르다. / このクラスの生徒は粒がそろっている(→みな優秀だ) 이 반 학생은 모두 우수하다.

つぶす【潰す】❶〔崩す〕부수다〔押しつぶす〕찌부러뜨리다, 으깨다 ¶木の箱をつぶして犬小屋を作った 나무 상자를 부수어 개집을 만들었다. / 椅子をつぶしてその意자를 납작하게 찌부러뜨리다 / アルミ缶を足でつぶしてビニール袋に入れた 알루미늄 캔을 발로 찌부러뜨려서 비닐 봉지에 넣었다. / サラダを作るためにじゃがいもをつぶした 샐러드를 만들기 위해 감자를 으깼다. / 指にきびをつぶした 손가락으로 여드름을 찌부러뜨렸다.

❷〔だめにする〕망치다, 못 쓰게 만들다〔チャンスを〕잃다 ¶彼はとうとう自分の会社をつぶしてしまった 그는 결국 자기 회사를 망하게 했다. / きのうカラオケで歌い過ぎて声をつぶしちゃったよ 어제 노래방에서 노래를 너무 많이 불러서 목이 갔어. / 靴を履きつぶしてしまった 구두를 못 쓰게 만들었다. / 日本は得点のチャンスをつぶした 일본은 득점 찬스를 잃었다.

❸〔時間を費やす〕때우다〔過ごす〕보내다 ¶暇をつぶす 시간을 때우다 / 暇をつぶしに公園を散歩する 시간 때우러 공원에 산책 간다. / 部屋の掃除なんかで休日をつぶしたくない 방 청소 같은 것으로 휴일을 보내고 싶지 않다.

つぶやく【呟く】중얼거리다, 투덜거리다 ¶独り言をつぶやく 혼자 중얼거리다 / 老人は一人で何かつぶやいていた 노인은 혼자서 뭔가를 중얼거렸다. / 彼は呪いの言葉をつぶやいた 그는 저주하는 말을 중얼거렸다.

つぶより【粒選り】◇粒選りの 엄선된 ¶このチームには粒選りの選手がそろっている 이 팀에는 엄선된 선수가 모여 있다. / 粒選りの桃 엄선된 복숭아

つぶる【瞑る】감다 ¶彼は私に目をつぶるように言った 그는 나에게 눈을 감으라고 말했다. / 不正に目をつぶる 부정에 눈을 감다

つぶれる【潰れる】❶〔崩れる〕찌부러지다, 찌그러지다〔壊れる〕깨지다 ¶箱がつぶれる 상자가 찌부러지다 / 満員電車の中でケーキがつぶれてしまった 만원 전철 안에서 케이크가 찌부러져 버렸다. / 卵が床に落ちてつぶれてしまった 달걀이 바닥에 떨어져서 깨지고 말았다. / 車が事故でぺちゃんこにつぶれた 차가 사고로 납작하게 찌그러졌다. / 土砂崩れで家がつぶれた 산사태로 집이 찌부러졌다.

❷〔だめになる〕망치다〔倒産する〕도산하다, 망하다〔計画などが〕들어지다〔声が〕잠기다〔酔って〕곤드라지다 ¶彼の会社はとうとうつぶれた 그 사람의 회사는 마침내 도산했다. / あの店はもうすぐつぶれるだろう 그 가게는 곧 망할 거야. / 雨のため我々の計画はつぶれた 비 때문에 우리 계획은 무산되었다. / 大声を出しすぎて声がつぶれた 큰 소리를 너무 내서 목이 잠겼다. / 彼は酒を飲みすぎてつぶれてしまった 그 남자는 술을 너무 마셔서 뻗어 버렸다.

❸〔時間を費やす〕허비하다 ¶メールに返事を送るので時間がだいぶつぶれてしまった 메일의 답장을 보내는 데 시간을 꽤 허비했다.

つべこべ 이러쿵저러쿵 ¶いちいちつべこべ言うな 하나하나 이러쿵저러쿵 말하지 마.

ツベルクリン 투베르쿨린 ¶ツベルクリン反応は陽性〔陰性〕だった 투베르쿨린 반응은 양성〔음성〕이었다.

つぼ【坪】평 ¶この宅地は300坪ある 이 택지는 3백 평이다.

つぼ【壺】항아리〔小さい〕단지〔要点〕요점〔計略〕꾀〔鍼灸の〕경혈, 뜸자리 ¶ツボに鍼をさす 경혈에 침을 놓다 慣用句 先生はつぼを押さえて我々に説明してくれた 선생님은 요점만 골라서 우리에게 설명해 주셨다. / あいつの思うつぼにはまってしまった 그 녀석의 꾀에 넘어가고 말았다.

つぼみ【蕾】꽃봉오리 ¶桃がつぼみをつけた 복숭아가 꽃봉오리를 맺었다. / 桜のつぼみがふくらみ始めた 벚꽃의 꽃봉오리가 부풀어 오르기 시작했다. / つぼみがほころびかけている 꽃봉오리가 터지고 있다. / つぼみが開いた 꽃봉오리가 열렸다. / ばらのつぼみ 장미 꽃봉오리

つぼむ【窄む】오므라지다, 오므라들다 ¶朝顔は昼にはつぼんでしまう 나팔꽃은 낮에는 오므라져 버린다.

つま【妻】아내, 처, 집사람〔女房〕마누라 ¶私には妻がいる 나에게는 아내가 있다. / 妻をめとる 아내를 얻다 / 私には妻と2人の子供がいる 나는 아내와 두 아이가 있다. / うちの妹は彼のいい妻になるだろう 우리 동생은 그 사람의 좋은 아내가 될 것이다. / 彼は再婚して新しい

妻を迎えた 그 사람은 재혼해서 새 아내를 맞았다. / 彼には妻がいない 그 남자는 아내가 없다. / 交通事故で最愛の妻を亡くした 교통사고로 사랑하는 아내를 잃었다. / 別れた妻とは何年も会っていない 헤어진 아내와는 몇 년이나 안 만나고 있다. / 彼女は人妻だ 그 여자는 유부녀다.

¶貞淑な妻 정숙한 아내 / 不貞な妻 부정한 아내 / 献身的な妻 헌신적인 아내 / 理想的な妻 이상적인 아내 / よくできた妻 좋은 아내 / 優しい妻 자상한 아내 / 従順な妻 순종적인 아내 / 私の妻 우리 집사람 / 内縁の妻 내연의 처 / 正妻 본처

**つまさき【爪先】** 발끝 ¶少年は爪先立って窓から部屋のぞき込んだ 소년은 발돋움하여 창문 사이로 방을 들여다보았다. / その子は頭のてっぺんから爪先までびしょぬれだった 그 아이는 머리끝에서 발끝까지 흠뻑 젖어 있었다.

**つましい【倹しい】** 검소하다, 알뜰하다 ◇つましく 검소하게, 알뜰하게, 알뜰하게 ¶彼らはつましい生活をしている 그들은 검소한 생활을 하고 있다. / つましい食事 검소한 식사

**つまずく【躓く】** 채다 [失敗する] 실패하다 ¶石につまずいて転んだ 돌에 채어 넘어졌다. / 多くの生徒が分数の計算でつまずいてしまう 많은 학생들이 분수 계산에서 못 따라가게 된다. / 彼は商売でつまずいて破産した 그는 장사에 실패해서 파산했다.

**つまはじき【爪弾き】** 따돌림, 왕따 ¶彼はみんなからつまはじきにされている 그는 모두한테서 따돌림을 당하고 있다.

**つまみ【摘み】** 꼭지 [取っ手] 손잡이 [ダイヤル] 다이얼 [酒の] 술안주 ¶ラジオのボリュームのつまみ 라디오의 볼륨 조절기 / 父はピーナッツをつまみにビールを飲んでいた 아버지는 땅콩을 안주로 맥주를 드시고 계셨다.

¶熱湯に塩をひとつまみ加えてください 뜨거운 물에 소금을 조금 넣으세요.

**つまみぐい【摘み食い】** ◇つまみ食いする [指で] 집어먹다 [こっそり] 몰래 훔쳐먹다 [使い込む] 착복하다, 횡령하다 ¶彼女は焼き立てのチヂミをつまみ食いした 그녀는 막 부친 부침개를 집어먹었다. / 妹はケーキをこっそりつまみ食いしていた 여동생은 케이크를 몰래 훔쳐먹고 있었다. / 会社の金をつまみ食いする 회사 돈을 착복하다

**つまみだす【摘み出す】** [物を] 집어내다, 골라내다 [人を] 쫓아내다 ¶彼はスープから小さな虫をつまみ出した 그는 수프에서 작은 벌레를 집어냈다. / 酔っ払いを店からつまみ出した 술 취한 사람을 가게에서 쫓아냈다. / その子は教室からつまみ出された 그 아이는 교실에서 쫓겨났다.

**つまむ【摘む】** 집다, 쥐다 [食べる] (집어) 먹다 ¶鼻をつまむ 코를 쥐다 / ピンセットでガーゼをつまむ 핀셋으로 탈지면을 집다 / 菓子をつまむ 과자를 집어 먹다 / どうぞつまんで下さい (→食べてください) 어서 드세요.

**つまようじ【爪楊枝】** 이쑤시개

**つまらない 【詰まらない】 ❶** [面白くない] 재미없다 ¶読んでみたがその本はつまらなかった 그 책을 읽어 보았는데 재미없었다. / つまらない映画は見たくない 재미없는 영화는 보고 싶지 않다. / 彼女は仕事がつまらなそうだ 그 여자는 일이 재미없는 모양이다. / ああ, つまらないな 아 재미없어. / 彼はつまらなさそうに傍観していた 그 남자는 지루한 듯 방관하고 있었다. / パーティーへ一人で行ってもつまらない 파티에 혼자 가 봤자 재미없다.

**❷** [価値がない] 쓸데없다 [取るに足らない] 하찮다, 변변치 않다 [くだらない] 시시하다 [ささいな] 사소하다 ¶そんなつまらないものにむだな金を使うな そういう 쓸데없는 것에 돈을 낭비하지마. / 彼女はつまらない男と結婚した 그녀는 별 볼일 없는 남자하고 결혼했다. / つまらないことを言う 시시한 소리를 하다 / 何でつまらない間違いをしてしまったろう 왜 그런 하찮은 실수를 했을까?

¶つまらないことで怒る 하찮은 일로 화를 내다 / つまらないことを気にするな 하찮은 일에 신경 쓰지 마. / これ, つまらないものですがどうぞお受け取りください 이거 약소하지만 받아 주십시오.

**つまり 【詰まり】 ❶** [すなわち] 즉 [言い換えれば] 다시 말하면 ¶あの人物, つまり秘書の鈴木氏が事件の鍵を握っている 그 인물 즉 비서인 스즈키 씨가 사건의 열쇠를 쥐고 있다. / 彼は2年後, つまり2005年に帰国した 그는 2년 후 즉 2005년에 귀국했다. / 彼女は私の父の弟の娘, つまりいとこだ 그 여자는 내 아버지 동생의 딸, 즉 사촌이다.

**❷** [結局] 결국 ¶つまり, あいつは自分の利益しか考えていないのだ 결국 그 녀석은 자기 이익밖에 생각하지 않는다. / とどのつまりは, みんなの助けを借りることになった 결국에는 모두의 도움을 빌리게 됐다.

**❸** [要するに] 요컨대 [ひと言で言えば] 한마디로 말하면 ¶つまり, 被疑者はこう言いたいんです 요컨데 피의자는 이렇게 말하고 싶은 것입니다. / 君はつまり, うぬぼれているんだ 너는 한마디로 거만하다.

**つまる【詰まる】** [いっぱいである] 가득[꽉] 차다 [つかえる] 막히다, 걸리다, 밀리다 [窮する] 궁하다 [胸が] 벅차다 ¶紙袋にはお菓子が詰まっていた 종이 봉투에는 과자가 가득 차 있었다. / 本棚に本がぎっしりと詰まっている 책장에 책이 빽빽이 꽂혀 있다. / ぎっしり字の詰まったページ 글씨가 빽빽하게 쓰여 있는 페이지 / 今週は予定が詰まっている 이번주는 스케줄이 꽉 차 있다. / 道路は車で詰まっていた 도로는 차들로 가득 차 있었다.

¶排水管が泥で詰まっている 배수관이 진흙으로 막혔다. / 風邪で鼻が詰まっている 감기로 코가 막혔다. / もちがのどにつかえて息が詰まった 떡이 목구멍에 걸려 숨이 막혔다. / 突然質問されて返事に詰まった 갑작스런 질문에 말문이 막혔다. / その人の親切な言葉を聞いて胸が詰まった 그 사람의 친절한 말에 가슴이 메었다.

**つみ【罪】** 죄

[기본표현]
▶彼女は罪を犯した 그 여자는 죄를 지었다.
▶彼は殺人の罪に問われている 그 남자는 살인 혐의를 받고 있다.

▶彼は自分の罪を認めた
　그 남자는 자기의 죄를 인정했다.
▶誘拐は罪が重い 유괴는 죄가 무겁다.

◆【罪が・罪は】
¶ビョンジュの罪が軽くてよかったですね 병주의 죄가 가벼워서 다행이네요. / 彼女には罪がないと信じている 그 여자에게는 죄가 없다고 믿고 있다. / 私に何の罪があるというんだ 나한테 무슨 죄가 있다고 그러는 거야.

◆【罪な・罪の】
¶年寄りをだますなんて彼も罪なことをするものだ 노인을 속이다니 그 사람도 죄받을 짓을 한다. / 強い罪の意識で彼は落ち着けなかった 강한 죄의식 때문에 그는 안절부절못했다. / 罪のないいたずらだから大目に見てやれよ 악의 없는 장난이니까 그냥 봐 주라.

◆【罪を・罪に】
¶罪を犯す 죄를 범하다 / 彼女は私に罪を着せようとした 그 여자는 나에게 죄를 뒤집어씌우려고 했다. / 彼はこれまでいくつも罪を重ねてきた 그 남자는 지금까지 몇 번이나 죄를 거듭해 왔다. / 彼女は夫の罪を許した 그 여자는 남편의 죄를 용서했다. / 罪に服する 복죄하다 / 罪に服する 복역하다

◆【その他】
¶他人の自転車を無断で乗り回すのは立派な罪だ 남의 자전거를 멋대로 타고 돌아다니는 건 명백한 죄다. / 授業中に居眠りしたからって罪にはならないよ 수업 중에 졸았다고 해서 죄는 아니지. 慣用句 罪を憎んで人を憎まず 죄는 미워하되, 사람은 미워하지 마라.

**つみあげる【積み上げる】** 쌓아 올리다 ¶彼の机の上には本が積み上げられている 그 사람의 책상 위에는 책이 쌓여 있다.

**つみかさねる【積み重ねる】** 포개다, 쌓아 올리다 [繰り返す] 거듭하다 ¶れんがを積み重ねる 벽돌을 쌓아 올리다 / 流しには汚れた皿が積み重ねられていた 싱크대에는 더러운 접시가 쌓여 있었다. / 我々は実験を積み重ねて結論に到達した 우리는 실험을 거듭해서 결론에 도달했다.

**つみき【積み木】** [おもちゃ] 나무블록 [遊び] 나무쌓기, 집짓기 ¶積み木で遊ぶ 집짓기 놀이를 하다

**つみこむ【積み込む】** 싣다 ¶彼は車にキャンプ用品を積み込んだ 그는 차에 캠프 용품을 실었다.

**つみたてる【積み立てる】** 적금하다 ¶海外旅行のために毎月2万円ずつ積み立てている 해외 여행을 위해 매달 2만 엔씩 모으고 있다. / 毎月の積み立て金が100万になった 매달 적금한 돈이 100만 엔이 되었다. 関連 積み立て貯金 적립 저금, 적금

**つみとる【摘み取る】** 따다, 뜯다 ¶庭の雑草を摘み取る 정원의 잡초를 뜯다 / 受験勉強が子供たちの創造性の芽を摘み取っている 수험 공부가 아이들의 창조성의 싹을 자르고 있다.

**つみに【積み荷】** 태짐 [荷物一般] 짐 [船荷] 뱃짐 [貨物] 화물 ¶船から積み荷を降ろす 배에서 짐을 내리다 / トラックの積み荷は何ですか 트럭의 화물은 무엇입니까?

**つむ【積む】** ❶[荷物を載せる] 싣다 ¶商品を車に積む 상품을 차에 실었다. / トラックに荷物を積む トラックに 짐을 싣다 / トラックは砂利を積んでいた 트럭은 자갈을 싣고 있었다. ❷[積み重ねる] 쌓다 ¶本を高く積む 책을 높이 쌓다 / 果樹園にはりんごが山のように積んであった 과수원에는 사과가 산더미같이 쌓여 있었다. / れんがを積んで暖炉を作った 벽돌을 쌓아서 난로를 만들었다. ❸[その他] ¶もっと経験を積む必要がある 경험을 더 쌓을 필요가 있다. / 練習を積んで上手になりたい 연습을 많이 해서 더 잘하고 싶다.

**つむ【摘む】** [植物を一つ一つ] 따다, 뜯다 ¶その少女は花を摘んでいた 그 소녀는 꽃을 따고 있었다. / 雑草を摘む 잡초를 뽑다 / 茶葉を摘む 찻잎을 따다
¶子供の想像力の芽を摘むべきではない 아이의 상상력의 싹을 잘라서는 안 된다.

**つむ【詰む】** [布目が] 촘촘하다 ¶このカーテンは目の詰んだ布でできている 이 커튼은 촘촘한 천으로 되어 있다.

**つむぐ【紡ぐ】** 잣다 ¶綿を糸に紡ぐ 목화로 실을 잣다

**つむじ【旋毛】** 가마 関連 つむじ曲がり 심보가 삐뚤어진 사람

**つむじかぜ【旋風】** 선풍, 회오리바람

**つめ【爪】** ❶[手の] 손톱 [足の] 발톱 ¶爪を切る 손톱을 깎다 / 爪を伸ばす 손톱을 기르다 / 爪を研ぐ 손톱을 갈다 / 彼は爪にやすりをかけている 그는 손톱을 줄로 갈고 있다. / 爪にマニキュアを塗った 손톱에 매니큐어를 발랐다. / 爪が伸びているね 손톱이 길었네. / 彼女はよく爪をかむ 그녀는 손톱을 자주 깨문다.
¶猫が爪で私の顔をひっかいた 고양이가 발톱으로 내 얼굴을 할퀴었다. / 小鳥が私の手に爪を立てた 작은 새가 내 손에 발톱을 세웠다.
¶親指のつめ 엄지 손톱, 鷹の爪 매의 발톱 / かに[えび]の爪 집게발 ❷[楽器演奏用の] 채
慣用句 強盗には良心など爪の垢ほどもなかった 강도에게는 양심 따위는 손톱만큼도 없었다. /「ミスはよく勉強するね」「爪の垢でもせんじて飲めば？」"미수는 공부 열심히 하네." "본받아 노력이라도 해 봐." / 能ある鷹は爪を隠す 사냥을 잘하는 매는 발톱을 감춘다. ⇒能 慣用句

**つめ【詰め】** [最終段階] 마무리 [将棋] 외통 ¶君は詰めが甘い 넌 마무리가 허술해. / 詰めの一手 마무리 한수 / 詰め将棋 외통 장기

**-づめ【-詰め】** ¶瓶詰めのオレンジジュース 병에 담긴 오렌지 주스 / おばはいちごジャムを作って保存用に瓶詰めした 이모는 딸기잼을 만들어서 보존용으로 병에 담아 두었다. / これはみかんを箱詰めにする機械です 이것이 귤을 상자에 담는 기계입니다. / 400字詰め原稿用紙 400자 원고지 / 警視庁詰めの記者 경시청 출입 기자

**つめあと【爪痕】** 손톱 자국 [災害の] 할퀸 자국 ¶顔に爪あとが残っている 얼굴에 손톱 자국이 남아 있다. / 台風の爪あと와 태풍이 할퀸 자국

**つめあわせ【詰め合わせ】** ¶クッキー[チョコレート]の詰め合わせ 쿠키[초콜릿] 모음 / 食品の詰め合わせ 식료품 세트

**つめかえる【詰め替える】** [荷物を] 갈아 채우

다, 갈아 넣다 [容器の中身を] 다시 채우다 ¶箱の中身を詰め替えた 상자의 내용물을 바꿔 넣었다. / ごみを減らすために、洗剤は詰め替えのできるものを使っている 쓰레기를 줄이기 위해서 세제는 리필제품을 사용하고 있다. 関連 詰め替え用 리필제품(＜refill製品)

**つめかける**【詰め掛ける】 몰려들다 [取り囲む] 둘러싸다 ¶5万人の観客がスタジアムに詰めかけた 5만 명의 관중이 스타디움에 몰려들었다. / 彼女のファンが劇場に詰めかけた 그 여자의 팬이 극장에 몰려들었다. / 記者たちが彼の自宅に詰めかけた 기자들이 그 사람의 자택에 몰려들었다.

**つめきり**【爪切り】손톱깎이

**つめこみ**【詰め込み】주입(注入) ¶詰め込み教育 주입식 교육 / 詰め込み主義 주입주의

**つめこむ**【詰め込む】처넣다, 집어넣다, 가득 채우다 ¶彼女はかばんに衣類を詰め込んだ 그녀는 가방에 의류를 집어넣었다. / 彼は1か月間で株取引に関する知識を頭に詰め込んだ 그는 한 달 안에 주식 거래에 관한 지식을 머리에 집어넣었다. / たくさんの人がその部屋に詰め込まれた 많은 사람들이 그 방을 가득 채웠다. / 乗客を詰め込んだ電車 승객이 가득 찬 전철

**つめたい**【冷たい】❶ [温度が低い] 차다, 차갑다 [飲み物が] 시원하다 ¶君の手冷たいね 자네 손이 차갑군. / 外は冷たい風が吹いていた 밖은 찬 바람이 불고 있었다. / 川に手をつけて水がどれくらい冷たいか調べた 강에 손을 대서 물이 어느 정도 차가운지 알아봤다. / 凍るような冷たい風が骨までしみた 얼어붙을 듯한 차가운 바람이 뼈까지 스며들었다. / 冷たくやして召し上がってください 차갑게 해서 드세요. ¶冷たいビールが飲みたい 시원한 맥주를 마시고 싶다. / 何か冷たい物でも飲もうよ 뭔가 시원한 거라도 마시자. ¶私が病院に着いたときには祖父はすでに冷たくなっていた 내가 병원에 도착했을 때 할아버지는 이미 돌아가셨다.

❷ [冷淡な] 냉담하다, 냉정하다, 차갑다 ◇冷たく 냉담히, 냉정히, 차갑게 ¶心の冷たい人 냉정한 사람 / 彼女は私に対して冷たい 그 여자는 나한테 냉정하다. / 彼はいつも私に対して冷たい素振りをする 그 남자는 항상 나한테 차갑게 대한다. / 彼らは私を冷たい目で見た 그 사람들은 나를 차가운 눈으로 보았다. ¶僕は彼女にわざと冷たくした 나는 그 여자에게 일부러 냉정하게 대했다. / 彼女は僕の誘いを冷たく断った 그 여자는 내 권유를 냉정하게 거절했다. / そんなに冷たくするなよ 그렇게 차갑게 하지 마.

**つめもの**【詰め物】[歯の] 충전재 [穴の] 봉 [荷造りの] 패킹 ¶虫歯に詰め物をする 충치를 때울 때. / (歯の)詰め物が取れた 때운 것이 빠졌다.

**つめよる**【詰め寄る】다가서다 [食ってかかる] 대들다 ¶彼は私に返答を迫って詰め寄った 그 남자는 대답을 하라며 나에게 다가왔다. / そのバッターは審判に詰め寄った 그 타자는 심판에게 대들었다.

**つめる**【詰める】❶ [押し込む] 채우다, 채워 넣다 [すき間を] 죄다 [ふさぐ] 막다 ¶スーツケースにありったけの服を詰めた 여행 가방에 옷을 모조리 넣었다. / 箱に引っ越し荷物を詰める 상자에 이삿짐을 채우다 / 壁の割れ目にしっくいを詰めた 벽의 틈에 회반죽을 채워 넣었다. / 穴を詰める 구멍을 막다 ¶鼻血が出たので脱脂綿を詰めた 코피가 나서 탈지면으로 막았다. ¶席を詰める 자리를 딱 붙이다 / 横に詰めていただけませんか 옆으로 당겨 앉아 주시겠습니까? / 奥に詰めてください 안으로 들어가 주세요.

❷ [丈を] 줄이다 [幅を] 좁히다 ¶スカートの丈を詰める 치마 길이를 줄이다 / ブラウスの袖を詰める 블라우스 소매를 좁히다 / ズボンのウエストを2センチ詰めてほしい 바지의 허리를 2센티 줄여 줘. ¶トップとの差を詰めるのは難しい 1위와의 차를 좁히기는 어렵다.

❸ [その他] ¶駅前の交番にはいつも2人の警官が詰めている 역 앞 파출소에는 항상 두 명의 경찰관이 근무하고 있다. / もっと話を詰めておいたほうがよい 이야기를 더 매듭지어 두는 게 좋다. / 息を詰める 숨을 죽이다

**つもり**【積もり】[意図] 의도, 셈, 작정 [考え] 생각 [予定] 예정 ¶あした彼と会うつもりだ 내일 그 사람과 만날 생각이다. / 韓国語を習うつもりです 한국어를 배울 생각입니다. / 私は大学を卒業したら韓国に留学するつもりだ 나는 대학을 졸업하면 한국에 유학할 작정이다. / 僕は大きくなったらパイロットになるつもりだ 나는 크면 파일럿이 될 생각이다. / いつ行くつもりだい いつに 갈 셈이냐? / 明日発つつもりだ 내일 떠날 생각이다. / 今夜は何をするつもりですか 오늘 밤은 뭘 할 생각입니까? / きのうピクニックに行くつもりだった 어제 소풍을 갈 생각이었다. / 冗談のつもりで言ったんだ 농담으로 한 소리였어. / それで謝ったつもりですか 그게 사과로 접니까? / 今夜は家にいるつもりだ 오늘밤에는 집에 있을 생각이다. / 昼食時間までには戻るつもりです 점심 시간까지는 돌아올 생각입니다. / 今日中にこの仕事を終えようというつもりだ 오늘 안으로 이 일을 끝내 버릴 생각이다. / 今度遅刻したら首だからな、そのつもりでいろ 다음에 또 지각하면 해고할 테니까, 그렇게 알고 있어.

¶彼は家に帰るつもりはなかった 그는 집에 돌아갈 마음은 없었다. / 彼と結婚するつもりなんてないわ 그 사람이랑 결혼할 생각 같은 거 없어.

会話 どうするつもりか
A：今夜はどうするつもりだい？
B：映画にでも行こうかな
A：오늘 밤 어떻게 할 거야?
B：영화라도 보러 갈까.
A：あんなに彼女を怒らしちゃって、どうするつもりだ
B：どうしようもないな
A：그렇게 여자 친구를 화나게 해서 어떻게 할려고 그래?
B：뭐 별수 없지.
A：きのう1万円貸しただろ、また貸せとはどういうつもりだ
B：やっぱり、だめだよね
A：어제 만 엔 빌려 줬잖아. 또 빌려 달라니

つよい

생각이 없냐?
B：역시 안 되겠지?
　A：梨花ってかわいいよな
　B：そう．どうせあたしはブスよ
　A：おいおい，そんなつもりで言ったんじゃないよ
A：리카 참 귀엽다.
B：그래. 어차피 난 못생겼으니까.
A：야야, 그런 뜻으로 한 말이 아니야.

❷【実際とは違う思い込み】－ㄴ[－은] 셈치다, －ㄴ[－은] 줄 알다　¶死んだつもりで 축음 셈치고 일하다／服を買ったつもりで貯金した 옷을 산 셈치고 저금을 했다．／彼は僕らの代表のつもりでいる 개는 지가 우리 대표인 줄 알아.
¶彼はまだ若いつもりでいる 그는 아직 젊은 줄 알고 있다.／その少年はスーパーマンのつもりだった 그 소년은 자기가 슈퍼맨이 된 듯한 착각을 하였다.

つもる【積もる】❶【積み重なる】쌓이다　¶朝起きたら雪が積もっていた 아침에 일어났더니 눈이 쌓여 있었다．／旅行で留守にしているうちにテーブルにほこりが積もった 여행으로 집을 비운 사이에 테이블에 먼지가 쌓였다.
❷【たくさんたまる】쌓이고 쌓이다　¶上司のやり方に部下たちの不満が積もった 상사의 일 처리 방식에 부하들의 불만이 쌓였다．／積もりに積もった恨みを晴らす 쌓이고 쌓였던 원한을 풀다／彼女の借金は積もり積もって100万円になった 그 여자의 빚은 쌓이고 쌓여 100만 엔이 되었다．／私たちは夜がふけるまで積もる話をした 우리는 밤새도록 밀린 이야기를 했다.

つや【艶】윤기(潤気), 광택(光沢), 광　¶彼女の髪はつやがある 그녀의 머리카락은 윤기가 있다．／その服はつやのある絹でできていた 그 옷은 광택이 나는 비단으로 되어 있었다.／毎朝靴を磨いてつやを出している 매일 아침 구두를 닦아서 광을 내고 있다．／革のバッグは長く使うとつやが出てくる 가죽 가방은 오래 쓰면 광택이 난다．／ユミの声にはつやがある 유미 목소리에는 생기가 있다．／私はつや消しの写真を注文した 나는 광택 없는 사진을 주문했다．관련 つや消しガラス 젖빛 유리 (▶発音は 젇빋뉴리)

つや【通夜】초상 전날 밤샘, 경야(経夜)　¶昨夜友人の通夜が営まれた 어젯밤 친구의 빈소가 차려졌다．／部屋全体の雰囲気はお通夜のようだった 방 안은 온통 초상집 분위기였다.

つやつや【艶々】반들반들, 반지르르　¶彼女はつやつやした肌をしていた 그녀는 피부가 반들반들했었다．／その少女の髪はつやつやしている 그 소녀의 머리카락은 반지르르하다.

つゆ【露】이슬[滴], 물방울　¶この季節は明け方に露が降りる 이 계절은 새벽에 이슬이 내린다.
¶敵の策略とは露知らず 적의 책략인 줄은 꿈에도 모르고

つゆ【梅雨】장마　¶関東地方は梅雨に入った[梅雨が明けた] 간토 지방은「장마에 들어갔다[장마가 끝났다].／梅雨の季節 장마철

つゆくさ【露草】 자주달개비

つよい【強い】 강하다, 세다, 드세다【厳しい】엄하다【酒などの度数が高い】독하다【体が丈夫だ】튼튼하다　◇強く【激し

く】세차게, 심하게【固く】단단히

> 使い分け　강하다, 세다, 독하다, 튼튼하다
>「強い」の意味では，강하다 が広く用いられ，세다 は用法に制限がある．「火や熱に強い」のような「…に強い」という意味では，강하다 を用いる．ただし，酒に強い[弱い]は 술에 강하다[약하다]だが，酒が強い[弱い]を意味する 술이 세다[약하다]は「酒の度数が高い[低い]」の意味ではなく，これも 酒に強い[弱い]という意味である．ちなみに，度数が高い酒は，たばこや香料などと同様，독하다 を用いる．
> 강하다　精神面を含めて抽象的なものを対象とすることが多い．例：ストレス, 不満, 要求, 反応, 愛着, 好奇心
> 세다　心・技量・酒量, 風・火・水の勢い, 力が強い
> 독하다　匂い・味, 酒の度数が強い
> 튼튼하다　体が強い, 丈夫だ
> ▶総合的に強いときは 강하다, 強い部分を示して表現するときは 세다 を用いる．¶強いチーム 강한 팀／力の強い者 힘이 센 사람
> ▶세다 は慣用句として用いられ，マイナス評価の表現になるものがある．¶我が強い 고집이 세다／鼻っ柱が強い 콧대가 세다

> 基本表現
> ▶君は力が強いね 넌 힘이 세구나.
> ▶虎とライオンではどちらが強い?
>   호랑이하고 사자하고 어느 쪽이 더 세?
> ▶世界でいちばん強い男ってだれだと思う 세계에서 가장 강한 남자는 누구라고 생각해?
> ▶彼はあごに強い一撃を食らった
>   그 남자는 턱에 강한 펀치를 맞았다.
> ▶彼女は精神力が強い
>   그 여자는 정신력이 강하다.
> ▶野党は増税計画に強く反対した
>   야당은 증세 계획에 강하게 반대했다.

¶私は胃が強い 나는 위가 튼튼하다.／セリーグでいちばん強いチームはどこ? 센트럴 리그에서 가장 센 팀은 어디야?／ヨットは強い追い風を受けて疾走した 요트는 강한 순풍을 타고 질주했다.／相変わらず円が強い, 依然として 엔이 강세다.／彼は強い酒を飲んでも少しも変わらない 그 남자는 독한 술을 마셔도 전혀 끄떡없다.／彼女は度の強い眼鏡をかけていた 그녀는 도수가 높은 안경을 쓰고 있었다.／日差しが強いから帽子をかぶりなさい 햇살이 세니까 모자 써．／このぶどうは酸味が強い, 이 포도는 신맛이 강하다.／先生はいつになく強い口調で生徒をしかった 선생님은 평소와 다른 엄한 어조로 학생을 혼냈다.
¶私は自分は強い 나는 내가 강한 인간이 되고 싶다.／彼女は一見おとなしそうだが, どうしてなかなか気が強い 그 여자는 언뜻 보기에는 얌전한 것 같지만, 알고 보면 꽤나 성격이 드세다.
¶このビルは火災に強い 이 빌딩은 웬만한 화재에는 끄떡없다.／ペンギンは寒さに強い 펭귄은 추위에 강하다.／彼は逆境に強い 그는 역경에 강하다.

¶彼女は数学に強い 그녀는 수학에 강하다. / 祖父は碁が強い 할아버지는 바둑을 잘 두신다. / 彼は機械に強い 그는 기계를 잘 다룬다. / 酒に強い 술이 세다.

¶彼女のスピーチは私たちの胸を強く打った 그녀의 스피치는 우리 마음을 강하게 와닿았다. / 彼は靴のひもを強くしばった 그는 구두 끈을 단단히 묶었다. / ロープを強く握れ 로프를 단단히 쥐어. / 少し強く言いすぎたかな 말이 조금 심했나? / カルシウムは骨を強くする 칼슘은 뼈를 강하게 한다. / 彼女は体を強くするために毎日ジョギングをする 그녀는 몸을 튼튼히 하기 위해서 매일 조깅을 한다.

雨が強くなった 빗발이 굵어졌다. / 彼は前よりも強くなった 그는 전보다 훨씬 세졌다.

**つよがり【強がり】**허풍, 허세 ◆あいつは強がりを言っているだけさ 그 녀석은 허풍을 떨고 있을 뿐이다.

**つよき【強気】**◇強気だ 강경하다 ◇強気に 강경히, 강경하게 ¶彼女はどうして取引先に対してあんなに強気なのだろう 그 여자는 어째서 거래처에 저렇게 강경한 걸까? / 会社側は強気に出た 회사 측은 노조에 대해 강경하게 나왔다.

**つよさ【強さ】**[力] 힘 [光・色・音などの] 강도, 세기 ¶彼はチャンピオンの強さをまざまざと見せつけた 그는 챔피언의 힘을 여실히 보여 주었다. / この工法の地震に対する強さは従来の2倍です 이 공법의 지진에 대한 강도가 종래의 두 배입니다. / 風の強さを測る 바람의 세기를 재다

**つよび【強火】**센 불 ¶5分間強火で煮てください 5분간 센 불로 졸여 주세요. / ストーブを強火にする 난로 불을 세게 하다

**つよまる【強まる】**강해지다, 거세지다, 강화되다 [ひどくなる] 심해지다 ¶あすの明け方から風雨が強まるでしょう 내일 새벽부터 비바람이 거세지겠습니다. / 痛みが強まるようでしたらこの薬を飲んでください 통증이 심해지는 것 같으면 이 약을 드세요. / 彼に対する憤りはだんだん強まってきた 그에 대한 분노는 점점 거세졌다. / 学力の向上を求める声はいっそう強まっている 학력 향상을 원하는 목소리는 한층 높아졌다. / 野党は政府の権力が強まっていくのに危機感を抱いていた 야당은 정부의 권력이 강화되는 것에 위기감을 느끼고 있었다.

**つよみ【強み】**[長所] 강점(強点), 장점(長点) ¶彼の強みは失うものが何もないことだ 그 사람의 강점은 잃을 것이 하나도 없다는 점이다. / この村の強みは大消費地の東京に近いことだ 이 마을의 강점은 대소비지인 도쿄에 가깝다는 것이다. / 語学ができるのが彼の強みだ 어학을 잘하는 것이 그의 강점이다.

**つよめる【強める】**[力を] 강하게 하다, 세게 하다 [程度を] 강화하다 [強調する] 강조하다 ¶ガスの火を少し強めたほうがいいわよ 가스 불을 조금 세게 하는 것이 좋겠다. / 彼は語気を強めてその言葉を繰り返した 그는 강한 어조로 그 말을 반복했다. / アメリカは通商問題で日本に対する圧力を強めた 미국은 통상 문제로 일본에 대한 압력을 강화했다. / それ以降彼は社内の発言力を強めた 그 이후 그는 사내에서 발언력을 강화했다. / 警察はテロに対する警戒を強めている 경찰은 테러에 대한 경계를 강화하고 있다.

**つらい【辛い】**괴롭다 [困難だ] 곤란하다 [きつい] 힘들다, 고되다 [苦痛を伴う] 고통스럽다 [思い出・経験が悲痛だ] 쓰라리다 [ひどい] 모질다 ◇つらさ 괴로움 [苦しさ] 고통 ¶朝早く起きるのはつらい 아침 일찍 일어나는 것은 괴롭다. / 腰が痛んでつらい 허리가 아파서 고통스럽다. / 彼に別れを告げるのがとてもつらかった 그 사람에게 이별을 고하는 것은 너무나 괴로웠다. / つらい仕事に耐えられない 일이 힘들어서 견딜 수가 없다. / 子供のころにつらいめに遭った 어린 시절에 쓰라린 경험을 했다. / 彼は何度もつらい経験をしている 그는 몇 번이나 쓰라린 경험을 했다. / つらい思いをさせてごめんなさい 힘들게 해서 미안해요. / 私のつらい立場もわかってくれ 내 힘든 입장도 이해해 줘. / 彼女は上司からつらい仕打ちを受けた 상사가 그녀를 모질게 대했다. / 父は私につらく当たった 아버지는 나를 엄하게 대했다.

¶彼女は彼との別れのつらさに涙を流した 그 여자는 남자 친구와 헤어져 괴로움에 눈물을 흘렸다. / 練習のつらさは言葉にできないほどだった 연습의 고됨은 말로 표현할 수 없을 정도였다.

**-づらい【-辛い】**-기 힘들다[어렵다, 거북하다] ¶この本は字が小さくて読みづらい 이 책은 글씨가 작아서 읽기 어렵다. / 妻には本当のことを言いづらかった 아내에게는 사실을 말하기 힘들었다. / 言いづらいが, 彼はもう長くないだろう 말하기 거북하지만 그 사람은 머지않아 죽을 것 같다.

**つらなる【連なる】**[連続する] 연속하다, 이어지다 [出席する] 참석하다 ¶南北に連なる山脈 남북으로 이어지는 산맥 / 遠く連なる山々 멀리 연속된 산들 / 会議の末席に連なる 회의의 말석에 참석하다

**つらぬく【貫く】**관통하다 [川・道などが] 가로지르다 [弾丸・刃物が] 꿰뚫다 [意志を] 관철하다 ¶川は町を貫いて流れている 강은 마을을 가로질러서 흐르고 있다. / 弾丸は彼の胸を貫いた 총알이 그의 가슴을 관통했다. / 彼はどんな犠牲を払っても初心を貫く覚悟だ 그 사람은 어떤 희생을 치르더라도 초심을 관철할 각오다. / 意志を貫く 의지를 관철하다 / 主張を貫く 주장을 관철시키다

**つらねる【連ねる】**[並ぶ] 늘어서다 [従える] 거느리다 [加わる] 들다 ¶その通りには土産物屋が軒を連ねている 그 거리에는 토산품집이 즐비해 있다. / 彼らは車を連ねて湖に向かった 그들은 차를 거느리고 호수로 향했다. / 招待客には有名人が名を連ねていた 초대 손님 명단에는 유명인의 이름이 많았다.

**つらのかわ【面の皮】**낯가죽, 낯짝 ¶彼は面の皮が厚い 그는 얼굴이 두껍다. / いい面の皮だ 고소하다

**つらら【氷柱】**고드름 ¶軒につららが下がる 처마에 고드름이 달리다

**つられる【釣られる】**걸려들다 [誘惑される] 유

혹되다, 꾀이다 ¶텔레비전의 코머샬에 낚여서 彼는 車를 살 마음이 생겼다 그는 텔레비전 광고에 유혹되어 차를 살 마음이 생겼다. / 安い 値段につられていないものを買ってしまった 싼 가격에 유혹되어 필요없는 것을 사고 말았다. / 彼に釣られて笑ってしまった 그 남자가 웃는 걸 보고 나도 모르게 웃고 말았다. / 彼の甘い言葉につられてはいけない 그 남자의 달콤한 말에 유혹되어서는 안 된다.

**つり**【釣り】 ❶〔魚釣り〕낚시, 낚시질 ¶僕たちは川へ釣りに行った 우리는 강에 낚시하러 갔다. / 子供たちが釣りをしている 아이들이 낚시를 하고 있다. / 父は時々釣りに連れて行ってくれる アボジは 가끔 낚시에 데리고 가 주신다. / きょうは釣り日和だ 오늘은 낚시하기에 좋은 날씨다.

¶私は磯釣りが好きだ 나는 갯바위 낚시를 좋아한다. / きのう釣りに行った 어제 은어 낚시를 갔다. / 海釣り 바다낚시 / 川釣り 민물낚시 / 夜釣り 밤낚시

❷〔釣り銭〕거스름돈 / お釣りを渡す[もらう] 거스름돈을 내주다[받다] / 5千円札を出して700円の釣りをもらった 5천 엔 짜리를 내고 7백 엔 거스름돈을 받았다. / 「はい、お釣りです」「お釣りは取っておいてください」 "거스름돈 여기 있습니다." "잔돈은 됐어요." 関連 釣り糸 낚싯줄 / 釣りざお 낚싯대, 낚싯줄 / 釣り師 낚시꾼 / 釣り道具 낚시 도구 / 釣り場 낚시터 / 釣り針 낚싯바늘 / 釣り船 낚싯배 / 釣り堀 유료 낚시터

**つりあい**【釣り合い】〔均衡〕〔調和〕조화 ¶彼女は両手で釣り合いを保って平均台の上を歩いた 그녀는 양손으로 균형을 유지하며 평균대 위를 걸었다. / 体の釣り合いを失ってはしごから落ちた 몸의 균형을 잃어서 사다리에서 떨어졌다. / 食事の時は肉と野菜の釣り合いをとることが大事だ 식사를 할 때는 고기와 야채의 조화를 이루는 것이 중요하다. / 両チームの力は釣り合いがとれている(→伯仲している) 양팀의 힘은 백중지세다. / カーテンが部屋と釣り合いがとれていないカーテンが方과 조화를 이루고 있지 않다

¶彼女の現在の仕事は能力と不釣り合いだ 그 여자의 현재 일은 능력에 맞지 않는다. / じゅうたんの色が壁と不釣り合いだ 융단 색이 벽과 조화되지 않는다.

**つりあう**【釣り合う】〔調和する〕어울리다, 알맞다, 조화되다 ¶ごてごてしたアクセサリーは彼女のシックな服装と釣り合っていないようだった 치렁치렁한 액세서리는 그 여자의 세련된 복장과 어울리지 않는 것 같았다. / その絵は部屋のインテリアとは釣り合わない 그 그림은 방의 인테리어와 어울리지 않는다. / あの二人はあまり釣り合っていないね 저 두 사람은 별로 어울리지 않네.

**つりあげる**【吊り上げる】들어올리다〔価格・相場を〕올리다 ¶埠頭ではクレーンでコンテナを吊り上げている 부두에서는 기중기로 컨테이너를 들어올리고 있다. / だれかが相場を吊り上げているに違いない 누군가가 시세를 올리고 있음이 틀림없다. / それを見て母は目を吊り上げた(→怒った) 그 것을 보고 어머니는 화를 냈다.

**つりかわ**【吊り革・釣り草】손잡이 ¶つり革につかまる 손잡이를 잡다 / つり革にぶら下がる 손잡이에 매달리다

**つりせん**【釣り銭】거스름돈 ⇒釣り

**つりばし**【吊り橋・釣り橋】조교, 현수교(懸垂橋)

**つる**【鶴】학, 두루미 慣用句 社長の鶴の一声で決まった 사장님의 한마디로 결정되었다.

**つる**【蔓】덩굴 ¶つるがはう 덩굴이 뻗다 / 朝顔のつる 나팔꽃 덩굴 / 眼鏡のつる 안경 다리 関連 つる草 덩굴(성) 식물

**つる**【吊る】달다, 매달다〔首を〕매다〔カーテンなどを〕치다 ¶棚を吊って物を整理する 선반을 매달아서 물건을 정리하다 / 部屋に新しいカーテンを吊った 방에 새로운 커튼을 달았다 / 蚊帳(帳)を吊る 모기장을 치다 / 彼は自宅で首を吊って自殺した 그는 자택에서 목을 매서 자살했다.

¶少女は骨折した右腕を吊っていた 소녀는 뼈가 부러져서 오른팔을 걸고 있었다.

**つる**【釣る】❶〔魚をとる〕낚다〔捕らえる〕잡다 ¶彼は魚を3匹釣った 그는 물고기를 세 마리 잡았다. / 彼らは海でまぐろを釣った 그들은 바다에서 다랑어를 잡았다. / ここはよく釣れる 여기는 잘 낚인다. / 「どう、釣れてるかい」「きょうは全然だめだ」 "어때? 잡혀?" "오늘은 완전히 꽝이야." ❷〔人の気をそそる〕낚다〔誘惑する〕유혹하다, 꾀다 ¶客を釣る 손님을 낚다

**つる**【攣る】쥐가 나다 ¶泳いでいる最中に足がつった 수영하고 있을 때 발에 쥐가 났다.

**つるす**【吊るす】달아매다, 매달다, 달다 ¶たんすに服を吊るす 옷장에 옷을 걸어 두다 / ランプを吊るす ランプを 달아매다 / 子犬の首に鈴を吊るす 강아지 목에 방울을 달다

**つるつる** 반들반들, 매끈매끈 ; 미끌미끌, 주르르 ; 후루룩 ¶彼女は肌がつるつるだ 그 여자는 피부가 매끈매끈하다. / おじは頭がつるつるだ 삼촌은 머리가 반들반들하다. / 床がワックスでつるつる滑る 바닥이 왁스로 반들반들 미끄럽다. / そばをつるつる食べる 국수를 후루룩거리며 먹다

**つるはし**【鶴嘴】곡괭이

**つれ**【連れ】동행(同行), 동반자(同伴者) ¶列車の中で2人の若者と連れになった 열차 안에서 두 명의 젊은이와 동행이 되었다. / 彼の連れの女性はどうも奥さんではないようだ 그 남자와 동행하는 여성은 아무래도 부인은 아닌 것 같다. / お連れ様は何人ですか 일행은 몇 분이십니까?

**-づれ**【- 連れ】¶その二人連れは次の駅で降りた 그 두 명은 다음 역에서 내렸다. / 子供連れでデパートになんか行くものじゃない 아이 데리고 백화점 같은 데 가는 게 아니다.

**つれかえる**【連れ帰る】데리고 돌아가다[돌아오다] ¶子供を公園から連れ帰るのに一苦労した 아이를 공원에서 데리고 돌아오는 데 무척 고생했다.

**つれさる**【連れ去る】〔誘拐する〕유괴하다 ¶若い男がその女の子を車に乗せて連れ去った 젊은 남자가 그 여자 아이를 차로 유괴했다.

**つれだす**【連れ出す】데리고 나가다 ¶彼女は夫を買い物に連れ出した 그녀는 남편을 쇼핑에 데

리고 나갔다.

**-つれて【-連れて】** ◇…するにつれて -ㄹ [-음]에 따라 ¶時がたつにつれてキョンホのミヨンヘの愛情もさめていった 시간이 지남에 따라 경호의 미연에 대한 애정도 식어 갔다. / 父は年を取るにつれて怒りっぽくなった 아버지는 연세를 드시면서 화를 잘 내신다.

**つれない** 무정하다, 냉담하다 ◇つれなく 무정하게, 냉담히, 냉담하게 ¶僕の手紙に彼女はつれない返事をよこした 내 편지에 그녀는 냉담한 답장을 주었다. / 彼は私の頼みをつれなく断った 그 사람은 내 부탁을 무정하게 거절했다. / どうして私にそんなにつれなくするの? 어째서 나한테 그렇게 차갑게 대하는 거야?

**つれもどす【連れ戻す】** 데리고 돌아오다 ¶彼は家出した娘を連れ戻した 그는 가출한 딸을 데리고 돌아왔다.

**つれる【連れる】** 데리다〔連れて行く〕데려가다〔連れて来る〕데려오다 ¶犬を連れて散歩に出かけた 개를 데리고 산책 나갔다. / 弟を連れて映画を見に行った 동생을 데리고 영화 보러 갔다. / 生徒たちは先生に連れられて博物館に行った 학생들은 선생님을 따라서 박물관에 갔다. / 父親は息子を動物園に連れて行った 아버지는 아들을 동물원에 데리고 갔다. / 母親は急いで娘を病院に連れて行った 어머니는 딸을 급히 병원으로 데려갔다. / 家にガールフレンドを連れて来る 집에 여자 친구를 데려오다 / 熱を出した子供を

幼稚園から早めに連れて帰って来た 열이 난 아이를 유치원에서 일찍감치 데리고 왔다.

**会話 連れて行って**
A : いっしょに連れて行って
B : だめだよ.危ないから
A : 私も連れて行くよ.
B : 안 돼. 위험해.
A : 休みなんだから、どこかへ連れて行ってよ
B : ごめん、疲れてるんだ
A : 오늘은 낮이니까 어디라도 좀 데리고 가 줘.
B : 미안. 좀 피곤해서.
A : 今夜のパーティーに彼女を連れて来ていいかな
B : もちろんさ
A : 오늘밤 파티에 여자 친구 데리고 가도 돼?
B : 당연하지.
A : だれを連れて行くの?
B : だれも. 僕一人で行くんだ
A : 누구 데리고 갈 거야?
B : 아무도 안 데리고 가. 나 혼자 갈 거야.

**つわり【悪阻】** 입덧 ¶つわりが起こる 입덧이 나다 / つわりがひどい 입덧이 심하다.

**つんと【臭いが】** 쿡, 콱 ◇つんと澄ます 새침하다 ¶薬のにおいがつんと鼻をついた 약 냄새가 쿡하고 코를 찔렀다. / つんとするにおい 쿡 찌르는 냄새 ¶彼女はいつもつんと澄ましている 그녀는 항상 새침한 척하다.

**ツンドラ** 툰드라 ¶ツンドラ地帯 툰드라 지대

# て

**て【手】❶** 〔人間の手〕손

**基本表現**
▷そんな高いところには手が届かない
그렇게 높은 곳에는 손이 안 닿아.
▷質問のある人は手を上げてください
질문 있는 사람은 손을 들어 주세요.
▷石けんで手を洗いなさい
비누로 손을 씻으세요.
▷子供たちは手をつないで歩いていた
어린이들은 손을 잡고 걷고 있었다.

◆**手が**】
¶水仕事をして手がかさかさになった 진일을 해서 손이 거칠어졌다. / 手が滑って本を落とした 손이 미끄러져 책을 떨어뜨렸다.

◆**手で**】
¶洗濯物を手で洗う 빨래를 손으로 빨다 / 風が強かったのでスカートを手で押さえた 바람이 세게 불어서 치마를 손으로 눌렀다.

◆**手に**】
¶突然犬が彼の手にかみついた 갑자기 개가 그의 손에 덤벼들어 물었다. / 彼女は布地を手に取って手触りを確かめた 그녀는 천을 손에 들고 감촉을 확인했다.

◆**手を**】

¶手を伸ばしてテーブルの上の新聞を取った 손을 뻗어 테이블 위에 있는 신문을 집었다. / お土産があるよと言ったら子供たちは手をたたいて喜んだ 선물이 있다고 하자 아이들은 손뼉을 치며 좋아했다. / 彼女は手を差し出して彼と握手した 그녀는 손을 내밀어 그와 악수했다. / 父の墓前で手を合わせた 아버지의 무덤 앞에서 합장했다. / 女の人が子供の手を引いて向こうからやって来るのが見えた 여자가 아이의 손을 잡아 끌면서 저쪽에서 오는 것이 보였다. / 彼はズボンのポケットに手を突っ込んで立っていた 그는 바지 주머니에 손을 질러 넣고 서 있었다. / 手を触れないでください(▶掲示) 만지지 마세요. / ナイフで手を切ってしまった 칼에 손을 베고 말았다. / 彼はさよならと手を振った 그는 안녕이라고 하면서 손을 흔들었다.

❷〔人手〕손, 일손〔助け〕도움, 손길 ¶手が足りないのでパートを雇わなくてはならない 일손이 모자라서 파트타이머를 고용해야 된다. / 手が空いているならこっちを手伝ってちょうだい 바쁘지 않으면 여기 좀 도와줄래? / ごめん、今手が離せないんだ 미안한데, 지금 일손을 놓을 수가 없어.

¶祖母がベッドから起き上がるのに手を貸した 할머니가 침대에서 일어나시는 데 도와드렸다. / 手術のあと彼は人の手を借りれば歩けるまでに回復した 수술 후 그는 도움을 받으면 걸을 수 있을

만큼 회복되었다. / 絶滅の危機に瀕している野鳥に保護の手が差し伸べられた 멸종 위기에 처한 들새 보호에 손을 뻗었다.
❸ [取っ手] 손잡이 ¶急須の手が取れてしまった 찻주전자 손잡이가 떨어졌다.
❹ [手間, 手数] 손, 품 [苦勞] 수고 ¶彼のおかげでだいぶ手が省けた 그 사람 덕분에 꽤 수고를 덜 수 있었다. / ブラウスには手の込んだ刺繡がしてあった 블라우스에는 손이 많이 간 자수가 놓여 있었다. / あの生徒には手を焼いている 저 학생한테는 애를 먹고 있다. / とても忙しくて細かいことまで手が回らなかった 너무 바빠서 작은 일까지 손이 미치지 못했다. / 私はいつも泣いてばかりいて手のかかる赤ん坊だったらしい 나는 늘 울기만 해서 손이 많이 가는 아기였던 것 같단다. / 仕事の手を抜く 일을 건날려서 하다
❺ [方法] 방법 [術策] 수, 꾀, 손 [手段] 수단 ¶二度とその手には乗らないよ 두 번 다시 그 수에는 안 넘어갈 거야. / 彼の病気はもう手の施しようがない 그의 병은 이제 손을 쓸 길이 없다. / その件については前もって手を打ったほうがよい 그 전에 대해서는 미리 손을 쓰는 것이 좋다. / セールスマンは手を替え品を替え私に車を買わせようとした 외판원은 온갖 방법으로 나한테 자동차를 팔려고 했다. / 手を尽くす 온갖 수단을 다하다.
¶それも手だなあ 방법이구나. / いい手があるよ 좋은 수가 있어.
❻ [將棋·相撲などの] 수 ¶彼はうまい手を使って將棋に勝った 그는 좋은 수로 장기를 이겼다.
❼ [所有·支配などの] 손 [入手] 입수 ¶友人を通して外車を格安で手に入れた 친구를 통해서 외제차를 싼 가격에 손에 넣었다. / コンサートの切符はまだ手に入りますか 콘서트 표는 아직 손에 넣을 수 있습니까
¶その絵は美術商の手に落ちた 그 그림은 미술상의 소유가 되었다. / 昔住んでいた家は今では人の手に渡ってしまった 옛날 살고 있던 집은 지금은 다른 사람 손에 넘어갔다. / こんな大金を手にしたのは初めてだ 이런 큰돈을 손에 쥔 것은 처음이다.
❽ [種類] 종류 ¶最近この手の話が多いね 요즘 이런 종류의 소문이 많네. / あの手の男は本当に嫌だわ 저런 타입의 남자는 정말로 싫어.
❾ [制御] ¶山火事はもはや手がつけられない狀態だ 산불은 이미 손을 쓸 수 없는 상태이다. / この腕白坊主には手がつけられない 이 개구쟁이한테는 손 쓸 수 없다. / この仕事は大變で私の手に負えない 이 일은 힘들어서 나는 감당할 수 없다. / 手に余る 힘에 겹다
❿ [その他]
◆手が
¶氣に入った服を見つけたが高くて手が出なかった 마음에 든 옷을 발견했는데 비싸서 살 엄두가 나지 않았다. / マイホームなんて僕の給料ではまったく手が屆かない 내 월급으로는 도저히 살 수 없다. / 私はもうすぐ30に手が屆く 나는 이제 곧 서른이 된다. / 彼の手が早いのにも困ったものだ(→すぐ暴力を振るう) 그는 걸핏하면 손찌검을 해서 곤란하다. / この仕事から手が離れた ら旅行に行くつもりだ 이 일에서 손을 놓게 되면 여행할 작정이다.
◆手に
¶手に汗を握るような熱戰が展開された 손에 땀을 쥐게 하는 열전이 펼쳐졌다. / その男は保險金目當てに妻を手に掛けた(→殺した) 그 남자는 보험금을 노리고 자기 손으로 아내를 죽였다. / 彼女のことが心配で仕事が手に付かない 그녀가 걱정이 되어 일이 손에 잡히지 않는다. / 私には彼の氣持ちが手に取るようにわかる 나는 그의 기분이 손에 잡히듯 훤히 알겠다.
◆手の
¶あなたが手の屆かない所へ行ってしまったようで寂しかった 당신이 손에 안 닿는 곳에 가 버린 것 같아 외로웠다. / 僕が失業したとたん彼女は手のひらを返したように冷たくなった 내가 실직하자마자 그녀는 손바닥 뒤집듯 차가워졌다.
◆手を
¶彼女は原稿にもう一度手を入れた 그녀는 원고를 한번 더 손질했다. / よし, それで手を打とう 좋았어, 이것으로 타결 짓자. / あんなやつらとは早く手を切ってしまえよ 저런 녀석들과는 빨리 관계를 끊어 버려. / 彼はいろいろな事業に手を出している 그는 여러 가지 사업에 손을 대고 있다. / 先に手を出したのはどっちだい 먼저 손을 댄 사람은 누구야. / 私の彼に手を出すなんてちょうだい 내 남자 친구한테 손 대지 말아 줘. / やるべき事が多すぎてどこから手を付けていいのかわからない 할 일이 너무 많아서 어디서부터 손을 대야 할지 모르겠다. / 病人は食事にまったく手を付けなかった 환자는 음식에 전혀 손 대지 않았다. / 彼はその事業から手を引いた 그는 그 사업에서 손을 뗐다. / あの寺は駐車場だけでなく幼稚園の經營にまで手を廣げている 저 절은 주차장뿐만 아니라 유치원 경영까지도 손을 뻗치고 있다. / 最後に少し手を加えてから作文を提出した 마지막으로 조금 손을 봐서 작문을 제출했다. / 3人の子供たちはみな手を離れた(→獨立した) 세 아이들은 모두 독립했다. / 私は自分の子供に一度も手を上げたことがない 나는 내 자식을 한 번도 때린 적이 없다. / 彼があの會社に就職できたのは彼の父親が手を回したに違いない 그가 그 회사에 취직 할 수 있었던 것은 그의 아버지가 온갖 수를 쓴 것이 틀림없다. / 最後まで仕事の手を抜くな 마지막까지 일을 건날리지 마. / 敵と手を組む 적과 손을 잡다 / 犯罪に手を染める 범죄에 손을 대다
慣用句 彼はパソコンの使い方を手取り足取り敎えてくれた 그는 컴퓨터 사용 방법을 친절하게 돌보아 가르쳐 주었다. / 彼はチャンピオンに手も足も出なかった 그는 챔피언에게 꼼짝달싹 못했다. / 彼女は口八丁手八丁だ 그녀는 구변도 좋고 수완도 좋다.

で【出】❶ [出身] 출신 ¶彼女は名家の出だ 그녀는 명문 집안 출신이다. / 大學出の人 대학교 출신 / 東北出の人 도호쿠 출신
❷ [出現] ¶日の出 일출, 해돋이
❸ [出具合] ¶水の出がよくない 물이 잘 안 나온다. / このボールペンはインクの出が悪い 이 볼펜은 잉크가 잘 안 나온다.

❹〔出番〕출연 순서[시간] ¶彼女は楽屋で出を待っていた 그녀는 분장실에서 출연 순서를 기다리고 있었다.

-で ❶〔場所, 分野〕에서 ¶大学で何を専攻していますか 대학교에서 뭘 전공하세요? / 彼と新宿駅で待ち合わせした 그와 신주쿠역에서 만나기로 했다. / 彼はデパートで背広を2着買った 그는 백화점에서 양복 두 벌을 샀다. / 彼女は喫茶店でアルバイトをしている 그녀는 커피숍에서 아르바이트를 하고 있다. / 北京で飛行機を乗り継いで平壌へ行った 북경[베이징]에서 비행기를 갈아타고 평양으로 갔다.

¶先日渋谷の通りで偶然彼女に会った 며칠 전 시부야 거리에서 우연히 그녀를 만났다. / 昔は凍った湖でスケートをしたものだ 옛날에는 언 호수에서 스케이트를 타곤 했다. / 東名高速で4台の車の玉突き事故が起きた 도메이 고속도로에서 네 대의 자동차 연쇄 추돌 사고가 일어났다. / 婦人服は4階で販売しております 부인복은 4층에서 판매하고 있습니다.

¶子供たちが広場でサッカーをしている 아이들이 광장에서 축구를 하고 있다. / 僕は東京の神田で生まれ育った 나는 도쿄 간다에서 태어나 자랐다. / 今度の日曜日は横浜の中華街で食事をしよう 이번 일요일에는 요코하마 차이나타운에서 밥 먹자. / 彼女は教会で結婚式を行った 그녀는 교회에서 결혼식을 올렸다.

¶銀座線に乗って4つめの渋谷駅で山手線に乗り換えてください 긴자선을 타고 네 번째인 시부야역에서 야마노테선으로 갈아타세요. / 母は2階で休んでいます 어머니는 2층에서 쉬고 계십니다.

❷〔時間〕에, 로, 으로 ¶きょうは2時で学校が終わる 오늘은 두 시에 학교가 끝난다. / あと30分で京都駅に着く 앞으로 30분이면 교토역에 도착한다. / 来月で[3月1日で]僕は20歳になる 다음 달에[3월 1일로] 나는 스무 살이 된다. / この作業もあす午前中で終わるだろう 이 작업도 내일 오전중에 끝날 거야. / たった3日間の滞在で彼は日本を後にした 단 3일간의 체재로 그는 일본을 떠났다. / 走って10分で脇腹が痛くなった 달리기 시작해서 10분 지나자 옆구리가 아파왔다. / 母が亡くなってあすでまる3年になる 어머니가 돌아가신 지 내일로 꼭 3년이 된다.

❸〔年齢〕에 ¶彼女は27歳で結婚した 그녀는 스물일곱 살에 결혼했다. / 彼は40歳の若さで大学教授になった 그는 마흔 살의 젊은 나이에 대학교 교수가 되었다.

❹〔手段, 方法, 道具〕로, 으로 ¶私は電車で通勤している 나는 전철로 통근하고 있다. / 車で駅まで送ってあげるよ 차로 역까지 바래다 줄게. / 彼女は電話でコンサートのチケットを予約した 그녀는 전화로 콘서트 티켓을 예약했다. / 強盗は銃で行員を脅した 강도는 총으로 은행원을 협박했다. / 彼女は服の代金を現金[クレジットカード]で支払った 그녀는 옷값을 현금으로[신용 카드로] 지불했다. / レポートはワープロで作成して提出してください 리포트는 워드로 작성해서 제출해 주세요. / この書類はボールペンで記入してください 이 서류는 볼펜으로 기입해 주세요. / 彼女は人に聞かれないように小声で話した 그녀는 남에게 들리게 작은 목소리로 말했다. /「だいこん」を韓国語で何と言いますか '다이콘'을 한국어로 뭐라고 합니까? / 天体望遠鏡で月を見た 천체 망원경으로 달을 봤다.

❺〔原因, 理由, 根拠〕로, 으로, 에 ¶彼はがんで亡くなった 그는 암으로 죽었다. / 彼女は過労で倒れた 그녀는 과로로 쓰러졌다. / うちの子はぜんそくで苦しんでいる 우리 아이는 천식으로 고생하고 있다. / 札幌は雪祭りで有名です 삿포로는 눈축제로 유명합니다. / その政治家は賄賂を受け取った容疑で起訴された 그 정치가는 뇌물을 받은 혐의로 기소되었다. / 彼は交通事故で大けがをした 그는 교통사고로 큰 부상을 입었다. / 父は肝臓の病気で入院した アボジ는 간장의 병으로 입원했다. / インフルエンザで1週間会社を休んだ 독감으로 일주일간 회사를 쉬었다.

¶彼女は恥ずかしさで彼を見ることができなかった 그녀는 너무 부끄러워서 그를 볼 수가 없었다. / 大地震で市の多くの地域が大被害を受けた 큰 지진으로 시의 많은 지역이 큰 피해를 입었다. / 外見だけで人を判断すべきではない 겉모습만으로 사람을 판단해서는 안 된다.

¶大雪で電車のダイヤは大幅に乱れた 폭설로 열차 운행에 혼란이 일어났다. / 期待どおりのおもしろい映画で本当に楽しかった 기대했던 대로 재미있는 영화라 정말 즐거웠다. / 風でドアが開いた 바람에 문이 열렸다.

❻〔材料, 原料〕로, 으로 ¶このセーターはウールで出来ている 이 스웨터는 울로 만들어졌다. / チーズは牛乳でつくるんだよ 치즈는 우유로 만드는 거야. / あの家は木で[鉄筋で]出来ている 저 집은 나무로[철근으로] 만들어져 있다. / 水は水素と酸素で出来ている 물은 수소와 산소로 이루어져 있다.

❼〔金額, 値段〕에 ¶「その靴はいくらで買ったの」「2万5千円で買ったよ」"그 구두 얼마에 샀어?" "2만 5천 엔에 샀어." / このチケットを2千円で買った 이 티켓은 2천 엔에 샀다. / あの店では家電製品をすべて2割引で売っている 그 가게에서는 가전제품을 모두 20퍼센트 할인해서 팔고 있다.

❽〔単位〕로, 으로 ¶ふつう卵はダースで売られている 보통 달걀은 다스로 팔리고 있다. / アルバイトの給与は時給でもらっています 아르바이트 급여는 시간당으로 받고 있습니다. / 新幹線は時速200キロ以上で走ることができる 신칸센은 시속 200킬로 이상으로 달릴 수 있다.

❾〔状態, 事情〕 ¶パトカーは大急ぎで現場に向かった 경찰 순찰차는 급히 현장으로 향했다. / 彼女は私たちに笑顔であいさつした 그녀는 우리한테 웃으면서 인사했다. / 彼は口を開けたままで眠っていた 그는 입 벌린 채로 자고 있었다. / 彼女はとてもがっかりした様子で帰って来た 그녀는 매우 실망한 모습으로 돌아왔다. / 祖母は一人で暮らしている할머니는 혼자서 살고 계신다.

❿〔話題〕로, 으로 ¶大学進学の件でお話があるんですが 대학 진학에 관해 말씀드릴 것이 있습니다. / 彼は「IT革命」というテーマで講演した 그는

'IT혁명'이라는 제목으로 강연했다.

**⓫** 〔そして, それで〕 −고, −(으)며 ; 그리고, 그래서 ¶朝はコーヒーを飲んで新聞を読むことにしている 아침에는 커피를 마시고 신문을 읽고 있다. / 彼女は美人で性格もいい 그 여자는 미인이면서 성격도 좋다. / 彼は映画監督で奥さんは女優だ 그는 영화감독이고 부인은 배우이다. / で, それからどうしたの그래서 그 다음에는 어떻게 했어 ?

**⓬** 〔軽い命令〕(▶通例「…でね, …でよ」の形で) そんなに怒らないでよ 그렇게 화내지 마. / 約束を忘れないでね 약속 잊지 마.

**であい**【出会い】 만남 ¶二人の交際は偶然の出会いから始まった 두 사람의 교제는 우연한 만남으로부터 시작되었다. / 彼とは運命的な出会いだった 그와는 운명적인 만남이었다. / 彼女との最初の出会いから運命を感じた 그녀와 처음 만났을 때부터 운명을 느꼈다. / 出会いから3年目の春に結婚した 그들은 만난 지 3년째 봄에 결혼했다. / 人との出会いが旅の醍醐味です 사람과의 만남이 여행의 참다운 맛입니다. / この本との出会いが彼の人生を変えた 이 책과의 만남이 그의 인생을 바꾸었다.
¶廊下の角で出会い頭に先生とぶつかった 복도 귀통이에서 도는 순간 선생님과 부딪혔다.
関連 出会い系サイト 만남 사이트

**であう**【出会う】 만나다 〔偶然に〕 마주치다 ¶二人が初めて出会った場所 둘이 처음으로 만난 장소 / 街で偶然友達に出会った 거리에서 우연히 친구를 만났다. / 私たちはまったく偶然に出会ったのは正直 우연히 만났다. / 出勤途中で事故に出会った出局에 사고를 만났다. / これからさまざまな困難に出会うだろうがくじけるな 앞으로 많은 곤란을 겪겠지만 좌절하지 마. / 知らない単語に出会ったらまめに辞書を引くことが大切だ 모르는 단어가 나오면 일일이 사전을 찾아 보는 것이 중요하다.

**てあか**【手垢】손때 ¶コンピュータの画面に手あかをつけないで 컴퓨터 화면에 손자국 남기지 마. / 手あかのついた本 손때 묻은 책

**てあし**【手足】손발, 수족 〔腕と脚〕 팔다리 ¶彼らは人質の手足を縛った 그들은 인질의 손발을 묶었다. / 恐怖で手足がぶるぶる震えた 공포로 손발이 덜덜 떨렸다. / 祖母は手足が不自由だ 할머니는 수족이 불편하시다.
¶彼は社長の手足となって仕えてきた 그는 사장님의 팔다리가 되어 모셨다.

**であし**【出足】 출발〔車の〕시동〔客足〕손님 ¶彼の商売の出足はよかった 그 사람의 장사는 출발이 순조로웠다. / この車は出足がいい[よくない] 이 자동차는 시동이 잘 걸린다[잘 안 걸린다]. / 巨人は今シーズン出足好調[不調]だ 교진은 이번 시즌 출발이 순조롭다[순조롭지 못하다].
¶きょうは客の出足がいい[悪い] 오늘은 손님이 많다[적다].

**てあたりしだい**【手当たり次第】 닥치는 대로 ¶彼女は手当たりしだいに本を読む 그녀는 닥치는 대로 책을 본다. / その子が手当たりしだいに物を投げつけた 개는 닥치는 대로 물건을 던졌다.

**てあつい**【手厚い】극진하다, 후하다 〔温かい〕따뜻하다 ◇手厚く 극진히, 후히, 따뜻이 ¶彼らの手厚い看護を受けた 그들의 극진한 간호를 받았다. / 彼は手厚くもてなしてくれた 그녀는 따뜻하게 대해 주었다. / その老人は手厚く葬られた 그 노인은 극진하게 장례가 치루어졌다.

**てあて**【手当・手当て】 ❶〔治療〕치료 ¶医者はその子供にけがの応急手当てを施した 의사는 그 아이의 상처를 응급 치료했다. / 彼の傷はとても手当ての施しようがなかった 그의 상처는 도저히 치료할 수 없었다.
❷〔報酬〕수당〔給与〕급료〔賞与〕상여금, 보너스 ¶家族手当として2万円もらっている 가족 수당으로 2만 엔 받고 있다. / 通勤手当を支給する 통근 수당을 지급하다. / 年末手当はいくらだったの 연말 수당은 얼마였어 ? 関連 失業手当 실업 수당 / 住宅手当 주택 수당 / 扶養手当 부양 수당

**てあみ**【手編み】¶彼女は手編みのセーターを着ていた 그녀는 손으로 짠 스웨터를 입고 있었다.

**てあら**【手荒】◇手荒な〔乱暴な〕난폭한 ◇手荒に 난폭히, 난폭하게 ¶そんなまねはやめろ 난폭한 짓은 그만둬. / 彼はその老人を手荒に扱った 그는 그 노인을 난폭하게 대했다.

**てあらい**【手洗い】〔トイレ〕화장실(化粧室), 변소(便所) ¶お手洗いをお借りできますか 화장실을 써도 되겠습니까 ? / お手洗いはどこですか 화장실이 어디에요 ?

**であるく**【出歩く】〔外出する〕외출하다〔うろつく〕나다니다〔遊び歩く〕놀고 다니다 ¶彼女はめったに出歩かない 그녀는 웬만해서는 외출하지 않는다.

**てい**【体】〔見かけ〕허울 ¶それは体のいい言い訳だ 그것은 허울 좋은 구실이다. / 体のいい詐欺だ 허울 좋은 사기이다. ⇒体よく

**ていあん**【提案】제안 ◇提案する 제안하다 ¶文化祭の出し物について何か提案はありませんか 문화제 공연에 대해 뭔가 제안이 있습니까 ? / だれも彼女の提案を本気で取りなかった 아무도 그녀의 제안을 진심으로 받아들이지 않았다. / 我々は彼の提案を十分検討した 우리는 그의 제안을 충분히 검토했다. / 企画書にはいろいろな提案を盛り込んだ 기획서에는 여러 가지 제안을 넣었다.
¶彼女は私に図書館へ行って調べてはどうかと提案した 그녀는 나에게 도서관에 가서 조사해 보는 것이 어떠냐고 제안했다. / 私は友人みんなで韓国へ旅行しようと提案した 나는 여름 방학 때 다 같이 한국으로 여행가자고 제안했다. / 彼は会議を延期してはどうかと提案した 그는 회의를 연기하면 어떠냐고 제안했다.

**ティー** 티〔紅茶〕홍차 ¶ミルク〔レモン〕ティーをください 밀크〔레몬〕티 주세요. 関連 ティーカップ 찻잔 / ティースプーン 티스푼, 찻숟가락 / ティーセット 티 세트 / ティータイム 티타임〔休憩〕 휴게 시간 / ティーバッグ 티백 / ティーポット 찻주전자 ⇒紅茶, 茶

**ティーシャツ**【Tシャツ】 티셔츠, 티샤쓰, 티

**ディーゼルエンジン** 디젤 엔진, 디젤 기관
**ティーピーオー**〔TPO〕때와 장소 ¶ティーピーオーをわきまえて行動しなさい 때와 장소를 가려서 행동해라.
**ディーラー** 딜러 ¶自動車[外車]ディーラー 자동차[외제차] 딜러
**ていいん【定員】** 정원 ¶この映画館は定員300人이다 이 영화관의 정원은 300명이다. / エレベーターは定員オーバーでブザーが鳴った 엘리베이터는 정원 초과로 버저가 울렸다.
¶その講座はすぐに定員に達した 그 강좌는 금방 정원이 찼다. / 今年は志願者数が定員を割った 올해는 지원자수가 정원에 미달되었다. / 定員を超える応募があった 정원을 초과하는 응모였다.
**ティーンエージャー** 틴에이저 ¶息子はティーンエージャーの아들 아들은 틴에이저이다.
**ていえん【庭園】** 정원
**ていおう【帝王】** 제왕 関連 帝王切開 제왕 절개 수술
**ていおん【低温】** 저온 関連 低温殺菌 저온 살균 / 低温輸送 저온 수송
**ていおん【低音】** 저음, 낮은 소리
**ていか【低下】** 저하 ◇低下する 저하하다, 저하되다, 떨어지다〔悪化する〕나빠지다〔衰える〕약해지다 ¶気温の低下は農作物に大きな影響を与える 기온 저하는 농작물에 큰 영향을 미친다. / 暗い所での読書は視力の低下につながる 어두운 곳에서의 독서는 시력 저하의 원인이 된다. / 品質の低下 품질 저하 / 学力低下 학력 저하 / 生産低下 생산 저하
¶砂漠では夜になると気温が急に低下する 사막에서는 밤이 되면 기온이 급격히 떨어진다. / 近年, 出生率が急激に低下している 근년에 출생률이 급격히 저하하고 있다.
¶最近体力が低下した 요즘 체력이 약해졌다. / 人気が低下する 인기가 떨어지다
**ていか【定価】** 정가(▶発音は 정까) ¶定価で買う 정가에 사다 / パソコンを定価の 2 割引で買ったコンピュータ는 정가의 20퍼센트 할인 받아 샀다.
関連 定価表 정가표
**ていがく【停学】** 정학 ¶1週間の停学処分になった 1주일간 정학 처분을 받았다.
**ていがくちょきん【定額貯金】** 정액 저금
**ていがくねん【低学年】** 저학년 ⇒学年
**ていき【定期】** 정기〔定期券〕정기권, 정기 승차권 ◇定期的 정기적 ¶彼は定期的に車を点検に出す 그는 정기적으로 자동차를 점검한다. / 彼女は仕事で定期的にソウルを訪れる 그녀는 일로 정기적으로 서울에 간다.
¶電車の定期が切れた 전철의 정기권 유효 기한이 다 됐다. / 父は定期検診のため病院へ行ったアバジ는 정기검진을 위해 병원에 갔다. / 私はこの雑誌を定期購読している 나는 이 잡지를 정기 구독하고 있다. 関連 定期入れ 정기 승차권 케이스 / 定期刊行物 정기 간행물 / 定期便 정기편 / 定期預金 정기 예금
**ていき【提起】** 제기 ◇提起する 제기하다 ¶問題を提起する 문제를 제기하다.
**ていぎ【定義】** 정의 ◇定義する 정의하다 ¶民主主義の概念を定義する 민주주의의 개념을 정의하다
**ていきあつ【低気圧】** 저기압 ⇒気圧
**ていきゅう【低級】** 저급 ◇低級な 저급한〔低俗な〕저속한 ¶低級な趣味 저속한 취미 / 低級なテレビ番組 저속한 텔레비전 프로그램
**ていきゅう【庭球】** 정구, 테니스 ⇒テニス
**ていきゅうび【定休日】** 정휴일 ¶このデパートは水曜日が定休日だ 이 백화점은 수요일이 정휴일이다.
**ていきょう【提供】** 제공 ◇提供する 제공하다 ¶情報を提供する 정보를 제공하다 / この番組は西芝の提供でお送りいたしました 이 프로그램은 니시바 제공으로 보내드렸습니다.
¶テレビ, ラジオ, 新聞などのメディアはあらゆる日常的な情報を我々に提供してくれる 텔레비전, 라디오, 신문 등의 매스 미디어는 모든 일상적인 정보를 우리들에게 제공해 준다. / 彼女は姉のために自分の腎臓を提供した 그녀는 언니를 위해서 자기의 신장을 제공했다. 関連 提供価格 제공 가격 / 臓器提供者 장기 제공자 /(商品の)特別提供 특별 제공
**ていきんり【低金利】** 저금리 ¶低金利政策 저금리 정책 / 低金利時代 저금리 시대 ⇒金利
**ていくうひこう【低空飛行】** 저공 비행 ¶飛行機が低空飛行している 비행기가 저공 비행하고 있다.
**デイケア** 주간 보호(昼間保護)¶デイケアセンター 주간 보호 센터
**ていけい【定形】**〔決まった形〕정형〔規格〕규격 関連 定形郵便物 규격 우편물 / 定形外郵便物 비규격 우편물
**ていけい【提携】** 제휴 ◇提携する 제휴하다 ¶わが社はこれまでいくつかの会社と提携してきた 우리 회사는 지금까지 몇 개의 회사와 제휴해 왔다. / 当社は韓国の会社と技術提携している 당사는 한국 회사와 기술 제휴하고 있다.
**ていけつ【締結】** 체결 ◇締結する 체결하다 ¶日本は韓国とその条約を締結した 일본은 한국과 그 조약을 체결했다.
**ていけつあつ【低血圧】** 저혈압(↔고혈압)
関連 低血圧症 저혈압증 ⇒血圧
**ていこう【抵抗】** ❶〔反対〕저항, 반대〔反発〕반발〔反抗〕반항〔抵抗する 저항하다〔反対する〕반대하다〔反発する〕반발하다〔反抗する〕반항하다 ¶行政改革には官僚の間ですさまじい抵抗があった 행정 개혁에 관료 사이에 엄청난 반발이 있었다. / 政府は消費税引き上げに対して国民の思わぬ抵抗にあった 정부는 소비세 인상에 대해 국민의 생각지도 않은 반항을 맞났다. / 地元住民は米軍基地移転に強い抵抗を示した 그 고장 사람들은 미군 기지 이전에 강한 반발을 보였다.
¶警官が逮捕しようとした時その男は激しく抵抗した 경찰관이 체포하려고 했을 때 그 남자는 심하게 저항했다. / 運命に抵抗してもむだだ 운명에 저항해 봤자 소용없다. / 圧制に抵抗して立ち上がる 압제에 저항하여 일어서다
❷〔心理的な〕저항, 반발 ◇抵抗感 저항감

んな派手な服を着るのは少し抵抗がある 이런 야한 옷을 입는 것은 조금 저항감이 있다. / 少し抵抗があったが, 結局親の言うとおりにすることにした 조금 반발을 느꼈지만 결국 부모님의 뜻에 따르기로 했다. / そんなことをするのは抵抗がある 그런 짓을 하는 것은 저항감이 있다. / 近ごろの若い女性はたばこを吸うことに抵抗がないようだ 요즘 젊은 여성은 담배 피는 것에 저항감이 없는 것 같다.

❸ 〔物理的な〕저항 ¶抵抗力 저항력 ¶生まれたばかりの子供は抵抗力があまりない 갓 태어난 아기는 저항력이 별로 없다. / もう少し体力をつけて抵抗力を養う必要がある 조금 더 체력을 더해서 저항력을 키울 필요가 있다. / 害虫の中には農薬に対する抵抗力ができているものもある 해충 중에는 농약에 대한 저항력이 있는 것도 있다.

¶この型の車は空気の抵抗が少ない 이런 모델의 차는 공기 저항이 적다. / 銅の電気抵抗は低い 구리는 전기 저항이 낮다. 関連 抵抗運動 저항 운동, 레지스탕스 / 抵抗器 저항기

**ていこく【定刻】** 정각 ¶コンサートは定刻に始まった 콘서트는 정각에 시작되었다. / 定刻までに来てください 반드시 정각까지 와 주세요. / 彼女は毎朝定刻に出社する 그녀는 매일 아침 정각에 출근한다. / 飛行機は定刻より30分遅れて[早く]到着した 비행기는 정각보다 30분 늦게[빠르게] 도착했다.

**ていこく【帝国】** 제국 ¶大英帝国 대영제국 関連 帝国主義 제국주의 / 帝国主義者 제국주의자

**ていさい【体裁】** ❶ 〔外見〕외관, 보기, 겉보기, 겉모양, 외양 ¶体裁で人を判断するべきではない 외관으로 사람을 판단해서는 안 된다. / この車は体裁はいいが燃費が悪いの 이 차는 겉모양은 좋지만 연비가 나쁘다. / その格好なら体裁悪くないよ 그 모습이라면 보기 나쁘지 않아. / 体裁が悪い 보기가 좋지 않다. / 体裁よく包む 보기 좋게 포장하다.

❷ 〔世間体, 体面〕체면 ¶母は体裁を繕うことばかり考えている 어머니는 체면 차릴 일만 생각하고 계신다. / 彼は全然体裁を気にしない 그는 전혀 체면에 신경을 쓰지 않는다. / みんなのいる前で先生にしかられて体裁が悪かった 모두 앞에서 선생님한테 혼나서 창피했다. / 彼女は彼のプロポーズを体裁よく断った 그녀는 그의 프로포즈를 보기 좋게 거절했다. / 体裁ぶるのはよせ 잘난 체하지 마.

❸ 〔一定の形式〕체재, 형식 ¶この本は随筆集の体裁をとっている 이 책은 수필집의 형식을 하고 있다. / 今度出版された彼女の本は体裁がよい 이번 출판된 그녀의 책은 디자인이 좋다.

❹ 〔お世辞〕발림, 빈말 ¶あいつはお体裁ばかり言うから嫌いだ 그 녀석은 발림말만 해서 싫다.

**ていさつ【偵察】** 정찰 ◇偵察する 정찰하다 ¶ヘリコプターで上空から敵の様子を偵察した 헬리콥터[헬기]로 상공에서 적의 동태를 정찰했다. / 対戦に備えて我々は相手チームの偵察に行った 대전에 대비해서 우리는 상대팀의 정찰을 나갔다. 関連 偵察衛星 정찰 위성 / 偵察機 정찰

기 / 偵察隊 정찰대

**ていし【停止】** 정지 〔中止〕중지 〔禁止〕금지 ◇停止する 정지하다 〔止める〕멈추다 〔中止する〕중지하다 〔禁止する〕금지하다 ¶その選手は反則を犯したために出場停止になっている 그 선수는 반칙을 범해서 출장 금지를 받았다. / 店は1週間の営業停止を命じられた 가게는 1주일간 영업 정지를 명령받았다. / その新聞は独裁政権を批判したために発行停止になった 그 신문은 독재 정권을 비판해서 발행 정지가 되었다.

¶バスは停留所でしばらく停止した 버스는 정류장에 잠깐 정지했다. / 踏み切りの前では一時停止しなさい 건널목 앞에서는 일시 정지하세요. / 銀行はその会社の小切手の支払いを停止した 은행은 그 회사의 수표 지불을 정지했다. / 返却期限を守らない場合は今後の本の貸し出しを停止します 반환 기한을 지키지 않을 경우 앞으로 책 대출을 정지하겠습니다. 関連 停止信号 정지 신호 / 停止線 정지선 / 心停止《医学》심박 정지

**ていじ【定時】** 정시 〔定期〕정기 ¶いつもどおり定時に家を出た 언제나처럼 정시에 집을 나왔다. / 会議は定時に始まった 회의는 정시에 시작했다. 関連 定時株主総会 정기 주주 총회

**ていじ【提示】** 제시 ◇提示する 제시하다 〔見せる〕보이다 ¶警官に免許証を提示した 경찰관에게 면허증을 제시했다.

**ていしせい【低姿勢】** 저자세 〔謙虚な態度〕겸손한 태도 ◇低姿勢な 〔卑屈な〕비굴한 〔謙虚な〕겸손한 ¶彼は私たちの前では低姿勢だった 그는 우리 앞에서는 저자세였다. / 消費者からの苦情に低姿勢で対応することにした 소비자로부터의 클레임에 겸손한 자세로 대응하기로 했다.

**ていじせい【定時制】** 정시제 ¶定時制高校 야간 고등학교

**ていしゃ【停車】** 정차, 정거 ◇停車する 정차하다, 정거하다 ¶この列車は各駅に停車します 이 열차는 각 역마다 정차하겠습니다. / このバスは時間調整のため1分間停車します 이 버스는 시간 조정을 위해 1분간 정차하겠습니다. / タイヤの跡から車がここで急停車したのがわかる 타이어의 흔적으로 보아서 여기에서 급정차를 한 것을 알 수 있다. / 車はブレーキをきしませて急停車した 자동차는 브레이크를 삐걱거리며 급정차했다. / 子供が急に飛び出してきたので運転手はあわててバスを停車させた 어린이가 갑자기 뛰어 나와서 운전기사는 당황해서 버스를 정차시켰다. / 停車時間は5分です 정차 시간은 5분입니다.

¶次の停車駅で降りよう 다음 정차역에서 내리자. / 私たちは停車中のバスに乗り込んだ 우리들은 정차 중인 버스를 탔다.

¶各駅停車の列車 완행열차(緩行列車)

**ていしゅ【亭主】** 〔店などの〕주인 〔夫〕남편 ¶居酒屋の亭主 술집 주인 / 彼は亭主関白だ 그는 집안에서 폭군 같은 남편이다. / 亭主持ち 유부녀(有夫女)

**ていじゅう【定住】** 정주 〔定着〕정착 ◇定住する 정주하다 ¶定年後は田舎に定住したい 정년 퇴직한 후에는 시골에 정착하고 싶다. 関連 定住者 정주자 / 定住地 정주지

**ていしゅうにゅう【定収入】** 고정 수입
**ていしゅうは【低周波】** 저주파
**ていしゅつ【提出】** 제출 ◇**提出する** 제출하다
¶時間がきたので答案を提出したがまったく自信がなかった 시간이 다 되어 답안지를 제출했지만 전혀 자신이 없다. / 金曜日までに必要な書類を提出してください 금요일까지 필요한 서류를 제출하세요. / 願書を2月の終わりまでに提出しなければなりません 원서는 이월말까지 제출해야 됩니다. / 彼は辞表を提出した 그는 사표를 냈다. / 我々は市役所に抗議文を提出した 우리는 시청에 항의문을 제출했다. / 野党は内閣不信任動議を国会に提出した 야당은 내각 불신임 동의를 국회에 제출했다. / レポートの提出期限は3月31日です 리포트 제출 기한은 삼월 31일입니다.
関連 **提出書類** 제출 서류
**ていしょう【提唱】** 제창 ◇**提唱する** 제창하다
¶この案はだれが提唱したのですか 제안은 누가 제창한 것입니까? 関連 **提唱者** 제창자
**ていしょく【定食】** 정식 ¶昼の定食 점심 정식 / 和定食 일식 정식 / 洋定食 양식 정식
**ていしょく【定職】** 정직, 일정한 직업 ¶うちの息子は定職に就いていない 우리 아들은 일정한 직업이 없다. / 彼女は定職を探している 그녀는 직장을 찾고 있다.
**ていしょく【抵触】** 저촉 [抵触する] 저촉되다 ¶男女差別は法律に抵触している 남녀 차별은 법률에 저촉된다.
**ていしょく【停職】** 정직 ¶彼は2週間の停職処分になった 그는 2주 정직 처분을 받았다.
**でいすい【泥酔】** 만취, ◇**泥酔する** 만취하다, 만취되다 ¶昨夜は泥酔して電車を乗り過ごしてしまった 어젯밤에는 만취해서 하차역을 지나쳐 버렸다. / 泥酔状態 만취 상태 関連 **泥酔者** 만취자
**ていすう【定数】** 정수 [定員] 정원 [定足数] 정족수 [数学での] 상수(常数) ¶出願者は定数を超えた 출원자는 정원을 넘었다. / 総会の出席者は定数を割った 총회 출석자는 정원 이하였다. / 国会の定数を正 국회의 정수 시정
**ディスカウント** 디스카운트, 할인(割引)
関連 **ディスカウントストア** 할인점 / **ディスカウントセール** 할인 판매
**ディスカッション** 토론 ◇**ディスカッションする** 토론하다 関連 **パネルディスカッション** 공개 토론회 ⇒**討論**
**ディスク** 디스크 関連 **ディスクドライブ** 디스크 드라이브 / **ハードディスク** 하드 디스크 / **フロッピーディスク** 플로피 디스크 / **コンパクトディスク** 콤팩트 디스크(CD)
**ディスクジョッキー** 디스크자키
**ディスコ** [店] 디스코텍 [ダンス] 디스코 ¶今晩ディスコへ行かないか 오늘밤 디스코텍에 가지 않을래? / ディスコ音楽 디스코 음악 / ディスコで踊る 디스코텍에서 춤추다
**ディスプレー** 디스플레이 [展示, 陳列] 전시, 진열 [コンピュータなどの] 디스플레이 장치 [モニター] 모니터
**ていする【呈する】** [進呈する] 바치다, 드리다 [状態などを示す] 나타내다, 띠다, 보이다 ¶贊辞を呈する 찬사를 드리다 / 君に苦言を呈したい 자네에게 충고를 주고 싶다. / 株式市場は活況を呈している 주식 시장은 활기를 띠고 있다. / 盛況を呈する 성황을 이루다[띠다] / 事件は当初とはまったく違った様相を呈してきた 사건은 처음과 전혀 다른 양상을 드러내고 있다.
**ていせい【帝政】** 제정 ¶**帝政時代** 제정 시대 / **帝政ロシア** 제정 러시아
**ていせい【訂正】** 정정 ◇**訂正する** 정정하다 ¶初版に増補と訂正を加えた改訂版を出した 초판에 증보와 정정을 더해서 개정판을 냈다. / 誤りを訂正する 틀린 것을 정정하다 関連 **訂正版** 정정판 / **訂正表** 정정표, 정오표
**ていせつ【定説】** 정설 ¶宇宙には果てがないということは定説になっている 우주는 끝이 없다는 것이 정설로 되어 있다. / 彼女の発見はこれまでの定説をくつがえした 그녀의 발견은 지금까지의 정설을 뒤엎었다.
**ていせん【停船】** 정선 ◇**停船する** 정선하다 ¶海上保安庁の巡視艇は国籍不明の不審な船を停船させた 해상 보안청의 순찰함은 국적 불명의 수상한 배를 정선시켰다.
**ていせん【停戦】** 정전 ◇**停戦する** 정전하다, 정전되다 ¶両国は停戦に合意した 양국은 정전에 합의했다. 関連 **停戦協定** 정전 협정
**ていそ【提訴】** 제소 ◇**提訴する** 제소하다 ¶彼女は上司をセクハラで提訴した 그녀는 상사를 성 희롱으로 제소했다.
**ていそう【貞操】** 정조 ◇**貞操を守る[失う]** 정조를 지키다[잃다]
**ていそく【低速】** 저속(↔고속) ¶道路が凍結していたので低速で運転した 도로가 얼어 있기 때문에 저속으로 운전했다.
**ていぞく【低俗】** ◇**低俗だ** 저속하다 [野卑だ] 야비하다, 아하다 ¶低俗なテレビ番組 저속한 텔레비전 프로그램 / 低俗なジョーク 야한 농담
**ていそくすう【定足数】** 정족수 ⇒**定数**
**ていたい【停滞】** 정체 ◇**停滞する** 정체하다 ¶日本経済は停滞を脱しつつある 일본 경제는 정체를 벗어나고 있다. / 景気が停滞する 경기가 정체하다 / 港湾ストのため港で貨物が停滞している 항만 파업으로 항구에서는 화물이 정체하고 있다. / 梅雨前線が停滞している 장마 전선이 정체하고 있다.
**ていたい【手痛い】** 혹심하다, 심하다, 뼈아프다, 호되다 ¶彼は株取引で手痛い打撃を受けた 그는 주식 거래로 심한 타격을 받았다.
**ていたく【邸宅】** 저택 ¶彼は大邸宅に住んでいる 그는 대저택에 살고 있다.
**ていち【低地】** 저지(↔고지)
**ていちゃく【定着】** 정착 ◇**定着する** 정착하다 [根付く] 뿌리를 박다 ¶禁煙運動は日本でも定着しつつある 금연 운동은 일본에서도 정착하고 있다. / パソコンとインターネットは今では一般家庭にまで定着している 컴퓨터와 인터넷은 지금은 일반 가정에까지 정착하고 있다. 関連 **定着液** [写真] 정착액
**ていちょう【丁重】** 정착 ◇**丁重だ** 정중하다 ◇**丁重な** 정중한 [丁重に] 정중히 ¶彼女から丁重なお礼の

手紙を受け取った 그녀로부터 정중한 감사의 편지를 받았다. / 韓国からのお客様を丁重にもてなした 한국에서 오신 손님을 정중히 모셨다. / 招待を丁重に断る 초대를 정중히 거절하다

**ていちょう【低調】** ◇低調だ 저조하다〔活気がない〕활기가 없다 ◇低調な 저조한 ¶午前中の国会質疑は低調だった 오전중의 국회 질의는 진척이 없었다. / きょうの株式市場は低調だった 오늘의 주식시장은 활기가 없었다. / この商品の売れ行きは低調だ 이 상품 판매는 저조하다.

**ティッシュペーパー** 티슈, 화장지(化粧紙) ¶2箱のティッシュペーパー 두 박스의 화장지

**ていっぱい【手一杯】** ◇手一杯だ 분주하다 ¶毎日子供の世話で手一杯です 매일 아이들 돌보느라 분주합니다. ⇨忙しい

**ていてつ【蹄鉄】** 제철, 편자

**ていでん【停電】** 정전 ◇停電する 정전되다, 정전이 되다 ¶昨晩停電があった 엊저녁에 정전이 있었다. / 停電でエレベーターが止まった 정전으로 엘리베이터가 멈추었다. / 昨夜落雷のために停電した 어젯밤 벼락이 쳐서 정전되었다. / 2時間停電している 두 시간 정전되고 있다.

**ていど【程度】** ❶〔度合い〕정도〔限度〕한도 ¶どの程度彼は協力してくれるだろうか 어느 정도 그는 협력해 줄까? / 山火事の被害はどの程度かはまだわかっていない 산불 피해는 어느 정도인지 아직 모른다. / 彼女はコンピュータのことをある程度知っている 그녀는 컴퓨터에 관해 어느 정도 알고 있다. / この新聞記事はある程度正しい 이 신문 기사는 어느 정도 맞다. / どんな仕事であろうとある程度の経験と知識は必要だ 어떤 일이든지 어느 정도의 경험과 지식이 필요하다.

¶何事にも程度というものがある 무슨 일이든지 한도가 있다. / いくら人がいいと言っても程度がある 아무리 사람이 좋다고 해도 정도가 있다. / 補償額は被害の程度による 보상액은 피해 정도에 달려 있다. / 子供が騒ぐものと言ってもそれは程度問題だ 아이가 떠든다고 해도 한도가 있다.

❷〔水準〕정도, 수준 ¶知能程度は生徒によって異なる 지능 수준은 학생에 따라 다르다. / 最近は程度の低いテレビ番組が多すぎる 요즘은 수준이 낮은 텔레비전 프로그램이 너무 많다. / これは高校程度の知識があれば解ける問題だ 이것은 고등학교 정도의 지식이 있으면 풀 수 있는 문제이다. / この本は程度が高すぎて私には理解できない 이 책은 수준이 너무 높아서 나는 이해할 수 없다. / この程度の問題なら私にも解ける 이 정도의 문제라면 나도 풀 수 있다.

❸〔およそ、約〕정도, 가량 ¶講演会の出席者は100人程度だった 강연회의 출석자는 백 명 가량이었다. / 忘年会は1人当たり5千円程度の予算にしよう 망년회는 한 사람당 5천 엔 정도의 예산으로 하자. / 1週間程度かかるだろう 일 주일 가량 걸릴 거다. / 2千円程度で買えるもの 2천 엔 정도로 살 수 있는 물건

**ていとう【抵当】** 저당〔担保〕담보 ¶抵当を設定する 저당을 설정하다 / 抵当を解除する 저당을 해제하다 / 銀行からお金を借りるために家を抵当に入れた 은행에서 돈을 빌리기 위해 집을 담보로 했다. 関連 抵当権 저당권 / 低当証券 저당 증권 / 抵当証書 저당 증서

**ディナー** 디너, 만찬(晩餐) 関連 ディナーショー 디너쇼

**ていねい【丁寧】** ❶〔礼儀正しい〕◇丁寧だ 정중하다 ◇丁寧に 정중히, 공손히 ¶彼女の言葉遣いはとても丁寧だ 그녀의 말투는 매우 공손하다. / 丁寧な言葉遣い 공손한 말씨 / きのう彼女から丁寧な手紙を受け取った 어제 그녀로부터 정중한 편지를 받았다. / 娘はお客様に丁寧にあいさつをした 딸은 손님에게 정중하게 인사했다.

❷〔念が入って細かいこと〕◇丁寧だ 신중하다, 세심하다〔親切だ〕친절하다 ◇丁寧に 신중히, 세심히〔親切に〕친절히 ¶丁寧な調査でマンションの耐震強度に問題があることがわかった 세심한 조사로 아파트의 내진 강도에 문제가 있다는 것을 알게 되었다. / 彼は仕事が丁寧だ 그는 일을 신중하게 한다. / 彼はその絵を丁寧に写した 그는 그 그림을 세심히 보았다. / この箱の中にはグラスが入っていますので丁寧に扱って下さい 이 상자에는 유리컵이 들어 있으니까 신중히 다루어 주십시오. / ご丁寧にありがとうございます 친절하게 대해 주셔서 감사합니다. / 丁寧に指導する 친절히 지도하다 / 丁寧に説明する 친절하게 설명하다

**ていねん【定年】** 정년 ¶来年定年を迎える 내년에 정년을 맞이한다. / 3月で定年になる 삼월로 정년이 된다. / 定年が65歳まで延長された 정년이 예순다섯 살까지 연장되었다. 関連 定年制 정년제 / 定年退職者 정년 퇴직자

**ていはく【停泊】** 정박 ◇停泊する 정박하다 ¶この船は横浜港に停泊する予定だ 이 배는 요코하마 항에 정박할 예정이다. / 湾内には何隻もの船が停泊中だ 항구에는 많은 배가 정박하고 있다. 関連 停泊地 정박지

**ていひょう【定評】** 정평 ¶この辞書は使いやすきで定評がある 이 사전은 사용하기 편하기로 정평이 났다. / 彼はけちで定評がある 그는 인색하기로 정평이 나 있다. / 定評のあるレストラン 정평 있는 식당

**ディフェンス** 디펜스, 방어(防禦), 수비(守備)

**ていへん【底辺】** 〔数学〕밑변〔社会の〕밑바닥 ¶三角形の底辺 삼각형 밑변 / 社会の底辺の人々 사회 저변의 사람들

**ていぼう【堤防】** 제방〔通例、土でできた〕둑 ¶大雨で堤防が切れた 큰 비로 둑이 터졌다. / 堤防を築く 둑을 쌓다

**ていめい【低迷】** 침체(沈滞) ◇低迷する 침체하다 ¶株式市場は低迷を抜け出し活況を呈している 주식 시장은 침체 상태에서 벗어나 활기를 띠고 있다. / わが国の景気は低迷している 우리 나라 경기는 침체 상태에 빠지고 있다. / 最下位に低迷している最下位를 맴돌고 있다.

**ていよく【体よく】** 〔如才なく〕보기 좋게, 좋은 말로〔遠回しに〕완곡히 ¶彼女は私の申し出を体よく断った 그녀는 내 제안을 완곡히 거절했다.

**ていり【低利】** 저리(↔고리), 낮은 이자 ¶低利

で金を借りる 저리로 돈을 빌리다 関連 低利融資 저리 융자 ⇒利子

**ていり【定理】**〖数学〗정리 関連 ピタゴラスの定理 피타고라스의 정리

**でいり**【出たり入ったり】**❶**〔出入〕출입 ◇出入りする 출입하다〔訪問する〕방문하다, 찾아가다〔通う〕드나들다 ¶車の出入りが多いのでここには駐車しないでください 자동차의 출입이 많기 때문에 여기에는 주차하지 말아 주세요. / 市立図書館にはだれでも自由に出入りできる 시립 도서관에는 누구나 자유롭게 출입할 수 있다. / それ以来, 彼は先生のお宅への出入りを許されていない 그 이후, 그는 선생님 댁의 출입이 허락되지 않았다. / 出入り口に物を置かないでください 출입구에 물건을 두지 마세요.
¶出入りの業者 단골 업자
**❷**〔収支〕출납 ¶お金の出入りは毎日きちんと記録しておくように 금전 출납은 매일 정확히 기록해 두도록.
**❸**〔もめごと, けんか〕싸움, 다툼 ¶最近この辺りでやくざの出入りがあり住民は怖がっている 최근에 이 주변에서 깡패 싸움이 있어 주민들은 두려워하고 있다.

**ていりゅう【底流】**저류 ¶格差拡大の底流となっている要因 격차 확대의 저류가 되고 있는 요인

**ていりゅうじょ【停留所】**정류소, 정류장 ¶バス停留所 버스 정류장

**ていりょう【定量】**정량 関連 定量分析 정량 분석

**ていれ【手入れ】❶**〔世話〕손질 ◇手入れする 손질하다 ¶毎晩の肌の手入れは大切です 매일 밤 피부 손질은 중요합니다. / 庭は手入れが行き届いている 정원은 손질이 잘 되어 있다. / 姉は毎日靴の手入れをしている 언니는 매일 구두 손질을 하고 있다. / 車の手入れがいいですね 자동차는 손질이 잘 되어 있군요. / 毎年春には生け垣の手入れをする 매년 봄에는 산울타리를 손질하고 있다. / その古い寺はよく手入れされている 그 오래된 절은 잘 가꾸어져 있다.

会話 庭の手入れ
A : だれがお宅の庭の手入れをしているのですか
B : 夫です. 庭仕事が好きなんですよ
A : 누가 댁의 정원을 손질하십니까?
B : 남편입니다. 정원 가꾸는 걸 좋아하거든요.

**❷**〔警察の〕검색, 단속 ◇手入れする 검색하다, 단속하다 ¶彼らは警察の手入れを受けた 그들은 경찰의 검색을 받았다.

**ていれい【定例】**정례 関連 定例会議 정례 회의 / 定例閣議 정례 각의

**ディレクター** 감독(監督), 연출자(演出者)

**ディレクトリー** 〖IT〗디렉터리, 목록(目錄)
¶このディレクトリーの中には15個のファイルがある 이 목록 안에는 열다섯 개의 파일이 있다.

**ティンパニ** 팀파니 ¶ティンパニ奏者 팀파니 연주자

**てうす【手薄】**◇手薄だ〔程度が不十分な〕모자라다, 허술하다〔量などが足りない〕적다, 부족하다 ¶このビルは警備が手薄だ 이 건물은 경비가 허술하다. / 商品の在庫が手薄になっている 상품의 재고가 적어졌다.

**てうち【手打ち】**¶手打ちうどん 수타면 우동

**テークアウト** 테이크아웃

**デーゲーム** 주간 경기

**データ** 데이터〔情報〕정보 ¶データをコンピュータに入れる 데이터를 컴퓨터에 입력하다 / この実験のデータをとってください 이 실험 데이터를 내 주세요. 関連 データ処理 데이터 처리 / データ通信 데이터 통신 / データバンク 데이터 뱅크 / データベース 데이터 베이스

**デート** 데이트 ◇デートする 데이트하다 ¶彼女とデートした 그녀와 데이트했다. / ミヨンにデートを申し込んだ 미현이한테 데이트 신청을 했다. / デートの相手 데이트 상대 / デートの約束 데이트 약속

**テープ** 테이프 ¶そのテープには何も録音されていない 그 테이프에는 아무것도 녹음되어 있지 않다. / テープをかける 테이프를 틀다 / 彼はテープを早送りした〔巻き戻した〕그는 테이프를 빨리 돌렸다〔되감았다〕. / 音楽をテープに録音する 음악을 테이프에 녹음하다 / テレビ番組をテープに録画する 텔레비전 프로그램을 테이프에 녹화하다 / 彼女は自分の講演の録音テープを2巻もらった 그녀는 자신의 강연 녹음 테이프 두 개를 받았다. / 録音用60分テープ 녹음용 60분 테이프
¶封筒にテープを張った 봉투에 테이프를 붙였다. / 開会式でテープカットをした 개회식 때 테이프 컷을 했다. 関連 テープデッキ 테이프 데크 / テープレコーダー 테이프 리코더, 녹음기 / エンドレステープ 엔드리스 테이프 / カセットテープ 카세트 테이프 / 紙テープ 종이 테이프 / ガムテープ 박스 테이프 / 磁気テープ 자기 테이프 / 絶縁テープ 절연 테이프 / セロハンテープ 스카치 테이프(▶도표) / ビデオテープ 비디오 테이프 / 両面テープ 양면 테이프

**テーブル** 테이블, 식탁(食卓) ¶このテーブルは4人用だ 이 테이블은 4인용이다. / テーブルにつく 테이블에 앉다 / 彼らはテーブルを囲んで座った 그들은 테이블에 둘러 앉았다. / 私たちはテーブルをはさんで向かい合った 우리는 테이블을 사이에 두고 마주 앉았다.

**テーブルクロス** 테이블클로스, 테이블보

**テーブルスピーチ** 탁상연설

**テーブルマナー** 테이블 매너, 식탁 예절, 식사 예절

**テープレコーダー** 테이프 리코더 ¶テープレコーダーをかける 테이프 리코더를 틀다 / 彼のスピーチをテープレコーダーで録音した 그의 스피치를 테이프 리코더로 녹음했다.

**テーマ** 테마〔主題〕주제〔題目〕제목 ¶このテーマをもっと掘り下げたほうがいい 이 테마를 더 파고 들어가는 게 좋다. / このテーマについては後で再び触れることにします 이 테마에 대해서는 나중에 다시 거론하기로 하겠습니다. / 彼は「韓国人と中国人」というテーマで講演した 그는 '한국인과 중국인'이라는 제목으로 강연했다. / この劇の主要テーマについて討論しよう 이 연극의 주

요 테마에 대해서 토론하자. 関連テーマ音楽
테마 음악, 주제 음악／テーマソング 주제가
**テーマパーク** 테마 파크
**テールランプ** 백라이트, 테일 라이트[램프], 미등(尾燈), 꼬리등
**ておい【手負い】**◇手負いの傷を負う ¶手負いのくま 상처 입은 곰
**ておくれ【手遅れ】**◇手遅れだ〔遅すぎる〕때가 늦다, 때를 놓치다 ¶手遅れにならないうちに医者に診てもらいなさい 때가 늦기 전에 의사한테 진찰 받아. ／計画を変更するにはもう手遅れだ 계획을 변경하기에는 벌써 때를 놓쳤다. ／手術しても彼女はもう手遅れだろう 수술해도 그녀는 이미 때가 늦을 것이다.
**ておけ【手桶】**통
**ておしぐるま【手押し車】**손수레
**ておち【手落ち】**〔過失〕실수〔誤り, 間違い〕잘못 ¶それは私の手落ちだった 그것은 내 실수였다. ／手落ちのないように注意しろ 실수하지 않도록 주의해.
**デオドラント** 데오드란트 ¶デオドラントシャンプー 데오드란트 샴푸
**でおり【手織り】**수직 ¶手織りの布 수직포
**てかがみ【手鏡】**손거울
**てがかり【手掛かり】**단서, 실마리〔痕跡〕흔적〔形跡〕형적 ¶警察は犯人の手掛かりを失った 경찰은 범인의 단서를 잃어버렸다. ／彼は事件解決の手掛かりを見つけた 그는 사건 해결의 단서를 발견했다. ／この問題を解く手掛かりを教えてください 이 문제를 풀기 위한 실마리를 가르쳐 주세요. ／行方不明の女の子の手掛かりはまったくない 실종된 여자 아이의 흔적은 전혀 없다.
**てがき【手書き】**◇手書きする 손으로 쓰다 ¶手書きの原稿は読みにくい 손으로 쓴 원고는 읽기 힘들다.
**でがけ【出掛け】**¶出掛けに電話がかかってきた 외출하려는 참에 전화가 왔다.
**てがける【手掛ける】**〔扱う〕다루다〔する〕하다 ¶彼らは人権問題を手がけている 그들은 인권 문제를 다룬다. ／ソフトウェアの開発を手がける 소프트웨어 개발을 하다／その手の仕事は手がけたことがない 그 일은 해 본 적이 없다. ／入社して初めて手がける仕事 입사해서 처음 해 보는 일
**でかける【出掛ける】❶**〔出ていく〕나가다, 가다〔外出する〕외출하다〔去る, 出発する〕떠나다 ¶散歩に出かける 산책하러 나가다／買い物に出かける 물건을 사러 나가다／夜遅くに一人で出かけてはいけません 밤늦게 혼자서 나가서는 안 됩니다. ／両親が出かけているので留守番をしなくてはならない 부모님이 나가셔서 집을 지켜야 된다. ／出かける前にドアにちゃんと鍵をかけなさい 나가기 전에 잊지 말고 문을 잠가요. ／すぐに出かけたほうがいいですよ 바로 나가는 게 좋습니다. ／朝食をとってすぐに映画館へ出かけた 아침을 먹고 바로 영화관에 갔다. ／幸子の家に電話をすると, お母さんが彼女は出かけていると言った 사치코 집에 전화를 하니 어머니께서 그녀는 나갔다고 하셨다.

¶7月の初めに旅行に出かける予定だ 칠월 초에 여

행을 갈 예정이다. ／おそろいでどちらへお出かけですか 같이 어딜 가십니까？／彼女は毎朝, 新聞にざっと目を通してから仕事に出かける 그녀는 매일 아침 신문을 쭉 훑어보고 일하러 간다.

会話 出かけています
A：お母さんはいらっしゃいますか
B：いいえ, 出かけています
A：어머니는 계십니까？
B：아뇨, 나가셨습니다.

❷〔言おうとする〕¶口から出かけた言葉をあわてて飲み込んだ(→あやうく口にするところだった) 하마터면 말을 할 뻔했다.
**てかげん【手加減】**◇手加減する 적당히 하다 ¶彼は初心者なんだから少し手加減してくれよ 그는 초보자니까 조금 적당히 해 줘. ／ボールが速すぎる. 手加減してよ 볼이 너무 빨라. 적당히 잘 해 줘.
**でかせぎ【出稼ぎ】**¶東京へ出稼ぎに行くつもりだ 도쿄에 돈 벌러 나갈 생각이다. 関連出稼ぎ労働者 다른 지방에서 임시로 일하러 온 노동자
**てがた【手形】**어음 ¶その手形は3か月有効だったその어음은 3개월 유효였다. ／これは手形で支払います 이것은 어음으로 지불하겠습니다. ／彼は手形に裏書きした 그는 어음 뒷면에 서명을 했다. ／あすこの手形を落とさなければならない 내일 이 어음을 결제하게 된다. ／彼女は手形を換金した 그녀는 어음을 환금했다. ／仕入先に100万円の手形を振り出した 매입처에 백만 엔의 어음을 발행했다. ／手形を割り引く 어음을 할인하다
関連手形受取人 어음 수취인／手形交換所 어음 교환소／手形取引 어음 거래／手形振出人 어음 발행인／手形割引 어음 할인／受取手形 수취 어음, 받을어음／為替手形 환어음／支払い手形 지급 어음／不渡り手形 부도 어음／約束手形 약속 어음
**でかた【出方】**〔態度〕태도 ¶相手の出方次第だ 상대의 태도에 따라서다.
**てがたい【手堅い】**〔堅実だ〕견실하다, 착실하다〔安全だ〕안전하다 ¶彼は手堅い商売をしている 그는 견실한 장사를 하고 있다. ／手堅い投資を心がけるべきだ 견실한 투자를 하도록 명심해야 한다.
**てかてか** 반들반들, 번들번들, 번질번질 ¶てかてか光る頭 번질번질 빛나는 머리／彼は額がてかてかしている 그의 이마가 번들번들하다. ／彼のズボンはお尻のところがすれててかてかしていた 그의 바지는 엉덩이 부분이 닳아서 번들번들했다.
**でかでか** ◇でかでかと 큼직하게, 커다랗게 ¶与党幹部の収賄スキャンダルはでかでかと新聞に書き立てられた 여당 간부의 뇌물 수수 스캔들은 큼직하게 신문에 나왔다. ／朝刊にでかでかと新製品の広告が掲載された 조간에 큼직하게 신제품 광고가 게재되었다.
**てがみ【手紙】**편지(片紙・便紙)

基本表現
▶私は彼に手紙を書いた
나는 그 사람에게 편지를 썼다.

▷彼女に手紙を出した
　그 여자에게 편지를 부쳤다.
▷あなたに手紙が来ていますよ
　당신에게 편지 왔어요.
▷彼女から手紙をもらった
　그 여자에게서 편지를 받았다.
▷私はその手紙を開封した
　나는 그 편지를 뜯어 보았다.

◆《手紙が・手紙は》
¶きょうは手紙がたくさん来た 오늘은 편지가 많이 왔다. / 手紙が来ていませんか 편지 안 왔습니까? / この手紙は君あてだ 이 편지는 네 앞으로 온 거다. / 韓国にいる友だちから手紙が来た 한국에 있는 친구로부터 편지가 왔다. / この手紙はソウル発, 5月10日の日付になっている 이 편지는 서울 발, 5월 10일부로 되어 있다. / 手紙は新しい住所に転送してください 편지는 새로운 주소로 전송해 주세요.

◆《手紙で》
¶同窓会には参加できないと彼に手紙で知らせた 동창회에는 참석할 수 없다고 그에게 편지로 알렸다. / 韓国出張の件について彼と手紙で連絡を取らなければならない 한국 출장 건에 대해서 그와 편지로 연락을 취해야 된다.

◆《手紙に》
¶彼女は手紙に追伸を書き足した 그녀는 편지에 추신을 덧붙였다. / 彼の手紙には来月釜山へ行くと書いてあった 그의 편지에는 다음달 부산에 간다고 써 있었다. / 彼女からの手紙には数枚の写真が入っていた 그녀한테서 온 편지에는 여러 장의 사진이 들어 있었다.

◆《手紙の》
¶その手紙の日付はいつですか 그 편지의 날짜는 언제입니까? / 手紙の返事をもらいましたか 편지의 답장은 받으셨습니까? / 韓国のペンフレンドと手紙のやり取りをしている 한국의 펜팔하고 편지를 주고받고 있다.

◆《手紙を》
¶手紙を封筒に入れた 편지를 봉투에 넣었다. / 12歳の時初めて男の子から手紙をもらった 열두 살 때 남자 아이로부터 처음 편지를 받았다. / うっかり切手をはらずに手紙をポストに入れてしまった 깜박 우표를 붙이지 않고 편지를 우체통에 넣어 버렸다. / この手紙を書留で送りたいのですが 이 편지를 등기로 보내고 싶은데요. / 彼女にお礼の手紙を書いた 그녀에게 감사의 편지를 썼다. / 忘れずに手紙を出してね 잊지 말고 편지를 부쳐. 数え方 手紙1通 편지 한 통

会話 手紙をください
　A：落ち着いたら手紙をくださいね
　B：はい, 必ず書きます
　A：시간이 나면 편지 주세요.
　B：네, 꼭 쓰겠습니다.

**てがら【手柄】** 공, 공훈, 공적 ¶手柄を立てる 공을 세우다 / それは彼女の手柄だった 그것은 그녀의 공이었다. / それを自分の手柄にすることはできない 그것을 자기의 공으로 할 수는 없다. / 彼の手柄話にはうんざりだ 그의 공적 자랑은 지긋지긋하다. / お手柄だね(→よくやった) 잘 했다.

**てがる【手軽】** ◆手軽だ〔容易な〕손쉽다〔簡単な〕간단하다〔便利な〕편리하다 ◇手軽に 손쉽게, 간단히, 편리하게 ¶手軽な方法 손쉬운 방법 / 手軽な料理 간단한 요리 / 使いやすい手軽な辞書を探しています 사용하기 쉬운 편리한 사전을 찾고 있습니다. / この辺には手軽に買い物のできる店がない 이 주변에는 손쉽게 쇼핑할 수 있는 가게가 없다. / お昼はそばで手軽に食事をすませた 점심을 국수로 間단히 때웠다.

**てき【敵】** 적〔試合などの〕상대, 경쟁자 ¶塹壕(ざんごう)に身を潜め敵の攻撃を何とか免れた 참호에 몸을 숨겨 적의 공격을 가까스로 피할 수 있었다. / 野生動物たちは様々な方法で敵から身を守っています 야생 동물들은 여러 가지 방법으로 적으로부터 몸을 보호하고 있습니다. / スペインはかつてイギリスの最大の敵であった 스페인은 예전에 영국의 최대의 적이었다. / 彼らを敵に回すとたいへんなことになる 그들을 적으로 돌리면 큰일 난다. / その政治家は味方も多いが敵も多い 그 정치가는 자기 편도 많지만 적도 많다.

¶彼は味方にすれば頼もしいが敵に回せば恐ろしいやつだ 그는 자기 편으로 하면 든든하지만 적으로 하면 무서운 녀석이다.
¶彼は私の商売上の敵だ 그는 내 사업상 적이다.
¶私など彼の敵ではない 나같은 것은 그의 상대가 아니다. / テニスにかけては彼女の敵なしだ 테니스에 있어서는 그녀의 상대는 없다.
¶我々は敵に5対3で勝った 우리는 적에게 5대 3으로 이겼다. / 彼らは敵味方に分かれて戦わざるを得なかった 그들은 적과 적이 되어 싸울 수밖에 없었다. 慣用句 彼は向かうところ敵なしだ 그는 맞설 상대가 없다. 関連 敵艦 적함 / 敵機 적기 / 敵軍 적군 / 敵国 적국 / 敵陣 적진 / 敵地 적지 / 敵兵 적병

**-てき【-滴】** 방울 ¶2,3滴目薬をさす 두세 방울 눈약을 넣다

**でき【出来】** ❶〔出来具合〕만듦새 ¶これは出来のいい陶器だ 이것은 잘 만들어진 도기다. / 今回の彼の作品はたいした出来ではなかった 이번의 그의 작품은 대단히 잘 된 것은 아니었다.

❷〔成績, 結果〕성적 ¶試験の出来はあまりよくなかった 시험의 성적은 별로 좋지 않았다. / このクラスは出来のいい〔悪い〕生徒が多い 이 반은 성적이 좋은〔나쁜〕학생이 많다. / きょうの彼女の演奏はすばらしい出来だった 오늘 그녀의 연주는 아주 훌륭했다. / 今日中に終わったら上出来だね 오늘 중으로 끝낸다면 잘한 거야.

会話 ずっといい出来だ
　A：その作家の新しい小説はどうですか
　B：前のものよりずっと出来がいいよ
　A：그 작가의 새 소설은 어때?
　B：전보다 훨씬 좋아.
　A：初めてチヂミを焼いてみたけど, どう?
　B：おいしい！上出来だよ
　A：처음 부침개를 만들어 봤는데 어때?
　B：맛있어. 잘 만들었는데.

❸〔収穫〕수확 ¶今年は作物の出来がよい〔悪い〕 올해는 작물의 수확이 좋다〔나쁘다〕. / 米は天

候により出来不出来がある 쌀은 기후에 따라 수확이 좋고 나쁠 때가 있다.

**できあい【出来合い】**기성품(既成品) ¶出来合いのおかず 파는 반찬 / 出来合いの服 기성복

**できあい【溺愛】**익애 ◇溺愛する 익애하다, 맹목적으로 사랑하다 ¶彼女は息子を溺愛している 그녀는 아들을 맹목적으로 사랑하고 있다.

**できあがり【出来上がり】**〔完成〕완성 〔出来映え〕만듦새 ¶すばらしい出来上がりの品 훌륭한 완성품

**できあがる【出来上がる】**〔完成される〕완성되다 〔用意できる〕준비되다 〔酔う〕취하다 ¶わが家は来月出来上がる 우리 집은 다음달 완성된다. / 夕飯が出来上がりましたよ 저녁밥이 준비됐어요. / 彼は出来上がっているよ(→酔っている) 그는 취했어.

**てき【敵意】**적의 ¶彼は敵意の眼差しで彼女を見すえた 그는 적의에 찬 눈으로 그녀를 응시했다. / 敵意のある質問 적의 있는 질문 / 彼女は僕に敵意を抱いていた 그녀는 나에게 적의를 품고 있었다. / ヨンはミジャに敵意をむき出しにした 영희는 미자한테 적의를 드러냈다. / 敵意を示す 적의를 나타내다

**てきおう【適応】**적응 ◇適応する 적응하다 ¶若い人ほど新しい環境への適応が早い 젊은 사람일수록 새로운 환경에 적응이 빠르다. / 新しい仕事に適応するのに半年かかった 새로운 일에 적응하는 데 반년이 걸렸다. / 彼女は都会生活に適応できずホームシックにかかった 그녀는 도시 생활에 적응하지 못해서 향수병에 걸렸다. 関連適応性 적응성 / 適応力 적응력

**てきおん【適温】**적온, 알맞은 온도 ¶室内を適温に保つ 실내를 알맞은 온도로 유지하다

**てきがいしん【敵愾心】**적개심 ¶彼女は私に敵愾心を燃やしている 그녀는 나에게 적개심을 불태우고 있다.

**てきかく【的確】**◇的確だ 적확하다, 정확하다 ¶彼の判断は的確だった 그의 판단은 정확했다.

**てきかく【適格】**◇適格だ 적격하다 ¶彼は教師に適格だ 그는 교사로 적격이다. 関連適格者 적격자

**てきぎ【適宜】**〔適切に〕적절히 〔適当に〕적당히, 적당하게 〔適宜判断してください 적당하게 판단해 주세요.

**てきごう【適合】**◇適合する 적합하다 〔適応する〕満たす〕충족시키다 ¶この条件に適合する人はいない 이 조건에 적합한 사람은 없다. / 環境の変化に適合するのは難しい 환경 변화에 적응하는 것은 어렵다.

**できごころ【出来心】**일시적인 충동 ¶ほんの出来心で盗んでしまった 일시적인 충동으로 훔치고 말았다. / ほんの出来心でやったことなんです。今回だけはどうか見逃してください 일시적인 충동으로 한 것입니다. 이번만 봐 주세요.

**できごと【出来事】**일, 사건(事件) ¶こんな出来事は日常ざらにある 이런 일은 일상에 흔하게 있다. / その出来事で彼に対する彼女の信頼はぐらついた 그 사건으로 그에 대한 그녀의 신뢰는 흔들렸다. / 彼女は毎晩夫にその日の出来事を話す 그녀는 매일밤 남편에게 그 날의 일들을 이야기한다. / 私たちは世界の出来事をテレビや新聞で知ることができる 우리는 세계의 사건들을 텔레비전이나 신문으로 알 수 있다. / 予期せぬ出来事に場内は騒然となった 예기치 못한 사건으로 장내는 어수선해졌다.

¶それは寒い冬の夜の出来事だった 그것은 추운 겨울 밤의 일이었다. / そんな出来事があったなんて知らなかった 그런 사건이 있었다니 몰랐다. / それは一瞬の出来事で何が起こったのかわからなかった 그것은 한순간에 일어난 일이라 뭐가 뭔지 몰랐다.

**てきざい【適材】**적재, 적임자(適任者) ¶彼はそのポストに適材だ 그는 그 자리에 적임자다. / 多様な人材を適材適所に配置する 다양한 인재를 적재적소에 배치하다

**てきし【敵視】**적시, 적대시 ◇敵視する 적시하다 ¶彼は加藤氏を敵視している 그는 가토 씨를 적대시하고 있다.

**できし【溺死】**익사 ◇溺死する 익사하다 ¶川で子供が溺死した 강에서 아이가 익사했다.
関連 溺死者 익사자 / 溺死体 익사체

**てきしゃせいぞん【適者生存】**적자생존

**てきしゅつ【摘出】**적출 ◇摘出する 적출하다 ¶医者は患者の腫瘍を摘出した 의사는 환자의 종양을 적출했다.

**テキスト** 텍스트 〔教科書〕교과서 〔教材〕교재 ¶ラジオハングル講座のテキスト 라디오 한글 강좌 교재

**てきする【適する】**알맞다, 들어맞다, 적합하다 ¶君の服装は山登りには適してない 너의 복장은 등산에는 적합하지 않다. / 彼は若いけれどもこの仕事に適しているようだ 그는 젊지만 이 일에 적격이다. / このパソコンは初心者に適している 이 컴퓨터는 초보자에 적합하다. / この井戸水は飲料水には適していない 이 우물물은 음료수로는 적합하지 않다. / この熱帯植物は日本の気候には適さない 이 열대 식물은 일본의 기후에는 적합하지 않다. / 彼らは寒い地方に適した稲を作り出した 그들은 추운 지방에 적합한 벼를 만들어냈다.

**てきせい【適正】**적정 ◇適正だ 적정하다 ¶いつも適正な評価を受けるとは限らない 항상 적정한 평가를 받는다고는 할 수 없다. 関連適正価格 적정 가격 / 適正温度 적정 온도

**てきせい【適性】**적성 ¶彼女には医師としての適性がある 그녀는 의사에 적성이 맞다. / 適性を判断する 적성을 판단하다 関連職業適性検査 직업 적성 검사

**てきせつ【適切】**◇適切だ 적절하다 ◇適切に 적절히, 적절하게 ¶適切な対応 적절한 대응 / 適切な治療 적절한 치료 / 私が困っているとき彼は適切な助言をしてくれた 내가 곤란할 때 그는 적절한 조언을 해 주었다. / 彼女はその問題について適切な処置を取った 그녀는 그 문제에 대해서 적절한 조치를 취했다. / 彼の言葉はその場に適切なものではなかった 그의 말은 그 상황에 적절한 것이 아니었다. / 彼は記者たちの質問に適切に答えた 그는 기자들의 질문에 적절하게 대답했다.

**できそこない【出来損ない】**〔失敗作〕실패작 ¶できそこないのご飯 잘 안된 밥 / このケーキはできそこないだ 이 케이크는 실패다.

**てきたい【敵対】**적대 ◇敵対する 적대하다〔対立する〕대립하다〔手向かう〕반항하다〔反対する〕반대하다 ¶彼らは長年にわたる敵対関係を水に流した 그들은 긴 세월에 걸친 대립을 없었던 것으로 했다. / 彼はいつも私に敵対行為を取る 그는 항상 나에게 적대 행위를 취한다. / 彼女は父親に敵対していた 그녀는 아버지를 적대하고 있었다. 敵対視する 적대시하다 / 敵対意識 적대 의식 / 敵対関係 적대 관계

**できだか【出来高】**〔収穫量〕수확량〔生産高〕생산고〔株式の取引量〕거래액 ¶今年の米の出来高はよくない 올해의 쌀 수확량은 좋지 못하다. / 出来高払いで働く 성과급으로 일하다

**できたて【出来立て】**出来立ての 금방 만들어진 ¶出来立てのパン 갓 구운 빵

**てきちゅう【的中】**◇的中する 적중하다 ¶予想が的中する 예상이 적중하다 / 天気予報が的中した 일기 예보가 적중했다. 関連 の中率 적중률

**てきど【適度】**◇適度な 알맞은, 적당한 ◇適度に 알맞게, 적당히 ¶健康のために適度な運動をしたほうがよい 건강을 위해 적당한 운동을 하는 게 좋다. 適度な量 적당한 양 / 適度に食べる 적당하게 먹다

**てきとう【適当】**❶〔適切だ〕◇適当だ 적당하다, 적절하다 ◇適当に〔ほどほどに〕적당히 ¶刑事役には彼がもっとも適当だ 형사 역에는 그가 가장 적당하다. / この映画は子供には適当ではない 이 영화는 어린이들에게는 적당하지 않다. / この本を入れる適当な袋はありませんか 이 책을 넣을 적당한 봉투는 없습니까? / 車を停めるのに適当な場所がなかった 차를 세우는 데 적당한 장소가 없었다. / じゃがいもと人参を適当な大きさに切ってください 감자와 당근을 적당한 크기로 잘라 주세요. / この絵のすばらしさを表現する適当な言葉が見つからない 이 그림의 훌륭함을 표현할 적당한 단어가 생각나지 않는다. / 適当なところで仕事を切り上げてお茶にしよう 적당한 데에서 일을 일단락하고 차나 마시자. / 秘書に適当な人を探している 비서로 적당한 사람을 찾고 있다.
¶私はこれで帰りますけど、あとは適当にやってください 나는 이것으로 돌아갑니다만 뒷일은 적당히 해 주십시오. / 私は彼を適当にあしらった 나는 그를 적당히 응대했다.
❷〔いいかげんだ〕◇適当だ〔無責任だ〕무책임하다 ¶彼女は適当な返事をした 그녀는 무책임한 대답을 했다. / 適当なことを言わないでください 무책임한 말을 하지 말아 주세요. / 適当な人間だから信用してはいけません 그는 무책임한 사람이니가 신용하지 마세요.

**てきにん【適任】**적임 ¶その仕事には彼女が適任だ 그 일에는 그녀가 적임이다.

**できばえ【出来映え】**〔製品の〕만듦새〔仕事などの〕솜씨〔結果〕결과 ¶新製品のできばえはいかがですか 신제품은 어때요? / そのポスターはみごとなできばえだった 그 포스터는 훌륭한 솜씨였다.

**てきぱき**◇てきぱきと 척척, 재빨리, 재빠르게 ¶てきぱきと仕事をこなす 척척 일을 해치우다 / てきぱきと指示を出す 재빠르게 지시를 하다

**てきはつ【摘発】**적발 ◇摘発する 적발하다 ¶検察は政界の汚職を摘発した 검찰은 정계의 독직 사건을 적발했다.

**できもの【出来物】**종기, 부스럼〔腫瘍〕종양 ¶腕にできものができた 팔에 종기가 생겼다.

**てきやく【適役】**적격〔適格〕적역 ¶チャングムは彼女の適役だ 장금이는 그녀가 적격이다. / 彼はこの仕事に適役だ 그는 이 일에 적역이다.

**てきよう【適用】**적용 ◇適用する 적용하다 ¶彼は失業保険の適用を受けている 그는 실업 보험의 적용을 받고 있다. / この法律は外交官には適用されない 이 법률은 외교관에게는 적용되지 않는다.

**てきよう【摘要】**적요〔要約〕요약〔概略〕개략 ¶憲法改正案の摘要 헌법 개정안의 적요

**てきりょう【適量】**적량, 적당량 ¶適量の水を加える 적당량의 물을 더하다

**できる【出来る】**❶〔可能である〕- ㄹ[- 을] 수 있다, - ㄹ[- 을] 줄 알다 ; 가능하다 ¶彼女は車の運転ができる 그녀는 자동차 운전을 할 줄 안다. / 東京でひと月10万ではとても生活できない 도쿄에서 한 달 10만 엔으로는 도저히 생활할 수 없다. / 縄跳びは何回できるの 줄 넘기는 몇 번 정도 할 수 있어? / 伊藤さんは韓国語ができますか 이토 씨는 한국어를 할 줄 압니까? / 1か月で運転免許を取ることができる 한 달 만에 운전 면허증을 딸 수 있다. / 僕にできることが何でもやります 제가 할 수 있는 일이 있다면 뭐든지 하겠습니다. / この新しいコンピュータは今までよりずっと多くの情報を処理することができる 이 새 컴퓨터는 지금까지보다 더욱 많은 정보를 처리할 수 있다. / 世界には読み書きのできない人たちが少なからずいる 세계에는 읽고 쓰기를 못 하는 사람들이 적잖아 있다. / いつか人類は月に住むことができるようになるだろう 언젠가 인류는 달에 살 수 있게 될 것이다. / 頑張って勉強して入学試験に合格することができた 열심히 공부해서 입시에 합격할 수 있었다. / 少年のころはこの川で釣りや水泳を楽しむことができた 소년 시절에는 이 강에서 낚시랑 수영을 즐길 수 있었다.
¶電車の事故で時間どおりに到着できなかった 전철이 사고가 나서 시간에 맞춰 도착할 수 없었다. / 言論の自由を力で抑えつけることはできない 언론의 자유를 힘으로 억압할 수는 없다. / 娘をあんな男の嫁にやるなんてとてもできない相談だ 딸을 그런 남자에게 주다니 말도 안된다.
¶できるだけのことはやった 할 수 있는 일은 다 했다. / できるだけ早く帰るよ 될 수 있는 한 빨리 돌아갈게. / できれば明日までにお願いします 가능한 한 내일까지 부탁합니다.

❷〔頭のよい〕머리가 좋다〔優れている〕뛰어나다, 우수하다〔立派な〕훌륭하다〔うまくこなす〕잘 하다 ¶小林はクラスで一番できる子だ 고바야시는 반에서 머리가 제일 좋아. / 伊藤さんは数学がよくできる 이토 씨는 수학을 잘 한다. / できる

生徒もいれば、できない生徒もいる 잘하는 학생이 있는가 하면 못하는 학생도 있다. / 彼はスキー [そろばん]ができる 그는 스키가[주산이] 뛰어나다. / 彼はできる人だ 그는 능력 있는 사람이다. / 彼女は秘書としてはよくできる人だ(→有能だ) 그녀는 비서로서 유능하다. / あの人は実によくきた人だ 그 사람은 정말 훌륭한 사람이다.

❸[完成する, 仕上がる] 되다, 완성되다 ¶卒業論文ができた 졸업 논문이 드디어 완성되었다. / 明日には全部できそうだ 내일이면 다 될 것 같다. / "夕食ができたわよ" "今行くよ" "저녁밥 다 됐어요." "지금 가요." / 旅行の支度はできましたか 여행 준비는 다 됐어요? / この写真はいつできますか 이 사진은 언제 나오나요?

❹[作られる] 만들어지다, 생기다 [店が] 개점하다 [建物が] 건설되다 [設立される] 설립되다 ¶近くに新しいコンビニができた 근처에 새로운 편의점이 생겼다. / 駅前にレストランができた 역 앞에 레스토랑이 개점했다. / 品川では高層ビルが次々にできている 시나가와에는 고층 빌딩이 연달아 건설되고 있다. / 本州と北海道を結ぶ青函トンネルは1985年にできた 혼슈와 홋카이도를 연결하는 세이칸 터널은 1985년에 완성되었다. / 国連は国際平和と安全の維持を目的として1945年にできた UN은 국제 평화와 안전 유지를 목적으로 1945년에 생겼다. / 我々の学校は40年前にできた 우리 학교는 40년 전에 생겼다. / 日本の焼酎は麦やいもからできる 일본 소주는 보리나 고구마류로 만들어진다.

¶最近新しい政党がいくつかできた 최근 새로운 정당이 몇 개인가 생겼다. / 今度の4月から新しくサッカー部ができる 이번 사월부터 새로 축구부가 생긴다. / ほら, 軒下につばめの巣ができているよ 저기 봐, 처마밑에 제비집이 생겼어.

❺[生じる, 発生する] 생기다 [男女が] 사귀다, 야합하다 ¶顔ににきびができた 얼굴에 여드름이 생겼다. / 胃にかいようができていると医者から言われた 위궤양이 생겼다고 의사가 말했다.

¶急用ができたのでこれで失礼します 급한 일이 생겨서 이만 실례하겠습니다. / 彼は無口なのでなかなかガールフレンドができない 그는 과묵한 사람이라서 좀처럼 여자 친구가 생기지 않는다. / 私, 赤ちゃんができたみたい 나, 임신한 것 같아. / あの二人はできているらしい 그 둘은 사귀고 있는 듯하다.

**てきれいき【適齢期】** 적령기 ¶うちには適齢期の娘がいる 우리 집에는 결혼 적령기의 딸이 있다. 関連 結婚適齢期 결혼 적령기

**てぎわ【手際】** 솜씨, 수완(手腕) ¶手際がよい 솜씨가 좋다. / 彼女はやることすべてに手際がいい 그녀는 하는 일마다 모두 솜씨가 좋다. / 手際よく整理する 솜씨 있게 정리하다.

**てぐすね【手ぐすね】** ¶彼は手ぐすね引いて私たちを待っている 그는 만반의 준비를 마치고 우리를 기다리고 있었다.

**てくせ【手癖】** 손버릇 [盗癖] 도벽 ¶この子は手癖が悪い 이 아이는 손버릇이 나쁘다.

**てぐち【手口】** 수법(手法) ¶同じ手口の犯行 같은 수법의 범행

**でぐち【出口】** 출구 [排出口] 배출구 ¶大勢の人が劇場の出口を押し合いながら抜け出た 많은 사람이 극장 출구를 서로 밀치면서 빠져나왔다. 関連 出口調査 (投票의) 출구 조사 / 非常出口 비상 출구

**てくてく** 터벅터벅 ¶駅までてくてく歩いた 역까지 터벅터벅 걸었다.

**テクニカル** 테크니컬 関連 テクニカルターム 학술 용어, 전문 용어 / テクニカルノックアウト 테크니컬 녹아웃 ⇨技術

**テクニシャン** 기술자, 기교가(技巧家)

**テクニック** 테크닉, 기술(技術)

**テクノポリス** 테크노폴리스, 고도 기술 집적 도시(高度技術集積都市)

**テクノロジー** 과학 기술(科学技術)

**てくび【手首】** 손목 ¶彼は突然私の手首をつかんだ 그는 갑자기 내 손목을 잡았다.

**でくわす【出会す・出交す】** 우연히 만나다 ¶銀座で旧友に出くわした 긴자에서 옛 친구와 우연히 만났다.

**てこ【挺子】** 지레 ¶彼らは岩をてこで持ち上げた 그들은 바위를 지레로 들어올렸다. / てこの原理 지레의 원리 慣用句 彼女は一度言い出したらてこでも動かない 그녀는 한 번 말을 꺼내면 꿈적도 안 한다.

**てごころ【手心】** [しんしゃく] 참작 [配慮] 배려 ¶手心を加える 참작하다

**てこずる【挺摺る】** 애를 먹다 ¶息子のわがままにてこずっている 아들이 버릇이 없어 애를 먹고 있다. / 仕事にてこずる 일에 애를 먹다

**てごたえ【手応え】** [反応] 반응, 느낌 ¶確かな手応えがある 확실한 반응이 있다. / 彼に何を言っても手応えがない 그에게 뭘 말해도 반응이 없다. / 彼女にいくら教えても何の手応えもない 그녀에게 아무리 가르쳐도 아무런 반응이 없다.

¶金塊は意外と重く, ずっしりした手応えがあった 금괴는 의외로 무거워서 묵직한 느낌이었다.

**でこぼこ【凸凹】** 울퉁불퉁 ◇でこぼこだ 울퉁불퉁하다 ¶でこぼこの道 울퉁불퉁한 길

**デコレーション** 데커레이션 [飾り] 장식 関連 デコレーションケーキ 데커레이션 케이크

**てごろ【手頃】** ◇手ごろだ 알맞다, 적당하다, 적합하다, 손쉽다 ¶この辞書はコンパクトで海外旅行に持っていくのに手ごろだ 이 사전은 작아서 해외 여행에 가져 가기에 적당하다. / 手ごろな値段の中古車があったら買いたいんだが 적당한 가격의 중고차가 있으면 사고 싶은데. / 小さい子供には風呂の掃除ぐらいが手ごろなお手伝いだ 어린 아이에게는 욕실 청소 정도가 집안일 돕기로서 적당하다. / 4人家族なのですが手ごろなマンションを探しています 4인 가족인데 적당한 아파트를 찾고 있습니다. / バドミントンはだれにでもできる手ごろなスポーツだ 배드민턴은 누구나 할 수 있는 손쉬운 스포츠다. / 手ごろな大きさ 알맞은 크기

**てごわい【手強い】** 만만치 않다, 힘겹다, 벅차다 ¶手強い相手 만만치 않은 상대

**デザート** 디저트 ¶デザートにアイスクリームを食べた 디저트로 아이스크림을 먹었다.

**デザイナー** 디자이너 ¶デザイナーブランドの服 디

자이너 브랜드의 옷
**デザイン** 디자인 ◇デザインする 디자인하다
¶この照明器具はデザインが奇抜だ 이 조명 기구는 디자인이 기발하다. / このドレスはだれがデザインしたの 이 드레스는 누가 디자인했어?

**てさき【手先】❶**〔手の先〕손끝〔手や指の使い方〕손재주 彼女は手先が器用だ 그녀는 손재주가 있다.

**❷**〔手下〕앞잡이 ¶警察の手先 경찰의 앞잡이 / 麻薬密売組織の手先となって働く 마약 밀매 조직의 앞잡이가 되어 일한다.

**できき【出先】**행선지(行先地)〔外〕밖 彼は出先から会社に電話した 그는 밖에서 회사로 전화했다. / 彼女の出先を知っていますか 그녀의 행선지를 알고 있습니까? 関連 **出先機関** 출장소(出張所), 대표부(代表部)

**てさぎょう【手作業】**수작업, 수제(手製), 수공(手工) ¶この靴はすべて手作業で造られている 이 구두는 모두 수작업으로 만들어졌다.

**てさぐり【手探り】**◇**手探りする** 손으로 더듬다〔模索する〕암중모색하다 ¶暗い部屋の中を手探りで電話を探した 어두운 방 안을 더듬어 전화기를 찾았다. / 私たちは暗がりの中を手探りで歩きながら進んだ 우리는 어둠 속을 더듬으며 걸어갔다. / その研究はまだ手探りの状態です 그 연구는 아직 암중모색 상태입니다.

**てさげ【手提げ】**〔かばん〕손가방〔かご〕손바구니〔袋〕손주머니 関連 **手提げ金庫** 휴대용 금고

**てざわり【手触り】**촉감(触感), 감촉(感触) ¶手触りが良い 촉감이 좋다. / このセーターは手触りが柔らかい 이 스웨터는 촉감이 부드럽다. / この生地は絹のような手触りだ 이 천은 실크 같은 촉감이다.

**でし【弟子】**제자 ¶彼女は弟子をとらない 그녀는 제자를 키우지 않는다. / 彼に弟子入りした 그 사람의 제자가 되었다. / 牧野さんは岡本教授の弟子さん 마키노 씨는 오카모토 교수의 제자 / 愛弟子 애제자

**てしお【手塩】**¶手塩にかけて育てる 손수 돌보아 키우다

**てしごと【手仕事】**수제(手製), 수공(手工)〔手細工〕수세공

**てした【手下】**부하(部下),《卑》졸개

**デジタル** 디지털(↔아날로그) 関連 **デジタル衛星放送** 디지털 위성 방송 / **デジタルカメラ** 디지털 카메라(►「デジカメ」라고도 한다) / **デジタル信号** 디지털 신호 / **デジタル通信** 디지털 통신 / **デジタル時計** 디지털 시계 / **デジタル表示** 디지털 표시 / **デジタル録音** 디지털 녹음 / **地上デジタル放送(地デジ)** 지상 디지털 방송

**てじな【手品】**마술(魔術) ¶手品の種明かしをする 마술의 내막을 공개하다 / 彼は手品で帽子からはとを出した 그는 마술로 모자에서 비둘기를 꺼냈다. / 彼女はトランプの手品をした 그녀는 트럼프 마술을 했다. 関連 **手品師** 마술사, 마술쟁이

**でしゃばり【出しゃばり】**¶出しゃばりな人 잘 나서는 사람 彼女は出しゃばりだ 그녀는 잘 나선다.

**でしゃばる【出しゃばる】**나서다 ¶出しゃばるな 나서지 마.

**てじゅん【手順】**〔順序〕순서〔段取り, 手はず〕절차〔工程〕공정〔手続き〕수속 ¶あらかじめ決めた手順どおりにしてください 미리 정해진 순서대로 해 주세요. / すべてが手順よく進んだ 모든 것이 순서대로 진행되었다. / 手順が狂う 순서가 엉망이 되다

**てじょう【手錠】**수갑, 쇠고랑 ¶警官はその男に手錠を掛けた 경찰관은 그 남자에게 수갑을 채웠다. / 手錠を外す 수갑을 풀다

**てすう【手数】**〔面倒〕수고, 폐〔手間〕품, 시간 ¶お手数をおかけして申し訳ありません 폐를 끼쳐서 대단히 죄송합니다. / お手数ですが書類を届けてくださいませんか 수고스러우시지만, 서류를 보내 주시겠습니까?

¶コンピューターのおかげで手数がずいぶん省ける 컴퓨터 덕분에 품[시간]을 많이 아낄 수 있다. / それはとても手数のかかる仕事だった 그것은 아주 품이 드는 일이었다. / 単語を調べるのは手数がかかる 단어를 찾는 것은「품이 든다[시간이 많이 걸린다].

¶証明書発行の手数料は1部300円です 증명서 발행 수수료는 1부에 3백 엔입니다. / 手数料として500円取られた 수수료로 5백 엔을 들었다.

**ですぎる【出過ぎる】**¶お茶が出すぎた(→濃すぎた) 차가 너무 진하다.

¶出すぎたまねをするな 주제넘는 짓 하지 마.

**デスク** 데스크〔机〕책상〔新聞社などの役職〕데스크 関連 **デスクプラン** 탁상 계획 / **デスクワーク** 사무

**デスクトップコンピュータ** 데스크톱 컴퓨터

**テスト** 테스트, 시험(試験) ◇**テストする** 테스트하다 ¶英語のテストを受ける 영어 시험을 보다 / テストに合格する 시험에 합격하다 / 彼女はテストで100点だった 그녀는 시험에서 100점이었다. / 数学のテストで満点[悪い点]を取った 수학 시험에서 만점을[ 나쁜 점수를] 받았다. / 彼女は生徒に数学のテストをした 그녀는 학생들에게 수학 테스트를 했다.

¶彼の仕事は新車の性能をテストすることだ 그의 일은 신차 성능을 테스트하는 것이다. 関連 **テストケース** 테스트 케이스, 시험적 사례 / **テストコース** 테스트 코스 / **テストパイロット** 테스트 파일럿, 시험 조종사 / **テストパターン** 테스트 패턴 / **穴埋めテスト** 빈칸 메우기 테스트 / **学力テスト** 학력 고사 / **期末テスト** 학기말 시험[고사] / **学年末テスト** 학년말 시험[고사] / **実力テスト** 실력 테스트 / **商品テスト** 상품 테스트 / **心理テスト** 심리 테스트 / **体力テスト** 체력 테스트 / **知能テスト** 지능 테스트 / **ペーパーテスト** 페이퍼 테스트 / **模擬テスト** 모의 시험[고사] / **論文式テスト** 논문식 시험

**デスマスク** 데스 마스크

**デスマッチ** 데스 매치, 사투(死闘)

**てすり【手摺】**난간 ¶手すりにつかまる 난간을 잡다

**てせい【手製】**수제 ◇**手製の** 수제의, 손수〔직접〕만든〔自家製の〕집에서 만든 ¶手製の

수제 도기 / 手製のケーキ 손수 만든 케이크 / 手製爆弾 수제 폭탄

**てそう【手相】** 손금, 수상 ¶手相を見る 손금[수상]을 보다 / 手相を見てもらった 손금을 보았다. / あなたはいい手相をしている 당신은 좋은 손금을 하고 있다. 関連 手相見 수상가, 손금쟁이

**てだし【手出し】** 참견 ¶子供のやることに手出しをしないほうがいい 아이들이 하는 일에는 참견하지 않는 게 좋다. / 手出しをするな 참견하지 마.

**でだし【出出し】** [開始] 시작[初め] 처음 ¶出だしは好調だった 시작은 호조였다. / ロッテはシーズンの出だしは快調だった 롯데는 시즌 처음은 쾌조였다.

**てだすけ【手助け】** 도움 ◇手助けする 돕다 ⇒助け, 助ける, 手伝い, 手伝う

**てだて【手立て】** 수단(手段), 대책(對策) ¶交通事故を減らすために手立てを講じなければならない 교통사고를 줄이기 위해 대책을 강구해야 된다.

**でたとこしょうぶ【出たとこ勝負】** ¶出たとこ勝負で行こう(→運に任せてやってみよう) 운에 맡겨 보자.

**てだま【手玉】** [慣用句] 彼女はその男を手玉に取った 그녀는 그 남자를 농락했다.

**でたらめ【出鱈目】** 엉터리[うそ] 거짓말 ¶でたらめを言うな 엉터리 같은 말 하지 마. / その人の言うことはみんなでたらめさ 그 사람 하는 말은 다 엉터리야. / 彼女はでたらめな女だ 그녀는 너무나 무책임한 여자다. / でたらめな会社 엉터리 회사

**てぢか【手近】** 가까이, 바로 곁 ◇手近な 가까운[すぐ近くの] 바로 곁의[手の届く所の] 손에 닿는[よく知られた] 흔한 ¶懐中電灯はいつも手近な所に置いている 손전등은 항상 손에 닿는 곳에 두고 있다. / 手近な例 흔한 예

**てちがい【手違い】** 착오 ¶計画に手違いが生じた 계획에 착오가 생겼다. / 手違いで彼に会えなかった 착오로 그를 만날 수 없었다.

**てちょう【手帳】** 수첩 ¶彼は相手の電話番号を手帳に書き留めた 그는 상대의 전화번호를 수첩에 적었다. 関連 システム手帳 시스템 수첩 / 生徒手帳 학생 수첩 / 電子手帳 전자 수첩

**てつ【鉄】** 철, 쇠[鋼鉄] 강철[鉄石] 철석 ¶鉄の意志 강철 같은 의지 [慣用句] 鉄は熱いうちに打て 철은 뜨거울 때 두들겨라. 関連 鉄くず 쇠부스러기 / 鉄鉱石 철광석 / 鉄材 철재 / 鉄板 철판, 쇠판 / 酸化鉄 산화철

**てっかい【撤回】** 철회 ◇撤回する 철회하다 ¶処分を撤回する 처분을 철회하다 / 彼は自分の発言を撤回した 그는 자기 발언을 철회했다.

**てつがく【哲学】** 철학 ◇哲学的 철학적 ¶だれにも人生哲学は必要だ 누구나 인생 철학은 필요하다. 関連 哲学者 철학자 / 哲学博士 철학 박사 / 経験哲学 경험 철학 / 実践哲学 실천 철학 / 東洋[西洋]哲学 동양[서양] 철학

**てつかず【手付かず】** ¶そのお金は手付かずのままだった 그 돈은 손대지 않은 그대로였다.

**てづかみ【手摑み】** ◇手づかみする 손으로 집다[움켜쥐다] ¶ケーキを手づかみで食べてはいけません ケーキを手で집어 먹어서는 안 됩니다. / 子供は魚を手づかみにした 아이는 물고기를 손으로 움켜쥐었다.

**てっかん【鉄管】** 철관

**てっき【鉄器】** 철기 関連 鉄器時代 철기 시대

**てっき【敵機】** 적기

**てつき【手付き】** 손놀림 ¶彼女は慣れた手つきで柿の皮をむいた 그녀는 익숙한 손놀림으로 감껍질을 벗겼다. / 彼は不器用な手つきでシャツのボタンをはめた 그는 서투른 손놀림으로 셔츠의 단추를 끼웠다.

**デッキ** [船の] 갑판[列車の] 승강구의 발판[テープデッキ] 테이프 데크 ¶彼女は船のデッキに出て涼んだ 그녀는 배의 갑판에 나와서 바람을 쐬었다.

**デッキチェア** 갑판 의자[折り畳み椅子] 접는 의자

**てっきょ【撤去】** 철거 ◇撤去する 철거하다 ¶不法建築物を撤去する 불법 건축물을 철거하다 / 道路の障害物を撤去する 도로 장애물을 철거하다 / 地雷撤去 지뢰 철거

**てっきょう【鉄橋】** 철도교[鉄製の橋] 철교

**てっきり** 영락없이 ¶てっきり彼女は合格すると思っていた 영락없이 그녀는 합격할 줄 알고 있었다.

**てっきん【鉄筋】** 철근 ¶鉄筋コンクリートの家 철근 콘크리트 집

**てづくり【手作り】** ◇手作りの 손수 만든[自家製] 집에서 만든 ¶母の手作りの弁当 엄마가 손수 만들어 주신 도시락 / この服は母の手作りだ 이 옷은 어머니가 손수 만드신 것이다.

**てつけきん【手付金】** 계약금 ¶マンションを買うのに50万円の手付金を払った 아파트를 사는 데 50만 엔의 계약금을 냈다.

**てっこう【鉄鋼】** 철강, 강철 関連 鉄鋼業 철강업 / 鉄鋼メーカー 제강 업자

**てっこうじょ【鉄工所】** 철공소

**てっこつ【鉄骨】** 철골 ¶鉄骨構造 철골 구조

**デッサン** 데생, 소묘(素描)

**てつじょうもう【鉄条網】** 철조망 ¶軍事基地の周りには鉄条網が張り巡らされていた 군사 기지의 주변에는 철조망이 둘러쳐져 있었다.

**てっする【徹する】** [専念する] 전념하다[徹夜する] 밤을 새우다 ¶彼は金もうけに徹している 그는 돈 벌기에 전념하고 있다. / 彼らは夜を徹して働いた 그들은 밤을 새워서 일했다.

**てっそく【鉄則】** 철칙 ¶民主主義の鉄則を守らなければならない 민주주의의 철칙을 지켜야 된다. / 成功[勝利]の鉄則 성공[승리]의 철칙

**てったい【撤退】** 철회, 철수 ◇撤退する 철회하다, 철수하다 ¶司令官は陣地から全軍を撤退させた 사령관은 진지로부터 전군을 철수시켰다. / わが社は韓国市場からの撤退を決めることにした 우리 회사는 한국 시장에서 철수하기로 결정했다. / 撤退命令 철수 명령

**てつだい【手伝い】** 도움[人手] 일손[お手伝いさん] 가정부(家政婦), 파출부(派出婦) ¶きのう母の家事の手伝いをした 어제 어머니의 집안일을 도왔다. / 何かお手伝いしましょうか 뭐 도와 드릴

까요?

**てつだう**【手伝う】돕다, 거들다

[基本表現]
▷父の仕事を手伝った
　아버지의 일을 도와드렸다.
▷何か手伝うことはありますか
　뭐 도와드릴 거 있습니까?
▷母が食器を洗うのを手伝った
　어머니가 설거지를 하시는 것을 도와드렸다.

¶私は時々弟の宿題を手伝ってあげる 나는 가끔 동생의 숙제를 도와준다. / ちょっと手伝ってくれないか? このたんす重くて動かせないの 좀 도와줄래? 이 장롱 무거워서 못 움직여. 

¶彼女は病弱なうえに心労も手伝って寝込んでしまった 그녀는 병약한데다가 정신적 피로까지 겹쳐서 드러누워 버렸다. / 群集心理も手伝って騒ぎはますます大きくなった 군중 심리도 겹쳐서 소란은 더욱 커졌다.

**でっちあげ**【でっち上げ】 조작(造作), 날조(捏造) ¶これは彼女のでっちあげだ 이것은 그녀의 조작이다.

**でっちあげる**【でっち上げる】 꾸며내다, 조작하다, 날조하다 ¶話をでっち上げる 이야기를 꾸며내다 / 彼もうまい話をでっち上げたものだ 그도 그럴듯한 이야기를 꾸며댔군. / でっち上げられた報告書 날조된 보고서

**てっちゅう**【鉄柱】 쇠기둥

**てつづき**【手続き】 수속 [手順] 절차 ¶韓国に留学するにはどんな手続きが必要ですか 한국에 유학하려면 어떤 수속이 필요해요? / 入学手続きは3月15日までに完了しなければならない 입학 수속은 삼월 15일까지 완료해야 된다. / 車を輸入するには複雑な手続きを踏む必要がある 차를 수입하는 데는 복잡한 수속을 밟을 필요가 있다. / すべての書類をそろえて手続きを済ませた 모든 서류를 갖추고 수속을 끝냈다. / 彼女は離婚訴訟の手続きをとった 그녀는 이혼 소송 절차를 취했다.

**てってい**【徹底】◇徹底する 철저하다 ◇徹底した 철저한 ◇徹底的な 철저한 ◇徹底的に 철저히 ¶彼女は何事においても徹底している 그녀는 뭐든 일에도 철저하다. / 徹底した自由主義者だ 그는 철저한 자유주의자다. / 警察は暴走族の徹底した取り締まりを行った 경찰은 폭주족을 철저히 단속했다. / 行政改革を徹底させる必要がある 행정 개혁을 철저하게 할 필요가 있다.

¶年に一度は徹底的な健康診断を受けたほうがよい 1년에 한 번은 철저한 건강 진단을 받는 게 좋다. / 彼はリストの徹底的なチェックを命じた 그는 리스트의 철저한 체크를 명했다.

¶彼女は部屋を徹底的に掃除した 그녀는 방을 철저히 청소했다. / 警察は事故原因を徹底的に調査した 경찰은 사고 원인을 철저히 조사했다. / 彼は討論会で徹底的にやり込められた 그는 토론회에서 완전히 꼼짝못했다.

**てっとう**【鉄塔】 철탑

**てつどう**【鉄道】 철도 ¶新橋・横浜間に日本で最初の鉄道が敷かれた 신바시와 요코하마간에 일본 최초의 철도가 놓였다. / この鉄道は東京と青森をつないでいる 이 철도는 도쿄와 아오모리를 연결한다. / この島には鉄道がない 이 섬에는 철도가 없다. / 事故のため鉄道は不通になっている 사고 때문에 철도는 불통이 되었다. / 貨物は港から鉄道で各地に運ばれる 화물은 항구에서 철도로 각지에 운반된다.

¶父は鉄道会社で20年間働いている 아버지는 철도 회사에서 20 년을 일하고 계신다. / 鉄道料金は来月から引き上げられる 철도 요금은 다음달부터 인상된다. / 韓国の鉄道網はかなり発達している 한국 철도망은 꽤 발달되어 있다. / 日本全国に鉄道網が張り巡らされている 일본 전국에 철도망이 깔려 있다. [関連]鉄道案内所 철도 안내소 / 鉄道員 철도원 / 鉄道輸送 철도 수송 / 鉄道路線図 철도 노선도

**てっとうてつび**【徹頭徹尾】 철두철미 ¶住民は原発建設に徹頭徹尾反対した 주민은 원자력 발전소 건설에 철두철미 반대했다.

**デッドヒート** 백열전(白熱戦), 막상막하 ¶二人は最後までデッドヒートを繰り広げた 두 사람은 마지막까지 막상막하의 승부를 펼쳤다.

**デッドボール** 데드 볼, 사구(死球) ¶デッドボールをうける 사구를 맞다[먹다] / デッドボールを与える 데드 볼을 주다

**てっとりばやい**【手っ取り早い】【早い】 재빠르다 [容易な] 손쉽다 ¶韓国語をマスターする手っ取り早い方法はありませんか 한국어를 습득할 손쉬운 방법은 없습니까

**デッドロック**【行き詰まり】 막다른 골목 [膠着状態] 교착 상태 ¶交渉はデッドロックに乗り上げた 교섭은 교착 상태에 빠졌다.

**でっぱ**【出っ歯】 뻐드렁니 [人] 뻐드렁이

**てっぱい**【撤廃】◇撤廃する 철폐하다 ¶職場での男女差別の撤廃を要求した 직장에서의 남녀 차별 철폐를 요구했다. / 米の輸入制限を撤廃する 쌀 수입 제한을 철폐하다

**でっぱり**【出っ張り】 돌출(突出), 돌기(突起) [建物の] 부속 건물

**でっぱる**【出っ張る】 툭 튀어나오다 ¶彼のおなかは出っ張っている 그의 배는 툭 튀어나왔다.

**てっぱん**【鉄板】 철판, 쇠판 [関連]鉄板焼き 철판구이

**てつびん**【鉄瓶】 철제 주전자

**でっぷり** ◇でっぷりしている 뚱뚱하다 ¶でっぷりした男 뚱뚱한 남자

**てつぶん**【鉄分】 철분 ¶鉄分の多い野菜 철분이 많은 야채

**てっぺい**【撤兵】 철병, 철군 ◇撤兵する 철병하다, 철군하다 ¶イスラエルはパレスチナの占領地から撤兵した 이스라엘은 팔레스티나 점령지에서 철군했다.

**てっぺん**【天辺】 꼭대기, 정상(頂上) [山頂] 산마루 ¶あの木のてっぺんまで登れるかい 저 나무 꼭대기까지 올라갈 수 있어? [慣用句]彼女は頭のてっぺんからつま先までずぶぬれだった 그녀는 머리 끝에서 발 끝까지 흠뻑 젖었다.

**てつ(ぼう)**【鉄棒】 [鉄の棒] 쇠막대기 [体操の] 철봉 [競技種目] 철봉 운동 ¶鉄棒にぶら下がる

철봉에 매달리다
**てっぽう【鉄砲】**총(銃)〔拳銃〕권총 ¶鉄砲を撃つ 총을 쏘다 関連 鉄砲水 갑자기 불어난 물
**てづまり【手詰まり】**막다른 골목 ¶交渉は手詰まりになった 교섭은 막다른 골목에 처했다. / 行方不明の子供の捜索は手詰まりだ 실종된 아이의 수색은 진전이 전혀 안 보인다. / 手詰まり状態を打開する 꽉 막힌 상태를 타개하다
**てつや【徹夜】**철야, 밤샘 ◇徹夜する 밤을 새우다 ¶徹夜で仕事をする 밤새워 일을 하다 / 試験の前の日は徹夜で勉強するよりよく寝たほうがいいときもある 시험 전날에는 밤새워 공부하기보다 잘 자는 게 좋을 때도 있다.
**でどころ【出所】**〔情報などの〕출처 ¶うわさの出所を突き止めた 소문의 출처를 밝혔다. / 彼女は金の出所を言わなかった 그녀는 돈의 출처를 말하지 않았다.
**てどり【手取り】**〔純益〕순이익, 순익〔給料の〕실수입 ¶給料は手取りで約30万円だ 급료는 실수입으로 약 30만 엔이다.
**テナー**《音楽》테너 ¶テナー歌手 테너 가수
**てなおし【手直し】**〔修正〕수정〔改良〕손질〔全体的な改訂・訂正〕개정, 정정 ◇手直しする 수정하다 ; 손질하다 ; 개정하다 ¶この論文は手直しの必要がある 이 논문은 수정할 필요가 있다.
**でなおす【出直す】**〔再び来る〕다시 오다〔最初からやり直す〕다시 시작하다, 재출발하다 ¶また出直してきます 다시 오겠습니다. 慣用句 ―から出直すつもりだ 처음부터 다시 시작할 생각이다.
**てなずける【手懐ける】**구슬리다〔懐柔する〕회유하다〔飼いならす〕길들이다 ¶彼を手なずけるのは難しいだろう 그를 구슬리는 것은 어려울 것이다. / 子供を手なずけるのは簡単だ 어린이를 구슬리는 것은 간단하다. / 彼女はのら猫を手なずけた 그녀는 도둑고양이를 길들였다.
**てなみ【手並み】**〔技量〕솜씨, 기량 ¶見事な手並みを見せる 뛰어난 기량을 보이다 / お手並み拝見といきましょうか 솜씨 좀 보여 주실래요?
**てならい【手習い】**〔習字〕습자〔学ぶこと〕공부, 연습(練習) 慣用句 韓国語は六十の手習いで始めた 한국어는 만학으로 공부하기 되었다.
**てなれる【手慣れる】**손에 익다〔慣れている〕익숙하다〔熟達している〕숙달되다〔経験を積んでいる〕경험이 있다 ¶スピーチなら彼は手慣れたものだ 스피치라면 그는 익숙하다.
**テナント**임차인(賃借人), 차용인(借用人), 차가인(借家人) ¶テナント募集 임차인 모집
**テニス**테니스, 정구(庭球) ¶きのう彼女とテニスをした 어제 여자 친구와 테니스를 했다. 関連 テニスコート 테니스 코트 / テニスシューズ 테니스화 / テニスボール 테니스 볼 / テニスラケット 테니스 라켓 / 硬式テニス 경식 테니스 / 軟式テニス 연식 테니스
**デニム**데님 ¶デニムのズボン[ジャケット] 데님 바지[재킷]
**てにもつ【手荷物】**수하물 関連 手荷物預かり証 수하물표 / 手荷物一時預かり所 수하물 보관소 / 手荷物取扱所 수하물 취급소
**てぬい【手縫い】**손바느질 ¶手縫いのシャツ 손바느질한 셔츠
**てぬかり【手抜かり】**실수 ⇒手違い
**てぬき【手抜き】**날림, 부실(不実) ¶夕食は手抜きをした 저녁 준비를 대강 했다. / 仕事は手抜きをするな 일은 날림으로 하지 마. 関連 手抜き工事 부실 공사, 날림 공사
**てぬぐい【手拭い】**수건〔タオル〕타월 ¶手ぬぐいで顔をふく 수건으로 얼굴을 닦다 関連 手ぬぐい掛け 수건 걸이
**てぬるい【手緩い】**〔厳しくない〕미지근하다, 미적지근하다, 소극적이다, 미온적이다 ¶手のやり方は手ぬるい 네 방식은 소극적이다. / 警察は暴走族に対する取り締まりが手ぬるいと批判されている 경찰은 폭주족에 대한 단속이 미온적이라고 비판받고 있다.
**てのうち【手の内】**〔意図〕마음속, 속셈 ¶彼女に手の内を見透かされた 그녀에게 마음속을 들켰다. / 彼は絶対に手の内を見せなかった 그는 절대로 그의 속셈을 보이지 않았다. / 君の手の内は読めてるよ 네 속셈은 벌써 읽었다.
**テノール**《音楽》테너〔歌手〕테너 가수
**てのこう【手の甲】**손등
**てのひら【手の平・掌】**손바닥 慣用句 みんなが反対すると彼は手のひらを返すように意見を変えた 모두가 반대하자 그는 손바닥을 뒤집듯이 의견을 바꾸었다.
**デノミネーション**《経済》디노미네이션

**では**〔それでは〕그러면, 그럼〔ところで〕그런데 ¶では、15ページから始めましょう 그러면 15페이지부터 시작합시다. / では、その件につきましてこれからお話します 그러면 그 건에 대해서는 지금부터 말씀드리겠습니다. / では、私が間違っているとでもおっしゃるのですか 그러면 내가 틀렸다는 겁니까? / 「気分が悪いの」「では、家にいたほうがいいね」 "기분이 안 좋아." "그럼 집에 있는 게 좋겠다." / 「お宅へ行く道がわからないのですが」「では、駅までお迎えに参ります」 "댁에 가는 길을 잘 모르겠는데요." "그럼 역까지 마중나가겠습니다." / 「やったのは私じゃありません」「では、だれがやったというのだ」 "제가 한 것이 아닙니다." "그럼 누가 했다는 거야?" / 「その方法は適当ではないと思います」「では、ほかにどんな方法がありますか」 "그 방법은 적당하지 않다고 생각합니다." "그러면 그 외에 어떤 방법이 있습니까?" / では、失礼します 그럼 실례하겠습니다.

**-では** ❶〔場所〕에서는 ¶今その劇場では何をやっているのですか 지금 그 극장에서는 뭘 하고 있습니까? / 日本ではお正月にたくさんの人が初詣に行く 일본에서는 설날에 많은 사람들이 신사에 첫참배하러 간다. / この部屋ではたばこを吸わないでください 이 방에서는 담배를 피우지 마세요.
❷〔…に関して〕에 관해서는, 에 대해서는 ¶ゴルフではだれも彼にかなわない 골프에 관해서는 아무도 그를 이길 수 없다. / 彼はその件では特に何も言わなかった 그는 그 건에 대해서는 딱히 아무 말도 하지 않았다.

**❸**〔判断の根拠〕¶あの様子では彼は当てにできそうにない 저런 상태로는 그 사람한테 기대하는 것은 어려울 것 같다. / 予報では今夜雪になるそうだ 일기예보에서는 오늘 밤 눈이 온다고 한다. / 私の考えではその仕事は彼にやらせるのがいちばんいいと思う 내 생각으로는 그 일은 그 사람에게 맡기는 게 가장 좋다고 본다.

**❹**〔強調, 対比〕¶そんなことでは困ります 그러시면 곤란합니다. / 今からではもう遅すぎますよ 지금부터라면 이미 너무 늦었습니다. / 彼は中国人ではなく韓国人です 그는 중국 사람이 아니라 한국 사람입니다.

**❺**〔否定〕(…ではないの形で) 가[이] (아니다), -지 않다 ¶これは私の傘ではありませんが 이건 제 우산이 아닌데요. / きのうご覧になったのは私の恋人ではなくて妹です 어제 보신 사람은 제 애인이 아니라 동생입니다. / この問題はかなり重要なのではありませんか 이 문제는 꽤 중요하지 않습니까?

**デパート** 백화점(百貨店) ¶デパートへ買い物に行った 백화점에 쇼핑을 갔다.

**てはい**【手配】〔準備〕준비 〔警察の捜査〕수배 ◇手配する 준비하다; 수배하다 ¶車の手配をお願いします 차 준비를 부탁드립니다. / 式典の手配が終わり, あとは飾り付けをするだけだ 식전 준비가 끝나고 이제 장식만 하면 된다. / 航空券とホテルの予約の手配をした 항공권과 호텔 예약을 수배해 두었다. / 彼は殺人容疑で全国に指名手配されている 그는 살인 혐의로 전국에 지명 수배되었다. 関連 手配写真 수배 사진 / 手配書 수배 전단

**ではいり**【出入り】출입 ◇出入りする 출입하다 ¶非常口から出入りしないでください 비상구로 출입하지 말아 주세요. ⇒出入(で)

**てはじめ**【手始め】◇手始めに 우선 ¶手始めにこの仕事からやってほしい 우선 이 일부터 해 줘.

**ではじめる**【出始める】산출되기 시작하다, 나오기 시작하다 ¶すいかが出始めた 수박이 시장에 나오기 시작했다.

**てはず**【手筈】〔計画, 予定〕계획, 예정 〔手配, 準備〕수배, 준비 〔約束〕약속 ¶突然の予定変更で手はずが狂ってしまった 돌연한 예정 변경으로 계획이 엉망이 되었다. / 会議の手はずを整える 회의 준비를 하다 / 結婚式の手はずはすべて整った 결혼식 준비는 모두 갖춰졌다.

**てばな**【出端】〔勢い〕기세 慣用句 彼らの出端をくじいてやろう 그들의 기세를 꺾어 주겠어. / 出かける前に雨が降り出して出端をくじかれた 나가기 전에 비가 내리기 시작해서 김샜다.

**てばなし**【手放し】¶手放しで自転車に乗ってはいけない 손을 놓고 자전거를 타서는 안 된다. 慣用句 私の婚約を両親は手放しで喜んだ 내 약혼을 부모님은 무조건 기뻐하셨다. / そんなことなら手放しで喜べないよ 그런 거라면 무조건 좋아할 수는 없지.

**てばなす**【手放す】〔物などを〕놓다〔人手に渡る〕넘기다〔売り渡す〕팔다 ¶失業して家を手放した 실직해서 집을 팔았다. / いつも胃薬を手放さない 항상 위장약을 손에 놓을 수 없다.

**てばなれ**【手離れ】자립(自立) ◇手離れする 자립하다 ¶やっと子供が手離れした 드디어 아이가 자립했다.

**てばやい**【手早い】재빠르다 ⇒すばやい, 早い

**てばらう**【出払う】¶家中が出払っている 집안 식구들이 모두 나갔다. / 車は出払っている 차는 모두 나갔다.

**でばん**【出番】〔順番〕나갈 차례〔機会〕나설 차례 ¶出番ですよ 나갈 차례예요. / なかなか出番がない 좀처럼 나설 차례가 안 온다.

**てびき**【手引き】〔指導, 案内〕지도, 안내〔案内書〕안내서〔入門書〕입문서〔手引書〕취급 설명서 ¶韓国語学習の手引き 한국어 학습의 입문서
¶銀行内部の者が強盗の手引きをしたようだ 은행 내부인이 강도의 길잡이를 한 것 같다.

**デビュー** 데뷔 ◇デビューする 데뷔하다 ¶文壇にデビューする 문단에 데뷔하다 / 彼女は歌手としてデビューした 그녀는 가수로서 데뷔했다. 関連 デビュー曲 데뷔곡 / デビュー作 데뷔작

**てびょうし**【手拍子】손장단 ¶子供たちは手拍子を取りながら歌った 아이들은 손장단을 맞추며 노래를 불렀다.

**てびろい**【手広い】◇手広く 크게 ¶彼は手広く商売をしている 그는 크게 장사를 하고 있다.

**でぶ** 뚱보

**てふき**【手拭き】〔ハンカチ〕손수건〔タオル〕타월, 수건〔ナプキン〕냅킨

**てぶくろ**【手袋】장갑 ¶手袋をはめる[とる] 장갑을 끼다[벗다] 数え方 手袋1組 장갑 한 켤레

**でぶしょう**【出不精】¶彼は出不精だ 그는 외출하기를 싫어한다.

**てふだ**【手札】〔トランプ〕(가진) 패

**てぶら**【手ぶら】빈손 ¶彼はおじの家を訪問するのに手ぶらで出かけた 그는 삼촌댁을 방문하는 데 빈손으로 갔다. / 実家を手ぶらで訪ねた 빈손으로 친정을 찾아갔다. / (パーティーへ)手ぶらで来てください 빈손으로 와 주세요.

**てぶり**【手振り】〔しぐさ〕손시늉, 손짓 ⇒身振り

**デフレ** 디플레(↔인플레), 디플레이션(↔인플레이션) 関連 デフレ政策 디플레이션 정책

**てほどき**【手解き】〔指導〕지도 ¶仕事の手ほどき 일의 지도 / 彼女から韓国語の手ほどきを受けた 그녀에게 한국어 지도를 받았다. / 彼にスキーの手ほどきをした 그에게 스키 를 가르쳤다.

**てほん**【手本】〔模範〕본보기〔例〕예〔習字などの〕글씨본 ¶親は子供によい手本を示さなくてはいけない 부모는 아이에게 좋은 본보기를 보여야 된다. / 彼を手本にしている 그를 본보기로 삼고 있다.

**てま**【手間】〔労力〕품, 힘〔苦労〕수고〔時間〕시간 ¶最新機械の導入で手間がだいぶ省けた 최신 기계의 도입으로 수고가 많이 줄었다. / 辞書の編集は手間がかかる 사전의 편집은 품[힘]이 많이 든다. / 父は庭の手入れにかなりの手間をかけている 아버지는 정원 손질에 시간을 많이 들인다. / 母は手間ひまかけて料理を作ってくれた 어머니는 시간을 들여서 요리를 만들어 주셨다. / た

びたびお手間をとらせてすみません 자꾸 수고를 하시게 해서 죄송합니다. / お手間はとらせませんのでお話を聞かせてもらえませんか 시간은 많이 뺏지 않을 테니 말씀을 들려주시지 않겠습니까?

**デマ** 데마고기[根拠のないうわさ] 뜬소문, 헛소문 [流言飛語] 유언비어 ¶大統領が死んだというデマが流れた 대통령이 죽었다는 유언비어가 흘렀다. / だれがそんなデマを飛ばしたんだ 누가 그런 뜬소문을 낸 거야?

**てまえ【手前】** ❶ [こちら側] 바로 앞, 이쪽 ¶手前の桜の木 바로 앞의 벚나무 / 手前の角を曲がる 바로 앞에 있는 모퉁이를 돌다
¶彼はドアの手前で立ち止まった 그는 문 바로 앞에서 멈추었다. / 花屋の手前で車を降ろして下さい 꽃집 바로 앞에서 오른쪽으로 꺾어 주세요. / その学校は橋の手前にある 그 학교는 다리 바로 앞에 있다. / 手前にいるのがうちの娘です 바로 앞쪽에 있는 게 우리 딸입니다.
❷ [体裁, 面目] 체면 […したからには] -ㄴ [-은] 이상 ¶人の手前, 泣くわけにはいかない 체면상 [사람 앞에서] 울 수는 없다. / 約束した手前, 行かなければならない 약속한 이상 가지 않으면 안 된다.

**でまえ【出前】**[配達] 배달 ¶出前を取ろう 배달을 시키자 / ピザの出前を取った 피자를 배달시켰다. 関連 出前持ち 배달원

**てまえがって【手前勝手】** ◇手前勝手な 제멋대로인 ¶彼女は手前勝手な人間だ 그녀는 제멋대로인 사람이다. / 手前勝手な行動を取る 제멋대로 행동하다.

**てまえみそ【手前味噌】** 자기 자랑, 자화자찬 (自画自賛) ¶彼は誇らしげに手前みそを並べた 그는 우쭐대며 자기 자랑을 늘어놓았다.

**でまかせ【出任せ】** 입에서 나오는 대로 아무렇게나 말하기 慣用句 彼女は口から出任せを言った 그 여자는 입에서 나오는 대로 그냥 말했다.

**でまど【出窓】** 퇴창(退窓)

**てまどる【手間取る】** 시간이 걸리다 ¶準備に手間取る 준비에 시간이 걸리다

**てまね【手真似】** 손시늉, 손짓 ¶彼は手まねで話した 그는 손짓으로 이야기했다. / 手まねを交えながら説明する 손짓을 섞어가며 설명하다

**てまねき【手招き】** 손짓하여 부르다 ¶先生は集まるように私たちを手招きした 선생님은 모이도록 우리에게 손짓하셨다. / 彼女は私に手招きした 그녀는 나를 손짓으로 불렀다. / 松田さんに向かって大きく手招きした 마쓰다 씨를 향하여 크게 손을 흔들어 불렀다.

**てまわし【手回し】**[準備] 준비 ¶彼女は手回しがいい 그녀는 준비성이 좋다.

**てまわりひん【手回り品】**[持ち物] 소지품 [身の回り品] 일상 용품(日常用品)

**でまわる【出回る】** 나돌다 ¶偽札が出回っている 위조 지폐가 나돌고 있다. / すいかの出回る季節 수박이 시장에 많이 나오는 계절

**てみじか【手短】** ◇手短な 간단한, 간결한 ◇手短に 간단히, 간결히 ¶彼女は手短に説明した 그녀는 간결하게 설명했다. / 手短に言えば 간단히 말하면

**でみせ【出店】**[露店] 노점 [支店] 지점 ¶通りに出店が並んでいる 거리에 노점이 나란히 있다.

**てみやげ【手土産】** 간단한 선물 ⇒みやげ

**てむかう【手向かう】**[反抗する] 반항하다, 맞서다 [反対する] 반대하다 ¶彼に手向かう者はだれもいない 그에게 반항할 사람은 아무도 없다.

**でむかえ【出迎え】** 마중 ¶彼女を駅まで出迎えに行ってください 그녀를 역까지 마중 나가 주세요. / 空港で友人の出迎えを受けた 공항에서 친구가 마중 나왔다.

**でむかえる【出迎える】** 마중 나가다, 마중하다 [歓迎する] 환영하다 ¶韓国から来た友人を空港で出迎えた 한국에서 온 친구를 공항에서 마중했다. / 彼らは外国の視察団を出迎えた 그들은 외국 시찰단을 맞이했다. ⇒迎える

**でむく【出向く】** 가다, 찾아가다 ¶必要なら長野まで出向きます 필요하시다면 나가노까지 찾아가겠습니다. / こちらから出向きます 이쪽에서 찾아뵙겠습니다.

**-ても** ❶ [たとえ…しても] (비록) -더라도 […してもしなくても] -거나 말거나
¶あすは雨が降っても出かけるよ 내일은 비가 오더라도 나갈 거야. / 今さら弁解しても始まらないぞ 이제 와서 변명해도 늦었다.
¶彼が来ても来なくても会議を始めよう 그가 오거나 말거나 회의를 하자.
❷ [どんなに…だとしても] (아무리) -더라도
¶どんなに頑張って勉強しても成績では彼女に勝てなかった 아무리 열심히 공부해도 성적으로는 그녀를 이길 수 없었다. / だれが電話してきても外出中と言ってください 누가 전화해 오더라도 외출중이라고 해 주세요.
❸ [けれども] -어도, -여도, -아도 ¶あいさつをしても彼は知らん顔をした 인사를 해도 그 사람은 모르는 척했다. / ケーキを食べてもいいけど全部は食べないでね 케이크를 먹어도 되지만 다는 먹지 마.
¶予約しなくても入れます 예약하지 않아도 들어갈 수 있습니다. / 少々値段が高くても買いたい 조금 값이 비싸도 사고 싶다. / 電話をかけなくてもいいですか 전화를 하지 않아도 됩니까? / 悲しくても泣かないわ 슬퍼도 울지 않겠어요. / あわてなくても大丈夫です 서두르지 않아도 됩니다.

**でも**[しかし] 그러나, 그렇지만, 하지만 ¶あのソフト欲しいな. でも, 2万円は高いなあ 그 소프트 갖고 싶어. 그렇지만 2만 엔은 비싸다.

**-でも** ❶ [譲歩, 容認] -(이)라도, (이)나, 도, -든지 [今からでも遅くはない 지금부터라도 늦지는 않다. / だれでも参加できます 누구라도 참가할 수 있습니다. / 毎日30分でも運動をしたほうがよい 매일 30분이라도 운동하는 게 좋다. / どんなことにでも子供たちは好奇心をもつものだ 어떤 것에나 아이들은 호기심을 갖는다. / コーヒーでもどうですか 커피라도 한 잔 하시겠어요? / 酒でも1杯飲みましょう 술이라도 운동을 한 잔 합시다. / だれでも楽しめるゲーム 누구든지 즐길 수 있는 게임
❷ [場所] 에서나 ¶この弁当はどの駅でも買えるわけではない 이 도시락은 어느 역에서나 살 수 있는 것은 아니다.

❸[時]에도 ¶どんな時でも気持ちがぐらついてはいけない 언제 어떤 때에도 마음이 흔들리면 안 된다 / サッカーの試合は雨天でも行われます 축구 시합은 비가 와도 합니다.

**デモ** 데모, 시위(示威) ¶デモを行うデモをを벌이다 / 多くの人が戦争反対のデモに参加した 많은 사람이 전쟁 반대 데모에 참가했다. / 農民たちが農産物の輸入自由化に反対してデモをしていた 농민들이 농수산물 수입 자유화에 반대하며 데모를 했다. 関連 デモ行進 데모 행진 / デモ隊 데모대, 시위대 ¶抗議デモ 항의 데모

**デモクラシー** 민주주의 ◇民主主義

**てもち【手持ち】** ¶手持ちの現金があまりないんだ 갖고 있는 현금이 별로 없다.

**てもちぶさた【手持ち無沙汰】** ¶やることがなくて手持ちぶさただ 할 일이 없어서 너무 무료하다.

**てもと【手元・手許】** [側] 곁, 가까이 [持ち合わせ, 所持金] 가진 돈 ¶彼はいつまでも娘を手元に置いておきたかった 그는 언제까지나 딸을 곁에 두고 싶었다. / お手元の資料をご覧ください 가지고 계신 자료를 봐 주십시오. / 手元不如意だ 생계가 어렵다. / 手元が狂って包丁で指を切ってしまった 손이 헛나가서 칼에 손가락을 베고 말았다.

**デモンストレーション** [実演] 실연 [示威運動, デモ] 시위, 데모 ¶彼はその製品の使い方をデモンストレーションしてみせた 그는 그 제품의 사용법을 실연해 보였다.

**デュエット** 듀엣 [二重唱] 이중창 ¶カラオケで私たちはデュエットした 노래방에서 우리는 듀엣으로 불렀다.

**てら【寺】** 절 [寺院] 사원 ¶祖母は月に1回その寺にお参りしている 할머니는 한 달에 한 번 그 절에 가신다.

**てらす【照らす】** ❶[光を当てる] 비추다 [明るくする] 밝히다 ¶草原を太陽が照らしている 초원을 태양이 비추고 있다. / 花火が夜空を照らした 불꽃이 밤하늘을 밝혔다. / 街はネオンに照らされて明るかった 거리는 네온사인이 비추어 밝았다. / 夕方になると灯台の光が海上を照らし始める 밤이 되면 등대의 빛이 바다 위를 비추기 시작한다. / 夕日に照らされて山がオレンジ色になっている 노을이 비춰서 산이 오렌지색이 되었다. / ステージ一面にライトが照らされてまぶしかった 무대 전체에 빛이 비춰서 눈부셨다. / 歌手の姿がスポットライトに照らし出された 가수가 스포트라이트를 받으며 등장하였다.

❷[比較する] 비추다, 비교하다 [照合する] 대조하다 ¶理論と実験結果を照らし合わせた 이론과 실험 결과를 대조했다. / 法律に照らして彼の行為に対する判断が下された 법률에 비춰서 그의 행동에 대한 판단이 내려졌다. / 良心に照らして包み隠さず話しなさい 양심에 비춰서 숨기지 말고 말하세요.

**テラス** 테라스 ¶テラスで本を読む 테라스에서 책을 읽다

**デラックス** 딜럭스 ◇デラックスだ 딜럭스하다 [豪華だ] 호화롭다 [高級だ] 고급스럽다 ¶デラックスなホテル 호화로운 호텔

**てりかえし【照り返し】** [反射] 반사 [反射熱] 반사열 [反射光] 반사광 ¶照り返しがきつい部屋 햇빛 반사가 심한 방

**てりかえす【照り返す】** [反射する] 반사하다

**デリカシー** [繊細] 섬세함 [微妙] 미묘함 ¶彼にはデリカシーがない 그에게는 섬세함이 없다. / デリカシーのある人 섬세한 사람

**デリケート** 델리킷 ◇デリケートだ 델리킷하다, 예민하다 [繊細だ] 섬세하다 [微妙だ] 미묘하다 [敏感だ] 민감하다 ¶彼女はデリケートな神経の持ち主だ 그녀는 신경이 민감한 사람이다. / この子はデリケートな年ごろだから扱いに苦労する 이 아이는 민감한 나이라서 대하는 데 고생한다. / これはデリケートな問題だ 이것은 민감한 문제다. / デリケートな肌 민감한 피부

**てりやき【照り焼き】** [魚・肉などの] 양념 구이 ¶照り焼きバーガー 데리야끼 버거 / ぶりの照り焼き 방어 양념 구이

**てりゅうだん【手榴弾】** 수류탄

**てりょうり【手料理】** 손수 만든 요리 [自家製の料理] 집에서 만든 요리

**てる【照る】** 비치다 [晴れる] 개다 ¶雲が切れて日が照っていた 구름을 가르고 해가 비추기 시작했다. / 月の光がこうこうと照っている 달빛이 밝게 빛나고 있다. / 照る日もあれば曇る日もある 갠 날도 있으면 흐린 날도 있다.

**でる【出る】** ❶[出て行く] 나가다 [出て来る] 나오다 ¶ゲームばかりしていないで外に出て遊びなさい 게임만 하지 말고 밖에 나가서 놀아라. / 彼は腹を立てて黙って部屋から出て行った 그는 화를 내고 말없이 방을 나가 버렸다. / 私は家の外で彼が出て来るのを待っていた 나는 집 밖에서 그가 나오는 것을 기다리고 있었다. / 出て行け!お前の顔など二度と見たくない 나가! 두 번 다시 네 꼴 보기 싫어. / 彼は今昼食に出ています 그는 지금 점심 식사하러 나가 있습니다. / 営業に出る 영업하러 나가다

¶呼ばれた者は一歩前に出ること! 호명된 사람은 한 발 앞으로 나올 것! / 駅の改札口を出た所で会いませんか 역 개찰구 앞에서 만날까요? / ホームの黄色い線から出ないでください 플랫폼의 노란선 밖으로 나가지 마세요.

❷[出発する] 출발하다, 떠나다, 나가다 ¶私は毎日朝7時半に家を出る 나는 매일 아침 일곱시 반에 집을 나간다. / 長野行きの特急列車は15番線から出ます 나가노행 특급 열차는 15번 플랫폼에서 출발합니다. / 電車はちょうど出るところだった 전철은 막 출발하려던 참이었다. / 私たちの乗る飛行機は午後3時40分に出る予定だ 우리들이 탈 비행기는 오후 세 시 40분에 출발할 예정이다. / 彼は大学に入るため18歳で田舎から東京に出た 그는 대학에 입학하기 위해 열여덟 살에 시골에서 도쿄로 나왔다.

❸[卒業する] 졸업하다, 나오다 ¶彼はどこの大学を出たのですか 그는 어느 대학을 나온 겁니까? / 高校を出たらどうするつもりなの 고등학교를 졸업하면 어떻게 할 거야? / 君が出た高校は公立, それとも私立か 네가 나온 고등학교는 공립, 아니면 사립이야? / 彼は働きながら大学を出た

# でる

は 일하면서 대학을 나왔다.
❹〔姿を現す〕나타나다〔出てくる〕나오다〔太陽・月が〕뜨다 ¶ 太陽が山かげから出てきた 해가 산 너머로부터 나왔다. / 夜空には満天の星が出ていた 밤하늘에는 무수히 많은 별이 있었다. / 煙突から煙が出ていた 굴뚝에서 연기가 나오고 있었다. / 夏になると庭に蛇が出ることがある 여름이 되면 정원에 뱀이 나올 때가 있다. / なくした腕時計が出てきた 잃어버렸던 손목시계가 나왔다. / その古い館には幽霊が出ると言われている 그 오래된 건물에는 유령이 나온다고 한다.
❺〔突き出る〕튀어나오다 ¶ 彼は歯が出ている 그는 이가 튀어나왔다. / 彼は目が出ている 그는 눈이 튀어나왔다. / 父は最近腹が出てきた 아버지는 요즘 배가 나오기 시작하셨다. / 壁から釘が出ている 벽 못이 튀어나와 있다.
❻〔水などが流れ出る〕나오다〔血・涙などが〕나다〔わき出る〕솟다 ¶ 鼻血が出ているぞ 코피가 나. / 風邪を引いて鼻水が出る 감기에 걸려 콧물이 나온다. / この蛇口を回せばお湯が出てきます 이 수도꼭지를 돌리면 뜨거운 물이 나옵니다. / 映画に感動して思わず涙が出てきた 영화에 감동받아서 나도 모르게 눈물이 나왔다. / ママ, おしっこが出そうだよ! 엄마, 오줌 쌀 것 같아. / この地方では昔から温泉が出る 이 지방에는 옛날부터 온천이 나온다.
❼〔生じる, 発生する〕생기다, 나다〔芽が〕트다〔熱・火事が〕나다〔風などが〕일다 ¶ 木の芽が出る 나무 싹이 트다 / ひまわりの芽が出てきた 해바라기 싹이 났다. / 火はその建物の地下から出たそうだ 불은 그 건물 지하에서 났다고 한다.
¶ きのうの地震で300人を超える死者が出た 어제 지진으로 3백 명이 넘는 사망자가 나왔다. / 私は花粉症がひどくこの時期はくしゃみがひっきりなしに出ます 나는 꽃가루 알레르기가 심해서 이 시기에는 재채기가 끊임없이 나옵니다. / ふけが出やすいので毎朝シャンプーが欠かせない 비듬이 생기기 쉬워 매일 아침 샴푸를 안 할 수 없다. / 彼と話をしてやっと元気が出てきた 그와 이야기를 해서 이제 좀 기운이 났다. / 食欲が出る 식욕이 생기다 / カレーにこのスパイスを加えるといい味が出る 카레에 이 향신료를 더하면 좋은 맛이 난다. / 夜になって強い風が出てきて雨が強く降り始めた 밤이 돼서 강한 바람이 불기 시작했다. / 旅行者たちの間にコレラ患者が出ている 여행자들 사이에서 콜레라 환자가 나온다. / 熱が出る 열이 나다
❽〔出席・参加する〕나가다〔出席する〕출석하다, 참석하다〔参加する〕참가하다〔試合に〕출전하다〔立候補する〕입후보하다 ¶ 「松下さんの送別会に出るの」「もちろんさ」"마쓰시타 씨의 송별회에 참석하?" / 「君にはぜひ結婚式に出てもらいたい」네가 꼭 결혼식에 와 주었으면 좋겠어. / 「けさの韓国語の授業に出たか」「いや寝坊して出られなかった」"오늘 아침 한국어 수업에 출석했어?" "아니 늦잠자서 못 갔어." / 今度の土曜日は会社に出なくてはならない 이번 토요일은 회사에 가야 된다. / オリンピックに出ることはとても名誉なことだ 올림픽에 나가는 것은 아주 명예로운 일이다. / 彼女は100メートル自由形の決勝戦に出た 그녀는 100미터 자유형 결승전에 나갔다. / 彼は大統領選に出て当選した 그는 대통령 선거에 나가서 당선되었다. / 私は人前に出るとすぐあがってしまいます 나는 사람 앞에 나가면 금방 긴장하고 맙니다.
❾〔出演する〕나오다, 출연하다〔主演する〕주연하다 ¶ 彼はNHKのニュース番組に出ている 그는 NHK 뉴스 방송에 나온다. / チャン・ドンゴンは韓国映画『ブラザーフッド』に主演で出ている 장동건은 한국 영화 『태극기 휘날리며』에 주연으로 나왔다. / 彼は王様の役でその芝居に出た 그는 왕 역할로 그 연극에 나왔다.
❿〔出版される〕출판되다, 나오다〔発行される〕발행되다〔掲載される〕나다, 실리다, 게재되다 ¶ この雑誌は週に1回出ます 이 잡지는 일 주일에 한 번 발행됩니다. / その本は今年の秋に出る見込みです 그 책은 올해 가을에 나올 예정입니다. / あす創刊号が出る 내일 창간호가 나온다. / 韓流ブームの記事が新聞に出た 한류 붐의 기사가 신문에 나왔다. / その雑誌に新しいパソコンの記事が出ている 그 잡지에 새로운 컴퓨터 기사가 나왔다. / その単語はこの辞書には出ていない 그 단어는 이 사전에는 안 나온다.
⓫〔売れる〕나가다, 팔리다 ¶ 最近は液晶テレビがよく出ている 최근 액정 텔레비전이 잘 팔린다. / 今月はこのゲームソフトがよく出ている 이번달은 이 게임 소프트가 잘 나가고 있다.
⓬〔生み出される, 生産される〕나다, 생산되다〔出回る〕나오다 ¶ かつてはその鉱山から銀が出た 예전에는 그 광산에서 은이 나왔었다. / うちの県からは有名な政治家が多く出ている 우리 현에서는 유명한 정치가가 많이 나왔다. / そろそろさくらんぼが出るころだ 곧 버찌가 나올 시기다.
⓭〔場所に達する〕나오다, 나가다 ¶ この道を行くと駅に出る 이 길로 가면 역이 나온다. / 商店街のアーケードを抜けると大通りに出る 상점가의 아케이드를 지나면 큰 길이 나온다.
⓮〔食べ物が出される〕나오다 ¶ デザートにアイスクリームが出た 디저트로 아이스크림이 나왔다. / 会議の参加者全員に昼食の弁当が出た 회의 참가자 전원에게 점심 도시락이 나왔다.
⓯〔与えられる〕나오다 ¶ 夏休みにたくさんの宿題が出た 선생님은 여름 방학 숙제를 많이 내셨다. / 予想もしなかった難しい問題が試験に出た 예상도 못한 어려운 문제가 시험에 나왔다. / 今年はきっとたんまり年末ボーナスが出るだろう 올해는 분명 두둑한 연말 보너스가 나올 것이다.
⓰〔持ち出される〕나오다〔提出される〕제출되다〔話題に上る〕오르다 ¶ いくつかの懸案事項が会議の議題に出た 몇 개 현안 사항이 회의 의제로 나왔다. / あとまだ3名の学生のレポートが出ていない 아직 세 명의 학생이 리포트를 내지 않았다. / その芸能人の婚約のことはその時話題に出なかった 그 연예인의 약혼은 그 때 화제에 오르지 않았다. / ネットオークションについての苦情が多く出ている 인터넷 옥션에 대한 불만이 많이 나온다고 한다. / 記者会見の席上で官房長官にさまざまな質問が出た 기자 회견 석상에서 관방 장관에게 여러 가지 질문이 나왔다.

デルタ

⑰ 〖結果が得られる〗 나오다, 나다, 나타나다 ¶結論は出たら知らせてください 결론이 나면 알려 주세요. / いろいろな方法を考えてみたが、いい答えは出なかった 여러 가지 방법을 생각해 보았는데 좋은 답은 나오지 않았다. / 健康診断の結果が出た 건강 진단 결과가 나왔다. / あいつの頭からは何もいいアイデアは出ないよ 그 녀석 머리에서는 아무런 아이디어도 안 나와. / 効果が出る 효과가 나타나다

⑱ 〖由来する〗 나오다, 유래되다 ¶この語はギリシア語から出たものである 이 말은 그리스어에서 유래된 것이다. / その話はどこから出たの 그 말은 어디서 나온 거야?

⑲ 나오다, 취하다 ¶彼がどう出るかしばらく様子を見よう 그가 어떻게 나올 것인지 좀 상황을 보자. / 横柄な態度に出る 건방지게 나오다 / 中国は歴史認識をめぐって日本に対して強い態度に出た 중국은 역사 인식을 둘러싸고 일본에 대해서 강한 태도로 나왔다.

⑳ 〖電話・玄関に出る〗 나오다, 나가다 〔電話に〕받다 ¶また電話。今度は僕が出るよ 또 전화다. 이번은 내가 받을게. / 彼女は今別の電話に出ています 그녀는 지금 다른 전화를 받고 있습니다. / 電話を掛けたけどだれも出なかった 전화를 걸었는데 아무도 안 받았다. / 宅配便の人が来たわ。玄関に出てくれない 택배 배달원이 왔어. 현관에 나가 좀 봐 주지 않을래?

㉑ 〖その他〗 ¶沸騰したお湯だとお茶が出すぎる 팔팔 끓은 물은 차가 너무 진해진다. / このほうじ茶はすぐに出なくなる 이 엽차는 금방 다 우러난다. / お前の出る幕じゃない 네가 나설 상황이 아냐. / 旅行の費用は一人あたり3万円を少し出るくらいです 여행 비용은 한 사람당 3만 엔을 조금 넘는 정도입니다. / 社会に出ると何かとつらいことが多い 사회에 나가면 이런저런 힘든 일이 많다. / 彼女の名が世に出たのは40歳の時だった 그녀의 이름이 세상에 알려진 것은 40세 때였다.

**デルタ** 델타, 삼각주(三角州) ¶デルタ地帯 델타 지대

**てれかくし** 〖照れ隠し〗 ¶彼は照れ隠しに笑った 그는 멋쩍은 듯 웃었다.

**てれくさい** 〖照れ臭い〗 멋쩍다, 겸연적다, 쑥스럽다 ¶先生にほめられて照れ臭かった 선생님께 칭찬 받아 쑥스러웠다. / 2人は照れ臭そうに握手した 두 사람은 겸연쩍은 듯이 악수했다.

**テレパシー** 텔레파시

**テレビ** 텔레비전, 티브이(TV) 〔受像機〕 수상기

(基本表現)

▷テレビをつけて[消して]くださいますか 텔레비전을 켜[꺼] 주시겠습니까

▷僕は家にいるときはいつもテレビをつけっぱなしにしている 나는 집에 있을 때는 항상 텔레비전을 켜 놓는다.

▷私はその時テレビで野球を見ていました 나는 그 때 텔레비전으로 야구를 보고 있었습니다.

▷うちの子はテレビを見るのが好きだ 우리 아이는 텔레비전을 보는 것을 좋아한다.

▷きょう私の大好きな女優さんがテレビに出る 오늘 내가 제일 좋아하는 여배우가 텔레비전에 나온다.

◆〖テレビは・テレビが〗

¶このテレビは映りが悪い 이 텔레비전은 잘 안 나온다. / このテレビはどこか故障している 이 텔레비전은 어딘가 고장났다. / あれ、テレビがつかないよ 어, 텔레비전이 안 켜진다. / うちのテレビは液晶タイプの40インチです 우리 집 텔레비전은 액정 타입의 40인치입니다.

◆〖テレビ〗

¶テレビの画像がちらちらする 텔레비전 화면이 지지직거린다. / すみませんテレビの音をもう少し大きく[小さく]してくれませんか 죄송합니다만 텔레비전 소리를 조금 크게[작게] 해 주시겠습니까? / 彼女はそのドラマの脚本を書いている 그녀는 그 드라마의 각본을 쓰고 있다.

◆〖テレビを・テレビに・テレビで〗

¶休日は家でテレビを見たりしていることが多いです 휴일은 집에서 텔레비전을 보거나 할 때가 많습니다. / 娘は毎晩遅くまでテレビにかじりついている 딸은 매일 밤늦게까지 텔레비전에 붙어 산다.

¶私はテレビでその事故を知った 나는 텔레비전을 보고 그 사고를 알았다. / 首相の施政方針演説はテレビで中継されます 수상의 시정 방침 연설은 텔레비전으로 중계된다. / その事件はきのうテレビで放送された 그 사건은 어제 텔레비전으로 방송되었다. / 今晩はテレビで何があるかな 오늘 밤 텔레비전에서 뭐 할까?

〔数え方〕 テレビ1台 텔레비전 한 대 〔関連〕 テレビアンテナ 텔레비전 안테나 / テレビ会議 화상 회의 / テレビ回線 텔레비전 회선 / テレビカメラ 텔레비전 카메라 / テレビ局 텔레비전 방송국 / テレビゲーム 비디오 게임 / テレビ視聴者 텔레비전 시청자 / テレビショッピング TV 홈쇼핑 / テレビタレント TV 연예인, 탤런트 / テレビ電話 텔레비전 전화 / テレビ塔 송수신 탑 / テレビ討論会 TV 토론회 / テレビドラマ 텔레비전 드라마 / テレビニュース 텔레비전 뉴스 / テレビ番組 텔레비전 프로그램 / テレビ放送 텔레비전 방송 / テレビ放送網 텔레비전 방송망 / テレビ欄 〔新聞の〕 TV 프로그램 란 / カラーテレビ 컬러 텔레비전 / 白黒テレビ 흑백 텔레비전 / 薄型テレビ 슬림형 텔레비전 / 液晶テレビ 액정 텔레비전, 《略》 LCD / プラズマテレビ 플라즈마 텔레비전, 《略》 PDP / 壁掛けテレビ 벽걸이형 텔레비전

**テレホン** 전화 〔関連〕 テレホンカード 전화 카드 / テレホンサービス 전화 정보 서비스

**てれや** 〖照れ屋〗 수줍음을 잘 타는 사람 ¶彼は照れ屋だ 그는 수줍음을 잘 탄다.

**てれる** 〖照れる〗 〔きまりが悪い〕 쑥스러워지다 〔恥ずかしがる〕 수줍어하다, 부끄러워하다 ¶そんなにほめられると照れちゃうよ 그렇게 칭찬하면 쑥스러워.

**テロ** 테러 ¶テロ事件 테러 사건 / 自爆テロ 자폭 테러

**テロップ** 자막(字幕) ¶テレビ画面に地震の発生を知らせるテロップが流れた 텔레비전 화면에 지진

발생을 알리는 자막이 나왔다.
**テロリスト** 테러리스트
**てわけ【手分け】** 분담 ◇**手分けする** 분담하다
¶紛失した書類を手分けして搜す 분실한 서류를 분담해서 찾다 / みんなで手分けしてやろうよ 함께 분담해서 하자.
**てわたす【手渡す】** 건네다 ¶彼は私にメモを手渡した 그는 나에게 메모를 건넸다. / この書類を彼女に直接手渡してほしい 이 서류를 그녀에게 직접 건네 줘.
**てん【天】 ❶** [空] 하늘 ¶彼は天を仰いで大声で叫んだ 그는 하늘을 향해 큰소리로 외쳤다. / 天にも届く大きな杉の木が立っていた 하늘에도 닿을 큰 삼나무가 서 있었다 / 天を突く高層ビル 하늘을 찌를 듯한 고층 빌딩 / 彼女とデートしながら彼はうれしくて天にも昇る気持ちだった 그녀와 데이트하면서 그는 행복해서 하늘에도 오를 듯한 기분이었다.
**❷** [神, 天国] 하늘, 하느님 [天命] 천명 ¶あとはただ運を天に任すだけだ 뒷일은 그저 운을 하늘에 맡길 뿐이다. / 天に誓って言いますが, 私は盗んでいません 하늘에 맹세코 나는 훔치지 않았습니다. 慣用句 **天高く馬肥ゆる秋** 천고마비(天高馬肥)의 계절 / **天は二物を与えず** 타고난 재주는 하나로 족하다. 그래서 참 세상은 공평한 것이다. / **天は自ら助くる者を助く** 하늘은 스스로 돕는 자를 돕는다 / 私と彼女の実力は天と地ほどの差がある 나와 그 여자의 실력은 천양지차이다. / 干ばつ続きの畑に雨は天の恵みだった 가뭄이 계속되는 밭에 비는 하늘의 은혜였다. / 借金で首が回らなくなっていたので宝くじに当たったのは天の助けだった 빚으로 꼼짝못하고 있었기 때문에 복권에 당첨된 것은 정말 하늘의 도움이었다.

**てん【点】 ❶** [小さな円形の印] 점 [句読点] 구두점 [漢字の字画の点] 점 ¶船はだんだん小さくなってついに点になった 배는 점점 작아져서 드디어 점이 되었다. / 飛行機から見る点のようだった 비행기에서 보니까 섬은 점 같았다. / 点Xから点Yまでの長さはどのくらいですか 점 X에서 점 Y까지의 길이는 어느 정도입니까? / 点を打つ 점을 찍다
**❷** [評点] 점수 ¶先週受けた英語のテストの点はどうだったの 지난주 본 영어 시험 점수는 어땠어? / 彼は数学でよい点をとったのでうれしかった 그는 수학에서 좋은 점수를 받아서 기뻤다. / 今回のテストでいちばん点が悪かったのは物理だった 이번 시험에서 가장 점수가 나빴던 것은 물리였다. / 国語の先生は点がからい[甘い] 국어 선생님은 점수가 짜다[후하다]. / 試験で満点をとった 시험에서 만점을 받다 / 妹は時々父の肩をもんで点を稼いでいる 동생은 가끔 아버지의 어깨를 주물러 드려서 점수를 따고 있다.
**❸** [スポーツ・ゲームなどの得点] 득점, 점 ¶我々のチームは2点差で負けた 우리 팀은 2점차로 졌다. /「今, 何点?」「4対3で勝っているよ」 "지금 몇 점?" "4대 3으로 이기고 있어." / 私の好きなチームが7回表に3点を入れた 내가 좋아하는 팀이 7회초에 3점을 땄다.

**❹** [特に取り上げるべきところ] 점, 면 ¶その点ではみんなの意見が一致していた 그 점에서는 모두의 의견이 일치했다. / どんな点でこの車は他のメーカーの車より優れているのですか 어떤 점에서 이 차는 다른 회사의 차보다 뛰어난답니까? / まず重要な点を明確にする必要がある 우선 중요한 점을 명확하게 할 필요가 있다. / あらゆる点からその問題を検討したが明確な結論は出なかった 모든 점에서 그 문제를 검토했지만 명확한 결론은 나오지 않았다. / 我々のとった手段はあらゆる点から見て最も妥当だったといえる 우리가 취한 수단은 모든 점으로 봐서 가장 타당했다고 할 수 있다.
¶教育の点では日本は進んでいる 교육 면에서는 일본은 앞서고 있다. / 人間は火を使う点で動物とは異なる 인간은 불을 사용하는 점에서 동물과 다르다. / 収益性の点でその企画は失敗だった 수익성 측면에서 그 기획은 실패였다. / 一人暮らしのいい点はだれにも気兼ねなく暮らせることだ 혼자 사는 좋은 점은 아무에게도 신경쓰지 않고 생활할 수 있는 것이다. / この点から考えると彼の話は本当だということになる 이 점에서 보면 그의 이야기는 정말이라는 얘기가 된다. / 何かわからない点がありますか 뭔가 모르는 점이 있습니까? / **問題点** 문제점
**❺** [品物の数を数える語] 점 ¶趣味で描いている絵も今では100点を超えた 취미로 그린 그림도 지금은 100점을 넘었다. / 2, 3日前に買った家具数点が家に届いた 2, 3일 전에 산 가구 몇 점이 집에 도착했다.

**-でん【-伝】** [···の伝記] ···전 ¶偉人伝 위인전 / 自叙伝 자서전 / 武勇伝 무용담
**でんあつ【電圧】** 전압 ¶電圧が低い[高い] 전압이 낮다[높다]. / 電圧を下げる[上げる] 전압을 내리[올리]다 / 電圧が下がった[上がった] 전압이 내려갔다[올라갔다]. 関連 **電圧計** 전압계
**てんい【転移】** 전이 ◇**転移する** 전이하다, 전이되다 ¶がんが転移する 암이 전이되다
**でんい【電位】** 전위 関連 **電位計** 전위계 / **電位差** 전위차
**てんいん【店員】** 점원, 판매원
**でんえん【田園】** 전원 ¶田園地帯 전원 지대 / 田園生活 전원생활 / 田園風景 전원 풍경 関連 **田園詩** 전원시 / **田園都市** 전원 도시
**てんか【天下】** 천하 [世間] 온 세상 [全国] 온 나라 [全世界] 온 세계 ¶彼は天下に名をとどろかすだろう 그는 온 세상에 이름을 떨칠 것이다. / その男は天下を取った 그 남자는 천하를 얻었다. / 天下太平だ 천하태평이다. / 天下分け目の戦い 승패를 판가름할 결전
¶彼の家はかかあ天下だ 그의 집은 아내가 주도권을 잡고 있다. 慣用句 **金は天下の回りもの** 돈은 돌고 도는 것
**てんか【点火】** 점화 ◇**点火する** [火を点ける] 불을 붙이다 [エンジンなどに] 점화하다 ¶彼女はろうそくに点火した 그녀는 초에 불을 붙였다. / 聖火に点火する 성화를 점화하다 関連 **点火装置** 점화 장치 / **点火プラグ** 점화 플러그
**てんか【添加】** 첨가 ◇**添加する** 첨가하다 ¶このワインには防腐剤が添加されている 이 와인에는 방

부제가 첨가되어 있다. / 人工添加物は一切入っていません(▶表示) 인공 첨가물은 일체 들어 있지 않습니다. / 添加物の入っていない食品 첨가물이 들어 있지 않은 식품 関連 食品添加剤 식품 첨가제

**てんか**【転嫁】 전가 ◇転嫁する 전가하다, 뒤집어씌우다 ¶彼は私に失敗の責任を転嫁した 그는 나에게 실패의 책임을 전가했다.

**でんか**【殿下】 전하 ¶皇太子殿下 황태자 전하

**でんか**【電化】 전화 ◇電化する 전화하다 ¶鉄道を電化する 철도를 전화하다 / 電化区間 전화 구간 関連 電化製品 전화 제품

**でんか**【電荷】 전하 ¶正[負]の電荷 정[부]의 전하

**てんかい**【展開】 전개 [進展] 진전 ◇展開する 전개하다, 전개되다 [広がる] 펼쳐지다 [進展する] 진전되다 ¶事件は私たちの予想に反して新しい展開を見せ始めた 사건은 우리의 예상을 뒤집고 새로운 전개를 보이기 시작했다. / この事件の今後の展開についてはまったくわからない 이 사건의 앞으로의 전개에 대해서는 전혀 모르겠다. / このところ政局は思わぬ方向へと展開している 요즘 정국은 생각지도 않은 방향으로 전개되고 있다. / 林を抜けると美しい景色が目の前に展開した 숲을 지나자 아름다운 경치가 눈 앞에 펼쳐졌다. / 彼の小説はストーリーが巧みに展開されていて読者をあきさせない 그의 소설은 스토리가 교묘하게 전개되어 독자를 질리게 하지 않는다.
関連 展開図 전개도

**てんかい**【回転】 회전 [転換] 전환 ◇転回する [転換する] 전환하다, 전환되다 ¶事態は180度転回した 사태는 180도 전환되었다. / コペルニクス的転回 코페르니쿠스적 전환

**てんかん**【転換】 전환 ◇転換する 전환하다 ¶昨year わが社は営業利益の黒字転換を達成した 작년 우리 회사는 영업 이익의 흑자 전환을 달성했다. / 政府は経済政策の転換を表明した 정부는 경제 정책의 전환을 표명했다. / 気分転換に音楽を聞く 기분 전환으로 음악을 듣다 / 気分を転換させる 기분을 전환시키다 / 車を方向転換させる 차를 방향 전환시키다 / 発想の転換 발상의 전환 / 運命の転換点 운명의 전환점 / 転換期を迎える 전환기를 맞다

**てんかん**【癲癇】 전간, 간질(癇疾) ¶てんかんの発作を起こす 간질 발작을 일으키다 関連 てんかん患者 간질 환자

## てんき【天気】 ❶ [天候] 날씨, 일기(日気)

使い分け 날씨, 일기
날씨는 맑은 날씨(晴れの天気)のように, 구체적인 気象状態をいうのに対し, 일기 は日本語の「天候」に近く, 일기가 불순하다(天候が不順だ)のように, ある期間の気象状態を全体的にいう。また, 「天気概況」「天気図」「天気予報」という場合は 일기 を用いる。⇨ 関連

◆[天気が・天気は]
¶天気が良い[悪い] 날씨가 좋다[나쁘다]. / 天気が晴れる 날씨가 개다 / あすは天気が崩れるでしょう 내일은 날씨가 궂을 것입니다. / あす天気がよかったら海へ行こう 내일 날씨가 좋으면 바다에 가자.
¶お天気は午後から次第によくなるでしょう 날씨는 오후부터 점차 좋아질 것입니다. / あすから天気は下り坂です 내일부터 날씨는 차차 흐려지겠습니다. / このお天気はいつまで続くのかしら 이 날씨가 언제까지 계속될까? / 山の天気はとても変わりやすい 산의 날씨는 매우 변덕이 심하다.

会話 あすの天気
A: あすの天気はどうだろう?
B: 天気予報では雨が降るようだけど
A: 내일 날씨는 어떨까?
B: 일기 예보로는 비가 온다고 했는데.

◆[天気に]
¶いいお天気になった 날씨가 좋아졌다. / 連休中はずっといい天気に恵まれた 연휴 내내 날씨가 좋았다.

◆[その他]
¶きょうはとてもいいお天気だ 오늘은 날씨가 아주 좋다. / いやな天気だ 날씨가 이상하다. / なんといいお天気でしょう 얼마나 좋은 날씨인가.
❷ [機嫌] 기분 ¶彼女はお天気屋だ 저 애는 기분파야. 関連 天気概況 일기 개황 / 天気図 일기도 / 天気予報 일기 예보

**てんき**【転機】 전기 ¶彼女は今人生の転機に立っている 그녀는 지금 인생의 전기에 서 있다.

## でんき【電気】 전기 [電灯] 전등 [明かり] 불

基本表現
▷部屋の電気をつけた[消した]
방의 불을 켰다[껐다].
▷この自動車は電気で動く
이 자동차는 전기로 움직인다.
▷玄関の電気は消えていましたか
현관의 불은 꺼져 있었습니까?
▷食事の最中に電気が消えた
한참 식사 도중에 불이 꺼졌다.
▷姉の部屋の電気がついていた
언니 방의 불이 켜져 있었다.
▷金属は電気を通す
금속은 전기를 통하게 한다.

◆[電気が]
¶その山小屋には電気が通じていない 그 산장에는 전기가 들어오지 않는다. / この鉄条網に電気が流れている 이 철조망에는 전기가 흐르고 있다. / この線には電気が通っている 이 선에는 전기가 통하고 있다. / この村はまだ電気が来ていない 이 마을은 아직 전기가 안 들어왔다. / 廊下の電気がついたり消えたりしている 복도 전기가 켜졌다 꺼졌다 한다.

◆[電気を]
¶水力[風力]によって電気を起こす 수력[풍력]에 의해 전기를 일으키다 / きのうは電気をつけたまま寝てしまった 어제는 불을 켠 채로 잠들어 버렸다. / 電気を節約してください 전기를 절약해 주세요. / 物置に電気を引いた 창고에 전기를 끌었다. / 電気代を滞納すると電気を止められてしまうよ

전기세를 체납하면 전기가 끊겨 버린다.
◆《その他》
¶昔は電気の代わりにろうそくが使われていた 옛날에는 전기 대신에 초가 사용되었다. / 先月はいつもより電気代がかった 지난달은 여느때보다 전기세가 많이 나왔다. 関連 **電気アイロン** 전기 다리미 / **電気いす** 전기 의자 / **電気うなぎ** 전기 뱀장어 / **電気カーペット** 전기 장판 / **電気回路** 전기 회로 / **電気釜** 전기 밥솥 / **電気かみそり** 전기면도기 / **電気機関車** 전기 기관차 / **電気器具** 전기 기구 / **電気技師** 전기 기사, 전기공 / **電気こんろ** 전기 풍로 / **電気自動車** 전기 자동차 / **電気ショック療法** 쇼크〔충격〕요법 / **電気スタンド** 전기스탠드 / **電気ストーブ** 전기난로 / **電気洗濯機** 전기 세탁기 / **電気掃除機** 전기 청소기 / **電気抵抗** 전기 저항 / **電気店** 전자 제품 가게 / **電気毛布** 전기 담요

**でんき**【伝記】전기 ¶偉人の伝記 위인의 전기 関連 **伝記作家** 전기 작가 / **伝記小説** 전기 소설 / **伝記文学** 전기 문학

**でんきゅう**【電球】전구 ¶電球が切れる 전구가 나가다 / 電球をはめる〔外す〕전구를 끼우다〔빼다〕/ 電球を交換する 전구를 교환하다 / 60ワットの電球 60와트 전구 関連 **裸電球** 알전구

**てんきょ**【転居】전거, 이사 ◇転居する 전거하다, 이사하다 ¶このたび下記の住所に転居いたしました 이번에 아래의 주소로 이사하였습니다. / 転居通知を出す 전거 통지를 내다 関連 **転居先** 새 주소 / **転居届** 전거 신고

**でんきょく**【電極】전극 ¶プラス電極 양극 / マイナス電極 음극

**てんきん**【転勤】전근 ◆大阪に転勤になった 오사카로 전근되었다.

**てんぐ**【天狗】¶天狗になるな(→うぬぼれるな)우쭐대지 마.

**でんぐりがえし**【でんぐり返し】구르기 ¶でんぐり返しをしてごらん 구르기를 해 봐.

**でんぐりかえる**【でんぐり返る】구르다〔ひっくり返る〕뒤집히다

**てんけい**【典型】전형 ◇典型的 전형적 ¶典型的な日本の家屋 전형적인 일본 가옥 / 典型的な秋の天気 전형적인 가을 날씨

**てんけん**【点検】점검 ◇点検する 점검하다
¶定期的に車の点検をしてもらう 정기적으로 자동차 점검을 받다 / 機体を総点検する 기체를 총점검하다

**でんげん**【電源】전원 ¶コンピュータを電源につなぐ 컴퓨터를 전원에 연결하다 / 壁のコンセントから電源をとったほうがいい 벽의 컨센트에 전원을 꽂는 게 좋다. / 電源を入れる〔切る〕전원을 넣다〔끄다〕/ 電源が入る〔切れる〕전원이〔꺼지다〕関連 **電源スイッチ** 전원 스위치

**てんこ**【点呼】점호 ◇点呼する 점호하다 ¶先生は生徒たちの点呼を取った 선생님은 학생들을 점호했다.

**てんこう**【天候】천후, 일기, 날씨 ¶今年の夏は天候が不順だ 올해 여름은 일기가 불순하다. / 悪天候のため飛行機は出発できなかった 악천후로 비행기는 출발할 수 없었다. / 悪天候にもかかわらず船は出港した 악천후임에도 불구하고 배는 출항했다. / 全天候型のジャケット 전천후 재킷 / **全天候機** 전천후기

**てんこう**【転向】전향 ◇転向する ¶彼は自由主義者に転向した 그는 자유주의자로 전향했다. / 彼女はプロに転向するつもりだ 그녀는 프로로 전향할 생각이다. 関連 **転向者** 전향자〔裏切り者〕배신자

**てんこう**【転校】전학(転学) ◇転校する 전학하다 ¶彼は仙台の中学校へ転校した 그는 센다이의 중학교로 전학했다. / 僕は小学校から高校まで一度も転校したことがない 나는 초등학교부터 고등학교까지 한 번도 전학한 적이 없다. 関連 **転校生** 전학생

**でんこう**【電光】〔電気の光〕전광〔稲妻〕번개, 번갯불 慣用句 **電光石火の早技** 전광석화처럼 빠른 기술 関連 **電光掲示板** 전광 게시판

**てんごく**【天国】천국, 천당〔楽園〕낙원 ¶人は死ぬと天国へ行くというのは本当なの? 사람은 죽으면 천국에 간다는 건 정말이야? / この島は野生動物の天国だ 이 섬은 야생 동물의 낙원이다. 関連 **歩行者天国** 보행자 天국

**でんごん**【伝言】전언, 메시지 ¶(電話で)佐藤さんに伝言をお願いします 사토 씨에게 전언을 부탁합니다. / (電話で)ご伝言はありますか 전할 말씀이 있으십니까? / 青木様よりご伝言がございます 아오키 씨로부터 전언이 있습니다. / 社長の秘書に伝言を頼んだ 사장 비서에게 전언을 부탁했다. / 彼女は留守番電話の伝言をチェックした 그녀는 자동 응답전화의 메시지를 체크했다. 関連 **伝言板** 전언판〔掲示板〕게시판

**てんさい**【天才】〔人〕천재 ◇天才的 천재적 ¶彼は物理学の天才だ 그는 물리학의 천재이다. / 彼女は天才的な芸術家だ 그녀는 천재적인 예술가이다. 関連 **天才教育** 천재 교육 / **天才児** 천재 어린이

**てんさい**【天災】천재 ¶天災は忘れたころにやってくる 천재는 잊을 만하면 찾아온다. / 日本はしばしば天災に見舞われる 일본은 자주 천재를 당한다. / 天災を被る 천재를 당하다 関連 **天災地変** 천재지변

**てんさい**【転載】전재〔再生, 複製〕복제 ◇転載する 전재하다, 옮겨 싣다 ¶著者の了承を得て著書から転載する 저자의 양해를 얻어서 저서에서 전재한다.

**てんざい**【点在】점재 ◇点在する 점재하다
¶山腹に家が点在している 산 중턱에 집이 점재해 있다.

**てんさく**【添削】첨삭 ◇添削する 첨삭하다 / 添削を受ける 첨삭을 받다 / 添削を加える 첨삭을 하다 / 生徒の作文を添削する 학생의 작문을 첨삭하다 関連 **通信添削** 우편으로 하는 첨삭

**でんさんき**【電算機】전산기, 전자 계산기 ⇒コンピュータ

**てんし**【天使】천사 ¶赤ん坊は天使のようなあどけない微笑を浮かべた 아기는 천사같은 천진난만한 미소를 띄웠다. / その女の子は天使のようにかわいい子供だった 그 여자 아이는 천사같이 귀여운 아이였다.

てんじ【点字】 점자(▶発音은 점짜) ¶点字を打つ 점자를 치다 / この書類を点字で打ってください 이 서류를 점자로 쳐 주세요. / 彼女は点字で小説を書いている 그녀는 점자로 소설을 쓰고 있다. / 点字の本 점자 책 関連 点字機 점자기, 점자판 / 点字翻訳者 점자 번역자 / 点字図書館 점자 도서관 / 点字ブロック 점자 블록

てんじ【展示】 전시 ◇展示する 전시하다 ¶学校の文化祭では生徒の作品が講堂に展示された 학교 문화제에서 학생의 작품이 강당에 전시되었다. / その美術館にはたくさんのヨーロッパ近代絵画が展示されている 그 미술관에는 많은 유럽 근대 회화가 전시되어 있다. ¶地方のさまざまな特産品を集めた展示会が東京で開かれた 지방의 여러 가지 특산품을 모은 전시회가 도쿄에서 열렸다. / 展示品に触らないでください 전시품을 만지지 마세요. 関連 展示場 전시장

でんし【電子】 전자 関連 電子オルガン 전자 오르간 / 電子音楽 전자 음악 / 電子機器 전자 기기 / 電子計算機 전자 계산기, 전산기 / 電子顕微鏡 전자 현미경 / 電子工学 전자 공학 / 電子辞書 전자 사전 / 電子出版 전자 출판 / 電子頭脳 전자 두뇌, 전자뇌 / 電子手帳 전자 수첩 / 電子ブック 전자책, 이북 / 電子望遠鏡 전자 망원경 / 電子翻訳機 전자 번역기 / 電子マネー 전자 화폐 / 電子メール 전자 메일, 이메일 / 電子郵便 전자 우편 / 電子レンジ 전자 레인지

でんじき【電磁気】 전자기
でんじしゃく【電磁石】 전자석
でんじは【電磁波】 전자파, 전자기파

でんしゃ【電車】 전철 [市街電車] 전차 ¶電車に乗る 전철을 타다 / 電車を降りる 전철에서 내리다 / この電車は大宮行きですか 이 전철은 오미야행입니까? / 電車はどこへ行くのですか 이 전철은 어디로 갑니까? / 浅草に行くにはどの電車に乗ればいいですか 아사쿠사에 가려면 어느 전철을 타면 됩니까? / 電車で通学する 전철로 통학하다 / 父は電車で大阪に通勤している 아버지는 전철로 오사카까지 출퇴근하신다. / 電車が遅れている 전철이 늦다. 関連 電車賃 전철 요금 / 通勤電車 통근 열차

てんしゅ【店主】 점주
てんじゅ【天寿】 천수, 천명(天命) ¶祖母は天寿をまっとうした 할머니는 천수를 다하셨다.

てんしゅつ【転出】 전출 ◇転出する 전출하다 [引っ越す] 이사하다 ¶子会社に転出する 자회사로 전출하다 / 東京から地方に転出する 도쿄에서 지방으로 전출되다 関連 転出先 새 주소 / 転出届 전출 신고

てんじょう【天井】 천장, 천정 ¶この部屋は天井が高い[低い] 이 방은 천장이 높다[낮다]. / 彼女は天井に止まっているくもを見つめた 그녀는 천장에 붙어 있는 거미를 보았다. / 天井の高さは3メートルだ 천장의 높이는 3미터이다. / 天井裏でねずみが走っている 천장 위로 쥐가 뛰어다니고 있다. ¶物価は天井をついた 물가는 최고치에 달했다. / 地価は天井知らずだ 땅값은 천정부지로 올랐다. / 天井知らずの相場 천정부지의 시세

関連 天井桟敷 맨 위층 관람석 / 天井相場 천정부지의 시세

てんじょういん【添乗員】 여행 인솔자[안내원] ¶韓国ツアーに添乗員として付き添った 한국 투어에 인솔자로서 같이 갔다. / 添乗員付きの旅行 안내원이 동행하는 여행

てんしょく【天職】 천직 ¶私はこの仕事を天職だと思っている 나는 이 일을 천직이라고 생각하고 있다.

てんしょく【転職】 전직 ◇転職する 전직하다 ¶彼は会社員から公務員に転職した 그 사람은 회사원에서 공무원으로 전직했다. / 経済的な理由で転職することにした 경제적인 이유로 전직하기로 했다.

でんしょばと【伝書鳩】 전서구

てんじる【転じる】 [変える] 바꾸다, 전환하다 [方向転換させる] 돌리다 ¶映画からスポーツに話題を転じた 영화에서 스포츠로 화제를 바꿨다. / 彼らは守勢から攻勢に転じた 그들은 수세에서 공세로 전환했다. / 彼女は窓の方に目を転じた 그녀는 창 쪽으로 눈을 돌렸다.

てんしん【転身】 전신, 전향, 변신 ◇転身する 전신하다, 전향하다, 변신하다 ¶彼はプロのゴルファーに転身した 그는 프로 골퍼로 전향했다. / 彼女はOLからタレントに転身した 그녀는 회사를 다니다 탤런트로 변신했다.

でんしん【電信】 전신 [電報] 전보 関連 電信為替 전신환 / 電信機 전신기 / 電信技師 전신 기사 / 電信柱 전봇대, 전신주, 전주

てんしんらんまん【天真爛漫】 ◇天真爛漫だ 천진난만하다 ¶その子は天真爛漫な笑みを浮かべた 그 아이는 천진난만한 웃음을 띄웠다. / 彼女はいつも天真爛漫に振る舞った 그녀는 항상 천진난만하게 행동했다. / 天真爛漫な性格 천진난만한 성격

てんすう【点数】 점수 [成績] 성적 [得点] 득점 ¶彼は数学のテストで悪い点数を取った 그는 수학 시험에서 나쁜 점수를 받았다. /「英語の試験の点数どうだった」「75点だったよ」 "영어 시험 점수는 어땠어?" "75점이었어". / 彼は点数稼ぎに上司にごまをすっている 그는 좋은 점수를 따려고 상사에게 아부한다. / 点数をつける 점수를 매기다 / 点数表 점수표

てんせい【天性】 천성 ◇天性の 타고난 ¶天性の才能 타고난 재능 / 天性の明るい性格 타고난 밝은 성격 / 彼は天性の詩人だ 그는 타고난 시인이다.

でんせつ【伝説】 전설 ◇伝説的 전설적 ¶伝説はしばしば事実と作り話とが入り交じったものだ 전설은 흔히 사실과 꾸며낸 이야기가 뒤섞인 것이다. / 伝説上の英雄 전설적인 영웅 / 伝説的な人物 전설적인 인물

てんせん【点線】 점선 [切り取り線] 절취선 ¶点線を引く 점선을 긋다 / 点線に添って切り取ってください 점선을 따라 잘라내 주세요.

でんせん【伝染】 전염 ◇伝染する 전염하다, 전염되다 ¶彼は肝炎に伝染した 그는 간염에 전염되었다. / あくびは伝染する 하품은 전염된다. 関連 伝染経路 전염 경로 / 伝染性 전염성

でんせん【伝線】◇伝線する 올이 풀리다 ¶ストッキングが伝線した 스타킹의 올이 풀렸다.

でんせん【電線】전선 ¶この電線には電流が通じている 이 전선에는 전류가 통하고 있다.
関連 海底電線 해저 전선, 해저 케이블 / 地下電線 지하 전선 ¦ 지하 케이블

でんせんびょう【伝染病】전염병 ¶鶏の伝染病は急速に広まった 닭 전염병은 급속하게 퍼졌다. / 伝染病にかかる 전염병에 걸리다 関連 伝染病患者 전염병 환자 / 法定伝染病 법정 전염병

てんそう【転送】전송 ◇転送する 전송하다
¶郵便物は下記の住所に転送してください 우편물은 아래의 주소로 전송해 주세요. 関連 転送先 전송하는 주소

てんたい【天体】천체 関連 天体観測 천체 관측 / 天体写真 천체 사진 / 天体物理学 천체 물리학 / 天体望遠鏡 천체 망원경

でんたく【電卓】전자계산기 ¶ポケット電卓 포켓 계산기

でんたつ【伝達】전달 ◇伝達する 전달하다 ¶言語は伝達手段の一つだ 언어는 전달 수단의 하나다. / データ[情報]の伝達 데이터[정보] 전달 関連 伝達事項 전달 사항 / 伝達者 전달자

てんち【天地】❶ [天と地] 천지, 하늘과 땅 [宇宙] 우주 [世界] 세계 ¶二人の実力には天地ほどの差がある 두 사람의 실력은 천지 차이다. / 天地神明に誓って約束は守ります 천지신명께 맹세코 약속은 지킵니다. / 天地創造 천지 창조 ❷ [場所] 천지 [世界] 세계 [土地] 땅 ¶彼らは新天地を求めて旅立った 그들은 신천지를 찾아 여행을 떠났다. / 自由の天地 자유의 세계 / 別天地 별천지 ❸ [上と下] 위아래

でんち【電池】전지, 건전지 ¶電池が切れる 전지가 다되다 / 電池を取り替える 전지를 갈다[바꾸다] / 電池を充電する 전지를 충전하다 / この電池は長くもつ 이 전지의 수명은 오래 간다. / 電池の寿命が短い 전지의 수명이 짧다. / 電池がなくなりかけていたので懐中電灯の光が弱かった 전지 수명이 다되어 손전등의 빛이 약했다. / このおもちゃの車は電池で動く 이 장난감 자동차는 전지로 움직인다. 関連 アルカリ電池 알칼리 전지 / 乾電池 건전지 / 充電池 충전지 / 水銀電池 수은 전지 / 太陽電池 태양 전지 / 単1[2, 3, 4] 電池 A [C, AA, AAA] 사이즈 건전지 / 蓄電池 축전지 / ニッケルカドミウム電池 니켈 카드뮴 전지 / リチウム電池 리튬 전지

でんちゅう【電柱】전주, 전신주, 전봇대

てんちょう【店長】가게 주인[책임자] [支配人] 지배인

てんで [まったく] 전혀 ¶てんでだめだ 전혀 안된다. / てんで相手にされなかった 완전히 무시당했다.

てんてき【天敵】천적

てんてき【点滴】[点滴注射] 링거 주사, 점적 주사 ¶点滴を受ける 링거 주사를 맞다 / 点滴を打つ 링거 주사를 놓다 / 点滴液 점적액

てんてこまい【てんてこ舞い】야단법석 ◇てんてこまいた (몹시 바빠서) 정신을 못 차리다 ¶きょうは忙しくて一日中てんてこまいだった 오늘은 바빠서 하루 종일 정신을 못 차렸다.

でんてつ【電鉄】전철 関連 電鉄会社 전철 회사

てんでに 제각기, 각자 ¶彼らはてんでに勝手なことを言っていた 그들은 각자 제멋대로 말했다.

てんてん【転々】◇転々と 데굴데굴 ◇転々とする [しきりに変わる] 전전하다
¶ボールは坂道を転々と転がっていった 공은 비탈길을 데굴데굴 굴러갔다.
¶その土地は所有者が転々としている 그 토지는 소유자가 수시로 바뀐다. / 彼は職場を転々とした 그는 직장을 전전했다.

てんてん【点々】◇点々と [あちこちに] 띄엄띄엄, 점점이 ¶その村には家が点々と建っていた 그 마을에는 집이 띄엄띄엄 있었다.

てんでんばらばら ◇てんでんばらばらに [散り散りに] 뿔뿔이 [勝手に] 제멋대로 ¶子供たちはてんでんばらばらに逃げ出した 아이들은 뿔뿔이 도망쳤다. / 彼らはてんでんばらばらに行動した 그들은 제멋대로 행동했다. / てんでんばらばらの意見を述べる 제멋대로 의견을 말하다

でんでんむし [かたつむり] 달팽이

テント 텐트, 천막(天幕) ¶テントを張る 텐트를 치다 / テントを畳む 텐트를 접다 関連 テント村 야영장

でんと 의젓하게, 듬직하게 ¶父はいつもでんと構えている 아버지는 항상 의젓하게 계신다. / 居間には大きなテレビがでんと置いてあった 거실에는 큰 텔레비전이 떡하니 놓여 있었다.

てんとう【店頭】[店先] 점두, 가게 앞 [ショーウインドウ] 쇼윈도 [店] 가게 ¶それは店頭にあります その것은 가게 앞에 있습니다. / 壁掛け式の薄型テレビが店頭に並んでいる 벽걸이식 슬림형 텔레비전이 쇼윈도에 진열되어 있다. / この品は店頭では売られていない 이 상품은 가게에서는 안 판다. 関連 店頭株 장외주 / 店頭広告 매장내 광고 / 店頭市場 [株式・債券의] 점두 시장, 장외 시장 / 店頭取引 [株式・債券의] 점두 거래, 장외 거래 / 店頭販売 매장 판매 / 店頭見本 매장에 전시된 견본

てんとう【転倒】전도 ◇転倒する 전도하다 [ころぶ] 넘어지다 [さかさまになる] 거꾸로 되다 [うろたえる] 허둥거리다 ¶スケート場ですべって転倒した 스케이트장에서 미끄러져 넘어졌다.
¶母は弟のことでまったく気が転倒していた 어머니는 동생 일로 완전히 기겁하셨다. 関連 主客転倒 주객전도

てんとう【点灯】점등 ◇点灯する 점등하다, 점등되다 [明かりをつける] 커다 ¶街灯が点灯した 가로등이 켜졌다.

**でんとう【伝統】**전통 ◇伝統的 전통적 ¶私たちの高校は100年の伝統がある 우리 고등학교는 백 년의 전통이 있다. / この地方の人々は昔からの伝統を重んじる 이 지방 사람들은 옛날부터 전해져 온 전통을 중요시한다. / 私たちは長い間培われてきたわが国の伝統を守るべきだ 우리는 긴 세월 가꾸어 온 이 전통을 지켜야 한다. / 伝統を受け継ぐ 전통을 이어 받다 / 彼の手法はこれまでの生け花の伝統を破る極めて斬新なものだった 그의 수법은 지금까지의 꽃꽂

이의 전통을 깰 아주 참신한 것이었다. / 彼は伝統あるサッカー部に入部した 그는 전통 있는 축구부에 들어갔다.
¶この地方には伝統的な行事がたくさんある 이 지방에는 전통적인 행사가 많이 있다. / うちの学校は伝統的に野球が強い 우리 학교는 전통적으로 야구가 세다.

**でんとう【電灯】** 전등 [明かり] 불 ¶電灯を点けて[消して]ちょうだい 전등 켜[꺼] 줘. 関連 懐中電灯 손전등

**でんどう【伝道】** 전도 ◇伝道する 전도하다 ¶キリスト教を伝道する 기독교를 전도하다 / 伝道に携わる 전도에 참여하다 / 伝道活動 전도 활동 関連 伝道師 전도사 / 宣教師(せんきょうし) 선교사

**でんどう【伝導】** [熱・電気などの] 전도 ◇伝導する 전도하다 ¶この水溶液は電気を伝導する 이 수용액은 전기를 전도한다. / この金属は熱伝導率が高い 이 금속은 열전도율이 높다. / 動力伝導装置 동력 전도 장치 関連 伝導体 전도체 / 伝導率 전도율 / 超伝導 초전도 ⇒伝える

**でんどう【電動】** 전동 関連 電動式 전동식 / 電動のこぎり 전기톱 / 電動ミシン 전동 재봉틀

**でんどう【殿堂】** 전당 ¶学問の殿堂 학문의 전당 / 野球の殿堂 야구의 전당

**てんどうせつ【天動説】** 천동설

**てんとうむし【天道虫】** 무당벌레

**てんとりむし【点取り虫】** [がり勉家] 공붓벌레 ¶高校時代彼女は点取り虫だった 고등학교 시절에 그녀는 공붓벌레였다.

**てんどん【天丼】** 튀김덮밥

**てんにゅう【転入】** 전입 [転居] 전거, 이사 ◇転入する 전입하다, 전거하다, 이사하다 ¶今月札幌から東京へ転入した 이번달 삿포로에서 도쿄로 전입했다. 関連 転入届 전입신고 / 転入生 전입생

**てんにん【転任】** 전임 ◇転任する 전임하다, 전임되다 ¶彼は先月福岡支店の支店長に転任した 그는 지난달 후쿠오카 지점의 지점장으로 전임했다. 関連 転任先 전임지 근무처

**でんねつき【電熱器】** 전열기 [調理用] 전기 풍로 [暖房用] 전기 난로

**てんねん【天然】** 천연 関連 天然ガス 천연 가스 / 天然記念物 천연 기념물 / 天然資源 천연 자원 / 天然色 천연색 / 天然パーマ〔縮れ毛〕고수머리, 곱슬머리

**てんねんとう【天然痘】** 천연두

**てんのう【天皇】**〔▶韓国では一般に日왕「日王」という〕천황 / 天皇陛下 천황 폐하 / 天皇皇后両陛下 천황과 황후 양 폐하 / 昭和天皇 쇼와 천왕 / 天皇ご一家 천황 일가 [皇室] 황실 関連 天皇制 천황제 / 天皇誕生日 천황 탄생일 / 天皇杯 천황배

**てんのうせい【天王星】** 천왕성

**でんぱ【電波】** 전파 ¶電波を発信[受信]する 전파를 발신[수신]하다 / 電波を捕らえる 전파를 잡다 / 電波を遮断する 전파를 차단하다 / 彼女の歌声が電波に乗って全国に放送された 그녀의 노랫소리가 전파를 타고 전국으로 방송되었다. / 電波障害でテレビの画面が乱れた 전파 장해로 텔레비전 화면이 흐트러졌다. 関連 電波管制 전파 관제 / 電波航法 전파 항법 / 電波星 전파별 / 電波探知器 전파 탐지기 / 電波望遠鏡 전파 망원경 / 電波妨害 전파 방해

**てんばい【転売】** 전매 ◇転売する 전매하다 ¶土地を転売する 토지를 전매하다

**てんばつ【天罰】** 천벌 ¶天罰を受ける 천벌을 받다 / 天罰だ! 천벌이다! / きっと天罰がくだるぞ 반드시 천벌이 내린다. 慣用句 天罰覿面(てきめん)だ 나쁜 짓을 하면 반드시 천벌을 받는다.

**てんぴ【天火】** 오븐 ⇒オーブン

**てんぴ【天日】** 천일, 햇볕 ¶ぬれた服を天日で乾かした 젖은 옷을 햇볕에 말렸다. / 天日干しのあじ 햇볕에 말린 전갱이

**てんびき【天引き】** 공제(控除) ◇天引きする 공제하다 ◇天引きされる 공제되다 ¶所得税は給料から天引きされる 소득세는 급료에서 공제된다. 関連 天引き貯金 공제 저금

**でんぴょう【伝票】** 전표 [飲食店などの勘定書] 계산서 / 彼は支払い伝票を切った 그는 지불전표를 끊었다. / [レストランなどで] 伝票お願いします 계산해 주세요. / 売り上げ伝票 매상 전표 / 入金[出金] 伝票 입금[출금] 전표

**てんびん【天秤】** [はかり] 저울 [はかりの皿] 저울판 / 天びんにかける 저울질하다 / 彼は魚を天びんにかけて量った 그는 생선을 저울에 놓고 쟀다. / 利益とリスクを天びんにかける 이익과 손해를 저울질하다 慣用句 彼女は君とあいつを両天びんにかけている 그녀는 너와 그 녀석을 저울질하고 있다.

**てんびんざ【天秤座】** 천칭자리 ¶天秤座(生まれ)の人 천칭자리 사람

**てんぷ【天賦】** 천부 ¶天賦の素質[才能] 천부의 소질[재능] / 彼は野球にかけては天賦の才を持っている 그는 야구에 있어서는 천부적인 재능을 가지고 있다.

**てんぷ【添付】** 첨부 ◇添付する 첨부하다, 붙이다 ¶入学願書には成績証明書を添付すること 입학원서에는 성적 증명서를 첨부할 것 / 履歴書には必ず顔写真を添付してください 이력서에는 반드시 증명 사진을 첨부해 주세요. 関連 添付ファイル 첨부 파일 / 添付書類 첨부 서류

**てんぷく【転覆】** 전복 ◇転覆する 전복하다, 전복되다 / [政権などが] 무너지다, 무너뜨리다 ¶彼らの乗ったボートが転覆した 그들이 탄 보트가 전복됐다. / 高波をかぶって転覆した 높은 파도를 뒤집어 쓰고 낚싯배는 전복됐다. ¶軍部は政府を転覆しようとしている 군부는 정부를 전복하려고 하고 있다.

**てんぷら【天麩羅】** 튀김 ¶てんぷら料理 튀김 요리 / えびのてんぷら 새우 튀김

**てんぶん【天分】** 천분, 재능 ¶彼女は天分のあるピアニストだ 그녀는 천분 있는 피아니스트다. / 彼は天分にめぐまれている 그는 천분을 타고났다. / 天分を生かす 천분을 살리다

**でんぶん【電文】** 전문, 전보문 ⇒電報

**でんぶん【澱粉】** 전분, 녹말 ¶澱粉質の食べ物 전분질의 음식

**てんぺんちい【天変地異】** 천변지이 ⇒災害, 天

**てんぽ【店舗】** 점포, 가게 ¶貸し店舗 임대 점포 ⇒店

**テンポ** 템포〔速さ〕속도〔ペース〕보조〔歩調〕
¶彼女とはテンポが合わない 그녀와는 손발이 맞지 않는다. / 彼の話し方はテンポが遅い 그는 말이 느리다. / 都市生活の速いテンポにはついていけない 도시 생활의 빠른 속도에는 따라갈 수가 없다. / テンポの速い〔遅い〕曲が好きる 템포가 빠른〔느린〕곡이 좋다.

**てんぼう【展望】** 전망 ◇展望する 전망하다 ¶なかなか新しい展望が開けない 좀처럼 새로운 전망이 열리지 않는다. / この報告書は長期的な展望を欠いている 이 보고서는 장기적인 전망이 빠져 있다. / 日本経済の将来を展望する本 일본 경제의 장래를 전망하는 책
¶展望のいい部屋を予約した 전망이 좋은 방을 예약했다. 関連 展望車 전망차・展望台 전망대

**でんぽう【電報】** 전보〔電文〕전보문, 전문
¶電報を送る〔打つ〕전보를 보내다〔치다〕/ めいに合格祝いの電報を打った 조카에게 합격 축전을 보냈다. 関連 電報為替 전보환, 전신환 / 電報局 전보국 / 電報用紙 전보 용지 / 電報料 전보료, 전신료 / 慶用電報 경조 전보

**てんまく【天幕】** 천막〔テント〕텐트

**てんまつ【顛末】** 전말 ¶彼女は事の顛末を語った 그녀는 사건의 전말을 밝혔다.

**てんまど【天窓】** 천창

**てんめい【天命】** 천명〔天寿〕천수〔運命〕운명
¶さすがの彼も天命が尽きた 그녀럼 대단한 그도 천명을 다했다. / 天命を知ることも時には必要だ 천명을 아는 것도 때로는 필요하다. 関連 人事を尽くして天命を待つ 사람이 할 수 있는 것은 다한 후에 천명을 기다린다. | 진인사대천명〔尽人事待天命〕

**てんめつ【点滅】** 점멸 ◇点滅する 점멸하다
¶信号が点滅する 신호가 점멸하다 / 車のライトが霧の中で点滅していた 차 라이트가 안개 속에서 점멸했다. / 懐中電灯を点滅させる 손전등을 점멸시키다 関連 点滅信号 점멸 신호

**てんもんがく【天文学】** 천문학 ¶天文学的数字に達する 천문학적인 숫자에 이르다 関連 天文学者 천문학자

**てんもんだい【天文台】** 천문대

**てんやもの【店屋物】** ¶店屋物を取る 음식점에서 배달을 시키다 ⇒出前

**てんやわんや** 야단법석 ¶朝は家中がてんやわんやの大騒ぎになる 아침은 집안 전체가 야단법석이 된다.

**てんよう【転用】** 전용 ◇転用する 전용하다
¶農地を宅地に転用する 농지를 택지로 전용한다 / その建物は公民館に転用された 그 건물은 마을 회관으로 전용되었다.

**でんらい【伝来】** 전래 ◇伝来する 전래하다, 전래되다 ¶彼らは先祖伝来の雨乞いの踊りを踊った 그들은 선조 때부터 전해 내려온 비를 내리게 하는 춤을 추었다. / このつぼは先祖伝来のものだ 이 항아리는 선조 대대로 내려온 것이다. / キリスト教は1549年に日本に伝来した 기독교는 1549년에 일본에 전래되었다.

**てんらく【転落】** 전락 ◇転落する 전락하다, 굴러 떨어지다 ¶その男は崖から海に転落した 그 남자는 절벽에서 바다로 떨어졌다. / そのチームは最下位に転落した 그 팀은 최하위로 전락했다.

**てんらんかい【展覧会】** 전람회 ¶展覧会に写真を出品した 전람회에 사진을 출품했다. / このデパートでは日本画の展覧会を開いている 이 백화점에서는 일본화 전람회를 열고 있다. 関連 展覧会場 전람회장

**でんりそう【電離層】** 전리층

**でんりゅう【電流】** 전류 ¶電流を流す 전류를 흘려 보내다 / 電流を切る 전류를 끊다 / その電線には電流が流れている 그 전선에는 전류가 흐르고 있다. / 電流をまったく通さないものがある 전류가 전혀 안 통하는 게 있다. 関連 電流計 전류계 / 高圧電流 고압 전류 / 誘導電流 유도 전류

**でんりょく【電力】** 전력 ¶電力を供給する 전력을 공급하다 / 消費電力を抑える 소비 전력을 억제하다 関連 電力会社 전력 회사 / 電力計 전력계 / 電力事情 전력 사정 / 電力消費量 전력 소비량 / 電力不足 전력 부족 / 電力料金 전력 요금

## でんわ【電話】 전화〔通話〕통화〔電話機〕 전화기 ◇電話する 전화하다

基本表現
▷電話が鳴っている 전화가 울리고 있다.
▷きのうの夜弟に電話をかけた
　어젯밤 동생에게 전화를 걸었다.
▷何度か電話してやっとユナと連絡が取れた
　몇 번인가 전화해서 드디어 윤아와 연락을 취했다.
▷荒川さん、お電話です 아라카와 씨, 전화요.
▷加藤さん、電話に出てください
　가토 씨, 전화 받으세요.
▷南さんに電話ですよ
　미나미 씨한테 전화 왔어요.
▷こんな時間にだれからの電話だったの
　이런 시간에 누구한테 온 전화야.
▷彼女は急いで電話を取った
　그녀는 서둘러서 전화를 받았다.
▷彼女は電話を切った 그녀는 전화를 끊었다.
▷友達と電話で話した
　친구와 전화로 이야기했다.
▷夜中に電話で救急車を呼んだ
　밤중에 전화로 구급차를 불렀다.
▷だれか電話に出てください
　누구 전화 받아요.
▷あなたの電話番号をおしえてください
　전화번호를 알려 주세요.

◆「電話が・電話は」
¶留守中に安藤さんから電話がありましたよ 안 계실 때 안도 씨로부터 전화가 있었습니다. / 最近ユミから電話がないなあ 요즘 유미한테서 전화가 없네. / 夜中によく無言電話がかかってくる 밤중에 자주 무언 전화가 걸려 온다. / 会議中失礼ですが、お電話が入っています 회의 중 실례합니다만 전화가 왔습니다. / すぐに彼女に電話がつながった 금방 그녀에게 전화가 연결되었다. / 電話が遠

いんですが, もう少し大きい声でしゃべってくださいますか 전화가 잘 안 들리는데 조금 더 큰 소리로 말씀해 주시겠어요? / 10円玉がなくなって電話が切れてしまった 10엔짜리가 다 떨어져서 전화가 끊겨 버렸다. / ソウルに電話がつながりました 서울에 전화가 연결되었습니다. / きょうは引っ切りなしに電話がかかってきた 오늘은 끊임없이 전화가 걸려 왔다. / うちには電話が2台ある 우리 집에는 전화가 두 대 있다. / 彼の電話は話し中だった 그의 전화는 통화중이었다. / 電話が混線している 전화가 혼선되었다. / 電話がプツンと切れた 전화가 뚝 끊겼다.

◆〖電話の〗

¶彼女は電話の応対がとてもていねいだ 그녀는 전화 대응이 매우 예의 바르다. / 電話の調子が悪いみたい. よく聞こえないな 전화 상태가 나쁜 것 같아. 잘 안 들리는데.

◆〖電話で〗

¶電話でホテルの予約を取り消した 전화로 호텔 예약을 취소했다. / わざわざ出かけて行かなくても電話で用が足りたでしょうに 일부러 나가지 않아도 전화로 일이 해결됐을 텐데. / 電話でタクシーを呼んだ 전화로 택시를 불렀다. / 私への連絡は電話でお願いします 저한테 연락하시려면 전화를 주세요. / 夜中に彼女からの電話で起こされた 밤중에 그 여자에게서 전화가 와서 잠이 깼다.

◆〖電話を〗

¶2, 3日したら電話をください 2,3일 있다가 전화 주세요. / あとでまた電話をかけ直すよ 이따가 다시 전화할게. / 打ち合わせ中は電話を取り次がないでください 회의 중에는 전화를 연결시키지 마세요. / 電話をお回しします 전화를 돌려 드리겠습니다. / 電話を切らずにお待ちください 전화를 끊지 마시고 기다려 주세요. / 彼は電話をがちゃんと切って、そのまま電話を찰카닥하고 끊었다. / 「電話をお借りできますか」「はい、どうぞ」 "전화를 좀 쓸 수 있을까요?" "네, 쓰세요."

◆〖電話に〗

¶電話に出たのは私の妹です 전화 받은 사람은 제 동생입니다. / 本人を電話に出してください 본인을 바꾸어 주세요. / 「佐藤さんをお願いします」「申し訳ありませんが、今ほかの電話に出ております」 "사토 씨를 부탁합니다." "죄송합니다만 지금 다른 전화를 받고 있습니다."

◆〖電話する〗

¶お電話いただけますか, それともこちらからお電話しましょうか 전화해 주시겠습니까? 아니면 제가 걸까요? / この番号に電話してください 이 번호로 전화해 주세요. / 先生に電話しなくちゃ 선생님께 전화드려야지. / あまり長電話しないでちょうだい 너무 긴 전화는 하지 말아 줘. / 104に電話してお尋ねください 104(일사공)에 전화해서 물어 보세요. / 担当者が戻りましたらすぐに電話させます 담당자가 돌아오면 바로 전화하라고 하겠습니다. / 娘は友達の家に泊まると電話してきた 딸한테서 친구 집에서 잔다는 전화가 왔다. / あすまた電話します 내일 다시 전화하겠습니다. 数え方 電話1台 전화 한 대 / 電話1本[通] 전화 한 통 関連 電話加入 전화 가입 / 電話局 전화국 / 電話交換手 전화 교환원 / 電話交換台 전화 교환대 / 電話線 전화선 / 電話注文 전화 주문 / 電話帳 전화번호부 / 電話ボックス 전화 박스 / 電話料 전화료 / いたずら電話 장난 전화 / いやがらせ電話 짓궂은 전화 / 脅迫電話 협박 전화 / 携帯電話 휴대 전화, 휴대폰, 핸드폰 / 公衆電話 공중 전화 / コードレス電話 코드리스[무선] 전화 / 国際電話 국제 전화 / 市外電話 시외 전화 / 自動車電話 카폰 / 市内電話 시내 전화 / ダイヤル式電話 다이얼식 전화기 / 長距離電話 장거리 전화 / 直通電話 직통 전화 / テレビ電話 텔레비전 전화 / 内線電話 내선 전화 / プッシュホン式電話 푸시폰, 누름단추식 전화기 / 間違い電話 잘못 걸린 전화 / 無線電話 무선 전화 / 留守番電話 자동 응답 전화

## と

**と【戸】** 문

基本表現
▶戸は開いて[閉まって]いる
　문은 열려[닫혀] 있다.
▶戸はひとりでに開いた[閉まった]
　문이 저절로 열렸다[닫혔다].
▶戸を開けて[閉めて]ください
　문을 열어[닫아] 주세요.
▶だれかが戸をたたいている
　누가 문을 두드리고 있다.
▶戸が少し開いている 문이 조금 열려 있다.

◆〖戸は・戸が〗

¶この戸はどうしても開かない[閉まらない] 이 문은 어떻게 해도 열리지 않는다[닫히지 않는다]. / 戸がバタンと閉まった 문이 쾅하고 닫혔다.

◆〖戸を・戸に〗

¶戸を開けっ放しにするな 문을 열어 두지 말아라. / 出かける時戸に鍵を掛けるのを忘れるな 외출할 때 문 잠그는 것을 잊지 마. / 閉まる戸に手をはさまれないように気をつけなさい 문이 닫힐 때 손이 끼이지 않도록 조심해. 慣用句 人の口に戸は立てられぬ 입소문은 막을 길이 없다. 関連 雨戸 덧문 / 網戸 방충망(防虫網) / 格子戸 격자문 / 引き戸 미닫이문 / 開き戸 여닫이문

と【都】도 ¶東京都 도쿄도 関連 都議会 도의회 / 都議会議員 도의회 의원 / 都知事 도지사 / 都電 도영 전차 ⇒都庁

-と 《母音体言+》와,《子音体言+》과,《母音体言・子音体言の両方につく口語表現》하고 ❶ [列挙, 同伴, 動作の対象, 比較] ¶私には姉と弟がいます 나에게는 누나와 남동생이 있습

니다. / 酒とたばこは体に悪い 술과 담배는 몸에 나쁘다. / 君と僕は相性がいい 너와 나는 성격이 잘 맞는다. / 今年の夏はソウルと慶州と釜山を回る予定です 올 여름은 서울, 경주, 부산을 돌 예정입니다. / 冬休み、友人たちとスキーに行った 이번 겨울에 친구들과 스키를 타러 갔다. / きょうは彼女と食事をしに行くことにしている 오늘은 그녀와 외식하러 갈 예정이다. / 彼女と友達になりたい 그녀와 친구가 되고 싶다. / 彼とささいなことでけんかした 그와 사소한 일로 싸웠다. / 第二次世界大戦で枢軸国は連合国と戦った 제 2 차 세계 대전에서 추축국은 연합국과 싸웠다. / 昨年彼は彼女と結婚した 작년에 그는 그녀와 결혼했다. / このデジカメとそのデジカメを比べてみると、ちょっとした違いがある 이 디카는 그 디카와 비교해 보면 약간의 차이가 있다. (▶디카는 디지털 카메라의 縮約形) / 冬と夏ではどちらが好きですか 겨울과 여름 중 어느 쪽을 좋아합니까? / 僕は君の考えと同じだ 내 생각도 너와 같다. / 兄と私は 2 歳違う 형과 나는 두 살 차이다.

❷〔…となる〕《母音体言＋》が なり, 《子音体言＋》이 되다 ¶雪や氷は溶けて水となる 눈과 얼음이 녹아 물이 되다. / やっと冬も終わり春となった 마침내 겨울이 지나고 봄이 왔다.

❸〔引用文〕-고 ¶彼女は実にいい人だと感じた 그녀는 정말 좋은 사람이라고 생각했다. / 私には責任がないと思う 그 사람에게는 책임이 없다고 생각한다. / 先生は生徒になぜ遅刻したのかと尋ねた 선생님은 학생에게 왜 지각했냐고 물으셨다.

❹〔…する時〕 -(으)니, -(으)니까, -자(마자) ¶窓を開けると雪が積もっていた 창문을 여니 눈이 쌓여 있었다. / 帰宅するとすぐ電話が鳴った 집에 돌아오자마자 전화가 왔다.

❺〔仮定〕 -(으)면 ¶日本では20歳になると選挙権が与えられる 일본에서는 스무 살이 되면 선거권이 주어진다. / 春になると日本のいたる所で桜の花が咲く 봄이 되면 일본 도처에서 벚꽃이 핀다. / 食べすぎるとまた太るよ 과식하면 또 살쪄. / 急がないと電車に乗り遅れるよ 서두르지 않으면 전철을 놓쳐. / 手伝ってもらえるととてもうれしいんだけれど 도와주면 정말 좋겠는데. / 次の角を右に曲がると左側に駅が見えます 다음 모퉁이를 오른쪽으로 돌면 좌측에 역이 보입니다.

❻〔…であろうとも〕 -(이)라도, -더라도 ¶飲み会に参加したい人はだれだろうと歓迎します 회식에 참가하고 싶은 사람은 누구든지 환영합니다. / たとえ親が反対しようと、彼女は思いどおりやるだろう 설령 부모가 반대한다고 해도 그녀는 자기 생각대로 할 것이다.

ど【度】❶〔回数〕번 ¶その本は一度読んだことがある 그 책은 한 번 읽은 적이 있다. / 彼とは何度か会ったことがある 그와는 몇 번 만난 적이 있다. / 彼女は一日に 2 度しか食事をとらない 그녀는 하루에 두 번밖에 식사를 안 한다. / ブラジルはワールドカップで何度も優勝している 브라질은 월드컵에서 몇 번이나 우승했다. / もう一度おっしゃってください 다시 한 번 말씀해 주세요. / 二度と言わない 두 번 다시 말하지 않는다.

会話 何度行ったか
A：韓国へは何度行ったことがありますか
B：今回で三度目です
A：한국에는 몇 번 가 봤습니까?
B：이 번이 세 번째입니다.
A：部屋を片付けなさいと何度言えばわかるの
B：わかったよ、やるよ
A：방 치우라고 몇 번 얘기해야 알겠니?
B：알았어, 할게.

❷〔角度・温度などの単位〕도 ¶三角形の内角の和は180度である 삼각형의 내각의 합은 180 도다. / 東京タワーからは360度の眺望が楽しめます 도쿄 타워에서의 360 도의 전망을 즐길 수 있습니다. / そのゲレンデは傾斜が10度ぐらいで、初心者向けです 그 슬로프는 경사가 10도 정도로 초보자용입니다. / 東京は東経139度、北緯36度の所にある 도쿄는 동경 139도, 북위 36도에 위치하고 있다.

¶「体温はどのくらいですか」「36度 5 分です」"체온은 어느 정도입니까?" "36.5도입니다." / 彼は肺炎にかかって40度の高熱を出した 그는 폐렴에 걸려 40도나 되는 고열이 났다. / エアコンの温度を24度にセットしたエアコン 온도를 24도로 설정했다. / この焼酎のアルコール度数は25度だ 이 소주(의 알콜 도수)는 25도다. / 朝鮮半島は38度線で南北に分断されている 한반도는 북위 38도선상에서 남북으로 분단되어 있다.

❸〔眼鏡・視力の度〕도수 ¶この眼鏡は度が強すぎる 이 안경은 도수가 너무 높다. / 度の強い眼鏡 도수가 높은 안경 / 度の合わない眼鏡はかえって目を悪くする 도수가 안 맞는 안경은 오히려 눈에 안 좋다. / 近視[老眼]の度が進んできた 점점 근시가[노안이] 되어간다.

❹〔程度〕도, 정도 ¶倹約も度を越すとけちくさくなる 검약도 지나치게 인색이 된다. / スポーツも度を越すと体に悪い 운동도 지나치면 몸에 해롭다. / 酒は度を超さないようにいつも心がけている 술은 과음하지 않도록 늘 조심하고 있다. / 彼の言うことは冗談にしても度が過ぎる 그 사람의 말은 농담이라고 해도 좀 지나치다. 慣用句 二度あることは三度ある 두 번 있는 일은 세 번 있다. / 彼は突然首だと言われて度を失った 그는 느닷없이 해고되었다는 말을 듣고 당황해서 어쩔 줄을 몰랐다.

ドア 도어, 문 ¶ドアをノックする 문을 노크하다 関連 ドアノブ 문 손잡이 / ドアマット 현관 매트[깔개] / 自動ドア 자동문 / 回転ドア 회전문

どあい【度合い】정도 ⇒程度

とい【樋】물받이, 낙수받이

とい【問い】물음, 질문 ¶問いに答える 물음에 답하다 ⇒質問

といあわせ【問い合わせ】문의(問議)〔身元・信用などの〕조회(照会) ¶詳しいお問い合せは 03 - 1234 - 5678 まで 자세한 문의는 03 - 1234 - 5678로. 電話での問い合わせには応じられません 전화 문의에는 응할 수 없습니다. / 広告についての問い合わせが殺到した 광고에 대한 문의가 쇄도했다. 関連 問い合わせ先 문의처 / 問い合わせ状 질문장

**といあわせる【問い合わせる】** 문의하다(問議一) /【照会する】 조회하다 ¶まだチケットがあるかどうか問い合わせた 아직 티켓을 구할 수 있는지 문의했다. / 飛行機の到着予定を問い合わせた 비행기 도착 예정을 문의했다. / 問い合わせてみたがその学校には村山という名前の人はいなかった 그 학교에 문의해 보았으나 무라야마라는 사람은 없었다. / 詳しくは広報部へお問い合わせください 자세한 것은 홍보부에 문의해 주세요.

**-という** -(이)란 /【…だという】- 다는, -ㄴ[-는]다는, -(이)라는 ¶前田さんという女性の方がお見えになりました 마에다라는 여자 분이 오셨습니다. / 800万円という大金をどう使うつもりだったのですか 800만 엔이나 되는 큰돈을 어디에 쓰실 생각이었습니까? / 彼女が交通事故に遭ったという知らせが入った 그녀가 교통사고를 당했다는 연락이 왔다.

¶「4月から東京に住むんだ」「ということは東京の大学に受かったんだね」"사월부터 도쿄에 살게 됐어." "그럼 도쿄에 있는 대학에 합격했구나."

**-といえば【-と言えば】** -(이)라고 하면 ¶サッカーといえば、きのうの日本対韓国戦はどうなったの 축구 말인데, 어제 일한[한일]전은 어떻게 됐어? / 日本と言えば、何を思い浮かべますか 일본 하면 무슨 생각이 납니까?

**といかえす【問い返す】** 되묻다, 다시 묻다 ¶確認のため問い返した 확인하기 위해 다시 물었다.

**といし【砥石】** 숫돌 ¶包丁を砥石でとぐ 부엌칼을 숫돌에 갈다

**といただす【問い質す】** 캐묻다, 따지다 ¶事の真偽を彼に問いただした 일의 진위를 그에게 캐물었다.

**といつめる【問い詰める】** 추궁하다 ¶犯人を問い詰めたがなかなか口を割らなかった 범인을 추궁했지만 좀처럼 자백하지 않았다

**トイレ** 화장실(化粧室) ¶トイレに立つ 화장실에 가다 / トイレはどちらですか 화장실이 어디에요? / トイレをお借りできますか 화장실 좀 써도 되니까? / 男性[女性]用トイレ 남자[여자] 화장실 関連 公衆トイレ 공중 화장실

**トイレットペーパー** 휴지, 화장지

**とう【当】** 당(その) 이, 본(正当) 정당 ¶当の本人に尋ねてみた 당사자에게 물어 보았다. / 当校では生徒のアルバイトは禁止です 우리 학교에서는 학생들의 아르바이트 활동이 금지되고 있습니다. / 当社 당사 / 慣用句 彼の提案は当を得ていた 그의 제안은 적절했다.

**とう【党】** 당, 정당(政党) ¶何人かの議員が党を脱退した 몇몇 의원이 당을 탈당했다. / 党に加入する 당에 가입하다 / 新党を結成する 신당을 결성하다 関連 党員 당원 / 党首 당수 / 党役員 당 임원 / 党大会 당 대회 / 与党 여당 / 野党 야당 / 自由民主党 자유민주당, 자민당 / 民主党 민주당 / 社会民主党 사회민주당, 사민당 / 共産党 공산당

**とう【塔】** 탑 ¶塔を建てる 탑을 세우다 / この五重の塔は7世紀に建てられたものです 이 오층탑은 7세기에 세워진 것입니다. / 9層の石塔 구층 석탑 / テレビ塔 송신탑 / 慰霊塔 위령탑

**とう【糖】** 당, 당류(糖類), 당분(糖分)

**とう【籐】** 등, 등나무 ¶籐いす 등나무 의자 / 籐細工 등나무 세공

**とう【問う】** ❶【尋ねる】 묻다 ¶飛行機事故のニュースが流れるや、肉親の安否を問う電話が航空会社に殺到した 비행기 사고 뉴스가 나오자마자 육친의 안부를 묻는 전화가 항공사에 쇄도했다. / 首相は靖国神社参拝に対する意見の是非を問われる羽目になった야스쿠니 신사 참배에 대한 생각의 요가는 / 三角形の角度を問う問題が出た 삼각형의 각도를 묻는 문제가 나왔다.

❷【問題にする】 묻다 ¶〜を問わず【を】 막론하고[불문하고], ⋯에 상관없이 ¶学歴、経験、性別は問いません 학력, 경력, 성별은 묻지 않습니다. / 老若男女を問わず参加できる 남녀노소를 불문하고 참가할 수 있다. / ヨガは年齢を問わず楽しめる 요가는 나이에 상관없이 즐길 수 있다. / 値段は問いませんが、品質のいいものが欲しいのです 가격은 상관없습니다. 품질만 좋으면 됩니다.

❸【追及する】 추궁하다 ¶彼はその事故の責任を問われて辞職した 그는 그 사고의 책임을 지고 사직했다. / 市長は収賄の罪で問われている 시장은 뇌물 수수 혐의를 받고 있다.

**-とう【-等】** 〔等級, 順位〕 등, 위(など) 등 ¶短距離走で1等になった 단거리에서 1등을 했다. / 二等賞 이등상 / 5等星 5등성 ¶テレビ、冷蔵庫、洗濯機、炊飯器等をまとめて購入した 텔레비전, 냉장고, 세탁기, 전기밥솥 등을 한꺼번에 샀다.

**-とう【-頭】** 마리 ¶牛[馬] 10頭 소[말] 열 마리 / 家畜20頭 가축 스무 마리 / おりの中に2頭の虎がいる 우리 안에 호랑이가 두 마리 있다.

**どう** ❶〔方法を尋ねる〕 어떻게 ¶これはどうすればよいのですか 이것은 어떻게 하면 됩니까? / お名前はどうつづるのですか 성함은 어떻게 씁니까? / ここから済州島へどうやって行くのか教えてください 여기서 제주도까지 어떻게 가는지 가르쳐 주세요. / 彼女がどう考えているのかみんな知っていた 그녀가 어떻게 생각하는지 모두 알고 있었다. / どうしたの、なぜ泣いているの 무슨 일이야, 왜 울고 있어? / 彼はどうなってしまうのだろうか 그는 어떻게 되는 걸까? / どうすればよいかわからない 어떻게 하면 좋을지 모르겠다. / ユミを元気づけるにはどうしたらいいかな 어떻게 하면 유미가 힘이 날까? / 車が故障したらどうしよう 차가 고장나면 어쩌지?

¶「あなたはどうしたいのですか」「まず、温泉にどっぷり浸かりたいな」"당신은 무엇을 하고 싶으세요?" "우선 온천에 몸을 푹 담그고 싶군." / 「彼のことをどう思う?」「かっこいいわね」"그 남자 어떻게 생각해?" "멋있던데." / 「どうですか」「どこかにかばんを置き忘れてしまった」"무슨 일이에요?" "가방을 어디다 잃어버렸어." / 「僕はウイスキーを飲むけど君はどうする?」「ビールをもらうよ」"나는 위스키 마실 건데 너는 뭘로 할래?" "나는 맥주 마실래."

❷〔程度・状況を尋ねる〕 어때, 어떻게 ¶「新居の具合はどうだね」「申し分ないよ」"새 집은 어

때?" "더 할 나위 없어." /「きのうの映画はどうだった」「つまらなかった」"어제 영화 어땠어?" "그저 그랬어." /「沖縄の暑さはどうだった」「思ったほどじゃなかったよ」"오키나와는 덥지 않았니?" "생각 만큼 안 덥던데." /「学年末試験はどうだった」「まあまあだね」"기말고사 잘 봤니?" "그럭저럭 봤어."

¶「この本の売れ行きはどう」「飛ぶように売れてるよ」"이 책의 판매 상황은 어때요?" "날개 돋친 듯이 팔리고 있어." /「チョンホはどうしてる？最近便りがあったかい」「私のところにも音さたないのよ」"정호는 어떻게 지내? 요즘 연락은 있어?" "나한테도 전화 한통 없어."

❸〔体調を尋ねる〕¶お腹の具合はどうですか 배는 좀 어때요? /「きょうは調子はどうですか」「悪くないよ」"오늘은 좀 어때요?" "나쁘지 않아." /「ミンスの顔色はどうでした」「あまりよくなかったわ」"민수 혈색은 어땠어요?" "별로 좋지 않았어." /「お母さんの具合はどうですか」「おかげさまでずいぶんよくなりました」"어머니 상태는 어떠세요?" "덕분에 많이 좋아지셨어요."

❹〔勧誘〕¶「今晩食事でもどう」「いいわね」"오늘 저녁이나 같이 먹을까?" "좋지." /プルゴギはどうですか 불고기는 어때요? /「僕たちと一緒にカラオケ行くのはどう」「悪いけど、だめなんだ」"우리랑 같이 노래방 가는 건 어때?" "미안한데 난 못 가." /「コーヒーをどうですか」「いただきます。ありがとう」"커피 드실래요?" "예. 고마워요."

❺〔その他〕¶どう見ても彼らが勝てるとは思わない 아무리 봐도 그들이 이길 것 같지 않다. /どう見ても彼の得票は2,000どまりだろう 아무리 봐도 그의 득표수는 2,000표 정도일 거야. /だからどうだっていうんだ그래서 어떻다는 거야? /どうってことないよ 괜찮아요. /그저 그래요. /どう思いますか 어떻게 생각합니까?

どう【胴】〔体〕몸통〔ウエスト〕웨이스트, 허리 둘레의 길이〔物・衣服の〕통〔胴体〕동체 ◆彼は胴が太い〔細い〕그는 허리가 굵다〔가늘다〕. /彼女はずん胴だ 그 여자는 허리가 절구통이다. /胴が長い 몸통이 길다

どう【銅】동, 구리 ¶銅線 구리선 / 銅メダル 동메달

どう-【同-】동〔同じ〕같은 ¶3月1日午前10時出発, 同日午後1時京都到着予定です 삼월 1일 오전 열 시 출발, 같은 날 오후 한 시 교토 도착 예정입니다. /彼らは同時代の그들은 같은 세대다. /同量の水 같은 양의 물 /同人物 동일 인물

どうあげ【胴上げ】헹가래 ¶全員で監督を胴上げした 전원이 감독님을 헹가래쳤다.

とうあつせん【等圧線】등압선

とうあん【答案】답안〔答案用紙〕답안지 ¶答案を書く 답안을 쓰다 / 答案用紙を出す 답안지를 내다 / 答案から答案を回収します 지금부터 답안지를 회수하겠습니다. /先生は答案の採点に忙しい 선생님은 답안지 채점에 바쁘시다.

どうい【同意】동의〔賛成〕찬성〔承諾〕승낙 ◆同意する 동의하다 ¶私が意見を述べたら彼はうなずいて同意を示した 내가 의견을 말하자 그는 수긍하며 동의를 표했다. /彼は両親の同意を得て韓国に留学した 그 친구는 부모님의 동의를 얻고 한국에 유학을 갔다. /彼女に同意を求めたが、残念ながら同意を得られなかった 그 여자에게 동의를 구했으나 유감스럽게도 동의를 얻지 못했다.

¶彼の意見には同意できない 그 사람의 의견에는 동의할 수 없다. /君の案には費用の点で同意できない 너의 제안에는 비용 문제상 동의할 수 없다.

どういう 어떤, 무슨 ¶それはどういう意味ですか 그것은 무슨 의미입니까? /どういう物をお捜しですか 어떤 것을 찾으십니까? /そのお金はどういうふうに使いますか 그 돈은 어떻게 씁니까? /どういう事情であろうとも例外は認められない 어떤 사정이 있든지 간에 예외는 인정할 수 없다.

¶どういうわけかパーティーにあまり行きたくなかった 왜 그런지 파티에 별로 가고 싶지 않았다.

どういご【同意語】동의어(↔반의어)

どういたしまして 천만에요, 천만의 말씀입니다〔▶前者より丁寧〕

会話 礼を言われたときの返答
A：どうもありがとうございます
B：どういたしまして
A：정말로 고맙습니다.
B：천만의 말씀입니다.
A：手伝ってくれてありがとう
B：どういたしまして
A：도와 주어서 고마워요.
B：천만에요.
A：車を直してくれてありがとう
B：どういたしまして
A：차를 고쳐 주어서 고마워요.
B：천만에요.

とういつ【統一】통일〔団結〕단결 ◆統一する 통일하다 ¶南北統一 남북 통일 / 新羅は高句麗と百済を滅ぼし、7世紀に朝鮮半島で最初の統一国家を打ち立てた 신라는 7세기에 고구려와 백제를 멸망시키고 한반도에서 최초의 통일 국가를 수립했다. /この作品は全体的な統一を欠いている 이 작품은 전체적인 통일성이 부족하다. /今年のチームはよく統一がとれている 금년 팀은 단결이 잘 된다. /今から約400年前に徳川家康は日本を統一した 지금부터 약 400년 전에 도쿠가와 이에야스는 일본을 통일했다. /紙の大きさを統一する 종이의 크기를 통일하다 / 精神を統一する 정신을 통일하다 関連 統一見解 통일된 견해 / 統一行動 통일 행동 / 統一国家 통일 국가 / 統一地方選挙 통일 지방 선거

どういつ【同一】통일 ◇同じだ 마찬가지다, 같다 ◆同一の 동일한, 동일의 ¶実験結果は前回と同一だった 실험 결과는 지난번과 동일했다. /同一人物の指紋 동일인의 지문

どういん【動員】동원 ◇動員する 동원하다 ¶サミット警備のために1万人近い警察官が動員された 정상회담의 경비를 위해 만 명 가까운 경찰관이 동원됐다. /その映画は初日に数千人の観客を動

**とうおう【東欧】** 동구, 동유럽 ¶東欧諸国 동구 제국, 동유럽의 여러 나라들

**とうか【投下】** 투하 ◇投下する 투하하다 ¶新事業に多額の資金が投下(→投入)された 새 사업에 많은 자금이 투입됐다. / 爆弾を投下する 폭탄을 투하하다

**とうか【灯火】** 등화, 등불 慣用句 灯火親しむべき候となりました 등화가친의 계절이 되었습니다.
関連 灯火管制 등화 관제

**どうか** ❶〔依頼, 懇願〕부디, 제발, 아무쪼록, 모쪼록, 어떻게 ¶どうかお楽になってください 편하게 있으세요. / どうかお許しください 제발 용서해 주세요. / どうか私の提案を受け入れていただけませんか 어떻게 저의 제안을 받아들여 주실 수는 없습니까. / どうかお幸せに 부디 행복하시길. / どうかいつまでも私の友人でいてください 모쪼록 언제까지나 제 친구로 있어 주세요. / どうか静かにしてください 제발 조용히 해 주세요.

❷〔…かどうか〕-ㄴ지[-는지] 어떤지, -ㄹ지[-을지] 어떨지 ¶彼が本当のことを言っていたのかどうかはわからない 그가 진실을 말했는지 어떤지는 모른다. / そのばらが本物かどうかにおいをかいで見た 그 장미가 진짜인지 아닌지 향기를 맡아 보았다. / 計画が成功するかどうかはみんなの協力次第だ 계획이 성공할지 어떨지는 모두의 협력 여하에 달려 있다. / そのニュースを聞いて彼女が無事かどうか心配になった 그 뉴스를 듣고 그녀가 무사한지 어떤지 걱정되었다.
¶結婚式に出席できるかどうか知らせてください 결혼식에 참석할 수 있을지 어떨지 알려 주세요. / 勝てるかどうかは問題ではない 이길 수 있을지 어떨지는 문제가 아니다. / 問題は彼にやる気があるかどうかだ 문제는 그에게 할 마음이 있는가 하는 것이다. / 車を買おうかどうか迷っている 차를 살까 말까 망설이고 있다. / 彼が来るかどうかわからない 그가 올지 어떨지 모르겠다. / 韓国が優勝するかどうかに大いに興味がある 한국이 우승할지 어떨지 흥미진진하다.

❸〔状況〕어떻게
会話 どうかしたの
A : どうかしましたか
B : いいえ, なんでもありません
A : 무슨 일 있으세요?
B : 아니요. 아무 것도 아니에요.
A : 彼がどうかしたんですか
B : 車にはねられたそうです
A : 그 사람에게 무슨 일 생겼어요?
B : 차에 치였다고 합니다.
A : ユミをロックコンサートに誘おうと思うんだ
B : それはどうかと思う。彼女その手の音楽は好きかな?
A : 유미한테 록 콘서트 보러 같이 가자고 하려고 해.
B : 글쎄, 유미가 그런 음악을 좋아할까?

❹〔その他〕¶彼がいなくなってから彼女はどうかしてしまった 그가 떠난 뒤로 그녀는 이상해졌다. / 私, きょうはどうかしているわ 나 오늘 좀 이상해. / 足をどうかしてしまった 발이 좀 이상해.

**どうか【銅貨】** 동화, 동전

**どうが【動画】** 동영상(動映像)

**とうかい【倒壊】** 도괴 ◇倒壊する 도괴되다, 무너지다 ¶地震で多くの家屋が倒壊した 지진으로 많은 집들이 무너졌다.

**とうかく【頭角】** 두각 ¶頭角を現した 彼は有能な社員として社内で頭角を現した 그는 유능한 사원으로 인정받으며 사내에서 두각을 나타냈다.

**どうかせん【導火線】** 도화선 ¶導火線に火をつける 도화선에 불을 붙이다 / その事件が戦争の導火線となった 그 사건이 전쟁의 도화선이 되었다.

**とうがらし【唐辛子】** 고추

**とうかん【投函】** ◇投函する 우체통에 넣다 ¶手紙を投函する 편지를 우체통에 넣다

**どうかん【同感】** 동감 ◇同感する 동감하다 ¶あなたに同感です 당신 생각에 저도 동감입니다.

**どうがん【童顔】** 동안 ¶彼女は童顔だ 그녀는 동안이다.

**とうき【登記】** 등기 ◇登記する 등기하다 関連 登記所 등기소 | 登記簿 등기부 | 登記料 등기료

**とうき【冬季】** 동계, 겨울철 ¶冬季オリンピック大会 동계 올림픽 대회

**とうき【冬期】** 동기, 겨울철 ¶冬期休暇 겨울 휴가

**とうき【投棄】** 투기 ◇投棄する 투기하다, 버리다 ¶産業廃棄物を川に不法投棄する 산업 폐기물을 강에 불법으로 버리다

**とうき【投機】** 투기 ¶株式への投機はリスクを伴う 주식 투기는 리스크가 따른다. / 投機の対象 투기 대상 / 投機的な売買[事業] 투기성 매매[사업] 関連 投機熱 투기열 | 投機屋 투기꾼

**とうき【陶器】** 도기, 오지그릇 〔陶磁器〕도자기 ¶陶器の人形 도자기 인형 関連 陶器職人 도공, 옹기장이

**とうき【騰貴】** 등귀, 폭등 ◇騰貴する 등귀하다 ¶地価が騰貴している 땅값이 폭등하고 있다. / 物価の騰貴 물가의 등귀

**とうぎ【討議】** 토의 ◇討議する 토의하다 ¶討議に入る 토의에 들어가다 / 討議を打ち切る 토의를 중단하다 / 問題を討議にかける 문제를 토의하다 / 委員会は何度も討議を重ねた末, 結論に達した 위원회는 몇 번이나 토의를 거듭한 끝에 결론에 도달했다. / この計画についてみなさんで十分討議していただきたい 이 계획에 대해 여러분의 충분한 토의를 바란다.

**どうき【動機】** 동기 ¶俳優になった動機は何ですか 배우가 된 동기는 무엇입니까? / 警察は犯行の動機を追及している 경찰은 범행의 동기를 추궁하고 있다. / 彼女がその金持ちのおばあさんの面倒を見たのには不純な動機があった 그녀는 불순한 동기를 갖고 그 부자 할머니를 돌봐 주었다.

**どうき【同期】** 동기, 같은 시기 〔同窓〕동창 ¶私たちは学校で同期でした 우리는 동창생이었습니다. / 大学の同期 대학 동기 | 同窓生 / ほぼ同期の作品 거의 같은 시기의 작품 / 同期に入った

する 같이 입사하다 / 昨年の同期に比べて野菜の値段が高い 작년 이맘때에 비해 야채 값이 비싸다. 関連 同期生 동기생, 동창생

どうき【動悸】동계 ¶動悸がする 심장이 두근거리다 / 動悸が激しくなった 심장 박동이 거세졌다.

どうぎ【動議】동의 ¶動議を提出する 동의안을 제출하다 / 動議を可決する[否決する] 동의안을 가결하다[부결하다] / 動議を支持する 동의안을 지지하다 / 緊急動議 긴급 동의

どうぎ【道義】도의 ¶それは道義に反する行為だ 그것은 도의에 어긋나는 행동이다. / 彼には道義的責任がある 그에게는 도의적 책임이 있다. / 彼の振る舞いは道義上許されるものではない 그의 행동은 도의적으로 용서할 수 없다.
関連 道義心 도의심

どうぎご【同義語】동의어

とうきゅう【投球】투구 ◇投球する 공을 던지다 ⇒投げる

とうきゅう【等級】등급 ¶等級を付ける 등급을 매기다 / 等級を上げる[下げる] 등급을 올리다[내리다] / 等級を定める 등급을 정하다 / 5つの等級に分ける 다섯 등급으로 나누다

とうぎゅう【闘牛】투우 ¶スペインで闘牛が行われるのは春と夏である 스페인에서 투우를 하는 시기는 봄과 여름이다. 関連 闘牛士 투우사 / 闘牛場 투우장

どうきゅうせい【同級生】동급생

どうきょ【同居】동거 ◇同居する 한 집에서 같이 살다 ¶学生時代は札幌のおばの家に同居していた 학생 시절에는 삿포로 이모 집에서 살았다. / この家には3世代が同居している 이 집에는 3대가 같이 살고 있다.

どうきょう【同郷】동향 ¶私は彼と同郷です 나는 그 사람과 동향입니다.

どうぎょう【同業】동업 ¶私たちは同業です 우리는 같은 업종에 종사하고 있습니다. 関連 同業者 동업자 / 同業者組合 동업자 조합

とうきょく【当局】당국 ¶関係当局 관계 당국 / 警察[学校]当局 경찰[학교] 당국 関連 当局者 당국자

どうぐ【道具】❶〔用具〕도구, 연장, 용구 ¶電卓は便利な道具だ 계산기는 편리한 도구다. / 包丁は台所道具の一つだ 식칼은 부엌 도구의 하나다. / スペースシャトルにはたくさんの実験道具が積み込まれている 스페이스 셔틀에는 많은 실험 도구가 실려 있다. / 私は大工道具の使い方をよく知りません 저는 연장 사용법을 잘 모릅니다. / 父は園芸道具をいろいろそろえている 아버지는 갖가지 원예 도구를 갖고 계신다. / 私は海に潜るときに何も特別な道具は使いません 저는 바다 속으로 잠수할 때 아무런 도구도 사용하지 않습니다. ❷〔道具の役目を果たすもの〕도구, 수단 ¶私にとって英語は仕事上の道具です 나한테 영어는 직업상의 도구입니다. / やつはおれのことを出世の道具として使ったにすぎない 그 녀석은 나를 출세의 수단으로 이용했을 뿐이다. 関連 道具箱 연장통 / 大道具 무대 장치 / 家財道具 가재 도구 / 小道具 소도구 / 裁縫道具 재봉 도구 / 商売道具 장사 도구 / 所帯道具 살림살이 / 掃除道具 청소 도구 / 釣り道具 낚시 도구 / 七つ道具 도구 세트 / 嫁入り道具 혼수

どうくつ【洞窟】동굴 ¶洞窟を探検する 동굴을 탐험하다

とうげ【峠】고개 [最高潮] 고비, 전성기 [危機] 위기 ¶彼らは歩いて峠を越えた 그들은 걸어서 고개를 넘었다. / 仕事は今が峠の仕事 일은 지금이 고비다. / 寒さ[暑さ]が峠を越した 추위[더위]가 고비를 넘었다. / 病人は峠を越した 환자는 고비를 넘겼다. / 峠を越えたプロボクサー 전성기가 지난 권투 선수

どうけ【道化】익살 ¶道化を演じる 익살을 부리다 関連 道化師 익살꾼

とうけい【東経】동경 ¶東経20度10分 동경 20도 10분

とうけい【統計】통계 ¶県別人口の統計を取った 현별로 인구의 통계를 냈다. / 統計によると6月はもっとも雨が多い 통계에 의하면 유월이 비가 가장 많이 온다. / 今後の人口の減少が統計的に予測されている 통계상으로 보면 앞으로 인구가 감소될 것으로 예측되고 있다. 関連 統計学 통계학 / 統計表 통계표

とうげい【陶芸】도예 関連 陶芸家 도예가 / 陶芸品 도예품 ⇒陶器

どうけい【同系】동계 ¶同系の会社 같은 계열 회사 / 同系色 같은 계통의 색

とうけつ【凍結】동결 ◇凍結する 동결하다, 동결되다, 얼어 붙다 ¶物価の凍結 물가의 동결 / 公共料金の凍結が決定された 공공요금의 동결이 결정되었다. / 道路が凍結している 도로가 얼어 붙었다. / 水道が凍結する 수도가 얼다 / 漢江が凍結した 한강이 동결되었다. / 凍結した滝 얼어 붙은 폭포 関連 凍結資産 동결 자산

どうけん【同権】동권(▶発音は 동권), 동등한 권리 ¶男女同権 남녀 동권[평등권]

とうこう【登校】등교 ◇登校する 등교하다 ¶登校中に事故に遭った 등교길에 사고를 당했다. / その生徒はいじめが原因で不登校になった 그 학생은 학교 친구들의 왕따로 인해 학교를 안 나가게 되었다. / 集団登校 집단 등교

とうこう【投稿】투고 ◇投稿する 투고하다 ¶毎月雑誌に投稿している 매달 잡지에 투고하고 있다. 関連 投稿者 투고자 / 投稿欄 투고란

とうごう【等号】《数学》등호, 등표, 같음표

とうごう【統合】통합 ◇統合する 통합하다 ¶3つの町が統合して1つの市になった 세 읍이 하나의 시로 통합되었다. / いくつかの部署を統合する 몇몇 부서를 통합하다 / 企業を統合する 기업을 통합하다

どうこう【同行】동행 ◇同行する 동행하다, 같이 가다 ¶私を同行させてください 저도 같이 가게 해 주세요. 関連 同行者 동행자, 일행

どうこう【同好】동호 ¶同好の士 동호인 関連 同好会 동호회

どうこう【動向】동향 [傾向] 경향 [動き] 움직임 ¶景気の動向を的確につかむことは難しい 경기의 동향을 정확하게 파악하는 것은 어렵다. / 世

**どうこう**【瞳孔】 동공, 눈동자(▶発音は 눈동자)

**とうごく**【投獄】 투옥 ¶無実の罪で投獄される 누명을 쓰고 투옥되다 / 彼は政治犯として不当に投獄された 그는 정치범으로 부당하게 투옥되었다.

**とうざ**【当座】〔当面〕당분간〔当座預金〕당좌, 당좌 예금 ¶このお金で当座はやっていける 이 돈으로 당분간은 살 수 있다. / 当座しのぎの家 당분간 살 집

**どうさ**【動作】동작〔動き〕움직임〔身振り〕몸짓 ¶彼は動作が機敏だ[のろい] 그는 동작이 민첩하다[느리다]. / 素早い[にぶい]動作 재빠른[둔한] 동작

**とうさい**【搭載】탑재 ◇搭載する 탑재하다 ¶このスポーツカーは新型エンジンを搭載している 이 스포츠카에는 신형 엔진이 탑재되어 있다. / 核兵器を搭載した潜水艦 핵무기를 탑재한 잠수함 / このパソコンには大容量のハードディスクが搭載されている 이 컴퓨터에는 대용량의 하드 디스크가 탑재되어 있다.

**とうざい**【東西】동서〔東洋と西洋〕동양과 서양 ¶1本の道路が島を東西に走っている 하나의 도로가 섬의 동서로 뻗어 있다. / 平野が東西50キロにわたって広がっている 평야가 동서로 50킬로에 걸쳐 펼쳐지고 있다. / 東西の文化 동서의 문화 / 東西南北 동서남북 / 古今東西 동서고금

**とうさく**【盗作】도작, 표절(剽窃) ◇盗作する 도작하다, 표절하다 ¶この本は有名作家の著作からの盗作だ 이 책은 유명 작가의 책을 표절한 것이다.

**どうさつ**【洞察】통찰 ◇洞察する 통찰하다, 꿰뚫어 보다 ¶探偵は鋭い洞察で事件を推理した 탐정은 예리한 통찰로 사건을 추리했다. / 世界情勢を洞察する 세계 정세를 꿰뚫어 보다 / 洞察力のある人 통찰력이 있는 사람

**とうさん**【倒産】도산 ◇倒産する 도산하다 ¶会社が倒産する 회사가 도산하다 / バブル崩壊直後は会社の倒産が相次いだ 거품 경제가 붕괴된 직후에는 회사의 도산이 줄을 이었다. / 倒産を免れる 도산을 면하다

**とうし**【投資】투자 ◇投資する 투자하다 ¶その会社の破綻は不動産への過剰な投資が原因だった 그 회사는 과도한 부동산 투자로 인해 도산했다. / 私は新しい事業に全財産を投資した 나는 새로운 사업에 전재산을 투자했다. 関連 投資家 투자가 / 投資信託 투자 신탁 / 公共投資 공공 투자 / 設備投資 설비 투자

**とうし**【凍死】동사 ◇凍死する 동사하다, 얼어죽다 関連 凍死者 동사자

**とうし**【透視】투시 ◇透視する 투시하다, 꿰뚫어 보다 ¶X線で胸部を透視する X선으로 흉부를 투시하다 / 超能力で箱の中を透視する 초능력으로 상자 안을 투시하다 関連 透視力 투시력

**とうし**【闘士】투사〔活動家〕활동가

**とうし**【闘志】투지 ¶彼は闘志満々だ 그는 투지

가 만만하다. / 挑戦者は激しい闘志を燃やしていた 도전자는 강한 투지를 불태우고 있었다.

**とうじ**【冬至】동지

**とうじ**【当時】당시〔その時〕그 때〔その時代〕그 시대 ¶その当時私は大学生だった 그 당시 나는 대학생이었다. / その小説は当時の支配階級の生活の様子を見事に描いている 그 소설은 당시 지배 계급의 생활을 생생하게 그리고 있다. / 会社を辞めた当時彼女は絶望のどん底にあった 회사를 그만두게 된 당시 그녀는 절망의 늪에 빠져 있었다. / 列車の残骸は事故当時の様子がいかにすさまじかったかを物語っていた 열차의 잔해는 사고 당시의 모습이 얼마나 처참했는지를 말해 주고 있었다. / 現代の女性と当時の女性との違いは何ですか 현대 여성과 그 당시 여성은 어떤 차이가 있습니까? / その誘拐事件は当時の新聞に大きく取り上げられた 그 유괴 사건은 당시 신문에서 크게 다루어 졌다. / 1960年代当時, 1ドルは360円だった 1960년대 당시 1달러는 360엔이었다. / この寺院は創建当時のままですか 이 사찰은 창건 당시의 건물 그대로입니까? / 当時の首相[大統領] 당시의 수상[대통령]

**とうじ**【答辞】답사 ¶彼女は卒業生総代として答辞を述べた 그녀는 졸업생 대표로 답사를 했다. / 答辞を読む 답사를 읽다

**とうじ**【湯治】탕치, 온천 요양 ¶温泉に湯治に行く 온천으로 요양하러 가다 関連 湯治客 탕치객, 온천 요양객 / 湯治場 탕치장, 요양 온천

**どうし**【同士】끼리 ¶仲間同士でけんかを始めた 동료들끼리 싸우기 시작했다. / 友達同士で旅行に行くのは楽しいことだ 친구들끼리 가는 여행은 즐겁다. / 彼らはお隣同士だ 그들은 이웃사촌이다. / 男[女]同士 남자[여자]들끼리 / いとこ同士 사촌 형제끼리

**どうし**【同志】동지 ¶同志を募る 동지를 모으다

**どうし**【動詞】동사 ¶動詞の活用 동사의 활용 / 動詞句 동사구 関連 規則[不規則]動詞 규칙[불규칙] 동사 / 自[他]動詞 자[타]동사 / 助動詞 조동사

**どうじ**【同時】동시 ◇同時に 동시에〔一度に〕한꺼번에〔…するやいなや〕-자마자 ¶2人がゴールしたのはほとんど同時だった 두 사람은 거의 동시에 골인했다. / 彼と私は同時に駅に到着した 그와 나는 동시에 역에 도착했다. / 私は2つのことを同時にはできない 나는 두 가지 일을 동시에 하지 못한다. / 家に着くと同時に電話のベルが鳴った 집에 도착하자마자 전화벨이 울렸다. / 夜が明けると同時に家を出た 날이 밝자마자 집을 나섰다. / 彼の到着と同時に出発した 그의 도착과 동시에 출발했다. / 彼女は卒業と同時に韓国へ行った 그녀는 졸업과 동시에 한국으로 갔다. ¶彼は政治家であると同時に作家でもある 그 사람은 정치가인 동시에 작가이기도 하다. / それは彼女の欠点であると同時に長所でもある 그것은 그녀의 결점이자 동시에 장점이기도 하다. / インターネットは便利だが, 同時にいくつかの弊害をもたらしている 인터넷은 편리한 동시에 폐해도 있다.

関連 同時選挙 동시 선거 / 同時通訳(者) 동시 통역(사) / 同時放送 동시 방송
とうしき【等式】《数学》등식
とうじき【陶磁器】도자기
とうじしゃ【当事者】당사자 ¶当事者同士で話し合う 당사자들끼리 대화를 나누다
どうじだい【同時代】동시대, 같은 시대 ¶彼の理論は同時代の人々には受け入れられなかった 그의 이론은 동시대 사람들에게는 받아들여지지 않았다. / 同時代に生きる 같은 시대에 살다
とうじつ【当日】당일 ¶結婚式の当日はよい天気だった 결혼식 당일은 날씨가 좋았다. / 運動会の当日雨なら次の週に順延になります 운동회 당일 비가 오면 다음 주로 연기됩니다. / 開店当日 개점 당일 関連 当日券 당일표

## どうして

❶〔なぜ〕어째서, 왜 ⇒なぜ ¶「どうしてこんなに遅れたの」「渋滞に巻き込まれたんだ」"왜 이렇게 늦었어?" "정체가 많이 막혔어." / 「どうしてヨンジャはあなたたちと一緒に行かなかったの」「行きたくなかったからじゃないのかな」"왜 영자는 너희들하고 같이 안 갔니?" "가기 싫었던 거 아닐까?" / どうしてだか知らないけど彼は怒って出ていった 왠지 모르지만 그는 화를 내고 나갔다. / どうしてそんなことを言ったんだ 어째서 그런 말을 한 거야? / どうして笑うの 왜 웃어?

❷〔どのようにして〕어떻게 ¶「どうしてその古い雑誌を手に入れたの」「古本屋で見つけたんだ」"어떻게 그 오래된 잡지를 구했어?" "헌책방에서 찾아냈어." / 彼とは長く会ってないけどどうしているかしら 그 사람과는 오랫동안 만나지 못했는데 어떻게 지내고 있을까? / どうしてよいか私にはわからない 어떻게 해야 좋을지 나는 모르겠다.

❸〔その他〕どうかしいやつじゃありません 그 사람이 좋은 사람이라고? 세상에, 그렇게 나쁜 놈은 없어요. / 彼女はなかなかどうして勘の鋭い人だ 그녀는 꽤 눈치가 빠른 사람이다.

## どうしても

❶〔どうしても…しない〕아무리 하여도, 아무래도, 도저히, 결코 ¶どうしても彼女に本当のことが言えなかった 도저히 그녀에게 사실을 말할 수 없었다. / エアコンがどうしても動かないエアコン이 아무리 해도 움직이지 않는다. / 彼はどうしても私に会おうとしなかった 그는 결코 나를 만나려고 하지 않았다. / 父がどうしても私のひとり暮らしを許してくれない 아버지는 아무리 해도 내 독립을 허락해 주시지 않는다. / どうしても彼の生年月日を思い出せない 아무리 생각해도 그의 생년월일이 생각나지 않는다. / 今夜はどうしても都合がつかない 오늘 밤은 도저히 형편이 안 된다. / 体調が悪いとどうしても気分が沈んでしまう 몸이 안 좋으면 아무래도 기분이 가라앉는다.

❷〔必ず…する〕무슨 일이 있어도, 꼭, 반드시 ¶どうしても会社に行かなければならない 무슨 일이 있어도 회사에 가야 한다. / その仕事はどうしても今週中に仕上げなければならない 그 일은 반드시 이번 주 안에 완성시켜야 된다. / 先生の助けがどうしても必要なんです 선생님의 도움이 반드시 필요합니다. / 彼女がどうしてもと言うのならそうしよ

う 그녀가 꼭 원한다면 그렇게 하자.
とうしゅ【党首】당수 ¶党首会談 당수 회담
とうしゅ【投手】투수, 피처 ¶投手を交代する 투수를 교대하다 関連 投手陣 투수진 / 投手戦 투수전 / 投手力 투수력 / 右腕［左腕］投手 오른손잡이[왼손잡이] 투수 / 勝利[敗戦]投手 승리[패전] 투수 / 先発[救援]投手 선발[구원] 투수 / 中継ぎ投手 중계 투수 / 抑え投手 마무리 투수
どうしゅ【同種】동종, 같은 종류 ¶この2つの植物は同種だ 이 두개의 식물은 같은 종류이다.
とうしゅう【踏襲】답습 ◇踏襲する 답습하다 ¶伝統を踏襲する 전통을 답습하다 / 前例を踏襲する 전례를 답습하다
とうしょ【投書】투서 ◇投書する 투서하다 ¶新聞に投書する 신문에 투서하다 / ごみ回収の苦情を市役所に投書した 쓰레기 수거에 대한 불평을 시청에 투서했다. 関連 投書箱 투서함 / 投書欄 투서란
とうしょ【当初】당초, 처음 ¶当初はあまり気乗りがしなかった 처음에는 별로 마음이 내키지 않았다. / この計画には当初から問題があった 이 계획에는 당초부터 문제가 있었다. / 当初の予定 당초의 예정
とうしょう【凍傷】동상 ¶爪先が凍傷にかかった 발가락이 동상에 걸렸다.
とうじょう【登場】등장 ◇登場する 등장하다 ¶この小説には3人のアメリカ人が登場する 이 소설에는 세 명의 미국인이 등장한다. / 彼はさっそうと政界に登場した 그는 당당하게 정계에 등장했다. / 登場する舞台 등장하는 무대 / 登場人物 등장인물 関連 登場 등장
とうじょう【搭乗】탑승 ◇搭乗する 탑승하다 ¶飛行機に搭乗する 비행기를 타다 | 비행기에 탑승하다 / JL957便ソウル行きはただ今搭乗手続きを行っています JL957편 서울행은 지금 탑승 수속을 하고 있습니다. 関連 搭乗員 승무원 / 搭乗券 탑승권 / 搭乗口 탑승구 / 搭乗者名簿 탑승자 명단 / 搭乗手続き 탑승 수속

## どうじょう【同情】동정 ◇同情する 동정하다

¶彼は火事で焼け出されて人々の同情を集めた 그는 화재로 집을 잃어 사람들의 동정을 받았다. / 突然首になるなんて, 彼女には同情を禁じ得ないね 갑자기 해고되다니 그녀에게 동정을 금할 수 없다. / 彼女は私の同情を引こうとして泣いた 그녀는 나의 동정을 얻으려고 울었다. / 彼女は難民に対する同情の念でいっぱいだった 그녀는 난민에 대한 동정으로 가득했다. / 同情なんかしてほしくない 동정같은 것은 받고 싶지 않다. / 彼には同情の余地なんかない 그에게 동정할 여지는 없다. / 私は同情心からその男を助けた 나는 동정심에서 그 남자를 도왔다. / 彼女は人々の同情心をそそろうとした 그녀는 사람들의 동정을 자아내려고 했다.

¶みんなが彼女に同情した 모두가 그녀에게 동정했다. / 彼は私に同情してくれた 그는 나를 동정해 주었다.

¶ご同情申し上げます 동정의 말씀드립니다.
どうじょう【同上】상동, 위와 같음 ¶電話番号 03-1234-5678 ファックス番号同上 전화번호

03-1234-5678 팩스 번호 위와 같음

**どうじょう【道場】** 도장 ¶剣道[柔道]の道場 검도[유도] 도장 / 断食道場 단식 도장

**とうじる【投じる】** ❶ 〔投げる〕 던지다 ¶彼は崖の上から海へ身を投じた 그는 벼랑 위에서 바다에 몸을 던졌다.

❷ 〔つぎ込む〕 투입하다 〔費やす〕 쓰다 〔支払う〕 주다, 내다 〔投資する〕 투자하다 ¶彼の父親は大金を投じてその絵を買った 그의 부친은 큰 돈을 주고 그 그림을 샀다. / 彼はその事業に全財産を投じた 그는 그 사업에 전재산을 투자했다.

❸ 〔比喩的用法〕 ¶私は市長選で現職の斉藤氏に一票を投じた 나는 시장 선거에서 현직인 사이토 씨에게 한 표를 던졌다. / 多くの若者が民主化運動に身を投じた 많은 젊은이가 민주화 운동에 몸을 던졌다. / 彼の新説は考古学界に一石を投じた 그의 새로운 학설은 고고학계에 파문을 일으켰다.

**どうじる【動じる】** 동요하다 ¶彼は何事にも動じない 그는 무슨 일에도 동요하지 않는다.

**とうしん【等身】** 등신 ¶等身大の銅像 등신대의 동상

**とうしん【答申】** 답신 ◇答申する 답신하다 ¶審議会は首相に答申を出した 심의회는 수상에게 답신을 보냈다. 関連 答申案 답신안 / 答申書 답신서

**とうすい【陶酔】** 도취 ◇陶酔する 도취하다, 도취되다 ¶観客は彼女のすばらしい演奏にすっかり陶酔した 관객은 그녀의 훌륭한 연주에 완전히 도취되었다. / 自己陶酔 자기 도취

**どうずる【動ずる】** 동요하다 ⇨動じる

**どうせ** 어차피, 이왕, 기왕 ¶どうせ彼はまた遅れて来るんだろう 어차피 그 사람은 또 늦게 오겠지. / どうせ彼は来ないよ 어차피 그는 안 올 거야. / どうせ失敗するに決まっている 어차피 실패하게 되어 있어. / どうせだれも私のことをわかってくれない 어차피 아무도 나를 알아 주지 않아. / 人はどうせ死ぬのさ 어차피 죽는 거야. / あの子はどうせろくな者にはなるまい 그 아이는 어차피 쓸 만한 사람은 되지 못할 거야. / 努力してもどうせ無駄さ 노력해도 어차피 안 될 걸. / どうせ言っても無駄だ 어차피 말해도 소용이 없다. / 入場料はどうせ1500円ぐらいのものだ 입장료는 많아야 천 5백 엔 정도다.

¶どうせだから頂上まで行ってみよう 내친김에 정상까지 가 보자. / どうせやるならしっかりやれ 이왕 한다면 잘해 봐라.

会話 どうせばかだよ
A：おまえは本当にばかだな
B：どうせばかだよ
A：너는 정말 바보구나.
B：어차피 바보야.
A：どうせ終電には間に合わないんだから、もう一軒行こうよ
B：そうだね、どうせあすは休みだし
A：어차피 막차는 놓칠 것 같으니까 한 군데 더 가자.
B：그럴까? 어차피 내일은 휴일이니까.
A：あそこの店、パソコンが安いって言うけど、古いモデルばっかりだよ
B：どうせそんなことだろうと思っていたよ
A：그 가게 PC가 싸다고 하지만 낡은 모델뿐이야.
B：그럴 줄 알았어.

**とうせい【当世】** 〔現在〕 현재, 현대 〔今日〕 오늘날 ¶当世の若者 현대의 젊은이

**とうせい【統制】** 통제 ◇統制する 통제하다 ¶統制を強化[緩和]する 통제를 강화[완화]하다 / 統制を解除する 통제를 해제하다 / 戦時中言論は厳しい統制下に置かれていた 전시하에서 언론은 엄격한 통제를 받았다. / 物価を統制する 물가를 통제하다 関連 統制経済 통제 경제 / 統制品 통제품 / 通information 통화 통제

**どうせい【同性】** 동성 ¶彼女は異性より同性に人気がある 그녀는 이성보다 동성에게 인기가 있다. 関連 同性愛 동성애, 동성연애 / 同性愛者 동성애자, 동성연애자

**どうせい【同姓】** 동성 ¶同姓同名の人 동성동명인 사람

**どうせい【同棲】** 동거(同居) ¶彼女はボーイフレンドと同棲している 그녀는 남자 친구와 동거하고 있다.

**どうせい【動静】** 동정 ¶敵の動静を探る 적의 동정을 살피다 / 最近の動静 최근의 동정

**どうせき【同席】** 동석, 합석(合席) ◇同席する 동석하다, 합석하다 ¶同席してもよろしいでしょうか 합석해도 괜찮을까요?

**とうせん【当選】** 〔選挙の〕 당선 ◇当選する 당선하다, 당선되다 ¶彼は知事に当選した 그는 지사에 당선됐다. / 彼女は国会議員に当選した 그녀는 국회 의원으로 당선됐다. / 彼の当選はほぼ確実だ 그의 당선은 거의 확실하다. / 彼は今度の市長選挙で当選の見込みはない 그는 이번 시장 선거에서 당선될 가망이 없다. / 新聞の懸賞募集で当選したんだ 신문 현상 모집에서 당선됐다.

¶彼は繰り上げ当選で参議院議員になった 그는 차점자 당선으로 참의원 의원이 되었다. / 彼女は今回の衆議院選挙でトップ当選を果たした 그녀는 이번 중의원 선거에서 톱으로 당선되었다. 関連 当選者 당선자

**とうせん【当籤】** 당첨 ◇当せんする 당첨하다, 당첨되다 ¶宝くじの3等に当せんした 복권이 3등에 당첨되었다. 関連 当せん券 당첨권 / 当せん者 당첨자 / 当せん番号 당첨 번호

**とうぜん【当然】** 물론, 응당 [もちろん] 물론 ◇当然だ 당연하다, 응당하다 ¶当然君が正しい 당연히 네가 옳다. / 当然そうすべきだ 당연히 그래야 된다. / 当然彼がなすべきことだ 응당 그 사람이 해야 할 것이다. / 君が遅れて来たのは当然何か理由があるんだね 네가 늦게 온 데는 당연히 그럴 만한 이유가 있겠지. / 彼女はデートの時の食事代は当然僕が払うものと思っている 그녀는 데이트를 때 밥값은 당연히 내가 낼 거라고 생각한다. / 彼女が怒るのも当然だ 그녀가 화를 내는 것은 당연하다. / 彼は当然の報いを受けた 그는 당연한 보답을 받았다. / 会社の金を使い込んだので、当然ながら彼は解雇された

그는 회사 공금을 써 버렸기 때문에 당연히 해고되었다.
会話 当然だろ
A：この仕事きょう中にやるんですか
B：当然だろ
A：이 일 오늘 안으로 해야 합니까?
B：당연하지.
A：今年はロッテがぶっちぎりで優勝したね
B：当然の結果さ. 投手陣がよかったからね
A：올해는 롯데의 월등한 차이로 우승했네.
B：당연한 결과지. 투수진이 좋았으니까.

どうぜん【同然】◇同然だ 마찬가지다, 다름없다 ¶友人から譲ってもらったパソコンは新品同然だった 친구가 준 PC는 새것과 다름없었다. / うちのチームは勝ったも同然だ 우리 팀은 이긴 거나 다름없다. / 親を亡くした彼女にとっておばは母親同然の存在だった 부모를 잃은 그녀에게 있어 이모는 어머니 같은 존재였다. / 新車をただ同然で売り払った 새차를 거의 공짜나 다름없는 가격으로 팔아 치웠다.

どうぞ ❶ [勧誘・要請を表す] 어서, 부디, 아무쪼록 ¶どうぞお入りください 어서 들어오세요. / お茶をどうぞ 차 드세요. / どうぞおかまいなく 신경쓰지 마세요. / どうぞお先に 먼저 하세요. / 新聞をお先にどうぞ 신문 먼저 보세요.
¶どうぞよろしく 잘 부탁합니다. / どうぞお幸せに 부디 행복하세요.
❷ [承諾の意を表す]
会話 ええ, どうぞ
A：たばこの火を貸してください
B：ええ, どうぞ
A：담뱃불 좀 빌려 주세요.
B：네, 여기 있어요.
A：コーヒーを1杯いただけますか
B：さあ, どうぞ
A：커피 한 잔 주실래요?
B：네, 여기 있습니다.
A：たばこを吸ってもよろしいですか
B：ええ, どうぞ
A：담배 피워도 되나요?
B：네, 피우세요.
A：窓を開けてもよろしいですか
B：ええ, どうぞ
A：창문을 열어도 되나요?
B：네, 여세요.
A：よければ, きょう車を使わせてもらいます
B：いいですよ, どうぞ
A：괜찮다면 오늘 차를 쓰겠습니다.
B：그렇게 하세요.
A：ちょっとよろしいですか
B：ええ, どうぞ
A：잠깐 괜찮으세요?
B：네, 말씀하세요.
A：免許証を見せていただけますか
B：ええ, どうぞ
A：면허증을 보여 주시겠어요?
B：네, 여기 있어요.

とうそう【逃走】도주 ◇逃走する 도주하다

¶銀行強盗は依然逃走中だ 은행 강도는 여전히 도주중이다. / 3名の囚人が刑務所から逃走した 죄수 세 명이 교도소에서 도주했다. 関連 逃走経路 도주 경로 / 逃走者 도주자

とうそう【闘争】투쟁 ◇闘争する 투쟁하다
¶賃上げ闘争 임금 인상 투쟁 関連 闘争心 투쟁심 / 闘争本能 투쟁 본능

どうそう【同窓】동창 ¶彼女と私は同窓です 그녀와 나는 동창입니다. 関連 同窓会 동창회 / 同窓生 동창생

どうぞう【銅像】동상 ¶銅像を立てる 동상을 세우다

とうそつ【統率】통솔 ◇統率する 통솔하다
¶動物の群れにはしばしば統率するリーダーがいる 동물의 무리에는 으레히 통솔하는 리더가 있다. / 指揮官には統率力が必要だ 지휘관에게는 통솔력이 필요하다. 関連 統率者 통솔자

とうた【淘汰】도태 ◇淘汰する 도태하다 ¶悪徳業者は淘汰されるべきだ 악덕 업자는 도태되어야 한다. 関連 自然淘汰 자연 도태

とうだい【灯台】등대 慣用句 灯台下暗し 등잔 밑이 어둡다. 関連 灯台守 등대지기

どうたい【胴体】[人・動物の] 몸통 ¶胴体が太い 몸통이 굵다 / 飛行機が胴体着陸した 비행기는 동체착륙했다.

とうたつ【到達】도달 ◇到達する 도달하다, 이르다, 다다르다 ¶結論に到達する 결론에 도달하다 / 目標[基準]に到達する 목표[기준]에 도달하다 / 世界水準に到達している 세계 수준에 도달했다. 関連 到達点 도달점

とうち【倒置】도치 ◇倒置する 도치하다

とうち【当地】당지, 이곳 ¶当地は冬でも暖かくゆったに雪は降らない 이곳은 겨울에도 따뜻하여 좀처럼 눈이 내리지 않는다. / 当地はぶどうの生産で有名だ 이곳은 포도 생산지로 유명하다.

とうち【統治】통치 ◇統治する 통치하다 ¶朝鮮半島はかつて日本の統治下にあった 한반도는 일찍이 일본의 통치하에 있었다. / 一国を統治する 한 나라를 통치하다 関連 統治権 통치권 / 統治者 통치자

とうちゃく【到着】도착 ◇到着する 도착하다, 닿다 ¶嵐で飛行機の到着が遅れた 폭풍으로 비행기 도착이 늦어졌다. /「神戸への到着時刻を教えてください」「はい, 午後3時30分に到着予定です」"고베 도착 시간을 가르쳐 주세요." "네, 오후 세 시 30분에 도착할 예정입니다." / 空港に到着次第電話を入れます 공항에 도착하는 대로 전화를 걸겠습니다.
¶飛行機は何時に羽田に到着しますか 비행기는 몇 시에 하네다에 도착합니까? / 日本選手団は今日中に現地に到着する予定だ 일본 선수단은 오늘 중으로 현지에 도착할 예정이다. / 思ったより早く[遅く]到着した 생각보다 빨리[늦게] 도착했다. / 翌日彼らは目的地に到着した 다음날 그들은 목적지에 도착했다. / 荷物は到着しましたか 짐은 도착했습니까? / 到着順 도착순
関連 到着駅 도착역 / 到着ホーム 도착 플랫폼 / 到着予定時刻 도착 예정 시각 / 到着ロビー 도착 로비

**とうちょう【登頂】** 등정 ¶エベレスト登頂に成功した 에베레스트 등정에 성공했다.

**とうちょう【盗聴】** 도청 ◇盗聴する 도청하다 ¶電話を盗聴する 전화를 도청하다 [関連] 盗聴器 도청기

**どうちょう【同調】** 동조 ◇同調する 동조하다 ¶彼に同調する者はいなかった 그에게 동조하는 사람은 없었다. [関連] 同調者 동조자

**とうちょく【当直】** 당직 ◇当直する 당직하다 ¶当直勤務 당직 근무 [関連] 当直医 당직의・당직료 당직료

**とうてい【到底】** 도저히 ¶とうていそんな高い車を買うことはできない 도저히 그렇게 비싼 차는 살 수 없다. / 会社側の説明はとうてい満足できるものではなかった 회사 측의 설명은 도저히 만족할 수 있는 것이 아니었다. / 外国語を1年でマスターすることはとうてい不可能なことだ 외국어를 1년 만에 습득하는 것은 도저히 불가능한 일이다. / 今日中にこの仕事を終えることはとうていできない 이 일은 도저히 오늘 안으로 끝낼 수 없다. / ちょっと勉強したぐらいじゃ大学入試にはとうてい受からない 조금 공부한 정도로는 대학 입시에 도저히 붙을 수 없다.

**どうてい【童貞】** 동정 ¶やつはまだ童貞だ 그 녀석은 아직 동정이다.

**どうでも** ◇どうでもいい〔関係ない〕상관없다 ¶そんなことはどうでもいい 그런 일은 상관없다. / 私は行っても行かなくてもどうでもよかった 나는 가든지 안 가든지 상관없었다.

**どうてん【動転】** ◇動転する 당황하다, 어찌할 바를 모르다 ¶友人の突然の訃報に彼は気が動転した 친구의 갑작스러운 부고에 그는 어찌할 바를 몰랐다.

**どうてん【同点】** 동점(▶発音은 동쩜) ¶二人の得点は同点だった 두 사람의 득점은 동점이었다. / 試合は同点引き分けに終わった 경기는 동점 무승부로 끝났다. / 同点になる 동점이 되다 [関連] 同点決勝 동점 결승, 플레이오프

**とうとい【貴い・尊い】**〔貴重だ〕귀중하다 〔高貴だ〕고귀하다 ¶命より貴いものはない 생명보다 소중한 것은 없다. / その経験から貴い教訓を得た 그 경험으로부터 소중한 교훈을 얻었다. / 多くの若者たちの貴い犠牲があったからこそ今日の平和と繁栄がある 많은 젊은이들의 고귀한 희생이 있었기 때문에 오늘과 같은 평화와 번영이 있다.

**とうとう【到頭】** 드디어〔ついに〕마침내〔結局〕결국 ¶とうとう成功した 드디어 성공했다. / 苦労の末にとうとう完成した 고생한 끝에 드디어 완성되었다. / とうとう彼女は行ってしまった 마침내 그녀는 가 버리고 말았다. / 彼はとうとうあきらめた 그는 결국 포기했다. / 彼女はとうとう泣きだしてしまった 그녀는 결국 울어 버리고 말았다. / 彼はとうとう借金を返さなかった 그는 결국 빚을 갚지 않았다.

**とうとう【滔々】** ◇とうとうと 도도히, 거침없이 ¶とうとうと川が流れる 도도히 강이 흐른다. / とうとうと自分の意見を述べる 거침없이 자신의 의견을 말하다

**どうとう【同等】** 동등 ◇同等だ 동등하다 ¶同等に 동등히, 동등하게 / 同等の立場で取引する 동등한 입장에서 거래하다 / 高卒または同等の学力があれば応募できます 고졸 또는 동등한 학력이 있으면 응모 가능합니다. / わが社では女性と男性を同等に評価している 우리 회사에서는 여성과 남성을 동등하게 평가하고 있다. / 同等に扱う 똑같이 취급하다

**どうどう【堂々】** ◇堂々としている 당당하다 ◇堂々と 당당히 ◇堂々とした態度 당당한 태도 ¶彼は堂々とした演説を行った 그는 당당한 연설을 했다. / 私の対戦相手は堂々たる体格をしていた 내 대전 상대는 당당한 체격이었다. / 勝とうが負けようが堂々と戦わなければならない 이기든지 지든지 당당히 싸워야 된다. / 彼は世界チャンピオンと堂々と渡り合った 그는 세계 챔피언과 당당히 맞섰다. / 正々堂々と 정정당당히

**どうどうめぐり【堂々巡り】** 공전(空転) ¶議論は堂々巡りをするばかりだった 논의는 공전할 뿐이다.

**どうとく【道徳】** 도덕 ◇道徳的だ 도덕적이다 ¶道徳を守る 도덕을 지키다 / 道徳に反する 도덕에 반하다 / 道徳的な見地から見るとそれは間違っていた 도덕적인 견지에서 보면 그것은 잘못되었다. [関連] 道徳教育 도덕 교육 / 道徳心 도덕심 / 公衆道徳 공중 도덕 / 交通道徳 교통 도덕 / 社会道徳 사회 도덕

**とうとつ【唐突】** ◇唐突だ 당돌하다 ◇唐突に, 당돌히 ¶唐突な発言 당돌한 발언

**とうとぶ【尊ぶ】**〔尊重する〕존중하다〔尊敬する〕존경하다 ¶人権を尊ぶ 인권을 존중하다

**とうどり【頭取】** 은행장, 행장

**とうなん【東南】** 동남 ¶東南向き 동남향 / 東南アジア 동남아시아, 동남아

**とうなん【盗難】** 도난 ¶旅先で盗難に遭った 여행지에서 도난을 당했다. / 盗難にはくれぐれも気をつけください 도난은 아무쪼록 조심하세요. [関連] 盗難事件 도난 사건 / 盗難届け 도난 신고 / 盗難車 도난차 / 盗難品 도난품

**どうにか**〔何とか〕어떻게〔やっと〕겨우, 간신히 ¶どうにかあすまでに仕事を終わらせたい 어떻게든 내일까지 일을 끝내고 싶다. / 物事はどうにかなるものだ 만사가 될 대로 된다. / どうにかしてください 어떻게 좀 해 주세요. / どうにか終電に間に合った 겨우 막차를 탈 수 있었다.

**どうにも** 어떻게도, 아무래도, 정말 ¶私にはどうにもならない 나는 어쩔 도리가 없다. / どうにも助けようがない 어떻게 해도 도울 방법이 없다. / あの態度にはどうにも我慢できない 그 태도에는 정말 참을 수가 없다. / どうにもやり切れない気分が정말 견딜 수 없는 기분이다.

**とうにゅう【投入】** 투입 ◇投入する 투입하다 ¶わが社は新規事業に多額の資金を投入した 우리 회사는 신규 사업에 거액의 자금을 투입했다. / 井戸に毒薬を投入する 우물에 독약을 투입하다 / 兵力を投入する 병력을 투입하다

**どうにゅう【導入】** 도입 ◇導入する 도입하다 ¶新技術が農業に導入された 신기술이 농업에 도입되었다. / 外資の導入 외자의 도입 [関連] 導入部 도입부

**とうにょうびょう【糖尿病】** 당뇨병(▶ 発音は だんにょ뼝) ¶糖尿病を患っています 당뇨병을 앓고 있습니다. 関連 糖尿病患者 당뇨병 환자

**とうにん【当人】** 당사자(当事者), 본인(本人) ¶当人は全然気にしていません 본인은 아무렇지도 않습니다. / 当人に聞いてみた 당사자에게 물어 보았다. / 当人同士で話し合う 당사자끼리 이야 기하다

**どうねん【同年】** 동년〔同年〕같은 해〔같은 年齢〕같은 나이, 동갑(同甲) ¶彼女とは同年です 그녀와는 같은 나이입니다. / 그녀와는 동갑 입니다. / 同年9月に 같은 해 구월에

**どうねんぱい【同年輩】** 동년배, 또래 ¶同年輩 の人 동년배의 사람

**とうは【党派】** 당파 ¶党派を作る 당파를 만들 다 / 党派に分かれる 당파로 갈라지다 / 党派を超 えて団結する 당파를 초월하여 단결하다 / 超党 派で法案を提出する 초당파로 법안을 제출하 다 / 党派争い 당파 싸움

**とうばん【登板】** 등판 ◇登板する 등판하다 ¶エ ースを登板させる 에이스를 등판시키다

**とうばん【当番】** 당번 ¶当番になる 당번이 되 다 / きょうは君が当番だ 오늘은 네가 당번이 다. / 炊事当番は君だ 취사 당번은 너다. / 彼らは 交代で当番に就いた 그들은 교대로 당번이 되었 다. / 食事当番 식사 당번 / 掃除当番 청소 당번

**どうはん【同伴】** 동반 ◇同伴する 동반하다 ¶彼は夫人同伴で式に列席した 그는 부부 동반으 로 식에 참석했다. 関連 同伴者 동반자

**とうひ【逃避】** 도피 ◇逃避する 도피하다 ¶現実 から逃避する 현실에서 도피하다 関連 逃避行 도 피행

**とうひょう【投票】** 투표 ◇投票する 투표 하다 ¶投票の結果, 賛成 6, 反 対 2 だった 투표 결과 찬성 6표 반대 2표였 다. / 誰を委員長に選ぶか投票をすることになった 누구를 위원장으로 뽑을지 투표를 하기로 했 다. / 彼の提案は投票に付された 그의 제안은 투표 로 붙여졌다. / 議案は投票の結果, 否決[否決]さ れた 의안은 투표 결과 가결[부결]되었다. / 投 票の結果は今夜中に発表されるだろう 투표 결과는 오늘 밤 중에 발표될 것이다. / 朝早く投票に 行った 아침 일찍 투표하러 갔다. / 議長を投票 で決めた 의장을 투표로 뽑았다. / 私たちは投票で 彼を委員長に選んだ 우리는 투표로 그를 위원장으 로 뽑았다. / 今回の選挙の投票の出足は好調だ 이번 선거 투표의 출발은 순조롭다. / 今回の 総選挙の投票率は高かった[低かった] 이번 총선거 의 투표율은 높았다[낮았다].

¶どうしてあの人に投票することに決めたのですか 왜 그 사람에게 투표하기로 결정하셨습니까 ? / 私は彼女に投票した 나는 그녀에게 투표했다. / 「どの党に投票するのですか」「まだ決めていません」"어 느 당에 투표합니까 ?" "아직 정하지 않았습 니다." / 彼はその動議に反対投票した 그는 그 동 의에 반대 투표했다. 関連 投票権 투표권 / 投 票者 투표자 / 投票所 투표소 / 投票数 투표수 / 投票立会人 투표 입회인 / 投票箱 투표함 / 投票 日 투표일 / 投票用紙 투표용지, 투표지 / 投票 用紙記入所 투표용지 기입소 / 投票率 투표율 / 記名投票 기명 투표 / 決選投票 결선 투표 / 国 民投票 국민 투표 / 信任投票 신임 투표 / 代理 投票 대리 투표 / 不在者投票 부재자 투표 / 不 信任投票 불신임 투표 / 不正投票 부정 투표 / 無記名投票 무기명 투표 / 無効投票 무효 투표 / 有効投票 유효 투표

**とうびょう【闘病】** 투병 ¶祖父は 1 年の闘病生活 の後亡くなった 할아버지께서는 1년 동안 투병 생활을 하신 끝에 돌아가셨다.

**どうひょう【道標】** 도표, 노표(路標), 이정표 (里程標) ¶道標を立てる 도표를 세우다

**とうひん【盗品】** 도품, 장물, 장품

**とうふ【豆腐】** 두부 数え方 豆腐 1 丁 두부 한 모 関連 豆腐屋 두부 장수

**とうぶ【東部】** 동부 ¶韓国の東部地域 한국 동부 지역

**とうぶ【頭部】** 두부, 머리 ¶頭部を打つ 머리를 치다 / 頭部に怪我をしている 머리를 다쳤다. / 頭 部に腫瘍がある 머리에 종양이 있다.

**どうふう【同封】** 동봉 ◇同封する 동봉하다
¶写真を同封する 사진을 동봉하다 / 当社の最新 カタログを同封いたしましたのでお受け取りください 저 희 회사의 최신 카탈로그를 동봉했으니 받아 주십시오. / 同封の切手 동봉한 우표

**どうぶつ【動物】** 동물〔獣〕짐승 ¶動物を 飼う 동물을 기르다 / 動物をならす 동물을 길들이다 / このマンションでは動物を飼うこ とはできません 이 아파트에서는 동물을 기를 수 없습니다. / 動物の習性 동물의 습성 / 動物の 生態 동물의 생태 / 動物の雄[雌]동물의 수컷 [암컷]

¶どう猛な動物 사나운 동물 / おとなしい動物 얌 전한 동물 / 臆病な動物 겁 많은 동물 / 野生の動 物 야생 동물 / 飼い馴らされた動物 길들여진 동 물 / 絶滅した動物 멸종한 동물 / 珍しい動物 희귀 한 동물 関連 動物愛護 동물 애호 / 動物愛護協 会 동물 애호 협회 / 動物界 동물계 / 動物学 동 物学 / 動物学者 동물 학자 / 動物実験 동물 실 험 / 動物性蛋白質 동물성 단백질 / 動物の本能 동물적 본능 / 動物病院 동물 병원 / 愛玩動物 애완 동물 / 海洋動物 해양 동물 / 下等動物 하 등 동물 / 吸血動物 흡혈 동물 / 高山動物 고산 동물 / 高等動物 고등 동물 / 森林動物 삼림 동 물 / 水生動物 수생 동물 / 脊椎動物 척추 동 물 / 草食動物 초식 동물 / 肉食動物 육식 동 물 / 捕食動物 포식 동물 / 哺乳動物 포유 동 물 / 無脊椎動物 무척추 동물 / 夜行性動物 야행 성 동물

**どうぶつえん【動物園】** 동물원 ¶上野動物園へ パンダを見に行った 우에노 동물원에 판다를 보 러 갔다. / 弟を動物園に連れて行った 남동생을 동 물원에 데려갔다. / 動物園の飼育係が象にえさを やっていた 동물원의 사육사가 코끼리에게 먹이 를 주고 있었다.

**とうぶん【当分】** 당분간 ¶雨は当分止みそうもない 비는 당분간 그치지 않을 것 같다. / グラウンド が使えないので当分練習は休みにします 그라운드를 사용할 수 없으므로 당분간 연습은 쉽니

다. / これだけあれば当分もつだろう 이만큼 있으니까 당분간은 쓸 수 있을 거야.

**とうぶん**【等分】 등분 ◇**等分する** 등분하다
¶利益を等分する 이익을 등분하다 / 遺産は兄弟に等分された 유산은 형제에게 등분되었다. / 二等分する 이등분하다 / 三等分する 삼등분하다

**とうぶん**【糖分】 당분 ¶少し糖分を控えたほうがいい 당분을 조금 줄이는 것이 좋다. / 炭酸飲料には糖分がたくさん含まれている 탄산 음료에는 당분이 많이 들어 있다. / 糖分抜きの食品 당분을 뺀 식품

**とうべん**【答弁】 답변 ◇**答弁する** 답변하다
¶議員は市長に答弁を求めた 의원은 시장에게 답변을 요구했다.

**とうほう**【当方】 우리 측 ¶当方には何の責任もありません 우리 측에는 아무런 책임도 없습니다. / それは完全に当方の手落ちです 그것은 완전히 우리 측의 실수입니다.

**とうほう**【東方】 동방, 동쪽 ¶その温泉は村の東方5キロの所にあった 그 온천은 마을의 동쪽 5킬로 지점에 있었다. / 東方諸国 동방 각국 / 東方礼儀の国 동방예의지국(►昔, 中国で朝鮮をさしていった語)

**とうぼう**【逃亡】 도망 ◇**逃亡する** 도망하다, 도망가다, 도망치다 ¶彼らは収容所から逃亡を企てた 그들은 수용소에서 도망갈 계획을 세웠다. / 逃亡の殺人犯を指名手配する 도망 중인 살인범을 지명 수배하다 / 国外に逃亡する 해외로 도망가다 関連 逃亡者 도망자

**とうほく**【東北】 동북 ¶東北地方 동북 지방 / 東北アジア 동북아시아(►日本でいう「北東アジア」の意で用いられる)

**どうみゃく**【動脈】 동맥 関連 動脈硬化 동맥 경화 / 大動脈 대동맥

**とうみん**【冬眠】 동면, 겨울잠(►発音은 겨울잠) ◇**冬眠する** 동면하다 ¶熊は冬眠に入る前に食いだめをする 곰은 동면에 들어가기 전에 한꺼번에 많이 먹어 둔다. / 冬眠から覚める 동면에서 깨다 関連 冬眠動物 동면 동물

**とうみん**【島民】 도민, 섬사람(►発音은 섬싸람)

**とうめい**【透明】 투명 ◇**透明だ** 투명하다 ◇**不透明だ** 불투명하다 ¶台風が去った後, 透明でまっ青な空が広がった 태풍이 지나간 뒤 투명하고 새파란 하늘이 펼쳐졌다. / 北海道の摩周湖は透明度が高いことで世界的に有名 홋카이도의 마슈호는 투명도가 높은 것으로 세계적으로 유명하다.
¶透明なガラス 투명한 유리 / 無色透明の 무색투명하다 / 半透明だ 반투명하다 関連 透明人間 투명 인간

**どうめい**【同盟】 동맹 ◇**同盟する** 동맹하다
¶日本はドイツと軍事同盟を結んだ 일본은 독일과 군사 동맹을 맺었다. 関連 同盟軍 동맹군 / 同盟 동맹국 / 三国同盟 삼국 동맹

**とうめん**【当面】 당면 ◇**当面の** 당면한 ¶当面の人手は足りている 지금 당장은 일손이 충분하다. / 当面の目標は25メートル泳げるようになることだ 당면 목표는 25미터를 헤엄칠 수 있게 되는 것이다. / 当面の課題 당면 과제

**どうも** ❶ [原因・理由がはっきりしない] 어쩐지, 도무지 ¶どうも前にここへ来たことがあるような気がする 어쩐지 전에 여기에 온 적이 있는 것 같은 생각이 든다. / どうも彼が好きではなかった 왠지 그 남자가 마음에 안 든다. / どうも変だが, 何が変だかわからない 뭔가 이상하지만 뭐가 이상한지는 모르겠다.

❷ [どうしても] 아무래도, 아무리 ¶「これからは絶対遅刻しないよ」「どうも信じられないなあ」 "앞으로는 절대 지각하지 않을 거야." "아무래도 믿을 수가 없어." / どうも彼女の名前が思い出せない 아무리 생각해도 그녀의 이름이 떠오르지 않는다.

❸ [どうやら] 아마 ¶どうも雪になりそうだ 아마 눈이 올 것 같다. / どうも学校へ行く途中で定期券をなくしたらしい 아마 학교에 가는 도중에 정기권을 잃어버린 것 같다.

会話 どうも…のようだ
A : 吹雪になるかな
B : どうもそうらしい
A : 눈보라가 칠까?
B : 아마 그럴 것 같아.
A : 今夜来られるかい
B : どうも無理みたいだ
A : 오늘 밤에 올 수 있겠어?
B : 아무래도 무리일 것 같아.

❹ [非常に] 매우, 대단히 [本当に] 정말 ¶いらしてくださってどうもありがとうございました 와 주셔서 정말 고맙습니다. / どうもありがとうございます 대단히 감사합니다. / 彼はどうも変なやつだ 그는 정말 이상한 녀석이다. / ご迷惑をおかけしてどうもすみません 폐를 끼쳐 정말 죄송합니다.

❺ [軽い応答] ¶「はい, コーヒーだよ」「あ, どうも」 "여기 커피." "아, 고마워."

**どうもう**【獰猛】 ◇**どうもうだ** 사납다 ¶どうもうな犬 사나운 개

**とうもろこし** 옥수수 ¶とうもろこし畑 옥수수밭 / 焼きとうもろこし 군 옥수수

**どうやら** 어쩐지, 아무래도 [たぶん] 아마 [どうにか] 그럭저럭, 간신히 ¶どうやら風邪を引いたようだ 아마[아무래도] 감기에 걸린 것 같다. / どうやら雨が降りそうだ 아무래도 비가 올 것 같다. / どうやら間に合った 그럭저럭 시간에 맞게 도착했다. / どうやら今年は大学に受かりそうだ 아무래도 올해는 대학에 붙을 것 같다.

**とうゆ**【灯油】 등유 ¶石油ストーブに灯油を入れる 석유난로에 등유를 넣다

**とうよ**【投与】 투여 ◇**投与する** 투여하다 ¶医者は患者に抗癌剤を投与した 의사는 환자에게 항암제를 투여했다.

**とうよう**【東洋】 동양 ¶その店には東洋的な雰囲気が漂っていた 그 가게는 동양적인 분위기가 났다. 関連 東洋医学 동양 의학 / 東洋学 동양학 / 東洋史 동양사 / 東洋趣味 동양적인 것에 대한 취미 / 東洋諸国 동양 각국 / 東洋人 동양인 / 東洋文明 동양 문명

**とうよう**【登用】 등용 ◇**登用する** 등용하다
¶優秀な人材を登用する 우수한 인재를 등용하

다 / そのポストには藤田氏が登用された 그 자리에는 후지타 씨가 등용되었다.

**とうよう【盗用】** 도용 ◇**盗用する** 도용하다 ¶アイデア[デザイン]を盗用する 아이디어를[디자인을] 도용하다

**どうよう【同様】** ◇**同様だ**〔同じ〕같다, 마찬가지다〔ほぼ同じ〕비슷하다
◇**同様に** 마찬가지로, 같이, 처럼 ¶同様のことがこの計画についても言える 이 계획에 대해서도 그와 같은 말을 할 수 있다. / 彼も私と同様の意見だった 그도 나와 같은 의견이었다. / 泥棒は同様の手口で何度も金を盗んだ 도둑은 같은 수법으로 몇 번이나 돈을 훔쳤다. / 同様の方法で行う 같은 방법으로 하다 / リサイクルショップで買ったこのテレビは新品同様だ 재활용 가게에서 산 이 텔레비전은 새것과 같다. / 「不況で売り上げが落ち込んでしまいました」「わが社も同様です」 "불황으로 매상이 바닥까지 떨어졌습니다." "우리 회사도 마찬가지입니다."
¶車は家と同様に維持にお金がかかる 차는 집과 마찬가지로 유지하는 데 돈이 든다. / 妻も私と同様にこの家具が気に入っている 아내도 나와 마찬가지로 이 가구가 마음에 들었다.
¶彼は子供たちをみな同様に扱った 그는 아이들을 모두 똑같이 대했다. / いとこと私は兄弟同様に育てられた 사촌과 나는 형제와 같이 자랐다.

**どうよう【動揺】** 동요 ◇**動揺する** 동요하다
¶私は内心の動揺を隠せなかった 나는 마음속의 동요를 숨길 수 없었다. / 民心の動揺 민심의 동요 / 彼女はそれを聞いてひどく動揺した 그녀는 그것을 듣고 몹시 동요했다.

**どうよう【童謡】** 동요

**とうらい【到来】** 도래 ◇**到来する** 도래하다, 오다, 닥쳐오다 ¶梅の開花が春の到来を告げている 매화의 개화가 봄의 도래를 알리고 있다. / いよいよ野球シーズンの到来だ 드디어 야구 시즌이 온다. / チャンスの到来を待つ 찬스가 오기를 기다리다 / インターネット時代が到来した 인터넷 시대가 도래했다.

**とうらく【当落】** 당락 ¶選挙の当落が間もなく判明するだろう 선거의 당락이 머지않아 판명될 것이다. / 彼は当落線上にある 그는 당락 선상에 있다.

**どうらく【道楽】** 도락〔放蕩〕방탕〔趣味〕취미〔気晴らし〕놀음 ¶彼は若いころ道楽にふけっていた 그는 젊었을 때 도락에 빠져 있었다. / 釣りは父のたったひとつの道楽だ 낚시는 아버지의 단 하나의 취미이다. / 道楽でゴルフを始める 취미로 골프를 시작하다 関連 **道楽息子** 방탕아 / **食い道楽** 식도락

**どうらん【動乱】** 동란 ¶圧政に抗議して各地で動乱が起こった 압정에 항의해 각지에서 동란이 일어났다.

**どうり【道理】**〔道理〕도리〔わけ〕리 ◇**道理で** 어쩐지, 그래서 ¶君の言っていることは道理にかなっている 네가 말하는 것은 도리에 맞다. / 彼の言ってることは道理から外れている 그가 말하는 것은 도리에 어긋나다. / 彼女の言い分にも道理がある 그녀의 말에도 일리가 있다. / 彼が腹を立てるのも道理だ 그가 화를 내는 것도 당연하다. / 彼は道理をわきまえている 그는 분별이 있다. / 少しは道理をわきまえなさい 도리를 좀 알아라.
¶私にそんな大金を作れる道理がない 내가 그런 큰돈을 만들 수 있을 리가 없다.

会話 **道理で**
A：伊藤さん、宝くじで10万円当たったんだって
B：道理でうれしそうな顔をしていると思ったよ
A：이토 씨는 10만 엔짜리 복권에 당첨됐대.
B：어쩐지 싱글벙글 하더라.
A：彼は2年間日本の大学に留学していたんですよ
B：道理で日本語がうまいわけだ
A：그 사람은 2년간 일본의 대학에서 유학했었어요.
B：어쩐지 일본말을 잘 하더라.

**どうりょう【同僚】** 동료 ¶職場の同僚たちと飲みに行った 직장 동료들과 한잔하러 갔다.

**どうりょく【動力】** 동력 ¶動力を供給する 동력을 공급하다 関連 **動力源** 동력원 / **動力炉** 동력로

**とうるい【盗塁】** 도루 ◇**盗塁する** 도루하다
¶彼はヒットで出塁した後、2塁に盗塁した 그는 안타로 출루한 뒤 2루로 도루했다. 関連 **盗塁王** 도루왕

**どうるい【同類】** 동류 ¶猫と虎は同類です 고양이와 호랑이는 동류입니다. 関連 **同類項**〚数学〛동류항

**どうろ【道路】** 도로, 길 ¶うちの家は道路から引っ込んだ所にある 우리 집은 도로에서 조금 들어간 곳에 있다. / 昼間の道路は込んでいる[すいている] 낮에는 도로가 붐빈다[한산하다]. / 道路を横断するときは左右をよく注意しなさい 도로를 횡단할 때는 좌우를 잘 살펴. / 道路で遊んではいけません 도로에서 놀아서는 안 됩니다. / 道路をはさんで向こう側にコンビニがある 도로를 사이에 두고 맞은 편에 편의점이 있다. / うちの前の道路はいつも車が行き来している 우리 집 앞의 도로에는 항상 차가 다니고 있다. / 高速道路を時速100キロで走った 고속도로를 시속 100킬로로 달렸다. / 大きな岩が道路をふさいでいた 큰 바위가 도로를 막고 있었다. / 観光道路が開通したのはいいが、環境汚染が心配だ 관광 도로가 개통됐던 것은 좋지만 환경오염이 걱정이다. / この道路沿いにうまいラーメン屋さんがあるんだ 이 길로 가면 맛있는 라면집이 있어. / 道路工事中 (▶掲示) 도로 공사중
¶広い道路 넓은 도로 / 狭い道路 좁은 도로 / 込んだ道路 혼잡한 도로 / すいた道路 텅 빈 도로 / まっすぐな道路 쭉 뻗은 도로 / 曲がりくねった道路 구불구불한 도로 / でこぼこ道路 울퉁불퉁한 도로 / 2車線[4車線]道路 2차선[4차선] 도로 関連 **道路工事** 도로 공사 / **道路交通法** 도로 교통법 / **道路修理** 도로 수리 / **道路地図** 도로 지도 / **道路標識** 도로 표지 / **道路網** 도로망 / **環状道路** 환상 도로 / **幹線道路** 간선 도로 / **歩行者専用道路** 보행자 전용 도로 / **舗装道路** 포장 도로 / **有料道路** 유료 도로

**とうろう【灯籠】** 등롱 ¶石灯籠 석등롱, 석등

**とうろく【登録】** 등록, 신청(申請) ◇**登録する** 등록하다, 신청하다 ¶この大学は外国人学生の登録者が多い 이 대학은 외국인 학생들이 많이 입학한다. / 今年はこのコンテストの参加登録者が多い 올해는 이 콘테스트의 참가 신청자가 많다. / このクラスの登録者総数は72名だ 이 반에 등록한 사람은 총 72명이다.

¶履修科目の登録は新年度が始まるまでに済ませなければなりません 이수 과목의 등록은 신년도가 시작될 때까지 끝내야 됩니다. / その競技の登録はあすが締め切りです 그 경기의 참가 신청은 내일이 마감입니다. / 先にクラブへの入会登録を済ませてください 먼저 클럽의 회원 등록을 끝내 주십시오.

¶彼女はこの名簿には弁護士として登録されている 그녀는 이 명단에는 변호사로 등록되어 있다. / 彼は職探しのためにハローワークに登録した 그는 일을 찾기 위해서 직업소개소에 등록했다. / 私は韓国語のクラスに登録したい 나는 한국어 반에 등록하고 싶다. / 君の名前は確かに受講者名簿に登録されている 네 이름은 분명히 수강자 명단에 등록되어 있다. / 登録済み(▶表示) 등록필

[関連] **登録者** 등록자 / **登録商標** 등록 상표 / **登録番号** 등록 번호 / **登録簿** 등록부 / **登録料** 등록료. / **意匠登録** 의장 등록 / **外国人登録証明書** 외국인 등록 증명서 / **住民登録** 주민 등록

**とうろん【討論】** 토론 ◇**討論する** 토론하다

¶3時から討論を始めます 세 시부터 토론을 시작합니다. / パネラーたちはネット社会の功罪について討論した 패널리스트들은 인터넷 사회의 공과에 대해 토론했다. / 討論を打ち切る 토론을 끝내다 / 反対討論 반대 토론 [関連] **討論会** 토론회 / **討論者** 토론자 / **公開討論会** 공개 토론회 / **テレビ討論会** 텔레비전 토론회

**どうわ【童話】** 동화 / **童話の本** 동화책 / **童話作家** 동화 작가

**とうわく【当惑】** 당혹, 당황 ◇**当惑する** 당혹하다, 당황하다 ¶当惑の色を浮かべる 당혹한 기색을 보이다 / 彼女は当惑の色を隠すことができなかった 그녀는 당혹한 기색을 감출 수 없었다. / 彼はその話を聞いて当惑した 그는 그 이야기를 듣고 당황했다. / 彼女の態度が急にがらっと変わったのに当惑した 그녀의 태도가 갑자기 돌변해서 당황스러웠다. / 彼は当惑して困ったようすだった 그는 당황해서 난처해했다. / 彼女は当惑した顔をしていた 그녀는 당황스러운 표정을 하고 있었다. / 姉は身に覚えのないうわさに当惑気味だった 언니는 얼토당토않은 소문에 당황해하는 기색이었다.

**とえい【都営】** 도영 / **都営住宅** 도영 주택 / **都営バス[地下鉄]** 도영 버스[지하철] [関連] **県営** 현영 / **市営** 시영

**とおあさ【遠浅】** ¶ここの海は遠浅で波が穏やかだ 이 바다는 먼 곳까지 얕고 파도가 잔잔하다.

**とおい【遠い】** ❶[距離が離れている] 멀다 ¶彼女の住んでいる所は都心から遠い 그가 살고 있는 곳은 도심에서 멀다. / その老夫婦は遠い国からやって来た 그 노부부는 먼 나라에서 왔다. / エレベータからいちばん遠い部屋に泊まった 엘리베이터에서 가장 멀리 떨어져 있는 방에 묵었다. / どこか遠い所で犬が鳴いていた 어딘가 멀리서 개가 짖고 있었다. / 郊外へ引っ越したので会社が遠くなった 교외로 이사가서 회사에서 멀어졌다.

[会話] **ここから遠いの？**
A：駅はここから遠いの？
B：いや、そんなに遠くないよ
A：どれくらい遠い
B：せいぜい1キロぐらいだよ
A：역은 여기에서 멀어?
B：아니 그렇게 안 멀어.
A：얼마나 되는데?
B：잘해야 1킬로 정도야.
A：学校へはどうやって行っているの
B：自転車で。歩くにはちょっと遠いのでね
A：학교는 어떻게 가니?
B：자전거로 가. 걸어 다니기엔 좀 멀거든.

❷[時間が隔たっている] 멀다, 까마득하다 ¶「2人で行った韓国旅行は楽しかったね」「もう遠い昔のことだわ」"둘이서 간 한국 여행은 즐거웠었지." "벌써 까마득한 옛날 일이야." / 娘が嫁に行くのもそんな遠いことではない 우리 딸이 시집가는 것도 그렇게 먼 얘기는 아니다. / 家を持つなんて遠い先の話です 집을 장만하는 것은 아직 먼 이야기입니다. / 遠い将来 먼 장래

❸[関係が薄い] 멀다 ¶彼女は私の遠い親戚だ 그 여자는 나의 먼 친척이다. / その話は現実の生活とはほど遠いものだ 그 이야기는 현실과는 거리가 멀다.

❹[その他] ¶電話が遠い 전화가 잘 안 들린다. / 耳が遠い 귀가 잘 안 들린다 [慣用句] **遠い親戚より近くの他人** 먼 친척보다 이웃사촌이 낫다. / 遠くて近きは男女の仲 멀고도 가까운 것이 남녀 사이

**とおからず【遠からず】** 머지않아 ¶新居は遠からず完成するだろう 새 집은 머지않아 완성될 것이다. / 容疑者の逮捕で遠からず事件も解決するだろう 용의자의 체포로 머지않아 사건도 해결될 것이다. [慣用句] **当たらずとも遠からず** 정확하진 않지만 비슷하긴 하다.

**とおく【遠く】** ❶[遠い所] 멀리 ◇**遠くの** 먼 ◇**遠くに** 멀리 ¶できるだけ遠くまでボールを投げなさい 가능한 한 멀리 공을 던져라. / もっと遠くまで歩いてみましょう 더 먼 곳까지 걸어 봅시다. / 彼女は遠くからこの学校に通っている 그녀는 멀리서 이 학교에 다니고 있다. / どこか遠くで消防車のサイレンの音がする 어딘가 멀리서 소방차의 사이렌 소리가 난다.

¶きのう遠くの町まで買い物に行った 어제 먼 동네까지 쇼핑하러 갔다. / 時々遠く離れた故郷を思い出す 가끔 멀리 떨어져 있는 고향 생각이 난다. / 両親は東京から遠く離れた田舎に住んでいる 부모님은 도쿄에서 멀리 떨어진 시골에서 살고 계신다. / 電車の中から遠くに富士山が見えた 전철 안에서 멀리 후지 산이 보였다.

❷[程度が大きく違う] 크게, 한참 ¶勉強では彼に遠く及ばない 공부로는 그 친구에게 한참 못 미친다.

**とおざかる【遠ざかる】** 멀어지다 [消える] 사라

지다 ¶船は次第に岸壁から遠ざかった 배는 점차 선착장에서 멀어져 갔다. / 汽笛が遠ざかる 기적이 멀어지다 / 二人の仲が遠ざかる 두 사람 사이가 멀어지다 / 政界から遠ざかる 정계에서 은퇴하다 / 危険が遠ざかる 위험이 사라지다 / 銀幕から遠ざかってしまったスターたち 은막에서 사라져 버린 스타들

**とおざける【遠ざける】** 멀리하다 ¶警官はやじ馬を事件の現場から遠ざけた 경찰은 구경꾼들을 사건현장에서 멀리했다. / 人を遠ざけて話す 사람들을 내보내고 이야기하다 / 最近彼女は私を遠ざけているようだ 요즘 그녀는 나를 멀리하는 것 같다. / マイクを遠ざける 마이크를 멀리하다

**とおし【通し】** ❶ きのうは通しで働いた(→休みなしで) 어제는 쉬지도 못하고 계속 일만 했다. 関連 通し切符 전구간 차표 通し番号 일련 번호

**-どおし【-通し】** ¶きょうは一日中働き通しだった 오늘은 하루 종일 일만 했다. / 電車内ではたいてい立ち通しだ 전철 안에서는 대개 서서 간다.

**とおす【通す】** ❶ 〔通過させる〕통과시키다, 지나가게 하다, 통하게 하다 〔光を〕투과시키다 〔野菜などを熱湯に〕데치다 〔法案などを〕통과시키다 ¶すみません、通してくれませんか 죄송합니다. 좀 비켜 주시겠습니까? / この紙は水を通さない 이 종이는 물이 새지 않는다. / このカーテンは光をほとんど通さない 이 커튼은 빛이 거의 통하지 않는다. / 光を通す素材 빛을 투과시키는 소재 / 銅は電気をよく通す 구리는 전기가 잘 통한다. / 彼は袖に手を通さずにジャケットを羽織っていた 그는 재킷을 입지 않은 채 걸치고만 있었다. / ほうれんそうをさっと熱湯に通した(→ゆでた) 시금치를 끓는 물에 살짝 데쳤다. / 子供たちが車椅子の人を通すために道をあけた 아이들은 휠체어가 지나가도록 길을 비켜 줬다.

¶与党はやっと予算案を通した 여당은 간신히 예산안을 통과시켰다.

❷ 〔…し続ける〕계속하다 〔…のままでいる〕지키다 ¶彼はこの件に関しては沈黙を通した 그는 이 건에 관해서는 침묵을 지켰다. / 彼女は一生を独身で通した 그녀는 평생을 독신으로 보냈다. / 彼女は小学校から大学までずっと1番で通した 그녀는 초등학교에서 대학교까지 쭉 1등이었다. / 私は中学から高校の6年間無欠席で通した 나는 중학교 때부터 고등학교까지 6년간 개근했다. / ここは冬でもストーブなしで通せますか 여기는 겨울에도 난로 없이 지낼 수 있습니까?

¶年間を通してこの地方は雨が多い 연중 통해 이 지방은 비가 많다. / 彼は昼も夜も通して働き続けた 그는 낮이건 밤이건 계속 일만 했다.

❸ 〔考えを〕관철하다 〔無理を〕세우다, 부리다 〔道などを〕뚫다 〔糸を〕꿰다 ¶私の意見を通すつもりだ 나는 내 의견을 관철할 생각이다. / 彼女はいつも意地を通したがる 그녀는 언제나 자기 생각만 고집하려고 한다. / 無理を通す 억지를 부리다 / 海外旅行の間, 私は英語だけで通した 나는 해외 여행을 하는 동안 줄곧 영어만 썼다.

¶山に新しい道を通した 산에 새로운 길을 뚫었다. / 村まで鉄道を通した 마을까지 철도를 뚫었다.

다.

¶針に糸を通す 바늘에 실을 꿰다

❹ 〔経由する〕통하다 ¶友人を通して彼女を紹介された 친구를 통해 그녀를 소개받았다. / 先生を通して合格の知らせを彼女は校長선생님을 통해 합격 소식을 들었다. / 受付を通して横山氏に面会を申し込んだ 접수처에서 요코야마 씨의 면회를 신청했다. / カーテンを通して部屋に日が差し込んだ 커튼을 통해 방에 햇빛이 들어왔다. / その商品はテレビを通して大々的に宣伝された 그 상품은 텔레비전을 통해 대대적으로 선전되었다. / 彼は上司に仕事を通して必要な知識を学ぶように言われた 상사는 그에게 일을 통해 필요한 지식을 배우라 했다.

❺ 〔中に入れる〕들어오게 하다 〔案内する〕안내하다, 모시다 ¶客を応接室に通す 손님을 응접실로 안내하다 / 私は応接室に通された 나는 응접실로 안내되었다. / お客様をお通ししてください 손님한테 들어오시라고 하세요. / 部屋に風を通す必要がある 방을 환기시킬 필요가 있다.

**-とおす【-通す】** ¶仕事を最後までやり通す 일을 끝까지 해내다 / 本を読み通す 책을 다 읽다

**トースター** 토스터 ¶トースターでパンを焼く 토스터로 빵을 굽다 関連 オーブントースター 오븐 토스터

**トースト** 토스트 ¶トーストにバターをつける 토스트에 버터를 바르다 数え方 トースト1枚 토스트 한 장

**とおせんぼう【通せん坊】** 길막기 놀이 ¶通せん坊をする 길을 막고 못 가게 하다

**トータル** 토털 〔合計〕합계, 총계 ¶出費はトータルで5万円だった 지출은 총 5만 엔이었다.

**とおで【遠出】** ◇遠出する 멀리까지 나가다

**ドーナツ** 도넛 ¶都市のドーナツ現象 도시의 도넛 현상

**トーナメント** 토너먼트 ¶野球大会はトーナメント方式で行われる 야구 대회는 토너먼트 방식으로 행해진다.

**とおのく【遠退く】** 멀어지다 ¶足音がやがて遠のいていた 발소리가 이윽고 멀어져 갔다. / 優勝のチャンスが遠のいた 우승의 찬스가 멀어졌다.

**とおのり【遠乗り】** ¶車で遠乗りする 자동차를 타고 멀리까지 가다

**ドーピング** 도핑 関連 ドーピングテスト 도핑 테스트, 약물 검사〔薬物検査〕

**とおまわし【遠回し】** ◇遠まわしに 완곡히〔婉曲─〕, 완곡하게 ¶彼は遠回しに忠告した 그는 에둘러서 충고했다. / 彼女はいつも遠回しに言うのでじれったい 그녀는 언제나 말을 돌려 해서 답답하다.

**とおまわり【遠回り】** ¶暗い裏通りを避け遠回りして明るい道を通って帰った 어두운 뒷 골목을 피해 빙 돌아서 밝은 길로 왔다.

**ドーム** 돔 ¶ドーム球場 돔 구장 / 東京ドーム 도쿄 돔 / (広島の)原爆ドーム 원폭 돔

**とおり【通り】** ❶ 〔街路〕거리 〔道路〕길, 도로 〔大通り〕대로 〔車道〕차도 〔歩道〕보도, 인도〔人道〕¶この通りを行くと駅に出ますか 이 길로 가면 역이 나옵니까? / そのホテルは日

比谷通りにある 그 호텔은 히비야 대로에 있다. /ついさっき通りでヨンヒを見かけたよ 바로 조금 전에 길에서 영희를 봤어. /彼の一家はこの通りに住んでいた 그의 가족은 이 거리에 살고 있었다. /この通りにはコンビニはない 이 거리에는 편의점이 없다. /私の部屋は通りに面していて日当たりがよい 내 방은 도로변에 있어서 별이 잘 든다. /この道を行けば広い通りに出ます 이 길을 따라가면 큰 대로가 나옵니다. /図書館はこの通りをはさんで公園の向かい側にある 도서관은 도로를 끼고 공원 맞은 편에 있다. /彼は彼女を待っている間通りを行ったり来たりした 그는 그녀를 기다리고 있는 동안 거리를 왔다갔다 했다. /彼は信号を無視して通りを横断した 그는 신호를 무시하고 도로를 횡단했다. /裏通りを抜けて広い通りに出た 뒷골목을 빠져 나와 큰 대로로 나왔다. ¶表通り 큰 대로/海岸通り 해안길/バス通り 버스 길
❷【通行】통행【往来】왕래【評判】평판, 평 ¶この道路は車の通りが激しい 이 도로는 차의 통행량이 많다. /その部屋は風の通りが悪かった 그 방은 통풍이 잘 안 됐다. /下水の通りがよくしてほしい 하수가 잘 빠지게 해 주었으면 좋겠다. ¶その方が世間の通りがよい 그렇게 말하는 게 어디 가도 잘 통해. /学校ではあだ名のほうが通りがいいんだ 학교에서는 별명이 더 잘 통한다. /彼女の声は通りがよかった 그 여자의 목소리는 잘 들렸다.

## -とおり・どおり【-通り】

❶[…と同じ]와[과] 같이〔その通りに〕대로 ¶いつもの通り8時30分に家を出た 평소대로 여덟 시 30분에 집을 나왔다. /株主総会の日時および会場は下記の通りです 주주 총회의 일시 및 회장은 아래와 같습니다. ¶言われた通りにしなさい 들은 대로 해라. /思い通りのいい結果が出た 생각했던 대로 좋은 결과가 나왔다. /建物は計画通り完成するだろう 건물은 계획대로 완성될 것이다. /予定通りに大統領が到着した 예정대로 대통령이 도착했다. /バスはめったに時間通りに到着しない 버스는 좀처럼 제시간에 안 온다. /あなたのおっしゃる通りにします 당신이 말씀하신 대로 하겠습니다.

会話 その通りさ
A：お金があればなんでも買えると思っているの？
B：その通りさ
A：돈이 있으면 뭐든지 살 수 있다고 생각하는 거야？
B：그럼.
A：ああ, ひどい二日酔いだ
B：言った通りだろ. きのうは飲みすぎたよ
A：君の言う通りにもっと早く帰ればよかったな
A：아, 술 안 깬다.
B：거봐. 어제 너무 마셨어.
A：네 말대로 집에 좀 일찍 갈 걸 그랬어.

❷[程度]정도, 가량【種類】가지, 종류 ¶絵は八分通り仕上がった 그림은 80퍼센트 정도 완성되었다. /方法は3通りある 세 가지 방법이 있다.

**とおりあめ【通り雨】** 소나기

**とおりいっぺん【通り一遍】**◇通り一遍の〔形式的〕형식적인 ¶事故に関して会社側は通り一遍の説明を繰り返すだけだった 사고에 대해 회사측은 형식적인 설명을 반복할 뿐이었다. /通り一遍のあいさつ 형식적인 인사

**とおりがかり【通り掛かり】**¶通りがかりに友達の家に寄ってみた 지나가던 길에 친구 집에 들렀다. /通りがかりの人 지나가는 사람

**とおりかかる【通り掛かる】**지나가다 ¶その交差点を通りかかった時, 交通事故があった 그 사거리를 지나가는 데 교통사고가 났다. /運よく警官が通りかかった 운 좋게 경찰관이 지나갔다.

**とおりこす【通り越す】**지나가다, 지나치다 ¶うっかり目的地を通り越してしまった 무심코 목적지를 지나쳐 버렸다.

**とおりすがり【通りすがり】**¶通りすがりの人 지나가는 사람

**とおりすぎる【通り過ぎる】**지나가다, 지나치다 ¶バスは東京駅の前を通り過ぎた 버스는 도쿄역 앞을 지나갔다.

**とおりぬけ【通り抜け】**통과, 통행(通行) ¶通り抜け禁止(▶掲示) 통행 금지

**とおりぬける【通り抜ける】**빠져 나가다, 통과하다 ¶森を通り抜ける 숲을 빠져 나가다 /公園を通り抜けるとそのビルがあります 공원을 빠져 나가면 그 빌딩이 나옵니다. /通り抜けられません 통과할 수 없습니다.

**とおりま【通り魔】**괴한 ¶通行人が通り魔に刺されて大けがをした 지나가던 사람이 괴한에게 찔려서 큰 부상을 입었다. /通り魔のような犯行 지나가던 괴한에 의한 범행 /通り魔殺人 길거리 무차별 살인

**とおりみち【通り道】**지나는 길, 다니는 길 ¶学校への通り道 통학길 /トラックが通り道をふさいでいた 트럭이 길을 막고 있었다.

## とおる【通る】

❶【通過する】통과하다〔通り過ぎる〕지나다, 지나가다[지나오다]〔走る〕달리다【歩く】걷다〔経由する〕거치다【風】통하다【電気】통하다, 흐르다 ¶私たちは博物館のそばを通った 우리는 박물관 옆을 지나갔다. /青函トンネルを通ったことがありますか 세이칸 터널을 지나간 적이 있습니까？ /家から車で高速道路を通って来た 집에서 차로 나와서 고속도로를 타고 왔다. /この道路は車がたくさん通る 이 도로는 차가 많이 다닌다. /通るタクシーはみな人が乗っていた 지나가는 택시는 모두 사람이 타고 있었다. /1匹の猫が私の前を通った 고양이 한 마리가 내 앞을 지나갔다. /彼女はこの道を毎日自転車で通る 그녀는 이 길을 매일 자전거로 지나간다. /その二人連れなら5分ぐらい前にここを通りました 그 두 사람이라면 한 5분 전에 여기를 지나갔습니다. /工事中ですので左側を通ってください 공사 중이니 좌측으로 가 주세요. /この道は車がよく通る 이 길은 차가 많이 다닌다. /10分おきにバスが通っている 십 분마다 버스가 다니고 있다. /この村にもやっとバスが通るようになった 이 마을에도 드디어 버스가 다니게 되었다. /私たちは横浜を通って鎌倉へ行った 우리는 요코하마를 지나서 가마쿠

라에 갔다. / 僕は近道を通って学校へ行った 나는 지름길로 학교에 갔다.
¶私の部屋は風が通って涼しい 내 방은 바람이 통해서 시원하다. / この電線には電気が通っている 이 전선에는 전기가 통하고 있다. / この錠前は小さいので楽にのどを通る 이 열쇠는 작아서 잘 넘어간다.

❷〔糸が貫通する〕꿰어지다〔しみとおる〕스며들다〔声がよく聞こえる〕들리다 ¶針の穴が小さくて糸が通らない 바늘 구멍이 작아서 실이 안 꿰어진다. / 雨が下着まで通った 비가 속옷까지 스며들었다. / 彼女の声はよく通る 그녀의 목소리는 잘 들린다. / 風邪が治って、鼻がやっと通った 감기가 나아서 코가 겨우 뚫렸다.

❸〔合格する〕합격하다〔法案が〕통과하다
¶試験に通る 시험에 붙다 / 試験に通ろうと思ったらまじめに努力をしないい試験に掛上らないで熱心に 努力해라 / 厳しい検査に通った製品だけが出荷される 어려운 검사를 통과한 제품만이 출하된다. / 法案が国会を通る 법안이 국회를 통과하다 / 路上禁煙条例が市議会を通った 노상 금연 조례가 시의회를 통과했다.

❹〔通用する〕통하다, 통용하다, 통용되다〔知られている〕알려지다 ¶そんな言い訳は通らない 그런 변명은 통하지 않는다. / 意味が通っていない文章 의미가 통하지 않는 문장 / 彼女はゴルフがとても上手なのでプロといっても通るだろう 그녀는 골프 실력이 뛰어나서 프로라고 해도 믿을 것이다. / 彼は学校一の変人として通っている 그는 학교 제일의 괴짜로 통한다. / その作家は日本では小泉八雲という名で通っていた 그 작가는 일본에서는 고이즈미 야쿠모라는 이름으로 알려져 있다. / 福田先生は厳格で通っている 후쿠다 선생님은 엄격한 분으로 알려져 있다. / 名の通った弁護士 이름난 변호사

❺〔その他〕さっきカルビを追加注文したんだけど通ってますか 조금 전에 추가로 갈비를 주문했는데 아직이에요?

トーン〔音の調子〕톤 ¶高い[低い]トーン 높은[낮은] 톤 / 声のトーンを上げる[下げる] 목소리의 톤을 높이다[낮추다]

-とか〔(이)나,〔(이)라든가, -(이)란, 같은 ¶この店ではパソコンやソフトウェアのほか、プリンターかモデムとかいった周辺機器も販売している 이 가게에서는 컴퓨터나 소프트웨어 외에도 프린터나 모뎀 같은 주변 기기도 판매하고 있다. / 慶州とか扶余とか遺跡の有る所へは何度も行ってみた 경주나 부여처럼 유적이 많은 데는 몇 번이나 가 봤다. / 山田とかいう人 야마다란 사람

とかい【都会】도회〔都市〕도시 ¶僕は都会よりも田舎が好きだ 나는 도시보다 시골이 좋다. / 彼は都会育ちだ 그는 도시에서 자랐다. / 私は都会生活が気に入っている 나는 도시 생활이 마음에 든다. / 大都会には誘惑が多い 대도시에는 유혹이 많다. / 私の故郷もだいぶ都会化してきた 내 고향도 꽤 도시화되었다. 関連 都会人 도회지 사람

どがいし【度外視】도외시 ◇度外視する 도외시하다, 제쳐두다 / 損得は度外視してもこの仕事はやりたい 손익은 제쳐두고라도 이 일은 하고 싶다. / 観客は勝敗を度外視して両チームの健闘を称えた 관객은 승패에 상관없이 양팀의 건투를 칭찬했다.

とかく【兎角】자칫하면 ¶冬はとかく運動不足になりやすい 겨울은 자칫하면 운동 부족이 되기 쉽다.

とかげ【蜥蜴】도마뱀 慣用句 とかげの尻尾切りをする 책임을 회피하기 위해 아랫사람을 희생양으로 삼다

とかす【溶かす・解かす】녹이다 ; 타다, 풀다
¶砂糖を水に溶かす 설탕을 물에 타다 / 雪を解かす 눈을 녹이다
¶味噌を水にとかす 된장을 물에 풀다

とかす【梳かす】빗다 ¶髪をとかす 머리를 빗다

どかす【退かす】비키다 ; 치우다 ¶道が狭いので車をどかしてください 길이 좁으니까 차를 치워주세요. / 歩くのに邪魔だからこの荷物はどかしてくれ 걷는 데 방해되니까 이 짐은 치워 줘.

とがめる【咎める】❶〔責める〕나무라다, 책망하다 ¶彼は部下の不作法をとがめた 그는 부하의 무례를 나무랐다. / 遅刻したことをとがめる 지각했다고 뭐라고 하다 / 彼は彼女が約束を破ったことをとがめなかった 그는 그녀가 약속을 깬 것에 대해서 뭐라고 하지 않았다.

❷〔心が痛む〕가책을 받다 ¶良心がとがめる 양심의 가책을 받다 / その男は良心がとがめて自首した 그 남자는 양심의 가책을 느껴 자수했다. / 両親にこのことを内緒にしておくことは気がとがめる 부모님에게 이 일을 비밀로 하는 것은 양심의 가책을 받는다.

❸〔問いただす〕검문하다 ¶私は警備員にとがめられずに建物に入ることができた 나는 경비원에게 검문받지 않고 건물로 들어갈 수 있었다.

とがらす【尖らす】〔棒などを〕뾰족하게 하다〔口を〕삐죽이다, 삐쭉 내밀다〔神経を〕곤두세우다 ¶鉛筆の先をとがらす 연필 끝을 뾰족하게 하다 / 妹は口をとがらして文句を言った 여동생은 입을 삐쭉 내밀고 불평을 했다. / 神経をとがらす 신경을 곤두세우다

とがる【尖る】뾰족하다 ¶とがったくちばし 뾰족한 부리 / とがった鼻 뾰족한 코 / 先のとがった鉛筆 뾰족한 연필 / 先のとがった葉 끝이 뾰족한 잎

どかん 탕, 쾅, 꽝, 펑 ¶車がどかんと壁にぶつかった 차가 쾅하고 벽에 부딪혔다. / 花火がどかんと鳴って夜空にあがった 불꽃이 펑하고 밤하늘에 피어올랐다.

どかん【土管】토관

とき【時】❶〔時間, 時刻〕시간, 시각, 때
¶私たちはキャンプで楽しい時を過ごした 우리는 캠프에서 즐거운 시간을 보냈다. / 時がたつのは早いね 시간 참 빨리 가네. / 時がたつにつれてその事件は人々の記憶から薄れていった 시간이 지남에 따라 그 사건은 사람들의 기억에서 희미해져 갔다. / 私たちは時のたつのも忘れて思い出話に花を咲かせた 우리는 시간 가는 줄도 모르고 지난 얘기들로 꽃을 피웠다. / 時がたてば彼の話が正しいかどうかがわかるでしょう 시간이 지나면 그의 이야기가 맞는지 안 맞는지를 알 수 있겠

지요. / 時計が時を刻む 시계가 째깍째깍 가다 / 時とともに言葉も徐々に変わっていく 시대가 변해감에 따라 말도 서서히 변해 간다.

¶医師たちは時を移さず負傷者の治療にあたった 의사들은 즉시 부상자의 치료에 임했다. / できるだけのことはやった。あとは時が解決してくれるだろう 할 수 있는 일은 다 했다. 나머지는 시간이 해결해 줄 것이다.

¶時を告げる鐘が鳴った 때를 알리는 종이 울렸다. / 彼は昼飯時に遊びに来た 그는 점심 때에 놀러 왔다.

❷ [時期, 時節] 때 [場合] 경우 ⇨ その時 その時は僕はついていた ユ 때 나는 운이 좋았었다. / どんな時でも最善を尽くせ 어떤 때라도 최선을 다해라. / 「ご都合のよい時はいつでしょうか」「金曜日なら時間があります」 "언제가[어느 때가] 좋으십니까?" "금요일이라면 시간이 있습니다." / そのことを後悔する時が来るよ 그 일을 후회할 때가 올 거야. / パトカーがちょうどよい時に通りかかった 순찰차가 딱 좋을 때에 우연히 지나갔다. / ちょうどいい[まずい]時に彼女がやって来た 때 마침 좋은 때[좋지 않을 때]에 그녀가 왔다. / 火事の時には火災報知器のボタンを押してください 화재시에는 화재경보기 단추를 누르십시오.

¶時は春 때는 봄. / 紅葉の時が私のいちばん好きな季節です 단풍이 물들 때가 제가 가장 좋아하는 계절입니다.

¶親切も時によっては仇になる 친절도 때로는 원망을 살 수 있다. / 彼女は時を選ばず電話をかけてくる 그녀는 시도 때도 없이 전화를 건다. / 時に応じて戦術を変えなくてはだめだ 때에 따라서 전술을 바꾸지 않으면 안 된다. / 時の総理大臣、池田氏は日本と韓国の国交を回復した ユ 당시의 총리 대신 이케다 씨는 일본과 한국의 국교를 회복했다.

❸ [好機] 때, 호기 [機会] 기회 ¶今が液晶テレビの買い時だ 지금이 액정[LCD] 텔레비전을 구입하기에 「좋은 때[적기]」다. / 冗談を言っている時じゃない 농담을 할 때가 아니야. / そろそろ後も後進に道を譲る時じゃないのかな 이제 ユ 사람도 후진에게 길을 양보할 때가 아닐까. / 時を見計らって抜け出そう 기회를 봐서 빠져 나가자. / そのことは時を見て僕から彼女に話すよ ユ 일은 때를 봐서 내가 그녀에게 이야기할게.

❹ [⋯する時] 때 ¶家を出た時は雨が降っていた 집을 나왔을 때는 비가 내리고 있었다. / 読書をしている時は邪魔されたくない 독서를 하고 있을 때는 방해받고 싶지 않다. / 千葉に住んでいた時に彼女と知り合いになった 지바에 살고 있었을 때 그녀와 알게 되었다. / 車を運転している時に偶然交通事故を目撃した 차를 운전하고 있을 때에 우연히 교통사고를 목격했다. / 駅に着いた時にはすでに終電は出てしまっていた 역에 도착했을 때에는 이미 막차가 출발해 버린 뒤였다. / 妻が外出している時は僕が子供たちの相手をした 아내가 외출하고 있을 때는 내가 아이들을 보았다. / テレビを見ている時、電話が鳴った 텔레비전을 보고 있을 때 전화가 왔다.

¶来られない時は知らせてね 못 올 때는 알려

줘. / 小林さんは仕事が休みの時にはいつもパソコンに向かっている 고바야시 씨는 일이 없을 때는 항상 컴퓨터 앞에 앉아 있다. / この前祖母に会った時は元気だった 일전에 할머니를 만났을 때는 건강하셨다. / あいつは試験の時だけ友達面する ユ 녀석은 시험 때만 친구인 척한다. / あしたお前が学校から帰って来る時までには自転車を直しておくよ 내일 네가 학교에서 돌아올 때까지는 자전거를 고쳐 놓을게.

❺ [時代, 時勢] 시대, 시세 ¶5代将軍徳川綱吉の時, 生き物を殺すことが禁じられた 5대 장군 도쿠가와 쓰나요시 시대에 살생이 금지되었다. / 時の流れには逆らえない 시대의 흐름에는 거역할 수 없다. [慣用句] それは時と場合による ユ것은 때와 상황에 따라 다르다. / 勝負は時の運だ 승부는 ユ 때의 운이다. / 彼は今や時の人になっている ユ는 지금 화제의 인물이 되어 있다. / 時は金なり 시간은 돈이다. / 時は人を待たず 세월은 사람을 기다려 주지 않는다.

**どき** [土器] 토기

**ときおり** [時折] 가끔, 종종, 때때로 ⇨ 時々

**ときたま** [時偶] 가끔, 종종 ⇨ たまに, 時々

**どぎつい** 강렬하다 ¶歌舞伎町のネオンの色はどぎつい 가부키쵸의 네온 빛은 강렬하다. / どぎつい化粧をする 지나치게 짙은 화장을 하다

**どきっと** 철렁 / 肩をたたかれて一瞬どきっとした 누군가 어깨를 쳐서 순간 철렁했다.

**ときどき** [時々] 때때로, 가끔, 종종 ¶息子から時々便りがある 아들에게서 가끔 소식이 있다. / 時々お便りをください 가끔 편지 주세요. / 彼女とは時々会う ユ녀와는 가끔 만난다. / 時々強い風が吹いた 때때로 강한 바람이 불었다. / このカーブでは時々事故が起こる 이 커브에서는 종종 사고가 일어난다. / 君がいないと時々寂しくなるよ 네가 없으면 가끔 외로워져.

¶晴れ時々曇り 맑고 가끔 흐림 / 曇り時々雨 흐리고 가끔 비

**どきどき** ◇どきどきする 두근거리다, 울렁거리다 ¶彼女に会うといつも胸がどきどきする ユ녀를 만나면 언제나 가슴이 두근거린다. / どきどきしながらスタートの合図を待った 두근거리며 스타트 신호를 기다렸다.

**ときとして** [時として] 가끔, 때때로 ⇨ 時々

**ときならぬ** [時ならぬ] 때[철] 아닌 [季節外의] 계절에 맞지 않는 [予想外의] 뜻밖의 [突然의] 돌연하

**ときに** [時に] [時々] 가끔, 더러 [ところで] ユ런데 ◇時には 때로는, 가끔은 ¶夫の帰宅は時に夜中の12時過ぎになることもあります 남편의 귀가는 가끔 밤 열두 시를 넘을 때도 있습니다. / 時にはそういうこともある 때로는 그런 일도 있다. / 先生でも時には失敗する 선생님도 가끔 실수하신다.

¶時にご両親はお元気ですか ユ런데 부모님은 건강하십니까[안녕하십니까?]

**ときふせる** [説き伏せる] 설득하다 ¶父を何とか説き伏せてパソコンを買ってもらった 아버지를 간신히 설득해서 컴퓨터를 샀다. / 息子を説き伏せ

て退학하는 것을 思いとどまらせた 아들을 설득해 퇴학하려는 것을 단념시켰다.

**ときほぐす【解きほぐす】** 풀다 ¶深呼吸して緊張を解きほぐした 심호흡을 하고 긴장을 풀었다. / 肩のこりを解きほぐす 뻐근한 어깨를 주물러서 풀다

**どぎまぎ** 허둥지둥, 갈팡질팡 ¶外国人に話しかけられてどぎまぎしてしまった 외국인이 말을 걸어와서 당황하고 말았다. / どぎまぎしてコップを落としてしまった 허둥지둥해서 컵을 떨어뜨렸다.

**ときめく** 설레다 ¶期待に胸がときめいた 기대감에 가슴이 설렜다. / プロポーズされて胸がときめいた 청혼을 받아 가슴이 설렜다.

**ドキュメンタリー** 다큐멘터리 ¶ドキュメンタリー映画 다큐멘터리 영화

**どきょう【度胸】** 배짱, 담력 ¶度胸がある[ない] 배짱이 있다[없다]. / 私は挑戦する度胸がなかった 나는 도전할 배짱이 없었다. / 度胸を試す 담력을 시험하다 / 度胸を据える 마음을 굳게 가다듬다 / 度胸のすわった人 담력이 큰 사람

**ときょうそう【徒競走】** 달음질, 달리기 ¶徒競走をする 달리기 경주하다

**どきり** ◇どきりと 철렁 ¶どきりとする 철렁하다

**とぎれとぎれ【途切れ途切れ】** ◇途切れ途切れに 띄엄띄엄, 토막토막 ¶話し声が途切れ途切れに聞こえた 이야기 소리가 띄엄띄엄 들렸다. / 彼女は犯行の動機を途切れ途切れに話し始めた 그녀는 범행 동기를 띄엄띄엄 말하기 시작했다.

**とぎれる【途切れる】** 끊어지다 ¶話が突然途切れた 이야기가 갑자기 끊어졌다. / あれ以来通信が途切れている 그 후로 통신이 중단되었다. / 人の列は途切れることなく続いている 사람의 줄은 끊어지지 않고 이어져 있다. / 人家の途切れた所に墓地があった 인가가 끊어진 곳에 묘지가 있었다.

**とく【得】** 득 [利益] 이익 ◇得だ 득이 되다 ◇得する 득을 보다 ◇その株は今売れば得だ 그 주식은 지금 팔면 득 볼 거야. / このスポーツクラブの会員になると得だよ 이 스포츠 클럽의 회원이 되면 이점이 많다. / 勉強はしておいたほうが得だ 공부는 해 두는 편이 더 좋다. / それは買うより借りたほうが得だ 그것은 사는 것보다 빌리는 것이 득이다. / この洗剤は100円お得です이 세제는 100엔 득 보는 거예요. / それはとてもお得ですよ 이것은 사시면 득 보는 거예요.
¶こんなふうに議論していても何の得にもならない 이런 식으로 논의해 봤자 아무런 득도 되지 않는다.
¶1割引きしてもらって得した 10퍼센트 깎아서 득을 봤다.
¶彼女はだれからも好かれる得な性格だ 그녀는 누구에게나 사랑을 받는 좋은 성격이다.

**とく【徳】** 덕 ¶徳が高い 덕이 높다 / 徳が備わっている 덕이 갖추어져 있다 / 徳を積む 덕을 쌓다 / 徳の高い僧 덕이 높은 승려[스님]

**とく【解く】** ❶ [問題などに答えを出す] 풀다 ¶問題を解く 문제를 풀다 / 彼がその方程式を解いた 그가 그 방정식을 풀었다. / 私は1時間かかってクロスワードパズルを解いた 나는 한 시간 걸려서 크로스워드 퍼즐을 풀었다.
❷ [ほどく] 풀다 ¶私は小包を解いた 나는 소포

를 풀었다. / 彼女は結っていた髪を解いた 그녀는 묶고 있던 머리를 풀었다. / 靴ひもを解く 구두끈을 풀다
❸ [消し去る] 풀다 ¶私は彼女の誤解を解きたい 나는 그녀의 오해를 풀고 싶다. / 父の怒りを解く 아버지의 화를 풀다 / 緊張を解く 긴장을 풀다
❹ [解除する] 풀다, 해제하다, 해임하다 ¶役目を解かれる 직무에서 풀리다 / 彼は常務の役を解かれた 그는 상무직에서 해임되었다. / 警察はその建物の包囲を解いた 경찰은 그 건물의 포위를 풀었다. / 今朝戒厳令が解かれた 오늘 아침 계엄령이 풀렸다.

**とく【溶く】** 풀다 ¶小麦粉を水で溶く 밀가루를 [소맥분을] 물에 풀다

**とく【説く】** [説明する] 설명하다 [諭す] 타이르다 [説得する] 설득하다 [提唱する] 제창하다 [説教する] 설교하다 ¶彼は成人に勉強の大切さを説いた 그는 아들에게 공부의 중요성을 설명했다. / 娘によく説いてきかせてたばこをやめさせた 딸을 잘 타일러서 담배를 끊게 했다. / 彼は地球温暖化対策の必要性を熱心に説いた 그는 지구 온난화 대책의 필요성을 열심히 설명했다. / キリストは人々に神の言葉を説いた 그리스도는 사람들에게 하나님[하느님]의 말을 전했다.

**とぐ【研ぐ】** 갈다 [米を] 씻다 ¶包丁を砥石で研ぐ 부엌칼을 숫돌로 갈다 / 米を研ぐ 쌀을 씻다

**どく【毒】** ❶ [有害物] 독 [毒薬] 독약 ¶その花には毒がある 그 꽃에는 독이 있다. / ふぐは致死性の毒を持っている 복어는 치사성 독을 가지고 있다. / 早く手当をしないと毒が全身に回ってしまう 빨리 손을 쓰지 않으면 독이 전신으로 퍼져 버린다. / その男は毒をあおって死んだそうだ 그 남자는 독약을 먹고 죽었다고 한다. / 毒を消す薬を持っていますか 독을 제거하는 약을 가지고 있습니까? / 彼は毒を盛られて死んだ 그는 독이 든 것을 먹고 죽었다.
❷ [害悪] 해 [毒気] 독기 ¶たばこは体に毒だ 담배는 몸에 해롭다. / 彼女は時々毒のある言い方をする 그녀는 가끔 독기를 품은 말을 한다. 慣用句 毒をくらわば皿まで 이왕 나쁜 일에 손을 대었으니 끝까지 밀고 나간다. / 毒をもって毒を制す 악을 물리치려고 또 다른 악을 이용하다 / そんなことをしたって毒にも薬にもならない 그런 일을 한다고 해도 별 소용이 없다. 関連 毒きのこ 독버섯, 毒ぐも 독거미, 毒草 독풀, 毒初 / 解毒剤 해독제

**どく【退く】** 비키다 ¶横にどく 옆으로 비키다 / ちょっとどいてください 좀 비켜 주세요.

**とくい【得意】** ❶ [自慢, 満足] 득의, 자랑, 만족 [意気揚々] 의기양양, 득의만면 ◇得意がる 우쭐해하다, 자랑하다 ¶彼は自分の韓国語を得意がっている 그 사람은 자신의 한국어를 자랑하고 있다. / その子は得意げに新しいおもちゃを見せた 그 아이는 만족스러운 듯이 새 장난감을 보였다. / 息子は数学の成績がよかったと得意そうな顔で話した 아들이 수학 성적이 좋다며 자랑스럽게 이야기했다. / ユナはその大学に合格

とくい

して得意の絶頂にあった 윤아는 그 대학에 합격해서 우쭐대고 있었다. / 彼はその賞をもらってからずっと得意満面である 그 사람은 그 상을 받고 나서 쭉 득의만면하다.

❷【得意でいること】◇得意だ 잘하다 ¶彼は英語が得意だ 그는 영어를 잘한다. / ミンスは数学はあまり得意ではない 민수는 수학을 별로 잘하지 못한다. / 得意なスポーツは何ですか 잘하는 스포츠는 무엇입니까 ? / 韓流ドラマは母のお得意の話題だ 한류 드라마는 어머니가 잘하시는 이야깃거리다. / 彼女は自分の得意料理を客にごちそうした 그녀는 자신이 잘하는 요리를 손님에게 대접했다. / 私は韓国料理が得意です 저는 한국 요리를 잘합니다.

❸【得意客】단골손님 [店などの] 단골 ¶私は得意先を回った 나는 단골 거래처를 돌았다. / あの高級ブティックのお得意はみんな金持ちだ 저 고급 부티크의 단골손님은 모두 부자다. / その店はお得意さんを増やそうと地道に努力している 그 가게는 단골을 늘리려고 꾸준하게 노력하고 있다.

とくい【特異】◇特異だ 특이하다 ¶彼は特異な才能を持っている 그는 특이한 재능을 갖고 있다. / これは大変特異な例だ 이것은 몹시 특이한 예다. 関連 特異性 특이성 / 特異体質 특이 체질

どくがく【独学】독학 ¶彼女は韓国語を独学で学んだ 그녀는 독학으로 한국어를 공부했다. / 彼は独学で法律を学んだ人だ 그는 독학으로 법률을 배운 사람이다.

どくガス【毒ガス】독가스

とくぎ【特技】특기 ¶私の特技は料理です 나의 특기는 요리입니다. / 私にはこれと言った特技はありません 저에게는 이렇다 할 특기가 없습니다.

どくさい【独裁】독재 ◇独裁的 독재적 ¶当時ドイツはヒトラーの独裁下にあった 당시 독일은 히틀러의 독재하에 있었다. / 独裁政権を打倒する 독재 정권을 타도하다 関連 独裁国家 독재 국가 / 独裁者 독재자 / 独裁主義 독재주의 / 独裁政治 독재 정치 / 一党独裁 일당 독재

とくさく【得策】득책, 상책(上策) ¶相手を怒らせるのは得策ではない 상대를 화나게 하는 것은 상책이 아니다. / 今は何もしないほうが得策だ 지금은 아무것도 하지 않는 것이 상책이다.

とくさん【特産】특산 ¶この地方の特産物はさくらんぼです 이 지방의 특산품은 버찌[체리]입니다.

とくし【特使】특사 ¶彼は首相の特使として韓国へ派遣された 그는 수상의 특사로서 한국에 파견되었다.

どくじ【独自】◇独自の 독자적인 ◇独自に 독자적으로 ¶私は独自のやり方で研究を進めた 나는 독자적인 방법으로 연구를 진행시켰다. / だれにもその人独自の見解がある 누구든지 그 사람의 독자적인 견해가 있다. / このシステムはわが社が独自に開発したものです 이 시스템은 우리 회사가 독자적으로 개발한 것입니다. / 独自に調査する 독자적으로 조사하다 関連 独自性 독자성

とくしつ【特質】특질, 특징 ¶特質を生かす 특

징을 살리다 / 日本文化の特質 일본 문화의 특질

どくしゃ【読者】독자 ¶この雑誌は多くの読者を持っている 이 잡지는 많은 독자를 가지고 있다. / 彼の小説は広い読者層にアピールしている 그의 소설은 넓은 독자층에게 어필하고 있다. 関連 読者欄 독자란

とくしゅ【特殊】특수 ◇特殊だ 특수하다 ¶彼女は音楽の特殊な才能がある 그녀에게는 음악에 특수한 재능이 있다. / 魚を生で食べるという点で, 刺身は特殊な食べ物といえるかもしれない 생선을 날로 먹는다는 점에서 생회는 특수한 음식이라고 할 수 있을지도 모른다. / 彼は特殊な技能を要する仕事についている 그는 특수한 기능을 필요로 하는 일에 종사하고 있다. 関連 特殊加工 특수 가공 / 特殊鋼 특수강 / 特殊効果 특수 효과 / 特殊事情 특수 사정 / 特殊性 특수성 / 特殊法人 특수 법인

とくしゅう【特集】특집 ◇特集する 특집하다 ¶特集を組む 특집을 짜다 / 選挙に関する特集記事 선거에 관한 특집 기사 / 各メディアは一斉にその事件を特集していた 각 미디어는 일제히 그 사건을 특집으로 다루고 있었다. 関連 特集号 특집호 / 特集番組 특집 프로그램

どくしゅう【独習】독습 ◇独習する 독습하다
⇒独学

どくしょ【読書】독서 ◇読書する 독서하다 ¶読書には精読と多読の2種類ある 독서에는 정독과 다독 두 종류가 있다. / 彼女は読書にふけっている 그녀는 독서에 빠져 있다. / 秋は読書に最適の季節である 가을은 독서하기에 가장 좋은 계절이다. / 読書の嫌いな人もいる 독서를 싫어하는 사람도 있다. / 日曜日は一日中読書していた 일요일은 하루 종일 독서를 하고 있었다. 関連 読書家 독서가 / 読書会 독서회 / 読書 모임 / 読書週間 독서 주간 / 読書力 독서력

とくしょう【特賞】특상

どくしょう【独唱】독창 ◇独唱する 독창하다 関連 独唱会 독창회 / 独唱曲 독창곡

**とくしょく**【特色】특색 [特性] 특성 ¶敬語は日本語のもっとも際立った特色の一つだ 경어는 일본어의 가장 두드러진 특색의 하나다. / 彼はこれと言った特色のない生徒だ 그는 이렇다 할 특색이 없는 학생이다. / 礼儀正しさは日本人に典型的な特色と言われてきた 예의가 바른 것은 일본인의 전형적인 특색이라고 알려져 왔다. / 母はいつも材料の特色を生かした料理を作る 어머니는 언제나 재료의 특색을 살린 요리를 만드신다. / あの学校は特色のある私立高校として知られている 그 학교는 특색 있는 사립 고등학교로서 알려져 있다. / 日本式経営の特色とされた年功序列制は崩壊しつつある 일본식 경영의 특색으로 여겨진 연공서열제는 붕괴되어가고 있다.

どくしん【独身】독신 ¶彼は一生を独身で通した 그는 평생을 독신으로 관철했다. / 独身生活を送る 독신 생활을 보내다 関連 独身者 독신자 [特に男性の] 총각 [特に女性の] 처녀 / 独身貴族 독신 귀족

**とくせい【特性】** 특성 ¶この生地の特性はしわになりにくいことだ 이 천의 특성은 잘 구겨지지 않는 것이다.

**とくせい【特製】** 특제 ¶このケーキは母の特製です 이 케이크는 어머니의 특제품입니다. / 特製のテレフォンカード 특제 전화 카드 [関連]特製品 특제품

**とくせつ【特設】** 특설 ◇特設する 특설하다
¶新型ゲーム機とソフトの特設会場 신형 게임기와 소프트의 특설 회장 / イベントのためにステージが特設された 이벤트를 위해서 특설 무대가 설치되었다.

**どくぜつ【毒舌】** 독설 ¶いつも毒舌を振るう評論家 언제나 독설을 퍼붓는 평론가 / 彼は毒舌家で有名だ 그는 독설가로 유명하다.

**とくせん【特選】** 특선 ¶特選に選ばれる 특선으로 뽑히다 [関連]特選作品 특선 작품 / 特選品 특선품

**どくせん【独占】** 독점, 독차지 ◇独占的だ 독점적 ◇独占する 독점하다, 독차지하다 ¶その記者は大統領に独占インタビューを行った 그 기자는 대통령에게 독점 인터뷰를 했다. / 彼女は独占欲が強い 그녀는 독점욕이 강하다.
¶市場を独占する 시장을 독점하다 / 販売権を独占する 판매권을 독점하다 / 良い場所を独占する 좋은 장소를 독점하다 / 日本はマラソンで上位を独占した 일본은 마라톤으로 상위를 독점했다. [関連]独占価格 독점 가격 / 独占企業 독점 기업 / 独占禁止法 독점 금지법 / 独占事業 독점 사업 / 独占資本 독점 자본

**どくぜん【独善】** 독선 ◇独善的だ 독선적이다
¶独善におちいる 독선에 빠지다 / 独善的な態度をとる 독선적인 태도를 취하다 / 彼は全てに独善的だ 그는 모든 면에서 독선적이다. [関連]独善家 독선가

**どくそ【毒素】** 독소

**どくそう【独走】** 독주 ◇独走する 독주하다
¶高橋選手は30キロを過ぎた地点から独走態勢に入った 다카하시 선수는 30킬로를 지난 지점에서부터 독주 태세에 들어갔다.

**どくそう【独奏】** 독주 ◇独奏する 독주하다 ¶あすの演奏会で彼女はピアノの独奏をする予定だ 내일 연주회에서 그녀는 피아노 독주를 할 예정이다. [関連]独奏会 독주회 / 独奏者 독주자

**どくそう【独創】** 독창 ◇独創的だ 독창적이다
¶彼女の独創性は高く評価されている 그녀의 독창성은 높게 평가되고 있다. / 独創的なアイディア 독창적인 아이디어 [関連]独創力 독창력

**とくそく【督促】** 독촉 ◇督促する 독촉하다
¶家主が家賃の支払いを督促してきた 집주인이 집세를 독촉해 왔다. [関連]督促状 독촉장

**ドクター** 닥터 [医師]의사 [博士]박사 [関連]ドクターコース 박사 과정 / ドクターストップ 닥터 스톱

**とくだい【特大】** 특대 [関連]特大号 특대호 / 特大品 특대품

**とくたいせい【特待生】** 특대생

**とくだね【特種】** 특종, 특종감 ¶特種記事 특종 기사

**どくだん【独断】** 독단 ◇独断的だ 독단적이다 ¶彼女は独断で会議の予定を変更した 그녀는 독단으로 회의 예정을 변경했다. / 独断的な人間 독단적인 인간 / 独断専行する 독단전행하다 [関連]独断主義 독단주의, 독단론

**どくだんじょう【独壇場（独舞台）】** 독무대(独舞台) ¶昨夜のカラオケパーティーは彼女の独壇場だった 어젯밤의 가라오케 파티는 그녀의 독무대였다.

**とぐち【戸口】** 문간 ¶客を戸口まで送った 손님을 문간까지 전송했다. / 戸口でつまずいた 문간에서 걸려서 넘어졌다.

**とくちょう【特徴】** 특징 ◇特徴的だ 특징적이다 ¶目立った特徴 눈에 띄는 특징 / 際立った特徴 두드러진 특징 / 独特の特徴 독특한 특징 / 遺伝的特徴 유전적 특징 / 肉体的特徴 육체적 특징
¶ミンスは特徴のある声をしている 민수 목소리는 특징 있다. / きりんの特徴は長い首だ 기린의 특징은 긴 목이다. / 私たちの町にはこれといった特徴がない 우리 고장이 이렇다 할 만한 특징이 없다. / 特徴づける 특징 짓다
¶彼のまゆはとても特徴的だ 그의 눈썹은 매우 특징적이다.

**とくちょう【特長】** 특장, 특색, 특징 ¶この製品には特長がいろいろあります 이 제품에는 여러 가지 특색이 있습니다. / それぞれの特長を生かすことが大切だ 각각의 특징을 살리는 것이 중요하다. / この繊維は水に強いのが最大の特長です 이 섬유는 물에 강한 것이 최대의 특징입니다.

**とくてい【特定】** 특정 ◇特定する 특정하다
¶元素にはそれぞれ特定の性質がある 원소에는 각각 특정의 성질이 있다. / 特定の人 특정한 사람 / 犯人を特定する 범인을 알아내다

**とくてん【特典】** 특전 ¶会員にはさまざまな特典が与えられる 회원에게는 다양한 특전이 주어진다.

**とくてん【得点】** 득점 [点数]점수 (▶発音は 점수) ◇得点する 득점하다 ¶「今得点はどうなっていますか」「2対2です」"지금 득점은 어떻게 되었습니까?" "2대 2입니다." / [野球で]彼は相手チームを無得点に抑えた 그는 상대 팀을 무실점으로 막았다. / 床運動の最高得点はこれまでのところ15.85です 마루 운동의 최고 득점은 지금까지 15.85입니다. (▶ 15.85は 십오점팔오と読む)
¶彼女は英語のテストで高い得点をとった 그녀는 영어 시험에서 높은 점수를 얻었다. / 数学のテストの得点は100点満点中80点だった 수학 시험의 점수는 100점 만점 중 80점이었다.
¶先に得点したのは相手チームだった 먼저 득점한 것은 상대 팀이었다. / [野球で]ロッテは5回の裏に大量得点した 롯데는 5회말에 대량 득점했다. [関連]得点掲示板 득점판, 스코어보드 / 得点圏 『野球』득점권 / 得点差 득점차 / 得点表 득점 기입표

**とくとう【特等】** 특등 ¶特等室[席] 특등실[석]

**とくとく【得々】** ◇得々と 득의양양히, 의기양양하게 ¶得々と語る 의기양양하게 말하다

**どくとく【独特】** ◇独特だ 독특하다 ¶この建築

樣式はこの地方に独特のものです 이 건축 양식은 이 지방의 독특한 것입니다. / バナナは独特のにおいがある 바나나는 독특한 냄새가 난다. / その大学には独特のイメージがある 그 대학에는 독특한 이미지가 있다. / それは彼独特の発想だ 그것은 그의 독특한 발상이다. / その作家の独特の文体 그 작가의 독특한 문체 / 独特のやり方 독특한 방법 / 独特の味 독특한 맛

**どくどく** 콸콸 ¶傷口から血がどくどくと流れだした 상처에서 피가 콸콸 흘러 나왔다.

**どくどくしい**【毒々しい】¶そのきのこは毒々しい色をしていた 그 버섯은 독이 있어 보이는 색이었다. / 彼女は毒々しい化粧をしていた 그녀는 지나치게 야한[요란한] 화장을 하고 있었다.

**とくに**【特に】특히【特別に】특별히 ¶特に注意すべきこと 특히 주의해야 할 일 / 今年の夏は特に暑い 올여름은 특히 덥다. / 特に目立った特徴はない 특별히 눈에 띄는 특징은 없다. / 特にお話しすることはありません 특별히 이야기할 것은 없습니다. / 私は古代史に特に興味を持っている 나는 고대사에 특히 관심을 가지고 있다. / この雑誌は特に30代の独身女性を対象にしている 이 잡지는 특히 30대 독신 여성을 대상으로 하고 있다. / あのレストランは特においしいわけではなかった 그 레스토랑은 특별히 맛있는 것은 아니었다. / あなたのために特にこのセーターを編みました 당신을 위해서 특별히 이 스웨터를 짰습니다. / この本はSFファンには特におもしろいはずです 이 책은 SF 팬에게는 특히 재미있을 것입니다. / 果物はなんでも好きですが、特に好きなのはいちごです 과일은 무엇이든지 좋아하지만 특히 좋아하는 것은 딸기입니다. / 彼女はスポーツが、特にバレーボールとテニスが好きだ 그녀는 스포츠 특히 배구와 테니스를 좋아한다. / その映画は楽しめるよ、特にアクション映画好きにはね 그 영화는 즐길 수 있을 거야. 특히 액션 영화를 좋아하는 사람들은.

**とくばい**【特売】특매 ¶きょうは衣料品の特売がある 오늘은 의료품의 특매가 있다. / このスカートは特売で買ったものです 이 스커트는 특매에서 산 것입니다. 関連 特売価格 특매 가격 / 特売場 특매장 / 特売日 특매일 / 特売品 특매품

**とくはいん**【特派員】특파원 ¶駐日[駐米]特派員 주일[주미] 특파원

**とくひつ**【特筆】특필 ¶特筆する 특필하다 ¶彼の健闘は特筆に値する 그의 건투는 특필할 만하다. / 今年の展覧会には特筆すべきものは何もなかった 금년 전람회에서는 특필될 만한 것이 아무것도 없었다.

**とくひょう**【得票】득표 関連 得票数 득표수 / 得票率 득표율

**とくべつ**【特別】특별 ◇特別だ 특별하다 ◇特別に 특별히 ¶普段は間食しないが、日曜日は特別 명소시에는 간식은 안 먹지만 일요일은 특별하다. / 彼女の美しさは特別だ 그 여자의 아름다움은 특별하다.

¶その子は障害者のための特別な学校に通っている 그 아이는 장애자를 위한 특별한 학교를 다니고 있다. / 何か特別な理由があって横浜まで行くんですか 뭔가 특별한 이유가 있어서 요코하마까지 가십니까? / きょうの夜は特別な用事がありますか 오늘밤은 특별한 일이 있습니까? / 彼はピアニストとして特別な才能を持っている 그 사람은 피아니스트로서 특별한 재능을 가지고 있다. / これは特別なケースの場合です 특별한 경우다.

¶母のために特別にこの花を買いました 어머니를 위해서 특별히 이 꽃을 샀습니다. / 本来遅刻者は受験させないが君の場合は特別に認めよう 본래 지각한 사람은 시험 칠 수 없지만 너의 경우는 특별히 허가하겠다. / この箱は特別注意して取り扱って[다뤄] ください 이 상자는 특별히 주의해서 취급해[다뤄] 주세요. / 今年は特別雪が多い 금년에는 특히 눈이 많이 온다. / この小包を縛るには特別丈夫なひもが必要だ 이 소포를 묶으려면 특별히 튼튼한 끈이 필요하다. / きのう彼女に特別親切にしたのは誕生日だったからだ 어제 그녀에게 특별히 친절하게 한 것은 생일이었기 때문이다. / きょうは特別寒い 오늘은 특별히 춥다. / 特別肉が好きだというわけではない 특별히 고기가 좋다는 것은 아니다.

¶金持ちだからといって特別扱いすべきではない 부자라고 특별 취급을 해서는 안 된다. / この靴は特別製だよ 이 구두는 특제품이야. 関連 特別委員会 특별 위원회 / 特別運賃 특별 운임 / 特別会計 특별 회계 / 特別機 특별기 / 特別区 특별구 / 特別号 특별호 / 特別国会 특별 국회 / 特別仕様 특별 모델 / 特別賞 특별상 / 特別製 특제품 / 特別席 특별석 / 特別措置 특별 조치 / 特別待遇 특별 대우 / 特別手当 특별 수당 / 特別番組 특별 프로그램 / 特別予算 특별 예산 / 特別料金 특별 요금 / 特別列車 특별 열차

**どくへび**【毒蛇】독사

**とくめい**【匿名】익명 ¶匿名で新聞に投書した 익명으로 신문에 투서했다. / 匿名希望 익명 희망

**とくやく**【特約】특약 ¶特約を結ぶ 특약을 맺다 関連 特約店 특약점

**どくやく**【毒薬】독약 ¶毒薬を飲む 독약을 먹다

**とくゆう**【特有】특유 ◇特有の 특유의, 특유한 ¶だれにでも特有の癖がある 누구에게나 특유의 버릇이 있다. / アンモニアは特有のにおいがする 암모니아는 특유의 냄새가 난다. / マッコリ特有の味 막걸리 특유의 맛 / 日本特有の動物 일본 특유의 동물 / その国特有の文化 그 나라 특유의 문화 / 特有の技術 특유의 기술

**とくよう**【徳用】덕용 ¶こちらのほうがずっとお徳用です 이쪽이 훨씬 이득입니다. 関連 徳用サイズ 절약형 사이즈 / 徳用品 덕용품, 알뜰 상품

**どくりつ**【独立】독립(▶発音は 동닙) ◇独立する 독립하다 ¶韓国は1945年に日本の植民地支配から独立した 한국은 1945년에 일본의 식민지 지배로부터 독립했다. / 彼は独立して自分で商売を始めた 그는 독립해서 스스로 장사를 시작했다. / 彼は家を出て現在は独立している 그는 집을 나와 현재는 독립해서 살고 있다. / 彼女は経済的に親から独立していない (→経済的の援助を受けている) 그녀는 부모로부터 경제적

君は独立心に欠けている 너는 독립심이 부족하다. 慣用句 彼は独立独歩で今の社会の地位を築いた 그는 자기 힘으로 지금의 사회적 지위를 쌓아 올렸다. 関連 独立記念日 독립 기념일 (▶韓国에서 日本からの解放記念日のことを 광복절 「光復節」という) / **独立権** 독립권 / **独立国** 독립국 / **独立採算制** 독립 채산제 / **独立宣言** 독립 선언 / **独立戦争** 독립 전쟁

**どくりょく【独力】** 독력, 자력(自力) ¶独力でやり遂げる 자력으로 해내다

**とくれい【特例】** 특례 (例外) 예외

**とぐろ** 또아리 ¶蛇がとぐろを巻いている 뱀이 또아리를 치고 있다. | 뱀이 몸을 서리고 있다. | 뱀이 도사리고 있다.

**とげ【刺・棘】** 가시 ¶ばらにはとげがある 장미에는 가시가 있다. / 右足にとげが刺さった 오른쪽 다리에 가시가 박혔다. / 指からとげを抜く 손가락에서 가시를 뽑다 / 言葉にとげがある 말에 가시가 돋쳐 있다. / とげのある言葉 가시가 있는 말 関連 **とげ抜き** 족집게

## とけい【時計】시계

### 基本表現

▷この時計は5分遅れている
이 시계는 5분 느리다.

▷時計が進んでないか?
저 시계 1분 빠르지 않니?

▷この時計は日に1分進む
이 시계는 하루에 1분 빨라진다.

▷時計が12時を告げた
시계가 열두 시를 가르쳤다.

▷時計が止まってしまった
시계가 멈추어 버렸다.

▷時計が5時を指している
시계가 다섯 시를 가리키고 있었다.

▷時計をテレビの正午の時報に合わせた 시계를 텔레비전의 정오 시보에 맞추었다.

▷すてきな時計をしているね
멋진 시계를 차고 있구나.

▷彼は急いで時計をはめた
그는 서둘러 시계를 찼다.

◆《時計は》
¶先生の時計は今何時ですか 선생님의 시계는 지금 몇 시입니까? / この時計は故障している 이 시계는 고장났다. / この時計は正確ですか 이 시계는 정확합니까?

◆《時計の》
¶カチカチいう時計の音以外は何も聞こえなかった 째깍거리는 시계 소리 이외는 아무것도 들리지 않았다. / 時計の針は10時を示している 시계 바늘은 열 시를 가리키고 있다. / この腕時計の針は暗いところでは光るんだ 이 손목 시계 바늘은 야광이다. / 時計のバンドがちょっときつい 시계줄이 조금 낀다.

◆《その他》
¶私は時計で時刻を何度も確かめた 나는 시계로 시간을 몇 번이나 확인했다. / 時計を1時間も進めておいたのはだれだ 시계를 한 시간이나 앞당겨 놓은 사람은 누구야. / 「すごく忙しそうだね」「5時までにこの仕事を終わらせなければならないんだ。時計とにらめっこだよ」"굉장히 바쁜 것 같구나." "다섯 시까지 이 일을 끝내야 돼. 시간 싸움이야." / 時計回り [時計と逆回り] に池を1周した 시계 방향 [시계 반대 방향] 으로 연못을 한 바퀴 돌았다. / 私の腹時計ではだいたい今11時ごろだ 내 배꼽 시계로는 대강 열한 시쯤이다. 関連 **時計仕掛け** 시계 장치 / **時計台** 시계탑 / **時計店** 시계 가게, 시계방 / **アナログ時計** 아날로그 시계 / **腕時計** 손목 시계 / **置き時計** 탁상 시계 / **懐中時計** 회중 시계 / **クオーツ時計** 수정 시계 / **ストップウォッチ** 스톱워치, 초시계 / **砂時計** 모래 시계 / **デジタル時計** 디지털 시계 / **電子時計** 전자 시계 / **柱時計** 벽시계 / **日時計** 해시계 / **腹時計** 배꼽 시계 / **振り子時計** 추시계 / **目覚まし時計** 자명종

**とけこむ【溶け込む・融け込む】** 어울리다, 적응하다, 융화하다, 융화되다 ¶新しいクラスに溶け込む 새로운 반에 잘 적응하다 / 新しい環境になかなか溶け込めない 새로운 환경에 좀처럼 적응하지 못하다. / この絵では赤い屋根が背景の色に自然に溶け込んでいた 이 그림에서는 붉은 지붕이 배경색에 자연스럽게 융화되어 있었다.

**どげざ【土下座】** ¶僕は彼女に土下座して謝まった 나는 그녀에게 무릎을 꿇고 사과했다.

**とげとげしい【刺々しい】** 앙칼스럽다, 매섭다 ¶彼女はとげとげしい声でそう言った 그녀는 앙칼스러운 목소리로 그렇게 말했다. / とげとげしい雰囲気 매서운 분위기

## とける【解ける】
❶ [結んだものがほどける] 풀리다 [ゆるむ] 느슨해지다 ¶走っているうちに靴ひもが解けた 달리던 도중에 신발끈이 풀렸다. / 結び目が解けないように固く縛りなさい 매듭이 풀리지 않게 단단하게 묶어라.
❷ [答えが出る] 풀리다, 해결되다 ¶やっと謎が解けた 겨우 수수께끼가 풀렸다. ¶この数学の問題がどうしても解けない 이 수학 문제를 아무리 해도 풀 수 없다.
❸ [解消する] 풀리다, 해소되다 ¶彼女の怒りはなかなか解けなかった 그녀의 화는 좀처럼 풀리지 않았다. / 彼の誤解はいつか解けるだろう 그의 오해는 언젠가 풀 수 있을 것이다.
❹ [禁じられていたものが] 풀리다, 해제되다 ¶外出禁止令が解かれた 외출 금지령이 풀렸다.

## とける【溶ける・融ける】 녹다 ¶塩は水によく溶ける 소금은 물에 잘 녹는다. / 雪だるまが溶けてしまった 눈사람이 녹아 버렸다. / 暑さでチョコレートが溶けた 더위로 초콜릿이 녹았다. / カップの底に砂糖が溶けないで残っていた 컵 바닥에 설탕이 녹지 않고 남아 있었다.

**とげる【遂げる】** 이루다, 이루어지다 [終える] 마치다 ¶望みを遂げる 소망을 이루다 / 思いを遂げる 뜻을 이루다 / 目的を遂げるために一生懸命努力した 목적을 이루기 위해서 열심히 노력했다. / 近代社会は科学技術の面で急速な進歩を遂げた 근대 사회는 과학 기술의 면에서 급속한 진보를 이루었다.
¶壮絶な最期を遂げる 장렬한 최후를 마치다

どける【退ける】비키다, 치우다 ¶そこの車をどけてください 거기 차를 치워 주세요. / 椅子をわきにどける 의자를 옆으로 치우다 / 本をどける 책을 치우다

どけん【土建】토건, 토목건축 関連 土建会社 토건 회사 / 土建業 토건업 / 土建業者 토건업자

とこ【床】잠자리(▶発音은 잠짜리), 이부자리 ¶床を敷く 잠자리를 펴다 / 床に就く 잠자리에 들다 / 床を敷いてあげるからゆっくり休みなさい 이부자리를 펴 줄 테니 편히 쉬어라. / 疲れていたので床に入るとすぐ眠ってしまった 피곤해서 잠자리에 들자마자 바로 잠이 들고 말았다. / 私は毎朝自分で床を上げる 나는 매일 아침 스스로 잠자리[이부자리]를 정리한다.
¶病の床につく 병들어 눕다 / 父は去年から病気で床に就いている 아버지는 작년부터 병으로 누워 계신다. / 床ずれで背中が痛い 욕창으로 등이 아프다.

どこ ❶〔どの場所〕어디 ◇どこの 어느
会話 場所を尋ねる
A: ここはどこかな
B: 地下鉄の駅の近くのはずだよ
A: 여기는 어디지?
B: 지하철 역 근처일 텐데.
A: どこへ行くの
B: デパートにかばんを買いに行くんだ
A: 어디 가는 거야?
B: 백화점에 가방 사러 가.
A: どこへ行ってきたの
B: どこだと思う。韓国だよ
A: 어디에 다녀 왔어?
B: 어디라고 생각해? 한국이야.
A: 君, どこに住んでいるの
B: 横浜です
A: 너 어디에 살고 있니?
B: 요코하마입니다.
A: 郵便局はどこですか
B: あの交差点の手前です
A: 우체국은 어디입니까?
B: 저 교차로 바로 앞입니다.
A: この自転車どこがおかしいの
B: ブレーキがよくきかないんだ
A: 이 자전거 어디가 이상한 거야?
B: 브레이크가 잘 듣지 않아.
A: 今朝, 医者へ行ってきたんだ
B: どこが悪いの
A: 胃が痛かったんだけど, 医者はどこも悪くないって言っていた
A: 오늘 아침에 병원에 다녀 왔어.
B: 어디가 아파?
A: 위가 아팠는데 의사는 아무데도 나쁘지 않다고 말했어.
A: どこへ行こうか
B: どこでもいいよ
A: 어디 갈까?
B: 어디든지 좋아.

◆〔どこに・どこで・どこへ〕
¶佐藤先生はどこにいるか知ってますか 사토 선생님은 어디에 계신지 알아요? / いつどこで生まれたのですか いつ どこで 태어났습니까? / どこで財布をなくしたかはっきりしない 어디서 지갑을 잃어 버렸는지 확실하지 않다. / この仕事は会社でも家でもどこでやってもよい 이 일은 회사든 집이든 어디서 해도 된다. / この部屋の中ならどこでたばこを吸ってもいい 이 방 안에서라면 어디에든 담배를 피워도 된다. / 初めてのデートで彼女をどこへ連れていったらいいのかわからない 첫 데이트에 그 여자를 어디에 데려가면 좋을지 모르겠다. / 東京のどこへ行くのですか 도쿄 어디로 갑니까? / 彼はどこへ行っても友達ができる 그 사람은 어디를 가더라도 친구가 생긴다.

◆〔どこの〕
¶どこの方ですか 어디 분이십니까? / どこの出身ですか 어디 출신입니까? / どこのチームが勝ったの 어느 팀이 이겼어? / どこの大学へ行くつもりですか 어느 대학에 갈 겁니까? / どこの公立図書館でもこの本は借りられる 어느 공립 도서관에서도 그 책은 빌릴 수 있다. / 君のパソコンはどこの会社の製品だい 네 컴퓨터는 어느 회사의 제품이니?

◆〔どこまで・どこから〕
¶どこまで歩かなければならないのですか 어디까지 걸어야 합니까? / このバスはどこまで行きますか 이 버스는 어디까지 갑니까? / どこまでも砂漠が続いている 어디까지나 사막이 계속되고 있다. /「この前はどこまでやりましたか」「31ページまでです」"지난번에는 어디까지 했습니까?" "31페이지까지요." / どこからか声が聞こえてくる 어딘가 목소리가 들려 온다. /「どこから電話しているの」「駅のそばの喫茶店からだよ」"어디서 전화하고 있어?" "역 옆의 커피숍이야." / どこから始めたらいいのか教えてください 어디서부터 시작하면 좋을지 가르쳐 주세요.

◆〔その他〕
¶「韓国の首都はどこですか」「ソウルです」"한국의 수도는 어디입니까?" "서울입니다."
¶この辺りの店は日曜日はどこも休みだ 이 근처 가게는 일요일에는 다 쉰다. / どこでも好きな所へ行っていい 어디든지 좋아하는 곳에 가도 좋아. / お金を隠すところがどこにもない 돈을 숨길 곳이 아무데도 없다. / 万年筆がどこにも見当たらない 만년필이 어디에도 보이지 않는다. / 彼は突然どこからともなく現れた 그는 갑자기 어딘가에서 나타났다. / どこのどいつがそんなうそをついたのだ 어디 어떤 놈이 그런 거짓말을 한 거야?

❷〔どの段階・程度〕어디까지 ¶彼の言うことをどこまで信じたらいいのか 그가 말하는 것을 어디까지 믿으면 좋을까? / 彼女にまで金を借りるなんて彼はどこまで図々しいんだ 그녀에게까지 돈을 빌리다니 그는 어디까지 뻔뻔스러운 거야? / いったいどこまでしらを切るつもりなんだ 도대체 언제까지 모르는 체 할 생각이야? / 彼らとの交渉はどこまで行っても平行線だった 그들과의 교섭은 언제까지나 평행선이었다. / チョルスとはどこまで行っているの 철수하고는 어디까지 간 거야?

❸〔どの点〕어디 ¶彼の話はどこも怪しい 그 이야기는 어딘가 이상하다. / この計画はどこから見ても申し分ない 이 계획은 어디로 보나 더할 나위 없다. / 彼はどこから見ても学者の感じだった 그

는 어디로 보나 학자 같은 느낌이었다. / どこから見ても彼らは恋人同士だ 어디로 보나 그 사람들은 연인이다. / その問題のどこがそんなに難しいの 그 문제의 어디가 그렇게 어려운 거야. / 姉は彼のどこがよいと思っているのか私にはわからない 언니는 그 사람의 어디가 좋다고 그러는지 나는 잘 모르겠다. / 周りの人は笑ったが、私にはそのジョークのどこがおかしいのかわからなかった 주의 사람들은 웃었지만 나는 그 농담이 어디가 웃기는 건지 몰랐다. 慣用句 彼は私の言うことなどどこ吹く風といった様子だった(→まったく無関心) 그 사람은 내 말에 아무 관심도 보이지 않았다.

**とこう**【渡航】도항 ◇渡航する 도항하다 ¶海外への渡航を禁止する 해외 도항을 금지하다 / 音楽の勉強のためイタリアへ渡航する 음악 공부를 위해 이탈리아에 도항하다 関連 渡航先 목적지, 행선지 / 渡航者 / 渡航手続き 도항 수속

**どこか**【何処か】 어딘가, 어디쯤 ¶どこかに傘を忘れてきた 어딘가에 우산을 놓아두고 왔다. / どこか静かな所へ行きましょう 어딘가 조용한 곳에 갑시다. / どこかピクニックにいい場所を知りませんか 어딘가 소풍가기에 좋은 곳을 모르십니까? / 以前どこかでお会いしませんでしたか 전에 어디선가 뵙지 않았습니까? / どこかこの辺に薬局はありませんか 이 근처 어딘가에 약국은 없습니까? / 彼はどこか憎めないところがある 그 사람은 어딘가 미워할 수 없는 데가 있다.

**とことこ** 아장아장 ¶幼い男の子が母親のほうにとことこ歩いてきた 어린 사내 아이가 엄마쪽으로 아장아장 걸어 왔다.

**どことなく**【何処となく】어딘지 모르게, 어쩐지 ¶彼にはどことなくこっけいなところがある 그 사람에게는 어딘지 모르게 우스꽝스러운 면이 있다. / 私にはどことなく確信が持てなかった 나는 어딘지 모르게 확신을 가질 수 없었다. / 彼らはどことなく似ていた 그들은 어쩐지 닮았다.

**とことん**【最後まで】끝까지【徹底的に】철저히 ¶とことん戦う 끝까지 싸우다 / 韓国語の勉強はとことんやります 한국어 공부는 철저히 하겠습니다.

**とこなつ**【常夏】상하 ¶常夏の島 상하의 섬

**とこや**【床屋】이발소(理髮所)【人】이발사(理髮師) ⇒散髮

**ところ**【所】❶【場所】장소, 곳, 데【現場】현장【住所】주소【地方, 地域】지방, 지역 ¶通勤に便利な所に引っ越したい 통근하기에 편리한 곳으로 이사하고 싶다. / 高い所 높은 곳 / 行く所がない 갈 데가 없다. / 「奈良見物は1日あればいいでしょうね」「さあどうかね。見る所がたくさんあるんだよ」 나라 구경은 하루면 되겠죠? 글쎄 어떨까. 볼 곳이 많거든. / ここが雪崩の起きた所だ 여기가 눈사태가 일어난 곳이다. / 警官が事故のあった所に駆けつけた 경찰관이 사고가 일어난 곳으로 달려 갔다. / それを元の所に返しておきなさい 그 책을 원래 있던 곳에 돌려놔. / 元いた所にいればよかったなあ 원래 있던 곳에 있었으면 좋았을걸. / どこでも好きな所に座っていいですよ 어디든지 좋은 곳에 앉으면 됩니다. / 以前駐車場だった所に今はマンションが建っている 전에 주차장이었던 곳에 지금은 아파트가 들어서 있다. / 学校は家から歩いて20分の所にあります 학교는 집에서 걸어서 20분 정도의 거립니다. / 私の家は駅から歩いていける所にある 우리 집은 역에서 걸어서 갈 수 있는 곳에 있다.

¶お所とお名前をこの欄に記入してください(→住所) 주소와 이름을 이 난에 기입해 주세요. / 彼らは至る所で大歓迎を受けた 그들은 가는 곳마다 대환영을 받았다. / 天気予報によれば関東地方では僕のより雨と言っている 일기예보에 따르면 간토 지방에서는 지역에 따라 비가 온다고 한다. / 本人のいない所で悪口を言ってはいけません 본인이 없는 데서 욕을 해서는 안 됩니다. / ミナのいる所ではこの話はしないでね ミナ가 있는 데서는 이 이야기는 하지 말아 줘.

❷【家】집 ¶私の所でパーティーをしよう 우리 집에서 파티를 하자. / 今度東京に来たときは僕の所にも寄ってくれよ 다음에 도쿄에 올 때는 우리 집에도 들러 줘. / 火事で焼失して住む所もなくなった 화재로 모두 불 타 살 곳도 없어졌다.

❸〔余地〕여지, 자리 ¶私の座る所はありますか 제가 앉을 자리는 있습니까? / この部屋にはもう本棚を置く所がない 이 방에는 더 이상 책장을 둘 자리가 없다.

❹〔点, 部分〕점, 데, 부분 ¶彼にはどこか謎めいた[上品な]ところがある 그 사람에게는 어딘가「수수께끼에 쌓인[품위 있는]」점이 있다. / 彼女には人をひきつけるところがある 그 여자에게는 사람을 끄는 데가 있다. / 彼の言うことにはもっともなところがある 그 사람이 하는 말에는 맞는 구석이 있다. / キョンとのどんなところが好きなんだ 경희의 어디가 좋아? / デジタル放送には多くのすぐれたところがある 디지털 방송에는 나은 점이 많이 있다.

❺〔ちょうどその時〕때, 참, 막 ¶いいところへ来てくれた. さあ, あがって 마침 잘 왔구나. 자, 들어와. / 玄関のドアを開けたところへ電話がかかってきた 현관문을 열었을 때 전화가 왔다.

¶これから私の好きなドラマが始まるところだ 지금부터 내가 좋아하는 드라마가 시작된다. / 部屋の掃除を終えたところです 방 청소를 막 끝냈습니다. / 私も今来たところです 저도 지금 막 왔습니다.

¶もう少しで自動車にはねられるところだった 하마터면 자동차에 치일 뻔했다.

会話 …するところです
A: どちらへお出かけですか
B: 上野公園まで花見にいくところです
A: 어디로 외출하십니까?
B: 우에노 공원까지 꽃놀이를 가려던 참입니다.

❻〔範囲〕바 ¶私の知るところでは, 彼の奥さんは来月退院の予定だそうです 제가 아는 바에 의하면 그의 부인은 다음달 퇴원할 예정이라고 합니다. / 聞くところによると博は彼女と別れたそうだ 들은 바에 의하면 히로시는 여자 친구와 헤어졌다고 한다. / 彼は病気だと聞いたが, 見たところは健康そうだ 그 사람은 아프다고 들었는데 본 바로는 건강해 보였다. / 気象庁の発表したところによる

-どころ

と今年は暖冬だそうだ 기상청이 발표한 바에 의하면 올겨울은 따뜻하다고 한다.

❼《その他》¶彼が私に話したのはまあそんなところだ 그 사람이 나에게 이야기한 것은 대충 그 정도다. / 本当のところ、先生の言っていることがよくわからなかった 실은 선생님이 무슨 말씀을 하시는지 잘 못 알아들었다. / 今のところはすべて順調です 현재로서는 모두 순조롭습니다. / ダイエットしてから2週間経ったのに今までのところ体重は少しも減っていない 다이어트 한 지 2주일이나 지났는데 아직까지 체중은 조금도 줄어들지 않았다. / きょうのところはこれくらいにしよう 오늘은 이 정도로 하자. / 市役所に電話で問い合わせたところ、担当者が不在で一向に要領を得なかった 시청에 전화로 물어봤더니 담당자가 없어서 도무지 무슨 말인지 알 수가 없었다. / ご多忙中のところお電話を差し上げ、誠に申し訳ございません 바쁘신데 전화 드려서 정말 죄송합니다. 慣用句 うちのパパったら所かまわずおならをするのよ 우리 아빠는 아무데서나 방귀를 뀌어 대. / その選手の部屋にはトロフィーが所狭しと並べてあった 그 선수의 방에는 트로피가 빽빽하게 진열되어 있었다. 所変われば品変わる 고장이 다르면 풍습도 달라진다

-どころ【-所】곳, 데 ¶ピッチャーの投げたボールの当り所が悪くてバッターは意識を失った 투수가 던진 공이 급소에 맞아 타자는 의식을 잃었다. / ここが我慢のし所だ 여기가 참아야 할 고비다.

ところが 【しかし】그러나〔しかしながら〕그런데 ¶さっき夕立があった。ところが、少しも涼しくならない 조금 전에 소나기가 내렸다. 그런데 조금도 시원해지지 않는다. / ヨンヒは旅行に乗り気だった。ところが、彼はあまり乗り気ではなかったが 영희는 여행 갈 마음이 있었다. 그런데 그 사람은별로 마음이 내키지 않았다.

-どころか《母音体言+》는커녕,《子音体言+》은커녕 ¶1万円どころか千円もないよ 만 엔은커녕 천 엔도 없어. / 妻は喜ぶどころか怒っています 아내는 기뻐하기는커녕 화나 있습니다. / 彼は歩くどころか立つこともできない 그 사람은 걷기는커녕 서지도 못한다.

ところで 그런데 ¶ところで、一つ質問があります 그런데 한 가지 질문이 있습니다. / ところで、だれがその費用を工面するのですか 그런데 누가 그 비용을 마련합니까? / ところで、きのうは楽しかったですか 그런데 어제는 즐거웠습니까?

-ところで ❶〔逆接〕《動詞連用形+》보았자,《縮約》봤자 ¶言ってみたところで無駄だ 말해 봤자 소용없다. / 叫んだところでどうにもならない 소리쳐 봤자 소용 없다. / 急いだところでもう間に合わない 서둘러 봤자 이미 늦었다. ❷〔時〕-았을[-었을] 때 ¶答案用紙を半分まで書いたところでベルが鳴った 답안지를 반만 썼을 때 벨이 울렸다.

ところどころ【所々】군데군데, 곳곳〔あちこち〕여기저기 ¶壁にはところどころ染みがあった 벽에는 군데군데 얼룩이 있었다. / 海岸のところどころにビーチパラソルが開いていた 해변 곳곳에 비치 파라솔이 세워져 있었다. / 道のところどころに花が咲いている 길 곳곳에 꽃이 피어 있다.

とさか【鶏冠】계관, 볏 慣用句 とさかにくる 화가 나다

どさくさ 〔混乱〕혼란, 난장판, 북새판 ¶犯人はどさくさに紛れて姿を消した 범인은 혼란 속으로 자취를 감추었다.

とざす【閉ざす】닫다〔口を〕다물다〔閉ざされる〕갇히다〔門を閉ざす 문을 닫다〔心を閉ざす 마음을 닫다
¶雪に閉ざされた村 눈에 갇힌 마을 / 氷に閉ざされた海 얼음에 갇힌 바다 / 外界から閉ざされた生活 외계로부터 닫힌 생활 慣用句 彼らは一様に堅く口を閉ざした 그들은 한결같이 굳게 입을 다물었다.

どさっと 털썩, 탁 ¶屋根に積もった雪がどさっと落ちた 지붕에 쌓인 눈이 털썩 떨어졌다. / 彼は突然どさっと床に倒れた 그는 갑자기 마루에 쿵 하고 쓰러졌다.

とざん【登山】등산 ◇登山する 등산하다 ¶彼はほとんど毎週登山に行っている 그 사람은 거의 매주 등산을 간다. / 夏は登山に絶好の季節だ 여름은 등산하기에 가장 좋은 계절이다. 関連語 登山家 등산가 / 登山口 등산구 / 登山靴 등산화 / 登山者 등산자 / 登山隊 등산대 / 登山道 등산로 / 登山帽 등산모 / 登山用具 등산 용구

とし【年】❶〔1年の期間〕해

◆《年が》
¶年が明けるとすぐ親戚のところに年始回りに行く 새해가 되자마자 친척에게 세배하러 간다. / 年が改まると私も30歳になる 해가 바뀌면 나도 서른 살이 된다. / 年がたつにつれてその記憶は薄れていった 해가 갈수록 그 기억은 희미해져 갔다.

◆《年の》
¶年の始め[年の瀬]は何かと忙しい 연초[연말]에는 하는 일 없이 바쁘다.

◆《年を》
¶新しい年を迎え家族そろって初詣に出かけた 새해를 맞이해서 가족 모두 신사에 새해 참배를 하러 갔다. /《韓国には「初詣」はない、「初日の出」を見に行くことはある》/ どうぞよいお年を 새해 많이 받으세요. / 年を越す 해를 넘기다

◆《年に》
¶祖母が生まれた年に戦争が起こった 우리 할머니가 태어나신 해에 전쟁이 일어났다. / 私が大学を卒業した次の年に父が亡くなった 내가 대학을 졸업한 다음 해에 아버지가 돌아가셨다.

◆《年と》
¶会社は創業以来年とともに大きくなってきた 회사는 창업 이래 해를 거듭할수록 점점 커졌다.

❷〔年齢〕나이《敬》연세
基本表現
▷「お年はおいくつですか」「50歳です」
  "연세가 어떻게 되십니까?" "50세[쉰 살]입니다."
▷彼は私より年が2歳上だ
  그 사람이 나보다 두 살 위다.
▷その夫婦は年がずいぶん違う
  그 부부는 나이 차가 많이 난다.
▷年を取ったせいか体力がなくなってきた
  나이를 먹은 탓인지 체력이 떨어졌다.

▶彼女は私と同い年だ その 여자는 나와 동갑이다.
◆〖年が・年は〗
¶タクシーの運転手はかなり年がいっていた 택시 운전기사는 꽤 나이가 들어 보였다. / 私の年はいくつだと思いますか 저 몇 살로 보이세요?
◆〖年の〗
¶祖父は年のせいでよく目が見えない 할아버지는 연로하셔서 눈이 잘 안 보이신다. / 母は年の割りに若い 어머니는 나이에 비해 젊으시다. / その女の人は年のころ40ぐらいだった 그 여자의 나이는 마흔 정도였다. / 私が君ぐらいの年のころは読書に熱中したものだ 내가 네 나이 때는 독서에 열중했었다. / さすが年の功 나이를 그냥 먹는 게 아니다.

◆〖年を〗
¶人に年を聞くのは失礼だ 남의 나이를 묻는 것은 실례입니다. / 私も年を取ったな 나도 나이를 먹었군. / 年を取ったら物忘れがひどくなった 나이를 먹으니 건망증이 심해졌다. / 父は年を取るにつれ寛大になった 아버지는 나이를 드시면서 관대해지셨다. / 彼女は全然年を取らない 그 여자는 전혀 나이를 먹는다. / いい年をして兄弟げんかはやめなさい 나이도 먹었으니 형제끼리 싸우는 것은 이제 그만해라. / 年をくっているためになかなかいい仕事がみつからない 나이를 먹어서 좀처럼 좋은 일자리가 없다.

◆〖年に〗
¶この子は年に似合わず利口だね 이 아이는 나이보다 영리하네. / 私は年に見られません 저는 제 나이로 안 보입니다. / 年には勝てません 나이는 못 속입니다.

◆〖その他〗
¶年[年端]のいかぬ娘 나이 어린 아가씨 / 彼も年だなあ 그 사람도 나이가 들었군. / あの人は君の父親と言ってもよい年だ 그 사람은 자네 아버지 또래야. / こんな簡単なことくらいわかってもいい年だ 이런 간단한 일 정도는 알아야 할 나이다. / 彼はまだ自立する年ではない 그는 아직 자립할 나이가 아니다. /「私って若く見える?」「年相応じゃないのかい」"나 젊어 보여?" "원래 나이대로 보이는데." / 除夜の鐘を聞きながら行く年来る年に思い馳せた 제야의 종소리를 들으면서 가는 해오는 해를 생각했다.

とし【都市】도시 ¶大阪は日本で3番目に大きな都市である 오사카는 일본에서 세 번째로 큰 도시이다. / 古代ギリシアでは各都市は独立した国家であった 고대 그리스에서는 각 도시가 독립된 국가였다.

¶奈良と韓国の慶州は姉妹都市だ 나라와 한국의 경주는 자매도시다. / 彼女は都市銀行で働いている 그녀는 시중 은행에서 일하고 있다. / 彼は都市計画の専門家だ 그는 도시 계획의 전문가다. / 過密都市東京は多くの問題を抱えている 과밀 도시 도쿄는 많은 문제를 안고 있다. / 豊田市は自動車産業を中心とした工業都市だ 도요타시는 자동차 산업을 중심으로 한 공업 도시다. / 人口が増えるにつれ都市問題も深刻化する 인구가 증가함에 따라 도시 문제도 심각해진다. / この村もすっかり都市化されてしまった 이 마을도 완전히 도시화되어 버렸다. 関連 都市ガス 도시가스 / 都市居住者 도시 거주자 / 都市交通 도시 교통 / 都市再開発 도시 재개발 / 都市生活 도시생활 / 衛星都市 위성 도시 / 港湾都市 항구 도시 / 国際都市 국제 도시 / 新興都市 신흥 도시 / 臨海都市 임해 도시

どじ〔失敗, 間違い〕실수 〔まぬけ〕얼간이, 바보 ◇どじな 얼빠진, 바보 같은 ¶どじが多い 실수가 많다. / またどじを踏んでしまった 또 바보 같은 짓을 하고 말았다. / なんてどじなやつだ 정말 바보 같은 녀석이다.

としうえ【年上】연상, 연장(年長) ¶年上の妻 연상의 아내 / 兄は私より3歳年上です 형은 저보다 세 살 위입니다.

としがい【年甲斐】나잇값 ¶年がいもないことをするし나잇값도 못하는 짓을 하다 / 年がいもなくつまらぬことを言ってしまった 나이에 걸맞지 않게 말도 안되는 소리를 하고 말았다.

としご【年子】연년생(年年生) ¶私と妹は年子です 저와 여동생은 연년생입니다.

とじこめる【閉じ込める】가두다 〔閉じ込められる〕갇히다 ¶その少年はいたずらをして物置に閉じ込められた 그 소년은 장난을 친 벌로 헛간에 감금되었다. / 牢に閉じ込める 옥에 가두다 / この地方は冬中雪に閉じ込められる이 지방은 겨울 내내 폭설에 갇혀 있다. / 交通渋滞で長時間車に閉じ込められた 교통 정체로 장시간 차 속에 갇혀 있었다.

とじこもる【閉じ籠る】틀어박히다 ¶彼は部屋に閉じこもって出てこなかった 그는 방에 틀어박혀서 나오지 않았다. / 自分の殻に閉じこもる 자기만의 세계에 틀어박히다

としごろ【年頃】적령(適齢); 나이, 또래 ¶うちには年ごろの娘が2人もいます 우리 집엔 시집갈 나이가 된 딸이 둘이나 있어요. / 彼女は私の妹と同じ年ごろだ 그녀는 내 여동생과 같은 또래다.

としした【年下】연하 ¶弟は僕より3歳年下です 남동생은 저보다 3년 연하입니다.

としつき【年月】세월(歳月)

-として〔地位, 身分, 資格〕(으)로서, (으)로서 ¶彼は市長としての務めを果たした 그는 시장으로서 의무를 다했다. / 彼をチームの主将として選んだ 그를 팀의 주장으로 뽑았다. / 彼女は作家として名を成した 그녀는 작가로 유명해졌다. / 画家として活躍する画かとして活약하다 / このボールを記念として取っておいてください 이 공을 기념으로 가지세요. / 彼は本の代金として2千円支払った 그는 책 값으로 2천 엔을 지불했다. / タクシー代として友達に1万円貸してやった 택시 요금으로 친구에게 만 엔을 빌려주었다.

¶私としては, その結果にとても満足しています 저로서는 그 결과에 매우 만족합니다. / ミジャは女性としては声が低いほうだ 미자는 여자치고는 목소리가 낮은 편이다.

¶だれ一人として, 彼女に同情しなかった 그 누구도 그녀에게 동정하지 않았다. / 世の中には一つとして完全なものはない 이 세상에는 완전한 것은 하

**どしどし** 〔自由に〕자유로이 〔ためらわずに〕사양하지 말고, 서슴지 말고 ¶どしどし質問してください 서슴지 말고 질문해 주세요.

**とじまり**【戸締まり】 문단속 ¶戸締まりするのを忘れてしまった 문단속하는 것을 잊어 버렸다.

**どしゃ**【土砂】 토사, 흙모래 ¶堤防の土砂が流出する 제방의 토사가 유출되다 / ¶外は土砂降りだった 밖에는 비가 억수같이 쏟아지고 있었다. 関連 土砂崩れ 산사태

**としょ**【図書】 도서 〔本〕책 ¶図書の貸し出しは放課後です 도서 대출은 방과후입니다. 関連 図書閲覧室 도서 열람실 / 図書券 도서 상품권 / 図書室 도서실 / 図書目録 도서 목록 / 参考図書 참고 도서 ⇒図書館

**とじょう**【途上】 도상 関連 発展途上国 개발[발전]도상국 ⇒途中

**どじょう**【土壌】 토양, 땅 ¶ここの土壌はトマトを作るのに適している 이곳의 토양은 토마토를 재배하는 데 적합하다. / 肥えた[やせた]土壌 비옥한[황폐한] 토양 関連 土壌汚染 토양 오염

**どじょう**【泥鰌】 미꾸라지

**としょかん**【図書館】 도서관 ¶図書館で本を借りる 도서관에서 책을 빌리다 関連 図書館員 도서관원 / 図書館学 도서관학 / 移動図書館 순회 도서관 / 学校図書館 학교 도서관 / 国会図書館 국회 도서관 ⇒図書

**としより**【年寄り】 늙은이 (►「お年寄り」という 場合は 나이 드신 분 という) 〔老人〕노인 ¶年寄り扱いしないでくれ 나이든이 취급 하지 말아 줘. / 彼はこのごろすっかり年寄りじみてしまった 그는 요즘 완전히 늙어 버렸다. / 考えが年寄りくさい 생각하는 게 고리타분하다.

**とじる**【閉じる】 ❶〔閉める〕 닫다 〔本を〕덮다 〔目を〕감다 〔口を〕다물다 ¶戸を閉じる 문을 닫다 / ドアがひとりでばたんと閉じた 문이 저절로 쿵하고 닫혔다. / 子供は本を閉じてテレビをつけた 아이는 책을 덮고 텔레비전을 켰다 / 彼は目を閉じてその問題をよく考えた 그는 눈을 감고 그 문제를 곰곰이 생각했다.
❷〔終わる〕 닫다 ; 끝내다 ¶店を閉じる 가게를 닫다 / 来月でこの工場を閉じることになった 다음 달에 이 공장을 닫게 되었다. / 3日間続いた大会も無事に幕を閉じた 3일간 계속된 대회도 무사히 막을 내렸다.

使い分け 閉じる

| 閉じる | (ドアなどを)閉める | 닫다 |
| | (口を)つぐむ | 다물다 |
| | (目を)つぶる | 감다 |
| | (本・ふたなどを)閉じる | 덮다 |

**とじる**【綴じる】 〔綴じ込んで整理する〕 철하다 〔本などを〕매다 ¶新聞を日付順に綴じる 신문을 날짜순으로 철하다 / 雑誌の記事を綴じる 잡지의 기사를 철하다

**としん**【都心】 도심, 중심부

**どしん** ◇どしんと 쿵 ¶バッグを床にどしんと置いた 가방을 바닥에 쿵하고 놓았다.

**トス** 토스 ◇トスする 토스하다 ¶ボールをトスする 공을 토스하다 関連 トスバッティング 토스 배팅

**どすぐろい**【どす黒い】 거무칙칙하다, 거무튀튀하다

**どすん** ◇どすんと 쿵 ⇒どしん

**どせい**【土星】 토성 ¶土星の輪 토성의 고리

**どせきりゅう**【土石流】 토석류

**とぜつ**【途絶】 두절 ◇途絶する 두절하다, 두절되다 ¶土砂崩れで村は交通が途絶していた 산사태로 마을은 교통이 끊겨 있었다.

**とそ**【屠蘇】 도소, 도소주, 설날에 마시는 술

**とそう**【塗装】 도장 ◇塗装する 도장하다, 페인트칠하다 ¶家を塗装する 집 벽을 페인트칠하다 関連 塗装業者 도장 업자

**どそう**【土葬】 토장 ◇土葬する 토장하다 ¶死体を土葬にする 시체를 땅 속에 묻다

**どそく**【土足】 ¶この部屋は土足でかまいません 이 방은 신을 신은 채로 들어가도 됩니다. / 土足で上がらないでください 신을 신은 채로 들어가지 마세요. / 土足厳禁 (〈掲示〉) 신을 신은 채로 들어가는 것을 엄금함.

**どだい**【土台】〔基礎〕기초 ¶この家は土台がしっかりしている 이 집은 토대가 튼튼하게 되어 있다. / 商売の土台を築く 장사 기반을 다지다 / 土台を固める 토대를 다지다

**とだえる**【途絶える】 끊어지다 ¶この辺りは暗くなると人通りが途絶える 이 근처는 어두워지면 사람들의 왕래가 끊어진다. / 音信が途絶える 소식이 끊어지다

**とだな**【戸棚】 장 〔食器の〕 찬장(▶発音은 찬짱) 〔衣類の〕 벽장 〔書類の〕 캐비닛

**どたばた** 우당탕, 요란스레, 요란스럽게 ¶どたばた走り回る 요란스럽게 뛰어 다니다 / どたばた騒ぐ 요란스레 떠들다

**とたん**【途端】 ◇…したとたんに 《動詞語幹 +》-자마자 ¶駆け出したとたんに転んだ 한두 발 떼자마자 넘어졌다. / 空が暗くなったとたんに雨が降りだした 하늘이 어두워지자마자 비가 내리기 시작했다.

**トタン** 함석 ¶トタン板 함석판 / トタン屋根 함석 지붕

**どたんば**【土壇場】 막판 ¶彼女は土壇場になって旅行をキャンセルした 그녀는 마지막 순간이 되어서 여행을 취소했다. / 彼は土壇場で逃げ出した 그는 막판에 달아났다. / 土壇場になってあわてる 막판에 와서 허둥거리다 / 土壇場に追い込まれた 막판의 궁지에 몰렸다.

**とち**【土地】 ❶〔地所〕토지, 땅 ¶土地の価格が年々上がっている 땅값이 해마다 올라가고 있다. / 東京は土地が高い 도쿄는 땅값이 비싸다. / あの土地を遊ばせておくのはもったいない 저 토지를 비워 두는 것은 아깝다. / 長男がその土地を相続した 장남이 그 토지를 상속했다.

会話 土地を所有する
A : だれがこんな広大な土地を所有しているんだろう

B：佐藤さんといって，この辺りの地主ですよ
A：누가 이런 광대한 토지를 소유하고 있는 것일까?
B：사토 씨라고 이 일대의 지주예요.
❷【耕作地，土】밭，토지 ¶ここは土地が肥えていて野菜作りに適している 이 곳은 토지가 비옥해서 야채를 재배하기에 적절하다.
❸【場所】고장［地方］지방 ¶私はあちこち旅行してその土地の名産を味わうのが好きだ 나는 여기저기 여행해서 그 지방의 명물을 맛보는 것을 좋아한다. / 私はその言い伝えについて土地の人に尋ねた 나는 그 전설에 대해 고장 사람에게 물었다. / 土地によって呼び方の違うものがたくさんある 고장에 따라서 명칭이 다른 것이 많이 있다. / 犯人はこの辺りに土地勘があるに違いない 범인은 이 지역 지리에 밝은 사람임에 틀림없다.

**どちゃく【土着】**토착 関連 土着民 토착민

**とちゅう【途中】❶**【行き帰りの途中】도중, 중도 ¶学校から帰る途中本屋に寄った 학교에서 집으로 돌아가는 도중에 책방에 들렀다. / 家へ帰る途中友達に会った 집으로 돌아가다가 친구를 만났다. / 京都へ行く途中名古屋に寄った 교토에 가는 길에 나고야에 들렀다. / 彼女は途中まで見送ってくれた 그녀는 도중까지 바래다 주었다. / 忘れ物に気づいて道の途中で引き返した 잊어버린 게 있어서 가다가 되돌아 왔다. / 途中きれいな花がたくさん咲いていた 가는 길에 예쁜 꽃이 많이 피어 있었다. / 京都で途中下車した 교토에서 도중 하차했다.
❷【物事の半ば】중도，도중 ¶会議の途中でだれかが電話をしてきた 회의 도중에 전화가 왔다. (▶「だれかが」は特に訳さない) / お話の途中すみませんが，ちょっと来ていただけませんか 이야기 도중에 죄송합니다만 좀 와 주실 수 없겠습니까? / コインがなくなって電話が途中で切れてしまった 동전이 없어서 전화가 도중에 끊겨 버렸다.

**とちょう【都庁】**도청 ¶東京都庁 도쿄 도청

**どちら❶**【どれ】어느 것，어느 쪽 ⇨どれ
◆【どちらが】
¶「どちらがあなたのコートですか」「こちらです」"어느 것이 선생님의 코트입니까?" "이것입니다." / 「赤いのと黒いのとどちらがいいですか」「黒いのをください」"빨간 것과 검은 것 중에 어느 것이 좋습니까?" "검은 것을 주세요."
◆【どちらの】
¶横浜へ行くにはどちらの電車に乗ればいいですか 요코하마 가려면 어느 전철을 타야 됩니까? / どちらの日も都合がよくありません 어느 날도 시간 내기 어렵습니다.
◆【どちらを】
¶大きいのと小さいのとどちらを選んだらよいかわからない 큰 것과 작은 것 중 어느 쪽을 고르면 좋을지 모르겠다.
◆【どちらか】
¶もしわからないことがあったら私たちのどちらかに聞いてください 만약에 모르는 것이 있으면 우리한테 물어 보세요. / 君か僕のどちらかが間違っている 너든 나든 둘 중 하나가 틀렸을거다. / 静かにするか出て行くか，どちらにしろ静かに하든지 나가든지 해라. / 君か彼女かどちらかが悪い 너냐 그녀냐 어느 쪽인가가 나쁘다.
¶どちらかと言えば，行きたくない 어느 쪽이냐하면 가기 싫다.
◆【どちらも】
¶どちらも面白い 어느 쪽도 재미있다. / 私はクラシックもジャズもどちらも好きです 저는 클래식도 재즈도 어느 쪽도 좋아합니다. / このネクタイもあのネクタイもどちらもこのスーツには合わないな 이 넥타이도 저 넥타이도 어느 것도 이 양복에 맞지 않네.
¶彼女は2つスカートを試着したがどちらもサイズが合わなかった 그녀는 스커트 두 벌을 입어 봤지만 어느 쪽도 사이즈가 맞지 않았다.
会話 どちらも結構です
A：サンドイッチかクッキーをいかがですか
B：どちらも結構です。お腹がすいていませんので
A：샌드위치나 쿠키 어떻습니까?
B：괜찮습니다. 배가 고프지 않아서요.
◆【どちらでも】
¶どちらでも好きなほうを取ってください 어느 쪽이든 좋아하는 것을 가지세요. / どちらでも好きなほうの絵をさしあげます 어느 쪽이든 좋아하는 그림을 드리겠습니다. / どちらでも私は結構です 어느 쪽이라도 저는 좋습니다.
◆【どちらにしても】
¶どちらにしても電話で知らせます 하여튼 전화로 알려드리겠습니다. / どちらにしても届くには1週間はかかるだろう 어쨌든 도착하는 데는 일 주일은 걸릴 것이다.
◆【その他】
¶彼らは双子なのでどちらがどちらかわからない 그들은 쌍둥이라서 누가 누군지 모른다.
❷【どこ】어디【どの】어느 ¶どちらへお出かけですか 어디로 가십니까? / (タクシーで)「どちらへ」「六本木まで」"어디로 갈까요?" "롯폰기까지요." / 「どちらの出身ですか」「新潟です」"어디 출신이에요?" "니가타요." / どちらの学校に通っているのですか 어느 학교를 다니고 있습니까? / すみません，銀座通りはどちらですか 죄송합니다만 긴자 거리는 어느 쪽입니까?
❸【だれ，どなた】누구 ¶どちら様ですか 누구십니까? (▶電話では どちら様ですか ともいう)

使い分け どちら

| | | |
|---|---|---|
| 方向 | どちら<br>どの 쪽으로 | どちら[どの 쪽으로] 가십니까?　どちらに 行かれますか. |
| 選択 | どの 쪽<br>（人間以外） | 사과하고 배하고 어느 쪽이 좋아요?　りんごとなしとどちらがいいですか. |
| | 누구[누]<br>（人間） | 누나하고 동생하고 누가 더 커?　お姉さんと弟とどちらが背が高いの? |
| 誰 | 누구<br>어디 | 누구세요?　どちらさまですか.<br>실례지만 어디십니까?　失礼ですがどちらさまですか. |

**とっか【特価】**특가 ¶液晶テレビを特価で買った

**どっかいりょく【読解力】** 독해력 ¶読解力を養う 독해력을 키우다

**どっかり** 털썩 ¶ソファーにどっかりと腰を下ろす 소파에 털썩 앉다

**とっかん【突貫】** 강행군(强行軍) ¶オリンピックスタジアムは突貫工事で建設された 올림픽 스타디움은 강행군을 해서 건설되었다.

**とっき【特記】** 특기 ◇特記する 특기하다 ¶特記すべきニュース 특기할 만한 뉴스 / 特記事項 특기 사항

**とっき【突起】** 돌기 ◇突起する 돌기하다

**とっきゅう【特急】** 특급 ¶この列車は松本行きの特急です 이 열차는 마쓰모토행 특급입니다. 関連 特急券 특급권 / 特急列車 특급 열차

**とっきゅう【特級】** 특급 ¶特級ホテル 특급 호텔

**とっきょ【特許】** 특허 ¶彼は新しい通信技術の特許を取った 그는 새로운 통신 기술의 특허를 받았다. / 特許を出願する 특허를 신청하다 / 特許出願中 특허 출원중 関連 特許権 특허권 / 特許使用料 특허 사용료 / 特許庁 특허청

**ドッキング** 도킹 ◇ドッキングする 도킹하다, 합치다 ¶宇宙船は宇宙ステーションにドッキングした 우주선은 우주 정류장에 도킹했다. / 彼らは別々の計画をドッキングさせて新しい製品を作ろうとしていた 그들은 서로 다른 계획을 합쳐서 새로운 제품을 만들려고 했다.

**とっく【疾っく】** ◇とっくに 벌써, 훨씬[한참] 전에 ¶彼はとっくに帰りましたよ 그는 한참 전에 돌아갔습니다

**とつぐ【嫁ぐ】** 시집가다, 출가하다 ¶娘は鈴木家へ嫁いだ 딸은 스즈키 씨 집안에 시집갔다.

**ドック** 선거, 독[人間ドック] 건강 검진, 종합 검진 ¶船をドックに入れる 배를 선거에 넣다 / 人間ドックに入る 종합 검진을 받다

**とっくみあい【取っ組み合い】** 주먹싸움 ¶酔っ払い同士が取っ組み合いのけんかを始めると 술 취한 사람끼리 서로 멱살을 잡고 싸우기 시작했다.

**とっくり【徳利】** 술병(▶発音은 술뼝) ¶とっくりのセーター 터틀넥 스웨터

**とっくん【特訓】** 특별 훈련 ◇特訓する 특별 훈련을 하다 ¶特訓を受けた結果, テストで満点を取ることができた 특별 강습을 받은 결과 시험에서 만점을 받을 수 있었다.

**とつげき【突撃】** 돌격 ◇突撃する 돌격하다 ¶兵士たちは敵陣に突撃していった 병사들은 적진으로 돌격해 들어갔다.

**とっけん【特権】** 특권 ¶特権を与える 특권을 주다 / 特権を乱用する 특권을 남용하다 / 会員にはさまざまな特権があります 회원에게는 다양한 특권이 있습니다. 関連 特権階級 특권 계급

**どっこいしょ** 이영차, 영차 ¶おじいさんはどっこいしょと腰を上げた 할아버지는 영차하며 일어섰다.

**とっこうやく【特効薬】** 특효약 ¶これは風邪の特効薬です 이것은 감기에 잘 듣는 특효약입니다.

**とっさ【咄嗟】** 순식간 ◇とっさの 순식간의, 갑작스러운 ◇とっさに 순식간에, 갑작스레, 얼떨결에 ¶とっさの判断 순식간의 판단 / とっさの出来事にどうしていいかわからなかった 순식간에 벌어진 일에 어떻게 하면 좋을지 몰랐다. / とっさにうそを言ってしまった 얼떨결에 거짓말을 하고 말았다.

**どっさり** 잔뜩, 듬뿍, 많이 ¶食料品をどっさり買い込んだ 식료품을 잔뜩 사들였다.

**ドッジボール** 피구(避球) ¶ドッジボールをする 피구를 하다

**とつじょ【突如】** 갑자기, 별안간 ⇒突然

**どっしり** ◇どっしりした 묵직한, 당당한, 중후한[人が] 듬직한 ◇どっしりと 묵직이, 듬직이 ¶新しい劇場はどっしりした建物だった 새로운 극장은 중후한 건물이었다. / うちの監督はいつもどっしりと構えている 우리 감독은 언제나 중후하다.

**とっしん【突進】** 돌진 ◇突進する 돌진하다 ¶ゴールをめがけて突進する 골문을 향해 돌진하다

**とつぜん【突然】** 돌연, 돌연히, 갑자기, 불쑥 [不意に, 思いがけなく] 뜻밖에 ◇突然の 돌연한, 갑작스러운, 뜻밖의 ¶だれかが後ろから突然肩をたたいたのでびっくりした 갑자기 누가 뒤에서 어깨를 쳐서 놀랐다. / 昨年の秋, 父は心臓病で突然亡くなった 작년 가을 아버지는 심장병으로 갑자기 돌아가셨다. / 火のそばに置いていたガラスのコップが突然割れた 불 옆에 놓아두었던 유리컵이 갑자기 깨졌다. / 彼女はそれを聞いて突然笑い[泣き]出した 그녀는 그 말을 듣고 갑자기 웃기[울기] 시작했다. / 突然先生に質問されてあせってしまった 갑자기 선생님이 질문을 하셔서 당황하고 말았다. / 彼は突然うちにやってきた 그가 불쑥 우리 집으로 찾아왔다. / 名案が突然心に浮かんだ 갑자기 묘안이 떠올랐다. / 計画は突然変更になった 계획은 돌연 변경되었다. / 雨が突然降り出した 갑자기 비가 내리기 시작했다.
¶突然の知らせ 갑작스러운 소식 / 突然の悲報 뜻밖의 비보
会話 突然おじゃましてすみません
  A：突然おじゃましてすみません
  B：そんなことないですよ. どうぞ, お入りください
  A：불쑥 찾아와서 죄송합니다.
  B：아닙니다. 자, 어서 들어오세요.
関連 突然変異 돌연변이

**どっち** 어느 쪽 慣用句 どっちに転んでも損はない 어떻게 되든 손해는 안 본다. / どっちもどっちだ 양쪽이 똑같다. | 그 놈이 그 놈이다. ⇒どちら

**どっちつかず** ◇どっちつかずの 엉거주춤한[あいまいな] 애매한 ¶どっちつかずの態度を取る 애매한 태도를 취하다

**どっちみち** 어쨌든, 어차피 [結局] 결국 ¶どっちみち計画は変更しなければならないだろう 어차피 계획은 변경하지 않으면 안 될 것이다. / どっちみちうまくいかなかった 결국 잘 되지 않았다.

**とっちめる【取っちめる】** 혼내다 ¶あいつをとっちめてやろう 저 녀석을 혼내 주겠다.

**とっつき【取っ付き】** 첫인상(▶発音은 처딘상)

¶彼はいい人間なんだが, どうも取っ付きが悪い 그 사람은 좋은데 왠지 첫인상이 나쁘다.

**とって【取っ手】** 손잡이, 족자리 ¶ドアの取っ手 문손잡이 / 水がめの取っ手 물항아리의 손잡이

**-とって** …에게는, …에는 ¶それは私にとって非常に重要だ 그것은 나에게는 매우 중요하다. / その問題は彼女にとっては難しすぎた 그 문제는 그녀에게는 너무 어려웠다.

**とっておき【取って置き】** 取って置きの焼酎 소중히 간직해 둔 소주 / 取って置きの話をしましょう 아주 흥미 있는 이야기를 할게요.

**とっておく【取って置く】** 간직해 두다〔残しておく〕남겨 두다 ¶このお金は万一のために取っておきます 이 돈은 만일을 위해서 남겨 두겠습니다. / プレゼントを買うためにお金を取っておいた 선물 살 돈을 남겨 두었다. / ケーキを妹に取っておいたケーキを여동생을 위해 남겨 두었다.

¶私の席を取っておいてください 내 자리를 잡아 주세요. / お釣りは取っておいてください 거스름돈은 됐어요.

**とってかわる【取って代わる】** 대신하다, 대체하다 ¶補欠がレギュラーに取って代わった 후보 선수가 정규 선수를 대신했다. / 車が鉄道に取って代わった 차가 철도를 대체했다.

**とってくる【取って来る】** 가지고 오다 ¶私が取って来るから君が持ってろ 오겠습니다.

**どっと** 왈칵, 우르르, 한바탕, 한꺼번에 ¶彼女の演奏が終わると聴衆からどっと拍手が起こった 그녀의 연주가 끝나자 청중으로부터 우레와 같은 박수가 터졌다. / 彼の冗談にみんながどっと笑った 그의 농담에 모두가 한바탕 웃었다. / 彼女の目から涙がどっとあふれた 그녀의 눈에서 눈물이 왈칵 쏟아졌다. / 翌日になって疲れがどっと出た 다음날 피로가 한꺼번에 밀려왔다.

¶観光客がその町へどっと押し寄せた 관광객이 그 마을로 우르르 몰렸다. / 夏休みには海へ山へとどっと人が繰り出す 여름 방학에는 산으로 바다로 사람들이 우르르 몰려 나간다. / 電車のドアが開くと通勤客がどっと降りてきた 전철문이 열리자 통근객이 우르르 쏟아져 나왔다.

**とつとつ【訥々】** ¶とつとつと話す 더듬거리며 이야기하다

**とつにゅう【突入】** 돌입 ◇突入する 돌입하다
¶ロケットは大気圏に突入した 로켓은 대기권에 돌입했다. / 敵陣に突入する(→突進する) 적진으로 돌진하다. / ストに突入する 파업에 돌입하다

**とっぱ【突破】** 돌파 ◇突破する 돌파하다 ¶彼は難関を突破して大学に合格した 그는 난관을 돌파하고 대학에 합격했다. / 我々は敵陣を突破した 우리는 적진을 돌파했다. / 私たちはなんとか初戦を突破できた 우리는 간신히 1회전을 돌파할 수 있었다. / 世界の人口が60億を突破した 세계 인구가 60억을 돌파했다. / 彼はディフェンスを突破してゴールを決めた 그는 디펜스를 돌파하고 골을 넣었다. / 市民マラソンの参加者は千人を突破した 시민 마라톤의 참가자는 천 명을 돌파했다.

¶彼の供述は事件解決の突破口となった 그 사람의 진술은 사건 해결의 실마리가 되었다. / がん治療の突破口を探る 암 치료의 돌파구를 찾다

**とっぱつ【突発】** 돌발 ◇突発的 돌발적 ◇突発する 돌발하다 ¶両国の武力衝突は突発的に起こった 양국의 무력 충돌은 돌발적으로 일어났다. / 突発的な事故 돌발적인 사고

**とっぴ【突飛】** ◇突飛だ 엉뚱하다〔無謀だ〕무모하다〔奇抜だ〕기발하다 ¶突飛な発言をする 엉뚱한 발언을 하다 / それは突飛な考えだ 그건 엉뚱한 생각이다. / 突飛なことをするのはやめたほうがいい 무모한 짓을 하지 않는 것이 좋다.

**とっぴょうし【突拍子】** ◇とっぴょうしもない 엉뚱하다, 당치않다 ¶何かとっぴょうしもないことをしでかす 무엇인가 당치않은 일을 저지르다 / とっぴょうしもない計画 엉뚱한 계획

**トップ** 톱〔一位〕수석, 일등〔先頭〕선두, 첫 번째〔頂上〕정상 ¶クラスでトップになる 반에서 톱이 되다 / 学生時代は常にクラスでトップだった 학생 시절에는 반에서 항상 일등이었다. / 彼はトップを切ってゴールインした 그는 첫 번째로 골인했다. / トップクラスの 톱클래스의, 최고급의 / トップレベルの 최고 수준의〔関連〕トップ会談 정상회담 / トップニュース 톱뉴스, 톱기사 / トップバッター 선두 타자(先頭打者) / トップメーカー 톱 메이커

**とっぷう【突風】** 돌풍 ¶突風にあおられる 돌풍에 휘날리다

**とっぷり** 완전히 ¶日がとっぷりと暮れた 날이 완전히 저물었다.

**どっぷり** 푹, 듬뿍 ¶湯舟にどっぷりつかる 욕조에 푹 잠기다

**とつレンズ【凸レンズ】** 볼록 렌즈

**どて【土手】** 둑〔堤防〕제방 ¶土手を築く 제방을 쌓다 / 土手が切れる 둑이 터지다

**とてつもない【途轍もない】** 터무니없다 ¶彼らはとてつもない要求をしてきた 그들은 터무니없는 요구를 해 왔다.

## とても

❶〔非常に〕아주, 매우, 대단히〔本当に〕정말로, 참으로

[基本表現]

▶きょうはとても暑いですね
오늘은 매우 덥네요.

▶このセーター, とても気に入っているんだ
이 스웨터 매우 마음에 든다.

▶母の健康がとても心配だった
어머니의 건강이 매우 걱정스러웠다.

¶とても面白い, 아주 재미있다. / そのスーツはとても高くて買えなかった 그 양복은 너무 비싸서 살 수가 없었다. / 沖縄は自然がそのまま残っていて, とてもすばらしい所だった 오키나와는 자연이 그대로 남아 있어 아주 좋은 곳이었다.

❷〔とても…ない〕도저히〔+否定〕¶とてもできない 도저히 못하겠다 / そんなことはとても信じられない 그런 일은 도저히 믿을 수 없다. / 彼女はとても高校生には見えない 그녀는 정말 고등학생으로는 보이지 않는다. / 車を買う余裕なんてとてもない 차를 살 여유 같은 건 정말 없다. / こんなわずかな給料ではとても暮らしていけない 이런 얼마 안 되는 급료로는 도저히 살아갈 수 없다. / 犬肉はとても食べる気にはならない 개고기는 정말 못 먹

겠다. / 今から行っても, とても間に合わないだろう 지금 가더라도 늦을 것이다.
**ととう【徒党】** 도당, 무리 ¶徒党を組む 무리를 짓다 / 徒党を組んで騒ぎ回る 무리를 지어 떠들다
**とどうふけん【都道府県】** 도도부현
**とどく【届く】 ❶** [到着する] 도착하다, 오다 ¶今朝お手紙が届きました 오늘 아침에 편지가 왔습니다. / 小包はもう届きましたか 소포는 벌써 도착했습니까?
**❷** [達する] 닿다, 미치다 [声が] 들리다 ¶包丁を子供の手の届かない所にしまう 부엌칼을 아이의 손이 닿지 않는 곳에 넣다. / 彼女は腰まで届く長い髪をしていた 그녀는 허리까지 닿는 긴 머리를 하고 있었다. / このはしご, 屋根まで届くかな 이 사다리는 지붕까지 닿을까?
¶ようやく私の思いが彼に届いた 간신히 내 마음이 그 사람에게 전해졌다. / 私たちの祈りが届いたのか母の病気が少しずつよくなってきた 우리 기도가 이뤄졌는지 어머니의 병이 조금씩 좋아졌다.
¶そのオペラ歌手の声は客席のいちばん後ろにまではっきりと届いた 그 오페라 가수의 목소리는 객석의 가장 뒤까지 분명히 들렸다. / その指輪はとても手の届かない値段がついていた 그 반지는 도저히 내 힘으로 살 수 없는 가격이 붙어 있었다. / 父はかれこれ60に手が届く 아버지는 머지않아 60이 되신다.
**とどけ【届け】** 신고(申告) ¶届けを出す 신고를 하다 / 欠勤届けは早めに出してください 결근 신고서는 빨리 내 주세요. / 無届けで休む 무단으로 쉬다 関連 出生届け 출생 신고
**とどけでる【届け出る】** 신고하다 ¶警察に被害を届け出る 경찰에 피해를 신고하다 / 不審な人物を見かけたら警察に届け出てください 의심스러운 인물을 보면 경찰에 신고해 주세요.
**とどける【届ける】 ❶** [送る, 配達する] 보내다, 배달하다 [持って行く] 가져가다 [持って来る] 가져오다 ¶手紙を出した편지를 보내다 / あすまでに必ずお届けします 내일까지 반드시 배달하겠습니다. / 拾った財布を交番に届けた 주운 지갑을 파출소에 가져갔다. / とてもきれいな花がたくさん届けられた 매우 예쁜 꽃이 많이 배달되었다.
会話 本を届けて
A: この本を直子さんに届けてくれない?
B: いいですよ
A: 이 책을 나오코 씨에게 보내 주지 않을래?
B: 그럴게요.
**❷** [報告する] 신고하다 ¶長女の出生を区役所に届けた 장녀의 출생을 구청에 신고했다.
関連 届け先 보낼 곳, 배달처
**とどこおり【滞り】** 지체(遅滞) ◇滞りなく 지체없이, 순조롭게 ¶式は滞りなく終わった 식은 순조롭게 끝났다.
**とどこおる【滞る】** 밀리다, 정체되다, 지체되다 ¶家賃が3か月分も滞っている 집세가 3개월분 밀려 있다. / きのうの残業で滞っていた仕事を片付けた 어제 잔업해서 밀렸던 일을 처리했다.

**とどのう【整う】** 준비되다, 마련되다 [容姿が] 단정하다 ¶食事の用意が整いました 식사 준비가 되었습니다. / その子は整った顔立ちをしている 그 애는 단정한 얼굴을 하고 있다.
**とどのう【調う】** 갖추어지다, 마련되다 [条件が] 이루어지다 ¶条件が調う 조건이 갖추어지다 / 両家の縁談が調った 양가의 혼담이 성립되었다.
**ととのえる【整える・調える】 ❶** [身なりを] 단정히 하다, 다듬다 [調子を] 조절하다, 가다듬다 [歩調を] 맞추다 ¶身なりを整える 옷차림을 단정히 하다 / 私たちは服装を整えてお客様の到着を待った 우리는 복장을 단정히 하고 손님이 도착하기를 기다렸다. / 結婚式のために美容院で髪を整えた 결혼식을 위해서 미장원에서 머리를 다듬었다.
¶試合に備えて体調を整える 시합에 대비해서 컨디션을 조절하다 / 呼吸を整える 호흡을 가다듬다 / 足並みを整える 보조를 맞추다
**❷** [用意する] 준비하다, 갖추다, 마련하다
¶出張のしたくを整える 출장 준비를 갖추다 / 会議の手はずを整える 회의 준비를 갖추다 / 我々は敵の攻撃に対し体勢を整えた 우리는 적의 공격에 대해 태세를 갖추었다.
**とどまる【止まる・留まる】** 머무르다, 머물다, 멈추다 [残る] 남다 ¶家にとどまって連絡を待った 집에 남아 연락을 기다렸다. / ホテルにとどまる 호텔에 머무르다 / 現場にとどまる 현장에 남다 慣用句 彼らの人気はとどまるところを知らない 그들의 인기는 멈출 줄을 모른다.
**とどめる【止める・留める】** 멈추다 [残す] 남기다 [心に] 새기다 ¶彼はしばし足をとどめた 그는 잠깐 발걸음을 멈췄다. / 彼は歴史にその名をとどめることになるだろう 그는 역사에 이름을 남기게 될 것이다. / 車は原形をとどめないほど壊れていた 차는 형태를 알아볼 수 없을 정도로 망가져 있었다.
¶被害を最小限にとどめる 피해를 최소한으로 하다 / 父の言葉をしっかり心にとどめていた 아버지의 말을 똑바로 마음에 새기고 있었다.
**とどろき【轟き】** 우르릉거리는 소리
**とどろく【轟く】** 울려 퍼지다, 우르릉거리다 [名声・悪名が] 떨치다 ¶稲妻が走り雷鳴がとどろいた 번개가 치고 천둥 소리가 울려 퍼졌다. / 遠くでダイナマイトの爆音がとどろいた 먼 곳에서 다이너마이트의 폭음이 울려 퍼졌다. / ジェット機が騒音をとどろかせて飛び去った 제트기가 소음을 내며 날아갔다.
¶名声がとどろく 명성을 떨치다
**とない【都内】** 도내 ¶都内の道路はどこも渋滞していた 도내 도로는 모두 정체하고 있었다.
**となえる【唱える】 ❶** [祈りなどを] 외다 [暗唱する] 암송하다 ¶僧は念仏を唱える 승려는 염불을 외었다. / 魔女は呪文を唱えていた 마녀는 주문을 외고 있었다.
**❷** [主張する] 주장하다 [提唱する] 제창하다
¶異議を唱える 이의를 주장하다 / 新しい思想を唱える 새로운 사상을 제창하다 / 彼は宇宙生成の新説を唱えた 그는 우주 생성의 새로운 학설을 주장했다

주장했다. / 彼らは言論の自由を唱えた 그들은 언론의 자유를 제창했다.

**トナカイ** 순록

**-となく** ¶昼となく夜となく 밤낮없이 / だれかれとなく 누구나 할 것없이

**どなた** 누구 ¶どなたですか 누구십니까? ⇨ **だれ, どちら**

## となり【隣】 옆〔隣の家〕이웃(집)〔近所の人〕이웃(사람)

◆〖隣の〗

¶私たちの隣の人, 何を食べているんだろう 우리 옆집 사람은 뭘 먹고 있을까?

¶隣の家の女の子が遊びに来ている 이웃 집 여자아이가 놀러와 있다. / 彼女は学校へ行くのに隣の庭を突っ切って行った 그녀는 학교에 가는 데 이웃집의 정원을 가로질러 갔다. / ここから隣の村までどのくらいですか 여기서부터 이웃 마을까지 얼마나 걸립니까? / 隣の国 이웃 나라

◆〖隣に〗

¶私の車は高田さんの車の隣にあります 내 차는 다카다 씨 차 옆에 있습니다. / 隣にいたやつがからんできた 옆에 있던 녀석이 시비를 걸어 왔다. / 若い男が私の隣に割り込んできた 젊은 남자가 내 옆에 끼어들었다.

¶娘夫婦はうちの隣に住んでいる 딸 부부는 우리 집 옆에 살고 있다. / きのう隣に住んでいる韓国人の家に遊びに行った 어제 옆에 살고 있는 한국인 집에 놀러 갔다.

会話 隣に座っている
A : 陽子の隣に座っている男の子, 知ってる?
B : ううん, 見たこともない
A : 요코 옆에 앉아 있는 남자 아이 알아?
B : 아니. 처음 봤어.

◆〖その他〗

¶私たちは隣同士です 우리는 이웃에 살고 있습니다. / 隣近所との付き合いもたいへんだ 이웃과 잘 지내는 것도 힘든다. / 私の家の右[左]隣は薬屋さんです 우리 집 오른[왼]쪽은 약국입니다.

¶オフィスでは私の右[左]隣に彼が座っています 사무실에서는 내 오른[왼]쪽에 그 사람이 앉아 있습니다. / 我々は隣り合わせに座った 우리는 서로 붙어 앉았다.

**どなる**【怒鳴る】〔わめく〕고함치다, 소리를 지르다〔叫ぶ〕외치다〔どなりつける〕호통치다

¶部下をどなりつける 부하를 호통치다 / 隣の人がうるさいとどなり込んできた 이웃 사람이 시끄럽다며 우리 집에 왔다.

**とにかく**【兎に角】어쨌든, 여하튼 ¶とにかくやってみます 어쨌든 해 보겠습니다. ⇨ **ともかく**

**トニック** 토닉 ¶ヘアトニック 헤어토닉 / ジントニック 진토닉

**との**【殿】영주님

## どの ❶〔疑問を表して〕어느 ¶どの車を買うかなかなか決められない 어느 차를 살지 도무지 정할 수 없다. / きょうはどの服を着ようかな 오늘은 어떤 옷을 입을까? / 東京のどの辺にお住まいですか 도쿄 어디쯤에 살고 계십니까? / どの男の子がこの前話した子なの 어느 남자 아이가 전에 이야기한 아이야? / どの本が読みたいのか言ってごらん. 買ってあげるから 어느 책이 읽고 싶은지 말해 봐. 사 줄게. / どの停留所で降りたらいいですか 어느 정류장에서 내리면 됩니까?

❷〔どの…も〕어느 ¶どの子にも公平にプレゼントをあげた 어느 아이에게도 공평하게 선물을 주었다. / 学生はみんな日焼けしてまっ黒だった 학생들 모두가 볕에 타서 새까맸다. / りんごを3個買ったが, どのりんごも腐っていた 사과를 3개 샀지만 모두 썩어 있었다. / おもしろければ, どの映画でもいいよ 재미있기만 하면 어느 영화든 상관없다.

¶どの電車も新宿には行きません 어느 전철도 신주쿠에는 가지 않습니다. / まだどの応募者にも面接していない 아직 어느 응모자도 면접을 하지 않고 있다.

**-どの**【-殿】전(前), 앞(▶전 は目上に対して, 앞 は対等または目下に対して用いる)〔様〕귀하(貴下) ¶村山課長殿 무라야마 과장 귀하 / 青山健殿 아오야마 겐 귀하

## どのくらい 얼마나, 어느 정도

会話 1か月にどのくらい(数・量を表す)
A : 1か月にどのくらいゴルフをしますか
B : 2, 3回くらいですね
A : 한 달에 몇 번 정도 골프를 합니까?
B : 두세 번 합니다.
A : 年賀状をどのくらい書きましたか
B : 友達や取引先を合わせて50枚くらいでした
A : 연하장을 어느 정도 썼습니까?
B : 친구나 거래처를 합쳐서 50장 정도였습니다.
A : この花にはどのくらい水をやればいいのですか
B : 1日に1回コップ1杯程度でいいですよ
A : 이 꽃에는 어느 정도 물을 주면 됩니까?
B : 하루에 한 번 컵 정도면 됩니다.

会話 高さはどのくらい(高さ・重さ・広さを表す)
A : その山の高さはどのくらいですか
B : およそ2700メートルです
A : 그 산의 높이는 어느 정도입니까?
B : 대략 2천 7백 미터입니다.
A : 君の身長はどのくらいかね
B : 170センチちょうどです
A : 자네 키는 얼만가?
B : 딱 170센티입니다.
A : その箱はどのくらいの重さですか
B : 約3キロくらいです
A : 이 상자는 무게가 얼마입니까?
B : 약 3킬로 정도입니다.
A : 体重はどのくらいかね
B : 65キロです
A : 체중이 어느 정도 나가는가?
B : 65킬로입니다.
A : 家の広さはどのくらいですか
B : 6畳2間とダイニングキッチンです
A : 집 넓이는 어느 정도인가요?
B : 다다미 여섯 장짜리 방 두 칸과 식당 겸 부엌이 있습니다.

会話 どのくらいしたら(時間・期間を表す)
A : どのくらいしたら電車は出ますか

B：あと5分ほどで出発します
A：어느 정도 있으면 전철이 출발합니까?
B：앞으로 5분 정도면 출발합니다.
A：どのくらいバスを待っているのですか
B：かれこれ20分くらいです
A：버스를 기다린 지 얼마나 됩니까?
B：이럭저럭 20분 정도입니다
A：あとどのくらい時間がかかりますか
B：30分もあれば終わります
A：앞으로 어느 정도 시간이 걸립니까?
B：30분 정도 있으면 끝납니다.
A：このマンションは建ってからどのくらいですか
B：今年でちょうど10年になります
A：이 아파트는 지어진 지 얼마나 됩니까?
B：올해로 꼭꼭히 10년이 됩니다.
A：海へ行くのにどのくらいかかりましたか
B：道が込んでいたので2時間もかかりました
A：바다에 가는 데 얼마나 걸렸습니까?
B：길이 막혀서 두 시간이나 걸렸습니다.
A：どのくらい前に彼に会ったのですか
B：半年前でした
A：언제 그를 만났습니까?
B：6개월 전이었습니다.

会話 どのくらいできますか(程度を表す)
A：韓国語はどのくらいできますか
B：簡単な会話程度です
A：한국어는 어느 정도 할 수 있습니까?
B：간단한 회화 정도입니다.
A：外の気温はどのくらいでしたか
B：0度以下だったと思います
A：밖의 기온은 어느 정도였습니까?
B：영하였을 겁니다.
A：お姉さんはキョンヒさんよりどのくらい年上ですか
B：2歳年上です
A：언니는 경희 씨 보다 나이가 얼마나 많은가요?
B：두 살 위입니다.

会話 長さはどのくらい(距離・長さを表す)
A：そのトンネルの長さはどのくらいですか
B：約1500メートルです
A：그 터널의 길이는 어느 정도입니까?
B：약 1500미터입니다.
A：どのくらい泳ぎますか
B：100メートルくらいです
A：어느 정도 헤엄칠 수 있습니까?
B：100미터 정도입니다.
A：ここから病院までどのくらいありますか
B：約3キロです
A：여기에서 병원까지 어느 정도입니까?
B：약 3킬로입니다.

¶今年はどのくらい給料が上がるかな 올해는 월급이 얼마나 오를까?／大阪の人口はどのくらいだと思いますか 오사카의 인구는 어느 정도라고 생각합니까?

**とのさま**【殿様】영주님 ¶殿様がえる 참개구리／殿様ばった 메뚜기

**-とは**［…するとは］-다니［…とはいえ］-(이)라지만［定義］-(이)란 ¶彼が泳げないとは驚きだ 그가 헤엄칠 수 없다니 놀랍다.／人の金を盗むとは何事か 남의 돈을 훔치다니 무슨 일인가?／社員旅行を中止するとはどういうことですか 사원 여행을 취소하다니 어떻게 된 일입니까?
¶春とはいえ肌寒い一日だった 봄이라지만 쌀쌀한 하루였다.
¶駅まで10分とはかかりません 역까지 10분도 걸리지 않습니다.
¶ホモサピエンスとは現生人類をさす 호모 사피엔스란 현생 인류를 가리킨다.

**とばく**【賭博】도박, 노름 ¶賭博をする 도박을 하다 関連 賭博師 노름꾼, 도박꾼／賭博場 도박판, 노름판

**とばす**【飛ばす】❶［飛ぶようにする］날리다［飛散させる］뿌리다［唾を］내뱉다
¶空き地で模型飛行機を飛ばした 공터에서 모형 비행기를 날렸다.／泥水を飛ばす 흙탕물을 튀기다／彼は唾を飛ばしながら話し続けた 그는 침을 튀기면서 이야기를 했다.／風で書類が飛ばされた 바람에 서류가 날아갔다.
❷［車などを走らせる］달리다, 몰다 ¶彼は時速120キロで車を飛ばした 그는 시속 120킬로로 차를 몰았다.／タクシーを飛ばして病院に駆けつけた 택시를 몰고 병원으로 뛰어갔다.
❸［言い放つ］내뱉다［広める］퍼뜨리다［打ち放つ］치다 ¶彼はよくくだらない冗談を飛ばす 그는 자주 재미없는 농담을 한다.／だれがそんなデマを飛ばしたのだろうか 누가 그런 헛소문을 퍼뜨린 걸까?
¶バッターはボールを場外まで飛ばした 타자는 공을 장외까지 쳤다.／その映画は大ヒットを飛ばした 그 영화는 대 히트를 쳤다.
❹［左遷する］좌천시키다 ¶彼は地方の支店に飛ばされた 그는 지방 지점으로 좌천되었다.
❺［途中を抜かす］빼먹다, 건너뛰다 ¶教科書の英文を飛ばしていた 1行飛ばしていた 교과서의 영문을 베꼈는데 한 줄을 빼먹었다.／難しい問題は飛ばして簡単に解けるものからやっていった 어려운 문제는 건너뛰고 쉽게 풀리는 것부터 했다.／雑誌を飛ばし読みした 잡지를 띄엄띄엄 읽었다.／順序を飛ばす 순서를 건너뛰다

**とばっちり** 날벼락, 언걸 ¶余計なとばっちりを食ってしまった 날벼락을 맞았다.／酔っ払いのけんかのとばっちりを受けて大けがをした 술주정뱅이의 싸움에 말려들어 큰 부상을 당했다.

**とび**【鳶】［鳥］솔개［とび職の人］비계공 慣用句 とびが鷹を生む 개천에서 용 난다.

**とびあがる**【飛び上がる・跳び上がる】뛰어오르다, 펄쩍 뛰다; 날아 오르다 ¶彼らはロケットの打ち上げ成功に跳び上がって喜んだ 그들은 로켓 발사의 성공에 펄쩍 뛰면서 기뻐했다.／突然大きな音がしたので跳び上がるほど驚いた 갑자기 큰 소리가 나서 펄쩍 뛸듯이 놀랐다.／驚いて椅子から跳び上がる 놀라서 의자에서 뛰어 오르다
¶ひばりが空に飛び上がった 종달새가 하늘로 날아 올랐다.

**とびあるく**【飛び歩く】돌아다니다 ¶彼はカメラマンとして全国各地を飛び歩いている 그는 카메라맨으로서 전국 각지를 돌아다니고 있다.

**とびいし**【飛び石】 징검돌 関連 飛び石連休 하루 걸러 연휴

**とびいり**【飛び入り】 ¶このカラオケ大会は飛び入り自由です 이 가라오케 대회는 불시에 참가할 수 있습니다.

**とびうお**【飛び魚】 비어, 날치

**とびおきる**【飛び起きる】 벌떡 일어나다 ¶地震に驚いて布団から飛び起きた 지진에 놀라서 이불에서 벌떡 일어났다.

**とびおり**【飛び降り】 ¶彼はビルの屋上から飛び降り自殺をした 그는 빌딩 옥상에서 뛰어내려 자살했다.

**とびおりる**【飛び降りる】 뛰어내리다 ¶橋から飛び降りる 다리에서 뛰어내리다

**とびかかる**【飛び掛かる】 덤비다, 덤벼들다
¶犬が飛びかかる 개가 덤비다[덤벼들다]
¶ライオンは獲物に飛びかかった 사자는 먹이에 덤벼들었다. / 刑事は犯人に飛びかかって逮捕した 형사는 범인에게 덤벼들어 체포했다.

**とびきゅう**【飛び級】 월반(越班) ¶彼女は飛び級で1年から3年になった 그녀는 1학년에서 3학년으로 월반했다.

**とびきり**【飛び切り】 ¶このブルゴギは飛び切りおいしい 이 불고기는 아주 맛있다. / 飛び切り上等のコート 최상의 고급 코트

**とびこえる**【飛び越える・跳び越える】 뛰어넘다 ¶垣根[小川]を跳び越える 울타리[시내]를 뛰어넘다 / ハードルを跳び越える 허들을 뛰어넘다

**とびこす**【飛び越す・跳び越す】 뛰어넘다 ¶塀を跳び越す 담을 뛰어넘다 / バーを跳び越す 가로대를 뛰어넘다

**とびこみ**【飛び込み】 [ダイビング] 다이빙 ¶列車に飛び込み自殺する 열차에 뛰어들어 자살하다 関連 飛び込み競技 다이빙 경기 / 飛び込み台 다이빙대

**とびこむ**【飛び込む】 뛰어들다, 날아들다 [水の中に頭から] 다이빙하다 / [駆け込む] 달려가다
¶子供たちは海に飛び込んだ 아이들은 바다에 뛰어들었다. / 飛び込み台からプールに飛び込んだ 그는 다이빙대에서 풀장으로 다이빙했다. / 雨を避けるために喫茶店に飛び込んだ 비를 피하기 위해 커피숍으로 달려 들어갔다. / 鳥が窓から飛び込んできた 새가 창문으로 날아 들어왔다.
¶突然飛行機墜落事故の一報が飛び込んできた 갑자기 비행기 추락 사고 속보가 들어왔다.
¶その老人は病気を苦に電車に飛び込んだ 그 노인은 병으로 고민하다가 전철로 뛰어들었다.

**とびさる**【飛び去る】 날아가다 ⇒飛ぶ

**とびだす**【飛び出す】 뛰어나가다, 뛰쳐나가다; 뛰어나오다, 뛰어나오다 ¶休み時間になると子供たちは校庭に飛び出した 쉬는 시간이 되면 아이들은 일제히 운동장으로 뛰어 나갔다. / 家を飛び出す 집을 뛰쳐나가다
¶箱から何かが飛び出した 상자에서 뭔가가 튀어 나왔다. / 飛び出す絵本 튀어 나오는 그림책

**とびたつ**【飛び立つ】 [鳥が] 날아가다 [離陸する] 이륙하다 ⇒飛ぶ

**とびちる**【飛び散る】 흩날리다, 튀다 ¶水しぶきが四方に飛び散った 물보라가 사방으로 튀었다. / ガラスの破片が床中に飛び散った 유리 파편이 온 바닥에 흩날려 흩날렸다.

**とびつく**【飛び付く】 달려들다, 덤벼들다, 따르다 ¶買い物客はみんなバーゲン品に飛び付いた 쇼핑객들 모두는 바겐 세일 상품에 달려들었다. / うまい話に飛び付く 달콤한 속임수에 넘어가다
¶ライオンがしま馬に飛びついた 사자가 얼룩말에게 달려들었다.

**トピック** 토픽 [話題] 화제 ⇒話題

**とびでる**【飛び出る】 뛰어나오다 ¶目玉が飛び出るような値段 눈알이 튀어나올 것 같은 가격

**とびぬける**【飛び抜ける】 뛰어나다 ¶彼女はマラソンで飛び抜けた記録を出した 그녀는 마라톤에서 뛰어난 기록을 세웠다. / 飛び抜けた成績で大学に合格した 뛰어난 성적으로 대학교에 합격했다. / 彼は飛び抜けて歌がうまい 그는 뛰어나게 노래를 잘 한다.

**とびのる**【飛び乗る】 뛰어오르다 ¶列車に飛び乗る 열차에 뛰어 오르다 / 車に飛び乗る 차에 뛰어오르다

**とびばこ**【飛び箱・跳び箱】 뜀틀 ¶跳び箱を跳ぶ 뜀틀을 뛰다

**とびはねる**【飛び跳ねる】 날뛰다

**とびまわる**【飛び回る】 날아다니다 [遊ぶ] 뛰놀다 [奔走する] 돌아다니다 ¶とんぼが秋の空を飛び回っていた 잠자리가 가을 하늘을 날아다니고 있었다. / 子供たちが校庭を飛び回っている 아이들이 운동장을 뛰놀고 있다.
¶資金集めに飛び回る 자금을 모으려고 돌아다니다

**どひょう**【土俵】 씨름판

**とびら**【扉】 문 [本の] 속표지 ⇒戸, ドア

**とぶ**【飛ぶ・跳ぶ】 ❶ [空中を行く] 날다 ¶飛行機が飛ぶ 비행기가 날다 ¶鳥が空を飛ぶ 새가 하늘을 날다 / つばめが青空をすいすいと飛んでいる 제비가 파란 하늘을 쏙쏙 날고 있다. / 昔の人は大空を飛ぶことを夢見ていた 옛날 사람들은 높은 하늘을 나는 것을 꿈꾸고 있었다. / 風で帽子が飛んでしまった バラムに 모자가 날아가 버렸다. / あす仕事を釜山まで飛ぶ予定だ 내일 일로 부산까지 갈 예정이다. / 彼女は始発便で福岡へ飛んだ 그녀는 첫 비행기로 후쿠오카로 갔다.
❷ [跳ねる] 뛰다 ¶子供たちがベッドの上で飛んだり跳ねたりしている アイドゥルイ 침대 위에서 뛰면서 까불거리고 있다. / その子は片足でピョンピョン跳んでいた 그 아이는 한 쪽 발로 통통 뛰고 있었다. / 彼は走り幅跳びで6メートル跳んだ 그는 멀리뛰기에서 6미터를 뛰었다.
❸ [急いで行く] 달려가다 ¶ミンスは学校が終わると家に飛んで帰る 민수는 학교가 끝나면 집으로 달려간다. / 事件発生の知らせに刑事たちは飛んでいった 사건 발생이 알려지자 형사들은 현장에 달려 갔다.
❹ [途中が抜ける, 飛躍する] 빠지다, 건너뛰다 ¶この本は何ページか飛んでいる 이 책은 몇 페이지가 빠져 있다. / あの先生の話はあちこち飛んでよく理解できないことがある 그 선생님의 얘기는 여기저기 건너뛰어서 이해할 수 없는 부분이

❺〔その他〕¶近いうちに大地震が起こるというデマが飛んでいる 가까운 시일 내에 큰 지진이 올 것이라는 유언비어가 퍼지고 있다. / 借金を返したらボーナスの半分以上が飛んでしまった 빚을 갚았더니 보너스 반 이상이 날아가 버렸다. / ヒューズが飛んで家中の電気が消えてしまった 퓨즈가 나가서 온 집안의 전기가 꺼져 버렸다. 慣用句 彼の本は飛ぶように売れた 그의 책은 날개 돋친 듯 팔렸다. / 不祥事で彼の首が飛んだ 불상사로 그는 해고되었다.

**どぶ【溝】** 도랑, 수채 排水溝 하수구 ¶どぶをさらう 도랑을 치다 関連 どぶ川 개골창

**とほ【徒歩】** 도보 ¶僕の家は駅から徒歩10分の所です 우리 집은 역에서 도보 10분 정도의 거리입니다. / 徒歩で通学する 걸어서 통학하다 / 徒歩旅行 도보 여행

**とほう【途方】** ❶〔途方に暮れる〕어찌할 바를 모르다 ¶どうしていいか途方に暮れた「어떻게 하면 좋을지[어찌할 바를] 몰랐다. / 旅先で財布を落として途方に暮れた 여행지에서 지갑을 잃어버려 어찌할 바를 몰랐다.
❷〔途方もない〕터무니없다, 어처구니없다 ¶途方もない話 터무니없는 이야기 / 彼は途方もないスピードで車を走らせた 그는 터무니없는 속도로 차를 몰았다. / 彼らは途方もない計画を立てた 그들은 어처구니 없는 계획을 세웠다. / その絵は途方もなく高い値段がつけられた 그 그림은 터무니 없이 비싼 가격이 매겨졌다.

**どぼく【土木】** 토목 関連 土木機械 토목 기계 / 土木工学 토목 공학 / 土木工事 토목 공사 / 土木技師 토목 기사

**とぼける【恍ける】** 시치미를 떼다, 능청떨다 ◇とぼけた 능청맞은 ¶彼は都合が悪くなるといつもとぼける 그는 상황이 나빠지면 항상 능청떤다. / とぼけるな 시치미 떼지 마! / とぼけた顔をする 능청맞은 얼굴을 하다

**とぼしい【乏しい】** 모자라다, 부족하다 ¶資金が乏しい 자금이 부족하다 / 日本は天然資源に乏しい 일본은 천연자원이 부족하다 / 冬は新鮮な果物に乏しい 겨울에는 신선한 과일이 부족하다. / 才能に乏しい 재능이 모자라다 / 弁護士としての経験に乏しい 변호사로서의 경험이 부족하다 / 食料が乏しくなってきた 양식이 부족해졌다.

**とぼとぼ** 터벅터벅 ¶とぼとぼ歩く 터벅거리다

**トマト** 토마토 ¶トマトを栽培する 토마토를 재배하다 関連 トマトケチャップ 토마토 케첩 / トマトジュース 토마토 주스 / トマトソース 토마토 소스

**とまどい【戸惑い】** 당혹, 당황 ¶戸惑いを感じる 당황스럽다 / 返答を求められて彼女は戸惑いの表情を見せた 회답을 요구당해 그녀는 당혹스러워했다.

**とまどう【戸惑う】** 망설이다, 당황하다 ¶勝手がわからず戸惑った 상황을 몰라 망설였다. / 突然のことに戸惑い 갑작스러운 일에 당황했다. / どう話せばいいのか戸惑った 어떻게 이야기해야 좋을지 망설였다 / コンピュータを使うのは初めてなので戸惑った 컴퓨터를 쓰는 것이 처음이라서 당황했다.

서 당황했다.

**とまり【泊まり】**〔滞在〕체재 宿泊 숙박〔宿直〕숙직 ¶週末に箱根へ泊りがけで行く予定です 주말에 하코네에 숙박할 예정으로 갈 생각입니다. / 今夜は泊りだ 오늘밤은 숙직이다. 関連 泊り客 숙박객

**とまりぎ【止まり木・留まり木】** 홰

**とまる【止まる・留まる】** ❶〔停止する〕멈추다, 멎다 ¶車などが門の前ですうっと止まった 차가 문 앞에서 쓱 멈추었다. / 停留所に止まっているバスに乗り込んだ 정류장에 멈추어 있는 버스에 올라 탔다. / 私の家の前の空き地には車がたくさん止まっている 우리 집 앞 공터에는 차가 많이 세워져 있다. / 道のまん中で車のエンジンが止まって動かなくなってしまった 도로 한 복판에서 자동차 엔진이 멎어 안 움직였다. / 電車が2番線に止まった 전철이 2번 플랫폼에 섰다. / 台風で新幹線が止まってしまった 태풍으로 신칸센이 멈추었다. /「時計が止まっているよ」「電池が切れたのかしら」"시계가 멈추었어." "전지가 다 된 걸까?" ゴルフボールは芝生の上で止まった 골프공은 잔디밭 위에 멈추었다.
❷〔やむ〕멈추다, 멎다, 그치다 ¶彼の格好がおかしくて笑いが止まらなかった 그의 모습이 이상해서 웃음이 멈추지 않았다. / 血がなかなか止まらない 피가 좀처럼 멈추지 않는다. / どうしてもしゃっくりが止まらない 아무리 해도 딸꾹질이 멎지 않는다.
❸〔途切れる〕끊어지다, 끊기다 ¶電気が止まった 전기가 끊겼다. / 工場の生産は完全に止まっている 공장 생산은 완전히 끊어졌다. / 災害時には電気や水道が止まってしまうことがある 재해 때에는 전기와 수도가 끊겨 버리는 경우가 있다.
❹〔固定される〕고정되다 〔ボタンが〕끼워지다 ¶ポスターがびょうで留まっていた 포스터가 압정으로 고정되어 있었다. / 背中のボタンが留まらないの、手伝ってくれる? 등의 단추가 안 끼워져. 좀 도와 줄래?
❺〔目に留まる〕띄다〔残る〕남다 ¶彼女の企画が上司の目に留まった 그녀의 기획이 상사의 눈에 띄었다. / 彼女の笑顔がいつまでも心に留まっていた 그녀의 웃는 얼굴이 언제까지나 기억에 남아 있었다.
❻〔鳥や虫などが〕앉다 ¶木の枝にすずめが止まっている 나뭇가지에 참새가 앉아 있다. / とんぼが私の指先に止まった 잠자리가 내 손가락 끝에 앉았다. / 蛾(*)が窓に留まった 나방이 창문에 앉았다.

**とまる**〔泊まる〕묵다 ¶今夜は札幌のホテルに泊まる予定だ 오늘 밤은 삿포로 호텔에 묵을 예정이다. / きのうは友達の家に泊まった 어제는 친구 집에 묵었다. / あすの夜はどこに泊まっていますか 내일 밤은 어디에서 묵을 겁니까? / 京都ではどの旅館に泊まるのですか 교토에서는 어느 여관에 묵습니까? / このホテルは300人泊まれる 이 호텔은 300명을 수용할 수 있다.
会話 泊まれますか
A: 今晩泊れますか?
B: はい大丈夫です. 何名さまですか?

A：오늘 밤 묵을 수 있습니까？
B：예, 괜찮습니다. 몇 분이세요？

**どまんなか【ど真ん中】**¶彼は東京のどまん中に住んでいる 그는 도쿄 한 가운데에 살고 있다. /〔野球で〕彼はどまん中のボールを空振りした 그는 한 가운데로 던져진 공을 헛쳤다.

**とみ【富】**부〔財産〕재산 ¶彼は一代で巨万の富を築き上げた 그는 당대에 대단히 많은 재산을 쌓아 올렸다.

**ドミノ** 도미노 ¶ドミノをする 도미노를 하다
関連 ドミノ理論 도미노 이론

**とみん【都民】** 도민

**とむ【富む】**〔豊富だ〕풍부하다, 많다〔金持ちだ〕부유하다 ¶この国は天然資源に富んでいる 이 나라는 천연자원이 풍부하다. /彼は釣りの経験に富んでいる 그는 낚시 경험이 많다. /彼女はいつも示唆に富んだ意見を述べる 그녀는 항상 시사하는 바가 많은 의견을 말한다. /オリンピックのマラソンでは選手たちは起伏に富んだ難しいコースを走る 올림픽 마라톤에서 선수들은 기복이 많은 어려운 코스를 달린다.
¶その国では富む人と貧しい人との差が大きい 그 나라에서는 빈부 격차가 심하다.

**とむらう【弔う】**〔弔問する〕조상하다, 문상하다〔供養する〕추선하다 ¶死者を弔う 죽은 사람을 문상하다.

**とめがね【留め金】**걸쇠 ¶留め金でとめる 걸쇠를 채우다 /留め金を外す 걸쇠를 풀다

**とめどなく【止めどなく】**쉴 새없이, 하염없이 ¶止めどなくしゃべる 쉴 새없이 재잘거리다 /止めどなく涙が流れた 하염없이 눈물이 흘렀다.

**とめる【止める・留める】** ❶〔停止させる〕멈추다〔車を〕세우다 ¶あのデパートの前で止めてください 저 백화점 앞에서 세워 주세요. /手を上げてタクシーを止めた 손을 들어 택시를 세웠다. /警官は彼に車を道路わきに止めるよう合図した 경찰관은 그에게 도로 한편에 세우도록 신호를 보냈다. /ガソリンスタンドに車を止めた 주유소에 차를 세웠다. /家の前に車を止めないでください 집 앞에 주차하지 마세요. /この通りには車を止める場所がない 이 거리에는 차 세울 만한 장소가 없다. /車のエンジンを止める 자동차 엔진을 끄다 /足を止める 걸음을 멈추다 /機械を止める 기계를 멈추다
❷〔抑える, こらえる〕멎게 하다〔息を〕죽이다, 멈추다 ¶傷口の周りをハンカチで縛って血を止めた 상처 주위를 손수건으로 묶어 피를 멎게 했다. /せきを止める薬をください 기침 멈추게 하는 약 주세요. /水中で何秒間息を止められる? 물 속에서 몇 초간 숨 멈출 수 있어?
❸〔消す〕 끄다 ¶ガスの火を止めた 가스 불을 껐다. /料金未納で電話を止められた 요금 미납으로 전화가 끊겼다.
❹〔中断する, やめさせる〕말리다 ¶けんかを止める 싸움을 말리다 /彼女が会社を辞めるというのを止めた 그녀가 회사를 그만두는 것을 말렸다.
❺〔禁止する〕금지하다, 막다 ¶私は医者から酒を止められている 의사는 내게 술을 끊으라고 했다. /彼は警備員が止めるのを振り切って建物の中に入

って行った 그는 경비원이 막는 것을 뿌리치고 건물 안으로 들어갔다.
❻〔固定する〕고정하다〔綴じる〕철하다〔貼る〕붙이다 ¶ホチキスで紙を留めた 스테이플러〔호치키스〕로 종이를 철했다. /その書類をクリップで留めておいてください 그 서류를 클립으로 철해 두세요. /彼はポスターをびょうで壁に留めた 그는 포스터를 압정으로 벽에 붙였다. /その留め金は接着剤のようなもので留めてある 그 걸쇠는 접착제 같은 것으로 고정되어 있다.
❼〔注意する〕주목하다, 눈길을 멈추다〔気に〕새기다, 두다 ¶彼女は本屋で一冊の本に目を留めた 그녀는 서점에서 한 권의 책에 눈길을 멈추었다. /私の言ったことを心に留めておいてください 내가 한 말을 잘 새겨 두세요. /彼は私の言葉など気にも留めない 그는 내가 한 말 따위는 개의치 않는다.

**とめる【泊める】**묵게 하다 ¶客を家に泊める 손님을 집으로 묵게 하다 /田舎から上京してきた友人を一晩泊めてあげた 시골에서 도쿄에 온 친구를 하룻밤 묵게 해 주었다.

**とも【友】**벗, 친구 ¶彼女は私の生涯の友となった 그녀는 내 평생의 친구가 되었다. /友を訪ねる 친구를 찾아가다 /書物を友とする 책을 벗으로 삼다

**とも【共】**◇共にする 같이하다, 함께하다 ¶彼らは常に行動を共にしている 그들은 항상 행동을 같이하고 있다. /兄と私は何年間も苦しみを共にしてきた 오빠와 나는 몇 년간이나 고생을 함께해 왔다. /食事を共にする 식사를 같이하다 /運命を共にする 운명을 함께하다

**-とも** ❶〔どんなに…しても〕-더라도〔たとえ…でも〕-아도, -어도, -여도 ¶だれが電話してこようとも, 会議中は取り次がないようにしてくれ 회의 중에는 어떤 전화도 연결하지 말아 주게. /たとえ親が反対しようとも僕は彼女と結婚するつもりだ 비록 부모가 반대하시더라도 나는 그 여자와 결혼할 거야. /どんなことがあろうとも自分の夢を捨ててはいけない 어떤 일이 있다 하여도 자신의 꿈을 버려서는 안 된다.
❷〔数量などの限度〕-아도, -어도, -여도
¶少なくとも月に一度は母に手紙を書くことにしている 적어도 한 달에 한 번은 어머니한테 편지를 쓰도록 하고 있다. /遅くとも6時までには帰ってくるのよ 늦어도 여섯 시까지는 돌아와야 해.
❸〔強意〕¶彼は自分勝手で, まったく人の話を聞こうともしない 그는 자기 멋대로여서 전혀 남의 말을 들으려고 하지 않는다. /彼ともあろうものが, そんなことをするなんて信じられない 그와 같은 사람이 그런 짓을 하다니 믿을 수 없다.
¶「歩けますか」「歩けますとも」 "걸을 수 있습니까？" "물론, 걸을 수 있고 말고요." /「あした手伝いに来てくれますか」「いいですとも」 "내일 도와주시겠어요？" "그럼요, 도와드리겠습니다."
❹〔判断の迷い〕-든지 … -든지 ¶彼は私の案にいいとも悪いとも言わなかった 그는 내 제안이 좋다든지 나쁘다든지 말하지 않았다.

**-とも【-共】** ❶〔全部が…だ〕다, 모두 ¶2人共私の友達です 두 명 다 내 친구입니다. /お2

ともあれ　하여튼, 여하튼, 어쨌든 ⇨ともかく

ともかく　❶ [いずれにしても] 하여튼, 여하튼, 어쨌든 ¶ともかく予定どおり出発しましょう 하여튼 예정대로 출발합시다. / ともかく全力を尽くしてみます 어쨌든 전력을 다 해 보겠습니다. / ともかく宿題は済ませてしまいなさい 여하튼 숙제는 다 끝내 버려라. / ともかく君にこれだけは言っておきたい 어쨌든 자네에게 이것만큼은 말해 두고 싶어. / 外は寒いですから, ともかく中へお入りください 밖은 추우니까 우선 안으로 들어오세요.
❷ […は別として] …은[는] 그만두고, 어떻든 간에 ¶冗談はともかくとして本題に入ろう 농담은 그만두고 본론으로 들어가자. / そのセーターは, 色はともかく柄が気に入らない 그 스웨터는 색깔은 그렇다고 해도 무늬가 마음에 안 들어. / 真偽はともかくそういううわさは聞いている 진위는 어떻든간에 소문은 듣고 있다.

ともかせぎ【共稼ぎ】맞벌이 ◇共稼ぎする 맞벌이하다 ¶私たちは共稼ぎです 우리는 맞벌이입니다. / 共稼ぎの夫婦 맞벌이 부부 ⇨共働き

ともぐい【共食い】공식하다, 서로 잡아먹다 ¶えさが足りなくなると虫のなかには共食いするものがいる 먹이가 부족해지면 곤충 중에는 서로 잡아먹는 것도 있다.

ともしび【灯火】등화, 등불 (▶発音은 등뿔)
慣用句 彼らの運命はまさに風前のともしびだった 그들의 운명은 말 그대로 풍전등화였다.

ともす【点す・灯す】켜다 ¶電灯をともす 전등을 켜다 / ろうそくに火をともす 촛불을 켜다

ともすると　자칫하면, 걸핏하면 [時에] 가끔, 때때로 ¶私たちはともすると怠けがちになる 우리들은 걸핏하면 게으름을 피운다.

ともだおれ【共倒れ】공멸하다, 쌍방이 함께 쓰러지다 ¶過当なサービス競争を続けた結果, 両方の店が共倒れとなった 지나친 서비스 경쟁을 계속한 결과 두 가게는 함께 쓰러지게 되었다.

## ともだち【友達】친구, 벗, 동무

基本表現
▶チョンホは僕の友達です
　정호는 내 친구입니다.
▶彼にはたくさん友達がいる
　그 사람에게는 많은 친구가 있다.
▶私はチャンホと友達になった
　나는 창호와 친구가 되었다.
▶彼女と私は長年の友達です
　그 여자와 나는 오랜 친구입니다.

◆【友達が】
¶彼女は友達がすぐできる 그 여자는 친구가 금방 생긴다. / 私にはいい友達がたくさんいる 내게는 좋은 친구가 많이 있다. / 彼にはほとんど友達がない 그 사람은 친구가 거의 없다.

◆【友達に】
¶僕は友達に恵まれている 내게는 좋은 친구가 많이 있다. / あの子と友達になりたいな 저 아이하고 친구가 되고 싶어.

◆【友達の】
¶あんなやつとはもう友達の縁を切りたい 저런 녀석과는 이제 절교하고 싶어.

会話 友達の…さんです
　A : あのお嬢さんはどなたですか
　B : 友達の加藤梨花さんです
　A : 저 아가씨는 누구세요?
　B : 친구인 가토 리카 씨에요.

◆【友達と・友達を】
¶きのう友達と釣りに行った 어제 친구와 낚시하러 갔다. / 僕たちは友達をあだ名で呼び合っています 우리는 친구끼리 서로 별명으로 부르고 있습니다.

会話 クラスの友達
　A : 映画はだれと行ったの
　B : クラスの友達とだよ
　A : 누구랑 영화 보러 갔어?
　B : 반 친구랑 같이 갔어.

◆【その他】
¶彼女は私のいちばん仲のいい友達です 그 여자는 나랑 가장 친한 친구예요. / 私は友達として彼に忠告した 나는 친구로서 그 사람에게 충고했다. / 彼は私の飲み友達です 그는 내 술친구예요. / 友達なんだからお金を貸してよ 친구니까 돈 좀 꿔 줘. / 友達がいないやつだな 친구라 할 가치도 없는 녀석이구나. / 持つべきものは友達だ 가질 만한 것은 친구이다.

¶一生の友達 평생 친구 / 学校の友達 학교 친구 / 学生時代の友達 학생 때 친구 / 真の友達 진정한 친구 / 親しい友達 친한 친구 / 大切な友達 소중한 친구 / 頼りになる友達 의지할 만한 친구 / 古くからの友達 오래된 친구 / 茶飲み友達 같이 차를 마시는 친한 친구 / 幼友達 소꿉친구 / 男[女]友達 남자[여자] 친구

ともども【共々】함께 ¶主人共々参加させていただきます 남편과 함께 참가하겠습니다. ⇨いっしょ

## ともなう【伴う】❶ [連れて行く] 데리고 가다 [連れて来る] 데리고 오다 [同伴する] 동반하다 ¶彼は妻を伴って韓国旅行に行った 그는 아내를 데리고 한국 여행을 갔다. / 犬を伴って散歩する 개를 데리고 산책하다
❷ [付随する] 따르다, 수반하다 ¶権利は義務を伴う 권리는 의무를 수반한다. / この仕事にはストレスが伴う 이 일에는 스트레스가 따른다. / 手術はかなりの危険を伴うと医者は言った 수술은 상당한 위험이 수반된다고 의사는 말했다. / 雷を伴った激しい雨が降り出した 번개를 수반한 심한 비가 내리기 시작했다. / 人口減少に伴う年金制度の改革が大きな問題になっている 인구 감소에 따른 연금 제도 개혁이 큰 문제가 되고 있다. / 息子は体の成長に伴って精神面でもしっかりしてきた 아들은 신체의 성장에 따라 정신면에서도 건전해졌다. / 彼女はことばっかりで行動が伴わない 그녀는 말뿐이지 행동은 따르지 않는다.

**ともに【共に】** ❶〔一緒に〕함께, 같이 ◇共に 〔一緒に〕함께하다, 같이하다 ¶私は兄と共に工場で働いた 나는 오빠와 같이 공장에서 일했다. / 君と運命を共にする気はない 자네와 운명을 같이할 생각은 없어. / あの女の子たちはいつも行動を共にしている 저 여자 아이들은 언제나 행동을 같이하고 있다. / 彼の家族と夕食を共にした 그의 가족과 저녁 식사를 같이했다. / 私は彼と苦楽を共にしてきた 나는 그와 동고동락해 왔다.
❷〔両方とも〕다 같이〔同時に〕동시에 ¶英語とフランス語は共に世界で広く使われている 영어와 불어는 다 같이 세계에서 넓게 사용되고 있다 / 彼女も私も共に魚が好きではない 그녀도 나도 둘 다 생선을 좋아하지 않는다. / それは私の責任であると共に君の責任でもある 그것은 내 책임인 동시에 네 책임이기도 하다.
❸〔…につれて〕-ㅁ〔음〕에 따라 ¶年と共に父の髪は白くなった 나이가 듦에 따라 아버지의 머리는 희어졌다.
**ともばたらき【共働き】** 맞벌이 ¶共働きの夫婦 맞벌이 부부 ◇共稼ぎ
**ともる【点る・灯る】** 켜지다 ¶部屋に明かりがもっている 방 불이 켜져 있다.
**どもる【吃る】** 말을 더듬다 ¶焦ってどもる 서둘러서 말을 더듬다 / どもりながら言う 더듬거리면서 말하다
**とやかく【兎や角】** 이러쿵저러쿵, 이러니저러니 ¶とやかく言う 이러쿵저러쿵 하다 / 君がとやかく言うことではない 자네가 이러니저러니 할 것은 아니다.
**どやどや** 우르르 ¶彼らはどやどやと部屋に入ってきた 그들은 우르르 방으로 들어왔다.
**どよう【土用】** 토왕지절(土旺之節)〔真夏〕한여름
**どようび【土曜日】** 토요일
**どよめき** 술렁거리는 소리 ¶場内のどよめきが聞こえた 장내에서 술렁거리는 소리가 들렸다. / 群衆にどよめきが起こった 군중이 술렁거렸다.
**どよめく** 술렁거리다 ¶劇場は観客の拍手でどよめいた 극장 안에는 관객의 박수가 울려 퍼졌다. / 新記録に観衆がどよめいた 신기록에 관중이 술렁거렸다.
**とら【虎】** 호랑이, 범
**とらい【渡来】** 도래 ◇渡来する 도래하다, 들어오다 ¶仏教は6世紀に中国から日本に渡来した 불교는 6세기에 중국에서 일본에 들어왔다. / ポルトガル人が渡来して鉄砲を伝えた 포르트갈인이 들어와 총이 전해졌다.
**トライ** 트라이〔試み〕시도 ◇トライする 트라이하다〔試みる〕시도하다 ¶**試**する, 試す
**ドライ** 드라이 ◇ドライな〔乾いた〕건조한〔性格が〕드라이한, 합리적인, 사무적인 ¶彼女はドライな性格だ 그녀는 합리적인 사람이다. / このコートをドライクリーニングしてください 이 코트를 드라이해 주세요. 関連**ドライアイス** 드라이아이스 / **ドライクリーニング** 드라이클리닝,《縮約》드라이 / **ドライフラワー** 드라이플라워
**トライアスロン** 트라이애슬론, 철인 레이스 ¶トライアスロン選手 트라이애슬리트, 트라이애슬론 선수
**トライアングル** 트라이앵글 ¶トライアングルを鳴らす 트라이앵글을 울리다
**ドライバー**〔運転者〕운전자〔ねじ回し〕드라이버, 나사돌리개
**ドライブ** 드라이브 ◇ドライブする 드라이브하다 ¶海までドライブしましょう 바다까지 드라이브해요. 関連**ドライブイン** 드라이브인 식당 / **ドライブウェイ** 간선 도로 / **ドライブスルー** 드라이브스루식 식당
**ドライヤー** 드라이어, 드라이기, 헤어드라이어

**とらえる【捕らえる】** ❶〔捕まえる〕잡다, 붙잡다, 붙들다 ¶ライオンは全速力で走り獲物を捕らえた 사자는 전속력을 내서 먹이를 잡았다. / 事件後すぐに強盗犯は捕らえられた 사건 후 강도는 금방 잡혔다.
❷〔視野・気持ちなどに入れる〕잡다〔把握する〕파악하다 ¶この似顔絵は彼の特徴をよくとらえている 이 초상화는 그의 특징을 잘 잡았다. / この翻訳は原文の意味をあまりうまくとらえていない 이 번역은 원문의 의미를 잘 파악하지 못했다. / 問題を包括的にとらえる必要がある 문제를 포괄적으로 파악할 필요가 있다. / レーダーは敵の機影をとらえた 레이더는 적의 비행기 모습을 잡았다. / 彼女はとらえどころのない人だ 그녀는 종잡을 수 없는 사람이다.
**トラクター** 트랙터
**トラック**〔車〕트럭, 화물 자동차〔競走路〕트랙 ¶トラックで荷物を輸送する 트럭으로 짐을 수송하다 / 大型[小型]トラック 대형[소형] 트럭 / トラックの運転手 트럭 운전기사 / トラック競技 트랙 경기
**とらのまき【虎の巻】** 비전서(秘伝書); 손쉬운 참고서
**ドラフト** 드래프트 ¶その選手はドラフトで阪神に1位で指名された 그 선수는 드래프트에서 한신에 1위로 지명되었다. 関連**ドラフト会議** 드래프트 회의 / **ドラフト制** 드래프트제
**トラブル** 트러블, 말썽 ¶彼女はしばしば周囲の人とトラブルを起こす 그녀는 자주 주위 사람들과 트러블을 일으킨다 / 他人のトラブルに巻き込まれるのはごめんだ 남의 말썽에 말려드는 것은 싫다.
**ドラマ** 드라마 ¶ドラマを制作する 드라마를 제작하다 / テレビドラマ 텔레비전 드라마 / 連続ドラマ 연속 드라마
**ドラマー** 드러머, 드럼 연주자
**ドラマチック** 드라마틱 ◇ドラマチックだ 드라마틱하다, 극적이다 ¶ドラマチックな話 드라마틱한 이야기
**ドラム** 드럼 ¶ドラムをたたく 드럼을 치다 関連**ドラム缶** 드럼통
**どらむすこ【どら息子】** 방탕아(放蕩児)

**とらわれる【捕われる】** ❶〔捕まる〕잡히다, 붙잡히다〔逮捕される〕체포되다 ¶味方の兵士が敵に捕われた 아군의 병사가 적에게 붙잡혔다.

❷〔とりこになる〕얽매이다, 사로잡히다〔左右される〕구애되다 ¶因習にとらわれる 인습에 사로잡히다 / 先入観にとらわれると正しい判断ができなくなる 선입관에 얽매이면 정확한 판단을 할 수 없게 된다. / 目先の利益にとらわれるな 눈앞의 이익에 얽매이지 마. / 彼女は恐怖にとらわれて声も出せなかった 그녀는 공포에 사로잡혀 아무 소리도 낼 수 없었다. / 彼女はすぐ感情にとらわれる 그녀는 금방 감정에 사로잡힌다.

**トランキライザー** 정신 안정제(精神安定剤), 진정제(鎮静剤)

**トランク** 〔旅行かばん〕트렁크, 여행용 가방〔車の〕트렁크 ¶トランクに服を詰める 트렁크에 옷을 채우다 ¶自動車のトランクに荷物を入れる 자동차 트렁크에 짐을 넣다

**トランシーバー** 트랜스시버

**トランジスター** 트랜지스터 関連 **トランジスタラジオ** 트랜지스터 라디오

**トランプ** 트럼프 ¶みんなでトランプをした 다 같이 트럼프를 했다. / トランプを切る 트럼프를 섞다 / トランプを配る 트럼프를 돌리다 / 1組のトランプ 트럼프 한 세트 関連 **トランプ占い** 트럼프점

**トランペット** 트럼펫 ¶トランペットを吹く 트럼펫을 불다 / トランペット奏者 트럼펫 연주자

**トランポリン** 트램펄린 ¶トランポリンをする 트램펄린을 하다

**とり**【鳥】새〔小鳥〕(작은) 새〔鶏〕닭〔家禽類〕가금 ¶鳥が飛んでいく 새가 날아가다. / 鳥の一群が上空で輪を描いた 群の 무리가 상공에서 원을 그렸다. / 早朝小鳥が庭でにぎやかにさえずっていた 이른 아침에 새가 정원에서 떠들썩하게 지저귀고 있었다. / 私は鳥を2羽飼っている 나는 새를 두 마리 기르고 있다. / 森の中ではいろいろな鳥の鳴き声が聞こえる 숲 속에는 여러 가지 새 소리가 들려 온다. / 近くの公園の木に鳥の巣を見つけた 근처 공원에 있는 나무에 새 둥지를 발견했다. 数え方 1羽 ¶10羽の鳥 열 마리 ¶あしたのお弁当のおかずはとり肉の空揚げにしよう 내일 도시락 반찬은 닭튀김으로 하자. / とり肉は鶏の肉だけとは限らない 새 고기가 닭고기만은 아니다. / きょうの夕食はとり肉の照り焼きです 오늘 저녁 식사는 닭고기 양념 구이입니다. 慣用句 **立つ鳥跡を濁さず** 떠나가는 새는 머물러 있던 곳을 더럽히지 않는다. | 떠나가는 이는 뒷정리를 깨끗이 하여야 한다. | **飛ぶ鳥を落とす勢い**だ 나는 새도 떨어뜨릴 권세이다. / 鳥のような窮屈な生活は送りたくない 새장 속 새처럼 답답한 생활은 보내고 싶지 않다. 関連 **鳥インフルエンザ** 가금류[조류] 인플루엔자, **鳥肉独特** 雄鶏 수탉 / **雌鶏** 암탉 / **極楽鳥** 극락조 / **不死鳥** 불사조 / **水鳥** 수조, 물새 / **鶏小屋** 닭장 / **猛禽** 맹금 / **野鳥** 야조, 들새 / **渡り鳥** 철새 ⇨小鳥, 鶏

**とりあう**【取り合う】〔奪い合う〕서로 다투어 빼앗다〔握り合う〕서로 붙잡다〔相手にする〕상대하다 ¶子供たちがボールを取り合った 아이들은 공을 서로 다투어 빼앗았다. / 手を取り合うようにして手を拾った 손을 잡다 / 彼はまるで取り合わなかった 그는 전혀 상대하지 않았다.

**とりあえず**【取り敢えず】❶〔すぐに〕우선, 곧 ¶とりあえず彼に連絡してみます 우선 그 사람한테 연락해 보겠습니다. / ソウルに着いたらとりあえず電話ください 서울에 도착하면 곧 전화 주세요. / (飲み屋で)とりあえずビールください 우선 맥주 주세요.

❷〔さしあたり〕당면, 잠시〔しばらくの間〕당분간 ¶とりあえずその家を借りることにした 당분간 그 집을 빌리기로 했다. / とりあえずそのお金で間に合うだろう 당분간 그 돈으로 급한 대로 쓸 수 있을 것이다.

❸〔何はさておき〕어쨌든 ¶とりあえず用件だけを言います 어쨌든 용건만 말하겠습니다. / とりあえず君はもっと勉強すべきだ 어쨌든 너는 좀 더 공부해야 돼.

**とりあげる**【取り上げる】❶〔手に取る〕들다, 집어들다 ¶受話器を取り上げて友達に電話した 수화기를 들고 친구한테 전화했다. / 彼は本を取り上げパラパラとめくった 그는 책을 집어들어 훌훌 넘겼다.

❷〔奪う〕빼앗다,《縮約》뺏다〔地位・財産などを〕몰수하다〔資格を〕박탈하다 ¶言うことをきかないとおもちゃを取り上げますよ 말을 잘 안 들으면 장난감을 뺏겠어요. / 彼は特権を取り上げられた 그는 특권을 박탈당했다. / 彼は医者の資格を取り上げられた 그는 의사 자격을 박탈당했다.

❸〔考慮する〕고려하다〔受け入れる〕받아들이다〔採用する〕채택하다 ¶公害問題を議題に取り上げる 공해 문제를 의제로 채택하다 / 私たちの要求はまったく取り上げられなかった 우리들의 요구는 전혀 받아들여지지 않았다. / 今回は彼の提案が取り上げられた 이번에는 그의 제안이 채택되었다. / 政治家の収賄容疑がテレビで大きく取り上げられた 정치가의 뇌물수수 혐의를 텔레비전에서 큰 문제로 삼았다.

**とりあつかい**【取り扱い】취급〔待遇〕대우 ¶この機械の取り扱いは簡単だ 이 기계의 취급은 간단하다. / 取り扱い注意(▶表示)취급 주의 ¶彼らは公平な取り扱いを受ける権利がある 그들은 공평한 취급을 받을 권리가 있다. 関連 **取り扱い時間** 취급 시간 / **取り扱い所** 취급하는 곳 / **取り扱い説明書** 취급 설명서, 매뉴얼 / **取り扱い手数料** 취급 수수료 / **取り扱い店** 취급점〔代理店〕대리점 / **取り扱い人** 취급인

**とりあつかう**【取り扱う】취급하다, 다루다〔受け付ける〕접수하다〔販売する〕팔다 ¶この問題をどう取り扱ったらよいでしょうか 이 문제를 어떻게 다루면 좋겠습니까? / このグラスはていねいに取り扱ってください 이 글라스는 소중히 다루어 주십시오. / この店では海外の有名ブランド品を取り扱っている 이 가게에서는 해외 유명 브랜드 상품을 취급하고 있다. / 郵便局でも公共料金の納付を取り扱っている 우체국에서도 공공요금 납부를 접수하고 있다.

**とりあわせ**【取り合わせ】배합 ¶水仙とクロッカスの取り合わせがいい 수선화와 크로커스의 배합

이 좋다. / 색의 취리 합이 좋다 색 배합이 좋다. / 묘한 취리 합이 어색한 배합

**とりいそぎ【取り急ぎ】** 급히, 우선 ¶以上, 取り急ぎお知らせいたします 이상 급한 대로 알려드립니다.

**とりいる【取り入る】**〔へつらう〕아첨하다〔機嫌を取る〕비위를 맞추다 ¶彼は上役に取り入って出世した 그는 상사에게 아첨해서 출세했다. / 贈り物をして先生に取り入ろうとしてもむだだ 선물을 해서 선생님에게 아첨해도 소용없다. / 彼は彼女に取り入ろうとしてかえって嫌われた 그는 그녀의 비위를 맞추려다 오히려 미움을 받았다.

**とりいれ【取り入れ】**〔収穫〕수확 ¶秋は稲の取り入れで忙しい 가을은 벼 수확으로 바쁘다.

**とりいれる【取り入れる】** ❶〔(取って)中に入れる〕거두다, 거두어들이다 ¶洗濯物を取り入れてちょうだい 빨래를 거둬 줄래?
❷〔導入する〕도입하다, 받아들이다 ¶仕事に新しいやり方を取り入れるべきだ 일하는 데 새로운 방법을 도입해야 한다. / 多くの英語が日本語に取り入れられている 많은 영어가 일본어에 들어와 있다.
❸〔収穫する〕거두어들이다, 수확하다 ¶9月にとうもろこしを取り入れる 구월에 옥수수를 수확한다.

**とりえ【取り柄】** 쓸모〔よい点〕장점 ¶私は何の取り柄もない人間です 나는 아무런 쓸모 없는 인간입니다. / 彼にはこれといった取り柄がない 그 사람에게는 이렇다 할 장점이 없다. / 健康だけが取り柄です 건강만이 나의 장점입니다.

**トリオ** 트리오〔三重唱〕삼중창〔三重奏〕삼중주 ¶その曲はトリオで演奏された 그 곡은 트리오로 연주되었다.

**とりおさえる【取り押さえる】**〔捕らえる〕붙잡다〔逮捕する〕체포하다 ¶警官は泥棒を取り押さえた 경찰관은 도둑을 체포했다.

**とりかえ【取り替え】** 교환 ¶この腕時計の電池は取り替えができる 이 팔목 시계는 전지 교환이 가능하다. ⇒交換

**とりかえし【取り返し】** ¶取り返しのつかない失敗をしてしまった 돌이킬 수 없는 실수를 해 버렸다.

**とりかえす【取り返す】** 되찾다 ; 돌이키다, 회복하다 ¶貸した金を取り返しに行かなければならない 빌려준 돈을 되찾으러 가야 된다. / 奪われた物を取り返す 빼앗긴 물건을 되찾다
¶取り返すことのできないミス 돌이킬 수 없는 실수

**とりかえる【取り替える】** 바꾸다, 갈다, 교환하다 ¶下着は毎日取り替えなさい 속옷은 매일 갈아입어라. / この靴, もう一サイズ大きいものと取り替えてもらえますか 이 구두 한 사이즈 큰 것으로 교환해 주시겠습니까? / 毎朝花瓶の水を取り替えるようにしています 매일 아침 꽃병 물을 갈아주고 있습니다. / 壊れたドアを新しいものと取り替えた 부서진 문을 새로운 것으로 바꾸었다. / タイヤを取り替えるのを忘れた 타이어를 교환하는 것을 잊어버렸다.

**とりかかる【取り掛かる】**〔始める〕시작하다, 착수하다 ¶仕事に取り掛かる 일에 착수하다 / 来月から工事に取り掛かることになっている 다음달부터 공사가 시작된다.

**とりかご【鳥籠】** 새장

**とりかこむ【取り囲む】** 둘러싸다, 에워싸다〔包囲する〕포위하다 ¶建物を取り囲む 건물을 둘러싸다 / 町内の人々が彼をぐるりと取り囲んでいる 동네 사람들이 그 사람을 빙 에워싸고 있다. / 警官隊は犯人の車の周りを取り囲んだ 경찰관이 범인의 차를 둘러쌌다.

**とりかわす【取り交わす】** 교환하다 ¶契約書を取り交わす 계약서를 교환하다

**とりきめ【取り決め】**〔協定〕협정〔手はず〕절차〔決定〕결정 ¶取り決めには従ってもらいます 결정에 따라 주십시오.

**とりきめる【取り決める】**〔合意する〕합의하다〔決める〕정하다, 결정하다 ¶お互いの仕事の分担を取り決めた 서로의 일 분담을 정했다. / 日時を取り決める 날짜를 정하다 / 取引の条件を取り決める 거래 조건을 결정하다 / 条約を取り決める(→締結する)조약을 체결하다

**とりくみ【取り組み】**〔対戦〕대전〔対処〕대처〔行動〕행동 ¶好取り組み 좋은 대전 / みなさんの積極的な取り組みを期待しています 여러분이 적극적으로 행동해 주시기를 기대합니다.

**とりくむ【取り組む】** 달라붙다, 들러붙다, 맞붙다〔没頭する〕몰두하다〔奮闘する〕씨름하다 ¶首相は中韓両国との外交問題と取り組んでいる 수상은 중한 양국과의 외교 문제에 몰두하고 있다. / 彼らは難事業と真正面から取り組んだ 그들은 어려운 사업에 정면으로 맞붙었다. / 彼は新しい小説の執筆に取り組んでいる 그는 새로운 소설 집필에 몰두하고 있다. / 韓国語に取り組んで3年になる 한국어와 씨름한 지 3년이 된다. / 難問に取り組む 난문과 씨름하다 / 研究に取り組む 연구에 몰두하다

**とりけし【取り消し】** 취소〔撤回〕철회 ¶当日の予約取り消しはお受けできません 당일의 예약 취소는 불가능합니다. / 彼らは彼の発言の取り消しを要求した 그들은 그의 발언 취소를 요구했다. / 彼は運転免許の取り消しにがっくりきている 그는 운전면허가 취소되어 낙심하고 있다.

**とりけす【取り消す】** 취소하다〔撤回する〕철회하다 ¶注文を取り消してもいいですか 주문을 취소해도 되겠습니까? / その政治家は前言を取り消した 그 정치가는 이전에 한 말을 철회했다.

**とりこ【虜】**〔捕虜〕◇とりこになる 사로잡히다 ¶その時以来, 山の美しさのとりこになった 그 때 이후로 산의 아름다움에 사로잡혔다. / 若い娘は恋のとりこになりやすい 젊은 여자는 사랑에 사로잡히기 쉽다.

**とりこしぐろう【取り越し苦労】** 부질없는 걱정 ¶取り越し苦労はやめな 부질없는 걱정은 그만해.

**とりこみ【取り込み】** ¶お取り込み中失礼いたします 바쁘신 중에 실례합니다.

**とりこむ【取り込む】** 거두다,《縮約》걷다〔引き入れる〕끌어들이다〔慌ただしい〕어수선하다, 바쁘다 ¶雨になりそうだから早く洗濯物を取り込んだ

ほうがいい 비가 올 것 같으니 서둘러 빨래를 걷는 것이 좋다. / 彼をうまく味方に取り込んだ 그 사람을 교묘하게 우리 편으로 끌어들였다. / 今はちょっと取り込んでいます 지금은 조금 바쁩니다. / 仕事に取り込んでいる 일로 바쁘다.

**とりごや【鳥小屋】**〔鶏の〕닭장

**とりこわし【取り壊し】**철거 ¶古いビルの取り壊しが始まった 낡은 빌딩의 철거가 시작되었다. / 取り壊し作業 철거 작업

**とりこわす【取り壊す】**헐다 ¶古い校舎を取り壊して建て替えることになった 낡은 학교 건물을 헐고 새로 짓기로 했다.

**とりさげる【取り下げる】**취하하다〔撤回する〕철회하다 ¶告訴を取り下げる 고소를 취하하다.

**とりざた【取り沙汰】**소문 ◇取りざたされる 소문이 나다, 말이 나다 ¶彼女は会社では何やかやと取りざたされることが多かった 그녀는 회사에서 이러쿵저러쿵 말이 난 사람이었다.

**とりさる【取り去る】**없애다, 제거하다 ¶腫瘍を取り去る 종양을 제거하다 / 薬で痛みを取り去る 약으로 아픔을 없애다

**とりしきる【取り仕切る】**도맡다 ¶現在は息子さんが店を取り仕切っている 지금은 아들이 가게를 도맡고 있다.

**とりしまり【取り締まり】**단속 ¶警察は暴力団の取り締まりを強化した 경찰은 폭력단 단속을 강화했다. / スピード違反の取り締まり 속도 위반 단속 / 麻薬の取り締まり 마약 단속

**とりしまりやく【取締役】**이사 関連 取締役会 이사회 / 代表取締役 대표 이사 / 専務取締役 전무 이사 / 常務取締役 상무 이사

**とりしまる【取り締まる】**단속하다 ¶警察は暴走族を厳しく取り締まっている 경찰은 폭주족을 엄격하게 단속하고 있다.

**とりしらべ【取り調べ】**취조〔調査〕조사 ¶彼は刑事の取り調べに黙秘を通した 그는 형사의 취조에 끝까지 묵비권을 행사했다. / 容疑者は警察署で取り調べを受けている 용의자는 경찰서에서 조사를 받고 있다. / 事件は現在取り調べ中だ 사건은 현재 조사 중이다.

**とりしらべる【取り調べる】**취조하다〔調査する〕조사하다 ¶警察は現在幼児誘拐事件の容疑者を取り調べている 경찰은 지금 유아 유괴 사건 용의자를 조사하고 있다.

**とりそろえる【取り揃える】**갖추다 ¶夏物衣料品をいろいろ取りそろえています 갖가지 여름 의료 상품을 갖추고 있습니다.

**とりだす【取り出す】**꺼내다〔選び出す〕골라내다, 추려내다 ¶ポケットから小銭を取り出す 주머니에서 잔돈을 꺼내다 / 封筒から手紙を取り出す 봉투에서 편지를 꺼내다 / 彼はかばんから書類を取り出した 그는 가방에서 서류를 꺼냈다. ¶ファイルから必要な資料だけを取り出す 파일에서 필요한 자료만 골라내다

**とりたて【取り立て】**〔徴収〕징수 ◇取り立ての〔もぎ立ての〕갓 딴 ¶借金の取り立てに行く 빚을 받으러 가다 / このトマトは取り立てです 이 토마토는 갓 딴 것입니다.

**とりたてて【取り立てて】**〔特別に〕특별히 ¶展覧会の応募作品には取り立てて言うほどの物はなかった 전람회의 응모작에는 특별히 평가할 만한 것은 없었다.

**とりたてる【取り立てる】**〔徴収する〕징수하다, 받아내다〔引き立てる〕발탁하다 ¶やみ金融業者は債務者から容赦なく借金を取り立てた 암거래 금융업자는 채무자로부터 사정없이 빚을 받아냈다. / 課長に取り立てる 과장으로 발탁하다

**とりちがえる【取り違える】**〔間違える〕잘못 알다〔誤解する〕오해하다 ¶塩と砂糖を取り違える 소금과 설탕을 잘못 알다 / 話を取り違えないでください 얘기를 오해하지 마세요. / 君は問題の意味を取り違えている 자네는 문제의 뜻을 잘못 이해하고 있어.

**とりつ【都立】**도립 ¶都立高校 도립 고등학교〔고교〕/ 都立病院 도립 병원

**とりつく【取り付く】**들다 ◇取りつかれる 들리다, 홀리다 ¶彼は妄想に取りつかれていた 그는 망상에 빠져 있었다. / 悪魔に取りつかれる 악마에 홀리다 慣用句 機嫌の悪い時の彼女は取りつく島もない 그녀가 기분이 안 좋을 때에는 말을 붙여 볼 수가 없다.

**トリック** 트릭, 속임수 ¶トリックを使う 트릭을 쓰다 / トリックに引っかかる 속임수에 걸리다 / トリック写真 트릭 사진

**とりつぐ【取り次ぐ】**전하다〔電話を〕대다, 연결하다 ¶金部長に安藤が来たことを取り次いでもらえませんか 김 부장님께 안도가 왔다고 전해 주시겠습니까? / ご伝言を取り次ぎましょうか 메시지를 전해 드릴까요? / 電話を課長に取り次ぐ 전화를 과장님께 연결하다

**とりつくろう【取り繕う】**차리다, 얼버무리다 ¶体裁を取り繕う 체면을 차리다 / 失敗を取り繕う 실수를 얼버무리다 / その場を取り繕うのに苦労した その 자리에서 얼버무리는 데 고생했다.

**とりつける【取り付ける】**달다, 설치하다〔許可などを〕얻다 ¶電話を取り付ける 전화를 설치하다 / 部屋にエアコンを取り付けた 방에 에어컨을 설치했다. / 車にステレオを取り付ける 자동차에 스테레오를 설치하다 / 壁にスイッチを取り付ける 벽에 스위치를 달다 / 壁には大きな鏡が取り付けてあった 벽에는 큰 거울이 달려 있었다. ¶承認〔支持〕を取り付ける 승인을〔지지를〕얻다

**とりで【砦】**성채〔城砦〕〔要塞〕요새

**とりとめ【取り留め】**¶取り留めのない話 종잡을 수 없는 이야기 / 祖母は昔の思い出を取り留めもなく話した 할머니는 부질없는 옛 추억을 얘기하셨다.

**とりとめる【取り留める】**〔命を〕건지다 ¶その子は一命を取り留めた 그 아이는 목숨을 건졌다. / 手術のおかげで夫は一命を取り留めた 수술 덕택으로 남편은 목숨을 건졌다.

**とりなおす【取り直す】**〔気持ちを〕새로이 하다 ¶彼は気を取り直して再度挑戦した 그는 마음을 새로이 하여 다시 도전했다.

**とりなす【取り成す】**〔なだめる〕달래다〔仲裁する〕중재하다, 화해시키다 ¶母がとりなしてくれたおかげで父に怒られずにすんだ 어머니가 중재해 주셔서 아버지한테 혼나지 않아도 됐다. / いがみ

合っている 両者의 間을 とりなした 말다툼하고 있는 두 사람을 화해시켰다.

**とりにがす【取り逃がす】** 놓치다 ¶泥棒を取り逃がす 도둑을 놓치다 / 逮捕寸前で犯人を取り逃がした 체포 직전에 범인을 놓쳐 버렸다. / 絶好の機会を取り逃がす 절호의 기회를 놓치다

**とりにく【鶏肉】** 닭고기

**とりのこす【取り残す】** 남기다 ¶山の中に一人取り残された 산 속에 혼자 남겨졌다.

**とりのぞく【取り除く】** 없애다, 제거하다 ¶障害物を取り除く 장애물을 제거하다 / 故障の原因を取り除く 고장의 원인을 없애다 / 土の中から石を取り除く 흙 속에서 돌을 제거하다

**とりはからう【取り計らう】** 조처하다, 처리하다 ¶おじがすべて取り計らってくれた 삼촌이 모두 처리해 주셨다. / どこからも不満が出ないように取り計らいましょう 어디에서도 불만이 나오지 않도록 처리합시다. / 問題をしかるべく取り計らう 문제를 적절히 처리하다

**とりはずす【取り外す】** 떼어내다, 빼다 ¶看板を取り外す 간판을 떼어내다 / 入れ歯を取り外す 틀니를 빼다

**とりはだ【鳥肌】** 닭살, 소름 ¶ホラー映画を見たら怖くて鳥肌が立った 공포 영화를 봤더니 무서워서 소름이 끼쳤다.

## **とりひき【取引】** ❶ 〔商行為〕 거래 ◇取引する 거래하다 ¶私たちは互いに握手を交わして取引を成立させた 우리는 서로 악수를 나누고 거래를 성사시켰다. / わが社は彼の会社と多額の衣料品の取引をしている 우리 회사는 그의 회사와 거액의 의료품 거래를 하고 있다. / わが社はあの銀行と取引がある 우리 회사는 그 은행과 거래한다. / わが社はあの会社と家電製品の取引を始めた 우리 회사는 그 회사와 가전 제품 거래를 시작했다. / 今度の取引で大もうけ[大損]した 이번 거래에서 「큰 돈벌이를 했다 [큰 손해를 보았다]. / 彼は麻薬取引で逮捕された 그는 마약 거래로 체포되었다.
❷ [互いの利益のための約束] 흥정 ◇取引する 흥정하다 ¶与党と野党はその法案をめぐって取引をしようとした 여당과 야당은 그 법안을 둘러싸고 흥정하려고 했다. / 両者の間に裏で取引があったようだ 두 사람 사이에는 뒷거래가 있었던 것 같다. 関連 取引価格 거래 가격 / 取引銀行 거래 은행 / 取引先 거래처, 거래선 / 取引所 거래소 / 取引高 거래액 / 株式取引 주식 거래 / 現金[金銭]取引 현금[금전] 거래 / 公正取引委員会 공정 거래 위원회 / 司法取引 사법 거래 / 信用取引 신용 거래 / 不正取引 부정 거래 / やみ取引 암거래

**トリプル** 트리플 関連 〔野球〕トリプルプレー 트리플 플레이, 삼중살(三重殺)

**ドリブル** 드리블 ◇ドリブルする 드리블하다

**とりぶん【取り分】** 몫 ¶自分の取り分 자기 몫 / 取り分が減る 몫이 줄어들다 / 私の取り分が少ない 내 몫이 적다.

**とりまき【取り巻き】** 〔ごますり〕 아첨꾼 〔子分〕 졸개 〔追従者〕 추종자

**とりまく【取り巻く】** 둘러싸다, 에워싸다 ¶デモ隊が建物の周りを取り巻いた 데모대[시위대]가 건물 주위를 에워쌌다. / 記者たちが首相を取り巻いた 기자들이 수상을 둘러쌌다. / 子供たちを取り巻く環境はあまりよくない 아이들을 둘러싼 환경은 별로 좋지 않다. / 社長を取り巻く連中 사장을 둘러싼 인간들[패들]

**とりまぜる【取り混ぜる】** 뒤섞다 ¶りんごを大小取り混ぜて売る 크고 작은 사과를 뒤섞어 팔다

**とりみだす【取り乱す】** 흐트러지다, 허둥거리다 ¶その知らせに彼女は取り乱した 그 소식에 그녀는 이성을 잃었다.

**トリミング** 트리밍 ¶写真をトリミングする 사진을 트리밍하다

**とりめ【鳥目】** 밤소경, 야맹증(夜盲症) (▶発音은 야맹증)

**とりもつ【取り持つ】** 〔仲介する〕 주선하다 〔仲を〕 맺어 주다 〔もてなす〕 접대하다 ¶二人の仲を取り持つ 두 사람을 주선하다 / 座を取り持つ 자리를 주선하다

**とりもどす【取り戻す】** 되찾다 〔回復する〕 회복하다 ¶貸した金を取り戻すのはなかなか難しい 빌려 준 돈을 되찾는 것은 꽤 어렵다. / 私は撤去された自転車を取り戻しに行った 나는 철거된 자전거를 되찾으러 갔다. / 彼は意識を取り戻した 그는 의식을 회복했다. / 母はやっと健康を取り戻したおかには 겨우 건강을 회복했다. / 仕事の遅れはできるだけ早く取り戻すべきだ 일이 늦어진 것은 가능한 한 빨리 회복시켜야 한다. / 世の中はじきに落ち着きを取り戻すだろう 세상은 곧 안정을 되찾을 것이다. / あの国に平和を取り戻すには何年もかかるだろう 그 나라에 평화를 되찾기까지 몇 년이나 걸릴 것이다.

**とりもなおさず【取りも直さず】** 〔すなわち〕 곧, 즉 〔言いかえれば〕 바꾸어 말하면 ⇒すなわち, つまり

**とりやめ【取り止め】** 취소 ¶あすの公演は取り止めです 내일 공연은 취소되었습니다.

**とりやめる【取り止める】** 그만두다, 중지하다, 취소하다 ¶予定を取り止める 예정을 취소하다 / 旅行を取り止める 여행을 그만두다 ⇒中止

**とりょう【塗料】** 도료 ¶塗料を塗る 도료를 칠하다

**どりょう【度量】** 도량 ¶彼は人の忠告に耳を傾けるだけの度量がある 그는 남의 충고에 귀를 기울일 만큼의 도량이 있다. / 度量の広い[狭い]人 도량이 넓은[좁은] 사람

**どりょうこう【度量衡】** 도량형

## **どりょく【努力】** 노력 ◇努力する 노력하다, 애쓰다, 힘쓰다 ¶彼らの努力が実った 그들의 노력이 열매를 맺었다. / 私は何事にも最善の努力をする 나는 어떤 일이든지 최선의 노력을 다한다. / 彼の成功は努力のたまものです 그의 성공은 노력한 결과입니다. / 親を納得させようという彼女の努力は失敗した 부모를 납득시키려는 그녀의 노력은 실패했다. / 努力が徒労に終わった 애써 일한 것이 헛일이 되었다. / 彼は夢を実現するためにどんな努力も惜しまなかった 그는 꿈을 실현시키기 위해 어떠한 노력도 아끼지 않았다. / 努力の甲斐なく志望大学に受

## とりよせる

からなかった 노력한 보람도 없이 지망 대학교에 합격하지 못했다. / 努力の甲斐あって彼らは新製品の開発に成功した 노력한 보람이 있어 그들은 신제품 개발에 성공했다. / 努力を傾ける 노력을 기울이다. / 努力のたまもの 노력의 열매

¶意識的な努力 의식적인 노력 / ひたむきな努力 한결같은 노력 / 死に物狂いの努力 필사적인 노력 / 真摯な努力 진지한 노력 / むなしい努力 허무한 노력 / むだな努力 소용없는 노력 / 最大限の努力 최대한의 노력 / 最小限の努力 최소한의 노력 / たゆまぬ努力 꾸준한 노력 / 地道な努力 착실한 노력

¶もう少し努力すれば試合に勝てたのに 조금 더 노력하면 경기에 이길 수 있었는데. / 彼女は音楽家として成功するために努力した 그녀는 음악가로서 성공하기 위해 노력했다. / 私たちはお客様に最高水準のサービスを提供するために常に努力しています 저희들은 손님에게 최고 수준의 서비스를 제공하기 위해 항상 힘쓰고 있습니다.

関連 努力家 노력가 / 努力賞 노력상

**とりよせる【取り寄せる】** ¶本を出版社から取り寄せる 책을 출판사에 주문해 배달시키다

**ドリル** 드릴 [練習問題] 연습 문제 ¶ドリルで穴をあける 드릴로 구멍을 뚫다 / 英語のドリルをやった 영어 연습 문제를 풀었다. 関連 ドリルブック 연습장 / 電気ドリル 전기 드릴

**とりわけ【取り分け】** 특히, 특별히, 유달리
¶私の好物は甘いもの、とりわけケーキです 내가 좋아하는 것은 단 것이고 특히 케이크를 좋아합니다. / きょうはとりわけ暑い 오늘은 유난히 덥다. ➡ 特に

**ドリンク** 드링크, 음료수(飲料水) 関連 ドリンク剤 드링크제 / 栄養ドリンク 영양 드링크[음료] / 健康ドリンク 건강 음료[드링크] / ソフトドリンク 소프트드링크

**とる【採る】** ❶ [採取する] 채취하다 [摘む] 따다 [採集する] 채집하다 [抽出する] 추출하다 [光を] 들이다, 채광하다 ¶次の日曜日は山へきのこを採りに行きます 다음 일요일에는 산에 버섯을 따러 갑니다. / このぶどう園では自由にぶどうを採って食べられる 이 포도 농장에서는 마음껏 포도를 따서 먹을 수 있다. / 警察はドアのノブから強盗犯の指紋を採った 경찰은 문 손잡이에서 강도의 지문을 채취했다. / この部屋は天窓から光を採るようになっている 이 방은 천정 창문에서 빛을 들이고 있다.

¶検査のために血を採りました 검사를 위해 피를 뽑았습니다. / この油は紅花から採られている 이 기름은 잇꽃에서 추출한다.

❷ [採用する] 채용하다 [雇う] 고용하다 [手段などを用いる] 쓰다, 취하다 ¶わが社は今春大卒新入社員を100人採った 우리 회사는 올봄 대졸 신입 사원을 100명 채용했다. / 警察は暴力団に対して強行手段を採った 경찰은 폭력단에 대해 강경책을 썼다. / 最後の手段を採る 마지막 수단을 취하다 / 政府は新しい景気刺激策を採った 정부는 새로운 경기 자극책을 썼다.

¶我々はその件について決を採った 우리는 그 건을 채결했다.

**とる【取る】** ❶ [手で取る] 들다, 집다, 잡다 [取って来る] 가져오다 ¶どうぞ商品を手に取ってご覧ください 상품을 손에 들고 보십시오. / 電話が鳴ったので受話器を取った 전화벨이 울려서 수화기를 들었다. / 迷子にならないように父は娘の手を取った 미아가 되지 않도록 아버지는 딸의 손을 잡았다. / 本棚から辞書を取ってもらえますか 책장에서 사전을 가져와 주실래요? / そこの雑誌を取ってくれない? 거기 잡지 좀 가져다 줄래? / 玄関から新聞を取って来てくれ 현관에서 신문 가져다 줘. / 戸棚からコーヒーカップを取ってくれない? 찬장에서 커피 잔 좀 가져다 줄래? / そのソースを取ってもらえますか 거기 소스좀 건네 주실래요? / どうぞ自由に飲み物をお取りください 마실 것은 마음껏 가져다 드세요.

❷ [奪う] 빼앗다 [盗む] 훔치다 ¶人の物を取ってはいけない 남의 물건을 훔쳐서는 안 된다. / オートバイに乗った男が彼女のハンドバッグを取って逃げた 오토바이를 탄 남자가 그녀의 핸드백을 빼앗아 도망쳤다. / 旅行中にかばんを取られてしまった 여행중에 가방을 도둑맞았다. / 留守の間に泥棒に入られて10万円取られた 부재중에 도둑이 들어 10만 엔이 없어졌다. / 個人商店はスーパーに客を取られてしまった 개인 상점은 슈퍼마켓에 손님을 빼앗기고 말았다. / あの男に僕の恋人を取られた 그 남자한테 내 여자 친구를 뺏겼다.

❸ [脱ぐ, 外す] 벗다 [除去する] 빼다 [削除する] 삭제하다 [疲れを] 풀다 ¶部屋の中では帽子を取りなさい 방 안에서는 모자를 벗어. / 眼鏡を取って顔を洗った 안경을 벗고 얼굴을 씻었다. / この液を使えば、服の染みを取ることは簡単だ 이 액체를 사용하면 옷에 물든 얼룩을 간단히 뺄 수 있다. / 以前手術で扁桃腺を取りました 전에 수술 맞아서 편도선을 잘라 냈습니다. / 温泉にでも入って疲れを取りたい 온천에라도 가서 피로를 풀고 싶다.

❹ [得る] 얻다 [獲得する] 따다 [受け取る] 받다 [資格などを] 취득하다 ¶彼はマラソン大会で1等賞を取った 그는 마라톤 대회에서 1등상을 땄다. / 運転免許は若いうちに取ったほうがいい 운전면허증은 젊을 때 따는 것이 좋다. / 弁護士の資格を取るのは簡単ではない 변호사 자격을 따는 것은 쉽지 않다. / 彼女は英語で95点取った 그녀는 영어에서 95점을 받았다. / 阪神は8回裏に3点を取って逆転した 한신은 8회말에 3점을 따서 역전했다. / 彼はまだ若いのに高い給料を取っている 그 사람은 아직 젊은데도 불구하고 많은 월급을 받고 있다. / あしたから1週間休暇を取った 내일부터 1주일간 휴가를 받았다.

❺ [料金を] 받다 [税金を] 징수하다 ¶そのホテルは部屋代に1泊3万円取る 그 호텔은 숙박료로 하룻밤에 3만 엔을 받는다. / 商品を分割払いで買うと利子を取られる 상품을 할부로 사면 이자를 물게 된다. / このネクタイに6千円取られた 이 넥타이는 6천 엔 주고 샀어. / タクシーで駅から家まで来るのに2500円取られた 택시로 역에서 집까지 오는 데 2천 5백 엔 지불했다. / 彼は駐車違反で罰金を取られた 그는 주차 위반으로 벌금을 물었다.

❻〔食べる〕먹다〔栄養などを〕섭취하다, 취하다 ¶昼食を取る 점심을 먹다 / 普通7時に朝食を取ります 보통 일곱 시에 아침 밥을 먹습니다. / 塩分の取りすぎは体に悪いよ 염분을 너무 많이 섭취하면 몸에 안 좋아. / 病気を治すには十分な栄養と休息を取ることが肝心です 병을 고치기 위해서는 충분한 영양분과 휴식을 취하는 것이 중요합니다. / 昨夜は十分睡眠がとれましたか 간밤에는 잘 주무셨습니까?

❼〔注文する〕주문하다〔購読する〕구독하다 ¶お昼にカツどんを取ろうよ 점심으로 돈가스 덮밥을 시키자. / うちでは新聞を2紙取っている 우리 신문을 두 가지 구독하고 있다.

❽〔占める〕차지하다〔時間がかかる〕걸리다 ¶この本棚は場所を取りすぎる 이 책장은 자리를 너무 많이 차지한다. / 資料をコピーするのにけっこう時間を取られる자료를 복사하는 데도 꽤 시간이 걸린다. / 文献を読むのに2週間も取られた 문헌을 읽는 데 2주일이나 걸렸다.

❾〔受け取る〕받아들이다〔解釈する〕해석하다 ¶これは冗談なんだから本気で取らないでよ 이것은 농담이니까 진심으로 받아들이지 마. / 彼女はいつも人の言葉を悪く取る 그녀는 항상 남의 말을 나쁘게 해석한다. / この文章は2通りの意味に取れる 이 문장은 두 가지 의미로 해석된다. / 僕が彼女を嫌っているとは取らないでほしい 내가 그 여자를 싫어한다고 오해하지 않았으면 해.

❿〔予約する〕예약하다〔席〕잡다 ¶大阪のホテルに部屋を取った 오사카에 호텔을 예약했다. / 京都まで新幹線の指定席が取れた 교토까지 신칸센 지정석을 끊었다. / 土曜日のコンサートではいい席が取れた 토요일 콘서트에 좋은 자리가 잡혔다.

⓫〔確保する〕남기다, 마련하다〔保存する〕간직하다, 간수하다〔時間〕내다 ¶君の夕食はちゃんと取ってあるよ 자네 저녁 밥은 확실히 남겨 뒀어. / コンピュータ購入のための予算は取ってあります 컴퓨터를 구입하기 위한 예산은 마련해 두었습니다. / 韓国旅行の写真は大切に取ってあります 한국 여행 때의 사진은 소중히 간직해 두었습니다. / 母は私の小学校時代の通知票をすべて取っている 어머니는 내가 초등학교 다녔을 때의 성적표를 전부 간직해 두고 계신다. / お話ししたいことがあるので, 少し時間を取っていただけませんか 말씀드리고 싶은 것이 있는데 잠깐 시간을 내 주실 수 있습니까?

⓬〔記録をつける〕기록하다, 적다〔書き留める〕베끼다 ¶黒板に書かれた問題の解答をもらさずノートに取った 칠판에 적히지 문제의 해답을 빼먹지 않고 베꼈다. / そのドラマはビデオに取ってあります 그 드라마는 비디오로 녹화해 두었습니다.

⓭〔その他〕¶中国を例に取ってみましょう 중국을 예로 들어 봅시다. / 僕は今年, 韓国語の授業を取っている 나는 올해 한국어 수업을 듣고 있다. / 適当に間を取って話すようにするといいよ 적당히 간격을 두면서 말하는 것이 좋아. 慣用句 その政治家はこの問題について取ってつけたような意見を述べただけだった 그 정치가는 이 문제에 대해

억지 춘향으로 의견을 말한 것 뿐이었다. / あの男の言うことはまったく取るに足りないものだ 그 남자가 말하는 것은 정말로 하찮은 것이다. / 息子が交通事故にあったと聞いて取るものも取りあえず病院に駆けつけた 아들이 교통사고 당했다는 말을 듣고 만사 제쳐 놓고 병원으로 달려갔다.

**とる【撮る】**〔写真・映画を〕찍다, 촬영하다 ¶写真を撮っていただけませんか 사진을 찍어 주시겠습니까? / 友達に写真を撮ってもらった 친구가 사진을 찍어 주었다. / そのシーンは3回撮った 그 장면은 세 번 촬영했다. / 娘が運動会で走る姿をビデオに撮った 딸이 운동회에서 달리는 모습을 비디오로 촬영했다.

**とる【執る】**¶彼女は会社で事務を執っている 그녀는 회사에서 사무를 보고 있다. / この企画は彼がすべて指揮を執っている 이 기획은 그가 모든 지휘를 잡고 있다. / 彼が両者の仲かの労を執ってくれた 그가 양자간에 중개를 하는 데 수고를 해 주었다.

**とる【捕る】**잡다〔ボールを〕받다 ¶その漁師は沖まで船で魚を捕りに行った 그 어부는 앞바다까지 배로 고기를 잡으러 갔다. / 子供のころ, 田舎でよく蝶やかぶと虫を捕ったものだ 어릴 적 시골에서 자주 나비랑 장수풍뎅이를 잡았었다. / 猫はねずみを捕る習性がある 고양이는 쥐를 잡는 습성이 있다.
¶グローブでボールを捕る 글러브로 공을 받다

**ドル** 달러, 불 ¶円が1ドル110円の壁を破った 엔이 1달러 110엔의 벽을 깼다. / アメリカで買ったこのバッグは50ドル20セントだった 미국에서 산 이 가방은 50달러 20센트였다. / ドルで支払う 달러로 지불하다 / 10ドル紙幣 10달러 지폐 関連 ドル相場 달러 시세 / ドル高[安] 달러화 강세[약세] / ドル箱 달러 박스, 돈줄

**どれ** 어느 것, 어느 쪽 ¶どれがいいですか 어느 것이 좋습니까? / どれかひとつ選んでください 어느 것이든 하나 골라 보세요. / どれにしようか 어떤 것으로 할까? / どれでもいいです 아무 것이나 괜찮습니다. / どれも同じに見える 모두 똑같이 보인다.

会話 どれが…
A：どれが奥様のコートですか
B：その白いのです
A：어느 것이 부인의 코트인가요?
B：그 흰 것이에요.
A：韓国語の辞典はどれがいちばんいいかな
B：これがいいと思うよ
A：한국어 사전은 어느 것이 가장 좋을까?
B：이것이 좋을 거야.
A：何か書くものを貸してくれないか
B：シャープペンシルとボールペンがあるけど, どれがいい?
A：뭔가 쓸 것 좀 빌려 줄래?
B：샤프하고 볼펜이 있는데 어느 쪽으로 할래?
A：たくさんCDを持っているんだね。何枚か借りてもいいかな
B：どれでも好きなのを持っていっていいよ
A：CD 많이 가지고 있구나. 몇 장 빌려 가

도 돼?
B : 아무거나 좋은 거 있으면 가져가도 돼.
A : このシューズ、みんな似ていてどれがどれだかわからないよ
B : かかとのところに赤いラインが入っているのが新製品ですよ
A : 이 구두, 전부 비슷비슷해서 어느 게 어느 건지 모르겠어.
B : 굽에 빨간 선이 들어간 것이 신제품입니다
A : このケーキうまいよ
B : 本当? どれどれ
A : 이 케이크 맛있다.
B : 정말? 어디 좀 먹어 보자.

**どれい【奴隷】** 노예 ¶金の奴隷にはなりたくない 돈의 노예가 되고 싶지 않다. / 奴隷を解放する 노예를 해방하다 <u>関連</u> **奴隷制度** 노예 제도

**トレーシングペーパー** 트레이싱 페이퍼

**トレード** 트레이드 ¶その選手を他球団にトレードする 그 선수를 타 구단에 트레이드하다 <u>関連</u> **トレードマーク** 트레이드 마크, 상표

**トレーナー【人】** 트레이너 【シャツ】 추리닝, 스웨트 셔츠

**トレーニング** 트레이닝, 훈련(訓練) ¶次の試合に備えてチームはトレーニングに励んでいる 다음 경기에 대비해 팀은 훈련에 힘쓰고 있다. / トレーニングを始める 트레이닝을 시작하다 <u>関連</u> **トレーニングウェア** 운동복(運動服) / **トレーニングシャツ** 운동복 / **トレーニングパンツ** 운동복 바지

**トレーラー** 트레일러 <u>関連</u> **トレーラーハウス** 트레일러 하우스

**どれくらい【どれ位】** 어느 정도 ¶どれくらいかかりますか 어느 정도 걸립니까? ⇒ **どのくらい**

**ドレス** 드레스 ¶彼女はすてきにドレスアップしていた 그녀는 멋진 정장을 입었다. / **イブニングドレス** 이브닝드레스 / **ウェディングドレス** 웨딩드레스

**とれだか【取れ高】** 수확량 ¶米の取れ高 쌀의 수확량

**とれたて【取れ立て】** 갓 딴 ¶取れ立てのトマト 갓 딴 토마토 ⇒ **取り立て**

**ドレッサー** 화장대(化粧台)

**ドレッシング** 드레싱 ¶ドレッシングをかける 드레싱을 뿌리다 <u>関連</u> **サラダドレッシング** 샐러드용 드레싱 / **フレンチドレッシング** 프렌치 드레싱

**トレパン** 【トレーニングパンツ】 운동복 바지 ⇒ **トレーニング**

**どれほど** 얼마나 ¶私がどれほど悲しかったかだれにもわかってもらえなかった 내가 얼마나 슬펐는지 아무도 알아 주지 않았다. ⇒ **どのくらい**

**どれも** 어느 것도, 어느 것이나, 다 ¶それらの絵はどれもすばらしかった 그 그림들은 어느 것이나 훌륭했다. / 彼の言うことはどれも真実だ 그가 말하는 것은 다 진실이다. / これらの本はどれも読んだことがない 이 책들은 어느 것도 읽어 본 적이 없다. / どれもこれもすばらしいものばかりだった 어느 것이나 다 훌륭한 것 뿐이었다.

**とれる【取れる・採れる】**【外れる】 떨어지다【染みが】 빠지다【痛みが】 가시다【産出する】 나다, 잡히다【解釈される】 해석되다 ¶シャツのボタンが取れそうだ 셔츠의 단추가 떨어질 것 같다. / ワイシャツの染みが取れない 와이셔츠의 얼룩이 빠지지 않는다. / 薬を飲んだら痛みが取れた 약을 먹으니 아픔이 가셨다. / この地方ではおいしいまつたけが採れる 이 지방에서는 맛있는 송이버섯이 난다. / 昔はこの辺の海でもたくさん魚が採れたものだ 옛날에는 이 주변에서도 물고기가 많이 잡혔다. / それはよくも悪くも取れる 그것은 좋게도 나쁘게도 해석된다. / そうとも取れる 그렇게도 해석할 수 있다.

¶来週は2日間休暇が取れる 다음주에는 이틀간 휴가를 얻을 수 있다.

**とれる【撮れる】** 찍히다 ¶写真、みなよく撮れてますね 사진, 모두 예쁘게 나왔네요.

**トレンチコート** 트렌치코트

**どろ【泥】** 진흙 ¶車が泥にはまって動けなくなった 차가 진흙에 빠져 움직이지 않았다. / 靴の泥を落としてからお入りください 구두의 흙을 털고 나서 들어오십시오. / 帰宅途中でトラックに泥をはねられた 집으로 가는 길에 트럭이 진흙을 튀겼다. / 靴が泥だらけになった 구두가 진흙투성이가 되었다. / 息子が服を泥だらけにして帰ってきた 아들은 옷이 흙투성이가 되어 돌아왔다. / 子供のころ、よく泥遊びをしたものだ 어릴 적에는 자주 흙장난을 했었다. <u>慣用句</u> **疲れて泥のように眠った** 피곤해서 곯아떨어졌다. / 容疑者がついに泥をはいた 용의자가 드디어 자백을 했다. / 彼は犯罪をおかして親の顔に泥を塗ってしまった 그는 죄를 저질러 부모 얼굴에 먹칠을 했다. / 仕事でミスをしたが、上司が替わってくれた 일에서 실수를 했지만, 상사가 대신 책임을 져 주었다.

**とろい** 둔하다(鈍ㅡ) ¶僕はよくとろいやつだと言われる 나는 둔한 녀석이라는 말을 자주 듣는다. / 彼はやることがとろい 그 사람은 하는 일이 둔하다.

**とろう【徒労】** 도로, 헛수고 ¶我々の努力は徒労に終わった 우리들의 노력은 헛수고로 끝났다.

**トローチ【薬学】** 트로치

**トロール** 트롤 <u>関連</u> **トロール網** 트롤망, 저인망(底引網) / **トロール漁業** 트롤 어업, 저인망 어업 / **トロール船** 트롤선, 저인망 어선

**どろくさい【泥臭い】**【洗練されていない】 세련되지 못하다, 촌스럽다 ¶彼はどこか泥臭いところがある 그는 어딘지 촌스러운 데가 있다. / 泥臭い身なり 촌스러운 옷차림

**どろあい【泥仕合】** 개싸움, 추잡한 싸움 <u>関連</u> **政治家たちは泥仕合を演じた** 정치가들은 추잡한 싸움을 벌였다.

**どろどろ** 질퍽질퍽; 흐물흐물 ◇ **どろどろする** 질퍽질퍽하다; 흐물흐물하다 ¶どろどろの道 질퍽질퍽한 길 / どろどろした液体 흐물흐물한 액체

¶そのころ二人の関係はどろどろしたものになっていた 그 때쯤 두 사람의 관계는 복잡한 관계가 되었다.

**どろぬま【泥沼】** 수렁 ¶泥沼にはまる 수렁에 빠져들다 / 労使間の紛争は泥沼に陥っていた 노사간 분쟁은 수렁에 빠져 있었다.

**とろび【とろ火】** 약한 불, 뭉근한 불 ¶とろ火で

10分間煮込む 약한 불에 10분간 삶다

**トロフィー** 트로피

**どろぼう【泥棒】**〔人〕도둑〔行為〕도둑질
¶隣の家に泥棒が入った 이웃 집에 도둑이 들었다. / バッグの中身にひったくられた 가방을 도둑에게 날치기 당했다. / 泥棒にあう 도둑을 맞다 / 泥棒を捕まえる 도둑을 잡다

**どろまみれ【泥塗れ】**진흙투성이 ¶泥まみれの靴 진흙투성이 구두 / 息子のズボンは泥まみれだった 아들의 바지는 진흙투성이였다.

**とろん** ◇とろんと 거슴츠레 ¶彼は酔って目がとろんとしていた 그는 취해서 눈이 거슴츠레했다.

**どろんこ【泥んこ】**진흙투성이가 되다 / 子供たちが泥んこ遊びをしている 아이들이 진흙 장난을 하고 있다. / 泥んこ道 진창길

**トロンボーン** 트롬본 ¶トロンボーンを吹く 트롬본을 불다 / トロンボーン奏者 트롬본 연주자

**どわすれ【度忘れ】**◇度忘れする 깜빡 잊어버리다 ¶大事なことを度忘れする 중요한 일을 깜빡 잊어버리다 / 校長先生のお名前を度忘れしてしまった 교장 선생님의 이름을 깜빡 잊어버렸다.

**トン** 톤 〔トン数〕톤수 ¶4 トントラック 4톤 트럭 / 石炭10トン 석탄 10톤 / 10万トンの石油タンカー 10만톤 유조선 / 総トン数 총 톤수

**どん** 쾅, 탕 ¶何かが地面にどんと落ちた 뭔가가 땅에 쾅하고 떨어졌다. / 前の車にどんとぶつかった 앞 차에 쾅하고 부딪혔다. / 位置について、用意、ドン 제자리에, 준비, 탕

**どんかく【鈍角】**둔각(↔예각)

**とんカツ【豚カツ】**돈가스, 돈가쓰〔ポークカツレツ〕포크커틀릿

**どんかん【鈍感】**◇鈍感だ 둔감하다 ¶彼は世の中の流行に鈍感だ 그는 세상 유행에 둔감하다.

**どんぐり【団栗】**도토리 数え方 どんぐり1個 도토리 한 톨 慣用句 どんぐりの背比べ 도토리 키 재기

**どんこうれっしゃ【鈍行列車】**완행 열차

**どんぞこ【どん底】**〔底〕밑바닥〔深み〕구렁텅이 ¶経済は不況のどん底にあった 경제는 밑바닥이였다. / 彼は不幸のどん底から立ち直った 그는 불행의 구렁텅이에서 다시 일어섰다. / 彼女は絶望のどん底にあった 그녀는 절망의 구렁텅이에 빠졌다. / どん底からはい上がる 밑바닥에서 기어오르다 / どん底生活 밑바닥 생활

**とんだ** 엉뚱한〔たいへんな〕큰 ¶とんだ失敗をしてしまった 엉뚱한 실수를 해 버렸다. / とんだ見当違いだ 큰 착각이다. / とんだ目に遭ったものだ 큰 일을 당했다. / とんだ災難でしたね 큰 재난이였지요. / これはとんだことになった 이것은 엉뚱하게 되었다. / とんだ失礼をいたしました 큰 실례를 범했습니다.

**とんち【頓知】**기지(機知), 재치 ¶とんちのきく少年 재치있는 소년

**とんちゃく【頓着】**개의 ¶彼女は他人のことなどまったく頓着しない 그녀는 남에 대해서는 전혀 개의치 않는다. / 彼は身なりには頓着しない 그는 옷차림에 개의치 않는다.

**どんちゃんさわぎ【どんちゃん騒ぎ】**야단법석 ¶どんちゃん騒ぎをする 야단법석을 떨다

**とんちんかん【頓珍漢】**◇とんちんかんだ 엉뚱하다 ¶何とんちんかんなことを言っているの 무슨 엉뚱한 말을 하는 거니?

**どんつう【鈍痛】**둔통 ¶鈍痛がする 둔통이 있다.

**とんでもない** 엉뚱하다, 터무니없다, 당치않다, 엄청나다 〔どういたしまして〕천만에요 ¶とんでもない計画이다. / あのバーでとんでもない料金を取られた 그 바에서 터무니없는 요금을 냈다. / とんでもない目に遭った 엄청난 일을 당했다. / 僕が君の金を盗んだだって? 당치않은 누명이다. / とんでもない間違いをしてしまった 엄청난 잘못을 저질렀다.
¶彼女みたいないい人をだますとは、とんでもないやつだ 그 여자같은 좋은 사람을 속이다니, 지독한 녀석이다.

**会話** とんでもない
A：1万円貸してくれない?
B：とんでもない. きょうはあと5千円しかないんだ
A：만 엔 빌려주지 않을래?
B：안 돼, 오늘은 5천 엔밖에 없어.
A：久美子に気があるんだって?
B：とんでもない
A：구미코를 좋아한다며?
B：천만에.
A：韓国語お上手なんですってね
B：とんでもないです
A：한국어 잘하신다고요?
B：아직 멀었어요.
A：疲れているようですね
B：とんでもない, 元気ですよ
A：피곤해 보이십니다.
B：아니에요, 건강해요.
A：遅れてすみません
B：とんでもない. 私も今来たばかりです
A：늦어서 죄송합니다.
B：천만에요. 저도 지금 막 왔습니다.

**どんでんがえし【どんでん返し】**〔逆転〕역전 ¶判決はどんでん返しの判결이다. 판결이었다.

**とんとん**〔軽くたたく音〕똑똑, 툭툭〔順調に〕척척 ◇とんとんだ〔ほぼ等しい〕엇비슷하다 ¶だれかがとんとんとドアをたたいた 누군가가 똑똑하고 문을 두드렸다. / 彼らの実力はとんとんだ 그들의 실력은 엇비슷하다. 慣用句 話がとんとん拍子に運んだ 이야기가 척척 진행되었다. / とんとん拍子に出世する 순풍에 돛 단 듯이 출세하다

**どんどん** ❶〔打撃音, 爆発音〕탕탕, 쾅쾅〔太鼓の音〕둥둥 ¶毎年夏祭りの夜には花火がどんどんと打ち上げられた 매년 여름 축제 밤이면 불꽃이 탕탕하고 쏘아 올려졌다. / 真夜中にだれかがどんどんドアをたたいた 한밤중에 누군가가 쾅쾅하고 문을 두드렸다. / だれかが太鼓をどんどんたたいているのが聞こえた 누군가 북을 둥둥 치는 것이 들렸다. / 床をどんどん踏み鳴らす 바닥을 쾅쾅 구르다

❷〔速く進行する〕빨리, 신속히〔着々と進行す

る〕척척 ¶彼は私たちにかまわず先をどんどん歩いていった 그는 우리들 앞을 개의치 않고 서둘러 걸어 갔다. / 最近わが市の人口はどんどん増加している 최근 우리 시의 인구는 빠르게 증가하고 있다. / その計画がどんどん進んでいることは彼から聞いている 그 계획이 척척 진행되고 있다고 그 사람에게 들었다. / きょうは仕事がどんどんはかどった 오늘은 일이 척척 진척되었다. / ガソリンの値段がどんどん上がっているのは困ったものだ 휘발유 값이 자꾸 오르는 것은 곤란하다. /「お母さんの具合はどうですか」「残念ながらどんどん悪くなっています」 "어머니의 병세는 어떠십니까?" "안타깝게도 점점 나빠지고 계십니다."

¶会議では自分の意見をどんどん述べるべきだ 회의에서는 자기 의견을 적극적으로 말해야 한다. / わからないところは遠慮せずにどんどん聞いてください 모르는 점이 있으면 사양하지 말고 적극적으로 질문해 주세요.

❸〔あとからあとから〕속속, 잇달아, 줄곧 ¶港には外国船がどんどん入ってきている 항구에는 외국 선박이 잇달아 들어오고 있다. / ありがとにに新製品がどんどん売れている 고맙게도 신제품이 속속 팔리고 있다. / 雪がどんどん降っていて, とても外出できそうもない 눈이 계속해서 내리고 있어 도저히 외출할 수가 없다.

**どんな** ❶〔どのような〕어떤, 무슨
会話 どんな…か
A：どんな音楽がいちばん好きですか
A：어떤 음악을 제일 좋아합니까?
B：クラシックです
B：클래식입니다.
A：頼みがあるんだけど
B：どんなこと?
B：부탁이 있는데.
B：무슨 일인데?
A：（電話で）もしもし小林さんはおられますか
B：私ですが, どんなご用件ですか
B：여보세요, 고바야시 씨 계십니까?
B：접니다만, 무슨 용건이십니까?

¶恋をするとはどんなものなのか私にはわかりません 사랑을 한다는 것이 어떤 것인지 나는 모르겠습니다. / 彼はどんな人ですか 그 사람은 어떤 사람입니까?

❷〔いかなる〕어떤, 어느, 무슨 ¶このクレジットカードはどんな国でも使えます 이 신용 카드는 어느 나라에서도 사용할 수 있습니다. / 昔はゴルフは金持ちのスポーツだったが今ではどんな人でもやる 골프는 예전에는 부자들의 스포츠였지만 지금은 아무나 한다. / 彼は私のやることにはどんなにもけちをつける 그는 내가 하는 일이라면 무슨 일에나 트집을 잡는다. / どんな賢人でもとき には間違いをする 아무리 현명한 사람이라도 가끔 실수를 한다. / 彼は僕の言うことならどんなことでも信じる 그는 내가 하는 말이라면 무슨 말이든지 믿는다. / どんな困難があろうと, 僕は彼女と結婚する 어떤 곤란한 일이 있더라도 나는 그녀와 결혼한다.

¶約束はどんなことがあっても守るべきだ 약속은 어떤 일이 있어도 지켜야 한다. / どんな犠牲を払っても目的を達成するつもりで어떤 희생을 치르더라도 목적을 달성할 생각이다. / どんなことが起ころうとあなたについて行きます 무슨 일이 일어나도 당신을 따르겠습니다. / どんなことがあっても私の気持ちは変わらない 어떤 일이 있어도 내 마음은 변함이 없다. / どんなことがあってもそれだけはやらない 무슨 일이 있어도 그것만은 하지 않겠다. / どんなことをしてもこの仕事は終わらせるつもりだ 무슨 방법을 써도 이 일은 끝마칠 생각이다.

**どんなに** 〔どれほど〕얼마나 〔いかに〕아무리
¶ご両親がどんなに喜ばれたことでしょう 부모님이 얼마나 기뻐하셨을까요. / どんなに悲しかっただろう 얼마나 슬펐을까.

¶どんなに急いでも間に合わない 아무리 서둘러도 시간 안에 할 수 없다. / どんなに仕事がつらくてもやり通さなくてはならない 아무리 일이 힘들어도 끝까지 해내야 된다.

**トンネル** 터널 ¶トンネルを掘る 터널을 파다 / トンネルを抜ける 터널을 통과하다 関連 トンネル会社 유령 회사 / 海底トンネル 해저 터널

**どんぶり【丼】**사발 ¶どんぶり飯 사발에 담은 밥 関連 どんぶり勘定 주먹구구 / 親子どんぶり 닭고기와 계란 덮밥

**とんぼ【蜻蛉】**잠자리 ¶とんぼ返りをする〔宙返り〕공중제비를 하다 / 〔すぐ引き返す〕곧바로 되돌아가다〔되돌아오다〕関連 赤とんぼ 고추잠자리

**とんま【頓馬】**얼간이, 멍청이, 멍텅구리 ◇とんまだ 멍청하다, 얼빠지다 ⇨ばか

**とんや【問屋】【店】**도매점 ¶問屋から商品を仕入れる 도매상에서 물건을 사들이다 慣用句 そうは問屋が卸さない 엿장수 마음대로는 안 된다. 関連 問屋街 도매상가

**どんよく【貪欲】**탐욕 ◇貪欲だ 탐욕스럽다 ◇貪欲に 탐욕스럽게, 탐욕스레 ¶彼は権力にとても貪欲だった 그는 권력을 매우 탐욕스러워했다. / 貪欲に財産を増やす 탐욕스럽게 재산을 모으다 / 彼は貪欲に練習に打ち込んだ 그는 지치지 않고 연습에 몰두했다.

**どんより** ◇どんよりしている 어둠침침하다, 흐리멍덩하다 〔曇っている〕흐리다 ¶空は一日中どんよりしていた 하늘은 하루 종일 흐렸다. / どんよりした目 흐리멍덩한 눈

# な

**な**【名】 ❶〔名前〕이름〔姓名〕성명〔名称〕명칭〔名目〕명목 ¶私の名が呼ばれた 내 이름이 불렸다. / 徳川家康の名はだれでも知っている 도쿠가와 이에야스의 이름은 누구나 알고 있다. / 彼らは息子にキョンホという名をつけた 그들은 아들에게 경호라는 이름을 지어 주었다. / その歌手はボアという名でデビューした 그 가수는 보아라는 이름으로 데뷔했다. / 彼はケンという名で通っている その 사람은 젠이라는 이름으로 알려져 있다.
¶この式典には政界の大物が名を連ねている 이 식전에는 거물 정치가가 참석한다. / 名も知らぬ花が咲いている 이름 모를 꽃이 피어 있다. / サキソフォンは考案者の名にちなんで名付けられた 색소폰은 고안자의 이름을 따서 이름 지어졌다. / あいつは私の名をかたって何人かから金を借りた 그 녀석은 내 이름을 사칭해서 몇 명한테 돈을 빌렸다.
¶彼は名ばかりの社長だった 그는 명목뿐인 사장이었다. / 彼女は妻とは名ばかりで体のいい家政婦だ 그 여자는 아내라는 이름뿐 실제로는 가정부와 같다.
❷〔名声, 評判〕이름, 명성, 평판 ¶彼女はピアニストとして名をあげた 그녀는 피아니스트로 「명성이 높다[이름을 떨쳤다]. / 彼はこの町では名の知れた医者だ 그는 이 마을에서는 이름난 의사이다. / 彼は会社の名を汚した 그는 회사의 명성을 더럽혔다. / 私は名もない作家です 나는 무명 작가입니다. / その画家はこの作品で後世に名を残した 그 화가는 이 작품으로 후세에 이름을 남겼다. / 平凡なゴロをトンネルするなんてプロの名が泣くね 평범한 땅볼을 놓치다니 프로라는 이름이 울겠다. / 彼の戦いぶりはチャンピオンの名に恥じないものだった 그의 싸우는 모습은 챔피언의 이름에 부끄럽지 않은 것이었다.
❸〔口実〕이름, 구실 ¶彼は留学という名のもとに韓国のあちこちで遊び回った 그 사람은 유학이라는 구실로 한국의 여기저기를 놀러 다녔다.
慣用句 名は体を表す 이름은 그 실체를 나타낸다. / 名を捨てて実を取れ 명성보다 실리를 취하라. ⇒名前

**な**【菜】〔青物〕채소 関連 菜の花 유채꽃

**ナース** 간호사〔看護師〕 関連 ナースステーション 간호사 스테이션

**なてにん**【名宛人】〔受信人〕수신인

**なあなあ** ¶何でもなあなあで(→いいかげんに)済ますのはよくない 무엇이든 적당히 얼버무려 끝내는 것은 좋지 않다.

**ない**【無い】❶〔存在しない〕없다

基本表現
▶この辺には映画館はない
이 주변에 영화관은 없다.
▶我々が試合に勝つ見込みはない
우리가 시합에[시합을] 이길 가망은 없다.
▶あしたは運動会で授業がない
내일은 운동회여서 수업이 없다.
▶「お母さん、デザートは何もないの」「ええ、今日はないのよ」 "엄마, 디저트 없어?" "응, 오늘은 없어."

¶その日は雲ひとつないよい天気だった 그 날은 구름 한 점 없는 맑은 날씨였다. / 12時半を過ぎているので、電車はもうないかな 열두 시 반이 넘었으니까 이제 전철은 없겠다. / このデパートにもないはない 이 백화점에는 없는 것이 없다. / お年寄りにとって温泉ほどよいものはない 나이든 사람들에게 온천만큼 좋은 것은 없다. / この植物は日本にしかない 이 식물은 일본에 밖에 없다. / この件では私には責任がない 이 건에 대해서 나한테는 책임이 없다. / 彼女の話には根拠がない 그녀의 이야기는 근거가 없다.

会話 …なんてないよ
A：居間にクッキーがあるから食べて
B：クッキーなんてないよ
A：テーブルの上にない? おかしいわね
A：거실에 쿠키가 있으니까 먹어.
B：쿠키 같은 거 없는데.
A：테이블 위에 없어? 이상하네.

❷〔所有していない〕없다 ¶その夫婦には子供がない 그 부부에게는 자식이 없다. / 私には失う地位も名誉もない 나한테는 잃을 지위도 명예도 없다. / 今は君と話している暇はない 지금은 너와 얘기할 여유가 없다. / きょうはやることがない 오늘은 할 일이 없다. / あの男は教養がない 그 남자는 교양이 없다.
¶あれ、ガソリンがもうないや。ガソリンスタンドを見つけなきゃ 어, 기름이 벌써 떨어졌네. 주유소 찾아야겠다.

❸〔なくなっている〕없다 ⇒無くなる ¶ここに入れておいた私の傘がない 여기에 넣어둔 내 우산이 없다. / 必要な書類がないぞ 필요한 서류가 없어. / 合格者名簿に彼女の番号はなかった 합격자 명단에 그녀의 번호는 없었다.

❹〔手紙・電話が来ない〕없다 ¶最近彼からの便りがない 요즘 남자 친구로부터 연락[소식]이 없다. / まだ夫からの電話はない 아직 남편으로부터 전화가 없다. / 慣用句 理想の恋人はハンサムで頭がよく金持ちがいいと彼女は言うけれどそれはないものねだりというものさ 이상형은 잘 생기고, 머리 좋고, 부자가 좋다고 그 여자는 말하지만 그건 억지지. / 性格に問題がないでもないが一応この仕事は彼にやらせてみよう 성격에 문제가 없는 것은 아니지만 일단 이 일을 그 사람에게 맡겨 보자. / こんなぼろテレビだけれどないよりましだ 이런 낡은 텔레비전이지만 없는 것보다 낫다. / 今回の件はなかったことにしてください 이번 일은 없

었던 것으로 해 주세요. / 今さら一緒に行けないだなんてそれはないよ 이제 와서 같이 갈 수 없다니 그런게 어디 있나? / 彼女が約束の時間を間違えていることもなきにしもあらずだ 그녀가 약속 시간을 잘못 알고 있을 가능성도 없지는 않다. / 君が彼女とデートできる望みもなきにしもあらずだ 자네가 그녀와 데이트할 수 있는 희망이 없는 것도 아니다. / なくて七癖 누구에게나 없다고 해도 일곱 가지 버릇은 있다.

## -ない

❶〔指定詞〕(가[이]+)아니다, 《는(은)+》아니다〔動詞, 形容詞, 存在詞〕(語幹+)-지 않다[말다]〔…できない〕-지 못하다, -ㄹ[-을] 수 없다

◆〔単純な否定〕
¶だれにもその大地震は予知できなかった 아무도 그 큰 지진은 예지할 수 없었다. / それは笑い事ではない 그것은 웃을 일이 아니다. / 父は家にいない 아버지는 집에 안 계신다. / 彼女は泳げない 그녀는 수영을 못 한다. / 彼は車を持っていない 그는 자동차가 없다.

◆〔ほとんど…ない〕
¶その少女はほとんどお金を持っていなかった 그 소녀는 거의 돈을 가지고 있지 않았다. / 彼に好意を持っている人はほとんどいない 그 남자에게 호의를 가지고 있는 사람은 거의 없다. / 最近は忙しくてほとんど彼と会えない 요즘은 바빠서 남자 친구와 거의 못 만난다.

◆〔少しも…ない〕
¶数学の授業は少しもおもしろくない 수학 수업은 하나도 재미없다. / 彼女は彼と結婚して以来, 少しも幸せそうでない 그 여자는 그와 결혼하고 나서 조금도 행복해 보이지 않는다.

◆〔決して…ない〕
¶決してこの事は人に言わないでくれ 절대로 이 일은 다른 사람한테 말하지 말아 줘. / 新製品は決して満足のいく出来ではない 신제품은 결코 만족할 만한 제품이 아니다.

◆〔必ずしも…ない〕
¶先生が言うことが必ずしも正しいわけではない 선생님이 말하는 것이 반드시 맞다고는 할 수 없다. / 必ずしも金ですべてを買えるわけではない 뭐든지 돈으로 살 수 있는 것은 아니다.

◆〔…も…ない・どちらも…ない〕
¶紅茶もコーヒーも好きではない 홍차하고 커피 둘 다 좋아하지 않는다. / 「僕はにんじんは好きじゃない」「私も好きじゃないわ」"나는 당근은 안 좋아해." "나도 안 좋아해."

◆〔…ないことはない〕
¶彼と会って口げんかしないことはない 그 사람이랑 만나서 말싸움을 안 한 적이 없다.

❷〔勧誘, 依頼, 命令〕-지 않을래, -지 말아 줄래 ¶喫茶店でコーヒーでも飲まない? 커피숍에서 커피 한 잔 안 할래? / 一緒に銀座まで買い物に行かない? 긴자에 같이 쇼핑하러 가지 않을래? / このDVD2, 3日貸してくれない? 이 DVD 2, 3일 빌려주지 않을래? / この部屋でたばこを吸うのはやめてくれないか 이 방에서 담배 피우지 말아 줄래? / 早く起きないか 빨리 일어나지 그래.

❸〔願望〕-(으)면 좋겠다, -(으)면 좋으련만 ¶あした晴れないかなあ 내일 맑았으면 좋겠는데. / 宝くじに当たらないかなあ 복권에 당첨되면 좋으련만.

❹〔禁止, 命令〕-지 말다 ¶女だからってばかにしないでよ 여자라고 무시하지 말아요. / 手紙を出すのを忘れないでね 편지 부치는 거 잊지 마.

❺〔その他〕¶あれ, 山田じゃないか! 久しぶりだなあ! 아니, 야마다잖아! 오랜만이야.

**ナイーブ** 나이브 ◇ナイーブだ 나이브하다 ¶彼は見かけによらずナイーブな性格だ 그 남자는 보기와는 달리 나이브한 성격이다.

**ないえん【内縁】** 내연 ¶内縁の妻 내연의 처 / 彼らは内縁関係にあった 그들은 내연 관계였다.

**ないか【内科】** 내과(▶発音은 내꽈)(↔外科)
¶彼は内科の診療を受けた 그는 내과에서 진료를 받았다. / 風邪は内科で診てもらう 감기는 내과에서 진찰한다. 関連 内科医 내과의 / 内科病棟 내과 병동

**ないがい【内外】** 내외, 안팎〔国内と国外〕국내외 ¶会場の内外は厳しくチェックされた 회장 안팎을 철저히 검사했다. / 首相の発言は内外で注目された 수상의 발언은 국내외가 주목했다.

**ないかく【内閣】** 내각 ¶首相は今月新内閣を組織した 수상은 이번달 신내각을 조직했다. / 内閣改造は間もなく行われるだろう 내각 개편은 곧 이루어질 것이다. / 内閣は総辞職した 내각은 총사직했다. / 野党は内閣不信任案を提出した 야당은 내각 불신임안을 제출했다. / 内閣は毎週水曜日に閣議を開いている 내각은 매주 수요일에 각의를 연다.
¶福田内閣 후쿠다 내각 関連 内閣官房長官 내각 관방장관 / 内閣総理大臣 내각 총리 대신 / 影の内閣 예비 내각 / 政党内閣 정당 내각 / 連立内閣 연립 내각

**ないがしろ【蔑ろ】** ◇ないがしろにする〔意見を〕무시하다〔物事を〕소홀히 하다〔人を〕업신여기다 ¶彼女の意見はないがしろにできない 그 여자의 의견은 무시할 수 없다. / 勉強をないがしろにしてはいけない 공부를 소홀히 해서는 안 된다.

**ないき【内規】** 내규, 내칙(内則) ¶それは会社の内規で定められている 그것은 회사 내칙에 정해져 있다.

**ないこう【内向】** 내향 ◇内向的な 내향적이다 ¶彼女は内向的な性格だ 그 여자는 내향적인 성격이다. / 内向的な人 내향적인 사람 関連 内向性 내향성

**ないざい【内在】** ◇内在する 내재하다 ¶年金制度に内在する問題 연금 제도에 내재하는 문제

**ないし【乃至】** 또한, 혹은 ¶地震の被災者は2千ないし3千人に達する見込みだ 지진의 피해자는 2천 명 내지 3천 명에 달할 전망이다. / 万年筆ないしボールペンで記入すること 만년필 혹은 볼펜으로 기입할 것.

**ないじ【内示】** 내시 ¶きょう名古屋転勤の内示を受けた 오늘 나고야 전근 내시를 받았다.

**ないじえん【内耳炎】** 내이염

**ないしきょう【内視鏡】** 내시경 ¶胃の内視鏡検査を受けた 위 내시경 검사를 받았다.

**ないじつ【内実】** 내실 ¶内実彼はとても困っている 사실 그는 매우 난처해하고 있다.

**ないじゅ【内需】** 내수 ¶政府は内需拡大政策を取った 정부는 내수 확대 정책을 취했다.

**ないしゅっけつ【内出血】** 내출혈 ¶机にぶつけた膝が内出血していた(→あざができた) 책상에 부딪힌 무릎에 멍이 들었다.

**ないしょ【内緒】** 내밀, 비밀 ◇**内緒の** 내밀한, 비밀의 ◇**内緒で** [に] 은밀히, 비밀로, 몰래
¶この事は親には内緒にしておいてください 이 일은 부모님께는 비밀로 해 주세요.
¶内緒の話ですが、来月ジナと結婚するんです 비밀인데, 다음달 지나와 결혼합니다. / **内緒の話があるんだけど** 비밀 얘기가 있는데.
¶二人はだれにも内緒で同棲していた 두 사람은 아무도 모르게 동거하고 있었다. / 彼は親に内緒で就職試験を受けた 그는 부모님 몰래 취직 시험을 봤다.

**ないじょう【内情】** 내정 ¶彼は政界の内情に通じている 그는 정계 내정에 정통하다. / その会社の内情を探った 그 회사의 내정을 살폈다.

**ないしょく【内職】** 내직 [副業] 부업 ¶母は家計を助けるために内職をしている 어머니는 집안을 돕기 위해 부업을 하고 계신다. ⇒**副業**

**ないじょのこう【内助の功】** 내조의 힘, 내조
¶彼が実業家として成功したのも奥さんの内助のがあったからだ 그가 실업가로서 성공한 것은 부인의 내조가 있었기 때문이다.

**ないしん【内心】** 내심, 속마음 [本心] 본심, 진심 ¶だれも彼の内心はわからなかった 아무도 그 남자의 속마음을 몰랐다. / 彼女は内心の喜びを隠せなかった 그녀는 내심 기쁨을 감추지 못했다. / 彼は内心ほっとした 그는 내심 안심했다.

**ないしん【内申】** 내신 [内申書] 내신서 ¶内申成績 내신 성적

**ナイス** 関連 **ナイスキャッチ** 나이스 캐치 / **ナイスショット** 나이스 셧

**ないせん【内政】** 내정 ¶内政干渉 내정 간섭

**ないせん【内戦】** 내전 [内乱] 내란 ¶内戦が起こる 내란이 일어나다

**ないせん【内線】** 내선 ¶内線55番をお願いします 내선 55번 부탁합니다. 関連 **内線電話** 내선 전화 / **内線番号** 내선 번호

**ないそう【内装】** 내장 ¶このレストランの内装は凝っているね 이 레스토랑은 내장에 공을 들였네. / **内装工事** 내장 공사

**ないぞう【内蔵】** 내장 ◇**内蔵する** 내장하다 ¶このパソコンはDVDドライブを内蔵している 이 컴퓨터에는 DVD드라이브가 내장되어 있다.

**ないぞう【内臓】** 내장 ¶内臓が弱い 그는 내장이 허약하다. / 内臓に疾患がある 내장에 질환이 있다. / 魚の内臓を取ってから料理した 생선의 내장을 빼고 요리했다.

**ナイター** 나이트 게임, 야간 경기

**ないだく【内諾】** 내락, 허락(許諾) ¶上司の内諾は得ています 상사의 허락은 얻었습니다.

**ないてい【内定】** 내정 ◇**内定する** 내정하다, 내정되다 ¶彼は銀行への就職が内定した 그는 은행 취직이 내정되었다. / 次期社長には吉田専務が内定している 차기 사장으로 요시다 전무가 내정되었다.

**ナイトクラブ** 나이트클럽

**ないない【内々】** ◇**内々の** 내밀한, 은밀한 [非公式の] 비공식적인 ◇**内々に** 내밀히, 은밀히 [非公式に] 비공식적으로 ¶誘拐事件の捜査は内々に行われた 유괴 사건 조사는 은밀히 행해졌다. / 彼らには内々の約束があった 그들에게는 은밀한 약속이 있었다.

**ないねんきかん【内燃機関】** 내연 기관

**ナイフ** 나이프, 칼 ¶ナイフでけがをしちゃった 칼에 다쳤다. / ナイフとフォークの正しい使い方を知っていますか 나이프 和 포크의 올바른 사용법을 알고 있습니까? / 肉切りナイフ 고기 써는 칼 関連 **ジャックナイフ** 잭 나이프

**ないぶ【内部】** 내부 ¶建物の内部はとても豪華だった 건물 내부는 매우 호화스러웠다. / 犯行は内部の者の仕業に違いない 범행은 내부의 소행이 틀림없다. / 彼は会社の内部事情に詳しい 그는 회사 내부 사정을 잘 알고 있다. 関連 **内部告発** 내부 고발 / **内部告発者** 내부 고발자

**ないふくやく【内服薬】** 내복약 (▶発音은 내봉냑)

**ないふん【内紛】** 내분 ¶あの政党は内紛が絶えない 그 정당은 내분이 끊이지 않는다.

**ないぶんぴ【内分泌】** 내분비 関連 **内分泌液** 내분비액 / **内分泌腺** 내분비선

**ないみつ【内密】** 내밀 ◇**内密に** 내밀히, 비밀로 ¶問題は内密に処理された 문제는 내밀히 처리되었다. / この件はご内密に願います 이 건은 비밀로 해 주세요.

**ないめん【内面】** 내면 ◇**内面的** 내면적 ¶この小説には現代の若者たちの内面の苦悩が描かれている 이 소설에는 현대의 젊은이들의 내면적 고뇌가 그려져 [묘사되어] 있다. / 時には自分の内面を深く見つめることも必要だ 가끔은 자기 내면을 깊이 직시할 필요가 있다. / **内面描写** 내면 묘사

**ないや【内野】** 내야, 인필드 ¶内野安打 내야 안타 / **内野ゴロ** 내야 땅볼 / **内野手** 내야수, 인필더 / **内野席** 내야석 / **内野フライ** 내야 플라이, 인필드 플라이

**ないよう【内容】** 내용 [中身] 알맹이 ¶この文章の内容を50字以内で要約しなさい 이 글의 내용을 50자 이내로 요약하시오. / 校長のスピーチは長いだけで内容はなかった 교장 선생님의 스피치는 장황했을 뿐 내용이 없었다. / 場合によっては番組の内容を変更することがあります 사정에 따라서는 방송 프로그램 내용을 변경하는 경우도 있습니다. / 母に先生との話の内容を聞くのが怖かった 어머니께 선생님과 면담한 내용에 관해서 물어보는 게 무서웠다. / 私は内容の濃い仕事をしたい 나는 의의 있는 일을 하고 싶다.
会話 で、内容は?
  A: それってどんな映画なの
  B: スター総出演のアクションものさ
  A: で、内容のほうはどうなの
  B: まあまあだね
  A: 그거 어떤 영화야?

B：초호화 캐스팅 액션물이야.
A：그래서 내용은 어때?
B：그저그래.

**ないらん**【内乱】 내란〔内戦〕내전 ¶内乱が起こる 내란이 일어나다

**ないりく**【内陸】 내륙 ¶その地方は神戸から50キロ内陸にある 그 지방은 고베에서 50킬로 내륙쪽에 있다. / 内陸部は大雪になるでしょう 내륙부는 폭설이 내리겠습니다. 関連 **内陸性気候** 내륙성 기후

**ナイロン** 나일론 ¶ナイロンストッキング 나일론 스타킹

**ナイン** ¶甲子園の高校野球大会に出場したナインが帰ってきた 고시엔 고교 야구 대회에 출전한 선수들이 돌아왔다.

**なえ**【苗】 모종, 모〔苗木〕묘목 ¶畑になすの苗を植えた 밭에 가지의 모종을 심었다. / トマトの苗を庭で育てている 토마토 묘목을 정원에서 키우고 있다. / 稲の苗 볏모 関連 **苗床** 모판, 못자리

**なえる**【萎える】 시들다〔衰える〕쇠약해지다 ¶気力が萎えてしまった 기력이 쇠약해졌다. / 体力が萎える 체력이 쇠약해지다

**なお**【尚】 ❶〔引き続いて〕여전히 ¶墜落事故の原因は今もなおわかっていない 추락 사고 원인은 지금도 여전히 밝혀지지 않고 있다. / 彼の行方は今なお不明だ 그의 행방은 여전히 밝혀지지 않고 있다.
❷〔いっそう〕더욱, 더 ¶その薬を飲んでなお具合が悪くなった 그 약을 먹고 상태가 더 나빠졌다. / 火曜日ならなおのこと都合がいい 화요일이라면 더 형편이 좋다. / それならなおのこと彼に会わなければ 그렇다면 더욱 그 친구와 만나야겠다. / 弁解はしてほしくないが黙っているほうがなお悪い 변명은 듣고 싶지 않지만 입 다물고 있는 것은 더 나쁘다. / 今後ともなおいっそうのお引き立てをお願いします 앞으로도 많은 성원 바랍니다.
❸〔まだ〕 아직 ¶試験までなお3日ある 시험일까지 아직 3일 남았다. / それは春なお浅い3月のころだった 그 땐 봄이 아직 이른 삼월이었다.
❹〔…でさえも〕 ¶彼らは昼なお暗い森の中へ入っていった 그들은 낮에도 어두운 숲 속으로 들어갔다.
❺〔付け加えれば〕 또한 ¶なお、詳細につきましては追ってお知らせいたします 또한, 상세한 내용은 추후에 알려드리겠습니다.

**なおさら**【尚更】 더욱, 더욱더, 한층더 ¶彼のことがなおさら好きになった 그 남자가 더욱 좋아졌다. / その話を聞いてなおさら心配になった 그 이야기를 듣고 더욱더 걱정이 되었다. / 課長は元来陽気なたちだが酒が入るとなおさら陽気になる 과장은 원래 쾌활한 성격이지만, 술을 마시면 더욱 쾌활해진다. / 彼女は美人だが、花嫁衣装の彼女はなおさらきれいだ 그녀는 미인이지만 신부 의상을 입은 그녀는 더욱 아름답다. / 食べ物の事を考えたらなおさら腹が減った 음식 생각을 했더니 더 배가 고파졌다. / 私は韓国語は話せないし中国語はなおさらだめです 저는 한국어도 안 되는 데다 중국어는 더 못합니다.

**なおざり** ◇**なおざりにする** 소홀히 하다, 등한히 하다 ¶普段の努力をなおざりにしてはならない 평상시 노력을 소홀히 해서는 안 된다.

**なおす**【直す】 ❶〔修理, 修繕〕고치다, 수리하다, 수선하다 ¶ジャケットの破けた所を直した 재킷의 찢어진 부분을 수선했다. / 道具があれば私は車も直せます 도구만 있으면 저는 자동차도 고칠 수 있습니다. / 台所の蛇口が漏っていたので業者に直してくれるように頼んだ 부엌 수도 꼭지가 새어서 업자에게 수리를 부탁했다. / きのう時計を直してもらった 어제 시계를 수리했다. / この靴を直してもらいたいのですが 이 구두 수선 좀 하고 싶은데요.
❷〔訂正〕고치다, 정정하다 ¶書類に間違いを見つけたら直してください 서류에 틀린 곳이 있으면 정정해 주세요.
❸〔きちんとする〕바로잡다 ¶彼は鏡の前でネクタイを直した 그는 거울 앞에서 넥타이를 바로잡았다. / 悪い癖は直しなさい 나쁜 버릇을 고쳐라. / 僕の性格を今さら直せっていったって無理だよ 내 성격을 지금에 와서 고치라고 해도 무리야.
❹〔翻訳する〕번역하다, 옮기다 ¶この文を韓国語に直してください 이 문장을 한국어로 번역해 주세요.
❺〔換算する〕고치다, 환산하다 ¶円をウォンに直すと千円は8千ウォンぐらいだ 엔을 원으로 환산하면 천 엔은 팔천 원 정도이다. / 「1マイルをキロに直すとどれくらいですか」「約1.6キロぐらいです」 "1마일을 킬로미터로 고치면 어느 정도입니까?" "약 1.6킬로미터 정도입니다."
❻〔改める〕 고쳐 (+動詞) ¶書類を書き直す 서류를 고쳐 쓰다 / 座りなおした 고쳐 앉았다.

**なおす**【治す】〔病気・けがを〕치료하다(治療—), 고치다 ¶この薬が病気の子供を治した 이 약이 병에 걸린 어린이를 치료했다. / 胃かいようは手術をしなくても治せますよ 위궤양은 수술하지 않아도 고칠 수 있지요. / 足のけがを治すのに3か月かかった 다리 부상을 치료하는 데 3개월이 걸렸다. / 外に遊びに行きたいならまず風邪を治さないとね 밖에 놀러 가고 싶으면 그 전에 감기가 나아야지.

**なおる**【直る】 ❶〔修理〕고쳐지다, 수선되다〔修繕—〕¶「このパソコン, 何とか直りませんか」「これはもう直りません」 "이 컴퓨터 어떻게 고칠 수 없을까요?" "이건 이제 못 고치겠는데요."
❷〔訂正, 矯正〕고쳐지다, 바로잡히다, 정정되다 ¶間食する癖がなかなか直らない 간식을 먹는 버릇이 좀처럼 고쳐지지 않는다. / この誤植はまだ直ってないよ 이 오자는 아직 안 고쳐졌어.

**なおる**【治る】〔病気・傷が〕낫다〔よくなる〕좋아지다〔回復する〕회복되다 ¶病気が治るのに長い時間がかかった 병이 낫는 데 긴 시간이 걸렸다. / 祖父の病気はいっこうに治りません 할아버지의 병은 조금도 좋아지지 않습니다. / 薬を飲んだので頭痛はすぐに治ると思います 약을 먹었으니 두통은 금방 나을 거라 생각합니다. / 軽い風邪だから静かに寝ていればすぐに治ります 가벼운 감기니까 그냥 좀 자고 나면 괜찮아

질 거에요. / 風邪はもう治りましたか 감기는 이제 나았습니까? / 彼は現代医学でも治らない病気にかかっている 그 사람은 현대 의학으로도 고칠 수 없는 병에 걸렸다.
¶傷は浅いから1週間で治った 상처는 깊지 않아서 일 주일만에 나았다.

**なか 【中】** ❶ 〔液体・山・森の中〕속 〔物体の内部〕안 〔ある範囲の中〕안 〔内部〕내부

◆《中に・中へ》

¶箱の中に何が入っているの 상자 속에 뭐가 들어 있어? / 彼は紙をぐしゃぐしゃに丸めてくずかごの中に入れた 그 남자는 종이를 꼬깃꼬깃 말아서 쓰레기통에 넣었다. / 警察は家の中へ入って犯人を逮捕した 경찰관은 집 안에 들어가서 범인을 체포했다. / ねずみは穴の中に逃げ込んだ 쥐는 구멍 속으로 도망갔다. / この肥料は土の中にしみ込む 이 비료는 땅속으로 스며든다.

◆《中を・中で》

¶箱の中を見てごらん 상자 속을 봐 봐. / 暗闇の中で何かにつまずいてこけそうになった 어둠 속에서 뭔가에 걸려 넘어질 뻔했다.

◆《中の・中から》

¶部屋の中の温度は今20度だ 방 안의 온도는 지금 20도다. / 袋の中からみかんを出してちょうだい 봉지에 귤 좀 꺼내 줘. / 隣の家の中から銃声が聞こえた 옆집에서 총성이 들렸다.

◆《中が・中は》

¶洞窟の中は涼しかった 동굴 속은 시원했다. / カーテンがないと部屋の中が外から丸見えだ 커튼이 없으면 방 안이 밖에서 다 보인다.

❷〔抽象的な内部〕속, 내(内) ¶この件は君の胸の中にしまっておいてくれ 이 일은 자네 가슴 속에 묻어 두어 주게. / 頭の中が混乱してしまってどうしていいかわからない 머릿속이 혼란스러워 어떻게 해야할지 모르겠다. / 会社の中の別の部署へ異動になった 회사 안의 다른 부서로 이동되었다.

❸〔…のうちで〕안, 중, 내, 가운데 ¶これらの中から1つを選んでください 이 가운데에서 하나를 골라 보세요. / 負傷者の中で15人が重症である 부상자 중에, 15명이 중상이다. / 2人の中では彼のほうが有能だ 두 사람 중에 그 남자가 더 유능하다. / 正夫はクラスの中でいちばん足が速い 마사오는 반에서 가장 잘 뛴다. / 考え方が非常に古い大人も中にはいる 사고방식이 매우 고리타분한 어른도 더러 있다.

❹〔間〕사이 〔中間〕중간 ¶そのピッチャーは中4日で登板した 그 투수는 5일 만에 등판했다.

**会話 中をとる**
A：このチケット5千円で譲るよ
B：高いな. 3千円でどう
A：じゃ, 中をとって4千円
B：オーケー. 決まりだ.
A：이 티켓 5천 엔에 넘기마.
B：비싸. 3천 엔 어때?
A：그럼, 중간으로 4천 엔.
B：오케이, 좋아.

❺〔…の最中〕속, 중, 가운데 ¶私は雨の中を歩いて家に帰った 나는 빗속을 걸어서 집에 돌아갔다. / お忙しい中, 来ていただいてありがとうございます バッシン 중에〔가운데〕와 주셔서 감사합니다.

**なか 【仲】** 사이 ¶由美と真紀子は本当に仲がいいね 유미와 마키코는 정말로 사이가 좋구나. / あの二人は仲が悪い 저 두 사람은 사이가 나쁘다. / あの子たちはよくけんかするが仲が悪いわけではない 개네들은 자주 싸움을 하지만 사이가 나쁜 건 아니다.
¶インターネットが私たちの仲を取り持った 인터넷이 우리 사이를 맺어 주었다. / 彼女のおばが僕の仲を取り持ってくれた 그녀의 숙모가 우리 마님을 주선해 주었다. / 私と今のボーイフレンドの仲は2年続いている 나는 지금 남자 친구와 2년간 사귀고 있다. / 彼らはいい仲だ(→恋愛関係にある) 그들은 연애 관계에 있다. / 二人の仲は冷え切っていた 두 사람 사이는 완전히 냉랭해졌다. / 私たちの仲はだれも裂くことはできない 우리 사이는 아무도 갈라 놓을 수 없다. / おれとお前の仲じゃないか 나와 너 사이 아니냐.

**ながあめ 【長雨】** 장마 ¶6月には長雨が続く 유월에는 장마가 계속된다.

**ながい 【長い】** ❶〔空間的に〕길다 〔距離が〕멀다 ◇長く 길게

基本表現
▷きりんは首が長く象は鼻が長い
기린은 목이 길고, 코끼리는 코가 길다.
▷この橋はあの橋より50メートル長い
이 다리는 저 다리보다 50미터 더 길다.
▷「日本でいちばん長い川は？」「信濃川です」
"일본에서 가장 긴 강은?" "시나노 강입니다."
▷なんと長いトンネルなんだろう
어쩜 이렇게 긴 터널이 다 있다니.

¶映画館の前には長い行列ができていた 영화관 앞에는 긴 행렬이 늘어서 있었다. / もう少し長いひもはない? 좀 더 긴 끈은 없어? / それだと長すぎる 그것은 너무 길다. / 彼のレポートは長すぎたので先生は半分ぐらいに圧縮するようにと言った 그의 리포트는 너무 길어서 선생님은 반 정도로 줄이라고 말씀하셨다. / 長い道のり 먼 앞길
¶彼女は髪を長くしている 그 여자는 머리가 길다. / 袖丈を少し長くしてください 소매 길이를 조금 길게 해 주세요.

❷〔時間的に〕오래다, 길다 ◇長く 오래 ¶私たちは公園のベンチに長い間座っていた 우리는 공원 벤치에 오랫동안 앉아 있었다. / 私たちは電話で長いことおしゃべりをした 우리는 전화로 오랫동안 얘기를 했다. / それは長いこと読みたいと思っていた本です 그것은 오래전부터 읽고 싶었던 책입니다. / 先生の話は長いのでみんな退屈だった 선생님의 이야기는 길어서 모두 지겨워했다.
¶パソコンを直すのにそう長くはかからなかった 컴퓨터를 수리하는 데 그리 오래 걸리지는 않았다. / 金属や石は木材よりも長くもつ 금속이나 돌은 목재보다 오래간다. / この犬の命はもう長くはないだろう 이 개의 생명은 그리 길지 않을 것이다. / 日が長くなってきた 해가 길어졌다. / 長くとも3時間で手術は終わるだろう 길어도 세 시간이면 수술은 끝날 것이다.

**会話** 長いこと
A：長いことお待たせしてすみません
B：いいえ、今来たばかりです
A：오래 기다리게 해서 죄송합니다.
B：아뇨, 지금 막 왔습니다.
A：長くかかりますか
B：いいえ、すぐ終わります
A：오래 걸립니까?
B：아뇨, 금방 끝납니다.
A：顔のあざ、どうしたの
B：話せば長いことなんだけどさ
A：얼굴의 멍 왜 그래?
B：얘기하자면 길어져.

❸ 【気が】 느긋하다 ¶彼は気が長い 그 남자는 마음이 느긋하다. 慣用句 長い目で見ればそのほうが得かもしれない 긴 안목으로 보면 그렇게 하는 게 이로울지 모른다. ¶子供の将来は長い目でみたほうがよいと思います 아이의 장래는 긴 안목으로 보는 것이 좋다고 생각합니다. ¶長い物には巻かれろ 권력, 세력이 있는 자에게는 거역하지 말고 순종하는 것이 득이다.

**ながい**【長居】◇長居する 오래 머무르다 ¶どうも長居をしてしまったようです 아무래도 너무 오래 머물러 버린 것 같습니다. /こんな所に長居は無用だ 이런 곳에 오래 있을 때가 아니다.

**ながいき**【長生き】 장수(長寿) ◇長生きする 장수하다, 오래 살다 ¶祖母は90歳まで長生きした 할머니는 90살까지 장수하셨다. /母は父より10年長生きした 어머니는 아버지보다 10년 오래 사셨다. /私の家は長生きの家系だ 우리 집은 장수하는 집안이다.

**ながいす**【長椅子】장의자, 긴 의자
**なかがいにん**【仲買人】중매인, 거간꾼
**ながぐつ**【長靴】장화 ¶長靴をはく 장화를 신다 /ゴム長靴 고무 장화
**なかごろ**【中頃】중간 (中旬) 중순 ¶5月の中ごろに済州島に行く 오월 중순쯤에 제주도에 간다. /彼女は20代中ごろだ 그 여자는 20대 중반이다.

**ながさ**【長さ】 길이 ¶膝までの長さのスカート 무릎까지 오는 스커트 /店員に袖の長さを測ってもらった 점원이 소매 길이를 재 줬다. /この橋とあの橋は同じ長さだ 이 다리와 저 다리는 길이가 같다. /「その川の長さはどれくらいですか」「約200キロです」"그 강의 길이는 어느 정도입니까?" "약 200킬로미터입니다." ¶「その映画の長さはどれくらい?」「約2時間だよ」"그 영화 상영 시간은 어느 정도야?" "약 두 시간이야."

**ながし**【流し】〔台所の〕싱크대, 개수대 ¶食べ終わったら食器を流しに持っていきなさい 다 먹었으면 식기를 싱크대로 가져가라.
¶流しのタクシー 손님을 찾아 돌아다니는 택시

**ながしめ【流し目】 곁눈질, 추파 ¶人のボーイフレンドに流し目を使うなんてあの女どういうつもりからしら 남의 남자 친구에게「곁눈질을 하다니[추파를 던지다니]」저 여자 어쩔 생각이지?

**ながす**【流す】❶〔液体を自然に移動させる〕 흘리다 〔トイレの水を〕내리다 ¶その子は母親の前で何も言わずに涙を流していた 아이는 엄마 앞에서 아무 말도 하지 않고 눈물을 흘리고 있었다. /トイレの水は忘れずに流しなさい 화장실 물은 잊지 말고 꼭 내려라. /水道の水を流しっぱなしにしてはいけません 수돗물을 계속 틀어두어서는 안 됩니다.

❷〔水などの勢いで移動させる〕떠내려 보내다 〔洗う〕씻다 ¶彼らは木を切り倒して川に流した 그들은 나무를 베어 강에 떠내려 보냈다. /洪水で家が流された 홍수로 집이 떠내려갔다. /川で流されていた子供を助けた 그는 강에 떠내려가는 아이를 구해 주었다.

¶お父さん、背中を流してあげるよ 아버지, 등 밀어 드릴게요. /シャワーで汗を流した 샤워로 땀을 씻어냈다.

¶若者は流行に流されやすい 젊은이들은 유행에 따르기 쉽다.

❸〔伝える, 広める〕 흘리다; 알리다; 퍼뜨리다 〔音楽をかける〕틀다
¶あの喫茶店ではいつもクラシック音楽を流している 그 커피숍에서는 언제나 클래식 음악을 틀어 놓는다. /ラジオで一日中台風情報を流している 라디오에서 하루 종일 태풍에 관한 정보를 내보내고 있다. /あんなデマを流すなんて彼はひどい 그런 유언비어를 퍼뜨리다니 그 사람 너무 심하네.

❹〔客を求めて移動する〕¶タクシーが通りを流していた 택시가 손님을 찾아 거리를 돌아다녔다.

❺〔所有権を失う〕 유질시키다 ¶質に入れたバッグが流されてしまった 전당포에 잡힌 백이 유질되었다.

❻〔不成立にさせる〕 ¶メンバーが集まらないのでこの会議は流すことにしよう 멤버가 모이지 않으니 내일 회의는 없었던 걸로 합시다.

**なかせる**【泣かせる】〔感動的な〕감동적인, 눈물나는 ¶うちの弟を泣かせたのはだれだ 우리 남동생을 울린 게 누구야!
¶なんて泣かせる話なんだろう 어쩜 너무 눈물 나는 이야기다. /あの映画には泣かされた 그 영화는 감동적이었다.

**ながそで**【長袖】긴 소매 ¶長袖のシャツを着る 긴 소매 셔츠를 입다

**なかたがい**【仲違い】불화(不和) ◇仲たがいする 사이가 나빠지다〔떨어지다〕 ¶友達と仲たがいした 친구와 사이가 나빠졌다. ⇒けんか

**なかだち**【仲立ち】주선 〔婚姻の〕중매 ¶佐藤氏に仲立ちをしてもらってうまく交渉をまとめた 사토 씨가 주선을 해 주셔서 교섭이 잘 성사되었다. /後藤さんが私たちの仲立ちをしてくれた 고토 씨가 우리들의 중매를 서 주었다.

**ながたらしい**【冗長だ】길다, 장황하다 ¶来賓の長たらしいスピーチにうんざりした 내빈의 장황한 스피치에 넌더리 났다.

**なかだるみ**【中弛み】¶株式市場は今中だるみの状態にある 주식 시장은 지금 주춤한 상태이다.

**なかつぎ**【中継ぎ】중계 ¶あのチームにはいい中継ぎのピッチャーがいない 그 팀에는 좋은 중계 투수가 없다.

**ながつづき**【長続き】◇長続きする 오래 계속되다〔계속되다〕, 오래가다 〔持続する〕지속하다,

지속되다 ¶彼らの結婚は長続きしなかった 그 들의 결혼 생활은 오래가지 못했다. / この暑さは長続きしないだろう 이 더위는 오래 지속되지 않을 것이다. / 彼女は何をしても長続きしない 그 여자는 무엇을 하더라도 오래가지 않는다.

**なかでも【中でも】** 그 중에서도〔特に〕특히 ¶彼はスポーツ好きだが中でもサッカーが好きだ 그는 스포츠를 좋아하는데 그 중에서도 축구를 좋아한다. / 彼女はなかなかの韓国通だが, 中でも韓国映画に詳しい 그 여자는 한국에 매우 정통한데 특히 한국 영화에 훤하다.

**なかなおり【仲直り】** 화해 ◇仲直りする 화해하다 ¶彼とけんかしたがすぐに仲直りした 남자 친구와 다투었지만 금방 화해했다.

**なかなか** ❶〔たいへん, 非常に〕상당히, 꽤〔かなり, 相当に〕어지간히 ¶彼は若いが, なかなか思いやりがある 그 사람은 젊은데도 상당히 배려가 깊다. / 彼はなかなかやり手だ 그 남자는 상당한 수완가야. / 彼はなかなかどうして頭が切れる 그는 꽤 영리하다[머리가 잘 돈다]. / 君, チマチョゴリもなかなか似合うね 너는 한복도 꽤 잘 어울리네. / チョンスクはなかなか料理が上手だ 정숙이는 요리를 꽤 잘한다.

会話 **なかなかだね**
A : 彼女, どう思いますか
B : 歌手としてはいまいちだけど, 女優としてはなかなかだね
A : 저 아이는 어떤 것 같아요?
B : 가수로서는 별로지만 여배우로서는 제법인 것 같은.

A : 見ろよ. ホームランだ. 君の息子もなかなかやるね
B : ああ, 本人はプロ野球の選手になるなんて言ってるけどね
A : 봐, 홈런이야. 자네 아들도 꽤 하는데!
B : 응, 본인은 프로야구 선수가 되겠다고 하는데.

❷〔なかなか…しない〕쉽사리〔＋否定〕〔どうしても…しない〕좀처럼〔＋否定〕¶彼はなかなか承知しないだろう 그 사람은 그리 쉽사리 승락하지 않을 것이다. / 言葉ではなかなかうまく言えなかった 말로는 좀처럼 잘 설명할 수 없었다. / 彼に1万円貸したのだがなかなか返してもらえない 그 사람한테 만 엔 빌려 줬는데 좀처럼 갚지를 않네. / けさはバイクのエンジンがなかなかかからなかった 오늘 아침에는 오토바이 엔진이 좀처럼 걸리지 않았다. / 隣がうるさくてなかなか眠れなかった 옆집이 시끄러워서 좀처럼 잠을 수가 없었다. / 会議ではなかなか結論が出なかった 회의에서는 좀처럼 결론이 나지 않았다. / なかなか頭痛が治らなくて困っています 쉽사리 두통이 낫지 않아서 괴롭습니다.

**ながなが【長々】**◇長々と 길게 ; 장황하게, 장황히 ; 오래도록 ¶彼は長々と昔話をした 그는 장황하게 옛날 얘기를 했다. / ベッドに長々と寝そべった 침대에 길게 엎드려 누웠다.

**なかには【中には】** 그 중에는, 개중에는 ¶若者の多くは他人の事に無關心이が中には実に親切な者もいる 많은 젊은이들은 남의 일에 무관심하지만 그 중에는 정말로 친절한 사람도 있다. / 中に

はそういう人もいるだろうね 개중에는 그런 사람도 있겠지.

**なかにわ【中庭】** 안뜰, 내정(內庭)

**ながねん【長年】** 오랜〔간〕세월, 여러 해〔長い間〕오랫동안 ◇長年の오랜 ¶私は長年この会社で働いてきた 나는 오랫동안 이 회사에 근무해 왔다. / 彼の長年の努力が報われた 그 사람의 오랜 노력이 보상 받았다. / 長年の夢を実現することができた 오랜 꿈을 실현할 수 있었다. / 長年の友人 오랜 친구 / 長年の習慣 오랜 습관

**なかば【半ば】** ❶〔半分〕절반, 반〔途中〕중도 ¶彼の話は半は本当で半は冗談だ 그 남자의 이야기는 반은 진담 반이다. / 仕事は半ば終わりました 일은 절반 끝냈습니다. / 彼は学業の半ばで大学をやめた 그는 중도에 대학을 그만두었다.

❷〔真ん中あたり〕중간, 중반〔中旬〕중순〔中葉〕중엽 ¶私のおじは50歳半ばで亡くなった 우리 백부는 50대 중반에 돌아가셨다. / 8月の半ばから旅行に出かける予定です 팔월 중순부터 여행을 갈 예정입니다. / 来月の半ばごろ来てください 다음달 중순쯤에 오세요. / 3月も半ばを過ぎたのにまだ寒い 삼월도 중순이 지났는데 아직 춥다. / その曲は1990年代半ばに大ヒットした 그 노래는 1990년대 중반에 크게 히트 쳤다.

❸〔ある程度〕반쯤 ¶胃の痛みは半ばストレスからきている 위가 아픈 것은 반은 스트레스 때문이다. / 彼女は来ないと半ばあきらめていた 그녀는 안 올 것이라고 반쯤 체념하고 있었다.

**ながばなし【長話】** 긴 이야기〔おしゃべり〕수다 ¶友達と電話で長話をしてしまった 친구와 전화로 오래 수다를 떨었다.

**ながびく【長引く】** 오래 끌다〔だらだらと〕질질 끌다 ¶会議が長引いた 회의가 길어졌다.

**なかほど【中程】** 가운데쯤 ¶〔アナウンスで〕車內の中程へお進みください 차 안 가운데로 들어가 주십시오.

**なかま【仲間】**〔友達〕친구〔同僚〕동료〔メンバー〕멤버, 회원〔同類〕동류〔味方〕편〔グループ〕패, 한패, 패거리 ¶あいつらは俺の高校時代からの仲間だよ 그 녀석들은 내 고등학교 때부터의 친구야. / 彼は私の飲み仲間です 그 사람은 나의 술친구입니다. / ここには遊び仲間がたくさんいる 저 애한테는 놀 친구가 많다. / 彼女はサークルの大切な仲間です 그 여자는 서클의 소중한 멤버입니다. / 私は仕事仲間と北海道に旅行に行った 나는 직장 동료와 홋카이도에 여행을 갔다. / 鯨は哺乳類の仲間だ 고래는 포유류이다.

¶仲間に入りませんか 회원이 되지 않겠습니까? / 仲間に入れてください 저도 꺼 주세요. / 彼を説得して仲間に引き入れた 그를 설득하여서 자기 편으로 끌어 들였다. / 犯人には仲間がいるに違いない 범인한테는 한패가 있는 게 틀림없다. / 彼女は仲間を裏切った 그녀는 동료를 배신했다. / 彼はいつも仲間を引き連れている 그 남자는 항상 패거리를 거느리고 있다.

¶その子いつも仲間外れにされる 그 아이는 항상 따돌림 당한다. / 君も4月からは社会人の仲間入りだ 자네도 사월부터는 사회인 대열에 끼는

군. / 私たちはけんかをして仲間割れをした 우리들은 싸워서 패가 갈렸다. / 彼らは仲間うちで彼女の悪口を言っている 그 사람들은 자기들끼리 그 여자 욕을 하고 있다. / それは仲間同士の合い言葉です 그것은 자기 그룹끼리의 암호입니다. / 彼らに仲間意識は全くなかった 그들에게는 연대감이 전혀 없었다.

**なかみ【中身】** 속, 내용 〔実質〕 알맹이, 실속 ¶小包の中身は何ですか 소포의 내용은 무엇입니까? / 彼の話には中身がなかった 그 남자의 얘기에는 내용이 없었다. ⇒内容

**ながめ【眺め】** 전망(展望), 조망(眺望) 〔景色〕 경치 ¶この部屋はとても眺めがいい 이 방은 정말 전망이 좋다. / アルプスの山々の眺めには感動を覚えた 알프스 산들의 경치에 감동을 받았다. / 頂上からの眺めはまさに名画のようだった 정상에서의 전망은 마치 그림에서 한폭의 그림 같았다. / 森と湖がとても美しい眺めをつくっている 숲과 호수가 매우 아름다운 경치를 만들어내고 있다. / 高いビルが眺めを妨げている 높은 빌딩이 조망을 저해한다.

**ながめる【眺める】** 바라보다, 쳐다보다 〔じっと見る〕 뚫어지게 보다 ¶何時間も星を眺めていた 몇 시간이나 별을 바라보고 있었다. / 私は窓から外の景色を眺めた 나는 창문에서 밖의 경치를 바라봤다. / このホテルからはきれいな湖が眺められる 이 호텔에서는 아름다운 호수를 바라볼 수 있다. / 私は橋の上から川で釣りをしている人を眺めていた 나는 다리 위에서 강 낚시를 하고 있는 사람을 바라보고 있었다. / 彼らは僕をじろじろと眺めた 그들은 나를 흘끔흘끔 쳐다봤다. / 長い病気から回復して彼女は自分のやせ細った手をつくづくと眺めた 오랜 투병에서 회복한 그녀는 자기의 여위어서 홀쭉해진 손을 찬찬히 바라보았다.

**ながもち【長持ち】** ◇**長持ちする** 오래가다 ¶の花は長持ちした 국화꽃은 오래갔다. / ジーンズは長持ちする 청바지는 오래간다. / この椅子は長持ちする 이 의자는 오래간다. / 長持ちする冷蔵庫がほしい 오래 쓸 수 있는 냉장고를 갖고 싶다.

**なかやすみ【中休み】** 휴식 ¶ちょっと中休みを取りましょう 잠깐 휴식합시다. ⇒休憩

**なかゆび【中指】** 중지, 장지, 가운뎃손가락

**なかよく【仲良く】** 사이좋게 ◇**仲よくする** 사이좋게 지내다 ◇**仲よくなる** 사이가 좋아지다 〔親しくなる〕 친해지다 ¶隣近所とは仲よくしています 이 이웃집과는 사이좋게 지냅니다. / 私たちはすぐ仲よくなった 우리는 금방 사이가 좋아졌다. / 子供たちは仲よく遊んでいた 아이들은 사이좋게 놀고 있었다. / あなたたちは兄弟なんだから仲よくしてちょうだい 너희들은 형제니까 사이좋게 지내줘.

**なかよし【仲良し】** 〔親しい関係〕친한 사이 〔親友〕친한 친구 ¶彼らは仲よしだ 그들은 친한 사이다.

**-ながら** ❶ 〔…しつつ〕 -(으)면서 〔途中で〕 -다가 〔まま〕 -ㄴ[-은] 채 ¶僕は音楽を聞きながら勉強をする癖がある 나는 음악을 들으면서 공부를 하는 습관이 있다. / 駅で手を振りながら彼女を見送った 역에서 손을 흔들면서 그녀를 배웅했다. / コーヒーでも飲みながら話そう 커피라도 마시면서 얘기하자. / 本を読みながらうたた寝をしてしまった 책을 읽다가 깜박 졸아버렸다. / 彼女はほほえみながら僕に近づいてきた 그녀는 웃으면서 나한테 다가왔다. / スルギは涙ながらにその体験を語った 슬기는 울면서 그 체험담을 이야기했다. / 口に食べ物をいっぱい入れながらしゃべるな 입 안에 음식물을 잔뜩 물고[문 채] 말하지 마! / 彼は昼間働きながら夜大学に通っている 그 남자는 낮에 일하면서 밤에는 대학교를 다니고 있다.

❷〔けれども〕-지만, -(으)면서(도), -ㄴ[-은](데)(도) ¶残念ながらこれ以上お役には立てません 죄송하지만 더 이상 도와드릴 수 없습니다. / 体に悪いとは知りながらついつい飲みすぎてしまう 몸에 안 좋다는 걸 알면서도 나도 모르게 과음해 버린다. / 彼は若いながら周囲の気配りがよくく 人の사람은 젊은데도, 주위 사람을 배려할 줄 안다. / 人並み外れた才能がありながら彼はそれを活かすことができなかった 남보다 월등한 재능을 가지고 있으면서 그는 그것을 살리지 못했다. / 狭いながらも楽しいわが家 좁지만 즐거운 우리 집

❸〔そのまま〕그대로 ¶祖父母はいなかで昔ながらの生活をしているお祖母ちゃん祖父ちゃんは시골에서 옛날 그대로 생활하고 계신다.

**ながらく【長らく】** 오래, 오랫동안 ¶長らくお待たせして申し訳ございません 오래 기다리시게 해서 죄송합니다.

**ながれ【流れ】** ❶ 〔水などの〕 흐름, 물살 ¶水の流れが速い 물살이 빠르다. / この川は流れが速い 이 강은 물살이 빠르다. / 川の流れに沿って散歩した 강을 따라 산책했다. / ボートで流れを下った 보트로 물살을 타고 내려갔다.

❷ 〔人・車などの〕 흐름, 물결 ¶初詣で神社へお参りに行く人の流れが絶えなかった 새해를 맞이하여 신사에 참배하러 가는 사람들의 흐름이 끊이지 않았다. / 週末には車の流れが悪くなる 주말에는 자동차의 흐름이 원활하지 못하다.

¶時代の流れに逆らうことはできない 시대의 흐름에 거역할 수는 없다.

❸〔系統〕계통, 유파 〔血筋〕혈통, 핏줄 ¶源氏の流れをくむという人々が住んでいる村 겐지의 혈통을 잇는다는 사람들이 살고 있는 마을

❹〔その他〕¶彼のエラーが試合の流れを変えた 그의 실수로 경기의 흐름이 바뀌었다. / 自動車が流れ作業で生産されている 자동차가 컨베이어 시스템으로 생산되고 있다.

**ながれだま【流れ弾】** 유탄 ¶彼は戦場で流れ弾に当たって死んだ 그는 전쟁터에서 유탄에 맞아 죽었다.

**ながれぼし【流れ星】** 유성, 《俗》별똥(별)

**ながれもの【流れ者】** 〔放浪者〕방랑자, 유랑자, 떠돌이

**ながれる【流れる】** ❶ 〔液体・電気などが〕 흐르다 ¶川が勢いよく流れている 강이 힘차게 흐르고 있다. / 漢江はソウル市内を貫いて流れている 한강은 서울 시내를 가로질러 흐르고 있다. / 彼女の額に汗が流れ始めた 그 여자

의 이마에 많이 흐르기 시작했다. / この回路には電流が流れている 이 회로에는 전류가 흐르고 있다. ❷〔時が〕流れる, 過ぎる〔うわさなどが〕広がる〔質・抵抗が〕維持される〔中止になる〕中止される, 流회되다〔動く〕動く ¶時の流れるのが速いのには驚く 세월의 흐름이 빠름에 놀란다. / 月日が流れ村はすっかり変わった 세월이 지나 마을은 완전히 변했다. / 森の方から霧が流れてきた 숲 쪽에서 안개가 끼기 시작했다. / 彼が結婚するといううわさが流れた 그가 결혼한다는 소문이 퍼졌다. / 出席者が少ないために会議が流れた 출석자가 적어서 회의는 중지되었다. / 高速道路はやっと車が流れ出した 고속도로는 겨우 차가 움직이기 시작했다.

**ながわずらい【長患い】**¶父は長患いをしている 아버지는 오랜 병을 앓고 계신다.

**なき【亡き】**돌아가신【故】고 ¶亡き母 돌아가신 어머니 / 今は亡きイ・チョル氏 고 이철 씨

**なぎ【凪】**바람이 멎고 파도가 잔잔해짐 ¶朝[夕]なぎ 아침[저녁]바다의 잔잔함

**なきおとし【泣き落とし】**읍소(泣訴), 울음 작전 ◇泣き落とす 읍소하다 ¶ユナは彼を泣き落としにかかった 유나는 그 남자에게 눈물 작전을 시도했다.

**なきがお【泣き顔】**울상 ¶彼女は泣き顔を見られまいとしてトイレへ駆け込んだ 그녀는 우는 얼굴을 안 보이려고 화장실로 뛰어들어갔다.

**なきくずれる【泣き崩れる】**¶彼女は娘が事故で死亡したと聞いて泣き崩れた 그녀는 딸이 사고로 죽었다는 소식을 듣고 울부짖었다.

**なきごえ【泣き声】**울음소리 ¶赤ちゃんの泣き声が聞こえた 아기의 울음소리가 들렸다.

**なきごえ【鳴き声】**울음소리 ➾なく

**なきごと【泣き言】**우는 소리, 푸념, 넋두리 ¶泣き言を言うな 우는 소리 하지 마!

**なぎさ【渚】**해변, 바닷가 ¶彼女は渚にたたずんでいた 그녀는 해변에 우두커니 서 있었다.

**なきさけぶ【泣き叫ぶ】**울부짖다 ¶親とはぐれた子供が泣き叫びながら母親を捜していた 부모와 떨어진 애가 울부짖으면서 엄마를 찾고 있었다.

**なきじゃくる【泣きじゃくる】**흐느껴 울다 ¶少年は泣きじゃくりながら事情を話した 소년은 흐느껴 울면서 사정을 얘기했다.

**なぎたおす【薙ぎ倒す】**쓰러뜨리다 ¶強風が稲をなぎ倒した 강풍에 벼가 쓰러졌다.

**なきだす【泣き出す】**울기 시작하다 ¶少女は母親を見るなり泣き出した 소녀는 엄마를 보자마자 울음을 터뜨렸다. / 空は今にも泣き出しそうだった 하늘은 당장에라도 비가 올 것 같았다.

**なきつく【泣き付く】**울며 매달리다 ¶弟は金を貸してほしいと泣きついてきた 동생은 돈을 빌려달라고 애원했다. / 君に泣きつかれちゃかなわないよ 네가 울며 매달리면 감당 못 해.

**なきつら【泣き面】**우는 얼굴 慣用句 泣きっ面にはち(→倒れたところへ覆いかぶさる) 엎친 데 덮치다 | 설상가상(雪上加霜)

**なきどころ【泣き所】**약점(弱点), 급소(急所) ¶弁慶の泣き所(→向こうずね) 정강이

**なきねいり【泣き寝入り】**¶泣き寝入りする 할 수 없이 참다 ¶いじめに対して泣き寝入りはよそう 왕따를 마냥 당하고 있지만은 말자.

**なきはらす【泣き腫らす】**눈이 붓도록 울다

**なきふす【泣き伏す】**엎드려 울다, 쓰러져 울다 ¶彼女はふられたショックで泣き伏した 그녀는 차인 충격에 쓰러져 울었다.

**なきべそ【泣きべそ】**울상【泣き顔】울보 ¶泣きべそをかく 울상을 짓다 ¶その子は母親にしかられて泣きべそをかいていた 그 아이는 엄마한테 혼나서 울상을 짓고 있었다.

**なきまね【泣き真似】**거짓 울음 ¶ほっときなさい. あの子は泣き真似をしているだけなんだから 그냥 내버려 둬. 저 아이는 우는 척하고 있을 뿐이니까.

**なきむし【泣き虫】**울보, 우지

**なきわめく【泣き喚く】**울부짖다 ¶その子は注射がいやだといって泣きわめいた 그 아이는 주사 맞는 게 싫다고 울부짖었다.

**なく【泣く】**울다

> 基本表現
> ▶赤ちゃんがミルクを欲しがって泣いている 아기가 젖을 달라고 울고 있다.
> ▶泣かないでちょうだい 울지 말아 줘.
> ▶赤ちゃんが泣き始めた 아기가 울기 시작했다.
> ▶赤ちゃんが泣きやんだ 아기가 울음을 그쳤다.
> ▶入試に失敗して泣きたくなった 입시에 실패해서 울고 싶어졌다.

¶彼女は悲しい知らせを聞いて泣いた 그녀는 슬픈 소식을 듣고 울었다. / その子は怖くなってしくしく泣いた 그 아이는 무서워서 훌쩍훌쩍 울었다. / 彼女は友人の葬式で涙を流して泣いた 그녀는 친구의 장례식에서 눈물을 흘리며 울었다.

¶行かないでと妹は姉に泣いて頼んだ 가지 말라고 동생은 언니에게 울면서 매달렸다. / 男の子は迷子になって泣いていた 남자 아이는 미아가 되어 울고 있었다. / 女の子は泣くのをこらえていた 여자 아이는 울음을 참고 있었다. / 思い切り泣いたら気分がすっきりした 마음껏 울었더니 속이 시원해졌다.

¶チョンスクは声を上げて泣いた 정숙이는 소리를 내어 울었다. / 静かに泣く 조용히 울다 / さめざめと泣く 하염없이 울다 / 悲しそうに泣く 슬픈 듯이 울다

¶痛くて泣く 아파서 울다 / うれしくて泣く 기뻐서 울다 / 同情して泣く 동정해서 울다 / 悲しくて泣く 슬퍼서 울다 / 夫の死を悲しんで泣く 남편의 죽음을 슬퍼해 운다. 慣用句 いま会社を辞めたら後で泣くよ 지금 회사를 그만두면 나중에 후회하게 된다. / 泣いても笑っても今年も後一日で終わりだ 어쨌든 울어도 웃어도 앞으로 하루로 끝이다. / 彼の名前を聞けば泣く子も黙るよ 그 사람 이름을 들으면 울던 아이도 울음을 그친다.

**なく【鳴く】**짖다【吠える】¶犬がワンワン鳴いている 개가 멍멍 짖고 있다. / 猫がニャーオと鳴いた 고양이가 야옹하고 울었다. / 牛がモーと鳴く 소가 음매하고 운다. / 豚がブーブーと鳴く 돼지가 꿀꿀하고 운다. / 羊がメーと鳴く

양이 매하고 운다. / さるがキッキッと鳴く 원숭이가 킥킥하고 운다.
¶鶏がコケコッコーと鳴く 닭이 꼬끼오하고 운다. / あひるがガーガー鳴く 오리가 꿱꿱하고 운다. / からすがカアカアうるさしく鳴いている 까마귀가 까옥까옥하고 시끄럽게 울고 있다. / はとがクークーと鳴く 비둘기가 구구 운다. / 木立の中で鳥たちが鳴き始めた 나무들 사이로 새들이 지저귀기 시작했다.
¶虫たちがにぎやかに鳴いている 곤충들이 떠들썩하게 울고 있다. / 庭の虫がぴたっと鳴きやんだ 정원의 곤충이 뚝하고 울음을 그쳤다.

**なぐ**【凪ぐ】〔海u〕 잔잔해지다〔風u〕 자다

**なぐさみ**【慰み】【楽しみ】즐거움, 오락(娛樂) 〔気晴らし〕기분 전환, 심심풀이 ¶父の唯一の慰みはゴルフだ 아버지의 유일한 즐거움은 골프이다. / "(鉄棒の降り技で)3回転宙返りをやるのかい"「まあ、うまくいったらお慰みだけど」"3회 공중제비를 하는 거야?" "글쎄, 잘 되면 다행이고."

**なぐさめ**【慰め】위로(慰労), 위안(慰安) ¶市長は被災者たちに慰めの言葉をかけた 시장은 피해자들에게 위로의 말을 전했다. / 何の慰めにもならないかもしれないけど試合に負けたのは君がエラーしたからというわけじゃないよ 아무런 위안도 안 될지도 모르겠지만 경기에서 진 것은 네가 실수 해서가 아니야.
¶「君の家、火事で全焼したんだってね」「ああ、家族がみんな無事だったのがせめてもの慰めだよ」"너네 집, 화재로 전부 탔다면서." "응, 가족 모두 무사한 게 그나마 위안이 돼."

**なぐさめる**【慰める】위로하다, 위안하다〔なだめる〕달래다 ¶悲しんでいる遺族を慰める 슬퍼하는 유족을 달래다 / 悲しみに打ちひしがれている彼女を慰める言葉もなかった 슬픔에 잠긴 그녀를 달랠 말도 없었다. / 試験に落ちて気落ちした弟を慰めようとした 시험에 떨어져 낙담해 있는 남동생을 위로하려 했다. / 美しい花を見ると心が慰められる 아름다운 꽃을 보면 마음이 위로된다.
¶たまたま運がなかっただけだと思って自らを慰めた 그냥 운이 없었을 뿐이라고 생각하면서 스스로를 달랬다.

**なくす**【亡くす】여의다, 잃다 ¶彼女は母をがんで亡くした 그녀는 어머니를 암으로 여의었다. / 彼は交通事故で一人息子を亡くした 그는 교통사고로 외아들을 잃었다.

**なくす**【無くす】〔失う〕잃다〔取り除く〕없애다 ¶どこかで鍵をなくしてしまった 어딘가에서 열쇠를 잃어버렸다. / 財布をなくしたのに気がついたのはいつですか 지갑 잃어버린 걸 알아챈 것은 언제입니까? / 今の仕事に興味がなくした 지금 하는 일에 흥미를 잃었다. / 貧困[差別]をなくす 빈곤[차별]을 없애다.

**-なくて**【-無くて】없어서〔…ではなくて〕아니라, …이나고 ¶彼はお金がなくて困っている 그는 돈이 없어서 난처해하고 있다. / 人手がなくてもトても忙しい 일손이 없어서 매우 바쁘다. / 車がなくても大丈夫だ 차가 없어도 괜찮다. / めがねがなくてはやっていけない 안경 없이는 아무것도

못한다.
¶あの人は母ではなくておばです 저 사람은 어머니가 아니고 숙모입니다. / 君が嫌いだからではなくて、時間がなくて会えないんだ 네가 싫어서가 아니라 시간이 없어서 못 만나는 거야.

**なくなく**【泣く泣く】〔涙ながらに〕울면서〔仕方なく〕할 수 없이 ¶泣く泣く彼と別れた 울면서 남자 친구와 헤어졌다. / 私は泣く泣く故郷をあとにした 나는 울면서 고향을 떠났다. / 泣く泣く車を手放した 할 수 없이 차를 처분했다.

**なくなる**【亡くなる】돌아가다〔死ぬ〕죽다
¶母は3年前に病気で亡くなった 어머니는 3년 전에 병으로 돌아가셨다.

**なくなる**【無くなる】❶〔消滅する〕없어지다, 가시다 ¶夜中の12時を過ぎると電車の便がなくなる 밤 열두 시를 넘기면 전철이 끊긴다. / 痛みはなくなったがまだ自由に動けない 통증은 가셨지만 아직 자유롭게 움직이지는 못한다. / 地球上で争いのなくなる日が一日も早く来ることを願わずにはいられない 지구상에 전쟁이 없어지는 날이 하루 빨리 오기를 원하지 않을 수 없다. / 交通規則がいくら改正されても事故はいっこうになくならない 교통 규칙이 개정되어도 사고는 조금도 없어지지 않는다. / 住民運動によってこの町から公害がなくなった 시민운동에 의해 이 도시로부터 공해가 없어졌다. / いざという時になって勇気がなくなった 막상 하려니 접부터 나네. / 「このゲームは落とせませんね」「そうです。負けたら優勝の望みがなくなりますからね」"이 게임은 놓칠 수 없겠는데요." "그렇습니다. 진다면 우승할 가망이 없어지니까요."
❷〔紛失する〕없어지다 ¶図書館から借りた本がなくなった 도서관에서 빌린 책이 없어졌다. / 戻ってきてみると自転車がなくなっていた 돌아와 보니 자전거가 없어졌다.
❸〔尽きる〕떨어지다 ¶もう米がなくなった 벌써 쌀이 떨어졌다. / 車のガソリンがなくなりかけている 자동차 기름이 거의 떨어져 있다.
¶急げ！時間がなくなってきたぞ 서둘러! 시간이 없어.

**なぐりあい**【殴り合い】주먹질, 주먹다짐 ¶彼と殴り合いになった二人 남자끼리 치고받고 싸웠다.

**なぐりあう**【殴り合う】주먹질하다 ¶彼らは殴り合った 그들은 주먹질하며 싸웠다.

**なぐりがき**【殴り書き】◇殴り書きする 갈겨 쓰다 ¶私はメモを殴り書きした 나는 메모를 갈겨 썼다. / 殴り書きのメモ 갈겨 쓴 메모

**なぐりこみ**【殴り込み】습격(襲擊), 난입(乱入) ◇殴り込む 습격하다, 난입하다 ¶彼らは敵の隠れ家に殴り込みをかけた 그들은 적의 은신처를 습격하였다. / 韓国のIT企業が日本市場に殴り込みをかけてきた 한국의 IT기업이 일본 시장에 도전해 왔다.

**なぐる**【殴る】때리다, 치다 ⇒**たたく** 使い分け
¶彼は犬を棒で殴った 그는 개를 막대기로 때렸다. / 彼女は平手で私のほおを殴った 그 여자는 손바닥으로 내 빰을 때렸다. / まず最初に鼻面を一発殴ってやった 맨 먼저 콧등을 한 대 때려 줬다. / 彼は取り調べ中に刑事から殴る蹴るの暴行を

たと主張した 彼は 취조 중에 형사에게 얻어맞고 발로 차이는 폭행을 당했다고 주장했다. / 彼は不良にいやというほど殴られて金を巻き上げられた 그는 불량배에게 실컷 두드려 맞고 돈을 빼앗겼다. / 父は理由も聞かずに僕を殴り飛ばした 아버지는 다짜고짜 나를 후려 갈겼다. / 殴り倒す 때려 눕히다 / 殴り殺す 때려 죽이다

**なげうつ【擲つ】** 바치다 ¶彼はすべてをなげうって研究に没頭した 그는 모든 것을 바쳐 연구에 몰두했다. / 彼は全財産をなげうって島に病院を作った 그는 전재산을 바쳐 섬에 병원을 지었다.

**なげうり【投げ売り】** 덤핑 ◇投げ売りする 헐값에 팔다 ¶売れ残った商品を投げ売りする 팔고 남은 상품을 헐값에 팔았다.

**なげかける【投げ掛ける】** [体を]기대다 [問題を]던지다 [提起する]제기하다 ¶ユミは彼の腕に体を投げかけた 유미는 남자 친구의 팔에 몸을 기댔다. / その事件は社会に大きな問題を投げかけた 그 사건이 사회에 커다란 문제를 제기했다. / 彼はその理論に疑問を投げかけた 그는 그 이론에 의문을 제기했다.

**なげかわしい【嘆かわしい】** 한심스럽다, 한탄스럽다 ¶若者の公共心のなさは嘆かわしいばかりだ 젊은 사람들이 공익정신이 없는 것이 한심스러울 뿐이다. / 嘆かわしい状態 한심한 상태

**なげき【嘆き】** 개탄 [悲しみ]비탄, 슬픔

**なげキッス【投げキッス】** ¶彼女は観客に投げキッスを送った 그녀는 관객에게 키스를 보냈다.

**なげく【嘆く】** 한탄하다, 개탄하다 [恋々とする]연연하다 [悲しむ]슬퍼하다 ¶彼は政治の腐敗を嘆いた 그는 정치의 부패를 한탄했다. / 失敗を嘆いても仕方がない 실패에 연연한들 소용없다. / いつまでも死んだ人のことを嘆いていてはいけない 언제까지나 죽은 사람을 생각하며 슬퍼해서는 안 된다.

**なげこむ【投げ込む】** 던져 넣다 ¶ちらしを各家庭に投げ込む 집집마다 광고지를 넣다 / ごみを川に投げ込む 쓰레기를 강에 던져 넣다

**なげすてる【投げ捨てる】** 내던지다, 내버리다 ¶ごみを投げ捨ててはいけません 쓰레기를 내버려서는 안 됩니다. / 彼は地位も名誉も投げ捨てた 그는 지위도 명예도 다 내던졌다.

**なげだす【投げ出す】** ❶[放り出す]내던지다 ¶かばんを机の上に投げ出して外に遊びに行った 가방을 책상 위에 내던지고 밖에 놀러 갔다. / 車が電柱に衝突し彼は道路に投げ出された 차가 전봇대에 충돌해 그는 도로로 내던져졌다. / 畳に足を投げ出して座る 다다미에 다리를 뻗고 앉다 ❷[放棄する]내던지다, 포기하다 ¶その本はつまらなかったので途中で投げ出してしまった 그 책은 재미없어서 중간에 읽다 말았다. / 彼は決して途中で仕事を投げ出したりしない 그는 결코 도중에 일을 포기하지 않는다. ❸[財産・命などを差し出す]바치다 ¶彼は美術館の設立に全財産を投げ出した 그는 미술관 건립에 전재산을 바쳤다. / 多くの若者が国のために命を投げ出した 많은 젊은이들이 나라를 위해 목숨을 바쳤다.

**なげつける【投げ付ける】** 내던지다 ¶彼は犬に石を投げつけた 그는 개에게 돌을 집어던졌다

**なげなし【無けなし】** ¶なけなしの金をはたいて婚約指輪を買った 없는 돈을 몽땅 털어 약혼 반지를 샀다.

**なげやり【投げ遣り】** ◇投げやりだ[無責任だ]무책임하다 ◇投げやりに[いい加減に]아무렇게나 ¶彼女の投げやりな態度は我慢できない 그 여자의 될대로 되라는 식의 태도는 용서할 수 없다.

**なげる【投げる】** ❶[物を投げる]던지다, 내던지다

基本表現

▶ボールを投げる 공을 던지다
▶彼は私にボールを投げて寄こした
그는 나한테 공을 던졌다
▶彼はほえる犬に向かって石を投げつけた
그는 짖는 개한테 돌을 던졌다.
▶私たちはコインを投げてどうするかを決めた
우리들은 동전을 던져 어떻게 할 것인가를 정했다.
▶彼は私に鍵をひょいと投げて寄こした 그는 나한테 열쇠를 휙 던졌다.
▶彼は打者にカーブを投げた
그는 타자에게 커브볼을 던졌다.
▶窓から物を投げてはいけません
창문으로 물건을 던져서는 안 됩니다.
▶彼女はその手紙をくずかごに投げ入れた 그녀는 그 편지를 쓰레기통에 던졌다.

¶彼は背負い投げで相手を投げた 그는 업어치기로 상대방을 내던졌다. / 彼女はソファーに身を投げ激しく泣いた 그녀는 소파에 몸을 내던지고서 펑펑 울었다. / その男は崖から海に身を投げた 그 남자는 절벽에서 바다에 몸을 던졌다.

会話 野球で
A：きのうの試合はだれが投げたの
B：松坂が投げて完封勝ちだよ
A：어제 경기는 누가 던졌어 ?
B：마쓰자카가 던져서 완봉승이었어.

❷[視線を投げかける]보내다 [疑問を]던지다, 제기하다 ¶彼はその少女に視線を投げた 그는 그 소녀에게 시선을 보냈다.

❸[あきらめる]단념하다, 포기하다 ¶仕事を途中までやって投げてはいけません 일을 도중에서 포기하면 안 됩니다. / 試合を投げるのにはまだ早いよ 경기를 포기하기에는 아직 일러.

**-なければ** […なしでは]가[이] 없으면 […でなければ]가[이] 아니면 […しなければ] -지 않으면 ¶水がなければ人は生きていけない 물이 없으면 사람은 살 수 없다

¶彼女でなければ彼を説得することはできない 그녀가 아니면 그를 설득할 수 없다. / スーパーマンでもなければこんな重い石は持ち上げられない 슈퍼맨이 아니면 이렇게 무거운 돌은 들어 올릴 수 없다. / 「健二、冷蔵庫のいちご食べた？」「食べてないよ」「だったら、弘ね」"겐지, 냉장고 안에 있는 딸기 먹었니？" "안 먹었어." "그래？ 히로시가 먹은 거구나."

¶言いたくなければ言わなくてもいい 말하고 싶지 않으면 말 안 해도 괜찮아. / 一生懸命勉強しなければ試験には受からないよ 열심히 공부하지 않

**なこうど**

으면 시험에 합격할 수 없어. / 今謝らなければ彼女は永久に許してくれないだろう 지금 사과하지 않으면 그녀는 영원히 용서해 주지 않을 것이다. / 彼女は僕も行くのでなければ行かないと言った 그녀는 내가 같이 안 가면 자기도 안 가겠다고 했다. / あすの試合に勝たなければ我々は最下位だ 내일 시합에서 이기지 않으면 우리들은 꼴찌로 떨어진다. / 風邪を引いてなければパーティーに行くのだけれど 감기에 걸리지만 않았더라면 파티에 가는 건데. / 寝坊しなければバスに間に合ったのに 늦잠만 안 잤으면 버스 탈 수 있었는데. / あすは釣りに行こう. 雨が降ってなければの話だが 내일 낚시하러 가자. 비가 안 왔을 때의 얘기지만. / しなければならないことがたくさんある 해야 될 일이 많다. / そうなら彼に教えてあげなければだめだよ 그렇다면, 그 사람한테 알려 줘야 돼.

**なこうど [仲人]** 중매(仲媒), 중신 [人] 중매인 ◇**仲人をする** 중매를 서다, 중신하다 ¶私たちが彼らの仲人をした 우리가 그들의 중매를 섰다.

**なごむ [和む]** 흐뭇해지다, 누그러지다 ¶子供たちの笑顔を見ていると心が和む 아이들의 웃는 얼굴을 보고 있으면 마음이 부드러워진다. / 彼女が来てくれたおかげで場が和んだ 그녀가 와 준 덕분에 분위기가 부드러워졌다.

**なごやか [和やか]** ◇**和やかだ** 화기애애하다 ¶会談は和やかな雰囲気の中で行われた 회담은 화기애애한 분위기 속에서 진행되었다.

**なごり [名残]** ❶ [痕跡] 흔적, 자취 ¶まだ冬の名残が感じられる 아직 겨울의 자취가 느껴진다. / この町は所々に古い城下町の名残をとどめていた 그 도시는 시내 곳곳에 옛 성곽 도시의 흔적이 남아 있었다. ❷ [惜別] 석별의 정 [別れ] 작별, 이별 ¶いつまでも名残は尽きなかった 이별의 아쉬움은 다하고 두고 가시지 않았다. / 親友との名残を惜しんだ 친구와의 작별을 아쉬워했다. / 彼女は名残惜しげに何度も振り返った 그녀는 아쉬운 듯이 몇 번이고 돌아보았다.

**-なさい** 해라, -아[-어]라 ¶静かにしなさい 조용히 해라. / 見ていないならテレビを消しなさい 안 볼거면 텔레비전을 꺼라.

**なさけ [情け]** 동정, 인정(人情) [同情] 동정 [慈悲] 자비 ¶君に情けをかけるつもりはないよ 널 동정할 생각은 없어. / どうかお情けを 제발 자비를 베풀어 주세요. / 人のお情けで生きたくない 남의 동정을 받으며 살고 싶지 않다. / あいつには情けなどというものはない 그 녀석한테 인정이라고는 없다. ¶彼は情け容赦のない検事だ 그는 인정사정없는 검사다. / 人の情けにすがるな 남의 인정에 기대지 마. 慣用句 情けは人の為ならず 남에게 인정을 베풀면 결국 자기에게 돌아온다. / 彼への情けがかえってあだとなった 그에게 베푼 동정이 오히려 해가 되었다.

**なさけない [情けない]** [みじめな] 비참하다, 처량하다 [恥ずべき] 부끄럽다 [嘆かわしい] 한심하다, 한심스럽다 ¶彼女の前にこんな情けない姿をさらすなんてできないよ 그녀 앞에서 이런 비참한 모습을 보여 줄 수 없어. / お前はなんて情けないやつなんだ 너는 정말 한심한 놈이니? / 盗みを働くとは情けない 도둑질을 하다니 한심하다. / 息子の情けない成績にはがっかりした 아들의 한심한 성적에 실망했다. / 情けない声を出してどうしたの 처량한 소리를 다하고 왜 그래?

¶情けない話だが彼にレポートを代筆してもらった 부끄러운 얘기지만 그가 리포트를 대신 써 주었다. / 情けないことにスピーチの途中で言葉が出なくなってしまった 한심스럽게도 연설 도중에 말문이 막혀 버렸다. / 落第するなんて我ながら情けない 낙제를 하다니 내가 생각해도 한심스럽다.

**なさけぶかい [情け深い]** 너그럽다 [慈悲深い] 인자하다, 인자스럽다 ¶情け深い人 인자한 사람

**なざし [名指し]** 지명(指名) ◇**名指す** 지명하다 ¶彼は名指しで批判された 그는 이름까지 언급되어 비판당했다.

**なし [梨]** 배 ¶**梨の木** 배나무 / **梨畑** 배 밭 数え方 梨 1個 배 한 개 慣用句 彼からはまったくのなしのつぶてだ 그 사람한테서는 깜깜 무소식이다.

**なし [無し]** ◇**なしで[に]** 없이 ¶朝食なしで済ます 아침 식사를 거르다 / 休憩なしで働く 휴식 시간 없이 일하다 / 田舎では車なしでは生活できない 시골에서는 자동차 없이는 생활할 수 없다. / 何の連絡もなしに突然やってきた 아무런 연락도 없이 갑자기 찾아왔다.

**なしくずし [済し崩し]** ◇**なし崩しに** 조금씩 ¶失業してからというものは貯金をなし崩しに使いながら生活している 실직한 뒤로는 저축한 돈을 조금씩 까먹으면서 생활하고 있다.

**なしとげる [成し遂げる]** 이룩하다, 완수하다, 해내다 ¶彼は歴史に残る偉業を成し遂げた 그는 역사에 남을 위업을 달성했다. / この計画を成し遂げるのはなかなか難しい 이 계획을 완수하는 것은 상당히 어렵다.

**なじみ [馴染み]** 馴染みの [好きな] 좋아하는, 마음에 든 [よく知っている] 잘 아는, 낯익은 [発音は난니근] [親しい] 친숙한 [常連の] 단골 ¶ここはなじみの場所だ 여기는 내가 자주 오는 곳이다. / 俳句は私にとってなじみが薄い 하이쿠 [단시]는 나에게는 낯설다. ¶友達となじみの飲み屋へ行った 친구와 잘 아는 술집에 갔다.

**なじむ [馴染む]** ❶ [慣れる] 익숙해지다 [親しくなる] 친해지다 ¶彼女はなかなかとても東京での生活になじめなかった 그녀는 아무리 해도 도쿄에서의 생활이 익숙해지지 않았다. / 娘はすぐに新しい家庭教師になじんだ 딸은 새로운 가정교사와 금방 친해졌다. / 彼はなじみやすい人だ 그 사람은 친해지기 쉬운 사람이다. ❷ [合う] 맞다 [調和する] 어울리다 ¶足になじんだ靴は歩きやすい 발에 길들여진 구두는 걷기 편하다. / カレーは一晩おいたほうが味がなじんでおいしい 카레는 하룻밤 묵혀 두는 편이 맛이 잘 배어 맛있다.

¶じゅうたんの色が壁紙の色となじまない 카펫 색깔이 벽지 색과 어울리지 않는다.

❸〔適当である〕적당하다, 마땅하다
¶この種の問題は裁判になじまないとして却下された 이런 종류의 문제는 재판하기에 적당하지 않다고 기각되었다.

**ナショナリズム** 내셔널리즘, 국가주의(国家主義), 민족주의(民族主義)

**なじる【詰る】** 따지다〔ののしる〕욕하다, 욕설하다 ¶彼女は夫の稼ぎが少ないとなじった 그 여자는 남편의 수입이 적다고 따졌다.

**なす【成す】** 이루다〔作る〕만들다〔財産などを〕모으다〔形成する〕형성하다 ¶彼はかなりの財をなした 그는 상당한 재산을 모았다. / それは意味をなしていない 그것은 의미가 통하지 않는다. ¦ 그것은 말이 안 된다. / この部分が彼女の理論の骨格をなしている 이 부분이 그녀의 이론의 골격을 이루고 있다.

**なす【為す】** 하다 ¶なすすべがなかった 어찌할 방법이 없었다 / 彼は妻のなすがままになっている 그는 아내가 시키는 대로 하는 사람이다.

**なす【茄子】** 가지 세는법 ¶なす1本 가지 한 개

**なすりあい【擦り合い】** ¶彼らは責任のなすり合いをした 그들은 서로 책임을 전가시켰다.

**なすりつける【擦り付ける】** 문질러 대다〔責任・罪などを〕덮어씌우다 ¶彼は汚れた手をズボンになすりつけた 그는 더러워진 손을 바지에 문질렀다. / 彼はミスの責任を部下になすりつけた 그는 실패의 책임을 부하에게 덮어씌웠다. / 罪を人になすりつける 죄를 남에게 덮어씌우다

**なぜ【何故】** 왜〔どうして〕어째서 ¶「なぜ彼女は一緒に来なかったの」「急用ができちゃったんだ」"왜 여자 친구랑 같이 안 왔어?" "급한 일이 생겼어." / 「なぜ彼女の家に行ったの」「ちょっと話したいことがあってね」"왜 여자 친구 집에 갔어?" "잠깐 할 얘기가 있어서." / 「今すぐ出かけたほうがいいよ」「なぜ?」"지금 바로 나가는 게 좋아." "왜?" / 「やっぱりきょうは買い物に行くのをやめる」「なぜ?」"역시 오늘은 쇼핑 가는 거 그만둘래." "왜?" / 「試験に落ちちゃった」「なぜもう少し勉強しておかなかったんだ」"시험에 떨어졌어." "그러게 왜 공부 좀 더하지 그랬어." / なぜそんなことをしたのですか 왜 그런 짓을 했어요? / いったいなぜ万引なんかしたんだい 도대체 왜 물건을 훔쳤어?

¶あの時なぜ父が怒ったのか今になってわかる 그 때 왜 아버지가 화내셨는지 이제 와서 알겠다. / なぜ火事が起きたのかわからない 왜 화재가 일어났는지 모르겠다. / なぜ彼女が突然姿を消したのかは謎のままだ 왜 그녀가 갑자기 흔적을 감추었는지는 아직까지 의문이다. / 彼女は彼になぜそんなことを言ったのかと尋ねた 그녀는 그에게 어째서 그런 말을 했느냐고 물었다 / なぜにやにやしているんだい 왜 히죽히죽 웃고 있는 거야?

¶なぜかわからないが、悪いことが起こりそうな気がする 왠지 안 좋은 일이 일어날 것 같다. / 彼はなぜかいつもトラブルに巻き込まれる 그는 왠지 항상 안 좋은 일에 연루된다. / 子供はあらゆることになぜ、どうしてと聞いてくる 아이들은 모든 일에 왜 어째서냐고 물어 본다.

**なぜなら【何故なら】** 왜냐하면 ¶彼女はいつも明かりをつけたままにしておく。なぜなら怖がりだから 여자는 항상 전등을 켜 둔다. 왜냐하면 무서움을 타기 때문에. / その日は終電で帰った。なぜなら夜遅くまで残業していたから 그 날은 막차로 집에 돌아갔다. 왜냐하면 밤늦게까지 잔업을 했었으니까.

**なぞ【謎】** ❶〔正体がわからず不思議なこと〕수수께끼 ¶なぜ彼が突然姿を消したのかは依然として謎に包まれている 왜 그가 갑자기 행방을 감추었는지는 여전히 수수께끼로 남아 있다. / 調査が進むにつれ、事件の謎は深まるばかりだ 조사가 진행됨에 따라 사건의 의문점은 깊어지기만 한다. / 私たちは謎を解く手がかりを見つけた 우리들은 수수께끼를 풀 단서를 발견했다.

¶彼は謎の死を遂げた 그는 의문의 죽음을 당했다. / 彼女は謎めいたほほえみを口元に浮かべた 그녀는 수수께끼 같은 미소를 입가에 띄웠다.

❷〔遠回しに示すこと〕암시 ¶部長は「後任の課長になるのは彼ではないか」と謎をかけた 부장은 "후임 과장은 그 사람이 아닐까?"하고 넌지시 말했다. / あれは謝礼が欲しいという謎 그건 사례가 필요하다는 암시

**なぞなぞ【謎々】** 수수께끼(놀이) ¶私たちはなぞなぞをした 우리들은 수수께끼 놀이를 했다. / なぞなぞを解く 수수께끼를 풀다

**なぞる**〔文字〕덧쓰다〔絵を〕덧그리다〔まねる〕본뜨다 ¶お手本をなぞって習字の練習をした 펜 글씨체를 본떠 가며 글씨 연습을 했다.

**なた【鉈】** 손도끼(▶発音은 손또끼)

**なだかい【名高い】** 이름 나다〔有名だ〕유명하다 ⇒有名

**なたね【菜種】** 유채〔평지〕씨앗 関連 菜種油 유채 기름 / 菜種梅雨 봄장마

**なだめる【宥める】** 달래다 ¶泣いている子をなだめる 울고 있는 아이를 달래다 / 彼の怒りをなだめようとしたがむだだった 그의 화를 달래려고 했지만 소용없었다. / なだめてもすかしても子供は歯医者に行くのをいやがった 달래고 어르고 해도 아이는 치과에 안 가려고 하였다.

**なだらか** ◇なだらかだ 완만하다 ¶なだらかな坂〔丘〕완만한 비탈길〔언덕〕

**なだれ【雪崩】** 눈사태, 사태 ¶春先は雪崩が起こりやすい 초봄에는 눈사태가 일어나기 쉽다. / 登山の途中で雪崩にあった 등산 도중에 눈사태를 만났다. / 雪崩にのみ込まれる 눈사태에 휩쓸리다 関連 雪崩現象 일시에 한 방향으로 밀려드는 현상이나 경향 / 表層雪崩 표층 눈사태 慣用句 劇場で火災が発生し観客は雪崩を打って出口へ殺到した 극장에서 화재가 발생해 관객이 한꺼번에 출구로 밀어 닥쳤다.

**なだれこむ【雪崩れ込む】** 밀어 닥치다, 몰려들다 ¶開店と同時に客がなだれ込んだ 개점과 동시에 손님이 밀어 닥쳤다.

**ナチ** 나치〔党〕나치스〔党員〕나치스트 ◇ナチズム 나치즘

**なつ【夏】** 여름〔夏季〕여름철, 하기〔夏期〕¶夏が来た 여름이 왔다. / 夏が終わった 여름이 끝났다.

¶夏は田舎の祖母のところで過ごします 여름에는 시

골 할머니 댁에서 지냅니다. / 夏は毎年軽井沢で過ごします 여름은 매년 가루이자와에서 보냅니다. / 去年の夏は異常に暑かった 작년 여름은 이상하게 더웠다. / 日本の夏は蒸し暑い 일본의 여름은 무덥다. / 今年の夏は涼しい北海道に行く予定です 올여름에는 시원한 홋카이도에 갈 예정입니다. / もうすぐ夏だ 이제 곧 여름이다. / 彼女に初めて会ったのは3年前の夏だった 그녀를 처음 만난 것은 3년 전 여름이었다. /「きょうは暑いな」「そりゃそうよ。だって夏じゃない」 "오늘은 덥구나." "당연하지, 여름이잖아." / 夏の間そこは観光客がたくさん訪れる 여름에 그곳은 관광객이 많이 찾는다. / 夏中アルバイトをした 여름 내내 아르바이트를 했다.

¶2008年の夏 2008년 여름 / 来年[去年]の夏 내년[작년] 여름 / 夏の初めに[終わりに] 여름이 시작할 때[끝나갈 때] / 夏の盛りに 한여름에
関連 夏風邪 여름 감기 / 夏場所 매년 오월에 열리는 정규적인 씨름 대회 / 夏日 여름날 [真夏日] 한여름날 / 夏服 하복, 여름철에 입는 옷 / 夏季講習 하기 강습 / 初夏 초여름 / 冷夏 선선한 여름

なついん【捺印】날인 ◇捺印する 날인하다, 도장을 찍다 ¶契約書に捺印した 계약서에 도장을 찍었다.

**なつかしい**【懐かしい】그립다 ¶懐かしい故郷を10年ぶりに訪れた 그리운 고향을 10년만에 찾아갔다. / 同窓会で懐かしい友人たちに会った 동창회에서 그리운 친구를 만났다. / 電話の向こうから彼の懐かしい声が聞こえた 수화기 너머로 그 사람의 그리운 목소리가 들려왔다. / 高校の先生たちが懐かしい 고등학교 선생님들이 그립다. / 韓国で過ごした日々を思うと懐かしくなります 한국에서 보낸 날들을 생각하면 그리워집니다. / 佐藤さんじゃないですか。懐かしいですね 사토 씨 아니에요? 반갑네요.
会話 懐かしいね
A:子供のころよく君とこの川で泳いだっけ
B:あのころが懐かしいね
A:어릴 적에 너와 종종 이 강에서 수영했었지.
B:그때가 그립구나.
A:おまえ高校の時, 洋子にふられただろ
B:ああ, でも今じゃ懐かしい思い出だよ
A:너 고등학교 때 요코한테 채였었지.
B:응, 하지만 지금은 그리운 추억이야.

なつかしむ【懐かしむ】그리워하다 ¶卒業アルバムを見ながら高校時代を懐かしんだ 졸업 앨범을 보면서 고등학교 시절을 그리워했다.

なつく【懐く】따르다 ¶子猫はすぐに私になついた 새끼 고양이는 금방 나를 따랐다. / うちの子は祖母にとてもなついていた 우리 아이는 할머니를 매우 잘 따랐다.

なづける【名付ける】이름을 짓다 ¶息子に太郎と名付けた 아들 이름을 다로라고 지었다.
ナッツ 견과(堅果)【木の実】나무 열매
なっとう【納豆】낫토: 푹 삶은 메주콩을 볏짚꾸러미 등에 넣고 띄운 식품 ¶ごはんに納豆をかけて食べるのが好きだ 밥에 낫토를 비벼 먹는 것을 좋아한다.

なっとく【納得】납득 ◇納得する 납득하다 ¶あなたの説明では納得がいかない 당신의 설명으로는 납득이 안 간다. / 理由を納得がいくように説明してください 그 이유를 납득이 가게 설명해 주세요. / 彼らは納得ずくで離婚した 그들은 서로 합의하에 이혼했다.

¶彼の言うことは納得できない 그 사람이 하는 말은 납득할 수 없다. / 自分の考えを親に納得してもらった 부모는 내 생각을 이해해 주었다. / 君の言いたいことはわかるけど納得したわけじゃないんだ 자네의 말은 알겠지만 납득한 것은 아니야.
¶彼にその計画を中止することを納得させた 그 계획을 취소하라고 그를 설득시켰다.

なつば【夏場】여름철 ¶夏場は食べ物が腐りやすい 여름철에는 음식이 썩기 쉽다.
なっぱ【菜っ葉】푸성귀 잎
なつばて【夏ばて】◇夏ばてする 여름을 타다 ¶夏ばてしてしまった 여름을 탔다.
なつみかん【夏蜜柑】여름귤
なつやすみ【夏休み】여름 방학【夏期休暇】여름 휴가 ¶夏休みに何をしますか 여름 방학 때 무엇을 할 겁니까? / 夏休みの宿題がたくさんある 여름 방학 숙제가 많다. / 夏休みをとる 여름 휴가를 얻다

なでおろす【撫で下ろす】[安心する] 한시름 놓다 ¶夫の無事がわかり彼女は胸をなで下ろした 남편이 무사하다는 것을 알고 그녀는 한시름 놓았다.
なでがた【撫で肩】부드럽게 내려온 어깨
なでしこ【撫子】패랭이꽃
なでつける【撫で付ける】매만지다 ¶姉はきれいに髪をなでつけて出かけた 언니는 머리를 곱게 매만지고 외출했다.
なでる【撫でる】어루만지다, 쓰다듬다, 만지작거리다【風が】스치다 ¶彼はあごをなでて考え込んでいた 그 남자는 턱을 만지작거리며 생각에 잠겨 있었다. / 彼は子犬の頭をなでた 그 사람은 강아지 머리를 쓰다듬었다. / 女の子は子猫をなでていた 여자 아이는 새끼 고양이를 쓰다듬고 있었다.

¶そよ風が私の髪をなでた 산들바람이 내 머리를 스쳤다.

**-など**【-等】❶[同類] 등, …같은 ¶秋にはなし, ぶどう, くりなどが出る 가을에는 배, 포도, 밤 등이 난다. / 車, 電話, コンピュータなどの文明の利器は今や日常生活に欠かせないものだ 차, 전화, 컴퓨터 등과 같은 문명의 이기는 이제는 일상생활에서 빼놓을 수 없는 것이다. / 彼は読書, チェスなどの知的な趣味を持っている 그는 독서나 체스와 같은 지적인 취미를 가지고 있다. / 私は寿司, すきやき, てんぷらなどの和食が好きだ 나는 초밥, 스키야키, 튀김 등 일식을 좋아한다. / 洗濯やら掃除やら育児などで一日中忙しかった 세탁하랴 청소하랴 아이 돌보랴, 하루 종일 바빴다. /「どんな果物が好きなの」「りんご, みかん, バナナなど何でも」"어떤 과일을 좋아해?" "사과, 귤, 바나나 등 아무거나."
¶コンビニやレストランなどでアルバイトをしてお金を

た 편의점이나 레스트랑 같은 데서 아르바이트를 해 돈을 모았다. / 彼はうそなどつけない人間だ 그는 거짓말 같은 건 못하는 사람이다.
❷ [強調] 따위 ¶牛, 豚などの家畜 소, 돼지 따위의 가축, 色や形などの外見は重要ではない 색깔이나 형태 따위의 외견은 중요하지 않다.

**ナトリウム** 나트륨 [関連] **塩化ナトリウム** 염화나트륨 ¶**炭酸ナトリウム** 탄산 나트륨

**なな【七】** 칠, 《固有語》 일곱 ¶7番目 일곱 번째 [慣用句] **人生は七転び八起きだ** 인생은 칠전팔기이다.

**ななじゅう【七十】** 칠십, 《固有語》 일흔 ¶70番目 일흔 번째 / (19)70年代 칠십년대

**ななつ【七つ】** 일곱 ¶7つ道具 도구 세트

**ななひかり【七光】** 후광(後光) ¶彼が芸能界でやっていけるのも親の七光のおかげだ 그가 연예계 생활을 할 수 있는 것도 부모의 후광 덕분이다.

**ななめ【斜め】** ❶ [対角をなす] 비스듬히, 비스듬한 ◇**斜めに** 비스듬히, 대각선으로 ¶**道路を斜めに渡った** 도로를 대각선 방향으로 건넜다. / **日光が窓から斜めに差し込んでいた** 햇빛이 창문으로 비스듬히 들어왔다. / **私は田中さんの斜め後ろに座った** 나는 다나카 씨 뒤쪽에 앉았다. / **教会は郵便局の斜め前にある** 교회는 우체국 앞쪽에 있다. / **橋を渡ると斜め右にお寺が見えた** 다리를 건너자 비스듬히 오른쪽에 절이 보였다. / **紙に斜めの線を引きなさい** 종이에 사선을 그어라.
❷ [機嫌が悪い] 기분이 좋지 않다 ¶**父はご機嫌斜めだ** 아버지는 기분이 좋지 않으시다.

**なに【何】** ❶ [不特定の物事] 무엇, 뭣, 뭐
¶"**誕生プレゼントには何が欲しい?**" "**新しいゲームがいいな**" "생일 선물로 뭘 갖고 싶니?" "새 게임 소프트 받으면 좋겠다." / "**君のかばんの中には何が入ってるの?**" "**教科書とノートぐらいだよ**" "네 가방 안에는 뭐가 들어 있니?" "교과서와 노트 같은 거지, 뭐." / "**彼女に何があったのだろう**" "**さあね**" "그 여자한테 무슨 일이 있었던 거지?" "글쎄." / "**あすの数学のテスト, 何が出るだろう**" "**分かれば苦労しないよ**" "내일 수학 시험에 뭐가 나올까?" "알면 고생 안 하지." / "**スポーツの中では何がいちばん好きですか**" "**サッカーだね**" "스포츠 중에서는 무엇을 제일 좋아합니까?" "그야 축구지." / **何がおもしろくてあんなことをするのかね** 뭐가 재미있어서 저런 짓을 하는 걸까? / **何が起こっても私の気持ちは変わらない** 무슨 일이 일어나도 내 마음은 안 변한다.

◆[何に]
¶"**将来何になりたいですか**" "**科学者です**" "앞으로 뭐가 되고 싶어요?" "과학자요." / "**夕飯は何にしましょうか**" "**ブルゴギが食べたいな**" "저녁은 뭐 먹을까요?" "불고기가 먹고 싶네." / "**その講演は何についてだったの**" "**日韓関係の展望についてだったけどあまり内容がなかった**" "그 강연은 뭐에 대한 관계의 전망에 관한 것이었는데 별 내용 없었어." / "**そんなことをして何になるのか**" 그런 거 해서 뭐 하냐? / **彼は有能な人だから何にでもなれる** 그는 유능해서 무엇이든 될 수 있다.

◆[何を]
¶"**(テレビで)何をやっているの**" "**韓国ドラマだよ**" "지금 뭐 해?" "한국 드라마 해." / **最近は何をするのもめんどうだ 요즘에는 만사가 귀찮아. / **彼は何をやってもだめだ この人は何をやっても駄目だ** 그 사람은 뭘 해도 안 된다. / **だれが何を言っても彼女は聞こうとしない** 누가 무슨 말을 해도 그 여자는 들으려 하지 않는다. / **何を食べてもいいよ. きょうは僕がおごるよ** 아무거나 먹어도 돼. 오늘은 내가 한턱낼게.

[会話] **何をしているの**
A: こんなところで何をしているのですか
B: 友達を待っているんです
A: 이런 곳에서 뭐하고 있어요?
B: 친구 기다려요.
A: お兄さんは何をしているの
B: 会社員だよ
A: 오빠는 뭐 하고 있어?
B: 회사원이야.
A: 何をそんなに心配しているの
B: 最近どうも体の具合がよくなくて
A: 뭘 그렇게 걱정하고 있어?
B: 요즘 왠지 몸 상태가 안 좋아서.

◆[何で]
¶"**それは何でできているのですか**" "**プラスチックです**" "그것은 무엇으로 만들었습니까?" "플라스틱입니다."

◆[何から]
¶**何からお話ししましょうか** 뭐부터 얘기할까요? / **何から話していいやらわからない** 뭐부터 이야기를 해야 좋을지 모르겠다.
¶**ナイロンは何から作るか知っていますか** 나일론은 뭘로 만드는지 알고 있습니까?

◆[その他]
¶"**好きな色は何色ですか**" "**青です**" "좋아하는 색깔은 무슨 색입니까?" "파랑입니다." / **そのデパートは何通りにありますか** 그 백화점은 무슨 거리에 있습니까? / **頭がひどく痛いのですが, 何科にかかればしょうか** 머리가 너무 아픈데요, 무슨 과에 가면 좋을까요?
¶"**何, また遅刻したの**" 뭐, 또 지각했어? / "**何, 仕事をやめたって**" 뭐라고! 일을 그만뒀다고! / "**何, もう7時だって**" 뭐, 벌써 일곱 시라고!

[会話] **何?**
A: 実は先月結婚したんだ
B: 何?
A: 사실은 지난달에 결혼했어.
B: 뭐?

❷ [否定] 아니 ¶"**うまくいくかな**" "**なに, 大丈夫. 心配ないよ**" "잘 될까?" "뭘, 괜찮아. 걱정할 것 없어." / **なに, 他人と言おうとかまうもんか, 남이 뭐라 하든 상관없어. [慣用句] **あの店に行けば必要なものは何から何までそろっています** 그 가게에 가면 필요한 것은 무엇이든지 다 살 수 있습니다. / **何が何でもやり遂げなければならない** 무슨 일이 있어도 해내야 한다. / **何が何でも次の試合には勝たねばならない** 무슨 일이 있어도 다음 시합에는 이겨야 한다. / **君の言っていることは何がなんだかさっぱり分からない** 네가 하는 말은 뭐가 뭔지 전혀 모르겠다. / **何はさておき食**

事にしよう 만사 제쳐 놓고 식사부터 하자. / 何はともあれ無事でよかった 여하튼 아무 일이 없어서 다행이다. / 外国語を勉強するなら何はなくともまずよい辞書が必要だ 외국어를 공부하려면 무엇보다도 먼저 좋은 사전이 필요하다.

**なにか【何か】** 무엇, 무엇인가, 뭔가, 뭐, 무슨 ¶右目に何か入ったみたいだ 오른쪽 눈에 뭔가 들어간 것 같아. / 電車の中に何か忘れてきたような気がする. 앗, カメラを忘れたんだ 전철 안에서 뭔가 잃어버린 것 같아. 아, 카메라 놓고 내렸네. / おみやげには何か韓国風のものを買いたい 선물은 뭔가 한국적인 것으로 사고 싶다. / 何か書くものを貸してください 뭔 좀 빌려주세요. / 彼女はそのことについて何か言ってましたか 그 여자는 그 일에 대해 뭔가 말을 했습니까? / きょうは何かおもしろいテレビ番組はありますか 오늘은 뭐 재미있는 프로라도 합니까? / 何か質問がありましたら尋ねてください 무슨 질문이 있으시면 물어 보세요. / お茶か何か召し上がりませんか 차든 뭐든 마시지 않겠습니까?
¶何かご用ですか 무슨 용건이 있으십니까?
[会話] 税関で
A : 何か申告するものはありませんか
B : いいえ, ありません
A : 뭐 신고할 것은 없습니까?
B : 아뇨, 없습니다.

**なにかしら【何かしら】** [なぜか] [不定] 어쩐지 뭔가, 무엇인가 ¶何かしらさびしい気持ちになった 어쩐지 쓸쓸한 기분이었다. / あの子はいつも何かしら本を読んでいる 걔는 항상 뭔가 책을 읽고 있어.

**なにかと【何かと】** 여러모로 ¶彼女は何かと世話をやいてくれた 그녀는 여러모로 보살펴 주었다. / 何かとご迷惑をかけると思いますがよろしくお願いします 여러모로 폐를 끼치리라 믿겠습니다만 아무쪼록 잘 부탁드립니다. / それは何かと都合がいい 그것은 여러모로 편리하다. / 何かとお世話になりました 여러모로 신세를 졌습니다.

**なにがなんでも【何が何でも】** ❶ [意気込み] 무슨 일이 있어도 ¶今度こそ何が何でも勝って見せる 이번에야말로 무슨 일이 있어도 이기고 말겠다.
❷ [非難] 아무리 그래도 ¶何が何でもこれはあんまりだ 아무리 그래도 이건 너무해.

**なにかにつけ【何かにつけ】** 기회만 있으면 ¶何かにつけ彼はけちをつける 기회만 있으면 그 남자는 트집을 잡는다. / 彼女は何かにつけ自分の自慢話をする 그 여자는 기회만 있으면 자기 자랑을 한다.

**なにくそ【何くそ】** 요까짓[이까짓] 것 ¶何くそ, こんなことではあきらめないぞ 요까짓 것, 이런 걸로 포기 안 해.

**なにくれと【何くれと】** 여러모로 ¶彼女は何くれと面倒をみてくれた 그녀는 여러모로 보살펴 주었다.

**なにくわぬかお【何食わぬ顔】** ¶何食わぬ顔をする 시치미를 떼다 ¶彼は何食わぬ顔で集まりに出席した 그는 아무 것도 모르는 체하고 모임에 참석했다. / 私は何食わぬ顔で話を続けた 나는 아

무렇지도 않은 체하고 이야기를 계속했다.

**なにげない【何気ない】** 무심한 ◇何気なく 무심코, 무심히 ¶彼の何気ない一言が私を深く傷つけた 그 남자가 무심코 던진 말이 나에게 깊은 상처를 주었다. / 何気ないふりをする 아무렇지도 않은 체하다 / 私は何気なく外を見ていた 나는 무심코 밖을 내다보고 있었다.

**なにごと【何事】** 어떤 일, 무슨 일 [万事] 모든 일, 만사 [これが事] 별일 ¶彼女は何事にも決断が早い 그는 무슨 일이든 결단이 빠르다. / 彼女は何事にも全力を尽くす 그녀는 무슨 일이든 전력을 다한다. / これはいったい何事だ 이건 도대체 무슨 일이냐 / 株主総会は何事もなく終わった 주주 총회는 별 탈없이 끝났다.

**なにしろ【何しろ】** 어쨌든, 여하튼, 워낙 ¶そのころは何しろあわただしい毎日だった 그때는 워낙 하루하루가 정신이 없었다. / 何しろ面白い映画だよ 어쨌든 재미있는 영화야. / 何しろ不景気なんでね 워낙 불경기라서요. / 何しろ狭い町だからわさはすぐに広まってしまう 워낙 좁은 동네라 소문은 금방 퍼져 버린다.

**なにとぞ【何卒】** 부디, 아무쪼록, 제발 ⇨どうぞ

**なににもまして【何にも増して】** 무엇보다
¶健康は何にも増して重要だ 건강은 그 무엇보다 소중하다.

**なにぶん【何分】** 아무튼, 아무래도 [なにとぞ] 부디, 아무쪼록, 제발 ¶何分にも彼は若すぎるよ 아무튼 그 사람은 너무 젊어. / この件は何分よろしくお願いします 이 일은 아무쪼록 잘 부탁드리겠습니다.

**なにも【何も】** ❶ [否定] 아무것도, 아무런, 아무 …도
[基本表現]
▷彼女は一日中何も食べなかった 그 여자는 하루 종일 아무것도 먹지 않았다.
▷私は何も悪いことはしていません 나는 나쁜 짓은 아무것도 하지 않았습니다.
▷この件はあの件とは何も関係ないからね 이 건은 그 건하고는 아무런 관계가 없거든.
▷食べ物には何も残っていなかった 음식은 아무것도 남아 있지 않았다.
¶何もすることがなかった 아무것도 할 일이 없었다. / これ以上何も言うことはありません 더 이상 아무런 할 말도 없습니다. / それは何も恥ずかしいことではない 그것은 별로 창피한 일이 아니다. / それについては情報はまだ何も入っていないその件に関してはまだ何の情報も들어오지 않았다. / 「テレビは何もおもしろいものはないの」「ああ, 何もないよ」 "텔레비전 뭐 재미있는 거 없어?" "아, 아무것도 없어." / 「ほかに質問は何もありませんか」「何もありません, ありがとうございました」 "다른 질문은 없으십니까?" "아무것도 없습니다. 감사합니다."

¶彼は何も言わずに2階に上がった 그는 아무 말도 하지 않고 2층으로 올라갔다. / 驚いて何も言えなかった 놀라서 아무 말도 못했다.
❷ [強意] 새삼스럽게 ¶何もそんなにびっくりすることはない 뭐 그리 새삼스럽게 놀랄 일은 아니다. / 何もそんなに騒ぐことはない 뭐 그리 새삼

스럽게 소란 피울 일은 아냐.

**なにもかも【何も彼も】**〔全部〕모조리 ¶母に何もかも話した 엄마한테 모조리 이야기했다. / わが家は火事で何もかも焼けてしまった 우리 집은 화재로 모조리 불타 버렸다.

**なにもの【何者・何物】** ❶〔人〕누구 ¶あいつは何者だ 그 녀석은 누구냐? / 何者かが資料を持ち去った 누군가가 자료를 가지고 가 버렸다.
❷〔物〕무엇 ¶子供は何物にも替えがたい 아이는 무엇과도 바꿀 수 없다.

**なにやかや【何や彼や】** 이것저것, 이일 저일 ¶いつも何やかやと忙しい 항상 이일 저일로 바쁘다.

**なにやら【何やら】** 무엇인지, 무엇인가, 뭔가 ¶メモに何やら書いてあった 메모지에 뭔가 쓰여 있었다. / 何やら変なにおいがする 뭔가 이상한 냄새가 난다. / 何やら焦げ臭いよ 뭔가 타는 냄새가 나.

**なにより【何より】** 무엇보다 ¶健康は何より大切だ 건강은 무엇보다도 소중하다. / 何よりまず病気を治すことだ 무엇보다도 우선 병을 고치는 것이 중요하다.
¶ご無事で何よりです(→うれしい) 무사하셔서 무엇보다 기쁩니다.

**なのはな【菜の花】** 유채꽃 ¶菜の花畑 유채꽃밭

**なのり【名乗り】**¶彼女は市長選挙に名乗りをあげた 그녀는 시장 선거에 입후보했다.

**なのる【名乗る】** 이름을 대다 ¶電話をかける時には自分から名乗るべきだ 전화를 걸 때는 자기 쪽에서 먼저 이름을 밝혀야 한다. / 彼女は母方の姓を名乗っている 그녀는 어머니 쪽 성을 쓴다. / 彼は放火事件の犯人は自分だと名乗り出た 그 남자는 방화 사건의 범인은 자기라고 했다.

**なびく【靡く】**〔なびきる〕 나부끼다〔屈服する〕굴복하다 ◇なびかせる 휘날리다 ¶旗が風になびいていた 깃발이 바람에 나부끼고 있었다. / 住民の多くが金の力になびいた 많은 주민이 그의 돈에 굴복했다.
¶髪を風になびかせる 머리를 바람에 휘날리다

**ナプキン** 냅킨〔生理用〕패드(<pad) ¶紙ナプキン 종이 냅킨 / 生理用ナプキン 패드

**なふだ【名札】** 이름표, 명찰〔荷物の〕꼬리표 ¶胸に名札をつける 가슴에 이름표를 달다

**ナフタリン** 나프탈렌

**なぶりごろし【嬲り殺し】**¶なぶり殺しにする 괴롭혀 죽이다

**なべ【鍋】** 냄비〔浅い〕팬 ¶彼女は鍋を火にかけた 그녀는 냄비에 불을 켰다. 関連 鍋敷き 냄비 받침 / 鍋物 냄비 요리, 찌개 / 鍋焼きうどん 냄비국수 / 圧力鍋 압력 냄비 / シチュー鍋 스튜 냄비 / 中華鍋 중국 요리용 냄비

**なま【生】** ❶〔料理してない〕◇生の 생, 날〔新鮮な〕신선한 ◇生で 날로 ¶生の魚を食べたことがありますか 생선을 날로 먹은 적이 있습니까? / 豚肉は生で食べてはいけない 돼지고기는 날로 먹어서는 안 된다. / この肉はまだ生だ 이 고기는 아직 날것이다. / 生卵を飲む 생달걀을 먹다 / 生野菜は体によい 신선한 야채는 몸에 좋다.

❷〔録音・録画でない〕◇生の 생 ¶「この放送は生なの?」「いや録画だよ」"이 방송 생방송이야?" "아니 녹화야."
❸〔作為の加えられていない〕◇生の 생생한 ¶消費者の生の(→率直な)声に耳を傾けるべきだ 소비자의 솔직한 목소리에 귀를 기울여야 한다.

**なまあたたかい【生暖かい】** 드뜻미지근하다〔生ぬるい〕미지근하다 ¶風は生暖かかった 바람은 미지근했다.

**なまいき【生意気】**◇生意気だ 건방지다 ◇生意気な 건방진 ¶あいつはまったく生意気だ 녀석은 정말 건방지다. / おまえ, 新入りのくせに生意気だぞ 너 갓 들어온 주제에 건방지다. / 私のことを非難するなんてあいつは生意気だ 나를 비난하다니 그 녀석은 건방지다. / なんて生意気なやつだ 정말 건방진 녀석이다. / あの女の生意気な態度は頭にくる 그 여자의 건방진 태도는 열 받는다. / 生意気言うな 건방진 소리 하지 마. / 弟は生意気にも, 私に歯向かった 동생은 건방지게도 나한테 대들었다.

**なまえ【名前】** 이름, 《敬》성함 ⇒名
会話 名前を尋ねる
A : お名前はなんとおっしゃいますか?
B : 田中明と申します
A : 성함이 어떻게 되십니까?
B : 다나카 아키라라고 합니다.
A : ええと, すみません. お名前何とおっしゃいましたっけ
B : 山田一夫です
A : 어, 죄송합니다. 성함이 어떻게 되셨죠?
B : 야마다 가즈오에요.

¶お名前をお聞かせ願えますか 성함을 여쭤 봐도 되겠습니까? / この通りの名前は何と言うのですか 이 거리의 이름은 무엇입니까? / 彼らは赤ちゃんにソンヒという名前をつけた 그들은 아기에게 선희라는 이름을 지어 주었다. / 僕の名前は祖父にちなんでつけられた 내 이름은 할아버지의 이름을 따서 지어졌다. / かさに自分の名前を書いておきなさい 우산에 자기 이름을 적어 두렴. / 私の名前が呼ばれるのが聞こえた 내 이름을 부르는 소리가 들렸다. / 彼女の名前だけは知っている 그녀는 이름만 알고 있다. / ここにある花の名前を全部言えますか 여기 있는 꽃의 이름을 전부 말할 수 있습니까? / 家内の名前でホテルを予約した 집사람 이름으로 호텔을 예약했다. / そのような名前の人はここにはいません 그런 이름을 가진 사람은 여기 없습니다. / キム・ヨンヒという名前の女性を探しています 김영희라는 이름의 여성을 찾고 있습니다. 慣用句 うちのチームはチャンピオンズっていうんだけど完全に名前負けしてるね 우리 팀은 챔피언즈라고 하는데 이름값도 전혀 하고 있지 못하고 있다. / 彼女は名前を伏せてテレビに出演した 그녀는 이름을 숨기고 텔레비전에 출연했다. 関連 愛称 애칭 / 偽名 가명, 거짓 이름 / 芸名 예명 / コード名 코드명 / 商標名 상표명 / 人名 인명 / 俗称 속칭 / 地名 지명 / ペンネーム 펜네임, 필명(筆名)

**なまえんそう【生演奏】** 라이브

**なまがわき【生乾き】**◇生乾きだ 덜 마르다 ◇生乾きの 덜 마른 ¶このTシャツはまだ生乾きだ

**なまきず【生傷】** 새 상처 ¶うちの息子は元気がすぎて生傷が絶えない 우리 아들은 너무 힘이 넘쳐서 상처가 끊이지 않는다.

**なまぐさい【生臭い】** 비린내가 나다 ¶台所で生臭いにおいがする 부엌에서 비린내가 난다.

**なまクリーム【生クリーム】** 생크림

**なまけもの【怠け者】** 게으름뱅이, 게으름쟁이

**なまける【怠ける】** 게으름을 피우다[부리다], [怠る] 게을리하다 ¶勉強を怠けてはいけない 공부를 게을리해서는 안 된다. / わたしには怠けている暇がない 나에게는 게으름 피울 여유가 없다. / 最近怠ける癖がついてしまった 최근 게으름 피우는 버릇이 생겼다. ¶あの子は学校を怠けた 걔는 학교를 빠졌다.

**なまこ【海鼠】** 해삼

**なまごみ【生ごみ】** 부엌 쓰레기, 음식 쓰레기

**なまじっか** 섣불리 ¶自信もないのになまじっか引き受けて後悔した 자신도 없으면서 섣불리 떠맡아서 후회했다.

**なまず【鯰】** 메기

**なまちゅうけい【生中継】** 생중계 ◇生中継する 생중계하다 ¶この放送は生中継でお送りしています 이 방송은 생중계로 보내 드리고 있습니다. / 事故現場の様子を生中継する 사고 현장의 모습을 생중계하다 / ワールドカップの試合が世界中に生中継された 월드컵 경기가 전 세계에 생중계되었다.

**なまなましい【生々しい】** 생생하다 [新しい] 새롭다 ◇生々しく 생생하게, 생생히 ¶台風の生々しい爪あとがそこここに見られた 태풍이 할퀴고 간 생생한 자국을 여기저기서 볼 수 있었다. / その事件のことはまだ記憶に生々しい 그 사건은 아직도 기억에 생생하다. / 戦争の悲惨さが記憶にまだ生々しく残っている 전쟁의 비참함이 아직도 기억에 생생하게 남아 있다.

**なまにえ【生煮え】** ◇生煮えだ 설익다, 덜 익다 ¶生煮えの 설익은, 덜 익은 ¶このじゃがいもはまだ生煮えだ 감자는 아직 덜 익었다.

**なまぬるい【生温い】** 미지근하다, 미적지근하다 ¶生ぬるいビールはまずい 미지근한 맥주는 맛없다. / そんな生ぬるいやりかたではだめだ 그런 미적지근한 방법으로는 안 된다.

**なまはんか【生半可】** ◇生半可だ 어설프다, 어중간하다, 엉거주춤하다 ◇生半可な 어설픈, 어중간한, 엉거주춤한 ¶生半可な知識では使い物にならない 어설픈 지식은 쓸 데가 없다. / そのような生半可な気持ちではだめだ 그런 어중간한 마음으로는 안 된다.

**なまビール【生ビール】** 생맥주

**なまびょうほう【生兵法】** 미숙한 무술, 섣부른 기술, 어설픈 지식 [慣用句]生兵法は大けがのもと 선무당이 사람 잡는다.

**なまへんじ【生返事】** 건성 대답 ¶彼は生返事をした 그는 건성으로 대답했다.

**なまみ【生身】** ¶私だって生身の人間です。怒ることだってありますよ 나도 사람이에요. 화낼 때도 있지요.

**なまめかしい【艶めかしい】** 요염하다, 간드러지다 ¶着物姿の彼女は艶めかしかった 기모노 입은 그녀는 요염했다.

**なまもの【生物】** 날것, 생것 ¶生ものですのでお早めにお召し上がりください 날것이므로 되도록 빨리 드십시오. / 生物を食べてお腹をこわした 날것을 먹고 배탈이 났다.

**なまやけ【生焼け】** ◇生焼けの 설구운, 덜 구운 ¶生焼けの肉 설구운 고기

**なまやさしい【生易しい】** 만만하다, 손쉽다, 간단하다 ¶仕事をしながら韓国語の勉強を続けるのは生易しいことではない 일을 하면서 한국어 공부를 계속하는 것은 만만한 일이 아니다.

**なまり【鉛】** 납

**なまり【訛り】** 억양 [方言] 사투리 ¶韓国語にも地方ごとのなまりがある 한국어에도 지방에 따라 사투리가 있다. / 彼はなまりが強い 그 사람은 억양이 세다. / 彼は韓国語なまりの日本語を話す 그 사람은 한국어 억양의 일본어를 쓴다.

**なまる【訛る】** 사투리 발음을 하다 ¶彼は興奮するといつもなまって九州弁が出る 그는 흥분하면 항상 큐슈 사투리가 나온다.

**なまワクチン【生ワクチン】** 생백신

**なみ【波】** ❶ [水面の波] 물결, 파도

基本表現
▶きょうは波が高い[荒い]
　오늘은 파도가 높다[거칠다].
▶波が静まった 파도가 잔잔해졌다.
▶波はとても静かだった
　파도는 아주 잔잔했다.
▶ちょうどその時波が打ち寄せてきた
　마침 그때 파도가 밀려왔다.
▶男の子が波にさらわれた
　남자 아이가 파도에 휩쓸려 갔다.

¶波が立ち始めた 파도가 일기 시작했다. / 波が激しく岩にぶつかって砕けた 파도가 세차게 바위에 부딪혀 부서졌다. / 波に打ち上げられた海草を拾った 파도에 떠 밀려온 해초를 주웠다. / 彼らは波に乗ってサーフィンに興じていた 그들은 파도를 타며 서핑을 즐기고 있었다. / 空き缶が波に漂っている 빈 캔이 파도에 떠 다닌다. / 遠くで波の音が聞こえた 멀리서 파도 소리가 들렸다. ❷ [波状のもの] 물결 [時流] 흐름 [変動] 변동 ¶彼女は人の波にまぎれて見えなくなった 그녀는 사람 물결에 섞여 보이지 않게 되었다. / この村にも都市化の波が押し寄せている 이 마을에도 도시화의 물결이 밀려오고 있다. / その会社はITブームの波に乗って事業を拡大した 그 회사는 IT 붐의 흐름을 타고 사업을 확대했다. / 時代の波に乗り遅れる な시대의 흐름에 뒤떨어지면 안돼. ¶そのピッチャーは好不調の波が激しい 그 투수는 컨디션의 기복이 심하다. 関連 荒波 거친 파도 / 磯波 밀려와 부서지는 파도 / 大波 큰 물결 / さざ波 잔물결 / 人波 인파

**なみ【並み】** [普通の] 보통 [大きさ・程度が中間の] 중간 ¶彼は並みの男ではないね 그 남자 보통이 아니네. / 彼は並みの大学生より英語が話せる 그 사람은 보통 대학생보다 영어를 잘 한다. /

「鯛の大物を釣ったんだって」「いいや、並みのやつだよ」"큰 도미를 잡았다며?" "아니. 보통 크기야."
- **なみ【- 並み】** ¶人並みの生活を維持するのも楽ではない 남들만큼 생활을 유지하는 것도 쉬운 일이 아니다. / 彼の歌は玄人並みだ 그 사람의 노래는 프로급이다. / この車はスポーツカー並みのスピードが出る 이 차는 스포츠카만큼 속도를 낸다. / 今年の米の収穫量は例年並みだろう 올해의 쌀 수확량은 예년 정도일 것이다.

**なみうちぎわ【波打ち際】**〔海辺〕바닷가 ¶波打ち際で貝を拾った 바닷가에서 조개를 주웠다.

**なみかぜ【波風】** 풍파(風波) ¶海は波風が強かった 바다는 풍파가 심했다. / 彼の浮気が原因で家庭内に波風が立った 그의 외도로 인해 그의 가정에 풍파가 일었다.

**なみき【並木】** 가로수(街路樹) ¶ポプラ並木の道を散歩した 포플러 가로수 길을 산책했다.

## なみだ【涙】눈물

**基本表現**

▷急に涙がこみ上げてきた
갑자기 눈물이 북받쳤다.

▷彼女の目は涙があふれそうだった
그녀의 눈은 눈물이 글썽글썽했다.

▷彼は目を伏せて涙を隠そうとした 그는 눈을 감아 눈물을 감추려고 했다.

▷涙が彼女のほおを伝って流れた
눈물이 그녀의 뺨을 타고 흘렀다.

▷彼は悔し涙を流した
그는 분해서 눈물을 흘렸다.

▷彼女の目は涙で曇った[かすんだ]
그녀의 눈은 눈물로 흐려졌다.

▷男の子は涙をぬぐった
남자 아이는 눈물을 훔쳤다.

◆【涙が】

¶映画が終わったとき目に涙があふれ出た 영화가 끝났을 때 눈에는 눈물이 넘쳐났다. / 彼女が別れを告げると彼の目に涙がにじんだ 그녀가 이별을 고하자 그의 눈에는 눈물이 고였다. / 彼は涙が出るほどありがたがった 그는 눈물이 나올 정도로 고마워했다. / 彼女は涙がかれるほど泣いた 그녀는 눈물이 마르도록 울었다. / たまねぎを刻むと涙が出る 양파를 썰면 눈물이 난다.

◆【涙を】

¶彼は優勝してうれし涙を流した 그는 우승하여 기쁨의 눈물을 흘렸다. / 幼い兄弟は母親の葬儀でも涙を見せなかった 어린 형제는 어머니 장례식에도 눈물을 보이지 않았다. / 姉はテレビを見ながら涙をボロボロ流した 언니는 텔레비전을 보면서 눈물을 뚝뚝 흘렸다. / 話しながら彼女は目に涙をいっぱいためた 이야기하면서 그 여자는 눈물을 글썽거렸다. / 母の話を聞いて涙をこらえることができなかった 어머니의 이야기를 듣고 눈물을 참을 수가 없었다. / 彼女の悲しげな歌に涙を誘われた 그녀의 슬픈 노래에 눈물이 났다. / このハンカチで涙をふきなさい 이 손수건으로 눈물 닦으렴.

◆【涙に】

¶彼女は涙にぬれた顔で別れを告げた 그녀는 눈물에 젖은 얼굴로 이별을 고했다. / 花嫁は喜びの涙にむせんだ 신부는 기쁨의 눈물로 목이 메였다. / 涙に暮れる 울며 지내다

◆【涙で】

¶涙で母の顔がよく見えなかった 눈물로 엄마 얼굴이 잘 보이지 않았다. / 彼女の手紙には文字が涙でにじんだところがあった 그녀의 편지에는 글씨가 눈물로 번진 데가 있었다.

◆【その他】

¶彼女は涙ながらに身の上を語った 그 여자는 울면서 신세 이야기를 했다. / 彼は涙もろい 그 남자는「잘 운다[눈물이 헤프다]. / 彼女は涙声で訴えた 그녀는 울음 섞인 목소리로 호소했다. / うちのチームは準決勝で涙をのんだ 우리 팀은 준결승에서 눈물을 삼켰다. / そんなお涙ちょうだいの話は好きじゃない 그런 신파조의 이야기는 좋아하지 않는다.

**なみたいてい【並大抵】** ¶子供をみんな大学に行かせるのは並大抵ではない 아이들을 모두 대학에 보내는 것은 여간 힘들지 않다.

**なみだぐましい【涙ぐましい】** 눈물겹다 ¶彼は涙ぐましい努力の結果、ついに成功した 그는 눈물겨운 노력의 결과 드디어 성공했다.

**なみだぐむ【涙ぐむ】** 눈물짓다, 눈물을 글썽이다 ◇涙ぐんだ 눈물 어린 ¶母は涙ぐんでいた 어머니는 눈물을 지으셨다.

**なみだつ【波立つ】** 파도가 일다〔波打つ〕물결치다 ¶風が強く海は波立っていた 바람이 강해서 바다는 파도가 일고 있었다.

**なみなみ** ◇なみなみと 남실남실, 찰랑찰랑, 자란자란 ¶グラスにビールをなみなみとつぐ 글라스에 맥주를 찰랑찰랑 따르다

**なみなみならぬ【並々ならぬ】** 이만저만이 아닌 ¶彼はそのために並々ならぬ努力をしてきた 그는 그것을 위해서 이만저만이 아닌 노력을 해왔다.

**なみのり【波乗り】** 파도타기〔サーフィン〕서핑

**なみはずれた【並外れた】** 유별난, 남다른, 뛰어난 ◇並外れた 유별나게, 남달리, 뛰어나서 ¶彼女は並外れた記憶力[才能]がある 그 여자는 남다른 기억력[재능]이 있다. / 彼は並外れて頭がいい 그 사람은 유별나게 머리가 좋다.

**なめくじ【蛞蝓】** 화류, 괄태충

**なめしがわ【鞣し革】** 유피, 다룸가죽

**なめす【鞣す】** 다루다 ¶皮をなめす 가죽을 다루다

**なめらか【滑らか】** ◇滑らかだ 미끈미끈하다, 매끄럽다〔すらすら〕거침없다, 유창하다 ◇滑らかに 미끈미끈하게, 매끄럽게 ; 거침없이, 유창하게 ¶彼女は白くて滑らかな肌をしている 그녀는 하얗고 매끄러운 피부를 가졌다. / ベルベットは手触りが滑らかで 벨벳은 감촉이 매끄럽다. / 彼女は滑らかな口調で説明した 그녀는 거침없는 말투로 설명했다.

¶紙やすりで木の表面を滑らかにした 사포로 나무 표면을 매끄럽게 했다. / 家具は滑らかに仕上げられている 가구는 매끄럽게 완성되었다. / 彼女は滑らかに韓国語を話す(→流暢) 그녀는 유창하게 한국말을 한다.

## なめる

**なめる【舐める】** ❶ [舌で] 핥다, 빨다 ¶切手をなめて(→唾をつけて)封筒にはった 우표를 침 발라서 봉투에 붙였다. / 子猫はミルクをなめ尽くした 새끼 고양이는 우유를 다 핥아 먹었다. / 子犬が皿をなめている 강아지가 접시를 핥고 있다. / あめをなめる 사탕을 빨다
❷ [味わう] 맛보다 ¶みそをなめる 된장을 맛보다
❸ [経験する] 겪다 ¶彼は人生のあらゆる辛酸をなめた 그는 인생의 쓴맛 단맛 다 봤다.
❹ [甘く見る] 깔보다, 얕보다 ¶君は何でも自分の思いどおりになるなどと世の中をなめすぎている 넌 뭐든 네 생각대로 될 거라고 세상을 너무 얕보고 있다. / 相手をなめてかからないほうがいい 상대를 얕보고 덤비지 않는 게 좋다. / なめるんじゃないぞ 우습게 보는 게 아냐.

**なや【納屋】** [農家의] 헛간 [物置小屋] 곳간

**なやましい【悩ましい】** [悩殺的な] 매혹적인 [セクシーな] 섹시한 ¶彼女の悩ましい姿が頭から離れなかった 그녀의 매혹적인 모습이 머리에서 떠나지 않았다.

**なやます【悩ます】** 괴롭히다, 애를 먹이다, 시달리게 하다

基本表現
▶息子にはしょっちゅう悩まされている
아들에게는 자주 시달린다.
▶どうしたものかと頭を悩ましている
어떻게 해야 할 것인가 애를 먹고 있다.
▶彼はやたらに質問して先生を悩ませた
그는 마구 질문해서 선생님을 괴롭혔다.
▶あのサラ金にあなたも悩まされていたのですか
그 고리대금업에 당신도 시달리고 있었습니까?
▶この付近の人たちは一年中工場の悪臭に悩まされている 이 부근 주민들은 일년 내내 공장의 악취에 시달리고 있다.

¶彼女はある問題で頭を悩ましている 그녀는 어느 한 문제로 애를 먹고 있다. / 姉は腰痛に悩まされている 언니는 요통으로 애를 먹고 있다. / 一晩中蚊に悩まされた 하룻밤 내내 모기에 시달렸다.

**なやみ【悩み】** 고민 [心配] 걱정 [問題] 문제 ¶色んな悩みで頭がいっぱいだ 여러 가지 고민으로 머리가 가득 찼다. / 私には家族の悩みがたくさんある 나에게는 집안 문제가 많다. / 仕事上の悩みはストレスになる 일로 인한 고민은 스트레스가 된다. / あの子は両親にとって悩みの種だ 그 아이는 부모에게 있어서 걱정거리다. / わが社の最大の悩みは売り上げがなかなか伸びないことだ 우리 회사의 최대의 걱정은 매상이 좀처럼 오르지 않는 것이다. / 悩みを打ち明ける 고민을 털어놓다

会話 何か悩みでも
A : 彼, 最近元気がないね
B : そうね, 何か悩みでもあるのかな
A : 그 친구, 요즘 기운이 없네.
B : 그래, 뭔가 고민이라도 있나?

**なやむ【悩む】** 고민하다, 괴로워하다 [心配する] 걱정하다 [苦しむ] 시달리다 [苦労する] 애를 먹다, 고생하다 ¶彼女は最近将来についてかなり悩んでいる 그녀는 요즘 장래에 대해서 꽤 고민하고 있다. / 君, 何を悩んでいるの 넌 뭘 걱정하고 있어? / そんなつまらないことで悩むなよ 그런 시시한 걸로 고민하지 마. / 彼女は腰痛に長年悩んでいる 그녀는 요통에 오랜 세월 시달려 왔다. / 神経痛に悩んでいる 신경통에 시달리고 있다. | 신경통으로 고생하고 있다. / あの会社は膨大な赤字に悩んでいるそうだ 그 회사는 막대한 적자에 시달리고 있다고 한다. / 借金に悩んでいる 빚에 시달리고 있다 / 恋に悩む 사랑으로 고민하다[괴로워하다]

**なよなよ** ◇なよなよしている【弱々しい】 연약하다 ¶彼は男のくせになよなよしている 그 사람은 남자인 주제에 연약하다.

**-なら** ❶ [もしも…であれば] -(으)면, -ㄴ[-는]다면, -(이)라면 ¶君が一緒に来てくれるならうれしい 네가 같이 와 준다면 좋겠다. / 僕が君だったら, その車は買わないね 내가 너라면 그 차는 안 산다. / もし当日雨なら, 運動会は次の日曜に延期になります 만약 당일 비가 온다면, 운동회는 다음 일요일로 연기됩니다. / だれにも言わないなら本当のことを教えるよ 아무에게도 말하지 않는다면 사실을 가르쳐 주지. / そういう話なら引き受けます 그런 이야기라면 받아들이지요.
❷ […に関して言えば] -(이)라면 ¶コンピューターのことなら彼に聞くのが一番だ 컴퓨터에 관한 거라면 그에게 묻는 게 제일 좋다. / 私なら紅茶よりコーヒーの方が好きです 나는 홍차보다 커피를 좋아합니다. / 韓国映画なら時代劇が面白い 한국 영화 중에서는 사극이 재미있다.

**ならう【習う】** 배우다 ¶18歳になったら車の運転を習うつもりだ 열여덟 살이 되면 운전을 배울 생각이다. / 私は高校の時から韓国語を習っている 나는 고등학교 때부터 한국어를 배우고 있다. / 私は安藤先生にギターを習っている 나는 안도 선생님께 기타를 배우고 있다. / 今授業で産業革命を習っている 지금 수업에서 산업 혁명을 배우고 있다. /「これ, とてもおいしいわ. だれにお料理を習ったの」「母に教わりました」 "이거 너무 맛있어. 요리 누구한테 배웠어?" "어머니께 배웠어요." 慣用句 習うより慣れろ 배우는 것보다 거듭 연습하여 익숙해지는 것이 좋다.

**ならう【倣う】** 따르다, 본따다, 모방하다 ¶前例にならう 전례를 따르다 / 先生が立ち上がったので生徒たちもみなそれにならった 선생님이 일어서서 학생들도 모두 따라 일어섰다. / 私は父にならって医者になった 나는 아버지를 따라 의사가 되었다.

**ならす【均す】** [土地を] 고르다, 고르게 하다 ¶テニスコートをローラーでならした 테니스 코트를 롤러로 고르게 했다.

**ならす【慣らす】** 길들이다, 익숙하게 하다 ¶毎日CDを聞いて耳を韓国語に慣らすようにしている 매일 CD를 들으며 한국어에 익숙해지도록 하고 있다. / 体を慣らすために毎日走っている 몸을 풀기 위해서 매일 달리고 있다.

**ならす【馴らす】** 길들이다〔訓練する〕훈련하다
¶野生の動物をならすのは難しい 야생 동물을 길들이는 것은 어렵다. / 猿をならして芸をさせる 원숭이를 훈련시켜서 재주를 부리게 하다

**ならす【鳴らす】** 울리다〔名声などを響かす〕날리다, 떨치다 ¶玄関のベルを2,3度鳴らしてみたが、だれも出て来なかった 현관 벨을 두세 번 울려 보았지만 아무도 나오지 않았소. / ゴングが鳴って試合が始まった 공이 울리고 경기가 시작되었다. / 父は指をぽきぽき鳴らす癖がある 아버지는 손가락을 뚝뚝 소리내는 버릇이 있다. / その男は指をぱちんと鳴らした 그 남자는 손가락을 튁하고 소리냈다.

¶警報を鳴らす 경보를 울리다 / サイレンを鳴らす 사이렌을 울리다 / ブザーを鳴らす 부저를 울리다 / 汽笛を鳴らす 기적을 울리다 / 硬貨〔小銭〕をじゃらじゃらと鳴らす 주화를〔동전을〕땡그랑땡그랑 울리고 차다 / 舌をちょっと鳴らす(→舌打ちする) 혀를 쯧하고 차다

¶科学者たちは地球温暖化の危機的状況に警報を鳴らしている 과학자들은 지구 온난화의 위기적 상황에 대해 경고하고 있다. / 彼は当時スラッガーで鳴らしたものだ 그는 당시 강타자로 이름을 날리기도 했다〔날렸었다〕. / 彼女は世界的なバイオリニストとして鳴らしている 그녀는 세계적인 바이올리니스트로서 유명하다. → **鳴る**

**ならずもの【ならず者】** 불량배, 깡패

**ならでは** ¶彼ならではの技 그만의 기술이다. / これ沖縄ならではの料理です 이것은 오키나와만의 요리다.

**-ならない** ❶〔義務, 必要〕- 아야[- 어야, - 여야] 하다, -지 않으면 안 되다 ¶7時までに帰らなければならない 일곱 시까지 돌아가야 한다. / 彼女に2時に電話をかけなくてはならない 그녀에게 두 시에 전화 걸어야 돼. / 毎朝7時30分の電車に乗らなくてはならない 매일 아침 일곱 시 30분 전철을 타지 않으면 안 된다. / 花に水をやらなくてはならない 꽃에 물을 줘야 한다. / 酒とたばこをやめなくてはなりませんよ 술과 담배를 끊으셔야 됩니다. / 君が割った窓の弁償は君がしなくてはならないよ 네가 깬 창문의 변상은 네가 해야 하지. / うちの学校は毎朝8時30分までに登校しなければならない 우리 학교는 매일 아침 여덟 시 30분까지 등교해야 된다. / やらねばならない宿題がたくさんあるんだ 해야 할 숙제가 많다.

¶しょうゆは日本料理になくてはならないものだ 간장은 일본 요리에 없어서는 안 되는 것이다. / 辞書は外国語の勉強になくてはならないのだ 사전은 외국어 공부에 있어야 되는 것이다.

❷〔…してはならない〕- 아서[- 어서]는 안 된다, -(으)면 안 되다〔…すべきでない〕-지 말아야 하다 ¶この部屋でたばこを吸ってはならない 이 방에서는 담배를 피워서는 안 된다. / 試験中にカンニングしてはならない 시험 중에 커닝을 해선 안 된다. / 酒を飲んで車を運転してはならない 술을 마시고 차를 운전하면 안 된다. / 12時以降入浴してはならない 열두 시 이후에 목욕을 해서는 안 된다.

❸〔仕方がない〕- ㄹ[- 을] 수 없다, 어찌할 수 없다, 어쩔 수 없다 / これ以上我慢ならない 더 이상 참을 수 없다. / それはどうにもならないよ 그건 어떻게 할 수가 없어. | 그건 어찌할 수 없어.

¶彼の手術後の容体が心配でならない 그 사람의 수술 후의 상태가 걱정되어 가만히 있을 수 없다. / 初めての韓国旅行が待ち遠しくてならない 첫 한국 여행이 너무 기대된다. / 気が急いてならない 마음이 급해서 어쩔 수 없다. | 마음이 조급해져서 죽겠다.

**ならび【並び】** 줄 ¶一並びの桜の木 한 줄로 늘어선 벚나무 / 昔ながらの家の並びが美しい 줄지어 있는 옛 집들이 아름답다. / この通りの並びにコンビニがあります 이 길을 곧장 가면 편의점이 있습니다.

**ならびに【並びに】** 및, 와[과] ¶会議は大阪並びに釜山で行われる 회의는 오사카와 부산에서 열린다.

**ならぶ【並ぶ】** ❶〔列を作る〕줄을 짓다[서다], 늘어서다, 나란히 서다

[基本表現]
▷みなさん, 1列に並んでください
여러분 한 줄로 서 주세요.
▷コンサートのチケットを手に入れるために並んだ
콘서트 티켓을 사기 위해 줄을 섰다.
▷入り口が開くのを並んで待った
입구가 열리기를 줄지어 기다렸다.
▷「もうどのくらい並んでいるの」「1時間くらい」
"벌써 어느 정도 줄 서 있는 거야?" "한 시간 정도."

¶2[3]列に並んでください 2[3]열로 서 주세요. / 縦[横]1列に並べ 종렬[횡렬] 일 열로 서. / 彼は直子の前に並んでいた 그는 나오코 앞에 나란히 서 있었다. / 僕は隆の後ろに並んだ 나는 다카시 뒤에 섰다. / 先生は生徒を背の順に並ばせた 선생님은 학생들을 키순으로 줄 세웠다. / 彼の部屋は片付いていて本もきちんときれいに本棚に並んでいた 그 사람의 방은 정리되어 있고 책도 책장에 깔끔하게 꽂혀 있었다.

¶道路に沿っていちょうの木が並んでいる 도로를 따라 은행나무가 줄지어 있다. / この通りにはブティックが並んでいる 이 거리에는 부티크가 줄지어 있다. / ずらりと並ぶ 쭉 늘어서다

¶彼らは並んでジョギングしていた 그들은 나란히 조깅을 하고 있었다. / その歩道は狭くて3人並んでは歩けない 그 보도는 좁아서 세 명 나란히는 걸을 수 없다. / 運よく2人で並んで座れた 운 좋게 둘이서 나란히 앉을 수 있었다. / 私は彼と並んで座った 나는 그 남자와 나란히 앉았다. / 並んで行く 나란히 가다

[会話] 列の後ろに並ぶ
A：新幹線の切符を買いたいんですが
B：この列の後ろに並んで下さい
A：えっ, 並ばなきゃいけない
B：申し訳ありません. 並んで順番をお待ちください
A：신칸센 표를 사고 싶은데요.
B：이 열 뒤로 서 주세요.
A：네？줄 서야 돼요？

B：죄송합니다. 줄 서서 차례를 기다려 주십시오.
A：あら、行列ができてるわ
B：何の行列だか知らないけど、僕らも並ぼうか
A：そうね
A：어머, 줄이 늘어서 있어.
B：무슨 줄인지 모르겠지만 우리도 설까?
A：그러자.
❷ [匹敵する] 필적하다, 비견하다, 견주다
¶勉強では彼に並ぶ者はいない 공부로는 그에 필적할 사람은 없다.

**ならべたてる【並べ立てる】** 늘어놓다 ¶兄は僕の欠点を並べ立てた 형은 내 결점을 늘어놓았다.

**ならべる【並べる】** ❶ [配列する] 나란히 하다 [놓다], 배열하다, 배치하다 [陳列する] 진열하다, 늘어놓다 ¶本をきちんと棚に並べる 책을 책장에 깔끔하게 배열하다 | 책을 책장에 가지런히 놓다. / 百科事典が本棚に整然と並べられていた 백과사전이 책장에 가지런히 진열되어 있었다. / テーブルに料理を並べる 요리를 식탁에 놓다 / 商品を見栄えよく並べる 상품을 보기 좋게 늘어놓다 / 商品がショーウインドーに並べられている 상품이 쇼윈도에 진열되어 있다. / 生徒たちは机を1列に並べた 학생들은 책상을 한 줄로 늘어놓았다. / 椅子を2列に並べる 의자를 두 줄로 나란히 놓다 / 私たちは肩を並べて歩いた 우리들은 어깨를 나란히 하고 걸었다. / 部屋の家具を並べ変えた 방의 가구 위치를 바꿨다.
❷ [列挙する] 늘어놓다, 열거하다 ¶あの人はいつも不平を並べてばかりいる 그 사람은 항상 불평만 늘어놓는다. / あれこれ言い訳を並べてもむだだ 이런저런 변명을 늘어놓아도 소용없다. / 証拠を並べる 증거를 열거하다

**ならわし【習わし】** 풍습, 관습, 습관, 관례 ¶昔からの習わし 옛날부터의 관습

**-なり** 〔相応の〕나름 〔…するとすぐ〕（動詞語幹+）자마자, -기가 무섭게 〔…したなり〕（動詞過去連体形+）채 〔…しようとまいと〕（動詞語幹+）-든지, -거나 〔…することに従う〕-レ[-는] 대로 ¶その人にはその人なりのやり方があるすべての人にはその人なりのやり方がある 모든 사람에는 그 사람 나름대로의 방식이 있다. / 君なりに努力したのはわかるよ 네 나름대로 노력한 것은 알아.
¶家に帰るなり寝てしまった 집에 돌아오자마자 [돌아오기가 무섭게] 자 버렸다. / 数年前に東京に行ったなり消息がない 몇 년 전에 도쿄에 간 채 소식이 없다. / 行くなり行かないなりはっきりしろよ 가든 안 가든 태도를 명확히 해라. / いつまでも父の言いなりにはならないよ 언제까지나 아버지가 시키는 대로 행동하지 않아.

**なりあがり【成り上がり】** 벼락출세 ◇成り上がる 벼락출세하다 ¶成り上がり者 벼락출세한 사람

**なりきん【成り金】** 벼락부자, 졸부 ¶彼は戦後のどさくさで成り金になった 그는 전후의 혼잡통에 벼락부자가 되었다. / 最近は株成り金が増えている 최근에는 주식 졸부가 늘고 있다. / それは成り金趣味だ 그거 졸부 기질이야.

**なりすます【成り済ます】** 행세하다 〔ふりをする〕체하다 ¶医者に成り済ます 의사로 행세하다 / 男は警官に成り済ました 그 남자는 경찰관인 체했다.

**なりたち【成り立ち】** 〔歴史〕역사, 연혁 〔起源〕기원 〔組み立て〕구성, 구조 ¶漢字の成り立ちを勉強した 한자의 성립 과정을 공부했다.

**なりたつ【成り立つ】** 이루어지다, 성립하다, 성립되다 〔構成される〕구성되다 〔採算がとれる〕수지가 맞다, 돈벌이가 되다 ¶契約が成り立つ 계약이 이루어지다 / あなたの理論は成り立たない 당신의 이론은 성립되지 않는다. / この論文は3つの部分から成り立っている 이 논문은 세 개의 부분으로 구성되어 있다. / この商売は成り立たない この場所は収支が合わない 이 장사는 수지가 안 맞는다.

**なりて【成り手】** ¶PTA役員のなり手がない 학부모회의 임원이 될 사람이 없다. / 嫁のなり手がない 신부감이 없다.

**なりひびく【鳴り響く】** 울려 퍼지다 ¶彼女のソプラノが会場に鳴り響いた 그녀의 소프라노가 회장에 울려 퍼졌다.

**なりふり【形振り】** 〔身なり、振る舞い〕옷차림, 외양 ¶なりふり振り構わず働いた その 女は 외양에 신경 쓰지 않고 일했다.

**なりものいり【鳴り物入り】** ¶彼らは地元のチームを鳴り物入りで応援した 그들은 고향 팀을 악기를 동원하여 경기장이 떠나가도록 응원했다. / 新車を鳴り物入りで宣伝する 새차를 요란하게 선전한다.

**なりゆき【成り行き】** 경과, 형편, 추이, 추세 ¶事の成り行きに任せたほうがいい 일의 추세에 맡기는 게 좋다. / 成り行きをしばらく見守ることにした 추세를 잠시 지켜보기로 했다. / 成り行き次第では計画を変更するかも知れません 형편에 따라서는 계획을 변경할지도 모릅니다.

**なる【生る】** 〔実が〕맺히다, 열리다 ¶実のなる木 열매가 열리는 나무 / この木には実がなりますか 이 나무에는 열매가 맺힙니까? / 柿の木に実がたくさんなった 감나무에 열매가 많이 열렸다.

**なる【成る・為る】** ❶ 〔ある職業・地位になる〕가[이] 되다 ¶私はコンピュータプログラマーになりたい 나는 컴퓨터 프로그래머가 되고 싶다. / キョンちゃんは立派な教師になるだろう 경희는 훌륭한 선생님이 될 것이다. / 彼はプロ野球の選手になろうと決心した 그는 프로 야구 선수가 되기로 결심했다. / 彼女と友達になりたい 그녀와 친구가 되고 싶다. / 姉はファッションモデルになった 누나는 패션모델이 되었다. / 夫が課長になった 남편이 과장이 되었다. / 書いた本がベストセラーになり彼は一躍有名になった 쓴 책이 베스트 셀러가 되어 그는 일약 유명해졌다. / 彼は独学で司法試験に合格して弁護士になり、ついには大統領にまでなった 그는 독학으로 사법 시험에 합격해서 변호사가 되어 드디어 대통령까지 되었다. / 父親になったんですって？おめでとう 아빠가 되셨다면서요? 축하해요.
会話 何になる？
A：将来何になるつもり？
B：音楽が好きなので作曲家になりたいわ

A：앞으로 뭐가 되고 싶어?
B：음악을 좋아하니까 작곡가가 되고 싶어
　A：医者になっていなかったら何になっていたと思う?
　B：そうだな, 役者にでもなっていたかな
　A：まさか
　A：의사가 되지 않았다면 뭐가 됐을 것 같아?
　B：음, 배우라도 되지 않았을까?
　A：설마.

❷ 〔人・物がある状態になる〕가[이] 되다,《形容詞連用形＋》지다,《用言の語幹＋》- 게 되다 〔病気に〕에 걸리다 ¶暗くなってきた 어두워졌다. / 春の到来とともに日に日に暖かくなる 봄이 찾아옴과 동시에 하루하루 따뜻해진다. / その話を聞いて憂うつになった 그 이야기를 듣고 우울해졌다. / この焼き肉屋は口コミで有名になった 이 고깃집은 입소문으로 유명해졌다. / いじめが社会問題になっている 왕따가 사회 문제가 되고 있다. / パソコンと携帯電話はどちらも生活の一部になった 컴퓨터와 휴대 전화는 둘 다 생활의 일부가 되었다.
¶その老人は目が見えなくなった 그 노인은 눈이 안 보이게 되었다. / 最近耳がよく聞こえなくなった 요즘 귀가 잘 안 들리게 되었다. / その女の子は恥ずかしくて顔が赤くなった 그 여자 아이는 부끄러워서 얼굴이 빨개졌다. / 彼はその知らせを聞いて青くなった 그는 그 소식을 듣고 새파랗게 질렸다. / その木は秋になると葉が黄色くなる 그 나무는 가을이 되면 잎이 노랗게 된다. / 今夜は寒くなるそうだ 오늘 밤은 추워진다고 한다.
¶その会社は世界最大の鉄鋼メーカーになった 그 회사는 세계 최대의 철강 회사가 되었다.
¶課長は過労で病気になった 과장은 과로로 병이 났다. / 彼女はノイローゼになった 그녀는 노이로제에 걸렸다. / 彼は風邪をこじらせて肺炎になった 그는 감기가 심해져서 폐렴이 되었다.

**会話** ある状態になる
　A：がんになったらどうする. 告知してもらうかい?
　B：さあ, どうだろう
　A：암에 걸리면 어떻게 할 거야? 진단 결과를 통보 받고 싶어?
　B：음, 어떡하지.
　A：ところで, みんなで温泉に行く話はどうなったの
　B：洋子の都合が悪くておじゃんになっちゃったよ
　A：그런데 모두 같이 온천 가기로 한 거 어떻게 됐어?
　B：요코의 형편이 안 좋아서 그만두게 됐어.

❸ 〔形状・性質が変わる〕가[이] 되다, 변하다
¶水は凍ると氷に氷は溶けて水になる 물은 얼면 얼음이 되고 얼음은 녹아서 물이 된다. / この雨は夜半には雪になりそうだ 이 비는 밤중에는 눈이 될 것 같다. / 信号が青にならないうちに道路を横断してはいけません 신호가 파란색이 되기 전에 도로를 횡단해서는 안 됩니다. / おたまじゃくしはかえるになります. では, 青虫は何になるでしょうか 올챙이는 개구리가 됩니다. 그러면 배추벌레는 뭐가 될까요? / うそが本当になった 거짓말이

진짜가[진실이] 되었다.

**会話** 別人のようになる
　A：梨花はすっかり別人のようになったよ
　B：どんな風に
　A：しとやかで大人っぽくなったんだ
　A：리카는 완전히 딴 사람같이 변했어.
　B：어떤 식으로?
　A：참하고 어른스러워졌어.

❹ 〔ある時期・年齢に達する〕가[이] 되다 ¶あしたから冬休みになる 내일부터 겨울 방학이 시작된다. / 1週間ほどで梅雨になる 일 주일 정도 있으면 장마가 시작된다. / 彼女は春になると恋がしたくなるんだって 그 여자는 봄이 되면 사랑이 하고 싶어진대. / まもなく正午になる 곧 정오가 된다. / 5時になったら帰っていいですよ 다섯 시가 되면 돌아가도 좋아요. / 私たちは結婚して10年になる 우리는 결혼한 지 10년이 된다. / このマンションは出来てから7年になる 이 아파트는 생긴 지 7년이 된다. / 弟は4月になると高校生になる 남동생은 사 월이 되면 고등학생이 된다. / 今度の誕生日で彼女は20歳になる 이번 생일로 그녀는 스무 살이 된다. / 私は35歳になった 나는 서른 다섯 살이 되었다. / 今となってはもう遅い 이제 와서는 이미 늦었다.

❺ 〔ある数量に達する〕가[이] 되다 ¶修理代は3万円以上になる 수리비는 3만 엔 이상 될 거다. / 9と22で31になる 9와 22를 더하면 31이 된다. / マイナスにマイナスを掛けるとプラスになる 마이너스에 마이너스를 곱하면 플러스가 된다.

❻ 〔…の結果になる〕가[이] 되다 ¶ちょっとした失敗で長い間の努力がむだとなった 조그마한 실패로 오랜 노력이 허사가 되었다. / 彼女は期末試験でクラスのトップになった 그녀는 기말 시험에서 반 일등이 되었다. / 適量の酒は薬になるが, 量を過ぎれば毒にもなる 적당량의 술은 약이 되지만 지나치면 독이 된다. / 例の件はどうなりましたか 그 건은 어떻게 되었습니까? / 彼はどうなりましたか 그 사람은 어떻게 되었습니까? / どうしてそんなことになったのですか 왜 그렇게 돼 버렸어요? / 왜 그런 일이 생겼어요? / そんなことをして何になる 그런 일을 해서 뭐가 돼? | 그런 일을 한다고 뭐가 된다고 그래?

❼ 〔…するようになる〕《動詞語幹＋》- 게 되다
¶今になって仕事が楽しくなるよ 머지않아 그 일이 즐거워질 거야. / パソコンは家庭でも使われるようになった 컴퓨터는 가정에서도 쓰이게 되었다. / 6歳の息子は泳げるようになった 여섯 살 된 아들은 수영할 수 있게 되었다. / 韓国人と友達になれば韓国語が話せるようになるよ 한국인과 친구가 되면 한국어를 할 수 있게 돼. / いつからたばこを吸うようになったの 언제부터 담배를 피우게 됐어? / いずれわかるようになる 조만간 알게 될 것이다.

❽ 〔役目を果たす〕되다 〔…役目を務める〕역할을 하다 〔…として役に立つ〕도움이 되다 〔役を演じる〕역을 맡다 ¶盲導犬は目の不自由な人の案内役になる 맹인 안내견은 눈이 불편한 사람의 안내자 역할을 한다. / この空き瓶は花瓶になる 이 빈 병은 꽃병으로 쓸 수 있다. / 娘は学芸会で白

雪姫になった娘は学芸会で白雪公主 역을 맡았다. / この書類は事件の重要な証拠となるだろう 이 서류는 사건의 중요한 증거가 될 것이다.
❾ [成就する, 出来上がる] 이루어지다, 이룩되다, 완성되다 [成功する] 이루다, 성공하다
¶事がなった 일이 성공했다. / うちのチームの優勝はならなかった 우리 팀의 우승은 이루어지지 않았다. / 749年東大寺大仏なる 749년 도다이지 대불이 완성되다. / ローマは一日にしてならず 로마는 하루아침에 이룩되지 않는다. / 名工の手になるつぼ 명장의 손으로 만들어진 항아리
¶功成り名を遂げる 공을 이루고 명성을 얻는다.
❿ [構成されている] 이루어지다, 구성되다 ¶水は水素と酸素からなる 물은 수소와 산소로 구성된다. / 国会は衆議院と参議院からなる 국회는 중의원과 참의원으로 이루어진다. / 1年は12か月からなる 1년은 12개월로 이루어진다. / 5章からなる論文 5장으로 구성된 논문
⓫ [「…してなるものか」の形で] -ㄹ[-을] 수는 없다 […してはならない] -(으)면 안 되다 ¶負けてなるものか 절대 질 수는 없다 ¶勝手なまねばかりさせておいてなるものか 그런 녀석이 제멋대로 하게 놓아둘 수는 없다. / ここでたばこを扱ってはならない 여기서 담배를 피우면 안 된다. ⇨ならない
⓬ […することになる] -기로 되다, -게 되다
¶大リーグの選手が阪神と契約することになった 메이저리그 선수가 한신과 계약하기로 되었다. / 昔は長男が家を継ぐことになっていた 옛날에는 장남이 집안을 잇게 되어 있었다. / 7時に出発することになった 일곱 시에 출발하게 됐다.
⓭ [「お[ご]…になる」の形で] -시- ¶田中さんはもうお帰りになりましたか 다나카 씨는 벌써 가셨습니까? / 天皇皇后両陛下がその試合をご覧になった 천황 황후 양 폐하께서 그 경기를 보셨다.

**なる** 【鳴る】 [音が出る] 나다 [鐘·ベル·電話 などが] 울리다

[기본표현]

▶ベルが鳴って試験が終わった
  벨이 울리고 시험이 끝났다.
▶電話が鳴っている. 出てくれないか
  전화벨이 울린다. 받아 줄래?
▶近くで急に救急車のサイレンが鳴ったのでびっくりした 가까운 데서 갑자기 구급차 사이렌이 울려서 놀랐다.

¶玄関のベルが鳴ったのでドアを開けた 초인종이 울려서 문을 열었다. / 警報器が鳴っているときに踏切を渡ってはいけません 경보기가 울릴 때 건널목을 건너서는 안 됩니다. / 遠くでパトカーのサイレンが鳴った 멀리서 순찰차 사이렌이 울렸다.
¶携帯電話が鳴ったので急いでポケットから取り出した 휴대 전화가 울려서 서둘러 주머니에서 꺼냈다. / 外で車のクラクションが鳴っているのが聞こえた 밖에서 차 경적 소리가 울리는 게 들렸다. / 芝居の開幕のベルが鳴った 연극 개막의 벨이 울렸다.
¶夕べは雷が鳴って激しい雨が降った 엊저녁에는 천둥이 치고 심한 비가 내렸다. / 強風で窓がガタガタ鳴った 강풍으로 창문이 덜컹거렸다. / 寒さで歯がガチガチ鳴った 추위로 이가 딱딱 울렸다. / 風鈴がりんちりんと鳴っている 풍령[풍경]이 땡그랑땡그랑 울리고 있다. / お腹がぐうぐう鳴った 배에서 꼬르륵꼬르륵 소리가 났다.

[회화] 電話が鳴る
A: 健のやつ, 電話が鳴るたびに飛んで行ってるな. どうしたんだ
B: 彼女からの電話を待っているのさ
A: 쟨 녀석, 전화가 울릴 때마다 달려가네. 무슨 일이지?
B: 여자 친구 전화 기다리는 거야.
A: けさ目覚ましが鳴らなかったよ
B: 鳴ったわよ. あんなに大きく鳴っていたのに聞えなかったの
A: 오늘 아침 자명종이 안 울렸어.
B: 울렸어. 그렇게 크게 울렸는데 안 들렸어?

**なるべく** 되도록, 될 수 있는 한, 가능한 한
¶なるべくやさしく説明してください 될 수 있는 한 쉽게 설명해 주세요. / なるべく早く行きますので待っててください 가능한 한 빨리 갈 테니까 기다려 주세요. / なるべく早く来てください 되도록 빨리 오십시오. / 集まりにはなるべく出席してください 모임에는 되도록 참석해 주십시오.

**なるほど** [本当に] 정말, 과연, 그렇구나 ¶なるほど, これはよく出来た辞書だ 정말, 이건 잘 만들어진 사전이다. / なるほど, あなたの言うとおりです 과연, 당신이 말한 대로입니다. / なるほど, 思ったとおり 과연 생각대로다. / なるほど, そりゃ大変だ 정말, 그거 큰일이구나! / なるほど, これは本当かも知れない 그렇구나, 이것은 진짜일지도 몰라.

[회화] あいづちをうつ
A: 捨てないで直して使えばいいんです
B: なるほどね.
A: 버리지 말고 고쳐서 쓰면 돼요.
B: 그렇구나.
A: いや, こんなふうにすればいいんだよ
B: なるほど
A: 이것 봐. 이렇게 하면 돼.
B: 그렇군.

**なれ** 【慣れ】 ¶理屈より慣れだ 이론보다 실습이다. ⇨慣れる

**なれあい** 【馴れ合い】야합, 한통속 ¶あの建設会社は官庁と馴れ合いになっている 그 건설 회사는 관청과 한통속이다. / 馴れ合いの試合(→八百長)의 짜고 하는 경기

**ナレーション** 내레이션
**ナレーター** 내레이터

**なれっこ** 【慣れっこ】 ◇慣れっこになる 익숙해지다 ¶苦労することには慣れっこになっている 고생하는 것은 익숙해졌다. ⇨慣れる

**なれなれしい** 【馴れ馴れしい】 버릇없다 ◇なれなれしく 버릇없이, 매우 친한 듯이 ¶彼は私にいつもなれなれしい 그는 나한테 항상 버릇없다. / なれなれしく振る舞う 버릇없이 굴다 / なれなれしく話しかけないでください 친한 척 말 걸지 마세요.

**なれのはて【成れの果て】** ¶彼はかつてのスターの成れの果てだ 그 사람은 한때 잘 나가던 스타였지만 지금은 그 모양 그 꼴이다.

**なれる【慣れる】** 익숙해지다 ¶彼女はすぐ日本での生活に慣れるだろう 그녀는 금방 일본 생활에 익숙해질 것이다. / 私は韓国語を話すのにはまだ慣れていない 나는 한국어로 말하는 것이 아직 익숙하지 않았다. / 慣れない格好をすると落ち着かない 익숙하지 않은 차림을 하면 불편하다. / しばらくすると目が暗やみに慣れた 조금 지나니 눈이 어둠에 익숙해졌다. / 母は慣れた手つきでキャベツを刻んだ 엄마는 익숙한 손놀림으로 양배추를 썰었다. / 父は慣れない手つきで夕食を作った 아빠는 서투른 손놀림으로 저녁을 만들었다. /「新しい仕事に慣れましたか？」「はい, 多少は」"새 일에는 익숙해졌습니까?" "네, 조금은요." / 入社して間もないので彼はまだ仕事に慣れていない 입사한 지 얼마 안 돼서 그는 아직 일에 익숙해지지 않았다.

**なれる【馴れる】** 〔飼いならされる〕길들다 ◇馴れた 길들여진 ¶このさるはとても人に馴れている 이 원숭이는 사람에게 아주 길들여져 있다. / 彼が飼っている子犬はとても私に馴れている 그가 키우는 강아지는 나한테 아주 길들여져 있다. / 人に馴れない動物もいる 사람에게 길들지 않는 동물도 있다. / 馴れた馬 길들여진 말

**なわ【縄】** 새끼, 줄, 밧줄 ¶箱に縄を掛けた 상자를 줄로 묶었다. 関連 縄ばしご 줄사다리

**なわとび【縄跳び】** 줄넘기 ▶発音は 줄넘끼 ¶子供たちは縄跳びをしていた 아이들은 줄넘기를 하고 있었다.

**なわばり【縄張り】** 영역(領域), 세력권(勢力圏) ¶縄張りを荒らす 남의 영역을 침범하다 / 縄張り争い 세력권 다툼

**なん－【何－】** ❶ 〔不特定の物事〕무엇, 뭣, 뭐 ; 무슨

会話 何かを尋ねる
A：それは何ですか
B：携帯音楽プレーヤーです
A：그건 뭐에요?
B：휴대용 음악 플레이어입니다.
A：空を飛んでいるのは何だろう
B：ユーフォーかもね
A：하늘을 날고 있는 건 뭐지?
B：유에프오일지도 몰라.
A：来年の元日は何曜日になりますか
B：日曜日です
A：내년 설날은 무슨 요일입니까?
B：일요일입니다.
A：キム・ヨンサム氏は何代目の大統領ですか
B：14代目です
A：김영삼 씨는 몇 대 대통령입니까?
B：14대입니다.
A：資料はキャビネットの何番目の引き出しに入れましたか
B：上[下]から2番目です
A：자료는 캐비닛 몇 번째 서랍에 넣었습니까?
B：위[아래]에서 두 번째요.

A：コンサートは6時何分に始まるのでしたか
B：6時30分です
A：콘서트는 여섯 시 몇 분에 시작합니까?
B：여섯 시 30분입니다.

¶こんな夜遅く何だろう 이렇게 밤 늦게 무슨 일이지? / 何ですって 뭐라고요? / 何だってそんなにふくれているの 왜 그렇게 뾰로통해 있어? / 何だ, ねずみか 뭐야. 쥐잖아. / 何にせよ, 彼と会って話をしなきゃ 어쨌든 그 사람을 만나서 이야기해야겠다. / こういって何だけど君はちょっと神経質すぎるよ 이렇게 말하기는 뭐하지만 너 좀 신경질적이야.

❷〔いくつ, どのくらい〕몇, 얼마 ¶家を建てるのに何年かかりましたか 집을 짓는 데 몇 년 걸렸습니까? / おばあさんは何歳ですか 할머니는 몇 살이십니까? / ご家族は何人ですか 가족은 몇 분이세요? / 가족은 어떻게 되세요? / 今, 1円は何ウォンですか 지금 1엔은 몇 원입니까? / これ, 何円ですか(→いくらですか) 이거 얼마에요? / きょうは何日ですか 오늘은 며칠입니까?

❸〔不特定の数量〕몇 ¶ポケットに何円か(→いくらか)入っている 주머니에 얼마 정도 들어 있다. / 本屋で雑誌を何冊か買った 서점에서 잡지를 몇 권쯤 샀다. / この本を読むのに何時間もかからなかった 이 책을 읽는 데 몇 시간도 안 걸렸다. / 初めて東京に来たのは10何年も前のことだ 처음 도쿄에 온 것은 10 몇 년전 일이다. / シェークスピアは1600何年かに亡くなっている 셰익스피어는 1600 몇 년쯤에 죽었다.

¶もう何週間も雨が降っていない 벌써 몇 주일 동안이나 비가 안 오고 있다. / 彼は僕の何倍もお金をかせいでいる 그는 내 몇 배나 돈을 벌고 있다. / 彼女は私の何倍も勉強している 그 여자는 내 몇 배나 공부하고 있다. / 空にはとこから何百もの星が見える 밤이 되면 여기서 수 백 개의 별이 보인다. / 何人もの人が鳥インフルエンザで亡くなった 수많은 사람이 조류독감으로 죽었다.

⇒何(②), 何年, 何回, 何人, 何円

**なん【難】** 〔困難〕곤란, 어려움 〔災難〕재난, 위난, 화 〔欠陥〕결점, 흠 〔問題〕문제 ¶難なく試合に勝つことができた 별 어려움 없이 시합에 이길 수 있었다. / かろうじて難を免れた 아슬아슬하게 위난을 면했다. / 彼女は性格的にいくらか難がある 그 여자는 성격적으로 약간 문제가 있다. / この機械の難を言えばサイズが少々大きいことだ 이 기계는 사이즈가 좀 큰 것이 흠이다. / 彼は決断が遅いのが難だ 그 남자는 결단이 느린 것이 흠이다. / 若者たちの多くが就職難に直面している 많은 젊은이들이 취업난에 직면해 있다.
関連 住宅難 주택난

**なんい【南緯】** 남위 ¶島は南緯30度15分にある 섬은 남위 30도 15분에 있다.

**なんい【難易】** 난이 ¶難易度 난이도

**なんおう【南欧】** 남유럽

**なんか【何か】** 무엇인가, 뭔가, 무슨 ¶何か変な音がしない？ 뭔가 이상한 소리 안 들려? / 何かスターにでもなった気分だ 무슨 스타라도 된 기분이야. / 何か食べるものない？ 뭐 먹을 거 없어?

**なんか【南下】** 남하 ◇南下する 남하하다

**なんか【軟化】** 연화 ◆軟化する 누그러지다, 부드러워지다 ¶娘の一言で父親の態度は軟化した 딸의 한마디에 아버지의 태도는 누그러졌다.

**なんかい【何回】** ❶[回数を尋ねる] 몇 번 ¶「韓国へは何回行きましたか」「3回行きました」"한국에는 몇 번 갔습니까?" "세 번 갔습니다."/「月に何回くらい映画を見に行くのですか」「そうですね, 2, 3回かな」"한달에 몇 번 정도 영화 보러 가요?" "음, 한 두세 번 정도요."
❷[何度も] 몇 번, 여러 번 ¶京都には何回も行きました 교토에는 여러 번 갔습니다./何回飛行機に乗っても離陸の時には緊張する 몇 번이나 비행기를 타도 이륙할 때에는 긴장한다./彼とは何回か会ったことがあります 그 사람은 몇 번쯤 만난 적이 있습니다./そんな所へ行ってはいけないって何回言ったらわかるの 그런 데 가면 안 된다고 몇 번 말해야 알겠니/
¶彼女はその詩集を何回も何回もすっかり暗記するまで読んだ 그녀는 그 시집을 완전히 암기할 때까지 몇 번이고 몇 번이고 읽었다.

**なんかい【難解】** 난해하다 ¶その作家の小説は難解だ 그 작가의 소설은 난해하다.

**なんかん【難関】** 난관〔障害〕장애〔困難〕곤란 ¶この地点が北極点に至る最大の難関だ 이 지점이 북극점에 도달하는데 있어 최대의 난관이다./計画は難関にぶつかっている 계획은 난관에 부딪혔다./彼は司法試験の難関を突破した 그는 사법 시험의 난관을 돌파했다.

**なんぎ【難儀】**〔面倒〕고생, 고통 ◆難儀する 고생하다, 고통스럽다〔骨が折れる〕고되다 ◇難儀な 고통스러운, 힘든 ¶足首をくじいて難儀している 발목을 삐어서 고생하고 있다./炎天下のペンキ塗りは難儀な作業だ 폭염하에 페인트칠하는 것은 고된 작업이다.

**なんきゅう【軟球】** 연구, 고무공

**なんきょく【南極】** 남극 関連 南極海 남극해/南極観測 남극 관측/南極観測隊 남극 관측대/南極大陸 남극 대륙/南極点 남극점

**なんきょく【難局】** 난국〔危機〕위기 ¶なんとかしてこの難局を切り抜けなければならない 어떻게 해서든지 이 난국을 빠져나가야 된다.

**なんきん【軟禁】** 연금 ◆軟禁する 연금하다 ¶彼女は6か月もの間自宅に軟禁されていた 그녀는 6개월 동안이나 자택에 연금되어 있었다.

**なんくせ【難癖】** 트집 ¶チーム長は何かにつけて私に難癖をつける 팀장은 무슨 일이 있을 때마다 나에게 트집을 잡는다.

**なんこう【軟膏】** 연고 ¶傷に軟膏を塗る 상처에 연고를 바르다

**なんこう【難航】** 난항 ¶労使交渉は難航している 노사 교섭은 난항이 계속되고 있다.

**なんこつ【軟骨】** 연골

**なんざん【難産】** 난산 ¶彼女の出産は難産だった 그녀의 출산은 난산이었다.

# なんじ 【何時】 몇 시

**基本表現**
▷「すみませんが今何時でしょうか」「2時20分です」 "죄송합니다만 지금 몇 시입니까?" "두시 20분입니다."
▷「普段は何時に起きますか」「6時半ごろです」 "보통 몇 시에 일어납니까?" "여섯 시 반쯤입니다."
▷「お母さん, 夕ご飯は何時ごろなの」「7時でいい」「いいよ」 "엄마, 저녁은 몇 시쯤 먹어?" "일곱 시면 되니?" "예."

**会話** 何時…
A:今何時かわかりますか
B:私の時計では4時15分です
A:지금 몇 시쯤 됐죠?
B:내 시계로는 네 시 15분입니다.
A:何時か見てちょうだい
B:1時5分前かな
A:몇 시인지 봐 줄래?
B:한 시 5분 전이야.
A:このお店は何時までやっていますか
B:9時半までです
A:이 가게는 몇 시까지 합니까?
B:아홉 시 반까지입니다.
A:仕事って何時から何時までなの
B:9時から5時までよ
A:일은 몇 시부터 몇 시까지야?
B:아홉 시부터 다섯 시까지야.
A:何時なら都合がいいの
B:そうだね, 4時ならいいや
A:몇 시면 괜찮겠니?
B:음, 네 시 정도면 괜찮은데.
A:あすは何時にうかがえばよろしいですか
B:2時に来てください
A:내일은 몇 시에 찾아뵈면 될까요?
B:두 시에 와 주세요.
A:岡田さんは何時に戻るかわかりますか
B:3時には戻ると言ってましたが
A:오카다 씨는 몇 시에 돌아오시는지 아십니까?
B:세 시에는 돌아온다고 했는데요.
A:夜は何時ごろまでに電話したらよろしいですか
B:11時くらいまでならいいですよ
A:밤에는 몇 시까지 전화드려도 될까요?
B:한 열한 시까지는 괜찮아요.
A:東京行きの次の電車は何時ですか
B:10分後の10時40分です
A:どうも
A:도쿄행 다음 전철은 몇 시입니까?
B:십 분 후인 열 시 40분입니다.
A:감사합니다.
¶今何時だと思っているんだ. こんな時間までどこに行ってたんだ 지금 몇 시인 줄 알아? 이런 시간까지 어디에 가 있었어?/開演は何時ですか 공연 시작은 몇 시입니까?

**なんしき【軟式】** 연식 関連 軟式テニス 연식 정구/軟式野球 연식 야구

**なんじゃく【軟弱】** ◆軟弱だ 연약하다, 무르다 ¶これらの高層ビル群は軟弱な地盤の上に立っている 이 고층 빌딩들은 연약한 지반 위에 세워져 있다./政府は外交が軟弱だと批判された 정부는 외교가 저자세라고 비난 받았다.

**なんしょ【難所】** 험한 곳, 난관 ¶ここはこの山の

中でもいちばんの難所だ 여기는 이 산에서도 가장 험하고 가파른 곳이다. / 契約交渉は最大の難所にさしかかっている 계약 교섭은 최대의 난관에 접어들었다.

**なんしょく【難色】** 난색 ¶彼はその計画に難色を示した 그는 그 계획에 난색을 보였다.

**なんすい【軟水】** 연수, 단물 ¶硬水を軟水にする センムルを タンムルロ パックダ 센물을 단물로 바꾸다

**なんせい【南西】** 남서 ¶南西の風が吹いていた 남서풍이 불고 있었다.

**ナンセンス** 난센스 ¶ナンセンスだ 난센스다.

**なんだい【難題】** 난제, 어려운 문제 ¶地震の予知というのはなかなかの難題だ 지진을 예측하는 것은 상당히 어려운 일이다.

**なんたいどうぶつ【軟体動物】** 연체동물

**なんだか【何だか】**〔どういうわけか〕왜 그런지, 왠지, 어쩐지〔いくらか〕약간, 다소〔やや〕좀 ¶なんだかその事が不安だ 왠지 그게 좀 불안하다. / きょうはなんだか疲れた 오늘은 왠지 피곤하다. / なんだか機械が変だ 기계가 왠지 좀 이상하다.

**なんたん【南端】** 남단, 남쪽 끝

**なんちゃくりく【軟着陸】** 연착륙(▶発音は 연창뉵) ¶彼らは無月月に軟着陸した 그들은 무사히 달에 연착륙했다.

**なんちょう【難聴】** 난청 ¶おばは軽度の難聴だ(→耳がよく聞こえない) 이모는 귀가 잘 안 들린다.

**-なんて** ¶勉強なんて大嫌いだ 공부가 제일 싫어. / 彼女がうそをつくなんて 여자 친구가 거짓말을 하다니.

**なんで【何で】** 왜, 어째서 ⇒なぜ

## なんでも

**【何でも】** ❶〔どれでも〕무엇이든, 뭐든(지), 아무거나, 아무거나〔あらゆること〕모두

[基本表現]

▶彼女のためなら何でもします 그녀를 위해서라면 뭐든지 하겠습니다.
▶豚肉以外なら何でも食べられます 돼지고기 빼고는〔말고는〕뭐든지 먹을 수 있습니다.
▶夫は料理以外のことは何でもやってくれる 남편은 요리 말고는 뭐든지 해 준다.
▶何でも自分の思いどおりにできるとはかぎらない 뭐든지 자기 생각대로 되는 것은 아니다.
▶何でも好きなものを買いなさい 마음에 드는 거 아무거나 사렴.

¶彼女は何でも持っている(→持っていないものがない) 그녀는 없는 게 없어서 선물 고르기가 어렵다. / 彼は娘にしたいことは何でもさせている 그는 딸이 하고 싶어하는 것은 뭐든지 다 해 준다. / 彼女はペ・ヨンジュンのことは何でもかんでも知っている(→知らないことがない) 그 여자는 배용준에 관해서는 모르는 게 없다. / 質問があれば何でも私に聞いて 질문이 있으면 뭐든 나한테 물어 봐. / 何でもお申しつけください 뭐든지 말씀해 주세요. / 彼は何でもかんでもやりたがる 그 사람은 뭐든지 다 하고 싶어한다.

¶服なんか何でも構わないよ 옷 같은 거 아무거나 상관없어. / 何でもいいからおれについてこい(→だまっておれの言うとおりにしろ) 아무 말 말고 내가 하자는 대로 해. / 何でも好きなものをどうぞ 아무거나 좋아하는 것으로 드세요. / 本なら何でもいい 책이라면 아무거나 다 좋다.

[会話] 何でもいい
A : のどが渇いた、何か飲み物ある?
B : 何がいいの
A : 冷たければ何でもいいよ
A : 목 마르다. 뭐 마실 거 있어?
B : 뭘로 줄까?
A : 차갑기만 하면 아무거나 괜찮아.

❷〔どうやら〕잘은 모르지만, 들은 바에 의하면 ¶何でも彼は宝くじに当たったらしいよ 누가 그러는데 그 사람은 복권에 당첨됐대. / 何でも彼女は鎌倉に住んでいるそうだ 누가 그러는데 가마쿠라에 살고 있대. / 何でも彼女は結婚するそうだ 누가 그러는데 그 여자가 결혼한대.

❸〔その他〕¶何でも何でも頑張ろう 뭐든 일이 있어도 열심히 하자. / 何が何でもミナとは別れない 무슨 일이 있어도 미나와는 헤어지지 않겠다.

¶病気でも何でもないのに学校を休むやつがあるか 무슨 병에 걸린 것도 아닌데 학교를 쉬는 놈이 어디 있어? / 彼女はいつも何でもないことに大騒ぎする 그 여자는 늘 아무것도 아닌 일로 소동을 피운다. / 彼は何でも屋だ 그 남자는 뭐든지 다 할 줄 아는 사람이다.

[会話] 何でもない
A : 顔色が悪いよ、どうかしたの
B : いや、何でもないよ
A : 안색이 안 좋아. 무슨 일 있어?
B : 아니, 아무 것도 아니야.
A : 膝から血が出てるよ、大丈夫かい
B : このくらいのけが、何でもないさ
A : 무릎에서 피 난다. 괜찮아?
B : 이 정도의 상처는 아무것도 아니야.

**なんてん【難点】**〔困難〕난점(▶発音は 난쩜)〔欠点〕결점(▶発音は 결쩜) ¶この家の難点は玄関が狭いことだ 이 집의 결점은 현관이 좁다는 것이다.

## なんと

**【何と】** ❶〔疑問〕뭐라고〔どのように〕어떻게 ¶あの店、何という名前だったっけ 그 가게 이름이 뭐였더라? / 何とおっしゃいましたか 뭐라고 하셨습니까? / 何と答えてよいかわからなかった 뭐라고 대답해야 좋을지 몰랐다. / 何とお礼を申し上げてよいかわかりません 뭐라고 감사의 말씀을 드려야 할지 모르겠습니다. / 何とおわびしていいか 뭐라고 사과드려야 할지. / その景色の美しさといったら何と表現していいかわかりません 그 경치의 아름다움으로 말하자면 뭐라고 표현하면 좋을지 모를 정도입니다.

❷〔感嘆〕어쩌면,《縮約》어쩜, 참, 참으로 ¶何とあかわらいしいお嬢さんでしょう 정말 귀여운 아가씨네요. / 何ときれいなんだろう 어쩜 예쁘기도 해라. / この絵は何とすばらしいんだろう 이 그림은 어쩌면 이렇게 아름다울까? / 何とまあたくさんの本をお持ちなんでしょう 정말 많은 책을 가지고 계시네요. / 1万人もの参加者の中で優勝したのは何と私の弟だった 만 명의 참가자 중에서 우

승한 사람은 바로 내 동생이었다.
❸ [その他] ¶何といっても冬は温泉にかぎる 뭐니뭐니 해도 겨울에는 온천이다. / 何といっても君はまだ学生だからね 뭐라고 하든 넌 아직 학생이니까. / 君が何と言ったって僕は韓国に留学する 네가 뭐라고 해도 난 한국에 유학갈거야. /「みんなが君と彼女はうまく行かないって言ってるよ」「何とでも言わせておけばいいさ」 "모두들 네가 여자 친구하고 잘 안 될 거라고 하던데." "뭐라고 하든 상관없어."

**なんど【何度】** ❶ [回数] 몇 번 ¶「何度くらい韓国へ行きましたか」「そうですね, もう10回以上ですね」 "한국에는 몇 번 정도 갔습니까?" "음, 벌써 열 번 넘게 갔네요." /「月に何度美容院に行きますか」「だいたい2回です」 "미장원은 한 달에 몇 번 정도 가세요?" "한 두 번 정도 가요."
❷ [繰り返して] 몇 번, 여러 번 ¶彼に何度電話しても出なかった 그 사람에게 몇 번이나 전화해도 받지 않았다. / そんなことしないようにって何度も言ったじゃない 그런 짓 하지 말라고 몇 번이나 말했잖아. / 夫に何度も言っているのにちっとも聞いてくれない 남편한테 몇 번이나 말했는데 전혀 들어주지 않아.
❸ [度数] 몇 도 ¶この角度は何度ですか 이 각도는 몇 도입니까? /「気温は何度？」「30度よ」 "기온은 몇 도 되니？" "30도야." / けさ熱は何度ありましたか 오늘 아침 열은 몇 도였습니까？

**なんとう【南東】** 남동 ¶私の家は東京の南東にある 우리 집은 도쿄의 남동 쪽에 있다. / 南東の風 남동풍

**なんとか【何とか】** ❶ [どうにか] 어떻게; 그럭저럭 [何とかして] 어떻게든 [やっと] 간신히, 가까스로 ¶あすまでになんとか仕事を終わらせよう 내일까지는 어떻게든 일을 끝내자. / ユミとは何とかうまくいっています 유미하고는 그럭저럭 잘 되고 있습니다. / 電車はとても込んでいたが何とか乗れた 전철은 아주 붐볐지만 간신히 탈 수 있었다. / こんな生活何とかならないかしら 이런 식의 생활, 어떻게 안 될까？ / 親の援助がなくても何とか生活できる 부모의 원조가 없어도 그럭저럭 생활할 수 있다. / 社員たちは社長に今の状況を何とかしてくれるように頼んだ 사원들은 사장에게 지금 상황을 어떻게든 해 달라고 부탁했다.
¶何とか合格する 가까스로 합격하다 / 何とかして手に入れる 어떻게 해서 손에 넣다 / 何とかできませんか 어떻게 안 될까요? / 何とかなるだろう 어떻게든 되겠지.

<u>会話</u> 何とかならない？
　A：これ何とか直りませんか
　B：まあ何とかやってみましょう
　A：이거 어떻게 고칠 수 없을까요？
　B：음, 어떻게 해 보죠.
❷ [何か] 무슨; 어떻다 ¶何とか言ったらどうなんだ 뭐라고 말 좀 해 봐라. / 彼は勤務条件のことをいつも何とかかんとか言っている 그는 근무 조건에 대해 항상 이러쿵저러쿵 말이 많다.
❸ [名前などがはっきりしない場合] 어떤, 아무개 ¶彼の名前はキム何とかです 그 사람의 이름은 김 아무개입니다. / 買い物に出かけている時に何とかという男の人が見えました 쇼핑 가신 사이에 어떤 남자 분이 찾아오셨습니다. / 彼は何とかという女性から手紙をもらった 그는 어떤 여성으로부터 편지를 받았다.

**なんとしても【何としても】** 어떻게 해서든지 ¶何としても兄を説得するわ 어떻게 해서든지 형을 설득할게. / 何としてもあの絵を手に入れたい 어떻게 해서든지 그 그림을 손에 넣고 싶어.

**なんとなく【何となく】** [どういうわけか] 왠지, 왠지 모르게, 어딘지 [無心に] 무심히 [漠然と] 막연히, 어렴풋이 ¶何となくきょうは会社に行きたくない 왠지 오늘은 회사가 가기 싫다. / 何となく犬は嫌いで そして猫は好きだ / 彼には何となく厳格なところがある 그 사람에게는 어딘지 엄격한 데가 있다. / 何となく空を見上げる 무심히 하늘을 올려다보다 / 父の顔は何となく覚えている 아버지의 얼굴은 어렴풋이 기억하고 있다.

**なんとも【何とも】** ❶ [否定] 아무렇지도, 아무것도; 뭐라고 ¶義兄は交通事故にあったが何ともなかった 매형은 교통사고를 당했지만 아무렇지도 않았다. / きのうはとても頭が痛かったが, きょうは何ともない 어제는 머리가 좀 아팠지만 오늘은 아무렇지도 않다. / 彼は陰で人の悪口を言うのを何とも思わない 그 남자는 뒤에서 남의 욕을 하는 것을 아무렇지도 않게 생각한다. / 彼女は自分の事だけ考えて他人の事は何とも思わない 그 여자는 자기만을 생각하고 남은 아무렇지도 않게 생각한다.
¶あすはどうなるか何とも言えない 내일 일은 아무도 모른다. / あしたまでにできるかどうか何とも言えません 내일까지 될지 안 될지 확실히는 말 못하겠네요. /「息子は大丈夫でしょうか」「今のところは何とも言えません」 "우리 아들은 괜찮습니까？" "지금으로서는 뭐라고 말할 수 없습니다."
❷ [まったく, 実に] 정말로, 참으로 ¶この絵の配色は何とも美しい 이 그림의 배색은 정말로 아름답다. / 何ともお礼の申しようがありません 정말로 뭐라고 감사드려야 할지 모르겠습니다. / 何とも申訳ありません 정말로 죄송합니다. / 何とも困ったことになった 정말로 곤란하게 되었다.

**なんなら【何なら】** 뭣하면, 뭐하면, 괜찮다면 ¶何なら私が彼に言いましょうか 좀 뭐하시면 제가 그 사람한테 말할까요？

**なんにち【何日】** ❶ [日数] 며칠 ¶こちらには何日間いらっしゃいますか 여기에는 며칠 동안 계십니까？ / この小包を韓国へ航空便で送ると何日かかりますか 이 소포를 한국에 항공편으로 보내면 며칠 걸립니까？
❷ [月日] 며칠 ¶きょうは何日ですか 오늘은 며칠입니까？
❸ [何日も] 며칠이나 ¶暑い日は何日も続いた 더운 날은 며칠이나 계속되었다. / 正月までまだ何日もある 정월까지 아직 며칠이나 남아 있다.

**なんにも【何にも】** 아무것도 ¶何にも知りません 아무것도 모릅니다. / 泣いたって何にもならない 운다고 아무것도 해결되지 않는다.

**なんにん【何人】** ❶ [人数] 몇 명, 몇 사람 ¶何人が私たちの提案に賛成してくれるだろうか 몇 명이

우리 제안에 찬성해 줄까 ? /「お子さんは何人いらっしゃいますか」「2人です」"자제분은 어떻게 되십니까 ?" "둘 있습니다." /「墜落した飛行機に乗客は何人乗っていたの」「350人だって」"추락한 비행기에 승객은 몇 명 타고 있었어 ?" "350명이래."

❷〔不特定の複数の人〕몇 명, 몇이 ¶このことを知っている人は何人もいない 이 일을 알고 있는 사람은 몇 명 안 된다. /事故の生存者が何人かいるらしい 사고에서 살아남은 사람이 몇 명 있대. /私のクラスでは流感にやられる者が何人も出た 우리 반에서는 독감에 걸린 사람이 몇 명이나 나왔다.

**なんねん**【何年】❶〔年数〕몇 년 ¶「教師になって何年ですか」「そうね, 7年になるわ」"교사가 된지 몇 년 되었죠 ?" "음, 올해로 7년째네." /彼はこの町に越してきて何年もたたないうちにまた越していった 그는 이 동네로 이사온 지 몇 년도 안 돼서 또 이사갔다. /何年も彼女に会っていない 몇 년 동안 그 여자를 만나지 못했다.

❷〔年度〕몇 년〔学年〕몇 학년 ¶「何年の生まれですか」「1981年です」 "몇 년생입니까 ?" "1981년생입니다." /「今, 何年生ですか」「大学2年です」 "지금 몇 학년입니까 ?" "대학 2학년입니다." ⇨年(<sup>ねん</sup>)

**なんの**【何の】❶〔疑問〕무슨, 어떤 ¶それはいったい何のことかしら 그것은 도대체 무슨 말이죠 ? /そんなことをして何の役に立つのか 그런 것을 해서 무슨 도움이 됩니까 ? /あなたは何のために大学に行くのですか 당신은 무엇 때문에 대학에 갑니까 ? /きょうは何の日だったっけ. そうだ, 妻の誕生日だ 오늘이 무슨 날이었더라? 맞다, 아내 생일이다. /何の権利があって僕に命令するんだ 무슨 권리로 나한테 명령하는 거야. /何の事だかわかりません 무슨 말인지 모르겠습니다. /こんな時間に何の用ですか 이런 시간에 무슨 용건이십니까 ?

❷〔何の…ない〕아무, 아무런 ¶彼女から何の便りもない 그 여자로부터 아무런 소식도 없다. /父は老後の生活は何の心配もないと言っている 아버지께서는 노후 생활은 아무 걱정도 없다고 하신다. /このつぼは何の価値もない 이 항아리는 아무런 가치도 없다. /彼は何の断りもなしに私の傘を持っていってしまった 그 남자는 아무 말도 없이 내 우산을 가져가 버렸다. /あいつは何の役にも立たない 그 녀석은 아무런 도움도 안 된다. /私はこの事とは何の関係もない 나는 그 일하고는 아무 상관도 없다.

会話 何の心配もいらない
A : あなたに一人旅をさせるのは心配だわ
B : 何の心配もいらないわよ. 2,3日京都まで行ってくるだけだから
A : 너를 혼자 여행 보내려니 걱정이다.
B : 아무 걱정하지 마. 2,3일 교토에 갔다오는 거 뿐이니까.

A : 来月からガソリンが値上げになるんだってさ
B : 僕には何の関係もないね. 車持ってないから
A : 다음달부터 기름 값이 오른대.
B : 나와는 상관없어. 차가 없으니까.

❸〔その他〕¶怖かったの何のって 무서워 혼났네. /うるさいの何のってもんじゃない 여간 시끄러운 게 아니야. /何のこれしきの傷, すぐに治るよ 뭐 이 정도 상처는 금방 나아. /何の気なしに入った古本屋で探していた本を見つけた 무슨 생각 없이 들어간 헌책방에서 찾고 있던 책을 발견했다. /彼は最強の挑戦者と言われていたけど, 何のことはないチャンピオンに1ラウンドでKOされた 그는 최강의 도전자라고 불렸지만 알고 보니 별거 아니었다. 챔피언한테 1라운드에 케이오당했어. /彼は何のかのといってお金を返してくれない 그 남자는 이런저런 핑계로 돈을 갚지 않는다.

**なんぱ**【軟派】◇軟派する〔女を〕꼬시다 ¶だれもが海水浴場にナンパに行くわけではない 사람들이 다 여자 꼬시려고 해수욕장에 가는 것은 아니다. /彼はいつも女の子をナンパしている 그 남자는 항상 여자를 꼬신다.

**なんぱ**【難破】난파 ◇難破する 난파하다, 난파되다 ¶船が嵐で難破した 배가 폭풍에 난파되었다.

**ナンバー** 넘버, 번호 ¶その車は多摩ナンバーだった 그 차는 다마 넘버였다. /原稿用紙にナンバーを打ってください 원고지에 번호를 매겨 주세요. /彼はわが社のナンバーワンのセールスマンだ 그는 우리 회사 최고의 영업 사원이다.

**なんびょう**【難病】난치병
**なんぴょうよう**【南氷洋】남극해(南極海)
**なんぶ**【南部】남부
**なんべい**【南米】남미, 남아메리카 ¶南米大陸 남아메리카 대륙
**なんぽう**【南方】남방, 남쪽 ¶その島は釜山の南方にある 그 섬은 부산의 남쪽에 있다.
**なんぼく**【南北】남북 ¶道路は南北に走っていた 도로는 남북으로 뻗어 있었다. 関連 南北アメリカ 남북아메리카 | 南北共同声明 남북 공동 성명 | 南北戦争 남북 전쟁 | 南北対話 남북 대화 | 南北統一 남북 통일 | 南北問題 남북 문제 | 南北離散家族 남북 이산 가족
**なんみん**【難民】난민 ¶彼は難民の救済に力を尽くした 그는 난민 구제에 전력을 다했다.
関連 難民キャンプ 난민촌 | 難民条約 난민 조약 | 政治[経済]難民 정치[경제] 난민
**なんもん**【難問】난문, 난제(難題), 어려운 문제 ¶難問を解く 어려운 문제를 풀다 | 難問に取り組む 난제와 씨름하다 | 当時の内閣は多くの難問をかかえていた 당시 내각은 많은 난제를 안고 있었다.
**なんら**【何等】〔何ら…ない〕아무런, 하등의, 조금도 ◇何らかの 무슨, 어떠한 ¶彼とは何ら関係がない 그 남자와는 아무런 관계도 없다. /息子さんについては何ら心配はありません 아드님에 대해서는 조금도 걱정하실 거 없습니다. /それは私たちの生活には何ら直接の影響がない 그것은 우리의 생활에 아무런 직접적인 영향이 없다. /彼のアリバイには何ら疑わしいところはない 그의 알리바이에는 아무런 의심적은 구석이 없다.

¶一行は何らかの理由で到着が遅れているに違いない 일행은 무슨 이유로 도착이 늦어지고 있는 게 틀림없다.

## に

**に【二】** 이, 《固有語》 둘 ¶二番目 두 번째 / 2分の1 이분의 일 / 彼は100メートル走で2位になった 그는 100미터 경주에서 2등을 했다.

**に【荷】** 짐〔船や飛行機の貨物〕화물〔責任, 負担〕책임, 부담 ¶彼は重い荷を肩にかついでいた 그는 무거운 짐을 어깨에 메고 있었다. / 彼らは船に荷を積んでいる 그들은 배에 짐을 싣고 있었다. / 船から荷を降ろす 배에서 짐을 내리다 · 慣用句 この仕事は私には荷が重すぎる 이 일은 나한테는 너무 버겁다.

## -に

❶〔場所〕에 ¶だれかが玄関の所に立っていた 누군가가 현관에 서 있다. / どのホテルに泊まる予定ですか 어느 호텔에 묵을 예정이십니까? / 彼女はクラスでトップにいる 그녀는 반에서 톱을 차지하고 있다.

¶私はこの写真で3列目の左から5番目にいます 나는 이 사진에서 세 번째 줄 왼쪽에서 다섯 번째에 있습니다. / 彼は夕方ソウルに着くだろう 그는 저녁에 서울에 도착할 것이다. / 私の兄は大阪に住んでいる 우리 형은 오사카에 살고 있다. / 私は東京の港区に住んでいます 나는 도쿄 미나토구에 살고 있습니다. / 犬は犬小屋にいる 개는 개집에 있다. / 中に入ってよろしいですか 안에 들어가도 됩니까?

¶うちの会社はこのビルの5階にある 우리 회사는 이 빌딩 5층에 있다. / その絵を居間の壁に飾った 그 그림을 거실 벽에 장식했다. / はえが一匹天井にとまっている 파리 한 마리가 천장에 앉아 있다.

¶私の故郷は長野市の近くにある 내 고향은 나가노시 근처에 있다. / そのデパートは銀行の前[向い]にある 그 백화점은 은행 앞[건너편]에 있다. / 電車の中でおばあさんの右隣に座った 전철 안에서 할머니 오른쪽에 앉았다.

❷〔方向, 帰着点〕에, (으)로 ⇨ ヘ

¶彼は1週間の休暇を取って韓国に行った 그는 1주일간의 휴가를 얻어 한국에 갔다. / 次の角を右に曲がると左手に劇場があります 다음 모퉁이에서 오른쪽으로 돌면 왼쪽에 극장이 있습니다. / くまがテントに近づくのが見えた 곰이 텐트로 다가오는 것이 보였다. / ごみをあさっていたからすに石を投げつけた 쓰레기를 뒤지고 있던 까마귀에게 돌을 던졌다. / 彼は成田をたって釜山に向かった 그는 나리타를 출발해서 부산으로 향했다. / この電車は2番線に入ってきます 다음 전철은 2번선으로 들어옵니다.

¶そのホテルの客室は海に面していた 그 호텔의 객실은 바다를 향하고 있었다.

❸〔時間〕에 ¶私は毎日6時に起きる 나는 매일 여섯 시에 일어난다. / 私の息子は1996年の5月2日に生まれた 내 아들은 1996년 5월 2일에 태어났다. / 日曜日に野球の試合がある 일요일에 야구 시합이 있다. / 突然, 真夜中に電話が鳴った 갑자기 한밤중에 전화가 울렸다. / 午前中に歯医者へ行かねばならない 오전 중에 치과에 가야 된다. / 3月の下旬に大阪に引っ越す予定です 삼월 하순에 오사카로 이사할 예정입니다. / 来週の月曜日の午後にお伺いいたします 다음주 월요일 오후에 찾아뵙겠습니다.

¶冬休みにスキーに行った 겨울 휴가 때에 스키 타러 갔다. / 荷物は3日後に到着する 짐은 3일후에 도착할 것이다. / ここ数年の間に世界中で異常気象が多く起きている 요 몇 년 사이에 전 세계에서 기상이변이 많이 일어나고 있다.

❹〔目的〕-(으)러, 에, 를[을] ¶彼女は韓国語の勉強に韓国へ行った 그녀는 한국어를 공부하러 한국에 갔다. / 彼は私をドライブに誘った 그는 나에게 드라이브 가자고 권유했다.

¶暇があったらまた会いに来てね 시간 있으면 또 보러 와. / 渋谷に買い物に行った 시부야에 쇼핑하러 갔다. / あしたから中国旅行に出かけます 내일부터 중국 여행 갑니다.

❺〔動作の対象, 関連〕에게, 한테, 에, 를[을]
¶妻に誕生祝いの指輪を買ってあげた 아내에게 생일 축하 반지를 사 주었다. / このCDは君にあげるよ이 CD는 너한테 줄게. / 初めて彼女にラブレターを書いた 처음으로 그녀에게 러브레터를 썼다. / 酒の飲みすぎは体に悪いよ 술을 너무 마시면 몸에 안 좋아. / 彼はその殺人事件に関与している 그는 그 살인 사건에 관여되어 있다. / 先日偶然に高校時代の友人に会った 며칠 전에 우연히 고등학교 친구를 만났다. / バス[地下鉄]に乗る 버스를[지하철을] 타다

❻〔結果, 目標〕가[이], (으)로 ¶空模様は曇りから雨に変わった 흐리다가 비로 바뀌었다. / 列車事故による死者の数は30人から50人に増えた 열차 사고로 인한 사망자수는 30명에서 50명으로 늘어났다. / 雪が解けて水になる 눈이 녹아서 물이 되다 / 君は将来何になるつもりですか 자네는 앞으로 뭐가 되고 싶은가?

❼〔原因, 理由〕(으)로, 에 […理由で]때문에 ¶多くの人が花粉症に苦しんでいる 많은 사람들이 꽃가루 알레르기로 괴로워하고 있다. / ホームレスが路上で寒さに震えていた 노숙자들은 길거리에서 추위에 떨고 있었다.

¶彼女はあまりのうれしさに声をあげた 그녀는 너무 기뻐서 소리를 질렀다. / 私はそのニュースにびっくりした 나는 그 뉴스에 깜짝 놀랐다.

❽〔動作主〕에게, 한테, (으)로부터 ¶子供のころいたずらをして親によくしかられた 어렸을 때 장난을 쳐서 부모님께 자주 혼났다. / 彼女にコンピュータの使い方がわかるかな 그녀는 컴퓨터 사용법을 알까? / 彼は有能だからこの企画は彼に担当してもらおう 그 사람은 유능하니까 이 기획은 그 사람에게 맡기자.

❾〔よりどころ〕에, えいて ¶新聞によると信越地方

では記録的な大雪で深刻な被害が起きている 신문에 의하면 니에쓰 지방에서는 기록적인 폭설로 심각한 피해가 일어나고 있다. / 時計をテレビの時報に合わせた 시계를 텔레비전 시보에 맞췄다. / おじいさんにその当時の話を聞いた 할아버지한테 그 당시의 이야기를 들었다.

⓾ 〖比較〗에 ¶よく人生は旅にたとえられる 인생은 흔히 여행에 비유된다. / 東京の物価は世界の他の大都市に比べて高いようだ 도쿄의 물가는 세계의 다른 대도시에 비해서 비싼 것 같다. / 運動能力では弟が兄に勝っている 운동 능력으로는 동생이 형을 능가한다.

⓫ 〖頻度〗에 ¶娘は週に3回ピアノのレッスンを受けている 딸은 일 주일에 세 번 피아노 레슨을 받고 있다. / オリンピックは4年に1回開かれる 올림픽은 4년에 한 번 열린다. / その大学に合格したのは5人に1人の割だった 그 대학에 합격한 사람은 다섯 명에 한 명 꼴이었다. / 全員1人につき2枚ずつ問題用紙を配ります 전원 한 명당 두 장씩 문제지를 나눠 주겠습니다.

⓬ 〖…として〗(으)로 ¶お世話になったお礼にビールを贈った 신세진 답례로 맥주를 보냈다. / 病気の快気祝いに花をもらった 쾌유를 축하하는 꽃을 받았다.

⓭ 〖並列, 添加〗와 / 과, 에 ¶5に3を加えると8になる 5에 3을 더하면 8이 된다.

**にあい**【似合い】◇似合いの어울리는 ¶似合いのカップル 잘 어울리는 커플

**にあう**【似合う】어울리다, 잘 맞다 ¶そのセーター, よく似合ってるよ 그 스웨터 잘 어울려요. / ネックレスが服によく似合ってるね 목걸이가 옷에 잘 어울려요. / 彼女は黒い服がいちばんよく似合う 그녀는 검은 옷이 가장 잘 어울린다. / 私はミニはどうも, ミニの似合う足じゃないから 나는 미니스커트는 안 입어. 미니스커트가 어울리는 다리가 아니라서.

[会話] 似合うかな, 似合わないかな
A：どっちの色のほうが似合うかな
B：赤のほうが似合うな
A：어느 색이 잘 어울릴까?
B：빨간색이 더 잘 어울려.
A：このドレスどう, 似合う？
B：うーん, はっきり言って似合わないな. もっと濃い色のほうが似合うんじゃないかな
A：이 드레스 어때? 잘 어울려?
B：글쎄, 솔직히 말해서 안 어울려. 더 짙은 색이 어울리지 않을까?
A：あなたって得ね
B：何が
A：だって色が白いから, どんな色でも似合うもの
A：넌 좋겠다.
B：뭐가?
A：피부가 하야니까 어떤 색이나 잘 어울리잖아.

¶あいつ, 体に似合わず気が小さいんだよ 저 녀석 체격에 안 어울리게 소심해. / 彼は大きな体に似合わず神経が細かい 그는 큰 체격에 어울리지 않게 예민하다. / 彼は顔に似合わず内気なんだ 그는 생긴 것과는 달리 내성적이야. / そんな下品なこ

とを言うなんて君には似合わないよ 그런 상스러운 말을 하다니 너한테 안 어울려.

**ニアミス** 니어미스, 이상접근〔異常接近〕¶ジャンボ機同士がニアミスを起こした 점보기 두 대가 부딪칠 뻔 했다.

**にいさん**【兄さん】〖弟から見た兄〗형, 《敬》형님; 〖妹から見た兄〗오빠, 《敬》오라버님 ⇨兄

**ニーズ** 요구, 필요 ¶消費者のニーズに応える製品を作らなければならない 소비자의 요구에 부응하는 제품을 만들어야 된다.

**にいんせい**【二院制】양원제, 이원제

**にえきらない**【煮え切らない】〖どっちつかずの〗 뜨뜻미지근하다, 미적지근하다〖はっきりしない〗 모호하다, 애매하다 ¶なんて煮え切らないやつなんだ 넌 어쩌면 그렇게 미적지근하냐?

**にえたぎる**【煮えたぎる】끓어오르다, 팔팔 끓다 ¶煮えたぎった湯の中にじゃがいもを入れた 팔팔 끓는 물 속에 감자를 넣었다.

**にえゆ**【煮え湯】¶彼を信用して仕事を頼んだのに後で煮え湯を飲まされるはめになった 그 사람을 믿고 일을 맡겼는데 나중에 골탕을 먹는 처지가 되었다.

**にえる**【煮える】〖野菜などが〗삶아지다〖スープなどが〗끓다 ¶豆が柔らかく煮えた 콩이 말랑하게 삶아졌다. / 鍋のスープが煮えている 찌개 국물이 끓고 있다.

# におい

【匂い・臭い】냄새〖香り〗향기, 향내〖気配〗기미 ¶この花はいいにおいがする 이 꽃은 좋은 향기가 난다. / へんなにおいがする 이상한 냄새가 난다. 実験室はアンモニアのにおいがした 실험실은 암모니아 냄새가 났다. / この飲み物はにんじんみたいなにおいがする 이 음료수는 당근 같은 냄새가 난다. / その海藻から海のにおいがした 그 해초에서 바다 냄새가 났다. / 台所は魚の臭いにおいがした 부엌은 생선 비린내가 났다. / キッチンからおいしそうなにおいがしてきた 부엌에서 맛있는 냄새가 나기 시작했다. / 彼女はばらのにおいをかいでいた 장미의 향기를 맡고 있었다. ¶警察犬は犯人のにおいをたどった 경찰견은 범인의 냄새를 쫓아갔다. / その公衆トイレはひどいにおいがする 그 공중 화장실은 냄새가 심하게 난다. / 換気してもにおいが取れない 환기시켜도 냄새가 없어지지 않는다.

¶彼の死には犯罪のにおいがする 그 사람의 죽음에는 범죄의 냄새가 난다. / その女優には生活のにおいが感じられない 그 여배우에게서는 보통 사람 사는 냄새가 안 난다.

¶強いにおい 강한 냄새 / かすかなにおい 은은한 냄새 / かび臭いにおい 곰팡이 냄새 / つんとくるにおい 코를 찌르는 냄새 / 吐き気を催すにおい 토할 것 같은 냄새

[会話] 変なにおいがする
A：何か変なにおいがしない？
B：うん, 腐ったみたいなにおいがするね
A：이상한 냄새 안 나?
B：응, 썩은 달걀 같은 냄새 나네.
A：これ, 何のにおい？
B：にんにくだよ.
A：이거 무슨 냄새야?

B:마늘 냄새야.

**におう**【匂う・臭う】냄새가 나다〔香る〕향기가 나다〔においが漂う〕풍기다〔怪しい〕수상하다 ¶ばらの花が部屋全体に甘くにおっていた 장미꽃 향이 방 전체에 달콤하게 풍겼다. /特に夏場は生ごみがにおう 특히 여름철에는 음식 쓰레기에서 냄새가 난다.

会話 全然におわない
A:この化粧水は全然におわないわね
B:ええ、私は香料にアレルギーがあるの
A:이 화장품은 전혀 냄새가 안 나네.
B:응, 나 향수 알레르기가 있거든.
A:何かにおわない?
B:あ、こげ臭いね
A:무슨 냄새 안 나?
B:아, 탄내 난다.

¶彼の話はどうもにおうね。何か隠しているんじゃないかな 그 사람의 이야기는 아무래도 수상해. 뭔가 숨기고 있는 거 아닐까?

**におわせる**【匂わせる】풍기다〔暗示する, ほのめかす〕비추다,〔悪臭をおわせる〕악취를 풍기다 ¶知事は辞任をにおわせた 지사는 사임의 뜻을 비췄다. /それは犯行をにおわせる供述だった 그것은 범행을 암시하는 진술이었다.

**にかい**【二回】두 번, 이 회 ◇2回目 두 번째 ¶彼女には1, 2回会ったことがある 그 여자는 한두 번 만난 적이 있다. /彼は2回目の挑戦で大学に合格した 그는 두 번 도전하여 대학에 합격했다. /外国へ行ったのはこれが2回目です 외국에 간 것은 이번이 두 번째입니다. /2回の表[裏] 2회 초[말]

**にかい**【二階】이층 ¶彼はマンションの2階に住んでいる 그는 아파트 2층에 살고 있다. /食料品売り場は地下2階です 식료품 매장은 지하 2층입니다. /「2階は掃除を終わったの?」「まだです」"2층은 청소 끝났어?" "아직요." /「浩, どこにいるの?」「2階だよ」 "히로시, 어디에 있니?" "2층이야." /この家は2階に部屋が4つある 이 집은 2층에 방이 네 개 있다. /2階に上がって昼寝をした 2층에 올라가서 낮잠을 잤다. /姉は2階で本を読んでいる 언니는 2층에서 책을 읽고 있다. /父は新聞を取るために2階から下りてきた 아버지는 신문을 가지러 2층에서 내려왔다. /彼は2階建の家を買った 그는 2층짜리 집을 샀다.
関連 2階建てバス 이층 버스

**にがい**【苦い】〔味が〕쓰다〔つらい〕쓰라리다, 괴롭다〔不機嫌だ〕싫다, 언짢다 ¶苦いコーヒー 쓴 커피 /この薬はとても苦い 이 약은 아주 쓰다. /このお茶はちょっと苦すぎて飲めない 이 차는 너무 써서 마실 수 없다. /彼は若いころ苦い経験をした 그는 젊었을 때 쓰라린 경험을 했다. /その話を聞いて彼女は苦い顔をした 그 이야기를 듣고 그녀는 언짢은 얼굴을 했다. 慣用句 良薬は口に苦し 좋은 약은 입에 쓰다.

**にがおえ**【似顔絵】초상화(肖像画), 캐리커처

**にかこくごほうそう**【二カ国語放送】〔放送すること〕2개 국어 방송〔番組〕2개 국어 방송 프로그램 ¶ドラマの2か国語放送を楽しむ 드라마를 2개 국어 방송으로 즐긴다.

**にがす**【逃がす】〔自由にしてやる〕놓아 주다〔取りそこなう〕놓치다 ¶釣った魚を逃がしてやった 잡은 물고기를 놓아 주었다. /チャンスを逃がす 찬스를 놓치다

**にがつ**【二月】이월

**にがて**【苦手】◇苦手だ〔得意でない〕서투르다, 잘 못하다〔性が合わない〕대하기 거북하다 ¶数学は苦手だ 수학은 잘 못한다. /私は酒は苦手で 저는 술은 잘 못합니다. /あいつはどうも苦手だ 저 녀석은 왠지 대하기 거북하다.

**にがにがしい**【苦々しい】쓰디쓰다〔不快だ〕불쾌하다 ¶苦々しい思い出 쓰디쓴 추억 /あの男の傲慢さは苦々しい限りだ 그 놈의 거만한 태도는 불쾌하기 그지없다.

**にがみ**【苦み】쓴맛 ¶このコーヒーは独特の苦みがある 이 커피에서는 독특한 쓴맛이 난다. ⇒苦い

**にがむし**【苦虫】慣用句 彼は苦虫をかみつぶしたような顔をした 그는 얼굴을 찌푸리며 아주 불쾌한 표정을 지었다.

**にかよう**【似通う】비슷하다 ¶彼らは性格が似通っている 그들은 성격이 비슷하다. ⇒似る

**にがわらい**【苦笑い】쓴웃음 ¶苦笑いをする 쓴웃음을 짓다

**にきび**【面皰】여드름 ¶顔ににきびができた 얼굴에 여드름이 생겼다. /にきびをつぶす 여드름을 짜다 /にきび面 여드름 난 얼굴

**にぎやか**【賑やか】❶〔活気がある〕◇にぎやかだ 활기차다〔繁華する〕번화하다 ¶にぎやかな市場 활기찬 시장 /突然にぎやかな通りに出た 갑자기 번화가로 나왔다. /開会式はにぎやかに行われた 개회식은 활기차게 진행되었다.

❷〔陽気な〕◇にぎやかだ 쾌활하다, 떠들썩하다, 왁자지껄하다 ¶おばはにぎやかな人だ 이모는 쾌활한 사람이다. /子供たちのにぎやかな声が家中に響いた 아이들의 왁자지껄한 목소리가 온 집 안에 울려 퍼졌다. /小鳥がにぎやかにさえずっている 새들이 지저귀고 있다.

**にぎり**【握り】〔ラケットなどの〕그립〔取っ手〕손잡이 関連 握り寿司 생선초밥 /握り飯 주먹밥 ⇒ひと握り

**にぎりこぶし**【握り拳】주먹 ⇒拳(こぶし), げんこつ

**にぎりしめる**【握り締める】꽉 쥐다 ¶彼の手をしっかりと握り締めた 그의 손을 꽉 쥐었다. /男の子は100円玉を握り締めていた 남자 아이는 100엔짜리 동전을 꽉 쥐고 있었다. ⇒握る

**にぎりつぶす**【握り潰す】꽉 쥐어 찌부러뜨리다〔黙殺する〕묵살하다 ¶ビールの空き缶を握りつぶした 빈 맥주 캔을 꽉 쥐어 찌부러뜨렸다. /我々の提案は課長に握りつぶされてしまった 우리의 제안은 과장에게 묵살당했다.

**にぎる**【握る】❶〔物などを〕잡다, 쥐다 ¶怖くて思わず彼の手を握ってしまった 무서워서 나도 모르게 그의 손을 잡아 버렸다. /ラケットはちゃんと握らなければだめだよ 라켓은 꽉 쥐어야 된다. /入院中の祖母を見舞ったら祖母は私の手を握って泣いた 입원중이신 할머니를 병문안 갔더니 할머니는 내 손을 잡고 우셨다. /彼女はバッグをしっかりと握っていた 그녀는

방을 꽉 쥐고 있었다.
**会話** 手を握る
A：彼ったら急に私の手を握ったの
B：まあ、それでどうなったの
A：ううん、それだけ
A：남자 친구가 글쎄 갑자기 내 손을 잡았어.
B：어머, 그래서 어떻게 됐어？
A：응, 그것뿐이야.

A：フォークボールが投げたいんだ
B：ボールを人差し指と中指の間に挟んでこんなふうに握るんだ
A：포크 볼을 던지고 싶어.
B：공을 검지와 중지 사이에 끼우고 이렇게 잡아.

❷〔権力・秘密などを〕잡다, 쥐다 ¶権力を握る 권력을 잡다／今回の選挙でも自民党が政権を握った 이번 선거에서도 자민당이 정권을 잡았다.／彼に弱みを握られている 그에게 약점을 잡혔다.

**にぎわい【賑わい】** ¶年末のデパートは買い物客でたいへんなにぎわいを見せる 연말 때의 백화점은 쇼핑객으로 아주 북적거린다.

**にぎわう【賑わう】**〔人で〕북적거리다〔活気で〕활기차다〔繁盛する〕번성하다, 번창하다 ¶休日の遊園地は親子連れでにぎわっていた 휴일 유원지는[놀이공원은] 아이들을 데리고 나온 가족들로 활기찼다.

**にぎわす【賑わす】** 떠들썩하게 하다, 푸짐하게 하다 ¶IT企業の粉飾決算問題が各紙をにぎわした IT 기업의 분식 결산 문제가 각 신문을 떠들썩하게 했다.／たくさんの料理が食卓をにぎわしていた 요리가 많아서 식탁이 푸짐했다.

**にく【肉】**❶〔食用の〕고기 ¶夕食に肉を焼こう 저녁에 고기를 굽자.／肉を薄切りにしてください 고기를 얇게 썰어 주세요.／僕はよく焼いた[生焼けの]肉が好きだ 나는「바싹 구운[살짝 구운] 고기를 좋아한다.／この肉は堅い[柔らかい] 이 고기는 질기다[부드럽다].

¶肉片 고기 조각／細切れの肉 가늘게 썬 고기／牛肉 쇠고기, 소고기／小牛の肉 송아지 고기／鶏肉 닭고기／羊肉 양고기／子羊の肉 어린 양고기／豚肉 돼지고기／しか肉 사슴고기／鴨肉 오리고기／犬の肉 개고기

❷〔人間・動物などの〕살 ¶病気をしてからほおの肉がげっそりと落ちてしまった 병이 나고부터 볼 살이 쑥 빠졌다.／最近運動不足で体に肉がついてきた 최근 운동 부족으로 몸에 살이 쪘다.／腹に余分な肉が付いた 배에 군살이 붙었다.

❸〔果肉〕과육 ¶肉が厚くて柔らかいメロンの味は格別だ 과육이 두껍고 부드러운 멜론의 맛이 각별하다. **関連** 肉切り包丁 고기 자르는 칼／肉じゃが 쇠고기 감자 조림／肉汁 육수／肉まん 고기 만두／肉屋 고기집／肉料理 고기 요리／ステーキ 스테이크／鳥の唐揚げ 닭튀김, 프라이드치킨／とんかつ 돈가스／豚肉のしょうが焼き 돼지고기 생강구이／プルゴギ 불고기／焼き鳥 닭꼬치구이／焼き肉 고기구이／〔炭火焼き〕숯불구이, 숯불갈비

**にくい【憎い】** 밉다 ¶私をだましたあの男が憎い 나를 속인 그 남자가 밉다.／彼女は彼のことを憎からず思っているらしい 그녀는 그를 밉지 않게 생각하는 것 같아.｜ 그녀는 그를 좋아한대./ あんな美女とデートとは憎いね(→うらやましい) 그런 미인과 데이트하다니 부럽다./（反語的な意味で）憎いことを言うね 기특한 소리 하네.

**‐にくい【‐難い】**‐기 어렵다, ‐기 거북하다, ‐기 힘들다 ¶その質問は答えにくい 그 질문은 대답하기 어렵다.／暗くて標識は判読しにくかった 어두워서 표지는 판독하기 어려웠다.／言いにくいことですが申し上げます 죄송스럽습니다만／この商品は入手しにくいかもしれません 이 상품은 입수하기 어려울지도 모릅니다.／それは解決しにくい問題だ 그것은 해결하기 어려운 문제다.／このグラウンドは試合がやりにくい 이 그라운드는 선수들이 제 기량을 발휘하기 어렵다.

**にくがん【肉眼】** 육안 ¶北極星は肉眼で見える 북극성은 육안으로 보인다.

**にくぎゅう【肉牛】** 육우, 고기소, 식용용 소

**にくしみ【憎しみ】** 미움, 증오(憎悪) ¶彼女は憎しみのこもった目でその男を見た 그녀는 증오에 찬 눈으로 그 남자를 보았다.／彼女は夫に憎しみを抱いていた 그녀는 남편에게 증오를 품고 있었다.／彼女を振ってその友達と結婚したために彼は彼女の憎しみを買うことになった 그녀를 차고 그녀의 친구와 결혼했기 때문에 그는 그녀의 증오를 사게 됐다.

**にくしょく【肉食】** 육식(↔초식) ¶肉食動物 육식 동물

**にくしん【肉親】** 육친 ¶彼には肉親がいない 그에게는 육친이 없다.／肉親の情 육친의 정

**にくずれ【荷崩れ】** ¶積み荷が荷崩れを起こした 적하물이 무너졌다.

**にくせい【肉声】** 육성

**にくたい【肉体】** 육체 ◇肉体的 육체적 ¶スポーツは健康な肉体と精神を作る 스포츠는 건강한 육체와 정신을 만든다.／その時の肉体的の精神的苦痛は耐えがたいものだった 그 때의 육체적인 정신적 고통은 참기 힘든 것이었다.／頭脳労働は肉体労働よりきついこともある 정신 노동이 육체 노동보다 힘들 때도 있다.／その俳優は肉体美で売っている 그 배우는 육체미로 인기를 얻고 있다.／彼は多くの女性と肉体関係があった 그는 많은 여성과 육체관계가 있었다.／肉体的欠陥 육체적 결함／肉体労働者 육체 노동자

**にくたらしい【憎たらしい】** 밉살스럽다, 얄밉다 ¶彼女はいつも憎たらしいことを言う 그녀는 항상 얄미운 말을 한다.

**にくだんご【肉団子】** 고기 경단

**にくづき【肉付き】** 살집, 육기(肉気) ¶うちの子は肉付きがよい 우리 아이는 통통하다.／肉付きのよい牛 토실토실한 소

**にくにくしい【憎々しい】** 밉살스럽다, 얄밉다, 가증스럽다 ¶その女は憎々しい態度で話した 그 여자는 밉살스러운 태도로 이야기를 했다.／「失せろ」と彼は憎々しげに言った "꺼져"라고 그는 가증스럽게 말했다.

**にくはく【肉薄】** ◇肉薄する 육박하다 ¶彼らは敵陣に肉薄した 그들은 적진에 육박했다.

**にくばなれ【肉離れ】** ¶ふくらはぎに肉離れを起こした 종아리 근육이 파열되었다.

**にくひつ【肉筆】** 친필(親筆) ¶肉筆の原稿 친필 원고

**にくまれぐち【憎まれ口】** 밉살스러운 말 ¶彼はだれにでも憎まれ口をたたく 그는 누구에게나 밉살스러운 말을 한다.

**にくまれっこ【憎まれっ子】** 미움받는 아이 ¶彼は子供のころ近所の憎まれっ子だった 그는 어렸을 때 동네에서 미움받는 아이였다.
慣用句 憎まれっ子世にはばかる 미움받는 사람이 도리어 세상에서는 행세한다.

**にくまれやく【憎まれ役】** 미움받는 역할 ¶憎まれ役を買って出る 미움받는 역할을 도맡아 하다 / どうして私が憎まれ役にならなければならないんだ 어째서 내가 미움받는 역할을 해야 돼?

**にくむ【憎む】** 미워하다, 증오하다 ¶なぜそれほどまでに彼を憎むのですか 어째서 그렇게까지 그 사람을 미워하는 겁니까? / 彼はいやなやつだけど何だか憎めないんだ 그는 맘에 안 드는 녀석이지만 왠지 미워할 수가 없다 / 幼児誘拐は憎むべき犯罪だ 어린이 유괴는 증오해야 할 범죄다.

**にくらしい【憎らしい】** 밉살스럽다, 얄밉다, 가증스럽다 ¶彼は憎らしそうに私を見た 그는 얄밉다는듯이 나를 보았다 / 私たちの中を裂こうするなんて彼女本当に憎らしいわ 우리 사이를 갈라 놓으려 하다니 그 여자는 정말 가증스럽다. / 彼女は憎らしいほどの美人だ 그녀는 얄미울 정도로 예쁘다.

**にぐるま【荷車】** 짐수레 ¶牛が荷車を引いていた 소가 짐수레를 끌고 있었다.

**にぐん【二軍】** 2군 ¶彼はけがが原因で二軍落ちしたその는 부상 때문에 2군으로 밀려났다.

**にげあし【逃げ足】** ¶引ったくりの逃げ足は速かった 날치기는 잽싸게 도망쳤다.

**にげおくれる【逃げ遅れる】** ¶ホテルの火災で多くの人が逃げ遅れて死亡した 호텔 화재로 많은 사람이 빨리 피하지 못해서 사망했다.

**にげごし【逃げ腰】** ¶借金の返済の話を持ち出すと彼は逃げ腰になった 빚을 갚으라는 이야기를 꺼내자 그는 발뺌하려고 했다.

**にげこむ【逃げ込む】** 도망쳐 들어가다 ¶山の中でにわか雨にあったので大きな木の下に逃げ込んだ 산속에서 소나기를 만나 큰 나무 밑으로 들어가 비를 피했다.

**にげそこなう【逃げ損なう】** ¶万引きをした少年は逃げそこなって店員につかまった 물건을 훔친 소년은 미처 도망가지 못하고 점원에게 잡혔다.

**にげだす【逃げ出す】** 도망가다, 도망치다, 뺑소니치다 ¶その男は警官の姿を見て逃げ出した 그 남자는 경찰을 보고 도망쳤다.

**にげば【逃げ場】** 도망갈 곳, 피할 곳 ¶そのビルの火事では多くの客が逃げ場を失って煙にまかれた 그 빌딩의 화재에서는 많은 손님들이 도망갈 곳을 잃고 연기에 휩싸였다.

**にげまわる【逃げ回る】** 이리저리 도망다니다, 피해 다니다

**にげみち【逃げ道】** 〔逃走路〕 도주로 〔抜け穴〕 빠져나갈 구멍 〔弁解〕 평계

**にげる【逃げる】** 도망치다, 도주하다, 달아나다 〔避ける〕 피하다 ¶彼らは塀を乗り越えて逃げた 그들은 담을 넘어서 도망쳤다. / 私は追っ手から命からがら逃げた 나는 추적자로부터 목숨만 겨우 부지해 도망쳤다. / 刑務所から囚人が逃げたらしい 교도소에서 죄수가 도망갔다고 한다. / 津波警報が鳴り住民たちは安全な所へ逃げた 쓰나미 경보가 울려 주민들은 안전한 곳으로 피했다. / 強盗は大金を奪って車で逃げた 강도는 거금을 훔쳐서 차로 도주했다. / 国外へ逃げる 국외로 달아나다 / こっそり逃げる 몰래 도망치다
¶いんこが逃げちゃった 잉꼬가 달아났어. / 会社を首になって妻にまで逃げられた 회사에서 해고당하고 아내마저 도망갔다. / 困難から逃げてばかりてはだめだ 곤란으로부터 도망치기만 해서는 안 된다. 慣用句 逃げるが勝ち (싸움을) 피하는 게 이기는 것.

**にごす【濁す】** 탁하게 하다, 얼버무리다 ¶首相は記者の質問に対して返事を濁した 수상은 기자의 질문에 대해 답변을 얼버무렸다.

**ニコチン** 니코틴 ¶ニコチン中毒 니코틴 중독 / ニコチン中毒者 니코틴 중독자

**にこっと** 벙긋, 생긋 ◇にこっとする 생긋거리다

**にこにこ** 벙글벙글, 벙긋벙긋, 싱글싱글, 싱글벙글, 생글생글 ◇にこにこする 싱글벙글하다, 싱글거리다, 생글거리다 ¶彼はいつもにこにこしている 그는 항상 싱글벙글하고 있다. /「おはよう」と彼はにこにこして言った "안녕"하고 그는 생글거리며 말했다.

**にこみ【煮込み】** 煮込みうどん 푹 끓인 우동

**にこむ【煮込む】** 조리다, 푹 끓이다[삶다] ¶牛肉を15分間とろ火で煮込む 쇠고기를 15분간 약한 불로 푹 끓이다 ⇒煮る

**にこやか** ◇にこやかだ 상냥하다, 부드럽다 ◇にこやかに 상냥하게, 부드럽게 ¶彼女は私ににこやかに話しかけてきた 그녀는 나에게 상냥하게 말을 걸어왔다.

**にごり【濁り】** ¶この水にはちょっと濁りがある 이 물은 조금 흐리다. / 濁りのない声 탁하지 않은 목소리 / 濁りのない水 흐리기 없는 물 関連 濁り酒 탁주, 막걸리

**にごる【濁る】** 탁하다, 흐려지다 ¶大雨が降って川の水が濁っている 큰비가 내려서 강물이 탁해졌다. / 濁った色 탁한 색깔 / 濁った声 탁한 목소리

**にざかな【煮魚】** 생선 조림

**にさん【二三】** 두세 [いくつか] 약간, 몇 가지 ¶二三お聞きしたいことがあります 몇 가지 여쭤봐 보고 싶은 것이 있습니다. / 二三日したら連絡する 2,3일 지나서 연락하겠습니다. / 彼とは以前二三度会ったことがあります 그와는 이전에 두세 번 만난 적이 있습니다.

**にさんかたんそ【二酸化炭素】** 이산화탄소

**にし【西】** 서, 서쪽 ◇西に[へ] 서쪽으로, 서쪽에 ¶太陽は東から昇って西に沈む 태양은 동쪽에서 떠서 서쪽으로 진다. / その星はもっと西よりの空に見えるはずだ 그 별은 조금 더 서쪽

하늘에 보일 것이다. / 大阪は名古屋の西にある 오사카는 나고야의 서쪽에 있다. / 東京の西に住んでいる 도쿄의 서쪽에 살고 있다 / 西へ向かって車を走らせた 서쪽을 향해 차를 몰았다.
¶その男は西に歩いて行った 그 남자는 서쪽으로 걸어갔다. / その道は西の方に伸びている 그 길은 서쪽으로 뻗어 있다. 慣用句 西も東もわからない 어디가 어딘지 모르다 / 사리 판단을 못하다 関連 西風 서풍 / 西半球 서반구 / 西日本 서일본 / 西海岸 서해안 / 西ヨーロッパ 서유럽, 서구(西欧)

**にじ**【虹】무지개 ¶虹が出た 무지개가 떴다. / 虹の色は赤、だいだい、黄、緑、青、藍、紫だ 무지갯빛은 빨 주 노 초 파 남 보이다. / 虹色のセーター 무지개색 스웨터

**にじ**【二次】이차 ◇二次的 이차적 関連 第二次世界大戦 제2차 세계 대전 / 二次会 이차, 이차 술자리, 애프터 / 二次感染 이차 감염 / 二次産業 이차 산업 / 二次方程式 이차 방정식

**にしがわ**【西側】서쪽 [西欧圈] 서방 세계 / 西側諸国 서방 각국 / 西側陣営 서방 진영 ⇨ 西

**-にしては** 치고는 ¶2月にしては暖かい 이월치고는 따뜻하다. / あの値段にしてはこの肉はかたいな 이 고기는 가격에 비해서는 질기다.

**にしび**【西日】석양(夕陽) ¶この部屋は西日が当たる 이 방은 석양이 비친다.

**にじます**【虹鱒】무지개송어

**にじむ**【滲む】 [インク・色などが] 번지다 [紙などが] 스미다 [汗・血などが] 배다 [涙が] 어리다
¶手紙の宛名が雨でにじんで読めなかった 수취인 이름이 빗물에 번져서 읽을 수가 없었다. / 絵の具の色がにじんでしまった 그림물감 색이 번져 버렸다. / この紙はにじみやすい 이 종이는 번지기 쉽다. / 額に汗がにじむ 이마에 땀이 맺히다
¶彼らはオリンピックに出るために血のにじむような努力をしてきた 그들은 올림픽에 나가기 위해 피나는 노력을 해왔다.

**にしゃたくいつ**【二者択一】양자택일 ¶進学か就職かの二者択一を迫られている 진학이냐 취직이냐 양자택일을 해야 한다.

**にじゅう**【二十】이십, 《固有語》스물 ◇二十番目 스무 번째 / 二十分の一 이십분의 일 / 二十代の若者 이십대의 젊은이

**にじゅう**【二重】이중, 두 가지 ◇二重に 이중으로

◆[二重(の)]
¶ますます多くの女性が家庭と職場で二重の役割を果たすようになっている 갈수록 많은 여성들이 가정과 직장에서 두 가지 역할을 하게끔 되고 있다. / 彼は二重人格だ 그는 이중인격이다.

◆[二重に]
¶電話代を二重に請求された 전화 요금을 이중으로 청구받았다. / 熱で頭がぼうっとして物が二重に見えた 열로 머리가 띵해서 물건이 이중으로 보였다. / この荷物には二重に包んでちょうだい 이 짐은 이중으로 싸 줘. / 彼の言うことは二重に解釈できる 그 사람의 말은 두 가지로 해석할 수 있다. / 料金を二重に払う 요금을 이중으로 지불하다 関連 二重あご 이중턱 / 二重写し [写真] 이중 노출 / 二重価格 이중 가격 / 二重ガラス 이중 유리 [その窓] 이중 유리창 / 二重基準 이중 기준 / 二重構造 이중 구조 / 二重国籍 이중 국적 / 二重スパイ 이중 스파이 [간첩] / 二重生活 이중 생활 / 二重唱 이중창 / 二重奏 이중주 / 二重扉 이중문 / 二重窓 이중창, 겹창 / 二重丸 이중 동그라미

**にじゅうよじかん**【二十四時間】스물네 시간 ¶二十四時間営業 스물네 시간 영업

**にじょう**【二乗】제곱 ◇二乗する 제곱하다
¶3の2乗は9だ 3의 제곱은 9다.

**にしん**【鯡】청어 [食品名] 비웃 [燻製] 관목, 건청어

**にしんほう**【二進法】이진법

**ニス** 니스 ¶テーブルにニスを塗る 테이블에 니스를 바르다

**にせ**【偽】가짜 [偽造] 위조 [模造] 모조 ¶偽のパスポート 가짜 여권 / 偽の宝石 가짜 보석 / 偽医者 가짜 의사 関連 偽札 위조 지폐

**にせい**【二世】이세 ¶エリザベス二世 엘리자베스 이세 / 日系二世 일본계 이세 / 在日韓国人[朝鮮人]二世 재일 한국인[조선인] 이세 / 二世議員 이세 국회의원
¶二世が誕生する 이세가 탄생하다

**にせたいじゅうたく**【二世帯住宅】두 세대 주택 [주거]

**にせもの**【偽物】[模造品] 모조품 [偽造品] 위조품 ¶彼女の宝石は偽物だ 그녀의 보석은 모조품이다. / この絵は真っ赤な偽物です 이 그림은 새빨간 가짜입니다. ⇨ 偽

**にせる**【似せる】 [まねる] 흉내내다, 모방하다
¶この遊園地はディズニーランドに似せて作られた 이 유원지는 [놀이공원은] 디즈니랜드를 본떠서 만들어졌다.

**にそう**【尼僧】여승 [尼] 비구니 [カトリックの修道女] 수녀

**にそくさんもん**【二束三文】헐값 ◇二束三文で 헐값에, 싸구려로 ¶車を二束三文で売った 차를 헐값에 팔았다.

**にだい**【荷台】짐받이 ¶その自転車は荷台に大きな荷物を積んでいた 그 자전거는 짐받이에 큰 짐을 싣고 있었다.

**にだいせいとうせい**【二大政党制】양대 정당제

**にたつ**【煮立つ】끓어오르다, 펄펄 끓다 ¶やかんの湯がぐらぐら煮立っている 주전자의 물이 펄펄 끓고 있다.

**にたてる**【煮立てる】펄펄 끓이다, 푹 삶다
¶このスープは1分間煮立ててください 이 스프는 1분간 푹 끓여 주세요.

**にたにた** 히죽히죽 ◇にたにたする 히죽거리다
¶彼は受付の女の子ににたにた笑いかけた 그는 접수처의 여자 직원에게 히죽히죽 웃음을 보였다. / 何をにたにたしているの 뭘 히죽거리고 있어.

**にたもの**【似た者】¶我々は似た者同士 우리들은 서로 비슷하다. / 彼らは似た者夫婦だ 그들은 닮은꼴 부부다.

**にたり** 히죽 ¶その男はにたりと笑った 그 남자는 히죽 웃었다.

にたりよったり【似たり寄ったり】엇비슷하다, 비슷비슷하다 ¶あの二人は似たり寄ったりだ 그 두 사람은 비슷비슷하다. / どれもこれも似たり寄ったりだ 이것도 저것도 엇비슷하다.

-にち【-日】일 ¶この本は2,3日で読み終えます 이 책은 2, 3일에 다 읽습니다.

にちぎん【日銀】〔日本銀行〕일본은행 ¶日銀券 일본은행권

にちじ【日時】일시, 시일 ¶次の会議の日時を決めよう 다음 회의의 일시를 정하자.

にちじょう【日常】일상, 평소(平素) ◇日常的 일상적 ¶自動車は今や日常生活に欠かせないものだ 자동차는 지금은 일상생활에 없어서는 안 될 물건이다. /「韓国語は話せるの?」「日常会話ならね」"한국어는 할 줄 알아?" "일상 회화라면 할 수 있어." / 1日に5時間勉強するのは僕にとってはごく日常的なことだ 하루 다섯 시간 공부하는 것은 나한테 있어서는 극히 일상적인 일이다. 慣用句東京では交通渋滞は日常茶飯事だ 도쿄에서는 교통 정체는 일상적인 일이다.

にちべい【日米】일미 ¶日米安全保障条約 일미 안전 보장 조약 / 日米関係 일미 관계

にちぼつ【日没】일몰 ¶きょうの日没は6時30分だ 오늘의 일몰은 여섯 시 30분이다. / 日没前にホテルに着きたい 해가 지기 전에 호텔에 도착하고 싶다. 関連日没時間 일몰 시간

にちや【日夜】주야(昼夜), 밤낮 ¶日夜勉学に励む 밤낮을 가리지 않고 공부하다 / 若いころは日夜研究に没頭していた 젊었을 때는 밤낮으로 연구에 몰두했었다.

## にちよう【日曜】일요일

基本表現
▷きょうは日曜です 오늘은 일요일입니다.
▷日曜日には郵便の配達がありません 일요일에는 우편 배달이 없습니다.
▷彼は日曜も働いている 그는 일요일에도 일한다.
▷彼女は毎日曜日に教会へ行く 그녀는 매주 일요일에 교회에 간다.
▷日曜の朝は寝坊します 일요일 아침에는 늦잠 잡니다.

¶来週の日曜日にソウルへたちます 다음주 일요일에 서울로 떠납니다. / 今度の日曜日に彼女と映画を見に行く 이번 일요일에 그녀와 영화를 보러 간다. / 先週の日曜日は何をしましたか 지난주 일요일에는 무엇을 했습니까? / この日曜日は何もせず家で1日ぶらぶらしていた 이번 일요일에는 아무것도 안 하고 집에서 하루 종일 뒹굴거렸다 / この次の次の日曜日は僕の誕生日だ 이 다음 일요일은 내 생일이다. / この前の前の日曜は妹の誕生日だった 지지난주 일요일은 여동생의 생일이었다.

¶彼が来たのは2月のある日曜日だった 그가 온 것은 이월의 어느 일요일이었다. / 次の日曜日に二人の結婚式がある 다음 일요일에 두 사람의 결혼식이 있다. 関連日曜画家 일요[아마추어] 화가 / 日曜学校 일요 학교 / 日曜大工 일요 목수 / (新聞の)日曜特集 일요 특집

にちようひん【日用品】일용품

にちろせんそう【日露戦争】일러 전쟁(▶韓国では 러일 전쟁 という)

にっか【日課】일과 ¶祖父の日課は毎日植木に水をやることだ 할아버지의 일과는 매일 정원수에 물을 주는 것이다. / 15分の体操を日課にしている 15분 체조를 일과로 삼고 있다. / 読書を日課とする 독서를 일과로 삼다

にっかわしい【似つかわしい】어울리다 ¶こんな高価な物は子供には似つかわしくない 이런 고가의 물건은 어린이에게는 어울리지 않는다.

にっかん【日刊】일간 ¶日刊紙 일간지

にっかん【日韓】일한 ¶日韓関係 일한 관계 / 日韓辞典 일한사전 / 日韓首脳会談 일한 정상 회담 / 日韓条約 일한 조약 / 日韓親善サッカー大会 일한 친선 축구 대회 / 日韓友好 일한 우호

にっき【日記】일기 ¶毎日欠かさず日記をつけている 매일 빠뜨리지 않고 일기를 쓰고 있다. / きょう彼女とデートしたことを日記に書いた 오늘 여자 친구와 데이트한 것을 일기에 썼다. 関連日記帳 일기장 / 絵日記帳 그림 일기장

にっきゅう【日給】일급【日当】일당 ¶君の日給はいくら? 네 일당은 얼마니? / 日給1万円で働いている 일당 만 엔 받고 일하고 있다.

ニックネーム 닉네임, 별명(別名), 애칭(愛称) ⇒あだ名

にづくり【荷造り】짐꾸리기 ◇荷造りする 짐을 꾸리다[싸다] ¶引っ越しの荷造りをした 이삿짐을 꾸렸다.

にっけい【日系】일본계 ¶日系米人 일본계 미국인 / 日系二世 일본계 이세 / 日系企業 일본계 기업

ニッケル 니켈 関連ニッケル鋼 니켈강 / ニッケル銅 니켈동

にっこう【日光】일광, 햇빛, 햇볕, 햇살 ¶窓から日光が差し込んできた 창으로 햇살이 들어왔다. / 日光がまぶしくて彼女は額に手をかざした 햇살이 눈부셔서 그녀는 손으로 차양을 만들었다. / よい作物を作るには適度の雨と日光が必要だ 좋은 작물을 만드는 데는 적당한 비와 햇빛이 필요하다. / この花は時々日光に当ててください 이 꽃은 가끔 햇볕을 쬐어 주세요. ¶彼女はプールサイドで日光浴をしている 그녀는 풀사이드에서 일광욕을 하고 있다. / まな板は時々日光消毒をした方がよい 도마는 가끔 햇빛에 소독하는 것이 좋다.

にっこり 생긋, 빙긋, 방긋 ◇にっこりする 생긋거리다, 방긋거리다 ¶彼女は僕の方を見てにっこりと笑った 그녀는 나를 보고 생긋 웃었다.

にっし【日誌】일지 ⇒日記

にっしゃびょう【日射病】일사병(▶発音は 일싸뼝) ¶帽子をかぶらないと日射病になるよ 모자를 쓰지 않으면 일사병에 걸려.

にっしょう【日照】일조 ¶夏は日照時間が長い 여름은 일조 시간이 길다. 関連日照権 일조권

にっしょく【日食・日蝕】일식 ¶皆既日食 개기 일식 / 部分日食 부분 일식

にっしんげっぽ【日進月歩】일진월보, 일취월

장(日就月将) ¶科学技術は日進月歩である 과학기술이 일진월보하다.

**にっしんせんそう【日清戦争】** 일청 전쟁 (▶韓国では 청일 전쟁 という)

**にっすう【日数】** 일수, 날수 [日にち] 날짜 ¶許可がおりるまでどのくらい日数が(→何日)かかるだろうか 허가가 나올 때까지 며칠 정도 걸릴까.

**にっちもさっちも【二進も三進も】** ¶借金でにっちもさっちもいかない 빚으로 이러지도 저러지도 못한다.

**にっちゅう【日中】** [昼間] 낮 ¶日中は暖かかったが夜になって冷えてきた 낮에는 따뜻했는데 밤이 되니 차가워졌다.

**にっちゅう【日中】** 일중 ¶日中戦争 일중 전쟁 (▶韓国では 중일 전쟁 という) / 日中平和友好条約 일중 평화 우호 조약 / 日中合弁企業 일중 합작 기업 / 日中貿易協定 일중 무역 협정

**にっちょく【日直】** 일직, 당직 ¶きょうは日直だ 오늘은 일직이다.

**にってい【日程】** 일정 ¶今週は日程が詰まっているイベントも 押し 寄せた / 이번주는 일정이 꽉 찼다. / 旅行の日程を立てる 여행 일정을 세우다 [関連]日程表 일정표

**ニット** 니트 ¶ニットのスカート 니트 치마 / ニットウェア 니트웨어

**にっとう【日当】** 일당, 일급[日給] ¶日当を１万５千円払いますが５천 엔 지불하겠습니다.

**にっぽん【日本】** 일본 ⇒日本(にほん)

**につまる【煮詰まる】** 졸아들다 ¶スープが煮詰まって鍋の底に焦げついた 스프가 졸아들어서 냄비 바닥에 눌어붙었다. / 議論が煮詰まりつつある 논의가 좁혀지고 있다.

**につめる【煮詰める】** 조리다 [まとめる] 마무리하다 ¶スープをじっくり煮詰める 스프를 푹 조리다 / 早急に話を煮詰める必要がある 조속히 교섭을 마무리할 필요가 있다.

**-にて** 에서 ¶授賞式は講堂にて挙行 시상식은 강당에서 거행함

**にてもにつかない【似ても似つかない】** 조금도 닮은 데가 없다 ¶彼は兄弟とは似ても似つかない 그는 형제와는 딴판이다.

**にてんさんてん【二転三転】** ¶事態は二転三転した 사태는 이랬다저랬다 했다.

**にと【二兎】** [慣用句] 二兎を追う者は一兎をも得ず 두 마리 토끼를 쫓다가 한 마리도 못 잡는다.

**にど【二度】** 두 번 ¶少なくとも１週間に二度彼は電話をかけてくる 적어도 일 주일에 두 번 그는 전화를 걸어온다. / 彼女には一, 二度会ったことがある 그녀와는 한두 번 만난 적이 있다. / 彼は資料を二度三度と読み返した 그는 자료를 두 번 세 번 반복해서 읽었다. / 彼女は二度続けて約束を破った 그녀는 두 번 연속해서 약속을 깼다. / 小麦粉を二度に分けてボールに入れる 밀가루를 두 번에 나누어서 그릇에 넣는다. / それは二度手間になってしまうよ 그러면 두 번 수고하는 게 되잖아.

¶この家の敷居を二度とまたぐな 두 번 다시는 이 집 문턱을 넘지 마. / こんなことは二度とやりたくない 이런 짓은 두 번 다시 하고 싶지 않다. / 彼らはそれ以後二度と会うことはなかった 그들은 그 이후 두 번 다시 만나는 일은 없었다. / こんな機会は二度とないだろう 이런 기회는 두 번 다시 안 올 것이다.

¶彼の二度目の結婚は今のところうまくいっている 그의 두 번째 결혼은 지금으로서는 별다른 문제 없이 잘 돼 가고 있다. / 彼の家に行くのは二度目だ 그의 집에 가는 것은 두 번째다. [慣用句] 二度あることは三度ある 두 번 있는 일은 세 번 있기 마련이다.

**にとう【二等】** 이등 ¶100メートル走で２等になった 100미터 달리기에서 2등을 했다. / 展覧会で２等賞を取った 전람회에서 2등을 했다.

**にとうぶん【二等分】** 이등분 ◇二等分する 이등분하다 ¶ケーキを二等分した 케이크를 이등분했다. [関連]二等分線 이등분선

**にとうへんさんかくけい【二等辺三角形】** 이등변삼각형

**ニトログリセリン** 니트로글리세린

**にないて【担い手】** 일꾼 ¶君たちこそ, これからのわが社の担い手だ 자네들이야말로 앞으로 우리 회사를 짊어질 일꾼이야.

**になう【担う】** 짊어지다, 맡다, 지다 ¶彼は会社で重要な責任を担っている 그는 회사에서 중요한 책임을 맡고 있다. / 次代を担うのは君たちだ 다음 세대를 짊어지는 것은 너희들이다.

**ににんさんきゃく【二人三脚】** [競技の] 이인삼각 ¶妻と二人三脚で店を切り盛りしてきた 아내와 이인삼각으로 가게를 꾸려왔다.

**にねんせい【二年生】** 이학년생, 이년생

**にのあし【二の足】** ◇二の足を踏む 망설이다, 주저하다 [慣用句] 値段が高いので新車を買うのに二の足を踏んでいる 가격이 비싸서 새 차를 사는 데 망설이고 있다.

**にのうで【二の腕】** 위팔, 상박

**にのく【二の句】** 다음 말 [慣用句] 彼女の言葉にあきれて二の句が継げなかった 그 여자의 말이 너무 어이가 없어서 말이 안 나왔다.

**にのつぎ【二の次】** 둘째 문제 ¶彼にとっては仕事は二の次だ 그에게 있어서 일은 둘째 문제다.

**にのまい【二の舞】** ¶二の舞を演じる 전철을 밟다 / 君の二の舞はごめんだ 네 전철은 밟고 싶지 않다. | 너와 같은 실수는 하기 싫다.

**-には** ❶ [所在・到達点・時などを特定して] 에는, 에게는, 한테는, 《敬》께서는 ¶海辺にはごみを捨ててはいけない 바닷가에는 쓰레기를 버려서는 안 된다. / 空には一片の雲もなかった 하늘에는 구름 한 조각 없었다. / 夏には登山客が山へどっと押し寄せた 여름에는 등산객이 산에 우르르 몰려들었다. / 彼女は日曜日には図書館に行くのが常だった 그녀는 일요일에 도서관에 가는 것이 일상이었다. / 私は11時には寝ることにしています 나는 열 시에는 자도록 하고 있습니다.

¶私には彼らの危険な計画に加わることはできなかった 나로서는 그 사람들의 위험한 계획에 가담할 수 없었다. / このドレスは私にはもう似合わない 이 드레스는 나에게는 이제 안 어울린다. / 君は女の子には親切だね 넌 여자들한테는 친절하군.

¶ご家族の皆様にはお変わりなくお過ごしのことと存じます 댁내 두루 평안하신지요.
❷【ためには】 －기에는, －기 위해서는, －는 데는 ¶泳ぐにはまだちょっと寒い 수영하기에는 아직 조금 춥다. / この板を切るにはのこぎりがいる 이 판자를 자르기 위해서는 톱이 필요하다. / バスに乗るには200円かかる 버스 타는 데 200엔 든다.
❸【…するにはしたが】 －기는 했으나[하나] ¶韓国語を話すには話したが通じなかった 한국어를 말하기는 했는데 통하지 않았다. / 彼は毎日学校へ行くには行くがいつも遅刻する 그는 매일 학교에 가기는 가지만 항상 지각한다.
❹【その他】 ¶彼は年の割にはふけて見える 그는 나이에 비해서는 늙어 보인다. / 正確にはわかりませんが、せいぜい10分ぐらいだと思います 정확히는 모르겠지만 고작 10분 정도일 겁니다.

**にばい**【二倍】 이 배, 두 배 ¶2倍になる 두 배가 되다 ⇒倍

**にばん**【二番】 이번, 이등(二等), 이위(二位) 〔二番目〕두 번째, 둘째 ¶彼は100メートル徒競走で2番だった 그는 100미터 달리기에서 2등이었다. / 彼は校内模試で2番だった 그는 교내 모의 시험에서 2등이었다. / 右から2番目の人が私たちの先生です 오른쪽에서 두 번째 사람이 우리 선생님입니다. / 私の席は後ろから2番目だ 내 자리는 뒤에서 두 번째다. / 横浜は日本で2番目に大きな都市です 요코하마는 일본에서 두 번째로 큰 도시입니다. / 英夫は2番目の兄です 에이오는 둘째 형[오빠]입니다. / 下から2番目の妹 밑에서 두 번째 여동생 / 彼はびりから2番目でゴールインした 그는 꼴지에서 두 번째로 골인했다. 慣用句 二番せんじのお茶はまずい 재탕한 차는 맛없다. / 彼の新しい小説は第一作目の二番せんじだ 그의 새 소설은 첫 번째 작품의 재탕이다.

**にびょうし**【二拍子】 이 박자, 두 박자
**ニヒリスト** 니힐리스트, 허무주의자
**ニヒリズム** 니힐리즘, 허무주의
**にぶ**【二部】 이부〔夜間部〕야간부 ¶この長編小説は2部構成になっている 이 장편 소설은 이부로 되어 있다. / この書類を2部コピーしてください 이 서류를 두 부 복사해 주세요. / 二部合唱 이부 합창 / 第2部 제이부

**にぶい**【鈍い】 〔切れ味が〕무디다 〔光が〕희미하다 〔色·音·痛み·頭の働きが〕둔하다, 탁하다 〔動きが〕느리다 ¶このナイフは切れ味が鈍い 이 칼은 날이 무디다. / 海は鈍い灰色をしていた 바다는 탁한 회색을 띠고 있었다. / 背中に鈍い痛みがある 등이 약간 아프다. / 何か重い物が鈍い音を立てて床に落ちた 뭔가 무거운 물건이 둔탁한 소리를 내며 마루로 떨어졌다. / 彼女は鈍い光の中で辺りを見回した 그녀는 희미한 빛 속에서 주변을 둘러보았다. / 頭の回転が鈍い 머리 회전이 느리다. / 運動神経が鈍い 운동 신경이 둔하다. / 神経が鈍い人 신경이 무딘 사람 / 動作が鈍い 동작이 느리다.
会話 鈍くない
A：今の話, ちょっと分かりにくかったかな
B：いや、そんなに僕は鈍くないよ
A：방금 이야기 좀 알아듣기 힘들었나?
B：아니, 나 그렇게 둔하지 않아.
A：佐藤さんが今度の日曜は何もする事がないって僕に言うんだ
B：鈍いやつだな. デートに誘えよ
A：사토 씨가 이번 일요일에는 아무것도 할 게 없대.
B：둔한 녀석, 데이트 신청해.

**にぶおんぷ**【二分音符】 이분음표
**にふだ**【荷札】 꼬리표 ¶スーツケースに荷札を付けた 여행 가방에 꼬리표를 붙였다.
**にぶる**【鈍る】 무뎌지다, 둔해지다 〔決心が〕흔들리다 〔客足が〕줄다 ¶包丁の切れ味が鈍ってきた 칼날이 무뎌졌다. / 練習しないでいたらバッティングの勘が鈍ってしまった 연습을 안 했더니 타격감이 둔해졌다. / 雨で客の出足が鈍った 비 때문에 손님의 발길이 줄었다. / 腕が鈍る 솜씨가 무뎌지다 / 決心が鈍る 결심이 흔들리다

**にぶん**【二分】 이분, 양분(両分) 〇二分する 이분하다, 양분하다 ¶サッカーは野球と人気を二分している 축구는 야구와 인기를 양분하고 있다. / 二分の一 이분의 일

**にべもない** 매정하다, 쌀쌀하다 〇にべもなく 매정하게, 쌀쌀하게, 쌀쌀히 ¶彼女に金を貸してくれと頼んだがにべもなく断られれた 그 여자에게 돈 빌려 달라고 부탁했는데 매정하게 거절당했다.

**にほん**【日本】 일본 〇日本国 일본국
◆【日本は·日本が】
¶日本は島国です 일본은 섬나라입니다. / 彼は日本が生んだもっとも偉大な画家の一人だ 그는 일본이 낳은 가장 위대한 화가 중 한 사람이다.
◆【日本の】
¶日本の文化を一言で説明するのは難しい 일본 문화를 한 마디로 설명하기는 어렵다. / 日本の経済は今転換期にさしかかっている 일본 경제는 지금 전환기에 접어들고 있다. / 日本の首相はだれですか 일본의 수상은 누구입니까? / 彼は贈り物に日本の特産品をいくつか韓国に持って帰った 그는 선물로 일본의 특산품 몇 개를 한국에 가지고 갔다. / 彼は日本のことについてはあまり知らない 그는 일본에 대해서 잘 모른다.
◆【日本で·日本に】
¶私は日本で生まれ育った 나는 일본에서 태어나서 자랐다. / 日本に来たら必ず連絡してください 일본에 오시면 꼭 연락해 주세요.
◆【その他】
¶日本一の金持ってだれかな 일본 제일의 부자는 누구일까? / 日本中が荒川選手の金メダルに沸いた 일본 전체가 아라카와 선수의 금메달로 들끓었다. / 明治維新は日本史の主要な転換点であった 메이지 유신은 일본사의 주요한 전환점이었다. / 彼は日本酒党だ 그는 일본술파이다. / このカメラは日本製だ 이 카메라는 일제이다. / きょうは日本晴れだ 오늘은 날씨가 쾌청하다. / 彼はその映画を見て日本びいきになった 그는 그 영화를 보고 일본에 호의적이 되었다. / 彼女は日本舞踊を習っている 그녀는 일본 무용을 배우고 있

다. / 彼は日本文化の特徴について論文を書いた 그는 일본 문화의 특징에 대해서 논문을 썼다. / 日本料理は目で見て楽しむ 일본 요리는 눈으로 보고 즐긴다. / 寿司は代表的な日本料理だ 스시는[초밥은] 대표적인 일본 요리이다. / 日本列島は南北に長く延びている 일본 열도는 남북으로 길게 뻗어 있다. 関連 日本アルプス 일본 알프스 / 日本画 일본화 / 日本海 일본해(▶韓国では 東海 という) / 日本史 일본 사 / 日本時間 일본 시간 / 日本政府 일본 정부 / 日本茶 일본차 / 日本庭園 일본식 정원 / 日本刀 일본도 / 日本脳炎 일본 뇌염 / 日本間 일본식 방 / 日本びいき [人] 일본에 호의적인 사람

**にほんご**【日本語】일본어, 일본말, 일어 ¶日本語話せますか 일본말 할 줄 아세요? / 日本語は学ぶのが難しいと言われる 일본어는 배우기 어렵다고 한다. / 日本語の起源ははっきりしません 일본어의 기원은 확실하지 않습니다. / 日本語と韓国語はよく似た言語だ 일본어와 한국어는 아주 비슷한 언어다. / 韓国語に借用されている日本語も少なくない 한국어에 차용된 일본어도 적지 않다. / 「チョッカラを日本語で何と言いますか」「ハシです」"젓가락을 일본말로 뭐라고 합니까?" "하시입니다." / 日本語日本文学科 일본어 일본 문학과 | 일어일문과

**にほんじん**【日本人】일본인, 일본 사람 ¶私は日本人です 저는 일본 사람입니다. / うちの大学には日本人留学生が何人かいます 우리 대학교에는 일본인 유학생이 몇 명 있습니다. / ソウルには日本人観光客が多い 서울에는 일본 관광객이 많다. / かつて日本人は仕事中毒と言われていた 예전에 일본인은 일벌레라고 불렸다. / 日本人は勤勉な国民だ 일본인은 근면한 국민이다. / 韓国の映画スターたちは日本人にもよく知られている 한국의 영화 스타들은 일본 사람들에게도 잘 알려져 있다.

¶何でも「すみません」と言うのはいかにも日本人らしい 뭐든지 "죄송합니다"라고 하는 것은 정말 일본인답다.

**にほんだて**【二本立て】동시 상영 ¶渋谷の映画館で韓国映画の2本立てを見た 시부야 영화관에서 동시 상영하는 한국 영화를 봤다.

**にまい**【二枚】두 장 ¶二枚の紙 두 장의 종이 / 2枚重ねのトイレットペーパー 두 겹의 화장지 関連 二枚貝 이패류, 쌍각류

**にまいじた**【二枚舌】¶二枚舌を使う 거짓말을 하다 | 앞뒤가 안 맞는 말을 하다

**にまいめ**【二枚目】[美男子] 미남자, 미남

**-にも** ❶ [所在・到達点・時などを特定して] 도, 데도, (이)라도 ¶めがねはどこにも見当たらなかった 안경은 아무데도 없었다. / そんなことは誰にも分からない 그런 것은 아무도 알 수 없다. / 明日にもお返事差し上げます 내일이라도 대답해 드리겠습니다. ❷ [ためにも]《動詞語幹+》-기에도, -기 위해서도 ¶ここはコンビニが近いので買い物にも便利だ 여기는 편의점이 가까워서 장보기에도 편리하다. ❸ [動作] 도 ¶帰省したついでに墓参りにも行った 고향에 간 김에 성묘도 갔다.

**にもうさく**【二毛作】이모작

**にもつ**【荷物】짐, 하물 ¶たった1泊の旅行なのにずいぶん荷物が多いね 겨우 일박 여행인데 꽤 짐이 많네. / 私は身軽に旅をしたいので荷物はいつもできるだけ少なくしています 나는 홀가분하게 여행하고 싶어서 짐은 될 수 있는 한 적게 하고 있습니다. / 「荷物をお持ちしましょうか」「ご親切にありがとうございます」"짐을 들어 드릴까요?" "감사합니다." / 「荷物はどうしたの」「クロークに預けたよ」"짐은 어떻게 했어?" "휴대품 보관소에 맡겼어." / 機内に荷物はいくつ持ち込めるのですか 기내에 짐은 몇 개 가지고 들어갈 수 있습니까? / (タクシーで)荷物があるので, すみませんがトランクを開けてください 죄송하지만 짐이 있는데 트렁크 좀 열어 주세요. / 荷物をまとめて9時にホテルをチェックアウトした 짐을 정리하고 아홉 시에 호텔을 체크아웃했다.

会話 そんなに荷物が
A：何でそんなに荷物があるの
B：着替えやら何やら必要なものを入れていたら増えちゃったのよ

A：왜 그렇게 짐이 많아?
B：갈아입을 옷이랑 이것저것 필요한 것을 넣었더니 늘어났어.

¶実家から荷物が届いた 고향 집에서 짐을 보내왔다. / 荷物を預かっています 짐을 맡고 있습니다. / 重い荷物を背負ってよろめいた 무거운 짐을 지고 비틀거렸다. / 夫とけんかして荷物をまとめて出てきちゃったの. 今夜泊めて 남편하고 싸우고 짐을 챙겨 나와 버렸어. 오늘밤 재워 줘. / 荷物になるから傘は持たずに出かけた 짐이 되니까 우산은 안 갖고 나갔다. / 弟はいつも僕のお荷物になっている 동생은 항상 내 짐이 되고 있다.

**にもの**【煮物】조림

**にやける** ¶その眼鏡をかけるとにやけて見えるぞ 그 안경을 쓰면 계집애 같이 보여. / にやけた男 연약한 남자

**にやにや** 히죽히죽, 히죽히죽 ◇にやにやする 히죽거리다, 히쭉거리다 ¶なんでにやにやしてるんだ 왜 히죽히죽거려?

**にやり** 히죽, 히죽 ¶彼はにやりと笑った 그는 히죽 웃었다. / 競馬の予想が当たって思わずにやりとしてしまった 경마의 예상이 맞아서 나도 모르게 히죽 웃었다.

**ニュアンス** 뉘앙스 ¶「기쁘다」と「반갑다」はニュアンスが違う '기쁘다'와 '반갑다'는 뉘앙스가 다르다.

**にゅういん**【入院】입원 ◇入院する 입원하다 ¶彼は胃潰瘍で入院している 그는 위궤양으로 입원해 있다. / 食中毒の疑いですぐに入院させられた 식중독이 의심되어 바로 입원했다. 関連 入院患者 입원 환자 / 入院料金 입원비

**にゅうえき**【乳液】유액

**にゅうえん**【入園】[幼稚園] 입학(입학)〔動物園など〕입장(입장) ¶娘はこの春幼稚園に入園する 딸은 이번 봄에 유치원에 입학한다. 関連 入園式 유치원 입학식 / 入園料〔動物園などの〕입장료(입장료) ⇒入学

**にゅうか**【入荷】입하 ◇入荷する 입하하다, 입하되다 ¶初物のさくらんぼが入荷した 햇버찌가

**にゅうかい【入会】** 가입(加入), 입회 ◇入会する 가입하다 ¶そのスターのファンクラブに入会した 그 스타의 팬클럽에 가입했다. / フィットネスクラブに入会を申し込んだ スポーツ 클럽에 가입 신청을 했다. 関連 入会金 입회비

**にゅうかく【入閣】** 입각 ◇入閣する 입각하다 ¶彼は45歳の若さで初入閣した 그는 45세의 젊은 나이에 처음으로 입각했다.

**にゅうがく【入学】** 입학 ◇入学する 입학하다 ¶京都大学へ入学だそうで、おめでとう 교토대학에 입학했다고 하던데, 축하해. / 彼はソウル大学への入学を許可された 그는 서울 대학교 입학을 허가받았다. / 入学手続きは済みましたか 입학 수속은 마쳤습니까? ¶娘はこの春高校に入学した 딸은 올봄에 고등학교에 입학했다. / 弟は今年小学校に入学した 동생은 올해 초등학교에 입학했다. ¶「いくつ入学試験を受けたの」「3つです」"입학시험 몇 개 봤어?""세 개요." /「入学式はいつですか」「4月10日です」"입학식은 언제입니까?""사월 10일입니다." / 私は大阪大学に入学願書を出した 나는 오사카 대학에 입학 원서를 냈다. / 入学祝いに電子辞書をもらった 입학 축하 선물로 전자 사전을 받았다. / 私は英会話学校に体験入学してみた 나는 영어 회화 학원에 체험 입학을 했다. 関連 入学願書 입학 원서 / 入学金 입학금 / 入学資格 입학 자격 / 入学志願者 입학 지원자 / 裏口入学 뒷문 입학 / 越境入学 학군외 입학 / 不正入学 부정 입학 / 水増し入学 정원외 입학

**にゅうがん【乳癌】** 유방암, 유암 ◇乳がんになる 유방암에 걸리다

**にゅうぎゅう【乳牛】** 젖소, 유우

**にゅうきょ【入居】** 입주(入住) ◇入居する 입주하다 ¶新築マンションに入居する 신축 아파트에 입주하다 関連 入居者 입주자

**にゅうきん【入金】** 입금 ◇入金する 입금하다 ¶きょう銀行口座に5万円の入金があった 오늘 은행 계좌에 5만 엔이 입금되었다. / 銀行口座に30万円入金した 은행 계좌에 30만 엔을 입금했다. 関連 入金伝票 입금 전표

**にゅうこう【入港】** 입항 ◇入港する 입항하다 ¶入港中の船 입항중인 배 / この船は明朝横浜港に入港します 이 배는 내일 아침 요코하마항에 입항합니다.

**にゅうこく【入国】** 입국 ◇入国する 입국하다 ¶毎日多くの外国人が日本に入国する 매일 많은 외국인이 일본에 입국한다. / 彼らは日本への入国を拒否[許可]された 그들은 일본 입국을 거부당했다[허가받았다]. 関連 入国管理局 입국 관리국 / 入国管理事務所 입국 관리 사무소 / 入国許可書 입국 허가서 / 入国手続き 입국 수속 / 入国ビザ 입국 사증[비자]

**にゅうさつ【入札】** 입찰 ◇入札する 입찰하다 ¶道路工事の入札を行う 도로 공사의 입찰을 행하다 / その会社はほかのどこよりも高く[安く]入札した 그 회사는 다른 어느 회사보다도 비싸게[싸게] 입찰했다. 関連 入札価格 입찰 가격 / 入札公示 입찰 공시 / 入札者 입찰자 / 入札談合 입찰 담합 / 一般[競争、指名]入札 일반[경쟁, 지명] 입찰 / 不正入札 부정 입찰

**にゅうさん【乳酸】** 유산 関連 乳酸飲料 유산 음료 / 乳酸菌 유산균

**にゅうし【入試】** 입시, 입학 시험 ¶大学の入試に合格した 대학 입시에 합격했다. ⇒入学

**にゅうし【乳歯】** 유치, 젖니 ⇒歯

**にゅうじ【乳児】** 영아(嬰兒), 유아, 젖먹이 関連 乳児食 유아식

**にゅうしゃ【入社】** 입사 ◇入社する 입사하다 ¶彼は今春電機メーカーに入社した 그는 올봄에 전자기기 회사에 입사했다. 関連 入社試験 입사 시험 / 入社式 입사식

**にゅうしゅ【入手】** 입수 ◇入手する 입수하다 ¶この食材は日本では入手しにくい 이 식료품은 일본에서는 입수하기 어렵다. / この古いレコードは今では入手不可能だ 이 오래된 레코드는 지금은 입수가 불가능하다. / 警察は彼らの麻薬の入手経路を突き止めた 경찰은 그들의 마약 입수 경로를 알아냈다.

**にゅうしょう【入賞】** 입상 ◇入賞する 입상하다 ¶マラソン大会で3位に入賞した 마라톤 대회에서 3위로 입상했다. 関連 入賞者 입상자

**にゅうじょう【入場】** 입장 ◇入場する 입장하다 ¶開演に遅れて入場を断られた 공연에 늦게 가서 입장을 거절당했다. / 私たちは美術館の特別展示室への入場を許可された 우리는 미술관 특별 전시실의 입장을 허가받았다. / このお寺の庭は一般の入場が許されている 이 절의 정원은 일반인의 입장이 허가되어 있다. ¶わが校のチームは神奈川県代表として堂々と甲子園に入場した 우리 학교 팀은 가나가와현 대표로 당당하게 고시엔에 입장했다. / この切符で会場に入場できます 이 표로 회장에 입장할 수 있습니다. / 券のない方は入場できません(▶掲示) 표가 없으신 분은 입장하실 수 없습니다. / 関係者以外の入場お断り(▶掲示) 관계자 이외의 입장을 금함 | 외부인 입장 금지 / 入場無料(▶掲示) 입장 무료 / 子供は入場できません(▶掲示) 어린이는 입장할 수 없습니다. / 未成年者入場お断り(▶掲示) 미성년자 입장을 금함 / 無用の者の入場を禁ず(▶掲示) 용무가 없는 사람은 입장 금지 ¶展示会の入場料千円を払った 전시회의 입장료 1000엔을 냈다. / コンサートの入場者は約500人だった 콘서트 입장자는 약 5백명이었다. 関連 入場券 입장권 / 入場行進 입장 행진 / 入場式 입장식

**ニュース** 뉴스, 보도, 소식(消息) ¶私は毎晩7時のニュースを見る 나는 매일 밤 일곱 시 뉴스를 본다. / ラジオのニュースを聞いてみよう 라디오 뉴스를 들어 보자. / 9時のニュースです ア홉 시 뉴스입니다. / 次のニュースです 그럼 다음 뉴스입니다[소식입니다]. / スポーツニュースは10時からだ 스포츠 뉴스는 열 시부터다. / その作曲家の死は今朝のニュースで知った 그 작곡가의 죽음은 오늘 아침 뉴스로 알

알았다. / ニュースによると, 飛行機が山に墜落したそうだ 뉴스에 의하면 비행기가 산에 추락했다고 한다. / 日本チームの敗戦のニュースにはがっくりした 일본 팀이 졌다는 뉴스에 실망했다. / 神戸で大地震があったというニュースが入った 고베에서 대지진이 있었다는 뉴스가 들어왔다. / そのニュースは1日のうちに世界中に伝えられた 그 뉴스는 하루 안에 전 세계로 전해졌다. / 今年の10大ニュース 올해의 10대 뉴스 関連 ニュース映画 뉴스 영화 / ニュース解説 뉴스 해설 / ニュース解説者 뉴스 해설자 / ニュースキャスター 뉴스 캐스터 / ニュースショー 뉴스 쇼 / ニュースソース 뉴스 출처 / ニュース速報 뉴스 속보 / ニュースバリュー 보도 가치 / ニュース番組 뉴스 프로그램 / 海外ニュース 해외 뉴스 / 国内ニュース 국내 뉴스 / トップニュース 톱 뉴스 / ローカルニュース 지방 뉴스

**にゅうせいひん【乳製品】** 유제품

**にゅうせき【入籍】** 혼인 신고, 입적 ◇入籍する 혼인 신고하다 ¶彼らは先月入籍した 그들은 지난달에 혼인 신고했다.

**にゅうせん【入選】** 입선 ◇入選する 입선하다 ¶私の絵が展覧会に入選した 내 그림이 전람회에 입선했다. / 彼女の作文は一等に入選した 그녀의 작문은 1등으로 입선했다. 関連 入選作 입선작 / 入選者 입선자

**にゅうたい【入隊】** 입대 ¶彼は20歳の時に兵役で陸軍に入隊した 그는 스무 살 때 군복무로 육군에 입대했다.

**にゅうだん【入団】** 입단 ◇入団する 입단하다 ¶ボーイスカウトに入団する 보이 스카우트에 입단하다

**にゅうとう【入党】** 입당 ◇入党する 입당하다 ¶彼は民主党に入党した 그는 민주당에 입당했다.

**にゅうどうぐも【入道雲】** 소나기구름 [積乱雲] 적란운

**ニュートラル** 뉴트럴, 중립(中立) ¶ブレーキを踏んでギアをニュートラルに入れた 브레이크를 밟고 기어를 중립으로 넣었다. 関連 ニュートラルコーナー 뉴트럴 코너, 중립 코너

**にゅうねん【入念】** ◇入念な [念入りに] 꼼꼼한 [手のこんだ] 공을 들인, 정성을 들인 ◇入念に 꼼꼼히 ¶警察は事故原因を入念に調べた 경찰은 사고 원인을 꼼꼼히 조사했다. / シェフは結婚披露宴の料理を入念に準備した 주방장은 결혼 피로연의 요리를 정성들여 준비했다.

**にゅうばい【入梅】** 장마철에 접어듦 ⇒梅雨

**にゅうはくしょく【乳白色】** 유백색, 젖빛, 우윳빛

**にゅうぶ【入部】** ¶サッカー部に入部した 축구부에 들었다.

**にゅうもん【入門】** 입문 ◇入門する 입문하다 ¶韓国語の入門書 한국어 입문서

**にゅうよう【入用】** ◇入用な 필요한 ¶実験にどうしても入用な器材 실험에 꼭 필요한 기재

**にゅうようじ【乳幼児】** 유유아

**にゅうよく【入浴】** 입욕, 목욕 ◇入浴する 목욕하다 関連 入浴剤 입욕제

**にゅうりょく【入力】** 입력 ◇入力する 입력하다 ¶データをコンピュータに入力する 데이터를 컴퓨터에 입력하다 関連 入力装置 입력 장치

**にゅうわ【柔和】** ◇柔和だ 온화하다, 유화하다 ¶おばあさんはいつも柔和な表情をしている 할머니는 항상 온화한 표정을 하고 있다. / この馬はとても柔和な目をしている 이 말은 아주 온화한 눈을 하고 있다.

**にょう【尿】** 오줌, 소변(小便) ¶尿検査を受ける 소변 검사를 받다

**にょうぼう【女房】** 아내, 마누라, 처 ¶姉さん女房 연상의 아내 / 女房持ちの男 유부남(有婦男) / 会社では彼は副社長として社長の女房役を務めている(→補佐している) 회사에서는 그는 부사장으로서 사장을 보좌하고 있다.

**にょじつ【如実】** ◇如実に 여실히 ¶犠牲者の数が津波の恐ろしさを如実に物語っている 희생자수가 쓰나미의 무서움을 여실히 말해 주고 있다.

**にょろにょろ** 꿈틀꿈틀 ¶蛇がにょろにょろと草むらの中から出てきた 뱀이 꿈틀꿈틀 풀숲에서 나왔다.

**にら【韮】** 부추 関連 にら玉 부추달걀 볶음 / にらレバ炒め 부추 간 볶음

**にらみ【睨み】** ¶うちのクラスの担任は生徒にまったくにらみが利かない(→威厳がない) 우리 반 담임 선생님은 학생들에게 전혀 위엄이 없다.

**にらみあう【睨み合う】** 서로 노려보다, 서로 쏘아보다 [敵対する] 적대하다 ¶土俵上で両力士がにらみ合っている 씨름판 위에서 두 씨름 선수가 서로 노려보고 있다. / 与党と野党は消費税引き上げの是非をめぐってにらみ合っている 여당과 야당은 소비세 인상 여부를 둘러싸고 대립하고 있다.

**にらむ【睨む】** ❶ [見つめる, にらみつける] 노려보다, 쏘아보다 [じっと見つめる] 쳐다보다 ¶彼女は怒りに燃えた目で彼をにらみつけた 그녀는 분노에 찬 눈으로 그를 노려보았다. / あそこに立っている男の人がずっと私をにらんでいる 저기에 서 있는 남자가 계속 나를 노려보고 있다. / そんな怖い顔でにらまないでくれよ 그렇게 무서운 얼굴로 노려보지 말아 줘. / テストの問題をにらんでるだけじゃ解けないよ 시험 문제를 노려보기만 해선 풀리지 않아.

❷ [見当をつける] 짐작하다 [疑う] 의심하다 [備える] 대비하다 ¶彼が何か隠しているとにらんだ 그가 뭔가 숨기고 있다고 짐작했다. / 母親は息子がうそをついているとにらんだ 어머니는 아들이 거짓말을 하고 있다고 짐작했다. / 刑事はあの男が犯人だとにらんでいる 형사는 그 남자를 범인으로 짐작하고 있다. / 次の選挙をにらんで首相の発言は慎重なものとなった 다음 선거에 대비해 수상의 발언은 신중한 것이었다.

❸ [よくないものとして目をつける] 지목하다, 주의하다 ¶どうして警察ににらまれるようなことをしたの 어째서 경찰에 지목당할 짓을 한 거야. / 悪ふざけばかりしていると先生ににらまれるぞ 계속 장난만 치다가는 선생님께 주의받는다.

**にらめっこ【睨めっこ】** 눈싸움 ¶毎朝時計とにらめっこで会社へ行く仕度をする 매일 아침 시간에 쫓겨서 회사에 갈 준비를 한다.

**にりゅう【二流】**이류 ¶二流の会社 이류 회사
**にりんしゃ【二輪車】**이륜차〔自転車〕자전거
**にる【似る】**닮다(▶発音은 담따), 비슷하다

> **使い分け** 닮다, 비슷하다
> 닮다 「〜に似る」という場合, 를[을] 닮다の形で用いられ, 人の顔かたちや性質, 物の形・性質などが互いに類似していることで, 特に親族や身近な人の顔かたち, 性格などに他の人が類似している場合に用いられる.
> 비슷하다 「〜に似る」という場合, 에 비슷하다 の形で用いられ, 任意に取り上げたもの同士の間に, 大きさ・形・状態・内容などにある類似点が見つかった場合に用いられる.
> ¶あの二人は顔が似ている 저 두 사람은 얼굴이 비슷하다[닮았다].
> ¶色彩が似ている 색깔이 비슷하다. (×닮았다 は不可)

¶彼女は母親によく似ている 그 여자는 어머니를 매우 닮았다. / この子は父親と顔が似ている 이 애는 아버지와 비슷하게 생겼다. / 彼のしぐさはどこか父親に似ている 그의 몸짓은 어딘지 아버지를 닮는다. / 私と彼は考え方がよく似ている 나와 그 사람은 생각이 아주 비슷하다. / 四季がはっきりしている点で, 日本と韓国の気候は似ている 사계절이 뚜렷한 점에서 일본과 한국의 기후는 비슷하다. / ごきぶりとかそれに似たものは大嫌いです 바퀴벌레나 그것과 비슷한 것들은 아주 싫어합니다. / 韓国語は日本語と多くの似たところがある 한국어는 일본어와 비슷한 점이 많다.
¶彼は兄に似てとても頭が切れる 그는 형을 닮아서 아주 머리가 좋다.
¶母親に似ず彼女はほっそりしている 어머니를 안 닮아서 그녀는 날씬하다.

**にる【煮る】**삶다(▶発音은 삼따), 끓이다〔煮詰める〕조리다〔煮込む〕고다

> **使い分け** 삶다, 끓이다
> 삶다 大量のお湯に材料をそのままの形で入れて加熱する. また, 布巾や哺乳瓶, 食器など, 煮沸消毒する場合にも用いる.
> 끓이다 料理を煮て作ること. ラーメンなどをゆでるという意でも用いる. 本来は「お湯を沸かす」の意で, コーヒーを沸かすという場合にも用いる.

¶鍋に野菜を入れ柔らかくなるまで煮てください 냄비에 야채를 넣고 부드러워질 때까지 삶아 주세요. / 次に鶏肉を加え, 弱火で30分煮てください 다음에 닭고기를 넣고 약한 불에 30분 끓여 주세요. / 魚を煮すぎて煮くずれしてしまった 생선을 너무 끓여서 살이 다 부스러졌다. 〔慣用句〕あいつは煮ても焼いても食えないやつだ 그 녀석은 이러지도 저러지도 못하는 처치 곤란한 녀석이다.

**にるい【二塁】**이루, 세컨드 베이스 関連 二塁手 이루수 / 二塁打 이루타 ⇒塁

**にわ【庭】**뜰, 마당, 정원(庭園)

> **使い分け** 뜰, 마당, 정원
> 뜰 家の周囲にある空間で, 野菜を植えたり花を植えたりすることもある.
> 마당 門と母屋の間にあり, 作業をしたり遊ぶことのできる平らな空間.
> 정원 「庭園」の漢字語. 本来 비원(秘苑)などのような規模の大きいものをいうが, 裕福な家庭では 마당 や家の周囲を利用して植木や草花, 芝生を植えて観賞用の庭を造り, これも 정원 と呼んでいる.

¶彼女のうちの庭は手入れが行き届いている 그녀의 집 정원은 손질이 잘 되어 있다. / 母は庭で野菜を育てている 어머니는 마당에서 야채를 키우고 있다. / 子供たちは庭で遊び回っていた 아이들은 마당에서 뛰어 놀고 있었다. / 東京で庭付きの家なんてとても買えない 도쿄에서 정원이 있는 집 같은 것은 아주 구하기 힘든다. / 祖父の趣味は庭いじりだ 할아버지 취미는 정원 가꾸기다.
¶渋谷は僕の庭みたいなものだ 시부야는 내 손바닥처럼 잘 안다. 関連 庭石 정원석 / 庭木 정원수 / 庭師 정원사 / 校庭 교정 / 前庭 앞마당 / 裏庭 뒷마당

**にわか【俄】**◇にわかに 돌연히, 갑작스레, 갑자기 ¶空がにわかに曇った 하늘이 갑자기 흐려졌다. / 私のにわか仕込みの韓国語はソウルでは通じなかった 내 벼락치기 한국어는 서울에서는 통하지 않았다.

**にわかあめ【俄雨】**소나기 ¶学校へ行く途中にわか雨に遭った 학교에 가다가 소나기를 만났다.

**にわとり【鶏】**닭〔雄〕수탉〔雌〕암탉 ¶鶏を飼う 닭을 키우다 / 鶏が卵を生んだ 닭이 달걀을 낳았다. / それは鶏が先か卵が先かという問題だ 그것은 닭이 먼저냐 달걀이 먼저냐의 문제다. 数え方 にわとり1羽 닭 한 마리 関連 鶏小屋 닭장

**にんい【任意】**임의 ◇任意の 임의의 ◇任意に 임의로 ¶彼は警察に任意出頭を求められた 그는 경찰에 임의 출두 요청을 받았다. / 숲会への参加は任意です 모임 참석은 임의입니다. 関連 任意保険 임의 보험

**にんか【認可】**인가, 허가(許可) ◇認可する 인가하다, 허가하다 ¶新しいゴルフ場の建設には認可が下りなかった 새 골프장 건설은 인가가 나지 않았다. / うちの店は酒類販売の認可を受けている 우리 가게는 주류 판매 인가를 받았다. / 大学新設の認可が大学から下りた 대학 신설 인가가 문부科学省에서 났다. / 無認可の薬物 무허가 약물 / 無認可保育園 무허가 보육원 / 認可証 허가증 ⇒許可

**にんき【人気】**인기(▶発音은 인끼)

> **基本表現**
> ▶あの歌手は若い人々の間で人気がある
>   그 가수는 젊은 사람들 사이에서 인기가 있다.
> ▶日本ではクリケットはあまり人気がない
>   일본에서는 크리켓은 별로 인기가 없다.
> ▶この俳優は最近人気が出てきた

이 배우는 최근 인기를 얻고 있다.
▶健康食品の人気はまったく落ちない 건강 식품의 인기는 전혀 떨어지지 않는다.
▶たぶんハンバーガーは子供にいちばん人気のある食べ物だろう 아마 햄버거는 아이들에게 가장 인기 있는 음식일 것이다.

¶彼女の人気はすっかり落ちた 그녀의 인기는 완전히 떨어졌다. / 動物園ではパンダが人気の的だ 동물원에서는 팬더가 인기의 대상이다. / 彼はクラスメイトの人気を取ることばかり考えている 그는 반 친구들의 인기를 얻는 것만 생각하고 있다. / 彼女はクラスの人気者だ 그녀는 반에서 인기가 많다. / そのロックバンドは今や人気絶頂だ 그 록밴드는 지금은 인기 절정이다. / この携帯音楽プレーヤーは若者の人気を集めている 이 휴대 음악 플레이어는 젊은이들의 인기를 끌고 있다. / 彼女の曲は今人気急上昇中だ 그녀의 곡은 지금 인기 급상승중이다. / その韓国人俳優は日本で女性たちにたいへんな人気がある 그 한국인 배우는 일본에서 여성들에게 아주 인기가 있다. 関連 人気歌手 인기 가수 / 人気作家 인기 작가 / 人気商売 인기 업종 / 人気商品 인기 상품 / 人気投票 인기 투표 / 人気俳優 인기 배우 / 人気番組 인기 프로그램

にんき【任期】 임기 ¶韓国の大統領の任期は5年だ 한국의 대통령 임기는 5년이다. / 彼は県知事を任期いっぱい務めた 그는 현지사를 임기 만료까지 수행하였다. / 市長は2期8年の任期を終えた 시장은 중임 8년의 임기를 마쳤다. / 社長は不祥事の責任を取って任期途中で辞任した 사장은 불상사의 책임을 지고 임기 중에 사임했다.

にんぎょ【人魚】인어

にんぎょう【人形】인형 ¶女の子たちは人形で遊んでいた 여자 아이들은 인형을 가지고 놀고 있었다. 関連 人形劇 인형극 / 人形使い 인형을 부리는 사람

にんげん【人間】 ❶〔人〕〔動物や機械と区別した人〕인간〔一般に人〕사람〔人類〕인류

◆〔人間は・人間が〕

¶人間は万物の霊長である 인간은 만물의 영장이다. / 人間が宇宙で生活するのは容易なことではない 인간이 우주에서 생활하는 것은 쉬운 일이 아니다. / 地球上には60億人以上の人間がいる 지구상에는 60억 이상의 인간이 있다. / 世の中には変わった人間がいるものだ 세상에는 이상한 사람이 있게 마련이다.

◆〔人間の〕

¶人間の脳はとても複雑にできている 인간의 뇌는 아주 복잡하게 되어 있다.

◆〔人間と〕

¶ゴリラは類人猿の中で何よりも人間に近い 고릴라는 유인원 중에서 가장 인간에 가깝다.

◆〔その他〕

¶彼は人間的な感情がまったくない 그에게는 인간적인 감정이 전혀 없다. / 会社を辞めて田舎でもっと人間らしい生き方をしたい 회사를 그만두고 시골에서 좀 더 인간다운 삶을 살고 싶다. ¶職場でよい人間関係を保つことは楽ではない 직장에서 좋은 인간관계를 유지하는 것은 쉬운 일이 아니다. / 彼女は人間嫌いだ 그 여자는 사람을 싫어한다. / 彼の芸術には人間性が感じられない 그의 예술에는 인간성이 느껴지지 않는다. / 彼女は人間味あふれる人だ 그녀는 인간미 넘치는 사람이다. / 彼女の曲には到底인간의 재주라고 생각되지 않는다. / 来月病院の人間ドックに入るつもりだ 다음달 병원에서 종합 검진을 받을 생각이다.

❷〔人物〕인물, 인간〔人柄〕인품, 사람 ¶あいつは信用できない人間だ 저 녀석은 신용할 수 없는 인간이다. / 彼は人間が変わった 그는 사람이 변했다. / 彼は人間ができた 그는 사람이 되었다. 慣用句 人間いたるところに青山あり 인간 도처에 유청산 | 이 세상 어디든지 묏자리는 있다. / 人間万事塞翁が馬 인간 만사 새옹지마 関連 人間愛 인간애 / 人間工学 인간 공학 / 人間国宝 인간 문화재 / 人間性 인간성

にんさんぷ【妊産婦】임산부

にんしき【認識】인식 ◇認識する 인식하다 ¶セクハラについての認識が不足している 성희롱에 대한 인식이 부족하다. / 我々はエイズに対する認識を深めなければならない 우리는 에이즈에 대한 깊이 있는 인식을 가져야 된다. / 君は人種的偏見に対する認識が甘い 넌 인종 편견에 대한 인식이 부족하다. / この本を読んで韓国に対する認識を新たにした 이 책을 읽고 한국에 대한 인식을 새롭게 했다. ¶事の重大性は十分認識している 일의 중요성은 충분히 인식하고 있다.

にんしょう【人称】《文法》인칭 ¶一人称 일인칭 / 二人称 이인칭 / 三人称 삼인칭 / 人称代名詞 인칭 대명사

にんじょう【人情】인정, 정 ¶彼には人情がある[ない] 그에게는 인정이 있다[없다]. / 人情としてそんなことはできない 인정상 그런 짓은 할 수 없다. / そう思うのが人情だ 그렇게 생각하는 것이 인지상정이다.

彼は人情に厚い[薄い]人だ 그는 인정 많은[없는] 사람이다. / 君は人情の機微がわかっていない 넌 인정의 묘함을 몰라. / それは人情味あふれる話だった 그것은 인정미 넘치는 이야기였다. / 彼は有能だが人情味に欠けるところがある 그는 유능하지만 인정미 없는 구석이 있다. 関連 人情家 인정 많은 사람

にんじる【任じる】〔任命する〕임명하다 ¶彼はソウル支社長に任じられた 그는 서울 지사장으로 임명받았다.

にんしん【妊娠】임신 ◇妊娠する 임신하다
¶妻は妊娠5か月です 아내는 임신 5개월입니다. 関連 妊娠中絶 임신 중절

にんじん【人参】〔野菜〕당근〔朝鮮人参〕인삼, 고려인삼 関連 人参酒 인삼주 / 人参茶 인삼차

にんずう【人数】인원수(人員数), 사람 수, 인원 ¶先生はクラスの人数を数えた 선생님은 반 인원수를 세었다. / サッカーに必要な人数をそろえた 축구에 필요한 인원을 모았다. / 野球をするには人数が1人足りない 야구를 하는 데 인원이 한 명 부족하다.

¶大[小]人数 다수[소수] 인원
**にんそう【人相】** 인상 [目鼻立ち] 생김새 [人相学での] 관상(觀相) ¶人相の悪い男 인상이 나쁜 남자 / 人相を見てもらった 관상을 보았다.
関連 人相書き 인상서
**にんたい【忍耐】** 인내, 인내심, 인내력 ¶この仕事にはかなりの忍耐が必要だ 이 일은 상당히 인내가 필요하다. / 彼女は実に忍耐強い 그녀는 정말 인내심이 강하다. / 私は忍耐力がない 나는 인내심이 없다.
**にんち【認知】** 인지 ◇認知する 인지하다 ¶彼はその子を認知した 그는 그 아이를 인지했다.
**にんてい【認定】** 인정 ◇認定する 인정하다, 판정하다 ¶認定を受ける 인정을 받다 / 彼女の夫は過労死と認定された 그녀의 남편은 과로사로 판정받았다. 関連 認定証 인정증
**にんにく【大蒜】** 마늘 ¶にんにくをすりつぶす 마늘을 갈다
**にんぷ【妊婦】** 임부, 임신부 関連 妊婦服 임신복(妊娠服)
**にんまり** 빙긋이, 빙그레 ◇にんまりする 빙긋거리다, 빙글거리다 ¶彼女は宝くじで100万円当たってにんまりしている 그녀는 복권에서 100만 엔이 당첨되어 싱글벙글거리고 있다.

**にんむ【任務】** 임무
基本表現
▷彼らは空港警備の任務についている
　그들은 공항 경비의 임무를 맡고 있다.
▷細心の注意を払って任務を遂行してくれ 세심한 주의를 기울여서 임무를 수행해라.
▷彼は特別な任務を帯びて韓国へ派遣された 그는 특별한 임무를 띠고 한국에 파견되었다.
▷彼は責任者としての任務を立派に果たした 그는 책임자로서의 임무를 훌륭히 해냈다.
¶私はその任務を引き受けなかった 나는 그 임무를 맡지 않았다. / 彼女は任務をおろそかにした 그녀는 임무를 소홀히 했다. / 彼は市の財政再建という重大な任務を与えられた 그는 시의 재정 재건이라는 중대한 임무를 맡았다. / 我々の任務は誘拐犯から子供を無事救出することだ 우리의 임무는 유괴범으로부터 아이를 무사히 구출하는 것이다. / この任務を終えたら引退するつもりです 이 임무를 끝내면 은퇴할 생각입니다.
**にんめい【任命】** 임명 ◇任命する 임명하다 ¶彼は駐韓大使に任命された 그는 주한 대사로 임명되었다. / 首相は彼女を環境大臣に任命した 수상은 그녀를 환경 대신으로 임명했다.

# ぬ

**ぬいあわせる【縫い合わせる】** 꿰매어 잇다
¶2枚の布を縫い合わせる 두 장의 천을 꿰매어 잇다
**ぬいいと【縫い糸】** 바느질 실 ⇨糸
**ぬいぐるみ【縫いぐるみ】** [人形] 봉제 인형 [動物の衣装] 동물 모양의 의상 ¶くまの縫いぐるみ 곰 (봉제) 인형 / 縫いぐるみを着る 동물 모양의 의상을 입다
**ぬいばり【縫い針】** 바느질 바늘
**ぬいめ【縫い目】** 솔기 [針目] 땀 [手術의] 봉합선(縫合線) ¶シャツの縫い目がほつれている 셔츠의 솔기가 뜯어졌다.
**ぬいもの【縫い物】** [裁縫] 바느질, 재봉 [縫う物] 바느질감
**ぬう【縫う】** 꿰매다 [裁縫する] 바느질하다 [縫って作る] 짓다 [人波を] 누비다 [合間を] 틈[짬]을 내다 ¶ミシンでエプロンを縫った 재봉틀로 앞치마를 꿰맸다. / 母がズボンの穴を縫ってくれた 엄마가 바지에 난 구멍을 꿰매 주셨다. / 祖母は私のために着物を縫ってくれた 할머니는 나를 위해서 기모노를 만들어 주셨다. / 私は小さいとき大けがをして7針縫った 나는 어렸을 때 크게 다쳐서 일곱 바늘 꿰맸다.
¶彼らは人波を縫うようにして進んだ 그들은 인파를 누비듯이 앞으로 나아갔다. / 仕事の合間を縫って食事をする 일하는 도중에 틈[짬]을 내서 식사하다
**ヌード** 누드, 알몸, 나체(裸體) ¶ヌードでポーズを取る 누드로 포즈를 취하다 関連 ヌード写真 누드 사진 / ヌードショー 누드쇼 / ヌードモデル 누드 모델
**ヌードル** 국수
**ぬか【糠】** 겨 [米ぬか] 쌀겨 慣用句 そんなことをしてもぬかに釘だ 그런 거 해 봤자 헛수고다. / ひともうけできそうだと思ったのにとんだぬか喜びだった 한몫 벌 수 있을 거라고 생각했는데 그 기대는 빗나가고 말았다. 関連 ぬか雨 이슬비, 보슬비 / ぬか漬け 쌀겨된장에 절인 장아찌
**ぬかす【抜かす】** [飛ばす] 빠뜨리다, 빼다 [省く] 거르다 ¶大切なところを抜かしてしまった 중요한 부분을 빠뜨리고 말았다. / 昼食を抜かす 점심을 거르다
**ぬがす【脱がす】** 벗기다 ¶子供の靴を脱がせてあげた 아이의 구두를 벗겨 주었다.
**ぬかみそ【糠味噌】** 겨된장
**ぬかり【抜かり】** 실수, 빈틈 ¶彼は何をやっても抜かりがない 그는 뭘 해도 빈틈이 없다. / あすの企画会議の準備は万事抜かりなく整った 내일의 기획 회의는 빈틈없이 만전의 준비를 다했다.
**ぬかる** 질다, 질퍽거리다 ¶雪が解けて道がぬかっている 눈이 녹아서 길이 질퍽거린다.
**ぬかる【抜かる】** 방심하다 ¶抜かるなよ 방심하지 마라.
**ぬかるみ【泥濘】** 진흙탕, 진창 [泥沼] 진흙땅 ¶足がぬかるみにはまって靴が抜けてしまった 발이 진창에 빠져서 구두가 벗겨져 버렸다.
**ぬき【抜き】** ¶前置きは抜きにして本題に入ろう 서론은 빼고 본론에 들어가자. / 子供の寿司はわさび

**ぬきで**お願いします 아이의 초밥은 와사비를 빼 주세요. / お世辞**抜き**でこの絵はよく描けている 빈말이 아니고 이 그림은 정말 잘 그렸다.

**ぬきあし【抜き足】** ¶泥棒は**抜き足**差し足でその家に忍び込んだ 도둑은 살금살금 그 집에 숨어 들어갔다.

**ぬきうち【抜き打ち】** ◇**抜き打ち**の 갑작스러운 ◇**抜き打ち**で 갑자기, 불시에 ¶持ち物の**抜き打ち**検査を行う 소지품을 불시에 검사하다 / きょう**抜き打ち**で数学のテストがあった 오늘 예고 없이 수학시험이 있었다.

**ぬきがき【抜き書き】** 발췌(拔萃), 발초 ◇**抜き書き**する 발췌하다, 발초하다 ¶報告書の要点を**抜き書き**した 보고서의 요점을 발췌했다.

**ぬきさし【抜き差し】** ¶彼女は**抜き差し**ならないはめに陥った 그녀는 이러지도 저러지도 못하는 상황에 빠졌다.

**ぬぎすてる【脱ぎ捨てる】** 벗어 던지다 ¶彼は上着を**脱ぎ捨て**た 그는 웃옷을 벗어 던졌다. / 靴を**脱ぎ捨て**る 구두를 벗어 던지다

**ぬきだす【抜き出す】** 뽑다〔引き抜いて取り出す〕뽑아내다〔選ぶ〕고르다〔選び出す〕골라내다 ¶まず条件に合う応募者を**抜き出**そう 우선 조건에 맞는 응모자를 고르자.

**ぬきとる【抜き取る】** 빼다, 빼내다〔取り出す〕가려내다, 뽑아내다〔盗み取る〕훔쳐내다 ¶手に刺さったとげを**抜き取っ**た 손에 박힌 가시를 빼냈다. / 検査のため輸入した缶詰のサンプルを**抜き取っ**た 검사를 위해서 수입한 통조림의 샘플을 뽑았다. / 彼は母親の財布から現金を**抜き取っ**た 그는 어머니의 지갑에서 현금을 훔쳐냈다.

**ぬきんでる【抜きん出る】** 뛰어나다 ¶彼は運動能力が**抜きん出**ている 그는 운동 능력이 뛰어나다. / **抜きん出**た技術 뛰어난 기술

**ぬく【抜く】**❶〔引き抜く〕뽑다, 빼다 ¶虫歯を2本**抜い**てもらった 충치를 두 개 뽑았다. / 手にとげが刺さったのでピンセットで**抜い**た 손에 가시가 박혀서 핀셋으로 뽑았다. / 瓶の栓が**抜け**ない 병마개가 빠지지 않는다. / 自転車を止めておいたらタイヤの空気を**抜か**れてしまった 자전거를 세워 뒀더니 누가 타이어 바람을 빼놓았다. ¶午前中かかって庭の雑草を**抜い**た 오전 내내 정원의 잡초를 뽑았다.
❷〔取り除く〕빼다, 없애다, 제거하다 ¶ブラウスの染みを**抜い**た 블라우스의 얼룩을 뺐다. / 風呂の水を**抜い**てください 욕조의 물을 빼 주세요.
❸〔追い越す〕추월하다, 앞지르다〔前へ出る〕앞서다 ¶彼女は前の車を**抜い**た 그녀는 앞차를 앞질렀다. / ゴール間際で後ろのランナーに**抜か**れた 골인하기 직전에 뒷 주자에게 추월당했다.
❹〔省く, 除き去る〕거르다, 빼다 ¶彼らにとって都合の悪い部分は**抜か**れていた 그들에게 불리한 부분은 빠져 있었다. / 朝食を**抜く**のは健康に悪い 아침을 거르는 것은 건강에 나쁘다. / そんなに緊張しないで肩の力を**抜い**てリラックスしなさい 그렇게 긴장하지 말고 어깨의 힘을 빼고 편하게 있어라.

**-ぬく【-抜く】** ¶最後までやり**抜く** 끝까지 해내다 / 彼らは激動の時代を生き**抜い**てきた 그들은 격동의 시대를 헤치고 살아 왔다. / おまえが考え**抜い**て決めたことならお父さんも反対はしない 네가 생각한 끝에 내린 결론이라면 아버지도 반대는 하지 않는다.

**ぬぐ【脱ぐ】** 벗다 ¶彼はセーターを**脱ぎ**シャツの袖をまくった 그는 스웨터를 벗고 셔츠 소매를 걷었다. / 上着を**脱い**で椅子の背中に掛けた 웃옷을 벗어서 의자의 등받이에 걸었다. / 服を**脱い**でパジャマに着がえた 옷을 벗고 파자마로 갈아입었다. / 彼はおぼれている子供を救うために上着をぱっと**脱ぐ**と川に飛び込んだ 그는 물에 빠진 아이를 구하기 위해 웃옷을 획 벗고 강으로 뛰어들었다. / さっさと汚れた服を**脱ぎ**なさい 어서 더러운 옷을 벗어라. ¶日本や韓国では家に入るとき玄関で靴を**脱ぎ**ます 일본이나 한국에서는 집에 들어갈 때 현관에서 구두를 벗습니다. / ここでは靴は**脱が**なくてかまいません 여기에서는 구두는 벗지 않아도 괜찮습니다. / 帽子を**脱ぐ** 모자를 벗다

**ぬぐう【拭う】** 닦다 ¶ハンカチで額の汗を**ぬぐっ**た 손수건으로 이마의 땀을 닦았다. / ナプキンで口を**ぬぐう** 냅킨으로 입을 닦다 / このハンカチで涙を**ぬぐい**なさい 이 손수건으로 눈물을 닦아라.

**ぬくぬく** ◇**ぬくぬく**と〔安楽に〕편안하게, 편안히〔暖かく〕따스하게, 따뜻이 ¶彼は親もとで**ぬくぬく**と暮らしていた 그는 부모님 곁에서 편하게 살고 있었다. / 布団の中は**ぬくぬく**と暖かい 이불 속은 따끈따끈하다.

**ぬくもり【温もり】** 온기(溫氣) ¶赤ちゃんは母親の**ぬくもり**に安心したのか腕の中ですやすやと眠っている 아기는 엄마의 온기에 안심했는지 품 안에서 새근새근 자고 있다.

**ぬけあな【抜け穴】** 빠져나갈 구멍; 허점 ¶法の**抜け穴**を利用してあくどくもうける 법의 허점을 이용해서 악랄하게 돈을 벌다

**ぬけがら【抜け殻】** 허물 ¶夏の終わりになるとよくせみの**抜け殻**を見つける 여름이 끝날 무렵이 되면 매미의 허물을 자주 발견한다. / 一人息子が死んで彼女は**抜け殻**同然となった 외아들이 죽자 그녀는 얼빠진 사람처럼 되고 말았다.

**ぬけげ【抜け毛】** 탈모(脫毛), 빠진 머리털 ¶最近**抜け毛**がひどい 요즘 탈모가 심하다.

**ぬけだす【抜け出す】**〔逃げ出す〕도망치다 ¶会社を**抜け出し**て喫茶店で一休みした 회사를 빠져나와서 커피숍에서 잠깐 쉬었다. / サーカスのライオンがおりから**抜け出し**て町中が大騒ぎになった 서커스 극단의 사자가 우리에서 도망쳐서 마을 전체에 큰 소동이 벌어졌다.

**ぬけぬけ** ◇**ぬけぬけ**と 뻔뻔스럽게, 태연히 ¶よくも**ぬけぬけ**と金を貸してくれなんて言えるね 잘도 뻔뻔스럽게 돈을 빌려 달라고 말하네.

**ぬけみち【抜け道】** 샛길〔わき道〕옆길〔近道〕지름길〔法律などの〕빠져나갈 방법〔手段〕¶道が込んでいたので彼女は**抜け道**を通った 길이 막혀서 그녀는 샛길로 갔다. / 法律の**抜け道**を見つける 법망을 빠져나갈 구멍을 찾다

**ぬけめ【抜け目】** ◇**抜け目**のない 빈틈없다〔利口だ〕약삭빠르다〔注意深い〕조심스럽다 ◇**抜け目**なく 빈틈없이, 약삭빠르게, 조심스레 ¶あ

つはすべてのことに抜け目がない 그 녀석은 모든 일에 빈틈이 없다.

**ぬける【抜ける】** ❶ 〔取れる〕빠지다 ¶ワインの栓が簡単に抜けた 와인 뚜껑이 간단히 빠졌다. / 最近髪の毛がよく抜ける 요즘 머리카락이 잘 빠진다. / たくさん物を入れすぎて段ボール箱の底が抜けた 물건을 너무 많이 넣어서 박스 바닥이 빠졌다.

❷ 〔通り抜ける〕지나다, 빠져나가다, 통과하다 ¶村を抜けて海岸に出た 마을을 통과해서 해안으로 나갔다. / トンネルを抜けると雪の山々が見えてきた 터널을 빠져나가자 눈 덮인 산들이 보이기 시작했다.

❸ 〔抜け出る〕빠지다, 빠져나오다 ¶今忙しくて会社を抜けられない 지금 바빠서 회사에서 빠져나올 수 없다. / 私は不良グループから抜けた 나는 불량배 그룹에서 나왔다.

❹ 〔あるべきものがない〕빠지다, 누락되다 ¶1行抜けている 한 줄 빠졌다. / 名簿から私の名前が抜けている 명단에 내 이름이 빠져 있다.

❺ 〔無くなる〕빠지다 ¶タイヤの空気が抜けてしまった 타이어에 바람이 빠져 버렸다. / 気の抜けたビールはとても飲めない 김 빠진 맥주는 도저히 마실 수 없다. / ペンキのにおいがまだ抜けない 페인트 냄새가 아직도 안 빠진다. / 朝寝坊の癖がまだ抜けてない 늦잠 자는 버릇이 아직 고쳐지지 않았다. / 力が抜ける 힘이 빠지다 / 気が抜ける 맥이 빠지다

❻ 〔その他〕¶やっと疲れが抜けた 이제야 피로가 풀렸다. / 雨が上がって抜けるような青空が広がった 비가 그치고 티 없이 맑은 하늘이 펼쳐졌다. / 彼は少し抜けている 그는 조금 모자라다.

**ぬげる【脱げる】** 벗겨지다 ¶帽子が脱げる 모자가 벗겨지다 / 走っていて片方の靴が脱げてしまった 달리다가 한 쪽 구두가 벗겨져 버렸다.

**ぬし【主】** 주인(主人)〔持ち主〕임자 〔古顔〕터줏대감 ¶この家の主は井上さんです 이 집주인은 이노우에 씨입니다. / 彼はこの会社の主のような存在だ 그는 이 회사의 터줏대감과 같은 존재다.

**ぬすみ【盗み】** 도둑질 ¶盗みを働く 도둑질을 하다 / 彼は4件の盗みの容疑で捕まった 그는 네 건의 절도 용의로 잡혔다.

**ぬすみぎき【盗み聞き】** ◇盗み聞きする 엿듣다 ¶彼女は社長と副社長の会話を盗み聞きした 그녀는 사장과 부사장의 대화를 엿들었다.

**ぬすみみる【盗み見る】** 엿보다, 훔쳐보다 ¶彼は僕の答案を盗み見ようとした 그는 내 답안지를 훔쳐보려고 했다.

**ぬすむ【盗む】** ❶ 〔他人の物を取る〕훔치다, 도둑질하다〔奪う〕빼앗다 ¶男は女の人からバッグを盗んで逃走した 남자는 여자로부터 가방을 훔쳐 도망쳤다. / 3人組の男が現金輸送車を襲って3千万円を盗んで逃げた 남자 세 명이 현금 수송차를 덮쳐 3천만 엔을 훔쳐 도망쳤다. / 彼は本屋で漫画本を盗んでいるところを見つかった 그는 책방에서 만화책을 훔치려다가 들켰다. / 彼は電車の中で財布を盗まれた 그는 전철 안에서 지갑을 도둑맞았다.

❷ 〔盗作する〕도작하다, 표절하다 ¶彼は有名な小説家の文章を盗んだ 그는 유명한 소설가의 문장을 표절했다.

❸ 〔ごまかす〕속이다 ¶彼は人目を盗んで彼女と会っていた 그는 남몰래 그녀를 만났다. / 先生の目を盗んでたばこを吸っている生徒がいる 선생님의 눈을 속여 담배를 피우는 학생이 있다.

❹ 〔その他〕¶暇を盗んで本を読む 틈을 내서 책을 읽다 / 塁を盗む 도루하다

**ぬっと【突然】** 불쑥, 느닷없이 〔突如〕벌떡 ¶横から手がぬっと出てきた 옆에서 불쑥 손이 나왔다.

**ぬの【布】** 천 関連 布切れ 헝겊 / 布地 옷감 〔織物〕직물

**ぬま【沼】** 늪

**ぬらす【濡らす】** 적시다 ¶ふきんを濡らしてテーブルをふいた 행주를 적셔서 테이블을 닦았다. / にわか雨にあって新しい背広を濡らしてしまった 소나기를 만나서 새 양복이 젖어 버렸다. / 髪を濡らさないようにしてお風呂に入った 머리가 적지 않게끔 한 뒤 욕조에 들어갔다.

**ぬり【塗り】** 칠, 색칠 ¶ペンキの塗り 페인트 칠 / 白塗りのテーブル 하얗게 칠한 테이블 / 車にワックスを二度塗りした 차에 왁스를 두 번 칠했다.

**ぬりえ【塗り絵】** 색칠 그림, 색칠 공부 ¶うちの娘は塗り絵が好きだ 우리 딸은 색칠 공부를 좋아한다. / 塗り絵の本 색칠 공부책

**ぬりかえる【塗り替える・塗り変える】** 다시 칠하다 〔色を変える〕칠하여 색을 바꾸다 〔更新する〕갱신하다 ¶彼は棒高跳びの世界記録を塗り替えた 그는 장대높이뛰기 세계 기록을 갱신했다. / 電話の発明は通信の歴史を塗り替えた 전화의 발명은 통신의 역사를 다시 썼다.

**ぬりぐすり【塗り薬】** 도포제 〔軟膏〕연고 ¶傷口に塗り薬をつけた 상처에 연고를 발랐다.

**ぬりたくる【塗りたくる】** 처바르다, 떡칠하다 〔ペンキなどを〕마구 칠하다 ¶顔にドーランを塗りたくる 얼굴에 무대용 분을 처바르다 / 彼女は化粧をするときおしろいを塗りたくっている 그녀는 화장을 할 때 분을 도 떡칠을 한다.

**ぬりたて【塗り立て】** ◇塗り立ての 갓 칠한 ¶ペンキ塗り立て(▶掲示) 페인트 주의

**ぬりつぶす【塗り潰す】** 덧칠하다 ¶壁の落書きをペンキで塗りつぶした 벽의 낙서를 페인트로 덧칠했다. / 間違ったところを鉛筆で塗りつぶした 틀린 부분을 연필로 덧칠했다.

**ぬる【塗る】** 〔薬などを〕바르다 ¶壁に白いペンキを塗った 벽에 흰 페인트를 칠했다. / その子はクレヨンで絵に色を塗っていた 그 아이는 크레용으로 그림에 색을 칠하고 있었다. / 彼女はいつも真っ赤な口紅を濃く塗っている 그녀는 항상 새빨간 립스틱을 진하게 바른다. / テーブルにニスを塗って仕上げた 테이블에 니스를 칠해서 완성했다.

¶傷口に薬を塗った 상처에 약을 발랐다. / 彼女は体中に日焼け止めクリームをたっぷり塗った 그녀는 온 몸에 선크림을 듬뿍 발랐다. / 彼はいつもパンにジャムを塗る 그는 항상 빵에 잼을 바른다.

**ぬるい【温い】** 미지근하다, 미적지근하다 ¶ぬ

るいお湯で顔を洗った 미지근한 물로 얼굴을 씻었다. / お風呂がぬるかった 목욕물이 미지근했다.

**ぬるぬる** ◇ぬるぬるする〔ねばねばした〕끈적끈적하다〔滑りやすい〕미끈미끈하다〔油で〕매끄럽다 ¶うなぎはぬるぬるしている 뱀장어는 미끈미끈하다. / このクリームをつけると手がぬるぬるするよ 이 크림을 바르면 손이 미끈거린다.

**ぬるまゆ**【微温湯】미지근한 물 ¶赤ん坊の入浴はぬるま湯でなければならない 아기의 목욕물은 미지근해야 된다. / 大学教授の中には何の研究成果もあげずにぬるま湯に浸かっている者もいる 대학 교수 중에는 아무런 연구 성과도 올리지 않고 안일함에 빠져 있는 사람도 있다.

**ぬるむ**【温む】뜻뜻해지다 ¶冬が去り水ぬるむ季節となった 겨울이 가고 물이 뜻뜻해지는 계절이 되었다.

**ぬれえん**【濡れ縁】툇마루

**ぬれぎぬ**【濡れ衣】누명 ¶彼は盗みのぬれ衣を着せられた 그는 절도의 누명을 뒤집어썼다. / 彼女のぬれ衣を晴らすために犯人を捜した 그녀의 누명을 벗기기 위해서 범인을 찾았다.

**ぬれねずみ**【濡れ鼠】◇ぬれねずみになる 흠뻑 젖다 ¶ハイキングの最中ににわか雨に遭い, みなぬれねずみになった 하이킹 도중에 소나기를 만나 모두「흠뻑 젖었다[물에 빠진 생쥐처럼 됐다].

**ぬれる**【濡れる】젖다〔湿る〕눅눅해지다 ¶夕立に遭ってぬれてしまった 소나기를 만나서 젖어 버렸다. / 雨が降ったみたいだね。道路がぬれているよ 비가 왔나 봐. 도로가 젖어 있어. / 彼女の目は涙でぬれていた 그녀의 눈은 눈물로 젖어 있었다. / 彼女はぬれたふきんでテーブルをふいた 그녀는 젖은 행주로 테이블을 닦았다. / 髪をぬれたままにしておいたので風邪をひいてしまった 머리를 젖은 채로 둬서 감기에 걸렸다. /「おむつがぬれているみたい。取り替えてくれる?」「いいよ」"기저귀가 젖은 것 같아. 갈아 줄래?" "그래." / 下着が汗で濡れた 속옷이 땀에 젖었다. / 雨に濡れた服 비에 젖은 옷

---

# ね

**ね**【音】소리 ¶除夜の鐘の音 제야의 종소리 / 澄んだ鐘の音が聞こえる 맑은 종소리가 들려온다. / 虫の音を聴く 벌레 울음 소리를 듣다 慣用句 それぐらいのことで音を上げるな 그 정도에 우는 소리 하지 마.

**ね**【値】값〔価格〕가격〔価値〕값어치(▶発音は 가벼치), 가치
基本表現
▷その会社の株は値が上がってきた
　그 회사의 주가가 오르고 있다.
▷この土地は将来値が上がるだろう
　여기는 앞으로 땅값이 오를 거야.
▷円高のために輸入品の値が下がった
　엔고로 수입품 가격이 떨어졌다.
▷彼は骨董品の壺に高い値をつけた
　그는 골동품 항아리에 비싼 값을 매겼다.
¶この店のアクセサリーは値が安い 이 가게의 액세서리는 가격이 싸다. / その家具はいい値で売れるだろう 그 가구는 좋은 가격에 팔릴 것이다. / 彼はその絵を言い値で買った 그는 그 그림을 부르는 가격에 샀다. / 彼は車が高い値で売れたので満足だった 그는 차가 비싸게 팔려서 만족했다.
¶彼女はその骨董品に1千万円の値をつけた 그녀는 그 골동품에 천만 엔의 값을 매겼다. / このダイヤモンドには値のつけようがない 이 다이아몬드에는 가격을 매길 수 없다.
¶このジャケットは少し値が張る 이 재킷은 값이 조금 비싸다. 関連 卸値 도매값, 도매가 / 小売値 소매값, 소매가 / 仕入れ値 매입 가격 / 捨て値 헐값 / 最低値 최저가 / 高値 고가 / 安値 염가 / 闇値 암시세

**ね**【根】❶〔植物の根〕뿌리 ¶木の根は地中深く張る 나무 뿌리는 땅속 깊이 뻗는다. / 植物の根は地中から水分を吸収する 식물의 뿌리는 땅속에서 수분을 흡수한다. / 雑草を根ごと抜いた 잡초를 뿌리째 뽑았다. / このひな菊は根が浅いこのデイジーは뿌리가 얕다.

❷〔基部〕뿌리 / 舌の根 혀뿌리 / 寒さで歯の根が合わない 추워서 이가 덜덜 떨린다.

❸〔根源〕뿌리, 근원 ¶すべての悪の根を断つことは不可能かもしれない 모든 악의 뿌리를 뽑는 것은 불가능할지 모른다. / 人種差別の根は思ったよりも深い 인종 차별의 근원은 생각보다 깊다.

❹〔生まれつきの性質〕본성, 천성 ¶彼は根は正直な男です 그는 본성은 정직한 사람입니다. / 先生は厳しく見えるが根はやさしい人です 선생님은 엄하게 보이지만 본성은 다정한 분입니다. / 根は善良だ 본성은 어질다. 慣用句 彼は僕がこの前言ったことをまだ根に持っている 그는 내가 전에 말했던 것에 아직 앙심을 품고 있다. / そのうわさは根も葉もないことだった 그 소문은 아무런 근거도 없는 것이었다. / 警察官は私の仕事のことを根ほり葉ほり尋ねた 경찰관은 내 직업에 대해 꼬치꼬치 물었다. / わが国には民主主義がしっかり根を下ろしている 우리 나라는 민주주의가 확실하게 뿌리를 박고 있다. ⇒ 根深い

**ねあか** 타고난 밝은 성격 ¶彼女はねあかだ 그녀는 타고 난 밝은 성격이다.

**ねあがり**【値上がり】값이 오름 ¶最近大都市圏で再び土地が値上がりしつつある 요즘 대도시권에서 다시 땅값이 오르기 시작하고 있다. / 石油が5パーセント値上がりした 석유 값이 5퍼센트 올랐다.

**ねあげ**【値上げ】가격 인상 ◇値上げする 값을 올리다, 인상하다 ¶公共料金を値上げする 공공 요금을 인상하다 / ガソリン代が値上げになった 휘발유 값이 인상되었다.

**ねあせ【寝汗】** 자면서 나는 땀, 《漢方》 도한(盗汗) ¶昨夜は暑くてびっしょり寝汗をかいた 어젯밤에는 더워서 자면서 흠뻑 땀을 흘렸다.

**ねいき【寝息】** 숨소리 ¶赤ちゃんはすうすう寝息を立てて眠っていた 아기는 색색 숨소리를 내면서 잠을 자고 있었다.

**ねいりばな【寝入りばな】** ¶寝入りばなに電話で起こされた 막 잠이 들려는 데 전화가 울려 잠이 깨었다.

**ねいる【寝入る】** 잠이 들다 ⇨眠る, 寝る

**ねいろ【音色】** 음색 ¶このバイオリンは美しい音色を出す 이 바이올린은 아름다운 음색을 낸다.

**ねうち【値打ち】** 값어치(➡발음은 가볍게), 가치 ¶この珍しい本は1万円の値打ちがある 이 희귀본은 만 엔의 값어치가 있다. / この絵はたいへん値打ちがある 이 그림은 상당한 가치가 있다. / その映画は見る値打ちがある 그 영화는 볼 만하다. / 値打ちが上がる 가치가 높아지다[올라가다]

¶この指輪はたいして値打ちがない 이 반지는 그다지 가치가 없다. / これはお値打ちです 이것은 가치가 있습니다. / お金は彼にとってはなんの値打ちもない 돈은 그 사람에게 있어서 아무런 가치도 없다. / この切手は将来値打ちが出るだろう 이 우표는 앞으로 값어치가 오를 것이다. / ニューモデルが出たので私のコンピュータの値打ちが下がった 새로운 모델이 나와서 내 컴퓨터의 가치가 떨어졌다. / インフレの進行でその国の通貨は値打ちがなくなった 인플레가 계속되어 그 나라의 통화는 가치가 떨어졌다. / そんな暴言をはくと君の値打ちが下がるよ 그런 폭언을 하면 자네의 값어치가 떨어질 거야.

¶私にはその作品の値打ちがさっぱりわからない 나는 그 작품의 가치를 전혀 모른다.

**ねえ** ❶ [相手の注意を喚起する] 저, 저기, 여보게 ¶ねえ、何を読んでいるの 저기, 무슨 책 읽고 있어? / ねえ、どうしたんだい 저, 무슨 일 있나? / ねえ、手を貸してちょうだい 저기, 손 좀 빌려 줘. / ねえ、そこで何をしているの 여보게 거기서 뭘 하고 있어? / ねえ、聞いてちょうだい 저기, 내 얘기 좀 들어 줘. / ねえ、いい考えがあるの 저기, 좋은 생각이 있는데. / ねえ、そんなに飲んじゃ体に悪いよ 저, 그렇게 마시면 몸에 안 좋아요. / ねえ、ラジオの音を小さくしてくれない 저기, 라디오 볼륨 좀 낮추어 줄래? / ねえ、それに触っちゃだめだって言っただろ 여보게, 그것에 손대지 말라고 그랬지?

❷ [感嘆の気持ちを表す] -(느)구나, -(느)군요, -네, -네요 ¶すばらしい景色だねえ 훌륭한 경치구나. / 彼らっておかしい人ですねえ 그 사람 이상한 사람이네요. / 彼、そこで何になったのよ 「へえ、彼女がねえ」 "그 애, 선생님이 됐어." "정말, 걔가 말이지?"

❸ [相手の同意・確認を求める] -지(요) ¶「きょうは金曜日ですよねえ」「ええ」 "오늘은 금요일이지요." "예." / 「寒くなってきましたねえ」「え」 "추워졌지요." "예."

¶「ご飯のお代わりはいかがですか」「結構です。胃が弱いものですからねえ」 "밥 한 그릇 더 드시겠습니까?" "됐습니다. 위가 약해서요." / 「彼女はだれに対しても親切だ」「そうですかねえ」 "그 여자는 누구에게나 친절해." "그럴까요?"

**ねえさん【姉さん】** [弟から見た姉] 누나, 《敬》누님 [妹から見た姉] 언니 ⇨姉

**ネーム** 네임, 이름 関連 **ネームバリュー** 네임벨류, 지명도(知名度) / **ネームプレート** 이름표, 명찰, 문패

**ねおき【寝起き】** ¶娘は寝起きがよい[悪い] 딸은 「잠투정 없이 일어난다[잠투정을 한다」.

**ネオン** [元素] 네온 関連 **ネオンサイン** 네온사인

**ネガ** [写真] 네거티브(↔포지티브) ¶ネガフィルム 네거티브 필름

**ねがい【願い】** ❶ [願望] 소원, 소망 [要請] 부탁, 청 [祈願] 기원

基本表現

▶彼は帰国する前にもう一度彼女に会いたいという願いをいだいていた
그는 귀국하기 전에 한 번 더 그녀를 만나고 싶다는 소망을 품고 있었다.

▶プロ野球選手になりたいという願いがついにかなった
프로 야구 선수가 되고 싶다는 소원이 드디어 이루어졌다.

▶いっしょに行ってほしいという彼女の願いを聞いてあげた 같이 가 달라는 그녀의 청을 들어주었다.

▶お願いがあるのですが
부탁이 좀 있는데요.

▶お願いだから黙っててくれないか
부탁이니까 입 다물어 주지 않겠니?

¶息子にしっかりしてもらいたい。私の願いはただそれだけだ 아들이 착실했으면 좋겠다. 내 소원은 그것뿐이다. / 一生のお願いだ 평생의 소원이다. / 怒鳴るのはやめて、お願いだから声 그만 질러. 부탁이니까.

¶神様は彼らの願いをかなえてくれた 신은 그들의 소원을 들어주었다. / 子供たちは平和への願いを込めて千羽鶴を折った 아이들은 평화를 기원하여 색종이로 학 천 마리를 접었다.

❷ [文書にしたもの] 원서(願書) ¶彼は1週間の休暇願を出した 그는 일 주일의 휴가계[휴가 신청서]를 냈다. / 彼の退職願は受理された 그의 사직서는 수리되었다.

**ねがいさげ【願い下げ】** ¶そんな仕事はこっちから願い下げだ 그런 일은 이쪽에서 거절하겠다.

**ねがいでる【願い出る】** 청원하다, 신청하다 ¶上司に転勤を願い出た 상사에게 전근을 신청했다.

**ねがう【願う】** ❶ [望む] 원하다 [期待する] 바라다 ¶私は彼女が幸福になってくれることを願っている 나는 그녀가 행복해지기를 바라고 있다. / 本当に彼と結婚したいと願っているのか 정말로 그 사람과 결혼하기를 바라냐? / あしたはよい天気であることを願っている 내일은 날씨가 좋았으면 좋겠다. / 先生がきょう授業中に僕を지명하지 않기를 바라고 있다 선생님이 오늘 수업 시간에 나를 지명하지 않기만을 바라고 있다. / 我々は彼の成功を願ってやまない 우리는 그의 성공을 간절히 바라고 있다. / 私たちは彼が市長になること를

を願っている우리는 그가 시장이 되기를 원하고 있다.
❷〔依頼する〕부탁하다〔懇願する〕청하다 ¶ひとつお願いしたいことがあります 한 가지 부탁 드리고 싶은 것이 있습니다. / 私が戻ってくるまで荷物の番をお願いします 내가 돌아올 때까지 짐을 봐 주십시오. / 伝言をお願いできますか 말씀 좀 전해 주시겠습니까? / 砂糖は2杯お願いします 설탕은 두 스푼 부탁합니다. / お勘定をお願いします 계산 부탁합니다.

会話 お願いします
　A：窓を開けましょうか
　B：お願いします
　A：창문 열까요?
　B：부탁합니다
　A：（電話で）内線54番をお願いします
　B：お待ちください
　A：내선 54번 부탁합니다
　B：기다려 주십시오.

慣用句 それは願ったりかなったりだ 그것은 내가 바라던 대로이다. / 願ってもないチャンスだ 더 바랄 나위가 없는 기회이다.

**ねがえり**【寝返り】¶何度もベッドで寝返りを打った 몇 번이나 침대에서 몸을 뒤척였다.

**ねがえる**【寝返る】[裏切る]배신하다 ¶彼は敵に寝返った 그는 적군 측에 돌아섰다.

**ねがお**【寝顔】잠자는 얼굴 ¶赤ちゃんの寝顔はとても可愛い 아기가 자는 얼굴은 매우 귀엽다.

**ねかす**【寝かす】[眠らせる]재우다 [横たえる]누이다, 눕히다 [使わがずにおく]묵히다, 놀리다 [発酵させる]띄우다, 발효시키다 [熟成させる]숙성시키다 ¶彼女は子供を9時に寝かせた 그녀는 아이들을 아홉 시에 재웠다. / 母親が本を読んで子供を寝かせた엄마는 책을 읽어 주면서 아이를 재웠다. / 負傷者を寝かせて救急車を呼んだ 부상자를 눕히고 구급차를 불렀다.
　⇩土地を寝かせる(→遊ばせる) 땅을 놀리다 / パン生地を寝かせる 빵 반죽을 발효시키다 / 3年間寝かしたワイン 3년간 숙성시킨 와인

**ねぎ**【葱】파

**ねぎらい**【労い】위로(慰労) ¶彼は部下にねぎらいの言葉をかけた 그는 부하에게 위로의 말을 건넸다.

**ねぎらう**【労う】위로하다 ¶司令官は前線の兵士たちをねぎらった 사령관은 전선의 병사들을 위로했다.

**ねぎる**【値切る】값을 깎다, 에누리하다 ¶そのバッグを1万円から8千円に値切った 그 가방 값을 만 엔에서 8천 엔으로 깎았다. / 彼女は値切るのがうまい 그녀는 에누리를 잘한다.

**ねぐせ**【寝癖】¶髪に寝癖がついた朝に일어나더니 머리가 짓눌려 헝클어졌다.

**ネクタイ** 넥타이 ¶ネクタイをしめる 넥타이를 매다 / ネクタイを緩める 넥타이를 느슨하게 하다
数え方 ネクタイ1本 넥타이 한 개 関連 ネクタイピン 넥타이핀 / ちょうネクタイ 나비 넥타이, 보타이 / ひもタイ 스트링 타이

**ねくら** ◇ねくらだ 성격이 어둡다 ¶彼女は性格がねくらだ 그녀는 성격이 어둡다.

**ねぐら**【塒】[巣]둥지 [すみか]보금자리 ¶鳥たちは夕方になるとねぐらへ帰って行く 새들은 저녁이 되면 둥지로 돌아간다.

**ネグリジェ** 네글리제, 여성용 잠옷

**ねぐるしい**【寝苦しい】¶昨夜はとても寝苦しかった 어젯밤에는 좀처럼 잠을 이룰 수 없었다.

**ねこ**【猫】고양이 [子猫]새끼 고양이 ¶自分でちゃんと世話ができるのなら猫を飼ってもいいよ 네가 잘 돌볼 수 있다면 고양이를 키워도 좋아. / どこかで猫が鳴いている 어딘가에서 고양이가 울고 있다. / 猫がにゃあと鳴いた 고양이가 야옹 울었다. / 猫はなでられてのどをゴロゴロと鳴らした 고양이는 쓰다듬어 주니까 목구멍을 그렁그렁 울렸다. 数え方 ねこ1匹 고양이 한 마리
慣用句 花見時になると猫も杓子も(→みんな)花見に繰り出す 꽃구경 철이 되면 너나없이 꽃구경을 간다. / 彼女の気分は猫の目のように変わる 그녀의 기분은 늘 이랬다 저랬다 한다. / 彼女は初対面の人の前では猫をかぶる 그녀는 처음 만나는 사람 앞에서는 「얌전한 체한다[내숭떤다].」/ それは猫に小判だ 그것은 돼지 목에 진주다. / 猫の額ほどの土地で野菜を作っています 손바닥만한 땅에서 야채를 기르고 있습니다. / 忙しくて猫の手も借りたいくらいだ 바빠서 손이 열 개라도 모자라다. / 彼らの前では彼は借りてきた猫のようにおとなしかった 그들 앞에서 그는 꾸어다 놓은 보릿자루처럼 조용했다. 関連 雄猫 수고양이 / 雌猫 암고양이 / 三毛猫 삼색 얼룩 고양이 / 黒猫 흑색 고양이, 검은 고양이 / ぶち猫 얼룩 고양이 / シャム猫 샴 고양이 / ペルシャ猫 페르시아 고양이 / 山猫 살쾡이 / 野良猫 도둑고양이, 도둑괭이

**ねごこち**【寝心地】¶寝心地のよいベッド 폭신한 침대 / 僕には布団のほうがベッドより寝心地がよい 나는 이불이 침대보다 더 편하다.

**ねこじた**【猫舌】¶私は猫舌で熱いものは食べられません 나는「고양이와 마찬가지로[고양이 혀라서]」 뜨거운 것은 못 먹습니다.

**ねこぜ**【猫背】새우등 ¶彼は猫背だ 그는 새우등이다.

**ねこそぎ**【根こそぎ】뿌리째, 송두리째, 싹쓸이 ¶根こそぎにする 뿌리째 뽑다 / 台風で街路樹が根こそぎにされた 태풍으로 가로수가 뿌리째 뽑혔다.

**ねごと**【寝言】잠꼬대 ¶きのうの夜寝言を言ってたよ 어젯밤에 잠꼬대를 했었어.

**ねこばば**【猫糞】◇猫ばばする 슬쩍 가로채다 ¶彼は会社の金を猫ばばした 그는 회사 돈을 슬쩍 가로챘다.

**ねこみ**【寝込み】¶我々は敵の寝込みを襲った 우리 적이 한창 자고 있을 때 공격했다.

**ねこむ**【寝込む】깊이 잠들다 [病気で]눕다 ¶小説を読んでいるうちに寝込んでしまった 소설을 읽다가 잠들어 버렸다. / 彼女はショックで寝込んだ 그녀는 충격으로 몸져누웠다. / 彼は風邪で寝込んでいる 그는 감기로 몸져누워 있다.

**ねころぶ**【寝転ぶ】드러눕다, 뒹굴다 ¶彼は草の上に寝転んだ 그는 풀 위에 드러누웠다.

**ねさがり**【値下がり】◇値下がりする 값이 내리

다 ¶野菜が値下がりし始めた 야채 값이 내리기 시작했다.
**ねさげ【値下げ】** 가격 인하 ◇値下げする 값을 내리다 ¶電話料金の値下げ 전화 요금 인하 / 文房具類は2割の値下げです 문방구류는 20퍼센트 가격 인하했습니다. / 冬物衣料が大幅に値下げされた 겨울 의류 가격이 크게 내렸다.
**ねざす【根差す】** 뿌리박다【立脚する】입각하다〔因因する〕기인하다, 비롯되다 ¶この小説は作者の体験に根差している 이 소설은 작가의 체험에 입각한 것이다. / あらゆる差別は偏見に根差している 모든 차별은 편견에서 비롯된 것이다.
**ねざめ【寝覚め】** ¶タベは熟睡したので今朝はすっきりした寝覚めだった 어젯밤에는 숙면을 해서 오늘 아침에는 상쾌하게 잠을 깨었다. / 最近は疲れ気味でどうも寝覚めが悪い 요즘에는 피곤한지 자고 일어나도 왠지 개운하지가 않다.
**ねじ【螺子】** 나사 ¶ねじを締める 나사를 조이다 / ねじを緩める 나사를 풀다 / 時計のねじを巻く 시계 태엽을 감다 / ふたをねじで留めた 뚜껑에 나사를 박았다. / カバーをねじで留めた 덮개를 나사로 고정시켰다. 関連 ねじ回し 나사돌리개
**ねじこむ【ねじ込む】** 쑤셔 넣다, 밀어 넣다【抗議する】항의하다 ¶彼は千円札を何枚かポケットにねじ込んだ 그는 천 엔 짜리 지폐를 몇 장 주머니에 쑤셔 넣었다. / 市長の失言に市民がねじ込んできた 시장의 실언에 시민이 항의해 왔다.
**ねしずまる【寝静まる】** ¶その村は寝静まっていた 그 마을은 잠든 듯 고요했다.
**ねじふせる【ねじ伏せる】** 엎어누르다 ¶彼はすりの腕をつかむと床にねじ伏せた 그는 소매치기의 팔을 잡고 바닥에 엎어놓았다.
**ねじまげる【ねじ曲げる】**【歪曲する】왜곡하다 ¶釘をねじ曲げる 못을 비틀어 구부리다 / 彼は事実をねじ曲げて記事をねつ造した 그는 사실을 왜곡해 기사를 날조했다.
**ねしょうべん【寝小便】**【夜尿症】야뇨증 ¶寝小便をする 잠자냐 또는 오줌을 싸다 ⇨おねしょ
**ねじる【捩じる】** 비틀다, 꼬다 ⇨【ひねる】틀다, 돌리다 ¶痛い！腕をねじるなよ 아파! 팔 비틀지 마! / 蛇口をねじる 수도꼭지를 틀다 / 瓶のふたをねじって開けた 병 뚜껑을 돌려 열었다.
**ねじれる【捩じれる】** 비뚤어지다, 꼬이다 ¶ネクタイがねじれているよ 넥타이가 비뚤어져 있어.
**ねすごす【寝過ごす】** 늦잠을 자다 ¶今朝1時間寝過ごしてしまった 오늘 아침에는 한 시간 늦잠을 잤다.
**ねずのばん【寝ずの番】** 불침번(不寝番) ¶彼らは寝ずの番をして泥棒を見張った 그들은 불침번을 서서 도둑을 지켰다.
**ねずみ【鼠】** 쥐 ¶ねずみが天上裏でちゅうちゅう鳴いている 쥐가 천정 위에서 찍찍거리고 있다. 慣用句 泥棒は袋のねずみだ 도둑은 독 안에 든 쥐다. 関連 ねずみ捕り【わな】쥐덫【薬】쥐약, 살서제(殺鼠剤)
**ねずみいろ【鼠色】** 쥐색【灰色】잿빛, 회색
**ねずみざん【鼠算】** ¶ねずみ算式に増える 기하급수적으로 늘어나다

**ねぞう【寝相】** ¶寝相が悪い 잠자는 모습이 흉하다. / 寝相がよい 곱게 잔다.
**ねそびれる【寝そびれる】** 잠을 설치다 ¶昔の友達と朝まで話し込んでしまい寝そびれてしまった 옛 친구와 아침까지 정신없이 얘기하느라 잠을 못 잤다.
**ねそべる【寝そべる】** 드러눕다 ¶畳に寝そべる 다다미에 드러눕다 / 私はソファーの上に寝そべって音楽を聞いていた 나는 소파 위에 드러누워 음악을 듣고 있었다.
**ねた** 【記事の】기삿거리【小説などの】소재【料理の材料】재료 ¶記事のいいねたがない 좋은 기삿거리가 없다. / 小説のねたを集めに金沢へ行った 소설 소재를 모으러 가나자와에 갔다. / この寿司はねたが新鮮だ 이 초밥은 재료가 신선하다.
**ねたきり【寝たきり】** ◇寝たきりになる 몸져눕다 ¶祖母は2年間寝たきりだ 할머니는 2년 동안 몸져누워 계신다. / 寝たきり老人 몸져누운 노인
**ねたましい【妬ましい】** 샘나다, 질투심이 나다 ¶彼女の美貌がねたましかった 그녀의 미모에 질투심을 느꼈다.
**ねたみ【妬み】** 샘, 시새움【しっと】질투 ¶彼の成功は同僚たちのねたみを受けた 그의 성공에 동료들이 질투를 했다.
**ねたむ【妬む】** 시새우다, 샘을 내다, 시샘하다【しっとする】질투하다 ¶他人の幸福をねたんではいけない 남의 행복을 시샘해서는 안 된다.
**ねだる** 조르다【うるさく】졸라대다, 치근덕거리다 ¶彼は母親におやつをねだった 그는 엄마한테 간식을 졸랐다. / 彼は父親にゲーム機をねだった 그는 아빠한테 게임기를 졸라댔다.

## ねだん【値段】값, 가격

**基本表現**
▶日本は肉の値段が高い
　일본은 고기 값이 비싸다.
▶この店の料理は値段の割においしい
　이 가게 요리는 가격에 비해 맛있다.
▶このバッグは値段が手ごろだ
　이 가방은 적당한 가격이다.
▶牛肉の値段が上がった 쇠고기 값이 올랐다.
▶たばこの値段は以前の倍だ
　담배 값은 예전의 두 배다.
▶卵の値段が下がった
　달걀 값이 내렸다.
▶野菜の値段がもっと安いといいんだが
　야채 값이 좀 더 쌌으면 좋겠는데.
¶値段が高いと質がいいとは限らない 가격이 비싸다고 질이 좋다는 법은 없다. / あのクラブはとんでもない値段をふっかける 그 나이트클럽은 어처구니없이 비싼 가격을 부른다. / それなら彼らと値段を交渉しよう 그렇다면 그들과 가격 교섭을 하자. / ガソリンの値段が急騰した 휘발유 값이 급등했다. / 彼女は母親に買ってきた米の値段をごまかそうとした 그녀는 어머니한테 사온 쌀 값을 속이려 했다. / その指輪はとても手の出せる値段じゃなかった 그 반지는 엄두도 못 낼 가격이었다.
会話 値段をつける
A：これもフリーマーケットに出すの？

B：そうだけど、値段はいくらにつけようかな
A：まあ、いいとこ2千円かな
A：이것도 벼룩시장에 낼 거야?
B：그러려고 하는데, 가격은 얼마 정도가 좋을까?
A：글쎄, 2천 엔 정도면 되지 않겠어?
A：見て、このバッグ5千円で買ったの
B：えっ、それがその値段なら安いわよ
A：이것 봐, 이 가방 5천 엔에 샀어.
B：정말? 그게 그 가격이라면 정말 싼 거야.
A：買い物をするとき決め手になるのは品質ですか値段ですか
B：もちろん値段です
A：물건을 살 때 보는 것은 품질입니까 가격입니까?
B：물론 가격입니다.
B：そりゃあ、値段が高いからね
C：でも、最近客寄せのために値段を下げたそうよ
A：그 가게는 항상 텅텅 비어 있네.
B：그야, 가격이 너무 비싸니깐.
C：근데, 요즘 손님 끌어 모으려고 값을 내렸대.
A：このコートすてきだけど値段がついてないわ. きっとすごく高いんだわ
B：値段を聞いてみなよ. 聞くだけはただなんだから
A：이 코트 괜찮은데 가격표가 없네? 아마 비싸겠지.
B：가격 한 번 물어 봐. 물어 보는 건 공짜니까.

関連 値段表 가격표 / 税込み値段 세금 포함 가격 / 税引値段 세금 공제 가격

**ねちがえる【寝違える】** ¶寝違えて首が痛い 베개를 잘못 베어서 목이 아프다.
**ネチズン** 네티즌, 누리꾼
**ねちねち** 치근치근 ¶彼は私にねちねち文句を言った 그는 나한테 치근치근[끝도없이] 불만을 말했다.

**ねつ【熱】** ❶ [体温] 열

基本表現
▶熱がある 열이 있다.
▶熱が上がった 열이 높아졌다.
▶熱が下がった 열이 내렸다.
▶彼女は風邪を引いて熱を出した 그녀는 감기에 걸려서 열이 났다.
▶熱を計った 열을 쟀다.
¶高い熱がある 고열이다. / 彼は高熱で寝込んでいる 그는 고열로 드러누워 있다. / 熱が平熱に下がった 열이 정상으로 내렸다. / アスピリンで平熱に戻ったアスピリンで体熱が正常으로 돌아왔다. / 熱に浮かされてうわごとを言う 고열로 의식이 혼미해져 헛소리를 한다.
❷ [熱エネルギー] 열 ¶火は光と熱を発する 불은 빛과 열에 강하다. / このカバーは熱に強い 이 커버는 열에 강하다. / この温水プールはごみ焼却の際の熱エネルギーを利用している 이 온수 풀장은 쓰레기를 소각할 때의 열 에너지를 이용하고 있다. / この冷凍食品は熱処理されている 이 냉동식품

은 열처리되어 있다.
¶熱を加える 열을 가하다
❸ [物事への打ち込み] 열, 열기 [熱中] 열중 [情熱] 정열 ¶改革に対する熱は次第に冷めていった 개혁에 대한 열기는 점점 식어 갔다. / 彼女に対する熱が冷めた 그녀에 대한 정열이 식었다. / 彼女はその歌手に熱を上げている 그녀는 그 가수한테 열을 올리고 있다. / どうも仕事には熱が入らない 왠지 일에 열중이 안 된다. / 熱の入った議論をした 열 띤 논의였다. / このところサッカー熱が盛り上がっている 요즘 축구 열이 높아지고 있다.

関連 熱機関 열기관 / 熱効率 열 효율 / 熱冷まし해열제[解熱剤] / 熱伝導 열전도 / 熱力学 열역학

**ねつあい【熱愛】** 열애 ◇熱愛する 열애하다
**ねつい【熱意】** 열의, 열성(熱誠) ¶首相は日韓首脳会談に熱意を示した 수상은 일한 정상 회담에 열의를 보였다. / 彼は息子の熱意に負けた 그는 아들의 열의에 졌다. / 熱意をもってこの仕事に取り組もう 열의를 가지고 이 일에 임하자. / 彼女は韓国語教育に熱意がある 그녀는 한국어 교육에 열의를 가지고 있다.
**ねつえん【熱演】** 열연 ◇熱演する 열연하다
**ネッカチーフ** 네커치프 [スカーフ] 스카프
**ねっから【根っから】** [始めから] 애초부터 [生まれつき] 나면서부터, 타고난 [全然] 전혀, 도무지 ¶私は彼を根っから信用していない 나는 그를 애초부터 신용하고 있지 않다. / 彼は根っからの悪人ではない 그는 근본은 나쁜 사람은 아니다. / 彼は根っからの商売人だ 그는 타고난 장사꾼이다.
**ねつき【寝付き】** ¶私は寝付きがよい[悪い] 나는 잠이 「잘 온다[잘 안 온다].
**ねっき【熱気】** 열기 ¶部屋はむっとした熱気がこもっていた 방 안에 열기가 꽉 차 있다. / 熱気のテレビ画面から伝わってきた観客의 열기가 텔레비전 화면으로 전해 왔다. / 会場は熱気にあふれていた 회장은 열기로 넘쳐났다.
**ねっききゅう【熱気球】** 열기구
**ねっきょう【熱狂】** 열광 ◇熱狂的だ 열광적이다 ◇熱狂する 열광하다 ¶彼はサッカーの熱狂的なファンだ 그는 열광적인 축구 팬이다. / 大統領は熱狂的な歓迎を受けた 대통령은 열광적인 환영을 받았다. / 聴衆は彼女のすばらしい演奏に熱狂した 청중은 그녀의 훌륭한 연주에 열광했다. / 荒川選手の金メダルは国民を熱狂させた 아라카와 선수의 금메달은 국민을 열광시켰다.
**ねつく【寝付く】** [眠りにつく] 잠들다 [病気で寝る] 몸져눕다 ¶子供が寝付くまで本を読んであげた 아이가 잠들 때까지 책을 읽어 주었다.
**ネック** [障害] 장애, 애로, 지장 ¶資金不足が計画のネックになっている 자금 부족이 계획에 지장을 주고 있다. ▷首
**ねづく【根付く】** 뿌리내리다, 뿌리를 박다
¶民主主義がその国に根付いた 민주주의가 그 나라에 뿌리를 박았다.
**ネックレス** 목걸이 ¶彼女は真珠のネックレスをしていた 그녀는 진주 목걸이를 하고 있었다.
**ねっけつかん【熱血漢】** 열혈한

**ねっしょう【熱唱】** 열창 ◇熱唱する 열창하다
**ねつじょう【熱情】** 열정 [情熱] 정열 ◇熱情的だ 열정적이다 ⇒情熱

**ねっしん【熱心】** 열심, 열성 ◇熱心だ 열심이다, 열성적이다 ◇熱心に 열심히, 부지런히 ¶私たちはみな彼女の熱心さに心を打たれた 우리 모두는 그녀의 열성에 감동했다. / 彼はとても研究熱心です 그는 매우 연구에 열심입니다.
¶彼らはとても熱心な学生です 그들은 매우 부지런한 학생들입니다. / 彼は浦和レッズの熱心なサポーターです 그는 우라와렛즈의 열성적인 서포터입니다. / この学校には多くの熱心な先生がいます 이 학교에는 많은 열성적인 선생님이 많이 있습니다. / 彼女は熱心な仏教徒だそうだ 그녀는 열성적인 불교도라고 한다.
¶生徒たちはテストにそなえて熱心に勉強している 학생들은 시험에 대비해서 열심히 공부하고 있다. / 市民たちはNGOの提案を熱心に支持した 시민들은 NGO의 제안을 열성적으로 지지했다. / 園児たちは熱心に絵本の朗読に聞き入っている 원아들은 열심히 그림책 낭독을 듣고 있다. / 彼らは熱心にボランティア活動をしている 그들은 열심히 자원 봉사 활동을 하고 있다.

**ねっする【熱する】** [熱くする] 열하다, 가열하다, 뜨겁게 하다 [熱くなる] 뜨거워지다 [熱中する] 열중하다, 흥분하다, 달아오르다 ¶彼はガラスを熱して花瓶を作った 그는 유리를 가열해 꽃병을 만들었다. / 彼は熱しやすく冷めやすい性格だ 그는 쉽게 달아오르고 쉽게 식는 성격이다.

**ねっせん【熱戦】** 열전 ¶熱戦を繰り広げる 열전을 펼치다

**ねつぞう【捏造】** 날조 ◇ねつ造する 날조하다 ¶報告書をねつ造した 보고서를 날조하다

**ねったい【熱帯】** 열대 関連 熱帯雨林 열대 우림 / 熱帯魚 열대어 / 熱帯植物 열대 식물 / 熱帯性低気圧 열대성 저기압 / 熱帯病 열대병 / 熱帯夜 열대야

**ねっちゅう【熱中】** 열중 ◇熱中する 열중하다, 열을 내다 [没頭する] 몰두하다 ¶仕事に熱中する 일에 열중하다 / 彼はこのごろサッカーに熱中している 그는 요즘 축구에 열중하고 있다. / 姉はヨガに熱中するようになった 언니는 요가에 몰두하게 되었다. / 彼は切手収集に熱中している 그는 우표 수집에 열중하고 있다.

**ねつっぽい【熱っぽい】** [体が] 뜨겁다, 열이 나다 ◇熱っぽく [情熱的に] 뜨겁게, 정열적으로, 열나게 ¶きょうは風邪で熱っぽい 오늘은 감기로 열이 있는 것 같다. / 彼は自分の体験を熱っぽく語った 그는 자기의 체험담을 정열적으로 말했다.

**ネット** 네트 [ネットワーク] 네트워크, 방송망(放送網) ¶コートにネットを張った 코트에 네트를 쳤다. / 彼女はネットプレーで相手を翻弄した 그녀는 네트 플레이에서 상대를 가지고 놀았다. / ネット裏から野球を観戦した 백네트 뒤에서 야구를 관전했다. / そのニュースは主なテレビの全国ネットで放送された 그 뉴스는 주요한 TV 전국 네트워크로 방송되었다.

**ねっとう【熱湯】** 열탕, 뜨거운 물 ¶熱湯でやけどした 뜨거운 물에 데었다. / ピンセットを熱湯消毒した ピンセット를 뜨거운 물로 소독했다.

**ねっとり** 끈적끈적 ¶やにが指にねっとりとくっついた 나무의 진이 손가락에 끈적끈적하게 들러붙었다. / 彼は体中汗でねっとりしていた 그는 온몸이 땀으로 끈적끈적했다.

**ネットワーク** 네트워크, 방송망(放送網) ⇒ネット

**ねっぱ【熱波】** 열파

**ねつびょう【熱病】** 열병 ¶熱病にかかる 열병에 걸리다 / 熱病で死ぬ 열병으로 죽다

**ねっぷう【熱風】** 열풍 ¶砂漠では熱風が吹きつけていた 사막에서는 열풍이 몰아치고 있었다.

**ねつべん【熱弁】** 열변 ¶スピーチコンテストで彼は熱弁を振るった 스피치 콘테스트에서 그는 열변을 토했다.

**ねつぼう【熱望】** 열망 ◇熱望する 열망하다 ¶韓国の人々は祖国の統一を熱望している 한국 사람들은 조국 통일을 열망하고 있다.

**ねづよい【根強い】** 뿌리 깊다, 꿋꿋하다, 탄탄하다 ◇根強く 꿋꿋하게, 꿋꿋이 ¶その村にはまだ根強い偏見が残っている 그 마을에는 여전히 뿌리 깊은 편견이 남아 있다. / このラジオ番組は聴取者の根強い人気に支えられている 이 라디오 프로그램은 청취자의 탄탄한 인기를 얻고 있다. / 原発建設計画は住民の根強い(→強硬な)反対にあった 원자력 발전소 계획은 주민의 강경한 반대에 부딪혔다.

**ねつりょう【熱量】** 열량 ¶このケーキの熱量は200カロリーです 이 케이크의 열량은 200칼로리입니다. 関連 熱量計 열량계

**ねつれつ【熱烈】** 열렬 ◇熱烈な 열렬한 [熱狂的な] 광적인 ◇熱烈に 열렬히 ¶弟は熱烈なサッカーファンだ 남동생은 열렬한 축구 팬이다. / 彼らは熱烈な歓迎を受けた 그들은 열광적인 환영을 받았다.

**ねどこ【寝床】** 잠자리 [ふとん] 이부자리 [ベッド] 침대 ¶寝床に入る 잠자리에 들다 / 寝床を敷く 이부자리를 펴다 / 寝床を出る 잠자리에서 일어나다

**ねとまり【寝泊まり】** ◇寝泊まりする 숙박하다, 묵다 ¶夏休みの間ずっとおじの家に寝泊まりしていた 여름 방학 내내 삼촌 댁에서 묵었다. / 残業で夜遅くなると会社に寝泊まりすることがある 잔업으로 밤이 늦어지면 회사에서 묵는 경우가 있다.

**ねばつく【粘付く・粘着く】** 끈적이다, 끈적거리다 ⇒ねばねば

**-ねばならない** -아[-어, -여]야 하다, -지 않으면 안 되다 ¶図書館では静かにせねばならない 도서관에서는 조용히 해야 한다. | 도서관에서는 조용히 하지 않으면 안 된다. ⇒-ならない

**ねばねば** 끈적끈적 ◇ねばねばする 끈적끈적하다 ◇ねばねばした 끈적끈적한 ¶何かねばねばしたものを踏んでしまった 뭔가 끈적끈적한 것을 밟아 버렸다. / 納豆はねばねばしているから嫌いだ 낫토는 끈적끈적해서 싫다.

**ねばり【粘り】** 찰기〔根気〕끈기 ¶このもちは粘りがある 이 떡은 찰기가 있다. / 彼は何をやっても粘りが足りない 그는 무엇을 해도 끈기가 부족하다.

**ねばりづよい【粘り強い】** 끈기 있다, 끈질기다 ◇粘り強く 끈기 있게, 끈질기게 ¶警察は銀行にたてこもった犯人に投降するよう粘り強い説得を続けた 경찰은 은행에 들어박혀 있는 범인에게 투항하도록 끈질기게 계속 설득했다.

**ねばる【粘る】** ❶〔粘着性がある〕끈적끈적 달라붙다 ¶ガムが靴の裏に粘りついた 껌이 구둣 바닥에 달라붙었다. / 松やにが指に粘りついた 송진이 손가락에 끈적끈적 달라붙었다.
❷〔がんばる〕끈기있게 버티다 ¶コーヒー 1 杯で閉店まで粘った 커피 한 잔으로 문 닫을 때까지 버텼다. / 賃上げを要求して最後まで粘るつもりだ 임금 인상을 요구해서 최후까지 버틸 생각이다. / 彼女は粘りに粘って契約を取り付けた 그녀는 끈질기게 버터서 계약을 성립시켰다. / 試験の時はいつも最後まで粘る 시험 때는 언제나 마지막까지 버틴다.

**ねびえ【寝冷え】** ¶寝冷えしてお腹が痛い 차게 자서 배가 아프다.

**ねびき【値引き】** 할인(割引) ◇値引きする 할인하다 ¶全商品を大幅に値引きする 모든 상품을 대폭 할인하다 / 2 割値引きする 20퍼센트 할인

**ねぶかい【根深い】** 뿌리 깊다 ¶同性愛者に対する根深い偏見 동성애자에 대한 뿌리 깊은 편견

**ねぶくろ【寝袋】** 슬리핑백, 침낭 ¶寝袋で寝ながら韓国旅行をした 침낭에서 자면서 한국 여행을 했다.

**ねぶそく【寝不足】** 수면 부족 ¶寝不足で頭がすっきりしない「수면 부족으로[잠이 모자라서]」머리가 맑지 않다.

**ねふだ【値札】** 가격표(価格票) ¶商品に値札を付ける 상품에 가격표를 달다

**ねぶみ【値踏み】** ◇値踏みする 값을 놓다〔評価する〕평가하다 ¶この車は100万円と値踏みされた 이 자동차는 100만 엔에 값이 매겨졌다. / 展示された商品を値踏みしながら見て回った 전시된 상품의 가격을 생각하면서 둘러보았다.

**ねぼう【寝坊】** 늦잠〔人〕늦잠꾸러기, 늦잠쟁이 ◇寝坊する 늦잠을 자다 ¶寝坊して会社に遅れた 늦잠을 자서 회사에 지각했다. / 彼は朝寝坊だ 그는 늦잠꾸러기이다.

**ねぼける【寝惚ける】** 잠에서 덜 깨어서 멍하다 ¶寝ぼけていて何を言ったか覚えていない 잠에서 덜 깨어 무슨 말을 했는지 기억이 안 난다. / 彼は寝ぼけた顔で現われた 그는 잠에서 덜 깬 얼굴로 나타났다. / 寝ぼけたことを言うな 엉뚱한 소리 하지 마라.

**ねまき【寝間着・寝巻】** 잠옷〔パジャマ〕파자마

**ねまわし【根回し】** 사전 공작 ¶根回しをする 미리 의논해 두다 ¶彼は話し合いの前に関係者に根回しをしていた 그는 교섭 전에 관계자에게 사전 공작을 했다.

**ねみみ【寝耳】** ¶寝耳に水 청천벽력(青天霹靂) ¶首相の辞任は寝耳に水だった 수상의 사임이라니 아닌 밤중에 홍두깨였다.

**ねむい【眠い】** 잠이 오다, 졸리다 ¶ああ眠い 아아, 졸려. / 講義を聞いていたら眠くなった 강의를 듣고 있으니 잠이 왔다. / その芝居は退屈で眠くなってしまった 그 연극은 지루해서 졸렸다. / 彼女は眠い目をこすりながら "おはよう" と言った 그녀는 졸린 눈을 비비면서 "안녕" 이라고 말했다. / 突然起こされて彼女はまだ眠そうだった 갑자기 깨워서 그런지 그녀는 아직 졸린 것 같았다. / 電話をしたら彼は眠そうな声で話した 전화를 걸었더니 그는 졸린 듯한 목소리로 말했다.

会話 眠そうだ
A：眠そうだね
B：ええ、昨夜徹夜したので
A：졸린가 봐.
B：응, 어제 밤을 샜거든.

**ねむけ【眠気】** 졸음 ¶授業中に眠気を催してきた 수업 중에 졸음이 몰려왔다. / 本を読んでいるうちに眠気を催した 책을 읽고 있는데 졸음이 몰려왔다. / 眠気覚ましにコーヒーを飲もう 잠 깨게 커피를 마시자. / 急に眠気に襲われた 갑자기 졸음이 쏟아졌다.

**ねむらせる【眠らせる】** 재우다 ¶赤ん坊をやっと眠らせた 아기를 겨우 재웠다.

**ねむり【眠り】** 잠 ¶私は眠りが浅い[深い] 나는 잠이 얕다[깊다]. / とても疲れていたのですぐに眠りに落ちた 너무 피곤해서 금방 잠이 들었다. / 大きな音がして眠りから覚めた 큰 소리가 나서 잠에서 깨어났다. / 祖父は永遠の眠りについた(→永眠した) 할아버지는 영원히 잠드셨다.

**ねむる【眠る】** ❶〔睡眠をとる〕〔寝入る〕잠들다

基本表現
▷彼はよく眠る 그는 잘 잔다.
▷彼はぐっすり眠っている 그는 푹 자고 있다.
▷彼は 8 時まで眠っていた
　그는 여덟 시까지 자고 있었다.
▷彼は12時間も眠ってしまった
　그는 열두 시간이나 자 버렸다.

¶私はいつも 8 時間眠ります 나는 항상 여덟 시간 잡니다. / お母さんが子守り歌を歌うと赤ちゃんはすやすやと眠った 어머니가 자장가를 부르자 아기는 새근새근 잠들었다. / 彼女は音楽を聞いているうちに眠ってしまった 그녀는 음악을 듣다가 잠들어 버렸다. / ちょっと眠ったほうがいいよ 잠깐 자는 게 좋아. / 夢も見ずよく眠った 꿈도 안 꾸고 잘 잤다. / 死んだように眠る 죽은 듯이 자다

¶朝の 5 時まで眠れなかった 아침 다섯 시까지 잠이 안 왔다. / 眠れない一夜を過ごした 잠 못 이룬 밤을 보냈다. / 一晩中眠らずにずっとテレビのオリンピック中継を見ていた 하룻밤 내내 안 자고 텔레비전 올림픽 중계를 보고 있었다.

会話 眠れますか
A：昨夜はよく眠れましたか
B：ええ、おかげさまで。床に入るとすぐに眠ってしまったようです
A：어젯밤에는 잘 잤습니까？
B：예, 덕분에. 잠자리에 들자마자 잠든 것 같습니다.

A : きのうはあまりよく眠れなかったよ
B : うそつけ. いびきをかいてぐうぐう眠っていたよ
A : 어제는 별로 잘 못 잤어.
B : 거짓말 하지 마. 코 골면서 쿨쿨 잘 자던데.
A : 何回も寝返りをうっていたようだけど眠れなかったの？
B : うん, 明け方ごろやっと眠れたけどね
A : 몇 번이나 몸을 뒤척이던데 잠이 안 왔어?
B : 응, 새벽녘에 겨우 잠 들었어.
A : 眠れないときはどうすればいいの？
B : 眠ろうと思うとよけい眠れなくなるものね
A : 私は温かい牛乳を飲んで横になってるわ
A : 잠이 안 올 때는 어떻게 해?
B : 잘려고 하면 더 잠이 안 오지.
C : 나는 따뜻한 우유 마시고 누워 있어.

❷〔永眠する〕잠들다, 영면하다 ¶私の両親はこの墓地に眠っています 우리 부모님은 이 묘지에 잠들어 계십니다.

❸〔使われていない〕잠들어 있다 ¶ぼく大な金が銀行の金庫に眠っている 막대한 돈이 은행 금고에 잠들어 있다. / 海底には無尽蔵の天然資源が眠っている 해저에는 무진장한 천연자원이 잠들어 있다. / 財宝が地下に眠っている 재보가 지하에 잠들어 있다.

**ねもと【根元・根本】**뿌리, 근본 ¶雜草は根元から引き抜いてちょうだい 잡초는 뿌리까지 뽑아 줘. / 悪を根元から断たねばならない 악을 근원부터 없애야 된다.

**ねゆき【根雪】**밑에 깔린 채 굳어져서 해빙기까지 녹지 않고 있는 눈 ¶根雪が解け始めた 밑에 깔린 눈이 녹기 시작했다.

**ねらい【狙い】**❶〔目的〕목적〔意図〕의도 ¶彼のねらいは何で その의도는 무엇인가？ / 新しい企画のねらいをはっきりさせるためにみんなで話し合った 새로운 기획의 목적을 확실히 하기 위해 모두 모여 이야기를 나누었다. / そのテレビコマーシャルのねらいは見えすいている 그 TV 광고가 노리고 있는 것은 뻔하다.

❷〔的〕과녁〔ねらい〕겨냥, 조준 ¶私が投げたダーツは大きくねらいが外れた 내가 던진 다트는 크게 과녁에서 빗나갔다. / 彼は的にじっくりねらいを定めて矢を放った 그는 과녁을 정확하게 조준해서 활을 쐈다. / ねらいをつける 겨냥하다

**ねらいうち【狙い打ち】**◇狙い打ちする 잘 겨냥해서〔노려서〕치다 ¶彼はピッチャーの一球目のカーブをねらい打ちした 그는 투수의 1구째 커브 볼을 잘 노려서 쳤다.

**ねらう【狙う】**❶〔ねらいを定める〕겨누다, 겨냥하다 ¶鳥をねらう 과녁을 겨누다 / 鳥を狙って撃つ 새를 겨누고 쏘다 / ハンターは銃で鹿をねらった 사냥꾼은 총으로 사슴을 겨냥했다.

❷〔目標とする〕노리다 ¶監督はアカデミー賞をねらっていた 감독은 아카데미상을 노렸다. / 彼女はオリンピックでの金メダルをねらっていた 그녀는 올림픽에서 금메달을 노렸다.

❸〔手に入れようとする〕노리다, 엿보다, 탐내다 ¶彼はおじの遺産をねらっている 그는 숙부의 재산을 노리고 있다. / 猫は金魚をねらっている 고양이는 금붕어를 노리고 있다. / この番組は大衆受けをねらったものだ 이 프로그램은 대중의 인기를 노린 것이다. / 彼は自分の命がねらわれていることを感じていた 그는 자기 목숨이 위험 받고 있다고 느꼈다.

❹〔機会などをうかがう〕노리다 ¶僕は彼女にプロポーズする機会をねらっている 나는 그녀에게 프러포즈할 기회를 노리고 있다.

**ねりあげる【練り上げる】**〔考えなどを〕다듬다 ¶彼は事業計画を練り上げた 그는 사업 계획을 다듬었다.

**ねりあるく【練り歩く】**¶仮装行列が街の中を練り歩いた 가장행렬이 거리를 누비고 다녔다.

**ねりなおす【練り直す】**재검토하다 ¶構想を練り直す必要がある 구상을 재검토할 필요가 있다.

## ねる【寝る】❶〔眠る〕자다, 잠자다, 잠들다

**基本表現**
▶私はたいてい12時に寝る
　나는 대체로 열두 시에 잔다.
▶私はいつも7時間寝る
　나는 항상 일곱 시간 잔다.
▶休みの日は遅くまで寝ている
　쉬는 날에는 늦게까지 잔다.
▶きのうは疲れたから早く寝る
　어제는 피곤해서 일찍 잤다.
▶きょうは授業中に寝てしまった
　오늘은 수업 중에 자 버렸다.

¶私は仰向けに[うつ伏せに]なって寝ていた 그는「반듯이 누워[엎드려] 자고 있었다. / 僕と弟は二段ベッドに寝ている 나와 남동생은 이층 침대에서 자고 있다.

¶パジャマに着替えて寝ようとしたら電話が鳴った 파자마로 갈아입고 자려고 하는 데 전화가 울렸다. / 子供はもう寝なさい 애들은 그만 자야지. / もう寝る時間ですよ 이제 잘 시간이에요.

¶彼は床に入るとすぐ寝た 그는 이부자리에 들자 금세 잠들었다. / 一晩よく寝たので気分そう快だ 하룻밤 잘 잤기 때문에 기분이 상쾌하다. / 電車で寝てしまって駅を乗り過ごしてしまった 전철 안에서 잠들어 버려서 역을 지나치고 말았다. / 赤ちゃんが寝ているか起きてるか見てきて 아기가 자고 있는지 깨어 있는지 보고 와 줄래？

¶昨夜は胃が痛くて寝られなかった 어젯밤에는 위가 아파서 잠을 못 잤다.

¶もうお昼だというのに孝はまだ寝ているのか 벌써 점심 때인데 다카시는 아직 자고 있는 거야！ / いつまで寝てる気なの. もう起きなさい 언제까지 자고 있을 거야？ 이제 일어나라.

¶私は寝ずに夫の帰りを待った 나는 자지 않고 남편의 귀가를 기다렸다.

**会話** 何時に寝るの
A : いつもは何時に寝るの？
B : 1時か2時かな
A : えっ, じゃあ1日に 5, 6時間しか寝ないのかァ？
B : ああ, 6時間も寝れば十分だよ
A : 僕は8時間, 最低7時間寝ないとだめだよ.

A：보통 몇 시에 자?
B：한 시나 두 시야.
A：뭐? 그럼 하루에 대여섯 시간 밖에 안 자는거야?
B：응, 여섯 시간 자면 충분해.
A：나는 여덟 시간, 최소한 일곱 시간은 자야 돼.
　A：あれっ, もう寝るの。寝ないで試験勉強するんじゃなかったの？
　B：今夜はこれで寝て, あしたの朝早く起きることにしたんだ
A：아니, 벌써 자는 거야? 안 자고 시험 공부하는 거 아니었어?
B：오늘 밤은 이 쯤에서 자고 내일 아침 일찍 일어나기로 했어.
　A：寝るのが遅いから朝が起きられないのよ。もう少し早く寝るようにしなさい
　B：わかった, わかった。あしたからそうするよ
A：늦게 자니까 아침에 못 일어나는 거야. 조금만 더 빨리 자도록 해.
B：알았어, 알았다구. 내일부터 그렇게 할게.
❷ [横になる] 눕다, 드러눕다 ¶ベッドに寝て本を読む 침대에 누워서 책을 읽다 / 彼は寝ながらテレビを見ていた 그는 드러누워서 TV를 보고 있었다. / 気がついたら病院のベッドで寝ていた 정신을 차리고 보니 병원 침대에 누워 있었다. / 具合が悪かったのでちょっとの間ソファーで寝た 몸 상태가 안 좋아서 잠깐 동안 소파에 누웠다. / 犬が庭の芝生の上に寝ている 개가 정원 잔디밭 위에 드러누워 있다.
❸ [病気で] 눕다, 몸져눕다 ¶母は風邪で寝ています 어머니는 감기로 누워 계십니다.
❹ [使わないでいる] 놀다, 묵다 ¶寝ているお金を株に投資する 놀고 있는 돈을 주식에 투자한다 / この土地を寝かせておくのはもったいない 이 땅을 놀리고 있는 것은 아깝다. 慣用句 寝る子は育つ 잘 자는 아이는 건강하게 자란다. / 寝た子を起こすようなことはするな 긁어 부스럼을 만들지 마라. / 寝ても覚めても彼はスニのことばかり考えていた 자나 깨나 그는 순희 생각만 하고 있었다.

**ねる【練る】** [粉・粘土などを] 반죽하다 [文章・構想・計画などを] 다듬다, 짜다 ¶小麦粉を練ってうどんを作った 밀가루로 반죽해서 우동을 만들었다. / 文章を入念に練った 문장을 꼼꼼히 다듬었다. / 彼らは長時間かけて作戦を練った 그들은 장시간에 걸쳐 작전을 짰다.

**ねん【年】** ❶ [1年] 年に一度同窓会がある 1년에 한 번 동창회가 있다. / その国際会議は1年おきに開かれます 그 국제 회의는 1년 걸러 열립니다. / ワールドカップは4年に一度行われる 월드컵은 4년에 한 번 열린다. / 10年ぶりに昔の友達に会った 10년 만에 옛 친구를 만났다. / 2年後にはそのビルは完成しているだろう 2년 후에 그 빌딩은 완성돼 있을 것이다. / 1年前には彼はまだ大学生だった 1년 전에 그는 아직 대학생이었다. / 父は5年前に亡くなりました 아버지는 5년 전에 돌아가셨습니다. / 3年は長い 3년은 길다. / 今年は2008年だ 올해는 2008년이다. / 1950年に朝鮮戦争が勃発した 1950년에 한국 전쟁이 발발했다. / 紀元前57年ごろ朝鮮半島では新羅が興った 기원전 57년경 한반도에서는 신라가 흥했다.
❷ [学年] 학년 ¶「何年生ですか」「4年生です」 "몇 학년이지요?" "4 학년입니다." / うちの子は小学1年生になったばかりです 우리 아이는 막 초등학교 1학년이 되었습니다. / 息子は高校[中学]3年生です 아들은 고등학교[중학교] 3 학년입니다. / 娘は大学2年生です 딸은 대학교 2 학년입니다.

**ねん【念】** ❶ [気持ち] 마음 ¶常に感謝の念を忘れてはいけない 항상 감사하는 마음을 잊어서는 안 된다. / 私は彼に尊敬の念をいだいた 나는 그에게 존경심을 가졌다.
❷ [注意すること] 세심(細心), 주의 ¶そのブラウスには念の入った刺繍がほどこされている 그 블라우스에는 세심하게 놓여진 자수가 들어가 있다. / 念を入れて洗車をした 세심한 주의를 기울여 세차를 했다. 慣用句 何事も念には念を入れなければならない 무슨 일이든 주의에 주의를 거듭 기울여야 한다. / そのことについては彼に忘れずに念を押してください 그 일에 대해서는 그 사람에게 잊지 말고 다짐해 주세요. / 念のため兄に電話をしておこう 만약을 위해 형에게 전화해 두자.

**ねんいり【念入り】** ◇念入りな 세심한, 공을 들인 ◇念入りに 세심히, 공을 들여서 ¶念入りな計画 세심한 계획 / 警察は事件現場を念入りに調べた 경찰은 사건 현장을 세심하게 조사했다.

**ねんえき【粘液】** 점액

**ねんが【年賀】** 연하, 세배, 새해 축하 ¶家族そろって祖父母のところに年賀に行った 가족 모두 모여 할머니 할아버지께 세배드리러 갔다. / まだ年賀状を出していない 아직 연하장을 보내지 않았다.

**ねんがく【年額】** 연액 ¶所得税は年額100万円になる 소득세는 연액 100만 엔이 된다.

**ねんがっぴ【年月日】** 연월일 ¶領収書に年月日を書く 영수증에 연월일을 쓴다

**ねんがらねんじゅう【年がら年中】** 일년 내내 [いつも] 언제나 ¶彼女は年がら年中風邪を引いている 그녀는 일년 내내 감기에 걸려 있다.

**ねんかん【年間】** 연간, 년간 ¶私たちは5年間ソウルに住んでいた 우리는 5년간 서울에 살았다. / わが社の過去3年間の業績は低迷している 우리 회사의 과거 3년간 업적은 저조하다. / これから先10年間に何が起こるかなんて予測できない 앞으로 10년간 무슨 일이 일어날지 예측할 수 없다. / この工場では年間約千台の車が生産されている 이 공장에서는 연간 약 천 대의 자동차가 생산되고 있다. / 熱帯地方は年間を通して雨が多い 열대 지방은 일년 내내 비가 많이 온다. 関連 年間計画 연간 계획 / 年間所得 연간 소득

**ねんかん【年鑑】** 연감 関連 経済年鑑 경제 연감

**ねんがん【念願【願】】** 소원, 바람 ¶彼らは念願の韓国旅行に出かけた 그들은 그렇게 바라던 한국 여행을 나섰다. / 遂に念願がかなった 드디어 소원이 이루어졌다.

**ねんき【年季】** 고용 계약 기간 [熟練] 숙련, 숙

**ねんきん** 834

달 ¶年季があける(→奉公の期間が終わる) 고용 계약 기간이 끝나다 / 彼は年季の入った外科医だ(→熟練した) 그는 숙달된 외과의다.

**ねんきん【年金】** 연금 ¶年金を受け取る 연금을 받다 / 65歳から年金がもらえる 65세부터 연금을 받을 수 있다. / 両親は年金で暮らしている 부모님은 연금 생활을 하고 있다. 関連 年金受給者 연금 수급자 / 年金制度 연금 제도 / 企業年金 기업 연금 / 厚生年金 후생 연금 / 共済年金 공제 연금 / 国民年金 국민 연금 / 終身年金 종신 연금 / 老齢年金 노령 연금

**ねんぐ【年貢】** 연공 慣用句 年貢の納め時だ 이제 단념해야 할 때다.

**ねんげつ【年月】** 세월(歳月) ¶この研究を完成するには長い年月がかかるだろう 이 연구를 완성하려면 긴 세월이 걸릴 것이다. / 東京に来てから20年近い年月がたった 도쿄에 온 지 20년 가까운 세월이 흘렀다. / 年月がたつにつれてその事件は人々に忘れられていった 세월이 흘러감에 따라 그 사건은 사람들에게 잊혀져 가고 있었다.

**ねんこう【年功】** 연공 ¶彼は職人として長い年功を積んでいる 그는 장인으로서 긴 연공을 쌓고 있다. 関連 年功序列制度 연공서열 제도

**ねんごう【年号】** 연호 ¶年号が昭和から平成に変わった 연호가 쇼와에서 헤이세이로 바뀌었다.

**ねんざ【捻挫】** 염좌, 좌성 ◇ねんざする 삐다 ¶足首をねんざした 발목을 삐었다.

**-ねんさい【-年祭】** 주년제 ¶25年祭 25주년제 / 50年祭 50주년제 / 100年祭 100주년제

**ねんさん【年産】** 연산 ¶この工場は年産5千台の車を生産している 이 공장에서는 연산 5천 대의 자동차를 생산하고 있다.

**ねんし【年始】** 연시, 연초(年初)〔年賀〕 새해 인사, 세배 ¶年始回りをする 새해 인사를 다니다 関連 年始客 새해 인사를 하러 온 손님

**ねんじ【年次】** 연차 ¶年次計画 연차 계획 / 年次報告 연차 보고 / 年次有給休暇 연차 유급 휴가

**ねんしゅう【年収】** 연봉, 연간 수입 ¶私の年収は600万円だ 내 연봉은 600만 엔이다.

**ねんじゅう【年中】** 연중〔一年中〕일년 내내〔いつも〕언제나, 늘 ¶温室では年中花が咲いている 온실에서는 일년 내내 꽃이 피어 있다. / 父は年中忙しそうだ 아버지는 언제나 바쁜 것 같다. / 年中無休(▶掲示) 연중무휴

**ねんしゅつ【捻出】** 염출 ◇捻出する 염출하다, 짜내다 ¶旅費を捻出する 여행비를 염출하다 / 時間を捻出する 시간을 짜내다

**ねんしょう【年商】** 연간 매상액

**ねんしょう【年少】** 연소 ◇年少の 연소한, 나이가 어린 ¶ここでは年長の者が年少の者の面倒をみている 여기에서는 나이가 많은 사람이 연소자를 보살피고 있다. / この子が最年少です 이 아이가 가장 어립니다. 関連 年少者 연소자

**ねんしょう【燃焼】** 연소 ◇燃焼する 연소하다, 연소되다 ¶彼はサッカーに青春を燃焼し尽くした 그는 축구에 청춘을 다 쏟았다. 関連 完全燃焼 완전 연소 / 不完全燃焼 불완전 연소

**ねんすう【年数】** 연수, 햇수 ¶この吊り橋の工事にはかなりの年数がかかった 이 현수교 공사에는 상당한 연수가 걸렸다.

**ねんだい【年代】** ❶〔時代〕연대, 년대 ¶1990年代に流行した歌 1990년대에 유행했던 노래 / このビルは1980年代前半〔後半〕に建設された 이 빌딩은 1980년대 전반〔후반〕에 건설되었다. / 発掘された土器は年代順に展示されている 발굴된 토기는 연대순으로 전시되어 있다. / 建物はかなり年代を経ていた 건물은 상당히 오래됐다.

❷〔世代〕세대 ¶我々の年代の人々 우리 세대 사람들 関連 年代記 연대기 / 年代もの 오래된 물건

**ねんちゃく【粘着】** 점착 ¶このテープはもう粘着力がない 이 테이프는 이제 점착력이 없다. 関連 粘着テープ 점착 테이프

**ねんちゅうぎょうじ【年中行事】** 연중행사

**ねんちょう【年長】** 연장 ¶彼女はこの中ではいちばん年長だ 그녀는 여기에서 가장 연장자다. 関連 年長者 연장자

**ねんど【年度】** 연도, 년도 ¶年度始め 연도초 / 年度末 연도말 / 年度替わり 연도가 바뀌는 시기 / 本年度 금년도 / 来年度の入試 내년도 입시 / 2001年度の卒業生 2001년도 졸업생 / 2005年度のノーベル文学賞 2005년도 노벨 문학상 関連 会計年度 회계 연도(▶韓国では1月1日~12月31日)

**ねんど【粘土】** 점토, 찰흙 関連 粘土細工 점토 세공

**ねんとう【年頭】** 연두, 연초(年初) ¶年頭のあいさつ 연초 인사 関連 (米国大統領の)年頭教書 연두 교서

**ねんとう【念頭】** 염두 ¶常にそのことを念頭に置いてください 항상 그 일을 염두에 두어 주세요. / 宿題のことはまったく念頭になかった 숙제는 전혀 염두에 없었다. / 彼女との思い出が念頭を去らない 그녀와의 추억이 염두를 떠나지 않는다.

**ねんない【年内】** 연내 ¶この仕事はどうしても年内に終わらせなくてはならない 이 일은 어떻게 해서든 연내에 끝내야 한다.

**ねんねん【年々】** 연년〔毎年〕매년〔年ごとに〕해마다 ¶人口が年々大都市に集中している 인구가 매년 대도시로 집중하고 있다.

**ねんぱい【年配・年輩】** 연배〔年齢〕나이〔中年〕중년 ¶彼は私と同年配だ 그는 나와 같은 연배다. / 50年配の男性 50세 정도의 남성 / 年配の女性 중년 여성

**ねんぴ【燃費】** 연비 ¶燃費のいい車 연료 소비가 효율적인 자동차 ｜연비가 좋은 자동차

**ねんぴょう【年表】** 연표, 연대표 ¶日本史〔世界史〕の年表 일본사〔세계사〕 연대표

**ねんぶつ【念仏】** 염불 ¶念仏を唱える 염불을 외다

**ねんぽう【年俸】** 연봉 ¶彼の年俸は5千万円だ 그의 연봉은 5천만 엔이다. 関連 年俸制 연봉제

**ねんまく【粘膜】** 점막

**ねんまつ【年末】** 연말, 세말(歳末), 세밑 ¶年末は正月の準備で忙しい 연말은 설 준비로 바쁘다. / 年末大売り出し 연말 대매출 関連 年末調整 연말 정산

**ねんらい【年来】** 연래 ¶年来の夢が実現した 다년간의 꿈이 실현되었다. / 20年来の豪雪に見舞われた 20년만에 폭설이 엄습했다. / 年来なかった

洪水 연례에 없었던 큰 홍수
**ねんり【年利】**연리 ¶年利 8 パーセントで金を貸す 연리 8퍼센트에 돈을 빌려준다.
**ねんりき【念力】**염력 ¶彼は念力でスプーンを曲げることができる 그는 염력으로 숟가락을 구부릴 수 있다.
**ねんりょう【燃料】**연료 ¶燃料が切れかかっている 연료가 떨어지려고 한다. / このストーブはやけに燃料を食う 이 난로는 연료를 너무 많이 먹는다. / 燃料を節約してください 연료를 절약해 주세요. / 飛行機は釜山の空港で燃料を補給した 비행기는 부산 공항에서 연료를 보충했다. / ウランは核エネルギーを作る燃料になる 우라늄은 핵 에너지를 만드는 연료가 된다. 関連燃料計 연료계 / 燃料効率 연료 효율 / 燃料タンク 연료 탱크 / 燃料電池 연료 전지 / 燃料費 연료비 / 燃料補給 연료 보급 / 燃料油 연료유 / 液体燃料 액체 연료 / 核燃料 핵연료 / 気体燃料 기체 연료 / 固形燃料 고체 연료
**ねんりん【年輪】**연륜, 나이테 ¶年輪で木の樹齢がわかる 나이테로 나무의 수령을 알 수 있다. / 年輪を重ねる 연륜을 쌓다

**ねんれい【年齢】**연령, 나이 ¶彼と私は同年齢だ 그 사람하고 나는「같은 나이다[동갑이다]. / 彼女は年齢不詳だ 그녀는 연령 미상이다. / いろいろな年齢の子供たちが公園でいっしょに遊んでいた 여러 가지인 어린이들이 공원에서 같이 놀고 있었다. / 年齢の割に弟は老けて見える 나이에 비해 남동생은 늙어 보인다. / 妹と話をするといつも年齢の差を感じる 여동생과 얘기하다보면 항상 나이 차를 느낀다. / 水泳は年齢に関係なくだれでもできるスポーツだ 수영은 나이에 상관없이 누구나 할 수 있는 스포츠다.

¶会員の年齢幅は15歳から18歳だ 회원 연령층은 열다섯 살에서 열여덟 살이다. / 彼の精神年齢は12歳だ 그의 정신 연령은 열두 살이다. / 選手の平均年齢は24歳だ 선수의 평균 연령은 스물네 살이다. 関連年齢給 연령급 / 年齢制限 연령 제한 / 年齢層 연령층

# の

**の【野】**들, 들판 ¶野を越え山を越え歩き続けた 산 넘고 들 넘어 계속해서 걸었다. / 野の花 들꽃 関連野うさぎ 산토끼 / 野菊 들국화 / 野ばら 들장미 / 野ねずみ 들쥐

**-の** 의

語法 의 の 用い方
「の」는 同格의「の」를 除けば 一般に 의에 対応するが, 以下의 경우에는 의를 用いない.
① 「前, 上, 横」などの位置名詞の前
¶机の上にりんごがあります 책상 위에 사과가 있습니다. / ドアの前に犬がいます 문 앞에 개가 있습니다.
②時の名詞が連続するとき
¶来年の3月に卒業します 내년 삼월에 졸업합니다.
③種類を示す「の」
¶音楽の先生になりたい 음악 선생님이 되고 싶다.
④機会を示す「の」
¶今度の旅行は楽しかった 이번 여행은 즐거웠다.
⑤「〜の他に」
¶太郎の他には誰も行かなかった 다로 외에는 아무도 안 갔다.

❶〔所有, 所属〕¶これは私の自転車です 이것은 내 자전거예요. /「このセーターはだれの?」「お姉さんのよ.」「이 스웨터는 누구 거지?」"누나 거야." / あそこにいる人は私の友人です 저기 있는 사람은 내 친구입니다. / その映画のタイトルは長くて覚えられない 그 영화 제목은 길어서 외울 수가 없어.

¶彼女はソフトボール部の部員です 그녀는 소프트볼부 부원입니다. / 彼は延世大学の教授です 그는 연세 대학교 교수입니다. / 後藤氏はS社の社長です 고토 씨는 S사 사장입니다.

❷〔内容, 対象, 性質〕¶キュリー夫妻はラジウムの研究で有名だ 퀴리 부부는 라듐 연구로 유명하다. / 政府は子供の教育に力を入れている 정부는 어린이 교육에 힘을 쏟고 있다. / この銃はプラスチックのおもちゃだ 이 총은 플라스틱 장난감이다. / これはプロ用のグローブです 이것은 프로용 글러브입니다.

❸〔分量, 程度, 部分〕¶このケーキを作るには200ミリリットルの牛乳が必要だ 이 케이크를 만드는 데는 200밀리리터의 우유가 필요하다. / 彼女に5万円の指輪を買ってあげた 여자 친구한테 5만엔짜리 반지를 사 주었다. / きょうはクラスの約半分の生徒が風邪で休んだ 오늘은 우리 반의 약 절반 정도의 학생이 감기로 결석했다.

❹〔場所, 時〕의, 에 있는 ¶日本橋のデパートで高麗青磁展が開かれている 니혼바시에 있는 백화점에서 고려 청자전이 열리고 있다. / 駅の売店で新聞を買った 역 구내 매점에서 신문을 샀다. / 昨夜隣の家に泥棒が入ったそうだ 어젯밤 옆집에 도둑이 들었다고 한다. / 彼は九州の長崎の出身です 그는 규슈의 나가사키 출신입니다.

¶川端康成は20世紀の日本の代表的な作家の一人だ 가와바타 야스나리는 20세기 일본의 대표적인 작가 중 한 사람이다. / 7時のニュースを見るためにテレビをつけた 일곱 시 뉴스를 보려고 티브이를 켰다. / 僕は毎朝8時15分の電車に乗らなくてはならない 나는 매일 아침 여덟 시 15분 전철을 타야 된다. / 私は10歳のときに横浜へ引っ越し

た 나는 열 살 때 요코하마로 이사갔다. / きのうの夕刊은どこだ 어제 석간은 어디 있어.

❺ [関連] ¶彼女のことどう思う 그 여자를 어떻게 생각해. / 韓国史の本を捜しています 한국사 책을 찾고 있습니다. / 彼女は環境問題の専門家だ 그녀는 환경 문제 전문가다. / 教授は高麗の王政の話をした 교수는 고려의 왕정에 대해서 이야기를 했다.

❻ [名詞の代用] 것 ¶「どんなカメラがよろしいですか」「小さくて軽いのがいいです」"어떤 카메라가 좋으십니까?" "작고 가벼운 것이 좋습니다." / このスーツは少しきつくなった. 新しいのを買わなくては 이 양복은 조금 작아졌다. 새것을 사야겠군.

❼ [同格] …인 (▶指定詞 이다 の現在連体形. しばしば省略される) ¶きょうお招きしたのはソウル大学教授のパク・チョルス先生です 오늘 초빙한 분은 서울 대학교 교수이신 박철수 선생님이십니다. / これは息子の一郎です 요건[이 애는] 제 아들 이치로입니다.
¶課長の坂本さんはどちらにいらっしゃいますか 사카모토 과장님은 어디 계십니까?

❽ [主語・主体を表す] 가[이] ¶お母さんの作ったケーキはとてもおいしかった 어머니가 만드신 케이크는 아주 맛있었다. / 飛行機の到着までもうすぐだ 이제 곧 비행기가 도착한다. / 私の好きな詩人は石川啄木です 제가 좋아하는 시인은 이시카와 다쿠보쿠입니다.

❾ [並列] ¶子供は一緒に行くの行かないのとだだをこねた 아이는 함께 가네 안 가네 하며 떼를 썼다.

❿ [質問, 軽い断定, 命令] ¶どうしたの, 大丈夫なの 어떻게 된 거야. 괜찮아? / そんなこともわからないの そんな것도 몰라? / この子はとても恥ずかしがりやなの 이 애는 아주 부끄러움을 타.

ノイズ 노이즈 [雑音] 잡음 [騒音] 소음

ノイローゼ 노이로제, 신경증(神経症) ¶彼女はノイローゼにかかっている 그녀는 노이로제에 걸렸다. / 育児ノイローゼ 육아 노이로제 / ノイローゼ患者 노이로제 환자

のう【能】 [能力] 능력 [才能] 재능 [有能な人] 능사 ¶彼は野球のほかは能のない男だ 그는 야구 외에는 재능이 없는 사람이다. / 試験でよい点数を取るだけが能じゃない 시험에서 좋은 점수를 받는 것만이 능사가 아니다.
[慣用句] 能ある鷹は爪を隠す 사냥을 잘하는 매는 발톱을 감춘다. | 실력이 있는 사람은 굳이 그것을 드러내지 않는다.

のう【脳】 뇌 ¶彼は交通事故で脳に損傷を受けた 그는 교통사고로 뇌에 손상을 입었다.

のういっけつ【脳溢血】 뇌일혈, 뇌출혈(脳出血)

のうえん【農園】 농장(農場) ¶トマト農園 토마토 농장 / りんご農園 사과 농장

のうか【農家】 농가 ¶うちは農家です 우리 집은 농가입니다. [関連] 兼業農家 겸업 농가 / 専業農家 전업 농가

のうがくぶ【農学部】 농학부

のうかんき【農閑期】 농한기 ¶農閑期には東京へ出稼ぎに行く 농한기에는 도쿄에 돈 벌러 간다.

のうき【納期】 납기, 납입 기한 ¶所得税の納期はあすまでだ 소득세 납입 기한은 내일까지다. / 授業料は納期内に納めること 수업료는 납입 기한내에 납부할 것.

のうぐ【農具】 농기구, 농구(農具)

のうきょう【農協】 농협, 농업 협동조합(農業協同組合)

のうぎょう【農業】 농업, 농사 ¶両親は田舎で農業をしている 부모님은 시골에서 농사짓고 계신다. [関連] 農業国 농업국 / 農業大学 농과 대학(農科大学)

のうぐ【農具】 농구

のうげか【脳外科】 뇌외과 ¶脳外科医 뇌외과 의, 뇌외과 의사

のうけっせん【脳血栓】 뇌혈전증

のうこう【農耕】 농경 ¶ここは農耕に適した土地だ 여기는 농경에 적합한 토지다. [関連] 農耕社会 농경 사회 / 農耕民族 농경 민족

のうこう【濃厚】 ◇濃厚だ 농후하다, 진하다, 짙다 ¶濃厚なスープ 진한 국물 / 濃厚な色[味] 진한 색[맛] / この映画には濃厚なラブシーンがある 이 영화에는 진한 러브신이 있다.

のうこうそく【脳梗塞】 뇌경색

のうこん【濃紺】 짙은 감색

のうさぎょう【農作業】 농작업(農作), 농사일 ¶父は毎朝早くから農作業をしている 아버지는 매일 아침 일찍부터 농사일을 하고 계신다.

のうさくぶつ【農作物】 농작물

のうさつ【悩殺】 뇌쇄 ◇悩殺する 뇌쇄시키다 ¶マリリン・モンローは世の男性たちを悩殺した 마릴린 먼로는 세상의 남자들을 뇌쇄시켰다.

のうさんぶつ【農産物】 농산물

のうし【脳死】 뇌사 ¶彼女は交通事故のあとずっと脳死状態にいる 그녀는 교통사고 뒤 줄곧 뇌사 상태에 있다.

のうしゅく【濃縮】 농축 ◇濃縮する 농축하다 ¶濃縮ウラン 농축 우라늄 / 濃縮ジュース 농축 주스

のうしゅっけつ【脳出血】 뇌출혈

のうしゅよう【脳腫瘍】 뇌종양

のうじょう【農場】 농장 ¶農場で働いたことがある 농장에서 일한 적이 있다. [関連] 農場主 농장주 / 農場労働者 농장 노동자

のうしんとう【脳震盪】 뇌진탕 ¶頭を殴られて軽い脳しんとうを起こした 머리를 맞아서 가벼운 뇌진탕을 일으켰다.

のうぜい【納税】 납세 ◇納税する 납세하다 ¶私たちには納税の義務がある 우리에게는 납세의 의무가 있다. / 今年は100万円以上納税した 올해는 100만 엔 이상 납세했다. [関連] 納税額 납세액 / 納税期限 납세 기한 / 納税者 납세자 / 納税通知書 납세 통지서

のうせいまひ【脳性麻痺】 뇌성 마비

のうそっちゅう【脳卒中】 뇌졸중 ¶脳卒中になる 뇌졸증이 되다

のうそん【農村】 농촌 ¶農村地帯 농촌 지대

のうたん【濃淡】 농담 ¶君の絵はもっと濃淡をつけ

たほうがいいよ 네 그림은 좀더 농담을 넣는 게 좋다.

**のうち【農地】** 농지 [関連]農地改革 농지 개혁

**のうど【濃度】** 농도 ¶森林伐採の影響で空気中の二酸化炭素濃度が高くなりつつある 삼림 벌채의 영향으로 공기 중의 이산화탄소 농도가 높아지고 있다.

**のうどうたい【能動態】**《言語》능동태

**のうなし【能無し】** ◇能無しだ 무능하다 ¶お前のような能無しは見たことがない 너처럼 무능한 사람은 본 적이 없다.

**のうなんかしょう【脳軟化症】** 뇌연화증

**のうにゅう【納入】**〔金銭の〕납입〔物品の〕납품 ◇納入する 납입하다, 납품하다 ¶毎月3千円の会費を納入している 매월 3천 엔의 회비를 납입하고 있다. / その部品は納入済みです 그 부품은 납품했습니다. [関連]納入業者 납품 업자 / 納入金 납입금 / 納入品 납입품

**のうのう** のうのうと 태평하게 ¶のうのうと暮らす 태평하게 살다

**のうは【脳波】** 뇌파 ¶脳波を検査してもらう 뇌파 검사를 받다 / 彼女は頭を強く打ったせいで脳波に異常が見られた 그녀는 머리를 세게 부딪힌 탓에 뇌파에 이상을 보였다.

**ノウハウ** 노하우 ¶経営のノウハウを習得するまでずいぶん時間がかかった 경영의 노하우를 습득할 때까지 시간이 꽤 걸렸다.

**のうはんき【農繁期】** 농번기

**のうひん【納品】** 납품 ◇納品する 납품하다 [関連]納品書 납품서

**のうひんけつ【脳貧血】** 뇌빈혈

**のうふ【納付】** 납부 ◇納付する 납부하다〔物品を〕납품하다 ⇒納める

**のうふ【農夫】** 농부, 농사꾼

**のうみそ【脳味噌】**〔脳〕〔知恵〕지혜 ¶脳みそを絞ったがいい考えが浮かばなかった 지혜를 짜냈지만 좋은 생각이 떠오르지 않았다.

**のうみん【農民】** 농민

**のうむ【濃霧】** 농무, 짙은 안개 ¶濃霧が立ち込める 짙은 안개가 자욱하다 [関連]濃霧警報 안개 주의보

**のうやく【農薬】** 농약 ¶作物に農薬を散布する 농작물에 농약을 살포하다 [関連]無農薬野菜 무농약 야채

**のうり【脳裏】** 뇌리 ¶日本に残してきた家族の顔が脳裏をかすめた 일본에 남기고 온 가족 얼굴이 뇌리를 스쳤다. / 今もときどき初恋の人が脳裏に浮かぶ 지금도 가끔씩 첫 애인이 뇌리에 떠오른다. / 去年津軽で見た桜が脳裏に焼き付いている 작년에 쓰가루에서 본 벚꽃이 뇌리에 박혀 있다.

**のうりつ【能率】** 능률 ◇能率的だ 능률적이다 ¶静かなところで勉強すれば能率もぐんと上がるよ 조용한 곳에서 공부하면 능률도 쑥쑥 올라. / 能率が落ちる 능률이 떨어지다 / もっと能率よく仕事ができないのか 더 능률적으로 일할 수 없어? / これがいちばん能率的な方法だと思います 이것이 가장 능률적인 방법이라고 생각합니다.

**のうりょう【納涼】** 납량 [関連]納涼船 납량선

**のうりょうはなびたいかい【納涼花火大会】** 납량 불꽃놀이 대회

**のうりょく【能力】** 능력 ◇発音は 능녁)
◆能力が・能力は
¶彼女にはこの仕事をやりこなすだけの十分な能力がある[ない] 그녀에게는 이 일을 해낼 만한 충분한 능력이 있다[없다]. / 彼の能力は知れているその能力は大수롭지 않다. / 彼ぐらいの能力があれば何をやってもうまくいくさ 그 사람 정도의 능력이라면 뭘 해도 잘 해낼 거야. / 私は彼よりも運動能力が低い[高い] 나는 그 사람보다 운동 능력이 떨어진다[뛰어나다].

◆能力を
¶これは自分の能力を試す絶好のチャンスだよ 이것은 자기의 능력을 시험해 볼 절호의 찬스다. / 自分の能力を伸ばす努力をしなさい 자기의 능력을 키울 노력을 해라. / 彼はコンピュータのプログラミングでまれにみる能力を発揮した 그는 컴퓨터 프로그래밍에서 좀처럼 보기 힘든 능력을 발휘했다. / これは残念ながら私の能力を越えている 이것은 유감스럽게도 내 능력으로는 감당할 수 없다. / 自分の能力を生かせる仕事につきたい 자기의 능력을 살릴 수 있는 일을 하고 싶다. / 動物の中には地震を予知する能力を持っているものがいる 동물 중에는 지진을 예지하는 능력을 가진 것도 있다.

◆能力の・能力に
¶彼女は多彩な能力の持ち主である 그녀는 다채로운 능력을 가지고 있다. / 能力に応じて生徒を4つのグループに分ける 능력에 따라서 학생들을 네 그룹으로 나누다

◆その他
¶能力的にはチョルスもミンスも同じだ 능력면에서는 철수도 민수도 똑같다. / 失敗したのは何も君の能力不足のせいではない 실패한 것은 네 능력이 부족해서가 아니다. / 彼はたいして能力もないのに上司に取り入って昇進した 그는 대단한 능력도 없는데 상사에게 아첨해서[잘 보여서] 승진했다. [関連]能力給 능력급 / 能力主義 능력주의 / 管理能力 관리 능력 / 計算能力 계산 능력 / 実務能力 실무 능력 / 生産能力 생산 능력 / 潜在能力 잠재 능력 / 適応能力 적응 능력 / 予知能力 예지 능력

**のうりん【農林】** 농림 ¶農林業 농림업 / 農林水産省 농림수산성 / 農林水産大臣 농림수산 대신

**ノー** 노 ¶やりたくないときは、はっきりノーと言いなさい 하고 싶지 않을 때는 분명하게 '노'라고 말해.

**ノーカウント** 노카운트 ¶今のサーブはノーカウントだ 지금의 서브는 노카운트다.

**ノーコメント** 노코멘트 ¶その問題についてはノーコメントです 그 문제에 대해서는 노코멘트입니다. / 彼はその件については相変わらずノーコメントだった 그는 그 건에 대해서는 변함없이 노코멘트였다.

**ノースリーブ** 민소매 ¶ノースリーブのシャツ 민소매 셔츠

**ノータッチ** 노터치 ¶私はその件にはノータッチだ 나는 그 건에는 노터치다.

**ノート** 노트〔帳面〕공책〔筆記〕필기 ◇ノート

**ノートパソコン** 노트북 컴퓨터

**ノーヒットノーラン** 노히트 노런 ¶ノーヒットノーランで完封する 노히트 노런으로 완봉하다
関連 ノーヒットノーラン試合 노히트 노런 게임

**ノーベルしょう**【ノーベル賞】노벨상 ¶大江健三郎は1994年にノーベル文学賞を受賞した 오에 켄자부로는 1994년에 노벨 문학상을 수상했다 / ノーベル賞受賞者 노벨상 수상자

**ノーマル** 노멀 ◇ノーマルな 정상인, 정상적인 ¶彼はいたってノーマルな人です 그는 극히 정상적인 사람입니다

**のがす**【逃す】 놓치다 ¶あと一息というところで優勝を逃した 아쉽게 우승을 놓쳤다 / 彼女に声をかける絶好の機会を逃した 그녀에게 말을 걸 절호의 기회를 놓쳤다 / 大事な点を聞き逃してしまった 중요한 점을 놓치고 말았다.

**のがれる**【逃れる】❶〔逃げる〕도망치다, 달아나다 ¶彼らは北朝鮮から逃れて韓国に移り住んだ 그들은 북한에서 도망쳐서 한국에 이주했다.
❷〔回避する〕벗어나다, 피하다 ¶危険を逃れる 위험에서 벗어나다 / 彼は今の仕事から逃れられないと思っている 그는 지금 일에서 벗어날 수 없다고 생각하고 있다 / 不法に税金の支払いを逃れている者は少なくない 불법으로 세금을 안 낸 사람들이 적지 않다. / 私は責任を逃れたくてこう言っているのではない 나는 책임을 피하려고 이렇게 말하는 게 아니다. / 戦火を逃れてきた人々 전화를 피해 온 사람들

**のき**【軒】처마 ¶軒先にはちが巣を作った 처마 끝에 벌이 집을 지었다. / この軒下で雨宿りしよう 이 처마 밑에서 비를 피하자. 慣用句 駅前に土産物屋が軒を連ねている 역 앞에 토산품 가게가 죽 늘어서 있다.

**のきなみ**【軒並み】¶古い軒並みの美しい町 옛날 집들이 나란히 늘어선 아름다운 거리 / 地震で列車が軒並み(→全部)遅れた 지진으로 열차가 모두 연착했다.

**のけもの**【除け者】따돌림을 당하는 사람 ◇除け者にする 따돌리다 ¶その子はクラスでのけ者にされていた 그 아이는 반에서 따돌림을 당하고 있었다.

**のける**【退ける】치우다 ¶通路の箱をのけた 통로의 상자를 치웠다.

**のこぎり**【鋸】톱 ¶のこぎりの目立てをする 톱 날을 세우다 / のこぎりで板をひく 톱으로 판자를 자르다 数え方 のこぎり1挺 톱 한 자루

**のこす**【残す】❶〔残せる, 余らせる〕남기다, 남겨 두다 ¶弟にケーキを一つ残しておいた 동생한테 케이크를 한 조각 남겨 두었다. / 彼は全財産を息子に残した 그는 전 재산을 아들에게 남겼다. / 友人の家へ行くという書き置きを母に残した 친구 집에 간다는 메모를 어머니께 남겼다. / 後で使うためにお金を少し残しておこう 나중에 쓰게 돈을 조금 남겨 두자. / タイガースは3試合を残して優勝を決めた 타이거즈는 3경기를 남기고 우승을 확정했다. / 仕事を半分やり残したままだ 일을 반쯤 남겨둔 상태다. / まだやり残していることが多い 아직 남겨놓은 일이 많다. / 食事を残さないで食べなさい 밥을 남기지 말고 먹어라. / 今年も残すところあと1週間だ 올해도 이제 일 주일밖에 안 남았다. (▶過去形で表す)
❷〔後にとどめる〕남기다 ¶彼女は作家として後世に名を残した 그녀는 작가로서 후세에 이름을 남겼다. / 彼は家族を東京に残して福岡へ単身赴任した 그는 가족을 도쿄에 남겨두고 후쿠오카에 혼자 부임했다 / これらの優れた美術品は後世に残さなければならない 이 훌륭한 미술품들은 후세에 남겨야 된다.

**のこのこと** 어슬렁어슬렁, 태연스레, 뻔뻔스레 ¶2時間以上も遅れて彼はのこのことやってきた 두 시간 이상이나 늦게 그는 어슬렁어슬렁 나타났다.

**のこらず**【残らず】남김없이, 빠짐없이, 〔すべて〕모두, 죄다 ¶彼は知っている事実を残らず話した 그는 알고 있는 사실을 죄다 말했다. / 町民は一人残らず避難した 동네 사람들은 한 명도 빠짐없이 피난했다.

**のこり**【残り】나머지 ◇残りの 남은 ¶チョルスはビールの残りを飲み干した 철수는 남은 맥주를 전부 마셨다. / 5人の子供のうち2人が出かけ残りは家にいた 다섯 명의 아이들 중 두 명이 나가고 나머지는 집에 있었다. / 9から3を引くと残りは6です 9에서 3을 빼면 나머지는 6입니다. / 家賃を払ったら残りは3万円しかなかった 집세를 내고 나니 남은 것은 3만 엔밖에 없었다. / 残りの人はバスの後ろの方にお乗りください 나머지 사람은 버스 안에 있는 (食堂で)残りは包んでもらえますか 남은 것을 싸 주시겠습니까? / 祖父は残りの人生を幸せに暮らした 할아버지는 남은 인생을 행복하게 보냈다.

**のこりすくない**【残り少ない】얼마 남지 않다 ¶燃料が残り少なくなってきた 연료가 얼마 남지 않았다. / 今年も残り少なくなった 올해도 얼마 안 남았다. / 夏休みももう残り少ない 여름 방학도 이제 얼마 남지 않았다. (▶過去形で表す)

**のこりもの**【残り物】남은 것 ¶きょうの朝食は昨夜の残り物だった 오늘 아침 식사는 어젯밤에 먹다 남은 것이었다. / 彼女は食べ切れなかった残り物を持ち帰った 그녀는 먹다 남은 것을 가지고 돌아갔다. 慣用句 残り物には福がある 남은 것에는 복이 있다. | 남들이 골라 가고 남은 것 중에 의외로 좋은 것이 있다.

**のこる**【残る】❶〔余る〕남다 ¶子供たちが夕食を食べた後は何も残っていなかった 아이들이 저녁을 먹은 후에는 아무것도 남아 있지 않았다. / このスープをどうしましょうか 남은 스프는 어떻게 할까요? / 入学試験まであと3日しか残っていない 입학 시험까지 이제 3일밖에 남지 않았다. (▶過去形で表す) / 急がなければ, 時間はほとんど残っていない 서둘러야지. 시간이 얼마 안 안 남았다. / 5から2を引くと3残る 5에서 2를 빼면 3이 남는다.
❷〔とどまる〕남다 ¶私たちは6時に会社を出たが課長は仕事を片付けるために残った 우리는 여섯 시

에 회사를 나갔지만 과장님은 일을 마무리하기 위해 남으셨다. / 彼は卒業後も大学に残り研究を続けた 그는 졸업 후에도 대학에 남아 연구를 계속했다.

❸【残存する】남다 ¶エジプトには大昔から残っている有名な建築物が多くある 이집트에는 오랜 옛날부터 남아 있는 유명한 건축물이 많이 있다. / 富士山の山頂にはまだ雪が残っている 후지 산 정상에는 아직 눈이 남아 있다. / 魚のにおいが何日も残った 생선 냄새가 며칠 동안 가시지 않았다. / 彼は今世紀のもっとも偉大な科学者として歴史に残るだろう 그는 금세기의 가장 위대한 과학자로서 역사에 남을 것이다. / 父の言葉がいまだに耳に残っている 아버지 말씀이 아직까지도 귓가에 남아 있다. / 記憶に残る 기억에 남다

のさばる 행패를 부리다, 제멋대로 날뛰다 ¶あの男をこれ以上のさばらせておくな 그 남자를 더 이상 행패 부리게 놔 두지 마.

のざらし【野晒し】◇ 野ざらしにする 내버려 두다 ¶何台もの自転車が通りс野ざらしになっていた 몇 대의 자전거가 길거리에 내버려져 있었다.

のしあがる【伸し上がる】뛰어오르다 ¶彼は裸一貫から今の地位まで伸し上がった 그는 알몸뚱이 하나로 지금의 지위까지 올라왔다.

のしかかる【伸し掛かる】덮치다 ¶家族のごたごたが彼女に重くのしかかった 가족의 불화가 그녀의 어깨를 무겁게 짓눌렀다.

のじゅく【野宿(露宿)】노숙 ¶冬に野宿するのはつらい 겨울에 노숙하는 것은 힘들다. 関連 野宿者 노숙자

ノスタルジア 노스탤지어 【郷愁】향수 ¶昔の映画を見ると古きよき時代の日本に強いノスタルジアを覚える 옛 영화를 보니 그 옛날 좋았던 시절의 일본에 강한 향수를 느낀다.

ノズル 노즐

**のせる**【乗せる】❶【人を】태우다 ¶「駅まで乗せてくれませんか」「いいですよ」"역까지 태워 주시지 않겠습니까?" "좋습니다." / タクシーは交差点で客を乗せた 택시는 사거리에서 손님을 태웠다. / 彼女を乗せた列車はベルとともに動き出した 그녀를 태운 열차는 기적 소리와 함께 움직이기 시작했다. / その飛行機は乗員と乗客230人を乗せていた 그 비행기는 승무원과 승객 230명을 태우고 있었다. / 毎朝息子を自転車の後ろに乗せて保育園へ連れて行く 아침마다 아들을 자전거 뒤에 태우고 보육원에 데려 간다. / 満員の乗客を乗せたバスは次の停留所に止まずに通過した 만원 승객을 태운 버스는 다음 정거장에 정차하지 않고 그냥 갔다. / 赤ちゃんを乳母車に乗せる 갓난아기를 유모차에 태우다
❷【その他】¶僕にもそのもうけ話に一口乗せてくれ 나도 그 돈벌이 이야기에 끼워 줘.

**のせる**【載せる】❶【上に置く】얹다 ¶棚に荷物を載せる 선반에 짐을 얹다 / 「この本をどこに置けばいいですか」"아아, 机の上にでも載せておいてください」 "이 책은 어디에 두면 됩니까?" "아아, 책상 위 같은 데 올려 두세요." / 彼女は子供を膝に載せて絵本を読んであげた 그녀는 아이를 무릎에 앉히고 그림책을 읽어 주었다.
❷【積む】싣다 ¶彼らは車に荷物を載せた 그들은 차에 짐을 실었다.
❸【記事などに】싣다, 게재하다 ¶どの新聞も荒川選手の金メダルを一面に載せていた 모든 신문이 아라카와 선수의 금메달을 일면에 게재했다. / 新聞に求人広告を載せた 신문에 구인 광고를 실었다. / 電話番号を電話帳に載せないことにした 전화번호를 전화번호부에 올리지 않기로 했다. / 彼はとうとう警察のブラックリストに載せられてしまった 그는 마침내 경찰의 블랙리스트에 오르고 말았다. / この辞書は3万語の見出しを載せている 이 사전은 3만개의 표제어가 실려 있다.

のぞき【覗き】엿보기, 관음증 ¶捕まった男はのぞきの常習者だった 붙잡힌 남자는 상습적인 관음증 환자였다.

のぞきこむ【覗き込む】들여다보다, 살펴보다 ¶「本当か」と彼は僕の顔をのぞき込んだ "정말이냐?"하고 그는 내 얼굴을 들여다보았다. / ドアを開けて部屋の中をのぞき込んだ 문을 열고 방 안을 들여다 보았다.

**のぞく**【除く】없애다, 빼다, 제거하다【除外する】제외하다 ¶すいかの種を除く 수박의 씨를 빼다 / 悪習は容易に身に付くが除くのは難しい 나쁜 버릇은 쉽게 몸에 배지만 없애기는 어렵다. / 名簿から彼の名前を除くべきだ 명단에서 그의 이름을 빼야 한다. / 患者の心配を除いてやることも医者の仕事だ 환자의 걱정을 없애 주는 것도 의사의 일이다.
¶ソンギュを除いて我々全員が行った 선규를 제외하고 우리들 전원이 갔다. / その作家の全集は1冊を除いて全部そろえた 그 작가의 전집은 한 권 빼고 전부 가지고 있다. / この件については君と僕を除くとだれも知らない 이 건에 대해서는 너와 나를 제외하고 아무도 모른다. / その点だけを除けば君の計画は申し分ない 그 점만 제외하면 네 계획은 더할 나위 없다. / いくつかの点を除けば君の主張は正しい 몇 가지 점을 제외하면 네 주장은 옳다.

**のぞく**【覗く】❶〔すきま・穴・物陰などから見る〕보다〕엿보다, 들여다보다【上から】【見る】보다〔うかがう〕내다보다
¶鍵穴から部屋の中をのぞいた 열쇠 구멍으로 방 안을 들여다 보았다. / その子は爪先立って窓から外をのぞいた 그 아이는 발돋움해서[까치발로] 창밖을 내다보았다. / 私は双眼鏡をのぞいて野鳥を観察した 나는 쌍안경으로 들새를 관찰했다. / 私たちは古い井戸の中をこわごわのぞいた 우리는 오래된 우물속을 조심스레 들여다보았다.
¶彼は通りがかりにショーウインドーをのぞいた 그녀는 지나가는 길에 쇼윈도를 들여다보았다. / 夜中にお腹がすいて冷蔵庫をのぞいた 밤중에 배가 고파서 냉장고를 들여다보았다. / 子供の教科書をのぞいてみたら驚いて 아이의 교과서를 잠깐 봤는데 어려워서 놀랐어.
❷〔ちょっと立ち寄る〕들르다 ¶学校からの帰り道よく本屋をのぞいたものだった 학교에서 돌아오는 길에 책방에 자주 들르곤 했다. / 行きつけの飲

**のそのそ**

み屋をちょっとのぞいた 단골 술집에 잠깐 들렀다.
❸ [一部が見える] 보이다, 엿보이다 ¶雲間から月がのぞいた 구름 사이로 달이 보였다. / ポケットからハンカチがのぞいていた 주머니에서 손수건이 보였다.

**のそのそ** 느릿느릿, 어슬렁어슬렁 ¶1匹の大きな犬が公園をのそのそ歩いているのを見かけた 큰 개 한 마리가 공원을 어슬렁어슬렁거리고 있는 것을 보았다.

**のぞましい【望ましい】** 바람직하다 ¶毎日復習と予習をすることが望ましい 매일 복습과 예습을 하는 것이 바람직하다.

**のぞみ** ❶ [願い, 願望] 소망 [希望] 희망, 바람

[基本表現]
▶長年の望みがかなった
  오랜 희망이 이루어졌다.
▶彼は娘の望みをかなえてあげた
  그는 딸의 소망을 들어줬다.
▶韓国に留学したいという望みを持っている 한국에 유학하고 싶은 소망을 가지고 있다.

¶彼の母親の望みは彼が医者になることだ 그의 어머니의 소망은 그가 의사가 되는 것이다. / かつて彼女は女優になる望みを持っていた 예전에 그녀는 여배우가 되고 싶다는 소망을 가지고 있었다. / 彼の画家になる望みは打ち砕かれた 화가가 되고 싶다는 그의 희망은 깨졌다. / 望みを大きく持つことはよいことだ 희망을 크게 갖는 것은 좋은 일이다.

¶お望みなら一緒にいらしてもいいですよ 원하신다면 같이 오셔도 됩니다. / すべてが望みどおりになった 모든 것이 바라는 대로 되었다. / 彼女が死んで彼は生きる望みを失った 그녀가 죽어서 그는 살 희망을 잃었다. / 「あいつ今年もまた入試に失敗したらしいよ」「東大しか受けないんだもん. 望みが高すぎるんだよ」 "그 녀석 올해도 또 입시에 실패했대." "도쿄 대학 밖에 안 보는걸. 바람이 너무 큰 거야."

❷ [期待] 기대 [可能性] 가망, 가능성 ¶成功の望みが消えた 성공할 가망이 없어졌다. / すべての望みは消え去った 모든 희망은 사라졌다. / 最後の望みを断たれた 최후의 희망이 사라졌다. / 回復の望みはほとんどない 회복의 가능성은 거의 없다. / 望みはまだ十分ある 가능성은 아직 충분히 있다.

¶彼女は息子に望みをかけていた 그녀는 아들에게 기대를 걸고 있었다. / ジャイアンツは高橋に望みを託した 자이언츠는 다카하시에게 기대를 걸었다. / 昇給は望み薄だと思う 임금 인상은 가능성이 거의 없는 것 같아.

**のぞむ** 【望む】 ❶ [希望する] 바라다, 원하다 ¶難民たちは日本に定住することを望んでいる 난민들은 일본에 정착하기를 바라고 있다. / 彼女は息子がもっと一生懸命勉強してくれることを望んでいる 그녀는 아들이 더욱 열심히 공부해 주기를 바라고 있다. / 君が望むものは何でも買ってあげよう 네가 원하는 것은 뭐든지 사 줄게. / 私にこれ以上何を望むのですか 나한테 더 이

상 뭘 바랍니까?

¶彼は自ら望んでそこへ行った 그는 스스로 원해서 거기에 갔다. / 景気がよくないから大幅な賃上げなんて望むべくもないね 경기가 좋지 않아서 대폭적인 임금 인상 같은 것은 바랄 수가 없다. / 彼女はまだ経験が浅いからあまり多くは望めない 그녀는 아직 경험이 부족하니까 너무 많은 것은 바랄 수가 없다. / トランプで勝負したいって? 望むところだ 트럼프로 승부하자고? 바라던 바야.

❷ [遠くを眺める] 바라보다 ¶このホテルから海の美しい景色が望める 이 호텔에서 바다의 아름다운 풍경을 볼 수 있다. / そこはアルプスを望む景勝の地 거기는 알프스가 바라보이는 경치 좋은 곳.

**のぞむ** 【臨む】 ❶ [面する] 면하다 ¶そこは湖を臨む小さなホテルだった 거기는 호수와 면해 있는 작은 호텔이었다.

❷ [直面する] 직면하다, 임하다, 처하다 [接する] 대하다 ¶会社の存亡にかかわる難局に臨んでいる 회사의 존망이 걸려 있는 난국에 처해 있다. / だれもが危機に臨むと冷静さを失う 누구든지 위기에 직면하면 냉정을 잃게 된다. / 彼は死に臨んで妻に何か言おうとした 그는 죽음에 직면해서 아내에게 뭔가 말하려고 했다.

¶子供には時には厳しい態度で臨まなくてはなりません 아이에게는 때로는 엄하게 대하지 않으면 안 됩니다.

❸ [参加する, 列席する] 임하다, 참석하다 ¶首相は各国首脳との会談に臨んだ 수상은 각국 정상과의 회담에 임했다.

**-のだ** […のもの] 것이다 [強い主張] -ㄴ [-는] 것이다 ¶これは僕のだ 이거 내 거야. / どこに行くのだ 어디 가는 거야?

**のたうちまわる【のたうち回る】** 몸부림치며 뒹굴다 ¶彼は腹痛でのたうち回った 그는 복통으로 떼굴떼굴 뒹굴었다.

**のたれじに【野垂れ死に】** 의 のたれ死にする 길에서 비명횡사하다

**のち【後】** [(…の)のちに] 뒤, 후, 끝에 [その後] 그 후, 나중에 ¶長い議論ののち彼らは結論に達した 긴 논의 끝에 그들은 결론에 도달했다. / 会社が倒産したのち彼は東京を去った 회사가 도산한 뒤 그는 도쿄를 떠났다. / 彼はのちに世界的な科学者となった 그는 나중에 세계적인 과학자가 되었다.

¶あすの天気は曇りのち晴れでしょう 내일 날씨는 흐린 뒤 맑겠습니다.

**のちのち【後々】** ¶その選手のオリンピックでの活躍は後々まで語り継がれるだろう 올림픽에서의 그 선수의 활약은 먼 훗날까지 전해질 것이다. / 彼は後々のことを心配している 그는 장래의 일을 걱정하고 있다.

**のちほど【後程】** 이따가 ¶では, のちほど 그럼 이따가 또 뵙겠습니다.

**ノック** 노크 ◇ノックする 노크하다 ¶だれかがドアをノックした 누가 문을 두드렸다. / コーチが三塁手にノックしていた 코치가 3루수 쪽으로 노크하고 있었다.

**ノックアウト** 녹아웃, 케이오(KO) ◇ノックア

ウトする 녹아웃시키다 ¶彼の40勝のうちには30のノックアウトが含まれている 그의 40승 중에는 30번의 케이오가 포함되어 있다. / チャンピオンは挑戦者を3ラウンドでノックアウトした 챔피언은 도전자를 3라운드에서 녹아웃시켰다. / (野球で)タイガースはジャイアンツの先発投手を4回にノックアウトした タイガース는 자이언츠의 선발 투수를 4회에 녹아웃시켰다. 関連 テクニカルノックアウト (TKO) 테크니컬 녹아웃

ノックダウン 녹다운 ◇ノックダウンする 녹다운시키다 ¶彼は右ストレート1発で相手をノックダウンさせた 그는 오른쪽 스트레이트 한 방으로 상대편을 녹다운시켰다.

のっそり 느릿느릿 ¶彼はのっそりと立ち上がった 그는 느릿느릿 일어났다.

ノット 노트 ¶この船は時速30ノット出る 이 배는 시속 30노트를 낸다.

のっとり【乗っ取り】〔航空機などの〕납치(拉致), 하이재킹〔買収〕매수 ¶乗っ取り機 하이재킹 당한[납치된] 비행기 ¶乗っ取り犯人 납치범

のっとる【乗っ取る】〔会社を〕매수하다 〔航空機·船などを〕납치하다 ¶その会社は小さな会社を次々と乗っ取った 그 회사는 소규모 회사를 잇달아 매수했다. / 飛行機がテロリストに乗っ取られた 비행기가 테러리스트한테 납치당했다.

のっぴきならない【退っ引きならない】어쩔 수 없는 ¶のっぴきならない事態になってしまった 어쩔 수 없는 상황이 되어 버렸다. / のっぴきならない用事で友人の結婚式に出席できなかった 어쩔 수 없는 용건이 있어서 친구의 결혼식에 참석하지 못했다.

のっぺり ¶のっぺりした顔 편편하고 밋밋한 얼굴

のっぽ 키다리

-ので 때문에, -(으)니까, - 아서[- 어서, - 여서]

> 語法 -니까의 용법
> 「ので」の後に依頼·命令·勧誘が続くときは -니까しか用いることができない.
> ¶今日は寒いので鍋料理にしましょう 오늘은 추우니까 찌개로 합시다. (*춥기 때문에도 추워서도 不可)
> さらに, 「~はずなので, ~するつもりなので」の後に命令·勧誘が続く場合は -겠 으니까ではなく -ㄹ[-을] 테니까を用いなければならない.
> ¶間違いなく来るはずですのでもう少しお待ちください 틀림없이 올 테니까 조금만 더 기다려 주세요.

¶非常に疲れていたのですぐ寝てしまった 너무 피곤해서 이내 잠들어 버렸다. / お金がないので外車なんて買えません 돈이 없어서 외제차 같은 것은 못 삽니다. / きょうはとても忙しかったので食事をするひまもなかった 오늘은 너무 바빠서 제대로 밥 먹을 시간도 없었다. / その問題はとても難しかったので解けなかった 그 문제는 너무 어려워서 풀지 못했다. ⇨-から

のど【喉】목〔声〕목청, 목소리

基本表現
▶のどが痛い
　목이 아프다.
▶太刀魚の小骨がのどに引っ掛かった
　갈치 가시가 목에 걸렸다.
▶のどが渇いた
　목이 말랐다.
▶暴漢は彼女ののどを絞めた
　괴한은 그녀의 목을 졸랐다.

¶彼女はのどの渇きを缶ジュースでいやした 그녀는 갈증을 캔 주스로 달랬다. / 父はのどを鳴らしてビールをがぶがぶ飲んだ 아버지는 맥주를 벌컥벌컥 켰다. / おばあさんはもちでのどを詰まらせた 할머니는 떡을 드시다가 목에 걸리셨다. / 心配で食事ものどを通らない 걱정이 돼서 밥이 넘어가지 않는다. / 猫がのどを鳴らしている 고양이가 소리내어 울고 있다.

¶いいのどをしていますね 목소리가 고우시네요. / のど自慢大会に出て優勝した 노래자랑에 나가 우승했다.

¶おおかみは羊ののど笛にかみついた 늑대는 양의 목덜미를 물고 늘어졌다. / 彼はのど仏が大きい 그는 울대뼈가 크다. 慣用句 のどもとすぎれば熱さを忘れる 목구멍만 넘어가면 뜨거움을 잊는다. | 괴로운 일도 시간이 지나면 잊혀진다. | のどから手が出るほどあの液晶テレビが欲しい 저 액정 TV를 갖고 싶어 못 견디겠다. / 名前はのどまで出かかっているのだが思い出せない 이름이 목구멍까지 나왔는데 기억이 안 난다.

のどか【長閑】◇のどかだ〔平和だ〕평화롭다〔気候などが〕화창하다 ¶のどかな田舎の風景 평화로운 시골 풍경 / のどかな春の日 화창한 봄 날

-のに
❶〔逆説, 対比〕-ㄴ[-는]데(도) 불구하고 ¶彼はかなり裕福なのにつましい生活をしている 그는 매우 유복한데도 불구하고 검소한 생활을 하고 있다. / 彼女は体が不自由なのに何事にも意欲的だ 그녀는 몸이 불편한데도 불구하고 무슨 일에든 의욕적이다. / 雨が降っているのに彼らはサッカーをした 비가 오는데도 그들은 축구를 했다. / これはモデルガンなのにまるで本物のように見える 이것은 모형 총인데도 진짜처럼 보인다. / 親は背が低いのに子供は背が高いことはよくある 부모의 키는 작은데 아이의 키가 큰 경우가 흔히 있다.

❷〔遺憾, 願望〕-ㄹ[-을]걸, -ㄹ[-을]텐데, -ㄴ[-는]데〔…すればいいのに〕-(으)면 좋은데 ¶その本を読むべきだったのに 그 책을 읽었어야 했는데… / 相談してくれてもよかったのに 의논해 줘도 좋았을 텐데 / あんなことを言ってはいけなかったのに 그런 말을 해서는 안 됐는데… / もう少し早く家を出ていたら雨にぬれずにすんだのに 조금만 더 빨리 집을 나섰으면 비에 젖지 않았을 텐데. / かさを持っていきなさいと言ったのに 우산 가져가라고 했거든. / 「待たせてごめん」「遅れるのなら電話ぐらいくれればいいのに」"기다리게 해서 미안." "늦으면 늦는다고 전화 한 통 주면 좋잖아."

¶子供のころに戻れればいいのになあ 어린 시절로 돌아갈 수 있으면 좋으련만.
❸〔ために〕-는 데 ¶レポートを書くのにどのくらいかかりましたか 리포트 쓰는 데 어느 정도 걸렸습니까 ／温度をはかるのに温度計が必要だ 온도를 재는 데는 온도계가 필요하다.

**ののしる【罵る】** 욕하다, 욕을 퍼붓다 ¶人前で部下をののしってはいけない 사람들 앞에서 부하를 욕하면 안 된다.／彼女は僕をばかもうにののしった 그 여자는 나에게 바보라며 욕을 퍼부었다.

## のばす【延ばす・伸ばす】
❶〔長さを長くする〕 길게 하다 〔ある地点まで延ばす〕 연장하다〔写真を〕확대하다 ¶上着の丈を2センチ伸ばしてもらった 웃옷의 기장을 2센티 늘였다.／ズボンの裾をもう少し伸ばしてください 바지 기장을 조금 더 늘여 주세요.／この高速道路を青森まで延ばす計画がある 이 고속도로를 아오모리까지 연장할 계획이 있다.／写真を伸ばしてもらった(→引き伸ばす) 사진을 확대했다.

❷〔曲がったものをまっすぐにする〕 똑바르게 하다, 반듯하게 하다 ¶彼は曲がったピンを伸ばした 그는 구부러진 핀을 반듯하게 폈다.／体をしゃんと伸ばしなさい 몸을 반듯하게 펴라.

❸〔伸縮するものを伸ばす〕 뻗치다, 펴다 ¶彼は手を伸ばして木になっている梨を取ろうとした 그는 손을 뻗어 나무에 열려 있는 배를 따려 했다.／棚の上の缶詰をとって。あなたならちょっと手を伸ばせば届く 선반 위에 있는 통조림 좀 집어 줘. 너는 손 좀 뻗으면 닿으니까.／男はソファーの上に足を伸ばした 그 남자는 소파 위에 다리를 뻗었다.

❹〔しわ・凹凸などを平らにする〕 펴다, 평탄하게 하다 ¶彼女はスカートのしわをアイロンで伸ばした 그녀는 스커트 주름을 다리미로 폈다.

❺〔髪やひげなどを生長させる〕 기르다 ¶彼は大人っぽく見せようと思ってひげを伸ばすことにした 그는 어른스럽게 보이려고 수염을 기르기로 했다.／髪を伸ばしている女の子もいる 긴 머리를 좋아하는 남자도 있다.／ギターを弾くために爪を伸ばしている 기타를 치기 위해서 손톱을 기르고 있다.

❻〔力・才能などを発達させる〕 기르다, 늘리다 ¶学校教育では子供たちの能力を十分に伸ばしてやることが重要だ 학교 교육에서는 아이들의 능력을 충분히 길러 주는 것이 중요하다.／彼は走り幅跳びの選手として年々記録を伸ばしている 그는 멀리뛰기 선수로서 매년 기록을 갱신하고 있다.／その会社は急速に売り上げを伸ばした 그 회사는 급속히 매출을 늘렸다.｜그 회사의 매출은 급속히 성장했다.

❼〔延期する〕 연기하다, 미루다〔延長する〕 연장하다 ¶ソウルへの出発は1週間延ばそう 서울에 가는 것은 일 주일 연기하자.／締め切りはもうこれ以上延ばせません 마감을 더 이상 미룰 수는 없습니다.／休暇を2, 3日延ばせませんか 휴가를 2, 3일 뒤로 미룰 수 없습니까?／予定を延ばす 예정을 연기하다／営業時間を延ばす 영업 시간을 연장하다

¶きょうできることをあすまで延ばすな 오늘 할 수 있는 일을 내일로 미루지 마라.

**使い分け** のばす

| | | |
|---|---|---|
| 伸ばす | ひげ・髪の毛を | 기르다 |
| | ゴムを | 늘이다 |
| | しわ・腰を | 펴다 |
| | 才能を | 키우다 |
| | 売り上げを | 올리다 |
| 延ばす | 予定を | 미루다・연기하다(延期—) |
| | 長さ・期間を | 연장시키다(延長—) |

**のばなし【野放し】** 방치(放置) ¶犬を野放しにしないでください 개를 풀어놓지 마세요.／この辺りでは違法駐車が野放しになっている 이 주변에서는 불법 주차를 방치하고 있다.

**のはら【野原】** 들, 들판

**のび【伸び】**〔成長〕성장〔背伸び〕기지개 ¶雑草は伸びが早い 잡초는 성장이 빠르다.／昨年のコンピュータの売り上げは高い伸び率を示した 작년 컴퓨터 매출은 높은 성장률을 보였다.／肩がこったので伸びをした 어깨가 결려서 기지개를 폈다.

**のびあがる【伸び上がる】** 발돋움하다 ¶伸び上がって棚の上の箱を取った 발돋움해서 선반 위의 상자를 내렸다.／彼女は人だかりの後ろから伸び上がって何が起こっているのか見た 그녀는 군중들 뒤에서 발돋움해서 무슨 일이 일어났는지 봤다.

**のびざかり【伸び盛り】** 한창 자랄[커질] 때 ¶伸び盛りの子供 한창 자라는 어린이

**のびちぢみ【伸び縮み】** 신축 ◇伸び縮みする 늘어나고 줄어들다, 신축하다 ¶この生地は体の動きに合わせて伸び縮みする 이 천은 몸의 움직임에 따라서 늘어나고 줄어든다.

**のびなやむ【伸び悩む】** 제자리걸음을 하다, 부진하다 ¶最近彼の成績は伸び悩んでいた 요즘 그의 성적은 부진하다.／売り上げが伸び悩んでいる 매상이 부진하다.

**のびのび【延び延び】** ◇延び延びになる 자꾸 연기되다, 늦어지다 ¶会議の開催が延び延びになる 회의 개최가 자꾸 연기된다.／家族旅行は休暇が取れないために延び延びになっていた 가족 여행은 휴가를 못 얻어서 연기되고 있었다.／手紙の返事が延び延びになっている 답장이 늦어지고 있다. ⇒延期

**のびのび【伸び伸び】** ◇伸び伸びした 느긋한 ◇伸び伸びと 느긋이, 구김살 없이 ¶口やかましい親と離れて伸び伸びした生活がしたい 잔소리 많은 부모 곁을 떠나 느긋한 생활을 하고 싶다.／先生がいないと伸び伸びできる 선생님이 안 계시면 느긋하게 있을 수 있다.／子供たちには伸び伸びと育ってほしい 아이들은 구김살 없이 자랐으면 한다.

## のびる【伸びる・延びる】
❶〔長さが長くなる〕 길어지다, 늘어나다〔ある所に伸びる〕 연장되다, 뻗어지다 ¶「このロープもうちょっと伸びないかな」「いや無理だ」"이 밧줄은 좀 더 안 늘어날까?" "아니, 무리야."／日が少しずつ伸びてきた 해가 조금씩 길어졌다.／日没が近づくにつれて影が伸びる 일몰이 가까워질수록 그림자는

길어진다. / 日本人の平均寿命は大幅に伸びた 일본인의 평균 수명은 크게 늘어났다.

¶地下鉄が空港まで延びた 지하철이 공항까지 연장되었다. / 一本の道路が国境まで延びている 도로가 국경까지 뻗어 있다. / 木の枝が四方に伸びている 나무 가지가 사방으로 뻗어 있다.

❷ [伸縮するものが長くなる] 늘어나다 [麺類が] 붇다 ¶伸びた輪ゴム 늘어난 고무줄 / この繊維は伸びるよく伸びる 이 섬유는 늘어나 잘 늘어난다. / うどんが伸びてしまうよ早く食べないとうどんが 퍼져서 빨리 안 먹으면 우동이 불어버려요.

❸ [髪やひげなどが生長する] 자라다 ¶髪が長く伸びすぎた 머리가 너무 길었다. / 彼女に爪を伸びた爪でひっかかれた 그녀의 긴 손톱에 할퀴었다. / 夏は雑草の伸びるのが早い 여름에는 잡초가 빨리 자란다. / 息子は今年かなり背が伸びた 아들은 올 해 키가 꽤 컸다.

❹ [力・能力などが発達する] 늘다 [成長する] 성장하다 ¶息子の数学の成績がかなり伸びた 아들의 수학 성적이 상당히 올랐다. / ピアニストとしての彼女の才能はあまり伸びていないようだ 피아니스트로서 그녀의 재능은 별로 향상되지 않은 것 같다. / その会社の車の生産量は去年より伸びてきている 그 회사의 자동차 생산량은 작년부터 늘고 있다. / IT産業は依然として伸びている IT 산업은 여전히 성장하고 있다.

❺ [体がぐったりする] 녹초가 되다, 뻗다 ¶残業のしすぎで完全に伸びてしまった 잔업을 너무 많이 해서 완전히 녹초가 돼 버렸다. / 挑戦者はチャンピオンの一撃をあごにくらい第３ラウンドでマットの上に伸びてしまった 도전자는 챔피언의 일격을 턱에 맞아 3회에 링 위에 뻗어 버렸다. / 突然一発殴られて伸びてしまった 갑자기 한 방 먹고 뻗어 버렸다.

❻ [薄くなって広がる] 퍼지다 ¶このペンキはむらなくよく伸びる 이 페인트는 골고루 잘 퍼진다.

❼ [延期される] 연기되다, 길어지다 ¶雨のために遠足は次の金曜日に延びた 비로 인해 소풍은 다음 금요일로 연기되었다. / 出発が１週間延びた 출발이 일 주일 연기됐다. / 原稿の締め切りが１週間延びた 원고 마감이 일 주일 연기됐다. / 延びてごめん. 会議が予定より延びちゃってね 늦어서 미안해. 회의가 예정보다 길어졌거든.

**ノブ** [ドアの]손잡이 ¶ドアのノブをゆっくり回した 문 손잡이를 천천히 돌렸다.

**のべ** [延べ] 【延べ面積 연면적 / 工事の延べ日数 공사의 연일수 / 延べ200人の作業員がその仕事に携わった 연 200명의 작업원이 그 일에 종사했다.

**のべつまくなし** 【のべつ幕なし】◇のべつ幕なしに 쉴 새 없이 ¶姉は電話で2時間のべつ幕なしにしゃべっていた 언니는 전화로 두 시간 동안 쉴 새 없이 수다를 떨었다.

**のべる** 【述べる】 말하다 [陳述する] 진술하다 ¶会議は自由に自分の意見を述べてください 회의에서는 자유롭게 자기의 의견을 말해 주세요. / 先にも述べたように私は伊藤さんの提案には反対です あくまで 말한 바와 같이 나는 이토 씨의 제안에는 반대합니다. / 彼は法廷で初めて真実を

述べた 그는 법정에서 처음으로 진실을 말했다.

**のぼせる** 【逆上せる】 [めまいがする] 상기하다, 달아오르다 [夢中になる] 빠지다, 미치다, 열중하다 [うぬぼれる] 우쭐하다, 우쭐하다 ¶熱い湯に長くつかっていたらのぼせてしまった 뜨거운 물에 오랫동안 들어가 있었더니 얼굴이 벌겋게 달아올랐다. / 久美子は英樹にのぼせている 구미코는 히데키에게 푹 빠져 있다. / 彼は自分の成功にのぼせていた 그는 자기의 성공에 우쭐해 있었다.

**のぼり** 【上り・昇り】상행, 상승(上昇) [上り坂] 오르막 ¶間違えて上りのエレベーターに乗った 잘못해서 올라가는 엘리베이터를 탔다. / 私の運勢は上り調子だ 내 운세는 상승세이다. / お年寄りには階段の上り降りはたいへんだ 노인들에게는 계단을 오르내리는 것은 힘든 일이다.

¶上り下りの多い道 오르막 내리막이 많은 길 / この道はずっと上り坂だ 이 길은 계속해서 오르막길이다. / その道は平らだが最後のところで急な上り坂になっている 그 길은 평평하지만 끝에 가면 가파른 오르막길이 나온다. 関連**上り列車** 상행 열차 / **上りホーム** 상행선 플랫폼

**のぼりつめる** 【上り詰める】 끝까지 오르다

¶彼は40歳の若さで権力の座を上り詰めた 그는 40세의 젊은 나이에 권력의 정상에 올랐다. / 彼女はとうとう芸能界の頂点にまで上り詰めた 그녀는 드디어 연예계의 정상에 올랐다.

**のぼる** 【上る・登る・昇る】❶ [高い所へ移動する, 上流に行く] 오르다, 올라가다 [川を] 거슬러 올라가다 [太陽・月が] 뜨다, 떠오르다 ¶私はロープウェーで山の頂上に登った 나는 케이블카를 타고 산 정상에 올랐다. / 私は毎年富士山に登る 나는 매년 후지 산에 오른다. / 頂上に行くには急な坂を登らなければならなかった 정상까지 가려면 가파른 벼랑을 올라가야 했다. / 車はゆっくりと急な坂を上った 자동차는 천천히 급경사를 올라갔다. / 彼は木に上って柿を取った 그는 나무에 올라가 감을 땄다. / この階段を上ると会議室があります 이 계단을 올라가면 회의실이 있습니다. / 彼は賞を受けるために壇に上った 그는 상을 받기 위해 단상에 올라섰다. / 荷車を押して坂を上るのはたいへんだった 짐수레를 밀면서 비탈길을 오르는 것은 힘들었다. / おじの家はこの丘を登った所にある 삼촌 댁은 이 언덕을 올라간 곳에 있다.

¶[ボートで]川を上って行く者もいれば, 下って行く者もいた 강을 오르는 자가 있는가 하면 내려가는 자도 있었다. / さけは産卵のために川を上る 연어는 산란하기 위해 강을 거슬러 올라간다.

¶太陽は東から昇り西に沈む 태양은 동쪽에서 떠서 서쪽으로 진다. / 太陽がだんだん高く昇っていく 태양이 점점 높이 올라간다. / 太陽が昇ってから出発しよう 해가 뜬 다음에 출발하자. / 煙突から煙がもくもくと空に昇っていく 굴뚝에서 연기가 뭉게뭉게 하늘로 올라간다.

❷ [数量がある程度に達する] 달하다, 이르다

¶彼の借金は100万円に上っている 그의 빚은 100만 엔에 달한다. / そのスタジアムに集まった観客の数は8万人にも上った 그 스타디움에 모인 관객

수는 8만 명에 달했다. / 事故の死者は20人にも上った 사고 사망자수는 20명이나 됐다.
❸〔その他〕彼は40代で社長の地位にまで昇った 그는 40대에 사장 자리까지 올랐다. / まつたけが食卓に上る季節がきた 송이버섯이 식탁에 오르는 계절이다.

### 使い分け のぼる

| 上方へ行く | のぼる<br>のぼる | 뒷산에 오르다<br>裏山に登る |
|---|---|---|
| 月・日が昇る | のぼる<br>のぼる | 달이 뜨다[돋다]<br>月が昇る |
| 達する | 달하다 | 희망자가 무려 백 명에 달하다<br>希望者はおよそ100名にのぼる |

**のませる**【飲ませる】먹이다〔与える〕주다 ¶ゆう先輩が酒をのませてくれた 어제 선배가 술을 사 줬다. / 子供に風邪薬を飲ませた 아이에게 감기약을 먹였다. / 水を1杯のませてくれ 물 한 잔 줘. / 犬に水を飲ませる 개에게 물을 먹이다
**のまれる**【飲まれる・呑まれる】휩쓸리다〔圧倒される〕압도되다 ¶数人のサーファーが波にのまれ行方不明になった 몇 명의 서퍼들이 파도에 휩쓸려 행방불명이 되었다. / 酒にのまれてすっかり自分を見失った 술에 취해 완전히 제 정신을 잃었다. / 雰囲気にのまれてはいけない 분위기에 압도되어서는 안 된다. /「あいつあがっているみたいだな」"大舞台の雰囲気にのまれているんだよ" "저 녀석 긴장하고 있는 것 같은데." "큰 무대의 분위기에 압도되어서 그런 거야."
**のみ**【蚤】벼룩 ¶腕をのみに食われてかゆい 벼룩이 팔을 물어서 가렵다. / のみに食われた跡 벼룩에 물린 자국 関連 のみの市 벼룩시장, 고물 시장
**のみ**【繫】끝, 정
**-のみ** 만, 뿐

> **語法** 뿐と만
> 뿐은 後에이다가 続くか뿐만 (아니라)의 形에서のみ用い, それ以外は全て만を用いる。
> ¶新規契約のみ受け付けます 신규 계약만 받겠습니다.

¶その問題を解けたのは彼女のみだった 그 문제를 푼 것은 그녀뿐이었다. ⇒-だけ
**のみあかす**【飲み明かす】밤새 술을 마시다 ¶日本の優勝を祝ってみんなで飲み明かした 일본의 우승을 축하하며 모두 밤새 술을 마셨다.
**のみあるく**【飲み歩く】술집을 돌아다니며 마시다 ¶彼はこのところ毎晩飲み歩いている 그는 요즘 매일 밤 술집을 전전하고 있다.
**のみかけ**【飲み掛け】◇飲みかけの 마시다 남긴 ¶飲みかけの焼酎 마시다 남긴 소주
**のみくい**【飲み食い】◇飲み食いする 먹고 마시다 ¶課長のおごりだったのでさんざん飲み食いした 과장님이 한턱내는 것이어서 마음껏 먹고 마셨다.
**のみぐすり**【飲み薬】먹는 약, 내복약(内服薬)
**のみくだす**【飲み下す】삼키다 ¶苦い薬を何とか飲み下した 쓴 약을 겨우 삼켰다.
**のみこみ**【飲み込み・呑み込み】이해(理解) ¶彼女はのみ込みが早い 그녀는 이해가 빠르다.
**のみこむ**【飲み込む・呑み込む】삼키다〔理解する〕이해하다 ¶うっかり魚の骨を飲み込んでしまった 모르고 생선 뼈를 삼키고 말았다. / 出かかった言葉をぐっとのみ込んだ 나오려고 하는 말을 꿀꺽 삼켜 버렸다. / それを聞いてようやく事情をのみ込むことができた 그 얘기를 듣고 나서 겨우 사정을 이해할 수 있었다. / こつをのみ込めばスケートなんて簡単だ 요령을 파악하면 스케이팅 정도는 간단하다.
**-のみならず** 뿐만 아니라 ¶彼は俳優としてのみならず監督としても優れている 그는 배우 뿐만 아니라 감독으로서도 훌륭하다. / 彼女は日本国内のみならず世界中に知られているファッションデザイナーだ 그녀는 일본 국내 뿐만 아니라 세계에 알려진 패션 디자이너다. / 科学技術の発展は人類に恩恵のみならず同時にさまざまな問題をもたらした 과학 기술의 발전은 인류에게 혜택을 주었으나 동시에 여러 가지 문제를 일으켰다. / 情勢は少しも好転しなかった。のみならず、新たな困難が生じた 정세는 조금도 호전되지 않았다. 뿐만 아니라 새로운 문제가 일어났다.
**ノミネート** 지명(指名) ◇ノミネートする 지명되다 ¶その映画は今年のアカデミー賞にノミネートされている 그 영화는 올해 아카데미상에 후보작으로 지명되어 있다.
**のみほうだい**【飲み放題】¶2千円で酒が飲み放題だ 2천 엔에 술을 무제한으로 마실 수 있다.
**のみほす**【飲み干す・飲み乾す】다 마셔 버리다 ¶彼はグラスのビールを一気に飲み干した 그는 잔에 든 맥주 를 단숨에 다 마셔 버렸다.
**のみみず**【飲み水】음료수(飲料水)
**のみもの**【飲み物】마실 것, 음료수(飲料水) ¶何か熱い[冷たい]飲み物をください 뭔가 따뜻한[찬] 음료수 좀 주세요. /「飲み物は何にしましょうか」「レモンティーをお願いします」 "음료수는 무엇으로 하실래요?" "레몬티 주세요." / 冬には冷たい飲み物は飲みたくない 겨울에는 찬 음료수는 마시고 싶지 않다. / ランチの料金には飲み物1杯分が含まれています 런치[점심] 요금에는 음료수 한 잔 값이 포함되어 있습니다.
**のみや**【飲み屋】술집 ¶仕事の帰りに飲み屋で一杯やるのが楽しみだ 일이 끝나고 술집에서 한 잔 하는 것이 낙이다. 関連 立ち飲み屋 선술집
**のむ**【飲む】마시다, 하다〔薬を〕먹다, 들다〔たばこを〕피우다 ¶ちょっとお茶でも飲みませんか 잠깐 차라도 한 잔 안 하시겠습니까? / スープを飲むとき音を立ててはいけない 수프를 마실 때 소리를 내서는 안 된다. / 1日3回この薬を飲んでください 하루에 세 번 이 약을 드세요. / 牛乳を残さず飲みなさい 우유를 남기지 말고 마셔라. / この水は飲めるのかな 이 물은 마실 수 있는 건가? / ビールでも飲みながら話そう 맥주라도 한 잔 하면서 얘기하자. / 息子が1円玉を飲んじゃったので医者に連れて行った 아들이 1엔

짜리 동전을 삼켜서 병원에 데려갔다. / 登山中に彼は道に迷い飲まず食わずで山中をさまよった 등산 중에 그는 길을 잃어 먹지도 마시지도 못한 채 산중을 헤맸다.

¶私は酒もたばこも飲まない 나는 술 담배를 안 한다. / 付き合いで飲む程度です 교제상 마시는 정도입니다.

¶「コーヒー、もう1杯飲みませんか」「はい、お願いします」"커피, 한 잔 더 하시겠습니까?" "예, 부탁합니다." / 「何を飲むの?」「焼酎にするよ」"뭐 마실래?" "소주로 할게." / 「今晩飲みに行こう」ん、行こう」"오늘 밤에 한 잔 하러 가자." "응, 가자."

**使い分け 飲む**

| 飲む | 粉薬, 丸薬 | 먹다 |
|---|---|---|
| | 酒 | |
| | ジュース | 마시다 |
| 飲み込む | | 삼키다 |

**のむ**【呑む】〔のみ込む〕휩쓸다〔圧倒する〕압도하다, 누르다〔受け入れる〕받아들이다 ¶多くの家が濁流にのまれた 많은 집이 탁류에 휩쓸렸다. / 相手にかかれば君の勝ちさ 상대를 기세로 누른다면 네가 이길 거야. / 会社側は労働組合の賃上げ要求をのんだ 회사 측은 노동조합의 임금 인상 요구를 받아들였다.

**のめりこむ**【のめり込む】빠져들다, 말려들다〔熱中する〕열중하다 ¶それが彼が悪の道にのめり込むきっかけだった 그것이 그가 나쁜 길로 빠져든 계기가 되었다. / 彼女は新興宗教にのめり込んでいった 그녀는 신흥 종교에 빠져 들어갔다.

**のやま**【野山】산야(山野), 산과 들
**のらいぬ**【野良犬】야견(野犬), 들개
**のらねこ**【野良猫】도둑고양이
**のらりくらり** のらりくらりと 애매하게 ¶政府の報道官は記者たちの質問をのらりくらりとかわした 정부의 보도관은 기자들의 질문을 얼버무려 버렸다.

**のり**【糊】풀 ¶のりで手紙の封をした 풀로 편지를 봉했다. / のりで2枚の紙をくっつけた 풀로 두 장의 종이를 붙였다. / この紙細工はのりを使わないで作られた 이 종이 세공품은 풀을 사용하지 않고 만들어졌다. / チューブ入りののりを買った 뷰브에 든 풀을 샀다. / 彼はいつものりのきいたシャツを着ている 그는 항상 풀기가 빳빳한 셔츠를 입고 있다.

**のり**【海苔】김 ¶のり巻き 김밥 / 焼きのり 구운 김 / 味付けのり 맛김 数え方 のり1枚 김 한 장 / のり1帖 김 한 첩

**のり**【乗り】¶このファンデーションは乗りがよい 이 파운데이션은 잘 먹는다. / ディスコでかかるのは乗りのよい曲ばかりだ 디스코텍에서 트는 음악은 신나는 음악뿐이다. / 50人乗りのバス 50인승 버스 / 4人乗りの車 4인승 자동차

**のりあげる**【乗り上げる】뛰어오르다〔座礁する〕얹히다 ¶車のハンドルを切りそこねて歩道に乗り上げてしまった 자동차의 핸들을 잘못 꺾어서 보도에 뛰어오르고 말았다. / 嵐でタンカーが浅瀬に乗り上げた 폭풍우로 유조선이 여울에 얹혀졌다.

**のりあわせる**【乗り合わせる】같은 차를 타다 ¶今朝たまたまミンスと電車に乗り合わせた 오늘 아침 우연히 민수와 같은 전철을 탔다.

**のりいれる**【乗り入れる】차를 몰고 들어가다〔路線を延長する〕〔路線を接続する〕연결하다 ¶車を校庭に乗り入れてはいけません 자동차를 학교 안으로 몰고 들어가서는 안 됩니다. / 3年後にはこの町に地下鉄が乗り入れる 3년 후에는 이 동네까지 지하철이 연장된다. / 地下鉄東西線は中野からJR中央線に乗り入れている 지하철 도자이선은 나카노에서 JR 주오선으로 연결되어 있다.

**のりうつる**【乗り移る】갈아타다〔悪霊などが取りつく〕들리다, 쓰이다 ¶乗組員は全員救命ボートに乗り移った 승무원은 전원 구명 보트로 갈아탔다.

¶彼女は悪霊か何かが乗り移ったようだった 그녀는 악령 같은 것에 쓰이어 있는 것 같았다.

**のりおくれる**【乗り遅れる】놓치다〔時流に〕뒤떨어지다 ¶終電車に乗り遅れて막차를 놓쳤다. / 彼の服装のセンスはすっかり時流に乗り遅れている 그의 옷 입는 센스는 완전히 시대에 뒤떨어져 있다.

**のりおり**【乗り降り】승강 ◇乗り降りする 타고 내리다 ¶新宿駅では毎日何万人もの人が乗り降りする 신주쿠역에서는 매일 몇 만 명의 사람이 타고 내린다.

**のりかえ**【乗り換え】¶横浜方面は渋谷駅で乗り換えです 요코하마 방면은 시부야역에서 갈아타시기 바랍니다. 関連 乗り換え駅 갈아타는 역, 환승역

**のりかえる**【乗り換える】갈아타다〔心変わりする〕마음을 돌리다 ¶東京駅で東北新幹線に乗り換えた 도쿄역에서 도호쿠 신칸센으로 갈아탔다. / 新宿に行くため池袋で電車を乗り換えた 신주쿠에 가기 위해 이케부쿠로에서 전철을 갈아탔다. / 次の駅で銀座線に乗り換えよう 다음 역에서 긴자선으로 갈아타자. / 仁川に行くにはどこで乗り換えればいいですか 인천에 가려면 어디서 갈아타면 됩니까? / バスから電車に乗り換える 버스에서 전철로 갈아타다

¶彼女はミョンチョルからソンギュに乗り換えたらしいよ 그녀는 명철한테서 성규한테로 마음을 돌린 것 같아.

**のりき**【乗り気】◇乗り気になる 마음이 내키다 ¶ユナはミンギとの結婚にすっかり乗り気になっている 유나는 민기와의 결혼에 매우 적극적이 되어 있다. / その仕事には乗り気がしない 그 일은 마음이 내키지 않는다.

**のりきる**【乗り切る】극복하다, 뚫고 나아가다〔難局を乗り切る 난국을 극복하다 / わが社は不況を乗り切ることができなかった 우리 회사는 불경기를 극복하지 못했다. / 船は嵐を乗り切った 배는 폭풍우를 뚫고 나아갔다.

**のりくみいん**【乗組員】승무원 ¶その宇宙船の乗

組員は5人だ 그 우주선의 승무원은 다섯 명이다.

**のりこえる【乗り越える】** 뛰어넘다〔苦難などを〕극복하다, 이겨내다 ¶犯人は家の塀を乗り越えて侵入した 범인은 집 담을 뛰어넘어 침범했다. / 二人は言葉の障害を乗り越えて結ばれた 두 사람은 언어의 장벽을 극복하고 맺어졌다.

**のりごこち【乗り心地】** 승차감 ¶この車は乗り心地がよい 이 차는 승차감이 좋다.

**のりこし【乗り越し】** ¶乗越し料金 초과 요금

**のりこす【乗り越す】** ¶居眠りして一駅乗り越してしまった 졸다가 한 정거장을 지나쳐 버렸다.

**のりこむ【乗り込む】** ¶タクシーに乗り込んで行き先を告げた 택시에 올라타서 목적지를 말했다. / 私たちはみなバスに乗り込んだ 우리들은 모두 버스에 올라탔다.

**のりすごす【乗り過ごす】** ¶本に夢中になっていて乗り過ごしてしまった 책에 열중하다 보니 내릴 역을 지나쳐 버렸다.

**のりすてる【乗り捨てる】** ¶盗まれた自転車は駅に乗り捨てられていた 도둑맞은 자전거는 역에 버려져 있었다.

**のりそこなう【乗り損なう】** 놓치다 ¶終電に乗りそこなう 막차를 놓치다 / 8時の電車に乗りそこなって会社に遅刻した 여덟 시 전철을 못 타서 회사에 지각했다.

**のりだす【乗り出す】**〔身を〕내밀다〔出帆する〕출범하다〔関わる〕나서다 ¶彼女は窓から身を乗り出して下を見た 그녀는 창문으로 몸을 내밀어 밑을 보았다. / 彼はテーブルに身を乗り出した 그는 테이블로 몸을 내밀었다.
¶大海に乗り出す 대해로 나아가다 / 政界に乗り出す 정계로 나서다 / 事業に乗り出す 사업에 착수하다 / 調停に乗り出す 조정에 나서다

**のりつぐ【乗り継ぐ】** 갈아타고 가다 ¶新宿の山手線から中央線に乗り継いだ 신주쿠에서 야마노테선에서 주오선으로 갈아타고 갔다.
[関連]〔飛行機の〕乗り継ぎ便[客]

**のりつける【乗り付ける】** ¶彼は新しく買った車で彼女の家の前に乗り付けた 그는 새로 산 차를 그녀 집 앞으로 몰고 갔다.

**のりば【乗り場】** 타는 곳, 승차장 [関連] バス乗り場 버스 타는 곳, 정류장 / タクシー乗り場 택시 타는 곳 / 船の乗り場 선착장

**のりまわす【乗り回す】** ¶この辺りは土曜の夜になると暴走族がオートバイを乗り回して騒ぐ 이 주변은 토요일 밤이 되면 폭주족이 오토바이를 몰고 돌아다니면서 소란을 피운다.

**のりもの【乗り物】** 탈것 ¶乗り物酔いする 멀미가 나다 [関連] 車酔い 차멀미 / 飛行機酔い 비행기 멀미, 항공병 / 船酔い 뱃멀미, 선취

**のる【乗る】** ❶〔乗り物に〕타다
(基本表現)
▷タクシーに乗る, それともバスにする？
　택시 탈래, 아니면 버스 탈래?
▷私は車に乗るよりも歩きたいのですが
　저는 차 타는 것보다 걷고 싶은데요.
▷地下鉄に乗って銀座まで買い物に行った
　지하철을 타고 긴자까지 쇼핑하러 갔다.
▷満員の電車にやっと乗れた
　만원 전철에 겨우 탔다.
▷彼女は道でタクシーを拾って乗った
　그녀는 길에서 택시를 잡아 탔다.
▷「自転車には乗れるの？」「もちろん乗れるさ」
　"자전거 탈 줄 알아?" "물론 탈 수 있지."

¶駅前からタクシーに乗ろう 역 앞에서 택시를 타자. / 母は車に乗って出かけた 어머니는 자가용 타고 외출했다. / 秋葉原に行くにはどの電車に乗ればよいのですか 아키하바라에 가려면 어느 전철을 타면 됩니까? / エレベーター[エスカレーター]に乗って6階まで上がった 엘리베이터[에스컬레이터]를 타고 6층까지 올라갔다. / 学校は家からバスに乗って20分です 학교는 집에서 버스를 타고 20분 걸립니다. / 彼は運転がへたなので彼の車には乗りたくない 그는 운전을 잘 못하니까 그의 차는 타고 싶지 않다.

¶おばあさんがバスに乗るのに手を貸してあげた 할머니가 버스를 타는 것을 도와드렸다. / 彼はソウル行きの飛行機に乗るために成田へ急いだ 그는 서울행 비행기를 타기 위해 나리타로 서둘러 갔다. / 彼は車を近づけてきて「さあ、お乗りよ」と言った 그는 자동차를 가까이 대면서 "자, 타요"라고 말했다.

¶彼は高校時代オートバイに乗って学校へ通っていた 그는 고등학교 때 오토바이를 타고 등교했었다. / 彼女はボーイフレンドのオートバイの後ろに乗っていた 그녀는 남자 친구 오토바이 뒤에 타고 있었다. / 「馬には乗れるの？」「とんでもない。乗ったことは一度もありません」 "말 탈 수 있어?" "무슨 말씀을. 탄 적 한 번도 없어요."

¶飛行機に乗ったことありますか 비행기 타 본 적 있습니까? / この夏私たちは観光バスに乗って北海道を周遊した 이번 여름에 우리는 관광버스를 타고 홋카이도를 둘러보았다. / 沈没したタイタニック号には2208人が乗っていた 침몰했던 타이타닉 호에는 2208명이 타고 있었다. / 飛行機が墜落し乗っていた271名の乗客と乗員のうち263名が死亡した 비행기가 추락해서 타고 있었던 271명의 승객과 승무원 중 263명이 사망했다. / この車には6人乗れる 이 자동차에는 여섯 명이 탈 수 있다.

¶子供のころはよくブランコに乗ったものだ 어릴 적에는 자주 그네를 탔었다.

❷〔物の上に〕오르다, 올라가다 ¶椅子の上に乗って棚の上の物を取った 의자 위에 올라 선반 위에 있는 물건을 집었다. / その女の子は母親の膝の上に乗ってきた 그 여자 아이는 엄마의 무릎 위로 올라왔다. / 最近太ってきたので体重計には乗りたくない 요즘 살이 쪄서 체중계에 올라가고 싶지 않다.

❸〔応じる, 加わる〕응하다, 끼다 ¶担任の先生は親身になって私の相談に乗ってくれた 담임 선생님은 친부모처럼 친절하게 내 상담을 들어주었다. / 彼はもう話に乗ってきた[乗ってこなかった] 그는 돈벌이가 되는 얘기에 끼어들었다[끼지 않았다]. / その話に一口乗るよ 그 얘기에 한몫

낄게.

❹ 〔つり込まれる〕 넘어가다 〔だまされる〕 속다
¶何人もの女性がその男の甘言に乗せられた 많은 여성이 그 남자의 감언에 넘어갔다[속았다]. / 彼女は誘惑に乗りやすいタイプだ 그녀는 유혹에 잘 넘어가는 타입이다. / その手には乗らないよ 그 수법에는 안 넘어가.

❺ 〔ブーム・調子に〕 타다 ¶商売で成功しようと思ったら時流に乗ることが必要だ 장사로 성공하려면 시류를 타는 것이 필요하다. / 韓国ブームに乗ってこの辞書がよく売れている 한국 붐을 타고 이 사전이 잘 팔리고 있다. / 今このチームは波に乗っている 지금 이 팀은 상승세를 타고 있다.

❻ 〔リズムに〕 리듬에 맞추다 ¶その若いカップルはリズムに乗って踊った 그 젊은 커플은 리듬에 맞추어 춤을 추었다.

❼ 〔気分が〕 내키다 ¶きょうはどうも気分が乗らない 오늘은 도무지 기분이 내키지 않는다. / 今夜は乗っているようだね 오늘 밤은 마음이 내키나 봐.

❽ 〔風や水の流れに〕 타다 ¶熱気球は気流に乗って南へと飛んだ 열기구는 기류를 타고 남쪽으로 날아갔다. / ヨットは追い風に乗って帆走した 요트는 순풍을 타고 범주했다. / 黄砂が風に乗って日本まで飛んできた 황사가 바람을 타고 일본까지 날아왔다.

¶黒潮に乗ってかつおの群れがやって来た 난류를 타고 가다랑어 떼가 왔다.

¶ニュースは電波に乗って世界中に広まる 뉴스는 전파를 타고 온 세계로 퍼진다.

❾ 〔化粧・インクがよくなじむ〕 먹다, 묻다 ¶彼女はおしろいがよくのっていた 그녀는 화장이 깨끗하게 잘 먹었다. / この紙はインクが乗らない 이 종이는 잉크가 잘 먹지 않는다.

**のる**【載る】❶ 〔置かれる〕 놓이다, 얹히다 ¶テーブルの上に花瓶が載っている 테이블 위에 꽃병이 놓여 있다.

❷ 〔掲載される〕 실리다, 게재되다 ¶彼の写真が雑誌に載っている 그의 사진이 잡지에 실려 있다. / 新しい言葉はまだ辞書に載っていない 이 새로운 말은 아직 사전에 게재되지 않았다. / 彼の名前はブラックリストに載っている 그의 이름은 블랙리스트에 실려 있다. / 彼はギネスブックに載った 그는 기네스북에 올랐다. / その項目はこの本の70ページに載っています 그 항목은 이 책 70페이지에 실려 있습니다. / 私の電話番号は電話帳には載っていません 내 전화번호는 전화번호부에 실려 있지 않습니다. / 大統領とのインタビューがその雑誌に載った 대통령과의 인터뷰가 그 잡지에 실렸다. / 新聞にその事件のことが載っていた 신문에 그 사건이 실려 있었다.

**のるかそるか**【伸るか反るか】¶のるかそるかやってみよう 성공하든 실패하든지 해 보자. / のるかそるかの賭け 이기느냐 지느냐의 내기

**ノルマ** 노르마, 기준량 ¶今月はノルマがきついんだ 이번달은 노르마가 많다. / 課長は全員に毎月 5件の契約を取るノルマを課した 과장님은 전원에게 매월 다섯 건의 계약을 성립시키도록 노르마를 과했다. / 毎日自分のノルマを果たすので精一杯だ 매일 자기의 노르마를 다하는 게 고작이다.

**のれん**【暖簾】 포렴〔信用〕 신용 慣用句 のれんに腕押し 호박에 침주기 / それは店ののれんにかかわる重大なことだ 그것은 가게의 신용과 관련되는 중요한 일이다. / 100年以上続いたあの店ものれんを下ろした 100년 이상 계속해 온 그 가게도 드디어 문을 닫았다.

**のろい**【呪い】 저주(詛呪) ¶魔女は王女にのろいをかけた 마녀는 공주에게 저주를 걸었다.

**のろい**【鈍い】〔遅い〕 느리다〔鈍い〕 둔하다, 더디다 ¶このバイクはスピードがのろい 이 오토바이는 속도가 느리다. / 彼は走るのがのろい 그 사람은 달리는 것이 느리다. / うちの子は計算がのろい 우리 아이는 계산이 더디다. / 動作がのろい 동작이 둔하다.

**のろう**【呪う】 저주하다(詛呪—) ¶わが身の不運をのろった 자신의 불행을 저주했다. / おまえをのろってやる 너를 저주하고 말겠다.

**のろける**【惚ける】¶彼はよく美人の奥さんのことをのろける 그는 자주 미인인 부인 자랑을 주책없이 늘어놓는다.

**のろし**【狼煙】 봉화 ¶昔はのろしを上げて敵の来襲を知らせた 옛날에는 봉화를 올려 적의 내습을 알렸다. / 彼らは反体制運動ののろしを上げた 그들은 반체제 운동의 봉화를 올렸다.

**のろのろ** 느릿느릿, 꾸물꾸물 ◇のろのろと 느릿느릿하게 ¶のろのろするな 꾸물거리지 마. 道路が渋滞していて車はのろのろとしか進まなかった 길이 막혀서는 느릿느릿 나아갔다. 関連 のろのろ運転 거북운행

**のろま**【鈍間】 느림보

**のんき**【呑気】 ◇のんきだ 느긋하다, 무사태평하다, 편안하다, 한가롭다 ◇のんきに 느긋이, 편안히, 한가로이 ¶もう少しのんきに構えたらどうですか 조금 더 느긋한 태도를 취하는 게 어떻습니까? / 今は定年退職してのんきに暮らしています 지금은 정년퇴직하여 한가로이 생활하고 있습니다. / 学生はのんきな身分だ 학생은 편한 신분이다. / 母は生れつきのんきな性分だ 어머니는 천성이 낙천적인 성격이다.

**ノンストップ** 논스톱 ¶この電車は東京から四谷までノンストップだ 이 전철은 도쿄에서 요쓰야까지 논스톱이다.

**のんだくれ**【飲んだくれ】〔酔っぱらい〕 주정뱅이〔大酒飲み〕 술고래

**のんびり** 편히, 느긋이〔ゆっくり〕 천천히 ¶温泉に行ってのんびりした 온천에 가서 느긋하게 지냈다. / 定年後はのんびり暮らしたい 정년퇴직 후에는 느긋하게 살고 싶다. / のんびりやろう 천천히 하자. ◇のんびり屋 느긋한 사람

**ノンフィクション** 논픽션 ¶ノンフィクション作家 논픽션 작가

**のんべえ**【飲兵衛】 술고래

**のんべんだらり** 빈둥빈둥 ¶毎日のんべんだらりと暮らしていると後で後悔するよ 매일 빈둥거리고 있으면 나중에 후회해.

# は

**は【刃】**〔刃先〕날, 칼날 〔刀身〕칼몸 ¶包丁の切れ味が悪くなったので刃を研いだ 칼이 무뎌져서 날을 갈았다. /この古びたナイフは刃が欠けていて役に立たない 이 낡은 칼은 날이 빠져서 못 쓰겠다. /鋭い[鈍い]刃 날카로운[무딘] 칼날

**は【派】**파 ¶与党は防衛政策を巡って2派に分裂していた 여당은 방위 정책을 둘러싸고 2파로 분열해 있었다. /市議会議員の多くは市長派だった 시의회 의원의 다수는 시장파였다. 賛成[反対]派 찬성[반대]파 関連 派閥 파벌 / 右派 우파 / 左派 좌파 / 学派 학파 / 宗派 종파 / 党派 당파

**は【葉】**잎 ¶木の葉が黄色くなった 나뭇잎이 노랗게 되었다. /木々は秋に葉を落とす 나무들은 가을에 잎이 떨어진다. /春になると木々は若葉を出す 봄이 되면 나무들은 새잎이 난다. /彼らは落ち葉をかき集めて燃やした 그들은 낙엽을 모아 태웠다. /虫がキャベツの葉を食べた 벌레가 양배추 잎을 먹었다. /庭の柿の木の葉が茂っている 정원의 감나무 잎이 무성하다. /いちょうの木はすっかり葉を落とした 은행나무는 잎이 다 떨어졌다. /かえでは秋に真っ赤な葉をつける 단풍나무는 가을에 빨갛게 물든다. /草の葉で手を切ってしまい、指に手に血を付けてしまった 풀잎에 손을 베이고 말았다. 数え方 葉1枚 [葉] 잎 한 잎

**は【歯】**이, 《俗》이빨 数え方 歯1本 이 한 개 [くしの歯] 빗살 /[のこぎりの歯] 톱니

基本表現
▷赤ん坊に歯が生えてきた
　아기의 이가 나기 시작했다.
▷歯を治してもらわなくちゃ 이를 치료해야 한다.
▷歯が痛い 이가 아프다.
▷歯が1本抜けた 이가 하나 빠졌다.
▷歯医者で抜いてもらった
　치과에서 이를 뽑았다.
▷寝る前に歯を磨きなさい
　자기 전에 이를 닦아라.

◆〖歯が・歯は〗
¶歯が1本折れた[欠けた] 이가 하나 부러졌다[빠졌다]. /この子は歯が生えるのが遅い[早い] 이 아이는 이가 나는 것이 늦다[빠르다].
¶祖母はほとんど歯がない 할머니는 거의 이가 없다. /もう歯が全部生え代わった 벌써 이갈이가 끝났다. ┃ 벌써 전부 영구치가 되었다. /歯は丈夫だけれども下は튼튼하다. /奥歯がぐらぐらしている 어금니가 흔들흔들하다. /彼は前歯が1本欠けている 그는 앞니가 한 개 빠져 있다. /ああ、歯が痛くてたまらない 아, 이빨 아파 죽겠다.
¶くしの歯が数本欠けていた 빗살이 몇 개 빠졌다.

◆〖歯に・歯を〗
¶歯に穴があいているから、冷たいものを口に入れるとしみる 이에 구멍이 나서 찬 것을 먹으면 시리다. /甘いものは歯に悪い 단 것은 이에 나쁘다. /歯に詰め物をしてもらった 이의 구멍을 메웠다. /이를 때웠다. /犬は怒って歯をむき出した 개는 화나서 으르렁거렸다. 慣用句 この問題は僕にはとても歯が立たない 이 문제는 너무 어려워서 나에게는 아무래도 무리다. /勉強ではヨンヒに歯が立たない 공부로는 영희를 이길 수 없다. /彼は歯に衣を着せずものを言う 그는 거리낌없이 솔직하게 말한다. /店員の歯の浮くようなお世辞にはまいったよ 점원의 역겨운 아첨은 들을 수가 없었다. /寒さで歯の根が合わなかった 추위로 이가 덜덜 떨렸다. /歯を食いしばって痛みに耐えた 이를 꽉 깨물고 아픔을 참았다. /彼女は歯を食いしばって苦境を乗り越えた 그녀는 이를 악물고 역경을 뛰어넘었다. 関連 歯医者 치과 의사, 치과의 〔歯科医院〕치과 의원 / 歯茎 잇몸, 치경 / 歯ブラシ 칫솔 / 歯磨き 치약〔歯薬〕/ 糸きり歯 송곳니〔犬歯〕견치 / 永久歯 영구치, 간니 / 義歯 의치〔入れ歯〕틀니 / 乳歯 젖니, 유치

**ハ【音階】**다 ¶ハ短調 다단조 ¶ハ長調 다장조

**-は**〔母音で終わる各種の語+〕는, 가〔子音で終わる各種の語+〕은, 이

❶〔主語, 主題〕¶私は大学生だ 나는 대학생이다. /山田君は僕の友人だ 야마다는 내 친구다. /彼女はまったく泳げない 그녀는 전혀 헤엄치지 못한다. /君の辞書は机の上にある 네 사전은 책상 위에 있다. /日本は火山が多い 일본에는 화산이 많다. /お酒は嫌いです 술은 싫어합니다. /日本では多くの人が花粉症で苦しんでいるのは本当です 일본에서는 많은 사람들이 꽃가루 알레르기에 시달리고 있는 것이 사실이다.

❷〔強調, 対比〕¶今、肉は食べたくない 지금 고기는 먹고 싶지 않다. /僕は特にこの夏, 旅行の計画はありません 나는 올여름에는 딱히 여행 계획이 없습니다. /温かいものは飲みたいけれど, 冷たいものは欲しくない 따뜻한 것은 마시고 싶은데 차가운 것은 마시고 싶지 않다. /僕は今年20歳になるけれども, 君は? 나는 올해 스무 살인데, 너는?

¶「(埼玉出身だと言う相手に)埼玉はどちらですか」「川口です」"사이타마 어디십니까?" "가와구치요."

**ば【場】**〔場所〕장소, 자리〔機会〕기회〔場面〕장면, 장〔場合〕때, 경우 ¶美しい景色に見とれて1時間もその場に釘付けされたように立っていた 아름다운 경치에 눈을 뺏겨 한 시간이나 그 자리에 못 박힌 듯 서 있었다. /きのうたまたま事故のあったその場に居合わせた 어제는 우연히 사고 장소에 있었다. /首相は公の場で初めて憲法改正について言及した 수상은 공석에서 처음으로 헌법 개정에 대해서 언급했다. /この場を借りて皆様にお礼申し上げます 이 자리를 빌려서 여러분께

감사의 말씀을 드립니다. / 2人이 仲直り하는 場合를 設けよう 두 사람이 화해할 기회를 만들자.

-ば ❶[仮定条件]‒(으)면 ¶この道をまっすぐ行きになれば右側に郵便局があります 이 길을 곧장 가시면 오른쪽에 우체국이 있습니다. ❷[確定条件]‒(으)니까, ‒더니 ¶食べてみればまあまあの味だった 먹어 보니까 그럭저럭 괜찮은 맛이었다.

バー [酒場] 바, 스탠드바 [横棒] 바 ¶バーに寄って一杯やっていかないかい? 바에 들러서 한잔 안 할래? [陸上競技]彼女は1回目で2メートルのバーを跳び越えた 그녀는 1회째에 2미터의 바를 뛰어넘었다.

ばあ [ばか] 바보 [じゃんけんの] 보 ◇ばあになる [無駄になる] 헛수고가 되다 ¶彼のおかげで計画がすっかりばあになった 그 사람 때문에 계획이 완전히 수포로 돌아갔다. / (じゃんけんで)ばあを出す 보를 내다

パー 《ゴルフ》 파 ¶パーで回る 파로 돌다

**ばあい** 【場合】경우(境遇) [特定の時] 때 [事情] 사정

◆[場合は・場合が]

¶雨の場合は遠足は中止です 비가 올 경우 소풍은 취소됩니다. / 彼女の場合は少し事情が異なる 그녀의 경우는 조금 사정이 다르다.

◆[場合に]

¶それは時と場合による 그것은 때와 장소에 따른다. / 今回のケースはすべての場合に当てはまるわけではない 이번 케이스는 모든 경우에 해당되는 것은 아니다. / それはとっさの場合にきっと役立ちますよ 그것은 급할 때 분명히 도움이 됩니다. / 君の発言はこういう場合にはふさわしくないよ 네 발언은 이런 경우에는 어울리지 않는다. / 欠席の場合には, 前もってお知らせください 결석할 경우에는 미리 알려 주십시오. / 大地震が起こった場合には, まずどうしますか 대지진이 일어날 경우 우선 어떻게 하시겠습니까? / 場合によっては, 彼を許してやってもいい 경우에 따라서는 그를 용서할 수도 있다.

◆[その他]

¶日本では多くの場合, ホテルは旅館より値段が高い 일본에서는 대개 호텔은 여관보다 가격이 비싸다. / ぶらぶら遊んでいる場合ではない 빈둥빈둥 놀고 있을 때가 아니다. / 泣いている場合ではない 울고 있을 때가 아니다. / どんな場合でも冷静さを失ってはならない 어떤 경우라도 냉정함을 잃어서는 안 된다.

パーキング [駐車] 주차 [駐車場] 주차장 ¶パーキングメーター 파킹 미터, 주차료 징수기 / パーキングビル 주차 타워 ⇒駐車

はあく 【把握】파악 ¶パーキングを把握する 파악하다 [理解する] 이해하다 ¶報告書の要点を把握する 보고서의 요점을 파악하다 / 状況をよく把握してから行動してください 상황을 잘 파악하고 행동하세요.

バーゲン [バーゲンセール] 바겐세일 [特売] 특매 [安売り] 염매 ¶大勢の客がバーゲン目当てに店の前で列をなしていた 많은 손님들이 바겐세일을 노리고 가게 앞에 줄을 서 있었다. / バーゲンでコートを買った 바겐세일에서 코트를 샀다. / 冬物一掃バーゲンを行った 겨울 옷 창고 대방출 바겐을 했다.

バーコード 바코드 ¶バーコードをつける 바코드를 붙이다

パーコレーター 퍼컬레이터 [コーヒーメーカー] 커피 메이커 ¶パーコレーターでコーヒーをいれる 커피 메이커로 커피를 끓이다

パーサー 치프 퍼서

バージン バージン 【処女】숫처녀 ¶彼女はまだバージンだ 그녀는 아직 숫처녀다.

バースデー 【誕生日】생일 ¶娘の16歳の誕生日を祝ってバースデーパーティーを開いた 딸의 16살 생일을 축하해서 생일 파티를 열었다. 関連 バースデーケーキ 생일 축하 케이크 / バースデープレゼント 생일 선물

パーセンテージ 퍼센티지, 백분율(百分率) ¶正確なパーセンテージを出す 정확한 퍼센티지를 내다

パーセント 퍼센트, 《俗》프로 ¶何パーセントの高校生が大学に進学しますか 몇 퍼센트의 고등학생이 대학에 진학합니까? / クラスの30パーセントがインフルエンザにかかったので学級が閉鎖された 반 30퍼센트가 유행성 감기에 걸려서 학급이 폐쇄되었다. / 交通事故の数はこの何年か毎年5パーセントほど増加している 교통사고의 수는 요 몇년 해마다 5퍼센트 정도 증가하고 있다. / あの店では全てのパソコンを20パーセント引きで売っている 그 가게에서는 모든 컴퓨터를 20퍼센트 할인해서 팔고 있다. / 100パーセントあなたの意見に賛成です 100퍼센트 당신의 의견에 찬성합니다.

パーソナリティー [ラジオなどの] 디스크자키, 디제이(DJ) [人柄] 사람됨, 인품 ¶彼女はラジオの人気番組でパーソナリティーをしている 그녀는 라디오의 인기 프로 디제이를 맡고 있다.

ばあたり 【場当たり】◇場当たりの 즉흥적이다 ¶彼の立てた計画はかなり場当たり的みたいだからうまくいくとは思えない 그가 세운 계획은 너무 즉흥적인 것 같아서 잘되리라고 생각되지 않다.

パーツ 부품, 부분품 ⇒部品

バーディー 《ゴルフ》 버디 ¶彼はバーディーチャンスだったが惜しくも外した 그는 버디 찬스였는데 아깝게도 놓쳤다.

パーティー 파티, 모임 [一行] 일행 [グループ] 그룹 ¶パーティーを開く 파티를 열다 / 新入生の歓迎パーティーが開かれた 신입생 환영 파티가 열렸다.

¶6人でパーティーを組んで登山に出かけた 6명이 그룹을 이루어서 등산을 갔다.

バーテン 바텐더

ハート 【心臓】심장 【心】마음 [トランプの] 하트 ¶彼はついに彼女のハートを射止めた 그는 드디어 그녀의 마음을 빼앗았다. / 彼はハート形のワッペンの付いたブレザーを着ていた 그는 하트형 휘장을 붙은 블레이저를 입고 있었다.

ハード 하드 ◇ハードな [厳しい] 힘든, 힘겨운 ¶選手たちは次の試合に備えて毎日ハードトレーニングに励んでいる 선수들은 다음 경기에 대비해 매일 하드 트레이닝에 힘쓰고 있다. / 去年はハー

ドスケジュールに追われてのんびりする間もなかった 작년에는 힘든 스케줄에 쫓겨 느긋이 쉴 틈도 없었다.

**パート** 〔部分〕부분〔声部〕파트〔パートタイムの仕事〕파트타임 ¶君は合唱でどのパートをやるのか 합창에서 어떤 파트야? / 彼女はパートの仕事を探している 그녀는 파트타임 일을 찾고 있다. / 家内は先月からスーパーでパートの仕事をしている 우리 집사람은 지난달부터 슈퍼에서 파트타임 일을 하고 있다. 関連 **パートタイマー** 파트타이머, 시간제 근로자

**ハードウエア** 하드웨어 ¶コンピュータのハードウエア 컴퓨터의 하드웨어

**ハードカバー** 하드커버 ¶ハードカバーの本 하드커버 책

**ハードディスク** 하드 디스크 ¶ハードディスクが壊れてしまった 하드 디스크가 고장났다.

**パートナー** 파트너, 동반자〔同伴者〕¶(ダンスで)パートナーをリードして踊る 파트너를 리드해서 춤추다 / 彼はダンスで佐藤さんをパートナーに選んだ 그는 댄스에서 사토 씨를 파트너로 선택했다. / 人生のパートナー 인생의 동반자

**ハードボイルド** 하드보일드 ¶ハードボイルド小説 하드보일드 소설

**ハードル** 허들 ¶ハードルを跳び越す 허들을 뛰어넘다 / 彼は100メートルハードルで優勝した 그는 100미터 허들에서 우승했다. 関連 **ハードル選手** 허들 선수

**はあはあ** 헉헉, 새근새근, 새근발딱 ¶彼は階段を登りながら苦しそうにはあはあと言っていた 그는 계단을 오르면서 힘든듯 헉헉거리고 있었다.

**ハーフ** 하프〔混血児〕혼혈아 ¶彼女は日本人と韓国人のハーフだ 그녀는 일본인과 한국인의 혼혈아다. / スポーツでハーフタイムの間に作戦を練り直したハーフタイム 동안에 작전을 다시 짰다.

**ハーブ** 허브 ¶ハーブを栽培する 허브를 재배하다 関連 **ハーブ園** 허브 농원 / **ハーブティー** 허브티, 허브차

**ハープ** 하프, 수금〔竪琴〕¶彼女はハープでその曲を演奏した 그녀는 하프로 그 곡을 연주했다. / ハープ奏者 하프 연주자

**パーフェクト** 퍼펙트 ◇完璧だ〔完壁だ〕완전하다, 완벽하다 ¶彼女の演技はパーフェクトといってもよかった 그녀의 연기는 완벽하다고 할 만했다. 関連 **パーフェクトゲーム**〔野球〕퍼펙트 게임, 완전 시합〔完全試合〕

**ハープシコード** 하프시코드 ¶ハープシコードを弾く 하프시코드를 치다

**バーベキュー** 바비큐 ¶バーベキューの用意をする 바비큐 준비를 하다 関連 **バーベキューソース** 바비큐 소스

**バーベル** 바벨, 역기〔力器〕¶バーベルを挙げる 바벨을 들다

**パーマ** 파마 ¶彼女の学校ではパーマは禁止されている 그녀의 학교는 파마는 금지되어 있다. / 2か月に一度は美容院でパーマをかける 두 달에 한 번은 미용실〔미장원〕에서 파마를 한다.

**ハーモニー** 하모니, 조화〔調和〕¶合唱隊は美しいハーモニーを聞かせた 합창대는 아름다운 하모니를 들려주었다. / 映像と音楽の見事なハーモニー 영상과 음악의 훌륭한 하모니

**ハーモニカ** 하모니카 ¶彼は校内音楽会でハーモニカを吹いた 그는 교내 음악회에서 하모니카를 불었다.

**パール** 펄, 진주〔真珠〕⇒真珠

**はい** ❶〔質問に対する肯定〕네, 예(►예는 主に 改まった場面で用いる)¶「学生ですか?」「はい、そうです」"학생입니까?" "네, 그렇습니다." / 「あなたはサッカーが好きですか?」「はい、好きです」"축구를 좋아합니까?" "네, 좋아합니다." / 「韓国語は話せますか?」「はい、少しだけですが」"한국어는 할 수 있습니까?" "네, 조금요." / 「まだ、終わらないのか」「はい、まだです」"아직 안 끝났어?" "네, 아직요."
❷〔依頼・勧誘に対する承諾〕네, 예 ¶「あすうちへ来ませんか?」「はい、喜んで」"내일 우리 집에 오시지 않겠습니까?" "네, 기꺼이 가겠습니다." / 「コーヒーをもう1杯いかがですか?」「はい、いただきます」"커피 한 잔 더 어떻습니까?" "네, 주세요." / 「駅へ行く道を教えていただけませんか?」「はい、承知しました」"역에 가는 길을 가르쳐 주시겠습니까?" "예, 알겠지요." / 「辞書を貸してください」「はい、どうぞ」"사전 좀 빌려 주십시오." "네, 여기 있습니다." / 「すぐに部屋を掃除しなさい」「はい、わかりました」"당장 방을 청소해라." "네, 알겠습니다." / 「忘れずに電話してください」「はい」"잊지 말고 전화해 주세요." "네." / 「窓を開けていただけませんか?」「はい、いいですよ」"창문 좀 열어 주시겠습니까?" "네, 좋아요."
❸〔呼ばれた時の返事〕네, 예 ¶「小林さん」「はい」"고바야시 씨." "네."
❹〔相手の注意を喚起する〕자 ¶(写真をとる時に)はい、こっちを見てください。はい、結構です。자 이쪽을 봐 주세요. 네, 좋습니다. / はい、始めましょう 자, 시작하죠. / はい、中へどうぞ 네, 들어오세요.

**はい**〔灰〕재 ¶彼はたばこの灰をじゅうたんの上に落とした 그는 담뱃재를 융단 위에 떨어뜨렸다. / 火事で貴重な蔵書が全て灰になってしまった 화재로 귀중한 장서가 모두 재가 되어 버렸다. / 原爆実験による死の灰の無人実験による 죽음의 재

**はい**【肺】폐, 허파 ¶肺を患う 폐를 앓다 / たばこを吸うと肺が汚れるんだよ 담배를 피우면 폐가 더러워진다. 関連 **肺結核** 폐결핵 / **肺呼吸** 폐호흡 / **肺静脈** 폐정맥 / **肺動脈** 폐동맥

**-はい**〔-杯〕〔飲み物〕잔〔ご飯〕공기, 그릇〔トロフィー〕컵 ¶水1杯 물 한 잔 / お茶1杯 차 한 잔 / ご飯もう1杯 밥 한 그릇 더 / 彼は何杯もご飯をお代わりした 그는 밥을 몇 그릇이나 더 먹었다. / スプーン2杯の砂糖 설탕 2스푼 ¶優勝杯を獲得する 우승컵을 획득하다

**ばい**〔倍〕❶〔2倍〕배 ¶3の倍は6 3의 두 배 / 新しい航空機は音速の倍の速さだ 새로운 항공기는 음속의 배의 속도다. / 妻は私の給料の倍かせいでいる 아내는 내 월급의 두 배를 번다. / チョンホは私の倍のCDを持っている 정호는 나보다 두 배 더 CD를 가지고 있다.

¶この市の人口はこの10年間に倍になった 이 시의 인구는 이 10년 사이에 두 배가 되었다. / 政府は酒税を倍に引き上げることを決めた 정부는 주세를 두 배로 인상하기로 결정했다.
❷ 〔~倍〕배 ¶彼は私の3倍の金をかせぐ 그는 내 세 배의 돈을 번다. / この寝室はうちの寝室の4倍くらいある 이 침실은 우리 침실의 네 배 정도다. / この市の人口は前の年の1.25倍に増えた 이 시의 인구는 전년의 1.25배로 늘었다. / 円周は円の直径の3倍より少し大きい 원주는 원의 직경의 세 배보다 조금 크다.

¶この顕微鏡は標本を500倍に拡大して見せる 이 현미경은 표본을 500배로 확대하여 볼 수 있다. / その大学の競争率は10倍を超えている 그 대학의 경쟁률은 열 배를 넘고 있다.

¶倍率10倍の双眼鏡 배율 열 배의 쌍안경

パイ 파이 ¶パイを焼く 파이를 굽다 / パイを切って5つに分けた 파이를 잘라서 다섯 조각으로 나누었다. / 彼女はアップルパイを3切れぺろりと食べた 그녀는 애플파이를 세 조각 날름 먹었다.

はいあがる 【這い上がる】 기어오르다 〔抜け出す〕 벗어나다 ¶とかげが木をはい上がっていた 도마뱀이 나무를 기어올라갔다. / その映画で彼はどん底の生活からはい上がろうとする若者を演じた 그 영화에서 그는 밑바닥 생활에서 벗어나려고 하는 젊은이를 연기했다.

バイアスロン 바이애슬론
はいあん 【廃案】 폐안 ¶その法案は反対多数で廃案になった 그 법안은 반대 다수로 폐안이 되었다.
はいいろ 【灰色】 회색, 잿빛 ◇灰色の 회색 〔寂しい〕 쓸쓸한 〔陰鬱な〕 우울한 〔疑わしい〕 미심스러운 ¶夕暮れになって空はしだいに淡い灰色に変わっていった 해가 지면서 하늘은 점점 연한 잿빛으로 변해갔다. / 彼女は灰色のセーターを着ていた 그녀는 회색 스웨터를 입고 있었다. / 彼は晩年は孤独で灰色の人生を送った 그는 말년에는 고독하고 우울한 인생을 보냈다. 関連 灰色高官 미심스러운 고관

はいいん 【敗因】 패인 ¶監督は試合の敗因は自分の采配ミスにあると認めた 감독은 경기의 패인은 자기의 작전 미스에 있다고 인정했다.

ばいう 【梅雨】 장마 ¶梅雨前線が停滞しているためぐずついた天気が続いている 장마 전선이 머무르고 있어서 흐린 날씨가 계속되고 있다. ⇒つゆ

ハイウェー 〔高速道路〕 고속도로
はいえい 【背泳】 배영, 등헤엄 ¶彼は全国水泳大会の100メートル背泳で優勝した 그는 전국 수영 대회 100미터 배영에서 우승했다. / 背泳をする 배영을 하다 ⇒およぐ

はいえき 【廃液】 폐액 〔排水〕 폐수 ¶その工場は長年にわたって川に廃液を垂れ流してきた 그 공장은 긴 세월에 걸쳐서 강에 폐수를 흘려보내 왔다.

ハイエナ 하이에나 ¶彼はハイエナのように貪欲なやつだ 그는 하이에나처럼 탐욕스러운 놈이다.

はいえん 【肺炎】 폐렴 ¶肺炎になる 폐렴에 걸리다 / 彼女は風邪がこじれて急性肺炎になった 그녀는 감기가 악화되어 급성 폐렴이 되었다.

ばいえん 【煤煙】 매연 〔スモッグ〕 스모그 ¶以前この町は工場からの煤煙で空が黒ずんでいた 이전에 이 도시는 공장에서 나온 매연으로 하늘이 거무스름했었다.

バイオ 바이오 ¶ここ数十年のバイオテクノロジーの発展が農業に与えた影響は測り知れない 이 수십 년간에 바이오테크놀러지[생명 공학]의 발전이 농업에 미친 영향은 헤아릴 수 없다. / バイオセンサー 바이오 센서 / バイオチップ 바이오 칩 / バイオ農薬 바이오 농약, 생물 농약 / バイオリズム 바이오리듬

ハイオク 〔ガソリンの〕 고옥탄가 가솔린 〔揮発유〕
パイオニア 개척자 【開拓者】, 선구자 【先駆者】, 파이오니어 ¶遺伝子研究におけるパイオニア 유전자 연구에 있어서의 선구자 / パイオニア精神 선구자 정신

バイオリニスト 바이올리니스트
バイオリン 바이올린 ¶バイオリンを弾く 바이올린을 켜다 / オーケストラで第一バイオリンを弾く 오케스트라에서 제1 바이올린을 켜다 / 彼はその曲をバイオリンでじょうずに弾いた 그는 그 곡을 바이올린으로 능숙하게 켰다. / バイオリン奏者 바이올린 연주자

はいが 【胚芽】 배아 ¶わが家では健康のために胚芽米を食べている 우리 집에서는 건강을 위해 배아미를 먹고 있다.

ばいか 【倍加】 배가 ◇倍加する 배가하다, 배가되다 ¶新たな高速道路の建設によって輸送力が倍加した新しい高速道路の建設에 의해 수송력이 배가되었다.

ハイカー 하이커, 도보 여행자 ¶ハイカーたちは森の中で道に迷い3日後に救出された 하이커들은 숲 속에서 길을 잃어서 3일 후에 구출되었다.

はいかい 【徘徊】 배회 ◇徘徊する 배회하다 〔うろつく〕 돌아다니다 ¶夜になると泥棒がこのへんを徘徊しているそうだ 밤이 되면 도둑이 이 주변을 배회한다고 한다.

はいがい 【排外】 배외 〔排他〕 배타 ¶その国には宗教的な理由から排外的な雰囲気が強く残っていた 그 나라에는 종교적인 이유로 배타적인 분위기가 강하게 남아 있었다. 関連 排外思想 배외 사상 / 排外主義 배외주의

ばいかい 【媒介】 매개 ◇媒介する 매개하다 ¶マラリアはある種の蚊によって人体に媒介される 말라리아는 어떤 종류의 모기에 의해 인체에 매개된다.

はいガス 【排ガス】 배기가스 ¶自動車の排ガス 자동차 배기가스 関連 排ガス規制 배기가스 규제 / 排ガス工事 배기가스 공사

はいかつりょう 【肺活量】 폐활량 ¶肺活量を測る 폐활량을 측정하다 関連 肺活量計 폐활량계

はいかん 【拝観】 배관 ◇拝観する 배관하다 ¶お寺で古い仏像を拝観する 절에서 오래된 불상을 배관하다 関連 拝観者 배관자 / 拝観料 배관료

はいかん 【配管】 배관 ◇配管する 배관하다
¶水道管に漏れがあるようなので配管業者に見てもらった 수도관이 새는 것 같아서 배관 업자를 불렀다. 関連 配管工 배관공 / 配管工事 배관 공사

**はいかん【廃刊】** 폐간 ¶売れ行き不振のためにその雑誌は廃刊になった 판매 부진으로 그 잡지는 폐간되었다.

**はいがん【肺癌】** 폐암 ¶彼は半年前に肺癌の手術を受けた 그는 반년 전에 폐암 수술을 받았다.

**はいき【廃棄】** 폐기 ◇廃棄する 폐기하다 ¶不要な書類を廃棄する 필요없는 서류를 폐기하다 / がたのきた車を廃棄する 낡아빠진 차를 폐기하다 / 産業[放射性]廃棄物を処理する 산업[방사성] 폐기물을 처리하다

**はいき【排気】** 배기 ¶排気量550ccの小型車 배기량 550cc의 소형차 関連 排気ガス 배기가스 / 排気管 배기관 / 排気口 배기구 / 排気装置 배기장치 [換気装置] 환기 장치

**ばいきゃく【売却】** 매각 ◇売却する 매각하다 ¶車を業者に売却した 차를 업자에게 매각했다. / 売却済み 매각 완료

**はいきゅう【配給】** 배급 ◇配給する 배급하다, 나누어 주다 ¶第二次大戦中、日本では米は配給制だった 제2차 세계 대전중 일본에서 쌀은 배급제였다. / 映画の配給会社 영화 배급 회사 / 台風の被災者たちに食糧と水を配給した 태풍 이재민들에게 식량과 물을 배급했다. 関連 配給切符 배급표 / 配給所 배급소 / 配給制度 배급제 / 配給品 배급품 / 配給米 배급미

**はいきょ【廃墟】** 폐허 [遺跡] 유적 ¶戦争でその都市は廃墟と化した 전쟁으로 그 도시는 폐허가 되었다.

**はいぎょう【廃業】** 폐업 ◇廃業する 폐업하다, 그만두다 ¶去年商売を廃業した 작년에 장사를 그만두었다. 関連 廃業届 폐업 신고

**ばいきん【黴菌】** 미균, 세균(細菌) ¶傷口からばい菌が入った 상처에 세균이 들어갔다. ⇒細菌

**ハイキング** 하이킹 ¶彼らは森にハイキングに行った 그들은 숲으로 하이킹하러 갔다. 関連 ハイキングコース 하이킹 코스

**バイキング** 바이킹 [料理] 뷔페 요리 ¶パーティーのバイキング料理はとてもおいしくてお腹いっぱい食べた 파티의 뷔페 요리가 너무 맛있어서 배부르게 먹었다.

**はいきん【背筋】** 배근 ¶彼の背筋力は平均以上だ 그의 배근력은 평균 이상이다. (➡背筋力の発音は 배근녁)

**はいく【俳句】** 하이쿠 : 5·7·5의 17자로 된 짧은 시 ¶俳句を詠む 하이쿠를 읊다[짓다]

**バイク** 오토바이 ¶彼はすばやくバイクにまたがって走り去った 그는 재빨리 오토바이에 올라타 가 버렸다. 数え方 バイク1台 오토바이 한 대 関連 バイクマニア 오토바이광 / バイク便 오토바이 택배

**はいぐうしゃ【配偶者】** 배우자 [夫] 남편 [妻] 처, 아내 関連 配偶者控除 배우자 공제

**ハイクラス** 하이클래스, 고급(高級), 일류(一流) ◇ハイクラスの [高級の, 一流の] 고급의, 일류의 ¶一度でいいからあんなハイクラスのホテルに泊まってみたい 한번이라도 좋으니 그런 일류 호텔에 묵어 보고 싶다.

**はいけい【拝啓】** 배계, 근계(謹啓)

**はいけい【背景】** 배경 ¶富士山を背景に写真を撮ってもらった 후지 산을 배경으로 사진을 찍었다. / その事件を考えるにあたっては社会的背景が考慮されなければならない 그 사건을 생각하는 데 있어서는 사회적 배경이 고려되어야 한다. / その生徒の自殺の背景にはいじめが存在していた 그 학생의 자살 배경에는 왕따가 존재했다. / 田園を描いた舞台背景 전원을 그린 무대 배경

**はいけっかく【肺結核】** 폐결핵

**はいけつしょう【敗血症】** 패혈증

**はいけん【拝見】** ◇拝見する 구경하다, 보다 ¶彼は私の持っている写真を手に取って「ちょっと拝見します」と言った 그는 내가 가지고 있는 사진을 집어서 "잠깐 구경합시다."라고 했다. / お手紙拝見しました(→受け取った) 편지를 잘 받아 보았습니다.

**はいご【背後】** 배후, 뒤 ¶敵を背後から攻撃する 적을 뒤에서 공격하다 / その家の背後には墓場があった 그 집 뒤에는 묘지가 있었다. / 彼の背後には有力政治家がいる 그의 배후에는 유력 정치가가 있다. / 事件の背後関係を調べる 사건의 배후 관계를 조사하다

**はいこう【廃校】** 폐교 ¶私の母校は他の学校に統合されて昨年廃校になった 우리 모교는 다른 학교로 통합되어서 작년에 폐교되었다.

**はいごう【配合】** 배합 ◇配合する 배합하다 ¶この絵は色の配合がとてもいい 이 그림은 색의 배합이 아주 좋다. 関連 配合飼料 배합 사료 / 配合肥料 배합 비료

**はいざら【灰皿】** 재떨이

**はいし【廃止】** 폐지 ◇廃止する 폐지하다 ¶彼らは死刑の廃止を世論に訴えている 그들은 사형 폐지를 여론에 호소하고 있다. / 生徒たちの多くは制服の廃止を望んでいる 다수의 학생들이 교복의 폐지를 바라고 있다. / バス会社は乗客の少ない路線を廃止した 버스 회사는 승객이 적은 노선을 폐지했다.

**はいしゃ【敗者】** 패자(↔勝者) ¶敗者復活戦を勝ち抜いて彼は3位になった 패자부활전에서 이겨서 그는 3위가 되었다.

**はいしゃ【歯医者】** 치과의, 치과 의사 [病院] 치과 의원[병원] ¶彼女は週に一度歯医者に行っている 그녀는 일 주일에 한 번 치과에 가고 있다. / 2, 3日前から虫歯が痛いので歯医者で見てもらわなければならない 2, 3일 전부터 충치가 아파 치과에서 진료 받아야 된다. / 来週の月曜日の午前10時に歯医者の予約をしてある 다음주 월요일 오전 열 시로 치과에 예약을 했다.

**はいしゃく【拝借】** ◇拝借する 빌리다 ¶お知恵を拝借したいのですが 지혜를 좀 빌리고 싶습니다만.

**ばいしゃく【媒酌】** 중매(仲媒) ¶私たちは田中夫妻の媒酌で結婚した 우리는 다나카 부부의 중매로 결혼했다. 関連 媒酌人 중매인

**ハイジャック** 하이재킹, 공중 납치(空中拉致) ◇ハイジャックする 비행기를 납치하다 ¶数名のテロリストが飛行機をハイジャックした 몇 명의 테러리스트가 비행기를 납치했다. / 当局はハイジャック犯の要求を拒否して人質救出作戦を強行した 당국은 납치범의 요구를 거부하고 인질 구출 작

전을 강행했다.
- **ばいしゅう【買収】** 매수〔購入, 買い入れ〕매입 ◇買収する 매수하다, 매입하다 ¶工場建設のための用地買収はなかなかはかどらない 공장 건설을 위한 용지 매수는 좀처럼 진척되지 않는다. / 業者に買収された市長が逮捕された 업자에게 매수된 시장이 체포되었다.
- **はいしゅつ【排出】** 배출 ◇排出する 배출하다 ¶工場からの有害物質の排出により川が汚染された 공장에서 배출되는 유해 물질로 강이 오염되었다. / 関連 排出基準 배출 기준 / 排出口 배출구
- **はいしゅつ【輩出】** 배출 ◇輩出する 배출하다 ¶あの大学はこれまでに多くの有名作家を輩出しているそ の 대학은 지금까지 많은 유명 작가를 배출하고 있다.
- **ばいしゅん【売春】** 매춘 ◇売春する 매춘하다 関連 売春婦 매춘부 / 売春防止法 매춘 방지법
- **はいじょ【排除】** 배제 ◇排除する 배제하다 〔締め出す〕제외하다〔取り去る〕제거하다〔なくす〕없애다 ¶警察は実力でデモ隊を排除した 경찰은 힘으로 실력으로 데모대를 해산했다. / 教師と父母, 生徒たちが力を合わせ校内暴力を排除するために立ち上がった 교사와 부모 학생들이 힘을 합쳐 교내 폭력을 없애기 위해서 일어섰다. / 少数意見を排除するべきではない 소수 의견을 배제해서는 안 된다. / 競争上の障害物を排除する 도로상의 장해물을 제거하다 / 日本と韓国の間の貿易障壁を排除する 일본과 한국 사이의 무역 장해를 배제하다
- **ばいしょう【賠償】** 배상 ◇賠償する 배상하다 ¶彼らは国に対して損害賠償の訴訟を起こした 그들은 나라를 상대로 손해 배상 소송을 일으켰다. / 彼女は会社に 3 千万円の損害賠償を求めた 그녀는 회사에 3천만 엔 손해 배상을 요구했다. / 会社はけがの賠償請求に全額応じた 회사는 부상에 대한 배상 청구에 전액 응했다. / 彼は事故の賠償として200万円支払った 그는 사고 배상으로 200만 엔을 지불했다. / 損害を今すぐ賠償するべきだ 손해에 대한 배상을 지금 당장 해야 한다. / 彼女は多額の賠償金を要求した 그녀는 거액의 배상금을 요구했다. 関連 賠償責任 배상 책임
- **はいしょく【敗色】** 패색 ¶チームの敗色が濃厚になるにつれ選手たちは浮き足立った 팀의 패색이 짙어지면서 선수들은 침착성〔집중력〕을 잃었다.
- **はいしょく【配色】** 배색 ◇配色する 배색하다 ¶デザイナーはキッチンを明るい配色にした 디자이너는 부엌을 밝게 배색했다. / 彼女のセンスのよさは服装の配色を見ればわかる 그녀가 센스가 좋다는 것은 옷의 배색을 보면 안다.
- **はいじん【俳人】** 하이쿠를 짓는 사람
- **ばいしん【陪審】** 배심 ◇陪審の評決は有罪と出た 배심의 결정은 유죄로 나왔다. 関連 陪審員 배심원 / 陪審員席 배심원석 / 陪審制度 배심 제도
- **はいすい【配水】** 배수 ◇配水する 배수하다 ¶北海道では寒さのため配水管が破裂することが時々ある 홋카이도에서는 추위 때문에 배수관이 파열되는 경우가 가끔 있다. / この山小屋では井戸を掘って配水している 이 산장에서는 우물을 파서 배수하고 있다. 関連 配水工事 배수 공사 / 配水設備 배수 설비
- **はいすい【排水】** 배수 ◇排水する 배수하다 ¶この畑は排水がよいので農作業がしやすい 이 밭은 배수가 잘 돼서 농사짓기가 쉽다. / 風呂場の排水管が詰まった 욕실의 배수관이 막혔다. / このマンションは排水設備が不備だったので住民から苦情が相次いでいる 이 아파트는 배수 설비가 안 돼 있어 주민들로부터 불만이 끊이지 않는다. / 排水量 3 万トンの客船がドックから進水した 배수량 3만 톤의 객선이 선거로부터 진수했다. 関連 排水溝 배수구, 배수로 / 排水口 배수구 / 排水工事 배수 공사 / 排水ポンプ 배수 펌프
- **はいすい【廃水】** 폐수 ¶工場廃水による河川の汚染が深刻化している 공장 폐수에 의한 강물의 오염이 심각화되고 있다. 関連 廃水処理 폐수 처리
- **はいすいのじん【背水の陣】** 배수진 ¶背水の陣を敷く 배수진을 치다
- **ばいすう【倍数】** 배수 ¶20は5の倍数である 20은 5의 배수이다.
- **はいせき【排斥】** 배척 ◇排斥する 배척하다 ¶日本商品の排斥運動 일본 상품의 배척 운동 / 外国人を排斥する 외국인을 배척하다
- **はいせつ【排泄】** 배설 ◇排泄する 배설하다 ¶体内の老廃物を排泄する 체내의 노폐물을 배설하다 関連 排泄器官 배설 기관 / 排泄作用 배설 작용 / 排泄物 배설물〔大小便〕대소변
- **はいぜつ【廃絶】** 폐절 ◇廃絶する 폐절하다 ¶核兵器廃絶運動 핵무기 폐기 운동
- **はいせん【敗戦】** 패전 ◇敗戦する 패전하다〔試合・競技で〕지다 関連 敗戦国 패전국 / 敗戦投手 패전 투수
- **はいせん【配線】** 배선 ◇配線する 배선하다 ¶テレビの内部にはたくさんの配線がある 텔레비전 내부에는 많은 배선이 있다. / ステレオの配線を間違えてしまったために何も音が聞こえなかった 스테레오로 배선이 잘못되어서 아무 소리도 들리지 않았다. / 電話の配線工事をする 전화 배선 공사를 하다 関連 配線図 배선도 / 配線盤 배선반
- **ハイセンス** ◇ハイセンスな 센스가 좋은, 센스가 있는 ¶彼女の部屋はハイセンスな感じで飾られていた 그녀의 방은 센스 있게 꾸며 있었다.
- **はいそ【敗訴】** 패소 ◇敗訴する 패소하다 ¶裁判は大方の予想に反して原告の敗訴となった 재판은 많은 사람들의 예상을 뒤엎고 원고가 패소했다.
- **はいそう【配送】** 배송 ◇配送する 배송하다 ¶その運送業者は日曜と祝日は荷物を配送しない 그 운송 회사는 일요일과 휴일에는 짐을 배송하지 않는다. 関連 配送車 배송차 / 配送センター 배송 센터 / 無料配送 무료 배송
- **ばいぞう【倍増】** 배증 ◇倍増する 배증하다, 배증되다 ¶韓国ブームに乗ってこの韓国語教室の生徒数は 1 年間でほぼ倍増した 한국 붐을 타고 이 한국어 교실의 학생 수는 지난 1년간 거의 배로 늘어났다. / 売り上げを倍増するための案を考える 매상을 배증하기 위한 안을 생각하다

**はいぞく【配属】** 배속, 배치(配置) ◇配属する 배속하다, 배치하다 ¶入社と同時に彼は営業部に配属された 입사와 동시에 그는 영업부에 배치되었다.

**はいとう【歯痛】** 치통 ¶昨夜から歯痛がするのできょうは歯医者に行かなければならない 어젯밤부터 치통이 있어 오늘은 치과에 가야 된다.

**はいた【排他】** 배타 ◇排他的な 배타적인 ¶彼は排他的な考えをしている 그는 배타적인 생각을 가지고 있다. / 彼女は排他的な性格だ 그녀는 배타적인 성격이다. 関連 排他主義 배타주의

**はいたい【敗退】** 패퇴 ◇敗退する 패퇴하다 ¶日本は1回戦であっけなく敗退した 일본은 1회전에서 어이없게 패퇴했다.

**ばいたい【媒体】** 매체 ¶新聞やテレビが情報伝達の重要な媒体であることは確かだ 신문이나 텔레비전이 정보 전달의 중요한 매체라는 것은 확실하다. ⇨メディア

**はいたつ【配達】** 배달 ◇配達する 배달하다 ¶郵便の配達は1日1回だ 우편 배달은 하루에 한 번이다. / 大雪のため荷物の配達が遅れている 폭설로 짐 배달이 늦어지고 있다. / ビールを1箱配達してください 맥주 한 박스 배달해 주세요.
¶彼は新聞配達をしながら大学に通っている 그는 신문 배달을 하면서 대학을 다니고 있다. / 配達料金はいくらですか 배달료는 얼마입니까? / 日本全国配達無料です 일본 전국 무료 배달입니다. 関連 配達先 배달처 / 配達証明書 배달 증명서 / 配達区域 배달 구역 / 配達人 배달원 [郵便の] 집배원

**バイタリティー** 〔活気, 生命力〕 생기, 활기 〔力〕 힘 ¶彼は年を取ってもバイタリティーにあふれている 그는 나이를 먹어도 활기가 넘친다.

**はいち【配置】** 배치 [配列] 배열 [位置] 위치 [持ち場] 부서, 담당 구역 ◇配置する 배치하다 ¶部屋の家具の配置が気に入らない 방의 가구 배치가 마음에 들지 않는다. / あら, 本棚の配置が変わったわね 어머, 책장 위치가 바뀌었네.
¶家具をどう配置したら部屋が広く見えるだろうか 가구를 어떻게 배치하면 방이 넓어 보일까? / 空港や駅に多数の警官が配置された 공항이나 역에 다수의 경찰관이 배치되었다.
¶兵士全員が戦闘配置についた 병사 전원이 전투 배치되었다. / 社員の配置転換を行う 사원의 인사이동이 있다 関連 配置図 배치도

**ハイティーン** 하이틴 ¶彼女はハイティーンのころにすでに1児の母だった 그녀는 하이틴 때 이미 한 아이의 어머니였다.

**ハイテク** 하이테크 ¶ハイテク時代 하이테크 시대 / ハイテク産業 하이테크 산업

**はいてん【配点】** 배점 ◇配点する 배점하다 ¶先生は数学の応用問題に20点を配点した 선생님은 수학 응용문제에 20점을 배점하였다.

**ばいてん【売店】** 매점 〔屋台, 露店〕 노점 ¶私は毎朝駅の売店で新聞を買ってから通勤電車に乗る 나는 매일 아침 역구내 매점에서 신문을 사서 전철을 탄다.

**バイト** 〔俗〕 알바 〔アルバイト〕 아르바이트 ⇨アルバイト

**バイト** 〔IT〕 바이트 ¶このパソコンのハードディスクは60ギガバイトだ 이 컴퓨터의 하드디스크는 60기가바이트다.

**はいとう【配当】** 배당 ◇配当する 배당하다 ¶わが社は昨年5分の配当を出した 우리 회사는 작년에 5퍼센트의 배당금을 할당했다. / 利益の配当にあずかる 이익의 배당을 받다 関連 配当落ち [付き] 배당락[부] / 配当率 배당률 / 配当利回り 배당 이율 / 無配当 무배당

**ばいどく【梅毒】** 매독

**パイナップル** 파인애플 ¶パイナップルの缶詰 파인애플 통조림

**はいはい【這い這い】** 기엄기엄 ◇はいはいする 기엄기엄하다 ¶うちの赤ん坊は6か月ではいはいをし始めた 우리 아기는 6개월에 기기 시작했다.

**ばいばい【売買】** 매매 ◇売買する 매매하다 ¶不動産の売買で巨額の利益を得る 부동산 매매로 거액의 이익을 얻다 / 商社と売買契約を結ぶ 상사와 매매 계약을 맺다 関連 売買価格 매매 가격 / [株式の]売買単位 매매 단위 / 売買高 매매고 / 売買手数料 매매 수수료

**バイバイ** 빠이빠이, 안녕 ¶子供たちは校門でバイと言って別れた 아이들은 교문에서 빠이빠이하고 헤어졌다.

**バイパス** 〔迂回路〕 우회로 ¶バイパスを通って海に行った 우회로를 이용하여 바다로 갔다.

**はいび【配備】** 배치 [配置] ◇配備する 배비하다 ¶国連はアフリカに平和維持軍を配備した 유엔은 아프리카에 평화 유지군을 배치했다. / 新型ミサイルを配備する 신형 미사일을 배치하다 / 部隊の配備 부대 배치

**ハイヒール** 하이힐 ¶彼女は新しいハイヒールをはいて出かけた 그녀는 새 하이힐을 신고 외출했다.

**はいひん【廃品】** 폐품 ¶廃品を回収[再利用]する 폐품을 회수[재활용]하다 / 廃品回収業者 폐품 회수 업자

**はいふ【配布・配付】** 배부, 배포 ◇配布する 배부하다, 나누어주다, 배포하다 ¶先生は校則に関するアンケート用紙をクラスの生徒全員に配布した 선생님은 교칙에 관한 앙케이트 용지를 반학생 전원에게 나눠 주셨다.

**パイプ** 〔管〕 파이프, 관 〔連絡役〕 연락원 [たばこの] 파이프 ¶これは彼の20年来愛用のパイプだ 이것은 그가 20년 동안 애용해 온 파이프다. / 排水パイプが詰まっている 배수 파이프가 막혔다.
¶彼は財界と政界とのパイプ役を務めている 그는 재계와 정계의 파이프 역할을 하고 있다.
¶パイプに火をつける 파이프에 불을 붙이다 / パイプをふかす 파이프를 피우다 関連 パイプオルガン 파이프 오르간 / パイプカット 정관 절제술(精管切除術) / パイプライン 파이프라인

**ハイファイ** 하이파이 関連 ハイファイ装置 하이파이 장치 / ハイファイステレオ 하이파이 스테레오

**はいぶつ【廃物】** 폐물 ⇨廃品

**ハイブリッド** 하이브리드 関連 ハイブリッド車 하이브리드카, 하이브리드 자동차, 가솔린

및 전기 겸용 자동차
**バイブル** 바이블 [聖書] 성경(聖經), 성서 ¶この本は有機農業のバイブルといわれている 이 책은 유기농업의 바이블이라고 불린다.
**ハイブロー** 지적인, 교양인, 인텔리 ◇**ハイブロー**の 교양적인, 고상한 ¶彼女は大衆向け女性誌よりもハイブローな雑誌が好みだ 그녀는 대중용 여성 잡지보다 교양적인 잡지를 좋아한다.
**ハイフン** 하이픈, 붙임표
**はいぼく【敗北】** 패배 ◇**敗北する** 패배하다 ¶日本はブラジルに2対0で敗北した 일본은 브라질에 2대 0으로 졌다. / 民主党は総選挙で敗北を喫した 민주당은 총선거에서 패배를 맛보았다 関連 **敗北者** 패배자 / **敗北宣言** 패배 선언
**はいほん【配本】** 배본 ◇**配本する** 배본하다 ¶第1巻と第2巻は取り次ぎ店[購読者]に配本済みで 제 1권과 제 2권은 대리점에[구독자에게] 배본 끝났습니다.
**ハイヤー** 전세 택시 ¶ハイヤーで京都の寺巡りをした 전세 택시로 교토의 여러 절을 돌았다.
**バイヤー** [仕入れ係, 買い手] 바이어 ¶彼女はデパートのバイヤーとしてイタリアのファッション製品を専門に扱っている 그녀는 백화점 바이어로서 이탈리아의 패션 제품을 전문으로 취급하고 있다
**はいやく【配役】** 배역 ◇**配役する** 배역을 정하다 ¶その映画は魅力的な配役のおかげで素晴らしい出来だった 그 영화는 매력적인 배역 덕분에 훌륭하게 완성되었다. / その芝居は配役がよかったせいで連日満員だった 그 연극은 출연진이 좋았던 덕분에 연일 만원이었다.
**ばいやく【売約】** 매매 계약 ¶気に入ったマンションは既に全戸が売約済みになっていた 마음에 드는 아파트는 이미 전 가구 계약이 끝나 있었다. / **売約済み**(▶掲示) 매약 완료.
**はいゆう【俳優】** 배우 [女優] 여우, 여배우 ¶彼には俳優の素質がない 그에게는 배우의 소질이 없다. 関連 **俳優養成所** 배우 학원[양성소] / **映画[舞台]俳優** 영화[무대] 배우
**ばいよう【培養】** 배양 ◇**培養する** 배양하다 ¶研究室で細菌を培養する 연구실에서 세균을 배양하다 関連 **培養液** 배양액 / **培養基** 배양기 / **培養菌** 배양균 / **培養土** 배양토 / **純粋培養** 순수 배양
**ハイライト** 하이라이트 ¶きょうのプロ野球のハイライト 오늘 프로야구의 하이라이트 / 今週のニュースハイライト 이번주 뉴스의 하이라이트
**はいりこむ【入り込む】** 들어가다 ¶勝手に姉さんの部屋に入り込んじゃだめよ 맘대로[마음대로] 언니 방에 들어가면 안 돼.
**ばいりつ【倍率】** 배율 [競争率] 경쟁률 ¶この顕微鏡の倍率は600倍だ 이 현미경의 배율은 600배다. / 倍率10のレンズ 배율 10인 렌즈 / 倍率を上げる[下げる] 배율을 올리다[낮추다].
¶この大学は倍率が高いので彼の学力では入れそうにない 그 대학은 경쟁률이 높아서 그의 실력으로는 못 들어갈 것 같다. / 文学部に入学を希望する学生の倍率は定員の3倍である 문학부 입학을 희망하는 학생의 배율은 정원의 3배이다.

**はいりょ【配慮】** 배려 [考慮] 고려 ◇**配慮する** 배려하다 [考慮する] 고려하다 ¶彼は他人への配慮が欠けている 그는 타인에 대한 배려가 부족하다. / この件につきよろしくご配慮ください 이 건에 대해서 잘 좀 배려 부탁드립니다. / 彼らの配慮で私たちは無事その国から脱出できた 그들의 도움으로 우리들은 무사히 그 나라에서 탈출할 수 있었다. / ご配慮いただきありがとうございます 배려해 주셔서 감사합니다.
¶彼女は人の気持ちをまったく配慮しない 그녀는 다른 사람의 기분을 전혀 고려하지 않는다. / 彼は私の経験不足を配慮して簡単な仕事をまわしてくれた 그는 나의 경험 부족을 고려해서 간단한 일을 맡겨 주었다.
**バイリンガル** 두 언어 사용자, 바일링궐 ◇**バイリンガル**の 두 가지 언어를 쓰는, 2개 국어 쓰는 ¶彼は日本語と韓国語のバイリンガルだ 그는 일본어와 한국어의 2개 국어를 쓴다. / バイリンガルの秘書 2개 국어를 할 수 있는 비서

**はいる【入る】** ❶ [外から中へ移動する] 들다 [入っていく] 들어가다 [入ってくる] 들어오다 ¶どうぞお入りください 들어 오세요. / 先生は彼女に中に入るように言った 선생님은 그녀에게 안으로 들어오라고 하셨다. / 中に入ろう. 雪が降っている 안으로 들어가자. 눈이 온다. / 彼はノックしないで部屋に入った 그는 노크를 하지 않고 방에 들어갔다. / 彼の店は1か月に2度も泥棒に入られた 그의 가게는 한 달에 두 번이나 도둑이 들었다. / 私は彼の部屋の中へ入ったことはない 나는 그의 방에 들어가 본 적이 없다. / ベッドに入ろうとすると電話が鳴った 침대에 누우려는데 전화가 울렸다. / 彼はこっそりと部屋へ入った 그는 살그머니 방으로 들어갔다. / 芝生に入らないでください 잔디에 들어가지 마세요. / ごみが目に入った 먼지가 눈에 들어갔다. / 僕の部屋は日がよく入る 내 방에는 볕이 잘 든다. / 新鮮な空気が入るように窓を開けてくれませんか 신선한 공기가 들어오도록 창문 좀 열어 주시지 않겠어요? / 僕のかさに入って一緒に우산으로 들어와. 
❷ [中に納まっている] 들어 있다 ¶封筒の中に大切な手紙が入っている 봉투 속에 중요한 편지가 들어 있다. / 箱の中に何が入っているんですか 상자 안에 뭐가 들어 있습니까? / 娘は買い物袋に何が入っているのか私に尋ねた 딸은 쇼핑백에 뭐가 들어 있는지 나에게 물었다. / ポケットに5千円入っている 주머니에 5천 엔 있다. / 冷蔵庫には何も入っていなかった 냉장고에는 아무것도 없었다.

❸ [加入する] 들다, 들어가다, 가입하다 [入場する] 들어가다 ¶彼は軍隊に入った 그는 군대에 갔다. / 娘は私立高校に入った 딸은 사립 고등학교에 들어갔다. / 彼は30歳で政界に入った 그는 30세에 정계에 들어갔다. / 僕は野球部に入っている 나는 야구부에 들어 있다.
¶このチケットで遊園地に3名入れます 이 티켓으로 유원지에 세 명 들어갈 수 있습니다. / 65歳以上のお年寄りは無料で入れます 65세 이상의 노인은 무료로 들어갈 수 있습니다.

❹ [含む, 収容する] 들다, 들어가다, 포함하다,

수용하다 ¶このガムには人工甘味料が入っている 이 껌에는 인공 감미료가 들어 있다. / このケースには50枚のDVDが入る 이 케이스에는 50장의 DVD가 들어간다. / この詩集には彼女の詩がすべて入っている 이 시집에는 그녀의 시가 모두 들어있다. / その瓶は何リットル入りますか 그 병은 몇 리터 들어갑니까? / この映画館に300人入る 이 영화관은 300명을 수용할 수 있다. / 少し太ったせいか去年買ったスカートが少し入らなかった 조금 살이 쪄서 그런지 작년에 산 스커트가 안 들어간다.

❺【着く】들어오다 ¶ご注文の本が入りました 주문하신 책이 들어왔습니다. / 電車が新宿駅に入ると大勢の乗客がどっと降りた 전철이 신주쿠역에 들어오자 많은 승객이 우르르 내렸다. / 外国の客船が港に入った 외국의 객선이 항구에 들어왔다.

❻【ある状態に達する】들다 ¶梅雨にいつ入りますか(→始まる) 장마는 언제 시작됩니까? / けさは8時30分からすぐに仕事に入った(→取りかかる) 오늘 아침은 여덟 시 30분부터 바로 일에 들어갔다. / 新学期に入った 신학기에 들어갔다. / 政局は新しい局面に入ろうとしている 정국은 새로운 국면에 들어서려고 하고 있다. / 労使の賃上げ交渉は山場に入った 노사의 인금 인상 교섭은 고비를 맞이했다.
¶日本は女子マラソンで1位と3位に入った 일본은 여자 마라톤에서 1위와 3위에 들었다. / 彼はスピーチコンテストで4位に入った 그는 스피치 콘테스트에서 4위에 들었다.

❼【手に入る】들어오다 ¶おばが亡くなって彼女に思いがけない遺産が入った 숙모가 돌아가셔서 그녀에게 생각지도 못한 유산이 들어왔다. / その国が核実験を行うという情報が入った 그 나라가 핵실험을 한다는 정보가 들어왔다.
¶〔野球で〕5回の表にうちのチームに3点入った 5회 초에 우리팀이 3점 냈다. / 市長選挙で安藤候補に2万票入った 시장 선거에서 안도 후보에게 2만 표가 들어왔다.

❽【その他】¶君の家にはいつからファックスが入ったの? 너희 집에는 언제부터 팩스가 있었어? / その喫茶店はそこの角を少し入ったところにあります 그 찻집[커피숍]은 거기 모퉁이를 조금 들어선 곳에 있습니다. / 彼は酒が入るといつも陽気な歌を歌う 그는 술이 들어가면 항상 신나는 노래를 부른다. / どの話題から入りましょうか 어떤 화제부터 시작할까요

**ハイレグ** 하이레그 ¶ハイレグの水着 하이레그 수영복

**はいれつ**【配列】배열 ◆配列する 배열하다 ¶本棚の本は著者名の五十音順に配列してある 책꽂이의 책은 저자명의 아이우에오순으로 배열되어 있다.

**パイロット** 파일럿, 조종사(操縱士) ¶戦闘機[旅客機]のパイロット 전투기[여객기]의 파일럿

**パイロットランプ** 파일럿 램프, 표시등(表示灯)

**バインダー** 바인더

**はう**【這う】기다 〔つたなどが〕뻗다 ¶赤ん坊は四つんばいになってはった 아기는 네 발로 기었다. / 赤ん坊がはい回る 아기가 기어 다니다 / 私は垣根の穴をはってくぐりぬけた 나는 울타리 구멍을 기어서 빠져 나왔다. / 毛虫が葉の上をはっている 송충이가 잎 위를 기어가고 있다. / 彼はそっと寝床から出して台所へ行った 그는 조심스럽게 이불에서 기어나와 부엌으로 갔다. / その古い建物の壁にはつたがはっていた 그 오래된 건물 벽에는 담쟁이가 뻗어 있었다.

**ハウス**〔ビニールハウス〕비닐 하우스〔温室〕온실 ¶市場には一年中ハウスものの野菜が豊富に出回っている 시장에는 일년 내내 하우스 재배 야채가 풍부하게 나온다. 関連 **ハウス栽培** 하우스 재배

**パウダー** 파우더 ¶パウダーを顔につける 파우더를 얼굴에 바르다 関連 **ベーキングパウダー** 베이킹 파우더 / **ベビーパウダー** 베이비 파우더

**ハウツー** 하우투, 방법 ¶彼は株式投資についてのハウツー物の本を企画している 그는 주식 투자에 대한 실용서를 기획하고 있다.

**バウンド** 바운드 ◇バウンドする 바운드하다〔跳ね上がる〕튀어 오르다 ¶車は悪路で激しくバウンドした 차는 험한 길에서 심하게 튀어 올랐다. / 一塁の前で球がイレギュラーバウンドした 1루 앞에서 공이 불규칙 바운드했다. / 彼はワンバウンドでボールを捕った 그는 원 바운드로 공을 잡았다.

**パウンドケーキ** 파운드 케이크

**はえ**【蠅】파리 ¶ごみ捨て場にははえがたかっていた 쓰레기장에는 파리가 들끓고 있었다. / はえが一匹部屋の中をぶんぶん飛び回っていた 파리 한 마리가 방 안을 웡웡 날아다니고 있었다.
¶はえをたたく 파리를 잡다 慣用句 人の頭の上のはえを追うより自分の頭のはえを追え 네가 무슨 일을 하든 네가 웬 참견이냐? 関連 **はえたたき** 파리채 / **はえ取り紙** 파리 끈끈이

**はえぬき**【生え抜き】¶彼はわが社の生え抜きの社員だ 그는 학교를 졸업하고 줄곧 우리 회사에서 일해 온 사람이다. / 生え抜きの外交官 직업 외교관

**はえる**【生える】〔成育する〕자라다〔毛・歯が〕나다〔芽を出す〕트다 ¶雑草はすぐ生える 잡초는 금방 자란다. / ひげが生えてきた 수염이 나기 시작했다. / 赤ん坊に乳歯が生えてきた 아기에 젖니가 났다.

**はえる**【映える・栄える】〔輝く〕빛나다〔調和する〕어울리다, 조화되다 ¶夕日に赤く映える山なみ 노을로 빨갛게 물드는 산들 / 青い海に白いヨットが映えて美しかった 파란 바다에 하얀 요트가 어우러져 아름다웠다. / 彼女は和服が映える日本的な女性だ 그녀는 기모노가 잘 어울리는 일본적인 여성이다.

**はおる**【羽織る】걸쳐 입다 ¶彼女はパジャマの上にガウンを羽織った 그녀는 파자마 위에 가운을 걸쳐 입었다.

**はか**【墓】묘, 무덤, 산소 ¶墓を建てる 묘를 쓰다 / 両親の墓に花を供える 부모님 산소에 꽃을 바치다 / 先週祖父母の墓参りに行った 지난주에 조부모님 산소에 성묘하러 갔다왔다. / 父はこ

の墓に眠っている아버지는 이 무덤에 잠들어 계신다.
¶先祖代々の墓 선조대대의 묘[산소] / 선산
[数え方] 墓1基 무덤 한 기  [関連] 墓荒らし 도굴꾼 / 墓石 묘석 / 墓場 묘소, 산소 ⇒墓地

## ばか

**ばか【馬鹿】**〔愚かな人〕바보, 멍청이, 멍구리, 《俗》띨띨이〔愚かなこと〕바보같은 짓, 어리석은 짓, 터무니없는 말〔まったく意味をなさないこと〕허튼 소리 ◇ばかな 바보같은, 어리석은 ◇ばかにする 깔보다, 업신여기다

◆《ばかな》
¶ばかなことを言うな 바보 같은 소리 하지 마. / ばかなまねはやめろ 바보 같은 짓은 그만둬 /「彼が破産したよ」「そんなばかな」"그가 파산했어." "그런 말도 안 되는…" /「君があのうわさを広めたんだって?」「そんなばかな」"네가 그 소문을 퍼뜨렸다면서?" "그런 터무니없는 소리."

◆《ばかに》
¶彼らは子供じみていると言って彼女をばかにした 그들은 어린애 같다며 그녀를 깔봤다. / 君は僕をばかにしているのか 너 나를 바보로 알아? /
ばかにできない(→軽視できない) 경시할 수 없다. / 500万ウォンといえばばかにできない金額だ 5백만원이면 무시 못하는 금액이다. / 毎月のガス代もばかにならない(→かなりの額になる) 매월 가스 요금도 꽤 나온다.
¶スイッチがばかになっている(→機能しない) 스위치가 작동되지 않는다. / 鼻がばかになった(→においがかげない) 냄새를 맡지 못한다.
¶きょうはばかに暑いね(→異常に) 오늘은 이상하게 덥네.

◆《ばかを》
¶ばかを見る〔損をする〕손해를 보다 |〔骨折り損をする〕헛걸음치다 /このCDを買ってばかを見た 이 CD를 사서 손해 봤다. / 彼女は最後にはばかを見た 그녀는 마지막에는 헛걸음쳤다.

◆《その他》
¶私はばかでばかなんだ 난 왜 이렇게 바보 같지? / 彼女はなかなかどうしてばかではない 그녀는 바보와는 거리가 멀다. / 彼はまったくのばかというわけではない 그가 완전히 바보라는 건 아니다. / 人をばか呼ばわりするな 남을 바보 취급하지 마. / ばかみたいに私は彼の話にまんまと乗せられた 바보같이 나는 그의 이야기에 그대로 속았다. / そんなぽんこつの車に100万円も出すほどばかじゃないよ 그런 고물차에 100만 엔이나 낼 정도로 바보는 아니다. / 君にばかよばわりされるほどネ 명청함에는 질렸다. / このばかやろう 이 바보 녀석. / そんなつまらないものに金を空費するなんて彼はばかだった 그런 시시한 것에 돈을 허비하다니 그는 바보였다.
¶きのうの夜ばか食いしたので腹が痛い 어제 저녁에 무식하게 먹어서 배가 아프다. / 電話で友達と1時間以上ばか話をした 전화로 친구와 한 시간이나 쓸데없는 이야기를 했다.
[慣用句] ばかとはさみは使いようだ 바보도 잘 쓰면 쓸모 있다. / ばかにつける薬はない 바보는 구제할 약이 없다. / ばかにならない 우습게 보면 안 된다. / ばかの一つ覚え 바보가 한가지 얻은 지

식 / ばかも休み休み言え 바보 같은 소리 작작해. / 正直者はばかを見る 정직한 사람은 어이없게 손해를 본다.

**はかい【破壊】**파괴 ◇破壊する 파괴하다 ¶開発の名のもとに世界中で自然が破壊されている 개발이라는 명분으로 전 세계적으로 자연이 파괴되고 있다. / 森林の伐採が環境破壊を招いている 삼림의 벌채가 환경 파괴를 초래한다. [関連] 破壊活動防止法 파괴 활동 방지법 / 破壊工作 파괴공작 / 破壊主義 파괴주의 / 破壊分子 파괴분자 / 破壊力 파괴력

**はがき【葉書】**엽서 ¶彼女は旅行先から家族に葉書を出した 그녀는 여행지에서 가족한테 엽서를 보냈다. [数え方] はがき1枚[葉] 엽서 한 장
[関連] 絵葉書 그림엽서 / 往復葉書 왕복엽서 / 官製葉書 관제엽서

**はかく【破格】**파격 ◇破格の 파격적인 ¶当店は全商品を破格のお値段でご奉仕しています 저희 가게는 전 상품을 파격적인 가격으로 판매하고 있습니다. / 彼らは彼を破格の待遇でもてなした 그들은 그를 파격적인 대우로 접대했다.

**ばかげた【馬鹿げた】**어리석은, 시시한 ¶夜遅くまで酒を飲んで大騒ぎをするなんてばかげている 밤늦게까지 술을 마시고 떠들어 대다니 어리석기 그지없다. / 彼はこれまでばかげたことをいろいろやってきたけど、これはその最たるものだ 그는 지금까지 어리석은 짓을 여러 가지 했지만 이것은 그 중에서도 가장 심하다. / そんなばかげた話は聞いたこともない 그런 시시한 이야기는 들어본 적이 없다.

**ばかさわぎ【馬鹿騒ぎ】**야단법석 ¶ばか騒ぎにふける 야단법석을 떨다 / 子供たちに部屋でばか騒ぎをするのをやめるように言って 아이들에게 방에서 그만 야단법석 떨라고 해.

**ばかしょうじき【馬鹿正直】**◇ばか正直だ 고지식하다 ¶彼は本当にばか正直な男だ 그는 정말 고지식한 사람이다. / ばか正直もいい加減にしなさい 고지식한 짓은 그만둬. / 너무 고지식하게 굴지 마.

**はがす【剝がす】**〔皮をむく〕벗기다 〔引き裂く〕떼다 / 壁紙をはがす 벽지를 벗기다 / アルバムから写真をはがした 앨범에서 사진을 떼었다.

**ばかす【化かす】**홀리다〔だます〕속이다 ¶きつねに化かされたような気分だった 여우에게 홀린 것 같은 기분이었다.

**ばかず【場数】**경험 [慣用句] 彼は場数を踏んでいるからいざという時でも胸が据わっている 그는 경험을 쌓아 왔기 때문에 어떤 경우에도 배짱이 있다.

**はかせ【博士】**박사〔物知り〕만물 박사, 척척박사〔達人, 権威〕권위자 ¶彼は仲間内では「お天気博士」と呼ばれている 그는 동료들 사이에서 '날씨 박사'라고 불리운다. / 哲学博士 철학박사 ⇒博士(ৈ)

**ばかぢから【馬鹿力】**괴력, 초인적 힘 ¶いざというときはばか力が出るものだ 유사시에는 초인적 힘이 나오는 법이다.

**ばかていねい【馬鹿丁寧】**◇ばか丁寧だ 지나치게 공손하다 ¶あんまり彼女がばか丁寧なので恐縮してしまった 그녀가 너무 공손해서 되려[도리

어] 미안했다.

**ばかでかい** 【馬鹿でかい】 ¶彼の足はばかでかいので既製品の靴では間に合わない 그의 발은 너무 커서 기성 구두는 맞지 않는다.

**はかどる** 【捗る】 진척되다 ¶仕事ははかどっているかい 일은 진척되고 있는 거야? / 隣の部屋のテレビの音がうるさくて勉強が少しもはかどらなかった 옆방 텔레비전 소리가 커서 공부가 조금도 진척되지 않았다. / 地下鉄の建設工事は順調にはかどっている 지하철 건설 공사는 순조롭게 진척되고 있다.

**はかない** 【果敢無い・儚い】 덧없다, 허무하다, 헛되다 ¶彼女との恋はつかの間のはかない夢だった 그녀와의 사랑은 잠시 동안의 덧없는 꿈이었다. / 彼は宝くじにはかない望みをかけている 그는 복권에 헛된 희망을 걸고 있다.

¶人間は自然の前でははかない存在だ 인간은 자연 앞에서는 덧없는 존재다. / はかない命 덧없는 목숨 / はかない人生 허무한 인생

**はがね** 【鋼】 강철(鋼鐵) ¶その映画の主人公は鋼のように強靱な肉体の持ち主だった 그 영화의 주인공은 강철같이 강인한 육체를 가졌다.

**はかば** 【墓場】 묘지(墓地) 〔共同墓地〕 공동 묘지 ⇒墓, 墓地

**はかばかしい** 【捗々しい】 순조롭다, 만족스럽다, 잘 되다 ¶入院後1か月経ったが彼女の病状はいっこうにはかばかしくなかった 입원 후 한 달이 지났지만 그녀의 병세는 전혀 좋아지지 않았다. / 長引く不況のせいでこのところ商売がはかばかしくない 길어진 불황 탓에 요즘 장사가 잘 안된다.

**ばかばかしい** 【馬鹿馬鹿しい】 어처구니없다, 어이없다, 시시하다 ¶ばかばかしい話みたいだけど本当なんだ 어처구니없는 이야기 같지만 정말이야. / ばかばかしい！ 어처구니없어.

**はがゆい** 【歯痒い】 답답하다, 안타깝다 ¶彼女は彼のはっきりしない態度を見ていると歯がゆかった 그녀는 그의 애매한 태도를 보고 있으면 답답했다.

**はからい** 【計らい】 주선(周旋) ¶友人のいきな計らいでなんとかキョンヒとデートすることができた 친구의 친절한 주선으로 어떻게든 경희와 데이트할 수 있었다.

**はからう** 【計らう】 조처하다, 애쓰다 ¶いいように計らってください 알아서 조처해 주십시오. / 交渉がうまくいくように計らいましょう 교섭이 잘 이루어지도록 애쓰겠습니다.

**ばからしい** 【馬鹿らしい】 부질없다, 어처구니없다, 어리석다 ⇒ばかばかしい, ばかげた

**はからずも** 【図らずも】 뜻밖에, 의외로 ¶私たちの意見は図らずも一致した 우리들의 의견은 뜻밖에도 일치했다. / 図らずも次期社長に選ばれた 뜻밖에도 차기 사장으로 뽑혔다.

**はかり** 【秤】 저울 〔天秤〕 천칭 ¶ケーキに入れる砂糖をはかりで計った 케이크에 넣을 설탕을 저울로 쟀다. / どちらの方が重いかはかりにかけてみる 어느 쪽이 더 무거운지 저울에 달아 보다. / このはかりは狂っている 이 저울은 이상하다. / 家庭と仕事をはかりにかけてどちらか一方を選ぶと

いう考え方はもう古い 가정과 일을 저울로 재서 어느 한 쪽을 선택한다는 것은 이제 낡은 생각이다. 関連 はかりの皿 저울판 / さおばかり 대저울 / ばねばかり 용수철저울

**-ばかり**

❶ 【およそ】 정도, 쯤, 가량 ¶1週間ばかり沖縄に旅行に行ってきます 일 주일쯤 오키나와에 여행 갔다 오겠습니다. / 1万円ばかり貸してくれないか 만 엔쯤 꿔 주지 않을래. / 200人ばかりが社長の葬儀に参列した 200명 정도가 사장의 장례식에 참석했다.

❷ 【…のみ, …だけ】 만, 뿐 ¶いじめを知らないのは先生ばかりだった 왕따를 모르는 사람은 선생님뿐이었다. / 肉ばかり食べていないで野菜も食べなさい 고기만 먹지 말고 야채도 먹어. / 母は私ばかりを怒る 어머니는 나한테만 화를 낸다. / 彼女の持っている服は高価なものばかりだ 그녀가 가지고 있는 옷은 비싼 것뿐이다. / 人生は決して楽しいことばかりではない 인생은 결코 즐거운 일만 있는 것은 아니다. / 田中君ばかりでなく私にもその責任がある 다나카 뿐만 아니라 나에게도 그 책임이 있다.

¶一生懸命勉強してきたので、あとは試験を受けるばかりだ 열심히 공부해 왔기 때문에 이제 시험만 보면 된다. / 「きょうは割り勘にしないか」「えっ、君がおごってくれるものとばかり思っていたよ」 "오늘은 각자 낼까？" "어, 네가 낼 거라고만 생각했는데."

❸ 【ちょうど…して間もない】 방금, 막, 갓 ¶建てたばかりの家 막 지은 집 / 結婚したばかりの夫婦 막 결혼한 부부 / 生まれたばかりの赤ちゃん 갓 태어난 아기

¶父はたった今仕事から帰宅したばかりです 아버지는 지금 일에서 막 돌아오셨습니다. / 小説を一冊読み終えたばかりだ 소설 한 권을 지금 막 다 읽었다. / 当地はまだ不案内です。最近越して来たばかりなものですから 이 곳은 아직 잘 모릅니다. 최근에 막 이사와서요. / うちのクラスの新しい担任は大学を出たばかりだそうだ 우리 반 새 담임 선생님은 갓 나왔다고 한다.

❹ 【いつも、たえず】 만 ¶彼は一日中寝てばかりいる 그는 하루 종일 잠만 자고 있다. / 彼女はいつも不平ばかり言っている 그녀는 항상 불평만 한다. / 彼は笑ってばかりいる 그는 웃고만 있다. / きょうはついてない。同じミスばかりしている 오늘은 운이 없어. 같은 실수만 해. / もう25歳なんだから親に頼ってばかりもいられない 이제 스물다섯 살이니 부모님께 기대고만 있을 수 없다.

❺ 【今にも…そう, さも…のように】 ¶今にも降らんばかりの天気だ 지금이라도 곧 비가 올 것 같은 날씨다. / またやったんだろうと言わんばかりに先生は私の顔を見た 또 일 저질렀구나 고 말하는 듯이 선생님은 내 얼굴을 보셨다. / 彼女は恐怖のあまり気絶せんばかりだった 그녀는 너무 무서워서 기절할 듯했다.

❻ 【原因, 理由】 ¶太郎は不器用なばかりに試合から外された 다로는 능숙하지 못한 탓에 시합에서 빠지게 되었다.

❼ 【…する一方だ】 -ㄹ [-을] 뿐 ¶患者の容体は日一日と悪くなるばかりだ 환자의 상태는 하루 하

루 나빠질 뿐이었다. / 物価は上昇するばかりだ 물가는 계속 오를 뿐이다.

はかりうり【量り売り】 달아서 팔다 ¶その店は今でも肉や野菜を量り売りしている 그 가게에서는 지금도 고기나 야채를 달아서 팔고 있다.

はかりごと【謀】〔陰謀〕음모〔策略〕책략〔計略・わな〕계략 ⇒陰謀

はかりしれない【計り知れない】 헤아릴 수 없다 ¶その汚職事件が政界に与えた衝撃は計り知れないものがあった 그 비리 사건이 정계에 준 충격은 헤아릴 수 없었다. / 彼が何を考えているかは我々にはまったく計り知れない 그가 뭘 생각하고 있는지는 우리들은 전혀 헤아릴 수 없다. / 彼には計りしれないほどの恩がある 그에게는 헤아릴 수 없을 정도의 은혜를 입었다.

**はかる**【計る・測る・量る】 재다, 달다〔推測する〕헤아리다, 짐작하다 ¶彼は箱の寸法を測った 그는 상자의 정계에 준 충격을 쟀다. / 走り幅跳びで跳んだ距離を巻き尺で測った 멀리뛰기에서 뛴 거리를 줄자로 쟀다. / 彼女はスカートの丈を測ってもらった 그녀는 스커트의 길이를 쟀다. / 彼女は毎晩体重を量る 그녀는 매일밤 체중을 재고 있다. / はかりで小麦粉の目方を量ってください 저울로 밀가루 무게를 재 주세요. / 100メートル走のタイムを計ってくれますか 100미터 달리기의 시간을 재 주시겠습니까? / プールの水深を測った 수영장의 수심을 쟀다. / 彼女は赤ちゃんの体温を測った 그녀는 아기의 체온을 쟀다.

¶彼の言葉の真意を測りかねた 그의 말의 진의를 헤아릴 수 없었다.

はかる【図る・謀る】 ❶〔画策する〕꾀하다〔試みる〕시도하다〔計画する〕계획하다〔機会をうかがう〕노리다 ¶その若者は自殺を図ったがかろうじて一命はとりとめた 그 젊은이는 자살을 시도했지만 아슬아슬하게 목숨은 건졌다. / そのボクサーは次の試合で再起を図っている 그 복서는 다음 시합에서 재기를 노리고 있다. / 軍部はひそかに政府の転覆を謀った 군부는 음밀히 정부의 전복을 꾀했다.

❷〔だます〕속이다 ¶我々はまんまと謀られた 우리들은 완전히 속았다.

はかる【諮る】〔相談する〕상의하다〔話し合う〕의논하다 ¶この件は上司に諮ったうえでご返事します 이 건은 상사와 의논한 뒤에 대답해 드리겠습니다. / この問題は会議に諮る必要がある 이 문제는 회의에서 상의할 필요가 있다.

はがれる【剥がれる】〔はげ落ちる〕 벗겨지다 ¶壁のペンキがはがれてきたので塗らなければならない 벽의 페인트가 벗겨져서 칠해야 된다.

バカンス 바캉스〔休暇〕휴가 ¶今年の夏のバカンスは信州のペンションでゆっくりしたいな 올여름 휴가는 신슈의 펜션에서 푹 쉬고 싶어.

はき【破棄】파기 ◇破棄する 파기하다 ¶機密書類を破棄する 기밀 서류를 파기하다 / 一方的に契約を破棄する 일방적으로 계약을 파기하다 / 彼は彼女との婚約を破棄した 그는 그녀와의 약혼을 파기했다.

はき【覇気】패기〔活気〕활기〔気迫〕기백 ¶近ごろの子供たちはどうも覇気に欠けている 요즘 아이들은 패기가 부족하다. / 覇気にあふれた青年 패기 넘치는 청년

はきけ【吐き気】구역질, 욕지기 ¶殺人現場の多量の血を見て彼は吐き気がした 살인 현장에서 다량의 피를 보고 그는 구역질이 났다. / 吐き気を催すようになうな気がしてくる 나는 냄새

はきごこち【履き心地】 ¶この靴は履き心地がよい 이 구두는 신기 편하다.

はぎしり【歯軋り】 ◇歯ぎしりする 이를 갈다 ¶彼はよく睡眠中に歯ぎしりをする 그는 잘 때 자주 이를 간다. / 犯人を取り逃がした警察は歯ぎしりして悔しがった 범인을 놓친 경찰은 이를 갈며 분해했다.

はきそうじ【掃き掃除】 ¶毎日放課後に教室の掃き掃除をする 매일 방과 후에 교실을 빗자루로 쓴다.

はきだす【吐き出す】 내뱉다, 내뿜다〔思いを〕토로하다, 털어놓다 ¶工場の煙突が煙をもくもくと吐き出していた 공장 굴뚝이 연기를 뭉게뭉게 내뿜고 있었다. / 食塩水でうがいをしてから吐き出した 식염수로 입을 헹구고 나서 뱉었다. / 「くだらん」と彼は吐き出すように言った "시시해"하며 그는 내뱉듯이 말했다.

¶感情を吐き出す 감정을 토로하다

はきちがえる【履き違える】 잘못 바꾸어 신다〔考え違いをする〕잘못 생각하다, 오해하다 ¶靴を履き違える 구두를 잘못 바꾸어 신다

¶彼らは自由の意味を履き違えて好き勝手に行動している 그들은 자유의 의미를 오해해서 제멋대로 행동한다.

はぎとる【剥ぎ取る】 떼다, 벗기다 ¶部屋の模様替えをするために古い壁紙をはぎ取った 방의 모양을 바꾸기 위해 오래된 벽지를 벗겼다.

はきはき ◇はきはきしている 시원시원하다, 또렷하다 ◇はきはきと 시원시원히, 또렷또렷, 또렷이 ¶学生たちのはきはきした態度は好感がもてた 학생들의 시원시원한 태도에 호감이 갔다. / 彼女は先生の質問にはきはきと答えた 그녀는 선생님의 질문에 또렷또렷하게 대답했다.

はきもの【履き物】신발, 신〔靴〕구두 ⇒靴

はきゅう【波及】파급 ◇波及する 파급하다〔及ぶ〕미치다〔広がる〕퍼지다 ¶学園紛争が全国の大学に波及した時代があった 학생 운동이 전국 대학으로 파급된 시절이 있었다. / 日銀の決定は株式市場にも波及効果をもたらした 일본은행의 결정은 주식 시장에도 파급 효과를 초래했다.

バキュームカー 분뇨차(糞尿車), 정화조차

はきょく【破局】 ¶彼らの結婚生活はわずか1年で破局を迎えた 그들은 결혼 생활 겨우 1년만에 파국을 맞았다. / 過度な事業の拡大が会社の破局を招いた 과도한 사업 확대가 회사의 파국을 불렀다.

はぎれ【歯切れ】 ¶彼は歯切れのいい演説で有権者の支持を集めた 그는 시원시원한 연설로 유권자의 지지를 모았다. / 彼の返事はいつになく歯切れが悪かった 그의 대답은 평소와 다르게 명확하지 않았다.

-はく【-泊】박 ¶このあいだ2泊3日の韓国旅行に行って来た 얼마 전에 2박 3일로 한국 여행을

はく 갔다왔다. / その旅館は1泊2食付きで1万円だった 그 여관은 1박에 두 끼 포함되어 만 엔이었다. / ホテルに1[2]泊した 호텔에 1[2]박을 했다.

はく【箔】박 〔値打ち〕값어치 〔貫祿〕관록 [慣用句] 彼は箔をつけようと2年間外国留学した 그는 경험을 쌓으려고 2년간 외국 유학을 했다. [関連] アルミ箔 알루미늄박 / 金箔 금박 / 銀箔 은박

**はく**【吐く】❶〔もどす〕토하다 ¶さっき食べた物を全部吐いてしまった 방금 먹은 음식을 전부 토했다. / 気分が悪くて吐きそうだ 기분이 안 좋아서 토할 것 같다.

❷〔息を〕내쉬다〔つばなどを〕내뱉다〔血を〕토하다〔煙などを〕뿜다, 내뿜다 ¶寒い時に息を吐くと白くなる 추울 때 숨을 내쉬면 하얗게 된다. / 道につばを吐くとはマナーをわきまえないやつだ 길에 침을 뱉다니 매너 없는 녀석이다. / 三原山は炎と煙を吐いていた 미하라 산은 불길과 연기를 내뿜고 있었다. / 蒸気機関車が煙突から煙を吐きながら走っていた 증기 기관차가 굴뚝에서 연기를 내뿜으면서 달리고 있었다.

❸〔言う〕토로하다(吐露一), 자백하다(自白一), 내뱉다 ¶うっかり本音を吐いてしまった 무심코 속마음을 토로하고 말았다. / 弱音を吐くな 약한 소리 하지 마. /「くそたれ」と彼は吐き捨て「멍청한 놈」하고 그는 내뱉었다. / 早く泥を吐いたほうが身のためだぞ(→白状する) 빨리 자백하는 게 자신을 위해서 좋을 거야.

はく【掃く】쓸다 ¶ほうきで庭を掃いた 빗자루로 정원을 쓸었다. / 道路の枯れ葉を掃いて集めた 길의 낙엽을 쓸어 모았다. [慣用句] うちの会社には英語のできる人は掃いて捨てるほどいる 우리 회사에는 영어를 할 줄 아는 사람이 넘쳐난다.

**はく**【履く】〔靴・靴下を〕신다 ¶彼女は赤い靴を履いていた 그녀는 빨간 구두를 신고 있었다. / 姉はブーツを履いて出かけた 언니는 부츠를 신고 외출했다. / 彼女はスリッパを履いて玄関に現れた 그녀는 슬리퍼를 신고 현관에 나타났다. / その子は穴の開いた靴下を履いていた 그 아이는 구멍난 양말을 신고 있었다. / 靴は履いたまま入ってください 구두는 신은 채로 들어오세요.

はく【穿く】〔ズボン・スカートを〕입다 ¶今日は紺色のズボンをはこう 오늘은 감색 바지를 입어야지. / 彼はジーンズをすり切れそうになるまではいた 그는 청바지를 해질 때까지 입었다. / このスカートは私にきつすぎてはけない 이 치마는 나에게 꽉 조여서 입을 수 없다. /「このスカートをはいてみてもいいですか?」「はい, あちらの試着室をご利用ください」"이 스커트를 입어 봐도 됩니까?" "네, 저쪽 피팅룸을 이용하세요."

はぐ【剝ぐ】〔むしり取る〕떼다〔むき取る〕벗기다 ¶塀に張られたポスターをはぐのずいぶん手間がかかった 담에 붙은 포스터를 떼는 데 꽤 손이 많이 갔다. / 彼は杉の木の皮をはいだ 그는 삼나무 껍질을 벗겼다. / 猟師はナイフ1本でうさぎの皮をはぐことができる 사냥꾼은 칼 하나로 토끼의 껍질을 벗길 수 있다. / すぐに起きなさい. さもないと布団をはぎますよ 당장 일어나. 안 그러면 이불을 벗길 거야.

バグ《IT》버그 ¶新しいソフトにバグが見つかった 새로운 소프트웨어에 버그가 발견되었다.

はくあ【白亜】백악(白堊) ¶あそこに見える白亜の建物が最近完成した博物館だ 저기 보이는 백색 건물이 최근 완성된 박물관이다. [関連] 白亜紀 《地質》백악기

はくあい【博愛】박애 ¶人々の博愛精神に訴えて義援金を募った 사람들의 박애 정신에 호소해서 의연금을 모았다. [関連] 博愛主義 박애주의

はくい【白衣】백의, 흰옷 ¶医者の白衣を見ただけで泣き出す子供もいた 의사의 흰옷을 보자마자 울음을 터뜨리는 아이도 있었다. / 白衣の天使 백의의 천사〔看護師〕간호사

ばくおん【爆音】폭음〔爆発音〕폭발음 ¶基地周辺の住民は戦闘機の爆音に悩まされている 기지 주변의 주민은 전투기의 폭음에 시달리고 있다. / 彼は爆音を立ててオートバイで走り去った 그는 폭음을 내며 오토바이를 타고 사라졌다.

はくがい【迫害】박해 ◇迫害する 박해하다 ¶彼らは少数民族として長い間迫害されてきた 그들은 소수 민족으로서 긴 세월 박해 받아 왔다. [関連] 迫害者 박해자

はくがく【博学】박학 ◇博学だ 박학하다 ¶彼は博学だが, それをひけらかすようなことは決してしない 그 사람은 박학하지만 그것을 결코 과시하지 않는다.

はくがんし【白眼視】백안시 ◇白眼視する 백안시하다 ¶彼は昔から変わり者として周囲の人々から白眼視されている 그는 옛날부터 괴짜라고 주변 사람들로부터 백안시당했다.

はぐき【歯茎】잇몸, 치경 ¶このごろ歯茎から出血する 요즘 잇몸에서 피가 난다.

ばくげき【爆撃】폭격 ◇爆撃する 폭격하다 ¶東京は戦争中に何度も爆撃された 도쿄는 전쟁 중에 몇 번이나 폭격을 당했다. [関連] 爆撃音 폭격음 / 爆撃機 폭격기

ばくげきほう【爆撃砲】박격포

はくさい【白菜】배추 [数え方] 白菜1株 배추 한 통 [関連] 白菜キムチ 배추 김치

はくし【博士】박사 ¶佐藤博士はその病院のスタッフだ 사토 박사는 그 병원의 스태프이다. / 彼はソウル大学医学部の博士課程に在籍している 그는 서울 대학교 의과대학 박사과정에 재적하고 있다. / 経済学で博士号を取る 경제학으로 박사 학위를 따다 [関連] 博士論文 박사 논문 / 医学博士 의학 박사 / 文学博士 문학 박사 / 理学博士 이학 박사

はくし【白紙】백지 ¶どの問題も解けなかったので白紙の答案を提出した 어느 문제도 풀 수가 없어서 백지 답안을 제출했다.
¶すべてを白紙に戻してやり直す 모든 것을 백지로 되돌려서 다시 시작하다 / その件を検討するにあたっては白紙でのぞむべきだ 그 건을 검토하는 데 있어서는 백지로 임해야 한다. / だれが次の首相になるかはまだ白紙の状態である 누가 다음 수상이 될지는 아직 백지 상태다. [関連] 白紙委任状 백지 위임장

**はくしき【博識】** 박식 ◇博識だ 박식하다 ¶彼は生き字引のように博識な人だ 그는 살아 있는 백과사전[만물박사]같이 박식한 사람이다.

**はくじつ【白日】** 백일 慣用句事件の真相が白日の下にさらされる 사건의 진상이 백일하에 밝혀졌다. 関連白日夢 백일몽

**はくしゃ【拍車】** 박차 ¶ペ・ヨンジュンは日本の韓国ブームに拍車をかけたスターの一人だ 배용준은 일본의 한국 붐에 박차를 가한 스타의 한 사람이다. / 不況が会社の経営悪化に拍車をかけた 불황이 회사의 경영 악화에 박차를 가했다.

**はくしゃく【伯爵】** 백작 ◇伯爵夫人 백작 부인

**はくじゃく【薄弱】** 박약 ◇薄弱だ 박약하다, 약하다 ¶彼の議論は根拠が薄弱だ 그의 의논은 근거가 박약하다. / 彼は意志薄弱で何をやっても長続きしない 그는 의지 박약으로 뭘 해도 지속되지 않는다.

# はくしゅ

**【拍手】** 박수 ◇拍手する 박수하다 ¶彼が現れると聴衆からどっと拍手が起こった 그가 나오자 청중으로부터 한바탕 박수가 터져 나왔다. / 割れるような拍手が生徒たちから起こった 우레와 같은 박수가 학생들로부터 터져 나왔다. / 観客は彼女の素晴らしいスケートの演技に惜しみない拍手を送った 관객은 그녀의 멋진 스케이팅 연기에 아낌없는 박수를 보냈다. / 南北統一チームの入場行進は観客から大きな拍手をもって迎えられた 관객은 남북 통일 팀의 입장 행진을 큰 박수로 맞았다. / 彼が指揮台に立つと拍手が鳴り止み場内は静まり返った 그가 지휘대에 서자 박수가 멈추고 장내는 조용해졌다. / 先生に盛大な拍手をどうぞ 선생님께 큰 박수를 부탁합니다. / 彼女の独唱は拍手喝采を受けた 그녀의 독창은 박수갈채를 받았다. / アンコールを求める嵐のような拍手がわき起こった 앙코르를 원하는 우레와 같은 박수가 터졌다. / その議案は満場の拍手をもって賛成された 그 안은 만장의 박수로 찬성되었다. / 市長の演説にはたいして拍手もなかった 시장의 연설에는 그렇다 할 박수도 없었다.

¶演奏会場のすべての聴衆が熱狂的に拍手した 연주회장의 모든 청중이 열광적으로 박수했다. / 観衆は立ち上がってその老優に拍手した 관중은 일어서서 그 노배우에게 박수했다.

**はくしょ【白書】** 백서 関連経済白書 경제 백서 / 防衛[国防]白書 방위[국방] 백서

**はくじょう【白状】** 자백(自白) ◇白状する 자백하다, 불다 ¶彼は自分の罪を警察にすっかり白状した 그는 자기의 죄를 경찰에 죄다 자백했다. / 彼はクラスメートの金を盗んだことを担任に白状した 그는 반친구의 돈을 훔친 것을 담임 선생님께 자백했다. / いいかげんに白状したらどうだ 이제 어지간히 하고 자백하면 어때? / "白状しろよ！ユナが好きなんだろ？"「とんでもない！」"불어. 윤아가 좋은 거지?" "말도 안되는 소리!"

**はくじょう【薄情】** ◇薄情だ 박정하다, 야속하다 ◇(冷淡) 냉정하다 ¶昔の仲間を見捨てるなんて彼も薄情だね 옛날 친구를 보고도 내버려 두다니 그도 박정하네. / 彼の薄情な言葉が彼女の気持ちを傷つけた 그의 냉정한 말이 그녀의 기분을 상하게 했다.

**ばくしょう【爆笑】** 폭소 ¶彼のギャグが会場に爆笑の渦を巻き起こした 그의 개그가 장내를 폭소의 도가니로 빠트렸다.

**はくしょく【白色】** 백색 ◇白色の〔白い〕흰, 하얀 ◇白色人種 백인종, 백인종

**はくしょん** 에취 [くしゃみ] 재채기 ¶風邪を引いていたせいで, 彼ははくしょんと大きなくしゃみを何度もした 감기에 걸려서 그는 에취하고 심한 재채기를 몇 번이나 했다.

**はくしん【迫真】** ◇迫真の 박진한 ¶彼女の迫真の演技は観客を魅了した 그녀의 박진감 넘치는 연기는 관객을 매료했다.

**ばくしん【白人】** 백인

**ばくしんち【爆心地】** (原爆の)폭심지 ¶広島の爆心地の被害は想像を絶するものだった 히로시마의 폭심지 피해는 상상을 뛰어넘는 것이었다.

**はくする【博する】** 떨치다 [得る] 받다, 얻다 ¶彼は画家として世界的名声を博した 그는 화가로서 세계적인 명성을 떨쳤다. / そのデザイナーのファッションは若者たちの間で大好評を博した 그 디자이너의 패션은 젊은이들 사이에서 큰 호평을 받았다.

**はくせい【剝製】** 박제 ◇鳥を剝製にする 새를 박제하다 / 月の輪熊の剝製 반달곰 박제 / 剝製標本 박제 표본

**ばくぜん【漠然】** ◇漠然としている 막연하다 ◇漠然と 막연하게, 막연히 ¶高校生のころは将来の計画についてはまだ漠然としていたが, 今ははっきりしている 고등학생 때는 장래의 계획에 대해서 아직 막연했지만 지금은 분명하다. / みんなが帰った後, 彼女は漠然とした不安に襲われた 모두 돌아간 뒤 그녀는 막연한 불안에 휘어였다. / 死んだ祖父のことは漠然としか覚えていない 돌아가신 할아버지에 대해서는 막연한 기억밖에 없다.

**ばくだい【莫大】** ◇莫大な 막대한 ¶彼は莫大な遺産を残して死んだ 그는 막대한 유산을 남기고 죽었다. / 暖冬で冬物衣料が売れず莫大な損失をこうむった 따뜻한 겨울 때문에 겨울옷이 팔리지 않아 막대한 손실을 입었다.

**はくだつ【剝奪】** ◇剝奪する 박탈하다 ¶彼は選挙違反で逮捕されて有罪となり選挙権を剝奪された 그는 선거 위반으로 체포되어 유죄가 돼 선거권을 박탈당했다.

**ばくだん【爆弾】** 폭탄 ¶爆弾を落とす 폭탄을 떨어뜨리다 / 爆弾を仕掛ける 폭탄을 설치하다
¶彼の爆弾発言で国会の審議は紛糾した 그의 폭탄 발언으로 국회 심의가 분규되었다. 関連原子爆弾 원자 폭탄 / 時限爆弾 시한 폭탄

**ばくち【博打】** 도박(賭博), 노름 [冒険] 모험 ¶ばくちを打つ 도박을 하다 / トランプでばくちをするトランプカードで 노름을 하다 / 彼は有り金全部を一晩でばくちですってしまった 그는 가진 돈 전부를 하룻밤에 노름으로 날려 버렸다.
¶大ばくちを打つ 큰 도박을 하다 関連ばくち打ち 노름꾼

**はくちゅう【白昼】** 대낮, 백주 ¶白昼に銀行から3億円が強奪された 대낮에 은행에서 3억 엔이 강탈당했다.

**はくちゅう【伯仲】** 백중 ◇伯仲する 백중하다 ¶実力の伯仲した両チームによる決勝戦があす行われる 실력이 백중한 양 팀의 결승전이 내일 열린다.

**はくちょう【白鳥】** 백조 [関連] 白鳥座 백조자리 / 白鳥の湖 백조의 호수

**バクテリア** 박테리아, 세균(細菌) ¶バクテリアを培養する 박테리아를 배양하다

**はくないしょう【白内障】** 백내장 ¶左目が白内障になった 왼쪽 눈이 백내장에 걸렸다. / 白内障の手術をする 백내장 수술을 하다

**はくねつ【白熱】** 백열 ◇白熱する 열띠다 ¶観衆はかたずを飲んで白熱した試合を見守った 관중은 마른침을 삼키며 열전을 지켜봤다. / 憲法改正の是非をめぐって彼らは白熱した議論を展開した 헌법 개정의 시비를 둘러싸고 그들은 열띤 논의를 펼쳤다. [関連] 白熱戦 백열전 / 白熱電球 백열전구

**ばくは【爆破】** 폭파 ◇爆破する 폭파하다 ¶山腹を爆破してトンネルを通す 산중턱을 폭파해 터널을 뚫다 / 彼らはダイナマイトで銀行の金庫を爆破する計画だった 그들은 다이너마이트로 은행의 금고를 폭파할 계획이었다. / テロリストによってホテルが爆破され多数の死傷者が出た 테러리스트에 의해 호텔이 폭파되어 다수의 사상자가 났다. / その古い建物は爆破解体された 그 낡은 건물은 폭파 해체되었다.

**ぱくぱく** 덥석덥석 ¶彼はひどくお腹がすいていたので山盛りのご飯をぱくぱく食べた 그는 너무 배가 고파서 고봉밥을 덥석덥석 먹었다.

**はくはつ【白髪】** 백발, 흰머리

**ばくはつ【爆発】** 폭발 ◇爆発する 폭발하다 ¶ガス爆発で家の中はめちゃくちゃに破壊された 가스 폭발로 집 안은 엉망진창으로 파괴되었다. / その火山の爆発は20年ぶりのことだった 그 화산의 폭발은 20년 만의 일이었다. ¶車に仕掛けられた爆弾が爆発し乗っていた政府高官が死亡した 차에 설치된 폭탄이 폭발해서 타고 있던 정부 고관이 사망했다. / 彼は長い間いじめに耐えてきたがついに怒りを爆発させた 그는 오랫동안 괴롭힘을 참아 왔지만 드디어 화가 폭발했다. ¶発展途上国では人口の爆発的増加がみられる 개발도상국에서는 인구의 폭발적인 증가가 보인다. / 彼女のデビュー曲は爆発的に売れた 그녀의 데뷔곡은 폭발적으로 팔렸다. / ビートルズは1960年代に爆発的な人気を博した 비틀즈는 1960년대에 폭발적인 인기를 누렸다. [関連] 爆発音 폭발음 / 爆発物 폭발물 / 爆発物処理班 폭발물 제거반 / 爆発力 폭발력

**ばくふ【幕府】** 바쿠후, 막부 [関連] 室町幕府 무로마치 막부 / 徳川幕府 도쿠가와 막부

**ばくふう【爆風】** 폭풍 ¶爆風で窓ガラスが吹き飛びたくさんのけが人が出た 폭풍으로 창유리가 날라가 많은 부상자가 났다.

**はくぶつかん【博物館】** 박물관 ¶先週の日曜日彼は子供たちを博物館に連れて行った 지난주 일요일에 그는 아이들을 박물관에 데리고 갔다. / 国立民俗博物館 국립 민속 박물관 / 科学博物館 과학 박물관 / 交通博物館 교통 박물관

**はくまい【白米】** 백미(↔현미)

**ばくやく【爆薬】** 폭약 ¶トンネルに爆薬を仕掛ける 터널에 폭약을 설치하다

**はくらい【舶来】** [外国製] 외제 [関連] 舶来品 외제품

**はぐらかす** 얼버무리다 ¶彼は難しい質問をはぐらかすのがとてもうまい 그는 어려운 질문을 얼버무리는 것이 아주 능숙하다.

**はくらんかい【博覧会】** 박람회 [展覧会] 전람회 ¶2005年の万国博覧会は愛知県で開催されました 2005년 만국 박람회는 아이치현에서 개최되었습니다. / 博覧会場 박람회장

**はくらんきょうき【博覧強記】** 박람강기

**ぱくり** ◇ぱくりと 덥석 ¶魚がぱくりとえさに食いついた 물고기가 덥석 먹이를 물었다.

**ぱくり** [かすめ取ること] 들치기 [模倣, 剽窃] 짜깁기 ◇ぱくりする 짜깁기하다 ¶彼はインターネット上の資料をぱくりレポートを作成したようだ 그는 인터넷 상의 자료를 짜깁기해서 리포트를 작성한 것 같다.

**はくりたばい【薄利多売】** 박리다매 ¶薄利多売がうちの店のモットーです 박리다매가 우리 가게의 모토입니다.

**はくりょく【迫力】** 박력 ¶彼女の演説は迫力に欠け会場の盛り上がりもなかった 그녀의 연설은 박력이 부족해서 회장의 분위기도 고조되지 않았다.

**はぐるま【歯車】** 톱니바퀴, 기어 ¶彼は組織の中の小さな歯車の一つにすぎないと痛感した 그는 조직 안의 작은 톱니바퀴의 하나에 지나지 않는다고 통감했다. / 歯車がかみ合っていない 톱니바퀴가 어긋나다

**はぐれる【逸れる】** [見失う] 놓치다 […から離れる] 떨어지다 ¶その子は祭りの людях 속에서 両親にはぐれて泣いていた 그 아이는 축제의 혼잡 속에서 부모를 놓치고 울고 있었다.

**ばくろ【暴露】** 폭로 ◇暴露する 폭로하다 ¶彼は世間に汚職をするそとその政治家を脅した 그는 세상에 비리를 폭로하겠다고 그 정치가를 협박했다. / その週刊誌は知事の汚職を暴露した 그 주간지는 지사의 비리를 폭로했다. / 機密情報をマスコミに暴露したのはだれだ 기밀 정보를 매스컴에 폭로한 사람은 누군가? / 私は彼の秘密を暴露するつもりはない 나는 그의 비밀을 폭로할 생각은 없다. / 関係者の告発により公共工事の入札談合の密約が暴露された 관계자의 고발에 의해 공사사업의 입찰 담합의 밀약이 폭로되었다. [関連] 暴露本 폭로책

**はけ【刷毛】** 솔 [ブラシ] 브러시 ¶彼は塀をはけを使ってペンキで黒く塗った 그는 브러시를 사용하여 담을 검게 페인트칠했다.

**はげ【禿げ】** 머리가 벗어진 자리 [人] 대머리 ¶彼は後頭部にはげがある 그는 뒷머리가 벗겨졌다. / 彼は若いころからはげだった 그는 젊을 때부터 대머리였다. / はげを治す治療を受ける 대머리 치료를 받다 [関連] はげ頭 대머리

**はけぐち【捌け口】** 배출구(排出口) ¶不満のはけ口 불만의 배출구

**はげしい**【激しい】세차다, 심하다, 격심하다 ; 과격하다, 격하다, 격렬하다 ◇激しく 세차게, 심히, 격심하게 ; 격렬히 ¶彼女は気性が激しい 그녀는 기질이 거칠다. / 背中に激しい痛みを感じた 등에 심한 통증을 느꼈다. / 彼は事故の惨状をテレビで見て激しいショックを受けた 그는 사고의 참상을 텔레비전으로 보고 심한 쇼크를 받았다. / 昨夜激しい雨が降った 어젯밤에 세찬 비가 내렸다. / その町は激しい爆撃で焼け野原になった 그 도시는 심한 폭격으로 허허벌판이 되었다. / 私たちは激しい恋に落ちた 우리는 격렬한 사랑에 빠졌다.

¶激しいスポーツ 격렬한 스포츠 · 激しい競争 격렬한 경쟁 · 激しい議論 격렬한 논의 · 激しい欲望 격렬한 욕망 · 交通の激しい通り 교통량이 많은 길

¶心臓が激しく鼓動するのを感じた 심장이 거세게 고동치는 것을 느꼈다. / 私は彼らを激しく憎んだ 나는 그들을 심하게 증오했다. / 地震によって建物が激しく揺れた 지진으로 건물이 심하게 흔들렸다. / 雨が激しく降っている 비가 세차게 내리고 있다. / デモ隊は警察に激しく抵抗した 시위대는 경찰에게 격렬하게 저항했다. / 両軍の戦闘はさらに激しくなった 양군의 전투는 더욱 심해졌다. / 首や背に太陽が激しく照りつけた 목과 등에 햇볕이 쨍쨍 내리쬤다.

¶妻の怒りのあまりの激しさに驚いた 아내의 분노가 너무 격렬해서 놀랐다. / 現地の状況は激しさを増している 현지 상황은 더욱더 악화되고 있다.

**バケツ** 바께쓰, 양동이, 물통 ¶バケツ1杯の水 한 양동이의 물 · バケツで水を汲む 양동이로 물을 푸다 · 人々はバケツリレーで消火にあたった 사람들은 양동이 릴레이로 진화 작업에 참가했다.

**ばけのかわ**【化けの皮】가면(仮面), 탈 <u>慣用句</u> 彼女は最初はしとやかに振る舞っていたが、すぐに化けの皮がはがれた 그녀는 처음에는 얌전하게 행동했지만 곧 본성을 드러냈다.

**はげまし**【励まし】격려(激励) ¶励ましの言葉を贈る 격려의 말을 보내다

**はげます**【励ます】격려하다, 북돋우다 ¶先生は入試に臨む生徒たちを励ました 선생님은 입시에 임하는 학생들을 격려했다. / その調子で勉強しなさいと両親は息子を励ました 지금처럼 공부하라고 부모는 아들을 격려했다. / あいつ最近元気がないから励ましてやろう 그 녀석 요즘 힘이 없으니까 격려해 주자. / 私は彼に最後まであきらめるなと励ました 나는 그에게 마지막까지 포기하지 말라고 격려했다.

**はげみ**【励み】[力] 힘 [激励] 격려 [刺激] 자극 ¶観客の応援が選手たちの励みになった 관중의 응원이 선수들에게 힘이 되었다. / 父は勉強の励みにと、パソコンを買ってくれた 아버지는 공부를 열심히 하라고 컴퓨터를 사 주셨다.

**はげむ**【励む】힘쓰다, 힘쓰다, 애쓰다, 노력하다 ¶私は家族を養うために仕事に励んだ 나는 가족을 부양하기 위해 열심히 일했다. / 彼女は障害者の支援に励んでいる 그녀는 장애자의 지원에 힘쓰고 있다. / 彼は韓国語の勉強に励んでいる 그는 한국어 공부에 힘쓰고 있다.

**ばけもの**【化け物】도깨비, 귀신〔怪物〕괴물〔幽霊〕유령 ¶あの家には化け物が出るらしい 저 집에는 귀신이 나온다고 한다. <u>関連</u> 化け物屋敷 도깨비집

**はげやま**【禿山】민둥산, 벌거숭이산 ¶その山は乱伐のためにはげ山になった 그 산은 무분별한 벌채 때문에 민둥산이 되었다.

**はける**【捌ける】[水が] 빠지다 [商品が] 잘 팔리다 ¶その田は水がよくはけないので農作業がしづらい 그 논은 물이 잘 빠지지 않아서 농사짓기 힘들다. / 寒さが厳しかったのでこの冬は石油ストーブがよくはけた 추위가 심해서 올겨울은 석유 난로가 잘 팔렸다.

**はげる**【禿げる】❶ [頭髪がなくなる] 머리가 벗겨지다, 대머리가 되다 ¶祖父ははげています 할아버지는 머리가 벗겨졌습니다. / 彼はまだ30代なのに、頭がはげてきている 그는 아직 30대인데 머리가 점점 벗겨지고 있다.
❷ [山に草木がなくなる] 벗겨지다, 헐벗다, 민둥민둥하다, 민둥산이 되다 ¶森林火災のため山ははげてしまった 산불 때문에 산이 벌거숭이가 되었다.

**はげる**【剝げる】벗겨지다 ¶ベンチのペンキがはげた 벤치의 페인트가 벗겨졌다.

**ばける**【化ける】둔갑하다 [変装する] 변장하다, 가장하다 ¶きつねが女に化けて村人をだますという古い言い伝えがある 여우가 여자로 둔갑해서 마을 사람들을 속인다고 하는 오래된 전설이 있다. / 彼らは警官に化けて銀行強盗を働いた 그들은 경관으로 변장해서 은행 강도짓을 했다.

**はけん**【派遣】파견 ◇派遣する 파견하다 ¶被災国への支援には医薬品の提供のほかに医師や看護師の派遣も含まれていた 재해국에 대한 지원에는 의약품 제공 외에 의사나 간호사의 파견도 포함되어 있었다. / オリンピックに選手団を派遣する 올림픽에 선수단을 파견하다 / 経済使節団を派遣する 경제 사절단을 파견하다 <u>関連</u> 派遣社員 파견 사원 / 派遣労働者 파견 노동자 / 人材派遣会社 인재 파견 회사

**ばけん**【馬券】마권 ¶馬券売り場は黒山の人だかりだった 마권 매장은 인산인해를 이루었다. / 当たり馬券 당첨 마권 <u>関連</u> 場外馬券売場 장외 마권 매장

**はこ**【箱】상자(箱子), 함(函), 갑(匣) 〔おひつ〕궤짝, 〔ボックス〕박스 ¶彼女はチョコレートの箱を開けた 그녀는 초콜릿 상자를 열었다. / 子供たちはクッキーの箱を空にした 아이들은 쿠키 상자를 다 비웠다. / 彼らはりんごを箱に詰めていた 그들은 사과를 박스에 채우고 있었다. / 箱には何も入っていなかった 상자에는 아무것도 들어 있지 않았다. / 箱にはみかんがぎっしり詰まっていた 박스에는 귤이 가득 들어 있었다. / 父はたばこを1日平均2箱も吸う 아버지는 담배를 하루 평균 두 갑이나 피우신다. / トマトは1箱2千円です 토마토는 한 상자에 2천 엔입니다.

¶絵の具箱 물감 상자 · おもちゃ箱 장난감 상자 · 救急箱 구급약 상자 · げた箱 신발장 · ごみ箱 쓰레기통 · 裁縫箱 바느질 통 · 貯金箱 저금

통 /道具箱 도구함 / びっくり箱 깜짝 상자 / 弁当箱 도시락 통 / 宝石箱 보석함 / マッチ箱 성냥갑
関連 箱入り娘 규중 처녀 / 紙箱 종이 상자 / 木箱 나무 상자 / 段ボール箱 골판지 상자, 박스

**はごたえ**【歯応え】❶〔やりがい〕보람 ¶歯ごたえのあるビスケット 바삭바삭한 비스킷 / この肉はかなり歯ごたえがある 이 고기는 꽤 질기다.
¶歯ごたえのある仕事が彼のやる気を誘った 보람 있는 일이 그를 움직였다.

**はこびこむ**【運び込む】실어 오다 ¶家具を運び込む 가구를 실어 오다. / 救急車で急患が運び込まれた 구급차로 응급 환자가 실려왔다.

**はこびさる**【運び去る】실어 가다 ¶倉庫に保管してあった商品がだれかによって運び去られた 창고에 보관되어 있던 상품을 누가 싣고 갔다.

**はこびだす**【運び出す】실어 내다 ¶引っ越し荷物を運び出す 이삿짐을 실어 내다

## は

**はこぶ**【運ぶ】❶〔荷物・人などを移動させる〕나르다, 옮기다〔輸送する〕운반하다
¶新しい部屋に本を運んだ 새 방으로 책을 옮겼다. / 彼女は箱を腕に抱えて運んだ 그녀는 상자를 양손에 안아서 옮겼다. / 娘は荷物を背負って運んだ 그 딸은 짐을 등에 지고 날랐다. / 荷物を肩にかついで運んだ 짐을 어깨에 매고 운반했다. / 貨物をトラックで大阪まで運んだ 화물을 트럭으로 오사카까지 운반했다. / 彼らはけが人を急いで病院へ運んだ 그들은 서둘러 부상자를 병원에 옮겼다.
❷〔物事が進行する〕진행되다, 진척되다 ¶事が計画どおりに運んだ 일이 계획대로 진행되었다. / 交渉が円滑に運んだ 교섭이 원활하게 이루어졌다. / 裁判は彼に不利に[有利に]運んだ 재판은 그에게 불리하게[유리하게] 진행되었다. /「仕事の進み具合はどうですか？」「うまく運んでいます」"일의 진척 상황은 어떻습니까？" "잘 진행되고 있습니다." / 慎重に事を運んでくれよ 신중히 일을 진행시켜 줘.

**バザー** 바자회, 자선시(慈善市) ¶バザーを開く 바자회를 열다 / 難民救済のための慈善バザーが近くの公園で開かれた 난민 구제를 위한 자선 바자회가 가까운 공원에서 열렸다.

**ばさばさ** 부스스 ¶寝坊したのでばさばさの髪のまま で慌てて学校に行った 늦잠을 자서 머리가 부스스한 채로 서둘러 학교에 갔다.

**ぱさぱさ** 푸석푸석 ¶髪の毛がぱさぱさになった 머리가 푸석푸석해졌다.

**はさまる**【挟まる】끼다 ¶食べ物が歯に挟まった 음식 찌꺼기가 이에 끼었다. / 彼は女性の間に挟まって座った 그는 두 여자 틈에 끼어 앉았다. / 足が岩のすき間に挟まって動けなくなった 발이 바위 사이에 껴서 움직일 수 없었다.

**はさまれる**【挟まれる】끼이다 ¶ドアに指を挟まれて門に 손가락이 끼었다. / その駐車場は両側をビルに挟まれている 그 주차장은 두 빌딩 사이에 끼여 있다. / その子は海岸で指をかにに挟まれた 그 아이는 해변에서 게한테 손가락을 물렸다. / その村は高い山に挟まれている 그 마을은 높은 산들로 둘러싸여 있다.
¶ヨンヒは意見の対立している二人に挟まれてどうしていいかわからなかった 영희는 의견이 대립하는 두 사람 사이에 끼여서 어떻게 해야 할지를 몰랐다.

**はさみ**【鋏】가위〔えび・かにのはさみ〕집게발 〔パンチ〕펀치 ¶このはさみはよく切れる[切れない] 이 가위는 잘 든다[안 든다]. / 小包のひもをはさみで切って開けた 가위로 소포끈을 잘라서 열었다. / 庭の木を植木ばさみで刈り込んだ 정원의 나무를 식목 가위로 잘랐다. / かにが小魚をはさみで挟んでいる 게가 작은 물고기를 집게발로 집고 있다.
¶昔は改札口で駅員が切符にはさみを入れた 옛날에는 개찰구에서 역무원이 표에 펀치를 찍었다. / 橋の竣工を祝って市長がテープにはさみを入れた 시장이 다리의 준공을 축하하며 테이프를 끊었다.

**はさむ**【挟む】❶〔間に入れる〕끼우다, 끼다 ¶本の間にしおりを挟んでおいた 책 사이에 책갈피를 끼워 두었다. / 手紙をドアのすき間に挟んでおいた 편지를 문틈에 끼워 두었다. / パンにハムを挟む 빵에 햄을 넣다
¶道を挟んで向かい側にコンビニがある 길을 끼고 건너편에 편의점이 있다. / 私たちはテーブルを挟んで座った 우리는 테이블을 끼고 앉았다.
❷〔その他〕¶彼は話の途中で突然冗談を挟んだ 그는 이야기하다가 갑자기 농담을 섞었다. / 私の話をじっと聞きながら彼女は時折言葉を挟んだ 내 이야기를 조용히 들으면서 사이사이에 말을 했다. / もはや疑いを挟む余地はない 더 이상 의심을 품을 여지가 없다.

**はさん**【破産】파산 ◇破産する 파산하다 ¶その会社は経営不振で破産した 그 회사는 경영 부진으로 파산했다. / 彼女はカードのローンが払えなくなって自己破産を申告せざるをえなくなった 그녀는 카드빚을 못 갚게 돼서 파산 신고를 하지 않을 수 없었다. 関連 破産管財人 파산 관리인 / 破産者 파산자 / 破産宣告 파산 선고 / カード破産 신용 카드 파산

**はし**【橋】다리 ¶この川には橋がない 이 강에는 다리가 없다. / 川に小さい橋が架かっている 시내에 작은 다리가 걸쳐 있다. / 新しい橋を架ける 새로운 다리를 놓다 / 橋は約1キロ上流にある 다리는 약 1킬로 상류에 있다. / 1本の橋が島と本土をつないでいた 한 개의 다리가 섬과 본토를 연결하고 있었다. / 私たちは橋の下の土手に座った 우리들은 다리 밑 둑에 앉았다. / 洪水で橋が流されてしまった 홍수로 다리가 떠내려가 버렸다. / 橋は長さが20メートルあった 다리는 길이가 20미터였다. / 幅5メートルの橋 폭 5미터의 다리 / 広い[狭い]橋 넓은[좁은] 다리
¶橋のたもとで井上さんと偶然会った 다리 옆에서 이노우에 씨와 우연히 만났다. / 橋の欄干にすずめが数羽止まっている 다리 난간에 참새가 몇 마리 앉아 있다.
慣用句 彼はいつも危ない橋を渡っている 그는 항상 빙판 위를 걷고 있는 것 같다.
関連 橋げた 다리 도리 / 石橋 돌다리, 석교 / 浮き橋 부교 / 木の橋 나무다리, 목교(木橋) / けた橋 형교(桁橋) / つり橋 현수교(懸垂橋) / はね橋 도개교(跳開橋) / 丸木橋 외나무다리

**はし【端】**〔末端〕끝〔緣〕가장자리, 가〔先端〕선단 ¶カップをテーブルの端に置かないでください 컵을 테이블 끝에 두지 마세요. / 飛行機が滑走路の端に止まっていた 비행기는 활주로 끝에 서 있었다. / この紙は端がぎざぎざしている 이 종이는 가장자리가 들쑥날쑥하다. / 図書館から借りてきた本だからページの端を折らないでね 도서관에서 빌려 온 책이니까 페이지 가장자리를 접지 마. / 何か動くものを目の端にとらえた 뭔가 움직이는 것이 시야에 잡혔다. / 公園の西側の端は川になっている 공원의 서쪽 끝은 강이다. / 道路の端を歩いてください 도로의 가장자리를 걸으세요. / その小屋は島の北の端にある 그 오두막집은 섬의 북쪽 끝에 있다.

¶その橋の端から端まで歩いた 그 다리를 끝에서 끝까지 걸었다. / 辞書を端から端まで読むのはたいへんだ 사전을 처음부터 끝까지 읽는 것은 힘들다. 慣用句 その漫画の本は店に並べた端から売れていった 그 만화책은 서점에 진열해 놓자마자 팔렸다.

**はし【箸】** 젓가락 ¶はしを上手に使えない子供も少なくない 젓가락질을 못하는 어린이도 적지 않다. / はしでおかずをはさむ 젓가락으로 반찬을 집다 慣用句 娘ははしが転んでもおかしい年ごろ 우리 딸은 굴러가는 나뭇잎만 봐도 웃는 때다. / 彼の提案ははしにも棒にもかからないと無視された 그의 제안은 아무짝에도 쓸모없다며 무시당했다. / 母ははしの上げ下ろしにもうるさい 어머니는 사소한 일까지 잔소리하신다. / どこか具合でも悪いの？ご飯にはしをつけてないけど 어디 몸이라도 안 좋아？밥에는 손도 대지 않고. 数え方 箸1膳 젓가락 한 벌[매] 関連 はし置き 젓가락받침 / はし立て 젓가락꽂이 / はし箱 젓가락통

**はじ【恥】** 수치, 창피, 치욕, 부끄러움 ¶簡単な質問に答えられなくて恥をかいた 간단한 질문에 대답을 못해서 창피당했다. / 私の行儀が悪くて母にもはじをかいた 내가 버릇이 없어 어머니가 창피당했다. / 彼は万引きで捕まって家族に恥をかかせた 그는 물건을 훔치다가 잡혀서 가족을 창피하게 했다. / 私に恥をかかせないでください 나를 창피하게 하지 말아 주세요.

¶おまえは家族の恥だ 너는 가족의 수치다. / 恥を知れ 창피한 줄 알아. / そんなことを知らなくても恥だとは思わないよ 그런 거 몰라도 창피하다고 생각하지 않아. 慣用句 恥を忍んで私の失敗をお話しましょう 창피를 무릅쓰고 내가 실패한 이야기를 하죠. / そんなことをしたらその恥の上塗りだよ 그런 짓을 하면 그야말로 창피만 더 당하게 된다. / 私は恥も外聞もなく彼女に許してくれるよう頼んだ 나는 창피도 체면도 아랑곳하지 않고 그녀에게 용서해 달라고 부탁했다. / 聞くは一時の恥、聞かぬは末代の恥 묻는 것은 순간의 부끄러움, 묻지 않는 것은 평생의 부끄러움 / 旅の恥はかき捨て 여행지에서는 부끄러운 줄도 모른다.

**はしか【麻疹】** 마진, 홍역(紅疫) ¶はしかにかかる 홍역에 걸리다

**はしがき【端書】**〔序文〕머리 말[글], 서문

**はじきだす【弾き出す】**〔捻出する〕염출하다 ¶社員旅行の費用を弾き出せますか 사원 여행의 비용을 염출할 수 있습니까？

**はじく【弾く】** 튀기다 ¶彼は百円硬貨を指ではじいた 그는 백 엔짜리 동전을 손가락으로 튀겼다. / 算盤をはじく 주판을 튀기다 ¶鳥の羽は水をはじく 새 날개는 물을 튀긴다.

**はしご【梯子】** 사다리 ¶はしごを登る[降りる] 사다리를 오르내리다[내려 오다] / 父ははしごに登って壁にペンキを塗っていた 아버지는 사다리를 타고 벽에 페인트를 칠하고 계셨다. / はしごを壁に掛けて屋根に登った 사다리를 벽에 대고 지붕에 올랐다.

¶学生のころはよく映画のはしごをしたものだ 학생 때는 자주 하루에 영화를 몇 편씩 보곤 했다. / 夕べは彼とはしご酒をした 어젯밤 그와 이차 삼차 술집을 옮겨 다니며 술을 마셨다. 関連 はしご車 사다리차 / 縄ばしご 줄사다리 / 避難用はしご 피난용 사다리

**はじさらし【恥曝し】** 망신(亡身), 수치 ¶万引きして警察に逮捕されるなんてあいつは一家の恥さらしだ 물건을 훔쳐 경찰에 체포되다니 그 녀석은 우리 집안의 수치다.

**はじしらず【恥知らず】**〔人〕파렴치(破廉恥) ◇恥知らずだ 파렴치하다, 철면피하다 ¶彼はその恥知らずな行いで評判を下げた 그는 그 파렴치한 행동으로 평판이 깎였다. / この恥知らずめ 이 파렴치한 놈 같으니라고.

**はしたがね【端金】** 푼돈

**はしたない** 상스럽다, 천박하다 ¶母は私にそんなはしたない言葉を使ってはいけませんと注意した 어머니는 나한테 그런 상스러운 말을 해서는 안 된다고 주의하셨다. / 兄弟で食べ物の取り合いをするなんてはしたない 형제끼리 먹을 것을 가지고 싸우다니 상스럽다.

**ばじとうふう【馬耳東風】** 마이동풍 ¶彼女は何を言われても馬耳東風と聞き流し自分の好きなように生きている 그녀는 뭘 들어도 마이동풍으로 흘려 듣고 자기가 하고 싶은 대로 살고 있다.

**はじまり【始まり】** 시작〔原因〕원인, 발단〔起源〕기원, 시초 ¶新年会の始まりのあいさつをする 신년회의 개회사를 하다 / あぶらぜみは夏の始まりを告げるものだ 유지매미는 여름의 시작을 알린다. / わが社の始まりは小さな町工場だった 우리 회사는 동네의 소규모 공장에서 출발하였다. / 夫婦げんかの始まりはささいなことからだった 부부싸움의 시작은 사소한 것이었다. / そのしきたりの始まりが何だか知ってますか 그 관습의 기원이 뭔지 아십니까？

**はじまる【始まる】** ❶〔新しく起こる〕시작하다, 시작되다〔会・店などが〕열리다 ¶夏休みは7月21日から始まります 여름 방학은 칠월 21일부터 시작됩니다. / パーティーは発起人のあいさつで始まった 파티는 발기인의 인사로 시작되었다. / 映画はちょうど始まったところだ 영화는 막 시작했다. / 会議はいつも10時から始まる 회의는 항상 열 시에 시작한다. / お店は何時に始まるのかな店は何時に門 열어？ / 悲劇はささいな言い争いから始まった 비극은 사소한 말싸움

はじめ

으로 시작되었다. / この習慣は江戸時代に始まったものだと言われている 이 관습은 에도 시대에 시작된 것이라고 한다. / 民主主義は古代ギリシャに始まる 민주주의는 고대 그리스에서 시작되었다. / あと1か月もすれば厳しい冬が始まる 이제 한 달 있으면 매서운 겨울이 시작된다. / それは会社始まって以来の不祥事だった 그것은 창사 이래 최대의 불상사였다. / 太平洋戦争は1941年に始まった 태평양 전쟁은 1941년에 시작됐다.

❷【癖になった行動が出てくる】또 시작되다[시작하다] ¶父のお説教がまた始まった 아버지의 설교가 또 시작되었다. / ほらまた始まった 거봐. 또 시작했다. / またいつもの自慢話が始まった 항상 하는 자랑이 또 시작되었다.

❸【むだである】소용없다 ¶済んだことを今さら後悔しても始まらない 끝난 일을 지금 와서 후회해도 소용없다.

**はじめ**【初め・始め】처음, 시작〔時期〕초〔順序〕첫째〔文章の〕첫머리 ◇はじめに 처음에 ◇はじめは〔初めは〕처음에는〔始めは〕시작은 ◇はじめから〔初めから〕처음부터〔始めから〕시작부터 ◇…をはじめ 울[를] 비롯해서[비롯하여] ¶彼は始めから終わりまでそのテレビドラマを見た 그는 그 드라마를 처음부터 끝까지 다 봤다. / 私は毎朝、新聞を始めから終わりまで読む 나는 매일 아침 신문을 처음부터 끝까지 읽는다. / 彼女はその小説を始めから終わりまで一日で読んだ 그녀는 그 소설을 하루만에 처음부터 끝까지 다 읽었다. / 計画は始めからつまずいた 계획은 처음부터 실패했다. / そのことは始めから知っていました 그 일은 처음부터 알고 있었습니다. / 彼は手紙の始めに一言あいさつを入れるのを忘れた 그는 편지 첫머리에 인사말 넣는 것을 잊었다. / もう一度始めから録音しよう 처음부터 한 번 더 녹음하자.

¶私はまず始めに親から自立することに決めた 나는 제일 먼저 부모님으로부터 자립하기로 했다. / 彼は来月の初めに韓国から帰ってくる 그는 다음 달 초에 한국에서 돌아온다. / 初めにそう言ったのはだれですか 처음에 그렇게 말한 사람은 누구입니까?

¶彼女はたぶん30代の初めだ 그녀는 아마도 30대 초반일 것이다. / 子供は初めが男の子で次は女の子です 우리 애들은 첫째가 남자애고 둘째는 여자애입니다. / その小説の初めの数ページはとても退屈だった 그 소설의 처음 몇 페이지는 너무 재미없었다. / 初めは韓国語を聞いて理解するのに精一杯だった 처음에는 한국어를 듣고 이해하는 것이 고작이었다. / 初めのうちはそのゲームに夢中になったがすぐに飽きてしまった 처음 얼마 동안은 그 게임에 열중했지만 금방 질려 버렸다.

¶彼らの結婚披露宴には芸能人を始め多くの有名人が出席した 그들의 결혼 피로연에는 연예인을 비롯해 많은 유명 인사가 참석했다.

**はじめて**【初めて】처음, 처음으로, 첫번째【ようやく】비로소 ◇初めての 첫 ¶「キョンホさんと初めて会ったのはいつですか」「2年くらい前です」"경호 씨와 처음 만난 것은 언제입니까?" "2년 전쯤입니다." / 今回初めて済州島へ行きました 이번에 처음으로 제주도에 갔습니다. / 彼女が初めて出演した映画を知っているかい? 그녀가 처음 출연한 영화 알아? / こんな恐ろしい経験をしたのは生まれて初めてだった 이런 끔찍한 경험은 난생 처음이었다. / それは私にとってまったく初めてのことでした 그것은 나한테는 정말로 첫 경험이었다. / 初めての土地では勝手がよくわからなかった 처음 가 보는 곳에서는 어떻게 해야 할지 몰랐다. / 「韓国人と韓国語で話をするのは初めてなんです」「初めてにしてはお上手ですよ」 "한국 사람과 한국어로 얘기하는 것은 처음이에요." "처음치고는 잘하시는데요."

¶病気になって初めて健康のありがたさを知った 병에 걸리고 나서 비로소 건강의 고마움을 알았다.

**はじめまして** 처음 뵙겠습니다 ¶はじめまして、山田と申します。よろしくお願いします 처음 뵙겠습니다. 야마다라고 합니다. 잘 부탁드립니다.

**はじめる**【始める】시작하다〔開店する〕다 ¶何から始めましょうか 무엇부터 시작할까요? / 忘年会は午後7時から始めることにした 망년회는 오후 일곱 시에 시작하기로 했다. / チョンスク、あなたから始めなさい 정숙아, 너부터 시작해. / 彼は今度ラーメン屋を始めることにした 그는 이번에 라면집을 열기로 했다. / ゴルフはいつ始めたのですか 골프는 언제 시작했습니까? / 彼女と付き合い始めて3年になる 그녀와 사귀기 시작한 지 3년이 된다. / 韓国語の勉強を始めた 한국어 공부를 시작했다.

¶発車ベルが鳴って列車が動き始めた 출발 벨이 울리고 열차가 움직이기 시작했다. / 彼女は突然泣き始めた 그녀는 갑자기 울기 시작했다.

**はしゃ**【覇者】패자〔優勝者〕우승자 ¶野球ファンの大方の予想では今年のパ・リーグの覇者となるのはロッテで大部分의 야구 팬의 예상으로는 올해 퍼시픽리그의 우승자는 롯데가 될 것이다.

**ばしゃ**【馬車】마차 ¶2頭立ての馬車 쌍두마차 慣用句 馬車馬のように働いた挙句、彼が倒れて손에 팔지 않고 일만 하다가 결국 그는 병으로 쓰러졌다. 関連 馬車馬 마차말 / 荷馬車 짐마차 / 幌馬車 포장마차

**はしゃぐ** 뛰놀다, 떠들다 [うきうきする] 들뜨다 ¶遊園地で子供たちのはしゃぐ姿をビデオに撮った 놀이공원에서 아이들이 뛰노는 모습을 비디오로 찍었다. / 子供たちは寝ないで遅くまではしゃいでいた 아이들은 잠도 자지 않고 늦게까지 떠들었다. / 彼女はいつになくはしゃいでしゃべった 그녀는 여느 때와 달리 마음이 들떠 말을 많이 했다.

**パジャマ** 파자마〔寝巻き〕잠옷 ¶彼はパジャマを着たままソファーで新聞を読んでいた 그는 파자마를 입은 채로 소파에서 신문을 읽고 있었다.

**ばじゅつ**【馬術】마술 関連 馬術競技 마술 경기

**はしゅつじょ**【派出所】〔交番〕파출소 ¶駅前の派出所 역 앞 파출소

**ばしょ**【場所】❶〔所, 場〕장소, 곳〔余地〕여지 ¶ここは住むにはよい場所だ 여기는 살기 좋은 곳이다. / 彼が住んでいる場所は駅から近い 그가 살고 있는 곳은 역에서 가깝다. / どう

も待ち合わせ場所を間違えたようだ 아무래도 약속 장소가 틀린 것 같다. / その丘はピクニックに適した場所だ 그 언덕은 소풍 가기에 알맞은 장소이다. / ここは私のいちばん好きな場所だ 여기는 내가 제일 좋아하는 곳이다.

¶ピアノを買いたいが家に置く場所がない 피아노를 사고 싶은데 집에 둘 곳이 없다. / これ以上本を置く場所はない 더 이상 책을 놓을 장소는 없다. / この机は大きくて場所を取りすぎる 이 책상은 너무 커서 자리를 많이 차지한다.

¶渋谷という場所柄, 若者向けの店が多い 장소가 시부야인 만큼, 젊은이들 취향의 가게가 많다. / 彼は場所柄もわきまえずに大声で話した 그는 때와 장소도 분간하지 못하고 큰 소리로 얘기했다.

❷〔位置〕장소, 데 ¶工場を建てるのに適当な場所を捜している 공장을 세우기에 적당한 장소를 찾고 있다. / 国立競技場の場所を知っていますか 국립 경기장이 있는 데를 알고 있습니까? / 彼は私たちにホテルの場所を間違えて教えた 그는 우리들에게 호텔의 위치를 잘못 가르쳐 주었다. / 元の場所にきちんと戻しなさい 원래 있던 자리에 갖다 놓아라.

❸〔席〕자리 ¶場所を替わってあげましょうか 자리를 바꿔 드릴까요? / 飲み物を買ってくるから, 場所を取っておいてよ 마실 것 사 올 테니까 자리 좀 잡아 놔[두]어.

❹〔相撲の興行期間, 興行地〕스모[씨름] 대회 ¶今場所はだれが優勝するかな 이번 스모 대회에서는 누가 우승할까? / 夏場所 여름 스모 대회 / 大阪場所 오사카 스모 대회 / 初場所 정월 스모 대회

**はしょうふう【破傷風】** 파상풍 ¶破傷風にかかる 파상풍에 걸리다 関連 破傷風菌 파상풍균

**はしょる【端折る】**〔裾を〕걷어올리다 〔省略する〕생략하다 ¶雨が降りだしたので彼女はズボンの裾をはしょって歩いた 비가 내리기 시작해서 그녀는 바지 자락을 걷어올리고 걸었다. / 長い話なのではしょって話 얘기하자면 길기 때문에 간략하게 이야기하겠습니다.

**はしら【柱】** 기둥 ¶柱を立てる 기둥을 세우다 / つる草が門の柱に巻き付いていた 덩굴이 문 기둥에 감겨 있었다. / 夫が死んだ後, 彼女が柱となって店の切り盛りをしなければならなかった 남편이 죽은 후 그녀가 기둥이 되어 가게를 꾸려나가야 했다. 関連 柱時計 벽시계

**はじらい【恥じらい】** 부끄러움 ¶少女はみんなの前に出ると恥じらいを見せてうつむいていた 소녀는 사람들 앞에 나가자 부끄러워하면서 고개를 숙였다.

**はじらう【恥じらう】** 부끄러워하다, 수줍어하다 慣用句 彼女は花も恥じらう年ごろだ 그녀는 꽃도 무색해할 정도로 예쁜 나이다.

**はしらせる【走らせる】** 달리게 하다 〔車を〕몰다 〔使いを〕급히 보내다 〔目を通す〕훑어보다 ¶馬を走らせる 말을 달리다 / 車を走らせる 차를 몰다 / 使いを走らせる 심부름을 보내다 / 彼女はコーヒーを飲みながら新聞に目を走らせた 그녀는 커피를 마시면서 신문을 훑어보았다.

**はしり【走り】** ❶ ¶コンビニまで電池を買いに一走りしてこう 편의점에 배터리 사러 잠깐 뛰어갔다 올까.

❷〔きさがけ〕선구 ¶今にして思うとあのドラマが韓国ブームのはしりだったかもしれない 이제 와서 생각해 보니까 그 드라마가 한국 붐의 선구인 것 같다.

**はしりがき【走り書き】** ◇走り書きする 휘갈겨 쓰다 ¶台所のテーブルの上に母の走り書きのメモが置いてあった 부엌 탁자 위에 엄마가 휘갈겨쓴 메모가 놓여 있었다.

**はしりたかとび【走り高跳び】** 높이뛰기 ¶走り高跳びの選手 높이뛰기 선수

**はしりづかい【走り使い】** 잔심부름 ⇒使い走り

**はしりはばとび【走り幅跳び】** 멀리뛰기 ¶走り幅跳びの選手 멀리뛰기 선수

# はしる【走る】 ❶〔人や動物が〕달리다, 뛰다

> 使い分け 달리다, 뛰다
> 달리다 人・動物にも乗り物にも用いる.
> 뛰다 ぴょんぴょんはねるような動作を伴うので, 人・動物にしか用いない.

基本表現
▷彼は走って家に帰った
　그는 달려서 집에 돌아갔다.
▷私は毎朝4キロ走ります
　나는 매일 아침 4킬로를 달립니다.
▷生徒たちが走ってきた 학생들이 달려왔다.
▷彼は走るのが速い 그는 달리기가 빠르다.
▷私は走るのが遅い 나는 달리기를 못한다.
▷公園を走った 공원을 달렸다.

¶僕は学校まで全速力で走った 나는 학교까지 전속력으로 달렸다. / 信号が黄色に変わったので道路を走って渡った 신호가 노란색으로 바뀌어서 도로를 뛰어서 건넜다. / 私は走って先生を呼びに行った 나는 선생님을 부르러 뛰어갔다. / 彼は寝坊して駅まで走った 그는 늦잠을 자서 역까지 뛰었다. / 駅まで走って3分です 역까지 달려서 3분입니다. / 彼は100メートルを12秒で走れる 그는 100미터를 12초에 달린다.

❷〔乗り物が〕달리다 ¶列車は今時速140キロで走っている 열차는 지금 시속 140킬로로 달리고 있다. / 大統領を乗せた車は全速力で走った 대통령을 태운 차는 전속력으로 달렸다. / 車が猛スピードで走って行く 자동차가 맹속력으로 달려가다 / 新幹線は東京・新潟間を1時間40分で走る 신칸센은 도쿄 니가타 사이를 한 시간 40분에 달린다. / このシャトルバスは東京駅と成田空港の間を走っています 이 셔틀버스는 도쿄역과 나리타 공항 사이를 운행하고 있습니다. / この車はリットルあたり7キロしか走れない 이 자동차는 리터당 7킬로밖에 달리지 못한다.

❸〔道などが通じる〕뻗다, 통하다 ¶道路は海沿いに走っている 도로는 해변가로 뻗어 있다. / 大通りは東西に走っている 큰길은 동서로 통해 있다.

❹〔感覚が急に伝わる〕¶恐怖が背筋を走った 공포가 등줄기를 타고 내려왔다. / 右ひじに激しい痛

❺〔ある方向に向かう〕흐르다, 치우치다 ¶彼は何をするにしても極端に走る傾向がある 그는 무엇을 하든 극단적으로 가는 경향이 있다. / 彼女は感情に走りやすい 그녀는 감정에 치우치기 쉽다. / 当時多くの学生が学生運動に走った 그 당시 많은 학생들이 학생 운동에 참가했다.
❻〔逃げる〕달아나다 ¶彼女は家を出て恋人のもとへ走った 그녀는 집을 나와 애인한테로 달아났다.
❼〔その他〕¶夜空に稲妻が走った 밤 하늘에 번개가 번쩍였다. / きょうの松坂は球が走っている 오늘 마쓰자카는 공을 무척 잘 던진다.

**はじる【恥じる】**부끄러워하다, 부끄럽게 여기다 ¶私は愚かな行いをしたことを恥じた 나는 바보 같은 짓을 한 것이 부끄러웠다. / 私は自分に恥じるところもない 나는 나 자신을 부끄럽게 여긴 적은 없다. / 彼はその名に恥じない勇敢な男だ 그는 이름이 부끄럽지 않은 용감한 남자다.

**はす【斜】**◇はすに 비스듬히, 비스듬하게 ¶材木をはすに組む 목재를 비스듬하게 엇맞물다 / きゅうりをはすに切る 오이를 어슷하게 썰다
[慣用句] 彼はいつもはすに構えている 그는 항상 태도가 삐딱하다. / 鈴木さんの家はわが家のはす向かいにある 스즈키 씨 집은 우리 집 건너편에 있다. (▶「はす」は特に訳さない)

**はす【蓮】**연 ¶その池は蓮の花で覆われていた 그 연못은 연꽃으로 덮여 있다.

**はず【筈】**❶〔当然〕-ㄹ[-을] 것이다, -ㄹ[-을] 테다, -겠다 ¶君ならこの数学の問題を解けるはずだ 자네라면 이 수학 문제를 풀 수 있을 것이다. / 今たてばきょう中に帰れるはずだ 지금 출발하면 오늘 안으로 돌아갈 수 있겠다. / まだ動くはずだ 이걸로 움직일 것이다. / 今週はずっと残業だったから疲れがたまっているはずだ 이번주는 계속 잔업을 해서 피로가 쌓여 있을 거야. /「天野さんは出社していますか」「ええ, そのはずですが」"아마노 씨는 출근했습니까?" "예, 그럴 겁니다."
¶君は彼女の居所を知っているはずだが 자네는 그녀가 있는 곳을 알고 있을 텐데. / 彼女に伝えておいてくれるよう君に頼んだはずだよ 그 여자한테 전해 주도록 자네한테 부탁했을 텐데. / 万事うまくいくはずだったのになあ 모든 일이 잘 되었을 텐데. / その気になれば終わらせられたはずなのに, 彼はやろうとしなかった 마음만 먹으면 끝낼 수 있었을 텐데, 그는 하려고 하지 않았다. / 彼女, もう着いてもいいはずなのに, どうして連絡が来ないのだろう 그 여자, 벌써 도착했을 텐데 왜 아직 연락이 안 오지.

❷〔はずがない〕-ㄹ[-을] 리가 없다 ¶そんなうわさが本当であるはずがない 그런 소문이 정말일 리가 없다. / 家賃が未納だって? そんなはずないよ 집세가 미납이라고? 그럴 리가 없어. / あの人に限ってそんなことをするはずがない 그 사람만은 그럴 리가 없다. / 私が知っているはずがないじゃないか 내가 알 리가 없잖아. / 授業をサボってばかりいるのにいい成績をとれるはずがないじゃないか 수업을 자주 빼먹는데, 좋은 성적을 받을 리가 없잖아.

❸〔予定〕-ㄹ[-을] 것이다, -ㄹ[-을] 테다 ¶学校に行っているはずなのにどうして家にいるんだ 학교에 가 있어야 할 텐데 왜 집에 있니? / 委員会は来週月曜日に開かれるはずだ 위원회는 다음주 월요일에 열릴 것이다. / 飛行機は1時間後に到着するはずです 비행기는 한 시간 후에 도착할 것입니다. /「きょうは会社を休むはずじゃなかったの?」「気が変わったのさ」"오늘은 회사를 쉬는 게 아니었어?" "마음이 바뀌었어."

**バス** ❶〔乗り合いバス〕버스
[基本表現]
▷バスに乗った 버스를 탔다.
▷バスを降りた 버스에서 내렸다.
▷バスで来た 버스로 왔다.
▷バスに乗ってバスで行こう 버스 타고 가자.
▷急いで, バスが来たわ 서둘러, 버스 와.
▷あ, バスが来た 아, 버스 온다.
▷バスが着いた 버스가 도착했다.
▷バスはあと5分で出発する
　버스는 앞으로 5분 후에 출발한다.
▷バスに乗り遅れた
　버스를 놓쳤다.
▷このバスはどこ行きですか
　이 버스는 어디로 갑니까?
◆《バスは》
¶このバスは市役所に行きますか 이 버스는 시청에 갑니까? / このバスは浅草行きですね 이 버스는 아사쿠사 행이지요. / バスは駅から動物園まで1時間ごとに運行している 버스는 역에서 동물원까지 한 시간마다 운행하고 있다. / 何分おきにバスは出ますか 몇 분 간격으로 버스는 운행됩니까? / バスは乗客を空港でおろした 아무래도 버스를 잘못 탄 것 같다. / このバスは東京・仙台間を走っている 이 버스는 도쿄와 센다이 사이를 운행하고 있다.
¶ホテルから空港へは直行バスの便がある 호텔에서 공항까지는 직행 버스 편이 있다. / この辺はバスの便が悪い 이 근처는 버스 편이 나쁘다.
◆《バスで・バスに・バスを》
¶私はバスで通学している 나는 버스로 통학하고 있다. / 彼は毎朝7時50分のバスで駅まで行く 그는 매일 아침 일곱 시 50분 버스로 역까지 간다. / 私たちはバスに乗り込んだ 우리는 버스에 올라탔다. / どうもバスを間違えたようだ 아무래도 버스를 잘못 탄 것 같다. / 旅行のためにバスを借り切った 여행하기 위해 버스를 전세 냈다.
[関連] バス回数券 버스 회수권 / バスガイド 관광버스 가이드 / バス専用車線 버스 전용 차선 / バスターミナル 버스 터미널 / バス停 버스 정류장 / バス料金 버스 요금 / バス旅行 버스 여행 / 貸し切りバス 전세 버스 / 観光バス 관광버스 / スクールバス 스쿨 버스 / 送迎バス 셔틀 버스 / 長距離バス 장거리[시외] 버스 / 通勤バス 통근 버스 / 都営[市営]バス 도영[시영] 버스 / トロリーバス 트롤리버스, 무궤도 전차 / 2階建てバス 이층 버스 / ノンステップバス 저상 버스(低床

一）ミニバス 소형 버스, マイクロバス／夜行バス 야간 버스／路線バス 노선 버스
❷〔風呂〕욕실, 목욕, 바스 ¶私の部屋はバス・トイレ付きで家賃は月8万円です 내 방은 욕실과 화장실이 딸리고 집세는 8만 엔입니다.
¶バスタオル 목욕타월／バスタブ 욕조, 목욕통／バスマット 욕실용 매트／バスルーム 바스룸／バスローブ 목욕가운／ユニットバス 유닛 바스
❸〔低音〕베이스 ¶彼はすてきなバスの声で歌う 그 멋진 베이스 목소리로 노래를 부른다.

**パス** 패스〔無料入場券〕무료 입장권〔無料乗車券〕무료 승차권〔定期券〕정기 승차권, 정기권 ◇パスする 패스하다〔合格する〕합격하다 ¶フォワードにボールをパスする 포워드에 볼을 패스하다／入試にパスした 입시에 합격했다〔패스했다〕／（トランプなど）パスするよ 패스할게.
¶キャッチャーのパスボールで得点する 포수의 패스볼〔패스트볼〕로 득점하다

**はすう【端数】**끝수, 우수리 ¶端数を切り捨てる 끝수를 버리다／端数の30円はおまけして2500円にしておきます 우수리 30엔은 깎아서 2천500엔으로 하겠습니다.

**ばすえ【場末】**변두리 ¶彼は長いこと場末で酒場をやっている 그는 오랫동안 변두리에서 술집을 하고 있다.

## はずかしい【恥ずかしい】부끄럽다, 창피하다〔照れくさい〕수줍다, 겸연쩍다 ¶恥ずかしいのですが単位が足らなくて留年しました 부끄럽습니다만 학점이 모자라서 유급했습니다.／私のやったことが恥ずかしかった 나는 내가 한 일이 부끄러웠다.／負けることは恥ずかしいことではない 지는 것은 부끄러운 일이 아니다.／私は恥ずかしくて顔を伏せた 나는 창피해서 얼굴을 숙였다.／彼女は恥ずかしくて赤面した 그녀는 창피해서 얼굴이 빨개졌다.／私は恥ずかしくて何も言えなかった 나는 창피해서 아무 말도 못했다.

¶後輩に試合で負けるなんて恥ずかしかった 후배한테 시합에서 지다니 창피했다.／小さい子をいじめるなんて恥ずかしいことだ 어린아이를 괴롭히는 것은 창피한 일이다.／よくもまあ恥ずかしげもなくそんなことが言えるね 부끄러운 줄도 모르고 그런 말을 잘도 하네.／学生として恥ずかしくない行動をしなさい 학생으로서 부끄럽지 않은 행동을 해라.

¶彼女は恥ずかしそうに会釈した 그녀는 수줍은 듯이 인사를 했다.／彼女は恥ずかしげに笑った 그녀는 겸연쩍게 웃었다.

### 使い分け 恥ずかしい

| 恥ずかしい<br>부끄럽다 | 内気だ<br>気恥ずかしい<br>みっともない, 照れくさい<br>恥さらしだ | 수줍다<br>쑥스럽다<br>창피하다<br>수치스럽다 |
|---|---|---|

**はずかしがりや【恥ずかしがり屋】**《俗》부끄럼쟁이 ¶彼女は恥ずかしがり屋で人付き合いが苦手だ 그녀는 부끄럼을 잘 타서 남과 교제하는 것이 서투르다.

**はずかしがる【恥ずかしがる】**부끄러워하다, 수줍어하다 ¶彼女は恥ずかしがって合コンには行かなかった 그녀는 수줍어서 미팅에는 가지 않았다.／恥ずかしがらずに自分の言いたいことを言いなさい 수줍어하지 말고 자기가 하고 싶은 말을 해라.／恥ずかしがってないで自己紹介しなさいよ 부끄러워하지 말고 자기 소개해요.

**はずかしめる【辱める】**모욕하다〔陵辱する〕능욕하다 ¶人前で辱められて彼はかっとなった 사람들 앞에서 모욕을 당해서 발끈 화를 냈다.

**ハスキー** 허스키 ◇ハスキーだ 허스키하다 ¶ハスキーな声で歌う 허스키한 목소리로 노래를 부르다

**バスケット**〔かご〕바구니 ¶バスケットいっぱいの果物 바구니에 가득 담은 과일

**バスケットボール** 농구(籠球) ¶バスケットボールをする 농구를 하다

## はずす【外す】❶〔取り去る〕떼다, 빼다, 벗다〔ほどく, 解く〕풀다, 끄르다〔栓을〕따다 ¶瓶の栓を外す 병뚜껑을 따다／ドライバーでねじを外す 드라이버로 나사를 풀다／ドアチェーンを外す音がした 문고리를 끄르는 소리가 났다.／うっかりして電話の受話器を外したままだった 깜박해서 전화 수화기를 잘 못 놓은 채였다.／祖父は寝る前に入れ歯を外して洗う 할아버지는 자기 전에 틀니를 빼서 씻으신다.／蛇口のホースを外してちょっと水を飲んだ 수도 꼭지 호스를 떼 줘.／彼は眼鏡を外した 그는 안경을 벗었다.

¶彼女はシートベルトを外して立ち上がった 그녀는 안전벨트를 끄르고 일어섰다.／ネクタイを外す 넥타이를 풀다／ワイシャツのボタンを外す 와이셔츠 단추를 끄르다

❷〔そらす〕빗나가게 하다〔避ける〕피하다, 외면하다〔逃す〕놓치다 ¶警官は逃走する犯人に向けて発砲したが外した 경찰은 도주하는 범인에게 발포했지만 빗나갔다.／あの投手はゆるいボールで打者のタイミングを外すのがうまい 저 투수는 느린 공으로 타자의 타이밍을 잘 놓치게 한다.／(野球で)松坂は今日も1球外した 마쓰자카는 외각으로 빠지는 볼을 던졌다.／(ゴルフで)彼はわずかにそのパットを外した 그는 아깝게도 그 퍼트를 놓쳤다.／的を外す 겨냥을 못 맞추다

¶彼女は私の質問を巧みに外した 그녀는 내 질문을 교묘하게 피해 갔다.／話し合いのタイミングを外してしまった 서로 얘기할 타이밍을 놓쳐 버렸다.

❸〔除く〕빼다, 제외하다 ¶コーチは彼をチームから外した 코치는 그를 팀에서 제외했다.／「今晩あいているかな」「ごめん, 外せない用事があるんだ」"오늘 밤 시간 있어?" "미안해. 빠질 수 없는 중요한 일이 있어."

**パスタ**〔マカロニ, スパゲッティ類〕파스타

**パステル** 파스텔 ¶パステルカラーで描かれた絵が壁に掛かっていた 파스텔 컬러로 그려진 그림이 벽에 걸려 있었다. 関連 パステル画 파스텔화

**バスト** 버스트, 가슴 ¶「バストのサイズはどれぐらいあるの？」「85センチよ」"가슴 사이즈는 어느 정도야?" "85센티야."／彼女はバストが大きい〔小さい〕그녀는 버스트가 크다〔작다〕.

**パスポート** 패스포트, 여권(旅券) ¶パスポートを申請[更新]する 여권을 신청[갱신]하다 / パスポートを見せてください 여권 좀 보여 주세요.

**はずみ【弾み】** ❶ [弾むこと] 튐 [弾力] 탄력 ¶このボールは弾みが悪い 이 공은 탄력이 안 좋다.
❷ [勢い] 바람, 여세(余勢), 기세(気勢) ¶後から強く押された弾みで転んでしまった 뒤에서 세게 미는 바람에 넘어졌다. / 走って弾みをつけて小さな小川を飛び越えた 달리면서 가속도를 붙여 작은 강을 뛰어넘었다.
¶演説会を成功させて彼の選挙運動に弾みがついた 연설회를 성공시켜 선거 운동에 기세가 붙었다. / この試合に勝ってチームの勢いに弾みがついた 어제 경기에 이겨서 팀의 기세에 힘이 붙었다.
❸ [成り行き, 瞬間] 경위(経緯), 바람 ; 순간 ¶どういう弾みでそんなことをしたのかわからない 어떤 경위로 그런 일을 했는지 모르겠다. / ものの弾みで厄介な仕事を引き受けてしまった 어찌어찌 하다 보니 귀찮은 일을 떠맡아 버렸다. / 何かの弾みでいいアイデアが浮かんだ 우연히 좋은 아이디어가 떠올랐다.
¶車をよけた弾みに自転車にぶつかった 차를 피한 순간 자전거와 부딪혔다.

**はずむ【弾む】** ❶ [はね返る] 튀다 ¶このテニスボールはよく弾む 이 테니스 공은 잘 튄다. / ボールは三塁ベースに当たって高く弾みファウルグラウンドに転がっていった 공은 3루 베이스에 맞고 높게 튀어 파울 그라운드로 굴러 갔다.
❷ [活気が出る] 활기를 띠다, 들뜨다 ¶話が弾んでいるみたいだね 이야기가 활기를 띠고 있는 것 같네. / 私はその話を聞いて心が弾んだ 나는 그 이야기를 듣고 마음이 들떴다. / 彼は弾んだ声で電話で朗報を知らせてきた 그는 들뜬 목소리로 좋은 소식을 전화로 알렸다.
❸ [呼吸が激しくなる] 헐떡거리다, 가빠지다, 거칠어지다 ¶体育祭で私たちの先生は100メートルを走った後に息を弾ませていた 체육 대회에서 우리 선생님은 100미터를 달린 뒤 숨을 헐떡거리셨다.
❹ [気前よく与える] 호기 있게 주다 ¶ホテルのボーイにチップを弾んだ 호텔 보이한테 팁을 호기 있게 줬다.

**パズル** 퍼즐 [なぞなぞ] 수수께끼 ¶パズルを解く 수수께끼를 풀다. / 息子はジグソーパズルをするのが大好きだ 아들은 그림 맞추기 퍼즐 하는 것을 아주 좋아한다. 関連 クロスワードパズル 크로스워드 퍼즐, 십자말풀이

**はずれ【外れ】** [郊外] 변두리 [当たらないこと] 빗나감, 빗맞음 [宝くじ] 꽝 ¶村の外れに有名な古墳がある 마을 변두리에 유명한 고분이 있다. / お祭りの射撃で当たりが4発, 外れが6発だった 축제 때 사격 놀이에서 맞힌 것이 네 발 빗나간 것이 여섯 발이었다. / 残念ながらくじは外れだった 아쉽게도 제비뽑기는 꽝이었다.

**はずれる【外れる】** ❶ [付いていたものが離れる] 빠지다, 벗겨지다, 떨어지다 ¶コートを掛けておいたフックが壁から外れた 코트를 걸어둔 혹이 벽에서 빠졌다. / 戸が外れてしまった 문이 떨어져 버렸다. / 自転車のチェーンが外れている 자전거 체인이 빠져 있다. / 上着のボタンが外れているよ 웃옷 단추가 떨어졌어. / 肩の関節が外れた 어깨 관절이 빠졌다. / 時計と反対回りに瓶のふたを回せば外れる 시계 반대 방향으로 병 뚜껑을 돌리면 열린다. / 受話器が外れているのに気付かないで 수화기가 잘못 놓여 있는 것을 깨달았다.
❷ [それる] 빗나가다, 빗맞다, 안 맞다 [道理·規範に反する] 벗어나다, 어긋나다 ¶ねらい撃ちしたが的を外れた 노리고 쏘았는데 표적을 빗나갔다. / 彼の車は完全に走路を外れて走っていた 그의 자동차는 완전히 주행 노선을 벗어나 달리고 있었다. / ロケットは決められたコースを外れたロケットは정해진 코스를 빗나갔다.
¶彼女の歌は調子が外れている 그녀의 노래는 음정이 안 맞다. / 宝くじが外れてがっかりした 복권에 안 맞아 실망했다. / 彼の話は要点を外れていた 그의 이야기는 요점에서 벗어나 있었다. / 彼女の答えは外れていた 그녀의 답은 빗나갔다. / 私の予想は外れた 그의 예상은 빗나갔다.
¶道に外れた行いをするな 도리에 어긋난 일은 하지 마라.

**はぜ【沙魚·鯊】** 망둥이

**はせい【派生】** 파생 ◇派生する 파생하다 ◇派生的な 파생적인 ¶これらの語は日本語から派生している 이 말들은 일본어에서 파생했다. / ちょっとした不注意から重大な事態が派生した 사소한 부주의로 인해 중대한 사태가 파생했다. / それは派生的な問題にすぎない 그것은 파생적인 문제에 지나지 않는다. 関連 派生語 파생어

**ばせい【罵声】** 욕설 ¶彼は大事なところでエラーをして観客の罵声を浴びた 그는 중요한 순간에 실수를 해 관객한테 욕설을 받았다.

**パセリ** 파슬리 ¶彼女はサラダにパセリを添えた 그녀는 샐러드에 파슬리를 곁들였다.

**パソコン** 컴퓨터, 피시(PC), 퍼스널 컴퓨터 ¶この書類はパソコンで作った 이 서류는 PC로 작성했다. 関連 デスクトップパソコン 데스크톱 컴퓨터 / ノートブックパソコン 노트북 컴퓨터, 랩톱 컴퓨터 ⇒コンピュータ

**はそん【破損】** 파손 ◇破損する 파손하다, 파손되다 ¶台風による家屋の破損は甚大だった 태풍으로 인한 가옥의 파손은 심했다. / 輸送中にピアノが破損した 수송중에 피아노가 파손되었다. / この荷物は破損しやすいものが入っているので取り扱いに注意して下さい 이 짐은 파손되기 쉬운 것들이 있기 때문에 조심해서 취급해 주십시오.

**はた【旗】** 기, 깃발 ¶旗を掲げる 깃발을 게양하다 / 私は彼が旗を降ろすのを手伝った 나는 그가 깃발 내리는 것을 도왔다. / その船は日本の旗を掲げていた 그 배는 일본 깃발을 게양하고 있었다. / 旗を上げろ[下げよ] 깃발을 올려라[내려라]. / 子供たちは旗を振って大統領を歓迎した 아이들은 깃발을 흔들면서 대통령을 환영했다. / 敵は降伏の印に白旗を掲げた 적군은 항복의 뜻으로 흰 깃발을 게양했다.
¶黄色い三角の旗は風にはためいていた 노란 삼각 깃발은 바람에 펄럭이고 있었다. / 服喪を表すために旗が半旗にされた 상중임을 알리기 위해

깃발을 반기로 달았다. 慣用句 彼らは自由の旗のもとに戦った 그들은 자유의 깃발 아래서 싸웠다. 関連 旗ざお 깃대 / 旗日 국경일(国慶日) / 国旗 국기 / 三色旗 삼색기 / 星条旗 성조기 / 太極旗 태극기 / 手旗信号 수기 신호 / 日章旗 일장기 / 万国旗 만국기 / 優勝旗 우승기

**はた**【機】베틀 ¶母は夜通し機を織っていた 어머니는 밤새 베틀을 짜고 계셨다. 関連 機織り 기직 [人] 베틀 짜는 사람

**はた**【傍】옆, 곁 ¶その仕事ははたから見るほど楽ではない 그 일은 옆에서 보는 것만큼 쉽지 않다. / 人がしゃべっている時にはたから口を出さないでくれ 사람이 얘기하고 있을 때는 옆에서 말참견하지 말아 줘.

**はだ**【肌】피부(皮膚), 살결, 살갗, 살 [表面] 표면, 겉, 껍질 [気質] 기질, 성미 ¶彼女はとても肌が白い 그녀는 피부가 무척 하얗다. / 肌がきれいだ 살결이 곱다. / 冬は肌が荒れやすい 겨울에는 피부가 거칠어지기 쉽다. / 風は肌を刺すように冷たかった 바람은 살갗을 찌르듯 차가웠다. / 彼は芸術家肌なのでなかなか付き合いづらい 그는 예술가 기질이어서 사귀기가 상당히 어렵다. 慣用句 どういうわけか彼とは肌が合わない 왜 그런지 모르겠지만 그와는 마음이 안 맞는다. / 実際にやってみてその仕事の難しさを肌で感じた 그 일을 실제로 해 보고 어려움을 피부로 느꼈다. / 彼が困っているので一肌脱ぐことにした 그가 곤경에 처해 있으니까 한번 적극 도와 주기로 했다. / 長い付き合いなのに彼女はボーイフレンドに肌を許そうとはしない 오랫동안 사귀어 왔는데 그녀는 남자 친구한테 몸을 허락하려 하지 않는다. 関連 木肌 나무껍질 / 山肌 산면

**バター** 버터 ¶パンにバターを塗る 빵에 버터를 바르다 / きのこをバターで炒める 버섯을 버터로 볶는다. 関連 バター入れ 버터 케이스 / バターナイフ 버터 나이프 / ピーナッツバター 땅콩 버터

**パター** 〚ゴルフ〛 퍼터 ¶パッティングにパターを使う 퍼팅에 퍼터를 쓰다

**はたあげ**【旗揚げ】창업(創業), 창단(創団) ◇旗揚げする 돛을 올리다 [始める] 시작하다 [創業する] 창업하다 [劇団などを設立する] 창단하다 ¶彼らの劇団がきのう旗揚げ公演をした 그들의 극단이 어제 창단 공연을 했다 / 新しい事業を旗揚げする 새로운 사업을 시작하다

**はだあれ**【肌荒れ】¶彼女は冬はいつも肌荒れがひどい 그녀는 겨울이 되면 항상 피부가 심하게 거칠어진다.

**パターン** 패턴 関連 パターン認識 패턴 인식 / テストパターン 테스트 패턴 ⇒型

**はたいろ**【旗色】[形勢] 형세 [状況] 상황, 정세 ¶今のところ日本の旗色は悪い 현재 일본의 형세가 불리하다

**はだいろ**【肌色】피부색, 살색, 살빛

**はだか**【裸】❶ [裸体] 나체, 알몸, 발가숭이 [ヌード] 누드 ¶子供たちが庭で裸で遊んでいる 아이들이 정원에서 알몸으로 놀고 있다. / 私は裸で日光浴をした 나는 알몸으로 일광욕을 했다. / 彼女は丸裸で横になっていた 그녀는 나체로 누워 있었다. / 私は裸になり川に飛び込んだ(→服を脱いで) 나는 발가숭이가 되어 강에 뛰어들었다. / 彼女は子供を裸にしてお風呂に入れた 그녀는 아이의 옷을 몽땅 벗기고 목욕시켰다. ¶学生たちは裸のモデルをデッサンしていた 학생들은 누드 모델을 데생하고 있었다. / その雑誌には裸の女性の写真がたくさん載っている 그 잡지에는 여성의 누드 사진이 많이 실려 있다.

❷ [覆うものがない] 발가숭이 ¶木々はすっかり裸になってしまった 나무들은 완전히 발가숭이가 되어 버렸다.

❸ [無一物] 알몸, 무일물 [無一文] 무일푼 慣用句 彼は裸一貫から今の会社を築いた 그는 무일푼에서 지금의 회사를 일으켰다. 関連 裸馬 안장을 얹지 않은 말 / 裸電球 알전구

**はたき**【叩き】먼지떨이 ¶はたきで家具のほこりをはたき落とした 먼지떨이로 가구의 먼지를 털어냈다.

**はだぎ**【肌着】속옷 ¶女性用肌着の売り場はどこですか 여성 속옷 매장은 어디입니까? ⇒下着

**はたく**【叩く】[平手で] 치다, 때리다 [ほこりを払う] 떨다, 털다 [お金・財産などを] 털다 ¶人の顔をはたく 사람의 얼굴을 치다 / 彼は体[肩]についたほこりをはたき落としていた 그는 몸[어깨]에 붙은 먼지를 털어내고 있었다. / 貯金[有り金]をはたいてパソコンを買った 저금[있는 돈]을 털어서 컴퓨터를 샀다.

**はたけ**【畑・畠】❶ [耕作地] 밭 ¶彼は畑に麦を植えた 그는 밭에 보리를 심었다. / 私たちは畑を耕した 우리는 밭을 갈았다. / 彼女は畑で取れたばかりの野菜をくれた 그녀는 밭에서 막 따온 야채를 주었다.

¶キャベツ畑 양배추 밭 / 穀物畑 곡식밭 / 麦畑 보리밭 / じゃがいも畑 감자밭 / 茶畑 차밭 / とうもろこし畑 옥수수밭 / ぶどう畑 포도밭 / みかん畑 귤밭 / 野菜畑 야채밭

❷ [専門分野] 분야 ¶彼は営業畑で10年間働いてきた 그는 영업 분야에서 10 년 동안 일해 왔다. / 私は外科医なので精神分析は畑違いだ 나는 외과의여서 정신 분석은 전문이 아니다.

**はださむい**【肌寒い】쌀쌀하다, 으스스 춥다 ¶きょうは肌寒い 오늘은 쌀쌀하다. / やや肌寒い風の中彼らは花見を楽しんだ 조금 쌀쌀한 바람이 부는 가운데 그들은 꽃구경을 즐겼다.

**はだざわり**【肌触り】[感触, 手触り] 감촉, 촉감 ¶肌触りのいいセーター 감촉이 좋은 스웨터

**はだし**【裸足】맨발 ¶裸足の子供たちが水遊びをしていた 맨발인 아이들이 물장난을 하고 있었다. / 浜辺を裸足で歩く 해변을 맨발로 걷다

**はたして**【果たして】역시, 과연 ¶そのうわさは果たしてデマだった 그 소문은 역시 헛소문이었다. / それは果たして事実だろうか 그것은 과연 사실일까.

**はたじるし**【旗印】기치 [スローガン] 슬로건, 표어(標語) ¶「環境に優しい」の旗印の下にリサイクル運動を推進する '친환경적'이라는 표어 아래 재활용 운동을 추진한다.

**はたす**【果たす】❶ [実行する] 다하다, 수행하다 [達成する] 달성하다, 이루다, 완수하다 [守

**は**

る〕지키다 ¶約束したら果たすべきだ 약속은 지켜야 한다. / 彼は立派に義務を果たした 그는 훌륭하게 의무를 수행했다. / 彼女は母親としての責任を立派に果たしている 그녀는 어머니로서의 책임을 훌륭하게 다하고 있다. / 彼らは所期の目的をすべて果たした 그들은 소기의 목적을 모두 달성했다. / パイロットは使命を果たし基地へ帰還した 파일럿은 사명을 다하고 기지로 귀환했다. / 原子力は代替エネルギーとして重要な役割を果たすようになった 원자력은 대체 에너지로서 중요한 역할을 하게 되었다. / 彼は実業家として成功するという夢を果たした 그는 실업가로서 성공한다는 꿈을 이루었다. / 望みを果たす 꿈을 이루다
❷ 〔すっかり…する〕다 《＋動詞連用形＋》 버리다 ¶彼は有り金を残らず使い果たした 그는 있는 돈을 한 푼도 안 남기고 다 써 버렸다. / ダイバーはボンベの酸素を使い果たした 다이버는 봄베 산소를 다 써 버렸다.

**はたち**【二十歳】 스무 살 ¶はたちになれば選挙権がある 스무 살이 되면 선거권을 가지게 된다. 慣用句 十で神童, 十五で才子, はたち過ぎればただの人 열 살에 신동, 열다섯 살에 영재, 스무 살이 넘으면 평범한 보통 사람

**はたと** 탁, 퍽; 갑자기, 퍼뜩, 문득 ¶彼ははたと膝で立ち上がった 그는 탁 하고 무릎을 치면서 일어났다. / 虫の声がはたとやんだ 벌레 소리가 갑자기 그쳤다. / 読書をしていてはたと思い付いたことがあった 독서를 하고 있다가 문득 생각나는 것이 있었다. / 子供に急に質問されてはたと困った 아이에게 갑자기 질문을 받아서 순간 당황했다.

**ばたばた** 펄럭펄럭; 픽픽; 허둥지둥; 후다닥 ¶旗が強風にばたばたはためいていた 깃발이 강풍에 펄럭펄럭 휘날리고 있었다. / 炎天下で生徒がばたばたと倒れた 땡볕 아래에서 학생들이 픽픽 쓰러졌다. / 今さらばたばたしても始まらないから落ち着いてよく聞いてくれ 이제 와서 허둥지둥해 봐도 소용없으니까 진정하고 잘 들어 봐. / 子供たちは朝食をばたばたと済ませ出掛けて行った 아이들은 아침 식사를 후다닥 끝내고 외출했다.

**ぱたぱた** 쿵쿵 ¶子供たちが廊下をぱたぱた駆けて行く音が聞こえた 아이들이 복도를 쿵쿵 뛰어가는 소리가 들렸다. ⇨ばたばた

**バタフライ**〖水泳〗 버터플라이, 접영（蝶泳）¶バタフライで泳ぎますか 접영을 할 수 있습니까?

**はだみ**【肌身】 몸 ¶彼女は厄除けのお守りを肌身離さず持っている 그녀는 액막이 부적을 몸에서 한시도 안 떼고 가지고 있다.

**はため**【傍目】 남의 눈 ¶試験に落ちて落胆している彼の様子ははた目にも気の毒だった 시험에 떨어져 낙담하고 있는 그의 모습은 누가 봐도 불쌍해 보였다. / あの夫婦ははた目には幸せそうに見える その 부부는 옆에서 보기에는 행복해 보인다. / 彼女ははた目を気にしている 그녀는 항상 남의 눈을 신경 쓴다.

**はためいわく**【傍迷惑】¶はた迷惑なことはやめてくれ 남에게 폐를 끼치는 일은 그만둬. / 選挙の宣伝カーの騒音ははた迷惑この上ない 선거 운동차의 소음은 사람들에게 많은 폐를 끼친다.

**はためく** 펄럭이다 ¶万国旗が風にはためいていた 만국기가 바람에 펄럭이고 있었다.

**はたらき**【働き】❶〔仕事をすること〕일〔活躍〕활약〔功績〕공적 ¶彼女は働きに出ることにした 그녀는 일하러 나가기로 했다. / 彼女は夫の働きが悪くて食べていけないと愚痴をこぼしている 그녀는 남편이 벌이가 신통치 않아서 먹고살기 힘들다고 불평한다. / 私は働き口を探している 나는 일자리를 찾고 있다. / 彼は働き者だ 그녀는 부지런한 사람이다. / 彼は働き盛りだ 그는 한창 일할 나이다.
¶消防隊の働きで火事は30分ほどで消し止められた 소방대의 활약으로 화재는 30여 분만에 진화되었다.
❷〔活動, 機能〕기능, 역할, 효과 ¶先生は心臓の働きをポンプにたとえて説明してくれた 선생님은 심장의 기능을 펌프에 비유해서 설명해 주셨다. / この薬草は消化剤の働きをする 이 약초는 소화제 역할을 한다. / 胃の働きが悪い 위의 기능이 안 좋다. / 脳の働きはとても複雑だ 뇌의 기능은 아주 복잡하다. 関連 働きあり 일개미 / 働き手 일꾼 / 働きばち 일벌〔働いてばかりいる人〕일벌레

**はたらきかけ**【働き掛け】〔要請〕요청 ¶付近の住民の働きかけによって交差点に歩道橋が作られることになった 부근 주민의 요청에 의해 교차로에 육교가 만들어지게 되었다.

**はたらきかける**【働き掛ける】 손을 쓰다〔促す〕촉구하다〔圧力をかける〕압력을 가하다〔要請する〕요청하다 ¶この問題は積極的にこちらから働きかけなければ解決しない 이 문제는 적극적으로 이쪽에서 손을 쓰지 않으면 해결되지 않는다. / 物価抑制を政府に働きかける 물가 억제를 정부에 요청하다

**はたらく**【働く】❶〔仕事をする〕일하다
¶私は週休2日制で, 1日8時間働いている 나는「일 주일에 두 번 쉬고〔주 5일제로〕하루에 여덟 시간 일하고 있다. / 彼女は高校を卒業して5年間銀行で働いた 그녀는 고등학교를 졸업하고 5년간 은행에서 근무했다. / 彼はその会社で事務員として働いている 그녀는 그 회사에서 사무원으로서 일하고 있다. / 私はスーパーでパートで働いている 나는 슈퍼마켓에서 파트타임으로 일하고 있다. / チョンホはよく働く 정호는 열심히 일한다. / 農家の人たちは収穫期になると夜明けから日暮れまで働く 농민들은 수확기가 되면 새벽부터 해 질 때까지 일한다.
¶君はまだ中学生だからここで働かせるわけにはいかない 너는 아직 중학생이라서 여기서 일할 수는 없다. / 上司は私たちを毎日夜遅くまで働かせた 상사는 우리를 매일 밤 늦게까지 일을 시켰다.
¶私は働きながら大学を出た 나는 일하면서 대학교를 나왔다. / 彼は働きすぎて体を壊した 그는 너무 일을 많이 해서 건강을 해쳤다.
❷〔作用する, 機能する〕작용하다, 기능하다, 돌아가다〔役目をする〕말다 ¶きょうは頭がよく働かない 오늘은 머리가 잘 안 돌아간다. / コンピュータシステムはうまく働いている 컴퓨터 시스템은 별 문제없이 돌아가고 있다. / すべての物体には

引力が働いている 모든 물체에는 인력이 작용하고 있다. / ソウルにいる間, 彼女が通訳として働いてくれた 서울에 있는 동안 그녀가 통역을 맡아 주었다.

¶もっと想像力を働かせてごらん 좀 더 상상력을 펼쳐 봐. / 理性が働かなくなって大声を出してしまった 이성을 잃고 큰 소리를 내 버렸다.

❸〔悪いことをする〕범하다, 저지르다 ¶盗みを働いた少年たちは少年院に送られた 도둑질을 한 소년들은 소년원에 보내졌다. / 悪事を働いてはいけない 나쁜 일을 저질러서는 안 된다. 慣用句 働かざるもの食うべからず 일하지 않는 자는 먹지도 마라.

**はたん**【破綻】파탄 ◇破綻する 파탄하다, 파탄되다 ¶彼らの結婚生活はたった半年で破綻した 그들의 결혼 생활은 단 6개월 만에 파탄났다. / 破綻をきたす 파탄에 이르다

**ばたん** ◇ばたんと 탕, 쾅 ¶彼女は怒ってドアをばたんと閉めて部屋を出て行った 그녀는 화가 나서 문을 쾅 닫고 방을 나갔다.

**ぱたん** ◇ぱたんと 탁 ¶彼女はぱたんと本を閉じて考え込んだ 그녀는 탁 책을 덮고 생각에 빠졌다.

**はち**【八】팔,《固有語》여덟 ¶8番目 여덟 번째 / 4の2倍は8だ 4의 두 배는 8이다. / 8時に起床する 여덟 시에 일어나다 / ベートーベンの第八交響曲 베토벤의 제 8교향곡 慣用句 彼は目を閉じて額に八の字を寄せた 그는 눈을 감고 얼굴을 찡그렸다.

**はち**【鉢】주발, 사발,〔植木鉢〕화분 ¶彼女は材料を鉢の中で混ぜ合わせた 그녀는 재료를 사발 안에 넣고 섞였다. / 草花を鉢に植える 화초를 화분에 심다 / 鉢植えのばら 화분에 심은 장미

**はち**【蜂】벌 ¶はちに手を刺された 벌에 손을 쏘였다. / 巣箱の周りをはちがぶんぶん飛び回っていた 벌통 주위를 벌이 붕붕 날아 다녔다. / はちの子 벌의 유충 関連 女王ばち 여왕벌 / すずめばち 말벌 / 働きばち 일벌 [人] 일벌레 / みつばち 꿀벌

**ばち**【罰】벌,〔天罰〕천벌 ¶病気になったのは悪いことをしたばちで病に掛かるように なったのは나쁜 짓을 한 벌이다. / そんなことをするといまにばちが当たるぞ 그런 짓을 하면 언젠가 천벌을 받을 거다. / ばちが当たったんだ 천벌을 받은 거야. / このばち当たりめ 천벌 받을 놈.

**ばち**【撥】〔太鼓の〕북채〔三味線などの〕술대, 발목 ¶巧みなばちさばきだ 절묘하게 북채를 놀린다.

**はちあわせ**【鉢合わせ】◇鉢合わせする 마주치다 ¶映画館でチャンホと鉢合わせしてしまった 영화관에서 창호와 딱 마주쳤다.

**ばちがい**【場違い】¶彼の場違いな発言に場がしらけた 그의 엉뚱한 발언에 흥이 깨졌다.

**はちがつ**【八月】팔월 ¶1945年8月15日に韓国は日本の植民地支配から解放された 1945년 팔월 15일에 한국은 일본의 식민지 지배에서 해방되었다.

**はちきれる**【はち切れる】터지다 ¶物を入れすぎてビニール袋がはちきれそうだ 물건을 너무 많이 넣어 비닐 봉지가 터질 것 같다. / はちきれそうな若さ 넘칠 것 같은 젊음

**はちく**【破竹】¶彼らは決勝戦まで破竹の勢いで勝ち進んだ 그들은 결승전까지 파죽지세로 이겨 나갔다.

**ぱちくり** 끔뻑끔뻑 ¶彼女は驚いて目をぱちくりさせていた 그녀는 놀라서 눈을 끔뻑끔뻑 했다.

**はちじゅう**【八十】팔십,《固有語》여든 ¶80番目 여든 번째 / 祖父は80歳まで生きた 할아버지는 여든 살까지 사셨다.

**はちどり**【蜂鳥】벌새

**はちのす**【蜂の巣】벌집 慣用句 火災報知器が鳴ったとたん会場は蜂の巣をつついたような騒ぎになった 화재경보기가 울리자 회장은 아수라장이 되었다

**ぱちぱち** 딱딱/짝짝/찰칵찰칵/깜박깜박 ¶ストーブの中でまきがぱちぱち音を立てた 난로 안에서 장작이 딱딱 소리를 냈다. / 聴衆は彼の演説にぱちぱちと拍手した 청중은 그의 연설에 짝짝 박수를 쳤다. / 彼は赤ん坊の写真をぱちぱち撮りまくった 그는 아기 사진을 찰칵찰칵 찍어댔다. / その知らせを聞いて彼女は驚いて目をぱちぱちさせた 그 소식을 듣고 그녀는 놀라서 눈을 깜박거렸다.

**はちぶ**【八分】〔80パーセント〕팔십 퍼센트〔8割〕팔 할 ¶新しい校舎は八分どおり完成した 새 교사는 팔십 퍼센트 완성됐다. 関連 八分音符 팔분음표 / 八分休符 팔분쉼표

**はちぶんめ**【八目】〔8割〕팔 할 ¶器に八分目まで水を入れる 그릇에 10분의 8쯤 물을 넣다 関連 何事も腹八分目が肝心 무슨 일이든 약간 부족한 듯 하는 것이 좋다.

**はちまき**【鉢巻】머리띠 ¶鉢巻をして走る 머리띠를 하고 달리다

**はちみつ**【蜂蜜】벌꿀, 꿀 ¶パンにバターとはちみつを塗る 빵에 버터와 꿀을 바르다 / はちみつ入りのケーキ 꿀이 들어간 케이크

**はちミリ**【八ミリ】関連 8ミリ映画[カメラ] 8밀리 영화[카메라] / 8ミリビデオカメラ 8밀리 비디오 카메라

**はちゅうるい**【爬虫類】파충류 ¶蛇やわには爬虫類の仲間だ 뱀이나 악어는 파충류의 일종이다.

**はちょう**【波長】파장〔相性〕궁합 ¶波長の短い電波 파장이 짧은 전파 / あの先生とはどうも波長が合わない 그 선생님하고는 왠지 생각이 안 맞는다.

**ぱちん** 짤깍; 탁, 딱 ¶ふたがぱちんと閉まった 뚜껑이 탁하고 닫혔다. / ゴムひもを強く引っ張ったらぱちんと切れた 고무줄을 세게 당겼더니 탁하고 끊어졌다. / 指をぱちんと鳴らす 손가락으로 딱 소리를 내다

**ぱちんこ**〔玩具〕고무총 ¶少年はぱちんこですずめをねらって撃った 소년은 고무총으로 참새를 겨누어 쐈다.

**パチンコ** 빠찡꼬 ¶彼女は気分転換にときどきパチンコをする 그녀는 기분 전환으로 가끔 빠찡꼬를 한다. 関連 パチンコ屋 빠찡꼬점

**-はつ**【-発】❶〔出発, 発信〕-발 ¶上野16時50分発札幌行き寝台特急に乗る 16시 50분 우에노발 삿포로행 침대 특급차를 타다 / 釜山発の大

韓航空便 부산발 대한항공 편 / ソウル発の外信によれば 서울발 외신에 의하면
❷【助数詞】발, 방 ¶銃を3発撃つ 총을 세 발 쏘다 / 放った3発 방귀 쏜 방

ばつ ¶ばつが悪い 거북하다 | 난처하다 / ユミとデートしているとき先生にばったり会ってなんともばつが悪かった 유미와 데이트하고 있을 때 선생님과 딱 마주쳐서 정말 난처했다.

ばつ【罰】[刑罰] 형벌 ¶幸運にも彼は罰を免れた 다행히도 그는 형벌을 면했다. / 彼はカンニングをして厳しい罰を受けた 그는 커닝을 해서 엄한 벌을 받았다. / 宿題を忘れてきた罰として放課後残ってするようにと言われた 숙제를 안 해 온 벌로 방과 후에 남아서 하고 가라고 했다. / 彼の犯した罪に対する罰は懲役3年であった 그는 지은 죄에 대한 벌로 징역 3년을 받았다. ⇒罰する

ばつ【閥】[派閥] 파벌 [排他的な小集団] 도당 (徒党) ¶政党の中にはいろいろな閥がある 정당에는 여러 파벌이 있다. / 彼は社内のどの閥にも入っていない 그는 사내의 어느 파벌에도 속해 있지 않다.

はつあん【発案】[提案] 제안 [考案] 고안 ◇発案する 발안하다 [提案する] 제안하다 ¶彼の発案で計画を変更した 그의 제안으로 계획을 변경했다. / この送別会はだれの発案だったのですか 이 송별회는 누가 제안한 것입니까? 関連 発案者 발안자

はついく【発育】발육 ◇発育する 발육하다, 발육되다 ¶今年の稲は発育が早い[遅い] 올해 벼는 발육이 빠르다[늦다]. / 最近の子供は実に発育がいい 요즘 아이들은 정말로 발육이 좋다. / 植物の発育を促進する 식물의 발육을 촉진하다 関連 発育期 발육기 / 発育不全 발육 부전

はつおん【発音】발음 ◇発音する 발음하다 ¶韓国語の発音は難しい 한국어 발음은 어렵다. / 発音はとてもいい 발음은 아주 좋다. / 先生は生徒に韓国語の発音の練習をさせた 선생님은 학생에게 한국어 발음을 연습시키셨다. ¶この単語はどのように発音するのですか 이 단어는 어떻게 발음합니까? / 私はその単語を間違って発音してしまった 나는 그 단어를 틀리게 발음해 버렸다. / この語は2音節目を強く発音する 이 단어는 2음절째를 강하게 발음한다. 関連 発音器官 발음 기관 / 発音記号 발음 기호

はつか【二十日】이십 일, 스무 날 ¶彼女は5月20日に生まれた 그녀는 오월 20일에 태어났다. / 20日間 20일간 関連 はつかだいこん 열무

はっか【発火】발화 ◇発火する 발화하다, 발화되다 ¶石油は発火しやすいので取り扱いに注意してください 석유는 발화하기 쉽기 때문에 취급시에는 조심하십시오. / 両国の紛争の発火点となったのはひとつの暗殺事件だった 양국 분쟁의 발화점이 된 것은 하나의 암살 사건이었다. / 発火しやすい素材 발화하기 쉬운 소재 関連 発火装置 발화 장치 / 発火点 발화점 / 自然発火 자연 발화

はつが【発芽】발아 ◇発芽する 발아하다, 싹트다 ¶理科の授業で大豆の発芽について勉強した 이과 수업에서 콩의 발아에 대해 공부했다.

ハッカー【IT】해커

はつかおあわせ【初顔合わせ】첫 대면 ; 첫 대전 ¶新会員との初顔合わせがあす行われる予定だ 신입 회원과의 첫 대면이 내일 있을 예정이다. / その力士は横綱とは初顔合わせだ 그 스모 선수는 요코즈나와는 첫 대전이다.

はっかく【八角】팔각, 팔모 関連 八角形 팔각형

はっかく【発覚】발각 ◇発覚する 발각되다 ¶軍部による政府転覆の陰謀が発覚した 군부에 의한 정부 전복의 음모가 발각되었다. / その国会議員は汚職が発覚して辞職に追い込まれた 그 국회 의원은 비리 사건이 발각되어 사직해야 할 처지였다.

はつかねずみ【二十日鼠】생쥐

はっかん【発刊】발간 [創刊] 창간 ◇発刊する 발간하다 [創刊する] 창간하다 ¶若者向けの新しい雑誌を発刊する 젊은이를 대상으로 새로운 잡지를 발간하다 / この小説は1990年に発刊されて以来今なお版を重ねている 이 소설은 1990년에 발간된 이래 지금도 여전히 판을 거듭하고 있다.

はつがん【発癌】발암 ◇発がんする 발암하다 ¶この調味料は発がん性物質を含んでいるとの理由で使用禁止になった 이 조미료는 발암성 물질을 포함하고 있다는 이유로 사용이 금지되었다.

はっき【発揮】발휘 ◇発揮する 발휘하다 ¶その仕事は彼女の実力を発揮するいい機会となった 그 일은 그녀가 실력을 발휘하는 좋은 기회가 되었다.

はっきゅう【薄給】박급, 박봉(薄俸) ¶薄給で働く 박봉으로 일하다 / 薄給のせいで生活が苦しい 박봉으로 생활이 힘들다.

はっきょう【発狂】발광 ◇発狂する 발광하다, 미치다 ¶恋人の突然の死の知らせに彼女は発狂寸前になった 애인의 갑작스런 죽음에 그녀는 미치기 일보 직전이었다.

はっきり ❶【明確である, 明白である】명확히, 분명히, 뚜렷이, 확실히 ◇はっきりする 명확하다, 분명하다, 뚜렷하다, 확실하다 ¶きつねとたぬきははっきり区別される 여우와 너구리는 명확히 구별된다. / 善悪をはっきり区別しなくてはいけない 선악을 확실히 구별해야 된다. / 私の部屋からはその場所がはっきり見渡せます 내 방에서 내다보면 그 장소가 뚜렷이 보입니다. / はた目にも彼女の苦労ははっきりわかった 남이 보기에도 그녀의 고생은 확연히 알 수 있었다. / 私は小さいころのことをはっきり覚えている 나는 어릴 적 일을 뚜렷하게 기억하고 있다. / (電話で)「聞こえますか」「ええ, はっきり聞こえますよ」"들립니까?" "예, 똑똑하게 들려요." / 課長の考えをはっきり説明してください 과장님의 생각을 좀 더 명확하게 설명해 주세요. / 彼女は我々の意図をはっきりわかっていないようだ 그녀는 우리들의 의도를 확실히 이해하고 있는 것 같지 않다. / 彼ははっきりとは否定しなかった 그는 확실하게 부정하지는 않았다.

¶彼は大勢の聴衆を前にして大きくはっきりした声で話した 그는 많은 청중 앞에서 크고 뚜렷한 목소리로 이야기했다. / 大きくてはっきりした活字は読みやすい 크고 뚜렷한 활자는 읽기 쉽다. / 彼女ははっきりした顔立ちをしている 그녀는 얼굴 생김새가 뚜렷하다. / はっきりしたことは知りません 확실한 것은 모릅니다. / 彼女からはっきりした返事はもらったの? 그녀한테서 확실한 대답은 받았어? / 彼が盗んだことはかなりはっきりしている 그가 훔쳤다는 것은 꽤 확실하다. / 彼女は好き嫌いがはっきりしている 그녀는 「좋고 싫음[호오의 감정]」이 분명하다. / 私が好きか嫌いかはっきりしてちょうだい 내를 좋아하는지 싫어하는지 확실히 해줘. / まず我々の立場をはっきりさせる事が肝心だ 먼저 우리 입장을 확실하게 하는 것이 중요하다. ¶その計画はまだはっきりしていないのですか? 그 계획은 아직 확실하지 않습니까? / 彼と結婚したいのかどうか自分でもはっきりしないんです 그와 결혼하고 싶은 건지 어떤지 나도 확실히 모르겠어요. / 新薬が効くのかどうか今ひとつはっきりしない 신약이 효과가 있는지 어떤지 아직 분명하지 않다. / 彼女は素性のはっきりしない男と付き合っているようだ 그녀는 신원이 분명하지 않은 남자와 사귀고 있는 것 같다.

❷ 〔天気や体調がよい〕◇はっきりする 확실하다, 뚜렷하다, 맑아지다 ¶このところはっきりしない天気が続いている 요즘은 변덕스러운 날씨가 계속되고 있다. / 母の病状は依然としてはっきりしない 어머니의 병세는 여전히 나아지지 않으신다. / きょうはなんとなく頭がはっきりしない 오늘은 왠지 머리가 맑지 않다. / 濃いコーヒーを飲むと頭がはっきりする 진한 커피를 마시면 머리가 맑아지지.

❸〔遠慮しない〕솔직히, 숨김없이 ¶何が不満なのかはっきり言いなさい 무엇이 불만인지 솔직하게 말해 봐. / はっきり言って, 彼は無責任だ 솔직히 말해서 그는 무책임하다. / はっきり言って, これ以上夫とは一緒に暮らせません 솔직히 말해서 더 이상 남편과는 같이 살 수 없습니다. / 彼は自分の考えをはっきり先生に述べた 그는 자기 생각을 숨김없이 선생님한테 말했다. /「彼はずいぶんはっきりした人だね」「ええ, でも, ともてもいい人よ」"그 남자 지나치게 솔직한 사람이네." "그래, 하지만 아주 좋은 사람이야." / あの人はどうもはっきりしない人 그 사람은 어쩐지 솔직하지 않다.

**はっきん**【白金】 백금
**はっきん**【発禁】 발금, 판금(販禁) ¶そのヌード写真集はわいせつすぎるとして発禁になった 그 누드 사진집은 너무 음란해서 판금되었다. 関連 発禁本 판금 도서
**ばっきん**【罰金】 벌금 〔違約金〕위약금 ¶罰金を科す[払う] 벌금을 과하다[물다] / スピード違反で3万円の罰金を取られた 속도 위반으로 3만 엔의 벌금이 나왔다. / 期限どおりに工事が終らなければ罰金を払わなければならない 기한 내에 공사를 끝내지 않으면 위약금을 내야 한다.
**バック** 백 〔背景〕배경 〔後退〕후퇴, 후진(後進) 〔後援〕후원 〔後援者〕후원자 〔スポーツの後衛〕후위 〔スポーツの逆手打ち〕백핸드 〔背泳〕배영 ◇バックする 백하다 〔後退させる〕후진하다 ¶城門をバックに記念写真を撮ってもらった 성문을 배경으로 기념 사진을 찍었다. / 彼は有力なバックがあるのでいまの会社に就職できた 그는 유력한 후원자가 있기 때문에 지금 회사에 취직할 수 있었다. / バックでボールを打つ 백핸드로 공을 치다 / バックで泳ぐ 배영하다 / 車のギアをバックに入れる 차를 후진시키다 / 彼はゆっくり車をバック車庫に入れた 그는 천천히 차를 후진시켜 차고에 넣었다. / もう少し後ろにバックしてください 조금 더 후진해 주세요. 関連 バックギア 후진 기어 / バックグラウンドミュージック(BGM) 배경 음악 / バックスイング 백스윙 / バックスクリーン 백스크린 / バックナンバー 백넘버〔背番号〕등번호 / バックネット 백네트 / バックボーン 중심 사상, 후원자 / バックミラー 백미러 / バックライト 백라이트
**バッグ** 백〔かばん〕가방〔ハンドバッグ〕핸드백 ¶彼はバッグを電車の網棚の上に置き忘れた 그는 가방을 전철 선반 위에 놔두고 내렸다.
**パック** 팩〔真空パックのコーヒーは持ちがいい 진공팩 커피는 오래간다. / パック牛乳 팩 우유 ¶彼女は1日おきに顔にパックしている 그녀는 하루걸러 얼굴 팩을 하고 있다. / 美顔パック 마사지 팩 / パック旅行で行くほうが割安だ 패키지 여행으로 가는 것이 더 싸다.
**バックアップ** 백업, 서포트 ◇バックアップする 백업하다, 서포트하다 ¶私たちをバックアップしていただけますか 우리를 서포트해 주시겠습니까? / データが消えるといけないからバックアップをとっておいてください 데이터가 소거되면 안 되니까 백업해 두세요.
**バックスキン** 벅스킨 ¶バックスキンの上着 벅스킨 윗도리
**はっくつ**【発掘】 발굴 ◇発掘する 발굴하다 ¶高句麗時代の古墳の発掘に成功した 고구려 시대의 고분 발굴에 성공했다. / 奈良で新たな遺跡が発掘された 나라에서 새로 유적이 발굴되었다. / 埋もれた人材を発掘する 숨은 인재를 발굴하다 関連 発掘現場 발굴 현장 / 発掘品 발굴
**ぱっくり** 빠끔히, 쩍 ¶大地震の後, 道路がぱっくりと割れていた 큰 지진 후, 도로가 쫙 갈라졌다. / 傷口がぱっくりと口を開いて鮮血が吹き出ていた 상처가 빠끔히 벌어져 선혈이 뿜어져 나왔다.
**バックル**〔留め金〕버클 ¶ベルトをバックルで留める 벨트를 버클로 고정시키다 / ベルトのバックルを外す 벨트의 버클을 풀다
**ばつぐん**【抜群】 ◇抜群だ 뛰어나다 ◇抜群に 뛰어나게 ¶彼はストッパーとして抜群のセーブ記録を持っている 그는 마무리 투수로서 뛰어난 세이브 기록을 가지고 있다. / 彼は今回の数学の試験で抜群の成績を取った 그는 이번 수학 시험에서 뛰어난 성적을 받았다. / 彼女は子供のころから歌が抜群にうまかった 그녀는 어릴 적부터 노래를 뛰어나게 잘 불렀다.
**はっけっきゅう**【白血球】 백혈구 関連 赤血球

적혈구

**はっけつびょう【白血病】** 백혈병

## はっけん

**【発見】** 발견 ◇**発見する** 발견하다 [見つける] 찾아내다 ¶がん治療薬の発見はノーベル賞に値するだろう 암 치료약 발견은 노벨상급의 가치가 있다. / 彼らは人類の起源に関する重大な発見をした 그들은 인류의 기원에 관한 중대한 발견을 했다. / 「だれがアメリカ大陸を発見したの」「コロンブスだと言われているね」"누가 아메리카 대륙을 발견했어?" "콜롬버스라고 알려져 있어." / ラジウムはキュリー夫妻によって発見された 라듐은 퀴리 부부에 의해 발견되었다. / 行方不明の子供は池で死体となって発見された 실종된 아이는 연못에서 시체로 발견되었다. 関連 **発見者** 발견자 / **第一発見者** 최초의 발견자

## はつげん

**【発言】** 발언 ◇**発言する** 발언하다 ¶彼の発言は慎重だった 그의 발언은 신중했다. / 彼女は思いがけない発言をした 그녀는 생각지도 못한 발언을 했다. / それは物議を呼びかねない発言だった それは物議を呼びかねない発言だった 그것은 물의를 불러 일으킬지도 모르는 발언이었다. / 私の発言を無視しないでください 내 발언을 무시하지 마세요. / 議長は私の発言を許した[禁じた] 의장은 내 발언을 허락했다[금했다]. / その件に関して発言の機会を与えてほしい 그 전에 대해 발언할 기회를 얻었으면 한다. / 今の発言を取り消してください 지금 하신 말씀을 취소해 주세요.

鋭い発言 날카로운 발언 / 思いつきの発言 즉흥적인 발언 / 適切[不適切]な発言 적절한[부적절한] 발언 / あいまいな発言 애매한 발언 / 無責任な発言 무책임한 발언 / 不注意な発言 부주의한 발언 / 時宜を得た発言 시의 적절한 발언 / 辛辣な発言 신랄한 발언 / 攻撃的な発言 공격적인 발언 / 紋切り型の発言 틀에 박힌 발언

¶我々はその問題について発言権がある[ない] 우리는 그 문제에 대해 발언권이 있다[없다]. / 彼は社内でかなり発言力がある 그는 사내에서 상당한 발언권이 있다. / 発言者を指名する 발언자를 지명하다

¶彼は会議ではたくさん発言した 그는 회의에서 많은 발언을 했다. / ちょっと発言してもいいですか 잠깐 발언해도 되겠습니까?

関連 **発言者** 발언자

**はつこい【初恋】** 첫사랑 ¶私は同窓会で20年ぶりに初恋の人に会って感激した 나는 동창회에서 20년 만에 첫사랑과 만나 감격했다.

**はっこう【発光】** 발광 ◇**発光する** 발광하다 関連 **発光体** 발광체 / **発光塗料** 발광 도료

**はっこう【発行】** 발행 ◇**発行する** 발행하다 ¶発行部数100万部の新聞 발행 부수 100만부의 신문 / その雑誌は発行部数が多い 그 잡지는 발행부수가 많다. / 新しい記念切手が来週発行される 새로운 기념우표가 다음주에 발행된다. / 独身女性向けの新しい雑誌が来月発行される 독신 여성을 대상으로 한 새로운 잡지가 다음달에 발행된다. / 会社から社員証を発行してもらった 회사에서 사원증이 발행되었다.

**はっこう【発効】** 발효 ◇**発効する** 발효하다, 발효되다 ¶韓国との新しい貿易協定が3月1日から発効する 한국과의 새로운 무역 협정이 삼월 1일부터 발효된다.

**はっこう【発酵】** 발효 ◇**発酵する** 발효하다, 발효시키다 ¶パンを作るときにはパン生地をイーストで発酵させる 빵을 만들 때는 반죽을 이스트로 발효시킨다. 関連 **発酵菌** 발효균 / **発酵食品** 발효식품

**ばっさい【伐採】** 벌채 ◇**伐採する** 벌채하다 ¶彼らはこの地域のすべての木を伐採して宅地を造成しようとしている 그들은 이 지역 모든 나무를 벌채하고 택지를 조성하려 하고 있다. / その森林は数年で伐採されてしまった 그 삼림은 몇 년 사이에 벌채되어 버렸다. 関連 **森林伐採** 삼림 벌채

**ばっさり** 싹둑 ¶緊縮政策のため来年度の予算がばっさりと削られた 긴축 정책으로 내년도 예산이 대폭 삭감되었다. / ばっさりと枝を切り落とす 싹둑 가지를 잘라 내다

**はっさん【発散】** 발산 ◇**発散する** 발산하다 [臭を発する] 풍기다 ¶その化学薬品は強烈な刺激臭を発散する 그 화학 약품은 강렬하고 자극적인 냄새를 발한다. / 彼らは仕事のストレスをカラオケで発散した 그들은 직장에서 받은 스트레스를 노래방에서 발산했다.

**ばっし【抜糸】** 발사 ◇**抜糸する** 실을 뽑다 ¶先週縫ってもらった傷口の抜糸をした 지난주 꿰멘 상처의 실을 뽑았다.

**バッジ【記章】** 배지, 휘장 ¶背広の襟に社員バッジをつける 양복 옷깃에 사원 배지를 달다 関連 **記念バッジ** 기념 배지

**はっしゃ【発車】** 발차 [出発] 출발 ◇**発車する** 발차하다 [出発する] 출발하다 ¶大雪のために列車の発車が大幅に遅れている 폭설로 인해 열차의 출발이 크게 늦어지고 있다. / 空港行きのバスは9時にホテルを発車する 공항행 버스는 아홉 시에 호텔을 출발한다. / 発車のベルが鳴る 발차 벨이 울리다 / 発車時刻をもう一度確かめておこう 출발 시각을 한번 더 확인해 두자.

**はっしゃ【発射】** 발사 ◇**発射する** 발사하다 [銃を]쏘다 ¶発射！발사！/ ロケット[ミサイル]を発射する 로켓[미사일]을 발사하다 / 警官は逃走する強盗に向けて銃を発射した 경찰관은 도주하는 강도를 향해 총을 쏘았다. 関連 **発射台** 발사대

**はっしょう【発祥】** 발상 ◇**発祥する** 발상하다 ¶新潟県の高田は日本のスキー発祥の地と言われる 니가타현 다카다는 일본 스키의 발상지라고 한다. / 世界四大文明発祥の地 세계 사대 문명 발상지

**はっしん【発信】** 발신 ◇**発信する** 발신하다 ¶漁船がSOSを発信していた 어선이 SOS를 발신하고 있었다. / そのうわさの発信源は会社の人事部だった 그 소문의 발신원은 회사 인사부였다. / パリはファッションの発信地だ 파리는 패션의 발신지이다. 関連 **発信音** 발신음 / **発信機** 발신기 / **発信装置** 발신 장치 / **発信人** 발신인

**ばっすい【抜粋】** 발췌 ◇**抜粋する** 발췌하다 ¶彼は新聞記事からの抜粋を使って社会科の授業をした 그는 신문 기사를 발췌해 사회과 수업에

사용했다. / 長文の報告書の要点を抜粋する 장문 보고서의 요점을 발췌하다

**はっする【発する】** ❶ 〔外に放つ〕 발하다, 내다 ¶火は光と熱を発する 불은 빛과 열을 낸다. / その物質は不思議な光を発している 그 물질은 이상한 빛을 발하고 있다. / その花は甘い香りを発していた 그 꽃은 달콤한 향을 내고 있었다. / 警察は再三彼らに警告を発した 경찰은 여러 번 그들에게 경고를 냈다. / 私は驚きで一言も発することができなかった 나는 놀라서 한마디도 못했다.

❷ 〔起こる, 始まる〕 일어나다, 시작되다 ¶その紛争は民族対立に端を発していた 그 분쟁은 민족 대립을 계기로 일어났다. / 多摩川は秩父山地に源を発する 다마가와의 발원지는 지치부 산지이다.

**ハッスル** ◇ハッスルする 분발하다 ¶お客が来ることになっていたので妻はハッスルして料理を作った 손님이 오기로 해서 아내는 열심히 요리를 만들었다.

**ばっする【罰する】** 벌하다, 처벌하다 ¶先生は喫煙をした生徒たちを罰した 선생님은 흡연한 학생들을 처벌했다. / 彼は盗みのかどで罰せられた 그는 도둑질한 죄로 처벌당했다.

**はっせい【発生】** 발생 ◇発生する 발생하다, 발생되다, 일어나다 〔火事が〕 나다 ¶この時期に山に登るのは雪崩の発生があるために極めて危険だ 이 시기에 산에 오르는 것은 눈사태가 발생할 수 있기 때문에 너무 위험하다. / この交差点でついさっき事故が発生した 이 네거리에서 방금 사고가 발생했다. / 昨夜近所で火事が発生した 어젯밤 근처에서 화재가 났다. / 学校の給食から食中毒が発生した 학교 급식에서 식중독이 발생했다. / 南方の海上で今度も台風が発生した 남쪽 해상에 계속해서 태풍이 일어났다. / この殺虫剤は害虫の発生を防ぐのに使われる 이 살충제는 해충 발생을 막는 데 사용된다. / 今年の冬はインフルエンザの発生率が高い 올 겨울에는 유행성 감기 발생률이 높다.

**はっせい【発声】** 발성 ◇発声する 발성하다 ¶彼はアナウンサーという職業柄毎日発声練習をしている 그는 아나운서라는 직업상 매일 발성 연습을 하고 있다. 関連 発声器官 발성 기관, 발성기 / 発声法 발성법

**はっそう【発送】** 발송 ◇発送する 발송하다 〔送る〕 보내다 〔郵送する〕 우송하다 ¶ご注文の品はできるだけ早く発送いたします 주문하신 상품은 가능한 한 빨리 발송하겠습니다. 関連 発送係 발송계 / 発送先 발송처 / 発送日 발송일 ⇒送る

**はっそう【発想】** 발상 〔構想〕 구상 〔考え方〕 생각, 사고방식 ¶彼の育児に関する発想は時代遅れだ 그의 육아에 관한 발상은 시대에 뒤떨어진다. / 行き詰まったら発想の転換をするべきだ 정체 상태에 빠지면 발상의 전환을 해야 한다. / 日本人的発想 일본인적 발상

**ばっそく【罰則】** 벌칙 ¶路上での喫煙に対して罰則を適用する 노상 흡연에 대해 벌칙을 적용하다

**ばった【飛蝗】** 메뚜기

**バッター** 〔野球の打者〕 타자, 배터 ¶彼はうちのチームの4番バッターだ 그는 우리 팀의 4번 타자다. / 左[右]バッター 좌[우]타자 / バッターボックスに入る 타석에 들어서다

**はったつ【発達】** 발달〔発展〕발전〔発育〕 발육〔成長〕성장 ◇発達する 발달하다〔発展する〕발전하다〔成長する〕성장하다 ¶科学技術の発達は私たちのライフスタイルを著しく変えつつある 과학 기술의 발달은 우리들의 생활양식을 현저하게 바꾸고 있다. / 適当な運動は子供の身体の発達には不可欠である 적당한 운동은 아이의 신체 발육에 빼 놓을 수 없다. / 最近の韓国のIT産業の発達には非常に目覚ましいものがある 최근의 한국 IT산업의 발달은 매우 놀랄 만하다.

¶コンピュータに関する技術がこの10年間で著しく発達した 컴퓨터에 관한 기술이 요즘 10년 사이에 현저하게 발달했다. / インターネットはここ数年で急速に発達した 인터넷은 이 몇 년 사이에 급속히 발달했다. / 熱帯性低気圧が台風に発達し日本を直撃した 열대성 저기압이 태풍으로 발달해서 일본을 직격했다. / 東京な交通網のよく発達した大都市だ 도쿄는 교통망이 잘 발달된 대도시다. / ウエイトトレーニングは筋肉を発達させる 웨이트 트레이닝은 근육을 발달시킨다. / 彼は肩の筋肉が発達している 그는 어깨 근육이 발달해 있다. / 犬は嗅覚が非常に発達している 개는 후각이 매우 발달해 있다.

**はったり** 허세(虚勢) 〔ほら〕 흥감 ¶彼ははったりをかまして自分が有能な人間であると我々に信じさせた 그는 허세를 부려 자기가 유능한 인간이라는 것을 우리들한테 믿게 했다. / あいつの言葉はどうせはったりさ 그 녀석의 말은 어차피 허세야. 関連 はったり屋 〔ほら吹き〕 허풍선이

**ばったり** 퍽 ; 딱 ; 뚝 ¶彼は何者かに背後から頭を殴られてばったりと倒れた 그는 누군가에게 뒤에서 머리를 맞고 퍽 쓰러졌다. / 銀座で昔の恋人にばったり出会った 긴자에서 옛 애인과 딱 마주쳤다. / 便りがばったり途絶えた 소식이 뚝 끊겼다.

**はっちゃく【発着】** 발착 ◇発着する 발착하다 ¶駅前からはたくさんのバスが発着している 역 앞에서는 많은 버스가 발착하고 있다. / このホームから中央線の列車が発着する 이 홈에서 주오선 열차가 발착한다. / 発着時刻 발착 시간

**はっちゅう【発注】** 발주, 주문 ◇発注する 발주하다〔注文する〕주문하다 ¶彼は特製の家具をメーカーに発注した 그는 특제 가구를 메이커에 주문했다.

**ばっちり** 딱, 빈틈없이, 멋지게 ; 완벽하게 ¶彼女はいつも着こなしがばっちり決まっていてみんなの目を引いた 그녀는 언제나 옷차림이 멋져서 모두의 눈길을 끌었다. / 「きのうの数学のテストはどうだった」「ばっちりさ」"어제 수학 시험 어땠어?" "완벽해."

**ぱっちり** 또렷또렷, 서글서글 ¶ぱっちりとした目の赤ん坊 눈이 또렷또렷한 아기 / 目をぱっちりと開ける 눈을 또렷또렷하게 뜨다

**バッティング** 〔打撃〕 배팅, 타격 ¶彼はバッティングはいいが, 守備はだめだ 그는 배팅은 좋지만

**ばってき**

수비는 안 된다. / イチローの独特のバッティングフォームは振り子打法と呼ばれている 이치로의 독특한 배팅 폼은 흔들이 타법이라고 한다. 関連 バッティングアベレージ 타율, 타격률 / バッティングオーダー 배팅 오더, 타순 / バッティングコーチ 배팅[타격] 코치

**ばってき【抜擢】** 발탁 ◇抜擢する 발탁하다
¶彼女は実績を評価されて支店長に抜擢された 그녀는 실적을 평가 받아 지점장으로 발탁되었다.

**バッテリー** 〔野球の〕배터리 〔電池〕전지, 건전지(乾電池), 축전지(蓄電池), 배터리 ¶ずっとエアコンをつけていたので車のバッテリーが上がってしまった 계속 에어컨을 켜 두어서 차 배터리가 나가 버렸다. / バッテリーを充電する 배터리를 충전하다 ¶〔野球で〕明とは小学校以来バッテリーを組んでいる 아키라와는 초등학교 이래 배터리를 이루고 있다.

**はってん【発展】** 발전 ◇発展する 발전하다
¶中国の経済的発展は目を見張るばかりである 중국의 경제적 발전은 놀랄 만하다. / 彼は会社の発展に大いに貢献した 그는 회사 발전에 큰 공헌을 했다.
¶その小さな町は新しい産業を誘致し大都市に発展した 그 작은 도시는 새로운 산업을 유치해서 대도시로 발전했다. / この数十年で世界の工業技術は目ざましく発展した 이 수십년 동안에 세계의 공업 기술은 눈부시게 발전했다. / 話が思いがけない方向に発展した 이야기가 생각지도 못한 방향으로 발전했다. 関連 発展途上国 발전 도상국 / 発展家 바람둥이, 난봉꾼

**はつでん【発電】** 발전 ◇発電する 발전하다
関連 発電機 발전기 / 火力[水力]発電所 화력[수력] 발전소 / 原子力発電所 원자력 발전소 / 自家発電 자가발전 / 太陽光発電 태양광 발전 / 太陽熱発電 태양열 발전 / 風力発電 풍력 발전

**ばってん【罰点】** 〔×印〕가위표, 가새표 ¶地図の上にばっ点で印をつけた 지도 위에 가위표로 표시했다.

**はっと** ❶〔急に〕문득, 언뜻 ¶宿題を忘れていたことをはっと思い出した 숙제를 잊고 있었던 것이 문득 생각났다. / いい考えがはっと心に浮かんだ 좋은 생각이 언뜻 마음에 떠올랐다.
❷〔驚く〕◇はっとする 흠칫하다 ¶彼の姿を見て私ははっとした 그의 모습을 보고 나는 흠칫했다. / 肩をたたかれてはっとして振り返った 어깨를 두드리자 흠칫하며 뒤돌아보았다. / 新婦ははっとするような純白のウエディングドレスに身を包んでいた 신부는 멋진 새하얀 웨딩드레스로 몸을 감싸고 있었다. / 彼女は足音にはっとして立ち上がった 그녀는 발소리에 흠칫해서 벌떡 일어났다.

**バット** 배트, 타봉(打棒) ¶バットを振る 배트를 휘두르다 関連 金属バット 금속 배트

**ぱっと** ❶〔突然〕확, 쏵, 번쩍 ¶その部屋の明かりがぱっとついた 그 방의 불이 확 켜졌다. / そのうわさは会社中にぱっと広まった 그 소문은 회사 전체에 쫙 퍼졌다. / すばらしい考えがぱっとひらめいた 아주 좋은 생각이 번쩍 들었다. / 1羽の鳥がぱっと飛び立った 한 마리의 새가

확 날아올랐다.
❷〔勢いよく〕확, 벌떡, 쫙, 휙 ¶彼女の顔がぱっと赤らんだ 그녀의 얼굴이 확 빨개졌다. / 彼はぱっと立ち上がった 그는 벌떡 일어섰다. / 桜がぱっと咲いた 벚꽃이 확 피었다. / 雷が鳴って稲妻がぱっと光った 천둥이 울리고 번개가 번쩍였다. / 彼女はボーナスをぱっと使ってしまった 그녀는 보너스를 확 써 버리고 말았다.
❸〔目立つ, 派手な〕눈 눈에 띄다 〔愉快に〕신이 나게 ◇ぱっとしない 신통찮다 ¶たまにはぱっとやろう 때로는 신나게 놀자. / その男はぱっとしない(→不満そうな)顔をしていた 그 남자는 못마땅한 얼굴을 하고 있었다. / 彼女はぱっとしない服を着ていた 그녀는 신통찮은 옷을 입고 있었다. / 最近成績がぱっとしない 최근 성적이 신통찮다

**パット** 《ゴルフ》퍼트, 퍼팅 ◇パットする 퍼트하다, 퍼팅하다 ¶パットの練習をする 퍼트[퍼팅] 연습을 하다

**はつどう【発動】** 발동 ◇発動する 발동하다
¶政府は強権を発動してストを中止させた 정부는 공권력을 발동해서 파업을 중지시켰다. 関連 発動機 발동기 〔モーター〕모터 〔エンジン〕엔진

**ハットトリック** 《サッカー》해트 트릭

**はつねつ【発熱】** 발열 ◇発熱する 발열하다, 열이 나다 ¶昨夜から発熱して息子はきょう学校を休んだ 어젯밤부터 열이 나서 아들은 오늘 학교를 쉬었다. ⇒熱

**はつばい【発売】** 발매 〔販売〕판매 ◇発売する 발매하다, 판매하다 ¶ウインドウズの新しいバージョンの発売が年末まで延期された 윈도우즈 새 버전의 발매가 연말까지 연기되었다. / 新しいゲーム機が来月発売される 새로운 게임기가 다음달 발매된다. / 彼女の新しいCDはいつ発売されますか 그녀의 새로운 CD는 언제 발매됩니까? / その雑誌はひと月に1度発売される 그 잡지는 한 달에 한 번 발매된다. / 彼の小説は発売禁止になった 그의 소설은 판금됐다. ⇒発行

**ハッピーエンド** 해피 엔드 ¶ハッピーエンドの映画 해피 엔드의 영화

**はつひので【初日の出】** 설날 아침의 해돋이
¶初日の出を拝みに行く 설날 아침의 해돋이를 보러 가다

**はっぴょう【発表】** 발표 ◇発表する 발표하다 ¶きょう入試の結果が発表になった 오늘 입시 결과가 발표되었다. / 彼らはきのう婚約を発表した 그들은 어제 약혼을 발표했다. / 彼女はその雑誌に短編小説を発表した 그녀는 그 잡지에 단편 소설을 발표했다. / そのロックグループは3年ぶりに新しいアルバムを発表した 그 록 그룹은 3년 만에 새 앨범을 발표했다. / 多くの学生がその問題についてそれぞれの意見を発表した 많은 학생이 그 문제에 대해 각각의 의견을 발표했다. / 彼は学会で独創的な研究成果を発表した 그는 학회에서 독창적인 연구 성과를 발표했다. / 次回ゼミで発表するのは君だよ 다음 세미나에서 발표할 사람은 너야. / ピアノ発表会 피아노 발표회 関連 発表者 발표자

**はつびょう【発病】** 발병 ◇発病する 발병하다

¶彼は外国から帰国早々に発病した 그는 외국에서 귀국하자마자 발병했다.

はっぷ【発布】 발포, 공포 ◇発布する 발포하다, 공포하다 ¶新憲法を発布する 새 헌법을 공포한다

はつぶたい【初舞台】 첫무대 ¶彼は10歳で初舞台を踏んだ 그는 열 살 때 첫무대에 올랐다.

はっぷん【発奮】 분발(奮発) ◇発奮する 분발하다 ¶彼女の話を聞いて大いに発奮し、私も韓国語を勉強することにした 그녀의 이야기를 듣고 크게 자극 받아서 나도 한국어를 공부하기로 했다. / うちのチームはもう一歩のところできょうの試合には負けたが次は必ず勝とうと発奮した 우리 팀은 아쉽게 오늘 경기에는 졌지만 다음은 반드시 이기자고 결의했다.

はっぽう【八方】 [慣用句] 八方手を尽くしたが娘の所在はわからなかった 사방팔방으로 찾았지만 딸의 행방을 알 수 없었다. / 彼は事を八方丸くおさめようと奔走している 그는 일을 모든 방면으로 잘 해결하려고 분주히 뛰어다니고 있다. / 八方塞がりで、もうお手上げだ 어찌할 방도가 없어서 이제는 손 들었다. / 彼は八方破れの覚悟で強敵に挑んだ 그는 될대로 되라는 각오로 강적에 맞섰다. / 彼女は八方美人すぎて信用が置けない 그녀는 누구에게나 친절한 사람이라서 신용이 가지 않는다. ※韓国語の 팔방미인「八方美人」は日本語のように否定的な意味には用いられない。

はっぽう【発砲】 발포 ◇発砲する 발포하다〔発射する〕발사하다 ¶近くで銃を発砲する音が聞こえた 가까이서 총을 발포하는 소리가 들렸다. / 銀行強盗は警官に向けて発砲しながら逃走した 은행 강도는 경찰관을 향해 발포하면서 도주했다. / 白昼繁華街で発砲事件が起こった 한낮에 번화가에서 발포 사건이 일어났다.

はっぽうスチロール【発泡スチロール】스티로폼, 발포 스티렌 수지 ¶発泡スチロールの箱 스티로폼 상자

ばっぽん【抜本】 ◇抜本的 발본적 ¶学力低下問題については抜本的な対策を講ずるべきだ 학력 저하 문제에 대해서 발본적인 대책을 강구해야 한다.

はつみみ【初耳】 초문(初聞), 금시초문(今時初聞) ¶その話は私には初耳だ 나는 그 이야기를 처음 듣는다. / それは初耳だな 그건 금시초문인데.

はつめい【発明】 발명 ◇発明する 발명하다 ¶エジソンは発明のオがあった 에디슨은 발명에 재능이 있었다. / ラジオの発明は世界を変えた 라디오의 발명은 세계를 바꾸었다. / ベルは電話を発明した 벨은 전화를 발명했다. [慣用句] 必要は発明の母 필요는 발명의 어머니 [関連] 発明家 발명가 / 発明品 발명품

はつもうで【初詣で】 정월의 첫 참배 ¶家族で神社に初詣でに行った 가족끼리 신사에 새해 첫 참배를 드리러 갔다.

はつもの【初物】 맏물, 햇것 ¶ふと故郷から初物のりんごが届いた 오늘 아침 고향에서 햇사과를 보내왔다.

はつゆき【初雪】 첫눈 ¶夕べ初雪が降ったが例年よ

り1週間も早い 어제 저녁 첫눈이 내렸는데 예년보다 일 주일이나 빠르다.

はつゆめ【初夢】 새해의 첫꿈

はつらつ【潑剌】 ◇はつらつとしている 발랄하다, 쾌활하다 ¶元気がなさそうだね。これを飲めば元気はつらつになるよ 기운이 없어 보이네. 이걸 마시면 원기 왕성해질거야. / 彼の息子ははつらつとした若者に成長した 그의 아들은 쾌활한 젊은이로 성장했다.

はつれい【発令】 발령 ◇発令する 발령하다 ¶4月1日付けで辞令が発令され札幌に転勤になった 사월 1일부로 인사 발령을 받아 삿포로로 전근가게 되었다. / 気象庁は大雨警報を発令した 기상청은 폭우 경보를 발령했다.

はて【果て】 끝〔限り〕한 ¶彼は世界の果てまで旅行した 그는 세계 끝까지 여행했다. / あの渡り鳥たちはこれから北の果てまで飛んでいく 저 철새들은 이제부터 멀리 북쪽까지 날아간다. / 彼の出世欲には果てがない 그의 출세욕은 끝이 없다.

はで【派手】 ◇派手だ 화려하다〔けばけばしい〕야하다, 요란하다〔ぜいたくな〕호화롭다〔大げさな〕야단스럽다 ¶彼女の派手なドレスはパーティーでひときわ目立っていた 그녀의 화려한 드레스는 파티에서 유달리 눈에 띄었다. / 彼女は派手なながいものの宝石を身につけていた 그녀는 요란스런 가짜 보석을 하고 있었다. / その服はどう見ても少し派手だと思う 그 옷은 아무리 봐도 좀 야한 것 같아. / 彼は相変わらず派手な生活をしている 그는 변함없이 호화로운 생활을 하고 있다.

¶彼女は悩みを隠して派手に振る舞った 그녀는 고민을 숨기고 요란스럽게 행동했다. / きょうは派手に金を使ってしまった 오늘은 헤프게 돈을 쓰고 말았다.

はてしない【果てしない】 끝없다, 한없다 ◇果てしなく 끝없이, 한없이 ¶船は広い果てしない海を航海した 배는 넓고 끝없는 바다를 향해 했다. / 果てしない議論に疲れてしまった 끝없는 논의에 피곤해졌다. / 砂漠は果てしなく続いていた 사막은 끝없이 펼쳐져 있었다.

はてる【果てる】 끝나다〔死ぬ〕죽다 ¶砂浜の果てる所に松林があった 모래사장이 끝나는 곳에 소나무 숲이 있었다. / 命が果てるまで彼女は慈善活動に精力を注ぎ続けた 목숨이 다할 때까지 그녀는 자선 활동에 정력을 계속 쏟았다.

¶連日の残業で彼は疲れ果てた様子だった 계속되는 잔업으로 그는 녹초가 된 것 같았다. / 財布をなくして彼女は困り果てていた 지갑을 잃어버려서 그녀는 아주 곤란해하고 있었다.

パテント 특허(特許) ⇒特許

はと【鳩】 비둘기 ¶子供のころ彼はたくさんはとを飼っていた 어렸을 때 그는 많은 비둘기를 키웠다. / はとは平和の象徴だ 비둘기는 평화의 상징이다. / はとがくうくう鳴いている 비둘기가 구구 울고 있다. / その法案に関してハト派とタカ派が真っ向から対立していた 그 법안에 관해서는 비둘기파와 매파가 정면으로 대립하고 있다.

[慣用句] あまりに突然のことだったので彼ははとが豆鉄砲を食らったような顔をしていた 그는 너무 갑작스러운 일에 놀라서 눈이 휘둥그래졌다.

**ばとう【罵倒】** 매도 (ののしり, 悪口) 욕설 ◇罵倒する 매도하다, 욕하다 ¶スタンドのファンは二死満塁の絶好のチャンスに三振したその選手を口々に罵倒した 스탠드의 팬들은 2사 만루의 절호의 기회에 삼진한 그 선수를 저마다 욕했다.

**パトカー** 패트롤카, 순찰차(巡察車), 경찰차 ¶パトカーが誘拐犯を追跡中だ 순찰차가 유괴범을 추적 중이다.

**はとば【波止場】** 부두(埠頭) (桟橋) 잔교, 선창 ¶波止場にはたくさん船が停泊していた 부두에는 많은 배가 정박해 있었다.

**バドミントン** 배드민턴 ¶昼休みに中庭でバドミントンをした 점심 시간에 안마당에서 배드민턴을 했다. / バドミントンの羽根 셔틀콕

**はどめ【歯止め】** ¶政府はデフレ[インフレ]に歯止めをかけるための政策を打ち出した 정부는 데플레이션[인플레이션]에 제동을 걸기 위한 정책을 내 놓았다.

**パトロール** 〔巡回, 巡視〕 순찰 ◇パトロールする 순찰하다 ¶パトロール中の警官が暴漢に襲われ拳銃を奪われた 순찰중인 경찰관이 괴한에게 습격당해 권총을 뺏겼다. 関連 パトロールカー 순찰차

**パトロン** 후원자(後援者) ¶彼女はその慈善団体の有力なパトロンだ 그녀는 그 자선 단체의 유력한 후원자다.

**バトン** 배턴, 바통 ¶リレーで次のランナーにバトンを渡す 릴레이에서 다음 주자에게 배턴을 건네주다 / 社長は後任にバトンを渡す前に急死してしまった 사장은 후임에게 배턴을 넘기기 전에 급사해 버렸다. 関連 バトンガール 치어걸 / バトンタッチ 배턴 터치

## はな【花】❶ 〔植物〕 꽃

基本表現
▷公園にはきれいな花がたくさん咲いている
공원에는 예쁜 꽃들이 많이 피어 있다.
▷彼女は部屋に花を飾った
그녀는 방에 꽃을 꽂아 두었다.
▷この植物は春に花が咲く
이 식물은 봄에 꽃이 핀다.
▷梅の花がちらほらと咲き始めた
매화가 드문드문 피기 시작했다.
▷花瓶の花が全部枯れてしまった
꽃병의 꽃이 전부 시들고 말았다.
▷桜の花が散った 벚꽃이 떨어졌다.
▷ちょうが花から花へ行き交っている
나비가 이 꽃 저 꽃으로 날아다니고 있다.

◆【花が・花は】
¶桜の花は今が盛りだ 벚꽃은 지금이 한창이다. / その花は暑さですぐにしおれてしまった 그 꽃은 더위로 금새 말라 버렸다. / コスモスの花が咲き乱れている 코스모스 꽃이 만발했다.

◆【花に・花の】
¶彼女は花に水をやっている 그녀는 꽃에 물을 주고 있다. / つつじの花の見ごろは今週末でしょう 철쭉꽃은 이번 주말이 볼 만할 것입니다.

◆【花を】
¶ここは花を植えるのによい場所だ 여기는 꽃을 심기에 좋은 장소다. / あなたがこの花を生けたのですか 당신이 이 꽃을 꽂았습니까? / 彼はコンクールに出品するために花を栽培している 그는 콩쿨에 출품하기 위해서 꽃을 재배하고 있다. / 子供たちは畑でクローバーの花を摘んでいる 아이들은 밭에서 클로버꽃을 따고 있다. / 母は祖父の墓に花を供えた 어머니는 할아버지 묘에 꽃을 바쳤다. 数え方 花 1輪[束] 꽃 한 송이[다발]

❷〔生け花〕 꽃꽂이 ¶彼女はお花を習っている 그녀는 꽃꽂이를 배우고 있다.

❸〔よい時期〕 한창, 한창때 ¶私もあのころが花だった 나도 그 때가 한창때였다. 慣用句 久し振りに友達と会って話に花が咲いた 오랫만에 친구를 만나서 이야기 꽃을 피웠다. / パリは花の都市だと言われている 파리는 꽃의 도시라고 불리운다. / その女優の出席はパーティーに花を添えた 그 여배우가 파티에 참석하니 금상첨화였다. / 今回は彼に花を持たせてやろう 이번에는 그에게 영광을 돌리자. / 大企業への就職と彼女との結婚が決まって彼は両手に花だ 대기업에 취직도 되고 여자 친구와 결혼도 정해져 그에게 경사가 겹쳤다. / 言わぬが花 경우에 따라 말하지 않는 것이 좋다. / 花より団子 ⇒金剛山も食後の見物 금강산도 식후경 関連 花壇 화단 / 花かご 꽃바구니 / 花柄 꽃무늬 / 花時計 꽃시계 / 花畑 꽃밭 / 花吹雪 꽃비 / 花屋 [店] 꽃가게, 꽃집 [人] 꽃장수 / 職場の花 직장의 꽃

## はな【鼻】 코

基本表現
▷鼻が詰まって寝苦しい
코가 막혀서 잠잘 때 괴롭다.
▷人前で鼻をほじるな
남 앞에서 코 후비지 마.
▷彼は苦い薬を鼻をつまみながら飲んでいた
그는 쓴 약을 코를 막고 먹고 있었다.
▷アンモニアの臭いがつんと鼻を突いた
암모니아 냄새가 코를 확 찔렀다.

◆【鼻が】
¶魚の腐ったにおいは鼻が曲がるほど臭い 생선 썩은 냄새가 코를 찌른다. / 息子がいい大学に入って彼も鼻が高い 아들이 좋은 대학에 들어가서 그 사람도 우쭐해졌다. / 犬は人間の何倍も鼻が利く 개는 인간의 몇 배나 후각이 뛰어나다.

◆【鼻で】
¶彼女は彼らを鼻で笑った 그녀는 그들을 비웃었다. / 彼に金を貸してと頼んだが鼻であしらわれた 그에게 돈 좀 빌려 달라고 부탁했지만 그는 갈ু며 냉담하게 대했다.

◆【鼻に】
¶彼は高学歴を鼻にかけている 그는 고학력을 내세운다. / 彼女は鼻にかかった話し方をする 그녀는 코 먹은 소리로 말한다. / あいつのわざとらしい態度が鼻に付く 그 녀석의 애써 꾸민 듯한 태도에 진력난다.

◆【鼻の】

¶彼は興奮すると鼻の穴をふくらます 그는 흥분하면 콧구멍이 넓어진다. / 1位の馬は鼻の差で勝った 1등을 한 말은 코끝 하나 차이로 이겼다.

¶彼は女性から声をかけられるとすぐ鼻の下を長くする 그는 여자가 말을 걸면 금방 물렁해진다.

◆【鼻を】

¶犬は鼻をくんくんさせて私のにおいをかいだ 개는 킁킁거리며 내 냄새를 맡았다. / 鼻を鳴らす 킁킁거리다, 야옹 울다

¶彼の鼻を明かしてやる 그의 코를 납작하게 해 줄 테다. / 狭い部屋の中で20人もの人が鼻を突き合わせていた 좁은 방 안에 20명이나 코를 맞대고 있었다.

¶一度彼の高慢な女の鼻をへし折ってやりたい 한번 그 거만한 여자의 콧대를 꺾어 주고 싶다.

◆【その他】

¶彼は英語で満点を取って鼻高々だ 그는 영어 시험에 만점을 맞추어 우쭐해 있다.

¶彼女は形のよい鼻をしている 그녀의 코는 잘생겼다. / 高い鼻 높은 코 / 低い鼻 낮은 코 / 大きい鼻 큰 코 / 小さい鼻 작은 코 / かぎ鼻 매부리코 / 団子鼻 주먹코 / わし鼻 매부리코 / 獅子っ鼻 납작코 / 赤鼻 딸기코 / 上を向いた鼻 들창코 / 先のとがった鼻 끝이 뾰족한 코 [慣用句] 私が何を尋ねても彼はいつも木で鼻をくくったような返事しかしない 내가 뭘 물어도 그는 항상 무뚝뚝한 대답밖에 하지 않는다.

**はな【洟】** 콧물 ¶ティッシュではなをかんだ 티슈로 코를 풀었다. / 風邪を引いてしまいはながでる 감기에 걸려서 콧물이 나온다. / 彼女は風邪で一日中はなをすすっていた 그녀는 감기에 걸려서 하루 종일 콧물을 훌쩍거리고 있었다. / はなをたらした子供なんて今時珍しい 요즘 콧물 흘리는 아이는 드물다. [慣用句] 彼女はクラスの男の子にははなも引っ掛けなかった 그녀는 반 남자들을 전혀 상대조차 안 해 주었다. [関連] はなたれ小僧 코흘리개

**はないき【鼻息】** 콧김 [意気込み] 기세 [意向, 顔色] 기색, 눈치 ¶朝方からその患者の鼻息が苦しそうだ 아침부터 그 환자의 기색이 안 좋아 보인다. [慣用句] 仕事がうまくいっているので彼はこのところ鼻息が荒い 요즘 일이 잘 풀리고 있어서 그는 요즘 기세등등하다. / 彼はいつも上司の鼻息をうかがっている 그는 항상 상사의 눈치를 살핀다.

**はなうた【鼻歌】** 콧노래 ¶彼は鼻歌を歌いながら仕事をしていた 그는 콧노래를 흥얼거리면서 일을 하고 있었다. [慣用句] 彼はその難題を鼻歌交じりに引き受けた 그는 그 난제를 선뜻 맡았다.

**はなかぜ【鼻風邪】** 코감기 ¶彼は鼻風邪を引いて2,3日はなをすすっていた 그는 코감기에 걸려서 2, 3일 콧물을 훌쩍거리고 있었다.

**はながた【花形】** ¶彼は野球部の花形選手だ 그는 야구부의 인기 선수다. / 社交界の花形 사교계의 꽃

**はながみ【鼻紙】** 휴지 [ティッシュペーパー] 티슈, 화장지 [化粧紙] ¶鼻紙ではなをかむ 휴지로 코를 풀다

**はなくそ【鼻糞】** 코딱지 ¶鼻くそをほじる 코딱지를 후비다

**はなげ【鼻毛】** 코털 ¶鼻毛を抜く 코털을 뽑다

**はなごえ【鼻声】** 콧소리 ¶彼女は風邪のせいでひどい鼻声だった 그녀는 감기 때문에 심한 콧소리를 냈다. / 彼女は父親に鼻声でねだってバッグを買ってもらった 그녀는 아버지한테 콧소리로 졸라 가방을 받아냈다.

**はなことば【花言葉】** 꽃말, 화사(花詞) [花言葉で想いを伝えましょう 꽃말로 마음을 전합시다. / 彼女は花言葉を好んで使う 그녀는 꽃말을 즐겨 사용한다. /「忘れな草の花言葉はなんですか」「真実の愛です」"물망초의 꽃말은 무엇입니까?" "진실한 사랑입니다." / 赤いバラの花言葉は愛です 빨간 장미의 꽃말은 사랑입니다.

**はなざかり【花盛り】** 한창, 한창때 ¶今はつつじが花盛りだ 지금은 철쭉이 한창이다. / 円高のおかげで日本人の海外旅行が花盛りだ 엔고 덕분에 일본인의 해외여행이 한창이다.

## はなし 【話】 ❶ [話すこと] 이야기, 《縮約》 얘기 ; 말, 《敬》 말씀 [演説] 연설

[基本表現]
▶あなたにお話があるのですが
　당신에게 할 이야기가 있는데.
▶私の話を聞いて 내 이야기를 들어 줘.
▶次回は彼が話をすることになっている
　다음번에는 그가 이야기하기로 되어 있다.
▶話をやめろ 그만 해. | 입 다물어.

¶彼は話が上手だ 그는 말을 잘 한다. / つい話に夢中になってしまった 어느덧 이야기에 빠져 들었다. / 彼と久し振りに会ったので話はずんだ 그녀와 오랜만에 만나서 이야기에 활기를 띠었다. / 私たちは年が離れているが話が合う 우리는 나이차가 나지만 이야기가 통한다. / ここだけの話だが彼女は近々結婚するそうだ 우리끼리 이야기인데 그 여자 곧 결혼한다고 하더라. / 話を続けてください 이야기를 계속해 주세요. / 彼は本当に話が長い 그는 정말 연설이 길다. / 私たちはとりとめのない話をした 우리들은 부질없는 이야기를 했다.

¶たわいのない話 철없는 이야기 / おもしろい話 재미있는 이야기 / 内輪の話 내부 사람만이 아는 이야기

¶彼は大風呂敷だから、話半分に聞いていたほうがよい 그는 허풍을 잘 떠니까 그의 말은 반쯤 접어서 듣는 게 좋다. / 教授は日本と朝鮮半島との交流の歴史について話をした 교수님은 일본과 한반도의 교류의 역사에 대해 말씀을 하셨다.

❷ [話の内容, 談話] 이야기, 말 ¶彼女の話はつじつまが合わない 그녀의 이야기는 이치가 맞지 않는다. / 彼の話は聞いていて腹が立った 그의 말은 듣고 있자니 화가 났다. / 父は自分の若いころの話をしてくれた 아버지는 자기의 젊은 시절 이야기를 해 주셨다. / 彼が何か言ったら私に話を合わせてね 그가 뭐라고 하면 나한테 말을 맞춰 줘. / 話は全然まとまらなかった 전혀 결론이 나지 않았다. / 私の韓国語で話が通じるといいんだが 내 한국어로 말이 통하면 좋겠는데. / 君のご両親は話がわかるね 네 부모님은 잘

## -ばなし

이해해 주시네. / その話はもうよしてください 그 이야기는 이제 그만해 주세요. / それでは話がうますぎると思わなかったのか 그거 들으면서 말이 너무 그럴듯하다고 생각하지 못했어 ?

❸ [話題] 이야기, 화제 ¶年の話になると彼女は機嫌が悪くなる 나이 이야기가 나오면 그녀는 화를 낸다. / 話をもとに戻しましょう 원래 하던 얘기로 돌아갑시다. / 学生時代の話に花が咲いた 학생 시절 이야기에 꽃을 피웠다. / 彼女はおもむろに話を切り出した 그녀는 서서히 말을 꺼냈다. / 母は都合が悪くなるとすぐに話をそらす 엄마는 상황이 불리하면 바로 화제를 돌린다. / 話は変わりますが, ご両親はお元気ですか 다른 이야기입니다만 부모님은 안녕하십니까? / 話を元に戻すけど, あなたは佐藤さんのプロポーズを断ったの? 이야기를 원점으로 돌려서 너는 사토 씨의 청혼을 거절한 거야 ?

❹ [事情, わけ] 이야기, 말, 사리 ¶まったく話のわからない男が 전혀 말이 통하지 않는 사람이다. / それじゃ話が違う 그렇다면 이야기가 달라진다. / よくある話ですよ 흔히 있는 이야기죠. / 早い話が断りたいということです 간단히 말하면 거절하고 싶다는 말입니다. / 早い話, 彼らは失敗した 간단히 말하면 그들은 실패했다.

❺ [相談, 交渉] 말, 이야기, 상담, 교섭, 의논 ¶その値段じゃ話にならない 그 값으로는 말도 안 된다. / 君もこの話に一口乗らないか? 너도 이 일에 끼지 않을래? / その件については話がついています 그 건에 대해서는 말이 되어 있습니다. / ようやく話がまとまった 드디어 합의되었다.

❻ [内容のない話, 口先だけの話] 이야기, 말, 소리, 헛소리 ¶これは内容のない[くだらない]話だ 이것은 내용이 없는[시시한] 헛소리다. / そんなうまい話に耳を貸すべきでない 그런 달콤한 이야기에 귀 기울여서는 안 된다.

❼ [うわさ, 評判] 소문, 풍문 ¶近所の人の話では, あの夫婦は離婚寸前だそうだ 이웃 사람들 말로는 그 부부는 이혼하기 직전이라고 한다. / みんなの話では, 彼女の婚約者はなかなかのハンサムということだ 사람들 말로는 그녀의 약혼자는 꽤 잘생겼다고 한다. 関連 うわさ話 [ゴシップ] 가십 / おとぎ話 옛날 이야기, 옛이야기 [童話] 동화 / 思い出話 추억담(追憶談), 회상담(回想談) / 自慢話 자기 자랑 / たとえ話 [寓話] 우화 / 内緒話 비밀 이야기 / ひそひそ話 귓속말, 귀엣말 / みやげ話 여행담(旅行談) / 昔話 옛날이야기, 옛이야기 [済んでしまったこと] 지나간 일 / むだ話 쓸데없는 이야기, 잡담(雜談)

## -ばなし

❶ [放任] -ㄴ[-은] 채 놓아두다 ¶ドアを開けっ放しにしないでください 문을 열어 놓지 마십시오. ❷ [継続] 계속 ¶バスが満員で終点まで立ちっぱなしだった 버스가 만원이어서 종점까지 계속 서서 갔다.

## はなしあい 【話し合い】 의논 [討論] 토론 [交渉] 교섭 [会談] 회담

¶従業員は賃上げ問題について会社側との話し合いの場を望んだ 종업원들은 임금 인상 문제에 대해서 회사측과 교섭하기를 원했다. / 私たちは校則について長い話し合いをした 우리는 교칙에 대해서 긴 토론을 했다. / 何時間にも及ぶ話し合いの末, 我々は合意に達した 몇 시간에 걸친 회담 결과 우리는 합의에 달했다. / 両国間で核査察に関する話し合いが行われた 양국간에 핵 사찰에 관한 회담이 이루어졌다.

## はなしあいて 【話し相手】 말상대 [相談相手] 의논 상대

¶彼女には身の上話のできる話し相手がいなかった 그녀에게는 자기 신세를 얘기할 수 있는 말상대가 없었다.

## はなしあう 【話し合う】 서로 이야기하다, 이야기를 나누다 [相談する] 의논하다, 상의하다 [交渉する] 교섭하다

¶彼は楽しそうに話し合っている若いカップルをうらやましそうに見つめた 그는 즐겁게 이야기 나누는 젊은 커플을 부러운 듯이 바라보았다. / 僕は彼女とこれからのことを話し合った 나는 그녀와 장래의 일을 상의했다. / 経営側は雇用条件について我々と話し合う気がないようだ 회사 측은 고용 조건에 대해서 우리 측과 협의할 마음이 없는 것 같다.

## はなしがい 【放し飼い】 [放牧] 방목 ◇放し飼いする 방목하다, 놓아기르다

¶夏の間は牧場で牛を放し飼いにしている 여름 동안은 목장에서 소를 방목하고 있다. / 犬を放し飼いにしてはいけない 개를 풀어놓고 길러서는 안 된다.

## はなしかける 【話し掛ける】 말을 걸다

¶街で外国人に英語で話し掛けられた 시내에서 외국인이 영어로 말을 걸어왔다. / もしコンピュータに話しかけて指示できれば, キーボードをたたく必要もなくなるのだが 만약 컴퓨터에 말을 걸어서 지시할 수 있다면 키보드를 두드릴 필요도 없어질 텐데.

## はなしかた 【話し方】 말씨

¶彼は有名人の話し方をまねるのがうまい 그 친구는 유명인의 말씨를 흉내내는 것이 능숙하다. / あの子は話し方が母親にそっくりだ 그 애는 말씨가 어머니를 쏙 빼닮았다.

## はなしごえ 【話し声】 말소리

¶隣の部屋で話し声がした 옆방에서 말소리가 들렸다.

## はなしことば 【話し言葉】 구어, 입말(↔문어, 글말)

## はなしこむ 【話し込む】 이야기에 열중하다

¶久し振りに会ったので彼と話し込んでしまった 오랜만에 그를 만나서 시간 가는 줄 모르고 이야기를 나누었다.

## はなしじょうず 【話し上手】

¶彼女は話し上手で, その上聞き上手でもある 그녀는 이야기를 잘하고 또한 잘 들어주기도 한다.

## はなしずき 【話し好き】 ◇話し好きだ [おしゃべり] 수다스럽다

¶彼女はもの静かなのに妹のほうは話し好きだ 그녀는 아주 조용한데 여동생은 수다스럽다.

## はなしちゅう 【話し中】

¶(電話で)すみません, 話し中ですので後ほどおかけ直しください 죄송합니다만 통화 중인데 나중에 다시 걸어 주십시오. / お話し中のところ失礼いたします 말씀 도중에 실례하겠습니다.

## はなしぶり 【話し振り】 말투

¶彼の話しぶりでは試験に受かる自信がないようだ 그의 말투로는 시험에 붙을 자신이 없는 것 같다.

**はなす【話す】** 이야기하다, 말하다, 하다

> **使い分け** 이야기하다, 말하다, 하다
> 이야기하다　童話や昔話など何かの話題について比較的長い話をすること。縮約形は얘기하다.
> 말하다　「言う」「しゃべる」に相当し、一方的に話すこと。
> 하다　한국어, 일본말 など言語が目的語になっている場合に用いる.

> **基本表現**
> ▷彼は韓国での体験について話した　그는 한국에서의 체험에 대해 이야기했다.
> ▷君と二人だけで話したいのだが　너와 단 둘이서 이야기하고 싶은데.
> ▷彼女と電話で話した　그녀와 전화로 이야기했다.
> ▷もっと大きな声で話してください　더 큰 목소리로 말해 주세요.
> ▷韓国語を話せますか　한국어를 할 줄 아세요?

¶お兄さんはだれと話しているの 오빠는 누구하고 이야기하고 있어? / 彼らは歩きながら話した 그들은 걸으면서 이야기했다. / 僕たちは夜遅くまで話した 우리는 밤 늦게까지 이야기했다. / 一杯やりながら話そう 한잔하면서 이야기하자. / 彼女は彼をわきへ連れて行き何かひそひそ話していた 그녀는 그를 구석으로 끌고 가서 뭔가 소근소근 이야기했다.

¶私は姉と女性の権利について話した 나는 언니와 여성의 권리에 대해서 이야기했다. / なぜそんなことになったのかユミは私には何も話さなかった 왜 그렇게 되었는지 유미는 나에게 아무 말도 하지 않았다. / 母は私に事実をありのまま話してくれた 어머니는 나에게 사실을 있는 그대로 이야기해 주셨다. / 続けてお話しください 계속 말씀하세요.

¶彼は私に韓国語が話せるかと尋ねた 그는 나에게 한국어를 할 수 있느냐고 물었다. / 英語は世界中で話されている 영어는 전 세계에서 쓰인다. / 彼女は2[3]か国語が話せる 그녀는 2[3]개 국어를 말할 수 있다. / 彼は口が不自由だが手話で話せる 그는 말 못하지만 수화를 할 수 있다. / ちょっと話したいことがあるんだけど 좀 이야기하고 싶은데. / 君に話したいことが山ほどあるんだ 네게 하고 싶은 말이 산더미처럼 쌓여 있어.

¶彼が話していた本は本当におもしろかった 그가 말했던 책은 정말 재미있었다. / こちらがこの間お話した中島さんです 이쪽이 요전에 말하나카지마 씨입니다.

**はなす【放す】**〔手を〕놓다〔解き放す〕놓아 주다, 풀어 주다 ¶ハンドルから手を放すなんて危ないじゃないか 핸들에서 손을 놓다니 위험하잖아. / お母さんの手を放してはだめよ 엄마 손을 놓아서는 안 돼.

¶少年は小鳥をかごから放してやった 소년은 새를 새장에서 풀어 주었다. / 公園内では犬を放さないでください 공원 내에서는 개를 풀어놓지 마세요.

¶今手が放せないので後でこちらから電話します 지금 다른 용무가 있어서 이따가 제가 전화하겠습니다.

**はなす【離す】**〔切り離す〕떼다〔手離す〕놓다〔引き離しておく〕떼어놓다 ¶審判は言い合っている2人の選手を離した 심판은 싸우는 두 선수를 떼어 놓았다. / 彼女は子犬を母親から離した 그녀는 강아지를 어미에게서 떼어놓았다. / 赤ん坊から目を離さないで 아기에게서 눈을 떼지 마. / ストーブを壁からもう少し離してくれる? 스토브를 벽에서 조금 더 떼어놓아 줄래?

¶彼女はアクセルを離した 그녀는 액셀을 놓았다. / もう二度と君を離さない 두번 다시 너를 놓지 않겠어.

**はなせる【話せる】** 말이 통하다 ¶山田先生は話せる先生だと生徒の間で人気がある 야마다 선생님은 말이 통하는 선생님이라고 학생들 사이에서 인기가 있다. / 私の上司は話せる人だから仕事がやりやすい 내 상사는 말이 통하는 사람이라서 일하기 쉽다. /「きょうは一杯おごるよ」「さすが, 話せるね」"오늘은 한잔 살게." "역시 말이 통하네."

**はなぞの【花園】** 화원

**はなたば【花束】** 꽃다발 ¶彼は日本で大歓迎されファンから花束をもらった 그는 일본에서 대환영을 받고, 팬으로부터 꽃다발까지 받았다.

**はなぢ【鼻血】** 코피 ¶殴られて鼻血が出た 맞아서 코피가 났다.

**はなつ【放つ】**〔動物を〕놓다〔光・においなどを〕내다〔発射する〕쏘다 ¶〔狩りなどで〕犬を放つ 개를 놓다　悪臭を放つ 악취를 내다　矢を放つ 활을 쏘다

**はなっぱしら【鼻っ柱】** 콧대 ¶いまにあいつの鼻っ柱をへし折ってやる 언젠가 그 녀석 콧대를 꺾어 버리겠다.

**バナナ** 바나나 ¶バナナの皮をむく 바나나 껍질을 벗기다　数え方 バナナ1本 바나나 한 개 / バナナ1房 바나나 한 송이

**はなはだ【甚だ】** 매우, 아주, 몹시, 심히 ⇒とても, 非常に

**はなはだしい【甚だしい】** 지나치다, 심하다〔とんでもない〕터무니없다 ¶彼の場合, 公私混同があまりにはなはだしい 그의 경우 공사 구분을 너무 못한다. / 友人からのはなはだしい誤解によって彼女はひどく傷ついた 친구들의 터무니없는 오해로 그녀는 심하게 상처 받았다. / はなはだしい損失を被る 심한 손실을 입다

**はなばなしい【華々しい】**〔見事だ, 立派だ〕훌륭하다〔人目を引く〕화려하다, 눈부시다, 빛나다 ¶彼女はオリンピックで華々しい活躍をした 그녀는 올림픽에서 눈부신〔훌륭한〕활약을 했다. / 彼はマラソンで華々しい記録を打ち立てた 그는 마라톤에서 눈부신〔훌륭한〕기록을 세웠다. / 新しいスーパーが華々しく開店した 새로운 슈퍼가 화려하게 개점했다. / 彼女は映画界の期待の新人として華々しくデビューした 그녀는 영화계의 기대주로서 화려한 데뷔를 했다.

**はなび【花火】**불꽃〔花火遊び〕불꽃놀이 参考 韓国には、日本のような子どもが手に持って遊ぶ花火は通常なく、불꽃 といえば打ち上げ花火をいう。¶毎年8月には近くの川原で花火が打ち上げられる 매년 팔월에는 가까운 강가에서 불꽃놀이가 열린다。/ 隅田川の花火大会は江戸時代から続く有名な行事だ 스미다 강의 불꽃놀이 대회는 에도 시대부터 계속되어 온 유명한 행사이다。/ 花火見物を楽しむ 불꽃놀이 구경을 즐기다 関連 花火師 불꽃을 만들거나 쏘아 올리는 장인 / 打ち上げ花火 불꽃 / 仕掛け花火 여러 가지 모양이 나도록 만든 불꽃

**はなびら【花びら】**꽃잎(▶発音は 꼰닙)¶桜並木の通りは一面桜の花びらで敷き詰められていた 벚꽃 가로수 길은 꽃잎으로 뒤덮여 있었다。

**はなみ【花見】**꽃구경, 꽃놀이 ¶毎年桜の季節には花見に行きます 매년 벚꽃 시즌에는 꽃구경하러 갑니다。 関連 花見客 꽃구경꾼 / 花見酒 꽃구경하며 마시는 술

**はなみず【鼻水】**콧물 ¶鼻水が出ているよ 콧물 나왔네。

**はなみち【花道】**〔劇場や相撲の〕배우나 스모 선수가 무대나 씨름판에 오르내릴 때 다니는 길 〔引退〕은퇴(隠退)¶彼は優勝して長い選手生活の花道を飾った 그는 긴 선수 생활의 마지막을 우승으로 멋지게 장식했다。

**はなむこ【花婿】**신랑(新郎), 새서방

**はなもち【鼻持ち】**¶言動が鼻持ちならない 언행이 아니꼽다。彼女はお高くとまっていて鼻持ちならない 그녀는 거만해서 꼴 보기 싫다。/ あいつは実に鼻持ちならないやつだ 그 녀석은 정말 역겨운 녀석이다。

**はなや【花屋】**꽃집, 꽃가게, 화방(花房)〔人〕꽃집 주인

**はなやか【華やか】**◇華やかだ 화려하다 ◇華やかに 화려하게 ¶華やかな人生を送る 화려한 인생을 보내다 / 華やかな色彩に彩られた彼の絵は審査員の注目を集めた 화려한 색채로 채색된 그의 그림은 심사위원의 주목을 받았다。/ 姉は華やかに着飾ってパーティーに出かけた 언니는 화려하게 치장하고 파티에 나갔다。

**はなよめ【花嫁】**신부, 새색시 関連 花嫁衣装 신부 의상 / 花嫁修業 신부 수업

**はならび【歯並び】**치열(歯列)¶彼女は歯並びがいい[悪い]그녀는 치열이 고르다[고르지 않다]。

**はなれ【離れ】**〔離れ座敷〕별당(別堂), 별채

**ばなれ【場慣れ】**◇場慣れする 익숙하다 ¶彼は場慣れしてないせいでマイクの前で上がってしまい何も言えなかった 그는 익숙하지 않은 탓에 마이크 앞에서 긴장해서 아무 말도 못 했다。/ 場慣れした司会者 노련한 사회자

**はなればなれ【離れ離れ】**◇離れ離れに 따로따로, 뿔뿔이 ¶街頭の人込みの中で二人は離れ離れになってしまった 거리의 인파 속에서 두 사람은 상대방을 놓쳤다。/ 札幌に赴任した彼は東京にいる家族と離れ離れに暮らしている 삿포로 발령이 난 그는 도쿄에 있는 가족과 떨어져서 살고 있다。

**はなれる【放れる】**풀리다 ¶犬がひもを放れて逃げてしまった 개가 끈을 풀고 도망쳐 버렸다。
¶仕事の手が放れたらこちらから電話します 일이 끝나면 전화드리겠습니다。/ 彼女は子供の手が放れたのでボランティア活動を始めた 그녀는 아이들이 어느 정도 크고 나서 자원봉사 활동을 시작했다。

**はなれる【離れる】**❶〔分離する〕떨어지다, 헤어지다 ¶家族と離れて暮らすのはつらい 가족과 떨어져서 사는 것은 괴롭다。/ 靴の底にチューインガムがくっついてなかなか離れない 신발 바닥에 껌이 붙어서 좀처럼 떨어지지 않는다。/ 男の子は母親の腕にしがみついて離れなかった 남자 아이는 어머니의 팔에 달라붙은 채 떨어지지 않았다。
❷〔去る、遠ざかる〕떠나다, 멀어지다 ¶船は静かに岸壁を離れた 배는 조용히 부두를 떠났다。/ 故郷を離れてもう10年になる 고향을 떠난지 벌써 10년이 된다。/ 彼女は今、席を離れています 그녀는 지금 자리에 없습니다。/ 彼は親元から離れて暮らしている 그는 부모님 곁을 떠나서 살고 있다。/ 火から離れていなさい 불에서 떨어져라。
❸〔間隔があいている〕떨어지다 ¶市内から少し離れた所に住んでいる 시내에서 좀 떨어진 곳에 살고 있다。/ その島は本土からかなり離れている 그 섬은 본토에서 꽤 떨어져 있다。/ 私の両親は年がかなり離れている 우리 부모님은 나이 차이가 많이 나신다。/ 姉とは5つ年が離れている 언니와는 다섯 살 차이가 난다。
❹〔思い・関係などがなくなる〕떠나다, 멀어지다 ¶その問題が私の頭から離れなかった 그 문제가 내 머리에서 떠나지 않았다。/ 彼女の心はもう彼から離れている 그녀의 마음은 벌써 그에게서 멀어졌다。/ 話は本筋から離れてしまった 이야기가 원래 주제에서 멀어져 버렸다。

**はなれわざ【離れ技】**〔曲芸、妙技〕곡예, 묘기 ¶離れ技を演じる 묘기를 보이다

**はなわ【花輪】**화환(花環), 화륜 ¶葬儀の花輪 장례식의 화환

**はにかむ** 부끄러워하다, 수줍어하다 ¶彼女ははにかんで彼に一言も話しかけなかった 그녀는 수줍어서 그에게 말 한마디 못 걸었다。

**パニック** 공황(恐慌), 혼란(混乱)¶突然劇場の非常ベルが鳴り出し満員の観客がパニックに陥った 갑자기 비상벨이 울리는 바람에 극장을 가득 메운 관객은 혼란에 빠졌다。/ 銀行の倒産は金融パニックを引き起こしかねない 은행의 도산은 금융 공황을 일으킬 수 있다。

**バニラ** 바닐라 ¶「アイスは何になさいますか」「バニラをお願いします」"아이스크림은 뭘로 하시겠습니까?" "바닐라로 주세요." 関連 バニラエッセンス 바닐라 에센스

**はにわ【埴輪】**토용(土俑), 찰흙인형

**はね【羽・羽根】**❶〔羽毛〕털, 깃, 깃털, 새 깃 ¶彼はにわとりの羽をむしった 그는 닭 털을 잡아 뽑았다。/ くじゃくはきれいな羽をしている 공작은 털이 예쁘다。/ 彼女は羽のついた帽子をかぶっていた 그녀는 깃털이 달린 모자를 쓰고 있었다。

❷〔翼〕날개 ¶わしが羽を広げた 독수리가 날개를 펼쳤다. / 鳥が羽を畳んで木の枝にとまっている 새가 날개를 접고 나무 가지에 앉아 있다. / つばめが電線にとまって羽を休めていた 제비가 전깃줄에 앉아 쉬고 있었다.

¶窓際の席から飛行機の羽が見えた 창가 자리로부터 비행기 날개가 보였다.

❸〔機械の羽状の部分〕날개 ¶扇風機の羽には触らないように 선풍기 날개는 손대지 말것. 慣用句 試験が終わったら思う存分羽を伸ばそう 시험이 끝나면 맘껏[마음껏] 놀자. 関連 羽ぶとん 새털이불

**はね【跳ね】**雨の中を走って帰宅したのでズボンに跳ねが上がっていた 비 속을 달려서 집에 왔더니 바지에 흙탕물이 튀어 있었다. / 車が道ばたの泥水の跳ねを上げて行った 차가 길바닥의 흙탕물을 튀기고 갔다.

**ばね【発条】**용수철, 스프링 ¶ばね仕掛けのおもちゃ 용수철이 설치된 장난감 / 年とともに足の筋肉のばねがなくなる 나이를 먹으면서 다리 근육의 탄력이 없어진다.

**はねあがる【跳ね上がる】**뛰어오르다, 튀다 〔急騰する〕폭등하다 ¶魚が跳ね上がる 물고기가 튀다 / 原油の価格が先月以来跳ね上がっている 원유 가격이 지난달부터 폭등하고 있다. / 日照り続きのため野菜の値段が跳ね上がった 가뭄이 계속되어서 야채 값이 폭등했다.

**はねおきる【跳ね起きる】**벌떡 일어나다 ¶目覚ましのけたたましい音で目が覚めてベッドから跳ね起きた 요란한 자명종 소리에 잠이 깨어 침대에서 벌떡 일어났다.

**はねかえす【跳ね返す】**뒤집다 ¶日本代表チームは劣勢を跳ね返し最後には勝利した 일본 대표 팀은 열세를 뒤집고 결국 승리했다.

**はねかえる【跳ね返る】**되돌아오다 ¶(野球で)ボールがライトフェンスに当たって大きく跳ね返る間に打者は3塁にまで達した 공이 라이트 펜스를 맞고 크게 바운드하는 사이 타자는 3루까지 갔다. / 賃金上昇が物価高となって消費者に跳ね返る 임금 상승이 물가 상승으로 이어져 소비자에게 되돌아온다.

**はねつける【撥ね付ける】**거절하다, 거부하다 ¶会社側は我々の提案をはねつけた 회사 측은 우리 측의 제안을 거부했다. / 彼女は僕のデートの誘いをはねつけた 그 여자는 내 데이트 신청을 거절했다.

**はねとばす【撥ね飛ばす】**부딪쳐 쓰러뜨리다；튀기다 ¶彼は交差点で車にはね飛ばされ(→ひかれて)全治3か月の重傷を負った 그는 사거리에서 차에 치여 전치 3개월의 중상을 입었다.

**はねのける【撥ね除ける】**〔押しのける〕밀어젖히다〔取り除く〕골라내다, 가려내다〔打ち勝つ〕물리치다 ¶息子は寝相が悪くていつも掛け布団をはねのけている(→はねぼす) 아들은 잠버릇이 나빠서 항상 이불을 차 낸다. / 不良品をはねのけるのが工場での彼女の仕事だ 불량품을 골라내는 작업이 공장에서 그녀가 하는 일이다.

¶困難をはねのける 어려움을 물리치다

**はねまわる【跳ね回る】**뛰어다니다 ¶子供たちと犬が雪の降る中を元気に跳ね回っていた 아이들과 개는 눈을 맞으며 신나게 뛰어다니고 있었다.

**ハネムーン** 허니문, 신혼여행(新婚旅行)¶彼らはハネムーンでハワイに行った 그들은 신혼여행으로 하와이에 갔다.

**はねる【跳ねる】**❶〔跳躍する〕뛰어오르다, 뛰다 ¶かえるがぴょんと跳ねて池の中に飛び込んだ 개구리가 풀쩍 연못 속으로 뛰어들었다. / 彼は左足をくじいて片足でぴょんぴょんと跳ねていた 그는 왼발을 삐어서 한쪽 다리로 깡충깡충 뛰어 다녔다. / 池のこいが跳ねた 연못에서 잉어가 뛰어올랐다.

❷〔飛び散る〕튀다 ¶足に泥が跳ねた 발에 진흙이 튀었다. / 天ぷらをしていたら油が跳ねた 튀김을 만들다가 기름이 튀었다. / 油が服に跳ねた 기름이 옷에 튀었다.

❸〔はじける〕터지다, 튀다 ¶たき火の中のくりが跳ねた 모닥불 속의 밤이 터졌다.

❹〔興行が終わる〕끝나다 ¶芝居がはねたあとレストランで夕食をとった 연극이 끝난 뒤 레스토랑에서 저녁을 먹었다.

**はねる【撥ねる】**❶〔車が人を〕치다 ¶子供が車にはねられた 아이가 차에 치였다. ❷〔除く〕가려내다, 거르다 ¶不良品は市場に出る前にはねられる 불량품은 시장에 나오기 전에 걸러진다. / 彼は筆記試験では通ったが面接ではねられた 그는 필기 시험에는 붙었지만 면접에서 떨어졌다.

**パネル** 패널〔公開討論会〕공개 토론회〕¶日本の米市場開放についてのパネルディスカッションが行われた 일본의 쌀 시장 개방에 관한 공개 토론회가 열렸다. 関連 パネルヒーター 패널 히터 / ソーラーパネル 태양전지판

**パノラマ** 파노라마〔全景〕전경 ¶山の頂上からは街のすばらしいパノラマを見渡せる 산 정상에서는 도시의 멋진 전경을 볼 수 있다. 関連 パノラマ写真 파노라마 사진

**はは【母】**어머니, 《幼》엄마；모친(母親)

使い分け 어머니, 엄마, 모친
어머니 「母」を意味する一般的な語. 尊敬語は어머니.
엄마 母親に対する親しみを込めた呼称.
모친 「母親」の漢字語. 尊敬語として相手の母親をさして用いることもある.

¶私の母は音楽の先生です 우리 어머니는 음악 선생님입니다. / 彼女は若くして2児の母となった 그녀는 젊어서 두 아이의 엄마가 되었다. / 彼女は義理の母とうまくやっている 그녀는 시어머니와 사이가 좋다. / 彼は実の母の顔を知らない 그는 친엄마의 얼굴을 모른다.

¶私は彼女の母のような愛情に深く感動した 나는 그녀의 엄마처럼 따뜻한 애정에 깊은 감동을 받았다.

¶母方の祖父 외할아버지 / 母方の祖母 외할머니 / 母なる大地 어머니와 같은 대지 / 母のない子 엄마 없는 아이 / 未婚の母 미혼모 関連 母の日 어머니 날(▶韓国では母の日と父の日を合わせて 어

버이날という)

**はば【幅】** ❶ [横の長さ] 폭, 너비 [面の広がり] 넓이 ¶この車の幅は2メートルだ 이 차의 폭은 2미터다. / カーテンは種々の幅のものがあります 커튼은 여러 사이즈가 있습니다.

¶この靴箱は幅が70、奥行42、高さ90センチだ 이 신발장은 폭이 70, 옆면이 42, 높이가 90센티다. / 幅の広い[狭い]道に出た 넓은[좁은] 길로 나왔다. / 川はこの地点で幅が次第に広くなって[狭まって]いる 강은 이 지점에서 점점 넓어지고[좁아지고] 있다.

会話 幅はどのくらい
A：その川の幅はどのくらいですか？
B：5メートルくらいでしょう.
A：그 강의 폭은 어느 정도입니까？
B：5미터 쯤 될 겁니다.
A：8ミリのリボンがありますか
B：はい、あります。どれくらいご入り用ですか
A：넓이가 8밀리 정도 되는 리본 있습니까？
B：네, 있습니다. 어느 정도 필요하십니까？

❷ [範囲, 余裕, 差] 폭；여유；차이 ¶その俳優はいろんな役に挑戦して演技の幅を広げたいと思っていると言った 그 배우는 여러 역에 도전하여 연기의 폭을 넓히고 싶다고 했다. / 彼は人間的に幅が出てきた(→まるくなった)ようだ 그는 조금씩 원만해져 가는 것 같다.

¶値段の幅 가격 차이

❸ [影響力] 위세, 세력 ¶彼は政界でかなり幅を利かせている 그는 정계에서 꽤 세력을 떨치고 있다.

**パパ** 아빠 ¶パパ, 自転車買ってよ 아빠, 자전거 사 줘. / 坊や, パパはお家にいるの？ 꼬마야 아빠는 집에 계시니！

**ははおや【母親】** 어머니, 모친 ⇨母

**ははかた【母方】** 외가 쪽 ¶彼は私の母方の親戚だ 개는 내 외가 쪽 친척이다. / 母方の祖父 외조부, 외할머니 / 母方の祖母 외조모, 외할머니

**はばかる【憚る】** 꺼리다, 주저하다 ¶彼は人目をはばからず大声で泣いた 그는 남의 눈을 아랑곳하지 않고 큰 소리로 울었다. / 彼は世間体はばかって, 息子の不祥事を内密にしておこうとした 그는 남의 눈을 꺼려서 아들의 불미스러운 일을 비밀로 해두려고 했다. / 彼らは辺りをはばかるように小声で話していた 그들은 주위에 들리지 않도록 작은 소리로 말했다. / その政治家は金は力だと公言してはばからなかった 그 정치가는 평소에 돈이 힘이라고 꺼리낌없이 말하곤 했다.

**はばたく【羽ばたく】** 날개치다；활약하다 ¶傷ついた白鳥は何度もはばたいたが飛び立つことができなかった 상처 입은 백조는 몇 번이나 날갯짓을 했지만 날지 못했다. / 君たちが卒業後社会に出て大いにはばたくことを期待しています 여러분들이 졸업 후에 사회에 나가 크게 활약할 것을 기대하고 있습니다.

**はばつ【派閥】** 파벌 ¶彼は自民党の最大派閥に所属している 그는 자민당의 최대 파벌에 소속되어 있다. 関連 派閥争い 파벌 싸움 / 派閥政治 파벌

정치

**はばとび【幅跳び】** 멀리뛰기 ¶立ち幅跳びをする 제자리 멀리뛰기를 하다 / 走り幅跳び 도움닫기 멀리뛰기, 주폭도

**はばひろい【幅広い】** 폭넓다, 광범위하다 ¶ジャーナリストには幅広い知識が求められる 저널리스트에게는 폭넓은 지식이 요구된다. / 彼は幅広い支持を受けているのでたぶん当選するだろう 그는 폭넓은 지지를 받고 있으니 아마 당선될 것이다. / 彼女は俳優やタレントとして幅広く活躍している 그녀는 배우 겸 탤런트로서 폭넓게 활약하고 있다.

**はばむ【阻む】** [ふさぐ] 가로막다, 저지하다, 방해하다 ¶切り立った崖が探検隊の行く手を阻んだ 험준한 절벽이 탐험대의 앞길을 가로막았다. / 何としてもライオンズの連覇を阻まなければならない 어떻게 해서든지 라이온즈의 연패를 저지해야 된다. / 貧しさがその国の近代化を阻んでいる 가난이 그 나라의 근대화를 가로막고 있다.

**ババロア** 바바루아

**はびこる【蔓延る】** 횡행하다, 판을 치다 [繁茂する] 무성하게 자라다 ¶彼らは犯罪のはびこる街で成長した 그들은 범죄가 판을 치는 거리에서 성장했다. / 旅行で留守にしている間に庭に雑草がはびこっていた 여행으로 집을 비운 사이에 정원에 잡초가 무성하게 자랐다.

**パフ** 퍼프, 분첩 ¶パフでおしろいを顔にはたく 퍼프로 얼굴에 분을 바르다

**パブ** 퍼브 [居酒屋] 술집 ¶帰りにパブに寄って何杯か飲んだ 집에 가는 길에 술집에 들러 몇 잔 마셨다.

**パフェ** 파르페 ¶チョコレートパフェ 초콜릿 파르페

**はぶく【省く】** ❶ [削除する] 삭제하다, 없애다 [省略する] 생략하다 ¶脱会した会員の名前を名簿から省いた 탈퇴한 회원 이름을 명단에서 삭제했다. / この文章からここの部分を省いても意味は通じるだろう 이 문장에서 이 부분을 없애도 의미는 통할 것이다.

❷ [節約する] 절약하다 [切り詰める] 줄이다

¶経費を省く 경비를 줄이다 / むだな経費はできるだけ省くように心がけてください 불필요한 경비는 될 수 있는 한 줄이도록 해 주세요. / 時間のむだを省くことが肝要です 시간을 낭비하지 않는 것이 중요합니다.

会話 手間を省く
A：ワープロソフトを使っていますか
B：はい、清書の手間を省いてくれますからね
A：워드 사용하십니까？
B：네. 글씨 쓰는 수고를 덜어 주니까요.

**ハプニング** 해프닝 ¶テレビ番組の途中でハプニングが起きた 텔레비전 프로그램 도중에 해프닝이 일어났다.

**はブラシ【歯ブラシ】** 칫솔 ¶歯ブラシで歯を磨く 칫솔로 이를 닦다

**はぶり【羽振り】** 세도, 영향력 ¶彼はバブルのころは羽振りがよかった 그는 거품 경제 때는 잘 나갔다.

**バブルけいざい【バブル経済】** 거품 경제 ¶バ

ブル経済がはじける 거품 경제가 무너지다

**はへん【破片】** 파편, 조각 ¶床の上には割れた花瓶の破片が飛び散っていた 바닥에는 깨진 꽃병의 파편이 흩어져 있었다. / 靴の裏にガラスの破片が刺さっていた 구두 밑에 유리 조각이 박혔다.

**はま【浜】** 바닷가 ⇨海岸

**はまき【葉巻】** 엽궐련 ¶祖父は安楽椅子にもたれかかって葉巻を吹かしていた 할아버지는 안락의자에 기대어 엽궐련을 피우고 계셨다.

**はまぐり【蛤】** 대합

**はまち【鰤】** 마래미, 새끼 방어

**はまべ【浜辺】** 바닷가 ¶僕は毎朝家の近くの浜辺をジョギングしている 나는 매일 아침 집 근처의 바닷가에서 조깅한다. ⇨海岸

**はまりやく【嵌り役】** 제격, 적격(適格), 적임(適任) ¶そうした役は彼がはまり役だ 그런 역은 그가 제격이다.

**はまる【嵌まる】** 〔ぴったり入る〕들어맞다 〔適する〕꼭 맞다, 딱 맞다 〔落ち込む, 陥る〕빠지다, 걸리다 ¶足にぴったりはまる靴 발에 꼭 맞는 구두 / この指輪は私の指にもうはまらない 이 반지는 이제 내 손가락에 안 맞는다. / 最近太ったのでシャツのボタンがはまらなくなった 요즘 살이 쪄서 셔츠 단추가 잠기지 않는다.
¶条件にはまる 조건에 딱 맞다 / 彼女はその役にはまっている 그 배역은 그녀에게 딱 맞는다.
¶車がぬかるみにはまって動かなくなった 차가 진흙탕에 빠져서 움직이지 않았다. / 穴にはまる 구멍에 빠지다 / わなにはまる 덫에 걸리다 / 計略にはまる 계략에 빠지다〔걸리다〕.

**はみがき【歯磨き】** 칫솔질, 양치질 〔練り歯磨き〕치약 〔歯磨き粉〕(분말) 치약

**はみだす【食み出す】** 삐져 나오다; 벗어나다
¶講演会は聴衆が会場からはみ出すほど盛況だった 강연회는 청중이 회장에 넘칠 만큼 성황이었다. / 布団の裂け目から綿がはみ出していた 찢어진 이불에서 솜이 삐져 나왔다. / 彼は常識の枠からはみ出した人物だ 그는 상식의 틀을 벗어난 사람이다.

**ハミング** 허밍 〔鼻歌〕콧노래 ◇ハミングする 콧노래를 부르다 ¶彼女はハミングしながら学校に行った 그녀는 콧노래를 부르면서 학교에 갔다.

**ハム** ❶〔食品〕햄 ¶きょうの朝食はトースト2枚とハムエッグとコーヒー1杯だった 오늘 아침은 토스트 두 장과 햄에그 커피 한 잔이었다. 数え方 ハム1枚 햄 한 장 ❷〔アマチュア無線家〕햄, 아마추어 무선사 関連 ハムサンド 햄 샌드위치

**はめ【羽目・破目】** 처지 ¶彼は働きすぎて入院する羽目になった 그는 일을 너무 해서 입원하는 처지가 되었다. / 彼はいつも苦しい羽目に陥ってばかりいる 그는 항상 힘든 처지에 빠지기만 한다. 慣用句 大きな仕事が片付いたので彼らは羽目を外して飲みまくった 큰일이 끝나서 그들은 흥이 나서 정신없이 마셔댔다. 関連 羽目板 벽에 붙인 합판

**はめつ【破滅】** 파멸 ◇破滅する 파멸하다, 파멸되다 ¶酒が彼の身の破滅の原因だった 그 사람은 술 때문에 파멸하였다.

**はめる【嵌める】** ❶〔身につける〕끼다 ¶彼女は右手に大きなダイヤの指輪をはめていた 그녀는 오른손에 큰 다이아몬드 반지를 끼고 있었다. / 外は寒いから手袋をはめていきなさい 밖은 추우니까 장갑을 끼고 가.
❷〔はめ込む〕끼워 넣다 〔ボタン・手錠などを〕채우다 ¶窓枠にガラスをはめる 창틀에 유리를 끼우다 / 子供は上着のボタンをはめるのが苦手だ 아이는 웃옷의 단추를 잘 못 채운다.
❸〔だます〕속이다 〔陥れる〕빠뜨리다 ¶人をわなにはめる 남을 함정에 빠뜨리다 / あの男にまんまとはめられた 그 남자한테 감쪽같이 속았다.

**ばめん【場面】** 〔シーン〕장면 〔光景〕광경 ¶彼女は春香伝の感動的な場面を見事に演じてみせた 그녀는 춘향전의 감동적인 장면을 훌륭히 연기했다. / きのう偶然街で心温まる場面に出会った 어제 우연히 거리에서 훈훈한 광경을 보았다.

**はもの【刃物】** 칼 〔ナイフ〕나이프 〔総称〕날붙이 ¶昨夜コンビニの店員が刃物で切り付けられる事件があった 어젯밤 편의점 점원이 칼부림 당하는 사건이 있었다. / 刃物を持った強盗が銀行に押し入り行員に金を出せと脅した 칼을 든 강도가 은행에 들이닥쳐 은행 직원에게 돈을 내놓으라며 협박했다.

**はもん【波紋】** 파문 ¶池の水面に波紋が広がった 연못 수면에 파문이 퍼졌다. 慣用句 消費税をめぐる大臣の発言は大きな波紋を呼んだ 소비세를 둘러싼 대신의 발언은 큰 파문을 일으켰다. / その汚職事件は政界に深刻な波紋を投げかけた 그 비리 사건은 정계에 심각한 파문을 던졌다.

**はもん【破門】** 파문 ◇破門する 파문하다 ¶その宗派はカトリック教会から破門された信徒によって創設された 그 종파는 가톨릭 교회로부터 파문당한 신도에 의해 창설되었다. / 彼は師匠から破門された 그는 스승으로부터 파문당했다.

# はやい 【早い・速い】 ❶〔時間, 時期〕빠르다, 이르다

使い分け 빠르다, 이르다
一般に、「速度」が速いときは빠르다、「時期」が早いときはいるだを用いるとされるが、빠른 시일내에(早い時期に)や 날씨가 더워졌지만, 바다에서 수영하기에는 이르다. (暑くなったが、海で泳ぐには早い)のように、빠르다を「時期的に早い」という意味で用いることも多い。

基本表現
▶彼らの到着は思ったよりも早かった
　그들은 생각보다 빨리 도착했다.
▶このコンサートが終わるのは早くても9時になる
　이 콘서트는 빨라야 아홉 시에 끝난다.
▶人々は内戦のできるだけ早い終結を望んでいる
　사람들은 될 수 있는 한 빨리 내전이 종결되기를 바라고 있다.
▶あきらめるのはまだ早い
　포기하는 것은 아직 빠르다.
¶私は朝早い電車で通勤しています 나는 이른 아침 전철을 타고 통근합니다. / 冬は日が暮れるの

が早い 겨울은 해가 빨리 진다.

¶彼が結婚するにはまだ早い 그는 결혼하기에는 아직 이르다. / 出勤時間にはまだ早い 출근 시간으로는 아직 이르다. / 起きるにはまだ早い 일어나기에는 아직 이르다.

¶早いところ用事を済ませて帰ろう 일찌감치 일을 끝내고 돌아가자. / 早いもので大学を卒業してからもう２年になる 대학을 졸업한 지 벌써 2년이 된다. / レポーターたちはそのタレントの顔を見るが早いか離婚問題に関する質問を浴びせかけた 리포터들은 그 탤런트의 얼굴을 보자마자 이혼 문제에 관한 질문을 퍼부었다. /「これはいつまでにやればいいのですか」「早ければ早いほどいいです」"이것은 언제까지 하면 됩니까?" "빠르면 빠를수록 좋습니다."

❷〔速度〕빠르다 ¶彼女は走るのがとても速い 그녀는 달리기를 잘한다. /「のぞみ」は新幹線の列車の中でいちばん速い 신칸센 중에서 가장 빠르다. / あの投手は速い球を投げる 그 투수는 공이 빠르다. / 子供はものを覚えるのが速い 아이들은 금방 기억한다. / 彼は進歩が速い 그는 성장이 빠르다. / この辺りは川の流れが速い 이 부근은 물살이 빠르다. / 彼女の病気の回復が早いので驚いた 그녀의 빠른 회복에 놀랐다. / 彼はいつも仕事が速い 그는 항상 일하는 게 빠르다. / 彼女の話し方は速すぎてよくわからない 그녀의 말은 너무 빨라서 잘 못 알아듣겠다. / 彼女はそろばんができるので暗算がとても速い 그녀는 주산을 할 줄 알아서 암산이 매우 빠르다. / 彼は仕事の飲み込みが早い 그는 일을 익히는 게 빠르다. / ラテン音楽は普通速いテンポで演奏される 라틴 음악은 보통 빠른 템포로 연주된다. / 渋滞している時はタクシーで行くより電車のほうが早い 차가 밀릴 때는 택시로 가는 것 보다는 전철로 가는 것이 빠르다. / 予想外に火の回りが早く、その家は全焼した 예상외로 불이 빨리 번져서 그 집은 전소되었다. 慣用句 彼女は耳が早い 그녀는 귀가 밝다. / 早い話がこの件では君の考えに同意できないということは簡単히 말하면 이 건에 대해서는 내 생각에 동의할 수 없다는 거야. / 早い者勝ち 빠른 사람이 임자 / 申し込みは早い者勝ちで受け付けます 신청은 선착순으로 받겠습니다.

**はやうまれ**【早生まれ】1-2월생, 생일이 빠른 사람 (▶韓国では3月1日から新学期が始まるため、1月1日から2月末日の間に生まれた人をいう) ¶日本では1月1日から4月1日までの間に生まれた人を早生まれという 일본에서는 음력 1월부터 4월 1일 사이에 태어난 사람을 '하야우마레'라고 한다.

**はやおき**【早起き】◇早起きする 일찍[빨리] 일어나다 ¶母は家族の中でいちばん早起きだ 어머니는 우리 집에서 제일 빨리 일어나신다.
慣用句 早起きは三文の得 일찍 일어나는 새가 벌레를 잡는다.

**はやおくり**【早送り】【ビデオなど】앞으로 돌리기, 빨리감기 ◇早送りする 앞으로 돌리다 ¶ビデオテープを早送りした 비디오 테이프를 앞으로 돌렸다.

**はやがてん**【早合点】지레짐작 ◇早合点する 지레짐작하다 ¶彼女にはいつも早合点する悪い癖がある 그 여자에게는 항상 지레짐작하는 나쁜 버릇이 있다.

**はやく**【早く・速く】❶〔時間, 期間〕일찍; 빨리, 속히, 어서 ¶母はいつも朝早く起きるので ママは 항상 아침 일찍 일어나신다. / きょうはいつもより早く夕食をとった 오늘은 느 때보다 빨리 저녁을 먹었다. / 父は朝早くから夜遅くまで働いている 아버지는 아침 일찍부터 밤늦게까지 일하신다. / できるだけ早く来てください 될 수 있는 한 빨리 와 주세요. / その作業は2時間早く終わった 그 작업은 두 시간 빨리 끝났다.

¶早く春が来ないかなあ 빨리 봄이 안 오나. / その事をもっと早く彼女に言ってあげるべきだったのに 일을 좀더 빨리 그녀에게 말해 주었어야 했는데. / このパソコンの修理は早くても2週間はかかります 이 컴퓨터의 수리는 빨라도 2주일은 걸립니다.

¶早くしてくれ! 電車に遅れてしまうぞ 빨리 해 줘! 전철 놓치겠다. / ビールが欲しいんだけど、早くしてね 맥주 마시고 싶으니까 빨리 갖다 줘. / 彼女は早くに父を亡くした 그녀는 어려서 아버지를 여의었다. / 大学に入学して早くも3か月たった 대학에 입학한 지 벌써 3개월이 지났다.

❷〔速度〕빨리 ¶そんなに速く歩かないでよ 그렇게 빨리 걷지 마. / 先生の韓国語は速くてよくわからなかった 선생님의 한국어는 너무 빨라서 잘 알아들을 수가 없었다. / もっと速く泳げるようになりたい 좀더 빨리 헤엄치고 싶다.

**はやくち**【早口】¶あまり早口で彼女が話したのでよく聞き取れなかった 말이 너무 빨라서 그녀가 한 말을 못 알아들었다. 関連 早口言葉 빨리 말하기 어려운 말 말하기

**はやさ**【速さ・早さ】❶〔速度〕속도, 스피드 ¶事故が起きた時、車は時速120キロの速さで走っていた 사고가 일어났을 때 차는 시속 120킬로의 속도로 달리고 있었다. / 一時は驚くべき速さで円高が進んだ 한때는 놀랄 만한 속도로 엔고가 진행되었다.

❷〔速いこと〕빠름 ¶その子の飲み込みの早さにはとても驚いている 그 아이의 빠른 이해력에는 매우 놀랐다.

**はやざき**【早咲き】¶早咲きのばらがぽつぽつと咲き出した 일찍 피는 장미가 하나씩 둘씩 피기 시작했다.

**はやし**【林】숲〔森〕, 숲, 삼림〔森林〕〔木立〕나무숲 ¶彼女は朝天気がいいと家の近くの林を散歩する 그녀는 아침에 날씨가 좋으면 집 근처의 숲을 산책한다.

**はやじに**【早死に】요절〔夭折〕◇早死にする 요절하다 ¶彼は前途有望な若手研究者だったが、がんのために早死にした 그 사람은 전도유망한 젊은 연구자였지만 암으로 요절했다. / 若者が戦争で早死にするのはとても悲しむべきことだ 젊은이들이 전쟁으로 인해 요절하는 것은 매우 슬픈 일이다.

**はやす**【生やす】〔ひげを〕기르다〔雑草などを〕자라게 하다 ¶彼は最近ひげを生やし始めた 그 친

구는 최근 수영을 기르기 시작했다. / 畑に雑草を生やしたままにする 밭에 잡초가 자라도록 내버려 두다

**はやとちり【早とちり】** 지레짐작 ◇早とちりする 지레짐작하다 ¶彼女はせっかちでよく早とちりをする 그녀는 성격이 급해서 자주 지레짐작을 한다.

**はやね【早寝】** ◇早寝する 일찍 자다 ¶きのうは風邪気味だったので早寝した 어제는 감기 기운이 있어서 일찍 잤다. / 父は早寝早起きが健康の秘訣だと信じている 아버지는 일찍 자고 일찍 일어나는 게 건강의 비결이라고 믿고 계신다.

**はやばや【早々】** 일찌감치, 일찍 ¶観衆はスタジアムの開場前から早々と並んでいた 관중들은 스타디움 개장 시간 전부터 일찍이 줄 서 있었다.

**はやばん【早番】** 일찍 근무하는 당번 ¶きょうは早番なんだ 오늘은 직장에 일찍 가는 차례네. | 오늘은 이른 아침 당번이야.

**はやびけ【早引け】** 조퇴(早退) ◇早引けする 조퇴하다 ¶彼女は頭痛で学校[会社]を1時間早引けした 그녀는 두통으로 학교[회사]에서 한 시간 일찍 돌아왔다.

**はやまる【早まる・速まる】** ❶ 〔時期・時間が〕 앞당겨지다, 빨라지다 ¶会議の時間が1時間早まった 회의 시간이 1시간 앞당겨졌다. / 到着時刻は30分早まる見込みです 도착 시간은 30분 앞당겨질 예정입니다.
❷〔速度が〕 빨라지다 ¶目的地に近づくと我々の足は速まった 목적지에 가까워지자 우리들의 발걸음은 빨라졌다.
❸〔軽率に振る舞う〕 서두르다, 성급히 굴다 ¶早まったことをすると後で取り返しのつかないことになるよ 성급하게 굴면 나중에 돌이킬 수 없어.

**はやみち【早道】** 지름길, 첩경 ¶上司に取り入るのが出世の早道だと考えている 그는 상사에 갈 보이는 것이 출세의 지름길이라고 생각하고 있다. / 彼女のことであれこれ悩むより直接話したほうが早道だ 그녀의 일로 이것저것 고민하고 있느니보다 직접 이야기하는 것이 빠르다.

**はやみみ【早耳】** 귀가 밝다 ¶ヨンヒは早耳だから彼らが結婚することは知っていると思うよ 영희는 귀가 밝아서 그들이 결혼하는 것은 알고 있을 거야.

**はやめ【早目】** ◇早目に 일찌감치 ¶きょうはいつもより少し早目に夕食を済ませた 오늘은 여느 때보다 일찍감치 아침을 먹었다.

**はやめる【早める・速める】** ❶ 〔時期・時間を〕 앞당기다 ¶酒とたばこが彼の死を早めたに違いない 술과 담배가 그의 죽음을 앞당겼슴이 틀림없다. / 渋滞を避けるために出発時間を30分早めた 교통체증을 피하기 위해 출발 시간을 30분 앞당겼다. / 彼は韓国への出発を1週間早めた 그는 한국으로 출발하는 일정을 일 주일 앞당겼다.
❷〔速度を〕 빨리 하다, 올리다, 재촉하다 ¶約束の時間に遅れないように足を速めた 약속 시간에 늦지 않게 걸음을 재촉했다. / アクセルを踏んで車のスピードを速めた 액셀을 밟아 차의 속도를 올렸다.

올렸다.

**はやり【流行】** 유행 ¶今年は赤いコートがはやりです 올해는 빨간 코트가 유행입니다. / 当時のスタイルがはやりだった 당시 이 스타일이 유행이었다. ⇒流行(㋷㋴㋕)

**はやる【逸る】** 설레다, 조급해지다 ¶早く遊園地に行きたくて子供たちの気持ちははやった 빨리 놀이공원에 가고 싶어서 아이들의 마음은 설레었다. / はやる気持ちを抑える 조급해지는 마음을 잡아앉히다

**はやる【流行る】** ❶〔流行する〕 유행하다〔人気がある〕인기가 있다 ¶ショートヘアーがはやってきた 짧은 머리가 유행하기 시작했다. / ミニスカートはもうはやっていない 미니스커트는 이제 한물갔다. / 小学生の間でサッカーがはやっている 초등학생 사이에서 축구가 인기를 끌고 있다.

[会話] 何がはやるのでしょうか
A：今年の冬は何がはやるでしょうか？
B：ブーツですね, もちろん
A：올겨울에는 뭐가 유행할 것 같아요?
B：부츠죠, 물론.
❷〔病気が広まる〕 퍼지다 ¶今年はインフルエンザが日本中ではやった 올해는 유행성 감기가 일본 전역에 퍼졌다.
❸〔繁盛する〕 번창하다, 손님이 많다, 잘되다 ¶あのラーメン屋ははやっている 그 라면집은 잘된다. / この店はずいぶんはやっていますね 이 가게는 손님이 꽤 많네요. / あの歯医者ははやっている 그 치과는 환자가 많다.

**はら【腹】** ❶〔腹部〕 배

[基本表現]
▷朝から何も食べてないので腹が減ってしょうがない
아침부터 아무것도 안 먹어서 배고파 죽겠어.
▷腹が一杯で眠くなった
배가 불러서 졸렸다.
▷食べすぎて腹をこわした
너무 많이 먹어서 배탈이 났다.
▷腹が痛い 배가 아프다.
▷父は最近腹が出てきた
아빠는 요즘 배가 나왔다.

◆〖腹が〗
¶腹がぐうぐう鳴っている 배에서 꼬르륵 소리 난다. / 腹が減って死にそうだ 배고파 죽겠다.

[会話] 腹が痛い
A：きのうから腹が痛いんです
B：何か消化の悪いものを食べましたか？
A：어제부터 배가 아파요.
B：무슨 소화 안 되는 음식이라도 드셨습니까?
A：君, 最近腹が出てきたみたいだよ
B：そうかい？このごろ忙しくて運動してないからかな
A：너 요즘 배 나온 것 같은데.
B：그래? 요즘 바빠서 운동을 안 해서 그런가?

◆〖腹に〗
¶てんぷらは腹にもたれる 튀김은 잘 체한다.

## ばら

◆〖腹を〗

¶腹をこわしていて何も食べられない 배탈이 나서 아무것도 못 먹는다. / コメディアンのしぐさに腹を抱えて笑った 코미디언이 하는 짓에 배꼽을 잡고 웃었다.

◆〖その他〗

¶腹八分くらいにしときなさい 약간 부족한 듯이 먹어라. / 彼はビール腹だ 그의 배는 맥주배다.

❷〖心中・本心〗뱃속, 속마음 〔怒り〕화〖胆力〗배짱

◆〖腹が・腹は〗

¶彼女の笑い声に腹が立った 그녀의 웃음소리에 화가 났다. / 彼は腹が黒いから注意したほうがいい 그는 음흉하니까 조심하는 게 좋다.

◆〖腹に〗

¶そのことは私の腹に収めておくことにしよう 그 일은 내 속마음에 담아 두기로 하자.

会話 腹に一物ある

A : ミンスが自分からやるって言うなんて、ちょっと変じゃない?

B : きっと、腹に一物あってのことだね

A : 민수가 스스로 하겠다고 하다니 좀 이상하지 않아?

B : 분명히 무슨 꿍꿍이속이 있을 거야.

◆〖腹の〗

¶あの男は腹の中で何を考えているのか見当もつかない 그 남자는 속으로 뭘 생각하고 있는지 짐작도 안 간다. | その男は分明に뭔가 꿍꿍이가 있을 거야. / 彼女は口では私のことをほめてるけど、きっと腹で笑っているんだわ 그 여자는 입으로는 나를 칭찬하고 있지만 속으로는 분명 웃고 있을 거야.

¶彼は腹のすわった男だ 그는 간이 크다.

◆〖腹を〗

¶彼女はすぐ腹を立てる 그 여자는 곧장 화를 낸다.

会話 腹を決めかねる

A : 何を悩んでいるの

B : この仕事を引き受けるかどうか腹を決めかねているんだ

A : 뭘 고민하고 있어?

B : 그 일을 맡을지 안 맡을지 결정을 못 내리고 있어.

❸〖その他〗

¶「きょうは僕がおごってあげるよ」「わあ、太っ腹」"오늘은 내가 살게." "와, 통 크네." / 指の腹でそっと小鳥をなでた 손가락으로 작은 새를 가만히 쓰다듬었다. 慣用句 腹が減っては戦はできぬ 배가 고프면 못 싸운다. / それでは私の腹の虫がおさまらない 그걸로는 내 울화를 풀 수 없다. / 彼女のわがままな言動は腹に据えかねる 그녀의 철부지 언행은 참을 수가 없다. / 腹の探り合いばかりしていないでお互い本音を言ったらどうだろう 속마음만 살피고 있지 말고 서로 본심을 말하는 게 어때. / 痛くもない腹を探られるなんて、たえられない 까닭이 의심받다니 참을 수 없다. / 夫婦で腹を割って話すことが大切だ 부부는 같이 속마음을 털어놓고 이야기하는 것이 중요하다.

**ばら** 낱, 낱개 ◇ばら銭〖小銭〗잔돈, 푼돈 ¶ばらで買う 낱개로 사다 / ばらで売り買いする 낱개로 사고 팔다 / その店では電池をばら売りしていない 그 가게에서는 건전지를 낱개로 팔지 않는다.

¶彼はいつもばら銭をポケットに入れて持ち歩く 그는 항상 잔돈을 주머니에 넣고 다닌다.

**ばら【薔薇】**장미〖野ばら〗들장미 ¶ばらを栽培する〖育てる〗장미를 재배하다〖キウむ〗 / ばらのとげが親指に刺さった 장미 가시가 엄지손가락을 찔렀다. / 彼女は誕生日に恋人からプレゼントとばらの花束をもらった 그녀는 생일에 애인으로부터 선물과 장미꽃 다발을 받았다. / ばら色の未来を思い描く 장밋빛 미래를 그리다

**はらい【払い】**지불〔支払〕〖勘定〗셈, 계산〔計算〕¶月々1万円払いで冷蔵庫を買った 매달 만 엔씩 24개월 할부로 냉장고를 샀다. / 今月はあれやこれやで払いが多い 이번 달은 이래저래 지출이 많다. / 払いは後で結構です 계산은 나중에 해도 괜찮습니다.

**はらいこむ【払い込む】**납부하다, 납입하다 ¶保険料を毎月5千円ずつ払い込む 보험료를 매달 5천 엔씩 납부하다 / 電気代とガス代をすぐに銀行で払い込まなければならない 전기세와 가스비를 지금 바로 은행에서 납부해야 된다. / 来月の10日に原稿料が口座に払い込まれる 다음달 10일에 원고료가 계좌에 입금된다.

**はらいさげる【払い下げる】**불하하다 ¶駅前にある国有地が近々払い下げられる予定だ 역 앞에 있는 국유지가 조금 있으면 불하될 예정이다.

**はらいせ【腹癒せ】**화풀이 ¶彼は試合で負けた腹いせに道端の空き缶を蹴飛ばした 그는 경기에서 진 화풀이로 길에 버려진 깡통을 찼다.

**はらいのける【払い除ける】**물리치다, 뿌리치다〖ほこりなど〗털다 ¶彼女は恐怖心を払いのけようと一心に祈った 그녀는 두려움을 없애려고 마음을 굳게 먹고 기도했다. / 机のほこりを払いのける 책상의 먼지를 털다

**はらいもどし【払い戻し】**환불〔還払〕〖預金の引き出し〗인출 ¶コンサートが途中で中止になったので彼らはチケットの払い戻しを要求した 콘서트가 도중에 중지됐기 때문에 그들은 티켓의 환불을 요구했다.

**はらいもどす【払い戻す】**환불하다〖預金を引き出す〗인출하다 / 料金を払い戻す 요금을 환불하다 / 試合が雨で流れたので入場料金が払い戻された 비로 경기가 취소되어서 입장료가 환불되었다.

**はらう【払う】** ❶〖支払う〗지불하다, 치르다〔返済する〕갚다 ¶公共料金を郵便局で払ってきた 공공요금을 우체국에 내고 왔다. / 液晶テレビを買って現金で払った 액정 텔레비전을 현금으로 샀다. / 残りの借金を今月末までに払ってくれよ 남은 빚을 이달 말까지 갚아 줘.

❷〖ほこりを落とす〗털다〖枝打ちする〗치다 ¶私はテレビの上のほこりを払った 나는 텔레비전 위의 먼지를 털었다. / 靴についた泥を払った 구두에 묻은 흙을 털었다. / テーブルにこぼした塩を払った 테이블에 쏟은 소금을 털었다. / 父は庭の木の枝を払った 아버지는 정원의 나뭇가지를 쳤다.

❸〔注意・関心を〕기울이다, 나타내다〔敬意

を}표하다【犧牲】치르다 ¶だれも私の言うことにあまり注意を払わなかった 아무도 내가 하는 말에 그다지 주의를 기울이지 않았다. / 彼の功績に対して敬意を払いたい 그의 공적에 대해 경의를 표하고 싶다. / このトンネルを完成させるのに多くの犠牲が払われた 이 터널을 완공시키는 데 많은 희생을 치렀다.

**はらう【祓う】**〔厄除けする〕불제하다, 액매우다

**バラエティー【多様性】**다양성 ¶学園祭の出し物はバラエティーに富んでいたので楽しめた 학교 축제의 상연 작품들은 다양성이 있어서 재미있었다.
関連 バラエティーショー 버라이어티 쇼

**パラグライダー** 패러글라이더 ¶パラグライダーの愛好者は年々増えている 패러글라이더 애호가는 매년 늘고 있다.

**はらぐろい【腹黒い】**속이 검다 ¶彼がそんなに腹黒い人間だとは思わなかった 그가 그렇게 속이 검은 사람인 줄 몰랐다.

**はらごしらえ【腹拵え】**腹ごしらえする 배를 채워 두다

**はらごなし【腹熟し】**¶腹ごなしに散歩に行った(→消化のため) 소화시키기 위해 산책 갔다.

**パラシュート** 낙하산(落下傘) ¶パラシュートで降下した 낙하산으로 강하했다. / 飛行機からパラシュートで食糧や医薬品が被災地に投下された 비행기로부터 낙하산으로 식량과 의약품이 피해지로 투하되었다.

**はらす【晴らす】**풀다 ¶気分を晴らすには散歩がいちばんだ 기분 푸는 데는 산책이 최고다.

**ばらす**〔分解する〕분해하다〔暴露する〕폭로하다〔殺す〕죽이다 ¶彼はエンジンをばらして修理した 그는 엔진을 분해하여 수리했다. / 言うことをきかなければおまえの秘密をばらすぞ 내 말을 듣지 않으면 네 비밀을 폭로할 거야.

**パラダイス** 파라다이스, 낙원(楽園) ¶その老人ホームはこの世のパラダイスのごとくケアが行き届いている 그 양로원은 마치 지상 천국처럼 안락한 서비스를 제공한다.

**はらだたしい【腹立たしい】**화가 나다 ¶あいつがいつも横から口出ししてくるのは本当に腹立たしい 그 녀석이 항상 참견하는 것에 정말 화가 난다. / 彼女は夫の時代遅れの古い考え方を腹立たしく思った 그녀는 남편의 구시대적 사고방식에 화가 났다.

**はらだち【腹立ち】**〔怒り〕화, 부아 ¶彼女は腹立ちまぎれに壁に皿を投げつけた 그녀는 너무 화가 나서 벽에 접시를 던졌다.

**はらちがい【腹違い】**이복(異腹) ¶私には腹違いの兄がいる 나에게는 이복형이 있다.

**ばらつき** 차이 ¶その会社の製品には品質にばらつきがある[ない] 그 회사의 제품에는 품질에 차이가 있다[없다]. / 彼は科目によって成績にばらつきが大きい 그는 과목에 따라 성적의 차이가 크다.

**はらっぱ【原っぱ】**들, 들판〔空き地〕빈터 ¶少年たちが川岸の原っぱでサッカーや野球をしていた 소년들이 강변 들판에서 축구나 야구를 하고 있었다.

**パラドックス**〔逆説〕패러독스, 역설

**はらばい【腹這い】**◇腹ばいになる 엎드리다 ¶彼は芝生の上で腹ばいになったり仰向けになったりしてくつろいでいた 그는 잔디 위에서 엎드리기도 하고 드러눕기도 하면서 쉬고 있었다. / 兵士たちは暗闇の中を腹ばいで前進した 병사들은 어둠 속을 엎드려서 전진했다.

**はらはら ❶**〔葉や花びらが散る〕팔랑팔랑〔涙が流れ落ちる〕줄줄, 뚝뚝 ¶桜の花びらがはらはらと散っている 벚꽃 잎이 팔랑팔랑 떨어지고 있다. / 涙がはらはらと彼女のほおを伝った 눈물이 주르르 그녀의 볼을 타고 흘렀다.

**❷**〔心配で気をもむ様子〕◇はらはらする 아슬아슬하다, 조마조마하다 ¶はらはらする場面 아슬아슬한 장면 / 子供がベランダから落ちそうになるのを見て私ははらはらした 아이가 베란다에서 떨어질 뻔한 것을 보고 나는 조마조마했다. / 映画を見ている間中はらはらしどうしだった 영화를 보고 있는 동안 계속 조마조마했다.

**ばらばら ❶**〔分散して〕◇ばらばらに 산산이, 뿔뿔이, 따로따로 ¶彼はラジオをばらばらに分解した 그는 라디오를 산산이 분해했다. / 帰りはみなばらばらに帰っていた 돌아가는 길은 모두 따로따로 돌아갔다. / 風で書類がばらばらに散った 바람에 서류가 뿔뿔이 흩어져 있었다. / ばらばら殺人事件 토막 살인 사건 / ばらばら死体 토막 난 시체
**❷**〔離れて〕◇ばらばらになる 뿔뿔이 흩어지다 ¶私たち兄弟はばらばらに生活している 우리 형제는 뿔뿔이 헤어져서 살고 있다. / 仲のよかった友達も卒業後はみんなばらばらになった 사이가 좋았던 친구들도 졸업 후에는 모두 뿔뿔이 흩어졌다.
**❸**〔まとまっていない〕◇ばらばらにする 흐트러뜨리다 ¶この資料せっかく整理したんだからばらばらにしないでね 이 자료 겨우 정리했으니까 흐트러뜨리지 말아 줘. / みんなの気持ちがばらばらではこのプロジェクトは成功しない 모두의 마음이 제각각이어서는 이 프로젝트는 성공하지 못한다.
**❹**〔勢いよく〕◇ばらばらと 후두득; 우르르 ¶雨がばらばらと屋根にあたった 비가 후두둑 지붕에 떨어졌다. / 叫び声を聞いてばらばらと人が家から出てきた 비명 소리를 듣고 우르르 사람들이 집에서 나왔다.

**ぱらぱら ❶**〔続けて落ちる様子〕후두둑후두둑, 훌훌 ¶雨がぱらぱらと降ってきた 비가 후두둑후두둑 내렸다. / 母は魚にぱらぱらと塩を振りかけた 어머니는 생선에 훌훌 소금을 뿌리셨다.
**❷**〔ページなどをめくる〕훌훌 ¶彼は新聞をぱらぱらとめくってさっと目を通した 그는 신문을 훌훌 넘기며 대충 눈으로 훑었다. / 彼女はぱらぱらと雑誌をめくった 그녀는 잡지를 잠깐 훑어 보았다.
**❸**〔まばらな様子〕듬성듬성 ¶コンサートの聴衆はぱらぱらだった 콘서트 청중은 듬성듬성 있었다. / 一面の緑の中に赤い花がぱらぱらと咲いていた 온통 다 녹색의 초목들 가운데 빨간 꽃이 듬성듬성 피어 있었다.

**パラボラアンテナ** 파라볼라 안테나
**はらまき【腹巻き】**배두렁이, 복대(腹帯)
**ばらまく** 뿌리다 ¶その候補者は選挙に勝つためにずいぶんと金をばらまいたらしい 그 후보자는 선거

はらむ【孕む】〔子を〕배다〔妊娠する〕임신하다〔風を〕품다, 안다〔内包する〕품다, 내포하다 ¶彼女はもう子をはらんでいるそうだ 그녀는 이미 임신하였다고 한다. / ヨットに帆に風をはらんだ ヨットは沖に向かって快調に進んだ 요트는 돛에 바람을 받고 경쾌하게 나아갔다. / 停戦会談が物別れに終わり情勢はにわかに危機をはらむ様相となった 정전 회담이 결렬되어 정세는 갑자기 위기감이 감도는 형국이 되었다.

パラリンピック 패럴림픽〔障害者オリンピック大会〕장애인 올림픽 대회

はらわた【腸】장, 창자, 내〔内臓〕내장 ¶魚のはらわたを抜く 생선의 창자를 빼다 慣用句 あいつのようなはらわたの腐ったやつに何を言ってもむだだ 그녀석같이 정신이 썩은 놈에게는 될 말해도 소용없다. / それを思うとはらわたが煮えくり返ったものだ 그것을 생각하면 속이 뒤집혔다.

はらん【波乱】파란〔騒ぎ〕소란, 소동 ¶波乱を起こす 파란을 일으키다 / 今回の選挙戦は波乱含みだ 이번 선거전은 파란이 예상된다. / 波乱に富んだ人生 파란 많은 인생 / 波乱万丈の生涯を送る 파란만장한 생애를 보내다

バランス〔均衡, 釣り合い〕밸런스, 균형 ¶その選手はバランスを失って平均台から落ちた 그 선수는 밸런스를 잃고 평균대에서 떨어졌다. / バランスを保ちながらこわごわつり橋を渡った 밸런스를 유지하면서 조심조심 현수교를 건넜다. 関連 バランスシート 밸런스시트, 대차 대조표(貸借対照表)

はり【針】 ❶〔先のとがった細い金属〕바늘〔留め針〕핀〔釣り針〕낚싯바늘〔ホチキスの針〕알

◆〔針は〕

¶この針は針穴が小さい 이 바늘은 구멍이 작다. / 時計の針は6時を示していた 시곗바늘은 여섯 시를 가리키고 있었다. / 危ないからホチキスの針はちゃんと捨てなさい 위험하니까 호치키스[스테이플러] 알은 잘 버려라.

◆〔針に〕

¶針に糸を通すのはわりに難しい 바늘에 실을 끼우는 것은 의외로 어렵다. / 彼は釣り針にえさをつけた 그는 낚싯바늘에 먹이를 끼웠다.

◆〔針で〕

¶裁縫をしているとき彼女は針で指を刺した 재봉할 때 그녀는 바늘에 손가락을 찔렸다. / 首に針で刺されるような痛みを感じた 목에 바늘로 찌르는 듯한 아픔을 느꼈다. / ポスターを壁に針で留めた 포스터를 핀으로 벽에 고정시켰다.

彼女は針のむしろに座る心境だった 그녀는 바늘 방석에 앉은 심경이었다.

◆〔その他〕

¶彼はけがをして頭を何針か縫わなければならなかった 그는 부상을 입어서 머리를 몇 바늘인가 꿰매야 했다. / その子は注射針を見て泣き出した 그 아이는 주삿바늘을 보고 울음을 터뜨렸다.

❷〔はり 治療〕침(鍼) ¶母は肩こりがひどく時々はりを打ってもらっている 어머니는 어깨 결림이 심해서 가끔 침을 맞으신다. 関連 針箱 바느질고리, 〔縮約〕반짇고리 / 針刺し〔針山〕바늘겨레 / 木綿針 무명실 바늘

はり【梁】들보, 대들보

はり【張り】〔弦などの〕당김새〔身体の〕팽팽, 생기, 활기〔意欲〕보람 ¶ギターの弦の張りを強くする 기타줄을 팽팽하게 하다 / 祖父は老いてもまだ張りのある声をしている 할아버지는 늙어서도 여전히 생기 있는 목소리를 가지고 있다. / 彼女は「張りのある肌をしている 그녀는 "탄력성 있는〔팽팽한〕피부를 하고 있다. / 彼は妻に先立たれて生きる張りを失ったかのようだ 그는 아내를 먼저 잃고 살 보람을 잃은 듯했다.

-ばり【-張り】¶彼は三島由紀夫張りの優れた小説を書いたということで評判になった 그는 미시마 유키오풍의 뛰어난 소설을 써서 좋은 평판을 받았다. / 革張りの表紙の本 표지에 가죽을 씌운 책 /〔가죽 장본, 一装本〕

はりあい【張り合い】〔競争〕경쟁〔意欲〕보람, 의욕 ¶あの二人の意地の張り合いは見物だった 그 두 사람이 서로 고집을 부리는 게 볼 만했다. / 大勢のサポーターの応援で選手たちは張りが出た 많은 서포터들의 응원으로 선수들은 의욕이 생겼다. / もっと張り合いのある仕事がしたい 더욱 보람 있는 일을 하고 싶다. / 張り合いのない生活 보람 없는 생활

はりあう【張り合う】〔競争する〕겨루다, 경쟁하다 ¶かつてはチャンピオンの座をかけて彼と張り合ったことがある 예전에 챔피언 자리를 놓고 그와 겨룬 적이 있다. / 彼らはいつも張り合っている 그들은 항상 경쟁하고 있다.

はりあげる【張り上げる】¶バッグをひったくられそうになったので声を張り上げて助けを求めた 가방을 날치기당할 뻔해서 소리쳐서 도움을 청했다. / 息子がだだをこねたので彼女はつい声を張り上げてしかった아들이 억지를 부려 그녀는 자기도 모르게 언성을 높여 혼냈다.

バリウム 바륨 ¶彼女は胃のレントゲン検査のためにバリウムを飲んだ 그녀는 위의 엑스레이 검사를 위해 바륨을 마셨다.

はりがね【針金】철사(鉄糸), 철선(鉄線) ¶ペンチで針金を切る〔曲げる〕펜치로 철사를 자르다〔구부리다〕 関連 針金細工 철사 세공

はりがみ【張り紙・貼り紙】〔ビラ, 掲示〕벽보〔ポスター〕포스터〔のり付きのステッカー〕스티커〔ラベル〕라벨, 레테르 ¶この張り紙はなかなかはがれない 이 벽보는 좀처럼 벗겨지지 않는다. / その自販機には「故障中」の張り紙がはってあった 그 자판기에는 '고장'이라는 딱지가 붙어 있다. (×고장중 とはいわない) / 張り紙お断り 벽보 금지

バリカン 바리캉, 이발기〔理髪器〕 ¶バリカンで頭を刈ってもらった 바리캉으로 머리를 깎았다. 関連 電気バリカン 전기 바리캉

ばりき【馬力】마력〔精力〕정력〔力〕힘 ¶この家庭用製粉機には4馬力のモーターがついている 이 가정용 제분기에는 4마력의 모터가 붙어 있다. / この車は馬力が強い 이 차는 마력이 세다. / 試験が1週間後に迫っているので馬力をかけて勉強しなければならない 시험이 일 주일 후이기 때

문에 힘을 내서 공부해야 된다. / 馬力のある人 정력적인[힘 있는] 사람

**はりきる【張り切る】** 힘을 내다, 기운이 넘치다 ¶重要な仕事を任されて彼女は張り切っている 중요한 일을 맡게 된 그녀는 기운이 넘쳐 있다.

**バリケード** 바리케이드, 방책(防柵) ¶学生たちは机や椅子でバリケードを築いた 학생들은 책상과 의자로 바리케이드를 쌓았다. / デモ隊はバリケードを突破して議事堂に乱入した 시위대는 바리케이드를 돌파하고 의사당에 난입했다.

**ハリケーン** 허리케인 ¶ハリケーンに見舞われた町 허리케인에 휩쓸린 도시 ⇨台風

**はりこむ【張り込む】 ①** 〔見張る〕 감시하다, 잠복하다 〔奮発する〕 분발하다 ¶犯人の立ち回り先に刑事が張り込んでいた 범인이 잘 나타나는 곳에 형사가 잠복했다. / 彼はウェーターにチップを張り込んだ 그는 웨이터에게 팁을 듬뿍 주었다.

**はりしごと【針仕事】** 바느질 〔裁縫〕 재봉 ¶針仕事をする 바느질을 하다

**はりだす【張り出す】** 내달다, 내밀다 ; 튀어나오다, 내밀리다 〔掲示する〕 게시하다 ; 내걸다, 내어걸다 〔伸びる〕 뻗어지다 ¶テラスに張り出した広いバルコニーから街が見下ろせた 테라스에 튀어나온 넓은 발코니에서 시내가 내려다보였다. / 合格者の名前が掲示板に張り出された 합격자 명단이 게시판에 게시되었다. / 教室の壁に娘の絵が張り出されていた 교실 벽에 딸의 그림이 내걸어져 있었다. / ここ数日梅雨前線が関東地方に張り出してきている 요 며칠 장마 전선은 간토 지방으로 세력을 확장하고 있다.

**はりつく【張り付く・貼り付く】** 달라붙다 ¶天井にやもりが張り付いていた 천장에 도마뱀붙이가 달라붙어 있었다.

**はりつける【張り付ける・貼り付ける】** 붙이다 ¶接着剤で2枚の板を張り付ける 접착제로 두 장의 판자를 붙이다 / 手紙に切手を張り付ける 편지에 우표를 붙이다 / その仕事に専任の担当者を張り付けることになった 그 일에 전임 담당자를 붙이기로 했다.

**ぱりっと** ¶彼はぱりっとした新しいスーツを着て初出勤した 그는 말쑥한 새 양복을 입고 첫출근을 했다.

**はりつめる【張り詰める】** 긴장되다 ¶大学受験が近づいて気持ちが張り詰めていた 대학입시가 가까워져서 긴장되었다. / 全神経を張り詰めて試合の行方を見守っていた 온 신경이 곤두선 채 경기를 지켜보고 있었다. / 張り詰めた雰囲気の中で開票作業が始まった 긴장된 분위기 속에서 개표 작업이 시작됐다.

**バリトン** 바리톤, 상저음(上低音)

**ばりばり** 북북, 득득 ; 으드득으드득 〔活発に〕 활발히, 열심히 ◇ばりばりの 〔精力的な〕 팔팔한 ¶外に干したタオルが寒さでばりばりに凍っていた 밖에 말린 타월이 추위로 으드득으드득 얼어 있었다 / せんべいをばりばりかじる 센베이를 으드득으드득 뜯어먹다 / 子供が生まれたとたん彼はばりばり働き始めた 아이가 태어나자 그는 열심히 일하기 시작했다.

¶ばりばりの現役 팔팔한 현역 / ばりばりの大リーガー がロッテに入団した 활약중인 메이저 리거가 롯데에 입단했다.

**ぱりぱり** ◇ぱりぱりの 빳빳한 ¶糊のきいたぱりぱりの浴衣 풀 먹인 빳빳한 유카타 / ぱりぱりのお札 빳빳한 지폐 ⇨ばりばり

**はりめぐらす【張り巡らす】** 두르다, 둘러치다 ; 펴다, 펼치다 ¶牧場の周りに柵を張り巡らした 목장 주위에 울타리를 둘렀다. / わが社は全世界に情報網を張り巡らしている 우리 회사는 전 세계에 정보망을 펼치고 있다.

**はる【春】 ❶** 〔季節〕 봄
◆**春が**
¶函館はまだ春が浅く雪が残っていた 하코다테는 아직 봄이 일러서 눈이 남아 있었다. / 春が来ると日も長くなる 봄이 오면 해가 길어진다. / 冬が去り春がやってきた 겨울이 가고 봄이 왔다.

◆**春に**
¶この地方は春に雨が多い 이 지방은 봄에 비가 많다. / 去年の春に京都へ行った 작년 봄에 교토에 갔다.

¶春になると気候が暖かくなり木々も芽吹き始める 봄이 되면 날씨도 따뜻해져서 나무들도 싹을 틔우기 시작한다. / 毎年春になると私は母と一緒にわらびを採りに行く 매년 봄이 되면 나는 엄마와 함께 고사리를 캐러 간다.

◆**春の**
¶北海道は春の訪れが遅い 홋카이도는 봄이 늦게 온다. / 野山では春の息吹が感じられる 산이나 들에서는 봄을 느낄 수 있다. / 春の七草 봄을 대표하는 일곱 가지 풀

◆**その他**
¶今年の春からうちの子も小学校へ上がる 올봄부터 우리 아이도 초등학교에 들어간다. / きょうは春一番が吹いた 오늘은 첫 봄바람이 불었다. / 春を迎える 봄을 맞다 / 春らしい天気 봄다운 날씨 / 春先に이른 봄에

**❷** 〔最盛期〕 봄, 한창때 ¶わが世の春を謳歌する 인생의 한창때를 구가하다 関連 **春霞** 봄안개 / **春風** 봄바람 / **春雨** 봄비 / **春物** 봄옷 / **春休み** 봄 방학

**はる【張る】 ❶** 〔広がる, 一面を覆う〕 뻗다 ; 덮이다, 깔리다 ; 치다 ; 붙이다 ¶木が四方に枝を張っている 나뭇가지가 사방으로 뻗어 있다. / この種類の木は地中に深く根を張る 이 종류의 나무는 땅속 깊이 뿌리를 뻗는다. / 山中湖は氷が張っていた 야마나카 호는 얼음으로 덮여 있었다.

¶くもが天井に巣を張っていた 거미가 천정에 거미줄을 쳤다. / 警察が張った網に犯人がかかった 경찰이 친 망에 범인이 걸렸다. / 風呂場はタイルが張ってある 욕실에는 타일이 깔려 있다.

**❷** 〔ぴんと伸ばす, 伸びる〕 치다 ¶木の間にロープを張って洗濯物を干した 나무 사이에 로프를 쳐서 빨래를 말렸다. / 綱をぴんと張る 줄을 팽팽히 치다 / ラケットにガットを張る 라켓의 그물을 치다 / ギターに弦を張る 기타에 줄을 치다 / 山のふもとにテントを張った 산기슭에 텐트를 쳤다.

**❸** 〔突き出る, 出す〕 불거지다, 튀어나오다 ; 펴다 ¶彼はほお骨が張っている 그는 광대뼈가 튀어

はる

나왔다. 彼女は両ひじを張って立っていた 그녀는 양 팔꿈치를 펴고 서 있었다 / 子供たちは胸を張って行進した 아이들은 당당히 행진했다.
❹【ふくれる】부풀다, 땡땡해지다 ¶彼女は赤ちゃんを産んでお乳が張っている 그녀는 아기를 낳고 가슴이 부풀었다. / ガスがたまって腹が張っている 가스가 차서 배가 땡땡하다.
❺【値段が】비싸다 ¶少し値が張りますが、ものは上等です 조금 비싸지만 질은 좋습니다.
❻【その他】¶彼女は意地を張り通した 그녀는 끝까지 고집을 부렸다. / うちの弟は食い意地が張っている 우리 동생은 식탐이 강하다[많다]. / 見栄を張って高い家具を買った 허세를 부려 비싼 가구를 샀다. / 父にほおを張られた 아버지께 뺨을 맞았다. / 彼女の向こうを張って運転を始めた 그녀에게 당당히 맞서 운전을 시작했다.

**はる【貼る】** 붙이다, 바르다 ¶切手を封筒に貼って投函した 우표를 봉투에 붙여서 우체통에 넣었다. / 履歴書には必ず写真を貼ってください 이력서에는 반드시 사진을 붙여 주세요. / 彼は壁に好きなタレントのポスターを貼った 그는 벽에 좋아하는 탤런트 포스터를 붙였다. / 障子を貼る 장지를 바르다 / 彼は問題児のレッテルを貼られた 그에게 문제아라는 딱지가 붙여졌다.

**はるか【遥か】❶**【距離】아득히, 멀리 ¶はるか向こうに富士山がくっきりと見えた 아득히 먼 곳에 후지 산이 선명하게 보였다. / はるかかなたの地平線に太陽が沈んでいく 아득히 먼 저편 지평선에 해가 진다. / この鳥は冬になるとはるか南まで飛んでいく 이 새는 겨울이 되면 멀리 남쪽까지 날아간다.
❷【時間】먼, 아득한 ¶この寺ははるか昔に建てられた 이 절은 아득한 옛날에 세워졌다. / それははるか昔の話だ 그것은 먼 옛날 이야기다.
❸【程度】◇はるかに 훨씬 ¶海は陸地よりはるかに広い 바다는 육지보다 훨씬 넓다. / その企画は予算をはるかに上回ってしまった 그 기획은 예산을 훨씬 웃돌아 버렸다.

**バルコニー** 발코니, 노대(露台) ¶ホテルのバルコニーからの眺めはすばらしかった 호텔 발코니에서 바라보는 풍경은 멋졌다.

**はるさめ【春雨】**봄비【食品】당면 ¶春雨に煙る田園風景の中をドライブした 봄비에 흐려진 전원 풍경 속을 드라이브했다.

**はるばる** 멀리 ¶彼は韓国の釜山からはるばる友人に会いに仙台までやってきた 그는 한국 부산에서 친구를 만나러 멀리 센다이까지 왔다. / 遠路はるばるお越しくださいましてありがとうございます 먼 길 오시느라고 수고하셨습니다.

**バルブ** 벨브, 판(弁) ¶バルブを開ける[閉じる] 벨브를 열다[닫다]

**パルプ**【製紙原料の木材】펄프

**はるめく【春めく】**봄다워지다, 봄 기운이 나다 ¶3月に入ってからは삼월 봄기운이 났다. / 吹く風がどことなく春めいていた 부는 바람이 왠지 봄다워졌다.

**はるやすみ【春休み】** 봄 방학 ¶春休みに友達と九州を旅行した 봄 방학 때 친구와 규슈를 여행했다.

**はれ【晴れ】❶**【天気】¶あすは晴れでしょう 내일은 맑겠습니다. / 「きょうのお天気はどうかしら?」「天気予報では晴れ後曇りと言ってたよ」 "오늘 날씨는 어떨까?" "일기 예보에 따르면 맑은 후 구름 낀다고 했어."
❷【表向き, 公式】◇晴れの 공식적인, 경사스러운 ¶晴れの場所 공식적인 자리 / あすは息子の晴れの入学式です 내일은 아들의 경사스러운 입학식입니다. / 両親は娘の結婚式の晴れ姿を浮かべていた父母님은 곱게 차려 입은 딸의 결혼식 모습을 보고 눈물을 흘리셨다.

**はれ【腫れ】**【腫れ物】 부기(浮気) ¶この塗り薬のおかげで腫れが引いた 이 연고 덕분에 부기가 가셨다. / 彼は打撲で左腕に腫れができている 그는 타박상으로 왼팔에 부기가 생겼다.

**はれあがる【晴れ上がる】** 맑게 개다 ¶夕立が過ぎると空はたちまち晴れ上がった 소나기가 지나가자 하늘은 금세 맑게 개었다.

**はれあがる【腫れ上がる】**부어오르다 ¶ドアに手をはさんで赤く腫れ上がった 문에 손이 껴서 빨갛게 부어올랐다.

**バレエ** 발레 ¶彼女は5歳の時からバレエを習っている 그녀는 다섯 살 때부터 발레를 배우고 있다. 関連 バレエダンサー 발레 댄서

**パレード** 퍼레이드, 행열(行列) ¶祭りのパレードが街を行くにつれ見物人がたくさん集まった 축제 퍼레이드가 거리를 지나가자 구경꾼들이 모여 들었다. / 街をパレードする 거리를 퍼레이드하다

**バレーボール** 배구(排球) ¶体育館でバレーボールをやろうよ 체육관에서 배구하자. 関連 ビーチバレー 비치 발리볼

**はれがましい【晴れがましい】**【公式の】공식적인 ; 豪華 화려한 ¶晴れがましい席でスピーチをする 공식적인 자리에서 스피치를 하다 / 卒業式では卒業生たちが晴れがましく着飾っていた 졸업식에서는 졸업생들이 화려하게 차려입고 있었다.

**はれぎ【晴れ着】**나들이옷, 외출복 ¶パーティーに彼女は晴れ着姿で来た 파티에 그녀는 외출복 차림으로 왔다.

**はれつ【破裂】**파열 ◇破裂する 파열하다, 터지다 ¶ガス管の破裂 가스관 파열 / ビルの裏手から大きな破裂音がした 빌딩 뒷편에서 큰 파열음이 들렸다.
¶水道管が凍って破裂した 수도관이 얼어서 파열 됐다. / 破裂したパイプから水があふれだした 파열한 파이프에서 물이 넘쳐 흘렀다. / ふくらましすぎて風船がバーンと破裂した 풍선을 너무 부풀려서 팡 하고 터졌다.
¶心臓が破裂しそうなくらいドキドキした 심장이 터질 정도로 두근거렸다.

**パレット**【絵の具板】팔레트 関連 パレットナイフ 팔레트 나이프

**はればれ【晴れ晴れ】**◇晴れ晴れとしている 상쾌하다, 쾌활하다, 후련하다 ¶彼女は悩み事が解決し晴れ晴れとした顔つきで出社した 그녀는 고민거리가 해결되어 후련한 얼굴로 출근했다.

**はれま【晴れ間】**¶雲の間に晴れ間が見えた 구름 사이로 맑은 하늘이 보였다. / 6月上旬から7月

中旬の梅雨の間は少しの晴れ間を除いてほとんど毎日曇りか雨だ 유월 상순부터 칠월 중순의 장마 기간은 잠깐 비가 갤 때를 빼고 거의 매일 흐리거나 비가 온다.

**はれもの【腫れ物】** 부기〔腫瘍〕종양〔おでき〕부스럼 ¶首に腫れ物ができたので医者に診てもらわなければならない 목에 종양이 생겨서 의사한테 진찰을 받아야 한다./ 背中の腫れ物がうんでしまった 등의 부스럼이 곪았다. [慣用句] 祖父は気難し屋だから家族は腫れ物に触るように扱っている 할아버지는 까다로운 사람이라 가족들은 조심조심 대하고 있다.

**はれやか【晴れやか】** ◇晴れやかだ 환하다, 밝다, 명랑하다〔華やかだ〕화려하다 ¶彼女の晴れやかな笑みが印象深かった 그녀의 환한 미소가 인상 깊었다. / 夫を失った悲しみをこらえ彼女は努めて晴れやかに振る舞った 남편을 잃은 슬픔을 참고 그녀는 애써 명랑하게 행동했다. / 晴れやかに装う 화려하게 치장하다

**バレリーナ** 발레리나

**はれる【晴れる】❶**〔天気が〕개다, 맑아지다 ¶雨が上がって晴れてきた 비가 그치고 맑아졌다. / 空が晴れていて星がきれいに見える 하늘이 맑아서 별이 예쁘게 보인다. / きょうはよく晴れている 오늘은 아주 날씨가 맑다. / 空がからっと晴れた날씨가 활짝 갰다. / 霧が晴れて湖面が視野に入ってきた 안개가 개고 호수면이 시야에 들어왔다./ 晴れ上がった秋空 맑게 갠 가을 하늘

❷〔疑いが〕풀리다 ¶疑いが晴れる 의심이 풀리다 / 私への容疑はやっと晴れた 나에 대한 혐의는 간신히 풀렸다.

❸〔気分が〕상쾌해지다, 명랑하다 ¶カラオケで飲んで歌でも歌えば気分が晴れるよ 노래방에서 술 마시고 노래 부르면 기분이 풀릴 거야./ 悲しみが晴れる 슬픔이 가시다

**はれる【腫れる】** 붓다 ¶扁桃腺が腫れてのどが痛い 편도선이 부어서 목이 아프다./ はちに刺されたところが腫れた 벌에 쏘인 자리가 부었다.

**ばれる** 탄로 나다, 발각되다, 들키다 ¶秘密がとうとうばれてしまった 비밀이 드디어 탄로 나고 말았다./ 彼女はうそがばれないかと心配している 그녀는 거짓말이 들키지 않을까 걱정하고 있다.

**バレンタインデー** 밸런타인 데이

**はれんち【破廉恥】** 파렴치 ◇破廉恥だ 파렴치하다 ¶破廉恥な行為[男] 파렴치한 행위[남자]

**はろう【波浪】** 파랑 [関連] 波浪注意報 파랑 주의보

**バロック** 바로크 ¶彼女はバロック音楽の大ファン、とりわけバッハの音楽の 그녀는 바로크 음악의 열성 팬이며, 특히 바하의 음악.

**パロディー** 패러디 ¶宮沢賢治の詩のパロディーを書く 미야자와 겐지 시의 패러디를 쓰다

**バロメーター** 바로미터 ¶食欲は健康のバロメーターだとよく言われる 식욕은 건강의 바로미터라고 흔히 일컬어진다.

**パワー** 파워〔力〕힘〔能力〕능력 ¶この車のセールスポイントはパワーのあるエンジンだ 이 차의 세일스 포인트는 파워 있는 엔진이다. [関連] パワーショベル 파워 쇼벨 / パワーステアリング 파워 스테어링 / ウーマンパワー 우먼파워 ⇨力

**はん-〔反-〕** 반- ¶歴史認識問題をめぐって中国や韓国で反日感情が高まっている 역사 인식 문제를 둘러싸고 중국과 한국에서 반일 감정이 높아지고 있다.

**はん【半】** 반〔半分〕절반〔折半〕¶家から会社までは電車で1時間半かかります 집에서 회사까지는 전철로 한 시간 반 걸립니다. /「今何時ですか」「10時半です」"지금 몇 시입니까?" "열 시 반입니다." / ゴルフボールを半ダース買った 골프 볼을 반 다스 샀다. / 彼が韓国へ行ってから1か月半たった 그가 한국에 간 지 한 달 반이 지났다. / 半時間 반 시간 / 半月 반달, 반월 ⇨半分

**はん【判】**〔印(鑑)〕도장〔スタンプ〕스탬프 ¶申請書に署名して判を押した 신청서에 서명하고 도장을 찍었다. [慣用句] 彼らはみな判で押したような受け答えをしていた 그들은 모두 판에 박은 듯한 대답을 했다. [関連] 三文判 싸구려 도장 / 実印 실인, 인감도장 / 認め印 막도장

**はん【版】**〔刷り〕쇄 ¶その本の初版[再版]の5千部は発売と同時に売り切れた 그 책의 초판[재판] 5천 부는 발매와 동시에 매진되었다. / その本は1995年の発売以来いまだに版を重ねている 그 책은 1995년 발간 이후 아직도 재판을 거듭하고 있다. / 版を改める 판을 개정하다 / 版を組む 판을 짜다 | 조판하다 / 第2版第3刷 제2판 제3쇄

**はん【班】** 반, 조(組), 그룹 ¶理科の授業で生徒たちは班に別れて実験をした 이 과목 수업에서 학생들은 조를 나누어서 실험했다. / 救護班 구호반 [関連] 班長 반장

## ばん【晩】 저녁, 밤

[使い分け] 저녁, 밤

저녁 基本的に「夕方」に対応すると考えてよいが, 感覚的には夕方よりも少し長く, 日暮れから午後8時ごろまでをさすようである. 밤に含まれることもある.

밤 基本的に「夜」に対応すると考えてよい. 日暮れから夜明けまでをさす. 저녁を含むことがある.

¶金曜の晩, 彼と映画を見に行った 금요일 밤 그와 영화를 보러 갔다./ きのうの晩, 昔の友達が不意に訪ねてきた 어젯밤 옛날 친구가 갑자기 찾아왔다.

¶今晩は朝まで飲み明かそう 오늘은 밤새워 마시자./ 一晩中友達とマージャンをやった 밤새도록 친구와 마작을 했다. [関連] 晩ご飯 저녁밥

## ばん【番】❶〔順番〕차례, 순번 ; 번〔順位〕등 ¶次は君が発表する番だ 다음에는 네가 발표할 차례다. /「次はだれの番ですか」「私の番です」"다음은 누구 차례입니까?" "내 차례입니다." / とうとう私の番がきた 드디어 내 차례가 왔다. / 番が回ってくる 차례가 돌아오다

¶彼はクラスで成績が1番だ 그는 반에서 성적이

1등이다. / 池袋はここから何番目の駅ですか 이케부쿠로는 여기에서 몇 번째 역입니까? / 1番めの問題からできなかった 첫 번째 문제부터 못 풀었다. / 2番の角を曲がるとホテルが見えます 두 번째 모퉁이를 돌면 호텔이 보입니다. / 4番打者 사번 타자

❷【番号】번호 ; 번 ¶机に1番から100番まで番号を付ける 책상에 1번부터 100번까지 번호를 붙인다. / 今度の急行電車は3番ホームから発車します 이번 급행 열차는 3번 플랫폼에서 출발합니다.

会話 何番ですか
A : あなたの電話番号は何番ですか
B : 01 - 2345 - 6789です
A : 전화 번호가 몇 번이에요?
B : 01 - 2345 - 6789 (공일의 이삼사오의 육칠팔구)에요.
A : ソウル駅へ行きたいのですが何番のバスに乗ればいいですか
B : 38番か42番のバスに乗ればいいですよ
A : 서울역에 가고 싶은데 몇 번 버스 타면 돼요?
B : 38번이나 42번 버스 타면 돼요.

❸〔見張り〕망(望)〔人〕파수(把手) ¶うちの犬は家の番もできます 우리 집 개는 집 망도 봅니다. / 警官が入り口で番をしていた 경찰관이 입구에서 망을 보고 있었다. / ちょっとこの荷物の番をしてて「いいよ」"이 짐 좀 봐 줘." "그래." / あす店の番をしてくれませんか 내일 가게 좀 봐 주지 않겠어요.

❹〔試合〕시합, 경기〔勝負〕판 ¶将棋を一番やろう 장기 한 판 두자. / 3番勝負 세 판 승부

バン 〔車〕밴 ⇒ライトバン

パン ¶パンが硬い 빵이 딱딱하다. / 朝食はパン2枚と牛乳だった 아침밥은 빵 두 장과 우유였다. / パンにバター〔ジャム〕を塗った 빵에 버터를〔잼을〕 발랐다. / パンを6枚に切ってください 빵을 여섯 장으로 썰어 주세요. / パンを焼きすぎて焦がしてしまった 빵을 너무 구워서 태워 버렸다. / このパンを焼いてちょうだい 이 빵을 구워 줘. / パンの焼ける香ばしいにおいがする 빵 굽는 구수한 냄새가 난다. / あのパン屋さんはおいしいし その빵집은 맛있다.〔関連〕パンくず 빵 부스러기 / パン粉 빵가루 / パンの耳〔皮〕빵 가장자리〔껍질〕/ パン屋 빵집 / あんパン 단팥빵, 팥빵 / 菓子パン 과자빵 / 黒パン 흑빵 / 食パン 식빵 / ぶどうパン 포도빵 / フランスパン 프랑스빵 / ライ麦パン 호밀빵 / ロールパン 롤빵

はんい【範囲】범위
◆【範囲は・範囲が】
¶最近車を買ったので行動範囲がぐんと広がった 최근 차를 사서 행동 범위가 아주 넓어졌다. / 彼女は交際範囲が広い 그녀는 교제 범위가 넓다. / 期末試験は範囲が広いのでたいへんだ 기말 시험은 범위가 넓어서 큰일이다. /「テストの範囲はどこからどこまでですか」「3課から5課までです」"테스트 범위는 어디부터 어디까지입니까?" "3과부터 5과까지입니다."

◆【範囲に・範囲を】

¶流れ出した溶岩は広い範囲に渡ってふもとを覆い尽くした 흘러내린 용암은 넓은 범위에 걸쳐서 산기슭을 덮었다. / 台風の被害は広範囲に渡った 태풍 피해는 넓은 지역에 이르렀다. / 範囲を広げる〔狭める〕범위를 넓히다〔좁히다〕/ 範囲を超える 범위를 넘다 / 過激派が勢力範囲を広げつつある 과격파가 세력 범위를 계속 넓히고 있다.

◆【その他】

¶披露宴はできるだけ予算の範囲内で収めるようにしたい 피로연은 되도록이면 예산 범위 내에서 해결하고 싶다. / 天文学は私の知識の範囲外である 천문학은 내 지식 범위 외에 있다.

はんいご【反意語】반의어, 반대어(反対語), 반대말 ¶「右」は「左」の反意語だ '오른쪽'은 '왼쪽'의 반대어이다.

はんえい【反映】반영 ◇反映する 반영되다, 반영하다 ¶この曲には作曲家の思いが強く反映している 이 곡에는 작곡가의 생각이 많이 반영되어 있다. / 現代の世相を反映する痛ましい事件が相次いで起こっている 현 세태를 반영하는 처참한 사건들이 연달아 일어나고 있다.

はんえい【繁栄】번영 ◇繁栄する 번영하다
¶国家の繁栄の土台は教育にある 국가 번영의 토대는 교육에 있다. / 日本は戦後大いに繁栄してきた 일본은 전후 크게 번영해 왔다.

はんえいきゅうてき【半永久的】반영구적 ¶この製品の品質は半永久的に変わらない 이 제품의 품질은 반영구적으로 변하지 않는다.

はんえん【半円】반원 ¶半円を描く 반원을 그리다 / ストーブの周りを半円になって座り, コーヒーを飲みながらおしゃべりをした 난로 주위에 둥그렇게 둘러앉아 커피를 마시며 이야기했다. 〔関連〕半円形 반원형

はんおん【半音】《音楽》반음 ¶メロディーを半音上げる〔下げる〕멜로디를 반음 올리다〔내리다〕〔関連〕半音階 반음계

はんが【版画・木版画】목판화 ¶ねずみの版画を作って年賀状に押した 쥐의 판화를 만들어서 연하장에 찍었다. / 浮世絵の版画を収集する 우키요에의 판화를 수집하다 〔関連〕版画家 판화가

ハンガー 옷걸이 ¶背広をハンガーに掛ける 양복을 옷걸이에 걸다

バンカー〔ゴルフ〕벙커 ¶ボールがバンカーにはまる 볼이 벙커에 빠지다 / ボールをバンカーから出す 볼을 벙커에서 빼다

ばんかい【挽回】만회 ◇挽回する 만회하다
¶名誉を挽回するため彼は必死にがんばった 명예를 만회하기 위해 그는 필사적으로 노력했다. / わがチームが劣勢を挽回して最後には勝つと確信している 우리 팀이 열세를 만회해서 마지막에는 이길 것이라고 확신하고 있다.

はんかがい【繁華街】번화가〔商店街〕상가
¶繁華街にショッピングに行った 번화가에 쇼핑하러 갔다.

はんがく【半額】반액 ¶12歳以下の子供の入場料は半額です 12세 이하인 아이의 입장료는 반액입니다. / 全ての商品を半額にする 모든 상품을

반액으로 하다 / 半額セール 반액 세일

**ハンカチ** 손수건 ¶ハンカチで手をふく 손수건으로 손을 닦다

**バンガロー** 방갈로

**はんかん【反感】** 반감 ¶彼女の両親への反感は年とともに募った 그녀의 부모님을 향한 반감은 나이 들면서 더 심해졌다. / 彼はどうしてか私に反感を抱いている 그는 왜 그런지 나에게 반감을 가지고 있다. / 彼をついたせいで彼はクラスメートたちの反感を買った 거짓말을 한 탓에 그는 반 친구들의 반감을 샀다.

**はんき【反旗】** 반기〔反乱〕반란 ¶政府に対して反旗を翻した 이윽고 진압된 정부에 대해 반기를 든 부대는 곧 진압되었다.

**はんき【半旗】** 반기, 조기(弔旗) ¶弔意を表すために半旗を掲げる 조의를 표하기 위해 반기를 걸다

**はんぎゃく【反逆】** 반역 ◇反逆する 반역하다 ◇反逆的だ 반역적이다 ¶彼らは反逆罪で有罪となった 그들은 반역죄로 유죄 판결을 받았다. / 彼はいつも反逆精神にあふれている 그는 항상 반역 정신이 넘친다. 関連反逆者 반역자

**はんきゅう【半球】** 반구 関連 北[南]半球 북[남]반구

**はんきょう【反響】** 반향〔こだま〕메아리〔反応〕반응〔評判〕평판, 평 ◇反響する 반향하다, 반향되다, 울리다 ¶洞穴の中では声が反響する 동굴 안에서는 목소리가 울린다. / 日本チームの活躍は国中で大きな反響を呼んだ 일본 팀의 활약은 나라 전체에 큰 반향을 불러일으켰다. / 反戦運動には期待したほどの反響はなかった 반전 운동에는 기대한 만큼의 반향은 없었다.

**パンク** 펑크 ◇パンクする 펑크가 나다 ¶パンクを直す 펑크를 고치다 / 困ったことに海に行く途中で車がパンクした 곤란하게도 바다에 가는 도중에 차가 펑크 났다.

¶おなかがいっぱいでパンクしそうだ 배가 너무 불러서 터질 것 같다.

**ハンググライダー** 행글라이더 ¶彼はハンググライダーの愛好者で月に一度は飛んでいる 그는 행글라이더 애호가로 한 달에 한 번은 타고 있다.

**ばんぐみ【番組】** 프로그램, 프로〔放送〕방송 ¶彼らはどのテレビ番組を見るかでよくけんかする 그들은 자주 어느 방송을 볼까 싸움을 하곤 한다. / 夜7時からテレビで選挙に関する特別番組がある 저녁 일곱 시부터 텔레비전에서 선거에 관한 특별 프로그램이 있다. / 番組を制作[提供]する 프로그램을 제작[제공]하다 / 番組編成 프로그램 편성

**ばんくるわせ【番狂わせ】** 뜻밖의 결과, 이변 ◇番狂わせの 뜻밖의 ¶大相撲の初場所は番狂わせの連続だった 오즈모의 올해 첫 대회는 뜻밖의 결과의 연속이었다. / チャンピオンの番狂わせの敗北に観客は驚いた 챔피언의 뜻밖의 패배에 관객은 놀랐다. / 選挙で番狂わせが起きた 선거에서 이변이 일어났다.

**パンクロック** 《音楽》펑크 록

**はんけい【半径】** 반지름, 반경 (▶直径는 직경) ¶コンパスで半径10センチの円を描く 컴퍼스로 반경 10센티의 원을 그리다 / 人口は市の中心から半径15キロ以内に集中している 인구는 시의 중심에서 반경 15킬로 이내에 집중해 있다. / 彼は実に行動半径が広い 그는 정말 행동반경이 넓다.

**はんげき【反撃】** 반격 ◇反撃する 반격하다
¶敵は夜明けとともに反撃を開始した 적은 동트자마자 반격을 개시했다. / ロッテは8回に3安打で2点を入れて反撃に出た 롯데는 8회에 3안타로 2점을 더하며 반격에 나섰다.

**はんけつ【判決】** 판결 ¶被告は有罪[無罪]の判決を受けた 피고는 유죄[무죄] 판결을 받았다. / 犯人は懲役5年[無期懲役]の判決を言い渡された 범인은「징역 5년[무기 징역]」의 판결을 받았다. / 第一審では被告に有利な判決が下った 1심에서는 피고에게 유리한 판결이 내려졌다. / 高裁は一審の判決をくつがえした 고등법원은 1심 판결을 뒤집었다. / 裁判官は判決文を読み上げた 재판관은 판결문을 읽었다.

**はんげつ【半月】** 반달, 반월 ¶今夜は半月だ 오늘밤은 반달이다. 関連 半月形 반월형

**はんけん【半券】** 반쪽 ¶入場券の半券はなくさないでください 입장권 반쪽은 잃어버리지 마십시오.

**はんけん【版権】** 판권 ¶版権を獲得する 판권을 획득하다 / 版権を持っている出版社 판권을 가지고 있는 출판사 / その出版社は版権侵害で訴えられた その出版社は판권 침해로 고소당했다. / 版権所有者 판권 소유자

**はんげん【半減】** 반감 ◇半減する 반감하다, 반감되다 ¶急激な円高のためにわが社の対米輸出量は半減した 급격한 엔고로 우리 회사의 대미 수출량은 반감했다. 関連 半減期［放射性元素의] 반감기

**ばんけん【番犬】** 번견

**はんこ【判子】** 도장〔図章〕〔印鑑〕인감 ¶はんこを押す 도장을 찍다 / はんこが押されている 도장이 찍혀 있다. / はんこを彫る 도장을 파다[새기다] / はんこ入れ 도장집 / はんこケース 도장 케이스

**はんこう【反抗】** 반항〔抵抗〕저항〔反対〕반대 ◇反抗する 반항하다 ◇反抗的だ 반항적이다
¶最近思春期の娘の反抗にほとほと手を焼いている 최근 사춘기인 딸의 반항에 몹시 애먹고 있다. / 息子は今が反抗期だ 아들은 지금이 반항기다.

¶なぜ君はそんなに先生に反抗してばかりいるの? 너는 왜 자꾸 선생님께 반항만 하니?

¶弟は最近両親に反抗的になった 동생은 최근 부모님께 반항적이다. / その生徒は私に反抗的な態度をとった 그 학생은 나에게 반항적인 태도를 취했다.

**はんこう【犯行】** 범행〔犯罪〕범죄〔違反〕위반 ¶彼は捕まるまで何度も同じ犯行を重ねた 그는 잡힐 때까지 몇 번이나 같은 범행을 거듭했다. / 犯行時間は午前2時から5時の間と推定された 범행 시간은 오전 두 시부터 다섯 시 사이로 추정되었다. / 犯行を認める[否認する, 自白する] 범행을 인정하다[부인하다, 자백하다] 関連 犯行現

場 범행 현장 / 犯行声明 범행 성명
**はんごう**【飯盒】반합 ¶キャンプで初めて飯ごうでご飯を炊いた 캠프에서 처음으로 반합으로 밥을 지었다.

**ばんごう**【番号】번호 ¶カードを番号の大きい[小さい]順に並べてください 카드를 큰[작은] 번호순으로 나열해 주세요. / カードに1から10まで番号をつけた 카드에 1부터 10까지 번호를 매겼다.
¶リストを番号順に並べた 리스트를 번호순으로 나열했다. / この伝票には通し番号がついている 이 전표에는 일련번호가 매겨져 있다.
¶(電話で)番号違いですよ 잘못 거셨습니다.
[会話] 部屋の番号
A：あなたの部屋の番号は何番ですか
B：1002号室です
A：방 번호는 몇 번입니까？
B：1002호실입니다.
[関連] (電話の)番号案内 전화번호 안내 / 番号札 번호표

**ばんこく**【万国】만국 ¶音楽は万国共通の言葉だと思いませんか 음악은 만국 공통 언어라고 생각하지 않습니까？ [関連] 万国旗 만국기 / 万国博覧会 만국 박람회

**はんこつ**【反骨】반골, 기개 ¶彼は反骨の画家として有名だ 그는 기개 있는 화가로서 유명하다. / 近ごろは反骨精神に富んだ若者が少ないと言われる 최근에는 반골 정신이 강한 젊은이가 적다고 한다.

**はんざい**【犯罪】범죄 ¶凶悪な犯罪が増大している 흉악한 범죄가 증가하고 있다. / 飲酒運転は犯罪だ 음주 운전은 범죄이다. / 彼はなぜあのような恐ろしい犯罪を犯したのだろうか 그는 왜 그런 무시무시한 범죄를 저지른 것일까？ / 少年犯罪を防ぐには周りの大人の協力が必要だ 소년 범죄를 막기 위해서는 주위 어른들의 협력이 필요하다. / 彼女には犯罪の前歴があるう녀에게는 범죄의 전력이 있다. [関連] 犯罪行為 범죄 행위 / 犯罪者 범죄자, 범죄인 / 犯罪心理学 범죄 심리학 / 犯罪摘発率 범죄 적발률 / 完全犯罪 완전 범죄 / 軽犯罪 경범죄, 경범 / 重大犯罪 중대 범죄, 중범 / 性犯罪 성범죄

**ばんざい**【万歳】만세 ¶万歳を唱える 만세를 외치다 ¶彼の当選を祝って万歳三唱をした 그의 당선을 축하해서 만세 삼창을 불렀다. / 万歳！仕事が終わったぞ! 만세! 일이 끝났어!

**ハンサム** ◇ハンサムだ 핸섬하다, 잘생겼다
¶彼は頭がよくハンサムで、その上愛想もいい 그는 머리가 좋고 핸섬하고 게다가 붙임성도 좋다.

**ばんさん**【晩餐】만찬〔夕食〕저녁 식사 ¶彼女の家での晩餐に招待された 그녀의 집 만찬에 초대받았다. / 父の還暦を祝う晩餐会を開いた 아버지의 환갑을 축하하는 만찬회를 열었다. / ダビンチの描いた「最後の晩餐」を見たことがありますか 다빈치가 그린 '최후의 만찬'을 본 적이 있습니까？

**はんじ**【判事】판사〔▶最高裁以外の下級裁判所の裁判官についていう〕〔裁判官〕재판관, 법관 ¶判事は被告に執行猶予の付いた懲役刑を言い渡した 판사는 피고에게 집행 유예가 붙은 징역형을 내렸다. [関連] 判事席 판사석 / 判事補 판사보 / 最高裁判事 최고 재판소 판사（▶韓国では대법관「大法官」という. また最高裁は대법원「大法院」という）/ 首席判事 수석 판사

**ばんじ**【万事】만사, 모든 일 ¶万事お任せします 모든 일을 맡기겠습니다. / 万事心得ています 만사 잘 알고 있습니다. [慣用句] 万事休す 만사휴의／하나만 보면 다 알것 같다.

**バンジージャンプ** 번지 점프 ¶バンジージャンプやったことあるかい 번지 점프 해 본 적이 있어？

**はんしゃ**【反射】반사 ◇反射する 반사하다, 반사되다 ¶雪山では日光の反射が強くてとてもまぶしい 눈 덮인 산에서는 햇빛 반사가 강해서 아주 눈부시다. / 彼は反射神経がいい[にぶい] 그는 반사 신경이 좋다[둔하다].
¶日光が教室の黒板に反射している 햇빛이 교실 칠판에 반사된다. / アスファルトは熱を反射するのでよけい暑さを感じる 아스팔트가 열을 반사해서 한층 더 더위를 느낀다.
¶私は地震を感じたとき、反射的に腕時計を見た 나는 지진을 느꼈을 때 반사적으로 손목시계를 보았다. [関連] 反射運動 반사 운동 / 反射鏡 반사경 / 反射作用 반사 작용 / 反射熱 반사열 / 反射望遠鏡 반사 망원경 / 条件反射 조건 반사 / 乱反射 난반사

**ばんしゃく**【晩酌】저녁 반주(飯酒) ¶父は毎日晩酌する 아버지는 매일 저녁 반주를 하신다.

**ばんしゅう**【晩秋】늦가을, 만추 ¶私は晩秋の田園風景がいちばん好きだ 나는 늦가을 전원 풍경을 가장 좋아한다.

**はんじゅく**【半熟】반숙 ¶僕は半熟卵より固いゆで卵のほうが好きだ 나는 반숙 달걀보다 단단한 완숙을 더 좋아한다.

**ばんしゅん**【晩春】늦봄, 만춘 ¶この辺りでは桜の見ごろは晩春のころだ 이 주변의 벚꽃 구경에 알맞은 시기는 늦봄쯤이다.

**はんしょう**【反証】반증 ¶検察の主張に対しては科学的根拠に基づく反証をあげることが可能だ 검찰의 주장에 대해서는 과학적 근거에 의거한 반증을 드는 것이 가능하다. [関連] 反証例 반증례

**はんじょう**【繁盛】번창 ◇繁盛する 번창하다, 잘되다 ¶神社に初詣に行って商売繁盛を祈願した 설날 신사에 참배 가서 장사가 잘되기를 기원했다. / アイディアが豊富なので彼の商売は繁盛しているアイディアが豊富なので彼の商売は繁盛している 아이디어가 풍부해서 그의 장사는 잘된다. / あの食堂は料理がうまいので繁盛している 그 식당은 요리가 맛있어서 번창하고 있다.

**バンジョー** 밴조 ¶彼はバンジョーでカントリーミュージックを演奏した 그는 밴조로 컨트리 음악을 연주했다. / バンジョーを弾く[練習する] 밴조를 켜다[연습하다]

**はんしょく**【繁殖】번식 ◇繁殖する 번식하다 ¶ときの人工繁殖はついに成功した 따오기의 인공 번식이 드디어 성공했다. / 温度が高めだと牛乳の中のバクテリアは急速に繁殖する 온도가 높으면 우유 속의 박테리아는 급속하게 번식한다. / ごきぶりは極めて繁殖力が旺盛だ 바퀴벌레는 번식력

이 아주 왕성하다. / 彼は犬や猫を繁殖させてペットとして販売している 그는 개와 고양이를 짝짓기시켜서 애완동물로 판매하고 있다. 関連 繁殖期 번식기

はんしん【半身】반신 ¶彼は交通事故で半身不随になった 그는 교통사고로 반신불수가 되었다. / 検査の前に彼は上半身裸になるように言われた 검사 전에 그는 상반신을 벗도록 지시받았다. 関連 半身像 반신상〔胸像〕흉상 / 下半身 하반신

はんしんはんぎ【半信半疑】반신반의 ¶国民は政府の発表を半信半疑で受け止めた 국민은 정부의 발표를 반신반의 했다. / 自信がなかったので彼女は合格の知らせに半信半疑の気持ちだった 자신이 없었기 때문에 그녀는 합격 소식에 반신반의 했다.

はんすう【半数】반수, 절반 ¶学校でインフルエンザがはやっていてきょうクラスの半数が休んだ 학교에 유행성 감기가 유행해서 오늘 반 학생의 절반이 쉬었다.

ハンスト 단식 투쟁(断食闘争) ¶彼らはハンストを決行して自分たちの主張を世論に訴えた 그들은 단식 투쟁을 결행해서 자기들의 주장을 여론에 호소했다.

パンスト 팬티스타킹

はんズボン【半ズボン】반바지

はんする【反する】〔正反対である〕반하다, 어긋나다, 어긋나다〔主義・良心などに〕위배되다, 위반되다 ¶家族の期待に反して僕は入試に落ちてしまった 가족의 기대에 어긋나게 나는 입시에 떨어졌다. / 彼のやったことはこの会の趣旨に反する 그가 한 것은 이 모임의 취지에 어긋난다. / 食事中に席を立つのはエチケットに反する 식사 중에 자리를 뜨는 것은 예의에 어긋난다.

**はんせい**【反省】반성〔後悔〕후회 ◇反省する 반성하다〔悔やむ〕후회하다, 뉘우치다 ¶彼女は自分が間違っていたと反省した 그녀는 자기가 틀렸다고 반성했다. / 彼には反省の色がまったく見られない 그에게는 반성의 기미가 전혀 보이지 않는다. / 先日の酒席の醜態について彼に反省を求めた 요전에 술자리에서의 추태에 대해서 그에게 뉘우치기를 청했다. / 私は彼女に少々言いすぎたことを反省した 나는 그녀에게 조금 심하게 말한 것을 반성했다. / チームのメンバーはきょうの試合の反省会を開いた 팀 멤버는 오늘 시합의 반성회를 열었다.

はんせい【半生】반생, 반평생 ¶彼女は僻地での医療に半生を捧げた 그녀는 벽지에서의 의료에 반평생을 바쳤다.

はんせん【帆船】돛단배, 범선

はんぜん【判然】¶彼の意図が判然としないのでどう対応したらいいのか分からない 그의 의도가 판연하지 않아서 어떻게 대응해야 할지 모르겠다.

ばんぜん【万全】만전 ¶万全を期して再度綿密に点検した 만전을 기해서 다시 면밀하게 점검했다. / 警察はテロに対して万全の策を講じるべきだ 경찰은 테러에 대해서 만전의 대책을 강구해야 한다. / 試合に備えて体調を万全にしておかなければならない 경기에 대비해서 컨디션에 만전을 기해야 한다.

はんそう【帆走】범주 ◇帆走する 범주하다 ¶沖合をヨットが帆走するのを眺めていた 앞바다를 요트가 범주하는 것을 보고 있었다.

ばんそう【伴奏】반주 ◇伴奏する 반주하다 ¶彼女のピアノの伴奏に合わせて歌った 그녀의 피아노 반주에 맞추어서 노래를 불렀다. / 無伴奏のバイオリン曲 무반주의 바이올린 곡 関連 伴奏者 반주자

ばんそうこう【絆創膏】반창고 ¶ばんそうこうを傷に貼る 반창고를 상처에 붙이다

はんそく【反則】반칙 ¶彼はこの試合ですでに2回反則を犯している 그는 이 경기에서 벌써 두 번 반칙을 했다. / 彼女は反則で退場となった 그녀는 반칙으로 퇴장했다. / 彼は反則負けとなった 그는 반칙패가 되었다. 関連 反則金 반칙금

はんそで【半袖】반소매 ¶彼女は白い半袖のブラウスを着て出かけた 그녀는 흰 반소매 블라우스를 입고 나갔다.

パンダ 판다

ハンター 사냥꾼 ¶ハンターたちは熊を追跡して仕留めた 사냥꾼은 곰을 추적해서 쏘아죽였다.

# はんたい【反対】❶〔逆の関係にある〕반대
◇反対の 반대의 ◇反対に 반대로

基本表現
▶先生の意見は私とは反対だ
　선생님의 의견은 저와는 반대다.
▶「古い」の反対は「新しい」だ
　'낡다'의 반대는 '새롭다'이다.
▶見かけとは反対に彼は小心者だ
　보기와는 다르게 그는 소심하다.
▶郵便局は駅の反対側にある
　우체국은 역 반대쪽에 있다.

¶今彼女が言っていることは、きのう言ったこととは反対だ 지금 그녀가 말한 것은 어제 말한 것과는 반대다. / その子は靴を左右反対にはいていた 그 아이는 구두를 좌우 반대로 신고 있었다.
¶反対のページを見てください 반대쪽 페이지를 보세요.

会話 反対の方向
A：サングラスをかけた男が通りませんでしたか
B：反対の方向に行きましたよ
A：선글라스를 쓴 남자가 지나가지 않았습니까？
B：반대 방향으로 갔습니다.

❷〔逆らうこと, 抵抗〕반대 ◇反対する 반대하다
¶彼は娘の留学に反対した 그는 딸의 유학에 반대했다. / 妻は何事にも私に反対する 아내는 뭐든지 나에게 반대한다. / 私は暴力に大反対です 나는 폭력에는 절대 반대입니다. / 決を取ってみたら賛成10, 反対15だった 가부를 물어 보니 찬성 10, 반대 15였다.
¶議員の多くが政府の政策に反対した 의원의 대다수가 정부의 정책에 반대했다. / 野党の反対を押し切って法案は可決された 야당의 반대를 물리치고 법안은 가결되었다.
¶その計画は強い反対にあい、中止になった 그 계획은 강한 반대에 부딪혀 취소되었다. 関連 反対意見 반대 의견 / 反対運動 반대 운동 / 反対

側 반대쪽, 반대편 / 反対語 반대어 / 反対者 반대자 / 反対尋問 반대 심문 / 反対勢力 반대 세력 / 反対提案 반대 제안 / 反対投票 반대 투표

**はんたいせい【反体制】** 반체제 ¶反体制運動 반체제 운동 / 反体制作家 반체제 작가 / 反体制派 반체제파

**パンタグラフ** 팬터그래프 ¶パンタグラフの故障で電車が停車した 팬터그래프의 고장으로 전철이 정차했다.

**バンタムきゅう【バンタム級】** 밴텀급 ¶バンタム級の選手 밴텀급 선수

**はんだん【判断】**판단〔決定〕결정 ◇判断する 판단하다〔決정하다〕결정하다

◆【判断が・判断は】

¶彼の話が本当かどうか判断がつかない 그의 이야기가 정말인지 아닌지 판단이 서지 않는다. / あの時彼女の取った判断は正しかった 그때 그녀가 취한 판단은 옳았다.

◆【判断に】

¶この件は君の判断に任せるよ 이 건은 네 판단에 맡기겠어. / 結論が出ないようなら彼の判断に従うことにしよう 결론이 나지 않는다면 그의 판단에 따르기로 하자.

◆【判断を・判断で】

¶こういうたいへんな事態にこそ正しい判断を下さなくてはいけない こういう事態이런 큰 사태일수록 바른 판단을 내려야 된다. / 医者が判断を誤れば患者の命取りになることもある 의사가 판단을 잘못 하면 환자의 생명이 위험할 수도 있다.

¶私の判断では、彼は本当のことを言っている 내 판단으로는 그는 사실을 말하고 있다.

◆【判断する】

¶どうするかは自分で判断しなさい 어떻게 할 것인지는 자기가 판단해. / 人を外見だけで判断するのは間違っている 사람을 외견만으로 판단하는 것은 잘못이다. / 身に着けているものから判断すると彼女はとても裕福な人のようだ 입은 옷으로 판단하자면 그녀는 아주 유복한 사람인 것 같다. / 彼は何も言わなかったが、それは拒否のしるしと判断した 그는 아무것도 말하지 않았지만 그것은 거부의 표시로 판단됐다. 関連 姓名判断 성명 판단

**ばんち【番地】** 번지 ¶彼は西区の中町13番地に住んでいる 그는 니시구 나카마치 13번지에 살고 있다. / 63ビルはヨイド〔汝矣島〕の何番地にありますか 63빌딩은 여의도의 몇 번지에 있습니까?

**パンチ** 펀치 ¶鼻にパンチを食わらす 코에 펀치를 먹이다 / 彼は3ラウンドに顔面にパンチを受けてノックアウトされた 그는 3라운드에 안면 펀치를 맞고 녹아웃 당했다.

¶彼の演説はパンチに欠けていた〔パンチがきいていた〕그의 연설은 「짜릿함이 결여되어 있었다〔짜릿했다〕.

**パンツ**〔下着〕팬티〔►男性用・女性用両方をさす〕〔ズボン〕바지 ¶息子はパンツ1枚で家の中をかけ回った 아들은 팬티 하나만 입고 온 집 안을 뛰어다녔다. 関連 海水パンツ 수영복〔水泳服〕

**ばんづけ【番付】** 순위표〔順位表〕¶彼の名前が長者番付に載っていた 그의 이름이 부자 순위표에 올라 있었다. / 相撲の番付 스모의 순위표

**ハンデ** 핸디캡〔障害〕장애 ¶ハンデをつける 핸디캡을 매기다 / 身体的なハンデを乗り越え彼は弁護士になった 신체적인 장애를 뛰어넘고 그는 변호사가 되었다.

**はんてい【判定】**판정 ◇判定する 판정하다

¶審判の判定を巡って試合は一時中断した 심판의 판정을 둘러싸고 시합은 일시 중단됐다. / 選手は審判の判定に従わなくてはならない 선수는 심판의 판정에 따라야 한다. / その建物は規律に違反していると判定された 그 건물은 규준을 위반하고 있다고 판정되었다. / 柔道の試合で彼は相手に判定勝ち〔負け〕した 유도 경기에서 그는 상대에게 판정승〔판정패〕했다. 関連 判定基準 판정 기준 / 写真判定 사진 판정

**パンティー** 팬티〔►韓国では男性用パンツもパンティーという〕 関連 パンティーストッキング 팬티스타킹

**はんてん【斑点】** 반점, 얼룩점 ¶赤ん坊のお尻にじんましんのような斑点がいくつも出ていた 아기의 엉덩이에 두드러기 같은 반점이 많이 났다. / その鳥は薄い青に緑の斑点のある卵を産む 그 새는 엷은 파랑에 녹색 반점이 있는 알을 낳는다.

**バント**〔野球〕번트 ◇バントする 번트하다

¶彼はバントの名手だ 그는 번트의 명수다. / 送りバントで走者を2塁に進めた 보내기 번트로 주자를 2루로 보냈다. / 彼はセーフティーバントを見事に決めた 그는 세이프티 번트를 훌륭하게 해냈다. 関連 犠牲バント 희생 번트

**バンド**〔ベルト〕허리띠, 벨트〔楽団, 楽隊〕악단, 악대 ¶バンドを締める 밴드를 조이다 / ゴムバンドで髪を束ねる 고무 밴드로 머리를 묶다 / 腕時計のバンド 손목시계의 밴드

¶彼はジャズバンドのドラマーとして活躍している 그는 재즈밴드 드러머로서 활약하고 있다. / バンドマスター 밴드 마스터, 악단장 / バンドマン 악단원, 악사 / ブックバンド 북밴드 / ヘアーバンド 헤어밴드

**はんドア【半ドア】** ¶後ろのドアが半ドアになっている 뒷문이 완전히 닫혀 있지 않다.

**はんとう【半島】** 반도 ¶今年の夏は伊豆半島の別荘で過ごすつもりだ 올해 여름에는 이즈 반도의 별장에서 보낼 예정이다. 関連 朝鮮半島 조선 반도〔►韓国では 한반도「韓半島」という〕

**はんどう【反動】** 반동〔反作用〕반작용 ◇反動的だ 반동적이다 ¶バスが動き出すときの反動でよろめく乗客がいた 버스가 출발할 때의 반동으로 휘청거리는 승객이 있었다. / 彼は猛烈に受験勉強の反動で入学してからはまったく勉強していない 그는 혹독한 입시 공부의 반동으로 입학해서는 전혀 공부를 안 하고 있다. / 極右反動勢力が台頭する 극우 반동 세력이 대두하다 / ほとんどない銃 반동이 거의 없는 총 関連 反動主義者 반동주의자

**はんどうたい【半導体】** 반도체 関連 半導体素子 반도체 소자

**バンドエイド**〔商標〕밴드에이드, 일회용 반창고〔반소코〕반창고 ¶指の傷口にバンドエイドを貼った 상처 난 손가락에 반창고를 붙였

**はんどく【判読】** 판독 ◇判読する 판독하다
¶古墳から出土した刀剣に書かれた文字を判読する 고분에서 출토된 도검에 쓰인 문자를 판독하다 / 暗号を判読する 암호를 판독하다

**はんとし【半年】** 반년 ¶米の栽培は種まきから収穫までおよそ半年かかる 쌀을 재배하는 데는 파종에서 수확까지 거의 반년이 걸린다. / 半年ごとに作業報告書を書く 반년마다 작업 보고서를 쓴다

**ハンドバッグ** 핸드백 ¶わに皮のハンドバッグ 악어 가죽의 핸드백

**ハンドブック** 핸드북〔便覧〕편람 ¶園芸ハンドブック 원예 핸드북

**ハンドボール** 핸드볼 ¶ハンドボールをする 핸드볼을 하다

**パントマイム** 팬터마임, 무언극(無言劇) ¶パントマイムをする 팬터마임을 하다 / パントマイム俳優 팬터마임 배우

**ハンドル** 〔自動車の〕핸들, 운전대〔自転車の〕핸들〔取っ手, 柄〕손잡이 ¶凍結した道路で車がスリップしてハンドルを取られた 동결된 도로에서 차가 미끄러져 핸들을 놓쳤다. / 突然前方に犬が飛び出したので彼女はとっさにハンドルを右〔左〕に切った 갑자기 앞에 개가 튀어나와서 그녀는 순간적으로 핸들을 오른쪽〔왼쪽〕으로 꺾었다. / 車のハンドルを握りながら居眠りするのは極めて危険だ 차 핸들을 쥔 채로 조는 것은 아주 위험하다. / ハンドルを握ってもう20年になります 핸들을 잡은 지도 벌써 20년이 됩니다. / ハンドルを右〔左〕に回す 핸들을 오른쪽〔왼쪽〕으로 돌리다 / 右〔左〕ハンドル車 오른쪽〔왼쪽〕 핸들차

**はんにち【反日】** 반일(↔친일) ¶反日感情が生まれる背景 반일 감정이 생기는 배경 関連 反日キャンペーン 반일 캠페인 / 反日教育 반일 교육 / 反日主義 반일주의 / 反日デモ 반일 데모〔시위〕

**はんにち【半日】** 반날, 반일, 한나절 ¶きのうは休日だったので半日寝ていた 어제는 휴일이어서 한나절 잤다. / その程度の仕事は半日でできる 그 정도의 일은 한나절이면 할 수 있다.

**はんにん【犯人】** 범인〔犯罪者〕범죄자, 범죄인〔容疑者〕용의자, 피의자〔被疑者〕, 혐의자〔嫌疑者〕¶警察はようやく犯人を特定した 경찰은 드디어 범인을 지목했다. / 警察は逃亡中の犯人を逮捕しようと全力をあげた 경찰은 도망중인 범인을 체포하려고 전력을 다했다. / 窓ガラスを割った犯人はだれだ 창유리를 깬 범인은 누구야? 関連 強盗犯 강도범 / 殺人犯 살인범 / 窃盗犯 절도범 / 放火犯 방화범 / 誘拐犯 유괴범

**ばんにん【万人】** 만인, 모든 사람 ¶この本は万人向きである 이 책은 모든 사람이 좋아한다.

**ばんにん【番人】** 〔見張り人〕파수꾼〔管理人〕관리인〔警備員〕경비원 ¶入り口に番人を置く 입구에 경비원을 두다

**はんね【半値】** 반값 ¶定価の半値で売る 정가의 반값으로 팔다 / 彼は友人から中古の電子辞書を半値で買った 그는 친구한테 중고 전자 사전을 반값으로 샀다.

**ばんねん【晩年】** 만년 ¶この絵は彼の晩年の作品だ 이 그림은 그의 만년의 작품이다.

**はんのう【反応】** 반응 ◇反応する 반응하다 ¶その液体は強いアルカリ反応を示した 그 액체는 강한 알칼리 반응이 나타났다. / 検査の結果ツベルクリン反応は陽性だった 검사 결과 투베르쿨린 반응 양성이다. / 酸は金属に反応する 산은 금속에 반응한다. / 彼女は気を失ってしまい, ほおをたたいてみたが何の反応もなかった 그녀가 기절해서 볼을 때려 보았지만 아무런 반응도 없었다. / 移植手術直後に患者の体は拒絶反応を示した 이식 수술 직후에 환자의 몸은 거부 반응을 일으켰다.
¶市当局は市民の要望に対して何の反応も示さなかった 시 당국은 시민의 요청에 대해서 아무런 반응도 하지 않았다. / 生徒は教師の態度に敏感に反応する 학생은 교사의 태도에 민감하게 반응한다.

**ばんのう【万能】** 만능 ¶科学は万能ではない 과학이 만능은 아니다. / 彼はスポーツ万能なのでクラスの女の子にもてる 그는 스포츠 만능이라서 반 여자 아이들에게 인기가 있다. / 万能の神 만능의 신 関連 万能選手 만능 선수 / 万能薬 만병통치약

**はんぱ【半端】** ◇半端な〔中途半端な〕어중간한 ◇半端に 어중간하게〔端数〕단수, 우수리, 〘数〙끝수〔切れ端, 残り〕끄트러기, 자투리 ¶彼は法律について半端な知識しかない 그는 법률에 관해서 어중간한 지식밖에 없다. / 何事も半端にするな 뭐든지 어중간하게 하지 마.
¶計算して半端な数字は切り捨てなさい 계산해서 끝수는 버려라. / 半端な布地でぞうきんを作る 자투리 천으로 행주를 만들다 関連 半端者 반편이, 멍청이

**バンパー** 범퍼 ¶車が衝突してバンパーがひどくへこんだ 차가 충돌해서 범퍼가 심하게 찌그러졌다.

**ハンバーガー** 햄버거 関連 ハンバーガーショップ 햄버거 숍 / ハンバーガーチェーン 햄버거 체인

**ハンバーグ** 햄버그스테이크 ¶ハンバーグを作れるかい 햄버그스테이크를 만들 수 있어? / 彼女はハンバーグを焼いている 그녀는 햄버그스테이크를 굽고 있다.

**はんばい【販売】** 판매 ◇販売する 판매하다, 팔다 ¶ドラッグストアでは薬のほかに化粧品や日用品も販売している 약국에서는 약 이외에 화장품과 일용품도 판매하고 있다. / この型のパソコンはもう販売されていません 이 모델의 컴퓨터는 이제 판매되고 있지 않습니다.
¶酒やたばこは未成年には販売が禁止されている 술과 담배는 미성년자에게 판매가 금지되어 있다. / その製品は去年販売が中止になった 그 제품은 작년에 판매가 중지됐다.
¶私は時々通信販売で物を買います 나는 가끔 통신 판매에서 물건을 삽니다. / その写真集は予約販売のみとなっています 그 화보집은 예약 판매만 하고 있습니다. / 新製品の販売計画は変更になった 신제품의 판매 계획은 변경되었다. 関連 販売員 판매원 / 販売価格 판매 가격 / 販売戦略 판매 전략 / 販売代理店 판매 대리점 / 販売促進

**ばんぱく** 판매 촉진 / **販売店** 판매점 / **販売部** 판매부 / **販売網** 판매망 / **委託販売** 위탁 판매 / **自動販売機** 자동 판매기, 자판기 / **値引販売** 할인 판매

**ばんぱく【万博】** 엑스포, 만국 박람회 ¶愛知万博は2005年に開かれた 아이치 엑스포는 2005년에 열렸다. / 上海万博は2010年に開かれる 상하이 엑스포는 2010년에 열린다.

**はんぱつ【反発】** 반발 〔反抗〕반항 ◇**反発する** 반발하다 〔株価が持ち直す〕반등하다 ¶彼らの人種的偏見には強い反発を覚える 그들의 인종적 편견에는 강한 반발을 느낀다. / 彼女の提案は激しい反発を招いた 그녀의 제안은 심한 반발을 불러일으켰다. / 磁石の同じ極同士は反発し合う 자석의 같은 극끼리는 서로 반발한다. / 東京証券取引所は前日の史上最安値から反発した 도쿄 증권거래소는 어제 사상 최저치에서 반등했다. 関連 **反発力** 반발력

**はんはん【半々】** 반반 ◇**半々に** 반반으로〔半分ずつ〕반반씩 ¶砂糖ときな粉を半々に混ぜる 설탕과 콩가루를 반반으로 섞다 / 利益を半々に分ける 이익을 반반으로 나누다

**ぱんぱん** ◇**ぱんぱんだ**〔はちきれそうな〕땡땡하다, 빵빵하다 ¶彼は食い意地が張っているのでいつもお腹がぱんぱんになるまで食べる 그는 먹을 것에는 욕심이 많기 때문에 항상 배가 땡땡할 때까지 먹는다. / ぱんぱんと手を打って拝む 짝짝하고 손을 치고 절한다.

**はんびらき【半開き】** ◇**半開きの** 반쯤 열린 ¶ドアが半開きになっていた 문이 반쯤 열려 있었다.

**はんぴれい【反比例】** 반비례 ¶米の値段は収穫量に反比例する 쌀 가격은 수확량에 반비례한다.

**はんぷ【頒布】** 반포〔配布〕배포 ◇**頒布する** 반포하다〔配布する〕배포하다 ¶タウン誌を無料で頒布する 타운지를 무료로 배포하다

**はんぷく【反復】** 반복 ◇**反復する** 반복하다, 되풀이하다, 거듭하다 ¶韓国語の単語を反復して覚える 한국어 단어를 반복해서 외우다 / 講師は受講生たちに韓国語の発音を反復練習するように言った 강사는 수강생들에게 한국어 발음을 반복 연습하도록 했다. 関連 **反復記号**《音楽》반복 기호

**パンプス** 펌프스 ¶彼女はパンプスをはいて出かけた 그녀는 펌프스를 신고 나갔다.

**ばんぶつ【万物】** 만물 ¶万物は流転する 만물은 유전하다 / 人間は万物の霊長である 인간은 만물의 영장이다.

**パンフレット** 팜플릿〔小冊子〕소책자〔ちらし〕전단 ¶旅行代理店で海外旅行のパンフレットをもらってきた 여행사에서 해외 여행의 팜플릿을 받아 왔다. / リサイクルに関するパンフレットを発行する 재활용에 관한 팜플릿을 발행하다

**はんぶん【半分】** ❶〔2分の1〕반, 절반 ¶10の半分は5です 10의 절반은 5입니다. / この冷蔵庫は値段は高いが電気代は半分しかかからない 이 냉장고는 비싸지만 전기료는 절반밖에 안 든다. / 外にあったバケツに半分くらい雨水がたまっていた 밖에 있던 양동이에 절반 정도의 빗물이 담겨 있었다. / 焼酎のボトルは半分空になっていた 소주병은 절반 정도 비어 있었다. / 僕は姉のたった半分の貯金しかない 나의 저금은 누나의 겨우 절반밖에 없다. / 彼は人生の半分を外国で過ごした 그는 인생의 절반을 외국에서 보냈다.

¶ケーキを切って弟と半分にした 케이크를 잘라서 동생과 절반으로 하다. / 半分に切る 반으로 자르다 / 半分に減らす 반으로 줄이다 / 半分にしてください 반으로 해 주세요. / 半分ずつ分けて食べる 절반씩 나누어 먹다

❷〔半ば〕반쯤, 반 ¶やっと仕事が半分まで終わった 겨우 일이 반만 끝났다. / あの映画おもしろくなかったから半分も見ないうちに出てきちゃった 그 영화 재미없어서 반도 안 보고 나와 버렸다. / 眠くて眠くて授業中も半分眠っているようなものだった 너무 졸려서 수업 중 반은 잔 거나 마찬가지였다.

**はんべつ【判別】** 판별 ◇**判別する** 판별하다 ¶真偽を判別する 진위를 판별하다

**ハンマー**〔金づち〕해머, 쇠망치〔ハンマー投げの〕해머 ¶ハンマーで釘を板に打ち込んだ 해머로 못을 판자에 박았다.
¶ハンマー投げ 해머던지기, 투해머 / ハンマー投げの選手 해머던지기 선수

**はんめい【判明】** 판명 ◇**判明する** 판명되다
¶火事の原因が判明した 화재의 원인이 판명되었다. / 市長選挙の投票結果はあす判明される 시장 선거의 투표 결과는 내일 판명된다. / そのうわさは真実であることが判明した 그 소문은 진실이라는 것이 판명되었다. / 被害者の身元がようやく判明した 피해자의 신원이 드디어 판명되었다.

**ばんめし【晩飯】** 저녁밥 ⇨**夕食**

**はんめん【反面】** 반면, 한편 ¶彼女は気が強い反面, 涙もろいところがある 그녀는 기가 센 반면 눈물이 많은 면이 있다. 関連 **反面教師** 반면 교사, 나쁜 본보기

**はんめん【半面】** 반면〔一方の面〕일면〔もう片方の面〕다른 면 ¶あなたはいつも物事の半面しか見ていない 당신은 항상 모든 것을 일면밖에 보지 않는다. / 彼の言ったことは半面の真理しかない 그가 말한 것은 일면의 진리에 불과하다

**はんもく【反目】** 반목 ◇**反目する** 반목하다
¶与野党間の反目を解消しようと試みる 여야당간의 반목을 해소하려고 시도하다 / 両家は反目し合っている 양가는 서로 반목하고 있다.

**ハンモック** 해먹

**ばんゆういんりょく【万有引力】** 만유인력

**はんら【半裸】** 반라, 반나체 ¶林の中で半裸の死体が発見された 숲 속에서 반라의 시체가 발견되었다.

**はんらん【反乱】** 반란 ¶軍部は政府に対して反乱を起こした 군부는 정부에 대해 반란을 일으켰다. / きょうのニュースによるとある国で大統領に対する反乱が起こったそうだ 오늘 뉴스에 의하면 그 나라에서 대통령에 대한 반란이 일어났다고 한다. / 軍隊が出動して反乱を鎮圧した 군대가 출동해서 반란을 진압했다. 関連 **反乱軍** 반란군

**はんらん【氾濫】** 범람〔洪水〕홍수 ◇**氾濫する** 범람하다 ¶川の氾濫から村を守るために堤防が築かれた 강의 범람으로부터 마을을 지키기 위해

서 제방이 지어졌다. / 豪雨で川が氾濫して村全体が水に浸った 호우로 강이 범람해서 마을 전체가 침수되었다.
¶外国の有名ブランド製品が氾濫している 외국 유명 브랜드 상품이 범람하고 있다. / 人気タレント同士の交際の話題を取り上げた記事が女性雑誌に氾濫していた 인기 연예인간의 교제를 화제로 삼은 기사가 여성 잡지에 범람했다.

**はんりょ【伴侶】**〔仲間, 連れ〕반려, 반려자 〔相手〕동반자 〔夫婦〕부부, 내외 ¶人生の伴侶を得る 인생의 반려자를 얻다 / 最近では人間にとって犬は単なるペットではなく大切な人生の伴侶になっている 최근에 인간에게 있어서 개는 단순한 애완동물이 아닌 소중한 인생의 동반자가 됐다. / 生涯の伴侶 생애[평생]의 동반자

**はんれい【凡例】**범례, 일러두기

**はんろ【販路】**판로 ¶自社製品の販路を拡大するために各地に営業所を設けた 자사 제품 판로를 확대하기 위해서 각지에 영업소를 설치했다. / 販路を開拓する 판로를 개척하다

**はんろん【反論】**반론〔反対〕반대〔異議〕이의 ◇反論する 반론하다 ¶政府の税制改革案にはいろいろの反論がある 정부의 세금 제도 개혁안에는 여러 가지 반론이 있다. / 彼の議論は根拠が曖昧なので容易に反論できる 그의 논의는 근거가 애매해서 쉽게 반론할 수 있다.

# ひ

**ひ【日】❶**〔太陽〕해, 태양〔日光〕햇빛, 햇별 ⇒日差し

<u>기본표현</u>
▶日が昇った[沈んだ] 해가 떴다[졌다].
▶この部屋はよく日が当たる[あまり当たらない] 이 방은 햇별이 잘 든다[별로 들지 않는다].
▶植木鉢を日の当たる[当たらない]所に置いてください 화분을 햇별이 드는[안 드는] 곳에 놔 주세요.
▶雲間から日が差し始めた 구름 사이로 해가 비치기 시작했다.
▶4時になり日が傾きかけている 네 시가 되자 해가 기울고 있다.

◆【日が】
¶山頂に着いた時まだ日が高かった 산꼭대기에 도착했을 때는 아직 해가 높았다. / 日がかげって急に寒くなった 날이 저물어 갑자기 추워졌다.

◆【日を】
¶カーテンを開けて日を入れた 커튼을 열고 햇별이 들어오게 했다. / 強い日を遮るためにブラインドを取り付けた 강한 햇별을 차단하기 위해서 블라인드를 달았다.

◆【日に】
¶冬はできるだけ日に当たりましょう 겨울에는 가능한 한 햇별을 쬐도록 합시다. / 皮膚はあまり日に当てないほうがよい 피부는 햇별에 많이 안 쬐는 것이 좋다. / 夏はいつも海で日に焼けることにしている 여름에는 항상 바다에서 살갗을 검게 태우고 있다.

❷〔昼間〕낮, 해 ¶日が長く[短く]なってきた 해가 길어졌다[짧아졌다]. / 冬は日が暮れるのが早い 겨울에는 해가 빨리 저문다. / 日が暮れる前に家に帰らなくてはならない 해가 저물기 전에 집에 가야겠다.

❸〔1日〕하루, 날 ¶たいしたこともしないで日が過ぎてしまった 별로 한 것도 없이 하루가 지나가 버렸다. / ぐずぐずしているうちに日がどんどんたった 꾸물꾸물하고 있는 사이에 날이 빨리 지나갔다. / 郵便は日に何度配達されますか 우편은 하루에 몇 번 배달됩니까?
¶休みの日はだいたい昼まで寝ている 쉬는 날에는 대개 낮까지 잔다. / 雨の日は外出したくない 비 오는 날에는 외출하고 싶지 않다. / 来る日も来る日も病気との闘いだった 언제까지나 투병을 해야 했다. / 日一日と事態は悪化している 나날이 사태가 악화되고 있다. / 日に日に暖かくなってきた 날마다 따뜻해졌다.

❹〔日数〕날수, 일수 ¶締め切りまで日がない 마감날까지 며칠 안 남았다. / 日がたつにつれてだんだん不安になってきた 날이 갈수록 점점 불안해졌다. / この事業を始めてからまだ日が浅い 이 사업을 시작한 지 얼마 안 됐다. / 日を追ってお知らせします 며칠 후에 알려 드리겠습니다.

❺〔特定的な日〕날, 날짜 ¶雨天のため体育祭の日を延ばさなければならなかった 비가 와서 체육 대회 날짜를 미뤄야 했다. / 彼女に紹介された日をいまでも覚えている 그녀를 소개받은 날은 아직까지도 기억하고 있다. / きょうは何の日だか知っていますか 오늘은 무슨 날인지 알아요? / 日を改めてやり直しをすることにした 새로 날짜를 잡아 다시 하기로 했다.

❻〔時期, 時代〕날, 시절 ¶これは父の若き日の写真です 이것은 아버지의 젊은 시절 사진입니다. / 私たちはいつまでも過ぎた日の思い出にふけっていた 우리는 언제까지나 지난 날의 추억에 빠져 있었다. / 遠からず環境にやさしいエネルギーを利用できる日が来るだろう 머지않아 친환경적인[환경 친화적인] 에너지를 이용할 수 있는 날이 올 것이다. <u>관용구</u> きょうは日が悪い 오늘은 일진이 나쁘다. / あいつは日の当たる場所ばかり歩いてきた 그 녀석은 사람들의 관심을 많이 받으며 살아왔다.

**ひ【比】**비〔割合〕비율 ¶うちのクラスの男子と女子の比は4対3だ 우리 반 남자 아이와 여자 아이의 비율은 4 대 3이다.
¶私などは彼の比ではない 나 따위는 그 사람과 비교가 안 된다. / 弟の部屋の汚さはとても僕の部屋の比ではなかった 동생 방은 내 방보다 훨씬 더 러웠다.

## ひ【火】

❶ 〔炎や熱〕불 〔炎〕불꽃, 불길

**使い分け** 불, 불꽃, 불길
- 불　一般に「火, 火事」や「灯り」を意味する。
- 불꽃　「花火」。火花のこともいうが, ふつう불똥を用いる。小さな炎をさすこともある。
- 불길　(大きく燃え上がった)炎

**基本表現**
- ▶まきに火がついた 장작에 불이 붙었다.
- ▶彼はマッチで新聞紙に火をつけた
  그는 성냥으로 신문지에 불을 붙였다.
- ▶彼はたばこに火をつけた
  그는 담배에 불을 붙였다.
- ▶暖炉の火が燃えていた
  난롯불이 타고 있었다.
- ▶ガスコンロの火を消してちょうだい
  가스 불 좀 꺼 줘.

◆火を

¶ちょっと(たばこの)火を貸して 잠깐 불 좀 빌려 줘. / 彼は木をこすり合わせて火を起こした 그는 나무를 비벼서 불을 피웠다. / その男は小屋に火を放った 그 남자는 오두막집에 불을 질렀다. / カレーに火を通した(→温めた) 카레라이스를 데웠다. / が沸騰したらガスの火を少し弱めておいてね 물이 펄펄 끓거든 가스불을 조금 줄여 둬.

¶その火山は30年ぶりに火を噴いた 그 화산은 30년 만에 불길을 뿜었다. / 銃がいっせいに火を噴いた 총이 일제히 발사되었다.

◆火に

¶彼女は彼からの手紙をすべて火にくべた 그녀는 그한테서 온 편지를 모두 불에 태웠다. / 火にまきをくべるのを手伝って 불에 장작을 지피는 것 좀 도와줘. / ぬれた服を着替えて火に当たりなさい 젖은 옷을 갈아입고 불 좀 쬐어라. / やかんを火にかけた 주전자를 불에 올렸다. / その木造住宅はあっという間に火に包まれた 그 목조 주택은 눈 깜짝할 사이에 불길에 휩싸였다.

◆その他

¶風が入ってきてろうそくの火が消えた 바람이 들어와서 촛불이 꺼졌다. / 卵は野菜よりも早く火が通る 달걀은 야채보다 빨리 익는다. / このフライは火がよく通っていない 이 튀김은 잘 튀겨지지 않았다. / 魚の干物を火であぶってちょうだい 생선 건어물을 불에 구워 줘. / フライパンを火から下ろしてくれる? 프라이팬을 불에서 내려 줄래?

❷ 〔火事〕불, 화재(火災) ¶火は彼女の部屋から出た 불은 그녀의 방에서 났다. / 火の勢いが強まった〔衰えた〕불기운이 강해졌다〔약해졌다〕. / 火は1時間後に完全に消えた 불은 한 시간 후에 완전히 꺼졌다. / 消防士たちは火を消し止めるのに苦労した 소방대원들은 불을 끄느라 고생했다. / 消防車が現場に到着したときにはすでに建物全体に火が回っていた 소방차가 현장에 도착했을 때는 이미 건물 전체에 불이 번져 있었다. / 火の用心 불조심 【慣用句】ロッテの打線が火を噴いた 롯데 타선에 불이 붙었다. / 恥ずかしさで顔から火が出る思いだった 부끄러워서 얼굴이 홍당무가 되는 것 같았다. / ミンスの挑戦的な態度が私の闘争心に火をつけた 민수의 도전적인 태도가 내 투쟁심에 불을 붙였다. / 数年前に火がついた韓国ブームも今やすっかり冷めてしまった 몇 년 전에 불이 붙은 한국 붐도 이제 완전히 식었다. / 赤ん坊は大きな犬を見て火がついたように泣き出した 아기는 큰 개를 보고 자지러지게 울기 시작했다. / 温泉街はすっかりさびれてしまい火が消えたような寂しさだった 온천 거리는 완전히 한적해져서 빈 동네처럼 쓸쓸했다. / 火のないところに煙は立たない 아니 땐 굴뚝에 연기 나랴. / 無理なことは火を見るより明らかだ 무리라는 것은 불을 보듯 뻔하다. / それよりこれが火に油を注ぐようなものだ 그것은 오히려 불에다 기름을 붓는 것과 같다. / 出会いがしらに人とぶつかって目から火が出た 나가는 순간에 사람과 부딪혀 눈에서 불이 번쩍였다. / 君のためならたとえ火の中水の中だ 자네를 위해서라면 불속이든 물속이든 가리지 않겠다. / 今そこへ行ったら飛んで火に入る夏の虫だ 지금 거기 가는 건 스스로 위험에 뛰어드는 격이다.

## ひ【灯】
등불, 불 ¶ビルの屋上から見た夜の街の灯は実に美しかった 빌딩 옥상에서 본 밤 거리의 등불은 정말로 아름다웠다.

## ひ【妃】
비 ¶皇太子妃 황태자비 ⇨妃殿下

## ひ【非】
〔過ち〕잘못 ¶頑固な彼はどうしても自分の非を認めようとしようとしない 고집이 센 그는 도무지 자기의 잘못을 인정하려고 하지 않았다. 【慣用句】彼女の演技は非の打ちどころがなかった 그녀의 연기는 나무랄 데가 없었다.

## ひ【碑】
비석 〔記念碑〕기념비 〔墓碑〕묘비 ¶この村出身の有名作家の生誕100年を記念して碑が建てられた 이 마을 출신 유명 작가의 탄생 100년을 기념해서 기념비가 세워졌다.

## ひ【緋】
주홍색(朱紅色), 진홍색(真紅色) ¶会場には式典用に緋のじゅうたんが敷き詰められていた 회장에는 식전용의 주홍색 융단이 전면에 깔려 있었다.

## -ひ【費】
-비 〔費用〕비용 ¶子供が大きくなるにつれて教育費がかさんでいる 아이가 자라면서 교육비가 늘고 있다. / 生活費 생활비 / 旅費 여비

## び【美】
미, 아름다움 ¶自然の美 자연의 아름다움 / 天然の美 천연의 미 / 美意識の欠如した人たちには彼の芸術はどうしても理解できなかった 미의식이 결여된 사람들한테는 그의 예술은 도무지 이해할 수 없었다.

## び【微】
미 〔微細〕미세 【慣用句】微に入り細を穿つような説明を聞いても彼には結局わからなかった 아주 세세한 설명을 들어도 그는 결국 이해하지 못했다.

## ひあい【悲哀】
비애 ¶40歳を過ぎてリストラで解雇され初めて彼は人生の悲哀を味わうことになった 마흔 살 넘어 「인원 삭감〔구조 조정〕」으로 해고당해 처음으로 그는 인생의 비애를 맛보게 되었다.

## ひあがる【干上がる】
바싹 마르다 ¶長期にわたる干ばつのせいで田んぼがすっかり干上がってしまった 장기간에 걸친 가뭄으로 논이 완전히 바싹 말라 버렸다. 【慣用句】あごが干上がる(→生計を失

う)살길이 막히다

**ピアス** 피어싱 ¶ピアスをするのが若い人たちの間ではやっている 피어싱을 하는 것이 젊은이들 사이에서 유행하고 있다.

**ひあそび【火遊び】** 불장난 ¶昨夜近所で起きた火事は子供の火遊びが原因らしい 어젯밤 근처에서 일어난 화재는 아이들의 불장난이 원인인가 보다. / もう火遊び(→情事)はこりごりだと彼は言っていた 이제 불장난은 지긋지긋하다고 그는 말하고 있었다.

**ひあたり【日当たり】** ◇日当たりがよい 양지바르다 ¶もっと日当たりのよい部屋に引っ越したい 좀 더 양지바른 방으로 이사가고 싶다. / うちの庭は日当たりがよいので洗濯物がすぐ乾く 우리 집 정원은 햇볕이 잘 들어서 빨래가 금방 마른다.

**ピアニスト** 피아니스트 ¶彼女は楽団の専属ピアニストだ 그는 악단 전속 피아니스트다.

**ピアノ** 피아노 ¶ピアノを弾く 피아노를 치다 / 彼女はピアノで彼の伴奏をした 그녀는 그의 노래에 맞춰 피아노 반주를 했다. / 彼女は小学生の時からピアノを習っているのでさすがに上手だ 그녀는 초등학생 때부터 피아노를 배워서 역시 잘 친다. / 彼女はアンコールに応えてベートーベンのピアノソナタ「月光」を演奏した 그녀는 앙콜에 답하여 베토벤의 피아노 소나타 '월광'을 연주했다. ピアノ独奏 피아노 독주 [数え方] ピアノ1台 피아노 한 대 [関連] スタンドピアノ 업라이트 피아노 / グランドピアノ 그랜드 피아노

**ヒアリング** 〔聞き取り〕듣기 ¶週に一度英語のヒアリングのテストがある 매 주말에 한 번 영어 듣기 시험이 있다. / 私はヒアリングの力はあまりない 나는 듣기는 잘 못한다.

**ピーアール【PR】** 피아르 ◇ピーアールする 피아르하다 〔広報〕홍보하다 ¶主催者のピーアール不足のせいで、多くの市民はそのイベントがいつどこで開催されるのか知らなかった 주최 측의 홍보 부족으로 많은 시민들이 그 이벤트가 언제 어디서 개최되는지 몰랐다. / 政府は行政改革について広くピーアールした 정부는 행정개혁에 대해 널리 홍보했다. / わが社では新製品を新聞やテレビで大々的にピーアールしている 우리 회사에서는 신제품을 신문이나 텔레비전에서 대대적으로 홍보하고 있다.

**ビーエス【BS】** 〔衛星放送〕위성 방송

**ビーエスイー【BSE】** 〔狂牛病〕광우병(▶発音は 광우뼝)

**ひいおじいさん【曾お祖父さん】** 증조할아버지

**ひいおばあさん【曾お祖母さん】** 증조할머니

**ビーカー** 비커

**ひいき【贔屓】** 〔常連〕단골 ◇ひいきする 특히 좋아하다, 편애하다. / ひいきの店 단골집 / ひいきの飲み屋 단골 술집 / ひいきの野球チームはどこですか 특히 좋아하는 야구 팀은 어디입니까? / 私はあの歌手をひいきにしている 나는 그 가수를 좋아한다. / 彼は下の息子より上の息子をひいきしている 그는 차남보다 장남을 편애하고 있다. / 彼女はだれもひいきすることなくケーキを子供たちに等しく分けた 그녀는 어느 누구 편애하는 일 없이 케이크를 아이들에게 공평하게 나누었다. / 毎度ごひいきありがとうございます 항상 사랑해 주셔서 감사합니다. [慣用句] 自分の部下がかわいいのはわかるけど君はひいきの引き倒しだよ 자기 부하가 사랑스러운 것은 알겠지만 편애가 지나쳐 오히려 해가 된다. / どうひいき目に見てもうちの娘は美人とは言えない 아무리 후하게 봐도 우리 딸은 미인이라고는 할 수 없어. [関連] ひいき客〔店の常連客·得意客〕단골, 단골손님 〔芸人などの後援者〕후원자, 파트롱 〔ファン〕팬

**ピーク** 〔頂点〕피크, 정점 〔やま〕고비 ¶この通りは朝晩のピーク時には交通渋滞が起きる 이 거리는 아침 저녁으로 피크 때에는 교통 정체가 생긴다. / 帰省ラッシュは きょうピークを迎える見込みです 귀성 행렬은 오늘 정점을 이룰 것으로 보입니다. / 朝のラッシュアワーのピークは7時30分ごろです 아침 러시아워의 피크는 일곱 시 30분경입니다. / ピークに達する 정점에 달하다

¶暑さもピークを越した 더위도 한 고비 넘었다.

**ビーズ** 비즈 ¶ビーズの首飾りをした少女 비즈 목걸이를 한 소녀 / ビーズの財布 비즈 지갑 / ビーズ細工 비즈 세공

**ヒーター** 히터, 스토브, 난로(暖炉) ¶彼はヒーターをつけっぱなしのまま出かけた 그는 히터를 켜 둔 채로 외출했다. / 石油[ガス, 電気]ファンヒーター 석유[가스, 전기] 히터

**ビーだま【ビー玉】** 유리 구슬 ¶子どものころはよくビー玉をした 어릴 적에는 자주 구슬치기를 했다.

**ビーチ** 〔浜辺〕물가, 바닷가, 해변(海辺) [関連] ビーチウェア 비치웨어, 해변복 / ビーチサンダル 비치 샌들 / ビーチパラソル 비치 파라솔 / ビーチバレー 비치 발리볼 / ビーチボール 비치볼

**ピーティーエー【PTA】** 피티에이 〔父母会〕학부모회 〔学父母会〕¶母はピーティーエーの活動に熱心だ 어머니는 학부모회 활동에 열심이다. / ピーティーエーの会合 피티에이 모임 / ピーティーエー会長 학부모회 회장

**ひいては【延いては】** 더 나아가서는 ¶この試合の勝敗はチームの、ひいては学校全体の名誉がかかっている 이 경기의 승패에는 팀의, 더 나아가서는 학교 전체의 명예가 걸려 있다.

**ひいでる【秀でる】** 뛰어나다, 빼어나다 ◇秀でた 〔優れた〕뛰어난, 빼어난 ¶彼女はどのスポーツにも秀でている 그녀는 어느 스포츠에도 뛰어나다. / 成績が秀でる 성적이 뛰어나다. / 秀でた腕前 뛰어난 솜씨

**ビート** 〔拍子〕비트, 박자 〔ばた足〕비트, 물장구 〔甜菜〕사탕무 ¶ビートの効いた音楽 비트가 [리듬감이] 강한 음악 / ビート板を使ってばた足の練習をする 비트판을 사용해 물장구 치는 연습을 하다 / ビートを栽培する 사탕무를 재배하다

**ビーナス** 비너스, 베누스 ¶パリのルーブル美術館でミロのビーナスを鑑賞した 파리의 루브르 미술관에서 밀러의 비너스를 감상했다.

**ピーナッツ** 땅콩 ¶朝食にピーナッツバターを塗ったパンを2枚食べた 아침 식사로 땅콩 버터를 바른 빵을 두 개 먹었다.

**ビーバー** 비버, 해리(海狸)

**ぴいぴい** [口笛を] 휙휙 [小鳥が] 짹짹 ◇ぴいぴいする [金がなくて苦しい] 쪼들리다 ¶表でだれかが口笛をぴいぴい鳴らしていた 밖에서 누가 휘파람을 휙휙 불고 있었다. / 木の上で小鳥がぴいぴい鳴いている 나무 위에서 작은 새가 짹짹 울고 있다. / 彼は学生時代はいつもぴいぴいしていた 그는 학생 때에는 항상 돈이 없어 쪼들렸다.

**ビーフ** 비프 [牛肉] 쇠고기, 소고기 ¶夕食はビーフシチューにしましょうか、ポークシチューにしましょうか 저녁 식사는 비프 스튜로 할까요, 포크 스튜로 할까요?

**ピーマン** 피망

**ひいらぎ** 【柊】 호랑가시나무

**ビール** 맥주 ¶彼は風呂上がりにビールを1杯一気に飲み干した 그는 목욕하고 나서 맥주 한 잔을 단숨에 들이켰다. / ビールを1杯おごるよ 맥주 한 잔 살게. / 30歳を超えたころからビール腹になった 서른 살 넘으면서 술배가 나왔다.
¶気の抜けたビール 김 빠진 맥주 / ビール工場 맥주 공장 / ビール瓶 맥주 병 / 数え方 ビール1本[杯] 맥주 한 병[잔] 関連 缶ビール 캔 맥주 / 生ビール 생맥주

**ビールス** 바이러스 ⇨ウイルス

**ヒーロー** 히어로 [英雄] 영웅 [男性の主人公] 남자 주인공 ¶この物語のヒーローは子供たちの間で大人気だ 이 이야기의 주인공은 아이들 사이에서 대단한 인기이다. / ヒーローインタビュー 수훈 선수 인터뷰 ⇨ヒロイン

**ひえいせい** 【非衛生】 ◇非衛生的だ 비위생적이다 ¶その食堂の調理場はとても非衛生的な状態だった 그 식당의 주방은 매우 비위생적인 상태였다. ⇨衛生, 不潔

**ひえこむ** 【冷え込む】 몹시 추워지다 ¶けさはひどく冷え込んで辺り一面に霜が降りていた 오늘 아침에는 몹시 추워서 주변 일대에 서리가 내려 있었다.

**ひえしょう** 【冷え性】 냉증, 냉병(冷病) ¶彼女は冷え性なので夏でも薄着はしない 그녀는 냉병이 있어서 여름에도 옷을 얇게 입지 않는다.

**ひえびえ** 【冷え冷え】 ◇冷え冷えとする 냉랭하다, 썰렁하다 ¶夜遅く帰宅すると火の気のない部屋は冷え冷えとしていた 밤 늦게 귀가하니 온기 없는 방은 썰렁했다. / 大げんかをして以来、二人の間は冷え冷えとしてしまった 크게 싸우고 난 이후로 두 사람 사이는 서먹서먹해졌다.

**ヒエラルキー** 【階級制度】 히에라르키 ¶社会的[官僚的]ヒエラルキー 사회적[관료적] 히에라르키

**ひえる** 【冷える】 [気温が] 차가워지다, 추워지다 [食べ物などが] 식다 [愛情などが] 식다 ¶今夜は冷えますね 오늘 밤은 춥네요.
¶ビールがよく冷えている 맥주가 「아주 차갑다[딱 좋게 시원하다]. / 冷えたビールが飲みたい 시원한 맥주가 마시고 싶다. / 冷蔵庫のメロンはもう冷えてるかな? 냉장고에 넣어 둔 멜론은 이제 시원해졌을까? / ご飯が冷える 밥이 식어 버리다 / 冷えたスープ 식은 국 / 体のしんまで冷えてしまった 뼛속까지 차갑다.
¶私たちの仲は冷えてしまった 우리 사이는 식어

**ピエロ** 【道化(役)】 피에로, 어릿광대 ¶ピエロ役を演じる 피에로 역을 하다

**びえん** 【鼻炎】 비염 関連 アレルギー性鼻炎 알레르기성 비염

**ビオラ** 비올라 ¶彼はオーケストラでビオラを弾いている 그는 오케스트라에서 비올라를 연주하고 있다. / ビオラ奏者 비올라 연주자

**びか** 【美化】 ◇美化する 미화하다 [清潔する] 청소하다 [理想化する] 이상화하다 ¶戦争を美化してはならないと父は口癖のように言っていた 전쟁을 미화시켜서는 안 된다고 아버지는 입버릇처럼 말씀하셨다. / 学校で校内美化キャンペーンをやっている 학교에서 교내 미화 캠페인을 하고 있다.

**ひがい** 【被害】 피해 [損失] 손실 ¶この地方は台風で大きな被害をこうむった 이 지방은 태풍으로 큰 피해를 입었다. / 私の家は津波で被害を受けた 우리 집은 쓰나미로 피해를 입었다. / その会社は詐欺に引っかかってかなりの被害を受けた 그 회사는 사기를 당해 상당한 피해를 입었다. / この湾の真珠は赤潮の被害を免れた 이 만의 진주는 적조의 피해를 모면했다.
¶地震による被害は新潟県がもっとも大きかった 지진에 의한 피해는 니이가타현이 가장 컸다. / 被害はどの程度でしたか 피해는 어느 정도였습니까? 関連 被害額 피해액 / 被害者 피해자 / 被害者意識 피해자 의식 / 被害地 피해지 / 被害妄想 피해망상

**ひかえ** 【控え】 [予備] 예비 [待機] 대기 [写し] 사본(写本) ¶万一に備えて控えを取っておく 만일을 위해 사본을 떠 두다 / うちのチームにはいい控え選手がたくさんいる 우리 팀에는 좋은 후보 선수가 많이 있다. 関連 控え室 대기실 (待機室)

**ひかえめ** 【控え目】 ◇控え目だ 조심스럽다, 얌전하다 ◇控え目に 조심스레 [少な目に] 적게 ¶彼はとても控え目な人だ 그는 매우 조심스러운 사람이다. / 彼女の控え目なところが好きだ 그녀의 얌전한 데가 좋다. / 彼は僕に万事控え目にするようにと忠告した 그는 나에게 매사에 조심조심 행동하라고 충고했다. / 彼女はそのことを控え目に私に話した 그녀는 그 일을 조심스레 나에게 이야기했다.
¶控え目に言っても君は先生に対して失礼だったよ 아무리 좋게 말하려고 해도 자네는 선생님한테 무례했어. / 彼女は多少誇張して言うから多少控え目に聞いたほうがよい 그녀는 다소 과장해서 말하니까 좀 걸러서 [에누리해서] 듣는 것이 좋다. / 控え目に見積もっても車の修理に30万円はかかるだろう 적게 잡아도 자동차 수리에 30만 엔은 들겠지.
¶この料理は塩分控え目だ 이 요리는 소금을 적게 썼다.

**ひがえり** 【日帰り】 당일치기 ¶バスで日光へ日帰り旅行した 버스로 닛코까지 당일치기로 여행을 다녀 왔다. / 札幌に日帰りの出張をしてきた 삿포로에 당일치기 출장을 갔다 왔다.

**ひかえる** 【控える】 ❶ [つつしむ] 삼가다, 삼가다 ¶彼は酒もたばこも控えた 그는 술도 담배도

삼가했다. / 君はその件について発言を控えたほうがいいよ 자네는 그 건에 대해서 발언을 좀 삼가는 게 좋아. / 私の話が終わるまで質問は控えてほしい 내 이야기가 끝날 때까지 질문은 삼가해 줬으면 좋겠다. / 彼の意見を聞くまで判断を控えた 그의 의견을 들을 때까지 판단을 보류했다.
❷〔書き留める〕적다, 메모하다 ¶彼女の住所と電話番号を聞いて手帳に控えた 그녀의 주소와 전화번호를 물어 수첩에 적었다.
❸〔待つ〕기다리다 〔予定する〕예정되다〔目前にする〕앞두다 ¶たくさんのお客が次の間に控えていた 많은 손님들이 객실에서 기다리고 있었다. / この秋には大きな仕事が控えている 올가을에는 큰일을 앞두고 있다.
¶うちの学校は後ろに山を控えている 우리 학교 뒤에는 산이 있다. / 彼の背後には財界の大物が控えている 그 사람의 뒤에는 재계의 거물이 버티고 있다.
¶キョンヒは結婚式を明後日に控えて幸せそうだ 모레 결혼식을 앞두고 있는 경희는 행복해 보인다. / 韓国への出発は1週間後に控えてたいへん忙しい 한국에 가는 날이 일 주일 후로 다가와서 매우 바쁘다.

ひかがく【非科学】◆非科学的だ 비과학적이다
¶彼の話は非科学的だ 그의 이야기는 비과학적이다. / 彼は占いやまじないのような非科学的なものはぜったい信じない 그는 점이나 주문같이 비과학적인 것은 절대로 안 믿는다.

**ひかく**【比較】비교 ◇比較する 비교하다
◇比較的 비교적 ¶サンギの作品と私のとでは比較になりません 내 작품은 상기 것과는 비교가 안 됩니다. / 彼女はその2枚の写真を注意深く比較してみた 그녀는 그 두 장의 사진을 주의 깊게 비교해 보았다. / この数学の問題は比較的やさしい 이 수학 문제는 비교적 쉽다.
¶両親はいつも僕と兄を比較する 부모님은 항상 나와 형을 비교하신다. / 3つの辞書を比較してみた 세 개의 사전을 비교해 봤다. / 彼のコンピュータと比較すると私のはデータの処理速度が遅い 그의 컴퓨터와 비교하면 내 것은 데이터 처리 속도가 느리다. / この絵は比較するものがないくらいすばらしい 이 그림은 다른 것과 비교가 안 될 정도로 훌륭하다. 関連 比較級《文法》비교급 / 比較研究 비교 연구 / 比較言語学 비교 언어학 / 比較文学 비교 문학

ひかく【皮革】피혁 ¶皮革製品 피혁 제품
ひかく【非核】 関連 非核化 비핵화 / 非核三原則 비핵 삼원칙 / 非核地帯 비핵 지대
びがく【美学】미학 関連 美学者 미학자
ひかげ【日陰】그늘, 응달 ¶日陰で休む 그늘에서 쉬다
ひかげん【火加減】불기, 불조절, 화기(火気)
¶魚を焼くときは火加減に注意しなさい 생선을 구울 때는 불기운에 주의해라. / そのつまみでガスレンジの火加減が調整できる 그 꼭지로 가스렌지의 불을 조절할 수 있다.
ひがさ【日傘】양산〔パラソル〕파라솔 ¶日差しがとても強かったので母は日傘をさして外出した 햇살이 너무 강해서 어머니는 양산을 쓰고 외출하셨다.

다.
**ひがし**【東】동, 동쪽 ◇東に 동쪽에 ◇東へ 동쪽으로 ◇東側 동쪽
◆〈東は〉
¶東はどちらですか 동쪽은 어느 쪽입니까? / 東はこの地図では向かって右だ 동쪽은 이 지도상에서는 오른쪽이다.
◆〈東に・東へ〉
¶駅から1キロ東に行ったところにある 역은 우리 집에서 동쪽으로 1킬로 간 곳에 있다. / 町の東には工場がたくさんある 시의 동쪽에는 공장이 많이 있다. / 別館は本館の東にある 별관은 본관 동쪽에 있다.
¶彼らは東へ旅立った 그들은 동쪽으로 떠났다. / その川は東へ流れている 그 강은 동쪽으로 흐르고 있다.
◆〈東から〉
¶太陽は東から昇る 태양은 동쪽에서 뜬다. / 風向きが東から西に変わった 바람의 방향이 동쪽에서 서쪽으로 바뀌었다.
◆〈その他〉
¶千葉は東京の東です 지바는 도쿄의 동쪽입니다. / 東の空にきらきら光る星が見えた 동쪽 하늘에 반짝반짝 빛나는 별이 보였다. / 東風が吹いている 동풍이 불고 있다. / その部屋は東向きです 그 방은 동향입니다. / 構内の東側からお入りください 구내에는 동문으로 들어오세요. 関連 東アジア 동아시아 / 東海岸 동해안 / 東半球 동반구

ひかぜい【非課税】비과세〔免税〕면세 関連 非課税所得 비과세 소득 / 非課税品 비과세품
ひがた【干潟】갯벌, 간석지
ぴかぴか 번쩍번쩍, 반짝반짝 ¶2年前に買ったうちの車はいまもぴかぴかだ 2년 전에 산 우리 차는 아직도 번쩍거린다〔새 차 같다〕. / 彼女はぴかぴかの靴をはいていた 그녀는 반짝거리는 구두를 신고 있었다. / 靴をぴかぴかに磨く 구두를 반짝반짝 빛나게 닦았다. / ぴかぴか光る 반짝반짝 빛나다
ひがみ【僻み】〔ひねくれた考え〕옥생각, 비뚤어진 근성〔嫉妬, ねたみ〕질투, 샘, 시새움, 시샘
¶彼女はすごくひがみっぽいから付き合いにくいよ 그녀는 잘 삐져서 사귀기가 힘들어. / ひがみ根性 비뚤어진 성격
ひがむ【僻む】〔ゆがむ, ひねくれる〕비뚤어지다〔ねたむ〕시새우다, 샘을 부리다 ¶彼は何事にもひがんだ考え方をしているけど根はいい男なんだ 그는 뭐든지 비뚤어지게 생각하지만 천성은 착한 남자야. / 彼がもてるからってそんなにひがむなよ 그가 인기가 많다고 해서 그렇게 시샘하지 마.
ひからびる【干涸びる】바싹 마르다, 메마르다 ¶暑さ続きで田んぼが干からびてしまった 더위가 계속되어서 논이 바싹 말라 버렸다. / 日々の生活苦のせいで彼女の感性はすっかり干からびてしまった 나날의 생활고에 그녀의 감성은 완전히 메말라 버렸다.

**ひかり**【光】❶〔光明〕빛〔日光〕햇빛, 햇살〔明かり〕불〔光線〕광선〔輝き, つや〕빛, 윤 ¶光は音よりも速く伝わる 빛은 소리보다 빨리 전달된다. / 鏡は光を反射する 거울은 빛을

반사한다. / 日の光がしだいに弱まり涼しくなってきた 햇빛이 점점 약해져 시원해졌다. / 彼はカーテンを引いて光をさえぎった 그는 커튼을 쳐서 햇빛을 차단했다. / ほたるはぼうっとした光を放つ 반딧불이 희미하게 빛을 낸다. / ブラインドの間から一条の光が差し込んでいた 블라인드 사이로 한 줄기 햇살이 들어왔다. / 薄暗い部屋でろうそくの光がぼんやりした陰を投げかけていた 어둑한 방에서 촛불이 희미한 그림자를 드리우고 있다. / 灯台の光が海上を照らした 등대 불이 바다를 비췄다.

¶月の光 달빛 / 星の光 별빛 / 稲妻の光 번갯불 / サーチライトの光 탐조등 빛 / スポットライトの光 스포트라이트 빛 / ダイヤモンドの光 다이아몬드 빛 / 真珠の光 진주 빛

❷〔希望〕빛, 서광(曙光), 희망 ¶この新薬はがん治療に光を投じるだろう 이 신약은 암 치료에 희망을 부어 넣을 것이다. / その知らせは彼の心に光をもたらした 그 소식은 그의 마음에 희망의 빛을 가져다 주었다. / 彼は私たちの希望の光だ 그는 우리들의 한줄기 희망이다.

❸〔視力〕시력 慣用句 私は事故で光を失った(→視力を失う) 나는 사고로 시력을 잃었다. 関連 光通信 광통신 / 光ディスク 광디스크 / 光ファイバー 광섬유

**ぴかり** ◇ぴかりと 번쩍, 반짝 ¶暗い空に稲妻がぴかりと光ったとたんに雷が鳴った 어두운 하늘에 번개가 번쩍하자마자 천둥이 쳤다.

**ひかる【光る】** ❶〔光を放つ〕빛나다, 반짝이다, 번쩍이다 ¶木の葉が朝露にぬれて光っている 나뭇잎이 아침 이슬에 젖어 빛나고 있다. / 雷が鳴って稲妻が空に光った 천둥이 치고 번개가 하늘에 번쩍했다. / 夜空にはたくさんの星が光っている 밤 하늘에는 많은 별이 반짝이고 있다. / 窓ガラスについた霜が朝日を浴びてきらきらと光っている 창문에 내린 서리가 아침 햇살을 받고 반짝반짝 빛나고 있다. / 外灯の明かりで水たまりが光っていた 가로등 빛에 웅덩이가 빛나고 있었다. / 選手の額には汗が光っていた 선수의 이마에는 땀이 빛나고 있었다. / 少女の目には涙が光っていた 소녀의 눈에는 눈물이 반짝이고 있었다. / ジャケットの肘がてかてかに光っている 재킷의 팔꿈치가 반들반들 광이 났다.

❷〔非常にすぐれている〕빛나다, 뛰어나다 ¶彼は若手の音楽家の中でも光っている 그는 젊은 음악가 중에서도 뛰어나다.

❸〔見張る〕감시하다 ¶彼の周囲には24時間警察の目が光っていた 그의 주위에서는 24시간 경찰이 감시하고 있었다. / 公務員の不正には常に目を光らせるべきだ 공무원의 부정에는 항상 감시를 해야 한다.

**ひかん【悲観】** 비관 ◆悲観する 비관하다〔落胆する〕낙심하다 ◇悲観的だ 비관적이다 ¶何もそんなに悲観的になることはないよ 뭐 그렇게 비관적이 되지 않아도 돼. / 彼は就職に失敗した前途を悲観して自殺した 그는 취직에 실패해 앞날을 비관해 자살했다. 関連 悲観論 비관론 / 悲観論者 비관론자

**ひがん【彼岸】**〔春分〕춘분〔秋分〕추분 ¶毎年お彼岸には家族そろって墓参りに出かける 매년 춘분과 추분에는 가족 모두 모여 성묘하러 간다.

¶春[秋]の彼岸 춘분[추분] 慣用句 暑さ寒さも彼岸まで 더위도 추분 무렵이면 물러가고 추위도 춘분 무렵이면 풀린다. 関連 彼岸花 석산

**ひがん【悲願】** 비원 ¶日本シリーズでの優勝という彼らの悲願はついに達成された 일본 시리즈 우승이라고 하는 그들의 숙원은 드디어 달성되었다.

**びかん【美観】** 미관 ¶あちこちに立てられたけばけばしい看板が街の美観を損ねている 여기저기에 세워진 요란한 간판이 거리의 미관을 망치고 있다.

**ひきあい【引き合い】**〔照会〕조회〔問い合わせ〕문의 ¶彼はよくある例を引き合いに出してそのことを説明した 그는 흔한 예를 들어 그 일을 설명했다. / 新聞に新商品の広告が出ると、さっそく何件か引き合いがあった 신문에 신제품 광고가 나자 즉시 몇 건의 문의가 있었다.

**ひきあう【引き合う】** 서로 끌어당기다, 맞당기다〔割に合う〕수지가 맞다 ¶両チームは力いっぱい綱を引き合った 양 팀이 힘껏 밧줄을 서로 잡아당겼다. / そんな引き合わない仕事はしたくない 그런 수지가 안 맞는 일은 하고 싶지 않다.

**ひきあげ【引き上げ】** 인상 ¶組合は会社側との労使交渉で5パーセント前後の賃金引き上げを獲得した 노조는 회사 측과의 노사 교섭에서 5퍼센트 전후의 임금 인상에 합의했다. / 沖合いの海上で沈没船の引き上げ作業が行われた 앞바다에서 침몰선 인양 작업이 이루어졌다.

**ひきあげ【引き揚げ】**〔本国に帰ること〕귀환(帰還)〔撤収〕철수 ¶イラクから多国籍軍の引き揚げが始まった 이라크에서 다국적군의 철수가 시작되었다.

**ひきあげる【引き上げる】** 끌어올리다〔高くする〕올리다, 인상하다 ¶丘の上まで建築資材を引き上げる 언덕 위까지 건축 자재를 끌어올리다 / 沈没船を引き上げる 침몰선을 끌어올리다 / 住宅ローンの利率が2パーセント引き上げられた 주택 융자 이율이 2퍼센트 인상되었다. / 年金の支給年齢を65歳に引き上げる 연금 지급 연령을 65세로 올리다

**ひきあげる【引き揚げる】**〔本国に帰る〕귀환하다〔戻る〕돌아가다〔撤収する〕철수하다 ¶終戦後多くの日本人が外地から引き揚げて来た 종전 후 많은 일본인이 외지에서 돌아왔다. / 昨夜は作業を終えて宿舎から引き揚げたのは夜の9時ごろだった ‎어젯밤에는 작업을 끝내고 현장에서 숙사로 돌아온 것이 밤 아홉 시쯤이었다. / 国連平和維持軍は今年中にこの地域から引き揚げることになっている 유엔 평화 유지군은 올해 안으로 이 지역에서 철수하기로 되어 있다.

**ひきあわせる【引き合わせる】**〔紹介する〕소개하다〔照合する〕대조하다 ¶ガールフレンドを食事に招いて両親に引き合わせた 여자 친구를 식사에 초대해서 부모님께 소개했다. / 彼は校正刷りと原稿を引き合わせて誤りを訂正した 그는 교정쇄와 원고를 대조해서 잘못된 부분을 정정했다.

**ひきいる【率いる】** 거느리다, 주도하다〔引率する〕인솔하다 ¶学生たちの抗議デモを率いているのは

だれですか 学生들의 항의 시위를 主導하고 있는 것은 누구입니까? / 生徒たちを率いて遠足に行く 학생들을 인솔하여 소풍을 가다 / 部隊を率いる 부대를 거느리다 / 新党を率いる 신당을 거느리다

**ひきいれる【引き入れる】** 끌어들이다 ¶彼を味方に引き入れれば怖いものなしだ 그를 우리 편으로 끌어들이면 아무것도 무서울 게 없다.

**ひきうける【引き受ける】❶**〔仕事などを〕 맡다, 떠맡다〔受諾する〕수락하다 ¶彼はその仕事を二つ返事で引き受けた 그는 그 일을 흔쾌히 떠맡았다. / 犬を散歩に連れていくのは僕が引き受けた 개를 산책시키는 일은 내가 맡았다. / 部長の職を引き受けるには, 私はまだ経験不足です 부장직을 떠맡기에는 나는 아직 경험 부족입니다. / それは私が引き受けましょう 그것은 제가 맡겠습니다. ¶両親の世話は姉が引き受けることになった 부모님을 보살피는 일은 언니가 맡게 됐다. / その弁護士は彼女の弁護を引き受けた 그 변호사는 그녀의 변호를 떠맡았다.
**❷**〔保証する〕보증하다 ¶彼女には身元を引き受けてくれる人がいない 그녀에게는 신원을 보증해 줄 사람이 없다.

**ひきうす【碾き臼】** 맷돌 ¶ひき臼でそばをひいてそば粉にするのはとても時間がかかる 맷돌로 메밀을 갈아서 메밀 가루를 만드는 것은 시간이 많이 걸린다.

**ひきおこす【引き起こす】** 일으키다 ¶彼の不用意な言動がたいへんな騒ぎを引き起こした 그의 조심성 없는 언동이 큰 소동을 일으켰다. / 彼は道で転んだおばあさんを引き起こしてあげた 그는 길에서 넘어진 할머니를 일으켜 드렸다.

**ひきおとす【引き落とす】** 이체하다 ¶水道や電気などの公共料金は口座から毎月引き落とされる 수도와 전기 등의 공공요금은 계좌에서 매달 자동 이체된다.

**ひきかえ【引き替え・引き換え】❶**〔取り替える〕상환(相換), 교환(交換), 인환 ¶当たりくじで引き換えに景品を受け取った 당첨된 제비[복권표]로 교환으로 경품을 받았다. / 代金と引き換えに本を注文した 대금 상환으로 책을 주문했다.
**❷**〔正反対なものを比べる〕비하여 ¶昨年に引き換え今年は雨が少なかった 작년에 비하여 올해는 비가 적게 왔다. / 妹は大学入試に現役で合格したが, それに引き換え彼はことしも試験に落ちて2浪することになった 여동생은 대학 입시에 바로 합격했지만, 그는 정반대로 올해도 시험에 떨어져 삼수하게 되었다. 関連 引き換え券 상환권, 교환권

**ひきかえす【引き返す】** 되돌아가다, 되돌아오다 ¶財布をテーブルの上に忘れてきのに気づいて家に引き返した 지갑을 식탁 위에 놔 두고 온 것이 생각나 집으로 되돌아갔다.

**ひきがたり【弾き語り】** ¶彼女はコンサートでピアノの弾き語りをした 그녀는 콘서트에서 피아노를 연주하면서 노래를 불렀다.

**ひきがね【引き金】** 방아쇠〔きっかけ〕계기 ¶猟師は30メートルほど先のしかに向けてライフルの引き金を引いた 사냥꾼은 30미터 정도 앞에 있는 사슴을 향해 라이플총의 방아쇠를 당겼다. / 彼らのハンストが反体制運動の引き金になった 그들의 단식 투쟁이 반체제 운동의 계기가 되었다.

**ひきぎわ【引き際】** 물러나는 시기 ¶人間, 引き際を誤った사람은 물러나는 시기가 중요하다. / 引き際を誤る 물러나는 시기를 그르치다

**ひきこもる【引き籠もる】** 틀어박히다, 죽치다 ¶ひどい風邪で1週間家に引きこもっていた 심한 감기로 일 주일 동안 집에 틀어박혀 있었다. / 彼女はあまり社交的でないので家に引きこもりがちだ 그녀는 그다지 사교적이지 못해서 집에 자주 틀어박혀 있는 편이다. / 田舎に引きこもる 시골에 틀어박히다

**ひきさがる【引き下がる】**〔去る〕물러나다〔引っ込む〕물러서다 ¶彼はお辞儀をして社長室から引き下がった 그는 인사를 하고 사장실에서 물러났다. / そう簡単には引き下がれない 그렇게 쉽게 물러서지 못해.

**ひきさく【引き裂く】** 찢다〔仲を〕갈라놓다 ¶手紙を引き裂く 편지를 찢다 / 二人の仲を引き裂くことなどだれにもできない 두 사람 사이는 아무도 갈라놓을 수 없다.

**ひきさげ【引き下げ】** 인하 ¶電話料金の引き下げ 전화 요금 인하 / 金利の引き下げを行う 금리 인하를 실시하다

**ひきさげる【引き下げる】** 인하하다, 내리다, 낮추다 ¶経営者側は業績不振を理由に賃金を引き下げるという提案をした 회사 측은 실적 부진을 이유로 임금을 인하한다는 제안을 했다. / 選挙権を付与する年齢を引き下げれば選挙권을 부여하는 연령을 낮추다 / 円高により電気料金が引き下げられた 엔고에 의해 전기 요금이 인하됐다.

**ひきざん【引き算】** 뺄셈, 감산(減算) ¶10から5を引き算すると5になる 10에서 5를 빼면 5가 된다.

**ひきしお【引き潮】** 썰물(↔밀물)〔干潮〕간조 ¶引き潮になる 썰물이 되다

**ひきしまる【引き締まる】** 꽉 죄어지다, 탄탄하다, 단단하다〔気持ちが〕긴장되다 ¶彼は日ごろ体を鍛えているので引き締まった体つきをしている 그는 평소에 몸을 단련하고 있어서 탄탄한 몸매를 유지하고 있다. / 取れ立ての魚は身が引き締まっている 막 잡은 생선은 살이 팽팽하다. / 彼女は一段と引き締まった気持ちで入試の日を迎えた 그녀는 더욱 긴장된 마음으로 입시 날을 맞이했다. / お言葉に身の引き締まる思いです 말씀을 듣고 정신이 번쩍 들었습니다.

**ひきしめる【引き締める】** 단단히 죄다〔口元を〕꼭 다물다〔気持ちを〕마음을 다잡다, 긴장시키다〔相場などを〕긴축하다 ¶彼は口元をぐっと引き締めた 그는 입을 꼭 다물었다. / 我々は気持ちを引き締めて彼らとの交渉に臨んだ 우리들은 마음을 다잡고 그들과의 교섭에 임했다.
¶金融を引き締める 금융을 긴축하다 / 相場を引き締める 시세를 긴축하다

**ひぎしゃ【被疑者】** 피의자 ⇒容疑者

**ひきずりおろす【引き摺り下ろす】** 끌어내리다 ¶役員たちは業績不振の責任を社長一人に押し付け, 社長の座から引きずり下ろした 임원들은 실적 부

진의 책임을 사장 한 사람한테 떠넘기고 사장 자리에서 끌어내렸다.

**ひきずりこむ【引き摺り込む】**끌어들이다 ¶彼の腕を捕まえて部屋の中に引きずり込んだ 그의 팔을 붙잡아 방 안으로 끌고 들어왔다. / 彼らの悪巧みに引きずり込まれた 그들의 흉계에 억지로 가담하게 됐다.

**ひきずりだす【引き摺り出す】**끌어내다 ¶彼女はベッドの下から大きな旅行かばんを引きずり出した(→取り出した) 그녀는 침대 밑에서 큰 여행 가방을 꺼냈다.

**ひきずりまわす【引き摺り回す】**여기저기 끌고 다니다 ¶彼は田舎から来たいとこを案内して東京中を引きずり回した 그는 시골에서 온 사촌을 안내하면서 도쿄 여기저기를 끌고 다녔다.

**ひきずる【引き摺る】**질질 끌다 ¶彼は怪我した足を引きずって歩いた 그는 다친 다리를 질질 끌면서 걸었다. / 彼女の絹のガウンが床を引きずっていた 그녀의 비단 가운이 바닥에 질질 끌렸다. / 彼は悪友に引きずられて賭け事に手を出すようになった 그는 나쁜 친구한테 질질 끌려 다니다 도박에 손을 대게 되었다.

**ひきだし【引き出し】**서랍〔預金の〕인출 ¶いちばん上[下]の引き出しを開ける 맨 위[밑]의 서랍을 열다 / 書類を机の引き出しにしまった 서류를 책상 서랍에 넣었다.

¶引き出し限度額 인출 한도액

**ひきだす【引き出す】**꺼내다〔引きずり出す〕끌어내다〔預金などを〕찾다, 인출하다 ¶本棚から本を引き出す 책장에서 책을 끄집어 내다. / 真実を引き出すことに成功した 그 사람한테서 진실을 끌어내는 데 성공했다. / 取引先から好意的な回答を引き出すことができた 거래처에서 호의적인 회답을 끌어낼 수가 있었다. / 先生は生徒一人一人のよいところを引き出そうとした 선생님은 학생 한 사람 한 사람의 좋은 점을 끌어내려고 했다. / 多くのデータからこの結論が引き出された 많은 데이터에서 이 결론이 도출되었다. / 銀行でお金を引き出した 은행에서 돈을 인출했다. / 銀行口座から5万円引き出した 은행 계좌에서 5만 엔 인출했다.

**ひきたつ【引き立つ】**〔目立つ〕돋보이다〔元気になる〕기분이 좋아지다, 기운이 나다 ¶真っ白な花嫁衣裳で彼女の美しさが一段と引き立っていた 새하얀 신부 의상으로 그녀의 아름다움이 한층 더 돋보였다. / プールでひと泳ぎした後はさっぱりして気分が引き立つものだ 풀장에서 수영 한번 하고 나면 개운해서 기분이 좋아진다.

**ひきたて【引き立て】**후원, 보살핌, 돌봄, 사랑 ¶今後ともお引き立てのほどよろしくお願いいたします 앞으로도 사랑해 주시기 부탁드립니다. / 毎度お引き立てありがとうございます 항상 돌봐 주셔서 감사합니다.

¶学生時代, 彼女はいつも美人の友達の引き立て役だった 학생 시절 그녀는 언제나 예쁜 친구를 더욱 돋보이게 하는 역할이었다.

**ひきたてる【引き立てる】**〔無理に連れて行く〕끌고 가다〔目をかける〕돌보다, 보살피다〔元気づける〕북돋우다, 북돋다〔目立たせる〕돋보이게 하다 ¶すりは警察によって交番へ引き立てられて行った 경찰관은 소매치기를 파출소로 끌고 갔다. / うちの店はいつもお得意さんに引き立ててもらっている 우리 가게는 늘 단골손님이 많다. / 家族の励ましは彼の勇気を引き立ててくれた 가족의 격려가 그의 용기를 북돋우 주었다. / 赤いドレスは彼女の美しさを引き立てていた 빨간 드레스는 그녀의 아름다움을 돋보이게 했다.

**ひきちぎる【引き千切る】**〔引き裂く〕찢다 ¶ノートから1ページ引きちぎる 노트에서 한 페이지를 찢다

**ひきつぎ【引き継ぎ】**인계 ¶業務の引き継ぎをする 업무 인계를 하다

**ひきつぐ【引き継ぐ】**〔受け継ぐ〕이어받다, 물려받다, 인계받다 ¶彼は家業を父親から引き継いだ 그는 가업을 아버지로부터 물려받았다.

**ひきつける【引き付ける】**〔引き寄せる〕끌어당기다〔関心を〕끌다〔魅了する〕매혹하다, 마음을 사로잡다 ¶この磁石は引き付ける力が強い 이 자석은 끌어당기는 힘이 세다. / 彼女の美しさはまるで磁石のように男たちを引き付ける 그녀의 아름다움은 마치 자석처럼 남자들의 마음을 사로잡는다. / 彼の新しい映画は批評家たちの目を大いに引き付けた 그의 새 영화는 비평가들의 눈을 사로잡았다.

¶〔野球で〕手元に十分引き付けてからボールを打つ 공을 몸에 다 붙여놓고 때리다

**ひきつづき【引き続き】**〔絶え間なく〕계속, 계속해서〔次に〕이어서 ¶銃声は引き続き夜半まで聞こえていた 총성은 계속해서 한밤중까지 들려 왔다. / 講演の後, 引き続き質疑応答に移った 강연에 이어서 질의응답으로 들어갔다. / 山田先生は引き続き今年も担任だった 야마다 선생님은 올해에도 계속해서 담임이었다. / 悲鳴が聞こえ引き続きドスンという音がした 비명이 들리고 이어서 쿵하는 소리가 났다. / 展示会は月末まで引き続き開催中です 전시회는 월말까지 계속해서 개최되고 있다.

¶引き続き校長先生のお話があります 이어서 교장 선생님의 말씀이 있겠습니다.

**ひきつづく【引き続く】**계속하다 ; 잇다 ¶市長はもう一期引き続いて続投するだろう 시장은 다음 임기에도 계속하여 유임될 것이다. / 引き続く不況のために会社は倒産した 계속되는 불황 때문에 회사는 도산했다. / 2週間も引き続いて雪が降っている 2주일간 계속해서 눈이 내리고 있다.

¶結婚式に引き続いて披露宴が行われる 결혼식에 이어서 피로연이 열린다.

**ひきつる【引き攣る】**〔表情が〕굳어지다 ¶人前で話をしている時の彼の顔は緊張のあまり引きつっていた 사람들 앞에서 이야기하고 있는 그의 얼굴은 너무 긴장해서 굳어 있었다.

**ひきつれる【引き連れる】**데리다, 거느리다
¶休日にはよく子供たちを引き連れて遊園地に行く 휴일에는 자주 아이들을 데리고 유원지에 간다.

**ひきでもの【引き出物】**답례품(答礼品) ¶友人の結婚式の引き出物はクリスタルガラスの花瓶だった 친구의 결혼식 답례품은 크리스털 유리로 된 꽃병이었다.

**ひきとめる【引き止める】** 말리다, 붙잡다, 붙들다 ¶[客を]만류하다 ¶だれも彼が嵐の中を出て行くのを引き止められなかった 그가 폭풍 속으로 나가는 것을 아무도 말리지 못했다. / お忙しいでしょうから, これ以上お引き止めはいたしません 바쁘실 테니까 이 이상 붙잡지는 않겠습니다.

¶彼は一人娘をいつまでも手元に引き止めておきたかった 그는 외동딸을 언제까지나 곁에 두고 싶었다.

**ひきとる【引き取る】** 거두다, 인수하다〔世話をする〕돌보다〔退去する〕물러나다, 물러가다, 돌아가다 ¶古い冷蔵庫は業者の人に引き取ってもらった 낡은 냉장고는 업자가 거두어 갔다. / この忘れ物の車をだれも引き取りに来なかった 이 잊어버린 우산을 아무도 찾으러 오지 않았다. / 孤児を引き取って育てる 고아를 데려다 키우다 / もう遅いですから, どうぞお引き取りください 벌써 늦어졌으니까 부디 돌아가 주십시오.

¶息を引き取る 숨을 거두다

**ビキニ** 비키니 ¶彼女はビキニの水着を着ていた 그녀는 비키니 수영복을 입고 있었다.

**ひきにく【挽き肉】** 간 고기 ¶豚の挽き肉100グラム 돼지고기 간 것 100그램 / 牛と豚の挽き肉で夕食にハンバーグを作った 쇠고기와 돼지고기를 갈아서 저녁 식사로 햄버그를 만들었다.

**ひきにげ【轢き逃げ】** 뺑소니 ◇ひき逃げする 뺑소니를 치다 ¶ひき逃げの犯人はまだ逮捕されていない 뺑소니범은 아직 체포되지 않았다. / トラックが歩行者をひき逃げした 트럭이 보행자를 치고 도망갔다. / 彼は昨夜ひき逃げされ重傷を負った 그는 어젯밤 뺑소니를 당해 중상을 입었다. 関連 ひき逃げ事件 뺑소니 사건 / ひき逃げ犯 뺑소니 범

**ひきぬく【引き抜く】** 뽑다, 뽑아내다〔人材を〕스카우트하다 ¶ワインのコルク栓を引き抜く 와인 코르크 마개를 뽑다 / 木を根こそぎ引き抜く 나무를 뿌리채 뽑다 / 引き抜くに抜けない 못을 뽑다

¶そのNHKアナウンサーは民放に引き抜かれた 그 NHK 아나운서는 민영 방송에 뽑혀 갔다. / 彼は別のコンピュータ会社に引き抜かれた 그는 다른 컴퓨터 회사에 스카우트되었다.

**ひきのばし【引き延ばし・引き伸ばし】** 지연〔写真の〕확대 ¶野党は牛歩戦術による審議の引き延ばしをねらった 야당은 거북이 전술로 심의 지연을 노렸다. / 引き伸ばし写真 확대 사진

**ひきのばす【引き延ばす】** 〔長引かせる〕끌다, 지연시키다 ¶野党は法案の採決を引き延ばそうとした 야당은 법안 채결을 지연시키려 했다.

¶〔写真を〕확대하다 ¶韓国旅行の写真を何枚か引き伸ばしてもらった 한국 여행 때 찍은 사진 몇 장을 확대했다. / 家族全員で撮った写真を引き伸ばしてもらった 가족 전원이서 찍은 사진을 확대했다.

**ひきはなす【引き離す】** 떼어놓다〔切り離す〕갈라 놓다 ¶取っ組み合いのけんかをしている2人をなんとか引き離した 맞붙어 싸우고 있는 두 사람을 겨우 떼어놓았다. / 彼は後ろのランナーを20メートル以上も引き離した 그는 뒤를 따라오는 러너를 20미터 이상이나 떼어놓았다.

**ひきはらう【引き払う】** 정리하다, 걷어치우다, 떠나다, 퇴거하다 ¶住み慣れた東京の家を引き払い田舎に移り住んだ 오래 살아 정든 도쿄 집을 떠나 시골로 이사했다. / そのアパートを引き払って他の所に引越した ユ 아파트를 정리하고 다른 데로 이사갔다.

**ひきもきらず【引きも切らず】** 끊임없이, 연달아, 계속 ⇒引っ切りなし

**ひきょう【卑怯】** ◇ひきょうだ 비겁하다 〔卑劣だ〕비열하다 ¶彼はひきょうな手を使って勝負に勝った 그는 비겁한 방법을 써서 승부에 이겼다. / そんなふうに言うなんてひきょうだ 그런 식으로 말하다니 비겁하다. / あいつはひきょうなやつだから, 信用できない 그 녀석은 비열한 자식이니까 믿을 수 없다. / ひきょうなまねはやめろ 비겁한 짓은 그만둬. 関連 ひきょう者 비겁쟁이

**ひきょう【秘境】** 비경 ¶アマゾンの秘境を探検するアマゾン의 비경을 탐험하다

**ひきよせる【引き寄せる】** 끌어당기다 ¶暗かったのでスタンドを手元に引き寄せた 어두워서 스탠드를 바로 앞으로 끌어당겼다.

**ひきわけ【引き分け】** 무승부(無勝負), 비김 ⇒引き分ける

**ひきわける【引き分ける】** 〔競技で〕비기다 ¶試合は3対3で引き分けた 경기는 3대 3으로 비겼다. / 日本は韓国と引き分けた 일본은 한국과 비겼다.

**ひきわたす【引き渡す】** 인도하다, 넘겨주다〔配達する〕배달하다 ¶乗客に取り押さえられたすりは警察に引き渡された 승객에 붙잡힌 소매치기는 경찰에 인도되었다. / 韓国警察は逃亡犯を日本に引き渡すことに同意した 한국 경찰은 도주범을 일본에 넘겨주는 것에 동의했다.

**ひきん【卑近】** ◇卑近な〔ありふれた〕비근한 ¶彼女は卑近な例を2,3挙げてその科学理論を説明した 그녀는 비근한 예를 두세 가지 들어서 그 과학 이론을 설명했다.

**ひきんぞく【非金属】** 비금속

**ひく【引く】** ❶〔自分の方へ引く〕당기다, 끌어당기다, 잡아당기다〔馬車などを〕끌다〔引きずる〕끌다 ¶緊急の場合はこのレバーを引いてください 긴급할 때는 이 손잡이를 당기세요. / 彼はドアを引いて開けた[閉めた] 그는 문을 당겨서 열었다[닫았다]. / カーテンを引いて電気をつけた 커튼을 치고 불을 켰다. / あごを引いて, こちらを向いてください 턱을 당겨 이쪽을 봐 주세요. / 綱を引く 밧줄을 잡아당기다

¶皇太子の乗った馬車は4頭の馬が引いていた 황태자가 탄 마차는 네 마리의 말이 끌고 있었다. / レッカー車が故障した車を引いて行った 견인차가 고장난 차를 끌고 갔다. / 彼は廊下を重いテーブルを引いて行った 그는 복도를 무거운 테이블을 끌고 갔다. / スカートの裾を引いて歩く 치마자락을 끌고 다니다 / ジェット機が飛行機雲を引きながら青空を飛んで行った 제트기가 비행기 구름을 남기면서 파란 하늘을 날아갔다.

❷〔引いて導く〕이끌다 ¶母親は子供の手を引いて道路を渡った 어머니는 아이의 손을 이끌고 길을 건넜다.

❸〔水道・電話などを引き入れる〕설치하다(設置—) ¶新居に移るとすぐ電話を引いた 새집으로 이

# ひく

사가자마자 곧바로 전화를 가설했다. / ガスと水道はすでに全世帯に引いてある 가스와 수도는 벌써 전세대에 들어와 있다.

❹ [注意などを向けさせる] 끌다 [目立つ] 돋보이다 ¶その俳優は通行人の注意を引かないようにサングラスをかけていた 그 배우는 지나가는 사람들의 주의를 끌지 않으려고 선글라스를 쓰고 있었다. / 彼女の気を引こうと次から次へとプレゼントをした 그녀의 마음을 끌려고 연달아 선물을 주었다. / 私は彼女の美しさに引かれた 나는 그녀의 아름다움에 끌렸다. / 難民たちは人々の同情を引いた 난민들은 사람들의 동정을 유발했다.

¶彼女は背が高く美人ときているのでどこにいても人目を引いた 그녀는 키가 크고 미인이라서 어디에 가도 사람들의 눈을 끌었다.

❺ [減ずる] 빼다 [差し引く] 제하다 [割り引く] 깎다, 에누리하다 ¶10から3を引く 10에서 3을 빼다 / 10引く2は8 10 빼기 2는 8. / 給料から税金を引く 월급에서 세금을 제하다 / 毎月の給料から所得税が引かれる 매월 월급에서 소득세가 빠져나간다. / 本日は全商品2割引です 오늘은 전상품 20퍼센트 할인입니다.

❻ [線などを描く] 긋다, 그리다 ¶AからBまで直線を引いた A에서 B까지 직선을 그었다. / 下線を引いた部分を和訳せよ 밑줄 친 부분을 일본어로 번역하시오. / 編集長は不要な文章を線で引いて消した 편집장은 불필요한 문장을 선을 그어 지웠다.

❼ [辞書などを参照する] 찾다 ¶単語の意味を辞書を引いて調べる 단어의 의미를 「사전을 찾아 알아보는/사전에서 찾아보다」

❽ [なくなる] 내리다, 가시다 ; 빠지다, 써다 ¶薬を飲んだら熱が引いた 약을 먹었더니 열이 내렸다. / 痛み[はれ]が引いた 통증이[부기가] 가셨다. / 洪水がしだいに引いた 홍수가 점점 빠졌다. / 潮が引く 물이 써다[빠지다].

❾ [その他] ¶目玉焼きを作る前にフライパンに油を引いた 계란 프라이를 만들기 전에 프라이팬에 기름을 둘렀다. / 私たちは近くの川から田に水を引いている 우리는 근처 강에서 물을 끌어다 논에 대고 있다. / くじ[カード]を引いてください 제비[카드]를 뽑아 주세요. / 風邪を引く 감기가 들다 / 感冒にかかり口紅を引く 립스틱을 바르다 / 手を引く 손을 떼다 / 例を引く 예를 들다

慣用句 ここまできたら引くに引けない 여기까지 와서 물러날 수 없다. | 이제 와서 그만둘 수는 없다.

## 使い分け　引く

| | | |
|---|---|---|
| (線を)引く | 긋다 | 선을 긋다　線を引く |
| (数を)引く | 빼다 | 5에서 3을 뺀 2다. |
| | | 5から3を引くと2だ |
| 引っ張る | 끌다 | 줄을 끌다　綱を引く |
| 引き抜く | 뽑다 | 제비를 뽑다　くじを引く |
| (値段を)引く | 깎다 | 500원만 깎아 주세요. |
| | | 500ウォンだけまけてください |
| (辞書を)引く | 찾다 | 사전을 찾다　辞書を引く |
| (潮が)引く | 써다 | 물이 써다 |
| (熱が)引く | 내리다 | 열이 내리다　熱が下がる |

ひく【弾く】치다, 켜다, 타다 [演奏する] 연주하다 ¶ピアノを弾く 피아노를 치다 / ギターを弾く 기타를 치다 / カヤグムを弾く 가야금을 타다 / バイオリンを弾く 바이올린을 켜다 / 彼女はピアノが弾ける 그녀는 피아노를 칠 수 있습니까? / 楽器は全然弾けません 악기는 전혀 못 칩니다. / ピアノで『月光』を弾いてくれませんか 피아노로 "월광"을 쳐 주시겠습니까?

ひく【挽く】[すりつぶす] 갈다 [のこぎりで切る] 켜다, 자르다 ¶コーヒー豆をひいてコーヒーをいれる 커피 원두를 갈아서 커피를 타다 / この機械はとうもろこしをひいて粉にすることができる 이 기계는 옥수수를 갈아서 가루로 만들 수 있다. / 材木をのこぎりでひいて板にした 목재를 톱으로 잘라서 판자로 만들었다.

ひく【轢く】치다 ¶猫をひいてしまった 고양이를 치고 말았다. / トラックが人をひく 트럭이 사람을 치다 / 自動車にひかれる 자동차에 치이다 / 危うく車にひかれそうになった 하마터면 차에 치일 뻔했다.

**ひくい** 【低い】❶ [高さが] 낮다(↔높다) [背が] 작다(↔크다) ¶彼の家は低い山のふもとにあった 그의 집은 낮은 산기슭에 있었다. / 彼女は私より背が低い 그녀는 나보다 키가 작다. / 彼女は私より背が低い 그녀는 나보다 키가 작다. / ヘリコプターが低く飛んでいる 헬리콥터가 낮게 날고 있다.

❷ [声が] 낮다(↔높다) [小さい] 작다 ¶彼女は声が低い 그녀는 목소리가 낮다. / もっと低い声で話しましょう 좀 더 작은 소리로 이야기합시다. / テレビの音を低くしてください 텔레비전 소리를 작게 해 주세요.

❸ [数値が] 낮다(↔높다) [少ない] 적다(↔많다) ¶私の血圧は低めだ 내 혈압은 낮은 편이다. / エアコンの温度を低く設定した 에어컨 온도를 낮게 설정했다. / 日が暮れて気温が低くなってきた 날이 저물어 기온이 낮아졌다.

¶長い間低い収入で暮らしてきた 오랫동안 적은 수입으로 살아왔다.

❹ [地位が] 낮다(↔높다) ¶彼の会社での地位は低い 그는 회사에서 지위가 낮다. / 女性の社会的地位はまだ低い 여성의 사회적 지위는 아직 낮다.

❺ [能力・程度が] 낮다(↔높다) ¶こんなレベルの低い議論をしても無意味だ 이런 수준 낮은 토론을 해 봤자 소용없다. / 私の韓国語を話す能力はまだ低い 나는 한국어로 말하는 능력은 아직 잘 못한다.

ひくつ【卑屈】◇卑屈だ 비굴하다　◇卑屈に 비굴하게 ¶彼の卑屈な考え[態度]が気に食わない 그의 비굴한 사고방식이[태도가] 마음에 안 든다. / 学校の成績が悪いからといって卑屈になるな 학교 성적이 나쁘다고 해서 비굴하게 굴지 마. / 卑屈に笑う 비굴하게 웃다

ひくつく　흠칫하다 ⇒びくびく

**びくっと**　흠칫 ¶後ろから突然だれかに肩をたたかれてびくっとした 뒤에서 갑자기 누군가가 어깨를 쳐서 흠칫 놀랐다. / 夜中に電話の音でびくっとして目が覚めた 한밤중에 전화 소리에 흠칫 놀라서 잠이 깼다.

**ひくて【引く手】**〔求人〕구인 ¶うちの大学の卒業生は不況にもかかわらず引く手あまただ 우리 대학교 졸업생은 불경기임에도 불구하고 기업들이 많이 채용해 준다.

**びくとも** ◇びくともしない 꿈쩍도[꼼짝도] 않다, 까딱없다 ¶そのドアは押しても引いてもびくともしなかった 그 문은 아무리 밀고 당겨도 꿈쩍하지 않았다. / 彼は悪口を浴びせられてもびくともしなかった 그는 욕을 먹어도 꿈쩍도 하지 않았다.

**ピクニック** 피크닉, 소풍 ¶ピクニックに行く 피크닉[소풍]을 가다 / ピクニックに行くにはもってこいの天気だ 소풍 가기에는 안성맞춤인 날씨다.

**びくびく** 흠칫흠칫, 벌벌 ◇びくびくする 흠칫거리다〔怖がる〕겁내다 ¶彼らは先生にしかられないかとびくびくしていた 그들은 선생님한테 혼나지 않을까하고 벌벌 떨고 있었다. / その子は大きな犬にびくびくして家の中に入れなかった 그 아이는 큰 개를 보고 무서워서 벌벌 떨며 집 안으로 들어가지 못했다. / 彼女は吊り橋の上からびくびくしながら谷底をのぞきこんだ 그녀는 현수교 위에서 벌벌 떨면서 골짜기 밑을 내려 다보았다.

**ぴくぴく** 실룩실룩, 팔딱팔딱 ¶耳[鼻]をぴくぴくさせる 귀[코]를 실룩거리다

**ひぐま【羆】** 큰곰

**ピクルス** 피클 ¶きゅうりをピクルスにした 오이로 피클을 만들었다.

**ひぐれ【日暮れ】** 해 질 녘〔夕方〕저녁 때 ¶日暮れ前に帰るなら出かけてもいいわよ 해 지기 전에 돌아온다면 외출해도 좋다.

**ひけ【引け】** ¶彼は根性ではクラスのどの生徒にもひけを取らない 그는 인내심으로는 반에서 어느 누구한테도 뒤지지 않는다.

**ひげ【髭】** 수염〔口ひげ〕콧수염〔あごひげ〕턱수염〔ほおひげ〕구레나룻 ¶私のひげは早く伸びる 내 수염은 빨리 자란다. / 兄は最近ひげを伸ばし始めた 형은 요즘 수염을 기르기 시작했다. / 私は毎朝ひげをそる 나는 매일 아침 면도한다. / 床屋でひげをそってもらった 이발소에서 면도했다. / 彼は濃い[薄い]口ひげをはやしている 그는 진한[연한] 콧수염을 기르고 있다. / 彼のあごの不精ひげは見苦しかった 그의 턱의 더부룩수염은 보기 흉했다. / 彼は不精ひげをはやしていた 그는 더부룩수염을 기르고 있었다.

¶こいには4本ひげがある 잉어에는 수염이 네 개 있다. 関連 ひげそり［かみそり］면도칼〔電気かみそり〕전기 면도기 / ひげそり道具 면도 도구 / ひげそりローション 면도 로션 / ひげ面 털북 / ちょびひげ 조금 기른 수염 / 付けひげ 가짜 수염

**ひげ【卑下】** ◇卑下する 비하하다 ¶自分を卑下する 자기를 비하하다

**ピケ** 피케팅 ¶組合は工場にピケを張ることを決めた 노조는 공장에 피케팅하기로 결정했다.

**ひげき【悲劇】** 비극(↔희극) ◇悲劇的だ 비극적이다 ¶夫の突然の死は家族にとっては悲劇だった 남편의 갑작스런 죽음은 가족한테는 큰 비극이다. / 昨夜一家全員が焼け死ぬという悲劇的な事件が起こった 어젯밤 일가족 전원이 불에 타죽는 비극적인 사건이 일어났다.

**ひけつ【否決】** 부결 ◇否決する 부결하다 ¶増税法案は国会で否決された 증세 법안은 국회에서 부결되었다.

**ひけつ【秘訣】** 비결 ¶健康の秘訣は規則正しい生活を送ることにある 건강의 비결은 규칙적인 생활을 하는 데에 있다. ⇨こつ

**ひけめ【引け目】** 주눅, 열등감〔劣等感〕¶彼は運動神経が鈍いので体育の時間はいつもクラスのみんなに引け目を感じている 그 친구는 운동 신경이 둔해서 체육 시간에는 항상 반 친구들한테 열등감을 느낀다. / 偉い人たちの前に出るとなんとなく引け目を感じて何も言えない 높은 사람들 앞에 나서면 왠지 주눅이 들어 아무 말도 못한다.

**ひけらかす**〔見せびらかす〕과시하다 ¶彼は自分の学歴をよくひけらかす 그는 자기의 학력을 자주 과시한다.

**ひける【引ける】**〔気後れする〕기가 죽다〔終わる〕파하다 ¶なんだか引けて彼女の前ではうまくしゃべれなかった 왠지 그녀 앞에서는 기가 죽어서 말을 잘 못했다. / 会社が引けてから池袋で会おうよ 회사 끝나고 나서 이케부쿠로에서 만나자.

¶このところ相場は高値で引けていた 이 며칠간 주식 시장은 오름세로 마감됐다.

**ひげんじつ【非現実】** ◇非現実的だ 비현실적이다 ¶彼のプランはあまりに非現実的ということで取り上げられなかった 그의 계획은 너무나 비현실적이라는 이유로 채택되지 않았다.

**ひご【庇護】** 비호 ¶当時, 芸術は金持ちの庇護の下に発展した 당시 예술은 부자들의 비호 아래에서 발전했다.

**ひこう【非行】** 비행 ¶青少年の非行の増加は重大な社会問題だ 청소년 비행의 증가는 중대한 사회 문제이다. / 生徒が休み中に非行に走るケースは多い 학생이 방학 동안에 비행을 저지르는 경우가 많다. 関連 非行少年[少女] 비행 소년[소녀]

**ひこう【飛行】** 비행 ◇飛行する 비행하다 ¶1万メートルの高さを飛行中, 突然エアポケットに入った 만 미터 높이에서 비행하던 중에 갑자기 에어 포켓에 들어갔다. / 低空[無着陸]飛行をする 저공[무착륙] 비행을 하다 関連 飛行禁止地域 비행 금지 지역 / 飛行士 비행사 / 飛行時間 비행 시간 / 飛行場 비행장〔空港〕공항 / 飛行船 비행선 / 飛行隊 비행대 / 飛行艇 비행정

**びこう【尾行】** 미행 ◇尾行する 미행하다, 뒤를 밟다 ¶刑事たちはこの1週間容疑者を尾行している 형사들은 이번주 내내 용의자를 미행하고 있다. / 彼はまんまと尾行をまいた 그는 감쪽같이 미행을 따돌렸다. 関連 尾行者 미행하는 사람

**ひこうかい【非公開】** 비공개 ◇会議[裁判]は非公開で行われた 회의는[재판은] 비공개로 행해졌다. / その古墳は非公開だった 그 고분은 비공개였다. / 非公開の会議 비공개 회의 関連 非公開株 비공개 주식

**ひこうき【飛行機】** 비행기〔航空機〕항공기〔旅客機〕여객기〔飛行機の便〕항공편

## ひこうしき

[基本表現]
▷飛行機が上空を飛んで行った
　비행기가 상공을 날아갔다.
▷私たちの飛行機は午前11時に成田空港を離陸した
　우리가 탄 비행기는 오전 열한 시에 나리타 도쿄공항을 이륙했다.
▷飛行機は時間どおりに仁川空港に着陸した
　비행기는 정각에 인천 공항에 착륙했다.
▷明日飛行機で鹿児島へ行く
　내일 비행기로 가고시마에 간다.
▷飛行機に乗ったことがありますか
　비행기를 타 본 적이 있습니까?
▷飛行機が山の中に墜落した
　비행기가 산으로 추락했다.

¶出発時間が迫っていたので急いで飛行機に乗り込んだ 출발 시간이 다가와서 서둘러 비행기를 탔다. / 大統領が飛行機から降りてきた 대통령이 비행기에서 내려왔다. / 台風が近づいているため飛行機の出発は延期された 태풍이 다가와서 비행기 출발이 연기되었다. / 飛行機の中では眠ったの? 비행기 안에서는 좀 잤어? / 飛行機の搭乗券は空港のチケットカウンターでお渡しします 비행기 탑승권은 공항 티켓 카운터에서 건네 드립니다. / 飛行機事故で多くの乗客と乗員が死亡した 비행기 사고로 많은 승객과 승무원이 사망했다.

¶ソウルまでの飛行機を予約したいのですが 서울까지 가는 항공편을 예약하고 싶은데요. / 飛行機の旅はいかがでしたか 항공 여행은 어땠습니까? / 代表団は飛行機をチャーターして韓国へ出発した 대표단은 비행기를 전세내서 한국으로 출발했다. / 飛行機に酔ってしまった 비행기 멀미를 했다. [数え方]飛行機1機 비행기 한 대 [関連]飛行機雲 비행기구름, 비행기운, 비행운 / 飛行機代 비행기 요금 / 紙飛行機 종이 비행기 / 軽飛行機 경비행기 / 水上飛行機 수상 비행기 / 模型飛行機 모형 비행기

**ひこうしき**【非公式】비공식 ◇非公式的 비공식적인 ¶サミットの期間中に各国首脳は何度か非公式の会談を持った 정상 회담 기간 중에 각국 수뇌는 몇 번이나 비공식 회담을 가졌다. / 非公式の見解 비공식 견해

**ひごうほう**【非合法】비합법 ◇非合法的 비합법적인 ¶非合法活動を行う 비합법적 활동을 하다

**びこうらん**【備考欄】비고란

**ひごうり**【非合理】◇非合理的だ 비합리적이다 ¶幽霊の存在を信じるなんて非合理的だ 유령의 존재를 믿다니 비합리적이다. / 非合理的な考え 비합리적인 사고방식

**ひこく**【被告】피고(↔원고) ¶証言は被告に有利[不利]なものだった 증언은 피고인에게 유리한[불리한] 것이었다. [関連]被告席 피고인석 / 被告人 피고인 / 被告弁護人 피고 변호인

**ひごと**【日毎】날로, 날마다 ¶3月に入ると日毎に暖かくなってくる 삼월에 들어가면 날로 따뜻해진다. / 夫の死に対する彼女の悲しみは日ごとに募った 남편의 죽음에 대한 그녀의 슬픔은 날로 더해 갔다. / 彼のことを日ごと夜ごと考えている 그를 밤낮으로 생각하고 있다.

**ひごろ**【日頃】평소(平素), 일상(日常), 평상(平常) ¶彼女は日ごろから熱心に勉強するので試験になってもあわてない 그녀는 평소에 열심히 공부하기 때문에 시험 때가 되어도 당황하지 않는다. / 日ごろあまり食べない彼女はきょうは腹いっぱい夕食を食べた 평소에 별로 먹지 않는 그도 오늘은 배가 부르게 저녁을 먹었다. / 日ごろの行いが大事だ 평소의 행실이 중요하다.

## ひざ【膝】무릎

◆〖ひざが〗

¶ひざががくがくし始めた 무릎이 부들부들 떨리기 시작했다. / 怖くてまだひざが震えている 무서워서 아직 무릎이 떨리고 있다. / ひざがずきずき痛い 무릎이 욱신욱신 아프다. / 彼のズボンのひざはすり切れていた 그의 바지 무릎은 닳아서 해어져 있었다.

◆〖ひざの〗

¶猫が彼女のひざの上で寝ていた 고양이가 그녀의 무릎 위에서 자고 있었다. / 水はすでにひざの上まで来ていた 물은 벌써 무릎 위까지 와 있었다.

◆〖ひざを〗

¶疲れ果てて彼はがっくりとひざをついた 그는 너무 피곤해서 무릎을 탁 꿇었다. / 彼女はひざを抱えて床に座っていた 그녀는 무릎을 끌어안고 바닥에 앉아 있었다. / 彼は妙案を思いつき, ひざをたたいた 그는 묘안을 생각해 내고 무릎을 쳤다. / 片ひざを立てる 한쪽 무릎을 세우다 / ボールを蹴る時, あまりひざを曲げてはいけない 공을 찰 때 너무 무릎을 구부려서는 안 된다. / 彼はひざを乗り出して私の話に耳を傾けた 그는 바짝 다가앉아 내 이야기에 귀를 기울였다. / 彼女はひざを組んで座っていた 그녀는 다리를 꼬고 앉아 있었다. / どうぞひざをくずしてください 편히 앉으세요.

◆〖その他〗

¶彼女は赤ん坊をひざにのせていた 그녀는 아기를 무릎에 앉히고 있었다. / 彼はひざまで泥水につかっていた 그는 무릎까지 흙탕물에 잠겨 있었다. / ひざまでのひざまずいた買った 무릎까지 오는 부츠를 샀다. /「ひざ, どうしたんですか」「転んですりむいたんです」"무릎 어떻게 된 겁니까?" "넘어져서 까졌습니다." / 彼はその男の腹をひざで蹴った 그는 그 남자의 배를 무릎으로 찼다. [慣用句]彼らは長時間ひざを交えて話し合った 그들은 긴 시간 머리를 맞대고 이야기했다. [関連]ひざ掛け 무릎 덮개

**ビザ** 비자, 사증(► 「査証」の漢字語. 発音は 사증) ¶韓国へのビザを申請したがまだ下りない 한국 비자를 신청했지만 아직 못 받았다. / あなたのビザは切れています 비자는 기간이 끝났습니다. / ビザが切れた後も滞在する 비자가 끝난 후에도 체류한다. [関連]観光[就労]ビザ 관광[취로] 비자 / 再入国ビザ 재입국 사증 / 通過ビザ 통과 사증 / 入国[出国]ビザ 입국[출국] 사증 ⇒旅券

**ピザ** 피자 ¶昼飯はピザにしよう 점심으로 피자 먹자. [関連]ピザハウス 피자 가게

**ひさい**【被災】이재(罹災) ◇被災する 재해를 입다 ¶彼の家は台風の被災を免れた 그의 집은 태풍해를 면했다. / このビルは今年の3月の地震で被災

した 이 빌딩은 올해 삼월 지진으로 재해를 입었다. 関連 被災者 이재민(罹災民) / 被災地 재해지(災害地)

**びさい【微細】** ◇微細な 미세한, 세세한 [詳細な] 상세한 ◇微細に 미세히, 세세히, 상세히 ¶彼はその計画について微細な点にまでわたって説明した 그는 그 계획에 대해 세세한 점에 이르기까지 설명했다.

**びざい【微罪】** 미죄 ¶彼らは微罪だったのですぐに釈放された 그들은 가벼운 죄였기 때문에 금방 석방되었다.

**ひざこぞう【膝小僧】** 무릎 ¶少年は転んでひざ小僧をすりむいた 소년은 넘어져서 무릎이 깠다. / ひざ小僧の出る短いスカート 무릎이 보이는 짧은 스커트

**ひさし【庇・廂】** 차양 ¶玄関のひさしにつばめが巣を作った 현관 차양에 제비가 둥지를 만들었다. 慣用句 ひさしを貸して母屋を取られる 행랑 빌리면 안방까지 든다.

**ひざし【日差し】** 햇볕, 햇살, 햇빛 (▶햇빛은 明るさに, 햇볕은 熱に, 햇살はその用例に重きが置かれる) ¶猫は日差しを浴びながら縁側で寝そべっていた 고양이는 햇볕을 쬐면서 툇마루에 배를 깔고 누워 있었다. / このごろは日差しが強くなってきた 요즘 햇살이 강해졌다. / 強い日差しの中を歩く 강한 햇볕 속을 걷다 / 日差しがしみ込む 햇빛이 들어오다 / 日差しがまぶしい 햇빛이 눈부시다

**ひさしい【久しい】** 오래다 ◇久しく 오래, 오랫동안 ¶彼からの連絡が途絶えてひさしい 그 사람한테서 여락이 끊어진 지 오래됐다. / 彼女は大学を卒業以来, 久しく会っていない 대학을 졸업한 뒤 오랫동안 그녀를 만나지 못했다. / 久しくごぶさたいたしております 오랜 만에 뵙겠습니다.

**ひさしぶり【久し振り】** 오래간만, 오랜 만 ¶久し振りですね 오랜간만이네요. / 久し振りに会えてうれしいです 오랜만에 만나서 반갑습니다. / 彼女は久し振りに故郷に帰った 그녀는 오랜간만에 고향에 돌아갔다. / 久し振りに羽を伸ばした 오랜만에 느긋하게 보냈다. / コンサートへ行ったのは久し振りだ 콘서트에 간 것은 오랜만이다. ¶きょうは久し振りの快晴だ 오늘은 오랜만에 쾌청한 날이다. / 久し振りのごちそうだった 오래간만에 호화스러운 식사였다.

**ひざまずく【跪く】** 무릎을 꿇다 ¶彼女は本棚の前にひざまずいて本を探していた 그녀는 책장 앞에 무릎 꿇고 앉아 책을 찾고 있었다. / 彼は許しを求め, ひざまずいて神に祈った 그는 용서를 받고자 무릎을 꿇고 신에게 빌었다. / 仏前にひざまずく 불전에 무릎을 꿇다

**ひざもと【膝元・膝下】** 곁 [親元] 슬하 ¶彼女は18歳のとき親のひざ元を離れて東京で学生生活を始めた 그녀는 열여덟 살 때 부모 곁을[슬하를] 떠나 도쿄에서 학교 생활을 시작했다. / 彼は手を伸ばして新聞をひざ元に引き寄せた 그는 손을 뻗어 신문을 곁으로 끌어당겼다.

**ひさん【悲惨】** ◇悲惨だ 비참하다 ◇悲惨さ 비참성 ¶目を覆いたくなるような悲惨な光景に彼女は耐えられなかった 차마 못 볼 비참한 광경에 그녀는 견딜 수 없었다. / テロリストによる学校占拠事件はとても悲惨な出来事だった 테러리스트에 의한 학교 점거 사건은 매우 비참한 사건이었다. / 悲惨な一生を送る 비참한 일생을 보내다 / 祖父は戦争の悲惨さについてよく話した 우리 할아버지는 전쟁의 비참함에 대해 자주 얘기하셨다.

**ひじ【肘・肱】** 팔꿈치 ¶机の上に肘をつく 책상 위에 팔꿈치를 괴다 / 肘を張る 팔꿈치를 펴다 / 彼女が横から僕のわき腹を肘でつついた 그녀가 옆에서 내 옆구리를 팔꿈치로 찔렀다. / 彼らは群衆を肘で押しのけて進んで行った 그들은 군중을 팔꿈치로 밀어내면서 앞으로 나아갔다. / 肘のすり切れた上着は捨てなさい 팔꿈치가 닳은 웃옷은 버려라. / 彼は肘を枕にして昼寝をした 그는 팔을 베고 낮잠을 잤다.

**びじ【美辞】** 미사 ¶彼からの手紙には美辞麗句が連ねてあったが誠実さのかけらもなかった 그 사람한테서 온 편지는 미사여구를 늘어놓고 있었지만 조금도 성실함이 안 보였다.

**ひじかけいす【肘掛け椅子】** 팔걸이의자

**ひしがた【菱形】** 마름모, 마름모꼴 ¶次の図のひし形の面積を公式で求めなさい 다음 그림의 마름모 면적을 공식을 사용해 구하시오. / その家の周りは竹をひし形に組んだ垣根が巡らしてある 그 집 주위는 대나무를 마름모꼴로 짠 울타리로 둘러싸여 있다.

**ひしきじしゃ【非識字者】** 문맹자(文盲者)
**ひしきじりつ【非識字率】** 문맹률(文盲率)
**ひししょくぶつ【被子植物】** 피자식물(↔나자식물)

**ひじでっぽう【肘鉄砲】** 퇴짜 ¶肘鉄砲を食わせる 퇴짜를 놓다 / いやな男だったので彼女は彼に肘鉄砲を食わせた 싫은 남자여서 그녀는 그에게 퇴짜를 놓다.

**ひしと** 꼭, 꽉 ¶ひしとわが子を抱きしめた 내 아이를 꼭 안았다.

**ビジネス** 비즈니스, 사업(事業), 업무(業務) ¶昨今のビジネス状況は極めて厳しい 요즘 비즈니스 상황은 매우 심각하다. / 彼はビジネス英語に通じている 그는 비즈니스 영어에 능통하다. / 彼はビジネスライクに話をまとめるのがうまい 그는 능률적으로 이야기를 잘 정리한다. 関連 ビジネススクール 비즈니스 스쿨, 경영대학원(經營大學院) / ビジネスホテル 비즈니스 호텔 / ビジネスマン 비즈니스맨 [会社員] 회사원 [実業家] 실업가

**ひしひし** ◇ひしひしと [痛切に] 뼈저리게, 사무치게, 절실히 [間近に] 바싹 ¶病を患ってみて健康のありがたみをひしひしと感じた 병을 앓고 나니 건강의 고마움을 뼈저리게 느꼈다. / その時, 父の言葉はひしひしとこたえた 그때 아버지의 말씀은 뼈저리게 가슴에 와 닿았다. / ひしひしと迫る危険を感じて彼らはすっかりうろたえていた 바싹 다가오는 위험을 느끼고 그들은 완전히 갈팡질팡했다.

**びしびし** 엄하게, 가차없이 ¶新入社員をびしびし鍛える 신입 사원을 엄하게 훈련시키다 / 警察は交通違反はびしびし取り締まると警告した 경찰은 교통 위반은 가차없이 단속한다고 경고했다. / 竹の棒でびしびしたたく 대나무 막대로 가차

ひしめく

없이 때리다

**ひしめく【犇めく】** 북적거리다 ¶元旦の境内には初詣の参拝客がひしめいていた 설날의 신사 경내는 참배하는 사람들로 북적거렸다. / 韓流スターを一目見ようと空港にはたくさんのファンがひしめき合っていた 한류 스타를 한번 보려고 공항에는 많은 팬이 북적거리고 있었다.

**ひしゃく【柄杓】** 국자 ¶ひしゃくでたるから酒をくむ 국자로 통에서 술을 푸다

**ひしゃたい【被写体】** 피사체 ¶彼は毎日散歩をしながらいい被写体はないかといつも探している 그는 매일 산책을 하면서 좋은 피사체가 없을까 하고 언제나 찾고 있다.

**ぴしゃり** ◇ぴしゃりと 탁;철썩;딱 ¶彼はぴしゃりとドアを閉めて部屋を出て行った 그는 문을 탁 닫고 방을 나가 버렸다. / 彼女は彼の卑猥な言葉を聞くやいなや、ぴしゃりと彼の顔をたたいた 그녀는 그의 외설스러운 말을 듣자마자 그의 얼굴을 찰싹 때렸다. / 彼の不当な要求をぴしゃりとはねつけた 그의 부당한 요구를 딱 거절했다.

**ひじゅう【比重】** 비중 ¶金は銅よりも比重が大きい 금은 구리보다도 비중이 크다. / 最近は家計の中で教育費が大きな比重を占めるようになってきた 요즘은 가계에서 교육비가 큰 비중을 차지하게 되었다. / 我が校は勉強だけでなくスポーツにも比重を置いている 우리 학교는 공부뿐만 아니라 스포츠에도 비중을 두고 있다.

**びじゅつ【美術】** 미술 ¶彼には美術を見る目がある 그에게는 미술을 보는 눈이 있다. / 私の好きな学科は美術です 내가 좋아하는 학과는 미술입니다. / 美術の時間に絵を描いた 미술 시간에 그림을 그렸다. / 彼女はしばしば美術館を訪れて美術鑑賞を楽しんでいる 그녀는 자주 미술관을 방문해서 미술 감상을 즐기고 있다. 関連 美術家 미술가 / 美術学校 미술 학교 / 美術監督 미술 감독 / 美術工芸 미술 공예 / 美術品 미술품 / 美術史 미술사 / 美術商 미술상 / 美術展覧会 미술 전람회 / 美術評論家 미술 평론가 / 美術品収集家 미술품 수집가 / 近代美術 근대 미술 / 工業美術 공업 미술 / 商業美術 상업 미술 / 西洋美術 서양 미술 / 造形美術 조형 미술 / 東洋美術 동양 미술

**ひじゅん【批准】** 비준 ◇批准する 비준하다 ¶日韓自由貿易協定を批准する 일한 자유 무역 협정을 비준하다 / 批准書を交換する 비준서를 교환하다

**ひしょ【秘書】** 비서 ¶彼女は商社で社長秘書を務めている 그녀는 무역 상사에서 사장 비서를 맡고 있다. / 今度の人事異動で秘書室に配属になった 이번 인사이동에서 비서실에 배속되었다. 関連 秘書官 비서관

**ひしょ【避暑】** 피서 ¶軽井沢は避暑地として全国的に有名だ 가루이자와는 피서지로서 전국적으로 유명하다. / 芦ノ湖へ避暑に出かける 아시노호로 피서를 가다 関連 避暑客 피서객

**びじょ【美女】** 미녀 [美人] 미인 ¶楊貴妃は世界三大美女の一人として知られている 양귀비는 세계 삼대미녀 중에 한 사람으로 알려져 있다. 関連 美男美女 미남 미녀

**ひじょう【非常】** 비상 ¶非常の場合はこのボタンを押してください 비상시에는 이 버튼을 눌러 주세요. / 非常の場合の備えはできていますか 비상시 대비는 되어 있습니까? / ¶大統領は非常事態を宣言した 대통령은 비상사태를 선언했다. / 乗客は非常口から脱出した 승객들은 비상구로 탈출했다. / 電車の運転手は非常ブレーキをかけた 전철 운전사는 비상 브레이크를 밟았다. / 非常手段に訴えた 우리들은 비상수단을 썼다. 関連 非常階段 비상계단 / 非常警報 비상경보 / 非常食 비상식, 비상식량 / 非常灯 비상등 / 非常ベル 비상벨

**ひじょう【非情】** 비정한 [冷酷な] 냉혹한 ¶彼のような非情な男が涙を流すなんてとても信じられない 그 사람처럼 비정한 남자가 눈물을 흘리다니 도무지 믿을 수 없다. / 彼は勝つか負けるかの非情な世界に生きている 그는 이기느냐 지느냐의 냉혹한 세계에 살고 있다.

**びしょう【微小】** 미소 ◇微小な 미소한, 아주 작은 ¶アメーバは顕微鏡でしか見えないような微小な生物だ 아메바는 현미경으로밖에 볼 수 없는 아주 작은 생물이다.

**びしょう【微笑】** 미소 ◇微笑する 미소를 짓다, 미소하다 ¶先生は口元に微笑を浮かべながら子供たちに話しかけた 선생님은 입가에 미소를 띄우면서 아이들에게 말을 걸었다. 関連 微笑外交 미소 외교

**ひじょうきん【非常勤】** 비상근 [非常勤講師] 시간 강사(時間講師) ¶彼は大学で非常勤講師を務めている 그는 대학교에서 시간 강사로 근무하고 있다. / 彼女は非常勤で働いている 그녀는 비상근으로 일하고 있다.

**ひじょうしき【非常識】** 비상식, 몰상식(没常識) ◇非常識な 비상식적인, 몰상식한 ¶非常識極まりない話 극히 비상식적인 이야기 / 彼女の発言はあまりに非常識だったのでみんなのひんしゅくを買った 그녀의 발언은 너무 비상식적이어서 모든 사람들의 빈축을 샀다.

**ひじょうせん【非常線】** 비상선 ¶辺り一帯に警察によって非常線が張られた 주변 일대에 경찰에 의한 비상선이 쳐졌다. / 銀行強盗は非常線を突破して逃走した 은행강도는 비상선을 돌파해 도주했다.

**ひじょうな【非常な】** 대단한 [極端な] 극도의 ◇非常に 대단히, 매우, 몹시;극도로 ¶非常な関心 대단한 관심 / コンピュータグラフィックスはこの数年で非常な進歩を遂げた 컴퓨터 그래픽은 요 몇 년에 대단한 진보를 이뤘다. / コンサートは非常な成功をおさめた 콘서트는 아주 큰 성공을 이뤘다. / 徹夜で仕事をして非常な疲労感を覚えた 밤새 일을 했더니 극도의 피로감을 느꼈다.

¶試験は非常に難しかった 시험은 매우 어려웠다. / 彼女が突然訪ねてきたので非常に驚いた 그녀가 갑자기 찾아와서 몹시 놀랐다. / 私は非常に疲れていたので、それ以上歩けなかった 나는 몹시 지쳐서 더 이상 걸을 수 없었다. / 彼女は非常に能力のある人だった 그녀는 매우 능력이 있는 사람이었다. / 作品はどれも非常に技術的レベルが高かった

작품은 어느 것이나 매우 기술적 수준이 높았다. / あの先生は非常に尊敬されている 그 선생님은 매우 존경받고 있다. / 彼は非常に優秀な学生だ 그는 대단히 우수한 학생이다. / 彼の援助は私たちにとって大切に彼の援助は私たちにとって大切だ 그의 원조는 우리들에게 몹시 소중하다. / 父は非常に健康だ 아버지는 매우 건강하다. / あの子は頭が非常に良い 그 애는 머리가 아주 좋다.

**びしょく【美食】** 미식 ¶美食は必ずしも健康によいわけではない 미식이 반드시 건강에 좋다고는 할 수 없다. 関連 美食家 미식가

**びしょぬれ【びしょ濡れ】** ¶学校から帰る途中で夕立にあいびしょ濡れになった 학교에서 돌아오는 길에 소나기를 만나 흠뻑 젖었다. / ジョギング後, 運動着が汗でびしょ濡れだった 조깅 후 운동복이 땀으로 흠뻑 젖었다.

**びしょびしょ** 흠뻑 ¶びしょびしょになる 흠뻑 젖어 버리다 ⇒びしょぬれ

**ビジョン** 비전, 미래상(未来像) ¶将来のビジョンを提示する 장래의 비전을 제시하다 / 首相の施政方針はビジョンが欠けている 수상의 시정 방침에는 비전이 결여되어 있다. / 戦略的ビジョン 전략적 비전

**びじん【美人】** 미인 ¶彼は村でも美人の誉れの高い娘と結婚した 그는 마을에서도 미인으로 칭찬이 자자한 처녀와 결혼했다. / 彼女は学園祭の美人コンテストで優勝した 그녀는 학교 축제 미인 콘테스트에서 우승했다. 慣用句 美人薄命 미인박명

**ひじんどう【非人道】** ◇非人道的だ 비인도적이다 ¶彼らは囚人に対する非人道的扱いを厳しく糾弾された 그들의 죄수들에 대한 비인도적인 취급은 엄하게 규탄받았다.

**ひすい【翡翠】** 비취

**ビスケット** 비스킷 〔クッキー〕쿠키

**ヒステリー** 히스테리 ¶ヒステリーを起こす 히스테리를 일으키다 / 女の子たちはお目当てのスターがステージに登場するとヒステリー状態になった 여자들은 좋아하는 스타가 무대에 등장하자 히스테리 상태가 되었다. / ヒステリー患者 히스테리 환자

**ヒステリック** ◇ヒステリックだ 히스테릭하다 ¶彼のヒステリックな笑いはすごく不気味だった 그의 히스테릭한 웃음은 매우 으스스했다.

**ピストル** 권총(拳銃)〔銃〕총 ¶男は店員にピストルを突きつけて金を要求した 남자는 점원에게 권총을 들이대고 돈을 요구했다. / ピストルに弾を込める 권총에 탄환을 장전하다 / ピストルを撃つ 총을 쏘다 ⇒拳銃

**ピストン** 피스톤 ¶ホテルと駅の間をバスがピストン運転している 호텔과 역 사이를 버스가 쉴새없이 왕복 운행하고 있다. / 事故現場と病院の間を救急車がピストン輸送で負傷者を運んだ 사고 현장과 병원 사이를 구급차가 왔다갔다하면서 부상자를 운반했다.

**ひずみ【歪み】** 〔ゆがみ〕일그러짐, 비뚤어짐, 뒤틀림〔変形〕변형 ¶地震による建物のひずみを分析する 지진에 의한 건물의 일그러짐을 분석하다 / バブル経済のひずみはここ数年来いっこうに改善されていない 거품 경제의 후유증은 요 몇 년 계속 조금도 개선되지 않았다.

**ひずむ【歪む】** 일그러지다, 비뚤어지다, 뒤틀리다 ¶彼のギターの音はかなりひずんでいる 그의 기타 음은 상당히 뒤틀려 있다.

**ひせいさんてき【非生産的】** 비생산적 ◇非生産的だ 비생산적이다 ¶そんな非生産的なやり方ではいつまでも能率は上がらないよ 그런 비생산적인 방법으로는 언제까지나 능률이 올라가지 않아.

**びせいぶつ【微生物】** 미생물 関連 微生物学 미생물학

**びせきぶん【微積分】** 미적분 ⇒積分, 微分

**ひせんきょけん【被選挙権】** 피선거권 ¶衆議院議員の被選挙権は25歳以上の国民に与えられる 중의원 의원 피선거권은 스물다섯 살 이상인 국민에게 주어진다.

**ひせんとういん【非戦闘員】** 비전투원

**ひそう【悲壮】** ◇悲壮だ 비장하다 ¶彼はもう後戻りはできないと悲壮な覚悟を決めた 그는 이제 되돌아갈 수는 없다고 비장한 각오를 했다. / 悲壮な最後を遂げる 비장한 최후를 마치다

**ひそう【悲愴】** ◇悲愴だ 비창하다, 비통하다 ¶彼女は悲愴な顔つきで立ち上がった 그녀는 비통한 얼굴로 일어섰다.

**ひそう【皮相】** 피상적인〔表面的な〕표면적인〔浅い〕얄팍한, 천박한 ¶その件に対しては皮相な見方がほとんどだった 그 건에 대해서는 피상적인 견해가 대부분이었다.

**ひぞう【秘蔵】** 비장 ◇秘蔵の 비장의 ◇秘蔵する 비장하다 ¶その刀は祖父の秘蔵の品だ 그 칼은 할아버지의 비장품이다. 関連 秘蔵っ子 귀동이〔弟子〕지극히 아끼는 제자

**ひそか【密か】** ◇密かな 은근한, 은밀한, 남모르는 ◇密かに 은근히, 은밀히, 몰래, 살며시, 슬며시, 남모르게 ¶彼は歌手になるという密かな夢を抱いている 그는 남모르게 가수가 된다는 꿈을 품고 있다. / 二人はひそかに結婚した 두 사람은 몰래 결혼했다. / 彼はひそかに優勝をねらっていた 그는 은근히 우승을 노리고 있었다. / 彼女はひそかに彼に好意を寄せている 그녀는 은근히 그에게 호의를 갖고 있다. / 老人は山奥でひそかに暮らしていた 노인은 산속에서 몰래 살고 있었다. / 彼はひそかに自分の健康に不安を持っていた 그는 은근히 자기의 건강에 불안감을 가지고 있었다. / 私は夜明け前にひそかに家を出た 나는 동이 트기 전에 몰래 집을 나왔다. / ひそかに行動する 은밀히 행동하다

**ひぞく【卑俗】** ◇卑俗だ 비속하다〔低俗だ〕저속하다〔下品だ〕야비하다 ¶卑俗な趣味 저속한 취미 / 最近は卑俗なテレビ番組が氾濫している 최근에는 저속한 텔레비전 프로그램이 범람하고 있다.

**ひそひそばなし【ひそひそ話】** 귓속말, 귀엣말 ¶彼らはひそひそ話をしていて先生にひどく怒られた 그들은 귓속말을 하다가 선생님한테 심하게 혼났다.

**ひそむ【潜む】** 〔隠れる〕숨다〔潜在する〕잠재하다 ¶警官は茂みに潜んでいた泥棒を逮捕した 경찰관

은 수풀 속에 숨어 있던 도둑을 체포했다. / 彼の心には彼女がうそをついているのではないかという疑いが依然として潜んでいた 그의 마음에는 그녀가 거짓말을 하고 있는 건 아닌가 하는 의문이 여전히 잠재해 있다.

**ひそめる【潜める】** 숨기다 ¶子供たちは長い間物陰に身を潜めていた 아이들은 오랫동안 그늘에 몸을 숨기고 있었다.

**ひそめる【顰める】** 찌푸리다, 찡그리다 ¶眉をひそめる 눈살을 찌푸리다

**ひだ【襞】** [折り目] 주름 ¶カーテンのひだ 커튼 주름 / スカートにひだをつける 치마에 주름을 잡다 関連 ひだ飾り 프릴 / ひだスカート 주름 치마 [プリーツスカート] 플리츠 스커트 / [ギャザースカート] 개더 스커트 / 山ひだ 산주름

**ひたい【額】** 이마 ¶額から汗が滴り落ちた 이마에서 땀이 떨어져 내렸다. / 彼は額にしわを寄せた 그는 이맛살을 찌푸렸다. / 子供の額は焼けるように熱かった 아이의 이마는 불같이 뜨거웠다. / 彼女は額に手をかざして沖を帆走するヨットを見た 그녀는 이마에 손을 대고 앞바다를 범주하는 요트를 봤다. / 彼女は広い[狭い]額をしている 그녀는 이마가 넓다[좁다]. [慣用句] 額に汗して働くのは大切なことだ 땀을 흘리며 열심히 일하는 것은 중요하다.

**ひだい【肥大】** 비대 ◆肥大する 비대하다 ¶扁桃腺が肥大して息が苦しかった 편도선이 비대해서 숨쉬기가 괴로웠다. / 肥大した行政機構 비대한 행정 기구 関連 心臓肥大 심장 비대

**ひたす【浸す】** 담그다, 잠그다, 적시다 ¶小川に足を浸す 개울에 발을 잠그다 / 彼はパンを牛乳に浸して食べた 그는 빵을 우유에 적셔서 먹었다. / 豆腐を作るのに大豆を一晩水に浸しておいた 두부를 만들려고 콩을 하룻밤 물에 담가 두었다.

**ひたすら** 오로지, 오직, 한결같이 ¶彼女は事故で重傷を負った夫の回復を祈っている 그녀는 사고로 중상을 입은 남편의 회복을 한결같이 빌고 있다. / 彼はひたすら遺伝子の研究に打ち込んできた 그는 오로지 유전자 연구에 몰두해 왔다.

**ひたはしり【直走り】** ¶彼はゴールを目指してひた走りに走った 그는 골을 향해서 쉬지 않고 계속 달렸다.

**ひたひた** 철썩철썩, 찰싹찰싹 ¶ひたひたと波が打ち寄せた 철썩철썩 파도가 밀려왔다. / 後ろのランナーがひたひたと彼に迫って来ていた 뒤에 있는 러너가 그를 점점 따라왔다.

**ひだまり【日溜まり】** 양달, 양지 ¶縁側の日だまりで猫が日なたぼっこをしている 툇마루의 양지에서 고양이가 해바라기를 하고 있다. ⇒日なた

**ビタミン** 비타민 ¶ほうれん草やにんじんはビタミンAが豊富な野菜だ 시금치나 당근은 비타민 A가 풍부한 야채이다. / ビタミン剤を常用する 비타민제를 상용하다

**ひたむき【直向き】** ◇ひたむきな 한결같은 ¶ひたむきに 한결같이 ¶彼女は生涯ひたむきに夫を愛した 그녀는 평생 한결같이 남편을 사랑했다. / 彼は困難にもめげずひたむきに生きた 그는 어려움에

도 굴하지 않고 한결같이 살았다. / 彼女のひたむきさには心を打たれる 그녀의 한결같은 마음에는 감동받았다.

**ひだり【左】** ❶ [左の方向] 왼쪽, 왼편, 좌 ◆左に 왼쪽으로 ¶左を見た 왼쪽을 봤다. / 左の手で字が書けますか 왼손으로 글씨를 쓸 수 있습니까? / 左のページを見て下さい 왼쪽 페이지를 보십시오. / 2つめの角を左に曲がりて下手にその建物があります 두 번째 모퉁이를 왼쪽으로 돌면 왼편에 그 건물이 있습니다. / そこで左に曲がってください 거기에서 왼쪽으로 돌아주세요. / デパートの左に大きな本屋がある 백화점 왼편에 큰 서점이 있다. / 彼女は私の左に座った 그녀는 내 왼쪽에 앉았다.
¶左から右へ読む 왼쪽에서 오른쪽으로 읽다 / この写真で彼は前列の左から3人目です 이 사진에서 그는 앞줄의 왼쪽에서 세 번째입니다. / 左向け左(▶号令) 좌향좌
¶(ボクシングで)チャンピオンの左が挑戦者のあごをとらえた 챔피언의 왼손이 도전자의 아래턱을 강타했다.
❷ [左翼] 좌익 ¶その雑誌の論調は左がかっている 그 잡지의 논조는 좌익 사상에 몰두해 있다.

**ぴたり** 딱, 꼭 ; 뚝 ; 바싹 ¶占い師は彼女の悩みをぴたりと当てた 점쟁이는 그녀의 고민을 딱 맞추었다. / 容疑者の指紋はグラスに残された指紋とぴたりと一致した 용의자의 지문은 유리컵에 남겨진 지문과 딱 일치했다. / 風がぴたりとやんだ(→急に) 바람이 뚝 그쳤다. / 車はホテルの正面玄関の前にぴたりと止まった 차는 호텔 정면 현관 앞에 바싹 멈추었다. ⇒ぴったり

**ひだりうちわ【左団扇】** ◆左うちわで 편안히 ¶彼は息子に事業を継がせてからは左うちわで暮らしている 그는 아들에게 사업을 잇게 하고는 편안히 생활하고 있다.

**ひだりがわ【左側】** 왼쪽, 좌측 ¶薬局はここから100メートル先の左側にある 약국은 여기서 100미터 앞 길 왼쪽에 있다. / 整理だんすのいちばん下の左側の引き出しに下着類が入っている 옷장 제일 밑 왼쪽 서랍 속에 속옷류가 들어 있다. / 左側通行 좌측통행

**ひだりきき【左利き】** 왼손잡이 ¶クラスの40人の内で左利きは2人しかいない 반 40명 중에서 왼손잡이는 두 명밖에 없다. / 左利きの投手[打者] 왼손잡이 투수[타자]

**ひだりまえ【左前】** ◆左前になる [事業が] 기울어지다, 기울다 ¶最近彼の商売は左前になって今や破産寸前だ 요즘 그의 장사는 기울어 지금은 파산 직전이다.

**ひだりまわり【左回り】** ¶運動場を左回りに3周した 운동장을 왼쪽으로 세 번 돌았다.

**ひたる【浸る】** 잠기다 ¶楽しい思い出にひたる 즐거운 추억에 잠기다

**ひだるま【火達磨】** 불덩이 ¶燃え盛る家の中から火だるまになった人が助けを求めて飛び出して来た 활활 타는 집 안에서 몸에 불이 붙은 사람이 살려 달라고 뛰어나왔다.

**ひたん【悲嘆】** 비탄 ¶彼の両親は息子が山で遭難したという知らせを聞いて悲嘆に暮れている 그의 부모

は아들이 산에서 조난당했다는 소식을 듣고 비탄에 잠겨 있다.

**びだん【美談】** 미담 ¶美談の主はマスコミに引っ張りだこだ 미담의 주인공을 매스컴들이 서로 끌려고 야단이다.

**びだんし【美男子】** 미남, 잘생긴 남자 ¶梨花のボーイフレンド、けっこう美男子ね リカ 남자 친구 말이야, 꽤 잘생겼더라. ⇨ハンサム

**びちく【備蓄】** 비축 ◇備蓄する 비축하다 ¶彼らは数年前の米不足の理由として米の備蓄不足を挙げた 그들은 몇 년 전 쌀 부족의 원인으로서 쌀 비축 부족을 들었다. / タンクに半年分の灯油を備蓄する 탱크에 반년분의 등유를 비축하다 / 石油備蓄 석유 비축

**ぴちぴち** 씽씽, 팔팔, 펄떡펄떡 ◇ぴちぴちした 씽씽한, 팔팔한, 펄떡펄떡한, 발랄한 ¶いけすの魚がぴちぴち跳ねていた 활어조의 물고기가 펄떡펄떡 뛰어올랐다. / ビキニ姿のぴちぴちした女性たち 비키니 수영복을 입은 발랄한 여성들

**ひつう【悲痛】** ◇悲痛だ 비통하다 ¶彼は悲痛な面持ちで記者会見場に現れた 그는 비통한 표정으로 기자 회견장에 나타났다. / 悲痛な叫び声をあげる 비통한 울부짖음을 지르다

**ひっかかる【引っ掛かる】** 걸리다〔だまされる〕속다〔関係する〕걸려들다 ¶釣り糸が川底の何かに引っ掛かってしまった 낚싯줄이 강바닥 뭔가에 걸려 버렸다. / 木の枝にたこが引っ掛かる 나뭇가지에 연이 걸리다 / ズボンが釘に引っ掛かって破れたバジルが못에 걸려 찢어졌다. / 魚の骨がのどに引っ掛かった 생선 뼈가 목에 걸렸다. / その輸入バナナは税関の検査に引っ掛かった 그 수입 바나나는 세관 검사에 걸렸다. / そこのところが引っ掛かるんだ〔=気になる〕
¶彼は彼の甘い言葉にまんまと引っ掛かった 그녀는 그의 달콤한 말에 보기 좋게 걸려들었다. / 悪い男に引っ掛かる 나쁜 남자한테 걸렸다.

**ひっかきまわす【引っ掻き回す】** 뒤적거리다〔混乱させる〕혼란시키다 ¶彼は机の引き出しの中を引っかき回して金庫の鍵を捜した 그는 책상 서랍 속을 뒤져 금고 열쇠를 찾았다. / 彼はしばしば会議を引っかき回す〔→混乱させる〕그는 자주 회의를 혼란시킨다.

**ひっかく【引っ掻く】** 긁다, 할퀴다 ¶子供がフォークでテーブルを引っかいた 아이가 포크로 테이블을 긁을 할퀴었다. / 猫に手を引っかかれた 고양이가 손을 할퀴었다.

**ひっかける【引っ掛ける】** 걸다〔傷つける〕긁히다〔すばやく着る〕걸치다〔水などを浴びせる〕붓다, 뿌리다, 끼얹다〔酒などを〕한잔하다, 들이키다〔だます〕속이다〔異性を〕낚다, 꼬시다
¶コートを洋服掛けに引っ掛ける 코트를 옷걸이에 걸다 / きのう買ったばかりのスカートを釘に引っ掛けて破いてしまった 어제 막 산 스커트가 못에 걸려 찢어졌다. / 彼はコートを引っ掛けて慌てて出て行った 그는 코트를 걸치고 서둘러 나갔다. / ダンプに泥水を引っ掛けられズボンが泥だらけになった 덤프차가 흙탕물을 끼얹어 바지가 흙투성이가 되었다. / 酒を引っ掛ける 술을 들이키다 / 彼は駅前の飲み屋で一杯引っ掛けてから家に帰った 그는 역 앞 술집에서 한잔하고 집에 돌아갔다. / 彼をまんまと引っ掛けてやった 그를 감쪽같이 속여 줬다. / あの女の子をどこで引っ掛けたんだい 저 여자를 어디서 낚았어?

**ひっき【筆記】** 필기 ◇筆記する 필기하다〔書き留める〕적어 두다 ¶彼女は筆記試験には受かったが面接試験で落とされた 그녀는 필기시험에는 합격했지만 면접시험에서 떨어졌다. / 筆記体で書く 필기체로 쓰다 関連 筆記道具 필기 도구

**ひつぎ【棺・柩】** 널, 관 ¶棺に納められた遺体 관에 든 시신

**ひっきりなし【引っ切りなし】** ◇引っ切りなしの 그칠 새 없는, 끊임없는 ◇引っ切りなしに 그칠 새 없이, 끊임없이 ¶生徒たちの引っ切りなしの質問に先生はいささかうんざりした 학생들의 끊임없는 질문에 선생님은 조금 넌더리가 났다. / きょうは朝から引っ切りなしに電話が鳴っている 오늘은 아침부터 그칠 새 없이 전화가 울리고 있다. / この道は引っ切りなしにたくさんの車が行き交っている 이 길은 끊임없이 많은 차가 오가고 있다.

**ピックアップ** 픽업 ◇ピックアップする 픽업하다〔選ぶ〕골라내다, 뽑아내다 ¶特に好きな映画を10本ピックアップしてみた 특히 좋아하는 영화를 열 편 골라 봤다.

**びっくり** ◇びっくりする 깜짝 놀라다, 기겁하다, 기급하다, 기절초풍하다
¶彼女が突然結婚したというのでびっくりした 그녀가 갑자기 결혼했다는 말을 듣고 깜짝 놀랐다. / おじが20歳も年下の女性と結婚したと聞いてびっくりした 삼촌이 스무 살이나 어린 여성과 결혼했다는 걸 듣고 깜짝 놀랐다. / 花見の後の公園のごみにびっくりした 벚꽃놀이가 끝난 뒤에 공원에 남겨진 쓰레기를 보고 기겁했다. / 彼女はびっくりした顔つきで私を見た 그녀는 깜짝 놀란 표정으로 나를 봤다. / 彼女はびっくりして叫び声をあげた 그녀는 깜짝 놀라서 비명을 질렀다. / そのニュースにびっくりして口もきけなかった 그 뉴스에 놀라서 말도 할 수 없었다. / 突然来るんだもの、びっくり仰天したよ 갑자기 오는 걸, 기절초풍했어.
¶びっくりするような事件が起きた 놀랄 만한 사건이 일어났다. / びっくりするような贈り物があるんだ 깜짝 놀랄 만한 선물이 있어. / このバッグはびっくりするほど安かった 이 가방은 놀랄 만큼 쌌어. 関連 びっくり箱 도깨비 상자

**ひっくりかえす【引っ繰り返す】** 뒤집다, 뒤엎다〔倒す〕넘어뜨리다, 쓰러뜨리다 ¶彼女は上手にチジミを引っくり返した 그녀는 능숙하게 부침개를 뒤집었다. / 大波が小さなボートを引っくり返した 큰 파도가 작은 보트를 뒤집어뜨렸다. / 席を立とうとしてグラスを引っくり返してしまった 자리를 일어서려다 유리잔을 뒤엎어뜨렸다. / 最近新たに発見された遺跡により従来の学説は引っくり返されるかもしれない 최근에 새로이 발견된 유적에 의해 종래의 학설은 뒤엎어질지도 모른다.

**ひっくりかえる【引っ繰り返る】** 뒤집히다〔倒

れる】넘어지다, 엎어지다, 쓰러지다, 자빠지다〔逆転する〕역전되다 ¶そのささいな出来事は世の中が引っくり返るような大騒動に発展した 그 사소한 사건은 세상이 뒤집힐 듯한 큰 소동으로 발전했다 / 彼はベッドに仰向けに引っくり返ったままじっと天井を見つめていた 그는 침대에 누운 채로 가만히 천정을 바라보고 있었다 / エラーで試合が引っくり返って負けてしまった 실수로 경기가 역전되어 지고 말았다.

ひづけ【日付】 날짜 ¶手紙の日付はいつになってますか 편지 날짜는 언제입니까? / その文書には1996年10月1日の日付がついている 그 문서는 1996년 시월 1일 날짜로 되어 있다. / この葉書には日付がない 이 엽서에는 날짜가 없다. / 日付を入れる 날짜를 쓰다[넣다] 関連 日付変更線 날짜 변경선, 날짜시.

ひっけい【必携】 ¶韓国語学習者に必携の日韓辞典がまさにこれだ 한국어 학습자가 반드시 가지고 있어야 할 일한사전이 바로 이것이다.

ピッケル 피켈

ひっけん【必見】 ¶映画ファン必見の韓国映画 영화 팬이 꼭 보아야 할 한국 영화 / 観光客必見の観光スポット 관광객이 꼭 보아야 할 관광 명소

ひっこし【引っ越し】 이사 ◇引っ越しする 이사하다, 이사를 가다[오다] ¶彼は引っ越しが大好きで, この10年で6回も住まいを変えている 그는 이사하는 것을 아주 좋아해서 이 10년간 여섯 번이나 주거를 바꿨다. / 来週の日曜日, 友達の引っ越しの手伝いがある 다음주 일요일에 친구가 이사하는 것을 도와준다. 関連 引っ越し業者 이삿짐센터 / 引っ越し先 새로 이사 간 곳 주소 / 引っ越しシーズン 이사철 / 引っ越しそば 이사해 왔다는 인사로 이웃에 돌리는 국수 / 引っ越し荷物 이삿짐

ひっこす【引っ越す】 이사하다, 이사를 가다[오다] ¶彼女は先月鹿児島に引っ越した 그녀는 지난달 가고시마로 이사했다. / 家を売って便利な都心のマンションに引っ越そうかと考えている 지금 집을 팔고 편리한 도심지에 있는 아파트로 이사할까 하고 생각 중이다.

ひっこみ【引っ込み】 ¶もう引っ込みがつかない 이제 물러날 수 없다 / 彼女はすごく引っ込み思案で人前で意見を言わない 그녀는 매우 소극적이어서 남들 앞에서 의견을 말하지 않는다.

ひっこむ【引っ込む】〔閉じこもる〕들어박히다〔退く〕후퇴하다〔引き下がる〕물러나다 ¶娘が自分の部屋に引っ込んだまま出てこない 딸이 자기 방에 들어박힌 채 나오지 않는다. / 父は急いで夕食を済ますとすぐに書斎に引っ込んだ 아버지가 서둘러 저녁 식사를 마치자 곧 서재에 들어박혔다. / 私は郷里に引っ込もうと考えている 나는 고향에 들어박히려 한다. / 引っ込んでいろ(→出しゃばるな) 가만히 있어라. / うちは通りからだいぶ引っ込んだ所にある 우리 집은 거리에서 꽤 들어간 곳에 있다.

ひっこめる【引っ込める】 끌어당기다, 빼다〔縮める〕움추리다〔撤回する〕철회하다〔取り消す〕취소하다 ¶彼は彼女とつないでいた手を慌てて引っ込めた 그는 그녀와 잡았던 손을 얼른 뺐다. / かめは甲羅の中に首を引っ込めることができる 거북이는 등딱지 속으로 목을 움츠릴 수 있다. / 彼はいったん約束したことを引っ込めるようなことはしない 그는 일단 약속한 것을 철회하는 일이 없다.

¶(野次って)引っ込め 물러나라.

ピッコロ 피콜로 ¶ピッコロを吹く 피콜로를 불다

ひっさん【筆算】 필산 ◆筆算する 필산하다

ひっし【必死】 ◇必死の 필사의, 필사적인 ◇必死に[で] 필사적으로 ¶医師たちの必死の努力にもかかわらずその患者は手術後まもなく死んだ 의사들의 필사적인 노력에도 불구하고 그 환자는 수술 후 얼마 안 있어 사망했다. / 必死の覚悟で戦う 필사의 각오로 싸우다 / 大きな犬が追いかけてきたので必死に逃げた 큰 개가 쫓아오길래 죽을 힘을 다해 도망쳤다. / 必死で助けを求める女性の声が聞こえた 필사적으로 살려 달라고 외치는 여자 목소리가 들렸다.

ひっし【必至】 ◇必至だ 불가피하다 ¶国会の解散は必至だった 국회 해산은 불가피했다.

ひつじ【羊】 양〔十二支の未(ひつじ)〕 미 ¶牧場で羊の群れが草を食べていた 목장에서 양 떼가 풀을 먹고 있었다. / 腹をすかせた子羊がめえめえ鳴いていた 배가 고픈 어린 양이 음메음메 울고 있었다. / 彼女は未年生まれだ 그녀는 양띠이다.

¶羊の毛を刈る 양털을 깎다 / 羊の肉 양고기 関連 羊飼い 양치기 / 雄羊 숫양 / 雌羊 암양

ひっしゃ【筆者】 필자〔著者〕 저자

ひっしゅう【必修】 필수 ¶今年度は必修科目を4と選択科目を8履修しなければならない 올해 필수 과목을 4과목과 선택 과목을 8과목 이수해야 한다.

ひつじゅひん【必需品】 필수품 ¶田舎では車は生活必需品の一つだ 시골에서는 자동차는 생활필수품의 하나이다. / 今や携帯電話とパソコンは生活必需品だ 이제는 휴대폰과 컴퓨터는 생활필수품이다.

ひっしょう【必勝】 필승 ¶必勝を期して試合に臨んだ 필승을 기하며 경기에 임했다.

びっしょり 흠뻑 ¶帰宅途中で雨にあってびっしょり濡れてしまった 귀가 도중에 비를 맞아 흠뻑 젖어 버렸다. / びっしょり汗をかく 흠뻑 땀을 흘리다

びっしり 꽉, 빽빽이 ¶この辺りは家がびっしりと建て込んでいて緑がほとんどない 이 근처는 집이 빽빽이 들어서 있어서 나무가 거의 없다. / あすは朝から晩までスケジュールがびっしり詰まっている 내일은 아침부터 저녁까지 스케줄이 꽉 차 있다 / 本をびっしり箱に詰める 책을 상자에 꽉 채워 넣다

ひっす【必須】 필수 ¶宇宙飛行士になるための必須条件 우주비행사가 되기 위한 필수 조건 関連 必須アミノ酸 필수 아미노산 / 必須科目 필수 과목

ひっせき【筆跡】 필적 ¶彼は他人の筆跡をまねるのがうまい 그는 남의 필적을 잘 흉내낸다. / 筆跡鑑定の結果, その手紙はある大作家のものとわかった

ひっぱりだこ

筆跡 감정 결과 그 편지는 어떤 대작가의 것이라는 것을 알았다.

**ひつぜつ【筆舌】**필설 慣用句 彼女の味わった苦難は筆舌に尽くしがたいものだった 그녀가 겪은 고난은 필설로 다할 수 없는 것이었다.

**ひつぜん【必然】**◇必然的な 필연적인 ◇必然的に 필연적으로 ¶その事故は航空会社のいい加減な安全対策の必然的な結果だ 그 사고는 항공사의 허술한 안전 대책의 필연적인 결과이다. / 父が亡くなった後、必然的に兄の責任が重くなった 아버지가 돌아가신 뒤 필연적으로 형의 책임이 무거워졌다. / 戦争は必然的に破壊と悲劇をもたらす 전쟁은 필연적으로 파괴와 비극을 초래한다. / 彼の要求には必然性が感じられない 그의 요구에는 필연성을 느낄 수 없다.

**ひっそり** ◇ひっそりと 조용히, 고요히 ¶彼は人里離れた山の中でひっそりと暮らしていた 그는 마을에서 떨어진 산속에서 조용히 살고 있었다. / 帰宅したとき、家の中はひっそりとしていた 집에 돌아왔을 때 집 안은 고요했다.

**ひったくり〔行為〕**날치기**〔人〕**날치기꾼 ¶その男はひったくりの常習犯だ 그 남자는 날치기 상습범이다. / 彼女はきのうの街でひったくりに遭ってハンドバッグを盗られた 그녀는 어제 거리에서 날치기를 당해 핸드백을 빼앗겼다.

**ひったくる** 낚아채다 ¶猿は男の子の手からバナナをひったくって逃げた 원숭이는 남자 아이 손에서 바나나를 낚아채서 도망갔다.

**ぴったり** ❶〔すき間なく合う〕꼭, 꽉, 착, 바싹 ¶2人はぴったりくっついて座っていた 두 사람은 착 붙어서 앉아 있었다. / ドアをぴったり閉めてください 문을 꼭 닫아 주세요. / このスカートは腰がぴったりすぎている 이 스커트는 허리가 너무 꽉 맞는다.

❷〔正確に〕딱, 꼭 ¶計算がぴったり合った 계산이 딱 맞았다. / 私たちはぴったり5時に家に着いた 우리는 딱 다섯 시에 집에 도착했다. / 請求書はぴったり5千円だった 청구서는 딱 5천 엔이었다. / 彼は私の年齢をぴったり当てた 그는 내 나이를 딱 맞추었다.

❸〔適切に〕딱, 꼭 ¶そのチマチョゴリは君にぴったりだ 그 한복은 너한테 꼭 맞아. / それにぴったりの人はまだ見つかっていない 그 일에 꼭 맞는 사람은 아직 못 찾았다. / 彼女は君にぴったりだと思うよ 그 여자는 자네한테 딱 잘 어울릴 거야. / 彼女はその役にぴったりだ 그녀는 그 역할에 딱 맞는다.

❹〔その他〕¶彼はその日から酒をぴったりやめた 그는 그날부터 술을 딱 끊었다.

**ひつだん【筆談】**필담 ¶彼は中国人だったので、なんとか筆談で用がたせた 그는 중국인이어서 그럭저럭 필담으로 볼일을 볼 수 있었다.

**ピッチ** 피치〔速度〕속도〔音の高さ〕음높이〔ピッチング〕〔野球〕피칭 ¶仕事のピッチを上げれば期限に間に合う 일의 피치를 올리면 기한에 맞출 수 있다. / 新工場の建設は急ピッチで完成した 새 공장 건설은 급속도로 완성되었다.

**ヒッチハイク** 히치하이크 ◇ヒッチハイクする 히치하이크하다 ¶彼らは夏休みにヒッチハイクで東京から青森まで行った 그들은 여름 방학에 히치하이크로 도쿄에서 아오모리까지 갔다. 関連 ヒッチハイカー 히치하이커

**ピッチャー**〘野球〙피처, 투수(投手) ¶ピッチャー ゴロをやる 투수를 하다 / ピッチャーゴロに倒れる 피처 땅볼 아웃이 되다 / ピッチャーフライ〔ライナー〕に終わる 피처 플라이〔라이너〕 아웃이 되다 関連 ピッチャーズプレート 피처스 플레이트, 투수판(投手板)/ ピッチャーズマウンド 피칭 마운드 ⇒投手

**ひっちゃく【必着】**필착 ¶願書は3月30日必着のこと 원서는 삼월 30일 필착일 것

**ピッチング**〘野球〙피칭 ¶ピッチングマシンで打撃練習をする 피칭 머신으로 타격 연습을 하다 ⇒投球

**ひってき【匹敵】**필적 ◇匹敵する 필적하다, 맞먹다 ¶そろばんにかけてはクラスで彼女に匹敵する者はいない 주판에 관해서는 반에서 그녀에게 필적할 자는 없다. / 当時の100円は今の10万円に匹敵するはずだ 당시의 100엔은 지금의 10만 엔과 맞먹을 것이다.

**ヒット** 히트〔安打〕안타 ◇ヒットする 히트하다, 히트를 치다 ¶その新製品は大ヒットした 그 신제품은 대히트 쳤다.
¶〘野球〙彼はツーストライク、スリーボールからセンター前にヒットを打った 그는 투 스트라이크 스리 볼에서 센터 앞으로 안타를 쳤다.
¶彼女の新曲は今週のヒットチャートの第2位に入っている 그녀의 신곡은 이번주 히트차트 제2위에 들어가 있다. 関連 ヒットエンドラン 히트 앤드 런/ ヒット作〔映画など〕히트작 / ヒット商品 히트 상품 / ヒットソング 히트송 / シングルヒット 싱글 히트, 일타 / ポテンヒット 텍사스 리거

**ビット**〔コンピュータ〕비트

**ひっとう【筆頭】**필두 ¶彼は次期社長候補の中で筆頭に挙げられている 그는 차기 사장 후보 중에서 첫 번째로 내세워진다. / うちのチームは今シーズンは優勝候補の筆頭だ 우리 팀은 이번 시즌에서 우승 후보 첫 번째이다. 関連 筆頭株主 필두 주주

**ひつどく【必読】**필독 ¶この本は教師にとって必読の書だ 이 책은 교사들한테 있어 필독서이다. 関連 必読書 필독서

**ひっぱく【逼迫】**핍박 ◇逼迫する 핍박하다 ¶資金が逼迫する 자금이 핍박하다

**ひっぱたく【引っ叩く】**세게 때리다 ¶侮辱されたので彼女は彼の頬をひっぱたいた 모욕당해서 그녀는 그의 뺨을 세게 때렸다.

**ひっぱりこむ【引っ張り込む】**끌어들이다 ¶ぐずる子供を家の中に引っ張りこむ 보채는 아이를 집 안으로 잡아끌다 / 彼は気が弱いので悪事に引っ張り込まれやすい 그는 마음이 약해서 나쁜 일에 끌려들기 쉽다.

**ひっぱりだこ【引っ張り凧】**◇引っ張りだこだ 인기가 대단하다 ¶そのタレントは今やテレビで引っ張りだこだ 그 탤런트는 지금은 텔레비전에서 인기가 대단하다.

## ひっぱる 【引っ張る】

❶ 【引く】 당기다 【馬車などを】 끌다 【強く引く】 끌어당기다, 잡아당기다 【伸ばす】 치다 【誘う】 끌어들이다 【連行する】 끌고 가다 ¶彼はひもを引っ張った 그는 끈을 당겼다. / 馬が荷車を引っ張っているのを見た 말이 짐차를 끄는 것을 봤다. / 彼は輪ゴムを強く引っ張った 그는 고무줄을 세게 잡아당겼다. / 女の子は母親の袖を強く引っ張った 여자 아이는 엄마 소매를 세게 잡아당겼다. / 「ドアが開かないよ」「思いっきり引っ張ってみて」"문이 안 열려." "힘껏 잡아당겨 봐." / 車が故障したので修理工場まで引っ張ってもらった 차가 고장나서 수리 공장까지 끌고 가 줬다. / 手品師は帽子からはとを引っ張り出した 마술사는 모자에서 비둘기를 끌어냈다.

¶ 【野球で】 バッターは内角の球を引っ張った 타자는 인코스 볼을 라이트[레프트]쪽으로 쳤다.

❷ 【その他】 ¶泥棒は捕まって警察に引っ張っていかれた 도둑은 잡혀서 경찰서로 끌려갔다. / 何とかして彼をうちの会社に引っ張ろう 어떻게 해서든 그 사람을 우리 회사로 끌어 들이자. / 「どんなタイプの男の人が好き?」「私を引っ張ってくれる人ね」 "어떤 스타일의 남자가 좋아?" "날 이끌어 주는 사람."

**ヒッピー** 히피 ¶ヒッピー族 히피족

**ヒップ** 【腰】 히프 【尻】 엉덩이 ¶2年前に買ったスカートはヒップがきつくてもうはけない 2년 전에 산 스커트는 히프가 꽉 껴서 이제 입을 수 없다. / 彼女はバスト88, ウエスト58, ヒップ93だ 그녀는 바스트 88, 웨스트 58, 히프 93이다. / ヒップが大きい 엉덩이가 크다. ⇨ 尻

**ひづめ** 【蹄】 발굽 ¶馬のひづめの音 말발굽 소리

**ひつめい** 【筆名】 필명

## ひつよう 【必要】 필요 ◆必要だ 필요하다

◆ 【必要は・必要が】

¶そうする必要があるのですか 그렇게 할 필요가 있습니까? / そんなに急ぐ必要はない 그렇게 서두를 필요는 없다. / あなたが私にあやまる必要はない 당신이 나한테 사과할 필요는 없다. / 彼女はアルバイトする必要はなかった 그녀는 아르바이트를 할 필요는 없었다. / それを言う必要はない 그것을 말할 필요는 없다.

¶この床は磨く必要がある 이 바닥은 닦을 필요가 있다. / この書類にサインをもらう必要がある 이 서류에 사인을 받아야 한다.

◆ 【必要だ・必要な】

¶車を運転するには免許が必要だ 자동차를 운전하려면 면허가 필요하다. / 風邪を引いたときは十分な睡眠が必要だ 감기에 걸렸을 때는 충분한 수면이 필요하다. / この仕事には熟練が必要だ 이 일에는 숙련이 필요하다. / パソコンはどんな仕事でも絶対に必要だ 컴퓨터는 어떤 일에도 절대적으로 필요하다. / この部屋は掃除が必要だ 이 방은 청소를 할 필요가 있다.

¶この仕事に必要な技術は持っています 이 일에 필요한 기술은 가지고 있습니다. / 必要な物だけを持って家を出た 필요한 물건만 가지고 집을 나왔다. / どうしても必要なときだけクレジットカードを使いなさい 꼭 필요할 때만 신용 카드를 써라. / 彼に本当に必要なのは十分な休養だ 그에게 정말 필요한 것은 충분한 휴식이다. / その仕事には必要なだけ時間をかけてよい 그 일에는 필요할 만큼 시간을 들여도 좋다. / 必要なものはすべてそろえてあります 필요한 것은 모두 갖추어져 있습니다.

◆ 【その他】

¶彼女は必要に迫られて高いパソコンを買った 그녀는 필요에 의해 어쩔 수 없이 비싼 컴퓨터를 샀다. / 必要以上に深く考えるな 필요 이상으로 깊게 생각하지 마. / 彼はいつも必要以上にお金を持ち歩いている 그는 항상 필요 이상으로 돈을 가지고 다닌다. / ヨナは今あなたをとても必要としている 연아는 지금 당신을 매우 필요로 하고 있다. / この手術には細心の注意が必要とされる 이 수술에는 세심한 주의를 필요로 한다. / 人の助けなど必要としていない 남의 도움 따위는 필요하지 않는다. 慣用句 必要は発明の母 필요는 발명의 어머니 関連 必要悪 필요악 / 必要経費 필요 경비 / 必要条件 필요조건 / 必要十分条件 필요충분조건

**ひてい** 【否定】 부정 ◇否定的だ 부정적이다 ◇否定する 부정하다 ¶彼はきのうそこへ行ったことを否定した 그는 어제 그곳에 간 일을 부정했다. / 彼女は僕の言っていることをいつも否定する 그녀는 내가 하는 말을 항상 부정한다. / それは否定できない事実です 그것은 부정할 수 없는 사실입니다. / 彼は疑惑をきっぱりと否定した 그는 의혹을 단호하게 부정했다. / 彼女は否定的な答えをした 그녀는 부정적인 대답을 했다. 関連 否定文 부정문

**びていこつ** 【尾骶骨】 꼬리뼈, 미골(尾骨)

**ビデオ** 비디오 ¶きょう中にこのビデオをビデオショップに返さなくてはならない 오늘 안으로 이 비디오를 비디오숍에 반납해야 된다. / 韓国ドラマをビデオに録画する 한국 드라마를 비디오로 녹화하다 関連 ビデオカセット 비디오 카세트 / ビデオカメラ 비디오 카메라 / ビデオクリップ 비디오 클립 / ビデオソフト 비디오 소프트 / ビデオテープ 비디오 테이프 / ビデオデッキ 비디오데크, 비디오 데크

**ひでり** 【日照り】 가뭄, 한발(旱魃) ¶ことしは日照り続きで農作物が大被害を被った 올해는 가뭄이 계속되어 농작물이 큰 피해를 입었다.

**びてん** 【美点】 미점 【長所】 장점(長点) ¶彼女の美点は心優しいことだ 그녀의 장점은 마음이 상냥하다는 것이다.

**ひでんか** 【妃殿下】 비전하 ⇨妃

## ひと 【人】

❶ 【人間, 人類】 사람, 인간, 인류 ¶人と猿は共通の祖先から進化したといわれる 사람과 원숭이는 같은 조상에서 진화했다고 한다. / ヒトはアフリカが起源とされている 인류는 아프리카가 기원이라고 한다.

❷ 【個々の人】 사람 【男の人】 남자, 남성 【女の人】 여자, 여성 ¶彼は誠実な人だ 그는 성실한 사람이다. / 彼女はとてもすてきな人だ 그녀는 매우 멋진 여성이다. / 彼は陽気な人だ 그는 명랑한 사람이다. / 祖父は気難しい人だ 할아버지는 까다로운 분이시다. / 彼は必ず約束を守る人だ 그

는 반드시 약속을 지키는 사람이다. / ¶あの人はだれですか 저 사람은 누구입니까? / 食中毒で多くの人が病院に運ばれた 식중독으로 많은 사람들이 병원으로 옮겨졌다. / 人はみな自由と平等を求めている 사람은 모두 자유와 평등을 원하고 있다. / この答えがわかる人はいますか 이 답을 아는 사람 있습니까? / この本を読んで心を動かされない人はいない 이 책을 읽고 마음이 흔들리지 않는 사람은 없다. / 君の留守中に訪ねて来た人がいたよ 자네가 없을 때 찾아온 사람이 있었어.

¶松山さんという人にお会いしたいのですが 마쓰야마 씨라는 분을 뵙고 싶은데요. / ノーベル賞を受賞した湯川秀樹のような人になってみたいものだ 노벨상을 수상한 유카와 히데키 같은 사람이 돼 보고 싶군. / 今晩人に会う約束がある 오늘밤 누구 만날 약속이 있다. / 知らない人に誘われても絶対について行ってはだめよ 모르는 사람이 같이 가자고 해도 절대로 따라가서는 안 된다. / 同じ演奏でもその評価は人によって違う 같은 연주라도 그 평가는 사람에 따라 다르다.

¶彼は大阪の人だ 그는 오사카 사람이다.

❸ [世間の人々] 사람 [他人] 남 ¶正しいと思ったら人が何を言っても気にするな 옳다고 생각한다면 남들이 뭐라하든 신경 쓰지 마. / 相談にのってくれないか, 人には言えない話なんだ 상담 들어 주지 않을래? 다른 사람한테는 말 못 할 얘기라서. / 陰で人の悪口を言うものではない 뒷전에서 남을 욕해선 안 된다. / 人の弱みにつけこむようなやつは許せない 사람의 약점을 잡아 이용하는 녀석은 용서할 수 없다. / 人の上に立つ者には指導力が必要だ 남 위에 서는 사람은 지도력이 필요하다. / このことは絶対人には言うなよ 이 일은 절대로 다른 사람한테 말하지 마. / 彼女は内気でいつも人目を避けようとしている 그녀는 내성적이어서 언제나 남의 눈을 피하려고 하고 있다. / 人は見かけによらない 사람은 겉보기와는 다르다.

❹ [性格, 人格] 사람, 인품, 성격, 성질 ¶人がよい사람이 좋다. / 人が悪い 인품이 나쁘다. / 彼は人を見る目がある[ない] 그는 사람을 보는 눈이 있다[없다]. / 彼女は人が変わった 그녀는 사람이 변했다. / 彼は人がいいのでよくだまされる 그는 성격이 좋아서 자주 속는다. / 知ってるくせに僕に黙っているなんて君も人が悪いね 알고 있으면서 나한테 입 다물고 있다니 자네도 성질이 나쁘군.

❺ [人材, 人手] 사람, 일손, 인재 ¶新しい店長は人を使うことに慣れていない 새로운 점장은 사람을 다루는 게 서툴러. / その企業は人が足りないようだ 그 기업은 일손이 부족하다고 한다.

❻ [自分, 私] 사람, 나, 남 ¶人をばかにするのもいいかげんにしろ 사람을 바보 취급하는 것도 어지간히 해라. / 人を何だと思っているんだ 나를 뭐라 생각하는 거야. / 彼女はいつも人を待たせるんだから 그녀는 언제나 사람을 기다리게 한다니까. / 人の気も知らないでいい気なものね 남 속도 모르고 태평스럽군.

❼ [ある特定の人] ¶うちの人働きが悪いのよ 우리 양반은 벌이가 신통치 않아요. / あなた, いい人ができたんじゃないの 당신, 애인 생긴 거 아니야. 慣用句 人は見かけによらないものだ 사람은 겉보기와 다르다. / 彼らとは人を立てて交渉すべきだ 그들과는 중재자를 통해서 교섭해야 한다. / あいつの人を食った態度が気に入らない 그 사람의 남을 업신여기는 태도가 마음에 안 들어. / 彼は人を人とも思っていない 그는 사람을 우습게 알고 있어. / 人のうわさも七十五日 세상 소문이란 그리 오래 가지 않는다. / 人の振り見てわが振り直せ 남의 좋고 나쁜 행동을 보고 자기를 반성하여 결점을 고쳐라. / 人の口には戸が立てられぬ 세상 소문은 막을 도리가 없다. / 人を呪わば穴二つ 남 잡이가 제 잡이 | 남을 해치면 나도 그 응보를 받는다.

**ひとあし【一足】** [一歩] 한발 [ちょっと, わずか] 잠깐 ¶急いで駆けつけたけど, 一足違いで彼に会えなかった 급히 달려갔지만 한발 차이로 그를 만나지 못했다. / 用事があるので一足お先に失礼します 볼일이 있어서 먼저 실례하겠습니다. / 父はけさは私より一足先に家を出た 아버지는 오늘 아침에 나보다 먼저 집을 나섰다.

**ひとあじ【一味】** ¶手作りの味噌はやっぱり一味違う 손수 만든 된장은 역시 맛이 다르다. / 一味足りない 맛이 뭔가 부족한 거 같다.

**ひとあせ【一汗】** ¶ジョギングをして一汗かいた 조깅해서 흠뻑 땀을 흘렸다. / サウナで一汗流した 사우나에서 땀을 흠뻑 흘렸다.

**ひとあたり【人当たり】** 붙임성, 대인 관계 ¶人当たりがよいのでみんなに好かれている 그는 붙임성이 좋아서 모두가 좋아한다. / 人当たりが柔らかい 대인 관계가 부드럽다.

**ひとあめ【一雨】** ¶この雲行きだと一雨来そうだな 구름이 끼는 걸 보니까 소나기가 오려나. / 一雨ごとに春が近づく 한차례 비가 올 때마다 봄이 다가온다.

**ひとあわ【一泡】** 慣用句 なんとしても私をばかにした連中に一泡吹かせてやりたい 어떻게 해서든 나를 무시하던 자들을 깜짝 놀라게 해 주고 싶다.

**ひとあんしん【一安心】** ¶息子が無事だと聞いたのでとにかく一安心だ 아들이 무사하다는 것을 들으니 아무튼 한시름 놨다. / これで一安心だ 이것으로 일단은 안심이다.

**ひどい** ❶ [悪い] 나쁘다, 형편없다 ¶その俳優の演技はひどいものだった 그 배우의 연기는 형편없었다. / 数学でひどい点をとった 수학에서 나쁜 점수를 받았다. / きょうはひどい一日だった 오늘은 형편없는 하루였다. / ひどい顔をしているでしょう. きのうあまりよく眠れなかったの 얼굴이 말이 아니죠. 어제 잠을 잘 못 자서 그래요. / このラーメンはひどすぎる. 二度と食べる気がしないわ 이 라면은 너무 심하다. 다시는 먹고 싶지 않아. / 旦那さんがあなたを殴ったの? なんてひどい男なの 남편이 때렸어? 어쩜 그런 남자가 다 있니?

❷ [悲惨だ] 비참하다, 너무하다 [残酷だ] 참혹하다, 가혹하다 ¶そのカメラマンは武装勢力に襲われひどい死に方をした 그 카메라맨은 무장 세력한테 습격당해 비참하게 죽었다. / 飼い犬にえさ

**ひといき**

をやらないなんてひどいよ 기르는 개한테 먹이를 주지 않다니 너무해. / あいつのおかげでひどい目にあった 그 녀석 때문에 혼났다. / 労働者たちは会社のひどい待遇に怒っている 노동자들은 회사의 나쁜 대우에 화내고 있다.

❸ [激しい, 大変だ] 심하다, 지독하다 ¶ひどい頭痛がする 두통이 심하다. / 彼は交通事故でひどいけがを負った 그는 교통사고로 심한 부상을 입었다. / この動物はひどい寒さの中でも生きられる 이 동물은 지독한 추위 속에서도 살 수 있다. / ひどいミスをしたものだね 심한 실수를 했군. / 彼はひどいなまりの韓国語を話す 그는 심하게 사투리가 섞인 한국어를 한다. / 風がひどい 바람이 심하다. / ひどい暑さの中で 더위

¶雨がひどくなってきた 비가 심해졌다. / 痛みがさらにひどくなってきた 통증이 더욱더 심해졌다. / けさは交通渋滞がひどかった 오늘 아침에는 교통 정체가 심했다.

**ひといき【一息】** 한숨 [一気] 단숨 ¶ようやく仕事のめどがついて, ほっと一息といったところだ 겨우 일의 전망이 보여서 한숨 놓는 참이다. / きょうは一日一息入れる暇もないほど忙しかった 오늘은 하루 종일 한숨 돌릴 겨를도 없을 정도로 바빴다.

¶彼は家につくやいなや, 一息にビールを飲み干した 그는 집에 도착하자마자 단숨에 맥주를 비웠다. / 一息に坂を駆け上る 단숨에 언덕을 뛰어 오르다

¶もう一息で頂上だ. がんばろう 이제 조금만 오르면 정상이다. 힘내자. / あと一息というところで彼はくじけてしまった 그는 거의 다 된 곳에서 주저앉아 버렸다[좌절했다].

**ひといきれ【人熱れ】** 사람들의 훈김 ¶込み合った場内はすごい人いきれで気分が悪くなった 북적거리는 장내에서 많은 사람들의 훈김 때문에 속이 안 좋아졌다.

**ひといちばい【人一倍】** 남달리 ¶彼は人一倍人に思いやりがある 그는 남달리 남을 배려한다. / 人一倍頑張る 남달리 노력하다

**びとう【尾灯】** 〔車の尾灯〕 미등

**ひとえに【偏に】** [まったく] 전적으로, 오로지 [ひたすら] 진심으로 ¶彼女が志望校に入学できたのもひとえに努力のたまものだ 그녀가 지망 학교에 입학할 수 있었던 것도 전적으로 노력한 보람이다. / 失礼の段, ひとえにおわび申し上げます 무례한 점 진심으로 사과드립니다.

**ひとおもい【一思い】** 〃 결연히, 단숨에 ¶一思いに崖から飛び降りた 단숨에 절벽에서 뛰어내렸다.

**ひとがき【人垣】** ¶優勝パレードを見ようと通りの両側に人垣ができた 우승 퍼레이드를 보려고 도로 양쪽에 사람들이 인산인해를 이루었다.

**ひとかげ【人影】** [人の影] 인영, 사람의 그림자 [人の姿] 사람의 모습 [人気] 인기척 ¶彼女は障子に映る人影にびっくりした 그녀는 장지문에 비친 사람 그림자에 깜짝 놀랐다. / 暗かったのでその人影がだれかわからなかった 어두워서 그 그림자가 누구인지 몰랐다. / 夜10時を過ぎるとこの通りは人影もまばらになる 밤 열 시를 넘으면 이

거리는 인기척이 뜸하게 된다. / 人影のない街 인기척 없는 거리

**ひとかた【一方】** ◇一方ならぬ 적지 않은, 대단한, 많은 ◇一方ならず 적지 않게, 대단히, 매우 ¶このたびは一方ならぬお世話になり本当にありがとうございます 이번에는 대단한 신세를 져서 정말로 감사합니다. / その知らせを聞いた母の驚きは一方ならぬものがあった 그 소식을 들은 어머니는 여간 놀란 것이 아니었다.

**ひとかど【一角・一廉】** ◇ひとかどの 상당한, 뛰어난 ¶彼は自分ではひとかどの人物だと思い込んでいる 그는 자기 스스로는 상당한 인물이라고 굳게 믿고 있다.

**ひとがら【人柄】** 사람됨, 인품 ¶彼についてはよく知っているけど, とても人柄がよい 그 사람에 대해서는 잘 알고 있는데, 매우 인품이 좋다. / 伊藤さんはどんな人柄ですか 이토 씨는 어떤 사람이에요

**ひとかわ【一皮】** 한 꺼풀 ¶彼は人がよさそうに見えるが, 一皮むけば腹黒い男だ 그 사람은 좋아 보이지만 한 꺼풀 벗기면 엉큼한 사람이다. / 苦労したおかげで彼は一皮むけたみたいだ 고생한 덕에 그는 한 단계 진보한 것 같다.

**ひとぎき【人聞き】** ¶人聞きの悪いことを言うなよ 남이 듣기에 좋지 않은 말을 하지 마.

**ひときれ【一切れ】** 한 조각 [薄切り] 슬라이스 ¶アップルパイを一切れ妹に分けてやった 애플파이를 한 조각 여동생한테 나누어 주었다. / 朝パンを一切れ食べただけだったので腹ぺこな아침에 빵 한 조각 먹었을 뿐이어서 배가 몹시 고프다

**ひときわ【一際】** [著しく] 한결, 한층 더 [並外れて] 남달리 ¶クラスの中でもひときわ大きいのがバスケット部の田中君だ 반에서도 유달리 큰 사람이 농구부의 다나카다. / モデルたちの中でも彼女の美しさはひときわ目立っていた 모델들 중에서도 그녀의 아름다움은 남달리 눈에 띄었다.

**ひどく【酷く】** [非常に] 매우, 몹시, 대단히, 심하게 ¶今夜はひどく寒い 오늘 밤은 매우 춥다. / 彼はひどく酔っていた 그는 몹시 취해 있었다. / 彼女はひどくお金に困っていた 그녀는 매우 돈이 궁해 있었다. / 子供をそんなにひどくしかなくてもいいでしょう 아이를 그 본 당에 심하게 혼내지 않아도 되잖아요. / その理論はひどく複雑だった 그 이론은 매우 복잡했다. / 右手をけがしてひどく不自由な思いをした 오른손을 다쳐서 몹시 불편했다. / 騒音がひどくてテレビの音がよく聞き取れない 소음이 심해서 텔레비전 소리를 잘 알아들을 수 없다. / 彼は彼女と別れたことをひどく後悔している 그는 그녀와 헤어진 것을 매우 후회하고 있다. / きょうはひどく疲れた 오늘은 몹시 피곤하다. / 彼の話は聴衆をひどく退屈させた 그의 얘기는 청중을 매우 지루하게 만들었다. | 그의 얘기에 청중은 매우 지루해했다. / 彼は彼女の感情をひどく傷つけた 그는 그녀의 감정을 심하게 상처 입혔다.

**びとく【美徳】** 미덕 ¶謙譲の美徳なんて今どきはやらない 겸양의 미덕 따위는 요즘은 인기가 없다.

**ひとくい【人食い】** 식인 関連 人食いザメ 식인

상어

**ひとくせ【一癖】** 버릇, 성깔 ¶彼は一癖ありそうなやつだ 그는 성깔이 있어 보이는 사람이다. / 彼は一癖も二癖もある 그는 보통내기가 아닌 만만찮은 사람이다.

**ひとくち【一口】 ❶** [口に入れた飲食物] 한입 [特に飲み物] 한 모금 ¶彼女はチョコレートを一口で食べた 그녀는 초콜릿을 한입에 먹었다. / 食欲がなくて御飯一口すら食べられなかった 식욕이 없어서 밥 한입도 못 먹었다. / オレンジジュースを一口飲んだ 오렌지 주스를 한 모금 마셨다. / 彼はグラスのウイスキーを一口で飲み干した 그는 위스키를 한 모금 다 마셨다.
**❷** [一言] 한마디 ¶彼女は一口で言えば正直な人です 그녀는 한마디로 말하자면 정직한 사람입니다. / この機械の複雑なしくみは一口では説明できない 이 기계의 복잡한 구조는 한마디로 설명할 수 없다. / 一口に会社と言っても色々ある 한마디로 회사라고 해도 여러 가지 있다.
**❸** [株·寄付·割当の単位] 몫 ¶学校への寄付は一口5万円です 학교에의 기부는 한 구좌 5만엔입니다. / そのもうけ話に一口乗せてくれ 그 벌이가 되는 얘기에 한몫 끼워 줘.

**ひとけ【人気】** 인기척 (▶発音은 인기척) ¶昼間は学生たちでにぎわうキャンパスも夜はまったく人気がなくなる 낮에는 학생들로 활기찬 캠퍼스도 밤에는 전혀 인기척이 없어진다. / この辺りは最近物騒だから, 人気のない道を通るのは避けたほうがいい 이 근처는 요즘 위험하니까 인기척이 없는 길로 다니는 것은 피하는 것이 좋다.

**ひとけい【日時計】** 해시계

**ひとけた【一桁】** 한 자리 ¶彼の年収は私とは一桁違う 그의 연봉은 나하고는 한 자리수 틀리다. ⇒桁

**ひとこえ【一声】** 한마디 ¶出かける前に一声かけてくれればよかったのに 외출하기 전에 한마디 말을 건네줬으면 좋았을 텐데.

¶彼は仲間に賃金を等しく分けた 그는 동료들에게 상금을 골고루 나누었다. / 「このケーキ, 等しく6個に切れる？」「もちろん, 簡単だよ」 "이 케이크, 똑같이 여섯 조각으로 자를 수 있어？" "물론이지. 간단해."

**ひとごこち【人心地】** ¶一日中休みなしで働き詰めだったが, ビールをぐっと飲んでやっと人心地がついたよ 하루 종일 쉬지 않고 계속되는 업무였지만, 맥주를 쭉 마셨더니 이제야 제정신이 드네.

**ひとこと【一言】** 한마디 ¶彼はいつも一言多い 그는 항상 한마디 많다. / 君の提案について一言だけ言っておきたい 자네의 제안에 대해 한마디만 해 두고 싶어. / 彼は韓国語を一言も話せなかったが, 韓国中を旅してきた 그는 한국어를 한마디도 못했지만 한국 전체를 여행하고 왔다. / 一言で言うと彼のことが好きじゃない 한마디로 말하면 그 사람을 안 좋아해. / 一言も言わずに 한마디도 하지 않고 / 一言あいさつする 한마디 인사를.

**ひとごと【人事】** 남의 일 ¶大地震のニュースはとても人ごととは思えなかった 대지진 뉴스는 도무지 남의 일이라고는 생각되지 않았다. / 人ごとながら彼の格好は変だと思う 남의 일이지만 그의 차림은 이상하다고 생각한다. / 彼女は自分の犯した罪をまるで人ごとのように言った 그 여자는 자기가 저지른 죄를 마치 남의 일처럼 말했다.

**ひとこま【一齣】** [一場面] 한 토막 [장면]

**ひとごみ【人込み】** 인파(人波) ¶尾行中の容疑者は遊園地の人込みに紛れて見えなくなった 미행 중인 용의자는 놀이공원의 인파에 섞여 사라졌다. / 正月前のデパートはすごい人込みだった 설날 전 백화점은 굉장한 인파였다.

**ひところ【一頃】** [かつて] 한때 [ある時期] 한동안 ¶その映画館は最近はがらがらだが, ひところはいつも満員だった 그 영화관은 요즘은 텅 비었지만 한때는 항상 만원이었다. / 彼もひところは熱烈なロッテファンだった 그도 한때는 열렬한 롯데 팬이었다.

**ひとごろし【人殺し】** 〔行為〕 살인 [人] 살인자 ⇒殺人

**ひとさしゆび【人差し指】** 집게손가락, 인지(人指), 식지(食指)

**ひとざと【人里】** 마을 ¶人里離れた森の一軒家 마을에서 떨어진 숲 속의 외딴집

**ひとさらい【人攫い】** 〔行為〕 유괴(誘拐) [人] 유괴범

**ひとさわがせ【人騒がせ】** 소란(騷乱), 소동(騷動) ◇人騒がせな 소란스런 ¶彼は相変わらず人騒がせなやつだ 그는 변함없이 떠들썩하게 하는 소란스런 사람이다. / 彼らはいつも人騒がせなことばかりしている 그들은 항상 소란스러운 짓만 하고 있다.

**ひとしい【等しい】** 같다 [同然だ] 마찬가지다, 다름없다 ◇等しく [均等に] 골고루 ¶それらは大きさ[長さ, 重さ]が等しい 그것들은 크기[길이, 무게]가 같다. / 二等辺三角形は2つの等しい辺を持っている 이등변삼각형은 길이가 같은 두 개의 변을 가지고 있다.
¶君のしている事は犯罪に等しい 네가 하고 있는 일은 범죄와 다름없다. / 吹雪の中でスキーをするなんて自殺行為に等しい 눈보라 속에서 스키를 타다니 자살 행위와 마찬가지다. / 農薬を散布したが効果は無に等しかった 농약을 살포했지만 효과는 없는 거나 다름없었다.

**ひとしお【一入】** 한층, 더욱 ¶失業中で金もなく冬の寒さがひとしお身に染みる 실업 중에 돈이 없어서 겨울의 추위가 한층 몸에 스며든다. / 大事な一人娘の結婚に両親の感慨もひとしおだった 소중한 외동딸 결혼에 부모님의 감개도 한층 더했다.

**ひとしきり【一頻り】** 한동안, 한바탕, 한차례 ¶ひとしきり雨が降った後, 見事な虹がかかった 한차례 비가 내린 후 멋진 무지개가 떴다.

**ひとしごと【一仕事】** ¶一仕事終えてから新宿に飲みに行った 일 판 끝내고 나서 신주쿠에 술 마시러 갔다. / それは一仕事だぞ(→楽な仕事ではない) 그것은 꽤 힘든 일이야.

**ひとじち【人質】** 인질 ¶テロリストグループとの長時間の交渉の結果, 人質全員が無事解放された 테러 조직과의 장시간의 교섭 결과, 인질 전원이 무사히 풀려났다. / ハイジャック犯は乗客を人質に取った 비행기 납치범은 승객을 인질로 잡았

다.

**ひとしれず【人知れず】** 남몰래 ¶すべてがうまくいったとき彼は人知れず快哉を叫んだ 모든 일이 잘 되었을 때 그는 남몰래 쾌재를 불렀다.

**ひとしれぬ【人知れぬ】** 남모르는 ¶夫の死後、一人で店を切り盛りしながら彼女は人知れぬ苦労を重ねてきた 남편이 죽은 후 혼자서 가게를 꾸려 가면서 그녀는 남모르는 고생을 겪어 왔다.

**ひとずき【人好き】** ¶新しいアルバイトの学生は人好きのするタイプのでみんなとうまくやっていけそうだ 새로 온 아르바이트생은 호감을 주는 타입이라 모두와 잘 해 나갈 것 같다.

**ひとすじ【一筋】** 한줄기 一筋에 일편단심 ¶一筋の光 한 줄기 빛 / ここから農場までは一筋の道が続いている 여기에서 농장까지는 외길이 이어져 있다.
¶彼はこの仕事一筋に生きようと決心した 그는 평생 이 일만을 하며 살아가려고 결심했다.
慣用句 彼は一筋縄ではいかない男だ 그는 보통 수단으로는 안 되는 남자다.

**ひとそろい【一揃い】** 한 벌, 한 세트 ¶食器ひとそろい 반상기 한 벌 ☞そろい

**ひとだかり【人集り】** 군중(群衆), 인파(人波)
¶街角で人だかりがしていた 길거리에 많은 사람들이 모여 있었다.

**ひとたび【一度】** 한번; 일단 ☞一度(ど)

**ひとたまりもなく【一溜りもなく】** ¶ふもとの住宅は地滑りにあってひとたまりもなく流されてしまった 산기슭에 있는 주택은 산사태가 나서 못 버티고 떠내려갔다. / 日本チームはサッカーで優勝候補にひとたまりもなく敗れた 일본 팀은 축구에서 우승 후보에게 못 버티고 졌다.

**ひとちがい【人違い】** ◇人違いする 사람을 잘못 보다 ¶町で別の人を友人と人違いしてしまった 거리에서 다른 사람을 친구로 잘못 보았다. / 人違いではないですか 사람 잘못 보신 거 아닙니까?

**ひとつ【一つ】** ❶ [数量の1] 하나 [1個] 한 개 [1歳] 한 살 一つの 하 ¶私はすいかを一つ買った 나는 수박을 하나 샀다. / 釣りは彼の趣味の一つだ 낚시는 그의 취미 중 하나이다. / 私の家から一つ置いた隣にコンビニがある 우리 집에서 한 집 건너 이웃집이 편의점이다. / 私が作ったクッキーだけど、お一ついかが 내가 만든 쿠키인데 한 번 먹어 보실래요? / 一つだけ言っておこう 한 가지만 말해 두겠어. / 彼女の書いた作文には一つも誤りがない 그녀가 쓴 작문에는 한 군데도 틀린 곳이 없다. / 一つお願いすることがあります 한 가지 부탁드릴 것이 있습니다. / 「このりんごいくらですか」「一つ200円です」"이 사과 얼마입니까?" "한 개에 200엔입니다." / 二つのピーマンのうち、一つは緑色で、もう一つは赤ピーマンです 두 개 중 하나는 녹색이고 다른 하나는 빨간 색이다. / 空には一つの雲もなかった 하늘에는 구름 한점도 없었다. / カウンターにたった一つだけ空いた席があった 카운터에 딱 한 자리만 비어 있었다. / そのゲームソフトは一つも残っていません。売り切れです 그 게임 소프트는 한 개도 남아 있지 않습니다. 매진됐습니다.

¶一人一つずつ取ってください 한 사람당 한 개씩 가지세요.
¶誕生日が来てまた一つ年を取った 생일이 와서 또 한 살 먹었다. / 「お子さんはおいくつですか」「一つになったばかりです」"아이는 몇 살이에요?" "이제 막 한 살이 됐어요."
¶家の中は物音一つ聞こえなかった 집안은 소리 하나 들리지 않았다. / 離婚の際、彼女は夫に何一つ要求しなかった 이혼할 때 그녀는 남편한테 아무것도 요구하지 않았다. / 彼はとてもまじめで冗談一つ言わない 그는 너무 성실해서 농담 한 마디 하지 않는다. / 持ち物一つにも彼女の趣味のよさが出ている 소지품 하나에도 그녀의 취미의 고상함이 나타나 있다. / 心の持ちよう一つだ 마음먹기 나름이다.
¶彼には会わなかった。一つには会う時間がなかったし、また会いたくもなかった 그와는 만나지 않았다. 한편으로는 만날 시간이 없었고 또 한편으로는 만나고 싶지도 않았다.
❷ [一体であること] 하나 ¶私と彼は気持ちが一つだ 나와 그는 마음이 하나이다. / 私たちは一つになって困難に対処した 우리는 하나가 되어 어려움에 대처했다. / 心を一つにする 마음을 하나로 모으다
❸ [同じ] 한, 같은 ¶彼と私は一つ屋根の下に住んでいる 그와 나는 한 지붕 밑에서 살고 있다.
慣用句 ここは一つ慎重に行こう 여기는 좀 신중하게 가자. / どうか一つ穏便に願います 아무쪼록 원만하게 부탁합니다. / 一つよろしくお願いします 잘 좀 부탁드립니다. / 幸せかどうかなんて心の持ちよう一つで 행복하냐 어떠냐는 마음가짐 여하에 따라 다르다. / テストの一つや二つ朝飯前さ 테스트 한 두 개 정도는 식은 죽 먹기다. / 僕は内気なので女の子の手一つ握れない 나는 내성적이어서 여자 손 하나 못 잡는다.

**ひとつおき【一つ置き】** ¶畑にはかぼちゃときゅうりが一つ置きに植えられていた 밭에는 호박과 오이가 한 줄 걸러 심어져 있었다.

**ひとつかい【人使い】** ¶あの店の店長は人使いが荒すぎて従業員が長続きしない 그 가게 주인은 사람을 함부로 다뤄서 종업원이 오래가지 않는다.

**ひとつかみ【一摑み】** 한 줌 ¶一つかみの塩 한 줌의 소금

**ひとづきあい【人付き合い】** 사귐성, 사교성 ¶人付き合いがよい[悪い] 사귐성이 좋다[나쁘다]彼は人付き合いがよい[よくない] 그는 사교적이다[사교적이지 않다].

**ひとづて【人伝て】** 인편〔うわさ〕소문 ¶書類を人づてで受け取った 서류를 인편으로 받았다. / 彼が留学して来たことは人づてに聞いている 그가 유학 왔다는 것은 소문으로 들었다. / あなたが結婚したことを人づてに聞いたわよ 얼마 전에 당신이 결혼했다는 것을 다른 사람을 통해서 들었어.

**ひとつひとつ【一つ一つ】** 하나하나〔ひとつずつ〕하나씩〔それぞれ〕각각 ¶一つ一つ手に取って調べる 하나하나 손에 집어 조사하다 / 彼女は一つ一つの服に愛着があってなかなか処分できなかった 그녀는 옷 하나하나에 애착이 있어서 좀처럼

処分할 수 없었다.

**ひとつま 【人妻】** 유부녀(有夫女)〔他人の妻〕남의 아내

**ひとつまみ 【一摘み】** 한 자밤, 소량, 약간 ¶ご塩一つまみ 깨소금 약간

**ひとで 【人手】 ❶** 〔働き手〕일손, 일꾼 ¶人手が足りない 일손이 모자라다 / 人手を借りる 일손을 빌리다 / 事業拡大のためにたくさんの人手が必要だ 사업 확대를 위해 많은 일꾼이 필요하다. / 辞書の編集には人手がかかる 사전 편집에는 일손이 많이 간다. / 機械化により入手不足を補う 기계화로 일손 부족을 보충하다

**❷** 〔人の所有〕남의 손 ¶父が事業に失敗したため住み慣れた家と土地が人手に渡ってしまった 아버지가 사업에 실패해서 살고 있던 집과 토지가 남의 손에 넘어갔다.

**ひとで 【人出】** 인파(人波) ¶デパートはすごい人手だった 백화점은 굉장한 인파였다. / 祭りの人出は予想の2倍もの数だった 축제에 참가한 인파는 예상의 두 배였다. / 遊園地は休日になるとたいへんな人出でにぎわう 놀이공원은 휴일이 되면 많은 인파로 북적거린다. / 博覧会の人出は多かった[少なかった] 박람회에 나온 인파는 많았다[적었다].

**ひとで 【海星】** 〔動物〕불가사리

**ひととおり 【一通り】** 〔大体〕대강, 대충 〔一種類〕한가지 〔並大抵〕보통, 여간 ¶大掃除は一通り済ませた 대청소는 대강 끝냈다. / 彼はパソコンの操作法を一通り説明してくれた 그는 컴퓨터 조작법을 대충 설명해 주었다. / 提出する前に答案用紙に一通り目を通しなさい 제출하기 전에 답안지를 대충 한번 훑어 봐라. / 小学校から大学まで一通りの教育は受けた 초등학교에서 대학교까지 웬만한 교육은 받았다.

¶数学の問題の解き方は一通りとは限らない 수학 문제 푸는 방법은 한 가지만이 아니다.

¶母の苦労は一通りではなかった 어머니의 고생은 보통 일이 아니다.

**ひとどおり 【人通り】** 〔往来〕사람의 왕래 ¶台風が近づいていたので街は人通りが途絶えていた 태풍이 다가오고 있어서 거리는 사람들의 왕래가 끊겼다. / この道は夜になると人通りが少ない 이 길은 밤이 되면 사람의 왕래가 적다. / 駅前にはいつも人通りが多い 역 앞은 항상 사람의 왕래가 많다.

**ひととき 【一時】** 한때 ¶パーティーで楽しい一時を過ごした 파티에서 즐거운 한때를 보냈다.

**ひととなり 【人となり】** 사람됨, 인품 ¶伝記を読んで彼女の人となりを知った 전기를 읽고 그녀의 인품을 알게 되었다.

**ひとなつっこい 【人懐っこい】** 정다운, 붙임성이 있는 ¶人懐っこい子供 사람을 잘 따르는 아이 / 人懐っこく微笑む 붙임성 있게 웃다

**ひとなみ 【人並み】** ◇人並みする 남과 같다 〔普通だ〕보통이다 〔平均的だ〕평균적이다 ¶私の料理の腕前は人並みだ 내 요리 솜씨는 보통이다. / せめて人並みの生活がしたいものだ 최소한 평범한 생활을 하고 싶다. / 人並みに暮らしている 남들처럼 살고 있다. / 人並みに風邪を引いた 남들처럼 감기에 걸렸다.

¶彼女は人並み外れた努力で成功した 그녀는 남보다 훨씬 많은 노력으로 성공했다. / あの大学に入りたいのなら人並み以上に勉強しなくちゃね 그 대학교에 들어가고 싶다면 다른 사람보다 더 공부하지 않으면 안 돼.

**ひとなみ 【人波】** 인파 ¶そのアイドル歌手はファンの人波にもまれてもみくちゃになっていた 그 아이돌 가수는 수 많은 팬에게 이리저리 밀려 몹시 시달렸다.

**ひとにぎり 【一握り】** 한 줌 ¶そのことを知っていたのは社内のほんの一握りの者だけだった 그 일을 알고 있었던 것은 회사내의 아주 극소수의 사람뿐이었다. / 高校球児たちはグラウンドの一握りの土を記念に持ち帰った 고교 야구 선수들은 그라운드의 흙 한 줌을 기념으로 가지고 갔다.

**ひとねむり 【一眠り】** 한잠, 한숨 잠 ¶昼食の後一眠りした 점심 식사 후에 한숨 잤다.

**ひとはた 【一旗】** 慣用句 彼は一旗揚げようと田舎から東京に出て来た 그는 새로 사업을 일으키려고 시골에서 도쿄로 나왔다.

**ひとばん 【一晩】** 하룻밤 ¶彼女は山で遭難した息子のことが心配で昨夜は一晩中まんじりともしなかった 그녀는 산에서 조난당한 아들이 걱정되어 어제는 한눈으로 하룻밤을 지새웠다. / 友人の家に一晩泊まる 친구 집에서 하룻밤 묵다 / 一晩考えさせてください 하룻밤 생각할 시간을 주세요.

**ひとびと 【人々】** 사람들 ⇒人

**ひとまえ 【人前】** 〔人の見ている所〕남 앞〔人の手前, 体面〕체면 ¶このなりでは人前に出られない 이 꼴로는 남 앞에 못 나간다. / 常識のある人なら人前でそんなことは言わない 상식이 있는 사람이라면 남 앞에서 그런 말은 하지 않는다. / 彼は人前に出るを嫌う 그는 남 앞에 나서는 것을 싫어한다. / 人前で子供をしかるものではない 남 앞에서 아이를 혼내는 게 아니다. / 彼女は人前をはばからず泣いた 그녀는 남 앞에서 거리낌 없이 울었다. / 彼女はいつも人前をつくろう 그녀는 언제나 체면을 차린다.

**ひとまず 【一先ず】** 하여튼, 일단 ¶家族の心配だからひとまず実家に帰ろう 가족이 걱정되니까 일단 집에 가자. / 赤ん坊は熱も下がったのでひとまず安心だ 아기의 열도 내려서 일단 안심이다.

**ひとまとめ 【一纏め】** 한 묶음 ¶古新聞をひとまとめにしてリサイクルした 헌 신문을 한 묶음으로 해서 재활용품 수거에 내놓았다. / 別々の問題をひとまとめに議論すべきではない 각각 다른 문제를 일괄해서 논의해서는 안 된다.

**ひとまね 【人真似】** 흉내, 모방(模倣) ◇人まねする 흉내를 내다, 모방하다 ⇨まね

**ひとまわり 【一回り】** 한 바퀴 〔一層〕한층 〔12歳〕열두 살 ¶警備員は朝晩二度建物の中を一回りする 경비원은 아침저녁 두 번 건물 안을 한 바퀴 돈다. / 子供を連れて公園を一回りした 아이를 데리고 공원을 한 바퀴 돌았다.

¶最近太ってきたのでいつもより一回り大きいサイズのシャツを買った 요즘 살이 쪄서 여느 때보다 한 사이즈 큰 셔츠를 샀다. / 3年ぶりに会ったおいは

一回りも二回りも大きくなっていた 3년 만에 만난 조카는 한층 더 어른이 되어 있었다.

¶彼は親の反対を押し切って一回り年が違う女性と結婚した 그는 부모의 반대를 무릅쓰고 열두 살 차이 나는 여성과 결혼했다.

**ひとみ**【瞳】눈동자 〔瞳孔〕동공 ¶彼女は瞳を輝かせて宇宙飛行士の話に聞き入った 그녀는 눈동자를 반짝이며 우주비행사의 이야기를 열심히 들었다. / 暗くなると猫の瞳は大きく広がる 어두워지면 고양이의 동공은 크게 확대된다. / つぶらな瞳の女の子 둥글고 예쁜 눈동자를 가진 소녀 ¶彼らは瞳をこらして樹上のかぶと虫を見ていた 그들은 뚫어지게 나무 위의 장수풍뎅이를 보고 있었다.

**ひとみしり**【人見知り】◇人見知りする 낯을 가리다 ¶うちの娘は人見知りする 우리 딸은 낯을 가린다.

**ひとむかし**【一昔】옛날 ¶一昔前にはやったファッションがまた若い女性の間で流行し始めた 옛날에 유행했던 패션이 다시 젊은 여성들 사이에서 유행하기 시작했다. / あの悲惨な事故からもう一昔になる 그 비참한 사고로부터 벌써 10년이 된다. 慣用句 十年一昔とはよく言ったもので十年ぶりに訪れた故郷はすっかり変わっていた 10년이면 강산도 변한다고 하더니 10년 만에 찾은 고향은 완전히 변해 있었다.

**ひとめ**【一目】한눈, 첫눈 〔一度〕한 번 ¶彼に会うのは20年ぶりだったけれど一目でわかった 그를 만나는 것은 20년 만이였지만 한눈에 알아보았다. / 見渡せるこの山の頂からは北アルプスの山々が一目で見渡せる 이 산 정상에서는 북알프스의 산들을 한눈에 바라볼 수 있다.

¶僕は彼女に一目ぼれした 나는 그녀에게 첫눈에 반했다.

¶彼にはその絵が偽物かどうかは一目見れば十分わかる 그 사람은 그 그림이 가짜인지 어떤지 한 번 보면 충분히 알아볼 수 있다. / 一目だけでいいか初恋の人に会いたい 한 번만이라도 좋으니까 첫사랑을 만나고 싶다.

**ひとめ**【人目】남의 눈 ¶ここは人目が多いからもっと静かなところで話しましょう 여기는 남의 눈이 많으니까 좀 더 조용한 곳에서 얘기합시다. / 彼は有名人だからいつも人目にさらされている 그는 유명한 사람이어서 언제나 남의 주목을 받고 있다. / 人気者の彼らは人目につかぬように劇場の裏口から脱出した 인기인인 그들은 남의 눈에 띄지 않게 극장 뒷문으로 빠져나갔다. / 若いカップルは道の真ん中で人目をはばからずキスしていた 젊은 커플은 길 한복판에서 남의 눈을 꺼리지 않고 키스하고 있었다. / 彼女の美貌は人目を引いた 그녀의 미모는 남의 눈을 끌었다. / 人目を避ける[しのぶ] 남의 눈을 피하다

**ひとやく**【一役】한몫 ¶我々の計画に一役買ってくれるよう彼に頼んだ 우리 계획에 한몫 맡아 주기를 그 사람한테 부탁해 버렸다.

**ひとやすみ**【一休み】〔休憩〕휴게 ◇一休みする 잠깐 쉬다 ¶少し疲れたから一休みしませんか 조금 피곤하니까 잠깐 쉬지 않겠습니까? / 一休みしてコーヒーを飲もうよ 잠깐 쉬고 커피 한잔 마시자

**ひとやま**【一山】한 무더기 ¶その店では一山千円で果物や野菜の安売りをしている 그 가게에서는 한 무더기 천 엔에 과일이나 야채를 싸게 팔고 있다. / みかん一山 귤 한 무더기 慣用句 一山当てようとはるばる沖縄から東京へ出て来た 그는 한 밑천 잡겠다고 멀리 오키나와에서 도쿄로 나왔다.

**ひとり**【一人・独り】한 사람, 일인, 혼자 〔独身〕독신 ◇一人で 혼자서, 홀로

¶彼は友人の一人だ 그는 친구 중의 한 사람이다. / 時間どおりに来た者は一人もいなかった 시간에 맞춰 온 사람은 하나도 없었다. / 一人としてそのことを知らなかった 단 한 사람도 그것을 몰랐다. | 단 한 명도 그것을 아는 사람은 없었다. / クラスのだれ一人としてその問題を解くことができなかった 반의 단 한 사람도 그 문제를 못 풀었다. / 一人に2本ずつ花をあげよう 한 사람에게 두 송이씩 꽃을 주자. / 名前を呼ばれたら一人ずつ部屋に入ってください 이름이 불리면 한 사람씩 방으로 들어오세요. / 議員は一人残らず法案に賛成した 의원은 한 사람도 빠지지 않고 법안에 찬성했다. / 正解は彼一人だった 정답을 맞춘 것은 그 사람뿐이었다.

¶もう一人分追加できますか 일인분 더 추가할 수 있습니까?

¶休暇にはたいてい独りで旅をしている 휴일에는 대개 혼자서 여행한다. / 一人で旅に出る 홀로 여행을 떠나다 / 私は独りでいるのが好きだ 나는 혼자 있는 것을 좋아한다. / 独りでやっていくことはた易いことではない 혼자서 살아가는 것은 쉬운 일이 아니다. / 私の兄はまだ独りでいる 우리 오빠는 아직 독신이다. / 一人で暮らす 혼자서[홀로] 살다 / 先生は独りでよく考えてみるようにと言った 선생님은 혼자서 잘 생각해 보라고 말씀하셨다. 関連 一人芝居 일인연극 / 一人部屋 독방(独房), 독실(独室) 〔ホテルの〕싱글룸 / 一人っ子 외동이, 독자(独子) / 一人息子 외아들, 외동아들 〔一人娘〕외딸, 외동딸

**ひどり**【日取り】날짜 〔日程〕일정 ¶結婚式の日取りは決まりましたか 결혼식 날짜는 잡혔습니까?

**ひとりあたり**【一人当たり】일인당 ¶一人当たりの平均年収 일인당 평균 연봉

**ひとりあるき**【独り歩き・一人歩き】◇一人歩きする 혼자서 걷다; 자립하다, 독립하다 ¶姪の子は1歳の誕生日前に独り歩きできるようになった 조카는 돌이 되기 전에 혼자서 걸을 수 있게 되었다. / この辺りは最近物騒だから夜の独り歩きはやめたほうがいいよ 이 주변은 요즘 위험하니까 밤에 혼자서 걷지 않는 게 좋아.

**ひとりがてん**【独り合点】지레짐작 ◇独り合点する 지레짐작하다 ¶彼は彼女の言うことをよく聞かずに独り合点してしまった 그는 그녀의 말을 잘 듣지 않고 지레짐작해 버렸다.

**ひとりぐらし**【独り暮らし】◇一人暮らしをする 혼자 살다 / 独り暮らしにも慣れてきた 혼자 사는 데 익숙해졌다.

**ひとりごと**【独り言】혼잣말 ¶彼は独り言を言う

くせがある 그는 혼잣말을 하는 버릇이 있다.

**ひとりじめ【独り占め】** 독차지 ◇独り占めする 독차지하다 ¶姉はいつもテレビを独り占めしている 언니는 항상 텔레비전을 독차지한다. / 彼は手柄を独り占めしようとする傾向がある 그는 공로를 독차지하려는 경향이 있다. ⇒独占

**ひとりずもう【独り相撲】** ¶あんなにがんばったが結局彼の独り相撲に終わった 그렇게 열심히 했는데 결국 그 사람 혼자서 힘쓰다 아무런 결과 없이 끝나 버렸다.

**ひとりだち【独り立ち】** 홀로 서기, 혼자 서기; 독립, 자립 ◇独り立ちする 홀로 서다, 혼자 서다; 독립하다, 자립하다

**ひとりっこ【一人っ子】** 외동이, 독자(独子)

**ひとりでに【独りでに】** 저절로 ¶ドアの前に立つとひとりでにドアが開いた 문 앞에 서니 저절로 문이 열렸다. / その程度の傷ならひとりでに治るよ 그 정도 상처라면 저절로 낫지.

**ひとりぼっち【独りぼっち】** 외돌토리, 외톨이 ◇独りぼっちの〔孤独な〕고독한 ◇独りぼっちで〔一人で〕홀로, 혼자서 ¶妻に先立たれて彼は独りぼっちになってしまった 마누라를 잃고 그는 외톨이가 되었다. / 独りぼっちの生活をする 고독한 생활을 하다

**ひとりよがり【独り善がり】** ◇独り善がりの〔独善的な〕독선적인 ¶彼はまったく独り善がりな人間で他人のことなど顧みない 그는 아주 독선적인 사람이어서 다른 사람 따위 개의치 않는다.

**ひな【雛】** 새끼 새 〔ひよこ〕 병아리 ¶ひなをかえす 병아리를 까다

**ひなた【日向】** 양달, 양지 ¶日なたに布団を干す 양지에 이불을 말리다 / 日なたぼっこをする 일광욕을 하다, 햇볕을 쬐다

**ひなにんぎょう【雛人形】** 히나 인형: 히나 마쓰리 때에 여자 아이가 있는 집에서 장식하는 인형 ¶わが家では2月の中旬になるとひな人形を飾ることにしている 우리 집에서는 이월 중순이 되면 히나 인형을 장식한다. ⇒雛祭り

**ひなびた【鄙びた】**〔田舎の〕시골티가 나는, 촌스러운 ¶彼はその山間のひなびた風情のある温泉が気に入っている 그는 그 산속의 시골티가 나며 운치가 있는 온천이 마음에 들었다. / ひなびた温泉地 시골티가 나는 온천지

**ひなまつり【雛祭り】** 히나 마쓰리 ¶3月3日のひな祭りは女の子の健康と成長を願う日本の伝統的な行事だ 삼월 3일 히나 마쓰리는 여자 아이의 건강과 성장을 비는 일본의 전통적인 행사다.

**ひなん【非難】** 비난 ◇非難する 비난하다 ¶彼女の軽率な行動はみんなの非難の的となった 그녀의 경솔한 행동은 모두의 비난의 대상이 되었다. / 市長の発言は市民の非難を招いた 시장의 발언은 시민의 비난을 샀다. / 知事は賄賂を受け取ったことで厳しい非難を浴びた 지사는 뇌물을 받은 것에 대해 심한 비난을 받았다. / 我々が許したとしても世間の非難は免れられないだろう 우리가 용서한다 해도 세상 사람들의 비난은 면하지 못할 것이다. / 彼は不当な非難に耐えなければならなかった 그는 부당한 비난을 참아야 했다.
¶彼は私のやり方が悪かったと非難した 그는 내 방식이 나빴다고 비난했다. / 新聞は政府の外交政策を非難した 신문은 정부의 외교 정책을 비난했다. / 彼は私のことを慌てて非難した 그는 나를 심하게 비난했다. / 君がミスしたことを非難しているのではない 네가 실수한 것을 비난하고 있는 것이 아니야. / その教授は論文を捏造したことで非難された 그 교수는 논문을 날조해서 비난받았다. / 非難されるべき点は彼らのほうにある 비난받을 점은 그들한테 있다.

**ひなん【避難】** 피난, 대피(待避) ◇避難する 피난하다, 대피하다 ¶津波警報が出たので高台に避難した 쓰나미 경보가 나서 높은 지대로 대피했다. / 台風が接近していたので船舶は港へ避難した 태풍이 접근해 오고 있었기 때문에 선박은 항구로 대피했다. / 爆撃が始まって人々は慌てて避難した 폭격이 시작되자 사람들은 당황해서 대피했다.
¶警察は住民をその地区から避難させた 경찰은 주민을 그 지구에서 대피시켰다.
¶あす学校で避難訓練がある 내일 학교에서 피난 훈련이 있다. 関連 避難警報 피난 경보 / 避難経路 피난 경로 / 避難所 피난처, 대피소 / 避難生活 피난살이 / 避難民 피난민

**びなん【美男】** 미남, 미남자 ¶昔の映画ではよく美男美女が恋に陥ったものだ 옛날 영화에서는 흔히 미남 미녀가 사랑에 빠진다.

**ビニール** 비닐 ¶この辺りではビニールハウスでのトマトやきゅうりの促成栽培が盛んだ 이 근처에서는 비닐하우스에서 토마토나 오이의 촉성 재배를 많이 한다. 関連 ビニール袋 비닐봉지

**ひにく【皮肉】** 야유 ◇皮肉な 얄궂은 ◇皮肉る 야유하다, 빈정거리다, 비꼬다, 풍자하다 ¶彼の新しい小説は機知と皮肉に満ちあふれている 그의 새 소설은 재치와 풍자가 넘쳐난다. / 交通違反を取り締まる警官が飲酒運転で捕まるとは皮肉なことだ 교통 위반을 단속하는 경찰관이 음주운전으로 잡히다니 얄궂은 일이다. / クラスのみんなはその劣等生のことを皮肉まじりに「天才」と呼んだ 반 친구들은 그 열등생을 비꼬아 '천재'라 불렀다. / 皮肉を言う 야유하다, 빈정거리다, 비꼬다 関連 皮肉屋 비꼬는 사람, 빈정대는 사람

**ひにち【日日】**〔日取り〕날짜, 날 〔日数〕날수, 일수 ¶日にちを決める 날짜를 정하다 / 日にちがかかる 시일이 걸리다

**ひにひに【日に日に】** 날로, 나날이, 날마다 ¶3月に入ると日に日に暖かくなってきた 삼월에 들어서 나날이 따뜻해졌다.

**ひにょうき【泌尿器】** 비뇨기 関連 泌尿器科 비뇨기과 / 泌尿器科医 비뇨기과 의사

**ひにん【否認】** 부인 ◇否認する 부인하다 ¶彼は一貫して犯行を否認し続けた 그는 일관해서 범행을 계속 부인했다.

**ひにん【避妊】** 피임 ◇避妊する 피임하다 関連 避妊具 피임구 / 避妊法 피임법 / 避妊薬 피임약 / 経口避妊薬 경구 피임약 〔ピル〕필 / 避妊リング 피임링

**ひにんげんてき【非人間的】** 비인간적 ¶捕虜に対する非人間的な扱い 포로에 대한 비인간적인 취급 / 非人間的な児童虐待 비인간적인 아동 학대

**ひねくれる【捻くれる】** 비뚤어지다, 뒤틀리다 ¶両親の不和が原因で彼女はひねくれてしまった 부모의 불화가 원인으로 그녀는 비뚤어져 버렸다. / 彼はひねくれている 그는 좀 꼬인 성격이다.

**びねつ【微熱】** 미열 ¶朝から風邪気味で微熱がある 아침부터 감기 기운으로 미열이 있다.

**ひねりだす【捻り出す】** 짜내다, 염출하다 ¶彼はいつも何やかやと口実をひねり出しては責任を逃れようする 그는 언제나 이것저것 구실을 내세워 책임을 피하려 한다. / ポケットマネーから2万円をひねり出して募金にカンパした 용돈에서 2만 엔을 염출해내서 모금에 돈을 냈다. / やっと旅費をひねり出すことができた 겨우 여비를 염출해낼 수 있었다.

**ひねる【捻る】** ❶ [ねじる] 비틀다, 꼬다 [くじく] 삐다 [つまみなどを回す] 돌리다, 틀다 ¶腰をひねる 허리를 비틀다 / 彼は転んで足首をひねった 그는 넘어져서 발목을 삐었다. / 蛇口を左にひねるとお湯が出ます 수도 꼭지를 왼쪽으로 돌리면 따뜻한 물이 나옵니다. / そのつまみをひねると電源が入ります 그 손잡이를 돌리면 전원이 들어옵니다.

❷ [考える] 짜내다 [工夫する] 일부로 색다르게 하다 ¶いい企画がないかみんなで頭をひねっていた 좋은 기획이 없을까 하고 모두들 머리를 짜냈다. / 数学のテストでひねった問題があった 수학 시험에서 색다른 문제가 있었다.

慣用句 あんなやつをやっつけるのは赤子の手をひねるようなものだ 그런 녀석 하나 해치우는 것쯤이야 식은 죽 먹기다.

**ひのいり【日の入り】** 해넘이 [日没] 일몰 ¶日の入りのころ西の空は夕焼けに染まっていた 일몰 때 서쪽 하늘은 저녁노을로 물들었다.

**ひのうみ【火の海】** 불바다 ¶周辺一帯は火の海と化し, やがてすべてが灰になった 주변 일대는 불바다가 되어 결국에는 모두 재로 변했다.

**ひのき【檜】** 노송나무 慣用句 高校球児たちは甲子園のひのき舞台に立つことを目標に毎日練習に励んでいる 고교 야구 선수들은 고시엔이라는 꿈의 무대에 서는 것을 목표로 매일같이 연습에 몰두하고 있다.

**ひのくるま【火の車】** ¶今月も火の車で給料を前借りしなければならない 이번 달도 쪼들려서 월급을 가불받지 않으면 안 된다.

**ひのけ【火の気】** 불기(▶発音은 불끼) ¶家の中は火の気がなく寒々としていた 집 안은 온기 하나 없이 썰렁했다. / 火の気のない教室から出火した 불기운 하나 없는 교실에서 불이 났다.

**ひのこ【火の粉】** 불똥, 불티 [火花] 불꽃 [災難] 날벼락 ¶燃え盛る倉庫から火の粉が空中に飛び散っていた 활활 타는 창고에서 불꽃이 공중으로 튀어 오르고 있었다. 慣用句 降りかかった火の粉は払わなくてはならない 누가 시비를 걸어오면 맞서 싸워야 한다.

**ひのて【火の手】** 불길(▶発音은 불낄) ¶地震直後, 町の一角から火の手が上がった 지진이 일어난 직후 거리의 한 모퉁이에서 불길이 치솟았다. / 革命の火の手が上がる 혁명의 불길이 타오르다

**ひので【日の出】** 해돋이(▶発音은 해도지), 일출 ¶山頂で日の出を迎える 산꼭대기에서 해돋이를 맞이하다 / 山頂は初日の出を拝もうとする登山者でいっぱいだった 산꼭대기는 설날 해돋이를 보려는 등산자들로 꽉 찼다. 慣用句 彼らは日の出の勢いで勝ち進んだ 그들은 파죽지세로 결승까지 올라갔다.

**ひのまる【日の丸】** [日本の国旗] 일본 국기 [日章旗] 일장기 ¶祝日に日の丸の旗を掲げる 경축일에는 일장기를 게양한다.

**ひのめ【日の目】** 빛, 햇빛 ¶彼の優れた業績は彼の死後ようやく日の目を見た 그의 훌륭한 업적은 그가 죽은 후에서야 빛을 봤다. / 彼女の協力がなかったら私の研究は決して日の目を見ることはなかっただろう 그녀의 도움이 없었다면 내 연구는 결코 빛을 보지 못했을 것이다.

**ひばいひん【非売品】** 비매품 ¶その高麗青磁のつぼは非売品だった 그 고려청자 항아리는 비매품이었다.

**ひばく【被爆】** 피폭 ◆被爆する 피폭하다, 피폭되다 ¶原爆が投下されたとき祖母は爆心地から5キロメートルの所で被爆した 원자폭탄이 투하되었을 때 할머니는 투하지에서 5킬로미터 떨어진 곳에서 피폭되셨다. 関連 被爆者 피폭자

**ひばく【被曝】** 피폭 ◆被曝する 피폭하다

**ひばち【火鉢】** 화로(火炉) ¶火鉢に手をかざす[当たる] 화로에 손을 쬐다

**ひばな【火花】** 불꽃 慣用句 火花を散らして討論する 불꽃을 튀기며 토론하다

**ひばり【雲雀】** 종다리, 종달새

**ひはん【批判】** 비판 [非難] 비난 ◇批判する 비판하다 ◇批判的だ 비판적이다 ¶彼は私の論文に辛辣な批判を述べた 그는 내 논문을 신랄하게 비판했다. / 私の主張は厳しい批判を受けた 내 주장은 가차없는 비판을 받았다. / その政治家はさまざまな批判を浴びせられた 그 정치가는 갖가지 비판을 받았다. / 首相は国民の批判を謙虚に受け止めるべきだ 수상은 국민의 비판을 겸손하게 받아들여야 한다.

¶強い批判 강한 비판 / 猛烈な批判 맹렬한 비판 / 悪意に満ちた批判 악의에 찬 비판 / 根拠のない批判 근거 없는 비판 / もっともな批判 당연한 비판

¶彼は私の不用意な発言を批判した 그는 내 조심성 없는 발언을 비판했다. / その作家は盗作したと批判された その 작가는 표절했다고 비난받았다. / 君には彼らを批判する資格はない 너한테는 그들을 비판할 자격이 없다.

¶彼は政府の外交政策に批判的である 그는 정부의 외교 정책에 비판적이다. 関連 批判票 반대표 (反対票) / 自己批判 자기 비판

**ひばん【非番】** 비번 ¶今日は非番だ 오늘은 비번이다. / あすは非番なので家庭サービスをするつもりだ 내일은 비번이라서 가족과 시간을 보낼 생각이다. / 非番の日は必ず釣りに行くことにしている 비

번인 날에는 항상 낚시하러 간다.

**ひび**【罅·罎】〔裂け目〕금, 틈 ¶壺にひびが入る 항아리에 금이 가다 / ひびの入った花瓶 금 간 꽃병 / 口げんかがもとで我々の友情にひびが入った 말다툼이 원인이 되어 우리들의 우정에 금이 갔다.
¶冬の寒くて乾いた気候のせいで手にひびが切れた 춥고 건조한 겨울 날씨 때문에 손이 텄다.

**ひび**【日々】나날, 매일 ⇒日ごと, 日に日に, 毎日

**ひびき**【響き】〔音〕소리〔反響〕울림〔印象〕느낌 ¶往来を走る車の響きに悩まされてよく眠れなかった 도로를 달리는 찻소리 때문에 푹 잘 수가 없었다. / 彼女の声には確信に満ちた響きがあった 그녀의 목소리는 확신에 차 있었다. / その2つの語は似たような響きがある 그 두 말은 비슷하게 들린다.

**ひびきわたる**【響き渡る】울려 퍼지다, 널리 알려지다 ¶彼女の見事な演奏が終わると会場には喝采が響き渡った 그녀의 멋진 연주가 끝나자 회장에는 박수갈채가 울려 퍼졌다. / 彼の指揮者としての名声は世界中に響き渡っていた 지휘자로서의 그의 명성은 전 세계에 널리 알려졌다.

**ひびく**【響く】❶〔伝わり広がる〕울리다, 울려 퍼지다〔反響する〕메아리치다
¶遠くで鐘が鳴り響く 멀리서 종이 울려 퍼지다 / 彼女のソプラノがコンサートホールに響いた 그녀의 소프라노가 콘서트홀에 울려 퍼졌다. / 下に響くから2階でどたばたやってはいけません 아래층에 울리니까 2층에서 쿵쾅거려서는 안 됩니다.
❷〔影響する〕영향을 주다[미치다] ¶都会生活のストレスが彼の健康に響いていた 도시 생활의 스트레스가 그의 건강에 나쁜 영향을 끼쳤다. / 物価の上昇は家計に大きく響く 물가 상승은 가계에 크게 영향을 미친다. / 成績に響く 성적에 영향을 미치다
❸〔感覚に訴える, 心に感じる〕울리다, 들리다
¶恩師の言葉が今も私の胸に響いている 은사님의 말씀이 지금도 내 가슴에 울리고 있다. / その音楽は深く私の心に響いた 그 음악은 내 마음 깊은 곳에 울려 퍼졌다. / 彼の言い訳は空々しく響く 그의 변명은 공허하게 들린다. / 彼女の歌は私の耳には新鮮に響いた 그녀의 노래는 내 귀에는 신선하게 들렸다.
❹〔知られる〕알려지다 ¶彼は世界中に名を響かせているミュージシャンだ 그는 전 세계에 이름이 널리 알려진 음악가다.

**ひひょう**【批評】비평〔評論〕평론 ◇批評する 비평하다 ¶そのピアニストの演奏は厳しい批評を受けた(→酷評された) 그 피아니스트의 연주는 가차없는 혹평을 받았다. / この本は好意的な批評を得た 그의 책은 호의적인 평가를 받았다. / 芝居の批評を書いた 연극평을 썼다.
¶彼は私の小説を批評した 그는 내 소설을 비평했다. 関連 批評家 비평가

**びひん**【備品】비품〔設備〕설비 ¶資金不足で新しい備品をそろえることができない 자금 부족으로 새 비품을 들여놓을 수 없다. / 彼女は料理が好きなので台所の備品にはお金をかけている 그녀는 요리를 좋아해서 부엌 용품에는 돈을 아끼지 않는다.

**ひふ**【皮膚】피부〔肌〕살갗 ¶私は皮膚が弱いから 나는 피부가 약하다. / この軟膏は皮膚に炎症が起きた時に使ってください 이 연고는 피부에 염증이 났을 때 사용하세요. / 皮膚の色が違うからといって彼らを差別してはならない 피부색이 다르다고 해서 그들을 차별해서는 안 된다.
¶柔らかい皮膚 부드러운 피부 / つるつるした皮膚 매끈매끈한 피부 / 張りのある皮膚 탱탱한 피부 / 荒れた皮膚 거친 피부 / かさかさの皮膚 까칠까칠한 피부 関連 皮膚移植 피부 이식 / 皮膚炎 피부염 / 皮膚科 피부과 / 皮膚科医 피부과 의사 / 皮膚呼吸 피부 호흡 / 皮膚病 피부병

**びふう**【微風】미풍, 산들바람

**ひぶそう**【非武装】비무장 ◇非武装化する 비무장화하다 関連 非武装地帯 비무장 지대 / 非武装中立 비무장 중립

**ひぶた**【火蓋】慣用句 いよいよあすから甲子園で熱戦の火ぶたが切って落とされる 드디어 내일부터 고시엔에서 열전이 시작된다.

**ビフテキ** 비프스테이크

**びぶん**【微分】미분 ◇微分する 미분하다 関連 微分方程式 미분 방정식

**ひほう**【悲報】비보 ¶両親が事故で死亡したという悲報を知らされて彼女は泣き崩れた 그녀는 부모님이 사고로 돌아가셨다는 비보를 듣고 대성통곡했다.

**ひほう**【誹謗】비방〔悪口, 中傷〕욕, 중상 ◇誹謗する 비방하다 ¶悪質な誹謗にもめげず彼は見事に当選した 그는 악질적인 비방에도 굴하지 않고 보기 좋게 당선되었다. 関連 誹謗者 비방자 / 誹謗中傷 중상모략(中傷謀略)

**びぼう**【美貌】미모 ¶彼女はまれに見る美貌の持ち主で羨望の的だった 그녀는 보기 드문 미모의 소유자로 선망의 대상이었다.

**ひぼうりょく**【非暴力】インド建国の父マハトマ・ガンジーは非暴力主義の提唱者として知られている 인도 건국의 아버지 마하트마 간디는 비폭력주의의 제창자로 알려져 있다.

**ひぼん**【非凡】◇非凡である 비범하다 ◇非凡な 비범한, 뛰어난 ¶彼女はプロも顔負けの非凡な演技を見せた 그녀는 프로를 무색하게 할 정도의 뛰어난 연기를 보였다. / その子はまだ6歳だが絵に関しては非凡な才能を持っている 그 아이는 아직 여섯 살이지만 그림에 관해서는 비범한 재능을 가지고 있다.

**ひま**【暇】❶〔自由な時間〕틈, 짬 ◇暇だ 한가하다 ◇暇な 한가한 ¶冬になると彼は暇さえあればスキーに行く 겨울이 되면 그는 시간만 나면 스키를 타러 간다. / 彼ならあした暇だろう 그는 내일 한가할 거야.
¶この絵は暇に飽かせて描いたものです 이 그림은 한가한 시간을 이용해서 그린 것입니다.
❷〔時間〕시간 ¶本屋で暇をつぶした 서점에서 시간을 때웠다. / 退職した父は毎日暇を持て余している 퇴직한 아버지는 매일 남아도는 시간을

주체하지 못하고 있다. / 暇ができたら温泉にでも行ってのんびりしたい 시간이 있으면 온천이라도 가서 푹 쉬고 싶다. / だれか暇な人は手伝ってくれ 누구 시간 있는 사람은 도와줘.

¶悪いけど君の相手をしている暇はないんだ 미안하지만 네 상대해 줄 시간이 없어. / 忙しくて寝る暇もない 바빠서 잠잘 시간도 없어.

❸ [休暇] 휴가 ¶1週間の暇をもらって奈良へ行った 1주일간의 휴가를 받아 나라에 갔다.

❹ [解雇] 해고 ¶彼はよく無断で店を休んでいたので暇を出された 그는 무단결근을 자주 해서 해고당했다.

❺ [閑散] ◇暇だ 한가하다 ¶夏は商売が暇になる 여름에는 장사가 한가해진다. / 「暇な一日だったな」「ああ、売り上げもこんなもんか」「오늘은 하루 종일 한가했다.」 "뭐야, 매상도 이것뿐이야?"

ひまご【曾孫】증손

ひましに【日増しに】나날이, 날로, 날마다
¶日増しに暖かくなる 나날이 따뜻해진다.

ひまつぶし【暇潰し】심심풀이 ¶病院で順番の来るのを待って、暇つぶしに雑誌や新聞に目を通していた 병원에서 순서를 기다리는 동안 심심풀이로 잡지랑 신문을 보았다.

ヒマラヤ 히말라야 ▷ヒマラヤ山脈 히말라야산맥 / ヒマラヤ杉 히말라야삼나무

ひまわり【向日葵】해바라기

ひまん【肥満】비만 ¶肥満は健康の大敵だ 비만은 건강의 큰 적이다. / ここ数年, 肥満児が確実に増加している 요 몇 년 사이에 비만 아동이 눈에 띄게 증가하고 있다. 関連 肥満症 비만증 / 肥満体 비만체형

## ひみつ【秘密】비밀

◆【秘密が】

¶君は僕に秘密があるのかい 너 나한테 무슨 비밀 있냐? / 私たちは計画の秘密が漏れはしないかと心配した 우리는 계획이 새어 나가지나 않을까 걱정했다.

◆【秘密に】

¶彼はこの件は秘密にしておいてほしいと言った 그는 이 건은 비밀로 해 달라고 했다. / 彼は秘密に敵と連絡を取っていた 그는 비밀리에 적과 연락을 취하고 있었다.

◆【秘密の】

¶この建物の中には秘密の通路があるらしい 이 건물 안에는 비밀 통로가 있는 것 같다. / 彼は秘密の情報を握っているに違いない 그는 비밀 정보를 쥐고 있음에 틀림없다.

◆【秘密を】

¶どんなことがあっても秘密を明かさないでくれ 어떤 일이 있어도 비밀을 폭로하지 말아 줘. / 職務上の秘密を漏らしてはならない 업무상 비밀을 누설해서는 안 된다. / 私は彼の秘密を握っている 나는 그의 비밀을 쥐고 있다. / 秘密を明かす 비밀을 털어놓다 / 秘密を暴く 비밀을 폭로하다

◆【その他】

¶彼が浮気をしていることは公然の秘密だ 그가 바람 피우는 것은 공공연한 비밀이다. / 会談は秘密裏に設定された 회담은 비밀리에 정해졌다.

¶この製品の製法は企業秘密です 이 제품의 제조법은 기업 비밀입니다. 関連 秘密会議 비밀회의 / 秘密外交 비밀 외교 / 秘密警察 비밀경찰 / 秘密結社 비밀 결사 / 秘密主義 비밀주의 / 秘密諜報部員 첩보원 / 秘密文書 비밀 문서

びみょう【微妙】◇微妙だ 미묘하다 ◇微妙に 미묘하게, 미묘히 ¶あの二人の主張はよく似ているが微妙な点で違っている 그 두 사람의 주장은 아주 비슷하지만 미묘한 차이가 있다. / 「不幸だ」と「幸福でない」には微妙なニュアンスの違いがある '불행하다'와 '행복하지 않다' 사이에는 뉘앙스의 미묘한 차이가 있다. / 例の不祥事以来, 彼は微妙な立場にある 그 불상사가 일어난 이래 그는 미묘한 입장에 처해 있다.

ひめ【姫】공주(公主)【王女】왕녀

ひめい【悲鳴】비명 ¶昨夜, 近所で女性の悲鳴を聞いた 어젯밤 집 근처에서 여자의 비명 소리를 들었다. / あまりに厳しい練習に彼らは悲鳴を上げている 너무나도 힘든 연습에 그들은 비명을 지르고 있다. / 注射を打たれた子供は痛くて悲鳴を上げた 주사를 맞은 아이는 아파서 비명을 질렀다. / その会社は消費者から寄せられる苦情の多さに悲鳴を上げている 그 회사는 소비자로부터 빗발치는 불만에 비명을 지르고 있다. 慣用句 予想に反する非常に大きな反響にうれしい悲鳴を上げています 예상을 뒤엎는 커다란 반향에 즐거운 비명을 지르고 있습니다.

びめい【美名】미명【口実】구실, 핑계 ¶慈善事業の美名の下に彼は長年にわたって私腹を肥やしていた 그는 자선 사업이라는 미명 하에 오랜 세월에 걸쳐서 사리 사욕을 채우고 있었다.

ひめる【秘める】간직하다, 숨기다 ¶彼は彼女への想いを胸に秘めたまま韓国に向けて日本をたった 그는 그녀를 향한 마음을 간직한 채 일본을 떠나 한국으로 향했다. / 彼女はおとなしく見えるが内に激しい情熱を秘めている 그녀는 얌전해 보이지만 마음 속에 뜨거운 정열을 가지고 있다. / 彼はプロの野球選手になれる可能性を秘めている 그는 프로 야구 선수가 될 가능성을 가지고 있다. / 秘められた逸話 숨겨진 일화

ひも【紐】❶ [物を縛ったり結んだりするもの] 끈, 노끈 [総称的に] 줄

◆【ひもが】

¶靴のひもがほどけている 구두 끈이 풀어졌다. / ひもが切れる 줄이 끊어지다

◆【ひもで】

¶小包をひもで縛った 소포를 끈으로 묶었다. / 古新聞をひもでくくって資源回収に出した 헌 신문을 끈으로 묶어서 재활용품 수거에 내 놓았다.

◆【ひもを】

¶包みのひもをほどいてくれませんか 꾸러미 끈을 풀어 주시겠습니까? / うちの子はまだ自分で靴のひもを結べない 우리 애는 아직 혼자 구두 끈을 매지 못한다. / 小包に丈夫なひもを掛けてください 소포를 튼튼한 끈으로 묶어 주세요. 数え方 ひも 1本 한 가닥

¶うちでは妻が財布のひもを握っている 우리 집에서는 아내가 지갑[경제권]을 쥐고 있다.

❷ [その他] ¶それはひも付きの融資だった 그것은

조건부 용자였다.
¶그 여자에게는 히모가 붙어있는 그 여자에게는 기둥서방이 있다.

**ひもと【火元】** ¶昨夜の火事の火元は近所のふろ屋だった 어젯밤 화재에서 불이 처음 난 곳은 근처의 목욕탕이다.

**ひもの【干物】** 건어(乾魚), 건어물(乾魚物) ¶朝食にあじの干物を食べた 아침밥으로 말린 전갱이를 먹었다.

**ひやあせ【冷や汗】** 식은땀, 진땀 ¶役員会でのプレゼンは冷や汗の連続だった 임원 회의에서 프레젠테이션을 하는 동안에는 내내 식은땀을 흘렸다. / 成績のことで先生にしぼられ冷や汗をかいた 성적 때문에 선생님께 호되게 야단맞아 식은땀을 흘렸다.

**ビヤガーデン** 야외 생맥주집 [ビヤホール] 비어홀 ¶猛暑続きでビヤガーデンはどこも連夜盛況だった 무더위가 계속되어서 야외 생맥주집은 어느 곳이나 매일 밤 성황이었다.

**ひやかし【冷やかし】** 놀림, 조롱, 희롱 [ウインドーショッピング] 아이쇼핑 ¶冷やかしを受ける 놀림을 받다[당하다] / 彼女は買う気はなくて店の中を冷やかしで見ているだけだった 그녀는 살 마음도 없으면서 가게 안의 물건들을 값을 물어보면서 구경했다. / 冷やかし客 사지는 않고 구경만 하는 손님

**ひやかす【冷やかす】** [からかう] 놀리다, 희롱하다 ¶ガールフレンドとデートしているところを友人たちに冷やかされた 여자 친구와 데이트하는 것을 보고 친구들이 놀렸다.

**ひやく【飛躍】** 비약 ◇飛躍する 비약하다 ◇飛躍的 비약적인 ◇飛躍的に 비약적으로 ¶いよいよ大きく飛躍すべき時がきた 드디어 크게 비약할 때가 왔다. / 彼の言っていることには論理の飛躍があるので納得できない 그의 말에는 논리의 비약이 있어서 납득할 수 없다. / インターネットは短期間に飛躍的な進歩を遂げた 인터넷은 단기간에 비약적으로 발전했다. / ここ数年わが社の売り上げは飛躍的に伸びている 요 몇 년간 우리 회사의 매출은 비약적으로 늘고 있다.

**ひゃく【百】** 백 ◇100番め 백 번째 ¶祖母は今年100歳だ 할머니는 올해 100세이다. / 130の3倍は390だ 130의 3배는 390이다. / 駅はここから2,3百メートル先だ 역은 여기에서 2,3백 미터 더 가야 한다. / 100人中50人が試験に失敗した 100명 중 50명이 시험에 실패했다. / 湖には何百羽もの鳥がいた 호수에는 수백 마리의 새가 있었다. / 数学の試験で100点を取った 수학 시험에서 100점을 맞았다.
¶市民マラソンで100番目にゴールインした 시민 마라톤에서 100번째로 골인했다. / 運動会では100メートル走に出る 운동회에서는 100미터 달리기에 나간다. [慣用句] そんなことは百も承知だ 그런 것쯤은 익히 알고 있다. / 彼女の今夜の演奏は百点満点の出来だった 그녀의 오늘 밤 연주는 백 점 만점이었다. / 百、百分

**ひゃくがい【百害】** 백해 ¶たばこは百害あって一利なしだ 담배는 백해무익하다.

**ひゃくじゅうきゅうばん【119番】** ¶119番通報する 119에 통보하다(▶消防署は韓国も日本と同じく119番)

**ひゃくせん【百選】** 백선 ¶この村を流れる川は名水百選に選ばれた 이 마을을 흐르는 강은 맑은 자연수 백선에 뽑혔다. / 名曲百選 명곡 백선

**ひゃくとおばん【110番】** ¶110番通報する 110번에 통보하다(▶韓国の警察署は112番)

**ひゃくにちぜき【百日咳】** 백일해, 백일기침
**ひゃくにちそう【百日草】** 백일초, 백일홍

**ひゃくねん【百年】** 백년 ¶今年の秋には大学の創立百年記念式典が行われる 올가을에는 대학 창립 백주년 기념식이 열린다. / 百年の計 백년대계 [慣用句] ここで会ったが百年目, 覚悟しろ 원수는 외나무다리에서 만난다더니, 각오해라. / あれじゃ百年の恋も一瞬で冷めるよ 저러면 아무리 뜨거운 사랑도 한순간에 식어.

**ひゃくはちじゅうど【百八十度】** 백팔십도 [正反対に] 정반대로 ¶父と私の考えは百八十度異なる 아버지와 내 생각은 백팔십도 다르다. / 彼は革新から保守に百八十度転換した 그는 혁신에서 보수로 백팔십도 전환했다.

**ひゃくぶん【百分】** ¶入賞の確率は応募者のおよそ百分の一だ 입상 확률은 응모자의 약 백분의 일이다. / 千の百分の一は十だ 천의 백분의 일은 십이다. [関連] 百分率 백분율

**ひゃくぶん【百聞】** [慣用句] 百聞は一見にしかず 백문이 불여일견(百聞不如一見)

**ひゃくまん【百万】** 백만 ¶この車は約2百万円する この車は 약 2백만 엔 한다. / 何百万もの人々が愛知万博を訪れた 수백만 명의 사람들이 아이치 엑스포를 방문했다. / その本はベストセラーになり, 何百万冊も売れた その책은 전 베스트셀러에서 베스트셀러가 되어 수백만 권이나 팔렸다. / 百万分の一 백만분의 일 [慣用句] 彼が加わってくれて百万の味方を得たようなものだ 그가 가세하여 천군만마를 얻은 것 같다. / 百万言を費やしても頑固な祖父を説得できなかった 무슨 말을 해도 완고한 할아버지를 설득할 수 없었다. [関連] 百万長者 백만장자

**ひやけ【日焼け】** 선탠(＜suntan) ◇日焼けする 햇볕에 타다, 그을다 ¶彼女はこんがり日焼けして沖縄から帰ってきた 그녀는 보기 좋게 타서 오키나와에서 돌아왔다. / 彼は浜辺で一日中日光浴をして日焼けで体が痛かった 그는 바닷가에서 종일 일광욕을 한 탓에 몸이 햇볕에 타서 아팠다. [関連] 日焼け止め 선블록 / 日焼け用ローション 선탠로션

**ヒヤシンス** 히아신스

**ひやす【冷やす】** 차게 하다, 식히다 ¶冷蔵庫にビールを冷やしておこう 냉장고에 맥주를 넣어 차갑게 해 놓자. / 熱があったので氷で頭を冷やした 열이 있어서 얼음으로 머리를 식혔다. / 体を冷やさないように気をつけなさい 몸이 차가워지지 않도록 조심해. [慣用句] 頭を冷やしてからもう一度考えなさい 머리를 식히고 다시 한번 생각해 봐. / 事故現場を目の当たりにして肝を冷やした 사고 현장을 눈앞에 목격하고 간담이 서늘해졌다.

**ひゃっかじてん【百科事典】** 백과사전 ¶新羅に

**ひゃっかてん【百貨店】** 백화점 ⇨デパート

**ひゃっぱつひゃくちゅう【百発百中】** 백발백중
¶数学の試験問題の予想は百発百中で、満点を取ることができた 수학 시험의 예상문제가 전부 들어맞아서 만점을 맞을 수 있었다. / 彼の射撃の腕は確かで、いつも百発百中だ 그의 사격 솜씨는 확실해서 항상 백발백중이다.

**ひやとい【日雇い】** 일용, 날품팔이 ¶彼は大学生のころ建築現場で日雇い労働をして学費を稼いだ 그는 대학생 때 건축 현장에서 일용직 노동을 해서 학비를 벌었다. 関連 日雇い労働者 일용직 노동자

**ひやひや【冷や冷や】** ◇冷や冷やする 조마조마하다〔恐れる〕섬뜩섬뜩하다 ¶英語の授業中、彼女は先生に指名されないかと冷や冷やしていた 그녀는 영어 수업 시간 내내 선생님께서 시키지 않을까 조마조마했다. / 次にどんな恐ろしいことが起こるのか冷や冷やしてまともに映画を見られなかった 이번에는 또 어떤 무서운 일이 벌어질까 조마조마해서 제대로 영화를 볼 수 없었다.

**ひややか【冷ややか】** ◇冷ややかだ〔冷淡だ〕차갑다, 냉정하다, 냉담하다 ¶彼の私に対する態度はとても冷ややかだった 나를 대하는 그의 태도는 너무나 차가웠다.

**ひやり【冷やり】** ◇冷やりとする 싸늘하다; 오싹하다, 섬뜩하다 ¶彼ははしごから落ちそうになって冷やりとした 그는 사다리에서 떨어질 뻔한 순간 오싹했다. / 昼は暑かったが日が沈むと冷やりとする風が吹いてきた 낮에는 더웠지만 날이 지자 싸늘한 바람이 불어왔다.

**ヒヤリング**〔聞き取り〕듣기, 리스닝 ⇨ヒアリング

**ひゆ【比喩】** 비유 ◇比喩的 비유적 ¶彼はやたらと比喩を使う 그는 무턱대고 비유를 사용한다. / 比喩的表現 비유적 표현 / 比喩的に言えば人生は旅だ 비유적으로 말하면 인생은 여행이다.

**ヒューズ** 퓨즈 ¶ヒューズが飛んだ 퓨즈가 나갔다.

**ビューティーサロン** 미장원(美粧院), 미용실 (美容室) ⇨美容院

**ひゅうひゅう** 휙휙, 칙칙 ¶木枯らしが一晩中ひゅうひゅう吹き荒れた 늦가을 메마른 바람이 밤새 휙휙 불어댔다. / 台所で沸騰したやかんがひゅうひゅう鳴っている 부엌에서 끓는 주전자가 칙칙 소리내고 있다.

**ヒューマニスト** 휴머니스트〔人道主義者〕인도주의자

**ヒューマニズム** 휴머니즘〔人道主義〕인도주의

**ピューレ** 퓌레 ¶トマトピューレ 토마토 퓌레

**ヒュッテ**〔山小屋〕휘테, 산막(山幕)〔山荘〕산장

**ビュッフェ** 뷔페, 부페〔簡易食堂〕간이식당
¶ホテルの朝食はビュッフェスタイルだった 호텔의 아침 식사는 부페 스타일이었다. / 彼は列車のビュッフェでビールを飲んでいた 그는 열차의 간이식당에서 맥주를 마시고 있었다.

**ひょいと**〔軽々と〕가뿐히, 거뜬히〔身軽に〕훌쩍, 슬쩍〔突然〕갑자기, 문득 ¶彼は60キロのバーベルをひょいと持ち上げた 그는 60킬로의 바벨을 가뿐히 들어올렸다. / 彼女はひょいとその柵を飛び越えた 그녀는 훌쩍 그 울타리를 뛰어넘었다. / ひょいといい考えがひらめいた 문득 좋은 생각이 떠올랐다.

**ひよう【費用】** 비용〔経費〕경비
◆《費用は・費用が》
¶結婚式の費用はどのくらいでしたか 결혼식 비용은 얼마나 들었습니까? / 韓国で1年間滞在すると費用はどのくらいかかりますか 한국에서 1년간 체류하려면 비용은 어느 정도 듭니까? / 費用はいくらかかりますか 비용은 얼마가 들어요 들어야 돼. / 出張の費用は会社持ちだ 출장 비용은 회사 부담이다. / 引越しをすると予想外に費用がかさむ 이사하면 예상 외로 비용이 많이 든다. / 家のリフォームにはかなりの費用がかかる 집을 개축하는 데는 비용이 꽤 든다.
◆《費用を》
¶私は旅行の費用を毎月5千円ずつ積み立てている 나는 여행 경비를 매달 5천 엔씩 모이고 있다. / 費用をできるだけ切り詰めてください 비용을 될 수 있는 한 절감해 주세요. / その映画の製作には約100億ウォンの費用がかけられた 그 영화 제작에는 약 100억 원의 비용을 들였다.

**ひょう【表】** 표〔項目などの目録〕목록〔一覧表〕일람표〔図表〕도표 ¶その結果は表に載っている 그 결과는 표에 나와 있다. / 結果は上の表に示したとおりです 결과는 위의 표에 표시한 대로입니다. / この商品の売り上げ表を作ろう 이 상품의 매출표를 만들자.
¶私はその実験結果を表にした 나는 그 실험 결과를 표로 만들었다. 関連 時間表 시간표 / 時刻表 시각표 / 成績表 성적표 / 年表 연표, 연대표 (年代表) / 予定表 예정표

**ひょう【豹】** 표범

**ひょう【票】** 표〔得票〕득표
◆《票が》
¶与党候補は票が割れて2人とも落選した 여당 후보간 표가 갈려서 두 사람 모두 낙선했다. / 今回の選挙では浮動票が入らなかった 이번 선거에서는 부동표를 얻지 못했다.
◆《票の》
¶彼はわずか100票の差で対立候補に敗れた 그는 불과 100표 차로 경쟁 후보에게 졌다.
◆《票を》
¶候補者たちはあらゆる手段で票を集めた 후보자들은 모든 수단을 써서 표를 모았다. / 新人候補が開票と同時に票を伸ばしていった 신인 후보가 개표와 동시에 득표수를 늘려 갔다. / 今度の選挙は接戦なので票を読むことは難しい 이번 선거는 접전이어서 결과를 예측하기가 힘들다. / 私は野党の候補に票を投じた 나는 야당 후보에게 표를 던졌다. / 今回彼は約3万票を獲得した 이번에 그는 약 3만 표를 얻었다. 関連 票田 표밭 / 固定票 고정표

**ひょう【評】** 평 ⇨批評, 評判

**ひょう【雹】** 우박 ¶真夏にひょうが降ることもある

한여름에 우박이 내릴 때도 있다. / 夕方雷の後に大粒のひょうが降って農作物に大きな被害が出た 저녁에 벼락이 친 뒤 눈덩이만한 우박이 내려 농작물에 큰 피해가 생겼다.

**びよう**【美容】미용 ¶果物は美容にいい 과일은 미용에 좋다. / 姉は美容と健康のため早朝ジョギングをしている 언니는 미용과 건강을 위해 아침 일찍 조깅을 하고 있다. / 母は毎朝美容体操を欠かさない 엄마는 매일 미용 체조를 거르지 않는다. / 目と鼻の美容整形を受ける 눈과 코를 성형 수술하다 ⇒美容院, 美容師

**びょう**【秒】초 ¶1分は60秒です 1분은 60초입니다. / 彼は100メートルを12秒で走ります 그는 100미터를 12초에 달립니다. / 駅までダッシュして2分45秒かかった 역까지 전속력으로 달려서 2분 45초 걸렸다. / この機械は毎秒20メートル動く 이 기계는 매초 20미터 움직인다.
関連 秒針 초침, 초바늘 ⇒秒読み

**びょう**【鋲】【画鋲】압정【靴底の】징 ¶彼女は好きなスターのポスターをびょうで壁に留めた 그녀는 좋아하는 스타의 포스터를 압정으로 벽에 붙였다. / カーペットをびょうで留める 카펫을 압정으로 고정시키다 / 底にびょうが打ってあるブーツ 바닥에 징이 박힌 부츠

**ひょういもじ**【表意文字】표의 문자(↔표음 문자)

**びよういん**【美容院】미용실, 미장원(美粧院), 미용원

**びょういん**【病院】병원 ¶病院に通う 병원에 다니다 / 彼は肺炎で病院に入院している 그는 폐렴으로 병원에 입원해 있다. / けがをした少年は病院に運ばれた 부상을 입은 소년은 병원으로 옮겨졌다. / 友人の見舞いに病院に行った 친구를 병문안하러 병원에 갔다. / 近所に総合病院がある 근처에 종합 병원이 있다.
¶私は飼っている犬を動物病院に連れて行った 나는 키우고 있는 개를 동물 병원에 데리고 갔다.
会話 病院へ行く
　A：どうしたの
　B：足首をくじいたみたいだ
　A：早めに病院へ行ったほうがいいよ
　A：왜 그래?
　B：발목을 삔 것 같아.
　A：빨리 병원에 가 보는 게 좋아.
関連 病院長 병원장 / 個人病院 개인 병원 / 大学病院 대학 병원 / 市民病院 시민 병원 / 国立病院 국립 병원 / 救急病院 응급 병원 / 精神病院 정신 병원

**ひょうおん**【表音】표음 関連 表音記号 표음 기호 / 表音文字 표음 문자

**ひょうか**【評価】평가 ◇評価する 평가하다 ¶このプロジェクトを成功させれば君の評価も上がるだろう 이 프로젝트를 성공시키면 너에 대한 평가도 오르겠지. / 今回の研究発表で彼女は高い評価を得た 이번 연구 발표로 그녀는 높은 평가를 받았다. / 彼の演奏に対して審査員の評価が分かれた 그의 연주에 대해서 심사위원의 평가가 둘로 나뉘었다. / その家の評価額は2千万円だった 그 집의 평가액은 2천만 엔이었다.
¶たった一度の失敗で彼を評価するのはよくない 단 한 번의 실패로 그를 평가하는 것은 옳지 못하다. / 社員の能力を正しく評価するのは難しい 사원의 능력을 제대로 평가하는 것은 어렵다. / 彼の研究は海外でも高く評価されている 그의 연구는 해외에서도 높게 평가받고 있다. / 彼は指揮者として高く評価されている 그는 지휘자로서 높게 평가되고 있다. / 私の資産は5千万円と評価された 내 자산은 5천만 엔으로 평가되었다.

**ひょうが**【氷河】빙하 関連 氷河時代 빙하 시대

**ひょうかい**【氷解】빙해, 빙석(氷釈) ◇氷解する 녹다【解消する】풀리다 ¶彼の謝罪の一言によって我々の間のわだかまりは氷解した 그의 사과 한 마디로 우리들 사이의 응어리가 풀렸다.

**びょうがい**【病害】병충해 ¶長雨のせいでトマトやなすに病害が広がっている 장마로 인해 토마토와 가지의 병충해가 확산되고 있다.

**ひょうき**【表記】표기 ◇表記する 표기하다【書く】쓰다 ¶表記の住所あてにご送金お願いいたします 표기된 주소로 송금을 부탁드립니다. / 単語の発音を発音記号で表記する 단어의 발음을 발음 기호로 표기하다 / ローマ字表記 로마자 표기
関連 表記法 표기법

**ひょうぎ**【評議】평의 ◇評議する【討議する】토의하다 関連 評議員 평의원 / 評議会 평의회

**びょうき**【病気】❶【体に異常があること】병 【疾病】질병
基本表現
▷彼は重い病気にかかっている
　그는 중병에 걸렸다.
▷母は病気で寝ている
　어머니는 병으로[몸이 아파서] 누워 계신다.
▷彼女は小さいころから病気がちだ
　그녀는 어렸을 때부터 병치레가 잦았다.
▷彼は何の病気なのですか
　그 사람은 무슨 병입니까?
▷父の病気はかなり進んでいる
　아버지의 병은 꽤 진행된 상태다.
▷病気はもう治りましたか
　병은 이제 나았습니까?
◆【病気が・病気は】
¶彼の病気は慢性[急性]のものだ 그의 병은 만성[급성]이다. / 母の病気がぶり返した 어머니의 병이 도졌다. / 世の中にはさまざまな病気がある 세상에는 갖가지 병이 있다.
◆【病気で】
¶妻は病気で入院中です 아내는 병으로 입원 중입니다. / 父は昨年肝臓の病気で亡くなりました 아버지는 작년에 간장환으로 돌아가셨습니다. / 去年は病気で休職した 작년에는 병으로 휴직했다.
◆【病気に】
¶旅行中病気になって本当に苦労した 여행 중 아파서 정말 고생했다. / 父は心臓の病気にかかっている 아버지는 심장병에 걸리셨다. / その植物は病気になって枯れてしまった 그 식물은 병에 걸려

말라 버렸다.
◆《病気の》
¶彼女は病気の父親の世話をした 그녀는 아프신 아버지를 돌보아 드렸다. / 過労は病気のもとだ 과로는 만병의 근원이다.
◆《病気を》
¶人に病気を移さないように注意しなさい 다른 사람에게 병을 옮기지 않도록 조심해. / 君は今病気を治すことだけを考えればいい 너는 지금 병 낫는 것만 생각하면 돼.
❷〔悪い癖, 行い〕병, 나쁜 버릇 ¶酒に酔うと人にからむのが彼の悪い病気だ 술에 취하면 남에게 시비를 걸며 치근거리는 게 그의 나쁜 버릇이다. / そこまでいけば病気だ その人も車好きもああ, 그 사람 차 좋아하는 것도 그 정도까지 가면 병이다.

**ひょうきん** 익살 ◇ひょうきんだ 익살스럽다
¶彼はよくひょうきんなことを言って人を笑わせる 그는 자주 익살스런 말을 해서 사람들을 웃긴다. 関連 ひょうきん者 익살꾼, 익살꾸러기

**びょうく**【病苦】병고 ¶彼女は病苦と闘いながら何事にも前向きに取り組んでいる 그녀는 병고와 싸우면서도 무슨 일이든 긍정적으로 임하고 있다. ⇨病気

**ひょうけい**【表敬】경의를 표함 ◆表敬訪問する 예방하다(礼訪一) ¶来日した大統領夫妻は皇居に両陛下を表敬訪問した 일본에 온 대통령 내외는 황거에서 천황 내외를 예방했다.

**ひょうけつ**【票決】표결 ◆票決する 표결하다 ¶動議は票決により圧倒的多数で可決された 동의안은 표결에서 압도적 다수로 가결되었다. / その議案は票決の結果60対20で承認された 그 의안은 표결에 부친 결과 60대 20으로 승인되었다. / 票決に付す 표결에 부치다 / 不信任案を票決する 불신임안을 표결하다

**ひょうけつ**【評決】평결 〔陪審員による〕평결 ◆評決する 평결하다 ¶陪審員は有罪[無罪]の評決を下した 배심원은 유죄[무죄] 평결을 내렸다.

**びょうけつ**【病欠】병결 ◆病欠する 병결하다, 아파서 쉬다 ¶電話で病欠届けを出した 오늘 아침에 전화로 아파서 못 간다고 했다. / 風邪が流行っているせいか今日は病欠する生徒が多かった 감기가 유행하고 있어서인지 오늘은 아파서 결석한 학생이 많았다.

## ひょうげん
【表現】표현 ◆表現する 표현하다〔表す〕나타내다 ¶この日本語の表現は韓国語にうまく訳せない 이 일본어 표현은 한국어로 번역이 잘 안 된다. / すみません, 今のは適切な表現ではありませんでした 죄송합니다. 방금 표현은 적절하지 않았습니다. / 表現の自由は基本的人権の一つだ 표현의 자유는 인간의 기본권 중의 하나이다. / 彼女は表現力豊かにその役を演じた 그녀는 풍부한 표현력으로 그 역을 소화해냈다.

¶自分の感じたことをどのように表現したらよいか分からない 자기가 느낀 것을 어떻게 표현해야 좋을지 모르겠다. / 私がどんなにうれしかったか言葉では表現できない 내가 얼마나 기뻤는지 말로는 표현할 수가 없다. / それを別な言葉で表現するとどうなりますか 그것을 다른 말로 표현하면 어떻게 됩니까? / この絵の中の線は雨を表現している 이 그림 속의 선은 비를 표현하고 있다. 関連 表現形式 표현 형식 / 表現力 표현력 / 婉曲表現 완곡한 표현 / 慣用表現 관용 표현

**びょうげん**【病原】병원 関連 病原菌 병원균 / 病原体 병원체

**ひょうご**【標語】표어 〔スローガン〕슬로건〔モットー〕모토 ¶新党は「クリーンな政治」という標語を掲げて選挙戦への支持を得た 신당은 '깨끗한 정치'라는 표어를 내걸고 선거전에 나가 유권자의 지지를 얻었다.

**びょうご**【病後】병후 ¶退院した後, 彼はいなかで病後の養生をしている 퇴원한 후, 그는 시골에서 몸조리를 하고 있다. / 病後間もないので彼女はまだ血色がよくない 그녀는 병이 나은 지 얼마 되지 않아서 아직 혈색이 좋지 않다.

**ひょうこう**【標高】표고〔海抜〕해발 ¶その山小屋は標高2千メートルの地点にある 그 산장은 해발 2천 미터 지점에 있다. / 標高千メートルの山 해발 천 미터의 산

**ひょうさつ**【表札】문패 ¶玄関に表札が出ているから彼の家はわかるよ 현관에 문패가 걸려 있으니까 그의 집인지 알 수 있어.

**ひょうざん**【氷山】빙산 慣用句 今回摘発された汚職事件は氷山の一角に過ぎない 이번에 적발된 비리는 빙산의 일각에 지나지 않는다.

**ひょうし**【拍子】박자, 가락 ◇…の拍子に〔はずみで〕《連体形＋》바람에 ¶手足で拍子を取りながらみんなで合唱した 손발로 박자를 맞추면서 모두 함께 합창했다. / 4分の3拍子 4분의 3박자 ¶転んだ拍子にズボンが破れてしまった 넘어지는 바람에 바지가 찢어져 버렸다. / 何かの拍子に思い出すかもしれないよ 우연한 기회에 생각날지도 몰라. 慣用句 雨で運動会が中止になってみんなは拍子抜けしてしまった 비로 인해 운동회가 취소되어 모두 맥이 빠졌다.

**ひょうし**【表紙】표지 ¶今売り出し中の女優の顔がその週刊誌の表紙を飾っている 지금 인기 상승 중인 여배우 얼굴이 그 주간지의 표지를 장식하고 있었다. / 表紙のカバー 책가위, 책표지
¶革[布]表紙の本 가죽[천] 표지의 책 / 表[裏]表紙 앞[뒤] 표지

**ひょうじ**【表示】표시 ◆表示する 표시하다〔表明する〕표명하다 ¶日本人は意思表示が下手だと言われている 일본 사람은 의사 표현이 서투르다고 한다. / 彼は辞表を提出することで人事に不満の意思表示をした 그는 사표를 제출함으로써 인사에 불만을 표시했다. / 製造年月日は箱の裏に表示されている 제조 연월일은 상자의 뒷면에 표시되어 있다. / アンケートの結果が掲示板に表示されていた 앙케이트 결과가 게시판에 나와 있었다. 関連 表示価格 표시 가격

**びよういし**【美容師】미용사

**びょうし**【病死】병사 ◆病死する 병사하다 ¶当選者の突然の病死で次点の候補を繰り上げ当選になった 당선자의 갑작스러운 병사로 차점 후보가 보결로 당선이 되었다. / 彼は30歳の若さで病死した 그는 30살의 젊은 나이에 병으로 죽었다.

**ひょうしき【標識】** 표지 ¶左折禁止の標識が出ていたのに彼は無視して事故を起こした 좌회전 금지 표지가 나와 있었는데도 그는 그것을 무시하고 사고를 일으켰다. /「芝生に入らないでください」と標識に書いてあった '잔디에 들어가지 마시오'라고 표지판에 적혀 있었다. /道路標識を立てる 도로 표지를 세우다 [関連]**交通標識** 교통 표지

**ひょうしつ【病室】** 병실 [病棟] 병동

**ひょうしゃ【描写】** 묘사 ◇描写する 묘사하다 [描く] 그리다 ¶その作家は人間の性格描写にかけては飛び抜けている 그 작가는 인간의 성격 묘사에 있어서는 탁월하다. /この小説では逃亡犯の心理が実に巧みに描写されている 이 소설에서는 도주범의 심리가 실로 탁월하게 묘사되어 있다. /自然[心理]描写 자연[심리] 묘사

**ひょうじゃく【病弱】** ◇病弱だ 병약하다 [体が弱い] 몸이 약하다 ¶彼は生まれつき病弱なため激しい運動ができない 그는 태어나면서부터 병약해서 격렬한 운동은 못한다. /彼女は病弱な母親の世話をしなければならない 그녀는 병약한 어머니를 돌보아야 한다.

**ひょうじゅん【標準】** 표준 [基準] 기준 [平均] 평균 ◇標準的 표준적 ¶彼の身長は標準以上[以下]だ 그는 평균 키보다 크다[작다]. /標準に達する[達しない] 표준에 미치다[미치지 못하다] /あの店ではパソコンを標準価格より安く売っている 그 가게에서는 컴퓨터를 표준 가격보다 싸게 팔고 있다.
¶テレビのアナウンサーはもっとも標準的な日本語を話す 텔레비전 아나운서는 가장 표준적인 일본어를 쓴다. /彼らは標準的なサラリーマンです 그들은 표준적인 샐러리맨입니다. [関連]**標準化** 표준화 /**標準語** 표준어 /**標準時** 표준시 /[日本標準時] 일본 표준시 /[韓国標準時] 한국 표준시 /[世界標準時] 세계 표준시

**ひょうしょう【表彰】** 표창 ◇表彰する 표창하다 ¶彼は川に落ちた子供を助けて警察から表彰された 그는 강에 빠진 아이를 구해서 경찰로부터 표창을 받았다. /表彰台に上がる 표창대에 오르다 [関連]**表彰式** 표창식 /**表彰状** 표창장

# ひょうじょう
【表情】 표정 [顔つき] 얼굴 ¶彼女は表情が豊かだ 그녀는 표정이 풍부하다. /満足そうな表情が彼の顔に浮かんだ 만족스러운 표정이 그의 얼굴에 떠올랐다. /事故の知らせを聞いて彼女の表情が曇った 사고 소식을 듣고 그녀의 표정이 어두워졌다. /彼女は不安そうな表情だった 그녀는 불안한 표정이었다. /テレビカメラの前で彼の表情が固くなった 텔레비전 카메라 앞에서 그의 표정이 굳어졌다. /彼は無表情で部屋を出ていった 그는 무표정하게 방을 나갔다. /表情に乏しい 표정이 없다. /表情をつくる 표정을 짓다 /表情を読み取る 표정을 읽다
¶明るい表情 밝은 표정 /うれしそうな表情 기쁜 표정 /暗い表情 어두운 표정 /悲しそうな表情 슬픈 표정 /けげんな表情 의아한 표정 /険しい表情 험악한 표정 /こわばった表情 접먹은[굳은] 표정 /困惑した表情 당혹스러운 표정 /真剣な表情 진지한 표정 /心配そうな表情 걱정스러운 표정 /不満そうな表情 불만스러운 표정

**びょうしょう【病床】** 병상, 병석(病席) ¶彼は病床にあっても創作活動をやめなかった 그는 병상에서도 창작 활동을 멈추지 않았다. /彼女は昨年末から病床に伏したままだ 그녀는 작년 말부터 병상에 드러누운 상태다.

**びょうじょう【病状】** 병상, 병세(病勢), 증상(症状) ¶お母さんの病状はその後いかがですか? 어머니의 병세는 그 후 어떠십니까? /父の病状にはこれといった変化は見られなかった 아버지의 병세에는 이렇다 할 변화는 보이지 않았다. /患者の病状はあまり思わしくなかった 환자의 병세는 별로 좋지 않았다. /病状が悪化[好転]する 병세가 악화되다[호전되다] /病状は一進一退である 병세는 일진일퇴하고 있다.

**びょうしん【秒針】** 초침, 초바늘 [関連]**時針** 시침 /**分針** 분침

**ひょうする【表する】** 표하다, 나타내다 ¶遺憾の意を表する 유감의 뜻을 표하다 /敬意を表する 경의를 표하다

**ひょうする【評する】** 평하다, 일컫다 [批評する] 비평하다 ¶人々はその少年を評して天才と呼んだ 사람들은 그 소년을 일컬어 천재라고 불렀다.

**びょうそう【病巣】** 병소, 환부(患部) ¶胃の病巣を摘出する彼の手術は成功だった 위의 환부를 도려내는 그의 수술은 성공했다.

**びょうそく【秒速】** 초속 ¶秒速20メートル 초속 20미터

**ひょうだい【表題・標題】** 표제, 제목 ¶『韓国が好きだ』という表題の本が今週のベストセラーだ "한국을 좋아한다"라는 제목의 책이 이번주의 베스트셀러다. /表題を付ける 제목을 달다

**ひょうたん【瓢箪】** 〔植物, 実, 容器〕 호리병박, 조롱박 [慣用句] **ひょうたんから駒が出た** 농담이 진담이 되었다.

**ひょうちゃく【漂着】** 표착 ◇漂着する 표착하다 ¶救命ボートはある島に漂着した 구명보트는 표류하다가 어느 섬에 이르렀다.

**ひょうてい【評定】** 평정 [評価] 평가 ◇評定する 평정하다, 평가를 매기다 ¶わが社の勤務評定は厳しいことで定評がある 우리 회사의 업무 평가는 엄격하기로 정평이 나 있다. ⇒**評価**

**ひょうてき【標的】** 표적 ¶大統領はテロリストたちの暗殺の標的となっていた 대통령은 테러리스트들의 암살 표적이 되어 있었다.

**びょうてき【病的】** 병적 ¶病的な妄想 병적인 망상 /彼女は病的なほどきれい好きで部屋にはちり一つ落ちていない 그녀는 병적일 정도의 결벽증이 있어서 방바닥에 먼지 하나 없다.

**ひょうてん【氷点】** 빙점(▶発音に注意: 빙점), 어는점 ¶夜の気温は氷点下5度にまで下がった 밤 기온은 영하 5도까지 떨어졌다. /このところ氷点下の日が続いている 요즘 영하의 날씨가 계속되고 있다.

**ひょうでん【評伝】** 평전

**びょうとう【病棟】** 병동 ¶隔離[外科, 小児科]病棟 격리[외과, 소아과] 병동

**びょうどう【平等】** 평등 ◇平等だ 평등하다
◇平等に 평등하게【均等に】고루고루, 골고루
¶男女雇用機会均等法が施行されても必ずしも男女平等が実現したわけではない 남녀 고용 기회 균등법이 시행되었다고 해서 꼭 남녀평등이 실현된 것은 아니다. / 男と女は平等であるべきだ 남자와 여자는 평등해야 한다. / 平等な権利 평등한 권리
¶私はできる生徒もできない生徒も平等に扱うようにいつも心がけている 나는 공부 잘하는 학생도 못하는 학생도 평등하게 대하려고 항상 노력하고 있다. / うちでは家事を夫と平等に分担している 우리 집에서는 가사를 남편과 평등하게 분담하고 있다. / 遺言によって父の遺産は子供たちに平等に分けられた 유언에 의해 아버지의 유산은 자식들에게 평등하게 나뉘어졌다.

**びょうにん【病人】** 병자(病者), 병인【患者】환자 ¶彼女は看護師として病人の世話をする仕事をしている 그녀는 간호사로서 환자를 돌보는 일을 하고 있다. / 病人を介護する 환자를 돌보다 / 病人を見舞う 환자를 병문안하다

**ひょうはく【漂白】** 표백 ◇漂白する 표백하다
¶ブラウスを漂白して真っ白にした 블라우스를 표백해서 새하얗게 했다. / ジャケットについた染みを漂白剤で落とした 재킷에 묻은 얼룩을 표백제로 없앴다.

# ひょうばん
**【評判】** 평, 평판【人気】인기【うわさ】소문 ◇評判の【話題になっている】평이 난, 인기 있는, 유명한, 소문이 난

◆《評判が・評判は》
¶この旅館は評判がいい【悪い】이 여관은 평판이 좋다【나쁘다】. / 彼女は友達の間で評判がいい 그녀는 친구들 사이에서 평이 좋다. / 彼は弁護士として評判がいい 그는 변호사로서 평판이 좋다. / 日本ではこのタイプの車はとても評判がいい 일본에서는 이 타입의 차는 아주 인기가 있다.

◆《評判の》
¶おばは若いころは評判の美人だったそうだ 고모【이모】는 젊은 시절에는 소문난 미인이었다고 한다. / 彼は評判のよい医者だ 그는 평판이 좋은 의사이다. / 評判の高い小説家たち 평판이 높은 소설가들

◆《評判を》
¶あのスキャンダルで彼は評判を落とした 그 스캔들로 그는 인기가 떨어졌다. / 彼女はあの映画で評判を高めた 그녀는 그 영화로 인기가 높아졌다.

◆《評判だ》
¶そのレストランは高いと評判だ 그 레스토랑은 비싼 것으로 유명하다. / あの政治家は建設業者から賄賂を受け取ったという評判だ 그 정치가는 건설업자로부터 뇌물을 받았다는 소문이 있다. / あの子はうそつきで評判だ 그 아이는 거짓말쟁이로 유명하다.

◆《評判になる》
¶彼女のすばらしい歌声は評判になった 그녀는 뛰어난 가창력으로 인정받았다. / 二人の関係は同僚の間で評判となった 두 사람의 관계는 동료 사이

에서 유명해졌다.
◆《その他》
¶そのゲームはクラスメートの間で大評判だった 그 게임은 반 친구들 사이에서 큰 인기였다. / 芝居の前評判は上々だ 연극의 사전 평판은 아주 좋다. / その芝居は評判倒れだった 그 연극은 평이 좋았는데 실제로 보니까 별로였다.

**ひょうひょう【飄々】** ひょうひょうとした 초연한, 얽매이지 않는, 표표한 ¶彼はいつもひょうひょうとしている 그는 항상 초연하다.

**びょうぶ【屏風】** 병풍 ¶屏風絵 병풍화

**ひょうへん【豹変】** 표변, 돌변(突変) ◇豹変する 표변하다, 돌변하다 ¶彼の意見に同意しかねると言ったら彼の態度は豹変した 그의 의견에 동의할 수 없다고 말하자 그의 태도는 돌변했다.

**ひょうほん【標本】** 표본【見本】본보기, 견본 ¶夏休みの課題で昆虫の標本を作った 여름 방학 과제로 곤충의 표본을 만들었다. / ちょうを標本にする 나비를 표본으로 하다 / 標本調査 표본조사 / 剝製標本 박제 표본

**びょうま【病魔】** 병마, 병 ¶入院したとき彼は病魔に冒され, すでに手遅れの状態だった 입원했을 때 그는 병에 걸려 이미 손쓸 수 없는 상태였다.

**ひょうめい【表明】** 표명 ◇表明する 표명하다
¶彼だけがその企画に反対を表明した 그 사람 혼자 그 기획에 반대를 표명했다. / 所信を表明する 소신을 표명하다

**ひょうめん【表面】❶**【外側の面】표면 ¶月の表面はクレーターで覆われている 달의 표면은 크레이터로 뒤덮여 있다. / 表面に軽く焦げ目がつくまでさんまを焼いた 표면이 살짝 탈 때까지 꽁치를 구웠다. / テーブルの表面に傷をつけないように気をつける 테이블 표면에 상처가 나지 않게 조심하다
¶彼らの意見の相違が表面化した 그들의 의견 차이가 표면화되었다.
❷【うわべ】표면, 겉, 겉모양, 겉보기, 겉치레 ¶彼は表面は穏やかそうに見えるが, 実際はすぐにかっとなる 그는 겉보기는 얌전한 것 같이 보이지만 실제로는 곧잘 욱한다. / 物事を表面だけで判断してはいけない 매사를 겉만 보고 판단해서는 안 된다. / 表面だけ取り繕ってもむだだ 겉모양만 꾸며 봐야 소용없다. 関連 表面張力 표면장력 / 表面積 표면적, 겉넓이

**びょうよみ【秒読み】** 초읽기 ¶火星探査衛星打ち上げの秒読みがまさに始まろうとしている 화성 탐사 위성 발사의 초읽기가 막 시작되려고 한다. / 宇宙ロケット発射の秒読みに入る 우주 로켓 발사가 초읽기에 들어가다 / 新製品の生産はいよいよ秒読み段階に入った 신제품의 생산은 드디어 초읽기 단계에 들어갔다.

**ひょうり【表裏】** 표리 ¶その2つの相反する主張は表裏一体のものである 그 두 개의 상반되는 주장은 표리일체의 관계이다.

**ひょうりゅう【漂流】** 표류 ◇漂流する 표류하다【漂う】떠돌다 ¶ボートは漂流から10日目に外国の貨物船に救助された 보트는 표류된 지 10일만에 외국 화물선에 의해 구조되었다. 関連 漂流者 표류자 / 漂流船 표류선 / 漂流物 표류물

**ひょうれき【病歴】** 병력 ¶まず初めに医者は患者に病歴を尋ねた 우선 의사는 환자에게 병력을 물었다.

**ひょうろん【評論】** 평론 [批評] 비평 ◇評論する 평론하다 ¶彼は文芸誌で文芸評論をやっている 그는 문예지에서 문예 평론을 하고 있다. / 彼女の最新作がきのうの新聞で評論されていた 그녀의 최신작에 대한 평론이 어제 신문에 나왔다. [関連]**評論家** 평론가 / **評論雑誌** 평론 잡지 / **文芸[美術, 音楽, 映画]評論家** 문예[미술,음악,영화] 평론가 / **政治[経済, 軍事]評論家** 정치[경제,군사] 평론가 / **野球評論家** 야구 평론가

**ひよく【肥沃】** 비옥 ◇肥沃だ 기름지다, 비옥하다 ¶肥沃な土地 기름진 땅

**びよく【尾翼】** 꼬리날개, 뒷날개, 미익 [関連]**垂直[水平]尾翼** 수직[수평] 꼬리날개

**ひよけ【日除け】** 차일, 차양 [ブラインド] 블라인드 [自動車の] 차광판, 선바이저 ¶日がまぶしすぎるから日除けを下ろしてください 햇빛이 너무 눈부시니까 차양을 내려 주세요. / 日除けをする[付ける] 블라인드를 달다[붙이다]

**ひよこ【雛】** 병아리 ¶ひよこ1羽 병아리 한 마리 ⇒雛(ひな)  数え方

**ぴょこん** ◇ぴょこんと 꾸뻑 [急に] 쑥, 불쑥 ¶少年は先生にぴょこんと頭を下げた 소년은 선생님께 꾸뻑 머리를 숙였다. / うさぎが草むらからぴょこんと頭を出した 토끼가 풀숲에서 불쑥 머리를 내밀었다.

**ひょっこり** [思いがけず] 뜻밖에 [いきなり] 느닷없이 ¶駅で昔なじみと出会った 역에서 옛 친구와 뜻밖에 마주쳤다. / きのうの彼が何年ぶりかにひょっこり訪ねてきた 그가 어제 몇 년 만에 느닷없이 찾아왔다.

**ひょっと** ◇ひょっとしたら 어쩌면 ¶忙しいけどひょっとしたら行けるかも知れない 바쁘지만 어쩌면 갈 수 있을지도 몰라.

**ひより【日和】** [天気] 날씨, 일기 ¶ここ1週間よい日和に恵まれている 요 일주일간 날씨가 좋다. / きょうは絶好の行楽日和だ 오늘은 소풍가기에 절호의 날씨이다. 慣用句**待てば海路の日和あり** 기다리면 좋은 날이 있다. | 쥐구멍에도 볕들 날이 있다. [関連]**日和** 날씨

**ひよりみ【日和見】** ¶党大会で彼は日和見だと非難された 당 대회에서 그는 기회주의라고 비난받았다. [関連]**日和見主義者** 기회주의자

**ひょろながい【ひょろ長い】** 호리호리하다 ¶向こうにいるあのひょろ長いのがうちの息子だ 저기 있는 저 호리호리한 게 우리 아들이다.

**ひよわ【ひ弱】** ◇ひ弱だ 허약하다 ¶彼女は幼いころひ弱だった 그녀는 어렸을 때 허약했다. / ひ弱な子供 허약한 아이

**ぴょん** ◇ぴょんと 껑충, 펄쩍 ◇ぴょんぴょん 깡총강총, 폴짝폴짝 ¶その子はぴょんと小川を飛び越えた 그 아이는 펄쩍 시냇물을 뛰어 넘었다. / かえるが草の上をぴょんぴょん飛び跳ねた 개구리가 풀 위를 폴짝폴짝 뛰어다녔다.

**ひょんな** [意外な] 뜻밖의 [妙な] 엉뚱한 ¶私たちは3年前にひょんなことから知り合った 우리는 3년 전의 뜻밖의 일로 알게 되었다. / 話がもつれてひょんなことになってしまった 이야기가 뒤얽혀서 영 엉뚱하게 되어 버렸다.

**ひら【平】** ¶彼は20年も勤めているのに相変わらず平社員のままだ 그는 20년이나 근무했는데 아직도 평사원이다. 関連**手のひら** 손바닥

**ビラ** 삐라 [はり紙] 벽보 [ちらし] 전단, 광고지 [ポスター] 포스터 ¶ビラを配る[まく] 전단을 나누다[뿌리다] / 壁にビラをはる 벽에 포스터를 붙이다 / 数枚の広告ビラが朝刊に折り込まれていた 광고 전단이 몇 장 조간에 들어 있었다.

**ひらあやまり【平謝り】** ¶もう平謝りに謝るだけだ 이제 오로지 사과할 일만 남았다.

**ひらいしん【避雷針】** 피뢰침 ¶屋上の避雷針に雷が落ちた 옥상의 피뢰침에 벼락이 떨어졌다.

**ひらおよぎ【平泳ぎ】** 평영 [カエル泳ぎ] 개구리 헤엄 ¶彼女は200メートル平泳ぎの日本記録保持者だ 그녀는 200미터 평영 일본 기록 보유자이다. / 平泳ぎで泳ぐ 평영으로 헤엄치다 / 平泳ぎの選手 평영 선수

**ひらがな【平仮名】** 히라가나 : 일본의 표음 문자 ¶5歳の息子はひらがなで自分の名前を書ける 다섯 살인 아들은 히라가나로 자기 이름을 쓸 수 있다. ⇒仮名

**ひらき【開き】** [差] 차이 [閉会] 폐회 ¶彼らは年齢の開きは大きいが考え方は似ている 그들은 연령의 차이는 크지만 생각은 비슷하다. / 試合の点の開きは2点に縮まった 경기 접수 차는 2점으로 줄었다.

¶あじの開き 배를 갈라서 말린 전갱이 慣用句**忘年会が9時にお開きになった後, みんなで二次会に行った** 망년회가 아홉 시에 끝난 후 모두 함께 2차에 갔다.

**-びらき【-開き】** ¶両開きの戸棚 양쪽으로 열리는 장 / 来月早々近所に大型スーパーが店開きする 다음달 초 근처에 대형 슈퍼가 개점한다. / **海開き** 바다에서 수영이 허가되는 날 | 해수욕장 개장

**ひらきなおる【開き直る】** 태도를 바꾸다 ¶彼は突然開き直って放火の容疑を否認した 그는 갑자기 태도를 바꾸어 방화 혐의를 부인했다.

# ひらく【開く】 
❶ [あける, あく] 열리다, 열다 [包むなどを] 풀다 [咲く] 피다 [広げる] 펴다 [広がる] 벌어지다 ¶教科書の30ページを開いてください 교과서 30페이지를 펴 주세요. / 田舎の母から送られてきた包みを開いた 고향 어머니께서 보내 주신 소포를 풀었다. / 手を開いて持っているものを見せてごらん 손을 펴서 쥐고 있는 것을 보여 봐. / 父は新聞を開いて読み始めた 아버지는 신문을 펴서 읽기 시작하셨다. / 彼は足を少し開いて立っていた 그는 다리를 조금 벌리고 서 있었다. / ふたを開く 뚜껑을 열다

¶庭のゆりの花が開き始めた 정원의 백합꽃이 피기 시작했다. / 1番目と2番目の走者との間がどんどん開いていた 첫 번째와 두 번째 주자 사이가 점점 벌어져 갔다.

❷ [始める, 始まる] 열리다, 열다 ; 시작되다, 시작하다 [開設する] 개설하다 ¶彼は昨年麻布にレストランを開いた 그는 작년에 아자부에 레스토랑을 열었다. / 私はその銀行に口座を開いた 나

ひらける

는 그 銀行에 計座를 開設했다. / デパートは10時に開きます 백화점은 열 시에 열어요.
❸ [開催する] 열다；개최하다 ¶新入生のための歓迎会を開いた 신입생을 위한 환영회를 열었다. / 来週の金曜日に会合を開く予定だ 다음주 금요일에 모임을 가질 예정이다. / きょうから東京で韓国の国宝展が開かれる 오늘부터 도쿄에서 한국 국보전이 열린다.
¶多くの大学で週末や夜間に社会人のための講座を開いている 많은 대학에서 주말이나 야간에 사회인을 위한 강좌를 개최하고 있다.
❹ [開拓する] 열다；개척하다, 개간하다 ¶道を開く 길을 열다[트다] / 荒れ地の一部を開いて農地にした 황무지의 일부를 개척해서 농지로 만들었다.
❺ [その他] ¶当時女性には政治家になる道が開かれていなかった 당시 여성에게는 정치가가 될 길이 열려 있지 않았다. / ノーベル賞受賞者の講演が科学の世界へ目を開かせてくれた 노벨상 수상자의 강연이 과학 세계에 눈을 뜨게 해 주었다. / 日本の皇室は戦前よりも国民に開かれている 일본의 황실은 제2차 세계 대전 이전에 비해 국민들에게 열려 있다. / 国交を開く 국교를 열다

| 使い分け | 開く | |
|---|---|---|
| 開く | ドアを(문을) | 열다 |
| | 本を(책을) | 펴다 |
| | 目を(눈을) | 뜨다 |
| | 傘を(우산을) | 펼치다 |

## ひらける

[開ける] ❶ [発展する] 발전하다 ¶この地域もここ10年の間にずいぶん開けた 이 지역도 요 10년 사이에 꽤 발전했다. / その国は古代においてもっとも文明が開いていた国の一つであった 그 나라는 고대에 가장 문명이 발전했던 나라의 하나였다.
❷ [開通する] 개통되다, 열리다 ¶成田と韓国の済州島の間に新しい航空路が開けた 나리타와 한국 제주도 사이에 새로운 항공로가 열렸다.
❸ [展望などが広がる] 트이다, 펼쳐지다 ¶林を抜けるとすばらしい景色が眼下に開けた 숲을 빠져나가자 멋진 경치가 눈 아래로 펼쳐졌다.
❹ [理解がある] 이해심이 있다 ¶彼のお父さんは開けた人だ 그의 아버지는 이해심이 많으신 분이다.
❺ [運がよくなる] 운이 좋아지다 ¶今年になって運が開けてきたような気がする 올해 들어 운이 트인 것 같다.

**ひらたい** [平たい] 평평하다, 평탄하다 ◇平たく [分かりやすく] 알기 쉽게 ¶平たい岩 평평한 바위 / 彼の考えは平たく言えば、「早い者勝ち」ということだ 그의 생각을 알기 쉽게 말하자면 '먼저 한 사람이 유리하다'라는 것이다.

**ひらて** [平手] 손바닥 ¶頰に平手打ちをくらわす 빰따귀를 때리다

**ピラニア** 피라니아

**ひらひら** 팔랑팔랑；훨훨 ¶桜の花びらがひらひらと散って落ちた 벚꽃 잎이 팔랑팔랑 떨어졌

다. / ちょうが野原でひらひら飛んでいる 나비가 들판에 훨훨 날고 있다.

**ピラミッド** 피라미드

**ひらめ** [平目] 넙치, 광어(広魚)

**ひらめき** [閃き] [閃光] 섬광 [才能などの] 번득임 [直感, インスピレーション] 영감(霊感), 인스피레이션 ¶稲妻のひらめきの直後に雷鳴がとどいた 번개가 번쩍한 직후 천둥소리가 울려 퍼졌다. / 彼は洗練されてはいないが、彼の文章には才能のひらめきがある 아직 세련미는 없지만 그의 글에는 재능이 번득인다. / ある本からすばらしいひらめきを受けた 어느 책에서 멋진 영감을 받았다.

**ひらめく** [閃く] [ぴかっと光る] 번쩍거리다 [旗が] 번쩍 떠오르다 [旗가] 펄럭이다, 나부끼다 ¶遠くで稲妻がひらめいた 멀리서 번개가 번쩍거렸다. / 名案がひらめいた 명안이 떠올랐다. / 風にひらめく旗 바람에 펄럭이는 깃발

**ひらや** [平屋] 단층집

**ひらり** ◇ひらりと 날쌔게, 훌쩍 ¶彼は相手のパンチをひらりとかわした 그는 상대의 펀치를 날쌔게 피했다. / ひらりと馬にまたがる 훌쩍 말에 올라타다

**びり** 꼴찌 ¶怠けているうちに成績がクラスでびりになっていた 게으름 피우고 있다가 성적이 반에 꼴찌가 되었다. / 子供のころ駆けっこではいつもびりだった 어렸을 때 달리기에서는 항상 꼴찌였다

**ピリオド** 피리어드, 온점 [終止符] 종지부, 마침표 ¶文の終わりにピリオドを打つ 문장 끝에 마침표를 찍다 / 首相はデフレにピリオドを打つことを公約に掲げた 수상은 데플레이션에 종지부를 찍겠다는 공약을 내걸었다.

**ひりつ** [比率] 비율 ¶国産米と輸入米を7対3の比率で混ぜて売る 국산쌀과 수입쌀을 7대3 비율로 섞어서 판다. / このクラスの男子と女子の比率は3対1です 이 반의 남자 여자의 비율은 3대 1입니다. / 高校中退者の比率が年々高く[低く]なってきた 고등학교 중퇴자의 비율이 매년 높아지고[낮아지고] 있다.

**ぴりっと** 얼얼하게, 얼큰히 ¶彼はぴりっと辛い料理が好きだ 그는 얼큰하게 매운 요리를 좋아한다. / 彼女のエッセーにはぴりっとしたユーモアがふんだんに使われている 그녀의 수필에는 짜릿한 유머가 많이 나온다.

**ひりひり** 얼얼, 따끔따끔 ◇ひりひりする 따끔하다, 얼얼하다 ¶きのう転んで脚をすりむいたが、まだひりひりする 어제 넘어져서 다리를 긁혔는데 아직도 따끔하다. / 日焼けで背中がひりひりして寝られなかった 햇볕에 그을린 등이 따끔따끔해서 잘 수가 없었다. / この軟膏はひりひりするからちょっとずつつけなさい 이 연고는 따끔하니까 조금씩 발라. / きょうのカレーライスは辛すぎて口のひりする 오늘 먹은 카레라이스는 너무 매워서 입 안이 얼얼하다.

**びりびり** 찌르르；드르르；짝짝, 복복 ¶ドアの取っ手に触ったら静電気のせいでびりびりっときた 문 손잡이를 만지자 정전기 때문에 찌르르했다. / 地震で窓ガラスがびりびり震えた 지진으로 창유리가 드르르 흔들렸다. / 新聞をびりびりと引き裂いた 신문을 복복 찢었다.

**ぴりぴり** ◇ぴりぴりする〔神経が〕곤두서다
¶入試を直前に控えて受験生の息子はぴりぴりしていた 입시를 눈앞에 두고 수험생 아들은 신경이 곤두서 있었다.

**ビリヤード**〔玉突き〕당구(撞球) ¶ビリヤードをする 당구를 치다 / ビリヤードの球 당구공 / ビリヤード場 당구장

**ひりょう【肥料】** 비료(肥やし) 거름 ¶彼女はこの10年間、畑に有機肥料だけをやって野菜を作っている 그녀는 요 10년간 밭에 유기 비료만을 써서 야채를 재배하고 있다. / 畑に肥料をまく 밭에 비료를 뿌리다 関連 化学肥料 화학 비료

**びりょう【微量】** 미량 ¶分析の結果、死体からは微量の毒物が検出された 분석 결과 시체에서는 미량의 독극물이 검출되었다.

**びりょく【微力】** 미력 ¶微力ながらお手伝いさせていただきますが 미력하지만 도와드리겠습니다.

**ひる【昼】** ❶〔正午〕정오, 열두 시 ¶きょうは昼から出かける予定だ 오늘은 정오에 나갈 예정이다. / 昼すぎに伺います(→12時すぎに) 열두 시 넘어서 찾아뵙겠습니다.
❷〔昼間〕낮 ¶夏は昼が長い 여름은 낮이 길다. / うちのおじいちゃんは昼日中からお酒を飲んでいる 우리 할아버지는 대낮부터 술을 마시고 계신다. / 父は生活のため昼も夜も一生懸命働いた 아버지는 생활을 위해서 밤낮없이 열심히 일하셨다.
❸〔昼食〕점심, 점심밥 ¶そろそろお昼にしよう 슬슬 점심 먹자. / お昼をごちそうしますよ 제가 점심 내겠습니다.

**ビル** 빌딩 ¶彼の会社は10階建のビルの6階にある 그의 회사는 10층짜리 빌딩 6층에 있다. / 駅ビルの名店街で買い物をした 역 빌딩의 유명 상점가에서 쇼핑을 했다. 関連 ビル街 빌딩가 / ビル風 빌딩 바람 / 高層ビル 고층 빌딩 / 超高層ビル 초고층 빌딩

**ピル**〔経口避妊薬〕경구 피임약 ¶彼女は避妊のためにピルを服用している 그녀는 피임을 위해서 필을 복용하고 있다.

**ひるい【比類】** 비류 ¶比類のない傑作 비할 바 없는 걸작품 / その殺人事件は犯罪史上比類のない残虐なものだった 그 살인 사건은 범죄 사상 유례가 없는 잔혹한 것이었다. / 彼女の美しさは比類のないものだった 그녀의 아름다움은 비길 데 없이 아름다웠다.

**ひるがえす【翻す】**〔旗を〕휘날리다〔体を〕날리다〔発言·態度を〕번복하다, 바꾸다 ¶各国の代表チームは国旗を翻しながらスタジアムのトラックを行進した 각국의 대표 팀은 국기를 휘날리며 스타디움의 트럭을 행진했다. / 彼はあやうく車にひかれそうになったが、身を翻してよけた 그는 하마터면 차에 치일 뻔했는데 몸을 날려 피했다. / 身を翻して逃走する 몸을 날려 도주했다. / 彼は前言を翻した 그는 먼저 한 말을 번복했다.

**ひるがえる【翻る】**〔なびく〕휘날리다, 나부끼다, 펄럭이다〔振り返る〕되돌아보다 ¶風に翻る旗 바람에 휘날리는 깃발
¶翻ってわが国の農業を考えてみると問題は山積している 반대로[한편으로] 우리 나라의 농업을 생각해 보면 문제가 산적해 있다.

**ひるがお【昼顔】** 메, 메꽃

**ひるさがり【昼下がり】** 낮결〔午後〕오후 ¶昼下がりの公園でのんびりひなたぼっこするのも悪くない 오후에 공원에서 느긋하게 일광욕하는 것도 나쁘지 않다.

**ひるどき【昼時】**〔食事時間〕점심 때 ¶その食堂は昼時はいつも学生たちで込んでいる 그 식당은 점심 때는 항상 학생들로 북적거린다.

**ひるね【昼寝】** 父は昼食後昼寝をしてから午後の仕事に取りかかることにしている 아버지는 점심 식사 후 낮잠을 주무시고 나서 오후 일을 시작하신다.

**ひるま【昼間】** 낮 ¶彼女は昼間は仕事で家を留守にすることが多い 그녀는 낮에는 일 때문에 집을 비우는 경우가 많다. / ふくろうは昼間眠って夜えさを食べる 부엉이는 낮에 자고 밤에 먹이를 먹는다.

**ひるむ【怯む】**〔尻込みする〕뒷걸음질치다(たじろぐ) 기가 죽다, 기가 꺾이다 ¶彼はとっさの出来事に思わずひるんでしまった 그는 순식간에 일어난 일에 자기도 모르게 뒷걸음질쳤다. / 犯人が一瞬ひるんだすきに警官は彼を取り押さえた 범인이 잠시 뒷걸음질친 틈에 경찰관은 그를 체포했다. / 彼女は上司に対してひるむことなく率直に自分の意見を述べた 그녀는 상사에게 대고 기죽지 않고 솔직히 자기의 의견을 말했다.

**ひるめし【昼飯】** 점심, 점심밥

**ひるやすみ【昼休み】** 점심시간, 점심 휴식
¶忙しくて昼休みは30分しかとれなかった 바빠서 점심시간은 30분밖에 없었다. / 彼らは昼休みにキャッチボールをして息抜きをした 그들은 점심시간에 캐치볼을 하며 휴식을 취했다.

**ひれ【鰭】** 지느러미 関連 ひれ酒 히레자케, 복지느러미 술 / 背びれ 등지느러미 / 腹びれ 배지느러미 / 胸びれ 가슴지느러미

**ヒレ**〔肉の〕필레 살 ¶ヒレステーキ 필레 스테이크

**ひれい【比例】** 비례 ◇比例する 비례하다 ¶犯罪の増加は人口に比例するようだ 범죄의 증가는 인구에 비례하는 것 같다.
¶日本では少数派の政党も国会に代表を送れるよう比例代表制が導入されている 일본에서는 소수파의 정당도 국회에 대표를 보낼 수 있도록 비례대표제가 도입되어 있다. 関連 比例配分 비례 배분 / 正比例 정비례 / 反比例 반비례

**ひれつ【卑劣】** ◇卑劣だ 비열하다 ¶お年寄りをだますなんて卑劣きわまりないことだ 노인을 속이다니 비열하기 그지없다. / 彼らは卑劣な手段を用いて大金をもうけている 그들은 비열한 수단을 이용해서 큰돈을 벌고 있다.

**ひれん【悲恋】** 비련 ¶彼らの燃え上がった恋も結局悲恋に終わった 그들의 타오르던 사랑도 결국 비련으로 끝났다. / 悲恋物語 비련 이야기

**ひろい【広い】** ❶〔空間·面積·幅が大きい〕넓다, 크다

基本表現
▶広い道に出たら右に曲がってください 넓은 길로 나가서 오른쪽으로 꺾어 주세요.
▶彼は肩幅が広い 그는 어깨가 넓다.
▶広い庭はいろいろな花でいっぱいだった

넓은 정원은 여러 가지 꽃으로 가득했다.
▷私の家の近くにはとても広い公園がある 우리 집 근처에는 아주 넓은 공원이 있다.
▷大学のキャンパスがもうちょっと広ければいいのに 대학 캠퍼스가 조금만 더 넓으면 좋을 텐데.
▷先日行ったコンサートホールはとても広かった 며칠 전에 간 콘서트홀은 아주 넓었다.
¶この部屋がうちでいちばん広い部屋です 이 방이 우리 집에서 가장 넓은 방입니다. /「日本と韓国とどちらが広いですか」「よくわからないけどたぶん日本だと思います」 "일본과 한국은 어느 쪽이 넓습니까?" "잘 모르겠지만 아마 일본이라고 생각합니다." /「ずいぶん広いですね. 何という川ですか」「信濃川です」「あゝ広いけど. 無슨 강입니까?」 "시나노 강입니다."

❷ 〔範囲が〕넓다 ¶彼はクラシック音楽について広い知識を持っている 그는 클래식 음악에 관해 넓은 지식을 가지고 있다. /彼女は音楽にスポーツに絵にと趣味が広い 그녀는 음악, 스포츠, 그림까지 취미가 다양하다. /彼は政界に顔が広い 그는 정계에 발이 넓다. /広い意味で電卓もコンピュータの一種である 넓은 의미에서 전자 계산기도 컴퓨터의 일종이다.

❸ 〔心が〕넓다, 크다 ¶彼は心が広い 그는 마음이 넓다. /だれにでも広い心で接する 누구에게나 넓은 마음으로 대한다.

**ヒロイズム** 헤로이즘〔英雄的行為〕영웅적 행위
**ひろいぬし**【拾い主】습득자, 주운 사람 ¶ごみ袋の中から発見された1千万円が6か月後に拾い主のものになった 쓰레기 봉투 안에서 발견된 천만 엔은 6개월 후에 주운 사람이 가지게 되었다.
**ひろいもの**【拾い物】〔拾得物〕습득물〔思わぬもうけ物〕횡재(橫財) ¶古本屋で思わぬ拾い物をした 헌 책방에서 생각지도 못한 횡재를 했다. /彼女は学校から帰る途中で拾い物をした 그녀는 학교에서 돌아오는 길에 물건을 주웠다.
**ひろいよみ**【拾い読み】◇拾い読みをする 부분부분 골라 읽다 ¶彼は本は買わずに本屋で拾い読みするだけだ 그는 책은 사지 않고 책방에서 필요한 부분만 골라 읽을 뿐이다.
**ヒロイン** 여주인공, 헤로인 ¶中年の女性をヒロインにしたその恋愛小説は爆発的に売れた 중년 여성을 여주인공으로 한 그 연애 소설은 폭발적으로 팔렸다. /悲劇のヒロインを演じる 비극의 여주인공을 연기하다

**ひろう**【拾う】줍다〔見つける〕찾다, 발견하다〔集める〕모으다〔タクシーなどを〕잡다〔客を〕태우다 ¶そこのごみを拾ってちょうだい 거기 쓰레기를 주워 줘. /道で財布を拾った 길에서 지갑을 주웠다. /娘が捨て猫を拾ってきた 딸이 고양이를 주워 왔다. /先週ぐりを拾いに行った 지난주 밤을 주우러 갔다.
¶駅前でタクシーを拾った 역 앞에서 택시를 잡았다. /彼は途中で私を拾って(→乗せて)くれた 그는 도중에 나를 차에 태워 주었다.

**ひろう**【疲労】피로 ◇疲労する 피로하다〔疲れる〕지치다

◆**疲労が**
¶毎日遅くまで仕事をして疲労がたまってきた 매일 늦게까지 일을 해서 피로가 쌓였다.

◆**疲労の**
¶彼女の顔には疲労の色が見えている 그녀의 얼굴에는 피로한 기색이 보인다. /徹夜続きで疲労の色が隠せない 계속되는 철야로 피로한 기색이 역력하다.

◆**疲労で・疲労を**
¶疲労で体がだるい 피로로 몸이 나른하다. /長旅で疲労を感じた 긴 여행으로 피로를 느꼈다.

◆**その他**
¶私にとっていちばんの疲労回復はお風呂に入ることだ 나에게 있어서 최고의 피로 회복은 목욕을 하는 것이다. /私は疲労困憊してしまった 나는 기진맥진했다. 関連 眼精疲労 안구 피로 / 精神的疲労 정신적 피로 / 肉体的疲労 육체적 피로

**ひろう**【披露】피로〔発表〕발표 ◇披露する 피로하다〔発表する〕발표하다〔見せる〕보이다
¶ある有名人カップルの婚約披露がテレビを通じて行われた 어느 유명 인사 커플의 약혼 발표가 텔레비전을 통해 보도됐다. /司会者によって次々と祝電が披露された 사회자에 의해 연달아 축전이 소개되었다. /パーティーで彼はとっておきの芸を披露した パーティーで彼は장기 자랑을 펼쳤다. /彼らは一流ホテルで豪華な結婚披露宴を行う予定だ 그들은 일류 호텔에서 호화로운 결혼 피로연을 열 예정이다.

**ビロード** 비로드〔ベルベット〕벨벳 ¶黒いビロードの服を着た女性 검은 벨벳 옷을 입은 여성 /その猫の毛並みはビロードのように滑らかだった 그 고양이의 털의 결은 벨벳과 같이 매끄러웠다.

**ひろがり**【広がり】¶飛行機の窓から見た広大な砂漠の広がりは感動的だった 비행기의 창문으로 본 광대하게 펼쳐진 사막의 광경은 감동적이었다.

**ひろがる**【広がる】〔広く行き渡る〕번지다, 퍼지다〔規模が大きくなる〕넓어지다〔のびる〕펼쳐지다, 벌어지다 ¶火事が町中に広がった 화재가 마을 전체로 번졌다. /そのうわさは一瞬にして広がった 그 소문은 순식간에 퍼졌다. /川幅が少しずつ広がってきた 강폭이 조금씩 넓어졌다. /道路が広がる 도로가 넓어지다 / 知識が広がる 지식이 넓어지다 / 見渡すかぎり緑の草原が広がっていた 눈앞에 녹색 초원이 펼쳐져 있었다. / 目の前に広がる海 눈앞에 펼쳐진 바다

**ひろく**【広く】널리, 넓게 ◇広くなる 넓어지다 ◇広くする 넓히다 ¶彼の名前は広く知られている 그의 이름은 널리 알려져 있다. / ピアノをどかしたら部屋が広くなったような気がする 피아노를 치우자 방이 넓어진 듯한 느낌이 든다.

¶いま川幅を広くする工事が行われている 지금 강폭을 넓히는 공사가 진행되고 있다. / 木を取り払って庭を広くした 나무를 자르고 정원을 넓게 했다.

**ひろげる**【広げる】벌리다, 펼치다, 뻗다〔幅を広くする〕넓히다〔規模などを大きくする〕확장하다〔開く〕펴다 ; 열다 ¶公園の真ん中にある大きい木は枝を四方에 뻗어 있다. 공원 한가운데에 있는 큰 나무의 가지가 사방으로 뻗어 있다. / 交通量が多いため道幅を広げることになった 교통량이 많아서 도로의 폭을 넓히기로 했다. / その会社はいろいろな分野に事業を広げている

그 회사는 여러 가지 분야로 사업을 확장하고 있다. / 込んだ電車の中では新聞を広げて読むべきでない 복잡한 전철 안에서는 신문을 펼치고 읽어서는 안 된다. / 鳥は大きな羽を広げて飛び立った 새는 큰 날개를 펼치고 날아갔다. / 彼は手を大きく広げてしっかりと娘を抱きしめた 그는 팔을 크게 벌려서 딸을 꽉 껴안았다. / 山頂に着くと私たちはすぐにお弁当を広げた 산꼭대기에 도착하자마자 우리는 곧 도시락을 폈다.

**ひろさ**【広さ】 [面積] 넓이, [크기] [幅] 너비 ¶運動場の広さはどれぐらいですか 운동장의 넓이는 어느 정도입니까? / この土地の広さはちょうど300平方メートルある 이 토지의 넓이는 정확히 300평방미터다. / 私はそのキャンパスの広さに驚いた 나는 그 대학 캠퍼스의 크기에 놀랐다. / 彼の知識の広さには感心してしまう 그의 넓은 지식에 감탄한다.

¶その川の広さは約10メートルあった 그 강의 너비는 약 10미터였다.

**ひろば**【広場】 광장 ¶祭りの期間中は駅前広場で様々なイベントが開催される 축제 기간 중에는 역앞 광장에서 여러 가지 이벤트가 개최된다.

**ひろびろ**【広々】 ◇広々としている 널찍하다, 넓다 ¶彼は北海道の広々とした牧場で酪農をやっている 그는 홋카이도의 넓은 목장에서 낙농을 하고 있다. / もっと広々とした家に住みたい 좀 더 널찍한 집에 살고 싶다. / 丘の上からは村全体の広々とした眺めが見渡せる 언덕 위에서는 마을 전체의 넓은 경치를 조망할 수 있다.

**ひろま**【広間】 큰 방 [ホール] 홀 ¶歓迎レセプションはホテルの大広間で開かれる 환영식은 호텔 대연회장에서 열린다.

**ひろまる**【広まる】 [うわさなどが] 퍼지다, 번지다 [普及する] 보급되다 ¶そのニュースはたちまち国中に広まった 그 뉴스는 순식간에 나라 전체에 퍼졌다. / 奇妙なうわさが友達の間に広まった 기묘한 소문이 친구들 사이에 퍼졌다. / 携帯電話が中学生の間に広まっている 휴대 전화가 중학생들 사이에 퍼지고 있다. / リサイクル運動が広範な市民の間に広まりつつある 재활용 운동이 대대적으로 시민들 사이에 보급되고 있다.

**ひろめる**【広める】 넓히다 [うわさなどを] 퍼뜨리다 [紹介する] 널리 알리다 [普及させる] 보급시키다 [布教する] 포교하다 ¶勢力を広める 세력을 넓히다 / 知識を広める 지식을 넓히다 / だれがそんなありもしないうわさを広めたんですか 누가 그런 있지도 않은 소문을 퍼뜨린 겁니까? / テレビは迅速に情報を広めるのの手段だ 텔레비전은 신속하게 정보를 알리기 위한 수단이다. / 彼らはキリスト教を広めるために日本にやって来た 그들은 기독교를 넓히기 위해 일본에 왔다.

**ひろんりてき**【非論理的】 비논리적 ¶がむしゃらに練習すればうまくなると考えるのはかなり非論理的だ 무조건 연습만 많이 하면 잘하게 될 거라고 생각하는 것은 상당히 비논리적이다.

**ひわ**【秘話】 비화 ¶最近終戦にまつわる秘話が続々と公開されるようになった 최근 종전에 관련된 비화가 연달아 공개되었다.

**びわ**【枇杷】 《植物》 비파나무

**びわ**【琵琶】 비파 ¶びわ法師 비파를 타는 맹인 연주자

**ひわい**【卑猥】 ◇卑猥だ 외설적이다, 음란하다 ¶卑猥な冗談 외설스러운 농담

**ひん**【品】 ❶ [品格] 품격, 품위(品位), 품성(品性) [品物] 물건 ¶彼女のしゃべり方は品がない 그녀의 말씨는 품위가 없다. / キョンヒのおじさんはとても品のいい紳士だ 경희 삼촌은 아주 품위 있는 신사이다. / 彼女は着こなしにまったく品がない 그녀는 품위없게 옷을 입는다.

❷ [品物] 물건 [商品] 상품 [種類] 종류 ¶5品の料理が出た 요리가 다섯 가지 나왔다. / 旅行中は手回り品に気を付けてください 여행 중에는 소지품에 주의하세요. 関連 **一品料理** 일품요리 / **ぜいたく品** 사치품 / **輸入品** 수입품

**びん**【便】 ❶ [交通・運送の手段] 편 ¶空港からホテルまでバスの便がありますか 공항에서 호텔까지 버스 편이 있습니까?

¶この便はソウル経由ロンドン行きです 이 비행기는 서울 경유 런던행입니다. / 4時の便で成田を立ちます 네 시 비행기로 나리타를 떠납니다. / その飛行機は札幌への最終便だ 그 비행기는 삿포로행 마지막 편이다. / 雪のため午前中の羽田行きの便がすべて欠航になった 눈 때문에 오전 출발 하네다행 비행기 편이 모두 결항되었다.

¶飛行機の便 비행기 편 / **船の便** 배편 / **列車の便** 열차 편

❷ [郵便] 편 ¶手紙を航空便[船便]で釜山へ送った 편지를 항공편[배편]으로 부산에 보냈다.

**びん**【瓶】 병 ¶いちごジャムを作り瓶に詰めて保存しておいた 딸기잼을 만들어 병에 담아 보존해 두었다. / 昨夜友人とウイスキー1瓶とビール10本も飲んだせいで、けさは二日酔いでうってる 어젯밤 친구와 위스키 한 병과 맥주 열 병을 마셔서 오늘 아침까지 숙취다. 関連 **瓶の栓** 병 마개 / **瓶の口** 병의 아가리 / **空瓶** 공병, 빈 병 / **酒瓶** 술병 / **ビール瓶** 맥주병 ⇒瓶詰め

**ピン** [ヘアピン] 머리핀, 헤어핀 ¶弟の部屋の壁にはアイドルスターの写真が何枚もピンで留められていた 동생 방 벽에는 아이돌 스타의 사진이 몇 장이나 핀으로 고정되어 있었다. / ピンを外す 핀을 뽑다

¶(ボーリングで)彼女は1投目で10本のピンを全部倒した 그녀는 첫째 투구에서 열 개의 핀을 전부 쓰러뜨렸다. 慣用句 **温泉といってもピンからキリまである** 온천이라고 해도 최상급에서 최하급까지 있다. 関連 **安全ピン** 안전핀 / **ネクタイピン** 넥타이핀

**ひんい**【品位】 품위 ¶彼女には持って生まれた品位がある 그녀에게는 타고난 품위가 있다. / 品位を保つためにも言葉遣いには気を付けなさい 품위를 유지하기 위해서는 말씨에 주의해라. / そんなことをしてまで自分の品位を落としたくない 그런 일을 한다면서까지 자기의 품위를 떨어뜨리고 싶지 않다. ⇒品

**ひんかく**【品格】 품격 ⇒品位

**びんかん**【敏感】 ◇敏感だ 민감하다 ◇敏感に 민감하게 ¶彼女の敏感な肌は夏の強い日差しに簡単に

やられてしまう 그녀의 민감한 피부는 여름의 강한 햇살에 금방 상한다. / 子供は親の機嫌を敏感に感じとるものだ 아이들은 부모의 기분을 민감하게 알아챈다. / 若者は流行に敏感だ 젊은이들은 유행에 민감하다.

**ピンク** 핑크색, 핑크빛 [桃色] 도색, 분홍색 ¶彼女はピンクの衣裳で決めていた 그녀는 핑크색 의상을 멋있게 입었다. / その娘の頬はピンク色だった 그 여자 아이의 볼은 핑크빛이었다. 関連 ピンク映画 도색 영화 [ポルノ映画] 포르노 영화

**ひんけつ【貧血】** 빈혈 ¶彼女は貧血を起こして倒れた 그녀는 빈혈로 쓰러졌다.

**ひんこう【品行】** 품행 [振る舞い] 행실(行実) ¶息子の学校での品行が悪いために学校に呼び出されて先生に注意された 아들이 학교에서 품행이 좋지 못하다고 학교에 불려가 선생님께 주의받았다. / 品行方正な人 행실이 바른 사람

**ひんこん【貧困】** 빈곤 [貧乏] 가난 ¶貧困だ 곤란하다 ¶彼は貧困の中に育ちながらも努力して成功した 그는 「가난 속에서[가난하게」] 자랐지만 노력해서 성공했다. ¶彼はしきりに自分の想像力の貧困を嘆いている 그는 자꾸 자기의 상상력의 빈곤을 한탄한다. / 彼の発想はいつも貧困だ 그의 발상은 항상 빈곤하다. / 政策の貧困 정책의 빈곤 関連 貧困家庭 빈곤 가정

**ひんし【品詞】**《文法》품사

**ひんし【瀕死】** 빈사 ¶瀕死の状態に陥る 빈사 상태에 빠지다 ¶彼は心臓発作を起こして病院に担ぎ込まれたが、そのときはもう瀕死の状態だった 그는 심장 발작을 일으켜서 병원에 옮겨졌지만 그때는 벌써 빈사 상태였다. / 彼女は交通事故で瀕死の重傷を負いながらも奇跡的に回復した 그녀는 교통사고로 빈사 상태의 중상을 입고 빈사 상태였지만 기적적으로 회복했다.

**ひんしつ【品質】** 품질 ¶品質がよい[悪い] 품질이 좋다[나쁘다] / 私はいつも品質がよくてしかも安いものを買うようにしている 나는 항상 품질이 좋으면서 게다가 싼 것을 사도록 하고 있다. / この製品の品質保証は2年間だ 이 제품의 품질 보증은 2년간이다. 関連 品質管理 품질 관리 / 品質本位 품질 본위

**ひんじゃく【貧弱】** ◇貧弱だ 빈약하다 ¶泊まったホテルは設備が貧弱だった 묵었던 호텔은 설비가 빈약했다. / チャンホの車を前にすると私の車は貧弱に見える 찬호의 차 앞에 있으면 내 차는 빈약해 보인다. / 彼は貧弱な体格をしている 그는 빈약한 체격이다. / 学生時代はいつも貧弱な食事しかしていなかった 학창 시절에는 항상 빈약한 식사 밖에 먹지 못했다. / 彼の研究発表は内容が貧弱だ 그의 연구 발표는 내용이 빈약하다.

**ひんしゅ【品種】** 품종 [種類] 종류 ¶稲[肉牛]の品種改良 쌀[육우]의 품종 개량

**ひんしゅく【顰蹙】** 빈축 ¶彼女の無礼な言動は同席者のひんしゅくを買った 그녀의 무례한 언동은 동석한 사람들의 빈축을 샀다.

**びんしょう【敏捷】** ◇敏捷だ 민첩하다 ¶動きが敏捷なので捕まえられない 다람쥐 행동이 민첩해서 잡을 수가 없다. / 敏捷な動作 민첩한 동작 / 敏捷に行動する 민첩하게 행동하다 / その子は敏捷性に欠けている 그 아이는 민첩성이 부족하다.

**びんじょう【便乗】** 편승 ◇便乗する 편승하다 ¶駅まで彼の車に便乗させてもらった 역까지 그의 차에 편승했다. / あのベンチャー企業はITブームに便乗して事業を拡大した 그 벤처 기업은 IT 붐에 편승해서 사업을 확대했다. / オイルショックによる石油の値上げの後、悪質な便乗値上げが起こった 오일 쇼크에 의한 석유 가격 인상 후 그에 편승한 악질적인 가격 인상이 일어났다.

**ヒンズーきょう【ヒンズー教】** 힌두교 ¶ヒンズー教徒 힌두교도

**ひんする【瀕する】** 처하다, 직면하다 ¶総選挙で大敗した後、与党は分裂の危機に瀕していた 총선거에서 크게 패한 뒤 여당은 분열의 위기에 직면했다. / 我々の船はもう少しのところで沈没する危険に瀕していた 우리가 탄 배는 하마터면 침몰할 뻔한 위험에 직면했었다.

**ピンセット** 핀셋 ¶ピンセットで脱脂綿をつまむ 핀셋으로 탈지면을 집다

**びんせん【便箋】** 편지지, 서한지

**ひんそう【貧相】** ◇貧相だ 궁상맞다 ¶彼はいつも貧相な身なりをしているが実は大金持ちらしい 그는 항상 궁상맞은 차림을 하고 있지만 실은 큰 부자라고 한다. / 貧相な男 궁상맞은 남자

**びんそく【敏速】** ◇敏速だ 민속하다, 신속하다 ◇敏速に 민속히, 신속히 ¶敏速な対応が必要なのに政府は手をこまねいて狼狽するだけだった 신속한 대응이 필요한데 정부는 수수방관한 채 당혹스러워할 뿐이었다. / 地震の後、政府は敏速に緊急医療チームを被災国に派遣した 지진 뒤 정부는 신속하게 긴급 의료팀을 피해국에 파견했다.

**ピンチ** 핀치, 궁지(窮地), 위기(危機) ¶ピンチに陥る 위기에 빠지다 ¶彼らは絶対絶命のピンチに追い込まれた 그들은 절대절명의 핀치에 몰렸다. / 9回表レッドソックスはピンチに追い込まれたが松坂の踏ん張りで切り抜けた 9회초 레드삭스는 위기에 몰렸지만 마쓰자카가 버텨내서 위기에서 빠져나왔다. / 今月は家計が大ピンチだ 이번달 이 가게 사정이 최악이다. / 田口はピンチヒッターに出て見事ヒットを打った 다구치는 핀치 히터로 나와서 훌륭하게 적시타를 쳤다. 関連 ピンチランナー 핀치 러너, 대주자(代走者)

**びんづめ【瓶詰め】** 병조림 ¶瓶詰めのキムチ 병에 든 김치 / 瓶詰め 김치 / 瓶詰めの牛乳 병에 든 우유 / りんごジュースを瓶詰めにする 사과 주스를 병조림하다 ⇒瓶

**ヒント** 힌트, 실마리 ¶ヒントを出すから当ててみなさい 힌트를 줄 테니 맞춰 봐. / 問題解決のためのヒントを得る 문제 해결을 위한 힌트를 얻다 / その事件にヒントを得て、彼は新しい推理小説を書いた 그 사건에서 힌트를 얻어서 그는 새로운 추리 소설을 썼다.

**ひんど【頻度】** 빈도 ¶この単語リストは頻度順に配列してある 이 어휘 리스트는 빈도순으로 배열되어 있다. / その単語は使用頻度が非常に高い 그 단어는 사용 빈도가 아주 높다. / それはどれぐら

いの頻度で起きますか それはどの程度の頻度で起こりますか

**ぴんと** ❶〔強く張られた様子〕팽팽하게, 팽팽히; 꼿꼿이 ¶ギターの弦はぴんと張られていた 기타줄이 팽팽하게 조여져 있었다. / 彼女は洗濯物をぴんと伸ばして物干しにかけた 그녀는 빨래를 팽팽하게 펴서 빨랫줄에 널었다. / 彼は私と話している間ずっと背筋をぴんと伸ばして座っていた 그는 나와 이야기하는 동안 줄곧 등을 꼿꼿이 펴고 앉아 있었다.
❷〔はね上がる様子〕쑥, 척 ¶メーターの針がぴんとはね上がった 계량기의 바늘이 통하고 튀어올랐다. / 父のひげはぴんとはね上がっている 아버지의 수염은 쑥 솟아 있다.
❸〔雰囲気・気分などが張り詰めている様子〕팽팽히 ¶試験の間気がぴんと張り詰めていた 시험 보는 동안 팽팽한 긴장감이 감돌았다. / 会議室の空気はぴんと張り詰めていた 회의실에는 팽팽한 긴장감이 감돌았다.
❹〔直感的に理解できる様子〕번쩍, 즉각 ¶その店の名前を聞いてぴんときたが, いつ行ったのか思い出せなかった 그 가게 이름을 듣고 즉각 알아차렸지만 언제 갔었는지는 기억나지 않았다. / 私は彼女がうそをついていると雰囲気ですぐにぴんときた 나는 그녀가 거짓말을 하고 있는 것을 분위기로 바로 알아차렸다. / 彼の言っていることはどうもぴんと来ない 그가 하는 말은 좀처럼 와닿지 않는다. / この色はどうもぴんと来ない 이 색은 마음에 들지 않는다.

**ピント** 핀트〔焦点〕초점〔▶発音は 초점〕¶満開の桜にピントを合わせた 만발한 벚꽃에 핀트를 맞췄다. / この写真はピントがぼけている 이 사진은 초점이 안 맞아 뿌옇다.
¶彼の話はピントが外れている 그의 이야기는 초점이 빗나가 있다.

**ひんぱつ**【頻発】◇頻発する 빈발하다, 자주 발생하다 ¶この数か月地震が頻発して普段の落ち着いた生活ができない 요 몇 달간 지진이 빈발해서 평소의 안정된 생활를 할 수 없다.

**ひんぱん**【頻繁】◇頻繁だ 빈번하다 ◇頻繁に 빈번히, 자주 ¶この通りは人の往来が頻繁だ 이 거리는 사람의 왕래가 빈번하다. / 去年は仕事で頻繁に韓国を訪れた 작년에는 업무차 자주 한국을 방문했다. / 彼らは頻繁に会合を持っている 그들은 빈번하게 모임을 갖고 있다. / 車が頻繁に出入りする 차량이 빈번히 출입하다

**ひんぴょうかい**【品評会】품평회〔展覧会〕전람회 ¶農産物品評会は毎年夏に開催される 농산물 품평회는 매년 여름에 개최된다. / 犬の品評会 개 품평회

**ぴんぴん** 펄떡펄떡, 팔팔 ¶釣ったばかりの魚がびくの中でぴんぴん跳ねている 막 잡은 물고기가 어통 속에서 펄떡펄떡 뛰고 있다. / 祖父母は共に80歳を過ぎているが二人ともぴんぴんしている 조부모는 두 분 다 80세를 넘으셨지만 두 분 모두 정정하시다.

**ひんぷ**【貧富】빈부 ¶貧富の差をなくす 빈부의 격차를 없애다 / 貧富の差が激しい 빈부의 격차가 심하다

**びんぼう**【貧乏】가난 ◇貧乏だ 가난하다 ¶子供のころは家が貧乏だったので欲しいものろくに買えなかった 어렸을 때는 집이 가난해서 갖고 싶은 것도 제대로 살 수 없었다. / 父が失業してわが家はとても貧乏だった 아버지가 실업자여서 우리 집은 아주 가난했다. / 彼女は貧乏な家庭に生まれたが苦学して大学まで出た 그녀는 가난한 가정에서 태어났지만 고학해서 대학까지 나왔다. / 貧乏から抜け出す 가난에서 벗어나다 / [慣用句] あんな厄介なことを言いつけられてとんだ貧乏くじを引いたもんだ 저렇게 귀찮은 일을 떠맡다니 재수 옴 붙었다. / 貧乏揺すりをしないで足をばたつかせ 다리를 달달 떨지 마. / 貧乏暇なし 가난한 사람은 사는 데 바쁘다
[関連] 貧乏性 궁상떠는 성질 / 貧乏人 가난뱅이

**ピンぼけ** ¶先日海で撮った写真は全部ピンぼけだった 지난번 바다에서 찍은 사진은 전부 핀트가 흐렸다 〔안 맞았다〕.

**ピンポン** 핑퐁〔卓球〕탁구 ¶ピンポンをする 탁구를 치다 [関連] ピンポン玉 탁구공 ⇒卓球

**ひんもく**【品目】품목〔目録〕목록 ¶輸入品目 수입 품목

**ひんやり** 썰렁 ◇ひんやりする 썰렁하다, 써늘하다 ¶冷房の効いたビルの中はひんやりと気持ちよかった 냉방이 들어온 빌딩 안은 써늘해서 기분이 좋았다.

**びんらん**【便覧】편람 ¶国会便覧 국회 편람 / 市政便覧 시정 편람

**びんわん**【敏腕】민완 ¶彼は警視庁一の敏腕刑事という評判だ 그는 경시청 제일의 민완〔수완 좋은〕형사라는 평판이다. / 彼女は検事として敏腕を振るっている 그녀는 검사로서 수완을 발휘하고 있다.

# ふ

**ふ**【府】〔地方公共団体〕부〔▶韓国の 도「道」にあたる〕〔中心となる所〕중심 ¶大阪府 오사카부 / 京都府 교토부 / 学問の府 학문의 중심 / 行政府 행정부 [関連] 府議会 부의회, 도의회 / 府知事 부지사, 도지사 / 府庁 부청, 도청 / 府立高校 부립〔도립〕고등학교

**ふ**【負】음(陰), 부〔マイナス〕마이너스 ¶負の数 음수(陰數), 부수(負數)〔▶부수는 古い用語〕

**ふ**【腑】¶彼の供述にはどうも腑に落ちない点がある (→納得できない) 그의 진술에는 아무래도 납득할 수 없는 점이 있다.

**ぶ**【分】〔割合〕푼〔パーセント〕퍼센트〔勝算〕승산 ¶3分の利息で銀行から金を借りた 3퍼센트의 이자로 은행에서 돈을 빌렸다. / 彼の打率は

3割4分5厘だ 그의 타율은 3할 4푼 5리다. / 建物は8分どおり完成した 건물은 80퍼센트 정도 완성했다.

¶どうやら君のほうに分があるようだ 아무래도 네 쪽에 승산이 있는 것 같다. / この勝負は我々に分がない 승부는 우리에게 승산이 없다.

**ぶ** 〔部〕 부 〔部署〕 부서 〔部分〕 부분 〔クラブ〕 클럽 〔部数〕 부수 ¶私は会社の宣伝部にいます 저는 회사의 홍보부에 있습니다. / 彼女はバレー部だ 그녀는 배구부다. / その辞書は30万部売れた 그 사전은 30만부 팔렸다. / 中心部 중심부

**ファースト** 퍼스트 〔一塁〕 일루, 퍼스트 베이스 〔一塁手〕 일루수 関連 **ファーストクラス** 퍼스트 클래스, 일등석 / **ファーストレディー** 〔大統領夫人〕 퍼스트레이디 / **レディーファースト** 레이디 퍼스트

**ファーストフード** 패스트푸드 ¶ファーストフードの店 패스트푸드점 / **ファーストフードチェーン** 패스트푸드 체인

**ぶあい** 〔歩合〕 보합 〔比率〕 비율 〔手数料〕 수수료 関連 **歩合給** 보합급 / **歩合制** 보합제 / **公定歩合** 공정 이율〔金利〕

**ぶあいそう** 〔無愛想〕 ◇無愛想だ 붙임성이 없고 무뚝뚝하다 〔通名스럽다〕 ¶無愛想な人 붙임성도 없고 무뚝뚝한 사람 / 無愛想に答える 붙임성 없고 통명스럽게 대답하다

**ファイト** 〔闘志〕 투지, 기운 〔気運〕 ¶彼はファイト満々だ 그는 투지가 가득하다.

**ファイル** 〔書類の〕 파일, 서류철 〔コンピュータ〕 파일 ◇ファイルする〔綴じる〕 철하다 ¶必要な資料はすべてファイルされている 필요한 자료는 모두 철해져 있다. / 資料のファイル 자료 파일
¶ファイルを開く〔閉じる〕 파일을 열다〔닫다〕 / ファイルを保存〔削除〕する 파일을 저장〔삭제〕하다 関連 **ファイルキャビネット** 파일 캐비닛 / **ファイル名** 파일명 / **圧縮ファイル** 압축 파일 / **添付ファイル** 첨부 파일

**ファインダー** 파인더 ¶ファインダーをのぞく 파인 더를 들여다보다

**ファインプレー** 파인 플레이 ¶ファインプレーをする 파인 플레이를 하다

**ファウル** 파울 〔反則〕 반칙 〔野球〕 파울 볼
¶小野がファウルを犯してイエローカードを出された 오노는 파울을 범해서 옐로카드를 받았다. / そのバッターは3球ファウルした 그 타자는 3구 파울이었다. 関連 **ファウルチップ** 파울 팁 / **ファウルフライ** 파울 플라이 / **反則**

**ファクシミリ** 팩시밀리, 팩스 ⇒ファックス

**ファジー** 퍼지 ¶この電子レンジはファジー機能付きなので加熱時間を自動的に設定してくれる 이 전자레인지는 퍼지 기능이 붙어 있어서 가열 시간을 자동적으로 설정해 준다. 関連 **ファジー理論** 퍼지 이론 ⇒あいまい

**ファシスト** 파시스트

**ファシズム** 파시즘

**ファスナー** 파스너, 지퍼 ¶ファスナーを閉める〔開ける〕 파스너를 잠그다〔열다〕

**ぶあつい** 〔分厚い〕 두툼하다, 두껍다 ¶分厚い本 두툼한 책

**ファックス** 팩스 ¶ご注文はファックスで送ってください 주문은 팩스로 보내 주세요. / ファックスを2通もらう 팩스를 두 통 받다 / ファックス番号 팩스 번호 関連 **ファックス電話** 팩스 전화기

**ファッション** 패션 ¶最新のファッション 최신 패션 関連 **ファッションショー** 패션쇼 / **ファッションモデル** 패션모델

**ファン** 팬 ¶私は韓国映画の大のファン(→熱狂ファン)です 나는 한국 영화 열광팬입니다. / 熱狂的なファンが会場につめかけた 열광적인 팬이 회장에 몰려들었다. 関連 **ファンクラブ** 팬클럽 / **ファンレター** 팬레터 / **サッカーファン** 축구 팬

**ふあん** 〔不安〕 불안 〔心配〕 걱정 ◇不安だ 불안하다

◆〔不安が・不安で〕

¶彼が主将だなんて一抹の不安がある 그가 주장이라니 일말의 불안이 있다. / 夕べは不安で眠れなかった 어젯밤은 걱정으로 잠을 잘 수 없었다. / 入学試験の前日は不安でたまらなかった 입학 시험 전날은 불안해서 못 견디겠더라.

◆〔不安な〕

¶住民たちは地震の後の不安な一夜を過ごした 주민들은 지진 뒤 불안한 하룻밤을 보냈다. / 突然不安な気持ちにかられた 갑자기 불안한 기분에 휩싸였다. / 私は不安な思いでニュースを見ていた 나는 불안한 마음으로 뉴스를 보고 있었다.

◆〔その他〕

¶花火工場の爆発は付近の住民を不安に陥れた 불꽃 공장의 폭발은 부근의 주민을 불안에 빠지게 했다. / クーデターは長年の内戦と社会不安によるものだ 쿠데타는 오랜 세월의 내전과 사회 불안에 의한 것이다. / 血液検査の結果を聞いて彼の不安は解消した 혈액 검사의 결과를 듣고 그의 불안은 해소되었다. 関連 **不安感** 불안감 / **雇用不安** 고용불안 / **社会不安** 사회 불안

**ふあんてい** 〔不安定〕 ◇不安定だ 불안정하다
¶この椅子が不安定だ 이 의자는 불안정하다. / その老人は足元が少々不安定だった 그 노인은 발걸음이 조금 불안정했다. / 彼女は精神的に不安定だ 그녀는 정신적으로 불안정하다. / 山の天候は不安定だ 산의 날씨는 불안정하다. / 不安定な立場 불안정한 입장 / 不安定な政情 불안정한 정치 정세 / 不安定な仕事 불안정한 일

**ファンデーション** 〔化粧品〕 파운데이션 〔下着〕 파운데이션

**ふあんない** 〔不案内〕 ◇不案内だ 〔不慣れだ〕 낯설다 ¶この土地には不案内です 이 지방은 낯설다.

**ファンファーレ** 팡파르 ¶ファンファーレを鳴らす 팡파르를 울리다

**ふい** 허사, 헛일 ¶大金をふいにしてしまった 큰 돈을 헛되이 만들어 버렸다. / せっかくの努力がふいになった 모처럼의 노력이 허사가 되어 버렸다. / 彼に対する忠告は全部ふいになった 그에 대한 충고는 전부 허사가 되었다.

**ふい** 〔不意〕 불의, 의외, 뜻밖 〔虚, すき〕 허 ◇不意の 불의의, 뜻밖의 ◇不意に 돌연히, 갑자기, 느닷없이 ¶不意の来客に慌てた 갑자기 손님이 와서 당황했다. / 相手のカウンター攻撃を

不意をつかれた 상대의 카운터블로에 허를 찔렸다. / わが軍は敵の不意をついて攻撃を開始した 우리 군은 적의 허를 찔러 공격을 개시했다.
¶彼は不意に部屋から飛び出した 그는 갑자기 방에서 튀어나왔다. / 電車が不意に止まった 전철이 갑자기 멈췄다. / 生徒たちが突然の試験に不意打ちを食らった 학생들은 느닷없는 시험에 뒤통수를 맞았다.

**ブイ** 부이, 부표(浮漂) ¶救命ブイ 구명 부표
**フィアンセ**〔婚約者〕약혼자
**フィート** 피트〔インチ〕인치 ¶彼の身長は6フィート2インチです 그의 키는 6피트 2인치입니다.
**フィードバック** 피드백 ¶フィードバックシステム 피드백 시스템
**フィーリング** 필링, 느낌〔感覚〕감각〔感情〕감정 ¶彼とはどうもフィーリングが合わない 그 사람하고는 좀처럼 느낌이 맞지 않는다.
**フィールド** 필드 관련 フィールド競技 필드 경기 / フィールドワーク 현지〔실지〕조사 ⇒ 競技, 分野
**フィギュアスケート** 피겨 스케이팅
**フィクション** 픽션 ¶このドラマに登場する場所, 人物はすべてまったくのフィクションです 이 드라마에 등장하는 장소 인물은 모두 픽션입니다. 관련 ノンフィクション 논픽션
**ふいちょう【吹聴】** ◇吹聴する 퍼뜨리다 ¶彼は新しい車のことを自慢げに吹聴して回った 그는 새 차를 샀다고 자랑스럽게 퍼뜨리고 다녔다.
**ふいっち【不一致】** 불일치 ¶二人の意見の不一致は避けられなかった 두 사람의 의견 불일치는 피할 수 없었다. / 性格の不一致 성격의 불일치
**フィットネスクラブ** 피트니스 클럽, 헬스 클럽
**ブイティーアール【VTR】** 브이티아르, 비디오 테이프리코더
**ぷいと**〔突然〕갑자기, 벌떡 ¶彼はぷいと歩き去った 그는 갑자기 걸어가 버렸다. / 彼女はぷいと部屋を出て行った 그녀는 갑자기 방을 나갔다.
**フィニッシュ**《体操》착지(着地) ¶彼は見事なフィニッシュを決めた 그는 훌륭한 착지를 해냈다. ⇒ 終わり
**フィヨルド** 피오르드
**フィルター** 필터, 여과기(濾過器) ¶コーヒーフィルター 커피 필터
**フィルム** 필름 ¶24枚撮りのフィルムを1本ください 24매짜리 필름을 한 개 주세요. / カメラにフィルムを入れる 카메라에 필름을 넣다.
¶白黒〔カラー〕フィルム 흑백〔컬러〕필름 / 高感度フィルム 고감도 필름 / 36枚撮りフィルム 36방짜리 필름 数え方 フィルム1本〔巻〕필름 한 통〔권〕
**ぶいん【部員】** 부원 ¶野球部員 야구부원 / 営業部員 영업부원

**ふう【風】** ❶〔様子, ふり〕모습, 체 ¶犯人は学生ふうの男だと聞いています 범인은 학생 같은 남자라고 들었습니다. / 彼はその話を聞いても何のことだかわからないといったふうだった 그는 그 이야기를 들어도 뭔지 모르는 듯했다. / 彼女はその知らせにひどく動揺したが何気ないふうを装った 그녀는 그 소식에 크게 동요했지만 아무렇지도

않은 체했다.
❷〔やり方, 具合〕식〔どのように〕어떻게 ¶私の言ったことをそんなふうにとらないでください 제가 한 말을 그런 식으로 받아들이지 말아 주세요. / こんなふうにしてケーキを作りました 이런 식으로 케이크를 만들었습니다. / 親に向かってそんなふうな口のきき方をするとは何事だ 부모한테 그런 식의 말투를 쓰다니 무슨 짓이냐.
¶どんなふうに両親を説得すればいいか彼女は悩んだ 부모를 어떻게 설득하면 좋을지 그녀는 고민했다. / この機械はどういうふうに使うのか知っていますか 이 기계는 어떻게 사용하는지 알아요? / 「どういうふうにすればいいの」「こんなふうにき」"어떤 식으로 하면 되지?" "이런 식으로."
❸〔様式〕식 ¶この和風サラダは私が作ったのよ 일식 샐러드는 내가 만들었어. / 彼は洋風の家に住んでいる 그는 양옥집에 살고 있다.
❹〔接辞: 主に2字漢語について, 風俗・風貌・様式を表す〕풍 ¶東洋風に設計した庭園 동양풍으로 설계한 정원 / 異国風の感じを与える 이국풍의 느낌을 주다 / 現代風 현대풍 / 都市風 도시풍 / 田舎風 시골풍

**ふう【封】** 봉함(封緘) ◇封をする 봉하다 ¶手紙の封をする 편지를 봉하다 / 手紙の封を切る 편지 봉함을 뜯다〔편지를 열다〕
**ふうう【風雨】** 풍우, 비바람〔嵐〕폭풍우(暴風雨) ¶紀伊半島は激しい風雨に見舞われた 기이 반도는 심한 풍우가 몰아쳤다. / 風雨をついて出発する 비바람을 가르고 출발하다 / 風雨にさらされる 비바람을 맞다
**ふうか【風化】** 풍화 ◇風化する 풍화하다, 풍화되다 ¶岩が風化して表面がなめらかになった 바위가 풍화해서 표면이 매끄럽게 되었다. / 人々の災害についての記憶は風化してしまった 사람들의 재해에 관한 기억은 풍화되어 버렸다. 관련 風化作用 풍화 작용
**ふうかく【風格】** 풍격 ¶彼は大物の風格が出てきた 그는 큰 인물의 풍격이 나오기 시작했다. / 彼の文章には風格がある 그의 문장에는 풍격이 있다.
**ふうがわり【風変わり】** ◇風変わりな 별나다, 색다르다 ¶今度の担任の先生には風変わりなところがある 이번 담임 선생님께는 색다른 부분이 있다. / 風変わりな格好 별난 모습 / 風変わりな振る舞い 별난 행동 / 風変わりな男 별난 남자
**ふうき【風紀】** 풍기〔規律〕규율 ¶君の服装は風紀上好ましくない 네 복장은 풍기상 좋지 않다. / 社会の風紀を乱す 사회의 풍기를 어지럽히다 / 風紀委員会 규율부(規律部)
**ふうきり【封切り】** 개봉(開封) ◇封切りする 개봉하다 ¶待望の新作があす封切りになる 대망의 신작이 내일 개봉한다. / 封切り映画 개봉 영화

**ふうけい【風景】** 풍경〔景色〕경치〔情景〕정경, 광경(光景)〔眺望〕조망
¶展望台から眺める風景はとてもきれいだった 전망대에서 바라보는 풍경은 아주 아름다웠다. / 車窓からはのどかな田園風景が見える 차창으로 조용하고 한가로운 전원 풍경이 보인다. / あの塔はここの風景に不釣り合いだ 저 탑은 여기의 풍경

ふうこう에 어울리지 않는다. / 公園では父子でキャッチボールをしている風景がよく見られる 공원에서는 부자지간끼리 캐치볼을 하는 풍경이 자주 보인다. 関連 風景画 풍경화 / 風景画家 풍경화가 / 街頭風景 가두 풍경

ふうこう【風光】 풍광, 경치 ¶日本には風光明媚な場所が多い 일본에는 경치가 좋은 곳이 많다.

ふうさ【封鎖】 봉쇄 ◇封鎖する 봉쇄하다 ¶テロに備えて空港への道路は封鎖された 테러에 대비해서 공항으로 향하는 도로는 봉쇄되었다. / 封鎖を解く[破る] 봉쇄를 풀다[부수다] 関連 海上封鎖 해상 봉쇄 / 経済封鎖 경제 봉쇄

ふうさい【風采】 풍채 ¶このスーツを着れば多少風采が上がるだろうよ 이 양복을 입으면 다소 풍채가 좋아 보일거야. / 風采の上がらない男 풍채가 돋보이지 않는 남자

ふうし【風刺】 풍자 ◇風刺する 풍자하다 ¶その芝居は韓国社会に対する風刺になっている 그 연극은 한국 사회에 대한 풍자를 하고 있다. / 風刺的なエッセイ 풍자적인 수필 関連 風刺画 풍자화 / 風刺作家 풍자 작가 / 風刺文学 풍자 문학

ふうしゃ【風車】 풍차 / 風車小屋 풍차간

ふうしゅう【風習】 풍습 ¶各地方にはそれぞれ独特の風習がある 각 지방에는 각각의 독특한 풍습이 있다. / 風習に従う 풍습에 따르다 / 風習を破る 풍습을 깨다 / 昔ながらの風習 옛날 그대로의 풍습

ふうしょ【封書】 봉서

ふうじる【封じる】 (口を)막다 [封鎖する] 봉쇄하다 ¶彼らの口を封じる必要がある 그들의 입을 막을 필요가 있다. / 犯人の逃げ道を封じる 범인이 도망갈 길을 봉쇄하다

ふうしん【風疹】 풍진

ふうすい【風水】 풍수 関連 風水学 풍수학 / 風水師 풍수쟁이 / 風水説 풍수설

ふうすいがい【風水害】 풍수해 ¶その地域は昨年ひどい風水害にみまわれた 그 지역은 작년에 심한 풍수해를 입었다.

ふうせつ【風雪】 풍설, 눈바람 [吹雪] 눈보라 ¶遭難者の捜索は風雪をついて行われた 조난자 수색은 눈보라를 뚫고 행해졌다. / この建物は100年の風雪に耐えてきた 이 건물은 100년의 풍설을 버텨 왔다.

ふうせん【風船】 풍선 ¶大空に色とりどりの風船を飛ばした 넓고 넓은 하늘에 여러 색의 풍선을 날렸다. / 風船をふくらます 풍선을 불다 関連 風船ガム 풍선껌

ふうぜん【風前】 풍전 ¶風前の灯火 풍전등화 / その患者の命は風前の灯火だ 그 환자의 생명은 매우 위태롭다.

ふうそく【風速】 풍속 ¶現在風は南東の風, 風速は10メートルです 현재의 바람은 남동풍, 풍속은 10미터입니다. / 瞬間最大風速 순간 최대 풍속 関連 風速計 풍속계

ふうぞく【風俗】 풍속 [風習] 풍습 ¶世界各国の風俗の違いを調べるとおもしろい 세계 각국의 풍속의 차이를 조사하면 재미있다. / 風俗を乱す 풍속을 어지럽히다 / 彼女は風俗業界で働いている 그 여자는 유흥 업계에서 일하고 있다. 関連 風俗営業 유흥업(遊興業)

ふうちょう【風潮】 풍조 ¶古い習慣はどんどん捨てられていくのが最近の風潮だ 낡은 관습은 속속 버리는 것이 최근의 풍조이다. / 彼は世間の風潮に逆らって[乗って]生きてきた 그는 세상의 풍조에 거슬러서[따라] 살아 왔다. / 近ごろの若者には地道な努力を嫌う風潮がある 최근 젊은이에게는 착실한 노력을 싫어하는 풍조가 있다. / 拝金主義の風潮が強まっている 배금주의의 풍조가 강해지고 있다. / 社会的な風潮 사회적인 풍조

ブーツ 부츠 [長靴] 장화 ¶アンクルブーツ 앵클부츠 / ロングブーツ 롱부츠 ◇ 긴 장화

ふうど【風土】 풍토 ¶風土に根ざした習慣 풍토에 기인한 관습 / 風土色豊かな料理 풍토색이 풍부한 요리 / 精神的[政治的]風土 정신적[정치적] 풍토 / 保守的[リベラルな]風土 보수적[자유적] 풍토 関連 風土病 풍토병

フード 후드 [頭巾] 두건 ¶フード付きのアノラック 후드 달린 아노락

ふうとう【封筒】 봉투 ¶封筒に宛名を書く 봉투에 수신인명을 쓰다 / 封筒に手紙を入れる 봉투에 편지를 넣다 / 封筒の封をする[切る] 봉투를 봉하다[뜯다] / 返信用封筒 답장용 봉투

**ふうふ**【夫婦】 부부, 내외(內外) ¶彼らは似合いの夫婦だ 그들은 잘 어울리는 부부다. / 彼らは夫婦になった 그들은 부부가 되었다. / 新婚夫婦が隣に引っ越してきた 신혼 부부가 옆집에 이사왔다. / 彼らは夫婦仲がよい[悪い] 그들은 부부 사이가 좋다[나쁘다]. / 彼らはしょっちゅう夫婦げんかをしている 그들은 자주 부부 싸움을 하고 있다. / これからは夫婦で老後を楽しみたい 지금부터는 부부끼리 노후를 즐기고 싶다. / 彼らはすっかり夫婦気取りでいる 그들은 완전히 부부인 체한다. / うちは夫婦別姓です 우리 부부는 서로 성이 다릅니다.

¶夫婦のきずな 부부의 정분 / おしどり夫婦 원앙 부부 / うちの夫婦 아내가 남편보다 몸집이 큰 부부 / 息子夫婦 아들 부부 / 田中さん夫婦 다나카 씨 내외 慣用句 夫婦げんかは犬も食わない 부부 싸움은 칼로 물 베기

ふうふう 헐떡헐떡 ; 후후, 혹혹 ¶急な坂をふうふう言いながら登った 가파른 언덕길 헐떡헐떡하면서 올랐다. / スープをふうふう吹いて冷ました 스프를 후후 불면서 식혔다.

ぶうぶう [不平] 투덜투덜 [豚の鳴き声] 꿀꿀 ◇ぶうぶう言う 투덜거리다 ◇ぶうぶう鳴く [豚が]꿀꿀거리다 ¶彼女はいつもぶうぶう言っている 그녀는 항상 불만이 많다. / 豚がぶうぶう鳴いている 돼지가 꿀꿀 울고 있다.

ふうぶつ【風物】 풍물 [景色] 경치 ¶日本の風物 일본의 풍물 / 晩秋の風物 만추의 경치 / 朝顔は夏の風物詩だ 나팔꽃은 여름의 풍물시다.

ふうぼう【風貌】 풍모 [容貌] 용모 ¶彼は堂々とした風貌の男だ 그는 당당한 풍모의 남자이다. / 教授は哲学者のような風貌をしている 교수는 철학자 같은 풍모를 하고 있다.

ふうみ【風味】 풍미 [味] 맛 ¶この山菜は風味がよい[よくない] 이 산채는 풍미가 좋다[나쁘다].

/メインディッシュは素材の風味を引き出すために入念に調理されていた 메인 요리는 소재의 풍미를 내기 위해 공들여서 조리되었다. / 独特の風味がある 독특한 풍미가 있다. / 風味が落ちる 맛이 떨어지다

**ブーム** 붐 ¶サッカーブームは当分すたれそうもない 축구 붐은 당분간 계속될 것 같다. / 韓国ブームが起こった 한국 붐이 일었다. / ブームが冷める 붐이 식다 関連 ベビーブーム 베이비 붐 / ITブーム 아이티 붐

**ブーメラン** 부메랑 関連 ブーメラン効果 부메랑 효과

**ふうりゅう【風流】** 풍류 ◇風流だ 풍류스럽다 ¶彼は風流を解さない 그는 풍류를 이해하지 못한다. / この庭は実に風流だ 이 정원은 정말 풍류스럽다. / 風流な人 풍류스러운 사람

**ふうりょく【風力】** 풍력 関連 風力計 풍력계

**ふうりん【風鈴】** 풍경

**プール** 풀장, 수영장(水泳場) ◇プールする〔蓄える〕 저축하다, 비축하다 ¶夏休みには毎日公園のプールで泳いだ 여름 방학에는 매일 공원의 풀장에서 수영했다.
¶資金をプールする 자금을 비축하다 / コンピュータで必要な情報をプールしておく 컴퓨터로 필요한 정보를 비축하다 関連 プール開き 수영장 개장 행사 / 温水プール 온수 수영장

**ふうん【不運】** 불운 ◇不運だ 불운하다 ¶度重なる不運が彼の家族を襲った 거듭되는 불운이 그의 가족을 덮쳤다. / せっかく来たのにお店が閉まってるとは不運だな 모처럼 왔는데 가게가 닫혀 있다니 운이 없구나. / 彼女は不運な一生を送った 그녀는 불우한 일생을 보냈다. / 不運にも彼は事故で重傷を負った 불운하게도 그는 사고로 중상을 입었다. ⇒運, 不運

**ぶうん** ◇ぶうんと 웡 ¶はちがぶうんと飛んでいる 벌이 웡하고 날고 있다.

**ふえ【笛】** 피리(▶一般に縦笛を指す)〔横笛〕저〔呼び子〕호각 ¶笛を吹く 피리를 불다 / 試合開始の笛を鳴らす 시합 개시 호각을 불다 数え方 笛1本[卷] 피리 한 개

**フェア** 〔見本市〕견본 시장, 견본시〔展示会〕전시회 ◇フェアな〔公明正大な〕[正々堂々とした] 정정당당한 ¶フェアに公명정대하게, 정정당당히 / それではフェアじゃない 그건 정정당당하지 않다. / フェアに戦う 정정당당하게 싸우다 関連 フェアプレー 페어플레이 / ブックフェア 도서 전시회

**ふえいせい【不衛生】** 비위생적 ◇不衛生だ 비위생적이다 ¶汚い手で食べるのは不衛生だ 더러운 손으로 먹는 것은 비위생적이다. / 不衛生な状態 비위생적인 상태 / 不衛生な環境 비위생적인 환경 / 不衛生にしているといろいろな病気の蔓延を招きかねない 비위생적이면 여러 가지 병의 만연을 초래할지도 모른다.

**フェイント** 페인트 모션 ¶フェイントをかける 페인트 모션을 걸다

**フェーンげんしょう【フェーン現象】** 푄현상

**フェザーきゅう【フェザー級】** 페더급 ¶フェザー級の選手 페더급 선수

ふえて【不得手】 ◇不得手だ 서투르다 ¶数学は不得手だ 수학은 서투르다.

**フェミニスト** 페미니스트 関連 フェミニズム 페미니즘

**フェリー** 페리, 페리보트 〔連絡船〕연락선 ¶カーフェリー 카 페리 / 関釜フェリー 관부 페리

**ふえる【増える・殖える】** ❶〔量・数が〕늘다, 늘어나다, 불어나다, 증가하다 ¶世界の人口は急速に増えている 세계 인구는 급속히 늘어나고 있다. / 大雨で川の水かさが増えた 큰 비로 강의 수량이 불었다. / 体重が1か月で3キロも増えてしまった 체중이 일 개월에 3킬로나 늘어 버렸다. / 売り上げは5年間で2倍に増えた 매상은 5년간 두 배로 늘었다.
❷〔繁殖する〕번식하다 ¶キノコ類は胞子で殖える 버섯류는 포자로 번식한다.

**フェルト** 펠트 関連 フェルトペン 펠트펜

**フェンシング** 펜싱 ¶フェンシングをする 펜싱하다 / フェンシングの選手 펜싱선수

**フェンス** 〔野球場の〕 펜스〔囲い〕담, 울타리 ¶フェンスを張り巡らす 울타리를 치다 / フェンスを越える 울타리를 넘다

**ぶえんりょ【無遠慮】** ◇無遠慮だ 버릇없다, 거리낌없다, 염치가 없다 ¶彼の無遠慮な態度には腹が立った 그의 염치없는 태도에는 화가 났다. / 無遠慮な質問をする 버릇없는 질문을 하다

**フォアボール** 포볼, 볼넷, 사구(四球) ¶フォアボールを与える 사구를 주다

**フォーク** 포크 ¶フォークを使う 포크를 쓰다 / フォークで刺す 포크로 찌르다 / 彼はナイフとフォークがうまく使えない 그는 칼과 포크를 능숙하게 사용 못한다.

**フォークソング** 포크 송
**フォークダンス** 포크 댄스
**フォークボール** 〔野球〕포크 볼
**フォークリフト** 포크리프트, 지게차

**フォースアウト** 〔野球〕포스 아웃, 봉살(封殺) ¶ランナーは2塁でフォースアウトになった 러너는 2루에서 포스 아웃되었다.

**フォーマット** 〔IT〕포맷 ◇フォーマットする 포맷하다 ¶フロッピー[ディスク]をフォーマットする 플로피[디스크]를 포맷하다

**フォーマル** ◇フォーマルな 정식적인, 공식적인 関連 フォーマルウエア 정장(正裝), 예복(禮服) ⇒正式

**フォーム** 폼, 자세(姿勢) ¶バッティングフォームを改造する 배팅[타격] 폼을 개조하다 / ピッチングフォーム 피칭 폼, 투구 폼

**フォーラム** 포럼, 공개 토론 ¶朝鮮半島の非核化に関する国際フォーラムを開催する 한반도의 비핵화에 관한 국제 포럼을 개최하다

**フォールト** 〔スポーツ〕폴트 ¶(テニスで)ダブルフォールト 더블 폴트

**フォト** 〔写真〕사진 ⇒写真
**フォワード** 〔スポーツ〕포워드

**ふおん【不穏】** 불온 ◇不穏な 불온한 ¶街には不穏な空気が漂っていた 거리에는 불온한 공기가 흐르고 있었다. / 不穏な動き 불온한 움직임 関連 不穏分子 불온 분자

**フォント**〔書体〕폰트, 글꼴, 서체, 자체(字体) ¶このワープロソフトにはいろいろなフォントがある 이 워드 프로세서에는 여러 가지 폰트가 있다.

**ふか**【鱶】상어 ¶ふかひれ 상어 지느러미 / ふかれのスープ 상어 지느러미 스프 ⇒鮫(ざめ)

**ふか**【不可】불가 [成績] 낙제점(落第点) ¶18歳未満閲覧不可 18세 미만 열람 불가 / 理科で不可を取った 이과에서 낙제점 받았다. / 彼の報告書は可でもなく不可でもなかった 그의 보고서는 좋지도 나쁘지도 않았다.

**ふか**【孵化】부화 ◇孵化する 부화하다, 부화되다 ¶4羽のひなが孵化した 네 마리의 병아리가 부화했다. 関連 人工孵化 인공 부화

**ぶか**【部下】부하 ¶彼は部下の信頼が厚い 그는 부하의 신뢰가 두텁다. / 部下を指揮する 부하를 지휘하다

**ふかい**【深い】❶ [底·奥までの距離が長い] 깊다 ◇深く 깊게, 깊이 ¶深い海 깊은 바다 / 深い森 깊은 숲 / 深い穴を掘る 깊은 구멍을 파다 / シチューを作るときは底の深いなべを使う 스튜를 만들 때는 깊은 냄비를 사용한다. / 私の田舎では冬になると雪が深く積もる 내 고향에서는 겨울이 되면 눈이 많이 쌓인다.
❷ [程度などが] 깊다 ◇深く 깊이 ¶深い傷 깊은 상처 / 深い悲しみ 깊은 슬픔 / その本から深い感銘を受けた 그 책에서 깊은 감명을 받았다. / 彼女の音楽の知識が深いことに驚いた 그녀의 깊은 음악 지식에 놀랐다. / とても疲れていたのですぐに深い眠りに落ち下りて間もなく深い眠りに陥った. / 囲碁はとても奥が深い 바둑은 아주 오묘하다. / 彼は彫りの深い顔をしている 그는 윤곽이 뚜렷한 얼굴을 하고 있다.
¶演説を始める前に彼は深く息を吸い込んだ 연설을 시작하기 전에 그는 깊게 숨을 들이쉬었다.
❸ [濃い] 짙다 ¶海上は霧が深く視界がきかなかった 바다 위는 안개가 짙어서 잘 보이지 않았다. / 夏が来て木々の葉は深い緑色になった 여름이 와서 나뭇잎은 짙은 녹색이 되었다. / 赤い葉には深い赤味がかった色が混ざっていた.
❹ [親密な] 깊다 ¶彼は彼女と深い関係にある 그는 그녀와 깊은 관계다. / 彼はその事件に深く関わった 그는 그 사건에 깊게 관련했다.

**ふかい**【不快】불쾌하다 ¶部屋には不快なにおいが充満していた 방에는 불쾌한 냄새가 가득 차 있었다. / 話を聞いているうちにだんだん不快になってきた 이야기를 듣고 있으니 점점 불쾌해졌다. / 彼の話し方は相手に不快感を与えかねない 그의 말투는 상대에게 불쾌감을 줄지도 모른다. 関連 不快指数 불쾌 지수

**ぶがいしゃ**【部外者】부외자

**ふがいない**【腑甲斐無い】패기가 없다, 한심스럽다 ¶ふがいないやつだ 패기가 없는 녀석이다. / ファンはジャイアンツのふがいない負け方に腹を立てた 팬은 자이언츠의 한심스러운 패배에 화를 냈다.

**ふかいり**【深入り】◇深入りする 깊이 관여하다 ¶この件にはあまり深入りしないほうがいい 이 사건에는 되도록 깊이 관여하지 않는 게 좋다.

**ふかかい**【不可解】◇不可解だ 불가해하다, 이해할 수 없다 ¶彼の行動は不可解極まりない 그의 행동은 도무지 이해할 수가 없다. / それは不可解な事件だった 그것은 이해할 수 없는 사건이었다. / 不可解な人物 이해할 수 없는 인물 / 不可解な釈明 이해할 수 없는 석명

**ふかかち**【付加価値】부가 가치 ¶この製品は付加価値をつけないと売れないだろう 이 제품은 부가 가치를 붙이지 않으면 팔리지 않을 거야. 関連 付加価値税 부가 가치세

**ふかく**【不覚】[誤り] 불찰, 실수, 실패 ◇不覚にも [愚かにも] 어리석게도 [思わず] 나도[저도] 모르게 ¶それは一生の不覚だった 그것은 평생의 불찰이었다. / 2回戦で不覚をとった 2회전에서 어리석게도 적의 함정에 빠지고 말았다 / 私はその知らせを聞いて不覚にも涙を流した 나는 그 소식을 듣고 나도 모르게 눈물을 흘렸다.

**ふかくてい**【不確定】◇不確定だ 불확정하다 ¶我々の滞在期間は不確定です 우리들의 체재 기간은 정하지 않았습니다. 関連 不確定要素 불확정 요소

**ふかけつ**【不可欠】◇不可欠だ 불가결하다, 없어서는 안 되다 ¶植物には光と水と空気が不可欠だ 식물에는 빛과 물과 공기가 필요하다[없어서는 안 된다]. / この計画を推進するには彼は不可欠な人物だ 이 계획을 추진하는 데 그는 없어서는 안 될 사람이다. / 不可欠な要素 불가결한 요소

**ふかこうりょく**【不可抗力】불가항력 ¶その事故は不可抗力だった 그 사고는 불가항력이었다.

**ふかさ**【深さ】¶このプールは深さが2メートルある 이 풀장은 깊이가 2미터다. / 深さ100メートルのところで 깊이 100미터인 곳에서

**ふかしぎ**【不可思議】불가사의 ◇不可思議だ 불가사의하다 ⇒不思議

**ふかしんじょうやく**【不可侵条約】불가침 조약

**ふかす**【蒸かす】찌다 ¶さつまいもをふかす 고구마를 찌다

**ふかす**【吹かす】[たばこを] 피우다, 피다 [エンジンを] 회전 속도를 올리다 ¶たばこをふかす 담배를 피우다 / エンジンをふかす 엔진의 회전 속도를 올리다

**ぶかつ**【部活】클럽 활동

**ぶかっこう**【不恰好】◇不恰好だ 볼품이 없다, 꼴이 사납다 ¶彼女は不格好な身なりをしていた 그녀는 볼품없는 차림을 하고 있었다. / 花瓶に花が不恰好に生けられていた 꽃병에 꽃이 꼴사납게 꽂혀 있었다.

**ふかづめ**【深爪】¶深爪をする 손톱을 너무 바싹 깎다

**ふかで**【深手】중상(重症) ¶彼は戦場で深手を負った 그는 전쟁터에서 중상을 입었다.

**ふかのう**【不可能】불가능 ◇不可能だ 불가능하다 ¶彼の地道な努力が不可能を可能にした 그의 착실한 노력이 불가능을 가능하게 했다. / 宇宙旅行なんて不可能だよ 우주 여행이라니 불가능한 일이야. / 時間どおりにそこに着くのは不可能だ 시간에 맞춰 거기에 도착하는 것은 불가능하다. / 毎朝4時に起きるなんて私にはほとんど不可能だ

매일 아침 네 시에 일어나다니 나에게는 거의 불가능이다. / 考えてみろ。 そんな計画が実現不可能なのは明らかだ 생각해 봐. 그런 계획이 실현 불가능한 것은 분명하다.

**ふかひ【不可避】** 불가피하다 ¶スト突入は不可避だ 파업 돌입은 불가피하다.

**ふかふか** ◇ふかふかだ 폭신폭신하다 ¶ふかふかのソファー 폭신폭신한 소파 / ふかふかのウールのセーター 폭신폭신한 울 스웨터

**ふかぶか【深々】** ◇深々と 깊숙이 ¶深々と頭を下げる 깊숙이 머리를 숙이다

**ぶかぶか** ◇ぶかぶかだ 헐렁헐렁하다 ¶男の子はぶかぶかの帽子をかぶっていた 남자 아이는 헐렁헐렁한 모자를 쓰고 있었다. / ぶかぶかの靴 헐렁헐렁한 구두

**ぷかぷか** 둥실둥실, 둥둥; 뻐끔뻐끔 ¶すいかがぷかぷか井戸に浮いている 수박이 둥둥 우물에 떠 있다. / たばこをぷかぷかふかす 담배를 뻐끔뻐끔 피우다

**ふかぶん【不可分】** 불가분 ◇不可分の 불가분의 ¶両国は経済的の不可分の関係にある 양국은 경제적으로 불가분의 관계에 있다.

**ふかまる【深まる】** 깊어지다 ¶秋も深まった 가을도 깊어졌다. / 両国の相互理解が深まった 양국의 상호 이해가 깊어졌다.

**ふかみ【深み】** 구렁 ¶子供が川の深みにはまった 아이가 강의 구렁에 빠졌다. / 彼はずるずると悪の深みにはまっていった 그는 점점 악의 구렁으로 빠져갔다. ¶彼の小説には深みがない 그의 소설에는 깊이가 없다. / 深みのある人 깊이가 있는 사람

**ふかめる【深める】** 깊게 하다, 깊이다 ¶話し合いによってお互いの理解を深めた 이야기를 나눔으로써 서로의 이해를 깊게 하다 / 知識を深める 지식을 깊게 하다 / 友情を深める 우정을 돈독히 하다 / 自信を深める 자신감을 키우다

**ふかんしょう【不干渉】** 불간섭 ¶内政不干渉 내정 불간섭 関連 不干渉主義 불간섭주의

**ふかんぜん【不完全】** 불완전 ◇不完全だ 불완전하다 ¶探検隊の装備は不完全なものだった 탐험대의 장비는 불완전한 것이었다. 関連 不完全燃焼 불완전 연소

**ふき【蕗】** 머위 ¶ふきのとう 머위의 새 순

**ぶき【武器】** 무기 ¶若者たちは武器を取って戦場へ向かった 젊은이들은 무기를 들고 전쟁터에 나갔다. / 犯人は武器を持っている 범인은 무기를 가지고 있다. / 武器を携帯する 무기를 휴대하다 / 武器を捨てる 무기를 버리다 / 言論を武器とする 언론을 무기로 하다 参考 ヘミングウェーの『武器よさらば』の韓国語訳は "무기여 잘 있거라"という。 関連 武器援助 무기 원조, 武器庫 무기고, 武器弾薬 무기 탄약

**ふきあげる【吹き上げる・噴き上げる】** 〔風が〕날리다 〔水が〕내뿜다 ¶風が枯れ葉を吹き上げている 바람이 마른 잎을 날린다. / くじらが潮を吹き上げた 고래가 물을 내뿜었다.

**ふきあれる【吹き荒れる】** 휘몰아치다 ¶一晩中嵐が吹き荒れた 하룻밤 내내 폭풍우가 휘몰아쳤다.

**ふきかえ【吹き替え】** 더빙 ¶韓国ドラマの日本語吹き替え版 한국 드라마의 일본어 더빙판

**ふきかえす【吹き返す】** ¶息を吹き返す 회생하다, 소생하다

**ふきかける【吹き掛ける】** 〔息を〕내뿜다 〔液を〕뿌리다 ¶息を吹きかける 숨을 내뿜다 / 霧を吹きかける 물을 내뿜다

**ふきけす【吹き消す】** 불어서 끄다 ¶ろうそくを吹き消す 촛불을 끄다

**ふきげん【不機嫌】** ◇不機嫌だ 언짢다〔不愉快だ〕불쾌하다 ¶父はその日は特に不機嫌だった 아버지는 그날은 특히 언짢으셨다. / 彼女は不機嫌な顔をしていた 그녀는 언짢은 얼굴을 하고 있었다. / 彼は急に不機嫌になって黙ってしまった 그는 갑자기 불쾌해져서 입을 다물어 버렸다.

**ふきこぼれる【吹きこぼれる】** 끓어 넘치다 ¶なべが吹きこぼれていますよ 냄비가 끓어 넘치고 있어요.

**ふきこむ【吹き込む】** ❶〔風などが〕들이치다 ¶開いた窓から部屋の中に風が吹き込んだ 열린 창으로부터 방 안으로 바람이 들이쳤다. / 玄関のドアを開けたら雪が吹き込んできた 현관의 문을 열자 눈이 들이쳤다.
❷〔息を〕불어넣다 ¶その子は思いっきり風船に息を吹き込んだ 그 아이는 힘껏 풍선에 바람을 불어넣었다.
❸〔感情·考えなどを〕불어넣다 ¶だれが彼にそんな考えを吹き込んだのか 누가 그에게 그런 생각을 불어넣은 거야?
❹〔録音する〕녹음하다, 취입하다 ¶彼女はスタジオで新曲を吹き込んだ 그녀는 스튜디오에서 신곡을 녹음했다.

**ふきさらし【吹きさらし】** ¶駅のホームは吹きさらしだった 역 플랫폼은 바람막이가 없었다.

**ふきそ【不起訴】** 불기소 ¶不起訴にする 불기소하다 / その事件は不起訴にされた 그 사건은 불기소 처리가 되었다.

**ふきそうじ【拭き掃除】** 걸레질 ¶窓のふき掃除をする 창 걸레질을 하다 / 床のふき掃除をする 마루 걸레질을 하다

**ふきそく【不規則】** 불규칙 ◇不規則だ 불규칙하다 ¶不規則に 불규칙적으로 / 彼は忙しくて食事が不規則だ 그는 바빠서 식사가 불규칙하다. / 不規則な食事は健康に悪い 불규칙한 식사는 건강에 나쁘다. / 不規則な生活をする 불규칙한 생활을 하다 / 庭には不規則に石が並べられていた 정원에는 불규칙하게 돌이 놓여져 있었다. 関連 不規則動詞 불규칙 동사 / 不規則活用 불규칙 활용

**ふきだす【吹き出す・噴き出す】** 〔液体が〕솟다, 솟구치다 〔血や汗が〕나다 〔煙などを〕내뿜다 〔吹出物などが〕생기다 〔笑いを〕터뜨리다 ¶傷口から血が吹き出した 상처에서 피가 났다. / 井戸を掘っていたら温泉が噴き出した 우물을 팠더니 온천이 솟구쳤다. / 火山から煙が噴き出していた 화산이 연기를 내뿜고 있었다. / 額から汗が吹き出し始めた 이마에서 땀이 솟기 시작했다. ¶彼の話を聞いて思わず吹き出した 그의 이야기를 듣고 나도 모르게 웃음을 터뜨렸다.

**ふきだまり【吹き溜り】** ¶雪が数か所吹きだまりになっていた 눈이 여러 군데 쌓여 있었다. / 悪の吹きだまり 악의 소굴

**ふきつ【不吉】** 不吉だ 불길하다 ¶不吉な夢を見る 불길한 꿈을 꾸다 / 不吉な予感がする 불길한 예감이 든다. / その瞬間、私は不吉な予感に襲われた 그 순간 나는 불길한 예감에 휩싸였다. / 鏡を壊すと不吉だという古くからの迷信がある 거울을 깨면 불길하다는 옛날 미신이 있다. / 不吉な数 불길한 수 / 不吉な知らせ 불길한 소식

**ふきつける【吹き付ける】** 〔風が〕휘몰아치다 〔液体を〕내뿜다 ¶靴に防水スプレーを吹き付けた 구두에 방수 스프레이를 뿌렸다.

**ふきでもの【吹き出物】** 부스럼〔にきび〕여드름 ¶吹き出物ができた 부스럼이 생겼다.

**ふきとばす【吹き飛ばす】** 날리다 ¶強風で看板が吹き飛ばされた 강풍으로 간판이 날아갔다.

**ふきとぶ【吹き飛ぶ】** 날아가다 ¶帽子が吹き飛んだ 모자가 날아갔다.

**ふきとる【拭き取る】** 닦아 내다 ¶机のほこりをふき取る 책상의 먼지를 닦아 내다

**ふきぬけ【吹き抜け】** 계단통

**ふきぬける【吹き抜ける】** 바람이 지나가다 ¶ビルの間を冷たい風が吹き抜けた 건물 사이를 차가운 바람이 지나갔다.

**ぶきみ【不気味】** ◇不気味だ 으스스하다 ◇不気味に 으스스 ¶その古い家は不気味な雰囲気があった 그 오래된 집은 분위기가 으스스했다. / 夜空に何かが不気味に光っていた 밤하늘에 무언가가 으스스하게 빛나고 있었다.

**ふきゅう【不朽】** 불후 ¶不朽の名作 불후의 명작, 불후작

**ふきゅう【普及】** 보급 ◇普及する 보급하다, 보급되다 ¶インターネットの普及は社会生活に大きな影響を与えた 인터넷의 보급은 사회생활에 큰 영향을 주었다. / 携帯電話が広く普及している 휴대전화가[핸드폰이] 널리 보급되어 있다. / パソコンが家庭にまで普及してきた 컴퓨터가 가정에까지 보급되었다. / その小説の普及版が出る予定이다 그 소설의 보급판이 나올 예정이다.

**ふきょう【不況】** 불황〔不景気〕불경기 ¶不況が深刻化した 불황이 심각화되었다. / 景気が不況から回復しつつある 경기가 불황에서 회복되고 있다. / 不況を克服する 불황을 극복하다 関連 円高不況 엔고 불황, 構造不況 구조 불황

**ふきょう【布教】** 포교〔伝道〕전도 ◇布教する 포교하다 関連 布教師 포교사

**ぶきよう【不器用】** ◇不器用だ 서투르다, 손재주가 없다 ¶私は手先が不器用です 저는 손재주가 없습니다. / 彼は不器用な手つきで箱を開けた 그는 서투른 솜씨로 상자를 열었다.

**ふきょうわおん【不協和音】**《音楽》불협화음 ¶対中政策をめぐり与党内に不協和音が目立つ 대중국 정책을 둘러싸고 여당내에 불협화음이 눈

**ふきん** 【付近】부근, 근처(近処) ◇付近に 부근에, 근처에 ¶この付近一帯は駐車禁止区域です 이 부근 일대는 주차 금지 구역입니다. / 付近の村が合併して市になった 부근의 마을이 합병돼서 시가 되었다. / 付近の住民たちはごみ焼却場の建設に反対した 부근 주민들은 쓰레기 소각장 건설에 반대했다. / この付近にガソリンスタンドはありますか 이 부근에 주유소가 있습니까? / 入り口付近に立たないで中にお入りください 입구 부근에 서지 마시고 안으로 들어가 주세요. / 付近には1軒のレストランもなかった 부근에는 한 채의 레스토랑도 없었다. / 財布をどこかこの付近で落とした 지갑을 이 부근 어딘가에서 잃어버렸다.

**ふきん【布巾】** 행주

**ふきんこう【不均衡】** 불균형 ¶貿易不均衡을 是正する 무역 불균형을 시정하다 / 輸入と輸出の不均衡 수입과 수출의 불균형 / 不均衡予算 불균형 예산

**ふきんしん【不謹慎】** ◇不謹慎だ 버릇없다, 점잖지 못하다 ◇不謹慎に 버릇없는, 점잖지 못한 ¶朝っぱらから仕事中に居眠りするなんて不謹慎だ 아침부터 일하는 중에 졸다니 버릇없다. / 授業中に彼らは不謹慎にも笑い出した 수업 중에 그들은 점잖지 못하게도 웃음을 터뜨렸다. / 彼らの不謹慎な言葉遣いにあぜんとした 그들의 버릇없는 말투에 어이가 없었다. / 不謹慎な態度 점잖지 못한 태도

## ふく【服】 옷, 양복(洋服)

基本表現
▶服を着る 옷을 입다.
▶新しい服を着ていた 새로운 옷을 입고 있었다.
▶服を脱いだ 옷을 벗었다.
▶服を着替えた 옷을 갈아입었다.

◆〔服は・服に〕
¶彼女の服は白地にピンクの花模様だった 그녀의 옷은 흰 바탕에 핑크 꽃모양이었다. / 彼は服にお金をかける 그는 옷에 돈을 많이 쓴다.

◆〔服を〕
¶早く服を着なさい 빨리 옷을 입어. / 服を脱いだらきちんと畳みなさい 옷을 벗으면 반듯이 접어. / あしたはどの服を着ていこうかしら 내일은 어느 옷을 입고 갈까? / 彼女は服をたくさん持っている 그녀는 옷을 많이 가지고 있다.

◆〔その他〕
¶これは姉のお下がりの服です 이것은 언니한테 물려받은 옷입니다. / その服、君によく似合っているよ 그 옷, 네게 잘 어울려. / 紳士服[婦人服]売り場は何階ですか 신사복[부인복] 매장은 몇 층입니까? / 暑くなってきたからそろそろ夏服を出そう 더워졌으니까 슬슬 여름옷을 꺼내자. 数え方 服1着 옷 한 벌 関連 あつらえた服 맞춤옷 / 既製服 기성복 / 子供服 어린이옷

**ふく【副】** 부- ¶副会長 부회장 / 副支配人 부지배인 / 副社長 부사장 / 副操縦士 부조종사 / 副総理 부총리 / 副大統領 부통령(副統領) / 副知事 부지사

**ふく【福】** 복〔幸福〕행복 ¶福の神 행복을 가져다주는 신

## ふく【吹く】 ❶〔風が〕불다 ¶きょうは北風が吹いていて寒い 오늘은 북풍이 불어서 춥다.

❷〔人が息を〕불다 ¶彼女はケーキのろうそくを吹き消した 그녀는 케이크의 촛불을 불어 껐다. / 熱いお茶を吹いて冷ます 뜨거운 차를 불어서 식히다.

❸〔楽器・笛などを〕불다 ¶フルートを吹く 플루트를 불다 / 彼はトランペットを上手に吹いた 그는 트럼펫을 잘 불었다.

**ふく**【拭く】닦다, 훔치다 ¶鏡をきれいにふいた 거울을 깨끗하게 닦았다. / ティッシュで靴についた泥をふいた 티슈로 구두에 묻은 진흙을 닦았다. / ふきんでコーヒーカップをふいてちょうだい 행주로 커피잔을 닦아 주세요. / よく体をふかないと風邪を引きますよ 몸을 잘 닦지 않으면 감기에 걸립니다. / モップで教室の床をふいた 대걸레로 교실 바닥을 닦았다. / ハンカチで額の汗をふいた 손수건으로 이마의 땀을 훔쳤다.

**ふく**【噴く】내뿜다 ¶くじらが潮を噴いた 고래가 물을 내뿜었다. / 火山が大量の溶岩と灰を噴いた 화산이 대량의 용암과 재를 내뿜었다. / 煙を噴く 연기를 내뿜다 / 火を噴く 불을 내뿜다

**ふぐ**【河豚】복어, 복 ¶ふぐ中毒 복어 중독

**ふくいん**【福音】복음 関連福音書 복음서

**ふぐう**【不遇】불우 ¶不遇だ 불우하다 ¶彼は不遇のうちに一生を終えた 그는 불우하게 평생을 마쳤다. / 不遇の日々 불우한 나날

**ふくえき**【服役】징역〔兵役〕병역 ◇服役する 복역하다 ¶彼は現在, 服役中だ 그는 현재 복역중이다. / 彼は殺人罪で服役した 그는 살인죄로 복역했다. 関連服役期間 복역 기간

**ふくがく**【復学】복학, 복교(復校) ◇復学する 복학하다

**ふくぎょう**【副業】부업 ¶彼は銀行に勤めているが副業で翻訳をしている 그는 은행에서 일하고 있지만 부업으로 번역을 하고 있다.

**ふくげん**【復元・復原】복원 ◇復元する 복원하다 ¶古代の住居が復元された 고대 주거지가 복원되었다. 関連復元図 복원도 / 復元力 복원력

**ふくごう**【複合】関連複合汚染 복합 오염 / 複合競技 《スキー》복합 경기

**ふくざつ**【複雑】◇複雑だ 복잡하다 ¶このドラマの筋は複雑でよくわからない 이 드라마 줄거리는 복잡해서 잘 모르겠다. / この地形は複雑だ 여기 지형은 복잡하다. / 彼には複雑な家庭の事情がある 그 사람에게는 복잡한 가정 사정이 있다. / 喜んでいいのか悲しんでいいのか複雑な心境だ 기뻐해야 할지 슬퍼해야 할지 복잡한 심경이다.
¶複雑怪奇な事件が次々と起こっている 복잡하고 기괴한 사건이 계속 일어나고 있다. / 商品の流通経路は複雑多岐にわかれている 상품의 유통 경로는 복잡하게 갈라져 있다. / 彼の言ったことは事態を複雑にしただけだった 그가 한 말은 사태를 복잡하게 했을 뿐이었다. / 問題が複雑にからみ合う 문제가 복잡하게 얽히다

**ふくさよう**【副作用】부작용 ¶この薬に副作用はありますか 이 약에 부작용은 있습니까?

**ふくさんぶつ**【副産物】부산물

**ふくし**【副詞】부사 ¶副詞句 부사구

**ふくし**【福祉】복지 ¶公共の福祉を図る 공공의 복지를 꾀하다 関連福祉国家 복지 국가 / 福祉事業 복지 사업 / 福祉施設 복지 시설 / 福祉事務所 복지 사무소 / 社会福祉 사회 복지 / 老人福祉 노인 복지

**ふくしゃ**【複写】복사〔コピー〕카피 ◇複写する 복사하다, 카피하다 関連複写機 복사기 ⇒コピー

**ふくしゅう**【復習】복습 ◇復習する 복습하다 ¶きょう学校で習ったことを復習する 오늘 학교에서 배운 것을 복습하다 関連復習問題 복습 문제

**ふくしゅう**【復讐】복수 ◇復讐する 복수하다 ¶彼は復讐の念に燃えていた 그는 복수할 마음으로 불타고 있었다. / だれも彼女があんな恐ろしい復讐を企てていたなどと気付かなかった 아무도 그녀가 저렇게 무시무시한 복수를 꾀하고 있었으리라고는 눈치채지 못했다.
¶彼女は裏切った男に復讐しようとした 그녀는 배신한 남자에게 복수하려고 했다.

**ふくじゅう**【服従】복종 ◇服従する 복종하다 ¶彼は王の命令に服従した 그는 왕의 명령에 복종했다. / 権力に服従する 권력에 복종하다

**ふくしゅうにゅう**【副収入】부수입 ¶副業で副収入を得る 부업으로 부수입을 얻다

**ふくしょく**【服飾】복식 関連服飾デザイナー 복식 디자이너 / 服飾品 복식품

**ふくしん**【腹心】심복(心腹) ¶腹心の部下 심복

**ふくすい**【覆水】慣用句覆水盆に返らず 엎지른 물은 다시 담을 수 없다. | 복수불반분(覆水不返盆)

**ふくすう**【複数】복수 ¶複数の人間がこの事件に関与している 두 명 이상의 사람이 이 사건에 관여하고 있다. 関連複数形 복수형

**ふくせい**【複製】복제 ◇複製する 복제하다 ¶その画集にはピカソの色刷りの複製画が載っている 그 화집에는 피카소의 컬러 복제판이 실려 있다. / 不許複製(▶表示) 복제불허

**ふくせん**【伏線】복선 ¶伏線を張る 복선을 깔다

**ふくせん**【複線】복선 ¶鉄道を複線化する 철도를 복선화하다

**ふくそう**【服装】복장, 옷차림 ¶彼女はいつもきちんとした服装をしている 그녀는 항상 반듯한 복장을 하고 있다. / 彼の服装はいつもカジュアルだ 그의 복장은 항상 캐주얼하다. / 父は服装には無関心だ 아버지는 옷차림에 무관심하다. / 今夜のパーティーはラフな服装でいい 오늘밤 파티는 편한 복장으로 참석해도 괜찮다. / この会社には服装規定がある 이 회사에는 복장 규정이 있다. / 式典に出る前に服装を正した 식전에 나가기 전에 복장을 가다듬었다. / 彼らは黒ずくめの服装だった 그들은 온통 검은 옷차림이었다. / 犯人はその時どんな服装だったか覚えていますか? 범인은 그때 어떤 복장이었는지 기억하십니까?

**ふくつ**【不屈】불굴 ¶不屈の精神 불굴의 정신

**ふくつう**【腹痛】복통 ¶腹痛を起こす 복통을 일으키다 | 배탈이 나다 / 腹痛がする 배가 아프다

**ふくどくほん**【副読本】부교재

**ふくとしん【副都心】** 부도심 ¶新宿は東京の副都心です 신주쿠는 도쿄의 부도심입니다.

**ふくびき【福引き】** 제비뽑기 ◇福引きする 제비를 뽑다 ¶福引きで自転車が当たった 제비뽑기로 자전거가 당첨되었다. 関連 福引き券 복권

**ぶくぶく** 통통; 부걱부걱, 부글부글 ¶最近ぶくぶく太ってきた 최근 통통 살이 쪘다. / 鍋がぶくぶく泡立ち始めた 냄비가 부글부글 끓기 시작했다.

**ふくまくえん【腹膜炎】** 복막염

**ふくみ【含み】** 함축성(含蓄性) [隠れた意味] 숨은 의미[뜻] ¶含みのある言葉 함축성 있는 말 / 彼女ははっきりそう言ったわけではないが、言葉に私のことを好きではないという含みがあった 그녀는 확실히 그렇게 말한 것은 아니지만 말에 나를 좋아하지 않는다는 것이 함축되어 있었다. ¶含み笑いをする 입을 다문 채 소리 없이 웃다 関連 含み資産 부외자산(簿外資産)

**ふくむ【含む】** ❶ [成分として] 함유하다(含有一) [全体の一部として] 포함하다(包含一) ¶コーヒーや紅茶はカフェインを含んでいる 커피나 홍차는 카페인을 함유하고 있다. / 価格には5パーセントの消費税が含まれています 가격에는 5퍼센트의 소비세가 포함되어 있습니다. / 墜落した飛行機には日本人を含む乗客250人が乗っていた 추락한 비행기에는 일본인을 포함한 승객 250명이 타고 있었다.
❷ [口の中に入れておく] 머금다 ¶口に水を含んでうがいをした 입에 물을 머금고 양치질했다.
❸ [心に留める] 새겨 두다, 유념하다 [含蓄하다] [恨みなどを抱く] 품다 ¶その点をよく含んでおいてください 그 점을 유념해 주십시오.
❹ [様子を帯びる] 띠다 ¶彼女は愁いを含んだ眼差しで私を見つめた 그녀는 우수에 찬 눈으로 나를 바라보았다.

**ふくめる【含める】** 포함하다 ¶今度の旅行は交通費で5万円かかった 이번 여행은 교통비를 포함해서 5만에 들었다.

**ふくめん【覆面】** 복면 ¶覆面をして銃を持った2人組の男が銀行に突然押し入った 복면을 하고 총을 든 남자 두 명이 은행에 갑자기 쳐들어왔다. 関連 覆面パトカー 일반차로 위장한 경찰차

**ふくよう【服用】** 복용 ◇服用する 복용하다 ¶食後にこの薬を3錠ずつ服用してください 식후에 이 약을 세 알씩 복용하세요.

**ふくよか** 포동포동, 보동보동 ◇ふくよかな 포동포동한 ¶ふくよかな頬をした女の赤ちゃん 포동포동한 볼의 여자 아기

**ふくらはぎ【脹ら脛】** 장딴지

**ふくらます【膨らます】** 부풀게 하다, 부풀리다 ¶風が帆をふくらませた 바람이 돛을 부풀렸다. / 彼は空気入れでゴムボートをふくらませた 그는 공기펌프로 고무보트를 부풀렸다. / 高い人件費が製品のコストをふくらませている 비싼 인건비가 제품의 비용을 부풀리고 있다. / 希望で胸をふくらませて大学に入学した 희망에 부풀어 대학에 입학했다.

**ふくらむ【膨らむ】** 부풀다, 볼록해지다 [膨張する] 팽창하다 [増える] 늘어나다 ¶桜のつぼみがふくらみ始めた 벚꽃의 꽃봉오리가 부풀기 시작했다. / 彼女は社会人としての希望に胸がふくらんだ 그녀는 사회인으로서 희망에 가슴이 부풀었다. / 財布が小銭でふくらんでいる 지갑이 잔돈으로 불룩해졌다. / 日本の貿易黒字はふくらむ一方だ 일본의 무역 흑자는 계속 늘어나고 있다.

**ふくり【福利】** 복리 関連 福利厚生 복리 후생 / 福利事業 복리 사업

**ふくり【複利】** 복리 ¶複利で計算する 복리로 계산하다

**ふくれっつら【膨れっ面】** ふくれっ面をする 뾰로통한 얼굴을 하다

**ふくれる【膨れる】** 부풀다, 볼록해지다 [増える] 늘다, 늘어나다 [怒る] 뿌루퉁해지다, 뾰로통해지다 ¶水分を吸って大豆がふくれた 수분을 빨아들여 콩이 부풀었다. / 蚊に刺されたところがぷくっとふくれた 모기에 물린 곳이 불룩해졌다. / やけどの傷がふくれる 불에 덴 자리가 부풀다 / たくさん食べてお腹がふくれた 많이 먹어서 배가 불렀다 / 市民マラソンの参加者は千人以上にふくれ上がった 시민 마라톤 참가자는 천 명 이상으로 늘어났다. / 彼の借金は雪だるま式にふくれあがっていった 그의 빚은 눈덩이처럼 늘어나기만 했다. / 彼女はちょっとしたことですぐふくれる 그녀는 사소한 일로 금방 뾰로통해진다.

**ふくろ【袋】** 봉지, 자루, 주머니 [封筒] 봉투 ¶ごみはこの袋に入れてください 쓰레기는 이 봉투에 넣어 주세요. / じゃがいもを袋に詰める 감자를 봉지에 넣다 / 袋から書類を取り出す 봉투에서 서류를 꺼내다
¶玉ねぎ1袋 양파 한 봉지 慣用句 やつは袋のねずみだ 그는 독안에 든 쥐다. 関連 袋綴じ 선장(線装) / 買い物袋 쇼핑백 / 紙[ビニール]袋 종이[비닐]봉지 / 月給袋 월급봉투 / ごみ袋 쓰레기 봉투

**ふくろう【梟】** 올빼미 ¶フクロウが鳴いている 올빼미가 울고 있다.

**ふくろこうじ【袋小路】** 막다른 골목

**ふくろだたき【袋叩き】** 뭇매질 ¶彼は不良グループに袋だたきにされた 그는 불량배들에게 뭇매질 당했다.

**ふくわじゅつ【腹話術】** 복화술 関連 腹話術師 복화술사

**ふけ【頭垢】** 비듬 ¶頭がふけだらけだよ 머리가 비듬투성이야. / 私はふけ性なんです 나는 비듬이 잘 생기는 체질입니다.

**ふけい【婦警】** 여자 경찰관, 여경

**ふけい【父兄】** 부형, 학부모(学父母) 関連 父兄会 부형회, 학부모회(▶現在は 학부모회를 用いる)

**ふけいき【不景気】** 불경기 ¶不景気で商売が上がったりの不景気だ 불경기로 장사가 말이 아니다. / 不景気な世の中での不景기? 세상이네요. / どうした、不景気な(→元気のない)顔をするじゃないか 어쩐 일이야? 맥빠진 얼굴을 하고 있잖아.

**ふけいざい【不経済】** 불경제 [浪費] 낭비 ¶必要がないのに電気をつけっぱなしにするのは不経済だ 필

요가 없는데 전기를 계속 켜 놓는 것은 낭비다.

**ふけつ【不潔】**◇不潔だ 불결하다 [汚い] 더럽다 ¶不潔なタオル 불결한 타월 / 不潔な食堂 불결한 식당 / トイレが不潔だ 화장실이 불결하다.

**ふける【耽る】**❶ [熱中する] 열중하다, 몰두하다, 잠기다 ¶うちの子は毎晩夜遅くまでテレビゲームにふけっている 우리 아이는 매일 밤 늦게까지 텔레비전 게임에 열중한다. / 彼女は毎日夜遅くまで研究にふけっている 그녀는 매일 밤 늦게까지 연구에 몰두하고 있다. / 彼女は寝るのも忘れて本を読みふけっていた 그녀는 자는 것도 잊고 책에 열중해 있었다. / しばらく物思いにふけっていた 잠시 생각에 빠져 있었다.
❷ [悪い習慣などに] 빠지다 ¶妄想にふける 망상에 빠지다 / 酒色にふける 주색에 빠지다 / 彼は若いころ酒とギャンブルにふけっていた 그는 젊은 시절 술과 도박에 빠져 있었다.

**ふける【老ける】**늙다, 나이를 먹다 ¶彼女は年のわりに老けて見える 그녀는 나이에 비해 늙어 보인다. / 父はここ数年で急に老けた 아버지는 요 몇 년 사이에 갑자기 늙었다.

**ふける【更ける】**깊어지다, 이슥해지다 ¶夜も更けてきた 밤도 깊어졌다. / 夜が更けるにつれ雨はいよいよ激しくなった 밤이 깊어지면서 비는 점점 심해졌다. / 私たちは夜が更けるまでしゃべっていた 우리는 밤이 이슥해질 때까지 이야기했다. / 秋も更けて木の葉が散り始めた 가을이 깊어지면서 나뭇잎이 떨어지기 시작했다.

**ふけんこう【不健康】**¶不健康な生活 건강에 해로운 생활

**ふげんじっこう【不言実行】**불언실행 ¶彼は不言実行の人だ 그는 불언실행한 사람이다.

**ふけんぜん【不健全】**◇不健全だ 불건전하다 ¶彼らは不健全な遊びにふけっていた 그들은 불건전한 놀이에 빠져 있었다. / 不健全財政 불건전한 재정

**ふこう【不幸】**불행 [不運] 불운 [葬儀] 초상, 상사, 상고 ◇不幸だ 불행하다 ¶彼は不幸な子供時代を過ごした 그는 불행한 어린 시절을 보냈다. / 彼女は筆舌に尽くしがたい不幸な目にあってきた 그녀는 말로 다할 수 없는 불행한 일을 많이 겪어 왔다. / 彼はその時不幸のどん底にあった 그는 그 때 불행의 구렁텅이에 있었다. / 彼は不幸にも交通事故で息子を失った 그는 불행하게도 교통사고로 아들을 잃었다.
¶身内に不幸があった 집안에 초상이 났다. / お父さまのご不幸をお悔やみ申し上げます(→冥福を祈る) 아버님의 명복을 빕니다. 慣用句 けがをしなかったのは不幸中の幸いだった 부상을 입지 않은 것은 불행중 다행이었다. / 幸か不幸か私たちには子供がいないので夫婦でよく旅行に行った 행운인지 불행인지 우리에게는 아이가 없어서 부부끼리 자주 여행을 갔었다.

**ふごう【符号】**부호 [印] 표지 [記号] 기호 ¶符号を付ける 부호를 붙이다

**ふごう【富豪】**부호 ¶大富豪 대부호

**ふごうかく【不合格】**불합격 ¶入社試験には不合格だった 입사 시험에는 불합격이었다.

関連 不合格者 불합격자 / 不合格品 불합격품

**ふこうへい【不公平】**◇不公平だ 불공평하다 ¶不公平に 불공평하게 ¶あの審判の判定は不公平だ 저 심판의 판정은 불공평하다. / お父さん、お姉ちゃんだけに時計を買ってあげるなんて不公平よ 아빠, 언니한테만 시계를 사 주다니 불공평해요. / 私は職場で不公平な扱いを受けた 나는 직장에서 불공평한 취급을 받았다. / あの先生はいつも生徒を不公平に扱う 그 선생님은 항상 학생을 불공평하게 대한다.

**ふごうり【不合理】**◇不合理だ 불합리하다 ¶不合理な制度は廃止すべきだ 불합리한 제도는 폐지해야 한다. / 彼の意見は不合理極まりない 그의 의견은 너무 불합리하다. / 不合理な決定 불합리한 결정

**ふこく【布告】**포고 ◇布告する 포고하다 ¶布告を出す 포고를 내다 関連 宣戦布告 선전 포고

**ふこころえ【不心得】**◇不心得な 경솔한, 무분별한 ¶不心得者 경솔한[무분별한] 자

**ふさ【房】**[果実などの] 송이 [縁飾り] 술 ¶バナナを1房ください 바나나 한 송이 주세요. ¶房のついたショール 술 달린 숄 / クッションの房 쿠션의 술 / その鳥は頭に美しい房がついていた 그 새는 머리에 아름다운 술 모양의 깃이 달려 있었다.

**ブザー** 버저 ¶ブザーが鳴っている 버저가 울리고 있다. / ブザーを鳴らす 버저를 울리다

**ふさい【夫妻】**부처, 내외(内外), 부부(夫婦) ¶石井夫妻 이시이 부처

**ふさい【負債】**부채 [債務] 채무 [借金] 빚 ¶当時、私は多額の負債を抱えていた 그 시절에 나는 많은 금액의 빚을 지고 있었다. / わが社は銀行に多大の負債がある 우리 회사는 은행에 큰 부채가 있다. / 負債を返済する 부채를 갚다

**ふざい【不在】**부재 ¶父はただ今不在です 아버지는 지금 안 계십니다. / 不在中に銀行の方が見えました 부재중에 은행에서 사람이 오셨습니다. / 住民不在の政策 주민 부재의 정책 関連 不在地主 부재 지주 / 不在証明 부재 증명, 알리바이 / 不在者投票 부재자 투표

**ぶさいく【不細工】**◇不細工だ 서투르다, 엉성하다 ◇不細工に 서투르게, 엉성하게 ¶棚は不細工につられていた 선반은 엉성하게 달려 있었다. / 不細工な顔 못생긴 얼굴

**ふさがる【塞がる】**❶ [閉じられる] 닫히다, 잠기다, 감기다 ¶かばんの口がふさがらない 가방이 잠기지 않는다. / 昨夜はあまり寝ていないので目がふさがりそうだ 어젯밤은 별로 자지 않아서 눈이 감기려고 한다. / 傷は深く、ふさがるまで2週間かかった 상처는 깊어서 아물 때까지 2주일 걸렸다.
❷ [いっぱいでさえぎられる] 막히다 ¶ごみで排水管がふさがった 쓰레기로 배수관이 막혔다. / 事故による渋滞でこの道はふさがっている 사고로 인한 정체로 이 길은 막혔다.
❸ [使用されている] 사용중이다 [通話中だ] 통화중이다 [暇がない] 짬이 안 나다 ¶電話は全部ふさがっていた 전화는 전부 사용중이었다. / 今手がふさがっています 지금 짬이 안 납니다. /「こんど

の金曜日はどう」「ごめん．その日はもうふさがっているの」"다음 금요일은 어때?" "미안, 그날은 벌써 일정이 잡혀 있어."
¶だれかドアを開けて．両手がふさがっていて開けられないの 누군가 문 좀 열어 줘. 양손에 짐이 있어서 열 수가 없어.

**ふさぎこむ【塞ぎ込む】** 울적해하다 ¶彼は彼女に失恋して以来ふさぎ込んでいる 그는 그녀에게 실연당한 이래 울적해하고 있다.

**ふさく【不作】** 흉작〈凶作〉¶今年の作物は不作だ 올해 작물은 흉작이었다. / この夏の映画は不作だ 올여름 영화는 수준 이하이다.

**ふさぐ【塞ぐ】** ❶〔物などを詰めて〕메우다〔覆う〕막다〔壁のひびをしっくいでふさぐ〕¶壁のひびを回漆喰でふさいだ 벽의 금을 회반죽으로 메웠다. / 飛行機の轟音に思わず耳をふさいだ 비행기의 굉음에 나도 모르게 귀를 막았다.
❷〔さえぎって閉ざす〕막다〔邪魔をする〕가로막다 ¶立ち往生したトラックがトンネルの入り口をふさいでいる 오도 가도 못하게 된 트럭이 터널의 입구를 막고 있다. / 大きな岩が道をふさいでいた 큰 바위가 길을 막고 있었다.
❸〔気分が滅入る〕우울해지다 ¶試験のことを考えると彼は気分がふさいだ 시험을 생각하니 그는 기분이 우울해졌다.

**ふざける**〔おどける〕익살을 부리다〔冗談を言う〕농담하다 ¶彼はふざけた調子でその歌を歌った 그는 익살을 부리며 그 노래를 불렀다. /「ミンスが私のことデブって言ったのよ」「酔ってふざけて言っただけだよ」"민수가 나를 돼지라고 했어." "술취해서 농담했을 뿐이야."
❷〔騒ぐ〕장난을 치다 ¶電車の中でふざけてはいけません 전철 안에서 장난을 쳐서는 안 됩니다. / 彼は授業中ふざけていて先生に注意された 그 애는 수업 중에 장난을 쳐서 선생님께 주의 받았다.
❸〔ばかにする〕깔보다〔からかう〕놀리다 ¶ふざけるな！ 깔보지 마. / ふざけたことを言うな 놀리지 마.

**ぶさた【無沙汰】** ¶ごぶさたして申し訳ありません 오랫동안 연락을 드리지 못해 죄송합니다.

**ふさふさ** 치렁치렁 ¶ふさふさした髪 치렁치렁한 머리

**ぶさほう【無作法】**〔無礼〕무례 ◇無作法だ 무례하다, 버릇없다 ¶無作法をお許しください 무례를 용서해 주십시오. / 何て無作法なやつだ 어쩜 그렇게 버릇없을까. / 食べ物の振る舞いをする 하다 / 口に食べ物をほおばったままで話すのは無作法だ 입에 먹을 것을 문 채로 말하는 것은 버릇없다.

**ぶざま【無様】** ◇無様だ 꼴이 사납다, 보기가 흉하다 ◇無様な 꼴 사나운, 보기 흉한 ¶彼は無様な格好をしていた 그는 꼴 사나운 모습을 하고 있었다. / 日本はきのうの試合で無様な敗北を喫した 일본은 어제 경기에서 보기 좋게 패배했다. (▶보기 좋게는 反語的用法)

**ふさわしい【相応しい】** 어울리다, 걸맞다〔適した〕적합하다 ¶先生の髪型は教師としてふさわしくないですよ 선생님의 머리 스타일은 교사로서 적합하지 않아요. / その黒いドレスは結婚式にふさわしい服装ではない 그 검은 드레스는 결혼식에 어울리는 복장이 아니다. / その仕事には伊藤さんがいちばんふさわしいと思います 그 일에는 이토 씨가 제일 잘 어울린다고 생각합니다. / ジョギングにふさわしい靴だ これが 조깅에 적합한 신발이다. / 彼は総理大臣になるにふさわしい人物だ 그는 총리 대신이 되기에 적합한 인물이다.

**ふし【節】**〔木の〕옹이〔関節〕관절, 마디, 뼈마디〔旋律〕선율, 가락〔点〕점 ¶節の多い木材 옹이가 많은 목재 / 体の節々が痛い 몸의 관절 마디마디가 아프다. / この歌の節は覚えやすい 이 노래의 선율은 기억하기 쉽다.
¶彼の言動には2，3怪しい節がある 그의 언동에는 두어 가지 수상한 점이 있다.

**ふじ【藤】** 등, 등나무 ¶藤の花 등꽃 関連 藤色 연보라색 / 藤棚 등나무 시렁

**ふじ【不治】** 불치 ¶不治の病にかかる 불치의 병에 걸리다

**ぶし【武士】** 무사 関連 武士道 무사도

**ぶじ【無事】** ❶〔安全〕◇無事だ 무사하다 ¶無事に帰る 무사히 돌아가다 ¶その子供は2階のベランダから落ちたが無事だった 그 아이는 2층 베란다에서 떨어졌지만 무사했다. / 飛行機は無事に羽田空港に着陸した 비행기는 무사히 하네다 공항에 착륙했다. / 機内の人質はみな無事解放されて 기내의 인질은 모두 무사히 해방되었다. / 誘拐された子供は1週間ぶりに無事両親の元に戻った 유괴된 아이는 일 주일 만에 무사히 부모에게 돌아왔다. / 小包は無事届きました 소포는 무사히 도착했습니다.
❷〔平穏〕◇無事に 무사히, 아무 탈 없이 ¶両国間の紛争は無事解決した 양국간의 분쟁은 무사히 해결됐다. / 卒業式は無事終了した 졸업식은 무사히 종료되었다. / この1年無事に過ごせてよかった 올 1년 무사히 지내서 다행이다.
❸〔健康〕◇無事に 편안히 ¶こちらはみな無事にやっています 저희들은 모두 건강히 지내고 있습니다.

**ふしあな【節穴】** 옹이 구멍 ¶そんなことも見抜けないとは君の目は節穴か 그만한 일도 알아채지 못하다니 네 눈은 있으나 마나 아니냐?

**ふしあわせ【不幸せ】** 불행 ⇒不幸

**ふしぎ【不思議】**〔不思議なもの・こと〕불가사의〈不可思議〉◇不思議だ 불가사의하다〔奇妙だ〕신기하다〔不可解だ〕이상하다, 수상하다 ¶それは世界の七不思議の一つと言われている 그것은 세계 일곱 가지 불가사의의 하나로 전해지고 있다. / 彼が彼女を好きになっても不思議はない 그가 그녀를 좋아하게 되더라도 이상한 일이 아니다. / 彼女が時間に遅れるなんて不思議だ 그녀가 시간에 늦다니 이상한 일이다. / 彼女が部屋を出て行ったことにだれも気づかなかったとは不思議だ 그녀가 방을 나갔는데도 아무도 눈치채지 못했다는 것은 이상한 일이다.
¶私は祖父からその島にまつわる不思議な話を聞いた 나는 할아버지한테서 그 섬에 관련된 불가사의한 이야기를 들었다. / 霧に包まれた湖は本当に不思議な光景だった 안개에 싸인 호수는 정말로

신기한 광경이였다. / それは世にも不思議な事件だ 그것은 참으로 이상한 사건이다. / 不思議な夢を見る 신기한 꿈을 꾸다

¶不思議と決まってこの時間に公園にカラスが集まって来る 희한하게도 이 시간이 되면 공원에 까마귀가 모여든다. / 子供たちは不思議そうに彼の手品を見ていた 아이들은 신기한 듯이 그의 마술을 보고 있었다.

**ふしぜん【不自然】** ◇不自然だ 부자연하다, 부자연스럽다 ¶彼がそれに気づかなかったなんてまったく不自然だ 그가 그것을 알아채지 못했다니 정말 부자연스럽다. / 彼は不自然な笑いを浮かべた 그는 부자연스러운 웃음을 띄었다.

**ふしだら** ◇ふしだらだ[だらしない] 단정치 못하다〔不道徳だ〕품행이 나쁘다, 행실궂다 ¶ふしだらな生活を送る 단정치 못한 생활을 보내다 / ふしだらな人 품행이 나쁜 사람

**ふしちゃく【不時着】** 불시착 ◇不時着する 불시착하다 ¶旅客機は孤島に不時着した 여객기는 외딴섬에 불시착했다.

**ふしちょう【不死鳥】** 불사조 ¶不死鳥のごとくよみがえる 불사조처럼 되살아나다

**ぶしつ【部室】** 서클방, 동아리방

**ぶしつけ【不躾】** 〔失礼〕실례 ¶ぶしつけですが、個人的なことをお聞きしていいですか 실례인 줄 압니다만 개인적인 질문을 해도 되겠습니까?

**ふしまつ【不始末】** 〔不注意〕부주의, 불찰〔過ち〕잘못, 못된 짓 ¶不始末をしでかす 잘못을 저지르다 | 못된 짓을 하다 / 火事は台所の火の不始末が原因だった 화재는 부엌의 허술한 불관리가 원인이었다. / 彼は不始末を起こして首になった 그는 불미스러운 일을 저질러 해고되었다.

**ふじみ【不死身】** 불사신 ¶彼は不死身だ 그는 불사신이다. / 不死身の人間はいない 불사신인 인간은 없다.

**ふじゆう【不自由】** ❶ 〔不便〕◇不自由だ 불편하다 ¶電気や水道のない生活は不自由だ 전기나 수도가 없는 생활은 불편하다. / 鉄道が廃止されてその村の人たちはたいへん不自由をしている 철도가 폐선되어 그 마을 사람들은 매우 불편한 생활을 하고 있다.

❷ 〔苦労〕고생 ◇不自由する〔お金に困る〕쪼들리다 ¶彼女は何不自由なく育てられた 그녀는 아무런 고생〔부족함〕없이 자랐다. / 彼は今とても金に不自由している 그는 지금 매우 금전적으로 쪼들리고 있다.

❸ 〔身体에 자유가 있다〕◇不自由だ 불편하다 ¶彼は左足が不自由だ 그는 왼발이 불편하다. / 彼女は目が不自由だということに気づいた 그녀가 시각장애자란 사실에 주의가 미쳤다. / バスで体の不自由な人に席を譲った 버스에서 몸이 불편한 사람한테 자리를 양보했다. / 祖父は耳が不自由なことを除けばとても元気です 할아버지는 귀가 불편한 것 외에는 매우 건강하십니다.

**ふじゅうぶん【不十分】** ◇不十分だ 불충분하다, 미비하다〔不足している〕부족하다 ¶この程度の金では車を買うには不十分だ 이 돈으로 자동차를 사기에는 부족하다. / 準備が不十分だったためコンサートはうまくいかなかった 준비가 미비해서 콘서트가 잘 되지 않았다. / 彼の今の力ではまだ人に教えるには不十分だ 그의 지금 실력으로는 사람을 가르치기에는 아직 불충분하다. / 彼は証拠不十分のため不起訴になった 그는 증거 불충분으로 불기소 처리가 되었다.

**ふじゅん【不純】** ◇不純だ 불순하다 ¶彼が彼女に近づいたのは不純な動機からだった 그가 그녀한테 다가간 것은 불순한 동기에서였다. 関連 不純物 불순물

**ふじゅん【不順】** 불순 ◇不順だ 불순하다 ¶今年は天候が不順だった 올해는 날씨가 불순했다. 関連 月経不順 월경 불순

**ふじょ【扶助】** 부조〔援助〕원조 ◇扶助する 부조하다 ¶母子家庭のため彼女は公的扶助を受けて生活している 모자 가정이어서 그녀는 공적 부조를 받으면서 생활하고 있다. 関連 相互扶助 상호 부조

**ぶしょ【部署】** 부서 ¶新しい部署に就く 새 부서에 자리 잡다 / 部署が変わる 부서가 바뀌다 / 部署を離れる 부서를 떠나다

**ふしょう【負傷】** 부상 ◇負傷する 부상하다

¶祖父は戦争で肩に負傷を負った 할아버지는 전쟁 때 어깨에 부상을 입었다. / 列車事故で100人以上の負傷者が出た 열차 사고로 100명 이상의 부상자가 나왔다. / 負傷者の数は50人を上回った 부상자 수는 50명을 웃돌았다. / 負傷者は救急車で病院に運ばれた 부상자는 구급차로 병원에 옮겨졌다.

¶彼は事故で右足を負傷した 그는 사고로 오른발을 부상당했다. / 負傷した乗客は最寄りの病院に運ばれた 부상당한 승객은 가까운 병원으로 옮겨졌다.

**ふしょう【不詳】** 미상(未詳) ¶身元不詳の男 신원 미상의 남자 / この本は作者不詳です 이 책은 작자 미상입니다.

**ぶしょう【不精・無精】** 게으름 ¶私は筆無精です 저는 편지〔글씨〕쓰기를 싫어합니다. 関連 不精ひげ 다박나룻, 다박수염 / 不精者 게으름쟁이〔뱅이〕

**ふしょうじ【不祥事】** 불상사 ¶それは前代未聞の不祥事だった 그것은 전대미문의 불상사였다. / 不祥事を起こす 불상사를 일으키다

**ふしょうじき【不正直】** ◇不正直だ 부정직하다

**ふしょうぶしょう【不承不承】** 할 수 없이, 마지못해 ¶彼は不承不承病院に行くことにした 그는 마지못해 병원에 가기로 했다.

**ふしょく【腐食・腐蝕】** 부식, 부식되다 ◇腐食する 부식하다 ¶鉄製の門がさびで腐食してしまった 철제문이 녹슬어 부식되어 버렸다. 関連 腐食作用 부식 작용

# ぶじょく

**【侮辱】** 모욕 ◇侮辱する 모욕하다 ◇侮辱的な 모욕적인 ¶彼の発言は女性に対する侮辱である 그의 발언은 여성에 대한 모욕이다. / 私たちは彼の侮辱的な言葉にとても耐えられなかった 우리는 그의 모욕적인 말을 도저히 견딜 수 없었다. / 彼は法廷侮辱罪に問われた 그는 법정 모욕죄로 추궁당했다.

¶おれを侮辱する気か 나를 모욕할 셈이야? / 彼は大勢の人の前で侮辱された 그는 많은 사람들 앞

- **ふしん【不信】** 불신〔疑心〕의심 ¶不信を買う 불신을 사다 / 不信の目で見る 불신의 눈으로 보다 / 不信感を抱く 불신감을 갖다 / 彼の返事に彼女は不信の念を抱いた 그의 대답에 그녀는 의심을 품었다. / 何度か会ううちに彼女への不信がつのっていった 몇 번 만나는 사이에 그녀에 대한 의심이 심해져만 갔다. / 若者の政治に対する不信が高まっている 젊은 층의 정치에 대한 불신이 높아지고 있다.
- **ふしん【不振】** 부진 ◇不振だ 부진하다 ¶成績が不振だ 성적이 부진하다. / 最近の輸出不振は円高によるところが大きい 요즘 수출 부진은 엔고에 의한 것이 크다. / 新製品の売れ行き不振に悩んでいる 신제품의 판매 부진에 시달리고 있다. / 毎日暑くて食欲不振が続いている 매일 더워서 식욕 부진이 계속되고 있다. / 景気が悪くて商売が不振だ 불경기로 장사가 잘 안 된다.
- **ふしん【不審】** 불심〔疑念〕의심 ◇不審だ 불심하다, 의심하다, 수상하다 ¶不審な点があれば遠慮なく聞いてください 의심쩍은 점이 있으면 사양하지 말고 질문해 주세요. / 不審な人物を見かけたらすぐ警察に知らせてください 수상한 사람을 발견하면 즉시 경찰에 신고해 주세요. / 彼女がなぜ彼に本当のことを話さないのか不審に思った 그녀가 왜 그에게 진실을 말하지 않는지 의심스러웠다. / 警官は挙動不審な男に職務質問をした 경찰은 거동이 수상한 남자를 불심 검문했다. / この近所で不審火があった 어제 근처에서 원인 모를 불이 났다.
  - 関連 不審尋問 불심 검문
- **ふじん【夫人】** 부인 ¶山田夫人 야마다 씨 부인
- **ふじん【婦人】** 부인 関連 婦人科 부인과 / 婦人科医 부인과 의사 / 婦人会 부인회 / 婦人警官 여자 경찰관, 여경 / 婦人雑誌 여성지 / 婦人参政権 여성 참정권 / 婦人病 부인병 / 婦人服 부인복, 여성복 ⇒女性
- **ふしんせつ【不親切】** 불친절 ◇不親切だ 불친절하다 ¶彼の説明は不親切だった 그의 설명은 불친절했다.
- **ふしんにん【不信任】** 불신임 ¶内閣不信任案を提出する 내각 불신임안을 제출하다 関連 不信任投票 불신임 투표
- **ぶす** 추녀〔醜女〕, 얼굴이 못생긴 여자
- **ふずい【不随】** 불수 ¶彼は半身〔全身〕不随になって車椅子を使っている 그는 반신〔전신〕불수가 되어 휠체어를 사용하고 있다.
- **ぶすう【部数】** 부수 ¶この雑誌は発行部数が多い〔少ない〕 이 잡지는 발행 부수가 많다〔적다〕. / その新聞は発行部数が200万部以上だ 그 신문은 발행 부수가 200만부 이상이다.
- **ぶすっと** ◇ぶすっとする 시무룩하다, 뾰로통하다 ¶何をぶすっとしてるんだい 왜 그렇게 시무룩한 거야? / 彼女は自分の思い通りにならなくてぶすっとした 그녀는 자기 마음대로 되지 않는다고 뾰로통했다. / ぶすっとした表情で話す 시무룩한 표정으로 말하다

- **ふすま【襖】** 미닫이(▶発音은 미다지)
- **ふせ【布施】** 보시 ¶お布施をあげる 시주를 하다
- **ふせい【不正】** 부정 ◇不正な 부정한
  - ◆《不正を》
  - ¶彼が不正を働いてきたことはみんなが知っている 그가 부정한 짓을 해 온 것은 모두 알고 있다. / 社会の不正を正すのは容易なことではない 사회의 부정을 바로잡는 것은 쉽지 않은 일이다. / 試験で不正を行った学生は自動的に落第する 시험에서 부정 행위를 한 학생은 자동적으로 낙제된다.
  - ◆《不正な・不正に》
  - ¶「彼ってお金持ちね」「ああ, でも不正な手段で稼いだ金さ」"저 남자 부자구나." "응, 하지만 부정한 방법으로 번 돈이구나." / あの業者が不正に得た収入は3年間で2億円にもなったそうだ 그 업자가 부정하게 벌어들인 수입은 3년간 2억 엔이나 된다고 한다. / 市長は業者からお金を受け取ったとして告発された市長は 업자한테서 부정한 돈을 받았다고 해서 고발당했다.
  - 関連 不正行為 부정 행위 / 不正所得 부정 소득 / 不正選挙 부정 선거 / 不正蓄財 부정 축재 / 不正取引 부정 거래 / 不正入学 부정 입학 / 不正融資 부정 융자
- **ふぜい【風情】** 운치(韻致), 정취(情趣), 풍취(風趣), 풍치(風致)〔分類〕주제 ¶この庭は広いばかりで風情がない 이 정원은 넓기만 했지 운치가 없다. / この壺はなかなか風情がある 이 항아리는 제법 운치가 있다. / 霧が朝の港町に風情を添えた 안개가 아침 항구 도시에 정취를 더했다. ¶その車は私のようなサラリーマン風情にはとても買えない 나 같은 샐러리맨 주제에 그런 자동차는 도무지 살 수 없다.
- **ふせいかく【不正確】** ◇不正確だ 부정확하다 ¶この報告は不正確だ 이 보고는 부정확하다. / 不正確な見積もり 부정확한 견적 / 不正確な情報 부정확한 정보
- **ふせいこう【不成功】** 불성공〔失敗〕실패 ¶軍部のクーデターは不成功に終わった 군부 쿠데타는 실패로 끝났다.
- **ふせいじつ【不誠実】** ◇不誠実だ 불성실하다 ¶彼は不誠実な人間だ 그는 불성실한 사람이다.
- **ふせいりつ【不成立】** 불성립 ¶交渉は不成立に終わった 교섭은 불성립으로 끝났다. / 議案は不成立となった 의안은 성립이 안 됐다.
- **ふせぐ【防ぐ】** 막다, 가로막다〔防止する〕방지하다〔予防する〕예방하다 ¶団結して外敵の侵入を防いだ 사람들은 단결해서 외적의 침입을 막았다. / 核攻撃を100パーセント防ぐことは不可能だ 핵 공격을 100퍼센트 막는 것은 불가능하다. / 乗務員の適確な判断で事故は未然に防がれた 승무원의 정확한 판단으로 사고는 미연에 방지되었다.
  - ¶伝染病を防ぐために患者は隔離された 전염병을 예방하기 위해 환자는 격리되었다. / 虫歯を防ぐには規則正しく歯を磨くことだ 충치를 예방하기 위해서는 올바르게 양치질을 해야 한다.
- **ふせつ【敷設】** 부설 ◇敷設する 부설하다 ¶鉄道を敷設する 철도를 부설하다 / パイプラインを敷設

する 파이프 라인을 부설하다

**ふせっせい**【不摂生】불섭생 ◇不摂生をする 불섭생하다 ¶長年の不摂生がたたって体を壊してしまった 오랫동안의 건강 부주의가 탈이 되어 건강을 해치고 말았다. / 不摂生な生活 불섭생한 생활

**ふせる**【伏せる】❶〔下にする〕숙이다, 엎드리다, 엎어 놓다, 덮어 놓다 ¶顔を伏せる 얼굴을 숙이다 / 目を伏せる 눈을 내리깔다 / 彼は弾丸をよけるために地面に体を伏せた 그는 탄환을 피하기 위해 땅에 몸을 엎드렸다. / 洗ったコップはそこに伏せておいてください 씻은 컵은 거기에 엎어 놓아 주세요. / 電話が鳴ったので私は本を伏せて受話器をとった 전화가 울려서 나는 책을 덮고 수화기를 집었다.
❷〔隠す〕숨기다 ¶このことはみんなには伏せておいて下さい 이 일은 다른 사람들에게는 비밀로 해 두세요.
❸〔床につく〕눕다 ¶母は1か月前から病気で伏せっています 어머니는 한 달 전부터 병으로 누워 계십니다.

**ふせん**【付箋】붙임쪽지, 포스트잇(▶商標) ¶付箋を貼る 붙임쪽지를 붙이다

**ぶぜん**【憮然】◇憮然とする 무연하다, 허탈하다 ◇憮然として 무연히, 멍하게 ¶辞令を渡されあと彼は憮然として部屋を出ていった 발령을 받은 뒤 그는 멍하게 방을 나갔다. / 憮然とした表情 허탈한 표정

**ふせんしょう**【不戦勝】부전승 ¶不戦勝になる 부전승이 되다

**ふせんめい**【不鮮明】◇不鮮明だ 선명하지 않다

**ぶそう**【武装】무장 ◇武装する 무장하다 ¶銃で武装した 총으로 무장하다 / 武装した兵士たちが空港を警備していた 무장한 병사들이 공항을 경비하고 있었다. / 圧政に耐えかねて市民たちが武装蜂起した 압정에 못 견딘 시민들이 무장 봉기했다. 関連 武装解除 무장 해제

**ふそうおう**【不相応】◇不相応な 걸맞지 않은, 어울리지 않는 ¶彼は分不相応な車を買った 그는 신분에 어울리지 않는 차를 샀다. / 息子がもらったお年玉は小学生には不相応な金額だった 아들이 받은 세뱃돈은 초등학생에게 걸맞지 않은 금액이었다.

**ふそく**【不足】❶〔足りないこと〕부족 ◇不足する 부족하다, 모자라다 ¶その国では食料不足が深刻な問題になっている 그 나라에서는 식량 부족이 심각한 문제가 되고 있다. / 雨が降らないと水不足になる 비가 내리지 않으면 물 부족이 된다. / 寝不足でふらふらしている 수면 부족으로 비틀거린다. / 勉強不足で試験はうまくできなかった 공부가 모자라서 시험은 잘 못 봤다. / 運動不足は肥満の原因になる 운동 부족은 비만의 원인이 된다. / この仕事を任せるには彼はまだ経験不足だ 이 일을 맡기기에는 그는 아직 경험이 부족하다. / 若者の雇用不足状態が続いている 젊은이들의 고용 부족 상태가 계속되고 있다. / 資金不足で計画の変更を余儀なくされた 자금 부족으로 어쩔 수 없이 계획이 변경되었다. ¶被災地ではボランティアの数が不足している 재해 지역에서는 자원 봉사자가 부족하다.
❷〔不満〕불만〔不平〕불평 ¶何が不足なんだ 뭐가 불만이니? 慣用句 あのチームなら相手にとって不足はない 그 팀이라면 상대로서 부족함은 없다.

**ふそく**【不測】불측, 뜻밖 ◇不測の 불측한, 뜻밖의 ¶不測の事態が生じた 뜻밖의 사태가 발생했다.

**ふぞく**【付属】부속 ◇付属する 부속하다, 부속되다 ¶この研究所はソウル大学に付属している 이 연구소는 서울 대학교에 부속되어 있다. / 国立大学付属中学校 국립 대학 부속 중학교 / 東大付属病院 도쿄대학 부속 병원 関連 付属品 부속품

**ぶぞく**【部族】부족 関連 部族社会 부족 사회 / 部族紛争 부족 분쟁

**ふぞろい**【不揃い】¶買ったりんごは大きさが不ぞろいだった 구입한 사과는 크기가 가지런하지 않았다. / 不ぞろいの歯並び 가지런하지 않은 치열

**ふた**【蓋】뚜껑, 덮개 ¶瓶のふたはしっかり閉めてください 병뚜껑은 꼭 닫아 주세요. / 生ごみ入れのふたをしていてちょうだい 음식 쓰레기통 뚜껑을 덮어 줄래? / なべのふたを取ってくる 냄비 뚜껑을 집어 줄래? / マジックペンは使い終わったら必ずふたをしてください 매직펜을 사용한 뒤에는 반드시 뚜껑을 닫아 주세요. / 彼らはマンホールのふたをはずして中に入った 그들은 맨홀 뚜껑을 들어내어 안으로 들어갔다. 慣用句 勝負はふたを開けてみないとわからない 승부는 뚜껑을 열어 보지 않고는 모른다.

**ふだ**【札】〔ラベル〕라벨, 레테르〔下げ札〕표, 표찰 ¶瓶には毒薬の札が貼ってあった 병에는 독약이라는 라벨이 붙어 있었다. 関連 お守り札 부적 / 立て札 팻말 / 番号札 번호표

**ぶた**【豚】돼지 ¶豚がブーブー鳴いている 돼지가 꿀꿀거리고 있다. / 豚を飼う 돼지를 키우다 慣用句 豚に真珠 돼지 목에 진주 | 개 발에 편자 関連 豚小屋 돼지우리 / 豚肉 돼지고기 / 雄豚 수퇘지 / 子豚 새끼 돼지 / 雌豚 암퇘지

**ぶたい**【部隊】부대 関連 部隊長 부대장 / 外人部隊 외인 부대 / 機甲部隊 기갑 부대 / 歩兵部隊 보병 부대

**ぶたい**【舞台】❶〔演技を行うための場所〕무대 ¶彼女が初めて舞台に立ったのは18歳のときだった 그녀가 처음으로 무대에 선 것은 열여덟 살 때였다. / 彼はその劇場で初舞台を踏んだ 그는 그 극장에서 첫무대를 섰다. / 私は今まで数多くの舞台を踏んできた 나는 지금까지 많은 무대에 서 왔다. / 彼は病気で舞台に穴をあけた 그의 병으로 무대 진행에 차질이 생겼다. / 舞台から遠すぎて歌手の顔がよく見えなかった 무대가 너무 멀어서 가수 얼굴이 잘 안 보였다. / 回り舞台 회전 무대
❷〔活躍の場〕무대 ¶今彼は政治の舞台で活躍している 지금 그는 정치 무대에서 활약하고 있다. / 彼女は世界を舞台に活躍しているピアニストだ 그녀는 세계를 무대로 활약하고 있는 피아니스트다. / テニスとなれば彼の独り舞台だ 테니스라면 그의 독무대다.

❸ [場面] 무대 ¶その物語の舞台はソウルだ 그 이야기의 무대는 서울이다. / 人質解放交渉の舞台裏で何があったのかはわからない 인질 해방 교섭 막후에서 무슨 일이 있었는지는 알 수 없다. 慣用句 清水の舞台から飛び降りる思いだった 과감하게 큰 결단을 내리는 기분이었다. 関連 舞台衣装 무대 의상 / 舞台裏 [控の室] 배우 휴게실 [特に政治的な] 막후 / 舞台監督 무대 감독 / 舞台稽古 무대 연습 / 舞台芸術 무대 예술 / 舞台化粧 무대 화장 / 舞台効果 무대 효과 / 舞台照明 무대 조명 / 舞台生活 무대 생활 / 舞台装置 무대 장치 / 舞台中継 무대 중계 / 舞台道具 무대 도구 / 舞台俳優 연극 배우

ふたえ [二重] 이중, 두 겹 関連 二重まぶた 쌍꺼풀 ⇒二重(ൠ)

ふたご [双子] 쌍둥이, 쌍생 [双生児] 쌍생아 ¶彼らは双子です 그들은 쌍둥이입니다. / 双子の妹 쌍둥이 여동생 関連 双子座 쌍둥이자리

ふたことめ [二言目] 입만 열었다 하면, 입버릇처럼 ¶彼女は二言目にはここの気候になじめないと言う 그녀는 입만 열었다 하면 이곳 날씨와 안 맞는다고 한다.

ふたしか [不確か] ¶不確かな情報 불확실한 정보 ⇒確か

ふたたび [再び] 다시, 재차 ¶1時間の昼休みをとったあと再び仕事に戻った 한 시간 점심시간 한 시간을 쉬고 난 뒤 다시 일을 시작했다. / あの人とはもう再び会うことはあるまい 그 사람과는 이제 다시는 만나지 않을 것이다. / 次章で再びこのテーマに戻ることにします 다음 장에서 다시 이 테마를 다루도록 하겠습니다. / 彼らの間に再び気まずい沈黙が流れた 그들 사이에 다시 서먹서먹한 침묵이 흘렀다. / 二度と再びこんな馬鹿なことはしません 두 번 다시 이런 어리석은 짓은 하지 않겠습니다.

**ふたつ** [二つ] 둘, 두 개 [両方] 양쪽 ◇二つの 두 ¶駅から家までの間に停留所が2つある 역과 집 사이에는 정류장이 두 개 있다. / キャンデーを3人の子供に2つずつあげた 세 명의 어린이에게 캔디를 두 개씩 주었다. / このお菓子2つとも食べていいの 이 과자 두 개 다 먹어도 돼? / それらの洋服は2つとも気に入らなかった 그 양복들은 양쪽 다 마음에 안 들었다. ¶すいかを2つに切った 수박을 두 개로 잘랐다. / 娘が2つになったばかりだ 딸은 이제 막 두 살이 되었다. 慣用句 だれにでも忘れたいことの一つや二つはあるだろう 누구에게나 잊고 싶은 일 한두 가지는 있을 것이다. / こんなに見事なダイヤモンドは二つとない 이렇게 훌륭한 다이아몬드는 둘도 없다. / やるのかやらないのか、答えは二つに一つだ 할 것인가 말 것인가 대답은 둘 중에 하나다. / 彼女は二つ返事で引き受けてくれた 그녀는 즉각 쾌히 맡아 주었다. ⇒二(に)

ふだつき [札付き] ◇札付きの [悪名高い] 악명 높은 ¶札付きの悪党 악명 높은 악당

ふたて [二手] 양편 ¶二手に分かれる 양편으로 갈라지다

ふたとおり [二通り] 두 가지 ¶この文章は二通りの解釈ができる 이 문장은 두 가지로 해석이 가능하다.

ぶたばこ [豚箱] [留置所] 유치장 ¶彼は豚箱行きになった 그는 유치장에 가게 되었다.

ふたまた [二股] 두 갈래 ; 양다리 ¶道はこの先でふたまたに分かれている 길은 이 앞에서 두 갈래로 나뉘어져 있다.
¶彼女は2人の男性にふたまたをかけていた 그녀는 두 남자한테 양다리를 걸치고 있었다. / 彼は大学入試にふたまたをかけ、幸い両方合格した 그는 대학 입시에 양다리를 걸쳤는데 운 좋게도 [다행히도] 양쪽 합격했다. 関連 ふたまたソケット 쌍소켓

ふため [二目] ¶二目と見られないありさまだった 두 번 다시 볼 수 없는 광경이었다.

ふたり [二人] 둘, 두 사람 [カップル] 커플 [夫婦] 부부 ¶海で二人が行方不明になった 바다에서 두 사람이 행방불명이 되었다. / 教室には二人の生徒しかいなかった 교실에는 두 학생밖에 없었다. / 二人は一緒に買い物に行った 두 사람은 같이 쇼핑하러 갔다.
¶あの夫婦は毎朝二人で公園を散歩している 저 부부는 매일 아침 둘이서 공원을 산책하고 있다. / 私たちは二人とも犬が好きだ 우리는 둘 다 개를 좋아한다. / 二人は婚約した 두 사람은 약혼했다. / 君と二人だけで話したいんだが 자네와 단둘이서 얘기하고 싶은데. / 私は父と二人で暮らしている 나는 아버지와 둘이서 살고 있다.

ふたん [負担] 부담 ◇負担する 부담하다 [支払う] 지불하다 ¶同僚が辞めてから私にかかる負担はますます重くなった 동료가 그만두고 나서부터 내가 져야 할 부담은 점점 무거워졌다. / 「この仕事は私が処理しましょう」「負担をかけてすまないね」"이 일은 제가 처리하겠습니다." "부담스럽게 해서 미안하네." / 子供を大学にやる親の経済的負担は大きい 아이를 대학교에 보내는 부모의 경제적 부담은 크다. / 周囲の励ましがかえって私には負担になった 주위의 격려가 오히려 나한테는 부담이 되었다. / 父が私の旅行の費用をすべて負担してくれた 아버지가 내 여행 비용을 전부 부담해 주셨다.

ふだん [普段] 평소, 평상시, 보통 ¶普段11時に寝る 보통 열한 시에 잔다. / 彼はけさは普段より遅れて出勤して来た 그는 오늘 아침에 평상시보다 늦게 출근했다. / 普段どおり8時30分の電車に乗った 평상시대로 여덟 시 30분 전철을 탔다. / 普段の心がけが悪いからこんなことになるんだ 평상시 마음 씀씀이가 나쁘기 때문에 이런 일이 일어나는 거야. / 普段からもっと勉強しておけばよかった 평상시에 좀 더 공부해 뒀으면 좋았을걸. / 私は普段は自転車で学校へ行く 나는 보통은 자전거로 학교에 간다. / 彼女は普段はもっと陽気だ 그녀는 평상시에는 더 쾌활하다.
関連 普段着 평상복, 평복

ふだん [不断] ◇不断の 부단한, 끊임없는 ¶何事にも不断の努力が大切だ 무슨 일에든 부단한 노력이 중요하다.

ふち [淵] 못 ; 구렁

ふち [縁] 가장자리 [端] 끝 [容器の] 가, 이 [円形の] 테두리 [眼鏡の] 테 ¶コーヒーカップの縁

**ぶちこわす【打ち壊す】** 때려 부수다〔だめにする〕깨다, 깨뜨리다 ¶椅子で窓をぶち壊した 의자로 창문을 때려 부쉈다. / 彼のせいで計画はぶち壊しになった 그 사람 때문에 계획은 엉망이 됐다.

**ぶちどる【縁取る】** 테를 두르다 ¶シャツのそでロは金の糸で縁取られていた 셔츠의 소맷부리는 금실로 테가 둘러져 있었다. / レースで縁取られたハンカチ 레이스로 테가 둘러진 손수건

**ぶちぬく【打ち抜く】** 꿰뚫다〔取り払う〕트다 ¶弾丸が窓ガラスをぶち抜いた 총알이 창유리를 꿰뚫었다. / ふすまを外して2部屋をぶち抜く 맹장지를 떼어서 두 방을 하나로 트다

**ぶちまける** 쏟뜨리다〔隠さずに言う〕털어놓다〔怒りを〕터뜨리다 ¶バケツの水をぶちまける 양동이 물을 쏟뜨리다 / 彼は上司への不満をぶちまけた 그는 상사에 대한 불만을 털어놓았다. / 怒りをぶちまける 분노를 터뜨리다

**ふちゃく【付着】** 부착 ◇付着する 부착하다, 부착되다 ⇒付く

**ふちゅうい【不注意】** 부주의 ◇不注意だ 부주의하다 ¶私の不注意から子供にけがをさせてしまった 내 부주의로 인해 아이에게 상처를 입히고 말았다. / ドライバーの不注意による事故 운전자 부주의로 인한 사고 / そんなミスをするとは君も不注意だったね 그런 실수를 하다니 자네도 부주의 했었군. / 彼は言動にやや不注意なところがある 그는 언동에 조금 부주의한 점이 있다. / そのチームは彼の不注意なエラーで試合に負けてしまった 그 팀은 그의 부주의한 실수로 시합에 지고 말았다. / 教師の不注意な一言が生徒の心を深く傷つけた 교사의 부주의한 한 마디가 학생의 마음에 깊은 상처를 주었다.

¶私は不注意にもユミとの約束を忘れてしまった 나는 부주의하게도 유미와의 약속을 잊어버렸다.

**ふちょう【不調】** ¶彼は以前から体の不調を訴えていた 그는 이전부터 몸 컨디션이 좋지 않다고 호소했었다. / 労使の交渉は不調に終わった 노사 교섭은 성립되지 않았다.

**ふちょう【婦長】** 수간호사(首看護師)

**ぶちょう【部長】** 부장 関連 営業部長 영업부장 / 学部長 학부장

**ぶちょうほう【不調法】** 술을 못 마시다 ¶私は不調法なものですから 저는 술을 못 마시거든요.

**ふちょうわ【不調和】** ◇不調和な 어울리지 않는 ⇒調和

**ぶつ【打つ】**〔殴る〕때리다〔演説する〕늘어놓다 ¶彼は弟をげんこつでぶった 그는 남동생을 주먹으로 때렸다. / 演説をぶつ 연설을 늘어놓다

**ふつう【不通】** 불통 ¶電話が現在不通になっている 전화는 현재 불통이다. / 豪雨で道路が不通になった 폭우로 도로가 불통이 되었다. / 落雷で新幹線が一時不通になった 낙뢰로 신칸센이 한때 불통이 되었다.

**ふつう【普通】**〔通常〕보통〔正常〕정상〔たいてい〕대체로〔一般〕일반적으로 ¶今ではコンビニで公共料金を払うのはごく普通のことだ 지금은 편의점에서 공공요금을 지불하는 것은 너무 일반적인 일이다. / 普通の風邪にしてはせきがひどいね 보통 감기치고는 기침이 심하네. / 彼は普通の背丈だ 그는 보통 키다. / 彼女は普通の人だ 그녀는 보통 사람이다. / 普通のカクテルはもちろんのことフランス製のシャンペンも出された 일반적인 칵테일은 물론 프랑스산 샴페인도 나왔다. / 視力は普通だ 시력은 보통이다.

¶骨折は普通治るのに骨折は普通치료에는 대체로 낫는 데 시간이 걸린다. / 普通は6時に起きる 보통 여섯 시에 일어난다. / その言葉は普通そんなふうには使わない 그 말은 보통 그렇게 사용하지 않는다. / 面接では普通にしていればいいんです 면접은 평상시대로 하면 된다. / きょうの彼は普通ではない 오늘의 그는 정상이 아니다. 関連 普通科 보통과 / 普通株 보통주 / 普通銀行 보통〔일반〕은행 / 普通小切手 보통 수표 / 普通社債 보통 사채 / 普通選挙 보통 선거 / 普通名詞 보통 명사 / 普通郵便 보통 우편 / 普通預金 보통 예금 / 普通料金 보통 요금 / 普通列車 보통〔완행〕열차

**ふつか【二日】** 이틀, 초이튿날〔2日間〕이틀 ¶6月2日 유월 이일 / 2日おきに 이틀 걸러

**ぶっか【物価】** 물가(▶発音은 물가) ¶東京は物価が高い〔安い〕도쿄는 물가가 비싸다〔싸다〕. / 最近物価が上がりつつある 요즘 물가가 계속 상승하고 있다. / インフレになると日用品の物価が跳ね上がる 인플레이션이 되면 일용품의 물가가 폭등한다. / 物価高のために生活が苦しくなった 물가고로 인해 생활이 어려워졌다.

¶物価は下がっている 물가는 내려가고 있다. / いつ物価は下がるだろうか 언제 물가가 내려갈는지. ¶政府は物価を安定させるための施策を講じた 정부는 물가를 안정시키기 위한 시책을 강구했다. / この半年間物価は安定している 이 반 년 동안 물가는 안정되어 있다. 関連 物価指数 물가 지수 / 物価スライド 물가 연동제 / 消費者物価 소비자 물가

**ふっかける【吹っ掛ける】**〔けんかを〕걸다〔料金を〕턱없이 비싸게 요구하다 ¶彼は私にけんかを吹っかけた 그는 나한테 싸움을 걸었다. / 彼は私に難題を吹っかけてきた 그는 나한테 트집을 잡아 싸움을 걸어왔다. / 店員は値段を吹っかけてきた 점원은 턱없이 비싼 가격을 요구해 왔다.

**ふっかつ【復活】** 부활〔復帰〕복귀 ◇復活する 부활하다 ¶村祭りが復活した 마을 축제가 부활했다. / ミニスカートが復活した 미니스커트가 부활했다. / 予算の復活折衝 예산의 복귀절충 関連 復活祭 부활제, 부활절

**ふつかよい【二日酔い】** 숙취(宿醉) ¶二日酔いで気分が悪い 숙취로 속이 안 좋다.

**ぶつかる** ❶〔勢いよく突き当たる〕부딪치다, 부딪다〔衝突する〕충돌하다 ¶2台の車が正面からぶつかった 두 대의 자동차가 정면으로 부딪혔다. / 乗用車がトラックにぶつかった 승용차가 트럭에 부딪혔다. / 車が木にぶつかって運転していた人がけがをした 자동차가 나무에 충돌해 운전하고 있던 사람이 부상을 입었

다. / オートバイはカーブを曲がろうとしてガードレールにぶつかってしまった 오토바이는 커브를 돌려고 해서 가드레일에 충돌해 버렸다. / 船が岩にぶつかった 배가 바위에 부딪쳤다. / 酔っぱらいが僕にぶつかった 술주정뱅이가 나한테 부딪쳤다. / デモ隊は警官隊と激しくぶつかった 데모대는 경찰대와 심하게 충돌했다.

❷ 〔出くわす〕부닥치다, 마주치다 ¶私たちはたびたび困難にぶつかった 우리들은 번번히 곤란에 부닥쳤다. / ラッシュアワーにぶつかりここへ来るのに時間がかかってしまった 러시아워에 걸려 여기까지 오는 데 시간이 걸리고 말았다. / 我々の計画は壁にぶつかった 우리 계획은 벽에 부닥쳤다. / 大気は山にぶつかって上昇する 대기는 산에 부닥쳐 상승하다.

❸ 〔対立する〕대립하다, 충돌하다 〔対戦する〕대전하다, 맞붙다 ¶彼は進路のことで父親とぶつかった 그는 진로 문제로 아버지와 대립했다. / 私と彼はよく意見がぶつかる 나와 남자 친구는 자주 의견이 충돌한다. / 日本は初戦から優勝候補のブラジルとぶつかった 일본은 첫 경기부터 우승 유력한 브라질과 맞붙었다.

❹ 〔立ち向かう〕맞서다 ¶逃げないで問題に正面からぶつかっていきなさい 피하지 말고 문제를 정면에서 맞서 나가라.

❺ 〔かち合う〕겹치다 ¶彼女はコンサートと試験がぶつかってがっかりしている 그녀는 콘서트와 시험이 겹쳐 실망하고 있다. / 日曜日と祭日がぶつかる 일요일과 경축일이 겹치다

ふっき【復帰】복귀 ◇復帰する 복귀하다 ¶出産後, 職場に復帰する 출산후, 직장에 복귀하다. / 前チャンピオンは結局復帰できなかった 전 챔피언은 결국 복귀하지 못했다. / 社会復帰する 사회로 복귀하다

ふつぎ【物議】물의 ¶市長の発言は物議をかもした 시장의 발언은 물의를 일으켰다.

ふっきゅう【復旧】복구 ◇復旧する 복구하다 ¶ダイヤが復旧するにはまだ時間がかかる 교통망을 복구하는 데는 아직 시간이 걸린다. / 復旧作業 복구 작업 ⇒復興

ふっきょう【仏教】불교 関連仏教徒 불교도

ぶっきらぼう ◇ぶっきらぼうだ 무뚝뚝하다, 불퉁스럽다 ¶ぶっきらぼうに 무뚝뚝하게, 불퉁스레 / 彼女はぶっきらぼうな態度だった 그녀는 무뚝뚝한 태도였다. / ぶっきらぼうな返事をする 불퉁스럽게 대답을 하다

ふっきん【腹筋】복근 関連腹筋運動 복근 운동

ブック 책 関連ブックエンド 북엔드, 책버팀 / ブックカバー 책 카버

ふっくら 볼록, 포동포동 ¶パンがふっくらと焼けた 빵이 몽실몽실하게 구워졌다. / ふっくらした 肥 포동포동한 빰

ぶつける ❶ 〔激しく突き当てる〕 부딪치다, 부닥치다 〔投げ当てる〕던지다 ¶車をガードレールにぶつけてしまった 차를 가드레일에 부딪치고 말았다. / ドアに頭をぶつける 문에 머리를 부딪치다 / 彼女は机の角に腰をぶつけた 그녀는 책상 모서리에 허리를 부딪쳤다. / 彼は野良猫に石をぶつけた 그는 도둑고양이한테 돌을 던졌다. / 少年は塀にボールをぶつけて遊んでいた 소년은 담벼락에 공을 던지며 놀고 있었다.

❷ 〔かち合わせる〕맞붙이다 ¶相手の4番打者に新人投手をぶつける 상대편 4번 타자에게 신인 투수를 맞붙이다

❸ 〔相手に向かって言い放つ〕터뜨리다 ¶彼は上司にそのプロジェクトに対する自分の考えをぶつけてみた 그는 상사한테 그 프로젝트에 대한 자기 생각을 터뜨려 봤다. / 彼はやり場のない怒りを妻にぶつけた 그는 터뜨릴 데가 없는 분노를 아내한테 터뜨렸다.

ふっこう【復興】부흥, 복구(復旧) (▶災難を受けた場合の再建は一般に 복구를 用いる. 再建でも国の運命に関係のある場合は 부흥 を用いる. 民族・文化に関しては 부흥 を用いる) ◇復興する 부흥하다 ¶洪水で大きな被害を受けたこの村を元どおりに復興するのは難しい 홍수로 큰 피해를 입은 이 마을을 원래대로 복구시키는 것은 어렵다. / 経済復興のために努力する 경제 부흥을 위해 노력하다 / 荒廃した国土の再建と復興に全力を傾ける 황폐한 국토의 재건과 복구에 전력을 기울이다

関連文芸復興 문예 부흥【ルネッサンス】르네상스 / 農村復興運動 농촌 부흥 운동

ふつごう【不都合】불편, 곤란 〔非行〕비행 ◇不都合だ 불편하다, 곤란하다 ¶それでは何かと不都合だ 그러다가는 여러모로 곤란하다. / 息子が何か不都合でもしでかしたのでしょうか 아들이 무슨 무례한 짓이라도 저질렀습니까?

ぶっさん【物産】물산

ぶっし【物資】물자 ¶戦後はあらゆる物資が不足していた 전후에는 모든 물자가 부족했었다. 関連生活物資 생활 물자 / 救援物資 구원 물자

ぶっしき【仏式】¶葬儀は仏式で行われた 장례는 불교식으로 행해졌다.

**ぶっしつ** 〔物質〕물질 ◇物質的 물질적 ¶物質は固体, 液体, 気体として存在する 물질은 고체, 액체, 기체로 존재한다. / この液体からいくつかの化学物質が検出された 이 액체에서 몇 가지 화학 물질이 검출되었다. / 空気と水は人間が生きていくのに欠くことのできない物質だ 공기와 물은 인간이 살아가는 데 없어서는 안 되는 물질이다.

¶難民キャンプの人々は物質的な援助を必要としていた 난민 캠프 사람들은 물질적인 원조를 필요로 하고 있었다. / 日本の子供たちは物質的には恵まれている 일본 어린이들은 물질적으로는 풍족하다. 関連物質界 물질계 / 物質主義 물질주의 / 物質主義者 물질주의자 / 物質文明 물질문명

プッシュホン 푸시폰, 누름단추식 전화기

ぶっしょく【物色】물색 ◇物色する 물색하다 ¶泥棒は室内を物色していた 도둑은 실내를 물색하고 있었다. / 彼は手ごろな家を物色中だ 그는 적당한 집을 물색 중이다.

ぶっしんりょうめん【物心両面】물심양면 ¶おじは物心両面から私たちを援助してくれた 숙부는 물심양면으로 우리를 원조해 주었다.

ぶつぜん【仏前】불전 〔霊前〕영전 ¶仏前に花が供えられた 불전에 꽃이 올려졌다.

ふっそ【フッ素】불소, 플루오르

**ぶっそう【物騒】** ◇物騒だ〔危険だ〕위험하다〔騒がしい〕뒤숭숭하다, 어수선하다 ¶近ごろはこの辺りも物騒になってきた 요즘은 이 주변도 위험해졌다. / 物騒な世の中 어수선한 세상

**ぶつぞう【仏像】** 불상

**ぶったい【物体】** 물체 ¶未確認飛行物体 미확인 비행 물체, 유에프오(UFO)

**ぶつだん【仏壇】** 불단

**ぶっちょうづら【仏頂面】** 시무룩한 얼굴 ¶仏頂面してどうしたの 시무룩한 얼굴을 하고 무슨 일이 있었어?

**ぶっつけほんばん【ぶっつけ本番】** ◇ぶっつけ本番で 연습 없이 ¶ぶっつけ本番でスピーチをした 연습 없이 연설을 했다. / ぶっつけ本番の演技 즉석 연기 ⇒アドリブ

**ぶっつり** 탁, 툭 ; 뚝 ¶糸がぶっつり切れた 실이 뚝 끊겼다. / その時からぶっつりと彼女の消息がとえた 그 때부터 뚝 그녀의 소식이 끊겼다.

**ぶってき【物的】** 물적 ¶彼が犯人だという物的証拠はない 그가 범인이라는 물적 증거가 없다. / 物的損害 물적 손해

**ふっと** 문득 ; 후유 ¶いいアイデアがふっと浮かんだ 좋은 생각이 문득 떠올랐다. / 妻が無事と聞いてふっと安堵のため息をついた 아내가 무사하다는 말을 듣고 후유하고 안도의 한숨을 쉬었다.

**ふっとう【沸騰】** 비등 ◇沸騰する 비등하다〔水が〕끓다〔議論が〕들끓다 ¶水は100度で沸騰する 물은 100도에서 끓는다. / その問題を巡って議論が沸騰した 그 문제를 둘러싸고 논의가 들끓었다. 関連 沸騰点 비등점

**ぶっとおし【打っ通し】** ◇ぶっ通しで 죽 계속해서, 노박이로 ¶ぶっ通しで働き続ける 노박이로 일을 계속하다 / 24時間ぶっ通しで 스물네 시간 노박이로 / 一晩ぶっ通しで車を走らせた 하룻밤 계속해서 자동차를 달렸다.

**フットボール** 풋볼 ¶フットボールをする 풋볼을 하다 / フットボール選手 풋볼 선수 関連 アメリカンフトボール 아메리칸 풋볼, 미식 축구

**フットライト** 프라이트, 각광(脚光) ¶フットライトを浴びる 각광을 받다

**フットワーク** 풋워크 ¶軽快なフットワーク 경쾌한 풋워크

**ぶつぶつ** 중얼중얼 ; 투덜투덜〔吹き出物〕뾰루지〔にきび〕여드름 ◇ぶつぶつ言う〔独り言を〕중얼거리다〔不平を〕투덜거리다 ¶彼女はぶつぶつ文句を言い始めた 그녀는 투덜투덜 불만을 말하기 시작했다.
¶顔にぶつぶつができた 얼굴에 뾰루지가 났다.

**ぶつぶつこうかん【物々交換】** 물물 교환 ¶こしょうを絹と物々交換する 후추를 비단과 물물 교환하다

**ぶつめつ【仏滅】** 불멸

**ぶつよく【物欲】** 물욕

**ぶつり【物理】** 물리 ◇物理的な 물리적 ¶大学では物理を専攻しています 대학교에서는 물리를 전공하고 있습니다. / それは物理的に可能だと思われますか 그것은 물리적으로 가능하다고 생각하십니까? / 物理的な現象 물리적인 현상 関連 物理化学 물리 화학 / 物理学者 물리학자 / 物理療法 물리 요법

**ふつりあい【不釣り合い】** ◇不釣り合いだ 어울리지 않다 ◇不釣り合いな 어울리지 않는 ¶このネクタイは僕の背広には不釣り合いだ 이 넥타이는 내 양복과 어울리지 않는다. / 収入に不釣り合いな生活 수입에 어울리지 않는 생활

**ふで【筆】** 붓〔絵筆〕그림붓, 화필(画筆) ¶彼女は筆で字を書くのがうまい 그녀는 붓으로 글자 쓰는 것을 잘한다. / 彼は筆で身を立てようとした 그는 작가가 되려고 했다. 数え方 1 本 붓 한 자루 慣用句 彼は筆が立つ 그는 글을 잘 쓴다. / それではここで筆を置くことにします 그러면 여기서 붓을 놓겠습니다. / 私が彼女のことをどう思っているのかを伝えるために筆を取った 내가 그녀를 어떻게 생각하고 있는가를 전하기 위해 붓을 들었다. / 彼は筆を折ることを決心した 그는 문필 활동을 그만두기로 결심했다. / 先生は私の絵に筆を加えた 선생님은 내 그림 1 점 보태 주셨다. / 私は彼の原稿に少しばかり筆を加えて直した 나는 그의 원고를 조금 첨삭해서 고쳤다. / 夫は筆不精な 남편은 편지 쓰기를 귀찮아한다. / 妻は筆まめだ 아내는 편지를 부지런히 쓴다. / このすばらしい筆使いをよく見てください 이 훌륭한 붓놀림을 잘 보십시오. / 弘法も筆の誤り(→猿も木から落ちる) 원숭이도 나무에서 떨어진다. / 弘法筆を選ばず 명필은 붓이 좋고 나쁨을 가리지 않는다. | 능쉬불택필

**ふてい【不定】** 부정 ◇不定だ 부정하다 ¶その男は無職で住所不定だった 그 남자는 무직인데다 주거 부정이다.

**ふていき【不定期】** 부정기 ◇不定期な 부정기적 ¶本土と島の間に不定期の船便がある 본토와 섬 사이에는 부정기적으로 배편이 있다.

**ブティック** 부티크

**ふてき【不敵】** ◇不敵な 대담무쌍한 ¶彼は不敵な面構えをしていた 그는 당당하고 용감한 얼굴을 하고 있었다.

**ふでき【不出来】** 실패(失敗) ◇不出来な 나쁜, 서투른, 잘 되지 않은 ¶不出来な作品 실패작

**ふてきとう【不適当】** ◇不適当だ 부적당하다 ¶この川は水泳には不適当だ 이 강은 수영하기에는 부적당하다. / この映画は未成年には不適当だ 이 영화는 미성년자에게는 적당하지 않다. / 不適当な表現 부적당한 표현

**ふてきにん【不適任】** 부적격 ◇不適任だ 부적격이다 ¶彼は議長には不適任だ 그는 의장으로서는 부적격이다.

**ふてぎわ【不手際】** 실수 ◇不手際な 서투른 ¶係員の不手際から混乱を招いた 담당자의 실수로 혼란을 불러일으켰다. / 不手際をわびる 실수를 사과하다 / 不手際な処置 서투른 처치

**ふてくされる【不貞腐れる】** 실쭉해지다, 부루퉁해지다 ¶彼はふてくされて横を向いた 그는 부루퉁해져서 외면했다. / ふてくされている男の子 부루퉁한 남자 아이

**ふてってい【不徹底】** ◇不徹底だ 불철저하다〔不十分だ〕불충분하다 ¶調査は不徹底だった 조사는 불철저했다. / 連絡が不徹底だったため数人が遅刻した 연락이 불충분해서 몇몇 사람이 지

각했다. / 説明が不徹底だ 설명이 불충분하다.
**ふでばこ【筆箱】**필갑, 필통
**ふてぶてしい【太々しい】**뻔뻔스럽다 ¶ふてぶてしいやつだ 뻔뻔스런 놈이다. / ふてぶてしい態度を取る 뻔뻔스런 태도를 취하다
**ふと**〔突然〕문득, 갑자기 〔偶然〕우연히, 뜻밖에 〔何気なく〕얼핏 ¶ふと気がつくと見たかったテレビ番組はとっくに終わっていた 문득 정신을 차려보니 보고 싶었던 텔레비전 프로그램은 벌써 끝났었다. / ふといい考えが思い浮かんだ 갑자기 좋은 생각이 떠올랐다. / 韓国へ帰って行った彼女のことをふと思い出した 한국으로 돌아간 그녀가 문득 생각났다. / ふとしたことで彼と知り合った 뜻밖의 일로 그와 만나게 되었다. / ふとしたことから彼とけんかをしてしまった 우연한 일로 남자 친구와 다퉈 버렸다. / 本を読み終わってふと外を見ると雨が降り出していた 책을 다 읽고 나서 얼핏 밖을 보니 비가 오고 있었다.

**ふとい【太い】❶**〔周りが大きい〕굵다 ¶そのラグビー選手は太い首をしている 그 럭비선수의 목은 굵다. / この辞書では重要な単語は太い字で印刷されている 이 사전의 중요한 단어는 굵은 글자로 인쇄되어 있다. / 彼女は脚が太いことを気にしている 그녀는 다리가 굵다는 것을 신경 쓰고 있다. / 彼はまゆが太い 그는 눈썹이 굵다. / トラックには太いタイヤが付けられている 트럭에는 굵은 타이어가 붙어 있다. ❷〔声量が豊かで低い〕굵다 ¶彼は太い声をしている 그의 목소리는 굵다. / 彼は太いため息をついた 그는 큰 한숨을 쉬었다. ❸〔図太い〕뻔뻔스럽다〔度量が〕크다 ¶借りた金を返さないなんて太いやつだ 빌린 돈을 갚지 않다니 뻔뻔스러운 놈이다. / 肝が太い 간이 크다. 慣用句 太く短い人生なら悔いはない 굵고 짧은 인생이라면 후회는 없다.

**ふとう【不当】**不当だ 부당하다 ◇不当に 부당하게 ¶彼らは税金の不当性を訴えた 그들은 세금의 부당성을 호소했다. / 私は会社から不当な扱いを受けていると感じた 나는 회사에서 부당한 취급을 받고 있다고 느꼈다. / 不当な差別 부당한 차별 / 不当な要求 부당한 요구 / 不当な利益 부당한 이익 / 私たちは不当に解雇された 우리는 부당하게 해고되었다. 関連 不当解雇 부당 해고 / 不当利益 부당 이익 / 不当労働行為 부당 노동 행위

**ふとう【埠頭】**부두
**ふどう【不動】**不動の 부동의 ¶彼は文壇の大御所として不動の地位を確立した 그는 문단의 대가로서 부동의 지위를 확립했다. / 不動の名声を博する 부동의 명성을 떨치다 / 不動の信念 부동의 신념
**ぶとう【舞踏】**무도〔舞踊〕무용, 춤 関連 舞踏会 무도회
**ぶどう【葡萄】**포도〔木〕포도나무 ¶今年はいいぶどうがとれた 올해는 좋은 포도를 수확했다. 数え方 ぶどう1房〔粒〕포도 한 송이〔알〕関連 ぶどう園 포도밭 / ぶどう酒 포도주, 와인 / ぶどう糖 포도당 / 干しぶどう 건포도
**ふとういつ【不統一】**불통일 ¶与党内では消費税引き上げ問題をめぐって意見の不統一が見られた 여당 내에는 소비세 인상 문제를 둘러싸고 의견이 일치하지 않았다.

**ふとうえき【不凍液】**부동액
**ふとうこう【不凍港】**부동항
**ふとうごう【不等号】**〖数学〗부등호, 부등표
**ふどうさん【不動産】**부동산 ¶祖父は10億円相当の不動産を所有している 할아버지는 10억엔 상당의 부동산을 가지고 있다. 関連 不動産業 부동산업 / 不動産業者 부동산 업자
**ふとうしき【不等式】**〖数学〗부등식
**ぶどうしゅ【葡萄酒】**포도주 ⇒ワイン
**ふどうとく【不道徳】**부도덕 ◇不道徳だ 부도덕하다 ⇒道徳
**ふどうひょう【浮動票】**부동표 ¶浮動票を獲得する 부동표를 획득하다 / 選挙の勝敗は浮動票の動向によって左右されるであろう 선거의 승패는 부동표의 동향에 따라 좌우될 것이다.
**ふとうめい【不透明】**불투명 ◇不透明だ 불투명하다 ¶不透明なガラス 불투명한 유리 / 事件の真相は不透明なままだ 사건의 진상은 불투명한 상태이다.
**ふとく【不徳】**부덕 ¶すべて私の不徳のいたすところです 모두 저의 부덕의 소치입니다.
**ふとくい【不得意】**◇不得意だ 잘 못하다, 서투르다 ¶私は料理が不得意です 나는 요리를 잘 못합니다. / 私は人付き合いが不得意だ 나는 대인관계가 서투르다. 関連 不得意科目 잘 못하는 과목
**ふとくてい【不特定】**불특정 ¶不特定多数の人々 불특정 다수의 사람들
**ふところ【懐】❶**〔胸部〕품 ¶赤ん坊はお母さんの懐ですやすやと眠っていた 아기는 엄마 품 속에서 새근새근 잠자고 있었다. / 彼は懐から札入れを取り出した 그는 품속에서 지갑을 꺼냈다. / 山の懐に眠る湖 산 속에 잠든 호수 ❷〔懐中〕호주머니〔所持金〕소지금, 가진 돈 ¶きょうは懐が寒い 오늘은 가진 돈이 얼마 없다. / 彼は懐が暖かい 그는 호주머니〔경제〕사정이 좋다. / 彼は自分の懐を痛めて友人の借金を支払った 그는 자기 돈을 써서 친구의 빚을 지불했다. / 私は懐と相談しながら買い物をした 나는 호주머니 사정을 생각하면서 쇼핑했다. / その政治家は賄賂で懐を肥やしているという噂だ 그 정치가는 뇌물로 부당한 이익을 얻고 있다는 소문이다. / 君はいつも僕の懐を当てにしているね 자네는 항상 내 돈에 의지하고 있구나.
**ふとさ【太さ】**굵기, 크기〔直径〕지름, 직경 ¶その柱の太さはどのくらいですか 그 기둥의 굵기는 어느 정도입니까? / それは太さが2センチほどの木だ 그것은 지름이 2센티 정도이다.
**ふとっぱら【太っ腹】**◇太っ腹だ 도량〔배짱〕이 크다
**ふとどき【不届き】**◇不届きだ〔無礼に〕무례하다〔横柄に〕거만하다 関連 不届き者 괘씸한 놈
**ふともも【股・太腿】**넓적다리
**ふとる【太る】**살이 찌다, 살찌다 ¶たばこを止めてから少し太った 담배를 끊고 나서 약간 살이 쪘다. / 彼女は太り気味だ 그녀는 살

진 상태이다. / 1か月で2キロ太ってしまった 한 달에 2킬로 살이 쪄 버렸다. / 彼は医者に20キロほど太りすぎだと言われた 그는 의사한테 체중이 20킬로 정도 과체중이라고 들었다.

¶太った女だなんて失礼しちゃうわよね 살찐 여자라니 실례에요. / この写真の向かって右から2番目の太った女の子が私の妹です 이 사진 오른쪽에서 두 번째 살찐 여자 애가 내 여동생입니다. / 彼女はまるまる太った赤ちゃんを抱いていた 그녀는 포동포동 살찐 아기를 안고 있었다.

**ふとん**【布団】이부자리〔掛け布団〕이불〔敷布団〕요〔寝床〕잠자리

[基本表現]
▶布団を敷いた 이불을 깔았다.
▶布団を畳んだ 이불을 갰다.
▶布団を干した 이불을 말렸다.
▶布団を掛けた 이불을 덮었다.

¶天気がいいから布団を干そう 날씨가 좋으니까 이불을 말리자. / 風邪を引かないように息子に布団を掛けてやった 감기에 걸리지 않게 아들한테 이불을 덮어 주었다. / 布団に入ってもなかなか眠れなかった 잠자리에 들어가니 좀처럼 잠들지 못했다. / 雷が怖くて姉は頭から布団をかぶった 천둥이 무서워서 언니는 머리까지 이불을 덮었다. / 疲れていたので布団に潜るとすぐ眠り込んでしまった 피곤했기 때문에 이불 속에 들어가니 금방 잠들어 버렸다. / 梅雨で布団が湿っぽくなった 장마로 요가 눅눅해졌다. [数え方] 布団1組 이부자리 한 채 [関連] 座布団 방석 / 羽根布団 새털 이불

**ふな**【鮒】붕어
**ふなあそび**【船遊び】뱃놀이
**ふながいしゃ**【船会社】선박 회사
**ふなたび**【船旅】배 여행
**ふなちん**【船賃】뱃삯
**ふなつきば**【船着き場】선착장〔港〕항구
**ふなで**【船出】(出港), 출범(出帆) ◇船出する 출항하다, 출범하다 ¶下関から釜山に向けて船出した 시모노세키에서 부산을 향해 출항했다 / 新しい人生へ船出する 새로운 인생으로의 출발을 하다
**ふなのり**【船乗り】선원(船員)
**ふなびん**【船便】선편, 배편〔郵便の〕선박 우편 ¶この荷物を船便で送ってください 이 짐을 배편으로 보내 주세요.
**ふなよい**【船酔い】뱃멀미 ◇船酔いする 뱃멀미하다 ¶私はすぐ船酔いする 나는 금방 뱃멀미를 한다.
**ふなれ**【不慣れ】◇不慣れだ 익숙하지 못하다〔経験の浅い〕서투르다〔なじみが薄い〕낯설다
¶私は人前でのスピーチには不慣れです 나는 사람 앞에서 연설하는 데 익숙하지 않습니다. / 私はパソコンには不慣れだ 나는 컴퓨터가 서투르다. / 私はこの土地にまだ不慣れです 나는 이 지방에 아직 익숙하지 않았습니다. / 不慣れな仕事で苦労した 익숙하지 않은 일로 고생 했다. / 不慣れな土地 낯선 땅
**ぶなん**【無難】◇無難だ 무난하다 ◇無難に 무난히 ¶その件はほっておいたほうが無難だ 그 건은 그냥 두는 것이 무난하다. / 無難な選択을 하다

난한 선택을 하다 / 無難な演技 무난한 연기 / 車は急カーブを無難に切り抜けた 자동차는 급 커브를 무난히 돌파했다.

**ふにあい**【不似合い】◇不似合いな 어울리지 않는, 걸맞지 않은 ¶男は大きな体に不似合いな優しい声で話した 남자는 큰 몸에 걸맞지 않은 상냥한 목소리로 말했다. / 村役場の建物は小さな村には不似合いなほど巨大だった 면 사무소의 건물은 작은 마을에 어울리지 않게 거대했다. / 不似合いな夫婦 어울리지 않는 부부

**ふにゃふにゃ** ◇ふにゃふにゃだ 부드럽다, 보들보들하다
**ふにん**【不妊】불임 [関連] 不妊手術 불임 수술 / 不妊症 불임증
**ふにん**【赴任】부임 ◇赴任する 부임하다 ¶彼は現在ソウルに単身赴任している 그는 현재 서울에 단신으로 부임해 있다. [関連] 赴任地 부임지
**ふにんき**【不人気】◇不人気だ 인기가 없다 ¶その本は一般大衆には不人気だった 그 책은 일반 대중에게 인기가 없었다.
**ふにんじょう**【不人情】◇不人情だ 몰인정하다 ◇不人情な 몰인정한 ¶何て不人情なやつだ 어쩌면 저렇게 몰인정한 사람이니.

**ふね**【船・舟】배

[基本表現]
▶70人の乗客がその船に乗っていた
70명의 승객이 그 배에 타고 있었다.
▶私たちは横浜から船に乗った
우리는 요코하마에서 배를 탔다.
▶私たちは神戸で船を降りた
우리들은 고베에서 배를 내렸다.
▶宮崎まで船で行った
미야자키까지 배로 갔다.

¶この船は時速25ノットで進んでいる 이 배는 시속 25노트로 가고 있다. / 韓国の船が博多港に停泊している 한국 배가 하카타항구에 정박해 있다. / 函館行きの船は午後3時に出る 하코다테행 배는 오후 세 시에 출발한다.
¶私は船に弱い 나는 뱃멀미를 한다. / 早朝に小舟で釣りに出かけた 아침 일찍 작은 배로 낚시하러 갔다. [数え方] 船1隻 배 한 척 [慣用句] 彼は会議の間中, 舟を漕いでいた 그는 회의 중 내내 졸고 있었다. / 乗りかかった舟だ. 仕事が終わるまで手伝ってあげるよ 이왕 시작한 일이다. 일이 끝날 때까지 도와 줄게. / 彼の提案に渡りに舟とばかりに飛びついた 그의 제안에 얼씨구나 하고 받아들였다.

**ふねっしん**【不熱心】◇不熱心だ 열성이 없다
⇒熱心
**ふねん**【不燃】불연 [関連] 不燃ごみ 안 타는 쓰레기 / 不燃性 불연성 / 不燃物 불연물
**ふのう**【不能】불능〔無能〕무능 ◇不能だ 불능하다 ¶積雪のためバスは通行不能になった 눈 때문에 버스는 통행 불능이 되었다. / この文章は理解不能だ 이 문장은 이해 하기가 어렵다.
**ふはい**【腐敗】부패 ◇腐敗する 부패하다, 부패되다, 썩다 ¶夏場は食べ物が腐敗しやすい 여름철에는 음식이 부패하기 쉽다.

¶腐敗政治家 부패 정치가 / 政治腐敗 정치 부패

**ふばい**【不買】불매 ¶不買運動を起こす 불매 운동을 일으키다

**ふはつ**【不発】불발 ¶彼らのもくろみは完全に不発に終わった 그들의 계획은 완전히 불발로 끝났다. 関連 **不発弾** 불발탄

**ふび**【不備】불비, 미비(未備) ◇**不備な** 불비한, 미비한 ¶彼の論文には不備があることがわかった 그의 논문에는 미비한 점이 있었다는 것을 알았다. / 手続きに不備があった 수속에 불비가 있었다. / 教育制度の不備 교육 제도의 미비

**ふひつよう**【不必要】◇**不必要だ** 불필요하다 ¶不必要な出費は避けるべきだ 불필요한 지출은 피해야 한다. / 不必要に不安をかき立てる 불필요하게 불안을 불러일으키다

**ふひょう**【不評】◇**不評だ** 평이 좋지 않다, 평이 나쁘다 ¶展覧会は不評だった 전람회는 평이 좋지 않았다. / その有名レストランは我々の間では不評だ 그 유명한 레스토랑은 우리 사이에서는 평이 안 좋다.

**ふびょうどう**【不平等】〔不公平〕불공평 ◇**不平等だ** 불평등하다 ¶依然として様々な分野で男女間の不平等が存在している 여전히 여러 분야에서 남녀간 불평등이 존재하고 있다. / 不平等を是正する 불평등을 시정하다 関連 **不平等条約** 불평등 조약

**ふびん**【不憫】◇**不憫だ** 가엾다 ◇**不憫に** 가엾이 ¶民族紛争で親を失った子供たちを不憫に思った 민족 분쟁 때문에 부모를 잃은 아이들을 가엾게 여겼다.

**ぶひん**【部品】부품, 부분품 ¶部品を交換する 부품을 교환하다

**ふひんこう**【不品行】비행(非行)

**ふぶき**【吹雪】눈보라 ¶一行は激しい吹雪に見舞われた 일행은 심한 눈보라의 엄습을 받았다.

**ふふく**【不服】〔不満〕불만〔不平〕불평〔異議〕이의 ¶彼は不服そうな顔をした 그는 불만스런 얼굴을 했다. / 食べ物に不服を言ってはいけない 음식에 불평을 해서는 안 된다. / 学生たちは大学側の決定に不服を唱えた 학생들은 대학교 측 결정에 이의를 주장했다.

**ぶぶん**【部分】부분 ◇**部分的** 부분적 ¶列車の前の部分が事故で脱線した 열차 앞 부분이 사고로 탈선했다. / その小説は4つの部分に分かれている 그 소설은 네 부분으로 나뉘어진다. / それはわが社の事業のほんの一部分にすぎません 그것은 우리 회사 사업의 그저 일부분에 지나지 않습니다. / 芝居の最初の部分はつまらなかった 연극의 첫 부분은 재미없었다. / この楽章の最後の部分がすばらしい 이 악장의 마지막 부분이 훌륭하다. / ばらばらになった部分をつなぎ合わせた 흩어진 부분을 연결했다. / 先生は部分部分を細かく説明をした 선생님은 각 부분에 대해 자세하게 설명해 주셨다. / 日本は部分的市場開放ではなく全面的な市場開放を迫られている 일본은 부분적인 시장 개방이 아닌, 전면적인 시장 개방을 촉구받고 있다. / 部分的には当たっているところもある 부분적으로는 맞는 점도 있다. / 部分的核実験禁止条約 부분적 핵 실험 금지 조약

**ふへい**【不平】불평 ◇**不平を言う** 불평하다 ¶君は何か不平でもあるのかい？ 너는 무슨 불만이라도 있어？ / 彼女はいつもあれこれ不平ばかり言っている 그녀는 언제나 이러쿵저러쿵 불평만 하고 있다. / 彼女は料金が高すぎると私に不平を言った 그 여자는 요금이 너무 비싸다고 나한테 불평했다. / 生徒たちは食べ物がまずいとぶつぶつ不平を言った 학생들은 음식이 맛없다고 투덜투덜 불평했다. / 仕事のことで不平を言ってはいけない 일에 관해 불평해서는 안 된다. / 不平を並べ立てる 불평을 늘어놓다 関連 **不平分子** 불평 분자

**ふへん**【不変】불변 ◇**不変だ** 불변하다 ¶不変の真理 불변의 진리

**ふへん**【普遍】보편 ¶普遍的 보편적 ¶普遍の真理 보편의 진리 / 普遍性 보편성 / 普遍化 보편화

**ふべん**【不便】불편 ◇**不便だ** 불편하다 ¶東京での生活に不便を感じたことは一度もない 도쿄에서의 생활에 불편을 느낀 적은 한 번도 없다. / この辺は買い物が不便で이 주변은 쇼핑이 불편하다. / そこへ電車で行くのは不便だ 거기에 전철로 가는 것은 불편하다. / 紙の辞書は持ち運びに不便なので、別に電子辞書を買った 종이 사전은 가지고 다니는 데 불편해서 따로 전자 사전을 샀다. / 郊外に家を買ったが、通勤に不便で後悔している 교외에 집을 샀는데 통근이 불편해서 후회하고 있다. / 彼らは交通の不便な所に住んでいる 그들은 교통이 불편한 곳에 살고 있다. / そのホテルは不便な場所にあった 그 호텔은 교통이 불편한 장소에 있었다. / 電話が故障してひどく不便な思いをした 전화가 고장나서 너무 불편했다.

**ふべんきょう**【不勉強】¶不勉強がたたって落第した 공부에 힘쓰지 않은 탓으로 낙제했다.

**ふぼ**【父母】부모 関連 **父母会** 학부모회

**ふほう**【不法】불법, 비법(非法) ¶学生たちは大学の講堂を不法に占拠した 학생들은 대학 강당을 불법으로 점거했다. 関連 **不法移民** 불법 이민 / **不法行為** 불법 행위 / **不法所持** 불법 소지 / **不法就労者** 불법 노동자 / **不法侵入** 불법 침입 / **不法滞在** 불법 체류 / **不法入国** 불법 입국 / **不法入国者** 불법 입국자

**ふほう**【訃報】부보, 부고(訃告) ¶訃報に接する 부보에 접하다

**ふほんい**【不本意】◇**不本意な** 기대에 어긋나는 ◇**不本意ながら** 본의는 아니나, 마지 못해, 부득이 ¶試験は不本意な成績に終わった 시험성적은 기대에 어긋났다. ¶不本意ながらそれを受け入れざるを得なかった 본의 아니게 그것을 받아들일 수밖에 없었다. / 彼は不本意ながら辞任することに同意した 그는 마지 못해 사표를 내는 데 동의했다.

**ふまえる**【踏まえる】의거하다 ¶彼の発言は事実を踏まえたものだ 그의 발언은 사실에 의거한 것이다.

**ふまじめ**【不真面目】◇**ふまじめだ** 진지하지 않다 ¶彼はふまじめだ 그는 진지하지 않다.

**ふまん【不満】** 불만 ¶私は会社に対してはいろいろと不満がある 나는 회사에 대해 여러 가지 불만이 있다. / 私たちには何ら不満はない 우리는 아무런 불만이 없다. / 彼は昇進できなかったことに不満を持った 그는 승진하지 못한 것에 불만을 가졌다. / 彼女は自分のポストにひどく不満を抱いている 그녀는 자기 직위에 큰 불만을 품고 있다. / 妻は狭い家に不満を持っている 아내는 좁은 집에 불만을 가지고 있다. / 野党は与党の独断専行に不満を表明した 야당은 여당의 독단적 판단과 행동에 불만을 표명했다. / 消費者は輸入米はまずいと不満をもらしている 소비자는 수입쌀은 맛이 없다고 불만을 말하고 있다. / 日本の市場は閉鎖的なので、アメリカが不満に思うのも無理はない 일본 시장은 폐쇄적이어서 미국이 불만스럽게 여기는 것도 당연하다.

¶あすテストを行うと先生が言うと生徒は不満の声を上げた 내일 테스트를 치르겠다고 선생님이 말씀하시자, 학생들은 불만을 드러냈다. / 給料の安いのが社員たちの不満の種であった 급료가 적다는 것이 사원들의 불만의 씨앗이었다. / 父は私が彼と結婚することに不満の色を示した 아버지는 내가 그 사람하고 결혼하는 것에 불만스러운 기색을 보였다. / 不満そうな表情をする 불만스러운 표정을 보이다 / 彼は不満屋だ 그는 불평쟁이다.

**ふまんぞく【不満足】** ◇不満足だ 불만족하다, 불만족스럽다 ¶不満足な結果 불만족스러운 결과

**ふみいれる【踏み入れる】** 발을 들여놓다 ¶このジャングルにはまだだれも足を踏み入れたことがない 이 정글에는 아직 아무도 들어간 적이 없다.

**ふみきり【踏切】** 건널목 [跳躍] 도약 ¶踏切を渡る 건널목을 건너다

**ふみきる【踏み切る】** [決める] 결정하다, 결심하다, 단행하다 [跳躍する] 날다 ¶彼らはようやく結婚に踏み切った 그들은 드디어 결혼하기로 결심했다. / 組合はついにストに踏み切った 노조는 드디어 동맹 파업을 단행했다.

**ふみこむ【踏み込む】** 뛰어들다 ¶警察が暴力団の事務所に踏み込んだ 경찰이 폭력단 사무소에 뛰어들었다.

**ふみだい【踏み台】** 발판 ¶大学を単に就職の踏み台と考えている学生もいる 대학교를 단순히 취직의 발판으로 삼는 학생도 있다.

**ふみたおす【踏み倒す】** 떼어 먹다 ¶彼は借金を踏み倒した 그는 빚을 떼어먹었다.

**ふみだす【踏み出す】** 내디디다 ¶彼は社会人としての第一歩を踏み出した 그는 사회인으로서 첫걸음을 내디뎠다.

**ふみつける【踏み付ける】** 짓밟다 ⇒踏む

**ふみつぶす【踏み潰す】** 짓뭉개다 ¶ありを踏みつぶした 개미를 짓뭉갰다.

**ふみとどまる【踏み止まる】** 그만두다, 단념하다 ¶離婚を考えていたが子供のために踏み止まった 이혼을 생각하고 있었는데, 아이를 위해 단념했다.

**ふみにじる【踏み躙る】** 짓밟다 ¶彼女は彼の好意を踏みにじった 그녀는 그의 호의를 짓밟았다. 国民の人権は独裁政権によって踏みにじられた 국민의 인권은 독재 정권에 의해 짓밟혔다.

**ふみば【踏み場】** ¶足の踏み場もない 발 디딜 틈도 없다.

**ふみはずす【踏み外す】** 헛디디다 [外れる] 벗어나다 ¶階段を踏み外して足をくじいた 계단을 헛디뎌 발을 삐었다. / 人の道を踏み外す 사람의 도리에 벗어나다

**ふみん【不眠】** 불면 ¶不眠不休で働く 불면불휴로 일하다 関連不眠症 불면증

**ふむ【踏む】** ❶ [足の下に押さえつける] 밟다, 디디다, 딛다 ¶ごきぶりをぎゅっと踏んだ 바퀴벌레를 꽉 밟았다. / 犬の糞を踏んでしまった 개똥을 밟아 버렸다. / 花を踏まないでください 꽃을 밟지 마세요. / 彼はアクセルを踏んでスピードを上げた 그는 액셀을 밟아 속도를 올렸다. / 自転車のペダルを踏む 자전거의 페달을 밟다 / 電車の中でだれかに足を踏まれた 전철 안에서 누군가에게 발을 밟혔다.

¶力士は四股を踏んだ 스모 선수는 양다리를 번갈아 들어서 힘껏 땅을 밟았다.

❷ [その場に立つ] 밟다 ¶彼は5年前初めて韓国の土を踏んだ 그는 5년 전에 처음으로 한국 땅을 밟았다. / 彼女は10歳のとき初舞台を踏んだ 그녀는 열 살 때 첫무대를 밟았다.

❸ [順序どおりに行う] 밟다, 거치다 ¶手順を踏む 절차를 밟다 / 必要な手続きはすべて踏んだ 필요한 수속은 모두 거쳤다.

❹ [見積もる] 어림하다 [推測する] 짐작하다 ¶私たちは新居の費用を4千万円と踏んだ 우리는 새집 비용을 4천만 엔으로 어림했다. / 警察はあの男が誘拐犯だと踏んでいる 경찰은 그 남자가 유괴범이라고 짐작하고 있다. 慣用句 踏んだり蹴ったりだ 엎친 데 덮친다.

**ふむき【不向き】** ◇不向きだ 맞지 않다 ¶この辺りの土地は野菜の栽培には不向きだ 이 주변의 토지는 야채 재배에는 맞지 않는다.

**ふめい【不明】** 불명 [無知] 무지 ◇不明だ 불명하다, 분명하지 않다, 확실하지 않다 ¶事故の原因は今のところ不明だ 사고의 원인은 현시점에서는 분명하지 않다. / その事件には不明な点が多い 그 사건에는 확실하지 않은 점이 많다. / 彼の引退の理由はいまだに不明だ 그의 은퇴 이유는 지금도 확실하지 않다. / その文字の意味は不明だ 그 문자의 의미는 불명하다. / 手紙は住所不明で戻ってきた 편지는 주소 불명으로 되돌아왔다. / 原因不明の病気 원인 불명의 병

¶先生の説明を聞いた後で私は自分の不明を恥じた (→無知を) 선생님의 설명을 들은 후 나는 나의 무지를 부끄러워했다. 関連 国籍不明機 국적 불명의 비행기 / 使途不明金 용도 불명금 / 生死不明 생사 불명

**ふめいよ【不名誉】** 불명예 ◇不名誉だ 불명예스럽다 ¶今回の不祥事はわが社にとって不名誉なことだ 이번 불상사는 우리 회사에 있어서 불명예스러운 일이다.

**ふめいりょう【不明瞭】** ◇不明瞭だ 불명료하다, 뚜렷하지 않다, 확실하지 않다 ¶画像が不明瞭だ 화상이 뚜렷하지 않다. / 彼は不明瞭な返事を

した 그는 확실하지 않은 대답을 했다.
**ふめいろう**【不明朗】◇不明朗だ 불분명하다, 분명하지 않다 ¶この決算書には不明朗な点が多い 이 결산서에는 불분명한 점이 많다.
**ふめつ**【不滅】불멸 ¶不滅の名声 불멸의 명성／不滅の業績 불멸의 업적
**ふめん**【譜面】〔楽譜〕악보. ⇨楽譜
**ふもう**【不毛】불모〔無益〕무익 ◇不毛な〔無益な〕무익한 ¶不毛の地 불모의 땅／不毛の砂漠 불모의 사막／彼らは不毛な論争を続けた 그들은 무익한 논쟁을 계속했다.
**ふもと**【麓】기슭 ¶山のふもと 산기슭
**ぶもん**【部門】부문〔範疇〕범주《会社の》부, 과《分野》분야
**ふやす**【増やす・殖やす】늘리다, 불리다〔付け加える〕보태다 ¶彼は株式投資で財産を殖やした 그는 주식 투자로 재산을 늘렸다.／この仕事を期限内に終わらせるためには人手を増やすしかない 이 일을 기한내에 끝내기 위해서는 인원을 늘릴 수밖에 없다.／うちの会社は社員を10人［2倍に］増やした 우리 회사는 사원을 열 명［두 배로］늘렸다.／給料を増やしてもらうよう会社と交渉している 급여를 올려 받기 위해 회사와 교섭했다.／政府は子育て支援のための支出を増やすことに決定した 정부는 육아 지원을 위해 지출을 늘리기로 결정했다.
**ふゆ**【冬】겨울 ¶去年の冬は大雪だった 작년 겨울은 눈이 많이 왔다.／北日本の冬は寒くて雪が多い 북일본의 겨울은 춥고 눈이 많이 온다.／毎年冬はスキーに行きます 매년 겨울에는 스키를 타러 갑니다.／いよいよ本格的な冬がやって来た 드디어 본격적인 겨울이 왔다.／りすは長い［厳しい］冬に備えて木の実を蓄える 다람쥐는 긴［견디기 어려운］겨울에 대비해 나무 열매를 비축한다.／渡り鳥は日本で冬を越す 철새는 일본에서 겨울을 난다.／寒い冬の朝は厚着をして暖かくしている 추운 겨울의 아침은 두꺼운 옷을 입고 따뜻하게 한다.
**ふゆう**【富裕】부유 ◇富裕だ 부유하다 ¶富裕層 부유층
**ふゆかい**【不愉快】◇不愉快だ 불유쾌하다〔不快だ〕불쾌하다 ¶私たちはその村で不愉快な体験をした 우리는 그 마을에서 불쾌한 체험을 했다.／あの男と話すのは不愉快だ 저 남자와 이야기하는 것은 불쾌하다.／彼女はとても不愉快な話し方をした 그녀는 아주 불쾌한 말투로 말했다.／君は僕の冗談が不愉快だったのかい 너는 내 농담이 불쾌했어？／レストランで長い間待たされて不愉快な思いをした 레스토랑에서 너무 오래 기다려서 불쾌했다.／あいつのことを考えただけで不愉快になる 그 녀석을 생각만 해도 불쾌하다.
**ふゆきとどき**【不行き届き】〔不注意〕부주의〔怠慢〕태만 ¶事故の原因は彼の監督不行き届きとみなされた 사고의 원인은 그의 감독 부주의로 간주되었다.
**ふゆげしき**【冬景色】겨울 경치
**ふゆごもり**【冬籠り】〔越冬〕월동〔冬眠〕동면,《話》겨울잠

**ふゆもの**【冬物】〔冬服〕겨울옷
**ふゆやすみ**【冬休み】겨울 방학
**ふゆやま**【冬山】겨울산 ¶冬山登山をする 겨울산을 등산하다
**ふよう**【不用】◇不用だ 불용하다〔役に立たない〕소용이 없다, 쓸데없다, 쓸모없다 ¶この本はみな不用になった 이 책들은 이제 모두 쓸모없다. 関連不用品 불용품
**ふよう**【不要】◇不要だ 불필요하다 ¶その部分の説明は不要です 그 부분의 설명은 불필요합니다.／不要な物は捨てなさい 필요없는 물건은 버리세요.
**ふよう**【扶養】부양 ◇扶養する 부양하다 ¶扶養家族は何人いますか 부양가족은 몇 명입니까？ 関連扶養控除 부양 공제／扶養者 부양자
**ぶよう**【舞踊】무용, 춤 関連日本舞踊 일본 무용／民俗舞踊 민속 무용
**ふようい**【不用意】◇不用意な〔不注意な〕부주의한, 조심성 없는〔軽率な〕경솔한 ◇不用意に 조심성 없이 ¶不用意な発言をする 조심성 없는 발언을 하다／不用意に口を滑らせてしまった 부주의로 쓸데없는 말을 해 버렸다.
**ふようじょう**【不養生】불섭생(不摂生) ¶不養生をする 건강에 부주의하다
**ぶようじん**【不用心】◇不用心だ〔危ない〕위험하다 ¶夜道の独り歩きは不用心だ 밤길을 혼자 걷는 것은 위험하다.
**フライ**《料理》프라이, 튀김《野球》플라이 ¶えびをフライにする 새우를 튀기다／フライを打つ 플라이를 치다 関連フライ級 플라이급
**フライト** 항공편(航空便) ¶本日のフライトは暴風雨のためにすべてキャンセルされました 오늘 항공편은 폭풍우로 인해 모두 취소되었습니다. 関連フライトレコーダー 비행 기록 장치
**フライド** 関連フライドチキン 프라이드치킨／フライドポテト 감자 튀김
**プライド** 프라이드〔矜持〕긍지〔自尊心〕자존심 ¶自分の仕事にもっとプライドを持ちなさい 자기 일에 더욱 긍지를 가지세요.／彼女はプライドが高すぎる 그녀는 자존심이 너무 세다.／プライドが傷つく 자존심에 상처 입다
**プライバシー** 프라이버시〔私生活〕사생활 ¶プライバシーにかかわる質問にはお答えできません 사생활에 관련된 질문에는 대답할 수 없습니다.／プライバシーの侵害 프라이버시 침해
**フライパン** 프라이팬
**フライング**《スポーツ》부정 스타트 ¶フライングをする 부정 스타트를 하다
**ブラインド** 블라인드〔日よけ〕차일 ¶ブラインドを上げる［下げる］블라인드를 올리다[내리다]
**ブラウス** 블라우스 ¶長袖のブラウス 긴소매 블라우스
**ブラウンかん**【ブラウン管】브라운관
**プラカード** 플래카드 ¶プラカードを掲げる 플래카드를 내걸다
**プラグ** 플러그 ¶プラグをコンセントに差し込む 플러그를 콘센트에 꽂다／プラグを抜く 플러그를 뽑다
**ぶらさがる**【ぶら下がる】달리다, 매달리다

¶かきの実が一つ枝からぶら下がっていた 감 열매가 하나 가지에 달려 있었다. / 天井には大きなシャンデリアがぶら下がっていた 천장에는 큰 샹들리에가 매달려 있었다. / 鉄棒にぶら下がる 철봉에 매달리다

**ぶらさげる【ぶら下げる】** 달다〔掛ける〕걸다 ¶ペンダントをぶら下げる 펜던트를 달다 / 彼女は洗濯物をひもにぶら下げた 그녀는 세탁물을 줄에 걸었다. / フックにコートをぶら下げる 후크에 코트를 걸다

**ブラシ** 브러시, 솔 ¶コートにブラシをかける 코트에 브러시질을 하다 関連 洋服ブラシ 양복 브러시 / ヘアブラシ 헤어 브러시

**ブラジャー** 브래지어〔브〕브라 ¶ブラジャーを着ける 브래지어를 차다 / ブラジャーを外す 브래지어를 풀다

**プラス** 플러스, 더하기〔利益〕이익 ◇プラスする 더하다 ¶2プラス3は5だ 2 더하기 3은 5이다 / この協定は両国に大きなプラスになるだろう 이 협정은 양국에 큰 이익이 될 것이다. / それはあなたには何のプラスにもならない 그것은 네게는 아무 이익도 되지 않는다. / 結局プラスマイナスゼロになった 결국 플러스마이너스 제로였다. / 合計7千円のプラス 합계 7천 엔의 이익 / 1万円プラスアルファ 만 엔 플러스알파
¶元金に利息のプラスの原金에 이자를 더하다 関連 プラス記号 플러스[더하기] 기호

**フラスコ** 플라스크

**プラスチック** 플라스틱 ¶プラスチックのスプーン 플라스틱 스푼 関連 プラスチック製品 플라스틱 제품 / プラスチック爆弾 플라스틱 폭탄

**フラストレーション** 프러스트레이션〔欲求不満〕욕구 불만 ¶一日中家にいるとフラストレーションがたまる 하루 종일 집에 있으면 욕구 불만이 쌓인다. / 仕事にはフラストレーションがつきものだ 일에는 으레 욕구 불만이 생긴다.

**ブラスバンド** 브라스 밴드, 관악대(管楽隊)

**プラタナス** 플라타너스

**フラダンス** 훌라 댄스, 훌라 춤 ¶フラダンスを踊る 훌라 춤을 추다

**プラチナ** 플라티나, 백금(白金)

**ふらつく** 비틀거리다, 휘청거리다〔頭が〕빙돌다〔考えが〕흔들리다 ¶病み上がりで足元がふらついている 병석에서 갓 일어나서 발걸음이 휘청거린다. / 塔のてっぺんから下を見下ろしたら突然めまいがしてふらついた 탑 꼭대기에서 밑을 내려다 보니 갑자기 어지러워서 휘청거렸다. / プロポーズを受けるかどうかまだ気持ちがふらついている 프러포즈를 받아들일지 어떨지 아직 마음이 흔들리고 있다.

**ぶらつく** 어정거리다, 어슬렁거리다 ¶街をぶらついた 거리를 어슬렁거렸다.

**ブラック** 블랙 ¶コーヒーはブラックでお願いします 커피는 블랙으로 부탁드립니다. 関連 ブラックコーヒー 블랙 커피 / ブラックボックス 블랙박스 / ブラックマーケット 블랙 마켓, 암시장 / ブラックユーモア 블랙 유머

**ブラックリスト** 블랙리스트 ¶彼はクレジット会社のブラックリストに載っている 그는 신용 카드 회사의 블랙리스트에 올라 있다. / ブラックリストに載せる 블랙리스트에 올리다

**フラッシュ** 플래시〔電球〕플래시 램프 ¶フラッシュをたく 플래시를 터뜨리다

**フラット**〔ちょうど〕〔音楽〕플랫, 내림표 ¶50メートルを25秒フラットで泳ぐ 50미터를 꼭 25초에 헤엄치다 / 100メートルを10秒フラットで走る 100미터를 10초 플랫으로 달리다

**プラットホーム** 플랫폼, 승강장(乗降場)

**プラネタリウム** 플라네타륨

**ふらふら** ❶〔体がしっかりしていない〕비틀비틀, 휘청휘청, 어질어질 ◇ふらふらする 비틀거리다, 휘청거리다, 어지럽다 ¶彼はふらふらした足取りで歩いていた 그는 비틀거리는 발걸음으로 걷고 있었다. / 足元がちょっとふらふらする 발이 조금 휘청거린다. / 飲みすぎてふらふらになって帰宅した 너무 술을 마셔서 비틀거리며 집에 돌아왔다. / 寝不足で頭がふらふらしている 잠이 모자라서 머리가 빙빙 돈다. /「大丈夫ですか？」「はい、ちょっとふらふらするだけです」"괜찮습니까？" "네, 조금 어지러울 뿐입니다."

❷〔気持ちが定まらない〕흔들흔들〔衝動的に〕충동적으로 ¶彼女はいつも気持ちがふらふらしている 그녀는 항상 마음이 흔들린다. / 彼はついふらふらと本を万引きしてしまった 그는 충동적으로 책을 훔치고 말았다.

**ぶらぶら** ❶〔ぶら下がったものが揺れる〕흔들흔들, 대롱대롱 ¶では、筋肉をゆるめて腕をぶらぶらさせてください 그러면 근육을 펴서 팔을 흔들어 주세요. / 切れた電線が電柱からぶらぶら垂れ下がっていた 잘려진 전선이 전봇대에 대롱대롱 매달려 있었다.

❷〔目的もなく歩く〕어슬렁어슬렁 ◇ぶらぶらする 어슬렁거리다, 거닐다, 돌아다니다 ¶映画が始まるまでぶらぶらしましょう 영화가 시작될 때까지 좀 돌아다니죠. / することがないので街をぶらぶらした 할 일이 없어서 거리를 어슬렁거렸다.

❸〔無為にすごす〕빈둥빈둥, 빈들빈들 ◇ぶらぶらする 빈둥거리다, 빈들거리다 ¶ぶらぶらしているより働くほうがずっと好きだ 빈둥거리는 것 보다 일하는 것이 더 좋다. / 今は退院して家でぶらぶらしている 지금은 퇴원해서 집에서 빈둥거리고 있다.

**フラメンコ** 플라멩코 ¶フラメンコを踊る 플라멩코를 추다

**プラモデル** 플라스틱 모형 ¶僕は趣味でプラモデルを作っている 나는 취미로 플라스틱 모형을 만들고 있다.

**ふらりと** 느닷없이, 훌쩍 ¶昔の友達がふらりと訪ねて来た 옛날 친구가 찾아왔다. / ふらりと旅に出る 훌쩍 여행을 떠나다

**ふられる【振られる】** 퇴짜맞다, 차이다 ¶また女の子に振られた 또 여자한테 퇴짜맞았다.

**プラン** 플랜, 계획(計画) ¶プランを立てる 계획을 세우다 ⇒計画

**ブランク** 블랭크, 공백(空白)〔空白期間〕공백 기간 ¶彼のサッカー選手としてのキャリアには3年間のブランクがあった 그의 축구 선수로서의 경력

には3년간의 공백 기간이 있었다.
**プランクトン** 플랑크톤(浮遊生物) 부유 생물
**ぶらんこ** 그네 ¶ぶらんこに乗る 그네를 타다 関連 空中ぶらんこ 공중 그네
**プランター** 화분(花盆), 꽃분
**ブランデー** 브랜디
**ブランド** 브랜드, 명품(名品), 유명 상표(有名商標) ¶ブランド品を買いあさる 명품을 사 모으다 関連 ブランド志向 명품 지향 / 유명 브랜드 상품 / 有名ブランド 유명 상표[브랜드]
**プラント** 플랜트 ¶プラント輸出 플랜트 수출
**ふり**【振り】 모습, 행동(行動) ¶ふりをする 체하다, 척하다 ¶彼は寝た振りをしていた 그는 자는 척을 했다. / 知らない振りをする 모르는 척을 하다. / 聞こえない振りをした 안 들리는 척을 했다. 慣用句 人の振り見てわが振り直せ 남의 행동에 비추어 자신의 행동을 되돌아 보라.

**ふり**【不利】 ◇不利だ 불리하다(↔유리하다) ¶勤め先を探す際に彼の不利な点は大学を中退していることだった 일자리를 구할 때 그의 불리한 점은 대학을 중퇴한 것이었다. / 不利な条件をものともせず彼は合格した 불리한 조건에도 불구하고 그는 합격했다. / 私は彼に不利なことは一言も言わなかった 나는 그에게 불리한 점은 한마디도 말하지 않았다.
¶形勢は我々のチームに不利だった 형세는 우리 팀에게 불리했다. / 今、受験科目を変えるのは不利だ 지금 수험 과목을 바꾸는 것은 불리하다.

**ぶり**【鰤】 방어

**-ぶり**【-振り】 ❶〔様子〕 모양(模樣), 모습, 태도(態度) ¶彼の話し振りが嫌いだ 그 사람의 말하는 태도가 싫다. / 久し振りに会っためいの成長振りには目を見張るものがあった 오랜만에 만난 조카의 성장 모습에는 눈이 휘둥그래졌다. / 2, 3か月もたつと彼の先生振りも板に付いてきた 2, 3개월 지나자 그는 제법 선생님 티가 났다.
¶小振りのりんごをいくつか買った 작은 사과를 몇 개 샀다.
❷〔時間の経過〕 만 ¶彼女は3年振りに韓国留学から帰国した 그녀는 3년 만에 한국 유학에서 귀국했다. / キョンホは10年振りにソンミを見かけたが、すぐに彼女だとわかった 경호는 10년 만에 선희를 만났지만 바로 그녀를 알아보았다. / 8年振りの大雪だ 8년 만의 큰 눈이다.

**ふりあげる**【振り上げる】 치켜 들다 ¶彼は弟にこぶしを振り上げた 그는 동생에게 주먹을 치켜 들었다.

**フリー**〔自由な〕 자유로운 〔自由契約の〕 자유 계약〔無料〕 무료 ¶フリーな立場で発言する 자유로운 입장에서 발언하다 / フリーで仕事をする 자유 계약으로 일을 하다 / 彼はフリーのジャーナリストだ 그는 프리랜서 저널리스트다. 関連 フリーキック 프리 킥 / フリーサイズ 프리 사이즈 / フリーソフト〔無料〕 소프트웨어 / フリーダイヤル 수신자 부담 전화 / フリーパス 프리 패스 / フリーランサー 프리랜서

**フリークライミング** 프리 클라이밍, 자유 등반(自由登攀)

**フリーザー** 냉동실(冷凍室)
**フリージア** 프리지어
**フリースロー**《バスケットボール》 프리 스로, 자유투 ¶彼はフリースローを決めた 그는 자유투를 성공시켰다.
**フリーター** 프리터, 아르바이트로 생활하는 사람
**プリーツ** 플리츠, 주름 関連 プリーツスカート 주름치마
**フリーバッティング**《野球》 프리 배팅
**ブリーフ** 브리프, 팬티
**ふりえき**【不利益】 불이익(損失) 손실 ¶不利益を被る 불이익을 당하다 · 받다
**ふりかえ**【振り替え】 대체(對替) ¶郵便振り替えで送金する 우체국 자동이체로 송금하다 / 振り替え休日 대체 휴일 / 振り替え輸送 대체 수송
**ふりかえす**【振り返す】 다시 나빠지다〔病気が〕 도지다 ¶あすから寒さがぶり返すでしょう 내일부터 다시 추워지겠습니다. / 油断をすると病気がぶり返すかも知れません 방심하면 병이 도질지 모릅니다.

**ふりかえる**【振り返る】 ❶〔後ろの方に向く〕 뒤돌아보다 ¶彼女は振り返って手を振った 그녀는 뒤돌아서 손을 흔들었다. / 後ろの座席に座っている友人を振り返った 뒷좌석에 앉아 있는 친구를 돌아보았다.
❷〔回顧する〕 회고하다, 돌이켜 보다 ¶なつかしい日々を振り返りながら思い出の並木道を歩いた 그리운 나날들을 돌이켜 보면서 추억의 가로수 길을 걸었다. / わが身を振り返りはたして正しい選択をしたのだろうかと思った 자기를 돌이켜 보고 과연 바른 선택을 한 것인지 생각했다.

**ふりかかる**【降り掛かる】 내리 쌓이다〔災難などが〕 닥치다 ¶火山灰が一面に降り掛かった 화산재가 온통 내리 쌓였다. / 思わぬ災難が彼女に降り掛かった 생각지도 못한 재난이 그녀에게 닥쳤다.

**ふりかける**【振り掛ける】 뿌리다 ¶肉の下ごしらえにこしょうを少々振り掛ける 고기의 밑손질로 후추를 조금 뿌려 놓는다.

**ブリキ** 양철, 생철
**ふりきる**【振り切る】 뿌리치다, 무릎쓰다, 떼쳐버리다 ¶彼はマスコミの取材を振り切った 그는 매스컴 취재를 뿌리쳤다. / 親の反対を振り切って結婚した 부모의 반대를 무릎쓰고 결혼했다.

**プリクラ**《商標》 스티커 사진
**ふりこ**【振り子】 진자, 흔들이 関連 振り子時計 진자 시계, 추시계
**ふりこう**【不履行】 불이행 ¶契約不履行 계약 불이행
**ふりこみ**【振り込み】 입금(入金), 불입 ¶給料は銀行口座に自動振り込みになっている 월급은 은행 계좌에 자동적으로 입금된다.
**ふりこむ**【振り込む】 입금시키다, 불입하다 ¶料金は銀行口座に振り込んでください 요금은 은행계좌로 입금시켜 주세요.
**ふりしぼる**【振り絞る】 쥐어짜다 ¶声を振り絞ってチームを声援した 목소리를 쥐어짜서 팀을 응원했다. / 最後の力を振り絞る 마지막 힘을 쥐어

짜다
**プリズム** 프리즘
**ふりそそぐ【降り注ぐ】**〔日이〕내리쬐다〔雨 などが〕쏟아지다 ¶この島は一年中太陽が降り注ぐ 이 섬은 일년 내내 태양이 내리쬔다. / 雨が大 地に降り注ぐ 비가 대지에 쏟아지다
**ふりだし【振り出し】**〔出発点〕출발점〔手形の〕 발행(発行) ¶振り出しに戻って考え直そう 출발점 으로 돌아가서 다시 생각하자. ¶計画が振り出し に戻った 계획이 출발점으로 되돌아갔다.
¶手形の振り出し 어음 발행 / 振り出し人 발행인
**ふりだす【振り出す】**발행하다(発行―) ¶手形 を振り出す 어음을 발행하다 / 100万円の小切手を 彼あてに振り出した 백만 엔짜리 수표를 그 사람 앞으로 발행했다.
**ふりつけ【振り付け】**안무 ◇**振り付けする** 안무 하다 関連 振付師 안무가
**ブリッジ**〔歯科〕브리지, 가공 의치(架工義歯), 가공치〔トランプ〕브리지 ¶歯にブリッジを入れる 이에 브리지를 하다 / (トランプで)ブリッジをする 브리지를 하다
**ふりはらう【振り払う】**뿌리치다 ¶彼女は自分 をつかんでいる母親の手を振り払った 그녀는 자기를 붙잡고 있는 어머니의 손을 뿌리쳤다.
**ぶりぶり** 통통, 팅팅, 퉁퉁부풍 ¶ぶりぶり怒る 통퉁거리며 화내다 / ぶりぶりの魚 싱싱한 생선
**プリペイドカード** 선불 카드
**ふりまく【振り撒く】**뿌리다, 떨다 ¶彼女は会 場に笑顔を振りまいた 그녀는 회장의 모두에게 웃음을 지어 보였다. / 愛きょうを振りまく 애교 를 떨다
**プリマドンナ** 프리마 돈나
**ふりまわす【振り回す】**휘두르다〔乱用する〕남 용하다 ¶危ないので傘を振り回さないでください 위 험하니 우산을 휘두르지 마세요. / 泥棒は包丁 を振り回した 도둑은 칼을 휘둘렀다. / 権威を振 り回す 권력을 남용하다
**ふりみだす【振り乱す】**흐트리다, 흐트러뜨리 다 ¶彼女は顔を真っ赤にし髪を振り乱して飛び込んで 来た 그녀는 얼굴이 새빨개져서 머리를 흐트 러뜨린 채 뛰어 들어왔다.
**ふりむく【振り向く】**❶〔後ろへ向く〕뒤돌아보 다, 돌아보다, 뒤돌다 ¶彼女は私の方に振り向い てさようならと手を振った 그녀는 내 쪽으로 뒤돌 아보고 잘가라며 손을 흔들었다. / 振り向いて 彼の方を見た 뒤돌아 그 사람 쪽을 보았다.
❷〔注意を向ける〕거들떠보다 ¶彼女は僕に振り 向いてもくれない 그녀는 나를 거들떠보지도 않 는다.
**ふりょ【不慮】**¶彼は不慮の事故に遭った 그는 생 각지도 못한 사고를 만났다. / 不慮の死を遂げる 생각지도 못한 죽음을 맞이하다
**ふりょう【不良】**불량〔人〕불량배 ◇**不良だ** 〔質・状態が〕불량하다 ¶今年は天候が不良で米の 出来が悪い 올해는 날씨가 안 좋아서 쌀수확 이 나쁘다. / 成績不良で先生にもっと勉強するように 言われた 성적이 안 좋아서 선생님께 좀 더 공 부하라는 소리를 들었다. / このグラウンドは整備 不良だ 이 그라운드는 정비불량이다.
¶そのゲームセンターは不良のたまり場だった 그 오락 실은 불량배가 모이는 곳이었다. 関連 **不良少 年** 불량소년 / **不良少女** 불량소녀 / **不良債権** 불 량 채권 / **不良資産** 불량 자산 / **不良品** 불량 품 / **消化不良** 소화 불량
**ぶりょく【武力】**무력 ¶武力を行使する 무력을 행사하다 / 武力に訴える 무력에 호소하다 / 他国 に武力介入する 타국에 무력개입하다 関連 **武力 衝突** 무력 충돌
**フリル** 프릴 ¶フリル付きのスカート 프릴 달린 스 커트
**ふりん【不倫】**불륜 ◇**不倫する** 불륜을 저지르 다 ¶うわさによると彼は人妻と不倫しているいう 소문 に依ると 그는 유부녀와 불륜을 저질렀다고 한다. / 不倫の恋 불륜의 사랑 / 不倫の関係 불륜 관계
**プリン** 푸딩
**プリンス** 왕자(王子)
**プリンセス** 공주(公主)
**プリンター** 프린터 ¶このプリンターは1色しか印 刷できない 이 프린터는 한 가지 색밖에 인쇄 하지 못한다. 関連 **カラープリンター** 컬러 프린 터 / **レーザープリンター** 레이저 프린터
**プリント** 프린트 ◇**プリントする** 프린트하다
¶講義の前にプリントが配られた 강의 전에 프린트 물이 배부되었다. / このネガから写真をプリントして ください 이 필름 현상해 주세요. / プリント地のシ ャツ 프린트 셔츠
**プリントアウト** 프린트아웃, 인쇄 출력 ◇**プリ ントアウトする** 인쇄하다, 프린트하다 ¶この文 書をプリントアウトしてください 이 문서를 프린트 해 주세요.
**ふる【古】**퇴물(退物), 고물(古物) ¶このラケット は姉のお古です 이 라켓은 언니가 쓰던 것입니 다. 関連 **古着** 헌 옷 / **古新聞** 헌 신문 / **古本** 헌 책
**フル** ◇**フルに** 충분히 ¶彼は試合で実力をフルに発 揮した 그는 경기에서 실력을 충분히 발휘했 다. / フルに活用する 충분히 활용하다
¶フルスピードで走る 전속력으로 달리다 / フル操 業する 풀가동하다 / リフトはフル回転でスキー客を 運んでいた 리프트는 풀가동으로 스키객들을 실어 나르고 있었다.

**ふる【降る】**〔雨, 雪などが〕내리다, 오다

> 使い分け 내리다, 오다
> 一般に「降る」という意味では「雨, 雪」の場合 だけ내리다, 오다を用い, 後者の方がいっそう口 語的であり, 身近なものに感じられるという。「み ぞれ, あられ」などは오다は用いにくい。また,「あら れ」の場合はほかに떨어지다も用いる。

¶雨が降っている 비가 내리고 있다. / 雪が降るか も知れない 눈이 올지도 모른다. / あられが降った 싸라기 눈이 내렸다. / ひょうが降る 우박이 떨 어지다
¶けさから雨がひどく降っている 아침부터 비가 심 하게 내리고 있다. / きのうは一日中雨が降ったりや

んだりしていた 어제는 하루 종일 비가 내렸다 그쳤다 했다. / 去年は雨がたくさん降った 작년에는 비가 많이 내렸다.

¶会社へ行く途中で雨に降られた 회사 가는 도중에 비를 맞았다. / それは星の降るような美しい夜だった 그것은 별이 쏟아지는 듯한 아름다운 밤이었다. / 火山の噴火で灰が村中に降った 화산 분화로 재가 마을 전체에 내렸다.

¶温泉の噴出という、降ってわいたような話に村中がわいた 온천의 분출이라는 느닷없는 이야기로 마을 전체가 들썩였다. / 降ってわいたような災難 느닷없이 닥친 재난

**ふる**【振る】❶〔揺り動かす〕흔들다, 휘두르다〔振ってかける〕뿌리다 / 首を縦に[横に]振る 고개를 끄덕이다[가로 젓다] / 彼はバットを思い切り振ったが、バットはボールにかすりもしなかった 그는 배트를 힘껏 휘둘렀지만 배트는 볼에 스치지도 못했다. / 子供たちは腕を大きく振って行進した 아이들은 팔을 크게 휘두르며 행진했다. / 通りの両側では人々が旗を振ってマラソンランナーたちを応援した 길 양쪽에서는 사람들이 깃발을 흔들며 마라톤 선수들을 응원했다. / 彼女はさようならと手を振った 그녀는 잘가라고 손을 흔들었다. / ドレッシングの瓶をよく振りなさい 드레싱 병을 잘 흔드세요. / よく振ってからください 잘 흔든 다음에 드십시오. / 犬がしっぽを振りながらやってきた 개가 꼬리를 흔들면서 다가왔다. / だれが最初に始めるか決めるためにさいころを振る 누가 제일 먼저 시작할지 결정하기 위해 주사위를 던졌다.

¶肉にこしょうを振る 고기에다 후추를 뿌리다 / サラダに塩を振った 샐러드에 소금을 뿌렸다.

❷〔割り当てる〕할당하다〔付ける〕붙이다, 달다 / 監督はすべての俳優に役を振った 감독은 모든 배우에게 역을 할당했다. / 厄介な仕事を振られてしまった 귀찮은 일을 맡게 되었다. / 彼女は送られてきた応募書類に番号を振った 그녀는 보내온 응모 서류에 번호를 붙였다. / 難しい漢字にルビを振った 어려운 한자에 가나 문자를[읽는 법을] 달았다.

❸〔断わる〕뿌리치다 ¶男を振る 남자를 뿌리치다 / 彼女に振られてしまった 그녀에게 차이고 말았다. / きょうは彼女との約束を振ってこちらにきた 오늘은 그녀와의 약속을 뿌리치고 여기에 왔다.

-**ぶる**【振る】-는[-ㄴ,-은] 체하다 ¶彼は通ぶってコーヒー豆の産地について説明し始めた 그 사람은 전문가인 체하며 커피 원두의 생산지에 관해 설명하기 시작했다.

**ふるい**【古い】낡다, 오래되다, 헐다〔古くさい〕고리타분하다

> 使い分け 낡다, 오래되다, 헐다
>
> 낡다 固体物が、時間の経過で使いものにならない状態になること。必ずしも時間の長さに関係しない。抽象物にも用いるが、固体以外の具象物には用いない。¶낡은 사고방식 古臭い考え方
>
> 오래되다 単に長い時間が経過した状態。プラス評価かマイナス評価かは文脈による。¶오래된 절 古い寺〔→낡은 절은 廃寺になったような寺で、壁が朽ち落ちたり柱が折れたりして外見上荒れ果てた寺をいう〕/ 오래된 우유 古くなった牛乳
>
> 헐다 一度使用したもので新品ではないという意味。¶헌책 古本 / 헌 구두 古い靴 / 헌 옷 古着

¶この寺は歴史が古い 이 절은 역사가 오래되었다. / うちの親父は頭が古すぎる 우리 아버지는 사고방식이 고리타분하시다. / その言葉はもう古い 지금 그런 말 안써. / その手は古いよ 그 수법은 낡았어.

¶田村さんは父の古い友人です 다무라 씨는 아버지의 오래된 친구 분이십니다. / 京都はたくさんの寺のある古い町です 교토는 많은 절이 있는 오래된 도시입니다. / 彼は今古い家を改築中です 그는 지금 오래된 집을 개축중입니다. / 古い考えにしがみつく人もいる 낡은 생각을 고집하는 사람도 있다.

¶この迷信は古くから伝わっている 이 미신은 옛날부터 전해져 온 것이다. / 東京は古くは江戸と呼ばれた 도쿄는 옛날에는 에도라고 불렸다. / このパンは少し古くなっている 이 빵은 조금 오래되었다. / この上着も古くなった 이 웃옷도 오래되었다.

**ふるい**【篩】체 ¶ふるいにかける 체로 치다〔選ぶ〕골라내다, 선발하다 / 応募者はふるいにかけられる 응모자는 면접으로 선발된다.

**ふるいおこす**【奮い起こす】불러일으키다 ¶勇気を奮い起こす 용기를 불러일으키다

**ふるいおとす**【振るい落とす】〔除く〕제거하다, 떨어뜨리다

**ふるう**【振るう】❶〔大きく振り動かす〕흔들다〔剣・武器などを振り回す〕휘두르다 ¶彼は怒って息子に拳を振るった 그는 화가 나서 아들에게「『 주먹을 휘둘렀다[손찌검을 했다]. / 子供たちはおもちゃの刀を振るって遊んでいた 아이들은 장난감 칼을 휘두르며 놀고 있었다.

❷〔発揮する〕발휘하다〔使う〕쓰다 ¶きょうは夫が料理に腕を振るってくれた 오늘은 남편이 요리 실력을 발휘해 주었다. / どんな理由があれ暴力を振るうのはよくない 어떤 이유로든 폭력을 쓰는 것은 좋지 않다.

❸〔勢いが盛んになる〕떨치다, 성하다〔うまくいく〕잘되다 ¶台風が一日中猛威を振るった 태풍이 하루 종일 맹위를 떨쳤다. / 商売が振るわない 장사가 잘되지 않는다. / 成績が振るわない 성적이 좋지 않다.

❹〔とっぴである〕색다르다, 엉뚱하다 ¶彼が遅刻した理由がまた振るっているんだ 그가 지각한 이유가 아주 엉뚱하다.

**ふるう**【奮う】◇奮って 적극적으로 ¶奮ってご応募ください 적극적으로 응모해 주세요. / 奮って参加してください 적극적으로 참가해 주세요.

**ブルー** 파랑, 청색 関連 ブルーカラー 블루칼라, 육체 노동자(肉体労働者)

**ブルース** 블루스
**フルーツ** 과일 ¶フルーツではメロンがいちばん好きです 과일로는 멜론을 가장 좋아합니다.
関連 フルーツカクテル 프루트 칵테일 / フルーツケーキ 프루트케이크 / フルーツジュース 과일 주스 / フルーツポンチ 프루트펀치
**フルート** 플루트 ¶フルート奏者 플루트 연주자
**ふるえ【震え】** 떨림 ¶恐ろしさで震えが止まらなかった 공포로 떨리는 것이 멈추지 않았다. / 震えがくる 떨리기 시작하다
**ふるえあがる【震え上がる】** 부들부들 떨다
**ふるえる【震える】** 떨리다, 떨다 ¶彼女は恐怖で震えていた 그녀는 공포로 떨리고 있었다. / 彼の声は興奮のあまり震えていた 그의 목소리는 너무 흥분해서 떨리고 있다. / タクシーを待っている間私は寒くて震えていた 택시를 기다리는 동안 나는 추워서 떨고 있었다. / 彼は震える手でペンをつかんだ 그는 떨리는 손으로 펜을 집었다.
**フルカウント** 《野球》 풀 카운트 ¶バッターはフルカウントから四球を選んだ 타자는 풀 카운트에서 4구를 선택했다.
**ふるがお【古顔】** 고참(古参), 헌내기
**ふるかぶ【古株】** 고참(古参), 헌내기
**ふるぎ【古着】** 헌 옷
**ふるくさい【古臭い】** 낡아빠지다, 케케묵다 〔陳腐된〕진부하다 ¶古臭い考え 케케묵은 생각 / 頭が古臭い 사고 방식이 낡아빠지다.
**フルコース** 풀코스
**ふるさと【故郷】** 고향
**ブルジョア** 부르주아 ¶ブルジョア階級 부르주아 계급
**ブルゾン** 블루존
**ふるどうぐ【古道具】** 고물(古物)〔骨董品〕골동품 関連 古道具屋 고물상
**ブルドーザー** 불도저
**ブルドッグ** 불도그
**プルトニウム** 플루토늄
**フルネーム** 성명(姓名)
**ふるびた【古びた】** 낡은, 헌 ¶古びた家 헌 집 ⇨古い
**ぶるぶる** 벌벌, 덜덜, 부들부들 ¶彼らは寒さでぶるぶる震えていた 그들은 추위로 벌벌 떨고 있었다.
**フルベース** 《野球》 풀베이스〔満塁〕만루 ¶上原は9回裏にツーアウト, フルベースのピンチを迎えた 우에하라는 9회말에 투 아웃, 풀 베이스의 핀치를 맞았다.
**ブルペン** 《野球》 불펜
**ふるぼけた【古ぼけた】** 낡아빠진 ⇨古い
**ふるほん【古本】** 헌책, 고서, 고본 ¶古本屋 헌책방, 고서점
**ふるまい【振る舞い】** 행동(行動) ¶最近の彼女の振る舞いは目に余る 요즘 그녀의 행동은 너무 심하다. / 彼の振る舞いはいつも紳士的だ 그의 행동은 항상 신사적이다.
**ふるまう【振る舞う】** ❶〔行動する〕행동하다 ¶彼女は子供のように振る舞う 그녀는 어린아이처럼 행동한다. / 高校生らしく振る舞いなさい 고등학생답게 행동해라. / 彼は客に対してとてもていねいに振る舞った 그는 손님에게 아주 친절하게 행동했다.
❷〔もてなす〕대접하다 ¶昼食を振る舞う 점심을 대접하다 / 彼女は私たちを自宅に招待してごちそうを振る舞ってくれた 그녀는 우리를 집으로 초대해서 음식을 대접해 주었다.
**ふるめかしい【古めかしい】** 케케묵다 ⇨古い
**ふるわせる【震わせる】** ¶彼は怒りに肩を震わせていた 그는 분노로 어깨를 떨고 있었다.
**ふれあい【触れ合い】** 접촉(接触), 상통(相通) ¶人と動物の触れ合い 사람과 동물의 접촉 / 心の触れ合いが大切だ 마음이 서로 통하는 것이 중요하다.
**ふれあう【触れ合う】** 〔通じ合う〕서로 통하다 ¶心が触れ合う 마음이 서로 통하다
**フレアスカート** 플레어 스커트
**ぶれい【無礼】** 무례 ◇無礼だ 무례하다 ¶無礼なことを言う 무례한 말을 하다 / 彼女は私に無礼な態度をとった 그녀는 나에게 무례한 태도를 취했다. / 彼の無礼な言動に腹が立った 그의 무례한 언동에 화가 났다. / 彼は無礼にも私を無視した 그는 무례하게도 나를 무시했다. / 無礼者め! 이 무례한 놈!
**ぶれいこう【無礼講】** ¶きょうは無礼講です. 大いに食べて飲んで楽しんでください 오늘은 아무것도 신경쓰지 마시고 많이 먹고 마시며 즐겨 주십시오.
**プレー** 플레이 ¶観客はイチローのファインプレーに拍手を送った 관객은 이치로의 파인 플레이에 박수를 보냈다. 関連 プレーオフ 플레이오프 / プレーガイド 매표소(売票所), 예매처(予売処) / プレーボーイ 플레이보이 / プレーボール 플레이볼 / スタンドプレー 스탠드 플레이
**ブレーカー** 《電気》 차단기(遮断器) ¶ブレーカーが下りた 차단기가 내려갔다.
**ブレーキ** 브레이크, 제동기(制動機)〔抑制〕억제 ¶ブレーキをかける 브레이크를[제동을] 걸다 / 運転手は慌ててブレーキを踏んだ 운전사는 당황해서 브레이크를 밟았다. / この自転車はブレーキがきかない 이 자전거는 브레이크가 듣지 않는다.
¶急激な人口減少にブレーキをかけるために何らかの対策を講じる必要がある 급격한 인구 감소에 제동을 걸기 위해서 뭔가 대책을 강구할 필요가 있다. 関連 急ブレーキ 급브레이크 / ハンドブレーキ 수동식[핸드] 브레이크
**フレーム** 〔車体〕프레임〔枠〕틀, 데〔額縁〕액자
**プレーヤー** 플레이어 ¶DVDプレーヤー DVD 플레이어 / CDプレーヤー CD 플레이어
**ブレーン** 브레인 ¶首相のブレーンとして活躍する 수상의 브레인으로서 활약하다. 関連 ブレーンストーミング 브레인스토밍
**ふれこみ【触れ込み】** 사전 선전(事前宣伝) ¶彼は弁護士という触れ込みだった 그는 변호사라고 말하고 다녔다.
**ブレザー** 블레이저코트
**プレス** 〔アイロンなどの〕다리미질, 다림질〔言論

**ブレスレット**

機関〕 언론 기관 ◇プレスする〔衣類など〕 다리미질하다, 다림질하다 ¶このズボンはプレスがきいている 이 바지는 다려져 있다. 関連 プレスクラブ〔記者クラブ〕기자 클럽

**ブレスレット** 팔찌

**プレゼント** 선물 ◇プレゼントする 선물하다
¶プレゼントをもらう 선물을 받다 / クリスマス〔誕生日〕プレゼントをあげる 크리스마스〔생일〕선물을 주다 / 母の誕生日に花束をプレゼントした 어머니 생신에 꽃다발을 선물했다.

**プレタポルテ** 프레타포르테〔高級既製服〕고급 기성복

**フレックスタイム** 플렉스타임 ¶うちの会社はフレックスタイム制をとっている 우리 회사는 플렉스타임제〔자유근무시간제〕를 채택하고 있다.

**プレッシャー**〔圧力〕압력 ¶プレッシャーをかける 압력을 가하다 / プレッシャーがかかる 압력이 가해지다 / プレッシャーに弱い 압력에 약하다

**フレッシュ** ◇フレッシュな〔新鮮な〕신선한〔斬新な〕참신한 ¶彼はフレッシュな感覚の持ち主だ 그는 참신한 감각을 가진다. 関連 フレッシュマン〔新人〕신인〔新入社員〕신입 사원

**プレハブ** 〔プレハブ住宅〕조립식 주택

**プレミアム** 프리미엄, 할증금〔割増金〕¶プレミアム付きで売られる 프리미엄이 붙어서 팔린다.

## ふれる

**ふれる**〔触れる〕❶〔接触する〕대다, 닿다, 접촉하다〔さわる〕만지다 ¶この白いブラウスは触れると絹のように感じられる 이 하얀 블라우스는 만지면 비단같이 느껴진다. / 彼女の肩に軽く触れた 그는 그녀의 어깨를 가볍게 만졌다. / 手を触れるな! 손 대지 마! / この薬は子供の手に触れない所に保管してください 이 약은 아이들의 손이 닿지 않는 곳에 보관해 주세요. / この金属は外気に触れるとすぐに酸化する 이 금속은 공기에 닿으면 바로 산화한다.
¶彼女の優しい人柄に触れてほっとした 그 여자의 상냥한 성품을 접하게 되어 안심했다.
❷〔抵触する〕저촉하다〔怒りに〕노여움을 사다 ¶彼の行為は法に触れる 그의 행위는 법에 저촉된다. / 彼の横柄な態度が上司の怒りに触れた 그의 건방진 태도가 상사의 노여움을 샀다.
❸〔言及する〕언급하다 ¶教授は講義の中で最近出版した自分の本に触れた 교수는 강의 중에 최근 출판한 자기의 책을 언급했다. / 私がその件にちらっと触れると彼の顔色が変わった 내가 그 건에 대하여 살짝 언급하자 그 사람의 얼굴색이 변했다.

**ぶれる** 흐릿하다 ¶ぶれてゆがんだ写真 흐릿하게 일그러진 사진

関連 **フレンチ** フレンチトースト 프렌치토스트 / フレンチドレッシング 프렌치드레싱

**ブレンド** ◇ブレンドする〔混ぜ合わせる〕뒤섞다
¶ブレンドコーヒー 블렌드 커피

## ふろ

**ふろ**〔風呂〕목욕(沐浴)〔浴場〕목욕통(沐浴桶), 욕조(浴槽)

基本表現
▷私は毎日風呂に入る
나는 매일 목욕을 한다.
▷妻は赤ちゃんを風呂に入れている
아내는 아기를 목욕시키고 있다.
▷お風呂がわきました
목욕물이 덥혀졌습니다.
▷すぐお風呂をわかしてさしあげます
바로 목욕물을 데워 드리겠습니다.
▷風呂から出て体をふいた
욕조에서 나와 몸을 닦았다.

¶私はいつもゆっくりお風呂に入ります 나는 항상 느긋하게 목욕을 합니다. / 夕食前にひと風呂さっと浴びたらどうですか 저녁 전에 가볍게 목욕하시면 어떻습니까? / お風呂にお湯を入れましたか 욕조에 뜨거운 물을 받아 놓으셨습니까?
¶風呂上がりのビールは実にうまい 목욕 후의 맥주는 정말 맛있다. /「お風呂の加減はいかがでしたか」「ちょうどよかったよ」"목욕물의 온도는 어땠습니까?" "딱 좋아서." 関連 風呂場 목욕실 / 風呂屋,목욕탕, 욕탕 / 露天風呂 노천 목욕탕

**プロ** 프로 ¶彼女はその大会での優勝を機にプロ入りした 그녀는 그 대회에서의 우승을 계기로 프로로 전향했다. / 彼の実力なら十分プロとして通用する 그의 실력이라면 충분히 프로로서 통용된다. / 彼女の料理はプロ並みです 그녀의 요리 솜씨는 프로급입니다. / プロ野球選手 프로 야구 선수

**ブロー** ◇ブローする 드라이를 하다 ¶出掛ける前にいつも髪をブローする 외출하기 전에 항상 머리를 드라이하다

**ブローカー** 브로커, 중개인(仲介人), 중개 상인 ¶金融〔不動産〕ブローカー 금융〔부동산〕중개인

**ふろおけ**【風呂桶】목욕통

**ブローチ** 브로치 ¶ブローチをつける 브로치를 하다

**ふろく**【付録】부록 ¶その雑誌の今月号にはCD-ROMが付録でついている 그 잡지의 이달호에는 CD-ROM이 부록으로 붙어 있다.

**ブログ**〔IT〕블로그 ¶ブログを作成する 블로그를 만들다 関連 ブログサービス 블로그 서비스 / ブログサイト 블로그 사이트 / ブログテーマ 블로그 주제 / ブログ検索 블로그 검색 / ブログユーザー 블로그 사용자

**プログラマー**〔IT〕프로그래머

**プログラミング**〔IT〕프로그래밍

**プログラム** 프로그램, 프로 ¶体育祭のプログラムの最後はリレーだった 체육 대회 프로그램의 마지막은 릴레이었다. / 映画のプログラム 영화 프로그램 / プログラムを組む 프로그램을 짜다
¶コンピュータのプログラムを作成する 컴퓨터 프로그램을 작성하다 / プログラム言語 프로그래밍 언어

**プロジェクト** 프로젝트 ¶プロジェクトを組む 프로젝트를 짜다

**ふろしき**【風呂敷】보자기 ¶大風呂敷を広げる 허풍을 떨다

**プロダクション** 프로덕션 ¶芸能プロダクション 연예 프로덕션

**ブロック** 블록〔建材〕블록〔区画〕구획〔政治・経済の〕연합(連合), 동맹(同盟)〔球技の〕저지(沮止), 방해(妨害) ◇ブロックする〔防ぐ〕

막다, 저지하다, 방해하다 ¶敵のフォワードをブロックする 적의 포워드를 막다 [関連] **ブロック経済** 블록 경제 / **ブロック建築** 블록 건축 / **ブロック塀** 블록 담

**ブロッコリー** 브로콜리

**フロッピーディスク** 플로피 디스크 ¶僕の卒業論文はこのフロッピーディスクに入っている 내 졸업 논문은 이 플로피 디스크에 들어 있다. / フロッピーディスクを初期化する 플로피 디스크를 초기화하다

**プロテスタント** 프로테스탄트, 신교(新教), 개신교(改新教)

**プロデューサー** 프로듀서

**プロバイダー** 프로바이더 ¶インターネットサービスプロバイダー(ISP) 인터넷 서비스 프로바이더, 인터넷 정보 제공자

**プロパンガス** 프로판 가스

**プロフィール** 프로필, 약력(略歷), 신상 정보 ¶新聞に新しい首相のプロフィールが載っていた 신문에 새로운 수상의 프로필이 실려 있었다.

**プロペラ** 프로펠러 ¶プロペラ機 프로펠러 비행기

**プロポーション** 몸매 ¶プロポーションがいい女性 몸매가 좋은 여성

**プロポーズ** 프러포즈, 청혼(請婚), 구혼(求婚) ◇**プロポーズする** 프러포즈하다, 청혼하다, 구혼하다 ¶彼女にプロポーズした 그녀에게 청혼했다. / 彼からプロポーズされた 그로부터 프러포즈 받았다. / 「ユナへのプロポーズの言葉は何だったんだい」「一緒に暮らそうか、だよ」"윤아한테 어떤 말로 프러포즈했어?" "같이 살까, 그랬지."

**ブロマイド** 브로마이드

**プロモーター** 프로모터

**プロやきゅう**【プロ野球】 프로야구

**プロレス** 프로레슬링 [関連] **プロレスラー** 프로레슬링 선수

**プロレタリア** 프롤레타리아, 무산자(無産者) [関連] **プロレタリアート** 프롤레타리아트, 무산계급(無産階級) / **プロレタリア文学** 프롤레타리아 문학

**フロン** 프레온 [関連] **フロンガス** 프레온 가스

**ブロンズ** 브론즈, 청동(青銅) ¶ブロンズ像 청동상(青銅像)

**フロント** 〔ホテルの〕프런트 〔正面〕정면〔前面〕전면 [関連] **フロント係**〔受付〕접수처 / **フロントガラス**〔自動車の〕앞〔전면〕유리

**ブロンド** 블론드 ¶ブロンドの女性 블론드의 여성

**ふわ**【不和】 불화 ¶彼女は両親の不和が原因で家出した 그녀는 부모님의 불화 때문에 가출을 했다. / この出来事が夫婦間の不和を招いた 이 일이 부부간의 불화를 불러일으켰다. ⇒仲

**ふわたり**【不渡り】 부도 ¶不渡りを出す 부도가 나다 / 手形〔小切手〕が不渡りになる 어음〔수표〕이 부도가 나다 / 不渡り小切手 부도 수표

**ふわふわ** 폭신폭신 ; 말랑말랑 ; 둥실둥실 ¶ふわふわの布団 폭신폭신한 이불 / ふわふわのパン 말랑말랑한 빵 / ふわふわした雲 둥실둥실한 구름

**ふわらいどう**【付和雷同】 부화뇌동 ◇**付和雷同する** 부화뇌동하다 ¶他人の言うことに付和雷同する 남이 하는 말에 부화뇌동하다

**ふわりと** 두둥실 ¶凧がふわりと空に舞い上がった 연이 두둥실 하늘로 올라갔다.

**ふん**【分】 분 ❶〔時間〕¶1時間は60分です 한 시간은 60분입니다. / 3時20分です 세 시 20분입니다. / 5時30分です 다섯 시 30분입니다. / 2時20分でした 두 시 20분 지났습니다. / 7時10分前です 일곱 시 10분 전입니다. / 駅から歩いて10分くらいです 역까지 걸어서 10분 정도입니다.
❷〔角度〕¶東京は北緯35度45分にある 도쿄는 북위 35도 45분에 있다.

**ふん**【糞】 똥 ¶ほら、犬の糞に気をつけろよ 야, 개똥 조심해.

**ぶん**【分】❶〔部分〕분, 부분〔…もの〕것 ¶我々の3分の1はその提案に反対だった 우리들의 3분의 1은 그 제안에 반대였다. / 私の部屋は彼の部屋の4分の3程度の広さしかない 내 방은 그의 방의 4분의 3정도 넓이밖에 되지 않는다. / 2万分の1の地図 2만분의 1의 지도 ¶残った分は冷蔵庫にしまいなさい 남은 것은 냉장고에 넣어. / 足りない分は立て替えておきます 부족한 것은 대신 지불해 두겠습니다.
❷〔量〕분〔割り当て〕몫〔その分〕만큼 ¶きょうは5人分の料理を作った 오늘은 5인분의 요리를 만들었다. / 彼はたいてい2人分の仕事をこなしている 그는 대개 두 사람분의 일을 해내고 있다. / 来月分の給料を前借りした 다음달 분의 급여를 가불받았다. / この肉は脂肪分が多い 이 고기는 지방분이 많다.
¶2人分の朝食 2인분의 아침 식사 / 5日分の食糧 5일분의 식량
¶これはあなたの分です 이것은 당신 몫입니다. / このケーキは妹の分に取っておこう 이 케이크는 동생 몫으로 남겨 주자.
¶苦労した分、君には幸せになってほしい 고생한 만큼 네가 행복하기를 바란다.
[会話] **だれの分か**
A：このケーキ、だれの分？
B：あなたのよ。운이 붙어있다네.
A：이 케이크, 누구 몫이야?
B：네 몫이야. 오늘은 운이 좋은걸.
A：この焼酎のアルコール分はどれくらい？
B：20パーセントよ。ちょっときついね
A：이 소주의 알콜 성분은 어느 정돈데?
B：20 퍼센트야. 좀 세다.
❸〔状態〕상태 〔…限り〕한 ¶この分だと、いつ目的地に着けるかわからない 이 상태라면 언제 목적지에 도착할 수 있을지 모르겠다. / 医者の言うことを守っている分には心配ない 의사가 하는 말을 지키는 한 걱정은 없다.
❹〔身の程〕분수, 분〔本分〕본분 ¶私は分をわきまえているつもりだけれど、いい分とは言えない気もする 나는 본분을 잘 알고 있다. / 彼は自分の分は尽くした 그는 자기 본분을 다했다. / 彼は分相応〔不相応〕な暮らしをしていた 그는 분수에 맞게〔안 맞게〕살고 있었다.

**ぶん**【文】 글, 문장 〔文体〕문체 ¶簡潔な文を書

くようにしなさい 간결한 글을 쓰도록 해요. / 次の文を読んで設問に答えなさい 다음 문장을 읽고 설문에 답하시오. [慣用句] 文は武よりも強し 펜은 칼보다 강하다. / 文は人なり 글은 인품이다. / 彼は文武両道に通じている 그는 문무를 겸비하고 있다.

**ぶんあん【文案】** 문안 ¶文案を作る 문안을 만들다.

**ふんいき【雰囲気】** 분위기 ¶彼のスピーチは会場になごやかな雰囲気をかもし出した 그의 연설은 회장에 화기애애한 분위기를 자아냈다. / 改装したら部屋の雰囲気がよくなった 개장하니 방의 분위기가 좋아졌다. / 通りにはまだ緊張した雰囲気がただよっていた 거리에는 아직 긴장된 분위기가 흐르고 있었다. / 彼には一種独特の雰囲気がある 그에게는 일종의 독특한 분위기가 있다. / 雰囲気を壊す 분위기를 깨다 ¶家庭的な雰囲気のレストラン 가정적인 분위기의 레스토랑 / 落ちついた[重苦しい, ぎこちない]雰囲気 안정된[답답한, 거북한] 분위기

**ふんえん【噴煙】** 화산의 연기 ¶三原山が噴煙を上げている 미하라 산이 연기를 내뿜고 있다.

**ふんか【噴火】** 분화 ◇噴火する 분화하다 ¶その火山の噴火は依然としておさまらない 그 화산의 분화는 여전히 가라앉지 않고 있다. [関連] 噴火口 분화구

**ぶんか【文化】** 문화 ◇文化的な 문화적인 ¶この国は高い文化水準を持っている 이 나라는 높은 문화 수준을 가지고 있다. / この国は文化が進んでいる[遅れている] 이 나라는 문화가 「앞서 있다[뒤떨어져 있다]. / 今日の日本文化はアメリカ文化の影響を大きく受けている 오늘날의 일본 문화는 미국 문화의 영향을 크게 받고 있다. / 我々はいろいろな国の文化を吸収してきた 우리는 여러 나라의 문화를 흡수해 왔다. / 国際的な文化交流を図るのは大切なことだ 국제적인 문화 교류를 꾀하는 것은 중요한 일이다. ¶文化的な生活を営む 문화 생활을 하다 [関連] 文化遺産 문화 유산 / 文化勲章 문화 훈장 / 文化功労者 문화 공로자 / 文化国家 문화 국가 / 文化祭〔学校の〕학교 축제 / 文化財 문화재 / 文化人 문화인 / 文化人類学 문화 인류학 / 文化大革命〔中国の〕문화 대혁명 / 文化庁 문화청 / 文化の日〔日本の〕문화의 날

**ぶんか【文科】** 문과 ¶文科系学生 문과계 학생

**ふんがい【憤慨】** 분개 ◇憤慨する 분개하다 ¶警察の不当な捜査は憤慨に堪えない 경찰의 부당한 수사에는 분개하지 않을 수 없다. / 万引きなんかしていないと彼は憤慨して言った 도둑질 같은 거 하지 않았다고 그는 분개하며 말했다.

**ぶんかい【分解】** 분해 ◇分解する 분해하다 ¶弟はラジオを分解した 동생은 라디오를 분해했다. / 化学の実験で水を酸素と水素に分解した 화학 실험에서 물을 산소와 수소로 분해했다. / この物質は2つの元素に分解される 이 물질은 두 개의 원소로 분해된다. / 日光は7つの色に分解される 햇빛은 일곱 가지 색으로 분해된다.

**ぶんがく【文学】** 문학 ◇文学的だ 문학적이다 ¶彼は文学にはほとんど興味がない 그는 문학에는 거의 흥미가 없다. / 私は韓国文学を研究している 나는 한국 문학을 연구하고 있다. / その文学賞は世界的権威がある 그 문학상은 세계적으로 권위가 있다. ¶古典文学 고전 문학 / 現代文学 현대 문학 / 児童文学 아동 문학 / 伝承文学 전승 문학 / 記録文学 기록 문학 / 大衆文学 대중 문학 / 英文学 영문학 / 日本文学 일본 문학 / 純文学 순문학 / 文学作品 문학 작품 / 文学士 문학사 / 文学者 문학자 / 文学少女 소녀 / 文学青年 문학 청년 / 文学博士 문학 박사 / 文学部 문학부, 인문대학(人文大學)

**ぶんかつ【分割】** 분할 ◇分割する 분할하다 ¶かつて朝鮮半島は高句麗, 新羅, 百済の3国に分割されていた 예전에 한반도는 고구려, 신라, 백제의 삼국으로 분할되어 있었다. / 分割で買う 할부로 사다 [関連] 分割払い 할부

**ふんき【奮起】** 분기 ◇奮起する 분기하다 ¶妻の一言で私は奮起した 아내의 한마디로 나는 기운을 냈다.

**ぶんき【分岐】** 분기 ◇分岐する 분기하다, 분기되다 ¶この道路は町外れで東西に分岐している 이 도로는 시내를 벗어난 지점에서 동서로 분기되어 있다. / 彼は人生の分岐点に立っていた 그는 인생의 분기점에 서 있었다.

**ふんきゅう【紛糾】** 분규〔混乱〕혼란 ◇紛糾する 분규하다, 혼란하다 ¶憲法改正を巡って国会は紛糾の度を深めた 헌법 개정을 둘러싸고 국회는 혼란이 깊어졌다. / 会議は紛糾し収拾がつかなくなった 회의는 혼란에 빠져 수습되지 않았다. [関連] 労使紛糾 노사 분규

**ぶんぎょう【分業】** 분업〔分担〕분담 ◇分業する 분업하다 ¶仕事を分業する 일을 분업하다 [関連] 医薬分業 의약 분업

**ふんぎり【踏ん切り】** 결심(決心), 결단(決斷) ¶会社を辞めようと思うが, まだ踏ん切りがつかない 회사를 그만두려고 하는데, 아직 결단이 서지 않는다. / 彼は彼女と結婚するかどうか, まだ踏ん切りがつかないでいる 그는 그녀와 결혼할지 안 할지 아직 결단이 서지 않고 있다. / 踏ん切りの悪いやつだ(→優柔不断だ)우유부단한 녀석이다.

**ぶんぐ【文具】** 문구, 문방구(文房具) [関連] 文具店 문구점, 문방구점

**ぶんげい【文芸】** 문예〔文学〕문학 [関連] 文芸作品 문예 작품 / 文芸批評 문예 비평 / 文芸復興 문예 부흥 / 文芸欄 문예란

**ぶんけん【文献】** 문헌〔記録〕기록 ¶世宗大王に関するさまざまな文献をあさった 세종 대왕에 관한 여러 문헌을 뒤졌다. [関連] 参考文献 참고 문헌

**ぶんこ【文庫】** 문고〔図書館〕도서관〔蔵書〕장서 / 文庫版 문고판 / 文庫本 문고본

**ぶんご【文語】** 문어 [関連] 文語体 문어체

**ぶんこう【分校】** 분교

**ぶんごう【文豪】** 문호, 문옹(文雄)

**ふんさい【粉砕】** 분쇄 ◇粉砕する 분쇄하다 ¶彼らは敵を粉砕した 그들은 적을 분쇄했다.

**ぶんさい【文才】** 문재, 글재주 ¶彼女には文才がある 그녀에게는 글재주가 있다.

**ぶんさん【分散】** 분산 ◇分散する 분산하다

¶政府の権限を地方自治体へ分散する 정부의 권한을 지방 자치단체에 분산하다 / 警察は催涙ガスでデモ隊を分散させた 경찰은 최루 가스로 데모대를 분산시켰다.

**ぶんし【分子】** ¶水の分子は2個の水素原子と1個の酸素原子から成る 물의 분자는 두 개의 수소 원자와 한 개의 산소 원자로 이루어져 있다. / 分子を分母で割る 분자를 분모로 나누다 / 悪質分子を取り締まる 악질분자를 단속하다 関連 **分子構造** 분자 구조 / **分子式** 분자식 / **分子生物学** 분자 생물학 / **分子量** 분자량

**ふんしつ【紛失】** 분실 ◇**紛失する** 분실하다, 분실되다, 잃다 ¶定期券を紛失した 정기권을 분실했다. / 預金通帳が紛失しているのに気がついた 예금 통장이 분실된 것을 알아챘다.
¶紛失届を出す 분실 신고를 내다 関連 **紛失物** 분실물

**ふんしゃ【噴射】** 분사 ◇**噴射する** 분사하다

**ぶんしゅう【文集】** 문집 ¶卒業文集を編集する 졸업 문집을 편집하다

**ふんしゅつ【噴出】** 분출 ◇**噴出する** 분출하다, 내뿜다 ¶破裂した水道管から大量の水が噴出した 파열된 수도관에서 대량의 물이 분출했다. / 火山が大量の煙と灰を噴出した 화산이 대량의 연기와 재를 분출했다.

**ぶんしょ【文書】** 〔書類〕서류〔記録〕기록 ¶文書を作成する 문서를 작성하다 / 後ほど文書にて回答します 나중에 문서로 회답하겠습니다. 関連 **怪文書** 괴문서 / **偽造文書** 위조 문서 / **機密文書** 기밀 문서 / **公文書** 공문서 / **私文書** 사문서

**ぶんしょう【文章】** 문장, 글〔作文〕작문 ¶彼は生き生きした文章を書く 그는 생생한 문장을 쓴다. / 彼女は文章がうまい 그녀는 글을 잘 쓴다. / 文章を直す 문장을 고치다 / 文章に表す 문장으로 나타내다

**ぶんじょう【分譲】** 분양 ◇**分譲する** 분양하다 ¶土地を分譲する 토지를 분양하다 関連 **分譲住宅** 분양 주택 / **分譲地** 분양지 / **分譲マンション** 분양 아파트

**ふんしん【分針】** 분침〔長針〕장침

**ふんすい【噴水】** 분수

**ぶんすう【分数】** 분수 関連 **仮分数** 가분수 / **真分数** 진분수 / **帯分数** 대분수

**ふんする【扮する】** 분장하다 ¶私は劇の中で老婆に扮した 나는 극중에서 노파로 분장했다.

**ぶんせき【分析】** 분석 ◇**分析する** 분석하다 ¶犯人の心理を分析してみた 범인의 심리를 분석해 보았다. / 分析の結果、その食品は有害な物質を含んでいることがわかった 분석한 결과 그 식품은 유해 물질을 포함하고 있는 것을 알았다. 関連 **精神分析** 정신 분석

**ぶんせつ【文節】** 〖文法〗문절, 어절(語節)

**ふんせん【奮戦】** 분전〔奮闘〕분투 ◇**奮戦する** 분전하다〔奮闘する〕분투하다

**ふんぜん【憤然】** ◇**憤然と** 분연히 ¶野党議員は与党の強行採決に抗議して憤然と席を立った 야당 의원들은 여당의 강제 법안 통과에 항의해서 분연히 자리에서 일어섰다.

**ふんそう【扮装】** 〔役者の〕분장〔変装〕변장 ◇**扮装する** 분장하다 ¶彼女は王妃に扮装した 그녀는 왕비로 분장했다. / 扮装をこらす 분장을 공들여 하다

**ふんそう【紛争】** 분쟁 ¶労使紛争を引き起こす 노사 분쟁을 일으키다 / 紛争を解決する 분쟁을 해결하다 関連 **大学紛争** 대학 분쟁 / **国境紛争** 국경 분쟁 / **部族紛争** 부족 분쟁 / **民族紛争** 민족 분쟁

**ふんぞりかえる【踏ん反り返る】** ¶店の主人は椅子にふんぞり返って座っていた 가게 주인은 상체를 한껏 뒤로 젖히고 의자에 앉아 있었다. / ふんぞり返って歩く 거만하게 걷다

**ぶんたい【文体】** 문체 ¶わかりやすい文体で書く 알기 쉬운 문체로 쓰다 関連 **文体論** 문체론

**ふんだくる** 빼앗다〔法外な料金を取る〕바가지를 씌우다 ¶男は通行人のハンドバッグをふんだくって逃げた 남자는 통행인의 핸드백을 빼앗아 도망쳤다. / 家のリフォームを頼んだら法外な工事費をふんだくられた 집의 개축을 부탁하자 업자는 터무니없는 공사비를 요구했다. / 歌舞伎町のバーでビールを2,3本飲んだだけで5万円もふんだくられた 가부키쵸의 바에서 맥주를 두세 병 마셨을 뿐인데 5만 엔이나 바가지를 썼다.

**ぶんたん【分担】** 〔費用・仕事などの負担〕분담〔強制的な割り当て〕할당 ◇**分担する** 분담하다〔割り当てる〕할당하다 ¶自分の分担した仕事は責任をもってやるべきだ 자기에게 분담된 일은 책임을 지고 해야 한다. / 私たちはめいめいの仕事の分担を決めた 우리는 각자 일을 분담하기로 했다. / 私の仕事の分担はこれだけです 내 일의 할당은 이것뿐입니다.
¶うちでは家事はみんなで分担している 우리 집에서는 집안일은 모두가 분담하고 있다. / 彼女も責任を分担すべきだ 그녀도 책임을 분담해야 한다 関連 **分担金** 분담금

**ふんだん** ◇**ふんだんな** 넉넉한, 풍부한 ◇**ふんだんに** 넉넉히〔むやみに〕마구 ¶ふんだんな地下資源 풍부한 지하자원 / ふんだんにある 돈은 넉넉히 있다. / ふんだんに金を使う 넉넉히 돈을 쓰다

**ぶんだん【分断】** 분단 ◇**分断する** 분단하다
¶第二次大戦後、朝鮮半島は南北に分断された 제 2차 대전 후, 한반도는 남북으로 분단되었다.

**ぶんだん【文壇】** 문단

**ぶんちょう【文鳥】** 문조

**ぶんつう【文通】** 펜팔 ◇**文通する** 펜팔하다
¶私は10年来韓国の友人と文通している 나는 10년간 한국 친구와 편지하고 있다.

**ふんとう【奮闘】** 분투 ◇**奮闘する** 분투하다
¶日本は強敵ブラジルを相手に奮闘した 일본은 강적 브라질을 상대로 분투했다. / 中小企業は生き残りをかけて日々奮闘している 중소기업은 생사를 걸고 매일 분투하고 있다.

**ぶんどき【分度器】** 각도기(角度器), 분도기

**ふんどし【褌】** 훈도시 : 남자의 음부를 싸서 가리는 조붓하고 긴 천〔慣用句〕人のふんどしで相撲を取る 남의 떡에 설 쇠다. / ふんどしを締めてかかる 단단히 결심하고 일에 착수하다.

**ぶんどる【分捕る】** 노획하다〔奪う〕빼앗다
¶敵の戦車を分捕る 적의 탱크를 빼앗다 / 外国企業

に国内市場を分捕られる 외국 기업에 국내 시장을 빼앗기다

**ぶんぱい**【分配】 분배 ◆**分配する** 분배하다〔分ける〕나누다 ¶彼らは母親の遺産の分配について争っている 그들은 어머니의 유산 분배를 놓고 싸우고 있다.
¶国連は難民たちに食糧を分配した 유엔은 난민들에게 식량을 분배했다. / 投資の利益は出資者の間で分配された 투자의 이익은 출자자[출자인]에게 분배되었다. / 父の遺産は兄弟の間で平等に分配された 아버지의 유산은 형제 사이에서 평등하게 분배되었다. 関連**分配金** 분배금

**ぶんぱつ**【奮発】 분발 ◆**奮発する** 분발하다〔気前よく与える〕후하게 주다 ¶奮発して新しいスーツを買うことにした 큰 맘먹고 새 양복을 사기로 했다. / ウェイターにチップを奮発した 웨이터에게 팁을 후하게 주었다.

**ふんばり**【踏ん張り】〔奮発〕분발 ¶もう一踏ん張りしよう 한 번 더 분발하자. / あと一踏ん張りだ 이제 조금만 더 분발하면 된.

**ふんばる**【踏ん張る】 버티다 ¶彼女は両足を踏ん張って綱を引いた 그녀는 양발에 힘을 주고 줄을 당겼다.

**ぶんぴつ**【分泌】분비 ◆**分泌する** 분비하다 関連**分泌腺** 분비선 / **分泌物** 분비물

**ぶんぷ**【分布】분포 ◆**分布する** 분포하다 ¶その植物は日本各地に広く分布している 그 식물은 일본 각지에 넓게 분포해 있다. 関連**分布図** 분포도 / **分布範囲** 분포 범위

**ぶんぶん** 윙윙 ¶ぶんぶんいう 윙윙거리다 / 換気扇のぶんぶんいう音が聞こえる 환풍기의 윙윙거리는 소리가 들린다.

**ぷんぷん**〔におい・香りが〕물씬〔怒って〕뾰로통, 불퉁불퉁 ◆**ぷんぷんする**〔腹を立てる〕불퉁하다 ¶香水のにおいがぷんぷんする 향수의 냄새가 물씬 풍긴다. / 彼の息はにんにくのにおいがぷんぷんした 그의 입내는 마늘 냄새가 물씬났다. / 彼は酒のにおいをぷんぷんさせて帰宅した 그는 술냄새를 물씬 풍기며 귀가했다.
¶彼女は僕にぷんぷん怒っていた 그녀는 나에게 뾰로통 화를 냈다.

**ふんべつ**【分別】분별, 분별력, 철 ¶お前ももう分別があってもいい年だ 너는 철 좀 들어야 할 나이다. / 彼は分別のある人だった 그는 분별력이 있는 사람이었다. / 何をするにももっと分別を働かせなさい 뭘 하더라도 더욱 분별있게 행동하라. / 彼女にはかなり分別がありそうに見える 그녀는 정말 분별력이 있어 보인다. / 彼は若いのに似合わず分別がある 그는 젊은 사람답지 않게 분별력이 있다. / 怒りに分別を失ってしまった 분노로 분별력을 잃고 말았다.
¶兄は分別くさい顔で私に説教した 형은 철든 얼굴로 나에게 설교했다. / **分別盛りの年齢** 한창 세상 이치를 분별할 나이

**ふんべん**【分娩】분만〔出産〕출산, 해산 ◆**分娩する** 분만하다 関連**分娩室** 분만실 / **自然分娩** 자연 분만 / **正常分娩** 정상 분만

**ぶんぼ**【分母】〖数学〗분모
**ぶんぽう**【文法】문법(▶発音は ぶんぽう)¶この文には文法上の誤りがある 이 문장에는 문법상 잘못이 있다. / その表現は文法的には正しいけれどちょっと不自然な感じがする 그 표현은 문법적으로 맞지만 좀 어색하다. / 日本語[韓国語]の文法 일본어[한국어] 문법 関連**文法学者** 문법 학자

**ぶんぼうぐ**【文房具】문방구, 문구 関連**文房具店** 문방구점

**ふんまつ**【粉末】분말, 가루 ¶粉末にする 분말로 하다 関連**粉末ジュース** 분말주스

**ぶんみゃく**【文脈】문맥

**ふんむき**【噴霧器】분무기

**ぶんめい**【文明】문명 ¶高度の文明 고도의 문명 / 文明の利器 문명의 이기 関連**文明開化** 문명 개화 / **文明国** 문명국 / **文明社会** 문명 사회 / **古代文明** 고대 문명 / **西洋文明** 서양 문명 / **物質文明** 물질 문명

**ぶんや**【分野】¶生物工学が私の研究分野です 생물공학이 제 연구 분야입니다. / 未開拓の分野 미개척 분야 / 新分野を開く 신분야를 열다 / 医学[歴史, 化学, 法律]の分野 의학[역사, 화학, 법률] 분야 / 専門分野 전문 분야

**ぶんり**【分離】분리 ◆**分離する** 분리하다 ¶ガードレールで歩道と車道を分離する 가드레일로 보도와 차도를 분리하다 関連**中央分離帯** 중앙 분리대

**ぶんりつ**【分立】분립 ◆**分立する** 분립하다 関連**三権分立** 삼권 분립

**ぶんりょう**【分量】분량 ¶砂糖[塩]の分量を増やす[減らす] 설탕[소금]의 분량을 늘리다[줄이다]. / 私は今でもかなりの分量の仕事を抱えている 나는 지금도 상당한 분량의 일을 맡고 있다.

**ぶんるい**【分類】분류 ◆**分類する** 분류하다
¶採集した昆虫を種類別に分類した 채집한 곤충을 종류별로 분류했다. / 収集した切手を年代別に分類して整理した 수집한 우표를 연대별로 분류해서 정리했다. / 硬貨を金額別に分類した 주화를 금액별로 분류했다. / 絵画はジャンル別に分類して展示されていた 그림은 장르별로 분류해서 전시되어 있었다. / 彼は植物を特徴に従っていろいろな型に分類した 그는 식물을 특징에 따라서 여러 가지 유형으로 분류했다. 関連**分類学** 분류학 / **分類表** 분류표 / **分類法** 분류법

**ぶんれつ**【分裂】분열 ◆**分裂する** 분열하다, 분열되다 ¶細胞は分裂によって増える 세포는 분열에 의해 증가한다. / 党の分裂は回避しなければならない 당의 분열은 회피해야 된다. / 意見の対立から与党は数派に分裂した 의견 대립으로 여당은 여러 파로 분열됐다. / 役員選挙の方法に関して意見が分裂した 임원 선거의 방법에 관해 의견이 분열됐다. / 学園祭での出し物についてクラスが分裂していた 학교 축제의 참가 프로그램에 관해 반이 분열됐다. 関連**核分裂** 핵분열 / **細胞分裂** 세포 분열 / **精神分裂病** 정신 분열병(▶日本では2002年「統合失調症」に改称)

**ふんわり** 푹신푹신, 두둥실 ¶彼女はふんわりしたケーキを作った 그녀는 푹신한 케이크를 만들었다. / 辺り一面がふんわりした雪に覆われた 주위가 온통 푹신한 눈으로 뒤덮였다. / 白い雲が空にふんわり浮かんでいる 하얀 구름이 하늘에 두둥실 떠 있다.

## へ

**へ** 〔音階の〕바〔ファ〕과 / **へ長調** 바 장조 / **へ音記号** 바음 기호

**-へ** ❶〔方向, 場所〕에, (으)로

> **使い分け** 에, (으)로
> 에 到着点を表す.
> (으)로 方面を表す.

¶あす大阪へ行きます 내일 오사카에 갑니다. / これは伊豆へ行く電車ですか 이것은 이즈에 가는 전철입니까? / さあ, そろそろ家へ帰りましょう 자, 슬슬 집에 갑시다. / 私はきのう子供たちを動物園へ連れて行きました 저는 어제 아이들을 동물원에 데리고 갔습니다. / 彼は大阪からソウルへ発った 그는 오사카에서 서울로 출발했다. /「韓国へ行ったことがありますか」「いいえ, でも香港へは二度行きました」"한국에 간 적이 있습니까?" "아뇨, 하지만 홍콩은 두 번 갔습니다." / こちらへ歩いて来るあの女の子はだれですか 이쪽으로 걸어오는 저 여자 아이는 누구입니까? / これは明洞(方面)へ行くバスですか 이 버스 명동 가나요?

¶彼は政界へ入るつもりだ 그는 정계로 들어갈 생각이다. / こちらの部屋へどうぞ 이쪽 방으로 오세요.

¶「この箱どこへ置けばいい?」「あの棚の上へ置いてちょうだい」"이 상자는 어디에 두면 돼?" "저 선반 위에 둬 줘."

❷〔人・対象に向かって〕에게, 에, 〈敬〉께
¶「はい, これあなたへのプレゼント」「まあ, ありがとう」"이것 당신 줄 선물이야." "어머, 고마워." / 智子さんへ(▶手紙などで) 도모코 씨에게

❸〔…の(状態の)時に〕〔動詞語幹+〕-(으)려는 참에 ¶出かけようとしていたところへ電話がかかってきた 나가려고 하는 참에 전화가 왔다. ⇒-に

**ヘア** 헤어, 머리(털)〔恥毛〕불거웃, 거웃, 음모〔陰毛〕 ¶そのヘアスタイルは本当によく似合うよ 그 헤어스타일은 정말 잘 어울린다. 関連 **ヘアスプレー** 헤어스프레이 / **ヘアトニック** 헤어토닉 / **ヘアドライヤー** 헤어드라이어 / **ヘアヌード** 전라 사진 | 음모가 드러난 나체 사진 / **ヘアピン** 헤어핀 / **ヘアブラシ** 헤어 브러시

**ペア** 페어, 쌍, 짝 ¶この2つのコーヒーカップはペアになっている 이 두 개의 커피잔은 쌍이다. / 僕はテニスで久美子とペアを組んだ 나는 테니스에서 구미코와 페어를 짰다. / そのカップルはペアルックのセーターを着ていた 그 커플은 커플룩 스웨터를 입고 있었다.

**へい【兵】**〔兵士〕병사〔軍〕군, 군대(軍隊), 부대(部隊) ⇨**兵隊**

**へい【塀】** 담〔垣根〕울타리 ¶家の周りに塀を巡らす 집 주위에 담을 두르다 / 泥棒は塀を乗り越えて侵入した 도둑은 담을 넘어서 침입했다.

**へいい【平易】**◇**平易だ** 평이하다〔容易だ〕쉽다 ¶この本は平易な韓国語で書いてあるから初心者でも何とか読める 이 책은 평이한 한국어로 쓰여 있어서 초보자라도 읽으려면 읽을 수 있다.

**へいえき【兵役】** 병역 ¶彼は2年間兵役に服した 그는 2년간 병역 복무했다. / **兵役を終える** 병역을 마치다 / 彼は病気を理由に兵役を免除された 그는 병을 이유로 병역을 면제받았다. / 韓国には兵役制度がある 한국에는 병역 제도가 있다.
関連 **兵役逃れ** 병역 기피

**へいおん【平穏】** 평온 ◇**平穏だ** 평온하다 ¶街は前夜の騒動が収まって平穏を取り戻していた 동네는 어젯밤의 소동이 가라앉아 평온을 되찾았다. / 父は定年退職後, 田舎で平穏無事に過ごしている 아버지는 정년퇴직 후 시골에서 평온히 지내고 계신다.

**へいか【陛下】** 폐하 ¶**天皇陛下** 천황폐하 / **天皇皇后両陛下** 천황 황후 양 폐하 / **国王[女王]陛下** 국왕[여왕] 폐하

**べいか【米価】** 미가(▶発音은 미까), 쌀값
関連 **米価審議会** 미가 심의회 / **生産者[消費者]米価** 생산자[소비자] 미가

**へいかい【閉会】** 폐회 ¶本日の会議はこれで閉会といたします 오늘의 회의는 이것으로 폐회하겠습니다. / 校長先生が閉会の辞を述べた 교장 선생님께서 폐회사를 하셨다. 関連 **閉会式** 폐회식

**へいがい【弊害】** 폐해〔害〕해 ¶過度の飲酒は健康に弊害をもたらす 과도한 음주는 건강에 해롭다.

**へいかん【閉館】** 폐관 ◇**閉館する** 폐관하다
¶図書館は5時に閉館する 도서관은 다섯 시에 폐관한다.

**へいき【平気】**◇**平気だ**〔気にかけない〕태연하다, 태연스럽다, 태평하다〔何ともない〕아무렇지도 않다, 끄떡없다〔大丈夫だ〕괜찮다 ◇**平気で** 태연히 ¶弟は人が困っていても平気な顔をしている 동생은 사람이 곤란에 빠져 있어도 태연한 얼굴을 하고 있다. / きのうひどいことを言ったくせにミンスは平気な顔で私に会いに来た 어제 심한 말을 한 주제에 민수는 태연한 얼굴로 나를 만나러 왔다. / 彼はあんなに危険な目にあってもいっこうに平気な様子だった 그는 그런 위험한 일을 당해도 아주 태평한 모습이었다.

¶「まあ, 熱が38度もあるじゃない」「これくらいは平気です」"어머, 열이 38도나 되잖아." "이 정도는 아무렇지도 않습니다." / 彼女はけがをしたようなのにまったく平気のようだった 그녀는 부상을 입었을 텐데 전혀 아무렇지도 않은 것 같았다.

¶蛇は平気だけどごきぶりはまったくだめです 뱀은 괜찮은데 바퀴벌레는 아주 싫어요. / 僕は暑いのは平気だが寒いのは苦手だ 나는 더운 것은 괜찮은데 추위는 못 참는다. / 彼はウイスキーをボトル1本飲んでも平気でいる 그는 위스키 한 병을

へいき

마셔도 아무렇지도 않다.
¶「迷惑かけるかもしれないけどよろしくね」「平気だよ、どうってことないさ」"폐를 끼칠지도 모르지만 잘 부탁해.""괜찮아. 뭘 그런 걸 가지고." / 「そんなことして平気なの」「大丈夫だよ」"그런 짓 해도 괜찮은 거야?""괜찮아." / 私は人が何と言おうと平気だ 나는 남들이 뭐라고 하든 괜찮다.
¶彼は平気でうそをつくから嫌いだ 그는 태연하게 거짓말을 하니까 싫다.

**へいき【兵器】** 병기 [武器] 무기 〔関連〕兵器工場 병기[무기] 공장 / 兵器庫 병기고, 무기고 / 化学[細菌]兵器 [세균] 무기 / 核兵器 핵무기 / 通常兵器 통상 병기[무기]

**へいきん【平均】** ❶ [中間値] 평균 ◇平均的 평균적인
[基本表現]
▷10と30の平均は20だ
10과 30의 평균은 20이다.
▷私は毎晩平均3時間勉強します
나는 매일 밤 평균 세 시간 공부합니다.
▷父は1日平均2箱たばこを吸う
아버지는 하루 평균 두 갑의 담배를 피우신다.
▷私の成績は平均より上[下]だ
내 성적은 평균보다 위[아래]다.
¶8月の平均気温は26度だった 팔월의 평균 기온은 26도였다. / チームの選手たちの平均年齢は24歳だ 팀의 선수들의 평균 연령은 스물네 살이다. / 数学のテストの平均点は63点だった 수학 테스트의 평균점은 63점이었다. / 日本人の平均寿命は世界一長い 일본인의 평균 수명은 세계에서 가장 길다. / 日本人女性の平均寿命は85歳である 일본인 여성 평균 수명은 85세이다.
¶男子生徒の身長の平均を出した 남학생 신장의 평균을 냈다. / 彼は平均して月に50万円ほど稼いでいる 그는 평균 월 50만 엔정도 벌고 있다.
❷ [均衡] 균형 ¶平均を失って危うく屋根から落ちそうになった 균형을 잃고 하마터면 지붕에서 떨어질 뻔했다. / 片足で平均を保つのは難しい 한 발로 균형을 유지하는 것은 어렵다. 〔関連〕平均株価 평균 주가 / 平均台 평균대 / 平均値 평균치 / 平均点 평균점 / 平均利回り 평균 이율

**へいげん【平原】** 평원

**べいご【米語】** 미국[미식] 영어

**へいこう【平行】** 평행 ◇平行する 평행하다 ¶この2本の線は互いに平行だ 이 두 개의 선은 서로 평행하다. / この道路は国道16号線と平行に走っている 이 도로는 국도 16호선과 평행하게 달리고 있다. / ABに平行な線分CDを引いた AB에 평행한 선분 CD를 그었다. / 会談は平行線のまま終わった 회담은 평행선인 채로 끝났다. 〔関連〕平行四辺形 평행 사변형, 나란히꼴 / 平行線 평행선 / 平行棒 평행봉

**へいこう【平衡】** 평형 ◇オートバイは平衡を失って転倒した 오토바이는 평형을 잃고 넘어졌다. / 凍結した道路で平衡を保つのは難しい 동결된 도로에서 평형을 유지하는 것은 어렵다. 〔関連〕平衡感覚 평형 감각 ⇒バランス

**へいこう【並行】** 병행 ◇並行する 병행하다 ¶我々は2つの計画を並行して進めている 우리는 두 개의 계획을 병행해서 진행시키고 있다. / これらの製品は並行輸入されたものだ 이 제품들은 병행 수입된 것이다.

**へいこう【閉口】** ◇閉口する [うんざりする] 질리다 ¶母のお説教には閉口する 어머니의 설교에는 질린다. / 君のわがままには閉口するよ 제멋대로 구는 너에게는 질린다.

**へいごう【併合】** 병합 [合併] 합병 ◇合併する 병합하다 ¶ライバル企業を併合する 라이벌 기업을 합병하다 / ハワイは1898年に米国に併合された 하와이는 1898년에 미국에 병합되었다.

**へいさ【閉鎖】** 폐쇄 ◇閉鎖する 폐쇄하다 ¶その鉱山は10年前に閉鎖された 그 광산은 10년 전에 폐쇄되었다. / 閉鎖的社会 폐쇄적인 사회

**べいさく【米作】** 미작 [稲作] 벼농사 ¶この地方は日本有数の米作地帯である 이 지방은 일본 유수의 벼농사 지대다.

**へいさつ【併殺】** [野球] 병살, 더블 플레이, 겟투 ¶4番バッターは併殺に倒れた 4번 타자는 더블 플레이로 아웃되었다.

**へいし【兵士】** 병사 [軍隊] 군대

**へいじつ【平日】** 평일, 평상일 ¶平日は仕事があるので家にはいません 평일에는 일이 있어서 집에 없습니다. / この店は平日の夜は9時で閉まる 이 가게는 평일 밤에는 아홉 시에 닫는다.

**へいじょう【平常】** 평상, 평상시, 정상 [普段] 평소, 보통, 보통 때 ¶彼は平常7時に家を出る 그는 보통 일곱 시에 집을 나선다. / 列車のダイヤは正午には平常に戻った 열차는 정오에는 정상 운행되었다. / その日店は平常どおり10時に開いた 그 날 가게는 평소처럼 열 시에 열었다. / 平常より30分遅れて開店した 평소 때보다 30분 늦게 개점했다.
¶どんな時でも彼は平常心を失わなかった 어떤 때에도 그는 평상심을 잃지 않았다.

**へいせい【平静】** 평정 [平穏] 평온 ◇平静だ 평정하다, 평온하다 ¶暴動から1週間後、町は平静に戻った 폭동으로부터 일 주일 후 시내는 평온을 되찾았다. / 彼はその話を聞いて平静ではいられなかった 그는 그 이야기를 듣고 마음이 진정되지 않았다. / 彼はホームランを打たれたがすぐに平静を取り戻し次のバッターを三振に打ち取った 그는 홈런을 맞았지만 바로 평정을 되찾아 다음 타자를 삼진으로 아웃시켰다. / 彼は平静を装おうと努めた 그는 평정을 위장하려고 노력했다. / 心の平静を保つ[失う] 마음의 평정을 유지하다[잃다]

**へいせつ【併設】** 병설 ◇併設する 병설하다
¶子供のいる女性社員のために社内に保育所を併設することが決定された 아이가 있는 여성 사원을 위해 사내에 보육소를 병설하기로 결정되었다. / その病院にはリハビリセンターが併設されている 그 병원에는 재활 치료 센터가 병설되어 있다.

**へいぜん【平然】** ◇平然としている 태연하다 ◇平然と 태연히, 태연스레 ¶姉は母が何を言って

**へいそ**【平素】평소 ¶平素から健康には注意してください 평소부터 건강에는 주의하세요.

**へいたい**【兵隊】〔兵士〕병사〔軍隊〕군대

**へいたん**【平坦】◇平坦だ 평탄하다 ¶平坦な道が森まで続いている 평탄한 길이 숲까지 이어져 있다. / 彼女の歩んできた道は決して平坦なものではなかった 그녀가 걸어온 길은 결코 평탄한 것은 아니었다.

**へいち**【平地】평지〔平野〕평야 ¶日本の国土は平地が少なく山地が多い 일본의 국토는 평지가 적고 산지가 많다.

**へいてん**【閉店】폐점 ◇閉店する 문을 닫다, 폐점하다 ¶この店は8時に閉店する 그 가게는 여덟 시에 문 닫는다. / 閉店は何時ですか 폐점은 몇 시입니까? / 閉店間際にデパートに駆け込んだ 폐점 직전에 백화점에 달려 들어갔다. / 閉店時間を延長する 폐점 시간을 연장하다 / 本日閉店(▶掲示) 금일 폐점 / その店は先月末で閉店した その 가게는 지난 달 말에 폐점했다.

**へいねつ**【平熱】평열, 정상 체온 ¶平熱はどのぐらいですか 평상시의 체온은 어느 정도입니까? / 体温が平熱より2,3度ほど高い 체온이 정상 체온보다 2, 3도 정도 높다.

**へいねん**【平年】평년〔例年〕예년 ¶6月の日照時間は平年を大きく下回った유월의 일조 시간은 예년을 크게 밑돌았다. / きのうの最高気温は平年より6度も高かった 어제의 최고 기온은 예년보다 6도나 높았다. / 今年の米の収穫は平年を上回るだろう 올해의 쌀 수확은 평년을 웃돌 것이다. / 今年の初詣の人出は平年並みだった 올해의 신년 참배자수는 예년 정도였다.

**へいはつ**【併発】병발 ◇併発する 병발하다 ¶盲腸炎は腹膜炎を併発することがある 맹장염은 복막염을 병발하는 경우가 있다. / その患者は風邪から肺炎を併発していた 그 환자는 감기로부터 폐렴이 병발되었다. 関連 併発症 병발증

**へいふく**【平服】평복〔普段着〕평상복 ¶平服でおいでください 평상복으로 와 주세요.

**へいほう**【平方】〔面積〕평방〔二乗〕제곱, 이승, 자승(自乗) (▶이승, 자승은 古い用語) ¶400平方メートルの土地 400평방미터의 토지 / 20メートル平方の土地 20미터 제곱의 토지 / 17の平方は289である 17의 제곱은 289이다. / 289の平方根を求めよ 289의 제곱근을 구하라.

**へいぼん**【平凡】◇平凡だ 평범하다 ¶私の夫は平凡なサラリーマンです 내 남편은 평범한 샐러리맨입니다. / あの映画、ストーリーが平凡すぎてちっともおもしろくなかったよ 그 영화 스토리가 너무 평범해서 하나도 재미없었다. / 今年も平凡な1年だった 올해도 평범한 1년이 었다. / 平凡な生活 평범한 생활 / 平凡な人生 평범한 인생

**へいまく**【閉幕】폐막 ◇閉幕する 폐막하다, 폐막되다〔終わる〕끝나다 ¶芝居が閉幕した 연극이 폐막되었다. / オリンピックが閉幕した 올림픽이 폐막되었다.

**へいめい**【平明】◇平明だ 명명하다〔平易だ〕평이하다 ¶この本は平明な文体で書かれている 이 책은 평이한 문체로 쓰여 있다.

**へいめん**【平面】평면 ◇平面的 평면적 ¶AはBと同一平面上にある A는 B와 동일 평면상에 있다. / 家の増築部分の平面図 집의 증축 부분의 평면도 関連 平面幾何学 평면 기하학 / 平面図形 평면 도형

**へいや**【平野】평야 ¶日本には平野が少ない 일본에는 평야가 적다. / 関東平野 간토 평야

**へいよう**【併用】병용 ◇併用する 병용하다 ¶2つの方法を併用する 두 가지 방법을 병용하다 / カナダでは英語とフランス語が公用語として併用されている 캐나다에서는 영어와 프랑스어가 공용어로서 병용되고 있다. / その2つの薬を併用するのは効果的ではない 그 두 개의 약을 병용하는 것은 효과적이지 않다.

**へいりょく**【兵力】병력 ¶韓国軍は67万の兵力を擁している 한국군은 67만의 병력을 가지고 있다.

**へいれつ**【並列】병렬 ¶電球を並列につなぐ 전구를 병렬로 연결하다 関連 並列回路 병렬 회로

**へいわ**【平和】평화 ◇平和だ 평화롭다, 평화스럽다 ◇平和に 평화로이, 평화스레 ◇平和的 평화적 ¶世界中の人々が平和を願っている 전 세계의 사람들이 평화를 기원하고 있다. / テロ活動は世界の平和を脅かしている 테러 활동은 세계의 평화를 위협하고 있다. / 国連は世界の平和をもたらすために努力している 국제 연합[유엔]은 세계의 평화를 이루기 위해 노력하고 있다. / 私たちの家庭の平和を乱さないでほしい 우리 가정의 평화를 깨지 말아 줘. / 日本は戦後長い間平和な状態にある 일본은 전후 긴 세월 평화로운 상태에 있다.

¶韓国の人々は一日も早い平和的統一を願っている 한국 사람들은 하루빨리 평화적 통일이 되기를 기원하고 있다. / 紛争を平和的に解決する 분쟁을 평화적으로 해결하다

¶原子力の利用は平和目的に限定するべきだ 원자력의 이용은 평화 목적으로 한정해야 한다. / 韓国の金大中元大統領が2000年にノーベル平和賞を受賞した 한국의 김대중 전대통령은 2000년에 노벨 평화상을 수상했다. 関連 平和維持活動(PKO)〔国連の〕유엔 평화 유지 활동 / 平和維持軍(PKF)〔国連の〕유엔 평화 유지군 / 平和外交 평화 외교 / 平和共存 평화 공존 / 平和主義者 평화주의자 / 平和条約 평화 조약

**ベーコン** 베이컨 ¶朝食にベーコンエッグを食べた 아침 식사로 베이컨 에그를 먹었다.

**ページ** 페이지, 쪽

基本表現
▶この本は200ページある
　이 책은 200페이지다.
▶教科書の18ページを開きなさい
　교과서 18페이지를[18쪽을] 펴라.
▶きょうはこの本を25ページ読んだ
　오늘은 이 책을 25페이지[25쪽] 읽었다.

▶彼女は雑誌のページをぱらぱらとめくった
그녀는 잡지 페이지를 훌훌 넘겼다.
¶120ページの〔反対側のページの〕写真を見てください 120페이지〔반대편 페이지〕의 사진을 보세요. / その単語は7ページの上に〔まん中辺りに、下に〕出ています 그 단어는 7페이지 위에〔한 가운데 쯤에, 밑에〕나와 있습니다. / 詳しくは23ページから30ページを参照してください 상세한 것은 23페이지부터 30페이지까지 참조하세요. / 25ページに〔から〕続く 25페이지에〔에서〕계속 / 20ページ以降を見よ 20페이지 이후를 보아라.
¶その事件は歴史の1ページとして記録されるだろう 그 사건은 역사의 한 페이지로서 기록될 것이다.

**ベージュ** 베이지(색), 낙타색(駱駝色) ¶ベージュのスーツ 베이지색 양복

**ベース** 〔野球の塁〕베이스, 누〔根拠, 基礎〕기초〔基地〕기지〔楽器の〕베이스 ¶飯田は2塁ベースに滑り込んでセーフだった 이이다는 2루 베이스에 미끄러져 들어와 세이프였다. / 彼はロックバンドでベースギターを弾いている 그 남자는 록밴드에서 베이스 기타를 치고 있다. / 彼は何を自分の意見のベースにしているのだろうか 그는 무엇을 자기 의견의 기초로 삼고 있는 것일까?
[関連] **ベースキャンプ** 베이스 캠프

**ペース** 페이스 ¶彼女は速い〔ゆっくりとした, 自分の〕ペースで走った 그녀는 빠른〔느릿한, 자기의〕페이스로 달렸다. / ペースを上げる〔落とす〕페이스를 올리다〔낮추다〕 / 自分のペースを守る 자기의 페이스를 유지하다 / 他の人とペースを合わせる 다른 사람과 페이스를 맞추다 / 彼のペースについていけない 그의 페이스에 못 따라간다. / 彼のペースにはまってしまった 그의 페이스에 빠져 버렸다. / 試合が相手のペースになった 경기가 상대의 페이스로 되었다. [関連] **ペースメーカー** 심장 보조기

**ベースアップ** 임금 인상(賃金引上) ¶会社は3パーセントのベースアップに応じた 회사는 3퍼센트의 임금 인상에 응했다.

**ペースト** 페이스트 ¶レバーペースト 리버 페이스트

**ペーパー** 〔紙〕종이〔文書〕문서, 서류(書類)
[関連] **ペーパーカンパニー** 유령 회사 / **ペーパーテスト** 필기 시험 / **ペーパードライバー** 장롱 면허, 페이퍼 드라이버 / **ペーパーバック** 페이퍼백

**ベール** 베일 ¶その国では女性たちはみな黒いベールをかぶっていた 그 나라에서는 여성들은 모두 검은 베일을 쓰고 있었다. / 彼の経歴は謎のベールに包まれている 그의 경력은 수수께끼의 베일에 싸여 있다.

**-べからず** 《動詞語幹+》-지 말 것 ¶触るべからず 만지지 말 것 / 芝生に入るべからず 잔디에 들어가지 말 것

**-べき** 〔…しなければならない〕-아야〔-어야, -여야〕하다〔当然…の〕-아야〔-어야, -여야〕할 것이다〔…に値する〕-ㄹ〔-을〕만하다 ¶生徒は校則に従うべきだ 학생은 교칙에 따라야 한다. / 外見で人を判断すべきでない 외견으로 사람을 판단해서는 안 된다. / 人の話は最後までちゃんと聞くべきだ 남의 이야기는 마지막까지 확실히 들어야 한다. /「このことを今すぐ子供たちに話すべきかしら」「いや, やめておこう」"이것을 지금 당장 아이들에게 이야기해야 할까?" "아니, 하지 말자." / 学生時代にもっと勉強しておくべきだった 학생 시절에 좀 더 공부해 둘 것을.
¶やるべきことがたくさんありすぎて, どれから手をつけていいかわからない해야 할 일이 너무 많아서 뭐부터 손을 대야 할지 모르겠다. / ヨンヒは彼のプロポーズを受けるべきかどうか迷っている 영희는 남자 친구의 프러포즈를 받아들여야 할지 어떨지 망설이고 있다.
¶あの選手は注目すべき若手の一人だ 그 선수는 주목할 만한 젊은 선수 중 하나이다.

**へきえき**【辟易】◇辟易する〔うんざりする〕질리다 ¶母のお説教には辟易する 엄마의 설교는 지긋지긋하다.

**へきが**【壁画】벽화 ¶洞窟壁画 동굴 벽화

**へきち**【僻地】벽지 ¶僻地の学校 벽지 학교

**ヘクタール** 헥타르(▶記号 ha)

**ヘクトパスカル** 헥토파스칼(▶記号 hPa)

**ベクトル** 벡터

**へこたれる**〔くじける〕녹초가 되다, 주저앉다
¶一度や二度の挫折でへこたれるな 한두 번의 좌절로 주저앉지 마.

**ベゴニア** 베고니아, 추해당

**ペコペコ** ◇ぺこぺこする〔しきりに頭を下げる〕굽실거리다 ¶ぺこぺこだ〔お腹がすく〕배가 몹시 고프다 ¶部長は社長にぺこぺこしていた 부장은 사장한테 굽실거렸다. / お腹がぺこぺこだ 배가 너무 고프다.

**へこます**【凹ます】움푹 들어가게 하다, 우그러ずてる〔やり込める〕납작하게 만들다, 굴복시키다 ¶車を壁にぶつけてボディーをへこませてしまった 차를 벽에 부딪혀서 차체를 우그러뜨리고 말았다. / もう少し腹をへこませたほうがいいよ 조금 더 뱃살을 빼는 게 좋아.
¶彼女の鋭い反論が彼を完全にへこませた 그녀의 날카로운 반론이 그를 완전히 굴복시켰다.

**へこむ**【凹む】우그러지다〔陥没する〕꺼지다〔気落ちする〕낙심하다 ¶衝突で車の前がへこんでしまった衝撃に 車 앞이 우그러져 버렸다. / バケツがへこんでいる 양동이가 우그러져 있다.
¶落石で建物の屋根がへこんだ 낙석으로 건물의 지붕이 꺼졌다. / 地面がへこむ 땅이 꺼지다 / 腹がへこむ 배가 꺼지다
¶一度くらいの失敗でそんなにへこむな 한번만의 실수에 그렇게 낙심하지 마.

**ペこり** ◇ぺこりと 꾸벅 ¶少女は私にぺこりと頭を下げた 소녀는 나에게 꾸벅 고개를 숙였다.

**へさき**【舳先】뱃머리, 이물 ¶ボートは舳先を岸に向けた 보트는 뱃머리를 해안으로 향했다.

**へしおる**【圧し折る】꺾다 ¶強風が木の枝をへし折った 강풍이 나뭇가지를 꺾었다.

**ペシミズム** 비관주의 [関連] **ペシミスト** 비관주의자

**ベスト** ❶〔最善〕베스트, 최선 ¶ベストを尽くす 최선을 다하다 / 我々はただベストを尽くすだけだ 우

리들은 그저 최선을 다할 뿐이다. / 彼の言うとおりにするのがベストだと思うよ 그 사람이 말하는 대로 하는 게 최선이라고 생각해.

¶彼の本は空前のベストセラーとなった 그의 책은 공전의 베스트셀러가 되었다. / 彼女はベストドレッサーに選ばれた 그녀는 베스트드레서로 뽑혔다. / その歌は3週連続ベストテン入りしている 그 노래는 3주 연속 베스트 텐에 들어갔다. / 我々はベストコンディションで試合に臨んだ 우리는 최상의 컨디션으로 경기에 임했다.

❷〔チョッキ〕조끼, 베스트(▶韓国語의 베스트는 女性用의 チョッキ에 대해서만 쓴다)¶彼女はしゃれたベストを着ていた 그녀는 멋진 조끼를 입고 있었다.

**ペスト** 페스트, 흑사병(黒死病)

**へそ【臍】** 배꼽 ¶その若い女の子はへそ出しルックの短いTシャツを着ていた 그 젊은 여자는 배꼽이 나오는 짧은 티를 입고 있었다. 慣用句へそが茶を沸かす 배꼽을 쥐다[빼다] / 妹は兄に笑われてへそを曲げた 동생은 오빠에게 놀림당해서 토라졌다. 関連へその緒 탯줄 / へそ曲がり〔ひねくれた人〕 청개구리

**べそ** ¶べそをかく 울상을 짓다

**へそくり【臍繰り】** 비상금 ¶家内は家計からへそくりをしている 아내는 가계에서 비상금을 만들고 있다. / まさかの時に備えて彼女は小金をへそくりしている 만일의 경우에 대비해서 그녀는 약간의 돈을 빼돌려 두었다.

**へた【下手】** ¶下手だ 서투르다 ¶私の妻は料理が下手だ 우리 집사람은 요리가 서투르다. / 彼女は包丁の使い方が下手だ 그 여자는 칼 솜씨가 서투르다. / 外国人に道を聞かれ下手な英語で一生懸命説明した 외국인이 길을 물어서 서툰 영어로 열심히 설명했다. / 下手な言い訳は聞きたくありません 어설픈 변명은 듣고 싶지 않습니다.

¶下手をするとあすまでに仕上がらないかもしれない 자칫 잘못하면 내일까지 완성 못 할지도 모른다. / 君は下手に口出ししないほうがいい(→うかつに) 너는 섣불리 참견하지 않는 편이 좋다. 慣用句私のテニスは下手の横好きです 난 테니스가 서투르지만 좋아하긴 합니다. / 下手な鉄砲も数撃ちゃ当たる 총 솜씨가 없어도 많이 쏘다 맞는다. / 下手な考え休むに似たり 공연한 궁리는 가만히 있는 것만 못하다.

**へた【蔕】** 꼭지 ¶いちごのへた 딸기 꼭지

**へだたり【隔たり】** 〔差異〕 차이 〔間隙〕 간격 ¶両者の主張には大きな隔たりがある 두 사람의 주장에는 큰 차이가 있다. / あの2人は年齢の隔たりを感じさせないほど気が合っている 그 두 사람은 연령의 차이를 느낄 수 없을 정도로 마음이 잘 맞는다.

**へだてる【隔てる】** 〔分離する〕 사이를 두다, 가르다〔仕切る〕 칸을 막다 ¶大通りを隔てた向こう側にコンビニがある 큰길을 사이에 두고 건너편에 편의점이 있다. / 彼らはテーブルを隔てて向かい合った 그들은 테이블을 사이에 두고 마주 앉았다. / 台所と居間をカーテンで隔てる 부엌과 거실

을 커튼으로 칸막이했다

¶私たちは10年という歳月を隔てて再会した 우리는 10년이라는 세월을 거쳐 재회했다.

**へたばる** 축 늘어지다, 녹초가 되다 ⇒疲れる

**べたべた** 끈적끈적하다, 덕지덕지 〔一面に〕 더덕더덕 〔べったり〕 바싹 ◇べたべたする 끈적끈적하다 〔男女が〕 바싹 달라붙다 ¶床にこぼれたジュースでべたべたしている 마루가 엎질러진 주스로 끈적끈적하다. / シャツが汗で体にべたべたくっつく 셔츠가 땀으로 몸에 바싹 달라붙는다. / 蒸し暑くて体が汗でべたべただ 무더워서 몸이 땀으로 끈적끈적했다. / 息子の部屋は壁にアイドルタレントのポスターがべたべた貼ってある 아들 방 벽에는 인기 아이돌 스타의 포스터가 더덕더덕 붙어 있다. / 画家はキャンバスに黄色の絵の具をべたべた塗った 화가는 캔버스에 노란색 물감을 덕지덕지 발랐다.

¶あいつはナミといつもべたべたしている 그 녀석은 나미와 항상 바싹 달라붙어 있다.

**ペダル** 페달 ¶ペダルを踏む 페달을 밟다 / 彼は懸命に自転車のペダルを踏んで坂道を上った 그 남자는 부지런히 자전거 페달을 밟아 언덕길을 올라갔다.

**ペたん** ◇ぺたんと 탈싹 ¶おばあちゃんは床にぺたんと座っていた 할머니는 바닥에 탈싹 주저앉아 계셨다.

**ペチコート** 페티코트, 속치마

**ペちゃくちゃ** 재잘재잘 ¶ぺちゃくちゃしゃべる 재잘재잘 이야기하다

**ペちゃんこ** ◇ぺちゃんこになる 납작하게 되다〔気落ちする〕 풀이 죽다 ¶段ボール箱は車にひかれてぺちゃんこになった 골판지 상자는 차에 깔려 납작하게 되었다. / 家が地震でぺちゃんこになった 집이 지진으로 폭삭 내려앉았다.

¶ヒョンホは自信作を指導教授にけなされてぺちゃんこになった 현호는 자신작을 지도 교수한테 혹잡혀서 몹시 풀이 죽었다.

**べつ【別】** ❶〔違う〕 ◇別だ 다르다 ◇別の 다른, 딴 ◇別に 달리, 따로, 별도로 ¶韓国語は得意だけど教えるとなるとまた別だ 한국어는 잘하긴 하는데 가르치는 건 얘기가 다르다.

¶別のスカーフを見せてください 다른 스카프도 좀 보여 주세요. / 私は彼とは別の意見を持っています 나는 그와는 다른 의견입니다. / 私と夫はそれぞれ別の携帯電話を持っている 나와 남편은 각각 딴 휴대폰을 가지고 있다. / 〔電話で〕「佐藤さんはいらっしゃいますか」「申し訳ありませんが、ただ今別の電話に出ています」"사토 씨 계십니까?" "죄송합니다만 지금 다른 전화를 받고 있습니다." / みんなカレーにしたの? じゃあ、私は別なのを頼むわ 모두 카레로 했어? 그러면 난 다른 거 시켜야지.

¶この仕事とは別にもう1本仕事を抱えている 이 일과는 별도로 다른 일도 하고 있다.

❷〔区別〕 구별 ◇別に 따로, 별도로 ¶年齢の別なくだれでもボランティア活動に参加することができる 연령의 구별 없이 누구라도 봉사 활동에 참가할 수 있다. / 私は昼夜の別なく働いた 나는 밤낮을 가리지 않고 일했다.

¶この品物だけ別に包んでもらえますか 이 물건만

따로 싸 주시겠습니까? / このケーキ、ヨンヒの分だけ別に取っておこう 이 케이크, 영희 몫은 따로 남겨 두자. / 表示価格とは別に消費税を払わなければならない 표시 가격과는 별도로 소비세를 내야 된다.

¶図書館の本は著者別に分類してあります 도서관 책은 저자별로 분류되어 있습니다. / 食事は料金に含まれていますが、飲み物は別料金になります 식사는 요금에 포함되어 있습니다만 음료수는 별도 요금입니다.

❸ [特別] ◇別に 별로, 특별히 ¶「あした何してる?」「別にすることはないけど」 "내일 뭐 해?" "별로 할 일 없는데 왜?" / 「どうしてこんなことをしたの」「別に理由はないよ」 "왜 이런 일을 했어?" "특별히 이유는 없어."

¶「きょう何か彼女の様子がおかしかったね」「そう? 別に変わったところはなかったけど」"오늘 그 여자 왠지 좀 이상했지?" "그래? 별로 이상한 점 없었던 것 같은데." / 「ユニと一緒にそこへ行ってくれるかい」「僕は別に構わないよ」 "유니랑 같이 거기 좀 가 줄래?" "나는 괜찮아."

❹ [除いて] 제외(除), 예외(例外) ¶彼を別にしてみんな私の意見に賛成だった 그를 제외하고 모두 내 의견에 찬성했다. / 冗談は別にして本当にマラソンに出るの? 농담은 그만두고 정말 마라톤 나가? / 僕は毎日風呂に入るが病気の時は別だ 나는 매일 목욕하지만 아플 때는 예외다.

べっかん【別館】 별관

べっきょ【別居】 별거 ◇別居する 별거하다 ¶彼女は夫と別居している 그 여자는 남편과 별거하고 있다. / たった2年の結婚生活の後、彼らは別居することにした 단 2년의 결혼 생활 후 그들은 별거하기로 했다. / 彼は妻と昨年10月から別居している 그 남자는 작년 시월부터 아내와 따로 살고 있다.

べっこう【鼈甲】 대모갑 関連 べっ甲細工 대모갑 세공

べっさつ【別冊】 별책 ¶別冊付録 별책 부록

べっし【別紙】 별지 ¶会議は別紙のとおり30日に行われます 회의는 별지에 나온 대로 30일에 집니다.

べつじょう【別状】 이상(異状) ¶息子さんの生命に別状はありません 아드님의 생명에 이상은 없습니다. / ご主人は負傷しているものの命には別状はありません 남편분은 부상 입으셨지만 목숨에는 이상 없습니다.

べつじん【別人】 딴사람 ¶キョンヒはチマチョゴリを着ると別人のように見える 경희는 한복을 입으면 딴사람처럼 보인다. / 彼は指名手配中の強盗犯と別人と判明した 그는 지명 수배중인 강도범이 아니라는 것이 판명됐다.

べっせい【別姓】 ¶夫婦別姓を認めるべきだと思いますか 부부가 서로 다른 성씨를 쓰는 것을 인정해야 한다고 생각합니까?

べっそう【別荘】 별장 ¶この夏は家族で軽井沢の貸し別荘に滞在した 이번 여름에는 가족끼리 가루이자와의 임대 별장에서 지냈다.

べったり 착싹, 찰딱 ¶明のシャツの胸にケチャプがべったりついている 아키라의 셔츠 가슴에 케찹이 찰딱 묻어 있다. / 休日には子供たちは父親にべったりくっついている 휴일에 아이들은 아버지에게 찰싹 달라붙어 있다.

ペット 페트, 애완동물 ¶私は犬をペットにしています 전 개를 애완동물로 키우고 있어요. / このマンションではペットは飼えないことになっています 이 아파트에서는 애완동물을 키울 수 없습니다.
関連 ペットショップ 페트숍, 애완동물 가게

ベッド 베드, 침대(寝台) ¶子供たちは9時にはベッドに入る 아이들은 아홉 시에는「침대에 들어간다[잔다]. / 娘は人形を抱いてベッドに入った 딸은 인형을 안고「침대로 들어갔다[잤]. / 彼は郊外のベッドタウンに引っ越して –来た 그 남자는 교외의 위성 도시로 이사했다. 関連 ベッドカバー 침대 덮개 / ベッドシーン 베드 신 / ベッドタウン 베드타운 / ベッドルーム 침실 / シングル[ダブル]ベッド 싱글[더블] 베드 / 2段ベッド 이층식 침대

ペットボトル 페트병 ¶ペットボトルのリサイクル 페트병 재활용 関連 ペットボトル飲料 페트병 음료 / ペットボトルロケット 페트병 물로켓

ヘッドホン 헤드폰 ¶ヘッドホンで音楽を聴く 헤드폰으로 음악을 듣다

ヘッドライト 헤드라이트, 전조등(前照燈) ¶ヘッドライトをつける[消す] 헤드라이트를 켜다[끄다]

べつびん【別便】 별편 ¶資料は別便で送ります 자료는 별편으로 보냅니다.

べつべつ【別々】 ◇別々の 각각의, 제각기의 (違った) 다른 ◇別々に 각각, 제각기, 따로 ¶子供たちは別々の部屋を欲しがった 아이들은 각각의 방을 갖고 싶어했다. / 私たちはそれぞれ別々の料理を注文した 우리는 제각기 다른 요리를 주문했다.

¶お勘定は別々にしてください 계산은 따로따로 해 주세요. / 教室では男子と女子が別々に座っていた 교실에서는 남자와 여자가 따로 앉아 있었다. / このチョコレートの詰め合わせを別々に包んでもらえますか 이 초콜릿 세트를 따로따로 싸 주시겠습니까?

べつめい【別名】 별명, 일명 [偽名] 위명 ¶警察は山田、別名田中某を殺人の容疑で逮捕した 경찰은 야마다 일명 다나카 모씨를 살인 혐의로 체포했다.

べつもんだい【別問題】 별문제, 다른 문제, 딴문제 ¶それはこれとは別問題だ 그것은 이것과 다른 문제다. / 経費は別問題にして、その計画にはいくつか難点がある 경비는 다른 문제로 치더라도 그 계획에는 몇 가지 난점이 있다.

へつらう【諂う】 아첨하다 ¶あいつはいつも上司にへつらっている 그 녀석은 항상 상사에게 아첨한다. / よい点数をもらおうとして先生にへつらう学生もいる 좋은 점수를 받으려고 선생님께 아첨하는 학생도 있다.

べつわく【別枠】 ◇別枠の 별도의 ◇別枠で 별도로 ¶その企画には別枠の予算を組んだ 그 기획에는 별도의 예산을 짰다.

ペディキュア 페디큐어 ¶夏にはマニキュアとペディキュアをする 여름에는 매니큐어와 페디큐어

를 한다. / ヨンヒは足の爪に銀色のペディキュアをしていた 영희는 발톱에 은색 페디큐어를 하고 있었다.

**ヘディング** 《サッカー》헤딩 ◇ヘディングする 헤딩하다 ¶ヘディングシュート 헤딩슛

**ベテラン** 베테랑, 익수 ¶ベテラン教師 베테랑 교사 / ベテランの弁護士 베테랑 변호사 / こういう仕事なら彼はベテランだ 그는 이런 일에는 베테랑이다.

**ぺてん** 속임수, 사기(詐欺) ¶彼女はそのお年寄りをぺてんにかけた 그 여자는 그 노인에게 사기를 쳤다. / 彼は朴氏をぺてんにかけて金をまきあげた 그 남자는 박 씨에게 사기를 쳐서 돈을 갈취했다. 関連 ぺてん師 사기꾼

**へど**【反吐】구역질, 욕지기 ¶彼は腹を殴られてへどを吐いた 그는 배를 맞아서 구역질을 했다. / あいつの顔を見ただけでへどが出る 그 녀석 얼굴을 보기만 해도 구역질이 난다.

**べとつく** 끈적거리다, 찐득거리다 ¶赤ん坊の顔はよだれでべとついていた 아기의 얼굴은 침으로 끈적거렸다.

**へとへと** へとへとになる 녹초가 되다 / 腕立て伏せを50回やってへとへとだよ 팔 굽혀 펴기를 50번 해서 녹초가 되었다.

**べとべと** 끈적끈적, 찐득찐득 ¶汗で体がべとべとする 땀에 젖은 몸이 끈적거린다. / シャツは汗でべとべとだった 셔츠는 땀으로 끈적거렸다. / サンフンのほおはキャンディーでべとべとだ 상훈이의 볼은 사탕으로 끈적끈적하다.

**へどろ**【汚泥】오니(汚泥)

**ペナルティー** 페널티, 위약금 ¶わが社は契約違反で100万円のペナルティーを課せられた 우리 회사는 계약 위반으로 100만 엔의 위약금을 부과받았다. / 中村がペナルティーゴールを決めた 나카무라가 페널티 골을 넣었다. 関連 ペナルティーキック 페널티 킥

**ペナント** 페넌트 〔優勝旗〕우승기 ¶今シーズンのペナントの行方はまだわからない 이번 시즌 우승의 행방은 마지막까지 알 수 없다. 関連 ペナントレース 페넌트 레이스

**ペニシリン** 페니실린

**ペニス** 페니스, 음경(陰茎), 자지

**ベニヤ** 베니어 ¶ベニヤ板 베니어판, 베니어합판

**ペパーミント** 페퍼민트

**へばりつく** 달라붙다, 바짝 붙다, 들러붙다 ¶枯れ葉が壁にへばりついていた 마른 잎이 벽에 달라붙어 있었다. / 彼は塀にへばりついてトラックをよけた 그는 담에 바짝 붙어 트럭을 피했다.

**へび**【蛇】뱀 ¶へびがにょろにょろはっている 뱀이 꿈틀꿈틀 기고 있다. / 草むらで蛇に手をかまれた 풀숲에서 뱀에게 손을 물렸다. / 蛇の毒 뱀독 / 蛇革のベルト 뱀가죽 벨트

¶川が平野を蛇のように曲がりくねって流れている 강이 평야를 뱀처럼 구불거리며 흐르고 있다. 慣用句 彼の前に出るとまるで蛇ににらまれたかえるのように身動きできなくなる 그 사람 앞에 가면 마치 고양이 앞의 쥐처럼 꼼짝도 못하게 된다. 関連 蛇遣い 뱀 부리는 사람 / 大蛇 큰 뱀 / 毒蛇 독사

**ヘビー** ¶ヘビー級の選手 헤비급 선수 / 彼はヘビースモーカーだ 그 사람은 골초다.

**ベビー** 〔赤ん坊〕아기, 아이 〔乳児〕젖먹이, 유아 ¶ベビー用品売場 유아 용품 매장 関連 ベビーカー 〔乳母車〕유모차 / ベビーサークル 아기 놀이울 / ベビーシッター 베이비시터, 보모, 아기 보는 사람 / ベビーフード 유아식(乳兒食) / ベビーアルバム 베이비 앨범 / ベビー服 유아복(乳兒服) / ベビーベッド 유아용 침대

**ヘビメタ** 헤비 메탈 ¶ヘビメタバンド 헤비 메탈 밴드

**ヘブライ** ¶ヘブライ語 히브리 어 / ヘブライ人 히브리 인

**へま**【失敗】실수 ◇へまな 〔間抜けな〕바보 같은 ¶また、へまをやったな 또 실수했구나. / へまな泥棒 바보 같은 도둑

**へや**【部屋】방 ¶うちは1階に2部屋、2階に3部屋あります 우리 집은 1층에 방 두 개, 2층에 방이 세 개 있습니다. / この部屋は2人で使うには狭すぎる 이 방은 두 사람이 사용하기에는 너무 좁다. / ホテルに部屋を予約しておいた 호텔에 방을 예약해 두었다. /「部屋代は月いくらですか」「7万円です」"방세는 한 달에 얼마입니까?" "7만 엔입니다." / 彼女はそのマンションの5階に部屋を借りた 그 여자는 그 아파트 5층에 방을 빌렸다. / 貸し部屋あり(▶掲示)임대방 있음

¶広い[狭い]部屋 넓은[좁은] 방 / 5部屋の家 방이 다섯 개 있는 집 数え方 部屋1間[室] 방 한 칸 関連 部屋着 실내복 / オンドル部屋 온돌방 / 子供部屋 아이들방

**へら**【箆】주걱 関連 靴べら 구두 주걱

**へらす**【減らす】〔数量・範囲・程度などを〕줄이다 〔腹を〕배가 고프다, 굶주리다 ¶不景気で従業員の数を減らさざるを得ない 불경기로 종업원 수를 줄이지 않을 수 없다. / わが国は防衛費を減らしている 우리 나라는 방위비를 줄이고 있다. / 支出を減らす 지출을 줄이다 / 妻は私にたばこを減らすようにと言った 아내는 나에게 담배를 줄이라고 말했다. / 肝臓の調子が悪いんだからアルコールの量を減らしたほうがいい 간장 상태가 나쁘니까 알콜 양을 줄이는 편이 좋다. / 彼女は体重を減らすためにダイエットしている 그 여자는 체중을 줄이기 위해 다이어트를 하고 있다.

¶お腹を減らして帰ってくる子供たちのためにおやつを準備しておいた 배고파서 돌아올 아이들을 위해 간식을 준비해 두었다. / 腹を減らした狼 굶주린 늑대

**へらずぐち**【減らず口】건방진 소리, 주제넘은 말 ¶減らず口をきく 건방진 소리를 하다 / 減らず口をたたく主題 넘은 말 하지 마.

**べらべら** 재잘재잘 ¶妹は電話で友達とべらべらしゃべっている 여동생은 전화로 친구와 재잘재잘 수다를 떨고 있다. / 脅されたら彼は秘密をべらべらしゃべってしまうだろう 협박당하면 그는 비밀을 재잘재잘 말해 버릴 것이다.

**ぺらぺら** 〔流暢な様子〕유창하게 ◇ぺらぺらだ

べらぼう

유창하다〔立て続けにしゃべる様子〕줄줄, 술술〔薄っぺらい様子〕흐르르 ¶彼女は韓国語がぺらぺらだ 그 여자는 한국말이 유창하다. / 彼女はぺらぺらよくしゃべる 그 여자는 청산유수다. / ぺらぺらの紙(→厚)얇은 종이

**べらぼう**【篦棒】◇べらぼうな 터무니없는 ¶骨董屋は古いつぼにべらぼうな値段を要求した 골동품 가게 주인은 오래된 항아리에 터무니없는 가격을 요구했다. / そんなべらぼうな話があるか 그런 터무니없는 이야기는 하지 마.

**ベランダ** 베란다

**ヘリウム** 헬륨

**ペリカン** 펠리컨, 사다새

**へり**【縁】가장자리, 가〔端〕끝 ⇨ふち

**へりくだる**【遜る】겸손에 대하다, 자기를 낮추다 ¶そんなにへりくだることはありませんよ 그렇게 자기를 낮출 필요는 없어요.

**へりくつ**【屁理屈】억지 ¶屁理屈を言うのはよしなさい 억지 좀 그만 부리렴.

**ヘリコプター** 헬리콥터

**ヘリポート** 헬리포트, 헬리콥터 발착소

**へる**【減る】❶〔少なくなる〕〔度合・数量・強度・力などが〕줄다, 적어지다〔すり減る〕닳다 ¶10年間でその村の人口は半分に減った 10년간에 그 마을의 인구는 반으로 줄었다. / 少子化の加速で子供の数が年々減ってきている 저출산이 가속화됨에 따라 아이들의 수가 해마다 줄고 있다. / ここ数か月ほとんど雨が降らずダムの貯水量が減っている 이 몇 달 동안 비가 거의 내리지 않아 댐의 저수량이 줄고 있다. / スーパーに食われて店の売り上げが減った 슈퍼 때문에 가게의 매상이 적어졌다. /「あ, ワインが減ってる」「お母さんが料理に使ったよ」"어, 와인이 줄었어." "엄마가 요리에 썼어요." /「ダイエットの効果はあった?」「うん, 3キロ減ったよ」"다이어트 효과는 있었어?" "응, 3킬로 줄었어."

¶靴のかかとが減る 구두 굽이 닳아 버리다

❷〔腹が減る〕배가 고프다 ¶腹が減った 배고파. (▶現在形で表す)

**へる**【経る】❶〔時がたつ〕흐르다, 지나다, 지나가다 ¶その当時の思い出は月を経るにつれだんだん薄れてきた 그 당시의 추억은 세월이 지남에 따라 점점 희미해졌다. / 建立から長い年月を経た今, 寺は修復が必要となった 건립으로부터 긴 세월이 지난 지금 절은 복구가 필요해졌다. / 死後3年を経て初めて彼の本が出版された 사후 3년이 지나 처음으로 그의 책이 출판되었다.

❷〔通過する〕지나다, 통과하다, 거치다 ¶列車は京都を経て神戸へ向かった 열차는 교토를 지나서 고베를 향했다.

❸〔ある段階を通る, 過程をたどる〕통과하다, 거치다, 겪다 ¶選手たちは地方予選を経て全国大会への出場資格を得ることができる 선수들은 지방 예선을 통과해야 전국 대회에의 출장 자격을 얻을 수 있다. / 彼はさまざまな職業を経て流行作家になった 그는 여러 가지 직업을 거쳐 유행 작가가 되었다. / 彼は多くの困難を経て今の地位を築いた 그는 많은 곤란을 겪고 지금의 지위를 이루었다.

**ベル** 벨, 종(鐘)〔呼び鈴〕초인종 ¶玄関のベルが鳴っている 현관 초인종이 울리고 있다. / あっ, ベルが鳴った 앗, 벨이 울렸어. / ご用の時はベルを鳴らしてください 필요하실 때에는 벨을 울려 주십시오. 関連 非常ベル 비상벨

**ヘルツ** 헤르츠(▶記号 Hz) ¶この地域では家庭用電気は60ヘルツの交流だ 이 지역에서 가정용 전기는 60헤르츠 교류다. 関連 キロヘルツ 킬로헤르츠(▶記号 kHz) / メガヘルツ 메가헤르츠(▶記号 MHz)

**ベルト** 벨트〔バンド〕허리띠 ¶ベルトを締める 허리띠를 차다 / ベルトをゆるめる 벨트를 느슨하게 하다 / 彼女は腰に黒の太いベルトをしていた 그녀는 허리에 검고 굵은 벨트를 하고 있었다. / シートベルトを締めてください 좌석 안전 벨트를 매 주세요. 関連 ベルトコンベア 벨트 콘베이어

**ヘルニア** 헤르니아, 탈장(脫腸)

**ヘルパー** 도우미〔ホームヘルパー〕간병인(看病人) ¶彼女は母の介護のため, 週に一度ヘルパーを頼んでいる 그녀는 어머니의 간호를 위해 일 주일에 한 번 간병인을 부르고 있다.

**ヘルメット** 헬멧 ¶ヘルメットをかぶる 헬멧을 쓰다

**ベレーぼう**【ベレー帽】베레모, 베레

**ヘロイン** 헤로인

**ぺろりと** 할짝; 날름 ¶少年は指に付いたジャムをぺろりとなめた 소년은 손가락에 묻은 잼을 날름 핥았다. / その子は私に向かってぺろりと舌を出した 그 아이는 나를 향해 날름 혀를 내밀었다. / 彼はビビンバをぺろりと平らげた 그 사람은 비빔밥을 남김없이 먹어 치웠다.

**へん**【辺】〔数学〕변〔辺り〕주변, 근처〔程度〕정도 ¶3辺の長さがそれぞれ3, 4, 5センチの三角形 세 변의 길이가 각각 3, 4, 5센티의 삼각형 / 三角形の底辺 삼각형의 밑변

¶この辺に花屋はありますか 이 주변에 꽃집은 있습니까? / きょうはこの辺にしましょう 오늘은 이 정도로 합시다. / その辺の事情をくみ取ってください 그런 사정을 헤아려 주세요.

**へん**【変】◇変だ 이상하다〔おかしい〕수상하다〔奇妙だ〕기묘하다 ¶昨晩変な夢を見たのえっ 어젯밤 이상한 꿈을 꾸었다. / 彼は窓のない変な家に住んでいる 그는 창이 없는 이상한 집에 살고 있다. / このスープは変な味がした 이 수프는 이상한 맛이다. / 祖父はかなり変な人だ 할아버지는 아주 이상한 분이시다. / 人を変な目で見るなよ 사람을 이상한 눈으로 보지 마.

¶あいつが食欲がないなんて変だと思わないか 그 녀석이 식욕이 없다니 이상하다고 생각하지 않아? / 彼からひと月も連絡がないとは変だ 그로부터 한 달이나 연락이 없다니 이상하다. / 車の調子が変だ 차 상태가 이상하다. / どこか変だとすぐさま気づいた 어딘가 이상하다고 바로 눈치챘다.

¶恐怖で気が変になりそうだった 공포로 정신이 이상해질 것 같았다. / 飛行機の轟音で耳が変になった 비행기 소음으로 귀가 이상해졌다. / 変に思えるかもしれないが事実は事実だ 이상하게 생각될지 모르겠지만 사실은 사실이다. / 久し振りに

へん【偏】(漢字の)변

へん【編】편 ¶ノートのそのページには1編の詩が書かれていた 노트의 그 페이지에는 한 편의 시가 씌어져 있었다.
¶小説の前編 소설의 전편 / 佐藤教授編の国語辞典 사토 교수 편저의 국어사전 関連 編者 편자, 엮은이

べん【便】❶ 〔便宜〕편의 〔交通の〕편 ¶その大学は学生の就職活動支援のために様々な便を図っている 그 대학은 학생의 취업 활동 지원을 위해 여러 가지 편의를 도모하고 있다. / そのホテルは身体障害者の便を図って改造された 그 호텔은 장애자의 편의를 도모해서 개조되었다.
¶この辺はバスの便がよい 이 주변은 버스 편이 좋다. / この村は交通の便が悪い 이 마을은 교통편이 불편하다.
❷〔便通〕《医学》변, 대변, 똥 ¶便をする 변을 보다 / 年に1回便の検査をしてもらう 일년에 한 번 대변 검사를 받다 / きょうは軟便だった 오늘은 무른 변이었다. 関連 血便 혈변, 피똥

べん【弁】〔弁舌〕말, 언변 〔方言〕말씨, 말투, 사투리 〔機械などのバルブ〕밸브, 판 ¶彼は弁が立つからその役には適任だ 그는 언변이 좋기 때문에 그 임무에는 적임이다. / 彼は10年も東京に住んでいるが今も関西弁で話す 그 남자는 10년이나 도쿄에 살고 있지만 지금도 간사이 사투리로 말한다.
¶弁を開ける〔閉じる〕밸브를 열다〔잠그다〕
関連 安全弁 안전밸브, 안전판

ペン 펜 ¶その作家は原稿をペンで書く 그 작가는 원고를 펜으로 쓴다. / このペンは書きやすい 이 펜은 쓰기 쉽다. 慣用句 ペンは剣よりも強し 펜은 칼보다 강하다. / 山田氏との論争以後、ペンを折った やまだ 씨는 그 논쟁 이후 문필 활동을 그만두었다. 関連 ペン先 펜촉 / ペン字 펜글씨 / ペン軸 펜대 / ペン習字 펜 습자 / ペンネーム 펜네임 / ペンフレンド 펜팔 / ボールペン 볼펜

へんあつ【変圧】변압 関連 変圧器 변압기
へんい【変異】변이 関連 突然変異 돌연 변이
へんおんどうぶつ【変温動物】변온 동물

へんか【変化】변화 〔変動〕변동 ◇変化する 변화하다, 변화되다 ¶僕は彼女の態度の変化に気づいた 나는 그녀의 태도 변화를 눈치챘다. / この村の人口はここ数年ほとんど変化がない 이 마을 인구는 이 몇 년 거의 변화가 없다. / 講師は気のきいたユーモアをはさんで話に変化をつけた 강사는 재치있는 유머를 곁들여서 이야기에 변화를 주었다. / インターネットは私たちの生活に大きな変化をもたらした 인터넷은 우리들의 생활에 큰 변화를 가져왔다. / この表は1日の気温の変化を示したものです 이 표는 하루의 기온의 변화를 나타낸 것입니다. / 母は変化に富んだ〔乏しい〕人生を送った 어머니는 굴곡이 많은〔없는〕인생을 보냈다. / 彼女は決まりきった日常の生活に変化を求めている 그 여자는 매일 정해진 일상 생활에 변화를 원하고 있다.
¶この地域は天候が変化しやすい 이 지역은 날씨가 변하기 쉽다. / 彼の気分はすぐ変化する 그 기분은 바로 변화한다. / 体温は日によって変化する 몸 상태는 날에 따라 변한다. 関連 変化球《野球》변화구

べんかい【弁解】변해, 변명(弁明) ◇弁解する 변해하다, 변명하다 ¶君の弁解は認められない 네 변명은 받아들일 수 없다. / 彼の行為には弁解の余地はない 그의 행위에는 변명의 여지가 없다. / 弁解がましいことは言わず、自分の非を素直に認めたらどうだ 변명 같은 거 하지 말고 자기의 잘못을 솔직히 인정하는 게 어때? / なんとも弁解のしようもない 뭐라고 변명할 수도 없다.
¶納期の遅れをどう弁解するつもりですか 납기가 늦어진 것을 어떻게 변명할 생각입니까? / 彼はミスの弁解をした 그 남자는 실수를 변명했다.

へんかく【変革】변혁 〔改革〕개혁 ◇変革する 변혁하다 ¶情報化社会で生きていくためには、まず我々の意識の変革が必要だ 정보화 사회에서 살아 남기 위해서는 우선 우리들의 의식의 변혁이 필요하다. / 社会変革 사회 변혁

べんがく【勉学】면학 〔勉強〕공부(工夫) ¶彼は日夜勉学に励んでいる 그는 밤낮 공부에 힘쓰고 있다. →勉強

へんかん【変換】변환 ◇変換する 변환하다 ¶アナログ信号をデジタル信号に変換する 아날로그 신호를 디지털 신호로 변환하다 / 日本語ワープロには仮名漢字変換機能が付いている 일본어 워드프로세서는 가나 한자 변환 기능이 붙어 있다.

へんかん【返還】반환 ◇返還する 반환하다
¶その国では米軍基地の返還を求める声が高まっている 그 나라에서는 미군 기지의 반환을 요구하는 목소리가 높아지고 있다. / 前年優勝校の主将が優勝旗を大会本部に返還した 작년 우승한 학교의 주장이 우승기를 대회 본부에 반환했다. / 1997年香港は英国から中国に返還された 1997년 홍콩은 영국으로부터 중국에 반환되었다.

べんき【便器】변기 〔小便用〕소변기 〔便座〕변좌

べんぎ【便宜】편의 ¶できる限りの便宜をお図りします 할 수 있는 한 편의를 도모하겠습니다. / この辞典は利用者の便宜を考えて編集してある 이 사전은 사용자의 편의를 생각해서 편집되어 있다. / 便宜上端数は四捨五入してある 편의상 단수는 사사오입했다.

ペンキ 페인트 ¶父はドアに緑のペンキを塗った 아버지는 문에 녹색 페인트를 칠했다. / 壁のペンキがはげてきている 벽의 페인트가 벗겨지기 시작했다. / ペンキ塗り立て(►掲示)페인트칠 조심 / ペンキ屋〔店〕페인트집 〔職人〕페인트공, 칠장이

へんきゃく【返却】반납(返納), 반환(返還) ◇返却する 반납하다, 반환하다 〔戻す〕갖다 놓다 ¶その本は返却期限を過ぎている 그 책은 반납 기한을 넘겼다. / 本は来週の木曜までに返却してください 이 책은 다음주 목요일까지 반납해 주세요. / 本は読んだら元の場所に返却してください 책은 읽으면 제자리에 돌려 놔 주세요.

へんきょう【辺境】변경 〔国境地方〕국경 지방

〔僻地〕벽지 ¶辺境の町 국경 지방의 마을

## べんきょう 【勉強】

❶〔学習すること〕공부 〔工夫〕〔経験〕경험 ◇勉強する 공부하다 〔習う〕배우다

[基本表現]
▶私は勉強が好きだ
　나는 공부를 좋아한다.
▶山本君は勉強ができる[できない]
　야마모토는 공부를 잘한다[못한다].
▶今韓国語の勉強をしている
　지금 한국어 공부를 하고 있다.
▶勉強を怠けちゃだめだよ
　공부를 게을리해서는 안 된다.
▶彼女はよく勉強する
　그녀는 열심히 공부한다.

¶家庭教師に勉強を見てもらっている 가정교사에 과외를 받고 있다. / 勉強不足で司法試験に落ちた 공부 부족으로 사법 시험에 떨어졌다. / 彼は学校の勉強はあまり熱心ではないが本はたくさん読む 그는 학교 공부는 별로 열심히 하지 않지만 책은 많이 읽는다. / もっと勉強しなさい 더 공부해. / 韓国語の勉強をしましょう 한국어를 공부합시다. / 彼はソウル大学で韓国文学を勉強した 그는 서울 대학교에서 한국 문학을 공부했다. / 徹夜で期末テストの試験勉強をした 밤새워 기말 시험 공부를 했다.

¶今度の失敗はいい勉強になった 이번 실패는 좋은 경험이 되었다.

❷〔値引き〕할인(割引) ◇勉強する 할인하다, 싸게 팔다 ¶もう少し勉強してもらえませんか 조금 더 싸게 해 주세요. / 100円勉強しましょう 100엔 할인해 드립니다. 関連 勉強家 열심히 공부하는 사람 / 勉強部屋 공부방

## へんきょく 【編曲】편곡 ◇編曲する 편곡하다

¶合唱曲に編曲する 합창곡으로 편곡하다 / その曲は様々な楽器用に編曲されている 그 곡은 여러 가지 악기용으로 편곡되어 있다.

## ペンギン 펭귄

## へんくつ 【偏屈】◇偏屈だ 완고하다 ¶祖父は偏屈で手に負えない 할아버지는 완고해서 어쩔 수가 없다.

## へんけい 【変形】변형 ◇変形する 변형하다, 변형되다 〔ゆがむ〕이그러지다 ¶プラスチックの容器が熱で変形してしまった 플라스틱 용기가 열로 변형되어 버렸다. / 湿気のある場所に放置されていたので、木枠が変形してしまった 습기 있는 장소에 방치되어 있어서 나무틀이 변형되어 버렸다. / モニターの画面上で球が徐々にドーナツ形に変形していった 모니터 화면상으로 공이 점점 도넛형으로 변형되어 갔다.

## へんけん 【偏見】편견 ¶彼は働く女性に対して偏見を持っている 그 사람은 일하는 여성에 대해 편견을 가지고 있다. / 我々は外国人に対する偏見を捨てなければならない 우리는 외국인에 대한 편견을 버리지 않으면 안 된다. / 彼女の偏見のない態度には好感が持てた 그녀의 편견 없는 태도에는 호감을 가졌다.

## べんご 【弁護】변호 ◇弁護する 변호하다 ¶横田弁護士が彼の弁護を引き受けた 요코타 변호사가 그 사람의 변호를 담당하게 되었다. / 彼の行為には弁護の余地がない 그의 행위에는 변호의 여지가 없다. / ミョンチョルだけが彼女を弁護した 명철이만이 그녀를 변호했다. / 市長は高まる市民の批判に対して自己弁護した 시장은 높아지는 시민의 비판에 대하여 자기 변호를 했다. 関連 弁護依頼人 변호 의뢰인 / 弁護団 변호단 / 弁護人 변호인

## へんこう 【変更】변경 〔修正〕수정 ◇変更する 변경하다 ¶雨天のため計画を変更しなければならなかった 우천인 관계로 계획을 변경하지 않으면 안 되었다. / 予定に変更はない 예정에 변경은 없다. / 部長は計画にいくつかの変更を加えた 부장은 계획에 몇 개 변경을 더했다.

## べんごし 【弁護士】변호사 ¶彼は28歳で弁護士の資格を取った 그는 스물여덟 살에 변호사 자격을 땄다. / 彼女は札幌で弁護士を開業している 그녀는 삿포로에서 변호사를 개업하고 있다. / 弁護士を依頼する 변호사를 의뢰하다 / 被告[原告]側の弁護士 피고[원고]측 변호사 関連 弁護士会 변호사회 / 弁護士事務所 변호사 사무소 / 弁護士料金 변호사료 / 顧問弁護士 고문 변호사

## へんさい 【返済】반제, 상환(償還) ◇返済する 반제하다, 상환하다, 갚다 ¶先月で家のローンを全額返済した 지난달로 주택 융자를 전부 갚았다. / 返済期限は来月20日です 상환 기한은 다음 달 20일입니다. / 借金の返済期限が来ている[過ぎている] 빚의 반제 기한이「다가오고 있다[지났다].

## へんさち 【偏差値】편차치 : 주로 학력 검사에서 수험생의 점수가 전체에서 어느 정도의 수준인지를 나타내는 수치. 평균은 50. ¶その生徒は偏差値が高い[低い] 그 학생은 편차치가 높다[낮다]. / 偏差値教育 편차치 교육

## へんじ 【返事】대답, 회답(回答) 〔手紙, 電子メール〕답장 〔携帯電話のメールの〕《俗》답문 ◇返事する 대답하다；답장하다 ¶部屋の外から彼女の名前を呼んだが返事がなかった 방 밖에서 그녀의 이름을 불렀지만 대답이 없었다. / 返事はいついただけますか 대답은 언제 받을 수 있습니까? / 彼は私にすばやく返事をした 그는 나에게 얼른 대답했다. / 呼ばれたら返事をしなさい 부르면 대답 좀 해라. / 母に急にガールフレンドのことについて聞かれて返事に困った 어머니에게 갑자기 여자 친구에 대해서 질문을 받아서 대답하기 곤란했다.

¶彼に手紙を出したがまだ返事が来ない 그에게 편지를 보냈지만 아직 답장이 오지 않는다. / 私は先週彼女に手紙を出し、ずっと返事を待っている 나는 지난주 그녀에게 편지를 보내고 줄곧 답장을 기다리고 있다. / 彼にメールの返事を書いた 그에게 메일 답장을 썼다. / 返事を出す 답장을 내다 / 1週間以内に返事をください 일주일 이내에 답장 주십시오. / 返事が遅れてすみません 답장이 늦어서 죄송합니다.

¶率直な返事 솔직한 대답 / あいまいな返事 애매한 대답 / 色よい返事 바라던 대답 / そっけない返事 쌀쌀한 대답 / はっきりした返事 확실한 대답

## へんしつ 【変質】변질 ◇変質する 변질하다, 변

질되다 ¶食用油は高温下ではすぐ変質する 식용유는 고온에서는 바로 변질된다. 関連 変質者 변태(変態), 성격이나 기질이 이상한 사람

へんしゅう【編集】〔新聞・雑誌・映画などの〕편집〔辞典の編集〕편찬(編纂) ◇編集する 편집하다 ; 편찬하다 ¶新しい教科書を編集する 새 교과서를 편집하다 / その出版社では新しい日韓辞典を編集中だ 그 출판사에서는 새 일한사전을 편집중이다. / ビデオテープを編集して30分に縮めた 비디오 테이프를 편집해서 30분으로 줄였다. 関連 編集員 편집원 / 編集会議 편집 회의 / 編集局 편집국 / 編集者 편집인 / 編集長 편집장 / 編集部 편집부

べんじょ【便所】변소, 화장실(▶現在は化粧室という言い方が最も一般的) ¶すみません、便所はどこですか 죄송합니다, 화장실은 어디입니까? / 便所に行きたい 화장실에 가고 싶다. / 彼は今、便所に行っています 그는 지금 화장실에 갔습니다. / 使用後に便所の水を流してください 사용 후에는 화장실 물을 내려 주세요. 関連 くみ取り便所 재래식〔푸세식〕변소 / 公衆便所 공중 변소 / 水洗便所 수세식 변소 / 男性[女性]用便所 남자[여자] 화장실 / 有料便所 유료 화장실

べんしょう【弁償】변상 ◇弁償する 변상하다 ¶損害を弁償する 손해를 변상하다 / 息子が割った隣の家の窓の弁償をさせられた 아들이 깬 옆집 창문의 변상을 요구받았다. / 壊れた柵の弁償を要求する 무너진 담의 변상을 요구하다

へんしょく【変色】변색 ◇変色する 변색하다, 변색되다〔色があせる〕바래다 ¶部屋の壁はたばこのやにで変色している 방 벽은 담배진으로 변색되었다. / このカーテンは日光に当たっても変色しません 이 커튼은 햇빛에 쬐어도 변색되지 않습니다.

ペンション 펜션, 민박식 호텔

へんしん【変身】변신 ◇変身する 변신하다 ¶かえるは王子様に変身した 개구리는 왕자님으로 변신했다. / 彼女は衣装とかつらで見事に変身した 그 녀는 의상과 가발로 심하게 완벽히 변신했다.

へんしん【返信】반신, 답신(答信), 회신(回信), 답장 ¶パンフレットを請求されるときは返信用封筒を同封してください 팜플렛을 청구하실 때는 회신용 봉투를 동봉해 주십시오. / 返信用葉書で出欠をお知らせください 답신용 엽서로 참가 여부를 알려 주십시오. / 返信用切手を同封する 반신 우표를 동봉하다

へんじん【変人】괴짜〔奇人〕기인

ペンジン 벤진

へんせい【編成】편성 ◇編成する 편성하다 ¶彼は地元の子供たちを集めて少年野球チームを編成した 그는 마을 아이들을 모아 소년 야구팀을 편성했다. / 各クラスは40人編成だ 각 반은 40명 편성이다. / この列車は10両編成だ 이 열차는 10량 편성이다. / 財務省は来年度予算の編成に入った 재무성은 내년도 예산의 편성에 들어갔다.

へんせいふう【偏西風】편서풍

べんぜつ【弁舌】변설, 구변(口弁) ¶その若い候補者はさわやかな弁舌で有権者に好印象を与えた 그 젊은 후보자는 시원시원한 언변으로 유권자에게 좋은 인상을 주었다.

へんそう【変装】변장 ◇変装する 변장하다 ¶彼は庭師に変装して屋敷に入った 그는 정원사로 변장해서 저택으로 들어갔다. / 彼女はかつらをかぶり眼鏡をかけて変装した 그녀는 가발을 쓰고 안경을 써서 변장했다.

へんそう【返送】반송 ◇返送する 반송하다 ¶返送料 반송료

へんそうきょく【変奏曲】변주곡

へんそく【変速】¶5段変速の自転車 5단 변속의 자전거 関連 変速機 변속기, 변속 장치

へんたい【変態】변태 ¶さなぎがちょうに変態する 번데기가 나비로 변태하다

ペンダント 펜던트

ベンチ 벤치 ¶公園のベンチに座る 공원의 벤치에 앉다 / ベンチを暖める控え選手 벤치를 지키는 후보 선수

ペンチ 펜치

ベンチャー 関連 ベンチャー企業 벤처 기업 / ベンチャーキャピタル 벤처 캐피털 / ベンチャービジネス 벤처 비즈니스

べんつう【便通】¶毎日便通がありますか 매일 변을 보고 있습니까?

へんでんしょ【変電所】변전소

へんとう【返答】대답(対答), 회답(回答) ⇒ 答え, 返事

へんどう【変動】변동 ◇変動する 변동하다, 변동되다 ¶今後大きな政界の変動が起こる可能性がある 앞으로 정계의 큰 변동이 일어날 가능성이 있다. / 先週末、株価は激しく変動している 지난 주 이래 주가는 심하게 변동하고 있다. 関連 変動為替相場制 변동 환율제

べんとう【弁当】도시락 ¶彼女は毎日会社に弁当を持って行く 그녀는 매일 회사에 도시락을 가지고 간다. / 生徒たちは芝生の上に弁当を広げた 학생들은 잔디 위에 도시락을 펼쳤다. / 毎朝母が弁当を作ってくれる 매일 아침 엄마가 도시락을 싸 주신다. 関連 弁当箱 도시락통

へんとうせん【扁桃腺】편도선 ¶扁桃腺が腫れた 편도선이 부었다. 関連 扁桃腺炎 편도선염

へんにゅう【編入】편입 ◇編入する 편입하다 ¶転校生は僕たちのクラスに編入された 전학생은 우리 반에 편입되었다. 関連 編入試験 편입 시험 / 編入生 편입생

ペンネーム 펜네임

へんぴ【辺鄙】◇へんぴな 외진, 후미진 ¶へんぴな土地 외진 땅 / おじはへんぴな所に住んでいる 삼촌은 외진 곳에 살고 있다

べんぴ【便秘】변비 ¶繊維質のものを十分食べないと便秘になりやすい 섬유질 음식을 충분히 먹지 않으면 변비가 되기 쉽다. / 1週間便秘している 1주일간 변비다.

へんぴん【返品】반품 ◇返品する 반품하다 ¶彼は3日前に買ったカメラを返品した 그는 3일 전에 산 카메라를 반품했다. / 品物が気に入らないときは返品できますか 물품이 마음에 들지 않을 때는 반품 가능합니까?

へんぺいそく【扁平足】편평족, 편발

べんめい【弁明】변명 ◇弁明する 변명하다 ¶与党の政治献金に対する弁明はもはや通用しないだろ

う 여당의 정치 헌금에 대한 변명은 이제 통하지 않을 것이다. / **大臣は記者会見で談合問題について弁明をした** 대신이 기자 회견에서 담합 문제에 관해 변명을 했다. / **今回のミスは明らかに私の不注意によるもので弁解の余地はありません** 이번 실수는 확실히 제 부주의에 의한 것이기 때문에 변명의 여지는 없습니다.

**べんり**【便利】편리 ◇**便利だ** 편리하다, 편하다 〔役に立つ〕쓸모 있다 ¶**私の家は駅に行くのに便利です** 우리 집은 역에 가기 편합니다. / **買い物に行くのにここはとても便利がいい** 쇼핑하는 데 여기는 아주 편리하다. / 「**空港へは車で行ったほうがいいかしら**」「**いや、電車を使ったほうが便利だよ**」 "공항에는 차로 가는 게 좋을까?" "아니, 전철 타는 것이 편리해."

¶**このホテルは繁華街へ行くのに便利な場所にある** 이 호텔은 번화가에 가기 편한 장소에 있다. / **これは受験生にとってとても便利な参考書です** 이는 수험생에게 있어서 아주 편리한 참고서입니다. / **このソフトがこんなに便利な機能を持っているなん**て知らなかった 이 소프트가 이렇게 편리한 기능을 가지고 있었을 줄 몰랐다. / **やつはいつでも気軽に用を頼めるので便利な男だ** 그 녀석은 언제라도 마음 편히 부탁을 할 수 있어서 써먹기 좋은 남자다. / **この家には生活に便利なものがいろいろそろっている** 이 집에는 생활에 편리한 것이 여러 가지로 갖춰져 있다.

¶**今は飛行機なら東京から福岡まで1時間ほどで行けて便利になった** 지금은 비행기라면 도쿄에서 후쿠오카까지 한 시간 정도로 갈 수 있어서 편리해졌다. 関連 **便利屋** 심부름 센터

**べんりし**【弁理士】변리사
**へんりん**【片鱗】편린 〔一端〕일단 ¶**少女はコンクールでバイオリニストとしての大器の片鱗を見せた** 소녀는 콩쿠르에서 바이올리니스트로서의 출중한 재능의 편린을 보였다.
**べんろん**【弁論】변론 〔演説〕연설 〔討論〕토론 関連 **弁論大会** 웅변대회 (雄弁大会) / **弁論部** 웅변부 (雄弁部) / **口頭弁論** 구두 변론 / **最終弁論** 최종 변론

# ほ

**ほ**【帆】돛 ¶**帆を揚げる〔下ろす〕** 돛을 올리다〔내리다〕/ **帆を畳む〔張る〕** 돛을 접다〔펴다〕/ **帆を全部張った船** 돛을 전부 편 배
**ほ**【歩】걸음 ¶**私たちは歩を速めた〔ゆるめた〕** 우리는 걸음을 재촉했다〔늦췄다〕.
**ほ**【穂】〔稲・麦などの〕이삭 ¶**稲の穂が出始めた** 벼 이삭이 나오기 시작했다.
**ホ**【音階の】미 ; 마 ¶**ホ短調** 마 단조
**ほあん**【保安】보안 関連 〔(米国)の〕**保安官** 보안관 / 〔(韓国)の〕**国家保安法** 국가 보안법
**ほい**【補遺】보유 〔増補〕증보 〔付録〕부록
**ほいく**【保育】보육 ◇**保育する** 보육하다 〔育てる〕기르다 ¶**彼女は子供を保育園に預けて働いている** 그 여자는 아이를 보육원에 맡기고 일하고 있다. 関連 **保育器** 보육기, 인큐베이터
**ボイコット** 보이콧 〔不買同盟〕불매 동맹 ◇**ボイコットする** 보이콧하다 ¶**彼らは日本製品をボイコットした** 그들은 일본 제품을 보이콧했다. / **学生たちは授業をボイコットした** 학생들은 수업을 보이콧했다.
**ボイスレコーダー** 보이스 레코더
**ホイッスル** 휘슬, 호각 ¶**レフリーはホイッスルを吹いて試合終了を告げた** 심판은 호각을 불어서 경기 종료를 알렸다. / **ホイッスルが鳴った** 휘슬이 울렸다.
**ボイラー** 보일러 関連 **ボイラー係** 보일러공 / **ボイラー室** 보일러실
**ホイル** 호일, 박(箔) 関連 **アルミホイル** 알루미늄 호일
**ボイル** ◇**ボイルする** 삶다 ¶**このカニはボイルしてある** 이 게는 삶아져 있다.
**ぼいん**【母音】모음, 홀소리
**ぼいん**【母印】무인, 지장(指章) ¶**印鑑**を所持していない場合はこの書類に母印を押してください 인감을 소지하지 않는 경우에는 이 서류에 손도장을 찍어 주세요.
**ポイント** 포인트 〔得点〕득점 〔要点〕요점 (▶発音は 요점) ¶**君の質問はポイントを突いている〔いない〕** 네 질문은 요점을 「찌르고 있다〔벗어나 있다〕」.

¶**ワープロのフォントサイズを10ポイントに設定して印刷した** 워드 프로세서의 폰트 사이즈를 10포인트로 설정해서 인쇄했다. 関連 **ポイントゲッター** 포인트 게터, 득점자(得点者) / **マッチポイント** 매치 포인트 ⇒**得点**

**ほう**【方】❶ 〔方向, 方角〕쪽 ¶**彼は神戸の方に車を走らせた** 그는 고베 쪽으로 차를 달렸다. / **そちらの方に行くと湖があります** 그쪽으로 가면 호수가 있습니다. / **こちらの方へどうぞ** 이쪽으로 오세요. / **こちらの方へおいでの際はうちにお寄りください** 이쪽에 오실 때는 저희 집에 들러 주세요. / **私の部屋は海の方に向いている** 내 방은 바다 쪽을 향하고 있다. / **箱根は東京の西の方にある** 하코네는 도쿄 서쪽에 있다. / **泥棒はどっちの方に逃げましたか** 도둑은 어느 쪽으로 도망갔습니까?

¶**入り口の方から叫び声が聞こえてきた** 입구 쪽에서 비명 소리가 들려왔다. / **風が東の方から吹いている** 바람이 동쪽에서 불어오고 있다.
❷ 〔部類, 側(을)〕쪽, 편, 측 ¶**一体あなたはどちらのほうの味方なの?** 도대체 너는 어느 쪽 편이야? / **私のほうはどちらの味方でもかまわない** 나는 누구 와 주어도 상관없어. / **君のほうが間違っているよ** 네가 틀렸다. / **その計画は上のほうから提案されたものだ** 그 계획은 상부에서 제안한 것이다. ¶**あいつが夕食を作ると言ったが、腕のほうは確かなのだ**

ろうか その女性が夕食を作ると言ったけど 腕前は確実なのか? 私は現実的なほうだ 나는 현실적인 편이다.

❸〔比較・対比の一方〕¶化学のほうはいいが物理は苦手だ 화학은 괜찮지만 물리는 잘 못한다. / 姉より妹のほうが美人だ 언니보다 동생이 더 미인이다. / 私は肉より魚のほうが好きだ 나는 고기보다 생선을 더 좋아한다. / もっと一生懸命勉強したほうがいいですよ 더 열심히 공부하는 게 좋아요. / もうあんなやつとは付き合わないほうがよい 더 이상 그런 녀석과 어울리지 않는 편이 좋다. / 「青いTシャツと白いTシャツとどちらがいいと思う?」「白いほうがいいな」 "파란 티하고 흰 티 중에서 어느 쪽이 좋아?" "흰 쪽이 좋아." / 「土曜日はお宅にいらっしゃいますか」「日曜日のほうが都合がいいのですが」 "토요일은 댁에 계십니까?" "일요일이 더 시간이 괜찮은데요."

**ほう【法】** ❶〔法律〕법, 법률(▶発音は범뉼)¶法を犯す者は罰せられる 법을 어긴 자는 처벌 받는다. / 国民には法に従う義務がある 국민에게는 법을 따를 의무가 있다. / 君のやっていることは法に反している 네가 하는 짓은 법에 반한다. / 彼らのやり方は法にかなっている 그들의 방법은 법에 따르고 있다. / 社内でのセクハラに悩まされていた彼女はとうとう法に訴えた 사내 성희롱으로 곤 고민하던 그녀는 드디어 법에 호소했다. / だれであろうと法を曲げることは許されない 누구든 법을 어기는 것은 용서 받을 수 없다.

¶彼は国際法の権威だ 그는 국제법의 권위자다. / これは法解釈の問題だ 이것은 법 해석의 문제다. / すべての国民は法の下に平等である 모든 국민은 법 아래 평등하다.

❷〔方法〕법, 방법 ¶君の韓国語の勉強法を教えてよ 네 한국어 공부하는 방법을 가르쳐 줘. / がんの治療法はかなり進歩した 암 치료법은 상당히 진보했다. / 辞書の十分な活用法を知っている高校生は少ない 사전의 충분한 활용법을 알고 있는 고등학생은 적다. / 警察は拳銃の入手法について容疑者を尋問している 경찰은 권총의 입수 방법에 관해 혐의자를 심문하고 있다. / 健康法の第一は、まずバランスのとれた食生活をすることだ 건강을 지키는 가장 좋은 방법은 우선 균형잡힌 식생활을 하는 것이다.

❸〔道理〕법, 도리 ¶そんな法はないだろう 그런 법은 없을걸. / 父が医者だからといって、僕も医者にならなければならないという法はない 아버지가 의사라고 해서 나도 의사가 되어야 한다는 법은 없다. 慣用句 彼らは法の目をかいくぐって大もうけをしている 그들은 법망을 교묘하게 빠져나가 큰돈을 벌고 있다. / 悪法もまた法なり 악법도 법이다. / 人を見て法を説け 사람 따라 적절한 조치를 취하라.

**ほう【報】**〔ニュース, 報道〕뉴스〔知らせ〕소식(消息), 통지(通知)¶自爆テロの報に接したのは寝ようとしていたときだった 자폭 테러 뉴스를 들은 것은 막 잠자리에 들 때였다.

**ほう【棒】**〔棒切れ〕막대기〔さお〕장대〔こん棒〕몽둥이 ¶その子は棒でたたかれた 그 아이는 막대기로 맞았다. 慣用句 彼は汚職事件に関与して一生を棒に振った 그는 독직 사건에 관여해서 한평생을 헛되게 했다. / 足が棒になってしまったよ 많이 걸어서 다리가 막대기 같다. 関連 棒暗記 달달 욈 / 棒グラフ 막대 그래프 / 磁石 막대 자석 / 棒線 직선(直線) / 棒高跳び 장대높이뛰기, 봉고도

**ほう-【某-】**모, 아무개 ¶1月某日 일월 모일 / 某氏 아무개 씨 / 某所 모처 / 田中某という人 다나카 아무개라는 사람

**ほうあん【法案】**법안 ¶国会はこの法案を可決[否決]するだろう 국회는 이 법안을 가결[부결]할 것이다. / 内閣は教育改革法案の提出を目指している 내각은 교육 개혁 법안의 제출을 목표로 하고 있다.

**ほうい【包囲】**포위 ◇包囲する 포위하다 ¶彼らは敵に対する包囲を解いた 그들은 적에 대한 포위를 풀었다. / 敵の包囲を破る 적의 포위를 깨다 / 軍隊は町を包囲した 군대는 마을을 포위했다. / 我々は包囲されている 우리들은 포위당했다. 関連 包囲軍 포위군 / 包囲網 포위망

**ほうい【方位】**방위 ⇒方角
**ほういがく【法医学】**법의학
**ほういんぼうしょく【暴飲暴食】**폭음 폭식 ¶暴飲暴食をする 폭음 폭식하다

**ほうえい【放映】**방영 ¶オリンピックの開会式は全世界に放映された 올림픽 개막식은 전 세계에 방영되었다. / そのドラマは放映中だ 그 드라마는 방영중이다. 関連 放映権 방영권

**ほうえい【防衛】**방위, 방어(防御) ◇防衛する 방위하다 ¶チャンピオンは辛くもタイトルの防衛に成功した 챔피언은 힘들게 타이틀 방어에 성공했다. / 日本は国境の防衛を強化している 일본은 국경의 방위를 강화하고 있다. / 自衛隊は国を防衛するために存在している 자위대는 나라를 방위하기 위해 존재하고 있다.

¶銀行は強盗に対する防衛手段をいろいろと講じている 은행은 강도에 대한 방위 수단을 여러 가지 강구하고 있다. / 野党は国防費を削減することを要求した 야당은 방위비 삭감을 요구했다. / 警官は自己防衛のため銃を発砲した 경찰관은 자기 방위를 위해 총을 발포했다. / 警察は彼女の行為は正当防衛と認めた 경찰은 그녀의 행위는 정당방위라고 인정했다. 関連 防衛軍 방위군 /(日本の)防衛省 방위성(▶韓国의 국방부「国防部」에 해당) / 防衛大学校 방위 대학교(▶韓国의 사관학교「士官学校」에 해당) / 防衛体制 방위 체제 / 防衛力 방위력

**ほうえき【貿易】**무역 ◇貿易する 무역하다 ¶日本の韓国との貿易は年々拡大してきた 일본의 한국과의[대한] 무역은 매년 확대되어 왔다. / 日本の中国との貿易の拡大を図っている政府は 중국과의 무역 확대를 꾀하고 있다. / わが国は江戸時代にオランダと貿易を行っていた 우리 나라는 에도 시대에 네덜란드와 무역을 하고 있었다. / 日本はいくつかの国から貿易の自由化を求められている 일본은 몇몇 나라로부터 무역의 자유화를 요구받고 있다. / 日韓には貿易摩擦がある 일한 사이에는 무역 마찰이 있다. / 日本の貿易黒字は増加している 일본의 무역

ほうえき

혹자는 증가하고 있다. 関連 貿易相手国 무역 상대국 / 貿易赤字 무역 적자 / 貿易会社 무역 회사 / 貿易外収支 무역 외 수지 / 貿易港 무역 항 / 貿易国 무역국 / 貿易自由化 무역 자유화 / 貿易収支 무역 수지 / 貿易商 무역상 / 貿易制限 무역 제한 / 貿易風 무역풍 / 貿易不均衡 무역 불균형 / 沿岸貿易 연안 무역 / 外国貿易 외국 무역 / 国際貿易 국제 무역 / 世界貿易機関(WTO) 세계무역 기구 / 対外貿易 대외 무역 / 多角的貿易 다각적 무역 / 保護貿易 보호 무역 / 自由貿易協定(FTA) 자유 무역 협정 / 自由貿易港 자유 무역항 / 日本貿易振興会(JETRO) 일본 무역 진흥회 / 輸出貿易 수출 무역 / 輸入貿易 수입 무역 / 密貿易 밀무역

- ほうえき【防疫】방역 ¶日本では鳥インフルエンザの防疫対策をとっている 일본에서는 조류독감의 방역 대책을 취하고 있다.
- ほうえんきょう【望遠鏡】망원경 ¶望遠鏡で月のクレーターを見た 망원경으로 달의 크레이터를 보았다. 関連 屈折望遠鏡 굴절 망원경 / 天体望遠鏡 천체 망원경 / 電波望遠鏡 전파 망원경 / 反射望遠鏡 반사 망원경
- ほうえんレンズ【望遠レンズ】망원 렌즈
- ほうおう【法王】법왕 ◇[ローマ法王] 로마 법왕, 교황(教皇) ¶法王ベネディクト16世 교황 베네딕토 16세 関連 法王庁 교황청(教皇庁), 법왕청
- ほうおん【防音】방음 ¶ピアノの練習ができるように娘の部屋に防音工事を施した 피아노 연습을 할 수 있도록 딸 방에 방음 공사를 했다. 関連 防音ガラス 방음 유리 / 防音室 방음실 / 防音装置 방음 장치
- ほうか【放火】방화 ◇放火する 방화하다 ¶最近町内で放火事件が相次いでいる 최근 동네에서 방화 사건이 잇따르고 있다. 関連 放火罪 방화죄 / 放火犯 방화범 / 放火魔 방화마
- ほうか【法科】법과 대학, 법대 [大学院] 법과 대학원 ⇒法学
- ほうか【防火】방화 ¶学校で防火訓練に参加した 학교에서 방화 훈련에 참가했다. 関連 防火建築物 방화 건축물 / 防火壁 방화벽 / 防火用水 방화 용수
- ほうかい【崩壊】붕괴 ◇崩壊する 붕괴하다 ¶その家は崩壊しかかっていた 그 집은 붕괴될 뻔했었다. / 1991年ソビエト連邦は崩壊した 1991년 소비에트 연방은 붕괴했다. / 家庭の崩壊 가정의 붕괴
- ほうがい【法外】법외 ◇法外な [途方もない] 터무니없는 [過度の] 과도한 ¶法外な料金 터무니없는 요금
- **ほうがい**【妨害】방해 ◇妨害する 방해하다 ¶故障した車が通行を妨害した 고장난 차가 통행을 방해했다. / 騒音に安眠を妨害された 소음으로 수면을 방해받았다. / テレビの音が仕事の妨害になる 텔레비전 소리가 일에 방해가 된다. / 彼らは私の演説の妨害をしようとした 그들은 내 연설을 방해하려고 했다. / 度重なる妨害にもかかわらず彼はその仕事をやり遂げた 거듭되는 방해에도 굴하지 않고 그는 그 일을 해냈다. / 新しい道路の建設は反対派住民の妨害にあった 새로운 도로의 건설은 반대파 주민의 방해를 받았

다. / 公務執行妨害で逮捕する 공무 집행 방해로 체포하다 / 彼らはラジオの電波妨害をしている 그들은 라디오의 전파 방해를 하고 있다. 関連 妨害行為 방해 행위 / 営業妨害 영업 방해 / 交通妨害 교통방해 / 列車妨害 열차 방해
- ほうがく【方角】 〔方向〕 방향, 쪽 〔方位〕 방위 ¶彼女は駅の方角に向かって歩き出した 그녀는 역 쪽을 향해 걷기 시작했다. / 霧の中で方角を見失った 안개 속에서 방향을 잃었다. / 市役所はどの方角ですか 시청은 어느 쪽입니까? ⇒方向
- ほうがく【法学】법학 ¶彼女は法学部の学生です 그 여자는 법학부[법대] 학생입니다. 関連 法学者 법학자 / 法学博士 법학 박사 ⇒法律
- ほうがく【邦楽】일본 음악
- ほうかご【放課後】방과 후 ¶放課後に 방과 후에
- ほうかん【訪韓】방한 ◇訪韓する 방한하다 ¶首相の訪韓は延期された 수상의 방한은 연기되었다. / 首相は首脳会談を行うため訪韓した 수상은 정상 회담을 수행하기 위해 방한했다.
- ほうかん【傍観】방관 ◇傍観する 방관하다 ¶大人たちは高校生たちが路上でけんかしているのを傍観していた 어른들은 고등학생들이 거리에서 싸우는 것을 방관하고 있었다. 関連 傍観者 방관자
- ほうかん【暴漢】폭한 ¶首相は暴漢に襲われた 수상이 폭한에게 습격당했다.
- ほうがんし【方眼紙】모눈종이, 방안지
- ほうがんなげ【砲丸投げ】포환 던지기, 투포환 ◇砲丸投げをする 포환 던지기를 하다 / 砲丸投げの選手 투포환 선수
- ほうかんふく【防寒服】방한복
- ほうき【箒】비 ¶ほうきで庭を掃く 빗자루로 정원을 쓸다 / ほうきの柄 빗자루 関連 ほうき星[彗星] 혜성, 꼬리별 / 竹ぼうき 대비
- ほうき【放棄】포기 ◇放棄する 포기하다 ¶日本は憲法で戦争の放棄をうたっている 일본은 헌법으로 전쟁 포기를 선언하고 있다. / 彼は遺産の相続権を放棄した 그는 유산 상속권을 포기했다. / 挑戦者は3ラウンドで試合を放棄した 도전자는 3라운드에서 시합을 포기했다. / 計画を放棄する 계획을 포기하다 / 職場を放棄する 직장을 포기하다
- ほうき【法規】법규 ¶この措置は法規上の手続きを経ている 이 조치는 법규상의 수속을 밟고 있다. 関連 交通法規 교통 법규
- ぼうぎょ【防御】방어 ◇防御する 방어하다 ¶防御を固めなければならない 방어를 단단히 해야 된다. 関連 防御率《野球》 방어율
- ぼうくん【暴君】폭군
- ほうげき【砲撃】포격 ◇砲撃する 포격하다 ⇒発砲
- ほうけん【封建】봉건 ◇封建的 봉건적 ¶うちの父は封建的だ 우리 아버지는 봉건적이다. 関連 封建時代 봉건 시대 / 封建社会 봉건 사회 / 封建主義 봉건주의 / 封建制度 봉건 제도
- ほうげん【方言】방언, 사투리 ¶関西の方言で話す간사이 방언으로 말하다 ⇒なまり
- ほうげん【放言】방언, 막말 ◇放言する 방언하

다, 막말하다 ¶彼女には放言癖がある 그녀에게는 막말하는 버릇이 있다.

**ぼうけん**【冒険】모험〔危険〕위험 ◇冒険する 모험하다 ¶彼の冒険は多くの人に夢と希望を与えた 그의 모험은 많은 사람들에게 꿈과 희망을 주었다. / 彼は新しい冒険に乗り出そうとしている 그는 새로운 모험에 나서려고 하고 있다. / 彼は冒険好きだ 그는 모험을 좋아한다. / 彼はいつも冒険心を追い求めている 그는 항상 모험심이 강하다. / あの事業に投資するのは冒険だ 그 사업에 투자하는 것은 모험이다. / 株に手を出すのは多少とも冒険である 주식에 손을 대는 것은 다소 모험이다.

¶いつかアフリカを冒険してみたい 언젠가 아프리카를 모험해 보고 싶다. / 非常に困難な仕事だというのはわかっているが思い切って冒険してみるつもりだ 아주 어려운 일이라는 것 알고 있지만 한번 모험해 볼 생각이다. / 「きょうはまたずいぶん目立つ服を着ているね」「冒険してみたんだけど、どうかしら」 "오늘은 꽤 튀는 옷 입었네." "모험 좀 해 봤는데 어때?" 関連冒険家 모험가 / 冒険小説 모험 소설 / 冒険心 모험심

**ぼうげん**【暴言】폭언 ¶男は彼女に暴言を吐いた 그 남자는 여자 친구에게 폭언을 뱉었다.

**ほうこ**【宝庫】보고 ¶知識の宝庫 지식의 보고

**ほうこう**【方向】방향, 쪽
◆《方向が》

¶森の中を歩いているうちに方向がわからなくなった 숲속을 걷는 동안에 방향을 잃었다. / 磁石で方向がわかった 자석으로 방향을 알았다.

◆《方向を》

¶声のする方向を見た 소리가 나는 쪽을 보았다. / 車は交差点で急に方向を変えた 차는 교차로에서 갑자기 방향을 바꾸었다.

¶もう将来の方向を決める年ごろだ 이제 장래의 방향을 정할 나이다. / 私は方向を誤ったようだ。小説家を目指すべきだった 나는 길을 잘못 택한 것 같다. 소설가가 됐어야 했다.

◆《方向に・方向へ・方向から・方向の》

¶車は駅の方向に走っていた 차는 역 방향으로 달리고 있었다. / ここからだと博物館はどちらの方向になりますか 여기서부터라면 박물관은 어느 쪽입니까? / おばあさんは反対の方向に歩いて行った 할머니는 반대 쪽으로 걸어갔다. / 南の[海の]方向から強い風が吹いている 남[바다] 쪽에서 강한 바람이 불고 있다. / 少年は川の流れと反対の方向に泳いでいた 그 소년은 강의 흐름과 반대 방향으로 헤엄치고 있었다. / しまった! 違う方向のバスに乗ってしまった 큰일났다! 다른 방향 버스를 타 버렸다. / 商売はよい方向に向かっている 장사는 잘 돼 가고 있다.

◆《その他》

¶私は方向感覚がよい[方向音痴だ] 나는 「방향 감각이 좋다[방향치다]」. / 方向違いですよ 방향이 틀립니다. / 1冊の本が人の人生を方向づけることもある 한 권의 책이 사람의 인생을 방향 잡아 주기도 한다. / 彼はプロ野球選手からゴルファーに方向転換した 그 사람은 프로 야구 선수에서 골퍼로 방향 전환을 했다. 関連方向指示器 방향 지시등 / 方向舵 방향키, 방향타 / 方向探知器 방향 탐지기

**ほうこう**【放校】출학(出学) ¶彼女は素行不良で放校(→退学)処分になった 그녀는 소행 불량으로 퇴학 처분을 받았다.

**ほうこう**【暴行】폭행〔婦女暴行〕폭행, 강간(強姦) ◇暴行する 폭행하다 ¶彼らは少年に暴行を加えた 그들은 소년에게 폭행을 가했다. 関連暴行未遂 폭행 미수 / 集団暴行 집단 폭행

**ほうこう**【膀胱】방광 関連膀胱炎 방광염 / 膀胱結石 방광 결석

**ほうこうざい**【芳香剤】방향제

**ほうこく**【報告】보고 ◇報告する 보고하다 ¶その件について何の報告も受けていない 그 건에 관해서 아무 보고도 받지 못했다. / 調査結果の詳細な報告が委員会に提出された 조사 결과의 상세한 보고가 위원회에 제출되었다. / この報告をまとめられたのはだれですか? 이 보고를 정리한 사람은 누구입니까?

¶自動車事故について警察に報告した 자동차 사고에 관하여 경찰에 보고했다. / 彼は喫煙とがんの関係について報告した 그는 흡연과 암의 관계에 관해 보고했다. 関連報告者 보고자 / 報告書 보고서 / 最終報告 최종 보고 / 中間報告 중간 보고 / 年度報告 연차 보고, 연보(年報)

**ほうさい**【防災】방재 関連防災訓練 방재 훈련 / 防災施設 방재 시설 / 防災対策 방재 대책

**ほうさく**【方策】방책, 계책(計策)〔対策〕대책 ¶方策を講じる 대책을 강구하다 ⇒手段, 対策

**ほうさく**【豊作】풍작 ¶今年は米が豊作だ 올해는 쌀이 풍작이다. / 野菜農家は豊作貧乏に苦しんでいる 야채 농가는 풍작으로 인한 가격 하락으로 고통받고 있다.

**ほうさつ**【忙殺】¶彼女は毎日家事と赤ん坊の世話に忙殺されている 그녀는 매일 집안 일과 아기 돌보는 데 쫓기고 있다.

**ほうさん**【硼酸】봉산 関連硼酸水 봉산수

**ほうし**【奉仕】봉사 ¶彼女のボランティア活動は他人への奉仕の気持ちに根ざしている 그녀의 자원 봉사 활동은 타인에 대한 봉사의 마음에 기초를 두고 있다. / 彼は社会奉仕を進んで引き受けた 그는 사회봉사를 자진해서 맡았다. 関連奉仕価格 봉사 가격 / 奉仕活動 봉사 활동 / 奉仕品 특가품(特価品) / 勤労奉仕 근로 봉사

**ほうし**【胞子】포자

**ほうじ**【法事】제사(祭祀) ¶亡くなった祖父の法事を行った 돌아가신 할아버지의 제사를 지냈다.

**ぼうし**【帽子】모자 ¶帽子をかぶる 모자를 쓰다 / 帽子を脱ぐ 모자를 벗다 / 男の子は帽子を後ろ向きにかぶっていた 남자 아이는 모자를 꺼꾸로 쓰고 있었다. / 彼は帽子をかぶらずに外出した 그는 모자를 쓰지 않고 외출했다. / 帽子をかぶったまま部屋に入った 모자를 쓴 채로 방에 들어갔다. / 彼女はいつも帽子を目深にかぶる 그 여자는 항상 모자를 깊이 쓴다.

¶彼は帽子を上げて私にあいさつをした 그는 모자를 들어 나에게 인사를 했다. / 風で帽子が飛んだ 바람에 모자가 날아갔다. 関連帽子掛け 모자

걸이 / **帽子屋** 모자 가게 / **麦わら帽子** 밀짚모자 / **中折れ帽** 중절모, 중절모자 / **パナマ帽** 파나마모자 / **シルクハット** 실크해트 / **山高帽** 중산모, 중산모자 / **野球帽** 야구 모자 / **ベレー帽** 베레모, 베레 / **ヘルメット** 헬멧

**ほうし【防止】** 방지 [抑止] 억지 ◇ **防止する** 방지하다, 막다 ¶彼女は海岸に行くときには日焼け止めのために日焼け止めクリームをたっぷり塗る 그 여자는 해안에 갈 때에는 타는 것을 막기 위해 선크림을 듬뿍 바른다. / 交通事故を防止しなければならない 교통사고를 방지해야 된다.

**ほうしき【方式】** 방식 [形式] 형식 [方法] 방법 [手続き] 수속 ¶図書館に入館する際は所定の方式に従ってください 도서관에 입관할 때는 소정의 방식에 따라 주십시오. / 違う方式でやってみる 다른 방법으로 해 보다 ⇒**形式, 方法**

**ほうしつづい【防湿剤】** 방습제

**ほうしゃ【放射】** 방사 ◇ **放射する** 방사하다 ¶太陽からの熱と光の放射 태양으로부터의 열과 빛의 방사 / 道路が駅から放射状に伸びている 도로가 역에서 방사상으로 뻗어 있다. / 医者は患部に赤外線を放射した 의사는 환부에 적외선을 방사했다.

**ほうじゃくぶじん【傍若無人】** 방약무인, 안하무인〔眼下無人〕 ◇ **傍若無人に** 방약무인하게 ¶その女性は傍若無人に振る舞った 그 여성은 방약무인으로〔안하무인하게〕 행동했다.

**ほうしゃせい【放射性】** 방사성 ¶**放射性冷却** 방사성 냉각 / **放射性元素** 방사성 원소 / **放射性下物** 방사성 강하물 / **放射性同位元素** 방사성 동위 원소 / **放射性廃棄物** 방사성 폐기물 / **放射性物質** 방사성 물질

**ほうしゃせん【放射線】** 방사선 [関連] **放射線医学** 방사선 의학 / **放射線科医** 방사선과 의사 / **放射線技師** 방사선 기사 / **放射線障害** 방사선 장애 / **放射線治療医** 방사선 치료 의사 / **放射線療法** 방사선 요법 / **電磁放射線** 전자 방사선

**ほうしゃのう【放射能】** 방사능 ¶この地域は放射能に汚染されている 이 지역은 방사능에 오염되어 있다. / 作業員たちは高レベルの放射能を浴びた 작업원들은 높은 수치의 방사능을 받았다. [関連] **放射能汚染** 방사능 오염 / **放射能汚染物質** 방사능 오염 물질 / **放射能障害** 방사능 장애 / **放射能漏れ** 방사능 누출

**ほうじゅ【傍受】** 방수 ◇ **傍受する** 방수하다

**ほうしゅう【報酬】** 보수 [給料] 급료 [謝礼] 사례금, 사금 ¶**報酬を支払[もらう]** 보수를 지불하다[받다] / 彼は努力にふさわしい報酬を受けた 그는 노력에 어울리는 보수를 받았다. / 無報酬でボランティア活動を行う 무보수로 자원 봉사 활동을 하다

**ほうしゅうざい【防臭剤】** 방취제

**ほうしゅく【防縮】** 방축 ¶**防縮加工したジーンズ** 방축 가공을 한 청바지

**ほうじゅん【芳醇】** ◇ **芳醇な** 향기가 좋다 ¶このブランデーは芳醇な香りがする 이 브랜디는 좋은 향기가 난다.

**ほうしょうきん【報奨金】** [特別手当] 상여금, 보너스 [奨励金, 賞金] 장려금, 상금

**ほうじる【報じる】** [報道する] 보도하다 ¶テレビで旅客機が行方不明になったと報じていた 텔레비전에서 여객기가 실종되었다고 보도했다. / 新聞は景気が回復しつつあると報じている 신문은 경기가 회복되고 있다고 보도하고 있다.

**ほうしん【方針】** 방침 ¶**方針を決める〔立てる〕** 방침을 정하다〔세우다〕 / **方針を定める** 방침을 정하다 / やむなく方針を変えた 어쩔 수 없이 방침을 바꾸었다. / 私の示した方針に従ってください 내가 제시한 방침에 따라 주세요. / それは会社の方針に反する 그것은 회사의 방침에 어긋난다. / 借金はしない方針だ 빚을 지지 않는다는 방침이다. / 増税は党の政策方針に反している 증세는 당의 정책 방침에 반하고 있다. / 首相は国会で施政方針を明らかにした 수상은 국회에서 시정 방침을 밝혔다. / この学校の教育方針はキリスト教精神に基づいている 이 학교의 교육 방침은 기독교 정신에 기초를 두고 있다.

**ほうしん【放心】** 방심, 멍함 ¶彼は放心状態だった 그는 방심 상태였다.

**ほうじん【邦人】** 방인 [自国民] 자기 나라 사람 [日本人] 일본인, 일본 사람 ¶ソウルの在留邦人 서울에 거주하고 있는 일본인

**ほうじん【法人】** 법인 ¶**法人税** 법인세 / **学校法人** 학교 법인 / **財団法人** 재단 법인 / **社団法人** 사단 법인 / **宗教法人** 종교 법인

**ぼうず【坊主】** [僧侶] 중, 승려 [子供] 자식, 사내아이 ¶**坊主刈りにした頭を毎朝** 빡빡 깎다 [慣用句] **坊主憎けりゃ袈裟まで憎い** 서방이 미우면 그 자식도 밉다. [関連] **坊主頭** 까까머리, 삭발

**ほうすい【放水】** 방수 ◇ **放水する** 방수하다 ¶消防士は燃えている家に一斉に放水を始めた 소방대원들은 불타고 있는 집에 일제히 방수를 하기 시작했다. / 機動隊はデモ隊を追い払うために放水した 전투 경찰대는 데모대를 쫓기 위해 물대포를 쏘았다. [関連] **放水車** 방수차 / **放水路** 방수로

**ほうすい【防水】** 방수 ¶**コートを防水加工する** 코트를 방수 가공하다 [関連] **防水時計** 방수 시계 / **防水扉** 방수문

**ぼうせい【暴政】** 폭정 [圧制] 압제

**ほうせき【宝石】** 보석 ¶**宝石を身につけている** 보석을 몸에 걸치고 있다 / **宝石をちりばめたウエディングドレス** 보석을 여기저기 박은 웨딩드레스 [関連] **宝石商** 보석상 / **宝石店** 보석점 / **宝石箱** 보석함

**ぼうせき【紡績】** 방적 [関連] **紡績会社** 방적 회사 / **紡績機** 방적 기계, 방적기 / **紡績業** 방적업 / **紡績工場** 방적 공장

**ほうせつりん【防雪林】** 방설림

**ほうせん【防戦】** 수비〔守備〕 [防御] 방어 ¶我々は防戦一方に追いやられた 우리는 수비 일변도로 몰렸다.

**ほうせん【傍線】** 방선 ¶**傍線を引く** 방선을 긋다 / **傍線部** 방선 부분

**ぼうぜん【呆然・茫然】** ◇ **ぼう然と** 망연히, 멍하니 ¶彼はその場にぼう然と立ち尽くした 그는 그 자리에 망연히 서 있었다. / さすがのチョルスもそ

の知らせにぼう然自失した 그 대단한 철수도 그 소식에 망연자실하였다.

**ほうせんか【鳳仙花】** 봉선화

**ほうそう【放送】** 방송 ◇放送する 방송하다

[基本表現]
▷ラジオの放送を聞く 라디오 방송을 듣다
▷テレビの放送を見る 텔레비전 방송을 보다
▷ラジオでニュースの放送を聞いている 라디오로 뉴스 방송을 듣고 있다.
▷テレビでニュースの放送を見ている 텔레비전으로 뉴스 방송을 보고 있다.
▷この放送は生でお送りしています 이 방송은 생방송으로 보내 드리고 있습니다.
▷そのコンサートはラジオで放送される 그 콘서트는 라디오로 방송된다.
▷その試合はNHKテレビで放送される NHK텔레비전에서 방송된다.

¶今晩テレビで韓国映画を放送する 오늘 밤 텔레비전에서 한국 영화를 방송한다. / 首相の辞任は正午のテレビニュースで放送された 수상의 사임은 정오의 텔레비전 뉴스에서 방송되었다. / ニュースは7時に放送される 뉴스는 일곱 시에 방송된다. / 放送中(▶掲示) 방송중

[会話] おもしろい放送
A：今晩何かおもしろい放送ある?
B：うん。8時からのサッカー日韓戦の実況放送は見逃せないよ
A：오늘 밤 뭐 재미있는 방송 있어?
B：응. 여덟 시부터의 축구 일한전 실황 방송은 놓칠 수 없어.

A：さっきの車内放送何だった? 聞き逃しちゃって
B：山手線が運転見合わせだってさ
A：방금 안내 방송 뭐래? 못 들었어.
B：야마노테선 운행이 중단됐대.

[関連] 放送衛星 방송 위성 / 放送記者 방송 기자 / 放送局 방송국 / 放送時間 방송 시간 / 放送室 방송실 / 放送大学 방송 대학 / 放送番組 방송 프로그램 / 放送妨害 방송 방해 / 放送網 방송망 / AM[FM]放送 에이엠[에프엠] 방송 / 衛星放送 위성 방송 / 海外放送 해외 방송 / 国営放送 국영 방송 / 国際放送 국제 방송 / 再放送 재방송 / 深夜放送 심야 방송 / 全国放送 전국 방송 / 中継放送 중계 방송 / テレビ放送 텔레비전 방송 / 生放送 생방송 / 2か国語放送 2개국어 방송 / 民間放送 민영 방송 / ラジオ放送 라디오 방송

**ほうそう【包装】** 포장 ◇包装する 포장하다 [包む] 싸다 ¶彼女は贈り物をきれいに包装した 그녀는 선물을 예쁘게 포장했다. [関連] 包装紙 포장지

**ほうそう【暴走】** 폭주 ◇暴走する 폭주하다
¶電車が暴走して脱線した 전철이 폭주해서 탈선했다. / 彼らは車を暴走させた 그들은 광란의 질주를 하였다. [関連] 暴走族 폭주족

**ほうそく【法則】** 법칙 ¶オームの法則 옴 법칙 / 自然の法則 자연의 법칙 / 重力の法則 중력의 법칙 / 需要と供給の法則 수요와 공급의 법칙

**ほうたい【包帯】** 붕대 ¶彼は腕に包帯をしていた 그는 팔에 붕대를 하고 있었다. / お母さんが指に包帯をしてくれた 어머니가 손가락에 붕대를 감아 주셨다.

**-ほうだい【-放題】** ¶彼女は言いたい放題のことを言う 그 여자는 하고 싶은 말을 다 한다. / 彼はしたい放題のことをする 그 남자는 하고 싶은 대로 다 한다. / 2千円で飲み放題ですよ 2천 엔에 마시고 싶은 대로 마실 수 있어요.

**ほうだい【膨大】** ◇膨大だ 방대하다 ¶1枚のCD-ROMには膨大なデータが詰まっている 한 장의 CD-ROM에는 방대한 양의 데이터가 들어 있다. / 膨大な量の水 방대한 양의 물

**ほうたかとび【棒高跳び】** 장대높이뛰기, 봉고도 ¶棒高跳びの選手 장대높이뛰기 선수

**ぼうだち【棒立ち】** ◇棒立ちになる 막대처럼 몸이 굳다 ¶彼らは驚き[恐怖]で棒立ちになった 그들은 놀라서[공포로] 막대처럼 몸이 굳었다.

**ぼうだん【防弾】** 방탄 [関連] 防弾ガラス 방탄 유리 / 防弾チョッキ 방탄 조끼

**ほうち【放置】** 방치 ◇放置する 방치하다, 놓아두다 ¶車を道路に放置する 차를 도로에 방치하다 / 駅前にたくさんの自転車が放置してある 역 앞에는 많은 자전거가 방치되어 있다. / 事態は放置できない사태는 방치될 수 없다. [関連] 放置自転車 방치된 자전거

**ほうちこく【法治国】** 법치국, 법치 국가

**ぼうちゅうざい【防虫剤】** 〔虫시〕 방충제 〔殺虫剤〕 살충제 〔衣類用〕 좀약(▶発音은 좀냑)

**ほうちょう【包丁・庖丁】** 식칼, 부엌칼 ¶彼女の包丁さばきは見事だ 그녀의 칼 다루는 솜씨는 훌륭하다.

**ぼうちょう【傍聴】** 방청 ◇傍聴する 방청하다 ¶委員会は審議の傍聴を許可[禁止]した 위원회는 심의의 방청을 허가했다[금지했다]. / 裁判を傍聴する 재판을 방청하다 [関連] 傍聴券 방청권 / 傍聴席 방청석 / 傍聴人 방청인

**ぼうちょう【膨張】** 팽창 ◇膨張する 팽창하다 [ふくらむ] 부풀다 ¶気体は熱で膨張する 기체는 열로 팽창한다. / 大豆が水を吸って膨張した 콩이 물을 빨아들여 팽창했다. / その町は急速に膨張していった 그 도시는 급속하게 팽창해 갔다. / 世界の人口は年々膨張している 세계 인구는 매년 팽창하고 있다. [関連] 膨張率 팽창률

**ほうっておく【放って置く】** 놓아두다 ¶そのまま放っておくわけにはいかない 그대로 놓아둘 수는 없다. / 放っておいておくれ 그냥 놔 둬.

**ぼうっと ❶** [はっきりしないで] 희미하게, 아련하게 ¶山がぼうっとかすんで見える 산이 희미하게 보인다.

❷ [放心して] 멍하니 ◇ぼうっとしている 멍하다 ¶熱で頭がぼうっとしているんだ 열로 머리가 멍하다.

**ぼうっと** 발그레 ◇ぼうっとなる 발그레해지다, 붉히다 ¶恥ずかしくて顔がぼうっと赤くなった 창피해서 얼굴이 발그레해졌다. / 彼女を一目見てぼうっとなった 그녀를 한번 보고 발그레해졌다.

**ほうてい【法廷】** 법정 ¶法廷は1週間後に開かれる予定だ 법정은 일 주일 후에 열릴 예정이다. / 彼らは職場における男女差別をめぐって法廷で争

うことにした 그들은 직장에서의 남녀 차별을 둘러싸고 회사와 싸우기로 했다. /詐欺事件は法廷で審理された 그 사기 사건은 법정에서 심리되었다. /被告側証人として法廷に立った 피고 측 증인으로서 법정에 섰다. /証人として法廷に呼ばれた 증인으로서 법정에 불렸다. /法廷は弁護側の主張を聞いた 법정은 변호 측의 주장을 들었다. /彼は法廷への出頭を命じられた 그는 법정에 출두하라는 명령을 받았다. /彼らは不当解雇撤回を求めて法廷闘争に持ち込んだ 그들은 부당 해고 철회를 요구하면서 법정 투쟁으로 가지고 갔다. 関連法廷侮辱罪 법정 모욕죄

**ほうてい**【法定】법정 関連法定貨幣 법정 화폐 /法定金利 법정 금리 /法定相続人 법정 상속인 /法定代理人 법정 대리인 /法定伝染病 법정 전염병

**ほうていしき**【方程式】방정식 ¶この問題は方程式を立てれば解ける 이 문제는 방정식을 세우면 풀린다. /次の方程式を解きなさい 다음 방정식을 푸시오. 関連一次[二次, 三次]方程式 1차[2차, 3차] 방정식 /化学方程式 화학 방정식 /微分方程式 미분 방정식 /連立方程式 연립 방정식

**ほうてき**【法的】法的根拠がないい 법적 근거가 없다. /法的措置を取る 법적 조치를 취하다 /それは法的認められている 그것은 법적으로 인정되어 있다.

**ほうでん**【放電】방전 ◇放電する 방전되다 ¶高圧線から放電している 고압선에서 방전되고 있다. 関連放電管 방전관 /空中放電 공중 방전 /真空放電 진공 방전

**ほうと**【暴徒】폭도 ¶デモ隊は暴徒と化した 데모대는 폭도로 바뀌었다.

**ほうとう**【放蕩】방탕 ¶彼は放蕩三昧の日を送っている 그는 방탕한 세월을 보내고 있다. 関連放蕩者 방탕아 /放蕩息子 방탕한 자식

**ほうどう**【報道】보도 [取材] 취재 ◇報道する 보도하다 [取材する] 취재하다 ¶この新聞は正確な報道で定評がある 이 신문은 정확한 보도로 정평이 나 있다. /この週刊誌の報道は根拠が曖昧だ 이 주간지의 보도는 근거가 애매하다. /報道の自由は常に守られなければならない 보도의 자유는 항상 지켜야 한다.

¶マスコミは正確かつ客観的に報道しなければならない 매스컴은 정확하고 객관적으로 보도해야 된다. /首相は重病だと報道されている 수상은 중병이라고 보도되어 있다. /いくつかの新聞はこの事件で間違った報道をした 몇몇 신문은 이 사건에 대해 잘못된 보도를 했다. /報道によれば, 登山者2名が行方不明だそうだ 보도에 의하면 등산객 두 명이 실종됐다고 한다. /公共事業をめぐる談合疑惑はテレビで詳しく報道された 공공사업을 둘러싼 담합 의혹은 텔레비전에서 상세하게 보도되고 있다. /テレビのニュースは, 総理は辞任するだろうと報道した 텔레비전 뉴스는, 총리는 사임할 것이라고 보도했다. 関連報道員 보도원 /報道官 보도관 /報道関係者 보도 관계자 /報道管制 보도 관제 /報道機関 보도 기관 /報道記者 보도 기자 /報道局 보도국 /報道写真 보도 사진 /報道陣 보도진

**ほうとう**【冒頭】모두 [話などの] 서두 (序頭), 첫머리 ¶彼女は話の冒頭に彼に感謝の念を表した 그녀는 이야기의 서두에 그에게 감사의 마음을 표시했다. /彼は手紙の冒頭で結婚を知らせてきた 그는 편지의 첫머리에 결혼 사실을 알려 왔다. 関連冒頭陳述 모두 진술

**ほうとう**【暴投】〔野球〕폭투 ◇暴投する 폭투하다 ¶ピッチャーの暴投でランナーは2塁に進んだ 피처의 폭투로 러너는 2루까지 갔다.

**ほうとう**【暴騰】폭등하다 ¶原油価格が世界的に暴騰している 원유 가격이 세계적으로 폭등하고 있다.

**ほうどう**【暴動】폭동 [騒動] 소동 (騒乱) 소란 ¶住民の暴動が起こった 주민들의 폭동이 일어났다. /若者が暴動を起こした 젊은이들이 폭동을 일으켰다. /警察は暴動を鎮圧した 경찰은 폭동을 진압했다. 関連人種暴動 인종 폭동

**ほうとく**【冒瀆】모독 ◇冒瀆する 모독하다 ¶神を冒瀆する 신을 모독하다

**ほうどくマスク**【防毒マスク】방독 마스크, 방독면

**ほうにち**【訪日】방일 ◇訪日する 일본을 방문하다 ¶大統領の訪日は中止された 대통령의 일본 방문은 취소되었다. /大統領は日韓首脳会談のため訪日した 대통령은 일한 정상 회담을 위해 일본을 방문했다.

**ほうにん**【放任】방임 ◇放任する 방임하다 ¶彼は子供を放任している 그 사람은 아이를 자유분방하게 키우고 있다. 関連放任主義 방임주의

**ほうねつ**【放熱】방열 ◇放熱する 방열하다, 열을 발산하다 関連放熱器 방열기, 라디에이터

**ほうねん**【豊年】풍년 ⇨当たり年, 豊作

**ほうねんかい**【忘年会】망년회, 송년회 (送年会) ¶忘年会の幹事をする 망년회 총무를 하다

**ぼうはつ**【暴発】폭발, 돌발 (突発) [誤発] 오발 ◇暴発する 폭발하다 [誤発する] 오발하다, 부주의로 인해 총이 발사되다 ¶銃が暴発した 총이 오발했다.

**ぼうはてい**【防波堤】방파제

**ぼうはん**【防犯】방범 関連防犯カメラ 방범 카메라 /防犯訓練 방범 훈련 /防犯ベル 방범 벨

**ほうび**【褒美】포상 (褒賞) ¶ほうびをやる 포상을 주다 /手伝ってくれたほうびに彼女に5천 엔 あげた 도와준 대가로 그녀에게 5천 엔 주었다.

**ぼうび**【防備】방어 (防御) ◇防備する 적의 공격에 대비하다 ¶敵の攻撃に対して防備を強化しなければならない 적의 공격에 대비해 방어를 강화해야 된다. /彼女は他人に対して無防備過ぎる 그 여자는 타인에 대해 너무 경계심이 없다.

**ぼうびき**【棒引き】[帳消し] 탕감 ◇棒引きする 탕감하다 ¶彼は僕の借金を棒引きにしてくれた 그는 내 빚을 탕감해 주었다.

**ほうふ**【豊富】◇豊富だ 풍부하다, 풍족하다, 많다 ◇豊富に 풍부하게, 풍족하게 ¶天然[地下]資源が豊富だ 천연[지하] 자원이 풍부하다. /この料理は栄養が豊富だ 이 요리는 영양이 풍부하다. /この雑誌は内容が豊富だ 이 잡지는 내용이 풍부하다. /読書家の彼女は知識が豊富だ

그녀는 책을 많이 읽어서 아는 것이 많다. / 彼는 話題의 豊富한 人이 그는 이야깃거리가 많다. / いざという時には豊富な経験が物を言う 긴급한 상황에서는 풍부한 경험이 도움이 된다. / 彼らには食べ物が豊富にあった 그들은 먹을 것이 풍족하였다. / あの店には商品が豊富に取りそろえてある 저 가게에는 물건도 다양하고 풍부하다.

ほうふ【抱負】 포부 ¶新人議員たちはそれぞれに国政に対する抱負を語った 신인 의원들은 각자 국정에 대한 포부를 말했다.

ほうふう【暴風】 폭풍 ¶台風の影響で関東地方は午後には暴風域に入るでしょう 태풍의 영향으로 간토 지방은 오후에는 폭풍 권내에 들어갈 것으로 보입니다. / 暴風雨警報が出された 폭풍우 경보가 내려졌다. 関連暴風圏 폭풍권

ほうふうりん【防風林】 방풍림

ほうふく【報復】 보복, 앙갚음 ◇報復する 보복하다, 앙갚음하다 ¶彼は報復を恐れて何もしゃべらなかった 그는 보복이 두려워 아무 말도 하지 않았다. / 侵略された場合, わが国は直ちに報復措置を取るだろう 다른 나라가 침략해 들어오면 우리 나라는 바로 보복 조치를 취할 것이다. 関連報復関税 보복 관세

ほうふくぜっとう【抱腹絶倒】 포복절도 ◇抱腹絶倒する 포복절도하다 ¶彼の失敗談にみんなは抱腹絶倒した 그가 실수한 이야기를 듣고 모두 포복절도했다.

ほうふざい【防腐剤】 방부제

ほうふつ【彷彿・髣髴】 ◇ほうふつとさせる 방불케 하다 ¶彼の容貌は今は亡き父親をほうふつとさせた 지금의 그의 용모는 돌아가신 아버지를 방불케 했다.

ほうぶつせん【放物線】 포물선 ¶ボールは放物線を描いて落ちた 볼은 포물선을 그리며 떨어졌다.

ほうふら【孑孑】 장구벌레 ¶水溜りにほうふらがわいている 웅덩이에 장구벌레가 떠 있다.

ほうべん【方便】 방편 ¶一時しのぎの方便 임시방편 | 임시변통(臨時変通)

ほうほう【方法】 방법〔手段〕 수단
◆方法が・方法は
¶外国語を習得するいちばんよい方法は何だと思いますか 외국어를 마스터하는 가장 좋은 방법은 뭐라고 생각합니까? / 彼を説得するにはそれしか方法がなかった 그를 설득하기 위해서는 그 방법밖에 없었다.

◆方法を
¶このパズルを解く方法を教えてください 이 퍼즐을 푸는 방법을 가르쳐 주세요. / この学校は新しい語学教育の方法を導入した 이 학교는 새로운 어학 교습법을 도입했다. / 韓国語の単語を短時間で効率的に覚える方法を考え出した 한국어 단어를 짧은 시간에 효율적으로 외우는 방법을 생각해 냈다. / 少年犯罪の増加を防ぐためあらゆる方法を講じなければならない 소년 범죄의 증가를 막기 위해 모든 방법을 강구해야 된다. / 科学者たちはがんの新しい治療方法を研究している 과학자들은 암의 새로운 치료법을 연구하고 있다.

◆方法で
¶好きな方法でやってみたらどうですか 자기가 좋아하는 방법으로 해 보는 게 어떻습니까? / 彼は不正な方法で資金を集めた 그는 부정한 방법으로 자금을 모았다. / 警察は泥棒がどんな方法で被害者の家に侵入したのか調査している 경찰은 도둑이 어떤 방법으로 피해자의 집에 침입했는지 조사하고 있다. / 彼はとても変わった方法で韓国語を勉強した 그는 아주 특이한 방법으로 한국어를 공부했다. 関連方法論 방법론

ほうほう【方々】 여기저기, 이곳저곳 ¶母親はいなくなった子供を方々捜し回った 모친은 없어진 아이를 여기저기 찾아다녔다. / 事故現場には方々から人が集まってきた 사고 현장에는 여기저기서 사람들이 모여들었다. / 部屋の中には本が方々に散らばっていた 방 안에는 책이 여기저기 흩어져 있었다.

ほうほう 활활; 덥수룩하게, 무성하게 ¶火がほうほう燃えている 불이 활활 타고 있다. / 彼は髪をほうほうに伸ばしている 그 남자는 머리를 덥수룩하게 기르고 있다. / 庭に草がほうほう茂っている 정원에 풀이 무성하게 우거져 있다.

ほうほうのてい【這う這うの体】 ◇ほうほうのていで 허둥지둥 ¶ほうほうの体でそこから逃げ出した 허둥지둥 그곳에서 도망쳐 나왔다.

ほうぼく【放牧】 방목 ◇放牧する 방목하다 ¶草地に牛を放牧する 초원에 소를 방목하다 関連放牧地 방목지

ほうまん【放漫】 ◇放漫な 방만한 ¶会社が倒産したのは社長の放漫経営が原因だった 사장의 방만한 재정으로 인해 회사가 도산하였다. 関連放漫財政 방만한 재정

ほうむしょう【法務省】〔日本の〕법무성〔韓国の〕법무부(法務部)

ほうむだいじん【法務大臣】〔日本の〕법무 대신〔韓国の〕법무부 장관(法務部長官)

ほうむる【葬る】 묻다〔埋葬する〕매장하다 ¶死者は墓地に葬られた 죽은 사람은 묘지에 묻혀졌다. / あの事件は闇に葬られた 그 사건은 해결되지 않은 채 미궁에 빠졌다.

ほうめい【亡命】 망명 ◇亡命する 망명하다 ¶彼らは北朝鮮から韓国に亡命した 그들은 북한에서 한국으로 망명했다. 関連亡命者 망명자 / 亡命政府 망명 정부 / 政治亡命 정치 망명

ほうめん【方面】 ❶〔地域, 地方〕방면, 지역, 지방〔方向〕방향 ¶話し方から判断すると彼は関西方面の人らしい 말투로 판단해 보면 그는 간사이 지역 사람인 것 같다. / 九州方面は台風で大きな被害を受けた 규슈 지방은 태풍으로 큰 피해를 입었다. / 犯人は新宿方面に逃げたらしい 범인은 신주쿠 방향으로 도망친 것 같다.

❷〔分野〕방면, 분야〔側面〕측면〔角度〕각도 ¶彼は遺伝子工学の方面では名が知られている 그는 유전 공학 분야에서는 이름이 나 있다. / 彼女の論文は各方面で話題になっている 그녀의 논문은 각 분야에서 화제가 되고 있다. / 将来はどの方面に進むつもりですか 장차 어떤 방면으로 나아갈 생각입니까? / その本は海外生活のあらゆる方面の情報を扱っている 그 책은 해외 생활의 모

든 방면의 정보를 다루고 있다. / この計画を別の方面から も検討してほしい 이 계획을 다른 각도에서 검토해 줬으면 한다.

**ほうめん【放免】** 방면 ◇放免する 방면하다, 풀어주다 ¶警察は証拠不十分で彼を放免した 경찰은 증거 불충분으로 그를 풀어 주었다. / 彼は不起訴処分となり放免された 그는 불기소 처분이 되어 풀려났다. 関連 無罪放免 무죄 방면

**ほうもつ【宝物】** 보물 関連 宝物殿 보물전

**ほうもん【訪問】** 방문 ◇訪問する 방문하다 【訪れる】 찾아가다, 찾아오다

基本表現
▷今回のソウル訪問の目的は何ですか
이번 서울 방문 목적은 무엇입니까?
▷私たちは彼を訪問した
우리들은 그를 찾아갔다.
▷彼はきのう教え子たちの訪問を受けた
어제 제자들이 그를 찾아왔다.
▷彼は韓国を訪問中だ
그는 한국을 방문 중이다.

¶そのお寺は一般の人の訪問を受け付けない 그 절은 일반인들은 들어가지 못한다. / 彼女は年に一度生徒たちの家庭訪問をする 그녀는 일년에 한 번 학생들 집으로 가정 방문을 간다. / 韓国を訪問するのはこれで3度目だ 한국에 가는 것은 이것으로 세 번째다. / おじの家を車で訪問した 차로 삼촌댁에 갔다. 関連 訪問看護 방문 간호, 訪問着 나들이옷 / 訪問客 방문객 / 訪問者名簿 방문자 명단 / 訪問販売 방문 판매 / 公式訪問 공식 방문 / 表敬訪問 예방(礼訪)

**ほうや【坊や】** 〖呼びかけ〗꼬마야 〖世間慣れしていない若い男〗철부지 ¶坊や, もう家へ帰る時間だよ 꼬마야, 이제 집에 돌아갈 시간이야.

**ほうやく【邦訳】** 국역(国訳) 〖日本語訳〗일본어 번역 ¶『風と共に去りぬ』を邦訳で読んだ "바람과 함께 사라지다"를 일본어 번역으로 읽었다.

**ほうよう【法要】** 제사, 법회(法会) ¶父の七回忌の法要を営んだ 아버지의 여섯 번째 제사를 지냈다.

**ほうよう【抱擁】** 포옹 ◇抱擁する 포옹하다, 껴안다

**ほうようりょく【包容力】** 포용력 ¶包容力のある人 포용력 있는 사람

**ほうよみ【棒読み】** ¶彼はあいさつの言葉を棒読みした 그는 책을 읽듯이 인사말을 읽어 내려갔다. / 彼は詩を棒読みした 그는 시를 책을 읽듯이 낭독했다.

**ほうらく【暴落】** 폭락(▶発音은 풍낙) ◇暴落する 폭락하다 ¶きょうはドル[円, ウォン]が暴落した 오늘은 달러가[엔이, 원이] 폭락했다. / 株価が大暴落した 주가가 대폭락했다.

**ほうり【暴利】** 폭리 ¶高利貸しは暴利をむさぼっている 고리대금업자는 폭리를 탐하고 있다.

**ほうりあげる【放り上げる】** 높이 던지다 ¶子供はボールを放り上げた 아이는 볼을 높이 던졌다.

**ほうりこむ【放り込む】** 던져 넣다, 집어넣다 ¶みんなでミョンチョルをプールに放り込んだ 모두 함 계 명철이를 풀장에 집어 던졌다. / 彼はガムを口に放り込んだ 그는 껌을 입에 집어넣었다.

**ほうりだす【放り出す】** 〖外に投げ出す〗내던지다 〖一時中断する〗집어치우다, 내팽개치다 〖断念する〗포기하다 ¶子供は手にしていたおもちゃを放り出して母親に駆け寄った 아이는 손에 쥐고 있던 장난감을 내던지고 엄마한테 달려갔다. / 彼は衝突のショックで車の外に放り出された 그는 충돌시의 충격으로 차 밖으로 튕겨져 나갔다. / 彼女は仕事を放り出してデートに行った 그녀는 일을 내팽개치고 데이트하러 갔다. / 20歳のときに学業を放り出して外国に行った 스무 살 때 학업을 포기하고 외국에 갔다.

**ほうりつ【法律】** 법률(▶発音은 범뉼), 법

基本表現
▷私たちは法律を守らなければならない
우리는 법률을 지켜야 된다.
▷法律を破れば罰せられる
법률을 어기면 처벌 받는다.
▷未成年者の喫煙は法律違反だ
미성년자의 흡연은 위법이다.
▷飲酒運転は法律で禁じられている
음주 운전은 법률로 금지되어 있다.
▷新しい法律はいつ施行されるのですか
새로운 법률은 언제 시행됩니까?
▷男女の雇用均等は法律で定められている
남녀 고용 균등은 법률로 정해져 있다.
▷法律を改正するには長い時間がかかる
법률을 개정하는 데는 긴 시간이 걸린다.
▷彼女は法律を勉強している
그녀는 법을 공부하고 있다.

¶法案が国会を通過して新しい法律が成立した 법안이 국회에서 통과되어 새로운 법률이 제정되었다. / その法律は企業にのみ適用される 그 법률은 기업에만 적용된다. / 法律は国会の議決を経て定められる 법률은 국회의 의결을 거쳐 정해진다. / 彼は法律に照らして罰せられるだろう 그는 법률에 의거해서 처벌을 받을 것이다. / 彼らは10年以上別居しているが法律上は夫婦だ 그들은 10년 이상 별거하고 있지만 법률상으로는 부부다. 関連 法律違反 법률 위반 / 法律家 법률가 / 法律顧問 법률 고문 / 法律事務所 법률 사무소 / 法律制度 법률 제도 / 法律用語 법률 용어

**ほうりなげる【放り投げる】** 내던지다 ⇨投げる

**ほうりゃく【謀略】** 모략 〖陰謀〗음모 〖策略〗책략 ¶謀略に掛かる 음모에 걸리다 / 謀略を巡らす 모략을 꾸미다

**ほうりゅう【放流】** 방류 ◇放流する 방류하다 ¶ダムの水を放流する 댐의 물을 방류하다 / 川にさけの稚魚を放流した 강에 새끼 연어를 방류했다

**ほうりょう【豊漁】** 풍어 ¶今年はさんまが豊漁だ 올해는 꽁치가 많이 잡힌다.

**ほうりょく【暴力】** 폭력(▶発音은 퐁녁) ◇暴力的 폭력적 ¶私は決して暴力に訴えない 나는 결코 폭력에 호소하지 않는다. / 子供に暴力をふるってはいけない 아이에게 폭력을 휘둘러서는 안 된다. / この映画は暴力シーンが多すぎる 이 영화는

폭력 신이 너무 많다. 関連 暴力行為 폭력 행위 / 暴力団 폭력단 / 暴力団員 폭력단원 / 暴力団抗争 폭력단끼리의 싸움 / 家庭内暴力 가정내 폭력 / 校内暴力 교내 폭력

**ボウリング** 〔球技〕볼링 ¶ボウリングをする 볼링을 하다 関連 ボウリング場 볼링장

**ほうる【放る】** ❶〔投げる〕던지다〔投げ捨てる〕내던지다 ¶彼はその子にボールを放ってあげた 그는 그 아이에게 공을 던져 주었다. / 行くかどうかコインを放って決めよう 갈지 안 갈지는 동전을 던져서 결정하자. / 車の窓から空き缶を放ってはいけない 차창 밖으로 빈 깡통을 던져서는 안 된다.
❷〔途中でやめる〕중도에 그치다, 내팽개치다 ¶うちの子は宿題を放って遊びに行った 우리 아이는 숙제를 내팽개치고 놀러 갔다.
❸〔構わない〕놓아두다 ¶しばらくあの子は放っておいてください 당분간 그 아이는 내버려 두세요.

**ほうれい【法令】** 법령 ¶法令を公布する 법령을 공포하다 関連 法令集 법령집

**ほうれい【亡霊】** 망령〔幽霊〕유령〔霊魂〕영혼

**ほうれつ【放列】** ¶テレビ各局はカメラの放列を敷いてその女優の到着を待っていた 각 방송사는 카메라를 설치해 놓고 그 여배우가 도착하기를 기다리고 있었다.

**ほうれんそう【菠薐草】** 시금치

**ほうろう【放浪】** 방랑 ◇放浪する 방랑하다〔さまよう〕헤매다 ¶彼は世界各地を放浪した 그는 세계 각지를 방랑했다. 関連 放浪者 방랑자, 방랑객 / 放浪癖 방랑벽 / 放浪生活 방랑 생활

**ほうろう【琺瑯】** 법랑〔エナメル〕에나멜 ¶ほうろう引きの容器 법랑 용기

**ほうろん【暴論】** 얼토당토않은 주장 ¶彼女は暴論を吐いた 그 여자는 얼토당토않은 주장을 하였다.

**ほうわ【飽和】** 포화 ◇飽和する 포화하다 ¶この溶液は飽和状態だ 이 용액은 포화 상태다. / 水を食塩で飽和させた 물에 소금을 포화 상태까지 녹였다. / 頭が飽和状態だ 머리가 포화 상태다. 関連 飽和脂肪 포화 지방 / 飽和点 포화점 / 飽和溶液 포화 용액

**ほえごえ【吠え声】** 〔犬の〕짖는 소리〔猛獣の〕으르렁거리는 소리 ¶その犬は大きな吠え声をあげた 그 개는 큰 소리로 짖었다.

**ほえづら【吠え面】** 慣用句 後で吠え面をかくなよ 나중에 후회하지 마.

**ほえる【吠える】** 〔犬が〕짖다〔猛獣が〕으르렁거리다 ¶犬が子供に吠えていた 개가 아이에게 짖고 있었다. 慣用句 吠える犬はかみつかぬ 짖는 개는 물지 않는다.

**ほお【頬】** 볼, 뺨

> **使い分け** 볼, 뺨
> 볼 顔の中で, 頬骨からあごにかけての部分. 뺨の表す部分のうち柔らかく動かすことのできる部分. 口の中の奥歯の辺りの肉をさすこともできる.
> 뺨 顔の中で, 鼻と耳, 目と口に挟まれた部分を指す. 口の中の肉をさすことはできない.

¶彼は頬がこけている 그 남자는 볼이 쑥 들어가

있다. / 頬がふっくらとしている 볼이 통통하다. / 彼女は娘の頬にキスをした 그 여자는 딸의 볼에 키스를 했다. / 彼女は恥ずかしそうに頬を染めた[赤らめた] 그 여자는 부끄럽다는 듯이 얼굴을 붉혔다. / 父に頬をつねられた아버지께 뺨을 꼬집혔다. / 僕がデートに遅刻したので彼女は頬をふくらませた 약속 장소에 늦게 갔더니 여자 친구가 뾰로통해 있었다. 慣用句 競馬で大穴を当てて思わず頬が緩んだ 경마에서 대박이 터져서 웃음이 절로 나왔다. / このまぐろの刺身は頬が落ちるほどおいしい 이 참치회는 기가 막히게 맛있다.

**ボーイ** 〔少年〕소년〔ホテルの〕보이〔ウェイター〕웨이터 ¶ボーイさん, 水をもう1杯ください 여기, 물 한 잔 더 주세요.

**ボーイスカウト** 보이 스카우트

**ボーイフレンド** 보이프렌드, 남자 친구

**ポーカー** 〔トランプのゲーム〕포커 ¶みんなでポーカーをした 모두 함께 포커를 했다.

**ポーカーフェイス** 포커 페이스, 무표정한 얼굴 ¶彼女はポーカーフェイスをしていた 그 여자는 포커 페이스를 하고 있었다.

**ほおかぶり【頬被り】** ◇頬かぶりする〔タオルで顔を隠す〕수건으로 얼굴을 가리다〔見て見ぬふりをする〕모르는 체하다
¶男はタオルで頬かぶりしていた 남자는 타월로 얼굴을 가리고 있었다.
¶彼女は面倒なことにはいつも頬かぶりを決め込む 그 여자는 귀찮은 일은 늘 모르는 체한다.

**ボーカル** 보컬 ¶バンドのボーカル 밴드의 보컬 / 男性ボーカル 남성 보컬 関連 ジャズボーカル 재즈 보컬 / ソロボーカル 솔로 / ボーカルグループ 보컬 그룹

**ボーク** 《野球》보크 ¶その投手はボークを取られた 그 투수는 보크 판정을 받았다. / 投手のボークで3塁走者が生還した 투수의 보크로 3루 주자가 홈인했다.

**ポーク** 돼지고기 関連 ポークカツ 포크커틀릿, 돈가스 / ポークソテー 포크소테, 돼지고기 철판구이

**ほおじろ【頬白】** 《鳥》멧새

**ホース** 호스 ¶ホースで庭に水をまいた 호스로 정원에 물을 뿌렸다. / ホースで車を水洗いする 호스로 세차하다

**ポーズ** 〔休止〕휴지〔間〕사이〔姿態〕포즈
¶ちょっとポーズを置いてから彼は話し始めた 그는 잠시 사이를 두었다가 이야기하기 시작했다.
¶彼女はカメラに向かってポーズを取った 그 여자는 카메라를 향해 포즈를 취했다. / それは単なるポーズ(→ゼスチュア)に過ぎない 그것은 단순한 제스처에 지나지 않는다.

**ほおずき【酸漿・鬼灯】** 《植物》꽈리 ¶その少女はほおずきを鳴らしていた 그 소녀는 꽈리를 불고 있었다.

**ほおずり【頬擦り】** ¶母親は娘に頬ずりした 어머니는 딸의 뺨에 자기 뺨을 대고 비볐다.

**ボーダーライン** 커트라인, 갈림길 ¶彼女の成績は合否のボーダーライン上にある 그녀의 성적은 커트라인 선상에 있다. / この候補者は当落のボーダーライン上にいる 이 후보자는 당락의 갈림길

**ポータブル** 포터블, 휴대용 ¶ポータブルテレビ 휴대용 텔레비전

**ポーチ** 포치, 현관(玄関) ⇨ **玄関**

**ほおづえ【頬杖】** 頬をつく 턱을 괴다 ¶彼女は頬づえをついて考え込んでいた 그녀는 턱을 괴고 생각하고 있었다

**ボート** [小型の船の総称] 보트 ¶ボートをこぐ 보트를 젓다 / 貸しボート 임대 보트 / ボートピープル 보트 피플 / ボートレース 보트 레이스, 조정(漕艇)

**ボーナス** 보너스, 상여금(賞与金) ¶年に2回ボーナスが支給される 일년에 두 번 보너스가 지급된다. / 冬のボーナスは出たの? 겨울 보너스 나왔어? ⇨ **賞与**

**ほおばる【頬張る】** 입 안에 잔뜩 넣고 먹다 ¶食べ物を口一杯に頬ばってはいけません 음식을 입 안에 잔뜩 넣고 먹어서는 안 됩니다.

**ほおひげ【頬鬚】** 구레나룻 ⇨ **ひげ**

**ホープ** 유망주(有望株) ¶日本音楽[映画]界のホープ 일본 음악계[영화계]의 유망주

**ほおべに【頬紅】** 연지 ¶彼女は薄く頬紅をつけていた 그녀는 연하게 볼에 연지를 찍었다.

**ほお(ぼね)【頬骨】** 광대뼈 ¶彼は頬骨が出ている 그 사람은 광대뼈가 나와 있다.

**ホーム** [家], 집, 가정(家庭) 関連 (スポーツの)ホームゲーム 홈경기 / ホームヘルパー 가정 봉사원 / 老人ホーム 양로원(養老院)

**ホーム** [駅の] 플랫폼 [本塁] 홈, 본루 ¶盛岡行きの列車は8番ホームから発車する 모리오카행 열차는 8번 플랫폼에서 발차한다. / 5番線ホームの電車は各駅停車です 5번 플랫폼의 전철은 완행열차입니다. 関連 出発ホーム 출발 플랫폼 / 到着ホーム 도착 플랫폼 ⇨ **プラットホーム**

**ホームイン** 《野球》 홈인 ◇ホームインする 홈인하다 ¶犠牲フライで3塁走者がホームインした 희생 플라이로 3루 주자가 홈인했다.

**ホームグラウンド** 홈그라운드, 홈구장

**ホームコメディー** 홈 코미디

**ホームシック** 향수병(郷愁病) ¶ホームシックにかかる 향수병에 걸리다 ⇨ **郷愁**

**ホームスチール** 《野球》 홈 스틸 ¶彼は大胆にもホームスチールをした 그는 대담하게도 홈 스틸을 했다. ⇨ **盗塁**

**ホームステイ** 홈스테이, 민박(民泊) ¶韓国人の家庭にホームステイしたことがある 한국인 가정에 홈스테이한 적이 있다.

**ホームドクター** 홈닥터

**ホームドラマ** 홈드라마

**ホームプレート** 《野球》 홈 플레이트, 홈 베이스

**ホームページ** [IT] 홈 페이지 ¶インターネット上にホームページを開設した 인터넷 상에 홈 페이지를 개설했다. / 小学館のホームページを開く 쇼가쿠칸의 홈 페이지를 열다

**ホームベース** 《野球》 홈 베이스, 홈, 본루(本塁)

**ホームラン** 《野球》 홈런, 본루타(本塁打) ¶松井は大ホームランを打った 마쓰이는 대형 홈런을 쳤다. 関連 ホームラン王 홈런왕 / ホームランバッター 홈런 타자 / 満塁ホームラン 만루 홈런

**ホームルーム** 홈룸

**ホームレス** 노숙자(露宿者) ¶この公園には多くのホームレスが集まっている 이 공원에는 노숙자들이 많이 있다. / ホームレスの増加が深刻な社会問題になっている 노숙자의 증가가 심각한 사회 문제로 대두되고 있다.

**ボーリング** [球技] ⇨ **ボウリング** [穿孔] 보링, 시추(試錐) ¶彼らは温泉を探してボーリングを行った 그들은 온천을 찾아서 시추를 했다.

**ホール** [大広間] 홀 [ゴルフ] 홀 ¶宮里は次のパットでホールアウトした 미야자토는 다음 퍼트로 홀 아웃했다. 関連 コンサートホール 콘서트홀 / ダンスホール 댄스홀

## ボール ❶ [球] 볼, 공

基本表現

▷弟にボールを投げた 동생에게 공을 던졌다.
▷ボールを捕ろうとしたが捕れなかった 공을 잡으려고 했는데 잡을 수 없었다.
▷彼女はラケットでボールを打った 그녀는 라켓으로 볼을 쳤다.
▷ボールをドリブルしてからパスした 볼을 드리블해서 패스했다.
▷ボールを軽く蹴った 공을 가볍게 찼다.
▷廊下でボールを転がしてはいけません 복도에서 공을 굴려서는 안 됩니다.

¶ボールは芝生の上で止まった 공은 잔디 위에서 멈추었다. / ボールが顔に当たった 공이 얼굴에 맞았다. / ボールが壁から跳ね返った 공이 벽에 맞고 튕겨 나왔다. / このボールはよく弾む 이 공은 잘 튄다.

¶ファウルボール 《野球》 파울 볼 / スローボール 《野球》 슬로 볼, 느린 공 / ゴムボール 고무공
❷ [野球のカウント] 볼 ¶カウントはツーストライクスリーボールだ 카운트는 투 스트라이크 스리 볼이다. / ボールに手か出たから 볼에 손대지 마. 
❸ [椀型の容器] 볼, 그릇 ¶サラダボール 샐러드 그릇

**ポール** 폴, 장대 ¶ポールを立てる 장대를 세우다 / (レースなどで)だれがポールポジションを取ったの? 누가 제일 안쪽 레인이니?

**ホールインワン** 《ゴルフ》 홀인원 ¶一度ホールインワンをしてみたい 홀인원 한 번 해 보고 싶다.

**ボールがみ【ボール紙】** 판지(板紙), 보드지, 마분지 関連 段ボール 골판지

**ボールばこ【ボール箱】** 판지 상자, 종이 상자

**ボールペン** 볼펜

**ほおん【保温】** 보온 ◇保温する 보온하다 ¶ご飯を保温する 밥을 보온하다 / スキーに行くときは保温性に富んだ下着を着て行きなさい 스키 타러 갈 때는 보온이 잘되는 속옷을 입고 가렴.

## ほか [外・他] ❶ [別のもの, 別の場所] 딴것, 딴 곳 [別の] ◇ほかの 딴, 다른 ¶この靴は少しきついのでほかのを見せてください 이 구두는 조금 작으니까 다른 것을 보여 주세요. / 彼はほかの学生の答案を見てカンニングしようとした 그는 다른 학생의 답안을 커닝하려고 했다. / これは

私のものではない. だれかほかの人の持ち物に違いない これは 내 것이 아니다. 다른 사람 물건임에 틀림없다. / 彼はクラスのほかのだれよりも陽気だ 그 반의 누구보다도 쾌활하다. / 僕は散歩に出かけたが, ほかの人たちは部屋に残った 나는 산책 나갔지만 다른 사람들은 방에 남았다. / この商品はほかの店では扱っていません 이 상품은 다른 가게에서는 취급하고 있지 않습니다. / ほかの女の子たちはどこへ行っちゃったの 다른 여자들은 어디 갔어? / バスのほかの4人の乗客は男性だった 버스의 나 이외 네 명의 승객은 남자였다. / 今忙しいのでほかの時に電話していただけますか 지금 바쁘니까 다음에 전화해 주시겠습니까? / どこかほかの場所を探す 어딘가 다른 곳을 찾다 / だれかほかの人に尋ねる 누구 딴 사람에게 묻다

❷〔…以外〕外に, 外に ¶ほかに質問はありませんか 그 밖에 질문은 없습니까? / まだほかにやることがいくつかある 아직 이 외에도 할 일이 몇 가지 있다. / ほかにだれがこのことを知っていますか 당신 이외에 누가 이 일을 알고 있습니까? / この場所が気に入らないなら, どこかほかに行こう 여기가 마음에 들지 않으면 어디 다른 곳에 가자. 「ほかに何かご注文は?」「いや, これだけで結構です」 "이 외에 다른 주문 있으신가요?" "아니요. 그걸로 됐어요." ほかに言うことは何もない 이 밖에 할 말은 아무것도 없다. / 彼, ほかに女性がいるんじゃないでしょうね 그 사람, 다른 여자가 있는 건 아니겠지요?

¶この図書館は月曜のほかは毎日開いている 이 도서관은 월요일 외에는 매일 개관하고 있다. / 彼のほかにこの仕事をやり遂げられる人はいない 그 사람 외에 이 일을 해낼 사람은 없다. / その部屋にはベッドのほかには何もなかった 그 방에는 침대 외에 아무것도 없었다. / 彼女は数学のほかはどの科目も得意だ 그 여자는 수학 말고 다른 과목은 다 잘한다. / 君が僕に話してくれたことのほかにはその件に関して何も知らない 네가 나에게 말해 준 것 외에는 그 일에 관해서 아무것도 모른다. / 祖母は耳が遠いほかはいたって元気です 할머니는 귀가 먼 것 외에는 아주 건강하십니다.

¶成り行きを見守るほか仕方がなかった 일이 되어가는 것을 보고 있을 수밖에 달리 방법이 없었다. / そうするほか手がない 그렇게 하는 거 외에 방법이 없다.

❸〔…に加えて〕外に ¶あなたのほかにだれがそこにいましたか 당신 외에 누가 거기에 있었습니까? / 私とほかに3名であす御社に伺います 저 외에 세 명이 내일 회사로 찾아뵙겠습니다. / 彼女は韓国語のほかに中国語も話せる 그녀는 한국어 외에 중국어도 할 줄 안다. / 彼は千葉の自宅のほかに都心にマンションを所有している 그는 지바의 자택 외에 도심에 아파트를 소유하고 있다. / この仕事は経験のほかに細心の注意が必要だ 이 일은 경험 외에도 세심한 주의가 필요하다. / ほかに飲みに行きたい人はいますか 술 마시러 가고 싶은 사람 더 있습니까? 慣用句 君をここへ呼んだのはほかでもない. わが社の新製品についての意見が聞きたかったのだ 자네를 여기로 부른 것은 다름이 아니라 우리 회사의 신제품에 대해서 의견을 듣고 싶어서네. / ほかでもないが, 君に今度札幌支社に転勤してもらうことになった 다름이 아니라, 자네를 이번에 삿포로 지사로 전근시키기로 했네. / 試験問題は思いのほかやさしかった 시험 문제는 생각보다 쉬웠다. / 父はその知らせを聞いてことのほか喜んだ 아버지는 그 소식을 듣고 아주 기뻐하셨다.

**ほかく【捕獲】** 포획 ◇捕獲する 포획하다 ¶国立公園内では野生動物の捕獲は禁止されている 국립공원 내에서는 야생 동물의 포획은 금지되어 있다. 関連 捕獲高 포획고

**ほかす【暈す】** 바림을 하다, 바림하다, 그러데이션하다 〔曖昧にする〕 얼버무리다 ¶薄紫にぼかす 연보라색으로 그러데이션하다
¶真相をぼかす 진상을 얼버무리다 / 彼は答えをぼかした 그는 대답을 얼버무렸다.

**ほかほか** 따끈따끈 ◇ほかほかだ 따끈따끈하다 ¶ご飯は湯気が立っほかほかだ 밥은 김이 나고 따끈따끈하다. / ほかほかの鯛やき 따끈따끈한 붕어빵

**ほかほか**〔繰り返し〕딱딱 ◇ぽかぽかする〔暖かい〕따뜻하다, 훈훈하다 ¶彼はソンギュの頭をぽかぽか殴った 그는 선규의 머리를 딱딱 쳤다.
¶湯上がりで体がぽかぽかしている 목욕하고 나니 몸이 훈훈하다. / きょうはぽかぽかした陽気だ 오늘은 따뜻한 날씨다.

**ほがらか【朗らか】** ◇朗らかだ〔陽気だ〕명랑하다 (▶発音은 명낭하다)〔快活だ〕쾌활하다 ◇朗らかに 명랑하게, 쾌활하게 ¶兄は朗らかな性格だ 형은 쾌활한 성격이다. / 姉は朗らかに笑った 누나는 명랑하게 웃었다.

**ほかん【保管】** 보관 ◇保管する 보관하다 ¶貴重品を金庫に保管する 귀중품을 금고에 보관하다 / このカバンを保管していただけませんか 이 가방을 보관해 주시지 않겠습니까? 関連 保管所 보관소 / 保管人 보관인 / 保管料 보관료

**ぽかんと** ❶〔口を大きく開けて〕떡, 쩍 ¶子供はぽかんと口を開けて居眠りしていた 아이는 입을 쩍 벌리고 졸고 있었다. / その男の子はぽかんと口を開けて手品を見ていた 그 남자 아이는 멍하니 입을 벌리고 마술을 보고 있었다.

❷〔ぼんやりして〕멍하니, 멍청하게 ¶彼女はぽかんと座っていた 그녀는 멍하니 앉아 있었다.

**ぼき【簿記】** 부기 ¶簿記をつける 부기를 적다 / 私は会社で簿記をやっています 나는 회사에서 부기를 담당하고 있습니다. 関連 簿記係 부기 담당 / 商業簿記 상업 부기 / 単式[複式]簿記 단식[복식] 부기

**ボギー**《ゴルフ》보기 ¶2番ホールでダブルボギーをたたいた 2번 홀에서 더블 보기를 했다.

**ほきゅう【補給】** 보급 ◇補給する 보급하다
¶食料の補給が断たれた 식량의 보급이 끊겼다. / 飛行機に燃料を補給する 비행기에 연료를 보급하다 関連 補給基地 보급 기지 / 補給路 보급로

**ほきょう【補強】** 보강 ◇補強する 보강하다 〔強化する〕 강화하다 ¶塀をセメントで補強する 담을 시멘트로 보강했다. / 彼らは台風に備えて橋を補強している 그들은 태풍에 대비해서 다리를 보강하고 있다. / チームの補強のため, 新しい外国人選手

ぼ

を獲得しなくてはいけない 팀의 보강을 위해 새로운 외국인 선수를 획득해야 된다. 関連 補強工事 보강 공사
- **ぼきん【募金〔寄付〕】** 기부 ◇募金する 모금하다 ¶彼らはアフリカ難民のための募金運動を始めた 그들은 아프리카 난민을 위해 모금 운동을 시작했다. 関連 募金箱 모금함 / 赤い羽根募金運動 붉은 깃 모금 운동 / 街頭募金 가두 모금 / 共同募金 공동 모금
- **ぼく【僕】** 나 ◇僕は 나는 / 僕が 내가 ◇僕に 나에게, 내게 ⇨私
- **ほくい【北緯】** 북위 ¶第二次大戦後, 朝鮮半島は北緯38度線で南北に分断された 제2차 대전 후 한반도[조선반도]는 북위 38도선에서 남북으로 분단되었다.
- **ほくおう【北欧】** 북구, 북구라파, 북유럽
- **ボクサー** 〔ボクシングの選手〕 복서, 권투 선수 〔犬〕 복서
- **ぼくし【牧師】** 목사 ¶牧師になる 목사가 되다
- **ぼくじゅう【墨汁】** 묵즙, 먹물
- **ほくじょう【北上】** 북상 ◇北上する 북상하다 ¶非常に強い台風が北上している 매우 강한 태풍이 북상하고 있다.
- **ぼくじょう【牧場】** 목장 ¶牧場を経営する 목장을 경영하다 / 牧場で働く 목장에서 일하다 / 牧場で草を食べている牛 목장에서 풀을 먹고 있는 소 関連 牧場主 목장주
- **ボクシング** 복싱, 권투 ¶彼とボクシングをした 그와 복싱을 했다. / ボクシングの試合 권투 시합 関連 ボクシングジム 권투 체육관
- **ほぐす【解す】** 풀다 ¶彼女が僕の緊張をほぐしてくれた 여자 친구가 나의 긴장을 풀어 주었다. / 母の肩をたたいて肩のこりをほぐしてあげた 어머니의 어깨를 두드려서 뭉친 어깨를 풀어 드렸다. / 魚の身をほぐして食べた 생선의 가시를 발라내고 먹었다.
- **ほくせい【北西】** 북서 ¶その公園は市の北西にある 그 공원은 시의 북서쪽에 있다. / 風が北西から吹いている 바람이 북서쪽에서 불고 있다. / 3キロほど北西に進んでください 3킬로정도 북서쪽으로 나아가 주세요. / 北北西に進路を取る 북북서로 진로를 잡다.
- **ぼくそう【牧草】** 목초, 꼴 関連 牧草地 목초지
- **ほくそえむ【ほくそ笑む】** 〔あざ笑う〕 비웃다 ¶彼は今ごろ私の失敗をほくそ笑んでいることだろう 그는 지금쯤 내 실패를 비웃고 있을 것이다.
- **ほくたん【北端】** 북단 ¶島の北端には灯台が立っている 섬의 북단에는 등대가 서 있다.
- **ぼくちく【牧畜】** 목축 関連 牧畜業 목축업
- **ほくとう【北東】** 북동 ¶北東の風が吹いている 북동풍이 불고 있다. 関連 北東アジア 동북아시아(×북동아시아 とはいわない)
- **ぼくとう【木刀】** 목도, 목검(木剣)
- **ぼくどう【牧童】** 목동
- **ほくとしちせい【北斗七星】** 북두칠성
- **ぼくとつ【朴訥】** ほくとつな〔純朴な〕 순박한 〔素朴な〕 소박한 ¶ぼくとつな人柄 순박한 성품 / ぼくとつとした青年 순박한 청년
- **ほくぶ【北部】** 북부, 북쪽 ¶白頭山は朝鮮半島の北部にある 백두산은 한반도[조선반도]의 북부에 있다.
- **ほくべい【北米】** 북미(↔남미), 북아메리카 ¶北米大陸 싱글벙글 대륙 ⇨アメリカ
- **ほくほく** 싱글벙글 ◇ほくほくする 싱글벙글하다 ¶彼は競馬でもうけてほくほくしていた 그는 경마로 돈을 벌어 싱글벙글하고 있었다.
- **ぼくめつ【撲滅】** 박멸 ◇撲滅する 박멸하다 ¶麻薬撲滅キャンペーンが行われている 마약박멸 캠페인이 진행되고 있다. / 警察は犯罪を撲滅するために努力している 경찰은 범죄를 박멸하기 위해 노력하고 있다.
- **ほくよう【北洋】** 북양 関連 北洋漁業 북양 어업
- **ほぐれる【解れる】** 풀리다 ¶もつれた糸がほぐれない 엉킨 실이 풀리지 않는다. / かたくなな老人の気持ちもしだいにほぐれてきた 완고한 노인의 마음도 점차 풀리기 시작했다. / 肩のこりがほぐれた 뭉친 어깨가 풀렸다.
- **ほくろ【黒子】** 점, 사마귀 ¶弟はあごに大きなほくろがある 동생은 턱에 큰 점이 있다. 関連 付けぼくろ 붙이는 점 / 泣きぼくろ 눈물점
- **ぼけ【惚け・呆け】** 〔老人ぼけ〕 노망(老妄) ◇ぼける 노망이 들다
- **ほげい【捕鯨】** 포경, 고래잡이 関連 捕鯨業 포경업 / 捕鯨禁止 포경 금지 / 捕鯨禁止運動 포경 금지 운동 / 捕鯨船団 포경선단 / 捕鯨船団 포경선단 / 国際捕鯨委員会(IWC) 국제 포경 위원회 / 調査捕鯨 고래의 생태 조사를 위한 포경
- **ぼけい【母系】** 모계 関連 母系家族 모계 가족 / 母系制 모계 제도
- **ほけつ【補欠】** 보결, 보궐 ¶補欠で入学する 보결로 입학하다 / いくつかの大学で補欠を募集している 몇 개 대학에서 보결을 모집하고 있다 / 彼はバレー部の補欠だ 그는 배구부의 후보 선수다. 関連 補欠試験 보결 시험 / 補欠選挙 보궐선거 / 補欠名簿 보결 명단
- **ぼけつ【墓穴】** 묘혈 慣用句 その一言で彼は自ら墓穴を掘った 그 한마디로 그는 스스로 무덤을 팠다.
- **ポケット** 포켓, 호주머니 ¶ポケットから手帳を取り出した 호주머니에서 수첩을 꺼냈다. / 彼はポケットに手を突っ込んで歩いていた 그는 포켓에 손을 푹 꽂고 걷고 있었다. / 鍵を出そうとしてポケットを探った 열쇠를 꺼내려고 호주머니를 뒤졌다. / 切符をなくしてポケット全部をくまなく捜した 표를 잃어버려서 호주머니 전부 구석구석 찾았다. / 上着の内ポケットにいつもお金を入れている 웃옷의 안 호주머니에 항상 돈을 넣어 둔다. / ポケットに何が入っているか当ててごらん 포켓에 뭐가 들어 있는지 알아맞춰 봐. ¶上着のポケット 웃옷의 포켓 / ズボンのポケット 바지 호주머니 / 胸[尻]のポケット 가슴[엉덩이] 포켓 関連 ポケットカメラ 포켓 카메라, 소형 카메라 / ポケットマネー 포켓 머니, 용돈
- **ぼける【惚ける・呆ける】** 〔老いて〕 노망이 나다[들다] 〔頭が〕 둔해지다, 흐려지다 〔写真などが〕 흐리다 ¶うちの祖母は年を取るにつれ頭がぼけてきた 우리 할머니는 나이를 드시면서 노망이 드셨다.

¶この写真はぼけている 이 사진은 흐릿하다.

**ほけん【保険】** 보험
[基本表現]
▶保険を掛けた 보험에 들었다.
▶この家には保険が掛けられている 이 집을 보험에 들었다.
▶保険に加入した 보험에 가입했다.
▶保険を契約した 보험을 계약했다.
▶保険を解約した 보험을 해약했다.
◆《保険が》
¶来月で保険が切れる 다음달로 보험이 끊긴다.
◆《保険を》
¶自宅に保険を掛けたい 집을 보험에 들고 싶다. / 彼女は車に200万円の保険を掛けた 그녀는 차를 2백만 엔짜리 보험에 들었다.
◆《保険・보험》
¶私は2千万円の保険に加入している 나는 2천만 엔의 보험에 가입해 있다. / 彼はもしもの時に備えて保険に入っていた 그는 만일의 경우에 대비해서 보험에 들어 있었다.
◆《その他》
¶保険に勧誘する 보험을 권유하다 / 母は父の死で3千万円の生命保険を受け取った 어머니는 아버지의 사망으로 3천만 엔의 생명 보험을 받았다. / この殺人事件はおそらく保険金目当てだろう 그 살인 사건은 아마 보험금 목적일 것이다. [関連] 保険会社 보험 회사 / 保険勧誘員 보험 권유원, 보험 외판원 / 保険業 보험업 / 保険業者 보험업자 / 保険金受取人 보험금 수취인 / 保険契約 보험 계약 / 保険証 보험증 / 保険証書 보험 증서 / 保険診療 보험 진료 / 保険代理業 보험 대리업 / 保険料 보험료 / 海上保険 해상 보험 / 火災保険 화재 보험 / がん保険 암 보험 / 簡易保険 간이 보험 / 強制保険 강제 보험 / 健康保険 건강 보험 / 雇用保険 고용 보험 / 災害保険 재해 보험 / 失業保険 실업 보험 / 疾病保険 질병 보험 / 自動車保険 자동차 보험 / 社会保険 사회 보험 / 終身保険 종신 보험 / 障害保険 장애 보험 / 生命保険 생명 보험 / 相互保険 상호 보험 / 損害保険 손해 보험 / 団体保険 단체 보험 / 任意保険 임의 보험 / 養老保険 양로 보험 / 被保険者 피보험자

**ほけん【保健】** 보건 [関連] 保健衛生 보건 위생 / 保健室 보건실 / 保健指導 보건 지도 / 保健所 보건소 / 保健体育 보건 체육 / 世界保健機関(WHO) 세계 보건 기구

**ほご【保護】** 보호 ◇保護する 보호하다 ¶彼女は両親の保護の下で何不自由なく育てられた 그녀는 부모 슬하에서 아무런 부족함 없이 자랐다. / 彼女は夫の暴力から逃れるために警察の保護を求めた 그 여자는 남편의 폭력으로부터 도망치기 위해 경찰에 보호를 구했다. / 文部科学大臣は文化財の保護に積極的に取り組むことを明らかにした 문부과학 대신은 문화재의 보호에 적극적으로 나설 것이라고 밝혔다. / 絶滅の危機に瀕した動物の保護を真剣に考えるべきだ 멸종의 위기에 처한 동물의 보호를 진지하게 생각해야 한다.

¶このローションには紫外線から肌を保護する成分が含まれている 이 로션에는 자외선으로부터 피부를 보호하는 성분이 포함되어 있다. / 政府は国内の農家を保護するために米の輸入を制限している 정부는 국내의 농가를 보호하기 위해 쌀 수입을 제한하고 있다. / 行方不明の少年は警察に無事保護された 실종된 소년은 경찰에 무사히 발견되었다. / 捨てられていた乳児は現在病院に保護されている 버려져 있었던 유아는 현재 병원에서 보살피고 있다. [関連] 保護預かり 보관(保管) / 保護観察 보호 관찰 / 保護観察官 보호 관찰관 / 保護関税 보호 관세 / 保護司 보호사 / 保護者 보호자 / 保護色 보호색 / 保護水域 보호 수역[수면] / 保護鳥 보호조, 금조(禁鳥) / 保護貿易 보호 무역 / 保護貿易主義 보호 무역주의 / 保護林 보호림 / 鳥獣保護区 조수 보호구

**ほご【反古・反故】**〖紙くず〗 휴지(休紙) ¶ほごになる 무효가 되다 / ほごにする 버리다 / 彼女は約束をほごにした 그 여자는 약속을 어겼다.

**ほご【補語】**〖文法〗보어

**ほご【母語】** 모어[모국어] [関連] 母語話者(ネイティブスピーカー) 원어민(原語民)

**ほこう【歩行】** 보행 ◇歩行する 보행하다 〖歩く〗 걷다 ¶祖父は歩行が困難だ 할아버지는 보행이 어려우십다. [関連] 歩行器 보행기 / 歩行訓練 보행 훈련 / 歩行者 보행자 / 歩行者専用道路 보행자 전용 도로 / 歩行者天国 보행자 천국 ⇒歩く

**ほこう【母校】** 모교

**ほこう【母港】** 모항

**ほこく【母国】** 모국 [関連] 母国語 모국어

**ほこさき【矛先】** 창끝；화살 ¶男は敵の矛先をかわした 남자는 적의 창끝을 피했다.

¶彼は非難の矛先を私に向けた 그 사람은 비난의 화살을 나에게 돌렸다. / 彼女は議論の矛先を巧みにかわした 그녀는 논의의 방향을 교묘하게 돌렸다.

**ほこらしい【誇らしい】** 자랑스럽다 ◇誇らしげに 자랑스레 ¶彼の両親は息子を誇らしく思っている 그의 부모는 아들을 자랑스럽게 여기고 있다. / 彼女は誇らしげに話した 그 여자는 자랑스레 이야기했다.

**ほこり【挨】** 먼지 ¶ほこりが立つ 먼지가 일다 / ピアノの上にほこりがたまっている 피아노 위에 먼지가 쌓여 있다. / 箱はほこりをかぶっていた 상자는 먼지를 뒤집어 쓰고 있었다. / トラックはもうもうとほこりを立てて走って行った 트럭은 풀풀 먼지를 일으키며 달려갔다. / この本のほこりを払ってください 이 책의 먼지를 털어 주세요. / ほこりっぽいところにいたせいかのどが痛くなった 먼지 많은 곳에 있어서인지 목이 아파졌다. / ほこりまみれになる 먼지투성이가 되다

**ほこり【誇り】** 자랑；긍지(矜持), 자존심(自尊心), 자긍심 ¶私たちは娘を誇りにしている 우리는 딸을 자랑스럽게 생각하고 있다. / あの科学者はわが国の誇りだ 그 과학자는 우리 나라의 자랑이다. / 日本人としての誇りを失わない 일본인으로서의 긍지를 잃지 않는다.

¶彼は医者としての誇りを傷つけられた 그는 의사로서의 자존심에 상처를 입었다. / 彼は教師である

ことに 誇りを 持っていた 그는 자신이 교사라는 것에 긍지를 가지고 있었다. / 彼らは 誇り高い 民族だ 그들은 자긍심이 강한 민족이다. / 私は 彼女の 誇りを 傷つけてしまったようだ 내가 그녀의 자존심을 해친 것 같다.

**ほこる【誇る】** 자랑하다, 뽐내다 ¶何でもいいから 人に 誇れることを やりなさい 아무거나 좋으니까 남에게 자랑할 수 있는 것을 해라. / 日本は 治安のよさを 誇っている 일본은 치안이 잘 돼 있는 점을 자랑거리다. / 伝統を 誇る 歌舞伎は 外国人にも 人気がある 전통을 자랑하는 가부키는 외국인에게도 인기가 있다. / 彼は 日本一の 腕を 誇る 料理人だ 그 사람은 일본 제일의 실력을 자랑하는 요리사이다.

**ほころばす【綻ばす】** ¶その 知らせを 聞いて 彼女は 顔を ほころばせた 그 소식을 듣고 그녀는 활짝 웃었다.

**ほころび【綻び】** 터진 곳, 타진 곳 ¶スカートの ほころびを 直した スカート의 터진 데를 고쳤다.

**ほころびる【綻びる】** ❶ [縫い目が] 터지다, 풀리다 ¶ズボンの すそが ほころびた 바지 자락이 터졌다.

❷ [花が咲く] 피어나다 ¶梅の花が ほころび始めた 매화가 피어나기 시작했다.

❸ [口元が] 미소가 떠오르다 ¶彼女の 口元は ころんだ 그녀의 입가에 미소가 떠올랐다.

**ほさ【補佐】** 보좌 ◇補佐する 보좌하다 ¶社長を 補佐する 사장을 보좌하다 [関連]課長補佐 과장 보좌 / 大統領補佐官 대통령 보좌관 / 部長補佐 부장 보좌

**ほさき【穂先】** 이삭끝 / [槍の] 창끝 / [刀の] 칼끝 / [筆の] 붓끝

**ほざく** 지껄이다, 뇌까리다 ¶つべこべ ほざくな 이러쿵저러쿵 지껄이지 마.

**ほさつ【菩薩】** 보살

**ぼさぼさ** ◇ぼさぼさだ 부스스하다, 더부룩하다 ¶ぼさぼさの髪 더부룩한 머리

**ほし** ❶ [光る天体] 별 [惑星] 행성(行星), 혹성 ¶星が 出ている 별이 떴다. / 夜になって 星が 出た 밤이 되어 별이 나왔다. / 空の 星を 見上げた 하늘의 별을 올려다 보았다. / 星が きらきら 光っている 별이 반짝반짝 빛나고 있다. / 銀河は 数え切れないくらいの たくさんの 星から 成っている 은하는 셀 수 없을 만큼 많은 별로 이루어져 있다. / 望遠鏡で 星を 観察した 망원경으로 별을 관찰했다. / 地球は 水と 空気の ある 美しい 星です 지구는 물과 공기가 있는 아름다운 별입니다.

¶星明かりの 中を 家まで 歩いた 별빛을 따라 집까지 걸었다. / キャンプに 行って 星空の 下で 寝た 캠핑을 가서 별이 보이는 밤하늘을 보며 잤다.

¶星の 出ている 夜 별이 보이는 밤 / 星の 出ていない 夜 별이 안 보이는 밤

¶彼女に 思いっ切り 叩かれて 目から 星が 出たよ 그녀에게 뺨을 세게 얻어맞아서 눈에서 별이 보였어.

❷ [運勢] 운수 ¶彼女は 不幸な 星の 下に 生まれた 그녀는 불행한 운수를 갖고 태어났다. / 君の 星は どう 出ている? 네 사주는 어떻게 나왔어?

❸ [人気者] 샛별, 스타 ¶日本サッカー界期待の 星 일본 축구계의 샛별

❹ [斑点] 반점 ¶この 馬は 額に 白い 星がある 이 말은 이마에 흰 반점이 있다.

❺ [犯人] 범인 [容疑者] 용의자, 혐의자 ¶その 事件の ほしは まだ 挙がっていない 그 사건의 범인은 아직 잡히지 않았다. / 宝石店を 襲った ほしが ようやくわかった 보석점을 습격한 범인이 드디어 밝혀졌다.

❻ [勝負の成績] 성적, 승패(勝敗) ¶あの 力士は 連敗の 後で ようやく 白星(→初勝利)をあげた 저 스모 선수는 연패 뒤에 드디어 첫승을 올렸다. / 大関は 初日から 黒星を 喫した(→負けた) 오오제키는 첫날부터 졌다. [慣用句]コンピュータに 関する 本や 雑誌は 星の 数ほどある 컴퓨터 관련 책이나 잡지는 셀 수 없이 많다. [関連]星占い 점성술 / 星占い師 점성가 / 星くず 뭇별

**ほじ【保持】** 보지 [維持] 유지 [保存] 보존 [保有] 보유 ◇保持する 보지하다, 유지하다, 보유하다 ¶彼女は マラソンの 世界最高記録を 保持している 그녀는 마라톤 세계 최고 기록을 보유하고 있다. / 機密を 保持する 기밀을 유지하다 [関連]世界記録保持者 세계 기록 보유자 / タイトル保持者 타이틀 보유자

**ほし【母子】** 모자 ¶母子共に 健康だ 모자 모두 건강하다. [関連]母子家庭 모자 가정 / 母子(健康)手帳 모자 보건 수첩

**ポジ** 〖写真〗 포지티브, 양화(陽画) ⇒ネガ

**ほしい【欲しい】** ❶ [手に入れたい] -고 싶다, 원하다 [望ましい] 아쉽다 ¶カメラが 欲しい 카메라를 갖고 싶다. / ソウルの 案内書が 欲しいのですが 서울 안내서를 받고 싶은데요. / 欲しい物は 何でも やるよ 원하는 것은 무엇이든지 줄게. / 欲しいものを 何でも 買ってあげよう 원하는 것은 뭐든지 사 줄게. / 何が 欲しいのかはっきり 言いなさい 뭘 원하는지 분명히 말해라. / のどが 渇いたので 水が 欲しい 목이 말라서 물을 마시고 싶다. / サラダが 欲しい 分? 샐러드 드시고 싶으신 분? / コーヒーを もう 1杯 欲しいのですが 커피를 한 잔 더 마시고 싶은데요. / もう少し 子供に 対する 配慮が 欲しい 좀 더 어린이를 위한 배려가 필요하다.

❷ [⋯してもらいたい] 〖動詞連用形＋〗 주었으면 하다 [좋겠다] ¶結婚してほしいんだ 결혼해 주었으면 해. / 彼に 一緒に 行ってほしい 그가 함께 가 주었으면 좋겠어. / 二度と あんなことを しないでほしい 두 번 다시 그런 짓 하지 말아 줘. / 彼に 伝言を 伝えてほしいのですが 그에게 말을 전해 주었으면 좋겠는데요. / 夫に あまり 酒を 飲みすぎないではしいのだけど 남편이 술을 너무 많이 마시지 않았으면 좋겠는데. / お前には 医者になってほしいと 思っていたのに なれは 의사가 되면 좋겠다고 생각했었는데. / 「ミンス, パーティーに来るかしら」「来てほしいわ」 "민수, 파티에 올까?" "왔으면 좋겠는데." / 息子が 大学に 受かってほしい 아들이 대학에 붙었으면 좋겠다. / 自分の 部屋がほしい 내 방이 있었으면 좋겠다. ⇒-たい

**ほしいまま** ¶何でも 子供の ほしいままに 与えるのは よくない 뭐든지 아이가 갖고 싶은 대로 주는 것

は 좋지 않다. / 彼は権力をほしいままにしている 그는 권력을 남용하고 있다. / 彼女は当代随一のソプラノとしての名声をほしいままにした 그녀는 당대 최고의 소프라노로서 명성을 떨쳤다.

**ポシェット** 포셰트, 목이나 어깨에 매는 소형 가방

**ほしがき【干し柿】** 곶감 [数え方] 干し柿１個[連] 곶감 한 개[꼬치]

**ほしがる【欲しがる】** 갖고 싶어하다 ¶彼は何を欲しがっているとお考えですか 그는 뭘 갖고 싶어한다고 생각하십니까? / 長女は新しいバッグを欲しがった 큰애는 새 가방을 갖고 싶어했다. ⇒ 欲しい

**ほしくさ【干し草】** 건초, 마른풀 ¶干し草の山 건초 더미

**ほじくる** 후비다, 쑤시다〔掘る〕파다〔あらを捜す〕캐다, 들추어내다 ¶彼は歯〔耳, 鼻〕をほじくった 그는 이〔귀, 코〕를 후볐다. / 少年は庭の土をほじくっていた 소년은 정원의 흙을 파고 있었다.

¶人のあらをほじくり出すものではない 남의 실수를 들추어내는 거 아니다.

**ポジション** 포지션〔位置〕위치〔地位〕자리, 지위 ¶〔野球で〕彼はレフトからライトにポジションを変えた 그는 레프트에서 라이트로 포지션을 바꾸었다. / 彼は新しいプロジェクトで重要なポジションを得た 그는 새 프로젝트에서 중요한 자리를 얻었다. 関連 セットポジション〔野球〕세트 포지션

**ほしじるし【星印】** 별표 ¶重要な単語には星印が付いています 중요한 단어에는 별표가 달려 있습니다.

**ほしぶどう【干し葡萄】** 건포도

**ほしゃく【保釈】**〔法律〕보석 ◇保釈する 보석하다 ¶男は嫌疑不十分で保釈になった 남자는 혐의 부족으로 보석되었다. / 父親が拘留中の息子のために保釈金を出してやった 아버지는 구류 중인 아들을 위해 보석금을 내었다.

**ほしゅ【保守】** ❶〔政治などで〕보수 ◇保守的だ 보수적이다 ¶彼には保守的な傾向がある 그에게는 보수적인 경향이 있다. / 母は保守的な考え方をする어머니 사고방식은 보수적이다.

❷〔機械の整備〕정비〔補修〕보수 ◇保守する 정비하다〔補修する〕보수하다 ¶線路を保守するのはたいへんな仕事だ 선로를 보수하는 것은 힘든 일이다. 関連 保守作業員 보수 작업원 / 保守主義者 보수주의자 / 保守党 보수당

**ほしゅ【捕手】** 포수, 캐처

**ほしゅう【補修】** 보수〔修理〕수리 ◇補修する 보수하다〔修理する〕수리하다 ¶堤防は補修中だ 제방은 보수 중이다. 関連 補修工事 보수 공사

**ほしゅう【補習】** 보습, 보충 수업 ¶数学の補習授業を受ける 수학 보충 수업을 받다

**ほじゅう【補充】** 보충 ◇補充する 보충하다 ¶欠員を2名補充した 결원을 두 명 보충했다. / 飛行機に燃料を補充する 비행기에 연료를 보충하다

**ほしゅう【募集】** 모집 ◇募集する 모집하다 ¶アルバイトを募集する 아르바이트를 모집하다 / 写真コンテストに皆様からの作品を募集します 사진 콘테스트에 여러분의 작품을 모집합니다.

¶彼は恋人募集中だ 그 남자는 애인을 찾고 있다. / 韓国語講師募集 한국어 강사 모집 / わが社の新入社員の募集人員は200人だ 우리 회사의 신입 사원의 모집 인원은 200명이다. / 新聞に秘書募集の広告を出した 신문에 비서 모집 광고를 냈다. 関連 募集広告 모집 광고

**ほじょ【補助】** 보조, 지원〔支援〕◇補助する 보조하다, 지원하다 ◇補助的 보조적 ¶大学時代におじの金銭的補助(→支援)を受けた 대학 시절에 삼촌의 재정적 지원을 받았다. / この研究は民間財団からの補助のもとに進められている 이 연구는 민간 재단의 지원으로 진행되고 있다. / 私の仕事の補助をしてくれる人を探している 내 일을 보조해 줄 사람을 찾고 있다. / 文化活動に対して国はもっと補助すべきだ 나라에서는 문화 활동을 더욱 지원해야 한다. 関連 補助椅子 보조 의자 / 補助員 보조원 / 補助機関 보조 기관 / 補助金 보조금

**ほしょう【保証】** 보증 ◇保証する 보증하다 ¶この腕時計には1年間の保証が付いている 이 손목시계는 1년간 보증된다. / エアコンの保証が切れた 에어컨 보증 기간이 끝났다. / 彼女が合格するという保証はない 그녀가 합격한다는 보증은 없다. / 彼が約束を守るかどうかは保証の限りではない 그 사람이 약속을 지킬지 어떨지는 보증할 수 없다.

¶わが社のすべての製品には品質を保証するマークが付いている 우리 회사의 모든 제품에는 품질을 보증하는 마크가 붙어 있다. / 商品の破損に対しては保証します 상품의 파손에 대해서는 보증하겠습니다. / 飛行機が定刻に到着するかどうかは保証できません 비행기가 정각에 도착할지 어떨지는 보증할 수 없습니다. / 彼女の能力は私が保証します 그녀의 능력은 제가 보증합니다.

¶私のパソコンの保証期間は2年間だった 내 컴퓨터의 보증 기간은 2년간이었다. / 父が私の住宅ローンの保証人になった 아버지가 내 주택 융자 보증을 서 주셨다. / 彼女の身元保証を私が引き受けた 내가 그 여자의 신분 보증을 섰다. / 保証書をなくしてしまった 보증서를 잃어버렸다. 関連 保証金 보증금 / 品質保証 품질 보증 / 連帯保証 연대 보증

**ほしょう【保障】** 보장 ◇保障する 보장하다 ¶老後の保障がない 노후의 보장이 없다. / 航路の安全が保障されなければならない 항로의 안전이 보장되어야 된다. / 国民に最低限の生活を保障する制度が必要だ 국민에게 최저한의 생활을 보장하는 제도가 필요하다. / 憲法は言論の自由を保障している 헌법은 언론의 자유를 보장하고 있다. / 社会保障制度が充実している 사회 보장 제도가 충실하다. 関連 安全保障条約 안전 보장 조약 /〔国連の〕安全保障理事会〔유엔〕안전 보장 이사회 / 社会保障 사회 보장 / 日米安全保障条約 일미 안전 보장 조약

**ほしょう【補償】** 보상 ◇補償する 보상하다 ¶組合は解雇された労働者に対する補償を要求してい

**ほしょく【補色】** 보색
**ほす【干す】** ❶[乾かす] 말리다 ¶洗濯物を干す 세탁물을 말리다 / 毛布を干す 담요를 말리다 ❷[飲み尽くす] 비우다 ¶彼はうまそうにグラスのビールを飲み干した 그는 시원하게 유리컵의 맥주를 비웠다. 慣用句 あの俳優は最近仕事を干されているというわさだ 그 배우는 최근 일이 들어오지 않는다는 소문이다.
**ボス** 보스 [上役] 상사 [ギャングの] 우두머리, 두목(頭目)
**ポスター** 포스터 ¶選挙ポスターを貼る 선거 포스터를 붙이다 関連 **ポスターカラー** 포스터 물감, 포스터 컬러
**ホステス** 호스티스 [バーなどの] 접대부(接待婦)
**ホステル** 호스텔 関連 **ユースホステル** 유스 호스텔
**ホスト** 호스트 [ホストクラブの] 접대원 関連 **ホストクラブ** 호스트 클럽 / **ホストコンピュータ** 호스트 컴퓨터 / **ホストファミリー** 호스트 패밀리
**ポスト** ❶[地位] 지위, 직위, 포스트 ¶彼女は重要なポストに就いた 그녀는 중요한 지위에 앉았다. ❷[郵便の] 우체통 [郵便受け] 우편함 ¶手紙をポストに入れる 편지를 우체통에 넣다 関連 **ポストカード** 엽서, 우편엽서 ⇒地位
**ボストンバッグ** 보스턴백 [旅行用バッグ] 여행용 가방
**ホスピス** 호스피스
**ほせい【補正】** 보정 ◇補正する 보정하다 関連 **補正予算** 보정 예산
**ほせい【母性】** 모성(↔부성) ¶母性本能をくすぐる 모성 본능을 일으키다 関連 **母性愛** 모성애
**ほせき【墓石】** 묘석, 석물, 묘비
**ほせん【母船】** 모선 捕鯨母船 포경 모선
**ほそい【細い】** 가늘다 [狭い] 좁다 ¶彼女は細い指をしている 그녀는 손가락이 가늘다. / 彼女は細い声で話す 그녀는 가는 목소리로 말한다. / このペンは先が細い 이 펜은 펜촉이 가늘다. / 目を細くあける 눈을 가늘게 뜨다 / 消え入りそうな細い声 꺼져 들어가는 듯한 가는 목소리 / 細いジーパン 통이 좁은 청바지
¶道も細い / 細い峠道が山を突っ切っている 좁은 고갯길이 산을 가로질러 나 있다. 慣用句 彼はちょっと線が細い 그는 좀 연약한 인상을 준다. / 彼女は食が細い(→少ししか食べない) 그녀는 조금밖에 먹지 않는다. / 細く長く生きるのも悪くない 가늘고 길게 사는 것도 나쁘지 않다.

使い分け **細い**

| 細い | 声, 線 | 가늘다 |
| | 道 | 좁다 |
| | ガスの火 | 약하다(弱—) |

**ほそう【舗装】** 포장 ◇舗装する 포장하다 ¶道路を舗装する 도로를 포장하다 / この道は舗装されていない 이 길은 포장되어 있지 않다. / アスファルトで舗装された道 아스팔트로 포장된 길 関連 **舗装工事** 포장 공사 / **舗装道路** 포장 도로
**ほそく【補足】** 보족 [補充] 보충 ◇補足する 보족하다 [補充する] 보충하다 ¶その件については私のほうから補足いたします 그 건에 관해서는 제가 보충하겠습니다.
**ほそながい【細長い】** 가늘고 길다, 길쭉하다, 홀쭉하다 ¶彼女は細長い首をしている 그녀는 목이 길다. / パン生地を細長く伸ばす 빵 반죽을 길쭉하게 늘리다
**ほそぼそ【細々】** ◇細々と 근근이 ¶私たちは細々と暮らしている 우리들은 근근이 살고 있다.
**ほそぼそ** ¶彼はいつもほそぼそと話す 그는 항상 나지막히 말한다.
**ほそみち【細道】** 오솔길
**ほそめ【細め】** ◇細めだ 가느스름하다 [狭い] 좁다 ◇細めに 가느스름하게; 방긋이 ¶男は細めのズボンをはいていた 남자는 통이 좁은 바지를 입고 있었다. ¶彼女はドアを細めに開けた 그녀는 문을 방긋이 열었다. ⇒細い
**ほそめる【細める】** 가늘게 하다 [目を] 가늘게 뜨다 ¶彼は目を細めて新聞を読んだ 그는 눈을 가늘게 뜨고 신문을 읽었다. / 彼女は日の光がまぶしくて目を細めた 그녀는 햇빛이 눈부셔 눈을 가늘게 떴다.
¶おじさんは目を細めて孫の顔を見た(→顔をほころばせて) 할아버지는 얼굴에 웃음을 띄우고 손자의 얼굴을 보았다.
**ほそる【細る】** [減る] 줄어들다 [やせる] 여위다 ¶病人は食が細ってきている 환자는 식사량이 줄어들었다. / 情けなくて身が細る思いだ 한심해서 살이 다 빠지겠다.
**ほぞん【保存】** 보존 ◇保存する 보존하다 ¶その史跡は保存状態がよい[悪い] 그 사적은 보존 상태가 좋다[나쁘다]. / このハムはあまり保存がきかない 이 햄은 보존이 오래가지 못한다. / 残ったサラダを冷蔵庫に保存しておいた 남은 샐러드를 냉장고에 넣어 두었다. 関連 **保存食** 보존식 / **合成保存料** 합성 보존료
**ポタージュ** 포타주
**ぼたい【母体】** 모체 ¶この大学は宗教団体を母体としている 이 대학은 종교 단체를 모체로 하고 있다.
**ぼだいじゅ【菩提樹】** 보리수
**ほたてがい【帆立貝】** 가리비, 해선(海扇)
**ぼたぼた** 똑똑, 뚝뚝 ¶エンジンから油がぼたぼた落ちていた エンジンから 기름이 뚝뚝 떨어지고 있었다. / 天井から雨水がぼたぼた落ちる音が聞こえた 천장에서 빗물이 뚝뚝 떨어지는 소리가 들렸다.
**ほたる【蛍】** 반딧불이, 개똥벌레 関連 **ほたるの光** 반딧불 / **ほたるいか** 불똥꼴뚜기
**ぼたん【牡丹】** 모란, 목단 関連 **ぼたん雪** 함박눈
**ボタン** ❶[洋服などの] 단추, 버튼 ¶シャツのボタンが取れそうだ 셔츠 단추가 떨어질 것 같다. / コートのいちばん下のボタンが取れている 코트의 맨 아래 단추가 떨어졌다. / 上着のボタンを掛けた [は

ずした]ウウの 단추를 잠갔다[풀었다]. / 取れたボタンを付けておけ 떨어진 단추를 달아 줘.
❷ [機械などの] 단추, 버튼 ¶CDプレーヤーの再生ボタンを押す CD 플레이어의 재생 버튼을 누르다 関連 ボタン穴 단추 구멍 / 押しボタン 누름버튼 / カフスボタン 커프스 단추[버튼]

**ぼち**【墓地】묘지 ¶亡くなった両親は青山墓地に埋葬されている 돌아가신 부모님은 아오야마 묘지에 안장되어 있다. 関連 共同墓地 공동 묘지 ⇒墓

**ホチキス** 호치키스, 스테이플러 ¶書類をホチキスで留めた 서류를 호치키스로 철했다. / ホチキスの針がなくなった 스테이플러 심이 떨어졌다.

**ぽちゃぽちゃ** ◇ぽちゃぽちゃした 포동포동한 ¶ぽちゃぽちゃした赤ん坊 포동포동한 아기

**ほちょう**【歩調】보조〔歩き方〕걸음, 걸음걸이 ¶歩調をゆるめる〔速める〕 걸음을 천천히[빨리]하다 / 生徒たちは歩調をそろえて行進した 학생들은 보조를 맞추어서 행진했다. / 彼女はみんなと歩調を合わせながら仕事をした 그녀는 모두와 보조를 맞추면서 일을 했다.

**ほちょうき**【補聴器】보청기

**ぼつ**【没】몰서(沒書)〔死亡〕사망 ¶私の企画[原稿]は没になった 나의 기획은[원고는] 채택되지 않았다.
¶2003年没 2003년 사망

**ぼっか**【牧歌】◇牧歌的 목가적 ¶牧歌的な風景 목가적인 풍경

**ほっかい**【北海】북해 関連 北海油田 북해 유전

**ぽっかり** 짝, 뻥, 빼금히 ; 두둥실 ¶道路にぽっかり穴があいていた 도로에 구멍이 뻥 나 있었다. / 記憶にぽっかり空白がある 기억에 빼금히 공백이 있다.
¶空には雲がぽっかり浮かんでいる 하늘에는 구름이 두둥실 떠 있다.

**ほっき**【発起】발기 ¶友人の送別会の発起人の一人になった 친구 송별회의 발기인의 한 사람이 되었다.

**ぼっき**【勃起】발기 ◇勃起する 발기하다 ¶ヌード写真を見て勃起した 누드 사진을 보고 발기했다. / 勃起しない 발기가 되지 않는다.

**ほっきょく**【北極】북극(↔남극) 関連 北極海 북극해 / 北極ぐま 북극곰 / 北極圏 북극권 / 北極星 북극성 / 北極探険 북극 탐험 / 北極地方 북극 지방

**ホック** 호크 ¶ブラウスのホックを留めた[外した] 블라우스 호크를 잠갔다[풀었다].

**ボックス**〔箱〕상자, 박스〔劇場などの〕박스석〔列車などの〕컴파트먼트, 칸막이한 객실 関連 オーケストラボックス 오케스트라 박스 / 電話ボックス 공중 전화 박스 / バッターボックス 배터 박스, 타자석 ⇒箱

**ぽっくり**〔突然〕갑자기, 돌연히 ¶隣の家のおじいちゃんがきのうぽっくり死んだ 옆집 할아버지가 어제 갑자기 돌아가셨다. 関連 ぽっくり病〔突然死〕돌연사

**ほっけ**【𩸽】임연수어(林延寿魚)¶昔、咸鏡道に住んでいた林延寿という人がよくこの魚を釣っていたことにちなむ)

**ホッケー** 하키 ¶彼らはホッケーをしていた 그들은 하키를 하고 있었다. 関連 アイスホッケー 아이스 하키 / フィールドホッケー 필드 하키

**ほっさ**【発作】발작〔病気〕발작증〔発作的〕발작적 ¶発作を起こす 발작을 일으키다 / 父は心臓発作に襲われた 아버지께서 심장 발작을 일으키셨다.
¶その男は発作的に私に殴りかかってきた 그 남자는 발작적으로 나에게 주먹을 휘두르며 대들었다.

**ぼっしゅう**【没収】몰수 ◇没収する 몰수하다 ¶警察は密輸品を没収した 경찰은 밀수품을 몰수했다. / 彼は財産を没収された 그는 재산을 몰수당했다. 関連 没収試合 몰수 시합

**ほっする**【欲する】바라다, 원하다 ¶己の欲するままに行動する 자기가 원하는 대로 행동하다 ⇒望む, 欲しい

**ほっする**【没する】❶〔沈む〕가라앉다〔太陽や月が〕지다 ¶太陽が西[地平線の下]に没した 태양이 서쪽으로[지평선 아래로] 졌다. / 船は数分後に水中に没した 배는 몇 분 후에 물 속으로 가라앉았다.
❷〔死ぬ〕죽다, 돌아가다 ¶その作家は昨年没した 그 작가는 작년에 죽었다.

**ほっそく**【発足】발족 ◇発足する 발족하다, 발족되다 ¶協議会は来月発足する 협의회는 다음 달 발족한다.

**ほっそり** ◇ほっそりしている 호리호리하다, 날씬하다 ◇ほっそりした 호리호리한, 날씬한 ¶ウエスト[足]がほっそりしている 허리[다리]가 날씬하다. / 彼女はほっそりした体つきをしている 그녀는 몸매가 호리호리하다. / ほっそりした美人 호리호리한 미인

**ほったてごや**【掘っ建て小屋】〔粗末な小屋〕오두막집〔あばら屋〕오막살이

**ほったらかす**【放ったらかす】〔打ち捨てておく〕내버려두다, 내팽개치다, 방치하다〔放任する〕놓아두다 ¶宿題をほったらかしてテレビゲームをした 숙제를 거들떠보지도 않고 텔레비전 게임을 했다. / 子供をほったらかして今まで何をしていたんだ 아이를 내팽개치고 지금까지 뭘 한 거야. / 家族[子供]をほったらかす 가족을[아이를] 내버려두다 / ほったらかしの庭 방치된 정원

**ほったん**【発端】발단 ¶彼は事の発端から話し始めた 그는 사건의 발단부터 이야기하기 시작했다. / 事の発端は何だったんだ?사건의 발단은 뭐였어? / ささいな口論が発端となって二人の仲は険悪になった 사소한 말다툼이 발단이 되어 두 사람 사이는 험악해졌다.

**ぼっちゃん**【坊ちゃん】〔呼び掛け〕야〔息子さん〕아드님〔世間知らず〕철부지 ¶彼は坊ちゃん育ちだ 그 사람은 너무 곱게 자랐다.

**ほっておく**【放って置く】놓아두다, 내버려두다

**ほっと** 후유 ◇ほっとする 한숨 돌리다 ¶彼は妻の無事を知ってほっと安堵のため息をもらした 그는 아내가 무사한 것을 알고 후유하고 안도의 한숨을 쉬었다. / 中間試験が終わってほっとした 중간시험이 끝나서 한숨 돌렸다. / ああ、ほっとした

아, 한숨 돌렸다.

**ホット** ホットな〔最新の〕 최신의, 새로운 ¶君たちの間でいちばんホットな話題は何なの? 너희들 사이에서 가장 최신의 화제는 뭐야? 関連 ホットニュース 최신 뉴스

**ポット** ポト〔魔法瓶〕보온병〔保温瓶〕¶母はティーポットでお茶を入れた 어머니는 찻주전자에 차를 탔다. 関連 コーヒーポット 커피포트 / ティーポット 찻주전자

**ほっとう【没頭】** ◇没頭する 몰두하다〔夢中になる〕열중하다, 빠지다 ¶彼は研究に没頭している 그는 연구에 몰두했다. / 弟はテレビゲームに没頭している 동생은 텔레비전 게임에 빠져 있다.

**ホットケーキ** 핫케이크

**ホットコーヒー** 핫커피, 뜨거운 커피

**ホットドッグ** 핫도그

**ホットライン** 핫라인 ¶ソウルと平壤の間をホットラインで結ぶ 서울과 평양 사이에 핫라인을 개설하다

**ぼつねん【没年】** 몰년

**ぼっぱつ【勃発】** 발발 ◇勃発する 발발하다 ¶1950年6月25日に朝鮮戦争が勃発した 1950년 유월 25일 육이오 전쟁이 발발했다.

**ほっぴょうよう【北氷洋】** 북빙양〔北極海〕북극해

**ポップコーン** 팝콘

**ポップス【音楽】** 팝, 팝스〔歌, 曲〕팝송

**ほっぽう【北方】** 북방, 북쪽 ¶その町は大阪の北方3キロの所にある 그 도시는 오사카의 북방 3킬로 지점에 있다. 関連 北方領土 북방 영토 / 北方領土問題 북방 영토 문제

**ぼつぼつ** 차차, 슬슬〔吹き出物〕여드름 ¶ぼつぼつ人が集まってきた 슬슬 사람이 모여들었다. / ぼつぼつ出かけよう 슬슬 나가자.
¶顔に赤いぼつぼつができた 얼굴에 빨간 여드름이 생겼다.

**ぼつらく【没落】** 몰락〔破滅〕파멸〔滅亡〕멸망 ◇没落する 몰락하다 ¶創業者の独断専行がその会社の没落につながった 창업자의 독단이 그 회사를 파멸로 몰았다. / 德川幕府はなぜ没落したのか 도쿠가와 막부는 왜 몰락했는가?

**ぽつり** ◇ぽつりと 불쑥; 뚝 ¶彼女はぽつりと「違う」と言った 그 여자는 불쑥 "아니야"라고 했다. / 雨がぽつりと落ちて来た 비가 뚝뚝 내리기 시작했다.

**ほつれる【解れる】**〔布などが〕풀리다, 타지다, 터지다〔髪が〕흐트러지다 ¶彼女の髪はほつれていた 그녀의 머리는 흐트러져 있었다. / 着物の裾がほつれた 기모노의 끝자락이 터졌다.

**ボディー** 보디 ¶空港の搭乗口でボディーチェックされた 공항의 탑승구에서 보디체크를 받았다.
関連 ボディーブロー 《ボクシング》보디 블로 / ボディーランゲージ 보디랭귀지, 신체 언어

**ボディーガード** 보디가드, 경호원〔警護員〕¶要人は普通ボディーガードをつけている 요인에는 보통 보디가드가 붙어 있다. ⇒護衛

**ボディービル** 보디빌딩 ¶最近ボディービルを始めた 최근 보디빌딩을 시작했다. / ボディービルをする人(ボディービルダー) 보디빌더

**ポテト** 포테이토, 감자 関連 ポテトチップス 포테이토칩 / フライドポテト 감자 튀김, 프렌치 프라이 / マッシュポテト 매시드포테이토, 으깬〔풍깬〕감자

**ほてる【火照る】** 화끈해지다, 달아오르다 ¶当惑のあまり顔がほてった 너무 당혹해서 얼굴이 달아올랐다. / 高熱で体がほてっている 고열로 몸이 달아올랐다.

**ホテル** 호텔〔旅館〕여관 ¶ホテルに宿泊する 호텔에 숙박하다〔묵다〕¶ホテルを予約する 호텔을 예약하다 関連 シティーホテル 시티호텔 / ビジネスホテル 비즈니스호텔 / リゾートホテル 리조트호텔 / ラブホテル 러브호텔

**ほてん【補塡】** 보전하다, 메우다 ¶損失を補塡する 손실을 보전하다 / 家計の赤字を補塡するためにパートで働き始めた 가계의 적자를 메우기 위해서 파트타임으로 일하기 시작했다.

**ほど【程】❶**〔比較〕만큼, 처럼
基本表現
▶野球ほどおもしろいものはない
　야구만큼 재미있는 것은 없다.
▶私は彼ほどたくさんの本は持っていない 나는 그 사람만큼 많은 책은 가지고 있지 않다.
▶君ほどたくさんのお金は持っていない
　너처럼 많은 돈은 가지고 있지 않다.
¶これほど素晴らしい絵はこれまでに見たこともない 이것만큼 훌륭한 그림은 지금까지 본 적도 없다. / 運動の後の冷えたビールほどおいしいものはない 운동 뒤의 차가운 맥주만큼 맛있는 것은 없다. / 今年の夏は昨年ほど蒸し暑くなかった 올여름은 작년만큼 무덥지 않았다. / 数学の試験の問題は予想したほど難しくなかった 수학 시험 문제는 예상한 것만큼 어렵지 않았다.
**❷**〔程度〕정도, 만큼
基本表現
▶きのうはクーラーをつけるほど暑かった
　어제는 에어컨을 켤 정도로 더웠다.
▶彼女は一人では歩けないほど酔っ払っていた
　그 여자는 혼자서는 걸을 수 없을 정도로 술 취했다.
▶そのピアノは2人では運べないほど重かった
　그 피아노는 두 사람이서는 옮길 수 없을 정도로 무거웠다.
▶弟はパソコンを買えるほどの金を持っていた
　동생은 컴퓨터를 살 수 있을 정도의 돈을 가지고 있었다.
▶兄は天井に手が届くほど背が高い 형은 천장에 손이 닿을 만큼 키가 크다.
¶きのうは死ぬほど疲れた 어제는 죽을 만큼 피곤했다. / 足が棒になるほど歩いた 다리가 굳을 정도로 걸었다. / その兄弟は驚くほどよく似ている 그 형제는 놀랄 정도로 닮았다. / 我々は彼の言い訳を信じるほどばかではない 우리는 그의 변명을 믿을 만큼 바보는 아니다. / 私にはマイホームを買うほどの余裕はない 나는 집을 살 정도의 여유가 없다. / その美術館はわざわざ訪れるほどの価値はない 그 미술관은 일부러 보러 갈 만한 곳은 아니

다. / 彼はそれほど優秀じゃない 그는 그다지 우수하지 않다. ¶彼のゴルフの実力のほどはわからない 그의 골프 실력의 정도는 모른다. / 彼女の話の真偽のほどはわからない 그 여자의 이야기가 참인지 거짓인지 모른다.

❸〔比例〕◇…するほど -ㄹ[-을]수록

基本表現
▶食べれば食べるほど太ってしまう
  먹으면 먹을수록 살찐다.
▶この事件は知れば知るほど複雑になる
  이 사건은 알면 알수록 복잡해진다.

¶その絵は見れば見るほど愛着がわく 그 그림은 보면 볼수록 애착이 간다. / 早ければ早いほどよい 빠르면 빠를수록 좋다.

❹〔限度〕한도, 한계, 분수 ¶人をばかにするにもほどがある 사람을 깔보는 것도 한도가 있다. / わがままにもほどがある 제멋대로 구는 데도 한도가 있다. / 我慢にもほどがある 참는 것도 한계가 있다. / 冗談にもほどがある, そんなことを言うとは 농담도 유분수지, 그런 말을 하다니.

❺〔時間, 距離, 度合い〕정도 ¶ここから劇場までどれほどあるのですか 여기서 극장까지 어느 정도입니까?

¶私の学校は地下鉄の駅からそれほど遠くない所にあります 우리 학교는 지하철 역에서 그다지 멀지 않은 곳에 있습니다.

❻〔およそ〕정도, 쯤, 가량 ¶彼女は30分ほどで戻って来ます 그녀는 30분 정도 뒤에 돌아옵니다. / 1週間ほど前からこのホテルに泊まっています 1주일 정도 전부터 이 호텔에 묵고 있습니다. / この学校の生徒は千人ほどです 이 학교 학생은 천 명 정도입니다. / 彼女が3年ほど前に離婚したと聞いている 그 여자는 3년 정도 전에 이혼했다고 들었다.

❼〔分際〕분수, 주제 ¶身のほどを知らないやつだ 분수를 모르는 놈이야.

❽〔その他〕¶後ほどまたお電話します 이따가 다시 전화하겠습니다. / この度は横浜に転居いたしました 이번에 요코하마로 이사했습니다.

**ほどう【歩道】** 보도 関連 歩道橋 육교 / 横断歩道 횡단보도 / 遊歩道 산책로

**ほどう【補導】** 보호 ◇補導する 보호하다 ¶家出少女を補導する 가출 소녀를 보호하다 / その少年は万引きで警察に補導された 그 소년은 도둑질을 해서 경찰에 잡혀갔다.

**ほどう【舗道】** 포장도로, 포도

**ほどく【解く】** 풀다 ; 뜯다 ¶靴のひもをほどく 구두끈을 풀다 / 引っ越しの荷をほどいた 이삿짐을 풀었다. / このセーターをほどいて手袋を作ろう 이 스웨터를 풀어서 장갑을 만들자.

**ほとけ【仏】** 부처, (敬) 부처님 〔仏陀〕 불타 〔釈迦〕 석가모니 〔仏像〕 불상 〔死者〕 사자, 고인(故人) 〔死体〕 시체, 사체 ¶彼は仏様のような人だ 그는 부처님 같은 사람이다. / 仏の慈悲にすがる 부처의 자비에 기대다 / それでは仏が浮かばれない(→死者の魂が) 그래서는 죽은 자의 혼이 구제되지 못한다. / その男に仏心を起こしたのが間違いだった 그 남자에게 불심을 일으킨 것이 잘못이었다. 慣用句 仏作って魂入れず 부처를 만들고 혼 을 넣지 않는다(가장 중요한 것을 빠뜨리다). / 仏の顔も三度まで 부처님 얼굴도 세 번까지(온화한 부처님도 세 번 당하면 화낸다.) / 知らぬが仏 모르는 게 약이다.

**ほどける【解ける】** 풀리다 ; 뜯어지다 ¶リボンがほどけた 리본이 풀렸다. / もつれた糸がほどけない 엉킨 실이 풀리지 않는다. ¶セーターのそで口がほどけていますよ 스웨터 소매가 풀렸어요.

**ほどこし【施し】**〔布施〕보시, 시주 ¶孤児たちは外国人観光客に施しを請うた(→物ごいをする) 고아들은 외국인 관광객에게 동냥을 했다.

**ほどこす【施す】** ❶〔与える〕주다, 베풀다 ¶タイでは人々がお坊さんに食べ物を施す光景がよく見られる 태국에서는 사람들이 스님께 먹을 것을 주는 광경을 자주 볼 수 있다. / 彼らは恵まれない人々に慈善を施している 그들은 어렵게 사는 사람들에게 자선을 베풀고 있다. / 彼は畑に肥料を施した 그는 밭에 비료를 주었다.

❷〔装飾・工夫などを加える〕장식하다 ; 궁리하다 ¶布地には花模様が施されている 천에는 꽃무늬가 장식되어 있다. / 資料に注釈を施した 자료에 주석을 달았다.

❸〔手段などを講じる〕쓰다, 행하다 ¶もう手の施しようがない 이제 손을 쓸 수가 없다. / 彼は救急患者に応急手当てを施した 그는 구급 환자에게 응급 처치를 했다. / その件については何らかの策を施す必要がある 그 건에 대해서는 뭔가 손을 쓸 필요가 있다.

**ほどとおい【程遠い】** 아주 멀다 ¶仕事の完成には程遠い 일이 완성되려면 아직 멀었다. / 君の論文は完璧というにはまだ程遠い 네 논문은 완벽이라고 하기에는 아직 멀었다.

¶ここから程遠からぬ所に古い寺がある 여기서 그리 멀지 않은 곳에 오래된 절이 있다. ⇨遠い

**ほととぎす【時鳥・杜鵑・不如帰】** 두견새(杜鵑 —), 두견이

**ほどなく【程なく】**〔じきに〕곧〔間もなく〕머지 않아 ¶父は程なく戻ります 아버지는 곧 돌아오십니다. ⇨すぐ, 間もなく

**ほとばしる【迸る】**〔噴出する〕내뿜다, 세차게 터지다, 쏟아져 나오다 ¶傷口から血がほとばしった 상처에서 피가 쏟아져 나왔다. / 破裂した水道管から水がほとばしり出た 파열된 수도관에서 물이 세차게 터져 나왔다. / 彼女の口から辛らつな言葉がほとばしり出た 그녀는 신랄한 말을 내뿜었다.

**ほとほと** 정말로, 아주, 몹시 ¶夫にはほとほと愛想が尽きた 남편한테 아주 정나미가 떨어졌다. / 息子にはほとほと手を焼いている 아들에게는 정말로 애를 먹고 있다.

**ほどほど【程々】** ◇ほどほどに 적당히, 작작 ¶彼はたばこは吸わないが酒はほどほどにやる 그는 담배는 피우지 않지만 술은 적당히 한다. / 夜更かしもほどほどにしなさい 밤샘도 적당히 해라. / 冗談はほどほどにしろ 농담은 작작 해라.

**ほとぼり** 관심 ¶ほとぼりが冷めるまで公の場に出ないほうがよい 관심이 식을 때까지 공적인 장소

**ほどよい**【程好い】적당하다, 알맞다 ¶ほどよい運動が必要だ 적당한 운동이 필요하다. / パーティーはほどよい時刻にお開きとなった 파티는 적당한 시각에 끝났다. / 彼女はほどよい時分に現れた 그녀는 딱 좋은 시간에 나타났다. / きょうはほどよい暖かさだ 오늘은 알맞게 따뜻하다.

**ほとり**【辺】〔近く〕근처, 부근〔側〕가 ¶おじの家は川のほとりにある 삼촌 댁은 강 근처에 있다. / 彼らは湖のほとりを歩いていた 그들은 호숫가를 걷고 있다.

**ボトル** 병 ⇒瓶

**ほとんど** ❶〔肯定的に〕거의〔大体〕대체로 ¶仕事はほとんど終わった 일은 거의 끝났다. / 私はほとんどいつも朝食にパンを食べる 나는 거의 매일 아침 식사로 빵을 먹는다. / ほとんど30分彼女を待っている 거의 30분 정도 그녀를 기다리고 있다.
¶彼は私とほとんど同じ年齢だ 그는 나와 거의 같은 나이다. / うちの店ではほとんど原価で売っている 우리 가게에서는 거의 원가로 팔고 있다. / 彼はほとんど無一文だった 그는 거의 무일푼이었다. / そこで働いている人たちはほとんどがボランティアだった 거기서 일하고 있는 사람들은 대체로 자원 봉사자였다. / ほとんどの外国人旅行者は秋葉原を訪れる 외국인 여행자는 거의 아키하바라에 간다. / どちらもほとんど同じ大きさです 어느 쪽도 거의 같은 크기입니다.

❷〔否定的に〕거의 ¶時間はほとんど残っていない 시간은 거의 다 됐다. / 君の言っていることはほとんど理解できない 네가 하는 말은 거의 이해할 수 없다. / 家の中はほとんど物音がしなかった 집 안에서는 거의 아무 소리도 안 났다. / 最近は彼女にほとんど会わない 최근에는 여자 친구를 거의 만나지 않는다. / その問題が解けた者はほとんどいない 그 문제를 푼 사람은 거의 없다. / この曲は日本ではほとんど知られていない 이 곡은 일본에서는 거의 알려져 있지 않다. / 彼は他人に対する思いやりがほとんどない 그에게는 남에 대한 배려가 거의 없다.
¶この本はほとんど役に立たない 이 책은 거의 도움이 되지 않는다. / ほとんどだれも彼女の言うことを信じなかった 거의 아무도 그녀가 하는 말을 믿지 않았다. / それはほとんど不可能だ 그것은 거의 불가능하다.

**ポニーテール** 포니테일 ¶ポニーテールの女の子 포니테일을 한 여자 아이 / 髪をポニーテールにする 머리를 포니테일로 하다

**ほにゅう**【母乳】모유 ¶赤ん坊を母乳で育てる 아기를 모유로 키우다 ⇒乳

**ほにゅうびん**【哺乳瓶】젖병, 포유병

**ほにゅうるい**【哺乳類】포유류

**ほね**【骨】❶〔人・動物の骨〕뼈〔魚の〕가시
¶階段から落ちて左足の骨を折った 계단에서 떨어져서 왼쪽 다리뼈가 부러졌다. / 彼はあの接骨院で骨を接いでもらった 그는 저 접골원에서 접골 치료 받았다.
¶魚の骨がのどに引っ掛かった 생선 가시가 목에 걸렸다. / はしで魚の骨を取り除くのが上手ね 젓가락으로 생선 가시를 바르는 게 능숙하네. / この魚は小骨が多い 이 생선은 잔가시가 많다. / 彼は魚を骨ごと食べる 그는 생선을 뼈째 먹는다.

❷〔傘などの〕살 ¶強風で傘の骨が折れてしまった 강풍으로 우산살이 부러져 버렸다. / このうちの骨は竹でできている 이 부챗살은 대나무로 만들었다.

❸〔気骨〕기골〔気概〕기개 ¶あいつはなかなか骨のある男だ 저 녀석은 상당히 기개가 있는 남자다. / 彼は骨がない 그는 기개가 없다.

❹〔面倒で苦労のいること〕고생, 고통 ¶この仕事を一人でやるのは骨だ 이 일을 혼자 하는 것은 힘들다. / この年では畑仕事が骨になってきた 이 나이가 되니 밭일이 힘에 부친다. 慣用句 長い間の病気で彼は骨と皮になってしまった 오랜 병으로 그는 뼈만 앙상하게 남았다. / 一日中外にいたので骨の髄まで冷えてしまった 하루 종일 밖에 있어서 뼛속까지 차가워졌다. / 彼は骨の髄まで怠け者だ 그는 뼛속까지 게으른 사람이다. / 彼を理解するのは骨が折れる 그를 이해하는 것은 아주 힘들다. / 骨を惜しまずに働きなさい 몸을 아끼지 말고 일해라. / 私はここに骨を埋めるつもりだ 나는 여기에 뼈를 묻을 생각이다. / 温泉でも行ってゆっくり骨を休めてきたら 온천이라도 가서 푹 쉬고 오면 어때? / 彼はたかり屋だから骨までしゃぶられてしまうぞ 그 사람은 빈대 같은 놈이라서 가만두면 집 안 기둥도 뽑아 갈 거야. / 骨になって帰ってきた兄は遺骨이 되어 돌아왔다. / 僕が死んだら骨を拾ってくれますか 내가 죽거든 뒷수습을 해 주시겠습니까?

**ほねおしみ**【骨惜しみ】◇骨惜しみする 게으름을 피우다 ¶彼女は骨惜しみしないで家事を手伝う 그녀는 게으름을 피우지 않고 집안일을 돕는다.

**ほねおり**【骨折り】수고〔苦労〕고생〔努力〕노력 ¶このたびはいろいろお骨折りくださいましてありがとうございました 이번에 여러 가지로 수고해 주셔서 감사합니다. / 彼のためにむだな骨折りをしてしまった 그 사람 때문에 쓸데없는 고생을 했다. / 骨折りのかいあって我々はすばらしい成果をあげた 고생한 보람이 있어서 우리는 훌륭한 성과를 올렸다. /「一つお骨折りいただきたいのですが」「いいですとも」"좀 힘써 주시겠습니까?" "그럼요, 물론이죠." 慣用句 骨折り損のくたびれもうけ 수고만 하고 보람은 없다.

**ほねおる**【骨折る】힘을 쓰다, 애를 쓰다 ¶先生は私の就職のために骨折ってくれた 선생님은 내 취업을 위해 힘써 주셨다. ⇒骨折り

**ほねぐみ**【骨組み】❶〔人間・動物の骨格〕뼈대, 골격〔体格〕체격 ¶彼は体の骨組みががっしりしている 그는 골격이 튼튼하다.

❷〔構造〕뼈대, 구조〔仕組み〕얼개 ¶火災後に家の骨組みだけが残った 화재 후에 집 뼈대만 남았다.

❸〔概要〕뼈대, 개요, 얼거리 ¶彼らに計画の骨組みを説明した 그들에게 계획의 개요를 설명했다.

**ほねつぎ**【骨接ぎ】접골〔接骨医〕접골의〔接骨師〕접골사

**ほねぬき【骨抜き】** ¶骨抜きの魚 가시를 바른 생선
¶官僚たちは法案を骨抜きにしようとしている 관료들은 법안의 골자는 빠뜨리고 허울만 남기려고 한다.

**ほねばった【骨ばった】** ¶骨ばった顔[手] 뼈가 앙상한 얼굴[손]

**ほねみ【骨身】** ¶彼は骨身を惜しまずに働いた(→一生懸命に) 그는 열심히 일했다.
¶彼らの親切がしみじみと骨身にしみた 그들의 친절함을 뼈저리게 느꼈다. / この寒さは骨身にしみる 이 추위는 뼈에 사무친다.

**ほねやすめ【骨休め】**〔休息, 休養〕휴식, 휴양 ¶骨休めにどこかへ行きたい 휴양차 어딘가 가고 싶다.

**ほのお【炎・焰】** 불, 불꽃, 불길 ⇒火 [使い分け]
¶火は činí となって燃え上がった 불은 불꽃이 되어 타올랐다. / 建物全体が炎に包まれた 건물 전체가 불길에 휩싸였다. / ろうそくの炎 촛불 / マッチの炎 성냥불
¶彼女は嫉妬の炎を燃やしていた 그 여자는 질투의 불꽃을 불태우고 있었다.

**ほのか【仄か】** ◇ほのかな〔かすかな〕희미한, 아련한, 은은한〔薄暗くぼんやりした〕어렴풋한 ¶ほのかな街灯の光 희미한 가로등 / 遠くにほのかな明かりが見えた 멀리 희미한 불빛이 보였다. / 月の光がほのかに照っている 달빛이 어렴풋하게 비치고 있다.
¶ほのかな香水の香りがした 은은한 향수 냄새가 났다. / 彼女はその男にほのかな好意を抱いた 그녀는 그 남자에게 어렴풋한 호의를 가졌다.

**ほのぐらい【仄暗い】**〔薄暗い〕어슴푸레하다, 어둑어둑하다 ¶その部屋はほの暗かった 그 방은 어슴푸레했다.

**ほのぼの【仄々】** ◇ほのぼのとしている 훈훈하다 ¶その話を聞いてほのぼのとした気持ちになった 그 이야기를 듣고 훈훈한 기분이 들었다. / ほのぼのとした情景 훈훈한 정경

**ほのめかす【仄めかす】** 비추다〔暗示する〕암시하다 ¶辞意[犯行]をほのめかす 사의를[범행을] 넌지시 비추다 / 知事選への立候補の意向をほのめかす 지사 선거에 입후보할 의향을 비추다

**ほばしら【帆柱】** 돛대

**ほはば【歩幅】** 보폭 ¶歩幅が狭い[広い] 보폭이 좁다[넓다].

**ポピュラー** 포퓰러 ◇ポピュラーな 대중적인, 통속적인 [関連] ポピュラー音楽 팝 뮤직, 포퓰러 뮤직 / ポピュラー歌手 팝송 가수 / ポピュラーソング 팝송, 포퓰러송

**ボブスレー**《スポーツ》봅슬레이

**ポプラ** 포플러, 미루나무 ¶ポプラ並木 포플러[미루나무] 가로수

**ほほ【頬】** 볼, 뺨 ⇒頬(ほお)

**ほぼ【略】**〔ほとんど〕거의〔だいたい〕대개, 대강, 대략 ¶彼は私とほぼ同じ背格好だ 그 사람은 나와 거의 같은 체격이다. / それではほぼ正しい 그것으로 거의 맞다. / ホールはほぼ満席だった 홀은 거의 만석이었다. / 工事はほぼ完成した 공사는 거의 완성되었다.

**ほぼ【保母】**〔保育園の〕보모〔幼稚園の〕유치원 교사

**ほほえましい【微笑ましい】**〔心暖まる〕흐뭇하다 ¶その光景はほほえましかった 그 광경은 흐뭇했다.

**ほほえみ【微笑み】** 미소 ¶その女はほほえみを口元に浮かべて近づいてきた 그 여자는 입가에 미소를 띄우면서 다가왔다.

**ほほえむ【微笑む】** 미소를 짓다, 빙긋이 웃다 ¶幸運の女神が彼にほほえんだ 행운의 여신이 그에게 미소를 지었다.

**ポマード** 포마드 ¶最近は髪にポマードをつけている人はあまり見かけない 최근에는 머리에 포마드를 바른 사람은 거의 볼 수가 없다.

**ほまれ【誉れ】**〔名誉〕명예〔名声〕명성 ¶八木先生は名医の誉れが高い 야기 선생님은 「명의라고들 한다」고 이름이 높다, 명의라고 알려져 있다.

**ほめる【誉める・褒める】** 칭찬하다, 찬양하다 ¶先生は彼女の絵をほめた 선생님은 그녀의 그림을 칭찬하셨다. / 彼女に会った人だれもが彼女のすばらしいセンスと教養をほめる 그녀를 만난 사람은 누구나 그녀의 훌륭한 센스와 교양을 칭찬한다. / 彼の新しい映画は評論家たちにほめられた 그의 새로운 영화는 평론가들에게 칭찬받았다. / 彼らは彼女の演技をほめた 그들은 그녀의 연기를 격찬했다. / 僕はキョンヒの新しいドレスをほめた 나는 경희의 새 드레스를 칭찬했다.
¶君の態度はほめられたことではない 네 태도는 칭찬받을 만한 것이 못 된다.

**ホモ** 호모〔男性の同性愛〕남성 동성연애〔男性の同性愛者〕남성 동성연애자

**ぼや【小火】** 작은 불[화재] ¶隣の家からぼやが出た 옆집에서 작은 불이 났다.

**ぼやく** 투덜거리다 ¶彼はいつも女房のことをぼやいている 그는 항상 부인에 대해 투덜거린다.

**ぼやける** 흐려지다, 어두워지다〔写真が〕부예지다〔頭・記憶が〕흐리멍덩해지다, 멍해진다 ¶涙で視界がぼやけた 눈물로 눈앞이 흐려졌다. / 老眼鏡をかけないと小さな字がぼやけて見える 돋보기를 안 쓰면 작은 글씨가 흐리게 보인다. / 急にテレビの画像がぼやけた 갑자기 텔레비전 화상이 흐려졌다. / ぼやけた写真 부예진 사진
¶寝不足で頭がぼやけている 수면 부족으로 머리가 멍하다. / 年で記憶がぼやけてきた 나이 탓으로 기억이 희미해졌다.

**ほやほや** ◇ほやほやだ〔食べ物などが〕따끈따끈하다, 말랑말랑하다〔…したばかりの〕갓 ¶このチヂミはでき立てのほやほやだ 이 부침개는 갓 구워서 따끈따끈하다. / 彼らは新婚ほやほやの夫婦だ 그들은 갓 결혼한 부부다.

**ぼやぼや**〔ぐずぐず〕꾸물꾸물〔ぼうっと〕멍청히 ◇ぼやぼやする 꾸물꾸물하다, 꾸물거리다 ¶ぼやぼやしている暇はない 꾸물꾸물할 때가 아니다. / ぼやぼやするな 꾸물꾸물하지 마.

**ほゆう【保有】** 보유 ◇保有する 보유하다 ¶核兵器を保有している国はどのくらいあるの 핵무기를 보유하고 있는 나라는 어느 정도 있어? [関連] 外貨保有高 외화 보유고 / 保有量 보유양 / 核保有

国 핵 보유국
**ほよう【保養】** 보양 [休養] 휴양 [療養] 요양 ◇保養する 보양하다 ¶彼らは温泉へ保養に行った 그들은 온천에 휴양하러 갔다. / すばらしい絵を見て目の保養をした 훌륭한 그림을 보고 눈요기를 했다. 関連 保養所 [療養所] 요양소, 요양원 / 保養地 보양지
**ほら【法螺】**[大言壮語] 허풍 ¶ほらを吹く 허풍을 떨다 関連 ほら吹き 허풍선이, 허풍쟁이
**ほらあな【洞穴】** 굴, 동굴 ¶古代に描かれた洞穴の壁画 고대에 그려진 동굴 벽화
**ポラロイドカメラ** 폴라로이드 카메라
**ボランティア** 자원 봉사(志願奉仕), 볼런티어 [人] 자원 봉사자(志願奉仕者) ¶ボランティア活動をしたことがありますか 자원 봉사 활동을 한 적이 있습니까
**ほり【堀・濠】** 해자, 호 ¶日本の城の周りにはふつう堀が巡らしてある 일본의 성 주변에는 보통 해자가 둘러져 있다.
**ポリ** [プラスチック] 플라스틱 [ポリエチレン] 폴리에틸렌 ¶ポリ製品 폴리에틸렌 제품 / ポリバケツ 플라스틱 물통 / ポリ袋 비닐 봉지 / ポリ容器 플라스틱 용기
**ほりあてる【掘り当てる】** 찾아내다 ¶彼は金鉱を掘り当てた 그는 금광을 찾아냈다.
**ポリープ**〖医学〗폴립 ¶喉にポリープが見つかった 목에서 폴립이 발견되었다.
**ポリエステル** 폴리에스테르
**ポリエチレン** 폴리에틸렌
**ポリオ**〖医学〗소아마비(小児麻痺) 関連 ポリオワクチン 소아마비 백신[왁친]
**ほりおこす【掘り起こす】** [土地を] 일구다 [探し出す] 캐내다 [発掘する] 발굴하다 ¶じゃがいもを植えるために土を掘り起こした 감자를 심기 위해 땅을 일구었다. / 事件の真相を掘り起こす 사건의 진상을 캐내다 / 埋もれた人材を掘り起こす 숨겨진 인재를 발굴하다
**ほりかえす【掘り返す】** 파헤치다 ¶彼らはガス管を引くために道路を掘り返していた 그들은 가스관을 깔기 위해 도로를 파헤쳤다.
**ほりさげる【掘り下げる】** 파고들다 ¶この問題をもっと掘り下げてみよう 이 문제를 더욱 파고들어 보자.
**ほりだしもの【掘り出し物】**[貴重な物] 진품 (珍品) [格安品] 품질에 비해 싼 물건 ¶これは掘り出し物だ 이것은 진품이다. / 若い女の子たちはその店で掘り出し物をあさっていた 젊은 여자들은 그 가게에서 싸면서도 진귀한 물건을 찾고 있었다.
**ほりだす【掘り出す】** 파내다 [発掘する] 발굴하다 ¶彼は隠された財宝を掘り出した 그는 감추어진 보물을 발굴했다.
**ほりもの【彫り物】** 조각(彫刻) [入れ墨] 문신(文身) 関連 彫り物師 조각가 [入れ墨師] 문신쟁이
**ほりゅう【保留】** 보류 [留保] 유보 [延期] 연기 ◇保留する 보류하다, 유보하다 [延期する] 연기하다 ¶その問題に関する判断は保留すべきだ 그 문제에 관한 판단은 보류해야 한다. / 役員会は決定を保留した 임원회는 결정을 보류했다.

関連 保留項目 보류 항목
**ボリューム** ❶ [音量] 볼륨, 음량 ¶テレビのボリュームを上げて[下げて]ください 텔레비전 볼륨을 올려[내려] 주세요. ❷ [分量] 볼륨, 분량, 부피 ¶ボリュームのある食事 볼륨이 있는 식사 / このステーキはとてもボリュームがある 이 스테이크는 꽤 두툼하다. / ボリュームのある辞書 두꺼운 사전
**ほりょ【捕虜】** 포로 ¶彼らは敵兵を捕虜にした 그들은 적의 병사를 포로로 잡았다. 関連 捕虜収容所 포로수용소
**ほる【彫る】** [彫刻] 조각하다 [削る] 깎다 [刻む] 새기다 ¶木を彫って人形を作った 나무를 깎아서 인형을 만들었다. / 彼らは木の幹に自分たちの名前を彫り付けた 그들은 나무줄기에 자기 이름을 새겼다. / 私の指輪にはイニシャルが彫ってある 내 반지에는 이니셜이 새겨져 있다.
**ほる【掘る】** 파다 [発掘する] 발굴하다 [鉱石などを] 파내다, 캐다 ¶庭に木を植えるために穴を掘った 정원에 나무를 심기 위해 구멍을 팠다. / 地中に深さ20センチほどの穴を掘った 지면에 깊이 20센티 정도의 구멍을 팠다. / おばあちゃんはさつまいもを掘りに畑に行った 할머니는 고구마를 캐러 밭에 가셨다. ¶彼らは石炭を掘っている 그들은 석탄을 파내고 있다. / 山にトンネルを掘る 산에 터널을 파다
**ほる** [法外な代金を取る] 바가지를 씌우다 ¶歌舞伎町のバーでぼられた 가부키초에 있는 바에서 바가지를 썼다.
**ボルト** [ねじ] 볼트 ¶ボルトをきつく締める 볼트를 꽉 조이다 / カバーをボルトで本体に固定する 커버를 볼트로 본체에 고정하다 / ボルトとナット 볼트와 너트
**ボルト** [電圧] 볼트 (►記号 V, v) ¶100ボルトの電流 100볼트의 전류 ⇒電圧
**ポルノ** 포르노 関連 ポルノ映画 포르노 영화 / ポルノ作家 포르노 작가 / ポルノ雑誌 포르노 잡지 / ポルノショップ 포르노숍 / ポルノ女優 포르노 여배우
**ホルマリン** 포르말린 ¶ホルマリン漬けのかえる 포르말린에 넣어 둔 개구리
**ホルモン** 호르몬 ¶ホルモン剤 호르몬제 / 女性ホルモン 여성 호르몬 / 男性ホルモン 남성 호르몬
**ホルン**〖音楽〗호른 ¶ホルンを吹く 호른을 불다 関連 ホルン奏者 호른 연주자
**ほれこむ【惚れ込む】** 홀딱 반하다 ¶彼女にすっかり惚れ込んだ 그녀에게 홀딱 반했다.
**ほれぼれ【惚れ惚れ】** ◇ほれぼれする 홀딱 빠지다[반하다] ¶あの役者の演技にはほれぼれする 그 배우의 연기에 홀딱 빠진다. / ほれぼれするような娘 홀딱 반할 만한 여자다.
**ほれる【惚れる】** 반하다 [気に入る] 마음에 들다 ¶一目で彼女にほれてしまった 첫눈에 그녀에게 반해 버렸다. / 人柄にほれて君を採用したんだ 인품이 마음에 들어서 너를 채용했어. / 社長は君の能力にほれたんだ 사장은 네 능력이 마음에 든 거야.
**ボレロ** [スペイン舞踊の一つ・曲] 볼레로 [短い女性用上着] 볼레로

**ほろ【襤褸】 ❶**〔ほろきれ〕넝마, 걸레〔ぼろ着〕누더기, 헌 옷 ¶落ちぶれてぼろをまとった彼の姿は見られたものではなかった 망해서 누더기 옷을 걸친 그의 모습은 차마 볼 수가 없었다.
**❷**〔欠点〕결점, 흠 ¶彼もついにぼろを出したか 그도 드디어 결점을 드러냈구나.
¶キョンヒのことをそんなにぼろくそに言うなよ 경희를 그렇게 형편없이 말하지 마. 関連 **ぼろ市** 벼룩시장 **ぼろ靴** 헌 구두 **ぼろシャツ** 헌 셔츠 **ぼろ家** 헌 집

**ポロシャツ** 폴로 셔츠
**ほろにがい【ほろ苦い】** 씁쓰레하다 ¶ほろ苦い思い出 씁쓸한 추억
**ほろびる【滅びる】** 멸망하다, 망하다, 없어지다〔絶滅する〕절멸하다, 절멸되다〔生物が〕멸종하다 ¶百済は660年に新羅に侵略され滅びた 백제는 660년에 신라의 침략을 받고 망했다. / 鎌倉幕府はいつ滅びたのですか 가마쿠라 막부는 언제 멸망했습니까?
¶核戦争が起これば人類は滅びてしまうだろう 핵전쟁이 일어나면 인류는 멸망해 버릴 것이다. / 多くの伝統産業が後継者難で滅びつつある 많은 전통산업이 후계자난으로 없어져 가고 있다. / 恐竜が滅びた理由は何ですか 공룡이 멸종한 이유는 무엇입니까?
**ほろぼす【滅ぼす】** 멸망시키다〔破滅·没落させる〕망치다 ¶新羅は高麗に滅ぼされた 고려는 신라를 멸망시켰다. / 彼はギャンブルで身を滅ぼした 그는 도박으로 자신을 망쳤다.
**ほろほろ** 와지끈, 와르르 ; 뚝뚝 ◇ぼろぼろの〔破れた〕너덜너덜한, 찢어진〔着古した〕해어진〔すり切れた〕닳아진 ¶壁がぼろぼろ崩れてきている 벽이 와르르 무너지고 있다. / 袋の穴から米粒がぼろぼろこぼれている 봉지 구멍에서 쌀알이 뚝뚝 떨어지고 있다. / 彼女はぼろぼろ涙をこぼした 그녀는 눈물을 뚝뚝 흘렸다.
¶男はぼろぼろの衣服をまとっていた 남자는 너덜너덜한 옷을 입고 있었다. / お気に入りのコートがぼろぼろになった 좋아하는 코트가 너덜너덜해졌다. / 身も心もぼろぼろになる 몸도 마음도 너덜너덜해졌다.
**ほろもうけ【ぼろ儲け】** ◇ぼろもうけする 떼돈을 벌다 ¶彼は株取引でぼろもうけした 그는 주식 거래로 떼돈을 벌었다.
**ほろよい【ほろ酔い】** ◇ほろ酔いだ 거나하다 ¶父はほろ酔い気分だった 아버지는 거나하게 취했다.
**ほろり** ◇ほろりとする 찡하다 ◇ほろりとなる 찡해지다 ¶彼女の話にほろりとなった 그녀의 이야기에 찡해졌다.
**ホワイトカラー** 화이트칼라
**ホワイトハウス**〔米大統領官邸〕화이트 하우스, 백악관(白堊館)

**ほん【本】** 책 数え方 本1冊 책 한 권(卷)
◆【本は】
¶その本は読んだことがある 그 책은 읽어 본 적이 있다. / 『日本も韓国も大好き』という本はありますか? "일본도 한국도 사랑한다"라는 책이 있습니까? / その本は100万部売れた 그 책은 100만부 팔렸다. / その本はいつ出版されるのですか 그 책은 언제 출판됩니까? / その本は絶版になっています 그 책은 절판되었습니다. / この本は上下2巻です 이 책은 상하 2권입니다.
◆【本に】
¶彼女は今まで発表したエッセーを1冊の本にまとめた 그녀는 지금까지 발표한 수필을 한 권의 책으로 엮었다. / その本には何て書いてあったの 그 책에는 뭐라고 써 있어?
◆【本を】
¶歴史の本を買った 역사책을 샀다. / 彼はこれまでに10冊の本を書いた 그는 지금까지 책을 열 권 썼다. / その本を5冊本屋に注文した 그 책을 다섯 권 서점에 주문했다. / 世宗大王について書いてある本を探しているんですが 세종 대왕에 관해 나와 있는 책을 찾고 있는데요. / 僕はよく図書館に行って本を借りる 나는 자주 도서관에 가서 책을 빌린다.
◆【本の】
¶本の題名を忘れてしまった 책 이름을 잊어버렸다.
◆【その他】
¶皮装丁の本 피장본 / クロス装丁の本 클로스 장정본 / ハードカバーの本 하드커버 책 / 難しい本 어려운 책 / やさしい本 쉬운 책 慣用句 彼女は本の虫だ 그녀는 책벌레다. / 物の本によるとその薬草は腹痛に効くらしい 어떤 책에 의하면 그 약초는 복통에 효과가 있다고 한다.
**-ほん【-本】** ¶鉛筆5本 연필 다섯 자루 / チョーク2本 분필 두 개 / ビール3本 맥주 세 병
**ホン** 폰 ¶80ホンの騒音 80폰의 소음
**ぼん【盆】**〔物を載せるもの〕쟁반〔仏事の〕우란분재, 백중맞이(▶行事の性格として 추석「秋夕」に似ている) ¶ウエイトレスが飲み物をお盆に載せて持って来た 웨이트레스가 음료수를 쟁반에 올려서 가지고 왔다. 慣用句 覆水盆に返らず 엎지른 물은 다시 담을 수 없다.|복수불반분(覆水不返盆)
**ぽん** ◇ぽんと 척 ; 탁 ; 펑 ¶彼はぽんと100万円寄付してくれた 그 사람은 100만 엔을 척 기부했다. / だれかが肩をぽんとたたいた 누군가 어깨를 탁 쳤다. / 彼女は瓶のコルクをぽんと抜いた 그녀는 병의 코르크를 펑하고 뽑았다.
**ほんい【本位】** 본위, 주위 ¶自己本位の考え方を改めなさい 자기 본위의 생각을 고쳐라. / わが社の製品は品質本位を追求しています 우리 회사 제품은 품질 본위를 추구하고 있습니다. / 興味本位の記事 흥미 위주의 기사 関連 **金本位制** 금본위 제도
**ほんい【本意】** 본의〔真意〕진의 ¶それは私の本意ではない 그것은 내 본의가 아니다. / 彼女を悲しませるのは本意ではなかった 본의 아니게 그녀를 슬프게 했다.
**ほんかいぎ【本会議】** 본회의
**ほんかくてき【本格的】** 본격적 ¶その事故の本格的な調査が必要だ 그 사고의 본격적인 조사가 필요하다. / いよいよ本格的な冬がやって来た 드디어 본격적인 겨울이 찾아왔다. / 本格的に韓国語会話を習い始めた 본격적으로 한국어 회화를 배

ほんかん【本管】본관 ¶水道[ガス]の本管 수도[가스] 본관

ほんかん【本館】본관

ほんき【本気】진심, 진짜 ◇本気で 진심으로, 진짜로〔真剣に〕진지하게 ¶「会社を辞めようと思ってるんだ」「本気なの?」"회사를 그만둘까 생각 중이야.""진심이야?"/もっと本気を出して勉強しなさい 더욱 진지하게 공부해.
¶本気で言ってるんだ 진심으로 하는 말이야./彼は何でも本気にする 그는 뭐든 곧이듣는다./本気になりさえすれば彼は試験に受かるだろう 진심으로 공부하기만 하면 그는 시험에 붙겠지.

ほんぎまり【本決まり】◇本決まりになる 정식으로 결정되다 ¶就職はまだ本決まりになっていない 취업은 아직 정식으로 결정되지 않았다.

ほんきゅう【本給】본급, 기본급

ほんぎょう【本業】본업, 주업(主業), 본직(本職)⇒本職

ほんきょく【本局】본국

ほんきょち【本拠地】본거지, 근거지(根拠地)
¶京都を本拠地とする国際的企業 교토를 본거지로 한 국제적 기업 ⇒拠点, 本部

ほんくれ【盆暮れ】¶上司には盆暮れの付け届けをしている 상사에게는 여름철과 연말에 선물을 하고 있다.

ほんけ【本家】본가, 본집〔製造元〕제조원〔宗家〕종가

ほんこう【本校】〔分校に対して〕본교〔当校〕본교

ほんごく【本国】본국〔母国〕모국 関連 本国政府 본국 정부

ほんごし【本腰】¶そろそろ本腰を入れて受験勉強をしなくてはいけない 슬슬 본격적으로 시험 공부를 해야 한다./学校はいじめ問題に本腰を入れて取り組むべきだ 학교는 왕따 문제 해결에 본격적으로 나서야 한다.

ほんこつ【ほんこつ自動車】고물차, 낡아빠진 차

ホンコン【香港】홍콩

ほんさい【凡才】범재 ⇒凡人

ほんさい【盆栽】분재 ¶祖父は一日中盆栽をいじっている 할아버지는 하루 종일 분재를 만지고 계신다.

ほんしき【本式】본식〔正式〕정식 ¶本式の韓国宮廷料理を食べた 정식 한국 궁중 요리를 먹었다./本式に韓国舞踊を習いたい 본격적으로 한국무용을 배우고 싶다.

ほんしつ【本質】본질〔真髄〕진수〔実質〕실질〔特質〕특질 ¶君はこの問題の本質を理解していない 너는 이 문제의 본질을 이해하지 못하고 있다./私の考えは君の考えと本質的には異なっていない 내 생각은 네 생각과 본질적으로는 다르지 않다.

ほんじつ【本日】본일, 금일, 오늘 ¶本日休業 (▶掲示) 금일 휴업 / バーゲンセールは本日限りです 바겐세일은 오늘까지입니다.

ほんしゃ【本社】본사〔当社〕당사 ¶大阪に本社のある会社 오사카에 본사가 있는 회사

ほんしょう【本性】본성 ¶彼は本性を現した 그 남자는 본성을 드러냈다. ⇒正体

ほんしょく【本職】❶〔本業〕본직, 본업(本業) ¶彼女の本職は教師だ 그 여자의 본업은 교사다.
❷〔専門家〕전문가〔プロ〕프로 ¶彼の歌は本職はだしだ 그의 노래는 프로 못지 않다.

ほんしん【本心】본심, 본마음〔真意〕진심 ¶彼は私に本心を明かした 그는 나에게 본심을 밝혔다.

ほんじん【凡人】범인, 평범한 사람, 보통 사람〔凡才〕범재

ほんすじ【本筋】본 줄거리, 본론(本論) ¶話題が本筋を外れてしまった 화제가 본론을 벗어났다./彼らの議論は本筋から外れている 그들의 논의는 본론에서 벗어나 있다.
¶まず親に相談するのが本筋だろう 우선 부모님하고 상의하는 것이 옳다.

ほんせき【本籍】본적 ¶私の本籍は岩手です 제 본적은 이와테입니다./本籍を千葉から東京に移した 본적을 지바에서 도쿄로 옮겼다. 関連 本籍地 본적지

ほんせん【本線】〔列車などの〕본선 ¶東海道本線 도카이도 본선

ほんそう【奔走】분주 ◇奔走する〔努力する〕노력하다〔忙しく動き回る〕바삐 뛰어다니다, 분주하다, 분주를 떨다 ¶先生の奔走のおかげでこの会社に入ることができました 선생님의 노력 덕분에 이 회사에 들어올 수 있었습니다./就職活動に奔走する 취업 활동에 분주하다

ほんたい【本体】본체, 몸체 ¶このカメラの本体はチタン合金でできている 이 카메라의 본체는 티탄 합금으로 되어 있다.

ほんだい【本題】본제〔本論〕본론〔主題〕주제 ¶では本題に入ろう 그러면 본론으로 가지.

ほんたい【凡退】범퇴 ◇凡退する 범퇴하다 ¶〔野球で〕三者凡退 삼자 범퇴

ほんたて【本立て】책꽂이

ほんだな【本棚】서가(書架), 책장

ほんち【盆地】분지 ¶京都盆地 교토 분지

ほんちょうし【本調子】본궤도(本軌道)〔正常の状態〕정상 상태 ¶まだ体が本調子に戻っていない 아직 몸이 정상으로 돌아오지 않았다./彼は本調子ではありません 그는 정상 상태가 아닙니다.

ほんてん【本店】본점 ¶日本銀行の本店 일본은행 본점

ほんでん【本殿】신전(神殿)

ほんど【本土】본토 ¶日本本土 일본 본토/アメリカ本土 미국 본토/イギリス本土 영국 본토

## ほんとう【本当】❶〔真実〕정말, 진실, 진짜 ◇本当の 진짜의 ◇本当に 정말로, 진짜(로)〔事実〕사실

◆【本当の】
¶本当のことを言いなさい 사실대로 말해./彼女には本当の友達がいない 그 여자에게는 진짜[진실한] 친구가 없다./彼の本当の年を知っていますか 그 사람의 진짜 나이를 알고 있습니까?/キョンヒが怒った本当の理由が知りたい 경희가 화난 진짜 이유를 알고 싶다.

¶これは本当の真珠ですか 이것은 진짜 진주입니까? / おれの本当の力を見せてやる 내 진짜 실력을 보여 주지. / 毎日寒いけど、本当の寒さがやって来るのはこれからだ 매일 춥지만, 본격적인 추위는 지금부터다. / 「あれが本当のゴルフのスウィングの仕方だ」「やっぱりプロは違うね」"저게 진짜 골프의 스윙이다." "역시 프로는 다르다."

◆【本当に】

¶子供たちはサンタクロースが本当にいると信じている 아이들은 산타클로스가 정말로 있다고 믿고 있다. / 本当に彼の言うことを信じたのかい 진짜로 그 사람이 한 말을 믿은 거야? / 泣かないで. 心配することは本当に何もないんだから 울지 마. 걱정할 것은 정말로 아무것도 없으니까.

◆【本当は】

¶ユミは何でもないような顔をしていたけど、本当は僕のことをとても怒っていたんだ 유미는 아무렇지도 않은 얼굴을 하고 있었지만 사실은 나에게 아주 화나 있었어. / 彼は口が悪いけれど本当は心の優しい人 그 사람은 입은 험하지만 사실은 마음이 착한 사람이다. / 本当はこちらが彼に謝らなければならない 사실은 내가 그 사람에게 사과해야 한다.

◆【その他】

¶彼女の言っていたことは本当だった 그녀가 했던 말은 사실이다. / 明が韓国に行くって本当ですか 아키라가 한국에 가는 게 사실입니까? / 彼が試験に落ちたというのは本当だ 그가 시험에 떨어졌다는 것은 사실이다.

本当を言うと私は行きたくなかった 솔직히 말하면 나는 가고 싶지 않았다. / 「彼女が吉田君のガールフレンドなんて全然知らなかった」「本当? 僕は前から知っていたよ」"그 여자가 요시다의 여자 친구라니 전혀 몰랐어." "정말? 나는 전부터 알고 있었어." / 「チョルスは会社を辞めるそうだよ」「え、本当なの?」"철수는 회사 그만둔대." "어, 정말이야?" / 「とうとう車を買ったよ」「本当?」"드디어 차를 샀어." "정말?"

❷〔非常に〕정말로, 참, 참으로 ¶彼は本当に親切だ 그는 정말로 친절하다. / 本当にありがとうございます 참으로 감사합니다. / 彼女の赤ん坊は本当にかわいかった 그녀의 아기는 정말 귀여웠다. / 本当にすばらしい景色だね 정말 아름다운 경치다. / きのうは本当に楽しかった 어제는 정말 즐거웠다. / お父さんは本当に怒っているよ 아버지는 정말로 화나셨어.

ほんどう【本堂】본당
ほんどおり【本通り】큰거리
ほんにん【本人】본인 ¶ユナ本人がそれに気がついていないんだ 유나 자신이 그것을 눈치채지 못한다. / これは直接本人から聞いた話だ 이것은 직접 본인한테 들은 이야기다. / 社長本人に会わせていただけますか 사장하고 직접 만날 수 있습니까? / 彼はそれを本人自ら認めている 그는 자기 스스로 인정하고 있다. / 君本人に話したい 너한테 직접 말하고 싶어.
ほんね【本音】본심(本心), 본마음 ¶本音を吐く 본심을 말하다 / 彼は建前と本音を使い分けている 그는 겉 다르고 속 다르다.

ボンネット 〔自動車の〕보닛〔帽子〕보닛
ほんの 〔単なる〕그저〔ごくわずかな〕약간의, 아주 조금;불과(不過) ¶彼はほんの子供だった 그는 그저 어린 애였다. / その子はほんのいたずらでそれをしたのだ 그 아이는 그저 장난으로 그것을 한 것이다. / 私はそれをほんの冗談のつもりで言ったのだ 나는 그것을 그저 농담삼아 말했던 거다.

¶彼女はほんのわずかな違反も見逃さなかった 그녀는 아주 경미한 위반도 놓치지 않았다. / 父方の親戚はほんのわずかです 아버지 쪽 친척은 아주 적습니다. / 彼はほんのたまにしか外食をしない 그는 아주 가끔씩밖에 외식을 하지 않는다. / このカレーはほんの少し辛い 이 카레는 조금 맵다. / その韓国語の歌はほんの少ししかわからなかった 그 한국어 노래는 아주 조금밖에 이해하지 못했다. / 彼女はほんの少し太りぎみだ 그 여자는 약간 살찐 편이다.

¶ほんの5キロ歩いただけでひどく疲れた 불과 5킬로 걸었을 뿐인데 아주 피곤하다. / その事件をまるでほんのきのう起こったことのように思い出す 그 사건이 마치 어제 일어난 일처럼 생각난다.

ほんのう【本能】본능 ◆本能的 본능적 ¶動物は本能に従って行動する 동물은 본능에 따라 행동하다 / その男に本能的な嫌悪を感じた 그 남자에게 본능적인 혐오를 느꼈다.

ほんのり 어슴푸레, 어렴풋이, 아련하게, 희미하게 ¶ビールを飲んで彼女は顔をほんのり赤くした 맥주를 마시고 그녀는 얼굴을 살짝 붉혔다. / その部屋はほんのり芳香剤のにおいがした 그 방은 희미하게 방향제 냄새가 났다.

ほんば【本場】〔原産地,発祥地〕본고장〔生産の中心地〕주산지 ¶広島は牡蠣(かき)の本場だ 히로시마는 굴의 본고장이다. / 平壌は冷麺の本場だ 평양은 냉면의 본고장이다. / 彼女の韓国語は本場仕込みだ 그 여자의 한국어는 한국에서 배운 정통 한국어다. / これは本場物のマッコリだ 이것은 본고장 막걸리다.

ほんばこ【本箱】책장
ほんばん【本番】〔映画,テレビ〕¶ぶっつけ本番でいきます 연습 없이 본방송 들어갑니다. / (映画・テレビで)本番いきます 촬영 들어갑니다.
¶あいつは本番に強い 저 녀석은 실전에 강하다.
ほんぶ【本部】본부 ¶参謀本部 참모 본부 / 捜査本部 수사 본부 / 大学本部 대학 본부
関連 本部長 본부장
ポンプ 펌프 ¶川からポンプで水を汲み上げた 강에서 펌프로 물을 길어 올렸다. 関連 給水[排水]ポンプ 급수[배수] 펌프
ほんぶり【本降り】¶雨が本降りになってきた 비가 본격적으로 내리기 시작했다.
ほんぶん【本文】본문 ¶この本の本文は350ページある 이 책의 본문은 350페이지이다. / 条約の本文 조약의 본문
ほんぶん【本分】본분 ¶各自が本分を尽くす 각자가 본분을 다하다
ボンベ 봄베 関連 ガスボンベ 가스 봄베 / 酸素ボンベ 산소 봄베
ほんぽう【奔放】◇奔放だ 분방하다 ¶彼女の奔

ほんぼん 펑펑 〔遠慮なく〕거리낌없이, 서슴없이 ¶花火がぼんぼん打ち上げられた 불꽃이 펑펑 터졌다. / 彼女はぼんぼん物を言う 그녀는 서슴없이 말한다.

ほんまつてんとう【本末転倒】본말전도 ¶それでは本末転倒だ 그래서야 본말이 전도된다.

ほんみょう【本名】본명, 실명(実名)

ほんめい【本命】〔競馬・競技〕우승 후보 〔選挙〕가장 유력한 후보자 ¶本命に賭ける 우승 후보에게 걸다

ほんもう【本望】본망, 숙원 ¶本望を遂げる 숙원을 이루다 / 彼は本望を遂げずに死んだ 그는 숙원을 이루지 못하고 죽었다. / これで本望だ(→非常に満足している)이것으로 아주 만족하고 있다

ほんもの【本物】진짜 ¶この絵は本物そっくりだ 이 그림은 꼭 진짜 같다. / これこそ本物のコチュジャンの味だ 이것이야말로 진짜 고추장 맛이다. / 本物のダイヤモンド 진짜 다이아몬드
¶彼女の韓国語は本物だね 그 여자의 한국어는 진짜네.

ほんや【本屋】책방(冊房), 서점(書店)

ほんやく【翻訳】번역 ◇翻訳する 번역하다
¶トルストイの『戦争と平和』は翻訳で読んだことがある 톨스토이의 "전쟁과 평화"는 번역본으로 읽어 본 적이 있다. / この韓国語のことわざは翻訳が難しい 이 한국어 속담은 번역하기가 어렵다. / 詩の翻訳は難しい 시 번역은 어렵다. / たまたま翻訳の誤訳を見つけた 우연히 잘못 번역된 것을 발견했다. / 彼女は韓国ドラマの字幕の翻訳で知られている 그녀는 한국 드라마 자막 번역가로 유명하다. / その作家の文体は翻訳ではあまり伝わらない 그 작가의 문체는 번역으로는 잘 전해지지 않는다.
¶彼は韓国語の小説を日本語に翻訳した 그는 한국어 소설을 일본어로 번역했다. / 彼女の著作は多くの外国語に翻訳されている 그녀의 저작은 많은 외국어로 번역되었다. / この日本語の手紙を韓国語に翻訳してくれますか 이 일본어 편지를 한국어로 번역해 주시겠습니까? 関連 翻訳家 번역가 / 翻訳権 번역권 / 翻訳書 번역서 / 機械翻訳 기계 번역

ぼんやり ❶〔はっきりしない〕희미하게, 어렴풋이 ◇ぼんやりしている 희미하다, 어렴풋하다 ¶雨の中にぼんやりした海岸線が見えてきた 해안선이 비 속에 희미하게 보이기 시작했다. / 当時のことはぼんやりした記憶しかない 당시의 일은 어렴풋한 기억밖에 없다. / 暗闇の中にぼんやりと人影が見えた 사람 그림자가 어둠 속에 어렴풋이 보였다. / 将来はプロ野球の選手になりたいとばんやり考えていた 장래에는 프로야구 선수가 되고 싶다고 어렴풋이 생각했었다. / ろうそくの光がぼんやりした影を投げかけていた 촛불빛이 희미한 그림자를 만들고 있었다.

❷〔放心, 不注意〕멍하니, 우두커니, 멀거니, 멍청히 ◇ぼんやりする 멍하다, 멍해지다, 멍청하다, 멍하다 ¶彼はただぼんやりと座っていた 그는 그저 멍하니 앉아 있었다. / 名前を呼ばれて彼女はぼんやりとうなずいた 이름이 불리자 그녀는 멍하니 고개를 끄덕였다.
¶寝不足で頭が一日ぼんやりしていた 수면 부족으로 머리가 하루 종일 멍했다. / 私はぼんやりして財布を家に忘れてしまった 나는 멍청하게도 지갑을 집에 두고 왔다. / ぼんやりするな 멍하니 있지 마.

❸〔何もしないで〕멍하니, 망연히 〔無益に〕무익하게 ¶ぼんやりお茶なんか飲んでいないで手伝ってくれよ 멍하니 차만 마시고 있지 말고 도와줘. / 定年で退職してからというもの、父は毎日ぼんやりと時を過ごしていた 정년퇴직 후 아버지는 매일 망연히 시간을 보내고 있다.

ほんらい【本来】본래, 원래(元来), 본디 ¶彼女は本来内気だ 그녀는 본래 내성적이다. / 漢語は本来中国の言葉だ 한자어는 본래 중국말이다. / この単語の本来の意味を知っていますか 이 단어의 본래의 의미를 알고 있습니까? / 本来ならば主人が出席すべきなのですが 원래는 남편이 출석해야 합니다만. / 本来の姿 본래의 모습

ほんりゅう【奔流】분류〔激流〕격류〔急流〕급류 ¶雪解けの水が奔流となって山を下った 눈 녹은 물이 격류가 되어 산을 내려갔다.

ほんりゅう【本流】본류, 주류(主流) ¶日本画の本流 일본화의 본류 / 保守本流 보수주의의 주류

ほんりょう【本領】제 실력 ¶彼女は本領を発揮した 그녀는 제 실력을 발휘했다.

ほんるい【本塁】본루, 홈 베이스 関連 本塁打 본루타, 홈런

ほんろう【翻弄】◇翻弄する〔もてあそぶ〕농락하다〔波などが船を〕흔들다 ¶彼の家族は運命に翻弄された 그 가족은 운명에 농락당했다. / 私たちの船は嵐に翻弄された 우리가 탄 배는 폭풍우에 흔들거렸다.

ほんろん【本論】본론〔主題〕주제 ¶本論に入る 본론으로 들어가다

# ま

**ま**【間】❶〔時間〕시간, 사이, 새, 짬, 겨를 ¶開演までにはまだ少し間がある 공연 시작 시간까지는 아직 조금 시간이 있다 / 彼にアルバムを見せてしばらく間を持たせた 그에게 앨범을 보여 주고 잠시 시간을 때웠다. / やや間を置いてから彼は答えた 잠깐 사이를 두고 그는 답했다. / 私たちの知らぬ間に空き地に立ち入り禁止の看板が立っていた 우리가 모르는 사이에 공터에는 출입 금지 간판이 세워졌다. / 忙しくて休む間もない 바빠서 쉴 틈이 없다. / 寝る間もない 잠잘 겨를도 없다. / 息をつぐ間もない 숨 돌릴 새도 없다. / 彼の乗った車はまたたく間に走り去って行った 그가 탄 자동차는 눈 깜짝할 사이에 출발했다. / 私たちは知り合って間がない 우리는 서로 알게 된지 얼마 안 된다. / あっという間に給料が入るのにいつの間にか月급을 다 써 버렸다. / 彼はパソコンをあっという間に修理した 그는 컴퓨터를 눈 깜짝할 사이에 수리했다.
¶間の取り方はなかなか難しい 타이밍을 맞추는 것은 상당히 어렵다.
❷〔部屋〕방 ¶私の部屋は 6 畳間です 내 방은 다다미 여섯 장짜리 방입니다. / うちには日本間が 2 つと洋間が 3 つあります 우리 집에는 일본식 방이 두 개하고 서양식 방이 세 개 있습니다. 慣用句 頭がぼんやりしてつい間の抜けた返事をした 머리가 멍해서 그냥 얼빠진 대답을 했다. / ボーイフレンドとのけんかを人に見られて間の悪い思いをした 남자 친구하고 싸우는 것을 남한테 보여서 겸연쩍었다.

**ま**【真】정말, 참말, 진담 ¶彼女は私の冗談を真に受けた 그 여자는 내 농담을 진담으로 받아들였다.

**ま**【魔】 慣用句 魔の交差点 마의 교차로 / そんなことをするなんて彼女は魔が差したとしか思えない 그런 짓을 하다니 그녀는 마가 낀 것이 분명하다.

**まあ** ❶〔相手を促したりなだめたりして〕좀, 자, 우선 ; 뭐 ¶まあゆっくりしてください 자 편히 쉬세요. / まあ座って 우선 앉아라. / まあ、お聞きなさい 우선 들어 봐. / まあ、私がそんなことをするとでも思っているの 뭐, 내가 그런 짓 할 것 같아.
❷〔曖昧に〕글쎄 〔多分〕아마 ¶「それって君は行かないってことかい」「まあそんなところだ」 "그러면 너는 안 간다는 말이야?" "글쎄 그렇게 됐어." / まあ、あなたの言うとおりでしょう 아마 말한 대로지요. / その先生はまあ45歳ぐらいでしょう 그 선생님은 아마 45세 정도겠지요.
会話 まあいいけどさ、でもね…
A : もう少しサンギのことを待ってあげようよ
B : まあいいけど、でもあと20分だけだよ
A : 조금만 더 상기를 기다려 주자.
B : 알았어. 하지만 앞으로 20분뿐이야.
❸〔まずまず、ほぼ〕그저, 대략, 대강, 그런대로 ¶あなたなら、まあ 2 年で韓国語をマスターできるだろう 당신이라면, 그저 2년이면 한국어를 습득할 수 있겠지. / ここの川幅はまあ10メートルぐらいです 이 강 폭은 대략 10미터 정도는 됩니다. / 彼はまあ紳士だ 그는 그런대로 신사이다. / 彼女はまあ私の母親みたいなものです 그 분은 이를테면 우리 어머니 같은 분입니다.
会話 ええ、まあ
A : 何かでお父さんにしかられたということなの
B : ええ、まあ
A : 왜 아버지한테 혼났다는 거야?
B : 아니, 뭐 그냥….
❹〔驚き〕어머, 어머나, 정말 ¶まあ、夕焼けがきれいだこと 어머! 노을이 곱기도 해라. / まあどうしましょう 財布も家に置き忘れたみたい 어머나, 어떻게 하지? 지갑을 집에 놔 두고 온 것 같아. / まあ、なんてもったいない 정말 아깝다. / まあ、なんて高いコートでしょう 어머, 어쩌면 그렇게 코트가 비싸지. ⇨まあまあ

**マーガリン** 마가린 ¶パンにマーガリンを塗る 빵에 마가린을 바르다

**マーガレット** 《植物》마거리트

**マーク** 마크 〔商標〕상표 〔標識〕표지 ◇マークする 체크하다 ¶名簿上の出席者を赤ペンでマークした 명단의 출석자를 빨간 펜으로 체크했다. / わが社の製品にはりんごのマークがついています 우리 회사 제품에는 사과 마크가 붙어 있습니다. / あの矢印のマークは「左折せよ」を表します 저 화살표 표시는 '좌회전하시오'라는 표시입니다. / 相手のエーストライカーを徹底的にマークした 상대편 중심 스트라이커를 철저하게 마크했다. / 彼は警察にマークされている 그는 경찰한테 감시당하고 있다.

**マークシート** 다항 선택법(多項選擇法), 다지 선택법(多肢選擇法), 마크시트 ¶マークシート式のテスト 다항 선택법식 테스트

**マーケット**〔市場(ばぁ)〕시장, 장〔市場(ゔょぅ)〕시장, 마켓 ¶マーケットに買い物に行く 장보러 가다 / 彼らは新製品のマーケットを開拓するのに成功した 그들은 신제품 시장을 개척하는 데 성공했다.

**マーケティング** 마케팅 関連 マーケティングリサーチ 마케팅 리서치, 시장 조사

**マージャン**【麻雀】마작 ¶マージャンをする 마작을 하다 / 夕べ徹夜でマージャンをした 어제 밤새워 마작을 했다. 関連 マージャン屋 마작집

**マージン** 마진, 이득(利得) ¶この商売はマージンが多い[少ない] 이 장사는 마진이 많다[적다]. / 彼女は化粧品を売って売り上げの10パーセントのマージンを取っている 그녀는 화장품을 팔아 매상의 10퍼센트의 마진을 얻고 있다.

**まあたらしい**【真新しい】아주 새롭다 ¶彼女は真新しい服を着ていた 그녀는 아주 새로운 옷

**マーチ**〔行進曲〕행진곡
**まあまあ** 자 자, 여하튼, 우선 ◊**まあまあだ** 그저 그렇다 ◊**まあまあの** 그런대로 ¶(なだめて)まあまあ, とりあえず私の話を聞いてください 자 자, 우선 내 얘기를 들어 주세요.

¶彼女の成績は悪くもないし特によくもないしまあまあです 그녀의 성적은 나쁘지도 않고 특별히 좋지도 않고 그저 그렇습니다. /「チェ・ジウをどう思う」「まあまあだね」 "최지우를 어떻게 생각해?" "그저 그래." /「旅行中天気はどうだった」「まあまあだったよ」 "여행중 날씨는 어땠어?" "그저 그래." / その車の値段だったので, その車を買うことに決めた そ런대로 괜찮은 가격이어서 그 차를 사기로 했다. / あのレストランならそんなにお金を出さなくてもまあまあのものが食べられるよ 그 레스토랑이라면 그렇게 비싸지도 않고 그런대로 먹을 만해.

**マーマレード** 마멀레이드 ¶パンにマーマレードを塗る 빵에 마멀레이드를 바르다.

**まい**【舞】춤 ¶**舞を舞う** 춤을 추다 関連**舞扇** 무선

**-まい**〔否定〕¶まだ雨は降るまい 아직 비는 내리지 않겠지. / あそこには二度と行くまい 그곳에는 다시는 가지 않겠다. / 子供であるんじゃないかと思う 아이도 아닌데 필 그렇게 심통이 나 있는 거야. / 約束してたわけでもあるまいに, どうして彼は出かけたのか 약속이 있는 것도 아닌데 왜 그는 외출한 거야?

**-まい**【枚】장 ¶3枚の紙 종이 세 장 / パン[ハム]2枚 빵[햄] 두 장 / 窓ガラス3枚 창유리 세 장 / 80円切手5枚 80엔짜리 우표 다섯 장

**まいあがる**【舞い上がる】날아오르다〔風で〕흩날리다〔浮かれる〕들뜨다 ¶鳥は空高く舞い上がった 새는 하늘 높이 날아 올랐다. / 風でちりが舞い上がった 바람에 먼지가 흘날렸다.

¶彼はうれしくてすっかり舞い上がっている 그는 기뻐서 완전히 들떠 있다.

**まいあさ**【毎朝】매일 아침, 아침마다 ¶私は毎朝7時に起きて8時に家を出ます 나는 매일 아침 일곱 시에 일어나, 여덟 시에 집을 나갑니다.

**マイカー** 마이카〔自家用車〕자가용 ¶ついにマイカーを手に入れた 드디어 마이카를 가졌다. / 今月からマイカー通勤を始めた 이번달부터 자가용 출근을 시작했다.

**まいかい**【毎回】매회, 매번〔その都度〕그때마다 ¶彼は毎回その集まりに顔を出している 그는 매번 그 모임에 참석하고 있다. / 父は私の顔を見ると毎回早く結婚しろと言う 아버지는 내 얼굴을 볼 때마다 빨리 결혼하라고 하신다. / 毎回毎回同じことを言わないで 매번 같은 말 하지 마라.

**まいきょ**【枚挙】매거 ◊**枚挙する** 매거하다
¶彼の失敗といったら枚挙にいとまがない 그의 실수라면 너무 많아서 일일이 셀 수가 없다.

**マイク** 마이크 ¶候補者は聴衆にマイクで話しかけた 후보자는 청중한테 마이크로 이야기했다. / このマイクは入っていない 이 마이크는 안 켜져 있다. 関連**隠しマイク** 몰래 마이크 / **ワイヤレスマイク** 무선 마이크

**マイクロ** 마이크로 ¶文書をマイクロフィルムにとっておく 문서를 마이크로필름에 저장하다
関連**マイクロコンピュータ** 마이크로컴퓨터 / **マイクロバス** 마이크로버스 / **マイクロリーダー** 마이크로리더 / **マイクロチップ** 마이크로칩

**まいこ**【舞子・舞妓】무기

**まいご**【迷子】미아(迷児) ¶娘が遊園地で迷子になった 딸이 놀이공원에서 미아가 되었다. / 迷子のお知らせをいたします 미아 소식을 전해 드리겠습니다.

**まいこつ**【埋骨】매골 ◊**埋骨する** 매골하다, 유골을 묻다

**まいこむ**【舞い込む】날아 들어오다 ¶桜の花びらが部屋に舞い込んだ 벚꽃 잎이 방에 날아 들어왔다.

**マイコン** 마이크로컴퓨터 ¶マイコン制御のエアコン 마이크로컴퓨터 제어 에어컨

**まいじ**【毎時】매시 ¶毎時60キロで運転する 시속 60킬로로 운전하다

**まいしゅう**【毎週】매주 ¶彼女は毎週土曜日に町に出かける 그녀는 매주 토요일에 시내에 간다. / 毎週の会合には必ず出席してください 매주 모임에는 반드시 참석해 주세요.

**まいしん**【邁進】매진 ◊**邁進する** 매진하다
¶優勝目指して邁進する 우승을 향해 매진하다

**まいすう**【枚数】매수, 장수 ¶投票用紙の枚数を確認する 투표용지 장수를 확인하다 / 紙幣の枚数を数える 지폐가 몇 장인지를 세다

**まいせつ**【埋設】매설 ◊**埋設する** 매설하다
¶光ケーブルを埋設する 광 케이블을 매설하다
関連**埋設ケーブル** 매설 케이블

**まいそう**【埋葬】매장 ◊**埋葬する** 매장하다
¶彼女は生まれ故郷の墓地に埋葬された 그녀는 태어난 고향 묘지에 매장되었다.

**まいぞう**【埋蔵】매장 ◊**埋蔵する** 매장하다
¶中東の石油埋蔵量は世界の半分以上を占める 중동의 석유 매장량은 세계의 반 이상을 차지하고 있다. / そこには徳川幕府の金が埋蔵されていると言われている 그곳에는 도쿠가와 막부의 금이 매장되어 있다고 전해지고 있다. 関連**埋蔵物** 매장물

**まいちもんじ**【真一文字】한일자〔一直線〕일직선 ¶彼は終始口を真一文字に結んでいた 그는 시종일관 입을 한일자로 꽉 다물고 있었다. / 真一文字に突き進む 일직선으로 돌진하다. / 真一文字に降下する 일직선으로 하강하다.

**まいつき**【毎月】매월, 매달 ¶会報は毎月発行される 회보는 매월 발행된다. / 彼は毎月2回大阪に出張する 그는 매달 두 번 오사카로 출장간다.

**まいど**【毎度】〔いつも〕항상, 언제나 ¶彼は毎度同じことを言う 그는 항상 같은 말을 한다. / 毎度ありがとうございます 항상 찾아와 주셔서 감사합니다. / 彼の遅刻は毎度のことだ 그의 지각은 예사다.

**まいとし**【毎年】매년, 해마다 ¶彼女は毎年海外旅行をしている 그녀는 매년 해외여행을 하고 있다. / 毎年夏[8月]に1週間の休暇をとります 매

년 여름[팔월]에 1주일간 휴가를 받습니다. / 매년 今ごろは忙しい 해마다 이맘때는 바쁘다. / そのイベントは毎年1回開かれる 그 이벤트는 해마다 한 번 열린다.

**マイナス** 〔陰極〕음극 〔損失〕손실 〔不利〕불리 〔零下〕영하 ¶10マイナス12はマイナス2だ 10 마이너스 12는 마이너스 2이다. / マイナス10度 영하 10도 / それは君にとってマイナスになるだろう 그것은 자네한테 손실일 거다. 関連 マイナスイオン 음이온 / マイナスイメージ 마이너스 이미지 / マイナス記号 마이너스 기호 / マイナス極 음극 / マイナス成長 마이너스 성장

**まいにち**【毎日】매일, 날마다 ¶私は毎日お風呂に入って髪を洗います 나는 매일 목욕을 하고 머리를 감습니다. / 彼女は毎日の生活に疲れ果てていた 그녀는 매일 생활에 지쳐 있었다. / 彼女は彼から手紙が来るのを毎日待っていた 그녀는 그로부터 편지가 오기를 날마다 기다리고 있었다. / 毎日忙しくて暇がない 매일 바빠서 시간이 없다.

**まいばん**【毎晩】매일 밤, 밤마다 ¶夫は毎晩仕事で帰りが遅い 남편은 매일 밤 일 때문에 귀가가 늦다. / 毎晩子供に本を読んでやる 밤마다 아이한테 책을 읽어 준다. / 毎晩毎晩彼は私の夢の中に現れた 밤마다 그는 내 꿈 속에 나타났다.

**マイペース** 자기 페이스 ¶マイペースで走る 자기 페이스로 달리다 / 彼はいつもマイペースで仕事をする 그는 언제나 자기 페이스로 일을 한다. / 彼女はいつだってマイペースだ 그녀는 언제나 자기 페이스를 유지한다.

**マイホーム** 자기 집 ¶ついにマイホームを手に入れた 드디어 자기 집을 샀다. / 庭付き一戸建てのマイホームを持つことが私の夢だ 정원이 붙어 있는 단독 주택을 가지는 것이 내 꿈이다. / 彼はマイホーム主義の人だ 그는 가정 제일 주의다.

**まいぼつ**【埋没】매몰 ◇埋没する 매몰되다, 파묻히다 ¶土砂崩れで多くの家が土砂の下に埋没した 산사태로 많은 집들이 토사 밑에 파묻혔다. / 日常生活に埋没する 일상생활에 파묻히다

**まいもどる**【舞い戻る】되돌아오다 ¶東京で働いていたが、会社を首になり、田舎に舞い戻ってきた 도쿄에서 일을 하다가 해고를 당해 시골로 되돌아왔다.

**まいよ**【毎夜】매일 밤, 밤마다 ⇒毎晩

**まいる**【参る】❶〔行く〕가다 〔寄る〕들르다 〔来る〕오다 ¶ただ今参ります 지금 당장 가겠습니다.

¶約束の時間に必ず参ります 약속 시간에 맞춰 반드시 가겠습니다. / 先に行ってください、私も後から参りますから 먼저 가십시오. 저도 뒤따라 가겠습니다. / お願いがあって参りました 부탁드릴 일이 있어서 왔습니다. / 母は今出かけておりますが、すぐ戻って参ります 어머니는 지금 외출중이신데 금방 돌아오실 겁니다.

❷〔降参する〕항복하다, 지다〔我慢できない〕질리다 ¶参ったよ(→私の負けだ) 내가 졌어. / どうだ、参ったか 어때, 항복했느냐? / この夏の暑さには参った 이번 여름 더위에는 질렸다.

❸〔弱る, 困る〕¶参ったなあ 어쩔 수가 없는데.

¶少しは眠らないと体が参ってしまうよ 조금이라도 자지 않으면 몸이 견디지 못할걸. / 久しぶりにきつい運動をしたら参ってしまった 오랜만에 힘든 운동을 했더니 지쳐 버렸다. / 彼は風邪で参っている 그는 감기로 누워 있다.

❹〔心を奪われる〕마음을 빼앗기다, 홀딱 반하다 ¶彼はあの子にすっかり参っているらしい 그는 그 아이한테 아주 홀딱 반한 것 같다.

**マイル** 마일〔マイルストーン〔里程標〕이정표

**まう**【舞う】〔踊る〕춤추다〔舞い上がる〕흩날리다 ¶木の葉が風に舞っている 나뭇 잎이 바람에 흩날리고 있다.

**まうえ**【真上】바로 위〔頭上〕머리 위 ¶寝室はこの真上です 침실은 바로 이 위입니다. / 煙は真上に上がっている 연기는 바로 위로 올라가고 있다. / 太陽は真上で輝いている 태양은 머리 위에서 빛나고 있다.

**まうしろ**【真後ろ】바로 뒤 ¶彼は私の真後ろに立っていた 그는 내 바로 뒤에 서 있었다. / パトカーが我々の真後ろに迫って来た 경찰 순찰차가 우리 바로 뒤로 다가왔다.

**マウス** 〔コンピュータの〕마우스 ¶マウスをクリックしてファイルを開けた 마우스를 클릭해서 파일을 열었다. 関連 マウスパッド 마우스 패드 / マウスボタン 마우스 버튼

**マウンド** 《野球》마운드 ¶マウンドに立つ 마운드에 서다 / マウンドを降りる 마운드를 내려오다

**まえ**【前】❶〔位置・場所が〕◇…の前に 앞에 ◇前へ[に] 앞으로

◆[前に]

¶彼は銀行の前に立っていた 그는 은행 앞에 서 있었다. / 地下鉄の出口を出ると目の前に高層ビルがそびえていた 지하철 출입구를 나오니 눈앞에 고층 빌딩이 높이 솟아 있었다. / 「どうしていつも教室のいちばん前に座るの」「目が悪いからなの」 "왜 항상 교실 맨 앞에 앉는 거니?" "눈이 나빠서." / 名前を呼ばれたら前に出てきてください 이름을 부르면 앞으로 나와 주세요. / 2, 3歩前に出てください 두세 걸음 앞으로 나와 주세요. / この線より前に出ないでください 이 선에서 앞으로 나오지 마세요. / 前に座っている女の子、かわいいね 앞에 앉아 있는 여자, 귀엽네.

◆[前で]

¶本屋の前で会おう 서점 앞에서 만나자. / 私の前ではたばこを吸わないでくれませんか 내 앞에서는 담배 피우지 말아 줄래요? / 授業中にしゃべってみんなの前でしかられた 수업 중에 수다를 떨어 모두들 앞에서 야단맞았다. / ついさっき目の前で交通事故があった 방금 전에 눈앞에서 교통사고가 났다. / いつか大勢の聴衆の前で演奏してみたい 언젠가 많은 청중 앞에서 연주해 보고 싶다. / あいつ女の子の前では格好つけようとするんだ 그 녀석 여자 앞에서는 멋있게 보이려고 한다.

¶法の前ではだれも平等である 법 앞에서는 누구나 평등하다.

◆[前を]

¶私の5メートルぐらい前を先生が歩いていた 내 5미터쯤 앞을 선생님이 걷고 계셨다. / まっすぐ前を見て運転しなさい 똑바로 앞을 보고 운전해.

◆【前の】

¶私は車の前の座席に座っていた 나는 자동차 앞 좌석에 앉아 있었다. / 映画館では前のほうには座りたくない 영화관에서 앞쪽에는 앉기 싫다. / 前の席の人の頭が邪魔で黒板が見えない 칠판이 앞 좌석 사람 머리에 가려 안 보인다. / 前の車が急に止まったので危うくぶつかりそうになった 앞 차가 갑자기 멈춰서 하마터면 충돌할 뻔했다. / 駅前の喫茶店で待っています 역 앞 커피숍에서 기다리고 있겠습니다.

◆【前へ】

¶止まらないで前へ進んでください 멈추지 말고 앞으로 나아가 주세요. / 前へ進め(▶号令) 앞으로 가!

◆【その他】

¶私の席は前から3列目です 내 자리는 세 번째 앞줄입니다. / 知らない男の人が前から近づいてきた 모르는 남자가 앞에서 다가왔다. / 我々の前から消えろ 우리 앞에서 꺼져!

❷〖時・順序が〗전, 이전 ◇前の 전의, 이전의 ◇前に 전에, 이전에

◆【前に】

¶彼女は5分前に出かけた 그녀는 5분 전에 외출했다. / 彼を訪ねたら少し前に出かけたところだった 그를 찾아갔더니 조금 전에 나갔다고 한다. / 来るなら1,2日前に言ってくれ 온다면 하루, 이틀 전에는 말해 줘. / 私は前に神戸に住んでいた 나는 전에 고베에 살고 있었다. / ちょっと前に小包が届いた 조금 전에 소포가 배달되었다. / この本はずいぶん前に買った 이 책은 상당히 오래 전에 샀다. / 彼女には前にどこかで会ったことがある 그 여자와는 이전에 어딘가에서 만난 적이 있다. / この人に会ったのはいつでしたっけ 요전에 만난 것은 언제였지요? / 君に前に会ったのは2年前だね 자네와 전에 만난 것은 2년전이지. / 前にも言ったように,あなたと結婚するつもりはない 전에도 말했지만 당신과 결혼할 생각 없어. / 「どうしてもっと早くに医者に行かなかったの?」「たいしたことないと思ったんだ」 "왜 좀 더 빨리 병원에 가지 않았어?" "별일 아닐 거라고 생각했어."

¶10時前に迎えに来てくれませんか 열 시 전에 마중나와 주지 않겠어요? / 出かける数分前に彼女から電話があった 외출하기 몇 분 전에 여자 친구한테서 전화가 왔다. / 試験前にノートに目を通さなくちゃ 시험 보기 전에 노트 한 번 봐야겠다. / 暗くなる前に家に帰りなさい 어두워지기 전에 집에 돌아가거라.

◆【前の】

¶その事故は10年前のきょう起きた 그 사고는 오늘로부터 10년 전에 일어났다. / 前の章ではまず日本と朝鮮半島の歴史的交流について説明しました 앞 장에서는 일본과 한반도의 역사적 교류에 관해 설명했습니다. / 前の社長は健康上の理由で辞任した 전 사장은 건강상의 이유로 사임했다.

会話 前の

A:この前の日曜日にどこかへ行った?
B:うん,東京ドームに野球を見に行ったよ
A:저번 일요일에 어디 갔었어?
B:응, 도쿄 돔에 야구 보러 갔었어.

A:おとといヨンヒに会ったけどなんか機嫌が悪かったわ
B:実はその前の晩にけんかしちゃってね
A:그저께 영희와 만났는데 왠지 기분이 안 좋아 보였어.
B:사실은 그 전날 밤에 싸웠거든.

◆【その他】

¶今9時5分前です 지금 아홉 시 5분 전입니다. / 彼は老けて見えるが前だよ 그는 나이 들어 보이지만 아직 30 전이야. / 神田は山手線で東京の一駅前です 간다는 야마노테선에서 도쿄역의 전 정거장 앞입니다. (*한 역 とはいわない) / 彼女は3日前から学校を休んでいる 그녀는 3일 전부터 학교를 쉬고 있다. / 前から聞いてみたかったんだけど,どうして先生になろうと思ったの 전부터 물어보고 싶었는데 왜 선생님이 되려고 생각했어? / 前から思ってたんだけど,彼ってちょっと変わってるよね 전부터 생각했었는데 그 사람 조금 이상하지. / つい1か月前までそのアパートに住んでいた 바로 한 달 전까지 그 아파트에서 살고 있었다. / 前はたばこを吸っていたが今はやめている 전에는 담배를 피웠지만 지금은 끊었다. / この前私が言ったこと覚えているかい 요전에 내가 한 말 기억해?

会話 この前っていつ

A:このことっていつ前言ったでしょ
B:この前っていつ。先月?
A:いや,もう少し前
A:이 말은 요전에 했잖아.
B:요전이 언제인데? 지난달?
A:아니, 좀 더 전에.
B:그럼 훨씬 전이잖아.

❸〖人数に相当する量〗분 ¶すしを3人前頼んだ 초밥을 3인분 주문했다. / ギョーザ1人前300円です 만두 일 인분에 300엔입니다.

**まえあし**【前足・前脚】【動物の】 앞발, 앞다리

**まえいわい**【前祝い】¶誕生日の前祝いをする 생일을 미리 축하하다

**まえうけきん**【前受金】선수금(先受金)

**まえうしろ**【前後ろ】앞뒤, 전후(前後) ¶セーターを前後ろに着ているよ 스웨터의 앞뒤를 뒤바꿔 입었어.

**まえうり**【前売り】예매(予売) ◇前売りする 예매하다 ¶チケットを前売りする 티켓을 예매하다 / チケットの前売りはいつからですか 티켓 예매는 언제부터입니까? 関連 前売り券 예매권

**まえおき**【前置き】서론(序論) ¶彼の話はいつも前置きが長い 그의 이야기는 언제나 서론이 길다 / 前置きはこのくらいにして本題に入りましょう 서론은 이 정도로 하고 본론으로 들어갑시다.

**まえかがみ**【前屈み】¶彼女は靴をはこうと前かがみになった 그녀는 구두를 신으려고 앞으로 구부렸다. / おばあさんは前かがみで歩いていた 할머니는 구부정한 자세로 걷고 있었다.

**まえがき**【前書き】머리말(글), 서문(序文) ⇒序文

**まえかけ**【前掛け】앞치마 ⇒エプロン

**まえがし**【前貸し】선급(先給), 가불(仮払) ◇前

貸しする 가불해 주다
**まえがみ【前髪】** 앞머리 ¶彼女は前髪を短く切ってしまった 그녀는 앞머리를 짧게 잘라 버렸다. / 君は前髪を垂らしたほうがすてきだよ 너는 앞머리를 내리는 게 멋져.
**まえがり【前借り】** 가불, 전차 ◇前借りする 가불하다, 전차하다 ¶彼は給料から5万円前借りした 그는 월급에서 5만 엔을 가불 받았다. / 退職金を前借りりして退職금을 가불하다
**まえきん【前金】** 전금, 선금(先金) ¶2万円を前金でいただけますか 2만 엔을 선금으로 주시겠습니까?
**まえだおし【前倒し】** ◇前倒しする 앞당겨 실시하다 ¶政府は公共事業を前倒しする予定だ 정부는 공공사업을 앞당겨 실시할 예정이다.
**まえば【前歯】** 앞니
**まえばらい【前払い】** 선불(先払) ¶家賃は6か月分前払いしてある 집세는 6개월분 선불했다. / 会費は前払いでお願いします 회비는 선불로 부탁합니다. 関連 前払い金 선불금
**まえぶれ【前触れ】** 예고 [前兆] 전조, 조짐 ¶両親が田舎から前触れなしにやって来た 부모님이 고향에서 연락 없이 올라오셨다. / 台風の前触れ 태풍의 전조[조짐]
**まえむき【前向き】** [積極的] 적극적 ◇前向きの 적극적인 ◇前向きに 적극적으로 ¶前向きの姿勢で改革に取り組むつもりだ 적극적인 자세로 개혁에 임할 생각이다. / 前向きに検討します 적극적으로 검토하겠습니다.
**まえもって【前以て】** 미리, 사전에 ¶いつ仁川空港に着くかは前もってお知らせします 언제 인천 공항에 도착하는지 사전에 알려드리겠습니다. / 切符が欲しいなら前もって電話しておいたほうがいい 표를 사고 싶으면 미리 전화해 두는 편이 좋아.
**まがいもの【紛い物・擬い物】** 가짜, 모조품(模造品) ¶まがいもののダイヤの指輪 가짜 다이아몬드 반지 ⇒偽物
**まがお【真顔】** 진지한 얼굴 ¶彼は真顔で冗談を言った 그는 진지한 얼굴로 농담을 했다. / 突然真顔になる 갑자기 정색하다
**まがし【間貸し】** ◇間貸しする 셋방을 놓다
**マガジン**〔雑誌〕잡지 ¶マガジンラック 잡지 진열 선반, 잡지꽂이
**まかす【負かす】** 이기다, 패배시키다 ¶我々は相手チームを5点差で負かした 우리는 상대 팀을 5점 차로 이겼다. / チャンピオンは挑戦者を負かしてタイトルを防衛した 챔피언은 도전자한테 이겨서 타이틀을 방어했다. / 彼女はいつも議論で私を負かす 그녀는 언제나 토론에서 나를 굴복시킨다. / うちのチームはこてんぱんに負かされた 우리 팀은 형편없이 졌다.

**まかせる【任せる】** ❶ [ゆだねる] 맡기다 [委任する] 위임하다 [一任する] 일임하다 ¶この仕事はお前に任せよう 이 일은 너한테 맡기겠어.
¶家事を妹に任せる 가사를 동생에게 맡기다 / 彼らは安心して彼女に子供を任せた 그들은 안심하고 그녀한테 아이를 맡겼다. / 私たちの仲についてはご想像にお任せします 우리 사이에 대해서는 상상에 맡기겠습니다. / 彼は店を息子に任せた 그는 가게를 아들한테 맡겼다. / 両親は私に留守を任せて旅行に行った 부모님은 나한테 집을 보라며 여행을 갔다. / 決定は委員会に任せられている 결정은 위원회에 일임되고 있다. / この問題の決着はあなたに任せます 이 문제의 마무리는 당신한테 위임하겠습니다. / 私の身の振り方は一切彼に任せた 내 처신은 모두 그 사람한테 맡겼다.
❷ [なるがままにする] 맡기다 ¶問題の解決は自然の成り行きに任せよう 문제 해결은 되는 대로 놔두자. / 運を天に任せる 운을 하늘에 맡기다 / 想像に任せる 상상에 맡기다 / ご想像にお任せします 상상에 맡기겠습니다. / 彼女はゆったりと椅子に身を任せて座っていた 그녀는 느긋하게 의자에 몸을 기대어 앉아 있었다.
❸ [その他] ¶彼は金に任せて株を買い占めた 그는 돈 있는 대로 주식을 사들였다. / 雨の中を足に任せて歩き続けた 빗속을 발길 닿는 대로 계속 걸었다. / その家は荒れるに任せられていた 그 집을 황폐한 상태로 놔 두었다. / 彼女は暇に任せてセーターを編んだ 그녀는 많은 여가를 이용해서 스웨터를 짰다.

¶彼女は力に任せてそのひもを引っ張った 그녀는 힘껏 그 끈을 당겼다.
**まかない【賄い】** 식사(食事) ¶私はまかない付きの寮[下宿]に住んでいる 나는 식사를 제공하는 기숙사[하숙]에 살고 있다. / まかない付きで家賃を月に7万円払っている 식사 제공받고 집세를 한 달에 7만 엔 지불하고 있다.
**まかなう【賄う】** [食事を] 제공하다 [費用を] 마련하다 [生活を] 꾸려 나가다 ¶この費用をどうやってまかなったらいいのだろう 이 비용을 어떻게 해서 마련해야 하나? / 夫の給料だけでは家計をまかなえない 남편의 월급만으로는 가계를 꾸려 나갈 수 없다.
**まかふしぎ【摩訶不思議】** ◇摩訶不思議だ 불가사의하다, 희한하다, 이상야릇하다 ¶摩訶不思議な事件 불가사의한 사건
**まがも【真鴨】** 물오리
**まがり【曲がり】** 굽이, 굴곡(屈曲)
**まがり【間借り】** ◇間借りする 세를 들다 [下宿する] 하숙하다 ¶私はおばの家の2階を間借りしている 나는 숙모 집 2층에 하숙하고 있다. 関連 間借り人 세든 사람, 하숙인
**まがりかど【曲がり角】** 모퉁이 [転換点] 전환점 〔岐路〕갈림길 ¶道の曲がり角にポストがある 길 모퉁이에 우체통이 있다. / 次の曲がり角を右に曲がると左手に劇場があります 다음 모퉁이를 오른쪽으로 돌면 왼편에 극장이 있습니다.
¶彼は今人生の曲がり角に立っている 그는 지금 인생의 갈림길에 서 있다. / 日本の福祉政策は曲がり角に来ている 일본 복지 정책은 전환점에 와 있다.
**まがりくねる【曲がりくねる】** 꼬불꼬불 구부러지다 ¶バスは曲がりくねった道を走っていた 버스는 꼬불꼬불 구부러진 길을 달리고 있었다. / 川が平原を曲がりくねって流れている 강이 평

**まかりとおる【罷り通る】** 버젓이 통하다 ¶公共事業の入札では業者同士の談合がまかり通っている 공공사업의 입찰에서는 업자들의 담합이 버젓이 통하고 있다. / そんな無茶苦茶なことがまかり通るとでも思っているのか 그런 터무니없는 일이 버젓이 통할 거라 생각해?

**まかりならぬ【罷りならぬ】**〔許されない〕허용되지 않다〔だめだ〕안 되다

**まかりなりにも【罷りなりにも】**그럭저럭, 그런대로, 명색이나마 ¶曲がりなりにも大学を卒業することができた 그런대로 대학을 졸업할 수 있었다. / まがりなりにも彼は3人の子供の父親だ 명색이나마 그는 세 아이의 아빠이다.

**まかりまちがう【罷り間違う】**◇まかり間違えば 자칫하면 ¶まかり間違えば大事故になるところだった 자칫하면 큰 사고가 날 뻔했다. / まかり間違ってもあなたには頼まないわ 어쩌다 실수해도 너한테는 부탁 안 하겠어.

**まがる【曲がる】❶**〔まっすぐでなくなる〕구부러지다, 굽다〔ねじれる〕휘다, 비뚤어지다 ¶針金は簡単に曲がる 철사는 간단히 구부러진다. / 暑さでレールが曲がってしまった 더위로 레일이 비뚤어졌다. / 祖母は年で腰が曲がっている 우리 할머니는 나이가 들어 허리가 구부러져 있다. / 道はS字型に曲がっている 도로는 S자 모양으로 굽어져 있다. / ネクタイが曲がっているよ 넥타이가 비뚤어져 있어. / 壁の絵が少し曲がっているよ 벽에 건 그림이 조금 비뚤어져 있네.

**❷**〔方向を変える〕¶左に曲がると公園があります 왼쪽으로 돌면 공원이 있습니다. / 銀行は次の角を曲がった所にある 은행은 다음 모퉁이를 돈 곳에 있다. / 彼は急に左へ曲がった 그는 갑자기 왼쪽으로 돌았다. / あそこの信号で左に曲がって 저 신호에서 왼쪽으로 돌아 줘.

**会話** 場所を尋ねる
A：郵便局はどこですか
B：まっすぐ行って、3つ目の角を右へ曲がってください

A：우체국 어디 있어요?
B：곧바로 가서 세 번째 모퉁이를 오른쪽으로 돌아가세요.

**❸**〔心がねじける、道理に外れる〕비뚤어지다, 〔사리〕에 벗어나다, 옳지 못하다 ¶彼は性格が曲がっている 그는 성격이 비뚤어져 있다. / 彼は根性が曲がっている 그는 심보가 비뚤어져 있다. / 父は曲がったことが大嫌いだ 아버지는 사리에 벗어나는 것을 질색하신다.

**❹**〔その他〕臭い！鼻が曲がりそうなにおいだ 냄새가 지독해! 숨이 막힐 것 같은 냄새야.

**マカロニ** 마카로니 ¶マカロニグラタン 마카로니 그라탱 / マカロニサラダ 마카로니 샐러드

**まき【巻き】**감기〔巻いた物〕감은 것〔書物の区分〕권, 편(編) ¶自動巻きの時計 자동으로 감기는 시계 / アスパラガスの牛肉巻き 아스파라거스를 쇠고기로 감은 것 / トイレットペーパー一巻き 두루마리 화장지 한 개

**まき【薪】**장작, 땔나무 ¶薪をくべる 장작을 지피다 / 薪を割る 장작을 패다 / 子供のころよく薪割りをした 어릴 적에 자주 장작을 팼다. **数え方** 薪1本 장작 한 개비

**まきあげる【巻き上げる】**감아 올리다, 말아 올리다〔奪う〕빼앗다, 우려내다 ¶すだれを巻き上げる 발을 감아 올리다 / 突風がほこりを巻き上げた 돌풍이 먼지를 휘말아 올렸다.
¶彼らは少年から金を巻き上げた 그들은 소년에게서 돈을 빼앗았다.

**まきおこす【巻き起こす】**일으키다 ¶その写真集は一大センセーションを巻き起こした 그 화보집은 일대 센세이션을 불러일으켰다. / 彼らのコントは笑いの渦を巻き起こした 그들의 콩트는 웃음바다를 만들었다.

**まきがい【巻き貝】**고둥

**まきかえし【巻き返し】**반격(反擊) ¶野党側は次の選挙で巻き返しを図っている 야당 측은 다음 선거에서 반격을 꾀하고 있다.

**まきかえす【巻き返す】**〔反擊する〕반격하다, 되치다〔回復する〕회복하다 ¶勢力を巻き返す 세력을 회복하다

**まきがみ【巻き紙】**두루마리

**まきげ【巻き毛】**고수머리, 곱슬머리

**まきこむ【巻き込む】**끌어들이다 ◇巻き込まれる 말려들다 ¶犯罪に巻き込む 범죄에 끌어들이다 / 交通渋滞に巻き込まれた 교통 정체에 말려들었다. / 彼らの争いに巻き込まれるのはごめんだ 그들의 싸움에 말려드는 것은 싫다.

**まきじた【巻き舌】**¶巻き舌で話す 혀끝을 말듯이 빨리 말하다

**まきじゃく【巻き尺】**줄자, 권척

**まきぞえ【巻き添え】**연루, 말려듦 ¶巻き添えを食う 남의 일에 말려들어 골탕을 먹다 / 彼はけんかの巻き添えを食ってけがをした 그는 싸움에 말려들어 부상을 입었다.

**まきた【真北】**¶学校は駅の真北に位置している 학교는 역 정북쪽에 위치하고 있다.

**まきちらす【撒き散らす】**흩뿌리다 ¶その子が砂を辺りにまき散らした 그 아이는 모래를 주변에 흩뿌렸다.

**まきつく【巻き付く】**휘감기다 ¶蔓(つる)が柱に巻き付いている 덩굴이 기둥을 휘감고 있다. / 蛇が木の枝に巻き付いている 뱀이 나뭇가지에 휘감겨 있다.

**まきつける【巻き付ける】**휘감다 ¶ロープを木に巻き付ける 밧줄을 나무에 휘감다

**まきとる【巻き取る】**감다, 옮겨 감다 ¶フィルム[ビデオテープ]を巻き取る 필름을[비디오 테이프] 감다

**まきば【牧場】**목장〔牧草地〕목초지

**まきもどし【巻き戻し】**되감기

**まきもどす【巻き戻す】**되감다 ¶ビデオは巻き戻してから返却してください 비디오는 되감아 반환해 주세요.

**まきもの【巻き物】**〔巻軸〕권축〔掛け軸〕족자〔反物〕피륙 ¶巻き物を広げる[巻く] 족자를 펼치다[감다]

**まぎらす【紛らす】** 달래다 ¶本を読んで気を紛らした 책을 읽어 기분을 달랬다. / 彼は悲しみ[仕事のうさ]を酒で紛らした 그는 슬픔[일 근심]을 술로 달랬다.

**まぎらわしい【紛らわしい】** 헷갈리기 쉽다, 혼동하기 쉽다 ¶その2つの商品名はたいへん紛らわしい 그 두 개 상품명은 매우 헷갈리기 쉽다. / 紛らわしい表現は避けるべきだ 혼동하기 쉬운 표현은 피해야 한다.

**-まぎれ【-紛れ】** -ㄴ[-은] 김 ¶彼は腹立ち紛れにいすを蹴飛ばした 그는 화가난 김에 의자를 차 버렸다.

**まぎれこむ【紛れ込む】** 섞여들다 ; 끼어들다
¶手紙が書類の中に紛れ込んでいた 편지가 서류 속에 섞여 있었다. / 彼は人込みに紛れ込んで見えなくなった 그는 군중에 섞여 안 보이게 되었다.

**まぎれもない【紛れもない】** 틀림없다 ◇紛れもなく 틀림없이 ¶これは紛れもない事実です 이것은 틀림없는 사실입니다. / 紛れもなく彼の筆跡だった 틀림없이 그의 필적이었다.

**まぎれる【紛れる】** [混ざってわからなくなる] 뒤섞이다, 헷갈리다 [すきを突く] 틈을 타다 [気分が晴れる] 풀리다 ¶書類がどこかに紛れてしまった 서류가 어딘가 뒤섞였다.
¶彼はどさくさに紛れて店の売り上げを持ち逃げした 그는 혼잡한 틈을 타서 가게 판매액을 가로채서 도망갔다. / 彼は火事のどさくさに紛れて宝石を盗み出した 그는 화재의 틈을 타서 보석을 훔쳤다. / 泥棒は闇に紛れて忍び込んだ 도둑은 어둠을 타서 몰래 들어갔다.
¶いやなことがあった時には音楽を聞くと気が紛れる 안 좋은 일이 있을 때 음악을 들으면 기분이 풀린다.

**まぎわ【間際】** 직전(直前) ¶打ち上げ間際になってロケットに問題が起きた 발사 직전에 로켓에 문제가 발생했다. / 会社を出る間際に彼女から電話がかかってきた 회사를 나오기 직전에 여자 친구한테서 전화가 걸려 왔다. / 死の間際、彼は皆に「ありがとう」と言った 임종 때 그는 모두에게 "고맙다"라고 말했다.

**まく【幕】** ❶ [舞台の] 막 [劇の一幕] 막 [天幕] 장막, 휘장 ¶幕が上がる 막이 오르다 / 幕を上げる[下ろす] 막을 올리다[내리다] / 盛大な拍手とともに幕が下りた 성대한 박수와 함께 막이 내렸다.
¶この劇は5幕ものです 이 연극은 5막으로 되어 있습니다. / マクベス第5幕第5場 맥베드의 제 5막 제 5장
¶紅白の幕を張る 홍백 휘장을 치다 / 「戦争反対」と書かれた横断幕 '전쟁 반대'라고 쓰여진 현수막
❷ [終わり] 끝 ¶その映画は主人公の死で幕となる 그 영화는 주인공의 죽음으로 끝난다.
❸ [場面, 場] 장면, 자리 慣用句その事件はあっけない幕切れだった 그 사건은 허망하게 끝났다. / いよいよ音楽祭の幕が切って落された 드디어 음악제가 시작되었다. / 博覧会は華やかな幕開けとなった 박람회는 화려하게 개막되었다. / お前の出る幕じゃない 네가 나설 자리가 아니야.

**まく【膜】** 막 ¶表面に膜が生じる 표면에 막이 생기다 関連鼓膜 고막 / 細胞膜 세포막 / 粘膜 점막

**まく【巻く】** ❶ [物を丸める] 감다, 말다 ¶じゅうたんをくるくる巻いて物置に仕舞った 융단을 둘둘 감아 창고에 치웠다. / ござを巻く 돗자리를 말다 / このカメラはフィルムを自動的に巻く 이 카메라는 필름을 자동으로 감는다. / 針金を巻く 철사를 감다
¶へびがとぐろを巻いている 뱀이 도사리고 있다.
❷ [巻きつける] 두르다 [包帯などを] 감다 ¶姉はスカーフを首に巻いて出かけた 언니는 스카프를 목에 감고 외출했다. / 医者は私の右足に包帯を巻いた 의사는 내 오른 발에 붕대를 감았다.
❸ [ねじなどを回す] 틀다, 죄다 ¶この時計は自動巻きだからねじを巻く必要はない 이 시계는 자동 시계이기 때문에 태엽을 감을 필요가 없다.
慣用句私は彼女の頭のよさに舌を巻いた 나는 그녀가 아주 머리 좋은 것에 몹시 놀랐다. / 彼女の作り話で私はすっかり煙に巻かれた 그녀가 지어낸 이야기에 나는 완전히 넘어갔다.

**まく【播く・蒔く】** 뿌리다, 파종하다 ¶畑にとうもろこしの種をまいた 밭에 옥수수 씨를 뿌렸다. / 「この種はいつまくのですか」「5月がその種をまくのにちょうどいい時期ですよ」 "이 씨는 언제 뿌립니까?" "오월이 그 씨를 뿌리기에 가장 좋은 시기입니다." 慣用句まいた種は刈らねばならぬ 뿌린 씨는 베어내야 한다. / 自分でまいた種だ 자기가 만든 원인이다. / まかぬ種は生えぬ 원인이 없는 곳에 결과는 없다.

**まく【撒く】** ❶ [振りまく] 뿌리다, 살포하다
¶畑に肥料をまいた 밭에 비료를 뿌렸다. / 芝生に除草剤がまかれた 잔디밭에 제초제를 살포했다. / 花壇に水をまいた 화단에 물을 뿌렸다.
¶ビラをまく 전단을 뿌리다[살포하다]
❷ [はぐらかす] 따돌리다 ¶彼は警察をまんまとまいた 그는 경찰을 보기좋게 따돌렸다.

**まくあい【幕間】** 막간 ¶幕間に私たちは弁当を食べた 막간에 우리들은 도시락을 먹었다.

**まくあき【幕開き】** 개막

**まぐさ【馬草・秣】** 여물, 꼴 関連まぐさ桶 여물통

**まくしたてる【捲し立てる】** 지껄이다 ¶息もつかずにまくし立てる 숨도 안 쉬고 지껄이다

**まぐち【間口】** 내림, 폭 [領域] 영역 ¶この建物の間口はどれだけありますか 이 건물 폭은 어느 정도입니까? / 間口10メートルの建物 폭이 10미터인 건물
¶事業の間口を広げる 사업 영역을 넓히다

**マグニチュード** 매그니튜드, 리히터 규모(◆韓国では地震の大きさを表す場合、ふつうリヒター規模を用いる) ¶マグニチュード5の地震があった 매그니튜드 5의 지진이 있었다.

**マグネシウム** 마그네슘

**マグネット** [磁石] 자석

**まくら【枕】** 베개 ¶枕をして寝る[横になる] 베개를 베고 자다[눕다] / これで枕を高くして寝られる 이제 안심하고 잘 수 있다. / 膝を枕にして眠る 무릎을 베고 잠자다

¶病人の枕元に付き添う 병자 머리맡에서 시중들다 [関連] 枕カバー 베갯잇 (▶発音은 베갠닏)
**まくらぎ**【枕木】침목
**まくる**【捲る】걷다, 걷어올리다 ¶袖をまくる 소매를 걷어올리다 / スカートをまくる 치마를 걷어올리다 / 子供たちはズボンの裾をまくり上げて砂浜で遊んだ 아이들은 바짓자락을 걷어올리고 모래사장에서 놀았다.
**-まくる** ¶しゃべりまくる 마구 지껄이다 / 彼はマイホームを建てるために働きまくった 그는 자기 집을 짓기 위해 닥치는 대로 일했다.
**まぐれ**【紛れ】〔偶然〕우연 〔幸運〕행운 ¶まぐれで彼に勝った 그는 요행수, 행운으로 그한테 이겼다. / 満点を取ったのはまぐれですよ 만점을 받은 것은 우연이에요.
¶まぐれ当たりだ〔くじなどで〕우연히 당첨되다 | 〔クイズなどで〕우연히 정답을 맞히다
**まくれる**【捲れる】걷어올라가다, 젖혀지다 ¶スカートがまくれていますよ 스커트가 걷어올라가 있어요.
**まぐろ**【鮪】다랑어, 참치 ¶まぐろの刺身 참치회
**マクロけいざいがく**【マクロ経済学】거시 경제학
**まくわうり**【真桑瓜】참외
**まけ**【負け】패배(敗北) ¶君の負けだ 네가 졌어. / 彼はしぶしぶ負けを認めた 그는 마지못해 패배를 인정했다.
¶負け戦 패전 [関連] 負け犬(敗者) 패자 / 負け投手 패전 투수(敗戦投手)
**まげ**【髷】상투 ¶頭のてっぺんでまげを結う 정수리에서 머리를 틀어올리다
**まけおしみ**【負け惜しみ】¶負け惜しみを言う 지고도 억지를 부리다 / 彼女は負け惜しみが強い 그녀는 진 것을 분하게 여겨 억지를 부린다. / それは負け惜しみだ 그것은 진 것이 분해 억지를 부리는 거야.
**まけこす**【負け越す】¶ジャイアンツはタイガースに負け越している 자이언츠는 타이거즈한테 이긴 횟수보다 진 횟수가 많다.
**まけずおとらず**【負けず劣らず】¶挑戦者はチャンピオンに負けず劣らず強い 도전자는 챔피언과 막상막하로 강하다.
**まけずぎらい**【負けず嫌い】¶彼女は人一倍負けず嫌いだ 그 여자는 유달리 지기 싫어하는 사람이다.
**まける**【負ける】❶〔敗北する〕지다, 패하다
[基本表現]
▷彼が負けるなんてだれも予想しなかった
 그가 진다고 아무도 예상하지 않았다.
▷彼のエラーで我々は試合に負けた
 그의 실수로 우리는 경기에서 졌다.
▷囲碁ではいつも彼に負ける
 바둑에서는 언제나 그에게 진다.
▷彼女は頑張ったが決勝戦で負けた 그녀는 열심히 싸웠지만 결승전에서 패했다.
▷うちのチームは3対2で負けた
 우리 팀은 3대 2로 졌다.
▷ロッテは2点差で負けている
 롯데는 2점 차로 지고 있다.
¶日本は前半は0対1で中国に負けていた 일본은 전반은 0대 1로 중국에 지고 있었다. / 次の試合は絶対負けられない 다음 경기는 절대로 질 수 없다. / 将棋では君には負けるよ 장기에서는 자네한테 지네. / 彼女は英語ではクラスのだれにも負けない 그녀는 영어에서는 반에서 누구한테도 지지 않는다.
¶彼は相手候補に千票差で負けた 그는 상대 후보한테 천 표 차로 패했다. / 与党は選挙で野党に負けた 여당은 선거에서 야당에게 패했다. / 彼は裁判に負けて300万円の損害賠償を支払うよう命じられた 그는 재판에 져서 3백만 엔의 손해 배상을 지불하라는 명령을 받았다. / パチンコで2万円負けた 빠찡꼬에서 2만 엔 잃었다.
[会話] 勝負ごとで
A：君と前田とでは将棋はどっちが強いの
B：まあ、勝ったり負けたりだね
A：너와 마에다 중에 장기는 누가 더 잘해？
B：글쎄, 이기기도 하고 지기도 하고 그래.
A：もう1ゲームどうだい
B：よし今度は負けないぞ
A：한 판 더 어때？
B：좋아, 이번에는 안 질 거야.
❷〔抗しきれない〕넘어가다,《俗》못 말리다〔暑さ・寒さに負ける〕타다 ¶彼女は誘惑に負けて覚醒剤に手を出してしまった 그녀는 유혹에 넘어가 각성제에 손을 대고 말았다. / お前には負けるよ 널 못 말리겠어. / 彼女は暑さに負けて食欲をなくした 그녀는 더위를 타서 식욕을 잃었다.
[会話] 屈する
A：うちのチームが勝つと思っていたんだけどね
B：きっとプレッシャーに負けたんだよ
A：우리 팀이 이길 줄 알았는데.
B：틀림없이「너무 긴장해서［정신적 압박 때문에］진 걸 거야.
❸〔値引きする〕깎아 주다 ¶「現金だといくらかまけてくれますか」「ええ、1割まけます」"현금으로 지불하면 얼마 깎아 주실래요？" "예, 10퍼센트 깎아 드리겠습니다." / 直接店長と談判して7万円のところを5万円にまけさせたの「すごいわね」"직접 가게 주인과 가격 흥정해서 7만 엔 하는 것을 5만 엔으로 깎았어." "대단하네." / テレビを2割まけてもらって買ったテレビジョンを20퍼센트 깎아서 샀다.
[会話] 値切る
A：これはいくらですか
B：1万2千円です
A：2千円まけてくれたら買うけど
B：それは無理です。せいぜいまけても千円ですよ
A：じゃあ、それで手を打とう
A：이거 얼마예요？
B：만 2천 엔입니다.
A：2천 엔 깎아 주면 사겠는데.
B：그건 무리예요. 고작 깎아 드린다 해도 천 엔이에요.
A：그럼, 그렇게 합시다.
[慣用句] 負けるが勝ち 지는 것이 이기는 것

**まげる【曲げる】** ❶〔物・体を〕구부리다 ¶この針金は固すぎて曲げられない 이 철사는 너무 단단해서 안 구부려진다. / 彼女は体を曲げて貝殻を拾った 그녀는 몸을 구부려 조개를 주웠다. / 彼は腰を深く曲げておじぎをした 그는 허리를 많이 구부려 인사를 했다. / ひざを曲げ伸ばししてください 무릎을 구부렸다 폈다 하세요.
❷〔事実などを〕왜곡하다〔信念を〕굽히다 ¶私は事実を曲げずにありのまま報告した 나는 사실을 왜곡하지 않고 있는 대로 보고했다.
¶彼は最後まで自説を曲げなかった 그 친구는 마지막까지 자기의 주장을 굽히지 않았다. / 彼女はどうしても自分の意見を曲げようとしなかった 그 여자는 어떤 일이 있어도 자기 의견을 굽히려 하지 않았다. / 信念を曲げてはいけない 신념을 굽혀서는 안 된다.

**まけんき【負けん気】** ¶彼女は負けん気が強い 그 여자는 오기가 세다.

**まご【孫】** 손자〔女〕손녀 ¶孫ができる 손자를 보다 / 彼は初孫をとてもかわいがっている 그 사람은 첫 손자를 매우 귀여워하고 있다. / この掛け軸を家宝として孫子の代まで伝えて欲しい 이 족자를 가보로 대대손손 전했으면 한다.

**まご【馬子】** 마부(馬夫) 慣用句 馬子にも衣装 옷이 날개

**まごころ【真心】** 정성, 성심 ¶真心をこめて料理する 정성을 다해 요리를 만들다

**まごつく**〔混乱する〕갈팡질팡하다〔当惑する〕당황하다 ¶彼女に間違いを指摘されてまごついてしまった 그녀한테 잘못을 지적당해 당황했다. / 本当に愛しているのと彼女に聞かれてまごついた 정말로 사랑하냐고 여자 친구가 물어서 당황했다.

**まこと【誠・真】**〔誠意〕진실, 사실(事実)〔誠意〕성의 ¶それはまことか 그것은 정말이야? ¶誠を尽くす 성의를 다하다

**まことしやか【真しやか】**◇まことしやかな 그럴듯한 ¶まことしやかなうそをつく 그녀는 가끔 천연덕스럽게 거짓말을 한다. / まことしやかなうわさが巷に流れている 그럴듯한 소문이 세상에 퍼져 있다.

**まことに【誠に】**〔本当に〕참으로〔とても〕대단히〔心から〕진심으로 ¶彼はまことに立派な青年だ 그는 참으로 훌륭한 청년이다. / ご迷惑をかけしてまことに申し訳ありません 폐를 끼쳐 진심으로 사과드립니다. / 結構なお品をちょうだいし, まことにありがとうございました 훌륭한 선물을 주셔서 참으로 감사드립니다. / お力になれればまことにうれしく存じます 힘이 된다면 정말 기쁘겠습니다. / まことにおっしゃるとおりです 정말로 말씀하신 대로입니다.

**まごのて【孫の手】**〔背中をかく道具〕효자손

**まごびき【孫引き】** 재인용(再引用) ¶この解説は他人の著作からの孫引きだ 이 해설은 다른 사람의 저작에서 재인용한 것이다.

**まごまご** ◇まごまごする 우물쭈물하다, 갈팡질팡하다〔急に指名されまごまごした 갑자기 지명받아 우물쭈물했다.

**マザーコンプレックス**〖心理学〗오이디푸스 콤플렉스 ⇒マザコン

**まさか** 설마 [万一のとき] 만일의 경우 ¶まさかうちのチームが優勝できるなんて思わなかった 설마 우리 팀이 우승할 수 있으리라고는 생각도 못했다. / 相手は最下位のチームだからまさか負けはしないだろう 상대편은 최하위 팀이니 설마 지지는 않겠지. / まさかユミがそんなことを言うはずがない 설마 유미가 그런 말을 할 리가 없다. / まさか彼に話してないだろうね 설마 그 사람한테 말하지는 않았겠지?
¶まさかと思うでしょうが私はこの目で見たのです 설마라고 생각하겠지만 내 눈으로 봤습니다.
会話 まさか
A:彼はああ見えても金持ちなんだってさ
B:まさか
A:그 사람은 저렇게 보여도 부자라고 하더라.
B:설마.
A:あなた, サンギと付き合ってるって本当なの?
B:まさか
A:너, 상기와 사귄다는 거 정말이야?
B:말도 안 돼.
A:彼は一位になるよ
B:まさか
A:그 사람은 1위가 될 거야.
B:설마.
A:ミンスと結婚するわ
B:まさか本気じゃないわよね
A:そのまさか
A:민수와 결혼할 거야.
B:설마 진심이 아니겠지.
A:정말이야.
¶まさかの時に備える 만일의 경우에 대비하다
慣用句 まさかの友は真の友 위급할 때에 도와주는 친구가 진짜 친구다. | 막역지우(莫逆之友)

**まさかり【鉞】** 도끼

**マザコン** 마마보이〖心理学〗오이디푸스 콤플렉스 ¶彼はマザコンだ 그는 마마보이다.

**まさしく【正しく】**〔確かに〕확실히〔疑いなく〕틀림없이〔ちょうど〕마치

**まさつ【摩擦】** 마찰〔意見の衝突〕충돌, 대립〔もめごと〕분쟁 ¶摩擦が起きる 마찰이 일어나다 / それは両者の間に摩擦を引き起こした 그것은 양자간에 마찰을 불러 일으켰다. / 日韓貿易摩擦を解消する 일한의 무역 마찰을 해소하다
関連 摩擦音 마찰음 | 摩擦抵抗 마찰 저항 | 摩擦熱 마찰열 | 乾布[冷水] 摩擦 건포[냉수] 마찰

**まさに【正に】** ❶〔確かに〕바로 ¶彼こそまさに次期会長にふさわしい人物だ 그야말로 차기 회장에 딱 적합한 인물이다. / 私が欲しかったのはまさにこれです私が欲しかったのはまさにこれです 내가 갖고 싶었던 것이 바로 이것입니다. / まさにそのとおり 바로 그대로
❷〔今にも…しようとする〕막 ¶私たちはまさに出発しようとしていた 우리는 막 출발하려고 했었다. / 鳥がまさに飛び立つ瞬間をカメラにとらえた 새가 막 날아가려고 하는 순간을 카메라에 담았다.

**まざまざ** ◇まざまざと〔鮮やかに〕뚜렷이〔はっきりと〕똑똑히 ¶今でもその光景がまざまざと蘇る 지금도 그 광경이 뚜렷이 떠오른다. / 彼らと試合

**まさゆめ【正夢】** ¶宝くじが当たった夢をみたけど正夢になるといいな 복권에 당첨되는 꿈을 꿨는데 그 꿈이 맞아들었으면 좋겠다.

**まさる【勝る・優る】** 낫다, 뛰어나다, 우수하다 ¶この新車は僕の車に比べ性能の点ではるかにまさっている 이 새 차는 내 차에 비해 성능 면에서는 훨씬 뛰어나다. / 知識の豊富さで彼女にまさる者はいない 지식의 풍부함에서 그녀에게 이길 자는 없다. / 夏の暑い日にのどが渇いたら冷たいビールにまさるものはない 더운 여름날 목이 마를 때는 차가운 맥주만한 것이 없다. / 彼は兄にまさるとも劣らない優秀な生徒だった 그는 형보다 나으면 낫지, 못하지는 않은 우수한 학생이었다. / 彼女は聞きしにまさる美貌の持ち主だった 그녀는 소문에 듣기보다 빼어난 미모를 가졌다.

**まざる【混ざる・交ざる】** 섞이다 ¶不純物が混ざる 불순물이 섞이다 ⇒混じる, 混ぜる

**まし【増し】** ❶〔増すこと〕 증가 ¶残業代は時給の25パーセント増しです 잔업 수당은 시간당 페이의 25퍼센트가 증가됩니다. / 今年は去年の2割増しの米の収穫を得た 올해는 작년보다 20퍼센트 많이 쌀을 수확했다.
❷〔少しはまさっていること〕 ◇ました〔…よりよい〕 낫다, 더 좋다 ¶こんなものでもないよりましだ 이런 것이라도 없는 것보다는 낫다. / 留守番をしているより一緒に行くほうがましだろう 집을 보는 것보다 같이 가는 것이 낫겠다. / 30分も待ったよ, まあ遅くなっても来ないよりましだが 30분이나 기다렸잖아. 하긴 늦었어도 안 오는 것보다는 낫지만. / 彼と比べたら僕の成績のほうがましだ 그 친구에 비하면 내 성적은 나은 편이야. / あのレストランに行くくらいなら家で食べたほうがましだ 그 레스토랑에 갈 바에야 집에서 먹는 게 낫겠다. / そんなことをするくらいなら死んだほうがましだ 그런 일을 할 바에야 죽는 편이 낫다. / もっとましなことができないのかい 좀 더 나은 일을 할 수 없나?

**まじえる【交える】** 섞다〔含める〕 포함하다 ¶ジョークを交えながら話す 우스갯소리를 섞어 가면서 이야기하다 / 子供を交えて5人のグループ 어린이를 포함해서 5인 그룹 / 仕事に私情を交えるべきではない 일에 사적인 감정이 들어가서는 안 된다.
¶両軍が砲火を交えた 양군은 교전했다.

**ましかく【真四角】** 바른네모, 정사각형〔正方形〕 정방형 ¶真四角の箱 정사각형 상자

**ました【真下】** 바로 밑〔아래〕 ¶このビルの真下に地下鉄の駅がある 이 빌딩 바로 밑에 지하철 역이 있다. / 橋の真下にボートがつないである 다리 바로 밑에 보트가 묶여 있다.

**マジック**〔手品, 魔法〕 마술〔魔法〕 関連 マジックペン 매직펜, 매직 / マジックテープ 매직 테이프 / マジックミラー 매직미러 / マジックナンバー 《野球》매직 넘버

**まして【況して】** 하물며, 더구나 ¶うちの子はフォークもまだうまく使えない. まして, はしは無理だよ 우리 아이는 아직 포크도 잘 사용 못하는데 하물며 젓가락은 무리야. / 大人でもできないのに, まして子供にできるわけはない 어른도 못하는데 더구나 아이가 할 수 있을 리가 없지. / この部屋は午前中でも暑い, まして午後はいっそう暑い 이 방은 오전 중에도 더운데 하물며 오후에는 더 덥다. / ミンスにもできたのに, まして君にできないはずがないよ 민수도 했는데 하물며 네가 못할 리가 없지. / 歩くことも困難な者に, まして走ることがどうやってできるだろうか 제대로 걷지도 못하는 사람인데 더구나 어떻게 달릴 수가 있겠는가? / 韓国語を読むこともできないのに, まして書けるはずがない 한국어를 읽을 줄 모르는데 쓸 수 있을 리가 없다.

**まじない【呪い】** 주문(呪文), 주술(呪術) ¶お腹が早くよくなるようにまじないをしてあげよう 배가 빨리 낫도록 주문을 걸어 줄게. / 魔除けのまじないを唱える 마귀를 쫓는 주문을 걸다

**まじまじと** 찬찬히, 말끄러미 ¶彼は驚いたように彼女の顔をまじまじと見た 그는 놀랐다는 듯이 그 여자의 얼굴을 말끄러미 봤다.

**まじめ【真面目】** ◇まじめだ 성실하다, 착실하다〔真剣だ〕 진지하다 ◇まじめに 성실히, 착실히, 진지하게

基本表現
▶ずいぶんまじめな顔をしてどうかしたの 그렇게 진지한 얼굴을 하다니 무슨 일 있었어?
▶ジナはまじめですよ. ちょっとまじめすぎるくらいです 지나는 성실해요. 지나칠 정도로요.
▶サンギの言うことはあまりまじめに受け取らないほうがいいよ 상기가 하는 말은 그렇게 진지하게 받아들이지 않는 것이 좋아.
▶私は彼のまじめさを高くかっています 나는 그 사람의 성실함을 높게 평가하고 있습니다.
¶ばかもいいかげんにしろよ. どうして君はまじめになれないんだ 바보같은 짓 적당히 해. 왜 너는 진지하지 못한 거야. / 彼は一見まじめそうだが, けっこういい加減だよ 그는 언뜻 보기에 성실해 보이지만 상당히 무책임해. / 彼はまじめそのものだ 그는 성실 그 자체이다. / 彼女はまじめを絵にかいたような人だ 그녀는 너무나도 성실한 사람이다. / ほんとまじめな話, もっと勉強しなきゃだめだよな 정말 진지한 이야기인데 좀더 공부해야 되겠어. / 彼女はまじめな顔をしていようとしたがついに噴き出した 그녀는 진지한 표정을 지으려 했지만 결국에는 웃음을 터뜨리고 말았다.

**ましゃく【間尺】** ¶間尺に合わない 수지가 맞지 않다

**まじゅつ【魔術】** 마술〔妖術〕 요술 関連 魔術師 마술사

**マシュマロ** 마시멜로

**まじょ【魔女】** 마녀 関連 魔女狩り 마녀 사냥 / 魔女裁判 마녀 재판

**ましょうめん【真正面】** 정면〔正面〕 ◇真正面に 정면에〔まん前に〕 바로 앞에 ¶彼は私の真正面に立った 그는 내 바로 앞에 섰다. / タクシーは入口の真正面に止まった 택시는 입구 바로 앞에서 멈추었다. / 車はバスと真正面からぶつかった 자동차

-まじり【-交じり】 ¶白髪交じりの髪 백발이 섞인 머리 / 冗談交じりに話す 농담을 섞어서 이야기하다

まじりけ【混じり気・交じり気】 ¶混じりけのない液体 불순물이 섞이지 않은 액체

まじる【混じる・交じる】섞이다 ¶空気中にはさまざまな気体が混じっている 공기 중에는 여러 가지 기체가 섞여 있다 / 油と水は混じらない 기름과 물은 섞이지 않는다. / 犠牲者の中には子供も数人混じっていた 희생자 중에는 어린이도 몇 명 섞여 있었다. / 父の髪には白いものがちらほら混じっている 아버지 머리에는 흰 머리카락이 드문드문 섞여 있다. / 彼には韓国人の血が混じっている 그에게는 한국인의 피가 섞여 있다. / 彼は年長者に混じって立派に義務を果たした 그는 어른들 사이에 끼여서 훌륭하게 의무를 다했다.

まじわり【交わり】〔交際〕교제 ¶国と国との交わり 국교 / 男女の交わり 남녀 관계

まじわる【交わる】〔交差する〕교차하다〔交際する〕교제하다, 사귀다 ¶この道は10キロ先で国道と交わっている 이 도로는 10킬로미터 앞에서 국도와 교차한다. / 2本の直線は P 点で交わる 두 직선은 점 P에서 교차한다. / いい[悪い]友達と交わる 좋은[나쁜] 친구와 사귀다 慣用句 朱に交われば赤くなる 근묵자흑(近墨者黒) | 사람은 사귀는 벗에 따라 선인도 되고 악인도 된다.

マシンガン 기관총(機関銃)

ます【升・枡】되, 말 ¶米を升で計る 쌀을 말로 재다 / 升席 박스 시트

ます【鱒】송어 関連 にじます 무지개송어

ます【増す】〔数が〕많아지다〔量が〕늘다〔大きくなる〕커지다;〔加える〕더하다〔上げる〕올리다 ¶2,3 か月で体重が 2 キロ増した 2,3 개월 사이에 체중이 2킬로 늘었다. / 彼女に対する親しみが増してくるのを感じた 그녀에 대한 친근감이 더해지는 것을 느꼈다. / 最近になって韓国映画に対する興味が増してきた 요즘 들어 한국 영화에 대해 관심이 더해졌다. / 重要性が増す 중요성이 커지다 / 大雨で川の水かさが増している 큰비로 강물이 불어났다. / わずかな間に木々の緑が一段と濃さを増した 얼마 안 된 사이에 나무의 녹색이 한층 더 진해졌다.

¶車はしだいに速度を増していった 자동차는 점점 속도를 올렸다. / ロケットはスピードを増しながら空高く上がっていった 로켓은 스피드를 올리면서 하늘 높이 올라갔다.

¶以前にも増してたくましくなったね 전보다 더 우람해졌구나.

まず【先ず】❶〔最初に〕우선, 먼저〔第一に〕첫째로 ¶僕は新聞を取ると、まずスポーツ欄を見る 나는 신문을 집으면 먼저 스포츠란을 본다. / まず両親に相談してみなくてはなりません 우선 부모님께 상의해 봐야겠습니다. / 君がまずやらなければならないことは部屋の掃除だ 자네가 먼저 해야 할 일은 방 청소다. / 彼女はまず生徒たちに身の回りの簡単な韓国語の単語を教えた 그녀는 먼저 학생들에게 일상적이고 간단한 한국어 단어를 가르쳤다.

❷〔ともかく、ひとまず〕어쨌든, 여하간, 일단 ¶まずは冷たい飲み物でもいかがですか 어쨌든 차가운 음료수라도 어떻습니까? / まずその人と会ってみよう 일단 그 사람과 만나 보자.〔手紙などで〕まずはお礼まで 오늘은 감사의 말씀만 드리고 이만 줄입니다.

❸〔おそらく〕아마도〔ほとんど〕거의 ¶キョンヒのことだからまず試験に合格するだろう 경희라면 아마도 시험에 합격할 거야. / 彼らがここに来ることはまずないだろう 그들이 여기에 올 일은 거의 없겠지. / 彼女が回復する見込みはまずない 그녀가 회복할 가능성은 거의 없다. / 彼が無実であることはまず間違いない 그가 무죄인 것은 거의 틀림없다.

まずい【麻酔】마취 ¶麻酔をかける 마취를 시키다 / 麻酔がかかっている 마취에 걸려 있다 / 麻酔から覚める 마취에서 깨다 / 麻酔が切れて痛みが走ってきた 마취가 풀려 통증이 왔다. 関連 麻酔医 마취 전문 의사 / 麻酔学 마취학 / 麻酔学者 마취 학자 / 麻酔銃 마취총 / 麻酔薬 마취약 / 局部[全身]麻酔 국부[전신] 마취

まずい ❶〔味が悪い〕맛이 없다, 맛없다(▶発音は 마덥따) ¶あのレストランの料理はまずいし高い 그 레스토랑 요리는 맛이 없으면서 비싸다. / この冷麺はまずい 이 냉면은 맛없다. / こんな皿では料理がまずそうに見える 이런 접시로는 요리가 맛없어 보인다.

❷〔具合が悪い〕좋지 않다〔困る〕곤란하다, 난처하다, 거북하다 ¶この企画のどこがまずいのか 이 기획의 어디가 안 좋아? / まずい事態になった 곤란하게 되었다. / まずい時に来てしまった 곤란할 때 와 버렸다. / 今それをやってはまずい 지금 그것을 하면 곤란하다. / 彼女に本当のことを言うのはまずいと思う 그 여자한테 진실을 말하는 것은 좋지 않을 거야. / まずい人に見られたものだ 난처한 사람한테 들켰군.

❸〔下手である〕서투르다 ¶彼は教え方がまずい 그는 가르치는 것이 서투르다. / さっきのヤクルトの攻めはまずかった 아까 야쿠르트 공격은 서툴렀다. / 遅刻の理由としてそういう言い訳はまずかったね 지각한 이유로 그런 변명은 서툴러.

マスカット 머스캣 포도
マスカラ 마스카라 ¶マスカラをつける 마스카라를 바르다
マスク 마스크〔顔立ち〕생김새, 얼굴 ¶風邪でマスクをかけている 감기로 마스크를 쓰다 / 彼は花粉症の予防にマスクをしている 그는 꽃가루 알레르기 예방으로 마스크를 하고 있다. / その韓国人俳優は甘いマスクで女性に人気がある 그 한국인 배우는 달콤한 얼굴로 여성들에게 인기가 있. 関連 酸素マスク 산소 마스크
マスクメロン 머스크 멜론
マスゲーム 매스 게임, 단체 체조, 집단 체조
マスコット 마스코트 ¶そのうさぎの縫いぐるみはうちのチームのマスコットです 그 토끼 인형은 우리 팀의 마스코트입니다.
マスコミ 매스컴 ¶人気スターのスキャンダルはマスコミをおおいに騒がせた 인기 스타의 스캔들은 매

**まずしい【貧しい】** 가난하다 ¶僕が子供のころわが家は貧しかった 내가 어릴 적에 우리 집은 가난했다. / 彼は貧しい家に育ったのでいつもひもじい思いをしていた 그는 가난한 집에서 자라서 언제나 배고파했었다. / 貧しい暮らしをする 가난한 생활을 하다│가난하게 살다│貧しい人々 가난한 사람들

¶彼は心の貧しい人だ 그는 마음이 가난한 사람이다.

**マスター** 마스터〔店主〕점주, 가게 주인〔修士〕석사(碩士) ◇マスターする 마스터하다〔熟達する〕숙달하다〔習得する〕습득하다 ¶韓国へ行く前に韓国語はひととおりマスターしました 한국에 가기 전에 한국어는 대충 마스터했습니다. / 彼は経営学のマスターコースを修了した 그는 경영학 석사 코스를 수료했다. 関連 **マスターキー** 마스터키 / **マスタープラン** 마스터플랜

**マスタード** 머스터드〔からし〕겨자

**マスターベーション** 마스터베이션, 수음(手淫)

**マスト** 마스트, 돛대

**マスプロ【大量生産】** 대량 생산

## ますます【益々】 더욱더, 한층 더, 점점 더

基本表現
▶辺りはますます暗くなってきた
  주위가 점점 어두워졌다.
▶彼女はますます魅力的になった
  그녀는 더욱더 매력적인 사람이 되었다.
▶あれ以来, 彼はますます自信をなくしてきたようだ
  그 이후 그는 점점 더 자신을 잃어버린 것 같다.
▶高く登れば登るほどますます寒くなる 높이 올라가면 올라갈수록 한층 더 추워진다.
▶周りから反対されればされるほど, 彼はますます意地になった 주위가 반대를 하면 할수록 그는 더욱더 오기를 부렸다.

¶彼女最近ますますやせてきたけど, どうかしたのかな 그녀는 요즘 점점 더 살이 빠지는 것 같은데 무슨 일이 있는 것일까? / 彼女は読書にますます時間をかけるようになった 그녀는 독서에 더욱더 시간을 들이게 되었다. / 環境保護がますます重要な課題になってきた 환경 보호가 한층 더 중요한 과제가 되기 시작했다. / 彼は疲れはてて足取りがますます遅くなった 그는 너무 지쳐서 발걸음이 점점 더 늦어졌다.

¶彼は太れば太るほどますます食べるようになった 그는 살이 찌면 찔수록 더욱더 먹게 되었다. / 彼は飲めば飲むほどますますおしゃべりになる 그는 술을 마시면 마실수록 더욱더 수다스러워진다. / 彼のうわさを聞けば聞くほどますます彼に会う気がなくなった 그의 소문을 들으면 들을수록 점점 더 그를 만나고 싶은 마음이 없어졌다. / 事態はますます悪化した사태는 더욱더 악화됐다.

会話 入試はますます難しくなる？
A：大学入試は少しはやさしくなっているのですか
B：とんでもない, ますます難しくなってきていますよ
A：대학 입시가 조금은 쉬워졌습니까？
B：그럴 리가요. 점점 더 어려워지고 있어요

**まずまず【先ず先ず】** 그런대로, 그럭저럭 ◇まずまずの 그저 그런 ¶息子の成績はまずまずだ 아들의 성적은 그저 그렇다. / 結果はまずまずというところだ 결과는 그저 그렇다는 거지.

**ますめ【升目】**〔原稿用紙の〕칸 ¶原稿用紙のますめを埋める 원고지의 칸을 메우다

**マスメディア** 매스 미디어

**ますらお【益荒男・丈夫】** 대장부(大丈夫)

**まずる** 실패하다, 망치다 ¶まずった 실패했다.

**まぜかえす【混ぜ返す】** 혼란시키다, 훼방을 놓다 ¶人の話を混ぜ返すな 사람이 말하는데 훼방 놓지 마.

**まぜこぜ** 뒤범벅, 뒤죽박죽 ¶書類をまぜこぜにしないで書類를 이리저리 섞지 마. / タンスの机の引き出しの中にいろいろなものがまぜこぜになっていた 상기의 책상 서랍 속에 여러 가지 물건들이 뒤범벅이 되어 있었다.

**ませる【老成る】** 자깝스럽다, 일되다 (▶発音은 일되다), 깜찍하다, 조숙하다 ¶あの子は年の割にませている 저 아이는 나이에 비해 조숙하다. / うちの息子はませた口をきく 우리 아들은 깜찍한 말을 한다.

**まぜる【混ぜる・交ぜる】** 섞다 〔かき混ぜる〕뒤섞다 ¶黄色と青色を混ぜると緑色になる 노란색과 파란색을 섞으면 녹색이 된다. / 小麦粉に小さじ1杯のベーキングパウダーを混ぜる 밀가루에 작은 숟가락 한 스푼의 베이킹 파우더를 섞다 / 酢とオリーブオイルを混ぜてドレッシングを作った 식초와 올리브 오일을 섞어서 드레싱을 만들었다. / 卵の黄身と砂糖を混ぜた 달걀 노른자와 설탕을 뒤섞었다. / スイートピーにかすみ草を混ぜて花束を作ってください 스위트피에 안개꽃을 섞어서 꽃다발을 만들어 주세요.

**マゾヒズム** 마조히즘 関連 **マゾヒスト** 마조히스트

## また【又】❶〔再び〕다시, 또〔後で〕나중에

使い分け 다시, 또
**다시** 不十分なので再度行うという意味を含んでいる。¶다시 만납시다. また会いましょう (▶今回は満足な結果が得られなかったので, 解決するために再度会う必要がある)
**또** 今回の用件は満足の行く形で終了し, 次の機会にという意味を含んでいる。¶또 만납시다. また会いましょう (▶今回の用件は満足の行く形で終了したので, 機会があればまた会いたい)

¶失敗してもまたやればいいさ 실패해도 다시 하면 돼. / いずれまた会えることを楽しみにしています 언젠가 또 만날 것을 기대하겠습니다.「またいらしてね」「ええ, またそのうち参ります」"또 오세요.""예, 가까운 시일 내에 또 뵙겠습니다."「だれだこれをやったのは」「私です」「またお前か」"이거 한 사람이 누구야？""접니다.""또 너

야?"/"さあ今度は僕の歌う番だ"「また?」「またと はなんだよ, これが初めてだぞ""자, 이번에는 내가 부를 차례네.""또?""또라니, 이번이 처음인데."/"傘をなくしたんだ"「またか」"우산을 잃어버렸어.""또야?"/"あした数学の試験だよ"「ああ, またか」"내일 수학 시험이야.""아, 또야?"/近所で또また火事があった 근처[동네]에서 또 불이 났다.

¶「さよなら」「じゃあ, またね」"잘 가.""그럼, 또 보자."/明日また会いましょう 내일 다시 만납시다./またお電話します 또 전화드리겠습니다.

¶万一こういうことが起これば, また隣ともめごとが起こるだろう 만일에 이런 일이 일어나면 또 옆집과 옥신각신하게 될 거야.

¶彼らは5連敗の後, 最終戦でまたしても敗れてしまった 그들은 5연패 후, 최종전에서 또다시 패해 버렸다.

❷[同じく] 도; 역시, 또 ¶サンギもまた風邪を引いているらしい 상기도 감기에 걸렸대./彼女は歌も歌えるしまたピアノも弾けます 그녀는 노래도 부르고 또 피아노도 칠 줄 알아요.

¶彼は行かないって言うし, 私もまた行くつもりはない 그 사람은 안 간다고 하고, 나도 역시 갈 생각은 없다.

❸[同時に] 동시에 [その上] 게다가, 도 ¶彼は劇作家でもあり, また詩人でもあった 그는 극작가임과 동시에 시인이기도 했다./彼はピアノが上手であるばかりでなく, 歌もまたとてもうまい 그는 피아노가 능숙할 뿐만 아니라 노래도 잘 부른다./私は海外旅行に行く暇もないし, またその金もない 나는 해외여행할 시간도 없고 돈도 없다./彼は無愛想なだけじゃなく, これがまたけちなんですよ 그는 무뚝뚝한 것 뿐만 아니라 구두쇠예요./彼は幅跳びにも高跳びにも1位になった. さらにまた100メートル走でも2位に入った 그는 넓이뛰기에서도 높이뛰기에서도 1등을 했다. 게다가 100미터 달리기에서도 2등을 했다.

❹[その他] ¶制服のある高校もあれば, また制服のない高校もある 교복을 입는 고등학교가 있는가 하면 교복을 안 입는 고등학교도 있다./それにしても, またなんていい天気なんだろう 그건 그렇고, 날씨가 너무 좋다./どうして, またそんな間違いをしたの 왜 또 그런 실수를 한 거니?/見渡す限り雪また雪だった 보이는 것은 온통 눈 또 눈이었다./パトカーが1台また1台と犯行現場に到着した 경찰 순찰차가 한 대 또 한 대 범행 현장에 도착했다.

**また【股・叉】**[人の] 가랑이 [物の] 가장귀

¶若者は股を広げて座っていた 젊은이는 가랑이를 벌리고 앉아 있었다./彼は世界を股に掛けて仕事をしている 그는 전 세계를 돌아다니며 일을 하고 있다.

¶ふた叉の道 두 갈래의 길

## まだ ❶[いまだに] 아직

**基本表現**

▷外はまだ明るい 밖은 아직 밝다.
▷弟はまだサンタクロースがいると信じている 남동생은 아직 산타클로스가 있다고 믿고 있다.
▷「まだ終電に間に合うかな」「時間はまだ十分あるよ」"아직 막차를 탈 수 있을까?""아직 시간은 충분해."
▷まだ宿題が終わっていない
아직 숙제를 다 못했다.
▷「用意はできたの?」「いいえ, まだです」
"준비 됐어?""아뇨, 아직입니다."

¶あの日のことをまだ鮮明に覚えている 그 날 일을 아직도 선명하게 기억하고 있다./「チョンスクはもう出かけたかい」「いいえ, まだ部屋にいるよ」"정숙이는 벌써 나갔어?""아니, 아직 방에 있어./雪がまだやまない 눈이 아직도 그치지 않는다./まだ電話してるの? 아직도 통화하고 있는 거야?/まだ友から連絡が来ない 아직도 오빠한테서 연락이 없다./まだ頼りになる人に巡り会えていない 아직 의지할 만한 사람과 만나지 못했다./まだ彼女のお父さんには会ったことがない 아직 여자 친구의 아버지와 만난 적이 없다./まだ彼は来ないのかね 아직도 그는 안 오나.

❷[時間がわずかしか経過していない] 아직, 미처 ¶彼女はまだ子供だ 그녀는 아직 아이이다./釜山から帰ってまだ3日しか経っていない 부산에서 돌아와서 아직 3일밖에 지나지 않았다./彼らは日本に来て日がまだ浅い 그들은 일본에 온 지 아직 얼마 되지 않았다./ユミはこの仕事にはまだ経験が浅いのだから多少の失敗は仕方ない 유미는 그 일에는 아직 경험이 짧아서 다소 실패하는 것은 어쩔 수 없다./春はまだ浅い 아직 초봄이다./まだ宵の口 아직 초저녁/これはまだほんの序の口だ 이것은 아직 그저 시초에 불과하다.

❸[さらに, もう少し] 더욱 ¶これからまだ寒くなるだろう 앞으로 더욱 추워질 거다./かばんはまだいくらでも入りそうだ 가방 속에는 얼마든지 들어갈 것 같다./その政党はまだ1年は政権を維持するだろう 그 정당은 1년 더 정권을 유지할 것이다./まだしばらくここにいます 조금만 더 여기에 있겠습니다./きょうはまだやらなければならないことがある 오늘은 더 해야 할 일이 있다./言いたいことはまだ山ほどある 하고 싶은 말은 더 많이 있다.

#### 会話 レストランで

A:よく食べねね. 料理はどうだった
B:おいしかった. あとケーキとコーヒーが欲しいな
A:えっ? まだ食べるの?

A: 많이 먹었네. 요리는 어땠어?
B: 맛있었어. 그리고 케이크하고 커피를 더 먹고 싶은데.
A: 정말? 더 먹을 거야?

❹[どちらかと言えば] 그래도, 오히려 ¶弟よりまだ兄のほうが問題だ 동생보다는 오히려 형이 더 문제다./数学よりは英語のほうがまだ好きだ 수학보다 영어가 그래도 낫다./こんな古いパソコンでもないよりはまだましだ 이런 낡은 컴퓨터라도 없는 것보다는 그래도 낫다.

**まだい【真鯛】** 참돔
**またいとこ【又従兄弟・又従姉妹】** 재종형제 (再従兄弟), 육촌(六寸) [女性の] 재종누이
**またがし【又貸し】** 전대(転貸) ◇又貸しする 전대하다 ¶部屋を人に又貸しする 방을 다른 사람

에게 전대하다 /借りた本を又貸しする 빌린 책을 전대하다

**またがり【又借り】** 전차(転借) ◇又借りする 남이 빌려 온 것을 다시 빌리다 ¶友達から本を又借りする 친구가 빌려 온 책을 빌리다

**またがる【跨る】** ❶[足を広げて乗る] 올라타다 [座る] 걸터앉다 [広がる] 걸치다 ¶馬にまたがる 말에 올라타다

¶その砂漠は2つの国にまたがっている 그 사막은 두 나라에 걸쳐 있다. /尾瀬は3つの県にまたがる国立公園だ 오제는 세 현에 걸쳐는 국립공원이다.

**またぎき【又聞き】** ◇又聞きする 전해 듣다 ¶この話はまたぎきなのでどこまで本当かはわかりません 이 이야기는 전해 들은 것이어서 어디까지가 정말인지 모르겠습니다.

**またぐ【跨ぐ】** 넘다 ¶水たまりをまたぐ 웅덩이를 넘다 /敷居をまたぐ 문지방[문턱]을 넘다 慣用句 二度とこの家の敷居をまたぐな 두번 다시는 우리 집 문턱을 넘지 마라.

**またぐら【股座】** 가랑이, 샅 ¶またぐらを蹴り上げる 가랑이를 걷어차다

**またした【股下】** 가랑이 길이 ¶彼は股下が80センチある 그는 가랑이 길이가 80센티이다.

**まだしも【未だしも】** ¶寒いだけならまだしもお腹がすいてきた 추운데다가 배까지 고파지기 시작했다.

**またずれ【股擦れ】** ¶馬に乗ったら股ずれができた 말을 탔더니 살의 살갗이 쓸렸다.

**またせる【待たせる】** 기다리게 하다 ¶長い間お待たせしてすみません 오랫동안 기다리시게 해서 죄송합니다. /人を待たせるのは失礼だ 사람을 기다리게 하는 것은 실례이다. /タクシーを入り口で待たせてあります 택시를 입구에 세워 두었습니다.

¶こちらで待たせていただいてよろしいですか 여기서 기다려도 되겠습니까?

**またたき【瞬き】** 깜작 【星の】 깜박

**またたく【瞬く】** ❶[まばたきをする] 깜작거리다, 깜짝거리다 ¶その本はまたたく間に売り切れた 그 책은 눈 깜짝할 사이에 다 팔렸다.

❷[星・光などが明滅する] 반짝이다, 깜박거리다, 깜빡거리다 ¶空には無数の星がまたたいていた 하늘에는 수많은 별이 반짝이고 있었다. /ネオンサインがまたたく街 네온사인이 반짝이는 거리

**またたび【木天蓼】** 개다래나무

**またとない【又とない】** 다시없다 ¶またとない機会を逃した 다시없는 기회를 놓쳤다. /こんな縁談はまたとないと思うよ 이런 혼담은 다시는 없을 것이다.

**マタニティー** ¶マタニティードレス 임신복 /マタニティー用品 출산[해산] 용품

**またのな【又の名】** 별명(別名), 딴 이름 [偽名] 위명, 거짓 이름 ¶またの名をXと言う 별명을 엑스라고 한다.

**または【又は】** 또는, 혹은 ¶答案は鉛筆またはボールペンで書きなさい 답안은 연필 또는 볼펜으로 쓰시오. /塩または醬油で味付けする 소금 또는 간

장으로 간을 맞춘다. /あすは曇りまたは雨でしょう 내일은 흐리거나 비가 내리겠습니다.

**またまた【又々】** 또다시

**マダム** 마담(▶韓国では主にバーなどの「ママ」をいう)[夫人] 부인 関連 有閑マダム 유한 마담

**まだまだ** 아직도 ¶彼はまだまだ人間が未熟だ 그는 아직도 미숙한 인간이다. /これからまだまだ寒くなります 이제부터 더욱더 추위지겠습니다. /話はまだまだ面白くなる 이야기는 점점 더 재미있어진다. /事態はまだまだ悪くなる 사태는 앞으로 더 나빠진다. /事件の真相についてはまだまだ解明されていないことが多い 사건의 진상에 대해 아직도 해명되지 않은 것이 많다. /やり残したことがまだまだある 아직 남은 일이 아직도 많이 있다. /祖父はまだまだ元気だ 할아버지는 여전히 건강하시다. /勝負はまだまだこれからだ 승부는 이제부터 시작이다.

**またもや【又もや】** 또다시

**まだら【斑】** 얼룩 ¶白黒まだらの犬 흑백 얼룩개 /まだら模様のカーテン 얼룩무늬 커튼

**まだるっこい** 지루하다, 답답하다 ¶彼の話はまだるっこい 그의 이야기는 답답하다.

**まち【町・街】** [人家の密集している所] 도회(都会), 마을 [繁華街] 번화가, 시내(市内) [街路] 거리 [町内] 동네 ¶この町は人口が少ない 이 마을은 인구가 적다. /たぶん午後は町に出かけるだろう 아마 오후에는 시내로 나갈 것이다. /彼らは町から遠く離れたところに住んでいる 그들은 시내에서 멀리 떨어진 곳에 살고 있다. /空港から町へはリムジンバスがあります 공항에서 시내까지 리무진 버스가 다니고 있습니다. /これはこの町でいちばん高いビルです 이것은 이 도시에서 가장 높은 건물입니다. /きのう私は町に買い物に行った 나는 어제 시내에 쇼핑하러 갔다. /この町で外国人に話しかけられた 어제 거리에서 외국인이 말을 걸어 왔다.

¶昨夜大きな地震があって町中の人が不安な夜を過した 어젯밤에 큰 지진이 있어서 사람들은 불안한 밤을 보냈다. (▶「町中の」の使い方)/そのうわさはすぐに町中に広まった 그 소문은 금방 온 동네로 퍼졌다. /彼は町外れに住んでいる 그는 시내에서 떨어진 곳에 살고 있다. 関連 町医者 개업의(開業医) /町並み 집들이 늘어선 모양 /町役場 동[읍] 사무소

**まちあいしつ【待合室】** 대합실 [ロビー] 로비 ¶待合室でお待ちください 대합실에서 기다리세요.

**まちあぐむ【待ち倦む】** 오래 기다리다

**まちあわせる【待ち合わせる】** 만나기로 하다 [待つ] 기다리다 ¶私は彼とホテルのロビーで5時に待ち合わせている 나는 남자 친구와 호텔 로비에서 다섯 시에 만나기로 했다. /だれかと待ち合わせ? 누구 기다리는 거야?

**まちうける【待ち受ける】** 기다리다 ¶たくさんの報道陣が首相の到着を待ち受けていた 많은 보도진이 이 수상의 도착을 기다리고 있었다.

**まちか【間近】** ◇間近に[で][場所] 아주 가까이에서, 바로 옆에서 ¶この水族館ではいるかを間近に見ることができる 이 수족관에서는 돌고래를

아주 가까이에서 볼 수 있다.
¶出発の日が間近に迫る 출발 날짜가 점점 다가오다 / 卒業間近の学生 졸업을 앞둔 학생

## まちがい【間違い】

❶〔誤り、過失〕잘못, 실수, 틀림 ¶間違いを犯す 잘못을 저지르다 / 同じ間違いを繰り返さないように注意しなさい 같은 실수를 반복하지 않도록 주의해요. / 自分の間違いに気づかないの？ 자기가 뭘 잘못했는지 모르겠어？ / この仕事ではどんな小さな間違いも許されない 이 일에서는 어떠한 작은 실수도 용납되지 않는다. / 私の間違いでなければ、その郵便はきのう送ったはずだ 내가 잘못하지 않았더라면 그 우편은 어제 보냈을 텐데. / 困った時だけ友達を当てにするのは大間違いだ 어려울 때만 친구를 의지하는 것은 큰 잘못이다. / あんなやつを信頼したのが間違いだった 그런 녀석을 믿은 것이 잘못이었다. / 君は大間違いをしている 너는 큰 실수를 하고 있다. / きのう5回も間違い電話があった 어제 다섯 번이나 잘못 걸린 전화가 왔었다.

¶彼はよく計算で間違いをする 그는 자주 계산에서 틀린다. / 先生は私の間違いを指摘した 선생님은 내 잘못을 지적하셨다. / 君の報告書は間違いだらけだ 자네의 보고서는 틀린 게 많아.

会話 「間違い」を用いた応答
A：ごめん、携帯の電話番号間違って教えちゃったよ
B：いいって、だれにだって間違いはつきものだよ
A：미안해. 휴대폰 전화번호를 잘못 알려줬어.
B：괜찮아. 누구나 실수는 하니야.
A：韓国語の辞書を注文したのに中国語の辞書が来たんだ
B：きっと何かの間違いだよ
A：한국어 사전을 주문했는데 중국어 사전이 왔어.
B：틀림없이 뭔가 잘못된 거야.

❷〔確信〕◇間違いない 틀림없다, 확실하다 ◇間違いなく 틀림없이 ¶彼なら間違いないよ 그 사람이라면 틀림없다. / そのうわさは本当だと思って間違いないだろう 그 소문은 정말인 게 틀림없을 거다. / その選手が今シーズン限りで引退するのはほぼ間違いない 그 선수가 이번 시즌을 마지막으로 은퇴한다는 것은 거의 확실하다. / 出かける前に間違いなくドアに鍵を掛けたかい 나가기 전에 틀림없이 문 잠갔어?

会話 間違いない
A：この財布は間違いなくあなたが落としたのですね
B：はい、絶対に間違いありません．
A：이 지갑은 틀림없이 잃어버린 것이요?
B：예, 틀림없습니다.
A：このゴッホの絵は偽物だっていうのか
B：間違いないね
A：이 고흐의 그림이 가짜라고?
B：틀림없어.

❸〔事故、困り事〕사고, 문제 ¶途中で間違いがなければそろそろ彼は来るころだ 도중에 사고가 안 났다면 지금쯤 그 사람이 올 때가 됐다.

## まちがう【間違う】

❶〔誤る〕틀리다 ¶君の答は間違っているよ 네 답은 틀렸어. / この手紙の住所は間違っている 이 편지의 주소는 틀렸다. / 韓国語を話すときに間違うのを恐れてはだめだ 한국어를 말할 때 틀리는 것을 두려워해서는 안 된다. / 彼は自分が間違っていることをついに認めた 그는 자기가 틀렸다는 것을 드디어 인정했다. / しまった、間違ったボタンを押してしまった 아차, 틀린 버튼을 눌러 버렸다. / 一つ間違うと大事故になるところだった 하마터면 큰 사고가 일어날 뻔했다. / 間違っても(→絶対)部長に言うな 절대로 부장님한테 말하지 마.
❷〔取り違える〕실수하다, 잘못되다 ¶間違って別の本を買って来てしまった 잘못해서 다른 책을 사 와 버렸다. / 手紙は間違ってよその家へ配達された 편지는 잘못해서 다른 집으로 배달되었다.

## まちがえやすい【間違え易い】틀리기 쉽다

¶間違えやすい標識 틀리기 쉬운 표지 / 間違えやすいつづり 틀리기 쉬운 철자

## まちがえる【間違える】

❶〔誤る〕틀리다 ¶計算を間違える 계산을 틀리다 / 国語のテストで2か所間違えた 국어 시험에서 두 군데 틀렸다. / 遅れてすみません。道を間違えたものですから 늦어서 죄송합니다. 길을 잘못 들어서. / (電話の)番号を間違えていますよ 전화번호가 틀렸습니다. / どこをどう間違えたらこんな計算違いになるのか 어디를 어떻게 틀리면 이런 계산 착오가 나지?
❷〔取り違える〕잘못 알다〔錯覚する〕착각하다 ¶シャンプーとリンスを間違えて使った 샴푸와 린스를 잘못 알고 사용했다. / 電車を間違える 전철을 잘못 타다 / ユミはよくお姉さんと間違えられる 사람들은 유미를 자주 언니로 잘못 본다.

会話 別のものと間違える
A：すみません、お姉さんと間違えちゃって
B：いいえ、みんなからとてもよく似ていると言われるんです
A：죄송합니다. 언니로 착각해서.
B：아니요, 사람들한테 닮았다는 소리 자주 들어요.
A：亜紀子は遅いね。どうしたのかな
B：多分時間がお待ち違えているんだろう
A：아키코가 늦네. 무슨 일 있는 건가?
B：아마 시간을 잘못 안 거겠지.

## まちかど【街角・町角】길모퉁이〔街頭〕가두, 거리 ¶彼女は街角でティッシュを配っていた 그녀는 거리에서 티슈를 나누어 주고 있었다.

## まちかねる【待ち兼ねる】몹시 기다리다 ¶おばあさんは孫が遊びにくるのを待ちかねている 할머니는 손자가 놀러 오는 것을 몹시 기다리고 있다. / 先程からお客様がお待ちかねです 아까부터 손님이 기다리고 계십니다. / 待ちかねていた知らせが届いた 기다리고 기다리던 소식이 왔다.

## まちかまえる【待ち構える】기다리다 ¶レポーターたちがその女優が出て来るのを今や遅しと待ち構えていた 리포터들이 그 여배우가 나오기를 이제나저제나 하고 기다리고 있었다.

## まちくたびれる【待ちくたびれる】기다리다 지치다 ¶彼女を待ちくたびれてしまった 그녀를 기

다리다 지쳐 버렸다. / 自分の番を待ちくたびれる 자기 차례를 기다리다 지치다
**まちこがれる【待ち焦がれる】** 애타게 기다리다 ¶彼女は彼からの手紙を待ち焦がれていた 그녀는 그의 편지를 애타게 기다리고 있었다.
**まちじかん【待ち時間】** 기다리는 시간 ¶待ち時間はどのくらいでしょうか 기다리는 시간은 어느 정도입니까?
**まちどおしい【待ち遠しい】** 몹시 기다려지다 ¶夏休みが待ち遠しい 여름 방학이 몹시 기다려진다. / 韓国に旅行するのが待ち遠しい 한국 여행이 몹시 기다려진다.
**まちなか【町中・街中】** 시가지(市街地) ¶こんな街中に亀がいるなんて 이런 시가지에 거북이가 있다니.
**まちなみ【町並み】** 집들이 늘어선 모양 ¶そこの町並みは美しかった 그곳의 집들이 늘어선 거리는 아름다웠다.
**マチネー【昼間の公演】** 주간 공연 ¶マチネーを見に行く 주간 공연을 보러 가다
**まちのぞむ【待ち望む】** 고대하다 ¶そのスターの来日を待ち望む 그 스타가 일본에 오기를 고대하다
**まちぶせ【待ち伏せ】** 매복 ◇待ち伏せする 매복하다 ¶我々は敵を待ち伏せした 우리들은 매복하고 적을 기다렸다.
**まちぼうけ【待ち惚け】** ¶待ちぼうけを食う 바람을 맞다 / ユナに1時間も待ちぼうけを食わされた 윤아한테 한 시간이나 바람 맞았다.
**まちまち【区々】** ◇まちまちだ 다르다, 가지각색이다, 제각각이다 ◇まちまちの 제각각 다른 ¶野菜の値段は日によってまちまちである 야채 가격은 그날에 따라 다르다. / 彼の提案に対する反応はまちまちだった 그의 제안에 대한 반응은 제각각이다. / この件に関して党内の意見はまちまちである 이 건에 대한 당내의 의견은 가지각색이다. / 出席者はまちまちの服装をしていた 참석자는 제각기 다른 복장을 하고 있었다.
**まちわびる【待ち侘びる】** 고대하다
**まつ【松】** 소나무, 솔 関連 松かさ 솔방울 / 松飾り 정초에 대문에 장식하는 소나무 / 松の実 잣 / 松葉 솔잎 / 松林 솔숲, 송림 / 松やに 송진, 송진 / 赤松 적송 / えぞ松 가문비나무 / から松 일본잎갈나무, 낙엽송 / 黒松 곰솔, 흑송
**まつ【待つ】** 기다리다 ¶彼が来るのを待ちましょう 그가 오기를 기다립시다. / もう1時間以上待ったまだ 벌써 한 시간 이상 기다렸어. / 「まだ待たなきゃだめなの?」「じゃあ3時まで待とう」 "아직도 기다려야 해?" "그러면 세 시까지 기다리자." / これ以上待つのは時間のむだだ 더 이상 기다리는 것은 시간 낭비다. / もう待たないで行ったほうがいいと思うよ 더 이상 기다리지 말고 가는 편이 나을 거야.

会話 **待ち時間を尋ねる**
A : どれくらいバスを待っているのですか
B : 20分くらいです
A : 버스 얼마나 기다렸습니까?
B : 20분 정도입니다.

¶ちょっと待って,今行くから暫くまって待って. 지금 갈 테니까. / 私は外で待ってます 나는 밖에서 기다리겠습니다. / 取引先からの電話を待っているところです 거래처의 전화를 기다리는 중입니다. / こら君たち, もう少し静かに待てないのかい 이봐 너희들, 좀더 조용히 기다리지 못해? / 子供たちはいかにも待ち切れない様子だった 아이들은 정말 못 기다리는 모습이었다.

¶昨晩は夫の帰りを寝ないで待っていた 어젯밤에는 남편의 귀가를 안 자고 기다리고 있었다. / 彼は映画が始まるのを今か今かと待っていた 그는 영화가 시작되기를 이제나저제나하고 기다리고 있었다. / 私たちは並んで順番を待った 우리들은 줄을 서서 차례를 기다렸다. / 飛行機の到着をしばらく待った 비행기 도착을 잠시 기다렸다. / みんなチュソクを楽しみに待っている 모두 추석을 애타게 기다린다. / どんな運命が私を待っているのだろうか 어떤 운명이 나를 기다리고 있을까? / (電話で)そのままお待ちください 끊지 말고 기다려 주십시오. / それはすべて今後の研究を待たなければならない 그것은 모두 앞으로의 연구를 기다려야 한다.

¶きょうから待ちに待った夏休みだ 오늘부터 기다리고 기다리던 여름 방학이다. / 妻は家を出たまま待てど暮らせど帰ってこなかった 아내는 집을 나간 후 아무리 기다려도 돌아오지 않았다. / 彼はその提案に待ってましたとばかりに飛びついた 그는 그 제안에 기다렸다는 듯이 발빠르게 덤볐다.

**まつえい【末裔】** 후손, 말예, 후예
**まっか【真っ赤】** ◇真っ赤だ 새빨갛다 ◇真っ赤な 새빨간 ◇真っ赤になる 새빨개지다 ¶真っ赤な溶岩 새빨간 용암 / 彼は真っ赤になって怒った 그는 새빨개져 화를 냈다. / 彼女は恥ずかしさで耳まで真っ赤になった 그녀는 부끄러움에 귀까지 새빨개졌다. 慣用句 それは真っ赤なうそだ 그것은 새빨간 거짓말이다.
**まっき【末期】** 말기 ¶彼はもう肺がんの末期だった 그는 벌써 폐암 말기였다. / 末期のがん患者 말기암 환자 / 連立政権は末期的症状を呈している 연립 정권은 말기적 증상을 나타내고 있다. 関連 末期医療 말기 의료 / 末期がん 말기암 / 末期症状 말기 증상
**まっくら【真っ暗】** ◇真っ暗だ 캄캄하다 ◇真っ暗な 캄캄한 ¶外は真っ暗だった 밖은 캄캄했다. / お先真っ暗だ 장래가 캄캄하다. / 真っ暗な夜道 캄캄한 밤길 / 息子が入試に失敗したと聞いて目の前が真っ暗になった 아들이 입시에 실패했다는 것을 듣고 눈앞이 캄캄해졌다.
**まっくろ【真っ黒】** ◇真っ黒だ 새까맣다 ◇真っ黒な 새까만 ◇真っ黒に 새까맣게 ¶子供たちは日焼けして真っ黒だ 아이들은 햇볕에 그을려 새까맣다. / 魚は真っ黒に焦げてしまった生鮮은 새까맣게 타 버렸다.
**まつげ【睫・睫毛】** 속눈썹 ¶彼女のまつげは長い 그녀의 속눈썹은 길다. / 彼女は付けまつげをしている 그녀는 붙이는 속눈썹을 하고 있다. 関連 逆さまつげ 뒤집힌 속눈썹
**まつご【末期】** 임종(臨終) ¶父の末期の水を取る 아버지 임종을 지켜보다 / 末期の言葉 임종시의 유언

**まっこう【真っ向】** ◇真っ向から 정면으로 ¶彼は嫌疑を真っ向から否定した 그는 혐의를 완전히 부정했다. / 彼らはその計画に真っ向から反対した 그들은 그 계획에 정면으로 반대했다.

**まっこうくじら【抹香鯨】** 향유고래

**マッサージ** 마사지【あんま】안마 ◇マッサージする 마사지하다【あんまする】안마하다 ¶きのうは体中をマッサージしてもらった 어제는 온몸을 마사지 받았다. / 足をマッサージしてもらう 발 마사지를 받다 [関連]マッサージ器 안마기 / マッサージ師 안마사

**まっさいちゅう【真っ最中】** 한창때 ¶今はパーティーの真っ最中だ 지금은 한창 파티중이다. / …の真っ最中 …가 한창일 때

**まっさお【真っ青】** ◇真っ青だ 새파랗다 ◇真っ青な 새파란 ¶真っ青な空[海] 새파란 하늘[바다] / 彼女はその知らせを聞いて真っ青になった 그녀는 그 소식을 듣고 새파래졌다. / 顔が真っ青だよ 얼굴이 새파래.

**まっさかさま【真っ逆様】** 거꾸로 ¶男は橋から真っ逆さまに川に落ちた 남자는 다리에서 거꾸로 강에 떨어졌다.

**まっさかり【真っ盛り】** 한창, 한창때 ¶桜は今が真っ盛りだ 벚꽃은 지금이 한창이다. / 今は夏の真っ盛りだ 지금은 한여름이다.

**まっさき【真っ先】** 맨 먼저 ¶彼女は家に帰ると真っ先にシャワーを浴びた 그녀는 집에 돌아가자 맨 먼저 샤워를 했다. / 彼は教室から真っ先に飛び出して行った 그는 교실에서 맨 먼저 나갔다. / 真っ先に駆けつける 맨 먼저 달려가다

**まっさつ【抹殺】** 말살 ◇抹殺する 말살하다【殺す】죽이다【無視する】무시하다 ¶彼はその犯罪組織に抹殺された 그는 그 범죄 조직에 말살당했다. / 彼の要求は抹殺された 그의 요구는 말살되었다.

**まっしぐら** ◇まっしぐらに 곧장, 쏜살같이 ¶彼は車に向かってまっしぐらに走った 그는 자동차를 향해 곧장 달렸다.

**まつじつ【末日】** 말일【月末】그믐날

**マッシュポテト** 매시트 포테이토

**マッシュルーム** 버섯, 양송이

**まっしょう【末梢】** 말초 [関連]末梢神経 말초 신경, 끝신경

**まっしょう【抹消】** 말소 ◇抹消する 말소하다 ¶彼の名前を名簿から抹消した 그의 이름을 명단에서 말소했다.

**まっしろ【真っ白】** ◇真っ白だ 새하얗다 ◇真っ白な 새하얀【白紙】백지 ¶祖母の髪は真っ白だ 할머니의 머리는 새하얗다. / 真っ白なシャツ 새하얀 셔츠
¶その生徒の答案は真っ白だった 그 학생의 답안지는 백지였다.

**まっすぐ【真っ直ぐ】** ◇まっすぐだ 똑바르다【一直線に】곧다【正直に】정직하다 ◇まっすぐに 곧장, 곧바로, 똑바로【正直に】정직하게, 정직히, 솔직하게, 솔직히 ¶まっすぐな柱 곧은 기둥 / 私は地面にまっすぐな線を引いた 나는 땅바닥에 직선을 그었다. / 彼はまっすぐな人だ(→正直な) 그는 정직한 사람이다.
¶彼はまっすぐにドアに向かって歩いて行った 그는 곧바로 문을 향해 걸어갔다. / 私は曲がった針金をまっすぐに伸ばした 나는 굽어진 철사를 똑바로 폈다. / 道はまっすぐに駅へ通じていた 길은 곧장 역으로 통해 있었다. / 背筋をまっすぐに伸ばして歩きなさい 등을 똑바로 펴서 걸어라. / 煙はまっすぐ上のほうへ昇った 연기는 똑바로 위로 올라갔다. / 彼はまっすぐ家へ帰りました 그 날은 곧장 집으로 돌아갔어요.

**まっせき【末席】** 말석 ¶末席に座る 말석에 앉다 / 末席を占める 말석을 차지하다

**まった【待った】** 기다려【中止】중지 ¶待った! 기다려! / これはもう待ったなしだ 이건 이제 더 이상 늦출 수 없다.
¶新事業に待ったがかかった 새 사업이 중지되었다

**まつだい【末代】** 후세(後世) ¶お前のしたことは末代までの恥だ 네가 한 짓은 후세까지 남겨질 수치다.

# まったく【全く】 ❶〔完全に〕완전히, 전적으로(▶発音은 전적으로), 정말(로), 까맣게〔とても〕매우, 참으로 ◇まったく…でない 전혀〔絶対に〕절대로(▶いずれも 後에 否定表現을 伴う)

基本表現

▷妻の誕生日のことをまったく忘れていた 아내의 생일을 까맣게 잊어버리고 있었다.
▷まったくあなたのおっしゃるとおりです 정말 말씀하신 대로입니다.
▷仕事はまったく順調ですからご心配なく 일은 매우 순조로우니 걱정하지 마십시오.
▷それについては私はまったく知りませんでした 그것에 대해서는 나는 전혀 몰랐습니다.
▷彼の返事は我々の予想とはまったく違っていた 그의 대답은 우리의 예상과는 전혀 틀렸다.
▷そんなことはまったく不可能だ 그런 일은 절대 불가능하다.

◆強調

¶そのドレスを着るとまったく別人のようだね 그 드레스를 입으니까 전혀 딴 사람 같네. / あの事件以来, 彼はまったく人が変わってしまった 그 사건 이후 그 친구는 완전히 사람이 변했다. / 君の言っていることはまったくばかげているよ 네가 하는 말은 정말 어처구니없어. / あんなことを言うなんてまったくどうかしていたわね. ごめん 그런 말을 하다니 완전히 어떻게 됐었나 봐. 미안해. / 彼の話はまったくその場にそぐわないものであった 그의 이야기는 그 장소에 맞지 않는 것이었다. / 私の提案はまったく無視された 내 제안은 완전히 무시당했다. / まったくそのとおりだ 정말로 네 말이 옳다.

¶それはまったく新しいやり方だった 그것은 완전히 새로운 방법이었다. / 彼女の演奏はそれはもうまったく見事なものでした 그녀의 연주는 참으로 훌륭했습니다. / 彼はまったく一人でその仕事をやり遂げた 그는 정말 혼자서 그 일을 해냈다. / まっ

たくの幸運でスピーチコンテストに優勝した 정말 운 좋게 스피치 콘테스트에서 우승했다.

会話 まったく同感
A：学生の時にもっと勉強しておくんだったよな
B：まったく同感だね
A：학교 다닐 때 좀더 공부해 둘걸.
B：정말 동감이야.

◆《まったく…ない》
¶彼女は肉をまったく食べない 그녀는 고기를 전혀 먹지 않는다. /「パーティーは楽しかったですか」「いや、まったくつまらなかったよ」"파티는 즐거웠어요?" "아니, 아주 시시했어." /その事はまったく心配していない 그 일에 대해서는 전혀 걱정하지 않는다. /私は賭け事にはまったく関心がない 나는 내기에는 전혀 관심이 없다. /キリスト教のことはまったくといっていいほど知らない 기독교에 관해서는 거의 모른다.

¶私は彼の回答にまったく満足しているわけではない 나는 그의 회답에 완전히 만족한 것은 아니다. /彼はまったくのばかというわけではない 그는 완전한 바보는 아니다.

会話 話にならない
A：彼があのぽんこつ車を50万円で買ってくれって言うんだ
B：まったく話にならないね
A：그 사람이 나한테 그 고물차를 50만 엔에 사 달래.
B：말도 안 돼.
A：きのうの試験どうだった
B：まったくだめだったよ
A：어제 시험 어땠어?
B：완전 망쳤어.

❷【本当に】정말, 참으로 ¶彼はまったく嫌なやつだ 걔는 정말 마음에 안 드는 녀석이다. /彼はまったく面白い人だ 그 친구는 참으로 재미있는 사람이다.

まつたけ【松茸】송이버섯
まっただなか【真っ只中】한창때 ¶そのとき僕は青春の真っただ中だった 그 당시 나는 청춘의 전성기였다.
まったん【末端】말단 関連 末端価格 말단 가격 / 末端消費者 말단 소비자
マッチ 성냥〔試合〕시합, 경기〔調和〕매치 ◇マッチする〔調和する〕매치하다, 매치되다, 어울리다 ¶マッチを擦る 성냥을 긋다 / マッチでろうそくに火をつけた 성냥으로 초에 불을 붙였다 数え方 マッチ1本 성냥 한 개비
¶(テニスで)杉山がマッチポイントをつかんだ 스기야마가 매치 포인트를 잡았다.
¶この絵は部屋によくマッチしている 이 그림은 방과 잘 매치된다. 関連 マッチ箱 성냥갑 / マッチ棒 성냥 개비 / マッチプレー〔ゴルフ〕매치 플레이 / タイトルマッチ 타이틀 매치, 타이틀전
まっちゃ【抹茶】가루차 ¶抹茶をたてる 가루차를 타다
マット 매트 ¶床にマットを敷く 바닥에 매트를 깔다 / ドアマット 도어 매트 / マット運動 매트 운동
まっとう【真っ当】◇まっとうだ 정직하다, 성실하다 ¶まっとうな人間 정직한 인간 / まっとうな暮らしがしたい 성실한 생활을 하고 싶다

マットレス 매트리스
マッハ【音速】마하 ¶マッハ1は秒速約340メートルです 마하 1은 초속 약 340미터입니다. /その超音速機はマッハ2で飛ぶ 그 초음속기는 마하 2로 난다.
まっぱだか【真っ裸】벌거숭이, 알몸 ¶彼は真っ裸で飛び出してきた 그는 알몸으로 뛰쳐나왔다.
まつばづえ【松葉杖】목발, 목다리, 협장 ¶彼は左足を骨折したので松葉杖で歩いている 그는 왼발목을 골절당해 목발로 걷고 있다.
まつび【末尾】말미 ¶手紙の末尾 편지의 말미
まっぴら【真っ平】◇真っ平だ 질색이다 ¶そんなことは真っ平だ 그런 것은 질색이다. /説教は真っ平御免だ 설교는 딱 질색이다.
まっぴるま【真っ昼間】대낮, 백주(白昼) ¶真っ昼間から酒を飲むなんて、どうしようもないな 대낮부터 술을 마시다니 못 말린다.
まっぷたつ【真っ二つ】절반 ¶すいかを真っ二つに切る 수박을 절반으로 자르다 / 落雷で木の幹が真っ二つに割れた 벼락으로 나무 줄기가 절반으로 갈라졌다. /憲法改正をめぐって世論は真っ二つに割れた 헌법 개정을 둘러싸고 여론은 두 갈래로 갈렸다.
まつむし【松虫】청귀뚜라미
まつよいぐさ【待宵草】달맞이꽃
まつり【祭り】축제 ¶この祭りは平安時代から行われている 이 축제는 헤이안 시대부터 행해지고 있다. /祭りの準備で忙しい 축제 준비로 바쁘다. /子供たちは神社の祭りに行った 아이들은 신사 축제에 갔다. /お祭りで町がにぎわっていた 축제로 동네가 붐비고 있었다. /村中のお祭りだった 마을 전체가 축제 기분이었다. /遠くから祭りばやしが聞こえてきた 멀리서 축제 음악 소리가 들려왔다.
¶地元のチームが優勝して一日中お祭り騒ぎだった 우리 고장 팀이 우승해서 하루 종일 축제 분위기였다. 慣用句 いまさら後悔しても後の祭りだ(→だ②) 이제 와서 후회해도 소용없다. 関連 雪祭り 눈축제
まつりあげる【祭り上げる】치켜세우다 ¶町民たちは彼を町内会長に祭り上げた 동네 사람들은 그를 회장으로 치켜세웠다.
まつる【祭る・祀る】모시다〔法事を行う〕제사를 지내다 ¶先祖を祭る 선조를 모시다 / 神社を祭る 신사 / この神社は明治天皇を祭ってある 이 신사는 메이지 천황을 모시고 있다.
¶チュソクには先祖の霊を祭る 추석에는 선조의 제사를 지낸다.
まつろ【末路】말로 ¶悲惨な末路をたどる 비참한 말로에 이르다
まつわりつく【纏わり付く】〔絡み付く〕휘감기다〔くっつく〕달라붙다, 매달리다 ¶スカートが足にまつわりつく 스커트가 다리에 휘감기다 / その子は母親にずっとまつわりついている 그 아이는 어머니에게 딱 달라붙어 있다.
まつわる【纏わる】관련되다, 얽히다 ¶この切

手にまつわるおもしろい話を聞いた 이 우표에 관련된 재미있는 이야기를 들었다.

## まで【迄】

❶〔時間の限度〕까지

[基本表現]
▶彼が来るまで待とう
그가 올 때까지 기다리자.
▶6時まで会社にいます
여섯 시까지 회사에 있습니다.
▶その店は朝10時から夜7時までやっている
그 가게는 아침 열 시부터 저녁 일곱 시까지 하고 있다.
▶3時までに来てほしい
세 시까지 와 주었으면 좋겠다.

◆【…まで】

¶夕飯までテレビゲームをやった 저녁 식사 때까지 텔레비전 게임을 했다. /服を着るまで待っててくれ 옷을 입을 때까지 기다려 줘. /4時まで待って来なかったらサンギは置いて行こう 네 시까지 기다려서 안 오면 상기는 두고 가자. /釜山には8月の半ば過ぎまで滞在しました 부산에는 팔월 중순까지 체류했습니다. /きのうは夜遅くまで勉強をした 어제는 밤늦게까지 공부했다. /彼とはきょうまで話をしたこともなかった 그와는 오늘까지 이야기해 본 적도 없다. /私から話すまでミンギには何も言わないでね 내가 말하기 전까지 민기한테는 아무것도 말하지 말아 줘.

¶きのうは1日朝から晩まで漫画を読んで過ごした 어제는 아침부터 저녁까지 하루 종일 만화를 읽으면서 보냈다. /そのホテルに月曜日から金曜日まで滞在した 그 호텔에 일요일부터 금요일까지 머물렀다.

¶バスが来るまでまだ少し時間がある 버스가 올 때까지 아직 시간이 조금 있다.

¶卒業式までもう1か月しかない 졸업식까지 이제 1개월밖에 안 남았다. /今までどこに行ってたの 지금까지 어디 가 있었어?

[会話] いつまで
A：眠いー
B：何時まで起きてたの
A：3時まで起きてたよ. だから, けさは9時まで目が覚めなかったんだ
A：졸려.
B：몇 시까지 안 자고 있었어?
A：세 시까지 안 잤어. 그래서 오늘 아침은 아홉 시까지 못 일어났어.

A：あのデパートの営業時間知ってる?
B：うん, 10時から7時までだよ
C：いや, 最近は8時までやってるらしいよ
A：그 백화점 영업 시간 알아?
B：응, 열 시부터 일곱 시까지야.
C：아니, 최근에는 여덟 시까지 한대.

A：いつまで日本にご滞在ですか
B：あさってまでです
A：언제까지 일본에 체류하십니까?
B：모레까지입니다.

◆【までの】

¶今までのところ順調です 지금까지는 잘 돼 가고 있습니다. /これこそ彼のこれまでの小説で最高傑作だ 이것이야말로 그의 지금까지 소설 중에서 최고 걸작이다.

◆【までに】

¶仕事を金曜日までに終えなければならない 일을 금요일까지 끝내야 해. /大学卒業までに海外旅行をしてみたい 대학 졸업 때까지 해외여행을 하고 싶다. /去年はこれまでにないひどい水不足だった 작년은 지금까지 볼 수 없었던 심한 물 부족이었다.

❷〔場所〕까지 ¶地下鉄の駅まで自転車で行きます 지하철 역까지 자전거로 갑니다. /学校まで歩いてほんの数分です 학교까지 걸어서 불과 몇 분입니다. /駅まで車で送るよ 역까지 차로 데려다 줄게. /まっすぐ突き当たりまで行って右折してください 똑바로 막다른 길이 나올 때까지 가서 오른쪽으로 꺾어 주세요. /(電車内で)「どちらまで行かれるのですか」「仙台までです」"어디까지 가십니까?" "센다이까지입니다." /「ここから東京駅までどのくらいかかりますか」「1時間ぐらいです」"여기서 도쿄역까지 어느 정도 걸립니까?" "한 시간 정도입니다." /「どこまで行くの」「もうそこだ」"어디까지 가?" "다 왔어."

[会話] そこまで
A：そこまでどうやって行くの, 車?
B：どうしようかな, たぶん電車にするよ
A：거기까지 어떻게 갈 거야?
B：글쎄, 아마 전철로 갈 거야.

A：家までお送りしましょう
B：それでは申し訳ない. 駅までで結構です
A：집까지 모셔다 드릴게요.
B：그건 너무 죄송한데요. 역까지만으로 충분합니다.

❸〔程度, 範囲〕까지 ¶目を閉じて100まで数えなさい 눈을 감고 100까지 세 봐요. /祖母は95歳まで長生きした 할머니는 95세까지 장수하셨다. /プールの深さは僕の首まであった 풀장의 깊이는 내 목까지 왔다. /彼の言うことをどこまで信じたらいいのかしら 그가 하는 말을 어디까지 믿어야 할지. /温度は5度まで下がった 온도는 5도까지 내려갔다. /この車は5人乗りだけど, 7人までは乗れるよ 이 차는 5인승이지만 일곱 명까지 탈 수 있어. /彼女は一日でその本を最初から最後まで読んだ 그녀는 하루에 그 책을 처음부터 마지막까지 읽었다. /彼は野球のことなら何から何まで知っている 그는 야구라면 뭐든지 알고 있다.

¶きょうはこれまでにしよう 오늘은 이만 하자.

¶ミンスのような頭のいい生徒までつまらぬ間違いをした 민수 같이 머리 좋은 학생까지 어이없는 실수를 했다. /彼は君のことを臆病者とまで言ったぞ 그 사람은 너를 겁쟁이라고까지 말했어.

[会話] そんなにしてまで
A：そのラーメン屋の前は行列で, 1時間も並ばされたわ
B：そんなにしてまで食べたかったの?
A：そう, それだけのことはあるのよ
A：그 라면집은 손님이 하도 많아서 한 시간이나 줄 서 기다렸어.
B：그렇게까지 먹고 싶었어?
A：응, 그럴 만한 가치는 있어.

④ 〔その他〕

¶私は思ったことを言ったまでだ 나는 생각한 것을 말했을 뿐이다. / 12時まで残業したが, それでも仕事を仕上げるまでには至らなかった 열두 시까지 잔업을 했지만 그래도 일을 끝내지는 못했다.

**まてんろう**【摩天楼】 마천루

**まと**【的】 ❶ 〔射撃などの標的〕과녁, 표적(標的)〔目標〕목표 ¶弾丸は的に当たった 탄환은 표적에 맞았다. / 彼は的をねらって銃を撃った 그는 과녁을 노리고 총을 쏘았다. / 私の放った矢は的の中心に命中した 내가 쏜 활은 과녁의 중심에 명중했다.

❷ 〔関心・称賛などの対象〕대상 〔非難などの標的〕표적 〔焦点, 中心〕초점 ▶発音은 초점〕¶おかしな格好のせいで彼は物笑いの的だった 우스꽝스러운 모습 때문에 그는 놀림의 대상이었다. / うわさの美人と結婚した彼はみんなの羨望の的だった 소문난 미인과 결혼한 그는 모두의 선망의 대상이었다. / アフリカの地域紛争は今や世界中の関心の的になっている 아프리카의 지역 분쟁은 지금은 세계 전체의 관심의 대상이 되고 있다. / 外相の発言はメディアの非難の的になった 외상의 발언은 미디어의 비난의 대상이 되었다. 慣用句 彼の指摘は実に的を射ている 그의 지적은 실로 정곡을 찔렀다. / この問題に的を絞って議論を続けよう 이 문제에 한정시켜서 논의를 계속하자. / 彼の推測はかなり的が外れている 그의 추측은 상당히 빗나갔다.

**まど**【窓】 창문, 창

基本表現
▶窓が開いている 창이 열려 있다.
▶窓が閉まっている 창이 닫혀 있다.
▶窓を開けて〔閉めて〕くれませんか 창문 좀 열어〔닫아〕 주시지 않겠습니까?

◆〔窓が〕
¶窓がどうしても開かない 창문이 아무리 해도 열리지 않는다. / 窓が曇っているので布でふいた 창문이 흐려져 있어서 천으로 닦았다. / 私の部屋は窓が南向きなので一日中日が当たる 내 방은 창문이 남향이라서 하루 종일 해가 든다.

◆〔窓から〕
¶泥棒は窓から部屋に入ったらしい 도둑은 창문을 통해 방에 들어온 것 같다. / 風が窓から吹き込んだ 창문으로 바람이 들어왔다. / 彼女は窓から外を眺めていた 그녀는 창 너머로 밖을 바라보고 있었다. / この部屋の窓からは湖が見える 이 방에서는 호수가 보인다. / 通りを歩いていたら彼女が窓から私に手を振っているのが見えた 길을 걷고 있는데 그녀가 창가에 서서 나에게 손을 흔들고 있는 것이 보였다. / バスの窓から顔を出すと危ないですよ 버스 창으로 얼굴을 내밀면 위험해요. / 車の窓から空き缶を捨ててはいけません 차 창으로 빈 캔을 버려서는 안 됩니다.

◆〔窓の・窓に・窓を〕
¶窓の外でおかしな物音がした 창 밖에서 이상한 소리가 났다. / だれが窓を割ったんだ 누가 유리창을 깬 거야? / 新鮮な空気を入れるために窓を開けたままにしておいた 신선한 공기를 들어오게 하려고 창을 연 채로 두었다.

◆〔その他〕
¶彼女は窓際から2列目の席に座っている 그녀는 창 측에서 두 번째 자리에 앉아 있다. / 隣の奥さんと窓越しに話をした 옆집 아주머니와 창 너머로 이야기했다. / 窓側の席 창측 자리 慣用句 目は心の窓 눈은 마음의 창 関連 窓ガラス 창유리 / 窓枠 창틀

**まとう**【纏う】 걸치다, 입다

**まどぎわ**【窓際】 창가(▶発音은 창가), 창문가(▶発音은 창문까) ¶彼は窓際に立ってたばこを吸った 그는 창가에 서서 담배를 피웠다. / この鉢植えは日の当たる窓際に置いてください 이 화분은 햇빛이 잘 드는 창가에 두세요. 関連 窓際族 한직으로 돌려진 사원

**まどぐち**【窓口】 창구 ¶切符は1番の窓口で買えます 표는 1번 창구에서 살 수 있습니다. / あちらの窓口にお申し付けください 저쪽 창구에 말씀해 주세요. / この仕事の窓口はどなたですか 이 일의 담당자는 누구십니까? 関連 受付窓口 접수 창구 / 出納窓口 출납 창구

**まとはずれ**【的外れ】 ¶君の質問は的外れだ 네 질문은 핵심을 벗어나 있다.

**まどべ**【窓辺】 창가(▶発音은 창가), 창문가(▶発音은 창문까) ¶彼女は窓辺に立って通りを見下ろした 그녀는 창문가에 서서 길을 내려다 보았다.

**まとまった**【纏まった】 〔多額の〕많은, 큰 〔整理した〕정리된 ¶店を開くにはまとまった金が必要だ 가게를 여는 데는 목돈이 필요하다. / まとまった(→大口の)注文 큰 주문 ¶今のところその件に関してまとまった考えはない 지금으로서는 그 건에 관해 정리된 생각은 없다.

**まとまり**【纏まり】 〔統一〕단합(団合) 〔整理〕정리 〔秩序〕질서 〔解決〕해결 〔結論〕결론 ¶私のクラスはまとまりがいい〔ない〕 우리 반은 하나로 잘 뭉쳐져 있다〔있지 않다〕. / この報告はまとまりがない 이 보고는 정리가 안 되어 있다. / 彼らの意見のまとまりをつけることができた 간신히 일을 해결할 수 있었다. / 長いこと議論したがまとまりがつかなかった 긴 시간 논의했지만 해결이 나지 않았다.

**まとまる**【纏まる】 ❶ 〔集まって一つになる〕 모이다, 뭉치다, 단합하다, 단합되다 ¶必要な資料がついにまとまった 필요한 자료가 드디어 모아졌다. / 生徒はまとまってバスに乗った 학생들은 다 같이 버스를 탔다. / 私たちのクラスは非常によくまとまっている 우리 반은 아주 잘 뭉쳐져 있다.

❷ 〔考え・意見などが〕정리되다 ¶考えが徐々にまとまってきた 생각이 점점 정리되기 시작했다. / 小説の筋立てがすっきりとまとまった 소설의 줄거리가 깔끔하게 정리되었다. / 彼のレポートはよくまとまっていた 그의 리포트는 잘 정리되어 있었다.

❸ 〔成立する〕이루어지다, 성립되다 〔決着する〕결론이 나다 〔集約される〕모아지다 ¶交渉はまとまらなかった 교섭은 성립되지 않았다. / 大手企業との取引がまとまった 대기업과의 거래가 성립되었다. / あす契約することで話はまとまった 이야

기는 내일 계약하기로 결론이 났다.
¶両家の縁談がまとまった 양가의 혼담이 이루어졌다.
¶そう簡単には意見がまとまらないだろう 그렇게 간단히 의견이 일치하지 않을 것이다. / 話が全然まとまらない 이야기가 전혀 결론이 나지 않는다.

**会話** 商談が成立する
A：商談はどうでしたか
B：なんとかまとまりましたよ
A：상담은 어떻게 되었어요?
B：가까스로 성립되었습니다.

**まとめ【纏め】**〔要約〕요약〔結論〕결론〔調整〕매듭, 조정, 수습 ⇒まとめる
**まとめやく【纏め役】**〔調整者, 調停者〕조정자 ¶彼にはよいまとめ役になる才覚がある 그에게는 좋은 조정자가 될 재능이 있다.

**まとめる**❶〔集める〕종합하다, 합치다, 모으다〔取りそろえる〕챙기다 ◇まとめて〔一度に〕한꺼번에 ¶随筆を1冊の本にまとめた 수필을 한 권의 책으로 모았다. / 妻は荷物をまとめて出て行った 아내는 짐을 챙겨서 나갔다.
¶1週間分の食料をまとめて買う 일 주일분의 식량을 한꺼번에 사다 / 3か月分の奨学金をまとめてもらった 3개월분의 장학금을 한꺼번에 받았다.

❷〔整える〕정리하다〔団結させる〕단합시키다, 뭉치다 ¶僕は自分の考えをまとめるのが下手だ 나는 자신의 생각을 정리하는 것이 서투르다. / この本の要点をまとめなさい 이 책의 요점을 정리하시오. / みんなの意見をまとめるのはたいへんだった 모두의 의견을 조정하는 것은 힘들었다.
¶チームをまとめるのは彼の責任だ 팀을 뭉치게 하는 것은 그의 책임이다. / 彼女はクラスをまとめるのがうまい 그녀는 반을 잘 뭉치게 한다.

❸〔成立させる〕성립시키다〔決着させる〕해결하다〔仕上げる〕매듭짓다, 완성하다 ¶彼らはやっと契約をまとめた 그들은 간신히 계약을 성립시켰다. / 交渉をまとめるのにかなり時間がかかった 교섭을 성립시키는 데 꽤 시간이 걸렸다.
¶もめごとをまとめるのはいつも私だ 말썽을 해결하는 사람은 항상 나다. / 報告書を期限までになんとかまとめた 보고서를 기한까지 겨우 완성했다.

**まとも**❶〔正面〕◇まともに〔直接に〕직접〔真っすぐに〕똑바로〔正面から〕정면으로 ¶この石がまともに当たっていたらたいへんだった 이 돌을 정면으로 맞았더라면 큰일 났을 거야. / 悪い成績をとってしまってまともに親の顔が見られない 안 좋은 성적을 받아서 부모님의 얼굴을 똑바로 볼 수가 없다. / この部屋は西日をまともに受ける 이 방은 석양을 직접 받는다. / まともに向かったら彼に勝てるわけがない 정면으로 붙으면 그에게 이길 수 없다. / 北風をまともに受けながら歩いた 북풍을 정면으로 맞으면서 걸었다.
¶冗談をまともに受けとる 농담을 진담으로 받아들이다

❷〔きちんとしている〕◇まともだ 건실하다, 착실하다, 성실하다, 단정하다〔正しい〕올바르다

¶彼はやっとまともな仕事についた 그는 겨우 괜찮은 일거리를 찾았다. / 彼はまともな仕事をしている 그는 건실한 일을 하고 있다. / まともな暮らしをする 올바른 생활을 하다 / 彼はまともな人間だろうか 그는 착실한 사람일까? / 学校にはまともな格好をして行きなさい 학교에는 단정하게 입고 가거라.
¶あんなことを言うなんて, 彼女は頭がまともじゃないよ 그런 말을 하다니 그녀는 머리가 어떻게 된 거 아니야? / まともな人間なら, 누구도 彼の話を信じないだろう 멀쩡한 사람이라면 아무도 그 사람의 이야기를 믿지 않을 것이다.

**まどり【間取り】** 방 배치 ¶この家は間取りがいい[悪い] 이 집은 방 배치가 좋다[나쁘다]. / 私のマンションの間取りは3LDKです 우리 아파트의 방 배치는 3LDK [방 세 개짜리]입니다.

**マドロス** 마도로스〔船員〕선원 **関連** マドロスパイプ 마도로스 파이프

**まどろむ【微睡む】** 졸다 ¶木陰で本を読んでいるうちにまどろんでしまった 나무 그늘에서 책을 읽다가 졸고 말았다.

**まどわす【惑わす】** 현혹하다〔欺く〕속이다〔誘惑する〕유혹하다 ¶目先の利益に惑わされて大損をした 눈앞의 이익에 현혹되어 큰 손해를 봤다. / うわさに惑わされるな 소문에 현혹되지 마.

**マトン**〔羊肉〕양고기

**マドンナ** 마돈나〔聖母〕성모 ¶(選挙の)マドンナ候補 마돈나 후보

**マナー** 매너 ¶彼女はマナーがいい[悪い] 그녀는 매너가 좋다[나쁘다]. / 今時の若者はマナーがなっていない 요즘 젊은이는 매너가 없다. **関連** テーブルマナー 테이블 매너

**まないた【俎】** 도마 **慣用句** 私はまないたの上の鯉だった 나는 도마에 오른 생선 같았다.

**まなざし【眼差し】** 눈빛(→ 눈쎌), 눈길(→ 発音は 눈낄), 시선(視線) ¶彼は疑わしげな眼差しで私を見た 그는 의심스러운 눈빛으로 나를 보았다.

**まなつ【真夏】** 한여름(→ 発音은 한녀름) ¶1週間真夏日が続いている 1주일간 한여름 날씨가 계속되고 있다.

**まなでし【愛弟子】** 애제자

**まなぶ【学ぶ】** 배우다〔習う〕익히다〔勉強する〕공부하다 ¶語学を十分に学ぶには長い時間がかかる 어학을 충분히 배우는 데는 긴 시간이 걸린다. / きょうは連立方程式の解き方を学んだ 오늘은 연립 방정식 푸는 법을 배웠다. / 彼は大学で経済学を学んだ 그는 대학에서 경제학을 배웠다. / 大学院で学ぶつもりだ 대학원에서 공부할 생각이다. / 山田教授のもとで東洋美術を学んだ 야마다 교수 밑에서 동양 미술을 배웠다. **慣用句** よく学び, よく遊べ 잘 배우고 잘 놀아라.

**まなむすめ【愛娘】** 매우 귀여워하는 딸

**マニア** 마니아 ¶彼はカーマニアだ 그는 자동차 마니아다. **関連** 映画マニア 영화 마니아 / オーディオマニア 오디오 마니아 / 切手マニア 우표 마니아 / 鉄道マニア 철도 마니아

**まにあう【間に合う】**❶〔時間に遅れない〕대다, 늦지 않다 ¶急げば間に合い

ますよ 서두르면 시간에 댈 수 있어요. / やっと会議に間に合った 겨우 회의에 댔다. / 終電に間に合うように駅まで走った 막차 시간에 대도록 역까지 달렸다. / 10時15分の特急に間に合った 열 시 15분 특급을 탈 수 있었다. / もし間に合えば, 9時10分発の飛行機で行きたい 가능하다면 아홉 시 10분발 비행기로 가고 싶다. / 運悪く列車に間に合わなかった 운 나쁘게 열차를 탈 수 없었다. / メールでは間に合わないとみたので彼に電話をしたメールを出すのは遅そうだったので彼に電話した 메일로는 늦을 것 같아서 그에게 전화를 했다. / あの作家はいつも締め切りに間に合わない 그 작가는 항상 원고 마감을 맞추지 못한다.

[会話] 間に合うかどうか尋ねる
A : 本当にまだ間に合うと思う？
B : 心配ないよ。きょうは道路もそんなに込んでいないようだし
A : 정말 아직 늦지 않을 거라고 생각해?
B : 걱정없어. 오늘은 도로도 그렇게 복잡하지 않은 것 같고.

A : 今から勉強してあしたの試験に間に合うかな
B : 無理だね。範囲は100ページ以上だよ
A : 지금부터 공부해서 내일 시험 전까지 다 할 수 있을까?
B : 무리야. 범위가 100페이지 이상인데.

❷ [用が足りる] 족하다, 충분하다 ¶当分これで間に合うでしょう 당분간 이걸로 족할 겁니다. / 本を2冊持って行くだけだからこの紙袋で間に合います 책을 두 권 가져갈 뿐이니까 이 종이 봉지로 충분해요. / このポケット版の辞書で間に合いますか 이 포켓판 사전으로 충분합니까?

[会話] 間に合っているかたずねる
A : この金額で間に合うでしょうか
B : あと1万あれば十分です
A : 이 금액으로 충분할까요?
B : 만 엔만 더 있으면 충분합니다.

A : うちの新聞を取ってもらえませんか
B : すみません, 間に合ってますので
A : 우리 신문을 구독해 주시지 않겠습니까?
B : 됐어요. 딴 거 보고 있으니까요.

まにあわせ【間に合わせ】임시변통 ¶ソファーを間に合わせ(→代用)のベッドとして使った 침대 대용으로 소파를 사용했다. / 公害問題に対し政府は間に合わせの対策を講じただけだった 공해 문제에 대해 정부는 임시변통책을 강구했을 뿐이었다. / これで当面間に合わせにはなる 이것으로 당분간 임시변통은 된다.

まにあわせる【間に合わせる】때우다 ¶あすの朝までに間に合わせてください 내일 아침까지 끝내 주십시오. / 昼食をそばで間に合わせた 점심을 국수로 때웠다. / この傘で間に合うので急に金がいるので代わりに質に入れた 이 우산으로 급한 대로 이 우산을 썼다. / 彼女は友人の結婚式には手持ちの服で間に合わせることにした 그녀는 친구의 결혼식에는 가지고 있는 옷으로 때우기로 했다.

マニキュア 매니큐어 ¶マニキュアを塗る 매니큐어를 바르다 / マニキュアを落とす 매니큐어를 지우다 / 彼女はピンクのマニキュアをしている 그녀는 핑크색 매니큐어를 하고 있다. / 時々美容院でマニキュアをしてもらいます 가끔 미용실에서 매니큐어를 칠합니다.

まにし【真西】똑바로 서쪽 ¶真西に向かう 똑바로 서쪽을 향하다

マニュアル [取り扱い説明書] 매뉴얼 [手動の] 수동의, 손으로 하는 ¶この中古パソコンにはマニュアルがついていない 이 중고 컴퓨터에는 매뉴얼이 붙어 있지 않다.

¶マニュアル車は運転できません 수동식 차는 운전 못 합니다.

まにんげん【真人間】참된 사람 ¶真人間になる 참된 사람이 되다

まぬがれる【免れる】❶ [逃れる] 면하다, 모면하다 ¶幸運にもわが家は延焼を免れた 운좋게 우리 집은 불길을 모면했다. / 彼らはかろうじて災難を免れた 그들은 겨우 재난을 면했다. / 運転手は危うく死を免れた 운전기사는 아슬아슬하게 죽음을 면했다.

❷ [避ける] 피하다, 모면하다 ¶君は混乱を引き起こした責任を免れることはできない 너는 혼란을 일으킨 책임을 모면할 수는 없다. / 彼は過ちを認めたために, 厳罰は免れた 그는 잘못을 인정했기 때문에 엄벌은 면했다. / 市長の独断は市民の批判を免れない 시장의 독단은 시민의 비판을 피할 수 없다.

まぬけ【間抜け】멍청이, 얼간이 ◇間抜けだ 멍청하다 ¶チケットを忘れるとは, なんて間抜けなんだ 티켓을 잊다니 어쩜 이렇게 멍청할 수가

まね【真似】❶ [模倣] 모방 [動作のものまね] 흉내 ¶この絵はピカソのまねだ 이 그림은 피카소의 모방이다. / 彼は先生のまねをしてみせてはいつもみんなを笑わせる 그는 선생님의 흉내를 내서 항상 모두를 웃긴다. / 彼女は姉の髪型をまねた 그녀는 언니의 헤어 스타일을 흉내냈다. / 子供は親のまねをしていろいろ覚える 아이는 부모의 동작을 따라 하면서 여러 가지를 배운다. / まねがうまい 흉내를 잘 내다 [慣用句] 母が料理しているのを見よう見まねでいろんな料理を覚えた 엄마가 요리하는 것을 보고 어깨너머로 여러 가지 요리를 배웠다. / ピアノを習い始めたのですが, ほんのまねごとです 피아노를 배우기 시작했지만 거의 흉내일 뿐입니다.

❷ [振る舞い] 짓 ¶ばかなまねはやめなさい 바보같은 짓 그만둬. / あいつに勝手なまねはさせない 그 녀석 멋대로 하게 내버려 두지 않겠다.

❸ [ふり] 시늉, 체, 척 ¶しかろうとすると, 娘はいつも泣きまねをする 혼내려고 하면 딸은 항상 우는 시늉을 한다. / 死んだまねをする 죽은 체하다 [척하다]

マネージメント 매니지먼트, 관리(管理), 경영(経営) ⇒管理, 経営

マネージャー 매니저

マネーロンダリング [不正資金洗浄] 돈세탁

まねき【招き】초대(招待), 초빙(招聘), 초청(招請) ¶私は彼の招きに応じた[招きを辞退した] 나는 그의 초대에 응했다[초대를 거절했다]. / 彼は主催者の招きでその会議に出席した 그는 주최자의 초대로 그 회의에 출석했다.

マネキン 마네킹

まねく【招く】❶ [招待する] 초대하다 [招聘する] 초빙하다, 초청하다 ¶誕生パー

ティーにたくさんの友達を招いた 생일파티에 많은 친구를 초대했다. / 教授として大学に招かれた 교수로서 대학에 초빙되었다. / 結婚式にお招きいただきありがとうございます 결혼식에 초대해 주셔서 감사합니다. / 林教授は韓国政府に招かれて渡韓したはやシ 교수는 한국 정부에 초대되어 한국에 갔다. / わが社では財務の専門家を顧問に招いた 우리 회사에서는 재무 전문가를 고문으로 초빙했다. / 招かれざる客 환영 받지 못하는 손님
❷〔手で招く〕손짓하여 부르다(▶손짓하여 の 発音은 손찌타여) ¶こちらに来るようにと、その子を手で招いた 이쪽으로 오도록 그 아이를 손짓으로 불렀다. / 彼はついて来いと私を招いた 그는 따라오라고 손짓했다.
❸〔引き起こす〕불러일으키다, 초래하다〔もたらす〕부르다, 가져오다 ¶わき見運転が大事故を招いた 한눈팔기 운전이 큰 사고를 초래했다. / 一言の言が災いを招いた 그 한마디가 재난을 불러일으켰다. / 誤解を招くようなことはしないほうがよい 오해를 부르는 짓은 하지 않는 게 좋다. / 政府の新しい福祉政策は国民の批判を招いた 정부의 새로운 복지 정책은 국민의 비판을 초래했다.
¶これは福を招くと言われている置物です 이것은 복을 부른다는 장식품입니다.

**まねる【真似る】** 모방하다〔からかって〕흥내내다〔見習う〕본을 받다, 따르다 ¶人の絵をまねる 남의 그림을 모방하다. / 彼の作風は他の画家をまねている 그의 작품은 다른 화가를 모방하고 있다. / 彼女はその人気歌手の歌い方をまねた ヨンヒの兄は時々彼女の声をまねて彼女をからかう 영희의 오빠는 가끔 그녀의 목소리를 흥내내서 그녀를 놀린다. / 私の発音をよく聞いてまねてください 내 발음을 잘 듣고 따라 해 주세요. / スタイルを少し減量してみたら 由美を本받아 조금 감량하는 게 어때? / 手本を真似て練習する 보기를 보고 따라 연습하다
¶やあい、まねっ子! 야, 이 흉내쟁이야!

**まのあたり【目の当たり】** 눈앞 ¶目の当たりにする 목격하다 / 事故を目の当たりにしてショックを受けた 사고를 목격하고 쇼크를 받았다.

**まのび【間延び】** ◇間延びした 느슨한, 느릿느릿한；맥빠진, 맥풀린, 김빠진 ¶彼は間延びした声で返事した 그는 김빠진 목소리로 대답했다. / 間延びした顔 맥빠진 얼굴

**まばたき【瞬き】** ◇まばたきする 깜빡하다, 깜빡거리다〔目くばせ〕눈짓(▶発音은 눈찓) ¶彼女はまばたきもせずその絵に見入った 그녀는 그 그림에서 눈을 떼지 않고 유심히 보았다.

**まばゆい【目映い】**〔まぶしい〕눈부시다 ¶彼女はまばゆいばかりに美しかった 그녀는 눈부시도록 아름다웠다.

**まばら【疎ら】** ◇まばらだ 드문드문하다, 듬성듬성하다, 뜸하다；성기다 ◇まばらな 드문드문, 듬성듬성 ¶冬の海岸は人影もまばらだった 겨울 해안은 사람들도 드문드문했다. / 海岸通りには家がまばらにしかなかった 해안 길에는 집이 드문드문 있었다. / 拍手はまばらだった 박수 소리가 드문드문 들렸다.
¶祖父の髪の毛はまばらだ 할아버지의 머리는 듬성듬성하다.

**まひ【麻痺】** 마비 ◇麻痺する 마비하다, 마비되다 ¶父は心臓麻痺で突然この世を去った 아버지는 심장 마비로 갑자기 이 세상을 떠나셨다.
¶彼は交通事故で下半身が麻痺した 그는 교통사고로 하반신이 마비되었다. / 右腕が麻痺しているオレ腕이 마비됐다. / この薬は神経を麻痺させる 이 약은 신경을 마비시킨다. / 寒さで指が麻痺していた 추위로 손가락이 마비되었다.
¶ストで交通が一日中麻痺した 파업으로 교통이 하루 종일 마비되었다. / 彼は金銭感覚が麻痺している 그는 금전 감각이 마비되었다. 関連 小児麻痺 소아마비 / 顔面麻痺 안면 마비 / 全身麻痺 전신 마비 / 脳性麻痺 뇌성 마비

**まひがし【真東】** 똑바로 동쪽 ¶真東に向かう 똑바로 동쪽을 가다

**まびき【間引き】** ¶苗を間引きする 모종을 속아내다
¶列車はストのため間引き運転された 열차는 파업 때문에 운행수를 줄여서 운행되었다.

**まびく【間引く】** 속다〔減らす〕줄이다 ¶大根を間引く 무를 속다
¶きょうはバスの運行を間引いている 오늘은 버스 운행을 줄이고 있다

**まひる【真昼】** 한낮, 대낮 ¶真昼の太陽の下を駅まで歩いた 한낮의 햇빛 아래를 역까지 걸었다.

**マフィア** 마피아 ¶マフィアのボス 마피아의 보스

**まぶか【目深】** ¶彼女は帽子をまぶかにかぶっていた 그녀는 모자를 깊숙이 쓰고 있었다.

**まぶしい【眩しい】** 눈부시다 ¶まぶしい光で目がくらんだ 눈부신 빛으로 눈이 아찔해졌다. / 夏は太陽がまぶしいのでいつもサングラスをする 여름에는 햇빛이 눈부셔서 항상 선글라스를 낀다. / イブニングドレスの彼女はまぶしいほどだった 이브닝 드레스의 그녀는 눈부실 정도로 아름다웠다.

**まぶす【塗す】** 뿌리다, 묻히다 ¶ケーキに砂糖をまぶしてちょうだい 케이크에 설탕을 뿌려 줘요.

**まぶた【瞼】**〔目〕눈 ¶まぶたを閉じる 눈을 감다 / まぶたに浮かぶ 눈에 선하다 / 彼女の笑顔が今でもまぶたに残っている 그녀의 웃는 얼굴이 지금도 눈에 선하다. / 彼女は一重[二重]まぶただ 그녀는 외꺼풀[쌍꺼풀]이다.

**まふゆ【真冬】** 한겨울 ¶今日は真冬日だった 오늘은 한겨울 날씨였다.

**マフラー** 머플러〔襟巻き〕목도리〔車の消音装置〕차 소음기 ¶出かけるならマフラーをして行ったほうがいいですよ 나가려면 머플러를 하고 나가세요.

**まほう【魔法】** 마법 ¶魔女は魔法でねずみを馬に変えた 마녀는 마법으로 쥐를 말로 바꾸었다. / まるで魔法のように扉が開いた 마치 마법처럼 문이 열렸다. / 魔女は王女に魔法をかけた 마녀는 공주에게 마법을 걸었다.
¶魔法のじゅうたん 마법 융단 / 魔法のランプ 마법

램프 関連 **魔法使い** 마법사〔**魔女**〕마녀／**魔法瓶** 보온병(保温瓶)
**マホガニー** 마호가니
**まぼろし**【幻】〔幻影〕환영〔幻想〕환상 ¶亡き母の幻を見た 돌아가신 어머니의 환영을 보았다／これは幻の名画と言われたものだ 이것은 그 존재가 지금까지 확인되지 않은 명화로 불려 온 작품이다.

**まま** ❶〔動作・状態の継続〕채, 그대로

基本表現
▷ ドアは開けたままにしておいてください
   문은 열린 채로 두세요.
▷ 彼女はテレビをつけたまま部屋を出て行った
   그녀는 텔레비전을 켜 놓은 채로 방을 나갔다.
▷ その件はまだ未解決のままです 그 건은 아직 미해결인 상태로 남아 있습니다.
▷ その家は空いたままになっている
   그 집은 빈 채로 있습니다.
▷ 口にものを入れたまましゃべってはいけない
   입에 음식을 넣은 채 말해서는 안 된다.
▷ いつまでも学生のままでいられたらなあ
   언제까지나 학생인 채로 있었으면 좋겠다.

¶部屋は内側から鍵がかかったままになっていた 방은 안쪽에서 열쇠가 잠긴 채였다.／彼は宿題もやりかけたまま遊びに行った 그는 숙제를 하다 말고 놀러 갔다.／彼は野球部で3年間補欠のままだった 그는 야구부에서 3년간 후보 선수였다.／今のままだと君の提案は受け入れられないと思う 지금 그대로라면 네 제안은 받아들여지지 않을 것 같다.

¶彼女は服を着たまま寝てしまった 그녀는 옷을 입은 채로 잠들어 버렸다.
¶彼は「今のままの君が好きだ」と言ってくれた 그는 "지금 그대로의 네가 좋다"라고 말해 주었다.／この魚は生のままでも食べられる 이 생선은 날것으로 먹을 수 있다.／私の故郷は20年前のままで少しも変わっていない 내 고향은 20년 전 그대로 조금도 변하지 않았다.

❷〔そのとおりに〕대로 ¶記者は難民の惨憺たる状況をあるがままに伝えた 기자는 난민의 비참한 상황을 있는 그대로 전했다.／両親に言われるままに結婚する 부모가 권하는 대로 결혼하다／彼は自分の思いのままに従業員を使っている 그는 자기 마음대로 종업원을 부렸다.

会話 なすがまま
A：君はかみさんの尻に敷かれているんだって？
B：ああ，もうなすがままってやつさ
A：넌 와이프가 목소리가 더 크다며？
B：응, 마누라 시키는 대로야. ／응, 다 집사람 마음이지.

**まま**【間々】가끔, 때때로 ¶そういうことはままあることだ 그런 것은 가끔 있는 일이다.
**ママ**〔呼び掛けで〕엄마〔バーなどの女主人〕마담
¶教育ママ 교육에 극성인 엄마／バレーボールのママさんチーム 엄마 배구 팀／バーのママ 바의 마담
**ままおや**【継親】계부모(継父母)

**ままこ**【継子】의붓자식〔男の子〕의붓아들(▶発音은 의부다들)〔女の子〕의붓딸
**ままごと**【飯事】소꿉놀이, 소꿉장난 ¶ままごとをする 소꿉장난을 하고 놀다／小さな女の子たちはままごとが好きだ 어린 여자 아이들은 소꿉놀이 하는 것을 좋아한다.
**ままちち**【継父】의붓아버지(▶発音은 의부다버지), 계부
**まま はは**【継母】의붓어머니(▶発音은 의부더머니), 계모
**まみず**【真水】민물〔淡水〕담수
**まみなみ**【真南】똑바로 남쪽, 정남방 ¶真南に向かう 똑바로 남쪽으로 향하다
**まみれる**【塗れる】〔覆われる〕투성이가 되다〔汚れる〕묻다 ¶彼の靴はほこりにまみれていた 그의 구두는 먼지투성이었다.／血まみれのシャツ 피투성이의 셔츠
**まむかい**【真向かい】맞은편〔正面〕정면 ¶真向かいに 맞바로／家の真向かいの店 집 맞은 편 가게／喫茶店でテーブルをはさんで彼と真向かいに座った 커피숍에서 테이블을 사이에 두고 그 남자 친구의 정면에 앉았다.
**まむし**【蝮】살무사
**まめ**【豆】콩〔えんどう〕완두〔大豆〕콩, 대두
¶はとに豆をやる 비둘기에게 콩을 주다／私の下宿では豆料理が毎日出る 우리 하숙에서는 콩 요리가 매일 나온다.／豆を炒る 콩을 볶다
関連 **豆台風** 소형 태풍／**豆知識** 알뜰 지식／〔節分の〕**豆まき** 콩 뿌리기
**まめ**【肉刺】〔たこや魚の目〕물집(▶発音은 물찝)
¶足にまめができた 발에 물집이 생겼다.／まめがつぶれた 물집이 터졌다.
**まめ**【忠実】◇まめだ 부지런하다 ◇まめに 부지런히, 바지런히 ¶彼はまめに働く 그는 부지런히 일 한다.
**まめたん**【豆炭】조개탄
**まめつ**【摩滅・磨滅】마멸 ◇摩滅する 마멸되다, 마멸되다, 닳다 ¶摩滅したタイヤを取り替えた 닳은 타이어를 갈아냈다.／CDは摩滅しないから오래 쓴다 CD는 닳지 않으니까 오래 쓴다.
**まめでっぽう**【豆鉄砲】콩알총 慣用句 彼ははとが豆鉄砲を食らったような顔をしていた 그는 갑작스러워 어리둥절한 표정을 지었다.
**まめでんきゅう**【豆電球】꼬마전구 ¶懐中電灯の豆電球が切れている 플래시(손전등)의 꼬마전구가 다 되었다.
**まめほん**【豆本】미니어처 북

**まもなく**【間もなく】곧, 금방〔ほどなく〕머지않아 ¶彼女は間もなく来るでしょう 그녀는 곧 올 겁니다.／この列車は間もなく京都駅に到着します 이 열차는 곧 교토역에 도착합니다.／今横浜だから東京には もう間もなくだよ 지금 요코하마니까 조금 더 가면 도쿄야.／彼は間もなく戻ってきます 그는 곧 돌아옵니다.／私は大学を卒業後, 間もなく韓国へ留学した 나는 대학을 졸업한 후 얼마 되지 않아 한국에 유학을 갔다.／大学を卒業して間もなく5年になる 졸업한 지 머지않아 5년이 된다.

会話 間もなくってどれくらい？

A：佐藤さんをお願いします
B：ただ今外出中で、間もなく戻りますが
A：間もなくってどれくらいですか
B：あと2，30分だと思います

A：사토 씨 부탁드립니다.
B：지금 잠시 외출중이신데요, 금방 오실 텐데.
A：어느 정도 걸릴까요?
B：한 20, 30분 정도면 오실 것 같습니다.

**まもの【魔物】** 마물, 요물(妖物)
**まもり【守り】** 수비(守備) ¶そのチームは守りが堅い[弱い] 그 팀은 수비가 견고하다[약하다]. / まず守りを固めることが必要だ 우선 수비를 견고히 할 필요가 있다. / (野球で)守りにつく 수비에 들어가다
¶彼女は守りが堅くて容易に口説けない 그 여자는 경계심이 강해서 쉽게 유혹할 수 없다.

[関連]守り神 수호신(守護神)

**まもる【守る・護る】**❶〔防御する〕지키다, 수호하다〔防ぐ〕막다〔スポーツで〕수비하다 ¶わが軍は敵から町を守った 아군은 적으로부터 마을을 지켰다. / 兵士たちは陣地を守ろうとして必死に戦った 병사들은 진지를 사수하려고 필사적으로 싸웠다. / この警報装置は事務所に泥棒が入らないように守ってくれる 이 경보 장치는 사무실에 도둑이 들어오지 않도록 지켜 준다. / このクリームはあなたの皮膚を有害な紫外線から守ります 이 크림은 당신의 피부를 자외선으로부터 지킵니다. / コートが寒さから守ってくれた 코트가 추위로부터 지켜 줬다.

¶(サッカーなどで)ゴールを守る 나는 골을 지킨다. / 一塁を守っているのはだれですか 1루를 지키고 있는 사람은 누구입니까？

❷〔履行する，従う〕지키다〔聞く〕듣다 ¶約束は守ってね 약속을 지켜 줘. / 高速道路で制限速度を守るドライバーは少ない 고속도로에서 제한 속도를 지키는 운전자는 적다. / 君はもうちょっと時間を守るべきだ 너는 시간을 좀더 잘 지켜야 한다. / 君は先生の忠告を守ったほうがいいよ 너는 선생님 충고를 듣는 편이 좋다.

❸〔維持する〕지키다, 유지하다 ¶スイスは何世紀も中立を守ってきた 스위스는 몇 세기나 중립을 유지해 왔다. / 彼は長い間沈黙を守った 그는 긴 시간 침묵을 지켰다. / 村人たちは昔からの伝統を固く守っている 마을 사람들은 예로부터 전통을 굳건히 지키고 있다. / その力士はまだ全勝を守っている 그 씨름꾼은 지금까지 전승을 유지하고 있다.

**まやく【麻薬】** 마약〔麻酔薬〕마취약〔覚醒剤〕각성제 ¶麻薬を用いる 마약을 쓰다 [関連]麻薬常用者 마약 상용자 / 麻薬捜査官 마약 수사관 / 麻薬中毒 마약 중독 / 麻薬取締法 마약 단속법 / 麻薬密売人 마약 밀매인

**まゆ【眉】** 눈썹 ¶彼はまゆが濃い 그는 눈썹이 진하다. / 細いまゆ 실[가는] 눈썹 / 黒いまゆ 검은 눈썹
¶それを聞いて彼女はまゆをひそめた 그것을 듣고 그녀는 눈썹을 찌푸렸다. / 彼はまゆ一つ動かさずにだまって話を聞いていた 그는 눈썹 하나 꿈적하

지 않고 가만히 이야기를 듣고 있었다. / (化粧で)まゆを描く 눈썹을 그리다 / 八の字まゆ 팔자 눈썹 [関連]まゆ墨 눈썹을 그리는 먹

**まゆ【繭】** 고치, 누에고치 ¶まゆから糸をとる 누에고치에서 실을 뽑다
**まゆげ【眉毛】** 눈썹 ⇒眉
**まゆつば【眉唾】** ¶その話はまゆつばものだ 그 이야기는 미심쩍다.
**まよい【迷い】**〔躊躇〕주저〔妄想〕망상 ¶彼の話を聞いて迷いが覚めた 그의 이야기를 듣고 깨달았다.

**まよう【迷う】**❶〔道に迷う〕잃다, 헤매다
¶彼らは山の中で道に迷った 그들은 산속에서 길을 잃었다. / どうも迷ったみたいだ. さっきの分かれ道まで戻ろう 아무래도 길을 잃은 것 같아. 방금 그 갈림길까지 돌아가자. / いんこが私の部屋へ迷い込んできた 잉꼬가 내 방에 잘못 들어왔다.

❷〔決断できない〕망설이다〔ためらう〕주저하다〔気持ちがぐらつく〕흔들리다〔悩む〕고민하다
¶マイホームを購入するかどうかまだ迷っている 집을 살까 말까 아직 망설이고 있다. / 何を注文しようか迷っている 뭘 주문할지 망설이고 있다. / 彼女に真実を告げるべきか否か判断に迷った 그녀에게 진실을 고해야 할지 말지 판단이 흔들렸다. / ソンギュは行くべきかどうか迷った 선규는 가야 할지 어떨지 주저했다. / どちらの道を行くべきか迷っている 어느 쪽 길을 가야 할지 고민하고 있다.

[会話]選択に迷う
A：どちらにするか迷うなあ
B：僕なら迷わずこっちだね
A：어느 쪽으로 할지 고민된다.
B：나라면 고민할 것 없이 이쪽이야.

❸〔分別を失う〕눈이 어두워지다, 유혹되다, 빠지다 ¶その男は欲に迷った 그 남자는 욕심에 눈이 어두워졌다. / 女に迷う 여색에 빠지다

[慣用句]両親を失ったその子供たちは路頭に迷ってしまった 부모를 잃은 그 아이들은 살기가 몹시 어려워졌다.

**まよけ【魔除け】**〔お守り〕부적 ¶日本ではいわしの頭が魔除けになると伝えられている 일본에서는 전갱이 머리가 부적이 된다고 전해지고 있다.

**まよなか【真夜中】** 한밤중〔夜中の12時〕자정
¶帰宅したのは真夜中を過ぎていた 집에 돌아온 것은 자정을 지나고 나서였다. / 彼は毎晩真夜中過ぎまで机に向かっている 그는 매일밤 한밤중까지 책상에 앉아 있다.

**マヨネーズ** 마요네즈 ¶彼女はサラダにマヨネーズをかけた 그녀는 샐러드에 마요네즈를 넣었다.

**まよわす【迷わす】** 현혹하다〔だます〕속이다〔誘惑する〕매혹하다 ¶現代社会には若者を迷わす甘い誘惑が多い 현대 사회에는 젊은이를 현혹하는 달콤한 유혹이 많다.

**マラソン** 마라톤 ¶彼は先週の日曜日にマラソンに出た 그는 지난주 일요일에 마라톤에 나갔다.
[関連]マラソン選手 마라톤 선수

**マラリア** 말라리아, 학질 ¶多くの住民がマラリアにかかっている 많은 주민이 말라리아에 걸려

있다. 関連 マラリア患者 말라리아 환자 / マラリア熱 말라리아열

**まり【毬・鞠】** 공 ▮まりをつく 공을 치다

**マリネ** 매리네이드 ▮鮭のマリネ 연어의 매리네이드 関連 マリネ漬 매리네이드 절임

**マリファナ** 마리화나 ▮マリファナを吸う 마리화나를 피우다 / 彼はマリファナ所持のかどで逮捕された 그는 마리화나 소지 혐의로 체포되었다.

**まりょく【魔力】** 마력〔魅力〕매력

**マリンバ** 마림바

**まる【丸】** 동그라미〔円〕원 ▮丸を描く 동그라미를 그리다 / 丸をつける 동그라미를 치다 / 正しい答えの番号を丸で囲みなさい 올바른 답의 번호를 동그라미로 치시오.
▮僕の答案はほとんど丸だった(→正解だった) 내 답안은 대부분 정답이었다. 関連 丸えり 둥근 깃 / 丸のこ 둥근 톱 / 二重丸 이중 동그라미

**まる-【丸-】**▮韓国語の翻訳に丸1日かかった 한국어를 번역하는 데 꼬박 하루가 걸렸다. / りんごを丸かじりする 사과를 통째로 씹어 먹다

**まるあらい【丸洗い】** ◇丸洗いする 통째로 빨다 ▮この布団は丸洗いOKです 이 이불은 통째로 빨아도 됩니다.

**まるあんき【丸暗記】** ◇丸暗記する 그대로 외다 ▮彼はその詩を丸暗記した 그는 그 시를 그대로 외었다.

**まるい【丸い・円い】** ❶〔円形・球形・角がない〕둥글다, 동글다, 동그렇다, 동그랗다 ◇丸く〔円く〕둥글게, 동그렇게 ▮丸い月 둥근 달 / テーブルを円いのにするか四角いのにするかでもめた 테이블을 둥근 것으로 할지 사각인 것으로 할지 옥신각신했다. / 地球は完全に丸いわけではない 지구는 완전히 둥근 것은 아니다. / 日本のすいかは丸いけど、アメリカのは横長なんだよ 일본의 수박은 둥글지만 미국 것은 길쭉해. / その女の子は丸くて赤いほっぺをしている 그 여자 아이는 볼이 통통하고 빨갛다.
▮みんなキャンプファイヤーを円く囲んで座った 모두 캠프파이어를 둥글게 둘러싸고 앉았다. / そのとがったところは紙やすりで丸くしたほうがいいよ 그 뾰족한 곳은 사포로 둥글게 하는 게 좋아. / 鉛筆の先が丸くなった 연필 끝이 둥글게 되었다. / 彼女は目を丸くして驚いた 그녀는 놀라 눈을 둥그렇게 떴다. / 猫は彼女の膝に丸くなって寝ていた 고양이는 그녀의 무릎에 몸을 웅크리고 자고 있었다.
❷〔状態が穏やかだ〕원만하다, 온화하다 ◇丸く 원만히, 온화하게 ◇性格が丸い人 성격이 원만한 사람 ▮父は最近かなりまるくなってきた 아버지는 요즘 꽤 온화해졌다. / 両国の領土紛争はまるくおさまった 양국의 영토 분쟁은 원만히 해결되었다.

**まるうつし【丸写し】** ▮彼は私のレポートを丸写しした 그는 내 리포트를 그대로 베꼈다.

**まるがお【丸顔】** 둥근〔둥그스름한〕얼굴 ▮丸顔の女の子 둥근 얼굴의 여자

**まるがかえ【丸抱え】** ▮会社丸抱えの社員旅行 회사가 비용을 전액 부담한 사원 여행

**まるがり【丸刈り】** 까까머리 ▮少年は髪を丸刈りにしていた 소년은 머리를 빡빡 깎았다.

**まるき【丸木】** 통나무 ▮丸木橋 외나무다리 / 丸木船 통나무배

**マルクスしゅぎ【マルクス主義】** 마르크스주의 関連 マルクス主義者 마르크스주의자 / マルクス・レーニン主義 마르크스-레닌주의

**まるくび【丸首】** ▮丸首のセーター 라운드넥 스웨터

**まるごし【丸腰】** ◇丸腰で 무기를 띠지 않고

**まるごと【丸ごと】** 통째로 ▮彼女はにわとりを1羽丸ごと料理した 그녀는 닭을 한 마리를 통째로 요리했다. / りんごを丸ごと食べた 사과를 통째로 먹었다.

**まるぞん【丸損】** 완전한 손해

**まるた【丸太】** 통나무 ▮丸太小屋 통나무집

**まるだし【丸出し】** ◇丸出しにする 드러내다 ▮彼女はひざを丸出しにして自転車をこいだ 그녀는 무릎을 드러내고 자전거 페달을 밟았다. / 彼は大阪弁丸出しで話す 그는 오사카 사투리를 드러내고 말한다.

**マルチ** 関連 マルチメディア 멀티미디어 / マルチ商法 다단계 판매 / マルチ人間 다재다능한 사람

**まるっきり【丸っ切り】** 도무지, 전혀 ▮まるっきりわからない 도무지 모르겠다. / それに関してはまるっきり知らない 그것에 관해서는 전혀 모르겠다. / まるっきり役に立たない 전혀 도움이 되지 않는다. / それはまるっきりうそではない 그것은 완전한 거짓말은 아니다.

**まるつぶれ【丸潰れ】** ▮休日が丸つぶれになった 휴일이 완전히 엉망이 되었다. / 面目丸つぶれだ 체면이 말이 아니다.

**まるで** ❶〔ちょうど, あたかも〕마치, 꼭
基本語
▷彼はまるで幽霊でも見たような顔をしていた
　그는 마치 유령이라도 본 것 같은 얼굴을 하고 있었다.
▷彼女は私をまるで子供のように扱う
　그녀는 나를 마치 아이처럼 취급한다.
▷ほらあの雲、まるでいわしのようだよ
　어, 저 구름 마치 전쟁이 같아.
▮そのことはまるできのうのことのように覚えている 그 일은 마치 어제 일같이 기억하고 있다. / 隣のおばさんは私をまるで孫娘のようにかわいがってくれた 옆집 할머니는 나를 마치 손녀딸처럼 귀여워해 주셨다. / あの赤ちゃんは丸々としてかわいくてまるでお人形みたいね 저 아기는 동글동글하고 귀여워서 마치 인형 같네. / 彼はまるで芸術家のように見える 그는 꼭 예술가같이 보인다. / 彼女とデートできるなんてまるで夢のようだ 그녀와 데이트할 수 있다니 꼭 꿈만 같다. / それじゃまるで私一人が悪いみたいじゃない 그러면 마치 나 혼자 나쁜 것 같잖아. / まるで雪にでもなりそうな空模様だ 마치 눈이라도 내릴 것 같은 하늘이다. / 彼女はまるで出ていけと言わんばかりに私を見ている 그녀는 마치 나가라는 듯이 나를 보고 있다.
❷〔まったく, 全然〕전혀, 전연, 통 ▮この町は10年前とはまるで違う 이 동네는 10년 전과는 전혀

다르다. / 実はその事についてはまるで知りませんでした 실은 그 일에 관해서는 전혀 몰랐습니다. / 彼はビジネスのことはまるでわかっちゃいないね 그는 비즈니스에 관해서는 전혀 모르는구먼. / 彼はマネージャーとしてはまるでついていない 그는 매니저로서는 아주 무능하다.

**まるてんじょう【丸天井】** 둥근 천장
**まるのみ【丸呑み】** ◇丸のみにする 통째로 삼키다 ¶蛇はかえるを丸のみにしてしまった 뱀은 개구리를 통째로 삼켜 버렸다.
**まるはだか【丸裸】** 발가숭이, 벌거숭이, 알몸 〔無一文〕무일푼. 빈털터리, 빈털타리 ¶彼は丸裸になって川に飛び込んだ 그는 알몸이 되어 강에 뛰어 들었다. / 子供たちが丸裸で水遊びをしている 아이들이 알몸으로 물놀이하고 있다.
¶彼は事業に失敗して丸裸になった 그는 사업에 실패해서 빈털터리가 되었다.
**まるばつ【○×】** 오엑스(▶英語의 O, X 에서) ¶まるばつ式のテスト 오엑스 문제
**まるひ【丸秘】** 기밀(機密) ◇丸秘の 기밀의 ¶その情報はすべて丸秘扱いになった 그 정보는 모두 기밀 취급이 되었다. / 丸秘の書類 기밀 서류
**まるぼうず【丸坊主】** 까까머리 ¶彼は脳の手術を受けるために丸坊主にならなくてはならなかった 그는 뇌 수술을 받기 위해 까까머리가 되어야 했다. / 乱伐でその山は丸坊主になってしまった 난벌로 그 산은 벌거숭이가 되어 버렸다.
**まるぽちゃ【丸ぽちゃ】** ◇まるぽちゃだ 토실토실하다
**まるまる【丸まる】** 둥그렇게 움츠리다 ¶彼はふとんの中で丸まって寝ていた 그는 이불 속에서 동그렇게 움츠리고 자고 있었다.
**まるまる【丸々】** ❶〔ふっくらと太っている様〕토실토실 ◇丸々とした〔まるぽちゃの〕토실토실한 〔肉づきのよい〕통통한, 통통한 ¶ベッドの中で丸々と太った赤ん坊が眠っている 침대 속에 토실토실 살찐 아기가 자고 있다. / 丸々としたパンダがとてもかわいかった 통통한 팬더가 아주 귀여웠다. / 丸々としたほっぺた 통통한 볼
❷〔全部〕전부, 완전히, 깡그리 ; 꼬박 ¶彼は商売で丸々損をした 그는 장사로 완전히 손해 보았다. / 競馬で丸々10万円負けた 경마에서 깡그리 10만 엔 날렸다.
¶新婚旅行へ行くため、丸々1週間の休暇をとった 신혼여행 가기 위해 1주일간 휴가 받았다.
**まるみ【丸み】** ◇丸みのある 둥그스름하다 ¶彼はやすりで板の角に丸みをつけた 그는 줄로 판자의 모퉁이를 둥그스름하게 했다. / 娘も15歳になって体に丸みを帯びてきた 딸도 15살이 되어서 몸이 둥그스름해졌다.
**まるみえ【丸見え】** ◇丸見えだ 죄다 보이다 ¶その部屋は外からまる見えだ 그 방은 밖에서 죄다 보인다.
**まるめこむ【丸め込む】** 〔うまい言葉で言いくるめる〕구슬리다 ¶父を丸め込んでバッグを買ってもらった 아버지를 구슬려서 가방을 샀다. / 彼らは彼を丸め込んで味方にした 그들은 그를 구슬려서 자기 편으로 만들었다.
**まるめる【丸める】** 〔球状・円筒状にする〕둥글게 하다〔体を〕구부리다〔塊にする〕뭉치다〔巻く〕감다 ¶地震が起こった時、彼は体を丸めて机の下に潜り込んだ 지진이 일어났을 때 그는 몸을 둥글게 하고 책상 밑에 들어갔다. / シャツを丸めて洗濯機に入れた シャツを뭉쳐서 세탁기에 넣었다. / 紙を丸めてくず入れに捨てた 종이를 뭉쳐서 쓰레기통에 버렸다. / 彼は手に丸めた雑誌を持っていた 그는 손에 둥글게 감은 잡지를 가지고 있었다.

**まるもうけ【丸儲け】** ◇丸儲けする 크게 벌다, 대박이 나다 ¶株の売買で100万円ほど丸儲けした 주식 매매로 100만 엔 정도 크게 벌었다.
**まるやき【丸焼き】** 통구이 ¶チキンの丸焼き 통닭구이
**まるやけ【丸焼け】** ◇丸焼けになる 몽땅 타 버리다 ¶その家は火事で丸焼けになった 그 집은 화재로 몽땅 탔다.
**まれ【稀】** ◇まれだ 드물다 ◇まれな 드문 ◇まれに 드물게 ¶こんなことが起こるのはまれだ 이런 일이 일어나는 것은 드물다. / まれな出来事 드문 일 / まれにそういう結果が出るときがある 드물게 그런 결과가 나올 때가 있다.
¶彼の奥さんはまれに見る美人だった 그의 부인은 보기 드문 미인이었다. / 彼はまれに見るピアノの才能を持っている 그는 드물게 볼 수 있는 피아노의 재능을 가지고 있다.
**マロニエ** 〖植物〗마로니에
**まろやか【円やか】** ◇まろやかな〔味〕순하다 ◇まろやかな 순한 ¶そのソースはまろやかな舌ざわりだった 그 소스는 순한 맛이었다.
**マロン** 마롱 関連 マロングラッセ 마롱 글라세
**まわし【回し】** 〖相撲〗샅바
**まわしー【回しー】** ¶雑誌を回し読みした 잡지를 돌려 읽었다.

## まわす【回す】❶〔回転させる〕돌리다 ¶こまを回す 팽이를 돌리다 / ハンドルを回す 핸들을 돌리다 / 首をぐるりと回す 목을 휙 돌리다 / 地球儀を回しながら彼は自分が行った国を説明した 그는 지구본을 돌리면서 자기가 간 나라를 설명했다. / 彼は椅子をくるっと回して私のほうを向いた 그 의자를 빙 돌려서 내 쪽을 향했다. / 洗濯機を回しながら部屋を掃除した 세탁기를 돌려 놓고 방을 청소했다.

**会話** ふたの開け方
A：このジャムのふた、開かないよ
B：反対に回してるじゃないの．左に回すんだよ
A：이 잼 뚜껑 안 열려．
B：반대로 돌리고 있잖아．왼쪽으로 돌려야지．

❷〔順に渡す〕돌리다 ¶飲み物をこちらにも回してください 음료수를 이쪽으로도 돌려 주세요. / 資料を1部取って残りは隣の人に回した 자료를 한 부 쓱 집어서 남은 것은 옆 사람에게 돌렸다. / 全員に書類を回してください 전원에게 서류를 돌려 주세요. / 杯を回す 잔을 돌리다

❸〔人などを移す〕전임시키다〔車をよこす〕보내다 ¶彼は札幌支社へ回された 그는 삿포로 지사로 전임되었다. / 車を1台こちらに回してもらえませんか 차를 한 대 이쪽으로 보내 주지 않겠습

니까? / 請求書は経理部に回してください 청구서는 경리부에 보내 주세요.
¶内線123番に回してください 내선 123번으로 돌려 주세요.
❹【その他】¶このお金は旅行の費用に回すことになっている 이 돈은 여행 비용으로 쓰게 되어 있다. / 少女は母親の首に手を回して甘えた 소녀는 어머니의 목에 팔을 두르고 어리광[응석]부렸다.

**まわた**【真綿】풀솜, 설면자(雪綿子) 慣用句 それは真綿で首を締めるようなものだ 그것은 풀솜으로 목을 조르는 거나 마찬가지다. / 그것은 은근히 구박하고 있는 것이나 다름없다.

**まわり**【回り·廻り】¶火の回りが早くて逃げるのがやっとだった 불길의 번짐이 빨라서 겨우 도망쳤다. / 年をとると酒の回りが早くなる 나이가 들수록 술기운이 빨리 돈다. / 彼は南回りでパリへ行った 그는 남쪽으로 돌아서 파리에 갔다. / 彼のシャツは私のよりも二回り大きい 그의 셔츠는 내 것보다 두 치수 크다. / 彼女は私より一回り年下だ 그녀는 나보다 열두 살 아래다.

**まわり**【周り】둘레, 주위(周囲)｜【円周】원주〈近所〉근처, 부근(付近), 주변(周辺)

◆【周りが·周りは】
¶この大木は周りが10メートルもある 이 큰 나무는 둘레가 10미터나 된다. / 地球の周りは何キロですか 지구의 둘레는 몇 킬로입니까? / 彼女は周りがまったく静かなので怖くなった 그녀는 주변이 너무나 조용해서 무서워졌다. / 私の家の周りは10年前は畑しかなかった 내 집 주변에는 10년 전에는 밭밖에 없었다.

◆【周りの】
¶周りの人に迷惑をかけないようにしなさい 주변 사람들에게 폐를 끼치지 않도록 해. / 周りの選手たちはみな少し緊張していた 주위의 선수들은 모두 긴장해 있었다. / 彼女は周りの影響を受けやすい 그녀는 주위의 영향을 잘 받는다.

◆【周りで·周りに】
¶彼女は首の周りにスカーフを巻いている 그녀는 목 주위에 스카프를 둘렀다. / みんな暖炉[テーブル]の周りに座った 모두 난로[테이블] 주변에 앉았다. / わが家の周りには生け垣が巡らされている 우리 집 주위에는 산울타리가 둘러쳐져 있다. / 彼の家の周りには雑木林がある 그의 집 주변에는 잡목림이 있다.

◆【周りを】
¶月は地球の周りを回っている 달은 지구의 주위를 돌고 있다. / 午後ずっと湖の周りを歩いて過ごした 오후 내내 호수의 주변을 걸으며 보냈다.

**まわりくどい**【回りくどい】에두르다, 완곡하다, 간접적이다 ¶そんな回りくどい言い方はやめてはっきり言ってくれ 그렇게 빙 돌리지 말고 바로 말해 줘.

**まわりみち**【回り道】¶回り道をして家に帰った 길을 빙 돌아서 집에 돌아갔다. / 人生には時には回り道も必要だ 인생에 있어서 때로는 우회하는 것도 필요하다.
会話 回り道をしたい

A：ちょっと回り道をしてもいいかしら?
B：いいけど. どうして
A：パン屋さんでパンを買いたいの
A：좀 돌아서 가도 될까?
B：좋아. 근데 왜?
A：빵집에서 빵 좀 사고 싶어.

**まわりもち**【回り持ち】◇回り持ちで 차례로
¶国体は県ごとに回り持ちで開催される 국민 체육 대회는 현마다 차례로 개최된다.

**まわる**【回る】❶【回転する】돌다, 회전하다
¶くるりと(左に)回ってごらん 빙 (왼쪽으로) 돌아 봐. / 地球は太陽の周りを回っている 지구는 태양 주위를 돌고 있다. / 地球は地軸を中心に24時間で1回まわる 지구는 지축을 중심으로 24시간에 한 번 돈다. / 先頭のランナーがちょうどコーナーを回った 선두 주자가 지금 막 코너를 돌았다. / この舞台は回るようにできている 이 무대는 회전하도록 되어 있다. / こまがくるくる回っている 팽이가 빙빙 돌고 있다. / とびが頭上を回りながら飛んでいる 소리개가 머리 위를 돌면서 날고 있다. / たくさんの人工衛星が地球の周りを回っている 많은 인공위성이 지구 주위를 돌고 있다. / そのモーターは電気で回っている 그 모터는 전기로 회전하고 있다. / 回れ, 右(▶号令)뒤로 돌아!
¶君は世界が自分を中心に回っていると思っているんじゃないか 너는 세상이 자기를 중심으로 돌고 있다고 생각하는 거 아니야?

❷【巡回する】돌다, 돌아다니다, 돌아오다 ¶注文取りに取引先を回る 주문을 받으러 거래처를 돌다 / ソウルで骨董品店をいくつか回った 서울에서 골동품 가게를 몇 군데 돌았다 / 友人のところをあちこち回って何とか10万円かき集めた 친구들 집을 여기저기 돌아서 겨우 10만 엔을 긁어 모았다. / 駅の中を見て回ったが彼女に会えなかった 역 구내를 돌아봤지만 그녀를 만날 수 없었다. / 血液は体中を回っている 혈액은 온 몸을 돌고 있다. / 彼は昨年韓国中を回った 그는 작년에 한국 전역을 돌았다. / みんなに回るだけクッキーがありますか 모두에게 돌릴 만큼 쿠키가 있어요? / グラスはみんなに回ったかな. じゃあ乾杯しよう 잔을 모두에게 돌렸나? 자 건배하자.

❸【迂回する】돌다, 돌아가다〈立ち寄る〉들르다 ¶交通渋滞を避けるために別の道に回った 교통 체증을 피하기 위해서 다른 길로 돌았다. / ホノルルを回って日本に帰った 호놀룰루를 돌아서 일본으로 돌아왔다. / 玄関に回ってください 현관 쪽으로 가 주세요.

❹【位置·立場を移る】옮겨지다, 바뀌다 ¶(野球で)高橋はこの回からライトからセンターに回った 다카하시는 이번 회부터 라이트에서 센터로 옮겼다. / きょうは聞き役に回ることにした 오늘은 듣는 입장이 되기로 했다.

❺【(時)が過ぎる】지나다 ¶2時を回ったところです 방금 두 시를 지났습니다.

❻【その他】¶舌がよく回る 혀가 잘 돌아가다｜막힘없이 잘 이야기하다 / 酒が回る 술기운이 돌다 / 주기가 오르다 慣用句 急がば回れ 바쁠

수록 돌아가라.

- **まわる【回る】** -아[-어] 다니다 ¶子供が庭を走り回っている 아이가 마당을 뛰어 다니고 있다. / あちこち探し回った 여기저기 찾아 다녔다.

**まん【万】** 만 ¶アルバイトで3万円もらった 아르바이트로 3만 엔 받았다. / 大阪市の人口は約260万人です 오사카시의 인구는 약 260만 명입니다. / あの大学には2万人以上の学生が在籍している 그 대학에는 2만 명 이상의 학생이 재적하고 있다. / 宝くじで100万円当たった 복권으로 100만 엔에 당첨되었다. / 何万人もの人々が集会に参加した 수만 명의 사람들이 집회에 참가했다. 慣用句 万が一会えないといけないから、必ず携帯電話を持っていきなさい 만일 못 만나면 안 되니까 반드시 휴대 전화를 가지고 가요. / 君が僕に勝てる可能性なんて万に一つもないよ 네가 나에게 이길 가능성 같은 거「만의 하나도[눈곱만큼도]」없다.

**まん-【満-】** 만 ¶うちの子は来年で満7歳になる 우리 아이는 내년에 만 일곱 살이 된다.

**まんいち【万一】** ❶ [非常の場合] 만일 ¶万一の場合にはこのボタンを押してください 만일의 경우에는 이 단추를 눌러 주세요. / 万一に備えて彼は貯金をしている 만일에 대비해서 그는 저금하고 있다. / 私に万一のことがあっても取り乱さないように 내가 죽어도 당황하지 않도록 해야 한다. ❷ [もしも] 만약 ¶万一電車に乗り遅れたら電話してください 만약 전철을 놓치면 전화해 주세요. / 万一失敗したらどうするの 만약 실패하면 어떡해?

**まんいん【満員】** 만원 ¶劇場は満員で入れなかった 극장은 만원으로 들어갈 수 없었다. / スタジアムは満員にはほど遠かった 스타디움은 만원에는 훨씬 못 미쳤다. / 朝はそのバスは通学の生徒で満員です 아침에 그 버스는 통학 학생으로 만원입니다. / 演説会場は満員で、立錐の余地もなかった 연설 회장은 사람이 많아 발 디딜 틈도 없었다. / けさの電車は超満員だった 오늘 아침 전철은 초 만원이었다. 関連 満員御礼 만원 사례 / 満員電車 만원 전철

**まんえつ【満悦】** 만족 ¶彼はご満悦の様子だった 그는 만족한 것 같았다.

**まんえん【蔓延】** 만연 ◇蔓延する 만연하다, 만연되다 ¶伝染病の蔓延を防ぐために予防接種が行われた 전염병의 만연을 막기 위해서 예방 접종이 실시되었다. / インフルエンザが蔓延している 유행성 감기가 만연하고 있다.

**まんが【漫画】** 만화 ¶この漫画は本当に面白い 이 만화는 참 재미있다. /「漫画は好き?」「もちろん」"만화는 좋아해?" "그럼." / ドラえもんは漫画に出てくる有名なキャラクターだ 도라에몽은 만화에 나오는 유명한 캐릭터이다. / 弟と一緒に漫画映画を見に行った 동생과 같이 만화 영화를 보러 갔다. / この漫画は100万部以上売れた 이 만화책은 100만부 이상 팔렸다. /「将来、何になりたいですか」「漫画家です」"앞으로 뭐가 되고 싶어요?" "만화가에요." ¶漫画を読む 만화를 읽다 / 漫画を描く 만화를 그리다 関連 漫画喫茶 만화방 / 漫画雑誌 만화잡지 / 時事漫画 시사만화 / 風刺漫画 풍자만화 / 4コマ漫画 네컷 만화 / 連載漫画 연재만화

**まんかい【満開】** 만개, 만발(満発) ¶桜が満開だ 벚꽃이 만발했다. (►過去形で表現する)

**マンガン【鉱物】** 망간

**まんき【満期】** 만기 ¶この保険は被保険者が60歳で満期になります 이 보험은 피보험자가 60세로 만기가 됩니다. / この定期預金は3年満期です 이 정기 예금은 3년 만기입니다. 関連 満期償還 만기 상환 / 満期日 만기일 / 満期利回り 만기 이율

**まんきつ【満喫】** 만끽 ◇満喫する 만끽하다 ¶私たちは済州島で休暇を満喫した 우리는 제주도에서 휴가를 만끽했다.

**まんげつ【満月】** 만월 [十五夜の月] 보름달 ¶夕べは満月だった 어젯밤은 보름달이었다.

**マンゴー【植物】** 망고

**まんさい【満載】** 만재 ◇満載する 만재하다 [荷物などを] 가득[가득] 싣다 [記事などを] 가득 [가득] 게재하다 ¶トラックは砂利を満載していた 트럭은 자갈을 가득 싣고 있었다. / その雑誌の今週号はソウルの見所情報を満載している 그 잡지의 이번주 호는 서울의 볼만한 곳 정보를 가득 싣고 있다.

**まんざい【漫才】** 만담(漫談) 関連 漫才師 만담가

**まんざら【満更】** ¶彼女の料理はまんざら悪くもない 그녀의 요리는 그렇게 맛없는 것도 아니다. / 彼は娘が恋人を紹介したとき、まんざらでもない様子だった 그는 딸이 애인을 소개했을 때 그다지 싫은 표정은 아니었다. / 彼女はまんざら彼が嫌いでもなさそうだ 그녀는 그 남자가 그렇게 싫은 것은 아닌 것 같다.

**まんじ【卍】**[仏教] 만 [記号] 만자(卍字)(►発音は 만자) ¶卍形の桟をもつ窓 만자창

**まんしつ【満室】** 만실 ¶ホテルは満室だった 호텔은 빈방이 없었다. / 満室 [►掲示] 만실

**まんじゅう【饅頭】** 만두 関連 肉饅頭 고기 만두

**まんしゅうじへん【満州事変】** 만주 사변

**まんじょう【満場】** 만장 ¶彼の演説は満場の喝采を浴びた 그의 연설은 만장의 갈채를 받았다. / 決議案は満場一致で可決された 결의안은 만장일치로 가결되었다.

**マンション** 맨션, 아파트 ¶彼は都心に3LDKのマンションを買った 그는 도심에 3LDK[방 세 개 짜리] 아파트를 샀다. 関連 高層マンション 고층 아파트 / 賃貸マンション 임대 아파트 / 分譲マンション 분양 아파트 / ワンルームマンション 원룸 아파트

**まんじり** ◇まんじりともせず 뜬눈으로, 한잠도 못 자고, 꼼짝 않고 ¶まんじりともせずに一夜を明かした 뜬눈으로 밤을 새웠다.

**まんしん【満身】** 만신, 전신, 온몸 ¶彼は満身の力をこめてバーベルを持ち上げた 그는 전신의 힘을 모아 바벨을 들어올렸다. / 満身創痍だった 그는 만신창이였다.

**まんせい【慢性】** 만성 ◇慢性的 만성적 ¶慢性の

下痢に悩まされている 만성 설사로 고생하고 있다. / その国は慢性のインフレに悩んでいる 그 나라는 만성 인플레이션에 시달리고 있다. / 私の腰痛は慢性化している 나의 요통은 만성화되고 있다.
[関連] 慢性疾患 만성 질환・慢性病 만성병

**まんぜん 【漫然】** ◇漫然と 만연히, 멍하니 ¶退職後は漫然と日々を送りたくない 퇴직 후에는 멍하니 나날을 보내고 싶지 않다. / 彼は休みの間ただ漫然として過ごした 그는 쉬는 동안 그냥 멍하니 보냈다.

## まんぞく 【満足】 ❶〔望みを満たすこと〕만족 ◇満足する 만족하다 ◇満足だ 만족스럽다 ◇満足な 만족스러운

◆【満足の】
¶会社から満足のいく回答が得られましたか 회사에서 만족스러운 회답이 왔습니까? / その件について満足のいくまで説明してください 그 건에 관해서 만족할 만큼 설명해 주세요. / これらの商品は決して満足のいくものではない 이 상품들은 결코 만족스러운 것은 아니다. / それは自己満足に過ぎない 그것은 자기만족에 불과하다.

◆【満足(感)を】
¶彼は大学生活に満足を覚えている 그는 대학 생활에 만족하고 있다. / おいしい韓国料理が彼女に満足感を与えた 맛있는 한국 요리가 그녀에게 만족감을 주었다. / 仕事に大きな満足感を得ている 일에서 큰 만족감을 얻고 있다.

◆【満足する】
¶交渉の結果を知って彼はとても満足していた 교섭 결과를 알고 그는 아주 만족했다. / 私は現在の境遇に満足しています 나는 현재의 처우에 만족하고 있습니다. / 仕事の進捗状況に満足している 일의 진척 상황에 만족하고 있다. / ほめてあげれば彼女は満足するだろう 칭찬해 주면 그녀는 만족할 것이다. / だだをこねる子供にアイスクリームを与えて満足させた 떼를 쓰는 아이에게 아이스크림을 주어 만족시켰다.

◆【その他】
¶彼は満足気にうなずいた 그는 만족한 듯 끄덕였다.

[会話] 満足かどうか尋ねる
A：料理にはご満足いただけましたか
B：ええ、とても
A：요리에는 만족하셨습니까?
B：예, 아주.
A：月収20万で満足してるの？
B：十分とは言えないね
A：월수 20만 엔에 만족하고 있어?
B：충분하다고는 말할 수 없지.

❷〔十分〕◇満足だ 충분하다, 만족하다 ◇満足な 충분한, 만족스러운 ◇満足に〔きちんと〕제대로 ¶今の給料では満足な暮らしはできない 지금의 월급으로는 만족스러운 생활은 할 수 없어요 며칠 동안 만족스러운 식사를 못했다. / 忙しくてここ数日満足な食事をしていない 바빠서 / この職場には満足なパソコンが1台もない 이 직장에는 제대로 된 컴퓨터가 한 대도 없다. / 彼は満足にあいさつもできない 그는 제대로 인사도 못한다. / 緊張してしまい彼女と満足に口もきけな

かった 긴장해서 그녀와 제대로 말도 못했다.

**まんだら 【曼荼羅】** 만다라

**まんタン 【満タン】** 만탱크, 가득 ¶満タンお願いします 가득 넣어 주세요. / 가득이요. / タンクは満タンだった 탱크는 가득이었다.

**まんだん 【漫談】** 만담 [関連] 漫談家 만담가

**まんちょう 【満潮】** 만조, 밀물 ¶次の満潮は午後10時です 다음 만조는 오후 열 시입니다. / 満潮になる 만조가 되다・満潮時 만조시

**マンツーマン** 맨투맨 ¶その授業では教師が生徒にマンツーマンで教えている 그 수업에서는 교사가 학생에게 맨투맨으로 가르치고 있다.

**まんてん 【満天】** 만천, 온 하늘 ¶満天の星 온 하늘의 별

**まんてんか 【満天下】** 만천하, 온 천하 ¶満天下に知られている 만천하에 알려져 있다.

**まんてん 【満点】** ❶〔発音は 만점〕¶数学のテストで満点を取った 수학 시험에서 만점을 맞았다. / 100点満点の70点だった 100점 만점의 70점이었다. / 50点満点で採点する 50점 만점으로 채점하다
¶彼女は母親として満点だ 그녀는 어머니로서 만점이다.

**マント** 망토 ¶マントをまとう 망토를 두르다

**マンドリン** 만돌린

## まんなか 【真ん中】〔中心〕 중심〔中央〕 중앙〔中間〕 중간 ¶「写真見ていい？ あなたのってどれ」「真ん中にいるのがよ」 "사진 봐도 돼? 네 남자 친구는 어디 있어?" "한가운데 있는 사람이야." / 道の真ん中を歩くんじゃない 길 한가운데를 걷는 거 아니다. / これが真ん中の息子です 이 아이가 두 번째 아들입니다. / [韓国ではふつう「～番目」というので人数に合わせて두をおきかえる〕/ 五円玉は真ん中に穴があいている 5엔짜리는 한가운데에 구멍이 나 있다. / 銀行はこの通りの真ん中にある 은행은 이 길의 한가운데에 있다. / 的のど真ん中に当たったぞ 표적 한가운데에 맞았어. / 私の家はこの2つの駅の真ん中あたりにある 우리 집은 이 두 역의 중간쯤에 있다.

[会話] 真ん中にあるもの
A：どれがいいですか
B：真ん中のやつをください
A：어느 게 좋습니까?
B：제일 가운데 걸로 주세요.
A：お母さんはさみはどこ
B：真ん中の引き出しよ
A：엄마, 가위 어디 있어?
B：가운데 서랍에 있어.
A：彼は学校の成績はいいの？
B：クラスの上位10人には入るよ
A：すごいね。で、お前はどうなんだい
B：まあ、真ん中あたりかな
A：그 사람 학교 성적이 좋아?
B：반에서 상위 10위 안에는 들어.
A：굉장하네. 너는 어때?
B：음, 중간쯤일까?

**マンネリ** 매너리즘 ¶生活がマンネリに陥っている 생활이 매너리즘에 빠져 있다. / マンネリを抜け

出す 매너리즘을 벗어나다 / 最近のテレビドラマはマンネリ化している 최근 텔레비전 드라마는 매너리즘화되고 있다.

**まんねんひつ【万年筆】** 만년필
**まんねんゆき【万年雪】** 만년설 ¶山頂は万年雪を頂いている 산 정상은 만년설로 덮여 있다.
**まんびき【万引き】** ◇万引きする 슬쩍하다, 훔치다 ¶彼女はその店でCDを万引きしようとして捕まった 그녀는 그 가게에서 CD를 훔치려다 잡혔다.
**まんびょう【万病】** 만병 ¶万病に効く薬 만병통치약 慣用句 風邪は万病のもと 감기는 만병의 원인이다.
**まんぷく【満腹】** 만복 ¶もう満腹だ 이제 배불러. / 満腹時の入浴は避けたほうがよい 배부를 때의 목욕은 피하는 것이 좋다. / 食べ物をよくかめば満腹感が得られます 음식을 잘 씹으면 만복감을 얻을 수 있습니다.
**まんぶんのいち【万分の一】** 만분의 일
**まんべんなく【満遍なく・万遍なく】** 두루, 골고루 ¶彼女はパンにジャムをまんべんなく塗った 그녀는 빵에 잼을 골고루 발랐다.
**マンボ**〘音楽〙 맘보
**まんぼう【翻車魚】**〘魚類〙 개복치
**マンホール** 맨홀
**まんぽけい【万歩計】** 보수계(歩数計)
**まんまえ【真ん前】** 바로 앞 [正面] 정면 ¶車は私の真ん前に止まった 차는 내 바로 앞에 멈췄다. / うちの真ん前に10階建のビルが建った 우리 집 바로 앞에 10층 건물이 세워졌다.
**まんまと** 감쪽같이 ¶あの男にまんまとだまされた 그 남자에게 감쪽같이 속았다.

**まんまる【真ん丸】** ◇真ん丸だ 둥글다 ¶真ん丸顔の少女 둥근 얼굴의 소녀
**まんまん【満々】** ◇満々と 만만하다 ◇満々と〔なみなみと〕가득, 가득히, 가득 ¶彼女は自負満々だ 그 여자는 자신만만하다. / 彼はやる気〔野心〕満々だ 그 사람은「의욕에 가득 차 있다〔야심만만하다〕. / ダムは水を満々とたたえていた 댐은 물을 가득 담고 있었다.
**まんめん【満面】** 만면 ¶彼女は満面に笑みを浮かべて彼女を迎えた 그는 만면에 웃음을 띄우고 그녀를 맞았다. / 彼は喜色満面であった 그는 희색만면이었다.
**マンモス** 매머드 ¶マンモス大学[都市] 매머드 대학[도시] / マンモスタンカー 매머드 탱커
**まんゆう【漫遊】** 만유, 유람(遊覧) ◇漫遊する 만유하다, 유람하다 ¶世界を漫遊する 세계를 유람하다
**まんりき【万力】** 바이스
**まんりょう【満了】** 만료 〔満了する〕만료하다, 만료되다 ¶田中氏の知事としての任期は来年9月で満了となる 다나카 씨의 지사로서의 임기는 내년 구월로 만료된다. / 来月任期満了に伴う市長選挙が行われる 다음달에 임기 만료에 따른 시장 선거가 열린다.
**まんるい【満塁】** 만루 ¶日本は連打と四球で満塁にした 일본은 연타와 포볼로 만루가 되었다 / 韓国は9回の裏二死満塁でサヨナラのチャンスを迎えた 한국은 9회말 2사 만루로 굿바이승의 찬스를 맞았다. / イチローがどたんばで満塁ホームランを打った 이치로가 막판에 만루 홈런을 쳤다.

# み

**み【身】** ❶ 〔身体〕몸 ¶彼は身も心も信仰に捧げる決心をした 그는 몸도 마음도 신앙에 바치기로 결심했다. / 窓から身を乗り出さないようにお願いします 창 밖으로 몸을 내밀지 마시기 바랍니다 / 兵士たちは地面に身を伏せた 병사들은 땅바닥에 몸을 엎드렸다. / 私はついたての後ろに身を隠した 나는 칸막이 뒤에 몸을 숨겼다. / 彼はソファーに身を沈めた 그는 소파에 편하게 앉았다. / 彼はベッドに身を横たえていた 그는 침대에 몸을 눕혔다.

¶彼女は身のこなしが上品だ 그녀는 거동이 품위가 있다. / 定年退職後, 父は身を持て余している 정년퇴직 후, 아버지는 한가로이 여생을 보내고 계신다. / 彼女は高価な毛皮のコートを身にまとっていた 그녀는 비싼 모피 코트를 입고 있었다. / 日曜日ぐらいは休まないと身が持たないよ 일요일만큼은 쉬지 않으면 몸이 버티지 못한다.

❷ 〔自分自身〕자기, 자신 ¶君は身の潔白を証明できるのかね? 넌 네 자신의 결백을 증명할 수 있어? / ミョンチョルは身の不幸を嘆いた 명철이는 자기의 불행함을 한탄했다. / 黙っていたほうが身のためだぞ 가만히 입 다물고 있는 것이 신상에 좋을 거야.

❸ 〔立場, 身分〕입장, 처지 ; 분수 ¶私の身にもなってください 내 입장도 생각해 주세요. / 身のほどを知りなさい 자기 분수를 알아라. / 彼は刑期を終えて晴れて自由の身となった 그는 형기를 마치고 자유로운 몸이 되었다.

❹ 〔肉〕살 ¶身だけでなく骨も食べられるよ 살뿐만 아니라 뼈도 먹을 수 있어. / もっと身になるものを食べなきゃだめよ 좀 더 살찌는 것을 먹어야 좋을 거야.

❺ 〔その他〕

◆身が

¶話に身が入って時間のたつのも忘れてしまった 이야기에 몰두해서 시간이 가는 줄도 몰랐다. / 勉強に身が入らない 공부에 집중이 안 된다.

◆身に

¶身に余る光栄です 분에 넘치는 영광입니다. / それは私にはまったく身に覚えのないことだ 그것은 내가 전혀 모르는 일이다. / 母の愛情が身にしみた 어머니의 사랑이 사무쳤다. / 彼の言葉が身にしみた 그의 말이 가슴에 사무쳤다. / 身についた癖はなかなか直らない 몸에 밴 버릇은 좀처럼 고쳐지

지 않는다. / 彼は苦労してその技術を身につけた 그는 고생해서 그 기술을 몸에 익혔다. / ここで働きながら役に立つ知識を身につけることができる 여기에서 일하면서 도움이 되는 지식을 익힐 수 있다. / ジナの話を聞いて身につまされる 지나의 이야기를 듣고 동정을 금할 수 없었다.

◆身の

¶人前で非難されて身の置き所がなかった 사람들 앞에서 비난받아 난처했다. / 僕もそろそろ身の振り方を考えなければならない 나도 슬슬 앞으로의 처신을 생각해야 된다.

◆身を

¶身を入れて勉強しなさい 정성을 들여 공부해요. / 彼女は詐欺を働くまでに身を落とした 그녀는 사기를 칠 정도로 몰락했다. / 君はまだ身を固めないのかい? 너는 아직도 결혼하지 않는거야? / その話を聞くたびに身を切られる思いがする 그 이야기를 들을 때마다 가슴이 찢어질 듯 아프다. / 風は身を切るように冷たかった 바람은 살을 에는 듯이 차가웠다. / 一生に一度ぐらい身を焦がすような恋をしてみたい 평생에 한 번 정도는 애태우는 사랑을 해 보고 싶다. / 毎日身を粉にして働いても生活は楽にならなかった 매일 온몸이 녹초가 되도록 일을 해도 생활이 좋아지지 않았다. / 彼女は医者として身を立てた 그녀는 의사로서 생계를 세웠다. / 男がビルの屋上から身を投げた 남자가 건물 옥상에서 몸을 던졌다. / 彼はすべての公職から身を引いた 그는 모든 공직에서 물러났다. / 彼はギャンブルで身を持ち崩した 그는 도박으로 신세를 망쳤다. / 彼らは自然の恐ろしさを身をもって知っている 그들은 자연의 무서움을 몸소 겪었다. / 王様は旅人姿に身をやつした 임금님은 초라한 나그네 차림으로 변장했다. / 私はおばの家に身を寄せている 나는 이모댁에 「몸을 의지하고 있다[얹혀살고 있다]. / 芸は身を助ける 한 가지 재주가 있으면 먹고 살 수 있다. / 身を捨ててこそ浮かぶ瀬もあれ 목숨을 버릴 각오가 서야만 살길을 찾을 수도 있다.

◆身から・身も

¶身から出たさびだ(→自業自得だ) 자업자득이다. / そう言ってしまったら身もふたもない 너무 노골적으로 그렇게 말해 버리면 더 이상 할 말도 없어진다.

み【実】 ❶ [果実] 열매, 과실 ¶この梅の木には毎年たくさんの実がなる 이 매실나무에는 매년 많은 열매가 열린다. / ほら, あの木, 実がなっているよ, 何の実だろう 봐. 저 나무, 열매가 열렸어. 무슨 열매지? / さくらんぼの実が熟した 버찌 열매가 익었다.

❷ [内容, 実質] 내용, 알맹이 ¶[スープなどの]国건더기 ¶日韓両国の若者たちが膝を交え, とても実のある討論を行った 일한 양국의 젊은이들이 서로 친밀하게 아주 알맹이 있는 토론을 했다. / このみそ汁の実は豆腐です 이 된장국의 건더기는 두부입니다. 慣用句 彼のこれまでの努力がやっと実を結んだ 그의 지금까지의 노력이 드디어 열매를 맺었다. ⇨実物

-み【-味】 ¶この果物には苦味[甘味, 酸味]がある 이 과일에는 쓴맛[단맛, 신맛]이 있다. / ば

らは青みがかったピンクだった 그 장미는 파란색이 들어간 핑크였다. / これはホラー映画だが滑稽味がある 이것은 공포 영화지만 익살스러운 면이 있다. / この商売はあまりうまみがない 이 장사는 별로 잠짤하지 못하다.

みあい【見合い】 맞선, 중매 ¶上司の紹介でお見合いをした 상사의 소개로 맞선을 보았다. / 私たち夫婦は見合い結婚です 우리 부부는 중매결혼입니다.

みあう【見合う】 걸맞다 ¶支出に見合うだけの収入がない 지출에 걸맞는 수입이 없다. / 収入に見合った暮らしをすることが大切だ 수입에 걸맞는 생활을 하는 것이 중요하다.

みあげる【見上げる】 우러러보다, 쳐다보다, 올려다보다 ◇見上げた【立派な】 훌륭한 ¶私は木のてっぺんを見上げた 나는 나무 꼭대기를 올려다보았다. / 見上げるばかりの大男が家から出てきた 올려다봐야 할 정도의 큰 남자가 집에서 나왔다.

¶それは見上げた心がけだ 그것은 훌륭한 마음가짐이다. / 彼の冷静な態度は見上げたものだ 그의 침착한 태도는 존경할 만하다.

みあたらない【見当たらない】 보이지 않다 ¶鍵が見当たらない 열쇠가 안 보인다. / この辺りでは車はあまり見当たらない 이 주변에는 차가 거의 보이지 않는다.

みあわせる【見合わせる】 마주보다 [연기하는, 중지하는] 미루다, 중지하다 ¶私たちは互いに顔を見合わせた 우리는 서로 얼굴을 마주보았다. / 出発はあすまで見合わせよう(→延期しよう) 출발은 내일까지 미루자. / 彼らは雨でハイキングを見合わせた(→中止した) 그들은 비로 하이킹을 취소했다. / [鉄道・バスなど]運転を見合わせる 운행을 일시 중지하다.

みいだす【見出す】 찾아내다 ¶彼らは民族紛争の平和的解決策を見出そうと懸命に努力した 그들은 민족 분쟁의 평화적 해결책을 찾아내려고 힘껏 노력했다.

ミーティング 미팅(▶미팅은 韓国語では, 「合コン」の意味でも用いられる), 모임, 회의

ミーハー [軽薄で流行ばかり追う様子] 경박하며 유행만 좇는 모양 ¶ミーハーな若者たち 유행만 좇는 경박한 젊은이들

ミイラ 미라 ¶床下からミイラ化した遺体が発見された 마루 밑에서 미라화된 시체가 발견되었다. 慣用句 ミイラ取りがミイラになる 함흥차사가 되다(咸興差使-)

みいる【見入る】 눈여겨보다(▶発音은 눈녀겨보다), 자세히 보다, 주시하다 ¶彼はその写真にじっと見入った 그는 그 사진을 가만히 주시했다.

みうごき【身動き】 ◇身動きする 몸을 움직이다 ¶満員の電車の中で身動きできなかった 만원 전철 안에서 몸을 움직일 수 없었다. / 彼は借金で身動きできないために身動きできない 그는 빚 때문에 꼼짝 못한다.

みうしなう【見失う】 놓치다 ¶彼女の姿を人込みの中で見失った 그녀의 모습을 붐비는 사람들 속에서 놓쳤다.

みうち【身内】 일가, 집안 [親戚] 친척 [家族] 가족 ¶社長は会社の重要ポストを身内で固めている

사장은 회사의 요직을 자신의 집안 사람들로 채웠다. / 近い身内の者だけで父の葬儀を済ませた 가까운 친척들만으로 아버지 장례를 끝냈다.
**関連** 身内びいき【身内贔屓】취급함

**みうり【身売り】**¶うちの会社は外資企業に身売りした 우리 회사는 외자 기업에 넘겨졌다.

**みえ【見え】**겉치레〔虚栄〕허영, 허식〔虚飾〕〔強がり〕〔虚勢〕, 큰소리 ¶彼は女性の前で見栄を張った 그는 여자 앞에서 허세를 떨었다. / 彼女は見栄を張っていちばん高い服を買った 그녀는 허영심에 사로잡혀 가장 비싼 옷을 샀다. / 今の彼女は見栄も外聞もないようだ 지금 그녀는 체면도 남의 소문도 신경 쓸 겨를이 없는 것 같다. / 息子は次の試験で満点をとってみせると見栄を切った 아들은 다음 시험에 만점을 맞겠다고 큰소리쳤다.

**みえかくれ【見え隠れ】**¶彼女の姿が人込みの中に見え隠れしている 그녀의 모습이 붐비는 사람들 속에 어른거리고 있다. / 波間にヨットが見え隠れする 파도 사이에 요트가 어른거린다.

**みえすいた【見え透いた】**¶彼は見え透いた嘘をついた 그는 속셈이 빤히 들여다보이는 거짓말을 했다. / 君の魂胆は見え透いている 너의 꿍꿍이 속은 빤히 들여다보인다.

**みえっぱり【見えっ張り】**겉치레만 좋아하는 사람

**みえる【見える】❶**〔目に映る〕보이다〔見ることができる〕볼 수 있다 ¶あそこのビルが見えますか 저쪽 빌딩이 보입니까? / 彼の声は聞こえたが、姿は見えなかった 그녀의 목소리는 들렸지만 모습은 보이지 않았다. / 娘が私のほうへ向かって走って来るのが見えた 딸이 내 쪽으로 달려오는 것이 보였다. / 庭の垣根越しにチューリップが見えた 정원의 울타리 너머로 튤립이 보였다. / 雲で月が見えなくなった 구름으로 달이 안 보이게 됐다. / ほとんどの星は肉眼では見えない 대부분의 별은 육안으로는 보이지 않는다. / ここから富士山がよく見える 여기에서 후지 산이 잘 보인다. / しばらくすると村が見えてきた 조금 있으니 마을이 보이기 시작했다. / 喜んでいる彼の顔が目に見えるようだ 기뻐하고 있을 그의 얼굴이 보이는 듯하다. / その病人は目に見えてよくなってきている その 환자는 눈에 띄게 좋아졌다.

**❷**〔視力がある〕보이다 ¶ふくろうや猫は夜でも目が見える 부엉이나 고양이는 밤에도 눈이 보인다. / 彼女は目がよく見えない 그녀는 눈이 잘 보이지 않는다. / 彼はだんだん目が見えなくなってきた 그는 점점 눈이 보이지 않게 되었다. / 事故で片目が見えなくなった 사고로 한 쪽 눈이 안 보이게 되었다. / 手術をすれば目が見えるようになるだろう 수술 받으면 눈이 보이게 될 것이다.

**❸**〔…のように思われる〕보이다, 여겨지다, …것 같다 ¶彼は頭がよさそうに見える 그는 머리가 좋아 보인다. / スニは若く〔老けて〕見える 순희는 젊어[늙어] 보인다. / 彼女は病後でやつれて見えた 그녀는 병후에 야위어 보였다. / 彼は人がよさそうに見えるが、実はそうではない 그는 사람이 좋아 보이지만, 실은 그렇지 않다. / 少年はよほどくやしかったと見えて涙を流していた 소년은 얼마나 억

울했는지 눈물을 흘리고 있었다.

**❹**〔感じられる〕보이다, 엿보이다 ¶あんなことをしておきながら彼には反省の色がまったく見えない 그런 짓을 해 놓고도 그에게는 반성의 기미가 전혀 보이지 않는다. / 結論が見え始めた 결론이 보이기 시작했다.

**❺**〔来る〕오시다 ¶もうすぐお客様がお見えになります 곧 손님이 오십니다. / 「どなたか面会の方がお見えです」「だれだろう」"누구신지는 모르지만 면회 오셨습니다." "누구지?"

**みおくり【見送り】**배웅, 전송, 환송〔保留〕보류〔延期〕연기 ¶友達を見送りに駅まで行った 친구를 배웅하러 역까지 갔다. / 空港には彼女のためにたくさんの見送りの人が来ていた 공항에는 그녀를 위해 많은 환송객이 와 있었다. / 私たちは盛大な見送りを受けた 우리는 성대한 환송을 받았다.
¶その法案の今国会での審議は見送りとなった 이번 국회에서 그 법안의 심의는 연기되었다.

**みおくる【見送る】❶**〔人を送る〕배웅하다, 전송하다, 바래다 ¶彼女は毎朝夫を見送ることに行くのを見送っている 그녀는 매일 아침 남편이 회사 가는 것을 배웅한다. / お客様を玄関まで見送った 손님을 현관까지 배웅했다.

**❷**〔じっと見る〕지켜보다 ¶私はホームで友人の乗った列車を見送った 나는 홈에서 친구가 탄 열차를 지켜보았다.

**❸**〔延期する〕연기하다〔棚上げにする〕보류하다 ¶わが社は今年新入社員の採用を見送ることにした 우리 회사는 올해 신입 사원 채용을 중지하기로 했다. / 法案を見送る 법안을 보류하다

**❹**〔その他〕¶バスがあまりにも込んでいたので、1台見送った 버스가 너무 혼잡해서 한 대를 그냥 보냈다. / その打者はワンツーからの高めの速球を見送った 그 타자는 원 스트라이크 투 볼 후의 높은 속구를 그냥 보냈다.

**みおさめ【見納め】**¶その舞台が彼の演技の見納めになった 그 무대가 그 연기의 마지막이 되었다. / この世の見納めに 이 세상을 떠나기 전에

**みおとし【見落とし】**간과(看過)¶この報告書にはいくつかの見落としがある 이 보고서에는 몇 군데 고치고 보태야 할 부분이 있다.

**みおとす【見落とす】**간과하다, 못 보고 넘기다[빠뜨리다]¶彼は重大な誤りを見落としてしまった 그는 중대한 실수를 간과하고 말았다. / 君は大事な点を見落としている 넌 중요한 점을 간과하고 있다.

**みおとり【見劣り】**◇見劣りする 못해 보이다 ¶この家具はあの家具にくらべて見劣りする 이 가구는 저 가구에 비해 못해 보인다.

**みおぼえ【見覚え】**본 기억 ¶彼の顔には見覚えがある 그 남자 얼굴은 본 기억이 있다. / この筆跡に見覚えがありますか 이 필적을 본 기억이 있습니까?

**みおろす【見下ろす】**내려다보다〔軽蔑する〕얕보다, 깔보다, 업신여기다 ¶彼女は5階の窓から路上を見下ろした 그녀는 5층 창문에서 도로를 내려다보았다. / そのホテルは湖を見下ろす丘の上にある 그 호텔은 호수를 내려다보는 언덕 위에

있다.
- **みかい【未開】** 미개 ¶未開の地 미개지
- **みかいけつ【未解決】** 미해결 ¶未解決の問題が山積している 미해결의 문제가 쌓여 있다 / その事件は未解決のままだ 그 사건은 미해결인 채로 있다.
- **みかいたく【未開拓】** 미개척 ¶彼らは未開拓の原野に分け入った 그들은 미개척지에 들어갔다. / その国にはまだ広大な未開拓の市場が残されている 그 나라에는 아직 광대한 미개척 시장이 남겨져 있다. / 未開拓の分野 미개척 분야
- **みかいはつ【未開発】** 미개발 ¶その国には未開発の天然資源が豊富にある 그 나라에는 미개발 천연 자원이 풍부하게 있다.
- **みかえし【見返し】** 〔書物の〕 먼지(面紙) 〔襟・袖口の〕 안깃, 안단 (▶発音はそれぞれ 안깃, 안단)
- **みかえす【見返す】** 〔再度見る〕 다시 보다, 재확인하다 〔仕返しをする〕 갚다 ¶答案を提出する前にもう一度見返すこと 답안지를 제출하기 전에 다시 한번 재확인할 것 / いつかあいつを見返してやる 성공해서 언젠가 그 녀석을 놀라게 해 주겠다.
- **みかえり【見返り】** 〔返礼〕 보답(報答) 〔代価〕 대가(는 대가) ¶市長は業者に便宜を図った見返りとして100万円の賄賂を受け取っていた 시장은 업자에게 편의를 도모해 준 대가로 100만 엔의 뇌물을 받았다.
- **みがき【磨き】** 연마(研磨, 練磨) ¶彼は2年間のソウル生活で韓国語に磨きをかけた 그는 2년간의 서울 생활로 한국어를 연마했다. / 結婚後彼女の料理の腕にはますます磨きがかかった 결혼 후 그녀의 요리 솜씨는 더욱 좋아졌다. 関連 磨き粉 마분
- **みかぎる【見限る】** 체념하다, 단념하다 〔見捨てる, 見放す〕 버리다 ¶ヨンヒは優柔不断な彼を見限った 영희는 우유부단한 남자 친구와 인연을 끊었다.
- **みかく【味覚】** 미각 ¶この料理は日本人の味覚に合う 이 요리는 일본인의 미각에 맞는다.
- **みがく【磨く】** ❶〔こすって磨く〕 닦다 〔削って磨く〕 갈다 〔つやを出す〕 윤을 내다, 광을 내다 ¶きょうはデートなので靴をぴかぴかに磨いた 오늘은 데이트라서 구두를 반짝반짝 닦았다. / 靴を磨いてもらった 구두를 닦았다. / 汚れたなべを磨かなければならない 더러워진 냄비를 닦아야겠다. / 床はきれいに磨き上げられている 마루는 윤이 나게 닦아져 있다. / 寝る前に歯を磨きなさい 자기 전에 이를 닦아라. / 銀のスプーンを磨いた 은 숟가락을 윤냈다. / 刃物を磨く 칼을 갈다 / レンズを磨く 렌즈를 갈다
❷〔向上させる〕 닦다, 연마하다 ¶腕を磨く 기술을 연마하다〔닦다〕 / 彼女はこの1年でずいぶんピアノの腕を磨いた 그녀는 요 1년간에 꽤 피아노 솜씨를 연마했다. / これからは自分自身を磨きたい 이제부터는 자기 자신을 갈고 닦고 싶다.
- **みかくにん【未確認】** 미확인 ¶その情報はまだ未確認だ 그 정보는 아직 미확인이다. 関連 未確認飛行物体(UFO) 미확인 비행 물체
- **みかけ【見掛け】** 〔外見〕 겉보기, 외관 〔様子, 容貌〕 모양 ¶人を見掛けで判断してはいけない 사람을 겉보기로 판단해서는 안 된다. / 彼は見掛けによらず気が小さい 그는 겉보기와는 달리 통이 작다. / 彼女は見掛けは派手だが実はなかなか堅実だ 그녀는 외관은 화려하지만 실은 꽤 견실한 사람이다. / 彼は見掛けどおりのいい人です 그는 겉보기 그대로 좋은 사람입니다. / 彼は本当は見掛けとまったく違い, きさくな人です 그는 실은 겉보기와는 전혀 달리 소탈한 사람입니다. / 彼女の作る料理は見掛けは悪いが, 味はとてもいい 그녀가 만드는 요리는 모양은 나쁘지만 맛은 아주 좋다. / この家は見掛け倒しだ 이 집은 겉보기만 그럴싸하다. 慣用句 人は見掛けによらない 사람은 겉보기와 다르다.
- **みかける【見掛ける】** 〔보다〕 〔出会う〕 만나다 ¶きのう彼女をスーパーで見かけた 어제 그녀를 슈퍼에서 보았다. / この村では若い人をめったに見かけない 이 마을에서는 젊은 사람을 거의 볼 수 없다. / それは電車の中でよく見かける光景だ 그것은 전철 안에서 흔히 보는 광경이다.
- **みかた【見方】** 〔見解〕 견해, 생각 ¶ミンスと私とはその問題について見方が違う 민수와 나는 그 문제에 대해서 견해가 다르다. / それについては別の見方をしてみよう 그것에 대해서는 다르게 생각을 해 보자. / 彼は景気について楽観的な見方をしている 그는 경기에 대해서 낙관적인 견해를 갖고 있다. / 彼の見方によれば, 今回の事は彼女にとって幸運だった 생각에 따르자면 이번 일은 그녀에게 있어서 행운이었다.
- **みかた【味方】** 편, 쪽(↔敵) ◇味方する 편에 서다, 편을 들다 〔支持する〕 지지하다 ¶スーパーマンは正義の味方だ 슈퍼맨은 정의의 편이다. / 私はいつでも君の味方だ 나는 언제나 네 편이다. / あなたはどちらの味方ですか 당신은 어느 편입니까? / 私はどちらの味方もしないよ 나는 어느 편도 아니다. / 彼らは先生を味方に引き入れた 그들은 선생님을 자기 편으로 끌어들였다. / 味方の応援で我々はとても元気づいた 우리 편의 응원으로 우리는 아주 힘이 났다. / 私たちは敵味方に分かれてゲームをした 우리는 편을 나누어서 게임을 했다.
- **みかづき【三日月】** 초승달 ¶今夜は三日月だ 오늘밤은 초승달이다. / 三日月形の池 초승달 모양의 연못
- **みがって【身勝手】** ◇身勝手だ 방자하다, 제멋대로이다 ◇身勝手に 제멋대로 ¶彼女は身勝手すぎる 그녀는 너무 제멋대로다. / 身勝手な行動をするな 방자한 행동을 하지 마.
- **みかねる【見兼ねる】** 차마 볼 수 없다, 보다 못하다 ¶見るに見兼ねて彼を援助した 차마 볼 수 없어서 그를 도왔다. / 彼は上司の横暴を見かねて抗議した 그는 상사의 횡포를 보다 못해 항의했다.
- **みがまえる【身構える】** 태세를 갖추다, 자세를 취하다 ¶彼は木刀を持って身構えた 그는 목검을 쥐고 자세를 취했다.
- **みがら【身柄】** 신병 ¶警察は容疑者の身柄を拘束し

**みがる【身軽】**◇身軽だ 가볍다, 경쾌하다〔敏捷な〕민첩하다〔気軽に〕홀가분하다 ¶彼女は身軽な服装をしていた 그녀는 가벼운 복장을 하고 있었다. / 彼は身軽に階段を駆け上がった 그는 민첩하게 계단을 뛰어 올라갔다. / 身軽に旅行する 홀가분하게 여행하다

**みがわり【身代わり】**대신 ¶彼は父親の身代わりとして人質になった 그는 아버지 대신 인질이 되었다. / 彼はその事件の犯人の身代わりにされた 그는 그 사건의 범인 대신에 잡혔다.

**みかん【未完】**미완, 미완성 ¶未完の小説 미완성 소설 / 彼は未完の大器だ 그는 대기만성형이다. | 그는 아직 미숙하지만 장래가 촉망되는 사람이다.

**みかん【蜜柑】**귤〔木〕귤나무 数え方 みかん1個 귤 한 개

**みかんせい【未完成】**미완성 ¶この建物はまだ未完成だ 이 건물은 아직 미완성이다. 関連(シューベルトの)未完成交響曲 미완성 교향곡

**みき【幹】**나무 줄기

**みぎ【右】❶**〔方向〕오른쪽, 우측, 우
  **◆右の〕**
  ¶右の目が赤いよ 오른쪽 눈이 빨개.
  **◆右に〕**
  ¶3つ目の角を右に曲がると, すぐ駅が見えます 세 번째 모퉁이를 오른쪽으로 돌면 바로 역이 보입니다. / 絵が少し右に傾いている 그림이 약간 오른쪽으로 기울어져 있다. / 彼は彼女の右に座った 그는 그녀의 오른쪽에 앉았다. / 対向車をよけるためにハンドルを右に切った 마주 달려오는 차를 피하기 위해서 핸들을 오른쪽으로 꺾었다.
  **◆右から〕**
  ¶この写真の2列目の右から5番目にいるのが私です 이 사진의 두 번째 줄 우측으로부터 다섯 번째에 있는 게 저예요. / このページは右から左へ読んでください 이 페이지는 오른쪽에서 왼쪽으로 읽어 주세요.
  **◆〔その他〕**
  ¶右へならえ! /우로 나란히! / 右向け, 右! 우향우! / 回れ, 右! 뒤로 돌아! / 右肩が痛い 오른쪽 어깨가 아프다. / 薬局の右隣にコンビニがある 약국의 오른쪽에 편의점이 있다. / 私は写真の右上〔右下〕に写っている 나는 사진의 오른쪽 위〔아래〕에 있다. / 私は右投げ左打ちだ 나는 오른쪽으로 던지고 왼쪽으로 친다. / 右投げ投手 오른쪽으로 던지는 투수 / 右打ちバッター 오른쪽으로 치는 타자 / 右ハンドル車 오른쪽 핸들차
  **❷**〔右翼〕우익, 우경 ¶その新聞はずいぶん右寄りだ 그 신문은 꽤 우익이다. / 彼は政治的には右寄りのようだ(→保守的) 그는 정치적으로는 보수적인 것 같다.
  **❸**〔前に述べたこと〕우〔以上〕이상 ¶右のとおり相違ありません 이상 틀림없습니다. 慣用句 どんなに働いても金はすぐ右から左に行ってしまう 아무리 일해도 돈은 금방 들어왔다 나가 버린다. / 彼はいつでも右と言えば左と言う 그는 항상 남이 하는 말에 반대한다. / 演技のうまさで彼の右に出る俳優はいなかった 연기력에 있어서 그보

다 더 뛰어난 배우는 없었다. / 初めて韓国へ行った時は右も左もわからない有様だった 처음 한국에 갔을 때는 뭐가 뭔지 통 몰랐다. / 右の耳から左の耳へ抜けていく 들은 말을 다 그냥 흘려버린다. / 私が生ビールを注文すると他のみんなも右にならえした 내가 생맥주를 주문하자 다른 사람들도 모두 따라했다.

**みぎうで【右腕】**오른팔 ¶彼は社長の右腕だ 그는 사장의 오른팔이다.

**みぎがわ【右側】**오른쪽, 우측 ¶私の右側に立っていた人が1歩前に出た 내 오른쪽에 서 있던 사람이 한 발 앞으로 나갔다. / 韓国では車は右側通行だ 한국에서는 차는 우측통행이다. / 右側通行(▶掲示) 우측통행

**みきき【見聞き】**◇見聞きする 보고 듣다 ¶見聞きしたことを彼に話した 보고 들은 것을 그에게 말했다.

**みぎきき【右利き】**오른손잡이 ¶あなたは右利きですか左利きですか 당신은 오른손잡이입니까, 왼손잡이입니까?

**ミキサー** 믹서 ¶いろんな材料をミキサーにかけてミックスジュースを作るのが好きだ 여러 가지 과일을 믹서에 갈아서 믹스 주스를 만들어요. 関連 コンクリートミキサー(車) 레미콘차, 믹서차

**みぎて【右手】**오른손〔右側〕오른쪽 ¶右手に何を持っているの 오른손에 무엇을 들고 있어요? / 建物の右手に駐車場がある 오른쪽에 주차장이 있다.

**みぎまわり【右回り】**◇右回りに 오른쪽으로 돌아, 시계 방향으로 돌아 ¶右回りに名前を言ってください 오른쪽으로 돌아 이름을 말해 주세요.

**みきり【見切り】**¶見切りをつける 손을 떼다, 단념하다 / 我々はその事業に見切りをつけた 우리는 그 사업을 단념했다. / バスは見切り発車された 버스는 승객을 확인도 하지 않고 그냥 발차했다. / 計画は慎重な検討もなく見切り発車された 계획은 신중한 검토도 없이 서둘러 실행에 옮겨졌다. 関連 見切り品 투매품

**みきわめる【見極める】**끝까지 지켜보다, 확인하다〔見定める〕가려내다, 판별하다 ¶事の成り行きを見極める 일의 경과를 끝까지 지켜보다 / 話の真偽を見極める 이야기의 진위를 가려내다

**みくだす【見下す】**깔보다, 멸시하다 ¶ホームレスの人たちを見下してはいけない 노숙자들을 멸시해서는 안 된다. / あいつの人を見下したような態度が気に食わない 사람을 깔보는 듯한 그 녀석의 태도가 마음에 안 든다.

**みくびる【見縊る】**얕보다, 경시하다, 업신여기다 ¶我らの力を見くびってはならない 그들의 힘을 얕보아서는 안 된다.

**みくらべる【見比べる】**비교해 보다, 견주어 보다 ¶AとBを見比べる A와 B를 비교해 보다 / 見本と実物を見比べる 견본과 실물을 견주어 보다

**みぐるしい【見苦しい】**보기 흉하다, 꼴이 사납다 ¶お見苦しいところをお見せしました 보기 흉한 모습을 보였습니다. / そんなことをして見苦しい

そんな 짓을 하고 꼴 사납다.
**ミクロ** 미크로, 극소(極小) ¶ミクロの世界 미소한 세계 / ミクロ経済学 미시적 경제학, 미크로 경제학 / ミクロコスモス 미크로코스모스, 소우주(小宇宙)
**ミクロン** 미크론
**みけつ【未決】** 미결 ¶その件はまだ未決である 그 건은 아직 미결이다. 関連 未決書類 미결 서류 / 未決囚 미결수
**みけねこ【三毛猫】** 삼색 얼룩 고양이
**みけん【眉間】** 미간 ¶眉間にしわを寄せる 미간에 주름이 생기다
**みこ【巫女】** 무녀, 무당
**みこし【神輿】** 축제용 가마 ¶子供たちがおみこしを担いで町内を練り歩いた 아이들이 축제용 가마를 지고 동네를 여기저기 돌아다녔다.
**みこす【見越す】** 내다보다〔予測する〕예측하다
¶地価の上昇を見越して彼は家を売るのを待った 땅값의 상승을 예측해서 그는 집 파는 것을 기다렸다. / 10年先を見越した経営方針 10년 앞을 내다본 경영 방침
**みごたえ【見応え】** ◇見応えがある 볼 만하다
¶その映画は見応えがあった 그 영화는 볼 만했다.

## みごと【見事】 ◇見事だ 훌륭하다〔すぐれた〕뛰어나다〔壮麗な〕장려하다, 화려하다〔際立ってすばらしい〕멋지다, 보기 좋다 ◇見事に 훌륭히, 뛰어나게, 장려하게, 화려하게, 멋지게, 보기 좋게〔完全に〕완전히

◆見事だ・見事な
¶彼女は見事なピアノの演奏を聞かせてくれた 그녀는 훌륭한 피아노 연주를 들려 주었다. / この宮殿は見事な室内装飾で有名だ 이 궁전은 훌륭한 실내 장식으로 유명하다. / 彼の最新作は見事なできだ 그의 최신작은 완성도가 뛰어나다. / 日本は米国に見事な逆転勝ちをおさめた 일본은 미국에 보기 좋게 역전승을 거두었다.

¶上野公園の桜は見事だった 우에노 공원의 벚꽃은 장관이다. / 彼女の料理の腕前は見事だ 그녀의 요리 솜씨는 훌륭하다.

◆見事に
¶彼女は難しい曲を見事に演奏した 그녀는 어려운 곡을 훌륭하게 연주했다. / ホテルのどの部屋も見事に装飾がほどこされていた 호텔의 모든 방이 훌륭하게 장식되어 있었다. / 彼は見事に司法試験に合格した 그는 보기 좋게 사법 고시에 합격했다.
¶我々は見事にだまされた 우리는 보기 좋게 속았다. / もののみごとに試験のやまが当たって満点をとった 정말 멋지게 시험의 예상이 맞아서 만점을 맞았다.

会話 見事に
A : 彼女をデートに誘ったんだろう
B : ああ、でも見事にふられたよ
A : 그 여자한테 데이트 신청 했다며?
B : 응, 그런데 보기 좋게 퇴짜맞았어.

## みこみ 【見込み】 ❶〔望み〕가망〔将来性〕장래성

基本表現
▶彼女ががんから回復する見込みはほとんどない 그녀가 암에서 회복할 가망은 거의 없다.
▶うちのチームが試合に勝つ見込みは十分ある 우리 팀이 경기에 이길 가망은 충분히 있다.
▶体育祭は雨のために中止になる見込みだ 체육 대회는 비로 취소될 것 같다.
▶仕事にありつける見込みが十分あったので、彼は東京へ行った 취업할 가망이 충분히 있어서 그는 도쿄에 갔다.

¶彼はなかなか見込みがある 그는 꽤 장래성이 있다. / 彼女はバイオリニストとして大いに見込みがある 그녀는 바이얼리니스트로서 충분히 장래성이 있다. / この企画は見込みがあると思う 이 기획은 가망이 있다고 생각한다. / 娘が回復する見込みはどのくらいありますか? 딸이 회복할 가망은 어느 정도 있습니까? / 彼らが成功する見込みはまったくない 그들이 성공할 가망은 전혀 없다. / 我々が勝つ見込みは高い 우리가 이길 가망이 높다.

会話 見込み薄
A : 彼、勝つかね?
B : 見込み薄だね
A : 그 사람 이길까?
B : 가망이 거의 없어.

❷〔予想〕예상(予想), 전망, 예정(予定) ¶そこまで3時間で着けると思ったが見込み違いだった 거기까지 세 시간에 도착할 수 있을 것이라고 생각했는데 예상이 빗나갔다. / テレビの天気予報によると、あすは晴れになる見込みだ 텔레비전의 일기 예보에 의하면 내일은 맑을 것으로 예상된다. / 息子は来年高校を卒業する見込みだ 아들은 내년에 고등학교를 졸업할 예정이다. / 利益が10%増える見込みだ 이익이 10퍼센트 늘어날 전망이다. / 見込みが外れる 예상이 틀리다

**みこむ【見込む】** ❶〔予想する〕예상하다, 전망하다 ¶彼は韓国ツアーの費用を10万円と見込んでいる 그는 한국 투어의 비용을 10만 엔으로 예상하고 있다. / 渋滞を見込んでいつもより早めに出発したほうがよい 체증을 예상해서 평소보다 빨리 출발하는 것이 좋다. / 初詣には50万人以上の人出が見込まれている 새해 첫 참배에는 50만 명 이상의 인파가 예상된다. / 需要は拡大するものと見込まれる 수요는 확대될 것으로 전망된다.

❷〔信頼する〕믿다, 신뢰하다, 신임하다 ¶君を見込んで頼みたいことがある 너를 믿고 부탁하고 싶은 일이 있다. / 彼は僕が見込んだ男だ 그는 내가 신임하는 남자다. / 彼は上司に見込まれてそのプロジェクトを担当することになった 그 사람은 상사에게 신뢰받아 그 프로젝트를 담당하게 되었다.

**みごろ【見頃】** 한창 ¶桜が今が見頃だ 벚꽃은 지금이 한창이다〔한창때다〕.
**みごろし【見殺し】** ¶彼を見殺しにするつもりか 그를 못 본 체해서 안 도와줄 거야?
**みこん【未婚】** 미혼 関連 未婚者 미혼자 / 未婚の母 미혼모
**ミサ** 미사 ¶ミサを行う 미사를 행하다 / ミサに参列する 미사에 참례하다 / ミサを捧げる 미사를 올리다 関連 ミサ曲 미사곡
**ミサイル** 미사일 ¶ミサイルを発射する 미사일을 발사하다 関連 ミサイル基地 미사일 기지 / 核ミ

サイル 핵미사일 / 戦略ミサイル 전략 미사일 / 迎撃ミサイル 요격 미사일 / 誘導ミサイル 유도 미사일, 유도탄(誘導彈)
- **みさかい【見境】**[区別] 구별 [分別] 분별 ¶彼は見境なく本を買いあさる 그는 닥치는 대로 책을 산다. / 彼女は怒ると見境がなくなる 그녀는 화나면 분별이 없어진다.
- **みさき【岬】** 갑, 곶 ¶室戸岬 무로토 곶
- **みさげる【見下げる】** 업신여기다, 얕보다, 멸시하다 ¶借金を踏み倒して行方をくらますとは見下げ果てたやつだ 빚을 떼어먹고 행방을 감추다니 멸시당해도 마땅한 녀석이다.
- **みさだめる【見定める】** 확인하다 ¶成り行きを見定めなくてはならない 경과를 확인해야 된다.

## みじかい【短い】 ❶ [長さが] 짧다

[基本表現]
▷この上着は袖が短い
  이 웃옷은 소매가 짧다.
▷夏は髪は短いほうが涼しくていい 여름에는 머리가 짧은 편이 시원하며 좋다.
▷レポートをもう少し短くまとめる必要がある 리포트를 조금 더 짧게 정리할 필요가 있다.

¶美容院で髪を短くしてもらった 미용실에서 머리를 짧게 잘랐다. / 彼の説明は短いけど的を射ていた 그녀의 설명은 짧지만 정곡을 찌르고 있었다. / 彼は三郎というんだけど、僕たちは短くして「サブ」と呼んでいる 그 친구는 사부로란 이름이지만, 우리는 짧게 해서 '사부'라고 부르고 있다. / 彼はバットを短く持った 그는 배트를 짧게 잡았다.

[会話] 短すぎるかな
A：このひもはどう. 短い?
B：そうだね、ちょっと短すぎるかな
A：이 끈 어때? 짧으니?
B：음, 좀 너무 짧을까?

❷ [時間が] 짧다

[基本表現]
▷冬は日が短い 겨울은 해가 짧다.
▷秋には日が短くなり始める
  가을에는 해가 짧아지기 시작한다.
▷冬至は一年でいちばん日が短い
  동지는 일년 중에 해가 가장 짧다.

¶きょうは短い時間にたくさんのことができた 오늘은 짧은 시간에 많은 일을 할 수 있었다. / 彼女はわずか6か月という短い日本滞在の日本語がとても上達した 그녀는 불과 6개월이라는 짧은 일본 체재 동안에 일본어가 아주 숙달되었다. / 彼は40年の短い生涯を閉じた 그는 40년의 짧은 생애를 마쳤다.

❸ [気が] 성급하다, 성미가 급하다 ¶彼は気が短い 그는 성급하다. | 그는 성미가 급하다.
- **みじたく【身支度】** 몸치장, 몸차림 ¶彼女は急いで身支度した 그녀는 서둘러 몸치장을 했다.
- **みしみし** 삐걱삐걱 ¶歩くと床がみしみしいう 걸으면 바닥이 삐걱삐걱한다.
- **みじめ【惨め】** ◇みじめだ 비참하다 ¶彼女にふられてみじめな気持ちだった 그녀에게 차여서 비참한 기분이었다. / 彼はみじめな最期をとげた 그는 비참한 최후를 맞았다.
- **みじゅく【未熟】** ◇未熟だ 미숙하다, 서투르다 ¶君の考えは未熟だ 네 생각은 미숙하다. / 彼は教師として未熟だ 그는 교사로서 서투르다. / 運転の腕が未熟だ 운전 솜씨가 서투르다. / 仕事がまだ未熟だ 일이 아직 미숙하다[서투르다]. / 未熟者にこの仕事は任せられない 미숙자에게 이 일은 맡길 수 없다. / 未熟な腕前 미숙한 솜씨 / 未熟な文章 서투른 문장
¶未熟な果実 미숙한 과실 [関連] 未熟児 미숙아
- **みしらぬ【見知らぬ】** 낯선(<낯설다) ¶見知らぬ人 낯선 사람 / 見知らぬ世界 낯선 세계
- **みじろぎ【身動ぎ】** ¶彼らは身じろぎもしないで先生の話に聞き入った 그들은 꼼짝도 하지 않고 선생님의 말을 들었다.
- **ミシン** 재봉틀, 미싱 ¶このエプロンはミシンで縫いました 이 앞치마는 재봉틀로 꿰매었습니다. / ミシン目を入れる 점선 구멍을 내다 [関連] ミシン糸 재봉실 / ミシン針 재봉 바늘
- **みじん【微塵】**[小片] 조각 ◇みじんも 조금도, 추호도 ¶グラスはみじんに砕けてはガラスは 조각으로 깨졌다. / そんな考えはみじんもない 그런 생각은 추호도 없다. / 彼には彼女のプライドを傷つけるつもりはみじんもなかった 그에게는 그녀의 프라이드에 상처 입힐 생각은 조금도 없었다.
¶にんにくをみじん切りにした 마늘을 잘게 썰었다.
- **ミス**[女性の敬称] 미스 (▶韓国では, 会社などで上司が部下に対して、または同僚同士の間で用いたりする) [未婚女性] ミスキム(キムさん) ミス 김 / 2005年度ミス日本 2005년도 미스 일본 / ミスコリア 미스 코리아
- **ミス** 미스, 실수, 과오, 잘못 ◇ミスする 미스를 범하다, 잘못하다 ¶とんでもないミスをしてしまった 터무니없는 과오를 범했다. / ちょっとしたミス 조그마한 실수 / 綴りのミス 철자 미스 / 人為ミス 인위적 실수 [関連] ミスジャッジ 오심(誤審)
◇誤り, 間違い

## みず【水】 물

[基本表現]
▷水が飲みたい 물이 마시고 싶다.
▷水をちょっといただけますか
  물 좀 주시겠습니까?
▷水を一杯ください 물 한 잔 주세요.
▷この水は飲めますか
  이 물은 마실 수 있습니까?

◆[水が・水は]

¶彼はプールに足をつけて水が冷たいかどうかみた 그는 발을 담가 물이 차가운지 확인했다. / 大雨で川の水があふれそうだ 큰비로 강물이 넘칠 것 같다. / ダムの水がかれかっている 댐의 물이 거의 마르고 있다. / 水が不足している 물이 부족하다. / 水道の水が出ない 수돗물이 안 나온다. / 水が澄んでいるので湖の底まで見えた 물이 맑아서 호수의 바닥까지 보였다. / 水は水素と酸素からできている 물은 수소와 산소로 되어 있다. / 水は凍ると氷になる 물은 얼면 얼음이 된다.

◆[水を]

¶水を節約しなければならない 물을 절약해야 한다. / 水を大切に使いましょう 물을 아껴 씁시다. / バケツに水を入れなさい 양동이에 물을 넣어라. / 浴槽に水を入れた 욕조에 물을 받았다. / 私は井戸から水をくんだ 나는 우물에서 물을 길었다 / 水を出してくれ. よしちょ止めていいよ 물 좀 틀어 줘. 좋아 이제 잠가 줘. / だれだ, 水を出しっぱなしにしているのは 누구야? 물을 계속 틀어 놓은 게. / 庭に水をまいた 정원에 물을 뿌렸다. / 植木に毎朝水をやる 나무에 매일 아침 물을 주다 / 野菜を洗ったら水を切ってください 야채를 씻으면 물기를 잘 빼 주세요. / 災害に備えて十分な水を確保している 재해에 대비해서 충분한 물을 확보하고 있다. / 風呂の水を抜いておいてちょうだい 욕조의 물을 빼 줘. / 私は頭から水を浴びた 나는 머리 위부터 물을 뒤집어썼다.

◆【水に】
¶彼は水に飛び込んだ 그는 물에 뛰어들었다. / 台風で多くの家が水につかった 태풍으로 많은 집들이 물에 침수되었다. / 切り花は水に入れておかないとしおれるよ 자른 꽃은 물에 넣어두지 않으면 시들어 버린다.

◆【水で】
¶冷たい水で顔を洗うと気持ちがいい 차가운 물로 얼굴을 씻으면 기분이 좋다. [慣用句] 彼らははまるで水と油だ 그들은 마치 물과 기름 같다. / 会場は水を打ったように静かになった 회장은 물을 끼얹은 것처럼 조용해졌다. / 水の滴る様な美女 아름답고 요염한 미녀 / 空港は水も漏らさぬ警戒ぶりだった 공항은 물샐틈없는 경계였다. / 彼は水を得た魚のように今の仕事に張り切っている 그는 물을 만난 물고기처럼 지금 일을 열심히 하고 있다. / 今までのことは水に流そう 지금까지의 일은 깨끗이 잊어버리자. / どうしてサンギはあの二人の仲に水を差すようなことを言うのだろう 어째서 상기는 그 두 사람 사이를 갈라놓는 말을 하는 거지? / キョンヒにその件について話させようと水を向けたがだめだった 경희한테 그 건에 대해서 말하도록 유인했지만 안 되었다. / 彼のせいで我々の計画は水の泡となった 그 사람 탓으로 우리들의 계획이 물거품이 되었다.

**ミズ** [女性の敬称] 미즈

**みずあそび【水遊び】**물장난, 물놀이 ¶子供たちが水遊びをしている 아이들이 물놀이를 하고 있다.

**みずあび【水浴び】**미역 [泳ぐこと] 헤엄 ◇水浴びをする 미역을 감다

**みすい【未遂】**미수 ¶暗殺は未遂に終わった 암살은 미수로 끝났다. / 自殺[殺人]未遂 자살[살인] 미수

**みずいらず【水入らず】**◇水入らずで 끼리 ¶親子水入らずで休暇を過ごした 가족끼리 휴가를 보냈다. / 久しぶりに夫婦水入らずで食事した 오랜만에 부부끼리 식사를 했다.

**みずいろ【水色】**물빛

**みずうみ【湖】**호수 ¶湖のほとりにあるホテル 호숫가에 있는 호텔 / 湖にボートに乗りに行く 호수에 보트 타러 가다

**みすえる【見据える】**응시하다, 바라보다 [見通す] 내다보다 / ¶彼は私の顔を見据えて言った 그는 내 얼굴을 바라보며 말했다. / 将来をしっかり見据えて計画をたてることが必要だ 장래를 꼼꼼히 내다보고 계획을 세우는 것이 필요하다.

**みずかき【水掻き】**물갈퀴 ¶あひるには水かきがある 오리에게는 물갈퀴가 있다.

**みずかけろん【水掛け論】**결말이 나지 않는 논쟁 ¶議論は水掛け論に終わった 논의는 결말이 나지 않는 논쟁으로 끝났다.

**みずかさ【水嵩】**수량(水量) ¶川の水かさが増した[減った] 강 수량이 늘었다[줄었다].

**みずがめざ【水瓶座】**물병자리 (►発音は 물뼝자리), 보병궁 ¶水がめ座(生まれ)の人 물병자리 사람

**みずから【自ら】**자기, 자신 [自ら進んで] 스스로 ¶自らを省みる 자신을 돌보다 / 自らの力でやり遂げる 자기 힘으로 해내다 / 企画会議に社長自らが出席した 기획 회의에 사장님이 스스로 참석했다. / 自ら命を絶つ 스스로 목숨을 끊다 / 自ら進んで困難な任務を引き受ける 자진해서 곤란한 임무를 맡다

**みずぎ【水着】**수영복 [関連] 水着美人 수영복 차림의 미인 / 水泳パンツ 수영복 / ビキニ 비키니

**ミスキャスト** 잘못된 배역 ¶あの俳優はミスキャストだった 그 배우는 잘못된 배역이었다.

**みずぎわ【水際】**물가 (►発音は 물까) [関連] 水際作戦 상륙 저지 작전

**みずくさ【水草】**수초, 물풀 [水生植物] 수중[수생] 식물

**みずくさい【水臭い】**서먹서먹하다, 쌀쌀하다 ¶水臭いじゃないか 서먹서먹하잖아.

**みずぐすり【水薬】**물약 (►発音は 물략)

**みずけ【水気】**물기 (►発音は 물끼) [水分] 수분 ¶このなしは水気が多いので 배는 물기가 많다.

**みすごす【見過ごす】**빠뜨리다; 간과하다 ¶「止まれ」の標識を見過ごしてしまった '정지'라는 표지를 못 봤어. / 彼女の振る舞いを黙って見過ごすわけにはいかない 그녀의 행동을 그냥 간과할 수 없다.

**みずさきあんない【水先案内】**수로 안내 ¶水先案内をする 수로 안내를 하다 [関連] 水先案内人 수로 안내인

**みずさし【水差し】**물병 (►発音は 물뼝), 물그릇

**みずしごと【水仕事】**[台所仕事] 부엌일 (►発音は 부엉닐) [洗濯] 빨래 ¶水仕事をする 부엌일을 하다

**みずしぶき【水飛沫】**물보라 ¶彼は水しぶきをあげて海に飛び込んだ 그는 물보라를 일으키며 바다에 뛰어들었다. / 滝の水しぶきを浴びる 폭포의 물보라에 젖다

**みずしょうばい【水商売】**물장사, 술장사 ¶水商売の女性 술장사하는 여성

**みずしらず【見ず知らず】**생면부지(生面不知) ¶見ず知らずの人 생면부지의 사람

**ミスター** [男性の呼称] 미스터 (►韓国では, 会社などで上司が部下に対してまたは同僚同士で用いたりする) ¶ミスターパク(パク君) 미스터 박 / ジャイアンツの長嶋元監督は現役時代ミスタージャイアンツと呼ば

れていた 자이언츠의 나가시마 전 감독은 선수 시절 미스터 자이언츠라고 불리었다.

**みずたま【水玉】** ¶水玉模様のネクタイ 물방울 무늬 넥타이

**みずたまり【水溜まり】** 웅덩이, 물구덩이(▶発音은 물꾸덩이) ¶通りには水たまりが何か所もできていた 길에는 물웅덩이가 몇 군데 생겼다.

**みずっぽい【水っぽい】** 싱겁다, 묽다 ¶このアイスコーヒーは水っぽい 이 냉커피는 싱겁다.

**みずでっぽう【水鉄砲】** 물총, 물딱총

**ミステリー** 미스터리 ¶3億円強奪事件はいまだにミステリーだ 3억 엔 강탈 사건은 아직도 미스터리로 남아 있다. 関連 **ミステリー小説** 미스터리, 추리 소설 / **ミステリー作家** 추리 작가

**みすてる【見捨てる】** 버리다, 내버리다, 돌보지 않다 ¶彼は家族を見捨ててある日突然蒸発した 그는 가족을 버리고 어느 날 갑자기 증발했다. / 医者が患者を見捨てるようなことがあってはならない 의사가 환자를 돌보지 않는 일은 있어서는 안 된다.

**みずとり【水鳥】** 물새, 수조

**みずはけ【水捌け】** 배수(排水) ¶このグラウンドは水はけがよい[悪い] 이 그라운드는 배수가 좋다[나쁘다].

**みずびたし【水浸し】** 침수(沈水) ◇水浸しになる 침수하다, 침수되다, 물에 잠기다 ¶蛇口を締め忘れて台所の床が水浸しになった 수도꼭지 잠그는 것을 잊어서 부엌 바닥에 물이 고였다.

**みずぶくれ【水膨れ】** 물집(▶発音은 물찝) ¶親指に水ぶくれができた 엄지손가락에 물집이 생겼다. / 水ぶくれがつぶれた 물집이 터졌다.

**ミスプリント** 미스프린트, 오타(誤打) ¶このちらしはミスプリントだらけだ 이 전단지에는 오타가 너무 많다.

**みずべ【水辺】** 물가(▶発音은 물까) [海辺] 바닷가 ¶彼女は水辺(→海辺)にたたずんで夕日を見つめた 그녀는 바닷가에 우두커니 서서 노을을 바라보았다.

**みずほうそう【水疱瘡】** 수두, 작은마마

**みすぼらしい【見窄らしい】** 초라하다, 볼품없다 ¶その少年はみすぼらしい身なりをしていた 그 소년은 초라한 행색을 하고 있었다. / みすぼらしい家 초라한 집

**みずまし【水増し】** ◇水増しする 늘리다, 불리다 ¶彼は経費を水増しして請求した 그는 경비를 불려서 청구했다. / 水増し入学させる 정원보다 늘려 입학시키다 / 水増し請求書 실제 이상으로 불린 청구서

**みすみす** 빤히 ¶みすみす損をしてしまった 빤히 손해를 보고 말았다. / 警察はみすみす犯人を取り逃がしてしまった 경찰은 빤히 보면서 범인을 놓쳐 버렸다.

**みずみずしい【瑞々しい】** 싱싱하다, 신선하다 ¶みずみずしい肌 싱싱한 피부 / みずみずしい果物 신선한 과일

**みずむし【水虫】** 무좀 ¶水虫にかかった足 무좀에 걸린 발

**みずもれ【水漏れ】** ◇水漏れする 물이 새다 ¶このバケツは水漏れする 이 양동이는 물이 샌다. / 天井から水漏れがしている 천장에서 물이 새고 있다

**みずわり【水割り】** ◇水割りにする 물을 타다 ¶ウイスキーの水割り 물을 탄 위스키 / ウイスキーを水割りにする 위스키에 물을 타다

## **みせ【店】** 가게 [商店] 상점

基本表現
▷その店は9時に開く[閉まる]
  그 가게는 아홉 시에 연다[닫는다].
▷祖父は50年前に銀座に店を開いた 할아버지는 50년 전에 긴자에 가게를 열었다.
▷そのスーパーは売れ行き不振で店をたたんだ
  그 슈퍼는 판매 부진으로 가게를 닫았다.
▷兄は土産物の店を経営している
  형은 토산품 가게를 경영하고 있다.

¶彼女は時々店の手伝いをする 그녀는 가끔 가게를 돕는다. / あの店はとても高い[安い] 그 가게는 아주 비싸다[싸다]. / この店は品数が多い 이 가게는 상품수가 많다. / その店はコンピュータ関連の製品だけを扱っている 그 가게는 컴퓨터 관련 제품만을 취급하고 있다. / あの店でTシャツを何枚か買った 그 가게에서 티셔츠를 몇 장 샀다.

**みせいねん【未成年】** 미성년 [未成年者] 미성년자 ¶うちの息子はまだ未成年だ 우리 아들은 아직 미성년이다. / 未成年者の飲酒と喫煙は法律で禁止されている 미성년자의 음주와 흡연은 법률로 금지되어 있다.

**みせかけ【見せ掛け】** 겉치레 [外見] 겉보기, 외관, 외견, 거탈 [偽り] 가짜 ¶彼女の親切は単なる見せかけに過ぎない 그녀의 친절은 단순한 겉치레에 지나지 않는다. / 見せかけの友情は長続きしない 겉치레 우정은 오래 가지 않는다. / 見せかけの豪華さにだまされてはいけない 외관의 호화로움에 속아서는 안 된다.

**みせかける【見せ掛ける】** -는[-ㄴ, -은] 체하다 ¶興味があるように見せかけながら彼はあくびをかみ殺していた 관심이 있는 체하면서 그는 하품을 억지로 참았다.

**みせさき【店先】** 가게 앞 [店頭] 점두 ¶彼女は店先で立ち止まってウインドーをのぞきこんだ 그녀는 가게 앞에 서서 쇼윈도를 들여다보았다. / その本屋の店先にはベストセラーが山積みになっている 그 서점 앞에는 베스트셀러가 산더미같이 쌓여 있다. / 店先の表示は人目を引くものでなければならない 가게 앞 표시는 사람들 눈을 끌어야 한다.

**みせじまい【店仕舞い】** ◇店じまいする [商売を終える] 가게를 닫다 [廃業する] 폐업하다 ¶きょうはもう店じまいしよう 오늘은 그만 가게를 닫자. / そのレストランは1年で店じまいした 그 레스토랑은 1년 만에 폐업했다.

**みせしめ【見せしめ】** [戒め] 본보기 [警告] 경고 ¶教師は見せしめに騒いだ生徒を教室の後ろに立たせた 교사는 본보기로 떠든 학생을 교실 뒤에 서 있게 했다. / ハイジャック犯たちは見せしめに人質の一人を殺した 항공기 납치범들은 당국에 대한 경고로 인질을 한 명 죽였다.

**ミセス** [既婚女性の敬称] 미시즈 [既婚女性] 기혼 여성, 유부녀(有夫女) 関連 **ヤングミセス** 젊

みせつける 은 기혼 여성

**みせつける【見せ付ける】**〔見せびらかす〕여봐란듯이 보이다, 과시하다〔痛感させる〕통감시키다, 뼈저리게 느끼게 하다 ¶そのカップルは街中で большой もはばからず熱い様子を見せつけた 그 커플은 길거리에서 사람들 눈을 신경쓰지 않고 열렬한 사랑을 과시했다. / 彼女の音楽の才能を見せつけられた 그녀는 음악 재능을 과시했다.

**みせどころ【見せ所】** ¶ここが腕の見せ所だ 여기가 실력을 발휘할 대목이다.

**みせばん【店番】**◇店番をする 가게를 지키다[보다] ¶きょうの午後は私が店番をします 오늘 오후에는 제가 가게를 보겠어요.

**みせびらかす【見せびらかす】**자랑삼아 보이다, 과시하다 ¶明は新しいおもちゃを友達に見せびらかした 아키라는 새로운 장난감을 친구들에게 자랑삼아 보였다.

**みせびらき【店開き】**개점(開店), 개업(開業) ◇店開きする 개점하다, 개업하다 ¶新しいコンビニが近所に店開きした 새로운 편의점이 근처에 개점했다.

**みせもの【見世物】**구경거리(▶ 発音은 구경꺼리)〔興行〕흥행 ¶見世物じゃないぞ 구경거리가 아니다. / 私は見世物になりたくない 나는 구경거리가 되기 싫다.

**みせられる【魅せられる】**매혹되다 ¶私はその光景に魅せられた 나는 그 광경에 매혹되었다.

**みせる【見せる】❶**〔示す〕보이다 ¶運転免許証[身分証明書]を警官に見せた 운전면허증을[신분증명서를] 경찰에게 보였다. / 彼女は小さいころの写真を見せてくれた 그녀는 어렸을 때의 사진을 보여 주었다.
¶パスポートを見せてください 여권 좀 보여 주세요. / メニューを見せてください 메뉴 좀 보여 주세요. / この指輪をちょっと見せてください 이 반지 좀 보여 주세요. / 政局は新たな展開を見せた 정국은 새로운 전개를 보였다.

**❷**〔姿を現す〕나타나다 ¶彼女は同窓会にも姿を見せなかった 그녀는 동창회에도「나타나지 않았다[모습을 보이지 않았다].

**❸**〔見せかける〕 ¶彼女は彼の贈り物を喜んでいる振りをして見せた 그녀는 남자 친구의 선물에 기뻐하는 체했다. / 彼女は年よりも若く見せようとしている 그녀는 나이보다 젊어 보이려고 한다.

**❹**〔医者に見せる〕병원에 가다(▶韓国語では「病院に行く」と表現するのがふつう)〔診察してもらう〕진찰을 받다 ¶ひどいけが! すぐ医者に見せて 크게 다쳤네! 바로 병원에 가는 편이 좋아. / この子, 少し熱がある. すぐ医者に見せよう 애 열이 좀 있네. 바로 병원에 가자.

**❺**〔自信·決意の表明〕…고야 말겠다 ¶必ず入学試験に合格してみせる 반드시 입학 시험에 합격하고야 말겠다. / 必ず1年で完成させてみせます 반드시 1년 안에 완성시켜 보이겠습니다. / あしたの試合には必ず勝ってみせるぞ! 내일 시합은 반드시 이기고야 말겠다.

**みぜん【未然】**◇未然に 미연에 ¶大統領は軍部によるクーデターを未然に防ぐことができなかった 대통령은 군부에 의한 쿠데타를 미연에 방지할 수 없었다.

**みそ【味噌】**된장, 장〔特色〕특색 ¶そこがみそだ 그것이 특색이다. / みそを付ける(→へまをやる) 실수를 저지르다 / (→面目を失う) 체면이 깎이다
[慣用句] みそも糞も一緒にする 이것저것 구분하지 않다 [関連] みそ汁 된장국 / みそ漬け 된장 절임

**みぞ【溝】**〔排水路〕도랑〔下水路, どぶ〕개천〔レコード・敷居などの〕홈〔気持ち·関係の〕틈 ¶テントの周りに溝を掘って도랑을 팠다. / 車が溝にはまった 차가 도랑에 빠졌다. / 車を溝に落とす 차를 개천에 빠뜨리다
¶夫婦の間に溝ができた 부부 사이에 틈이 생겼다. / 両国間の溝が深まっている 양국간의 틈이 깊어졌다.

**みぞおち【鳩尾】**명치 ¶みぞおちを殴られる 명치를 얻어맞다

**みそぎ【禊】**개과천선(改過遷善) ¶みそぎをする 개과천선하다 ¶その政治家は再選されたことでみそぎを済ませたと言っている 그 정치가는 재당선된 것으로 지난 날의 죄를 속죄했다고 주장한다.

**みそこなう【見損なう】**못 보다, 볼 기회를 놓치다〔評価を誤る〕잘못 보다〔あしたテレビのワールドカップの決勝戦を見損なってしまった 텔레비전으로 중계된 월드컵 결승전을 못 봤다. / 彼を見損なったね. 誠実な人だと思っていたのに그를 잘못 봤어. 성실한 사람인 줄 알았는데.

**みぞれ【霙】**진눈깨비 ¶みぞれが降っている 진눈깨비가 내리고 있다. / 雨がみぞれに変わった 비가 진눈깨비로 바뀌었다.

**-みたい** …みたいだ 같다, 싶다, 보다 ◇-みたいな 같은 ◇-みたいに 같이, 처럼 ¶留守中にだれか来たみたいだ 아무도 집에 없을 때 누가 온 것 같다. / 雨みたいだ 비가 오나 봐. / ちょっと大きいみたいだ 좀 큰가 싶다. / 子供みたいな顔 아이 같은 얼굴 / 糊みたいなもの 풀 같은 것 / 赤ん坊みたいに泣かないで 아기처럼 울지 마. / そんなことをしたらばかみたいに見えるよ 그런 짓을 하면 바보같이 보인다. / 石みたいに硬い 돌같이 딱딱하다.

**みだし【見出し】**〔新聞などの〕표제, 제목 ¶その記事には「首相辞任」という見出しがついていた 그 기사에는 '수상 사임'이라고 표제가 붙어 있었다. / 新聞はそのニュースを大見出しで掲載した 신문은 그 뉴스를 큰 제목으로 게재했다.
[関連] 見出し語〔辞書の〕표제어(表題語) / 小見出し 작은 표제

**みだしなみ【身嗜み】**차림새, 옷차림, 몸가짐 ¶彼は身だしなみがいい[悪い] 그는 옷차림이 좋다[나쁘다].

**みたす【満たす】**채우다〔満足させる〕충족시키다, 만족시키다, 채우다 ¶手品師はコップに水を満たした 마술사는 컵에 물을 채웠다. / 水筒に水を満たす 물통에 물을 채우다
¶条件を満たす 조건을 만족시키다[충족시키다] / 欲望を満たす 욕망을 채우다 / 空腹を満たす 공복을 채우다 / 何か満たされない気持ちだ 뭔가 만족되지 않는 기분이다.

**みだす【乱す】**〔治安·平静などを〕문란시키다, 어지럽히다〔列·髪などを〕흐트러뜨리다, 흩

드리다【混乱させる】혼란시키다 ¶風紀を乱す 풍기를 어지럽히다 / 彼らは治安を乱したとして逮捕された 그들은 치안을 어지럽혔다는 혐의로 체포되었다. / 夫についてのうわさは彼女の心を乱した 남편에 관한 소문은 그녀의 마음을 어지럽혔다.

¶列を乱してはいけません 열을 흐트리면 안 됩니다. / 髮をふり乱す 머리카락을 흐트리다

**みたてる【見立てる】**〔選ぶ〕고르다〔なぞらえる〕비기다, 비유하다 ¶そのネクタイはだれに見立ててもらったの 그 넥타이는 누가 골랐어?

¶この庭では岩を山に見立ててある 이 정원에서는 바위를 산으로 비유하였다. / 桜の花をかすみに見立てる 벚꽃을 안개에 비유하다

**みため【見た目】**겉보기 ¶彼は見た目ほど悪い人ではない 그는 겉보기만큼 나쁜 사람은 아니다. / 彼女は見た目はおとなしそうだが芯は強い 그녀는 겉보기는 얌전한 것 같지만 속은 강하다. / 頑丈であれば見た目はどうでもいい 튼튼하다면 겉보기는 어떻든 괜찮다. / 見た目のいいスーツ 겉보기가 좋은 양복

**みだら【淫ら】**음란(淫乱), 외설(猥褻)◆みだらだ 음란하다, 외설적, 난잡하다 ¶こういうみだらな雑誌を読んではいけません 이런 음란 잡지를 읽어서는 안 됩니다. / みだらな冗談 외설적인 농담

**みだり【妄り】**◆妄りに 함부로〔許可なく〕멋대로 ¶人のことにみだりに口を出すものではない 남의 일에 함부로 참견하지 마. / みだりに立ち入らないでください 멋대로 들어오지 마세요.

**みだれ【乱れ】**혼란(混乱)〔動揺〕동요 ¶ダイヤの乱れは深夜まで続いた 열차 운행의 혼란은 심야까지 계속되었다. / 彼女は心の乱れを隠せなかった 그녀는 마음의 동요를 숨길 수 없었다.

¶髮の乱れを直す 흐트러진 머리를 가다듬다 / 服の乱れを直す 흐트러진 옷을 가다듬다

**みだれる【乱れる】❶**〔整っていたものが崩れる〕어지러워지다, 문란해지다, 혼란되다, 흐트러지다, 난잡해지다 ¶その学校は風紀がひどく乱れていた 그 학교는 풍기가 심하게 문란해졌다. / 外来語の氾濫によって日本語は乱れている 외래어의 범람에 의해 일본어 용법이 혼란스러워졌다. / 豪雪のために列車のダイヤが乱れた 폭설로 열차 운행에 차질이 빚어졌다. / 患者の脈が乱れた 환자의 맥이 흐트러졌다.

風で髮が乱れた 바람으로 머리카락이 흐트러졌다. / 着物のすそが乱れている 기모노의 자락이 흐트러졌다. / 乱れた生活 문란해진 생활

**❷**〔心などが平靜でなくなる〕흐트러지다〔動揺する〕동요하다 ¶その知らせを聞いて彼女の心は乱れた 그 소식을 듣고 그녀의 마음은 동요되었다. / 彼女は事故直後, パニックで精神状態が乱れていた 그녀는 사고 직후, 패닉으로 정신 상태가 흐트러져 있었다. / 彼らは一糸乱れず行動した 그들은 일사불란하게 행동했다.

**みち【道】❶**〔道路〕길, 도로

◆〖道は・道が〗

¶この道は東京と名古屋を結んでいる 이 길은 도쿄와 나고야를 연결하고 있다. / その道は今工事中だ 그 길은 지금 공사중이다. / 観光地へ行く道はどこも込んでいた 관광지에 가는 길은 다 복잡했다. / この道は舗装されたばかりだ 이 길은 막 포장되었다. / 道が畑を横切って通っている 길이 밭을 가로질러 있다. / 丘の上のでこぼこ道を歩いた 언덕 위의 울퉁불퉁한 길을 걸었다. / 道が狭いので車が一台しか通れない 길이 좁아서 차가 한 대밖에 지날 수 없다. /「この道はどこまで続いていますか」「海岸までです」"이 길은 어디로 이어집니까?" "바닷가까지입니다."

◆〖道で・道に・道の〗

¶私は道でばったり友達に会った 나는 길에서 우연히 친구를 만났다. / 彼は山の中で道に迷ってしまった 그는 산 속에서 길을 잃어버렸다. / 駅へ行くにはこの道でいいですか? 역에 가는 길은 이게 맞습니까? / 道の両側に桜の並木がある 길 양쪽에 벚꽃 가로수가 있다.

◆〖道を〗

¶道を横断するときは車に気をつけてください 길을 건널 때는 차를 조심하세요. / どっちの道を行ったらいいのだろう 어느 쪽 길로 가면 좋을까? / 道を間違えたらしい 길을 잘못 든 것 같다. / 図書館は道を挟んで市役所のちょうど向かい側にある 도서관은 길을 사이에 두고 시청 건너편에 있다. / ホテルに戻る途中迷ったので通りがかりの人に道を尋ねた 호텔에 돌아가는 도중에 길을 잃어서 지나가는 사람에게 길을 물었다. / 地図を持った女の人から道を聞かれた 지도를 가진 여자가 나한테 길을 물었다. / すみません, 新宿駅までの道を教えていただけませんか 신주쿠역까지 가는 길을 가르쳐 주시겠습니까? / 大きな岩が道をふさいでいた 큰 바위가 길을 막고 있었다. / バスは救急車に道を譲った 버스는 구급차에 길을 양보했다. / 私たちは小川に沿った小道を散歩した 우리들은 시냇물을 따라 오솔길을 산책했다. / トラックが道をふさいでいた 트럭이 길을 막고 있었다.

**❷**〔距離, 道のり〕길, 거리〔道のり〕노정, 도정 ¶彼は毎日5キロの道を歩いて学校に通っている 그는 매일 5킬로 거리를 걸어서 학교에 다니고 있다. / 道が険しかったので彼女は山登りの途中でへたばってしまった 길이 험해서 그녀는 등산 도중에 지쳐 버렸다. / 完成までまだ道は遠い 완성까지 길은 멀다. / 道を急ぐ 길을 서두르다

**❸**〔進路, 人生〕길, 진로 ¶新しい提案が合意への道を開いた 새로운 제안이 합의의 길을 열었다. / 日本はどうして戦争への道を歩んだのだろう 일본은 어째서 전쟁의 길을 선택한 것일까? / 子供たちが道を誤らないよう親や教師が導いてあげなければならない 아이들이 진로를 잘못 선택하지 않도록 부모나 교사가 지도해 주어야 된다. / 私は引退して後進に道を譲ることにした 나는 은퇴해서 후진에게 길을 양보하기로 했다. / 道が開ける 길이 열리다 / 栄光への道 영광으로의 길

**❹**〔道德, 道理〕도리 ¶人の道に背くことをしてはいけない 사람의 도리를 저버려서는 안 된다. / 彼らは道ならぬ恋に落ちた 그들은 도리에 어긋난 사랑에 빠졌다.

**❺**〔教え〕가르침 ¶その僧は人々に仏の道を説いた

그 승려는 사람들에게 불교의 가르침을 설교했다.
❻ [専門的分野, 方面] 분야, 길 ¶彼はその道ではよく知られている 그는 그 분야에서는 잘 알려져 있다. / 彼は学問の道を志す決心をした 그는 학문의 길에 뜻을 두기로 결심했다. / 彼女はその道に明るい 그녀는 그 분야에 밝다. / 好きな道を歩む 좋아하는 길을 가다
❼ [方法, 手段] 길, 수단, 방법 ¶彼は職を失い生活の道を断たれた 그는 일자리를 잃고 생활 수단이 끊겼다. / 私の生きる道はこれしかない 내가 사는 길은 이것밖에 없다. / ほかに道がない 달리 방법이 없다. / 解決の道を模索する 해결의 길을 모색하다 慣用句 千里の道も一歩から 천 리 길도 한 걸음부터 / すべての道はローマに通じる 모든 길은 로마로 통한다. / 再建は日暮れて道遠し 재건은 이미 늦은 것 같다. / 재건은 아주 힘들다. / どう頑張っても, どのみち彼らの助けを受けなければならないだろう 아무리 열심히 해도 결국 그들의 도움을 받아야 할 것이다.

**みち** 【未知】 미지 ¶未知の世界 미지의 세계 / 彼は科学の未知の領域に踏み込んだ 그는 과학의 미지의 영역에 들어갔다.

**みちあんない** 【道案内】 길 안내 ¶その若者は駅まで道案内をしてくれた 그 젊은이는 역까지 길 안내를 해 주었다.

**みちか** 【身近】 가까이 ◇身近な 가까운 ◇身近に 가까이 ¶身近に相談する人はいなかったのですか 가까이에 상담할 만한 사람은 없었습니까? / これは私たちに身近な問題である 이것은 우리들의 일상적인 문제이다. / 私はその話を身近に感じた 나는 그 이야기를 가깝이 느꼈다.

**みちがえる** 【見違える】 몰라보다 ¶君があんまり変わったんで見違えたよ 네가 너무 변해 버려서 몰라봤다.

**みちくさ** 【道草】 ¶うちの子はどこで道草をくっているんだろう 우리 아이는 도대체 어디에서 뭘 하고 있을까? / 道草をしないでまっすぐ帰りなさい 도중에 딴 짓 하지 말고 바로 돌아와.

**みちしお** 【満ち潮】 밀물 [滿潮] 만조 ¶今は満ち潮だ 지금은 밀물이다.

**みちじゅん** 【道順】 길 ¶駅までの道順を教えてください 역까지 가는 길을 가르쳐 주세요. / この道順がいちばん近いですか 이 길이 가장 가깝습니까? / 道順を間違えた 길을 틀렸다.

**みちしるべ** 【道標】 길잡이 ¶道しるべに従って進む 길잡이를 따라 가다

**みちすう** 【未知数】 [数学] 미지수 ¶彼の力は未知数だ 그의 능력은 미지수다.

**みちすじ** 【道筋】 길, 노정 [沿道] 연도 ¶空港から都心への道筋には大勢の警察官が配置されていた 공항에서 도심에 이르는 길에는 많은 경찰이 배치되어 있었다.

**みちたりる** 【満ち足りる】 흡족하다, 만족해 하다 ¶彼女は何不自由なく満ち足りた生活を送っている 그녀는 아무런 불편없이 흡족한 생활을 보내고 있다. / 満ち足りた顔つき 흡족한 표정

**みちづれ** 【道連れ】 길동무 (➡発音は 길동뭇) ¶韓国の旅で一人の若者と道連れになった 한국 여행에서 한 젊은이와 길동무가 되었다. ¶その母親は子供を道連れに心中した 그 어머니는 아이를 데리고 동반 자살했다. 慣用句 旅は道連れ 여행은 길동무가 있어야 재미있다. / 여행할 때는 길동무가 있는 것이 마음 든든하다.

**みちなり** 【道なり】 길을 따라 ¶道なりに行く 길을 따라 가다

**みちのり** 【道程】 [距離] 거리 [道程] 도정, 노정 [路程], 행정 (行程) ¶ここからバス停まではどのくらいの道のりですか 여기에서 버스 정류장까지는 어느 정도 거리입니까? / 家から会社までは電車で45分の道のりです 집에서 회사까지는 전철로 45분 거리입니다. / 合格へは長い道のりだった 합격으로의 길은 멀고 험했다.

**みちばた** 【道端】 길가 ¶道端に古ぼけた看板が立っていた 길가에 오래된 간판이 서 있었다.

**みちひ** 【満ち干】 간만, 만간, 밀물과 썰물 ¶潮の満ち干 조수의 간만

**みちびく** 【導く】 [ある方向に進ませる] 이끌다 [指導する] 지도하다 ¶彼は主将としてチームを優勝へと導いた 그는 주장으로서 팀을 우승으로 이끌었다. / 麻薬が彼を破滅へと導いた 마약이 그를 파멸로 이끌었다.

**みちる** 【満ちる】 ❶ [あふれる] 차다, 가득차다 ¶庭園にはバラの香りが満ちていた 정원에는 장미 향기가 가득 차 있었다. / 彼は自信に満ちていた 그는 자신에 차 있었다. / 夕方の商店街は活気に満ちている 저녁의 상가는 활기에 넘친다. / 彼女の喜びに満ちた笑顔が忘れられない 그녀의 기쁨에 넘친 얼굴을 잊을 수 없다. / 好奇心に満ちた顔 호기심에 찬 얼굴
❷ [月が] 차다 [満月] 만월이 되다 ¶月が満ちていき月 차 가고 있는 달이 차고 있다.
❸ [潮が] 밀물이 차다 [満潮だ] 만조가 되다 ¶潮が満ちている 조수가 차고 있다.
❹ [達する] ¶出席者は10名にも満たなかった 참석자는 열 명도 채 안 됐다.

**みつ** 【密】 ◇密に [稠密だ] 조밀하다 [親密だ] 밀하다 [緊密だ] 긴밀하다 ¶日本は人口が密だ 일본은 인구가 조밀하다. / 両国の関係をますます密にすることが必要だ 양국의 관계를 더욱더 긴밀하게 할 필요가 있다. / お互い連絡を密にしよう 서로 연락을 긴밀하게 하자.

**みつ** 【蜜】 꿀 [はちみつ] 벌꿀 [花の] 화밀 ¶蜜が花から花へ飛び回り蜜を集めている 벌이 꽃에서 꽃으로 날아다니며 꽃을 모으고 있다.

**みつあみ** 【三つ編み】 ¶髪を三つ編みにする 머리를 세 가닥으로 땋다

**みっか** 【三日】 삼일, 사흘; 초사흘 ¶雨は3日間続いた 비는 3일간 계속 내렸다. / 3日おきに通院している 사흘 걸러 병원에 다니고 있다. ¶6月3日 유월 3일 慣用句 彼は三日坊主だ 그는 작심 삼일이다. / 彼女は家計簿をつけ始めたが三日坊主に終わった 그녀는 가계부를 쓰기 시작했지만 작심 삼일로 끝났다. 関連 三日天下 삼일천하

**みつかる** 【見付かる】 찾다 [発見される] 발견되다 [悪事などに] 들키다, 발각되다 ¶なくした財

布が見つかった 잃었던 지갑을 다시 찾았다. / 車の鍵が見つかった 차 열쇠를 아직 못 찾았다. / 世界最大のダイヤモンドが見つかった 세계 최대의 다이아몬드가 발견되었다. / 間違いが見つかった 잘못이 발견되었다. / 少女は万引きの現場を見つかった 소녀는 훔치는 현장을 들키고 말았다. / 彼は覚せい剤を所持しているのを見つかった 그 사람은 각성제를 소지하고 있는 것이 발각되었다.

**みつぐ**【貢ぐ】바치다, 대주다 ¶彼は全財産をその女に貢いだ 그는 전재산을 그 여자에게 바쳤다.

**ミックス** ◇ミックスする〔混ぜる〕섞다 関連 ミックスジュース 믹스 주스

**みつくろう**【見繕う】적당히 고르다 ¶晩ご飯のおかずを適当にみつくろって買ってきてちょうだい 저녁 반찬을 적당히 골라서 사 와.

**みつける**【見付ける】찾다, 찾아내다〔発見する〕발견하다

基本表現
▶彼女にいい仕事を見つけてやった
그녀에게 좋은 일자리를 찾아 주었다.
▶彼が向こうから歩いてくるのを見つけた 그가 반대쪽에서 걸어오는 것을 발견했다.
▶じゅうたんの下に金が隠してあるのを見つけた 융단 밑에 돈이 숨겨져 있는 것을 발견했다.

捜していた本を見つけた 찾고 있던 책을 찾아냈다. / こんな古いレコード、どこで見つけたんだ 이런 오래된 레코드 어디서 찾았어? / 今週中に暇を見つけて伺います 이번주 안에 시간을 내서 찾아뵙겠습니다. / フリーマーケットで珍しいコインを偶然見つけた 벼룩 시장에서 진귀한 동전을 우연히 발견했다. / 電話帳で彼女の電話番号を見つけた 전화번호부에서 그 여자의 전화번호를 찾았다. / この問題の解決法を見つけなければならない 그 문제의 해결법을 찾아야 된다. / 彼はついに彼女の秘密を見つけた 그는 드디어 그녀의 비밀을 알아냈다. / 先生は彼がカンニングしているところを見つけた 선생님은 그가 커닝하는 것을 발견했다. / 研究者はサンプルの中に微量のプルトニウムを見つけた 연구자는 샘플 속에서 미량의 플루토늄을 발견했다.
¶宝物を見つける 보물을 찾아내다 / アパートを見つける 아파트를 찾다 / 仕事を見つける 일거리를 찾다
¶道で財布を見つけた 길에서 지갑을 찾았다.

**みつご**【三つ子】세쌍둥이, 삼쌍둥이〔三歳児〕세살 된 아이 慣用句 三つ子の魂百まで 세살 적 버릇이 여든까지 간다. (▶韓国では「80歳まで」という)

**みっこう**【密航】밀항 ◇密航する 밀항하다 ¶脱北者たちは貨物船で韓国へ密航することを計画した 탈북자들은 화물선으로 한국에 밀항하기로 계획했다. 関連 密航者 밀항자 / 密航船 밀항선

**みっこく**【密告】밀고 ◇密告する 밀고하다 ¶仲間の一人が彼を警察に密告した 무리의 한 명이 그를 경찰에 밀고했다. 関連 密告者 밀고자

**みっしつ**【密室】밀실 ¶密室殺人事件 밀실 살인 사건

**みっしゅう**【密集】밀집 ◇密集する 밀집하다, 밀집되다 ¶人口密集地域 인구 밀집 지역 / 住宅密集地帯 주택 밀집 지대 / この地域には小規模店舗が密集している 이 지역에는 소규모 점포가 밀집해 있다.

**みっせい**【密生】밀생 ◇密生する 밀생하다, 빽빽하다 ¶雑草が密生している 잡초가 빽빽하게 나 있다. / 丘にはラベンダーが密生している 언덕에는 라벤더가 빽빽하게 나 있다.

**みっせつ**【密接】밀접 ◇密接する 밀접하다 ¶米の収穫高は夏の天候に密接な関係がある 쌀의 수확고는 여름 날씨와 밀접한 관계가 있다. / 両国の関係はますます密接になった 양국 관계는 더욱 밀접해졌다.

**みつぞう**【密造】밀조 ¶酒を密造する 술을 밀조하다 関連 密造者 밀조자 / 密造酒 밀주

**みつぞろい**【三つ揃い】스리피스

**みっちゃく**【密着】밀착 ◇密着する 밀착하다 ¶この番組ではいつも日常生活に密着した話題を取り上げている 이 프로그램에서는 항상 일상생활과 밀접한 화제를 방송한다. / 彼はその女優を密着取材した 그는 그 여배우를 밀착 취재했다.

**みっちり**〔徹底的に〕철저히〔厳しく〕단단히〔十分に〕충분히 ¶彼は弟子にみっちりと芸を仕込んだ 그는 제자에게 철저히 재주를 가르쳤다. / 試験勉強はみっちりやった 시험공부는 충분히 했다.

**みっつ**【三つ】셋〔三歳〕세 살 ⇒三(え)

**ミット**〖野球〗미트 関連 キャッチャーミット 캐처 미트

**みつど**【密度】밀도 ¶「東京都の人口密度はどのくらいですか」「1平方キロ当たり5500人です」 "도쿄도의 인구 밀도는 어느 정도입니까?" "1평방 킬로당 5500명입니다." / 人口密度が低い[高い] 인구 밀도가 낮다[높다]. / 佐藤先生はいつも密度の濃い講義をする 사토 선생님은 항상 밀도가 높은 강의를 하신다. / 密度が高い[低い]物質 밀도가 높은[낮은] 물질

**みつどもえ**【三つ巴】¶三つどもえの戦い 삼파전

**みっともない** 보기 흉하다, 꼴이 사납다〔みすぼらしい〕초라하다 ¶彼はいつもみっともない格好をしている 그는 항상 보기 흉한 차림을 하고 있다. / じたばたするのはみっともないですよ 버둥거리는 것은 꼴 사납습니다.

**みつにゅうこく**【密入国】밀입국 ◇密入国する 밀입국하다 ¶彼は日本に密入国した 그는 일본에 밀입국했다. 関連 密入国者 밀입국자

**みつばい**【密売】밀매 ◇密売する 밀매하다 ¶彼らは麻薬を密売している 그들은 마약을 밀매하고 있다. 関連 密売者 밀매자

**みつばち**【蜜蜂】꿀벌, 밀봉 ¶みつばちの巣 꿀벌의 집

**みっぷう**【密封】밀봉 ◇密封する 밀봉하다 ¶ジャムを瓶に入れて密封した 잼을 병에 넣어서 밀봉했다. / 手紙[封筒]を密封する 편지[봉투]를 밀봉하다

**みつめる**【見詰める】응시하다, 주시하다, 뚫어지게 보다〔じろじろと〕쳐다보다 ¶彼はその写真をじっと見つめた 그는 그 사진을 가만히 응시

했다. / 彼女は私の顔を見つめた 그녀는 내 얼굴을 뚫어지게 보았다. / ¶自分を見つめ直す 자기를 다시 돌아보다

**みつもり【見積もり】** 견적, 어림 ¶車の修理の見積もりをお願いします 차 수리비 견적을 부탁드립니다. / 私の見積もりは間違っていた 내 어림은 틀렸다. / 大工さんに家の改築費用の見積もりをしてもらった 목수에게 집 개축 비용의 견적을 부탁했다. 関連 見積書 견적서 ǀ 見積価格 견적 가격 ǀ 見積額 견적 액수

**みつもる【見積もる】** 잡다, 어림하다, 견적하다 ¶彼女は内装の費用を約50万円と見積もった 그녀는 내장 비용을 약 50만 엔으로 어림했다. / この車の修理代は少なく見積もっても10万はかかるだろう 이 차의 수리비는 아무리 적게 잡아도 10만 엔은 들 것이다. / 観客は多く見積もって5万人ぐらいだろう 관객은 많이 잡아 5만 명 정도겠지. / 高く[安く]見積もる 비싸게[싸게] 어림하다

**みつゆ【密輸】** 밀수 ◇密輸する 밀수하다 ¶これらの拳銃はロシアから密輸されたものだ 이 권총들은 러시아에서 밀수된 것이다. / 麻薬の密輸 마약 밀수 関連 密輸業者 밀수꾼 ǀ 密輸品 밀수품

**みつゆしゅつ【密輸出】** 밀수출 ◇密輸出する 밀수출하다 ¶武器を密輸出する 무기를 밀수출하다

**みつゆにゅう【密輸入】** 밀수입 ◇密輸入する 밀수입하다 ¶コカインを密輸入する 코카인을 밀수입하다

**みつりょう【密猟】** 밀렵 ◇密猟する 밀렵하다 ¶彼は森で鹿を密猟した 그는 숲에서 사슴을 밀렵했다. 関連 密猟者 밀렵꾼

**みつりょう【密漁】** 밀어 ◇密漁する 밀어하다 関連 密漁者 밀어꾼 ǀ 密漁船 밀어선

**みつりん【密林】** 밀림

**みてい【未定】** 미정 ¶結婚式の日取りは未定だ 결혼식 날짜는 미정이다.

**みとう【未踏·未到】** ¶我々はついに人跡未踏の秘境にたどり着いた 우리는 드디어 아무도 아직 밟지 않은 비경에 도착했다. / 前人未到の記録 아직 아무도 이루지 못한 기록

# みとおし 【見通し】 ❶〔視界〕시계, 전망〔展望〕, 조망〔眺望〕¶ここは霧のために見通しがとても悪い 오늘은 안개 때문에 전망이 아주 좋지 않다. / この道路は見通しがよい 이 도로는 시계가 좋다. / ここは見通しの悪いカーブがあるため事故が多発している 여기는 시계가 나쁜 커브가 있어서 사고가 다발하고 있다. / 山の頂上からずっと下の町まで見通しがきく 산 정상에서 저 밑 시내까지 멀리 한눈에 보인다.

❷〔将来の見込み〕전망 ¶仕事は順調にいっているので先の見通しは明るい 일은 순조롭게 진행되어서 앞으로의 전망은 밝다. / 景気の今後の見通しは明るい 앞으로의 경기 전망은 밝다. / 今のところダイヤ回復の見通しは立っていない 지금으로는 열차 운행이 어제될지 알 수 없다.

❸〔洞察力〕통찰력〔看破〕간파, 꿰뚫어 봄 ¶彼は見通しがきく 그는 통찰력이 있다. / 彼は先の見通しがまったくきかない 그는 앞날을 내다보는 통찰력이 전혀 없다. ǀ 그는 앞일을 전혀 내다볼 수 없다. ¶君の考えていることなんかお見通しだ 네가 생각하고 있는 것은 뻔하다.

**みとおす【見通す】**〔展望する〕내다보다, 전망하다〔予測する〕예측하다〔見抜く〕꿰뚫어 보다, 간파하다 ¶きょうは天気がよいので遠くまで見通せる 오늘은 날씨가 좋아서 멀리까지 내다보인다. / 10年先まで見通す 10년 앞까지 내다보아야 된다. / 将来を見通さなければならない 장래를 내다보아야 된다. / 景気の動向を見通すのは難しい 경기의 동향을 예측하는 것은 어렵다. / 人の腹の底まで見通す 사람의 마음속까지 꿰뚫어 보다

**みどころ【見所】** 볼 만한 점〔見込み〕장래성 (►発音は 장래성) ¶きょうの試合の見どころはどこでしょう 오늘 경기의 볼 만한 점은 어디입니까? / すばらしい特撮シーンがこの映画の見どころです 훌륭한 특수 촬영신이 이 영화의 볼 만한 점입니다. / 彼はなかなか見どころのある青年だ 그는 꽤 장래성 있는 청년이다.

**みとどける【見届ける】**〔確かめる〕확인하다〔最後まで見る〕끝까지 지켜보다 ¶彼は父の臨終を見届けた 그는 아버지의 임종을 끝까지 지켜보았다. / 彼女が車に乗るのを見届けてからドアを閉めた 그녀가 차를 타는 것을 확인하고 문을 닫았다.

# みとめる 【認める】 ❶〔認定する〕인정하다〔受け入れる〕받아들이다 ¶だれもが彼女の文才を認めている 모두가 그녀의 글재주를 인정한다. / 彼の経営者としての力量は認めざるをえない 그의 경영자로서의 역량은 인정하지 않을 수 없다. / ようやく私の努力が認められた 드디어 내 노력이 인정받았다. / 今年度の予算案は委員会で満場一致で認められた 이번 예산안은 위원회에서 만장일치로 인정받았다. / 彼は私の言い分を絶対に認めてくれないだろう 그는 내 변명을 절대 받아들이지 않을 것이다. / 彼女は自分の間違いを認めた 그녀는 자기의 잘못을 인정했다. / 彼はその金を盗んだことを認めた 그는 그 돈을 훔친 것을 인정했다.

❷〔許可する〕허가하다〔承諾する〕승낙하다〔容認する〕허용하다 ¶バイク通学を認めている高校もある 오토바이 통학을 허가하는 고등학교도 있다. / スニの母親は彼女が僕と付き合うことを認めようとはしなかった 순희 어머니는 순희가 나와 교제하는 것을 승낙하려고 하지 않았다.

❸〔気づく〕알아차리다, 알아채다 ¶あなたの車のエンジンにはまったく異状は認められませんでした 당신의 차 엔진에서는 전혀 이상이 발견되지 않았습니다.

**みどり【緑】**〔色〕녹색, 초록색〔草木〕초목 ¶ゴルフ場の芝生は鮮やかな緑だった 골프장의 잔디는 선명한 녹색이었다. / 彼女は緑がかった黄色の帽子をかぶっていた 그녀는 녹색이 들어간 노란색 모자를 쓰고 있었다. / 緑の黒髪 윤기 있는 검은 머리 ¶都心には緑が少ない 도심에는 초목이 적다.

**みとりず【見取り図】** 겨냥도 ¶家の大まかな見取り図を書く 집의 간략한 겨냥도를 그리다

**ミドル** [関連] (ボクシングなどの)ミドル級 미들급 / **ミドルシュート** 미들슛

**みとれる【見とれる】** 넋없이 바라보다(▶넋없이 의 発音은 너겁씨), 정신없이 지켜보다 ¶絵のような風景にしばらくの間見とれていた 그림 같은 풍경을 잠시 넋없이 바라보았다. / 街で出会った美しい女性に見とれてしまった 거리에서 만난 아름다운 여성을 넋없이 바라보았다.

**みな【皆】** 모두, 다 [全部] 전부 ¶彼女はみなに愛されている 그녀는 모두에게 사랑받고 있다. / 彼の家族はみなそれを聞いて喜んだ 그의 가족은 모두 그것을 듣고 기뻐했다. / その知らせはみなを驚かせた 그 소식은 모두를 놀라게 했다. / 我々はみな彼の提案に同意した 우리는 모두 그 사람 제안에 동의했다. / みなの意見を聞いてみよう 모두의 의견을 들어 보자. / みなが賛成した 모두가 찬성했다. / みなで何人ですか 모두 몇 명이에요?

¶皆様にお知らせいたします 여러분께 알려 드리겠습니다.

¶店にあるものはみな売り物だ 가게에 있는 것은 전부 파는 것이다. / 物にはみな名前がある 물건에는 다 이름이 있다. / 君の言うことがみな真実だとは思えない 네가 말하는 것이 모두 진실이라고는 생각되지 않는다. / みなでいくらですか 모두 해서 얼마예요.

**みなおす【見直す】** 다시 보다 [再検討する] 재검토하다 [再評価する] 달리 보다 ¶彼は答案をもう一度見直した 그는 답안을 다시 한 번 보았다. / 計画を見直す必要がある 계획을 재검토할 필요가 있다. / 彼を見直したよ 그 친구를 달리 보게 되었어.

**みなぎる【漲る】** 넘치다, 넘쳐흐르다 ¶全身に力がみなぎる 온몸에 힘이 넘쳐흐른다. / 若い血潮がみなぎる 젊은 피가 넘쳐흐른다.

**みなげ【身投げ】** 투신 ◇**身投げする** 투신하다, 몸을 던지다 ¶女子高生がマンションの屋上から身投げした 여고생이 아파트 옥상에서 투신했다.

**みなごろし【皆殺し】** 몰살 ◇**皆殺しにする** 몰살하다 ¶兵士は村人をみな殺しにした 병사들은 마을 사람들을 몰살했다. / 強盗は一家を皆殺しにした 강도는 일가를 몰살했다.

**みなさん【皆さん】** 여러분 ¶みなさんおはようございます 여러분 안녕하십니까? / お宅のみなさんによろしく 가족분들에게도 안부 전해 주세요. / みなさんのご理解とご協力をお願いいたします 여러분의 이해와 협력을 잘 부탁드립니다.

**みなしご【孤児】** 고아

**みなす【見做す】** 보다, 간주하다 ¶みんなは彼のことを厄介者とみなしている 모두가 그를 귀찮은 사람으로 보고 있다. / 彼は日本でもっとも優れた科学者の一人とみなされている 그는 일본의 가장 훌륭한 과학자의 한 사람으로 간주되고 있다. / 契約は破棄されたものとみなします 계약은 파기된 것으로 봅니다. / 事故は運転手の過失によるものと見なされた 사고는 운전기사의 과실로 간주되었다. / 返事がないので欠席とみなします 대답이 없으니 결석으로 간주합니다. / 承諾したものとみなす 승낙한 것으로 간주하다

**みなと【港】** 항구 ¶大型客船が港に停泊している 대형 여객선이 항구에 정박하고 있다. / 釜山からのフェリーはあすの朝早く港に入る予定だ 부산발 페리는 내일 아침 일찍 항구에 들어올 예정이다. / その船はきのう港を出た 그 배는 어제 항구를 떠났다. / 中東へ向かう途中のタンカーはいくつかの港に立ち寄る 중동으로 향하는 도중에 그 탱커는 몇 군데의 항구를 들른다.

[関連] **港町** 항구 도시, 항도

**みなみ【南】** 남, 남쪽
◆《**南…**》
¶南向きの部屋が借りたい 남향 방을 빌리고 싶다. / 私の部屋は南向きです 내 방은 남향입니다. / 町の南側に大きな公園がある 동네의 남쪽에 큰 공원이 있다. / 和歌山は大阪の南です 와카야마는 오사카의 남쪽입니다. / 新宿駅の南口で会おう 신주쿠역 남쪽 입구에서 만나자.

◆《**南は・南へ・南に**》
¶南はどちらの方角ですか 남쪽은 어느 쪽입니까? / 渡り鳥は毎年冬になると南へ移動する 철새는 매년 겨울이 되면 남쪽으로 이동한다. / 葉山は逗子のすぐ南にある 하야마는 즈시의 바로 남쪽에 있다. / 船は思ったよりもずっと南に進んでいた 배는 생각보다 훨씬 남쪽으로 가고 있었다. / 日本列島は北から南へ長く伸びている 일본 열도는 북쪽에서 남쪽으로 길게 뻗어 있다.

[関連] **南回帰線** 남회귀선 / **南アフリカ共和国** 남아프리카 공화국, 《縮約》 남아공 / **南風** 남풍 / **南十字星** 남십자성 / **南太平洋** 남태평양 / **南半球** 남반구

**みなもと【源】** 근원 [根源] [起源] 기원 [水源] 수원 [始まり] 시작 ¶鴨緑江は中国と北朝鮮国境の白頭山に源を発し黄海[西海]に注ぎ込んでいる 압록강은 중국과 북한 국경의 백두산에 근원을 두고 황해[서해]로 흘러들고 있다.

**みならい【見習い】** 수습 (修習), 견습 [人] 수습생 ¶息子は調理師の見習いをしている 아들은 견습 조리사로 일하고 있다. / 彼は自動車工場で見習いをしている 그는 자동차 공장에서 수습공으로 일하고 있다. [関連] **見習い看護師** 수습 간호사 / **見習い期間** 수습 기간 / **見習い工** 수습공, 견습공 / **見習い社員** 수습 사원

**みならう【見習う】** 본받다 ¶子は親を見習う 아이는 부모를 본받는다. / 人のよいところを見習う 남의 좋은 점을 본받다 / 少しはチョルスを見習ったらどうなんだ 철수 좀 본받으면 어때?

**みなり【身形】** [服装] 옷차림 [体格] 몸집(▶発音은 몸찝) ¶身なりはいつも立派な[きちんとした, みすぼらしい]身なりをしている 그는 항상 훌륭한[깔끔한, 초라한] 옷차림을 하고 있다. / 彼女は身なりにかまわない 그녀는 옷차림에 신경 쓰지 않는다. / 身なりを整える 옷차림을 깔끔히 하다 / 身なりのよい[悪い]人 옷차림이 좋은[나쁜] 사람

**みなれる【見慣れる】** 자주 보다, 눈에 익다, 낯이 익다 ¶彼は事故現場は見慣れていた 그는 사고 현장은 자주 봤다. / 彼は見慣れた光景だったその것은 눈에 익은 광경이었다.

**ミニ** 미니 [関連] **ミニカー** 미니카 / **ミニバイク** 소형 오토바이 / **ミニスカート** 미니스커트, 짧은

치마 / ミニディスク 미니 디스크

**みにくい**【醜い】 추하다, 추악하다, 추잡하다 〔容貌〕 못생기다 ¶彼の体には醜い傷跡が残った 그의 몸에는 추한 상처가 남았다. / 彼女は自分を醜いと思っていた 그녀는 자기를 못생겼다고 생각하고 있었다. / 周囲の景観にマッチしない建物は人々に不評だった 주변 경관에 어울리지 않는 보기 흉한 건물은 사람들에게 인기가 없었다. / 醜い心の持ち主にはなりたくない 추한 마음을 가진 사람이 되기 싫다. 参考 アンデルセン童話の『醜いあひるの子』는 "미운 오리 새끼"라고 한다.

**みにくい**【見難い】 잘 안 보이다, 보기 어렵다 ¶この席では舞台が見にくい 이 자리에서는 무대가 잘 안 보인다.

**ミニマム** 미니멈

**みぬく**【見抜く】 꿰뚫어 보다, 간파하다 〔気づく〕 알아차리다 ¶母親は息子のうそをすぐに見抜いた 어머니는 아들의 거짓말을 바로 알아차렸다. / 今おまえの正体を見抜いたぞ 지금 네 정체를 간파했어. / 人の心を見抜く 사람의 마음을 꿰뚫어 보다 / 彼は一目でその絵が偽物であることを見抜いた 그는 한눈에 그 그림이 가짜라는 것을 알아챘다.

**みね**【峰】〔山の〕 봉우리 〔刀の〕 칼등 ¶雲の峰 구름의 봉우리

**ミネラル** 미네랄, 광물질(鉱物質) 関連 ミネラルウォーター 미네랄 워터, 광천수(鉱泉水)

**みのう**【未納】 미납 ¶あなたの税金は未納になっています 당신의 세금은 미납되었습니다. 関連 未納金 미납금 / 未納額 미납액

**みのうえ**【身の上】 신상, 신세 〔経済的な生活状況〕 형편 〔経歴〕 경력 〔身辺〕 신변 ¶その教会には多くの人が身の上相談に来る 그 교회에는 많은 사람들이 신상 상담을 받으러 온다. / 彼女は列車の中で私に身の上話を聞かせた 그녀는 열차 안에서 나에게 신세타령을 했다. / 彼女は息子の身の上を案じた 그녀는 아들의 신상을 염려했다. / (経済的に)恵まれない身の上 어렵운 생활 형편 関連 身の上相談欄 신상 상담란

**みのがす**【見逃す】〔見落とす〕 못 보다, 놓치다 〔黙認する〕 눈감아 주다, 묵인하다 〔大目に見る〕 보아주다 ¶あの映画を見逃して残念でならない 그 영화를 놓쳐서 너무 아쉽다. / バッターは好球を見逃した 타자는 좋은 볼을 놓쳤다. / ドラマの最初の部分を見逃した 드라마 첫부분을 못 보았다 / 好機を見逃す 호기를 놓치다
¶検察は政治家の不正を見逃さなかった 검찰은 정치가의 부정을 눈감아 주지 않았다. / それは見逃すことのできない重大問題だ 그것은 묵인할 수 없는 중대 문제다. / 頼むから今回だけは見逃してくれ 부탁이니 이번만 눈감아 줘.
¶彼は見逃しの三振に倒れた 그는 스트라이크 아웃이 되었다. / 今の球は見逃せばボールだったよ 지금 볼은 스윙 안 하면 볼이었을 거야.

**みのしろきん**【身の代金】 몸값 (▶発音은 몸갑) ¶誘拐犯人は子供の解放と引き換えに巨額の身の代金を要求した 유괴범은 아이를 풀어주는 대신 거액의 몸값을 요구했다. / 彼らは身の代金目当てに日本人外交官を拉致した 그들은 몸값을 노리고 일본인 외교관을 납치했다.

**みのほど**【身の程】 분수 ¶君は身の程を知るべきだ 넌 네 분수를 알아야 한다. / 彼女はいつも身の程をわきまえずに行動する 그 여자는 항상 분수에 넘치는 행동을 한다 / あいつは身の程知らずだ 그 녀석은 분수를 모른다.

**みのまわり**【身の回り】 신변(身辺) ¶身の回りの品 소지품 / 彼女はかばんに身の回りの物を詰めた 그녀는 가방에 일용품을 넣었다. / だれがおばあちゃんの身の回りの世話をするの 누가 할머니 신변을 돌봐?

**みのり**【実り】(▶作物などの) 결실 (収穫) 수확 (成果) 성과 (▶発音은 성과) ¶今年は作物の実りがよい 올해는 작물의 수확이 좋다[나쁘다]. / 実りの秋 수확의 계절 가을
¶きょうの会議は実り多いものだった 오늘 회의는 많은 성과가 있었다.

**みのる**【実る】❶〔果樹·穀物が〕 여물다, 열매를 맺다 ¶柿は秋に実る 감은 가을에 익는다. / 今年はりんごがよく実った 올해는 사과가 잘 익었다.
❷〔努力などが〕 결실하다, 성과를 거두다 ¶数か月におよぶ彼らの研究が実った 몇 개월에 걸친 그들의 연구가 결실을 맺었다.

**みばえ**【見栄え】 볼품 ¶その赤い服は見栄えがいいね 그 빨간 옷은 보기 좋네. / この花をテーブルに置くときっと見栄えがするわよ 이 꽃을 테이블에 두면 잘 어울릴 거야.

**みはからう**【見計らう】 감안하다 ¶ころ合いを見計らって彼女に電話した 적당한 시간을 감안해서 그녀에게 전화했다.

**みはっけん**【未発見】◇未発見の 발견되지 않은 〔未踏査の〕 미답의

**みはったつ**【未発達】◇未発達の 〔発達していない〕 발달되지 않은 〔十分に発達していない〕 발달이 불충분한 ¶彼は精神面で未発達のようだ 그는 정신적으로 미숙한 것 같다.

**みはっぴょう**【未発表】 미발표 ¶日本代表チームの顔ぶれはまだ未発表だ 일본 대표 팀의 멤버는 아직 발표되지 않았다. / 投稿は未発表のものに限ります 투고는 발표하지 않은 것으로 한정합니다. / 未発表の作品 미발표 작품

**みはなす**【見離す·見放す】 포기하다, 내버리다 ¶医者はその患者を見放した 의사는 그 환자를 포기했다. / 彼は親にまで見放された 그는 부모에게까지 버림당했다.

**みはらい**【未払い】 미불 ¶未払い賃金 미불 임금 / 電話料金がまだ未払いです 전화 요금이 아직 지불되지 않았습니다.

**みはらし**【見晴らし】 전망(展望), 조망(眺望) ¶このホテルは見晴らしがよい 이 호텔은 조망이 좋다. 関連 見晴らし台 전망대, 조망대

**みはらす**【見晴らす】 내다보다 ¶この部屋から湖が見晴らせる 이 방에서 호수가 내다보인다.

**みはり**【見張り】〔見張ること〕 망, 파수 〔監視〕 감시 〔見張る人〕 망꾼, 파수꾼 ¶家の外で見張りをする 집 밖에서 망을 보다 / 家の前に見張りを立てる 집 앞에 감시를 세우다 / 警察は容疑者に見

**みはる【見張る】** ❶ [監視する] 망을 보다, 감시하다 [守る] 지키다 ¶警察は容疑者の隠れ家を見張っていた 경찰은 용의자가 숨어 있는 집을 감시했다. / 警備員が門の前で見張っている 경비원이 문 앞에서 지키고 있다. / 店長は万引きを見張っていた 점장은 좀도둑을 감시했다.

❷ [目を大きく開く] 부릅뜨다, 번쩍 뜨다 ¶彼女は目を見張ってテレビのニュースを見ていた 그녀는 눈을 부릅뜨고 텔레비전 뉴스를 보고 있었다. / 彼の韓国語の上達には目を見張るものがある 그의 한국어 숙달은 놀랄 만하다. / この韓国語はないか번쩍 뜨일 만큼 숙달이 빠르다.

**みひらき【見開き】** [新聞・雑誌の] 좌우 양면 ¶きょうの新聞の朝刊にわが社の新製品の広告を見開きで載せた 오늘 신문 조간에 우리 회사의 신제품 광고를 좌우 양면으로 실었다. / その雑誌は最新のファッションを見開き2ページで掲載した 그 잡지는 최신 패션을 좌우 양면 2페이지에 게재했다.

**みぶり【身振り】** 몸짓(▶発音은 몸짇) [手ぶり] 손짓(▶発音은 손짇) ¶彼は私に座るようにと身振りで示した 그는 나에게 앉도록 손짓했다. / 息子は身振り手振りで幼稚園での出来事を話してくれた 아들은 손짓 발짓으로 유치원에서 있었던 일을 이야기해 주었다.

**みぶるい【身震い】** ◇身震いする 몸을 떨다, 몸서리치다 ¶彼女は寒さで身震いした 그녀는 추위에 몸을 떨었다. / 彼は事故現場の惨状を見て身震いした 그는 사고 현장의 참상을 보고 몸서리쳤다.

**みぶん【身分】** 신분 [地位] 지위 [身の程] 분수 [境遇] 신세 ¶彼は身分の高い人に違いない 그는 신분이 높은 분임에 틀림없다. / 身分が違うことを理由に彼らは結婚を反対された 신분이 다르다는 이유로 그들은 결혼을 반대받았다. / その老人は なかなか身分を밝히려고 하지 않았다 그 노인은 좀처럼 신분을 밝히려고 하지 않았다. ▶身分相応 [不相応] に暮らす 분수에 맞게 [맞지 않게] 살다 ▶身分不相応な生活をするな 분수에 맞지 않는 생활을 하지 마. / 結構なご身分ですね 신세 [팔자]가 좋으시군요. 関連 身分証明書 신분 증명서

**みぼうじん【未亡人】** 미망인, 과부 ¶彼女は8年前に未亡人になった 그녀는 8년 전에 미망인이 되었다.

**みほん【見本】** [商品の] 견본, 겨냥 [手本, 実例] 본보기 ¶届いた商品は見本どおりだった [見本と違っていた] 도착한 상품은 견본대로였다 [견본과 달랐다]. / これは「失敗は成功の元」のよい見本である 이것은 '실패는 성공의 어머니'의 좋은 본보기이다. / 彼は悪趣味の見本のような格好をしている 그는 악취미의 전형적인 모습을 하고 있다. / 本の見本를 책을 2페이지에 게재했다 関連 見本市 견본 시장, 견본시 ▶ 見本刷り 견본쇄

**みまい【見舞い】** 문병(問病) [慰問] 문안(問安), 위문 ¶病院に友人の見舞いに行った 병원에 친구의 병문안을 갔다. / 私たちは彼にお見舞いを言った 우리들은 그에게 문안을 했다. / 友人からたくさんのお見舞いをもらった 친구로부터 많은 문안을 받았다. / その患者はもう見舞客に面会できる 그 환자는 이제 문병객과 면회할 수 있다.

¶今度おれのことを笑いものにしたら一発お見舞いするぞ 다음에 날 웃음거리로 만들면 「주먹 세례를 받을 거야 [병원 신세 질 줄 알아]」. 関連 暑中見舞い 복중 문안, 見舞い金 위문금, 見舞い状 문안장

**みまう【見舞う】** ❶ [病人などを] 문병하다, 문안하다, 위문하다 ¶入院中の祖母を見舞った 입원 중의 할머니를 문병갔다. / 首相は地震の被災地を見舞った 수상은 지진의 피해지를 위문했다.

❷ [災難が襲う] 덮치다, 강타하다 ¶高潮に見舞われる 해일이 덮치다 / 台風に見舞われる 태풍이 강타하다 / 上越地方は大雪に見舞われた 조에쓰 지방은 폭설이 내렸다.

❸ [打撃を与える] 먹이다 ¶あいつに一発見舞ってやった 그 녀석에게 한 방 먹였다. / 彼は相手の鼻に右のパンチを見舞った 그는 상대의 코에 오른쪽 펀치를 먹였다.

**みまもる【見守る】** 지켜보다 ¶医者と看護師らが病人の様子を見守っている 의사와 간호사들이 환자의 상태를 지켜보고 있다. / 母は家族に見守られて息を引き取った 어머니는 가족들이 지켜보는 가운데 숨을 거두셨다. / 彼は子供たちが道路を渡るのを見守った 그는 아이들이 도로를 건너는 것을 지켜보았다. / 事の成り行きを見守る 사태의 추이를 지켜보다

**みまわす【見回す】** 둘러보다 ¶彼女は室内をもの珍しそうに見回した 그녀는 실내를 신기한 듯 둘러보았다.

**みまわる【見回る】** 돌아보다 [巡回する] 순찰하다 [視察する] 시찰하다 ¶警備員が建物内を夜間2時間ごとに見回っている 경비원이 건물 내를 야간 두 시간마다 순찰하고 있다. / 社長は月に一度工場を見回りに来る 사장님은 한 달에 한 번 공장을 시찰하러 오신다.

**みまん【未満】** 미만 ¶100未満の端数は切り捨ててある 100미만의 단수는 버렸다. / 6歳未満の子供 여섯 살 미만의 아이 / 18歳未満入場お断り 18세 미만 입장 금지

**みみ【耳】** ❶ [人・動物の] 귀 [聴覚] 청각 [聴力] 청력

◆[耳が]

¶耳がいい 귀가 밝다. / 耳が悪い 귀가 어둡다. / 耳が痛い 귀가 아프다. / 彼は片方の耳が聞こえない 그는 한 쪽 귀가 들리지 않는다. / その少女には音楽を解する耳があった [なかった] 그 소녀에게는 음악을 이해하는 귀가 있었다 [없었다]. / 彼はクラシックに関しては耳が肥えている 그는 클래식에 해박하다.

¶耳が聞こえなくなる 귀가 안 들리게 되다 / 耳が遠い 귀가 멀다.

¶それを言われると耳が痛い 그것은 듣기가 거북하다.

会話 耳が早い

A : 来年の3月に結婚するんだって?

B：耳が早いね、どこで聞いたの
A：내년 삼월에 결혼한다며?
B：소문 빠르네. 어디서 들었어?

◈**【耳に・耳から】**

¶不審な物音を耳にした 의심스러운 소리를 들었다. / 彼らの離婚を耳にして驚いた 그들이 이혼했다고 놀랐다. / 雨の音が耳に付いて眠れなかった 빗소리가 귀에 거슬려 잠을 잘 수가 없었다. / 彼の言葉が今でも耳に残っている 그의 말이 지금도 귓전에 남아 있다. / 上の空だったので先生の説明が耳に入らなかった 건성으로 들어서 선생님의 설명이 귀에 들어오지 않았다. / 耳に入れたいことがあるんだけど 들려 주고 싶은 게 있는데. / 全身を耳にしてラジオの臨時ニュースを聞いた 귀를 쫑긋 세우고 라디오 임시 뉴스를 들었다. / ある大手企業が倒産するといううわさを耳にはさんだ 어떤 대기업이 도산한다는 소문을 들었다. / 母の小言は右の耳から入って左の耳に抜けていった 어머니의 잔소리는 오른쪽 귀로 들고 왼쪽 귀로 흘렸다.

◈**【耳の・耳を】**

¶恥ずかしくて耳の付け根まで赤くなった 부끄러워서 귓불까지 빨개졌다. / 飛行機の爆音がうるさくて手で耳をふさいだ 비행기의 폭음이 시끄러워서 손으로 귀를 막았다. / 彼女は聞く耳を持たない 그녀는 들으려 하지 않는다. / そのニュースを最初に聞いたときは耳を疑った 그 뉴스를 처음으로 들었을 때는 자신의 귀를 의심했다. / 彼女のバイオリンに耳を傾けた 그녀의 바이올린 연주에 귀를 기울였다. / ちょっと耳をかして 이야기 좀 들어 줘. / お耳を拝借 귀를 빌린다.

¶耳を澄ます 귀를 기울이다 / 耳をそばだてて聞く 귀를 쫑긋 세워서 듣다 / 耳をつんざくような轟音(轟) 귀를 찢을 듯한 굉음

❷**【へり】**귀, 가장자리 ¶ページの耳を折る 페이지의 가장자리를 접다 / パンの耳を切り落とす 빵의 가장자리를 자르다 (慣用句)その話は耳にたこができるほど聞いた 그 이야기는 귀에 못이 박히도록 들었다. / 耳をそろえて借金を返した 빚을 전부 다 갚았다.

**みみあたらしい【耳新しい】**처음 듣는 ¶それは彼には耳新しい話だった 그것은 그에게는 처음 듣는 이야기였다. ☞**新しい**

**みみうち【耳打ち】**귀띔, 귓속말, 귀엣말 ◇**耳打ちする** 귀띔하다 ¶彼女はその男のあとをつけろと私に耳打ちした 그는 그 남자를 미행하라고 나에게 귀띔했다. / 彼女は夫に何事かを耳打ちした 그녀는 남편에게 뭔가 귓속말을 했다.

**みみかき【耳掻き】**귀이개

**みみざわり【耳障り】**◇**耳障りだ** 귀에 거슬리다 ¶隣室の笑い声が耳障りだった 옆방의 웃음 소리가 귀에 거슬렸다. / 耳障りな自転車のブレーキ音 귀에 거슬리는 자전거 브레이크 소리

**みみず【蚯蚓】**지렁이 ¶彼はみみずがはったような字で手紙をよこした 그는 지렁이가 기어가는 듯한 글씨로 편지를 적어 보내 왔다. / 猫に引っかかれて腕にみみずばれができた 고양이가 할퀴어 팔이 부르텄다.

**みみたぶ【耳朶】**귓불

**みみっちい** 쩨쩨하다, 다랍다 ¶あいつもみみっちいやつだなあ 그 녀석도 쩨쩨한 놈이다.

**みみもと【耳元】**귓전 ¶彼は私の耳元で一言ささやいた 그는 내 귓전에서 한마디 속삭였다. / 耳元でどなる 귓전에서 소리를 지르다

**みむき【見向き】**¶彼はクラスの女の子たちには見向きもしなかった 그는 반 여자들에게는 눈길도 주지 않았다. / 彼女は僕には見向きもせずに部屋を出て行った 그녀는 나에게는 눈길도 주지 않고 방을 나갔다.

**みめい【未明】**미명, 새벽 ¶けさ未明に近くで火事があった 오늘 새벽에 가까운 곳에서 불이 났다. / 明日の未明に出発する 내일 미명에 출발하다

**みもと【身元・身許】**¶警察は保護した行方不明少女の身元を確かめた 경찰은 보호된 가출 소녀의 신원을 확인했다. / 彼は偽名を用いて身元を隠した 그는 가명을 써서 신원을 숨겼다. / ひき逃げ事件の被害者の身元が判明した 뺑소니 사건의 피해자 신원이 밝혀졌다. / 彼女の身元を詳細に調べた 그녀의 신원을 상세하게 조사했다. / 身元不明の犠牲者が多数いる 신원 불명의 희생자가 많이 있다. / 身元不明の死体의 시체 関連 身元照会 신원 조회 / 身元調査 신원 조사 / 身元保証人 신원 보증인

**みもの【見物】**볼 만한 것 ☞**見物だ** 볼 만하다 ¶彼の演技はなかなかの見ものだった 그의 연기는 꽤 볼 만한 것이었다. / 彼のあわてぶりは見ものだった 그 여자의 당황하는 모습은 볼 만했다. / 次に彼らがどうするか見ものだ 다음에 그들이 어떻게 할지 볼 만하다. / きょうの見ものは第3レースだ 오늘의 볼 만한 것은 제3레이스다.

**みや【宮】**〔神社〕신사 〔皇居〕궁성(宮城)〔皇族〕황족 関連 宮家 황족 집안

**みゃく【脈】**맥, 맥박 〔見込み〕가망 ¶脈が速い〔遅い〕맥박이 빠르다〔늦다〕. / 走ると脈が速くなる 달리면 맥이 빨라진다. / 脈をとる 진맥하다 / 脈を測る 맥박을 재다 / 不整脈がある 부정맥이 있다. (慣用句)彼にはまだ脈がある(→見込みがある) 그에게는 아직 가망이 있다.

**みゃくはく【脈拍】**맥박, 맥 ¶彼の脈拍は100から120の間だ 그의 맥박은 100에서 120 사이다. 関連 脈拍数 맥박수

**みゃくみゃく【脈々】**脈々と 면면히 ¶自由と平等の精神は脈々と受け継がれている 자유와 평등의 정신은 면면히 이어지고 있다. / 脈々と引き継がれる伝統 면면히 이어지는 전통

**みやげ【土産】**선물 ¶韓国旅行のおみやげには何を買って帰ろうかな 한국 여행의 선물로는 뭘 사서 돌아갈까? / 免税店で友人へのみやげを買った 면세점에서 친구의 선물을 샀다. / 彼女は子供たちへのおみやげにケーキを持ってきてくれた 그녀는 아이들에게 선물로 케이크를 가져다 주었다. / 旅行のみやげ話を聞かせてください 여행 이야기를 들려 주세요. 関連 みやげ物屋 선물 가게

**みやこ【都】**〔都市〕도시 〔都会〕도회 〔首都〕수도, 서울 ¶音楽の都ウィーン 음악의 도시 빈 / 都落ちする 낙향하다 (慣用句)住めば都 정들면 고향

**みやすい【見易い】**보기 쉽다 〔活字・筆跡など

みやびやか【雅やか】◇みやびやかだ 우아하다 (優雅─) ¶みやびやかな衣裳 우아한 의상

みやぶる【見破る】알아차리다, 간파하다, 꿰뚫어 보다 ¶敵の計略を見破る 적의 계략을 간파하다 / 彼女はすぐに夫の話がうそだと見破った 그녀는 남편의 이야기가 거짓이라는 것을 금방 알아차렸다. / 敵のスパイの正体を見破る 적의 스파이 정체를 알아차리다

ミュージカル 뮤지컬

みょう【妙】❶〔変わっていること〕◇妙だ 묘하다, 이상하다 ¶彼の態度はかなり妙だ 그의 태도는 꽤 이상하다. / その時, 私は妙な音を聞いた 그때 나는 묘한 소리를 들었다. / その家に入る時, 妙なものが目に入った 그 집에 들어갈 때 이상한 것이 눈에 들어왔다. / 彼女は妙なうわさを耳にした 그녀는 이상한 소문을 들었다. / 彼は妙な人だ 그 친구는 이상한 사람이다. / 妙なことをする 묘한 소리를 하다 / 妙なことに死んだ魚が生き返った 이상하게도 죽은 물고기가 되살아났다. / きょうは妙に冷えるね 오늘은 유난히 춥네.

❷〔非常に優れていること〕妙 ◇妙だ 묘하다, 절묘하다 ¶彼は経営の妙を心得ている 그는 경영의 묘수를 터득했다. / それは言い得て妙だ 그것은 절묘한 표현이다.

みょうあん【妙案】묘안 ¶妙案が浮かんだ 묘안이 떠올랐다.

みょうぎ【妙技】묘기 ¶彼は鉄棒で妙技を披露した 그는 철봉으로 묘기를 보였다.

みょうごにち【明後日】모레, 명후일

みょうじ【名字・苗字】성씨(姓氏), 성 ¶私の「佐藤」という名字は日本では非常によくある姓です 저의 '사토'라는 성은 일본에서 아주 흔한 성입니다.

みょうじょう【明星】샛별, 명성 【金星】금성 ¶明けの明星 샛별 / 宵の明星 태백성, 개밥바라기

みょうちょう【明朝】내일 아침, 명조

みょうにち【明日】내일, 명일

みょうばん【明晩】내일 밤

みょうやく【妙薬】묘약 ¶地球の温暖化を食い止める妙薬はない 지구의 온난화를 막을 묘약은 없다.

みょうれい【妙齢】묘령 ¶妙齢の娘さん 묘령의 아가씨

みより【身寄り】친척(親戚) ¶身寄りのない老人 친척이 없는 노인

みらい【未来】〔将来〕장래, 앞날 ¶彼女は未来を予知する能力を持っている 그녀는 미래를 예지하는 능력을 가지고 있다. / 我々の前途には明るい未来がある 우리들의 앞날에는 밝은 미래가 있다. / 彼は将来プロ選手として洋々たる未来がある 그에게는 축구 선수로서의 전도유망한 미래가 있다. / 遠い未来に何が起こるかだれもわからない 먼 미래에 뭐가 일어날지 아무도 모른다. / 彼はいつも未来に目を向けている 그는 항상 미래에 눈을 돌리고 있다. ¶未来の列車には車輪がないかもしれない 미래의 열차에는 차바퀴가 없을지도 모른다. / 未来のある若者 장래가 촉망되는 젊은이 / 未来の大スター 미래의 대스타 관련어 未来学 미래학 / 未来図[像] 미래상 / 未来都市 미래 도시 / 近未来 근미래

ミリ 밀리 ¶ミリ単位で計測する 밀리 단위로 계측하다 / ミリグラム 밀리그램 / ミリメートル 밀리미터 / ミリリットル 밀리리터

ミリオン 밀리언 〔百万〕백만 ¶ミリオンセラーの本 밀리언셀러의 책

みりょう【魅了】매료 ◇魅了する 매료하다 ¶彼女の演奏は聴衆を魅了した 그녀의 연주는 청중을 매료시켰다.

# みりょく 【魅力】매력 ◇魅力的 매력적

¶この仕事は私にとって大きな魅力がある 이 일은 나에게 큰 매력이 있다. / この企画はあまり魅力がない 이 기획은 별로 매력이 없다. / 若者たちは都会に魅力を感じて田舎を離れている 젊은이들은 도시에 매력을 느껴 시골을 떠나고 있다. / 彼のすてきな笑顔に魅力を感じました 그의 웃는 얼굴이 멋져서 매력을 느꼈습니다. / この映画は30年以上前に作られたものだが, まだ魅力を失っていない 이 영화는 30여년 전에 만들어진 것이지만 여전히 사람들의 마음을 사로잡는다. / 彼女の小説の魅力は何ですか 그녀의 소설의 매력은 무엇입니까?

¶彼女は魅力的な人だ 그 여자는 매력적인 사람이다. / ヨナの微笑はとても魅力的だ 연아의 미소는 아주 매력적이다.

会話 人の魅力
A：彼のこと, どう思う
B：魅力的な人だけど, 結婚相手としてはどうかな
A：この 男자 어떻게 생각해?
B：매력적인 사람이지만 결혼 상대로는 어떠냐?
A：彼のどこに魅力を感じるの？
B：笑顔が魅力的なところ
A：그 남자의 어디에 매력을 느꼈어？
B：웃는 얼굴이 매력적이야.

# みる 【見る】❶〔目で〕보다

基本表現

▷見て, 富士山だ！봐, 후지 산이야！
▷「何を見ているんだい」「別に」
  "뭘 보고 있어？" "아무것도."
▷道路を渡るときは左右をよく見なさい
  도로를 건널 때는 좌우를 잘 봐.
▷あたりを見たが何も見えなかった
  주위를 봤지만 아무것도 보이지 않았다.
▷彼は警官を見たとたん逃げ出した 그는 경찰관을 보자마자 도망쳤다.
▷悲しみに沈んでいる彼女を見るのは彼にはつらかった
  슬픔에 잠겨 있는 그녀를 보는 것은 그에게는 괴로웠다.
▷テレビでサッカーの試合を見た
  텔레비전에서 축구 경기를 보았다.
▷だれかに見られている気がした 누군가가 보고 있는 것 같은 느낌이 들었다.

みる

¶「このアルバム、見てもいい」「ええ、どうぞ」"이 앨범 봐도 돼?" "네, 보세요."/「この辺で私の眼鏡見なかった」「見てないよ」"여기 어디서 내 안경 못 봤어?" "못 봤어."/「そこの引き出しは見たの」「まだ見てない」"거기 서랍은 봤어?" "아직 안 봤어."/「何がそんなにおかしいの」「まあ、鏡を見てみなさいよ」"뭐가 그렇게 웃겨?" "거울 좀 봐 봐."/「こんな雑誌、見たことないよ」「新しく見つけたのかよ」"이런 잡지 본 적 없어." "새로 막 나온 거 아니야?"

¶だれか来たみたい. だれだか見て来てちょうだい 누가 온 것 같아. 누군지 보고 와 줄래?/あれは確かにミンスだったね. この目で見たもの 그건 분명히 민수였어. 이 눈으로 봤거든.

¶子供たちが集団で道路を横断しているのを見た 아이들이 집단으로 도로를 횡단하고 있는 것을 보았다./彼はボールがグリーンの上を転がっているのをじっと見ていた 그는 공이 그린 위를 굴러가는 것을 가만히 보고 있었다./ここに入るのをだれにも見られなかったかい 여기에 들어 오는 거 아무한테도 안 들켰어?/間近で見てみると、その黒い点は昆虫だった 가까이에서 보니 그 검은 점은 곤충이었다.

¶少年はそのおじいさんの顔をじろじろ見た 소년은 그 할아버지의 얼굴을 흘금흘금 보았다./彼は恥ずかしそうに彼女をちらっと見た 그녀는 창피한 듯 그를 살짝 보았다.

¶彼は自分の仕事の完成を見ずに死んでしまった 그는 자신의 일의 완성을 보지 못하고 죽어 버렸다./彼女が男の人と話すのを見たことがない 그 여자가 남자와 이야기하는 것을 본 적이 없다./見てのとおり私の部屋は散らかっているので外で話しましょう 보신 대로 제 방은 저저분하니 밖에서 이야기합시다./初めて韓国に行った時は見るもの聞くものすべてに興味を引かれた 처음으로 한국에 갔을 때는 보는 것도 듣는 것도 모두 흥미로웠다./見たところあの二人はうまくいっているようだ 아무리 저 두 사람은 잘 되어 가는 것 같아/見ると聞くとでは大違いだ 보는 것과 듣는 것은 크게 다르다.

会話 (店で)見てるだけ
A: ご用はございますか
B: いえ、見ているだけですので
A: 찾으시는 거 있으세요?
B: 아니요, 좀 볼려구요.

❷〔見物する〕구경하다, 보다 ¶奈良や京都には見るところがたくさんある 나라와 교토에는 볼 곳이 많이 있다./1日で東京を見て回るのは不可能だ 하루에 도쿄를 구경하는 것은 불가능하다./ここには見るべきものは何もない 여기에는 볼 만한 것은 아무것도 없다.

❸〔読む〕읽다〔目を通す〕보다 ¶「きょうの新聞を見たかい」「いや、まだだけど」"오늘 신문 봤어?" "아니 아직."/こんなに書類を見なきゃいけないのか 이렇게 많은 서류를 봐야 하나?

❹〔調べる〕점검하다, 확인하다, 보다〔辞書などを〕찾다 ¶このレポートを見てくれないか。あすまでに提出しなければならないんだ 이 리포트를 확인해 주지 않겠어? 내일까지 제출해야 되거든./毎日掲示板を見るようにしなさい 매일 게시판을 보도록 해요./意味のわからない単語があったら辞書を見なさい 의미를 모르는 단어가 있으면 사전을 찾아 봐.

❺〔判断する〕보다, 판단하다, 생각하다 ¶彼女は30歳ぐらいと見た その女子는 서른 정도로 보였다./ヨーロッパで絵を見る目を養った 유럽에서 그림 보는 안목을 키웠다./私の見たところでは、そのチームは今シーズン優勝できないね 내가 보기에는 이 팀은 이번 시즌에서 우승 못할 거야./警察はその男を犯人と見ている 경찰은 그 남자를 범인으로 보고 있다./スープの味を見てください 수프 맛 좀 봐 주세요./首相は事態を重大だと見ている 수상은 사태가 중대하다고 보고 있다./彼は人を見る目がある 그는 사람을 보는 눈이 있다.

会話 どう見ても
A: 彼女、結婚して子供が2人いるんだよ
B: 冗談だろ. どう見たって独身って感じじゃないか
A: 그 여자, 결혼해서 아이가 둘 있어.
B: 농담이지. 아무리 봐도 독신같이 보이는데.

❻〔世話をする〕돌보다, 보아주다 ¶彼は年取った両親の面倒を見るために田舎に帰ることにした 그는 나이 든 부모를 보살피기 위해 시골에 돌아가기로 했다./老後は子供に見てもらいたいという親はまだ多い 노후를 자식들에게 기대고 싶어하는 부모는 아직 많다./弟の数学の宿題を見てやった 동생의 수학 숙제를 봐 주었다.

❼〔経験する〕당하다, 겪다, 보다 ¶余計なことを言ったばっかりにひどい目を見た 쓸데없는 말을 해서 큰 일을 당했다.

❽〔試みる、…してみる〕《動詞連用形＋》보다 ¶この靴をはいてみたいですか 이 구두를 신어 봐도 됩니까?/馬に乗ってみたが思ったより簡単だった 말을 타 봤는데 생각보다 간단했다.

会話 相手をうながす
A: 彼女、僕のことどう思っているんだろう
B: 直接聞いてみれば
A: 그 여자, 날 어떻게 생각하고 있을까?
B: 직접 물어 봐.

慣用句 これ、タイでとってきた写真かい. 見るからに暑そうだね 이거 타이에서 찍어 온 사진이야? 보기만 해도 더울 것 같아./見も知らぬ人に金を貸してくれなんて言えないよ 전혀 모르는 사람에게 돈을 빌려 달라고 어떻게 말해./彼女は見よう見まねで自動車の運転を覚えた 그녀는 어깨너머로 자동차 운전을 배웠다./その双子の兄弟は見れば見るほどよく似ている 그 쌍둥이 형제는 보면 볼수록 많이 닮았다./政府は長い間環境汚染を見て見ぬ振りをしてきた 정부는 오랫동안 환경 오염을 보고도 못 본 척해 왔다./彼は長い闘病生活で見る影もなくやせてしまった 그는 긴 투병 생활로 차마 볼 수 없을 정도로 말라 버렸다./動物が虐待されるのは見るに耐えない 동물이 학대 받는 것은 차마 눈 뜨고 볼 수가 없다./友人が困っているのを見るに見かねて援助を申し出た 친구가 곤란한 것을 차마 볼 수 없어서 원조를 자청했다./それ見たことか! 거봐!/今に見てい

ろ! 두고 봐라.
**みる【診る】** 보다, 진찰하다 ¶医者は患者を診て何も異状はありませんよと言った 의사는 환자를 보고 아무런 이상이 없다고 했다. / すぐ医者に診てもらってください 즉시 의사에게 진찰 받으세요. / 月に1回医者に診てもらっている 한 달에 한 번 병원에서 진찰 받고 있다. / 虫歯がないか診てもらった 충치가 없는지 진찰 받았다.
**ミルク** 밀크, 우유(牛乳) ¶コーヒーにミルクを入れますか 커피에 우유 넣습니까? / 次男はミルクで育った 둘째 아들은 우유로 키웠다. / ミルク色のセーター 우유빛 스웨터 [関連] **ミルクセーキ** 밀크 셰이크 / **ミルクチョコレート** 밀크 초콜릿 / **ミルクティ** 밀크티 / **粉ミルク** 가루 우유, 분유
**みるみる【見る見る】** 순식간에, 삽시간에, 금시에, 금세 ¶火はみるみる燃え広がった 불은 삽시간에 번졌다. / 貯金はみるみる減っていった 저금은 순식간에 없어져 갔다.
**みれん【未練】** 미련 [愛着] 애착 ◇**未練がましい** 연연하다 ¶彼はジナにまだ未練があるようだ 그는 지나에게 아직 미련이 있는 것 같다. / 未練があったが家を手放した 애착은 있었지만 집을 처분했다. / 今の会社に未練はない 지금 회사에 미련은 없다. / いつまでも未練がましく言うのはやめよ 언제까지나 아쉬운 듯한 소리를 하는 것은 그만둬.
**みわく【魅惑】** 매혹 [魅力] 매력 ◇**魅惑する** 매혹하다 ◇**魅惑的だ** 매혹적이다 ¶僕は彼女の演じる春香に魅惑(→魅了)された 나는 그녀의 춘향 연기에 매료되었다. / 魅惑的な眼差し 매혹적인 눈빛 / 魅惑的な女性 매혹적인 여성
**みわけ【見分け】** 분간, 분별 ¶松と杉の見分けがつかない 소나무와 삼나무를 분간할 수 없다. / 善悪の見分けがついてもいい年だ 충분히 선악의 분간이 될 나이다. / どっちがどっちだか見分けがつかない 어느 쪽이 어느 쪽인지 분간이 안 간다. / ヨンジャは見分けがつかないほど変わった 영자는 몰라볼 정도로 변했다.
**みわける【見分ける】** 가리다, 분간하다, 분별하다 ¶本物と偽物とを見分ける 진짜와 가짜를 분간하다
**みわたす【見渡す】** [見晴らす] 바라보다 [見回す] 둘러보다 [見下ろす] 내려다보다 ¶東京タワーの展望台からは東京全体を見渡すことができる 도쿄 타워 전망대에서 도쿄 전체를 내려다볼 수 있다. / 見渡す限りどうもうこし畑が広がっていた 보이는 것은 온통 옥수수 밭이었다. / 彼は聴衆をぐるりと見渡し話し始めた 그는 청중을 둘러보고 이야기하기 시작했다. / 会場を見渡したが知り合いはだれもいなかった 회장을 둘러보았지만 아는 사람은 하나도 없었다.
**みんい【民意】** 민의, 국민의 의사 [世論] 여론 ¶政治家は民意をくみ取ることに努めなければならない 정치가는 국민의 의사를 헤아리는 노력을 해야 된다. / 年金制度改革案は民意を反映していない 연금 제도 개혁안은 여론을 반영하고 있지 않다.
**みんえい【民営】** 민영 ◇**民営化** 민영화 ¶小泉政権の下で公社や公団の民営化が積極的に進められた 고이즈미 정권 아래에서 공사나 공단의 민영화가 적극적으로 진행되었다.
**みんか【民家】** 민가
**みんかん【民間】** 민간 ¶この委員会は民間から選ばれた委員で構成されている 이 위원회는 민간에서 뽑힌 위원으로 구성되어 있다. [関連] **民間外交** 민간 외교 / **民間企業** 민간 기업 / **民間機** 민간기 / **民間資本** 민간 자본 / **民間人** 민간인 / **民間伝承** 민간 전승 / **民間放送** 민간 방송 / **民間療法** 민간 요법
**ミンク** 밍크 ¶ミンクの毛皮 밍크 모피 / ミンクのコート 밍크 코트 / ミンク鯨 밍크고래
**みんげい【民芸】** 민예 **民芸品** 민예품
**みんじ【民事】** 민사 [関連] **民事裁判** 민사 재판 / **民事事件** 민사 사건 / **民事訴訟** 민사 소송 / **民事訴訟法** 민사 소송법
**みんしゅ【民主】** ◇**民主的だ** 민주적이다 ◇**民主化** 민주화 ¶代表は投票をして民主的に決めるべきだ 대표는 투표를 해서 민주적으로 결정해야 한다. / 自由と平等は民主主義の基本である 자유와 평등은 민주주의의 기본이다. / 組織の運営を民主化する 조직의 운영을 민주화하다 / 民主化を求めて学生たちが立ち上がった 민주화를 요구하여 학생들이 일어섰다. [関連] **民主国家** 민주 국가 / **民主政治** 민주 정치 / **民主党** 민주당 / **民主主義者** 민주주의자
**みんしゅう【民衆】** 민중 [関連] **民衆運動** 민중 운동
**みんしゅく【民宿】** 민박(民泊)
**みんせい【民生】** 민생 [関連] **民生委員** 민생 위원
**みんぞく【民俗】** 민속 [関連] **民俗音楽** 민속 음악 / **民俗学** 민속학 / **民俗学者** 민속 학자 / **民俗芸能** 민속 예능
**みんぞく【民族】** 민족 ◇**民族的な** 민족적인 ¶民族対立はこの国の直面する深刻な国内問題である 민족 대립은 이 나라가 직면한 심각한 국내 문제이다. / ロシアは多民族国家だ 러시아는 다민족 국가다. / ゲルマン民族の大移動は西暦375年に始まった 게르만 민족의 대이동은 서기 375년에 시작했다. / 中国には多くの少数民族がいる 중국에는 소수 민족이 많이 있다. / 民族の伝統を守る 민족의 전통을 지키다 [関連] **民族意識** 민족 의식 / **民族衣装** 민족 의상 / **民族運動** 민족 운동 / **民族音楽** 민족 음악 / **民族学** 민족학 / **民族学者** 민족 학자 / **民族国家** 민족 국가 / **民族自決** 민족 자결 / **民族主義** 민족주의 / **民族主義者** 민족주의자 / **民族性** 민족성 / **民族大移動** 민족 대이동 / **民族的な偏見** 민족적 편견 / **民俗紛争** 민족 분쟁
**ミンチ** 민치, 잘게 다진 고기 ¶牛[豚]のミンチ 잘게 다진 쇠[돼지] 고기
**みんな【皆】** 모두, 다 ⇨みな
**みんぽう【民放】** 민방, 민영[민간] 방송 ¶民放の番組 민영 방송 프로그램 [関連] **民放局** 민영 방송국
**みんぽう【民法】** 민법(▶発音은 민뽀)
**みんよう【民謡】** 민요 ¶日本[韓国]民謡 일본[한국] 민요 / 民謡歌手 민요 가수
**みんわ【民話】** 민화

# む

**む【無】** 무 〔むだ〕 헛됨, 헛수고, 헛일(▶発音은 헌닐) ¶彼が就職できる見込みは無に等しい 그가 취업할 가망은 없는 거나 같다. / 私の努力はすべて無に帰した 내 노력은 모두 헛일이 되고 말았다. / 人の好意を無にするものではない 사람의 호의를 헛되게 해서는 안 된다.

**むい【無為】** ◇無為に 무위하게 ¶無為に暮らす 무위하게 살다 / 彼は休暇を無為に過ごした 그는 휴가를 무위하게 보냈다. / 政府は不法移民の流入に対して無為無策である 정부는 불법 이민의 유입에 대해 무위무책이다.
¶無為徒食する 무위도식하다

**むいしき【無意識】** 무의식 ◇無意識に 무의식중에, 무의식적으로, 자신도 모르게 ¶無意識にこぶしをぎゅっと握っていた 무의식중에 주먹을 꼭 쥐고 있었다. / その話を聞いて無意識に身震いした 그 이야기를 듣고 자신도 모르게 몸서리를 쳤다. / 彼の顔を見たとたん, 無意識に柱の陰に隠れた 그 사람의 얼굴을 본 순간, 나도 모르게 기둥 뒤로 숨었다.

**むいそん【無医村】** 무의촌

**むいちぶつ【無一物】** 무일물, 빈털터리 ¶彼は事業に失敗して無一物になった 그는 사업에 실패해 빈털터리가 되었다.

**むいちもん【無一文】** 무일푼 ¶彼はギャンブルに負けて無一文になった 그는 노름에 져서 무일푼이 되었다.

**むいみ【無意味】** ◇無意味だ 무의미하다 ¶このようなやり方は実際には無意味だ 이런 방법은 실제로는 무의미하다. / ここまで来て今さら引き返すのは無意味だ 여기까지 와 놓고 되돌아가는 것은 헛수고나 마찬가지다. / 無意味な論争はやめよう 무의미한 논쟁은 그만두자. / 無意味なことを言うな 쓸데없는 말은 하지 마.

**ムード** 무드 〔雰囲気〕 분위기 〔集団・個人の気分〕 기분 ¶そのレストランはムードがよかった 그 레스토랑은 분위기가 좋았다. / 会議はいいムードで始まった 회의는 좋은 분위기로 시작되었다. / お祭り〔楽観〕ムードが漂う 축제〔낙관적인〕 분위기가 나다 / あの映画俳優はどことなくムードがある 저 영화 배우는 어딘지 모르게 분위기가 있다. / ムードが壊れる 무드가 깨지다
¶ムードのある店 분위기 있는 가게 関連 ムード音楽 무드 음악

**むえき【無益】** 무익 ◇無益だ 무익하다 ¶そんなことをするのは無益だ 그런 일을 하는 것은 무익하다. / 無益な試み〔本〕 무익한 시도〔책〕

**むえん【無煙】** 무연 関連 無煙火薬 무연 화약 / 無煙炭 무연탄

**むえん【無縁】** 무연, 무연고 ◇無縁だ 무연하다 ¶遠慮は彼とは無縁のものだ 사양이라는 것은 그와 무연하다. 関連 無縁墓地 무연고 묘지 / 無縁仏 연고자가 없는 망자〔망인〕

**むえん【無鉛】** 関連 無鉛ガソリン 무연 휘발유〔가솔린〕

**むえん【無塩】** 무염 関連 無塩バター 무염 버터

**むが【無我】** 무아 ¶無我の境地に達する 무아지경에 이르다

**むかい【向かい】** 맞은편, 건너편 ¶市役所の向かいに郵便局がある 시청 건너편에 우체국이 있다. / 彼女は通りの向かい側に立っていた 그녀는 길 건너편 쪽에 서 있었다. / 向かいの家 건너편 집 関連 向かい風 맞바람, 맞은 바람 / お向かいさん〔人〕 맞은편 집 사람

**むがい【無害】** 무해 ◇無害だ 무해하다 ¶この殺虫剤は人には無害だ 이 살충제는 사람한테 무해하다. / 人畜無害な男 쓸모없는 남자

**むかいあう【向かい合う】** 마주 보다〔대하다〕 ¶私たちは向かい合って座った 우리는 마주 보고 앉았다. / 私は彼と向かい合って座った 나는 그와 마주 앉았다. / 私は彼と向かい合ってテーブルについた 나는 그와 마주 보고 테이블에 앉았다. / 銀行と郵便局は向かい合っている 은행과 우체국은 마주 대하고 있다.

**むかう【向かう】** ❶〔体などを向ける〕 대하다, 향하다 ¶それが親に向かって言う言葉かそれが 부모한테 하는 말이냐! / 彼女はカメラに向かってほほえんだ 그녀는 카메라를 향해 미소를 지었다.
彼女は机に向かって勉強している 그녀는 책상 앞에 앉아 공부하고 있다.
❷〔ある方向を目指す〕 향하다 ¶彼はきのうソウルをたって釜山に向かった 그는 어제 서울을 떠나 부산으로 향했다. / その時私は会社へ向かう途中だった 그 때 나는 회사에 가는 도중이었다. / 救急車はただちに事故現場に向かった 구급차는 사고 현장으로 향했다. / 非常ベルが鳴るや大勢の人が出口に向かって殺到した 비상벨이 울리자 많은 사람들이 출구를 향해 쇄도했다.
❸〔ある状態に近づく〕 기미를 보이다, -기 시작하다 ¶彼が快方に向かうことを願っている 그가 차도가 있기를 빌고 있다. / 日本経済は回復に向かいつつある 일본 경제는 회복의 기미를 보이기 시작했다. / 事態はようやく収束に向かい始めた 겨우 사태가 수습되기 시작했다.
❹〔対抗する〕 달려들다, 맞서다 ¶数人の男たちが棒切れを持って我々に向かってきた 몇 명의 남자들이 각목을 들고 우리한테 달려들었다. / 風に向かって走った 바람을 안고 달렸다. 慣用句 あのボクサーは向かうところ敵なしだ 그 권투 선수는 아무에게도 이긴다.

**むかえ【迎え】** 마중 ¶私は上京した両親を駅に迎えに行った 나는 도쿄에 오신 부모님을 역으로 마중 나갔다. / だれか迎えの者がいるはずだ 누군가 마중 나온 사람이 있을 것이다. / 5時に車でホテルまで迎えに行きます 다섯 시에 차로 호텔까지

마중 나가겠습니다. / 1時に息子を迎えに幼稚園へ行かなくてはならない 한 시에 아들을 데리러 유치원에 가야 한다.
**むかえいれる【迎え入れる】**〔受け入れる〕맞아들이다〔歓迎する〕환영하다 ¶うちの大学は世界各国から多くの留学生を迎え入れている 우리 대학교는 세계 각국에서 많은 유학생을 맞아들이고 있다. / 彼女は韓国から訪ねてきた友人を温かく迎え入れた 그녀는 한국에서 온 친구를 따뜻하게 환영했다. / 客を応接間に迎え入れる 손님을 응접실로 맞아들이다
**むかえうつ【迎え撃つ】**요격하다 ¶敵を迎え撃つ 적을 요격하다 / 領空を侵犯した国籍不明機を迎え撃つ 영공을 침범한 국적 불명의 비행기를 요격하다

**むかえる【迎える】** ❶〔出迎える〕마중하다, 마중 나가다〔歓迎する〕환영하다 ¶私は成田空港で友人を迎えた 나는 나리타공항으로 친구를 마중 나갔다. / 東京駅までお客様を迎えに行った 도쿄역까지 손님을 마중 나갔다. / 彼は笑顔で私を迎えてくれた 그는 웃으면서 나를 환영해 주었다. / 韓流ドラマのスターたちは日本で熱狂的に迎えられた 한류 드라마 스타들은 일본에서 열광적으로 환영받았다.
❷〔招待する〕초대하다, 초청하다〔呼ぶ〕부르다 ¶私たちは専門家を迎えて講演をしてもらった 우리는 전문가를 초청해 강연을 들었다.
❸〔一員として受け入れる〕맞아들이다, 받아들이다 ¶我々のクラブは年1回新会員を迎える 우리 클럽은 1년에 한 번 새 멤버를 받아들인다.
❹〔ある時期・状態になる〕맞이하다 ¶私たちは新年を迎えるためにもちをついた 우리는 신년을 맞이하기 위해 떡을 쳤다. / 人類は21世紀を迎え環境問題など様々な課題に直面している 인류는 21세기를 맞이해 환경 문제 등 여러 가지 과제에 직면하고 있다. / 彼は18歳の誕生日を迎えた 그는 열여덟 살 생일을 맞이했다. / 君もいずれ老いを迎えることになる 자네도 언젠가 늙게 된다. / 交渉は重大な局面を迎えた 교섭은 중대한 국면을 맞이했다.
**むがく【無学】**무학 ¶祖母は無学だが賢い人だった 할머니는 무학이지만 현명한 분이셨다.

**むかし【昔】**옛날, 옛적, 예전〔ずっと前に〕오래 전에〔かつて〕일찍이, 전에〔以前〕이전에 ◇昔の 옛〔以前の〕이전의
◆〖昔の〗
¶そんな昔のこと覚えてないよ 그렇게 옛적 일은 기억 안 나. / あなたの昔の写真が見たいわ 당신의 옛날 사진이 보고 싶어. / 田舎に帰ると、楽しかった昔のことを思い出す 시골집에 가면, 즐거웠던 옛날 생각난다. / 昔のままだった 옛날 그대로였다. / レコードの時代は、今は昔のことになった 레코드 시대는 이제는 오래전 일이 되었다.
◆〖昔は〗
¶昔はパソコンも携帯電話もなかった 옛날에는 컴퓨터도 휴대폰도 없었다. / 昔は毎年冬になるとスキーに行ったものだ 옛날에는 매년 겨울이 되면 스키 타러 갔었다. / 昔は手で洗っていたので洗濯にもっと時間がかかっていた 옛날에는 손으로 빨았기 때문에 빨래하는 데 시간이 많이 걸렸었다. / ゴルフは昔はお金持ちのスポーツだったが今ではどんな人でもやっている 옛날에는 골프란 부자들만의 스포츠였지만 지금은 누구나 하고 있다.
◆〖昔を・昔に〗
¶もう昔には戻れない 이제 옛날로 못 돌아간다. / 彼はとっくの昔に引っ越していた 그는 훨씬 전에 이사 갔었다. / 彼女は古いレコードを聞いて昔を懐かしんだ 그녀는 오래된 레코드를 듣고 옛날을 그리워했다.
◆〖昔から(の)〗
¶彼は昔からの友人です 그 사람은 오래된 친구입니다. / 彼女は昔からの爪をかむ癖が直らない 그녀는 손톱을 깨무는 옛날 버릇이 안 고쳐진다. / それは昔からの日本の習慣だ 그것은 옛날부터 내려오는 일본의 관습이다.
◆〖その他〗
¶私は昔彼に会った覚えがある 나는 옛날에 그 사람을 만난 기억이 있다. / 私は昔、神戸に住んでいた 나는 옛날 고베에 살고 있었다. / 今私は昔ほど仕事はしない 나는 지금 예전만큼 일을 하지 않는다. / 昔はよく川へ釣りに行ったものだった 예전에는 자주 강에 낚시하러 갔었는데.
¶昔々あるところに美しい少女が住んでいました 옛날옛날 어떤 마을에 아름다운 소녀가 살고 있었습니다. / 昔風の作法 옛날의 예의범절 / 昔気質の職人 옛날의 장인 기질을 가진 사람
慣用句「君があんなにテニスがうまいとは知らなかった」「昔とった杵柄(きねづか)だよ」"자네가 그렇게 테니스를 잘 하는 줄은 몰랐네.""옛날에 익힌 솜씨라 지금도 자신 있어."関連昔話(おとぎ話)옛날이야기〔思い出話〕추억담 / 昔なじみ 옛친구
**むかつく**〔吐き気がする〕메슥거리다, 역하다, 메스껍다〔腹が立つ〕화가 치밀다 ¶むかついてじっと立っていられなかった 메슥거려 가만히 서 있을 수가 없다. / その光景を見て胸がむかついた 그 광경을 보고 가슴이 메슥거렸다.
¶彼の冗談にはむかついた 그 사람의 농담에는 화가 치밀었다.
**むかって【向かって】**¶階段を降りて向かって右側がお手洗いです 계단을 내려가서 마주 보고 오른쪽이 화장실입니다. / 彼のオフィスはそのビルの向かって右側にある 그의 사무실은 저 빌딩 맞은편 오른쪽에 있다.
**むかっぱら【むかっ腹】**¶むかっ腹を立てる 버럭 화를 내다
**むかで【百足】**지네
**むかむか** ◇むかむかする〔吐き気がする〕메슥거리다〔腹が立つ〕화가 치밀다
**むがむちゅう【無我夢中】**¶彼は無我夢中で走った 그는 정신없이 달렸다.
**むかんかく【無感覚】**무감각 ◇無感覚だ 무감각하다 ¶麻酔薬は痛みを無感覚にする 마취제는 통증을 무감각하게 한다. / 手の指は寒さで無感覚になっていた 손가락은 추위에 무감각해져 있었다. / この国に1か月も滞在すれば暑さに無感覚になる 이 나라에 한 달 동안 체류하면 더위에 무감각해진다.

**むかんけい【無関係】**◇無関係だ 무관계하다, 무관하다 ¶私はその汚職事件とは一切無関係だ 나는 그 독직 사건과는 아무런 관계가 없다. / 彼と私は同姓だが無関係だ 그와 나는 같은 성씨이지만 아무 관계도 아니다. / 彼女は話題と無関係な質問をした 그녀는 화제와 상관없는[무관한] 질문을 했다.

**むかんしん【無関心】**◇無関心だ 무관심하다 ¶夫は子供のことに無関心で 남편은 아이들한테 관심이 없다. / 彼女はゴシップにはほとんど無関心で 그녀는 가십에는 거의 무관심하다. / 彼はそのうわさに無関心を装った 그 소문에 관심이 없는 척했다. / もはや環境問題に無関心ではいられない 이제 환경 문제에 무관심하게 있을 수는 없다.

**むき【向き】❶**[方向] 방향 ¶風の向きが変わった 바람의 방향이 바뀌었다. / 彼女は突然車の向きを右に変えた 그녀는 갑자기 차 방향을 오른쪽으로 바꿨다. / 南向きの部屋に住みたい 남향 방에 살고 싶다. / わが家は北向きなので日当たりが悪い 우리 집은 북향이어서 볕들이 잘 안 든다. **❷**[適合] ◇…向きの 적합한, 알맞는, 어울리는 ◇…向けに 적합하게, 알맞게 ¶彼はその物語を子供向きに書き替えた 그는 그 이야기를 어린이에게 맞게 고쳐 썼다. / 人には向き不向きがある 사람은 저마다 어울리는 게 있고 어울리지 않는 게 있다. **❸**[本気] ◇むきになる 정색하다 [興奮する] 흥분하다 ¶彼はすぐむきになる 그는 금방 정색을 한다. / そんなことにむきになるな 그런 일로 흥분하지 마. / 私はむきになって彼に反論した 나는 흥분해서 그한테 반론했다. **❹**[人, 事柄] 사람; 용건(用件) ¶その計画には反対を唱える向きもある 그 계획에는 반대를 외치는 사람도 있다. / ご用の向きは受付にて承ります 용건은 접수처에서 받겠습니다.

**むき【無期】**무기, 무기한(無期限) ¶彼は無期停学になった 그는 무기정학을 맞았다. / 無期懲役の判決を受ける 무기징역 판결을 받다 / その法律の施行は事実上無期延期となった 그 법률의 시행은 사실상 무기한 연기가 되었다.

**むき【無機】**무기 [関連] 無機化学 무기 화학 / 無機質 무기질 / 無機肥料 무기 비료 / 無機物 무기물

**むぎ【麦】**보리 [大麦] 보리 [小麦] 밀 ¶麦踏みをする 보리밟기를 하다 [関連] 麦茶 보리차 / 麦畑 보리밭 / 麦飯 보리밥

**むきあう【向き合う】**마주 보다 ⇒向かい合う

**むきげん【無期限】**무기한 ¶労働者たちは無期限ストに突入した 노동자들은 무기한 동맹 파업에 들어갔다.

**むきず【無傷】**¶彼は戦場から無傷で帰還した 그는 전쟁터에서 무사히 귀환했다. / 巨人は開幕から無傷の5連勝だ 교진은 개막부터 무패로 5연승했다.

**むきだし【剥き出し】**◇むき出しにする 노출하다, 드러내다 ◇むき出しの 노출된 [露骨な] 공공연한, 노골적인 ¶胸をむき出しにする 가슴을 노출하다 / 彼女の服は肩までむき出しだった 그녀의 옷은 어깨까지 드러났다. / 本性をむき出しにする 본성을 드러내다 / 本性がむき出しになる 본성이 드러나다 / その男は憎悪をむき出しにしていた 남자는 증오를 노골적으로 드러냈다. ¶むき出しの肌 노출된 살갗 / 背中がむき出しのドレス 등이 노출된 드레스 / むき出しの敵愾心 공공연한 적개심 ¶彼はお祝い金をむき出しのまま彼女に渡した 그는 축의금을 봉투에도 넣지 않고 그녀한테 건넸다.

**むきだす【剥き出す】**드러내다 ¶犬は不審な男に歯をむき出してうなった 개는 수상한 남자한테 이빨을 드러내며서 으르렁거렸다.

**むきどう【無軌道】**◇無軌道な 무궤도한 ¶無軌道な生活を送る 무궤도한 생활을 보내다

**むきなおる【向き直る】**몸을 돌리다, 돌아서다

**むきみ【剥き身】**살 [貝のむき身] 조갯살

**むきめい【無記名】**무기명 ¶無記名の小切手 [文書] 무기명 수표 [문서] / アンケートは無記名で結構です 설문 조사는 무기명으로 괜찮습니다. / 投票は無記名で行われた 투표는 무기명으로 행해졌다. [関連] 無記名証券 무기명 증권 / 無記名投票 무기명 투표 / 無記名預金 무기명 예금

**むきゅう【無休】**무휴 ¶彼は1か月間無休で働いた 그는 한 달 동안 무휴로 일했다. / 年中無休 연중 무휴

**むきゅう【無給】**무급, 무보수(無報酬) ¶無給のボランティア活動 무보수 자원 봉사 활동 / 無給で働く 무보수로 일하다

**むきょういく【無教育】**◇無教育な 교육을 받지 못한 [読み書きができない] 무식한 ⇒無学

**むきょうそう【無競争】**¶無競争で当選する 경쟁 후보 없이 당선되다

**むきょうよう【無教養】**무교양 ◇無教養だ 무식하다 [無識—], 무교양하다

**むきりょく【無気力】**무기력 ◇無気力だ 무기력하다 ¶この学校の生徒たちは無気力だった 이 학교 학생들은 무기력했다.

**むぎわら【麦藁】**맥고, 밀짚, 보릿짚 [関連] 麦わら帽子 밀짚모자, 맥고모자

**むきん【無菌】**무균 [関連] 無菌状態 무균 상태 / 無菌室 무균실

**むく【向く】❶**[向きを変える] 보다, 몸을 돌리다

[基本表現]

▷彼女は後ろを向いた 그녀는 뒤를 향했다.
▷右を向きなさい 오른쪽을 보아라.
▷まっすぐ前を向きなさい 바로 앞을 보아라.
▷彼はゆっくりと前の方を向いた
  그는 천천히 앞쪽으로 몸을 돌렸다.
▷こっちを向いて 이쪽을 봐.
▷私は下を向いて黙っていた
  나는 고개를 숙이고 입을 다물고 있었다.
¶ひまわりは太陽のほうを向く 해바라기는 태양을 본다. / 左向け, 左! (▶号令) 좌향, 좌! **❷**[面する] 향하다 ¶私の部屋は海の方に向いている 내 방은 바다 쪽을 향해 있다. / この窓は庭を向いている 이 창문은 정원으로 향해 있다. **❸**[適する] 적합하다, 맞다, 어울리다 ¶その服

は中学生には向かない 그 옷은 중학생에게 맞지 않는다. / 彼女は教師に向いている 그녀는 선생님이 잘 맞는다. / その仕事に向いた人 그 일에 적합한 사람

❹〔その他〕¶彼らの足は湖へ向いた 그들의 발걸음은 호수를 향했다. / 私は足の向くままに森の中を歩き回った 나는 발길 닿는 대로 숲 속을 걸어다녔다.

¶彼は自分の気の向くままにした 그는 자기 마음내키는 대로 했다. / 気が向いたら遊びに来てください 마음 내키면 놀러 오세요. / 彼女を訪ねるのはどうも気が向かない 그녀를 찾아가는 것은 도무지 마음이 안 내킨다.

¶運が向いてきた 운이 트이기 시작했다.
慣用句 彼は私の忠告にそっぽを向いた 그는 내 충고를 외면했다.

むく【剝く】 벗기다〔外皮・殻をはぐ〕 까다, 깎다 ¶りんごの皮をむく 사과 껍질을 까다 / たまねぎの皮をむく 양파 껍질을 벗기다 / 栗の皮をむく 밤을 까다 / とうもろこしの皮をむく 옥수수 껍질을 벗기다

むく【無垢】 무구 ◇無垢な 무구한〔純真な〕순진한 ¶金無垢の像(→純金の) 순금의 상 / 無垢な少女 순진한 소녀 / 白無垢の花嫁衣装(→純白の) 순백의 신부 의상

むくい【報い】〔報償〕보답, 보수, 대갚음〔罰〕앙갚음, 응보 ¶人に親切にすればいつか報いがある 남에게 친절하게 대하면 언젠가 보답이 있다.

¶君はきっとこの報いを受けるだろう 너는 반드시 응보를 받을 것이다. / 当然の報いってもんだ 당연한 응보이지.

むくいぬ【尨犬】 삽사리, 삽살개
むくいる【報いる】 보답하다, 갚다, 대갚음하다〔仇を返す〕앙갚음하다, 보복하다 ¶彼女の働きに報いたい 그녀의 수고에 보답하고 싶다. / 恩に報いる 은혜에 보답하다

¶あいつに一矢報いたよ 저 녀석한테 반격을 해주었다.

むくち【無口】 과묵(寡黙) ◇無口だ 과묵하다(▶特に男性について用いる), 말이 없다 ¶彼女は無口で物静かな女性だ 그녀는 말이 없고 차분한 여성이다. / 無口な人 과묵한 사람

むくつけ 거칠, 무식한, 상스러운(▶特に女性について用いる) ¶むくつけ男 무식한 남자

むくどり【椋鳥】 찌르레기
むくみ【浮腫】 부종 ¶足のむくみがひいた 다리 부종이 가라앉았다.

むくむ【浮腫む】 붓다 ¶指がむくんでいる 손가락이 부어 있다. / むくんだ顔 부은 얼굴

むくむく 〔雲などが〕뭉게뭉게〔怒りなどが〕부글부글 ¶入道雲がむくむくとわき上がった 뭉게구름이 뭉게뭉게 피어 올랐다. / 怒りがむくむく頭をもたげてきた 화가 부글부글 끓어올랐다.

むくれる 부루퉁해지다, 뾰로통해지다, 샐쭉해지다 ¶7歳の息子はしかるとすぐに一일곱살짜리 아들은 혼내면 금방 뾰로통해진다.

むくわれる【報われる】 보답받다 ¶彼の努力はついに報われた 그의 노력은 드디어 보답받았다. / 報われない恋 「보답받지 못하는[이루어지지 않은] 사랑

- むけ【- 向け】 - 용 ◇- 向けの 를[을] 위한 ¶子供向け 어린이용 / 学生向けかばん 학생용 가방 / 初心者向けのコース 초보자용 코스 ¶このテレビ番組は子供向けだ 이 텔레비전 프로그램은 어린이를 위한 것이다.

¶韓国向けの輸出品 한국으로 가는 수출품

むけい【無形】 무형 ¶おじは私に有形無形の援助をしてくれた 삼촌은 나한테 아낌없는 원조를 해주셨다. / その伝統芸能は重要無形文化財に指定されている 그 전통 예능은 중요 무형 문화재로 지정되어 있다.

むげい【無芸】 무재(無才), 재주가 없음 ¶私は無芸な人間です 나는 재주 없는 인간입니다.
慣用句 彼は無芸大食だ 그는 많이 먹는 것 이외에는 아무 재주가 없는 사람이다. / 多芸は無芸 재주 많음은 같다.

むけいかく【無計画】 무계획 ◇無計画だ 무계획하다 ¶無計画な開発が自然を破壊している 무계획한 개발이 자연을 파괴하고 있다. / 彼は無計画に高利貸しから大金を借りた 그는 계획없이 고리대금업자에서서 큰돈을 빌렸다.

むけいこく【無警告】 무경고 ◇無警告で 경고없이〔予告無しに〕예고없이 ¶無警告で発砲する 경고없이 발포하다

むけつ【無血】 무혈 関連 無血革命 무혈 혁명
むけっきん【無欠勤】 ¶彼は入社以来10年間無遅刻無欠勤だ 그는 입사 후 10년간 지각, 결석을 한 번도 한 적이 없다.

むけっせき【無欠席】 ¶高校の3年間無欠席だった 고등학교 3년간 결석한 적이 없었다.

むげに【無下に】 쌀쌀하게, 무턱대고 ¶友人の頼みをむげに断るわけにもいかない 친구 부탁을 쌀쌀하게 거절할 수는 없다.

むける【向ける】〔視線・背などを〕돌리다〔注意などを〕기울이다〔銃などを〕겨누다〔向かう〕향하다 ¶顔を少しこちらに向けて。はいそれで結構です 얼굴을 조금 이쪽으로 돌려 주세요. 예, 좋습니다. / 日本での環境破壊に目を向けてみよう 일본에서의 환경 파괴에 눈을 돌려 보자. / 彼は不審な男に注意を向けた 그는 수상한 남자한테 주의를 기울였다. / 刑事はその男に銃を向けた 형사는 그 남자한테 총을 겨누었다. / 近所の公園へ足を向けた 근처 공원으로 발길을 향했다.

¶飛行機は10時25分に釜山に向けて出発する 비행기는 열 시 25분에 부산을 향해 출발한다. / 急にマイクを向けられてとまどった 갑자기 마이크가 나한테 와서 당황했다.

むける【剝ける】 벗겨지다 ¶背中の皮がむけた 등 껍질이 벗겨졌다.

むげん【無限】 무한 ◇無限だ 무한하다 ¶天然資源は無限ではない 천연자원은 무한하지 않다. / 無限の可能性 무한한 가능성 関連 無限級数 무한 급수 / 無限大 무한대

むげん【夢幻】 몽환 ¶夢幻の世界 몽환의 세계, 몽환경

むこ【婿】〔娘の夫〕사위〔花婿〕새신랑 ¶婿を取る 사위를 얻다 / 彼は婿養子になった 그는 데

릴사위가 되었다.

**むごい 【惨い】** 비참하다 〔残酷だ〕 참혹하다, 잔인하다, 매정하다 〔無慈悲だ〕 무자비하다, 매정하다 ¶衝突事故現場はむごいありさまだった 충돌 사고 현장은 참혹한 상태였다. / 彼らは彼女にむごい仕打ちをした 그들은 그녀한테 매정하게 굴었다.
¶むごい死に方をする 비참하게 죽다 / むごい人 매정한 사람

**むこう 【向こう】** ❶〔相対する側〕건너편 〔真向かい〕맞은편 ¶私の家は川の向こうにある 우리 집은 강 건너편에 있다. / 壁の向こうで叫び声がした 벽 건너편에서 외치는 소리가 들렸다. / 彼女はテーブルの向こうに座った 그녀는 테이블 맞은편에 앉았다. / あの山の向こうに小さな村がある 저 산 건너편에 작은 마을이 있다.
❷〔あちら, 遠方〕저쪽, 그쪽, 저리, 저기 ¶向こうへ行け 저리 가! / 向こうを歩いている女の子を見てみろよ 저쪽을 걷고 있는 여자애를 봐봐. / 向こうに古いお城が見えるでしょう 저기 오래된 성이 보이지요. / 向こうからやって来るのは僕の友人だ 저쪽에서 걸어오는 사람은 내 친구야. / 向こうに着いたらすぐに電話をします 그쪽에 도착하면 즉시 전화하겠습니다. / 彼は私に気づかないで向こうに歩いて行った 그는 나를 못 보고 저쪽으로 걸어갔다.
会話 …離れたところに
A：この辺にガソリンスタンドがありますか
B：1キロほど向こうにありますよ
A：이 근처에 주유소가 있습니까?
B：1킬로미터 정도 더 가면 있어요.
❸〔相手〕상대편, 상대방 ¶向こうの言い分は何なの 상대편 주장이 뭐야? / 向こうと正式に契約書を交わしたほうがよい 상대편과 정식으로 계약서를 교환하는 것이 좋다. / ここの費用は向こう持ちです 여기 비용은 상대편이 부담합니다. / 韓国への旅費は向こう持ちです 한국에 가는 여행 비용은 상대편이 부담합니다.
会話 向こうのせい
A：君の車, 後ろから追突されたんだって
B：ああ, 向こうのせいなんだ。スピードの出しすぎなんだよ
A：자네 차를 뒤에서 들이받았다면서?
B：응, 상대방 잘못이야. 너무 스피드를 냈어.
❹〔今後〕금후, 향후, 앞으로 ¶きょうから向こう10日間, 改装のため店を閉める 오늘부터 앞으로 10 일간, 새단장을 위해 가게를 닫는다.
慣用句 向こう三軒両隣 とうまくやっている 가장 가까운 이웃집과 친하게 지내고 있다. / 彼は友人の向こうを張って大きな家を建てた 그는 친구와 맞서 큰 집을 세웠다. / 彼らを向こうに回すとやっかいなことになる 그들을 상대로 겨루면 귀찮아진다.

**むこう 【無効】** 무효 ◇無効だ 무효이다 ¶この契約書は印鑑が押されていないないから無効だと思うよ 이 계약서는 도장이 안 찍혀 있기 때문에 무효일 거야. / この定期券は期限が切れているので無効です 이 정기권은 기한이 지나서 무효입니다. / 裁判所はその法律を憲法違反で無効だと裁定した 재판소는 그 법률은 헌법 위반이므로 무효라고 재정했다. / 彼女の当選は無効とされた 그녀의 당선은 무효가 되었다. 関連 無効投票 무효 투표

**むこういき 【向こう意気】** 뚝심 ¶向こう意気の強い人 뚝심이 강한 사람

**むこうがい 【無公害】** 무공해 関連 無公害車 무공해차

**むこうがわ 【向こう側】** 건너편, 맞은편 〔相手, 先方〕상대편, 상대방 ¶通りの向こう側のビル 길 건너편 빌딩 / 向こう側の意向を打診する 상대방 의향을 타진하다

**むこうぎし 【向こう岸】** 대안(対岸) ¶向こう岸まで泳いで渡る 대안까지 헤엄쳐 건너 가다 / 彼はボートを向こう岸に着けた 그는 보트를 대안에 댔다.

**むこうきず 【向こう傷】** 이마에 입은 상처

**むこうずね 【向こう脛】** 정강이 ¶向こうずねを階段にぶつけた 정강이를 계단에 부딪혔다.

**むこうみず 【向こう見ず】** ◇向こう見ずだ 분별없다 〔無謀な〕무모하다 〔軽率な〕경솔하다
¶向こう見ずな若者 분별없는 젊은이

**むこくせき 【無国籍】** 무국적 ¶無国籍の人 무국적인

**むごたらしい 【惨たらしい】** 비참하다, 참혹하다 ⇨むごい

**むごん 【無言】** 무언 ◇無言だ 말이 없다 ◇無言で 말없이 ¶それは教師の横暴に対する生徒たちの無言の抗議だった 그것은 교사의 횡포에 대한 학생들의 무언의 항의였다. / 彼が話し終わるまで彼女は無言のままだった 그가 얘기를 끝마칠 때까지 그녀는 말없이 있었다. / 我々は彼に無言の圧力をかけた 우리는 그에게 무언의 압력을 가했다. / 私たちは無言で顔を見合わせた 우리는 말없이 얼굴을 마주 봤다.
¶旅行中の不慮の事故で彼女は無言の帰宅をした 여행중 불의의 사고로 그녀는 주검으로[유해로] 돌아왔다. 関連 無言劇 무언극

**むざい 【無罪】** 무죄 ¶被告は裁判で無罪を主張した 피고는 재판에서 무죄를 주장했다. / 彼は無罪の判決を受けた 그는 무죄 판결을 받았다.

**むさく 【無策】** 무책 関連 無為無策 무위무책

**むさくい 【無作為】** 무작위 ◇無作為に 무작위로 ¶先生は10人の生徒を無作為に選んだ 선생님은 학생 열 명을 무작위로 뽑았다. / 無作為抽出 무작위 추출

**むさくるしい** 지저분하다, 누추하다 ¶その男はむさくるしい格好をしていた 그 남자는 지저분한 모습이었다. / むさくるしい所へよくおいでくださいました 누추한 곳을 찾아 주셔서 감사합니다. / むさくるしい部屋 지저분한 방

**むささび** 날다람쥐

**むさべつ 【無差別】** 무차별 ¶兵士たちは村人たちを無差別に殺した 병사들은 마을 사람들을 무차별로 죽였다. 関連 無差別級【柔道などの】 무차별급 / 無差別爆撃 무차별 폭격

**むさぼる 【貪る】** 탐하다 ◇むさぼるように 게걸스럽게 ¶その会社はいんちき商法で暴利をむさぼった 그 회사는 악덕 상법으로 폭리를 취했다. / 少

年はその冒険物語をむさぼり読んだ 소년은 그 모험 이야기를 탐독했다. / 彼はテーブルの料理をむさぼるように食べた 그는 테이블 위에 있는 요리를 게걸스럽게 먹었다.

**むざむざ** ◇むざむざと 쉽사리, 호락호락, 어이없이 ¶彼女はその男の甘い言葉にむざむざとだまされた 그녀는 그 남자의 달콤한 말에 쉽사리 넘어갔다. / むざむざとこの家を明け渡すことはしない 호락호락 이 집을 넘겨주지는 않겠다. / 彼は父親の遺産をむざむざと手放した 그는 아버지의 유산을 어이없이 남에게 넘겨주고 말았다.

**むさん**【無産】무산 関連 無産階級 무산 계급 / 無産者 무산자

**むざん**【無残・無惨】◇無残だ 무참하다〔悲惨だ〕비참하다 ◇無残に 무참히 ¶自爆テロで多くの人が無残な最期を遂げた 자폭테러로 많은 사람들이 비참한 최후를 마쳤다. / 建物は無残に破壊されていた 건물은 무참히 파괴되었다.

**むし**【虫】❶ [虫類] 벌레 [昆虫] 곤충 ¶「外で虫が鳴いているわ」「きっとこおろぎだよ」"밖에서 벌레가 울고 있어." "틀림없이 귀뚜라미일 거야." /「きれいな虫が葉っぱにとまっているよ。見える?」「ええ。取ってよ」"예쁜 벌레가 나뭇잎에 앉아 있어. 보여?" "응, 잡아 줄래?" / 肩に虫がついているよ 어깨에 벌레가 붙어 있어. /「虫に刺されたよ。蚊かな」「のみかだにだよ、きっと」"벌레에 물렸어. 모긴가?" "틀림없이 벼룩이나 진드기일 거야."

¶子供のころは、とんぼやぶよと虫とよく虫を取りに行った 어릴 적에는 자주 잠자리나 장수풍뎅이 같은 곤충을 잡으러 갔었다. / 虫がテーブルの上をはっていた 벌레가 테이블 위를 기어가고 있었다. / このりんごはみんな虫が食っている 이 사과는 전부 벌레 먹었다. / コートが虫に食われた 코트가 좀먹었다. / ありを虫眼鏡で見た 개미를 돋보기로 봤다. 数え方 虫1匹 벌레 한 마리

会話 虫は好き? 嫌い?
A:おや、虫がいるよ。何の虫だろう
B:虫の話はやめて。私、虫は嫌いなの
A:でも、虫っていっても色々いるじゃない。蝶とかくもとか
B:蝶やてんとう虫ならいいけど。くもや毛虫って大嫌い
A:あら、벌레가 있어. 무슨 벌레지?
B:벌레 얘기는 하지 마. 난 벌레가 싫어.
A:하지만, 벌레라고 해도 여러 종류가 있잖아. 나비라든가 거미라든가.
B:나비나 무당벌레라면 괜찮지만 거미나 송충이는 정말 싫어.

❷ [熱心な人] 벌레 ¶ヨンエは本の虫だ 영애는 책벌레다. / 彼は仕事の虫だ 그 사람은 일벌레다. 慣用句 彼女は虫も殺さないような顔をしているが、なかなか気が強い 그녀는 벌레도 못 죽일 것 같은 얼굴을 하고 있지만 꽤 성격이 강하다. / 謝ってくれたって腹の虫はおさまらないね 사과 받아도 분이 안 가라앉아. / その犬は虫の息だった 그 개는 차에 치여 숨이 약해져 있었다. / きょうは虫の居所が悪い(→低気圧だ) 오늘은 저기압이다. / なんとなく彼は虫が好かない 왠지 모르게 그 사람은 마음에 안 든다. / 僕にさらに借金を申し込むなんて彼も虫がよすぎるよ 나한테 돈을 더 빌려달라고 하다니 그 사람도 너무 뻔뻔스러워. / 母の身に何かあったことを虫が知らせた 엄마한테 무슨 일이 생긴 것 같은 그런 예감이 들었다. / 女の両親は娘に悪い虫がつかないように注意している 그녀의 부모님은 딸한테 나쁜 남자 친구가 생기지 않도록 주의하고 있다. / たで食う虫も好き好き 제 눈에 안경 / 一寸の虫にも五分の魂 지렁이도 밟으면 꿈틀한다. 関連 虫取り網 포충망(補虫網), 곤충망(昆虫網), 잠자리 채 / 虫眼鏡 확대경(拡大鏡), 돋보기 / 虫よけ 방충제(防虫剤) / 泣き虫 울보 / 弱虫 겁보, 겁쟁이

**むし**【無私】무사 ◇無私の 무사의 ¶無私の奉仕精神 무사의 봉사 정신 / 公平無私の判定 공평무사의 판정

**むし**【無視】무시 ◇無視する 무시하다 ¶彼の意見は無視された 그의 의견은 무시당했다. / 彼女は信号を無視して車にはねられた 그 여자는 신호를 무시해서 차에 치였다. / 彼は赤信号を無視した 그 남자는 빨간 신호를 무시했다. / つまらないうわさなど無視すればいい 쓸데없는 소문은 무시하면 돼. / そんな小さな違いなど無視していい 그런 작은 차이는 무시해도 돼. / 停戦協定を無視して彼らは戦闘を続けた 정전 협정을 무시하고 그들은 전투를 계속했다. / 彼女は私の忠告を無視して一人でそこへ行った 그녀는 내 충고를 무시하고 혼자서 그곳에 갔다.

**むじ**【無地】무지 ◇無地の 무지의, 무늬가 없는 ¶無地のシャツ 무지 셔츠 / ベージュの無地のカーテン 베이지의 무지 커튼

**むしあつい**【蒸し暑い】무덥다 ¶京都の夏はとても蒸し暑い 교토의 여름은 매우 무덥다. / 蒸し暑い日 무더운 날

**むしかえす**【蒸し返す】되풀이하다, 다시 문제 삼다 ¶議論を蒸し返す 논의를 되풀이하다 / きょうの会議でその問題がまた蒸し返された 오늘 회의에서 그 문제가 또 되풀이되었다.

**むしかく**【無資格】무자격 ¶無資格診療を行う 무자격 진료를 하다 関連 無資格者 무자격자

**むじかく**【無自覚】¶彼らは無自覚だ 그들은 자각이 없다. / 無自覚な行動 자각이 없는 행동

**むしかご**【虫籠】곤충 바구니

**むしがし**【蒸し菓子】쪄서 만든 과자

**むしき**【蒸し器】찜통, 시루

**むしくい**【虫食い】◇虫食いの 벌레 먹은 ¶虫食いのセーター 좀먹은 스웨터 / 虫食いのりんご 벌레 먹은 사과

**むしくだし**【虫下し】구충제(駆虫剤)

**むしけら**【虫けら】벌레, 버러지 ¶むしけら同然のやから 벌레[버러지] 같은 패거리

**むしけん**【無試験】무시험 ¶彼女は無試験で入社した 그녀는 무시험으로 입사했다.

**むじこ**【無事故】무사고 ◇無事故で 무사고로, 사고없이 ¶この路線は開通以来無事故です 이 노선은 개통이래 무사고입니다. / 10年間無事故無違反です 10년간 무사고 무위반입니다. 関連 無事故運転 무사고 운전

**むしず【虫酸・虫唾】** 신물 ¶あいつの顔を見るとむしずが走る 저 녀석 얼굴을 보면 신물이 난다.

**むしタオル【蒸しタオル】** 스팀 타월

**むじつ【無実】**〔無罪〕무죄 (ぬれぎぬ) 누명 ¶私は息子の無実を信じている 나는 아들의 무죄를 믿고 있다. / 彼は無実の罪で投獄された 그는 누명을 쓰고 투옥되었다.

**むじな【狢】** 너구리 [慣用句] 彼らは同じ穴のむじなだ 그들은 한통속이다.

**むしに【蒸し煮】** 蒸し煮にする 쪄서 삶다

**むしば【虫歯】** 충치, 삭은니 ¶虫歯が3本ある 충치가 세 개 있다. / 虫歯がうずく 충치가 쑤시다. / 虫歯を抜く 충치를 뽑다 / 虫歯を詰めてもらった 충치를 때웠다. / 虫歯を予防する 충치를 예방하다

**むしばむ【蝕む】** 해치다, 좀먹다 ¶たばこは健康をむしばむ 담배는 건강을 해친다. / 過度の飲酒が彼の健康をむしばんでいる 과도한 음주가 그의 건강을 해치고 있다. / がんが彼女の体を徐々にむしばんだ 암이 그녀의 몸을 서서히 좀먹었다.

**むじひ【無慈悲】** ◇無慈悲だ 무자비하다 ¶無慈悲な仕打ち 무자비한 처사

**むしぶろ【蒸し風呂】** 한증막(汗蒸幕) [慣用句] 今日は蒸し風呂のような暑さだ 오늘은 찜통 같은 더위다.

**むしぼし【虫干し】** 거풍(擧風) ◇虫干しする 거풍하다, 햇볕에 쬐고 바람에 쐬다 ¶衣類を虫干しする 의류를 거풍하다

**むしむし** ◇むしむしする 무덥다 ¶今夜はむしむしますね 오늘밤은 무덥군요.

**むしゃ【武者】** 무사(武士) ¶彼は韓国へ韓国語の武者修行に出かけた 그는 한국어를 닦으러 한국에 갔다. / 武者震いする 고무되어 몸이 떨리다 [関連] 武者人形 무사 인형

**むしやき【蒸し焼き】** ◇蒸し焼きにする 쪄서 굽다 ¶鶏を蒸し焼きにする 닭고기를 찌다 / 鶏の蒸し焼き 닭찜

**むじゃき【無邪気】** ◇無邪気だ 천진하다, 순진하다 ¶無邪気な考え 천진한 생각 / 無邪気な子供 순진한 어린이 / 子供の無邪気な笑顔を見ると一日の疲れを忘れてしまう 아이가 천진하게 자는 얼굴을 보고 있으면 하루의 피로를 잊어버린다. / 彼は無邪気に彼女の言葉を信じた 그는 순진하게 그녀의 말을 믿었다.

**むしゃくしゃ** ◇むしゃくしゃする 짜증스럽다 ¶彼は仕事がうまくいかなくてむしゃくしゃしていた 그는 일이 잘 안 풀려서 짜증나 있었다.

**むしゃぶりつく** 달라붙다, 매달리다 ¶その女の子は母親にむしゃぶりついた 그 여자 아이는 엄마한테 달라붙었다.

**むしゃむしゃ** ¶りんごをむしゃむしゃ食べた 사과를 우적우적 먹었다.

**むしゅう【無臭】** 무취 ◇無臭だ 무취다 ¶無臭のヘアスプレー 무취 헤어 스프레이

**むしゅうきょう【無宗教】** 무교(無教) ¶私は無宗教です 나는 무교입니다.

**むしゅうにゅう【無収入】** ¶彼女は4月に失業して以来6か月間無収入だ 그녀는 사월에 실직한 이후 6개월간 수입이 없다.

**むじゅうりょく【無重力】** 무중력 [関連] 無重力状態 무중력 상태 / 無重力飛行 무중력 비행

**むしゅみ【無趣味】** 무취미 ¶彼は以前は無趣味だったが、今はインターネットにのめりこんでいる 그는 이전에는 취미가 없었지만 지금은 인터넷에 빠져 있다.

**むじゅん【矛盾】** 모순 ◇矛盾する 모순되다 ¶君の論理は矛盾だらけだ 자네의 논리는 모순투성이야. / この本の著者はさまざまな現代社会の矛盾を指摘している 이 책 저자는 여러 가지 현대 사회의 모순을 지적하고 있다. / 彼は時々矛盾したことを言う 그는 가끔 모순된 말을 한다. / 君のすることは言ってることと矛盾している 네가 하는 짓은 말하는 것과 모순되어 있다. / 首相の答弁は以前言ったことと矛盾している 수상의 답변은 이전에 말했던 것과 모순되어 있다.

**むしょう【無償】** 무상 〔無料〕무료 ¶不良品は無償で交換します 불량품은 무상으로 교환합니다. / 無償の奉仕 무료 봉사

**むじょう【無上】** 무상 ¶無上の喜び 무상의 기쁨 / 会長に選出されたことは私にとって無上の光栄であります 회장으로 선출된 것은 저로서 더할나위 없는 영광입니다.

**むじょう【無常】** 무상 ◇無常だ 무상하다 [関連] 無常観 무상관 / 諸行無常 [仏教] 제행무상

**むじょう【無情】** ◇無情だ 무정하다, 무심하다 ¶彼女は無情にも僕のプロポーズを断った 그녀는 무정하게도 내 프러포즈를 거절했다. / 遠足は無情の雨で中止になった 소풍은 무심한 비로 취소되었다.

**むじょうけん【無条件】** 무조건 ¶無条件で賛成する 무조건 찬성하다 / 我々は参加を希望する人は無条件で受け入れる 우리는 참가하기를 원하는 사람을 무조건 받아들인다. [関連] 無条件降伏 무조건 항복

**むしょうに【無性に】** 까닭없이 ¶無性に腹が立った 까닭없이 화가 났다. / 無性にあの人に会いたかった 까닭없이 그 사람을 만나고 싶었다.

**むしょく【無色】** 무색 ¶無色透明の液体 무색 투명의 액체

**むしょく【無職】** 무직 ¶彼女は無職です 그녀는 무직입니다.

**むしょぞく【無所属】** 무소속 ¶彼は自民党を離党し無所属で立候補した 그는 자민당을 탈당해 무소속으로 입후보했다. / 無所属の議員[候補] 무소속 의원[후보]

**むしる【毟る】** 뜯다, 뽑다 ¶鶏の羽をむしる 닭털을 뽑다 / その子は庭の花を次々にむしった 그 아이는 정원의 꽃을 차례로 뽑았다.

**むじるし【無印】** ◇無印の 상표가 없는 ¶無印商品 상표가 없는 상품

**むしろ【筵・席】** 멍석 ¶土間にむしろを敷く 봉당에 멍석을 깔다

# **むしろ【寧ろ】** 오히려, 차라리

[基本表現]

▶議論というよりはむしろけんかだ
　토론이라기보다 차라리 싸움이다.

▶彼女の髪の毛は茶色というよりはむしろ赤い
　그녀의 머리카락은 갈색이라기보다는 오

▷私は肉よりむしろ魚のほうが好きだ 나는 고기보다 오히려 생선을 더 좋아한다.
▷彼が着いたのは夕方遅くというよりむしろ夜になってからだった
그가 도착한 것은 늦은 저녁이라기보다는 오히려 밤이 되어서였다.
¶彼女は歌手というよりむしろ女優だ 그녀는 가수라기보다는 오히려 여우다. / 彼は頭がいいというよりむしろずるい 그는 머리가 좋다기보다는 오히려 약삭빠르다. / 出かけるよりむしろ家でのんびりしていたい 외출하기보다 차라리 집에서 느긋하게 있고 싶다. / 私はバスに乗るよりむしろ歩くほうがいい 나는 버스를 타기보다 오히려 걷는 것이 좋다. / 好きでもない人と結婚するくらいならむしろ一生独身のほうがいい 좋아하지도 않는 사람과 결혼하느니 차라리 평생 독신으로 사는 것이 낫다. / 人に仕事を頼むよりむしろ自分でやるほうが楽だ 남한테 일을 부탁하기보다 오히려 자기가 하는 편이 편하다. / この冬はむしろ3月になってのほうが寒かった 이번 겨울은 오히려 삼월이 되어 추웠다. / 笑い事ではない, むしろ悲しむべきことだ 웃을 일이 아니라, 오히려 슬퍼해야 할 일이다.

[会話] むしろ…のほうが
A: 本当のことを話したら, キョンヒ, 怒っちゃったよ
B: むしろ秘密にしておいたほうがよかったかもね
A: 사실을 말했더니, 경희, 화났어.
B: 차라리 비밀로 해 두는 것이 좋았을걸.
A: サンギを手を貸しましょうか
B: いや, 今はむしろ見守っていてやってほしい
A: 상기를 좀 도와 줄까요?
B: 아니, 지금은 오히려 지켜보고 있어 주길 바란다.

**むしん【無心】**◇無心に 무심히 ◇無心する〔せびる〕조르다 ¶子供たちは無心に遊んでいる 어린이들은 무심히 놀고 있다. / 彼は親戚のところを回って金を無心した 그는 친척집을 돌면서 염치없이 돈을 요구했다.

**むじん【無人】**무인 関連 無人駅 무인역 / 無人店舗 무인 점포 / 無人島 무인도 / 無人踏切 무인 건널목

**むじん【無尽】**¶縦横無尽の大活躍をする 종횡무진 대활약하다

**むしんけい【無神経】**◇無神経だ 무신경하다 ¶あの場で大声で笑うなんて君も無神経だな 거기에서 큰소리로 웃다니 너도 무신경하구나. / ユニは彼の無神経な言葉に傷ついた 윤희는 남자 친구의 무신경한 말에 상처입었다. / 無神経な人 무신경한 사람

**むしんさ【無審査】**무심사 ¶無審査で加入できる生命保険 무심사로 가입 가능한 생명 보험

**むじんぞう【無尽蔵】**무진장 ◇無尽蔵だ 무진장하다 ◇無尽蔵の 무진장한 ¶石油は無尽蔵ではない 석유는 무진장하지 않다.

**むしんろん【無神論】**무신론 関連 無神論者 무신론자

**むす【蒸す】**〔ふかす〕찌다 〔蒸し暑い〕무덥다 ¶じゃがいもを蒸す 감자를 찌다 / きょうは蒸すね 오늘은 무덥구나.

**むすう【無数】**◇無数の 무수한 ◇無数に 무수히 ¶無数のありがあめ玉に群がっていた 무수한 개미가 눈깔사탕에 모여들었다. / 夜空には無数の星が輝いていた 밤하늘에는 무수한 별이 빛나고 있었다.

## むずかしい 【難しい】어렵다〔困難だ〕곤란하다〔深刻だ〕심각하다
◇難しく 어렵게, 곤란하게, 심각히
[基本表現]
▷それは難しい質問だ
그것은 어려운 질문이다.
▷その質問に答えるのは難しい
그 질문에 답하는 것은 곤란하다.
▷数学より物理のほうが難しいと思う
수학보다 물리가 더 어렵다고 생각한다.
▷仕事でいちばん難しいことは何ですか
직장에서 가장 곤란한 것은 무엇입니까?
¶これは少しも難しくない 이것은 조금도 어렵지 않다. / この問題は難しくて私には解けない 이 문제는 어려워서 나는 풀지 못한다. / ミンスならどんな難しい問題でも解けるさ 민수라면 아무리 어려운 문제라도 풀 수 있어. / 彼女はこの仕事がいかに難しいかを説明してくれた 그녀는 이 일이 얼마나 어려운가 설명해 주었다. / その木を切り倒すのは難しかった 그 나무를 베어 넘어뜨리는 것은 어려웠다. / 難しい状況なのはわかっているよ 곤란한 상황이라는 것은 잘 알고 있어. / 国際情勢は難しくなっている 국제 정세는 심각해지고 있다. / 彼の言うことをあまり深刻に考えてはいけない 그가 하는 말은 그다지 심각하게 생각하지 않는 것이 좋다. / 交通渋滞のために時間どおり到着するのは難しそうだ 교통 체증 때문에 시간내에 도착하는 것은 어려울 것 같다.
¶うちの娘も難しい年ごろだ 우리 딸도 한창 까다로운 나이다. / 父は難しい顔をして新聞を読んでいる 아버지는 심각한 얼굴을 하고 신문을 읽고 있다.

**むずかる【憤る】**보채다, 칭얼거리다 ¶母親はむずかる赤ん坊を抱き上げた 어머니는 보채는 아기를 안아 올렸다.

**むすこ【息子】**아들, 자식 ¶彼には2人の小学生の息子がいる 그에게는 초등학생 아들이 둘 있다. / うちの3歳の息子は絵を描くのが好きだ 우리 세 살짜리 아들은 그림 그리는 것을 좋아한다. / あの奥さんの一人息子は大学生です 그 아주머니의 외동아들은 대학생입니다.

**むすび【結び】**〔結論〕결론, 맺음말〔最後〕마지막 ¶山田教授がそのシンポジウムの結びのあいさつをした 야마다 교수가 그 심포지엄의 마무리 인사를 했다. / 朝青龍と白鵬が優勝をかけて結びの一番で対戦した 아사쇼류와 하쿠호가 우승을 걸고 마지막 한판으로 대전했다.

**むすびあわせる【結び合わせる】**맺어 주다, 하나로 묶다

**むすびつき【結び付き】**결합〔関係〕관계〔きずな〕유대 ¶両者の間には緊密な結び付きがある 양자 간에는 긴밀한 관계가 있다. / 日韓両国は経済的な結び付きを強めてきた 일한 양국은 경제적인

유대를 강화해 왔다.
**むすびつく【結び付く】** 연결되다, 결부되다
¶この傾向は社会の高齢化と結び付いている 이 경향은 사회의 고령화와 연결되어 있다. / 彼は利益に結び付くことなら何でもやるだろう 그는 이익과 결부되는 일이라면 뭐든지 할 것이다. / その人形は彼女の幼い日の記憶と結び付いている 그 인형은 그녀의 어릴 적 기억과 결부되어 있다.
**むすびつける【結び付ける】** 묶다, 매다 [関係づける] 관련시키다, 결부시키다, 결합시키다
¶彼はロープを枝に結び付けた 그는 밧줄을 나뭇가지에 묶었다. / その問題は地球温暖化と結び付けて考えなければならない 그 문제는 지구 온난화와 관련시켜 생각해야 한다. / 運命が2人を結び付けた 운명이 두 사람을 결합시켰다.
**むすびめ【結び目】** 매듭 ¶結び目をつくる 매듭을 짓다 / 結び目を解く 매듭을 풀다

**むすぶ【結ぶ】** ❶ [結わえる, しばる] 매다, 묶다 / 靴のひもを結びなさい 구두 끈을 매어라. / ネクタイの結び方がわからない 넥타이 매는 법을 모르겠다.
❷ [連結する] 연결하다, 잇다 ¶この高速道路は東京と名古屋を結んでいる 이 고속도로는 도쿄와 나고야를 잇고 있다. / わが社では本社とすべての支社がコンピュータで連結されている 우리 회사는 본사와 모든 지사가 컴퓨터로 연결되어 있다.
❸ [関係をもつ] 맺다 ¶両国は自由貿易協定を結んだ 양국은 자유 무역 협정을 맺었다. / わが社は韓国の会社と契約を結んだ 우리 회사는 한국 회사와 계약을 맺었다. / 日本と韓国は友好関係が結ばれている 일본과 한국은 우호 관계로 맺어져 있다. / 彼らはこの春結ばれた(→結婚した) 그들은 올봄 결혼했다. / 深い友情で結ばれる 깊은 우정으로 맺어지다
❹ [締めくくる] 끝맺다 ¶彼は講演を平和へのメッセージで結んだ 그는 강연을 평화에 대한 메시지로 끝맺었다. / 彼女の手紙は将来への希望で結ばれていた 그녀의 편지는 미래에 대한 희망으로 끝맺어져 있었다.
❺ [その他] ¶彼らの長年の努力はようやく実を結んだ 그들의 오랜 노력도 드디어 열매를 맺었다. / 彼は口を固く結んで一言も言わなかった 그는 입을 굳게 다물고 한 마디도 하지 않았다.

**むずむず** 근질근질 ◇むずむずする 근질거리다 ¶足の指がむずむずする 발가락이 근질근질하다. / 鼻がむずむずする 코가 근질거린다. / 毛虫を見ただけで体中がむずむずする 송충이를 보기만 해도 온 몸이 근질거린다. / 息子が外に出たくてむずむずしていた 아들은 밖에 나가고 싶어서 근질근질했다.

**むすめ【娘】** 딸 [若い未婚の女性] 처녀 [成人した女性] 아가씨 ¶うちの娘は今娘盛りだ 우리 딸은 지금이 한창 꽃다운 때이다. / きのう一人娘が嫁いだ 어제 외동딸이 시집갔다.
¶スニは美しい娘だった 순희는 아름다운 처녀다. / 彼女は娘時代をソウルで過ごした 그녀는 처녀 시절을 서울에서 보냈다. / あの家の娘さんはきれいになったね 저 집 아가씨 많이 예뻐졌네요.
関連 看板娘 가게에 손님을 끌어드리는 매력

있는 아가씨 / 箱入り娘 규중처녀
**むせい【無声】** 무성 関連 無声映画 무성 영화
**むせい【無性】** 무성 関連 無性生殖 무성 생식
**むせい【夢精】** 몽정, 몽설(夢泄) ◇夢精する 몽정하다, 몽설하다
**むぜい【無税】** 무세 [非関税] 비관세 ¶無税でブランデーを3本買った 비관세로 브랜디를 세 병 샀다. 関連 無税品 비관세품
**むせいげん【無制限】** ¶無制限に外国製品の輸入を認めることはできない 무제한으로 외국 제품 수입을 인정할 수는 없다.
**むせいふ【無政府】** 무정부 ¶その国は内戦で無政府状態にある 그 나라는 내전으로 무정부 상태에 있다. 関連 無政府主義 무정부주의 / 無政府主義者 무정부주의자
**むせいぶつ【無生物】** 무생물
**むせいらん【無精卵】** 무정란
**むせかえる【噎せ返る】** 숨이 막히다 ¶むせかえるような人込みの 숨이 막힐 것 같이 복잡하다. / 彼女はたばこの煙にむせかえった 그녀는 담배 연기에 숨이 막혔다.
**むせきついどうぶつ【無脊椎動物】** 무척추 동물
**むせきにん【無責任】** ◇無責任だ 무책임하다
¶途中で仕事を放り出して帰るなんて無責任だ 도중에서 일을 내팽개치고 돌아가다니 무책임하다. / 彼の無責任な発言に腹が立った 그 사람의 무책임한 발언에 화가 났다. / あいつは無責任なやつだ 그 녀석은 무책임한 놈이다.
**むせっそう【無節操】** 무절조 ◇無節操な 절조가 없는 ¶あいつは本当に無節操なやつだ 그 녀석은 정말로 절조가 없는 놈이다.
**むせびなく【噎び泣く】** 흐느껴 울다 ¶オクスンはむせび泣きながら一部始終を話した 옥순이는 흐느껴 울면서 자초지종을 얘기했다.
**むせぶ【噎ぶ】** 목이 메다 ¶涙にむせぶ 눈물로 목이 메다
**むせる【噎せる】** 숨이 막히다 ¶彼は煙にむせた 그는 연기에 숨이 막혔다.
**むせん【無線】** 무선 ¶その通信を無線で送った[受け取った] 그 통신을 무선으로 보냈다[받았다]. / 無線で交信する 무선으로 교신하다 / 無線で船の位置を知らせる 무선으로 배의 위치를 알리다 / その模型自動車は無線で操縦されている 그 모형 자동차는 무선으로 조종되고 있다. 関連 無線局 무선국 / 無線操縦機 무선 조종 비행기 / 無線電話 무선 전화
**むせん【無銭】** ¶無銭飲食する 무전취식하다 / 無銭旅行する 무전여행을 하다
**むそう【無双】** ◇無双の 무쌍한 ¶勇敢無双の男 용감무쌍한 사나이 / 天下無双の怪力 천하무적의 괴력
**むそう【夢想】** 몽상 [空想] 공상 ◇夢想する 몽상하다 ¶夢想に浸る 몽상에 젖다[잠기다] / 海外での悠々自適の生活を夢想する 해외에서의 유유자적한 생활을 몽상하다 / こんな結果になるなんて夢想だにしなかった 이런 결과가 되다니 꿈에도 생각지 못했다. 関連 夢想家 몽상가
**むぞうさ【無造作】** ◇無造作に [容易に] 손쉽게

〔ぞんざいに〕아무렇게나 ¶彼はその仕事を無造作にやってのけた 그는 그 일을 손쉽게 해치웠다. ¶彼は手紙を無造作にテーブルの上に投げ出した 그는 편지를 아무렇게나 테이블 위에 던져 놓았다. / 彼女は髪を無造作に後ろで束ねていた 그녀는 머리를 아무렇게나 뒤로 묶었다.

**むだ**【無駄】허사, 헛일(▶発音は헌닐), 헛수고, 낭비(浪費)〔余計なもの〕군더더기 ◇無駄に 쓸데없이, 소용이 없다, 보람이 없다 ◇無駄だ 헛되게, 헛되이 ¶君の仕事のやり方にはむだが多すぎる 네가 일하는 방법에는 낭비가 너무 많아. / 今までむだな事ばかりした 이때까지 헛일만 했다. / 彼女はできるだけ家事のむだを省こうとした 그녀는 가능한 한 가사를 효율적으로 처리하려고 했다. / その選手の動きにはむだがない 그 선수의 움직임에는 군더더기가 없다. / 今までの努力が全部むだになってしまった 지금까지 노력이 모두 헛수고가 되었다.

¶これ以上ユミを待っても時間のむだだ 더 이상 유미를 기다려 봤자 시간 낭비다. / そのことについて彼と議論してもむだだ 그 일에 대해서 그 사람과 상의해 봐도 소용없다. / 今さら何をやってもむだだ 지금에 와서 무엇을 해도 소용없다. / どんな言い訳をしてもむだだと思った 어떠한 변명을 해도 소용없다고 생각했다. / 彼に思いとどまるよう忠告したがむだだった 그녀한테 단념하도록 충고했지만 소용없었다. / むだな努力はよしなさい 쓸데없는 노력은 하지 마라. / 最近ぼんやりとむだな時間を過ごすことが多くなった 요즘 멍하게 헛되이 시간을 보내는 일이 많아졌다.

¶電気をむだにしないようこまめに明かりを消すようにしている 전기를 낭비하지 않도록 그때그때 불을 끄기로 하고 있다. / 留学のチャンスをむだにしたくなかった 유학의 기회를 헛되이 하고 싶지 않았다. / 一刻もむだにはできない 한시도 헛되이 보낼 수 없다.

**むだあし**【無駄足】헛걸음 ¶何度も役所にむだ足を踏んだ 몇 번이나 관공서에 헛걸음 했다.

**むだぐち**【無駄口】쓸데없는 말, 잡담(雑談) ¶むだ口をたたくな 쓸데없는 말은 하지 마.

**むだづかい**【無駄遣い】허비(虚費), 낭비(浪費) ◇無駄遣いする 허비하다, 낭비하다 ¶お金をむだ遣いしてはだめだ 돈을 낭비해서는 안 된다.

**むだばなし**【無駄話】쓸데없는 이야기, 잡담(雑談) ¶むだ話をする 잡담을 하다

**むだぼね**【無駄骨】헛수고, 헛골을 부러뜨림 ¶日本の調停工作はむだ骨に終わった 일본의 조정 공작은 헛수고로 끝났다.

**むだん**【無断】무단 ◇無断で 허가없이, 허락없이, 양해없이 ¶無断で人の部屋に入らないで 무단으로 남의 방에 들어가지 마. / 彼女は親に無断で外泊した 그녀는 부모의 허락없이 외박했다. / 彼はきのう会社を無断で欠勤した 그는 어제 회사를 무단결근했다.

**むたんぽ**【無担保】무담보 ◇無担保で 무담보로 ¶無担保で金を貸す 무담보로 돈을 빌려주다 [関連] 無担保貸付 무담보 대출

**むち**【鞭】채찍, 매, 회초리 ¶馬にむちを当てて走らせる말을 채찍질로 달리게 하다 / 愛のむち 사랑의 매

**むち**【無知・無智】무지 ◇無知だ 무지하다, 무식하다 ¶無知をさらけ出す 무지를 드러내다 / 私はパソコンについては無知だ 나는 컴퓨터에 관해서는 아무것도 모른다.

**むちうちしょう**【鞭打ち症】편타성 상해 ¶他の車に追突されてむち打ち症になった 다른 차에 추돌되어 편타성 상해를 입었다.

**むちうつ**【鞭打つ】채찍질하다〔罰として〕매질하다 ¶罪人をむち打つ 죄인을 채찍질하다 / 老体にむち打って働く 노구의 몸을 이끌고 일하다

**むちつじょ**【無秩序】무질서 ◇無秩序だ 무질서하다 ¶町にはこの無秩序状態だった 시내는 완전히 무질서 상태였다.

**むちむち** ◇むちむちと 포동포동, 토실토실 ¶むちむちと太った女の子 포동포동 살찐 여자 아이

**むちゃ**【無茶】〔無理〕무리〔筋の通らない〕당치 않다, 터무니없다〔不合理な〕무리하다〔無鉄砲な〕난폭하다, 지나치다, 지독하다 ◇無茶をする 무리하다 ¶君の言うことは無茶だ 네가 하는 말은 터무니없다. / 彼女にそれを要求するのは無茶だ 그 여자한테 그걸 요구하는 것은 무리다. / 彼の運転は無茶だ 그 사람의 운전은 난폭하다.

¶無茶な運転 난폭한 운전 / 無茶な要求 터무니없는 요구 / この仕事を2日で終わらせようとは無茶なことを考えたね 이 일을 이틀 만에 끝내려고 하다니 당치도 않은 생각을 했군.

¶彼は無茶をして体をこわした 그는 직장에서 지나치게 일을 해서 몸이 상했다. / あんまり無茶するなよ 너무 무리하지 마.

会話 無茶を言う
A : あした、学校をさぼって映画を見に行こう
B : 無茶言うなよ。期末試験があるじゃないか
A : 내일, 학교 땡땡이치고 영화 보러 가자.
B : 말도 안 돼. 기말 시험이 있잖아.

**むちゃくりく**【無着陸】무착륙 ¶無着陸飛行 무착륙 비행

**むちゅう**【夢中】열중(熱中), 몰두(没頭) ◇夢中で 정신없이〔必死に〕필사적으로 ◇夢中になる 열중하다, 몰두하다, 빠지다 ¶彼は推理小説を夢中で読んでいた 그는 추리 소설을 정신없이 읽고 있었다. / 終電に乗り遅れまいと駅まで夢中で走った 막차를 꼭 타려고 역까지 정신없이 달렸다. / けが人たちは夢中で助けを求めた 부상자들은 필사적으로 구조되기를 바랐다. / 大きな犬に追われて夢中で走った 큰 개에 쫓겨 필사적으로 달렸다.

¶彼女はテニスに夢中だった 여자 친구는 테니스에 열중했다. / ボクシングを見ているうちに彼はすっかり夢中になった 복싱을 보고 있는 동안 그는 완전히 빠졌다. / 彼はテレビゲームに夢中になっている 그 친구는 TV게임에 빠져 있다. / きのうゲームに夢中になってしまってあまり寝ていない 어제 게임에 빠져 별로 자지 못했다. / 弟はそのアイドルスターに夢中だ 남동생은 그 아이돌 스타에 폭 빠졌다. / 父は釣りに夢中だ 아버지는 낚시에 열중하고 있다.

**むちん**【無賃】무임 ¶彼は電車に無賃乗車した 그

**むつ** 《魚》게르치

**むつう【無痛】** 無痛分娩 무통 분만

**むっくり** ◇**むっくりと**〔ゆっくり〕천천히, 서서히 ◇**むっくりしている**〔丸々と太った〕통통하다, 포동포동하다 ¶むっくりと起き上がる 천천히 일어나다 / むっくりした体つきの人 통통한 체격의 사람

**むっつ【六つ】** 여섯〔6歳〕여섯 살 ¶娘は今, 六つです 딸은 지금 여섯 살입니다.

**むっつり** ◇**むっつりと** 무뚝뚝하게, 뚱하게 ¶彼はむっつりと押し黙ったままだった 그는 무뚝뚝하게 입다물었다. 関連 **むっつり屋** 무뚝뚝한 사람 / **むっつり助平** 무뚝뚝한 호색꾼

**むっと** ◇**むっとする**〔感情をそこなう〕불끈하다〔息苦しい〕후덥지근하다, 숨이 막힐 듯하다 ¶彼女はチョルスの無遠慮な批判にむっとした様子だった 그 여자는 철수의 거침없는 비판에 불끈한 모습이었다. / むっとした表情 불끈한 표정 ¶むっとする部屋 후덥지근한 방 / むっとするにおい 숨막힐 듯한 냄새

**むつまじい【睦まじい】** 사이가 좋다, 의가 좋다, 화목하다 ¶彼らは夫婦仲がむつまじい 그들 부부는 사이가 좋다. / 仲むつまじく暮らす 사이좋게 지내다

**むていけん【無定見】** 무정견 ◇**無定見だ** 무정견하다 ¶無定見な施策 무정견한 시책

**むていこう【無抵抗】** 무저항 ◇**無抵抗だ** 무저항하다 ¶無抵抗な人々に発砲する 무저항의 사람들한테 발포하다 関連 **無抵抗主義** 무저항주의

**むてかつりゅう【無手勝流】** 싸우지 않고 이기는 방법〔自己流〕자기류

**むてき【無敵】** 무적 ¶そのチームは無敵の15連勝を達成した 그 팀은 무적의 15연승을 달성했다. / 彼は囲碁[相撲]では天下無敵だ 그 사람은 바둑[씨름]에서는 천하무적이다. 関連 **無敵艦隊** 무적함대

**むてき【霧笛】** 무적 ¶霧笛を鳴らす 무적을 울리다

**むてっぽう【無鉄砲】** ◇**無鉄砲だ** 무모하다, 분별없다 ¶荒天に山登りをするなんて無鉄砲というものだ 비바람이 심한 날씨에 등산을 하다니 무모한 짓이다. 関連 **無鉄砲な挑戦** 무모한 도전

**むでん【無電】** 무전 ¶無電で指示を送る 무전으로 지시를 하다

**むてんか【無添加】** 関連 **無添加食品** 무첨가 식품

**むてんぽはんばい【無店舗販売】** 통신 판매

**むとう【無糖】** 무당 関連 **無糖ガム** 무당 껌

**むとうか【無灯火】** ¶無灯火で自転車に乗る 불을 켜지 않고 자전거를 타다

**むとうせい【無統制】** 무통제 ¶無統制な市場 무통제 시장

**むとうはそう【無党派層】** 무당파층

**むとうひょう【無投票】** 무투표 ¶無投票で議長に選ばれる 무투표로 의장에 뽑히다 / 無投票当選 무투표 당선

**むどく【無毒】** 무독 ◇**無毒の** 독이 없는 ¶無毒の蛇 독이 없는 뱀

**むとくてん【無得点】** 무득점 ¶米国の7回の裏の攻撃は無得点に終わった 미국의 7회말 공격은 무득점으로 끝났다. / 上原は韓国を無得点에 抑えた 우에하라는 한국을 무득점으로 봉쇄했다.

**むとどけ【無届け】** ¶無届けで学校を休んだ 무단 결석으로 학교를 쉬었다. / 彼らは当局へ無届けで集会を開いた 그들은 당국에 신고하지 않고 집회를 열었다.

**むとんちゃく【無頓着】** ◇**無頓着だ** 무관심하다 ¶彼は服装に無頓着だ 그 친구는 복장에 무관심하다. / 彼は細かいことに無頓着だ 그는 사소한 일에 무관심하다.

**むないた【胸板】** 앞가슴, 가슴통 ¶彼は胸板が厚い 그는 가슴통이 두껍다.

**むなくそ【胸糞】** あいつのごますりには胸くそが悪くなる 그 자식의 아첨에는 속이 뒤집힌다.

**むなぐら【胸倉】** 멱살 ¶胸ぐらをつかむ 멱살을 잡다

**むなぐるしい【胸苦しい】** 가슴이 답답하다

**むなげ【胸毛】** 가슴털

**むなさわぎ【胸騒ぎ】** ◇**胸騒ぎがする** 가슴이 두근거리다[설레이다] ¶何となく胸騒ぎがする 웬지 모르게 가슴이 두근거린다 · 彼女は夫の身に何かよくないことが起こりそうな胸騒ぎを覚えた 그녀는 남편한테 뭔가 안 좋은 일이 일어날 것 같은 느낌이 들었다.

**むなざんよう【胸算用】** 속셈 ¶彼はその商売でともうけできると胸算用した 그는 그 장사에서 한밑천 잡으려는 속셈이었다.

**むなしい【空しい】** 헛되다, 공허하다, 보람이 없다 ◇**むなしく** 헛되이, 헛되게, 공허하게, 보람없이 ¶彼女の努力はすべてむなしい結果となった 그녀의 노력은 모두 헛된 결과가 되었다. / いつまでもむなしい夢を追うのはやめなさい 언제까지나 헛된 꿈을 좇는 것은 그만둬라. ¶うちのチームは善戦むなしく敗れてしまった 우리 팀은 선전한 보람없이 져 버렸다. / 家族の励ましの言葉も彼女にはむなしく感じられた 가족의 위로의 말도 그녀한테는 공허하게 느껴졌다. / みなの祈りもむなしく彼は帰らぬ人となった 모두의 기원도 헛되게 그는 불귀의 객이 되었다. ¶好きなチームが負けてばかりいるので応援するのがむなしくなる 좋아하는 팀이 지고만 있기에 응원하는 것이 헛되이 느껴졌다.

**むなしさ【空しさ】** 공허함 ¶名声のむなしさ 명성의 공허함

**むなもと【胸元】** 앞가슴 ¶ダイヤのペンダントが彼女の胸元で輝いていた 다이아몬드의 팬던트가 그녀의 앞가슴에서 빛나고 있었다. / 胸元の開いたワンピース 앞가슴이 열린 원피스 / 胸元に銃を突き付ける 앞가슴에 총을 들이대다

**むに【無二】** ◇**無二の** 둘도 없는, 유일무이한〔比類ない〕비할 데 없는 ¶無二の親友 둘도 없는 친구 / 当代無二の画家 당대 유일무이한 화가

**むにゃむにゃ** 중얼중얼 ¶**むにゃむにゃ言う** 중얼거리다 / **むにゃむにゃ寝言を言う** 중얼중얼 잠꼬대를 하다 / 彼女はむにゃむにゃと語尾にごした 그녀는 우물쭈물 말꼬리를 흐렸다.

**むにんしょ【無任所】** 関連 **無任所大臣** 무임소 대신[장관]

**むね【旨】** 취지, 뜻 ¶彼にその旨を伝えた 그에게 그 뜻을 전했다. / 注文した商品が来週到着する旨のメールを受け取った 주문한 상품이 다음주 도착한다는 연락을 메일로 받았다. / 生活は質素を旨としている 검소함을 생활 신조로 삼고 있다.

**むね【胸】 ❶ 〔胸部〕** 가슴

◆**【胸が】**

¶彼は胸が厚い 그는 가슴이 두껍다. | 그는 상체가 발달됐다. / 彼女は胸が大きい[小さい] 그녀는 가슴[유방]이 크다[작다]. / 彼女は胸が豊かだ[胸がない] 그녀는 가슴[유방]이 풍만하다[없다].

◆**【胸の】**

¶胸のポケットに白いハンカチを入れている 가슴 주머니에 흰 손수건을 꽂고 있다. / 患者は苦しがって胸のあたりをかきむしった 환자는 괴로워서 가슴을 쥐어 뜯었다.

◆**【胸を】**

¶選手たちは胸を張って場内を行進した 선수들은 가슴을 펴고 장내를 행진했다. / 「任しておけ」と彼は自分の胸をたたいた "나한테 맡겨"라고 그는 자기의 가슴을 쳤다. / 暑いので、彼は胸をはだけてうちわであおいでいた 더워서 그는 가슴을 풀어헤치고 부채질을 하고 있었다.

¶胸を借りるなんて言っているようじゃ、絶対チャンピオンには勝てない 실력이 나은 상대와 겨루어서 수 배우겠다는 생각으로는 절대로 챔피언인 데 이길 수 없어.

◆**【胸に】**

¶胸にバッジをつける 가슴에 배지를 달다 / その子は人形を胸に抱いていた 그 애는 인형을 가슴에 안고 있었다. / 彼女は子犬を胸に抱きしめた 그녀는 강아지를 품에 꼭 껴안았다. / 自分のしたことを胸に手を当ててよく考えてみなさい 자기가 한 짓을 가슴에 손을 대고 잘 생각해 보아라.

❷ **〔心臓・胃・肺などの部分〕** 가슴, 속 ¶あすの結婚式のことを考えると胸がどきどきする 내일 결혼식을 생각하면 가슴이 두근거린다. / 面接を受けるときはいつも胸がどきどきする 면접을 볼 때는 항상 가슴이 두근거린다. / この2,3日胸が焼けてむかむかする 이 2,3일 속이 쓰리고 메슥거린다. / あの事故を思い出しただけで胸が悪くなる 그 사고를 생각만 해도 울화가 치민다.

❸ **〔心〕** 가슴, 마음

◆**【胸が】**

¶私は感動で胸がいっぱいになった 나는 감동을 받아 가슴이 벅찼다. / 彼女は胸がいっぱいで何も言えなかった 그녀는 가슴이 벅차 아무 말도 못했다. / きのうのタイガースの逆転勝ちには胸がすく思いだった 어제 타이거즈의 역전승은 가슴이 후련해지는 느낌이 들었다. / 友達に悩みを打ち明けたら胸がすっとした 친구에게 고민을 털어놓았더니 마음이 후련했다. / 彼女はチョンホとの再会の喜びで胸が躍った 그녀는 정호와 다시 만난 것이 기뻐서 가슴이 뛰었다. / 彼はその光景に胸が詰まった 나는 그 광경에 가슴이 벅찼다[짜릿했다]. / 入院中の息子のことを思うと彼女は胸が痛んだ 입원중인 아들을 생각하니 그녀는 가슴이 아팠다. / 母が亡くなり、私は悲しみで胸が張り裂けそうだった 어머니가 돌아가셔서 나는 슬픔으로 가슴이 찢어질 것 같았다. / あの美人女優に会えるかと思うと胸がわくわくする 그 미모의 여배우와 만날 수 있을까 생각하니 가슴이 두근거린다.

◆**【胸の・胸を】**

¶全部話してしまうと胸のつかえがおりた 모두 얘기해 버리니 답답한 가슴이 뚫였다. / 少年は期待に胸をふくらませて中学校に入学した 소년는 기대에 부풀어 중학교에 입학했다. / 子供が無事とわかり彼女は胸をなで下ろした 아이가 무사하다는 것을 알고 그녀는 가슴을 쓸어내렸다. / ヨンエのスピーチにひどく胸を打たれた 영애의 연설에 매우 감동 받았다.

◆**【胸に】**

¶母の故郷は胸に描いたとおり美しい所だった 어머니의 고향은 상상했던 대로 아름다운 곳이었다. / 卒業生たちは数々の思い出を胸に刻んで学窓を巣立っていった 졸업생들은 수많은 추억을 마음에 새기고 졸업했다. / あなたの秘密は私の胸にしまっておきます 당신의 비밀은 내 가슴속에 담아 두겠습니다. / 彼の一言が胸にこたえた 그 사람의 한 마디가 (가슴에) 와닿았다. / 彼の訴えは聞く者の胸に迫った 그의 호소는 듣는 사람들을 감동시켰다. / 彼女の何気ない言葉が胸に突き刺さった 그 여자가 아무 생각 없이 한 말이 가슴을 찔렀다.

**会話** 胸に聞く

A : 機嫌が悪いね。何かあったの？
B : 自分の胸に聞いてみなさい
A : 기분이 안 좋아 보이는데 무슨 일 있었어?
B : 네 자신한테 물어 봐.

**むね【棟】** 용마루, 마룻대 ¶棟上げをする 상량하다 / 棟上げ式 상량식

**むねあて【胸当て】** 〔よろいの〕 갑옷 〔キャッチャーの〕 가슴받이

**むねやけ【胸焼け】** 체함, 속이 거북함 ¶けさからひどく胸焼けがする 오늘 아침부터 속이 많이[약간] 거북하다.

**むねん【無念】** ◇ 無念だ 억울하다, 원통하다, 분하다 ¶無念にもうちのチームは優勝を逃してしまった 억울하게도 우리 팀은 우승을 놓쳐 버렸다. / 無念を晴らす 원통함을 씻다 **関連** 無念無想 무념무상

**むのう【無能】** 무능 ◇ 無能だ 무능하다 ¶議員たちは市長を無能だと批判した 의원들은 시장이 무능하다고 비판했다. / 彼は経営者として無能だ 그 사람은 경영자로서 무능하다.

**むのうやく【無農薬】** 무농약 **関連** 無農薬野菜 무농약 야채

**むはい【無敗】** 무패 ¶無敗を守る 무패를 유지하다

**むはい【無配】** 무배당 ¶無配会社 무배당 회사 / 無配株 무배주

**むひ【無比】** 무비 ◇ 無比の 무비의 ¶彼の計算は正確無比だ 그의 계산은 정확 무비하다.

**むびゅう【無謬】** 무류 **関連** 無謬性 무류성

**むひょう【霧氷】** 무빙

**むひょうじょう【無表情】** 무표정 ◇無表情だ 무표정하다 ¶その知らせを聞いても彼は無表情だった 그 소식을 듣고도 그는 무표정이었다. / 無表情な顔 무표정한 얼굴

**むびょうそくさい【無病息災】** 무병무탈 ¶無病息災をお祈りします 무병무탈을 [건강과 재해가 없기를] 기원합니다.

**むふう【無風】** 무풍 ¶政局は目下無風状態である 정국은 현재 안정된 상태이다. / 無風選挙区 파란없는 선거구

**むふんべつ【無分別】** 무분별 ◇無分別だ 무분별하다 ¶上司に逆らうなんて君も無分別だったね 상사에게 대들다니 너도 무분별했어. / 無分別に行動する 무분별하게 행동하다

**むほう【無法】** 무법 ◇無法だ 무법하다 관련 無法状態 무법 상태 / 無法地帯 무법 지대 / 無法者 무법자

**むぼう【無謀】** ◇無謀だ 무모하다 ¶この大雪の中を出かけるのは無謀だ 이 폭설 속을 나가는 것은 무모하다. 관련 無謀運転 무모한 운전

**むほうしゅう【無報酬】** 무보수 ¶無報酬の仕事 무보수 일 / 無報酬で働く 무보수로 일하다

**むぼうび【無防備】** 무방비 ¶この店は強盗に対して無防備だ 이 가게는 강도에 대해 무방비이다. / 無防備都市 무방비 도시

**むほん【謀反・謀叛】** 모반 (反逆) 반역 (反乱) 반란 ¶彼らは国王に対して謀反を起こした 그들은 국왕에 대해 반역[모반]을 일으켰다. 관련 謀反人 반역자

**むみ【無味】** 무미 ¶この薬品は無味無臭だ 이 약품은 무미무취이다. / 無味乾燥な演説 무미건조한 연설

**むめい【無名】** 무명 ¶彼女はその監督に見出されるまではまったく無名だった 그녀는 그 감독이 발견하기 전까지는 완전히 무명이었다. / 無名の作家 무명 작가 / 無名戦士の墓 무명전사의 묘

**むめんきょ【無免許】** 무면허 ¶彼は無免許運転でつかまった 그는 무면허 운전으로 잡혔다. / 無免許で医院を開業する 무면허로 의원을 개업하다 관련 無免許医 무면허 의사

**むもう【無毛】** 무모 관련 無毛症 무모증

**むやみ【無闇】** ◇むやみに 함부로, 마구, 무턱대고 ¶むやみに食べるのは体によくないよ 마구 먹는 것은 몸에 안 좋아. / この店はむやみに高い 이 가게는 무턱대고 비싸다. / むやみに多くの仕事を引き受けちゃだめだ 무턱대고 많이 떠맡으면 안 돼. / むやみに人のことを悪く言うものではない 함부로 남을 나쁘게 얘기해서는 안 된다.

**むゆうびょう【夢遊病】** 몽유병 (▶発音은 몽유뵹) 관련 夢遊病者 몽유병자

**むよう【無用】** 무용 ◇無用だ (役に立たない) 무용하다, 쓸모가 없다 (必要のない) 필요없다 ¶彼女に無用の心配はかけたくない 그녀한테 불필요한 걱정을 끼치고 싶지 않다. / 無用の長物 무용장물, 무용지물 / 心配は無用 걱정할 필요 없어. / 他言は無用です 다른 사람에게 「말하지 마세요[말해서는 안 됩니다].
¶問答無用だ 문답무용이다! 말은 필요 없다 / 天地無用 (▶表示) 위아래를 거꾸로 해서는 안 됨

**むよく【無欲】** 무욕 ◇無欲だ 무욕하다, 욕심이 없다 ¶彼は無欲な人間だ 그는 욕심 없는 사람이다. / 無欲の勝利 무욕의 승리

**むら【村】** (集落) 마을, 촌 (地方自治体) 면(面) 관련 村起こし 마을 활성화 운동 / 村外れ 마을 변두리 / 村人 마을 사람 / 村役場 면 사무소 / 芸術村 예술가촌 / テント村 텐트촌

**むら【斑】** 얼룩 ◇むらがある (一定でない) 고르지 못하다 (気まぐれだ) 변덕스럽다 ¶この布は色らがある 이 천은 물이 들어 있다. / 彼は壁をむらなく塗った 그는 벽을 얼룩이 지지 않게 골고루 칠했다.
¶彼女の仕事にはむらがある 그녀는 일솜씨가 고르지 않다. / 彼女は気分にむらがある 그 여자는 변덕스럽다.

**むらがる【群がる】** 모여들다, 떼를 지어 모이다 ¶その人気歌手の周りに若者が群がった 그 인기 가수 주변에는 젊은이들이 떼를 지어 모였다. / バーゲンセールの売り場にたくさんの買い物客が群がった 바겐세일 매장에 많은 쇼핑객들이 모여들었다. / はえが腐った魚に群がっている 파리가 썩은 생선에 모여들어 있다.

**むらき【斑気】** ◇むら気な 변덕스러운 ¶むら気な人 변덕스러운 사람

**むらくも【群雲】** 떼구름

**むらさき【紫】** 자색, 자주색, 보라색 ¶濃い[薄い]紫 짙은[연한] 자주색 관련 紫キャベツ 보라색 양배추 / 紫水晶 자수정

**むらす【蒸らす】** 뜸 들이다 ¶ご飯を蒸らす 밥을 뜸 들이다

**むらはちぶ【村八分】** 따돌림 ¶村八分になる 따돌림을 당하다

**むらむら** ◇むらむらと 불끈불끈 ¶むらむらと怒りが込み上げた 불끈불끈 화가 치밀어 올랐다.

**むり【無理】** ❶ [理由の立たないこと] 무리 ◇無理だ 무리하다 ◇無理な 무리한 ¶彼女に宿題をやってもらうなんて無理だ 여자 친구한테 숙제를 해 달라는 것은 무리다. / 彼がそう言うのは無理もない 그가 그렇게 말하는 것은 무리도 아니다. / そんな無理な言い分が通ると思っているのか 그런 무리한 변명이 통할 거라고 생각해? / チョンスクが断ったとしても無理はない 정숙이가 거절했다 해도 무리가 아니다. / 無理を承知で頼むのだが, この仕事を2日以内で片付けてくれ 무리인 줄 알면서 부탁하는데 이 일을 이틀 안으로 끝내 줘.
¶無理な注文をしないでください 무리한 주문은 하지 말아 주세요. / 無理なお願いとは存じますが, 何とか聞いていただけませんか 무리인 줄은 압니다만 어떻게든 도와 주십시오.

회화 無理を言う
A：君のパソコンを5万円で譲ってくれないか？
B：無理だよ。先月20万円で買ったばかりの新品なんだぜ
A：네 컴퓨터를 5만 엔에 나한테 팔래？
B：무리야. 지난달에 20만 엔에 막 산 새것이야.

❷ [実行が難しいこと] 무리 ◇無理だ 무리하다,

불가능하다 ¶プロのチームに勝とうなんてとても無理だ 프로 팀한테 이기려고 하다니 도무지 무리다. / その問題は難しくて子供には無理だ 그 문제는 어려워서 아이한테는 무리다. / 山登りをするのは体力的に無理だ 등산을 하는 것은 체력적으로 무리다.

[会話] 無理だと思う
A：今夜会えるかな？
B：仕事が忙しくてちょっと無理みたい
A：오늘 밤 만날 수 있을까？
B：일이 바빠서 조금 무리일 것 같아.
A：君ならこのパソコン、直せるだろう
B：無理だね。新しいのを買ったほうがいいよ
A：너라면 이 컴퓨터 고칠 수 있지.
B：무리야. 새것을 사는 편이 나을 거야.
A：あいつ東大に受かると思うかい？
B：無理に決まっているだろう
A：저 친구 도쿄 대학에 합격할 거라 생각해？
B：당연히 무리지.

❸ [疲労] 무리【強制】억지 ◇無理な 무리한 ◇無理に 억지로, 무리하게 ◇無理をする 무리하다 ¶日ごろの無理がたたって母は病気になってしまった 평소 무리가 화근이 되어 어머니는 병을 앓으시게 되었다. / 計画に無理がないかもう一度検討する必要がある 계획에 무리가 없는지 한 번 더 검토할 필요가 있다. / 彼は無理を押し通す悪い癖がある 그는 억지로 밀어붙이는 나쁜 버릇이 있다. / 彼女は熱があるのに無理して会社へ行った 그녀는 열이 있는데도 무리해서 출근했다. / 多少無理をしてでもあの車を買いたい 다소 무리를 해서라도 저 차를 사고 싶다. / 無理をするなよ 무리하지 마.

¶君の意見には無理なこじつけが感じられる 자네 의견에는 억지가 있다고 생각해. / 無理に頼んで彼女にここに来てもらった 억지로 부탁해서 여자 친구를 여기에 오게 했다. / 彼は私を無理に車に押し込んだ 그는 나를 억지로 차에 밀어넣었다. / 無理に全部食べなくてもいいわよ 억지로 다 먹지 않아도 돼. / 彼は無理に笑っているように思えた 그 사람은 억지로 웃고 있는 것처럼 보였다. / 私は無理に彼の意見に同意させられた 나는 억지로 그의 의견에 동의하게 되었다. [慣用句] 無理が通れば道理が引っこむ 억지가 통하면 정당한 일이 안 통하게 된다. / 私はもう無理がきかない 나는 이제 무리할 수 없다. [関連] 無理式 무리식 / 無理数 무리수 / 無理方程式 무리 방정식

**むりかい**【無理解】몰이해 (▶発音은 몰리해)
¶エイズ感染者に対する社会の無理解を是正しなければならない 에이즈 감염자에 대한 사회의 몰이해를 시정하지 않으면 안 된다.

**むりさんだん**【無理算段】¶無理算段をしてお金を工面した 무리해서 돈을 마련했다.

**むりし**【無利子】무이자 ¶無利子でお金を貸す 무이자로 돈을 빌려주다

**むりじい**【無理強い】◇無理強いする 억지로 시키다 ¶小さな子供に習い事を無理強いするべきではない 어린 아이를 억지로 학원에 보내서는 안 된다. / 酒を無理強いする 술을 억지로 마시게 하다

**むりしんじゅう**【無理心中】강제 동반 자살 ¶無理心中を謀る 강제 동반 자살을 하려고 시도하다. / 彼は恋人と無理心中した 그는 애인과 강제 동반 자살을 했다.

**むりすう**【無理数】무리수
**むりそく**【無利息】무이자 ¶無利息でお金を借りる 무이자로 돈을 빌리다

**むりなんだい**【無理難題】생트집 ¶無理難題をふっかける 생트집을 잡다

**むりやり**【無理遣り】억지로 ¶私は無理やり連れてこられた 나는 억지로 끌려왔다. / 彼らは彼女に無理やり酒を飲ませた 그들은 그 여자한테 억지로 술을 마시게 했다.

## むりょう【無料】무료 [ただ] 공짜 ◇無料で 무료로 [ただで] 공짜로, 거저

¶この展示会への入場は無料です 이 전시회 입장은 무료입니다. / このパンフレットは無料です 이 팜플렛은 무료입니다. / 入場無料(▶掲示) 무료 입장 / 駐車無料(▶掲示) 무료주차

¶コーヒーは無料サービスです 커피는 무료 서비스입니다. / 明晩のコンサートの無料チケットが２枚ある 내일 밤 콘서트의 무료 티켓이 두 장 있다. / 市内は商品の無料配達をいたします 시내는 상품을 무료로 배달해 드립니다. / 地震の被災地で彼らは無料奉仕をした 지진 피재지에서 그들은 자원 봉사를 했다.

¶韓国の食堂では普通キムチは無料でサービスされる 한국 식당에서는 김치는 보통 무료로 제공된다. / 就学前の児童は無料で電車やバスに乗れます 취학전의 아동은 무료로 전철이나 버스를 탈 수 있습니다. / 無料で差し上げます 무료로 드립니다.

**むりょく**【無力】무력 ◇無力だ 무력하다 [無能だ] 무능하다 ¶現代医学もその病気の前では無力だ 현대 의학도 그 병 앞에서는 무력하다. / 彼らは敵の攻撃に対してまったく無力だった 그들은 적의 공격에 대해 완전히 무력했다. / 無力な経営陣 무능한 경영진 [関連] 無力感 무력감

**むるい**【無類】무류 ◇無類の 무류의, 무류한, 비할 데 없는 ¶彼は無類の勇敢さで危機を切り抜けた 그는 용감무쌍하게 위기를 모면했다. / 彼は無類の釣り好きだ 그는 비할 데 없이 낚시를 좋아한다.

**むれ**【群れ】떼, 무리

> [使い分け] 떼, 무리
> 떼 一般に 양 떼(羊の群れ), 소 떼(牛の群れ)などのように, 集団で生活する動物に用いる. 人間については, 도둑 떼(盗賊の一団)のように, 何かの目的で徒党を組んで行動する場合に用いる.
> 무리 人間や大きな動物の集団. 無生物でも「雲」「星」などに用いることもある.

¶象は群れをなして生息する 코끼리는 무리를 지어 서식한다[생활한다]. / 1頭の羊が群れからはぐれてしまった 한 마리의 양이 무리에서 벗어나고 말았다. / ファンの群れがどっとコンサート会場にな

むれる

だれこんだ팬의 무리가 우르르 콘서트 회장으로 쏟아져 들어갔다. / 少年たちがそのサッカー選手のまわりに群れをなして集まった 소년들이 그 축구 선수 주위에 떼를 지어 모여 있었다.

¶鳩の群れ 비둘기 떼 / はちの群れ 벌 떼 / 魚の群れ 생선 떼 / くじらの群れ 고래 떼 / ライオンの群れ 사자의 무리

**むれる【群れる】** 떼를 짓다 ¶電線にすずめが群れている 전선에 참새가 떼를 지어 앉아 있다.

**むれる【蒸れる】**〔足などが〕땀이 차다, 달다〔ご飯などが〕뜸들다 ¶ブーツをはくと足が蒸れる 부츠를 신으면 발에 땀이 찬다.

**むろん【無論】** 물론(勿論) ¶無論, 君に賛成だ 물론 자네한테 찬성이네.

**むんむん** ◇**むんむんする** 후텁지근하다, 후텁지근하다 ¶会場は聴衆の熱気でむんむんしていた 회장은 청중의 열기로 후텁지근했다. / この部屋はむんむんするね 이 방은 후텁지근하네. / むんむんする8月のある日の午後 후텁지근한 팔월의 어느 날 오후

# め

**め【目】** ❶〔器官〕 눈

**基本表現**

▶赤ん坊が目をぱっちりと開けた
아기가 눈을 크게 떴다.

▶目をつぶって10数えてごらん
눈을 감고 열까지 세 봐.

▶その子はくりっとしたかわいい目をしていた 그 아이는 동그랗고 귀여운 눈을 가지고 있었다.

▶テレビゲームをすると楽しいけど目が疲れる 텔레비전 게임을 하면 즐겁지만 눈이 피곤하다.

▶自分の目でそれを見るまでは信じられなかった 자기 눈으로 그것을 볼 때까지는 믿을 수 없었다.

▶私の目を見て言いなさい
내 눈을 보고 말해라.

¶少ししたら暗さに目が慣れてきた 조금 지나자 어둠에 눈이 익숙해졌다. / 暗闇の中で猫の目が光った 암흑 속에서 고양이 눈이 빛났다. / 彼のたばこの煙が目にしみた 그의 담배 연기에 눈이 매웠다. / 事故は私の目の前で起きた 사고는 내 눈앞에서 일어났다. / 自分の目が信じられない 자기 눈을 믿을 수가 없다.

¶少女は目に涙を浮かべていた 소녀는 눈에 눈물을 글썽거렸다. / 恋人を見送る彼女の目に涙があふれた 애인을 보내는 그녀의 눈에 눈물이 고였다. / スニは目を赤く泣きはらしていた 순희는 울어서 눈이 퉁퉁 부어 있었다. / 彼の目は怒りでめらめらと燃えていた 그의 눈은 분노로 활활 타고 있었다. / ミジャは彼の話をするときは目がきらきらと輝く 미자는 남자 친구 이야기를 할 때는 눈이 반짝반짝 빛난다. / 女は驚いて目をぱちくりさせた 여자는 놀라서 눈을 깜빡거렸다.

¶「目がしょぼしょぼしてかゆい」「なんで」「花粉症だよ」「なるほど」"눈이 가렵고 잘 보이지 않아 깜박거린다." "왜?" "꽃가루 알레르기야." "그렇군." /「目が赤いよ」「あまり寝てないんだ」"눈이 빨개." "별로 잠을 못 잤어." /「目がはれてるよ」「ちょっと寝すぎたかもしれない」"눈이 부어 있어." "조금 많이 자서 그럴지도 몰라." /「目の周りにあざができてるじゃない。どうしたの」「けんかして殴られたんだよ」"눈 주위에 멍이 생겼잖아. 왜 그래?" "싸움하다 맞았어."

**会話 目にごみが**
A：目が痛いんだ
B：ごみでも入ったんじゃないの. 目をこすっちゃだめ. 水で目を洗ったほうがいいよ

A：눈이 아파.
B：먼지라도 들어간 거 아냐? 눈 비비면 안 돼. 물로 눈을 씻는 게 좋아.

¶彼は黒い目をしている 그는 검은 눈을 가지고 있다. / 青い目 파란 눈 / 茶色い目 갈색 눈 / 大きい目 큰 눈 / 小さい目 작은 눈 / 細い目 가는 눈 / 切れ長の目 길게 째진 눈 / 垂れ目 처진 눈 / つり目 치켜올라간 눈 / くぼんだ目 움푹 패인 눈 / 澄んだ目 맑은 눈 / つぶらな目 동그란 눈 / はれぼったい目 부은 눈 / しょぼついた目 거슴츠레한 눈 / 青い目の少年 파란 눈의 소년 / 目を輝かした少女 눈을 반짝였던 소녀 / 一つ目の怪物 외눈박이 괴물

❷〔視力, 視覚〕 눈, 시력 ¶私は目が悪い 나는 시력이 나쁘다. / 彼は目がいい 그는 시력이 좋다. / 最近目が悪くなってきた 최근 눈이 나빠졌다. / 薄暗い所で本を読むと目を悪くするよ 어슴푸레한 곳에서 책을 읽으면 눈이 나빠진다. / ベッドで寝ながら本を読むのは目に悪いよ 침대에 누워서 책을 읽는 것은 눈에 나쁘다. / 目が見えなくなる 눈이 보이지 않게 되다 / 彼は目が見えない 그는 눈이 보이지 않는다.

❸〔視線, 目つき〕 눈, 눈길, 시선；눈빛, 눈초리

**基本表現**

▶彼女と目が合った
그녀와 눈이 마주쳤다.

▶彼は私をやさしい目で見た
그는 나를 부드러운 시선으로 봤다.

▶彼女は目を伏せて通り過ぎた
그녀는 눈을 내리깔고 지나갔다.

▶目をそらしちゃだめ
시선을 피하면 안 돼.

¶彼女と目と目を見交わした 그녀와 시선을 교차했다. / 赤ん坊は母親の姿を目で追った 아기는 엄마 모습을 눈으로 좇았다. / 何か白いものが私の目をとらえた 뭔가 흰 것이 내 눈을 사로잡았다. / 事故現場は目をそむけたくなるような光景だった

사고 현장은 시선을 피하고 싶은 광경이었다. / 目を覆う 눈을 가리다 / 窓の外に目を移す 창 밖으로 눈[시선]을 돌리다 / うらやましそうな目で見る 부러운 눈으로 보다

¶目で合図する 눈으로 신호를 보내다 / 白い目で見られた 차가운 시선을 받다 / 好奇の目 호기에 찬 눈 / 射るような目 쏘는 듯한 눈 / 鋭い目 날카로운 눈 / 冷たい目 차가운 눈

❹〔見方〕눈〔見解〕관점〔眼力〕안목 ¶彼の目から見れば僕らはただの素人だ 그의 눈에는 우리들은 그저 아마추어다. / 専門家の目から見るとそれは間違いだ 전문가의 눈으로 보면 그것은 틀렸다. / 長い目で見れば我々の得になる 긴 안목으로 보면 우리에게 이득이 된다.

¶私の目に狂いはない 내 안목에 착오는 없다. / 彼女は絵画の鑑定には目が利く 그녀는 그림 감정에 안목이 있다. / 彼は絵を見る目がある 그는 그림을 보는 눈이 있다. / 目が肥えている 안목이 있다. / 目が高い 안목이 높다.

❺〔ざる・織物・網などの〕¶このざるは目が粗い[細かい] 이 바구니는 틈이 성기다[잘다]. / にんじんをさいの目に切る 당근을 깍두기 모양으로 썰다 / 目の細かいくし 빗살이 촘촘한 빗

¶網の目 그물코, 그물눈 / 合わせ目 접착부 / 継ぎ目 이음매 / 縫い目 솔기 / 碁盤の目 바둑판의 눈 / さいころの目 주사위 점 / のこぎりの目 톱날 / 針の目 바늘귀 / 台風の目 태풍의 눈

❻〔その他〕

◆〖目が〗

¶5時に目が覚めた 다섯 시에 눈이 떠졌다. / 犬のほえる声で目が覚めた 개가 짖는 소리에 잠이 깼다. / 友人の忠告で目が覚めた 친구의 충고로 깨달았다. / 昨夜は目がさえて寝つけなかった 어젯밤은 정신이 말똥말똥해져 잠을 이룰 수가 없었다. / お腹がすいて目が回るようだった 배가 고파서 눈이 돌 것 같았다. / 目が回るほど忙しい 눈코 뜰 새 없이 바쁘다. / 甘い物に目がない 단 음식이라면 사족을 못 쓰다 / 見た目がよくない 겉보기가 좋지 않다.

¶この辺りは警察の目が光っている 이 주변은 경찰의 감시가 엄하다. / 生徒全員にはなかなか目が届かない 학생 전원에게는 좀처럼 주의가 골고루 미치지 못한다. / 彼は酔っ払って目がすわっている 그는 술취해서 눈동자가 움직이지 않는다. / 勘定書を見て目が点になった 계산서를 보고 너무 놀라 질렸다.

◆〖目の〗

¶私の目の前で犬が車にひかれた 내 눈앞에서 개가 차에 치였다. / 大事な書類を落としたことに気づいて一瞬目の前が真っ暗になった 중요한 서류를 잃어버린 것을 깨닫고 순간 눈앞이 캄캄해졌다. / 入試はもう目の前に迫っている 입시는 벌써 눈앞에 다가왔다.

¶彼女は目の色を変えて怒った 그녀는 눈에 핏발을 세워 화를 냈다. / 娘は目の色を変えて勉強しだした 딸은 눈에 핏발을 세워 공부하기 시작했다.

¶私の目の黒いうちはそんなことは許さない 내가 살아 있는 동안에는 그런 것은 용서할 수 없다. / ダイエット中の私にはおいしそうな料理は目の毒 다이어트 중인 나에게는 맛있는 요리는 안 보는 게 약이다. / 目のやり場がないよ 눈을 둘 곳이 없다. / 北海道の大自然の景色を見て目の保養をしてきました 홋카이도의 대자연의 경치를 보고 눈요기하고 왔습니다. /「ユミは?」「え, いないよ」「あれ, 目の錯覚だったのかな」 "유미는?" "어? 없어." "어라. 눈의 착각이었나?"

◆〖目に〗

¶彼女の無礼さは目に余った 그녀의 무례함은 묵과할 수가 없었다. / 娘は目の中に入れても痛くないほどかわいい 딸은 눈에 넣어도 아프지 않을 정도로 귀엽다. / 母の喜ぶ顔が目に浮かぶようだった 어머니의 기뻐하시는 얼굴이 눈에 떠오르는 것 같았다. / 目に触れるものすべてが珍しかった 보는 것 모든 것이 신기했다. / ひどい目に遭う 혼이 나다

¶彼らの失敗は目に見えている 그들의 실패는 뻔하다. / 彼女の韓国語は目に見えて上達した 그녀의 한국어는 눈에 띄게 늘었다. / 病気が目に見えてよくなってきた 병이 눈에 띄게 좋아졌다. / 一人の女性が目についた[留まった] 한 여성이 눈에 띄었다[들어왔다].

◆〖目を〗

¶彼は書類に目を通した 그는 서류를 훑어보았다. / 自分の目を通して現地の状況を直接見てみることにした 자기 눈을 통해서 현지 상황을 직접 보기로 했다. / これで彼も目を覚ますだろう 이것으로 그 친구도 정신을 차리겠지. / 冒険家の体験談を聞いて彼の冒険心が目を覚ました 모험가의 체험담을 듣고 그의 모험심이 발동했다. / 物音で目を覚ました 소리에 잠이 깨었다.

¶私が買い物をしている間, 赤ちゃんから目を離さないでね 내가 쇼핑하는 동안 아기한테 눈을 떼지 마. / ちょっと目を離したすきにかばんを盗まれた 잠깐 눈을 뗀 사이에 가방을 도둑맞았다.

¶何が何だかわからず彼女は目を白黒させた(→当惑した) 뭐가 뭔지 모르고 그녀는 당혹스러워했다. / 彼はもちがのどにつかえて目を白黒させた 그는 떡이 목에 걸려서 희번덕거렸다.

¶私はその新車に目を奪われた 나는 그 새차에 넋을 빼앗겼다. / おれの目をごまかそうとするな 내 눈을 속이려고 하지 마.

¶これは前から目をつけていた車だ 이것은 전부터 눈독 들였던 차다. / あいつ, うまいところに目をつけたもんだ 그 녀석, 좋은 것에 점찍어 두었군. / 彼女は親の目を盗んでたばこを吸った 그 애는 부모님 눈을 피해 담배를 피웠다. / 現実から目をそむけるな 현실로부터 눈을 피하지 마. / 子供たちは目を皿のようにしてお母さんがケーキを切るのを見ていた 아이들은 눈을 크게 뜨고 어머니가 케이크를 자르시는 것을 보고 있었다. / 上司は目をかけていた部下を亡くした 상사는 그를 총애했다. / 彼は目を細めた(→近視などで) 그는 눈을 가늘게 뜨고 보았다. / 彼は学芸会で娘の踊っている間, 目を細めて見ていた(→うれしそうに) 그 사람은 학예회에서 딸이 춤추는 동안 흐뭇하게 보고 있었다. / 彼らは彼女に疑いの目を向けた 그들은 그 여자를 의심의 눈으로 봤다.

◆[その他]
¶彼なんて目じゃないよ 그 사람 따위 관심이 없어. / 結果は目も当てられないものになりそうだった 결과는 한심스러운 것이 될 것 같았다. / 彼は富や名声には目もくれなかった 그는 부나 명성에는 눈을 돌리지도 않았다. / 彼は目から鼻に抜けるような人だ 그 사람은 두뇌 회전이 빠른 사람이다. / チャンホは私の家からついめと鼻の先に住んでいる 창호는 우리 집에서 바로 코앞에 살고 있다. / 目にも止まらぬ速さで目にも띄지 않는 속도로 [慣用句] 目は口ほどにものを言う 말로 하는 것보다 눈빛이 통할 때가 있다. / 彼の話を聞いて目からうろこが落ちる思いだった 그의 이야기를 듣고 갑자기 깨닫던 것을 깨달았다. / 目には目を, 歯には歯を 눈에는 눈, 이에는 이

**め【芽】** 싹 ¶春には木々がいっせいに芽を出す 봄에는 나무들이 한꺼번에 싹이 튼다. / この種はまいてから1週間後に芽が出るよ 이 씨는 뿌리고 나서 일 주일 후에 싹이 난다. / 庭に植えた豆がたくさんの小さな芽を出し始めた 정원에 심은 콩이 작은 싹을 많이 틔우기 시작했다. / 桃の木の芽がふくらんできた 복숭아 나무의 싹이 부풀어 올랐다. ¶彼はようやく役者として芽が出てきた 그는 드디어 배우로서 인정받기 시작했다. / 非行の芽は早いうちに摘んでおくべきだ 비행의 싹은 일찌감치 내버려야 한다.

**-め【-目】** ❶ [順序] -째 ¶2つ目の角を左に曲がってください 두 번째 모퉁이에서 왼쪽으로 꺾어 주세요. / これで3回目の世界タイトル挑戦だ 이것으로 세 번째 세계 타이틀 도전이다. / 全10巻の全集のうち今4巻目を読んでいる 전집 10권 중 지금 4권을 읽고 있다. / 東京駅から5つ目の駅で乗り換えてください 도쿄역으로부터 다섯 번째 역에서 갈아타세요. / 彼は入社してから6年目に海外に転勤になった 그는 입사해서 6년째에 해외로 전근이 되었다. / 「イ・ミョンバク大統領は何代目の大統領ですか」「17代目です」 "이명박 대통령은 몇 대째 대통령입니까?" "17대째 대통령입니다." / 「秋葉原駅は上野駅からいくつ目ですか」「2つ目です」 "아키하바라역은 우에노역에서 몇 번째입니까?" "두 번째입니다."
❷ [程度など] ¶けさはいつもより早めに起きた 오늘 아침은 여느때보다 일찍 일어났다. / きょうはデートなので財布にいつもより多めにお金を入れてきた 오늘은 데이트가 있어서 여느때보다 지갑에 돈을 많이 넣어 왔다.
❸ [その他] ¶季節の変わり目には風邪を引きやすい 환절기에는 감기 걸리기 쉽다.

**めあたらしい【目新しい】** 새롭고 신기하다 ¶展示会には目新しいものは何もなかった 전시회에는 색다른 것은 아무것도 없었다. / 彼は新しい考えにすぐに飛びつく 그는 새롭고 신기한 아이디어를 재빠르게 받아들인다.

**めあて【目当て】** [目的] 목적 [目印] 목표 ¶彼らは何の目当てもなくソウルにやって来た 그는 아무런 목적도 없이 서울에 왔다. / 彼女は財産目当てに資産家の男と結婚した 그녀는 재산 목적으로 자산가의 남자와 결혼했다. / 彼女は保険金目当てで夫を殺した 그 여자는 보험금을 노리고 남편을 죽였다. / あの白いビルを目当てにして行きなさい 저 하얀 빌딩을 목표로 하고 가세요.

**めい【姪】** 조카딸, 질녀

**めい-【名-】** [優れた, 有名な] 명- ¶彼は往年の名歌手[名選手]だ 그는 왕년의 명가수[명선수]다. / 名演奏 명연주 / 名バイオリニスト 명바이올리니스트

**めいあん【名案】** 명안 ¶名案が浮かぶ 명안이 떠오르다 / 彼は名案を出した 그는 명안을 냈다.

**めいあん【明暗】** 명암 ¶この写真は明暗がはっきりしている 이 사진은 명암이 뚜렷하다. / 彼のエラーが試合の明暗を分けた 그의 실책이 경기의 명암을 갈라놓았다. / 彼女との出会いが彼の人生の明暗を分けた 그녀와의 만남이 그의 인생의 명암을 갈라놓았다. / 人生の明暗 인생의 명암

**めいい【名医】** 명의

**めいおうせい【冥王星】** 명왕성

**めいか【名家】** 명가 ¶彼は名家の出である 그는 명가 출신이다.

**めいが【名画】** [絵画や映画の] 명화 関連 名画座 명화 상영관(上映館)

**めいかい【明快】** ◇明快だ 명쾌하다 ◇明快に明쾌하게, 명쾌히 ¶講師の説明は非常に明快だった 강사의 설명은 아주 명쾌했다. / 明快な答え 명쾌한 대답 / 彼は私の質問に明快に答えた 그는 내 질문에 명쾌하게 대답했다.

**めいかく【明確】** ◇明確だ 명확하다 ◇明確に 명확히 ◇明確にする 명확히 하다 ¶明確な証拠を示す 명확한 증거를 제시하다 / 彼は部下たちに明確な指示を与えた 그는 부하들에게 명확하게 지시를 했다. / 公私を明確に区別する 공사를 명확하게 구별하다 / 論旨を明確にしてください 논지를 명확하게 해 주세요.

**めいがら【銘柄】** [株式] 주식 ¶たばこの銘柄 담배 상표 関連 上場銘柄 상장주(上場株)

**めいかん【名鑑】** 인명록

**めいき【明記】** ◇明記する 명기하다 ¶注文書には電話番号を明記してください 주문서에는 전화번호를 명기해 주세요. / この条件は契約書に明記されている 이 조건은 계약서에 명기되어 있다.

**めいき【銘記】** ◇銘記する 명기하다, 명심하다 ¶君はこのことを銘記すべきだ 너는 이 점을 명심해야 한다.

**めいぎ【名義】** 명의 ¶有価証券類は彼の妻の名義になっている 유가 증권류는 그의 아내 명의로 되어 있다. / 建物は息子の名義に書き換えてある 건물은 아들 명의로 바꿔져 있다. / 名義を人に貸すなんて君も軽率だったな 명의를 남에게 빌려주다니 너도 경솔했다. / 名義上は父が社長になっている 명의상 아버지가 사장으로 되어 있다. / 本人名義の口座 본인 명의의 계좌 関連 名義人 명의인

**めいきゅう【迷宮】** 미궁 ¶迷宮入りの事件 미궁에 빠진 사건 / その殺人事件は迷宮入りになった 그 살인 사건은 미궁에 빠졌다.

**めいきょうしすい【明鏡止水】** 명경지수 ¶明鏡止水の心境 명경지수의 심경

**めいきょく【名曲】** 명곡 ¶クラシックの名曲 클래식 명곡

**めいく**【名句】명구
**めいげつ**【名月〔満月〕】만월, 보름달
¶中秋の名月 중추명월 | 중추월
**めいげん**【名言〔格言〕】격언 ¶彼は政治家の役割について名言を吐いた 그는 정치가의 역할에 대해 명언을 했다. / そいつは名言だ そいつは명언이다.
**めいげん**【明言】명언 ◇明言する 명언하다
¶日銀総裁は金利引き上げの時期については明言を避けた 일본은행 총재는 금리 인상의 시기에 대해서는 분명히 말하지 않았다. / 首相は辞任を明言した 수상은 사임을 명언했다.
**めいこう**【名工】명공〔名匠〕명장
**めいさい**【明細】명세 関連 **明細書** 명세서〔勘定〕계산서
**めいさい**【迷彩】미채, 위장 도색(偽装塗色) 関連 **迷彩服** 미채복, 위장복(偽装服)
**めいさく**【名作〔傑作〕】걸작 ¶これは1980年代に書かれた短編の名作のうちのひとつである 이것은 1980년대에 쓰여진 단편 명작 중의 하나다. / モナ・リザはレオナルド・ダ・ビンチの名作の一つだ '모나리자'는 레오나르도 다 빈치의 명작 중의 하나다. / 不朽の名作 불후의 명작
**めいさつ**【名刹】명찰
**めいさつ**【明察】명찰〔洞察〕통찰 ¶ご明察のほど恐れ入ります 통찰력에는 탄복합니다.
**めいさん**【名産】명산물, 명산〔漆器はこの地方の名産だ 칠기는 이 지방의 명산물이다. / さくらんぼは山形県の名産だ 버찌는 야마가타현의 명산이다.
**めいし**【名士】명사 ¶パーティーには各界の名士たちが集まった 파티에는 각계의 명사들이 모였다. / 当代の名士 당대의 명사 / 政財界の名士 정재계의 명사
**めいし**【名刺】명함 ¶名刺を交換する 명함을 교환하다 / 名刺を差し出す 명함을 내밀다 数え方 名刺1枚 명함 한 장 関連 **名刺入れ** 명함 케이스
**めいし**【名詞】명사 関連 **名詞句**〔節〕명사구〔절〕/ **固有名詞** 고유 명사 / **集合名詞** 집합 명사 / **普通名詞** 보통 명사 / **物質名詞** 물질 명사
**めいじ**【明示】명시 ◇明示する 명시하다 ¶彼らは支払い条件を明示しなかった 그들은 지불 조건을 명시하지 않았다.
**めいじ**【明治】메이지, 명치 ¶明治時代 메이지 시대 / 明治維新 메이지 유신 | 명치 유신 / 明治天皇 메이지 천황
**めいじつ**【名実】명실 ¶彼は名実ともにこの分野の第一人者だ 그는 명실 공히 이 분야의 제일인자다.
**めいしゃ**【目医者】〔眼科医〕안과 의사
**めいしゅ**【名手】명수〔名人〕명인 ¶彼女は日本舞踊の名手です 그녀는 일본 무용의 명인입니다.
**めいしゅ**【盟主】맹주 ¶アジアの盟主 아시아의 맹주
**めいしゅ**【銘酒】명주 ¶世界の銘酒 세계의 명주
**めいしょ**【名所】명소〔観光地〕관광지 ¶この寺はもみじの名所だ 이 절은 단풍의 명소다. / 友人に大阪の名所案内をしてもらった 친구한테 오사카의 관광지 안내를 받았다. / 名所旧跡 명승고적(名勝古跡)
**めいしょう**【名勝】명승, 명승지
**めいしょう**【名称】명칭 ¶名称を与える 명칭을 붙이다
**めいじる**【命じる】명하다, 명령하다〔任命する〕임명하다 ¶校長はその生徒に1週間の停学を命じた 교장은 그 학생에게 1주일간의 정학을 명했다. / 彼は命じられるままに車に乗り込んだ 그는 명령받은 대로 차에 올라탔다. / このたび私は部長に命じられた 이번에 저는 부장으로 임명되었습니다.
**めいじる**【銘じる】명심하다 ¶彼の忠告を肝に銘じておくべきだ 그의 충고를 명심해 두어야 한다.
**めいしん**【迷信】미신 ¶私はそんな迷信は信じない 나는 그런 미신은 믿지 않는다. / 元旦に風呂に入ってはいけないんだなんて迷信だよ 설날에 목욕을 하면 안 된다는 것은 미신이다. / 祖母はとても迷信深い 할머니는 미신을 많이 믿으신다.
**めいじん**【名人】명인, 명수(名手)〔技芸・職業などの〕명장 ¶彼は釣りの名人だ 그는 낚시의 명수이다. / 彼は名人芸を披露した 그는 명인의 재주를 보여 주었다.
**めいせい**【名声】명성 ¶女性とのスキャンダルが彼の名声を傷つけた 여성과의 스캔들이 그의 명성에 상처를 입혔다. / 私は富と名声を手に入れた 나는 부와 명성을 손에 넣었다. / 彼には世界的な指揮者としての名声がある 그 사람에게는 세계적인 지휘자로서의 명성이 있다. / 受賞によって作家としての彼女の名声は高まった 수상으로 인해 그녀는 작가로서의 명성이 높아졌다.
**めいせき**【明晰】◇明晰だ 명석하다 ¶彼は若いが, 非常に頭脳明晰だ 그는 젊지만 아주 두뇌가 명석하다. / 明晰な論理 명석한 논리
**めいそう**【迷走】◇迷走する 길을 잃다, 빗나가다, 헤매다 ¶台風10号は迷走している 태풍 10호는 진로가 불규칙하다. 関連 **迷走神経** 미주신경
**めいそう**【瞑想】명상 ◇瞑想する 명상하다
¶彼はさっきから瞑想にふけっている 그는 아까부터 명상에 빠져 있다.
**めいだい**【命題】명제
**めいちゃ**【銘茶】이름난 차
**めいちゅう**【命中】명중 ◇命中する 명중하다 ¶弾は彼の肩に命中した 탄알은 그의 어깨를 명중시켰다. / 矢は的の真ん中に命中した 화살은 과녁 한가운데를 명중했다.
**めいちょ**【名著】명저
**めいてい**【酩酊】명정 ◇酩酊する 명정하다
**めいてんがい**【名店街】상가(商街) ¶名店街で買い物をした 상가에서 쇼핑을 했다.
**めいど**【冥土・冥途】명토, 명도〔あの世〕저승 ¶冥土へ旅立つ 저승길로 떠나다 慣用句 **冥土のみやげ**におもしろい話を聞かせてやろう 죽기 전에 재미있는 이야기를 들려 주겠네.
**めいど**【明度】명도
**メイド**【家政婦】가정부〔ホテルなどの〕룸메이드, (여자) 객실 담당

**めいとう【名刀】** 명도, 명검(名剣)
**めいとう【名答】** ¶ご名答! 명답입니다!
**めいにち【命日】** 명일, 기일(忌日) ¶9月4日は母の命日です 구월 4일은 어머니의 기일입니다.
**めいば【名馬】** 명마
**めいはく【明白】** ◇明白だ 명백하다, 분명하다 ¶彼女がうそをついていることは明白だ 그녀가 거짓말을 하고 있는 게 분명하다./それは明白な事実だ 그것은 명백한 사실이다.
**めいひつ【名筆】** 명필
**めいひん【名品】** 명품〔傑作〕절작
**めいびん【明敏】** ◇明敏だ 명민하다 ¶彼は明敏な頭脳の持ち主だ 그는 명민한 두뇌를 가졌다.
**めいふく【冥福】** 명복 ¶ご尊父のご冥福をお祈りいたします 아버님의 명복을 빕니다.
**めいぶつ【名物】** 명물〔名産〕명산 ¶山菜料理がこの地方の名物です 산채 요리가 이 지방의 명물입니다./彼はわが社の名物男だ 그는 우리 회사의 명물이다.
**めいぶん【名文】** 명문 ¶彼ほどの名文家は他に知らない 그 사람만한 달필은 찾아볼 수 없다.
**めいぶんか【明文化】** 명문화 ◇明文化する 명문화하다 ¶それについては法律に明文化されている 그것에 대해서는 법률에 명문화되어 있다.
**めいぼ【名簿】** 명부〔リスト〕명단 ¶我々は彼の名前を名簿に載せた 우리는 그의 이름을 명부에 올렸다./彼女の名前は会員名簿に載っていない 그녀의 이름은 회원 명단에 없다./参加者の名簿を作る 참가자의 명단을 만들다 関連 会員名簿 회원 명부／学生[社員]名簿 학생[사원] 명부／合格者名簿 합격자 명단／候補者名簿 후보자 명단／乗客名簿 승객 명단／有権者名簿 유권자 명부
**めいみゃく【命脈】** 명맥 ¶命脈を保つ[断つ] 명맥을 유지하다[끊다]
**めいめい【命名】** 명명 ◇命名する 명명하다, 이름을 짓다 ¶彼は赤ん坊を孝と命名した 그는 아기를 다카시라고 이름 지었다./その豪華客船はエリザベス2世にちなんで命名された 그 호화 객선은 엘리자베스 2세의 이름을 따서 지었다.
**めいめい【銘々】** 각자, 각각, 각기, 제각기 ¶めいめいがその本の感想文を書いた 각자가 그 책의 감상문을 썼다./学生たちはめいめいの部屋に戻った 학생들은 각자 방으로 돌아갔다./私たちはめいめい500円ずつ出し合った 우리들은 각각 500엔씩 냈다./子供たちはめいめいプレゼントをもらった 아이들은 각자 선물을 받았다.
**めいめいはくはく【明々白々】** ◇明々白々だ 명명백백하다 ¶明々白々な事実 명명백백한 사실
**めいめつ【明滅】** 명멸 ◇明滅する 명멸하다 ¶ランプが明滅する 램프가 명멸하다 関連 明滅信号 명멸 신호
**めいもく【名目】** 명목〔口実〕구실 ¶うちの会社の名目上の社長は山田氏だが, 実権は専務の田中氏が握っている 우리 회사의 명목상의 사장은 야마다 씨이지만 실권은 전무인 다나카 씨가 쥐고 있다./彼はそのホテルの名目上のオーナーだ 그 사람은 그 호텔의 명목상의 오너이다./彼らは試験勉強という名目で彼の家に集まった 그들은 시험공부라는 명목으로 그 친구 집에 모였다. 関連 名目賃金 명목 임금
**めいもん【名門】** 명문 ¶彼は名門の出だ 그는 명문 출신이다. 関連 名門校 명문교
**めいやく【名訳】** 명역, 훌륭한 번역
**めいやく【盟約】** 맹약 ◇盟約を結ぶ 맹약을 맺다／盟約を守る[破る] 맹약을 지키다[어기다]
**めいゆう【名優】** 명우, 명배우
**めいよ【名誉】** 명예

◆**【名誉】**
¶名誉を重んじる 명예를 존중하다／彼は学校の名誉を汚した 그는 학교의 명예를 더럽혔다./私はひどく名誉を傷つけられた 나는 심하게 명예를 훼손당했다./失われた名誉を回復しなければならない 잃어버린 명예를 회복해야 된다.

◆**【名誉に】**
¶名誉にかけて必ずやり遂げてみせます 명예를 걸고 반드시 해내겠습니다./これは我々の名誉にかかわる問題だ 이것은 우리들의 명예에 관련된 문제이다./名誉に思う 명예로이 생각하다

◆**【名誉だ】**
¶その賞は私にとってたいへんな名誉だ 그 상은 나에게 있어서 큰 명예이다./サッカーチームはわが校の名誉だ 축구팀은 우리 학교의 명예이다.

◆**【名誉ある】**
¶彼は名誉あるノーベル賞を受賞した 그는 명예로운 노벨상을 수상했다. 関連 名誉会員 명예 회원／名誉会長 명예 회장／名誉革命〔英国の〕명예혁명／名誉毀損 명예 훼손／名誉教授 명예교수／名誉市民 명예 시민／名誉職 명예직／名誉の戦死 명예의 전사 ¶명예로운 전사／名誉博士 명예박사

**めいり【名利】** 명리 ¶名利を追い求める 명리를 추구하다
**めいりょう【明瞭】** ◇明瞭だ 명료하다 ¶彼の意図は明瞭だ 그의 의도는 명료하다./明瞭な発音 명료한 발음／簡単明瞭に説明する 간단명료하게 설명하다
**めいる【滅入る】** 우울해지다, 기가 죽다 ¶雨の日は気が滅入る 비오는 날에는 우울해진다./陰気な彼女の顔を見ると気が滅入る 침울한 그 여자의 얼굴을 보니 우울해진다./気が滅入るような天気 우울해질 것 같은 날씨

# めいれい【命令】 명령〔指示〕지시 ◇命令する 명령하다, 명하다〔指示する〕지시하다

◆**【命令で】**
¶上司の命令で神戸まで日帰りで出張した 상사의 명령으로 고베까지 당일치기로 출장을 다녀왔다./警察の命令でその建物は立ち入り禁止になった 경찰의 명령으로 그 건물은 출입 금지가 되었다.

◆**【命令に】**
¶私は上司の命令に従いたくなかった 나는 그의 명령에 따르고 싶지 않았다./彼は上司の命令に逆らったことで厳しくとがめられた 그는 상사의 지시를 거역해서 심하게 힐책받았다.

◆**【命令する】**

¶裁判官は被告人に前に出るように命令した 재판관은 피고인에게 앞으로 나오도록 명령했다. / 彼は2万円の罰金を支払うよう命令された 그는 2만 엔의 벌금을 내도록 명령받았다. / 上司は私にひとりでそこに行くよう命令した 상사는 나에게 혼자서 거기에 가도록 명령했다. / 隊長は部下に撃てと命令した 대장은 부하에게 쏘라고 명령했다.

◆【その他】
¶2,3日してその命令は撤回された 2, 3일 지나서 그 명령은 철회되었다. / 知事は住民に避難命令を出した 지사는 주민에게 피난 명령을 내렸다. / だれも入れるなという命令を受けている 아무도 들어가지 말라는 명령을 받았다. / 父はいつも命令口調で話す 아버지는 항상 명령조로 말씀하신다. 関連 命令形 명령형 / 命令文 명령문

**めいろ**【迷路】미로 ¶迷路に迷い込む 미로에 빠지다 / この辺りは道がまるで迷路のように入り組んでいる 이 주변은 길이 마치 미로처럼 얽혀 있다. / 迷路のような路地からやっと抜け出した 미로같은 골목에서 간신히 빠져나왔다.

**めいろう**【明朗】◇明朗だ〔人が〕명랑하다〔明白だ〕명백하다, 분명하다〔公正だ〕공정하다 ¶明朗な性格 명랑한 성격 / 明朗闊達な人 명랑 활달한 사람 / この会社の経理は極めて不明朗だ 이 회사의 경리는 매우 불분명하다.

**めいわく**【迷惑】폐(弊)◇迷惑をかける 폐를 끼치다 ◇迷惑だ〔面倒な〕귀찮다, 성가시다〔困る〕곤란하다, 난처하다〔不快な〕불쾌하다, 괴롭다

[基本表現]
▷ご迷惑をおかけして申し訳ありません
 폐를 끼쳐 죄송합니다.
▷迷惑だなんて、そんな、いつでも寄ってください
 폐라니요, 언제든지 들러 주세요.
▷彼にはさんざん迷惑をかけられた
 그는 아주 귀찮게 굴었다.
▷ご迷惑でなければ今度の土曜にお伺いしたいのですが
 폐가 되지 않는다면 이번 토요일에 찾아뵙고 싶습니다만.
▷あいつは本当に迷惑なやつだ
 그 녀석은 정말 귀찮은 녀석이다.
▷彼は何かを頼んでもいつも迷惑がらずにやってくれる
 그는 뭘 부탁해도 항상 귀찮아하지 않고 해 준다.

¶ご迷惑をかけますがよろしくお願いします 폐를 끼치게 되었습니다만 잘 부탁드립니다. / 人の迷惑にならないようにしなさいよ 다른 사람에게 폐가 되지 않도록 해. / 彼らは人の迷惑もおかまいなしに大声でしゃべっている 그들은 다른 사람들에게 폐 끼치는 것은 신경도 쓰지 않고 큰 소리로 떠들고 있다. / それは実に迷惑な話だ 그것은 실로 성가신 이야기다. / ちょっとお話がしたいのですが. ご迷惑ならまた後にします 좀 이야기를 하고 싶습니다만, 귀찮으시면 다음에 하겠습니다.

¶用を頼んだら彼女は迷惑そうな顔をした 일을 부탁하자 그녀는 귀찮은 표정을 지었다. / 道路工事の騒音は実に近所迷惑だ 도로 공사의 소음은 정말 불쾌하다. / 電車のストは迷惑千万だ 전철의 스트라이크 때문에 아주 불편하다.
¶最近いたずら電話にまったく迷惑している 요즘 장난 전화가 많아서 정말 성가시다. / バスが遅れたので実に迷惑した 버스가 늦어서 정말 난처했다.

会話 迷惑かしら
 A：こんなことをミンスに頼んだら迷惑かしら?
 B：そりゃそうさ
 A：이런 일을 민수한테 부탁하면 폐가 될까?
 B：그거야 그렇지.
 A：友達を連れて行ったらご迷惑でしょうか
 B：ちっとも迷惑じゃないですよ
 A：친구를 데리고 가면 폐가 될까요?
 B：전혀 괜찮아요.
 A：私がここにいては迷惑なの?
 B：うん、はっきり言って迷惑
 A：내가 여기 있으면 귀찮아?
 B：응, 솔직히 귀찮아.
 A：ご迷惑でなければご一緒させていただけませんか
 B：ええどうぞ
 A：폐가 되지 않으시면 같이 가도 됩니까?
 B：그러시지요.

**メイン**〔主要な〕◇彼の仕事のメインは社内ネットワークの管理だ 그의 주된 일은 사내 네트워크 관리다.
 ¶メインアンプ 메인 앰프 / メインイベント 메인 이벤트 / メインスタンド 특별 관람석 / メインストリート 중심가 | 대로

**めうえ**【目上】〔地位が上〕윗사람〔年が上〕연장자, 손윗사람 ¶目上の人にああいう口のききかたをするものではない 윗사람에게 그런 말투를 하는 거 아니다.

**めうつり**【目移り】◇目移りする 눈길이 쏠리다 ¶いろいろなパソコンに目移りして決められなかった 여러 가지 컴퓨터에 눈길이 쏠려서 결정할 수 없었다.

**メーカー** 메이커〔製造業者, 会社〕제조 업체 ¶このプリンターはどこのメーカーのものですか 이 프린터는 어느 메이커 것입니까? 関連 メーカー品 유명 메이커 제품 / 自動車メーカー 자동차 메이커 / 電機メーカー 전기 메이커 / 半導体メーカー 반도체 메이커 / 有名メーカー 유명 메이커

**メーキャップ** 메이크업 ◇メーキャップする 메이크업하다 ¶彼はリア王のメーキャップをした 그는 리어왕의 메이크업을 했다. / 彼女は今メーキャップ中だ 그녀는 지금 메이크업 중이다. 関連 メーキャップアーティスト 메이크업 전문가

**メーター**〔単位〕미터〔計器〕미터, 계기 ¶信号待ちをしている間にタクシーのメーターが上がった 신호를 기다리는 중에 택시 미터기가 올라갔다. / ガス[電気, 水道]のメーターを調べる 가스[전기, 수도]의 미터기를 조사하다.

**メーデー** 메이데이, 노동절(労働節)(▶韓国では 근로자의 날 という)
 ¶メーデーに参加する 근로자의 날 행사에 참가하다.

**メートル** 미터 ¶長さ2メートルです 길이 2미터입니다. / 日本はメートル法を採用している 일본은 미터법을 채용하고 있다.

**メール** 메일, 전자메일, 이메일, 전자우편
¶韓国の友人からメールを受け取った 한국에 있는 친구로부터 메일을 받았다. / メールにファイルを添付して送ったメールに파일을 첨부하여 보냈다. / 詳細は後ほどメールでお知らせします 자세한 내용은 있다가 메일로 알려 드리겠습니다.
関連 メールアドレス 메일 어드레스, 전자 우편 주소 / メールボックス 메일박스, 편지함 / 迷惑メール 스팸 메일 / ジャンクメール 정크 메일

**めおと【夫婦】** 부부 関連 夫婦茶わん 부부가 쓰는 한 쌍의 크고 작은 밥그릇 ⇒夫婦(ふうふ)

**メカ** 메커니즘〔機械〕기계 ¶彼女はメカに弱い 그녀는 기계에 약하다.

**メガ** 메가 ¶メガトン 메가톤 / メガヘルツ 메가헤르츠(▶記号 MHz) / メガバイト 메가바이트(▶記号 Mb) / メガバンク 메가 뱅크, 대규모 은행

**めかくし【目隠し】** 눈가리개 ¶目隠しをする 눈을 가리다 ナミは良夫に目隠しをした 나미는 요시오에게 눈가리개를 했다. / 目隠しに窓にすだれを掛けた 가리개로 창문에 발을 걸었다.

**めかけ【妾】** 첩

**めがける【目掛ける】** 향하다〔ねらう〕겨냥하다 ¶彼は枝をめがけてロープを投げた 그는 가지를 겨냥해서 로프를 던졌다. / 少年は家をめがけて一目散に走った 소년은 집을 향해서 쏜살같이 달렸다.

**めがしら【目頭】** 눈시울 ¶〔感動して〕目頭が熱くなった 눈시울이 뜨거워졌다. / 目頭を押さえる 눈물을 참다

**めかす【粧す】** 모양을 내다, 멋을 부리다 ¶彼女は新しいジャケットを着てめかしこんでいる 그녀는 새 재킷을 입고 멋을 부리고 있다.

**めかた【目方】** 무게〔体重〕몸무게 ¶目方が増える〔減る〕몸무게가 늘다〔줄다〕/ 目方で売る 무게로 팔다

**メカトロニクス** 메커트로닉스

**メカニズム** 메커니즘 ¶がん発生のメカニズムはいまだによくわかっていない 암 발생의 메커니즘은 아직 잘 모른다.

**メカニック** 정비사〔整備士〕, 기계공〔機械工〕
◇メカニックな〔機械的な〕기계적인

**めがね【眼鏡】❶**〔めがね〕안경

基本表現
▶新聞を読むときは眼鏡をかけます
 신문을 읽을 때는 안경을 씁니다.
▶風呂に入るときは眼鏡を外します
 목욕할 때는 안경을 벗습니다.

¶彼女は度の強い眼鏡をかけている 그녀는 도수가 높은 안경을 쓰고 있다.
あの眼鏡をかけた人が私たちの先生です 저기 안경을 쓰신 분이 우리 선생님입니다. / 眼鏡をやめてコンタクトにしようか 안경을 그만 쓰고 콘택트렌즈로 할까? / 祖父は老眼で眼鏡をかけないと新聞が読めません 할아버지는 노안으로 안경을 쓰지 않고는 신문을 읽을 수 없습니다. / 机の上の眼鏡を取って来てちょうだい 책상 위의 안경을 집어 줘. / メタルフレームのめがねを一つ買った 금속테 안경을 한 개 샀다. / 母は遠近両用の眼鏡を使っています 어머니는 원근 양용 안경을 사용하십니다. / この眼鏡は近視〔遠視〕用です 이 안경은 근시〔원시〕용입니다. / この眼鏡は私には度が強すぎる〔弱すぎる〕이 안경은 나에게는 도수가 너무 높다〔낮다〕. / 電車に乗ったら眼鏡が曇った 전철을 타자 안경이 뿌예졌다. / 老人は眼鏡越しに私たちをちらっと見た 노인은 안경 너머로 우리를 슬쩍 보았다.

¶眼鏡のレンズ 안경알 | 안경 렌즈 / 眼鏡の枠〔フレーム〕안경테 / 眼鏡のつる 안경 다리

会話 眼鏡問答
A：この眼鏡, あまり見えなくなってきた
B：新しいのが必要だね
A：이 안경 잘 안 보이게 되었다.
B：새 것이 필요하네.

A：眼鏡を変えたの?
B：ああ, 前のは割っちゃったんだよ
A：でも今度のはすごく似合ってるよ
A：안경 바꿨어?
B：응, 저번 것은 깨졌어.
A：그런데 이번 것 아주 잘 어울려.

A：眼鏡知らないか。どこへ置いたか忘れたんだ
B：洗面所は見たの
A：見たけどなかったんだ
A：안경 어디 있는지 몰라? 어디에 두었는지 잊어버렸어.
B：세면대는 봤어?
A：봤는데 없었어.

❷〔判断力〕판단〔眼力〕눈, 안목 ¶彼のことはんだ眼鏡違いだった これに関しては完全に判断が 틀렸었다. / 社長の眼鏡にかなう人はなかなかいない 사장님 마음에 드는 사람은 좀처럼 없다.
関連 眼鏡入れ 안경집 / 眼鏡店 안경 가게 / 水中眼鏡 수중 안경, 물안경 / 縁なし眼鏡 무테 안경 / 金縁〔銀縁〕眼鏡 금테〔은테〕안경

**メガホン** 메가폰 ¶先生はメガホンで生徒たちに呼びかけた 선생님은 메가폰으로 학생들을 불렀다.

**めがみ【女神】** 여신 ¶勝利の女神は我々についている 승리의 여신은 우리들 곁에 있다. / 幸運の女神 행운의 여신

**メガロポリス** 메갈로폴리스, 거대 도시

**めきき【目利き】** 감정〔人〕감정가 ¶目利きをする 감정을 하다

**めきめき** 눈에 띄게, 두드러지게, 부쩍부쩍 ¶韓国人の友達ができて以来, 彼女の韓国語はめきめき上達した 한국어 친구가 생기고부터 그녀의 한국어는 눈에 띄게 숙달되었다.

**めキャベツ【芽キャベツ】** 미니 양배추

**-めく** ¶日増しに春めいてきた 하루하루 봄다워졌다. / その子は大人めいた口をきく 그 아이는 어른스러운 말투로 말한다.

**めくじら【目くじら】** ¶目くじらを立てる 쌍심지를 켜다 | 트집을 잡다 / 細かいことに目くじらを立てるな 작은 일로 트집 잡지 마. / 彼女は僕のやることにいちいち目くじらを立てる 그녀는 내가 하는 일에 하나하나 트집을 잡는다.

**めぐすり【目薬】** 안약, 눈약 ¶目薬をさす 안약을 넣다

**めくばせ【目配せ】** 눈짓 ¶彼は私にそれ以上しゃべるなと目配せした 그는 나에게 더 이상 말하지 말라고 눈짓을 보냈다.

**めくばり【目配り】** ◇目配りする 두루 살피다 ¶警備員は人の出入りに常に目配りしていなくてはいけない 경비원은 사람의 출입을 항상 두루 살피지 않으면 안 된다.

**めぐまれた【恵まれた】** 〔裕福な〕유복한〔豊かな〕풍부한 ¶彼女は恵まれた家庭で育った 그녀는 유복한 가정에서 자랐다. / ロシアは天然資源に恵まれた国だ 러시아는 천연자원이 풍부한 나라다. / 彼は才能に恵まれた画家だ 그는 재능이 풍부한 화가이다.

**めぐまれる【恵まれる】** 〔資源などに〕풍부하다, 많다 〔生まれながらに〕타고나다 ¶この国は石油に恵まれている 이 나라는 석유가 풍부하다. / 彼女は美声に恵まれている 그녀는 아름다운 목소리를 타고났다. / 彼は驚異的な記憶力に恵まれている 그는 놀라운 기억력을 타고났다.

¶結婚して5年になるが子宝に恵まれない 결혼한 지 5년이 지났지만 아이가 안 생긴다.

¶慈善団体が恵まれない子供たちを遊園地に招待した 자선 단체가 불우한 아이들을 놀이공원에 초대했다. / 彼らは恵まれない人々に食料や衣類を送った 그들은 넉넉하지 못한 사람들에게 식료품과 의류를 보냈다.

**めぐみ【恵み】** 은혜, 혜택 〔慈悲〕자비 〔施し〕자선 〔神の恩寵〕은총 ¶自然の恵みを受ける 자연의 혜택을 받다 / 神の恵み 신의 은총〔은혜〕/ 恵みの雨 단비 | 자유

**めぐむ【恵む】** 베풀다, 주다 ¶彼はその老人にいくばくかの金を恵んでやった 그는 그 노인에게 얼마간의 돈을 주었다.

**めぐむ【芽ぐむ】** 싹트다, 움트다 ¶木々が芽ぐみ始めた 나무들이 싹트기 시작했다.

**めぐらす【巡らす・回らす】** 〔囲む〕두르다 〔考える〕꾸미다 ¶周囲に高い塀を巡らした邸宅 주위에 높은 담을 두른 저택 / 庭に垣を巡らす 마당에 울타리를 두르다

¶策を巡らす 계책을 꾸미다 / 頭を巡らす 머리를 굴리다 | 궁리하다 / 私は韓国旅行の計画に思いを巡らしていた 나는 한국 여행의 계획을 꾸미고 있었다.

**めぐり【巡り】** 〔循環〕순환, 회전(回転) 〔巡歴〕순례(巡礼), 순회(巡回) ¶彼は血の巡りが悪いんじゃないか(→頭が鈍い) 그는 머리가 둔한 거 아냐? / 先週末京都のお寺巡りをしてきました 지난 주말에 교토의 절 순례를 하고 왔습니다.

**めぐりあい【巡り合い】** 〔邂逅〕해후 〔再会〕재회

**めぐりあう【巡り合う】** 우연히 만나다 ¶彼は留学した韓国の大学で妻となる女性に巡り合った 그는 유학한 한국의 대학에서 아내가 될 여성을 우연히 만났다.

**めぐりあわせ【巡り合わせ】** 〔運命〕운명 〔運〕운 ¶不思議な巡り合わせでこういうことになった 불가사의한 운명으로 이렇게 되었다. / 巡り合わせが悪い 운이〔팔자가〕나쁘다.

**めぐりめぐって【巡り巡って】** 빙 돌아서 ¶その本は巡り巡って私のところへ戻ってきた 그 책은 빙 돌아서 나한테 돌아왔다.

**めくる【捲る】** 넘기다 〔裏返す〕뒤집다, 젖히다 〔はがす〕떼다, 벗기다 ¶彼は雑誌のページをぱらぱらとめくった 그는 잡지의 페이지를 팔랑팔랑 넘겼다. / カードをめくる 카드를 뒤집다

¶床板をめくる 마룻바닥을 떼다 / 壁紙をめくり取る 벽지를 벗기다

**めぐる【巡る】** 〔回る〕돌다, 순회하다, 순환하다 〔元へ戻る〕돌아오다 〔囲む〕둘러싸다 ¶アルコールは血液とともに体内を巡る 알콜은 혈액과 함께 체내를 순환한다. / 彼は1年かけてアジア各地を巡ってきた 그는 1년 걸려서 아시아 각지를 돌고 왔다. / 春がまた巡ってきた 봄이 다시 찾아왔다. / 彼らは父親の遺産を巡って争っている 그들은 아버지의 유산을 둘러싸고 싸우고 있다.

**めげる** 기가 꺾이다, 풀이 죽다 ¶試験に一度落ちたぐらいでそんなにめげることはない 시험에 한 번 떨어진 정도로 그렇게 풀이 죽을 것 없다. / 彼は困難にめげずヨットで太平洋を横断した 그는 난관을 무릅쓰고 요트로 태평양을 횡단했다.

**めさき【目先】** 목전(目前), 눈앞 〔目先の利益〕¶目先の利益にとらわれるべきではない 눈앞의 이익에 현혹되어서는 안 된다. / 彼女は目先のことばかり考えている 그녀는 눈앞의 일만 생각하고 있다. / あいつは目先が利かない 그 녀석은 앞을 내다보지 못한다. / なにか目先の変わったアイデアはありますか 뭔가 새로운 아이디어는 없습니까?

**めざし【目刺し】** 꼬치에 꿴 마른 정어리

**めざす【目指す・志す】** 〔目標に向かって〕향하다 ¶彼は弁護士を目指している 그는 변호사를 목표로 하고 있다. / この協定は両国間の貿易障壁の完全な撤廃を目指している 이 협정은 양국간의 무역 장벽의 완전한 철폐를 지향한다. / 我々は優勝を目指して練習に励んでいます 우리는 우승을 향하여 연습을 열심히 하고 있습니다.

¶ランナーたちはゴールを目指して走った 주자들은 골을 향하여 달렸다. / 我々の車はソウルから釜山を目指して走り続けた 우리의 차는 서울에서 부산을 향하여 계속 달렸다.

**めざとい【目敏い】** 재빠르다 〔目覚めやすい〕잠귀가 밝다 ◇目ざとく 재빠르게 ¶その子は目ざとくテーブルの上のケーキを見つけた 그 아이는 재빠르게 테이블 위의 케이크를 발견했다. / 彼女は目ざとく人の粗(あら)をすぐ見つける 그 여자는 재빠르게 남의 결점을 바로 발견한다.

¶年を取ると目ざとくなる(→目が覚めやすい) 나이가 들면 잠귀가 밝아진다.

**めざまし【目覚まし】** 〔時計〕자명종(自鳴鐘), 알람시계 ¶6時に目覚ましをかけた 여섯 시에 자명종을 맞추었다. / 7時に目覚ましが鳴った 일곱 시에 자명종이 울렸다. / 目覚ましの音で目が覚めた 자명종 소리에 잠이 깼다. / 目覚ましを止めてくれないか 자명종을 꺼 줘.

¶目覚ましにはコーヒーが効く 잠 깨는 데는 커피가 효과가 있다.

**めざましい【目覚ましい】** 눈부시다 〔劇的だ〕극적이다 ◇目覚ましく 눈부시게 ¶今日交通機

関や 通信手段은 目覚ましい 進歩를 遂げた 오늘날 교통 기관이나 통신 수단은 눈부신 진보를 이루었다. / 彼는 作家로서도 また 画家로서도 目覚ましい 活躍을 했다 그는 작가로서 또 화가로서 눈부신 활약을 했다. / この村는 目覚ましく 発展한 이 마을은 눈부시게 발전했다.

**めざめ【目覚め】**❶ 目覚めがよい〔悪い〕 잠이 잘 깬다〔잘 안 깬다〕.

**めざめる【目覚める】** 눈뜨다, 깨다, 깨어나다 ¶熊는 長い 眠り로부터 目覚め 活動을 始めた 곰은 긴 잠에서 깨어나 활동을 시작했다. / 夢로부터 目覚める 꿈에서 깨어나다 ¶私는 この本을 読んで 文学에 目覚めた 나는 이 책을 읽고 문학에 눈떴다. / 娘도 性에 目覚める 年ごろ로 なった 딸도 성에 눈뜰 나이가 되었다.

**めされる【召される】** 부름을 받다〔死ぬ〕 죽다, 돌아가다 ¶父는 母와 私たち 兄弟를 残して 神のもとに 召された 아버지는 어머니와 우리 형제를 남기고 돌아가셨다.

**めざわり【目障り】** ◇目障りだ 눈에 거슬리다 ¶あの 看板은 目障りだ 저 간판은 눈에 거슬린다. / あいつはどうも 目障りだ 그 녀석은 아무래도 눈에 거슬린다.

**めし【飯】**❶〔ご飯〕밥 ¶飯を 炊く 밥을 짓다 / 忙しくて 飯を 食う 時間もない 바빠서 밥을 먹을 시간도 없다

❷〔食事〕식사, 밥 ¶飯의 支度는 まだか 밥 준비는 아직 안 됐어 ? / そろそろ 飯にしよう 슬슬 밥 먹자. / 彼女는 三度の 飯よりも 映画が 好きだ 그녀는 세 끼 식사보다 영화를 좋아한다.

❸〔生計〕생계, 살림, 밥 ¶作家では 飯が 食えない 작가로는 생계를 꾸릴 수 없다. / 飯の 種だから 会社を 辞めるわけにはいかない 생계 수단이라서 회사를 그만둘 수 없다. / そんなことをすると 飯の 食い上げになるぞ 그런 짓을 하면 밥줄이 끊어진다.

¶私たちは 同じ 釜の 飯を 食った 仲だ 우리들은 같은 솥 밥을 먹은 사이다. 関連 朝飯 아침밥 / 昼飯 점심밥 / 晩飯 저녁밥

**メシア** 메시아 〔救世主〕 구세주

**めしあがる【召し上がる】** 드시다 ¶どうぞ 召し上がってください 어서 드세요. / お昼は 何を 召し上がりますか 점심은 뭐 드시겠습니까 ?

**めした【目下】**〔地位が下〕 손아래 〔年が下〕 연소자, 손아랫사람

**めしつかい【召使い】** 하인(下人) ¶彼は 昔 15人の 召使いを 雇っていた 그는 옛날에 열다섯 명의 하인을 고용했었다.

**めしべ【雌蕊】** 자예, 암술

**メジャー**〔巻き尺〕 줄자, 권척

**メジャー** ◇メジャーな〔主要な〕 주요한 〔有名な〕 유명한 〔人気のある〕 인기 있는 関連 メジャーリーグ 메이저 리그

**めじり【目尻】** 눈초리, 눈꼬리 ¶彼女は 目尻が 上がっている〔下がっている〕 그녀는 눈꼬리가 올라갔다〔내려갔다〕. / 目尻の 上がった 男 눈꼬리가 올라간 남자 / 目尻のしわ 눈꼬리의 주름

¶おじいさんは 孫たちからのプレゼントを 見て 目尻を 下げた 할아버지는 손자들로부터의 선물을 보고 흐뭇한 표정을 지었다. / 彼はきれいな 女性を 見るとすぐ 目尻を 下げる 그는 아름다운 여성을 보면 바로 넋을 잃는다.

**めじるし【目印】** 안표, 표지(標識) ¶赤い 旗が ゴールの 目印です 빨간 깃발이 골의 표지입니다. / お宅の 近くに 何か 目印になるものがありますか 댁 근처에 뭔가 표지가 될 것이 있습니까 ?

¶目印をつける 안표를 하다 / 郵便ポストを 目印にする 우체통을 안표로 삼다

**めじろ【目白】**《鳥》 동박새

**めじろおし【目白押し】**¶ドアの 向こうには 客が 目白押しだ 문 반대쪽에는 손님들이 모여들고 있다. / 新しい 製品が 目白押しだ 새 제품이 줄줄이 늘어서 있다.

**めす【雌・牝】** 암컷, 암 ¶その 猫は 雄ですか 雌ですか 그 고양이는 숫컷입니까 ? 암컷입니까 ?

¶雌犬 암캐 / 雌猫 암고양이 / 雌象 암코끼리 / 雌ライオン 암사자

**めす【召す】** お風邪を 召しませんよう 감기에 걸리시지 않도록. / お気に 召しましたか 마음에 드셨습니까 ? / お年を 召したご婦人 나이 드신 부인

**メス** 메스, 해부도 ¶メスを 入れる 메스를 가하다 / 患者〔患部〕にメスを 入れる 환자〔환부〕에 메스를 가하다 / 今こそ 不正腐敗にメスを 入れるべき 時だ 지금이야말로 부정부패에 메스를 가해야 할 때다.

**めずらしい**【珍しい】❶〔まれな〕 드물다, 귀하다, 희한하다, 진귀하다, 희귀하다 〔久しぶりの〕 오래간만이다, 오랜만이다

基本表現
▶どうしたの, 君が 遅刻するなんて 珍しいじゃない
어떻게 된 거야, 네가 지각을 하다니 드문 일이네.
▶珍しいちょうをつかまえた
진귀한 나비를 잡았다.
▶その 鳥はこの 辺りでは 珍しい 그 새는 이 주변에서는 드물다〔희귀하다〕.

¶君が 勉強するなんて 珍しいね 네가 공부를 하다니 희한한 일이야. / 夜中に 帰宅するなんて 彼にとっては 珍しいことではない 밤중에 귀가하는 것은 그에게 있어서는 드문 일이 아니다. / 彼がこんなに 酔うなんて 珍しい 그 사람이 이렇게 취하다니 드문 일이다. / 珍しいお名前ですね 흔하지 않은 이름이군요.

¶おや, 珍しい人に 会うものだ. 何年ぶりですかね 어, 오랜만에 만나네. 몇 년 만이야.

❷〔目新しい〕 새롭다, 참신하다 ¶韓国では 見るもの 聞くもの 珍しいものばかりだった 한국에서는 보는 거며 듣는 거며 모든 것이 새로웠다. / 彼女は 珍しそうに 辺りを 見回した 그녀는 신기한 듯 주위를 둘러보았다.

**メゾソプラノ**《音楽》 메조소프라노

**めそめそ** 훌쩍훌쩍, 훌쩍훌쩍 ◇めそめそする 훌쩍거리다, 훌쩍거리다 ¶めそめそ 泣く 훌쩍훌쩍 울다 / いつまでめそめそ 泣いてるの 언제까지 훌쩍훌쩍 울고 있을 거야. / めそめそするな 훌쩍거리지 마. / めそめそした 人 훌쩍거리는 사람

**めだか【目高】** 송사리 ¶めだかの 群れが 川を 泳いで

いる송사리 무리가 강을 헤엄치고 있다.

**めだつ【目立つ】** 눈에 띄다, 두드러지다
¶彼はとても背が高いので人込みの中でもよく目立つ 그는 키가 매우 커서 많은 사람들 사이에서도 눈에 잘 띈다. / 看板が目立つ所に出さなきゃだけだよ 간판은 눈에 띄는 곳에 내놓지 않으면 안 된다. / 彼女はクラスの中でひときわ目立つ存在だ 그 여자는 반에서 유달리 눈에 띄는 존재이다. / 球場のスタンドは空席が目立った 구장의 스탠드는 빈자리가 눈에 띄었다.

¶そんなところにポスターを貼ったら目立たないよ 그런 곳에 포스터를 붙이면 눈에 안 띈다. / 彼女は隅のほうで目立たないようにしていた 그녀는 구석 쪽에서 눈에 띄지 않게 하고 있었다. / 彼女はおとなしくて目立たない子供だった 그는 얌전하고 눈에 띄지 않는 아이였다. / 汚れが目立たないので濃い色のじゅうたんを買った 더러움이 눈에 띄지 않게 짙은 색 융단을 샀다.

¶今のところ政界に目立った動きはない 지금으로는 정계에 두드러진 움직임은 없다. / 彼には目立った特徴はない 그 남자에게는 두드러진 특징은 없다. ¶体力が目立って衰えてきた 체력이 눈에 띄게 약해졌다. / 彼女のピアノの腕前は目立って上達してきた 그녀의 피아노 솜씨는 눈에 띄게 좋아졌다.

¶彼女は目立ちたがり屋だ 그 여자는 눈에 띄는 것을 좋아한다. / 父の頭にも白いものが目立つようになった 아버지 머리에도 흰머리가 눈에 띄게 되었다.

**めたて【目立て】** ◇目立てをする 날을 세우다
¶のこぎりの目立てをする 톱날을 세우다

**メタボリックシンドローム** 메타볼릭 신드롬, 냉장 지방 증후군

**めだま【目玉】** 눈알, 안구(眼球)〔人目を引くもの〕눈길을 끄는 것〔しかられること〕야단, 꾸지람 ¶目玉焼きをぎょろぎょろさせる 눈알을 굴리다 / 卵は目玉焼きにしてください 계란은 계란 프라이로 해 주세요.

¶観光の目玉 관광의 하이라이트 / 目玉商品 (그 날의)하이라이트 상품 / 目玉番組 메인 프로 [慣用句] 彼は父親から大目玉を食らった 그는 아버지로부터 크게 야단을 맞았다. / そのバッグは目玉が飛び出るような値段だった 그 가방은 눈이 튀어나올 정도의 가격이 있다.

**メダリスト** 메달리스트 ¶荒川は女子フィギュアスケートの金メダリストだ 아라카와는 여자 피겨 스케이팅 금메달리스트다.

**メダル** 메달 ¶北島は100メートル平泳で金[銀, 銅]メダルを獲得した 기타지마는 100미터 평영에서 금메달[은메달, 동메달]을 획득했다.

**メタン** 메탄〔メタンガス〕메탄가스

**めちゃくちゃ【滅茶苦茶】** 엉망, 엉망진창, 뒤죽박죽〔ものすごく〕무지무지하게 ◇めちゃくちゃだ〔乱雑だ〕난잡하다〔途方もない〕터무니없다, 엉터리다, 엉뚱하다 ¶部屋はめちゃくちゃに散らかっていた 방은 엉망진창으로 어질러져 있었다. / めちゃくちゃに〔壊す〕엉망진창으로 부수다 | 〔散らかす, 台無しにする〕엉망으로 만들다

¶めちゃくちゃなことを言うな 엉뚱한 소리 마. / 彼の言っていることはめちゃくちゃだ 그 사람이 말하는 것은 엉터리다. / 台風のせいで私たちの休暇はめちゃくちゃになった 태풍 때문에 우리들의 휴가는 엉망진창이 되었다. / あの映画はめちゃくちゃにおもしろかった 저 영화는 무지무지하게 재미있었다.

**めちゃめちゃ【滅茶滅茶】** 엉망진창 ¶車は衝突してめちゃめちゃに壊れた 차는 충돌해서 엉망진창으로 부서졌다.

**メチルアルコール** 메틸알코올

**メッカ** 메카〔中心地〕중심지〔本場〕본고장 ¶スキーのメッカ 스키의 본고장

**めっき【鍍金】** 도금 ◇めっきする 도금하다 ¶銅に銀でめっきする 동을 은으로 도금하다 / その時計は金めっきがしてある 그 시계는 금도금이 되어 있다. / 金[銀]めっきのスプーン 금[은]도금의 스푼[숟가락] / 金めっきがはがれた 금도금이 벗겨졌다.

¶彼のめっきがはがれた 그의 정체가 드러났다.

**めつき【目付き】** 눈맵시, 눈매〔視線〕눈초리 ¶彼は目つきが悪い 그는 눈매가 매섭다. / 彼は疑わしげな[厳しい]目つきで私を見た 그는 의심스러운[엄격한] 눈초리로 나를 보았다.

**めっきり** 한층, 현저히, 눈에 띄게 ¶最近めっきり寒くなった 최근 한층 추워졌다. / 妻を亡くして以来, 彼はめっきり老け込んだ 아내를 잃고 난 뒤 그는 눈에 띄게 늙었다.

**めっきん【滅菌】** 멸균, 살균(殺菌) ⇒殺菌

**メッセージ** 메시지 ¶(留守番電話で)発信音のあと, メッセージをどうぞ 발신음 후에 메시지를 남겨 주세요. / 新郎新婦に電報でお祝いのメッセージを送った 신랑 신부에게 전보로 축하 메시지를 보냈다.

**メッセンジャー** 메신저 ¶メッセンジャーボーイ 전달자(伝達者)

**めっそう【滅相】** ◇めっそうな 당치도 않은, 터무니없는 ¶めっそうなことを言わないでください 당치도 않은 말을 하지 마세요. / めっそうもない 당치도 않다.

**めった【滅多】** ◇めったに 좀처럼, 거의
❶〔めったに…ない〕¶私たちはお互いに近くに住んでいるが, めったに会わない 우리들은 서로 가까이에 살지만 거의 만나지 않는다. / そこではめったに日本人を見かけない 거기에서는 좀처럼 일본인을 볼 수가 없다. / こんなチャンスはめったにない 이런 기회는 좀처럼 없다.
❷〔むやみやたらな〕◇めったな 분별없는 ¶めったなことを言うもんじゃない 분별없는 말을 하는 거 아니다. / 彼にはめったなことを言えないよ 그 사람에게는 함부로 말할 수 없어.

**めつぼう【滅亡】** 멸망 ◇滅亡する 멸망하다
¶新羅の滅亡 신라의 멸망 / 全面的な核戦争が起これば人類は滅亡してしまう 전면적인 핵전쟁이 일어나면 인류는 멸망하고 만다. / 唐は907年に滅亡した 당나라는 907년에 멸망했다.

**めっぽう【滅法】** 굉장히, 엄청나게, 되게 ¶相手はめっぽう強かった 상대가 엄청나게 셌다. / この絵はめっぽう高い値がついている 그 그림은 엄청나게 비싼 가격이 매겨져 있었다. / きょうはめっぽう寒い 오늘은 엄청나게 춥다.

**メディア** 미디어, 매체(媒体) ¶世界中の様々な情報をマスメディアを通じて人々の手に入る 전 세계의 다양한 정보는 매스미디어를 통해서 우리들 손에 들어온다. / DVDはCD-ROMに替わる新しいメディアとして急速に普及している DVD는 CD-ROM을 대신하는 새 매체로서 급속하게 보급되고 있다.

**めでたい【目出度い・芽出度い】** ❶〔喜ばしい〕 경사스럽다, 반갑다 ◇めでたく〔無事に〕무사히, 순조롭게 ¶めでたい日〔出来事〕경사스러운 날〔일〕 / このおめでたい席にお招きいただきうれしく存じます 이 경사스러운 자리에 초대해 주셔서 기쁘게 생각합니다. / 去年の秋に彼らはめでたくゴールインした 작년 가을에 그들은 드디어 골인〔결혼〕했다. / 時効直前に犯人がつかまり、めでたくその事件は解決した 공소 시효 직전에 범인이 잡혀서 무사히 그 사건은 해결됐다.
❷〔間抜けな〕어수룩하다 ¶彼を信じるなんて君もおめでたいな 그를 믿다니 너도 어수룩하구나.
❸〔信頼が厚い〕두텁다 ¶彼は先生の覚えがとりわけめでたかった 그는 선생님의 신임이 두터웠다.

**めでる【愛でる】** 사랑하다, 귀여워하다〔楽しむ〕즐기다

**めど【目処】**〔見通し〕목표, 전망〔可能性〕가망 ¶仕事のめどがまだ立っていない 일의 전망이 보이지 않는다. / 被災地の復旧のめどは全然立っていない 피해지의 복구 목표는 전혀 세워져 있지 않다. / この仕事は今月末をめどに仕上げます 이 일은 이번달 말을 목표로 완성하겠습니다. / ようやく新製品の完成のめどがついた 드디어 신제품이 완성될 가망이 생겼다. / 今週中に終わるめどはついているのか 이번주 안으로 끝낼 가망은 있는 거야?

**めとる【娶る】**¶妻をめとる 장가를 가다〔들다〕

**メドレー【音楽】** 접속곡(接続曲) ¶彼女は韓国歌謡をメドレーで歌った 그녀는 한국 가요를 메들리로 불렀다.
¶個人メドレー 개인 메들리 / 400メートルメドレーリレー 400미터 메들리 릴레이

**メトロノーム** 메트로놈

**メトロポリス** 메트로폴리스〔大都会〕거대 도시, 대도시

**メニュー** 메뉴, 차림표 ¶メニューを見せてください 메뉴를 보여 주세요. / きょうのメニューは何ですか 오늘의 메뉴는 무엇입니까?
¶練習メニュー 연습 메뉴

**めぬき【目抜き】**¶目抜き通り 중심가(中心街), 번화가(繁華街)

**めのう【瑪瑙】** 마노

**めのかたき【目の敵】** 눈엣가시 ¶彼は私を目の敵にしている 그는 나를 눈엣가시로 생각한다.

**めのこざん【目の子算】** 눈대중, 눈어림, 눈짐작〔概算〕개산 ¶目の子算をする 눈짐작을 하다

**めのたま【目の玉】** 눈알 ¶目の玉が飛び出るほど驚く 눈알이 튀어나올 정도로 놀란다. / 目の玉が飛び出るほどの値段だ 호되게 꾸중을 들었다. / その絵の値段を見た時、目の玉が飛び出そうになった 그 그림의 가격을 봤을 때 눈이 튀어나올 뻔했다. ⇒目, 目玉

**めばえる【芽生える】** 싹트다, 움트다 ¶もう草木が芽生えるころになっている 이제 초목이 싹틀 때가 되었다. / 二人の間に愛が芽生えた 두 사람 사이에 사랑이 싹텄다.

**めはな【目鼻】**〔見通し〕전망 ¶交渉の目鼻がつく 교섭의 전망이 서다 / そろそろ仕事に目鼻をつけなくてはならない 슬슬 일에 전망을 세우지 않으면 안 된다.

**めばな【雌花】** 암꽃

**めはなだち【目鼻立ち】** 이목구비(耳目口鼻), 얼굴 생김새 ¶目鼻立ちの整った若者 이목구비가 반듯한 젊은이 / 彼女は目鼻立ちがはっきりしている 그녀는 이목구비가 뚜렷하다.

**めばり【目張り・目貼り】** 문풍지 ¶風が入らないように窓にめばりをする 바람이 들어오지 않도록 창 틈에 문풍지를 바르다

**めぶく【芽吹く】** 싹트다, 움트다 ¶庭の草花が芽吹き始めた 정원의 풀꽃이 싹트기 시작했다.

**めぶんりょう【目分量】** 눈어림, 눈짐작 ¶米を目分量で量った 쌀을 눈어림으로 쟀다. / スープに目分量で塩を入れた 수프에 눈짐작으로 소금을 넣었다.

**めべり【目減り】** ◇目減りする 줄어들다 ¶失業して収入がなくなったせいで貯金がどんどん目減りしていく 실직하여 수입이 없어진 탓에 저금이 계속 줄어든다.

**めぼし【目星】** 지목, 짐작 ¶警察が彼が覚醒剤密売グループの一人と目星をつけていた 경찰이 그가 각성제 밀매 조직의 한 사람이라고 지목했다. / 犯人の目星がつく 범인이 짐작되다

**めぼしい**〔主要な〕중요한, 주요한〔注目に値する〕주목할 만한〔金目の〕값있는, 값진 ¶イ・ムニョルのめぼしい作品は全部読んだ 이문열의 주요 작품은 전부 읽었다. / その球団にはめぼしい選手はあまりいない 그 구단에는 주목할 만한 선수는 별로 없다. / 部屋の中にはめぼしいものは何もなかった 방 안에는 값진 것은 아무것도 없었다.

**めまい【目眩】** 현기증 ¶けさ起きた時めまいがした 오늘 아침 일어날 때 현기증이 났다. / 最近よくめまいがする 최근 자주 현기증이 난다.

**めまぐるしい【目まぐるしい】** 어지럽다〔急速な〕급속하다 ◇めまぐるしく 어지럽게, 급속하게 ¶めまぐるしい技術の進歩 급속한 기술의 진보 / めまぐるしく変わる世の中 어지럽게 변하는 세상 / 流行はめまぐるしく変化する 유행은 급속히 변화한다.

**めめしい【女々しい】**〔男らしくない〕계집애 같다, 사내답지 못하다〔軟弱だ〕연약하다 ¶女々しいことを言うな 연약한 소리 하지 마. / あいつは何て女々しいやつだ 저 녀석은 어쩌면 저렇게 계집애 같을까.

**メモ** 메모 ◇メモする 메모하다 ¶講演のメモを取った 강연을 듣고 메모를 했다. / 彼はいつもメモを見て〔メモなしで〕話す 그 사람은 항상〔메모를 보고〔메모 없이〕이야기 한다. / 彼女の机の上にメモを置いておいた 그녀의 책상 위에 메모를 놓아 두었다. / 彼の電話番号を紙切れにメモした 그의 전화번호를 종이 쪽지에 메모했다. 関連 メモ帳 메모장 / メモ用紙 메모지

**めもと【目元・目許】** 눈매 ¶彼は目元が母親に似ている 그는 눈매가 어머니를 닮았다. / 目元のかわいい少女 눈매가 귀여운 소녀

**めもり【目盛り】** 눈금 ¶板切れに目盛りをつける 판자 조각에 눈금을 표시하다 / このカップには目盛りがついているので正しい分量の牛乳を入れられる。 이 컵에는 눈금이 표시되어 있다. / この物差しの目盛りはセンチです 이 자의 눈금은 센티입니다.

**メモリー** [コンピュータの] 메모리, 기억 장치(記憶装置) ¶パソコンのメモリーを512メガから1ギガに増設したコンピュータメモリーを 512메가에서 1기가로 증설했다. 関連 **メモリー容量** 메모리 용량

**めやす【目安】** [目標] 목표 [規準] 기준 ¶2週間を目安にこの仕事を仕上げるつもりだ 2주일을 목표로 이 일을 완성할 예정이다. / 車を買う時は何を目安にしますか 차를 살 때는 무엇을 기준으로 삼습니까?

**めやに【目脂】** 눈곱 (▶発音は 눈곱) ¶右目に目やにがついている 오른쪽 눈에 눈곱이 끼었다.

**メラニン** 멜라닌 関連 **メラニン色素** 멜라닌 색소

**めらめら** 활활 ¶炎がめらめらと燃え上がった 불꽃이 활활 타올랐다. / カーテンはめらめらと燃え上がった 커튼은 활활 타올랐다.

**メリーゴーラウンド** 회전목마(回転木馬), 메리고라운드

**メリケンこ【メリケン粉】** 밀가루 ¶メリケン粉をこねる 밀가루를 반죽하다

**めりこむ【減り込む】** 빠지다, 처박히다 ¶車のタイヤがぬかるみにめり込んで動かなくなった 차 타이어가 진창에 빠져서 움직이지 않았다.

**メリット** 메리트, 이점 (▶発音は 이점) ¶この方法は金がかからないというメリットがある 이 방법은 돈이 들지 않는다는 이점이 있다. / そんなことをしても何のメリットもないよ 그런 짓을 해도 아무런 이점도 없어.

**めりはり【減り張り】** 변화(変化), 강약(強弱), 억양(抑揚) ¶生活にめりはりをつけるべきだ 생활에 변화를 주어야 한다. / めりはりのきいたスピーチ 탄력이 있는 연설 / めりはりのきいた文体 변화를 준 문체

**めりめり** ◇めりめりと 우지직, 우지끈 ¶落雷で木にめりめりとひびが入った 낙뢰로 나무에 우지직 금이 갔다.

**メリヤス** 메리야스 ¶メリヤス生地 메리야스 천

**メルヘン** 메르헨【童話】동화

**メロディー** 멜로디, 가락, 선율(旋律)

**メロドラマ** 멜로드라마 ¶この時間帯はテレビではいつもメロドラマをやっている 이 시간대는 텔레비전에서 항상 멜로드라마를 하고 있다.

**めろめろ** ◇めろめろになる [人に] 맥을 못 추다【物事に】쪽을 못 쓰다【もうろうとする】혜롱혜롱하다 ¶彼はあの子にめろめろだ 그는 저 아이에게 맥을 못 춘다. / 酔っでめろめろになる 술이 취해서 혜롱혜롱하다

**メロン** 멜론 関連 **マスクメロン** 머스크멜론

**めん【面】** ❶ [お面] 탈, 가면(仮面) [剣道など] 면, 마스크 ¶あのうさぎの面をかぶっている子が娘です 저 토끼 탈을 쓴 아이가 우리 딸입니다. / 彼は試合に備えて面を付けた 그는 경기에 대비해서 마스크를 썼다.

❷ [顔] 얼굴 ¶私は面が割れているので尾行任務から外された 나는 얼굴이 알려져서 미행 임무에서 빠졌다. / 上司は失敗は彼女の責任だと面と向かって非難した 상사는 실패가 그녀의 책임이라고 맞대놓고 비난했다.

❸ [物の表面] 표면, 면 ¶さいころには6つの面がある 주사위에는 여섯 개의 면이 있다. / つるつるした面がこの紙の表です 미끌미끌한 면이 이 종이의 앞면입니다. / 風で水面が波立った 바람으로 수면에 파도가 일었다.

❹ [局面] 국면, 면, 점 [分野] 분야 ¶彼はあらゆる面でまだ未熟だ 그는 모든 면에서 아직 미숙하다. / どんな人にもよい面と悪い面がある 어떤 사람에게나 좋은 면과 나쁜 면이 있다. / 問題のあらゆる面を見る必要がある 문제의 모든 면을 볼 필요가 있다.

¶おじは長い間彼を金銭面で援助し続けている 삼촌은 오랫동안 그를 금전적으로 계속 원조하고 있다. / 私はこの会社の経理面一切を任されている 나는 이 회사의 경리 분야를 도맡고 있다.

❺ [新聞の] 면, 지면(紙面) ¶入札談合事件は新聞の一面で報道された 입찰 담합 사건은 신문의 일면에 보도되었다.

**めん【綿】** 솜, 면 [木綿] 무명 ¶これは綿製品です 이것은 면제품입니다. / 綿100パーセントのシャツ 면 100퍼센트의 셔츠 関連 **綿織物** 면직물 / **綿花** 면화, 목화(木花) / **綿製品** 면제품

**めん【麺】** 면 ¶沸騰したお湯にめんとスープを入れる 끓는 물에 면과 수프를 넣다

**めんえき【免疫】** 면역 ¶私は風疹には免疫があるなら 풍진에는 면역이 있다. / 予防接種でインフルエンザの免疫をつけることができる 예방 접종으로 유행성 독감의 면역이 생긴다. / 子供たちは母親のヒステリーには免疫になっている 아이들은 어머니의 히스테리에는 면역이 되었다. 関連 **免疫学** 면역학

**めんかい【面会】** 면회 ◇面会する 면회하다 ¶どなたか面会のお見えですか 어느 분이 면회 오셨습니다. / 市民たちは市長に面会を求めた 시민들은 시장에게 면회를 요구했다. / 彼は病気を理由に面会を断っている 그는 병을 이유로 면회를 거절하고 있다. / 「面会時間は何時から何時までですか」「3時から7時までです」"면회 시간은 몇 시부터 몇 시까지입니까?" "세 시부터 일곱 시까지입니다." / 面会謝絶 (▶掲示) 면회 사절 関連 **面会人** 면회인 / **面会日** 면회일

**めんきょ【免許】** 면허 ¶「運転免許は持っていますか」「ええ、去年取りました」"운전면허는 가지고 있습니까?" "예, 작년에 땄습니다." / 私は交通事故を起こして免許を停止された[取り消された] 나는 교통사고를 일으켜서 면허가 정지되었다 [취소되었다]. / 彼女は医師[弁護士]の免許を持っている 그녀는 의사[변호사] 면허를 가지고 있다. / きょう免許の更新に行った 오늘 면허 갱신하러 갔다. / 彼は何度か無免許運転をしたことがある 그는 몇 번인가 무면허 운전을 한 적이 있다. / 私の免許証は5月1日に切れる 내 면허증은 오월 1일에 끊긴다. 関連 **免許状** 면허장

**めんくい【面食い】** ¶彼女は面食いだ 그녀는 얼굴을 밝힌다.

**めんくらう【面食らう】** 당황하다, 허둥거리다 ¶予期せぬ質問に彼は面食らった 예기치 못한 질문에 그 사람은 당황했다.

**めんこ【面子】** 딱지치기

**めんざい【免罪】** 면죄 ◇免罪する 면죄하다 関連 免罪符 면죄부

**めんしき【面識】** 면식, 안면 ¶私はあの会社の社長とは面識がある 나는 그 회사 사장과는 면식이 있다. / 私は彼女とは面識がない 나는 그 여자와는 안면이 없다.

**めんじょ【免除】** 면제 ◇免除する 면제하다 ¶学費を免除する 학비를 면제하다 / 彼は病気のため兵役を免除された 그는 병 때문에 병역이 면제되었다. / 公益法人は税金を免除されている 공익법인은 세금을 면제받고 있다.

**めんじょう【免状】** 면장(▶発音은 면쟝), 면허장(▶発音은 며너쟝) ¶お花の先生になる免状をもらった 꽃꽂이 선생님이 될 면허장을 받았다.

**めんしょく【免職】** 면직 ◇免職する 면직하다 ¶彼は公金横領で免職になった 그는 공금 횡령으로 면직되었다. 関連 懲戒免職 징계 면직

**めんじる【免じる】** …에 면하여 〔…のために〕 위해서 〔…を考慮して〕 참작하여, 고려하여 ¶私に免じてヨンヒを許してやってください 저를 봐서 영희를 용서해 주세요. / 普段の行いに免じて今回は大目に見よう 평소의 행동거지를 참작하여 이번은 봐주겠다.

**メンス** 멘스, 월경(月経), 생리(生理) ¶メンスが始まった 월경이 시작됐다. ⇒生理

**めんする【面する】** 면하다 〔直面する〕 직면하다 ¶そのホテルは湖に面している 그 호텔은 호수에 면하고 있다. / その国は内戦の危機に面している 그 나라는 내전의 위기에 직면하고 있다.

**めんぜい【免税】** 면세 ¶空港の売店で口紅を3本免税で買った 공항 매장에서 립스틱 3개를 면세로 샀다. 関連 免税店 면세점 / 免税品 면세품

**めんせき【免責】** 関連 免責条項 면책 조항 / 免責特権 면책 특권

**めんせき【面責】** 면책 ◇面責する 면책하다

**めんせき【面積】** 면적, 넓이 ¶この市の面積は40平方キロメートルです 이 시의 면적은 40평방킬로미터입니다. 関連 床面積 바닥 면적, 전평(建坪)

**めんせつ【面接】** 면접 ◇面接する 면접하다 ¶あす面接試験を受ける 내일 면접시험을 본다. / 社長が応募者を一人ずつ面接した 사장이 응모자를 한 사람씩 면접했다. 関連 面接官 면접관 / 面接者 면접자 / 就職面接 취업 면접

**めんぜん【面前】** 면전 ¶公衆の面前で 사람들 면전에서

**めんそう【面相】** 면상, 얼굴 생김새, 용모(容貌) ⇒人相

**めんたいこ【明太子】** 명란젓

**めんだん【面談】** 면담 ◇面談する 면담하다 ¶担任はその生徒の母親と個人面談を行った 담임은 그 학생의 어머니와 개인 면담을 했다. / (求人広告などで)委細面談 상세 면담

**メンチ** 민스, 잘게 다진 고기 ¶メンチカツ 민스커틀릿 / メンチボール 민스볼

**めんつ【面子】** 체면(体面) ¶面子を失う(保つ) 면면을 깎이다[유지하다] / 彼は面子にばかりこだわりすぎる 그는 너무 체면만 고집한다.

**めんどう【面倒】** ❶ 〔手数〕 수고 〔迷惑〕 폐 ◇面倒だ 귀찮다 ◇面倒な 귀찮은 ¶洗車を自分でやるのは面倒だ 세차를 스스로 하는 것은 귀찮다. / 辞書でいちいち単語を引くのは面倒くさい 사전으로 일일이 단어를 찾는 것은 귀찮다. / こんな面倒くさい仕事, したくないなあ 이렇게 귀찮은 일은 하고 싶지 않은데. / 面倒がらずに病院に行きなさい 귀찮아하지 말고 병원에 가. / 夜遅く帰ったので面倒くさくて風呂に들어가지 않았다 늦게 귀가했기 때문에 귀찮아서 목욕을 하지 않았다. / あいつは人にさんざん面倒をかけておいて謝りもしない 그 녀석은 사람들에게 실컷 폐만 끼쳐 놓고 사과도 안 한다.

会話 面倒をかけ014

A：ご面倒をおかけしてすみません
B：とんでもない. 気にしないでください

A：폐를 끼쳐서 죄송합니다.
B：별 말씀은 다 하십니다. 신경쓰지 마세요.

A：ご面倒ですが, あすの朝ホテルまで迎えに来ていただけますか
B：いいですよ. 面倒だなんてそんな

A：귀찮으시겠지만, 내일 아침 호텔까지 마중 나와 주시겠습니까?
B：네, 그러죠. 하나도 안 귀찮아요.

A：料理を作るのが面倒だから外に食べに行かない?
B：でも出かけるのもちょっと面倒だな. 出前でも取ろうか

A：요리 만드는 거 귀찮으니까 밖에서 먹을래?
B：하지만 나가는 것도 좀 귀찮군. 배달시킬까?

A：飲み物は何がいいですか?
B：ご面倒でなければ紅茶をお願いします

A：음료수는 뭘 마시겠습니까?
B：귀찮으시지 않다면 홍차 부탁합니다.

❷ 〔もめ事〕 말썽 ¶面倒だ 〔やっかいだ〕 성가시다 ◇面倒な 성가신 ¶もうこれ以上面倒を起こさないでくれ 더 이상 말썽 피우지 마. / 今のうちに手を打たないと面倒なことになる 지금 손을 쓰지 않으면 일이 성가시게 된다. / 面倒を招くようなことはしないほうがよい 성가신 일을 일으키지 않는 편이 좋다.

❸ 〔世話〕 ◇面倒を見る 〔世話をする〕 돌보다, 보살피다 ¶犬は好きだけど面倒を見るのがたいへんだ 개는 좋아하지만 돌보는 것이 힘들다. / 私は年取った母の面倒をひとりで見ている 나는 나이 드신 어머니를 혼자서 보살피고 있다. / 留守の間猫の面倒を見てくれませんか 집을 비우는 동안 고양이를 돌봐 주시지 않겠습니까? / うちの部長は部下の面倒見がいい 우리 부장님은 부하를 잘 보살펴 주신다. / 私の言うことを聞かないのだから君の面倒は見きれない 내가 하는 말을 듣지 않으니 널 더 이상 보살필 수 없다.

**めんとおし【面通し】** ¶容疑者の面通しをする 용

의자를 가려내기 위해서 대질하다
**めんどり【雌鳥】**〔鶏の〕암탉
**メンバー** 멤버, 회원(会員) ¶彼はその委員会のメンバーだ 그는 그 위원회의 멤버다. / 日本はベストメンバーでブラジルとの試合に臨んだ 일본은 베스트 멤버로 브라질과의 경기에 임했다. / 先発メンバー 선발 멤버
**めんぷ【綿布】** 면포, 무명
**めんぼう【綿棒】** 면봉
**めんぼく【面目】** ❶〔面子(メンツ)〕면목, 체면(体面)〔名誉〕〔信用〕명예 신용 ¶彼はその一件ですっかり面目を失った 그는 그 한 건으로 완전히 신용을 잃었다. / 時間に遅れるなんて面目ない 시간에 늦다니 면목 없다. / まことに面目次第もありません 참으로 면목 없습니다. / 彼は金メダルを取って面目を施した 그는 금메달을 따서 체면을 세웠다. / そんなことをすると君の面目にかかわるよ 그런 짓을 하면 네 체면이 깎인다.
❷〔体裁〕면목, 면모 ¶校舎を建て直され面目を一新した 교사를 다시 지어 면모를 새롭게 했다.
**めんみつ【綿密】**◇綿密だ 면밀하다 ◇綿密に 면밀히 ¶それを立証するには綿密な調査が必要だ 그것을 입증하는 데는 면밀한 조사가 필요하다. / 綿密な計画に基づいて行動する 면밀한 계획에 기초를 두고 행동하다
¶彼はその写真を綿密に調べた 그는 그 사진을 면밀히 조사했다. / 警察は事件を綿密に捜査した 경찰은 사건을 면밀히 조사했다. / 綿密に検討する 면밀히 검토하다
**めんめん【綿々】**◇綿々と 끝없이 ¶彼女は自分の境遇を綿々と語った 그녀는 자신의 경우를 끝없이 말했다.
**めんめん【面々】** 면면 ¶委員会の面々 위원회의 면면
**めんもくやくじょ【面目躍如】** ¶横綱の面目躍如たる勝ちっぷりだ 요코즈나[천하장사]의 면목에 어울리는 호쾌한 승리였다.
**めんよう【綿羊】** 면양
**めんるい【麺類】** 면류(▶発音은 면뉴), 국수 ¶昼食は麺類が多い 점심 식사로는 면류가 많다. / 彼は麺類が大好きだ 그는 면류를 아주 좋아한다.

# も

**-も** ❶〔…もまた〕도

> **使い分け** 도, (이)나
> 도 体言に付いて添加を示す.「～もまた同様に」の意味.
> (이)나 数詞や助数詞に付いて数量が多いことを示す. ⇒❹

**基本表現**
▶君が行くなら僕も行くよ
네가 간다면 나도 갈게.
▶あなたが行かないなら私も行かないわ
당신이 안 간다면 나도 안 갈 거야.
▶私もジナのことは心配しています 저도 지나의 일이라면 걱정하고 있습니다.
▶次回も平均点以下だったら親父にしかられるよ
다음 번에도 평균점 이하라면 아버지한테 혼나.
¶そのことは彼も知っている 그 일이라면 그도 알고 있다. / 新聞を持って来て. あっ, それと眼鏡も 신문 가져다 줘. 아, 그리고 안경도. / きょうも また雨が降る 오늘도 또 비가 오네. / 今年も仕事を頑張るぞ! 올해도 열심히 해야지! / 高校まで私もその町に住んでいました 고등학교까지 나도 그 동네에 살고 있었습니다. / この本も買っておこう 이 책도 사 둬야지.

**会話** …も
A：僕は韓国映画が好きだ
B：私もよ
A：나는 한국 영화를 좋아해.
B：나도야.
A：彼の家族のことは何も知りません
B：私もです
A：그 사람의 가족에 대해선 아무것도 모릅니다.
B：저도요.
A：コーヒーをください
B：私にも同じものを
A：커피 주세요.
B：나도 같은 걸로.
A：よいお年をお迎えください
B：ええ, 佐藤さんも
A：새해 복 많이 받으세요.
B：예, 사토 씨도요.

❷〔…も…も〕〔AもBも〕A도 B도〔AだけでなくBも〕A뿐만 아니라 B도

**基本表現**
▶彼女は韓国語も中国語も話せる 그녀는 한국어뿐만 아니라 중국어도 할 수 있다.
▶彼女は韓国語も中国語も話せない 그녀는 한국어뿐만 아니라 중국어도 못한다.
▶私は韓国も日本も大好きなんです
나는 한국도 일본도 사랑하거든요.
¶彼は酒もたばこもやらない 그는 술도 담배도 하지 않는다. / 僕はソウルも釜山もまだ行ったことがない 나는 서울도 부산도 아직 가 본 적이 없다. / 兄も僕も父に似ていない 형도 나도 아버지를 안 닮았다.

❸〔…でさえ〕조차 ¶きょうはあまりに忙しくて昼食をとる時間もなかった 오늘은 너무 바빠서 점심 식사 시간조차 없었다. / 彼は私にあいさつをしたこともない 그 사람은 나한테 인사를 한 적조차 없다.

❹ [程度, 強調] (이)나, 도 語法 数詞や助数詞に付いて数量が多いことを示す場合は(이)나を用いるが, 否定が後に続く場合は도を用いる。 ¶大地震で数千人もの人が亡くなった 큰 지진으로 수천 명이나 사망했다. /その店の売り上げは1日で100万円にもなるそうだ 그 가게의 매상은 하루에 100만 엔이나 된다고 한다. /その村まではここから30キロもある 그 마을까지는 여기에서 30킬로미터나 된다. /京都へは もう10回も行った 교토에는 벌써 열 번이나 갔다. /3か月もあれば運転免許は取れる 3개월이나 시간이 있으면 운전면허는 딸 수 있다.

¶パソコンは今では10万円もしないで買える 컴퓨터는 지금은 10만 엔도 안 주고 살 수 있다.

¶だれもが彼女に優しい 누구나 그녀한테 상냥하다. /だれにも欠点はあるものだ 누구나 다 결점이 있게 마련이다. /もう何も信じられない 이제 아무 것도 못 믿겠다. /ちっともうれしくない 조금도 기쁘지 않다. /慶州には一度も行ったことがない 경주에는 한 번도 가 본 적이 없다.

会話 (金額について)…もする
A：いいスーツ着てるね。高いんだろう
B：イタリア製だよ。20万円もしたんだ
A：좋은 양복 입었네. 비싸겠다.
B：이탈리아제야. 20만 엔이나 줬어.

❺ [AでもBでも] A든(지) B든(지) [Aだろうと Bだろうと] ―든지…―든지 ¶肉でも野菜でも何でもよく食べる 고기든 야채든 아무것이나 잘 먹는다. /高校を卒業したら進学しても就職してもいい 고등학교 졸업하면 진학을 하든지 취업을 하든지 해라. /彼女が誰と結婚してもしなくても知ったことじゃない 그 여자가 누구와 결혼을 하든지 말든지 내가 알 바 아니다.

❻ [たとえ…しても] ―더라도, ―아도[-어도, ―여도] […だけれども] ―지만 ¶彼を旅行に誘ってもきっと断るだろう 그 사람에게 여행하자고 해도 틀림없이 거절할 거야. /あの男には金があっても教養がない 그 남자한테 돈은 있지만 교양은 없다.

も【喪】 상 ¶彼はお父さんの喪に服している 그는 부친의 '상을 입었다[상중이다]. /夫の喪が明けてからいくらもたたずに彼女は再婚した 남편의 탈상 후 얼마 안 되어 그녀는 재혼했다.

も【藻】 말 [海藻] 해조, 바닷말

**もう** ❶ [すでに] 벌써, 이미, 이제 ¶もう夏だ 벌써 여름이다. /もう宿題は済ましたの? 벌써 숙제 다 했어? /私の娘は3歳だが, もう字が読める 우리 딸은 세 살이지만 벌써 글을 읽을 줄 안다. /あっ, もう12時だ。終電に間に合うかなあ 아, 벌써 열두 시다. 막차를 탈 수 있을까? /もう出かけるの, まだ早すぎるんじゃない もう나가는 거야? 아직 너무 이른 거 아니야? /東京に住んでもう20年になる 도쿄에 산 지 벌써 20년이 된다.

¶夏休みにどこへ行くか, もう決めたの? 여름 방학 때 어디 갈지, 정했어? /彼らは知り合ってからたった1か月なのにもう婚約した 그들은 서로 알고 지낸 지 겨우 1개월밖에 안 됐는데 벌써 약혼했다.

¶もう彼女は帰宅しているだろう 이미 그녀는 귀가했을 거야. /もうあすの今ごろは我々はニューヨークに着いているだろう 이제 내일 이맘때쯤이면 우리는 뉴욕에 도착해 있겠지.

会話 もう…している
A：もう披露宴は始まっていますよ
B：えっ! もう?
A：벌써 피로연은 시작됐어요.
B：예? 벌써요?

A：鈴木さんはもう帰ったの?
B：はい, もう帰りました
A：스즈키 씨는 벌써 갔어?
B：예, 벌써 돌아갔습니다.

A：もう, あの映画やってないかなあ
B：いや, まだやっているよ
A：이제, 그 영화 상영하지 않겠지.
B：아니, 아직 하고 있어.

❷ [間もなく, すぐに] 곧 [程なく] 머지않아 [今は] 이제 ¶父はもう帰ると思います 아버지는 곧 돌아오실 겁니다. /雨はもうあがるだろう 비는 머지않아 그치겠지. /もう電車は来るだろう 곧 전철은 올 거다. /もうすぐ夏休みだ, 待ち遠しいなあ 이제 곧 여름 방학이구나, 너무 기다려진다. /もうそろそろ失礼します 이제 슬슬 실례하겠습니다.

¶この数年不景気だったが, もうそのうち景気も回復するだろう 몇 년 동안 불경기였지만 머지않아 경기도 회복될 것이다. /お湯がもう沸くよ 물이 곧 끓어요.

❸ [さらに] 더 [もう少し] 좀 더 [もう一度] 다시 ¶もう少しお金を稼ぎたい 좀 더 돈을 벌고 싶어. /「もう少しお茶を召し上がりませんか」「はいお願いします」「いえ, もう結構です」"차 좀 더 드시겠습니까?" "예, 감사합니다." "아니요, 이제 됐습니다." /もうちょっとテレビの音を小さくしてくれないか 텔레비전 소리를 좀 더 작게 해 줄래? /コーヒーをもう1杯もらえますか 커피 한 잔 더 주시겠어요? /もう2週間のお正月だと2週ぐらいで 설이네. /もう一度言ってくださいませんか 한 번 더 말씀해 주시겠습니까? /彼の家はここからもう2キロほど歩かなくてはならない 그의 집은 여기에서 2킬로미터 정도 더 걸어가야 한다. /もう5分ほど待っていただけますか 5분만 더 기다려 주시겠습니까? /もう1枚写真をとっていただけますか 사진을 한 장 더 찍어 주시겠습니까? /もう2, 3日この本を借りてもいいですか 2, 3일 더 이 책을 빌려도 되겠습니까?

¶もう少しで対向車にぶつかるところだった 하마터면 마주 오는 차와 부딪힐 뻔했다. /彼には子供が2人いるが, 1人は大学生で もう1人はまだ中学生だ 그 사람은 아이가 두 명 있는데 한 명은 대학생이고, 다른 한 명은 아직 중학생이다.

❹ [もはや…ない] 이제, 더 이상 ¶もうこれ以上あいつには我慢できない 더 이상 그 녀석한테는 참을 수 없다. /もうこれ以上歩けないよ 더 이상 못 걷겠어. /もう子供じゃないんだから自分のことは自分でやりなさい 이제 아이가 아니니까 자기 일은 자기가 해. /もう二度と核兵器が使われることがない

ことを願う 이제 두 번 다시 핵무기가 사용되지 않기를 빈다. / 君のだじゃれはもうたくさんだ 너의 말장난은 이제 질렸어. / もう決してこんなまねをするな 이제 다시는 이런 짓은 하지 마.

❺〔感情の高まり〕정말 ¶彼って，もう最高だね 그는 정말 최고야. / あそこのジェットコースターはもう本当にすごいんだ 거기 롤러코스터는 정말 대단해. / あの人が怒るとそりゃもうひどいものよ 그 사람이 화내면 무서워 정말.

**もう**〔牛の鳴き声〕음매, 엄매 ¶牛がもうと鳴く 소가 음매하고 울다

**もうあ**【盲啞】맹아 関連 **盲啞学校** 맹아 학교

**もうい**【猛威】¶吹雪は3日もの間猛威をふるった 눈보라는 3일 동안 맹위를 떨쳤다. / 関東地方ではインフルエンザが猛威をふるっている 간토 지방에서는 유행성 독감이 맹위를 떨치고 있다. / 台風は九州に上陸し猛威をふるった 태풍은 규슈에 상륙해 맹위를 떨쳤다.

**もうか**【猛火】맹화, 세찬 불길 ¶その家はあっという間に猛火に包まれた 그 집은 순식간에 세찬 불길에 휩싸였다.

**もうがっこう**【盲学校】맹인 학교

**もうかる**【儲かる】❶〔利益があがる〕벌다, 벌이가 되다 ¶こういう商売はもうからない 이런 장사는 벌이가 안 된다. / その取引で500万円もうかった 그 거래로 500만 엔 벌었다. / 楽をしてもうかる仕事はない 편하게 돈 버는 일은 없다.

会話 いくらもうかった?
A : きのうの競馬でいくらもうかった?
B : 全然．2万円損した．
A : 어제 경마에서 얼마 땄어?
B : 전혀．2만 엔 잃었어．

❷〔得をする〕덕을 보다 ¶休みがもう1日増えてもうかった 쉬는 날이 하루 늘어나서 덕 봤다.

**もうかん**【毛管】모관, 모세관(毛細管) 関連 **毛管現象** 모관[모세관] 현상

**もうきん**【猛禽】맹금 関連 **猛禽類** 맹금류

**もうけ**【儲け】벌이〔利益〕이익 ¶彼はもうけを独り占めした 그는 이익을 혼자 차지했다. / 彼は株で大もうけした 그는 주식으로 큰 이익을 얻었다. / もうけの少ない仕事 이익이 적은 일 / これは思わぬもうけものをした 생각지도 않은 이익을 얻었다. 関連 **もうけ口** 벌이가 되는 일

**もうける**【設ける】❶〔設置する〕설치하다, 차리다〔条件などを付ける〕달다, 붙이다〔規則などを定める〕제정하다, 만들다 ¶わが社は新しく六本木に事務所を設けた 우리 회사는 새롭게 롯폰기에 사무실을 차렸다. / 事故原因を調査するために委員会が設けられた 사고 원인을 조사하기 위해 위원회가 설치되었다. / フリーダイヤルの電話を設ける 무료 전화를 설치하다

¶政府は牛肉の輸入に制限を設けた 정부는 소고기[최고기] 수입 제한을 제정했다. / 彼は口実を設けて会議に出席しなかった 그는 핑계를 만들어 회의에 참석하지 않았다.

¶基準を設ける 기준을 정하다 / 規則を設ける 규칙을 제정하다

❷〔用意する〕마련하다, 준비하다, 베풀다 ¶機会を設ける 기회를 마련하다[만들다] / 佐藤氏のために一席設けた 사토 씨를 위해 술 자리를 마련했다. / 電車やバスにはお年寄りや体の不自由な人のために優先席が設けられている 전철이나 버스에는 노인이나 몸이 불편한 사람을 위한 노약자 보호석이 설치되어 있다.

**もうける**【儲ける】❶〔金を〕벌다〔利益を得る〕이익을 보다 ¶彼は新しい事業を始めて大金をもうけた 그는 새 사업을 시작해서 큰돈을 벌었다. / 私は株で今で200万円もうけた 나는 주식을 해서 200만 엔 벌었다. / その会社はネットビジネスでかなりもうけている 그 회사는 인터넷 비즈니스[사업]에서 상당히 이익을 보고 있다.

❷〔得をする〕덕을 보다 ¶1万円拾うなんてもうけたな 만 엔짜리를 줍다니 득 봤네.

**もうけん**【猛犬】맹견 ¶猛犬に注意(▶掲示) 맹견 주의

**もうこ**【蒙古】몽고, 몽골 関連 **蒙古斑** 몽고반점

**もうこうげき**【猛攻撃】맹공격, 맹공, 맹격 ¶敵に猛攻撃を加える 적군에게 맹공격을 가하다

**もうこん**【毛根】모근

**もうさいけっかん**【毛細血管】모세 혈관

**もうしあげる**【申し上げる】❶〔「言う」の謙譲語〕말씀드리다 ¶今は特に申し上げることはございません 지금은 특별히 말씀드릴 것이 없습니다. / 申し上げにくいのですが… 말씀드리기 어렵습니다만… / 衷心より厚く御礼申し上げます 진심으로 감사의 말씀을 드리겠습니다. / 謹んで申し上げます 삼가 말씀드립니다.

❷〔補助動詞〕《連用形＋》드리다 ¶調査の結果をご通知申し上げます 조사 결과를 통지해 드리겠습니다.

¶今後ともどうぞよろしくお願い申し上げます 앞으로도 잘 부탁드리겠습니다.

**もうしあわせ**【申し合わせ】〔合意〕합의 ¶誘拐事件についての報道を自粛する申し合わせがテレビ局の間でできた 유괴 사건에 대한 보도를 자숙하자고 텔레비전 방송국 간에 합의가 됐다. / 契約書には申し合わせ事項が明記されている 계약서에는 합의 사항이 명기되어 있다. / 申し合わせにより 합의에 의해

**もうしあわせる**【申し合わせる】〔約束する〕약속하다〔合意する〕합의하다〔相談する〕상의하다 ¶二人は申し合わせたように同じ格好で現れた 두 사람은 약속한 것처럼 같은 차림으로 나타났다. / 私たちは委員会の決定に従うことを申し合わせた 우리는 위원회의 결정에 따를 것을 약속했다. / 彼らは申し合わせて，そのことを彼女に黙っていた 그들은 상의해서 그 일을 그녀한테 말하지 않았다.

**もうしいれ**【申し入れ】〔申し出〕제의〔提案〕제안〔要請〕요청 ¶政府は外国からの緊急支援の申し入れを受け入れた[断った] 정부는 외국의 긴급 지원 제의를 받아들였다[거절했다]

**もうしいれる**【申し入れる】〔申し出る〕제의하다〔提案する〕제안하다〔要請する〕요청하다 ¶我々は彼らに援助を申し入れた 우리는 그들에게 원조를 제의했다. / 反政府武装勢力は政府側に休戦を申し入れた 반정부 무장 세력은 정부 측에

휴전을 제의했다. / 私は銀行に融資を申し入れた 나는 은행에 융자를 요청했다. / 住民たちは原子力発電所の建設を撤回するよう電力会社に申し入れた 주민들은 원자력 발전소 건설을 철회하도록 전력 회사에 요청했다.

**もうしうける【申し受ける】** 받다 ¶送料は実費を申し受けます 송료는 실비를 받습니다.

**もうしおくる【申し送る】** 인계하다, 전달하다 ¶これは前任者から申し送られた事項です 이것은 전임자로부터 전달받은 사항입니다.

**もうしかねる【申し兼ねる】** 말씀드리기 죄송하다 ¶誠に申し兼ねますが、3万円ほど拝借できませんでしょうか 정말로 말씀드리기 죄송합니다만 3만 엔 정도 빌려 주실 수 있습니까?

**もうじき** 곧, 머지않아, 이제

**もうしご【申し子】** ¶天の申し子 하늘이 점지해 주신 아이 / 時代の申し子 시대의 산물

**もうしこみ【申し込み】** 신청 ¶入会の申し込みをしたが、まだ何も言ってこない 가입 신청을 했는데, 아직 아무런 답장이 없어. / マラソン大会に千人の申し込みがあった マラソン 대회에는 천 명이 참가를 신청했다. / ファンクラブの会員申し込みを受け付けてもらった 팬 클럽 회원 신청이 접수됐다. / パソコン教室の申し込み受け付けは7月1日から始まります 컴퓨터 교실 신청 접수는 칠월 1일부터 시작됩니다. / 申し込み受付中 신청 접수중 / 彼女は彼の結婚の申し込みを受け入れた 그녀는 그의 결혼 신청을 받아들였다. / この申し込み用紙に記入してください 이 신청 용지에 기입해 주세요.

## もうしこむ 【申し込む】 신청하다 ¶彼は奨学金を申し込んだ 그는 장학금을 신청했다. / 家を買うために銀行にローンを申し込んだ 집을 사기 위해 은행에 대부를 신청했다. / うちのチームは大会への参加を申し込んだ 우리 팀은 대회 참가 신청을 했다. / 韓国語会話の講座を2つ申し込んだ 한국어 회화 강좌를 두 개 신청했다. / 彼らに野球の試合を申し込んだ 그들에게 야구 시합을 신청했다.

¶彼女にデートを申し込んだが断られてしまった 그녀한테 데이트 신청을 했는데 거절당했다. / チョルスはヨンヒに結婚を申し込んだ 철수는 영희한테 결혼을 신청했다. / 面会を申し込む 면회를 신청하다

**もうしたて【申し立て】** 주장(主張) ¶虚偽の申し立てをするな 허위 주장을 하지 마

**もうしたてる【申し立てる】** 주장하다, 제기하다 ¶彼はその時間にはアリバイがあると申し立てた 그는 그 시간에는 알리바이가 있다고 주장했다. / 彼はその決定に異議を申し立てた 그는 그 결정에 이의를 제기했다. / 被告人は無罪[正当防衛]を申し立てた 피고인은 무죄[정당방위]를 주장했다.

**もうしで【申し出】** 제의 ¶彼らは我々の資金援助の申し出を受け入れた[断った] 그들은 우리의 자금 원조 제의를 받아들였다[거절했다].

**もうしでる【申し出る】** 제의하다 [申し込む] 신청하다 ¶彼らは地震の被災者への支援を申し出た 그들은 지진 이재민에 대한 지원을 제의했다. / 希望者は総務部まで申し出ること 희망자는 총무부에 신청할 것. / 何でもお申し出ください 뭐든지 말씀해 주십시오.

**もうしひらき【申し開き】** [弁解] 변명(弁明) ¶申し開きをする 변명하다 / 申し開きのしようがない 변명할 여지가 없다.

**もうしぶんない【申し分ない】** 나무랄 데 없다, 더할 나위 없다 ¶彼は夫として申し分ない人です 그 사람은 남편으로서 나무랄 데 없는 사람입니다. / このコンピュータは個人で使うには申し分ない 이 컴퓨터는 개인이 사용하기에는 더할 나위 없다. / ピクニックには申し分ない天気だった 소풍 가기에는 더할 나위 없는 날씨였다. / 彼の学校の成績はまったく申し分ないものだった 그의 학교 성적은 전혀 나무랄 데 없었다.

**もうじゃ【亡者】** ¶金の亡者 수전노(守銭奴)

**もうじゅう【盲従】** 맹종 ◇盲従する 맹종하다

**もうじゅう【猛獣】** 맹수 関連 猛獣狩り 맹수 사냥 / 猛獣遣い 맹수를 다루는 사람

**もうしょ【猛暑】** 혹서(酷暑), 심한 더위 [熱波] 열파 ¶まだ当分猛暑が続く見込みです 아직 며칠 동안 심한 더위가 계속될 전망입니다. / この夏の猛暑は各地に水不足をもたらした 이번 여름 혹서는 각지에 물 부족을 초래했다.

## もうしわけ 【申し訳】 ¶申し訳ありません(→すみません) 죄송합니다. / 遅くなって申し訳ありません 늦어서 죄송합니다. / ご期待に添えなくて申し訳ありません 기대에 미치지 못해 죄송합니다. / 待たせて申し訳ない 기다리게 해서 미안해. / ご返事が遅れて申し訳ありませんでした 답장이 늦어져서 죄송합니다. / 彼には本当に申し訳ないことをしてしまった 그 사람에게는 정말로 면목 없는 짓을 했다. / これでは申し訳が立たない 이것은 변명이 안 된다. / 今度また失敗したらみんなに申し訳が立たない 다음에 또 실패하면 모두에게 변명할 여지가 없다. / これで申し訳が立つ 이것으로 변명이 된다.

### 会話 謝る
A: 申し訳ないんだが、今夜のコンサートに行けなくなっちゃったんだ
B: がっかりだわ
A: 미안하지만 오늘 밤 콘서트에 못 가게 됐어.
B: 실망이야.

¶彼は私に申し訳程度の謝礼しか払ってくれなかった 그는 나한테 약간의 형식적인 사례금만 지불했다. / 政府は申し訳程度の減税を実施した 정부는 명색뿐인 감세를 실시했다.

### 会話 申し訳程度の昇給
A: こんな申し訳程度の昇給じゃ満足できないよ
B: まったく同感だよ
A: 이런 형식적인[얼마 안 되는] 승급이라면 만족할 수 없어.
B: 정말 동감이야.

**もうしわたす【申し渡す】** 통고하다 [判決を] 선고하다 ¶校長はその生徒に3日間の停学を申し渡した 교장 선생님은 그 학생에게 3일간의 정학을 통고했다.

**もうしん【盲信】** 맹신 ◇盲信する 맹신하다

¶祖母は占いを盲信している 할머니는 점을 맹신하고 있다.
- **もうしん【盲進】** 맹진 ◇盲進する 맹진하다
- **もうしん【猛進】** 맹진 ◇猛進する 맹진하다 ¶猪突猛進する 저돌 맹진하다
- **もうじん【盲人】** 맹인, 맹자, 소경, 장님
- **もうす【申す】** ¶私は池田と申します 저는 이케다라고 합니다. ⇒言う
- **もうすぐ【もう直ぐ】** 곧, 머지않아, 이제
- **もうせい【猛省】** 맹성 ¶彼らに猛省を促す 그들에게 맹성을 촉구하다.
- **もうぜん【猛然】** ◇猛然と 맹렬히, 맹렬하게 ¶ライオンは猛然と獲物に襲いかかった 사자는 맹렬하게 먹이를 덮쳤다. / 彼女は猛然と反論した 그녀는 맹렬히 반론했다. / 弟は猛然と勉強し始めた 동생은 맹렬히 공부하기 시작했다.
- **もうそう【妄想】** 망상 ¶彼女は一日中妄想にふけっている 그녀는 하루 종일 망상에 빠져 있다. / 彼は妄想にとりつかれていた 그는 망상에 사로잡혀 있었다. / 妄想に悩まされる 망상으로 고민하다 / 被害妄想に駆られる 피해망상에 빠지다[사로잡히다]
  - 関連 誇大妄想 과대망상
- **もうだ【猛打】** 맹타 ¶ロッテは相手の投手に猛打を浴びせた 롯데는 상대편 투수에게 맹타를 퍼부었다.
- **もうちょう【盲腸】** 맹장 〔盲腸炎〕 맹장염 (► 発音은 맹장념), 충수염(虫垂炎) ¶盲腸の手術を受けた 맹장 수술을 받았다.
- **もうでる【詣でる】** 참배하다 ⇒参る
- **もうてん【盲点】** 맹점 (► 発音은 맹점) 〔弱点〕 허점 (► 発音은 허점) ¶彼は法の盲点をついてひともうけを企んだ 그는 법의 맹점을 질러 한 밑천 잡으려고 했다. / そこが敵の盲点だ 그게 적의 허점이다.
- **もうとう【毛頭】** 털끝만큼도, 조금도, 전혀 ¶彼と付き合う気は毛頭ありません 그 사람과 사귈 생각은 털끝만큼도 없습니다.
- **もうどう【妄動】** 망동 ¶妄動を慎む 망동을 삼가다
- **もうどうけん【盲導犬】** 맹인 안내견, 맹도견
- **もうどく【猛毒】** 맹독 ¶猛毒の蛇 맹독을 가진 뱀
- **もうばく【猛爆】** 맹폭, 맹폭격 ◇猛爆する 맹폭하다
- **もうはつ【毛髪】** 모발, 머리털
- **もうひつ【毛筆】** 모필, 털붓 関連 毛筆画 모필화
- **もうひとつ【もう一つ】** 〔個数〕 하나 더 〔不十分〕 좀 더 ¶君の話はもう一つぴんとこない 자네 이야기는 좀 이해가 안 가네. / その企画にはもう一つ新鮮味がない 그 기획에는 무언가 좀 산뜻한 맛이 없다.
- **もうふ【毛布】** 모포, 담요 (► 発音은 담뇨)
- **もうまい【蒙昧】** 몽매 ¶無知蒙昧だ 무지몽매하다
- **もうまく【網膜】** 망막, 그물막 関連 網膜剝離 망막 박리
- **もうもう【濛々】** ◇もうもうと 자욱하게, 자욱이 ¶ジープは砂煙をもうもうとあげて走ってきた 지프차는 모래 먼지를 자욱하게 날리며 달려왔다. / 部屋にはたばこの煙がもうもうと立ちこめている 방에는 담배 연기가 자욱이 끼어 있다.
- **もうもく【盲目】** 맹목 ◆盲目的 맹목적인 ◇盲目的に 맹목적으로
- **もうら【網羅】** 망라 ◇網羅する 망라하다 ¶この叢書(ソウショ)は20世紀の重要な文学作品を網羅している 이 총서는 20세기의 중요한 문학 작품을 망라하고 있다.
- **もうれつ【猛烈】** ◇猛烈だ 맹렬하다 〔ひどい〕 심하다 ¶火の勢いが猛烈だ 불길이 맹렬하다. / 戸外は猛烈な暑さだった 집 밖은 굉장한 더위였다. ¶猛烈な嵐 맹렬한 바람 / 猛烈な痛み 심한 아픔 / わき腹が猛烈に痛い 옆구리가 심하게 아프다. / 彼は猛烈に働いた 그는 맹렬히 일했다. / 猛烈に非難する 맹렬히 비난하다 / 猛烈社員 맹렬 사원
- **もうれんしゅう【猛練習】** 맹연습 ◇猛練習する 맹연습하다 ¶野球部は全国大会に向けて猛練習した 야구부는 전국 대회를 향해 맹연습을 했다.
- **もうろう【朦朧】** ◇もうろうとしている 몽롱하다, 흐리멍덩하다 ¶彼は意識がもうろうとしているようだ 그는 의식이 몽롱한 것 같다. / あまりに暑くて意識がもうろうとした 너무 더워서 의식이 몽롱해졌다. / 寝不足で頭がもうろうとしている 잠이 부족해서 머리가 몽롱하다. / それについては記憶がもうろうとしている 그것에 대해서는 기억이 흐리멍덩하다.
- **もうろく【耄碌】** 망령, 노망 ◇もうろくする 망령[노망]이 들다 ¶祖父はすっかりもうろくして孫の顔もわからない 할아버지는 완전히 노망이 들어 손자의 얼굴도 못 알아보셨다. / もうろくした老人 노망든 노인
- **もえあがる【燃え上がる】** 타오르다 ¶火はぱっと[めらめらと, 赤々と]燃え上がった 불은 확[활활, 새빨갛게] 타올랐다. / 横転したトラックに一気に燃え上がった 옆으로 넘어진 트럭은 단숨에 타올랐다.
- **もえうつる【燃え移る】** 연소하다 ¶火は隣家に燃え移った 불길은 옆집으로 연소했다.
- **もえかす【燃え滓】** 타고 남은 찌꺼기
- **もえがら【燃え殻】** 타고 남은 찌꺼기
- **もえぎいろ【萌黄色】** 연두색 (軟豆色)
- **もえきる【燃え切る】** 다 타 버리다
- **もえさかる【燃え盛る】** 활활 타다
- **もえさし【燃え差し】** 타다 남은 것 ¶ろうそくの燃えさし 초가 타다 남은 것
- **もえつきる【燃え尽きる】** 다 타버리다 〔気力が〕 소진되다 ¶薪は燃え尽きて灰になった 장작이 다 타 버려 재가 되었다. / 彼はもう燃え尽きてしまった 그는 이미 다 소진해 버렸다.
- **もえでる【萌え出る】** 움트다, 싹트다 ¶若葉が萌え出る 새잎이 싹트다
- **もえひろがる【燃え広がる】** 불이 번지다 ¶火はその地域全体に燃え広がった 불길은 그 지역 전체로 번졌다.
- **もえる【萌える】** 싹트다, 움트다

**もえる**【燃える】❶〔燃焼する〕타다, 불타다 ¶小屋が燃えている 오두막집이 불타고 있다. / 何か燃えるにおいがしませんか 뭔가 타는 냄새가 나지 않습니까? / 乾いた木は燃えやすい 마른 나무는 쉽게 탄다.
¶からしで舌が燃えるような感じだった 겨자 때문에 혀가 타는 것 같은 느낌이었다.
❷〔赤く輝く〕새빨갛게 빛나다 ¶山は紅葉で燃えるようだった 산은 단풍으로 새빨갛게 빛나는 것 같았다. / 燃えるような夕焼け 불타는 듯한 저녁노을
❸〔感情が高ぶる〕불타다 ¶彼は怒りに燃えている 그는 노여움에 불타 있다.

**モーション** 모션 ¶モーションをかける 모션을 걸다 関連 スローモーション 슬로모션 / 投球モーション 투구 모션

**モーター** 모터 関連 モーターショー 모터쇼

**モーターバイク** 오토바이

**モーターボート** 모터보트

**モータリゼーション** 모터리제이션

**モーテル** 모텔 ¶モーテルに泊まる 모텔에 묵다

**モード** 모드 〔流行〕유행

**モーニング** 〔コート〕모닝코트

**モーニングコール** 모닝콜 ¶7時にモーニングコールをしてください 일곱 시에 모닝콜을 부탁합니다.

**モーニングサービス** 주로 커피숍에서 싸게 먹을 수 있는 아침 정식 ¶モーニングサービスを食べる 아침 정식을 먹다

**モール** 〔織物〕몰 〔商店街〕상가 ¶金モールの付いた上着 금몰이 달린 상의

**モールス** ¶モールス信号で通信する 모스 부호로 통신하다

**もがく**【踠く】발버둥치다, 바르작거리다 ¶彼は起き上がろうともがいた 그는 일어나려고 발버둥쳤다. / その患者はベッドでもがき苦しんだ 그 환자는 침대에서 괴로워 발버둥쳤다.

**もぎ**【模擬】関連 模擬試験 모의 시험 / 模擬店 간이 식당, 포장마차

**もぎとる**【挽き取る】비틀어 따다[떼다]〔奪う〕빼앗다 ¶ここでは自由になしをもぎ取って結構です 여기에서는 마음대로 배를 따도 됩니다. / その子は人形の首をもぎ取ってしまった 그 애는 인형 목을 비틀어 떼어내 버렸다. / 彼は彼女の手からナイフをもぎ取った 그는 그 여자의 손에서 칼을 빼앗았다.

**もく**【目】〔生物の分類〕목〔碁石〕바둑돌〔盤目〕목, 점 ¶1目半で白が勝った 1목반으로 백이 이겼다.

**もぐ**【挽ぐ】따다 ¶もぎたての桃 막 딴 복숭아

**もくあみ**【木阿弥】慣用句 結局元のもくあみだった 결국 도로 아미타불이었다.

**もくぎょ**【木魚】목탁(木鐸) ¶木魚をたたく 목탁을 두드리다

**もくげき**【目撃】목격 ◇目撃する 목격하다 ¶私は事故を目撃した 나는 사고를 목격했다. / 犯人はその時刻に店から出て行くのを目撃されている 범인은 그 시각에 가게에서 나가는 것이 목격되었다. / 事故の目撃者の話によると 사고 목격자의 이야기에 의하면

**もくげき**【黙劇】묵극, 무언극(無言劇) ¶黙劇を演じる 무언극을 하다 ⇒パントマイム

**もぐさ**【艾】뜸쑥

**もくざい**【木材】목재 ¶木材を切り出す 목재를 잘라내다

**もくさつ**【黙殺】묵살 ◇黙殺する 묵살하다 ¶市当局は住民たちの訴えを黙殺した 시 당국은 주민들의 호소를 묵살했다.

**もくされる**【目される】-(으)로 예상되다 ¶田中教授が次期学長と目されている 다나카 교수가 차기 학장으로 예상된다.

**もくさん**【目算】눈어림〔見込み〕예상(予想) ¶私の目算が外れた 내 예상이 빗나갔다. / 目算どおり事は運んだ 예상대로 일이 진행되었다.

**もくし**【黙示】묵시〔啓示〕계시 関連 黙示録 묵시록

**もくし**【黙視】묵시 ◇黙視する 묵시하다

**もくじ**【目次】목차, 차례(次例)

**もくず**【藻屑】(바닷말 등) 바다의 쓰레기 ¶船が転覆し乗組員は海のもくずと消えた 배가 전복되어 승무원은 바다에 빠져 죽었다.

**もくする**【黙する】침묵하다

**もくせい**【木星】목성 ¶木星には特異な「大赤点」がある 목성에는 특이한 '대적점'이 있다.

**もくせい**【木犀】목서

**もくせい**【植物】목서

**もくせい**【木製】목제〔木造〕목조 ¶木製のベンチ 목제 벤치

**もくぜん**【目前】목전, 눈앞 ¶危険は目前に迫っていた 위험은 눈앞에 다가왔다. / 入試を目前に迫っている입시를 눈앞에 두고 있다. / 韓国への出発を目前に控えて彼は毎日あわただしく過ごしている 한국 출발을 눈앞에 두고 그는 매일 바쁘게 보내고 있다.
¶私たちの目前で衝突事故が起こった 우리들 눈앞에서 충돌 사고가 났다.

**もくそう**【黙想】묵상 ◇黙想する 묵상하다 ¶黙想にふける 묵상에 잠기다

**もくぞう**【木造】목조 ¶地震で多くの木造家屋が倒壊した 지진으로 많은 목조 가옥이 무너졌다. / その建物は木造ですか, 鉄筋ですか 그 건물은 목조입니까, 철근입니까?

**もくぞう**【木像】목상

**もくそく**【目測】목측, 눈대중 ◇目測する 목측하다, 눈대중하다 ¶その木までの距離を目測した 그 나무까지 거리를 눈대중했다. / 目測を誤る 눈대중을 잘못하다

**もくだく**【黙諾】묵인(黙認) ◇黙諾する 묵인하다

**もくたん**【木炭】목탄〔炭〕숯 ¶木炭で絵を描く 목탄으로 그림을 그리다 関連 木炭画 목탄화

**もくちょう**【木彫】목조 関連 木彫人形 목조 인형

**もくてき**【目的】목적〔目標〕목표
◆**目的は**:
¶この実験の目的は事故の原因を突き止めることだ 이 실험의 목적은 사고의 원인을 밝혀내는 것이다.
会話 目的は何か
A：アメリカに行く目的は何なの？

B：大リーグの試合が見たいんだ
A：미국에 가는 목적이 뭐야?
B：메이저 리그 경기가 보고 싶어서.

◆〖目的の〗
¶彼は目的のためには手段を選ばない 그는 목적을 위해서라면 수단을 가리지 않는다. / はっきりした目的のない留学は金と時間のむだ遣いだ 분명한 목적이 없는 유학은 돈과 시간의 낭비다.

◆〖目的に〗
¶彼の提案はわが社の事業の拡張という目的にかなっている 그 사람의 제안은 우리 회사의 사업 확장이라는 목적에 맞는다. / 原子力は軍事目的に利用されるべきでない 원자력은 군사 목적에 이용되어서는 안 된다.

◆〖目的を〗
¶ぜひともコンクールで入賞するという目的を果たしたい 반드시 콩쿠르에서 입상한다는 목표를 이루고 싶다.

◆〖目的で〗
¶ショッピングが目的で海外旅行に行く若い女性が多い 쇼핑을 목적으로 해외여행을 가는 젊은 여성들이 많다. / 彼はMBAの学位を取得する目的でアメリカに留学した 그는 MBA 학위를 취득하기 위해 미국으로 유학갔다.

◆〖その他〗
¶目的もなく町をぶらついた 목적 없이 거리를 어슬렁거렸다. / 彼にはなんら目的意識がない 그에게는 아무런 목적의식도 없다. / 目的地にはあと20分で着く 목적지에는 앞으로 20분이면 도착한다. 関連 目的格《文法》목적격 / 目的語《文法》목적어

**もくとう**【黙禱】묵도 ◇黙禱する 묵도하다
¶私たちは原爆の犠牲者に1分間の黙禱を捧げた 우리들은 원자 폭탄 희생자에 1분간의 묵도를 올렸다.

**もくどく**【黙読】묵독 ◇黙読する 묵독하다
¶教科書を黙読する 교과서를 묵독하다

**もくにん**【黙認】묵인 ◇黙認する 묵인하다
¶彼の不正を黙認するわけにはいかない 그 사람의 부정을 묵인할 수는 없다. / クラスでのいじめを黙認すべきでない 반에서 일어나는 따돌림을[왕따를] 묵인해서는 안 된다.

**もくねじ**【木螺子】나사못
**もくば**【木馬】목마 関連 回転木馬 회전목마
**もくはん**【木版】목판 ¶江戸時代には多くの本が木版で刷られた 에도 시대 때는 많은 책이 목판으로 인쇄되었다. 関連 木版画 목판화

**もくひ**【黙秘】묵비 ◇黙秘する 묵비하다 ¶容疑者は依然その事件について黙秘を続けている 용의자는 여전히 그 사건에 대해 계속 묵비하고 있다 / 黙秘権を行使する 묵비권을 행사하다

**もくひょう**【目標】목표 [標的] 과녁 ¶人生の目標は高いところに置くべきだ 인생의 목표는 높게 잡아야 한다. / 募金の目標額は500万円だ 모금 목표액은 500만 엔이다. / 目標が達成できるよう一生懸命頑張りなさい 목표를 달성할 수 있도록 열심히 노력해라. / ワールドカップ出場という大きな目標を掲げて彼らは毎日猛練習に励んだ 월드컵 출전이라는 큰 목표를 걸고 그들은 매일 맹연습을 했다. / 今シーズンの目標はホームランを40本以上打つことだ 이번 시즌 목표는 홈런을 마흔 개 이상 치는 것이다.
¶ミサイルは目標を外れた 미사일은 과녁을 빗나갔다.

**もくへん**【木片】목편, 나뭇조각
**もくめ**【木目】나뭇결 ¶この材木は木目が粗い 이 재목은 나뭇결이 꺼칠하다. / 木目の粗い[詰まった]板 나뭇결이 성긴[꽉 찬] 판자

**もくもく** 뭉게뭉게 ¶煙突から煙がもくもくと出ている 굴뚝에서 연기가 뭉게뭉게 나오고 있다. / 空に入道雲がもくもくとわいてきた 하늘에 소나기구름이 뭉게뭉게 피어 올랐다.

**もくもく**【黙々】◇黙々と 묵묵히 ¶彼は毎日黙々と仕事をしている 그는 매일 묵묵히 일을 하고 있다.

**もぐもぐ** 우물우물 ¶老人は何か口の中でもぐもぐ言った 노인이 무엇인가 입 안에서 우물우물 말했다. / もぐもぐ食べる 우물우물 먹다

**もくやく**【黙約】묵약, 묵계(黙契)
**もくようび**【木曜日】목요일
**もくよく**【沐浴】목욕 ◇沐浴する 목욕하다
**もぐら**【土竜】두더지 ¶もぐらの穴 두더지의 구멍 / もぐらが穴を掘って進む 두더지가 구멍을 파다.

**もぐり**【潜り】〔潜水〕잠수〔無免許〕무허가〔偽者〕가짜〔回し者〕간첩 ◇もぐりの 가짜 ◇もぐりで〔無免許・無免許で〕무허가로, 무면허로 ¶この業界で彼を知らなきゃもぐりだ 이 업계에서 그 사람을 모르면 간첩이다.
¶もぐりの医者 무면허 의사 / 彼はもぐりで患者を診察していた 그 사람은 무면허로 환자를 진찰했다.

**もぐりこむ**【潜り込む】기어들다〔忍び込む〕잠입하다 ¶子供たちは急いでベッドに潜り込んだ 아이들은 서둘러 침대로 기어들어갔다. / 彼は床下に潜り込んで配管を調べた 그는 바닥 밑에 기어들어 배관을 조사했다. / 我々の組織の中にスパイが潜り込んでいるかもしれない 우리 조직 안에 스파이가 잠입해 있을지도 모른다.

**もぐる**【潜る】잠수하다, 물 속에 잠겨들다〔物の下・中に入り込む〕기어들다〔隠れる〕숨어들다, 숨다〔忍び込む〕잠입하다 ¶かもは水に潜って魚を捕らえた 오리는 물 속에 들어가 물고기를 잡았다. / 素潜りでどのくらい潜っていられますか 그냥 잠수하면 어느 정도 잠수할 수 있습니까?
¶彼女は布団に潜って泣いた 그녀는 이불을 뒤집어 쓰고 울었다. / 猫は私が近づくとさっと車の下に潜った 고양이는 내가 다가가자 잽싸게 차 밑으로 숨었다. / 彼らは地下に潜って非合法活動を続けた 그들은 지하에 잠입해 비합법적인 활동을 계속했다.

**もくれい**【目礼】목례, 눈인사 ¶目礼を交わす 목례를 나누다
**もくれい**【黙礼】목례 ◇黙礼する 목례하다
**もくれん**【木蓮】《植物》목련
**もくろく**【目録】목록 ¶その本は目録に載っていない 그 책은 목록에 안 실려 있다. / 目録を作る

목록을 만들다 関連 記念品目録 기념품 목록 / 図書目録 도서 목록

**もくろみ【目論見】**[計画]계획, 꾀 [陰謀]음모 [意図]의도 ¶我々のもくろみは外れた 우리의 계획은 빗나갔다.

**もくろむ【目論む】**꾀하다, 계획하다 ¶彼らはその会社の乗っ取りをもくろんでいる 그들은 그 회사를 빼앗을 궁리를 하고 있었다. / 彼は何をもくろんでいるのだろう 그는 무엇을 꾀하고 있는 것일까?

**もけい【模型】**모형 ¶彼は3か月かかって帆船の模型を完成させた 그는 3개월 걸려 돛단배 모형을 완성시켰다. / 新社屋の模型 신사옥 모형 / 実物大模型 실물대 모형 関連 模型飛行機 모형 비행기 / 立体模型地図 입체 모형 지도

**もげる【挘げる】**떨어지다 ¶強く引っ張ったら人形の手がもげてしまった 세게 당겼더니 인형 손이 떨어져 버렸다.

**モザイク** 모자이크 ¶テレビ画面の一部にモザイクをかける 텔레비전 화면 일부분에 모자이크 처리를 하다 / 猥褻なシーンにモザイクをかける 외설 장면을 모자이크 처리하다 関連 モザイク画 모자이크화 / モザイク作品 모자이크 작품 / モザイク模様 모자이크 무늬

**もさく【模作】**모작 ◇模作する 모작하다

**もさく【模索】**모색 ◇模索する 모색하다 ¶彼らはこの難局の打開策を模索中だ 그들은 이 난국의 타개책을 모색 중이다. / 暗中模索する 암중모색하다

**もさもさ** 느릿느릿 ¶もさもさするな 꾸물거리지 마.

**もし【若し】** 만약(万若), 만일(万一), 혹시(或是)

---
**使い分け** 만약, 만일, 혹시

만약, 만일 単なる仮定.

혹시 あまり期待できないことに対する仮定. 派生的に遠慮がちな気持ちを示すことがある.「もしかして」
---

◆〖現在・未来の仮定・条件〗

¶もしあす雨なら運動会は中止です 만약 내일 비가 오면 운동회는 취소합니다. / もし今お忙しいようでしたら後でお伺いします 혹시 지금 바쁘시다면 나중에 찾아뵙겠습니다. / もし私が遅れたら待たずに先に行ってください 만일 내가 늦는다면 기다리지 말고 먼저 가세요. / もし外国でパスポートをなくしたらどうすればいいですか 만약 외국에서 여권을 잃어버리면 어떻게 하면 좋습니까? / もしよかったらそのCDを持って行っていいよ 혹시 듣고 싶다면 그 CD를 가져가도 좋아.
¶もし上司が承認しなければこの企画は進められない 만약 상사가 승인하지 않으면 이 계획은 진행시킬 수 없다.

◆〖現在の事実に反する仮定・想像〗

¶もし僕が君ならギャンブルに金は使わないね 만약 내가 자네라면 노름에 돈은 안 써. / もしお金がたくさんあればマイホームが買えるのだが 만약 돈이 많이 있다면 내 집을 살 수 있을 텐데. / もし忙しくなければすぐにでもお伺いするところですが 만약 바쁘시지 않다면 당장이라도 뵐 텐데요. / もしコンピュータがなければ我々の生活はとても不便なものになるだろう 만약 컴퓨터가 없다면 우리 생활은 매우 불편하게 될 것이다. / もし君ががんばっているとしたらどうする? 만약 자네가 암이라면 어떻게 할 거야?

◆〖過去の事実に反する仮定・想像〗

¶もし彼女に出会わなかったらまったく違った人生を送ったことだろう 만약 그녀와 만나지 않았다면 전혀 다른 인생을 보냈을 거야. / もしあの時もっと注意していたなら, かばんを盗まれることもなかっただろう 만약 그때 좀 더 주의했었더라면 가방을 도둑맞지 않았을 텐데. / もし君の助けがなかったらこの論文は完成できなかった 만약 네 도움이 없었더라면 이 논문은 완성할 수 없었다.

◆〖未来の実現しそうにない仮定〗

¶もし彼女に会ったらよろしく言ってください 만일 그 여자를 만나면 안부를 전해 주세요. / もし宝くじに当たったらすぐに外車でも買うのだが 만약 복권에 당첨되면 바로 외제차를 살 텐데. / もし彼が努力すれば成績もよくなるところなんだが 만약 그 애가 노력한다면 성적도 좋아질 텐데.

**もじ【文字】**글자, 문자 ¶韓国語にはパッチムの付いた文字がたくさんある 한국어에는 받침이 붙은 글자가 많이 있다. / その言葉はゴシック体の文字で印刷されていた 그 말은 고딕체 문자로 인쇄되어 있었다.
¶彼の言葉を文字どおりに受け取ってはいけない 그의 말을 문자 그대로 받아들여서는 안 된다. / 空手(ᄁᆞ라테)の文字どおりの意味は「空(ᄁᆞᆯ)っぽの手」である 가라테는 문자 그대로 빈손을 의미한다.

**もしかしたら** [もし]만약 / [ひょっとして]혹시 / [たぶん]아마 ¶もしかしたら彼女は来ないかもしれない 아마 그녀는 안 올지도 모른다.

**もしかして** 혹시 ¶もしかしてキム・ジェウク先生でいらっしゃいますか 혹시 김재욱 선생님이세요? / もしかして彼女が写っているのではないかと写真を入念に見た 혹시 그 여자가 나와 있지는 않을까 사진을 꼼꼼히 봤다.

**もしかすると** 어쩌면 ¶もしかすると彼は電車に乗り遅れたのかもしれない 어쩌면 그는 전철을 놓쳤을지도 모른다.

**もしくは** 또는, 혹은 ⇒あるいは

**もじばん【文字盤】** 문자반

**もしも** 만약, 만일 / もしもの 만약의, 만일의 ¶もしものことがあったらここに電話してください 만약 무슨 일이 있으면 이곳으로 전화해 주세요. / もしもの時に備えて貯金しておくべきだ 만약의 경우에 대비해 저금해 두어야 한다. ⇒もし

**もしもし** [電話で]여보세요 [呼びかけ]저기요, 여기요 ¶もしもし山本さんのお宅ですか? 여보세요, 야마모토 씨 댁입니까?

**もじもじ** 머무적머무적, 머뭇머뭇, 꾸물꾸물 ◇もじもじする 머무적거리다, 머뭇거리다, 꾸물거리다 ¶恵子の名前が呼ばれたが, 彼女はもじもじしてなかなか返事をしなかった 게이코의 이름이 불렸는데 그녀는 머무적거리면서 좀처럼 대답을 하지 않았다. / 彼は入り口でもじもじして立ち

止まった 그는 입구에서 머뭇머뭇하며 멈춰 섰다. / 女の子の前に出るといつももじもじしてしまう 여자 앞에 나가면 언제나 머뭇거린다.

**もしや【若しや】** 혹시, 어쩌면 ¶もしやと思ったことが現実になった 혹시라고 생각했던 것이 현실이 되었다.

**もしゃ【模写】** 모사 〔複製〕복제 ◇模写する 모사하다 ¶この絵はミレーの模写だ 이 그림은 밀레의 복제품이다. / 絵を模写する 그림을 모사하다

**もじゃもじゃ** 텁수룩이, 더부룩이 ◇もじゃもじゃだ 텁수룩하다, 더부룩하다 ¶うちの犬はもじゃもじゃの毛をしている 우리집 개는 털이 텁수룩하다. / 先生の髪はもじゃもじゃだ 선생님 머리는 텁수룩하다.

**もしゅ【喪主】** 상주 ¶喪主を務める 상주를 맡다

**もしょう【喪章】** 상장 ¶喪章をつける 상장을 달다

**もじり【捩り】** 〔パロディー〕패러디

**もじる【捩る】** 남의 작품을 재미있게 개작하다

**もず【百舌】** 〖鳥〗때까치, 물까치

**モスク** 〔イスラムの〕모스크, 성원(聖院)

**もずく【水雲】** 큰실말 ¶もずく酢 초에 담근 큰실말

**モスグリーン** 이끼색, 황록색(黄緑色)

**もぞう【模造】** 모조 ◇模造する 모조하다 〔偽造〕위조 関連 模造ダイヤ 모조 다이아몬드 / 模造品 모조품

**もぞもぞ** 스멀스멀 ; 굼질굼질, 꿈지럭꿈지럭 ◇もぞもぞする 스멀거리다 ; 굼실거리다 ¶もぞもぞ動き回る 스멀스멀 돌아다니다 / 背中がもぞもぞする 등이 스멀거리다

**もだえ【悶え】** 번민 ¶胸のもだえ 가슴의 번민

**もだえる【悶える】** 〔思い悩む〕번민하다 〔苦痛で〕괴로워하다 ¶患者は苦しみに悶えている 환자는 고통에 괴로워하고 있다.

**もたげる【擡げる】** 들다, 쳐들다 ¶頭をもたげる 머리를 쳐들다

**もたせかける【凭せ掛ける】** 기대다 ¶はしごを壁にもたせ掛ける 사다리를 벽에 기대어 세우다

**もたせる【持たせる】** 〔荷物を〕들리다, 들게 하다 〔負担させる〕부담시키다 ¶彼女は夫に荷物を持たせた 그녀는 남편에게 짐을 들게 했다. / この費用は私に持たせてください 이 비용은 제가 부담하게 해 주세요.

**もたつく** 굼질거리다 ¶陽子は着替えるのにもたつくヨコまた 옷 갈아 입는 데 굼질린다. / トラックに荷を積み込むのにずいぶんもたついた 트럭에 짐을 싣는 데 상당히 굼질렸다.

**もたもた** 어물어물, 우물쭈물 ◇もたもたする 어물어물하다, 우물쭈물하다 ¶もたもたするな 우물쭈물하지 마라.

**もたらす【齎す】** 〔持ってくる〕가져오다 〔引き起こす〕초래하다, 불러일으키다 〔伝える〕주다 ¶電化製品は主婦の生活に大きな変化をもたらした 전기 제품은 주부 생활에 큰 변화를 가져왔다. / 三原山の噴火はふもとの村々に大きな被害をもたらした 미하라 산 분화는 산기슭 마을에 큰 피해를 초래했다. / 台風が大雨をもたらした 태풍이 큰 비를 초래했다. / 彼の作品は当時の文壇に新風をもたらした 그의 작품은 당시 문단에 새로운 바람을 불러일으켰다. / その物語は多くの子供たちに深い感動をもたらしてきた 그 이야기는 많은 아이들에게 깊은 감동을 주어 왔다.

**もたれかかる【凭れ掛かる】** 기대다, 의지하다 ¶電車の中で隣に座っていた人が居眠りして私の肩にもたれ掛かってきた 전철 안에서 옆에 앉아 있던 사람이 졸다가 내 어깨에 기대어 왔다.

**もたれる【凭れる】** 기대다, 의지하다 〔食べ物が〕트릿하다, 거북하다 ¶彼は窓辺にもたれて外を見ていた 그는 창가에 기대어 밖을 내다보고 있었다. / 女の人が青い顔をして壁にもたれている 여자가 파랗게 질린 얼굴로 벽에 기대어 있다. / 彼は椅子にもたれ考えごとをしていた 그는 의자에 기대어 이런저런 생각을 하고 있었다.
¶この料理は胃にもたれる 이 요리는 속이 거북해진다.

**モダン** ◇モダンだ 모던하다, 현대적이다 ◇モダンな 모던한, 현대적인 関連 モダンアート 모던 아트, 현대 미술 / モダンジャズ 모던 재즈 / モダンバレー 모던 발레

**もち【餅】** 떡 ¶餅つきをする 떡치기를 하다 / 子供たちは代わる代わるに餅をついた 아이들은 번갈아 떡을 쳤다. 慣用句 餅は餅屋 무슨 일이나 전문가가 있다.

**もち【持ち】** 〔耐久性〕내구성 ¶持ちがよい 오래 견디다 〔가다〕この靴は持ちがいい[悪い] 이 구두는 내구성이 좋다[나쁘다]. / 手作りのジャムは持ちが悪い 집에서 만든 잼은 오래 못 간다.

**-もち【-持ち】** 〔負担〕부담 ¶旅費は会社持ちです 여비는 회사 부담입니다. / 費用は自分持ちでボランティア活動に参加した 자비로 자원 봉사 활동에 참가했다.

**もちあう【持ち合う】** ¶忘年会の費用をみんなで持ち合う 망년회 비용을 모두가 나누어 낸다. / 相場は高値で持ち合っている 시세는 높은 상태에서 보합세에 있다 〔株式の持ち合い〕주식의 보합

**もちあがる【持ち上がる】** 〔問題が〕일어나다 ¶困ったことが持ち上がった 곤란한 일이 일어났다. / 我々のクラスは来年も持ち上がりだ(→担任が変わらない) 우리 반은 내년에도 담임이 안 바뀐다. / この箱は重くて持ち上がらない(→持ち上げられない) 이 상자는 무거워서 들지 못한다.

**もちあげる【持ち上げる】** 들어올리다, 쳐들다 〔おだてる〕치켜세우다, 추어 주다 ¶椅子を持ち上げる 의자를 쳐들다 / 彼は息子を高く持ち上げた 그는 아들을 높이 들어올렸다.
¶僕たちは彼を持ち上げて生徒会長に立候補させた 우리는 그를 치켜세워 학생회장에 입후보시켰다. / 彼女にもたれて歌わせた 그녀를 치켜세워서 노래를 부르게 했다.

**もちあじ【持ち味】** 〔元々の味〕본맛 〔特色〕특성 ¶この一品は旬の牡蠣(かき)の持ち味を楽しめるように料理されています 이 요리는 제철인 굴의 원래의 맛을 즐길 수 있도록 조리되었습니다. / 材料の持ち味を生かした料理 재료의 특성을 살린 요리
¶柔らかな素材の持ち味を生かしたドレス 부드러운

소재의 특성을 살린 드레스 / 選手たちの持ち味が生かされたゲームだった 선수들의 제 능력이 발휘된 게임이었다. / 自分の持ち味を生かす 제 능력을 살리다

**もちあみ【餅網】** 떡을 굽는 석쇠
**もちあるく【持ち歩く】** 가지고[들고] 다니다
¶彼女はいつもノートパソコンを持ち歩いている 그녀는 언제나 노트북을 들고 다닌다.
**もちあわせ【持ち合わせ】** 지금 가진 돈 ¶今持ち合わせがない 지금 가진 돈이 없다. / ここに2000円しか持ち合わせがなかった 마침 2천 엔밖에 가진 돈이 없었다.
**もちいえ【持ち家】** 자기 소유의 집
**モチーフ** 모티프
**もちいる【用いる】** ❶〔使う〕쓰다, 사용하다
¶人間は火と言語を用いるという点で動物と異なる 인간은 불과 언어를 사용한다는 점에서 동물과 다르다. / 以下にあげられた語を用いて文を作りなさい 밑에 제시된 단어를 사용해 문장을 만드시오. / 電子メールは今では広く用いられている 전자 메일은 지금은 널리 상용되고 있다. / 人類は鉄を用いていろいろな物を作ってきた 인류는 철을 사용해 여러 가지 물건을 만들어 왔다.
❷〔考え・方法などを採用する〕쓰다, 채택하다, 채용하다 ¶計画を用いる 꾀를 쓰다 / 私の意見は用いられなかった 내 의견은 채택되지 않았다. / 新しい監督として彼を用いることになった 새 감독으로서 그를 채용하기로 했다.
**もちうた【持ち歌】** 레퍼토리 [十八番] 십팔번
**もちかえる【持ち帰る】** 가지고 가다, 들고 가다 ¶彼は新製品のカタログを持ち帰った 그는 신제품 카탈로그를 가지고 갔다. / 夫はよく仕事を家に持ち帰る 남편은 자주 일을 집에 가지고 온다. / お持ち帰りですか, それともこちらで召し上がりますか 가지고 가실 겁니까? 아니면, 여기서 드시고 가실 겁니까? / 持ち帰り用に包んでください 가지고 갈 수 있도록 싸 주세요.
◇持ち帰り用のピザ 포장 판매용 피자
**もちかける【持ち掛ける】** 꺼내다, 말을 걸다
¶彼はもうけ話を木村さんに持ちかけた 그는 돈벌이가 되는 이야기를 기무라 씨에게 꺼냈다.
**もちかぶ【持ち株】** 소유 주식 [関連] 持ち株会社 지주 회사 / 社員持ち株制度 종업원 지주 제도
**もちきり【持ち切り】** ◇持ち切りだ 자자하다
¶クラス中が彼女のうわさで持ち切りだった 반 전체가 그 여자의 소문으로 자자했다.
**もちぐされ【持ち腐れ】** [慣用句] これでは宝の持ち腐れだ 이러다가는 보물도 썩힌다.
**もちくずす【持ち崩す】** ◇身を持ち崩す 신세를 망치다 / 彼は酒とギャンブルで身を持ち崩した 그는 술과 노름으로 신세를 망쳤다.
**もちこす【持ち越す】** 〔延期する〕미루다 〔途中で〕넘기다 ¶結論は次回まで持ち越された 결론은 다음 회까지 미루어졌다. / 法案の審議は来週まで持ち越されそうだ 법안 심의는 다음주까지 미루어질 것 같다.
**もちこたえる【持ち堪える】** 〔耐える〕지탱하다, 견디다, 버티다 ¶屋根は雪の重さに持ちこたえられず崩れた 지붕은 눈 무게를 지탱하지 못

하고 무너졌다. / 教授物資が到着するまで何とか持ちこたえなければならない 구원 물자가 도착할 때까지 어떻게든 버티지 않으면 안 된다. / 彼らは山の中で寒さを持ちこたえた 그들은 산 속에서 추위를 견뎠다. / 病人は春まで持ちこたえられるだろうか 병자는 봄까지 버틸 수 있을까.
**もちごま【持ち駒】** (将棋の) 가지고 있는 말 〔予備〕예비 ¶日本チームは豊富な持ち駒を駆使して緒戦に勝った 일본 팀은 풍부한 예비 선수를 기용해서 첫 시합에서 이겼다.
**もちこむ【持ち込む】** ❶〔運び入れる〕들여 놓다〔持って入る〕가지고 들어가다[들어오다]〔密輸する〕밀수하다 ¶パソコンは機内に持ち込めますか 컴퓨터는 기내에 가지고 들어갈 수 있습니까? / 図書館に食べ物を持ち込まないでください 도서관에 음식물을 가지고 들어오지 마세요. / 彼は麻薬をひそかに日本に持ち込もうとしてつかまった 그 마약을 몰래 일본에 밀수 하려다 잡혔다.
❷〔用件などを持ってくる〕제기하다 ¶彼は難問を持ち込んできた 그는 난문을 제기해 왔다. / 住民は市役所に苦情を持ち込んだ 주민은 시청에 민원을 했다. / 仕事を家庭に持ち込むべきでない 일을 가정에 가지고 가서는 안 된다.
❸〔ある状態に持っていく〕끌고 가다 ¶ロッテは9回の裏同点に追い付き, とうとう延長戦に持ち込んだ 롯데는 9회말 동점까지 따라잡아, 연장전으로 끌고 갔다. / 野党はその法案を廃案に持ち込んだ 야당은 그 법안을 폐기하게 만들었다. / 裁判に持ち込む 재판으로 넘기다
**もちごめ【糯米】** 찹쌀
**もちさる【持ち去る】** 가지고 가다〔持ち逃げする〕가지고 달아나다 ¶彼女は私の机の上にあった資料を持ち去った 그 여자는 내 책상 위에 있던 자료를 가지고 갔다. / 泥棒はその家の宝石類をすべて持ち去った 그 도둑은 그 집의 보석류 전부를 가지고 달아났다.
**もちじかん【持ち時間】** 주어진 시간 ¶先生の演説の持ち時間は30分です 선생님의 연설 시간은 30분입니다.
**もちだし【持ち出し】** ¶その国からの外貨の持ち出しは禁じられている 그 나라에서 외화를 가지고 나가는 것은 금지되어 있다. / 図書の持ち出し禁止 도서의 반출 금지 / 交通費の分は持ち出しになった (→自分で負担した) 교통비는 자기가 부담하게 되었다.
**もちだす【持ち出す】** 가지고[들고] 나오다 〔盗み出〕훔쳐내다〔話題を〕꺼내다, 제기하다
¶火事の際に家財を持ち出そうとするのは危険だ 불이 났을 때 살림살이를 가지고 나오려고 하는 것은 위험하다. / 彼は母の財布からお金を持ち出した その 애는 어머니의 지갑에서 돈을 훔쳤다. / きょうの会議ではその話を持ち出す機会がなかった 오늘 회의에서는 그 이야기를 꺼낼 기회가 없었다.
**もちつづける【持ち続ける】** ¶彼はオリンピック出場の夢を持ち続けている 그는 올림픽에 출전하는 꿈을 계속 가지고 있다.
**もちつもたれつ【持ちつ持たれつ】** 상부상조 (相扶相助) ¶キョンヒとは持ちつ持たれつだ 경희와

**もちてん【持ち点】**¶(試合で)持ち点を増やす[減らす] (각자에게 할당된) 점수를 늘리다[줄이다]

**もちなおす【持ち直す】** 바꾸어 들다 [よくなる] 좋아지다, 회복되다, 회복되다 ¶かばんを右手から左手に持ち直した 가방을 오른손에서 왼손으로 바꾸어 들었다. / 景気が持ち直した 경기가 회복되었다. / 病人は持ち直したかのように見えた 환자는 회복된 것처럼 보였다.

**もちにげ【持ち逃げ】**◇持ち逃げする 가지고 달아나다 ¶彼女は店の売上金を持ち逃げした 그 여자는 가게의 매상금을 가지고 달아났다. / 彼は現金の入ったかばんを持ち逃げされた 그는 현금이 든 가방을 도둑맞았다.

**もちぬし【持ち主】** 소유주, 소유자, 임자 ¶このアパートの持ち主はだれですか 이 아파트의 소유주는 누구입니까 ? / この別荘は何度も持ち主が変わった 이 별장은 몇 번이나 임자가 바뀌었다. / 彼女は豊かな才能の持ち主だ 그녀는 풍부한 재능의 소유자이다.

**もちば【持ち場】** 부서 ¶持ち場を離れる[守る] 담당 부서를 떠나다[지키다]

**もちはこび【持ち運び】** 휴대(携帯) ¶このパソコンは持ち運びができる 이 컴퓨터는 휴대가 가능하다. / 持ち運びできるテレビ 휴대용 텔레비전 / こちらの機種のほうが持ち運びに便利だ 이쪽 기종이 휴대하기에는 편리하다.

**もちはこぶ【持ち運ぶ】** 들고 다니다

**もちはだ【餅肌】** 희고 매끈한 살결

**もちぶん【持ち分】** 할당액[割当額][株など] 지분 [取り分] 몫

**もちまえ【持ち前】**◇持ち前の [生まれつき備わった] 타고난 ¶彼女は持ち前の明るさで幾多の逆境を乗り越えてきた 그녀는 타고난 밝은 성격으로 숱한 역경을 극복해 왔다.

**もちまわり【持ち回り】**¶サミットの議長は加盟国の持ち回りだ 정상 회담 의장은 가맹국이 차례로 맡는다.

**もちまわる【持ち回る】** 가지고 다니다

**もちもの【持ち物】** 소유물(所有物) [所持品] 소지품 [手荷物] 수하물 ¶会場の入り口で持ち物を預けた 회장 입구에서 소지품을 맡겼다. / これはすべてあなたの持ち物ですか 이것은 모두 본인 소지품입니까 ?

**もちゅう【喪中】** 상중 ¶彼女は父親の喪中だ 그녀는 아버지의 상중이다.

**もちよる【持ち寄る】**¶飲み物と食べ物を持ち寄ってパーティーを開いた 마실 것과 먹을 것을 각자 가지고 모여서 파티를 열었다.

**もちろん【勿論】** 물론, 그럼 ◇もちろんだ 물론이다, 말할 것도 없다, 당연하다

基本表現
▷あなたはもちろん行くんでしょう?
　물론 너도 갈 거지?
▷君はもちろんよくやったね
　자네는 물론 잘 해냈어.
▷「メールくれる?」「もちろんよ」
　"메일 보내 줄래?" "물론이지."
▷「先生にはっきり言ったのですか」「もちろんです」
　"선생님께 확실히 말했습니까?" "물론입니다."
▷「怖くなかったの」「もちろん怖かったさ」
　"안 무서웠어?" "말할 것도 없이 무서웠지."

¶もちろん彼みたいな人はいますが、そうでない人もたくさんいます 물론 그 사람 같은 사람도 있지만, 그렇지 않은 사람도 많이 있습니다. / もちろんです。言うまでもありません 물론입니다. 말할 나위도 없습니다. / 何をしてもかまわないよ。もちろん限度はあるけどね 무엇을 해도 상관없어. 물론 한계는 있지만. / 出かけるときはもちろん戸締まりを確かめます 외출할 때는 물론 문단속을 확인합니다.

¶彼は英語はもちろんのこと、韓国語もできる 그는 영어는 물론이고, 한국말도 잘한다. / 私はウイスキーはもちろん、ビールさえ飲めない 나는 위스키는 물론, 맥주조차도 못 마신다. / 最善を尽くさなければならないのはもちろんのことだ 최선을 다해야 하는 것은 당연한 일이다.

会話 もちろんです
　A:電話をお借りしてもいいですか
　B:もちろんです。どうぞ、どうぞ
　A:전화를 써도 될까요?
　B:그럼요. 쓰세요.
　A:映画に行かない
　B:もちろん行くわよ
　A:영화보러 안 갈래?
　B:당연히 가지.
　A:彼のことは知っていますよね?
　B:もちろん、よく知ってます。いとこですから
　A:그 사람 알고 있지요?
　B:당연히 잘 압니다. 사촌이니까요.

**もつ【持つ】**❶ [所有する] 가지다, 갖다, 소유하다 ¶彼は外車を持っている 그는 외제차를 가지고 있다. / ビートルズのアルバムは全部持っている 비틀즈 앨범은 전부 가지고 있다. / 日本は核兵器を持っていない 일본은 핵무기를 소유하고 있지 않다. / 私は軽井沢に別荘を持っている 나는 가루이자와에 별장을 가지고 있다.

¶彼女はマラソンの世界記録を持っている 그녀는 마라톤 세계 기록을 보유하고 있다. / 佐藤さんは原宿に喫茶店を持っている 사토 씨는 하라주쿠에 커피숍을 가지고 있다.

¶これからは週に1回は集まりを持とう 이제부터 일주일에 한 번은 모임을 갖자.

会話 もし持っていたら
　A:韓国映画の新しいDVDを持っていたら貸して
　B:最近は買ってないんだ。金がなくってね
　A:한국 영화 중에 새 DVD 가지고 있으면 빌려 줘라
　B:요즘은 안 사. 돈이 없어서.

❷ [手に持つ] 들다 [しっかりと持つ] 쥐다 ¶彼女は手に本を2冊持っている 그녀는 손에 책 두 권을 들고 있다. / はしはこのように持つのですよ 젓가락은 이렇게 쥐는 거에요.

会話 持ってくれませんか
　A:このかばんを持っていてくれませんか。コンビニで

ちょっと買い物をしたいので
B：いいですよ．どうぞごゆっくり
A：이 가방을 들고 있어 주시겠습니까? 편의점에서 사고 싶은 것이 좀 있어서요.
B：네, 천천히 갔다 오세요.
❸【携える】가지다, 갖다, 지니다, 휴대하다【持ち歩く】가지고 다니다【持って行く】가지고 가다 ¶持っているお金はこれだけだ 지금 가지고 있는 돈은 이것뿐이다 /「ペンを持っている？」「うん，あるよ．はい．」"펜 가지고 있어?" "응, 있어. 여기." / こんな重い荷物, 一人じゃ持てないよ 이렇게 무거운 짐을 혼자서는 못 들어요. / そんな大金を持っていると危ないよ 그렇게 큰돈을 지니고 있으면 위험해.

会話 持ったか
A：パスポートは持ったかい？
B：大丈夫だよ, ほらここに
A：여권은 챙겼어？
B：물론이지. 여기 있어.

❹【心に抱く】품다 ¶彼は私に恨みを持っているようだ 그는 나한테 원한을 품고 있는 것 같다.
❺【受け持つ】담당하다, 맡다【責任を負う】지다 ¶今年は高校1年生の英語を持っている 올해는 고등학교 1학년 영어를 담당하고 있다. / 林先生がそのクラスを持っている 하야시 선생님이 그 반을 맡고 있다. / 私は今仕事を3つ持たされている 나는 지금 일을 세 가지 맡고 있다. / 息子の安全については私が責任を持ちます 아드님의 안전에 대해서는 제가 책임을 지겠습니다.
❻【負担する】부담하다【払う】내다 ¶交通費はすべて会社が持ってくれる 교통비는 모두 회사가 부담해 준다. / きょうは私が持つよ 오늘은 내가 낼게.
❼【持ちこたえる】지탱하다, 견디다【充分だ】충분하다【続く】오래 가다, 지속하다 ¶病人は夏まではもつまい 병자는 여름까지 견디지 못할 것이다. / あの会社は彼でもっているようなものだ 그 회사는 그가 지탱하고 있는 거나 마찬가지다. / これだけの食料があれば3日間はもつだろう 이만큼 식량이 있으면 3일간은 견딜 수 있겠지. / 灯油はあとどのくらいもつだろうか 기름은[등유는] 앞으로 얼마나 갈까? / この天気はしばらくもちそうだ 이 날씨는 얼마간 지속될 것 같다. / 無理をすると体がもちませんよ 무리하면 몸이 견디지 못해요. / 刺身は食べてしまってください. もちませんから 회는 다 드세요. 오래 못 가니깐요.

もつ【臓物】내장 関連 もつの煮込み 내장을 곤 요리
もっか【目下】목하, 현재, 지금 ¶計画は目下のところ順調だ 계획은 현재 순조롭다.
もっかんがっき【木管楽器】목관 악기
もっきん【木琴】목금 ¶木琴奏者 목금 연주자
もっけのさいわい【勿怪の幸い】뜻밖의 행운, 천만다행 ¶彼が通りがかったのがもっけの幸いで荷物を持ってもらった 때마침 그가 지나가다가 짐을 들어 주었다.
もっこう【木工】목공 関連 木工所 목공소 / 木工職人 목수 / 木工品 목공품
もったい【勿体】거드름 ¶もったいを付ける 짐짓 대단한 체하다 | 거드름을 피우다
もったいない【勿体ない】아깝다【過分だ】과분하다 ¶そんなやり方じゃ時間がもったいない 그렇게 해서는 시간이 아깝다. / 一度しか着ていない服を捨てるなんてもったいない 한 번밖에 안 입은 옷을 버리다니 아깝다. / 何でももったいない！ アイゴ, 아까워라. ¶このパソコンは彼にはもったいない 이 컴퓨터는 그에게는 과분하다. / もったいないお言葉 과분한 말씀
もったいぶる【勿体振る】거드름을 피우다 ¶もったいぶって話す 거드름 피우면서 말하다 / 彼はもったいぶって口を開いた 그는 거드름을 피우며 입을 열었다. / もったいぶらないで早く教えてくれよ 거드름 피우지 말고 빨리 가르쳐 줘.

# もって
【以って】❶〔…を用いて〕…으로, …으로써 ¶結果は書面をもってご通知いたします 결과는 서면으로 통지하겠습니다. / みな様への感謝の言葉をもって私のご挨拶を終わりたいと思います 여러분께 감사의 말씀을 드리며 저의 인삿말을 끝내겠습니다. / 酔っ払い運転がいかに危険なのか彼は身をもって知った 음주 운전이 얼마나 위험한 것인지 그는 몸으로 깨달았다.
¶君の熱意をもってすればお父さんもきっと留学を認めてくれるだろう 네가 열의를 가지고 부탁한다면 아버지도 반드시 유학을 승낙해 줄 것이다.
❷〔…の理由で〕…으로, …인 까닭에 ¶彼は清廉潔白をもって世に聞こえた人だ 그는 청렴결백으로 유명한 사람이다.
❸〔時間的限度〕로 ¶会議は5時をもって閉会いたします 폐회는 다섯 시로 하겠습니다. / これをもって質疑は終了させていただきます 이것으로 질의는 마치겠습니다. / 彼は3月31日をもって退職した 그는 삼월 31일부로 퇴직했다. / 今もって彼は行方不明だ 아직껏 그는 행방불명이다.
❹〔強調〕¶時間に遅れるとは, まったくもってけしからん 시간에 늦다니 정말로 괘씸하다.
もっていく【持って行く】가지고 가다, 가져가다 ¶雨が降りそうだから傘を持って行ったほうがいい 비가 올 것 같으니 우산을 가져가는 것이 좋아. / この小包を郵便局まで持って行ってください 이 소포를 우체국까지 가져다 주세요. / すぐに報告書を持って行きます 금방 보고서를 가지고 가겠습니다. / だれかが私の本を持って行ってしまった 누군가가 내 책을 가져갔다.
もってうまれた【持って生まれた】타고난 ¶彼女が優しいのは持って生まれた性格だ 그녀가 상냥한 것은 타고난 성격이다. / 持って生まれた才能 타고난 재능
もってかえる【持って帰る】가지고 돌아가다
もってくる【持って来る】가지고 오다, 가져오다 ¶新聞を持って来なさい 신문을 가지고 오너라. / 教科書を持って来るのを忘れた 교과서 가져오는 것을 깜박했다.

会話 本を持って来る
A：貸してあった本を持って来てくれる？
B：わかった. あす持って来るよ
A：빌려준 책 갖다 줄래?
B：알았어. 내일 가지고 올게.

**もってこい【持って来い】** 안성맞춤 ◇もってこいの〔最適の〕꼭 알맞은, 딱 맞는, 딱 좋은, 안성맞춤인, 최적의 ¶このソファーは昼寝にもってこいだ 이 소파는 낮잠 자는 데 안성맞춤이다. / 彼はこの仕事にはもってこいの人間だ 그는 이 일에는 딱 맞는 인간이다. / その席は試合を見物するのにもってこいの場所だった 그 자리는 경기를 구경하기에 딱 좋은 장소였다.

**もってのほか【以ての外】** 당치않다, 어처구니없다 ¶君の振る舞いはもっての外だ 자네의 행동은 어처구니없다. / 赤ん坊を一人おいて外出するなんてもっての外だ 갓난 아기를 혼자 두고 외출하다니 당치도 않은 일이다.

**もってまわった【持って回った】** 완곡한 ¶持って回った言い方をする 빙빙 둘러서 말을 하다

## もっと 더, 더욱

[基本表現]

▷もっと欲しい 더 갖고 싶다.
▷ピアノがうまくなりたければもっと練習しなさい 피아노를 잘 치고 싶으면 더 연습해라.
▷もっと野菜を食べなさい 야채를 더 먹어라.
▷もっとゆっくり話してください
　더 천천히 말해 주세요.
▷このやり方のほうがもっと効果的だよ
　이렇게 하는 것이 더 효과적이다.

¶自分の国についてもっと知るべきだ 자기 나라에 대해 더 알아야 한다. / もっと安いものが欲しい 더 쌌으면 좋겠다. / 若い時にもっと一生懸命勉強しておけばよかった 젊은 시절 더 열심히 공부해 두었으면 좋았을걸. / もっと情報が必要ならいつでも私に電話をしてください 정보가 더 필요하면 언제든지 저한테 전화 주세요. / 椅子がもっともっと必要だ 의자가 더욱 많이 필요하다. / もっとワインを召し上がりませんか 와인을 더 안 드시겠습니까?

¶この問題のほうがもっとずっと難しい 이 문제가 한층 더 어렵다. / 体調はあすになればもっとずっとよくなるさ 몸 상태는 내일이 되면 한층 더 나아질 거야. / 彼女も美人だが、お姉さんはもっと美人だ 그 여자도 미인이지만, 언니는 더 미인이다. / あいつはこんな簡単な仕事でも時間がかかるんだから、ほかの仕事をやらせてももっとかかるに決まってる 그 녀석은 이런 간단한 일도 시간이 걸리는데 다른 일을 시키면 시간이 더 걸릴 게 뻔하다.

¶もっと大人になりなさい これは大人になりなさい 더 어른이 되어라. / もっとお話をしてちょうだい 좀 더 이야기해 주렴. / 日韓辞典はその棚のもっと右のほうにあります 일한사전은 그 선반에서 더 오른쪽에 있습니다.

**モットー** 모토, 표어(標語)

**もっとも【尤も】**〔…だけれども〕다만, 하긴 ◇もっともだ〔理屈にあった〕지당한 〔当然だ〕마땅하다, 당연하다 ¶あすはマラソン大会があります。もっとも雨の場合は中止です 내일은 마라톤 대회가 있습니다. 다만 비가 올 경우에는 취소됩니다. / 試験直前に全部暗記しました。もっとも次の日には全部忘れましたけどね 시험 직전에 전부 암기했습니다. 하긴 다음날에는 다 잊어버렸지만요. / きのうの夜は妻が出かけていたので僕が自分で夕食を作った。もっとも作りたくなかったのだが 어젯밤은 아내가 외출해서 내가 직접 저녁밥을 지었다. 만들고 싶지 않았지만.

¶ヨナがそう言うのももっともだ 연아가 그렇게 말하는 것도 지당한 일이다. / 私は友人の注告をもっともだと思った 나는 친구의 충고가 마땅하다고 생각했다. / そんなことをすれば先生が怒るのももっともだ 그런 짓을 하면 선생님이 화내시는 것도 당연하다. / もっともなご意見です 지당한 말씀입니다. / 彼にはそうしなければならないもっともな理由があった 그에게는 그렇게 해야 하는 지당한 이유가 있었다.

**もっとも【最も】** 가장, 제일 ¶富士山は日本でもっとも高い山です 후지 산은 일본에서 가장 높은 산입니다. / 琵琶湖は日本でもっとも大きい湖だ 비와 호는 일본 최고 큰 호수다. / 彼は私がもっとも嫌いなタイプだわ 그 남자는 내가 가장 싫어하는 타입이야. / ここがこの町でもっともいいホテルです 여기가 이 시내에서 가장 좋은 호텔입니다. / 大勝瀑布は韓国でもっとも有名な滝の一つだ 대승폭포는 한국에서 제일 유명한 폭포 중의 하나다. / この３つのうちどれがもっともいいと思いますか 이 세 가지 중에 어느 것이 가장 좋다고 생각합니까

**もっともらしい【尤もらしい】** 그럴듯한, 그럴싸한〔平然とした〕천연스러운, 천연덕스러운 ¶彼女はもっともらしい言い訳をした 그 여자는 그럴듯한 변명을 했다. / 彼はよくもっともらしい顔をして冗談を言う 그 친구는 자주 천연덕스러운 얼굴을 하고 농담을 한다.

**もっぱら【専ら】**〔…だけ〕오로지, 오직〔主に〕주로〔すっかり全部〕한결같이 ◇もっぱらの 한결같은 ¶彼は宴会ではもっぱら飲んでばかりいる 그는 연회에서는 오로지 술만 마시고 있다. / 彼女は通勤時間をもっぱら読書にあてている 그녀는 출퇴근 시간을 주로 독서에 할애하고 있다. / 両社は近々合併するというもっぱらのうわさだ 두 회사는 머지않아 합병한다는 한결같은 소문이다.

**モップ** 대걸레, 자루걸레 ¶モップで台所の床をふいた 자루걸레로 부엌 바닥을 닦았다.

**もつれ【縺れ】** 엉킴, 엉클어짐〔紛糾〕분규, 갈등 ¶髪のもつれをくしでとかした 엉클어진 머리카락을 빗으로 빗었다. / 感情のもつれ 감정의 갈등

**もつれる【縺れる】**〔髪が〕엉클어지다〔糸や物事が〕얽히다〔舌や足が〕꼬부라지다, 꼬이다
¶髪の毛がもつれる 머리카락이 엉클어지다 / 糸がもつれてしまった 실이 얽혀 버렸다. / 事件が複雑にもつれる 사건이 복잡하게 얽히다 / 話がもつれてよくわからない 이야기가 얽혀서 잘 모르겠다.

¶舌がもつれた 혀가 꼬였다. / 足がもつれて転んでしまった 발이 꼬여 넘어졌다.

**もてあそぶ【弄ぶ】** 가지고 놀다, 만지작거리다, 장난하다〔女性〕농락하다, 주무르다, 희롱하다 ¶彼はキーホルダーをもてあそんでいた 그는 키홀더를 만지작거리고 있었다.

¶彼はあなたの気持ちをもてあそんでいるだけなのよ 그

**もてあます** 는 당신의 마음을 가지고 놀 뿐이야. / 女をもてあそぶ 여자를 희롱하다 / 運命にもてあそばれる 운명에 농락당하다

**もてあます【持て余す】** 주체 못하다 ¶最近思春期の娘を少々持て余している 요즘 사춘기인 딸을 어떻게 해야 할지 고민하고 있다. / 彼女は最新の高性能パソコンを持て余している 그녀는 최신 고성능 컴퓨터를 주체 못하고 있다. / 祖父は暇を持て余しているようだ 우리 할아버지는 한가한 시간을 주체 못하고 계시는 것 같다.

**もてなし【持て成し】** 대접, 환대〔歓待〕〔接待〕접대 ¶温かい[心からの]もてなしを受けた 따뜻한 [정성 어린] 대접을 받았다.

**もてなす【持て成す】** 대접하다, 환대하다 [接待する] 접대하다 ¶彼女は手作りの韓国料理で客をもてなした 그녀는 손수 만든 한국 요리로 손님을 대접했다. / 私たちは心から[温かく]彼をもてなした 우리는 진심으로[따뜻하게] 그를 환대했다.

**もてはやす【持て囃す】**〔ちやほやする〕추어올리다〔ほめる〕칭찬하다 ¶マスコミは冬季オリンピックで金メダルを獲得したその選手を大いにもてはやした 매스컴은 동계 올림픽에서 금메달을 획득한 그 선수를 크게 추어올렸다. / 彼は若い世代を代表する新人作家としてもてはやされている 그는 젊은 세대를 대표하는 신인 작가로 인기가 있다.

**モデム** 모뎀 ¶パソコンでインターネットにアクセスするためにはモデムが必要だ 컴퓨터로 인터넷에 접속하기 위해서는 모뎀이 필요하다.

**モデラート**《音楽》 모데라토

**もてる【持てる】**〔物理的に〕들 수 있다〔人気がある〕인기가 있다 ¶彼は女子学生にもてる その친구는 여학생한테 인기가 있다.

**モデル** 모델〔模型〕모형〔見本〕견본〔型式〕형식 ¶絵のモデルになる 그림의 모델이 되다 / 彼女は学生時代アルバイトでファッションモデルをしていた 그 여자는 학생 시절 아르바이트로 패션 모델을 했었다. / この映画の主人公のモデルは実在の人物だ 이 영화 주인공의 모델은 실존하는 인물이다. / この小説は実際の事件をモデルに書かれた 이 소설은 실제 사건을 모델로 쓰여졌다. 関連 **モデルガン** 모델건 / **モデルケース** 모델 케이스 / **モデルチェンジ** 모델 체인지 / **モデルルーム** 모델룸

**もと【下】** 아래, 밑 ; 슬하 ¶加藤教授のもとで4年間学びました 가토 교수님 밑에서 4년간 배웠습니다. / 他人のもとで働く 남 밑에서 일하다 / 子供たちは明るい太陽のもとで遊び回っている 아이들은 밝은 햇빛 아래에서 뛰어놀고 있다. / 多くの若者が自由と正義の名のもとに命を落とした 많은 젊은이가 자유와 정의의 이름 아래 목숨을 잃었다. / 自由の旗印のもとに 자유의 깃발 아래에서 / 購入するという条件のもとに 구입한다는 조건 아래 / 綿密な計画のもとに事業を進める 면밀한 계획하에 사업을 추진하다

¶妻は結婚するまで親もとで暮らしていた 아내는 결혼할 때까지 부모하고 살았다. / 両親のもとを離れて暮らす 부모 슬하를 떠나서 살다

**もと【元・基・本】** ❶〔起こり, 起源〕기원, 시작〔最初〕처음〔原因〕원인 ¶この音楽はイギリスの民謡がもとになっている 이 음악은 영국 민요가 기원이다. / 彼に何か魂胆があることはもとからわかっていた 그에게 뭔가 꿍꿍이가 있다는 것은 처음부터 알고 있었다. / 話をもとに戻しましょう 이야기를 처음으로 돌립시다.

¶けんかのもとはささいなことだった 싸움의 원인은 사소한 일이었다. / 彼は毒蛇にかまれた傷がもとで亡くなった 그 사람은 독사한테 물린 상처로 인해 죽었다. / 騒音はストレスのもとになる 소음은 스트레스의 원인이 된다. 関連 **発行元** 발행처 **発売元** 발매처

❷〔根元, 土台〕근원, 근본〔原材料〕원료〔基礎〕기초, 토대 ¶この小説は事実をもとにしている 이 소설은 사실에 의거하고 있다. / 我々は具体的な資料をもとにして論議した 우리는 구체적인 자료를 토대로 논의했다. / みそやしょうゆは大豆をもとにして作られる 된장이나 간장은 콩을 원료로 만든다. / 宇宙の万物のもとは原子だ 우주 만물의 근원은 원자이다.

❸〔以前〕전, 이전, 옛날, 원래 ¶彼は元銀行員だった 그는 원래 은행원이었다. / 彼は元教師の作家だ 그 작가는 원래 교사였다. / ミンスは元のミンスではない 민수는 옛날의 민수가 아니다.

¶彼の元の奥さん 그의 전 부인 / 元首相 전 수상 (▶韓国語では「元」と「前」を区別しない)

❹〔場所, その他〕¶本はぜひともの場所に返してください 책은 반드시 제자리에 갖다 놓으세요. / 翼があれば君のもとへ飛んで行くのだが 날개가 있다면 네가 있는 곳에 날아갈 텐데. / もとを取るのに10年はかかりそうだ 본전을 뽑는 데 10년은 걸릴 것 같다. 慣用句 **風邪は万病のもと** 감기는 만병의 근원 / **口は災いのもと** 입이 화근이다. / **失敗は成功のもと** 실패는 성공의 어머니 / **あの夫婦は元の鞘に収まった** 그 부부는 화해하고 다시 같이 산다. / **結局は元の木阿弥になった** 결국 도로 아미타불이 되었다. 조심하게나. 壊してしまったら元も子もないから 조심해. 부숴지면 깡그리 없어지니까. 그런 식으로 말하면 元も子もない 그렇게 말하면 어쩔 수 없다.

**もどかしい** 답답하다, 안타깝다 ¶言葉が通じないのがもどかしかった 말이 안 통하는 게 답답했다. / 手紙の封を切るのももどかしかった 편지 봉투를 뜯는 것도 안타까웠다.

**もときん【元金】** 원금〔元手〕밑천, 자금(資金)

**モトクロス** 모터크로스

**もどし【戻し】**〔払い戻し〕환불 ¶**戻し減税** 환불 감세

**もとじめ【元締め】**〔責任者〕책임자〔頭目〕우두머리

**もどす【戻す】** 되돌리다〔後ろに〕뒤로 돌리다〔吐く〕토하나 ¶だまって借りていたので本をもとの場所にこっそり戻した 아무 말도 하지 않고 빌린 책을 원래 있던 자리에 몰래 되돌려 놓았다. / 釣った魚は小さかったので海に戻してやった 잡은 물고기가 작았기 때문에 바다에 풀어줬다. / 話をもとに戻すと, 教育改革案をどう思いますか 이야

기를 처음으로 되돌려서, 교육 개혁안을 어떻게 생각하십니까? / 計画は白紙に戻された 계획은 백지로 돌아갔다. / 乾燥わかめを水で戻した 마른 미역을 물에 불렸다. / 時計の針を5分戻してください 시계 침을 5분 뒤로 돌려주세요.

¶気分が悪くて食べたものを全部戻してしまった 속이 거북해서 먹은 것을 전부 토해 버렸다.

**もとせん【元栓】** 고동 ¶ガスの元栓を閉めた 가스 고동을 잠갔다.

**もとちょう【元帳】** 원장

**もとづく【基づく】** 의거하다 [起因する] 기인하다, 말미암다 ¶この映画は史実に基づいている 이 영화는 사실에 입각해 있다. / 個人的(個人的)인 경험に基づいている 그의 지식은 개인적인 경험에 기인한 것이다. / 我々は彼の理論に基づいていくつかの実験を行った 우리는 그의 이론에 의거해 몇 가지 실험을 했다. / 彼は自分の信念に基づいて行動している 그는 자기의 신념에 의거해 행동하고 있다.

**もとで【元手】** 밑천, 자금(資金) ¶父は退職金を元手に商売を始めた 아버지는 퇴직금을 밑천으로 장사를 시작하셨다.

**もとどおり【元通り】** ◇元通りに 본래대로, 원상태로, 본래대로 ¶町は元通りの活気を取り戻した 마을은 본래의 활기를 되찾았다. / 地震で倒壊したお寺を元通りにするには長い時間がかかるだろう 지진으로 무너진 절을 원상태로 되돌리려면 오랜 시간이 걸릴 것이다. / 彼はエンジンを元通りに組み立てた 그는 엔진을 원상태로 조립했다. / 椅子は元通りにしておいてください 의자는 원상태로 해 주세요.

**もとね【元値】** 원가(原価) ¶元値で売る 원가로 팔다

**もとめ【求め】** 요구(要求), 요청(要請) ¶会社は組合の求めに応じた 회사는 노조의 요구에 응했다. / 市当局は市民の求めにより公共事業の入札に関する情報を公開した 시 당국은 시민의 요청에 의해 공공사업 입찰에 관한 정보를 공개했다.

**もとめる【求める】** ❶ [要求する] 청하다, 요청하다, 요구하다, 구하다

¶彼らは専門家の意見を求めた 그들은 전문가의 의견을 청했다. / 彼女からその案について私の意見を求められた 그녀는 그 안건에 대한 내 의견을 물었다. / 私たちは彼に謝罪を求めた 우리는 그에게 사죄를 구했다. / 空港での入国審査の際、パスポートの提示を求められた 공항에서 입국 심사할 때, 입국 심사관이 여권 제시를 요청했다.

¶彼女は大声をあげて助けを求めた 그녀는 큰 소리를 지며 도움을 구했다. / 国民は政府に減税を求めている 국민은 정부에 감세를 원하고 있다. / 彼の両親は彼に能力以上のことを求めている 그의 부모님은 그에게 능력 이상의 것을 요구하고 있다. / 知事に辞職を求める声が上がってきた 지사에게 사직을 요구하는 목소리가 나오기 시작했다.

¶助けを求める 구조를 요청하다 / 経済援助を求める 경제 원조를 청하다 / 熟練が求められる仕事 숙련이 요구되는 일

❷ [得ようとする] 바라다, 구하다, 찾다 ¶彼らは自由と民主主義を求めている 그들은 자유와 민주주의를 바라고 있다. / わが社では若くて有能な人材を求めている 우리 회사에서는 젊고 유능한 인재를 찾고 있다. / 多くの人々が職を求めて東京にやって来た 많은 사람들이 일거리를 찾아 도쿄로 올라왔다. / 彼らは水を求めて砂漠をさまよった 그들은 물을 찾으러 사막을 떠돌았다.

**もともと【元々】** 원래, 본디 ¶この本はもともと漢文で書かれていた 이 책은 원래 한문으로 쓰여져 있었다. / 彼はもともと私の考えには反対だった 그는 원래 내 생각에는 반대였다. / 私はもともと来天家なんです 나는 원래 낙천가입니다.

¶失敗してももともとだ 실패해도 본전치기다.

**もとより【元より】** 처음부터 [言うまでもなく] 말할 것도 없이, 물론 ¶その件はもとより存じておりますコの 건은 처음부터 알고 있었습니다. / そのことは同僚はもとより家族にも話していない 그 일은 동료는 물론 가족한테도 얘기하지 않았다.

**もどり【戻り】** [帰り] 되돌아감[옴] [相場の] 회복 ¶戻り道で車がエンストした 되돌아오는 길에 차 엔진이 고장났다.

**もとる【悖る】** 어긋나다 ¶そんなことは人の道にもとる行為だ 그런 일은 도리에 어긋나는 행위이다.

**もどる【戻る】** ❶ [帰る] 돌아가다, 돌아오다 [返る] 되돌아가다, 되돌아오다

[基本表現]
▷韓国へはいつ戻るのですか
　한국에는 언제 돌아갑니까?
▷先生は最近ソウルから戻られたそうです 선생님은 최근에 서울에서 돌아오셨다고 합니다.
▷すぐ戻ります 금방 돌아오겠습니다.

¶忘れ物を取りに家に戻った 잊어버린 물건을 가지러 집으로 되돌아갔다. / 家に戻ったら妻のメモがテーブルに置いてあった 집에 돌아오니, 아내의 메모가 테이블에 놓여져 있었다. / みんな、自分の席に戻りなさい 모두, 제 자리로 돌아가자. / 大阪まで1日で行って戻って来られるかな 오사카까지 하루 만에 갔다올 수 있을까? / 来た道を戻る 오던 길을 되돌아가다

¶失くした物が戻ってきた 잃어버린 물건이 되돌아왔다. / 貸した金がまだ戻らない 빌려 준 돈을 아직 못 받고 있다. / 振り出しに戻って考え直してみた 원점으로 되돌아가 다시 생각해 봤다.

[会話] 何時に戻る
Ａ：木村さんは何時に戻られますか
Ｂ：4時には戻っていると思いますが、戻りしだい電話を入れさせます
Ａ：기무라 씨는 몇 시에 돌아오십니까?
Ｂ：네 시에는 돌아올 거라고 생각합니다만 돌아오는 대로 전화드리도록 하겠습니다.
Ａ：お母さん、出かけてくるね
Ｂ：行ってらっしゃい。でも夕食までには戻りなさいよ
Ａ：엄마, 나갔다 올게.
Ｂ：잘 다녀와. 하지만 저녁 식사 때까지는 와.

❷ [元の状態になる] 되돌아오다 [回復する] 회복

되다 ¶村に平和が戻った 마을에 다시 평화가 찾아왔다. / 彼の意識が戻った 그의 의식이 회복되었다. / ようやく調子が戻ってきた 겨우 컨디션이 회복되었다. / 記憶が戻る 기억이 되살아나

**モニター** 모니터 関連 モニターテレビ 모니터 텔레비전 / 市政モニター 시정 모니터

**もぬけ【蛻】**¶警察が踏み込んだ時, 密輸グループのアジトはもぬけの殻だった 경찰이 덮쳤을 때, 밀수 그룹의 아지트는 텅 비어 있었다.

**-もの** ❶〔当然の理由〕-(으)니까, -아서[-어서], 때문에 ¶彼は何も言ってくれないんだもの, 私が知っているはずないでしょ 그 사람이 아무것도 말해 주지 않으니까 내가 알 리가 없잖아.

❷〔感嘆, 希望〕◇…ものだ -구나, -군 ¶君の料理の腕は大したものだね 너의 요리 솜씨는 대단하구나. / 何とばかなことをした 참으로 어리석은 짓을 했구나. / 慶州に行ってみたいものだ 경주에 가 보고 싶구나.

❸〔過去の経験〕◇…ものだった -았[-었, -였]었다 ¶小さいころ兄とよく釣りに行ったものだった 어릴 적에 형과 자주 낚시하러 갔었다.

❹〔傾向, 心理〕◇…ものだ 마련이다, 것이다 ¶事故は起こるものだ 사고는 일어나게 마련이다. / どんな人でも間違いをするものだ 어떠한 사람이라도 실수는 하게 마련이다. / 人生なんてそんなものさ 인생이란 그런 것이다. / あいつの話など怪しいものだ 그 녀석이 하는 얘기는 의심스럽기 짝이 없다.

❺〔義務, 断定〕◇…ものだ 법이다 ¶親の言うことは聞くものだ 부모가 하는 말은 듣는 법이다. / 俺がそんなことをするものか 내가 그런 짓을 할 것 같니?

**もの【物】** ❶〔品物〕물건〔商品〕상품〔物質〕물질〔何か〕것 ¶最近の子供は物を大切にしない 요즘 아이는 물건을 소중히 다루지 않는다. / 大酒飲みの人は塩辛い物が好きだ 대주가는 짠 음식을 좋아한다. / 金や物に執着しないほうがいい 돈이나 물질에 집착하지 않는 것이 좋다. / テーブルの上のべたべたした物は何だ 테이블 위의 끈적끈적한 것은 뭐야? / コンビニではいろいろな物が手に入る 편의점에는 여러 가지 물건을 살 수 있다. / 注文していた物がけさ届いた 주문한 물건이 오늘 아침에 도착했다. / 遠くの海の上に白い物が見える 먼 바다 위에 흰 것이 보인다. / その木に付いている黒い物は何ですか 그 나무에 붙어 있는 검은 것은 무엇입니까? / 何か冷たい飲み物をもらえますか 뭔가 차가운 음료수 좀 주시겠어요? / これは私の欲しかった物ではない 이것은 내가 갖고 싶었던 것이 아니다. / セメントはどんな物からできていますか 시멘트는 어떤 물질로 되어 있습니까? / 日本は物が高い 일본은 물건이 비싸다.

会話 …な物
A:いい物あげるよ
B:何? 女物のセーターじゃないか. こんな物, 着られないよ
A:良いぞ 줄게.
B:뭐야? 여자 스웨터잖아. 이런 걸 어떻게 입어?

❷〔所有物〕것 ¶みかんが5つあるけど, 2つは僕のもので, 残りは君のものだ 귤이 다섯 개 있는데 두 개는 내 것이고 나머지는 네 거야. / このノートパソコンは兄のものです 이 노트북 컴퓨터는 형의 것입니다. / 自分のものはなくさないようにしなさい 자기 것은 잃어버리지 않도록 해.

❸〔品質〕질 ¶このスーツは物がいい[悪い] 이 양복은 질이 좋다[나쁘다].

❹〔不特定の物事〕일 ¶ものには限度がある 일에는 한도가 있다. / あいつはものに動じない男だ 그 녀석은 일을 당하여도 동요하지 않는 남자다.

¶私と今の若者たちのものの考え方はかなり違う 나와 요즘 젊은이들의 사고방식은 상당히 차이가 있다. / 彼女にはどことなく人をひきつけるものがある 그 여자한테는 어딘지 모르게 사람을 끄는 매력이 있다.

❺〔道理〕사리(事理), 이치(理致) ¶彼はものの わかる人だ 그는 사리를 아는 사람이다.

❻〔言葉〕말 ¶彼女はものも言わず一人でじっと考え込んでいた 그 여자는 말도 하지 않고 혼자서 가만히 생각에 빠져 있었다. / あの男はものの言い方を知らない 그 남자는 말하는 법을 모른다.

慣用句 彼は多くの困難をものともせず単独で北極点に到達することに成功した 그는 많은 곤란을 아랑곳하지 않고, 단독으로 북극점에 도달하는 데 성공했다. / ライオンズが勝利をものにした 라이온즈가 승리를 거두었다. / 彼女はたった2年で韓国語をものにした 그녀는 불과 2년 만에 한국어를 습득했다. / 今度のチャンスは是が非でもものにしてみせる 이번 기회는 절대로 놓치지 않겠다. / どうやってあんな美人をものにしたんだい 어떻게 저런 미인을 손에 넣었어? / 彼女はなにかにつかれたようにその小説に読みふけった 그녀는 마치 무엇에 신들린 것처럼 그 소설을 열중하여 읽었다. / あいつは将来ものになりそうな男だ 저 녀석은 장차 출세할 인물이 될 법한 사나이다. / 彼の車に比べて私などものの数ではない 그의 자동차에 비교하면 내 것은 아무것도 아니다. / この程度の傷はものの数に入らない 이 정도의 상처는 아무것도 아니다. / もののはずみでばかなことを言ってしまった 얼김에 어리석은 말을 하고 말았다. / 彼の賭けはものの見事に成功した[失敗した] 그의 내기는 아주 보기좋게 성공했다[실패했다]. / ものは考えようだ 세상만사는 생각하기 나름이다. / ものは相談だが, 少しお金を貸してもらえないだろうか 부탁이 있는데 돈 좀 빌려 주지 않을래? / ものは試しだ. 思い切ってやってごらん 일을 해 보지 않고는 모르니까 과감히 한번 해 봐. / パチンコで5万円も負けというあきれてものが言えないね 빠찡꼬에서 5만 엔이나 잃었다면서? 어처구니가 없어 말이 안 나오네. / こういう時は経験がものを言う 이럴 때에는 경험이 도움이 된다. / 何事にも金がものをいう 무슨 일에도 돈이 좌우한다. / 彼は財力にものを言わせてその会社の株を買い占めた 그 사람은 재력을 행사해 그 회사 주식을 매점했다.

**もの【者】**사람, 자 ¶私は坂井という者です 저는

사카이라고 합니다. / あの子はみんなの嫌われ者だ 그 애는 모두에게 미움을 받고 있다. / 近所の新聞販売店の者ですが 근처 신문 판매점에서 왔는데요. / そんな者は必要でない 그런 사람은 필요없다.

-**もの**【-物】물, 것 ¶現代物を上演する 현대물을 상연하다 / 年代物のワイン 빈테이지 와인

**ものいい**【物言い】이의(異議) ¶物言いを付ける 이의를 제기하다

**ものいり**【物入り】¶年末は何かと物入りだ 연말에는 이것저것 돈이 든다.

**ものいれ**【物入れ】〔容器〕용기

**ものいわぬ**【物言わぬ】입을 다문 ¶物言わぬ証人 입을 다문 증인 / 物言わぬ大衆 입을 다문 대중

**ものうい**【物憂い】늘쩍지근하다, 께느른하다 ¶彼女はもの憂げな表情をしていた 그 여자는 귀찮은 표정을 하고 있었다.

**ものうり**【物売り】〔行商人〕행상인, 도붓장수, 보따리 장수 〔露天商〕노점상

**ものおき**【物置】곳간, 광 関連物置小屋 헛간

**ものおじ**【物怖じ】物怖じする 겁을 내다, 주눅이 들다 ¶あの子はまったく何事にも物おじしない子だった 그 아이는 무슨 일에도 전혀 겁을 안 내는 아이였다. / 彼女は物おじせずに上司に反論した 그 여자는 겁을 내지 않고 상사한테 반론했다.

**ものおしみ**【物惜しみ】◇物惜しみする 아끼다 〔しみったれだ〕인색하다 ¶金持ちの人に限って物惜しみすることが多い 부자가 인색한 사람이 많다. / 彼は物惜しみせずに何でも人にやってしまいます 그 사람은 아끼지 않고 무엇이든지 다 남에게 줍니다.

**ものおと**【物音】소리 ¶物音がする 소리가 나다

**ものおぼえ**【物覚え】기억력(記憶力) ¶彼は物覚えがよい[悪い] 그 친구는 기억력이 좋다[나쁘다]. / 最近物覚えが悪くなった 요즘 기억력이 나빠졌다.

**ものおもい**【物思い】깊은 생각 ¶チョンスクは物思いにふけっていた 정숙이는 깊은 생각에 빠져 있었다.

-**ものか** ¶行ったものかどうか迷った 갈까 말까 망설였다. / 二度とあそこへ行くものか 다시는 그 곳에 안 갈 거야. / そんなこと知るものか 그런 거 내 알 바 아니다. / そんなはずがあるものか 그럴 리가 없어.

**ものかげ**【物陰】그늘 〔見えない所〕안 보이는 곳 ¶泥棒は人の気配を感じて物陰に隠れた 도둑은 사람의 낌새를 채고 그늘에 숨었다. / その子は物陰から一部始終を見ていた 그 아이는 숨어서 자초지종을 보고 있었다.

**ものかげ**【物影】그림자 ¶夜道の暗がりで物影が動くのが見えた 밤길 어둠 속에서 그림자가 움직이는 것이 보였다.

**ものがたり**【物語】이야기 〔小説〕소설 〔伝説〕전설 〔寓話〕우화, 설화〔説話〕¶その物語を読んで深く感動した 그 이야기를 읽고 깊이 감동했다. / 子供たちに『うさぎとかめ』の物語を読んで聞かせた 아이들한테 "토끼와 거북이" 우화를 읽어 주었다. 関連イソップ物語 이솝 이야기 / 源氏物語 겐지 모노가타리 이야기

**ものがたる**【物語る】말해 주다, 이야기해 주다 〔描写する〕묘사하다 〔示す〕보여 주다 〔証明する〕증명하다 ¶廃墟と化した町を戦争の惨状を物語っている 페허로 변한 도시는 전쟁의 참상을 말해 주고 있다. / 多くの倒壊家屋が地震の激しさを物語っていた 많은 붕괴 가옥이 지진이 얼마나 컸는가를 보여 주고 있었다. / そのことが彼の無実を物語っている 그 사실은 그 사람이 무죄임을 증명하고 있다.

**ものがなしい**【物悲しい】구슬프다, 서글프다 ¶もの悲しいバイオリンの調べ(→音色) 구슬픈 바이올린 가락

**ものぐさ**【物臭】〔人〕게으름쟁이[뱅이] ◇ものぐさな 게으른 ¶彼はとてもものぐさな男だ 그 친구는 매우 게으른 남자이다.

**モノクロ** 모노크롬 関連モノクロ映画 흑백 영화 / モノクロ写真 흑백 사진

**ものごい**【物乞い】구걸 〔人〕거지 ◇物乞いする 구걸하다

**ものごころ**【物心】철 ¶物心ついてからずっと外国へ行くことを夢見ていた 철이 들고 나서 쭉 외국으로 갈 것을 꿈꾸고 있었다. / 物心ついたころには父はすでに亡くなっていた 철이 들었을 때에는 아버지는 벌써 돌아가셨다.

**ものごし**【物腰】언동(言動), 태도(態度) ¶彼は物腰が柔らかだ 그 사람은 언동이 부드럽다.

**ものごと**【物事】사물, 일 〔すべての物事〕매사(毎事) ¶物事をそう難しく考えなるな 일을 그렇게 어렵게 생각하지 마. / 物事には順序というものがある 일에는 순서라는 것이 있다. / 彼はよく物事をわきまえている 그 사람은 매사에 사리 판단을 잘 한다.

**ものさし**【物差し】〔定規〕자 〔規準〕기준, 척도(尺度) ¶30センチの物差しで三角形のそれぞれの辺を測った 30센티 자로 삼각형의 각각의 변을 쟀다. / 彼女は自分の物差しですべてを測る 그 여자는 자기 기준으로 모든 것을 판단한다.

**ものさびしい**【物寂しい】쓸쓸하다, 호젓하다 ⇒寂しい

**ものしずか**【物静か】◇物静かだ 조용하다, 차분하다 ◇物静かに 조용히, 차분히 ¶彼は物静かな人だ 그 친구는 조용한 사람이다.

**ものしり**【物知り】〔人〕박식한 사람, 만물박사 ◇物知りだ 박식하다(博識一) ◇物知りな 박식한 ¶僕のおじさんは物知りで우리 숙부는 박식한 분이다. / 彼は物知り顔でそう言った 그는 아는 체하며 그렇게 말했다.

**ものずき**【物好き】〔好奇心〕호기심 ◇物好きだ 호기심이 많다 〔気まぐれ〕변덕스럽다 〔かなり変な〕별나다, 색다르다 ¶物好きでこんなことをしているのではない 호기심으로 이런 일을 하고 있는 것은 아니다. / 彼女に言い寄るなんて君も物好きだなあ 그 여자한테 데이트 신청을 하다니 너도 별나구나.

**ものすごい**【物凄い】〔程度が〕굉장하다, 대단하다 〔恐ろしい〕무섭다, 끔찍하다 ◇ものすごく 굉장히, 대단히 ¶突然ものすごい爆発音が聞こえた

갑자기 굉장한 폭발음이 들렸다. / ものすごい人気 굉장한 인기 / ものすごい形相でくってかかる 무서운 얼굴로 대들다
¶彼女は夫の浮気を知ってものすごく怒った 그녀는 남편의 바람피우는 것을 알고 굉장히 화를 냈다. / ものすごく怖い思いをした 굉장히 무서웠다.

**ものたりない【物足りない】** 아쉽다, 허전하다, 좀 부족하다, 약간 미흡하다 ¶この程度では物足りない 이 정도로는 좀 부족하다. / この小説は何か物足りない 이 소설은 뭔가 미흡하다.

**-ものなら** -(으)면 ¶学生時代に戻れるものなら戻りたい 학생 시절로 돌아갈 수 있다면 돌아가고 싶다. / やれるものならやってみろ 할 수 있으면 해 봐. / そんなことを言おうものならユミは気絶してしまうだろう 그런 말을 하게 되면 유미는 기절해 버릴 거다.

**ものなれた【物慣れた】** 익숙한 ¶もの慣れた様子で 익숙한 모습으로 / もの慣れた手付きで 익숙한 손놀림으로

**ものの** (せいぜい) 고작, 불과 ¶ものの5分もたたないうちに彼は戻ってきた 불과 5분도 안 지나서 그는 되돌아왔다.

**-ものの** -지만 ¶私には関係ないとはいうものの, やはり気になる 나하고는 상관없다고는 하지만 역시 신경이 쓰인다.

**もののけ【物の怪】** 귀신 ¶物の怪に取りつかれる 귀신에게 홀리다

**ものほし【物干し】** 빨래를 너는 곳 ¶洗濯物を物干しに干す 세탁물을 빨래 너는 곳에서 말리다 関連 物干綱 빨랫줄 / 物干しざお 빨래 장대 / 物干し台 빨래를 너는 곳

**ものほしそう【物欲しそう】** ◇物欲しそうな 탐이 나는 듯한, 갖고 싶은 듯한 ¶物欲しそうな顔 탐이 나는 듯한 얼굴

**ものまね【物真似】** 흉내 ¶物まねをする 흉내를 내다 / 物まねがうまい 흉내를 잘 내다 / ミョンチョルは先生の物まねをして私たちを笑わせた 명철이는 선생님 흉내를 내어 우리를 웃겼다.

**ものみ【物見】** 구경 ¶物見高い人々 호기심이 강한 사람들 / 物見遊山に出かける 유람하러 나가다 関連 物見櫓 망루(望樓)

**ものめずらしい【物珍しい】** 신기하다 ¶子供たちはらっこを物珍しそうに眺めていた 아이들은 해달을 신기한 듯이 바라보고 있었다.

**ものもち【物持ち】** ¶私の祖母は物持ちがいい 우리 할머니는 물건을 소중하게 다루신다.

**ものものしい【物々しい】** 삼엄하다, 어마어마하다 ¶警察は付近一帯に物々しい警戒を敷いた 경찰은 부근 일대에 삼엄한 경계를 폈다. / その建物は物々しく警備されていた 그 건물은 경비가 삼엄하다.

**ものもらい【物貰い】** 〔目のでき物〕 다래끼, 맥립종(麦粒腫) ¶目にものもらいができた 눈에 다래끼가 생겼다.

**ものやわらか【物柔らか】** ◇物柔らかだ 부드럽다, 온화하다 ◇物柔らかに 부드럽게, 온화하게 ¶彼は物柔らかに客に応対した 그는 부드럽게 손님을 접대했다. / 彼女は物柔らかに話す 그녀는 부드럽게 말한다.

**モノラル** 모노럴 関連 モノラル録音 모노럴 녹음

**モノレール** 모노레일 ¶モノレールで羽田空港に行った 모노레일로 하네다 공항에 갔다.

**モノローグ** 모놀로그, 독백(独白)

**ものわかり【物分かり】** 이해(理解) ¶彼は物わかりがよい(→頭の回転が速い) 그는 이해가 빠르다. / (→寛大だ) 그는 마음이 너그럽다. / 物わかりが悪い 머리가 둔하다

**ものわかれ【物別れ】** 결렬(決裂) ¶交渉は物別れに終わった 교섭은 결렬된 채 끝났다.

**ものわすれ【物忘れ】** 잊어버리는 것 ◇物忘れする 잊어버리다 ¶母はこのごろ物忘れがひどくなった 어머니는 요즘 건망증이 심해지셨다. / 彼はいつも物忘ればかりしている 그는 언제나 잊어버리기만 한다.

**ものわらい【物笑い】** 비웃음, 조소(嘲笑), 웃음거리 ¶彼はクラス中の物笑いの種になった 그는 반에서 비웃음거리가 되었다. / 彼らは私を物笑いの種にして面白がっている 그들은 나를 웃음거리로 만들어 재미있어 한다.

**もはや【最早】** 이미, 벌써, 이제 ¶彼はもはやこの世にはいない 그는 이미 우리 곁을 떠났다. / もはやためらっている時ではない 이제 주저하고 있을 때가 아니다. / もはやこれまでだ 이로써 끝이다

**もはん【模範】** 모범 〔例〕 시범 ◇模範的 모범적 ¶先生がまず模範を示した 선생님이 먼저 시범을 보이셨다. / 彼は模範的な学生だった 그는 모범적인 학생이다. / 彼らは模範試合を行った 그들은 시범 경기를 했다.

**もふく【喪服】** 상복, 상제옷 ¶彼女は喪服を着ていた 그녀는 상복을 입고 있었다.

**モヘア** 모헤어 ¶モヘアのセーター 모헤어 스웨터

**もほう【模倣】** 모방 ◇模倣する 모방하다 ¶この建物は古代ギリシアの神殿を模倣している 이 건물은 고대 그리스의 신전을 모방하고 있다. / 明治維新以来, 日本人は西欧文化を模倣してきた 메이지 유신 이후 일본인은 서구 문화를 모방해 왔다.

**もまれる【揉まれる】** 이리저리 밀리다 〔苦労する〕 시달리다 ¶人波にもまれてなかなか出口にたどり着けなかった 인파에 이리저리 밀려 좀처럼 출구에 도착할 수 없었다. / 彼は人生の荒波にもまれてきた 그는 인생의 거친 파도에 시달렸다.

**もみ【籾】** 벼, 뉘 関連 もみ殻 등겨

**もみ【樅】** 전나무

**もみあい【揉み合い】** ¶国会議事堂前でデモ隊と警官隊のもみ合いになった 국회 의사당 앞에서 시위대와 경찰대가 옥신각신했다.

**もみあう【揉み合う】** 밀치락달치락하다, 비비대기치다 ¶法案の審議をめぐって与党と野党の議員たちが激しくもみ合った 법안 심의를 둘러싸고 여당과 야당 의원들이 심하게 서로 밀고 잡아당기고 했다.

**もみあげ【揉み上げ】** 귀밑털, 살적, 옆머리

**もみくちゃ【揉みくちゃ】** ◇もみくちゃにする 구기다 ◇もみくちゃになる 밀치락달치락 시달리다 ¶彼女は手の中の紙をもみくちゃにした 그녀는

손 안에 있는 종이를 구겼다. / 満員電車でもみくちゃになった 만원 전철에서 밀치락달치락 시달렸다.

**もみけす【揉み消す】** 비벼 끄다〔隠蔽する〕쉬쉬하다 ¶たばこの火をもみ消す 담배 불을 비벼 끄다 / 彼はスキャンダルをもみ消そうとやっきになった 그는 스캔들을 쉬쉬하여 수습하기 위해 애를 썼다.

**もみじ【紅葉】** 단풍(丹楓) ¶もみじ狩りに行く 단풍놀이하러 가다 / もみじ 木 단풍나무

**もみで【揉み手】** ¶もみ手をして頼む 두 손을 비비면서 부탁하다

**もむ【揉む】** 〔くしゃくしゃにする〕구기다〔こする〕비비다〔マッサージする〕주무르다〔心配する〕애를 쓰다 ¶娘が肩をもんでくれた 딸이 어깨를 주물러 주었다. / 彼女は息子のことで気をもんでいる 그녀는 아들 일로 애태우고 있다.

**もめごと【揉め事】** 분규(紛糾), 내분(内紛)〔けんか〕다툼, 싸움 ¶社内にもめ事が絶えない 사내에 분규가 끊이지 않는다. / 彼ともめ事を起こしたくない 그 사람과 다투고 싶지 않다.

**もめる【揉める】** 옥신각신하다 ¶つまらない問題で彼らはもめている 하찮은 문제를 가지고 그들은 옥신각신하고 있다. / 親の財産の相続権のことで兄弟たちがもめている 부모의 재산 상속권을 가지고 형제들은 옥신각신하고 있다. / 会議はその件でずいぶんもめた 회의는 그 건으로 상당히 옥신각신했다.

¶半年以上も彼女から便りがないので気がもめる 반년 이상이나 그녀한테서 연락이 없어서 안절부절못한다.

**もめん【木綿】** 무명 ¶このジャケットは木綿です 이 재킷은 무명입니다. 関連 木綿糸 무명실 / 木綿製品 무명 제품

**もも【股・腿】** 넓적다리 ¶牛の腿肉 소 넓적다리 살 / 鶏の腿肉 닭 다리 살

**もも【桃】**〔果実〕복숭아〔木〕복숭아나무 数え方 桃1個 복숭아 한 개 関連 桃色 도색, 연분홍색 / 桃の節句 삼월 삼짇날

**ももひき【股引】**〔職人の〕잠방이

**もんが**〖動物〗날다람쥐

**もや【靄】** 연무(煙霧), 안개 ¶もやのかかった森 안개 낀 숲 / 湖にもやがかかっている 호수에 안개가 껴 있다.

**もやし【萌やし】** 콩나물, 숙주나물 関連 もやしっ子 허약한 아이

**もやす【燃やす】** 태우다, 불태우다 ¶落葉を集めて燃やす 낙엽을 모아서 태우다 / 音楽に情熱を燃やす 음악에 정열을 불태우다

**もやもや** ◇もやもやする 답답하다, 우울하다, 개운치 않다 ¶気分がもやもやした 기분이 개운치 못한 것 / 二人の間にはまだもやもやした色のが残っている 두 사람 사이에는 아직 개운치 않은 것이 남아 있다.

**もよう【模様】** ❶〔図案〕무늬 ¶彼女は水玉模様のワンピースを着ていた 그녀는 물방울 무늬 원피스를 입고 있었다. / この手描き模様を施した茶わんは18世紀のものだ 이 손으로 그린 무늬를 입힌 찻종은 18세기 것이다. / その蝶は羽に美しい模様がある その 나비는 날개에 아름다운 무늬가 있다. / 花模様 꽃무늬

¶模様をつける 무늬를 놓다

❷〔様子〕모양〔状況〕상황, 형편, 상태 ¶雨でも降りそうな模様だ 비가 올 모양이군. / この空模様では今夜は雨になりそうだ 지금 하늘 상태로는 오늘밤에 비가 올 것 같다. / 飛行機の到着は1時間遅れる模様です 비행기 도착은 한 시간 늦어질 모양입니다. / この模様では生存者はいないかもしれない 이 상황으로는 생존자는 없을지도 모르겠다.

¶近いうちに消費税が引き上げられる模様です 가까운 시일 내에 소비세가 인상될 모양입니다. / 事故の模様を詳しく話してください 사고 상황을 상세하게 얘기해 주십시오.

¶私は部屋の模様替えをした 나는 방을 새로 꾸몄다.

**もよおし【催し】**〔集会〕모임〔行事〕행사

¶子供の日には各地で子供たちのための様々な催しが行われた 어린이날에는 각지에서 아이들을 위한 여러 가지 행사가 행해졌다. / 彼らは政府主催の催しに招かれた 그들은 정부가 주최하는 모임에 초대되었다.

**もよおす【催す】**〔開く〕열다, 개최하다〔引き起こす〕불러일으키다, 느끼게 하다 ¶首相は訪日した韓国大統領のための歓迎レセプションを催した 수상은 일본을 방문한 한국 대통령을 위해 환영 리셉션을 열었다. / 送別会を催す 송별회를 열다

¶油のにおいをかぐと吐き気を催す 기름 냄새를 맡으면 속이 울렁거린다. / あの先生の授業は眠気を催す 그 선생님 수업은 졸음이 온다.

**もより【最寄り】** ◇最寄りの 가장 가까운 ¶最寄りの駅までの道を教えてくれますか 가장 가까운 역까지 가는 길을 가르쳐 주시겠습니까? / 最寄りのスーパーで夕食の材料を買って帰った 근처 슈퍼에서 저녁 식사 재료를 사 왔다.

**もらいご【貰い子】**〔養子〕양자〔育て子〕수양 자녀

**もらいさげる【貰い下げる】** 인수하다 ¶補導された息子を警察からもらい下げてきた 선도된 아들을 경찰한테서 넘겨받아 데리고 왔다.

**もらいて【貰い手】** 받아 주는 사람 ¶この自転車はまだ乗れるのにもらい手がいない 이 자전거는 아직 탈 수 있는데 받아 줄 사람이 없다.

**もらいなき【貰い泣き】** ◇もらい泣きする 저도 모르게 따라 울다 ¶彼女の話を聞いて思わずもらい泣きしてしまった 그녀의 이야기를 듣고 갑자기 저도 모르게 따라 울어 버렸다.

**もらいもの【貰い物】** 선물로 받은 것, 남한테 얻은 것 ¶このいちごはご近所からのもらい物です 이 딸기는 이웃집에서 선물로 받은 것입니다.

**もらう【貰う】** ❶〔受け取る〕받다〔得る〕얻다〔迎える〕맞아들이다 ¶きのう友達から手紙をもらった 어제 친구한테서 편지를 받았다. / 少女は誕生プレゼントをもらってうれしそうだった 소녀는 생일 선물을 받고 기뻐했다. / 僕は小遣いを月5千円もらっている 나는 용돈을 한 달에 5천 엔 받고 있다. / 彼女は作文コンテストで1

等賞をもらった 그녀는 작문 콘테스트에서 1등 상을 받았다. / 1週間の休暇をもらって韓国に行ってきました 1주일간 휴가를 얻어 한국에 갔다 왔습니다. / この試合はもらったも同然だ 이 경기는 이긴 것이나 마찬가지다. / この時計、使わないのなら私がもらうわよ 이 시계, 안 쓸 거면 내가 가질 거야? / 彼は数学でよい点をもらった 그는 수학에서 좋은 점수를 받았다. / あの選手をうちのチームにもらいたいものだ 저 선수를 우리 팀에 넣고 싶다. / 彼は若くてかわいい子をお嫁さんにもらった 그는 젊고 귀여운 여자를 신부로 맞았다. / 嫁をもらう 며느리를 얻다
🟩会話 店で
　A：これ、おいくらですか
　B：1500ウォンです
　A：じゃあ、それをもらいます
　A：이거 얼마죠?
　B：1500원입니다.
　A：그럼 그거 주세요.
❷〔…してもらう〕받다 ¶エンジンを調べてもらった 엔진을 점검 받았다. / 顔色が悪いね。医者に診てもらったほうがいいよ 안색이 안 좋아. 의사한테 진찰 받는 게 좋아. / その点はもっと説明してもらう必要がある 그 점은 좀 더 설명을 들을 필요가 있다. / 兄に宿題を手伝ってもらった 형한테 숙제하는 데 도움을 받았다. / 近くにいた人に写真を撮ってもらった 가까이에 있던 사람이 사진을 찍어 주었다. / 私の過去のことには二度と触れてもらいたくない 나의 과거 일에 관해선 두 번 다시 언급 받고 싶지 않다.

**もらす**【漏らす】❶〔出す,こぼす〕새게 하다〔小便を〕싸다 ¶水も漏らさぬ警戒網 물샐틈없는 경계망 / おしっこを漏らしちゃった 오줌을 싸 버렸다.
❷〔口外する〕누설하다, 입밖에 내다, 말하다 ¶彼はその秘密をだれにも漏らさなかった 그는 그 비밀을 아무한테도 누설하지 않았다. / 絶対に秘密を漏らすな 절대로 비밀을 입밖에 내지 마. / うっかり本音を漏らしてしまった 깜박하고 본심을 말해 버렸다. / 不էを漏らす 불만을 말하다 / 情報を漏らす 정보를 누설하다 / ため息を漏らす 한숨을 쉬다
❸〔抜かす〕빠뜨리다, 빼먹다 〔逃す〕놓치다 ¶記入事項は漏らさずお書きください 기입 사항을 빼먹지 말고 써 주세요. / 彼女の名前を聞き漏らした 그녀의 이름을 빠뜨리고 못 들었다. / 知っていることを細大漏らさずお話ししましょう 알고 있는 것은 어떠한 작은 것도 빼먹지 않고 말씀 드리겠습니다.

**モラトリアム** 모라토리엄 関連 モラトリアム人間 모라토리엄 인간

**モラル**〔道徳〕도덕 ¶彼はモラルに欠けている 그는 도덕에 어긋난다. / それはモラルの問題だ 그것은 모럴 문제이다. / 現代は古いモラルの通用しない時代だ 현대는 낡은 도덕이 통하지 않는 시대이다. / 公共のモラル 공공 도덕 関連 モラルハザード 모럴 해저드, 도덕적 해이

**もり**【森】숲, 수풀, 삼림(森林) ¶森の中で道に迷ってしまった 숲 속에서 길을 잃어버렸다. / 森へ昆虫採集に行った 숲으로 곤충 채집을 갔다. / その道は奥深い森を縫うように走っていた 그 길은 깊숙한 숲을 누비듯이 나 있었다. 慣用句 木を見て森を見ず 나무를 보느라고 숲을 못 본다. / 작은 것에 구애되어 큰 것을 보지 못한다.

**もり**【銛】작살 ¶魚をもりで突く 물고기를 작살로 찌르다 / くじらにもりを打ち込む 고래에게 작살을 명중시키다

**もり**【守り】¶母に子守りを頼まれた 어머니한테 아기를 봐 달라고 부탁받았다. / 灯台守り 등대지기

**もりあがり**【盛り上がり】고조 ¶その試合は盛り上がりに欠けた 그 시합은 분위기가 고조되지 않았다.

**もりあがる**【盛り上がる】부풀어오르다, 두툴룩해지다〔催しなどが〕고조되다, 신이 나다 ¶海面がみるみる盛り上がった 해면이 순식간에 부풀어올랐다. / 地面が盛り上がっている 지면이 두툴룩해져 있다. / 宴会は大いに盛り上がった 연회 분위기가 크게 고조되었다.

**もりあげる**【盛り上げる】돋우다, 고조시키다 ¶彼女は場を盛り上げるのがうまい 그녀는 분위기 돋우기를 잘한다. / みんな環境保護活動を盛り上げていきましょう 모두 환경 보호 활동을 돋우어 갑시다.

**もりかえす**【盛り返す】만회하다 ¶与党が衆議院での勢力を盛り返した 여당이 중의원에서 세력을 만회했다. / 第2セットで全日本チームは盛り返した 제2세트에서 전일본 팀은 만회했다.

**もりこむ**【盛り込む】담다, 포함시키다 ¶彼らは種々のアイディアを企画に盛り込んだ 그들은 갖가지 아이디어를 기획에 포함시켰다.

**もりだくさん**【盛り沢山】◇盛りだくさんの 다채로운 ¶展示場には盛りだくさんなアトラクションが用意されていた 전시장에는 다채로운 어트랙션이 준비되어 있었다. / 盛りだくさんのプログラム 다채로운 프로그램

**もりたてる**【守り立てる】〔支持する〕돌보다, 보살피다, 지원하다

**もりつける**【盛り付ける】보기 좋게 담다 ¶サラダを皿にきれいに盛り付ける 샐러드를 접시에 예쁘게 담았다.

**もりもり** 와작와작〔元気よく〕왕성하게, 왕성히 ¶もりもり食べる 와작와작 먹다 / もりもり食べて元気をつける 왕성하게 먹고 기운을 북돋우다 / もりもり働く 왕성히 일하다

**もる**【盛る】쌓아올리다 〔料理を〕담다 ¶花壇に黒土を盛って球根を植え付けた 화단에 흑토를 쌓아올려 알뿌리를 심었다. / チーズは銀のお盆に盛って出された 치즈는 은색 쟁반에 담겨져 나왔다. / ご飯を茶わんにいっぱいに盛る 밥을 공기에 수북이 담다

**もる**【漏る】새다 ¶天井から雨が漏っている 천정에서 빗물이 새고 있다.

**モルタル** 모르타르 ¶壁にモルタルを塗る 벽에 모르타르를 칠하다 / 木造モルタル2階建ての家 목조 모르타르 2층집

**モルヒネ** 모르핀 ¶モルヒネを注射する 모르핀을 주사하다

**モルモット** 모르모트, 기니피그 ¶彼らは薬物実験のモルモットにされた 그들은 약물 실험 대상이 되었다.

**もれ【漏れ】**〔漏ること〕누출〔脱落〕누락 ¶燃料パイプに燃料漏れが生じた 연료 파이프에 연료 누출이 발생했다. / ガス漏れ感知器 가스 누출 감지기

¶名簿にはいくつか記載漏れがあった 명단에는 몇 가지 기재 누락이 있었다. / 記入漏れのないよう注意しなさい 기입 누락이 없도록 조심하라.

**もれきく【漏れ聞く】** 얻어듣다 ¶漏れ聞くところによれば 얻어들은 바에 의하면

**もれなく【漏れ無く】** 빠짐없이 ¶応募者には全員もれなく記念品を差し上げます 응모자한테는 전원에게 빠짐없이 기념품을 드립니다.

**もれる【漏れる】** ❶〔水・光・音などが〕새다 ¶蛇口から水が漏れている 수도 꼭지에서 물이 새고 있다. /「何だか臭いぞ」「どこかでガスが漏れているんじゃないか」"무슨 냄새 안 나?" "어딘가에서 가스가 새고 있는 거 아니야?" / タンクから漏れた石油に引火した 탱크에서 샌 석유에 불이 붙었다. / ドアのすき間から明かりが漏れていた 문 틈새에서 빛이 새고 있었다.

❷〔秘密などが〕새다, 누설되다 ¶その計画が漏れるのではないかと心配した 그 계획이 누설되는 것은 아닌가 하고 걱정했다.

❸〔抜ける〕빠지다, 누락되다〔落選する〕떨어지다 ¶私の名前が名簿から漏れていることに気づいた 내 이름이 명단에서 빠진 것을 알아챘다. / 彼女の絵は選考に漏れた 그녀의 그림은 뽑히지 않았다.

**もろい【脆い】**〔壊れやすい〕부서지기 쉽다, 깨지기 쉽다〔弱い〕약하다, 여리다 ◇もろくも 맥없이 ¶このグラスはとてももろい 이 유리컵은 매우 깨지기 쉽다. / 彼女は情にもろい 그녀는 정에 약하다. / ラグビーの試合で日本はもろくもニュージーランドに敗れ去った 럭비 경기에서 일본은 맥없이 뉴질랜드에 패했다.

**もろて【諸手】** 쌍수(双手), 양손 ¶諸手を挙げて賛成する 양손을 들어 찬성하다

**もろとも【諸共】** 함께, 다 같이 ¶積み荷は船もろとも沈んでしまった 화물은 배와 함께 가라앉아 버렸다. / 死なばもろともだ 죽을 때는 다 같이 죽는다.

**もろに**〔まともに〕정면으로, 직접 ¶自転車は電柱にもろにぶつかった 자전거가 전봇대에 정면으로 부딪혔다. / 彼女は嫌悪感をもろに態度に表していた 그녀는 혐오감을 그대로 태도로 드러냈다. / 車が通り過ぎたとき、もろに泥水をかぶってしまった 자동차가 지나갔을 때 정면으로 흙탕물을 뒤집어썼다.

**もろは【諸刃】** 양날 ¶諸刃の剣 양날의 칼

**もろもろ【諸々】** ◇もろもろの 여러 가지 ⇨いろいろ

**もん【門】** 문 ¶門を開けてください 문을 열어 주세요. / だれかが門をたたいている 누군가가 문을 두드리고 있다. /〔表〕裏〕門は閉まったままだ 정문〔뒷문〕은 닫힌 채이다. / 門から入りなさい 문으로 들어오너라. / 古い城の門をくぐった 낡은 성문을 빠져 나갔다.

¶司法試験は狭き門だ 사법 시험의 문은 좁다. / 姉は歌手になりたくて有名な音楽家の門をたたいた 언니는 가수가 되고 싶어서 유명한 음악가를 찾아가 제자되기를 청했다. 関連 **門札** 문패

**もん【紋】**〔紋章〕문장, 무늬〔家紋〕가문

**もんえい【門衛】** 문지기〔守衛〕수위

**もんか【門下】** 문하 ¶夏目漱石の門下から多くの有名な小説家が出た 나쓰메 소세키의 문하에서 유명한 소설가가 많이 배출되었다. 関連 **門下生** 문하생, 제자(弟子)

**もんがいかん【門外漢】** 문외한 ¶ジャズとなると私はまったくの門外漢です 재즈라면 나는 전혀 문외한입니다.

**もんきりがた【紋切り型】** ◇紋切り型の 틀에 박힌 ¶紋切り型のあいさつ 틀에 박힌 인사말

**もんく【文句】** ❶〔不平〕불평, 불만(不満)〔意見〕할 말 ¶文句を言うんじゃない 그렇게 불평하는 거 아니야. / 何か文句でもあるのか 무슨 불만이라도 있는 거야. / 彼はいつも妻の作った料理に文句をつけている 그는 언제나 아내가 만든 요리에 불평을 늘어놓는다. / 文句を言っても始まらない 불평을 해도 소용없다. /「遅いぞ」と彼はガールフレンドに文句を言った "늦었네"라고 그는 여자 친구한테 불평했다. / そう文句をつけないで 그렇게 불평하지 마. / それに関しては何も文句はありません 그것에 관해서는 아무런 할 말이 없습니다. / 彼の演技は文句のつけようがなかった 그의 연기는 흠잡을 데가 없었다. / 文句なしに彼女の応募作が最高だった 이의 없이 그녀의 응모작이 최고였다.

❷〔語句〕문구〔表現〕표현 ¶歌の文句を忘れてしまった 노래 문구를 잊어버렸다. / 彼のスピーチには同じ文句が何度も出てきた 그의 스피치에는 같은 표현이 몇 번이나 나왔다. /「いらっしゃいませ」は店員の決まり文句だ "어서 오세요"는 점원의 들에 박힌 문구이다. 関連 **宣伝文句** 선전 문구 / **名文句** 명문구

**もんげん【門限】** 귀가 시간 ¶彼女は10時の門限に遅れてしまった 그녀는 열 시 귀가 시간에 늦어 버렸다. / あなたの家では門限は何時? 너의 집에서는 몇 시가 귀가 시간이야? / 門限を守る 귀가 시간을 지키다

**もんこ【門戸】** 문호 ¶門戸を開放する〔閉ざす〕문호를 개방하다〔닫다〕

**もんし【門歯】** 앞니, 문치

**もんし【悶死】** 민사 ◇悶死する 민사하다

**もんじゅ【文殊】**〔文殊菩薩〕문수보살 慣用句 三人寄れば文殊の知恵 세 사람이 모여 상의하면 문수보살 같은 지혜가 나온다.

**もんしょう【紋章】** 문장

**もんしろちょう【紋白蝶】** 배추흰나비

**もんしん【問診】** 문진 ◇問診する 문진하다

**もんじん【門人】** 문인, 제자(弟子)

**モンスーン** 몬순, 계절풍(季節風)

**モンスター** 괴물, 도깨비

**もんせき【問責】** 문책 ◇問責する 문책하다

**もんぜつ【悶絶】** ◇悶絶する 괴로워한 나머지

기절하다

**もんぜんばらい【門前払い】** 문전 축객(門前逐客) ¶彼は私に門前払いを食わせた 그 사람은 나를 문간에서 쫓아 버렸다. / みすぼらしい身なりの男はホテルで門前払いを食わされた 볼품없는 차림새의 남자는 호텔에서 쫓겨났다.

**モンタージュ** 몽타주 関連 **モンタージュ写真** 몽타주 사진

**もんだい【問題】** ❶〔答えを求める問い・質問・設問〕문제 ¶数学の問題はやさしかった 수학 문제는 쉬웠다. / 私はその問題を解くことができなかった 나는 그 문제를 못 풀었다. / その問題を解くのに30分もかかってしまった 그 문제를 푸는 데 30분이나 걸렸다. / 次の問題に答えなさい 다음 문제에 답하시오. / あの先生はいつも難しい問題を出す 그 선생님은 언제나 어려운 문제를 내신다. / 穴埋め問題 빈 칸 메우기 문제 ❷〔検討・解決を要する問題〕문제 ¶解決しなければならない問題がたくさんある 해결해야 될 문제가 많이 있다. / その問題は彼女の手に負えなかった 그 문제는 그녀가 감당할 수 없었다. / 2, 3日その問題について考えさせて欲しい 2, 3일 그 문제에 관해 생각할 시간을 주었으면 해. / いちばんの問題は人手が足りないことだ 가장 큰 문제는 일손이 부족한 것이다. / この問題は取りあえず保留にしておこう 이 문제는 일단 보류하여 두자. / 彼らは熱心にいじめ問題に取り組んだ 그들은 열심히 따돌림[왕따] 문제에 임했다. / 問題をすり替えないでくれ 논점을 바꾸지 말아 줘. / 問題はその資金の出所だ 문제는 그 자금의 출처다.

¶政府はもはや少子化問題を回避できない 정부는 이제 저출산 문제를 회피할 수 없다. / ここで問題なのは資金調達の方法だ 여기에서 문제는 자금 조달 방법이다. / 学力低下は相変わらずよく議論の対象となる問題だ 학력 저하는 변함없이 자주 논의의 대상이 되는 문제이다.

¶今回の調査でその問題は徹底的に究明されるだろう 이번 조사에서 그 문제는 철저하게 구명될 것이다. / この問題に関する先生のお考えはいかがですか 이 문제에 관한 선생님의 생각은 어떠십니까?

¶政府はその問題を調査すると約束した 정부는 그 문제를 조사할 것을 약속했다. / それとこれとは別問題だ 그것과 이것은 다른 문제이다. / そんな高い車を買うなんて問題外だ 그런 비싼 차를 사다니 말도 안 된다. / 彼女は進路問題で悩んでいる 그녀는 진로 문제로 고민하고 있다.

❸〔関係する事柄, 関心事〕문제 ¶彼女が僕を好きであろうとなかろうと僕には問題ではない 그 여자가 나를 좋아하든 그렇지 않든 나한테는 문제가 되지 않는다. / あいつなんて問題じゃない 저런 녀석은 아무런 문제도 아니다. / どうし私なんか問題になりません 어쨌든 나 같은 사람은 문제가 되지 않습니다. / 最近青少年犯罪の凶悪化が問題になっている 최근 청소년 범죄의 흉악화가 문제가 되고 있다.

¶それは時間の問題だ 그것은 시간 문제다. / それは好みの問題だ 그것은 취향 문제다. / 語学学習は主として訓練の問題である 어학 공부는 주로 훈련 문제다. / 問題意識を持って仕事をすべきだ 문제 의식을 가지고 일을 해야 한다. / 検事は問題の夜(→事件当夜), 彼がどこにいたかを尋ねた 검사는 사건이 있던 그날 밤 그가 어디에 있었는지를 물었다. / 2, 3日なら予定を伸ばしても問題ないだろう 2, 3일이라면 예정을 연기해도 문제 없을 것이다.

❹〔面倒, 不都合〕문제, 말썽, 큰일 ¶彼らは困難な問題にぶつかった 그들은 어려운 문제에 부딪혔다. / あの二人は金銭問題でもめていた 저 두 사람은 금전 문제로 다투고 있었다. / あの子はいつも問題を起こしてばかりいる 저 아이는 언제나 말썽을 일으키기만 하고 있다. / また彼女が問題を起こしたのか 또 그 여자가 말썽을 피운 거야? / もしそれが明るみに出たら問題だぞ 만약 그것이 밝혀지면 큰일이야. 関連 **問題児** 문제아 / **問題集** 문제집 / **問題用紙** 문제지 / **公害問題** 공해 문제 / **住宅問題** 주택 문제

**もんちゃく【悶着】** 말썽 ¶今ジナと悶着を起こしたくない 지금 지나와 말썽을 일으키고 싶지 않다. / 彼らの間に一悶着ありそうだ 그들 사이에 한 바탕 말썽이 있을 것 같다.

**もんちゅう【門柱】** 문설주, 문기둥
**もんてい【門弟】** 문제, 문제자, 문하생(門下生)
**もんと【門徒】** 문도, 제자(弟子)
**もんどう【問答】** 문답 ◇ **問答する** 문답하다
¶問答無用 문답 무용 / 押し問答する 승강이하다 / 禅僧たちは互いに問答した 선승들은 서로 문답했다.

**もんどり【翻筋斗】** 공중제비, 재주넘기 ¶もんどりうって倒れる 공중제비를 하고 쓰러지다
**もんなし【文無し】** 무일푼, 빈털터리, 빈털타리 ¶今, 文無しなんだ 지금, 빈털터리야. / 文無しになる 빈털터리가 되다
**もんばつ【門閥】** 문벌
**もんばん【門番】** 문지기, 수위(守衛) 関連 **門番小屋** 수위실
**もんぶ【文部】** ¶文部科学省 문부과학성, 문과성(文科省)(▶韓国의 교육 과학 기술부「敎育科學技術部」에 あたる) / 文部科学大臣 문부과학 대신

**もんもう【文盲】** 문맹 ⇒ **非識字者**
**もんもん【悶々】** ◇ **悶々とする** 애가 타다, 몹시 괴로워하다 ¶これから先のことを考えると一晩中悶々として眠れなかった 앞날을 생각하니 밤새도록 걱정이 되어 잠을 못잤다.
**もんよう【紋様】** 무늬 ⇒ **模様**

# や

**や【矢】** 화살〔投げ矢, ダーツ〕다트 ¶矢が的に当たった 화살이 과녁에 맞았다. / 彼は的に向かって矢を放った 그는 과녁을 향해서 화살을 쏘았다. / 矢が獲物の首に突き刺さった 화살이 사냥감의 목에 꽂혔다. / つばめが空を矢のように飛んでいる 제비가 하늘을 쏜살같이 날고 있다.
¶矢を弓につがえる 화살을 활에 메기다 慣用句 彼女のボディーガードとして彼に白羽の矢が立った 그녀의 보디가드로 그가 뽑혔다. / 彼から借金を返せと矢のような催促があった 그는 나에게 빚을 갚으라고 몇 번이고 독촉을 했다. / 早く帰りたくて矢も盾もたまらなかった 빨리 돌아가고 싶어서 애간장이 탔다. / 絶対負けないぞ, 矢でも鉄砲でも持ってこい 내가 질 것 같냐? 덤빌 테면 덤벼. / 光陰矢のごとし 세월은 쏜살같이 빠르다. | 세월은 유수와 같다. 関連 毒矢 독화살

**-や** (이)며, (이)랑, (이)나 ¶動物園に行ってライオンや象などたくさんの動物を見た 동물원에 가서 사자며 코끼리 등 많은 동물을 봤다. / 鉛筆や消しゴムやノートなどの文房具 연필이나 지우개, 공책 따위의 문방구 / 古代や中世においては 고대나 중세에 있어서는
¶僕だって専門書の1冊や2冊は持っているさ 나도 전문 서적 한두 권은 가지고 있어.

**やあ** 야 ¶やあ, 元気? 야, 잘 있었어? / やあ, ほんとうに驚いたよ 야, 정말 놀랐는데.

**ヤード** 야드 ¶1ヤードは3フィートだ 1야드는 3피트다. 関連 ヤードポンド法 야드 파운드법

**-やいなや【-や否や】**《動詞語幹+》-자마자 ¶彼は警官を見るや否や逃げ出した 그는 경찰을 보자마자 도망쳤다.

**やえ【八重】** 関連 八重桜 겹벚나무 / 八重歯 덧니

**やえい【野営】** 야영, 캠핑 ◇野営する 야영하다 ¶彼らは川辺で野営した 그들은 강변에서 야영했다. 関連 野営地 야영지, 캠프

**やおちょう【八百長】** ¶その試合は八百長くさい 그 시합은 짜고 하는 것 같다. 関連 八百長試合 짜고 하는 시합

**やおもて【矢面】** 정면(正面) ¶彼は非難の矢面に立たされた 그는 비난을 한 몸에 받는 입장에 처해 있었다.

**やおや【八百屋】** 채소 가게〔人〕채소 장수

**やがい【野外】** 야외, 옥외(屋外) ¶野外でさまざまな催しが行われた 야외에서 여러 행사가 개최됐다. 関連 野外劇場 야외 극장 / 野外コンサート 야외 콘서트

**やがく【夜学】** 야학, 야간 학교 ¶彼は昼間は働きながら夜学に通っている 그는 낮에는 일하고 밤에는 야학에 다니고 있다.

**やがて【間もなく】** 머지않아; 이윽고, 곧 ¶やがてその子は眠ってしまった 얼마 안 있어 그 아이는 잠들고 말았다. / やがて彼らも来るでしょう 머지않아 그들도 오겠죠.
¶彼女が韓国へ行ってやがて1年になる 그녀가 한국에 간 지 「머지않아 1년이 된다[이제 곧 1년이 된다]. / 君の努力もやがては実を結ぶだろう 네 노력도 머지않아 결실을 맺겠지.

**やかましい【喧しい】** ❶〔音がうるさい〕시끄럽다 ◇やかましく 시끄럽게 ¶テレビの音がやかましい 텔레비전 소리가 시끄럽다. / 車の音がやかましくて眠れない 차 소리가 시끄러워서 잠을 못 자겠다. / やかましい! 시끄러워! / 子供たちがやかましく通りを走り去った 아이들이 요란하게 뛰어갔다. / だれかがやかましくチャイムをたたいている 누군가가 시끄럽게 장구를 치고 있다. / 「ここじゃ, やかましくて話もできないね」「そうね. それじゃ, 他の店へ行きましょうか」"여기는 시끄러워서 이야기도 못 하겠네." "그러네. 그럼 딴데 갈까?"
❷〔厳しい〕엄하다, 까다롭다, 잔소리가 심하다 ¶うちの学校は規則がやかましい 우리 학교의 교칙은 까다롭다[엄하다]. / 彼は規則[時間]にやかましい人だ 그는 규칙[시간]에 까다롭다[엄한 사람이다]. / 親がやかましいので外泊は難しい 부모님이 엄해서 외박은 어렵다. / 最近は警察がやかましいので, 違反駐車は減った 요즘 경찰 단속이 심해서 불법 주차가 줄었다. / 父は食べ物にやかましい 아버지는 음식에 까다롭다.
❸〔言い立てる〕떠들썩하다 ◇やかましく 시끄럽게 ¶新しい原子力発電所の建設に対する議論がやかましい 새로운 원자력 발전소 건설에 대한 논의가 떠들썩하다. / どんなにやかましく言っても息子は部屋を片付けない 아무리 잔소리를 해도 아들은 방을 치우지 않는다.

**やかん【夜間】** 야간, 밤 ¶夜間は冷え込みが厳しいでしょう 오늘 밤에는 몹시 추워지겠습니다. / 夜間に外出する 밤에 외출하다 関連 夜間営業 야간 영업 / 夜間外出禁止令 야간 외출 금지령 / 夜間勤務 야근 / 夜間飛行 야간 비행 / 夜間部 야간부

**やかん【薬缶】** 주전자 ¶やかんで湯を沸かす 주전자에 물을 끓이다 / やかんを火にかける 주전자를 불에 올려 놓다 関連 やかん頭 대머리

**やぎ【山羊】** 염소〔子やぎ〕새끼 염소 ¶やぎが鳴いている 염소가 울고 있다. 関連 やぎ皮 염소 가죽 / 山羊座 염소자리 / やぎひげ 염소수염

**やきいも【焼き芋】** 군고구마 関連 焼き芋屋 군고구마 장수

**やきざかな【焼き魚】** 생선구이

**やきすてる【焼き捨てる】** 태워서 버리다, 소각하다 ¶不要な書類は焼き捨ててください 불필요한 서류는 소각해 주세요.

**やきそば【焼き蕎麦】** 야키소바; 삶은 면에다 야채나 고기를 넣고 기름에 볶은 국수 요리.

**やきたて【焼き立て】** ◇焼き立ての 갓 구운 ¶焼き立てのパン 갓 구운 빵

**やきつく【焼き付く】** 새겨지다 ¶その光景は今も私の心に焼き付いている 그 광경은 지금도 내 마음에 새겨져 있다.

**やきつくす【焼き尽くす】** 태워 버리다, 불살라 버리다 ¶炎は瞬く間に建物を焼き尽くした 불길은 순식간에 건물을 태워 버렸다.

**やきつけ【焼き付け】** 〔写真の〕인화〔陶器の〕(도자기에) 무늬를 그려서 구움

**やきつける【焼き付ける】** 〔写真を〕인화하다〔現像する〕현상하다〔陶器を〕(도자기에) 무늬를 그려서 굽다 ¶ネガを焼き付ける 필름을 현상하다

**やきとり【焼き鳥】** 닭꼬치구이

**やきなおし【焼き直し】** 다시 구움〔改作〕다시 씀, 개작 ¶彼は前の作品の焼き直しをした 그는 전에 만든 작품을 개작했다. | 그는 전 작품을 다시 썼다.

**やきにく【焼き肉】** 일본식 고기구이〔韓国風焼き肉, プルゴギ〕불고기 ¶韓国の焼き肉は本当においしいですね 한국의 불고기는 정말 맛있네요. / 安くていしい焼肉屋を教えてください 싸고 맛있는 고기집을 가르쳐 주세요. / 焼肉を2人前ください 불고기 2인분 주세요. 関連 豚のプルゴギ 돼지불고기 / 鶏のプルゴギ 닭 불고기

**やきのり【焼き海苔】** 구운 김〔味付の〕맛김

**やきはらう【焼き払う】** 몽땅 태워 버리다, 불살라 버리다 ¶枯れ草を焼き払う 마른 풀을 몽땅 태워 버리다 / ゲリラは村を焼き払った 게릴라는 마을을 불살라 버렸다.

**やきぶた【焼き豚】** 돼지고기 구이

**やきまし【焼き増し】** ◇추가로 현상하다, 다시 뽑다 ¶写真を焼き増しする 사진을 더 뽑다

**やきもき** ◇やきもきする 안절부절못하다 ¶飛行機に乗り遅れないかとやきもきした 비행기를 놓치지 않을까 안절부절못했다. / 彼女がなかなか来ないので彼はやきもきしていた 그녀가 좀처럼 오지 않아 그는 안절부절못했다.

**やきもち【焼き餅】** 구운 떡〔嫉妬〕질투, 샘, 시기 ¶そんなに彼女に焼きもちを焼くことはないだろう 그렇게 그녀에게 샘낼 필요 없잖아. / 彼はとても焼きもち焼きだ 그는 아주 질투심이 많다.

**やきもの【焼き物】**〔陶磁器〕도자기 関連 焼き物師 옹기장이

**やきゅう【野球】** 야구 ◇野球をする 야구하다 ¶野球は日本で最も人気のあるスポーツです 야구는 일본에서 가장 인기 있는 스포츠예요. / 韓国にもプロ野球はありますか 한국에도 프로 야구가 있어요? / 今夜野球の試合を見に行きませんか 오늘 밤 야구 보러 안 갈래요? / おととい友達と野球を見に行った 그저께 친구랑 야구 보러 갔다. / きのうの夜テレビで野球の試合を見た 어젯밤 텔레비전에서 야구 경기를 보았다. / この間の土曜日に野球をした 지난번 토요일에 야구했다. / 父が野球を教えてくれた 아버지가 야구를 가르쳐 주셨다. 関連 野球シーズン 야구 시즌 / 野球場 야구장 / 野球選手 야구 선수 / 野球チーム 야구 팀 / 野球帽 야구 모자 / 野球ファン 야구 팬 / 野球中継 야구 중계 / 硬式野球 경식 야구 / 軟式野球 연식 야구 / 高校野球 고교 야구 / 草野球 풋내기 야구 / ペナントレース 페넌트 레이스

**やきん【夜勤】** 야근 ◇夜勤をする 야근하다 ¶看護師は夜勤が多い 간호사는 야근이 많다.
関連 夜勤手当 야근 수당

**やく【役】 ❶**〔役割〕역할, 구실〔職務〕직무, 몫 ◇役に立つ 쓸모가 있다〔助けになる〕도움이 되다 ¶彼は自分の役を立派に果たした 그는 자기의 역할을 훌륭하게 해냈다. / 警察は社会の秩序を保つのに重要な役を果たしている 경찰은 사회의 질서를 유지하는 데 중요한 역할을 하고 있다. / このプリンターは複写機やファックスの役も果たしている 이 프린터는 복사기와 팩스의 구실도 하고 있다. / 皿を洗うのは僕の役です 설거지는 내 일이다. / 両親が留守の間、彼女は妹の面倒を見る役を引き受けた 부모님이 집을 비운 동안 그녀는 동생을 돌보는 일을 맡았다. / 宴会の幹事という厄介な役が当たっちゃって 연회의 간사라니 귀찮은 일을 맡아 버렸다. / きょうの会議の進行役をお願いしたいんだけど 오늘 회의의 사회를 부탁하고 싶은데.

¶彼女は私に役に立つ助言を与えてくれた 그녀는 나에게 도움이 되는 조언을 해 주었다. / 彼は役に立つ部下を抱えている 그는 일 잘하는 부하를 데리고 있다. / この辞書は韓国語で手紙を書くときに役に立つ 이 사전은 한국어로 편지를 쓸 때 도움이 된다. / 彼は若いが、なかなか役に立っていて 그는 젊지만 꽤 도움이 되어 준다. / その箱は役に立つかもしれない 그 박스는 쓸모가 있을지도 모른다. / 私になお役に立つことがあればおっしゃってください 제가 도움이 될 일이 있으면 말씀해 주세요. / 「ご親切にありがとうございます」「どういたしまして。お役に立ててうれしいです」"친절하게 해 주셔서 감사합니다." "천만에요, 도움이 되어서 기쁩니다."

¶それは何の役に立つんですか 그것은 무슨 쓸모가 있습니까? / そんなことをして何の役に立つの 그런 거 해서 무슨 소용이 있니? / そんなことをしたって何の役にも立たない 그런 거 해 봤자 아무런 소용도 없다.

**❷**〔芝居の〕역, 역할〔配役〕배역 ¶娘は学芸会でお姫様の役を演じた 딸은 학예회에서 공주 역을 했다. / 彼はドラマで医師の役をもらった 그는 드라마에서 의사 역을 맡았다. / 彼女は春香の役をなかなかうまくこなしていたね 그녀는 춘향이 역을 꽤 잘 해냈더군.

¶劇の配役を決める 연극의 배역을 정하다 / 私はまだ駆け出しの役者だから、役が付くだけでもありがたい 나는 아직 신출내기 연기자라 배역을 맡는 것만으로도 고맙다. / 役者というものは役になり切らなければいない 배우라는 것은 완전히 그 배역이 되지 않으면 안 된다. / 私には通行人の役しか回ってこない 나한테는 통행인의 역할밖에 안 돌아온다. / その役は彼のはまり役だ 그 배역은 그에게 딱 맞는 역이다. / 蝶々夫人は彼女の役の一つだ 나비부인은 그녀가 호평 받은 역할 중의 하나다. / 彼はその劇で一人二役を演じた 그는 그 연극에서 1인 2역을 했다.

**❸**〔地位〕지위, 자리, 직책〔職責〕〔任務〕임무 ¶その方は会社でどんな役にあるのですか 그분은 회

사에서 어떤 직위에 계십니까? / 彼女は課長の役に任じられた 그녀는 과장의 직책을 맡았다. / 私には社長の役なんてとても勤まりません 나한테는 사장 자리 같은 건 어울리지 않습니다. / 彼は職務怠慢で役を免ぜられた 그는 직무 태만으로 직책에서 물러나게 되었다. / 知事は任期満了となって役を退いた 지사는 임기 만료가 되어 도지사의 역에서 물러났다. / 彼は3期にわたって市長の役にあった 그 사람은 세 번에 걸쳐 시장 직책에 있었다. 慣用句 新しいパソコンを買ったから古いやつはお役ご免になった 새 컴퓨터를 사서 쓰던 것은 안 쓰게 되었다. / 彼の努力が会社の発展にひと買った 그의 노력이 회사의 발전에 한몫 했다.

**やく**【約】약, 한; 가량 ¶そこには約200人の人がいた 거기에는 약 200명의 사람들이 있었다. / 彼女の家まで車で約15分です 그 집까지 차로 약 15분입니다. / この市の人口は約30万人です 이 시의 인구는 약 30만 명입니다.

**やく**【訳】역, 번역(翻訳) ¶この訳はよくない 이 번역은 좋지 않다. / ヘミングウェーは日本語訳でしか読んだことがない 헤밍웨이는 일본어 번역 외에는 읽은 적이 없다. /『ハリー・ポッター』の日本語訳 "해리 포터"의 일본어 번역

**やく**【妬く】嫉妬する 질투하다, 샘을 내다, 시기하다〔嫉妬する〕〔うらやむ〕부러워하다 ¶彼女は私と彼が仲よくしているので妬いている 그녀는 나와 그의 사이가 좋아서 시기하고 있다.

**やく**【焼く】❶〔物を〕태우다, 불태우다 ¶落ち葉を焼く 낙엽을 태우다. / 火事で家を焼く 화재로 집을 태우다.
❷〔食物を〕굽다 ¶お昼に焼いたソーセージを食べた 점심에 구운 소시지를 먹었다. / おかずに魚を焼いてあげよう 반찬으로 생선을 구워 줄게요. / アメリカでは感謝祭に七面鳥を焼く習慣がある 미국에서는 추수 감사절에 칠면조를 구워 먹는 습관이 있다. / 母は私にケーキを焼いてくれた 어머니는 나에게 케이크를 구워 주셨다. / 朝食には軽く焼いたパンを食べる 아침 식사에는 가볍게 구운 빵을 먹는다. / 魚はこんがり焼いてください 생선은 알맞게 잘 구워 주세요. / 炭火で肉を焼いた炭火の上で肉を焼く / ステーキをよく焼いてもらった 스테이크를 잘 굽도록 부탁했다.
❸〔その他〕¶彼女は海辺で肌を焼いた 그녀는 바닷가에서 선탠을 했다. / 写真を2枚焼いてください 사진을 두 장 뽑아 주세요. / 木を焼いて炭を作った 나무를 태워서 숯을 만들었다. / 炭を焼く 숯을 굽다 / 陶器を焼く 도자기를 굽다

**使い分け** 焼く

| | 焼く |
|---|---|
| 火で燃やす あぶって焼く | 태우다 굽다 |
| 金属を加熱する | 달구다 |
| 炒(い)る | 볶다 |

**やくいん**【役員】임원〔重役〕중역 ¶役員を選挙で決めた 임원을 선거로 정했다. / 彼女は自治会の役員をしている 그녀는 자치회의 임원을 맡고 있다. / 父は会社の役員をしている 아버지는 회사의 중역[임원]을 맡고 있다.

**やくがい**【薬害】약해, 약품 피해 ¶彼らはその製薬会社に対して薬害訴訟を起こした 그들은 그 제약 회사를 상대로 약해 소송을 걸었다.

**やくがく**【薬学】약학 関連 薬学者 약학자 / 薬学部 약학부, 약학 대학(薬学大学)

**やくご**【訳語】번역어 ¶この日本語に対応する韓国語の訳語はない 이 일본어에 대응하는 한국어 번역어는 없다.

**やくざ** 조폭(組暴), 조직폭력배 〔賭博師〕노름꾼〔ちんぴら, ごろつき〕깡패〔やくざ組織〕폭력단(暴力団) 関連 やくざ映画 깡패 영화

**やくざいし**【薬剤師】약사(薬師)

**やくしゃ**【役者】연기자(演技者)〔俳優〕배우〔男優〕남자 배우, 남우 〔女優〕여배우, 여우 ¶役者になる 연기자가 되다 慣用句 役者がそろっている 필요한 사람이 다 모여 있다. / あいつのほうが役者が一枚上だ 그 녀석이 한수 위다. 関連 映画役者 영화 배우 / 千両役者 뛰어난 배우 / 大根役者 연기가 서투른 배우 / 旅役者 유랑 극단 배우

**やくしゃ**【訳者】옮긴이, 번역자〔翻訳家〕번역가

**やくしょ**【役所】관청(官庁) ¶姉は役所に勤めています 언니는 관청에 근무하고 있습니다. / お役所仕事 비능률적인 업무 처리 関連 区役所 구청 / 市役所 시청

**やくしょく**【役職】관리직(管理職) ¶役職に就くのはなかなか難しい 관리직에 오르는 것은 꽤 어렵다. 関連 役職手当 관리직 수당

**やくしん**【躍進】약진〔躍進する〕약진하다 ¶わが社の業績は今年大きく躍進した 우리 회사의 업적은 올해 크게 약진했다.

**やくす**【訳す】번역하다, 옮기다 ¶韓国語を日本語に訳す 한국어를 일본어로 번역하다

**やくすう**【約数】약수 関連 最大公約数 최대 공약수

**やくそう**【薬草】약초

**やくそく**【約束】약속 ◇約束する 약속하다

基本表現
▷約束を守りなさい 약속을 지켜라.
▷約束を破ってはいけない
　약속을 깨서는 안 된다.
▷ミンスと10時に会う約束がある
　민수와 열 시에 만날 약속이 있다.
▷絶対約束を忘れないでね
　약속 절대 잊지 마.
▷約束どおり彼は車で迎えに来た
　약속대로 그는 차로 데리러 왔다.

◆約束は・約束が
¶きょうは何か約束があるの 오늘 무슨 약속 있니? / あいにくほかに約束があるの, ごめんなさいね 공교롭게 다른 약속이 있어. 미안해. / 今晩彼女と食事の約束があったのを忘れていた 오늘밤 여자 친구와 식사 약속이 있었던 것을 잊고 있었다. / 彼女の約束は当てにならない 그녀의 약속은 믿을 수가 없다. / それでは約束が違います 그러면 약속이 틀립니다. / その約束はまだ生きている 그

약속은 아직 유효하다.
◆【約束を】
¶彼は約束を守る人だ 그는 약속을 지키는 사람이다. / 本当に彼女の約束を当てにしているのかい 정말로 그 여자의 약속을 믿고 있는 거야? / 何があってもサンギと約束を果たすつもりだ 무슨 일이 있어도 상기와의 약속을 지킬 생각이다. / ジナとデートの約束をした 지나와 데이트 약속을 했다. / 彼に約束をすっぽかされて彼女の御機嫌斜めだ 남자 친구에게 바람맞아서 그녀는 기분이 좋지 않다.
◆【約束の】
¶約束のものを差し上げましょう 약속한 것을 드리겠습니다. / お金は約束の日までに必ず返してください 돈은 약속한 날까지 꼭 갚아 주십시오. / 約束の場所[時間]に彼は一人で現れた 약속 장소[시간]에 그는 혼자 나타났다.
◆【約束に・約束で】
¶約束に遅れて申し訳ありません 약속에 늦어서 죄송합니다. / 英語の授業中は英語しか使わない約束になっている 영어 수업 중에는 영어만 쓰기로 되어 있다. / だれにも言わないという約束で内緒の話をしてもらった 아무에게도 말하지 않겠다고 약속하고 비밀 이야기를 들었다.
◆【約束を)する】
¶先日お約束しておいた件でうかがいました 일전에 약속했던 건으로 찾아뵈었습니다. / 1万円あした返す. 約束するよ 만 엔은 내일 갚을게. 약속하지. / 彼女は私の兄と結婚の約束をしている 그녀는 우리 오빠와 결혼을 약속했다. / 僕は彼女と3時に渋谷で会うと約束した 나는 여자 친구와 세 시에 시부야에서 만나기로 약속했다. / 彼は私たちを手伝ってくれると約束した 그는 우리를 도와주기로 약속했다.
¶彼女の将来は約束されている 그녀의 장래는 보장되어 있다. / 彼には社長の椅子が約束されている 그 사람에게는 사장 자리가 약속되어 있다.
関連 約束事 약속한 것 / 約束手形 약속 어음 / 口約束 구두 약속

やくだつ【役立つ】도움이 되다, 쓸모가 있다
¶この参考書はとても役立った 이 참고서는 아주 도움이 되었다.

やくだてる【役立てる】유익하게 쓰다 ¶義援金は地震の被災者のために役立てられた 의연금은 지진 피해자를 위해 유익하게 쓰였다.

やくどう【躍動】약동 ◇躍動的だ 약동적이다 ◇躍動する 약동하다 ¶青春の血が躍動する 청춘의 피가 약동한다. / 彼の躍動感あふれる演技にとても感動した 그의 약동감 넘치는 연기에 매우 감동했다.

やくとく【役得】부수입(副収入) ¶その仕事にはさまざまな役得が付いてくる 그 일은 부수입이 많이 생긴다. / 彼は不当に役得を得ていた 그는 부당하게 부수입을 얻고 있었다.

やくどし【厄年】액년, 액운이 낀 해 ¶日本では42歳は男の厄年とされている 일본에서 남자 나이 42세는 액운이 낀 해로 여겨지고 있다.

やくにん【役人】관리(官吏), 관료(官僚) [公務員] 공무원 ¶彼は大学を卒業して財務省の役人になった 그는 대학을 졸업하고 재무성의 관리가 되었다. 関連 役人根性 관료 근성

やくば【役場】지방 자치 단체 사무소, 시청(市庁) 関連 村[町]役場 면[읍] 사무소

やくび【厄日】액일, 액운이 낀 날, 운수가 사나운 날

やくひん【薬品】약품 [医薬品] 의약품 [化学薬品] 화학 약품

やくぶつ【薬物】약물 ¶薬物を検出する 약물을 검출하다 / 薬物を混入する 약물을 섞다 / 薬物アレルギーがある 약물 알레르기가 있다. 関連 薬物依存 약물 의존 / 薬物中毒 약물 중독 / 薬物療法 약물 요법

やくぶん【約分】약분 ◇約分する 약분하다
¶9分の3を約分すると3分の1になる 9분의 3을 약분하면 3분의 1이 된다.

やくぶん【訳文】번역문

やくみ【薬味】양념, 고명 ¶この料理は薬味が利いている 이 요리는 양념이 잘 되어 있다. / 薬味を入れる 양념을 넣다

やくめ【役目】[務め] 소임, 의무, 임무, 몫 [役割] 역할, 구실 [責任] 책임 [機能] 기능
¶育児は親の役目だ 육아는 부모의 소임이다. / 役目を引き受ける 임무를 맡다 / 役目を果たす 소임을 다하다

やくよう【薬用】약용 ¶この植物は薬用になる 이 식물은 약용으로 쓸 수 있다. 関連 薬用植物 약용 식물 / 薬用石けん 약용 비누

やくよけ【厄除け】액막이, 액땜 ¶水晶は厄よけになると信じられている 수정이 액막이가 된다고 믿어지고 있다. / 厄よけのお守り 액막이 부적

やくりがく【薬理学】약리학

やくわり【役割】역할, 구실 ¶彼の発見は科学の進歩に重要な役割を果たした 그가 한 발견은 과학의 진보에 중요한 역할을 했다. / 名詞の中には副詞の役割をするものがある 명사 중에는 부사 구실을 하는 것이 있다. / 各自の役割を決める 각자의 역할을 정하다 / 役割を分担する 역할을 분담하다

やけ【自棄】자포자기(自暴自棄) ◇やけになる 자포자기에 빠지다 ¶彼は事業に失敗してやけになった 그는 사업에 실패해서 자포자기에 빠졌다.
¶やけ酒を飲む 홧김에 술을 마시다 / やけ食いする 홧김에 폭식하다

やけあと【焼け跡】불탄[불난] 자리 ¶焼け跡から子供の死体が発見された 불난 자리에서 어린아이의 사체가 발견되었다.

やけい【夜景】야경 ¶夜景が本当にきれいですね 야경이 정말 아름답군요.

やけい【夜警】야경, 야간 순찰 [人] 야경꾼
¶万一に備えて夜警をする必要がある 만일에 대비해서 밤에 순찰할 필요가 있다.

やけいし【焼け石】慣用句 それじゃ焼け石に水だ 그건 언 발에 오줌 누기다.

やけおちる【焼け落ちる】불타 내려앉다

やけくそ【自棄糞】자포자기(自暴自棄) ¶やけそだ, もうどうにでもなれという感じです 에라 모르겠다, 될 대로 되라는 심정입니다.

やけこげ【焼け焦げ】타서 눌은 자국 ¶たばこで

畳に焼け焦げができた 다다미에 담배 자국이 생겼다.

**やけしぬ【焼け死ぬ】** 소사하다, 소사되다, 불에 타 죽다

**やけだされる【焼け出される】** 화재로 집을 잃다

**やけど【火傷】** 화상 ◇やけどする 화상을 입다, 데다 ¶腕にやけどの跡がある 팔에 화상이 있다. /ストーブで手にやけどをしてしまった 난로에 손을 데고 말았다. /赤ちゃんが熱湯でやけどをした 아기가 뜨거운 물에 화상을 입었다. /熱いお茶で舌をやけどした 뜨거운 차를 마시다 혀를 데었다.

**やけに** 몹시, 꽤히, 이상하게 ¶きょうはやけに疲れた 오늘은 몹시 피곤하다.

**やけのこる【焼け残る】** 타다 남다

**やけのはら【焼け野原】** 불타 버린 시가지, 초토가 된 땅

**やける【妬ける】** 질투가 나다, 샘이 나다 [うらやましい] 부럽다 ¶あの二人の仲のよさにはまったく妬ける 개네들은 사이가 좋아서 너무 부럽다.

**やける【焼ける】** ❶ [燃える] 타다, 불타다 ¶家は火事ですっかり焼けてしまった 집이 화재로 완전히 타 버렸다. /火事で全財産が焼けてしまった 화재로 전재산이 타 버렸다.

❷ [食べ物が] 구워지다 ¶魚が焼けた 생선이 구워졌다. /チキンがいい具合に焼けた 닭이 잘 구워졌다. /この肉はまだよく焼けていない 이 고기는 아직 잘 구워지지 않았다. /ステーキはよく焼けているのが好きです 스테이크는 바싹 익힌 것을 좋아합니다. /カルビが焼けすぎだ 갈비가 너무 구워졌다. /パンの焼けるにおい 빵 굽는 냄새

❸ [肌に] 타다, 그을리다 ¶日に肌に焼けた 살이 햇빛에 탔다. /私は日に焼けやすく, すぐに皮がむける 나는 조금만 햇볕에 타도 금방 피부가 벗겨진다.

❹ [変色する] 퇴색하다 [あせる] 바래다 ¶日に当たってカーテンの色が焼けてしまった 햇볕을 받아서 커튼 색이 바랬다.

❺ [熱くなる] 달구어지다, 뜨거워지다 ¶浜辺の焼けた砂の上をはだしで歩いた 햇볕으로 뜨거워진 해변의 모래 위를 맨발로 걸었다. /真っ赤に焼けた鉄 새빨갛게 달궈진 철

❻ [空が赤くなる] 빨개지다 ¶空が夕日で真っ赤に焼けていた 하늘이 노을로 새빨개졌다.

**やけん【野犬】** 야견, 들개(▶発音은 들깨), 떠돌이 개

**やこう【夜行】** 야행 〔夜行列車〕 밤차 ¶夜行列車で札幌へ行った 밤차로 삿포로에 갔다. /ふくろうは夜行性の動物だ 부엉이는 야행성 동물이다.

**やさい【野菜】** 야채, 채소, 나물 〔青物〕 푸성귀

> **使い分け** 야채, 채소, 나물
> 나물 固有written로, 산에서(산나물)や食용의 野草 (들나물), 또는その料理したものをいう.
> 야채, 채소 それぞれ「野菜」,「菜蔬」의 한자어로, 밭에서 재배한 것을 いう.

¶君の食事には野菜が足りない 네 식사에는 야채가 부족하다. /この温室の中でいろいろな野菜を作っている 이 온실 안에서 갖가지 야채를 키우고 있다. 関連 野菜いため 야채볶음, 나물 / 野菜サラダ 야채 샐러드 / 野菜ジュース 야채 주스 / 野菜畑 채소밭, 야채밭 / 野菜料理 채소 [야채] 요리 / 緑黄色野菜 녹황색 채소 [야채]

**やさき【矢先】** 참 ¶出かけようとしていた矢先に電話が鳴った 막 나가려던 참에 전화가 울렸다.

**やさしい【優しい】** 〔親切だ〕 친절하다 〔温和だ〕 온순하다, 곱다 〔思いやりがある〕 다정하다 〔表情や声が〕 상냥하다, 부드럽다 〔環境に〕 친화하다 ◇やさしく 친절하게 ; 다정하게 ; 상냥하게, 부드럽게 ¶彼はいつも私にやさしい 그는 항상 나한테 잘 해 준다. /祖母はやさしい人だった 할머니는 다정하신 분이었다. /彼のやさしい笑みが私の記憶に焼き付いている 그의 상냥한 미소가 내 기억에 또렷이 남아 있다. /そのおじいさんはとてもやさしい目をしていた 그 할아버지는 눈이 매우 상냥했다. /彼女は夫からのやさしい言葉を待っていた 그녀는 남편이 다정하게 말해 주기를 기다리고 있었다. /気立てのやさしい少女は捨て猫を家に連れて帰った 마음씨가 고운 소녀는 버려진 고양이를 집에 데리고 갔다.

環境にやさしい製品が増えてきている 환경 친화제품이 늘고 있다. /環境にやさしい技術 환경 친화 기술 /肌にやさしい化粧品を使う 피부에 순한 화장품을 쓰다

彼女は赤ちゃんをやさしく抱き上げた 그녀는 아기를 조심스럽게 안았다. /彼女は息子にやさしく話しかけた 그녀는 아들에게 다정하게 말을 걸었다. /ねえ, もうちょっと私にやさしくしてよ 이봐요, 나한테 좀 더 잘 해줘요.

**やさしい【易しい】** 쉽다 〔単純だ〕 간단하다 〔わかりやすい〕 알기 쉽다 ◇やさしく 쉽게 ; 간단하게, 간단히 ; 알기 쉽게 ¶きのうのテストはやさしかった 어제 시험은 쉬웠다. /この問題はやさしい 이 문제는 쉽다. /やさしい英語で手紙を書いた 쉬운 영어로 편지를 썼다. /このコンピュータは操作がやさしい 이 컴퓨터는 조작이 쉽다.

¶もっとやさしく説明してください 좀 더 쉽게 설명해 주세요. /オートマチックのおかげで車の運転はやさしくなった 오토매틱 덕분에 차 운전은 쉬워졌다.

**やし【椰子】** 야자 関連 椰子油 야자유

**やじ【野次】** 야유 ¶聴衆は演説者に野次を飛ばした 청중은 연설자에게 야유를 퍼부었다.

**やじうま【野次馬】** 구경꾼 関連 野次馬根性 속물 근성, 구경하기 좋아하는 근성

**やしき【屋敷】** 저택 (邸宅)

**やしなう【養う】** ❶ 〔扶養する〕 부양하다 〔育てる〕 키우다, 기르다 〔食事を与える〕 먹이다 〔飼う〕 치다 ¶何とか自分の稼いだ金で家族を養っている 그럭저럭 자기가 번 돈으로 가족을 부양하고 있다. /月35万円で家族を養っている 월 35만 엔으로 가족을 부양하고 있다. /私はおじに養ってもらった 나는 삼촌에게 부양 받았다. | 나는 삼촌 손에 키워졌다. /結婚するまで両親が養ってくれた 결혼할 때까지 부모님 밑에서 자랐다.

❷〔培う〕기르다 ¶よい習慣を養うようにしなさい 좋은 습관을 기르도록 하여라. / 彼は若いころに絵を見る目を養った 그는 젊었을 때 그림을 보는 눈을 길렀다. / 体力を養うのは重要なことです 체력을 기르는 것은 중요합니다. / 夏休み中に韓国語会話の力を養いたい 여름 방학 중에 한국어 회화 실력을 기르고 싶다.

**やじゅう【野獣】** 야수 ¶野獣のような風貌 야수 같은 풍모 関連野獣性 야수성

**やしょく【夜食】** 야식, 밤참

**やじる【野次る】** 야유하다〔嘲笑する〕조소하다 ¶彼は聴衆に盛んにやじられた 그는 청중으로부터 계속 야유를 받았다.

**やじるし【矢印】** 화살표 ¶矢印の方向に進んでください 화살표 방향으로 가세요.

**やしろ【社】** 신사(神社)

**やしん【野心】** 야심, 야망(野望)〔抱負〕포부 ◇野心的 야심적 ¶彼は政治家になっていつか首相になるという野心を抱いていた 그는 정치가가 되어 언젠가 수상이 되겠다는 야심을 품고 있었다. / 野心満々の若者 야심만만한 청년 関連野心家 야심가 / 野心作 야심작

**やすあがり【安上がり】** ◇安上がりだ 싸게 먹히다〔치이다〕◇安上がりな〔経済的な〕경제적이다 ¶このほうが安上がりだ 이렇게 하는 게 싸게 먹힌다. / もっとも安上がりな方法 가장 경제적인 방법

**やすい【安い】** 싸다〔給料が〕적다 ◇安く 싸게

[基本表現]
▷安いスーツを買った 싼 양복을 샀다.
▷もっと安いものはありませんか 좀 더 싼 것은 없습니까?
▷この店でいちばん安い時計はどれですか 이 가게에서 가장 싼 시계는 어느 것입니까?
▷この寿司屋は安いよ 이 초밥집은 싸.
▷彼は給料が安いとぐちばかり言っている 그는 월급이 적다고 불평만 하고 있다.
▷このスーパーは野菜が比較的安い 이 슈퍼는 야채가 비교적 싸다.
▷中国は日本に比べてかなり物価が安い 중국은 일본에 비해 물가가 꽤 싸다.
▷そのコートは思ったよりも安かった 그 코트는 생각보다 쌌다.

¶このスーパーはどれもほかの店より安い 이 슈퍼는 다른 데보다 뭐든 다 싸다. / そのソファーを安い値段で買った 그 소파를 싼 가격에 샀다.
¶中古車を安く買った 중고차를 싸게 샀다. / もう少し安くしてもらえませんか 좀 더 싸게 해 주시면 안 될까요? / もう1万ウォン安くすれば買いますよ 만 원 더 싸게 해 주면 살게요.
¶ガソリンの値段が安くなった 기름 값이 싸졌다.
[慣用句]安かろう悪かろう 싼 게 비지떡

**やすい【易い】**〔容易に…する〕쉽다 ¶この電話番号は覚えやすい 이 전화번호는 외우기 쉽다. / 韓国語は日本人にとって学びやすい言語だと言われる 한국어는 일본 사람에게 공부하기 쉬운 언어란다.
❷〔…する傾向がある〕잘《+動詞》,《動詞語幹+》-기 쉽다 ¶私は疲れると風邪を引きやすい 나는 피곤하면 감기에 잘 걸린다. / 子供はおなかを壊しやすい 아이는 배탈이 잘 난다. / うちの子は病気にかかりやすい 우리 아이는 병에 잘 걸린다. / その模型の扱いには気をつけて。壊れやすいから 그 조립식 모델은 조심해서 다루어라. 잘 부서지니까.
¶君は人の言うことを信じやすいね 넌 남의 말을 너무 잘 믿어.[慣用句]言うはやすく行うは難し 말하기는 쉬워도 행동하기는 어렵다. /（何かを頼まれて）おやすいご用です 간단한 일입니다.
❸〔心地よく…する〕《動詞語幹+》-기 편하다 ¶この靴は履きやすいので 이 구두는 신기 편하다.

**やすうけあい【安請け合い】** 경솔하게 떠맡다 ¶彼はすぐ安請け合いをする 그는 쉬 경솔하게 떠맡는다.

**やすうり【安売り】** 염가 판매 ◇安売りする 염가 판매하다, 싸게 팔다 ¶デパートで夏服を安売りしている百貨店에서 여름옷을 염가 판매하고 있다. / 安売り店 할인점, 싸구려 가게

**やすっぽい【安っぽい】**〔品格がない〕천박스럽다 ¶この家具は安っぽく見える 이 가구는 싸구려처럼 보인다. / 安っぽい同情はいらない 값싼 동정은 필요없다. / 安っぽい人間 천박한 사람 / そんな振る舞いをすると人間が安っぽく見えるぞ 그런 행동을 하면 사람이 싸 보여.

**やすぶしん【安普請】** 날림 공사 ¶安普請の家 날림으로 지은 집

**やすませる【休ませる】** 쉬게 하다 ¶高熱のため息子に学校を休ませた 아들이 열이 많이 나서 학교를 쉬게 했다.

**やすまる【休まる】**〔体が〕피로가 풀리다〔気分が〕편안해지다 ¶体の休まる暇がない 몸이 쉴 틈이 없다. / 音楽を聞けば気が休まるよ 음악을 들으면 마음이 편안해진다.

**やすみ【休み】** ❶〔休憩〕휴식(休息), 휴게〔一休み〕한숨 ¶ひと休みしましょうか 좀 쉬었다 할까요? / 彼らは休みも取らずに会議を続けた 그들은 중간에 쉬지도 않고 회의를 계속했다. / 各授業の間に10分間の休みがある 각 수업마다 10분간 쉬는 시간이 있다.
¶雨は3日間休みなく降り続いた 비는 3일간 쉬지 않고 계속 내렸다.
❷〔休日〕휴일〔休暇〕휴가〔休業〕휴업, 휴무〔休務〕〔学校の〕방학 ¶休みの日は何をしていますか 휴일에는 뭘 합니까? / 今度の休みはどこへ行きますか 이번 휴가에는 어디에 갑니까? / 美容院は火曜日が休みです 미용실은 화요일이 휴일입니다. / きょうは休みです 오늘은 휴일입니다. / きょうは休みなので学校に 오늘은 휴일이라서 학교 안 가는 날이다. / 銀行は土日は休みです 은행은 토, 일요일은 휴무입니다. / 1週間の休みを取るつもりです 1주일간 쉴 생각입니다. / 夏休みに仙台のおじの家に遊びに行った 여름 방학에 센다이 삼촌댁에 놀러 갔다. / 学校は今度の水曜から冬休みです 학교는 이번 수요일부터 겨울 방학입니다.
❸〔欠席〕결석〔欠勤〕결근 ¶きょうの休みは2人だけだ 오늘 결석은 두 사람뿐이다. / 高橋さんは風邪で休みです 다카하시 씨는 감기로 결근입

니다. 「お休みした理由は何ですか」「ちょっと熱が出たのです」 "결근한 이유는 뭡니까?" "열이 좀 있었습니다." / 彼女はよく休みを取る 그녀는 결석[결근]을 자주 한다.
❹〔睡眠〕잠, 수면 ¶昨夜はよくお休みになれましたか 어젯밤은 잘 주무셨습니까 / お休みのところを起こしてすみません 주무시는데 깨워서 죄송합니다.

**やすみやすみ【休み休み】** 쉬엄쉬엄〔ほどほどに〕작작 ¶彼らは休み休み歩いた 그들은 쉬엄쉬엄 걸었다. / ばかも休み休み言いなさい 바보같은 소리 좀 작작 해라.

**やすむ【休む】**❶〔休息する, 休憩する〕쉬다, 휴식하다 ¶公園の木陰で休んだ 공원의 나무 그늘에서 쉬었다. / 湖に行く途中で何度か休んだ 호수까지 가는 도중에 몇 번이나 쉬었다. / 週末は家でゆっくり休むほうがいいです 주말은 집에서 푹 쉬는 게 좋습니다. / この1週間は忙しくて休む間がない 일 주일 동안은 바빠서 쉴 틈이 없다. / 彼は休まずに3時間ギターの練習をした 그는 쉬지 않고 세 시간 기타 연습을 했다. / 休め!〔号令〕쉬어.
会話 少し休む
A: 歩き疲れちゃった. あのカフェで少し休まない?
B: いいね
A: 지쳐서 못 걷겠다. 저 카페에서 좀 쉬었다 가자.
B: 좋아.
A: 風邪を引いて熱があるんだ
B: 家に帰って休んだほうがいいよ
A: 감기에 걸려서 열이 난다.
B: 집에 돌아가서 쉬는 게 좋아.
❷〔欠席する, 欠勤する, 休業する〕쉬다, 결근하다, 결석하다, 휴업하다 〔休暇を取る〕휴가를 받다[얻다] ¶彼女は足のけがで学校を休んでいる 그녀는 다리를 다쳐서 학교를 쉬고 있다. / とても気分が悪かったので仕事を休んだ 컨디션이 안 좋아서 일을 쉬었다. / 父はきょう会社を休んだ 아버지는 오늘 회사를 쉬셨다. / あしたは仕事を休みます 내일은 쉬겠습니다. / 高校時代1日も学校を休まなかった 고등학교 때 하루도 학교를 빠지지 않았다.
¶その店はきょうはお休みです 그 가게는 오늘은 휴일입니다. / その工場は操業を休んでいる 그 공장은 조업을 쉬고 있다. / 佐藤先生はめったに授業を休まない 사토 선생님은 여간해서 수업을 쉬시지 않는다.
❸〔寝る〕자다 〔眠る〕잠자다 ¶お休みなさい 안녕히 주무십시오. | 편히 쉬세요. | 잘 자요. ¶母はもう休みました 어머니는 벌써 주무십니다. / 父はまだ休んでいる 아버지는 아직 주무시고 계십니다. / 昨夜はよく休めましたか 어젯밤엔 푹 주무셨습니까? / 今夜は早く休んだほうがいいよ 오늘은 빨리 자는 게 좋아.

**やすめる【休める】** 쉬다 ; 식히다 ; 묵히다 ¶体を休める 몸을 쉬다 / 仕事の手を休める 일손을 쉬다 / 頭[目]を休める 머리를 屎[눈을] 식히다
¶鳥が止まり木で羽を休めている 새가 나무에 앉아 날개를 쉬고 있다. / 畑を休める 밭을 놀리다 / 機械を休める 기계를 놀리다

**やすもの【安物】** 싸구려 慣用句 安物買いの銭失い 싼 게 비지떡

**やすやすと【易々と】**〔簡単に〕간단히〔難なく〕손쉽게, 거뜬히 ¶彼女はやすやすと難問を解いた 그녀는 간단히 난문을 풀었다. ⇒簡単

**やすらか【安らか】**◇安らかだ 편안하다, 평안하다〔穏やかだ〕평온하다, 평화스럽다 ◇安らかな 편안한, 평안한, 평온한 ◇安らかに 편안히 ; 고이 ¶安らかな生活 편안한 생활 / 安らかに暮らしている 편안하게 살고 있다.
¶安らかな眠り 편안한 잠 / 安らかに眠る 편히 잠들다 / どうか安らかにお眠りください 아무쪼록 고이 잠드소서.

**やすらぎ【安らぎ】** 편안, 평안 ¶人々は宗教に心の安らぎを求めている 사람들은 종교에서 평안을 찾고 있다. / 心の安らぎを覚える 마음의 평안을 느끼다

**やすり【鑢】** 줄〔紙やすり〕사포 ¶やすりをかける 줄질하다 | 줄로 쓸다 / 板にやすりをかける 판자에 줄질하다

**やせい【野生】** 야생 関連 野生植物[動物] 야생식물[동물] / 野生生物 야생 생물

**やせい【野性】** 야성 ◇野性的だ 야성적이다 ¶野性化する 야성화하다 / 野性に帰る 야성으로 돌아가다

**やせおとろえる【痩せ衰える】** 여위다, 수척해지다, 쇠약해지다 ¶彼は病気でやせ衰えてしまった 그는 병으로 수척해졌다.

**やせがまん【痩せ我慢】** ¶彼は寒いのにやせ我慢していた 그는 추운데도 오기로 버티고 있었다. / やせ我慢するなよ 억지로 참지 마.

**やせた【痩せた】**〔病気などで〕여윈〔ほっそりした〕호리호리한〔土地が〕메마른 ¶彼は最近すっかりやせてしまった 그는 요즘 너무 여위어 버렸다. / やせた土地 메마른 토지

**やせほそる【痩せ細る】** 홀쭉해지다, 바싹 마르다 ¶やせ細った体 바싹 마른 몸 / やせ細った犬 바싹 마른 개

**やせる【痩せる】**❶〔人が〕여위다, 마르다, 살이 빠지다 ¶彼はずいぶんやせてしまった 그는 살이 쏙 빠져 버렸다. / だいぶやせたね 살이 많이 빠졌네. / 1か月で5キロやせた 한 달에 5킬로 빠졌다. / 彼女はとてもやせている 그녀는 아주 말랐다. / 彼はやせてすらりとしている 그는 말라서 호리호리하다.
❷〔土地が〕메마르다 ¶この土地はやせていて作物はできない 이 토지는 메말라서 작물은 자라지 못한다. 慣用句 やせても枯れても 彼はプロボクシングの元チャンピオンだ. 簡単にはやっつけられないよ 「아무리 영락했어도[비록 꼴은 저래도] 그는 프로 복싱 챔피언이었어. 쉽게 당하지 않을 거야.

**やそう【野草】** 들풀, 야초
**やそうきょく【夜想曲】** 야상곡, 녹턴
**やたい【屋台】** 포장마차(布張馬車)〔露店〕노점 ¶屋台で一杯ひっかけた 포장마차에서 한잔 들이켰다. / 彼は屋台を引いてラーメンを売っている 그는 포장마차에서 라면을 팔고 있다. / 屋台を出す

[片付ける] 포장마차를 내다[닫다] ¶一家の屋台骨 집안의 대들보

**やたら** ◇やたらに [過度に] 마구 [見境なく] 함부로, 무턱대고, 닥치는 대로 ¶やたらと金を使う 마구 돈을 쓰다 / やたらにつっかかる 마구 덤비다 / 末っ子をやたらにかわいがる 막내라고 무턱대고 귀여워한다. / どういう訳かきょうはやたらに疲れる 왜 그런지 오늘은 막 피곤하다.

**やちょう**【野鳥】 야조, 들새, 야생 조류 ¶野鳥を保護する 야생 조류를 보호하다 関連 野鳥観察 야생 조류 관찰 / 野鳥観察家 야생 조류 관찰가 / 野鳥保護区 야생 조류 보호구

**やちん**【家賃】 집세, 월세 ¶この部屋の家賃は月10万円です 이 방의 집세는 월 10만 엔입니다. / 家賃はいくらですか 집세는 얼마입니까? / 家賃を滞納する 월세를 체납하다

**やつ**【奴】 놈, 녀석, 자식 ¶チョルスはいいやつです 철수는 좋은 녀석이다. / いやなやつ 싫은 녀석

**やつあたり**【八つ当たり】 분풀이, 화풀이 ◇やつ当たりする 화풀이하다 ¶彼女はいつも夫に八つ当たりしている 그녀는 항상 남편에게 화풀이하고 있다.

**やっかい**【厄介】 ❶ [面倒] 폐(弊) ◇厄介だ 귀찮다, 성가시다 ¶何度もご厄介をかけて申し訳ありません 몇 번이나 폐를 끼쳐서 죄송합니다. / 彼は家族から厄介者扱いされていた 그는 가족으로부터 애물단지 취급을 받고 있었다. / あいつを厄介払いできてよかった 그 녀석을 내쫓아 버려서 잘되었다. / 「息子さんが一人暮らしを始めたらさびしくないかい」「まさか！いい厄介払いだよ」 "아들이 혼자 살게 되면 외롭지 않을까?" "설마. 오히려 시원할 거야." ¶あいつはなんて厄介な男なんだろう 그 녀석은 어쩜 저렇게 성가실까. / とうとう厄介な問題を引き受けることになった 결국 성가신 문제를 떠맡게 되었다. / 正直に白状しないと厄介なことになるぞ 정직하게 자백하지 않으면 귀찮게 될 거야. / 厄介なことになってきた 일이 성가시게 됐다. / 厄介なことに, 事故の目撃者は一人もいなかった 난처하게도 사고의 목격자도 한 사람도 없었다. ❷ [世話] 신세(身世) ¶東京の親戚の家に息子が厄介になっている 도쿄의 친척 집에 아들이 신세를 지고 있다. / 一晩ご厄介になります 하룻밤 신세지겠습니다. / 彼は30にもなってまだ親の厄介になっている 그는 30이나 되어서 아직도 부모님의 신세를 지고 있다. / 老後子供の厄介になろうと思っている親は少なくなっている 노후에 아이들에게 신세를 지려고 생각하는 부모는 줄어들고 있다. / このごろよく医者の厄介になっている 요즘은 자주 병원 신세를 지고 있다. / 警察の厄介になる 경찰소 신세를 지다

**やっかだいがく**【薬科大学】 약학 대학

**やっき**【躍起】 ¶躍起になる 기를 쓰다 ¶野党はその法案の成立を阻止しようと躍起になっている 야당은 그 법안의 성립을 저지하려고 기를 쓰고 있다

**やつぎばや**【矢継ぎ早】 ◇矢継ぎ早に 연달아, 잇따라 ¶彼女は矢継ぎ早にいろいろなことを尋ねた 그녀는 잇달아 여러 가지를 질문했다. / 彼は私に矢継ぎ早に質問を浴びせた 그는 나에게 잇달아 질문을 퍼부었다.

**やっきょく**【薬局】 약국, 약제실, 조제실 関連 調剤薬局 조제 약국

**ヤッケ** 파카, 방한용 재킷

**やっつ**【八つ】 여덟 [8歳] 여덟 살 [8個] 여덟 개 ⇒八(や)

**やっつけ**【遣っ付け】 날림 ¶やっつけ仕事 날림 / やっつけ工事 날림 공사

**やっつける**【遣っ付ける】 ❶ [一気にやってしまう] 해치우다 [打ち負かす] 쳐부수다, 패배시키다 [こらしめる] 혼내 주다 ¶きょう中にこの仕事をやっつけてしまおう 오늘 중으로 이 일을 해치워 버려라. / あいつをやっつけろ 그 녀석을 혼내 줘라.

**やっていく**【遣って行く】 사귀다 ; 살아가다 ; 해 나가다 ¶彼女はだれとでもうまくやっていける 그녀는 누구와도 잘 해 나갈 수 있다. / 月20万円でやっていく 월 20만 엔으로 살아가다 / この給料ではとてもやって行けない 이런 월급으로는 도저히 살아갈 수 없다. / 一人で店をやって行く 혼자서 가게를 해 나가다

**やってくる**【遣って来る】 [訪れる] 찾아오다 [ちょっと立ち寄る] 들르다 [近づいてくる] 다가오다 ¶久し振りに昔の友達がやって来た 오래간만에 옛 친구가 찾아왔다. / 彼がひょっこりとやって来た 그가 문득 찾아왔다. / 暖かい季節がやって来た 따뜻한 계절이 찾아왔다.

**やってみる**【遣ってみる】 해 보다 ¶ともかくやってみよう 아무튼 해 보자.

**やっと** ❶ [ついに, ようやく] 드디어 ¶長い研修期間がやっと終わった 긴 연수 기간이 드디어 끝났다. / 「きょうから毎日8時間勉強するぞ」「やっとやる気になったんだね」 "오늘부터 매일 여덟 시간씩 공부할 거야." "드디어 할 마음이 생겼구나." / 長い旅だったが, やっと家に帰りついた 긴 여행이었지만 드디어 집에 도착했다. ❷ [かろうじて] 겨우, 가까스로, 간신히 [せいぜい] 고작 ¶やっとバスに間に合った 겨우 버스 시간에 댈 수 있었다. / やっとのことで助かった 간신히 살아났다. / やっとのことで逃れた 가까스로 도망쳤다. / 私の収入では自分一人が食べていくのがやっとです 내 수입으로는 겨우 혼자 먹고 살 정도입니다. / この韓国語の翻訳は1日5ページがやっとです이 한국어 번역은 하루 종일 해도 5페이지가 고작입니다. ❸ [苦労して] 겨우, 간신히 ¶やっと完成した 겨우 완성했다. / やっとのことで坂を登りきった 간신히 언덕을 올라갔다. / 二浪してやっと大学に合格した 삼수해서 겨우 대학에 합격했다. / やっとの思いで彼女に告白したのに, ふられちゃったよ 간신히 용기내서 그 여자한테 고백했는데 차였지 뭐야.

**やつれる**【窶れる】 [心配・病気などで] 초췌해지다, 수척해지다 [みすぼらしい] 초라하다 ◇やつれた 초췌한, 수척한 ; 초라한 ¶心労のあまり母親はやつれた顔をしていた 마음고생이 심해서 어머니는 얼굴이 수척해졌다. / やつれた身なりをしている(→みすぼらしい) 초라한 행색을 하고 있다.

やど【宿】숙소〔宿屋〕여관, 여인숙〔ホテル〕호텔〔宿泊〕숙박 ¶その日は海の近くのホテルに宿をとったその날은 바다 근처의 호텔을 숙소로 잡았다. / 宿を求める 숙소를 찾다 関連 宿帳 숙박부 / 宿賃 숙박료

やとい【雇い】고용 ¶臨時雇い 임시 고용〔人〕임시 직원

やといいれる【雇い入れる】고용하다 ⇨ 雇う

やといにん【雇い人】고용인

やといぬし【雇い主】고용주

やとう【雇う】고용하다, 쓰다 ¶その会社は多くのアルバイトを雇っている 그 회사는 아르바이트생을 많이 고용하고 있다. / コンピュータ技術者を何人かで雇わねばならない 컴퓨터 기술자를 몇 명 고용해야 한다.
¶彼女は事務員として雇われた 그녀는 사무원으로 고용되었다. / 彼は臨時に雇われた 그는 임시로 고용됐다. / 私は1年契約で雇われた 나는 1년 계약으로 고용되었다.

やとう【野党】야당 関連 野党議員 야당 의원

やどや【宿屋】여관, 여인숙 ⇨ 宿

やなぎ【柳】버드나무 慣用句 妻の不満を柳に風と受け流した 아내의 불만은 흘러들이듯 [가볍게 넘겼다]. / 柳の下にいつもどじょうはいない 장마다 망둥이 날까. / 柳に雪折れ無し 부드러운 것일수록 더 단단하다. 関連 柳腰 날씬한 허리, 개미허리

やに【脂】진〔たばこの〕댓진〔木の〕수지〔樹脂〕関連 目やに 눈곱 / 松やに 송진

やにわに【矢庭に】느닷없이, 갑자기 ¶やにわに泣き出した 갑자기 울었다. / やにわに大声を出す 느닷없이 큰 소리를 지르다 ⇨ 突然

やぬし【家主】집주인, 집임자

やね【屋根】지붕 ¶屋根に登って衛星放送のアンテナを取り付けた 지붕에 올라서 위성 방송 안테나를 설치했다. / 近所の人に屋根の雪下ろしを手伝ってもらった 이웃 사람에게 지붕의 눈을 치우는 것을 도와주었다. / 赤い丸屋根の建物が見えますか 지붕이 빨갛고 둥근 건물이 보입니까? / 車の屋根がへこんでしまった 차 지붕이 찌그러져 버렸다. / 2世帯が同じ屋根の下に暮らしている 2세대가 한 지붕 아래에 살고 있다. / ヒマラヤは世界の屋根と呼ばれている 히말라야는 세계의 지붕이라고 불리운다. 関連 屋根裏部屋 다락방 / 屋根がわら 기와 / 屋根付き球場 돔구장 / かわら屋根 기와지붕 / トタン屋根 양철지붕 / わらぶき屋根 초가지붕

やはり ❶〔同じく〕역시, 또한 ¶私もやはりその案に賛成だ 나 역시 그 안에 찬성이다. / 私もやはり同じ考えだ 나 또한 같은 생각이다. / チョルスは頭がよいが弟もやはりそうだ 철수는 머리가 좋지만 그의 동생도 그렇다. / 私もやはり韓国語が話せない 나 역시 한국어를 못한다. / 君もやはり悪い 너 역시 나쁘다.
❷〔予想どおりであるさま〕역시 ¶やはり彼女は病気だった 역시 그녀는 병이었다. / 試験はやはり難しかった 시험은 역시 어려웠다. / やはり思ったとおりだ 역시 생각한 대로다. / 「あの男が犯人だったよ」「やはりね」 "그 남자가 범인이었어." "역시."
❸〔結局〕역시, 결국〔今でもまだ〕여전히 ¶やはり私はこの仕事が好きだ 역시 나는 이 일을 좋아한다. / 元気なつもりでもやはり年には勝てない 아무리 힘을 내도 역시 나이에는 이길 수 없다. / 彼には欠点もあるが, それでもやはり彼が好きだ 그 사람에게는 결점도 있지만 그래도 역시 그가 좋다. / この車は高いが, それでもやはり買いたい 이 차는 비싸지만 그래도 역시 사고 싶다. / やはりそれはまずいよ 역시 그건 곤란해.
¶いまもやはりソウルにお住まいですか 지금도 여전히 서울에 사십니까?

やはん【夜半】밤중, 야밤 ¶夜半に雪が降り出した 밤중에 눈이 내리기 시작했다. / 夫は夜半過ぎに帰ってきた 남편은 야밤에 돌아왔다.

やばん【野蛮】야만 ◇ 野蛮だ 야만스럽다 ◇ 野蛮な 야만스러운 ¶野蛮な行い 야만스러운 행동 関連 野蛮人 야만인

やぶ【藪】수풀, 덤불〔竹やぶ〕대숲 ¶やぶを踏み固めて道を作った 수풀을 발로 다져 길을 만들었다. / やぶの中から突然くまが現れた 수풀 속에서 갑자기 곰이 나타났다. 慣用句 やぶから棒にそんなことを言われたって困るよ 아닌 밤중에 홍두깨처럼 그런 말을 하면 곤란해. / 真相はやぶの中だ (사건의) 진상은 오리무중이다.

やぶいしゃ【藪医者】돌팔이 의사

やぶへび【藪蛇】慣用句 そいつはやぶ蛇だ 긁어 부스럼이다.

やぶる【破る】❶〔引き裂く〕찢다, 째다 ¶彼は怒って手紙をびりびりに破った 그는 화나서 편지를 쫙쫙 찢었다. / 釘に靴下を引っ掛けて破ってしまった 못에 양말이 걸려서 찢어져 버렸다.
❷〔壊す〕깨다, 부수다 ¶強盗はこの窓を破って家の中に入ったようだ 도둑은 이 창문을 깨고 집 안에 들어간 것 같다. / だれにもこの金庫を破ることはできない 아무도 이 금고를 부술 수 없다.
¶サイレンの音が眠りを破った 사이렌 소리에 잠이 깼다. / 彼の笑い声が重苦しい雰囲気を破った 그의 웃음 소리가 무거운 분위기를 깼다. / 彼女は長い沈黙を破ってようやく口を開いた 그녀는 긴 침묵을 깨고 마침내 입을 열었다.
❸〔確立されたものに反する〕어기다, 깨다, 깨뜨리다 ¶チョンホは決して約束を破らない 정호는 결코 약속을 어기지 않는다. / 規則を破ると罰を受けるよ 규칙을 어기면 벌을 받아. / 彼の舞台は歌舞伎の伝統を破るものだと言われている 그의 무대는 가부키의 전통을 깬 것으로 평가받고 있다.
¶彼は走り高跳びの世界記録を破った 그는 높이뛰기 세계 기록을 깼다.
❹〔負かす〕이기다, 물리치다 ¶韓国は中国を2対1で破った 한국은 중국을 2대 1로 물리쳤다.
❺〔くぐり抜ける〕뚫다 ¶包囲網を破って逃げる 포위망을 뚫고 도망치다

やぶれ【破れ】찢어진 곳 ¶カーテンの破れを繕う 커튼의 찢어진 곳을 꿰매다

やぶれかぶれ【破れかぶれ】자포자기(自暴自棄)¶大学入試に失敗して彼は破れかぶれになった 대학 입시에 실패해서 그는 자포자기했다. / も

う破れかぶれだ 이제 자포자기다.

**やぶれる【破れる】** ❶ [裂ける] 찢어지다 [擦り切れる] 해어지다, 해지다 ¶ズボンのひざが破れた 바지 무릎이 찢어졌다. / 彼はいつも破れた靴下をはいている 그는 항상 해어진 양말을 신고 있다. / Tシャツが針金に引っ掛かって破れた 티셔츠가 못에 걸려서 찢어졌다. / この紙は破れやすい 이 종이는 잘 찢어진다. / カーテンを引っ張らないで。破れちゃうじゃない 커튼을 잡아당기지 마. 찢어지잖아.
❷ [物事が成り立たない, 見込みがない] 깨지다 [失敗する] 실패하다 ¶ついに試合の均衡が破れた 드디어 시합의 균형이 깨졌다. / 兄はまた恋に破れた 형은 또 사랑에 실패했다. / けがのために彼のオリンピック出場の夢は破れた 부상 때문에 그의 올림픽 출장의 꿈은 깨졌다.

**やぶれる【敗れる】** 지다, 패배하다 ¶チームは2対1で試合に敗れた 팀은 2대 1로 시합에 졌다.

**やぶん【夜分】** 밤, 밤중 ¶夜分恐れ入りますが… 밤중에 죄송합니다만.

**やぼ【野暮】** ◇やぼだ 멋없다, 쑥맥이다, 촌스럽다 ¶そんなことは聞くだけやぼだよ 그런 것은 듣는 게 야. / やぼなことは言うなよ 촌스러운 말 하지 마.

**やぼう【野望】** 야망 ¶彼は五大陸の最高峰を征服したいという野望を抱いていた 그는 오대륙의 최고봉을 정복하고 싶다는 야망을 안고 있었다.

**やぼったい【野暮ったい】** 촌스럽다 ¶彼女はいつもやぼったい服装をしている 그 여자는 항상 촌스러운 옷을 입고 있다. / やぼったい人 촌스러운 사람

## やま【山】 ❶ [山岳] 산

**基本表現**
▷あの山に登ろうよ 저 산에 올라가자.
▷歩いて山を降りた 걸어서 산을 내려왔다.
▷夏になるとたくさんの人が山へ行く 여름이 되면 많은 사람들이 산에 간다.

◆《山が・山は》
¶遠くに山が見える 멀리 산이 보인다. / 家の裏には山が迫っている 집 바로 뒤에 산이 있다. / スイスは山が多い 스위스는 산이 많다. / 山は雪で覆われていた 산은 눈으로 덮여 있었다. / 飛行機からアルプスの山々が見えた 비행기에서 알프스 산들이 보였다.

◆《山の》
¶山の中で道に迷った 산 속에서 길을 잃었다. / 彼はその山のふもとに住んでいる 그는 그 산기슭에 살고 있다. / 山の頂上に山小屋がある 산 정상에 산장이 있다. / 山の中腹でがけ崩れがあった 산 중턱에서 산사태가 있었다. / 「あの山の高さはどのくらいですか」「海抜1300メートルです」 "저 산의 높이는 어느 정도입니까?" "해발 1300미터입니다." / 田舎に行って山の幸に舌鼓を打った 시골에 가서 산나물을 맛있게 먹었다.

◆《山に・山で》
¶その僧は山に何年もこもって修行した 그 스님은 산속에서 몇 년 동안 수행했다. / この山で遭難する人が跡を絶たない 이 산에서 조난하는 사람이 끊이지 않는다.

◆《その他》
¶台風の影響で海, 山とも荒れるでしょう 태풍의 영향으로 바다, 산 모두 비바람이 거세겠습니다. / 山から木材を切り出す 산에서 목재를 잘라내다 / 富士山は日本でいちばん高い山だ 후지 산은 일본에서 가장 높은 산이다.
¶大きな山 큰 산 / そびえ立つ山 높이 솟은 산 / 険しい山 험한 산 / 雪に覆われた山 눈에 덮인 산 / 雪をいただいた山 꼭대기에 눈 덮인 산

❷ [高く積み上げたもの] 산더미 ¶彼の机は書類の山だ 그의 책상은 서류가 산더미처럼 쌓여 있다. / 私の机は辞書の山に埋もれている 내 책상은 산더미 같은 사전에 묻혀 있다. / 皿の山が崩れた 산더미 같은 접시가 무너졌다. / 市はごみの山の処理に困っている 시는 산더미 같은 쓰레기에 난처해하고 있다. / 流しにたまった汚れた食器の山にうんざりした 싱크대에 쌓여 있는 산더미 같은 안 씻은 식기에 질렸다. / まだ使える家具や家電製品が廃品置き場に山と積んである 아직 쓸 수 있는 가구와 가전 제품이 폐품 처리장에 산더미처럼 쌓여 있다.

❸ [たくさんの量・人] 무더기, 산더미, 더미, 태산(泰山) ◇山ほど 수북이 ¶彼に聞きたいことが山ほどある 그에게 물어 보고 싶은 게 산더미처럼 있다. / 彼はスパゲッティを山ほど食べた 그는 스파게티를 아주 많이 먹었다. / 彼は山ほど借金を背負っている 그는 산더미 같은 빚을 지고 있다. / 新製品の注文が山ほどきた 신제품 주문이 산더미처럼 들어왔다. / 彼女は山のような宿題にうんざりしている 그녀는 산더미 같은 숙제에 질려하고 있다. / 彼は山のような郵便物にやっと目を通した 그는 산더미 같은 우편물을 겨우 훑어보았다. / 火事の現場に見物人の山ができた 화재 현장에 구경꾼이 무더기로 몰려들었다. / あの店ではバナナを一山100円で売っている 그 가게에서는 바나나 한 송이 100엔에 팔고 있다. / 仕事が山のようにある 할 일이 태산 같다.

❹ [物事の頂上] 고비 [クライマックス] 절정, 클라이맥스 ¶あの芝居にはこれといった山がない 그 연극에는 이렇다 할 클라이맥스가 없다. / 事件は山を迎えた 사건은 고비를 맞았다. / 仕事もやっと山を越した 일도 드디어 고비를 넘겼다. / 父の容体は今夜が山だ 아버지의 상태는 오늘 밤이 고비다.

❺ [山勘] 요행수 [推測] 어림짐작, 예상(予想) ¶英語の試験には9課と10課が出ると山をかけた 영어 시험에는 9과와 10과가 나올 거라고 예상했다. / 試験で山が当たった 시험에서 예상 문제가 맞았다. / (野球で)次は変化球がくると山を張った 다음은 변화구가 올 거라고 예상했다.

慣用句 **人生は山あり谷ありだ** 인생에는 좋을 때도 있고 나쁠 때도 있다. 関連 **登山** 등산 / **火山** 화산 / **峠** 고개 / **尾根** 산등성이 / **谷** 산골짜기 / **崖** 벼랑 / **峡谷** 계곡 / **山脈** 산맥

**やまあい【山間】** 산골짜기, 골짜기 [峡谷] 계곡 ¶山間の村 산골짜기 마을

**やまあるき【山歩き】** 산행, 하이킹 ¶山歩きをするのが趣味だ 산행이 취미다.

**やまい【病】** 병 ¶彼は韓国滞在中に病に倒れた 그는 한국 체재 중에 병으로 쓰러졌다. / 病にかかる 병에 걸리다 / 病の床にふす 병상에 눕다 / 不治の病 불치의 병 慣用句 病は気から 병은 마음에서 생긴다.

**やまいも【山芋】** 마, 참마

**やまおく【山奥】** 깊은 산속 ¶山奥の村 두메산골 마을

**やまおとこ【山男】** 〔山の住人〕산의 주민〔登山家〕등산가〔山で働く人〕나무꾼, 벌목꾼

**やまかじ【山火事】** 산불

**やまかん【山勘】** 요행수, 어림짐작〔第六感〕육감 ¶山勘が当たった[外れた]육감이 들어 맞았다[빗나갔다].

**やまくずれ【山崩れ】** 산사태

**やまぐに【山国】** 산골

**やまごえ【山越え】** ◇山越えする 산을 넘어가다

**やまごや【山小屋】** 산장, 산막

**やまざと【山里】** 산촌, 산골

**やましい【疚しい】** 꺼림직하다 ¶何らやましいところはない 꺼림직한 점은 하나도 없다.

**やまづみ【山積み】** ◇山積みにする 산적하다 ¶机の上に書類が山積みにされている 책상 위에 서류가 산적해 있다.

**やまでら【山寺】** 산사, 산속에 있는 절

**やまと【大和】** 일본 関連 大和魂 일본 정신 / 大和撫子〔日本の女性〕일본 여성〔植物〕패랭이꽃 / 大和民族 일본 민족

**やまなみ【山並み・山脈】** 산줄기, 산맥

**やまのて【山の手】** 〔山に近い方〕산쪽〔住宅地域〕주택 지구 ¶東京の山の手に住んでいる 도쿄의 주택 지구에 살고 있다. / 山の手線 야마노테선

**やまのぼり【山登り】** 등산 ◇山登りをする 등산하다, 산에 오르다

**やまば【山場】** 고비〔絶頂〕절정 ¶労使交渉の山場 노사 교섭의 고비 / 試合は山場を迎えた 시합은 절정을 맞이했다.

**やまはだ【山肌】** 산의 표면〔岩肌〕

**やまばと【山鳩】** 산비둘기

**やまびこ【山彦】** 메아리 ¶山びこが響く 메아리가 울리다 / 周囲の山から山びこが返ってきた 주위의 산으로부터 메아리가 되돌아왔다.

**やまびらき【山開き】** ¶きょう富士山が山開きした 오늘 후지 산이 개방되었다.

**やまぶき【山吹】**〔植物〕황매화나무 ¶山吹色 황금색

**やまみち【山道】** 산길 (► 発音은 산길) ¶山道を行く 산길을 가다 / 険しい山道 험한 산길

**やまもり【山盛り】** ◇山盛りの 수북이 담은 ¶山盛りのご飯 수북이 담은 밥 / 皿に料理を山盛りにする 접시에 요리를 수북이 담다 / 茶さじ山盛り1杯分の砂糖を加える 티스푼으로 한 스푼 수북이 설탕을 넣다

**やまやま【山々】** 산들 ◇やまやまだ〔はなはだしい〕굴뚝 같다 ¶丹沢の山々 단자와의 산들 ¶参加したいのはやまやまなのですがあいにく暇がありません 참가하고 싶은 마음은 굴뚝같지만 공교롭게도 시간이 안 됩니다.

**やまゆり【山百合】** 산나리

**やまわけ【山分け】** 절반씩 나누다, 골고루 나누다 ¶金を3人〔2人〕で山分けした 돈을 셋〔둘〕이서 골고루 나누었다.

**やみ【闇】❶**〔暗やみ〕어둠 ¶こんな闇の中では何も見えないよ 이런 어둠 속에서는 아무것도 안 보여. / 山小屋は闇に包まれた 산장은 어둠에 싸여 있었다. / 彼の姿は夜の闇に消えた 그의 모습은 밤의 어둠 속으로 사라졌다. / 闇に紛れて逃げ出そう 어둠을 틈타 도망치자.

**❷**〔希望・見込みのないこと〕◇闇だ 캄캄하다, 암담하다 ¶前途は闇だなんて言うなよ 앞길이 캄캄하다라니 그런 말 말아.

**❸**〔違法であること〕암거래 ¶この品物は闇で仕入れた 이 물건은 암거래로 사들였다. 慣用句 世の中一寸先は闇だ 〈세상은〉 한 치 앞의 일도 알 수 없다. / 事件の真相は闇から闇へ葬られた 사건의 진상은 어둠 속에 묻혀졌다. 関連 闇市 암시장 / 闇相場 암시세 / 闇取引 암거래 / 闇商人 암상인 / 闇チケット 암표

**やみあがり【病み上がり】** ¶父は病み上がりで外出はまだできない 아버지는 이제 막 병상에서 일어나서 외출은 아직 못 하신다.

**やみうち【闇討ち】**〔奇襲〕야간 기습 ¶闇討ちをかける 밤중에 불시에 습격하다 / 闇討ちを食らう 밤중에 불시에 습격당하다

**やみくも【闇雲】** ◇やみくもに 마구, 무턱대고, 닥치는 대로 ¶やみくもに反対するのはよくない 무턱대고 반대하는 것은 좋지 않다.

**やみつき【病み付き】** ◇病み付きになる 빠지다, 열중하다 ¶彼はコンピュータゲームに病み付きになった 그는 컴퓨터 게임에 빠졌다.

**やみよ【闇夜】** 캄캄한 밤

**やむ【止む】** 멎다, 멈추다, 그치다 ◇…してやまない〔連用形＋〕마지않다 ¶雨はやむどころか、いよいよひどくなった 비는 멈추기는커녕 점점 심해졌다. / これから出かけるので雨がやむといいのだが 지금부터 외출하니까 비가 멎었으면 좋겠는데. / やっと風がやんだ 겨우 바람이 멎었다. / 明日は雨が降ったりやんだりのお天気でしょう 내일은 비가 오락가락하는 날씨가 되겠습니다 / いつのまにかピアノの音がやんでいた 어느새 피아노 소리가 멈춰 있었다. / 彼の好奇心はやむことがない 그의 호기심은 그치지 않는다. / お願いだから泣きやんでくれよ 부탁이니까 울음을 그쳐줘 ¶ご成功を願ってやみません 성공을 바라 마지않습니다.

**やむなく【止むなく】** 할 수 없이, 부득이 ¶やむなく娘の留学を認めた 할 수 없이 딸의 유학을 허락했다.

**やむにやまれぬ【止むに止まれぬ】** 어쩔 수 없는, 할 수 없는, 부득한 ¶やむにやまれぬ理由で会社を休んだ 부득이한 이유로 회사를 쉬었다. / やむにやまれず車を売った 할 수 없이 차를 팔았다.

**やむをえず【止むを得ず】** 어쩔 수 없이, 할 수 없이, 부득이 ¶病気のためやむをえず学校を休んだ 몸이 아파서 어쩔 수 없이 결석했다. / 私たち

はやむをえずその計画をあきらめた 우리는 할 수 없이 그 계획을 포기했다.

**やむをえない**【止むを得ない】어쩔 수 없다, 할 수 없다, 부득이하다 ¶大臣の辞職もやむをえないだろうとみられている 대신의 사직도 부득이할 것으로 보인다. / やむを得ない事情で会社を辞めた 부득이한 사정으로 회사를 그만두었다. / やむを得ない事情で行けなかった 부득이한 사정으로 가지 못했다. / 彼女が約束の時間に遅れたのはやむを得ないことだった 그녀가 약속 시간에 늦은 것은 어쩔 수 없는 일이었다.

**やめる**【止める】❶〔続けてきたことを終わりにする〕그만두다〔習慣など〕끊다 ¶くだらないことはやめなさい 쓸데없는 짓은 그만둬라. / おしゃべりをやめて私の言うことをよく聞きなさい 수다는 그만 떨고 내 말 좀 잘 들어라. / 私たちは彼を捜すのをやめた 우리는 그를 찾지 않기로 했다. / 雑誌の購入をやめたいのですが 잡지의 구입을 중지하고 싶은데요.

¶泣くのはおやめなさい。もうお兄ちゃんなんだから 그만 울어라. 너도 이제 컸잖아. /もうここまででやめましょう 오늘은 여기까지만 하죠. /「あなたって本当に自分勝手ね。信じられないわ」「やめてくれ、君の愚痴は聞きあきたよ」"넌 정말 제멋대로구나. 믿을 수가 없어.""그만해라. 네 잔소리 듣는 것도 지겹다."

¶悪い習慣をやめる 나쁜 습관을 끊다 / 本当にたばこをやめたの? 정말 담배 끊었어?

❷〔やろうとしていたことを〕(動詞語幹＋)-지 않다, -지 말다 ¶彼らは車を買うのをやめた 그들은 차를 사지 않기로 했다. / あした雨なら出かけるのはやめよう 내일 비 오면 가지 말자. /「この本読んでみようかな」「やめたほうがいいよ。つまらないから」"이 책 읽어 볼까?""읽지 마. 재미없어."

**やめる**【辞める】그만두다, 물러나다〔辞職する〕사직하다〔退職する〕퇴직하다 ¶彼は仕事を辞めた 그는 일을 그만두었다. / 彼は責任を取って辞めざるを得なかった 그 사람은 책임을 지고 물러나지 않을 수 없었다. / 彼女は仕事を辞めさせられた 그녀는 해고당했다. / 博は入学してすぐ大学を辞めた 히로시는 입학하고 바로 대학을 그만두었다.

会話 会社を辞める
A：どうして会社を辞めたんですか
B：辞めたくなかったけど、リストラで辞めさせられた
A：어째서 회사를 그만두었습니까?
B：그만두기 싫었지만 구조 조정을 당했어요.
A：田中さん、定年で辞めたんだっけ?
B：いや、健康上の理由だって聞いてるけど
A：다나카 씨는 정년퇴직이었던가?
B：아니, 건강상의 이유라고 들었는데.

**やもめ**【寡婦】과부〔寡夫〕홀아비 ¶やもめ暮し 홀아비 생활

**やや**〔少し〕약간, 조금, 좀〔しばらく〕잠시 ¶風がやや弱まってきた 바람이 약간 잠잠해졌다.

¶彼のほうが私よりやや背が高い 그가 나보다 약간 키가 크다. / こっちのりんごのほうがそっちのよりやや大きい 이 사과가 그 사과보다 약간 크다. / 彼女は人前に出るとやや気後れを感じた 그녀는 사람들 앞에 서면 약간 주눅이 들었다. / その飲み物にはやや苦味がある 그 음료수에는 약간 쓴맛이 난다.

¶ややあって、彼女が部屋に入ってきた 조금 있다가 그녀가 방으로 들어왔다.

**ややこしい**〔複雑な〕복잡하다〔面倒な〕까다롭다 ¶この推理小説は筋がとてもややこしい 이 추리소설은 줄거리가 매우 복잡하다. / それは問題をややこしくするだけだ 그것은 문제를 복잡하게 만들 뿐이다.

¶ややこしい手続き 까다로운 절차 / ややこしい仕事 까다로운 일

**ややもすれば** 자칫하면 ¶ややもすれば、私たちはこのようなミスを犯しやすい 자칫하면 우리는 이런 실수를 저지르기 쉽다.

**-やら** ❶〔並列〕(이)랑, 등 ¶彼女はケーキやらクッキーやらチョコレートやらお菓子をたくさん持ってきた 그녀는 케이크, 쿠키, 초콜릿 등 과자를 많이 가지고 왔다.

¶電話やら来客やらできょうはとても忙しかった 전화 받으랴 손님 맞으랴 오늘은 아주 바빴다.

❷〔疑問〕-ㄹ[-을]지 ¶いつになったら帰れることやら 언제쯤 돌아갈 수 있을지?

❸〔疑問〕-ㄴ[-은]가, -ㄴ[-은]지 ¶何やら騒がしい音が聞こえてくる 뭔가 시끄러운 소리가 들려온다. / いつの間にやら夜が明けた 어느새 날이 밝았다.

**やらかす**【遣らかす】저지르다 ¶大失敗をやらかす 큰 실수를 저지르다 / いったい何をやらかしたんだ 도대체 무슨 일을 저지른 거야.

**やらせ**【遣らせ】¶あのドキュメンタリー番組はやらせだった 그 다큐멘터리 프로는 미리 입을 맞추고 한 것이었다.

**やられる**【被る】당하다, 입다〔負ける〕지다〔暑さ・寒さに〕타다 ¶その島は台風にやられた 그 섬은 태풍 피해를 입었다. / 彼に完全にやられた 그 사람한테 완전히 당했다. / こりゃあ、一本やられた 이거 한 방 먹었다.

¶暑さにやられる 더위를 먹다[타다]

**やり**【槍】창 ¶槍を構える 창을 들고 서다 / 槍を投げる 창을 던지다 / 魚を槍で突く 물고기를 창으로 찌르다

**やりあう**【遣り合う】〔議論する〕논쟁하다〔言い争う〕언쟁하다, 말다툼하다〔けんかする〕다투다 ¶あの2人はしょっちゅうやり合っている 그 두 사람은 늘 말다툼한다.

**やりがい**【遣り甲斐】보람 ¶これはやりがいのある仕事だ 이것은 보람 있는 일이다.

**やりかえす**【遣り返す】〔言い返す〕반박하다, 말대꾸하다〔仕返しする〕보복하다 ¶「よくもそんなことが言えるわね」と彼女はやり返した "너 말 다 했니？"하고 그녀는 대들었다. / やられたらやり返せ 당했으면 되받아 쳐라.

**やりかけ**【遣り掛け】중도(中途) ¶仕事をやり掛けのままにして帰宅した 일을 하다 말고 집에 돌아갔다. / 車の修理がまだやり掛けだ 차 수리가 아직 끝나지 않았다.

**やりかた【遣り方】**〔方法〕방법〔手段〕수단 ¶自分のやり方でやってみなさい 자기 나름대로의 방법으로 해 봐. / それは君のやり方しだいだ 그것은 네가 하기 나름이다. / 先生はやり方を示した 선생님은 하는 법을 보여 주셨다. / そんなやり方じゃだめだ 그런 방법으로는 안 된다.

**やりきれない【遣り切れない】**〔終えられない〕해낼 수 없다, 끝낼 수 없다〔耐えられない〕견딜 수 없다, 참을 수 없다 ¶それはきょう中にはやり切れない 그것은 오늘 중으로는 끝낼 수 없다. / 妻の愚痴を聞かされるのがやり切れない 아내의 불만을 듣는 것은 참을 수 없다.

**やりくり【遣り繰り】**변통 ◇やり繰りする 변통하다, 꾸려 나가다 ¶この給料で家計をやり繰りするのは楽ではない 이 월급으로 가계를 꾸려 나가는 것은 쉬운 일이 아니다. / 時間をやり繰りして会議に出席できた 시간을 변통해서 회의에 참석할 수 있었다. / 妻はやり繰り上手だ 우리 아내는 참 알뜰하다.

**やりこなす【遣りこなす】**해내다 ¶彼ならこの任務をきっとやりこなせるはずだ 그라면 이 임무를 꼭 해낼 것이다. / 難役をやりこなす 어려운 역할을 해내다

**やりこめる【遣り込める】**꼼짝 못하게 하다, 찍소리도 못하게 하다 ¶彼は彼女にやり込められた 그는 그녀에게 꼼짝 못하게 당했다.

**やりすぎる【遣り過ぎる】**너무하다, 지나치다 ¶それはやりすぎだ 그건 너무한다. / 酒をやりすぎる 술을 지나치게 마시다 / 仕事をやりすぎる 일을 지나치게 많이 하다

**やりすごす【遣り過ごす】**¶友達を待っている間に何台もの電車をやり過ごした 친구를 기다리는 동안 전철을 몇 대나 보냈다.

**やりそこなう【遣り損なう】**잘못하다, 실패하다, 실수하다 ¶その体操選手は着地をやり損なった 그 체조 선수는 착지를 실패했다. / 今度やり損なったらおしまいだぞ 이번에 실수하면 끝장이다.

**やりだま【槍玉】**공격[비난]의 대상 ¶彼らは彼を槍玉にあげた 그들은 그를 비난의 대상으로 삼았다.

**やりっぱなし【遣りっ放し】**¶やりっ放しにするな 하다 내버려 두다 / 物事をやりっ放しにしていはいけない 일을 하다가 내팽개쳐서는 안 된다.

**やりて【遣り手】**수완가(手腕家) ¶あの人はなかなかのやり手だ 그 사람은 상당한 수완가다.

**やりとげる【遣り遂げる】**해내다〔成し遂げる〕완수하다 ¶彼は任務を立派にやり遂げた 그는 임무를 훌륭하게 해냈다.

**やりとり【遣り取り】**◇やり取りする 주고받다 ¶3年前から韓国人の友達と手紙のやり取りをしている 3년 전부터 한국인 친구와 편지를 주고받고 있다.

**やりなおす【遣り直す】**다시 하다, 다시 시작하다 ¶もう一度やり直しましょう 다시 한번 시작합시다. / 私は一からやり直すつもりです 나는 처음부터 다시 할 생각입니다. / 彼は人生をやり直そうと決心した 그는 인생을 다시 시작하기로 결심했다. / 君ともう一度やり直したいんだ 너와 다시 사귀고 싶어. / 勉強をやり直したい 공부를 다시 하고 싶다. / 彼は同じ学年をもう一度やり直すはめになった 그는 같은 학년을 다시 한번 다녀야 할 처지가 되었다.

**やりなげ【槍投げ】**창던지기 ¶槍投げをする 창던지기를 하다 / 槍投げの選手 창던지기 선수

**やりにくい【遣り難い】**하기 어렵다 ¶人気講師の後任はやりにくい 인기 강사의 후임은 하기 어렵다.

**やりぬく【遣り抜く】**해내다 ¶心に決めたことは最後までやり抜け 마음먹은 것은 마지막까지 해내.

**やりば【遣り場】**¶私はそのとき目のやり場に困った 나는 그때 눈을 어디에 두어야 좋을지 몰랐다. / そのニュースを聞いてやり場のない怒りを感じた 그 뉴스를 듣고 말할 수 없는 분노를 느꼈다.

**やる【遣る】** ❶〔する〕하다 ¶何やってるの 뭐 해? / 好きなことをやればいいよ 하고 싶은 걸 하면 돼. / やればきっとできるよ 하면 될 거야. ¶できるだけやってみましょう 되는 데까지 해 봅시다. / 息子は放課後サッカーをやっている 아들은 수업을 마치고 축구를 한다. / 宿題をやる 숙제를 하다 / 私は不器用でいつもへまばかりやっている 나는 일을 잘 못해서 항상 실수만 한다. ¶よくやったぞ 잘 했어. / やった. 大学に受かったぞ 해냈다. 대학에 붙었다.

¶「この報告書, きょう中に仕上げろってさ」「まあやるしかないだろうね」"이 보고서, 오늘 중에 완성하래." "해야지, 뭐." / 「また僕の勝ちだ」「ああ, なかなかやるね」"내가 또 이겼다." "그래, 제법인데." / 「やってられないよ」더 이상 못 하겠어.

❷〔行かせる〕보내다 ¶子供を大学にやる余裕がない 아이를 대학에 보낼 여유가 없다. / だれか駅まで迎えにやるよ 역까지 누구 마중 보낼게. / 使いにやる 심부름을 보내다

❸〔移す〕치우다, 비키다〔置く〕놓다〔向ける〕돌리다 ¶邪魔だからこの荷物を向こうへやりなさい 방해되니까 이 짐 저쪽으로 치워 줘. / 眼鏡をどこにやったかな 안경을 어디다 치웠을까? / 窓の外に目をやる 창밖으로 눈을 돌리다 / ドアのほうに目をやる 문 쪽으로 눈길을 돌리다

❹〔与える〕주다 ¶よく手伝ってくれたから小遣いをやろう 일을 잘 도와주었으니까 용돈을 주마. / この花に毎日水をやる必要はない 이 꽃에 매일 물을 줄 필요는 없다. / 小鳥にえさをやるのを忘れないでね 새한테 먹이 주는 것 잊지 마.

❺〔上映する, 上演する〕하다, 상영하다, 상연하다 ¶この劇場では今何をやっていますか 이 극장에서는 지금 뭘 상영하고 있습니까? / 主役をやるのはだれ 주연은 누구야?

❻〔酒を飲む〕하다, 마시다 ¶「この居酒屋で一杯やらないか」「いいとも」"이 술집에서 한 잔 안 할래?" "좋지."

❼〔生活する〕생활하다, 살아가다 ¶こんな給料ではとてもやっていけない 이런 월급으로는 생활할 수 없다.

❽〔営業する, 開催する〕하다, 경영하다 ; 열다, 개최하다 ¶おばは韓国料理店をやっている 이모는 한식집을 경영하고 계신다. / 「まだやってますか」「すみません. もう閉店です」"아직 영업해요?"

"죄송합니다. 이제 문 닫을 시간인데요." / 明日パーティーをやるからおいでよ 내일 파티 하니까 와. / 同窓会をやる 동창회를 하다
⑨ […にして]《連用形+》주다 ¶わからないところは教えてやるよ 모르는 것은 가르쳐 줄게. / さてそのやり方を教えてやろう 그럼 그 방법을 가르쳐 줄게. / お母さんに言いつけてやるぞ 엄마한테 일러 줄 테야. / 娘にバッグを買ってやった 딸에게 가방을 사 주었다.

**やるき【遣る気】** 할 마음 [意欲] 의욕 ¶彼らはやる気満々だった 그들은 의욕이 넘쳤다. / 彼女はまったくやる気がない 그녀는 전혀 의욕이 없다. / 生徒にやる気を起こさせる必要がある 학생들에게 의욕을 불어넣어 줄 필요가 있다. / 父は事業に失敗して何事にもやる気を失ってしまった 아버지는 사업에 실패해서 모든 일에 의욕을 잃어 버렸다.

**やれやれ** 아이고 ¶やれやれ、これで一安心だ 아이고, 이걸로 우선 안심이다. / やれやれ、やっと試験が済んだ 아이고, 드디어 시험이 끝났다. / やれやれ、助かった 아이고, 살았다. / やれやれ、またか 아이고, 또야?

**やろう【野郎】** 놈, 자식, 새끼 [男] 남자, 사내 ¶この野郎! 이놈! / ばか野郎! 바보 같은 자식! / あの野郎、俺をなめやがって 그놈, 날 얕보다니. / やって来たのは野郎ばかりだった(→男ばかり) 찾아온 사람들은 남자들뿐이었다.

**やわらかい【柔らかい・軟らかい】** ❶ [柔軟だ] 부드럽다, 푹신하다, 말랑하다, 몰랑하다 [肉などの] 연하다 [体が] 유연하다, 나긋나긋하다 ¶柔らかいクッションが買いたい 푹신한 쿠션을 사고 싶다. / 雨が降った後なので地面が柔らかい 비 온 뒤라 땅이 무르다. / このカルビ[ロース]は柔らかい 이 갈비[로스]는 연하다. / じゃがいもを柔らかくなるまで煮てください 감자를 말랑해질 때까지 삶아 주세요. / 赤ちゃんの肌は柔らかい 아기 피부는 부드럽다.
¶体操をして体を柔らかくしてください 체조를 해서 몸을 유연하게 하세요.
❷ [穏やかだ] 부드럽다, 포근하다, 온화하다 ¶部屋に柔らかな日の光が入ってくる 방에 온화한 햇볕이 들어온다. / このスタンドの明かりは柔らかい 이 스탠드 불빛은 연하다. / 彼はいつも柔らかい口調で話す 그는 항상 나긋나긋한 말투로 얘기한다.
❸ [堅苦しくない] 딱딱하지 않다 ¶彼は頭が軟らかい 그는 융통성이 있다. / 僕は漫画とか軟らかい本しか読まないんだ 나는 만화책 같은 딱딱하지 않은 책만 읽는다.

**やわらぐ【和らぐ】** 누그러지다, 부드러워지다, 온화해지다 [痛み・緊張・悲しみなどが] 가라앉다, 풀리다, 가시다 ¶夕方になって日差しがだいぶ和らいできた 저녁이 되어 햇살이 많이 온화해졌다. / 彼女と話したら少しは悲しみが和らいだ 그녀와 말하고 나니 슬픔이 조금은 가라앉았다. / この薬で歯の痛みが和らぎました 이 약으로 이의 통증이 조금 가라앉았습니다. / ようやく暑さが和らいだ 드디어 더위가 누그러졌다. / 寒さが和らぐ 추위가 풀리다[누그러지다]. / 態度が和らぐ 태도가 부드러워지다[누그러지다]

**やわらげる【和らげる】** 부드럽게 하다, 완화시키다 [痛み・怒りなどを] 진정시키다, 풀리게 하는 힘 ¶このランプシェードはうまく光を和らげてくれる 이 스탠드 갓은 빛을 완화시켜 준다. / バンパーは衝突時の衝撃を和らげる働きをする 범퍼는 충돌시의 충격을 완화시키는 작용을 한다. / これは痛みを和らげる薬です 이것은 통증을 가라앉히는 약입니다. / キョンホは彼女の怒りを和らげようとしたが、うまくいかなかった 경호는 그녀의 화를 풀려고 했지만 잘 되지 않았다.

**ヤンキー** 양키, 미국 사람 [不良] 불량아, 불량 소년[소녀]

**ヤング** 젊은이, 영 ¶ヤングミセス 젊은 부인 / ヤングパワー 젊은 힘

**やんちゃ** 장난꾸러기 ◇やんちゃな 장난을 치는 やんちゃぼうず 장난꾸러기

**やんわり** ◇やんわりと [やさしく] 부드럽게 [それとなく] 살며시, 은근히 ¶やんわりと注意する 부드럽게 주의를 주다 / 彼女は彼の誘いをやんわりと断った 그녀는 그의 부탁을 부드럽게 거절했다.

# ゆ

**ゆ【湯】** 더운물, 뜨거운 물 [風呂] 목욕, 목욕탕 ¶お湯が沸いている 물이 끓고 있다. / 湯を沸かしてお茶を入れた 물을 끓여 차를 탔다. / (風呂の)湯をわかす 욕조물을 데우다
¶左側の蛇口をひねるとお湯が出ます 왼쪽 수도꼭지를 틀면 더운물이 나옵니다. / お湯が冷めないうちにお風呂に入りなさい 목욕물이 식기 전에 목욕하라. / 湯上がりにビールを1杯飲むと最高だ 목욕 끝나고 맥주를 한 잔 마셨다. / 草津は湯の町だ 구사쓰는 온천 마을이다. 関連 湯たんぽ 탕파

**ゆいいつ【唯一】** ◇唯一の 유일한, 유일의 ¶彼はこの島で唯一の医者だ 그는 이 섬에서 유일한 의사다. / 健康だけが私の唯一のとりえだ 건강만이 내 유일한 장점이다. / 唯一の友 유일한 친구

**ゆいごん【遺言】** 유언 ◇遺言する 유언하다
¶父は遺言で私に土地の一部を残した 아버지는 유언으로 나에게 땅의 일부를 남기셨다. / 遺言を残す 유언을 남기다 / 遺言状を作成する 유언장을 작성하다

**ゆいしょ【由緒】** 유서, 내력 (来歴) ¶由緒ある寺 유서 있는 절 / 彼は由緒ある家柄の出だ 그는 내력 있는 가문 출신이다.

**ゆいのう【結納】** 약혼 예물 ¶両家は結納を交わした 양가는 약혼 예물을 교환했다. 関連 結納金 약혼 예물로 주는 돈

**ゆいぶつ【唯物】** 関連 唯物史観 유물 사관 / 唯物

論 유물론

ゆう【夕】저녁 ¶朝夕 아침 저녁, 조석 ⇨夕方

ゆう【優】수, 우 ¶数学で優を取った 수학에서 수를 받았다. / 全優を取った 전 과목 수를 받았다. (▶韓国では5段階評価の秀(수), 優(우), 美(미), 良(양), 可(가)を多く用いる)

ゆう【言う】말하다 ⇨言(い)う

ゆう【結う】매다, 묶다 ¶髪を」 땋다, 매다 ¶花嫁は日本髪を結ってもらった 신부는 일본식으로 머리를 묶었다.

ゆうい【優位】우위, 우월(優越) ¶わが社は技術の点で他社の優位に立っている 우리 회사는 기술면에서 다른 회사보다 앞서 있다. / 試合は日本が優位に立った 경기는 일본이 우위에 섰다. / 男性優位の社会 남성 우월 사회

ゆういぎ【有意義】◇有意義だ 의의가 있다〔意味のある〕의미 있다〔有益だ〕유익하다 ¶有意義に 의미 있게, 유익하게 ¶有意義なひとときでした 유익한 한때였습니다. / 有意義な学生生活を送る 유익한 학교 생활을 보내다 / 夏休みを有意義に過ごしましょう 여름 방학을 유익하게 보냅시다.

ゆういん【誘因】유인〔原因〕원인 ¶貧困が犯罪の誘因となった 빈곤이 범죄의 원인이 되었다.

ゆううつ【憂鬱】◇憂鬱だ 우울하다, 답답하다, 찌무룩하다 ¶試験を考えると憂鬱だ 시험을 생각하면 우울하다. / きょうはとても憂鬱だ 오늘은 아주 우울하다. / 近ごろは憂鬱な天気が続く 요즘 찌무룩한 날씨가 계속되고 있다. / 毎日残業で憂鬱になるよ 매일 잔업으로 답답해.

会話 憂鬱な顔
A:きょう、賢治君は学校の帰りに憂鬱そうな顔をしていたけどどうしたんだろう
B:数学で落第点を取ったのであす追試だと言っていた
A:오늘, 겐지는 학교에서 돌아오는 길에 우울해 보이던데 왜 그러지?
B:수학에서 낙제점을 받아서 내일 추가 시험이래.

ゆうえい【遊泳】유영 ¶遊泳禁止(▶掲示) 수영 금지 関連 宇宙遊泳 우주 유영

ゆうえき【有益】◇有益だ 유익하다 ◆有益に 유익하게 ¶セミナーはたいへん有益だった 세미나는 아주 유익했다.
¶彼は有益な助言をしてくれた 그는 유익한 조언을 해 주었다. / きょうは有益な一日を過ごした 오늘은 유익한 하루를 보냈다. / これはとても有益な本だ 이것은 매우 유익한 책이다.
¶時間を有益に使おう 시간을 유익하게 쓰자. / 募金が有益に使われることを願っています 모금이 유익하게 쓰이기를 바랍니다.

ゆうえつ【優越】◇優越する 우월하다 ¶彼女はクラスメートに対して優越感を抱いていた 그녀는 반친구에 대해 우월감을 가지고 있었다.

ゆうえんち【遊園地】유원지, 놀이공원, 놀이동산

ゆうが【優雅】◇優雅だ 우아하다〔ゆとりがある〕윤택하다 ◆優雅に 우아하게 ¶おじは退職後は優雅な生活を送っている 큰아버지는 퇴직 후 윤택한 생활을 보내고 있다. / 彼女は優雅に振る舞った 그녀는 우아하게 행동했다.

ゆうかい【誘拐】유괴 ◇誘拐する 유괴하다
¶小学生の女児が誘拐され犯人は親に5千万円の身代金を要求してきた 초등학교 여자 아이가 유괴되어 범인은 부모에게 5천만 엔의 몸값을 요구했다. 関連 誘拐事件 유괴 사건 / 誘拐犯 유괴범

ゆうがい【有害】유해 ◇有害だ 유해하다, 해롭다 ¶睡眠不足は健康に有害だ 수면 부족은 건강에 해롭다. / 薬の飲みすぎは有害無益だ 약을 너무 많이 먹는 것은 백해무익하다. 関連 有害廃棄物 유해 폐기물 / 有害物質 유해 물질

ゆうがお【夕顔】종구라기박

ゆうかぜ【夕風】저녁 바람

ゆうがた【夕方】저녁, 해질녘 ¶夕方には帰ります 저녁에는 돌아오겠습니다. / 夕方の6時ごろに電話を入れます 저녁 6시쯤 전화하겠습니다. / きょうの夕方は忙しかった 오늘 저녁은 바빴다. / 先週の月曜日の夕方偶然旧友に会った 지난주 월요일 저녁에 우연히 옛친구를 만났다.

ユーカリ〔植物〕유칼리나무

ゆうかん【夕刊】석간〔夕刊紙〕석간 신문, 석간지

ゆうかん【有閑】유한, 한가함 関連 有閑階級 유한 계급 / 有閑マダム 유한 마담

ゆうかん【勇敢】◇勇敢だ 용감하다 ◆勇敢に 용감하게, 용감히 ¶勇敢な兵士 용감한 병사 / 彼らは敵と勇敢に戦った 그들은 적과 용감하게 싸웠다. / 消防士たちは勇敢にも燃え盛るビルの中に飛び込んでいった 소방대원들은 용감하게도 불타오르는 빌딩 안으로 뛰어들었다.

ゆうき【有機】유기 ◇有機的 유기적 関連 有機化学 유기 화학 / 有機化合物 유기 화합물 / 有機農業 유기 농업 / 有機肥料 유기 비료 / 有機物 유기물 / 有機野菜 유기 야채

**ゆうき【勇気】**용기 ◇勇気がある 용기가 있다 勇気づける 용기를 북돋다

◆勇気が・勇気は》
¶私は兄にそのことを言う勇気がなかった 나는 형에게 그 말을 할 용기가 없었다. / そこへ一人で行くとは勇気があるね 거기에 혼자 가다니 용기가 대단하네. / 人前で質問するのは勇気がいる 사람들 앞에서 질문하는 것은 용기가 필요하다. / 私にはとても彼のような勇気はない 나에게는 도저히 그 사람 같은 용기는 없다.

◆勇気を》
¶私は勇気を出して彼女に話しかけた 나는 용기를 내서 그 여자에 말을 걸었다. / 人々は彼の勇気をほめたたえた 사람들은 그 사람의 용기를 칭찬했다. / 私は勇気を奮い起こしもう一度挑戦してみた 나는 용기를 내어 한 번 더 도전해 보았다. / 彼女の励ましは彼に勇気を与えた 그녀의 격려는 그에게 용기를 주었다.

◆その他》
¶彼の勇気ある発言はみんなを元気づけた 그의 용기 있는 발언은 모두를 힘나게 했다. / 彼は実に勇気ある男だ 그는 정말 용기 있는 사나이다.
¶彼の助けがあれば勇気100倍だ 그 친구의 도움이 있으면 용기 백배다.

**ゆうぎ【遊技】** 오락(娯楽) 関連 遊技施設 오락시설 / 遊技場 오락장

**ゆうぎ【遊戯】** 유희, 놀이 ¶子供たちはお遊戯をしていた 아이들은 놀이를 하고 있었다. 関連 遊戯室 놀이실 / 遊戯場 놀이장

**ゆうきゅう【有給】** 유급 ¶有給休暇を取る 유급 휴가를 얻다

**ゆうぐう【優遇】** 우대 ◇優遇する 우대하다 ¶経験者を優遇します 경험자를 우대합니다. / 彼はいろいろな点で優遇されている 그는 여러 가지 면에서 우대받고 있다.

**ゆうぐれ【夕暮れ】** 해질녘, 황혼

**ゆうけい【有形】** 유형 ¶彼女は彼から有形無形の援助を受けた 그녀는 그 사람으로부터 아낌없는 원조를 받았다. 関連 有形財産 유형 재산 / 有形文化財 유형 문화재

**ゆうげん【有限】** 유한 関連 有限会社 유한 회사 / 有限数 유한수 / 有限責任 유한 책임

**ゆうけんしゃ【有権者】** 유권자 ¶彼は有権者の 堅い支持を得ることができた 그는 유권자의 확실한 지지를 받을 수 있었다.

**ゆうこう【友好】** 우호 ◇友好的だ 우호적이다 ¶各国の代表たちは大いに友好を深めた 각국의 대표들은 크게 우호를 다졌다. / わが国は韓国と友好関係にある 우리 나라는 한국과 우호 관계에 있다. / 日韓両国の友好関係を促進する 일한 양국의 우호 관계를 촉진하다 / 彼らは我々に対して友好的な態度をとった 그들은 우리들에게 우호적인 태도를 취했다. / 私たちは意見の違いを友好的に解決した 우리는 의견의 차이를 우호적으로 해결했다. 関連 友好国 우호국 / 友好条約 우호 조약 / 友好親善 우호 친선

**ゆうこう【有効】** 유효 ◇有効だ 유효하다 ¶私のパスポートはあと3年有効だ 내 여권은 앞으로 3년간 유효하다. / 読書をして時間を有効に過ごした 독서를 해서 시간을 효과적으로 보냈다. / 双方が署名すればこの契約書は有効になる 쌍방이 서명하면 이 계약서는 유효가 된다. 関連 有効期間[期限] 유효 기간[기한] / 有効射程[사거리] 유효 사정[사거리] / 有効需要 유효 수요 / 有効数字 유효 숫자 / 有効性 유효성 / 有効成分 유효 성분 / 有効投票 유효 투표

**ゆうごう【融合】** 융합 ◇融合する 융합하다, 융합되다 ¶亜鉛と銅が融合すると真鍮になる 아연과 동이 융합하면 놋쇠가 된다. 関連 核融合 핵 융합

**ゆうこく【夕刻】** 저녁 때, 저녁 무렵

**ユーザー** 사용인, 사용자 ⇒使用

**ゆうざい【有罪】** 유죄 ¶被告は一審で有罪の判決を受けた 피고는 제일심[초심]에서 유죄 판결을 받았다.

**ゆうさんかいきゅう【有産階級】** 유산 계급 ¶有産階級の人 유산 계급의 사람

**ゆうし【有史】** 유사 ¶有史以前の時代 유사 이전의 시대 / 有史以来の大噴火 유사 이래의 대분화

**ゆうし【有志】** 유지 ¶この慈善団体は有志の寄付で運営されている 이 자선 단체는 유지의 기부로 운영되고 있다. / 有志が集まる 유지들이 모이다 / 有志を募る 유지를 모으다 / 有志一同 유지 일동

**ゆうし【勇士】** 용사

**ゆうし【融資】** 융자 ◇融資する 융자하다 ¶銀行から500万円の融資を受けた 은행에서 500만 엔의 융자를 받았다. / 融資を打ち切る 융자를 중단하다 / 融資を返済する 융자를 갚다

**ゆうじ【有事】** 유사 ¶有事に備える必要がある 유사시에 대비할 필요가 있다

**ゆうしきしゃ【有識者】** 전문가(專門家)

**ゆうしゃ【勇者】** 용사(勇士)

**ゆうしゅう【有終】** 유종 ¶有終の美 유종의 미 慣用句 彼は最後のサッカーの試合で2ゴールを決め選手生活に有終の美を飾った 그는 마지막 축구 경기에서 두 골을 넣어 선수 생활에 유종의 미를 거두었다.

**ゆうしゅう【優秀】** ◇優秀だ 우수하다 [傑出した] 뛰어나다 ¶優秀な 우수한, 뛰어난 / 彼はクラスでいちばん優秀だ 그는 반에서 가장 우수하다. / 彼女は優秀な秘書です 그녀는 우수한 비서입니다. / テストで優秀な成績を取った 시험에서 우수한 성적을 거두었다. 関連 最優秀賞 최우수상 / 最優秀選手 최우수 선수

**ゆうじゅうふだん【優柔不断】** ◇優柔不断だ 우유부단하다 ¶彼は何をするにも優柔不断だ 그는 무엇을 해도 우유부단하다.

**ゆうしょう【優勝】** 우승 ◇優勝する 우승하다 ¶日本がアジア選手権で優勝した 일본이 아시아 선수권에서 우승했다. / 彼女はマラソンで優勝した 그녀는 마라톤에서 우승했다. 関連 優勝争い 우승 다툼 / 優勝旗 우승기 / 優勝決定戦 우승 결정전 / 優勝候補 우승 후보 / 優勝者 우승자 / 優勝チーム 우승 팀 / 優勝杯 우승배, 우승컵

**ゆうじょう【友情】** 우정 ¶二人は互いの友情をはぐくんだ[絶った] 두 사람은 서로의 우정을 키웠다[끊었다]. / 彼らは깊い友情で結ばれている 그들은 깊은 우정으로 맺어져 있다. / サンギとの友情は長く続かなかった 상기와의 우정은 오래 지속되지 않았다. / 彼らは友情に厚い男たちだ 그들은 우정이 두텁다. / スニは友情から達美を助けた 순희는 우정으로 친구를 도왔다.

**ゆうしょく【夕食】** 저녁 식사, 저녁밥, 저녁 ¶私は毎日7時に夕食を取る 나는 매일 일곱 시에 저녁 식사를 한다. / 早めに夕食を食べた 일찌감치 저녁을 먹었다. / 大急ぎで夕食を食べた 아주 급하게 저녁을 먹었다. / 夕食は軽く済ませた 저녁을 가볍게 때웠다. / 夕食は何にしましょうか 저녁은 뭘로 할까요? / 夕食ができました 저녁 준비 되었습니다. / もう夕食の時間ですか 벌써 저녁 식사 시간입니까? / 彼らは私を夕食に招いてくれた 그들은 나를 저녁 식사에 초대해 주었다. / 彼が来たとき家内は夕食の準備をしていた 그가 왔을 때 아내는 저녁 준비를 하였다.

会話 夕食についてたずねる
A：夕食にプルゴギでも食べようか
B：いいね
A：저녁에 불고기라도 먹을까?

B：좋지.
A：うちに寄って夕食でもどう？
B：悪いけど，またいつかね
A：우리 집에 들러서 저녁 식사라도 어때？
B：미안하지만 다음 기회에.

ゆうしょく【有色】유색 関連 有色人種 유색 인종

ゆうじん【友人】친구, 벗 ¶古い友人 오랜 친구 ⇒友, 友だち

ゆうじん【有人】유인 ¶有人宇宙飛行 유인 우주 비행 / 有人宇宙船 유인 우주선

ゆうすう【有数】◇有数の 유수의, 손꼽히는 ¶彼女は世界有数のピアニストだ 그녀는 세계 유수의 피아니스트다.

ゆうずう【融通】❶〔金を貸すこと〕◇融通する 융통하다, 빌려 주다 ¶私は彼になけなしの金を融通してやった 나는 그에게 그나마 있는 돈을 융통해 주었다. / 3万円ほど融通してもらえませんか 3만 엔정도 꾸어 주시지 않겠습니까？
❷〔柔軟に処理すること〕◇融通がきく 융통성이 있다 ¶君はまったく融通がきかない 넌 전혀 융통성이 없다. / もっと融通をきかせた規定を作るべきだ 더욱 융통성이 있는 규정을 만들어야 한다.

ゆうすずみ【夕涼み】◇夕涼みをする 저녁 바람을 쐬다 ¶川辺で夕涼みをした 강가에서 저녁 바람을 쐬었다.

ユースホステル 유스 호스텔

ゆうする【有する】〔持つ〕가지다 〔所有する〕소유하다

ゆうせい【優性】우성 ¶優性遺伝 우성 유전 / 優性遺伝子 우성 유전자

ゆうせい【優勢】우세(↔열세) ◇優勢だ 우세하다, 우월하다, 월등하다 ¶うちの高校では男子より女子が数の上で優勢だ 우리 고등학교에서는 남자보다 여자 쪽이 수적으로 우세하다. / 討論では彼のほうが優勢だった 토론에서는 그가 우세했다. / 試合の後半からチームは優勢に転じた 경기 후반부터 우리 팀은 우세해졌다.

ゆうせい【郵政】우정, 우편 행정

ゆうぜい【遊説】유세 ◇遊説する 유세하다 ¶候補者は選挙区を遊説して回った 후보자는 선거구를 유세하며 돌았다.

ゆうせん【有線】유선 ¶有線テレビ 유선 텔레비전 / 有線放送 유선 방송

**ゆうせん**【優先】우선 ◇優先的に 우선적으로 ◇優先する 우선하다 ◇優先させる 우선시키다, 앞세우다 ¶環境保護がこの町の最優先事項だ 환경 보호가 이 마을의 최우선 사항이다. / 会員は施設使用の優先権が与えられている 회원들에게는 시설 이용의 우선권이 주어져 있다. / 優先順位をつける 우선 순위를 매기다[정하다]
¶災害で家を失った人は優先的に公営住宅に入居できる 재해로 집을 잃은 사람은 우선적으로 공영 주택에 입주할 수 있다.
¶信号のない交差点では左から来る車両が優先する 신호가 없는 교차로에서는 왼쪽에서 오는 차량이 우선권이 있다. / 何を優先させるかを正しく決めるべきだ 뭘 우선시할지를 잘 생각해서 결정해야 한다. / 彼らはこの問題を他のすべてに優先させた 그들은 이 문제를 다른 모든 것에 우선시했다. / 彼は何よりも自分の研究を優先させた 그는 무엇보다도 자기의 연구를 우선시켰다. / 彼女は家庭と仕事のいずれかを優先するかで真剣に悩んでいる 그녀는 가정과 일 중 어느 쪽을 우선시할지를 진지하게 고민하고 있다. / 工場では安全が最優先されている 공장에서는 안전이 최우선시되고 있다. 関連（電車・バスなどの）優先席 장애인 노약자 임산부 보호석, 교통약자 배려석

ゆうぜん【悠然】◇悠然としている 침착하고 여유 있다 ◇悠然と 침착하고 여유 있게 ¶彼は身に危険が及んでも悠然と構えていた 그는 몸에 위험이 닥쳐도 침착하게 있었다. / 悠然とした態度 침착하고 여유 있는 태도

ゆうそう【郵送】우송 ◇郵送する 우편으로 부치다 ¶ご注文の本は郵送いたします 주문하신 책을 우편으로 보내드리겠습니다. / 郵送無料(▶掲示) 무료 배송 関連 郵送料 우송료

ユーターン【Uターン】유턴 ◇ユーターンする 유턴하다 ¶車はそこでユーターンした 차는 거기에서 유턴했다. / ユーターン禁止(▶掲示) 유턴 금지 / 高速道路は正月を郷里で過ごした人たちのユーターンで渋滞した 고속도로는 고향에서 설을 보내고 귀경하는 사람들의 차량으로 정체했다. / ユーターン就職する（→帰郷に戻って就職する）고향에 돌아가 취업하다

ゆうたい【優待】우대 ◇優待する 우대하다 ¶株主はいろいろな点で優待される 주주는 여러 가지 점에서 우대를 받는다. ¶優待券 우대권

ゆうたい【勇退】용퇴 ◇勇退する 용퇴하다, 물러나다 ¶彼は後進に道を譲るために勇退する決心をした 그 사람은 후진에게 길을 내 주기 위해 물러나기로 결심했다.

ゆうだい【雄大】◇雄大だ 웅대하다 ¶ナイアガラ瀑布の雄大な眺め 나이아가라 폭포의 웅대한 장관 / 白頭山の雄大さ 백두산의 웅대함

ゆうだち【夕立】소나기 ¶夕立が降りそうだ 소나기가 내릴 것 같다. / 帰宅途中で夕立に遭った 집에 돌아가는 길에 소나기를 만났다. 関連 夕立雲 소나기구름

ゆうち【誘致】유치 ◇誘致する 유치하다 ¶国土交通省は外国人観光客を誘致する計画を立てた 국토교통성은 외국인 관광객을 유치할 계획을 세웠다. / 村への工場誘致は失敗に終わった 마을에 공장을 유치하는 계획은 실패로 끝났다. / 外資を誘致する 외자를 유치하다

ゆうちょう【悠長】◇悠長だ 느긋하다 ◇悠長に 느긋이 ¶そんな悠長なことはしていられない 그렇게 느긋하게 앉아 있을 수 없다. / 彼は相変わらず悠長に構えている 그는 여전히 느긋하게 생각하고 있다.

ゆうとう【優等】우등 ¶私は中学校では優等生だった 나는 중학교에서는 우등생이었다. / 優等生のような答弁 우등생 같은 답변 / 優等賞をもらう 우등상을 받다

ゆうどう【誘導】유도 ◇誘導する 유도하다 ¶飛行機は管制塔の誘導に従って着陸した 비행기는 관제탑의 유도에 따라 착륙했다. / デパートで火事があったが買い物客は出口まで安全に誘導された 백

화점에서 화재가 났지만 손님들은 출구까지 안전하게 유도되었다. 関連 誘導尋問 유도 신문 / 誘導弾 유도탄, 미사일 / 磁気誘導 〖物理〗 자기[자체] 유도

**ゆうどく**【有毒】유독 ◇有毒だ 유독하다
関連 有毒ガス 유독 가스 / 有毒廃棄物 유독 폐기물 / 有毒物質 유독 물질

**ユートピア** 유토피아, 이상향(理想郷)

**ゆうに**【優に】족히 ¶観客はゆうに1万を超えた 관객은 족히 만 명을 넘었다. / 会場はゆうに2千人は収容できる 회장은 족히 2천 명을 수용할 수 있다. / 弟のほうが兄よりゆうに5センチは背が高い 동생이 형보다 족히 5센티는 크다.

**ゆうのう**【有能】◇有能だ 유능하다 ¶有能な人材を集める 유능한 인재를 모으다 / 彼は有能な社員だ 그는 유능한 사원이다.

**ゆうはつ**【誘発】유발 ◇誘発する 유발하다
¶喫煙は肺がんを誘発する 흡연은 폐암을 유발한다. / 内乱[戦争]を誘発する 내란[전쟁]을 유발하다

**ゆうはん**【夕飯】저녁밥, 저녁 식사 ⇨夕食

**ゆうひ**【夕日】석양, 저녁 해 ¶夕日が海に沈もうとしている 석양이 바다에 지려고 하고 있다.

**ゆうび**【優美】◇優美だ 우아하고 아름답다 ◇優美に 우아하고 아름답게 ¶彼女は優美に踊った 그녀는 우아하고 아름답게 춤을 추었다.

**ゆうびん**【郵便】우편, 우체 【郵便物】우편물

◆〖郵便が・郵便も〗
¶あなたあての郵便がたくさん届いていますよ 당신 앞으로 우편물이 많이 왔어요. / 私に郵便が来ていますか 나한테 우편물이 왔습니까? / きょうは郵便はまだ来ていない 오늘은 우편물이 아직 안 왔다. / ここでは郵便は一日に二度配達される 여기에서는 우편물이 하루에 두 번 배달된다.

◆〖郵便で〗
¶応募は郵便で受け付けます 응모는 우편으로 접수받습니다. / 彼女は息子に郵便で小包を送った 그녀는 아들에게 우편으로 소포를 보냈다. / あす履歴書を郵便でお送りします 내일 이력서를 우편으로 보내겠습니다.

◆〖郵便を〗
¶この郵便を出しておいてください 이 우편물을 보내주세요. / 郵便を仕分ける 우편물을 나누다

◆〖その他〗
¶郵便屋さんが小包を配達してくれた 우체부 아저씨가 소포를 배달해 주었다. / 郵便局で速達を出した 우체국에서 속달을 보냈다. / 郵便番号を書くのを忘れた 우편 번호 쓰는 것을 잊었다.
関連 郵便受け 우편함 / 郵便為替 우편환 / 郵便切手 우표 / 郵便局員 우체국 직원 / 郵便車 우편차량 / 郵便制度 우편 제도 / 郵便貯金 우편 저금 / 郵便年金 우편 연금 / 郵便配達 우편 배달 / 郵便配達員 우편집배원 / 郵便屋 우체부 / 郵便はがき 우편엽서 / 郵便ポスト 우체통 / 郵便料金 우편 요금 / 書留 등기 우편 / 局留め 우체국 유치 / 航空便 항공 우편, 항공편 / 船便 배편 / 国内郵便物 국내 우편물 / 私書箱 사서함 / 定形外郵便物 규격외 우편물 / 定形郵便物 규격

우편물 / 電子郵便 전자 우편 / 普通郵便 보통 우편 / 料金別納郵便 요금 별납 우편

**ユーフォー**〔UFO〕유에프오, 미확인 비행 물체(未確認飛行物体)

**ゆうふく**【裕福】裕福だ 유복하다 ¶彼女は裕福な家庭に育った 그녀는 유복한 가정에서 자랐다. / 裕福に暮らす 그들은 유복하게 살다

**ゆうべ**【夕べ】저녁 때; 밤 ¶音楽の夕べ 음악의 밤 ⇨夕方

**ゆうべ**【昨夜】어제저녁, 엊저녁; 엊제밤

**ゆうべん**【雄弁】웅변 ¶彼は雄弁を振るった 그는 웅변을 했다. / 訴えるような目が彼女の気持ちを雄弁に物語っていた 호소하는 듯한 눈이 그녀의 마음을 강력하게 나타내고 있었다. 関連 雄弁家 웅변가 / 雄弁大会 웅변 대회

**ゆうぼう**【有望】유망 ◇有望だ 유망하다 ¶前途有望な若者 전도유망한 젊은이 関連 有望株 유망주

**ゆうぼく**【遊牧】유목 関連 遊牧生活 유목 생활 / 遊牧民 유목민

**ゆうほどう**【遊歩道】산책로(散策路), 산책길

**ゆうめい**【有名】유명 ◇有名だ 유명하다
◆〖有名だ〗
¶彼は建築家として世界的に有名だ 그 사람은 건축가로서 세계적으로 유명하다. / 箱根は温泉で有名だ 하코네는 온천으로 유명하다. / 彼女は芸能界では有名だ 그녀는 연예계에서는 유명하다. / 彼は貸した金を返さないので有名だ 그는 빌려 간 돈을 갚지 않기로 유명하다.

◆〖有名な〗
¶京都の有名な寺を訪ねた 교토의 유명한 절을 찾았다. / 世界的に有名なリオのカーニバルを見てみたい 세계적으로 유명한 리오의 카니발을 보고 싶다. / 彼は日本でもっとも有名な俳優の一人だ 그는 일본에서 가장 유명한 배우 중의 한 사람이다.

◆〖有名に〗
¶彼女は作家として一躍有名になった 그녀는 작가로서 일약 유명해졌다. / 彼はちょっと有名になったくらいでのぼせ上がっている 그는 좀 유명해졌다고 우쭐해하고 있다.

◆〖その他〗
¶キョンヒの趣味は有名人のサインを集めることです 경희의 취미는 유명 인사의 사인을 모으는 것입니다. / 彼女はいつも有名ブランド品を身につけている 그녀는 항상 유명 브랜드를 착용하고 있다. / 会長といっても実態は有名無実だ 회장이라고 해도 사실은 유명무실하다.

**ゆうめい**【勇名】용명 ¶彼は天下に勇名を馳せた 그는 천하에 용명을 떨쳤다.

**ユーモア** 유머 ¶彼はなかなかユーモアのあるやつだ 그는 제법 유머 있는 녀석이다. / 彼はユーモアがわかる教師だ 그 사람은 유머를 아는 교사다. / あの作家の作品はみなユーモアに富んでいる 그 작가의 작품은 모두 유머가 풍부하다.

**ユーモラス** ◇ユーモラスだ 유머러스하다 ¶ユーモラスなしぐさ 유머러스한 몸짓 / この小説では猫がユーモラスに描かれている 이 소설에서는 고양이가 유머러스하게 그려져 있다.

**ゆうやけ【夕焼け】** 저녁 노을, 저녁놀 [関連] 夕焼け雲 [空] 저녁놀 진 구름 [하늘]

**ゆうやみ【夕闇】** 땅거미 ¶夕闇が迫ってきた 땅거미가 지고 있다.

**ゆうゆう【悠々】** ◇悠々とした 유유한, 느긋한 ◇悠々と 유유히, 느긋하게 [ゆとりがある] 넉넉히, 여유 있게 ¶試験の前日でもキョンホは悠々としている 시험 전날인데도 경호는 여유 있다. / 彼は悠々とたばこをふかしている 그는 느긋하게 담배를 피우고 있다. / 彼は悠々と辺りを見渡していた 그는 느긋하게 주위를 둘러보고 있었다. / 彼女は悠々と一位でゴールインした 그녀는 여유 있게 1위로 골인했다. / ヒチョルは悠々とテストに合格した 희철이는 여유 있게 시험에 합격했다. ¶おじは悠々自適の生活を送っている 큰아버지는 유유자적한 생활을 보내고 있다. ¶寝坊だが学校には悠々と間に合った 늦잠잤지만 학교에는 여유 있게 도착했다. / この車には大人が5人悠々と乗れる 이 차에는 어른 다섯 명이 넉넉히 탈 수 있다.

**ゆうよ【猶予】** 유예, 말미 ◇猶予する 유예하다 ¶事態は一刻の猶予も許さない 사태는 일각의 유예도 허용되지 않는다. / 彼は懲役3年, 執行猶予1年の判決を受けた 그는 징역 3년, 집행 유예 1년의 판결을 받았다. / 支払いを1か月猶予してもらった 지불을 한 달 유예해 주었다. / 2日間の猶予を与える 이틀간의 말미를 주다 / 猶予期間 유예 기간

**ゆうよう【有用】** 유용 ◇有用だ 유용하다, 쓸만하다 ¶日常生活に有用な道具 일상생활에 유용한 도구 / 彼はわが社にとって有用な人材だ 그는 우리 회사의 쓸만한 인재다.

**ゆうらん【遊覧】** 유람 [関連] 遊覧船 유람선 / 遊覧飛行 유람 비행

**ゆうり【有利】** 유리 ◇有利だ 유리하다 ¶バスケットボールでは背が高いほうが有利だ 농구에서는 키가 큰 쪽이 유리하다. / 彼女は検察側に有利な証言をした 그녀는 검찰 측에 유리한 증언을 했다. / 彼にとってたいへん有利な取引だった 그것은 그 사람에게 있어 무척 유리한 거래였다. / 状況は我々に有利と思われた 상황은 우리에게 유리하다고 생각되었다. / 有利に展開する 유리하게 전개되다

**ゆうり【遊離】** 유리 ◇遊離する 유리되다 ¶彼女の提案は現実から遊離している 그녀의 제안은 현실에서 유리되어 있다.

**ゆうりょ【憂慮】** 우려 ◇憂慮する 우려하다 ¶最近の低俗なテレビ番組の氾濫は憂慮に耐えない 최근의 저속한 텔레비전 프로의 범람은 우려를 금할 수 없다. / 地球の温暖化は現在憂慮すべき事態になっている 지구의 온난화는 현재 우려해야 할 사태가 되고 있다.

**ゆうりょう【有料】** 유료 ¶子供は有料ですか? 아이는 유료입니까? / 日本では高速道路はほとんど有料だ 일본에서는 고속도로는 거의 유료이다. / 有料化する 유료화하다 [関連] 有料駐車場 유료 주차장 / 有料トイレ 유료 화장실 / 有料道路 유료 도로 / 有料放送 유료 방송 / 有料有線テレビ [放送] 유료 유선 텔레비전 [방송]

**ゆうりょう【優良】** 우량 ◇優良だ 우량하다 [優秀だ] 우수하다 ¶品質の優良な製品 품질이 우수한 제품 [関連] 優良株 우량주 / 優良企業 우량 기업 / 優良図書 우량 도서 / 優良品 우량품

**ゆうりょく【有力】** ❶ [勢力・権力のあるさま] ◇有力だ 유력하다 ¶この会社は公共事業を受注するために有力な政治家に賄賂を送った 그 회사는 공공사업을 수주하기 위해 유력한 정치가에게 뇌물을 보냈다. / 韓国の有力紙によれば 한국의 영향력이 있는 신문에 의하면 ❷ [可能性の高い] ◇有力だ 유력하다 ¶有力な首相候補 유력한 수상 후보 / その記者は不正の有力な証拠を握っているに違いない 그 기자는 비리를 증명할 유력한 증거를 쥐고 있음에 틀림없다. / 警察は目撃者から有力な証言を得た 경찰은 목격자로부터 유력한 증언을 얻었다. [関連] 有力者 유력자 [実力者] 실력자

**ゆうれい【幽霊】** 유령, 귀신 ¶この部屋には幽霊が出るといううわさがある 이 방에서는 유령이 나온다는 소문이 있다. / 幽霊の出そうな家 유령이 나올 것 같은 집 [関連] 幽霊会社 유령 회사 / 幽霊船 유령선 / 幽霊屋敷 유령 저택

**ゆうれつ【優劣】** 우열 ¶優劣を競う 우열을 가리다 / どの作品も立派で優劣がつけがたい 어느 작품도 훌륭해서 우열을 가리기 힘들다.

**ゆうわ【融和】** 융화 ¶近隣諸国との融和を図る 주변 국가들과의 융화를 꾀하다

**ゆうわく【誘惑】** 유혹 ◇誘惑する 유혹하다 ¶大都会には誘惑が多い 대도시에는 유혹이 많다. / 誘惑に勝つことは本当に難しい 유혹에 이기기는 정말로 어렵다. / 彼女は色仕掛けでその男を誘惑した 그 여자는 섹시 공세로 그 남자를 유혹했다. / 彼は誘惑に負けて賄賂を受け取った 그는 유혹을 못 이기고 뇌물을 받았다. / 彼女はあらゆる誘惑に負けなかった 그녀는 온갖 유혹에 지지 않았다.

**ゆえ【故】** 이유, 사정 ¶ゆえあって3月末で退職いたしました 사정이 있어서 삼월말로 퇴직했습니다.

**ゆえに【故に】** 고로, 그러므로 ; -기 때문에 ¶ゆえに, 2つの三角形は合同である 고로, 두 삼각형은 합동이다. / 山田さんは女性であるがゆえに管理職になれなかった 야마다 씨는 여자이기 때문에 관리직이 못 되었다.

**ゆえん【所以】** [理由] 까닭 [根拠] 근거 ¶我々が彼を市長候補として推薦するゆえんはまさにそこにあります 우리가 그 사람을 시장 후보로 추천하는 까닭은 바로 거기에 있습니다.

**ゆか【床】** 마루 ¶教室の床をみんなで磨いた 모두 함께 교실 바닥을 닦았다. / 集中豪雨で200戸以上が床上[床下]浸水した 집중 호우로 200채 이상이 마루 위까지 [밑까지] 침수했다. / 床をはがす 마루를 떼어내다 [関連] 床板 마루판 / 床運動 마루 운동 / 床暖房 마루 난방 / 床面積 바닥 면적, 건청(建坪)

**ゆかい【愉快】** ◇愉快だ 유쾌하다 [楽しい] 즐겁다 [面白い] 재미있다 ¶なんて愉快な話なんだろう 이 얼마나 기분 좋은 이야기인가. / 彼は愉快な男だ 그는 사람들을 즐겁게 한다. / ここなら今晩은

愉快に過ごせるぞ 여기라면 오늘밤은 즐겁게 보낼 수 있겠다. 関連 愉快犯 유쾌범

**ゆかげん【湯加減】** ¶湯加減を見てみよう 목욕물 온도를 봐 보자. /湯加減はいかがですか 물 온도는 어떻습니까

**ゆがみ【歪み】** ¶日光が当たって板にゆがみが生じた 햇빛에 쬐어 판자가 휘어졌다. /テレビの画面にゆがみがある 텔레비젼 화면이 이상하다. /彼の性格のゆがみを直すのは難しい 그의 비뚤어진 성격을 고치는 것은 어렵다.

**ゆがむ【歪む】** 비뚤어지다, 일그러지다〔ひずむ〕휘다〔曲がる〕구부러지다 ¶激痛で彼の顔はゆがんでいた 그는 너무 아파서 얼굴이 일그러졌다. /彼女の心はゆがんでいる 그녀의 마음은 비뚤어졌다.
¶車がぶつかってガードレールがゆがんでしまった 차가 부딪혀서 가드레일이 휘어 버렸다. /地震で家の壁がゆがんでしまった 지진으로 집 벽이 휘어 버렸다.

**ゆがめる【歪める】** 일그러뜨리다〔歪曲する〕왜곡하다 ¶彼女は苦痛で顔をゆがめた 그녀는 고통으로 얼굴을 일그러뜨렸다. /口をゆがめる 입을 일그러뜨리다 /事実をゆがめる 사실을 왜곡하다

**ゆかり【縁】**〔つながり〕연고, 인연〔関係〕관계 ¶あの男とは縁もゆかりもない 그 남자와는 아무런 관계도 없다. /私たちは百済ゆかりの地を訪れた 우리들은 백제의 유적지를 방문했다.

# ゆき【雪】 눈

### 基本表現
▷雪が降り出した 눈이 내리기 시작했다.
▷雪がしんしんと降っている 눈이 소복소복 내리고 있다.
▷雪が30センチほど積もっている 눈이 30센티 정도 쌓여 있다.
▷今夜は雪になりそうだ 오늘밤은 눈이 내릴 것 같다.
▷足が雪の中にめり込んだ 발이 눈 속에 빠져 버렸다.
▷昼ごろになって雪が解け始めた 낮이 되자 눈이 녹기 시작했다.

◆【雪が】
¶雪が厚く積もっていた 눈이 두껍게 쌓여 있었다. /去年は雪がたくさん降った 작년에는 눈이 많이 내렸다. /日本海側では大雪が降った 일본해[동해] 쪽에서는 폭설이 내렸다. /この地方ではまだ雪がちらついている 이 지방에서는 아직 눈이 흩날리고 있다. /この地方では雪が多い 이 지역은 눈이 많이 내린다.

◆【雪の】
¶大雪のため列車が遅れた 폭설로 열차가 지연됐다. /あちこちに雪の吹きだまりが見られた 여기저기 눈이 쌓인 곳이 보였다.

◆【雪に】
¶山頂は雪に覆われていた 산꼭대기는 눈으로 덮여 버렸다. /車は雪に閉じ込められた 차는 눈에 갇혀 버렸다. /冬になると、この村の家はすっぽりと雪に埋まってしまう 겨울이 되면 이 마을은 완전히 눈에 묻혀 버린다.

◆【その他】
¶その列車は雪で動けなくなった 그 열차는 눈 때문에 꼼짝 못하게 되었다. /屋根の雪下ろしをしなくてはならない 지붕에 쌓인 눈을 떨어뜨리지 않으면 안 된다. /道路の雪かきをした 도로의 눈을 쓸었다〔치웠다〕. /うっすらと雪化粧した富士山が見えた 옅게 눈이 덮인 후지 산이 보였다. /雪明かりの道を歩いて帰った 눈빛으로 밝게 보이는 길을 걸어 집에 갔다. 関連 雪国 눈이 많이 내리는 지방(▶川端康成の『雪国』の翻訳タイトルは"설국") /雪景色 설경 /雪野原 설원, 눈벌판, 눈밭 /淡雪 자국눈 /粉雪 가랑눈, 가루눈 /初雪 첫눈 /ぼたん雪 함박눈 /万年雪 만년설 /綿雪 솜눈 /吹雪 눈보라

**-ゆき【行き】** -행 ¶東京行きの電車に乗った 도쿄행 전철을 탔다. ⇒行(い)き

**ゆきあたりばったり【行き当たりばったり】** ◇行き当たりばったりだ〔計画性のない〕계획성이 없다 ◇行き当たりばったりに 계획성 없이, 되는 대로 ⇒行(い)き当たりばったり

**ゆきかう【行き交う】** 오가다, 왕래하다 ¶街を行き交う人々はみな忙しそうだ 거리를 오가는 사람들은 모두 바쁜 것 같았다.

**ゆきがかり【行き掛り】** 내친걸음 ¶行き掛かり上、断ることができなかった 내친걸음이라 거절할 수 없었다.

**ゆきがっせん【雪合戦】** 눈싸움 ¶子供たちが雪合戦をしていた 아이들이 눈싸움을 하고 있었다.

**ゆきき【行き来】** 왕래 ¶行き来する 왕래하다, 오가다 ⇒行(い)き来

**ゆきさき【行き先】** 행선지〔目的地〕목적지 ⇒行(い)き先

**ゆきすぎ【行き過ぎ】** ¶それは行きすぎだよ 그건 지나쳤어. ⇒行(い)き過ぎ

**ゆきすぎる【行き過ぎる】** 지나가다 ⇒行(い)き過ぎる

**ゆきずり【行きずり】** ¶行きずりの人にすっかり世話になった 지나가는 사람에게 크게 도움을 받았다. /行きずりの恋 멋없는 사랑

**ゆきだおれ【行き倒れ】** 횡사(横死) ¶行き倒れになる 길에서 쓰러져 죽다

**ゆきだるま【雪達磨】** 눈사람 ¶大きな雪だるまを作った 큰 눈사람을 만들었다. /借金は年々雪だるま式にふくれあがった 빚은 매년 눈덩이처럼 불어났다.

**ゆきちがい【行き違い】**〔すれ違い〕엇갈림〔誤解〕오해 ◇行き違いになる 엇갈리다 ¶彼らは運悪く行き違いになった 그들은 운이 나쁘게도 서로 엇갈렸다. /感情の行き違いが原因であの二人は別れた 감정의 오해가 원인이 되어 그 둘은 헤어졌다.

**ゆきつけ【行き付け】** 단골 ¶行きつけの居酒屋で一杯やる 단골 술집에서 한 잔 하다 /行きつけの美容院 단골 미용실 ⇒行(い)きつけ

**ゆきづまり【行き詰まり】** 막다른 골목 ⇒行(い)き詰まり

**ゆきづまる【行き詰まる】** 막히다 ; 정체 상태에 빠지다 ⇒行(い)き詰まる

**ゆきどけ【雪解け】** 융설(融雪)〔解氷〕해빙

¶春の訪れとともに山では雪解けが始まった 봄의 도래와 더불어 산에서는 눈이 녹기 시작했다. / 雪解け水 눈석임물

¶対立が続いていた両国間に雪解けムードが見え始めた 대립이 계속되었던 양국간에 해빙 무드가 보이기 시작했다.

**ゆきとどく【行き届く】** 미치다, 빈틈없다 ¶庭は四季を通じて手入れが行き届いている 정원은 사계절 내내 빈틈없이 손질되어 있다. / この店は行き届いたサービスで評判だ 이 가게는 빈틈없는 서비스로 평판이 좋다. ⇒行(い)き届く

**ゆきどまり【行き止まり】** 막바지 〔袋小路〕 막다른 골목 ⇒行(い)き止まり

**ゆきやけ【雪焼け】** ¶スキーですっかり雪焼けしたスキー장에서 눈의 반사광으로 피부가 까맣게 탔다.

**ゆきやま【雪山】** 설산, 눈이 쌓인 산

**ゆきわたる【行き渡る】** 〔広まる〕 널리 퍼지다, 침투하다 〔普及する〕 보급되다 〔分配される〕 골고루 미치다, 돌아가다 ¶経費節減に関する社長の指示が全社に行き渡った 경비 절감에 관한 사장의 지시가 회사 전체에 퍼졌다. / 飲み物は全員に行き渡るほどなかった 음료수는 전원에게 다 돌아갈 만큼은 없었다. ⇒行(い)き渡る

**ゆく【行く】** 가다 ¶駅まで走って行こう 역까지 뛰어가자. / タクシーで病院へ行くことにした 택시로 병원에 가기로 했다. ⇒行(い)く

**ゆくえ【行方】** 행방 〔居所〕 거처 ¶彼女の行方は依然としてわからない 그녀의 행방은 여전히 알 수 없다. / 犯人はまんまと行方をくらました 범인은 깜쪽같이 행방을 감추었다. / 彼の家族は何年も彼の行方を捜している 그의 가족은 몇 년이나 그의 행방을 찾고 있다. / 警察についに容疑者の行方を突き止めた 경찰은 끝내 용의자의 행방을 밝혀냈다.

¶地震による死者は10名, 行方不明者は18名だ 지진에 의한 사망자는 열 명, 실종자는 열여덟 명이다. / 行方不明者を捜索する 실종자를 수색하다

**ゆくさき【行く先】** 행선지, 목적지 ¶兄は行く先も告げずに出ていった 형은 행선지도 알리지 않고 나갔다. / このバスの行く先はどこですか 이 버스는 어디까지 갑니까? ⇒行(い)く先

**ゆくすえ【行く末】** 〔将来〕 장래 〔前途〕 전도 ¶彼女は息子の行く末を案じていた 그녀는 아들의 장래를 걱정하고 있었다.

**ゆくて【行く手】** 전방, 앞길 ¶彼は行く手に小さな明かりを見た 그는 길을 가다 작은 빛을 보았다. / 氷山が船の行く手を遮っていた 빙산이 배의 앞길을 막고 있었다.

**ゆくとし【行く年】** 가는 해 ¶行く年来る年 가는 해 오는 해

**ゆくゆく【行く行く】** 장래, 장차 ¶行く行くは農業をするつもりだ 장차 농사를 지을 생각이다.

**ゆげ【湯気】** 김 ¶茶わんから湯気が立っていた 밥그릇에서 김이 나고 있었다. / 窓ガラスが湯気で曇っている 유리창에 김이 서려 있다. / 風呂場の鏡が湯気で曇っている 욕실의 유리가 김으로 뿌예졌다.

**ゆけつ【輸血】** 수혈 ◇輸血する 수혈하다 ¶医者は患者に輸血した 의사는 환자에게 수혈했다. / 私の血を妹に輸血した 내 피를 여동생에게 수혈했다. / 輸血を受ける 수혈을 받다

**ゆさぶる【揺さぶる】** 흔들다, 뒤흔들다 ¶子供は実を取ろうとして木を揺さぶった 아이들은 열매를 따려고 나무를 흔들었다. / その事件は政界を揺さぶり始めた 그 사건은 정계를 뒤흔들기 시작했다.

# ゆしゅつ【輸出】 수출(↔수입) ◇輸出する 수출하다(↔수입하다) ¶近年自動車の輸出が伸びている 최근 자동차의 수출이 늘고 있다. / キムチは韓国の主な輸出品の一つです 김치는 한국의 주요 수출품 중 하나입니다. / 日本の農産物の輸入を大幅に超過している 일본의 농산물 수입은 수출을 대폭으로 초과하고 있다. / 日本政府は武器の輸出を禁止している 일본 정부는 무기 수출을 금지하고 있다. / 僕の友人は輸出業をやっている 내 친구는 수출업을 하고 있다. / 日本の2005年の輸出総額は66兆円だった 일본의 2005년의 수출 총액은 66조 엔이었다. / 日本は多くの電気製品を世界各国に輸出している 일본은 많은 전기 제품을 세계 각국에 수출하고 있다.

**ゆしゅつにゅう【輸出入】** 수출입

**ゆず【柚】** 〔植物〕 유자 関連柚子茶 유자차

**ゆすぐ【濯ぐ】** 헹구다〔うがいする〕가시다 ¶洗濯物をゆすぐ 빨래를 헹구다 / 口をゆすぐ 입을 헹구다 ⇒すすぐ

**ゆすぶる【揺すぶる】** 흔들다, 뒤흔들다 ⇒ゆさぶる

**ゆすり【強請】** 갈취 ¶ゆすりを働く 갈취하다

**-ゆずり【-譲り】** ¶彼女の性格は母親譲りのものだ 그녀의 성격은 어머니로부터 물려받은 것이다. / 親譲りの財産 부모로부터 물려받은 재산

**ゆずりあい【譲り合い】** 〔譲歩〕 양보 〔妥協〕 타협 ¶譲り合いの精神 서로 양보하는 정신

**ゆずりあう【譲り合う】** 서로 양보하다 ¶道を譲り合う 서로 양보하다 ⇒譲歩

**ゆずりうける【譲り受ける】** 양도받다〔相続する〕 물려받다 ¶友人からパソコンを安く譲り受けた 친구한테서 컴퓨터를 싸게 샀다. / 父から譲り受けた土地を売った 아버지로부터 물려받은 토지를 팔았다.

**ゆずりわたす【譲り渡す】** 물려주다, 양도하다, 넘겨주다 ¶息子に財産を譲り渡す 아들에게 재산 물려주다〔넘겨주다〕

**ゆする【揺する】** 흔들다〔勢いよく〕뒤흔들다〔あやす〕달래다 ¶その少年は栗の木を揺すって実を落とした 그 소년은 밤나무를 흔들어서 열매를 떨어뜨렸다. / 居眠りしている友達を揺すって起こした 졸고 있는 친구를 흔들어서 깨웠다.

¶母親は赤ん坊を揺すって寝かせた 어머니는 아기를 달래서 재웠다. / 音楽に合わせて体を揺すった 음악에 맞춰 몸을 흔들었다.

**ゆする【強請る】** 갈취하다 ¶彼らはスキャンダルをねたに会社から大金をゆすり取った 그들은 스캔들을 구실로 회사로부터 거금을 갈취했다. / 少年は不良たちにゆすられた 소년은 불량배들에게

갈취당했다.

**ゆずる**【譲る】❶〔譲渡する〕양도하다, 물려주다, 넘겨주다〔与える〕주다〔譲歩する〕양보하다 ¶彼は財産を子供たちに譲った 그는 재산을 자식들에게 양도했다. / 息子に会社を譲る 아들에게 회사를 넘겨주다 / 電車の中でお年寄りに席を譲った 전철 안에서 노인에게 자리를 양보했다. / 彼に勝ちを譲るわけにはいかない 그에게 승리를 넘겨줄 수는 없다. / 彼女はわきに寄って車に道を譲った 그녀는 옆으로 비켜서 차가 지나가도록 해 주었다. / 小さくなった洋服を妹に譲った 작아진 옷을 여동생에게 주었다.
¶これ以上譲るつもりはない 더 이상 양보할 생각이 없다. / 「じゃあ, 僕の提案は受け入れられないんだね」「悪いけど, 譲れないことってあるんだ」"그러면 내 제안은 못 받아들인다는 거군." "미안하지만 양보할 수 없는 것도 있어." / 彼は自説を頑として譲らなかった 그는 자기 학설을 절대로 양보하지 않았다. / 労使とも一歩も譲らない構えだ 노사 모두 한 발도 양보하지 않을 태세다. / 百歩譲って君の話が本当だとしても, だれも信じないと思うよ 백보 양보해서 네 이야기가 진짜라고 해도 아무도 믿지 않을 거야.
❷〔売る〕팔다 ¶友達にパソコンを安く譲ってあげた 친구에게 컴퓨터를 싸게 팔았다.
❸〔後回しにする〕미루다〔延期する〕연기하다 ¶この問題についての結論は後日に譲ろう 이 문제의 결론은 후일로 미루자.

**ゆせい**【油性】유성 関連 油性塗料 유성 도료 / 油性ペンキ 유성 페인트

**ゆそう**【輸送】수송 ◇輸送する 수송하다 ¶農産物の輸送にはトラックや鉄道などが使われる 농산물의 수송에는 트럭이나 철도 등이 이용된다. / 彼らは現金輸送中に襲われた 그들은 현금 수송 중에 습격을 받았다. / 桃の大部分は輸送中に傷んでしまった 복숭아의 대부분은 수송 중에 상했다. / 木材は船で輸送された 목재는 배로 수송되었다. 関連 輸送機 수송기 / 輸送機関 수송 기관 / 輸送船 수송선 / 輸送力 수송력 / 現金輸送車 현금 수송차 / 大量輸送システム 대량 수송 시스템

**ゆたか**【豊か】❶〔裕福だ, 満ち足りている〕◇豊かだ 유복하다, 풍요롭다 ¶彼は豊かな家庭に育った 그는 유복한 가정에서 자랐다. / 今の日本の子供たちは豊かな暮らしをしている 현재 일본 아이들은 유복한 생활을 하고 있다. / 豊かな社会 풍요로운 사회
¶読書は心を豊かにする 독서는 마음을 풍요롭게 한다.
❷〔豊富だ〕◇豊かだ 풍부하다, 풍족하다, 풍요하다, 풍성하다〔豊満だ〕풍만하다〔十分すぎるほどだ〕충분하다 ¶地下資源が豊かだ 지하 자원이 풍부하다. / 子供は想像力が豊かだ 아이들은 상상력이 풍부하다. / 彼女は色彩が豊かな服装をしていた 그녀는 색채가 풍부한 옷을 입고 있었다. / あの歌手は声量が豊かだ 저 가수는 성량이 풍부하다. / 彼は豊かな絵の才能の持ち主だ 그는 그림에 풍부한 재능을 가졌다. / 経験豊かな看護師 경험이 풍부한 간호사

¶祖母は70歳だが豊かな黒髪をしている 할머니는 70세이지만 검은 머리털이 많으시다. / 彼女は豊かな胸をしている 그녀는 풍만한 가슴을 하고 있다. / 果樹園のぶどうが豊かに実っている 과수원의 포도가 풍성하게 열려 있다.

**ゆだねる**【委ねる】맡기다 ¶委員会はその役目を彼にゆだねた 위원회는 그 역할을 그에게 맡겼다. / 最終的な判断を上司にゆだねた 최종적인 판단을 상사에게 맡겼다. / 運命に身をゆだねる 운명에 몸을 맡기다

**ユダヤ** 유태 関連 ユダヤ教 유태교 / ユダヤ人 유태인

**ゆだん**【油断】방심(放心)〔不注意〕부주의〔怠慢〕태만 ◇油断する 방심하다〔心をゆるす〕믿다 ¶ちょっとした油断が命取りになることもある 대수롭지 않은 방심이 목숨을 앗아갈 수도 있다. / 彼は温厚そうに見えるが油断のならない人だ 그 사람은 온화하게 보이지만 믿을 수 없는 사람이다. / 娘はすぐつまみ食いをするので油断もすきもあったものではない 딸은 곧잘 손으로 몰래 집어먹으니까 방심할 수 없다.
¶彼のように用心深い人でも時には油断することがある 그 사람처럼 주의 깊은 사람도 때로는 방심할 때가 있다. / あの男には油断するなよ 그 남자는 믿지 마라. / 彼らはそのお年寄りに優しくして油断させた 그들은 그 노인에게 친절하게 대해서 방심하게 만들었다.

会話 油断しちゃった
A:電車の中で財布をすられたんだって?
B:酔っ払って, つい油断しちゃったんだ
A:전철 안에서 지갑을 소매치기당했다며?
B:술취해서 그만 방심했어.
A:次の相手は山田か. 楽勝だね
B:おいおい, 油断していると痛い目に遭うぜ
A:다음 상대는 야마다야? 쉽게 이기겠는데.
B:야야, 방심하면 큰 코 다쳐.
慣用句 油断大敵 방심은 금물

**ゆちゃく**【癒着】유착 ◇癒着する 유착하다
¶手術後, 傷口の癒着が起こった 수술 후, 상처가 한데 들러붙었다. / その建設会社は政治家や官僚と癒着していた 그 건설 회사는 정치가나 관료와 유착되어 있다.

**ゆっくり** ❶〔急がずに〕천천히〔のんびり〕편히, 느긋하게 ¶ゆっくり話してください 천천히 말씀해 주세요. / 退職していると時間はゆっくり過ぎる 지루하면 시간은 천천히 간다. / 私はゆっくり風呂に入った 나는 느긋하게 목욕했다. / 彼はゆっくりしたスピードで車を運転した 그는 천천히 차를 몰았다.
¶時間はたっぷりあるのだから, ゆっくりしてください 시간은 충분히 있으니까 천천히 하세요. / どうぞゆっくりしていってください 천천히 쉬었다 가세요. / ほかに約束があるのでゆっくりできません 다른 약속이 있기 때문에 느긋하게 있을 수 없습니다. / 私たちは日曜の午後をDVDで映画を見ながらゆっくり過ごした 우리는 일요일 오후를 DVD로 영화를 보면서 느긋하게 보냈다.

❷〔余裕をもって十分に〕충분히, 넉넉히 ; 푹 ¶駐車場にはあと3台ゆっくり駐車できる 주차장에는 3대 더 넉넉히 주차할 수 있다. / 終電車にゆっくり間に合った 마지막 전철에 넉넉히 탈 수 있었다. / きのうは一晩ゆっくり寝た 어제는 하룻밤 푹 잤다. / その件はゆっくりと考えなさい 그 건은 충분히 생각하세요.

❸〔遅く〕늦게 ¶私はゆっくり昼食をとる 나는 늦게 점심을 먹는다.

**ゆったり** ◇ゆったりした〔気持ちが〕느긋한〔広々した〕넉넉한, 널찍한 ◇ゆったりと 느긋하게 ; 넉넉히 ¶お風呂に入ってゆったりした 느긋하게 목욕했다.
¶ゆったりしたスーツ 넉넉한 양복 / ゆったりした居間 널찍한 거실

**ゆでたまご**【茹で卵】삶은 계란〔달걀〕

**ゆでる**【茹でる】삶다 ; 데치다 ¶卵をゆでる 계란〔달걀〕을 삶다 / 野菜を軽くゆでる 채소를 살짝 데치다

**ゆでん**【油田】유전 関連 油田探査 유전 탐사 / 油田地帯 유전 지대 / 海底油田 해저 유전

**ゆとり** 여유(余裕) ¶みんなゆとりのある暮らしを望んでいる 모두 여유 있는 생활을 바라고 있다. / 他人のことを考えるゆとりがない 남 일을 생각할 여유가 없다. / ゆとり教育 여유 있는 교육

**ユニーク** ◇ユニークだ 유니크하다, 독특하다 ¶彼の作品はみなユニークだ 그의 작품은 모두 독특하다. / ユニークなデザイン 독특한 디자인

**ユニセフ**〔UNICEF〕유니세프, 국제 연합 아동 기금(国際連合児童基金)

**ユニット** 유닛, 유니트 ¶ユニット家具 유닛〔유니트〕가구 / ユニットバス 유닛〔유니트〕배스

**ユニバーシアード** 유니버시아드, 국제 학생 경기 대회(国際学生競技大会)

**ユニホーム** 유니폼〔制服〕제복

**ゆにゅう**【輸入】수입(↔수출) ◇輸入する 도입하다 ¶わが国は食糧の多くを輸入に頼っている 우리 나라는 식량의 대부분을 수입에 의존하고 있다. / 日本では外国からの米の輸入が制限されている 일본에서는 외국으로부터 쌀 수입이 제한되어 있다. / 日本では銃器の輸入は禁止されている 일본에서 총기 수입은 금지되어 있다. / 昨年は輸出が輸入を超過した 작년에는 수출이 수입을 초과했다. / フランスからの輸入物の赤〔白〕ワイン フ랑스에서 수입한 레드〔화이트〕와인 / 輸入品は高くて手が出ない 수입품은 비싸서 살 엄두가 나지 않는다.
¶日本は小麦を外国から輸入している 일본은 밀을 외국에서 수입하고 있다. / この店では並行輸入しているので洋酒が安い 이 가게에서는 직접 양주를 수입하고 있어서 양주가 싸다.
¶明治時代多くの西洋の思想や文化が日本に輸入された 메이지 시대에 많은 서양 사상과 문화가 일본에 수입되었다. 関連 輸入業者 수입 업자 / 輸入国 수입국 / 輸入自由化 수입 자유화 / 輸入米 수입쌀 / 密輸入 밀수

**ユネスコ**〔UNESCO〕유네스코, 국제 연합 교육 과학 문화 기구(国際連合教育科学文化機構)

**ゆのみ**【湯飲み・湯呑み】찻잔

**ゆび**【指】〔手の〕손가락〔足の〕발가락
◆〖指が〗
¶彼は指が太い〔細い〕그는 손가락이 굵다〔가늘다〕. / 寒さで指がかじかんでしまった 추위로 손가락이 곱았다. / リューマチで指が痛む 류마티스로 손가락이 아프다.
◆〖指の〗
¶指の先にとげが刺さった 손가락 끝에 가시가 찔렸다. / 足の指の爪を切った 발톱을 깎았다.
◆〖指を〗
¶誤って指を切った 잘못해서 손가락을 베었다. / ドアに指を挟まないように気を付けて 문에 손가락이 끼지 않도록 조심해. / うちの子は親指を吸う癖がある 우리 아이는 엄지손가락을 빠는 버릇이 있다. / 指をぼきぼき鳴らすのはやめなさい 손가락을 꺾어 딱딱 소리 내지 마라. / 指をぱちんと鳴らす 손가락을 튕기다
◆〖指に〗
¶うっかり指にやけどをした 나도 모르게 그만 손가락을 데고 말았다. / 彼女は左手の薬指に指輪をはめている 그녀는 왼손 약지에 반지를 끼고 있다.
◆〖指で〗
¶女の子が指で差して, 彼の家を教えてくれた 여자아이가 손가락으로 가리켜서 그의 집을 가르쳐 주었다. 慣用句 の成功を指をくわえて見ているしかなかった 그의 성공을 바라만 볼 수밖에 없었다. / ユミには指一本触れさせないぞ 유미에게는 손가락 하나 대지 못하게 할 거야. / 彼は日本で5本の指に入る投手だ 그는 일본에서 다섯 손가락에 드는 투수다. 関連 親指 엄지손가락 / 人指し指 집게손가락 / 中指 가운뎃손가락 / 薬指 약손가락, 무명지 / 小指 새끼손가락

**ゆびおり**【指折り】◇指折りの 손꼽히는 ¶彼女は世界でも指折りのピアニストだ 그녀는 세계에서 손꼽히는 피아니스트다.
¶指折り数えて待つ 손꼽아 기다리다

**ゆびきり**【指切り】¶娘と指切りして約束した 딸과 손가락을 걸고 약속했다.

**ゆびさき**【指先】손가락 끝 ¶彼女は指先が器用だ 그녀는 손재주가 있다.

**ゆびさす**【指差す】손가락으로 가리키다 ; 손가락질하다 ¶彼は駅の方向を指差した 그는 역 방향을 손가락으로 가리켰다. / 彼女は花を指差してその花の名前を尋ねた 그녀는 꽃을 손가락으로 가리켜서 그 꽃의 이름을 물었다.
¶人を指差すのは失礼だ 사람에게 손가락질하는 것은 실례다.

**ゆびずもう**【指相撲】손가락 씨름

**ゆびにんぎょう**【指人形】손가락 인형

**ゆびわ**【指輪】반지, 가락지(▶かまぼこ型の二つの輪からなる指輪) ¶指輪をはめる 반지를 끼다 / 輪を外す 반지를 빼다 / 結婚式で指輪を交換する 결혼식에서 반지를 교환하다 / 彼女は左手の薬指に婚約指輪をはめている 그녀는 왼손 약지에 약혼 반지를 끼고 있다. / ダイヤの指輪 다이아몬드 반지 / 金〔銀〕の指輪 금〔은〕 반지

**ゆぶね**【湯船・湯槽】욕조(浴槽), 목욕통 ¶湯

ぶねにつかる 욕조에 몸을 담그다

**ゆみ【弓】** 활〔弓術〕궁술 ¶弓を射る 활을 쏘다 / 弓を引く 활을 잡아당기다 / 弓に矢をつがえる 활에 화살을 메기다 / バイオリンは弓で弾く 바이올린은 활로 켠다.

**ゆみず【湯水】** ¶金を湯水のように使う 돈을 물 쓰듯 쓰다

**ゆみや【弓矢】** 활과 화살

**ゆめ【夢】** ❶〔眠っているときに見る〕꿈

**基本表現**
▷夕べ変な夢を見た
　어젯밤 이상한 꿈을 꾸었다.
▷近ごろ子供のころの夢をよく見る
　요즘 어릴 적 꿈을 자주 꾼다.
▷宝くじで3億円が当たった夢を見た 복권에서 3억 엔이 당첨되는 꿈을 꾸었다.
▷電話の音で夢からさめた
　전화 소리에 꿈에서 깼다.

¶まるで夢を見ている気持ちだ 마치 꿈을 꾸는 듯한 기분이다. / 夢の中で死んだ妻に会った 꿈 속에서 죽은 아내를 만났다. / 夕べ夢でうなされた 어젯밤 꿈에서 가위눌렸다.

¶君にここで会おうとは夢にも思わなかったよ 너를 여기서 만날 줄은 꿈에도 생각 못했다.

¶それは夢のような話だ 그것은 꿈 같은 이야기다. / 宇宙旅行なんて昔の人には夢のような話だった 우주여행 같은 건 옛날 사람들에게는 꿈 같은 이야기였다. / 合格者名簿に私の名前を見つけたときは夢かと思った 합격자 명단에 내 이름을 발견했을 때는 꿈이 아닌가 했다. / 夢ではないかと頬をつねってみた 꿈이 아닌지 볼을 꼬집어 봤다.

¶「きのう見た映画に出てきたエイリアンって気持ち悪かったよね」「本当、私なんか夢に見ちゃったわ」"어제 본 영화에 나온 에이리언 징그러웠지?" "정말, 난 꿈에까지 나왔어." /「さっき田中さん地下鉄に乗ってるの見かけたよ」「夢でも見てるんじゃないか。今ソウルに出張中のはずだよ」"아까 다나카 씨가 지하철 타는 거 봤어." "꿈이라도 꾼 거 아니야? 지금 서울에 출장 중이야." /「日本がワールドカップの決勝戦に進出だよ」「本当かい。夢からさめないでほしいなあ」"일본이 월드컵 결승전에 진출했어." "정말이야? 꿈이라면 깨지 않았으면 좋겠다."

❷〔理想, あこがれ〕꿈〔希望〕희망

**基本表現**
▷宇宙飛行士になるのが僕の夢だ
　우주비행사가 되는 것이 내 꿈이다.
▷留学の夢がかなった
　유학의 꿈이 이루어졌다.
▷彼はプロ野球選手になるという夢を追い続けている 그는 프로야구 선수가 된다는 꿈을 계속 쫓고 있다.
▷彼女はいつか作家になることを夢見ている 그녀는 언젠가 작가가 되기를 꿈꾸고 있다.
▷私の長い間の夢が破れた
　나의 오랜 세월의 꿈이 깨졌다.
▷このごろの若い人たちには夢がない
　요즘 젊은 사람들에게는 꿈이 없다.

¶若いんだから夢は大きく持たなきゃ 젊으니까 꿈은 크게 가져야지. / 夢にまで見たあのギターをとうとう手に入れたぞ 꿈에까지 나온 그 기타를 드디어 손에 넣었다. / 息子には私の果たせなかった夢を実現してほしい 아들이 내가 이루지 못했던 꿈을 이루어 주었으면 좋겠다. / チョルスにテニスで勝つなんて夢のまた夢だ 철수한테 테니스를 이기려고 하다니 터무니없는 꿈이다. /「日本は当分優勝できないね」「人の夢を壊すようなことを言うなよ」"일본은 당분간 우승 못할 거야." "꿈 깨는 소리 하지 마."

❸〔はかないもの〕꿈, 허무 ¶競馬で大穴を当てようなどはかない夢にすぎない 경마에서 대박을 기대하다니 헛된 꿈에 지나지 않는다. / 世界一周旅行の計画は夢と消えた 세계 일주 여행의 계획은 꿈으로 끝났다.

❹〔その他〕
¶彼女に夢占いをしてもらった 그녀가 해몽을 해 주었다. / それは正夢だった 꿈에서 본 일이 실제로 일어났다. / 夢は逆夢 꿈은 현실과 반대다.

**ゆめうつつ【夢現】** 비몽사몽(非夢似夢), 꿈결 ◇夢うつつに 꿈결에 / 私は夢うつつだった 나는 비몽사몽이었다. / 夢うつつのうちに 비몽사몽간에

**ゆめごこち【夢心地】** 꿈꾸는 듯한 기분, 황홀한 기분 ¶音楽を聴いている夢心地だった 음악을 듣고 있는 동안은 꿈꾸는 기분이었다.

**ゆめみる【夢見る】** 꿈꾸다 ¶宇宙飛行士になることを夢見る 우주비행사가 되는 것을 꿈꾸다 / 夢見るような目付き 꿈꾸는 듯한 눈빛

**ゆゆしい【由々しい】**〔重大だ〕중대하다 ¶ゆゆしい問題 중대한 문제 / ゆゆしい事態になった 사태가 중대하다.

**ゆらい【由来】** 유래 ¶その外来語の由来を知っていますか 그 외래어의 유래를 알고 있습니까? / ここの地名は近くの湖の伝説に由来している 이곳의 지명은 가까운 호수의 전설에서 유래하였다.

**ゆらぐ【揺らぐ】**〔揺れる〕흔들리다〔動揺する〕동요하다 ¶自分より下位の相手に負けて彼の自信は揺らいだ 자기보다 못하는 상대에게 져서 그의 자신감은 흔들렸다. / 決心が揺らぐ 결심이 흔들리다

**ゆらす【揺らす】** 흔들다〔揺り動かす〕뒤흔들다 ⇒揺する

**ゆらめく【揺らめく】** 흔들거리다 ¶ろうそくの火が揺らめいた 촛불이 흔들거렸다.

**ゆり【百合】** 백합 ¶ゆりの花 백합꽃

**ゆりうごかす【揺り動かす】** 뒤흔들다 ⇒揺るがす

**ゆりおこす【揺り起こす】** 흔들어 깨우다 ¶終点で車掌に揺り起こされた 종점에서 차장이 나를 흔들어 깨웠다.

**ゆりかご【揺り籠】** 요람 ¶揺りかごを静かに揺らす 요람을 조용히 흔들다 / 揺りかごから墓場まで 요람에서 무덤까지

**ゆるい【緩い】**〔きつくない, 締まっていない〕헐겁다, 느슨하다, 느릿하다〔なだらかな〕완만하다, 느리다, 느릿하다〔ゆっくりとした〕느리다〔固くない〕부드럽다〔厳しくない〕엄하지 않다 ¶結び目が緩い 매듭이 느슨하다. / この指輪ちょっと緩いみたい 이 반지는 조금 헐거운 것 같다. / 少

しやせてベルトが緩くなった 살이 조금 빠져서 벨트가 헐거워졌다. / 車は緩い坂を上った 차는 완만한 언덕을 올라갔다. / (野球で)彼は緩いカーブを投げてヒットを打たれた 그는 완만한 커브를 던져서 히트를 맞았다. / ここは流れが緩いから泳いでも安全だ 여기는 물살이 느려서 수영해도 안전하다. / 蛇口の締め方が緩い 수도꼭지가 느슨하다.
¶この一帯は地盤が緩い 이 일대는 지반이 약하다. / この辺りは交通の取り締まりが緩いので, みんなスピードを出している 이 근처는 교통 검문이 엄하지 않아서 모두 속도를 내고 있다.

¶彼はネクタイを緩く締めている 그는 넥타이를 느슨하게 매고 있다. / この道は緩く下って川のほとりに達する 이 길은 완만하게 내려가다 강가에 이른다. / 道は緩く左へカーブしている 길은 완만하게 왼쪽으로 굽어 있다.

**ゆるがす**【揺るがす】 뒤흔들다 ¶それは全世界を揺るがす事件だった 그것은 전 세계를 뒤흔드는 사건이었다. / 大地を揺るがすような爆音 대지를 뒤흔드는 듯한 폭음

**ゆるぎない**【揺るぎない】 확고하다, 까딱없다
¶揺るぎない地位を築く 확고한 지위를 쌓다

**ゆるし**【許し】 [許可] 허가, 허락 [容赦] 용서
¶私は父から韓国留学の許しを得た 나는 아버지에게서 한국 유학의 허가를 얻었다. / だれの許しを得てそのコンピュータを使っているんだい 누구의 허락을 받고 그 컴퓨터를 쓰는 거야. / 彼女は先生の許しを得ないで早退した 그 애는 선생님의 허가를 받지 않고 조퇴했다.

¶どうかお許しを 아무쪼록 용서해 주시길. / 彼は私に許しを請うた 그는 나에게 용서를 빌었다.

**ゆるす**【許す】 ❶ [許可する] 허가하다, 허락하다, 허용하다 [認める] 용서
¶先生は私の早退を許してくれた 선생님은 내 조퇴를 허락해 주셨다. / そんなわがままが許されると思っているのかい 그런 제멋대로인 행동이 용서될 거라 생각하니? / 3分の1の受験生しか入学を許されなかった 수험생의 3분의 1밖에 입학 허가를 받지 못했다. / 父は私が彼と結婚することを許さなかった 아버지는 내가 그 사람과 결혼하는 것을 허락하시지 않았다. / 遅刻に対する弁解はいっさい許されなかった 지각에 대한 변명은 일체 허용되지 않았다.

¶時間が許せばあす伺います 시간이 허락되면 내일 찾아뵙겠습니다. / 時間の許す限り手伝います 시간이 허락되는 한 돕겠습니다. / 天候が許せばあす登頂を決行します 날씨가 허락된다면 내일 등반을 결행하겠습니다. / 紙面の許す限り事件については詳しく伝える 지면이 허용되는 한 사건에 대해 자세히 전하다. / 彼女に手助けを求めることは私のプライドが許さなかった 그 여자에게 도움을 구하는 것은 내 자존심이 허락하지 않았다. / もはや一刻の猶予も許されない 이제는 잠시의 망설임도 허락되지 않는다.

¶彼は自他ともに許すわが国最高のサッカー選手だ 그는 자타가 인정하는 우리 나라 최고의 축구 선수다.

❷ [容赦する] 용서하다 ¶私の無礼をお許しください 저의 무례를 용서해 주세요. / 君の発言は許しがたいね 네 발언은 용서하기 어렵다. / 彼女を泣かすなんて許せないな 그녀를 울리다니 용서할 수 없다. / 母は私がうそをついたことを許してくれた 어머니는 내가 거짓말 한 것을 용서해 주셨다. / 彼は気分が悪かったので会議の欠席を許してもらった 그는 몸이 안 좋아서 회의에 참석하지 않아도 된다고 허락받았다. / 許してください 용서해 주세요. / 今度だけは君のミスを許してやろう 이번만 네 실수를 용서해 주지.

❸ [相手に与える] 주다, 허락하다 ¶(野球で)その投手は7回を投げて許したヒットは3本だけだった 그 투수는 7회를 던져 허용한 안타는 3개뿐이었다. / (サッカーで)うちのキーパーはこの3試合相手に得点を許していない 우리 골키퍼는 최근 세 경기에서 상대 팀에게 득점을 허용하지 않고 있다.

¶心を許す 마음을 주다 | (異性に)마음을 허락하다 / 体を許す 몸을 허락하다

**ゆるみ**【緩み・弛み】 [綱などの] 느슨함 [気の] 해이 ¶気の緩みが失敗のもとだった 긴장이 풀린 것이 실패의 원인이었다.

**ゆるむ**【緩む】 [ひも・ねじなどが] 느슨해지다, 헐거워지다 [緊張が] 풀리다, 해이해지다 [寒さが] 누그러지다, 풀리다 ¶靴のひもが緩んだ 구두 끈이 느슨해졌다. / この道具は緩んできた. 締めておかなくちゃ 이 나사 헐거워졌네.조여 둬야지.
¶試験が終わって気が緩んだ 시험이 끝나서 긴장이 풀렸다. / あいつ婚約してから顔が緩みっぱなしだな 그 녀석 약혼하고 나서부터 얼굴이 계속 싱글벙글인데. / 厳しい寒さもこの数日少し緩んできたようだ 극심한 추위도 요 며칠 조금 누그러진 것 같다. / 札束を見て彼の口元が思わず緩んだ 돈다발을 보고 그의 입이 자기도 모르게 벌어졌다. / 長雨で地盤が緩んだ 계속 내린 비로 지반이 약해졌다.

**ゆるめる**【緩める】 ❶ [締まっているものを] 늦추다, 느슨하게 하다, 헐겁게 하다 ¶暑かったのでネクタイを緩めた 더워서 넥타이를 느슨하게 했다. / この瓶のふたを緩めてください 이 병의 뚜껑을 헐겁게 해 주세요.

¶(野球で)バットの握りをもう少し緩めたほうがよい 배트를 좀더 가볍게 잡는 게 좋다.

❷ [スピード・勢いを] 늦추다 ¶カーブの手前でスピードを緩めた 커브길 바로 앞에서 속도를 늦췄다. / 彼は歩調を緩めて辺りを見回した 그는 걸음을 늦추고 주변을 둘러보았다.

❸ [緩和する] 완화하다 [緊張を] 늦추다, 풀다 ¶入試が全部終わるまでは気を緩めてはだめだよ 입시가 전부 끝날 때까지는 긴장을 풀면 안 돼. / 相手が弱いチームだからといって気を緩めるな 상대 팀이 약한 팀이라고 해서 긴장을 늦추지 마. / 警察は学生たちのデモに対する警戒を緩めた 경찰은 학생들의 데모에 대한 경계를 완화했다. / 生徒たちは学校に規則を緩めてほしいと要望した 학생들은 학교 측에 규칙을 완화해 달라고 요청했다.

**ゆるやか**【緩やか】 ◇緩やか 완만하다, 느슨하다 [遅い] 느릿하다 ◇緩やかに 느릿하게 ¶私たちは緩やかな坂道を上った 우리는 완만한 언덕길을 올라갔다. / 川は緩やかに流れていた 강은 완

**ゆれ**【揺れ】흔들림, 요동(搖動), 진동(振動)〔動揺〕동요 ¶昨夜の地震は揺れが大きかった 어젯밤 지진은 크게 흔들렸다. / 悪路で車の揺れがひどい 길이 안 좋아서 차의 요동이 심하다.

**ゆれうごく**【揺れ動く】흔들거리다 ¶船が揺れ動く 배가 흔들거린다. / 大学に進むかプロに入るか、彼の心は揺れ動いた 대학에 진학할까 프로 전향할까 그의 마음은 흔들렸다. / 揺れ動く国際情勢 흔들리는 국제 정세

**ゆれる**【揺れる】❶〔(物や体が)繰り返し動く〕흔들리다 ¶地面が揺れているのを感じた 지면이 흔들리는 것을 느꼈다. / 地震で家が揺れた 지진으로 집이 흔들렸다. / 蛍光灯が振り子のように揺れた 형광등이 진자처럼 흔들거렸다. / 木の葉がそよ風に揺れている 나뭇잎이 산들바람에 흔들리고 있다. / 木が風で大きく揺れていた 나무가 바람에 크게 흔들리고 있었다. / ろうそくの明かりがちらちら揺れていた 촛불이 가물가물 흔들리고 있었다. / 吊り橋の上に一歩進み出ただけで橋が揺れた 흔들다리 위에서 한 발 내딛기만 해도 다리가 흔들렸다. / バスはでこぼこ道をがたんがたんと揺れながら走った 버스가 울퉁불퉁한 길을 덜커덩덜커덩 흔들거리면서 달렸다.
❷〔社会・気持ちが〕흔들리다〔動揺する〕동요하다 ¶大統領のスキャンダルに国中が揺れている 대통령의 스캔들로 나라 전체가 흔들리고 있다. / 政界が大きく揺れている 정계가 크게 흔들리고 있다.
¶彼女は彼のプロポーズを受けるべきか断るべきか心が揺れた 그녀는 그의 프러포즈를 받아야 할지 거절해야 할지 마음이 흔들렸다. / 決心が揺れる 결심이 흔들리다

**ゆわえる**【結わえる】매다, 묶다 ¶髪をリボンで結わえる 머리를 리본으로 묶다 / 古新聞をひもで結わえた 헌 신문지를 끈으로 묶었다.

**ゆわかし**【湯沸かし】〔やかん〕주전자 ¶湯沸かしに水を入れてガスレンジに載せた 주전자에 물을 넣어서 가스레인지에 올렸다. 関連ガス湯沸かし器 가스 온수기

# よ

**よ**【世】❶〔世の中〕세상〔社会〕사회 ¶物理学の分野における彼の業績はすでに世に認められている 물리학 분야에서 그의 업적은 이미 세상에 인정받고 있다. / 彼女は画家として世に出た 그녀는 화가로서 출세했다. / 彼は1995年にデビューして以来10冊の小説を世に送り出している 그는 1995년에 데뷔한 이래 열 권의 소설을 세상에 내놓고 있다. / わが校は毎年多くの有能な卒業生を世に送り出している 우리 학교는 매년 많은 유능한 졸업생을 사회에 내보내고 있다. / これが世に名高いたけあなくは世に名高い大公様です 이것이 그 유명한 대공상입니다. / これが世に言う「セクハラ」の端的な例です 이것이 세상이 말하는 '성희롱'의 단적인 예이다.
¶彼女は世にもまれな美人だ 그녀는 보기 드문 미인이다. / 地下鉄に爆弾を仕掛けるとは世にも恐ろしい計画だ 지하철에 폭탄을 설치하다니 그야말로 무서운 계획이다. / 浮き沈みは世の習いだ 세상사는 부침이 있는 법이다.
❷〔人生〕인생, 세상 ¶父は10年前に世を去った 아버지는 10년 전에 세상을 떠났다. / その作家は世をはかなんで自殺した 그 작가는 인생을 비관해서 자살했다.
❸〔時代〕시대, 세상 ¶うちの会社は世に先んじてLANを会社に導入した 우리 회사는 시대에 앞서서 LAN을 회사에 도입했다. / 世はインターネット時代だ 세상은 인터넷 시대이다. 慣用句世が世なら彼女はお姫様だった옛날 같았으면 그녀는 공주님이다. / 卒業したら世のため人のために働きたい 졸업하면 세상을 위해 다른 사람을 위해 일하고 싶다. / 「知事まであの企業から賄賂を受け取っていたとはね」「まったく世も末だね」 "지사까지 그 회사로부터 뇌물을 받다니." "세상 말세야."

**よ**【夜】밤 ¶夜が明ける 날이 새다 ¶夜が明け始めた 날이 밝기 시작했다. / 夜がふける 밤이 깊어지다 / 私たちは夜が更けるまで話した 우리는 밤이 깊도록 계속 이야기했다. / 山小屋で夜を明かした 산막에서 밤을 샜다. / 夜通し飲み明かした 밤새 술 마시며 날을 샜다. / 夜を徹して試験勉強した 밤을 새워서 시험 공부를 했다. ⇒夜(よる)

**よあけ**【夜明け】새벽 ¶夜明けに目的地に着いた 새벽에 목적지에 도착했다. / 夜明けを待って出発しよう 날이 새기를 기다렸다 출발하자. / 夜明け前に起きる 동트기 전에 일어나다 / 新しい時代の夜明け 새로운 시대의 시작

**よあそび**【夜遊び】◇夜遊びする 밤에 놀러 다니다

**よい**【宵】저녁〔宵の口〕초저녁 ¶まだ宵の口だ 아직 초저녁이다. / 宴会は宵の口に始まった 연회는 초저녁에 시작됐다.

**よい**【良い・善い】❶〔好ましい, すてきだ, 立派だ〕좋다 ¶質がよい 질이 좋다. / 頭がよい 머리가 좋다. / 景色がよい 경치가 좋다. / 天気がよい 날씨가 좋다. / 気分がよい 기분이 좋다. / 仲がよい 사이가 좋다. / 人がよい 사람이 좋다. / この町は住みよい 이 동네는 살기 좋다.
¶あなたが迎えに来てくれてよかった 당신이 마중 나와 주셔서 고마워요. / 「テストで満点をとったんだ」「よかったね」 "시험에서 만점 맞았어." "잘됐네." / その問題を解決するよりよい方法はないかな 그 문제를 해결하는 더 좋은 방법은 없을까? / 彼女の新しいCDはとてもよかった 그녀의 새 CD는 아주 좋았다. / 彼女は学業成績がよかったので奨学金をもらうことができた 그녀는 학업 성적이 좋아서 장학금을 받을 수 있었다.
¶ひどい風邪を引いていたけどだいぶよくなってきた 심

한 감기에 걸렸었는데 이제는 많이 좋아졌다. /早くよくなってくださいね 빨리 나으세요. /天気はあすはよくなるでしょう 내일은 날씨가 좋아질 つつあると指摘している 많은 경제 전문가는 경기가 좋아지고 있다고 지적하고 있다.

¶彼は同僚のことをよく言わない 그는 동료를 좋게 말하지 않는다. /「あとの仕事は僕がやっておくよ」「本当？ああよかった」 "남은 일은 내가 해 놓을게." "정말? 아, 다행이다." /上京すると息子の嫁がいつもよくしてくれる 도쿄에 있는 아들 집에 가면 며느리가 항상 잘 해 준다.

❷ [都合がよい、差し支えない] 좋다, 괜찮다 ¶都合がよろしければあすの午後5時にお会いしましょう 시간이 괜찮으시면 내일 오후 다섯 시에 만날까요. /佐藤さんさえよければ私は構いません 사토 씨가 괜찮으시다면 저는 상관없습니다. /よければ彼女と別れた訳を話してくれないか 상관없으면 여자 친구와 헤어진 이유를 말해 주지 않을래? /よかったらもう一日泊まっていきませんか 괜찮으시면 하룻밤 더 묵고 가지 않겠습니까? /行ってもよいし行かなくてもよい 가도 좋고 안 가도 좋다.

❸ [正しい、ためになる] 좋다, 옳다, 잘되다 ¶お前によかれと思って言っているんだよ 너 좋으라고 말하는 거야. /試験でカンニングをするのはよくない 시험에서 커닝하는 것은 좋지 않다. /君が彼らの誘いを断ったのはよかった 네가 그들의 권유를 거절한 것은 잘한 것이다. /よいことと悪いことの区別がつかない 좋은 일과 나쁜 일의 구별을 못하다 | 사리를 분간하지 못하다

❹ [...すべき] ¶あの映画にはたいへん感動した. 君も見ればよかったのに 그 영화는 정말 감동적이었다. 너도 봤으면 좋았을걸. /あんな連中とは付き合わないほうがよい 그런 녀석들과는 어울리지 않는 게 좋다.

❺ [願望, 非難] ¶パパが早く帰ってくればよいのに 아빠가 빨리 왔으면 좋겠다. /僕に君の胸の内を打ち明けてくれてもよかったのに 나한테 네 속마음을 털어놓으면 좋았을걸. /学生時代にもっと勉強しておけばよかった 학교 다닐 때 공부 좀 더 했으면 좋았겠다. /前もって電話ぐらいしてくれてよかったのに 미리 전화라도 해 줬으면 좋았을 텐데. /もうそろそろユミが現れてもよさそうなものだが 이제 슬슬 유미가 나타나도 좋을 텐데.

**よい** [酔い] ¶飲み屋から出たら酔いが回ってきた 술집에서 나오자 취기가 돌기 시작했다. /外の風に当たれば酔いが覚めるよ 바깥 바람을 쐬면 술이 깨. /ほろ酔い気分 알딸딸한 기분 [関連] 悪酔い 숙취(宿酔)

**よいしょ** [掛け声] 영차, 이영차 ◇よいしょする [おだてる] 추어주다, 치켜세우다 ¶あいつはちょっとよいしょするとすぐいい気になる 그 녀석은 조금만 치켜세워 주면 금방 신이 난다.

**よいっぱり** [宵っ張り] ¶兄は宵っぱりだ 형은 밤 늦게까지 자지 않는다. /息子は宵っぱりの朝寝坊だ 우리 아들은 늦게 자고 늦게 일어난다.

**よいつぶれる** [酔い潰れる] 곤드레만드레가 되다

**よいん** [余韻] 여운 [反響音] 여음 ¶優勝の余韻に浸る 우승의 여운에 취하다

**よう** [用] ❶ [用事] 일, 볼일, 용건 ¶母は用があって出かけています 어머니는 볼일이 있어서 나가셨습니다. /きょうは用がたくさんある 오늘은 볼일이 많다. /用があるから今は遊べない 볼일이 있어서 지금은 놀 수 없다. /用があったら呼びます 용건이 있으면 부르겠습니다. /もう彼らには用がない 이제 그 사람들하고는 볼일이 없다.

¶きょうは特に用がない 오늘은 특별히 할 일이 없다. /用もないのに電話するな 용건도 없으면서 전화하지 마.

¶その程度の用なら電話で事足りるだろう 그런 일이라면 전화로도 충분할 거야. /一度で用が全部片付いた 한번에 볼일이 다 끝났다. /ちょっと用を足しに行って来ます 잠깐 볼일 보러 다녀 오겠습니다.

[会話] 用がある

A：課長が君に用があるそうだ

B：そう？何なんだろう

A：과장님이 네게 볼일이 있다던데.

B：그래？ 뭘까？

A：ちょっといいかな？

B：ああ、何の用だい

A：잠깐 나 좀 보자.

B：그래, 무슨 일인데？

❷ [使い道, 働き] 소용, 쓸모 [...のための] -용 ¶もうこの机には用がない 이제 이 책상은 쓸 일이 없다. /用がなくなった物を処分した 안 쓰는 물건을 처분했다. /このテレビは用をなさない 이 텔레비전은 쓸모가 없다.

¶この参考書は高校生用だ 이 참고서는 고등학생용이다. /家庭用電気製品 가정용 전기 제품 | 가전제품(家電製品) /業務用冷蔵庫 업무용 냉장고 /紳士[婦人]用下着 신사[부인]용 속옷

❸ [用便] 용변 [大小便] 대소변 ¶ちょっと用を足してきます(→トイレへ行く) 잠깐 화장실에 갔다 오겠습니다.

**よう** [要] 요점(要点) ¶彼の説明は簡潔で要を得ていた 그의 설명은 간결하고 요점이 요약되어 있었다. /要は何でも自分でやることだ 요컨데 뭐든지 자기 스스로 하는 것이다. ⇒要領

**-よう** [-様] ❶ [類似] ◇...のようだ 와[가] 같다 ◇...に 와[가] 같이, 처럼 ¶君の姉さんは映画スターのようだね 너네 누나는 영화 배우 같구나. /車をただで手に入れられるなんてまるで夢のようだ 차를 공짜로 손에 넣다니 마치 꿈만 같다. /何か象のような物が見えた 뭔가 괴물 같은 것이 보였다. /その男はカバンのような物を手に持っていた 그 남자는 가방 같은 것을 손에 들고 있었다. /綿のような雲が浮かんでいた 솜 같은 구름이 떠 있었다. /その玩具は狼の鳴き声のような音を出した 그 장난감은 늑대 울음 같은 소리를 냈다. /その甘味料は砂糖のように甘い 그 감미료는 설탕처럼 달다. /その知らせを聞くと彼は赤ん坊のように泣いた 그 소식을 듣더니 그는 어린애처럼 울었다.

## -よう

¶あなたがどんな気持ちかよくわかるわ. 私も同じような悩みを抱えているから ネが 어떤 기분인지 잘 알아. 나도 비슷한 고민을 가지고 있으니까.

❷〔例示, 種類〕◇…ような 같은 ¶『ハリー・ポッター』や『ロード・オブ・ザ・リング』のような映画が好きだ "해리포터"나 "반지의 제왕" 같은 영화를 좋아한다. / 将来は彼女のようなバイオリニストになりたい 장차 그녀와 같은 바이올리니스트가 되고 싶다. / プラスチック製のフライパンなどというようなものはない 플라스틱제 후라이팬 같은 것은 없다. / 彼のようなやつには二度と会いたくない 그런 녀석은 두번 다시 만나고 싶지 않다. / 君のようなおかしなやつはいないよ 너 같이 이상한 애는 없어. / 彼は君が想像しているような金持ちではない 그는 네가 생각하는 것 같은 부자는 아니다.

¶彼がどのような仕事をしているのか知らない 그가 무슨 일을 하고 있는지 모른다. / 「どのような音楽が好きですか」「主としてポップスですが, ジャズも多少聞きます」 "어떤 음악을 좋아하세요?" "주로 팝송인데요, 재즈도 가끔 들어요." / 彼はそのようなことを言っていた 걔는 그런 말을 했었다.

¶彼は秘密を漏らすような人間ではない 그는 비밀을 누설할 사람은 아니다. / 彼女はそんなことをするようなばかではあるまい 그녀는 그런 짓을 할 만큼 바보는 아닐거다.

❸〔方法〕¶それはこのようにしてください 그것은 이렇게 해서 주세요. / 母がどのようにキムチを作るのか教えてくれた 어머니가 김치 담그는 법을 가르쳐 주셨다. / 彼がどのようにパソコンを操作するかよく見て同じようにやってみて 그 사람이 컴퓨터를 어떻게 조작하는지 잘 보고 똑같이 해 봐. / どのようにして家に帰るつもりですか 집에 어떻게 갈 생각입니까? / 音を立てないようにしてください 소리 나지 않도록 해 주세요.

¶先生にそのような口をきいてはいけません 선생님께 그런 말투를 써서는 안 됩니다.

¶この自転車は直しようがない 이 자전거는 고칠 수가 없다. / 父の病気はもう手の施しようがない 아버지의 병은 이미 손을 쓸 수가 없다.

❹〔様子〕◇…ようだ 《連体形+》 것 같다, 《連体形+》 모양이다 ◇…ように 《連体形+》 처럼 ¶みなゴルフが好きなようだ 모두들 골프를 좋아하는 것 같다. / 彼は風邪の引き始めのようだ 그는 감기 기운이 있는 모양이다. / あの会社はかなり前からあまり業績がよくなかったようだ 그 회사는 꽤 오래전부터 업적이 별로 좋지 않았던 것 같다. / これ以上待っても時間のむだのようだ 더 이상 기다려도 시간 낭비일 것 같다. / 最初彼は私に気が付かないようだった 처음에는 나를 못 본 것 같았다. / どうやらその男は無実のようだ 아무래도 그 남자는 죄가 없는 것 같다. / 夫の病気はがんのようだ 남편의 병은 암인 것 같다. / 今朝の寒さはまるで真冬のようだ 오늘은 한겨울처럼 춥다. / 何も問題はないようだ 별로 문제는 없는 모양이다. / このりんごは腐っているようだ 이 사과는 썩은 것 같다. / 君は徹夜したようだね 너 밤샌 것 같구나. / 老人はとても健康なようだった 노인은 매우 건강한 것 같았

다. / 彼女は約束を忘れたようだった 그녀는 약속을 잊은 것 같았다. / 彼は何も知らないようだ 그는 아무것도 모르는 것 같다.

¶彼は妻が自殺したように見せかけた 그는 아내가 자살한 것처럼 꾸몄다.

¶試合に負けた時の彼女の落ち込みようといったら言葉にはできないね 경기에 졌을 때 그녀가 낙담하는 모습은 정말이지 말로는 표현할 수 없다. / 長男が生まれた時, 彼はたいへん喜びようだった 장남이 태어났을 때, 그는 아주 기뻐하는 모습이었다.

❺〔目的, 命令〕◇…するように 《動詞語幹+》-게, -도록 ◇…しないように 《動詞語幹+》-지 않게, -지 않도록 ¶よい席が取れるように早く行ってください 좋은 자리 맡게 빨리 가세요. / みんなに聞こえるように大声で話してください 모두에게 들리게 큰소리로 말해 주세요. / 電車に遅れないように急いで 전철에 늦지 않게 서둘러. / できないことまで約束しないように気をつけて 하지도 못하는 일을 약속하지 않게 조심해. / 彼の誕生日の日付を忘れないように書き留めた 그의 생일 날짜를 잊어버리지 않게 적어 놨다.

¶彼女は僕に黙っているようにと言った 그녀는 나한테 입 다물고 있으라고 했다. / 言われたとおりにするように 들은대로 하도록.

❻〔願望〕¶早くご病気がよくなりますように 빨리 병이 낫기를. / 神様の祝福がありますように 신의 축복이 있기를. / 入試に受かりますように 입시에 붙게 해 주세요.

## -よう

❶〔話し手の意志・決意〕¶君が約束するならもう一度考えてみよう 네가 약속한다면 한 번 더 생각해 보지. / あした彼を訪ねてみよう 내일 그를 찾아가 보자. / 新しく出たビールを飲んでみよう 새로 나온 맥주를 마셔 보자. / 宿題はテレビを見る前にしよう 숙제는 텔레비전을 보기 전에 해 놓자.

❷〔その他〕¶ちょうど出かけようとした時に電話が鳴った 막 나가려고 하는데 전화가 울렸다. / 君が何と言おうと自分のやり方を変えるつもりはない 네가 뭐라고 하든 내 방식을 바꿀 생각은 없다.

## よう【酔う】

❶〔酒〕に酔った 彼女はカクテルで少し酔ってしまった 그녀는 칵테일을 먹고 조금 취해 있었다. / 彼は酔うと必ずその話をする 그는 술 취하면 꼭 그 이야기를 한다. / 酔うほどに彼らは陽気になった 취할수록 그들은 쾌활해졌다. / 酔ってからむやみやたらに酒 먹고 시비거는 짓은 하지마라. / 彼はその晩したたかに酔って帰宅した 그는 그날 밤 거나하게 취해서 집에 들어왔다. / 酔った勢いで彼女にプロポーズした 술취한 김에 여자 친구에게 청혼했다.

❷〔乗り物に〕멀미하다, 멀미가 나다 ¶車[船]に酔わないようにこの薬を飲みなさい 차멀미[뱃멀미] 안 나게 이 약을 먹어라. / 酔いやすいですか 멀미를 잘 하십니까?

❸〔うっとりする〕도취하다, 황홀해지다 ¶選手たちは勝利に酔っていた 선수들은 승리에 도취해 있었다. / 観客は彼女の妙技に酔った 관객은 그녀의 묘기에 도취해 있었다. / 彼女は華やかなパーティーの雰囲気にすっかり酔ってしまった 그녀는 화

려한 파티 분위기에 완전히 도취해 버렸다.

**669い**【用意】용의〔準備〕준비, 채비, 차비 ◇**用意する** 용의하다；준비하다
¶いざというときのための用意ができている 만일의 경우를 위해서 준비는 되어 있다. / 彼は本当に用意周到だ 그는 정말 용의주도하다.
¶母は夕食の用意をしている 어머니는 저녁 준비를 하고 계신다. / 夕食の用意ができました 저녁 준비가 다 되었습니다. / 雨が降りそうだから傘の用意をして行ったほうがいいよ 비 올 것 같으니까 우산 가지고 가라. / 留学費用は自分で用意した 유학 비용은 스스로 마련했다.
¶位置について, 用意, どん! 제자리, 준비, 땅!
〖会話〗**用意がいい**
　A：痛っ! 指を切っちゃった
　B：バンドエイド持ってるよ
　A：用意がいい

A：앗, 손가락 베었다.
B：밴드 있어.
A：준비성 좋네.
　A：用意はいいかな?
　B：ああ. いつでもいいよ

A：준비 됐어?
B：응, 언제라도 괜찮아.

**よい**【容易】◇**容易だ** 용이하다, 쉽다, 손쉽다 ◇**用意な** 쉬운 ◇**容易に** 쉽게, 손쉽게 ¶こんな難しい本を一日かそこらで読み通すのは容易なことではない 이런 어려운 책을 하루 이틀 사이에 다 읽는 것은 쉬운 일이 아니다. / この事件は容易には解決しないだろう 이 사건은 쉽게는 해결되지 않을 것이다. / これで事が容易になった 이것으로 일이 손쉽게 되었다.
¶チャンピオンはいとも容易に挑戦者をKOした 챔피언은 가볍게 도전자를 케이오시켰다. / 君のミスが容易ならざる事態をもたらした 네 실수가 용이치 않은 사태를 가져왔다.

**よういん**【養育】◇**養育する** 양육하다 ¶おばは孤児になった私をわが子のように養育してくれた 이모는 고아가 된 나를 친자식처럼 길러 주셨다. 〖関連〗**養育費** 양육비

**よういん**【要因】요인〔原因〕원인 ¶この問題には複雑な要因がからんでいる 이 문제에는 복잡한 요인이 얽혀 있다.

**ようえき**【溶液】용액

**ようか**【八日】〔8日〕팔일, 초여드렛날〔8日間〕팔일간, 여드레 ¶6月8日 유월 8일 / この仕事を完成するには8日かかる 이 일을 완성하는 데는 8일 걸린다.

**ようが**【洋画】〔映画〕서양 영화〔絵〕양화, 서양화

-**ようが**【譲歩】-든지, -거나 ¶どこで何をしようがほっといてくれ 내가 어디서 뭘 하든지 너하고 무슨 상관이야. / 君が勉強しようがしまいがテストは予定通り実施される 네가 공부하든 말든 시험은 예정대로 볼 거다.

**ようかい**【妖怪】요괴, 도깨비

**ようかい**【溶解】용해 ◇**溶解する** 용해하다, 용해되다 ⇒**溶かす, 溶ける**

**ようがく**【洋楽】서양 음악, 양악

**ようがし**【洋菓子】양과자, 양과

**ようかん**【羊羹】양갱, 단팥묵

**ようがん**【溶岩・熔岩】용암 ¶噴火口から溶岩が流出した 분화구에서 용암이 유출되었다. 〖関連〗**溶岩ドーム** 용암돔, 종상 화산(鐘状火山) / **溶岩流** 용암류

**ようき**【容器】용기, 그릇

**ようき**【陽気】❶〔天気, 天候, 気候〕날씨, 기후 ¶今日は陽気がよい[悪い] 오늘은 날씨가 좋다[나쁘다]. / いい陽気ですね 날씨가 좋네. / 嵐の後急に秋らしい陽気になってきた 폭풍 후에 갑자기 가을 날씨가 되었다. / 陽気のせいか, 頭がぼうっとしている 날씨 탓인지 머리가 명하다.
❷〔快活〕◇**陽気だ** 쾌활하다, 흥겹다 ◇**陽気な** 쾌활한, 흥겨운 ◇**陽気に** 쾌활하게, 흥겹게
¶陽気な性格 쾌활한 성격 / あいつは陽気なやつだ 그 애는 성격이 쾌활하다. / 陽気な音楽は大好きだ 흥겨운 음악을 아주 좋아한다. / 彼女は陽気に笑った 그녀는 쾌활하게 웃었다. / 陽気にやろうよ 신나게 하자. / 陽気に遊ぶ 신나게 놀다

**ようぎ**【容疑】용의, 혐의(嫌疑) ¶彼は強盗の容疑で逮捕された 그는 강도 혐의로 체포되었다. / 窃盗の容疑をかける 절도 혐의를 두다 / 容疑を晴らす 혐의를 벗다 / 容疑者を手配[逮捕]する 용의자를 수배[체포]하다

**ようきゅう**【要求】요구〔要望, 要請〕요망, 요청 ◇**要求する** 요구하다；요망하다, 요청하다 ¶私は彼らの要求に応じるつもりはない 나는 그들의 요구에 응할 생각이 없다. / 経営者側は組合の10パーセントの賃上げ要求をのんだ 경영자 측은 노조의 10퍼센트 임금 인상 요구를 받아들였다. / その要求は問題なく受け入れられた 그 요구는 문제없이 받아들여졌다. / それは無理な要求だ 그것은 무리한 요구다.
¶妥当な要求 타당한 요구 / 不当な要求 부당한 요구 / 筋の通った要求 이치에 맞는 요구 / 筋の通らない要求 얼토당토않은 요구 / 強い要求 강한 요구 / 控えめな要求 소극적인 요구 / 正式な要求 정식 요구 / 非公式な要求 비공식적인 요구 / 法外な要求 터무니없는 요구 / しつこい要求 집요한 요구
¶従業員たちは会社側に人員削減計画について詳しい説明を要求した 종업원들은 회사 측에 인원 삭감 계획에 대해 상세한 설명을 요구했다. / 私たちは委員会に何度も規則の改定を要求した 우리는 위원회로 몇 번이나 규칙의 개정을 요구했다. / 市当局は我々にその場所を明け渡すよう要求した 시 당국은 우리에게 그 장소를 내줄 것을 요구했다. / 裁判官になるには的確な判断力が要求される 재판관이 되기 위해서는 정확한 판단력이 요구된다.

**ようぐ**【用具】용구〔道具〕도구 〖関連〗**運動用具** 운동 용구 / **ゴルフ用具** 골프 용구 / **実験用具** 실험 용구 / **スキー用具** 스키 용구 / **筆記用具** 필기 용구 / **旅行用具** 여행 용구

**ようけい**【養鶏】양계 〖関連〗**養鶏場** 양계장

**ようけん**【用件】용건(▶発音は용껀) ¶ご用件は何でしょうか 용건은 무엇입니까? / では用件に入りましょう 그러면 용건으로 들어가죠. / 用件だ

**ようけん【要件】** 요건(▶発音은 요껜) ¶応募者は要件を満たす必要がある 응모자는 응모 조건에 맞아야 한다.

**ようご【用語】** 용어 ¶この文章の用語は高校生には難しい 이 문장의 용어는 고등학생에게는 어렵다. / 適切な用語を使う 적절한 용어를 사용하다 関連 用語集 용어집 / 医学用語 의학 용어 / 学術用語 학술 용어 / 技術用語 기술 용어 / コンピュータ用語 컴퓨터 용어 / 専門用語 전문 용어 / 法律用語 법률 용어

**ようご【養護】** 양호 関連 養護学級[学校] 장애인 학급[학교] / 養護施設 아동 복지 시설 [老人ホーム] 양로원

**ようご【擁護】** 옹호 ◇擁護する 옹호하다 ¶人権擁護を訴える 인권 옹호를 호소하다 / 彼らは憲法改正に反対し、憲法を擁護するよう求めている 그들은 헌법 개정에 반대하며, 헌법을 옹호할 것을 요구하고 있다.

**ようこう【要項】** 요강(要綱) 関連 募集要項 모집 요강

**ようこうろ【溶鉱炉】** 용광로

**ようこそ** ¶日本へようこそ 일본에 잘 오셨습니다. (*일본에 어서 오세요とはいわない) / ようこそおいでくださいました 어서 오십시오.

**ようさい【洋裁】** 양재 ¶彼女は洋裁を習っている 그녀는 양재를 배우고 있다. 関連 洋裁学校 양재 학교

**ようさい【要塞】** 요새

**ようし【用紙】** 용지 ¶この用紙に記入してください 이 용지에 적어 주세요. 関連 コピー用紙 복사 용지 / 試験用紙 시험 용지 / 答案用紙 답안지 / 投票用紙 투표 용지, 투표지 / 申し込み用紙 신청서

**ようし【要旨】** 요지〔要点〕요점〔要約〕요약〔概要〕개요 ¶講演の要旨をまとめる 강연의 요점을 정리하다 / 話の要旨がつかめなかった 이야기의 요점을 파악하지 못했다.

**ようし【容姿】** 생김새〔容貌〕용모〔外見〕외모 ¶彼女は容姿端麗だ 그녀는 용모단정하다.

**ようし【陽子】** 양자, 양성자(陽性子)

**ようし【養子】** ¶妹の子供を養子にした 여동생의 아이를 양자로 삼았다. 関連 養子縁組 입양(入養)

**ようじ【用事】** 볼일(▶発音은 볼릴), 일, 용건 ¶用件 ▶発音은 용껜) ¶社長は用事で大阪へ行きました 사장님은 일이 있어서 오사카에 가셨습니다. / きょうは用事がたくさんあるのでそちらに行けません 오늘은 일이 많아서 거기에는 갈 수 없습니다. / きょうは特に用事はありません 오늘은 이렇다 할 볼일은 없습니다.

**ようじ【幼児】** 유아 関連 幼児期 유아기 / 幼児教育 유아 교육

**ようじ【幼時】** 유년기, 어린 시절, 어릴 적 ¶幼時の記憶がふとよみがえった 어린 시절의 기억이 문득 되살아났다.

**ようじ【楊枝・楊子】** 이쑤시개 ¶彼は食後にいつも楊子を使う 그는 식후에 항상 이쑤시개를 사용한다.

**ようしき【洋式】** 양식, 서양식 ¶洋式建築 서양식 건축 /〔洋式トイレ 서양식 화장실

**ようしき【様式】** 양식 ¶人々の生活様式は常に変化している 사람들의 생활양식은 항상 변화하고 있다. / 建築様式 건축 양식

**ようしゃ【容赦】** 용서 ◇容赦する 용서하다 ◇容赦ない 가차없다 ¶失礼のほど、どうぞご容赦ください 무례를 용서해 주십시오. / 売り切れの節はご容赦ください 매진 시에는 양해해 주십시오. / 彼らに対する処罰は容赦はなかった 그들에 대한 처벌은 가차없었다. / 彼は容赦なく借金を取り立てた 그는 가차없이 빚을 받아냈다. / 情け容赦のない人 인정사정없는 사람

**ようしゅ【洋酒】** 양주

**ようしょ【要所】** 요소, 요충지(要衝地) ¶かつてこの村は交通の要所だった 예전에 이 마을은 교통의 요충지였다. / 要所要所に警官が配置された 요소요소에 경찰관이 배치되었다.

**ようしょ【洋書】** 양서

**ようじょ【養女】** 양녀, 수양딸

**ようしょう【幼少】** ¶幼少のころ彼は神童と呼ばれていた 어렸을 때 그는 신동이라고 불렸었다.

**ようしょく【洋食】** 양식 ¶彼女は和食より洋食が好きだ 그녀는 일식보다 양식을 좋아한다.

**ようしょく【要職】** 요직 ¶彼は会社で要職に就いている 그는 회사에서 요직에 있다.

**ようしょく【養殖】** 양식 ◇養殖する 양식하다 ¶養殖のうなぎ 양식 장어 / かきの養殖 굴 양식 関連 養殖魚 양식어 / 養殖漁業 양식 어업 / 養殖場 양식장 / 養殖真珠 양식 진주

**ようじん【用心】**〔注意〕조심, 주의, 신중〔警戒〕경계 ◇用心する 조심하다, 주의하다, 신중을 기하다 ¶出かける前に用心のため戸締りを確認した 외출하기 전에 혹시나 해서 문단속을 확인했다. / 用心のため年に一度健康診断を受けている 만일을 위해 일년에 한번씩 건강 진단을 받고 있다. / 窓を開けたまま留守にして、ずいぶんと用心の悪い家だ 창문을 연 채로 집을 비우다니 꽤나 조심성 없는 집이다. / 彼の家は用心がよい 그의 집은 방범이 되어 있다. / 災害に対する日ごろの用心を怠るべきでない 재해에 대한 주의를 평소에 게을리해서는 안 된다. / 用心に越したことはない 조심하는 것보다 나은 것은 없다.

¶火事を起こさないように用心しなさい 화재가 나지 않도록 조심하세요. / 通りを横断するときは用心してください 길을 횡단할 때는 조심하세요.

¶彼女はとても用心深いからその話をなかなか信じないだろう 그녀는 아주 신중하니까 그 이야기를 좀처럼 믿지 않을 것이다. / 彼はそのつぼを用心深く棚から下ろした 그는 그 항아리를 조심스럽게 선반에서 내렸다.

¶火の用心 불조심 / すりにご用心 소매치기 주의 / 足元にご用心 발조심

**ようじん【要人】** 요인, 고관(高官) ¶政府要人 정부 고관

**ようす【様子】** ❶〔有り様, 状況〕형편, 모양, 상황, 상태 ¶しばらく様子を見よう 잠시 상황을 지켜 보자. / 彼はカーテンの間から外

の様子をうかがった 그는 커튼 사이로 밖의 상황을 살폈다. / たまにはそちらの様子を知らせてください 가끔씩 그쪽 상황을 알려 주세요. / この10年で町の様子ががらりと変わった 요 10년 사이에 거리의 모습이 완전히 변했다. / 子供の様子がおかしい 아이의 상태가 이상하다. / 今からこの様子では先が思いやられるよ 지금 이런 상태라면 장래가 염려된다. / 「きのう見舞いに行ったんだろう。彼の様子どうだった」「ちょっと顔色が悪かったね」"어제 그 사람 병문안 갔지? 상태는 좀 어땠어?" "안색이 좀 안 좋더라."

❷〔態度, そぶり〕태도, 기색, 모양, 모습 ¶彼女はおびえた様子でその男を見つめた 그녀는 두려워하는 기색으로 그 남자를 쳐다보았다. / その少年はいっこうに悪びれた様子もなく, 彼女にほほえみかけた 그 소년은 전혀 주눅 든 기색도 없이 그녀에게 미소 지었다. / あの様子じゃ, きのうのデートはうまくいかなかったんだな 저러고 있는 걸 보면, 어제 데이트는 잘 안됐나 보군. / 彼の様子からミュージシャンのだと思った 그의 모습을 보고 뮤지션이라고 생각했다. / その男の様子はどこかぎこちなかった 그 남자의 태도는 어딘지 어색했다. / 彼は満足した様子で笑った 그는 만족스럽다는 듯이 웃었다. / 彼女はきょうは様子がおかしい 그녀는 오늘 좀 이상하다.

❸〔気配〕기미, 징조, 모양 ¶この分だと交渉はうまく行きそうな様子だ 이 상태로라면 교섭은 잘 될 것 같다. / 「雪になりそうな様子だなあ」「道理でひどく寒いわけだ」"눈이 내릴 것 같은데." "어쩐지 되게 춥더라."

**ようすい**【用水】용수 関連 用水池 용수지 / 用水路 용수로 / 灌漑用水 관개 용수 / 工業用水 공업 용수 / 防火用水 방화 용수

**ようずみ**【用済み】¶この資料は用済みです 이 자료는 이제 필요없습니다.

**ようする**【要する】요하다, 필요하다 ¶その企画は再検討を要する 그 기획은 재검토가 필요하다. / 完全に回復するには3か月の休養を要する 완전히 회복하는 데는 3개월의 휴양이 필요하다. / 模型飛行機を組み立てるのにかなりの時間を要した 모형 비행기를 조립하는 데 꽤 시간이 걸렸다.
¶手術は急を要します 수술은 시급을 요합니다. / 大工は熟練を要する仕事だ 목수는 숙련을 필요로 하는 직업이다.

**ようするに**【要するに】요컨대, 결국 ¶要するに, 金が借りたいんだろう 결국 돈을 빌리고 싶은 거지. / 要するに, 無一文なんだ 요컨대 한 푼도 없어. / 要するに, 彼は無能なのです 결국 그는 능력이 없는 것입니다.

**ようせい**【妖精】요정 ¶森の妖精 숲의 요정 / 銀盤の妖精 은반의 요정

**ようせい**【要請】요청 ◇要請する 요청하다 ¶この件は秘密にしておいてくれという彼の要請に応じた [要請を拒んだ] 이 건은 비밀로 해 달라는 그의 「요청에 응했다[요청을 거절했다]. / 国連の要請で日本は平和維持部隊を派遣した 국제 연합의 요청으로 일본은 평화 유지 부대를 파견했다. / 時代の要請 시대의 요청

¶米国は日本政府に米国産牛肉の早期輸出再開を要請した 미국은 일본 정부에 미국산 쇠고기의 조기 수출 재개를 요청했다. / わが社は銀行に金融支援を要請した 우리 회사는 은행에 금융 지원을 요청했다. / 私は市長選出馬を要請された 나는 시장 선거에 출마하라는 요청을 받았다.

**ようせい**【陽性】양성 ¶ツベルクリン反応は陽性に変わった 투베르쿨린 반응은 양성으로 바뀌었다. / エイズ検査の結果は陽性だった 에이즈 검사의 결과는 양성이었다.

**ようせい**【養成】양성 ◇養成する 양성하다 ¶技術者を養成する 기술자를 양성하다 関連 養成所 양성소

**ようせき**【容積】용적〔体積〕체적〔かさ〕부피 ¶その瓶の容積はちょうど1.8リットルだ 그 병의 용량은 정확히 1.8리터다. 関連 容積率 용적률

**ようせつ**【溶接】용접 ◇溶接する 용접하다 関連 溶接機 용접기 / 溶接工 용접공

**ようそ**【要素】요소〔成分〕성분〔要因〕요인 ¶衣食住は我々の生活の三大要素だ 의식주는 우리 생활의 3대 요소다. / 彼の勤勉さは成功への不可欠の要素だった 그의 근면한 성격은 성공하는 데 불가결 요소였다.

**ようそう**【様相】양상, 모습 ¶紛争は新たな様相を呈し始めた 분쟁은 새로운 양상을 띠기 시작했다. / 再開発によって町の様相が一変した 재개발로 인해 동네의 모습이 일변했다.

**ようだい**【容体・容態】〔病状〕병세 ¶彼の容体は思わしくなかった 그의 병세는 좋지 않았다. / 母の容体が急変した 어머니의 병세는 급변했다.

**ようち**【幼稚】◇幼稚だ 유치하다 ¶君の考えは大学生にしては幼稚だ 네 생각은 대학생치고는 유치하다. / 幼稚な行動 유치한 행동

**ようち**【用地】용지 関連 工場用地 공장 용지 / 建設用地 건설 용지 / 農業用地 농업 용지

**ようちえん**【幼稚園】유치원 ¶娘は幼稚園に通っている 딸은 유치원에 다니고 있다. / ミンスと私は幼稚園のころからの幼なじみだ 민수와 나는 유치원 때부터 알고 지낸 사이다. 関連 幼稚園児 유치원생

**ようちゅう**【幼虫】유충, 애벌레 ¶幼虫がさなぎになった 애벌레가 번데기가 되었다. / かぶと虫の幼虫 장수풍뎅이 유충 / とんぼの幼虫 잠자리 유충

**ようつう**【腰痛】요통 ¶父は腰痛に悩まされている 아버지는 요통에 시달리고 있다.

**ようてん**【要点】요점 ¶彼の話は長くて要点をつかむのに苦労する 그의 이야기는 길어서 요점을 파악하느라 고생한다. / 筆者がどう感じているか要点をまとめなさい 필자가 어떻게 생각하고 있는지 요점을 정리하시오. / 要点を整理する 요점을 정리하다 / 要点をつく 요점을 찌르다 / 要点を外れる 요점을 벗어나다

**ようと**【用途】용도 ¶コンピュータは用途が広い 컴퓨터는 용도가 다양하다.

**-ようと**【意図】-(으)려고〔譲歩〕-든지, -거나 ¶今月から工事を再開しようと思います 이달부터 공사를 재개하려고 합니다. / 礼服を着ようと着まいと勝手だ 예복을 입거나 말거나 상관

-ようとも 〔譲歩〕-더라도 ¶誰が来ようとも会うつもりはない 누가 오더라도 만나지 않겠다.

ようとん【養豚】양돈 ¶父は養豚をしている 아버지는 양돈업을 하고 있다. 関連 養豚場 양돈장

ようなし【洋梨】서양 배

ようにん【容認】용인 ◇容認する 용인하다 ¶そのような行動はとても容認できない 그런 행동은 도저히 용인할 수 없다.

ようねん【幼年】유년 ¶彼は幼年時代をこの家で過ごした 그는 어렸을 때 이 집에서 자랐다. / 幼年期 유년기

ようは【要は】요는 ¶要は, 君の考えしだいだ 요는, 네가 생각하기 나름이다. ⇒ようするに

ようび【曜日】요일 ¶きょうは何曜日ですか 오늘은 무슨 요일입니까?

ようひん【洋品】양품 ¶洋品店 양품점

ようひん【用品】용품 ¶家庭用品 가정 용품 / 紳士用品 신사 용품 / 事務用品 사무 용품 / スキー用品 스키 용품 / スポーツ用品 스포츠 용품 / 台所用品 부엌 용품

ようふ【養父】양아버지

ようふう【洋風】양풍, 서양식 ⇒洋式

ようふく【洋服】양복 〔着る物の総称〕옷 関連 洋服掛け 옷걸이 / 洋服だんす 양복장 / 洋服屋 〔人〕양복점 ⇒服, 着物

ようふぼ【養父母】양부모, 양어버이

ようぶん【養分】양분, 영양분 ¶植物は根から養分を吸収する 식물은 뿌리에서 양분을 흡수한다. ⇒栄養

ようぼ【養母】양모, 양어머니

ようほう【用法】용법, 사용법 ▶法 の発音はいずれも ぽう ¶薬の用法はきちんと守ってください 약의 복용법은 꼭 지켜 주세요.

ようぼう【容貌】용모 ¶端正な容貌 단정한 용모 / 彼女は自分の容貌を気にしている 그녀는 자기의 용모 때문에 고민하고 있다.

ようぼう【要望】요청 ◇要望する 요청하다 ¶ご要望におこたえしてもう一曲歌います 요청에 응하여 한 곡 더 부르겠습니다. / 生徒たちは校長に校則の変更を要望した 학생들은 교장 선생님께 교칙 변경을 요청했다.

ようま【洋間】양실(洋室)

ようめい【用命】〔注文〕주문〔要望〕요청 ¶何なりとご用命ください 뭐든지 말씀해 주세요.

ようもう【羊毛】양모, 양털 ¶羊毛製品 양털 제품

ようもうざい【養毛剤】발모제(発毛剤)

ようやく〔やっと〕마침내, 드디어, 그제서야〔徐々に〕차차, 점점, 점차〔辛うじて〕겨우, 간신히, 가까스로 ¶ようやく宿題が終わった 드디어 숙제가 끝났다. / 彼女は彼にだまされていることにようやく気付いた 그녀는 그제서야 그에게 속은 것을 알았다. / ようやく終電に間に合った 간신히 막차를 탔다.

ようやく【要約】요약〔概略〕개략 ◇要約する 요약하다 ¶話を要約する 이야기를 요약하다

ようよう【洋々】◇洋々たる 전도양양한 ¶前途洋々たる青年 전도양양한 청년

ようらん【要覧】〔便覧〕편람 ¶会社要覧 회사 요람

ようりょう【要領】❶〔やり方〕방법〔こつ〕요령 ¶前と同じ要領でしてください 전과 같은 요령으로 해 주세요. / 一度要領を覚えてしまえば簡単だ 일단 요령을 터득하면 간단하다. / おまえ本当に要領のいいやつだな 너 정말 요령이 좋구나. / 彼女に何事もない訳がない 그녀는 뭐든지 요령이 좋다. / もっと要領よくやればとっくに終わっていただろう 더욱 요령있게 했으면 벌써 끝났을 텐데. / 彼は要領が悪い 그는 요령이 없다.

❷〔要点〕요점, 요점, 갈피 ¶彼の説明は簡潔で要領を得ていた 그의 설명은 간결하고 요령이 있었다. / 要領を得ない発言だった 도무지 갈피를 잡을 수 없는 발언이었다. / 君の話はさっぱり要領を得ない 네 이야기는 도무지 갈피를 잡을 수 없다.

ようりょう【容量】용량 ¶その容器の容量は2リットルだ 이 용기의 용량은 2리터다. / CD-ROMの容量は約600メガバイトだ CD-ROM의 용량은 약 600메가바이트다.

ようりょくそ【葉緑素】엽록소

ようれい【用例】용례〔例文〕예문 ¶この辞書には適切な用例が示されている 이 사전에는 적절한 용례가 나와 있다. / 用例を引用する 예문을 인용하다

ようろういん【養老院】양로원

ヨーグルト 요구르트

ヨーヨー 요요 ¶ヨーヨーで遊ぶ 요요를 가지고 놀다

ヨーロッパ 유럽, 구라파 ¶ヨーロッパ人 유럽 사람 / ヨーロッパ大陸 유럽 대륙 / ヨーロッパ連合 유럽 연합

よか【余暇】여가〔余った時間〕짬, 틈 ¶余暇には何をして過ごしますか 여가는 어떻게 보내십니까? / 余暇を楽しむ 여가를 즐기다 / 余暇を利用する 여가를 이용하다

ヨガ 요가 ¶ヨガをする 요가를 하다

よかれ【善かれ】¶彼女のためによかれと思ってしたことです 그녀를 위하는 일이라고 생각해서 한 것입니다.

よかれあしかれ【善かれ悪しかれ】좋든 싫든〔いずれにせよ〕어떻든, 어차피 ¶よかれあしかれ, その計画を実行するしかない 좋든 싫든 그 계획을 실행할 수밖에 없다.

よかん【予感】예감 ¶きょうはいいことが起こりそうな予感がする 오늘은 좋은 일이 일어날 것 같은 예감이 든다. / 不吉な〔悪い〕予感がする 불길한〔나쁜〕예감이 든다

よき【予期】예기〔予想〕예상 ◇予期する 예기하다, 예상하다 ¶試験の結果は予期していたとおり, ひどいものだった 시험 결과는 예상했던 대로 엉망이었다. / 予期せぬ出来事 예기치 못한 일

よぎ【余儀】◇余儀なく 하는 수 없이, 어쩔 수 없이, 부득이 ¶急用のため余儀なく会議を欠席した 급한 용무로 하는 수 없이 회의를 결석했다. / 余儀なく車を手放した 하는 수 없이 차를 포기했다. / 予定は大幅な変更を余儀なくされた 예

정은 어쩔 수 없이 대폭적으로 변경되었다.
**よぎしゃ**【夜汽車】야간열차, 밤차
**よきょう**【余興】여흥 ¶余興に一曲歌った 여흥으로 한 곡 불렀다./彼は余興に手品をして見せた 그는 여흥으로 마술을 보여 주었다.
**よきん**【預金】〔貯金〕저금 ◇預金する 예금하다 ¶毎月3万円預金している 매달 3만 엔씩 예금하고 있다./彼女は銀行に300万円預金がある 그녀는 은행에 300만 엔의 예금이 들어 있다./銀行から預金を引き出す 은행에서 예금을 찾다/預金を5万円引き出した 통장에서 5만 엔 인출했다./預金の残高を照会した 예금 잔액을 조회했다. [関連] **預金金利** 예금 금리/**預金口座** 예금 계좌/**預金者** 예금자, 금리/**預金通帳** 예금 통장/**積み立て預金** 적립 예금/**定期預金** 정기 예금/**当座預金** 당좌 예금/**普通預金** 보통 예금 ➡貯金

**よく** ❶〔非常に, 十分に〕잘, 충분히 ¶彼は韓国の俳優として日本でもよく知られている 그는 일본에서도 잘 알려져 있는 한국인 배우이다./その赤いドレスは彼女にとてもよく似合っている 그 빨간 드레스는 그녀에게 아주 잘 어울린다./この文の意味がよくわからない 이 문장의 의미를 잘 모르겠다./この豚肉はよく焼けていない 돼지고기는 잘 안 구워졌다./彼女の新しい本はよく売れているそうだ 그녀의 신간은 잘 팔리고 있다고 한다./よく考えてから行動するようにしなさい 잘 생각하고 나서 행동하도록 해라./このなしの木は毎年よく実がなる 이 배나무는 매년 배가 많이 열린다./昨夜はよく眠れましたか 어젯밤은 푹 잤습니까?/あいつはよく食べる 그 녀석은 뭐든지 잘 먹는다./よく聞こえない 잘 안 들린다.
母とおばは顔がとてもよく似ている 어머니와 이모는 얼굴이 아주 많이 닮았다./人の話をよく聞かねば 사람의 이야기를 잘 들어야지./キョンヒに初めて会った日のことはよく覚えている 경희와 처음 만난 날은 잘 기억하고 있다./受験前には夜遅くまで勉強していた 입시 전에는 자주 밤늦게까지 공부했었다./彼らがいつ来日するかよく知らない 그들이 언제 일본에 올지는 잘 모른다./彼は僕の面倒をよく見てくれた 누나는 나를 잘 돌봐 주었다./彼の評判についてはよく聞いています 그 사람의 평판은 자주 듣고 있습니다./よく泣く子供 잘 우는 애
❷〔しばしば〕잘, 곧잘, 자주, 흔히, 종종 ¶私は映画館によく行く 나는 극장에 잘〔자주〕간다./週末にはよくドライブをする 주말에는 자주 드라이브를 간다./君はよく綴りの間違いをするね 넌 철자가 자주 틀려./中学生のころ, よくこのプールで泳いだものです 중학생 때, 이 풀장에서 자주 수영하곤 했어요./彼女にはよくあることだが, 約束の日時を突然変更してきた 그녀는 늘 그렇듯이 약속 날짜를 갑자기 변경했다.
日本ではよく地震がある 일본에서는 자주 지진이 일어난다./これは学生によくある間違いです 이것은 학생에게 자주 있는 실수입니다./「デパートに服を買いに行ったんだけど, 定休日だったよ」「まあよくあることね」"백화점에 옷 사러 갔는데 정기 휴일이었어.""흔히 있는 일이지."
❸〔うまく, 巧みに〕잘 ¶この報告書はよくまとめられている 이 보고서는 잘 정리되어 있다./よくやった! 잘 했다!/「時は金なり」とは, よく言ったものだ"시간은 돈"이란 말은 정말 맞는 말이다./お年寄りにはよくしてあげるべきだ 웃어른께는 잘 해드려야 한다.
❹〔感謝·非難·意外性など〕¶お忙しいところをよくいらでくださいました 바쁘신데 와 주셔서 정말 감사합니다./よく知らせてくれたね 잘 알려 주었구나./よくそんなことが言えるね 잘도 그런 말을 하네./よくまあ, 彼女たちはあんなに話すことがあるものだ どうすれば ユ 여자들은 저렇게도 할 이야기가 많을까./よく無事で戻れたね 무사히 잘 돌아왔군./よくこんな難しい問題が解けたね 이런 어려운 문제를 잘도 풀었네./私だとよくわかったわね 용케도 나를 알아봤구나.
**会話 よく言うね**
A：君は僕と結婚できて運がいいよ
B：よく言うわね
A：나랑 결혼하다니 너도 참 운이 좋다.
B：농담도 잘하시네.

A：おまえ本当に太ってきたな
B：よく言うわね
A：너 정말 살쪘구나.
B：너무하시네.

A：最近お金の遣いすぎじゃないか
B：よく言うわね. あなただって新しいパソコンを買ったばかりでしょ
A：요즘 돈 너무 쓰는 거 아냐?
B：무슨 말이에요. 당신도 얼마 전에 컴퓨터 새로 샀잖아요.

**よく**【欲】욕심〔欲心〕〔欲望〕욕망〔貪欲〕탐욕
◆〖欲が·欲は〗
¶彼女は欲が深い 그녀는 욕심이 많다./彼は欲がない 그는 욕심이 없다./金銭に対する欲はあまりない 돈 욕심은 별로 없다./あなたにも もう少し欲が出るといいのだけれど 너도 욕심만 좀 있으면 좋을 텐데./息子は知識欲が旺盛だ 아들은 지식욕이 왕성하다.
◆〖欲の〗
¶その男は欲の皮が突っ張っていた 그 남자는 욕심을 너무 부린다./彼女は欲の塊だ 그녀는 욕심쟁이이다.
◆〖欲に·欲を〗
¶彼は欲に目がくらんで有り金すべてを競馬につぎ込んだ 그는 탐욕에 눈이 멀어 있는 돈을 모두 경마에 부었다./これ以上欲を出したら後で後悔するよ 더 이상 욕심내면 나중에 후회할 거야./欲を言えばりない欲心を内専にいてほしい 彼は申し分のない人だが, 欲を言えばユーモアがほしい 그는 더 바랄 게 없는 사람이지만, 욕심을 내자면 유머가 있었으면 좋겠다. [関連] **名誉欲** 명예욕/**権力欲** 권력욕

**よくあさ**【翌朝】다음날 아침
**よくあつ**【抑圧】억압 ◇抑圧する 억압하다, 억누르다 ¶言論の自由を抑圧する 언론의 자유를 억압하다/抑圧された人々は独裁政権に抗して立ち

上가った 억압당한 사람들은 독재 정권에 항거하여 일어섰다.

**よくげつ**【翌月】다음 달, 이듬달
**よくしつ**【浴室】욕실, 목욕실
**よくじつ**【翌日】다음날, 이튿날
**よくしゅう**【翌週】다음주
**よくじょう**【浴場】목욕탕 ◇関連 公衆浴場 공중목욕탕
**よくする**【浴する】입다, 받다 ¶日本は昔から自然の恵みに浴してきた 일본은 옛날부터 자연의 혜택을 입어 왔다.
**よくせい**【抑制】억제 ◇抑制する 억제하다 ¶彼は感情を抑制することが難しい 그는 감정을 잘 억제하지 못한다. / 政府はインフレの抑制に全力を挙げた 정부는 인플레이션의 억제에 전력을 다했다.
**よくそう**【浴槽】욕조, 목욕통
**よくちょう**【翌朝】다음날 아침
**よくねん**【翌年】다음해, 이듬해
**よくばり**【欲張り】욕심꾸러기, 욕심쟁이 ◇欲張りの 욕심쟁이다 ⇨欲
**よくばる**【欲張る】욕심을 부리다[내다] ¶あまり欲張らないほうがいい 너무 욕심을 내지 않는 게 좋다. / 欲張って食べる 욕심 내서 먹다
**よくばん**【翌晩】다음날 밤
**よくぼう**【欲望】욕망 ¶彼は権力に対して強い欲望を抱いている 그는 권력욕이 강하다. / 欲望を満たす[抑える] 욕망을 채우다[눌르다] / 性的欲望 성적 욕망
**よくめ**【欲目】¶どう親の欲目で見ても、息子の絵はうまいとは言えない 아무리 부모가 자식을 사랑하는 눈으로 보아도 아들의 그림은 뛰어나다고는 할 수 없다.
**よくも** 잘도, 어쩌면 ¶よくもそんなことが言えたものだ 잘도 그런 말을 하는구나.
**よくよう**【抑揚】억양, 악센트 ¶抑揚のない声[話し方] 억양이 없는 목소리[말투]
**よくよう**【浴用】¶浴用石けん 목욕용 비누 / 浴用タオル 목욕용 타월
**よくよく** ❶〔念を入れて〕잘, 자세히, 철저히 ¶よくよく考えてみたら、もっとましな方法があったかもしれない 잘 생각해 보니까 더 나은 방법이 있었을지도 모른다.
❷〔非常に〕몹시, 무척 ¶きょうはよくよくついてない日だ 오늘은 정말 운이 안 좋은 날이다. / 彼女はよくよくお金に困っているようだ 그녀는 몹시 돈에 쪼들리는 것 같다.
❸〔ほど〕◇よくよくの 어쩔 수 없는 ¶そんなことをしたのはよくよくの事情があったに違いない 그런 짓 한 데에는 분명 어지간한 사정이 있었을 것이다. / 彼が借金するなんて、よくよくのことだ 그가 오죽했으면 빚을 졌겠어.
**よくよく-**【翌々-】다음다음 ¶翌々日 다음 다음 날 / その翌々年に祖母は他界した 그 다음다음 해에 할머니는 타계하셨다.
**よくりゅう**【抑留】억류 ¶祖父はシベリアに抑留されていた 할아버지는 시베리아에 억류되어 있었다.
**よけい**【余計】❶〔余分〕여분 ◇余計だ〔不要だ〕쓸데없다, 불필요하다 ◇余計に〔多くに〕많이 ¶余計な金はない 남아도는 돈은 없다. / 俳句には余計な言葉がない 하이쿠에는 불필요한 말이 없다. / 彼はいつも余計なことばかりしている 그는 항상 쓸데없는 일만 한다. / 余計な心配はしないでください 쓸데없는 걱정은 하지 마서 세요. / 余計なお世話だ 쓸데없는 참견이다.
¶お金が余計にかかる 괜히 돈이 더 들다 / 100円余計にためってしまった 괜히 100엔 더 냈다.
❷〔ますます〕더욱이, 더 ¶金持ちになるにつれて彼は余計けちになった 부자가 되면서 그는 더욱이 구두쇠가 되었다. / 勉強しろと言われると余計にしたくなくなる 공부하라는 말을 들으면 더 하기 싫어진다. / 来るなと言われると余計に行きたくなる 오지 말라고 하면 더 가고 싶어진다.
**よける**【避ける】〔避ける〕피하다, 비키다〔取り除く〕제쳐놓다 ¶枝をよけるために、彼は身をかがめた 그는 나뭇가지를 피하기 위해 몸을 구부렸다. / 水たまりをよけながら歩いた 물 웅덩이를 피하면서 걸었다. / 対向車をよけようとして電柱に衝突した 마주 오는 차를 피하려다 전봇대에 충돌했다. / 電話ボックスは風をよけるのに好都合だ 전화 박스는 바람을 피하는 데 딱 좋다. / チャンピオンは相手のパンチを身をかわしてよけた 챔피언은 몸을 돌려 상대 선수의 펀치를 피했다. / サラダのにんじんをよけちゃだめだよ 샐러드에서 당근을 빼면 안 돼.
**よげん**【予言】예언 ◇予言する 예언하다 ¶彼の予言が見事に当たった 그의 예언이 보기 좋게 들어맞았다. / 予言は外れた 그 예언은 빗나갔다. / 彼の予言どおりの異変が起こった 그의 예언대로 이변이 일어났다. / 占い師は近いうちに大地震が起こると予言した 점성술가는 조만간 대지진이 일어날 것이라고 예언했다. 関連 **予言者** 예언자

**よこ**【横】❶〔左右の長さ〕가로(↔세로) ¶その洋服だんすは縦2メートル、横1メートルぐらいある 그 양복장은 세로 2미터, 가로 1미터 정도 된다. / 縦1メートル、横15センチの板が欲しい 세로 1미터, 가로 15센티의 판자가 필요하다. /「その絵の横幅はどのくらいですか」「約1.2メートルです」"그 그림의 가로 길이는 어느 정도 됩니까?" "약 1.2 미터입니다."

❷〔左右の方向〕옆 ¶かには横に歩く 게는 옆으로 걷는다. / その絵は少し横に傾いている 그 그림은 조금 옆으로 기울어져 있다. / 入り口はとても狭く、横になって通らなければならなかった 입구는 아주 좁아서 몸을 비스듬히 해서 지나가지 않으면 안 되었다. / テーブルを横にして部屋に運び入れた 테이블을 눕혀서 방으로 옮겼다. / 大地震で建物の壁にひびが入っていた 대지진으로 건물 벽에는 가로로 금이 가 있었다. / 狭い道では横に広がって自転車に乗ってはいけない 좁은 길에서는 옆으로 늘어서서 자전거를 타서는 안 된다. / ランナーたちは横一線に並んでスタートを切った 주자들은 일렬로 나란히 서서 스타트를 했다.

¶体調が悪いのならしばらく横になっているほうがいい 몸이 안 좋으면 잠시 누워 있지 그래. / ユミは

デートに誘ったが、首を横に振って相手にしてくれなかった 유미에게 데이트 신청했지만 고개를 저으며 상대도 해 주지 않았다. / 彼女に言葉遣いを注意するとぷいと横を向いてしまった 그녀의 말투에 대해 지적을 해 주었더니 고개를 획 돌려 버렸다.
❸ [そば, わき] 곁, 옆 ¶男の子は母親の横に座った 남자 아이는 엄마 옆에 앉았다. / テレビの横に大きなスピーカーがある 텔레비전 옆에 큰 스피커가 있다. / スーパーの横には大きな駐車場がある 슈퍼 옆에는 큰 주차장이 있다. / 荷物の横に送り主の住所が書いてあった 짐 옆 쪽에 보낸 사람 주소가 써 있었다. /「この辺に薬局はないですか」「郵便局の横の道を入って左側にあります」"이 주변에 약국은 없습니까?" "우체국 옆 길로 들어가서 왼쪽에 있습니다." 慣用句 これは横から見ても縦から見ても単なるスプーンだ 이것은 어느 모로 보나 평범한 숟가락이다. / 私の夫は横の物を縦にもしない人です 내 남편은 손 하나 까딱 하지 않는 사람이다. / あの男は他人のことにすぐ横から口をはさむ 그 남자는 걸핏하면 남의 일에 참견한다. / わが校の同窓生は横のつながりが強い 우리 학교 동창들은 유대가 깊다. / すみません, ちょっと話が横にそれました 죄송합니다. 잠시 이야기가 옆으로 빠졌습니다.

**使い分け** 横

| 位置 | 横 | 옆 | 옷장 옆에 거울이 있다.<br>たんすの横に鏡がある. |
|---|---|---|---|
| | 脇 | 곁 | 아들이 내 곁을 떠났다.<br>息子が私のもとを離れた |
| 方向 | | 가로 | 선을 가로 긋다　線を横に引く |

▶옆은 人・物에 붙어 공간적인「横」을 가리키고, 곁은 人에 붙어 심리적인 혹은 공간적인「そば, わき, もと」을 가리킨다.

**よこうえんしゅう**【予行演習】예행 연습 ¶開会式の予行演習をする 개회식의 예행 연습을 하다

**よこがお**【横顔】옆 얼굴 [프로필] 프로필 ¶彼女は横顔が美しい 그 여자는 옆모습이 아름답다.

**よこがき**【横書き】가로쓰기 ◇横書きする 가로 쓰다

**よこぎる**【横切る】가로지르다, 횡단하다 ¶目の前を突然大きな鳥が横切った 눈 앞을 갑자기 큰 새가 가로질렀다. / 道を横切る 길을 횡단하다 / 空を横切る 하늘을 가로지르다

**よこく**【予告】예고 ◇予告する 예고하다 ¶彼女は何の予告もなしに解雇された 그녀는 아무런 예고 없이 해고당했다. / 彼は予告どおり9時ちょうどに現れた 그는 예고대로 아홉 시 정각에 나타났다. / 新聞に人気作家の新刊予告が出ていた 신문에 인기 작가의 신간 예고가 나왔다. / 映画の予告編 영화의 예고편
¶先生が来週のテストの予告をした 선생님이 다음 주에 시험이 있다고 하셨다. / アパートを出る時には1か月前に予告しなければならない 아파트를 퇴거하려면 한 달 전에 미리 말해야 된다. / テロリストはビルを爆破すると予告してきた 테러리스트는 건물을 폭파하겠다고 통보해 왔다.

**よこぐみ**【横組み】《印刷》가로짜기, 횡조

**よこぐるま**【横車】억지 ¶横車を押す 억지를 쓰다[부리다]

**よこしま**【邪】◇よこしまだ [道理に外れている] 부당하다 [邪悪だ] 사악하다 ¶よこしまな考えを抱く 사악한 생각을 품다

**よこす**【寄越す】[こちらに送る] 보내오다 [送る] 보내다 [手渡す] 내놓다 ¶彼は礼状もよこさなかった 그는 감사 편지도 보내 오지 않았다. / 書類を取りにだれかよこしてください 서류를 가지러 누군가 보내 주세요. / あり金を全部よこせ 있는 돈을 전부 내놔.

**よごす**【汚す】더럽히다 [染みを付ける] 얼룩지게 하다 [汚染する] 오염시키다 ¶服を汚さないように気を付けて 옷을 더럽히지 않도록 조심해. / コーヒーをこぼしてシャツを汚してしまった 커피를 엎질러서 셔츠가 더러워졌다. / 工場からの廃水が海や川を汚している 공장에서 나오는 폐수가 바다와 강을 더럽히고 있다.
¶彼は自分の手を汚すようなばかではない 그는 자기가 직접 관여해서 그런 짓을 할 바보는 아니다.

**よこすべり**【横滑り】◇横滑りする [車が] 옆으로 미끄러지다 [地位が] 자리를 옮기다 ¶彼女の車はカーブで横滑りしてガードレールにぶつかった 그녀의 차는 커브 길에서 미끄러져서 가드레일에 부딪혔다. / 経済産業大臣は農林水産大臣に横滑りした 경제 산업 대신은 농림 수산 대신으로 자리를 옮겼다.

**よこたえる**【横たえる】눕히다; 가로놓다 ¶帰宅するとすぐベッドに身を横たえた 집에 돌아오자 바로 침대에 누웠다. / 赤ん坊をベビーベッドに横たえた 아기를 아기 침대에 눕혔다.

**よこたわる**【横たわる】[寝転ぶ] 눕다, 드러눕다 [遮る] 가로놓이다 [広がる] 뻗어 있다 ¶芝生に横たわって日光浴をした 잔디에 드러누워서 일광욕을 했다. / 彼はソファーの上に長々と横たわった 그는 소파 위에 길게 드러누웠다.
¶山道には大木が横たわっていた 산길에는 큰 나무가 가로놓여 있었다. / 我々の前途には多くの困難が横たわっている 우리 앞길에는 많은 곤란이 가로놓여 있다.
¶高い山脈が東西に横たわっている 높은 산맥이 동서로 뻗어 있다.

**よごと**【夜毎】밤마다

**よこどり**【横取り】◇横取りする 가로채다 [奪う] 빼앗다 ¶友達の恋人を横取りする 친구의 애인을 가로채다

**よこながし**【横流し】부정 유출 ◇横流しする 부정으로 유출하다, 옆으로 빼돌리다

**よこなぐり**【横殴り】◇横殴りの 옆에서 내려치는 ¶頬に横殴りの雨がたたきつけていた 비스듬히 내려치는 비가 볼을 때렸다.

**よこばい**【横這い】《経済》보합(保合) ¶このところの株式相場は横ばい状態である 요즘 주식 시세는「보합 상태다[변동이 없다]」.

**よこみち【横道】** 옆길, 샛길 ¶横道を通る 옆길[샛길]로 가다 / 話が横道にそれてしまった 이야기가 옆길로 새고 말았다.

**よこむき【横向き】** ¶横向きになる 옆으로 향하다 / 横向きに寝る 옆으로 눕다 / 箱を横向きにしてください 상자를 옆으로 돌려 주세요.

**よこめ【横目】** 곁눈(질) ¶彼女は私を横目で見た 그녀는 나를 곁눈질로 보았다.

**よこやり【横槍】** ¶横槍を入れる [口出しする] 참견하다 [干渉する] 간섭하다 ¶彼は私たちの計画に横槍を入れた 그는 우리의 계획에 참견했다.

**よこゆれ【横揺れ】** [船の] 옆질, 가로흔들림 [地震の] 진동 ◇横揺れする 옆질하다 ; 좌우로 흔들리다 ¶船が激しく横揺れした 배가 심하게 옆으로 흔들렸다.

**よごれ【汚れ】** 더러움 [染み] 얼룩 ¶この洗剤は衣類の汚れがよく落とす 이 세제는 얼룩이 잘 빠진다. / シャツの汚れがなかなか取れない 셔츠의 얼룩이 좀처럼 빠지지 않는다. / インクの汚れがどうしても落ちない 잉크 얼룩이 아무리 해도 빠지지 않는다. / 週末には車の汚れを落としてワックスを掛ける 주말에는 차를 깨끗이 씻고 왁스칠을 한다. / 薄い色のじゅうたんは汚れが目立つ 색이 연한 융단은 얼룩이 눈에 띈다. / ドレスの袖に汚れが付いている 드레스 소매에 얼룩이 졌다. / 汚れを洗う 세탁물을 빨다
¶彼女は新しい映画で汚れ役に挑戦する 그녀는 새 영화에서 악역에 도전한다.

**よごれる【汚れる】** 더러워지다 [染みが付く] 얼룩지다 [汚染される] 오염되다 ¶白い服は汚れやすい 흰 옷은 더러워지기 쉽다. / 車の排気ガスで空気が汚れている 차의 배기가스로 공기가 오염되고 있다. / 汚れた服を着替えてください 더러워진 옷을 갈아입으세요. / 汚れたシャツをクリーニングに出した 더러워진 셔츠를 세탁소에 맡겼다.
¶汚れた金は受け取れない 더러운 돈은 받을 수 없다.

**よさ【良さ】** 우수성 [よい点] 좋은 점 [長所] 장점 (▶発音은 장점) ¶この絵のよさがわかりますか 이 그림의 어디가 좋은지 알겠습니까?

**よざい【余罪】** 여죄 ¶取り調べで刑事は犯人の余罪を追及した 형사는 범인을 취조하면서 여죄를 추궁했다.

**よさん【予算】** 예산 [見積もり] 어림
〖予算が・予算は〗
¶どうしてうちの部は予算が少ないんだろうか 어째서 우리 부서는 예산이 적은 걸까? / 木材が高騰し家を建てる予算が狂ってしまった 목재가 폭등해서 집을 지을 예산이 어긋나 버렸다. / 車を買い替える予算はない 차를 새로 살 예산이 없다. / いちばんの問題は予算が足りないということだ 가장 큰 문제는 예산이 부족하다는 것이다. / 予算が下りたらすぐに工事に取り掛かってくれ 예산이 나오거든 바로 공사에 들어가 줘. / ご予算はどれくらいですか 예산은 어느 정도이십니까?
◆〖予算を・予算に〗
¶予算を作成[編成]する 예산을 작성[편성]하다 / 海外旅行の予算を立てる 해외 여행의 예산을 세우다 / 彼らは年間 2 千万ウォンの予算を組んだ 그들은 연간 2천만 원의 예산을 짰다. / 実際の建設費は大幅に予算を超過した 실제 건설비는 예산을 대폭으로 초과했다. / 防衛費の予算を削減する必要がある 방위비의 예산을 삭감할 필요가 있다. / 交通費を予算に組み込んでおいてくれよ 교통비를 예산에 넣어 줘.
◆〖予算で〗
¶3 千万円の予算で彼らは家を新築する予定だ 그들은 3천만 엔의 예산으로 집을 신축할 예정이다. / この映画は極めて低予算で作られた 이 영화는 아주 적은 예산으로 만들어졌다.
◆〖その他〗
¶この予算の範囲内ではその企画は難しい 이 예산의 범위내에서는 그 기획은 어렵다. / 「結婚披露宴は一流ホテルでやりたいわ」「この予算じゃ無理だよ」"결혼 피로연은 일류 호텔에서 하고 싶어." "이 예산으로는 무리야."

**よし【由】** ¶昔の話など知る由もない 옛날 이야기 같은 것은 알 길이 없다. / お元気の由, 安心いたしました 건강하시다니 안심했습니다.

**よし【良し・善し】** 좋아, 그래, 자 ¶よし, よくできた 그래 잘 했다. / よし, おれに任せろ 좋아. 나한테 맡겨. / よしよし, もう泣くのはやめろ 그래그래, 이제 그만 울어. / きょうのところは, それでよしとしよう 오늘은 그 정도로 해 두지.

**よしあし【善し悪し】** 선악(善悪), 옳고 그름, 좋고 나쁨 ¶彼も事の善し悪しの区別がつく年ごろだ 그도 무엇이 옳고 그른지 분간할 나이다. / 会社の近くに住むのも善し悪しだ 회사 근처에 사는 것도 나름대로 장단점이 있다.

**よじげん【四次元】** 사차원 ¶彼は四次元の世界を表現しようとした 그는 사차원의 세계를 표현하려고 했다.

**よじのぼる【よじ登る】** 기어오르다 ¶木のてっぺんまでよじ登る 나무 꼭대기까지 기어오르다 / 山の急斜面をよじ登る 산 비탈을 기어오르다

**よしゅう【予習】** 예습 ◇予習する 예습하다 ¶あしたの予習をしておこう 내일 수업의 예습을 해두자.

**よじょう【余剰】** 잉여(剰余), 나머지 ¶余剰人員 잉여 인원 / 余剰農産物 잉여 농산물

**よじれる【捩れる】** 꼬이다 ; 뒤틀리다 ¶掃除機のコードがよじれた 청소기의 코드가 꼬였다. / 腹の皮がよじれるほど笑った 배꼽이 빠지도록 웃었다.

**よしん【余震】** 여진 ¶大きな地震の後で 5 回の余震が感じられた 큰 지진 후에 다섯 번의 여진을 느꼈다.

**よす【止す】** 그만두다 ¶からかうのはよしてくれ 놀리는 것은 그만해 줘.

**よせ【寄席】** 요세 : 대중을 상대로 만담 등을 하는 곳

**よせあつめ【寄せ集め】** ¶彼らは寄せ集めのチームだった 그 팀은 오합지졸이었다.

**よせあつめる【寄せ集める】** 긁어모으다 ¶ごみを寄せ集める 쓰레기를 긁어모으다 ⇒集める

**よせい【余生】** 여생 ¶余生を社会奉仕に捧げる 여생을 사회봉사에 바치다

**よせがき【寄せ書き】** ¶色紙に寄せ書きする カード

에 한마디씩 쓰다
**よせざいく【寄せ木細工】** 나무 조각 세공
**よせつける【寄せ付ける】** ¶彼には何か人を寄せ付けないところがある 그에게는 뭔가 사람들이 다 가까지 못하게 하는 데가 있다.
**よせなべ【寄せ鍋】** 모둠찌개: 냄비에다 닭고기, 생선, 야채 등과 담백한 국물을 넣고 끓여 먹는 찌개.
**よせる【寄せる】** ❶〔近づける〕가까이 대다, 붙이다〔動かす〕움직이다〔わきへ〕비키다〔波が〕밀려오다 ¶テーブルを壁に寄せる 테이블을 벽에 붙이다 / 扇風機を隅へ寄せる 선풍기를 구석에 갖다 놓다 / 車を道路のわきに寄せて止める 자동차를 길가에 붙여 세우다 / 椅子をそばに寄せる 의자를 자기 옆으로 당기다

¶額を寄せて相談した 얼굴을 맞대고 상의했다.
¶浜辺に波が寄せている 바닷가에 파도가 밀려오고 있다.

❷〔送る〕보내다〔寄稿する〕기고하다 ¶ご意見をお寄せください 의견을 보내 주세요. / 編集部には毎日多くの便りが読者から寄せられている 편집부에는 독자들로부터 많은 소식들이 매일매일 오고 있다. / 彼は新聞社に評論記事を寄せた 그는 신문사에 평론을 기고했다.

**よせん【予選】** 예선 ¶うちのチームは予選で負けてしまった 우리 팀은 예선에서 져 버렸다. / 予選を通過する 예선을 통과하다 / 女子100メートル平泳ぎの予選 여자 100미터 평영 예선

**よそ【余所】** ❶〔他の場所〕다른 곳, 딴 곳, 딴 데 ¶どこかよそで話そう 어디 딴 데 가서 이야기하자. / きょうはどこかよそで夕飯を食べないか? 오늘은 어디 다른 데 가서 저녁 먹지 않을래? │ 오늘 저녁은 외식하지 않을래? / この製品はよそでは買えませんよ 이 제품은 딴 데에선 못 사요. / 彼はよそを見ていて私に気づかなかった 그는 다른 데를 보고 있어서 나를 보지 못했다.

❷〔他人〕남 ¶よその人について行っちゃだめよ 모르는 사람을 따라가면 안 돼. / よその家にあまり長居をしないようにね 남의 집에 너무 오래 있지 마.

❸〔ほったらかすこと〕◇…をよそに 아랑곳하지 않고, 뒷전에 두고 ¶息子は勉強をよそに遊んでばかりいる 아들은 공부는 뒷전에 두고 놀기만 한다. / 家族の心配をよそに彼は店を始めた 가족의 걱정을 아랑곳하지 않고 그는 가게를 시작했다.

**よそう【予想】** 예상〔期待〕기대〔予測〕예측 ◇予想する 예상하다

[基本表現]

▷予想が当たった[外れた]
　예상이 맞았다[빗나갔다].
▷君が何を言おうとしているのか予想がつく
　네가 뭘 말하려는지 짐작이 간다.
▷予想どおりロッテが優勝した
　예상대로 롯데가 우승했다.
▷予想に反して彼は勝った
　예상과 반대로 그는 이겼다.
▷計画は予想以上にうまくいっている
　계획은 예상 이상으로 잘 되고 있다.
▷天気予報は、あすは雪になると予想している
　일기 예보는 내일은 눈이 내릴 것이라고 예상하고 있다.
▷彼の死はだれも予想できなかった
　그의 죽음은 아무도 예상하지 못 했다.

¶単なる予想だけど、彼らは結婚すると思うよ 그냥 내 예상인데, 그들은 결혼할 거 같아. / 結果は私の予想とあまり違わなかった 결과는 내 예상과 별로 다르지 않았다. / 株価は下がるという彼の予想は正しかった 주가가 내릴 거라는 그 사람의 예상은 맞았다. / 予想を上回る観客の多さに驚いた 예상을 웃도는 많은 관객에 놀랐다. / 今月の売り上げは予想を大幅に下回った 이번달 매상은 예상을 크게 밑돌다. / 利益は私の予想に達しなかった 이익은 내 예상에 미치지 않았다. / うまくいくと思ったんだが、予想が外れた 잘 될 거라고 생각했는데 예상이 빗나갔다. / 彼の引退はまったく予想外だった 그의 은퇴는 완전히 예상 밖이었다. / 今年の米は予想外の大豊作だった 올해는 쌀이 예상 외로 대풍작이었다. / 彼女の返答はいつも私の予想どおりだ 그녀의 대답은 항상 내 상태로다.

¶彼らは値上がりを予想して株を買った 그들은 가격이 오를 것을 예상하고 주식을 샀다. / きょうの集まりに何人来ると予想しているのですか 오늘 모임에 몇 명을 거라고 예상하고 있습니까? / 先のことを予想するのは非常に難しい 앞 일을 예상하는 것은 대단히 어렵다. / 悪天候が予想されたので、我々は登山をあきらめた 악천후가 예상되어 우리는 등산을 포기했다. / 連休には行楽地が相当混雑することが予想されている 연휴에는 도로가 상당히 혼잡할 것으로 예상된다. / 今年の海外旅行者数は1700万人を超えるものと予想される 올해의 해외 여행자 수는 천칠백만 명을 넘을 것으로 예상된다. 関連 予想配当 예상 배당

**よそおい【装い】**〔服装〕복장, 옷차림〔飾り付け〕장식, 단장 ¶夏の装いで外出する 여름 복장으로 외출하다 / デパートのウインドーはもう春の装いだった 백화점 쇼윈도는 벌써 봄단장을 하였다. / 駅前に装いも新たなプロムナードが作られた 역 앞에 새롭게 단장한 산책길이 만들어졌다.

**よそおう【装う】** ❶〔着飾る〕차려입다, 치장하다 ¶彼女は派手[地味]に装っている 그녀는 화려하게[수수하게] 차려입고 있다. / 彼は華やかに装った女性たちに囲まれていた 그는 화려하게 치장한 여자들에게 둘러싸여 있었다.

❷〔ふりをする〕체하다, 가장하다 ¶彼女は無関心を装った 그녀는 무관심한 체했다. / 彼はいつも親切を装って女の子に近づく 그는 항상 친절을 가장해서 여자에게 접근한다. / 警官を装った男たちが現金輸送車を襲った 경찰관을 가장한 남자들이 현금 수송차를 덮쳤다. / その男は弁護士を装って詐欺を働いた その 남자는 변호사를 가장해서 사기를 쳤다.

**よそく【予測】** 예측 ◇予測する 예측하다〔見積もる〕어림잡다 ¶将来を予測することは難しい 장래를 예측하는 것은 어렵다. / 予測を誤る 예측

을 잘못하다

**よそごと【余所事】** 남의 일 ¶私にとってそれはよそ事とは思えなかった 나에게 있어 그것은 남의 일 같지 않았다. ⇨よそ

**よそみ【余所見】** 곁눈질 ¶よそ見をする 옆을 보다 / 한눈 팔다 / 곁눈질하다 / よそ見してはいけません 한눈을 팔아서는 안 된다. / よそ見運転をする 한눈 팔면서 운전하다

**よそもの【余所者】** 딴 데서 온 사람〔部外者〕 아웃사이더

**よそゆき【余所行き】**¶よそ行きの服 나들이옷 /面接ではよそ行きの言葉を使った 면접에서는 격식 차린 말을 썼다.

**よそよそしい【余所余所しい】** 서먹서먹하다, 쌀쌀하다, 데면데면하다 ¶態度がよそよそしい 태도가 쌀쌀하다 / 彼は私にはいつもよそよそしい態度を取る 그는 나한테는 항상 쌀쌀하게 대한다. / 最近ヨンは急によそよそしくなった 최근에 갑자기 영희하고 서먹서먹해졌다.
¶よそよそしい雰囲気 서먹서먹한 분위기

**よぞら【夜空】** 밤하늘 ¶夜空を仰ぐ 밤하늘을 쳐다보다

**よたよた** 비틀비틀 ¶酔っ払いがよたよたと歩いていた 술취한 사람이 비틀비틀 걷고 있었다.

**よだれ【涎】** 침, 군침 ¶赤ん坊がよだれをたらしている 아기가 침을 흘리고 있다. / 料理を見ただけでよだれが出た 요리를 보기만 해도 군침이 돌았다. / 収集家がその品を見たらよだれが出るだろう 수집가가 그 물건을 보면 군침을 흘리겠지.
関連 **よだれ掛け** 턱받이

**よだん【予断】** 예측 ◇予断する 예측하다 ¶次に何が起こるかは予断を許さない 다음에 무슨 일이 일어날지는 예측할 수 없다.

**よだん【余談】** 여담 ¶余談はさておき, 本筋に戻りましょう 여담은 그만두고 본론으로 돌아갑시다. / 余談になりますが, 私はチェ・ジウの大ファンなんです 여담입니다만 저는 최지우의 열렬한 팬입니다.

**よち【予知】** 예지, 예측 ◇予知する 예지하다, 예측하다 ¶動物を観察することによって地震を予知しようとする試みがある 동물을 관찰해서 지진을 예측하려는 시도가 있다. 関連 **予知能力** 예지 능력

**よち【余地】** ❶〔余った場所〕 여지〔余裕〕여유 ¶十分な余地がある 충분한 여지가 있다. / もう一人入る余地がある 한 명 더 들어올 여유가 있다. / 会場は立錐の余地もなかった 회장은 입추의 여지도 없었다. / 余地がほとんどない 여지가 거의 없다. / 余地がまったくない 여지가 전혀 없다.

❷〔何かをすることができる部分〕여지 ¶君の提案には十分検討の余地がある 네 제안은 충분히 검토할 여지가 있다. / この機械は改良の余地が十二分にある 이 기계는 개량할 여지가 십이분 있다. / 計画が失敗だったことは議論の余地がない 계획이 실패하였다는 것은 논의의 여지가 없다. / 君の行為には弁解の余地がない 네 행위는 변명의 여지가 없다. / 医者という職業には感傷の入り込む余地がない 의사라는 직업은 감상이 끼어

들 자리가 없다.

**よちょきん【預貯金】** 예금과 저금

**よちよち** 아장아장 ¶赤ん坊が部屋の中をよちよち歩いていた 아기가 방 안을 아장아장 걷고 있었다. / よちよち歩きの赤ちゃん 아장아장 걷는 아기

**よっか【四日】**〔4日〕사일, 초하룻날, 나흘〔4日間〕나흘 ¶10月4日 시월 4일 / 4日間を通して 4일간

**よつかど【四つ角】** 네거리, 사거리〔十字路〕십자로 ¶次の四つ角を右へ曲がってください 다음 네거리에서 오른쪽으로 꺾어주세요.

**よっきゅう【欲求】** 욕구 ¶欲求を満たす 욕구를 채우다 / 欲求を抑える 욕구를 억누르다 / 欲求不満に陥る 욕구 불만에 빠지다 / 彼女は欲求不満を夫にぶちまけた 그녀는 자신의 욕구 불만을 남편에게다 털어놓았다.

**よっつ【四つ】**〔4〕넷〔4歳〕네 살〔4個〕네 개

**ヨット** 요트 ¶ヨットに乗る 요트를 타다 関連 **ヨットパーカー** 요트 파커 / **ヨットハーバー** 요트 선착장 / **ヨットレース** 요트 레이스

**よっぱらい【酔っ払い】** 취객, 취한〔飲んだくれ〕술주정꾼, 술주정뱅이 ¶酔っ払い運転 음주 운전〔飲酒運転〕

**よっぱらう【酔っ払う】** 술에 몹시 취하다 ¶ぐでんぐでんに酔っ払う 곤드레만드레 취하다

**よつゆ【夜露】** 밤이슬

**よつんばい【四つん這い】** 네발 걸음 ¶赤ん坊が四つんばいではいはいをしている 아기가 네발로 기어가고 있다.

**よてい【予定】** 예정, 스케줄〔予想〕예상〔計画〕계획 ◇予定する 예정하다

基本表現
▶来週の日曜日にサンギと会う予定です 다음주 일요일에 상기와 만날 예정입니다.
▶この週末の予定はどうなっていますか 이번 주말 스케줄은 어떻게 됩니까?
▶きょうの夜, 何か予定はありますか 오늘 밤에 무슨 스케줄 있으십니까?

◆〖予定が・予定は〗
¶今週は予定が詰まっていますが来週は特に予定はありません 이번주는 예정이 꽉 차 있습니다만 다음주는 아무 것도 없습니다.

会話 何か予定はありますか
　A：夏休みはどこかへ行く予定はありますか
　B：ええ, 北海道へ行こうと思っているんです
　A：夏の 方学中には どこか 計画ILL도 있습니까?
　B：에, 홋카이도에 가려고 합니다.

¶予定に変更があった 스케줄에 변경이 있었다. / 私の結婚式は11月20日だから予定に入れといてね 내 결혼식 십일월 20일이니까 스케줄에 넣어 둬.

◆〖予定で・予定の〗
¶彼は1週間の予定で田舎に帰った 그는 1주일 예정으로 시골에 갔다. / 彼は予定の時刻に会いに来た 그는 예정된 시각에 만나러 왔다. / 予定の2日前に仕事を仕上げた 예정보다 이틀 전에 일

을 완성했다.
◆予定を
¶「今度の連休どこに行く」「そうだ、早く予定を立てなくちゃね」"이번 연휴에 어디 갈까?" "그래. 빨리 계획을 세워야 되겠다." / 予定を変更して2日早く出かけた 예정을 변경해서 이틀 빨리 나섰다. / 予定を1日繰り上げて大会を閉会した 예정을 하루 앞당겨서 대회를 폐회했다. / 彼女はカレンダーに予定を書き込んだ 그녀는 달력에 스케줄을 적었다.
◆予定する
¶飛行時間は約3時間を予定しています 비행 시간은 약 세 시간을 예정하고 있습니다. / 予定されていた会議は取り止めになった 예정된 회의는 취소되었다.
◆予定より
¶彼らは予定より1日早[遅]く目的地に到着した 그들은 예정보다 하루 빨리[늦게] 목적지에 도착했다. / 予定より5万円も多く使ってしまった 예정보다 5만 엔이나 더 써 버렸다.
◆予定だ
¶彼女は来月韓国へ行く予定だ 그녀는 다음달 한국에 갈 예정이다. / そのスーパーマーケットは4月1日に閉店する予定だ 그 슈퍼마켓은 사월 1일에 폐점할 예정이다. / 彼は午前10時半に成田空港に着く予定だ 그는 오전 열 시 반에 나리타 공항에 도착할 예정이다. / この列車は午後2時に東京到着の予定だ 이 열차는 오후 두 시에 도쿄에 도착 예정이다.
会話 どのくらいの予定
A : 日本にはどのくらい滞在する予定ですか
B : 約1か月です
A : 일본에는 어느 정도 체류할 예정입니까?
B : 약 한 달 정도입니다.
◆その他
¶式典は予定どおり行われた 의식은 예정대로 행해졌다. / 万事予定どおりに運んだ 만사가 계획대로 진행됐다. / 先月は予定外の出費がかさんだ 지난달은 예상 외의 지출이 컸다. / 「伊藤さんおめでたなんですって」「まあ、予定日はいつなんですか」 "이토 씨 임신했대요." "어머, 예정일은 언제래요?"

よとう【与党】여당 ¶与党は選挙で野党に惨敗した 여당은 선거에서 야당에 참패했다. / 与党議員 여당 의원
よどおし【夜通し】밤새도록, 밤새껏
よどみなく【淀み無く・澱み無く】막힘없이, 거침없이 [流暢に] 유창하게, 유창히 ⇒流暢
よどむ【淀む・澱む】괴다, 가라앉다, 탁해지다 [活気がなくなる] 생기가 없다 [とどこおる] 막히다, 지체하다 ¶この池の水はよどんでいる 이 연못 물은 흐르지 않고 괴어 있다. / 川床によどんでいる泥 강바닥에 가라앉아 있는 진흙 / よどんだ空気 탁해진 공기 / よどんだ目 썩은 동태 같은 눈
よなか【夜中】밤중 ¶発音は밤쭝 [真夜中] 한밤중 ¶夜中に目が覚めた 한밤중에 잠이 깼다. / 夜中まで起きていた 밤 늦게까지 안 자고

있었다.
よなが【夜長】긴긴 밤 ¶秋の夜長 가을의 긴긴 밤
よなれる【世慣れる・世馴れる】세상 물정에 밝다 ¶彼は世慣れている 그 친구는 세상 물정에 밝다.
よにげ【夜逃げ】야반도주(夜半逃走) ◇夜逃げする 야반도주하다
よにも【世にも】유달리, 참으로 ¶世にも奇妙な話 참으로 기묘한 이야기 / 世にも恐ろしい事件 참으로 무서운 사건
よねん【余念】여념 ¶受験生の娘は勉強に余念がない 수험생인 딸애는 공부에 여념이 없다.
よのなか【世の中】[世間] 세상, 세간 [人生] 인생 [時代] 시대 ¶彼は世の中から忘れられてしまった 그는 세간에서 잊혀져 버렸다. / 世の中はそんなに甘くない 세상은 그렇게 만만하지 않다. / 世の中はめまぐるしく変わっている 세상은 어지럽게 변하고 있다. / こんな所で君と会うなんて、世の中狭いもんだね 이런 곳에서 너와 만나다니 세상 참 좁구나. / 今は実力がものを言う世の中だ 지금은 실력 위주의 세상이다.
よは【余波】여파 ¶台風の余波 태풍의 여파 / 不況の余波を受けて会社は倒産した 불황의 여파로 회사는 도산했다.
よはく【余白】여백 ¶余白を埋める 여백을 채우다 / ページの余白に書き込む 페이지의 여백에 써 놓다
よばれる【呼ばれる】❶ [言われる] 불리다, 불리우다 ¶名前を呼ばれたら手を挙げてください 이름을 부르면 손을 들어 주세요. / 横浜は俗にハマと呼ばれる 요코하마는 흔히 '하마'로 불리운다. ❷ [招かれる] 불리다, 초대되다 ¶週末のパーティーに呼ばれて行った 주말 파티에 초대받아서 갔다. / 来週結婚式に呼ばれている 다음주 결혼식에 초대받았다. / ミンスのお母さんからお茶に呼ばれた 민수 엄마가 차 마시자고 불렀다. ❸ [呼び出される] 불리다, 호출되다 ¶私は校長室に呼ばれた 나는 교장실로 불려 갔다. / 「鈴木さんは?」「さっき部長に呼ばれてみたいだよ」 "스즈키 씨는?" "방금 부장님께 불려 간 것 같아."
よび【予備】예비 ¶予備のお金を少し取っておこう 비상금을 조금 놔두자. / 予備の電池 예비용 건전지 / 予備のタイヤ 스페어타이어 / 予備の鍵 스페어키 関連 予備校 입시 학원(入試学院) / 予備交渉 예비 교섭 / 予備選挙 예비 선거 / 予備知識 예비 지식 / 予備調査 예비 조사 / 予備費 예비비
よびあつめる【呼び集める】불러 모으다 ¶先生は生徒たちを呼び集めた 선생님은 학생들을 불러 모았다.
よびいれる【呼び入れる】불러들이다
よびおこす【呼び起こす】불러일으키다, 일깨우다 ¶感動[興味]を呼び起こす 감동을[흥미를] 불러일으키다
よびかけ【呼び掛け】[要請] 요청 [訴え] 호소 ¶募金の呼びかけに応じる 모금 운동에 응하다
よびかける【呼び掛ける】부르다 [訴える] 호소하다 [警告する] 경고하다, 환기시키다 ¶「お

い」と呼びかけられた 누가 "어이"하고 나를 불렀다. / 警察は行方不明の女の子に関する情報提供を呼びかけた 경찰은 실종된 여자 아이에 관한 정보 제공을 호소했다.

**よびごえ【呼び声】** 부르는 소리, 외치는 소리 [評判] 소문, 평판 ¶後ろから呼び声が聞こえた 뒤에서 부르는 소리가 들렸다. / 彼は首相候補として呼び声が高い 그 사람은 수상 후보로 소문이 자자하다.

**よびすて【呼び捨て】** ¶呼び捨てにする 존칭을 생략하고 이름을 부르다

**よびだし【呼び出し】** 호출〔召喚〕소환 ¶学校から親に呼び出しがあった 학교에서 학부모들을 오라고 했다. / 警察から呼び出しを受ける 경찰의 소환을 받았다. / お呼び出しを申し上げます。横浜市からお出での池田明様、1階の案内所までお越しください 안내 말씀 드리겠습니다. 요코하마시에서 오신 이케다 아키라 님, 일층 안내 데스크로 와 주시기 바랍니다.

**よびだす【呼び出す】** 불러내다〔召喚する〕소환하다, 호출하다 ¶ヨンヒを電話口に呼び出した 는 전화해서 영희 불 바꿔 달라고 했다. / 友達に駅前の喫茶店に呼び出されている 친구가 역 앞에 있는 찻집으로 불러냈다. / 法廷に呼び出される 법정에 소환되다

**よびたてる【呼び立てる】** 불러내다, 불러들이다 ¶お呼び立てして申し訳ありません 오시라고 해서 죄송합니다.

**よびつける【呼び付ける】** 불러내다〔召喚する〕소환하다 ¶けさ上司に呼び付けられた 오늘 아침에 상사가 나를 불러냈다.

**よびとめる【呼び止める】** 불러 세우다 ¶警官は不審者を呼び止めた 경찰은 수상한 사람을 불러 세웠다. / タクシーを呼び止める 택시를 세우다

**よびにやる【呼びに遣る】** 부르러 보내다 ¶医者を呼びにやる 의사를 부르러 보내다

**よびにゆく【呼びに行く】** 부르러 가다 ¶タクシーを呼びに行く 택시를 부르러 간다

**よびもどす【呼び戻す】** 되돌아오게 하다〔記憶などを〕되돌리다, 되찾다 ¶外勤中、彼は急用で会社に呼び戻された 회사에서 외근 나간 그를 급히 불러들였다. / 遠い記憶を呼び戻す 먼 기억을 되돌리다

**よびもの【呼び物】** 볼거리, 인기 프로 ¶いるかの曲芸がこの水族館の呼び物だ 돌고래 쇼가 이 수족관의 볼거리다. / コンサートの呼び物は五嶋みどりのバイオリン演奏だ 음악회의 인기 프로는 고토 미도리의 바이올린 연주입니다.

**よびょう【余病】** 〔合併症〕합병증 ¶患者は肺炎から余病を併発した 환자는 폐렴에 의한 합병증을 일으켰다.

**よびよせる【呼び寄せる】** 불러내다, 불러모으다 ¶彼女はかたわらに私を呼び寄せた 그녀는 자기 옆으로 나를 불렀다.

**よびりん【呼び鈴】** 초인종(招人鐘) ¶呼び鈴を鳴らす 초인종을 누르다

**よぶ【呼ぶ】** ❶ [声をかける] 부르다, 외치다 ¶名前を呼ぶ 이름을 부르다 / 私は2階にいる娘を呼んだ 나는 2층에 있는 딸을 불렀다. / 大声で彼を呼んだ 큰 소리로 그를 불렀다. / 助けを呼ぶ声が聞こえた 구조를 요청하는 목소리가 들렸다.

❷ [来させる] 부르다, 불러오다 [もたらす] 초래하다 ¶救急車を呼ぶ 구급차를 부르다 / タクシーを呼んでください 택시를 불러 주세요. / ウエイターを呼んで料理を注文した 웨이터를 불러서 요리를 주문했다. / ひどい熱だ。すぐ医者を呼ぼう 열이 심하네. 빨리 의사를 부르자. / 電話してすぐ救急車を呼びなさい 전화해서 빨리 구급차를 불러. / いつか両親を東京に呼んで一緒に暮らそうと思っている 언젠가 부모님을 도쿄로 모셔 같이 살려고 생각하고 있다.

¶これは幸せを呼ぶ石です 이것은 행복을 초래하는 돌입니다.

❸ [招待する] 부르다, 초대하다 ¶結婚式に友人たちを呼ぶことにした 결혼식에 친구들을 초대하기로 했다. / ああ汚い部屋だ、これじゃ彼女も呼べないな あ、방이 지저분하네. 이래서는 여자 친구도 부를 수 없겠는데. / 今度の週末に川上さんご夫妻を夕食にお呼びしましょうよ 이번 주말에 가와카미 씨 부부를 저녁 식사에 초대하자.

❹ [称する] 부르다 ¶彼女は自分の猫をシロと呼んでいる 그녀는 자기 고양이를 시로라고 부른다. / みんな三郎を「さぶちゃん」と呼んでいる 모두 사부로를 '사부짱'이라고 부른다

❺ [引き起こす] 불러일으키다, 야기시키다 ¶その映画は大きな反響を呼んだ 그 영화는 큰 반향을 불러일으켰다. / 最高裁の判決は大きな論議を呼んだ 최고 재판소의 판결은 커다란 논의를 불러일으켰다. / 彼の本は人々の共感を呼んだ 그의 책은 사람들의 공감을 불러일으켰다. / それは共通の関心を呼ぶ問題だった 그것은 모두의 관심을 불러일으킬 문제였다. / 冷夏で野菜が高値を呼んだ 여름이 선선해서 야채 값이 뛰었다. / 新しいゲーム機が人気を呼んでいる 새로운 게임기가 인기를 모으고 있다. / 批判を呼ぶ 비판을 불러일으키다

**よふかし【夜更かし】** ◇夜更かしする 밤늦게까지 안 자다,〔俗〕야행성이다

**よふけ【夜更け】** 야밤, 심야 ¶娘は夜更けに帰ってきた 딸은 밤늦게 돌아왔다. / 彼女は夫の帰りを夜更けまで待っていた 그녀는 밤늦게까지 남편이 돌아오기를 기다리고 있었다.

**よぶん【余分】** 여분, 나머지 ¶パンフレットをもう1部余分に欲しい 팜플렛을 한 부 더 여분으로 받고 싶다. / 余分なお金はない 남아도는 돈은 없다.

**よほう【予報】** 예보 ◇予報する 예보하다 ¶天気予報が当たった[外れた] 일기 예보가 맞았다[맞지 않았다]. / 新聞に天気予報が載っている 신문에 일기 예보가 실려 있다. / 天気予報では今夜は雪だ 일기 예보에 의하면 오늘 밤에는 눈이 온다. / 長期予報では今年は冷夏になりそうだ 장기 예보에 따르면 올해는 선선하다고 한다.

**よぼう【予防】** 예방 ◇予防する 예방하다 ¶予防は治療にまさる 예방이 상책이다. / 感染予防にこの薬を飲んでください 감염을 예방하기 위이 약을 드세요. / あすから火災予防週間が始まる 내일

부터 화재 예방 주간이 시작된다. / 鳥インフルエンザの予防策を講じなければならない 조류독감 예방책을 강구해야 한다.
¶虫歯を予防するために食後にはいつも歯を磨くようにしましょう 충치를 예방하기 위해서 식후에는 항상 이를 닦도록 합시다. / 風邪を予防するためにうがいを励行する 감기 예방을 위해 양치질을 장려하다 / 糖尿病は予防できる 당뇨병은 예방할 수 있다. 慣用句 面倒なことに巻き込まれないように予防線を張っておいた 귀찮은 일에 연루되지 않도록 미리 손을 써 두었다. 関連 予防医学 예방 의학 / 予防接種 예방 접종

**よほど【余程】❶**〔そうとう〕상당히, 무척, 퍽, 어지간히 ¶彼はよほど疲れていたらしい 그는 어지간히 피곤했던 것 같다. / 人に頼むより自分でやったほうがよほど簡単だ 남에게 부탁하기보다 자기가 하는 편이 훨씬 간단하다. /「彼の車、見た? すごい車だね」「ああ、あんなのよほどの金持ちじゃないと買えないよ」"그 사람 차 봤어? 굉장하던데." "야, 그런 건 웬만한 부자 아니면 못 사는데." / 男勝りの彼女が泣いたのだからよほどのことだろう 여장부인 그 여자가 울었으니 오죽했겠어. / よほどの数学者でないとその難問は解けない 어지간한 수학자가 아니면 그 문제는 풀 수 없다. / よほどのことがない限り計画は中止できない 특별한 일이 없는 한 계획은 취소할 수 없다.
**❷**〔思い切って〕보다못해 ¶よほど彼女に注意しようかと思った 보다못해 그녀에게 주의를 줄까 생각했다.

**よぼよぼ** 비실비실 ¶よぼよぼのおばあさん 비실거리는 할머니

**よみ【読み】**〔読み方〕읽는 법〔判断〕판단〔洞察力〕통찰력 ¶この漢字の読みがわからない 이 한자의 읽는 법을 모른다.
¶読みを誤る 잘못 판단하다 / 彼は読みが深い[浅い] 그는 통찰력이 뛰어나다[모자라다]. / この雑誌は読みでがある 이 잡지는 읽을 만하다.

**よみあげる【読み上げる】**소리를 내어 읽다〔名前を〕소리를 내어 부르다 ¶彼は用意した声明文を読み上げた 그는 준비한 성명문을 읽었다.

**よみおわる【読み終わる】**끝까지 다 읽다〔読破する〕독파하다 ¶新聞を読み終わったら見せてください 신문 다 봤으면 보여 주세요.

**よみかえす【読み返す】**다시 읽다 ¶原稿を読み返して예전의 원고를 다시 읽고 회고했다.

**よみがえる【蘇る・甦る】**되살아나다〔生き返る〕소생하다 ¶幼いころの記憶がよみがえった 어렸을 때 기억이 되살아났다.

**よみかき【読み書き】**읽고 쓰기 ¶彼らは読み書きができない 그들은 읽고 쓰기를 못한다.

**よみかた【読み方】**읽는 법 ¶この漢字には4通りの読み方がある 이 한자에는 네 가지 읽는 법이 있다.

**よみごたえ【読み応え】**◇読みごたえのある 읽을 만하다 ¶読みごたえのある本 읽을 만한 책

**よみこなす【読みこなす】**독해하다, 읽고 이해하다 ¶シェークスピアを原書で読みこなす 셰익스피어를 원서로 읽고 이해하다

**よみこむ【読み込む】**〔データをディスクなどに〕저장시키다〔貯蔵ー〕

**よみせ【夜店】**야시장, 야시, 밤장, 밤거리의 노점

**よみち【夜道】**밤길 ¶夜道を一人で歩くのは危険だ 밤길을 혼자서 가는 것은 위험하다.

**よみとおす【読み通す】**끝까지 다 읽다 ¶小説を一気に読み通す 소설을 단번에 끝까지 다 읽다

**よみとる【読み取る】**파악하다, 알아내다；읽다 ¶行間の意味を読み取る 행간의 의미를 파악하다 / 話し手の真意を読み取る 말하는 사람의 진의를 파악하다 / バーコードをスキャナーで読み取る 바코드를 스캐너로 읽어 내다

**よみながす【読み流す】**통독하다, 대충 훑어보다 ¶彼はその報告書を読み流した 그는 그 보고서를 대충 훑어 보았다.

**よみふける【読み耽る】**탐독하다

**よみもの【読み物】**읽을거리〔書物〕서적, 책 ¶高校生向きの読み物 고등학생용 읽을거리

**よむ【読む】❶**〔文字などを〕읽다〔拾い読みする〕통독하다〔ざっと見る〕훑어보다
基本表現
▶サルトルの本を翻訳で読んだ
  사르트르의 책을 번역본으로 읽었다.
▶私はそのニュースを新聞で読みました
  나는 그 뉴스를 신문에서 읽었습니다.
▶この漢字なんて読むの?
  이 한자 뭐라고 읽지?
▶いつも本を読んでいるうちに寝てしまう
  항상 책을 읽는 도중에 자 버린다.
▶英語の先生の字は読みづらい
  영어 선생님 글씨는 알아보기 어렵다.
¶イ・グァンスを原書で読みたい 이광수를 원서로 읽고 싶다. / 彼女はトルストイの『戦争と平和』を始めから終わりまで読んだ 그녀는 톨스토이의 "전쟁과 평화"를 처음부터 끝까지 읽었다. / 毎晩子供に本を読んであげている 매일밤 아이에게 책을 읽어 주고 있다. / 借りた本をやっと半分まで読んだ 빌린 책을 겨우 반절 읽었다. / 彼女は読むのがとても速い 그녀는 읽는 속도가 매우 빠르다.
¶新聞をざっと読んだ 신문을 대충 읽었다. / 彼女は哲学書の難しい個所を飛ばして読んだ 그녀는 철학서의 어려운 부분을 건너뛰고 읽었다. / 彼はその記事をむさぼるように読んだ 그는 그 기사를 탐독했다. / この物語は映画を見るより原作で読むほうがおもしろい 이 이야기는 영화로 보는 것보다 원작으로 읽는 것이 재미있다. / 声を出して読みなさい 소리를 내어 읽어라. / 子供たちは教科書を声をそろえて読んだ 아이들은 교과서를 소리 맞춰 읽었다.
会話 もう読んだ?
  A：この本もう読んだ?
  B：いや、まだ読んでない
  A：おもしろかったから読むといいよ
  A：이 책 벌써 읽었어?
  B：아니. 아직 안 읽었어.
  A：재미있으니까 읽어 봐.

¶海図を読む 해도를 읽다 / 地図を読む 지도를 읽다 / 楽譜を読む 악보를 읽다 / お経を読む 불경을 읽다 / 行間を読む 행간을 읽다 / 判決文を読む 판결문을 읽다 / 温度計の目盛を読む 온도계 눈금을 읽다

❷ [理解する] 읽다, 알아차리다, 꿰뚫어 보다, 헤아리다 ¶人の顔色を読むのは難しい 사람의 마음을 읽는 것은 어렵다. / 相手の手の内を読む 상대방의 속셈을 꿰뚫어 보다 / いつも数手先を読んでいる 항상 몇 수 앞을 내다보고 있다. / 票を読めない 표를 얼마나 얻을지 예측할 수 없다. / 空気を読む[読めない] 분위기 파악을 하[못하다]

**よむ**【詠む】읊다 ¶詩を詠む 시를 읊다

**よめ**【嫁】〔息子の妻〕며느리 /【花嫁】새색시 /【自分の妻】아내, 마누라, 부인 ¶彼は去年嫁をもらったばかりだ 그는 작년에 막 장가갔다. / あの人はいつも嫁をいびっている 그 사람은 항상 며느리를 구박한다. / お嫁さんは白いウェディングドレスを着ていた 신부는 흰 웨딩드레스를 입고 있었다. / 嫁さんは元気かい? 부인은 안녕하신가? / 彼はついに最近末の娘を嫁にやった 그는 바로 얼마 전에 막내딸을 시집보냈다. / お嫁になんか行きたくない 시집갈 거 가기 싫어. / 彼女は嫁入り仕度を整えた 그녀는 혼수를 장만했다.

嫁入り道具 혼수

**よめい**【余命】여명, 잔명 ¶母は余命いくばくもない 어머니는 여명이 얼마 남지 않았다. / 平均余命 평균 여명

**よもぎ**【蓬】쑥

**よもや** 설마 ¶よもや約束を忘れてはいないだろうね 설마 약속을 잊은 것은 아니겠지. ⇨**まさか**

**よもやまばなし**【四方山話】잡다한 세상 이야기, 잡담(雑談) ¶よもやま話をする 잡담을 하다

**よやく**【予約】❶ [部屋・座席・切符などの] 예약 ◇**予約する** 예약하다

[基本表現]
▷チケットの予約は１か月前から受け付けます 티켓 예약은 한 달 전부터 받고 있습니다.
▷飛行機の切符を予約しておいてくれませんか 비행기 표를 예약해 주시지 않겠습니까?
▷５月１日から５日までツインを一部屋予約したいのですが 오월 1일부터 5일까지 트윈룸을 하나 예약하고 싶은데요.
▷どのホテルも一杯で予約が取れなかった 호텔마다 방이 다 차서 예약을 할 수 없었다.

◆[予約する]
¶東京から仙台までの新幹線の座席を２人分予約しておいた 도쿄에서 센다이까지 가는 신칸센 좌석을 두 장 예약해 두었다. / ホテルを予約した 호텔을 예약했다. / 部屋を予約しておられますか "はい、そのはずです" "방은 예약되어 있습니까?" "네, 한 걸로 알고 있습니다."

◆[予約が・予約は]
¶コンサートの予約はこの番号に電話してください 콘서트 예약은 이 번호로 전화해 주세요. / そのミュージカルの切符は予約が殺到した 그 뮤지컬에 예약이 쇄도했다. / 飛行機の予約は取れましたか 항공기 예약 됐어요? / レストランは予約が要りますか レストランは予約해야 되나요?

◆[予約で・予約を]
¶申し訳ございませんが部屋はすべて予約でいっぱいです 죄송합니다만 방은 모두 예약되어 있습니다. / レストランでディナーの予約をしたレストランで 저녁 예약을 했다. / ７日の予約をキャンセルしたいのですが 7일의 예약을 캔슬하고 싶은데요. / 旅館の予約をもう一度確認したほうがいいよ 여관의 예약을 한 번 더 확인하는 것이 좋다.

❷ [医者・美容院・面接などの] 예약 ◇**予約する** 예약하다 ¶月曜日の２時に歯医者の予約をした 월요일 두 시에 치과 예약을 했다. / 当医院は予約制です 이 병원은 예약제입니다. / 目医者へ行く予約をしてあった 안과에 예약을 해 두었다. / 医者に行く予約をしてあったので仕事を早退した 병원에 예약을 해 두어서 일을 조퇴했다. / ああ、歯医者の予約があったのをすっかり忘れていた 아, 치과에 예약을 해 둔 것을 완전히 잊고 있었다. / 次回の予約をしたいのですが "はい、いつをご希望ですか" "다음은 언제 오면 돼요?" "네, 언제로 하고 싶은데요?"

❸ [新聞・雑誌などの] 정기 구독 ◇**予約する** 정기 구독을 예약[신청]하다 ¶彼は『ニュース韓国』の１年間の購読の予約をした 그는 "뉴스 한국"의 일 년간 정기 구독을 신청했다. / この雑誌の予約は今月で切れる 이 잡지의 구독은 이번 달로 끝긴다. / この全集は全巻予約申し込みの方に限り販売いたします 이 전집은 전권 예약 신청을 하신 분에 한해 판매합니다. / 予約受付中(▶掲示) 예약 접수중 / 新しいゲーム機は人気があるので早めに予約したほうがいい 새 게임기는 인기가 있으니까 빨리 예약하는 게 좋다. / 「あの家具を買いたいのですが」「すみません、予約済みです」 "저 가구 사고 싶은데요" "죄송합니다. 팔렸습니다."

❹ [ビデオ・DVDなどの] ¶テレビドラマなどを予約した 텔레비전 드라마를 비디오로 예약 녹화했다.

[関連] **予約金** 예약금 / **予約購読者** 정기 구독자 / **予約購読料** 정기 구독료 / **予約出版** 예약 출판 / **予約席** 예약석 ⇨**座席**

**よゆう**【余裕】❶ [空間のゆとり] 여유 ¶バスにはあと10人乗れる余裕がある 버스에는 10명 더 탈 수 있는 여유가 있다. / 紙面に余裕があればこの記事も載せられるのだが 지면에 여유가 있으면 이 기사도 실을 수 있는데. / 「まだバックしても大丈夫?ぶつからない?」「大丈夫。まだ余裕があるよ」 "더 후진해도 괜찮아? 부딪히지 않아?" "괜찮아. 아직 여유 있어."

❷ [時間のゆとり] 여유 ¶時間の余裕がない 시간의 여유가 없다. / 答案を出す前にもう一度見直す余裕がほしかった 답안을 내기 전에 한 번 더 검토할 여유가 아쉬웠다. / 忙しすぎて夏休みを取る余裕がない 너무 바빠서 여름 휴가를 낼 여유가 없다. / 今は昔ほど時間に余裕がない 지금은 옛날처럼 시간적인 여유가 없다. / 約束にはいつも少し時間の余裕をもって出かける 약속에는 항상 시간의 여유를 조금 더 갖고 나간다. / バスに乗るに30分の余裕をみておいた 30분 여유를 두고 버스를 타러 갔다. / 出発までに30分の余裕があった 출발까지 30분의 여유가 있었다. / 彼は質問する余裕を私たちに

与えなかった 그는 우리들에게 질문할 여유를 주지 않았다.

❸〔金銭のゆとり〕여유 ¶私には外国へ行く余裕はない 나에게는 외국에 갈 여유는 없다. / 今月は少し余裕があったので新しい服を買った 이번달은 조금 여유가 있어서 새 옷을 샀다. / 祖父は祖母と二人で余裕のある生活をしている 할아버지는 할머니와 둘이서 여유 있는 생활을 하고 있다. / 旅行費用には臨時の出費のための余裕をみておいたほうがいい 여행 비용은 만일의 지출을 대비해서 여유 있게 잡는 게 좋다. / わが家には私を大学へやる余裕はなかった 우리 집에는 나를 대학에 보낼 여유는 없었다. / 彼には家を買う余裕はなかった 그에게는 집을 살 여유는 없었다.

❹〔気持ちのゆとり〕여유 ¶私に他人のことを考える余裕はなかった 나에게는 남을 생각할 여유는 없었다. / 彼には彼を許す心の余裕がなかった 그에게는 그를 용서할 마음의 여유가 없었다. / 彼は余裕しゃくしゃくのようだった 그는 여유만만한 듯이 보였다.

**-より** ❶〔比較〕보다 ¶弟のほうが私より背が高い、 동생이 나보다 키 크다. / 彼は僕より3歳年上だ 그 사람은 나보다 세 살 많다. / 彼女は年より若く見える 그녀는 나이보다 젊게 보인다. / 彼らは思ったより早く到着した 그들은 생각보다 빨리 도착했다. / ゆうべはいつもより遅く寝た 어제는 평소보다 늦게 잤다. / 彼はクラスのだれよりも泳ぐのが速い 그는 반에서 가장 수영을 잘 한다. / 家にいるより買い物に行くほうがいい 집에 있기 보다는 쇼핑가는 게 낫다. / 私はコーヒーより紅茶がいいです 나는 커피보다 홍차가 더 좋습니다. / 彼は利口というよりこざかしい 그 친구는 영리하다기보다는 약삭빠르다. / 彼はお金を稼ぐことより家族との生活を大切にする 그 사람은 돈을 버는 것보다 가족과의 생활을 소중히 한다. / 彼は文学者と言うよりむしろ作家だ 그는 문학자라기보다 작가에 가깝다.

❷〔日時の起点〕부터 ¶この規則は来月1日より実施される 이 규정은 다음달 1일부터 실시된다. / コンサートは午後7時より始まります 콘서트는 오후 일곱시부터 시작합니다. / 以前より彼のことはよく知っている 옛날부터 그 사람을 잘 알고 있다.

❸〔…を除いて〕만(以外) 말고는 ¶私にはあなたよりほかに頼る人がいないんです 나는 당신 말고는 기댈 사람이 없어요. / 棄権するよりほかに仕方がなかった 기권할 수밖에 없었다. / 彼は金をもうけることよりほかにはとくに関心がない 그는 돈을 버는 것 말고는 별다른 관심이 없다.

❹〔その他〕¶彼は多くの候補者の中から投票により選ばれた 그는 많은 후보자 중에서 투표로 뽑혔다. / 携帯電話の普及により公衆電話はあまり使われなくなった 휴대 전화의 보급에 따라 공중전화는 별로 쓰이지 않게 되었다. ⇨ -から

**-より【-寄り】** ¶彼の考え方はやや右[左]寄りだ 그 사람은 생각이 약간 우익적[좌익적]이다.

**より【縒り】** ¶2人はよりを戻した 두 사람은 다시 사귀기 시작했다. / 今夜は腕によりをかけておいしい料理を作るわ 오늘밤은 온갖 솜씨를 다 발휘해서 맛있는 요리를 만들게.

**よりかかる【寄り掛かる】**〔もたれる〕기대다〔依存する〕의지하다, 의존하다 ¶彼女は彼の肩[腕]に寄り掛かった 그녀는 남자 친구의 어깨[팔]에 기댔다. / 彼はまだ親に寄り掛かっている 그는 아직 부모한테 얹혀살고 있다.

**よりごのみ【選り好み】** 선호 ◇選り好みする 선호하다 ⇨えりごのみ

**よりそう【寄り添う】** 달라붙다, 다가붙다 ¶彼らは寄り添うように歩いた 그들은 바싹 달라붙어서 걸었다.

**よりつく【寄り付く】** 들르다 ¶息子はあれ以来ちっとも家に寄り付かない 아들은 그 뒤로 통 집에 들르지 않는다.

**よりどころ【拠り所】**〔精神的支え〕기둥〔根拠〕근거〔出典〕출전, 출처 ¶彼女は心のよりどころを求めていた 그녀는 마음을 의지할 곳을 찾고 있었다.

**よりどり【選り取り】** ¶靴下がより取り3足で千円です 양말이 골라잡아 세 켤레에 천 엔입니다. / より取り見取りで500円だ 마음대로 골라잡아 5백 엔이다.

**よりによって【選りに選って】** 하필, 하필이면 ¶よりによって彼はどうしてきょう訪ねて来たんだろう 그는 하필이면 왜 오늘 온 걸까? / キョンヒはよりによってあんな男と結婚しなくてもいいのに 경희는 하필 그런 남자와 결혼했을까?

**よりぬき【選り抜き】** ◇より抜きの 골라 뽑은〔特に優れた〕특히 뛰어난 ¶より抜きの品々 골라 뽑은 물건들 / より抜きの秀才ぞろい 특히 뛰어난 수재들 / より抜きの選手たち 특히 뛰어난 선수들

**よりみち【寄り道】** ◇寄り道する 가는 길에 들르다 ¶学校からの帰りに本屋に寄り道した 학교에서 돌아오는 길에 책방에 들렀다. / 寄り道しないで帰りなさい 딴 데 들르지 말고 바로 집으로 가거라. / 札幌へ行く途中、函館に寄り道をした 삿포로에 가는 길에 하코다테에 들렀다.

**よりめ【寄り目】** ¶寄り目の人 모들뜨기

**よりよい【より良い】** 보다 좋은[나은] ⇨良い

**よりょく【余力】** 여력 ¶人の面倒を見る余力はない 남을 돌볼 여력은 없다.

**よりわける【選り分ける】** 갈라내다, 선별하다 ⇨えり分ける

**よる【夜】** 밤〔夕方〕저녁

基本表現
▶もう夜になった 벌써 밤이 되었다.
▶いつの間にか夜が明けてきた
 어느새 날이 새고 있었다.
▶僕はたいてい夜勉強する
 나는 대개 밤에 공부한다.
▶今, 夜の11時です
 지금 밤 열한 시입니다.
▶健康のために夜7時間は寝たほうがよい 건강을 위해 밤에 일곱 시간은 자는 게 좋다.
▶土曜日には夜によくお客がおいでになる
 토요일 밤에는 대개 손님이 오신다.

◆夜遅く
¶父はいつも夜遅く帰ってくる 아버지는 항상 밤 늦게 돌아오신다. / きのうは夜遅くまで本を読んでい

た 어제는 밤늦게까지 책을 읽고 있었다. / 夜遅くまで起きているのは健康に悪い 밤 늦게까지 깨어 있는 것은 건강에 좋지 않다. / 彼はきのうの夜遅くに電話を掛けてきた 그는 어젯밤 늦게 전화를 걸어 왔다.

◆【夜(に)・夜を】
¶ふくろうはたいてい夜活動する 부엉이는 거의 밤에 활동한다. / 彼は昼寝て夜働いている 그는 낮에 자고 밤에 일한다. / 平日の夜は仕事の帰りにスポーツクラブで運動しています 평일 밤에는 회사 끝나고 헬스클럽에서 운동하고 있습니다. / 夜にならないうちに目的地に着かなければならない 밤이 되기 전에 목적지에 도착해야 한다. / 山で遭難して眠れぬ夜を過ごした 산에서 조난당해 잠 못 이루는 밤을 보냈다.

◆【夜の・夜も】
¶私たちは夜の間ずっと新しい企画について話し合った 우리는 밤새 내내 새로운 기획에 대해 이야기를 나누었다. / 彼らは夜の闇に紛れて敵陣に忍び込んだ 그들은 어둠을 타서 적진에 잠입했다. / 彼は家族を養うために昼も夜も働かなければならなかった 그는 가족을 부양하기 위해 낮에도 밤에도 일해야 했다. / 試験の結果が心配で夜も眠れなかった 시험 결과가 걱정되어 밤에도 잠이 오지 않았다.

会話 夜は何をしている？
A：夜はいつも何をしているの？
B：たいていテレビを見るか映画のビデオを見ているよ 밤에는 보통 뭐 해？
B：대개 텔레비전을 보든지 비디오로 영화를 보든지 그래.
A：きのうの夜どこへ行ってたの？何度も電話したんだけど
B：ああ、ごめん。仕事の帰りに同僚と一杯やって遅くなったんだ 어젯밤 어디 갔었어？ 몇 번이나 전화했는데.
B：아, 미안. 일 끝내고 동료랑 한 잔 하느라 늦어졌어.

**よる** 【寄る】 ❶ 〔近寄る〕 다가서다, 다가가다, 가까이 오다[가다], 접근하다 〔近くに来る〕 다가오다 ¶もっとそばに寄ってこれを見てごらん 좀더 가까이 와서 이거 봐 봐. / ちょっと右に寄ってください 조금만 오른쪽으로 비켜 주세요. / わきに寄って彼を通してあげなさい 옆으로 비켜서 그가 지나가게 해 주어라. / いやだあ、お酒くさい。そばに寄らないで嫌らい, 술냄새 나. 옆에 오지 마.

❷ 〔集まる〕 모이다 〔片寄る〕 쏠리다 ¶父が亡くなったとき親類一同が寄って今後のことを相談した 아버지가 돌아가셨을 때 친척이 모두 모여 앞으로의 일을 상의했다. / 彼らは寄ると触るとけんかばかりしている 그들은 모이기만 하면 싸운다. / 男の子たちが寄って子犬をいじめた 남자 아이들이 모여서 강아지를 괴롭혔다.

¶お弁当の中身が寄っちゃった 도시락의 내용물이 쏠렸다.

❸ 〔立ち寄る〕 들르다 〔訪ねる〕 찾아가다, 찾아오다 ¶会社の帰りにレンタルビデオ店に寄った 회사에서 돌아오는 길에 비디오 대여점에 들렀다. / ちょっとうちに寄って行きませんか 우리 집에 잠깐 들렀다 가지 않으시겠습니까？ / 大阪へ行く途中で名古屋へ寄った 오사카에 가는 길에 나고야에 들렀다. / 「近くに来ているんだけど、ちょっと寄ってもいいかな」「ああ、もちろん」"근처에 와 있는데, 잠깐 들러도 될까?" "응, 물론."

¶医者は夕方にもう一度寄ると言った 의사는 저녁에 한 번 더 들르겠다고 했다. / 彼女は旅行でソウルと釜山を回り最後に済州島に寄った 그녀는 여행 가서 서울과 부산을 돌고 마지막으로 제주도에 들렀다. 慣用句寄らば大樹の陰 기왕 기댈 바엔 큰 나무가 낫다. / 三人寄れば文殊の知恵 세 사람이 모이면 문수보살의 지혜를 얻을 수 있다. / 寄る年波には勝てぬ 나이 앞에 장사 없다.

**よる** 【拠る・因る・依る】 ❶ 〔原因となる〕 의하다, 말미암다 ¶天候不良により飛行機の出発が遅れた 악천후로 인해 비행기의 출발이 늦어졌다. / その事故はドライバーの飲酒運転によるものだった 그 사고는 운전자의 음주 운전에 의한 것이었다. / 私の胃かいようは絶対ストレスによるものだ 내 위궤양은 분명 스트레스로 인한 것이다. / 火事はしばしば寝たばこによって起きる 화재는 종종 잠자리에서 피우는 담배 때문에 일어난다. / 沖縄では毎年台風による被害に悩まされる 오키나와에서는 매년 태풍으로 인한 피해로 골머리를 앓고 있다.

❷ 〔手段とする〕 의하다 ¶武力による紛争解決は避けるべきだ 무력에 의한 분쟁 해결은 피해야 한다. / 種子は風・水・動物など多くの媒介物によって伝播される 씨는 바람, 물, 동물 등 많은 매개물에 의해 전파된다. / 今は何でも機械による大量生産が一般的だ 지금은 뭐든지 기계에 의한 대량 생산이 일반적이다.

❸ 〔…しだいである〕 달리다；따르다 ¶この仕事がうまくいくかどうかは君たちの努力によっている 이 일이 잘될지 안 될지는 너희들 노력에 달려 있다. / 「本当にそこへ行くつもりなの」「場合によるね」"정말 거기에 갈 생각이야?" "상황에 따라서." / 天候によっては、試合は延期になるかもしれない 날씨가 안 좋으면 경기가 연기될지도 모른다. / 彼の出方によっては彼が どう出てくるかに따라

❹ 〔根拠・基準・理由とする〕 의거하다, 의하다；따르다 ¶彼らは法律の定めるところによって裁かれるだろう 그들은 법률에 정해진대로 처벌될 것이다. / 未成年者の飲酒と喫煙は法律により禁じられている 미성년자의 음주 및 흡연은 법에 의해 금지되어 있다. / 聞くところによれば彼女は結婚したそうだ 내가 들은 바로는 그 여자는 결혼했다고 한다. / 天気予報によれば、あしたは雪だそうだ 일기 예보에 의하면 내일은 눈이 온다고 한다. / そのラジオ局は聴取者のリクエストによって曲をかける 그 라디오 방송국에서는 청취자의 리퀘스트에 따라 곡을 튼다. / 彼は医者の助言によって塩分を控えている 그는 의사의 조언에 따라 염분을 줄이고 있다.

¶例によって彼女は30分遅れてやって来た 여느 때와 마찬가지로 그녀는 30분 늦게 왔다.

**よれよれ** ◇**よれよれだ** 구깃구깃하다 ¶その男はよれよれのコートを着ていた 그 남자는 구깃구깃한 코트를 입고 있었다.

**よろい**【鎧】 갑옷 ▷**よろいを着ける** 갑옷을 입다 / よろい兜に身を固めた武士 갑옷과 투구로 무장한 무사

**よろいど**【鎧戸】 셔터(<shutter)

**よろける** 비틀거리다, 휘청거리다 ¶石につまずいてよろけた 돌에 걸려서 비틀거렸다 / リュックが重くてよろけた 배낭이 무거워서 휘청거렸다.

**よろこばしい**【喜ばしい】 〔うれしい〕반갑다, 기쁘다 〔めでたい〕경사스럽다 〔望ましい〕바람직하다 ¶全員無事に救助されたとは喜ばしい 전원 무사히 구조되었다니 기쁘다. / 喜ばしい知らせ 기쁜 소식 / うれしい出来事 경사스러운 일 / 喜ばしい傾向だ 바람직스러운 경향이다.

**よろこばす**【喜ばす】 기쁘게 하다, 즐겁게 하다 〔満足させる〕만족시키다 ¶娘からの手紙は彼を喜ばせた 딸에게서 온 편지는 그를 기쁘게 했다. / 美しい魚がダイバーたちの目を喜ばせた 아름다운 물고기가 다이버들의 눈을 즐겁게 해 주었다.

**よろこび**【喜び】 기쁨 〔お祝い〕축하 〔慶事〕경사 ¶彼女は新婚生活の喜びにひたっていた 그녀는 신혼 생활의 기쁨에 젖어 있었다. / 子供たちがプレゼントのおもちゃを見て喜びのあまり飛び上がった 아이들이 장난감 선물을 보고 너무 기뻐서 껑충껑충 뛰었다. / 私は彼女と再会できた喜びで胸がいっぱいになった 나는 그녀와 다시 만나게 된 기쁨으로 가슴이 벅찼다. / 彼女は希望の大学に入れて大喜びだった 그녀는 바라던 대학에 들어가게 되어 무척 기뻤다. / その町は地元チームの優勝の喜びに沸き返った 그 시는 연고지 팀의 우승으로 축제 분위기였다.

¶ご結婚を心からお喜びを申し上げます 결혼을 진심으로 축하드립니다. / わが家では娘の結婚、息子の大学入学と喜びが重なった 우리 집에서는 딸의 결혼과 아들의 대학 입학이라는 경사가 겹쳤다.

**よろこぶ**【喜ぶ】 기뻐하다, 좋아하다 ◇**喜んで…する** 기꺼이 가워하다

《+動詞》
<u>基本表現</u>
▷あなたが行けばジナはきっと喜ぶわ
네가 가면 지나는 분명히 좋아할 거야.
▷彼はその知らせを聞いて喜んだ
그는 그 소식을 듣고 좋아했다.
▷おばさんは息子が夏休みで帰省したのでとても喜んでいる 아주머니는 아들이 여름 휴가를 얻어 집에 와서 아주 좋아하고 있다.

¶子供たちはお年玉をもらって喜んだ 어린이들은 세뱃돈을 받고 좋아했다. / スオクは合格通知を受け取って喜んだ 수옥이는 합격 통지를 받고 좋아했다. / 彼らは試合に勝った瞬間、飛び上がって喜んだ 그들은 경기에 이긴 순간 날뛰었다 / おじいさんは孫が喜びそうな物を探していた 할아버지는 손자가 좋아할 만한 물건을 찾으셨다. / これは喜ぶべきことだ 이것이 기뻐할 만한 일이다.

¶そんな贈り物は今どきだれも喜ばないよ 그런 선물은 요즘 아무도 좋아하지 않는다. / 彼女は私の忠告を喜ばなかった 그녀는 내 충고를 달가워하지 않았다.

¶喜んでお手伝いしますよ 기꺼이 돕겠습니다. / ご招待ありがとうございます。喜んでうかがいます 초대 감사합니다. 기꺼이 찾아뵙겠습니다. / 僕にいっしょに行ってほしいと言うのなら、喜んで付き合うよ 내가 같이 가 주기를 바란다면 기꺼이 같이 가겠어. / 彼らは信仰のためなら喜んで命を捨てる 그들은 신앙을 위해서라면 기꺼이 목숨을 버린다.

<u>会話</u> ええ、喜んで
A：手伝ってくれませんか？
B：いいですよ、喜んで
A：도와주지 않겠어요？
B：좋아요. 기꺼이.

**よろしい**【宜しい】 ❶〔許可〕좋다, 괜찮다, 되다 ¶もう君は帰ってよろしい 이제 넌 돌아가도 좋아. / 「このパソコンを使ってもよろしいでしょうか」「ええ、どうぞ」"이 컴퓨터 써도 됩니까？""예, 쓰세요."

¶ひと休みしてもよろしいですか 잠시만 쉬어도 되겠습니까？/「たばこを吸ってもよろしいでしょうか」「ええ、どうぞ」"담배 피워도 됩니까？""예, 그러세요."

¶言いたくなければ言わなくてよろしい 말하기 싫으면 하지 않아도 좋다. / 本当によろしいんですか 정말 괜찮으시겠어요？

❷〔適当, 好都合〕좋다, 괜찮다, 되다 ¶これでよろしいですか 이거면 됩니까？/ ご都合のよろしいときにお越しください 시간 되실 때 와 주세요. /「コーヒーと紅茶とどちらがよろしいですか」「コーヒーのほうがいいです」"커피와 홍차, 어느 쪽이 좋으십니까？""커피가 좋습니다." / 何日がご都合がよろしいでしょうか 며칠이 좋으십니까？/ 何時にうかがえばよろしいでしょうか 몇 시에 찾아뵈면 좋으시겠습니까？/「お金を少し貸してもらえますか」「1万円でよろしいですか」"돈 좀 빌려 주시겠습니까？""만 엔이면 됩니까？" / よろしかったらご案内いたします 괜찮으시다면 안내해 드리겠습니다. / よろしければあすうかがいます 괜찮으시다면 내일 찾아뵙겠습니다.

❸〔決意, 承諾〕좋다, 좋아 ; 되다, 됐다 ¶よろしい。お任せください 좋습니다. 맡겨 주십시오. / よろしい。引き受けた 좋아, 내가 하겠다.

❹〔よい〕괜찮다 ¶お体はもうよろしいのですか 몸은 괜찮으십니까？

**よろしく**【宜しく】 ❶〔あいさつ〕¶初めまして。よろしくお願いします 처음 뵙겠습니다. 잘 부탁합니다.

❷〔伝言〕¶彼に会ったらよろしく言ってください 그 사람을 만나면 안부 전해 주세요. / 今度、鈴木さんに会ったらよろしくお伝えください 다음에 스즈키 씨 만나면 안부 전해 주세요. / それでは失礼します。ご主人によろしくお伝えください 그럼 실례하겠습니다. 남편분께도 안부 전해 주세요. / きょうチョンホに会ったよ。君によろしくと言ってた 오늘 정호 만났어. 너한테 안부 전하더라.

❸〔依頼〕¶留守中ポチをよろしくお願いします 집 비우는 동안 포치 좀 잘 봐 주세요. / 部長様に

ご紹介のほど、よろしくお願いします 부장님께 잘 소개해 주십시오.
¶あとはよろしく頼むよ 나머지는 잘 부탁할게. / その件はよろしくお願いします 그 건은 잘 부탁드립니다. / 娘のことをくれぐれもよろしくお願いします 딸을 부디 잘 부탁합니다.

【会話】お願いする
A : よろしい。私が彼を説得しよう
B : よろしくお願いします
A : 좋아. 내가 그 사람을 설득하지.
B : 잘 부탁합니다.

❹ 【その他】¶彼は伊達男よろしく赤いちょうネクタイを締めている 그는 멋쟁이처럼 빨간 나비넥타이를 매고 있다.

**よろめく** 〔ふらつく〕비틀거리다, 비실거리다 〔とりこになる〕반하다, 넘어가다 ¶彼女はよろめいて転んだ 그 여자는 비틀거리다가 넘어졌다.
¶彼は人妻によろめいた 그는 유부녀에게 넘어갔다.

**よろよろ** ◇よろよろする 비틀거리다, 휘청거리다 ◇よろよろと 비틀비틀, 휘청휘청 ¶よろよろと立ち上がる 비틀거리며 일어서다

**よろん【世論】**여론(与論) ¶世論は増税に強く反発した 여론은 세금 인상에 강하게 반발했다. / 憲法改正を巡って世論は分かれている 헌법 개정을 둘러싸고 여론은 나뉘어 있다. / 世論は行政改革に賛成だった 여론은 행정 개혁에 찬성하였다.

¶世論調査の結果を見れば国民の內閣支持率がわかる 여론 조사 결과를 보면 국민의 내각 지지율을 알 수 있다. / 知事は世論の強い批判を受けて辞職した 지사는 여론의 강한 비판을 받아 사직했다. / 国際世論の大勢は戦争反対である 국제 여론의 대세는 전쟁 반대이다.
¶首相は改革への支持を世論に訴えた 수상은 개혁의 지지를 여론에 호소했다. / 政治家はもっと世論に耳を傾けるべきだ 정치가는 여론에 좀더 귀를 기울여야 한다. / 政府は世論を無視することはできなかった 정부는 여론을 무시할 수 없었다. / 新聞社による世論調査が行われた 신문사에 의한 여론 조사가 행해졌다.

**よわい【弱い】**약하다 〔虚弱だ〕허약하다 〔弱々しい〕무르다 〔かすかだ〕희미하다

◆【…が弱い】
¶彼は意志が弱い 그는 의지가 약하다. / 私は心臓が弱いので、いつも薬を持ち歩いている 나는 심장이 약해서 항상 약을 가지고 다닌다. / 私は皮膚が弱い 나는 피부가 약하다.
¶息子は体が弱いので激しい運動ができない 우리 아들은 몸이 약해서 심한 운동을 할 수 없다. / 兄は胃腸が弱い 형은 위장이 약하다. / あいつは気が弱い 그 녀석은 기가 약하다. / 電池がなくなりかけているよう で懷中電灯の光が弱い 건전지가 다 됐는지 플래시의 빛이 약하다. / 風が弱い 바람이 약하다.

◆【…に弱い】
¶彼女は化学[数学]に弱い 그녀는 화학[수학]에 약하다. / 僕は小さいころからけんかに弱かった 나는 어렸을 때부터 싸움을 못한다. / 私は暑さに弱い 나는 더위를 잘 탄다. / 彼は酒に弱い 그는 술에

약하다. / 彼はどうも女に弱いようだ 그 친구는 아무래도 여자에게 약한 것 같다. / この稲は寒さに弱い 이 벼는 추위에 약하다. / れんが造りの家は地震に弱い 벽돌집은 지진에 약하다.

◆【弱くなる・弱くする】
¶冬になって日差しが弱くなってきた 겨울이 되어 햇살이 약해졌다. / 歯が弱くなって固い物が食べられない 이가 약해져서 단단한 것을 먹을 수 없다. / シチューが煮えてきたからちょっと火を弱くして スチューが煮えつきたので火を少し弱くして。

◆【その他】
¶弱い者いじめはすべきでない 약자를 괴롭혀서는 안 된다.

**よわき【弱気】**나약성(株式)약세 ◇弱気だ 나약하다 ¶つい弱気になる 자신도 모르게 나약해진다. / 弱気になるな 나약해지지 마.

**よわごし【弱腰】**소극적인 태도, 저자세 ◇弱腰の 소극적인 [関連] 弱腰外交 저자세 외교(低姿勢外交)

**よわさ【弱さ】**약함, 여림, 무름 〔弱点〕약점 ¶弱さを露呈する 약점을 드러내다 ⇒弱い

**よわたり【世渡り】**처세 ¶彼は世渡りが下手だ 그는 처세를 잘 못하다.

**よわね【弱音】**나약한 소리 ¶弱音を吐く 나약한 소리를 하다 / 弱音を吐くな 나약한 소리 마

**よわび【弱火】**약한 불 ¶サムゲタンを弱火で煮込む 삼계탕을 약한 불로 끓이다 / 弱火にする 불을 약하게 하다

**よわまる【弱まる】**약해지다, 누그러지다 ¶風が弱まった 바람이 약해졌다. / 年のせいか病気に対する抵抗力が弱まった 나이 탓인지 병에 대한 면역력이 약해졌다.

**よわみ【弱み】**약점(弱点) ¶弱みにつけこむ 약점을 찌르다 / 弱みを握る 약점을 쥐다 / 私は彼に弱みを握られている 나는 그에게 약점을 잡혔다.

**よわむし【弱虫】**겁쟁이, 겁보

**よわめる【弱める】**약하게 하다, 약화시키다 ¶病は心身共に人を弱める 병은 몸과 마음을 모두 약하게 한다. / ガスの火を弱めてください 가스 불을 줄여 주세요. / 台風は勢力を弱めた 태풍은 세력이 약화되었다.

**よわよわしい【弱々しい】**가냘프다 ¶弱々しい声 가냘픈 목소리

**よわりめ【弱り目】**[慣用句] 弱り目にたたり目 엎친 데 덮친다. | 설상가상(雪上加霜)

**よわる【弱る】**약해지다, 쇠약해지다 〔困る〕곤란해지다, 난처해지다 ¶年のせいで父は目に見えて弱ってきている 아버지는 나이 탓으로 눈에 띄게 쇠약해졌다.

¶どう説明したらいいかわからなくて弱った 어떻게 설명하면 좋을지 몰라서 난처했다. / あいつには本当に弱ったよ 그 녀석한테는 정말 질렸다. | 그 녀석은 정말 구제 불능이야. / 財布を忘れた. 弱ったな 지갑을 안 갖고 왔다. 어떡하지?

**よん【四】**사, 〔固有語〕넷 〔四つ〕네 개 ◇4番目 네 번째 ¶4分の1 사분의 일

**よんじゅう【四十】**사십, 〔固有語〕마흔 ◇40番目 마흔 번째 ¶40歳 사십 세 | 마흔 살

**よんりん【四輪】**사륜 ¶四輪駆動車 사륜 구동차

# ら

**ラ** [音階] 라 [イ音] 가 음 [イ調] 가 조
**-ら**【-等】-들 ¶彼ら 그들 / 子供ら 아이들 ⇨ -達

**ラード** [豚脂] 라드, 돼지기름
**ラーメン** 라면 [関連] **インスタントラーメン** 즉석 라면 / **カップメン** 컵라면 (▶発音은 컴나면)
**らい-**【来-】내-[次의] 다음 ¶来春大学を卒業の内来春 봄에 대학을 졸업한다. / 来年 내년 | 다음해
**-らい**【-来】동안, -간(間) ¶サンギとは10年来の友人だ 상기와는 10년 지기다.
**らいう**【雷雨】뇌우 ¶帰宅途中にひどい雷雨にあった 집에 돌아오는 길에 심한 뇌우를 만났다.
**ライオン** 사자(獅子)
**らいきゃく**【来客】내객〔客〕손님 ¶ただいま課長は来客中です 지금 과장님은 손님하고 얘기 중이신데요. ⇨ 客
**らいげつ**【来月】내월, 내달, 다음달 ¶私たちは来月の15日に結婚する 우리는 내달 15일에 결혼한다.
**らいしゅう**【来週】내주, 다음주 ¶来週の月曜日にテストをします 다음주 월요일에 시험을 봅니다. / 来週のきょう、またここで会おう 다음주 〇〇〇 여기서 또 보자. (▶〇〇〇에 구체적인 요일을 넣어 말한다.) / 来週中にこの仕事を終わらせなければならない 다음주 안으로 이 일을 끝내야 된다.
**らいしゅん**【来春】내년 봄
**らいじょう**【来場】내장 ¶車でのご来場はご遠慮ください 오실 때 자가용 이용을 삼가해 주시기 바랍니다. / ご来場のみなさまにお知らせします 방문해 주신 여러분께 알려 드리겠습니다.
**ライス** [ご飯] 밥 [米] 쌀 ⇨ ご飯, 米
**ライスカレー** [カレーライス] 카레라이스
**らいせ**【来世】내세, 후세(後世) ¶あなたは来世を信じますか 당신은 내세를 믿으십니까?
**ライセンス** 라이센스, 면허 ⇨ 免許
**ライター** 라이터 ¶彼女はライターでたばこに火をつけた 그녀는 라이터로 담배에 불을 붙였다. / このライターは火がつかない 이 라이터는 불이 안 켜진다.
¶ライターの石 라이터 돌 [関連] **ガスライター** 가스라이터 / **使い捨てライター** 일회용 라이터
**ライター** [作家] 작가, 저술가 [関連] **コピーライター** 카피라이터 / **シナリオライター** 시나리오 작가 / **シンガーソングライター** 싱어송라이터, 가수 겸 작곡가 (작사가)
**ライト** 라이트 [明かり] 불 [光] 빛 [灯火] 등화, 등불 ¶ライトを消した車が近寄ってきた 라이트를 끈 차가 다가왔다. / 暗くなってきたからライトをつけなさい 어두워졌으니까 라이트 좀 켜.
[関連] **サーチライト** 서치라이트, 탐조등(探照燈) / **スポットライト** 스포트라이트 [脚光] 각광 / **フットライト** 풋라이트 / **ヘッドライト** 헤드라이트, 전조등(前照燈)
**ライト** [野球] 우익, 라이트 필드 [右翼手] 우익수, 라이트필더 ¶彼はライトを守っている 그는 「라이트 필드를 수비하고 [우익을 지키고] 있다. / 高橋はライト前にタイムリーヒットを打った 다카하시는 라이트 앞에서 적시타를 쳤다. [関連] **ライトスタンド** 우측 스탠드
**ライトきゅう**【ライト級】라이트급 ¶ライト級の選手 라이트급 선수
**ライトバン** 라이트밴 [商用] 딜리버리밴, 커머셜밴
**ライナー** [野球] 직선타, 라이너, 라인 드라이브 ¶佐藤は3塁にライナーを打った 사토는 3루에 직선타를 쳤다.
**らいにち**【来日】방일(訪日) ¶韓国の大統領はいつ来日するのですか 한국 대통령은 언제 일본 방문을 합니까? / 今、アメリカの大統領が来日中だ 지금 미국 대통령이 일본 방문 중이다.
**らいねん**【来年】내년, 다음해 ¶来年の今ごろは就職活動で忙しいだろう 내년 이맘때는 취업 활동으로 바쁘겠지. / 来年の8月には韓国に行く予定だ 내년 팔월에는 한국에 갈 예정이다. / 来年度の予算案 내년도 예산안
**ライバル** 라이벌 [好敵手] 호적수, 맞수 ¶今度の試合でライバルに勝つためには一生懸命練習するしかない 이번 경기에서 라이벌을 이기기 위해서는 열심히 연습할 수밖에 없다. / 彼はうちのライバル会社に勤めている 그는 우리 라이벌 회사에 다니고 있다. / ¶サンギと私は親友でもあり、よきライバルでもある 상기와 나는 친한 친구이자 좋은 라이벌이기도 하다. / 時にはライバル意識をあおることも必要だ 때로는 라이벌 의식을 부추기는 것도 필요하다.
**らいひん**【来賓】내빈 ¶来賓の方々からご祝辞を賜わりたいと思います 내빈 여러분들로부터 축사를 듣기로 하겠습니다. [関連] **来賓室** 내빈실 / **来賓席** 내빈석
**ライフ** [命] 생명, 목숨 [生活, 人生] 생활, 인생 [一生] 일생 ¶カレッジライフ 대학 생활
**ライブ** [生放送] 생방송 [生演奏] 라이브 연주 [関連] **ライブコンサート** 라이브 콘서트 / **ライブハウス** 라이브 하우스 / **ライブ盤** 라이브판 / **路上ライブ** 길거리 밴드
**ライフサイクル** 라이프 사이클
**ライフジャケット** 구명조끼, 구명동의(救命胴衣)
**ライフスタイル** 생활양식 ¶自分のライフスタイルを確立する 자기의 생활양식을 확립하다
**ライブラリー** [図書館] 도서관 [文庫] 문고
**ライフル** [銃] 라이플총
**ライフワーク** 평생의 사업 ¶東アジアの古代史研究は彼のライフワークだ 동아시아의 고대사 연구는 그의 평생의 사업이다.

**らいほう【来訪】** 내방 ◇来訪する 내방하다 ¶あすのご来訪をお待ちしております 내일의 내방을 기다리고 있겠습니다. 関連 来訪者 내방자 / 来訪者名簿 내방자 명단

**ライむぎ【ライ麦】** 라이보리, 호밀 ¶ライ麦畑 라이보리 밭, 호밀 밭 / ライ麦パン 호밀빵

**らいめい【雷鳴】** 뇌명, 천둥소리, 우렛소리 ¶遠くのほうで雷鳴がした 멀리서 천둥소리가 들렸다. / 突然雷鳴がとどろいた 갑자기 우렛소리가 울려 퍼졌다.

**ライラック** 〖植物〗 라일락, 자정향

**ライン** 라인, 〖線〗 선, 줄 ¶ラインを引く 선을 긋다 / 合格ラインは何点ですか 합격 라인은 몇 점입니까? 関連 アンダーライン 언더라인, 밑줄 / 生産ライン 생산 라인 / タッチライン 터치 라인 / ファウルライン 파울 라인 ⇒線

**ラインアップ** 〖スポーツ〗 라인업

**ラインズマン** 〖スポーツ〗 라인즈맨, 선심(線審)

**ラウンジ** 〖ホテル・劇場などの〗 라운지 関連 スカイラウンジ 스카이라운지

**ラウンド** ❶ 라운드 〖ボクシングやボウリングの回〗 ¶挑戦者は第3ラウンドでノックアウトされた 도전자는 제 3라운드에서 녹아웃되었다. ❷〖ゴルフの1試合〗 ¶今度の日曜日にコースをワンラウンドしようよ 이번 일요일에 코스를 원 라운드 하자. ❸〖一斉協議〗¶ウルグアイラウンド 우루과이 라운드

**らがん【裸眼】** 나안 ¶視力は裸眼で1.0です 시력은 나안으로 일 점 영입니다. / 裸眼視力 나안 시력

**らく【楽】** 낙 ❶〔容易〕◇楽だ 쉽다, 수월하다, 만만하다 ◇楽に 쉽게, 수월하게 ¶外国語を身につける楽な方法ってないのかな 외국어를 배우는 데 쉬운 방법이 없을까? / この3つの授業でいちばん楽なのはどれ? 이 세 개의 수업 중에서 가장 만만한 게 뭐야? / 宿題は30分でできたよ。楽なもんさ 숙제는 30분만에 했어. 쉬운 걸세.
¶その計画を実行するのは楽ではないだろう 그 계획을 실행하는 것은 쉬운 일이 아니겠지. / この仕事は見掛けほど楽ではない 이 일은 보기만큼 쉽지 않다.
¶君ならこの問題は楽に解けるよ 너라면 이 문제는 쉽게 풀 수 있을 것이다. / おなかがぺこぺこだ。ラーメン2杯ぐらいは楽に食べられる気がする 배고프다. 라면 두 그릇 정도는 쉽게 먹을 수 있을 것 같아. / 相手は楽には勝たせてくれなかった 상대는 쉽게 지지 않았다.
❷〔安楽〕◇楽だ 편하다, 편안하다 〔裕福だ〕유족하다, 넉넉하다 ◇楽に 편히, 편안히 ; 유족하게, 넉넉히 ¶楽な仕事に就きたいな 편한 직장에서 일하고 싶다.
¶どうぞお楽にしてください 편안히 쉬세요. / 座って楽にしてください 앉아서 편안히 하세요.
¶彼は家族が楽に暮らせるように一生懸命働いた 그는 가족이 편히 살 수 있도록 열심히 일했다. / 生活は昔より楽です 생활은 옛날보다 넉넉합니다. / 彼の家族は暮らし向きが楽ではないようだ

그의 가족은 생활 형편이 넉넉하지는 않은 것 같다.
¶私の車は5人が楽に乗れる 내 차는 5명이 넉넉히 탈 수 있다. / 今頑張って勉強すれば、後になって楽に今の立場に勝つことができる 지금 열심히 공부하면 나중에 편하다.
¶この薬を飲むと楽になります 이 약을 먹으면 편해집니다. / アスピリンを飲んで頭痛が楽になった 아스피린을 먹고 두통이 나아졌다. 慣用句 楽あれば苦あり 세상일은 다 좋은 일만 있는 것은 아니다.

**らくいん【烙印】** 낙인 ¶彼は裏切り者の烙印を押された 그는 배신자라는 낙인이 찍혔다.

**らくえん【楽園】** 낙원 ¶地上の楽園 지상 낙원 ⇒天国, パラダイス

**らくがき【落書き】** 낙서 ◇落書きする 낙서하다 ¶落書き禁止 낙서 금지 / 塀の落書きを消すのに苦労した 벽의 낙서를 지우는 데 고생했다.

**らくご【落伍・落後】** 낙오 ◇落伍する 낙오하다, 뒤떨어지다 ¶彼はマラソンで早々と落伍した 그는 마라톤에서 일찍 낙오했다. 関連 落伍者 낙오자

**らくご【落語】** 만담, 재담 関連 落語家 만담가

**らくさ【落差】** 낙차 〔違い〕차이, 격차(格差) ¶あの滝の落差は約50メートルもある 저 폭포의 낙차는 약 50미터나 된다. / あのピッチャーのカーブは落差が大きい 그 피처의 커브는 낙차가 크다. ¶夢と現実の落差に気付いてがく然とした 꿈과 현실의 차이를 깨닫고 깜짝 놀랐다.

**らくさつ【落札】** 낙찰 ◇落札する 낙찰하다 ¶わが社はその工事を落札できなかった 우리 회사는 그 공사를 낙찰 받지 못했다. / その絵は日本人の収集家に1千万円で落札された 그 그림은 일본인 수집가에게 천만 엔에 낙찰되었다. 関連 落札者 낙찰자 / 落札価格 낙찰가

**らくしょう【楽勝】** 낙승 ◇楽勝する 낙승하다, 쉽게 이기다 ¶あのチームが相手なら楽勝だ 상대가 그 팀이라면 쉽게 이길 것이다.

**らくせい【落成】** 낙성, 준공 ◇落成する 낙성되다, 준공되다 ¶本社ビルの落成を祝うパーティー 본사 빌딩의 준공을 축하하는 파티 / この校舎はいつ落成したのですか 이 학교 건물은 언제 준공되었습니까? 関連 落成式 준공식

**らくせき【落石】** 낙석 ¶落石事故でけが人が出た 낙석 사고로 부상자가 나왔다. / 落石でその道路はふさがっている 낙석으로 그 도로는 막혀 있다. / 落石注意 낙석 주의

**らくせん【落選】** 낙선 ◇落選する 낙선하다, 선되다〔落ちる〕떨어지다 ¶彼は選挙で落選した 그는 선거에서 낙선했다. / 残念なことに、彼女の絵はコンクールで落選した 유감스럽게도 그녀의 그림은 콩쿠르에서 낙선했다.

**らくだ【駱駝】** 낙타 ¶らくだのこぶ 낙타 혹 関連 ひとこぶらくだ 단봉 낙타 / ふたこぶらくだ 쌍봉 낙타

**らくだい【落第】** 낙제 〔留年〕유급 ◇落第する 낙제하다, 낙제되다 ¶物理で落第点をとった 물리에서 낙제점을 받았다. / 単位不足で落第しそうだ 학점이 부족해서 유급할 것 같다.
¶彼は教師としては落第だ 그는 교사로서는 낙제

다. 関連 落第生 낙제생
**らくたん【落胆】** 낙담, 낙심(落心) ◇落胆する 낙담하다, 낙심하다 ¶一度くらい入試に失敗したからといって落胆することはないぞ 한 번 정도 입시에 실패했다고 낙담할 필요는 없다. / ヨンヒはその結果に非常に落胆した 영희는 그 결과에 아주 낙담했다.

**らくちゃく【落着】** 낙착 ◇落着する 낙착되다, 낙착되다 慣用句 その事件は一件落着した 그 사건은 일건 낙착됐다.

**らくちょう【落丁】** 낙장(落張) ¶この本には落丁が6ページある 이 책에는 낙장이 6페이지 있다. / 落丁・乱丁のある本はお取り替えいたします 낙장, 난장이 있는 책은 바꿔 드리겠습니다. (▶韓国では奥付などに 파본은 교환해 드립니다. と表記することが多い) 関連 落丁本 낙장본, 파본

**らくてん【楽天】** 낙천 ◇楽天的だ 낙천적이다 ◆楽天的に 낙천적으로 ¶楽天的な人 낙천적인 사람 / 彼は何でも物事を楽天的に考える 그는 무슨 일이든 낙천적으로 생각한다. 関連 楽天家 낙천가 / 楽天主義 낙천주의

**らくのう【酪農】** 낙농, 낙농업 ¶私の実家は北海道で酪農をやっている 우리 친정은 홋카이도에서 낙농을 하고 있다. 関連 酪農場 낙농장 / 酪農製品 낙농품, 낙제품 / 酪農地帯 낙농 지대

**らくばん【落盤】** 낙반 ¶落盤事故 낙반 사고

**ラグビー** 럭비, 럭비풋볼 ¶ラグビーをする 럭비를 하다 / ラグビーの選手 럭비 선수

**らくよう【落葉】** 낙엽 [落ち葉] 가랑잎 ¶いちょうは秋に落葉する 은행은 가을에 낙엽이 진다. 関連 落葉樹 낙엽수

**らくらい【落雷】** 낙뢰 ¶プレー中に数人のゴルファーが落雷にあった 경기 중에 몇 명의 골퍼가 낙뢰를 맞았다.

**らくらく【楽々】** ◆楽々と [気持ちよく] 편히 [たやすく] 쉽게, 쉽사리 ¶楽々と大学に合格した 쉽게 대학에 합격했다.

**ラケット** [テニスや卓球などの] 라켓 ¶ラケットでボールを打つ 라켓으로 공을 치다

**ラジアルタイヤ** 레이디얼 타이어

**-らしい** ❶ […のようだ、…と思われる]《連体形+》そうだ、《連体形+》모양이다 […のように見える]《連体形+》듯하다

¶彼女は野球が好きではないらしい 그 여자는 야구를 좋아하지 않는 것 같다. / 母は風邪を引いたらしい 어머니는 감기에 걸린 것 같다. / きょうの午後は雪らしい 오늘 오후는 눈이 올 것 같다. / もう食べ物は残っていないらしい 이미 음식은 남아 있지 않은 것 같다. / 君の話はいかにも本当らしい 네 이야기는 정말인 것 같다. / 刑事らしい男に呼び止められた 형사 같은 남자가 나를 불러 세웠다.

¶「机の上のメモを読まなかった？」「いや、それらしいものはなかったよ」"책상 위의 메모 못 봤어？" "아니, 그런 거 없었어" / その会社から問い合わせに対する返事らしいものを受け取った 그 회사로부터 질문에 대한 대답 같은 것을 받았다.

❷ […という話だ]《下称形+》고 하다 ¶彼は市長選に出るらしい 그는 시장 선거에 나선다고 한다. / 田中君は大学の後輩と結婚したらしい 다나카는 대학 후배와 결혼했다고 한다.

会話 事故があったらしい
A：きょうはひどい渋滞だね
B：先のほうで事故があったらしいよ
A：오늘 엄청 막히네.
B：앞쪽에서 사고 난 것 같은데.
A：佐藤さん、大阪の学校へ転校するんだってさ
B：ああ、そうらしいね
A：사토 양이 오사카에 있는 학교로 전학 간대.
B：응, 그런 모양이네.

❸ [ふさわしい、似つかわしい] 답다 ¶観客は彼のスポーツマンらしい振る舞いをほめた 관객은 그의 스포츠맨다운 행동을 칭찬했다. / あの子には子供らしいところがまったくない 그 아이에게는 아이다운 구석이 전혀 없다. / 手伝ってあげようと言ったのに断るとはミンスらしい 도와주겠다고 했는데 거절하다니 민수답다. / 北海道らしい雄大な風景だった 훗카이도다운 웅대한 풍경이었다. / この町には公園らしい公園がない 이 동네에는 공원다운 공원이 없다. /「このごろ食欲がないんだ」「どうしたの、君らしくないね」"요즘 식욕이 없어." "왜 그래? 너답지 않아."

**ラジウム** 《化学》 라듐 関連 ラジウム鉱泉 라듐 광천 / ラジウム療法 라듐 요법

**ラジエーター** 라디에이터, 방열기(放熱器)

## ラジオ 라디오

基本表現
▶彼女は車のラジオをつけた
　그녀는 차의 라디오를 켰다.
▶ラジオを消してくれませんか
　라디오를 꺼 주시지 않겠습니까？
▶私はいつも通勤電車の中でラジオを聞く 나는 항상 통근 전철 안에서 라디오를 듣는다.
▶そのニュースをラジオで聞いた
　그 뉴스를 라디오에서 들었다.
▶ラジオで野球をやっている
　라디오에서 야구를 하고 있다.

◆[ラジオが]
¶愛用の古いラジオが壊れてしまった 애용하던 오래된 라디오가 고장나 버렸다. / 隣の部屋でラジオがかかっている 옆 방에 라디오가 켜져 있다.

◆[ラジオの]
¶ラジオの音を小さくしてください 라디오 소리를 작게 해 주세요. / ラジオの7時のニュースを聞きましたか 일곱 시 라디오 뉴스를 들었습니까？

◆[ラジオを]
¶私はラジオを聞きながら仕事をする 나는 라디오를 들으면서 일을 한다. / ラジオを大きな音でつけていたので母に呼ばれたのが聞こえなかった 라디오를 큰 소리로 듣고 있어서 엄마가 부르는 목소리가 들리지 않았다. / ラジオをFM放送に合わせた 라디오를 FM방송에 맞추었다.

◆[ラジオで・ラジオに]
¶ラジオで私の好きな歌が流れている 라디오에서 내가 좋아하는 노래가 흐르고 있다. / 彼は来週ラジオに出る 그는 다음주 라디오에 출연한다.

[数え方] ラジオ1台 라디오 한 대
◆《その他》
¶ラジオ講座で韓国語を勉強している 라디오 강좌로 한국어를 공부하고 있다. [関連] ラジオ体操 라디오 체조 [参考] 韓国に「ラジオ体操」はないが、国民体操(国民体操)というものがある。/ ラジオ聴取者 라디오 청취자 / ラジオドラマ 라디오 드라마 / ラジオ番組 라디오 프로 / ラジオ放送 라디오 방송 / ラジオ放送局 라디오 방송국 / AMラジオ 에이엠 라디오 / FMラジオ 에프엠 라디오 / カーラジオ 카 라디오 / 短波ラジオ 단파 라디오 / トランジスターラジオ 트랜지스터 라디오 / ポータブルラジオ 포터블 라디오

**ラジカセ** 라디오 카세트 [関連] CDラジカセ 시디 라디오 카세트

**ラジコン** 무선 조종 [제어] ¶ラジコンの模型飛行機 무선 조종 모형 비행기

**らしんばん【羅針盤】** 나침반

**ラスト** 라스트 [最後] 마지막, 최후 ¶あの映画のラストシーンは泣けるね 그 영화의 마지막 장면은 감동적이나. / 彼は最後の一周でラストスパートをかけた 그는 최후의 일주에서 라스트 스퍼트를 했다.

**らせん【螺旋】** 나선 [関連] らせん階段 나선 계단

**らたい【裸体】** 나체, 알몸 [関連] 裸体画 나체화 ⇒ヌード, 裸

**らち【埒】** [慣用句] それは法律のらち外の問題だよ 그것은 법률의 범위 밖의 문제야. / 君と話してもらちがあかない 責任者を呼びたまえ 당신과 이야기해도 결말이 나지 않는다. 책임자를 불러.

**らち【拉致】** 납치 ◇拉致する 납치하다 ◇拉致される 납치되다, 납치당하다 ¶彼らは外国の工作機関によって国外に拉致された 그들은 외국의 공작 기관에 의해 국외로 납치되었다. [関連] 拉致犯 납치범 / 拉致被害者 납치 피해자 / 拉致問題 납치 문제

**らっか【落下】** 낙하 ◇落下する 낙하하다, 떨어지다 ¶山の上から落下した岩が道路をふさいでいた 벼랑 위에서 떨어진 바위가 길을 막고 있었다. ⇒落ちる

**ラッカー** 래커 ¶テーブルにラッカーを塗ったテーブルに래커를 칠했다.

**らっかさん【落下傘】** 낙하산 ¶飛行機から落下傘で降りたことがありますか 비행기에서 낙하산 타고 내린 적이 있습니까? / 落下傘が開く 낙하산이 펴지다 [関連] 落下傘部隊 낙하산 부대 ⇒パラシュート

**らっかせい【落花生】** 땅콩, 낙화생 ⇒ピーナッツ

**らっかん【楽観】** 낙관 ◇楽観的 낙관적 ◇楽観する 낙관하다 ¶母の病状は落ち着いてきたが、まだ楽観はできない 어머니의 병상은 괜찮아졌지만 아직 낙관할 수는 없다. / みんなが事態を楽観していた 모두가 사태를 낙관하고 있었다. [関連] 楽観主義 낙관주의 / 楽観主義者 낙관주의자

**ラッキー** ◇ラッキーだ 운수가[운이] 좋다 ◇ラッキーな 운수가[운이] 좋은 ¶宝くじに当たったのは本当にラッキーだった 복권에 당첨된 것은 정말 운이 좋았다. [関連] ラッキーセブン 러키세븐 / 運, 幸運

**らっきょう【辣韮】** 염교

**ラック** [棚] 선반 [関連] マガジンラック 잡지 진열 선반 ⇒棚, 台

**ラッコ【猟虎】** 《動物》 해달

**ラッシュ** 러시 ¶年末年始の帰省ラッシュは相変わらずだ 연말의 귀성 러시는 변함없다. / 朝の通勤ラッシュを避けて電車に乗ったほうがいい 아침 통근 러시를 피해서 전철을 타는 편이 좋다. / ラッシュアワーの混雑にはこれ以上耐えられない 러시아워의 혼잡에는 더 이상 참을 수 없다.
¶パンチのラッシュで相手を倒した 주먹 세례로 상대를 쓰러뜨렸다. [関連] ゴールドラッシュ 골드 러시

**ラッセルしゃ【ラッセル車】** 러셀차 [除雪車] 제설차

**らっぱ【喇叭】** 나팔, 나발 ¶らっぱを吹く 나팔을 불다
¶みんなでビールをらっぱ飲みした 모두 맥주를 나발 불었다. [関連] らっぱ水仙 나팔 수선화 / らっぱずぼん 나팔바지

**ラップ** [食品を包むもの] 랩 ¶野菜をラップして冷蔵庫に入れた 야채를 랩에 싸서 냉장고에 넣었다.

**ラップタイム** 《スポーツ》 랩 타임 ¶ラップタイムを計る 랩 타임을 재다

**ラップミュージック** 랩뮤직

**ラドン** 《化学》 라돈

**らば【騾馬】** 《動物》 노새

**ラフ** ◇ラフだ [粗い, 雑だ] 거칠다, 조잡하다 [荒っぽい] 난폭하다 [形式張らない] 격식을 차리지 않다 ¶あんなラフなやり方ではまともなものができるわけないよ 그런 조잡한 방법으로는 제대로 될 리가 없어. / 彼はラフな服装で現れた 그 남자는 격식을 차리지 않은 복장으로 나타났다. [関連] ラフスケッチ 밑그림, 약화(略画) / ラフプレイ 러프 플레이

**ラブ** 《テニス》 러브, 무득점(無得点) [関連] ラブゲーム 러브 게임

**ラブシーン** 러브신

**ラブストーリー** 러브스토리

**ラブソング** 연가(恋歌), 사랑의 노래

**ラブホテル** 러브호텔

**ラブレター** 러브레터, 연애편지(恋愛便紙)

**ラベル** 라벨 ¶瓶のラベルには「要冷蔵」と書いてある 병의 라벨에는 '냉장장'이라고 써 있다.

**ラマ【駱馬】** 《動物》 라마

**ラム** [子羊] 새끼 양 [子羊の肉] 새끼 양의 고기

**ラリー** [テニスなどの] 랠리 [自動車の] 랠리

**られつ【羅列】** 나열 ◇羅列する 나열하다 ¶彼の報告書は単なる数字の羅列にすぎなかった 그의 보고서는 단순한 숫자의 나열에 지나지 않았다. / 先生は注意事項を羅列した紙を配った 선생님은 주의 사항을 나열한 종이를 나누어 주셨다.

**-られる** ⇒-れる

**ラワン** 《植物》 나왕

**らん【蘭】** 《植物》 난, 난초(蘭草)

**らん【欄】** 난 ¶[単語の語尾に付くときは 란 と表記する], 코너 ¶この欄への読者の投稿を歓迎いたします

이 코너에 독자의 투고를 환영합니다. / 私はま
ず所定의 欄에 氏名을 썼다 나는 우선 소정의 난
에 이름을 썼다. 関連 解答欄 해답란 / 家庭欄
가정란 / 求人欄 구인란 / 広告欄 광고란 / 社説
欄 사설란 / 職業案内欄 직업안내란 / スポーツ欄
스포츠란 / テレビ欄 텔레비전란 / 投稿欄 투고
란 / 投書欄 투서란 / 読者欄 독자란 / 備考欄 비
고란 / 文芸欄 문예란

**らんおう【卵黄】** 난황, 노른자위

**らんがい【欄外】** 난외 ¶欄外の注を参照 난외의
[바깥쪽 여백의] 주를 참조

**らんかいはつ【乱開発】** 난개발 ¶熱帯雨林の乱
開発は深刻な環境破壊をもたらす 열대우림의 난개
발은 심각한 환경 파괴를 초래한다.

**らんかく【乱獲・濫獲】** 남획 ◇乱獲する 남획하
다 ¶乱獲のために希少動物は絶滅の危機に瀕している
남획 때문에 희귀한 동물은 멸종의 위기에
처해 있다. / 密猟者たちは象を乱獲している 밀렵자
들은 코끼리를 남획하고 있다.

**らんかん【卵管】**〖解剖〗난관, 나팔관

**らんかん【欄干】** 난간

**らんぎり【乱切り】** 난도질 ◇乱切りする 난도질
하다, 마구 썰다 ¶にんじんを乱切りにする 당근
을 마구 썰다

**らんきりゅう【乱気流】** 난기류 ¶私たちの乗った
飛行機は乱気流に巻き込まれた 우리가 탄 비행기
는 난기류에 휘말렸다.

**ランキング** 랭킹 ¶その作家の本はいつも月間売り
上げランキングの上位に入っている 그 작가의 책은
항상 월간 매상 랭킹 상위에 들어 있다.

**ランク** 랭크 ◇ランクされる 랭크되다 ¶その選手
は女子テニス世界第3位にランクされた 그 선수는
여자 테니스 세계 제 3위에 랭크되었다. / 成
績によってランクづけされている 성적에 의해 랭크
되고 있다 / 私の大好きな曲が遂にヒットチャートにラ
ンクインした 내가 제일 좋아하는 곡이 드디어
히트 차트에 랭크인됐다.

**らんざつ【乱雑】** 난잡 ◇乱雑に 난잡하다 ◇乱雑に 난
잡하게 ¶なんて乱雑な部屋なんだ 어쩜 방이 이
리 난잡하니 ? / 非常階段にはさまざまな物が乱雑に
積み重ねられていた 비상계단에는 여러 가지 물
건이 난잡하게 쌓여 있었다.

**らんし【乱視】**〖医学〗난시 ¶左目が少し乱視にな
っている 왼쪽 눈이 약간 난시 증세를 보인다.

**らんし【卵子】**〖生物の〗난자, 알

**らんしゃ【乱射】** 난사 ◇乱射する 난사하다
¶犯人は銃を乱射しながら逃走した 범인은 총을
난사하면서 도망갔다.

**らんせい【卵生】** 난생 関連 卵生動物 난생 동물

**らんせん【乱戦】** 난전 ¶そのサッカーの試合はラフプ
レーが相次ぎ大乱戦になった 그 축구 경기는 거칠
은 플레이가 계속되어서 난대전이 되었다.

**らんそう【卵巣】** 난소, 알집 関連 卵巣ホルモン
난소 호르몬

**らんそううん【乱層雲】** 난층운 ⇒雲

**ランチ**【昼食】점심, 런치【昼の定食】점심 정식
¶日替わりランチ 오늘의 런치 / お子様ランチ 어린
이용 런치 関連 ランチタイム 점심 시간 ⇒食事,
昼食

**らんちょう【乱丁】** 난장(乱張) ⇒落丁

**ランデブー** 랑데부 ◇ランデブーする 랑데부하
다 ¶2つの宇宙船がランデブー飛行をする 두 대의
우주선이 랑데부 비행을 하다

**らんとう【乱闘】** 난투 ¶デッドボールがきっかけとな
って両チームの乱闘となった 데드볼이 원인이 되
어 양팀 사이에 난투극이 벌어졌다.

**らんどく【乱読】** 남독(濫読) ◇乱読する 남독하다

**ランドセル** 학교[책] 가방

**ランナー** 러너, 주자(走者) 関連 短距離ランナー
단거리 주자 / 長距離ランナー 장거리 주자 / ピ
ンチランナー〖野球〗핀치 러너, 대주자

**らんにゅう【乱入】** 난입 ◇乱入する 난입하다
¶数人の武装した男が彼の家に乱入してきた 몇 명의
무장한 남자가 그의 집에 난입했다.

**ランニング** 러닝, 달리기 ◇ランニングする 달리
다 関連 ランニングシャツ 러닝 셔츠 / ランニング
シューズ 러닝 슈즈 / ランニングホームラン 러닝
호머, 그라운드 홈런

**らんぱく【卵白】** 난백, 흰자위

**らんぱつ【乱発・濫発】** 남발, 남발 ◇乱発する
남발하다 ¶貨幣の乱発はインフレを招く 화폐의
남발은 인플레이션을 부른다. / 彼は手形を乱発
して倒産した 그는 어음을 남발해서 도산했다.

**らんはんしゃ【乱反射】**〖物理〗난반사 ◇乱反
射する 난반사하다

**らんぴつ【乱筆】** 난필 ¶乱筆のほどお許しください
난필을 용서해 주십시오.

**らんぶ【乱舞】** 난무 ◇乱舞する 날아다니다, 날
뛰다, 난무하다 ¶花畑でちょうが乱舞していた 꽃
밭에 나비가 날아다니고 있었다. / 大学合格の
報を手にして彼は狂喜乱舞した 대학 합격 소식을
듣고 그는 기뻐서 날뛰었다.

**ランプ**【照明】램프【電燈】전등 ¶ランプをつける
[消す] 램프를 켜다[끄다] 関連 ランプシェード
램프의 갓 / アルコールランプ 알코올 램프 / ガス
ランプ 가스 램프 / 石油ランプ 석유 램프, 남포등

**ランプ**【高速道路との接続路】램프

**らんぼう【乱暴】** 난폭 ◇乱暴な 난폭하다〔荒っ
ぽい〕거칠다 ◇乱暴に 난폭하게, 난폭히, 거칠
게 ¶彼の乱暴な行為には我慢できない 그의 난폭
한 행위는 참을 수 없다. / 私の兄は乱暴な言葉
遣いをする 우리 오빠는 난폭한 말투를 쓴다. /
サンギは彼女に乱暴な言葉を吐いたことを謝った 상기
는 여자 친구에게 난폭한 말을 했던 것을 사
과했다. / あいつ, 乱暴なやつだなあ 그 녀석, 난폭
한 놈이군. / 彼の運転は乱暴だ 그 남자 운전은
난폭하다.
¶それはあまりに乱暴な意見だ〔話にならない〕그것
은 말도 안 되는 의견이다. / パソコンは乱暴に扱
わないようにしてください 컴퓨터는 거칠게 취급하
지 말아 주세요. / 彼女はドアを乱暴に閉めて出て行
った 그 여자는 문을 거칠게 닫고 나갔다. / 電
車の中でだれかが私を乱暴に押した 전철 안에서 누
군가가 나를 난폭하게 밀었다.
¶子供に乱暴するな 아이에게 난폭하게 굴지
마. / その男は女性に乱暴したかどで逮捕された(→強
姦する) 그 남자는 여자를 강간했다는 이유로
체포되었다. 関連 乱暴運転 난폭 운전

**らんまん【爛漫】** 난만 ¶野の花が春爛漫と咲き乱れている 들 꽃이 봄 기운에 흐드러지게 피어 있다. /[慣用句]彼女は天真爛漫だ 그녀는 천진난만하다.

**らんみゃく【乱脈】** 난맥 ¶社長の乱脈経営によって会社は倒産に追い込まれた 사장의 방만한 경영에 의해 회사는 도산에 몰렸다.

**らんよう【乱用・濫用】** 남용, 난용 ◇乱用する 남용하다, 난용하다 ¶薬の乱用は体に有害な影響を及ぼす 약의 남용은 몸에 유해한 영향을 미친다. /それは市長の職権の乱用だ 그것은 시장의 직권 남용이다.

**らんらん【爛々】** ◇らんらんと 반짝반짝 ¶少女の目はらんらんと輝いていた 소녀의 눈은 반짝반짝 빛나고 있었다.

**らんりつ【乱立】** 난립 ◇乱立する 난립하다 ¶この地域にはコンビニが乱立している 이 지역에는 편의점이 난립해 있다. /今度の市議会議員の選挙には立候補者が乱立しそうだ 이번 시의회 의원 선거에는 입후보자가 난립할 것 같다.

# り

**り【利】** 〔有利〕유리, 이로움 〔利益〕이익 〔利子〕이자 ¶彼女の店は地の利を得て繁盛していた 그녀의 가게는 유리한 입지 덕에 잘 되고 있었다. /彼は利にさとい 그는 이익에 약빠르다.

**り【理】** 〔道理〕도리, 이치 〔理致〕理致) ¶彼の言っていることは理にかなっている〔かなっていない〕 그가 하는 말은 도리에 맞다〔맞지 않다〕. /彼女が裁判で自分に不利になるような証言をしなかったのは理の当然だ 그녀가 재판에서 자기에게 불리한 증언을 하지 않은 것은 당연하다.

**リアスしきかいがん【リアス式海岸】** 리아스식 해안

**リアリスト** 리얼리스트 〔現実主義者〕현실주의자 〔写実主義者〕사실주의자

**リアリズム** 리얼리즘 〔現実主義〕현실주의 〔写実主義〕사실주의

**リアリティー** 리얼리티, 현실성(現実性) ¶君の話にはリアリティーがない 네 이야기에는 리얼리티가 없다.

**リアル** ◇リアルだ 리얼하다 ◇リアルに 리얼하게 ¶その本を読めば彼女のリアルな生きざまがわかる 그 책을 읽으면 그녀의 리얼한 삶을 알 수 있다. /当時の状況をリアルに再現する 당시의 상황을 리얼하게 재현하다 /テレビは現地の様子をリアルタイムで伝えていた 텔레비전은 현지의 상황을 실시간으로 전하고 있었다.

**リーグ** 리그 ¶Jリーグは日本のプロサッカーリーグの名称だ J리그는 일본 프로 축구 리그의 명칭이다. /(野球で)セントラル〔パシフィック〕リーグ 센트럴〔퍼시픽〕리그 /リーグ優勝 리그 우승 [関連] リーグ戦 리그전 / Kリーグ 케이 리그 / メジャーリーグ 메이저 리그

**リーダー** ❶ 〔指導者〕리더, 지도자 ¶彼は政界の新しいリーダーと目されている 그는 정계의 새로운 리더로 간주되고 있다. /彼はこの1年間サッカー部の主将としてリーダーシップを取ってきた 그는 이 일년간 축구부의 주장으로서 리더십을 발휘해 왔다.
❷ 〔読み物〕독본(読本) ¶サイドリーダー 부교재 (副教材)

**リード** 리드 ◇リードする 리드하다 〔優位に立つ〕앞서다 〔先頭に立つ〕앞장서다, 선도하다 ¶うちのチームはとうとうリードを奪った〔奪われた〕 우리 팀은 드디어 리드를 빼앗았다〔빼앗겼다〕. /先頭のランナーは2位のランナーを大きくリードしている 선두 주자는 2위의 주자를 크게 앞서고 있다. /タイガースはジャイアンツを3点リードしている 타이거즈는 자이언츠를 3점 리드하고 있다. /コンピュータの分野では米国が依然として世界をリードしている 컴퓨터 분야에서는 미국이 여전히 세계를 리드하고 있다. /学校の成績では彼女はいつも私より一歩リードしていた 학교 성적에서 그녀는 항상 나보다 한 발 앞섰다. [関連] リードギター 리드 기타 / リードボーカル 리드 보컬

**リール** 릴 ¶リールを巻く 릴을 감다 /電動リール 전동 릴

**りえき【利益】** ❶ 〔もうけ〕이익, 이득(利得), 수익(収益)
◆利益は・利益が
¶先月の利益はどれくらいだった? 지난달 이익은 어느 정도였어? /利益は全員に分配された 이익은 전원에 분배되었다. /この商売は利益が薄い 이 장사는 이익이 적다. /このビジネスはあまり利益が上がらない 이 비즈니스는 별로 이익이 안 오른다. /この本が売れると1冊につき100円の利益が出る 이 책이 팔리면 한 권에 100엔의 이익이 나온다. /利益が上がるように懸命に働いた 이익이 올라가도록 열심히 일했다.
◆利益を
¶新製品で大きな利益を上げた 신제품으로 큰 수익을 올렸다. /商売が利益を生むようになった 장사가 이익을 내게 되었다. /油田の発見はその国に巨額の利益をもたらした 유전의 발견은 그 나라에 거대한 이익을 가져왔다.
◆利益に
¶土地を売って3千万円の利益になった 토지를 팔아서 3천만 엔의 이득을 보았다. /今株を売買しても全然利益にならない 지금 주식을 매매해도 전혀 이익이 되지 않는다.
❷ 〔ためになること〕이익, 도움 〔得〕득 〔恩恵〕혜택 ¶公共の利益が最優先されるべきだ 공공 이익이 최우선되어야 한다. /目先の利益にとらわれてはいけない 눈 앞의 이익에 사로잡히면 안 된다. /当協会は社会の利益のために活動している 당 협회는 사회의 이익을 위해 활동하고 있다. /そんなことをしても何の利益にもならない 그런

것을 해도 아무런 이익이 되지 않는다.
[関連] 利益率 이익률
**りえん【離縁】**이연〔離婚〕이혼〔養子の〕파양 ⇒離婚
**りか【理科】**이과（▶発音은 이꽈）, 〔韓国で, 特に教科名として〕자연(自然) ¶彼は中学の理科の先生だ 그는 중학교 이과 선생님이다. / 理科系の大学に進む 이과계 대학으로 진학하다

**りかい【理解】**이해 ◇**理解する** 이해하다 ¶ヨスは理解が早い〔遅い〕연우는 이해가 빠르다〔늦다〕. / 彼は若者に理解がある 그 사람은 젊은이를 이해한다. / 彼女は状況をよく理解している 그녀는 상황을 잘 이해하고 있다. / 日本の伝統文化に対する理解を深めたい 일본의 전통문화에 대한 이해를 깊게 하고 싶다. / 両国間のよりいっそうの理解を図る必要がある 양국간의 한층 깊은 이해를 꾀할 필요가 있다. / 君の言っていることは理解しがたい 네가 하는 말은 이해하기 어렵다. / 米軍基地の移設には住民の理解が得られなかった 미군 기지의 이전은 주민의 이해를 얻지 못했다.
¶やさしい韓国語で話してくれたので彼女の言うことは大体理解できた 쉬운 한국말로 이야기해 주어서 그 여자가 하는 말은 거의 이해되었다. / あの講師の話は専門用語が多すぎて理解しづらい 그 강사의 이야기는 전문 용어가 너무 많아서 이해하기 힘들다. / 木村教授の講義は難しくてまったく理解できなかった 기무라 교수님의 강의는 어려워서 전혀 이해할 수 없었다. / 彼女の態度は私には理解しかねる 그 여자의 태도는 나는 이해하기 어렵다.

**りがい【利害】**이해 ¶労使の利害が対立している 노사의 이해가 대립하고 있다. / この点では与党と野党の理解は一致していた 이 점에서는 여당과 야당의 이해는 일치했다. / 政治の世界は利害関係が複雑にからんでいる 정계는 이해관계가 복잡하게 얽혀 있다.

**りがく【理学】**이학 [関連] 理学士 이학사 / 理学博士 이학 박사 / 理学部 이학부, 이과대학

**りき【利器】**이기 ¶携帯電話はまさに文明の利器と言える 휴대 전화는 확실히 문명의 이기라고 할 수 있다.

**りきえい【力泳】**역영 ◇**力泳する** 역영하다 ¶メドレーリレーの最終泳者が力泳し, 日本はメダルを獲得した 수영 메들리 릴레이의 앵커 선수가〔최종 영자가〕힘을 다해 헤엄쳐서 일본은 메달을 획득했다. ⇒泳ぐ

**りきがく【力学】**역학 [関連] 熱力学 열역학

**りきさく【力作】**역작〔傑作〕걸작 ¶この新鋭作家は力作を次々に発表している 이 신예 작가는 역작을 연달아 발표하고 있다. / 今年の新人文学賞の応募作品は力作ぞろいだ 올해 신인문학상의 응모 작품은 역작만 모여 있다.

**りきし【力士】**씨름꾼

**りきせつ【力説】**역설 ◇**力説する** 역설하다 ¶彼は道徳教育の大切さを力説した 그는 도덕 교육의 중요성을 역설했다.

**りきそう【力走】**역주 ◇**力走する** 역주하다 ¶観衆は選手たちの力走に拍手を送った 관중은 선수들의 역주에 박수를 보냈다.

**りきてん【力点】**❶〔てこで力のかかる点〕힘점, 역점
❷〔重点〕역점, 중점 ¶彼は自分の得意な分野に力点をおいて話した 그는 자기가 잘하는 분야에 역점을 두고 이야기했다.

**りきとう【力投】**역투 ◇**力投する** 역투하다 ¶松坂の力投むなしくレッドソックスはヤンキースに敗れた 마쓰자카의 역투에도 불구하고 레드삭스는 양키스에 졌다.

**りきむ【力む】**〔力を入れる〕힘을 주다〔気負う〕허세를 부리다 ¶彼はその岩を動かそうと必死に力んだ 그는 그 바위를 움직이려고 필사적으로 힘을 주었다.

**りきりょう【力量】**역량〔能力〕능력〔才能〕재능 ¶彼にはこの仕事をやれるだけの十分な力量がある 그 사람에게는 이 일을 해낼 만큼의 충분한 능력이 있다. / これは君の力量を見せるのによいチャンスだ 이것은 네 역량을 보여 줄 좋은 기회다. / 予期しない問題が起きれば彼の上司としての力量が試されるだろう 예기치 못한 문제가 일어나면 그의 상사로서의 능력이 시험대에 오를 것이다. / 彼には指導者としての力量が欠けている 그 사람은 지도자로서의 역량이 부족하다.

**りく【陸】**육지, 뭍 ¶難破船の船員たちは陸に向かって必死にボートを漕いだ 난파선의 선원들은 육지를 향해서 필사적으로 보트를 저었다. / 海がめは陸に上がって卵を産む 바다 거북이는 육지에 올라와서 알을 낳는다. / 陸が見える 육지가 보이다 / 中国と朝鮮半島は陸続きだ 중국과 한반도는 육지로 이어져 있다.

**りくあげ【陸揚げ】**양륙(揚陸) ◇**陸揚げする** 양륙하다 ¶岸壁には陸揚げされたばかりの貨物が山積みになっていた 안벽에는 막 양륙된 화물이 수북하게 쌓여 있었다. [関連] 陸揚げ港 양륙항

**りくうん【陸運】**육운 [関連] 陸運会社 육운 회사 / 陸運局 육운국

**リクエスト** 리퀘스트, 요청(要請), 희망(希望) ¶リクエスト曲を電話でお知らせください 리퀘스트곡을 전화로 알려 주세요. / この曲にはたくさんの方々からリクエストをいただきました 이 곡은 많은 분들로부터 리퀘스트를 받았습니다 / 次に, 山田さんのリクエスト曲をおかけします 다음으로 야마다 씨의 신청곡을 틀겠습니다. / 私はいちばん好きな曲をリクエストした 나는 가장 좋아하는 곡을 요청했다.
¶みなさんのリクエストにお応えするべく努力しております 여러분의 요청에 응하기 위해 노력하고 있습니다.

**りくぐん【陸軍】**육군 ¶彼は陸軍に入った 그는 육군에 들어갔다. [関連] 陸軍士官 육군 사관 / 陸軍士官学校 육군 사관학교, 육사

**りくじょう【陸上】**육상 ¶地震で道路が陥没したため救援物資を陸上輸送できなかった 지진으로 도로가 함몰돼서 구원 물자를 육상으로 운송할 수 없었다. [関連] 陸上競技 육상 경기 / 陸上競技大会 육상 경기 대회 / 陸上勤務 육상 근무 / 陸上自衛隊 육상 자위대 / 陸上部 육상부

**りくち【陸地】**육지 ⇒陸

**りくつ【理屈】** ❶ [道理] 도리, 이치 [理論] 이론 ¶彼の言うことは理屈に合っている [合わない] 그가 하는 말은 이치에 맞는다[맞지 않는다]. / そのビジネスがもうかるのは理屈ではわかるんだけど、どうもやる気がしないんだ その 비즈니스가 잘 되리라는 것은 이론으로는 알겠는데 좀처럼 할 마음이 안 생겨. / 君の意見は理屈の上では正しい 네 의견은 이론상 맞다. / それは単なる理屈にすぎない 그것은 단순한 이론에 불과하다. / 理屈はともかく現実は違うよ 이론 말고 현실은 달라. / 物事は理屈どおりには運ばないものだよ 모든 일이 이론대로는 진행되지 않는다.

¶彼の話は理屈抜きでおもしろい 그의 이야기는 따지고 볼 것 없이 재미있다.

❷ [もっともらしい理由] 억지, 이론 [言い訳] 구실, 핑계 ¶彼は何かと理屈をつけてはよく学校を休んだ 그는 뭔가 핑계를 대고 자주 학교를 쉬었다. / 君は理屈っぽいね 넌 이론만 내세우는구나. / 彼は理屈をこねるのが好きだ 그는 이렇게 저렇게 따지는 것을 좋아한다. / ごたごた理屈を並べるな 자질구레하게 핑계만 대지 마.

**りくとう【陸稲】** 육도, 밭벼
**リクライニングシート** 리클라이닝 시트, 뒤로 젖힐 수 있는 의자
**リクルート【人材募集】** 인재 모집 [就職活動] 취업 활동 ¶兄は今リクルート中だ 형은 취업 활동 중이다. 関連 リクルートスーツ 취업 활동용 양복
**リクレーション** 레크리에이션
**りくろ【陸路】** 육로 ¶私たちは釜山から陸路ソウルへ向かった 우리는 부산에서 육로로 서울을 향했다.
**りけい【理系】** 이과계 ¶君は大学は理系にするの、それとも文系? 넌 대학은 이과계야? 아니면 문과계야?
**りけん【利権】** 이권 ¶原油価格の高騰に乗じて利権をあさる所にいる 원유 가격이 앙등하는 것을 틈타 이권을 얻으려는 사람이 도처에 있다. / この公共事業には利権がからんでいる 이 공공사업에는 이권이 얽혀 있다. 関連 利権争い 이권 다툼 / 利権屋 모리배
**りこ【利己】** 이기 ◇利己的 이기적 ¶彼は利己的だ 그는 이기적이다. / 彼女はいつも利己的に考える 그녀는 항상 이기적으로 생각한다. 関連 利己主義 이기주의 / 利己主義者 이기주의자
**りこう【利口】** [賢い] 영리하다, 똑똑하다 ; 착하다 [要領がよい] 요령이 좋다 ¶彼は実に利口だ 그는 정말 똑똑하다. / いるかは利口な動物だと言われている 돌고래는 영리한 동물이라고 일컬어진다. / あの子はいかにも利口そうな子だ 그 아이는 아주 똑똑해 보인다. / 一攫千金を狙って競馬に手を出すのは利口なやり方じゃないよ 일확천금을 노리고 경마에 손을 대는 것은 현명한 방법이 아니다. / 彼にいつも利口に立ち回る 그는 언제나 요령 있게 처신한다. / もうちょっと利口にやったら? 좀 더 요령 있게 해 봐. / 失敗はしたけど一つ利口になった 실패는 했지만 한가지 요령이 생겼다. / 彼は利口ぶった口をきく 그는 똑똑한 척 말을 한다.
¶お利口さんね 착한 아이구나. / 利口にしているんですよ 말 잘 듣고 있어.

**りこう【理工】** 이공 関連 理工科 이공과 / 理工学部 이공 학부
**りこう【履行】** 이행 ◇履行する 이행하다 ¶私は彼に約束の履行を強く要求した 나는 그 사람에게 약속 이행을 강하게 요구했다. / 契約の履行[不履行] 계약 이행[불이행]
**りごうしゅうさん【離合集散】** 집합과 이산, 이합집산 ¶この数年政党の離合集散が繰り返されている 이 수년 정당의 집합과 이산이 반복되고 있다.
**リコール** 리콜 [公職者の罷免請求] 소환 [파면] 청구 [欠陥製品の回収] 회수 ¶市長のリコールを求める署名運動が始まった 시장 파면을 요구하는 서명 운동이 시작되었다. / 欠陥車をリコールする 결함이 있는 차를 리콜하다[회수하다] 関連 リコール運動 리콜[파면 요구] 운동 / リコール制度 리콜[파면 요구]제
**りこん【離婚】** 이혼 ◇離婚する 이혼하다 ¶最近韓国では離婚が増えている 최근 한국에서는 이혼이 늘고 있다. / 彼は妻と離婚した 그는 아내와 이혼했다. 関連 離婚家庭 이혼 가정 / 離婚訴訟 이혼 소송 / 離婚手続き 이혼 수속 / 離婚届 이혼 신청서 / 離婚率 이혼율 / 協議離婚 합의 이혼 ⇒結婚
**りさい【罹災】** 이재 ◇罹災する 이재하다 ¶この前の地震で私の実家が罹災した 요전의 지진으로 우리 집도 피해를 입었다. 関連 罹災者 이재민 / 罹災地 이재지
**リサイクル** 리사이클링, 재활용 ◇リサイクルする 재활용하다 ¶空き缶や空き瓶をリサイクルするべきだ 빈 캔이나 병을 재활용해야 한다. 関連 リサイクル運動 리사이클링[재활용] 운동 / リサイクルショップ 리사이클 숍, 중고품 가게 / リサイクルセンター 재활용 센터 ⇒再生
**リサイタル** 리사이틀, 독주회(独奏会), 독창회(独唱会) ¶彼女は東京文化会館でピアノリサイタルを開いた 그녀는 도쿄 문화회관에서 피아노 독주회를 열었다.
**りし【利子】** 이자 ¶この債券は5パーセントの利子が付く 이 채권에는 5퍼센트의 이자가 붙는다. / 来週利子を付けて返すから1万円貸してよ 내주에 이자 붙여서 갚을 테니 만 엔만 빌려 줘. / 銀行の住宅ローンに4パーセントの利子を払わなければならない 은행에서 빌린 주택 융자에 4퍼센트의 이자를 내야 된다. / あの金融商品は利子が高い[低い] 그 금융 상품은 이자가 높다[낮다]. / 彼は利子を取らずにお金を貸してくれた 그는 이자를 받지 않고 돈을 빌려 주었다. / 定期預金の利子は今いくらですか 정기 예금의 이자는 지금 얼마입니까? / 老後は預金の利子で暮らすつもりだった 노후는 예금 이자로 생활할 예정이었다. 関連 利子所得 이자 소득
**りじ【理事】** 이사 関連 理事会 이사회 / 理事長 이사장 / 常任理事 상임 이사
**りしゅう【履修】** 이수 ◇履修する 이수하다 ¶今年は何科目履修するつもりなの? 올해는 몇 과

목 이수할 거야? 関連 履修単位 이수 학점 / 履修届 이수 신고
**りじゅん【利潤】**이윤 ¶あの会社は新製品で相当な利潤をあげた 그 회사는 신제품으로 상당한 이윤을 올렸다. / 利潤を生む 이윤을 낳다 / 利潤を追求する 이윤을 추구하다
**りしょく【利殖】**이식 ¶彼は相変わらず利殖に励んでいる 그는 변함없이 이식에 힘쓰고 있다.
**りす【栗鼠】**다람쥐
**リスク** 리스크, 위험(危険) ¶ビジネスには常にリスクが伴う 비즈니스에는 항상 리스크가 따른다. ⇒危険
**リスト**〔一覧表〕리스트, 명단, 명부〔手首〕손목 ¶リストを作る 리스트를 만들다 / リストに挙げるリストに上げる / 私の名前はリストに載っていなかった 내 이름은 명단에 올라 있지 않았다. / あなたの欲しいものをリストアップしてください 당신이 갖고 싶은 것을 골라 목록을 만들어 주세요. 関連 リストバンド 리스트 밴드, 손목 밴드[아대]
**リストラ** 리스트럭처링, 기업 구조 조정(企業構造調整) ¶多くの企業が収益性の向上を図るためにリストラを進めている 많은 기업이 수익성의 향상을 꾀하기 위해 기업 구조 조정을 하고 있다.
**リズミカル** ◇リズミカルだ 리드미컬하다, 율동적이다 ¶リズミカルな曲 리드미컬한 곡
**リズム** 리듬 ¶ドラムのリズムが少し乱れている 드럼의 리듬이 조금 흐트러져 있다. / 二人はワルツのリズムに合わせて踊り出した 두 사람은 왈츠의 리듬에 맞춰 춤을 추기 시작했다. / カスタネットでリズムをとる 캐스터네츠로 리듬을 맞추다 / この子はリズム感がいい 이 아이는 리듬감이 좋다. 関連 リズム体操 리듬 체조(▶韓国語의 리듬 체조は ふつう「新体操」의 뜻)
**りせい【理性】**이성 ◇理性的だ 이성적이다 ¶理性に従って行動するべきだ 이성에 따라 행동해야 한다. / 理性に訴える 이성에 호소하다 / 彼は興奮すると理性を失う 그는 흥분하면 이성을 잃는다. / 彼女は理性的な人だ 그녀는 이성적인 사람이다.

**りそう****【理想】**이상 ◇理想的だ 이상적이다 ¶彼女は理想が高い 그녀는 이상이 높다 / 自然と触れ合いながら暮らすのが理想だ 자연과 어울리면서 사는 것이 이상이다. / 理想と現実には大きなギャップがあるものだ 이상과 현실에는 큰 갭이 있다. / 理想を追うことは悪いことではない 이상을 쫓는 것은 나쁜 일이 아니다. / 理想の実現のためなら努力を惜しまない 이상 실현을 위해서라면 노력을 아끼지 않는다.
¶彼は私にとって理想の男性だわ 그 사람은 나에게 있어서 이상의 남자야. / 彼女は理想的なプロポーションをしてるな、モデルみたいだ 그 여자는 이상적인 몸매를 가졌네, 모델 같다. / 駅にもビーチにも近いから、ここは新しいホテルを建てるには理想的な場所だ 역도 바다도 가까워서 이곳은 새로운 호텔을 세우기에 이상적인 장소다. / 理想的にはその問題は君一人で処理すべきだ 이상적으로는 그 문제는 너 혼자서 처리해야 한다.

関連 理想家 이상가 / 理想郷 이상향 / 理想主義 이상주의 / 理想主義者 이상주의자
**リゾート** 리조트, 휴양지(休養地) ¶リゾート開発 리조트 개발 関連 リゾートウェア 리조트 웨어 / リゾート地 휴양지 / リゾートホテル 리조트 호텔 / リゾートマンション 리조트 맨션
**りそく【利息】**이식, 이자(利子) ⇒利子
**リターンマッチ** 리턴 매치, 복수전(復讐戦), 설욕전(雪辱戦) ⇒雪辱
**りち【理知】**이지 ◇理知的 이지적 ⇒知性, 理性
**リチウムでんち【リチウム電池】**리튬 전지
**りちぎ【律儀】**◇律儀だ〔真心のある〕성실하다〔正直な〕정직하다〔信義に厚い〕의리가 두텁다 ◇律儀に 성실히, 정직히 ¶彼女は今時珍しいほどの律儀な人だ 그녀는 오늘날 보기 드문 성실한 사람이다. / その青年は昔の約束を律儀に守った 그 청년은 예전 약속을 성실하게 지켰다. 関連 律儀者 성실하고 정직한 사람
**りつ【率】**〔比率〕율〔률〕(▶「～率」という場合、母音およびしで終わる名詞につくときは율、それ以外は률となる), 비율〔損得の度合い〕벌이 ¶率のよい[悪い]仕事 벌이가 많은[적은] 일 / 日本では大学進学率は高い 일본에서는 대학 진학률은 높다. 関連 出生率 출생률 / 死亡率 사망률 / 税率 세율 / 発生率 발생률 / 百分率 백분율
**りつあん【立案】**입안 ◇立案する 입안하다 ¶この企画を立案したのは加藤さんです 이 기획을 입안한 사람은 가토 씨입니다. 関連 立案者 입안자
**りっか【立夏】**입하
**りっきゃく【立脚】**입각 ◇立脚する 입각하다 ¶互恵平等の原則に立脚した外交政策 호혜 평등의 원칙에 입각한 외교 정책 / その作家は自らの戦争体験を立脚点としたすぐれた作品を数多く残している 그 작가는 자신의 전쟁 체험에 입각한 훌륭한 작품을 많이 남겼다.
**りっきょう【陸橋】**육교, 가도교, 구름다리
**りっけん【立憲】**입헌 関連 立憲君主 입헌 군주 / 立憲君主国[制] 입헌 군주국[제] / 立憲政治 입헌 정치 ⇒憲法
**りっこうほ【立候補】**입후보 ◇立候補する 입후보하다 ¶彼は知事選挙に立候補した 그는 지사 선거에 입후보했다. / 彼女は民主党から立候補した 그녀는 민주당에서 입후보했다. / 3人が自民党総裁選への立候補を表明した 세 명이 자민당 총재 선거에 입후보를 표명했다. / 立候補者は減税を公約した 입후보자는 감세를 공약했다. 関連 立候補者 입후보자
**りっしでん【立志伝】**입지전 ¶彼は立志伝中の人物だ 그는 입지전적인 인물이다.
**りっしゅう【立秋】**입추
**りっしゅん【立春】**입춘
**りっしょう【立証】**입증 ◇立証する 입증하다 ¶無罪を立証する 무죄를 입증하다 / この事件の背後関係の立証は難しい 이 사건의 배후 관계를 입증하는 것은 어렵다. ⇒証明
**りっしょく【立食】**입식 関連 立食パーティー 뷔페식 파티
**りっしんしゅっせ【立身出世】**입신출세 ◇立身

出世する 입신출세하다

**りっすい【立錐】** 입추 ¶コンサート会場は立錐の余地もなかった 콘서트 회장은 입추의 여지도 없었다.

**りっする【律する】** 다루다, 처신하다 〔規定する〕판단하다 〔測る〕평가하다 ¶自分の価値観で他人を律してはならない 자기의 가치관으로 남을 규정해서는 안 된다. / リーダーたる者はわが身を厳しく律しなければならない 리더인 자는 자기 자신에게 엄격해야 한다.

**りつぜん【慄然】** ¶慄然とする 소름이 끼치다 / 彼は事の重大さに慄然とした 그는 일의 중대함에 전율했다. ⇨ぞっと

**りつぞう【立像】** 입상

**りったい【立体】** 입체 ◇立体的 입체적이다 ¶この絵は立体感がある 이 그림은 입체감이 있다. 関連 **立体映画** 입체 영화 / **立体幾何学** 입체기하학 / **立体交差** 입체 교차 / **立体駐車場** 입체 주차장

**リッチ** ◇リッチだ 〔裕福だ〕부유하다, 유족하다 〔豪華な〕호화롭다 ¶たまにはリッチな気分を味わいたいものだ 가끔은 호화로운 기분을 맛보고 싶다. / リッチな雰囲気のレストラン 호화로운 분위기의 레스토랑

**りっちじょうけん【立地条件】** 입지 조건 ¶このホテルは立地条件がよい 이 호텔은 입지 조건이 좋다.

**りっとう【立冬】** 입동

**リットル** 리터 (▶記号は ℓ)

**りっぱ【立派】** ❶ 〔すぐれている〕 ◇立派だ 훌륭하다 ¶あいつはいつも言うことだけは立派だ 그 녀석은 항상 말만 잘한다. / 彼は立派な人だ 그는 훌륭한 사람이다. / 彼は努力して立派な成績を取った 그 친구는 노력해서 훌륭한 성적을 거두었다. / 君の新しい小説は立派な出来映えだ 네 새 소설은 아주 잘 됐더라. / わが社は上半期立派な業績を上げた 우리 회사는 상반기에 훌륭한 업적을 올렸다.
¶彼女は立派な家柄の出だ 그녀는 훌륭한 집안 출신이다. / 彼は国会議員として立派な業績を残した 그는 국회의원으로서 훌륭한 업적을 남겼다.
❷ 〔堂々とした〕당당하다 〔豪華だ〕호화롭다 〔見事だ〕멋지다 ¶駅前に立派なコンサートホールが建った 역 앞에 훌륭한 콘서트 홀이 세워졌다. / 彼は高級住宅地に立派な家を持っている 그 사람은 고급 주택지에 멋진 집을 가지고 있다. / あの立派な身なりをした人はだれですか 저 멋지게 차려 입은 사람은 누구입니까? / 自慢の立派なひげをそっちゃったのか? 자랑거리인 멋진 수염을 깎아 버린 거야?
❸ 〔正当だ、十分だ〕정당하다 ; 충분하다 ◇十分に 충분히 ¶彼には遅刻の立派な言い訳があった 그는 지각할 수밖에 없는 이유가 있었다. / もう立派な大人なんだから自分のすることには責任をもちなさい 이제 충분히 어른이니까 자기가 한 행동에는 책임을 져라.
¶彼女は立派に私たちの期待に応えた 그녀는 훌륭히 우리의 기대에 보답했다. / 連絡船は長年にわたって立派にその役割を果たしてきた 연락선은 긴 세월에 걸쳐 훌륭히 그 역할을 해 왔다.

**りっぷく【立腹】** ◇立腹する 화를 내다, 성을 내다, 역정을 내다 ¶先生のご立腹はもっともです 선생님이 화내실 만도 합니다.

**りっぽう【立方】** 《数学》세제곱 関連 **立方体** 입방체 / **立方根** 세제곱근 ¶この立方体の体積は1立方センチメートルだ 이 입방체의 체적은 1 세제곱센티미터다. / 125の立方根はいくつですか 125의 세제곱근은 얼마입니까?

**りっぽう【立法】** 입법 ¶政府には3つの部門, すなわち, 司法・立法・行政府がある 정부에는 세 개의 부문, 즉 사법, 입법, 행정부가 있다. 関連 **立法機関** 입법 기관 / **立法権** 입법권 / **立法府** 입법부

**りづめ【理詰め】** ◇理詰めの 이치를 따진 ◇理詰めで 이치를 따져 ¶彼の理詰めの意見には閉口した 그의 이치를 따진 의견에는 말문이 막혔다. / 彼女は両親を理詰めで説得しようとした 그녀는 부모님을 이치를 따져 설득하려고 했다.

**りつめんず【立面図】** 입면도

**りてきこうい【利敵行為】** 이적 행위 ¶それは利敵行為だ 그것은 이적 행위다.

**りてん【利点】** 이점 (▶発音は 이점) ¶このカメラの利点は小さくて軽いことだ 이 카메라의 이점은 작고 가벼운 점이다.

**りとう【離党】** 탈당 〔脱党〕◇離党する 탈당하다 ¶彼らは郵政民営化に反対して自民党を離党した 그들은 우정 민영화에 반대해서 자민당을 탈당했다. 関連 **離党者** 탈당자

**りとう【離島】** 〔離れ島〕낙도(落島), 외딴 섬 ◇離島する 섬을 떠나다 ¶多くの若者が離島していった 많은 젊은이가 섬을 떠났다.

**リトグラフ** 〔石版〕석판

**リトマスしけんし【リトマス試験紙】** 리트머스 시험지

**リニアモーター** 리니어 모터 関連 **リニアモーターカー** 리니어 모터카

**りねん【理念】** 이념 ¶民主主義の理念 민주주의의 이념 / 法の理念 법의 이념 / その教師は自らの教育の理念を貫いた 그 교사는 자신의 교육 이념을 관철했다.

**リノールさん【リノール酸】** 리놀레산

**リノリウム** 리놀륨

**リハーサル** 리허설 ¶リハーサルではうまくいったのに本番ではあがってしまった 리허설에서는 잘 했는데, 본 방송에서는 긴장해 버렸다. / リハーサルをする 리허설을 하다 関連 **カメラリハーサル** 카메라 리허설

**リバーシブル** 리버시블, 양면 ¶このジャンパーはリバーシブルだ 이 옷은 리버시블 점퍼이다. / リバーシブルコート 리버시블 코트

**リバイバル** 리바이벌 ¶その古い映画は今リバイバル上映している 그 옛날 영화는 지금 재상영되고 있다. 関連 **リバイバル映画** 리바이벌 영화 / **リバイバル上映** 리바이벌 상영

**りはつ【理髪】** 이발 関連 **理髪師** 이발사 / **理髪店** 이발소, 이발관 ⇨床屋

**リハビリテーション** 리허빌리테이션, 재활 치료(再活治療), 물리 치료(物理治療) ¶医師はそ

の患者にリハビリテーションを施した 의사는 그 환자에게 재활 치료를 실시했다.

**りはん【離反】** 이반 ◇**離反する** 이반하다 ¶無策な政府から人心が離反しつつある 무위무책인 정부에 대해 국민들의 인심이 이반하고 있다.

**リビングルーム** 거실(居室) ⇨居間

**リフォーム** ◇**リフォームする**〔服を〕고치다〔家を〕개축하다 ¶ワンピースをリフォームして娘の遊び着を作った 원피스를 고쳐서 딸이 놀 때 입는 옷을 만들었다. ¶わが家もそろそろリフォームしなければならない 우리 집도 슬슬 새단장해야 된다.

**りふじん【理不尽】** ◇**理不尽だ** 부당하다, 터무니없다 ¶彼の要求はあまりにも理不尽だ 그의 요구는 너무나도 터무니없다. / あいつは理不尽な男だから気をつけたほうがよい 그 녀석은 못된 남자니까 조심하는 것이 좋다.

**リフト**〔スキー場の〕리프트 ¶リフトで頂上まで上ろう 리프트로 정상까지 올라가자.

**リベート**〔割り戻し〕리베이트〔手数料〕수수료〔賄賂〕뇌물 ¶市長は業者から多額のリベートを受け取っていた 시장은 업자한테 거액의 뇌물을 받았었다. ⇨賄賂

**りべつ【離別】** 이별〔離婚〕이혼 ¶彼女は幼時に両親と離別したそうだ 그녀는 어렸을 때 부모와 이별했다고 한다.

**リベラリスト** 리버럴리스트, 자유주의자(自由主義者)

**リベラリズム** 리버럴리즘, 자유주의(自由主義) ⇨自由

**リベラル** 리버럴 ◇**リベラルだ** 리버럴하다, 자유롭다, 자유주의적이다 ¶リベラルな雰囲気 자유로운 분위기 / その高校はリベラルな校風で有名だ 그 고등학교는 자유로운 교풍으로 유명하다. ⇨自由

**リポーター** 리포터, 기자(記者) ⇨報道

**リポート** 리포트〔報告書〕보고서〔学生の小論文〕소논문〔報道記事〕보도 기사 ⇨報告, 報道

**リボかくさん【リボ核酸】** 리보 핵산(━略 RNA)

**リボン** 리본 ¶女の子は髪に黄色いリボンをつけていた 여자 아이는 머리에 노란 리본을 달고 있었다. / この包みにリボンをかけてください 이 포장에 리본을 달아 주십시오. / プリンターのインクリボン 프린터의 잉크 리본

**りまわり【利回り】** 이율(利率) ¶この国債は利回りがいい〔悪い〕이 국채는 이율이 좋다〔나쁘다〕.

**リミット**〔限度〕한도, 한계〔期限〕기한 ¶論文提出のタイムリミットが迫っている 논문 제출 기한이 다가오고 있다. ⇨限界, 限度, 期限

**リムジン**〔リムジン車〕리무진〔空港送迎バス〕리무진 공항 버스

**りめん【裏面】** ❶〔裏側〕이면, 뒷면 ¶裏面を見なさい 뒷면을 봐. / カードの裏面に氏名を記入してください 카드 뒷면에 성명을 기입해 주세요.

❷〔隠された面〕이면 ¶この本には政界の裏面についてくわしく書いてある 이 책에는 정계의 이면에 대해 자세히 씌어져 있다. / この計画を成功させるためには裏面工作が必要だ 이 계획을 성공시키 위해서는 뒷공작이 필요하다.

**リモコン** 리모콘〔遠隔操作〕리모트 컨트롤, 원격 제어 ¶現在ではほとんどのテレビがリモコン付きだ 현재는 거의 모든 텔레비전에 리모컨이 붙어 있다. 関連 **リモコンテレビ** 원격 제어 텔레비전

**リヤカー** 리어카

**りゃく【略】**〔省略〕생략〔略語〕약어, 준말 ¶以下略の의 생략

**りゃくご【略語】** 약어, 준말 ¶FIFAは国際サッカー連盟の略語だ FIFA는 국제 축구 연맹의 준말이다.

**りゃくじ【略字】** 약자

**りゃくしき【略式】** 약식 ¶彼らの披露宴は略式で行われた 그들은 피로연을 약식으로 했다. 関連 **略式起訴** 약식 기소 / **略式裁判** 약식 재판

**りゃくしょう【略称】** 약칭 ¶文科省は文部科学省の略称だ 문과성은 문부과학성의 약칭이다.

**りゃくす【略す】** 생략하다, 약하다〔短縮する〕줄여 쓰다〔語句〕약기하다 ¶先の説明と重複する部分は略します 앞의 설명과 중복되는 부분은 생략합니다. / キロメートルはよくkmと略されるキロメートルは흔히 km로 줄여 쓴다. / 世界保健機関は略してWHOと呼ばれる 세계 보건 기구는 약기해서 WHO라고 불리운다. / 前置きは略させていただきます 서론은 생략하겠습니다. / 名前を略さないで書いてください 이름을 생략하지 말고 써 주세요.

**りゃくず【略図】** 약도 ¶ご自宅までの略図をかいてください 집까지 가는 약도를 그려 주세요.

**りゃくだつ【略奪】** 약탈 ◇**略奪する** 약탈하다 ¶暴徒たちは商店からあらゆる商品を略奪した 폭도들은 상점에서 온갖 물건을 약탈했다. / 兵士たちはその町を略奪した 병사들은 그 마을을 약탈했다. 関連 **略奪者** 약탈자 / **略奪品** 약탈품

**りゃくれき【略歴】** 약력 ⇨経歴, 履歴

**-りゅう【-流】** ❶〔やり方〕-류, -식〔方式〕방식〔様式〕양식, 스타일 ¶彼女は何でも自己流でやりたがる 그 여자는 뭐든지 자기 방식으로 하고 싶어한다.

❷〔流派〕-류, 유파 ¶藤間流の踊り 후지마류의 춤

**りゅう【竜・龍】** 용

## りゆう

**【理由】** 이유, 까닭〔言い訳〕구실, 핑계

◆**【理由は・理由が】**

¶彼を信じる理由は何ですか 그 사람을 믿는 이유는 무엇입니까? / わが社への就職を希望する理由は何ですか 우리 회사에 입사를 희망하는 이유는 무엇입니까? / 私が保母になった理由は子供が好きだからです 내가 보모가 된 이유는 아이들을 좋아하기 때문입니다. / 君たちに彼を責める理由は何もない 너희들이 그 사람을 책할 이유는 아무것도 없다. / 社長が突然辞任した本当の理由はついに明らかにされなかった 사장님이 갑자기 사임한 진짜 이유는 결국 밝혀지지 않았다. / 理由はどうあれそをついてはいけない 이유야 어떻든 거짓말을 해서는 안 된다. / 会社を休む理由が思いつかなかった 회사를 쉴 구실이 떠오르지 않았

다. / 私にはその計画に反対するだけの十分な理由がある 나에게는 그 계획에 반대할 만한 충분한 이유가 있다.

**会話** どうして
A：あの歌手, 人気絶頂だったのにどうして引退したのかな
B：どうも理由ははっきりしないみたいよ
A：그 가수, 인기 절정이었는데 왜 은퇴했을까?
B：이유는 그다지 확실하지 않은 것 같아.
A：山田のやつ, 本当に万引きしたと思うかい
B：まさか, あいつにそんなことをする理由はないよ
A：야마다 그 녀석, 정말 가게에서 도둑질을 했다고 생각해?
B：설마, 그 녀석에게 그런 짓을 할 이유가 없지.
A：彼女絶対土曜日にはデートしてくれないんだ
B：彼女なりの理由があるんだろうさ
A：여자 친구는 절대 토요일에 데이트 안 해 준단 말야.
B：여자 친구 나름대로 이유가 있겠지.

◆**理由に・理由は**
¶彼女は忙しいのを理由にコンパに出席しなかった 그녀는 바쁘다는 핑계로 미팅에 나오지 않았다. / 彼は風邪を理由にして仕事を休んだ 그는 감기를 이유로 일을 쉬었다. / 遅刻の理由を言いなさい 지각한 이유를 말해 봐. / あれこれ理由をつけて野球部の練習をさぼった 이런 저런 이유를 대고 야구부 연습을 빠졌다. / "報告書にミスが多くてすみません。パソコンの調子が悪くって" "理由になってないと思うよ" "보고서에 실수가 많아 죄송합니다. 컴퓨터 상태가 좋지 않아서." "이유가 되지 않는다고 생각하는데."

◆**理由で**
¶彼は経済上の理由で大学を中退しなければならなかった 그는 경제상의 이유로 대학을 중퇴해야 됐다. / 私は健康上の理由で菜食にしているんです 나는 건강상의 이유로 채식을 하고 있습니다. / 彼女は一身上の理由で仕事を辞めた 그녀는 일신상의 이유로 일을 그만두었다.

◆**その他**
¶"彼, とうとう首になったんだって" "ああ, しょっちゅう無断欠勤していたからね。それが理由さ" "그 사람, 드디어 해고당했다며?" "응, 자주 무단 결근을 했으니까. 그게 이유야." / これという特別な理由もなく弟はきのう学校を休んだ 이렇다 할 특별한 이유도 없이 남동생은 어제 학교를 쉬었다.

**りゅうい**【留意】유의〔注意〕조심 ◇留意する 유의하다〔注意する〕조심하다 ¶留意事項を読み忘れてしまった 유의 사항을 읽지 않았다. / 健康にご留意ください 건강에 조심하세요. 関連 留意点 유의점

**りゅういき**【流域】유역 ¶この川の流域に住む人々は昔から洪水に悩まされている 이 강 유역에 사는 사람들은 옛날부터 홍수에 시달려 왔다. / 中国の黄河流域では古代文明が栄えた 중국 황하 유역에서는 고대 문명이 번영했다.

**りゅういん**【溜飲】溜飲が下がる 마음이 후련

하다 / 日ごろの不満を上司に直接ぶちまけたら溜飲が下がったよ 평소에 쌓인 불만을 상사에게 털어 놓았더니 마음이 후련해졌다.

**りゅうかい**【流会】유회 ◇流会する 유회하다, 유회되다 ¶会議は流会となった 회의는 유회되었다.

**りゅうがく**【留学】유학 ◇留学する 유학하다 ¶あなたは留学したことがありますか 당신은 유학한 적이 있습니까? / 大学を卒業したら留学したい 대학을 졸업하면 유학하고 싶다. / 佐藤さんの韓国語が流暢なのは韓国留学のおかげだ 사토 씨의 한국어가 유창한 것은 한국 유학 덕분이다. / うちの大学には外国からの交換留学生がたくさんいる 우리 대학에는 외국에서 온 교환 유학생이 많다. 関連 留学生 유학생 / 私費留学生 사비[자비] 유학생

**りゅうかん**【流感】독감(毒感), 인플루엔자

**りゅうき**【隆起】융기 ◇隆起する 융기하다, 융기되다 ¶地震で地盤が隆起した 지진으로 지반이 융기되었다.

**りゅうぎ**【流儀】〔やり方〕방식, 법식〔方法〕방법〔様式〕양식 ¶茶道の流儀は流派によって異なる 다도의 양식은 유파에 따라 다르다. / 彼は何でも自分の流儀でやろうとする 그는 뭐든 자기 방식으로 하려고 한다.

**りゅうけつ**【流血】유혈 ¶デモ隊と警官隊が衝突し流血の事態に発展した 시위대와 경찰이 충돌해서 유혈 사태로 발전했다.

**りゅうげんひご**【流言飛語】유언비어 ¶流言飛語に惑わされてはいけない 유언비어에 현혹되어서는 안 된다.

# りゅうこう【流行】
❶〔服などの〕유행〔傾向〕경향 ◇流行の 유행의〔人気がある〕인기가 있는 ◇流行する 유행하다

◆**《流行は・流行が》**
¶黒い服の流行は全国的なものだった 검은 옷의 유행은 전국적인 것이었다. / 靴にも流行がある 구두에도 유행이 있다.

◆**《流行を》**
¶若者はいつも流行を追っている 젊은이들은 항상 유행을 쫓는다. / 我々の仕事は新しい流行を作り出すことだ 우리의 일은 새로운 유행을 만들어 내는 것이다.

◆**《流行の》**
¶姉は流行のファッションで出かけた 언니는 유행 패션으로 치장하고 외출했다. / 彼女は最新流行の服を身につけていた 그녀는 최신 유행하는 옷을 입고 있었다. / 最近では流行のはやりすたりが早い 최근에는 유행이 빨리 바뀐다. / 彼は流行の先端を行っている 그 친구는 유행의 첨단을 걷는다.

◆**《流行に》**
¶若い人は流行に敏感だ 젊은 사람은 유행에 민감하다. / 若者の多くは流行に遅れたくないと思っている 대다수의 젊은이들은 뒤떨어지지 싫다고 생각한다. / 流行にとらわれたくはない 유행에 얽매이고 싶지 않다. / ブーツが大流行になった 부츠가 대유행이다.

◆**《流行だ》**

¶今年は白が流行だ 올해는 하얀 색이 유행이다. / テレビゲームはもはや一時的な流行とは言えない 텔레비전 게임은 이제 일시적인 유행이라고 할 수 없다.

◆流行する
¶ミニスカートがまた流行している 미니스커트가 다시 유행하고 있다. / この髪型はもう流行していない 이 머리스타일은 이제 유행이 지났다. / パンツスーツが流行し始めた 바지 정장이 유행하기 시작했다.

◆その他
¶そのデザインは流行遅れだ 그 디자인은 유행에 뒤진다. / この型の帽子は流行遅れになった 이 스타일의 모자는 유행에 뒤진다.

❷ [病気などの] 유행, 만연(蔓延) ◇流行する 유행하다, 만연하다, 퍼지다 ¶鳥インフルエンザの世界的流行を防ぐ必要がある 조류독감이[조류 인플루엔자가] 세계적으로 퍼지는 것을 막을 필요가 있다. / 去年は悪性の風邪が流行した 작년에는 악성 감기가 유행했다. 関連 流行歌 유행가 / 流行歌手 유행 가수 / 流行語 유행어 / 流行作家 유행 작가

りゅうさん【硫酸】황산(黃酸), 유산 関連 硫酸アンモニア 황산 암모늄 / 硫酸マグネシウム 황산 마그네슘 / 硫酸銅 황산동, 황산구리

りゅうざん【流産】유산 ◇流産する 유산하다, 유산되다 ¶妻は妊娠3か月で流産した 아내는 임신 3개월에 유산했다. / 計画は流産に終わった 계획은 유산되었다.

りゅうし【粒子】입자 ¶ちりの粒子 먼지 입자 / 光[砂]の粒子 빛[모래]의 입자 関連 素粒子 소립자

りゅうしつ【流失】유실 ◇流失する 유실되다, 유실하다 ¶洪水による流失家屋は50軒に上った 홍수에 의한 유실 가옥은 50채를 넘었다. / 嵐によって積み荷の大半が流失した 폭풍으로 화물 태반이 유실되었다.

りゅうしゅつ【流出】유출 ◇流出する 유출되다, 유출하다 ¶座礁したタンカーから石油が流出した 좌초된 탱커에서 석유가 유출되었다. / 噴火口からは真っ赤な溶岩が流出している 분화구에서 시뻘건 용암이 분출되고 있다. / 村長は人口流出に頭を痛めていた 촌장은 인구 유출에 골머리를 앓고 있었다. / 頭脳流出 두뇌 유출

りゅうすい【流水】유수

りゅうせい【流星】유성, 별똥별 関連 流星群 유성군

りゅうせい【隆盛】융성 ◇隆盛する 융성하다 ¶隆盛を極める 융성을 이루다

りゅうせんけい【流線型】유선형 ¶この列車は流線型の車体をしている 이 열차 차체는 유선형이다.

りゅうたい【流体】『物理』유체 関連 流体力学 유체 역학 ⇒液体

りゅうち【留置】유치 ◇留置する 유치하다 ¶彼は痴漢の容疑で警察に留置された 그는 치한 혐의로 경찰에 유치되었다. 関連 留置場 유치장

りゅうちょう【流暢】◇流暢だ 유창하다 ◇流暢に 유창하게 ¶彼女は韓国語を流暢に話す 그녀는 한국어를 유창하게 한다.

りゅうつう【流通】유통 ◇流通する 유통하다, 유통되다 ¶商品の流通機構はきわめて複雑だ 상품의 유통 기구는 아주 복잡하다. / 世界各地で偽の100ドル札が流通している 세계 각지에서 가짜 100달러권이 유통되고 있다. / 2000円札はあまり流通していない 2000엔권은 별로 유통되고 있지 않다. 関連 流通革命 유통 혁명 / 流通経路 유통 경로 / 流通産業 유통 산업 / 流通センター 유통 센터

りゅうどう【流動】유동 ◇流動的 유동적 ¶中東情勢は依然として流動的だ 중동 정세는 여전히 유동적이다. / 彼女は流動食を取っている 그녀는 유동식을 먹고 있다. 関連 流動資本 유동 자본 / 流動性 유동성 / 流動体 유동체

りゅうとうだび【竜頭蛇尾】용두사미 ¶計画は竜頭蛇尾に終わった 계획은 용두사미로 끝났다.

りゅうにゅう【流入】유입 ◇流入する 유입하다, 유입되다 ¶米国への不法移民の流入は依然として続いている 미국에서는 불법 이민의 유입이 여전히 계속되고 있다. / 隣国の内戦で多数の難民がその国に流入した 이웃 나라의 내전으로 다수의 난민이 그 나라로 유입되었다.

りゅうにん【留任】유임 ◇留任する 유임하다, 유임되다 ¶中野氏は社長に留任することになった 나카노 씨는 사장으로 유임되었다.

りゅうねん【留年】유급(留級) ◇留年する 유급하다, 유급되다 ¶彼は大学で2年留年した 그는 대학에서 2년간 유급했다.

りゅうは【流派】유파 ¶空手には多くの流派がある 가라테에는 많은 유파가 있다.

りゅうひょう【流氷】유빙, 성엣장 ¶春のオホーツク海では多くの流氷が見られる 봄이 되면 오호츠크해에서는 많은 유빙을 볼 수 있다.

りゅうぼく【流木】유목

リューマチ 류머티즘 ¶ひざの関節がリューマチにかかっている 무릎 관절이 류머티즘이다. 関連 リューマチ患者 류머티즘 환자 / リューマチ熱 류머티즘열 / 関節リューマチ 관절 류머티즘

りゅうほ【留保】유보, 보류(保留) ◇留保する 유보하다, 보류하다 ¶結論を留保する 결론을 유보하다

りゅうよう【流用】유용 ◇流用する 유용하다 ¶委員会は予備費を人件費に流用することを決定した 위원회는 예비비를 인건비로 유용하기로 결정했다. / 市長は公金流用の容疑で逮捕された 시장은 공금 유용의 혐의로 체포되었다.

リュックサック 륙색, 배낭 ¶リュックサックを背負った登山者 배낭을 등에 멘 등산자

りよう【利用】이용 [活用] 활용 [使用] 사용 ◇利用する 이용하다, 활용하다, 사용하다 ¶会議では原子力の平和利用について話し合った 회의에서는 원자력의 평화 이용에 대해 이야기를 나누었다. / あの店では再生利用のためにペットボトルを回収している 그 가게는 재 활용을 위해 페트병을 회수하고 있다. / この資料は利用価値がある[ない] 이 자료는 이용 가치가 있다[없다]. / 夏にはこのホテルの利用客が多い 여

름에는 이 호텔 이용객이 많다.
¶旅行をするのに飛行機を利用する人が増えた 여행을 하는 데 비행기를 이용하는 사람이 늘었다. / 夏休みを利用して韓国に行った 여름 방학을 이용해서 한국에 갔다. / 廃物を利用しておもちゃを作った 폐품을 이용해서 장난감을 만들었다. / 当店ではクレジットカードがご利用になれます 저희 가게에서는 신용 카드를 이용할 수 있습니다. / 本日も日韓航空をご利用くださいましてありがとうございます 오늘도 일한항공을 이용해 주셔서 감사합니다. / このゴルフ場は会員しか利用できせん 이 골프장은 회원 이외에는 이용할 수 없습니다.
¶学生はもっと図書館を利用すべきだ 학생은 더욱 도서관을 이용해야 한다. / 「彼は仕事にうまくコンピュータを利用しているな」「僕ならもっとうまく利用できるよ」"그 사람은 일하는 데 컴퓨터를 잘 활용하고 있군.""나라면 더 잘 쓸 수 있어." / 君は辞書を最大限に利用しているとは言えない 너는 사전을 최대한으로 이용하고 있다고는 할 수 없다. / 大阪出張の機会を利用して京都まで足を伸ばした 그는 오사카 출장 기회를 이용해서 교토까지 갔다. / この機会を利用してみな様のご支援に対してお礼の言葉を述べたいと思います 이 자리를 빌려 여러분의 지원에 대해 감사의 말씀을 드리고 싶습니다.
¶彼は今の地位を得るために私を利用しただけだった 그는 지금의 지위를 얻기 위해 나를 이용했을 뿐이었다. / 彼女は親がこの会社にコネがあることを利用して就職した 그녀는 부모가 이 회사에 연줄이 있는 것을 이용해서 취업했다.

**りょう**【理容】이용 関連 理容学校 이용 학원 / 理容師 이용사 / 理容室 이용실

**りょう**【両】량, 칸 [鉄道の車両] 차량 ¶8両編成の列車 8량 편성의 열차 / 前から2両目の車両 앞에서 두 번째 칸 차량

**りょう**【良】〔成績〕양

**りょう**【涼】¶夏になると大勢の人が涼を求めてこの高原にやって来る 여름이 되면 많은 사람이 서늘함을 찾아 이 고원에 온다.

**りょう**【猟】사냥, 수렵(狩猟) ¶猟をする 사냥을 하다 / 猟に出かける 사냥을 나가다 関連 狩猟期 수렵기, 사냥철 / 猟場 수렵지, 사냥터

**りょう**【量】양 ¶量より質である 양보다 질이 중요하다. / 彼は酒の量が多すぎる 그는 주량이 과하다. / 「砂糖の量はどれくらいですか」「スプーン1杯でお願いします」"설탕 양은 어느 정도 할까요?""한 스푼 부탁합니다." / こうした交渉では経験の量がものをいう 이런 교섭에서는 경험의 양이 승패를 가름한다.
¶彼は毎日かなりの量の仕事をこなしている 그 사람은 매일 많은 양의 일을 해치우고 있다. / 適当な量の雨はよい収穫をもたらす 적당한 양의 비는 많은 수확을 가져온다. / きょうは必要な量の野菜を食べていない 오늘은 필요한 양의 야채를 먹지 않았다.
¶この機械は大量の紙くずを裁断することができる 이 기계는 대량의 종이 쓰레기를 재단할 수 있다. / 半量になるまで汁を煮詰めてください 국물이 반으로 줄 때까지 졸여 주세요. / サラダのドレッシングには酢と油を同量ずつ使う 샐러드용 드레싱에는 식초와 기름을 동량 사용한다. / この実験には一定量の水とアンモニアがいる 이 실험에는 일정량의 물과 암모니아가 필요하다. / 東京で1日に出るごみの総量って想像できるかい 도쿄에서 하루에 나오는 쓰레기의 총량을 상상할 수 있어? / 米の生産量が世界一なのはどこの国ですか 쌀 생산량이 세계 1위인 곳은 어느 나라입니까?

**りょう**【漁】〔魚をとること〕고기잡이, 어렵(漁猟), 어로(漁労)〔漁業〕어업〔漁獲高〕어획고 ¶漁に出る 고기잡이를 나가다 / 漁をする 어업을 하다 関連 にしん漁 청어 잡이

**りょう**【寮】기숙사(寄宿舎) ¶娘は大学の学生寮に入っている 딸은 대학교 기숙사에 산다. 関連 寮長 기숙사 사감(舎監) / 寮生 기숙생 / 寮費 기숙사비 / 寮母 기숙사 아줌마

**-りょう**【-料】-료【料金】요금 ¶授業料 수업료 / 診察料 진찰료 / 駐車料 주차료 / 通話料 통화료 / 手数料 수수료 / 入場料 입장료 / 配達料 배달료

**-りょう**【-領】-령【領土】영토 ¶英領バージン諸島 영국령 버진 제도 ⇒領土

**りょうあし**【両足・両脚】〔両足〕양발〔両脚〕양다리

**りょういき**【領域】영역〔領土〕영토〔分野〕분야 ¶それは私の領域ではない 그것은 내 분야가 아니다. / 他人の領域を侵すな 남의 영역을 침범하지 마. / 我々は海外事業の領域を広げることで合意した 우리는 해외 사업의 영역을 넓히기로 합의했다.

**りょういん**【両院】〔議会の〕양원 ¶法案は両院を通過し成立した 법안은 양원을 통과해 성립됐다. 関連 両院協議会 양원 협의회

**りょううで**【両腕】양팔

**りょうえん**【良縁】양연, 좋은 인연 ¶両親は私が良縁を得ることを願っている 부모님은 내가 좋은 인연을 얻기를 바라고 있다.

**りょうが**【凌駕・陵駕】능가 ◇凌駕する 능가하다 ¶うちのチームは投手力で他チームを凌駕している 우리 팀은 투수력으로 다른 팀을 능가한다.

**りょうかい**【了解】양해 ◇了解する 양해하다 ¶事前にみなの了解を求めるべきだ 사전에 모두의 양해를 구해야 한다. / 電話で彼の了解を得た 전화로 그의 양해를 얻었다. / 上司の了解を得て1日休んだ 상사의 양해를 얻어 하루 쉬었다. / この件は部長も了解済みだ 이 건은 부장님도 양해하셨다. / その問題の処理に関しては我々の間に暗黙の了解があった 그 문제의 처리에 관해서는 우리 사이에 암묵의 양해가 있었다. / 十分に説明して彼らと了解がついた 충분히 설명해서 그들과 합의를 봤다.
¶事情は了解しました 사정은 잘 알겠습니다. / この点についてはできませんが이 점에 대해서는 이해할 수 없습니다. / 了解! 알았어! / 좋아!! 오케이!

**りょうかい**【領海】영해 ¶韓国の領海を侵した2隻の漁船が拿捕された 한국의 영해를 침범한 두

척의 어선이 나포되었다. / 政府는 中国艦船의 領海侵犯에 抗議한 정부는 중국 함선의 영해 침범에 항의했다. ⇨領空, 領土

**りょうがえ【両替】** 환전(換銭) ◆**両替する** 환전하다 ¶10万円をウォンに両替してください 10만 엔을 원으로 환전해 주세요. / 1万ウォンを1000ウォン札 9枚と100ウォン硬貨10枚に両替していただけますか 만 원을 천 원짜리 아홉 장과 백 원짜리 동전 열 개로 환전해 주시겠습니까? 関連 両替機 환전기 / 両替所 환전소

**りょうがわ【両側】** 양쪽, 양편 ¶通りの両側にはたくさんの店が並んでいる 길 양편에는 많은 가게가 늘어서 있다.

**りょうかん【涼感】** 양감, 시원한 느낌 ¶風鈴は涼感を誘う 풍경은 시원한 느낌을 준다.

**りょうかん【量感】** 양감 ¶この絵には量感がある 이 그림에는 양감이 있다.

**りょうぎし【両岸】** 양안, 양쪽 기슭 ¶川の両岸には桜並木が続いていた 양 강변에는 벚꽃나무가 늘어서 있었다.

**りょうがん【両眼】** 양안, 쌍안, 두 눈 ¶彼女は事故で両眼を失明した 그녀는 사고로 두 눈을 실명했다.

**りょうきょく【両極】** 양극 〔南極と北極〕 남극과 북극 〔陰極と陽極〕 음극과 양극 〔両極端〕 양극단 ¶愛と憎しみは両極にある 사랑과 미움은 양극단에 있다.

**りょうきょくたん【両極端】** 양극단 ¶クラスの意見は両極端に分かれた 반의 의견은 양극단으로 갈라졌다. 慣用句 両極端は相通ずるよ 극과 극은 서로 통한다.

**りょうきん【料金】** 요금 ¶公共料金は毎月きちんと払っている 공공요금은 매달 꼬박꼬박 내고 있다. / このコンサートのS席の料金は1万円です 이 콘서트의 S석 요금은 만 엔입니다. / 電話料金は以前と比べるとかなり下がっている 전화 요금은 이전과 비교하면 꽤 내렸다. / 観光シーズンにはホテルの部屋代は通常料金の2倍になる 관광 시즌에는 호텔 방 값은 통상 요금의 두 배가 된다. / 今月の水道料金は思ったよりも高かった 이달 수도 요금은 생각보다 많이 나왔다. / 15パーセントのサービス料金が加算されます 15퍼센트 서비스 요금이 가산됩니다. / タクシーの料金が先月から上がった 택시 요금이 지난달부터 올랐다. / 電車の子供料金はいくらですか 어린이 전철 요금은 얼마입니까? / 普通車の通行料金は600円です 보통차의 통행 요금은 600엔입니다. / パソコンの修理に8千円の料金を請求された 컴퓨터 수리하는 데 8천 엔 들었다. / お飲み物は別料金になります 음료수는 별도 요금입니다. ¶シングルームの料金はいくらですか 싱글룸의 요금은 얼마입니까? / この手紙を書留にすると料金はいくらになりますか 이 편지를 등기로 하면 요금은 얼마입니까? 関連 料金所 요금소 / 高速道路の）トールゲート, （バスの）料金箱 요금함 / 料金表 요금표 / 貸し切り料金 전세 요금 / ガス料金 가스 요금 / 規定料金 규정 요금 / 基本料金 기본 요금 / グリーン料金 그린차 요금, 특석 요금 / 高速道路料金 고속도로 요금 / 寝台料金 침대 요

금 / （タクシーの）深夜料金 심야 요금 / 速達料金 속달 요금 / 駐車料金 주차 요금 / 電気料金 전기 요금 / 特急料金 특급 요금 / 乗り越し料金 초과 요금 / 郵便料金 우편 요금 / レンタル料金 임대 요금

**りょうくう【領空】** 영공 ¶国籍不明機が日本の領空を侵犯した 국적 불명의 비행기가 일본 영공을 침범했다. 関連 領空侵犯 영공 침범

**りょうけ【良家】** 양가 ¶良家の子女 양가의 자녀

**りょうけん【了見・料簡】** 〔考え〕 생각 〔意図〕 의도 ¶彼女はどういう了見でそんなうそをついたのだろう 그 여자는 어떤 의도로 그런 거짓말을 한 것일까? / 彼は了見の狭い男だ 그는 생각이 좁은 남자다. / 了見違いもはなはだしい 오해도 이만저만이 아니다.

**りょうけん【猟犬】** 사냥개, 엽견

**りょうこう【良好】** ◇**良好だ** 양호하다 〔非常によい〕 아주 좋다 ¶この無線機の感度は良好だ 이 무선기의 감도는 양호하다. / 母の手術後の経過は良好だ 어머니의 수술 경과는 양호하다. ⇨よい

**りょうさん【量産】** 양산 〔量産する〕 양산하다 ¶新工場を建設して量産体制を整える 신공장을 건설해서 양산 체제를 정비하다 関連 量産品 양산품

**りょうし【猟師】** 사냥꾼

**りょうし【量子】** 『物理』 양자 関連 量子物理学 양자 물리학 / 量子力学 양자 역학 / 量子論 양자론

**りょうし【漁師】** 고기잡이, 어부（漁夫）

**りょうじ【領事】** 영사 関連 領事館 영사관 / 領事館員 영사관원 / 総領事 총영사 / 副領事 부영사

**りょうしき【良識】** 양식 ¶良識ある行動を取る 양식 있는 행동을 취하다 / 良識のある人ならそんなことは言わない 양식이 있는 사람이라면 그런 말은 하지 않는다. / この問題を解決するには市民の良識に訴えるほかない 이 문제를 해결하는 데는 시민들의 양식에 호소하는 길밖에 없다.

**りょうしつ【良質】** 양질 ¶良質の生地 질 좋은 천 / その油田からは良質の石油が産出する その 유전에서 양질의 석유가 산출된다.

**りょうしゃ【両者】** 양자 ¶問題の解決を図るためには両者の歩み寄りが必要だ 문제 해결을 꾀하기 위해서는 양자의 양보가 필요하다. / 両者は互角が양자는 실력이 백중하다.

**りょうしゅう【領収】** 영수 ◆**領収する** 영수하다 ¶上記の金額を確かに領収致しました 상기의 금액을 분명히 영수하였습니다. / 領収書を書いてください 영수증 써 주세요. / 領収書をいただけますか 영수증 받을 수 있을까요? / 領収済み 영수필

**りょうじゅう【猟銃】** 사냥총 ¶彼は猟銃で熊の頭を打ち抜いた 그는 사냥총으로 곰의 머리를 쏘았다.

**りょうしょう【了承】** 〔了解〕 양해 〔承諾〕 승낙 〔承認〕 승인 〔同意〕 동의 ◇**了承する** 양해하다, 승낙하다, 승인하다 ¶留学することについてご両親の了承を得たのですか 유학하는 것에 대해 부

모님의 승낙을 얻었습니까? / 上司の了承を求めた 상사의 승인을 구했다. / その件は了承済みです 그 건은 이미 승인받았습니다. / 彼の申し出を了承した 그의 제의를 승낙했다.

**りょうしん**【両親】양친〔父母〕부모 ⇒ 親, 父母

## りょうしん 【良心】양심 ◇良心的だ 양심적이다

◆【良心が】
¶不正を見逃すことは彼の良心が許さなかった 부정을 간과하는 것은 그의 양심이 용서하지 않았다. / 妻にうそをついてしまったことで今でも良心が痛む 아내에게 거짓말을 한 것으로 지금도 양심의 가책을 느낀다. / 彼に良心があればお年寄りをだましたりしなかったはずだ 그 사람에게 양심이 있다면 노인을 속이는 짓은 하지 않았을 것이다. / あの時のことを考えると今でも良心の呵責にさいなまれる 그 때의 일을 생각하면 지금도 양심의 가책 때문에 몹시 괴롭다.

◆【良心に】
¶私は良心にやましいところは一つもない 나는 양심에 가책을 받을 것은 하나도 없다. / 自分の良心に従って行動するべきだ 자기 양심에 따라 행동해야 한다.

◆【良心の】
¶彼はただ金をもうけたいだけで良心のかけらもない 그는 단지 돈을 벌고 싶을 뿐 양심 따위는 손톱만큼도 없다. / 友達をだますようなことをして良心のとがめを感じる 친구를 속이는 짓을 해서 양심의 가책을 느낀다.

◆【良心的】
¶あの店は良心的だ 그 가게는 양심적이다. / あの大工さんは良心的な仕事をしてくれる 그 목수는 양심적인 일을 한다. /「このかばん1万円で買ったんだ」「へえ、良心的な値段だね」"이 가방 만 엔에 샀어." "이야, 양심적인 가격이네." / 父は良心的な商売をしている 아버지는 양심적인 장사를 하고 계신다. / 良心的兵役拒否者 양심적 병역 거부자

**りょうせい**【両生・両棲】양서 関連 両生動物 양서 동물 / 両生類 양서류

**りょうせい**【両性】양성, 남성과 여성 ¶婚姻は両性の合意に基づく 혼인은 양성의 합의에 의거한다. 関連 両性生殖 양성 생식

**りょうせい**【良性】양성 関連 良性腫瘍 양성 종양

**りょうたん**【両端】양단, 양쪽 끝

**りょうて**【両手】두 손, 양손〔両腕〕양팔, 두 팔 ¶彼女は私に両手を差し伸べた 그녀는 나에게 두 손을 내밀었다. / 彼は両手を広げて私たちを歓迎した 그는 두 팔을 벌려 우리를 환영했다. / 彼は両手にいっぱいの花を持ってきた 그 사람은 두 손 가득 꽃을 들고 왔다. / 水を両手ですくって飲んだ 물을 두 손으로 떠서 마셨다. / 彼女は両手で耳をふさいだ 그 여자는 두 손으로 귀를 막았다. / ちょっとたくさん買い物しすぎちゃった、両手で抱えきれないわ 좀 많이 샀어, 양팔로도 안을 수가 없어. 慣用句 「見ろよ、あいつ陽子と梨花の間に座ってるぜ」「両手に花ってやつだな。うらやましいよ

"봐, 저 녀석 요코와 리카 사이에 앉아 있어." "양손에 꽃이네, 부럽다."

**りょうてい**【料亭】요정

**りょうてんびん**【両天秤】¶両天秤に掛ける 양다리를 걸치다 / ユミが君とミンスとを両天秤に掛けているのがわからないか 유미가 너랑 민수 사이에서 양다리 걸치고 있다는 걸 모르겠어?

**りょうど**【領土】영토 ¶領土を守る 영토를 지키다 / 領土を拡張する 영토를 확장하다 / 領土を侵す 영토를 침범하다. ¶日本固有の領土 일본 고유의 영토 / 北方領土問題 북방 영토 문제 / 領土紛争 영토 분쟁 / 領土保全 영토 보전 関連 領土権 영토권

**りょうびらき**【両開き】쌍바라지 ¶両開きのドア 쌍바라지 문

**りょうぶん**【領分】〔領域〕영역〔範囲〕범위 ¶それは医者の領分ではない 그것은 의사의 영역이 아니다. / 他人の領分を犯すべきではない 남의 영역을 침범해서는 안 된다. / 彼女は必死に自分の領分を守ろうとした 그녀는 필사적으로 자기 영역을 지키려고 했다.

## りょうほう 【両方】둘 다, 두 개 다, 양쪽, 쌍방〔両者〕양자 ¶ばらもゆりも両方とも好きだ 장미도 백합도 둘 다 좋아한다. / 映画は両方とも面白かった 영화는 둘 다 재미있었다. / 両方ともあげるよ 두 개 다 줄게. / 韓国語を話すことも書くことも両方できる 한국어를 말하는 것도 쓰는 것도 양쪽 다 할 수 있다. / 缶ビール2本あるんだけど両方とも冷えてないんだ 캔 맥주 두 개 있는데 두 개 다 시원하지 않아. / その洋服両方は買えないよ 그 옷 둘 다는 살 수 없어.

¶夫も私も両方ともそのマンションがとても気に入った 남편도 나도 모두 그 아파트가 아주 마음에 들었다. / 私たちは両方とものホテルが気に入った 우리는 둘 다 이 호텔이 마음에 들었다. / 彼らが両方ともこの計画に賛成しているわけではない 그들이 둘 다 이 계획에 찬성하는 것은 아니다. / 私たちは両方とも料理が気に入らなかった 우리 둘 다 요리가 마음에 들지 않았다.

**りょうほう**【療法】요법(▶発音은 요뻡) ¶風邪の民間療法はたくさんある 감기 치료에 관한 민간 요법은 많이 있다. / 精神療法を受ける 정신 요법을 받다 関連 温泉療法 온천 요법 / 化学療法 화학 요법 / 指圧療法 지압 요법 / 食餌療法 식이 요법 / ショック療法 쇼크 요법 / 薬物療法 약물 요법

**りょうみん**【良民】양민

**りょうめん**【両面】양면 ¶幅広い経験を積めば物事の両面が見えてくる 폭넓은 경험을 쌓으면 일의 양면이 보인다. 関連 両面テープ 양면 테이프

**りょうやく**【良薬】좋은 약, 양약 慣用句 良薬は口に苦し 좋은 약은 입에 쓰다. | 양약고구(良薬苦口)

**りょうゆう**【両雄】양웅, 두 영웅 ¶両雄並び立たず 영웅은 둘이 있을 수 없다. | 양웅불구립(両雄不倶立)

**りょうゆう**【領有】영유 ¶島の領有権を巡って 2

つの国が対立している섬의 영유권을 둘러싸고 두 나라가 대립하고 있다.

**りょうよう**【療養】요양〔治療〕치료 ◇**療養する** 요양하다 ¶しばらくの間療養したほうがよいと医者に言われた 얼마 동안 요양하는 편이 좋다고 의사 선생님이 말씀하셨다. / 彼女は長い療養生活を送ったことがある 그녀는 오랜 요양 생활을 한 적이 있다. / 彼は今自宅療養中だ 그는 지금 자택 요양 중이다. 関連 **療養所** 요양원, 요양소 / **転地療養** 전지 요양

**りょうり**【料理】요리〔調理〕조리〔食べ物一般〕음식 ◇**料理する** 요리하다 ¶私は韓国料理が好きだ 나는 한국 요리를 좋아한다. / きのう珍しい料理を食べた 어제 진귀한 요리를 먹었다. / あのレストランはいい料理を出す 그 레스토랑은 맛있다. / あそこの料理はまずい 거기 요리는 맛없다. / この料理の作り方を教えてください 이 요리를 만드는 방법을 가르쳐 주세요. / 料理ができましたよ 요리가 다 되었어요. / 料理をテーブルに並べてくれませんか 요리를 테이블에 놔 주시겠습니까? / きのう料理の本を買った 어제 요리책을 샀다.
¶母は料理がうまい 어머니는 요리를 잘 하신다. / 私, あまり料理は得意じゃないの 나 별로 요리는 잘하지 못해. / 妻は夕食に魚を料理している 아내는 저녁 식사로 생선 요리를 하고 있다. / **あっさりした料理** 산뜻한 요리 / **おいしい料理** 맛있는 요리 / **軽い料理** 가벼운 음식 / **しつこい料理** 느끼한 음식 / **冷たい[温かい]料理** 차가운[따뜻한] 음식 / **スパイスのきいた料理** 양념이 진한 요리 / **伝統的な料理** 전통적인 요리 / **栄養のある料理** 영양이 있는 음식 / **料理用ワイン** 요리용 와인 数え方 **料理1皿** 요리 한 접시
¶こんな問題は軽く料理できる 이런 문제는 가볍게 처리할 수 있다. / 松坂は相手の4番バッターを直球で三振にとり見事に料理した 마쓰자카는 상대팀 4번 타자를 직구로 삼진을 잡아 훌륭히 요리했다. 関連 **料理学校** 요리 학원 / **料理道具** 요리 도구 / **料理人** 요리사 / **料理法** 요리법 / **エスニック料理** 민족 요리 / **家庭料理** 가정 요리 / **郷土料理** 향토 요리 / **魚料理** 생선 요리 / **西洋料理** 서양 요리 / **中華料理** 중국 요리 / **肉料理** 고기 요리 / **日本料理** 일본 요리 / **フランス料理** 프랑스 요리 / **野菜料理** 야채 요리

**りょうりつ**【両立】양립 ◇**両立する** 양립하다, 양립되다 ¶彼女は仕事と家事を両立させようと努めてきた 그녀는 일과 가사를 양립시키려고 노력해 왔다.

**りょかく**【旅客】여객 関連 **旅客運賃** 여객 운임 / **旅客機** 여객기 / **旅客列車** 여객 열차

**りょかん**【旅館】〔宿屋〕여인숙 / 〔旅館〕여관 ¶旅館に泊まる 여관에 묵다 関連 **温泉旅館** 온천 여관

**りょくち**【緑地】녹지 関連 **緑地帯** 녹지대

**りょくちゃ**【緑茶】녹차

**りょくないしょう**【緑内障】녹내장

**りょけん**【旅券】여권(▶発音은여권) ¶旅券を申請[発行]する 여권을 신청[발행]하다 / 私の旅券はあと3年有効だ 내 여권은 3년 더 유효하다. ⇒パスポート

**りょこう**【旅行】여행 ◇**旅行する** 여행하다
◆《旅行は・旅行が》
¶「韓国旅行はどうでしたか」「とても楽しかったです」"한국 여행은 어땠습니까?""아주 즐거웠습니다." / 「新婚旅行はどこにしようか」「南太平洋の島がいいわ」"신혼 여행은 어디로 갈까?""남태평양의 섬이 좋아." / 旅行は台風のため延期された 여행은 태풍으로 연기되었다. / 私は旅行が大好きです 나는 여행을 아주 좋아합니다.
◆《旅行の》
¶旅行の支度はできましたか 여행 준비는 되었습니까? / 夏休みの旅行計画を立てよう 여름 방학 때 갈 여행 계획을 세우자. / この前の韓国旅行の話を聞かせて 이번 한국 여행 이야기를 들려 줘.
◆《旅行に》
¶京都へ3泊4日の旅行に行ってきた 교토에 3박 4일로 여행 갔다 왔다. / 旅行に必要なものをそろえなければならない 여행에 필요한 것을 준비해야 된다. / 息子は今旅行に行っています 아들은 지금 여행 중입니다. / 娘は1週間の中国旅行に出かけている 딸은 1주일간 중국 여행을 갔다. / 私は来週旅行に出かける 나는 다음주에 여행 간다. / たまには旅行に連れて行ってよ 가끔은 여행에 데리고 가 줘.
◆《旅行を》
¶1か月ヨーロッパ旅行をしてきました 한 달 동안 유럽 여행 갔다 왔습니다. / うちの両親は世界一周旅行を計画している 우리 부모님은 세계 일주 여행을 계획하고 계신다. / 私はまだ海外旅行をしたことがない 나는 아직 해외여행을 한 적이 없다. / 体調が悪いので旅行を見合わせた 몸이 안 좋아서 여행을 연기했다.
◆《旅行する》
¶夏休みに東京から北海道まで列車で旅行した 여름 방학에 도쿄에서 홋카이도까지 열차로 여행했다. / 彼は若いころ世界中を旅行した 그는 젊었을 때 세계 전체를 여행했다. / 私は一人で東南アジアを旅行した 나는 혼자서 동남아시아를 여행했다. / 彼女はよく旅行する 그녀는 여행을 자주 간다. / どこか, のんびり旅行したいなあ 어딘가, 한가로이 여행하고 싶어.
◆《その他》
¶忙しくて旅行どころではない 바빠서 여행 갈 틈이 없다. / 旅行で家を1週間ほど留守にします 여행 가느라고 집을 일 주일 정도 비웁니다. / 彼の一家はきょう九州旅行から帰ってきた 그의 가족은 오늘 규슈 여행에서 돌아왔다. / 以前旅行先で病気になったことがある 예전에 여행지에서 병이 난 적이 있다. / 友達が旅行先から手紙をくれた 친구가 여행지에서 편지를 보내 왔다. / 韓国旅行中に妻と知り合った 한국 여행 중에 아내와 알게 되었다.
¶**一泊旅行** 일박 여행 / **宇宙旅行** 우주여행 / **観光旅行** 관광 여행 / **国内旅行** 국내 여행 / **自転車旅行** 자전거 여행 / **修学旅行** 수학여행 / **周遊旅行** 주유 여행 / **スキー旅行** 스키 여행 / **団体旅行** 단체 여행 / **徒歩旅行** 도보 여행 / **バス旅行** 버스 여행 / **パック旅行** 패키지여행 / **日帰り旅行** 당일 여행 / **無銭旅行** 무전여행

**りょっか** 関連 旅行案内書 여행 가이드북 / 旅行案内所 여행 안내소 / 旅行ガイド 여행 가이드 / 旅行かばん 여행 가방 / 旅行記 여행기 / 旅行業者 여행 업자 / 旅行シーズン 여행 시즌 / 旅行者 여행 자 / 旅行者傷害保険 여행자 상해보험 / 旅行損害保険 여행 손해 보험 / 旅行代理店 여행 대리점, 여행사(▶韓国では単に 여행사 という) / 旅行日程 여행 일정 / 旅行費用 여행 비용

**りょっか** 【緑化】녹화 ◇緑化する 녹화하다 ¶町を緑化しようとさまざまな試みがなされている 도시를 녹화하려고 여러 가지 시도가 이루어지고 있다. 関連 緑化運動 녹화 운동

**りょひ** 【旅費】여비 関連 【交通費】교통비 【運賃】운임 ¶九州までの旅費はどのくらいかかりますか 규슈까지 가는 데 여비는 어느 정도 듭니까?

**リラ** 【植物】라일락

**リラックス** 릴랙스, 긴장을 풂 ◇リラックスする 릴랙스하다 ◇面接はリラックスした雰囲気の中で行われた 면접은 릴랙스한 분위기 속에서 행해졌다. / 私は彼女をリラックスさせようとして話しかけた 나는 긴장을 풀어 주려고 그녀에게 말을 걸었다.

**リリーフ** 구원(투수) ◇リリーフする 구원하다 ¶(野球で)7回に篠原が内野をリリーフしてマウンドに立った 7회에 시노하라가 스기우치를 구원하기 위해 마운드에 섰다. 関連 リリーフ投手 구원 투수, 릴리프 피처

**りりく** 【離陸】이륙 【離陸する】이륙하다 ¶飛行機は予定どおり成田空港を離陸した 비행기는 예정대로 그대로 나리타 공항을 이륙했다.

**りりしい** 【凛々しい】늠름하다, 씩씩하다 ¶彼のりりしい姿を見て彼女はすっかりとりこになった 그의 늠름한 모습을 보고 그녀는 완전히 빠졌다.

**りりつ** 【利率】이율 ◇定期預金の利率が上がった[下がった] 정기 예금의 이율이 올랐다[내렸다]. / 年7分5厘の利率で融資する 연 7부 5리의 이율로 융자하다

**リレー** ¶彼はオリンピックの聖火リレーで走った 그는 올림픽 성화 릴레이로 달렸다. / 私たちは400メートルリレーで優勝した 우리는 400미터 릴레이에서 우승했다. / 彼らはバケツリレーをして火事を消しはじめた 그들은 양동이 릴레이로 불을 껐다. 関連 リレー中継 릴레이 중계

**りれき** 【履歴】이력 【経歴】경력 ¶彼のこれまでの履歴を見ると、なかなかの人物らしい 그 사람의 지금까지의 이력을 보면 상당한 인물인 것 같다. / そんなことをすると君の履歴に傷がつく 그런 짓을 하면 네 경력에 흠이 가. 関連 履歴書 이력서

**りろせいぜん** 【理路整然】◇理路整然としている 조리 있다 ¶彼女の理路整然とした説明に우리 모두 납득했다. / 理路整然と話す 조리 있게 말하다

**りろん** 【理論】이론 ◇理論的だ 이론적이다 ¶君の理論は間違っている[正しい] 네 이론은 틀렸다[맞았다]. / そんな難しい理論、僕にはわからないよ 그런 어려운 이론 나는 몰라. / 理論を実践することは簡単ではない 이론을 실천하는 것은 간단하지 않다. / この理論を裏づけるにはいくつかの実験が必要だ 이 이론을 뒷받침하는 데는 몇 가지 실험이 필요하다. / 物事は理論どおりいくとは限らない 일은 반드시 이론대로 되는 것은 아니다. / ニュートンは万有引力の理論を打ち立てた 뉴턴은 만유인력의 이론을 확립했다. / それは理論上可能だが実際には無理だ 그것은 이론상으로는 가능하지만 실제로는 무리다. ◇理論化する 이론화하다 関連 理論家 이론가 / 理論経済学 이론 경제학 / 理論体系 이론 체계 / 理論闘争 이론 투쟁 / 理論物理学 이론 물리학

**りん** 【燐】《化学》인 関連 燐鉱石 인광석

**りんか** 【隣家】인가, 이웃집 ¶火事が隣家に燃え移った 불이 옆집으로 옮아 붙었다.

**りんかい** 【臨海】임해 ◇臨海学校 임해 학교 / 臨海工業地帯 임해 공업 지대

**りんかく** 【輪郭】윤곽 【物事のあらまし】개요 ¶建物の輪郭を太く描く 건물의 윤곽을 두껍게 그리다 / 霧のため前を行く車の輪郭がぼやける 안개 때문에 앞에 가는 차가 흐리게 보인다 / 彼女は輪郭の整った顔立ちをしている 그녀는 얼굴 윤곽이 뚜렷하다. ¶彼が計画の輪郭を述べた 그는 계획의 개요를 말했다. / 犯人の自供によってようやく事件の輪郭が明らかになった 범인이 자백해 드디어 사건의 개요가 밝혀졌다.

**りんかんがっこう** 【林間学校】임간 학교

**りんきおうへん** 【臨機応変】임기응변 ◇臨機応変だ 임기응변하다 ◇臨機応変に 임기응변에 ¶母親の臨機応変の処置によってその子の命は助かった 어머니의 임기응변의 처치로 그 아이는 목숨을 건졌다. / その辺は臨機応変にやりましょう 그때그때 임기응변으로 합시다.

**りんぎょう** 【林業】임업 関連 林業試験場 임업 시험장

**リンク** 【スケート場】링크 ¶スケートリンクで滑る 스케이팅 링크에서 스케이트를 타다

**リング** 【輪】고리 【指輪】반지, 가락지 【ボクシングの】링 ¶挑戦者に続いてチャンピオンがリングに上がった 도전자에 이어서 챔피언이 링에 올랐다. / リングサイドでタイトルマッチを観戦した 링 사이드에서 타이틀 매치를 관전했다.

**りんげつ** 【臨月】임월, 임삭, 산월(産月), 해산 달 ¶妻は臨月が아니라는 산월이다.

**りんご** 【林檎】사과 ¶りんごをかじる 사과를 깨물다 / りんごの皮をむく 사과를 깎다 / りんご汁 사과즙 / りんごの芯 사과심 数え方 りんご1個 사과 한 개 関連 りんご園 사과 농장 / りんご酒 사과주

**りんごく** 【隣国】이웃 나라, 인국

**りんさく** 【輪作】윤작, 돌려짓기 ◇輪作する 윤작하다, 돌려짓기하다 ¶小麦と大豆を輪作する 보리와 콩을 윤작하다

**りんじ** 【臨時】임시 ◇臨時の 임시적인 ◇臨時に 임시로 ¶担任の先生が入院したので臨時の先生が僕たちのクラスを受け持った 담임 선생님이 입원하셔서 임시 선생님이 우리 반을 맡으셨다. / 彼は1か月だけの臨時の仕事についている 그는 한 달만 임시로 일을 하고 있다. / 人手が足らないので臨時に人を雇うことにした 일손이 부족해서 임시로 사람을 고용하기로 했다. / 彼女は臨時に雇わ

れている 그녀는 임시로 고용되었다.
¶昼飯おごるよ. 臨時収入があったんだ 점심 사 줄게. 임시 수입이 있었거든. / 店舗改装のため臨時休業します 점포 개장을 위해 임시 휴업합니다. / テレビで臨時ニュースをやっている 텔레비전에서 뉴스 속보를 하고 있다. [関連] 臨時国会 임시 국회 / 臨時所得 임시 소득 / 臨時政府 임시 정부 / 臨時総会 임시 총회 / 臨時手当 임시 수당 / 臨時雇い 임시 고용 / 臨時予算 임시 예산 / 臨時列車 임시 열차
**りんしたいけん【臨死体験】** 임사 체험
**りんしつ【隣室】** 옆방, 이웃 방
**りんじゅう【臨終】** 임종 ¶医者は「ご臨終です」と言った 의사는 "임종하셨습니다"라고 했다. / 安らかな臨終でした 평안한 임종이었습니다. / 父は臨終の際に何か言いましたか 아버지는 임종 때 뭐라고 하셨습니까? / 兄が母の臨終の言葉を教えてくれた 형이 어머니의 임종의 말씀을 알려 주었다. / 父の臨終を看取ることができなかった 아버지의 임종을 지켜보지 못했다.
**りんしょう【臨床】** 임상 [関連] 臨床医 임상의 / 臨床医学 임상 의학 / 臨床実験 임상 실험
**りんしょう【輪唱】**〔音楽〕윤창, 돌림 노래
**りんじょう【臨場】** 임장 ¶臨場感あふれる映像 현장감 넘치는 연주
**りんじん【隣人】** 이웃 사람, 인인 [関連] 隣人愛 이웃에 대한 사랑
**リンス** 린스 ◇リンスする 린스하다
**りんせき【臨席】** 임석, 참석(参席) ◇臨席する 임석하다. ¶本日はお忙しい中をご臨席いただき誠にありがとうございます 오늘은 바쁘신 중에 참석해 주셔서 감사합니다. / 披露宴にご臨席をお願いいたします 피로연에 참석해 주시기

부탁드립니다. [関連] 臨席者 임석자
**りんせつ【隣接】** 인접 ◇隣接する 인접하다
¶私の家は公園に隣接している 우리 집은 공원에 인접해 있다. / その2つの国は川を挟んで隣接している 그 두 나라는 강을 끼고 인접해 있다. [関連] 隣接諸国 인접 제국
**リンチ** 린치, 사형(私刑) ¶不良たちはその少年にリンチを加えた 불량배들은 그 소년에게 린치를 가했다. / リンチを受ける 린치를 맞다
**りんてんき【輪転機】** 윤전기, 윤전 인쇄기
**りんどう【林道】** 임간 도로, 산림 속의 길
**りんどう【竜胆】**〔植物〕용담
**りんねてんせい【輪廻転生】** 윤회전생
**リンパ** 림프 ¶高熱でリンパ腺がはれた 고열로 림프선이 부었다. [関連] リンパ液 림프액 / リンパ節 림프절 / リンパ球 림프구
**りんばん【輪番】** 윤번, 순번(順番) ¶輪番で泥棒を見張る 윤번으로 도둑을 감시하다 / 掃除は輪番制で行う 청소는 순번제로 한다.
**りんびょう【淋病】** 임질
**りんやちょう【林野庁】** 임야청(▶韓国의 산림청『山林庁』にあたる)
**りんり【倫理】** 윤리 ¶それは医者の倫理に反する 그것은 의사의 윤리에 반하다. / これは倫理上の問題だ 이것은 윤리상의 문제다. / 彼の行為は倫理的に許すことはできない 그의 행위는 윤리적으로 용서할 수 없다. [関連] 倫理学 윤리학 / 倫理観 윤리관 / 倫理規定 윤리 규정
**りんりつ【林立】** 임립 ◇林立する 임립하다, 죽 늘어서다 ¶東京の都心には高層ビルが林立している 도쿄의 도심에는 고층 빌딩이 죽 늘어서 있다.
**りんりん** 딸랑딸랑, 잘랑잘랑, 찌르릉찌르릉 ¶ベルがりんりんと鳴った 벨이 딸랑딸랑 울렸다.

# る

**るい【累】**〔災い〕누, 폐 ¶彼の行動は家族にまで累を及ぼすかもしれない 그 사람의 행동은 가족 모두에게 폐를 끼칠지 모른다. ⇒迷惑
**るい【塁】**〔野球〕누〔一[二, 三, 本]塁というときは일[이, 삼, 본]루となる〕, 베이스 ¶走者が2人, 塁に出ている 주자가 두 명, 출루했다. / 先頭打者が塁に出た 선두 타자가 누에 나갔다. / ヒットとフォアボールで塁がつまっている 안타와 포볼로 만루이다. / その選手は塁を離れて牽制球でアウトになった 그 선수는 베이스에서 떨어져 있다가 견제구로 아웃되었다. / 彼は一塁を回って二塁を踏んだ 그는 일루를 돌아 이루를 밟았다. / 一塁走者が二塁に盗塁した 일루 주자가 이루로 도루했다.
**るい【類】**〔種類〕종류〔生物分類学上の属〕유〔類例〕유례 ¶ライオン, 虎, 猫は同じ類に属する 사자, 호랑이, 고양이는 같은 유에 속한다. [慣用句] 類は友を呼ぶ 유유상종 | 끼리끼리 모인다. / この寺院の壮大さは他に類がない 이 사원의 장대함은 비길 데가 없다.

**-るい【-類】** -류 ¶私は魚介類はあまり好きではない 나는 어패류는 그다지 좋아하지 않는다. / 私たちはじゃがいもやキャベツなどいろいろな野菜類を栽培している 우리는 감자랑 양배추 등 여러 가지 야채류를 재배하고 있다.
**るいぎご【類義語】** 유의어, 유어(類語)
**るいけい【累計】** 누계, 누산(累算) ¶わが社の交際費の累計はどのくらいになりますか 우리 회사의 교제비의 누계는 어느 정도입니까? / うちの店の1か月の売り上げを累計した 우리 가게 한 달 매상을 누계했다.
**るいけい【類型】** 유형 ◇類型的 유형적 ¶人間の体型は3つの類型に分けられる 인간의 체형은 세 가지 유형으로 나뉘어진다.
**るいご【類語】** 유어 ⇒類義語
**るいじ【類似】** ◇類似する 유사하다, 비슷하다 ¶彼女の考えは私と類似している 그녀의 생각은 나와 유사하다. / 人間の心臓は多くの点でポンプに類似している 인간의 심장은 많은 점에서 펌프와 비슷하다.

¶これらの間には類似点があると思いませんか 이것들 사이에 유사한 점이 있다고 생각하지 않습니까? / 類似品にご注意ください 유사품에 조심하세요.

**るいしょう【類焼】** 유소〔延焼〕연소 ◇類焼する 불이 번지다 ¶幸い私の家は類焼を免れた 다행히 우리 집까지 불이 번지지 않았다. / 強い風にあおられて数軒が類焼した 강한 바람이 몰아쳐 몇 채에 불이 번졌다.

**るいしん【塁審】**〔野球〕누심 ⇒審判
**るいじんえん【類人猿】** 유인원
**るいしんかぜい【累進課税】** 누진 과세
**るいすい【類推】** 유추 ◇類推する 유추하다〔推測する〕추측하다〔判断する〕판단하다 ¶この事実から以下のことが類推できる 이 사실에서 다음과 같이 유추할 수 있다. / 筆跡から類推すると、彼女はきちょうめんな人らしい 필적으로 추측하자면 그녀는 꼼꼼한 성격인 것 같다.

**るいせき【累積】** 누적 ¶3年間の累積赤字が10億円に達した 3년간의 누적 적자가 10억 엔에 달했다. 関連 累積債務 누적 채무

**るいせん【涙腺】** 누선, 눈물샘 ¶悲しい映画を見ると、すぐに涙腺がゆるんでしまう 슬픈 영화를 보면 금방 눈물이 난다.

**るいれい【類例】** 유례 ¶このような事件は他に類例がない 이런 사건은 달리 유례가 없다.

**ルーキー** 루키, 신인 선수 ⇒新人
**ルーズ** ◇ルーズだ 루스하다〔だらしがない〕헐렁하다, 단정하지 못하다, 무르다 ¶息子は性格がルーズだ 아들은 단정치 못한 성격이다. / 若いころはお金にルーズだった 젊을 때에는 돈에 관해서 물렀다. / 彼女は時間にルーズだから、きっと遅れてくるよ 그 여자는 시간 개념이 없기 때문에 틀림없이 지각할 것이다.

**ルーズリーフ** 루스리프〔ノート〕루스리프식 노트〔用紙〕루스리프 용지

**ルーツ**〔祖先〕선조, 조상(祖上)〔起源〕기원 ¶彼らは自分のルーツを探るために韓国を訪れた 그들은 자기의 선조를 찾아 한국을 방문했다. / 鍼治療のルーツは中国にある 침술의 기원은 중국이다.

**ルート**〔数学〕루트〔平方根〕제곱근, 평방근 ¶ルート16は4だ 루트 16은 4이다.

**ルート** 루트〔路線〕노선〔経路〕경로 ¶どのルートをたどってあの山に登るつもりですか 어떤 경로를 따라 저 산에 오를 생각입니까? / 彼らは公式〔秘密、外交〕ルートを通しての情報の収集に努めた 그들은 공식[비밀, 외교] 루트를 통해 그 사건에 관한 정보 수집에 힘썼다. / 彼女がどのようなルートでそれを手に入れたか知らない 그녀가 어떠한 경로로 그것을 손에 넣었는지 모른다.

**ルーブル**〔ロシアの貨幣単位〕루블
**ルームサービス** 룸서비스 ¶ルームサービスを頼む 룸서비스를 부탁하다 / ルームサービスで朝食을 頼んだ 룸서비스로 아침 식사를 주문했다.

**ルームメイト** 룸메이트
**ルール** 룰〔規則〕규칙 ¶それはルール違反だ 그것은 규칙 위반이다. / 交通ルールは守ってください 교통 규칙은 지켜 주세요. ⇒規則

**ルーレット**〔とばく〕룰렛 ¶ルーレットはやったことがない 룰렛은 해 본 적이 없다.

**ルクス**〔照度の単位〕럭스 関連 ルクス計 럭스 미터, 조명도계, 조도계

**るす【留守】** ❶〔不在〕부재 ◇留守にする 집을 비우다 ¶「お母さんはいらっしゃいますか」「すみません、母は今留守です」"어머니는 계십니까?" "죄송합니다, 어머니는 지금 안 계십니다." / 私は2,3日家を留守にした 나는 2,3일 집을 비웠다. / 妻は買い物に出かけて留守だ 아내는 쇼핑하러 나가서 집에 없습니다. / 吉田さん一家は旅行に出かけて留守だった 요시다 씨 일가는 여행을 떠나 부재중이었다. /「どれくらい留守にするの」「4,5日だけど」"어느 정도 집을 비울 거야?" "4, 5일인데." / 彼女の家に行ってみたが留守だった 그 여자 집에 가 봤는데 부재중이었다. / 留守中に誰か来たかい 부재중에 누가 왔어? / お留守番お願いね 집 좀 봐 줘.
¶留守番電話にメッセージを残しておいた 자동응답 전화에 메시지를 남겨 두었다. / 彼女に電話をかけるといつも留守番電話になる 그 여자 친구한테 전화를 걸면 언제나 자동응답으로 넘어간다.
❷〔おろそかになること〕◇お留守になる 소홀히 하다〔怠ける〕게으르다 ¶最近娘は勉強がお留守になっている 요즘 딸아이는 공부를 소홀히 하고 있다. 関連 留守番電話 자동응답전화

**ルックス**〔顔つき〕생김새 ¶あの男の人、ルックスがいいわね 저 남자, 잘 생겼네.

**るつぼ【坩堝】** 도가니, 감 ¶科学者はるつぼの中でその物質を溶かした 과학자는 도가니 속에서 그 물질을 녹였다.
¶ニューヨークは人種のるつぼと言われている 뉴욕은 인종의 전시장으로 불려지고 있다. / 人気バンドが登場したことでコンサート会場は興奮のるつぼと化した 인기 밴드가 등장하자 콘서트 회장은 흥분의 도가니로 변했다.

**るてん【流転】** 유전 ◇流転する 유전하다 ¶彼女は流転の人生を送った 그녀는 떠돌이 인생을 보냈다. / 万物は流転する 만물은 유전한다.

**ルネッサンス** 르네상스, 문예 부흥 ¶イタリアルネッサンス期の画家 이탈리아 르네상스기 화가

**ルビ**〔小活字〕¶難しい漢字にはルビが振ってあるので、この本は読みやすい 어려운 한자에는 읽는 법이 달려 있기 때문에 이 책은 읽기 쉽다.

**ルビー** 루비, 홍옥(紅玉) ¶ルビーの指輪 루비 반지

**るふ【流布】** 유포 ◇流布する 유포하다, 유포되다 ¶最近変なうわさが流布している 요즘 이상한 소문이 유포되고 있다.

**ルポライター** 르포라이터
**ルポルタージュ** 르포르타주
**るり【瑠璃】** 유리 関連 るり色 유리색
**ろう【流浪】** 유랑 ◇流浪する 유랑하다 ¶彼は全国各地を流浪しながら生涯를 終えた 그는 전국 각지를 유랑하다가 생애를 마쳤다. / 戦火に故郷を追われた人々は流浪の民となった 전쟁으로 고향에서 쫓겨난 사람들은 유랑민이 되었다.

**ルンバ**《音楽》룸바

# れ

**レ**〔音階〕레 ; 라
**レア** ◇レアだ〔生焼けだ〕덜 구워지다〔珍しい〕드물다, 진기하다, 희한하다 ¶ステーキはレアにしてください 스테이크는 살짝 익혀 주세요.

**れい【礼】** ❶〔礼儀〕예의, 예절, 예〔礼儀作法〕예의 범절 ¶来賓の方々にお礼を尽くしてもてなさねばならない 내빈 여러분께는 예를 갖추어 대접해야 된다. / あの人には礼を失しないようにしてください 그 분께는 실례가 되지 않도록 해 주세요. / 目上の人に対しての君の振る舞いは礼を失している 윗사람에 대한 자네의 행동은 예의에 어긋나 있다.
❷〔感謝〕감사 ¶何かとお力添えをいただきお礼を申し上げます 여러모로 도와 주셔서 감사의 말씀을 드립니다. / ご両親にくれぐれもお礼を申し上げておいてください 부모님께 부디 감사의 말씀을 전해 주세요. / 彼にお礼の手紙を書いた 그에게 감사의 편지를 썼다. / これはほんのお礼のしるしです 약소합니다만 감사의 표시입니다.
〖会話〗お礼の申し上げようもない
A : いろいろ親切にしていただいてお礼の申し上げようもございません
B : どういたしまして
A : 여러모로 친절하게 해 주셔서 진심으로 감사드립니다.
B : 천만에요.
❸〔謝礼〕사례〔報酬〕보수 ¶迷子の犬を捜してくれたお礼に彼に 5千円あげた 잃어버린 개를 찾아 준 사례로 그 사람한테 5천 엔을 주었다.
❹〔会釈〕절〔あいさつ〕인사 ¶先生に礼をする 선생님께 절을 하다 / 隣の奥さんにちょっと礼をした 옆집 부인한테 가볍게 인사를 했다.

**れい【例】** ❶〔実例〕실례, 예〔事例〕사례 ¶身近な例を挙げよう 가까운 예를 들어보자. / あの事件を例にとってみよう 그 사건을 예로 들어 보자. / 彼は自分の考えを例を挙げて説明した 그는 자기의 생각을 예를 들어 설명했다. / 先生はポンプを例にとって心臓の働きを説明した 선생님은 펌프를 예로 들어 심장의 움직임을 설명하셨다. / 私はその本から例を引いた 나는 그 책에서 예를 들었다. / 同様な例はこれ以外にもたくさんあります 같은 사례는 이것 외에 많이 있습니다.
❷〔先例〕전례 ¶5月でこの寒さは東京では例のないことだ 오월에 이런 추위는 도쿄에서는 전례가 없는 일이다. / このような例は今までにありません 이러한 예는 지금까지 없었습니다. / 例にならう 전례에 따르다
❸〔同じように〕여느 때와 같이 ¶例にもれず 느 때와 같이 | 언제나 그렇듯이 | 例によって彼は会議に遅刻した 여느 때와 같이 그는 회의에 지각했다. / 彼女は例の話を繰り返した 그 여자는 여느 때와 같은 이야기를 또 되풀이했다. / 彼は例によって例のごとしで, 一方的に自分の話をするだけ

で人の話は聞こうとしない 그는 여느 때와 마찬가지로 일방적으로 자기 얘기만 할 뿐 남의 얘기는 들으려 하지 않는다. / 例になく彼女は早く出勤した 여느 때와 달리 그녀는 일찍 출근했다.
❹〔その他〕¶彼の前では例の話はしないでください 그 사람 앞에서는 그 이야기는 하지 말아 주세요. / 例の男は姿を消したそうだ 예의 그 남자는 모습을 감추었다고 한다.

**れい【零】** 영, 공〔ゼロ〕제로 ¶うちのチームは 4 対 0 で勝った〔負けた〕우리 팀은 4대 0으로 이겼다〔졌다〕. (▶4대 0은 사 대 영으로 읽는다) / 私の電話番号は3602-1002です 내 전화번호는 3602-1002〔삼육공이의 일공공이〕입니다.
¶0.2 영점 이 / 0.305 영점 삼공오 ⇒ゼロ

**れい【霊】** 영〔魂〕혼, 얼, 넋 ◇霊的 영적 ¶事故現場には飛行機事故の犠牲者の霊を慰めるために碑が建てられた 사고 현장에는 비행기 사고 희생자의 영혼을 위로하기 위해 비석이 세워졌다. / 巫女には霊が乗り移っているようだった 무당은 신이 들린 것 같았다. / 先祖の霊を祭る 조상의 혼령을 모시다〔제사를 지내다〕

**レイ**〔ハワイの花輪〕레이, 화환
**レイアウト** 레이아웃 ¶このページのレイアウトはよくできている 이 페이지의 레이아웃〔구성〕은 잘 되어 있다. / この部屋のレイアウトはどうも気に入らないな 이 방 레이아웃은〔배치는〕도무지 마음에 안 들어. ⇒割り付け

**れいあんしつ【霊安室】** 영안실
**れいえん【霊園】** 공동 묘지 ⇒墓, 墓地
**れいか【冷夏】** 선선한 여름 ¶長期予報によれば今年は冷夏になりそうだ 장기 예보에 의하면 올해는 선선한 여름이 될 것 같다.
**れいか【零下】** 영하 ¶気温が零下 3 度まで下がった 기온이 영하 3도까지 내려갔다.
**れいがい【例外】** 예외 ◇例外的だ 예외적이다 ¶物事には必ず例外があるものだ 일에는 반드시 예외가 있는 법이다. / 例外のない規則はない 예외가 없는 규칙은 없다. / 彼の本はどれもすばらしいが, これだけが彼が若い頃に書いたもので珍しく例外だ 그의 책은 다 훌륭하지만 이것은 예외다. / 今度だけは例外を認めよう 이번만큼은 예외를 인정하지. / 例外なしに禁止する 예외없이 모두 금지시키다
**れいがい【冷害】** 냉해 ¶昨年北海道は記録的な冷害に見舞われた 작년에 홋카이도는 기록적인 냉해가 엄습했다.
**れいかん【霊感】** 영감 ¶彼女は時々霊感がひらめくそうだ 그녀는 때때로 영감이 번득인다고 한다. / 自然から霊感を得てこの絵を描いた 자연에서 영감을 얻어 이 그림을 그렸다.
**れいき【冷気】** 냉기 ¶山の冷気 산의 냉기
**れいぎ【礼儀】** 예의〔作法〕예의 범절, 예절(礼節) ¶彼女は礼儀正しい 그녀는 예의가 바르

다. / 彼は礼儀を知らない 그는 예의를 모른다. / まったくあいつは目上の人に対する礼儀を知らないやつだ 정말 저 녀석은 윗사람에 대한 예의를 모르는 놈이다. / 彼は礼儀をわきまえている 그는 예의를 차릴 줄 안다. / 電話では自分から先に名乗るのが礼儀だ 전화에서는 자기가 먼저 이름을 밝히는 것이 예의다. / 友達同士でも最低限の礼儀は守るべきだ 친구 사이에서도 최소한의 예의는 지켜야 한다.
¶礼儀正しくあいさつしなさい 예의 바르게 인사해라. / 母はいつも礼儀作法にうるさい 어머니는 항상 예의 범절을 따진다. 慣用句 親しき仲にも礼儀ありだ 친한 사이에도 예의가 있어야 한다.

**れいきゃく【冷却】** 냉각 ◇冷却する 냉각하다
¶ガラスは熱して冷却することで強くなる 유리는 열을 가했다가 냉각시킴으로써 강해진다. / しばらく冷却期間を置いてからもう一度話し合おう 잠깐 냉각기간을 두고 나서 다시 한 번 얘기하자. 関連 冷却器 냉각기 / 冷却剤 냉각제 / 冷却水 냉각수 / 冷却装置 냉각 장치

**れいきゅうしゃ【霊柩車】** 영구차

**れいきん【礼金】** 사례금

**れいぐう【冷遇】** 냉대, 푸대접 ¶能力はあるのに会社では冷遇されていると感じている人は多い 능력이 있는데도 회사에서 냉대받고 있다고 느끼는 사람은 많다. / 昔の友人を訪ねたら冷遇された 옛날 친구를 찾아갔는데 푸대접 받았다.

**れいけつ【冷血】** 냉혈 ◇冷血だ〔冷酷だ〕냉혹하다〔냉담하다〕¶なんという冷血漢だ 얼마나 냉혈한인가. 関連 冷血動物 냉혈 동물

**れいこう【励行】**〔実行〕실행 ◇励行する 실행하다 ¶シートベルト着用を励行する 안전 벨트 착용을 엄수하다 ⇒実行

**れいこく【冷酷】** 냉혹 ◇冷酷だ 냉혹하다〔冷淡だ〕냉담하다〔無情だ〕무정하다 ¶冷酷な仕打ちを受ける 냉혹한 처사를 받다 / その男は冷酷な殺人を犯した 그 남자는 냉혹한 살인을 저질렀다.

**れいこん【霊魂】** 영혼 ¶彼は霊魂の不滅を信じている 그는 영혼의 불멸을 믿고 있다.

**れいさい【零細】** 영세 ◇零細だ 영세하다 ¶彼は零細な町工場で働いている 그는 영세한 동네 공장에서 일하고 있다. 関連 零細企業 영세 기업 / 零細農家 영세 농가

**れいじ【零時】** 영시〔午前零時〕자정(子正)〔正午〕정오

**れいしょう【冷笑】** 냉소, 비웃음 ◇冷笑する 냉소하다〔あざ笑う〕비웃다〔ばかにする〕얕보다, 깔보다 ◇冷笑を浮かべる 냉소를 띄우다 / 彼の愚かな質問は出席者の冷笑を買った 그의 어리석은 질문은 참석자의 웃음을 샀다. / クラスのみんなが私の提案を冷笑した 반 학생들 모두가 내 제안을 비웃었다.

**れいしょう【例証】** 예증 ◇例証する 예증하다 ¶彼は自分の意見がいかに正しいかを例証した 그는 자기의 의견이 얼마나 올바른가를 예증했다.

**れいじょう【令嬢】** 따님 ¶お宅のご令嬢 댁 따님

**れいじょう【礼状】** 예장, 사례 편지, 감사의 편지

**れいすい【冷水】** 냉수, 찬물 関連 冷水器 냉수

기 / 冷水摩擦 냉수 마찰

**れいせい【冷静】** 냉정, 침착(沈着) ◇冷静だ 냉정하다, 침착하다 ◇冷静に 냉정히, 침착히 ¶彼はどんな情況でも冷静さを失わない 그는 어떠한 상황에서도 침착함을 잃지 않는다. / 彼女は面接でも冷静そのものだった 그녀는 면접을 받을 때에도 여전히 침착했다. / 危機に際して冷静さを保つのは難しい 위기가 닥쳤을 때 침착함을 유지하는 것은 어렵다. / 冷静を装った 그는 냉정한 척했다. / 彼はその問題に冷静な判断を下した 그는 그 문제에 냉정한 판단을 내렸다. / 彼はそのごたごたを冷静な目で見ていた 그는 그 소동을 냉정한 눈으로 보고 있었다. / そう興奮しないで冷静になりなさい 그렇게 흥분하지 말고 냉정해지세요. / 警察官は冷静に現場の処理に当たった 경찰관은 침착하게 현장 처리를 했다.

**れいせつ【礼節】** 예절, 예의 慣用句 衣食足りて礼節を知る 의식이 족하면 예의를 차린다.

**れいせん【冷戦】** 냉전 ¶彼らは今冷戦状態だ 그들은 지금 냉전 상태이다.

**れいぜん【霊前】** 영전 ¶母の霊前に果物を供えた 어머니의 영전에 과일을 바쳤다.

**れいそう【礼装】** 예장〔礼服〕예복〔正装〕정장 ¶礼装用のネクタイ 예복용 넥타이

**れいぞう【冷蔵】** 냉장 ◇冷蔵する 냉장하다 ¶魚を冷蔵する 생선을 냉장 보관하다 / 要冷蔵 냉장 보관 関連 冷蔵庫 냉장고 数え方 冷蔵庫1台 냉장고 한 대 / 冷蔵室 냉장실

**れいそく【令息】** 아드님 ¶お宅のご令息 댁의 아드님

**れいだい【例題】** 예제 ¶数学の例題を解く 수학의 예제를 풀다

**れいたん【冷淡】** ◇冷淡だ 냉담하다〔無関心な〕무관심하다 ¶彼女は私に冷淡だった 그 여자는 나한테 냉담했다. / 彼は冷淡な人間だ 그는 차가운 인간이다. / 彼らに冷淡な仕打ちを受けた 그들한테 냉담한 대우를 받았다. / 彼に手紙を書いたが冷淡な返事しかもらえなかった 그 사람한테 편지를 썼는데 냉담한 답장밖에 주지 않았다.

**れいだんぼう【冷暖房】** 냉난방 ¶冷暖房完備の家 냉난방이 완비된 주택 / 冷暖房装置 냉난방 장치

**れいちょう【霊長】** 영장 慣用句 人間は万物の霊長である 인간은 만물의 영장이다. 関連 霊長類 영장류

**れいてん【零点】** 영점, 《俗》빵점 ¶英語の試験で零点を取ってしまった 영어 시험에서 빵점을 맞았다. ⇒ゼロ, 零

**れいど【零度】** 영도 ¶あすの朝は気温が零度以下に下がるだろう 내일 아침에는 기온이 영하로 내려갈 것이다. 絶対零度 절대 영도

**れいとう【冷凍】** 냉동 ◇冷凍する 냉동하다 ¶まぐろを冷凍する 참치를 냉동하다 / その肉は冷凍されていた 그 고기는 냉동되어 있었다. 関連 冷凍庫 냉동고 / 冷凍室 냉동실 / 冷凍車 냉동차 / 冷凍食品 냉동 식품 / 冷凍輸送 냉동 수송 / 急速冷凍 급속 냉동

**れいねん【例年】** 예년〔毎年〕매년, 해마다 ¶体育祭はわが校の例年の行事です 체육 대회는

우리 학교의 연례행사입니다. / 文化祭は例年どおり開かれた 문화제는 예년과 같이 열렸다. / 今年の夏は例年になく暑かった 올여름은 예년에 없이 더웠다. / 今年の米の収穫高は例年並みです 올해 쌀 수확량은 예년과 같습니다. / 雪祭りは例年このころに開かれる 눈 축제는 매년 이맘쯤에 열린다.

**れいはい【礼拝】**예배 ◇礼拝する 예배하다
¶毎週日曜日には教会で礼拝があります 매주 일요일에는 교회에서 예배가 있습니다. / きのうの教会の礼拝に出席した 어제 교회 예배에 참석했다. 関連 礼拝者 예배자 / 礼拝堂 예배당

**れいふく【礼服】**예복 ¶礼服を着用する 예복을 착용하다 / 礼服着用には及びませぬ 예복까지 착용할 필요는 없습니다. 関連 略式礼服 약식 예복

**れいぶん【例文】**예문 ¶先生はその単語を使った例文を2つ挙げた 선생님은 그 단어를 사용한 예문을 두 개 들었다. / 例文の豊富な辞書 예문이 풍부한 사전

**れいぼう【冷房】**냉방 ¶冷房をつけてください[止めてください] 냉방을 틀어 주세요[꺼 주세요]. / 電車には冷房が入っていた 전철 안은 냉방이 되어 있었다. / この部屋は冷房がききすぎて寒い 이 방은 냉방이 너무 세어서 춥다. 関連 冷房車 냉방차 / 冷房装置 냉방 장치

**レインコート** 레인코트, 비옷
**レインシューズ** 장화(長靴) ⇒靴
**レーサー** 레이서 ¶F1レーサー F1[에프 원] 레이서
**レーザー** 레이저 関連 レーザー光線 레이저 광선 / レーザーディスク 레이저 디스크 / レーザープリンター 레이저 프린터
**レーシングカー** 스포츠카, 경주용 자동차
**レース** ❶〔透かし模様の入った布〕레이스 ¶ブラウスの袖口にレースをつけた 블라우스 소맷부리에 레이스를 달았다. / レースのカーテン 레이스 커튼
❷〔競走〕레이스, 경주 ¶彼の夢は自動車レースに出ることだった 그의 꿈은 자동차 경주에 나가는 것이었다. 関連 レース編み 레이스 뜨기 / レース糸 레이스 실
**レーズン**〔干しぶどう〕건포도
**レーダー** 레이더, 전파 탐지기(電波探知機)
¶レーダーには何も映っていなかった 레이더에는 아무것도 잡히지 않았다. 関連 レーダー基地 레이더 기지 / レーダー装置 레이더 장치 / レーダー網 레이더망
**レート**〔率〕율, 비율〔相場〕시세 ¶円の為替レートが上がった[下がった] 엔화가 올랐다[내렸다].
**レーヨン** 레이온, 인조 견사
**レール** 레일 ¶かつては鉄道のレールを敷くのはたいへんな仕事だった 옛날에는 철도 레일을 까는 것은 보통 일이 아니었다. / あまりに暑いとレールが曲がることがある 날씨가 너무 더우면 레일이 휘는 경우가 있다.
¶彼は親が敷いたレールの上を走っているにすぎない 그는 부모가 깔아놓은 레일 위를 달리고 있는 것에 불과하다. 関連 カーテンレール 커튼 레일
**レーン**〔ボウリングの〕레인
**レオタード** 레오타드
**レガッタ** 레가타 〔ボートレース〕보트 레이스
**-れき【-歴】**〔経験〕경력 ¶彼女は教職歴20年のベテランだ 그녀는 교직 경험 20년의 베테랑이다. / 運転歴は7年です 운전 경력 7년입니다. / 学歴および職歴 학력 및 경력

**れきし【歴史】**역사 ◇歴史的な 역사적인 ◇歴史的に 역사적으로 ¶うちの学校は80年の歴史がある 우리 학교는 80년의 역사가 있다. / 私は韓国の歴史に関心があります 나는 한국 역사에 관심이 있습니다. / 彼は偉大な科学者として歴史に残るだろう 그는 위대한 과학자로 역사에 남을 것이다. / この男が歴史に名高い大泥棒だ 이 사람이 역사에 악명 높은 도둑이다. / 歴史の先生はよく古代中国の話をしてくれる 역사 선생님은 자주 고대 중국 이야기를 해 주신다. / あの事件はすでに歴史の1ページとなっている 그 사건은 벌써 역사의 한 페이지가 되었다.
¶電話は歴史的な発明だった 전화는 역사적인 발명이 있다. / この古墳は歴史的に重要だ 이 고분은 역사적으로 중요하다. / 我々はその問題に歴史的観点から取り組もうとしている 우리는 그 문제에 역사적 관점에서 접근하려 하고 있다. / ホン・ギルトンは歴史上の人物ですか 홍길동은 역사상 실존했던 인물입니까? / 米国の宇宙飛行士アームストロングは歴史上初めて月の土を踏んだ人だ 미국의 우주비행사 암스트롱은 역사상 최초로 달 표면을 밟은 사람이다. 慣用句 歴史は繰り返す 역사는 반복된다. 関連 歴史家 역사가 / 歴史観 역사관 / 歴史劇 역사극, 사극 / 歴史書 역사책, 사기, 사서 / 歴史小説 역사 소설

**れきし【轢死】**◇轢死する 차에 치여 죽다
**れきぜん【歴然】**◇歴然としている 역력하다〔明らかだ〕분명하다, 뚜렷하다〔確かだ〕확실하다 ◇歴然と 역력히, 분명히, 뚜렷이, 확실히 ¶それは歴然たる事実だ 그것은 분명한 사실이다. / 彼の実力は試験の結果に歴然と表れている 그의 실력은 시험 결과에 역력히 나타나 있다.
**れきだい【歴代】**역대 ¶彼のホームラン記録は歴代5位だ 그 사람의 홈런 기록은 역대 5위이다. / 壁には歴代の社長の写真が飾ってある 벽에는 역대 사장의 사진이 걸려 있다.
**れきにん【歴任】**역임 ◇歴任する 역임하다
¶彼はいろいろな要職を歴任してきた 그는 여러 요직을 역임해 왔다.
**れきほう【歴訪】**역방 ◇歴訪する 역방하다
¶首相は東南アジア諸国歴訪に出発した 수상은 동남아시아 각국을 방문하기 위해 떠났다.
**レギュラー** 레귤러〔テレビ番組などの〕고정 출연자〔ガソリン〕보통 휘발유 ¶彼女はそのクイズ番組のレギュラーだった 그녀는 그 퀴즈 프로의 고정 출연자였다. / 野球部のレギュラーを外されてしまった 야구부의 레귤러에서 빠졌다.
¶(ガソリンスタンドで)レギュラー満タンにして 보통 휘발유로 가득 채워 줘. 関連 レギュラー選手 레귤러〔정규〕선수 / レギュラーメンバー 레귤러 멤버

**レクリエーション** 레크리에이션 ¶レクリエーション施設 레크리에이션 시설

**レコーディング** 레코딩, 녹음(録音), 기록(記録) ⇒録音

**レコード** ❶〔音盤〕레코드, 음반 ¶私は今でもときどきレコードで音楽を聞く 나는 지금도 가끔 레코드로 음악을 듣는다. / モーツァルトのレコードを掛けていただけませんか 모차르트 음반을 틀어주시겠습니까?
❷〔記録〕기록 ¶彼女は自分のそれまでのレコードをなかなか破ることができなかった 그녀는 자신의 종전의 기록을 좀처럼 깨지 못했다. 関連レコードプレーヤー 레코드 플레이어, 전축 ⇒記録

**レザー** 〔革〕가죽 (かみそり) 면도기 関連レザーコート 가죽 코트

**レジ** 〔金銭登録機〕금전 등록기 〔レジ係〕출납원 〔スーパーなどのカウンター〕계산대 (計算台) 카운터 ¶レジで会計は済ませました 계산대에서 계산은 끝냈습니다. / 彼女はコンビニでレジのバイトをしている 그녀는 편의점 계산대에서 아르바이트를 하고 있다.

**レシート** 〔領収書〕영수증

**レシーバー** 〔球技で〕리시버〔受信機〕리시버, 수신기, 수화기

**レシーブ** ◇レシーブする 리시브하다 ¶彼は強烈なサーブをレシーブした 그는 강력한 서브를 리시브했다.

**レジスター** 〔金銭登録機〕금전 등록기 ⇒レジ

**レジャー** 레저, 여가 (余暇) ¶アメリカ人に比べれば日本人のレジャーに費やす時間はまだまだ少ない 미국인에 비하면 일본인이 여가에 쓰는 시간은 아직까지도 적다. / この連休には多くの人が海外でレジャーを楽しんだ 이번 연휴에 많은 사람들이 해외에서 여가를 즐겼다. / レジャー産業 레저 산업 / レジャー施設 레저 시설

**レスキューたい**【レスキュー隊】구조대(救助隊)

**レストラン** 레스토랑, 식당(食堂), 음식점(飲食店) ⇒食堂

**レズビアン** 레즈비언

**レスラー** 레슬러, 레슬링 선수

**レスリング** 레슬링 ¶彼はレスリングの金メダリストだ 그 사람은 레슬링 금메달리스트이다. / レスリングの試合 레슬링 시합 関連プロレス 프로레슬링

**レセプション** 리셉션〔歓迎会〕환영회 ¶日韓親善訪問団を歓迎してレセプションを開いた 일한 친선 방문단을 환영하여 리셉션을 열었다.

**レター** 편지 ⇒手紙

**レタス** 양상추

**れつ**【列】열, 줄 ¶小学生たちが列を作って登校していた 초등학생들이 줄을 지어 등교하고 있었다. / 切符を買うために列に並んだ 표를 사기 위해 줄을 섰다. / 2列に並んでお待ちください 두 줄로 서서 기다려 주십시오. / 彼は列に割り込もうとして注意された 그는 새치기하려 주의 받았다. / 列を乱さないでください 열을 흐트러뜨리지 마세요. / 私の座席は舞台から6列目だった 내 좌석은 무대에서 여섯 번째 줄이었다. / パレードが見えるように、前の列に入ろう 퍼레이드가 잘 보이게 앞 줄로 가자.

**れつあく**【劣悪】◇劣悪だ 열악하다 ¶この商品は品質が劣悪だ 이 상품은 품질이 열악하다. / 現地の子供たちは劣悪な環境に住んでいる 현지의 아이들은 열악한 환경 속에서 살고 있다.

**れっか**【烈火】열화 ¶父は烈火のごとく怒った 아버지는 열화처럼 화냈다.

**レッカーしゃ**【レッカー車】레커차, 견인차 ¶愛車をレッカー車に持って行かれてしまった 아끼는 차를 레커차가 끌고 가 버렸다.

**れっきとした**【歴とした】〔立派な〕훌륭한, 버젓한〔明白な〕명백한, 확실한 ¶彼はああ見えてもれっきとした名家の出だ 그는 저렇게 보여도 버젓한 명문 집안 출신이다. / 社長が私に課長への昇進を約束したのはれっきとした事実だ 사장님이 나한테 과장으로 승진시켜 주겠다고 약속한 것은 명백한 사실이다.

**れっきょ**【列挙】열거 ◇列挙する 열거하다 ¶失敗の原因を列挙する 실패한 원인을 열거하다

**れっきょう**【列強】열강 ¶世界の列強 세계 열강

**れっこく**【列国】열국 ¶列国の代表が顔をそろえる 열국의 대표가 모이다.

**れっしゃ**【列車】열차 ◆《列車は・列車が》
¶この列車はどこ行きですか 이 열차는 어디 가는 열차입니까? / 私たちの乗る列車はあと1時間しないと出ない 우리가 탈 열차는 앞으로 한 시간 더 기다려야 한다. / 列車はまだ停車している 열차는 아직 정차하고 있다. / この列車は10両編成です 이 열차는 10칸짜리입니다. / 列車が来た 열차가 왔다.
◆《列車に・列車を・列車で》
¶列車に乗る 열차를 타다 / 列車を降りる 열차에서 내리다 / 列車で大阪まで行った 열차로 오사카까지 갔다. / 最終列車に間に合った[乗り遅れた] 막차를 탔다[놓쳤다]. / この列車には食堂車がついていますか 이 열차에는 식당차가 붙어 있습니까? 関連列車事故 열차 사고 / 列車時刻表 열차 시간표 / 列車ダイヤ 열차 운행표 / 列車妨害 열차 방해 / 貨物列車 화물 열차 / 急行列車 급행 열차 / 寝台列車 침대 열차 / 通勤列車 통근 열차 / 特急列車 특급 열차 / 上り[下り]列車 상행[하행] 열차 / 夜行列車 야간열차 / 臨時列車 임시 열차 ⇒電車

**れっしょう**【裂傷】《医学》열상 ¶彼は両ひざに裂傷を負った 그는 양 무릎에 열상을 입었다.

**れっしん**【烈震】열진, 진도 6의 지진

**レッスン** 레슨, 교습(教習) ¶娘は週に1回ピアノのレッスンを受けている 딸은 일 주일에 한 번씩 피아노 레슨을 받고 있다. ⇒けいこ

**れっせい**【劣性】《生物学》열성 関連劣性遺伝 열성 유전 / 劣性形質 열성 형질

**れっせい**【劣勢】열세 ◇劣勢だ 열세하다 ¶劣勢を挽回するためにがんばろう 열세를 만회하기 위해 노력하자. / わが軍は敵に比べて数の上では劣勢だ 아군은 적군에 비해 숫자상으로는 열세이다.

**れっせき**【列席】열석, 참석(参席) ◇列席する 열석하다,

참석하다 ¶式典は各界の来賓の列席の下に行われた 의식은 각계 내빈의 참석하에 행해졌다. / そのパーティーには多くの著名人が列席した 그 파티에는 많은 유명 인사가 참석했다. 関連 列席者 참석자

**レッテル** 라벨, 상처, 딱지 ¶彼女は裏切り者のレッテルを貼られた 그녀에게는 배신자라는 딱지가 붙었다.

**れっとう【列島】** 열도 関連 千島列島 지시마 열도 / 日本列島 일본 열도

**れっとう【劣等】** 열등 ¶若いときは自分に劣等感を持っていた 젊었을 때에는 자기 자신에게 열등감을 가지고 있었다. 関連 劣等生 열등생

**れっぷう【烈風】** 열풍 ⇨風

**レディ** 여성(女性); 숙녀(淑女), 귀부인(貴婦人) ¶ここではレディーファーストを忘れないで 여기에서는 레이디 퍼스트인 것을 잊지 마. 関連 オフィスレディー 직장여성 / ファーストレディー 퍼스트레이디, 영부인 ⇨女性, 婦人

**レディーメード【既製品】** 기성품 ¶レディーメードのスーツ 기성품 양복 ⇨既成

**レトルトしょくひん【レトルト食品】** 레토르트 식품

**レバー** [てこ] 지렛대 [自動車・自転車の変速レバー] 변속 기어 [肝臓] 간장, 간 ¶レバーを引く 기어를 당기다 関連 レバーペースト 리버 페이스트

**レパートリー** 레퍼토리 ¶この歌手は歌のレパートリーが広い 이 가수는 노래의 레퍼토리가 풍부하다. / 最近, 料理のレパートリーが増えた 요즘 요리의 가짓수가 늘었다.

**レビュー【書評】** 서평, 북 리뷰 [ショー] 레뷰

**レフェリー** 레퍼리, 심판(審判) ¶彼はその試合のレフェリーを務めた 그는 그 시합의 심판을 맡았다. / レフェリーストップがかかった 심판이 시합을 중지시켰다. ⇨審判

**レフト** ❶《野球》 레프트 필드, 좌익(左翼) [左翼手] 레프트 필더, 좌익수 ¶先頭打者はレフトフライを打った 선두타자는 좌익수 플라이를 날렸다.
❷[思想的に] 좌익, 좌파

**レベル** 레벨, 수준 ¶あの大学の学問的レベルは高い[低い] 그 대학의 학문적 수준은 높다[낮다]. / その子は小学生なのに高校レベルの数学の問題を解くことができる 그 아이는 초등 학생인데도 고등학교 수준의 수학 문제를 풀 수 있다. ¶うちのチームは攻撃力をレベルアップする必要がある 우리 팀은 공격력 수준을 올릴 필요가 있다. / 最近生徒の学力がレベルダウンしている 요즘 학생들의 학력 수준이 내려가고 있다.

**レポーター** 리포터 ¶テレビレポーター 텔레비전 리포터

**レポート** 리포트 [報告書] 보고서 [学生の] 소논문(小論文) ¶レポートを提出[作成]する 리포트를 제출[작성]하다

**レモネード** 레모네이드, 레몬수

**レモン** 레몬 ¶レモンを絞って魚にかける 레몬을 짜서 생선에 뿌리다 関連 レモン色 레몬색 / レモン絞り器 레몬 스퀴저 / レモンスカッシュ 레몬

스쿼시 / レモンティー 레몬차

**-れる** ❶[受け身] ¶最近は日本でも韓国映画がよく上映される 요즘은 일본에서도 한국 영화가 자주 상영되다. / 新宿駅で外国人に話しかけられた 신주쿠역에서 외국인이 나한테 말을 걸어 왔다. ⇨-される
❷[被害] ¶にわか雨に降られた 소나기를 맞았다. / 彼はバイクを盗まれた 그는 오토바이를 도둑맞았다. / 3年前に妻に先立たれた 3년 전에 아내를 여의었다.
❸[可能] ¶僕は自転車に乗れる 나는 자전거 탈 줄 안다. / このきのこは食べられません 이 버섯은 못 먹습니다. / もう食べられない 더 이상 못 먹어. / 夕べはよく眠れた 어제 저녁은 잘 잤다.
❹[尊敬] ¶もうこの小説は読まれましたか 벌써 이 소설을 읽으셨습니까? / あす市長が私たちの学校に来られる 내일 시장님이 우리 학교에 오신다. / コーヒー[紅茶]を飲まれますか 커피[홍차] 드시겠습니까?

**れんあい【恋愛】** 연애 ¶私の両親は恋愛結婚だった 우리 부모님은 연애 결혼하셨다. / 彼女は恋愛小説を読むのが好きだ 그녀는 연애 소설 읽는 것을 좋아한다.

**れんか【廉価】** 염가 ◇廉価な 값싼 関連 廉価版 염가판 / 廉価販売 염가 판매

**れんが【煉瓦】** 벽돌 ¶れんがを積む 벽돌을 쌓다 / 彼女はれんがが造りの家に住んでいる 그녀는 벽돌집에 살고 있다. 関連 耐火れんが 내화 벽돌 / れんが職人 벽돌공

**れんきゅう【連休】** 연휴 ¶今度の連休に温泉に行こう 이번 연휴에 온천에 가자. / 次の月曜日が祝日なので3連休になる 다음 월요일이 경축일이니까 3일연휴가 된다.

**れんげ【蓮華】** [花] 연꽃 [さじ] 사기 숟가락

**れんけい【連携】** 연계 [協力] 협력 ◇連携する 연계하다 ¶いじめをなくすためには学校と家庭の連携が必要だ 따돌림을[왕따를] 없애기 위해서는 학교와 가정의 협력이 필요하다.

**れんげそう【蓮華草】** 《植物》 자운영(紫雲英)

**れんけつ【連結】** 연결 ◇連結する 연결하다 ¶車両を連結する 차량을 연결하다 / この列車には食堂車が連結されている 이 열차에는 식당차가 연결되어 있다. 関連 連結器 연결기 / 連結決算 연결 결산

**れんこ【連呼】** 연호 ◇連呼する 연호하다 ¶宣伝カーが候補者の名前を連呼しながら通り過ぎた 선거차가 후보자의 이름을 연호하면서 지나갔다.

**れんこう【連行】** 연행 ◇連行する 연행하다 ¶刑事は彼を警察に連行した 형사는 그를 경찰서로 연행했다. / 容疑者は警察まで連行された 혐의자는 경찰서까지 연행되었다. / 強制連行 강제 연행

**れんごう【連合】** 연합 [同盟] 동맹 ◇連合する 연합하다 ¶三派は連合して新党を作った 세 파는 연합해서 신당을 만들었다. / それらの国々は共通の目的のため連合した 그 나라들은 공동의 목적을 위해 연합했다. 関連 連合軍 연합군 / 連合国 연합국 / 国際連合 국제 연합, 유엔(▶UN)

**れんこん【蓮根】** 연근, 연뿌리

**れんさ【連鎖】** 연쇄 ¶一人の子供が泣き出すと, 連

鎖反応が起こって他の子供たちも泣き出すことがある 한 아이가 울기 시작하면, 연쇄 반응이 일어나 다른 아이들도 따라 우는 경우가 있다. 関連 連鎖倒産 연쇄 도산 / 食物連鎖 먹이 연쇄 [사슬]

**れんざ**【連座】연좌, 연루 ◇連座する 연좌되다, 연루되다 ¶公共事業をめぐる汚職事件には数人の政治家と官僚が連座した 공공사업을 둘러싼 독직 사건에는 몇 명의 정치가와 관료가 연루되었다.

**れんさい**【連載】연재 ◇連載する ¶この連載は来月号で終了の予定です 이 연재는 다음달 호로 끝날 예정입니다. / このルポは今回で連載を打ち切ることになった 이 르포는 이번 회로 연재를 중단하기로 했다. / コラムを連載する 칼럼을 연재하다 / この小説は雑誌に連載された 이 소설은 잡지에 연재되었다. 関連 連載小説 연재 소설 / 連載漫画 연재 만화

**れんざん**【連山】연산

**レンジ** 레인지 〔オーブン〕 오븐 関連 ガスレンジ 가스 레인지 / 電子レンジ 전자 레인지 ⇒オーブン

**れんじつ**【連日】연일 ¶連日の雪で交通が麻痺した 연일 내린 눈으로 교통이 마비되었다. / 連日連夜の残業で体がもたない 연일 계속되는 잔업으로 몸이 버티지 못한다.

## **れんしゅう**【練習】연습 ◇練習する 연습하다

基本表現
- 私は毎日2時間ピアノの練習をする 나는 매일 두 시간씩 피아노 연습을 한다.
- きょうは野球部の練習をサボってしまった 오늘은 야구부 연습을 빠졌다.
- きのうのゴルフの練習に行った 어제 골프 연습하러 갔다.
- 私たちは優勝を目指して練習に励んでいる 우리는 우승을 목표로 연습에 몰두하고 있다.
- 今回は練習不足で十分に力を発揮できなかった 이번에는 연습 부족으로 충분히 힘을 발휘하지 못했다.

◆練習は
¶サッカー部の練習は厳しいけど休んだことは一度もない 축구부 연습은 힘들지만 쉰 적은 없다. / テニスは好きだが, 練習は好きじゃない 테니스는 좋아하지만 연습하는 것은 좋아하지 않는다. / きょうはバレエの練習がある 오늘은 발레 연습이 있다. / 週3回ラグビー部の練習がある 일주일에 세 번 럭비부 연습이 있다.

◆練習に
¶彼はきょうの練習には顔を出さなかった 그는 오늘 연습에는 나오지 않았다. / 彼らは毎日野球の練習に明け暮れている 그들은 매일 야구 연습으로 하루를 보내고 있다.

◆練習を・練習する
¶夏休みは毎日5時間みっちり練習する 여름 방학은 매일 다섯 시간씩 철저히 연습한다. / 生徒たちは作文の練習をしている 학생들은 작문 연습을 하고 있다. / 合唱コンクールに向けて歌の練習をしている 합창 콩쿠르를 대비하여 노래 연습을 하고 있다. / きょうの試合のために練習を積んできた 오늘 경기를 위해 연습을 쌓아 왔다. / 私たちはフルキャストで芝居の練習をした 우리들은 출연진 전원이 모여 연극 연습을 했다. / きょうは疲れていたので練習を休んだ 오늘은 피곤해서 연습을 쉬었다. / 彼女は先月からゴルフの練習を始めた 그녀는 지난달부터 골프 연습을 시작했다. 関連 練習機 연습기 / 練習曲 연습곡 / 練習試合 연습 경기 / 練習場 연습장 / 練習生 실습생 / 練習船 실습선 / 練習帳 연습장 / 練習問題 연습 문제 / 読解練習 독해 연습 / 発声練習 발성 연습

**れんじゅう**【連中】〔仲間〕친구, 동료(同僚) 〔やつら〕패, 패거리 ¶悪い連中と付き合うな 나쁜 친구들과 어울려 다니지 마.

**れんしょう**【連勝】연승 ◇連勝する 연승하다 ¶ロッテの連勝は7でストップした 롯데의 연승 행진은 7승으로 멈췄다. / うちのチームは5連勝した 우리 팀은 5연승했다.

**レンズ** 렌즈 ¶もう少しレンズを絞ったほうがいいですよ 좀 더 조리개를 닫는 게 좋아요. 関連 魚眼[広角]レンズ 어안[광각] 렌즈 / コンタクトレンズ 콘택트 렌즈 / 接眼レンズ 접안 렌즈 / 対物レンズ 대물 렌즈 / 凸[凹]レンズ 볼록[오목] 렌즈 / 望遠[拡大]レンズ 망원[확대] 렌즈

**れんせん**【連戦】연전 ◇連戦する 연전하다 ¶今度の2連戦はぜひ連勝しなければならない 이번 2연전은 반드시 연승해야 된다. / 巨人阪神の3連戦が楽しみだ 교진 대 한신의 3연전이 기대된다. / うちのチームは連戦連勝[連敗]した 우리 팀은 연전 연승[연패]했다. ¶兵士たちは連戦につぐ連戦で疲れきっていた 병사들은 계속되는 싸움에 지칠대로 지쳐 있었다.

**れんそう**【連想】연상 ◇連想する 연상하다 ¶韓国料理といえばいちばんに何を連想しますか? 한국 요리라고 하면 가장 먼저 무엇을 연상하십니까? / 赤いゼラニウムの花は血の色を連想させる 빨간 제라늄 꽃은 피를 연상시킨다. 関連 連想ゲーム 연상 게임

## **れんぞく**【連続】연속 ◇連続する 연속되다 ¶その芝居は6か月の連続公演を行った 그 연극은 6개월간 장기 공연을 했다. / イチローはきのうの試合で4打席連続安打を放った 이치로는 어제 경기에서 4타석 연속 안타를 쳤다. / 加藤と伊藤は7回に連続ホーマーを打った 가토와 이토는 7회에 연속 홈런을 쳤다. / 母は朝の連続テレビドラマを楽しみに見ている 어머니는 아침 연속극을 즐겨 보고 있다.
¶3日間連続で雪が降った 3일 연속 눈이 내렸다. / いやなことばかりが連続して起こった 안 좋은 일만 연속해서 일어났다. / 母校の野球部は2年連続して夏の甲子園大会に出場が決まった 모교 야구부는 2년 연속하여 여름 고시엔 대회 출전이 결정되었다. / 最近この付近で放火事件が連続して起こっている 요즘 이 부근에서 방화 사건이 연속해서 일어나고 있다. 関連 連続殺人犯 연속 살인범 / 連続小説 연재 소설

**れんだ**【連打】연타 ¶(ボクシングで)チャンピオンは挑戦者に左右の連打を浴びせた 챔피언은 도전자한테 좌우 연타를 먹였다. / (野球で)その投手は

4連打되어ノックアウトされた 그 투수는 연속 4안타를 맞고 강판되었다.

**れんたい【連帯】** 연대 ¶連帯して責任を負う 연대 책임을 지다 / 一方的に解雇を通告された労働者たちは連帯して抗議行動を起こした 일방적으로 해고를 통지받은 노동자들은 연대하여 항의 데모를 벌였다. 関連 連帯感 연대감 / 連帯保証人 연대 보증인

**れんたい【連隊】** 연대 関連 連隊旗 연대기 / 連隊長 연대장

**レンタカー** 렌터카, 임대 자동차(賃貸自動車) ¶レンタカーを借りて北海道を観光した 렌터카를 빌려 홋카이도를 관광했다. 関連 レンタカー会社 렌터카 회사

**レンタル** 렌털, 임대(賃貸), 대여(貸与) ◇レンタルする 임대받다, 렌털하다 ¶最近は旅行用品をレンタルする人が多い 요즘은 여행 용품을 임대하는 사람이 많다. 関連 レンタルビデオ 렌털 비디오 / レンタルビデオショップ 비디오 대여점 / レンタル料金 렌털 요금, 임대료, 대여료

**れんたん【練炭】** 연탄

**れんちゅう【連中】** 패, 패거리 〔仲間〕친구, 동료 ⇨連中(むち)

**れんどう【連動】** 연동 ◇連動する 연동하다, 연결되다 ¶この機械のスイッチは安全装置に連動しているのでイヤのスイッチは安全 장치에 연결되어 있다. 関連 連動装置 연동 장치

**レントゲン** 〔人名〕뢴트겐 〔エックス線検査〕엑스레이 검사 ¶レントゲン検査を受ける 엑스레이 검사를 받다 / レントゲン検査の結果、肺に異常が見つかった 엑스레이 검사 결과 폐에 이상이 발견되었다. / 胸部のレントゲン写真を撮った 흉부 엑스레이 사진을 찍었다. 関連 レントゲン技師 엑스레이 기사 ⇨エックス線

**れんぱ【連破】** 연파 ◇連破する 연파하다 ¶日本は中国を連破した 일본은 중국을 연파했다.

**れんぱ【連覇】** 연패 ◇連覇する 연패하다 ¶ブラジルはサッカーのワールドカップで連覇できるだろうか 브라질은 축구 월드컵에서 연패할 수 있을까?

**れんぱい【連敗】** 연패 ◇連敗する 연패하다 ¶ライオンズはなんとか3連敗を免れた 라이온즈는 간신히 3연패를 면했다. / そのチームはとうとう5連敗してしまった 그 팀은 결국 5연패했다. / 連戦連敗 연전연패

**れんぱつ【連発】** 연발 ◇連発する 연발하다 ¶彼はつまらない冗談を連発した 그는 재미없는 농담을 연발했다. / レポーターたちは離婚の原因についてそのタレントに質問を連発した 리포터들은 이혼의 원인에 대해 그 탤런트한테 질문을 퍼부었다. 関連 連発銃 연발총

**れんばん【連番】** 연번, 일련번호(一連番号) ¶宝くじを連番で買った 일련번호로 복권을 샀다.

**れんぽう【連邦】** 연방 関連 連邦国家 연방 국가 / 連邦制度 연방 제도 / 連邦政府 연방 정부 / (米国の)連邦準備銀行 연방 준비 은행(▶略 FRB) / (米国の)連邦捜査局 연방 수사국(▶略 FBI) / イギリス連邦 영연방

**れんぽう【連峰】** 연봉 ¶白馬連峰 하쿠바 연봉

**れんめい【連名】** 연명 ¶友達と連名で彼女に礼状を出した 친구와 연명으로 그 여자한테 사례의 편지를 냈다.

**れんめい【連盟】** 연맹 関連 国際サッカー連盟 국제 축구 연맹 / 国際連盟 국제 연맹 / 日本高等学校野球連盟(高野連) 일본 고등학교 야구 연맹 ⇨連合

**れんや【連夜】** 연야, 밤마다 ¶どのビヤホールも猛暑で連夜の満員だった 혹서로 인해 어느 호프집도 밤마다 만원이었다.

# **れんらく【連絡】** ❶〔人・物の接触〕연락 〔通報〕통보 ◇連絡する 연락하다 〔知らせる〕통보하다, 알리다

◆**連絡は・連絡が**◆

¶彼とは連絡が取れましたか 그 사람하고는 연락이 되었습니까? / 最近伊藤さんから連絡がありますか 요즘 이토 씨한테서 연락이 있습니까? / 最近彼から連絡がない 요즘 그 사람한테서 연락이 없다. / 船からの連絡が途絶えた 배에서 연락이 끊겼다. / 会社や自宅に電話をしてみたが、まだ彼と連絡がつかない 회사와 집에 전화를 해 봤는데, 그 사람하고 아직 연락이 안 돼.

◆**連絡を・連絡する**◆

¶船が遭難したと無線で連絡を受けた 배가 조난됐다고 무선으로 연락을 받았다. / 彼に連絡を取りたいのですが、どこにいるかわかりますか 그 사람한테 연락을 하고 싶습니다만, 어디에 있는지 아십니까? / 私たちは常に緊密な連絡を取っている 우리들은 평소에 긴밀한 연락을 취하고 있다.

¶至急警察に連絡してください 급히 경찰에 연락해 주세요. / すぐご連絡します 금방 연락하겠습니다. / あす電話でご連絡いたします 내일 전화로 연락 드리겠습니다.

会話 **連絡します**

A：あした同窓会に行くの？

B：さあ、わからないな．でも、行けない時は連絡するよ

A：내일 동창회 갈 거니？

B：글쎄, 모르겠어. 혹시 못 가게 되면 연락할게.

◆**その他**◆

¶先生の連絡先を教えてください 선생님 연락처를 가르쳐 주세요.

❷〔交通機関の接続〕연락, 접속 ◇連絡する 연락하다, 연락되다, 접속되다 ¶この各駅停車は次の駅で急行電車と連絡している 이 완행열차는 다음 역에서 급행열차와 접속된다. / この駅は列車どうしの連絡が悪い 이 역은 열차끼리 접속이 나쁘다. 関連 連絡駅 갈아타는 역 / 連絡会議 연락 회의 / 連絡係 연락원(連絡員) / 連絡先 연락처 / 連絡船 연락선 / 連絡網 연락망

**れんりつ【連立】** 연립 ◇連立する 연립하다 ¶自民党は公明党と連立した 자민당은 공명당과 연립했다. 関連 連立政権 연립 정권 / 連立内閣 연립 내각 / 連立方程式 연립 방정식 / 連立与党 연립 여당

# ろ

**ろ**【炉】화로 ¶炉に薪をくべる 화로에 장작을 지피다 関連 原子炉 원자로 / 溶鉱炉 용광로 ⇒暖炉, 炉端

**ろ**【櫓】노 ¶櫓を漕ぐ 노를 젓다 ⇒オール

**ロ**【音階】시; 나 関連 ロ短調 나 단조

**ろう**【牢】감옥(監獄) 関連 牢破り 탈옥(脱獄)

**ろう**【労】〔骨折り〕수고, 고생〔労苦〕노고〔努力〕노력 ¶あなたの労に報いることができるだろうか 그 사람의 노고에 보답할 수 있을까? / あなたのためなら労をいといません 당신을 위해서라면 고생도 마다하지 않겠습니다. / 彼は日夜労を惜しまず働いた 그는 밤낮으로 수고를 아끼지 않고 일했다. / 弁護士に紹介の労を取っていただけないでしょうか 변호사를 소개해 주시지 않겠습니까? / 彼らの労をねぎらって一席もうけた 그들의 수고를 위로하는 술자리를 마련했다.

**ろう**【蝋】납, 밀 ¶ろう付けする 납땜하다 関連 ろう紙 파라핀지, 납지 / ろう細工 납세공 / ろう人形 납 인형 / ろう人形館 납 인형관 ⇒ワックス

**ろうあ**【聾唖】농아 関連 ろうあ者 농아 / ろうあ学校 농아 학교

**ろうえい**【漏洩】누설 ◇漏洩する 누설하다, 누설되다 ¶もしこの機密が漏洩したらたいへんなことになる 만약 이 기밀이 누설되면 큰일난다. ⇒漏らす, 漏れる

**ろうえき**【労役】노역

**ろうか**【老化】노화 ◇老化する 노화하다, 노화되다 ¶生き物はすべて老化する 생물은 모두 노화한다. / ぼけは老化の一部だ 노망은 노화의 일부다. / 頭の老化を防ぐ 머리의 노화를 막다 関連 老化現象 노화 현상

**ろうか**【廊下】(複道)복도 ¶会議室は廊下の突き当たりにある 회의실은 복도 막다른 곳에 있다. / 廊下を走ってはいけません 복도에서 뛰어서는 안 됩니다. / 廊下を挟んで2つの部屋がある 복도를 끼고 방이 두 개 있다. / 部屋から明かりが漏れていた 복도를 통과는 그 방에서 불빛이 새어 나오고 있었다.

**ろうかく**【楼閣】누각 ¶君の計画は砂上の楼閣にすぎない 자네의 계획은 사상누각에 불과하다.

**ろうこう**【農学校】농아학교

**ろうがん**【老眼】노안 ¶老眼になった 노안이 되었다. 関連 老眼鏡 노안경, 돋보기

**ろうきゅう**【老朽】노후 ◇老朽化する 오래되다 ¶建物が老朽化して雨漏りがする 건물이 오래되어 비가 샌다. / 老朽化した校舎は取り壊されることになった 오래된 교사는 철거하기로 되어 있다. 関連 老朽船 노후선

**ろうきょう**【老境】노년 ¶父は老境に至って穏やかな日々を送っている 아버지는 노년에 이르러 평온한 나날을 보내고 있다.

**ろうく**【労苦】노고 ¶あなたのためなら労苦をいといません 당신을 위해서라면 노고를 마다하지 않겠습니다.

**ろうけつぞめ**【ろうけつ染め】납결 염색 ¶ろうけつ染めのハンカチ 납결 염색 손수건

**ろうご**【老後】노후 ¶老後に備える 노후에 대비하다 / 子供たちに老後の面倒を見てもらうつもりはありません 노후에 아이들한테 기대어 살고 싶지 않습니다. / 老後の楽しみ 노후의 즐거움

**ろうごく**【牢獄】감옥(監獄)

**ろうさい**【労災】노동자 재해 関連 労災保険 노동자 재해 보험

**ろうさく**【労作】노작 ¶彼女の新しい小説はなかなかの労作だ 그녀의 새 소설은 상당한 노작이다. / 会心の労作 회심의 노작

**ろうし**【労使】노사 ¶賃上げを巡って労使間の緊張が高まっている 임금 인상을 둘러싸고 노사간에 긴장감이 높아지고 있다. 関連 労使関係 노사 관계 / 労使協調 노사 협조 / 労使交渉 노사 교섭 / 労使紛争 노사 분쟁

## ろうじん【老人】노인, 늙은이〔高齢者〕고령자

◆**老人は・老人が**

¶あの老人はとても頑固だ 저 노인은 아주 고집이 세다. / 都会では一人暮しの老人が増えている 도시에서는 혼자 사는 노인이 늘고 있다.

◆**老人に**

¶彼女は老人に対する思いやりがない 그 여자는 노인에 대한 배려가 없다. / だれでもいつかは老人になる 누구나 언젠가는 노인이 된다. / 老人になったからといってだれもが老けこむわけではない 노인이 되었다고 해서 누구나 늙어 빠지는 것은 아니다.

◆**老人も**

¶体力が弱って身の回りのことができない老人もいる 체력이 약해지고 일상생활을 제대로 못 하는 노인도 있다. / 保守的な老人もいればさばけた老人もいる 보수적인 노인도 있는가 하면 세상 물정에 밝은 노인도 있다.

◆**老人を**

¶老人をいたわる 노인을 돌보다 / 老人を敬う 노인을 존경하다

◆**その他**

¶日本は老人人口が増大している 일본은 노인 인구가 증가하고 있다. / 老人介護をする人がもっと必要だ 노인을 간호할 사람이 더 필요하다. 関連 老人医学〔医療〕노인 의학〔의료〕/ 老人〔老年〕学 노인〔노년〕학 / 老人性白内障 노인성 백내장 / 老人パワー 노인 파워 / 老人病 노인병 / 老人福祉 노인 복지 / 老人ホーム 양로원(養老院)

**ろうすい**【老衰】노쇠 ◇老衰する 노쇠하다 ¶祖母は昨年老衰で死んだ 할머니는 작년에 노환으로 돌아가셨다.

**ろうすい**【漏水】누수 ◇漏水する 물이 새다

¶水道管から漏水している 수도관에서 물이 새고 있다.

**ろうする【労する】** 애를 쓰다, 힘을 들이다[쓰다] ¶大金を労せずして手に入れる方法はないだろうか 큰돈을 힘 안 들이고 손에 넣는 방법은 없을까？

**ろうそく【蠟燭】** 초, 양초 ¶ろうそくをともす[消す] 초를 켜다[끄다] /テーブルの上ではろうそくが燃えていた 테이블 위에서 양초가 타고 있었다 /少女はバースデーケーキのろうそくをすべて吹き消した 소녀는 생일 케이크의 촛불을 불어서 모두 껐다. 数え方 ろうそく1本 초 한 자루[정] 関連 ろうそく立て 촛대

**ろうちん【労賃】** 노임, 품삯 ⇒賃金, 給料

**ろうでん【漏電】** 누전 ◇漏電する 누전되다
¶火災は漏電が原因だった 화재는 누전이 원인이었다. /どこかが漏電しているかもしれない 어딘가 누전되어 있는지도 모른다.

## ろうどう【労働】 노동 ◇労働する 노동하다
¶彼はそのきつい労働に耐えられるほど強くない 그는 그 힘든 노동을 견뎌 낼 만큼 강하지 않다. /若者たちに労働の大切さを知って欲しい 젊은이들이 노동의 소중함을 알았으면 한다.
¶労働時間を短縮する 노동 시간을 단축하다 /通常の労働時間は週40時間です 보통 노동 시간은 일 주일에 40시간입니다. /1日の労働時間は8時間です 하루 노동 시간은 여덟 시간입니다. /労働条件は大幅に改善された 노동 조건은 크게 개선되었다. /工場の閉鎖で多くの労働者が職を失った 공장이 폐쇄되어 많은 노동자가 직장을 잃었다. /熟練労働者が不足している 숙련 노동자가 부족하다. /労働者の数が減ってきている 노동자의 수가 줄어들고 있다. /この作業を仕上げるには今の2倍の労働力が必要だ 이 작업을 완성하는 데는 지금의 두 배의 노동력이 필요하다. /地方の労働人口は減少している 지방의 노동 인구는 감소하고 있다 関連 労働委員会 노동 위원회 /労働運動 노동 운동 /労働基準監督署 노동 기준 감독서 /労働基準法 노동 기준법 /労働協約 노동 협약 /労働契約 노동 계약 /労働時間 노동 시간 /労働者 노동자 /労働集約産業 노동 집약 산업 /労働生産性 노동 생산성 /労働争議 노동 쟁의 /労働党 노동당 /労働ビザ 노동[취업] 비자, 취업 사증 /労働問題 노동 문제 /季節労働者 계절 노동자 /強制労働 강제 노동 /軽労働 경노동 /厚生労働大臣[大臣] 후생 노동성[노동 대신] /時間外労働 시간외 노동 /重労働 중노동 /深夜労働 심야 노동 /頭脳労働 두뇌 노동 /肉体労働 육체 노동

**ろうどうくみあい【労働組合】** 노동조합, 《縮約》 노조 関連 労働組合員 노동조합원 /労働組合法 노동조합법 /企業別労働組合 기업별 노동조합 /産業別労働組合 산업별 노동조합 ⇒組合

**ろうどく【朗読】** 낭독 ◇朗読する 낭독하다
¶詩を朗読する 시를 낭독하다 関連 朗読者 낭독자

**ろうにゃくなんにょ【老若男女】** 남녀노소(男女老少) ¶サッカーは老若男女を問わず世界で最も人気のあるスポーツだ 축구는 남녀노소를 막론하고[불문하고] 세계에서 가장 인기 있는 스포츠다.

**ろうにん【浪人】** 낭인 [失業者] 실업자 [入試に失敗した] 재수생 (再受生) ¶彼は就職浪人中だ 그는 취업 재수생이다.

**ろうねん【老年】** 노년, 노령 (老齢) ¶老年になったら田舎でゆっくり暮らしたい 노년이 되면 시골에서 느긋하게 살고 싶다.

**ろうば【老婆】** 노파 [おばあさん] 할머니 ¶老婆心から言わせてもらうけど、そんなことはするなよ 노파심에서 하는 말인데, 그런 짓은 하지 마.

**ろうばい【狼狽】** 당황 ◇狼狽する 당황하다, 허둥지둥하다 ¶彼女は狼狽の色を隠せなかった 그 여자는 당황한 빛을 감추지 못했다. /先生の突然の質問に狼狽してしまった 선생님의 갑작스러운 질문에 당황했다.

**ろうはいぶつ【老廃物】** 노폐물

**ろうひ【浪費】** 낭비 [ぜいたく] 사치 ◇浪費する 낭비하다 [ぜいたくをする] 사치하다 ¶それは時間の浪費だと思う 그것은 시간 낭비라고 생각해. /スピードの出し過ぎはガソリンの浪費になる 스피드를 너무 내는 것은 휘발유 낭비다. /資源の浪費を避けるべきだ 자원의 낭비를 삼가해야 한다. /娘の浪費をたしなめた 딸이 사치하는 것을 나무랐다. /彼女はブランド品の高級バッグに貯金の全部を浪費してしまった 그녀는 고급 브랜드 가방에 저축한 돈을 전부 써 버렸다. /彼はギャンブルにお金を浪費している 그는 도박에 돈을 낭비하고 있다. 関連 浪費家 사치하는 사람 /浪費癖 낭비벽

**ろうほう【朗報】** 낭보, 반가운[기쁜] 소식 ¶娘が大学に合格したという朗報に家族全員で大喜びした 딸이 대학에 합격했다는 소식에 가족 모두가 크게 기뻐했다.

**ろうむ【労務】** 노무 関連 労務課 노무과 /労務管理 노무 관리 /労務者 노무자

**ろうや【牢屋】** 감옥(監獄)

**ろうりょく【労力】** 노력 [人手] 일손 ¶この作品を完成するのに多くの時間と労力を費やした 이 작품을 완성하는 데 많은 시간과 노력을 기울였다. /彼らはそのためには労力を惜しまなかった 그들은 그것을 위해서는 노력을 아끼지 않았다. /労力が不足している 일손이 모자라다.

**ろうれい【老齢】** 노령 ¶祖母はすでに80の老齢に達していた 할머니는 이미 80 노령에 달해 있었다. /父は老齢のため足腰が弱くなり車椅子を使っている 아버지는 연로하셔서 다리와 허리가 약해져 휠체어를 타고 계신다. /日本では老齢人口が増え続けている 일본에서는 노령 인구가 계속 늘어나고 있다. 関連 老齢化社会 노령화 사회 /老齢年金 노령 연금

**ろうれん【老練】** ◇老練だ 노련하다 ¶老練な政治家 노련한 정치가

**ろうろう【朗々】** 朗々たる 낭랑한 ◇朗々と 낭랑히, 또랑또랑하게 ¶彼女は詩を朗々と読み上げた 그녀는 시를 또랑또랑하게 낭독했다.

**ローカル** ◇ローカルな 지방의, 지역적 関連 ローカルカラー 지방색, 향토색 /ローカル線 지방

선 / ローカルニュース 지방 소식 / ローカル放送 지방 방송 ◇いなか,地方

ローション 로션 ¶ひげをそった後はローションをつけたほうがいいよ 면도 후에는 로션을 바르는 것이 좋아요. 関連 アフターシェーブローション 면도 로션 / スキンローション 스킨 로션

ロース 〔牛・豚の〕로스 関連 ロースハム 로스트 햄

ロースト 로스구이, 구운 고기 関連 ローストチキン 로스트 치킨 / ローストビーフ 로스트비프

ロータリー 〔環状交差点〕로터리 関連 ロータリーエンジン 로터리 엔진 / ロータリークラブ 로터리 클럽

ローティーン 로틴, 10대 초반 ¶ローティーンの少女 10대 초반의 소녀

ローテーション 로테이션 ¶その投手はローテーションから外された 그 투수는 로테이션에서 빠졌다. / 5人の投手で先発のローテーションを組む 다섯 명의 투수로 선발 로테이션을 짜다

ロードショー 로드 쇼 ¶あの映画がロードショー公開されている 그 영화는 상영중이다. 関連 ロードショー劇場 로드 쇼 극장

ロードレース 로드 레이스

ローヒール 〔靴の〕로힐

ロープ 로프, ロープをぴんと張る 줄을 팽팽히 당기다 / ロープをぐいと引っ張る 줄을 확 당기다 / ロープを緩める 줄을 느슨하게 하다 / ロープを結ぶ 줄을 매다

ロープウエー 로프웨이, 케이블카 (▶韓国では一般にケーブルカを用いることが多い) ¶ロープウエーで山頂まで行った 케이블카로 산꼭대기까지 갔다.

ローマじ 【ローマ字】로마자, 영문(英字) ¶パスポートの申請用紙には漢字とローマ字で名前を書かなければならない 여권 신청 용지에는 한자와 로마자로 이름을 써야 된다.

ローラーコースター 롤러코스터

ローラースケート 롤러스케이팅 〔靴〕롤러스케이트 ¶ローラースケートをしに行こう 롤러스케이팅 하러 가자.

ロールキャベツ 캐비지롤

ロールパン 롤빵

ローン 〔融資〕융자 〔貸付〕대출 〔貸付金〕대출금 ¶12回払いのローンで冷蔵庫を買った 12회 할부로 냉장고를 샀다. / 毎月銀行ローンを返さなければならない 매월 은행 융자를 갚아야 된다. / 住宅ローンで家を購入することにした 대출 받아 집을 구입하기로 했다.

ローンスキー 론 스키
ローンテニス 론 테니스

ろか 【濾過】여과 ◇過する 여과하다, 거르다 ¶雨水をろ過して飲料水にする 빗물을 여과해서 음료수로 만든다. 関連 ろ過装置 여과 장치

ろかた 【路肩】갓길 関連 路肩注意 갓길 조심

ロカビリー 【音楽】로커빌리

ろく 【六】육, 〔固有語〕여섯 ¶6番め 여섯 번째 / 6分の1 육분의 일

ログアウト 로그아웃 ◇ログアウトする 로그아웃하다

ログイン 로그인 ◇ログインする 로그인하다

ろくおん 【録音】녹음 ◇録音する 녹음하다 ¶記者会見での首相の発言を録音する 기자 회견에서 수상의 발언을 녹음하다 / 彼らの会話はテープに録音されている 그들의 대화는 테이프에 녹음되어 있다. 関連 録音機 녹음기 / 録音技師 녹음 기사 / 録音室 녹음실 / 録音テープ 녹음 테이프

ろくが 【録画】녹화 ◇録画する 녹화하다 ¶このドラマは家族で見ることにしよう 이 드라마는 녹화해서 보기로 하자. / この番組を録画しておいてちょうだい 이 프로 좀 녹화해 줘. / ワールドカップの日本対オーストラリアの試合は録画予約してある 일본과 호주의 월드컵 경기는 예약 녹화해 두었다.

ろくがつ 【六月】유월

ろくじゅう 【六十】육십, 〔固有語〕예순 ¶60番目 육십 번째 / 60歳 육십세, 예순살 / 60年代 육십 년대 慣用句 〔만학으로〕한국어 공부를 시작했다.

ろくしょう 【緑青】녹청, 녹 ¶なべに緑青が出ている 냄비에 녹이 슬었다.

ろくすっぽ 【碌すっぽ】제대로 ¶ろくすっぽ知りもしないくせにいい加減なことを言うな 제대로 알지도 못하면서 함부로 말하지 마.

ろくでなし 【碌で無し】못된 자식 ¶このろくでなしめが 이 못된 자식아!

ろくでもない 【碌でも無い】못되다, 변변치 않다; 쓸데없다, 쓸모없다 ¶彼女があんなろくでもない男と結婚するなんて信じられない 그녀가 저런 변변치 않은 남자와 결혼하다니 믿어지지 않는다. / そんなろくでもない物をどこで拾ってきたの 그런 쓸데없는 물건을 어디서 주워 왔어? / ろくでもないことを言うな 쓸데없는 말 하지 마.

ろくな 【碌な】변변한 ¶彼はろくな成果を上げていない 그는 변변한 성과를 올리지 못하고 있다. / この店はろくな物を置いてない 이 가게는 쓸 만한 물건이 없다. / きょうはろくなことがない 오늘은 제대로 되는 일이 없다. / そんなことをするなんて、ろくな人間じゃない 그런 짓을 하다니 변변치 못한 놈이다.

ろくに 【碌に】제대로 ¶あれ以来、ユミはろくに口もきいてくれない 그 일 이후, 유미는 나하고 말도 잘 하지 않는다. / 忙しくてろくにお昼も食べられなかった 바빠서 제대로 점심도 먹지 못했다. / 最近はあれこれ悩み事が多くて、夜もろくに眠れない 요즘은 이것저것 고민이 많아서, 밤에 잠도 제대로 안 온다. / ろくに調べもしないで、よくもそんなことが言えたものだ 제대로 조사해 보지도 않고, 잘도 그런 말을 하는구나.

ログハウス 통나무집

ろくまく 【肋膜】늑막 関連 肋膜炎 늑막염

ろくろ ⇒ろくに

ロケ 로케, 야외 촬영(野外撮影), 현지 촬영(現地撮影) ¶彼らは京都へロケに行く予定だ 그들은 야외 촬영하러 교토로 갈 예정이다. / 通りでドラマのロケをしていた 거리에서 드라마를 촬영하고 있었다. 関連 ロケハン 로케이션 찾기

ロケット 로켓 ¶ロケットを打ち上げる 로켓을 쏘아 올리다 / 3段式ロケット 3단식 로켓 関連 ロケットエンジン 로켓 엔진 / ロケット工学 로켓

공학 / ロケット弾 로켓탄 / ロケット発射台 로켓 발사대 / ロケット砲 로켓포 / 宇宙ロケット 우주 로켓

**ろけん**【露見・露顕】 발각, 탄로 ◇露見する 발각되다, 탄로 나다, 드러나다 ¶その政治家しの不正が露見してすっかり開き直った 그 정치인은 부정이 탄로 나자 뻔뻔하게 강한 태도로 돌변했다. / 彼女は秘密の露見を恐れて姿を隠した 그녀는 비밀이 탄로 날 것을 두려워하여 자취를 감추었다.

**ろこつ**【露骨】 ◇露骨な 노골적인 ¶露骨に 노골적으로 ¶彼は私に対して露骨な敵意を示した 그는 나에 대한 적대감을 노골적으로 드러냈다. / 露骨な表現は避けるべきだ 노골적인 표현은 피해야 한다. / 彼女は露骨に人の悪口を言う 그녀는 노골적으로 남의 욕을 한다. / クラスメートたちの彼女に対するいじめは日増しに露骨になってきた 같은 반 아이들은 날이 갈수록 노골적으로 그녀를 따돌리기 시작했다.

**ろし**【濾紙】 여과지(濾過紙), 거름종이

**ろじ**【路地】 골목길 [関連] 路地裏 뒷골목

**ろしゅつ**【露出】 ❶〔むき出し〕노출 ◇露出する 노출하다, 드러내다 ; 노출되다 ¶太陽に長時間肌を露出するとやけどのようになる 태양에 장시간 피부를 노출시키면 화상 입은 것처럼 된다. / 重なる伏քで山肌がすっかり露出していた 거듭되는 벌채로 산 표면이 다 드러나 있었다. ❷〔写真の〕노출 ¶その写真は露出オーバー[不足]だった 그 사진은 노출 과다였다[부족이었다]. [関連] 露出狂 노출증 / 露出計 노출계 / 露出時間 노출 시간

**ろじょう**【路上】 노상(道) 길 ¶子供たちが路上でサッカーをしていた 아이들이 길에서 축구를 하고 있었다. / やむを得ず路上駐車をする 어쩔 수 없이 길에서 주차시킨다. / 路上駐車禁止 노상 주차 금지 [関連] 路上教習 주행 연습 / 路上強盗 노상강도 / 路上試験(도로) 주행 시험

**ロス** 로스〔損失〕손실〔浪費〕낭비 ¶無計画なやり方では結局大きなロスが出る 계획 없이 하다가는 결국 큰 손실이 난다. / そんなことをしても時間のロスだ 그런 일을 해봤자 시간 낭비일 뿐이다. / 試合はロスタイムに入った 경기는 로스 타임에 들어갔다. / 遠回りをしたために、そこに着くのに1時間ロスした 멀리 돌아가는 바람에 거기에 도착하는 데 한 시간이나 낭비했다.

**ろせん**【路線】 노선 ¶与党は強行〔穩健〕路線を選択した 여당은 강경〔온건〕노선을 선택했다. [関連] 路線バス 노선버스 / 赤字路線 적자 노선 / 地下鉄路線図 지하철 노선도

**ロッカー** 로커, 사물함 [関連] ロッカールーム 로커룸, 탈의실(脱衣室) / コインロッカー 보관함

**ろっかくけい**【六角形】 육각형

**ろっかんしんけい**【肋間神経】 늑간 신경
[関連] 肋間神経痛 늑간 신경통

**ロッキングチェア** 흔들의자

**ロック** 〔錠〕자물쇠〔岩〕바위〔ロック音楽〕(뮤직), 로큰롤 ¶ドアをロックするのを忘れないで 문 잠그는 것 잊지 마. [関連] ロック歌手 록 가수 / ロックバンド 록 밴드

**ロックアウト** 공장 폐쇄(工場閉鎖) ¶会社側は工場をロックアウトした 회사측은 공장을 폐쇄했다. ⇒閉鎖

**ロッククライミング** 록클라이밍, 암벽 등반(岩壁登攀)

**ロックンロール** 로큰롤, 록

**ろっこつ**【肋骨】 늑골 ¶交通事故でろっ骨を折った 교통 사고로 늑골이 부러졌다.

**ロッジ** 산장, 산장식의 숙박소

**ろっぽうぜんしょ**【六法全書】 육법 전서

**ろてい**【露呈】 노정 ◇露呈する 드러내다 ; 표면화되다 ¶ついに社内の内部対立が露呈した 마침내 회사 내부의 대립이 표면화되었다. / その発言で彼女の本音が露呈したも同然だった 그 발언으로 그녀의 진심이 드러난 것과 마찬가지였다.

**ろてん**【露店】 노점

**ろてんしょう**【露天商】 노점상

**ろてんぶろ**【露天風呂】 노천 목욕탕

**ろてんぼり**【露天掘り】 노천굴, 노천 채굴

**ろとう**【路頭】 길거리, 길가 [慣用句] 両親が死ねば私たち兄弟は路頭に迷うことになる 부모님이 돌아가시면 우리 형제들은 길가에 나앉게 된다.

**ろば**【驢馬】 당나귀

**ろばた**【炉端】 화롯가, 노변

**ロビー** 로비 ¶ホテルのロビーでお待ちしています 호텔 로비에서 기다리고 있겠습니다. [関連] ロビー活動 로비 활동

**ロフト** 다락방

**ロボット** 로봇 [関連] ロボット工学 로봇 공학 / 産業用ロボット 산업용 로봇 / 知能ロボット 지능 로봇 / 人形(쯩) ロボット 사람형 로봇

**ロマン** 낭만(浪漫) ¶この絵には現代人のロマンをかき立てる何か特別のものがある 이 그림에는 현대인의 낭만을 자극하는 뭔가 특별한 것이 있다. / ロマンに満ちた物語 낭만에 가득 찬 이야기 [関連] ロマン主義 낭만주의 / ロマン派 낭만파

**ロマンス** 로맨스〔愛情〕사랑〔恋愛〕연애 ¶二人の間にはロマンスが芽生えつつあった 두 사람 사이에는 로맨스가 싹트기 시작하고 있었다. ¶ロマンスグレーの紳士 은발의 신사 [関連] ロマンスシート 2인용 의자〔소파〕 ⇒恋愛

**ロマンチスト** 로맨티스트, 낭만주의자(浪漫主義者), 낭만파

**ロマンチック** ◇ロマンチックだ 로맨틱하다, 낭만적이다 ¶ロマンチックな恋をしてみたい 로맨틱한 사랑을 해 보고 싶다. / ロマンチックな話 로맨틱한 이야기

**ロム** 〔ROM〕〔IT〕 롬〔読み出し専用メモリー〕읽기 전용 기억 장치

**ろめん**【路面】 노면 ¶道路の路面改修工事が行われている 도로 노면 개수 공사를 하고 있다. / 路面凍結注意 빙판길 주의 [関連] 路面電車 노면 전차

**ろれつ**【呂律】 [慣用句] 酔ってろれつが回らなくなった 취해서 혀가 꼬였다

**ろん**【論】 ❶〔議論〕논, 논의〔論争〕논쟁 ¶論より証拠 말보다 증거 / 私たちはクラブの運営方針について激しく論を戦わせた 우리는 클럽의 운영 방침에 대해 격렬하게 논쟁했다. / それが非常に

重要な問題であることは論をまたない(→言うまでもない) 그것이 상당히 중요한 문제라는 것은 논평의 여지도 없다.
❷〔評論〕평론〔見解〕견해〔意見〕의견；《接尾》-론 ¶この評論家の村上春樹論はおもしろい 이 평론가의 무라카미 하루키론은 재미있다. / 彼の恋愛論は聞いてみる価値がある 그의 연애론은 들어 볼 가치가 있다. / 自衛隊の海外派遣の是非については論が分かれるところだ 자위대의 해외 파견 시비에 대해서는 의견이 나뉘어진다.

**ろんがい**【論外】논외 ¶そんなことは論外だ 그런 것은 논외이다.

**ろんぎ**【論議】논의 ◇論議する 논의하다, 논쟁하다 ¶論議する中でこそ妙案も出てくる 서로 논의하는 가운데 묘안이 나온다. / 年金制度の改革についてはさまざまに論議されている 연금 제도의 개혁에 대해서는 다양하게 논의되고 있다. / 日本の人口減少が論議の的になっている 일본 인구의 감소가 논의의 중심이 되고 있다. / 人間の本質について友人たちと論議を交わした 인간의 본질에 대해 친구들과 논의했다. / その問題についてはもっと論議を尽くすべきだ 그 문제에 대해서는 좀 더 논의를 해야 한다. / 米国産牛肉の輸入はさまざまな論議を呼んだ 미국산 쇠고기 수입은 여러 가지 논의를 불러일으켰다.

**ろんきゅう**【論及】논급〔言及〕언급 ◇論及する 논급하다, 언급하다 ¶彼女は教育改革の細部にまで論及した 그녀는 교육 개혁의 세부적인 사항까지 언급했다.

**ろんきょ**【論拠】논거 ¶彼の主張には何の論拠もない 그의 주장에는 아무런 논거도 없다. / この計画が失敗するという君の論拠は何だ 이 계획이 실패한다고 주장하는 자네의 논거는 무엇인가?

**ロングコート** 긴 코트
**ロングスカート** 긴 치마
**ロングセラー** 스테디 셀러
**ロングヘア** 긴 머리 ¶彼女はロングヘアが似合う 그녀는 긴 머리가 어울린다.
**ロングラン** 롱런, 장기 흥행 ¶このミュージカルはロングランを続けている 이 뮤지컬은 롱런하고 있다.

**ろんご**【論語】논어

**ろんし**【論旨】논지〔趣旨〕취지〔要旨〕요지 ¶彼の論旨は明快だ 그의 논지는 명쾌하다. / 次の文章の論旨を400字程度にまとめよ 다음 문장의 논지를 400자 정도로 요약하시오.

**ろんじゅつ**【論述】논술 ◇論述する 논술하다 ¶地球温暖化について論述せよ 지구 온난화에 대해 논술하시오. 関連 論述式テスト 논술 고사(論述考査), 논술 시험

**ろんしょう**【論証】논증 ◇論証する 논증하다

**ろんずる**【論ずる】논하다〔議論する〕의논하다 ¶事の是非を論じる 일의 시비를 따지다 / 友人と芸術について論じた 친구와 예술에 대해 논했다. / 環境問題を論じた本を探している 환경 문제를 다룬 책을 찾고 있다. / その件は論ずるに値しない 그 건은 논할 가치가 없다.

**ろんせつ**【論説】논설〔論評〕논평 関連 論説委員 논설 위원

**ろんそう**【論争】논쟁 ◇論争する 논쟁하다 ¶女性天皇の是非をめぐって論争が起きた 여성 천황의 여부를 둘러싸고 논쟁이 일어났다. / 首相の発言はいろいろと論争をよんだ 수상의 발언은 여러 논쟁을 불러일으켰다. / 憲法改正案について激しい論争が行われた 헌법 개정안을 둘러싸고 격렬한 논쟁이 일어났다. / 環境問題についての論争は絶えない 환경 문제에 대한 논쟁은 끊이지 않는다. / その問題はまだ論争中だ 그 문제는 아직 논쟁중이다.

**ろんだい**【論題】논제 ⇒題、テーマ

**ろんだん**【論壇】논단〔言論界〕언론계

**ろんちょう**【論調】논조 ¶新聞の論調は新内閣におおむね好意的だ 신문의 논조는 새 내각에 대체적으로 호의적이다.

**ろんてん**【論点】논점(▶発音は 논쩜) ¶この評論は論点がはっきりしていない 이 평론은 논점이 확실하지 않다. / 君の話は論点を外れている 자네의 얘기는 논점에서 벗어나 있어.

**ろんぱ**【論破】논파 ◇論破する 논파하다 ¶彼は反対意見をかたっぱしから論破した 그는 반대 의견을 모조리 논파했다. / なかなか彼女を論破できない 좀처럼 그녀를 논파할 수 없다.

**ろんぴょう**【論評】〔批評〕비평 ¶彼の新しい小説に対する論評はあまりおもわしくなかった 그녀의 새 소설에 대한 평가는 그다지 좋지 못했다. / どの新聞も北朝鮮の核実験について詳細に報道し論評を加えた 신문들은 일제히 북한의 핵실험에 대해 상세히 보도하고 논평을 가했다. / 彼はその件に関しては論評を差し控えた 그는 그 건에 관해서는 논평을 보류했다. / 彼は自分の小説に対する論評を無視した 그는 자기의 소설에 대한 비평을 무시했다.

**ろんぶん**【論文】논문 ¶研究論文をまとめて今度の学会で発表するつもりだ 연구 논문을 정리해서 이번 학회에서 발표할 예정이다. / 来週の月曜までに卒業論文を提出しなければならない 다음주 월요일까지 졸업 논문을 제출해야 된다. / 論文を書く 논문을 쓰다 関連 論文集 논문집 / 学位論文 학위 논문 / 懸賞論文 현상 공모 논문 / 修士論文 석사 논문 / 博士論文 박사 논문

**ろんぽう**【論法】논법(▶発音は 놉뻡) ¶彼には彼の論法がある 그 사람에게는 그 사람 나름대로의 논법이 있다. / 彼女の論法にはついていけない 그녀의 논의는 따라갈 수 없다. / 彼の論法に従えば、我々の計画は絶対にうまくいかないということになる 그의 논법에 따르면 우리 계획은 절대로 성공하지 못한다는 말이 된다. 関連 三段論法 삼단 논법

**ろんり**【論理】논리 ◇論理的だ 논리적이다 ¶彼はいつも論理で攻めてくる 그는 언제나 논리적으로 공격해 온다. / 彼女の論理の進め方には無理がある 그녀의 논리 전개 방식에는 무리가 있다. / 君の言うことには論理の飛躍がある 자네 말에는 논리의 비약이 있네. / 彼は論理的な人だ 그는 논리적인 사람이다. / 君の主張は論理的に間違っている 자네 주장은 논리적으로 틀렸다. 関連 論理学 논리학 / 論理学者 논리학자

# わ

**わ【和】** ❶〔調和〕조화, 화합(和合) ¶彼はときどきクラスの和を乱す 그는 가끔 반의 화합을 흐트러뜨린다. / 人の和を保つことは難しい 사람 사이의 조화를 유지하는 것은 어렵다.
❷〔数学〕합, 합계(合計) ¶5と4の和は9だ 5와 4의 합은 9다.

**わ【輪】**〔円〕원〔環〕고리〔たが〕테 ¶私たちは先生の周りに輪になって座った 우리는 선생님 주위에 빙 둘러 앉았다. / 秋の空にとびが大きく輪を描いた 가을 하늘에 솔개가 크게 원을 그렸다. / ライオンは火のついた輪をくぐり抜けた 사자는 불 붙은 링을 빠져나갔다. / 縄の先を結んで輪を作った 밧줄 끝을 묶어 고리를 만들었다. / たばこの煙で輪を作る 담배 연기로 도넛을 만들다. (▶도넛은「ドーナッツ」)
¶難民救済の輪は世界的に広がっている 난민 구제의 연대는 세계적으로 넓어지고 있다.
¶土星の輪 토성의 고리 [慣用句] 私もおしゃべりだけど姉は私に輪をかけておしゃべりだ 나도 수다쟁이지만 언니는 나보다 더한 수다쟁이다.
[関連] 知恵の輪 퍼즐링 (▶商標)

**-わ【-羽】** 마리 ¶裏庭には鶏が2羽いる 뒷마당에는 닭이 두 마리 있다.

**-わ【-把】**〔束〕단, 다발〔ほうれんそう〕把 ¶ほうれんそうを1把ください 시금치 한 단 주세요. ⇒束

**わあ【歓声】** 우아, 와〔驚喜・歓喜〕야 ¶わあ, きれいな花だね 와, 꽃 예쁘다.

**ワーカホリック** 일벌레, 일중독

**ワークブック** 문제집(問題集) ¶ワークブックで勉強する 문제집으로 공부하다

**ワースト** 워스트〔最悪의〕 최악의 ¶ワースト記録 최악[최저] 기록

**ワープロ** 워드 (프로세서) ¶日本語ワープロを打てますか 일본어 워드를 칠 수 있습니까? / ハングルワープロ 한글 워드

**ワールドカップ** 월드컵 〔サッカーワールドカップ〕월드컵 축구 대회 ¶ワールドカップアジア最終予選 월드컵 아시아 최종 예선 / 2010年南アフリカワールドカップ 2010년 남아공 월드컵 / 2002年日韓ワールドカップ 2002년 한일 월드컵

**ワールドシリーズ**〔米国大リーグの〕월드 시리즈

**わあわあ** ¶子供たちがわあわあ騒ぐ声が聞こえた 아이들이 왁자지껄 떠드는 소리가 들렸다. / とても悲しくてわあわあ泣いた 너무 슬퍼서 엉엉 울었다. / わあわあわめくな 와와, 소리 지르지 마.

**わいきょく【歪曲】** 왜곡 ◇歪曲する 왜곡하다
¶歴史を歪曲する 역사를 왜곡하다 / 知事の発言がマスコミに歪曲されて報道された 지사의 발언이 매스컴에 왜곡되어 보도되었다.

**ワイシャツ** 와이셔츠 ¶ワイシャツ姿のサラリーマン 와이셔츠 차림의 샐러리맨

**わいせつ【猥褻】** 외설, 음란(淫乱) ◇わいせつだ 음란하다 ¶わいせつな写真 음란 사진 [関連] わいせつ行為 외설 행위 / わいせつ罪 외설죄 / 強制わいせつ 강제 음란 행위

**わいだん【猥談】** 야한 이야기, 음담패설 ¶男たちは酒の席でわい談をしていた 남자들은 술자리에서 야한 이야기를 하고 있었다.

**ワイド** 와이드 ◇ワイドな 폭이 넓은 ¶ワイド画面のテレビで見るととても迫力がある 와이드 화면의 텔레비전으로 보면 매우 현장감이 있다.
[関連] ワイドスクリーン 와이드 스크린 / ワイド番組 와이드 프로

**ワイパー** 와이퍼

**ワイヤー** 와이어, 와이어로프, 강삭(鋼索) ⇒針金

**ワイヤレスヘッドホン** 무선 헤드폰

**ワイヤレスマイク** 무선 마이크 ⇒マイク

**ワイルドピッチ**〔野球〕와일드 피치, 폭투(暴投) ¶ピッチャーのワイルドピッチで2塁ランナーが3塁に進んだ 투수의 거친 투구로 2루 주자가 3루로 갔다.

**わいろ【賄賂】** 뇌물(賄物) ¶彼らはその政治家に賄賂を贈った 그들은 그 정치가에게 뇌물을 보냈다. / 彼は業者から賄賂を受け取ったかどで告発された 그는 업자로부터 뇌물을 받은 혐의로 고발되었다. / 役人への賄賂が横行している 공무원을 상대로 한 뇌물이 횡행하고 있다. / 彼は建設会社に公共事業の入札情報を教えて賄賂をもらった 그는 건설 회사에 공공사업의 입찰 정보를 알려 주고 뇌물을 받았다. / 彼には賄賂はきかなかった 그 사람에게는 뇌물이 듣지 않았다.

**ワイン** 와인, 포도주 ¶辛口[甘口]のワイン 쌉쌀한[달콤한] 와인 [関連] 白[赤, ロゼ]ワイン 하얀[빨간, 로제] 와인 / ワイングラス 와인 글라스, 포도주 잔

**わえいじてん【和英辞典】** 일영사전(日英辞典) ⇒辞典

**わおん【和音】**〔音楽〕화음

**わか【和歌】** 와카: 일본 고유 정형시 ¶和歌を作る 와카를 짓다

**わが【我が】**〔私の〕나의, 내, 자기〔私たちの〕우리(의), 저희 ¶親というものはわが子の将来を案ずるものだ 부모란 자기 자식의 장래를 걱정하는 법이다.

## わかい【若い】 ❶〔年齢が〕젊다

[基本表現]
▶彼女は私より(5歳)若い
　그녀는 나보다 (다섯 살) 젊다[어리다].
▶彼は仲間の中でいちばん若い

**わかい**
그는 동료들 중에서 가장 젊다[어리다].
▶祖父は年の割に若い
할아버지는 나이에 비해 젊으시다.
▶彼は見かけよりも若い
그는 보기보다 젊다.
▶母は気が若い
어머니는 마음이 젊다.
▶僕は若く見えますが実は50歳です
나는 젊어 보이지만 사실은 쉰 살입니다.
▶その歌手は若い人に人気がある
그 가수는 젊은이들에게 인기가 있다.
¶その店は若い女の子でいっぱいだった 그 가게는 젊은 여자들로 붐비고 있었다. / 彼は若い読者向けに小説を書いている 그는 젊은 독자층을 대상으로 소설을 쓰고 있다. / 若いころはずいぶん飲んだものだ 젊었을 때는 꽤 마셨었다. / おじいさんは自分の若いころのことを話し始めた 할아버지는 젊었을 때 얘기를 하기 시작했다. / 彼女は若くして世を去った 그녀는 젊어서 세상을 떠났다.
[会話] お若いですね
A : スキーに行かれるんですか? お若いですね
B : いや、孫についていっしょに行っているだけですよ
A : 스키 타러 가세요? 젊으시네요.
B : 아니요. 손자 가는 데 그냥 따라가는 거에요.
❷[未熟な] 미숙하다, 어리다 ¶冗談なのに怒るなんて君もまだ若いね 농담인데 화를 내다니 너도 아직 어리구나. / そんなこと言うなんてあいつもまだ若いね 그런 말을 하다니 그 녀석도 아직 어리구나.
❸[順序が] 빠르다 ¶番号の若い順に並んでください 번호가 빠른 순서대로 서 주세요.

**わかい**【和解】화해 ◇和解する 화해하다 ¶彼らは和解のための話し合いをした 그들은 화해를 위해 이야기를 했다. / 彼は両者の間の和解を仲介した 그는 두 사람 사이의 화해를 중개했다.
¶こういう条件で彼らと和解することにした 이러한 조건으로 그들과 화해하기로 했다.

**わがい**【我が意】 ¶わが意を得たりだ 그게 내가 생각하는 바야.

**わかがえり**【若返り】 ¶チームの若返りを図る 팀의 평균 연령을 낮추다 [関連] 若返り法 회춘법(回春法)

**わかがえる**【若返る】젊어지다, 젊음을 되찾다
¶新入社員の大量採用で社員の平均年齢が若返った 신입 사원의 대거 채용으로 사원의 평균 연령이 낮아졌다. / 母は髪型を変えたので10歳は若返ったように見える 어머니는 머리 스타일을 바꿔서 열 살은 젊어 보인다. / 若い人たちといっしょに仕事をしたおかげで若返ったような気になった 젊은 사람들과 같이 일을 한 덕분에 젊어진 느낌이 들었다. / 長期休暇を取ったおかげで若返ったよ 장기 휴가를 받은 덕분에 젊어졌다.

**わかくさ**【若草】 어린 풀, 새로 돋아난 풀

**わがくに**【我が国】우리 나라 (▶韓国人が韓国についていうときは分かち書きせず 우리나라라고 한다)

**わかげ**【若気】젊은 혈기 ¶若気の至りからやったことでしょうから大目に見てやってください 젊은 혈기로 한 것이니 용서해 주십시오.

**わがこと**【我が事】자기 일 ¶両親はわが事に私の結婚を喜んだ 부모님은 자기 일처럼 내 결혼을 기뻐하셨다.

**わかさ**【若さ】젊음 ¶彼女もあの若さで死ぬとは、人生は何とはかないのだろう 그녀도 저렇게 젊어서 죽다니, 인생 참으로 허무하다. / 昔は若さにまかせて無茶なことをしたものだ 젊었을 때는 나이만 믿고 객기를 부렸지. / 若さの秘訣は何ですか 젊음의 비결은 무엇입니까?

**わかさぎ**【公魚】빙어(氷魚)

**わがし**【和菓子】일본식 과자

**わかじに**【若死に】요절(夭折) ¶弟はわずか17歳で若死にした 동생은 겨우 열일곱 살에 요절했다.

**わかしらが**【若白髪】새치, 흰머리 ¶彼女は若白髪だ 그녀는 새치가 있다.

**わかす**【沸かす】끓이다 [熱狂させる] 열광시키다, 흥분시키다 ¶やかんの湯を沸かした 주전자의 물을 끓였다. / ふろを沸かす 목욕물을 데우다
¶彼女のすばらしい演奏は聴衆を沸かした 그녀의 멋진 연주는 청중을 열광시켰다. / サッカーは人々の血を沸かす 축구는 사람들을 흥분시킨다.

**わかぞう**【若僧・若造】풋나기, 애송이

**わかちあう**【分かち合う】서로 나누다, 함께 나누다 ¶苦楽を分かち合う 동고동락하다 ⇨分け合う

**わかつ**【分かつ】가리다, 나누다 ¶彼は昼夜を分かたず働いた 그는 밤낮을 가리지 않고 일했다.

**わかづくり**【若作り】◇若作りする 나이보다 젊게 꾸미다 ¶母はいつも若作りしている 어머니는 항상 나이보다 젊게 꾸미신다.

**わかて**【若手】젊은 사람 ◇若手の[若い] 젊은 ¶今シーズンは若手の活躍を期待したい 이번 시즌은 젊은 선수들의 활약을 기대하고 싶다.

**わかどり**【若鳥】어린 새 [鶏の] 영계

**わかば**【若葉】새잎, 새로 돋아난 잎 ¶森の若葉がとてもきれいだ 숲의 신록이 아주 아름답다.

**わかはげ**【若禿】¶彼のは若はげだよ 그는 젊어서 대머리가 되었다.

**わがまま**【我が儘】◇わがままだ 제멋대로 굴다, 버릇없다, 방자하다 ¶彼は自分のことしか考えず態度も非常にわがままだ 그는 자기밖에 모르고 하는 짓도 제멋대로다. / そんなことを言うなんて君はなんてわがままなんだ 그런 말을 하다니 넌 어쩜 그렇게 버릇이 없니. / あの子は本当にわがままな子だ 저 아이는 정말 버릇이 없는 아이다. / 彼の振る舞いはわがままな子供同然だ 그의 행동은 철부지 어린애 같다. / 彼はお金持ちの家で何不自由なくわがままに育った 그는 부잣집에서 아무런 불편함 없이 철부지로 자랐다.
¶わがままを言うものじゃありません 억지를 쓰면 못써. / 今度だけわがままを許してくれたら何でもします 이번 한 번만 부탁을 들어 주신다면 뭐든지 하겠습니다.

**わがみ**【我が身】자기(自己), 자신(自身), 스스로 ¶わが身を省みたらキョンヒに対して何も言えないよ 내 자신을 반성해 보면 경희한테 뭐라고 할 수도 없다. / わが身かわいさのあまりにうそをついたの

だろう 몸을 사려서 거짓말을 했겠지.
**わかめ**【若布】미역 관련 **わかめスープ** 미역국
**わかめ**【若芽】새싹

## わかもの 【若者】
젊은이, 청년(青年), 《俗》 젊은것 ¶彼の本は若者に支持されている 그의 책은 젊은 층의 지지를 받고 있다. / 若者の多くは政治に無関心だ 대부분의 젊은이들은 정치에 무관심하다. / 近頃の若者は意気地がない 요새 젊은이들은 패기가 없어. / 最近の若者は礼儀を知らない 요새 젊은이들은 예의를 모른다. / それは現代の若者の特徴かもしれない 그것은 현대 젊은이들의 특징일지도 모른다. / 不良グループの若者どうしが喧嘩をしていた 거리에서 불량 청소년들끼리 싸우고 있었다.

**わがものがお**【我が物顔】¶彼女はいつでもどこでもわが物顔に振る舞う 그녀는 언제 어디서나 하고 싶은 대로 한다. ⇨傲慢

**わがや**【我が家】우리 집, 내 집 ¶わが家は4人家族だ 우리 집은 네 식구다.

**わがよ**【我が世】내 인생 ¶わが世の春 내 인생의 봄

**わからずや**【分からず屋】벽창호 ¶あいつはなんてわからず屋なんだ 그 녀석은 왜 저렇게 벽창호인 거야.

**わかり**【分かり】이해(理解) ¶なんてわかりが悪いんだ 왜 그렇게 이해가 느린 거야. / わかりのいい子 이해가 빠른 아이다. ⇨物分かり, 理解

**わかりきった**【分かり切った】뻔한, 빤한 ¶それはわかり切ったことだ 그것은 뻔한 일이다. / わかり切ったことを聞くな 뻔한 것을 묻지 마.

**わかりにくい**【分かり難い】알기 어렵다, 이해하기 어렵다 ¶彼の話はわかりにくい 그 사람의 이야기는 알기 어렵다. / 彼の字はわかりにくい 그 사람의 글씨는 알아보기 힘들다.

**わかりやすい**【分かり易い】알기 쉽다, 이해하기 쉽다 ¶彼女の説明はわかりやすい 그녀의 설명은 알기 쉽다. / わかりやすい韓国語で話してください 알기 쉬운 한국어로 말해 주세요. / 彼女の字はわかりやすい 그녀의 글씨는 알아보기 쉽다.

## わかる 【分かる】
❶ 〔理解する〕이해하다, 깨닫다, 알다 ¶日本語はわかりますか 일본말 하세요? / 「私の言うことがわかりましたか」「はい、わかりました」"내 말 알겠습니까?" "네, 알겠습니다." / あなたの言いたいことはわかるわ 당신이 무슨 말을 하고 싶은지 알아. / 彼女がなぜあんなに怒っていたのが今になってわかった 그녀가 왜 그렇게 화를 냈는지 이제야 알았다. / 私には彼の考えていることが手に取るようにわかる 나는 그 사람이 무엇을 생각하고 있는지 손바닥 보듯이 훤히 알 수 있다. / 事情はわかります 사정은 알겠습니다.

¶わからないことがあったらいつでも聞いてね 모르는 것이 있으면 언제든지 물어 봐. / この本は難しくてよくわかりません 이 책은 어려워서 잘 모르겠습니다. / 彼の言おうとすることがわからなかった 그가 무슨 말을 하려고 하는지 알 수가 없었다. / おっしゃることがわからないんですが 무슨 말씀을 하시는지 잘 모르겠습니다만. / わけのわからないことを言うな 알다가도 모를[말도 안 되는] 소리 하지 마.

¶彼はとても話のわかる人です 그는 아주 「너그러운[이해심이 있는] 사람입니다.

❷ 〔知る〕알다 ¶このパソコンの使い方わかりますか 이 컴퓨터의 사용법을 아십니까? / この調子じゃ、あすの天気はどうなるかわからないね 이 상태로는 내일 날씨가 어떻게 될지 모르겠다. / 友達から聞いて彼女が結婚したことがわかった 친구에게 들어서 그녀가 결혼한 것을 알았다. / 大きな声がして彼が来たとわかった 큰 소리가 나서 그가 온 것을 알았다.

¶道に迷ってしまってどうしたらよいかわからなかった 길을 잃어서 어떻게 해야 할지 몰랐다. /「市役所へ行くにはどう行けばいいのでしょうか」「ごめんなさい、私もわからないんです」"시청까지 어떻게 가면 돼요?" "미안합니다. 저도 잘 모릅니다." /「こりゃどういう意味かしら」「さあ、私にゃわからないわ」"이거 무슨 뜻인지?" "음, 잘 모르겠는데." / その子は突然しかられてわけがわからない様子だった 그 아이는 갑자기 혼나서 무슨 영문인지 모르는 표정이었다.

会話 わかってるよ
A：これ、ちゃんとおばあちゃんに届けてね
B：わかってるよ
A：이거 할머니께 꼭 전해 줘.
B：알았어요.
A：あすまでに会議に必要な資料を集めておいてください
B：はい、わかりました
A：내일까지 회의에 필요한 자료를 모아 주세요.
B：예, 알겠습니다.

❸ 〔判明する〕판명되다, 밝혀지다 ¶容疑者のアリバイはうそだとわかった 혐의자의 알리바이는 거짓으로 판명됐다. / サインから書類が本物であることがわかった 사인으로 서류가 진짜라는 것을 알았다. / ひき逃げ事件の被害者の身元はまだわかっていない 뺑소니 사건의 피해자의 신원은 아직 모른다. / これらの写真から状況がいかにひどかったかがわかる 이 사진들로부터 상황이 얼마나 혹독했는지 알 수 있다.

❹ 〔認識する〕알다, 알아차리다, 알아채다 〔判断する〕판단하다 ¶一目でヨンヒだとわかった 한눈에 영희라고 알아봤다. / 彼は本当に焼き物のわかる人だ 그는 진짜 도예를 아는 사람이다. / 君はこの酒の味がわかるかい? 자넨 이 술 맛을 아나?

¶どちらの絵がいいのかわかりません 어느 그림이 좋은지 모르겠습니다. / 近くに来るまでミンスだとわからなかった 가까이에 올 때까지 민수인 줄 몰랐다. / 一瞬彼が誰だか分からなかった 순간적으로 그가 누군지 몰랐다.

❺ 〔区別できる〕알다, 알아내다, 분간하다 ¶どちらのバッグが高いかわかりますか 어느 가방이 더 비싼지 압니까? / だれがだれだかわからない 누가 누군지 모르겠다.

## わかれ 【別れ】
이별(離別) 작별(惜別) ¶友達との別れは悲しかった 친구들과 헤어지게 돼서 슬펐다. / 彼女ととめか別れしてしまった

그녀와 싸우고 헤어졌다. / あすソウルへ発つので友達に別れのあいさつをした 내일 서울로 떠나니까 친구에게 작별 인사를 했다. / 家族と別れのあいさつを交わした 가족과 작별 인사를 나누었다. / 家を出る時彼は娘に別れのキスをした 집을 나오면서 그는 딸에게 이별의 키스를 했다. / みんなと別れの握手をした 모두와 이별의 악수를 했다. / 私は手を振って別れを告げた 나는 손을 흔들어 작별을 고했다.

¶これでお別れだ 이것이 이별이다. / それが二人にとって永遠の別れとなった 그것이 두 사람에게 있어서 「영원한 이별이[마지막 만남이] 되었다. / 彼らにはかなり前から別れ話が持ち上がっていたそうだ 그들 사이에서는 오래 전부터 헤어지자는 말이 나오고 있었다고 한다. 慣用句 会うは別れの始まり 만남은 이별의 시작 | 회자정리(会者定離)

**わかれみち【分かれ道】** 갈림길, 기로(岐路) [枝道] 샛길 ¶ここが運命の分かれ道だ 이것이 운명의 갈림길이다. / 人生の分かれ道に立つ 인생의 갈림길에 서다.

**わかれめ【分かれ目】** 갈림길 ¶そのとき私は人生の分かれ目に直面していた 그 때 나는 인생의 갈림길에 직면해 있었다. / ここが勝敗の分かれ目だ 여기가 승패의 갈림길이다.

**わかれる【分かれる】** ❶ [分岐する] 갈라지다 ¶この道をまっすぐ行くと二またに分かれているので、そこを右へ行ってください 이 길을 쭉 가다보면 두 갈래로 갈라지는데, 거기에서 오른쪽으로 가세요. / その路線は高崎で2つに分かれる 그 노선은 다카사키에서 두 노선으로 갈라진다.

¶道が分かれる所で右へ行ってください 길이 갈라지는 곳에서 오른쪽으로 가세요. / 川はそこで二つに分かれている 강은 거기서 두 갈래로 갈라진다. ❷ [分割する] 나뉘다 ¶この論文は5つの章に分かれている 이 논문은 5개 장으로 나뉘어져 있다. / 私たちは2組に分かれて野球をした 우리는 두 조로 나뉘어 야구를 했다. / その問題に関して、私たちの意見は分かれた 그 문제에 관해서 우리의 의견은 갈라졌다. / 彼らは2台の車に分かれて乗った 그들은 두 대의 차에 나뉘어 탔다. / 警察は二手に分かれて犯人を捜索した 경찰은 두 편으로 나뉘어 범인을 수색했다.

**わかれる【別れる】** 헤어지다 [離婚する] 이혼하다 ¶友達と校門で別れた 친구와 교문에서 헤어졌다. / 「チョンスクといっしょに帰って来ないの」「いや、彼女買い物するからって駅で別れたんだ」 "정숙이랑 같이 안 왔니?" "아니, 정숙이는 쇼핑한다고 해서 역에서 헤어졌어." / 彼は家族と別れて暮らしている 그는 가족과 떨어져서 살고 있다. / 彼女は夫と別れた 그녀는 남편과 헤어졌다. / 「どうして彼と別れたの」「他に好きな人ができたらしいの」 "왜 그 사람과 헤어졌어?" "다른 여자가 생긴 것 같아." / 彼女と別れる気はない 그 여자와 헤어질 마음은 없다. / 彼と別れてから3年になる 그 사람과 헤어진 지 3년이 된다. / 5年前に妻に死に別れた 5년 전에 아내를 여의었다.

**わかれわかれ【別れ別れ】** ◇別れ別れになる 뿔뿔이 헤어지다 ¶彼女の家族は戦争で別れ別れになった 그녀의 가족은 전쟁 중에 뿔뿔이 헤어졌다. / 私たちは人込みの中で別れ別れになってしまった 우리는 인파 속에서 뿔뿔이 헤어지게 되었다.

**わかわかしい【若々しい】** 젊다 [老人が] 정정하다 ¶おばはいつも若々しい 이모는 항상 젊다. ⇒若い

**わき【脇】** ❶ [横] 옆 ¶机の上の本をわきへ押しやった 책상 위의 책을 옆으로 치웠다. / カバンをわきに置く 가방을 옆에 놓다 / わきへどいてください 옆으로 비켜 주세요. / おばあさんが中へ入るのでわきへ寄った 할머니가 들어오시길래 옆으로 비켰다. / 彼女はわきを向いてしまった 그녀는 외면해 버렸다.

¶彼女が加わるといつも話がわきにそれてしまう 그 애가 끼면 얘기가 항상 옆길로 샌다. ❷ [そば] 곁(▶주로 인간의 そば), 옆 ¶ユミのわきに腰かける 유미 곁에 걸터앉다 / 彼のわきに近寄る 그의 곁으로 다가가다 / 彼女は郵便ポストのすぐわきに立っていた 그 여자는 우체통 바로 옆에 서 있었다. / 学校のすぐわきにコンビニがある 학교 바로 옆에 편의점이 있다. ❸ [腕の付け根の下] 겨드랑이 ¶彼は本をわきに抱えて歩いていた 그는 책을 겨드랑이에 끼고 걷고 있었다. / 上着のわきが破けた 윗옷의 겨드랑이가 찢어졌다. / わきの下に汗をかく 겨드랑이에 땀이 나다

**わきあいあい【和気藹々】** ◇和気あいあいとしている 화기애애하다 ¶歓迎会は和気あいあいとした雰囲気で行われた 환영회는 화기애애한 분위기에서 행해졌다.

**わきあがる【沸き上がる】** (湯が) 끓어오르다 [感情が] 들끓다, 터져 나오다 ¶観衆から喚声が沸き上がった 관중으로부터 환성이 터져 나왔다. / 会場のあちこちから非難の声が沸き上がった 회장의 여기저기서 비난의 소리가 터져 나왔다.

**わきおこる【沸き起こる】** 터져 나오다 ¶場内から割れんばかりの拍手が沸き起こった 장내에서 우레와 같은 박수가 터져 나왔다.

**わきが【腋臭】** 암내, 액취 ¶わきががひどい 암내가 심하다. 関連 わきが止め 데오드란트

**わきかえる【沸き返る】** 들끓다 ¶松中のホームランにスタンドが沸き返った 마쓰나카의 홈런에 관중석이 들끓었다.

**わきげ【腋毛】** 겨드랑이 털, 액모

**わきたつ【沸き立つ】** (湯が) 끓어오르다 [人々が] 들끓다 ⇒沸き返る, 沸く

**わきでる【湧き出る】** 솟아나다 ¶岩の下から温泉がわき出ている 바위 밑에서 온천이 솟아나고 있다. ⇒湧く

**わきのした【脇の下】** 겨드랑이 ¶わきの下に汗をかいた 겨드랑이에 땀이 났다. / わきの下にしこりができた 겨드랑이에 몽우리가 잡혔다.

**わきばら【脇腹】** 옆구리, 허구리 ¶わき腹が痛い 옆구리가 아프다.

**わきまえる【弁える】** [区別する] 가리다, 분별하다 [心得る] 알다 ¶善悪をわきまえる 선악을

분별하다 / 立場をわきまえる 처지를 알다 / 常識をわきまえる 상식을 알다 / 彼女は礼儀をわきまえている 그녀는 예의를 차릴 줄 안다. / 彼らは場所柄をわきまえず大声で話していた 그들은 장소를 가리지 않고 큰소리로 얘기하고 있었다. / 身のほどをわきまえろ 분수를 알아라.

**わきみ【脇見】**◇わき見をする 한눈 팔다 ¶わき見をしないでちゃんと話を聞きなさい 한눈 팔지 말고 얘기를 잘 들으세요. / わき見運転はやめて運転할 때 한눈 팔지 마. ▷よそ見

**わきみず【湧き水】** 샘물

**わきみち【脇道】** 옆길, 곁길, 샛길 ¶この道路は込んでいるからわき道に入ろうよ 이 길은 밀리니까 샛길로 가자.
¶彼女はときどき話がわき道にそれる 그녀는 가끔씩 이야기가 옆길로 샌다.

**わきめ【脇目】** 한눈 ¶彼女は子供たちを養うためにわき目も振らずに働いた 그녀는 자식들을 키우기 위해 한눈 한 번 팔지 않고 일했다. / 彼はわき目も振らずに歩き続けた 그는 앞만 보고 계속 걸었다. / 少年はわき目も振らずに逃げ去った 소년은 뒤도 돌아보지 않고 도망쳤다.

**わきやく【脇役】** 조연(助演)【引き立て役】들러리【補佐】보좌역 ¶主役がわき役に食われた 주연이 조연의 연기에 압도되었다. / 彼女のわき役に回ることを拒否した その女子 들러리가 되는 것을 거부했다. / 彼はチームのわき役に徹している 그는 팀의 보좌역에 전념하고 있다.

**わぎり【輪切り】**◇輪切りにする 둥글게 썰다
¶きゅうりを輪切りにする 오이를 둥글게 썰다 / 料理にレモンの輪切りを添える 둥글게 썬 레몬을 요리에 곁들이다.

**わく【沸く】❶** 〔湯などが〕 끓다 〔風呂が〕데워지다 ¶お湯が沸いている 물이 끓고 있다. / お風呂が沸きましたよ 목욕물 받아 두었어요.

**❷** 〔興奮する〕 들끓다 ¶その歌手がステージに登場したとたん会場中が沸いた 그 가수가 무대에 등장하자마자 회장 전체가 들끓었다.

**わく【湧く】❶** 〔わき出る〕 솟다, 솟아나다
¶岩の下から清水がわいている 바위 밑에서 맑은 물이 솟아나고 있다. / 日本では至る所で温泉がわいている 일본에서는 어디를 가도 온천이 나온다.

**❷** 〔虫などが発生する〕 꾀다, 뒤끓다 ¶青い空に白い入道雲がわいてきた 파란 하늘에 하얀 소나기구름이 피어나고 있다. / 水溜りにぼうふらがわいていた 웅덩이에 장구벌레가 끼고 있었다. / うじがわく 구더기가 꾀다.

**❸** 〔生じる〕 생기다, 솟다, 솟아나다 ¶彼がうそをついていることを知り、ますます疑いがわいてきた 그 거짓말을 하고 있는 것을 알고 점점 더 의심이 생겼다. / 野球やサッカーの話題にはあまり興味がわかなかった 야구나 축구 얘기에는 별로 흥미가 가지 않았다. / 彼と話したら何となく勇気がわいてきた 그 사람과 얘기하고 나니 왠지 용기가 생겼다.

**わく【枠】❶** 〔ふち、囲い〕 테두리, 박스 〔枠組み〕틀 〔眼鏡〕테 ¶四角い枠の中に名前を記入する 네모칸 안에 이름을 기입하다 / 資料の重要な部分を枠で囲んだ 자료의 중요한 부분을 박스로 쳤다.
¶黒枠の写真 검은 액자의 사진

**❷** 〔制約〕 틀 〔範囲〕 범위 ¶彼の枠にはまった考え方にはついていけない 그의 틀에 박힌 생각은 더 이상 못 참겠다. / 彼は常識の枠に縛られずに行動する 그 친구는 상식의 틀에 얽매이지 않고 행동한다. / 子供たちを枠にはめるべきではない 아이들을 틀에 맞추어서는 안된다.
¶この費用は予算の枠外だ 이 비용은 예산의 범위를 벗어나 있다. / これは法律の枠内で処理できる 이것은 법률의 범위 안에서 처리할 수 있다.

**わくぐみ【枠組み】** 테두리, 윤곽(輪郭) 〔概要〕개요, 대강 ¶やっと計画の枠組みができ上がった 겨우 계획의 대강이 완성되었다. / さまざまな改革によって社会の枠組みに抜本的な変化がもたらされた 여러 가지 개혁에 의해 사회 체제에 근본적인 변화가 생겼다.

**わくせい【惑星】** 혹성, 행성(行星)

**ワクチン** 백신 ¶インフルエンザのワクチン注射をした 인플루엔자의 백신 주사를 맞았다. / ワクチンを接種する 백신을 접종하다

**わくわく** 두근거리다, 설레다 ¶彼女に久し振りに会えると思うと胸がわくわくした 오랜만에 그녀를 만난다고 생각하니 가슴이 설레었다. / あの時のわくわくした気持ちは一生忘れないだろう 그때의 설레는 기분은 평생 잊을 수 없을 것이다.
彼はわくわくして自分の出番を待っていた 그는 설레는 마음으로 자기 차례를 기다리고 있었다.

**わけ【訳】❶** 〔理由〕 이유, 까닭, 사연 〔どうして〕왜 ¶彼女がここへ来たのには何か訳があったのだろう 그녀가 여기에 온 데에는 뭔가 이유가 있었을 것이다. / 彼が遅刻した訳は寝坊したからだ 그가 지각한 것은 늦잠을 잤기 때문이다. / 訳を話してください 왜 그런지 말씀해 주세요.
¶いつも約束を破るのはどういう訳なの 항상 약속을 어기는 것은 무엇 때문이야? / どういう訳か、けさは食欲がない 왜 그런지 오늘 아침은 식욕이 없다. / どういう訳か彼女は来なかった 무슨 일인지 그녀는 오지 않았다. / 訳もなく泣けてくる 그냥 눈물이 나와. / 訳もなくさびしいの 왠지 모르게 쓸쓸해.

**会話 そういう訳だったのか**
A：どうしてユミはきのう来なかったんだろう？
B：お父さんが倒れたんだって
A：そうか、そういう訳だったのか
A：ユミは어제 왜 안 왔을까？
B：아버지가 쓰러지셨대.
A：그래？그런 사정이 있었구나.
A：どういう訳で警察に行ったの？
B：拾った財布を届けに行っただけさ
A：무슨 일로 경찰서에 갔니？
B：주운 지갑을 갖다주러 간 것뿐이야.

**❷** 〔意味・内容〕의미, 뜻 ¶訳もわからずただ暗記したって仕方がないよ 의미도 모르고 암기해 봤자 소용이 없어. / 彼女は時々訳のわからない言葉を口走る 그녀는 가끔 「이상한 소리를[의미불명한 말을]」한다. / 何を言っているのか訳が分からな

いよ 無슨 말을 하는지 통 알 수가 없어. / 訳の わからないことを言うな 말도 안 되는 소리 하지 마. ¶「彼は用事があると言ってどこかへ行ってしまいました」「ということは, きょう彼はここには来ない訳ですね」 "그 사람은 볼일이 있다고 어디로 가던데요." "그렇다면 오늘 여기에는 안 오겠네요."
❸ 【事情】 사정 ¶訳を聞かせてください 사정을 말해 주세요. / そういう訳で彼は一緒に来られなかった 그래서 그는 함께 올 수 없었다. / サンギがそんなことを言うなんて, よくよく訳があるのだろう 상기가 그런 말을 하다니 어지간한 사정이 있겠지. / それにはもっと深い訳があるんだ 거기에는 더 깊은 속사정이 있어. / 訳あって彼は匿名で記者に証言した 사정이 있어서 그는 익명으로 기자에게 증언을 했다. / そういう訳なら私からも彼にひとこと言っておきましょう 그런 사정이라면 나도 그 사람한테 한마디 해 두죠. / そういう訳だったのだ 그런 사정이 있었던 거야.
❹ 【結果としてそうなるはずであること】 ¶私が知っている訳がないでしょう 내가 알고 있을 리가 없잖아. / そんな小さな子供にこんな難しい本が読める訳がない 그런 어린 아이가 이런 어려운 책을 읽을 수 있을 리가 없다. / 彼にそれくらいできない訳はない 그가 그 정도도 못할 리가 없다. / なるほど君が怒る訳だ 자네가 화를 낼 만하군.
❺ 【可能】 ¶彼女にこれ以上迷惑をかけるわけにはいかない 그녀에게 더 이상 폐를 끼칠 수는 없다. / 子供たちだけでそんな所に行かせるわけにはいかない 아이들만 그런 곳에 보낼 수는 없다. / 簡単に引き下がるわけにはいかないよ 간단히 물러설 수 없어. / きょうは大事な会議があるから休むわけにはいかない 오늘은 중요한 회의가 있으니까 쉴 수 없다. / それなら行かないわけにはいかない 그렇다면 가지 않을 수 없다. / 彼がそんなことをするわけがない 그가 그런 일을 할 리가 없다.
❻ 【…とは限らない】 ¶私は彼の返事に十分満足しているわけではない 나는 그의 대답에 아주 만족하고 있는 것은 아니다. / そんなことはだれでもできるわけではない 그런 것은 누구나 할 수 있는 것은 아니다.

**わけあう 【分け合う】** 서로 나누다 ¶私たちは少ない食糧をみんなで分け合った 우리는 얼마 없는 식량을 다 같이 나누었다.

**わけしり 【訳知り】** ¶彼は訳知り顔にしゃべる 그는 다 알고 있다는 식으로 말한다. / 彼女はいつも訳知り顔をする 그녀는 늘 다 알고 있다는 식이다.

**わけても 【分けても】** 【特に】 특히

**わけない 【訳無い】** 손쉽다, 수월하다, 간단하다, 문제 없다 ◇わけなく 손쉽게, 수월히, 간단히, 문제 없이 ¶そんなのわけないさ 그까짓 것 문제 없어. / 彼にとってはプログラミングなどわけないことだ 그에게 있어 프로그래밍 같은 건 문제 없다. / その場所はわけなく見つかった 그 장소는 쉽게 찾았다.

**わけへだて 【分け隔て】** 【差別】 차별 【えこひいき】 편애(偏愛) ◇分け隔てする 차별하다; 편애하다 ¶その教師は生徒を分け隔てなく扱った 그 교사는 학생을 차별하지 않았다. / 彼は部下を分け

隔てしない 그는 부하를 차별하지 않는다.

**わけまえ 【分け前】** 【取り分】 몫, 배당(配当) 【割り当て】 할당 ¶利益の分け前をもらう 내 몫의 이익을 받다. / 自分の分け前 자기 몫

**わけめ 【分け目】** 【髪の】 가르마 【境界線】 경계선 ¶分け目はどこに付けますか 가르마는 어떻게 할까요? / 彼は頭のまん中に分け目をつけている 그는 머리 한가운데에 가르마를 탔다.

## わける

**わける 【分ける】** ❶ 【分割する】 가르다, 나누다, 분할하다 【かき分ける】 헤치다
¶文書を読みやすいように段落に分ける 문서를 읽기 쉽도록 단락을 나누다 / 漢江はソウル市を大きく2つの地域に分けている 한강은 서울시를 크게 두 지역으로 나누고 있다. / 彼女は髪をまん中で分けている 그녀는 한가운데로 가르마를 탔다. / 代金は6回に分けて払うことができます 대금은 6회로 나누어서 지불할 수 있습니다.
¶人込みを分けながら歩いた 인파를 헤치면서 걸었다.
❷ 【分配する】 나누다 【分け合う】 분배하다 ¶子供たちはキャンディーを分けた 아이들은 캔디를 나누었다. / 彼女はお菓子を妹に分けてあげた 그녀는 동생에게 과자를 나누어 주었다. / 支援物資は被災住民に公平に分けられた 구호 물자는 이재민에게 공평하게 지급되었다. / 彼女に用紙を分けてもらった 그녀가 용지를 나누어 주었다.
[会話] **分けてください**
A: おいしそうなみかんですね. 少し分けてくださいませんか
B: いいですよ. どうぞ
A: 귤 맛있어 보이네요. 조금만 주시지 않으시겠습니까?
B: 예, 드세요.
❸ 【区別する】 구별하다 【区する】 구분하다, 나뉘다 【分離する】 분리하다, 골라내다 ¶日本の地方行政単位は47の都道府県と市町村に分けられている 일본의 지방 행정 단위는 47개의 도도부현과 시정촌으로 나뉘어져 있다. / もみ殻から小麦を分ける 왕겨에서 밀을 골라낸다.
¶その事件はその後の彼らの人生を分けた 그 사건 이후 그들은 각자의 길을 갔다.
❹ 【分類する】 분류하다 ¶資料を分類する 자료를 분류하다 / 生物は動物と植物の2つの大きな部門に分けられている 생물은 크게 동물과 식물로 분류되어 있다.

**わゴム 【輪ゴム】** 고무 밴드 ¶彼女は髪を輪ゴムで縛って留めた 그녀는 머리를 고무 밴드로 묶었다.

**ワゴン** 【手押し車】 손수레 [関連] ワゴン車 스테이션 왜건

**わざ 【技】** 기술(技術), 솜씨, 기예(技芸) ¶技を磨く 기예를 닦다 / 技を身につける 기예를 익히다 / 彼は毎日芸の技を磨いた 그는 매일 연기력을 갈고 닦았다. / 〔柔道で〕 技有り 절반

**わざ 【業】** 일, 재주 ¶人間わざじゃない 사람의 솜씨가 아니다. / このすばらしい演奏は彼女の才能のなせるわざだ 그녀의 재능이 이처럼 훌륭한 연주를 가능하게 했다. / 僕にとっては至難のわざだよ 나한테는 고도의 기술이다.

**わさい【和裁】** 일본식 재봉

**わざと** 일부러 [故意に], 고의로, [意図的に] 의도적으로 ¶彼はわざと遠回りした 그는 일부러 멀리 돌아왔다. / 彼女はわざと知らぬ顔をした 그녀는 일부러 모르는 척[체]했다. / 私はわざとしたわけではなかった 나는 고의로 한 것은 아니었다. / 私は息子と将棋をするが、ときどきわざと負けてやる 나는 아들과 장기를 두는데 가끔씩 일부러 져 준다. / 父は私のためを思って、わざとうそをついた 아버지는 나를 생각해서 일부러 거짓말을 하셨다.

¶わざとらしいお世辞はやめてほしい 빤한 아첨은 그만둬 줘. / 彼女のしぐさには何かわざとらしさがある 그녀의 행동에는 뭔가 의도적인 데가 있다. / 彼はわざとらしく笑った 그는 억지로 웃었다.

**わさび【山葵】** 와사비, 고추냉이 ¶この寿司はわさびがききすぎている 이 초밥은 와사비가 너무 많이 들어 있다.

**わざわい【災い・禍】** [災難] 재난, 재앙, 화 [不幸] 불행 [不運] 불운 ¶それ以来、様々な災いが彼女に降りかかった 그 이후 여러 재난이 그녀에게 닥쳤다. / 私の不注意が災いを引き起こした 내 부주의가 화를 불러일으켰다. / 赤い彗星が現れると災いが起きる 붉은 혜성이 나타나면 재난이 일어난다. / 災いは重なるものだ 재난은 겹치는 법이다. / 災いにあう 재난[재앙]을 만나다

¶小心すぎるのが災いして商売に失敗した 너무 소심한 것이 화근이 되어 그는 장사에 실패했다. / 放蕩三昧が災いして彼は身を滅ぼした 방탕으로 신세를 망쳤다. 慣用句 口は災いの元 입은 재앙의 원인 / 災い転じて福となす 전화위복 (転禍為福) ⇒災難

**わざわざ** 일부러 [あえて] 굳이 [特別に] 특별히 [せっかく] 모처럼 [改めて] 새삼스레 ¶わざわざおでになる必要はございません 일부러 오실 필요는 없습니다. / わかりきったことをわざわざ聞くなよ 다 아는 이야기를 굳이 묻지 마. / 彼らはわざわざ私のために歓迎会を開いてくれた 그들은 나를 위해 일부러 환영회를 열어 주었다. / きょうは全然朝食を準備してもらったのに悪いんだけど、きょうは全然食欲がないんだ 일부러 아침까지 준비해 줬는데 미안하지만 오늘은 전혀 식욕이 없어. / ジナはあなたに会うためにわざわざ来たのよ 지나는 너를 만나려고 일부러 왔어. / 遠方からわざわざ来てくださってありがとうございます 멀리서 일부러 와 주셔서 감사합니다. / わざわざ書類を書き直さなくてもいいですよ 서류를 굳이 다시 쓰지 않아도 됩니다.

**わし【鷲】** 독수리 関連 わし鼻 매부리코
**わし【和紙】** 일본 종이
**わしつ【和室】** 일본식 방
**わしづかみ【鷲掴み】** ◇わしづかみにする 덥석 쥐다, 움켜쥐다 ¶銀行強盗は札束をわしづかみにして逃走した 은행 강도는 돈다발을 움켜쥔 채 도주했다.
**わじゅつ【話術】** 화술, 말재주 ¶彼は話術にたけている 그는 화술에 뛰어나다.
**わしょく【和食】** 일식(日食), 일본 요리 ¶この近くに和食レストランはありますか 이 근처에 일식집 있나요? / 和食が食べたいです 일본 요리가 먹고 싶어요.

**わずか【僅か】** 조금, 약간 [たった] 불과 ◇わずかな 약간의, 적은 ¶今年もあと残りわずかだ 올해도 며칠 남지 않았다. (▶過去形で表現する) / 母の親戚はほんのわずかしかいない 외가 쪽 친척은 몇 명밖에 없다. / この試験に合格する人はほんのわずかだ 이 시험에 합격하는 사람은 몇 명 안 된다. / そのパーティーに招待された人はごくわずかだった 그 파티에 초대된 사람은 불과 몇 명밖에 되지 않았다.

¶パンを買うわずかな金さえない 빵을 살 돈조차 없다. / こんなわずかな収入ではとてもやっていけない 이렇게 적은 수입으로는 도저히 살 수가 없다. / この2つの絵のわずかな違いがわかりますか 이 두 그림의 미묘한 차이를 알 수 있습니까?

¶「駅はここから遠いですか」「いいえ、わずか5分ぐらいの所です」 "역은 여기서 멉니까?" "아니요, 5분만 가면 나옵니다." / 知り合ってわずか3か月後に彼らは結婚した 알게 된 지 불과 3개월만에 그들은 결혼했다. / わずか1年の間に息子は身長が10センチも伸びた 불과 1년 사이에 아들은 키가 10센티나 컸다.

¶斉藤の投げたストレートはストライクゾーンをわずかに外れた 사이토가 던진 스트레이트는 스트라이크 존을 아주 조금 벗어났다. / 小さい頃に亡くなった祖母のことはわずかに覚えている 어렸을 때 돌아가신 할머니를 아주 조금 기억하고 있다. / 今シーズンもわずかに3試合を残すのみとなった 이번 시즌도 불과 세 시합을 남겨놓았다. / 得票数で山口氏は川田氏にわずかに及ばなかった 득표수에서 야마구치 씨는 가와다 씨에게 조금 미치지 못했다.

**わずらい【患い】** 병(病), 병고(病苦) ¶祖父は長患いの末に亡くなった 할아버지는 긴 병 끝에 돌아가셨다.

**わずらい【煩い】** [心配] 고민, 근심 [苦労] 고생 ¶何のわずらいもなくのんびり暮らしてみたいものだ 아무런 고민 없이 느긋하게 살고 싶다.

**わずらう【患う】** 앓다 ¶以前肺炎を患ったことがある 이전에 폐렴을 앓은 적이 있다.

**わずらう【煩う】** 고민하다 ¶すべてが順調で思いわずらうことは何もない 모든 게 순조로워서 고민할 일이 없다.

**わずらわしい【煩わしい】** 성가시다 [面倒な] 귀찮다 [やっかいな] 번거롭다 [複雑な] 복잡하다 ¶最近すべてがわずらわしく感じる 요즘 모든 것이 귀찮아진다. / わずらわしい手続きを簡素化してほしい 번거로운 절차를 간략하게 해 줬으면 좋겠다.

**わずらわせる【煩わせる】** 수고를 끼치다, 폐를 끼치다 ¶お手をわずらわせて誠しわけありません (→面倒をおかけして) 번거롭게 해 드려 죄송합니다.

**わすれがち【忘れ勝ち】** 잊기 쉽다 ¶私たちは天災に対する備えを忘れがちだ 우리는 자연 재해에 대한 대비를 소홀히 하기 쉽다.

**わすれっぽい【忘れっぽい】** 잘 잊어버리다 ¶父は年を取って忘れっぽくなってきた 아버지는 연세가 드셔서 금방 잊어버리신다. / 最近どうも

忘れっぽくてね 요즘 건망증이 심해져서 말야.
**わすれなぐさ**【忘れな草】물망초
**わすれもの**【忘れ物】유실물(遺失物)¶家に忘れ物をしてきた 집에 물건을 두고 왔다. /忘れ物をしないようにね 집 다 챙겼는지 확인. /きのう店にかばんの忘れ物があった 어제 가게에서 누가 가방을 놓고 갔다. /君は忘れ物が多いね 넌 잘 잊어버리는구나.

## わすれる【忘れる】 ❶〔意識から去らせる〕잊다, 잊어버리다

[基本表現]
▷あす忘れずに電話をしてください
　내일 잊지 말고 전화 주세요.
▷しまった、定期券を忘れた
　큰일 났다. 정기권을 잊어버렸다.
▷ペ・ヨンジュンと握手したことは一生忘れないわ
　배용준과 악수한 것은 평생 잊지 않겠다.
▷彼女は人の名前を決して忘れない
　그녀는 사람의 이름은 절대 잊지 않는다.
▷きょうの午後大切な約束があるのを忘れていた
　오늘 오후에 중요한 약속이 있는 것을 잊고 있었다.
▷済んだことはくよくよしないで忘れよう
　지난 일은 괴로워하지 말고 잊어버리자.

¶彼女の電話番号を忘れた 그녀의 전화번호를 잊어버렸다. /妻の誕生日をすっかり忘れていた 아내의 생일을 까맣게 잊고 있었다. /どこに鍵を置いたか忘れた 열쇠를 어디에다 놓아두었는지 잊어버렸다. /ドアの鍵を掛けるのを忘れた 문 잠그는 것을 잊어버렸다. /彼女と映画に行くと約束したのをもう少しで忘れるところだった 여자 친구와 영화보러 가기로 약속한 것을 깜빡 잊을 뻔했다. /きょう習ったことは忘れないうちに復習しておきなさい 오늘 배운 내용은 잊어버리기 전에 복습해라. /帰りに牛乳を買ってくるように頼まれていたのをすっかり忘れていた 돌아오는 길에 우유 사오라고 한 것을 완전히 잊고 있었어. /そんなくだらないことはきっぱり忘れることだ 그런 쓸데없는 일은 깨끗하게 잊어버려라. /ユミのことが忘れられない 유미를 잊을 수 없다. /韓国旅行は忘れられない経験だ 한국 여행은 잊지 못할 경험이다. /テレビゲームをやっていると時間がたつのを忘れちゃうよ 텔레비전 게임을 하고 있으면 시간 가는 줄을 모른다. /もう韓国語は忘れかけている 벌써 한국말을 잊어가고 있다. /忘れずにドアの鍵を掛けてくださいね 잊지 말고 문 잠그세요. /忘れられない出来事 잊을 수 없는 일

¶「駅前で6時に会うって約束だったわよね」「ごめん、うっかり忘れてた」"역 앞에서 여섯 시에 만나기로 약속했잖아?" "미안, 깜빡 잊고 있었어." /「手紙出しておいてくれた?」「あ、忘れた」"편지 보냈어?" "아, 깜빡했다."

❷〔置き忘れる〕잊고 오다, 두고 오다, 놓고 오다 ¶傘を電車に忘れてきた 우산을 전철 안에 두고 왔다. /あら、財布を忘れてきちゃったわ 어떡해, 지갑 놓고 왔어.

**わせ**【早生】조생종 ¶早生のみかん 조생종 귤
**わせ**【早稲】조도, 올벼
**わせい**【和声】《音楽》화성, 하모니

**わせいえいご**【和製英語】일본식 영어
**ワセリン** 바셀린 ¶ワセリンを塗る 바셀린을 바르다.
**わた**【綿】솜〔綿花〕면화, 목화(木花) [関連]綿入れ 솜옷, 핫옷 /綿菓子 솜사탕 /綿雲 솜구름 /綿毛 솜털
**わだい**【話題】화제, 화젯거리, 이야깃거리, 얘깃거리〔うわさ〕소문 ¶ワールドカップのことが学校で話題になった 월드컵이 학교에서 화제가 되었다. /彼らの結婚は人々の大きな話題になった 그들의 결혼은 큰 화젯거리가 되었다. /映画から音楽に話題を転じた 영화에서 음악으로 화제를 돌렸다. /「友子とのデートどうだった」「え、いや、話題を変えようぜ」"도모코하고 데이트는 어땠니?" "음…그냥, 딴 얘기 하자." /話題が尽きてしまった 이야깃거리가 떨어져 버렸다. /彼女は話題が豊富だ 그녀는 얘깃거리가 풍부하다. /まあ、話題の主が現れたわ やれ. 화제의 주인공이 나타났네. /これが今話題のゲームだ 이것이 지금 화제가 되고 있는 게임이야.
**わだかまり**【蟠り】응어리 ◇わだかまりなく 거리낌없이 ¶彼女はなぜ彼に対してわだかまりがあるのだろう 그녀는 왜 그에게 응어리가 있는 걸까? /彼らの長年のわだかまりが解けたようだ 그들은 긴 세월의 응어리가 풀린 것 같았다. /彼女とわだかまりなく話せるとよいのだが 그녀와 거리낌없이 말할 수 있으면 좋겠는데.
**わだかまる**【蟠る】응어리지다〔ひそむ〕도사리다 ¶彼の侮辱的な言葉が今でも私の胸にわだかまっている 그의 굴욕적인 말이 지금도 내 가슴속에 응어리져 있다. /二人の間にはわだかまっていた 두 사람 사이에는 불신감이 맺혀 있었다.
**わたくし**【私】저 ◇わたくしが 제가 ◇わたくしは 저는 =私(わたし)
**わたくしごと**【私事】사사, 사삿일(▶発音は 사산닐), 사사로운 일, 개인적인 일 ¶私事にかまけてお礼の電話が遅れてしまって申し訳ありません 개인적인 일에 쫓겨 감사의 전화를 드리는 게 늦어져서 죄송합니다. /公の席で私事で恐縮ですが、昨日娘が生まれました 공적인 자리에서 개인적인 얘기를 해서 죄송합니다만 어제 딸이 태어났습니다.

## わたし【私】 나〔わたくし〕저 ◇わたしが 내가, 제가 ◇わたしは 나는, 저는 ◇わたしの 내, 제

=私(わたくし)

[使い分け] 나, 저
韓国語の一人称代名詞には、日本語のような男女の区別はなく、男女ともに 나 または 저 を用いる。나 は対等および目下の人に対して用い、目上の人には謙譲語の 저 を用いる。

◆【私は・私が・私だ】
¶私は大学生です 나는 대학생입니다. /私は藤田といいます 저는 후지타라고 합니다. /ご心配いりません. 私がいたします 염려 마세요. 제가 하겠습니다. /そのプロジェクトは伊藤さんと私が担当することになった 그 기획은 이토 씨와 내가 담당하

게 되었다. /(レストランで)私はハンバーガーとコーヒー. 君は? 나는 햄버거와 커피, 너는 ? /(電話で)「もしもし、私は加藤と申します、イ・テムン先生はいらっしゃいますか」「私ですが」"여보세요, 저는 가토라고 합니다만 이태문 선생님 계십니까?" "네, 전데요." /(ドアのノックに)「どなたですか」「私だよ」"누구세요?" "나야."

◆**【私の】**

¶私の故郷は九州です 내 고향은 규슈입니다. /私の考えは彼女とは違う 내 생각은 그 여자와는 달라. /「この携帯電話はだれのですか」「私のです」 "이 휴대폰은 누구 거예요?" "제 겁니다." /私の車はあそこに駐車してある 내 차는 저기에다 주차해 놓았다.

◆**【私を・私に】**

¶彼は私を心から愛してくれている 그 사람은 나를 진심으로 사랑해 주고 있다. /兄が私にこの本をくれた 형이 나에게 이 책을 주었다. /母は僕に夜食を作ってくれた 어머니는 나에게 야식을 만들어 주셨다.

◆**【その他】**

¶妹は私よりも背が高い 여동생은 나보다 키가 크다. /「私はペ・ヨンジュンが好きだわ」「私もよ」"나는 배용준을 좋아해." "나도 그래." /私としては彼の考えはいいと思う 나로서는 그의 생각이 나쁘지 않다고 보.

**わたしたち 【私達】** 우리(들), 저희(들) (►우리(들)의 謙譲語) ¶私たちのもの 우리 것, 저희 것 /私たち自身 우리 자신 ⇨我々, 我ら

**わたしぶね 【渡し船】** 나룻배 ¶大雨のために渡し船で川を渡ることができなかった 큰 비 때문에 나룻배로 강을 건널 수 없었다.

**わたす 【渡す】 ❶** [手渡す] 주다, 넘기다, 건네다, 건네주다 ; [提出する] 제출하다 ¶ボーイにいくらかのチップを渡した 보이에게 약간의 팁을 주었다. /店長はアルバイトに1週間分の給料を渡した 가게 지배인은 아르바이트생에게 일 주일치의 급료를 주었다. /私は彼にメモを渡した 나는 그에게 메모를 건네주었다. /妻は私にテーブル越しにグラスを渡した 아내는 나에게 테이블 너머로 글라스를 건네주었다. /先生に宿題を渡した 선생님께 숙제를 제출했다. /駅前でチラシを渡された 역 앞에서 전단지를 받았다.

❷ [譲る] 넘기다, 넘겨주다, 양도하다 ¶彼は息子に全財産を渡した 그는 아들에게 전 재산을 양도했다. /銀行強盗は店内の人質を警察に渡すのを拒否した 은행 강도는 가게 안의 인질을 경찰에게 넘겨주기를 거부했다.

❸ [向こう側に届かせる] 건네다, 건네주다 ; 걸치다, 놓다 ¶船頭は彼らを船に乗せて川を渡した 사공은 그들을 배에 태워 강을 건넜다. /彼は木から木へロープを渡した 그는 나무와 나무 사이에다 로프를 맸다. /この川に新しい橋を渡す計画がある 이 강에 새로운 다리를 건설할 계획을 하고 있다.

**わだち 【轍】** [車輪の跡] 바퀴 자국 ¶車輪が雪道についたわだちにはまってしまった 차 바퀴가 눈길에 난 바퀴 자국에 껴 버렸다.

**わたり 【渡り】** [連絡] 연락 [交渉] 교섭 ¶彼に渡りを付けておいてくれ 그에게 연락을 취해 줘.

慣用句 彼女は渡りに船とばかりに私の車に乗り込んできた 그녀는 「마침 잘 되었다는 듯이[얼씨구나 하고] 내 차에 올라탔다.

**わたりあう 【渡り合う】** [争う] 싸우다, 다투다 ¶彼はチャンピオンと五分に[堂々と]渡り合った 그는 챔피언과 대등하게[당당하게] 싸웠다. /彼女は仕事のことで上司と激しく渡り合った 그녀는 일 문제로 상사와 심하게 다퉜다.

**わたりあるく 【渡り歩く】** 떠돌아다니다 [放浪する] 방랑하다 ¶その作家は無名時代に日本中を渡り歩いたことがあった 그 작가는 무명 시절에 일본 전역을 떠돌아다닌 적이 있었다. /彼はいくつもの職場を転々と渡り歩いた 그는 여러 직장을 전전하였다.

**わたりがに 【渡り蟹】** 꽃게

**わたりどり 【渡り鳥】** 철새

**わたりろうか 【渡り廊下】** 두 건물을 잇는 복도

**わたる 【亘る】 ❶** [継続する] 걸치다 ¶会議は長時間にわたった 회의는 장시간에 걸쳐 진행되었다. /実験は長期間にわたって繰り返されてきた 실험은 장기간에 걸쳐 반복되어 행해졌다. /博覧会は4月から9月の6か月にわたって開催される 박람회는 사월부터 구월까지 6개월간에 걸쳐 개최된다. /彼女は1時間余りにわたる演説をした 그녀는 한 시간에 걸친 연설을 했다. /長年にわたる研究の結果、彼らは大きな発見にたどり着いた 긴 세월에 걸쳐 연구를 거듭한 결과 그들은 큰 발견을 해냈다. /彼は数回にわたって業者に賄賂を要求した 그는 몇 번에 걸쳐서 업자에게 뇌물을 요구했다.

❷ [及ぶ] 미치다, 이르다 ¶海岸線は何キロにもわたって続いていた 해안선은 몇 킬로에 걸쳐 뻗어 있었다. /森が広い範囲にわたって土地を覆っている 숲이 대지를 광범위하게 덮고 있다. /計画の説明は詳細にわたっていた 그 계획의 설명은 세부에까지 미치고 있었다. /彼の趣味は多岐に(→多方面に)わたっている 그의 취미는 다방면에 걸쳐 있다.

**わたる 【渡る】 ❶** [横切る] 건너다, 지나다 ¶赤信号のときは道路を渡ってはいけません 빨간 신호 때는 길을 건너서는 안 됩니다. /列車は長い鉄橋を渡った 열차는 긴 철교를 건넜다. /私たちは船で海峡を渡った 우리는 배로 해협을 건넜다. /車が多くてなかなか道路を渡れない 차가 많아서 좀처럼 도로를 건널 수 없다. /彼らは川を泳いで渡った 그들은 강을 헤엄쳐서 건넜다.

❷ [移動する] 건너가다, 건너오다 [かすめる] 스치다 ¶永住する覚悟でブラジルへ渡った 영주할 각오로 브라질로 건너갔다. /フェリーで韓国へ渡った 페리를 타고 한국으로 건너갔다. /白鳥は春になると北の国に渡っていく 백조는 봄이 되면 북쪽 나라로 건너간다. /貨幣は昔中国から日本へ渡って来た 화폐는 옛날에 중국에서 일본으로 건너왔다. /ボールは三塁手から一塁手に渡った 볼[공]은 3루수에서 1루수에 건너갔다.

¶木々を渡る風がきわやかだ 나무 사이를 스치는 바람이 상패하다.
❸[生きていく] 살아가다 ¶経験がなくては世の中は渡っていけない 경험 없이는 세상은 살아갈 수 없다. / 要領よく世を渡る人もいる 요령 있게 세상을 살아가는 사람도 있다.
❹[他人の手に移る] 넘어가다, 들어가다 ¶わが家は人手に渡ってしまった 우리 집은 남의 손에 넘어가고 말았다. / 商品は複雑な流通経路を経て消費者の手に渡る 상품은 복잡한 유통 경로를 거쳐 소비자의 손에 들어간다. 慣用句 渡る世間に鬼はなし 세상에는 힘들 때 도와주는 사람도 있다.

**ワックス** 왁스, 납(蠟) ¶床にワックスを塗った 마루에 왁스를 발랐다.

**わっと** 우르르; 와락 ¶わっと人が押し寄せてきた 사람들이 우르르 몰려들었다. / 彼女はわっと泣き出した 그 여자는 와락 울음을 터뜨리고 말았다.

**ワット** 와트(▶略 W) ¶60ワットの電球 60와트 전구 関連 ワット時 와트시 / ワット数 와트수

**ワッフル** 와플

**ワッペン** 마크, 바펜

**わな**【罠】 올가미, 덫, 함정 [策略] 계략, 술책 ¶彼はうさぎをとるためにわなを仕掛けた 그는 멧돼지를 잡기 위해서 올가미를 설치했다. / わなに掛かっていたうさぎを助けてやった 덫에 걸려 있던 토끼를 살려 주었다. / 彼はまんまと我々のわなにはまった 그는 완전히 우리의 계략에 빠져 버렸다. / これは私にぬれ衣を着せるためのわなだ 이것은 나를 누명 씌우기 위한 함정이다. / 僕をわなに掛けようとしてもむだだよ 나를 함정에 빠뜨리려고 해도 소용없다. / そんなわなに引っ掛かってたまるか そんな함정에 빠질소냐.

**わなげ**【輪投げ】 고리던지기 ¶輪投げをしよう 고리던지기 하자.

**わなわな** 오들오들, 부르르 ¶恐怖でわなわなと震えた 공포로 오들오들 떨었다.

**わに**【鰐】 악어(鰐魚) ¶わに皮のハンドバッグ 악어 가죽 핸드백

**わび**【侘び】 간소한 가운데 깃들인 한적한 정취

**わび**【詫び】 사죄, 사과 ¶彼女にわびを入れたほうがいいですよ 그 여자에게 사과하는 게 좋아요. / おわびの言葉もございません 어떻게 사과를 드려야 할지 모르겠습니다. / おわびの印に彼に何を持って行こうか 사과의 뜻으로 그 사람에게 뭘 가지고 갈까? / 失言をおわびいたします 실언을 사과드립니다. 関連 わび状 사과 편지

**わびしい**【侘しい】[寂しい] 쓸쓸하다, 외롭다 ¶わびしい一人暮らし 쓸쓸한 독신 생활 / その夜は一人わびしく晩飯を食べた 그 밤은 혼자 쓸쓸하게 저녁을 먹었다.

**わびる**【詫びる】 사죄하다, 사과하다 ¶心からおわびします 진심으로 사과합니다. / 私は彼女に無礼な振る舞いをわびた 나는 그녀에게 무례한 행동을 사과했다.

**わふう**【和風】 일본식, 일본풍 ¶和風ステーキ 일본식 스테이크

**わふく**【和服】 일본옷

**わぶん**【和文】 일문(日文) ¶次の和文を英訳しなさい 다음 일문을 영문으로 번역하시오.

**わへい**【和平】 화평 ¶国連の仲介により両国の和平が成立した 국제 연합의 중개에 의해 양국의 화평이 성립했다. 関連 和平会議[会談] 화평 회의[회담] / 和平工作 화평 공작 / 和平交渉 화평 교섭

**わほう**【話法】【文法】 화법 関連 間接話法 간접 화법 / 直接話法 직접 화법

**わぼく**【和睦】[講和] 강화 [和解] 화해

**わめく**【喚く】 외치다, 소리치다, 아우성치다 [泣きわめく] 울부짖다, 울고 불고 하다 ¶「あの子を助けてくれ」と人々は口々にわめいた "저 아이를 구해 달라"고 사람들은 입을 모아 외쳤다. / だれかのわめき声が聞こえる 누군가의 비명 소리가 들린다. / アイスクリームを欲しがって子供が泣きわめいている 아이스크림을 달라고 아이가 울고 불고 하고 있다.

**わやく**【和訳】 일본어 번역 ◇和訳する 일본어로 번역하다 ¶この手紙を和訳しなければならない 이 편지를 일본어로 번역해야 한다.

**わようせっちゅう**【和洋折衷】 일본식과 서양식의 절충 ¶和洋折衷の料理 일본식과 서양식을 절충한 요리

**わら**【藁】 짚 慣用句 わらにもすがりたい気持ちだ 지푸라기라도 잡고 싶은 마음이다. / おぼれる者はわらをもつかむ 물에 빠진 사람은 지푸라기라도 잡는다. 関連 わら人形 짚 인형 / わら半紙 갱지(更紙) / わらぶき屋根 초가지붕

**わらい**【笑い】 웃음 [微笑] 미소 [嘲笑] 조소, 비웃음 ¶彼女はおかしくて笑いが止まらないようだった 그녀는 너무 우스워서 웃음이 멈추지 않을 것 같았다. / その少年の動作は笑いを誘った 그 소년의 동작에 웃음이 나왔다. / 必死で笑いをこらえた 필사적으로 웃음을 참았다. / 私は笑いをかみ殺した 나는 웃음을 꾹 참았다. / 悲しみを笑いに紛らせようとした 슬픔을 웃음으로 감추려고 했다.
¶彼は忍び笑いを抑えることができなかった 그는 터져 나오는 웃음을 참을 수 없다. / 彼女の作り笑いはいやだね 그녀의 억지 웃음은 싫어. 慣用句 すべて順調すぎて笑いが止まらないよ 모든 것이 너무 순조로워서 웃음이 절로 나온다.

**わらいがお**【笑い顔】 웃는 얼굴 ¶彼女の笑い顔が忘れられない 그녀의 웃는 얼굴이 잊혀지지 않는다. ⇒笑顔

**わらいぐさ**【笑い種】 웃음거리 ¶とんだお笑いぐさ 터무니없는 웃음거리야.

**わらいごえ**【笑い声】 웃음 소리 ¶彼は突然笑い声を上げた 그는 갑자기 웃음소리를 냈다.

**わらいこける**【笑い転ける】 뒤집어지다 [抱腹絶倒する] 포복절도하다 ⇒笑う

**わらいごと**【笑い事】 웃을 일 ¶笑いごとじゃないぞ 웃을 일이 아니야.

**わらいじょうご**【笑い上戸】 잘 웃는 사람 ¶彼女は笑い上戸だ 그녀는 잘 웃는다.

**わらいとばす**【笑い飛ばす】 웃어 넘기다 ¶夫は私の心配を笑い飛ばした 남편은 내 걱정을 웃

- **わらいばなし【笑い話】** 우스갯소리 ¶彼は昔の失敗を笑い話にした 그는 지난날의 실패를 우스갯소리로 말했다.
- **わらいもの【笑い物】**〔物笑いの種〕웃음거리 ¶人を笑いものにしてはいけません 남을 비웃어서는 안 됩니다. /ばかなことを言うのはやめなさい. クラスの笑いものになっているのがわからないのか 바보같은 소리 그만 해. 반의 웃음거리가 되고 있는 것을 모르니?

- **わらう【笑う】** 웃다〔嘲笑する〕비웃다 ¶彼女は彼が変な顔をするのを見て笑った 그녀는 그가 이상한 표정을 짓는 것을 보고 웃었다. /テレビを見て家族全員が大笑いした 텔레비전을 보고 온 가족이 크게 웃었다. /彼が冗談を言うとみなわっと笑い出した 그가 농담을 하자 모두가 웃음을 터뜨렸다. /赤ちゃんは母親を見てにこにこ笑った 아기는 엄마를 보고 방긋방긋 웃었다. /笑いすぎて腹が痛くなった 너무 웃어서 배가 아프다. /彼女はかわいらしく笑った 그녀는 귀엽게 웃었다. /彼は腹を抱えて笑った 그는 배를 쥐고 웃었다. /おじいさんは大声で笑った 할아버지는 큰 소리로 웃었다. /彼はげらげら笑った 그는 껄껄 웃었다. /彼が笑ったので, 私もつられて笑った 그가 웃어서 나도 같이 웃었다. /彼女は私の冗談ににっこり笑った 그녀는 내 농담에 씩 웃었다. /先生が授業中変なことを言ったので何人かの生徒がくすくす笑った 선생님이 수업 중에 이상한 말을 해서 몇몇 학생들이 킥킥거렸다. /彼女は笑い転げて ついには腹を抱えて笑った /カメラを見てにこっと笑ってください 카메라를 보고 방긋 웃어 주세요. /彼女は笑いながら近づいてきた 그녀는 웃으면서 다가왔다.

¶そんなことをするよ そんな짓을 하면 남들이 웃어. /彼は同情するふりをしながら, 私を腹の中で笑っていたにちがいない 그는 동정하는 척하면서 분명 속으로는 나를 비웃었을 것이다. /人の不幸を笑うべきではない 남의 불행을 보고 웃어서는 안 된다.

¶彼は自分の本が不評でも笑って問題にしなかった 그는 자기 책에 대한 혹평을 웃고 넘어갔다. /ちょっとこの間違いはひどいな, 笑って済ますわけにはいかないよ 이 실수는 좀 심했다. 그냥 웃고 넘어갈 수 없어. /「あいつお前の冗談に傷ついてると思うよ」「ああ, 目が笑ってなかったもんな」"그 녀석 네 농담에 상처 받은 것 같아." "응, 눈이 웃고 있지 않았어."

[会話] 笑っている理由を尋ねる
 A：何笑っているの？
 B：漫画だよ. ちょっと来て見て. すごくおかしいんだから
 A：뭐가 그렇게 웃기니？
 B：만화. 한번 봐 봐. 되게 재미있어.
 A：どうして笑っているの？
 B：田中君に付き合ってくれって言われちゃって
 A：왜 웃고 있어？
 B：다나카 씨가 사귀자고 해서.

[慣用句] 笑う門には福来る 웃는 얼굴에 복이 온다. ¶ 소문만복래（笑門万福来） /来年のことを言うと鬼が笑う 내년 일을 미리 말하면 귀신이 웃는다.

- **わらじ【草鞋】** 짚신 [慣用句] 彼は作家と教師の二足のわらじをはいている 그는 작가와 교사를 겸하고 있다.
- **わらび【蕨】** 고사리
- **わらべうた【童歌】**〔童謡〕동요
- **わらわせる【笑わせる】** 웃기다〔軽度すべき〕가소롭다 ¶彼はよく冗談を言って家族を笑わせていた 동생은 곧잘 농담을 해서 가족을 웃겼다. /あれでプロサッカー選手だなんて笑わせるね 저러고 프로 축구 선수라니 웃긴다. /「将来は先生になりたいな」「笑わせるよな. きょうも授業をさぼってるくせに」"앞으로는 선생님이 되고 싶어." "웃기고 있네. 오늘도 수업 빠진 주제에."

- **わり【割】** ❶〔割合, 比率〕비율 ¶田舎の母は月に一度の割で訪ねてくる 시골에 계신 어머니는 한 달에 한 번꼴로 올라오신다. /会議ではこの計画に3人に2人の割で賛成した 회의에 참석한 사람들은 세 명에 두 명꼴로 그 계획에 찬성했다. ❷〔百分率〕할 (パーセント) 퍼센트, 프로 ¶物価は昨年に比べると約1割上がっている 물가는 작년에 비해 10퍼센트 정도 올랐다. /赤ん坊の何割がその病気にかかるのですか 갓난아기 중에 몇 퍼센트가 그 병에 걸립니까 ❸〔損得関係〕¶僕たちだけがしかられるなんて割に合わないよ (→不公平だよ) 우리들만 혼나다니 불공평해요. /彼は割に合わないことはしない主義だ 그는 수지가 안 맞는 일은 하지 않는 타입이다. /割のいいアルバイトを探している 돈이 되는〔벌이가 좋은〕아르바이트를 찾고 있다. /この仕事は割が悪い 이 일은「돈이 안 된다」이문이 적다」. /正直者が割を食う世の中は間違っている 정직한 사람이 손해 보는 세상은 잘못된 세상이다.

- **わりあい【割合】**〔比率〕비율〔比較的〕비교적 ¶日本の総人口に占める高齢者の割合が増えている 일본 총인구에 차지하는 고령자의 비율이 늘고 있다. /生活費の中では食費の占める割合がいちばん大きい 생활비 중에서 식비가 차지하는 비율이 가장 크다. /この合金は銅の割合が少ない 이 합금은 구리의 비율이 적다. /彼女は1分間に80語の割合でタイプすることができる 그녀는 1분에 80개의 단어를 칠 수 있다. /しょうゆと砂糖を2対1の割合で混ぜる 간장과 설탕을 2대 1의 비율로 섞다. /このクラスでは現在3人に1人の割合で風邪を引いている 이 반에는 현재 세 명에 한 명꼴로 감기에 걸렸다.

¶伊豆は冬でも割合暖かい 이즈는 겨울에도 비교적 따뜻하다. /このラーメンは割合うまいよ 이 라면은 생각보다 맛있어. /割合元気そうなので安心したよ 생각보다 건강해 보여서 안심했어.

[会話] 割合を尋ねる
 A：この学校の男子生徒と女子生徒の割合はどれくらいですか
 B：5対4です
 A：이 학교의 남학생과 여학생의 비율은 어느 정도입니까？
 B：5대 4입니다.

わりあて

A：君の大学の留学生の割合ってどのくらい？
B：5パーセントくらいじゃないかな
A：너희 대학교 유학생 비율은 어느 정도야？
B：5퍼센트 정도 아닐까.

**わりあて【割り当て】**［任務などの］할당, 배당 ¶掃除当番の割り当てが決まった 청소 당번의 배당이 결정되었어. / 君の割り当て分の仕事は終わりましたか 자네가 맡은 일은 끝났는가? 関連 割り当て制 할당제

**わりあてる【割り当てる】** 할당하다, 배당하다 ¶わが家では子供たちにも家事を割り当てている 우리 집에서는 애들에게도 집안 일을 시키고 있다. / 私は文化祭で受付の仕事を割り当てられた 나는 학교 축제에서 안내하는 일을 맡았다. / 夏のボーナスの半分を子供たちの教育費に割り当てることにした 여름 보너스의 반을 아이들 교육비로 쓰기로 했다.

**わりかん【割り勘】** 각자 내기, 각자 부담(各自負担) ¶夕食の勘定は割り勘にしよう 저녁은 각자 내기로 하자.

**わりきる【割り切る】** ¶割り切って考えよう 현실적으로 생각하자. / その件に関しては割り切って考えたほうがいい 그 건에 대해서는 사무적으로 생각하는 것이 좋아. / 彼女は生活のために割り切ってその仕事をすることにした 그녀는 생활을 위해서라고 생각하고 그 일을 하기로 했다.

**わりきれる【割り切れる】** 나누어지다 ¶12は3で割り切れる 12는 3으로 나누어떨어진다.
¶この問題は理屈では割り切れませんよ 이 문제는 논리적으로는 이해할 수 없다. / 今回の決着のつけ方には割り切れない気持ちが残った 이번에 매듭 짓는 방식에는 석연치 않은 느낌이 든다.

**わりこむ【割り込む】** 끼어들다; 새치기하다 ¶子供は大人の話に割り込むものではない 어른들 이야기에 애들이 끼어드는 게 아니다. / 彼はパレードを見ようとして人垣の中に割り込んだ 그는 퍼레이드를 보려고 사람들 속을 비집고 들어갔다. / 男が列に割り込んだ 한 남자가 새치기를 했다.

**わりざん【割り算】** 나누기, 나눗셈 ◇割り算をする 나눗셈하다

**わりだか【割高】** ◇割高だ 비싸게 먹히다, 비싸다 ¶この鉛筆はばらで買ったので割高だった 이 연필은 낱개로 사서 돈이 더 들었다. / 都会は田舎に比べて物価が割高だ 도시는 농촌에 비해서 물가가 비싸다.

**わりだす【割り出す】**［計算する］계산하다, 산출하다［推測する］알아내다 ¶クラス全員の点数から平均点を割り出した 반 전원의 점수로부터 반 평균점을 계산해 냈다.
¶警察は犯行の手口から犯人を割り出した 경찰은 범행의 수법으로부터 범인을 추정해 냈다. / これは私の経験から割り出した結論だ 이것이 내 경험에서 나온 결론이다.

**わりつけ【割り付け】** 레이아웃 ¶グラビアページの割り付けを担当する 그라비어 페이지의 레이아웃을 담당하다 / 特集ページの割り付けをする 특집 페이지의 레이아웃을 하다 ⇒レイアウト

**わりと【割と】**［比較的］비교적［予想以上に］

이외로 ¶彼は割と元気だった 그는 비교적 건강했다.

**わりに【割に】**［比較的］비교적［…に比べて］…에 비해 ¶韓国では物価は割に安い 한국 물가는 비교적 싸다. / 彼は年の割に老けている 그는 나이에 비해 늙어 보인다.

**わりばし【割り箸】** 일회용 나무 젓가락

**わりびき【割引】** 할인［値引き］세일 ◇割引する 할인하다, 세일하다 ¶団体には特別割引料金があります 단체에는 특별 할인 요금이 있습니다. / 電車の定期には学生割引があります 전철 정기권에는 학생 할인이 있습니다. / 僕はその映画の割引券を持っている 나는 그 영화의 할인권을 가지고 있다.
¶Tシャツを1割引にしてもらった 티셔츠를 10퍼센트 할인해서 샀다. / この商品は2割引にいたします 이 상품은 20퍼센트 할인 판매합니다. / 冷蔵庫を定価の3割引で買った 냉장고를 정가에서 30퍼센트 할인해서 샀다. / もう少し割引してもらえませんか 조금 더 싸게 해 주시지 않겠습니까? / 現金でのお買い上げは5パーセント割引します 현금 구매는 5퍼센트 할인합니다. 関連 割引価格 할인[세일] 가격 / 割引セール 할인 판매, 세일

**わりびく【割り引く】** 할인하다, 세일하다, 에누리하다 ¶この机の値段を少し割引いていただけませんか 이 책상을 좀 싸게 해 줄 수 있습니까? / あいつの言うことは少し割り引いて聞いたほうがいい 저 녀석이 하는 말은 조금 에누리해서 듣는 편이 좋다.

**わりふる【割り振る】** 할당하다, 배당하다, 분담하다 ⇒振り分ける, 割り当てる

**わりまし【割り増し】** 할증 ◇割り増す 할증하다 ¶深夜はタクシー料金は割り増しになる 심야에는 택시 요금이 할증된다. 関連 割り増し運賃 할증 운임 / 割り増し金 할증금 / 割り増し賃金 할증 임금 / 割り増し料金 할증 요금

**わりやす【割安】** 싸다 ¶そのTシャツは3枚まとめて買うと割安ですよ 그 티셔츠는 세 장 묶어 사면 더 쌉니다. / このデジカメは割安だった 이 디지털 카메라는 싸게 샀다. / 秋葉原ではパソコンを安く売っている 아키하바라에서는 PC를 싸게 팔고 있다. / 割安で買う 싸게 사다

**わる【割る】** ❶［壊す］깨다, 깨뜨리다 ¶窓ガラスを割ってすみません 유리창을 깨서 죄송합니다. / 彼女はグラスをガチャンと割った 그녀는 유리잔을 쨍그랑하고 깼다. / 花瓶を割ったのはお前だな 꽃병 네가 깼지?
❷［裂く］빠개다, 패다, 쪼개다 ¶おので薪を割る 도끼로 장작을 패다 / 板を2枚に割った 판자를 두 장으로 쪼갰다.
❸［分割する］나누다 ¶彼女はすいかを4つに割った 그녀는 수박을 네 조각으로 나누었다. / 6割る2は3 6나누기 2는 3. / 36割る12はいくつ 36 나누기 12는 얼마? / 勘定はみんなで割ることにしよう 계산은 각자 내기로 하자.
❹［ある基準数量を下回る］밑돌다 ¶ついに1ドルは110円を割った 드디어 1달러가 110엔을 밑돌았다. / 今回の総選挙で与党がついに過半数を割って

しまった 이번 총선거에서 여당이 결국 과반수에 못 미쳤다. / 投票率は50パーセントを割った 투표율은 50퍼센트를 밑돌았다.

❺ 【液体を水などで薄める】 물을 타다 ¶私はいつもウイスキーを水で割って飲む 나는 위스키는 항상 물을 타서 마신다.

❻ 【その他】 ¶言い争っている二人の間に割って入ってけんかを止めた 말다툼하는 두 사람 사이에 끼어들어 싸움을 말렸다.

## わるあがき【悪足掻き】 발악 ◇ 悪あがきをする 발악하다 ¶彼は自分の行為を正当化しようとして悪あがきを続けた 그는 자기의 행위를 정당화하려고 계속 발악했다. / 今さら悪あがきしたってむだだ 이제 와서 발악해도 소용없다.

## わるい【悪い】

❶ 〔道徳的によくない〕 나쁘다, 옳지 못하다, 못되다 ¶うそをつくのは悪い 거짓말을 하는 것은 나쁘다. / うそばかり言う悪いやつ 거짓말만 하는 못된 녀석 / あいつはなんて悪いやつだ 저 녀석은 아주 나쁜 녀석이다. / 悪い人たちと付き合ってはいけません 나쁜 사람과 사귀어서는 안 됩니다. / あの子はいつも悪いことをしている 그 아이는 항상 나쁜 짓을 한다. /「見て、テレビに犯人が映っているわ」「本当に悪そうな顔をしているわね」 "봐, 텔레비전에 범인이 나와." "정말 나쁜 짓 하게 생겼네." /「カンニングが見つかって1週間の停学になっちゃった」「悪いことはできないね」 "커닝하다 들켜서 1주일간 정학받았어." "나쁜 일은 못 한다니까."

❷ 〔好ましくない〕 나쁘다, 공교롭다, 재수가 없다 ¶運が悪い 운수가 나쁘다. / 景気が悪い 경기가 나쁘다. / 天気が悪い 날씨가 나쁘다. / 날이 궂다. / 天気が悪くてピクニックに行けなかった 날씨가 나빠서 소풍을 못 갔다. / あの病院は評判が悪い 저 병원은 평판이 나쁘다. / 君に悪い知らせがあります 너한테 나쁜 소식이 있어. / 昨夜悪い夢を見た 어젯밤 나쁜 꿈을 꾸었다. / 気にするな、運が悪かっただけ 신경 쓰지 마, 운이 나빴을 뿐이야. / 悪いときに来ましたね 상황이 안 좋을 때 왔군요.

¶悪いことに雨が降り出した 공교롭게도 비가 내리기 시작했다. / 悪いことに彼女は鍵をなくしてしまった(→不運にも) 운나쁘게 그녀는 열쇠를 잃어버렸다. / 彼のお父さんが突然亡くなり、さらに悪いことにお母さんまで寝込んでしまったそうだ 그의 아버지가 갑자기 돌아가시고 설상가상으로 어머니까지 몸져누웠다고 한다. / もっとも悪いのは彼に働く意欲のないことだ 가장 나쁜 점은 그에게 일할 의욕이 없는 것이다. / いい時もあれば悪い時もあるよ 좋을 때가 있으면 나쁠 때도 있는 법이야.

¶口論のあと、彼らの関係はさらに悪くなった 말다툼을 하고 나서, 그들의 관계는 더욱 나빠졌다. /「今年のジャイアンツは調子が悪いね」「ああ、悪くすると最下位かもしれない」 "올해는 자이언츠가 잘 못하네." "그래, 잘 못하면 꼴찌 할지도 몰라." /「僕の企画書どうかな」「悪くないと思うよ」 "내 기획서 어때?" "나쁘지 않은 것 같은데." /「今晩韓国料理でも食べに行かないか」「悪くないわね」 "오늘밤 한국 요리라도 먹으러 갈까?" "팬

찮은 생각인데."

❸ 〔劣った〕 나쁘다, 뒤떨어지다 ¶頭が悪い 머리가 나쁘다. / 質が悪い 질이 나쁘다. / この店の料理は味が悪い 이 음식점은 맛이 없다. / 彼女は数学の成績が悪い 그녀는 수학 성적이 나쁘다. / もうこの卵は悪くなっている 이 달걀은 벌써 상했다. / この店では品質の悪い物は決して売らない 이 가게에서는 품질이 나쁜 물건은 절대로 팔지 않는다. / 父は高校時代の勉強が悪いと言っている 아버지는 고등학교 때 공부를 못 했다고 하셨다. / この机は作りが悪い 이 책상은 잘못 만들었다. / 一般的に言って、肉は消化が悪い 일반적으로 보고기는 소화가 잘 안된다고 한다. / この車は走りが悪い 이 차는 잘 안 나간다. / 近ごろ年のせいか記憶力が悪くなってきた 요즘 나이 탓인지 기억력이 나빠졌다. / このナイフは切れ味が悪い 이 칼은 잘 안 든다. / 性能の悪い機械 성능이 나쁜 기계

❹ 〔具合が悪い〕 나쁘다 ¶このテレビはどこか悪いところがあるようだ 이 텔레비전은 어딘가 문제가 있는 것 같다. / パソコンの調子が悪い 컴퓨터 상태가 나쁘다. / 水道の水の出が悪い 수돗물이 잘 안 나온다. / きょうは体調が悪い 오늘은 몸 상태가 안 좋다. / 父は心臓が悪い 아버지는 심장이 안 좋으시다. / 彼女は目が悪い 그녀는 눈이 나쁘다. / 母の病気はますます悪くなっている 어머니의 병은 점점 나빠지고 있다. / 体の具合が悪くて会社を休んだ 몸이 안 좋아서 회사를 쉬었다.

会話 どこが悪いのだ
A: きのう病院に行って来たんだ
B: どこが悪いの
A: ちょっと胃が痛かったんだけどさ、医者はどこも悪くないって言ってたよ

A: 어제 병원 갔다 왔어.
B: 어디 안 좋아?
A: 위가 좀 아팠는데 의사는 아픈 데가 없다고 하네.

A: 顔色が悪いよ。どうしたの?
B: 二日酔いなんだ
A: 안색이 안 좋네, 무슨 일 있어?
B: 숙취야.

❺ 〔責任がある〕 나쁘다, 잘못하다 ¶君か僕かどちらかが悪いんだ 너와 나 둘 중 하나가 잘못했다. / 彼らのけんかは二人とも悪かったのだ 그들의 싸움은 둘 다 나빴다. / この事故はだれが悪いのでもない 이 사고는 누구의 잘못도 아니다. /「誕生日を忘れたくらいで彼女かんかんなんだ」「悪いのは君だと思うよ」 "기껏 생일 하나 잊어버렸다고 여자 친구가 난리야." "네가 잘못했다고 봐."

会話 悪いのはそっちだ
A: そっちが急ブレーキをかけるからぶつかったんだよ
B: 何言ってるんだ、悪いのはそっちだろ、車間距離をちゃんと取っていなかったんだから

A: 그쪽이 급브레이크를 밟아서 부딪친 거야.
B: 무슨 소리야, 잘못한 건 그쪽이지. 차간 거리를 안 지켰잖아.

❻ 〔有害な〕 나쁘다, 해롭다 ¶たばこは体に悪い 담배는 건강에 나쁘다. / 喫煙は 몸에 해롭

다. / 酒の飲みすぎは健康に悪い 과음은 건강에 해롭다. / 甘い物は歯に悪い 단 것은 이에 안 좋다. / 小さな活字は目に悪い 작은 활자는 눈에 안 좋다. / これらの雑誌は青少年に悪い影響を与えるおそれがある 이 잡지들은 청소년에게 나쁜 영향을 줄 위험이 있다.

❼ [悪意のある] 나쁘다 ◇悪く 나쁘게 ¶ほめられればだれも悪い気はしない 칭찬 들어 기분 나쁜 사람은 없다. / 人を悪く言うのはやめたほうがいい 남을 나쁘게 말하는 것은 그만두는 것이 좋아. / 彼女は私たちのことを悪い人だと思っているようだ 그녀는 우리가 나쁜 사람이라고 생각하는 것 같다. / 「じゃあ、金は貸してくれないってわけだ」「悪く思わないでくれよ、持ち合わせがないんだ」 "그럼, 돈을 안 빌려주겠다는 거군." "서운하게 생각하지 마. 가지고 있는 돈이 없어."

❽ [申し訳ない] 미안하다 ¶こんな遅くに電話して悪いね 밤늦게 전화해서 미안해. / あんなことを言って悪かった 그런 말 해서 미안했어. / 悪いけど、きょうのパーティーには行けないんだ 미안하지만, 오늘 파티에는 못 가. / 悪いけど、このリストをパソコンに入力しておいてください 미안하지만 이 리스트를 컴퓨터에 입력해 주세요. / 「昼飯に行こうよ」「悪い。きょうは弁当なんだ」 "점심 먹으러 가자." "미안, 오늘은 도시락 가져왔어." / 彼女には悪いことをした 그녀에게는 못할 짓을 했다. / 言っちゃ悪いけど、そのネクタイ似合わないわ 뭐라 하기 뭐하지만, 그 넥타이 안 어울려.

慣用句 悩みがあるんだったら打ち明けてごらん。悪いようにはしないから 고민이 있으면 털어놔. 후회하게는 안 할게.

**わるがしこい [悪賢い]** [こうかつな] 교활하다 [ずるい] 약다 ¶彼は悪賢い 그는 교활하다.

**わるぎ [悪気]** 악의(惡意) ¶私の質問に悪気はなかったのだが、彼を怒らせてしまった 악의를 가지고 질문한 건 아닌데, 결과적으로 그를 화나게 해 버렸다. / 別に悪気はなかったんだ 특별히 악의는 없었다.

**わるくち [悪口]** 욕 ¶他人の悪口は言わないほうがいいよ 남의 욕은 안 하는 게 좋다.

**わるだくみ [悪巧み]** 간계, 흉계 [計略] 계략 ¶彼の悪巧みに引っ掛かってしまった 그의 계략에 걸려들어 버렸다.

**わるぢえ [悪知恵]** 잔꾀, 《俗》잔머리 ¶おまえは勉強のほうはだめだが悪知恵だけはよく働くな 넌 공부는 별로지만 잔머리는 잘 돌아가는구나. / あの子は悪知恵にたけている 그 아이는 잔머리가 잘 돌아간다. / うちの息子に悪知恵をつけないでくれ 우리 아들에게 잔머리를 가르치지 말아 줘.

**ワルツ** 왈츠 ¶ワルツを踊る 왈츠를 추다

**わるのり [悪乗り]** ◇悪乗りする 분위기에 휩쓸리다 ¶つい悪乗りしてしまった 그만 분위기에 휩쓸려 버렸다.

**わるびれる [悪びれる]** 기가 죽다 ¶その子供は悪びれずに私に話し掛けてきた 그 아이는 기죽지 않고 나에게 말을 걸어왔다.

**わるふざけ [悪ふざけ]** 못된 장난, 지나친 장난 ¶悪ふざけをするんじゃない 못된 장난 하는 거 아냐. / 悪ふざけが過ぎるよ 못된 장난이 지나치네.

**わるもの [悪者]** 나쁜 놈; 악한(惡漢) ¶みんなから悪者にされてしまった 모든 사람들로부터 나쁜 놈 취급을 받았다. / 私が悪者になりましょう(→責めを負う) 내가 책임을 지겠습니다.

**わるよい [悪酔い]** ◇悪酔いする 주정을 부리다

**われ [我・吾]** 나, 내 [自分] 자기, 자신 ¶彼は他の客のけんかにも我関せずといった様子で飲み続けていた 그는 손님들의 싸움에도 아랑곳하지 않고 계속 마시고 있었다. / 我こそはと思う人は手を挙げてください 자신 있다고 생각하는 분은 손을 들어 주세요. / 彼は突然我に返った 그는 갑자기 정신이 들었다. / 私たちは勝利の喜びに我を忘れた 우리는 승리의 기쁨에 도취되어 무아지경의 상태였다. / 我を忘れて彼に駆け寄った 나도 모르게 그에게 달려갔다. / 買い物客が我も我もと特売場に押し寄せた 쇼핑객이 너나할것없이 특매장으로 몰려들었다.

**われさきに [我先に]** 앞을 다투어 ¶非常ベルが鳴るや、観客たちは我先に出口に殺到した 비상벨이 울리자 관객들은 앞을 다투어 출구로 쇄도했다. / 警察が出動すると、暴徒たちは我先に逃げ出した 경찰이 출동하자 폭도들은 앞을 다투어 도망쳤다.

**われながら [我ながら]** 나 스스로도, 내가 생각해도 ¶我ながら情けない 내가 생각해도 한심하다. / 我ながらこのレポートはよく書けた 내가 생각해도 이 리포트는 잘 썼다.

**われにもなく [我にもなく]** 나도 모르게 ¶我にもなく興奮してしまった 나도 모르게 흥분해 버렸다.

**われめ [割れ目]** 금 ¶ガラスに割れ目が入った 유리에 금이 갔다. / 壁に割れ目がある 벽에 금이 가 있다.

**われもの [割れ物]** 깨지기 쉬운 물건 ¶割れ物注意 깨지기 쉬운 물건 주의

**われら [我等]** 우리(들) ⇒我々

**われる [割れる]** ❶ [物が] 깨지다 [裂ける] 쪼개지다 ¶窓ガラスが割れた 창문유리가 깨졌다. / 花瓶が倒れて粉々に割れた 꽃병이 넘어져서 산산조각이 났다. / 皿が落ちて真っ二つに割れた 접시가 떨어져서 두 조각 났다. / コップが少し割れている 컵이 조금 깨져 있었다. / このワイングラスは薄くてすぐに割れそうだ 이 와인잔은 얇아서 금방 깨질 것 같다.

❷ [分裂する] 갈라지다 ¶学園祭の催し物に関して生徒の意見が割れた 축제 행사에 관해 학생들의 의견이 갈라졌다. / 2人の候補者の間で票が割れた 두 후보자 사이에 표가 분산되었다. / 与党が3つに割れた 여당이 셋으로 분열되었다.

❸ [その他] ¶指紋から犯人が割れた 지문으로부터 범인이 밝혀졌다. / 所持品から被害者の身元が割れた 소지품으로부터 피해자의 신분이 밝혀졌다. / 観客は彼女に割れるような拍手(→雷のような拍手)を送った 관객은 그녀에게 우레와 같은 박수를 보냈다. / 12は3で割れる 12는 3으로 나누어떨어진다. / CDの音が割れている CD 음질이 이상하다.

会話 頭が割れるように痛い
　A：どうしたんですか

B：頭が割れるように痛いんだ。夕べ飲みすぎたからかな
A：왜 그러세요?
B：머리가 깨질 것 같아. 어젯밤 너무 마셨나 봐.

**われわれ**【我々】우리(들) ¶我々日本人には独特な美意識があるといわれる 우리 일본인에게는 독특한 미의식이 있다는 말을 듣는다. / 我々にもひとこと言わせてくれ 우리도 한마디 하게 해 줘. / 我々は我々の意見をもっと積極的に言うべきだ 우리는 우리의 의견을 더욱 적극적으로 말해야 한다. / それは我々のものだ 그건 우리 것이다. / 我々自身 우리 자신

**わん**【椀・碗】공기(空器) ¶漆塗りのお椀 옻칠한 공기 / 汁椀 국그릇 数え方 椀 ¶客 공기 한 개

**わん**【湾】만 ¶東京湾 도쿄 만 / 仁川湾 인천만

**わんがん**【湾岸】만의 연안 ¶湾岸道路 만의 연안 도로

**わんきょく**【湾曲】완곡 ◇湾曲する 만곡하다, 휘다 ¶彼の背骨は少し湾曲している 그의 등뼈는 조금 굽어 있다. / 湾曲した海岸線 만곡한[활처럼 휜] 해안선

**わんさ** ◇わんさと 우르르; 수두룩이 ¶応募がわんさと来ている 응모자가 우르르 몰려들었다. / コンサート会場には若い人たちがわんさと押し寄せた 콘서트 회장에는 젊은 사람들이 우르르 몰려들었다. / お前より頭のよい人間は世の中にわんさといる 너보다 머리 좋은 사람은 세상에 수두룩하다. ⇨たくさん

**わんしょう**【腕章】완장 ¶腕章を巻く 완장을 두르다 / 腕章をつける 완장을 차다

**ワンタッチ** 원터치 ¶これはワンタッチで開く傘だ 이것은 자동 우산이다. / ワンタッチ操作 원터치 조작 ⇨自動

**わんぱく**【腕白】장난꾸러기, 개구장이 ◇腕白だ 장난스럽다 ◇腕白な 장난스러운 ¶なんて腕白なんだ 어쩜 저렇게 장난꾸러기일까. / 息子は腕白盛りだ 아들은 한창 장난스러울 때이다. / あの腕白坊主には困ったものだ 그 장난꾸러기 녀석은 골칫거리다.

**ワンパターン**【千篇一律】¶それはワンパターンな発想だ 그것은 천편일률적인 발상이다. / 彼の行動はワンパターンだ 그의 행동은 천편일률적이다.

**ワンピース** 원피스

**ワンマン** 원 맨 [独裁的] 독재적 ¶彼が社長に就任した後, ワンマン経営が始まった 그가 사장으로 취임한 후, 독재 경영이 시작되었다. / 彼女の夫はワンマンだ 그녀의 남편은 가부장적이다.
関連 ワンマンショー 원맨쇼

**わんりょく**【腕力】❶ [肉体的な力] 완력 [腕の力] 팔힘 ¶弟は腕力が強い 동생은 팔힘이 세다. / 腕力では彼にかなう者はいない 완력으로는 그에게 이길 자가 없다.
❷ [暴力] 완력, 폭력 ¶彼は腕力にものを言わせて私たちを従わせようとした 그는 완력으로 우리를 복종시키려고 했다. / 腕力をふるう 완력을 휘두르다

**ワンルームマンション** 원룸 아파트, 오피스텔

**わんわん** [犬の鳴き声] 멍멍 [人の泣き声] 엉엉 [犬] 멍멍이 ¶犬がわんわんほえている 개가 멍멍 짖고 있다. / 子供がわんわん泣いていた 아이가 엉엉 울고 있었다. / ほら, わんわんがいるよ 봐, 멍멍이가 있어.

# を

**-を** 를, 을 ¶食事の前には手を洗いなさい 식사하기 전에 손을 씻어라. / お金がないので彼は大学進学をあきらめざるを得なかった 그는 돈이 없어서 대학 진학을 포기하지 않을 수 없었다. / かばんを探って鍵を捜した 가방을 뒤져서 열쇠를 찾았다. / 月は地球の周りを回っている 달은 지구의 주위를 돌고 있다. / 彼はその停留所でバスを降りたらしい 그는 그 정류장에서 버스를 내린 것 같다. / たいていの人は蛇を怖がる 대부분의 사람들은 뱀을 무서워한다.

¶玄関の鍵を掛けましたか 현관의 열쇠를 잠갔습니까? / 読書をする(→本を読む)のが好きだ 책 읽는 것을 좋아한다. / 30分後にここを出ましょう 30분 후에 여기서 출발합시다. / 電話をかける 전화를 걸다

¶よい一日を 좋은 하루 되시기를.

## 小学館日韓辞典

2008年9月22日 初版第1刷発行

| 編 者 | 利 一 勇 郎 昇 |
|---|---|
| | 幸 誠 淑 |
| | 谷 脇 尾 島 |
| | 油 門 松 高 |

発行者　大　澤　　　　　昇

発行所　〔郵便番号　101-8001〕
　　　　東京都千代田区一ツ橋2－3－1

　　　　株式会社小　学　館
　　　　電話 編集 東京（03）3230-5169
　　　　　　 販売 東京（03）5281-3555

印刷所　凸版印刷株式会社

製本所　株式会社　難波製本

© SHOGAKUKAN 2008

R〈日本複写権センター委託出版物〉
本書を無断で複写（コピー）することは、著作権法上の例外を除き、禁じられています。本書をコピーされる場合は、事前に日本複写権センター（JRRC）の許諾を受けてください。
JRRC〈http://www.jrrc.or.jp ☎03-3401-2382〉

造本には十分注意しておりますが、印刷・製本など製造上の不備がございましたら「制作局コールセンター」（フリーダイヤル0120-336-340）にご連絡ください。（電話受付は土・日・祝日を除く9:30-17:30です）

★本辞典の表紙は、地球環境に配慮した素材を使用しています。

★小学館外国語辞典のホームページ
「小学館ランゲージワールド」
http://www.l-world.shogakukan.co.jp/

Printed in Japan　　ISBN978-4-09-515711-5

# 親 族 呼 称

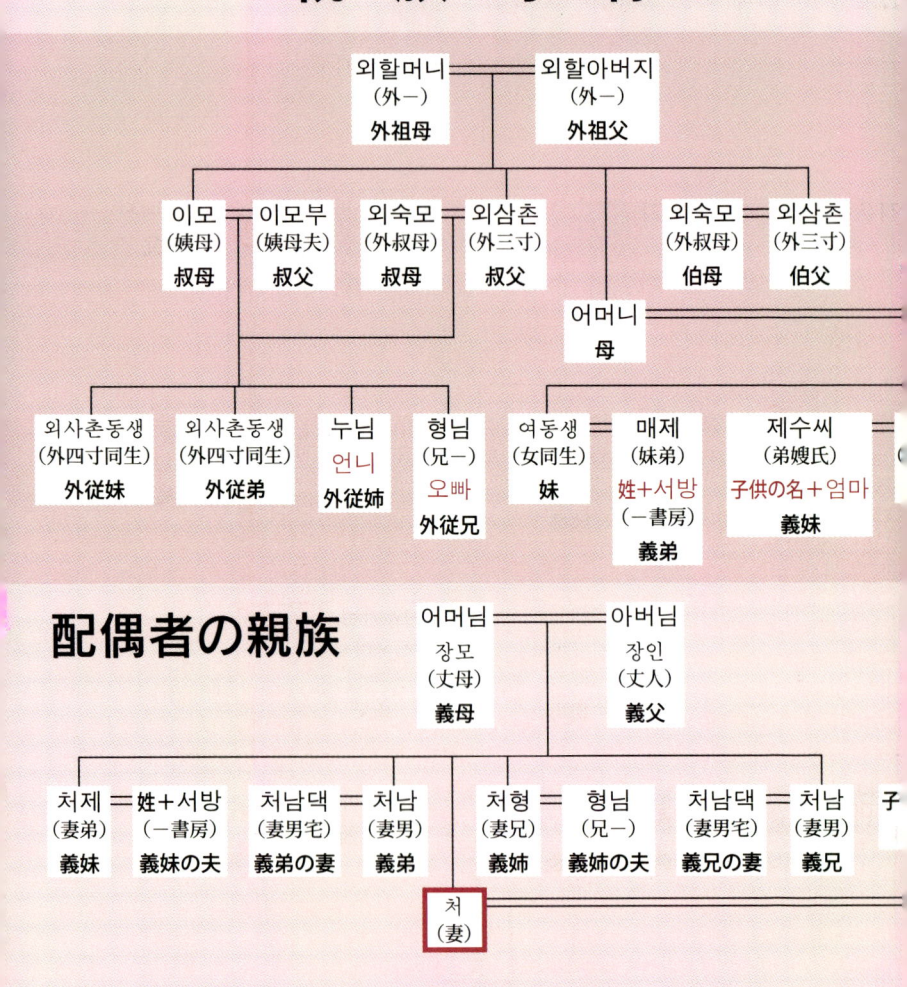

## 外祖父母・母方

- 외할머니 (外—) **外祖母** ＝ 외할아버지 (外—) **外祖父**

### 子世代
- 이모 (姨母) **叔母** ＝ 이모부 (姨母夫) **叔父**
- 외숙모 (外叔母) **叔母** ＝ 외삼촌 (外三寸) **叔父**
- 어머니 **母**
- 외숙모 (外叔母) **伯母** ＝ 외삼촌 (外三寸) **伯父**

### 同世代
- 외사촌동생 (外四寸同生) **外従妹**
- 외사촌동생 (外四寸同生) **外従弟**
- 누님 (兄—) 언니 **外従姉**
- 형님 (兄—) 오빠 **外従兄**
- 여동생 (女同生) **妹** ＝ 매제 (妹弟) 姓+서방 (—書房) **義弟**
- 제수씨 (弟嫂氏) 子供の名+엄마 **義妹**

## 配偶者の親族

- 어머님 장모 (丈母) **義母** ＝ 아버님 장인 (丈人) **義父**

- 처제 (妻弟) **義妹** ＝ 姓+서방 (—書房) **義妹の夫**
- 처남댁 (妻男宅) **義弟の妻** ＝ 처남 (妻男) **義弟**
- 처형 (妻兄) **義姉** ＝ 형님 (兄—) **義姉の夫**
- 처남댁 (妻男宅) **義兄の妻** ＝ 처남 (妻男) **義兄**
- 처 (妻)

---

親族語彙は、呼びかけるときに用いる「呼称」と、呼びかけには用いない「名称」とに分けることができるが、日常生活でしばしば耳にする「呼称」を中心に図を作成した。

一概に呼称と言っても、その種類は多く、用い方には個人差や地域差も少なくない。ここでは頻度の高いものを一つだけあげた。また、相手が既婚か未婚か、または子供がいるか否かによって呼称の異なるものがあるが、ここでは既婚で子供がいることを想定している。

妻から見て義姉の夫立場からの呼称を用い頭に「외」(外)のつくも内戚関係の呼称と同じ子のことである。「삼촌に個人の名前で呼ばれ